PONS

Wörterbuch für
Schule und Studium

Deutsch – Englisch

Vollständige Neuentwicklung
2001

Ernst Klett Verlag
Stuttgart · Düsseldorf · Leipzig

PONS Wörterbuch für Schule und Studium Deutsch-Englisch

Bearbeitet von: Christian von Arnim, Jeremy Berg, Alexander Burden, Ian Dawson, Barbara Faber, Susanne Fayadh, Kirsten Fenner, Monika Finck, Dr. Juliane Forssmann, Nicole Friedrich, Richard Green, Stefan Günther, Stephen Hackett, Carol Hill, Bettina Kantelhardt, Hugh Keith, Rupert Livesey, Ellen MacKenzie, Ulrich Mader, Annette Menouar, Sarma Merdian, Helen Moore, Dr. Annette Morsi, Ingrid Reynolds, Jeremy Roberts, Dorothée Ronge, Rita Schiller, Marga Rita Selve, Ted Sietsema, Irene Spreitzer, Eva Stabenow, Gregor Vetter, Claus Viol, Caroline Wilcox Reul, Mandy Williams, Angela Winkler

Die Deutsche Bibliothek – CIP Einheitsaufnahme

Ein Titeldatensatz für diese Publikation ist
bei der Deutschen Bibliothek erhältlich

Dieses Werk folgt der reformierten Rechtschreibung und Zeichensetzung

1. Auflage 2001

Internet: www.pons.de
E-Mail: info@pons.de

Projektleitung: Dr. Margaret Cop, Anette Dralle, Christiane MacKenzie, Astrid Proctor

Dr. Andreas Cyffka, Andrea Ender

Redaktion: Ursula Martini, Dorothée Ronge

Sprachdatenverarbeitung: Andreas Lang, conTEXT AG
für Informatik und Kommunikation, Zürich
Einbandgestaltung: Ira Häußler, Stuttgart
Logoentwurf: Erwin Poell, Heidelberg
Satz und Datentechnik: Dörr und Schiller GmbH, Stuttgart
Druck: Clausen & Bosse, Leck
Printed in Germany
ISBN 3-12-517502-X

Inhalt

Benutzerhinweise V

Lautschriftzeichen für Deutsch XV

Wörterbuch Deutsch-Englisch 1–1162

Deutsche unregelmäßige Verben 1163

Konjugation der deutschen Hilfs- und Modalverben 1168

Deutsche Maße und Gewichte 1171

Temperaturumrechnung 1171

Zahlwörter 1172

Übersicht über die Boxen mit englischen Formulierungshilfen

Abneigung 14

Absicht 22

anbieten 46

Angst, Sorge 54

Verärgerung 77

auffordern, verlangen 87

bitten 197

Briefe 214

sich bedanken 235

vorschlagen, einladen 300

Entscheidungen 330

entschuldigen 331

erlauben 342

fragen 388

Begeisterung, Freude 393

Erleichterung, Gelassenheit 426

glauben, vermuten 452

Geringschätzung, Kritik 621

loben 655

Meinungen/Ansichten 683

rückfragen 823
Ruhe 826
Traurigkeit, Enttäuschung 967
unterbrechen 1011
sich verabschieden 1024
verbieten 1026
sich vergewissern 1036
verstehen 1057
wissen 1113
zurechtweisen 1146
Zuständigkeit 1154
zustimmen 1155
zweifeln 1159

Benutzerhinweise

1. Die Stichwörter

Das Wörterbuch führt nicht nur Wörter, sondern auch einzelne Buchstaben und Abkürzungen als Stichwörter auf, ebenso Kurzwörter, Akronyme, Mehrwortausdrücke und Eigennamen.

B, b <-, – *o fam* -s, -s> *nt* ① (*Buchstabe*) B [*or* b]; ~ **wie Berta** B for Benjamin BRIT, B as in Baker AM ② MUS B flat; ■ **b** (*Erniedrigungszeichen*) flat

ABM <-, -s> *f Abk von* **Arbeitsbeschaffungsmaßnahme** job creation scheme [*or* AM plan]

Reha <-> *f kein pl* MED *kurz für* **Rehabilitation** rehab

AStA <-[s], -[s] *o* Asten> ['asta] *m* SCH *Akr von* **Allgemeiner Studentenausschuss** Student Union, NUS BRIT

Fata Morgana <- -, – Morganen *o* -s> *f* ① (*Luftspiegelung*) mirage ② (*Wahnvorstellung*) fata morgana, hallucination

Bodensee *m* ■ **der** ~ Lake Constance

2. Die alphabetische Anordnung

Da es kein einheitliches Alphabetisierungsprinzip gibt – Wörterbücher, Telefonbücher und Bibliothekskataloge sind alphabetisch unterschiedlich angeordnet –, ist es notwendig, das in diesem Wörterbuch gültige Alphabetisierungsprinzip zu erläutern:

Unterscheiden sich zwei Wörter nur durch Klein- und Großschreibung, so steht das klein geschriebene Wort vor dem groß geschriebenen.

vermögen *vt irreg* (*geh*) ■ **etw** ~ to be capable of [doing] [*or* be able to do] sth; ■ ~, **etw zu tun** to be capable of doing [*or* be able to do] sth
Vermögen <-s, -> *nt* ① FIN assets *pl;* (*Geld*) capital *no art, no pl;* (*Eigentum*) property *no art, no pl* ② *kein pl* (*geh*) ■ **jds** ~ sb's ability [*or* capability]; **jds** ~ **übersteigen/über jds** ~ **gehen** to be/go beyond sb's abilities

Die Umlaute ä, ö und ü werden wie Varianten der Vokale a, o und u behandelt und stehen bei diesen. Der einfache Vokal (ohne Trema) steht jeweils vor demjenigen mit Trema.

zahlen **I.** *vt* ① (*be~*) ■ **[jdm] etw [für etw** *akk*] ~ to pay [sb] sth [for sth]; **seine Miete/Schulden** ~ to pay one's rent/debts; **das Hotelzimmer/Taxi** ~ (*fam*) to pay for a hotel room/taxi (…)
zählen **I.** *vt* ① (*addieren*) ■ **etw** ~ to count sth; **das Geld auf den Tisch** ~ to count the money on the table ② (*geh: Anzahl aufweisen*) ■ **etw** ~ to number *form* sth, to have sth; ***der Verein zählt 59 Mitglieder*** the club has [*or* numbers] 59 members (…)

Der Buchstabe ß wird wie ss behandelt und steht nach dem Doppel-s.

floss[RR], **floß** *imp von* **fließen**
Floß <-es, Flöße> *nt* raft

Bindestriche, Punkte, Kommas und Wortzwischenräume zählen nicht als Buchstaben; sie werden bei der alphabetischen Einordnung ignoriert.

Eck <-[e]s, -e> *nt* ① ÖSTERR, SÜDD (*Ecke*) corner ② SPORT corner [of the goal]; **das kurze/lange ~** the near/far corner [of the goal] ▶ WENDUNGEN: **über ~** diagonally
EC-Karte *f Abk von* **Euroscheckkarte** Eurocheque card
Eckball *m* SPORT corner; **einen ~ geben/schießen** to award [*or* give]/take a corner; **einen ~ verwandeln** to score from a corner

Adoptivkind *nt* adopted [*or* adoptive] child
Adr. *f Abk von* **Adresse** addr.
Adrenalin <-s> *nt kein pl* adrenalin

Billion <-, -en> *f* trillion
bim, bam! *interj* ding, dong!
Bimbam *m* ▶ WENDUNGEN: **ach du heiliger ~!** (*fam*) good grief! *fam*

inopportun *adj* (*geh*) inopportune, ill-timed; ...
in petto *adv* **etw [gegen jdn] ~ haben** (*fam*) to have sth up one's sleeve [for sb] *fam*
in puncto *adv* (*fam*) concerning, with regard to; ■ **~ einer S.** *gen* concerning [*or* with regard to] sth, in so far as sth is concerned
Input <-s, -s> *m* ① INFORM (*eingegebenes Material*) input ...

Bei gleicher Schreibung wird die Form mit Punkt, Bindestrich oder Leerschlag nach der Form ohne eingeordnet

Abszisse <-, -n> *f* MATH abscissa
Abt, Äbtissin <-[e]s, Äbte> *m, f* abbot *masc*, abbess *fem*
Abt. *f Abk von* **Abteilung** dept.
ab|takeln *vt* ① NAUT ■ **etw ~** to unrig sth ② (*heruntergekommen*) ■ **abgetakelt** seedy

Eingeklammerte Buchstaben werden bei der alphabetischen Einordnung berücksichtigt. Die Klammern zeigen an, dass das Wort auch in einer Variante ohne den betreffenden Buchstaben existiert.

Essen(s)ausgabe *f* ① (*Schalter*) serving counter ② *kein pl* (*Verteilung einer Mahlzeit*) serving of meals; ***die ~ ist morgens um 7*** meals are served every morning at 7 **Essen(s)marke** *f* meal [*or* AM ticket] voucher **Essenszeit** *f* mealtime

Kommt in einem Stichwort eine arabische Zahl vor, wird sie so angeordnet wie ihre ausgeschriebene Form

dreieckig, 3-eckig[RR] *adj* triangular
Dreieckstuch *nt* ① MODE triangular shawl ② MED triangular bandage

Viele Substantive, die Tätigkeiten oder – im weitesten Sinne – Verhaltensweisen bezeichnen, existieren in männlicher und weiblicher Form; dasselbe gilt für Berufsbezeichnungen. In der Regel werden beide Formen in einem gemeinsamen Eintrag aufgeführt und übersetzt. Hierbei steht die weibliche Form mitunter nicht an ihrer alphabetisch korrekten Stelle.

Fach <-[e]s, Fächer> *nt* ① (*Unterteilung*) *Tasche, Brieftasche, Portmonnee* pocket; *Schrank, Regal* shelf; (*Ablegefach*) pigeonhole; *Automat* drawer
Facharbeiter(in) *m(f)* skilled worker **Facharbeiterbrief** *m* certificate of proficiency

Zusammengesetzte Stichwörter, deren erster Wortteil gleich ist und die alphabetisch aufeinanderfolgen, werden in Gruppen zusammengefasst.

Duftmarke *f* JAGD scent mark **Duftnote** *f* ❶ (*Duft von besonderer Prägung*) [a particular type of] scent [*or* fragrance]; (...) **Duftreis** *m* basmati rice **Duftsensation** *f* fragrant sensation **Duftstoff** *m* ❶ CHEM aromatic substance ❷ BIOL scent, odour [*or* AM -or] **Duftwasser** *nt* (*hum*) perfume, scent, BRIT toilet water **Duftwolke** *f* cloud of perfume

Verschiedene Schreibweisen eines Wortes werden nur dann gemeinsam angegeben, wenn kein anderes Stichwort zwischen den beiden Varianten kommt.

Minutenzeiger *m* minute hand
minutiös, minuziös I. *adj* (*geh*) meticulously exact [*or* detailed] **II.** *adv* (*geh*) meticulously
Minze <-, -n> *f* BOT mint *no pl*

Andernfalls wird von der selteneren Variante auf die frequentere verwiesen.

bäuerisch *adj s.* **bäurisch**

3. Besondere Zeichen in und an den Stichwörtern

3.1. Die Rechtschreibreform

Dieses Wörterbuch berücksichtigt die im Juli 1996 in Wien beschlossene Neuregelung der deutschen Rechtschreibung sowie die Richtlinien bei Zweifelsfällen von der Zwischenstaatlichen Kommission für deutsche Rechtschreibung.

In den nächsten Jahren werden die alten und die neuen Schreibweisen nebeneinander existieren, denn die Buch- und Zeitungsverlage werden sich unterschiedlich schnell umstellen. Aus diesem Grund führt das Wörterbuch die von der Rechtschreibreform betroffenen Wörter sowohl in der alten als auch in der neuen Schreibung auf. Die Benutzer haben somit die Möglichkeit, die ihnen jeweils vorliegende Form eines Worts nachzuschlagen.

Um zu vermeiden, dass sich das Wörterbuch durch diese notwendigen doppelten Nennungen zu sehr aufbläht, wurde ein umfassendes Verweissystem eingearbeitet, das die Benutzer von der alten zur neuen Schreibung führt (sofern alt und neu alphabetisch nicht unmittelbar aufeinander folgen). Bei der neuen Schreibung finden sie dann die gesuchte Übersetzung.

Die alte Schreibung wird durch eine graue Rasterung kenntlich gemacht, die neue durch das hochgestellte Zeichen RR für Rechtschreibreform.

belemmert *adj* (*sl*) *s.* **belämmert**

belämmert[RR] *adj* (*sl*) ❶ (*betreten*) sheepish, embarrassed ❷ (*scheußlich*) lousy; ***dieses ~e Wetter!*** the stupid [*or fam* lousy] [*or sl* shitty] weather!

Alte Schreibungen werden nur bei einfachen, nicht bei zusammengesetzten Wörtern (Komposita) gekennzeichnet.

Die „alten“ Komposita „Flußkrebs“ und „Flußpferd“ werden nicht mehr als Stichworter aufgeführt, sondern nur die neuen Schreibungen „Flusskrebs“ und „Flusspferd“.

Flusskrebs[RR] *m* crayfish

Flusspferd[RR] *nt* hippopotamus

Wenn die Benutzer Schwierigkeiten haben, ein zusammengesetztes Wort in seiner neuen Schreibung aufzufinden, können sie auf das Grundwort in seiner alten Schreibung (also Fluß) zurückgehen; dort finden sie den Verweis auf die neue Schreibung.

Fluss[RR] <-es, Flüsse> *m*, **Fluß** <-sses, Flüsse> *m* ❶ (*Wasserlauf*) river; **den ~ aufwärts/abwärts fahren** to travel upriver/downriver [*or* upstream/downstream]; (...)

Eine der wichtigsten Veränderungen, die die Rechtschreibreform im Hinblick auf ein Wörterbuch bringt, betrifft die Zusammen- und Getrenntschreibung. In zahlreichen Fällen wird aus einem bisher zusammengeschriebenen Wort ein kleines Syntagma, d. h. eine Fügung aus mehreren Wörtern, die kein Stichwort mehr ist, sondern nun innerhalb des Eintrags steht. Das Auffinden solch einer Fügung wird dadurch erleichtert, dass bei dem Stichwort alter Schreibung ein präziser Verweis die genaue Position der Fügung angibt.

> **allgemeinbildend** *adj* SCH *s.* **allgemein II 2**
> **allgemein I.** *adj* (...) **II.** *adv* (...) ❷ (*nicht spezifisch*) generally; ***der Vortrag war leider sehr ~ gehalten*** unfortunately the lecture was rather general [*or* lacked focus]; **eine ~ bildende Schule** *a school providing a general rather than specialized education;* ~ **medizinisch** general medical *attr*

Umgekehrt werden durch die Rechtschreibreform bisherige Syntagmen, also getrennt geschriebene Fügungen, in neue Stichwörter umgewandelt. Hier findet eine Verschmelzung statt. Die „alte" Fügung wird nicht durch Rasterung gekennzeichnet, weil diese Markierung, wie bereits gesagt, nur auf der Ebene der Stichwörter verwendet wird.

> **Dienstagabend**RR *m* Tuesday evening; (...)

3.2 Betonungszeichen

Der tiefgestellte Strich kennzeichnet einen Diphthong (Zwielaut: ai, ei, eu, au, äu) oder einen langen Vokal (Selbstlaut), der tiefgestellte Punkt einen kurzen Vokal.

> **verknautschen*** **I.** *vt* ■ **etw** ~ to crease [*or* crumple] sth; (*unabsichtlich a.*) to get sth creased (...)
>
> **Fassade** <-, -n> *f* ❶ (*Vorderfront eines Gebäudes*) façade, front ❷ (*äußerer Schein*) façade, front; **nur ~ sein** to be just [a] show
>
> **Göttin** <-, -nen> *f fem form von* **Gott** goddess

Verschiedene Betonungsmöglichkeiten werden hintereinander angegeben.

> **durchaus, durchaus** *adv* ❶ (*unbedingt*) definitely; ***hat er sich anständig benommen? — ja ~*** did he behave himself [properly]? — yes, perfectly [*or* absolutely]; (...)

3.3. Grammatische Zeichen

Der feine Strich kennzeichnet den ersten Teil bei trennbaren Verben.

> **durch|blicken** *vi* ❶ (*hindurchsehen*) ■ **[durch etw]** ~ to look through [sth] ❷ (*geh: zum Vorschein kommen*) to show [*or* peep through] (...)

Das hochgestellte Sternchen zeigt an, dass das Partizip Perfekt des Verbs ohne ge- gebildet wird.

> **verkraften*** *vt* ■ **etw** ~ ❶ (*innerlich bewältigen*) to cope with sth ❷ (*aushalten*) to cope with [*or* stand] sth; ***ich könnte ein Bier ~*** (*hum*) I could do with a beer

Hochgestellte arabische Ziffern machen gleich geschriebene Wörter mit unterschiedlichen Bedeutungen (Homographen) kenntlich.

> **Kabinett**[1] <-s, -e> *nt* ❶ POL (*Kollegium der Minister*) cabinet ❷ KUNST (*kleiner Raum im Museum*) gallery
> **Kabinett**[2] <-s, -e> *m* KOCHK *special quality German wine*

4. Aufbau der Einträge

4.1. Römische Ziffern

Mit Hilfe der römischen Ziffern wird ein Eintrag unter grammatischen Gesichtspunkten gegliedert. Die Ziffern zeigen also verschiedene grammatische Funktionen des Stichworts an:

Unterschiedliche Wortarten wie z. B. Präposition und Konjunktion werden mit römischen Ziffern voneinander unterschieden.

während I. *präp +gen* during II. *konj* ① (*zur selben Zeit*) while ② (*wohingegen*) whereas; ***er trainiert gerne im Fitnessstudio, ~ ich lieber laufen gehe*** he likes to work out in the gymn, whereas I prefer to go for a run

Bei Verben wird zwischen transitiv, intransitiv und reflexiv unterschieden.

erschrecken I. *vt* <erschreckte, erschreckt> *haben* ① (*in Schrecken versetzen*) ■ **jdn** ~ to give sb a fright ② (*bestürzen*) ■ **jdn** ~ to alarm sb, to shock sb II. *vi* <erschrickt, erschreckte *o* erschrak, erschreckt *o* erschrocken> *sein* ■ [**vor jdm/etw/bei etw**] ~ to get a fright [from sb/sth/on account of sth]; ~ ***Sie nicht, ich bin's nur!*** don't get a fright, it's only me! III. *vr* <erschrickt, erschreckte, erschreckt *o* erschrocken> *haben* (*fam: einen Schrecken bekommen*) ■ **sich** [**über etw** *akk*] ~ to be schocked [by sth]

Bei der Übersetzung von phrasal verbs wird eine Angabe über die Trennbarkeit der Konstruktion gemacht: bei *to wear out sth* zeigt die Angabe *sep* an, dass auch *to wear sth out* möglich ist

verschleißen <verschliss, verschlissen> I. *vi sein* to wear out II. *vt* ① (*abnutzen*) ■ **etw** ~ to wear out sth *sep* ...

Bei den Adjektiven wird der adverbiale Gebrauch kenntlich gemacht.

großzügig I. *adj* ① (*generös*) generous, ein ~*es Trinkgeld*, a generous [*or* handsome] tip ② (*nachsichtig*) lenient ③ (*in großem Stil*) grand; **ein ~er Plan** a large-scale plan II. *adv* ① (*generös*) generously ② (*nachsichtig*) leniently ③ (*weiträumig*) spaciously

4.2. Arabische Ziffern

Die arabischen Ziffern kennzeichnen die unterschiedlichen Bedeutungen des Stichworts innerhalb einer Wortart. Die eingeklammerten Angaben in kursiver Schrift (oder - in anderen Fällen - die abgekürzten Sachgebietshinweise) erläutern, welche Bedeutung jeweils vorliegt.

Gabe <-, -n> *f* ① (*geh: Geschenk*) gift, present; REL offering; **eine milde** ~ alms *pl*, a small donation *hum* ② (*Begabung*) gift; ■ **die** ~ **einer S.** *gen* **haben** to have a gift for sth; **die ~ des Erzählens/der Überredungskunst** the gift of the gab *fam*/of persuasion; **die ~ haben, etw zu tun** to have a [natural] gift of doing sth ③ *kein pl* MED (*das Verabreichen*) administering *no indef art, no pl* ④ SCHWEIZ (*Preis, Gewinn*) prize

4.3. Phraseologischer Block

Ein schwarzes Dreieck leitet den Block der festen Wendungen ein. Dies sind in der Regel bildhafte Redewendungen, die sich nur schwer oder gar nicht auf die Grundbedeutung (oder -bedeutungen) des Stichworts zurückführen lassen. Die Unterstreichung dient der besseren Orientierung im Wendungsblock. Sie hebt die sogenannten Ordnungswörter hervor, die nach einem bestimmten System angeordnet sind:

Stichwort + Substantiv

Stichwort + Adjektiv/Adverb

Stichwort + Verb

Stichwort + Präposition

Rest

> **Mund** <-[e]s, Münder> *m* ❶ ANAT mouth; **etw in den ~ nehmen** to put sth in one's mouth; (...) ▶ WENDUNGEN: **~ und Nase aufsperren** (*fam*) to gape in astonishment; **aus berufenem ~e** from an authoritative source; **sich** *dat* **den ~ fusselig reden** to talk till one is blue in the face; (...) **den ~ [zu] voll nehmen** (*fam*) to talk [too] big; **den ~ aufmachen** [*o* **auftun**] to speak up; **den ~ aufreißen** (*sl*) to talk big; **jdm über den ~ fahren** (*fam*) to cut sb short; **[jd ist] nicht auf den ~ gefallen** (*fam*) [sb is] never at a loss for words; (...) **wie aus einem ~e** with one voice, all at once [*or* together]; (...)

5. Wegweiser zur richtigen Übersetzung

Übersetzungen, die – nur durch Kommas getrennt – nebeneinander stehen, sind gleichbedeutend und somit austauschbar.

> **Karaffe** <-, -n> *f* decanter, carafe

5.1. Sachgebietsangaben

Sachgebietsangaben zeigen an, auf welchen Wissensbereich sich die vorliegende Wortbedeutung und ihre Übersetzung beziehen.

> **Kindersitz** *m* ❶ AUTO (*Rücksitzaufsatz*) child safety seat

5.2. Bedeutungshinweise

Bedeutungshinweise sind notwendig bei Stichwörtern, die mehrere Bedeutungen – mit jeweils unterschiedlichen Übersetzungen – haben. Die Hinweise stehen hinter den arabischen Ziffern in runden Klammern. Sie geben an, für welche Bedeutung des Stichworts die Übersetzung gilt.

> **keck** *adj* ❶ (*vorlaut*) cheeky, saucy ❷ (*provokant*) bold

5.3. Kursive Angaben

Mitunter ist es nicht möglich, für das Stichwort eine einzige, allgemein gültige Übersetzung anzugeben, weil es je nach Kontext anders übersetzt werden muss. In diesem Fall werden die verschiedenen Übersetzungen des Stichworts aufgeführt, wobei kursive Wörter den jeweiligen Kontext angeben, von dem die einzelne Übersetzung abhängt. Diese kursiven, nicht übersetzten Wörter nennt man Kollokatoren; darunter versteht man Wörter, die mit dem Stichwort eine enge, typische Verbindung eingehen und oft mit ihm zusammen vorkommen. Folgende Typen von Kollokatoren führen in diesem Werk zur richtigen Übersetzung.

5.3.1. Im Verbeintrag: typische Subjekte des Verbs oder verbaler Ausdrücke

spritzen **I.** *vi* ① *haben* (*in Tropfen auseinandersieben*) *Regen, Schlamm* to spray; *Fett* to spit ② *sein* (*im Strahl gelangen*) *Wasser* to spurt; (*aus einer Wasserpistole*) to squirt (...)

5.3.2. Im Verbeintrag: typische direkte Objekte des Verbs

graben <grub, gegraben> **I.** *vi* ① (*Erde ausheben*) to dig ② (*durch Graben suchen*) ■ **nach etw** *dat* ~ to dig for sth **II.** *vt* ① *Grube, Loch etc.* ■ **etw** ~ to dig sth; (...)

5.3.3. Im Adjektiveintrag: Substantive, die typischerweise zusammen mit dem Adjektiv vorkommen

stach(e)lig *adj Rosen* thorny; *Kakteen, Tier* spiny, spinous *spec;* (*mit kleineren Stacheln*) prickly

5.3.4. Im Substantiveintrag: Typische Genitivanschlüsse

Storno <-s, Storni> *m o nt Reise, Auftrag* cancellation; *einer Buchung* reversal

6. Beschreibende Angaben zu Quell- und Zielsprache

6.1. Stilangaben

Weicht ein Stichwort von der neutralen Standardsprache ab, so wird dies grundsätzlich angegeben. Die Angaben erfolgen sowohl in der Quell- als auch in der Zielsprache. Stilangaben zu Beginn eines Eintrags oder einer Kategorie (d.h. eines römisch oder arabisch bezifferten Absatzes) beziehen sich auf den gesamten Eintrag oder auf den gesamten Absatz.

verknallen* (*fam*) **I.** *vt* (*verschwenden*) ■ **etw** ~ to squander sth **II.** *vr* (*sich verlieben*) ■ **sich [in jdn]** ~ to fall head over heels in love [with sb]; ■ **[in jdn] verknallt sein** to be head over heels in love [with sb], to be crazy [*or fam* nuts] about sb

bezeichnet poetischen Sprachgebrauch, wie er nur in der Lyrik vorkommt, z. B. *Antlitz, Lenz*	*poet*	Englisch: *o'er, morn*
bezeichnet literarischen Sprachgebrauch, wie er nur in Romanen zu finden ist, z. B. *Blendung*	*liter*	Englisch: *to beseech, to doff one's hat*
bezeichnet gehobenen Sprachgebrauch, sowohl in der gesprochenen als auch in der geschriebenen Sprache, wie er bei gewählter Ausdrucksweise üblich ist, z. B. *eruieren, Diskrepanz*	*geh*	–
bezeichnet im Deutschen förmlichen Sprachgebrauch, wie er im amtlichen Schriftverkehr, auf Formularen oder in formellen Ansprachen üblich ist, z. B. *Bewirtung, ableben*	*form*	bezeichnet im Englischen gehobenen Sprachgebrauch, sowohl in der gesprochenen wie der geschriebenen Sprache, wie er bei gewählter Ausdrucksweise üblich ist, z. B. *peruse, mordacity*
bezeichnet umgangssprachlichen Sprachgebrauch, wie er zwischen Familienmitgliedern und Freunden in zwangloser Unterhaltung und in privaten Briefen verwendet wird, z.B: *doof*	*fam*	Englisch*: to shut up, to rip sb off*

–	*fam!*	bezeichnet im Englischen sehr stark umgangssprachlichen Sprachgebrauch, e.g. *take the piss out of sb.*
bezeichnet im Deutschen stark umgangssprachlichen, saloppen sprachgebrauch oder die Ausdrucksweise bestimmter Gruppen, z.B. Jugendliche, e.g. *flennen; jdm eine ballern*	*sl*	bezeichnet im Englischen Slang oder Jargon, z.B: *to sock sb one – jdm eine ballern*
bezeichnet im Deutschen einen sehr saloppen Sprachgebrauch, der meist von jüngeren Sprechern nur untereinander verwendet wird. Dieser Stil wirkt leicht flapsig und kann daher Anstoß erregen, z.B. *Fresse, krepieren*	*derb*	–
bezeichnet Wörter, die allgemein als vulgär gelten und daher tabu sind. Ihr Gebrauch erregt meist Anstoß.	*vulg*	

6.2. Altersangaben

In beiden Sprachen wird grundsätzlich angegeben, wenn ein Wort oder Ausdruck nicht mehr dem heutigen Sprachgebrauch entspricht.

echauffieren* [eʃɔ'fi:rən] *vr* (*veraltet*) ■ **sich [über jdn/etw]** ~ to get worked up [*or form* to excite oneself] [about sb/sth]

veraltend *dated*	bezeichnet ein Wort oder einen Ausdruck, wie er von der Altersgruppe der 50 bis 65 jährigen benutzt wird, z.B: *Biene (nettes Mädchen), öffentliche Bedürfnisanstalt.* Es handelt sich um Wörter, die noch im Gebrauch sind, die aber etwas altmodisch klingen. Englisch: z.B. *a brick (ein famoser Mensch)*
veraltet *old*	bezeichnet ein Wort oder einen Ausdruck, der heutzutage nicht benutzt aber durchaus noch verstanden wird, e.g. *Abort, Backfisch.* Englisch: *to wait on sb (jdn besuchen), brigand (Bandit)*
hist	Wörter, die gar nicht mehr im Gebrauch sind, z.B. *Ecu, Dienstleistungsabend, manufactory (Manufaktur)*

6.3. Rhetorische Angaben

Viele Wörter und Wendungen können mit einer bestimmten Sprechabsicht verwendet werden. In diesen Fällen wird bei der Quellsprache ein entsprechender Vermerk gemacht. Wenn die Übersetzung dieselbe rhetorische Absicht widerspiegelt, wird dies ebenfalls kenntlich gemacht.

gaffen *vi* (*pej*) ■ **[nach jdm/etw]** ~ (*fam*) to gape [*or* BRIT *pej fam* gawp] [at sb/sth], to stare [at sb/sth]; ***was gaffst du so?*** what are you gawping [*or* gaping] at!

emph	bezeichnet emphatischen Sprachgebrauch, z.B. *niemals*
euph	bezeichnet verhüllenden Sprachgebrauch; statt des eigentlichen Worts wird stellvertretend dieser beschönigende Ausdruck gebraucht, z.B: *das stille Örtchen, to pass away (für sterben)*
fig	bezeichnet übertragenen Sprachgebrauch. Das Wort oder die Wendung dient – im übertragenen Sinn – als Bild für das, was man ausdrücken will, z.B. *Kinderkrankheiten – teething troubles* (übertragen für *Anfangsprobleme*)
hum	bezeichnet scherzhaften Sprachgebrauch, z.B: *langer Lulatsch – beanpole*
iron	bezeichnet ironischen Sprachgebrauch. Der Sprecher meint eigentlich das Gegenteil dessen, was er sagt, z.B. *na super! – well that's just great!*

pej bezeichnet abwertenden Sprachgebrauch. Der Sprecher drückt damit seine abschätzige Haltung aus, z. B. *Pampe – mush*

prov Bezeichnet ein Sprichwort, z. B. *Perlen vor die Säue werfen – to cast pearls before the swine*

6.4. Regionale Angaben

Außer dem Deutschen Deutschlands werden das Deutsche von Österreich und der Schweiz besonders berücksichtigt.

Jänner <-s, -> *m* ÖSTERR January
Natel® <-s, -s> *nt* SCHWEIZ (*Handy*) mobile phone BRIT, cellphone AM

Amerikanisches Englisch wird in der Zielsprache sowohl in der Schreibung als auch für Wörter und Wendungen systematisch gemacht.

Humor[1] <-s, *selten* -e> *m* ① (*Laune*) good humour [*or* AM -or], cheerfulness; (...)
Einkaufszentrum *nt* [out-of-town] shopping centre [*or* AM -er] [*or* mall]
ein|brechen *irreg* **I.** *vi* ① *sein o haben* (*Einbruch verüben*) ■ **[bei jdm/in etw]** ~ *dat o akk* to break into [sb's/sth]; (...) ⑥ *sein* (*Misserfolg haben*) to come a cropper BRIT *sl*, to suffer a setback AM **II.** *vt haben* ■ **etw** ~ to break down sth *sep*

v. a. typisch bundesrepublikanische Phänomene wie, z. B. *Bundesgrenzschutz, Bundestag* — BRD

nur in Österreich gebrauchter Ausdruck, z. B. *Marille, Jänner* — ÖSTERR

Ausdruck, der nur in der Schweiz gebraucht wird, z. B. *Badkleid, Natel* — SCHWEIZ

im Norden Deutschlands gebrauchter Ausdruck, z. B. *kieken (gucken)* — NORDD

im Süden Deutschlands gebrauchter Ausdruck, z. B. *etw lupfen (etw heben)* — SÜDD

regional begrenzter Ausdruck, z. B. *mopsen (klauen)* — DIAL

AM — typisch amerikanisches Phänomen (z. B. *CIA*), oder nur in den USA gebrauchter Ausdruck, z. B. *charley horse (Muskelkrampf; Muskelkater)*

BRIT — typisch britisches Phänomen (z. B. *Queen's Counsel*), oder nur in Großbritannien gebrauchter Ausdruck, z. B. *ansaphone (Anrufbeantworter)*

6.5. Sonstige Angaben

Weitere Angaben werden zu beiden Sprachen gemacht, wenn der Gebrauch eines Wortes auf eine bestimmte Altersgruppe, Sprechsituation oder Zeit beschränkt ist

fachspr	bezeichnet einen von Laien nicht benutzten Fachausdruck, z.B. *atoxisch* (für ungiftig), *renal calculus* (für *kidney stone – Nierenstein*).	*spec*
Kindersprache	bezeichnet einen Ausdruck, der nur im Gespräch mit kleinen Kindern benutzt wird, z.B. *hopsala – whoops-a-daisy*	*childspeak*
selten	Bezeichnet selten gebrauchte Sprache, z.B. *Erbitterung* in der Bedeutung *Heftigkeit; listenership* als mögliche Übersetzung von *Hörerschaft*	*rare*

Lautschriftzeichen für Deutsch

Zeichen der Lautschrift	
[a]	hat
[aː]	Bahn
[ɐ]	bitter
[ɐ̯]	Uhr
[ã]	Chanson
[ãː]	Gourmand
[a͜i]	heiß
[a͜u]	Haus
[b]	Ball
[ç]	ich
[d]	dicht
[d͜ʒ]	Gin, Job
[e]	Etage
[eː]	Beet, Mehl
[ɛ]	Nest, Wäsche
[ɛː]	wählen,
[ɛ̃]	timbrieren
[ɛ̃ː]	Teint
[ə]	halte
[f]	Fett, viel
[g]	Geld
[h]	Hut
[ɪ]	Bitte
[i]	Vitamin
[iː]	Bier
[i̯]	Studie
[j]	ja
[k]	Kohl, Computer
[kv]	Quadrat
[l]	Last
[l̩]	Nebel
[m]	Meister
[m̩]	großem
[n]	nett
[n̩]	sprechen
[ŋ]	Ring, blinken
[o]	Oase
[oː]	Boot, drohen
[o̯]	loyal
[õ]	Fondue
[õː]	Fonds
[ɔ]	Post
[ø]	Ökonomie
[øː]	Öl
[œ]	Götter
[œ̃]	Lundist
[œ̃ː]	Parfum
[ɔ͜y]	Mäuse
[p]	Papst
[p͜f]	Pfeffer
[r]	Rad
[s]	Rast, besser, heiß
[ʃ]	Schaum, sprechen, Chef
[t]	Test, treu
[t͜s]	Zaun
[t͜ʃ]	Matsch, Tschüss
[u]	zunächst
[uː]	Hut
[u̯]	aktuel
[ʊ]	Mutter
[u͜i]	pfui
[v]	wann
[x]	Loch
[ks]	Fix, Axt, Lachs
[y]	Mykene
[yː]	Typ
[y̆]	Etui
[ʏ]	füllen
[z]	Hase, sauer
[ʒ]	Genie
ʔ	Knacklaut
ˈ	Hauptbetonung
ˌ	Nebenbetonung

A

A, a <-, – *o fam* -s, -s> *nt* ① (*Buchstabe*) A, a; **ein großes A/ein kleines a** a small a/a capital A; ~ **wie Anton** A for Andrew BRIT, A as in Abel AM ② MUS A, a; **A-Dur/a-Moll** A major/A minor; **das ~ anschlagen** to hit a ▶ WENDUNGEN: **von ~ nach B [kommen]** [to get] from A to B; **wer ~ sagt, muss auch B sagen** (*prov*) if you make your bed, you've got to lie in it, BRIT *a.* in for a penny, in for a pound *prov;* **das ~ und [das] O** the be-all and end-all, the most important thing; **von ~ bis Z** (*fam: von Anfang bis Ende*) from beginning to end; (*in- und auswendig*) inside out

à [a] *präp* at; ***200 Flaschen Mouton ~ DM 135,-*** 200 bottles of Mouton at DM 135 each

Ä, ä <-, – *o fam* -s> [ɛː] *nt* a umlaut

Aa <-> [a'ʔa] *nt kein pl* (*kindersprache*) poo[h] BRIT *childspeak,* poop AM *childspeak;* ~ **machen** to do a poo[h] [*or* AM poop]

AA <-> *nt kein pl* ① *Abk von* **Auswärtiges Amt** ≈ FCO BRIT, ≈ State Department AM ② *ohne Art Abk von* **Anonyme Alkoholiker** AA

Aachen <-s> *nt* Aachen

Aal <-[e]s, -e> *m* eel ▶ WENDUNGEN: **glatt wie ein ~** as slippery as an eel; **sich [drehen und] winden wie ein ~** (*aus Unaufrichtigkeit*) to wriggle like a worm; (*aus Verlegenheit*) to squirm

aalen *vr* (*fam*) ■ **sich ~** to stretch out; ■ **sich in der Sonne ~** to bask in the sun

aalglatt I. *adj* (*pej*) slippery II. *adv* (*pej*) artfully **Aalquappe** *f* KOCHK burbot, eelpout **Aalsuppe** *f* eel soup

AAM <-s, -s> *m Abk von* **angeborener Auslösemechanismus** IRM

a.a.O. *Abk von* **am angegebenen Ort** loc. cit.

Aargau <-s> *m* ■ **der ~** Aargau

Aas <-es> *nt* ① *pl* Aase (*Tierleiche*) carrion ② *pl* Äser (*fam männliche Person*) bastard *fam!,* AM *a.* jerk *fam!;* (*weibliche Person*) bitch *fam!* ▶ WENDUNGEN: **kein ~** (*fam*) not a soul

aasen *vi* (*fam*) ■ **mit etw** *dat* ~ to fritter away sth *sep;* **mit Energie/Rohstoffen ~** to squander energy/resources; **mit seiner Gesundheit ~** to neglect one's health

Aasfresser <-s, -> *m* carrion-eating animal **Aasgeier** *m* vulture *a. pej;* ***ihr seid wie die ~!*** you're vultures! **Aaskäfer** *m* carrion-beetle

ab I. *adv* ① (*weg, entfernt*) off; ***zur Post geht es an der Kreuzung links*** ~ the post office is off to the left at the crossroads; ~ **sein** to be out in the sticks; **weit ~ sein** [*o* **liegen**] to be far away; ***das Lokal ist mir zu weit ab*** the pub is too far away; ***das liegt zu weit ~ vom Weg*** that's too far off the beaten track ② (*abgetrennt*) off; ~ **sein** (*fam*) to be broken [off]; ***mein Knopf ist ab*** I've lost a button; ***erst muss die alte Farbe*** ~ first you have to remove the old paint ③ (*in Befehlen*) off; ~ ***ins Bett!*** off to bed!; ~***, ihr beiden, Hände waschen!*** off you two go, and wash your hands!; ~ ***nach Hause!*** off home with you!; ~ ***in/auf dein Zimmer!*** go to your room!; ~ **nach oben/unten!** up/down we/you etc. go!; ~ **sofort** as of now; ~ **und zu** [*o* NORDD **an**] now and then ④ (*abgehend*) from; ***der Zug fährt ~ Köln*** the train departs from Cologne; ***Frankfurt ~ 19 Uhr, New York an 8 Uhr*** departing Frankfurt [at] 19.00, arriving New York [at] 8.00 II. *präp +dat* ① (*räumlich*) from ② (*zeitlich*) from; ~ ***wann ...?*** from when ...? ③ (*von ... aufwärts*) from; ***Kinder ~ 14 Jahren*** children from the age of 14 up ④ ÖKON ex; **Preis ~ Fabrik/Werk** price ex factory/works ⑤ SCHWEIZ (*nach der Uhrzeit*) past; ***Viertel ~ 8*** quarter past eight ⑥ SCHWEIZ (*von*) on;

~ ***Kassette*** on cassette

Abakus <-, -> *m* abacus

ab|ändern *vt* ■ **etw [in etw** *akk*] ~ to amend sth [to sth]; **ein Gesetz/einen Text/eine Verfassung ~** to amend a law/text/constitution; **ein Programm ~** to change a schedule; **eine Strafe ~** to revise a punishment

Abänderung *f* amendment; *einer Strafe* revision; ~**en [an etw** *dat*] **vornehmen** to make amendments [to sth]; **in ~ des Programmes** as a change to the schedule

Abänderungsantrag *m* POL amendment; **einen ~ einbringen** to propose an amendment

ab|arbeiten I. *vt* ■ **etw ~** ① (*durch Arbeit tilgen*) to work off sth *sep;* **die Überfahrt ~** to work one's passage ② (*der Reihe nach erledigen*) to work through sth ③ (*hinter sich bringen*) to finish sth II. *vr* ■ **sich ~** (*fam*) to work like a madman [*or* dog] *fam,* to work oneself into the ground [*or* to death]; *s. a.* **abgearbeitet**

Abart *f* ① BIOL mutation *spec* ② BOT variety

abartig I. *adj* ① (*abnorm*) deviant, abnormal; (*pervers a.*) peverted; **eine ~e Neigung haben** to have abnormal [*or* deviant] tendencies ② (*sl: verrückt*) crazy, mad II. *adv* ① (*abnorm*) abnormally; **auf etw** *akk* ~ **reagieren** to react abnormally to sth ② (*sl*) really; ***mein Kopf tut ~ weh*** I've got a splitting headache; ***das hat ~ lang gedauert*** that took absolute ages ③ (*pervers*) pervertedly

Abartigkeit <-, -en> *f* deviance, perversity; **von einer besonderen/seltenen ~ sein** to be peculiarly/particularly deviant

ab|äschern *vt* KOCHK **einen Fisch ~** *to rub a fish with wooden ashes to remove slime*

ab|backen *vt* KOCHK *s.* **ausbacken**

ab|balgen *vt* KOCHK, JAGD **Wild ~** to skin game

ab|ballern *vt* (*sl*) ■ **jdn ~** to blow away sb *sep;* ■ **ein Tier ~** to pot an animal *fam*

Abbau <-s> *m kein pl* ① (*Förderung*) mining; **der ~ von Braunkohle/Schiefer/Steinkohle** brown coal/slate/hard coal mining; **der ~ von Bodenschätzen** mining for mineral resources ② (*Verringerung*) cut; ***ein ~ der Produktion*** a cutback in production ③ (*allmähliche Beseitigung*) revocation, withdrawal; **der ~ von Vorurteilen** the breaking down [*or* elimination] of prejudices ④ MED (*Verfall*) deterioration *spec* ⑤ CHEM breakdown

abbaubar *adj* ① BERGB (*sich fördern lassend*) workable ② CHEM, MED degradable; **biologisch ~** biodegradable

ab|bauen I. *vt* ■ **etw ~** ① BERGB (*fördern*) to mine sth ② (*demontieren*) to dismantle sth ③ (*verringern*) to reduce [*or* decrease] sth ④ (*schrittweise beseitigen*) to cut sth; **Vorrechte ~** to reduce [*or* cut] privileges ⑤ CHEM, MED to break down sth *sep* II. *vi* (*fam: allmählich weniger leisten*) *Kräfte, Konzentration* to flag, to wilt; (*geistig/körperlich nachlassen*) to deteriorate

Abbauprodukt *nt* break-down product

ab|beeren *vt* ■ **etw ~** to strip the berries off sth

ab|beißen *irreg* I. *vt* ■ **[jdm] etw ~** to bite [off] [sb's] sth; ■ **etw von etw** *dat* ~ to bite sth off [of] sth; ***er biss ein Stück von der Schokolade ab*** he bit off a piece of the chocolate II. *vi* to take a bite; ***möchtest du mal ~?*** would you like [to have] a bite?

ab|beizen *vt* ■ **etw [von etw** *dat*] ~ to strip sth [off [*or* AM *a.* off of] sth]

Abbeizmittel *nt* stripper

ab|bekommen* *vt irreg* ① (*seinen Anteil erhalten*) ■ **etw [von etw** *dat*] ~ to get [*or* receive] one's share [of sth]; ***ich habe noch nichts vom Gewinn ~*** I still haven't had my share of the winnings; **die Hälfte von**

etw ~ to receive [*or* get] half of sth ② (*durch etw getroffen werden*) ■ **etw** ~ to get sth; **Prügel** ~ to get a beating ③ (*fam: beschädigt werden*) ■ **etwas/nichts** ~ to get/not get damaged; ***das Auto hat bei dem Unfall eine ganze Menge*** ~ the car got quite a bashing in the accident ④ (*fam: verletzt werden*) ■ **etwas/nichts** ~ to be/not be injured ⑤ (*entfernen können*) ■ **etw** [**von etw** *dat*] ~ to get sth off [of sth]

ab|berufen* *vt irreg* (*zurückbeordern*) ■ **jdn** ~ to recall sb ▶ WENDUNGEN: [**von Gott**] ~ **werden** (*euph*) to pass away, to be called Home to one's Lord *euph*

Abberufung *f* recall; ***die Regierung erwog die*** ~ ***des Botschafters*** the government considered recalling the ambassador

ab|bestellen* *vt* ① (*eine Bestellung widerrufen*) ■ **etw** ~ to cancel sth ② (*einen Besuch widerrufen*) ■ **jdn** ~ to cancel sb's visit/appointment; ***du kannst den Klempner wieder*** ~ you can tell the plumber he needn't come anymore

Abbestellung *f* cancellation

ab|bezahlen* **I.** *vt* ■ **etw** ~ to pay off sth *sep* **II.** *vi* to pay in instalments [*or* AM *usu* installments]; ***an dem Auto muss ich noch 16 Monate lang*** ~ I have another 16 month's instalments to make on the car

ab|biegen *irreg* **I.** *vt haben* (*fam*) ■ **etw** ~ to get out of sth *fam;* ***ich sollte eine Rede halten, aber zum Glück konnte ich das*** ~ I was supposed to give a speech but luckily I managed to get out of it; **einen Plan** ~ to forestall a plan **II.** *vi sein* ① (*nach links/rechts fahren*) to turn [off]; [**nach**] **links/rechts** ~ to turn [off to the] left/right; **von einer Straße** ~ to turn off [*or* AM *a.* off of] a road ② (*eine Biegung machen*) to bend; ***die Straße biegt*** [***scharf***] ***ab*** there's a [sharp] bend in the road

Abbiegespur *f* turn-off [*or* AM turning] lane

Abbild *nt* image; (*im Spiegel*) reflection

ab|bilden *vt* ① (*fotografisch wiedergeben*) **einen Gegenstand** ~ to copy [*or* reproduce] an object; ■ **jdn** ~ to portray [*or* depict] sb; **eine Landschaft** ~ to depict a landscape; ***auf dem Foto war der Tatort abgebildet*** the photo showed the place of the crime ② (*geh: wiedergeben*) ■ **etw** ~ to portray [*or* depict] sth; ***der Bericht bildet die Verhältnisse in Litauen ab*** the report portrays the conditions in Lithuania

Abbildung <-, -en> *f* ① (*Illustration*) illustration ② (*bildliche Wiedergabe*) image, diagram; ***siehe*** ~ ***3.1 auf Seite 5*** see figure 3.1 on page 5 ③ (*das Abbilden*) reproduction, depiction; ***diese Statistik eignet sich nicht zur*** ~ these figures are not suitable for depicting in a diagram

ab|binden *irreg* **I.** *vt* ① MED (*abschnüren*) **die Hauptschlagader/ein Körperglied** ~ to put a tourniquet the main artery/on a limb ② KOCHK (*verdicken*) **eine Soße/Suppe** [**mit etw** *dat*] ~ to thicken [*or* bind] a sauce/soup [with sth]; ***zum A~ nehme ich immer Stärkemehl*** I always use cornflour to thicken ③ (*losbinden*) ■ **sich** *dat* **etw** ~ to untie [*or* undo] one's sth; **eine Krawatte** ~ to undo a tie; **eine Schürze** ~ to untie an apron **II.** *vi* ① BAU to bind ② KOCHK to thicken

Abbitte *f* (*geh*) apology; [**bei jdm**] ~ **leisten** [*o* **tun**] to offer one's apologies [to sb]

ab|blasen *vt irreg* ① (*fam: absagen*) ■ **etw** ~ to call sth off ② (*durch Blasen entfernen*) ■ **etw** [**von etw** *dat*] ~ to blow sth away [from sth] ③ (*durch Blasen von Belag reinigen*) ■ **etw** ~ to blow the dust off [*or* AM *a.* off of] sth

ab|blättern *vi sein* ■ [**von etw** *dat*] ~ to peel [off [*or* AM *a.* off of] sth]

ab|bleiben *vi irreg sein* (*fam*) ***wo ist sie nur schon wieder abgeblieben?*** where has she got to this time?; ***irgendwo muss es abgeblieben sein*** it has got to be somewhere

abblendbar *adj* ■ **ein ~er Rückspiegel** a dipping rear mirror

ab|blenden **I.** *vi* ① AUTO to dip [*or* AM dim] the [*or* one's] lights ② FILM to fade out **II.** *vt* **die Scheinwerfer** ~ to dip [*or* AM dim] the headlights; **das Fenster** ~ to black out the window

Abblendlicht *nt* AUTO dipped [*or* AM dimmed] headlights

ab|blitzen *vi sein* (*fam*) ■ **bei jdm** [**mit etw** *dat*] ~ to not get anywhere with sb [with sth] *fam;* ***mit diesem Vorschlag werden Sie beim Chef*** ~ you won't get anywhere with the boss with that proposal; **jdn** ~ **lassen** to give sb the brush-off *fam,* to turn sb down

ab|blocken **I.** *vt* ■ **jdn/etw** [**mit etw** *dat*] ~ to block sb/sth [with sth] **II.** *vi* to refuse to talk about sth

Abbrand *m* ① NUKL burn-up *spec* ② (*metal*) melting loss

ab|brausen **I.** *vi sein* (*fam*) to race [*or fam* zoom] off **II.** *vt haben* ■ **etw** ~ to rinse sth off [under the shower]; ■ **jdn** ~ to put sb under the shower

ab|brechen *irreg* **I.** *vt haben* ■ **etw** ~ ① (*von etw lösen*) to break off sth *sep* ② (*abbauen*) to dismantle sth; **ein Lager** ~ to break [*or* strike] camp; **ein Zelt** ~ to take down [*or* strike] a tent; *s. a.* **Zelt** ③ (*niederreißen*) to pull down sth *sep,* to demolish sth ④ (*vorzeitig beenden*) to stop sth; **eine Beziehung** ~ to break off a relationship; **die Behandlung/Therapie** ~ to stop [*or* quit] the course of treatment/therapy; **einen Streik** ~ to call off a strike; **das Studium** ~ to drop out of college [*or* BRIT *a.* university]; **den Urlaub** ~ to cut short one's holidays; **eine Übertragung** ~ to interrupt a broadcast; *s. a.* **abgebrochen** **II.** *vi* ① *sein* (*sich durch Brechen lösen*) to break off ② (*aufhören*) to stop ③ (*beendet werden*) to cease; *Beziehung* to end, to break off; **etw** ~ **lassen** to break off sth; **den Kontakt** ~ **lassen** to lose contact [*or* touch] **III.** *vr haben* **sich** *dat* [**bei etw** *dat*] [**k**]**einen** ~ (*sl*) to [not] bust a gut [doing sth] *sl;* [***nun***] ***brich dir*** [***mal***] ***keinen ab!*** don't put yourself out!; ***brich dir bloß keinen ab bei deinen Gratulationen!*** don't go overboard with the congratulations!

ab|bremsen **I.** *vt* ① (*langsamer werden lassen*) ■ **etw** ~ to slow down sth *sep;* **den Motor** ~ to brake the engine ② (*fig: langsamer verlaufen lassen*) ■ **etw** ~ to curb [*or sep* slow down] sth; **einen Fall** ~ to break a fall; **die Inflation** ~ to curb inflation **II.** *vi* to brake, to slow down; ***hier solltest du auf 50 km/h abbremsen*** you should slow down to 50 km/h here

ab|brennen *irreg* **I.** *vt haben* ■ **etw** ~ ① (*durch Verbrennen beseitigen*) to burn off sth *sep* ② (*niederbrennen*) to burn down sth *sep,* to burn sth to the ground ③ (*brennen lassen*) to burn sth; **ein Feuerwerk/eine Rakete** ~ to let off fireworks/rockets *sep* ④ KOCHK (*absengen*) to singe [*or* burn] off sth *sep,* to distil [*or* AM distill] sth ⑤ KOCHK ÖSTERR (*mit brauner Butter übergießen*) to pour black butter over sth **II.** *vi sein* ① (*niederbrennen*) to burn down [*or* to the ground] ② (*sein Haus durch Brand verlieren*) to be burnt [*or* burned] out ③ (*sich durch Brennen aufbrauchen*) to burn out

ab|bringen *vt irreg* ■ **jdn von etw** *dat* ~ get sb to give up sth; (*abraten*) to change sb's mind about sth; ■ **jdm davon ~, etw zu tun** to prevent sb [from] doing sth; (*abraten*) to dissuade sb from doing sth; **jdn vom Kurs** ~ to throw sb off course; **jdn vom Thema** ~ to get sb away from the subject; ■ **sich von etw** *dat* **nicht** ~ **lassen** to not let oneself be made [*or* persuaded] to give up sth; **sich nicht von seiner Meinung** ~ **lassen** to not let anyone/anything change one's mind [*or* opinion]; **sich nicht von seinen Gewohnheiten** ~ **lassen** to not be made to give up one's habits; ***er ließ sich von seinem Vorhaben nicht*** ~ he won't be persuaded to drop his plan; **jdn/einen Hund von der Spur** ~ to throw [*or* put] sb/a dog off the scent

ab|bröckeln *vi sein* ① (*sich bröckelnd lösen*) ■[**von etw** *dat*] ~ to crumble [away from sth] ② FIN (*an Wert verlieren*) to ease off

Abbruch *m* ① *kein pl* (*das Niederreißen*) demolition; ***der ~ eines verwahrlosten Gebäudes*** to pull down [*or* demolish] a neglected building; **etw auf ~ verkaufen** to sell sth at demolition value ② *kein pl* (*Beendigung*) breaking off; *einer Therapie a.* ceasing; *des Studiums* dropping out; ***mit dem ~ der diplomatischen Beziehungen drohen*** to threaten to break off diplomatic relations; ***es kam zum ~ der Veranstaltung*** the event had to be called off ③ (*fam: Schwangerschafts~*) abortion ▶ WENDUNGEN: **einer S.** *dat* **keinen ~ tun** to not spoil sth; **jds Fröhlichkeit** [*o* **guten Laune**] **keinen ~ tun** to not dampen sb's spirits; ***das tut der Liebe keinen Abbruch*** never mind!

Abbrucharbeiten *pl* demolition work *no pl* **abbruchreif** *adj* ① (*baufällig*) dilapidated ② SCHWEIZ (*schrottreif*) ready for the scrap heap *pred* **Abbruchunternehmer** *m* demolition firm

ab|brühen *vt* KOCHK ■**etw** ~ to scald sth

ab|brummen *vt* (*fam*) ■**etw** ~ to sit out sth *sep;* ***die zehn Monate Knast brumme ich doch im Handumdrehen ab!*** I'll have the 10 months inside behind me in no time at all!

ab|buchen *vt* ① FIN ■**etw** [**von etw** *dat*] ~ to debit sth [from sth]; ■**etw** [**von etw** *dat*] ~ **lassen** to have sth debited [from sth]; ***für das A~ erhebt die Bank Gebühren*** the bank charges for debits ② ÖKON (*abschreiben*) ■**etw** [**unter etw** *dat*] ~ to write sth off [as sth] ③ (*verzeichnen*) ■**etw als** *nom* [*o* **unter** *dat*] **etw** ~ to write sth off as sth

Abbuchung *f* direct debit; (*abgebuchter Betrag*) debit; **durch** ~ by direct debit

Abbuchungsauftrag *m* [direct] debit order

ab|bügeln *vt* (*fig sl*) ■**etw** ~ to stonewall sth

ab|bürsten *vt* ① (*durch Bürsten reinigen*) ■**etw** ~ to brush off sth *sep;* **einen Anzug/einen Mantel** ~ to brush down a suit/coat; ■**sich** ~ to brush oneself down ② (*durch Bürsten entfernen*) ■[**sich** *dat*] **etw von etw** *dat* ~ to brush sth off [of] [one's] sth; ***dieser Dreck lässt sich nicht sehr gut*** ~ this muck is not very easy to brush off ③ (*fam: zurechtweisen*) ■**jdn** ~ to give sb a dressing down

ab|büßen *vt* ■**etw** ~ to serve sth

Abbüßung <-, -en> *f* JUR serving; ***sie wurde vor ~ ihrer Strafe entlassen*** she was released before she'd finished serving her sentence

Abc <-, -> *nt* ① (*Alphabet*) abc, ABC; **etw nach dem ~ ordnen** to put sth in alphabetical order ② (*Grundwissen*) ■**das ~ einer S.** *gen* the ABC of sth; ***„~ der Astronomie für Anfänger"*** "Basic Astronomy for Beginners"

ab|checken [-tʃɛkn] *vt* (*fam*) ① (*kontrollieren*) ■**etw** ~ to check out sth *sep;* ■~, **ob** to check out whether ② (*prüfen*) ■**jdn** ~ to give sb the once-over *fam,* to check out sb *sep* ③ (*abhaken*) ■**etw** ~ to tick off sth *sep* ④ (*absprechen*) ■**etw mit jdm** ~ to confirm sth with sb

ABC-Pflaster [a:be:ˈtse:-, abeˈtse:-] *nt* PHARM deep-heat plaster [*or* poultice]

Abc-Schütze, -Schützin *m, f* SCH (*hum: Schulanfänger*) school starter

ABC-Waffen *pl* MIL nuclear, biological and chemical [*or* NBC] weapons *pl*

ab|dampfen *vi* to evaporate, to vaporize

ab|danken *vi* ① (*fam: zurücktreten*) to resign, to step down ② (*auf den Thron verzichten*) to abdicate ③ ■**abgedankt** (*veraltet*) retired

Abdankung <-, -en> *f* ① (*fam: Rücktritt*) resignation ② (*Thronverzicht*) abdication ③ SCHWEIZ (*Trauerfeier*) funeral service

ab|decken *vt* ① (*abnehmen*) ■**etw** ~ to take off sth *sep;* **das Bett** ~ to strip the bed; **den Tisch** ~ to clear the table ② (*aufmachen*) ■**etw** ~ to uncover [*or* open up] sth *sep;* (*den Deckel abnehmen*) to remove the lid/cover from sth ③ (*die Dachpfannen wegnehmen*) ■**etw** ~ to lift the roof off [*or* AM *a.* off of] sth ④ (*bedecken*) ■**etw** ~ to cover [over] sth ⑤ FIN (*ausgleichen*) ■**etw** [**mit etw** *dat*] ~ to cover sth with sth; ***die Kosten der Feier werden von der Firma abgedeckt*** the cost of the celebration will be met by the company

Abdecker(in) <-s, -> *m(f)* knacker BRIT, renderer AM

Abdeckerei <-, -en> *f* knacker's [yard] BRIT, rendering works AM

Abdeckung *f* ① (*Material zum Abdecken*) cover ② *kein pl* (*das Bedecken*) covering

ab|dichten *vt* ① (*dicht machen*) ■**etw** ~ to seal sth; **ein Leck** ~ to plug [*or* stop] a leak; **ein Loch/Ritzen** ~ to fill [in] [*or* seal] a hole/cracks ② (*isolieren*) ■**etw gegen etw** *akk* ~ to proof sth against sth; **etw gegen Feuchtigkeit/Lärm/Zugluft** ~ to damp proof/soundproof/draught [*or* AM draft] proof sth

Abdichtung *f* ① (*Dichtung*) seal ② (*Isolierung*) proofing ③ *kein pl* (*das Abdichten*) sealing; **die ~ eines Lecks** the plugging [*or* stopping] of a leak; **die ~ eines Lochs/einer Ritze** the filling [in] of a hole/crack

Abdomen <-s, Abdomina> *nt* MED, ZOOL (*Unterleib, Hinterleib eines Insekts*) abdomen

ab|drängen *vt* ① (*beiseite drängen*) ■**jdn** ~ to push sb away ② SPORT ■**jdn** [**von etw** *dat*] ~ to keep sb away [from sth]; **jdn vom Ball/Tor** ~ to push sb off the ball/to block sb's path to the goal ③ NAUT ■**etw** [**von etw** *dat*] ~ to drive [*or* force] sth off [of] sth; **von Wind abgedrängt werden** to be blown off course by the wind

ab|drehen **I.** *vt haben* ① (*abstellen*) ■**etw** ~ to turn off sth *sep* ② (*abtrennen*) ■**etw** [**von etw** *dat*] ~ to twist sth [off sth] ③ (*zudrücken*) ■**jdm die Gurgel** [*o* **den Hals**] ~ to strangle [*or* throttle] sb; (*fig*) to send [*or* force] sb to the wall ④ FILM (*zu Ende drehen*) ■**etw** ~ to finish [filming] sth **II.** *vi sein o haben* ① (*Richtung ändern*) to turn [off]; **Backbord/Steuerbord** ~ to turn to port/starboard; **nach Norden/Osten/Süden/Westen** ~ to turn to the north/east/south/west ② PSYCH (*fam*) to go crazy

ab|driften *vi sein* ① (*abgetrieben werden*) ■[**irgendwohin**] ~ to drift [off] [somewhere]; ■**von etw** *dat* ~ to drift [away] from sth ② (*sl: abgleiten*) ■**irgendwohin** ~ to drift somewhere; **ins Abseits** ~ to disappear into obscurity

Abdruck¹ <-drücke> *m* ① (*abgedrückte Spur*) print; MED impression; **einen ~ machen** [*o* **nehmen**] to make [*or* take] a print ② (*Umriss*) impression

Abdruck² <-drucke> *m* ① (*Veröffentlichung*) printing, publication; ***wir planen den ~ dieses Artikels für den nächsten Monat*** we plan to print [*or* publish] this article next month ② *kein pl* (*das Nachdrucken*) reprint

ab|drucken *vt* ■**etw** ~ to print sth

ab|drücken **I.** *vt* ① (*fam: umarmen*) ■**jdn** ~ to hug sb ② MED (*unterbinden*) ■**etw** ~ to clamp sth ③ (*abfeuern*) ■**etw** ~ to fire sth **II.** *vi* (*feuern*) to shoot

ab|ducken *vi* to duck

ab|dunkeln *vt* ■**etw** ~ ① (*abschirmen*) to dim sth ② (*dunkler machen*) to darken sth; **ein Fenster** ~ to black out a window ③ (*dunkler werden lassen*) to tone down sth

ab|duschen *vt* ■ **jdn** ~ to give sb a shower; ■ **sich** ~ to [take a] shower; ■ **sich [von jdm]** ~ **lassen** to be given a shower [by sb]; ■ **jdm etw** ~ to shower sb's sth, to rinse sb's sth in the shower

ab|ebben *vi sein* to subside; ***selbst nachts ebbt der Straßenlärm nur vorübergehend etwas ab*** even at night the noise from the street only dies down for a while

abend *adv s.* **Abend 1**

Abend <-s, -e> *m* ❶ (*Tageszeit*) evening; ***'n ~!*** (*fam*) evening!; **gestern/morgen** ~ yesterday/tomorrow evening; **guten ~!** good evening!; **jdm guten ~ sagen** [*o* **wünschen**] to wish sb good evening, to say good evening to sb; **heute** ~ tonight, this evening; **übermorgen** ~ the evening after next; **vorgestern** ~ the evening before last; **jeden** ~ every evening; **letzten** ~ yesterday evening, last night; **am** [*o* **den**] **nächsten** ~ tomorrow evening; ~ **sein/werden** to be/get dark; ***um 20 Uhr ist es ja schon ~!*** it's already dark at 8 o'clock!; ***es wird so langsam*** ~ the evening's beginning to draw in; **zu** ~ **essen** to eat dinner; **am** ~ in the evening; ***der Unfall geschah am ~ des 13.*** the accident occurred on the evening of the 13th; ~ **für** [*o* **um**] ~ every night, night after night; **gegen** ~ towards evening; **den ganzen** ~ **über** the whole evening, all evening; **des ~s** (*geh: abends*) in the evening; **eines ~s** [on] one evening; (*abendliche Freizeit*) evening; **ein bunter** ~ an entertainment evening; *s. a.* **Dienstagabend** ❷ (*Vor~*) evening before, eve *liter;* **der** ~ **des Geschehens/der Hochzeit** the eve of [*or* the evening before] the events/the wedding ❸ (*abendliche Freizeit*) evening; **ein bunter** ~ (*Unterhaltungsveranstaltung*) an entertainment evening ▸ WENDUNGEN: **je später der ~, desto schöner die Gäste** (*prov, hum*) some guests are worth waiting for! *hum;* **am** ~ **des Lebens** (*geh*) at the end of one's life; **du kannst mich am** ~ **besuchen!** (*euph*) you know where you can go! *fam, vulg*

Abendandacht *f* evening service **Abendanzug** *m* dinner dress *no pl,* black tie; **im** ~ **erscheinen** [*o* **kommen**] to wear [*or* come in] evening dress [*or* black tie] **Abendblatt** *nt* evening [news]paper **Abendbrot** *nt* supper; ~ **essen** to eat [*or* have] supper **Abenddämmerung** *f* dusk, twilight

abendelang I. *adj attr* night after night II. *adv* for evenings on end, night after night

Abendessen *nt* dinner; ***wann gibt es denn endlich ~?*** when will dinner finally be ready? **abendfüllend** *adj* all-night *attr,* lasting the whole evening [*or* night] *pred;* ***das ist ja ein ~es Programm, was ihr euch da ausgedacht habt!*** you've got the whole evening planned out! **Abendgesellschaft** *f* ❶ (*Abendgäste*) evening guests *pl* ❷ (*abendliche Feier*) dinner party, soirée *form* **Abendgymnasium** *nt* evening [*or* night] school **Abendkasse** *f* evening box-office **Abendkleid** *nt* evening dress; **im** ~ **erscheinen** [*o* **kommen**] to wear [*or* come in] an evening dress **Abendkleidung** *f* evening dress *no art* **Abendkurs** *m* evening [*or* night] class **Abendland** *nt kein pl* (*geh*) ■ **das** ~ the West, the Occident *form;* **das christliche** ~ the Christian Occident **abendländisch** I. *adj* (*geh*) western, occidental *form* II. *adv* (*geh*) in a western style, occidentally *form*

abendlich I. *adj* evening II. *adv* for the evening; ***es war schon um drei Uhr ~ kühl*** there was already an evening chill at three o'clock

Abendmahl *nt* [Holy] Communion; **das Letzte** ~ the Last Supper; **zum** ~ **gehen** to attend [Holy] Communion; **das** ~ **empfangen** [*o* **nehmen**] (*geh*) to receive [*or* take] [Holy] Communion; **jdm das** ~ **erteilen** [*o* **reichen**] [*o* **spenden**] to give sb [Holy] Communion, to administer [Holy] Communion to sb *form*

Abendmahlzeit *f* (*geh*) dinner **Abendprogramm** *nt* evening programme [*or* AM -am] **Abendrobe** *f* (*geh*) evening dress **Abendrot** *nt* (*geh*) [red] sunset; **im** ~ in the evening glow, in the last glow of the evening sunset

abends *adv* in the evening; (*jeden Abend*) in the evening[s]; ~ **um acht** at eight in the evening

Abendschule *f* evening [*or* night] school **Abendschüler(in)** *m(f)* evening [*or* night] school student **Abendsonne** *f kein pl* sunset **Abendstern** *m kein pl* ASTRON (*geh*) ■ **der** ~ the evening star **Abendstille** *f* the evening stillness **Abendstunde** *f meist pl* evening [hour]; ***wer schellt denn noch zu dieser späten ~?*** who's that ringing at this [late] hour?; **bis in die ~n** until late into the evening; **in den frühen/späten ~n** in the early/late hours of the evening **Abendverkauf** *m* SCHWEIZ late-night opening **Abendvorstellung** *f* FILM evening showing; THEAT evening performance **Abendzeit** *f* **zur** ~ (*geh: abends*) in the evening, at eventide *poet*

Abenteuer <-s, -> *nt* ❶ (*aufregendes Erlebnis*) adventure ❷ (*Liebes~*) fling; **auf** ~ **aus sein** to be looking for a fling *fam;* **ein** ~ **mit jdm haben** to have a fling with sb *fam* ❸ (*risikoreiches Unternehmen*) venture

Abenteuerferien *pl* adventure holiday

abenteuerlich I. *adj* ❶ (*wie ein Abenteuer gestaltet*) exciting, adventurous; ■ **A~es** exciting things, adventurous experience ❷ (*fantastisch*) fantastic[al] ❸ (*wild romantisch*) exotic ❹ (*unglaublich*) preposterous II. *adv* ❶ (*fantastisch*) fantastic[al], far-fetched ❷ (*wild romantisch*) exotically

Abenteuerlichkeit <-, -en> *f* ❶ *kein pl* (*abenteuerliche Art*) adventure ❷ (*Unwahrscheinlichkeit*) preposterousness

Abenteuerlust *f* thirst for adventure **abenteuerlustig** *adj* adventurous **Abenteuerroman** *m* adventure novel **Abenteuerspielplatz** *m* adventure playground

Abenteurer, -teu[r]erin <-s, -> *m, f* (*pej*) adventurer

aber I. *konj* (*jedoch*) but; ~ **dennoch** [*o* **trotzdem**] **...** but in spite of this ...; **oder** ~ or else; ***geben Sie mir drei Kilo Orangen, oder ~ doch lieber Bananen*** I'd like three kilos of oranges, or, no, I'd rather have bananas II. *pron* ❶ (*jedoch, dagegen*) but; ***komm doch mit! — ich habe ~ keine Zeit!*** come with me/us! But I haven't got any time!; ***ein Pils, ~ 'n bisschen plötzlich!*** a Pils and a bit quick about it!; ***das mach' ich ~ nicht!*** I will not do that! ❷ (*wirklich*) really; ***das ist ~ schön!*** that really is wonderful!; ***das ist ~ nicht gerade nett von dir!*** that's really not very nice of you, is it! ❸ (*empört*) oh; ***~ Hannelore, reiß dich doch endlich zusammen!*** [oh] Hannelore, pull yourself together!; ***~ hallo!*** Excuse me! *emph* ▸ WENDUNGEN: ~ **selbstverständlich** [*o* **gewiss** [**doch**]] but of course; ~ **ja!** yes [of course]!, BRIT *a.* rather! *form;* ***magst du auch ein Stück Sahnetorte? — ~ ja!*** would you like another piece of cream cake? Yes please!; ***gefällt dir der Weihnachtsbaum? — ~ ja!*** do you like the Christmas tree! — Yes I do!; ~ **nein!** no, no!, goodness, no!; ***das war doch so, oder? — ~ nein!*** that's what happened, isn't it? — goodness, no!; **~, ~!** now, now! III. *adv* (*geh*) ~ **und abermals** time and again

Aber <-s, – *o fam* -s> *nt* but *fam;* ***da ist nur noch ein ~ ...*** there's only one problem ...; **ein** ~ **haben** to have a catch [*or fam* snag]; **kein ~!** no buts!

Aberglaube *m* ❶ (*falscher Glaube*) superstition ❷ (*fam: Unsinn*) rubbish BRIT, nonsense AM

abergläubisch *adj* superstitious

aberhundert, Aberhundert[RR] *adj* (*geh*) hundreds

upon hundreds of

Aberhunderte *pl* (*geh*) hundreds upon hundreds of

ab|erkennen* *vt irreg* ■ **jdm etw** ~ to divest sb of sth *form*

Aberkennung <-, -en> *f* divestiture *form*

abermalig *adj attr* repeated; (*nochmalig*) renewed

abermals *adv* once again

ab|ernten *vt* ■ **etw** ~ to harvest sth; ■ **etw [von jdm]** ~ **lassen** to have sth harvested [by sb]

abertausend, **Abertausend**RR *adj* (*geh*) thousands upon thousands; **Tausend und A~tausend** [*o* **tausend und ~tausend**] thousands upon thousands

Abertausende *pl* (*geh*) thousands upon thousands; ***die Zuschauer waren zu ~n zusammengeströmt*** the onlookers came in their thousands

aberwitzig *adj* (*geh*) ludicrous

ab|fackeln *vt* ❶ (*abbrennen lassen*) ■ **etw** ~ to burn sth; **Erdgas** ~ to flare off gas *spec* ❷ (*niederbrennen*) ■ **etw** ~ to torch [*or* burn down] *sep* sth

abfahrbereit *adj s.* **abfahrtbereit**

ab|fahren *irreg* **I.** *vi sein* ❶ (*losfahren*) to depart, to leave, drive off *fam* ❷ SKI (*zu Tal fahren*) to ski down ❸ (*fam: abgewiesen werden*) ■ **bei jdm** ~ to not get anywhere with sb *fam*; ***mit der Bitte um eine Gehaltserhöhung ist er beim Chef aber abgefahren!*** he wasn't very successful asking the boss for a payrise; ■ **jdn** ~ **lassen** to turn sb down ❹ (*fam: besonders beeindruckt sein*) ■ **auf jdn/etw** ~ to be crazy [*or fam* mad] about sb/sth **II.** *vt* ❶ *haben* (*wegfahren*) ■ **etw** ~ to collect sth ❷ *sein o haben* (*bereisen*) ■ **etw** ~ to travel throughout sth ❸ *sein o haben* (*befahren und inspizieren*) ■ **etw** ~ to [drive along and] check sth ❹ *haben* (*abnutzen*) ■ **etw** ~ to wear down sth *sep* ❺ *haben* (*durch Anfahren abtrennen*) ■ **etw** ~ to [drive into and] break off sth *sep*; **jdm ein Arm/Bein** ~ to run over sb and sever his/her arm/leg **III.** *vr haben* ■ **sich** ~ to wear down

Abfahrt *f* ❶ (*Wegfahren*) departure ❷ (*fam: Autobahnabfahrt*) exit ❸ SKI (*Talfahrt*) run; (*Abfahrtsstrecke*) slope

abfahrtbereit I. *adj* ready to depart [*or* leave] *pred*; ***im letzten Moment sprang er noch auf den ~en Bus*** at the last moment he leapt onto the waiting bus **II.** *adv* ready to depart [*or* leave]; ***der Zug stand ~ auf Gleis 14*** the train was standing at platform 14, ready for departure

Abfahrtslauf *m* SKI downhill [event] **Abfahrtszeit** *f* departure time

Abfall1 *m* rubbish, esp Brit, garbage AM, trash *esp* AM, refuse *form*

Abfall2 *m kein pl* renunciation

Abfallaufbereitung <-> *f kein pl* waste processing, waste recovery/treatment/recycling **Abfallbehälter** *m* waste container; (*kleiner*) waste bin **Abfallbeseitigung** *f* ❶ (*Beseitigung von Müll*) refuse disposal ❷ (*fam: städtisches Reinigungsamt*) town refuse collection service BRIT, municipal waste collection AM **Abfalldeponie** *f* waste disposal site **Abfalleimer** *m* [rubbish] bin BRIT, garbage [*or* trash] can AM

ab|fallen1 *vi irreg sein* ❶ (*herunterfallen*) ■ **von etw** *dat* ~ to fall off [*or* AM *a.* off of] sth ❷ (*schlechter sein*) ■ **[gegenüber jdm/gegen etw** *akk*] ~ to fall behind [sb/sth] ❸ (*beim Wettlauf*) to fall [*or* lag] behind, to drop back ❹ (*übrig bleiben*) to be left over ❺ (*schwinden*) ■ **von jdm** ~ to vanish from sb; ***alle Furcht fiel plötzlich von ihm ab*** suddenly all his fear vanished ❻ (*sich senken*) ■ **gegen** [*o* **zu**] **etw** ~ to slope towards sth; ***zum Wald hin fällt der Weg leicht ab*** the path slopes gently towards the wood; ■ **~d** declining, sloping ❼ (*sich vermindern*) to decrease; *Temperatur* to drop ❽ (*fam: herausspringen*) ■ **[bei etw** *dat*] **fällt für jdn etw ab** sb gets sth [out of sth] *fam*

ab|fallen2 *vi irreg sein* ■ **[von etw** *dat*] ~ to renounce [sth]; **von einer Partei** ~ to turn renegade on a party

Abfallhaufen *m* rubbish [*or* AM garbage] heap

abfällig I. *adj* derogatory, disparaging, snide; **ein ~es Lächeln** a derisive smile **II.** *adv* (*in ~er Weise*) disparagingly; **sich ~ über jdn/etw äußern** to make disparaging remarks about sb/sth

Abfallprodukt *nt* ❶ CHEM waste product ❷ (*Nebenprodukt*) by-product **Abfallsortierung** *f kein pl* sifting of refuse **Abfallvermeidung** *f* waste [*or* refuse] reduction **Abfallverwertung** *f* recycling of waste **Abfallwirtschaft** *f kein pl* waste management **Abfallzerkleinerer** *m* waste chopper

ab|fangen *vt irreg* ❶ (*vor dem Ziel einfangen*) ■ **jdn/etw** ~ to intercept sb/sth ❷ (*wieder unter Kontrolle bringen*) ■ **etw** ~ to bring sth back under control ❸ (*abwehren*) ■ **etw** ~ to ward off sth *sep* ❹ (*mildernd auffangen*) ■ **etw** ~ to cushion sth

Abfangjäger *m* MIL interceptor

ab|färben *vi* ❶ (*die Farbe übertragen*) ■ **[auf etw** *akk*] ~ to run [into sth] ❷ (*fig: sich übertragen*) ■ **auf jdn** ~ to rub off on sb

ab|fassen *vt* ■ **etw** ~ to write sth; ■ **etw von jdm** ~ **lassen** to have sth written by sb, to have sb write sth

Abfassung *f* writing; *eines Textes* wording

ab|federn I. *vt haben* ❶ (*durch Federn dämpfen*) ■ **etw** ~ to cushion sth ❷ (*abmildern*) ■ **etw** ~ to mitigate sth **II.** *vi sein o haben* SPORT ❶ (*hoch federn*) to bounce ❷ (*zurückfedern*) to land

ab|feiern I. *vt* (*fam*) **Überstunden** ~ *to take time off by using up hours worked overtime* **II.** *vi* (*tanzen*) to dance the night away; (*trinken*) to drink the night away

ab|feilen *vt* ■ **etw** ~ to file off sth *sep*

ab|fertigen I. *vt* ❶ (*versandfertig machen*) ■ **etw** ~ to prepare sth for dispatch, to process sth; **Gepäck** ~ to handle [*or* process] luggage; ■ **etw** ~ **lassen** to have sth processed ❷ (*be- und entladen*) **ein Flugzeug** ~ to prepare an aircraft for take-off; **einen Lastwagen** ~ to clear a lorry for departure; **ein Schiff** ~ to prepare a ship to sail ❸ (*bedienen*) ■ **jdn** ~ to serve [*or* deal with] sb; **Passagiere** ~ to handle [*or* deal with] passengers ❹ (*kontrollieren und passieren lassen*) ■ **jdn** ~ to clear sb, to check sb through ❺ (*fam: abspeisen*) ■ **jdn mit etw** *dat* ~ (*fam*) to fob sb off with sth ❻ (*behandeln*) ■ **jdn irgendwie** ~ to treat sb in a particular way; **jdn kurz** [*o* **schroff**] ~ to snub sb, to be curt [*or* brusque] with sb **II.** *vi* to conduct clearance; ***der Zoll hat heute sehr langsam abgefertigt*** customs clearance was very slow today

Abfertigung *f* ❶ (*Bearbeitung für den Versand*) dispatching, processing; ***die ~ der Pakete erfolgt an Schalter 5*** packages are processed at counter 5 ❷ (*Abfertigungsstelle*) check-in counter [*or* desk] ❸ (*Bedienung*) service ❹ (*Kontrolle*) check

Abfertigungshalle *f* check-in hall **Abfertigungsschalter** *m* check-in counter [*or* desk]

ab|fetten *vt* KOCHK ■ **etw** ~ to remove the fat

ab|feuern *vt* ■ **etw** ~ to fire sth; **einen Flugkörper/eine Granate** ~ to launch a spacecraft/grenade

ab|finden *irreg* **I.** *vt* ❶ (*entschädigen*) ■ **jdn [mit etw** *dat*] ~ to compensate sb [with sth] ❷ (*zufrieden stellen*) ■ **jdn mit etw** *dat* ~ to palm sb off with sth *fam* **II.** *vr* ■ **sich mit jdm/etw** ~ (*fam*) to put up with sb/sth; ■ **sich damit ~, dass** to put up with the fact [*or* resign oneself to the fact] that; ***damit wirst du dich wohl oder übel ~ müssen!*** you'll just have to like it or lump it! *fam*

Abfindung <-, -en> *f* ❶ (*das Abfinden*) compensation, indemnity payments *pl spec* ❷ (*zur Abfindung gezahlter Betrag*) compensation; (*bei Entlassung*) severance pay; (*wegen Rationalisierungsmaßnahmen*) redundancy [*or* AM severance] payment

Abfindungssumme *f s.* **Abfindung 2**

ab|flachen I. *vi sein* (*pej: sinken*) to drop II. *vt haben* ■ **etw** ~ to flatten sth III. *vr haben* ■ **sich** ~ to level off

Abflachung <-, -en> *f* ❶ (*abgeflachte Form*) flatness ❷ (*das Abflachen*) flattening ❸ (*Sinken*) drop

ab|flämmen *vt* KOCHK ■ **etw** ~ to brown sth in a hot oven, to flame sth *spec*

ab|flauen *vi sein* ❶ (*schwächer werden*) to subside; (*zurückgehen*) to decrease; *Interesse* to wane, to flag; (*nachgeben*) to drop; ~**der Wind** light wind ❷ (*sich legen*) to abate

ab|fliegen *vi irreg sein* ❶ (*losfliegen*) to depart [*or* leave] [by plane]; ***sie sind gestern nach München abgeflogen*** they flew to Munich yesterday; ***wir fliegen mit der nächsten Maschine ab*** we're leaving on the next plane ❷ ORN (*wegfliegen*) to migrate

ab|fließen *vi irreg sein* ❶ (*wegfließen*) to flow away; ■ **von etw** *dat* ~ to run off [of] sth; ■ **aus etw** *dat* ~ to drain away from sth ❷ (*sich entleeren*) to empty ❸ (*sich durch Weiterfahren auflösen*) *Stau* to flow ❹ FIN to migrate, to siphon off

Abflug *m* ❶ (*das Losfliegen*) departure; ***mein ~ nach Jamaica ist am 17.*** my flight to Jamaica is on the 17th ❷ (*fam: Abflugstelle*) departure gate ❸ ORN (*das Wegfliegen*) migration

abflugbereit I. *adj* ready for departure *pred;* ***der Pilot machte die Maschine ~*** the pilot prepared the plane for departure II. *adv* ready for departure; ***das Flugzeug steht ~ auf der Piste*** the plane is standing on the runway, ready for departure **Abflughafen** *m* departure terminal **Abflughalle** *f* departure lounge

AbflussRR <-es, -flüsse> *m,* **Abfluß** <-sses, -flüsse> *m* ❶ (*Abflussstelle*) drain; *eines Flusses* outlet; (*Rohr*) drain pipe ❷ *kein pl* (*das Abfließen*) drainage, draining away ❸ *kein pl* FIN outflow

AbflussgrabenRR *m* drainage ditch **Abflussreiniger**RR *m* drain cleaner **Abflussrinne**RR *f* drainage channel **Abflussrohr**RR *nt* ❶ (*Kanalrohr*) drain pipe ❷ (*Einleitungsrohr*) outlet pipe

Abfolge *f* (*geh*) sequence; **in ununterbrochener** ~ one after the other

ab|fordern *vt* (*geh*) ❶ (*einfordern*) ■ **jdm etw** ~ to demand sth from sb; **jds Ausweis/Papiere** ~ to ask for sb's identity card/papers ❷ (*anfordern*) ■ **etw bei jdm** ~ to request sth from sb ❸ (*verlangen*) ■ **jdm etw** ~ to demand sth of sb

ab|fragen *vt* ❶ (*nach etw befragen*) ■ **jdn** ~ to test sb; ■ **jdn** [*o* **bei jdm**] **etw** ~ to test sb on sth ❷ INFORM ■ **etw** ~ to call up sth

ab|fressen *vt irreg* ❶ (*herunterfressen*) **die Blätter** [**von etw** *dat*] ~ to eat [*or* strip] the leaves off sth; **das Gras** ~ to crop the grass ❷ (*abnagen*) ■ **etw** ~ to gnaw away at sth

ab|frieren *irreg* I. *vi sein* to suffer frostbite, to freeze off II. *vr haben* ■ **sich** *dat* **etw** ~ to lose sth due to frostbite; ***die Bergsteiger froren sich Finger und Zehen ab*** the mountain climbers' fingers and toes froze off; **sich** *dat* **einen** ~ (*sl*) to freeze to death, to freeze one's balls off *vulg*

Abfuhr <-, -en> *f* ❶ (*Zurückweisung*) snub; **jdm eine ~ erteilen** to snub sb; **sich** *dat* [**bei jdm**] **eine ~ holen** (*fam*) to not get anywhere with sb; ***mit seiner Bemerkung holte er sich bei den Kollegen eine ~*** his remark was met with a snub [*or* rebuff] from his colleagues ❷ SPORT crushing defeat; **sich** *dat* [**gegen jdn**] **eine ~ holen** to suffer a crushing defeat [from sb] ❸ *kein pl* (*geh: Abtransport von Müll*) collection; ***wann ist hier ~?*** what day is the rubbish collected here?

ab|führen I. *vt* ❶ (*wegführen*) ■ **jdn** ~ to lead sb away; ~*!* take him/her away! ❷ FIN (*abgeben*) ■ **etw** [**an jdn/etw**] ~ to pay sth [to sb/sth] ❸ (*ableiten*) ■ **etw** ~ to expel sth ❹ (*entfernen*) ■ **jdn von etw** ~ to divert sb from sth II. *vi* ❶ MED to loosen the bowels ❷ (*wegführen*) ■ [**von etw**] ~ to turn off [of sth] ❸ (*entfernen*) ■ [**von etw**] ~ to be a diversion [from sth]; **jdn vom Thema** ~ to divert sb [*or* take sb away] from the subject

abführend I. *adj* MED laxative; **ein leicht** [*o* **mild**]/**stark ~es Mittel** a mild/strong laxative II. *adv* ~ **wirken** to have a laxative effect

Abführmittel *nt* laxative

Abführung *f* FIN payment

Abfüllbetrieb *m* bottling plant

ab|füllen *vt* ❶ (*abziehen*) ■ **etw** [**in etw** *akk*] ~ to fill sth [into sth]; **etw in Flaschen** ~ to bottle sth ❷ (*sl: betrunken machen*) ■ **jdn** ~ to get sb drunk [*or sl* sloshed]

Abfüllung <-, -en> *f* ❶ (*das Abfüllen*) bottling ❷ (*abgefüllte Flüssigkeit*) bottled liquid

ab|füttern *vt* ■ **jdn/ein Tier** ~ to feed sb/an animal, to feed sb; (*hum a.*) to get sb fed *fam*

Abgabe1 *f kein pl* ❶ (*Tätigung*) giving, making; *einer Erklärung* issuing, making; *eines Urteils* passing, pronouncing; ***der Minister wurde zur ~ einer Erklärung aufgefordert*** the minister was called on to issue a statement ❷ (*Einreichung*) handing in, submission ❸ (*das Abgeben*) *von Stimmen* casting ❹ (*Verkauf*) sale; ~ ***von Broschüren kostenlos*** please take a brochure ❺ (*das Abliefern*) giving [*or* handing] in; ***die ~ der Mäntel kann an der Garderobe erfolgen*** coats my be handed in to [*or* left at] the cloakroom ❻ (*Abstrahlung*) emission ❼ (*Abfeuerung*) firing of; ***die ~ des Schusses geschah versehentlich*** the shot was fired accidentally ❽ SPORT (*Abspiel*) pass; (*Verlust*) loss; ***nach ~ von weiteren Punkten*** after conceding [*or* losing] more points

Abgabe2 *f* ❶ (*Gebühr*) [additional] charge ❷ (*Steuer*) tax

abgabe(n)frei I. *adj* (*geh*) non-taxable, tax-free II. *adv* (*geh*) tax-free **abgabe(n)pflichtig** *adj* (*geh*) taxable

Abgabetermin *m* deadline for submission

Abgang <-gänge> *m* ❶ *kein pl* (*Schul~*) leaving; ***man legte ihm den ~ von der Schule nahe*** they suggested that he leave school; (*Ausscheiden aus einem Amt*) retirement from office ❷ *kein pl* (*das Verlassen der Bühne*) exit; **sich** *dat* **einen guten/glänzenden ~ verschaffen** (*a. fig*) to make a good/triumphant exit ❸ *kein pl* (*Versand*) dispatch, despatch ❹ SPORT (*Absprung*) dismount, jump down ❺ MED (*geh: Absonderung*) discharge; *eines Embryos* miscarriage ❻ ÖSTERR (*Fehlbetrag*) deficit ❼ (*geh: Gestorbene(r)*) death, fatality; **den ~ machen** (*sl*) to kick the bucket *sl* ❽ (*geh: Ausscheidende(r)*) departure

Abgänger(in) <-s, -> *m(f)* SCH school leaver BRIT, high school graduate AM

abgängig *adj* ÖSTERR (*geh: vermisst*) missing

Abgängige(r) *f(m) dekl wie adj* ÖSTERR missing person

Abgängigkeitsanzeige *f* ÖSTERR (*Vermisstenanzeige*) missing persons report; **eine ~ aufgeben** to report sb [*or* a person] [as] missing

Abgangszeugnis *nt* [school-]leaving certificate BRIT, diploma AM

Abgas *nt* exhaust *no pl,* exhaust fumes *pl*

abgasarm *adj* low-emission; ***ein Gasmotor ist abgasärmer als ein Benzinmotor*** a gas engine has a lower emission level than a petrol engine **abgasfrei** I. *adj* emission-free II. *adv* ~ **fahren** to not produce exhaust fumes **Abgasgrenzwerte** *pl* exhaust fumes limits *pl* **Abgassonderuntersuchung** *f* exhaust emission check **Abgaswolke** *f* cloud of exhaust

ab|gaunern *vt* (*fam*) ■ **jdm etw** ~ to con sb out of sth *fam;* ■ **sich** *dat* [**von jdm**] **etw** ~ **lassen** to be conned out of sth [by sb]

abgearbeitet *adj* worn out

ab|geben *irreg* **I.** *vt* ① (*übergeben*) ■ **etw an jdn** ~ to give sth to sb; (*einreichen*) to submit sth [*or sep* hand in sth] to sb ② (*hinterlassen*) ■ **etw** [**bei jdm**] ~ to leave sth [with sb]; **das Gepäck** ~ to check in one's luggage; **einen Koffer an der Gepäckaufbewahrung** ~ to leave a case in the left luggage office [*or* Am checkroom]; **den Mantel an der Garderobe** ~ to leave one's coat in the cloakroom ③ (*verschenken*) ■ **etw** [**an jdn**] ~ to give sth away [to sb]; ***gebrauchter Kinderwagen kostenlos abzugeben*** second-hand pram to give away ④ (*überlassen*) ■ **jdm etw** ~ to give sb sth [*or* sth to sb]; ■ **etw** [**an jdn**] ~ to hand over [*or* pass on] sth [to sb] ⑤ (*verkaufen*) ■ **etw** [**an jdn**] ~ to sell off sth [to sb] *sep;* ***gebrauchter Fernseher billig abzugeben*** second-hand television for cheap sale ⑥ (*teilen*) ■ **jdm etw** [**von etw** *dat*] ~ to give sb [a piece [*or* share] of] sth, to share sth [with sb]; **jdm die Hälfte** [**von etw**] ~ to go halves [on sth] with sb; **jdm nichts** ~ to not share with sb ⑦ (*erteilen*) ■ **etw** [**zu etw** *dat*] ~ to give sth [on sth]; **eine Erklärung** ~ to make [*or* issue] [*or* deliver] a statement; **ein Gutachten** ~ to submit a report; **seine Stimme** ~ to cast one's vote; **ein Urteil** ~ to make a judgement ⑧ (*fam: für etw brauchbar sein*) ■ **etw** [**für jdn**] ~ to be useful for sth [for sb]; ***der alte Stoff könnte noch ein Kleid für dich*** ~ you might get a dress out of the old material ⑨ (*fam: darstellen*) ■ **etw** ~ to be sth; ***die perfekte Hausfrau/den perfekten Familienvater*** ~ to be the perfect wife/father; **eine komische Figur** ~ to create a strange impression; **eine traurige Figur** ~ to cut a sorry figure ⑩ (*abfeuern*) **einen Schuss** [**auf jdn**] ~ to fire a shot [at sb] ⑪ CHEM (*ausströmen lassen*) ■ **etw** ~ to emit [*or* give off] sth ⑫ SPORT (*weitergeben*) **den Ball** [**an jdn**] ~ to pass the ball [to sb]; **einen Punkt/eine Runde** [**an jdn**] ~ to concede a point/round [to sb] **II.** *vr* ① (*sich beschäftigen*) ■ **sich mit jdm** ~ to look after sb; ***mit dem Kind solltest du dich viel intensiver*** ~ you should spend much more time with the child; ■ **sich mit etw** *dat* ~ to spend [one's] time on [*or* doing] sth ② (*sich einlassen*) ■ **sich mit jdm** ~ to associate [*or* get involved] with sb; ***mit solchen Leuten gebe ich mich nicht ab*** I won't have anything to do with people like that **III.** *vi* SPORT to pass

abgebrannt *adj* (*fam*) broke *fam,* Brit *a.* skint *sl*

abgebrochen *adj* ① (*fam*) **ein ~er Jurist/Mediziner** law school/medical school dropout ② *s.* **abbrechen**

abgebrüht *adj* (*fam*) unscrupulous

abgedreht *adj* (*fam: verrückt*) round the bend *fam,* out to lunch *fam*

abgedroschen *adj* (*pej fam*) hackneyed; **ein ~er Witz** a old [*or* ancient] joke

abgefedert *adj* AUTO (*stoßgedämpft*) shock-absorbing

abgefeimt *adj* (*pej*) low

Abgefeimtheit <-, -en> *f* (*pej*) lowness; ***er war ein Ausbund von*** ~ he was the lowest of the low

abgefuckt *adj* (*sl*) fucked-up *attr sl,* fucked up *pred sl*

abgegriffen *adj* ① (*abgenutzt*) worn; **ein ~es Buch** a dog-eared book ② (*pej: sinnentleert*) hackneyed

abgehackt **I.** *adj* broken; **eine ~e Sprechweise** a clipped manner of speech; **~e Worte** clipped words **II.** *adv* ~ **sprechen** to speak in a clipped manner

abgehangen *adj* KOCHK hung

abgehärmt *adj* haggard

abgehärtet *adj* ■ [**gegen etw** *akk*] ~ **sein** to be hardened [to sth]

ab|gehen[1] *irreg* **I.** *vi sein* ① (*sich lösen*) ■ [**von etw** *dat*] ~ to come off [of] sth ② (*abgezogen werden*) ■ **von etw** *dat* ~ to be deducted from sth ③ (*abgeschickt werden*) to be sent [off]; ■ **~d** outgoing ④ (*abzweigen*) ■ [**von etw** *dat*] ~ to branch off [from sth] ⑤ (*abfahren*) ■ [**von irgendwo**] ~ to leave [*or* depart] [from somewhere] ⑥ (*abweichen*) ■ **von etw** *dat* ~ to deviate from sth; **von einem Vorhaben** ~ to drop a plan; **von seiner Meinung nicht** ~ to stick [*or* hold fast] to one's opinion ⑦ (*fam: fehlen*) ■ **jdm** ~ to be lacking in sb; ***dir geht ja jegliches Taktgefühl ab*** you have absolutely no tact whatsoever; ***die Fähigkeit, sich in andere hineinzudenken, geht ihr völlig ab*** she is completely unable to put herself in sb else's position ⑧ (*ausscheiden*) **von einem Amt** ~ to leave [*or* retire from] an office; **von der Schule** ~ to leave [*or pej* drop out of] school ⑨ MED (*abgesondert werden*) to be discharged; *Embryo* to be miscarried ⑩ SPORT (*abspringen*) ■ [**von etw** *dat*] ~ to dismount [sth] ⑪ (*sl: sterben*) to kick the bucket *sl* **II.** *vt sein* ① (*entlanggehen und abmessen*) ■ **etw** ~ to pace sth out ② MIL (*passieren*) ■ **etw** ~ to inspect sth

ab|gehen[2] *vi irreg sein* ① (*verlaufen*) to go; **glatt/gut** ~ to go smoothly/well; ***wenn die zwei aufeinander treffen, geht es nie ohne Ärger ab*** there's always trouble when those two meet ② *impers* to be happening; ***auf der Party ist irre 'was abgegangen*** (*sl*) the party was really happening

abgehetzt *adj* worn-out

abgehoben *adj* ① (*weltfremd*) far from reality *pred* ② (*verstiegen*) fanciful; **eine ~e Vorstellung** a high-flown [*or* an unrealistic] idea

abgekämpft *adj* tired [*or* worn] out

abgekartet *adj inv* (*fam*) rigged *fam,* put-up; **eine ~ Sache sein** to be a put-up job *fam;* **ein ~es Spiel treiben** to play a double game; **mit jdm ein ~es Spiel treiben** to try to set sb up

abgeklärt **I.** *adj* prudent **II.** *adv* prudently

Abgeklärtheit <-> *f kein pl* serenity, calmness

abgelagert *adj Tabak, Zigarren* seasoned; KOCHK matured

abgelaufen *adj inv* ① (*nicht mehr gültig*) expired; ~ **sein** to have expired ② (*verschlissen*) worn-down *attr,* worn down *pred*

abgelegen *adj* remote

Abgelegenheit *f kein pl* remoteness

ab|gelten *vt irreg* ① (*durch Zahlung erledigen*) ■ **etw** ~ to settle sth ② (*ausgleichen*) ■ **etw** [**bei jdm**] ~ to settle sth [with sb]

abgemacht *adj inv* ■ **es ist ~, dass** it was arranged, that; **~!** ok, that's settled then!, it's [*or* that's] a deal!

abgeneigt *adj* (*ablehnend*) ■ **jdm** ~ **sein** to be ill-disposed towards sb; ■ **einer S.** *dat* ~ **sein** to be opposed to sth; ■ **einer S.** *dat* **nicht** ~ **sein** to not be averse to sth; ■ **nicht** ~ **sein**[**, etw zu tun**] to not be averse [to doing sth]

abgenutzt *adj* worn

Abgeordnete(r) *f(m) dekl wie adj* Member of Parliament

Abgeordnetenbank <-bänke> *f* bench [in the parliament] **Abgeordnetenhaus** *nt* POL ≈ House of Commons Brit, ≈ House of Representatives Am

abgerissen *adj* ① (*zerlumpt*) tattered ② (*heruntergekommen*) scruffy ③ (*unzusammenhängend*) incoherent

abgerundet *adj* KOCHK balanced, rounded, mellow

abgesagt *adj inv* (*geh*) **ein ~er Feind von etw** *dat* **sein** to be a hostile critic [*or* opponent] of sth

Abgesandte(r) *f(m) dekl wie adj* envoy

Abgesang *m* ① (*im Minnesang*) *the third and final*

verse of a minnesinger's song ② (*geh: Ende*) end

abgeschieden I. *adj* (*geh*) isolated II. *adv* in isolation; ***das Grundstück am Wald liegt sehr*** ~ the plot near the forest is very isolated

Abgeschiedene(r) *f(m) dekl wie adj* (*geh*) deceased, departed *form*

Abgeschiedenheit <-> *f kein pl* isolation

abgeschlagen¹ *adj* ① SPORT (*abgedrängt*) lagging behind *after n* ② POL, ÖKON outstripped

abgeschlagen² *adj* (*ermüdet*) drained

Abgeschlagenheit <-> *f kein pl* lethargy

abgeschlossen I. *adj* ① (*isoliert*) secluded ② *attr* (*separat*) separate ③ (*umgeben*) enclosed II. *adv* (*isoliert*) in seclusion III. *pp von* **abschließen**

Abgeschlossenheit <-> *f kein pl* ① (*Isoliertheit*) seclusion ② (*Weltabgeschiedenheit*) reclusion

abgeschmackt I. *adj* tasteless; **etwas A~es** tasteless remark [*or* comment] II. *adv* tastelessly

Abgeschmacktheit <-, -en> *f* ① *kein pl* (*Geistlosigkeit*) senselessness ② (*abgeschmackte Äußerung*) tasteless remark

abgeschnitten I. *adj inv* isolated; ***ein völlig von der Welt ~es Bergdorf*** a mountain village cut off from the rest of civilization II. *adv inv* in isolation; **irgendwo ~ leben** to live cut off [from the rest of civilization] somewhere

abgesehen I. *adj* **es auf jdn ~ haben** (*jdn schikanieren wollen*) to have it in for sb; (*an jdm interessiert sein*) to have a thing for sb; **es auf etw** *akk* **~ haben** to have one's eye on sth; **es darauf ~ haben, etw zu tun** to be out to do sth; ***du hast es nur darauf ~, mich zu ärgern*** you're just out to annoy me II. *adv* ■ **~ davon, dass** apart from the fact that; ■ **~ von jdm/etw** apart from sb/sth, sb/sth apart, except for [*or form* aside from] sb/sth

abgespannt I. *adj* weary, tired II. *adv* weary; **~ aussehen** to look weary [*or* tired]

Abgespanntheit <-> *f kein pl* weariness, fatigue

abgestanden I. *adj* stale; *Limonade* flat II. *adv* stale; ***die Limonade schmeckt ziemlich*** ~ the lemonade tastes quite flat

abgestorben *adj inv* MED numb

abgestumpft *adj* ① (*gefühllos*) unfeeling, numb ② (*unempfindlich geworden*) insensitive, apathetic

Abgestumpftheit <-> *f kein pl* ① (*Gefühllosigkeit*) coldness ② (*Unempfindlichkeit*) insensitivity, apathy

abgetakelt I. *adj* (*pej fam*) worn out, haggard II. *adv* worn out, haggard

abgetragen *adj* worn, worn-out *attr,* worn out *pred*

abgetreten *adj* worn, worn-down *attr,* worn down *pred*

abgewetzt *adj* worn

ab|gewinnen* *vt irreg* ① (*als Gewinn abnehmen*) ■ **[jdm] etw abgewinnen** to win sth [off [of] sb] ② (*etwas Positives finden*) ■ **einer S.** *dat* **etw/nichts abgewinnen** to get sth/not get anything out of sth

abgewogen *adj* well-considered

Abgewogenheit <-> *f kein pl* carefully weighed nature, balance

ab|gewöhnen* *vt* ■ **jdm etw ~** to break sb of sth; ***wir konnten ihr das Trinken nicht*** ~ we couldn't break her of her drinking habit; ***wir werden Ihrem Sohn seine schlechten Manieren schon ~!*** we will soon cure your son of his bad manners!; ***diese Frechheiten werde ich dir schon noch ~!*** I'll teach you to be cheeky!; ■ **sich** *dat* **etw ~** to give up sth; ■ **zum A~ sein** (*sl*) to be enough to put anyone [*or* you] off; ***noch einen letzten Schnaps zum A~!*** (*hum*) one for the road *hum*

abgezehrt *adj* emaciated

ab|gießen *vt irreg* ■ **etw ~** to pour off sth *sep*

Abglanz *m kein pl* reflection

Abgleich <-[e]s, -e> *m* comparison

ab|gleichen *vt irreg* ① (*aufeinander abstimmen*) ■ **etw [mit etw] ~** to compare sth [with sth] ② (*in der Höhe gleichmachen*) ■ **etw [mit etw] ~** to level off sth [with sth] ③ TECH ■ **etw ~** to match sth ④ ELEK ■ **etw ~** to tune

ab|gleiten *vi irreg sein* (*geh*) ① (*abrutschen*) ■ **[von etw] ~** to slip [off sth]; (*fig*) to decline; *person* to go downhill ② (*abschweifen*) ■ **von etw/in etw** *akk* **~** to stray from sth/into sth ③ (*absinken*) ■ **[in etw** *akk*] ~ to slide [*or* sink] [into sth]; (*an Wert verlieren*) to slide ④ (*abprallen*) ■ **an [*o* von] jdm ~** to bounce off sb; ■ **etw an [*o* von] sich ~ lassen** to let sth bounce off oneself

Abgott, -göttin *m, f* idol

abgöttisch *adj* inordinate

ab|grasen *vt* ■ **etw ~** ① (*abfressen*) to graze on sth ② (*fam: absuchen*) to scour [*or* comb] sth; ***wir haben die ganze Stadt nach einem Geschenk für ihn abgegrast*** we combed the entire town looking for a present for him ③ (*fam: erschöpfend bearbeiten*) to exhaust sth

ab|greifen *vt irreg* ■ **etw ~** ① MED (*abtasten*) to feel sth ② (*sl: einstreichen*) to pocket sth

ab|grenzen I. *vt* ■ **etw ~** ① (*einfrieden*) to enclose sth; ■ **etw [gegen etw] ~** to close sth off [from sth] ② (*eingrenzen*) to differentiate sth; ***diese Begriffe lassen sich schwer gegeneinander*** ~ it is difficult to differentiate between these terms II. *vr* ■ **sich [gegen jdn/etw] ~** to distinguish [*or* distance] oneself [from sb/sth]

Abgrenzung <-, -en> *f* ① *kein pl* (*das Einfrieden*) enclosing, fencing-off ② (*Einfriedung*) boundary; (*Zaun*) enclosure ③ (*fig: Eingrenzung*) definition ④ (*das Abgrenzen*) disassociation

Abgrund *m* ① (*steil abfallender Hang*) precipice; (*Schlucht*) abyss, chasm ② (*Verderben*) abyss; **jdn in den ~ treiben** to force sb to ruin; **am Rande des ~s stehen** to be on the brink of disaster [*or* ruin]; ■ **ein ~ von etw** an abyss of sth; **ein ~ tut sich auf** an abyss is opened up

abgrundhässlich^RR *adj* ugly as sin *pred*

abgründig *adj* inscrutable

abgrundtief *adj* ① (*äußerst groß*) profound ② (*äußerst tief*) bottomless

ab|gruppieren *vt* ■ **jdn ~** to bring sb down a grade

ab|gucken I. *vt* ① (*von jdm kopieren*) ■ **etw [von jdm] ~ [*o* [jdm] etw ~]** to copy sth [from sb]; ***bei ihm kann man sich so manchen Trick*** ~ you can learn lots of tricks from him ② (*fig fam: sich beim Ausgezogensein genieren*) ■ **jdm etwas ~** to make sb feel selfconscious about being naked; ***ich guck dir schon nichts ab!*** no need to feel embarrassed getting undressed! II. *vi* ■ **[bei jdm] ~** to copy [from sb]

Abguss^RR <-es, Abgüsse> *m,* **Abguß** <-sses, Abgüsse> *m* ① (*Nachbildung*) cast ② (*fam: Ausguss*) drain[pipe]; ***kipp die alte Brühe doch einfach in den*** ~ just tip the old broth down the drain

ab|haben *vt irreg* (*fam*) **etw [von etw] ~ wollen** to want to have some [of sth]; ***Mami, darf ich von dem Kuchen etwas ~?*** mummy, may I have some of that cake?; ***möchtest du etwas davon ~?*** would you like to have some?; **jdn etw [von etw] ~ lassen** to let sb have sth [of sth]

ab|hacken *vt* ■ **etw ~** to chop down sth; **jdm/sich den Finger/die Hand etc. ~** to chop sb's/one's finger/hand etc. off; *s. a.* **abgehackt**

ab|haken *vt* ① (*mit einem Häkchen markieren*) ■ **etw ~** to tick sth off ② (*fam: den Schlussstrich darunter machen*) ■ **jdn/etw ~** to forget sb/sth; ***die Affäre ist abgehakt*** the affair is over and done with

ab|halftern *vt* ① (*fam: entlassen*) ■ **jdn ~** to give sb the push [*or* shove] ② (*fam: heruntergekommen*) **ein abgehalfterter Schauspieler** a down-and-out actor ③ (*vom Halfter befreien*) **ein Pferd** ~ to remove the halter from a horse

ab|halten¹ *vt irreg* ① (*hindern*) ■ **jdn von etw** ~ to keep sb from sth; ***wenn du unbedingt gehen willst, werde ich dich nicht [davon]*** ~ if you really want to go, I won't stop you; ■ **jdn davon ~, etw zu tun** to prevent [*or* keep] sb from doing sth; ■ **sich [von jdm/etw] ~ lassen** to be deterred [by sb/sth]; ***lass dich nicht ~!*** don't let anyone/anything stop you! ② (*fern halten*) **die Hitze/die Kälte/den Wind** ~ to protect from the heat/the cold/the wind; **Insekten/Mücken** ~ to deter [*or* keep away] [the] insects/mosquito[e]s ③ (*über der Toilette halten*) **ein [Klein]kind** ~ to hold a child on the toilet

ab|halten² *vt irreg* (*veranstalten*) ■ **etw** ~ to hold sth; **eine Demonstration** ~ to stage a demonstration

Abhaltung *f kein pl* holding; ***nach ~ der ersten freien Wahlen*** after the first free elections [were held]

ab|handeln¹ *vt* ① (*nach Handeln abkaufen*) ■ **jdm etw** ~ to buy sth from sb [having haggled over it]; ■ **sich** *dat* **etw ~ lassen** to sell sth off, to let sth go ② (*herunterhandeln*) ■ **etw [von etw]** ~ to get sth knocked off [sth]; ***sie handelte noch fünf Mark von der Vase ab*** she got another five marks knocked off the vase; ■ **jdm etw [von etw]** ~ to get sb to knock sth off [sth]; ***er konnte ihm noch 20% vom ursprünglichen Preis*** ~ he finally managed to get him to knock 20% off the original price; ■ **sich** *dat* **etw [von etw] ~ lassen** to knock sth off [sth]; ■ **sich nichts [von etw] ~ lassen** to not be talked into parting with sth

ab|handeln² *vt* ■ **etw** ~ to deal with sth

abhanden *adv* **[jdm] ~ kommen** to get lost [*or* go missing]; ***mir ist meine Geldbörse ~ gekommen*** I've lost my purse

Abhandenkommen <-s> *nt kein pl* disappearance

Abhandlung *f* ① (*gelehrte Veröffentlichung*) paper ② (*das Abhandeln*) dealing

Abhang *m* inclination

ab|hängen¹ I. *vt haben* ① (*abnehmen*) ■ **etw [von etw]** ~ to take down sth [from sth] ② (*abkoppeln*) ■ **etw [von etw]** ~ to uncouple sth [from sth] ③ (*fam: hinter sich lassen*) ■ **jdn** ~ to lose sb ④ KOCHK ■ **etw** ~ to hang [*or* age] sth II. *vi* (*meist pej sl*) to laze about [*or* around]; **den Tag** ~ to laze away the day *sep*

ab|hängen² *vi irreg* ① *haben* (*abhängig sein*) ■ **von jdm/etw** ~ to depend on sb/sth; **davon ~, ob** to depend whether; **das hängt davon ab** that [*or* it] [all] depends ② *haben* (*auf jdn angewiesen sein*) ■ **von jdm** ~ to be dependent on sb

abhängig *adj* ① (*bedingt*) ■ **von etw ~ sein** to depend on sth ② (*angewiesen*) ■ **von jdm ~ sein** to be dependent on sb ③ (*süchtig*) addicted; ■ **[von etw] ~ sein** to be addicted [to sth], to be dependent [on sth] ④ LING (*untergeordnet*) subordinate; **ein ~er Nebensatz** a subordinate clause; ***der Kasus ist ~ von der Präposition*** the case depends on the preposition

Abhängige(r) *f(m) dekl wie adj* ① (*Süchtige(r)*) addict ② (*abhängiger Mensch*) dependant

Abhängigkeit <-, -en> *f* ① *kein pl* (*Bedingtheit*) dependence; **gegenseitige** ~ mutual dependance, interdependence ② (*Sucht*) dependence, addiction ③ (*Angewiesensein*) dependence; ■ **jds ~ von jdm/voneinander** sb's dependence on sb/one another

Abhängigkeitsverhältnis *nt* ① (*Verhältnis des Angewiesenseins*) relationship of dependence ② (*emotionale Bindung*) relationship of dependence

ab|härten I. *vt* ■ **jdn [gegen etw]** ~ to harden sb [to sth]; ■ **sich [gegen etw]** ~ to harden oneself [to sth] II. *vi* ■ **[gegen etw]** ~ to harden [to sth]

Abhärtung <-> *f kein pl* ① (*das Abhärten*) hardening ② (*Widerstandsfähigkeit*) resistance

ab|hauen¹ *vt* ① <hieb ab *o fam* haute ab, abgehauen> (*abschlagen*) ■ **etw** ~ to chop sth down; ■ **[jdm] etw** ~ to chop [sb's] sth off ② <haute ab, abgehauen> (*durch Schlagen entfernen*) ■ **etw [mit etw]** ~ to break off sth *sep* [with sth]

ab|hauen² <haute ab, abgehauen> *vi sein* (*fam: sich davonmachen*) ■ **[aus etw]** ~ to do a runner [from somewhere] BRIT, to skip out of town AM; ***hau ab!*** get lost!, scram!, buzz off!, get out of here!

Abhäutemesser *nt* KOCHK skinning knife

ab|heben *irreg* I. *vi* ① LUFT ■ **[von etw]** ~ to take off [from sth] ② (*den Hörer abnehmen*) to answer [the phone]; ***ich heb' ab!*** I'll get it! ③ KARTEN to pick [up]; ***du bist mit A~ dran!*** it's your turn to pick up! ④ (*geh: auf etw hinweisen*) ■ **auf etw** *akk* ~ to refer to sth *form;* ■ **darauf ~, dass ...** to concentrate [*or* focus] on the fact that ... ⑤ (*sl: spinnen*) to go crazy; ***ein Rolls Royce?! jetzt hebst du aber ab!*** a Rolls Royce?! you must be joking! ⑥ (*sl: ins Träumen kommen*) to go all dreamy II. *vt irreg* ① FIN **Geld [von seinem Konto]** ~ to withdraw money [from one's account] ② KARTEN **eine Karte vom Stapel** ~ to take [*or* pick] a card from the pack ③ (*beim Stricken*) **eine Masche** ~ to cast off a stitch III. *vr* ■ **sich von jdm/etw [*o* gegen jdn/etw]** ~ to stand out from [*or* in] [*or* against] sb/sth

ab|heften *vt* ■ **etw** ~ to file [away *sep*] sth; **etw in einen Ordner** ~ to place [*or* put] sth in a file

ab|helfen *vi irreg* ■ **einer S.** *dat* ~ to remedy sth; ***allen Beschwerden soll möglichst umgehend abgeholfen werden*** all complaints should be dealt with immediately

ab|hetzen I. *vr* ■ **sich** ~ to stress oneself out, to rush around; *s. a.* **abgehetzt** II. *vt* ■ **jdn/etw** ~ to push sb/sth

Abhilfe *f kein pl* remedy; ~ **schaffen** to find a remedy, to do something about it; **in etw** *dat* ~ **schaffen** to resolve sth; **in einer S. schnelle ~ leisten** to resolve a matter swiftly

ab|hobeln *vt* ■ **etw** ~ ① (*durch Hobeln entfernen*) to plane off sth *sep* ② (*glatt hobeln*) to plane sth smooth

ab|holen *vt* ① (*kommen und mitnehmen*) ■ **etw [bei jdm]** ~ to collect sth [from sb]; ■ **etw ~ lassen** to have sth collected ② (*treffen und mitnehmen*) ■ **jdn [bei jdm/irgendwo]** ~ to pick up *sep* [*or* collect] sb [from sb's [place]/from somewhere]; ■ **sich [von jdm] ~ lassen** to be picked up [*or* collected] [by somebody] ③ (*euph: verhaften*) ■ **jdn** ~ to take sb away

Abholmarkt *m* furniture superstore (*where customers transport goods themselves*)

Abholung <-, -en> *f* collection

ab|holzen *vt* ■ **etw** ~ to chop down sth *sep;* **einen Baum** ~ to fell a tree; **einen Wald** ~ to clear a forest

Abholzung <-, -en> *f* FORST deforestation

Abhöraktion *f* bugging campaign **Abhöranlage** *f* bugging system

ab|horchen *vt* MED ■ **etw** ~ to listen to sth [*or* auscultate] *spec;* ■ **jdn** ~ to auscultate sb

ab|hören *vt* ① (*belauschen*) **ein Gespräch/ein Telefonat** ~ to bug [*or* listen into] a conversation/telephone conversation ② (*überwachen*) ■ **jdn/etw** ~ to observe sb/sth; ■ **jds Telefon** ~ to monitor [*or* tap] sb's telephone [line] ③ SCH ■ **jdn** ~ to test sb ④ MED ■ **jdn/etw** ~ to auscultate sb/sth *spec* ⑤ (*anhören*) **einen Sender/ein Tonband** ~ to listen to a station/a tape

Abhörgerät *nt* ① (*Gerät zum Belauschen*) bugging device ② (*bei Anrufbeantwortern*) listening device

ab|hungern *vr* ① (*fam: durch Hungern verlieren*)

■ **sich** ~ to starve oneself; **sich 10 Kilo** ~ to lose 10 kilos [by not eating] ② (*sich mühselig absparen*) ■ **sich** *dat* **etw** ~ to scrape together sth *sep*

Abi <-s, -s> *nt* (*fam*) *kurz für* **Abitur**: **sein Abi bauen** (*fam*) to do one's Abitur

abiotisch *adj inv* ÖKOL (*nicht lebend*) *Umweltfaktor* abiotic

ab|irren *vi sein* (*geh*) ① (*abschweifen*) **vom Thema** ~ to digress, to deviate from the subject ② (*von der Richtung abkommen*) **vom Weg** ~ to stray

Abitur <-s, *selten* -e> *nt* Abitur (*school examination usually taken at the end of the 13th year and approximately equivalent to the British A level/American SAT exam*); **das/sein** ~ **ablegen** (*geh*) to sit the/one's Abitur; [**das**] ~ **haben** to have [one's] Abitur; [**das**] ~ **machen** to do [one's] Abitur

Abiturfeier *f leaving party for pupils who have passed their Abitur*

Abiturient(in) <-en, -en> *m(f)* Abitur student (*student who has passed the Abitur*)

Abiturklasse *f* Abitur class **Abiturtreffen** *nt* class reunion (*of Abitur students*) **Abiturzeugnis** *nt* Abitur certificate

ab|jagen *vt* (*fam*) ① (*durch eine Verfolgung entreißen*) ■ **jdm etw** ~ to snatch sth from sb ② (*listig erwerben*) ■ **jdm jdn/etw** ~ to poach sb/sth from sb

Abk. *f Abk von* **Abkürzung** abbr.

ab|kämmen *vt* ■ **etw** [**nach jdm/etw**] ~ to comb sth [for sb/sth]

ab|kämpfen *vr* ① (*übermäßig anstrengen*) ■ **sich** ~ to exert oneself; *s. a.* **abgekämpft** ② (*fam: abmühen*) ■ **sich mit etw** ~ to struggle with sth

ab|kanzeln *vt* (*fam*) ■ **jdn** [**für etw**] ~ to give sb a tongue-lashing [for sth] *fam;* ■ **sich von jdm** ~ **lassen** to be given a tongue-lashing by sb

ab|kapseln *vr* ① (*sich ganz isolieren*) ■ **sich** [**von jdm/etw**] ~ to cut oneself off [from sb/sth] ② MED ■ **sich** ~ to become encapsulated

Abkaps(e)lung <-, -en> *f* ① (*völlige Isolierung*) complete isolation *no pl, no art* ② MED encapsulation

ab|karren *vt* ① (*auf Karren wegschaffen*) ■ **etw** ~ to cart sth away ② (*wegschaffen*) ■ **jdn** ~ to cart sb off

ab|karten *vt* (*fam*) ■ **abgekartet sein** to be set up; ***die Sache war von vornherein abgekartet*** the whole thing was a fix [*or* set-up]; **ein abgekartetes Spiel** a rigged match

ab|kassieren* I. *vt* ① (*fam: schnell, leicht verdienen*) ■ **etw** ~ to receive [*or* get] sth ② (*abrechnen*) **das Essen** ~ to ask sb to settle the bill for a meal II. *vi* ① (*fam: finanziell profitieren*) ■ [**bei etw**] ~ to clean up [in sth]; **ganz schön** [*o* **kräftig**] ~ to make a tidy sum [*or* quite a profit] ② (*abrechnen*) ■ **bei jdm** ~ to hand sb the bill, to settle up with sb; ***darf ich bei Ihnen ~?*** could I ask you to settle up?

ab|kaufen *vt* ① (*von jdm kaufen*) ■ **jdm etw** ~ to buy sth off sb ② (*fam: glauben*) ■ **jdm etw** ~ to buy sth off sb, to believe sb; ***das kaufe ich dir nicht ab!*** I don't buy that!

Abkehr <-> *f kein pl* rejection; *vom Glauben* renunciation; *von der Familie* estrangement

ab|kehren[1] *vt* ■ **etw** ~ to sweep [*or* brush] sth away

ab|kehren[2] I. *vt* (*geh*) **den Blick/das Gesicht** [**von etw**] ~ to avert one's gaze/eyes [from sth], to look away [from sth] II. *vr* (*geh*) ■ **sich** [**von jdm/etw**] ~ to turn away [from sb/sth]; **sich vom Glauben/von Gott** ~ to renounce one's faith/God

ab|kippen *vt* ■ **etw irgendwo** ~ to dump sth somewhere

ab|klappern *vt* (*fam*) ■ **jdn/etw** [**nach etw/jdm**] ~ to go round sb/sth [looking for sth/sb]; ***ich habe die ganze Gegend nach dir abgeklappert*** I've been looking for you everywhere

ab|klären *vt* ■ **etw** [**mit jdm**] ~ to clear sth up [*or* sort sth out] [*or* check sth] [with sb]; [**mit jdm**] ~, **ob/wer/wo ...** to check [with someone] whether/who/where ...

Abklärung <-> *f kein pl* **sich mit der** ~ **eines Problems befassen** to [attempt to] clear up a problem

Abklatsch <-[e]s, -e> *m* (*pej*) pale [*or* poor] imitation, cheap copy früherer Inszenierungen von Shakespeare

ab|klemmen *vt* ① (*abquetschen*) ■ [**jdm**] **etw** ~ to crush [sb's] sth; ***er hat sich den Finger abgeklemmt*** he crushed his finger ② MED ■ **etw** ~ *Nabelschnur* to clamp sth ③ ELEK ■ **etw** ~ *Kabel* to disconnect, to switch [*or* turn] off

ab|klingen *vi irreg sein* ① (*leiser werden*) to become quieter, to die [*or* fade] away ② (*schwinden*) to subside

ab|klopfen *vt* ① (*durch Klopfen abschlagen*) ■ **etw** ~ to knock sth off ② (*durch Klopfen vom Staub reinigen*) ■ **etw** ~ to beat the dust out of sth; **den Schmutz von einer Jacke** ~ to tap off the dust from a jacket ③ MED ■ **jdn/etw** ~ to tap [*or spec* percuss] sb/sth ④ (*fam: untersuchen*) ■ **etw auf etw** *akk* ~ to check sth [out] for sth ⑤ (*sl: befragen*) ■ **jdn auf etw** *akk* ~ to quiz sb about sth

ab|knabbern *vt* (*fam*) ■ **etw** ~ to nibble [*or* gnaw] [at] sth; **sich** *dat* **die Fingernägel** ~ to bite [*or* chew] one's [finger]nails

ab|knallen *vt* (*sl*) ■ **jdn** ~ to blast sb *fam,* to shoot sb down *sep*

ab|knappen, ab|knapsen *vt* (*fam*) ■ **sich** *dat* **etw** ~ [*o* **abknapsen**] to scrape together sth *sep;* ■ [**jdm**] **etw** ~ to sponge [*or* scrounge] sth [off sb]

ab|kneifen *vt irreg* ① ■ **etw** [**mit etw**] ~ to pinch sth off [with sth] ② (*fam*) **sich einen** ~ to make a meal of sth

ab|knicken I. *vt haben* ■ **etw** ~ ① (*durch Knicken abbrechen*) to break sth off ② (*umknicken*) to fold sth over [*or* back]; **eine Blume** ~ to bend a flower stem, to knock a flower over II. *vi sein* ① (*umknicken und abbrechen*) to break off ② (*abzweigen*) ■ [**von etw**] ~ to branch off [from sth]

ab|knöpfen *vt* ① (*durch Knöpfen entfernen*) ■ **etw** [**von etw**] ~ to unbutton sth [from sth] ② (*fam: listig abwerben*) ■ **jdm etw** ~ to [manage to] get sth off [*or* out of] sb; ***ich konnte ihm 50 DM*** ~ I managed to get DM 50 out of him

ab|knutschen *vt* (*fam*) ■ **jdn** ~ to snog sb BRIT *fam;* ■ **sich** [*o* **einander**] ~ to neck, to snog BRIT

ab|kochen *vt* ■ **etw** ~ to boil sth

ab|kommandieren* *vt* ① MIL (*versetzen*) ■ **jdn irgendwohin** ~ to post [*or* send] sb somewhere; ***er wurde nach Afrika/an die Front abkommandiert*** he was posted to Africa/to the Front ② (*befehlen*) ■ **jdn** [**zu etw**] ~ to order sb [to do sth]; MIL *a.* to detail [*or* assign] sb to sth

ab|kommen *vi irreg sein* ① (*versehentlich abweichen*) to go off; **vom Kurs** ~ to go off course; **von der Straße** ~ to veer off the road; **vom Weg** ~ to stray from the path, to lose one's way ② (*aufgeben*) to give up; **von einer Angewohnheit** ~ to break a habit; **von einer Meinung** ~ to change one's mind, to revise an opinion; **vom Rauchen/Trinken** ~ to give up [*or* stop] smoking/drinking; ■ **davon ~, etw zu tun** to stop [*or* give up] doing sth ③ (*sich vom Eigentlichen entfernen*) ■ [**von etw**] ~ to digress [from sth]; ***jetzt bin ich ganz abgekommen!*** now I've completely forgotten where I was [*or* what I was talking about]

Abkommen <-s, -> *nt* agreement, treaty; **das Münchner** ~ HIST the Treaty of Munich; **ein** ~ **abschließen** to conclude an agreement, to sign a treaty

abkömmlich *adj* available; ■ **nicht ~ sein** to be unavailable

Abkömmling <-s, -e> *m* ❶ (*geh: Nachkomme*) descendant ❷ (*hum fam: Sprössling*) offspring *no pl* ❸ CHEM derivative

ab|können *vt irreg* (*fam*) ❶ (*leiden können*) ■ **jdn/etw nicht ~** to not be able to stand sb/sth ❷ (*vertragen*) **nicht viel/nichts ~** to not [be able to] take a lot/anything; ***er kann ganz schön was ab!*** he can knock back quite a bit!

ab|koppeln I. *vt* ❶ (*abhängen*) ■ **etw [von etw] ~** to uncouple sth [from sth] ❷ RAUM ■ **etw [von etw] ~** to undock sth [from sth] II. *vr* (*fam*) ■ **sich von etw ~** to sever one's ties with sth

ab|kratzen I. *vt haben* ■ **[sich** *dat*] **etw ~** to scratch off sth *sep;* ■ **etw [von etw] ~** to scrape sth off [sth]; **[sich** *dat*] **den Schorf ~** to pull [*or* pick] off a scab *sep* II. *vi sein* (*sl*) to kick the bucket *sl*

ab|kriegen *vt* (*fam*) *s.* **abbekommen**

ab|kühlen I. *vi sein* ❶ (*kühl werden*) to cool [down] ❷ (*an Intensität verlieren*) to cool [off]; *Begeisterung* to wane II. *vt haben* ■ **etw ~** ❶ (*kühler werden lassen*) to leave sth to cool ❷ (*vermindern*) to cool sth; **jds Leidenschaft ~** to dampen sb's passion; **jds Zorn ~** to appease [*or* allay] sb's anger III. *vr impers haben* ■ **sich ~** to cool off; *Wetter* to become cooler IV. *vi impers haben* to become cooler [*or* colder]

Abkühlung *f* ❶ (*Verminderung der Wärme*) cooling ❷ (*kühlende Erfrischung*) **sich eine ~ verschaffen** to cool oneself down ❸ (*Verringerung der Intensität*) cooling off

Abkunft <-> *f kein pl* (*geh*) **einer bestimmten ~ sein** to be of [a] particular origin; ***sie ist asiatischer ~*** she is of Asian descent

ab|kupfern I. *vt* (*fam*) ■ **etw [von jdm] ~** to copy sth [from sb] II. *vi* (*fam*) ■ **[aus etw] ~** to quote [from sth]; ■ **voneinander ~** to copy from one another

ab|kürzen I. *vt* ❶ (*eine Kurzform benützen*) ■ **etw [durch etw/mit etw] ~** to abbreviate sth [to sth] ❷ (*etw kürzer machen*) ■ **etw [um etw] ~** to cut sth short [by sth] II. *vi* ❶ (*einen kürzeren Weg nehmen*) to take a shorter route ❷ (*mit Abkürzungen schreiben*) to abbreviate

Abkürzung *f* ❶ (*abgekürzter Begriff*) abbreviation ❷ (*abgekürzter Weg*) short cut; **eine ~ nehmen** to take a short cut ❸ (*Verkürzung*) cutting short

Abkürzungsverzeichnis *nt* list of abbreviations

ab|küssen *vt* ■ **jdn ~** to smother sb in [*or* with] kisses; ■ **sich ~** to kiss [one another] passionately

Ablad <-[e]s> *m kein pl* SCHWEIZ (*geh: Abladen*) unloading

ab|laden *vt irreg* ❶ (*deponieren*) ■ **etw irgendwo ~** to dump [*or* put] sth somewhere ❷ (*entladen*) ■ **etw ~** to unload sth ❸ (*absetzen*) ■ **jdn [irgendwo] ~** to set sb down [*or* drop sb off] [somewhere] ❹ (*fam: abreagieren*) **seinen Ärger/Frust bei jdm ~** to take out [*or* vent] one's anger/frustration on sb ❺ (*fam: abwälzen*) ■ **etw auf jdn ~** to shift sth on to sb

Ablage *f* ❶ (*Möglichkeit zum Deponieren*) storage place; ***ich brauche eine ~ für meine Disketten*** I need somewhere to put my diskettes ❷ (*Akten~*) filing cabinet; ***bitte heften Sie diese Briefe in der ~ ab*** please file away these letters ❸ SCHWEIZ (*Annahmestelle*) delivery point; (*Zweigstelle*) branch [office]

Ablagekorb *m* letter tray

ab|lagern I. *vt haben* ■ **etw ~** ❶ (*deponieren*) to dump sth ❷ (*durch Lagern ausreifen lassen*) to let sth mature II. *vi sein o haben* ❶ (*durch Lagern ausreifen lassen*) ■ **etw ~ lassen** to let sth mature ❷ (*durch Lagern trocknen*) **Holz ~** to season wood; **Tabak ~** to cure tobacco III. *vr haben* ■ **sich [auf/in etw** *dat*] **~** to be deposited [on sth/in sth]; ***im Wasserkocher hat sich viel Kalk abgelagert*** a large chalk deposit has formed in the kettle

Ablagerung *f* ❶ (*Sedimentbildung*) sedimentation, deposition ❷ (*Sediment*) sediment, deposit ❸ (*Inkrustierung*) incrustation BRIT, encrustation AM ❹ *kein pl* (*das Ablagern zum Reifen*) maturing; ***für diesen Wein ist eine ~ von 2 Jahren empfehlenswert*** this wine should be matured for 2 years

Ablass[RR] <-es, Ablässe> *m*, **Ablaß** <-sses, Ablässe> *m* ❶ REL (*Nachlass von Fegefeuerstrafe*) indulgence; (*Urkunde*) letter of indulgence ❷ (*fam*) outlet valve

ab|lassen *irreg* I. *vt* ❶ (*abfließen lassen*) ■ **etw ~** to let out sth *sep;* **Dampf [aus etw] ~** to let off steam [from sth]; **Urin ~** to pass urine; **Öl/Wasser [aus etw] ~** to drain oil/water [out of sth] ❷ (*leer laufen lassen*) ***könntest du bitte das Wasser aus dem Pool ~*** could you please drain the water from the pool ❸ (*ermäßigen*) ■ **jdm etw [von etw] ~** to give sb a discount; ***ich lasse Ihnen 5% [vom Preis] ab*** I'll give you a 5% discount ❹ KOCHK **ein Ei ~** to separate the eggwhite from the yolk II. *vi* ❶ (*geh: mit etw aufhören*) ■ **[von etw] ~** to give up [sth *sep*] ❷ (*in Ruhe lassen*) ■ **von jdm ~** to let sb be

Ablassventil[RR] [-vɛn-] *nt* outlet valve

Ablativ <-, -e> *m* LING ablative

Ablauf[1] *m* ❶ (*Verlauf*) course; *von Verbrechen, Unfall* sequence of events; ***alle hofften auf einen reibungslosen ~ des Besuches*** everybody hoped that the visit would pass off smoothly ❷ (*das Verstreichen*) passing; ***der ~ des Ultimatums erfolgt in 10 Stunden*** the deadline for the ultimatum runs out in 10 hours; **nach ~ von etw** after sth, once sth has passed; ***nach ~ von 10 Tagen*** after 10 days

Ablauf[2] *m* ❶ (*geh: das Ablaufen*) draining ❷ (*Abflussrohr*) outlet pipe

Ablaufdiagramm *nt* work schedule

ab|laufen[1] *vi irreg sein* ❶ (*abfließen*) ■ **[aus etw] ~** to run [out of sth], to drain [from sth]; ***das Badewasser ~ lassen*** to let the bath water out ❷ (*sich leeren*) to empty; ***das Becken läuft nicht ab*** the water won't drain out of the sink ❸ (*trocken werden*) to stand [to dry]; ***nach dem Spülen lässt sie das Geschirr erst auf dem Trockengestell ~*** after washing up, she lets the dishes stand on the drainer ❹ (*ungültig werden, auslaufen*) to expire, to run out; ■ **abgelaufen** expired ❺ (*verstreichen, zu Ende gehen*) to run out; ***das Ultimatum läuft nächste Woche ab*** the ultimatum will run out [*or* expire] [*or* end] next week; ***das Verfallsdatum dieses Produkts ist abgelaufen*** this product has passed its sell-by date ❻ (*vonstatten gehen, verlaufen*) to proceed, to run, to go [off]; ***mische dich da nicht ein, die Sache könnte sonst ungut für dich ~!*** don't interfere; otherwise, it could bring you trouble!; ***das Programm läuft ab wie geplant*** the programme ran as planned [*or* scheduled] ❼ (*sich abwickeln*) ■ **[von etw] ~** to run out [from sth]; ***das Kabel läuft von einer Rolle ab*** the reel pays out the cable ❽ (*fam: unbeeindruckt lassen*) ■ **an jdm ~** to wash over sb; ***an ihm läuft alles ab*** it's like water off a duck's back [with him]

ab|laufen[2] *vt irreg* ❶ *haben* (*durch Gehen abnützen*) ■ **etw ~** to wear down [*or* out] sth *sep* ❷ *sein o haben* (*abgehen*) ■ **etw ~** to walk sth ❸ *sein o haben* (*absuchen*) ■ **etw [nach etw] ~** to go everywhere [looking for sth]; ***ich habe den ganzen Marktplatz nach Avocados abgelaufen*** I've been all over the market looking for avocados; **sich die Beine [*o* Hacken] [*o* Schuhsohlen] nach etw ~** (*fam*) to hunt high and low [for sth]

Ablaut *m pl rare* ablaut

Ableben *nt kein pl* (*geh*) death, demise *form*

ab|lecken *vt* ① (*durch Lecken entfernen*) ■**etw** ~ *Blut, Marmelade* to lick sth off; **sich** *dat* **etw von der Hand** ~ to lick sth off one's hand ② (*durch Lecken säubern*) ■**etw** ~ *Finger, Löffel, Teller* to lick sth [clean]; ***der Hund leckte mir die Finger ab*** the dog licked my fingers

ab|ledern *vt* ■**etw** ~ to polish with [chamois] leather

ab|legen **I.** *vt* ① (*deponieren, an einen Ort legen*) to put, to place ② (*archivieren*) ■**etw** ~ to file sth [away] ③ (*ausziehen und weglegen*) ■**etw** ~ to take off sth *sep* [and put it somewhere]; ***Sie können Ihren Mantel dort drüben*** ~ you can put your coat over there ④ (*aufgeben*) ■**etw** ~ to drop sth, to give up sth *sep* ⑤ (*ausrangieren*) ■**etw** ~ to throw sth out, to cast sth aside *form* ⑥ (*absolvieren, vollziehen, leisten*) to take; **die Beichte** [*o* **ein Geständnis**] ~ to confess, to make a confession; **einen Eid** ~ to take an oath, to swear [an oath]; **eine Prüfung** ~ to pass an exam ⑦ KARTEN ■**etw** ~ to discard ⑧ ZOOL ■**etw** ~ to lay sth; ***Frösche legen ihren Laich im Wasser ab*** frogs like to spawn in water **II.** *vi* ① NAUT, RAUM to [set] sail, to cast off; ***die Fähre legt gleich ab*** the ferry's just leaving [*or* departing]; ■**das A~** departure ② (*ausziehen*) to take off sth *sep*

Ableger <-s, -> *m* ① BOT shoot; **einen** ~ **ziehen** to take a cutting ② (*fam: Filiale*) branch ③ (*hum fam: Sprössling*) kid *fam*, offspring *hum*

ab|lehnen **I.** *vt* ① (*zurückweisen*) to turn down, to refuse, to reject; **einen Antrag** ~ to reject [*or* defeat] a proposal; ■**jdn** ~ to reject sb ② (*sich weigern*) ■**es** ~ **etw zu tun** to refuse to do sth ③ (*missbilligen*) ■**etw** ~ to disapprove of sth, to object to sth; *s. a.* **dankend** **II.** *vi* (*nein sagen*) to refuse

ablehnend **I.** *adj* (*negativ*) negative **II.** *adv* (*geh*) negatively; ■**jdm/etw** ~ **gegenüberstehen** to oppose sb/sth, to disapprove of sb/sth; ***diesen Vorschlägen stehe ich eindeutig*** ~ ***gegenüber*** I clearly cannot accept these proposals

Ablehnung <-, -en> *f* ① (*Zurückweisung*) refusal, rejection; **die** ~ **eines Antrags** rejection [*or* defeat] of a proposal; **die** ~ **eines Bewerbers** rejection of an applicant ② (*ablehnendes Schreiben*) [written] rejection ③ (*Missbilligung*) disapproval, objection; **auf** ~ **stoßen** (*geh: wird abgelehnt*) to be rejected [*or* refused]; (*wird missbilligt*) to meet with disapproval

ab|leisten *vt* (*geh: absolvieren*) to serve, to do; **eine Probezeit** ~ to complete a probationary period; **den Wehrdienst** ~ to do one's military service

ab|leiten **I.** *vt* ① (*umleiten*) ■**etw** ~ to divert sth; (*ablenken*) *Blitz* to conduct; ***der Verkehr musste abgeleitet werden*** the traffic had to be rerouted ② LING (*herleiten, entwickeln*) ■**etw** ~ to trace sth back [to], to derive sth [from] ③ MATH **eine Funktion** ~ to differentiate a function; **eine Gleichung** ~ to develop an equation ④ (*logisch folgern*) ■**etw** ~ to deduce [*or* infer] sth [from sth] **II.** *vr* ① LING ■**sich** ~ to stem [*or* be derived] [from] ② (*logisch folgen*) ■**sich** ~ to be derived [*or* derive] [from]; **sich** *dat* **sein Recht von etw** ~ to derive one's privilege from sth

Ableitung *f* ① (*Umleitung*) *Rauch, Flüssigkeit* diversion ② LING, SCI derivation; (*abgeleitetes Wort*) derivative ③ MATH *von Formeln* differentiation ④ (*Folgerung*) deduction; ~ **eines Vorrechts aus einer Stellung** derivation of a privilege from a position

ab|lenken **I.** *vt* ① (*zerstreuen*) ■**jdn** ~ to divert [*or* distract] sb; ***wenn er Sorgen hat, lenkt ihn Gartenarbeit immer ab*** if he's worried, working in the garden diverts his thoughts; ■**sich** [**mit etw**] ~ to relax [with sth/by doing sth] ② (*abbringen*) ■**jdn** [**von etw**] ~ to distract sb [from sth]; ■**sich von etw** ~ **lassen** to be distracted by sth ③ (*eine andere Richtung geben*) ■**etw** [**von etw**] ~ to divert sth [from sth] ④ PHYS **Licht** ~ to refract light; **Strahlen** ~ to deflect rays **II.** *vi* ① (*ausweichen*) ■[**von etw**] ~ to change the subject ② ■[**von etw**] ~ to distract [from sth]

Ablenkung *f* ① (*Zerstreuung*) diversion, distraction; **sich** [**mit etw**] ~ **verschaffen** to relax [with sth] [by doing sth]; **zur** ~ in order to relax ② (*Störung*) distraction, interruption ③ PHYS (*das Ablenken*) **die** ~ **von Licht** the refraction of light; **die** ~ **von Strahlen** the deflection of rays

Ablenkungsmanöver *nt* diversion, diversionary tactic

ab|lesen *irreg* **I.** *vt* ① (*den Stand feststellen*) ■**etw** ~ *Messgeräte, Strom* to read sth ② (*nach der Vorlage vortragen*) ■**etw** [**von etw**] ~ to read sth [from sth] ③ (*folgern*) ■**etw** [**aus etw**] ~ to read [*or form* construe] sth [from sth]; ***aus seinem Verhalten konnte sie ungeteilte Zustimmung*** ~ from his behaviour she gathered that he was completely in agreement **II.** *vi* ① (*den Zählerstand feststellen*) to read the meter ② (*mit Hilfe einer Vorlage sprechen*) to read [from sth]

ab|leuchten *vt* (*mit Hilfe einer Lichtquelle untersuchen*) ■**etw** ~ to inspect sth with light

ab|leugnen **I.** *vt* (*bestreiten*) ■**etw** ~ *Schuld, Tat* to deny sth **II.** *vi* (*leugnen*) to deny; ■**das A~** denial

ab|lichten *vt* ① (*fam: fotografieren*) ■**etw/jdn** ~ to take a photo [*or* picture] of sb/sth ② (*fotokopieren*) ■**etw** ~ to photocopy sth

Ablichtung <-, -en> *f* ① *kein pl* (*das Fotokopieren*) photocopying ② (*Fotokopie*) photocopy, copy *fam*

ab|liefern *vt* ① (*abgeben*) ■**etw** ~ to hand over sth *sep*, to turn in sth *sep* ② (*fam: einreichen*) ■**etw** ~ to hand in sth *sep*, to turn in sth *sep* ③ (*liefern*) ■**etw** [**bei jdm**] ~ to deliver sth [to sb] ④ (*hum fam: nach Hause bringen*) ■**jdn** [**bei jdm**] ~ to hand sb over [to sb]

ab|liegen *vi irreg* ① *haben* (*entfernt sein*) to be a long way [from], to be distant *form*; ***die Mühle liegt sehr weit ab*** the mill is a long way away; **zu weit** [**vom Weg**] ~ to be too far [out of the way], to be too much of a detour ② *haben* SÜDD, ÖSTERR (*durch Lagern mürbe werden*) **Fleisch** ~ *to hang meat to tenderize it*

ab|listen *vt* (*abgaunern*) ■**jdm etw** ~ to trick sb out of sth

ab|locken *vt* (*abnehmen*) ■**jdm etw** ~ to wangle [*or* coax] sth out of sb; ***er hat mir DM 50 abgelockt*** he managed to get DM 50 out of me

ab|löschen *vt* ① (*mit einem Löschblatt trocknen*) ■**etw** [**mit etw**] ~ *Tinte* to blot sth [with sth] ② (*das Ablöschen*) ■**etw** [**mit etw**] ~ *Tafel* to wipe sth [with sth] ③ KOCHK ■**etw** [**mit etw**] ~ to pour sth [on sth]; ***den Braten mit einem Schuss Wein*** ~ to add a little wine to the roast

Ablöse <-, -n> *f* (*fam*) *s.* **Ablösesumme**

ab|lösen **I.** *vt* ① (*abmachen*) ■**etw** [**von etw**] ~ to remove [*or* take off *sep*] sth [from sth]; *Pflaster* to peel off ② (*abwechseln*) ■**sich** [*o* **einander**] [**bei etw**] ~ to take turns [at sth], to relieve one another [at sth]; ***die beiden Fahrer lösten sich am Steuer ab*** both drivers took turns at the wheel; **sich bei der Arbeit** ~ to work in shifts; **einen Kollegen** ~ to take over from [*or form* relieve] a colleague; **die Wache** ~ to change the guard ③ (*fig: an die Stelle von etw treten*) ■**jdn/etw** [**durch jdn/etw**] ~ to supersede [*or* replace] sb/sth [by/with sb/sth]; ***neue Methoden werden die alten*** ~ new methods will take the place of old ones ④ (*tilgen*) ■**etw** ~ to pay off sth *sep*, to redeem sth **II.** *vr* (*abgehen*) ■**sich** [**von etw**] ~ to peel off [sth]; ***das Etikett löst sich nur schwer ab*** the label doesn't peel off easily

Ablösesumme *f* transfer fee

Ablösung *f* ① *(Auswechslung)* relief; **die ~ der Schichtarbeiter** change of shift; **die ~ der Wache** the changing of the guard ② *(Ersatzmann)* replacement ③ *(Entlassung)* dismissal; ***die Opposition forderte die ~ des Ministers*** the opposition demanded that the minister be removed from office ④ *(das Ablösen)* removal, loosening; *Farbe, Lack* peeling off; *(Abtrennung)* separation; **die ~ der Netzhaut** the detachment of the retina ⑤ *(Tilgung)* redemption *no pl;* **die ~ einer Schuld** the discharge of a debt; ***die vorzeitige ~ der Hypothek*** to pay off the mortgage prematurely

Ablösungssumme *f s.* **Ablösesumme**

ab|lotsen *vt,* **ab|luchsen** [-lʊksn] *vt (fam)* ■ **jdm etw ~** [*o* **luchsen**] to wangle [*or* coax] sth out of sb

Abluft *f kein pl* TECH outgoing air

ABM <-, -s> *f Abk von* **Arbeitsbeschaffungsmaßnahme** job creation scheme [*or* AM plan]

ab|machen *vt* ① *(entfernen)* ■ **etw ~** to take off sth; ■ **jdm etw ~** to take off *sep* sb's sth; ***er machte dem Hund das Halsband ab*** he took the dog's collar off ② *(vereinbaren)* ■ **etw** [**mit jdm**] **~** to arrange sth [with sb], to make an arangement to do sth; ■ **abgemacht** arranged, fixed; ■ **abgemacht!** agreed!, OK!, you're on! ③ *(klären)* ■ **etw ~** to sort out *sep* sth, to settle sth; ***wir sollten das lieber unter uns ~*** we should better settle this between ourselves ④ *(ableisten)* ■ **etw ~** *Zeit* to do sth

Abmachung <-, -en> *f (Vereinbarung)* agreement; **sich** [**nicht**] **an eine ~ halten** to [not] carry out an agreement *sep*

ab|magern *vi sein* to grow [*or* get] thin; ■ **abgemagert** very thin; ***die Flüchtlinge waren völlig abgemagert*** the refugees were emaciated

Abmagerung <-> *f kein pl* weight loss, emaciation

Abmagerungskur *f (Schlankheitskur)* diet; **eine ~ machen** to be on a diet

ab|mähen *vt* ■ **etw ~** to mow sth

ab|mahnen *vt* ■ **jdn ~** to warn [*or form* caution] [*or form* admonish] sb

Abmahnung *f* warning, BRIT *a.* caution *form*

ab|malen I. *vt (abzeichnen)* ■ **etw** [**von etw**] **~** to paint [*or* portray] sth [from sth]; [**von anderen Bildern**] **~** to copy [other pictures] II. *vr (sich zeigen)* to show; ***ihre Bluse war so eng, dass sich alles abmalte*** her blouse was so tight that you could see everything

Abmarsch *m* march off, start of a march; ***fertigmachen zum ~!*** ready to [*or* quick] march!

abmarschbereit I. *adj* ready to march II. *adv* ready to march

ab|marschieren* *vi sein* to march off, to start marching; ***los, ~*** [***zum Schießstand***]! forward, march [to the rifle range]!

ab|mehren *vi* SCHWEIZ *(abstimmen)* to vote [on sth] [by a show of hands]

abmeiern *vt (vom Dienst entfernen)* ■ **jdn ~** to dismiss sb

Abmeldeformular *nt* **ein ~ für einen Umzug** a change of address form; **ein ~ für Personen und PKWs** a cancellation of registration form

ab|melden I. *vt* ① *(den Austritt anzeigen)* ■ **jdn** [**von etw**] **~** to cancel sb's membership [of sth] [*or* AM [in sth]]; **jdn von einer Schule ~** to withdraw sb from a school ② *(die Außerbetriebnahme von etw anzeigen)* **ein Fernsehgerät/Radio ~** to cancel a TV/radio licence [*or* AM -se]; **ein Auto ~** to cancel a car's registration; **das Telefon ~** to request the disconnection of the phone ③ *(fam)* ■ **bei jdm abgemeldet sein** no longer be of interest to sb; ***er ist endgültig bei mir abgemeldet*** I've had it with him, I wash my hands of him II. *vr* ① *(seinen Umzug anzeigen)* ■ **sich ~** to give [official] notification of a change of address ② *(um Erlaubnis bitten, weggehen zu dürfen)* ■ **sich** [**bei jdm**] **~** to report to sb that one/sb is leaving ③ MIL ■ **sich** [**bei jdm/zu etw**] **~** to report to sb/for sth; ***melde mich zum Waffenreinigen ab, Herr Feldwebel!*** reporting for weapon cleaning duty, Sergeant!

Abmeldung *f* ① *(das Abmelden) vom Auto* request to deregister a car; *vom Fernsehgerät/Radio* cancellation; *vom Telefon* disconnection ② *(Anzeige des Umzugs)* [official] notification of a change of address ③ *(fam) s.* **Abmeldeformular**

ab|messen *vt irreg* ① *(ausmessen)* ■ **etw ~** to measure sth ② **eine Länge ~** to measure [off] a length [from sth]; **eine Menge ~** to measure [out] an amount [from sth] ③ *(abschätzen)* **etw ~ können** to be able to assess [*or* BRIT gauge] [*or* AM gage] sth

Abmessung *f meist pl* measurements, size; *(von dreidimensionalen Objekten a.)* dimensions

ab|mildern *vt* ① *(abschwächen)* ■ **etw ~** to moderate sth; **eine Äußerung ~** to temper one's words ② *(mildern)* ■ **etw ~** to lessen [*or* reduce] sth; **einen Sturz ~** to cushion a fall

ab|montieren* *vt (mit einem Werkzeug entfernen)* ■ **etw** [**von etw**] **~** to remove sth [from sth]; ***die Einbauküche musste abmontiert werden*** the built-in kitchen had to be dismantled

ABM-Stelle *f* position assisted by job creation scheme [*or* AM plan]

ab|mühen *vr (sich große Mühe geben)* ■ **sich ~** to work [*or* try] hard, to take a lot of trouble [*or pl* pains]; ■ **sich mit etw ~** to work [*or* try] hard at sth; ■ **sich mit jdm ~** to take a lot of trouble [*or pl* pains] with sb; ■ **sich ~ etw zu tun** to try hard to do sth

ab|murksen *vt (sl: umbringen)* ■ **jdn ~** to bump off sb *sep sl,* to do in sb *sep sl,* to kill

ab|mustern I. *vt* NAUT ■ **jdn ~** to discharge sb II. *vi* NAUT to go ashore, to leave ship

ab|nabeln I. *vt (jds Nabelschnur durchtrennen)* ■ **jdn** [**von jdm**] **~** to cut the umbilical cord [between sb and sb] II. *vr (Bindungen kappen)* ■ **sich** [**von jdm/etw**] **~** to become independent [of sb/sth], to become self-reliant

ab|nagen *vt* ① *(blank nagen)* ■ **etw ~** to gnaw sth clean ② *(durch Nagen abessen)* ■ **etw** [**von etw**] **~** to gnaw sth [off sth]

Abnäher <-s, -> *m* MODE dart, tuck

Abnahme[1] <-, *selten* -n> *f* ① *(Verringerung)* reduction [of], drop [*or* fall] [in] ② *(das Nachlassen)* loss; **~ der Kräfte** weakening

Abnahme[2] <-, -n> *f* ① ÖKON *(Übernahme) Ware* acceptance ② ADMIN *Neubau, Fahrzeug* inspection and approval ③ *(geh: Herunternahme)* removal, taking down

ab|nehmen[1] *vi irreg* ① *(Gewicht verlieren)* to lose weight; **stark ~** to lose a lot of weight ② *(sich verringern)* to drop, to fall, to decrease ③ *(nachlassen)* to diminish; ***durch die Krankheit nahmen ihre Kräfte immer mehr ab*** her strength continued to decrease due to her illness; ***bei zu hohen Preisen nimmt das Interesse der Kunden deutlich ab*** when the price is too high, customers lose interest; ***die Nachfrage nach diesem Automodell hat stark abgenommen*** demand for this car model has dropped dramatically

ab|nehmen[2] *irreg* I. *vt* ① *(wegnehmen)* ■ **jdm etw ~** to take sth [away] from sb *sep,* to relieve sb of sth *hum;* ***dem betrunkenen Autofahrer wurde von der Polizei der Führerschein abgenommen*** the police took the drunk driver's licence; ***er nahm seinem Gegenüber beim Poker große Summen ab*** he won a lot of money from his opponent at poker ② *(herunternehmen)* ■ **etw ~** to take down sth *sep;*

Abneigung

Antipathie ausdrücken	expressing antipathy
Ich mag ihn **nicht (besonders).**	**I don't like** him **(very much).**
Ich finde diesen Typ **unmöglich.**	**I think** that bloke **is just impossible.**
Das ist ein (richtiges) Arschloch. *(vulg)*	**He's an (a real) arsehole.**
Ich kann ihn **nicht leiden/ausstehen/riechen.** *(fam)*	**I cannot stand/bear** him.
Diese Frau **geht mir auf den Geist/Wecker/Keks.** *(fam)*	That woman **gets on my nerves.**
Langeweile ausdrücken	expressing boredom
Wie langweilig!/Sowas von langweilig!	**How boring!/Talk about boring!**
Ich schlaf gleich ein! *(fam)*/**Das ist ja zum Einschlafen!**	**I'll fall asleep/nod off in a minute!/It's enough to send you to sleep!**
Der Film **ist ja zum Gähnen.** *(fam)*	The film **is (just) one big yawn.**
Diese Disco **ist total öde.**	This disco **is dead boring.**
Abscheu ausdrücken	expressing disgust
Igitt!	**Yuk!**
Du **widerst mich an!**	You **make me sick!**
Das **ist geradezu widerlich!**	That **is absolutely revolting!**
Das **ist (ja) ekelhaft!**	That is **(quite) disgusting!**
Das **ekelt mich an.**	That **makes me sick.**
Ich finde das zum Kotzen. *(sl)*	**That makes me puke.**

nimm bitte draußen die Wäsche ab! can you get the washing in, please?; ***nehmen Sie bitte den Hut ab!*** please take your hat off! ❸ *(aufnehmen)* ▪**etw** ~ to pick up sth *sep;* ***nimmst du bitte den Hörer/das Telefon ab?*** can you answer [*or* pick up] the phone, please? ❹ *(tragen helfen)* ▪**jdm etw** ~ to take sth [from sb] ❺ *(a. fig: abkaufen)* ▪**jdm etw** ~ to buy sth [from sb], to accept sth [from sb]; ***niemand wollte ihm die Ladenhüter*** ~ no one wanted to buy the line that was not selling from him; ***das nehme ich dir nicht ab*** I don't buy that; ***dieses Märchen nimmt dir keiner ab!*** nobody will buy that fairy tale! ❻ *(übernehmen)* ▪**jdm etw** ~ to take on sth for sb, to take sth off sb's shoulders; ***deine Arbeit kann ich dir nicht*** ~ I can't do your work for you ❼ KARTEN to take ❽ MED *(amputieren)* ▪[**jdm**] **etw** ~ to take off sb's sth, to amputate; ***das zerquetschte Bein musste ihm abgenommen werden*** they had to take off his crushed leg ❾ *(begutachten und genehmigen)* ▪**etw** ~ to approve sth; ***nach drei Jahren muss man zum TÜV, um seinen Wagen ~ zu lassen*** after three years you have to take your car for an MOT test; ***der Wagen konnte nicht abgenommen werden*** the car failed its MOT ❿ *(prüfen)* **eine Prüfung** ~ to examine sb **II.** *vi* to answer the phone, to pick up [the phone] *sep;* ***ich habe es gestern öfter bei ihr versucht, aber niemand nahm ab*** I tried to reach her many times yesterday, but no one answered [the phone]

Abnehmer(in) <-s, -> *m(f)* *(Käufer)* customer; ***für dieses Produkt gibt es sicher viele*** ~ there'll be a lot of people wanting to buy this product

Abneigung *f* ❶ *(Widerwillen)* ▪~ **gegen jdn/etw** dislike for [*or* of] [*or* aversion to] sb/sth; ***sie ließ ihn ihre ~ deutlich spüren*** she didn't hide her dislike of him; **eine ~ gegen jdn/etw haben** to have a dislike of [*or* an aversion to] sb/sth; ***sie hatte schon immer eine starke ~ gegen Thunfisch*** she never did like tuna ❷ *(Widerstreben)* ▪~, **etw zu tun** reluctance [*or* disinclination] to do sth; **eine ~ haben, etw zu tun** to be [*or* feel] reluctant [*or* disinclined] to do sth

abnorm *adj,* **abnormal** *adj bes* ÖSTERR, SCHWEIZ abnormal

Abnormität <-, -en> *f* abnormality

ab|nötigen *vt (geh)* ▪**jdm etw** ~ to wring sth out of [*or* from] sb; ***das nötigt einem Respekt ab*** you have to respect him

ab|nutzen, ab|nützen SÜDD, ÖSTERR **I.** *vt* ▪**etw** ~ [*o* **nützen**] to wear out; ▪**abgenutzt** worn-down; ***der Teppich ist an manchen Stellen ziemlich abgenutzt*** the carpet is fairly worn in places **II.** *vr* ❶ *(im Gebrauch verschleißen)* ▪**sich** ~ [*o* **nützen**] to wear; ***Textilbezüge nutzen sich meist schneller ab als Lederbezüge*** cloth covers tend to wear thin quicker than leather ❷ *(an Wirksamkeit verlieren)* ▪**sich** ~ to lose effect; ***zu häufig gebrauchte Phrasen nutzen sich bald ab*** phrases which are used too often soon lose their effect; ▪**abgenutzt** worn-out; **abgenutzte Phrasen** hackneyed phrases

Abnutzung *f,* **Abnützung** *f* <-, -en> SÜDD, ÖSTERR *(Verschleiß durch Gebrauch)* wear and tear; **Absetzung für** ~ depreciation for wear and tear

Abo <-s, -s> *nt* MEDIA *(fam) kurz für* **Abonnement** subscription; **ein ~ für eine Zeitung haben** to subscribe to a newspaper; *(Theater~)* season ticket [*or* AM tickets]

Abonnement <-s, -s> [abɔnəˈmãː] *nt* subscription; ▪**im** ~ ***bei Theatervorstellungen sind die meisten Karten im ~ vergeben*** most tickets for the theatre are given to subscribers; **etw im ~ beziehen** to subscribe to sth

Abonnent(in) <-en, -en> *m(f)* subscriber

abonnieren* *vt haben* ▪**etw** ~ to subscribe to sth; ▪[**auf etw** *akk*] **abonniert sein** to be a subscriber [to sth]; ***sie ist wirklich auf Einsern abonniert*** *(hum)* she always gets A's

ab|ordnen *vt (dienstlich hinbefehlen)* ▪**jdn** [**zu etw**] ~ to delegate sb [to sth]; *(abkommandieren)* to detail sb [for sth]; ***er wurde nach Berlin abgeordnet*** he was posted to Berlin

Abordnung *f* delegation

Abort[1] <-s, -e> *m (veraltet) s.* **Toilette**

Abort[2] <-s, -e> *m* MED *(Fehlgeburt)* miscarriage

ab|packen *vt a.* ÖKON *(einpacken)* ▪**etw** ~ to pack sth; ***packen Sie mir bitte drei Kilo Hackfleisch ab!*** could you wrap up three kilos of minced meat for me, please?; ■ **sich** *dat* **etw** [**von jdm**] ~ **lassen** to have [sb] wrap sth up; ■ **sich** *dat* **etw** ~ **lassen** to have sth wrapped up; **abgepackte Lebensmittel** pre-packaged food

ab|passen *vt* ① (*abwarten*) ■ **etw** ~ to wait [*or* watch] for sth; **die passende Gelegenheit** ~ to bide one's time ② (*timen*) **etw gut** [*o* **richtig**] ~ to time sth well ③ (*abfangen, jdm auflauern*) ■ **jdn** ~ to waylay sb; ***der Taschendieb passte sie an der Ecke ab*** the pickpocket lay in wait for her at the corner

ab|pausen *vt* ■ **etw** [**auf etw** *akk*] ~ to trace sth [onto sth]; ■ **etw von etw** ~ to trace sth [from sth]; ***hast du das selbst gezeichnet oder nur von einer Vorlage abgepaust?*** did you draw it yourself or did you just trace it?

ab|perlen *vi sein* ■ [**von etw**] ~ to run off sth in drops; ***der Tau perlte von den Blättern ab*** the dewdrops fell from the leaves

ab|pfeifen *irreg* **I.** *vt* ■ **etw** ~ to stop sth by blowing a whistle; ***nach 45 Minuten wurde die erste Halbzeit abgepfiffen*** after 45 minutes the whistle for the end of the first half was blown; **das Spielende** ~ to blow the final whistle **II.** *vi* to blow the whistle

Abpfiff *m* the [final] whistle

ab|pflücken *vt* (*pflücken*) ■ **etw** ~ to pick sth; ***im Park darf man keine Rosen*** ~ picking roses is not allowed in the park

ab|placken *vr* (*fam*) *s.* **abplagen**

ab|plagen *vr* ■ **sich** [**mit etw**] ~ *dat* to struggle [with sth]; ***er hat sich sein ganzes Lebens lang abgeplagt*** he slaved away his whole life; ***sie plagt sich immer sehr ab mit den schweren Einkaufstaschen*** she always struggles with her heavy shopping bags; ***er plagte sich jahrelang mit den Manuskripten ab*** he worked himself to death on the manuscripts

ab|platten *vt* (*flacher machen*) ■ **etw** ~ to flatten sth, to level sth off; ■ **abgeplattet** flattened

Abprall <-[e]s, *selten* -e> *m* rebound, ricochet

ab|prallen *vi sein* ① (*zurückprallen*) ■ [**von etw/an etw** *dat*] ~ to rebound [from/off/against sth], to ricochet [off sth], to bounce [off sth] ② (*nicht treffen*) ■ **an jdm** ~ to bounce off sb

ab|pressen *vt* ① (*durch Druck abnehmen*) ■ **jdm etw** ~ to extort sth from sb, to squeeze sth out of sb *fam;* **jdm ein Geständnis** ~ to force a confession from [*or* beat a confession out of] sb ② (*abschnüren*) **jdm den Atmen** ~ to take sb's breath away ③ (*herauspressen, unter Druck absondern*) ■ **etw** ~ to force sth; ***Blutwasser wird ins Bindegewebe abgepresst*** serum is forced into the connective tissue

ab|pumpen *vt* (*durch Pumpen entfernen*) ■ **etw** [**aus etw/von etw**] ~ to pump sth [out of/from sth]

ab|putzen *vt* ① (*durch Putzen reinigen*) ■ **etw** ~ to clean sth; ■ **jdm etw** ~ to clean sb's sth; ***soll ich dir etwa noch den Hintern ~?*** you don't want me to wipe your backside for you, do you?; ■ [**sich** *dat*] **etw** ~ to clean sth; ***putz dir die Schuhe ab!*** wipe your shoes! ② (*durch Putzen entfernen*) ■ **etw** [**von etw**] ~ to wipe sth [off sth], to clean sth [from/off sth] ③ (*mit neuem Putz versehen*) ■ **etw** ~ to plaster [*or* replaster] sth

ab|quälen *vr* ① (*sich abmühen*) ■ **sich** [**mit etw**] ~ to struggle [*or* battle] [with sth]; ***was quälst du dich so ab?*** why are you making things so difficult for yourself? ② (*sich mühsam abringen*) ■ **sich** *dat* **etw** ~ to force sth; ***er quälte sich ein Grinsen ab*** he managed to force a grin; ***diese Entschuldigung hast du dir ja förmlich abgequält!*** you really had to force yourself to make that apology!

ab|qualifizieren *vt* ■ **jdn/etw** ~ to scorn sb/sth, to treat sb/sth with contempt, to put sb/sth down *fam;* ■ **etw** ~ to dismiss sth [out of hand]

ab|rackern *vr* (*fam: sich abmühen*) ■ **sich** [**mit etw** *dat*] ~ to slave [over/away at sth] *fam or hum;* ***was rackerst du dich so mit der Handsäge ab? nimm doch die Motorsäge!*** why on earth are you bothering with the hand saw? use the power saw!; ■ **sich für jdn/etw** ~ to work one's fingers to the bone for sb/sth, to work oneself to a shadow; ***sie hat sich Tag für Tag für diese Firma abgerackert*** she sweated blood for that company day after day

Abraham <-s> *m kein pl* Abraham ▸ WENDUNGEN: [**sicher**] **wie in ~s Schoß** as safe as houses BRIT, in safe hands AM

Abrakadabra <-s> *nt kein pl* abracadabra

ab|rasieren* *vt* ① (*durch Rasieren entfernen*) ■ [**jdm/sich**] **etw** ~ to shave [off] sth [*or* sb's/one's sth] *sep;* **jdm/sich den Bart** ~ to shave sb's/one's beard [off] ② (*fam: abtrennen*) ■ **etw** ~ to shave off sth *sep;* ***der Düsenjäger rasierte das Dach des Gebäudes ab*** the jet shaved off the roof of the house ③ (*fam: dem Erdboden gleichmachen*) ■ **etw** ~ to raze sth to the ground

ab|raten *vi irreg* ■ **jdm** [**von etw**] ~ to advise [*or* warn] sb [against sth]; ■ **jdm davon ~, etw zu tun** to advise [*or* warn] sb not to do [*or* against doing] sth; ***von diesem Arzt kann ich Ihnen nur ~*** I really can't recommend that doctor

ab|räumen *vt* ■ **etw** [**von etw**] ~ to clear [sth] of sth, to clear sth [from sth]; ■ **das A~** clearing away; ■ **etw** ~ to clear sth; ***nach dem Essen räumte sie das Geschirr ab*** after the meal she cleared the table; ***beim Kegelturnier räumte sie kräftig ab*** at the skittles tournament she really cleaned up *fam*

Abraumhalde *f* slag-heap

ab|rauschen *vi sein* ① (*fam: fortfahren*) to rush off [in a vehicle] ② (*sich demonstrativ entfernen*) to rush off in protest; ***gestern ist er beleidigt abgerauscht*** yesterday he felt offended and rushed off

ab|reagieren* **I.** *vt* ① (*negative Emotionen herauslassen*) ■ **etw** ~ to work off sth ② (*auslassen*) ■ **etw an jdm** ~ to take out sth on sb **II.** *vr* (*fam: sich durch einen Ausbruch beruhigen*) ■ **sich** ~ to calm down; ***er war ziemlich wütend, aber jetzt hat er sich abreagiert*** he was furious but he's cooled off now

ab|rechnen **I.** *vi* ① (*abkassieren*) to settle up; ***am Ende der Woche rechnet der Chef ab*** the boss does the accounts at the end of the week; ***Sie haben sich beim A~ um DM 4,65 vertan!*** you've miscalculated the bill by DM 4.65!; ■ **mit jdm** ~ to settle up with sb; ***mit den Vertretern wird monatlich abgerechnet*** the agents are paid monthly ② (*zur Rechenschaft ziehen*) ■ **mit jdm** ~ to call sb to account, to get even [*or* settle an account] with sb; ■ [**miteinander**] ~ to settle the score [with each other] **II.** *vt* (*abziehen*) ■ **etw** [**von etw**] ~ to deduct sth [from sth]; [**jdm**] **einen Rabatt vom Preis** ~ to give [sb] a discount on the price

Abrechnung *f* ① (*Erstellung der Rechnung*) calculation [*or* preparation] of a bill [*or* an invoice]; ***ich bin gerade bei der ~ für den Kunden*** I'm just adding up the bill for the customer; **die ~ machen** [*o* **vornehmen**] to prepare [*or* calculate] [*or* add up] the bill [*or* invoice]; ***wieviel mussten Sie ausgeben? — ich bin gerade dabei, die ~ zu machen*** how much did you have to spend? — I'm just working it out ② (*Aufstellung*) list, itemized bill ③ (*Rache*) revenge, pay off; **der Tag der ~** the day of reckoning; ***endlich war die Stunde der ~ gekommen*** the time for revenge had finally come ④ (*Abzug*) ■ **die ~ von etw** the deduction of sth; **~ von Skonto** discount; **etw in ~ bringen** (*geh: etw abziehen*) to deduct sth from sth

Abrede *f* agreement; **eine mündliche ~** a verbal

agreement; **etw in ~ stellen** (*geh*) to deny sth

ab|regen *vr* (*fam*) ■**sich ~** to calm down; ***reg dich ab!*** keep your shirt [*or* BRIT hair] on!, chill out! *sl*

ab|reiben *vt irreg* ① (*durch Reiben entfernen, abwischen*) ■**[jdm] etw [von etw] ~** to rub sth off [sth] [for sb]; ■**[sich** *dat*] **etw [an etw** *dat*] **~** to wipe [*or* clean] sth [on sth]; ***bitte reib dir doch nicht immer die Hände an der Hose ab!*** please don't always wipe your hands on your trousers! ② (*durch Reiben säubern*) ■**etw ~** to rub sth down; **Autolack/Fenster ~** polish the paintwork/window ③ (*trocknen*) ■**jdn/ein Tier/etw ~** to rub sb/an animal/sth down; ***er badete das Baby und rieb es dann mit einem Frotteehandtuch ab*** he bathed the baby and then dried him/her with a terry towel

Abreibung *f* (*fam*) ① (*Prügel*) beating, a good thump *fam*; ***dafür hast du eine ~ verdient!*** you deserve to get clobbered! *fam* ② (*Tadel*) censure, criticism

Abreise *f kein pl* departure; ***die ~ naht*** it's nearly time to leave; **bei ihrer ~** when she left [*or* on her departure]

ab|reisen *vi sein* to leave, to depart; ■**[irgendwohin] ~** to leave [*or* depart] [*or* start] [for somewhere]

ab|reißen *irreg* **I.** *vt haben* ① (*durch Reißen abtrennen*) ■**etw [von etw] ~** to tear [*or* rip] sth [off sth]; **Tapete von der Wand ~** to tear down wallpaper from the wall; **Blumen ~** to pull off the flowers; ■**sich** *dat* **etw ~** to tear off sth *sep*; ***er blieb an der Türklinke hängen and riss sich dabei einen Knopf ab*** he got caught on the doorknob and tore a button off ② (*niederreißen*) ■**etw ~** *ein baufälliges Bauwerk* to tear sth down ③ (*sl: hinter sich bringen*) ■**etw ~** to get through sth; ***er hat gerade die 2 Jahre Gefängnis abgerissen*** he's just finished sitting out his 2-year prison sentence **II.** *vi sein* ① (*von etw losreißen*) to tear off ② (*aufhören*) to break off; **einen Kontakt nicht ~ lassen** to not lose contact ③ (*kontinuierlich anhalten*) ■**nicht ~** to go on and on, to not stop; ***der Strom der Flüchtlinge riss nicht ab*** the stream of refugees did not end

Abreißkalender *m* tear-off calendar

ab|richten *vt* (*dressieren*) ■**ein Tier ~** to train an animal; ■**ein Tier darauf ~, etw zu tun** to train an animal to do sth

Abrichtung *f* (*Dressur*) training

ab|riegeln *vt* ① (*absperren*) ■**etw ~** to cordon [*or* seal] off sth *sep* ② (*versperren*) **die Tür ~** to bolt the door

Abrieg(e)lung <-, -en> *f* (*Absperrung*) cordoning [*or* sealing] off; ***der Einsatzleiter ordnete die ~ des Gebietes an*** the troop leader ordered the area to be cordoned off

ab|ringen *irreg* **I.** *vt* ① (*abzwingen*) ■**jdm etw ~** to force sth out of sb ② (*geh: durch mühseligen Einsatz abzwingen*) ■**einer S.** *dat* **etw ~** to wrest sth from sth *form* **II.** *vr* (*sich abquälen*) ■**sich** *dat* **etw ~** to force [oneself to do sth]; ***er rang sich ein Grinsen ab*** he forced a grin; ***sie rang sich eine Entschuldigung ab*** she forced herself to apologize

Abriss[RR1] <-e, -e> *m*, **Abriß** <-sses, -sse> *m kein pl* (*Abbruch*) demolition; ***die Planierraupe begann mit dem ~ des Gebäudes*** the bulldozer began to tear down the building

Abriss[RR2] <-es, -e> *m*, **Abriß** <-sses, -sse> *m* (*Übersicht*) summary, survey; ■**ein ~ einer S.** *gen* an outline of sth

abrissreif[RR] *adj* in ruins, ready for demolition

ab|rocken *vi* MUS (*sl*) to rock [till one drops] *sl*

ab|rollen **I.** *vi sein* ① (*sich abwickeln*) ■**[von etw] ~** *Kabel, Tau* to unroll [from sth], to roll [off sth] ② (*fam: vonstatten gehen*) to go [off], to run; **reibungslos ~** to go off without a hitch; ***die Show rollte reibungslos ab*** the show ran smoothly ③ (*sich im Geist abspielen*) ■**vor jdm ~** to unfold [in front of sb [*or* sb's eyes]]; ■**etw [vor sich] ~ lassen** to let sth unfold [in one's mind's eye] ④ (*eine Rollbewegung machen*) ***und den Fuß schön ~*** and gently roll your foot; ***sie ließ sich geschicht ~*** she rolled over skillfully ⑤ (*sich rollend entfernen*) to roll off; ***das Flugzeug rollt zum Start ab*** the plane taxied out for take-off **II.** *vt haben* ■**etw [von etw] ~** to unroll [*or* unreel] sth [from sth]

ab|rücken **I.** *vi sein* ① (*sich distanzieren*) ■**von etw/jdm ~** to distance oneself from sth/sb, to back off from sth/sb ② MIL (*abmarschieren*) ■**[irgendwohin] ~** to march off [to somewhere] ③ (*hum: weggehen*) to go away ④ (*wegrücken*) ■**[von etw/jdm] ~** to move away [*or* back] [from sth/sb] **II.** *vt haben* (*wegschieben*) ■**etw [von etw] ~** to move sth away [from sth]; **ein Möbelstück von der Wand ~** to push a piece of furniture away from the wall

Abruf *m* ① (*Bereitschaft*) **auf ~** on alert; ***er hielt sich auf ~ bereit*** he was on alert ② INFORM recall, recovery ③ ÖKON **auf ~** on call purchase

abrufbar *adj* INFORM retrievable

abrufbereit **I.** *adj* ① (*einsatzbereit*) on alert ② (*abholbereit*) ready for collection ③ (*verfügbar*) disposable, approved; **ein ~er Kredit** an approved overdraft limit **II.** *adv* ① (*einsatzbereit*) on alert ② (*abholbereit*) ready for collection

ab|rufen *vt irreg* ① (*wegrufen*) ■**jdn [von etw] ~** to call sb away [from sth] ② (*liefern lassen*) ■**etw [bei jdm] ~** to have sth delivered [by sb]; ***die Barren lagern im Safe der Bank, bis sie abgerufen werden*** the ingots are stored in the safe at the bank until they are collected ③ (*abheben*) ■**etw ~** to withdraw sth; ***wir werden die Summe von Ihrem Konto ~*** we will debit your account by this amount ④ INFORM ■**etw [aus etw] ~** to retrieve [*or* recover] sth [from sth]

ab|runden *vt* ① (*auf einen vollen Betrag kürzen*) ■**etw [auf etw** *akk*] **~** to round sth down [to sth]; ■**abgerundet** rounded down ② (*perfektionieren*) ■**etw ~** to round sth off

ab|rupfen *vt* (*fam: abreißen*) ■**etw ~** to pull off sth *sep*

abrupt **I.** *adj* (*plötzlich*) abrupt **II.** *adv* (*unvermittelt*) abruptly, without warning

ab|rüsten **I.** *vi* ① (*die Arsenale verringern*) ■**[um etw/auf etw** *akk*] **~** to disarm [by sth/to sth] ② BAU to remove [*or* take down] the scaffolding **II.** *vt* ① (*Waffen reduzieren*) ■**etw [um etw/auf etw** *akk*] **~** to disarm [by sth/to sth]; ***es wurde gefordert, die Bundeswehr abzurüsten*** the Federal Armed Forces were ordered to disarm ② (*das Gerüst entfernen von*) ■**etw ~** to remove the scaffolding from sth

Abrüstung *f kein pl* (*das Abrüsten*) disarmament

Abrüstungsgespräche *pl* POL disarmament talks *pl* **Abrüstungskonferenz** *f* POL disarmament conference **Abrüstungsverhandlungen** *pl* POL disarmament negotiations

ab|rutschen *vi sein* ① (*abgleiten*) ■**[an etw** *dat*/**von etw] ~** to slip [on sth/from sth]; ***seine Finger rutschten am glatten Fels immer wieder ab*** his fingers kept slipping from the smooth rocks ② (*fig: sich verschlechtern*) ■**auf etw** *akk* **~** to drop to sth ③ (*fig: herunterkommen*) to go downhill; ***sie muss aufpassen, dass sie nicht völlig abrutscht*** she has to watch out that she does not completely go downhill

ABS <-> *nt Abk von* **Antiblockiersystem** ABS

Abs. *m Abk von* **Absatz** par. [*or* para.]

ab|sacken *vi sein* ① (*einsinken*) to subside, to sink ② LUFT to drop, to lose altitude ③ (*fam: sich ver-*

schlechtern) ■ **[auf etw** *akk*] ~ to drop [*or* deteriorate] [to sth]; ***sie ist in ihren Leistungen sehr abgesackt*** her performance has deteriorated considerably ④ MED *(fam)* ■ **[auf etw** *akk*] ~ to sink [*or* drop] [to sth]

Absage *f* ① *(negativer Bescheid)* refusal; **eine ~ auf eine Bewerbung** a rejection to a job application; **jdm eine ~ erteilen** *(geh)* to refuse sb ② *(Ablehnung)* ■ **eine ~ an etw** *akk* a rejection of sth

ab|sagen I. *vt (rückgängig machen)* ■ **etw** ~ to cancel [*or* call off] sth; **die Teilnahme an etw** ~ to cry off [*or* cancel] II. *vi (informieren, dass man nicht teilnimmt)* **eine Einladung von jdm** ~ to decline sb's invitation; ***ich muss leider*** ~ I'm afraid I'll have to cry off; ***hast du schon bei ihr abgesagt?*** have you told her you're not coming?

ab|sägen *vt* ① *(abtrennen)* ■ **etw** ~ to saw off sth *sep;* **einen Baum** ~ to saw down a tree *sep,* to fell a tree ② *(fam: um seine Stellung bringen)* ■ **jdn** ~ to give sb the chop [*or* AM ax]; *s. a.* **Ast**

ab|sahnen I. *vt* ① *(fam: sich verschaffen)* ■ **etw** ~ to cream off sth *sep fam* ② KOCHK **Milch** ~ to skim milk II. *vi* ① *(fam: Geld raffen)* ■ **[bei jdm]** ~ to cream off [from sb] ② KOCHK to skim

Absatz[1] *m* ① *(Schuh~)* heel ② *(Abschnitt)* paragraph; **einen ~ machen** to begin a paragraph ③ *(Treppen~)* landing ▶ WENDUNGEN: **auf dem ~ kehrtmachen** to turn on one's heel

Absatz[2] *m* sales *pl;* ~ **finden** to find a market; ***die neue Kollektion fand reißenden*** ~ the new collection sold like hot cakes

absatzfähig *adj* saleable BRIT, salable AM **Absatzflaute** *f* ÖKON period of slack sales **Absatzförderung** *f* ÖKON sales promotion **Absatzgebiet** *nt* sales area **Absatzmarkt** *m* market **Absatzschwierigkeiten** *pl* sales problem **Absatzsteigerung** *f* ÖKON increase in sales **Absatzvolumen** *nt* ÖKON sales volume [*or* volume in sales]

absatzweise *adv (Absatz für Absatz)* paragraph by paragraph

ab|saufen *vi irreg sein* ① *(sl: ertrinken)* ■ **[in etw** *dat*] ~ to drown [in sth] ② *(unter Wasser gesetzt werden)* to be flooded ③ NAUT *(fam)* to sink ④ AUTO *(fam)* to flood; ***na, will er nicht anspringen? ist dir wohl abgesoffen?*** it won't start, will it? you've flooded it!

ab|saugen *vt* ① *(durch Saugen entfernen)* ■ **etw [aus etw/von etw]** ~ to draw [*or* suck] off sth [out of [*or* from] sth] ② *(mit dem Staubsauger reinigen)* ■ **etw** ~ to vacuum sth; ■ **etw von etw** ~ to use the vacuum cleaner to remove sth from sth

ab|schaben *vt* ① ■ **etw [von etw]** ~ to scrape sth [off sth] ② *(verschleißen)* to wear through [*or* thin]; **ein abgeschabter Mantel** a tattered coat

ab|schaffen *vt* ① *(außer Kraft setzen)* ■ **etw** ~ to do away with sth, to abolish sth; **ein Gesetz** ~ to repeal a law ② *(weggeben)* ■ **etw/ein Tier** ~ to get rid of sth/an animal, to dispose of [*or* dispense with] sth

Abschaffung *f* ① *(das Abschaffen)* abolition; **die ~ eines Gesetzes** the repeal of a law ② *(Weggabe)* disposal

ab|schälen I. *vt* ■ **etw [von etw]** ~ to peel sth off [sth], to remove sth [from sth]; **die Rinde von einem Baum** ~ to bark a tree II. *vr* ■ **sich** ~ to peel off; ***nach dem Sonnenbad begann sich ihre Haut abzuschälen*** after lying in the sun she began to peel

ab|schalten I. *vt (abstellen)* ■ **etw** ~ to turn off *sep* [*or sep* turn out] [*or sep* switch off] sth; **ein Kernkraftwerk** ~ to turn a nuclear power plant off II. *vi (fam: nicht mehr aufmerksam sein)* to switch off *fam* III. *vr* ■ **sich** ~ to disconnect, to cut out, to switch itself off

Abschaltung *f* switching off; *Kontakt* disconnection

ab|schätzen *vt* ① *(einschätzen)* ■ **etw** ~ *akk* to assess; ***ich kann ihre Reaktion schlecht*** ~ I can't even guess at her reaction; ***es ist nicht abzuschätzen …*** it's not possible to say … ② *(ungefähr schätzen)* ■ **etw** ~ to estimate

abschätzend I. *adj* speculative, thoughtful; **ein ~er Blick** an appraising look II. *adv* speculatively, thoughtfully

abschätzig I. *adj* disparaging, scornful, contemptuous II. *adv* disparagingly, scornfully, contemptuously; **sich ~ über jdn/etw** *akk* **äußern** to make disparaging remarks about sb/sth

Abschaum *m kein pl (pej)* scum *no pl,* dregs *npl*

ab|scheiden *irreg* I. *vt haben* ① MED ■ **etw** ~ to secrete [*or* discharge] sth ② *(separieren)* ■ **etw von etw** ~ to separate sth from sth II. *vr* ① MED ■ **sich** ~ to be secreted [*or* discharged] ② *(sich abtrennen)* ■ **sich von etw** ~ to separate from sth; ***Öl und Wasser scheiden sich voneinander ab*** oil and water separate

ab|scheren *vt* to cut; ■ **[jdm/einem Tier] etw** ~ to cut [sb's/an animal's] sth; **einem Schaf die Wolle** ~ to shear a sheep [of its wool]; ***dir haben sie die Haare ziemlich abgeschoren!*** they've really cropped your hair short!

Abscheu <-[e]s> *m kein pl (Ekel)* revulsion, disgust, loathing; ■ **jds ~ vor einer S.** *dat* sb's revulsion against/at/towards sth, sb's disgust at/with, sb's loathing for sth; ***sie konnte ihren ~ vor Spinnen kaum verbergen*** she could hardly conceal her loathing for spiders; ~ **vor jdm/etw empfinden** to feel revulsion towards [*or* be revolted by] [*or* be disgusted at/with] sb/sth

ab|scheuern I. *vt* ① *(durch Scheuern reinigen/entfernen)* ■ **etw [mit etw]** ~ to scrub [*or* scour] sth [with sth] ② *(an der Kleidung abwetzen)* ■ **[sich** *dat*] **etw** ~ to wear sth through [*or* out]; ■ **abgescheuert** worn through [*or* out] ③ *(abschürfen)* ■ **etw** ~ to rub [*or* chafe] sth II. *vr (sich abwetzen)* ■ **sich** ~ to wear thin [*or* through] [*or* out]

abscheulich *adj* ① *(entsetzlich)* revolting, horrible, dreadful; **ein ~es Verbrechen** a horrifying [*or* heinous] crime, an atrocious crime ② *(fam: unerträglich)* dreadful, terrible; ***das Essen schmeckt mal wieder*** ~ the food tastes revolting [*or* disgusting] again

Abscheulichkeit <-, -en> *f* ① *kein pl (Scheußlichkeit)* atrociousness, dreadfulness ② *(schreckliche Sache)* atrocity; **kriegerische ~en** atrocities of war

ab|schicken *vt* ■ **etw** ~ to send sth [off], to dispatch sth; **einen Brief** ~ to post [*or* AM mail] a letter

Abschiebehaft *f* JUR remand pending deportation; **sich in ~ befinden** to be held on remand pending deportation; **jdn in ~ nehmen** to remand sb pending deportation

ab|schieben *irreg* I. *vt haben* ① *(ausweisen)* ■ **jdn** ~ to deport sb ② *(abwälzen)* ■ **etw auf jdn** ~ to pass sth on to sb; **die Schuld auf jdn** ~ to shift the blame onto sb; ***er versucht immer, die Verantwortung auf andere abzuschieben*** he's always trying to pass the buck *fam* ③ *(abrücken)* ■ **etw von etw** ~ to push [*or* move] [*or fam* shove] sth away from sth II. *vi sein (sl)* to push off; ***komm, schieb jetzt ab!*** push off, will you!, go on, get lost [*or* out of here]!

Abschiebestopp[RR] *m* POL deportation prevention

Abschiebung *f* deportation

Abschiebungshaft <-> *f kein pl* JUR remand pending deportation

Abschied <-[e]s, -e> *m* ① *(Trennung)* farewell, parting; ***der ~ fiel ihr nicht leicht*** she found it difficult to say goodbye; ***es ist ja kein ~ für immer*** we're not saying goodbye forever; ■ **~ von jdm/etw** parting from sb/sth; **von jdm ~ nehmen** to say goodbye [*or* farewell] to sb; **von etw ~ nehmen** to part with sth; ***ich hasse ~e*** I hate farewells [*or* goodbyes]; **zum ~** as a token of farewell *liter;* ***sie gab ihm zum ~ einen Kuss*** she gave him a goodbye [*or* farewell] kiss ② (*geh: das Aufgeben*) ■ **~ von etw** to take leave from sth; ***der ~ von alten Gewohnheiten fiel ihm nicht leicht*** it was hard for him to break his old habits ③ (*Entlassung*) **jdm den ~ geben** to dismiss sb; **seinen ~ nehmen** to resign

! Tipp Um sich zu verabschieden sagt man **Goodbye** oder informeller **Bye**, **Cheerio** und (in Großbritannien) **Ta-ta**. Man gibt sich zum Abschied nicht die Hand.

Abschiedsbesuch *m* farewell visit; ***er machte bei seinen Freunden noch einen ~*** he visited his friends one last time **Abschiedsbrief** *m* farewell letter **Abschiedsfeier** *f* farewell [*or* going-away] party **Abschiedsgesuch** *nt* resignation; **sein ~ einreichen** to tender one's resignation **Abschiedsgruß** *m* goodbye, farewell **Abschiedskuss**RR *m* parting [*or* goodbye] [*or* farewell] kiss **Abschiedsrede** *f* farewell speech **Abschiedsschmerz** *m* (*geh*) pain of separation [*or* parting] **Abschiedsszene** *f* farewell scene **Abschiedsträne** *f* tears of farewell *pl*

ab|schießen *vt irreg* ① (*durch Schüsse zerstören*) ■ **jdn/etw ~** to shoot sb/sth [down]; **ein Flugzeug/einen Piloten ~** to shoot down a plane/pilot; **einen Panzer ~** to disable a tank ② (*schießen*) ■ **ein Tier ~** to shoot an animal; *s. a.* **Vogel** ③ (*abfeuern*) ■ **etw [auf etw** *akk***/jdn] ~** to fire sth [off] [at sth/sb]; **einen Böller ~** to let off a banger BRIT, to shoot off a firework AM; **eine Rakete/einen Torpedo ~** to launch a missile/torpedo ④ (*sl: erschießen*) ■ **jdn ~** to shoot sb ⑤ (*fam: beruflich absägen*) ■ **jdn ~** to put the skids under sb *fam,* to dump sb *fam,* to get rid of sb

ab|schilfern *vi sein* DIAL (*sich schuppen*) ■ **[von etw] ~** to peel off [from sth]

ab|schinden *vr irreg* (*fam*) ■ **sich [an etw** *dat*] ~ to sweat blood [*or fam* your guts out], to work one's fingers to the bone *fam,* to slog away [at sth] *fam,* to work one's socks off [at sth] *fam;* ■ **sich mit jdm ~** to sweat blood to help sb; ■ **sich mit etw ~** to slog away [*or* work one's socks off] at sth *fam;* **sich mit der Arbeit ~** to sweat away at one's work *fam*

Abschirmdienst *m* MIL counter-intelligence

ab|schirmen *vt* ① (*isolieren, schützen*) ■ **jdn/sich [von jdm/etw] ~** to isolate [*or* protect] [*or* shield] sb/oneself [from sb/sth]; ■ **abgeschirmt** isolated ② (*verdecken, dämpfen*) ■ **etw ~** to shield sth; **ein Licht ~** to shade a light

Abschirmung <-, -en> *f* ① (*Schutz*) isolation ② (*Dämpfen, Zurückhalten*) shield, screen, protection; *von Licht* shading; **eine ~ aus Blei** a lead screen

ab|schlachten *vt* ■ **jdn/ein Tier ~** to butcher [*or* slaughter] sb/an animal; ■ **sich [gegenseitig] ~** to slaughter [*or* butcher] each other

ab|schlaffen *vi sein* (*fam*) to droop [*or* flag]; ■ **abgeschlafft** dog-tired *fam,* frazzled *fam,* [dead] beat *sl;* **abgeschlaffte Typen** dead beats; ***sie wirkt in letzter Zeit ziemlich abgeschlafft*** she's been looking quite frazzled recently

Abschlag *m* ① (*Preisnachlass*) discount, [price] reduction; **ein ~ von den Listenpreisen machen** to give a discount on the list prices ② (*Vorschuss*) ■ **ein ~ auf etw** *akk* an advance payment on sth; ***sie erhielten einen ~ von 5000 Mark*** they received a payment of DM 5000 in advance ③ FBALL kickout, punt; (*beim Golf*) tee-off; (*~fläche*) tee; (*in Hockey*) bully[-off]

ab|schlagen *irreg* **I.** *vt* ① (*durch Schlagen abtrennen*) ■ **etw [von etw] ~** to knock sth [off sth]; **einen Ast ~** to knock down [*or* break off] a branch; **jdm den Kopf ~** to cut [*or* chop] off sb's head ② (*fällen*) ■ **etw ~** to cut [*or* chop] sth down ③ (*ablehnen*) ■ **jdm etw ~** to deny [*or* refuse] sb sth; **eine Einladung/einen Vorschlag/einen Wunsch ~** to turn down an invitation/a suggestion/a request; ***er kann keinem etwas ~*** he can't refuse anybody anything ④ MIL (*zurückschlagen*) ■ **jdn/etw ~** to beat [*or* drive] sb/sth off ⑤ SPORT (*abwehren*) ***der Torwart schlug den Ball ab*** the goalkeeper took a goal kick ⑥ SPORT (*fig: im Hintertreffen sein*) ■ **abgeschlagen sein** to have fallen behind; ***die Konkurrenz war weit abgeschlagen*** the competitors were totally wiped out **II.** *vr* (*kondensieren*) ■ **sich an etw** *dat* **~** to form as condensation on sth

abschlägig *adj* negative; **ein ~er Bescheid** a refusal, a negative reply; **jdn/etw ~ bescheiden** (*geh*) to refuse [*or* reject] sb/sth; **einen Antrag/ein Gesuch ~ bescheiden** to turn down a proposal/request

Abschlag(s)zahlung *f* (*Vorschusszahlung*) part [*or* partial] payment

ab|schleifen *irreg* **I.** *vt* ■ **etw ~** to sand sth [down] **II.** *vr* ① (*sich beim Schleifen abnutzen*) ■ **sich ~** to grind down ② (*fig: verschwinden*) ■ **sich ~** to wear off; ***das schleift sich (noch) ab*** that'll wear off

Abschleppdienst *m* breakdown [*or* AM towing] service

ab|schleppen **I.** *vt* ① (*wegziehen*) ■ **jdn/etw ~** *Fahrzeug, Schiff* to tow sb/sth [away]; ***unbefugt Parkende werden kostenpflichtig abgeschleppt*** unauthorized cars will be towed away at the owner's expense ② (*fam: mitnehmen*) ■ **jdn ~** to pick sb up *fam;* ***jede Woche schleppt er eine andere ab*** he comes home with a different girl every week **II.** *vr* (*fam: sich beim Tragen abmühen*) ■ **sich [mit etw] ~** to struggle [with sth], to haul [*or fam* lug] sth [somewhere]

Abschleppfahrzeug *nt* breakdown [*or* AM tow] truck **Abschleppseil** *nt* tow rope **Abschleppstange** *f* AUTO tow bar **Abschleppwagen** *m* AUTO recovery vehicle BRIT, tow truck AM

ab|schließen *irreg* **I.** *vt* ① (*verschließen*) ■ **etw ~** to lock sth; **ein Auto/einen Schrank/eine Tür ~** to lock a car/cupboard/door ② (*isolieren*) ■ **etw ~** to seal sth; **ein Einmachglas/einen Raum ~** to seal a jar/room; **hermetisch abgeschlossen** hermetically sealed; **luftdicht ~** to put an airtight seal on sth ③ (*beenden*) ■ **etw [mit etw] ~** to finish [*or* complete] sth [with sth]; **mit einer Diplomprüfung ~** to graduate; **ein abgeschlossenes Studium** completed studies; **eine Diskussion ~** to end a discussion ④ (*vereinbaren*) ■ **etw [mit jdm] ~** to agree to sth [with sb]; **ein Geschäft ~** to close a deal, seal an agreement; **eine Versicherung ~** to take out insurance [*or* an insurance policy]; **einen Vertrag ~** to sign [*or* conclude] a contract; **ein abgeschlossener Vertrag** a signed contract; **eine Wette ~** to place a bet ⑤ ÖKON ■ **etw ~** to settle sth; **ein Geschäftsbuch ~** to close the accounts **II.** *vi* ① (*zuschließen*) to lock up; ***vergiss das Abschließen nicht!*** don't forget to lock up! ② (*einen Vertrag schließen*) ■ **[mit jdm] ~** to agree a contract [*or* [the] terms] [with sb] ③ (*mit etw enden*) ■ **mit etw ~** to end [*or* conclude] with sth; ***der Kurs schließt mit einer schriftlichen Prüfung ab*** there is a written exam at the end of the course ④ FIN, ÖKON ■ **mit etw ~** to close [*or* conclude] with sth ⑤ (*Schluss machen*) ■ **mit etw/jdm ~** to finish [*or* be through] with sb/sth, to put sb/sth behind oneself; ***er hatte mit dem Leben abgeschlossen*** he no longer wanted to live;

mit der Schauspielerei habe ich endgültig abgeschlossen I will never act again ⑥ *(zum Schluss kommen)* to close, end; ***sie schloss ihre Rede mit einem Zitat von Morgenstern ab*** she ended [*or* concluded] her speech with a quotation from Morgenstern **III.** *vr (sich isolieren)* ■ **sich [von jdm/etw]** ~ to shut oneself off [*or* away] [from sb/sth]

abschließend I. *adj (den Abschluss bildend)* closing; **einige ~e Bemerkungen machen** to make a few closing remarks **II.** *adv (zum Abschluss)* in conclusion, finally; ~ ***möchte ich noch etwas anmerken*** finally I would like to point something out

Abschluss[RR] <-es, Abschlüsse> *m*, **Abschluß** <-sses, Abschlüsse> *m* ① *kein pl (Ende)* conclusion; ■ **etw zum ~ bringen** to bring sth to a conclusion [*or* close]; **seinen ~ finden** *(geh)* to conclude; **zum ~ kommen** to draw to a conclusion; **kurz vor dem ~ stehen** to be shortly before the end; **zum ~ von etw** as a conclusion to sth; ***zum ~ möchte ich Ihnen allen danken*** finally [*or* in conclusion], I would like to thank you all ② *(abschließendes Zeugnis) final certificate from educational establishment;* ***ohne ~ haben Bewerber keine Chance*** applicants without a certificate don't stand a chance; ***viele Schüler verlassen die Schule ohne ~*** a lot of pupils leave school without taking their final exams; ***welchen ~ haben Sie? Magisterexamen?*** what is your final qualification? a master's? ③ *(das Abschließen, Vereinbarung)* settlement; *einer Versicherung* taking out; *eines Vertrags* signing ④ *(Geschäft)* deal; ***ich habe den ~ so gut wie in der Tasche!*** I've got the deal just about sewn up!; **einen ~ tätigen** to conclude [*or* make] a deal ⑤ FIN *(Jahresabrechnung)* accounts, books; **der jährliche ~** the annual closing of accounts ⑥ *kein pl* ÖKON *(Ende des Finanzjahres)* [end of the] financial [*or* fiscal] year; **der ~ der Inventur** the completion of the inventory

Abschlussarbeit[RR] *f* SCH final assignment [*or* project] **Abschlussball**[RR] *m* graduation ball **Abschlusserklärung**[RR] *f* POL final declaration **Abschlussfeier**[RR] *f (Feier zur Schulentlassung)* graduation party [*or* ball] **Abschlussklasse**[RR] *f* SCH graduating class **Abschlussprüfung**[RR] *f* ① SCH final exam[s], finals ② ÖKON statutory balance sheet audit, audit of annual accounts BRIT **Abschlusszeugnis**[RR] *nt* leaving certificate BRIT, diploma AM

ab|schmecken I. *vt* ① *(würzen)* ■ **etw [mit etw]** ~ to season sth [with sth] ② *(versuchen)* ■ **etw** ~ to taste sth **II.** *vi* ① *(würzen)* to season ② *(versuchen)* to taste [*or* try]; ***schmeckst du bitte mal ab?*** could you please taste [*or* try] it?

ab|schmelzen *irreg* **I.** *vt haben* ■ **etw** ~ to melt [off] sth *sep* **II.** *vi sein (schmelzen)* to melt

ab|schmettern *vt (fam)* ■ **etw** ~ to shoot sth down *fam;* **einen Angriff** ~ to beat off an attack; **einen Antrag** ~ to throw out a proposal; **eine Berufung** ~ to refuse an appeal; ***die Klage wurde abgeschmettert*** the case was thrown out

ab|schmieren I. *vt haben* ① *(mit Schmierfett versehen)* ■ **etw** ~ to lubricate [*or* grease] sth ② *(fam: unsauber abschreiben)* ■ **etw [von jdm/irgendwo]** ~ to pinch [*or* crib] sth [from sb/somewhere] *fam* **II.** *vi sein (abstürzen)* to crash

abschminken *vt* ① *(Schminke entfernen)* ■ **sich/jdn** ~ to take off [*or* remove] one's/sb's make-up; ■ **abgeschminkt** without make-up ② *(fam: aufgeben)* ■ **sich** *dat* **etw** ~ to give sth up; ***das können Sie sich ~!*** you can forget about that!; ***das habe ich mir schon längst abgeschminkt*** I gave that idea up ages ago

ab|schmirgeln *vt* to sand [down], to rub down

ab|schnallen I. *vt (losschnallen)* ■ **etw** ~ to unbuckle sth; ■ **sich** ~ to unbuckle; ***nach der Landung schnallte ich mich ab*** after the landing I undid the seat belt **II.** *vi (sl)* ① *(nicht verstehen können)* to be lost; ***bei seinen Erklärungen schnalle ich jedesmal ab*** he always looses me when he explains things ② *(fassungslos sein)* to be thunderstruck [*or* staggered]; ***da schnallst du ab!*** it's incredible [*or* amazing]!

ab|schneiden *irreg* **I.** *vt* ① *(durch Schneiden abtrennen)* ■ **etw** ~ to cut sth [off]; ***könntest du mir ein Stück Brot ~?*** could you slice me a piece of bread?; **jdm die Haare** ~ to cut sb's hair ② *(unterbrechen, absperren)* ■ **[jdm] etw** ~ **jdm den Fluchtweg** ~ to cut off sb's escape route; **jdm den Weg** ~ to intercept sb; **jdm das Wort** ~ to cut sb short ③ *(isolieren)* ■ **jdn/etw von jdm/etw** ~ to cut sb/sth off from sb/sth; **jdn von der Außenwelt/der Menschheit** ~ to cut sb off from the outside world/humanity **II.** *vi (fam)* to perform; **bei etw gut/schlecht** ~ to do [*or dated* fare] well/badly at sth; ***wie hast du bei der Prüfung abgeschnitten?*** how did you do in the exam?; ***sie schnitt bei der Prüfung als Beste ab*** she got the best mark in the exam

ab|schnippeln *vt (fam: abschneiden)* ■ **etw [von etw]** ~ to snip [*or* cut] sth off [from sth]

Abschnitt *m* ① *(abtrennbarer Teil)* counterfoil BRIT, stub AM; **der ~ einer Eintrittskarte** ticket stub ② *(Zeit~)* phase, period; ***ein neuer ~ der Geschichte*** a new era in history; ***es begann ein neuer ~ in seinem Leben*** a new chapter of his life began ③ *(Unterteilung)* part, section; *einer Autobahn, Rennstrecke* section ④ MIL sector ⑤ MATH segment

ab|schnüren *vt* **jdm den Arm** ~ to put a tourniquet around sb's arm; **jdm das Blut** ~ to cut off sb's blood circulation; **jdm die Luft** ~ to choke sb; *(fig a.)* to ruin sb

ab|schöpfen *vt* ① *(herunternehmen)* ■ **etw [von etw]** ~ to skim sth off [from sth]; **die Sahne** ~ to skim the cream ② ÖKON *(dem Geldverkehr entnehmen)* ■ **etw** ~ to absorb sth; **Gewinne** ~ to cream [*or* siphon] off profits; **die Kaufkraft** ~ to reduce spending power

ab|schotten *vt* ① NAUT ■ **etw** ~ to build in watertight doors and hatches ② *(isolieren)* ■ **jdn/etw** ~ to cut sb/sth off, to isolate sb/sth; ***der Präsident wurde durch seine Leibwächter abgeschottet*** the president was guarded by his bodyguards; ■ **sich** ~ to cut oneself off, to isolate oneself; ***die Mönche führen ein abgeschottetes Leben*** the monks lead a secluded [*or* cloistered] life

Abschottung <-, -en> *f* shield

ab|schrägen *vt* ■ **etw** ~ to slope sth; **ein Brett** ~ to bevel a plank; ■ **abgeschrägt** sloping

Abschrägung <-, -en> *f* slope, slant, bevel

ab|schrauben *vt* ■ **etw [von etw]** ~ to unscrew sth [from sth]; ***der Deckel lässt sich nicht ~*** I can't unscrew the lid

ab|schrecken I. *vt* ① *(abhalten)* ■ **jdn [von etw]** ~ to frighten [*or* scare] [*or* put] sb off [sth], to deter sb [from doing sth]; ***er ließ sich nicht von seinem Plan ~*** he wasn't put off from carrying out his plan ② KOCHK ■ **etw** ~ to rinse with cold water; **ein Ei** ~ to dip an egg in cold water **II.** *vi (abschreckend sein)* to deter, to act as a deterrent

abschreckend I. *adj* ① *(abhaltend, warnend)* deterrent; **ein ~es Beispiel** a warning; ***die hohen Geldstrafen sollen ~ wirken*** the high fines are designed to be a powerful deterrent ② *(abstoßend)* abhorrent; **ein ~es Aussehen** [*o* **Äußeres**] forbidding appearance; **ein ~er Eindruck** a [very] unfavourable [*or* AM -orable] impression **II.** *adv (abhaltend)* ~ **wirken** to act as a deterrent

Abschreckung <-, -en> *f* deterrent; **als ~ dienen**

to act as a deterrent

Abschreckungsmittel *nt* deterrent measure **Abschreckungswaffe** *f* deterrent weapon, weapon of deterrence

ab|schreiben *irreg* **I.** *vt* ❶ (*handschriftlich kopieren*) ■**etw** ~ to copy sth; ***Mönche haben die alten Handschriften abgeschrieben*** monks transcribed the old scripts ❷ (*plagiieren*) ■**etw** [**bei** [*o* **von**] **jdm**] ~ to copy [*or* crib] sth [from sb]; ***das hast du doch aus dem Buch abgeschrieben!*** you copied that from the book! ❸ FIN (*abziehen*) ■**etw** ~ to write sth off ❹ (*verloren geben*) ■**jdn/etw** ~ to write sb/sth off; **bei jdm abgeschrieben sein** (*fam*) to be out of favour [*or* AM -or] with sb; ***ich bin bei ihr endgültig abgeschrieben*** she's washed her hands of me; ***du bist abgeschrieben!*** you're all washed up! **II.** *vi* ❶ (*plagiieren*) ■[**von jdm/etw**] ~ to copy [from sb/sth]; ***er hatte seitenweise abgeschrieben*** he plagiarized entire pages; ***wo hat sie das abgeschrieben?*** where did she get that from? ❷ (*schriftlich absagen*) ■**jdm** ~ to cancel in writing; ***du solltest ihm ~, wenn du seine Einladung nicht annehmen kannst*** you should decline his invitation in writing if you can't accept **III.** *vr* (*von Stiften*) ■**sich** ~ to wear out

Abschreiber(in) *m(f)* (*fam*) cribber *fam*, plagiarist

Abschreibung *f* ❶ (*steuerliche Geltendmachung*) deduction, tax write-off; ***bei manchen Gütern ist eine sofortige ~ zulässig*** some goods can be deducted immediately ❷ (*Wertminderung*) depreciation

ab|schreiten *vt irreg* (*geh*) ■**etw** ~ ❶ (*durch Schritte abmessen*) to pace sth off [*or* out] ❷ (*gehend inspizieren*) to inspect sth

Abschrift *f* (*Doppel*) copy, duplicate; **eine beglaubigte ~ erteilen** to furnish [*or* deliver] a certified [*or* AM exemplified] copy; ■**in** ~ in duplicate

ab|schrubben *vt* (*fam*) ❶ (*reinigen*) ■**etw** ~ to scrub sth; ■**sich** ~ to scrub oneself ❷ (*entfernen*) ■**etw** [**von etw**] ~ to scrub sth [off sth]; **sich den Dreck** ~ to scrub off the dirt

ab|schuften *vr* (*fam*) ■**sich** [**an etw** *dat* [*o* **mit etw**]] ~ to slave [away] [at sth]

ab|schuppen I. *vr* ■**sich** ~ to flake off **II.** *vt* ■**etw** ~ to scale sth; **einen Fisch** ~ to scale a fish

ab|schürfen *vt* (*sich durch Schürfen verletzen*) ■**sich** *dat* **etw** ~ *Haut* to graze sth

Abschürfung <-, -en> *f* (*Schürfwunde*) graze, abrasion

AbschussRR <-es, Abschüsse> *m*, **Abschuß** <-sses, Abschüsse> *m* ❶ (*das Abfeuern*) firing; *einer Rakete* launch; ***fertig machen zum ~!*** stand by to fire! ❷ (*das Abschießen*) shooting down; *eines Panzers* knocking out [*or* destruction] ❸ JAGD shooting; ***Fasane sind zum ~ freigegeben*** it's open season for pheasants ❹ SPORT [goal] kick

AbschussbasisRR *f* launch[ing] pad

abschüssig *adj* steep

AbschusslisteRR *f* hit list; **bei jdm auf der ~ stehen** (*fam*) to be on sb's hit list; **auf der ~ stehen** to be marked out **Abschussrampe**RR *f* launch[ing] pad [*or* platform]

ab|schütteln *vt* ❶ (*loswerden*) ■**jdn/etw** ~ to shake sb/sth off; ***es gelang ihm, seine Verfolger abzuschütteln*** he succeeded in shaking off his pursuer; ***sie versuchte, ihre Müdigkeit abzuschütteln*** she tried to ward off sleep; **die Knechtschaft** ~ to deliver oneself from bondage ❷ (*durch schütteln säubern*) ■**etw** [**von etw**] ~ to shake sth [off sth]

ab|schütten *vt* ■**etw** ~ ❶ (*abgießen*) to pour off ❷ (*teilweise abgießen*) ■**etw** ~ to pour off some liquid ❸ (*Kochwasser wegschütten*) ■**etw** ~ to drain sth; **die Kartoffeln** ~ to strain the potatoes

ab|schwächen I. *vt* ■**etw** ~ ❶ (*weniger drastisch machen*) to tone sth down, to moderate sth ❷ (*vermindern*) to reduce **II.** *vr* ■**sich** ~ ❶ (*leiser werden*) to diminish, to quieten [*or* AM quiet] down ❷ (*an Intensität verlieren*) to get weaker [*or* diminish] [*or* decrease] ❸ (*sich vermindern*) to diminish; ***die Inflation hat sich deutlich abgeschwächt*** inflation has decreased markedly

Abschwächung <-, -en> *f* ❶ (*das Abschwächen*) toning-down, moderation ❷ (*Verminderung*) lessening, weakening; METEO *eines Hochs* moving on ❸ (*Verringerung*) decrease; *von Inflation* drop, fall, decrease

ab|schwatzen *vt* (*fam*), **ab|schwätzen** *vt* SÜDD (*fam*) ■**jdm etw** ~ to talk sb into parting with sth; ***diesen Tisch habe ich meiner Oma abgeschwatzt*** I talked my grandmother into giving me this table

ab|schweifen *vi sein* (*abweichen*) ■[**von etw**] ~ to deviate [from sth]; **vom Thema** ~ to digress [from a topic]; ***bitte schweifen Sie nicht ab!*** please stick [*or* keep] to the point

Abschweifung <-, -en> *f* deviation; *von einem Thema* digression; ***das ist eine ~ vom Thema!*** that's beside the point!

ab|schwellen *vi irreg sein* ❶ (*sich zurückbilden*) to subside, to go down; ***sein Knöchel ist abgeschwollen*** the swelling has gone down in his ankle; **etw zum A~ bringen** to reduce the swelling of sth ❷ (*geh: leiser werden*) to fade [*or* ebb] away *liter*; ***langsam schwoll der Beifall ab*** the applause slowly faded away

ab|schwenken I. *vi sein* ❶ (*durch eine Schwenkung die Richtung ändern*) ■[**von etw**] ~ to change direction [from sth]; ***die Kamera schwenkte nach rechts ab*** the camera panned away to the right; **von einer Straße** ~ to turn off [*or* leave] a road; **plötzlich** ~ to veer [*or* swerve] away; **plötzlich von einer Straße** ~ to swerve off a road ❷ (*Ansichten, Vorgehensweise ändern*) ■[**von etw**] ~ to move [away from sth]; **vom bisherigen Kurs** ~ to change one's course **II.** *vt haben* (*Wasser abschütteln*) ■**etw** ~ to shake sth dry

ab|schwindeln *vt* (*pej*) ■**jdm etw** ~ to swindle sth out of [*or fam* pinch sth from] sb

ab|schwirren *vi sein* ❶ (*mit einem schwirrenden Geräusch wegfliegen*) to buzz [*or* whirr] off ❷ (*fam: verschwinden*) to buzz off

ab|schwören *vi irreg* ■**einer S.** *dat* ~ ❶ (*etw aufgeben*) to give up [*or* abstain from] sth; **dem Alkohol** ~ to abstain from alcohol ❷ (*sich durch Schwur von etw lossagen*) to renounce sth; **einem Glauben** ~ to recant a belief

Abschwung *m* downswing; *von Wirtschaftswachstum* downward trend; SPORT *vom Barren* dismount

ab|segeln I. *vi sein* (*lossegeln*) to [set] sail; **aus dem Hafen/von der Küste** ~ to sail from the port/leave the coast; ***die ~den Jachten boten einen prächtigen Anblick*** the departing yachts made a beautiful sight **II.** *vt haben* (*eine Strecke segelnd zurücklegen*) ■**etw** ~ to sail sth

ab|segnen *vt* (*fam: genehmigen*) ■**etw** ~ to bless sth *hum*, to give sth one's blessing *hum*; **einen Vorschlag von jdm ~ lassen** to get sb's blessing on sth

absehbar *adj* foreseeable; ***das Ende ist nicht ~*** the end is not in sight; **in ~er Zeit** in the foreseeable future

ab|sehen *irreg* **I.** *vt* ❶ (*voraussehen*) ■**etw** ~ to foresee [*or* predict] sth; ***ist die Dauer des Verfahrens jetzt bereits abzusehen?*** can you say how long the trial will last?; ■**es ist abzusehen, dass/wie ...** it is clear that/how ...; **etw ~ können** to be able to say [*or* foresee] sth ❷ SCH (*unerlaubt abschreiben*) ■**etw**

[bei jdm] ~ to copy sth [from sb] ③ (*fam: abgucken*) ■ **jdm etw** ~ to imitate [*or* copy] sb/sth; ***dieses Verhalten haben die Kinder ihrem Vater abgesehen*** the children are imitating their father; **sich** *dat* **[bei jdm] etw** ~ ***diesen Tanzschritt habe ich mir bei meiner Schwester abgesehen*** I got this dance step from my sister **II.** *vi* (*übergehen*) ■ **von etw** ~ to ignore [*or* disregard] sth; ■ **davon ~, etw zu tun** to refrain from doing [*or* not do] sth; *s. a.* **abgesehen**

ab|seifen *vt* ■ **jdn** ~ to soap sb; ■ **jdm etw** ~ to soap sth for sb

ab|seilen I. *vr* (*fam: verschwinden*) ■ **sich** ~ to clear off **II.** *vt* ■ **jdn/etw** ~ to let sb/sth down on a rope; ■ **sich [von etw/aus etw]** ~ to abseil [*or* AM rappel] [down from sth]

ab|sein *vi irreg s.* **ab**

abseits I. *adv* ① (*entlegen*) off the beaten track, remote ② (*entfernt*) ~ **bleiben/stehen** to remain/stand on the sidelines; **sich** ~ **halten** to be aloof; ***ich halte mich lieber ~, da mir keine Partei recht ist*** I prefer to sit on the fence since I don't like any of the parties; ***warum standest du auf dem Fest so ~?*** why did you stand around like a spare part at the party? ③ SPORT ~ **sein** [*o* **stehen**] to be offside **II.** *präp +gen* (*entfernt von etw*) ■ ~ **einer S.** *gen* at a distance from sth; ***das Haus liegt ein wenig ~ der Straße*** the house isn't far from the road [*or* is just off the road]

Abseits <-, -> *nt* ① SPORT offside; **im ~ stehen** to be offside ② (*ausweglose Situation*) end of the line [*or* road]; ***sie haben sich selbst ins politische ~ manövriert*** they've manoeuvred themselves onto the political sidelines; **im ~ stehen** to be on the edge; **im beruflichen/sozialen ~ stehen** on the edge [*or pl* fringes] working life/of society; ***Langzeitarbeitslose geraten oft ins soziale ~*** the long-term unemployed are often marginalized

ab|senden *vt reg o irreg* ① (*abschicken*) ■ **etw [an jdn/etw]** ~ to send [*or* dispatch] [*or* BRIT post] [*or* AM mail] sth [to sb/sth] ② (*losschicken*) ■ **jdn** ~ **einen Boten** ~ to send a courier

Absender(in) <-s, -> *m(f)* sender, sender's return address

ab|sengen *vt* ■ **etw** ~ to scorch [*or* singe] sth off

ab|senken I. *vt* ■ **etw** ~ ① (*tiefer platzieren*) to lower sth; **Fundamente** ~ to lay the foundations deeper, to lower the foundations ② AGR to layer sth; **eine Pflanze** ~ to propagate a plant by layering **II.** *vr* ■ **sich** ~ ① (*sich nach unten bewegen*) to sink ② (*sich neigen*) to slope; ***der hintere Teil des Gartens senkt sich stark ab*** the rear part of the garden has a steep slope [*or* slopes steeply]

Absenz <-, -en> *f* ÖSTERR, SCHWEIZ (*Abwesenheit*) absence; ***bei ~ muss eine Entschuldigung der Eltern vorgelegt werden*** when a pupil is absent parents must provide a written excuse; ***wieviel ~en haben wir heute?*** how many absentees have we got today?, how many people are absent today?

ab|servieren* [-vi-] **I.** *vi* (*Geschirr abräumen*) to clear the table, to clear the dirty dishes away **II.** *vt* ① (*abräumen*) ■ **etw [von etw]** ~ to clear sth [away from sth]; **den Tisch** ~ to clear the table ② (*fam: loswerden*) ■ **jdn** ~ to get rid of sb; **jdn eiskalt** ~ to get rid of sb in a cold and calculating manner; **sich von jdm ~ lassen** to let oneself be pushed around ③ (*sl: umbringen*) ■ **jdn** ~ to bump sb off *fam*, to do away with sb

absetzbar *adj* ① (*verkäuflich*) saleable; **kaum/schwer ~ sein** to be almost impossible/difficult to sell; **nicht ~ sein** to be unsaleable ② (*steuerlich zu berücksichtigen*) tax-deductible ③ (*des Amtes zu entheben*) removable [from office]

ab|setzen I. *vt* ① (*des Amtes entheben*) ■ **jdn** ~ to remove sb [from office], to relieve sb of their duties *euph;* **einen Herrscher** ~ to depose a ruler; **einen König/eine Königin** ~ to dethrone a king/queen ② (*abnehmen*) ■ **etw** ~ to take sth off, to remove sth; **seine Brille/seinen Hut** ~ to take one's glasses/hat off ③ (*hinstellen*) to put [*or* set] sth down ④ (*aussteigen lassen*) ■ **jdn [irgendwo]** ~ to drop sb [off somewhere]; ***wo kann ich dich ~?*** where shall I drop you off? ⑤ (*verkaufen*) ■ **etw** ~ to sell sth; ***bisher haben wir schon viel abgesetzt*** up till now our sales figures are good ⑥ FIN ■ **etw [von etw]** ~ to deduct sth [from sth] ⑦ (*nicht mehr stattfinden lassen*) ■ **etw** ~ to cancel sth; ■ **etw von etw** ~ to withdraw sth from sth; **ein Theaterstück** ~ to cancel a play ⑧ MED ■ **etw** ~ to stop taking sth; **ein Medikament** ~ to stop taking [*or* to come off] a medicine ⑨ (*von einer Stelle wegnehmen und dadurch unterbrechen*) ■ **etw** ~ to take sth off sth; **die Feder** ~ to take [*or* lift] the pen off the paper; **die Flöte/das Glas** ~ to take [*or* lower] the flute/glass from one's lips; **den Geigenbogen** ~ to lift the bow [from the violin] ⑩ (*kontrastieren*) ■ **Dinge/Menschen voneinander** ~ to define things/people [*or* pick things/people out] [from one another] **II.** *vr* ① (*sich festsetzen*) ■ **sich [auf/unter etw** *dat***]** ~ *Dreck, Staub* to be [*or* settle] [on/under sth] ② CHEM, GEOL ■ **sich [irgendwo]** ~ to be deposited [somewhere] ③ (*fam: verschwinden*) ■ **sich** ~ to abscond, to clear out *fam;* **sich ins Ausland** ~ to clear out of [*or* leave] the country ④ (*Abstand vergrößern*) ■ **sich [von jdm/etw]** ~ to get away [from sb/sth], to put a distance between oneself and sb/sth ⑤ (*sich unterscheiden*) ■ **sich gegen jdn/etw** [*o* **von jdm/etw**] ~ to stand out against [*or* from] sb/sth; ***die Silhouette des Doms setzte sich gegen den roten Abendhimmel ab*** the silhouette of the cathedral contrasted with the red evening sky **III.** *vi* (*innehalten*) to pause [for breath], to take a breather *fam;* ***er trank das Glas aus, ohne abzusetzen*** he drank the contents of the glass without pausing for breath

Absetzung <-, -en> *f* ① (*Amtsenthebung*) removal [from office], dismissal; ***die Massen verlangten die ~ des Diktators*** the masses called for the dictator to be deposed ② (*das Absetzen*) cancellation; *von Theaterstück* removal, withdrawal

ab|sichern I. *vr* ■ **sich [gegen etw]** ~ to cover oneself [*or* guard] [against sth]; **sich vertraglich** ~ to cover oneself by signing a contract; ***ich muss mich für den Fall des Falles ~*** I have to be ready for all eventualities; **sich durch eine Versicherung gegen etw** ~ to insure oneself [*or* be insured] against sth **II.** *vt* ① (*garantieren*) to secure [*or* guarantee] [*or* underwrite] sth; ■ **etw** ~ ***du musst mir den Betrag durch deine Unterschrift ~*** you'll have to provide me with security for the amount by signing this ② (*sicher machen*) ■ **etw** ~ to secure [*or* safeguard] sth; ***du solltest das Fahrrad am besten mit einem Schloss ~*** it is best to secure the bicycle with a lock ③ POL (*ein sicheres Mandat garantieren*) **jdn über die Landesliste** ~ to give sb a safe seat, to secure a seat for sb

Absicht <-, -en> *f* intention; ***das war bestimmt nicht meine ~!*** it was an accident!, I didn't mean to do it!; ***es war schon immer seine ~, reich zu werden*** it was always his goal to be rich; ***das lag nicht in meiner ~*** that was definitely not what I intended; **mit den besten ~** with the best of intentions; **ernste ~en haben** to have honourable [*or* AM -orable] intentions; **verborgene ~en** hidden intentions; **die ~ haben, etw zu tun** to have the intention of doing sth; **in selbstmörderischer ~** with the intention of killing herself/himself; **~ sein** to be intentional; **in der ~,**

Absicht

nach Absicht fragen	asking about intention
Was bezwecken Sie damit?	**What are you trying to achieve by that?**
Was hat das alles für einen Zweck?	**What's the point of all this?**
Was wollen Sie damit behaupten/sagen?	**What are you trying to say?**
Absicht ausdrücken	expressing intent
Ich **werde** diesen Monat noch das Wohnzimmer tapezieren.	I'm **going** to wallpaper the living room this month.
Ich habe für nächstes Jahr eine Reise nach Italien **vor/geplant.**	**I'm planning** a trip to Italy next year.
Ich beabsichtige, eine Klage gegen die Firma zu erheben.	**I intend** to institute proceedings against the company.
Ich habe bei dem Menü als Dessert eine Mousse au Chocolat **ins Auge gefasst.**	The mousse au chocolat **has rather caught my eye.**
Ich habe mir in den Kopf gesetzt, den Pilotenschein zu machen.	**I've set my mind on** getting a pilot's licence.
Absichtslosigkeit ausdrücken	expressing lack of intention
Das war nicht von mir beabsichtigt.	**I didn't intend that.**
Das liegt mir fern.	**That's the last thing I want to do.**
Ich habe nicht die Absicht, dir irgendwelche Vorschriften zu machen.	**I don't intend** to tell you what you should or should not do.
Ich habe es nicht auf Ihr Geld **abgesehen.**	**I am not after** your money.

etw zu tun with a view to [*or* the intention of] doing sth; ***er verfolgte sie in der ~, sie zu berauben*** he followed her with intent to rob her; **eine ~ verfolgen** to pursue a goal; **mit/ohne ~** intentionally/unintentionally

absichtlich I. *adj* deliberate, intended, intentional II. *adv* deliberately, intentionally, on purpose

Absichtserklärung *f* declaration of intent

ab|singen *vt irreg* ❶ (*von Anfang bis Ende singen*) ■**etw ~** to sing the entire piece ❷ (*vom Blatt singen*) ■**etw** [**von etw**] **~** to sight read; **vom Blatt ~** to sing from the sheet

ab|sinken *vi irreg sein* ❶ (*sich verringern*) ■[**auf etw** *akk*] **~** to drop [to sth] ❷ (*sich verschlechtern*) to deteriorate; ***das Niveau ist abgesunken*** the standard has fallen [*or* dropped] off ❸ (*tiefer sinken*) to sink; **auf den Grund ~** to sink to the bottom ❹ (*sich senken*) ■[**um etw**] **~** to subside [by sth]

Absinth <-[e]s, -e> *m* absinth[e]

ab|sitzen *irreg* I. *vt haben* (*verbringen*) ■**etw ~** to sit out sth; ***sie sitzt jeden Tag ihre 8 Stunden im Büro ab*** she sits out her 8 hours each day at the office; **eine Haftstrafe ~** to serve time [*or* a sentence] II. *vi sein* ■[**vom Pferd**] **~** to dismount [from a horse]

absolut I. *adj* ❶ (*uneingeschränkt*) absolute; **~e Glaubensfreiheit** complete religious freedom; **ein ~er Monarch** an absolute monarch; **~e Ruhe** complete calm [*or* quietness] ❷ (*nicht relativ*) absolute; **~e Mehrheit** absolute majority; **~er Nullpunkt** absolute zero ❸ (*völlig*) absolute, complete; **ein ~es Missverständnis** a complete misunderstanding II. *adv* ❶ (*fam: völlig*) absolutely, completely; **~ unmöglich** absolutely impossible; ***es ist mir ~ unerfindlich*** it's a complete mystery to me ❷ (*in Verneinungen: überhaupt*) **~ nicht** positively [*or* absolutely] not; ***ich sehe ~ nicht ein, warum es so ist*** I can't for the life of me see why it's like that, it is inconceivable to me why it's like that *form;* ***das ist ~ nicht so, wie du es darstellst!*** it is positively not the way you describe it!; **~ nichts** absolutely nothing ❸ (*für sich*) **~ genommen** [*o* **betrachtet**] seen as a separate issue

Absolutheit <-> *f kein pl* ❶ (*Entschiedenheit*) determination; **auf seinem Standpunkt mit ~ beharren** to maintain one's position with sovereignty ❷ (*Unbedingtheit*) absoluteness

Absolutheitsanspruch *m* claim to be the absolute, claim to the absolute truth; **einen ~ vertreten** to claim absoluteness; **ohne ~** without claiming the absolute truth

Absolution <-, -en> *f* REL absolution; [**jdm**] **die ~ erteilen** to grant [sb] [*or* pronounce] absolution; **jdm keine ~ erteilen können** (*fig*) not to be in the position to declare sb blameless

Absolutismus <-> *m kein pl* absolutism

absolutistisch I. *adj* absolutist II. *adv* in an absolutist manner; **~ regieren** to rule absolutely

Absolvent(**in**) <-en, -en> [-'vɛ-] *m(f)* graduate

absolvieren* [-'vi:-] *vt* ❶ SCH ■**etw ~** to [successfully] complete sth; **eine Prüfung ~** to pass an exam; ***welche Schule haben Sie absolviert?*** which school did you go to? ❷ REL ■**jdn ~** [**von etw**] to absolve sb [from sth] ❸ (*ableisten*) ■**etw ~** to do sth, to get sth behind one

Absolvierung <-> [-'vi:-] *f kein pl* ❶ (*das Durchlaufen*) [successful] completion; *einer Prüfung* passing ❷ (*das Ableisten*) completion

absonderlich I. *adj* peculiar, strange, bizarre *fam* II. *adv* peculiarly, strangely, oddly; **~ aussehen/fühlen/klingen/riechen/schmecken** to look/feel/sound/smell/taste peculiar [*or* strange] [*or* odd]

Absonderlichkeit <-, -en> *f* ❶ *kein pl* (*Merkwürdigkeit*) strangeness, peculiarity; *von Verhalten* oddness ❷ (*merkwürdige Eigenart*) oddity, peculiarity

ab|sondern I. *vt* ❶ (*ausscheiden*) ■**etw ~** to secrete [*or* discharge] [*or* excrete] sth ❷ (*isolieren*) ■**jdn/ein Tier ~** to isolate sb/an animal; ■**jdn von jdm ~** to separate sb from sb ❸ (*fam: von sich geben*) ■**etw ~** to produce sth *pej;* ***wer hat denn diesen Schwachsinn abgesondert?*** who came up with this nonsense? II. *vr* ❶ (*sich isolieren*) ■**sich** [**von jdm**] **~** to keep oneself apart [*or* aloof] ❷ (*ausgeschieden werden*) ■**sich** [**aus etw**] **~** to be secreted [*or* discharged] [from [*or* out of] sth]

Absonderung <-, -en> *f* ❶ *kein pl* (*Isolierung*) isolation ❷ *kein pl* (*Vorgang des Absonderns*) secretion, discharge; ***bei fehlender ~ von Insulin kommt es zu Diabetes*** diabetes occurs when insulin is not produced ③ *(abgeschiedener Stoff)* secretion, discharge

absorbieren* *vt* ① *(aufnehmen)* ■ **etw** ~ to absorb sth ② *(geh: in Anspruch nehmen)* ■ **jdn/etw** ~ to absorb sb/sth

Absorption <-, -en> *f* TECH absorption

ab|spalten **I.** *vr* ① *(sich trennen)* ■ **sich [von etw]** ~ to split away/off [from sth]; ***viele Gebiete der ehemaligen Sowjetunion haben sich abgespaltet*** many areas have split away from the former Soviet Union ② CHEM ■ **sich [von etw]** ~ to separate [from sth] **II.** *vt* ① *(etw durch Spalten trennen)* ■ **etw** ~ to chop off sth; **ein Stück Holz** ~ to chop a piece of wood ② CHEM ■ **etw [von etw]** ~ to separate sth [from sth]

Abspann <-[e]s, -e> *m* FILM, TV credits *pl*

ab|spannen *vt* ■ **ein Tier [von etw]** ~ to unyoke an animal [from sth]

ab|sparen *vr* ■ **sich** *dat* **etw von etw** ~ to pinch and scrape *dated,* to scrimp and save; ***sie hat sich die Stereoanlage vom Taschengeld abgespart*** she saved up her pocket money and bought a stereo system; **sich etw vom Munde** ~ to scrimp and save

ab|specken **I.** *vi (fam)* ① *(abnehmen)* to slim down, to lose weight ② *(den Gürtel enger schnallen)* to reduce, to cut back; ***da hilft nur*** ~ reduction [*or* cutting back] is the only answer **II.** *vt (fam: reduzieren)* ■ **etw** ~ to reduce the size of sth

ab|speichern *vt* ■ **etw [auf etw** *akk o dat***]** ~ to store sth; **eine Datei auf eine Diskette** ~ to save a file onto [a] disk

ab|speisen *vt* ■ **jdn [mit etw]** ~ to fob [*or* palm] off sb *sep* [with sth]; **sich von jdm** ~ **lassen** to be fobbed [*or* palmed] off by sb

abspenstig *adj* **jdm jdn/etw** ~ **machen** to take [*or* entice] [*or* lure] sb/sth away from sb, to steal sb/sth from sb *fam;* ***er hat mir meine Verlobte abspenstig gemacht*** he has stolen my fiancée from me

ab|sperren **I.** *vt* ① *(versperren)* ■ **etw [mit etw]** ~ to cordon [*or* seal] sth off [with sth]; ***die Unfallstelle wurde von der Polizei abgesperrt*** the police cordoned off the scene of the accident ② *(abstellen)* ■ **[jdm] etw** ~ to cut off [sb's] sth; **jdm Strom/Wasser** ~ to cut off the sb's electricity/water supply ③ SÜDD *(zuschließen)* ■ **etw** ~ to lock sth **II.** *vi* SÜDD *(die Tür verschließen)* to lock up

Absperrgitter *nt* fencing **Absperrhahn** *m* stopcock **Absperrkette** *f* chain

Absperrung *f* ① *(das Absperren)* cordoning [*or* sealing] off; *(durch Absperrgitter)* fencing-off ② *(Sperre)* cordon, barricade; *durch Polizei* police cordon; ***Baugruben müssen durch ~en gesichert sein*** trenches must be cordoned off

ab|spielen **I.** *vr (ablaufen)* ■ **sich** ~ to happen [*or* occur] [*or liter* unfold]; ***wie hat sich die Sache abgespielt?*** what happened here?; ***da spielt sich [bei mir] nichts ab!*** *(fam)* nothing doing! *fam,* forget it! *fam* **II.** *vt* ① *(laufen lassen)* ■ **[für jdn] etw** ~ to play sth [for sb]; **das A~ einer Schallplatte** the playing of a record ② SPORT *(abgeben)* ■ **etw** ~ *Ball* to pass sth; ■ **das A~ von etw** passing sth

ab|splittern **I.** *vi sein* ■ **[von etw]** ~ to chip off [from sth]; ***ein Stück Holz splitterte ab*** a piece of wood splintered off; **ein abgesplittertes Holzstückchen** a splinter; **ein Stückchen von der Tasse war abgesplittert** the cup was chipped **II.** *vr haben* ■ **sich [von etw]** ~ to split off [of sth], to separate

Absprache *f* agreement; **eine ~ treffen** to come to an agreement; **nach** ~ as agreed, according to the agreement

absprachegemäß *adv* as agreed, according to the agreement

ab|sprechen *irreg* **I.** *vt* ① *(verabreden)* ■ **etw [mit jdm]** ~ to arrange sth [with sb]; **einen Termin** ~ to make an appointment ② *(vorher vereinbaren)* ■ **etw** ~ to agree on sth ③ *(streitig machen)* ■ **jdm etw** ~ to deny sb sth; ***eine gewisses Bemühen kann man ihm nicht*** ~ one can't deny his effort ④ JUR *(aberkennen)* ■ **jdm etw** ~ to deny sb [*or* strip sb of] sth **II.** *vr (sich einigen)* ■ **sich mit jdm [über etw** *akk***]** ~ to discuss [sth] with sb, to come to an agreement with sb [about sth]

ab|springen *vi irreg sein* ① *(fam: sich zurückziehen)* ■ **[von etw]** ~ to bale out [of sth] *fam,* to extricate oneself [from sth] *form* ② *(hinunterspringen)* ■ **[aus etw/von etw]** ~ to jump [*or* leap] from sth; **mit dem Fallschirm** ~ to parachute ③ *(von etw hoch springen)* **mit dem rechten Fuß** ~ to take off on the right foot ④ *(sich lösen)* ■ **[an etw/von etw** *dat***]** ~ to come away [from sth], to come off [sth] ⑤ *(abprallen)* ■ **[an etw** *dat***/von etw]** ~ to rebound [from sth], to bounce [off sth]; **von einer Mauer** ~ to bounce back from a wall

ab|spritzen **I.** *vt* ① *(mit einem Wasserstrahl entfernen)* ■ **etw [von etw]** ~ to hose sth off [sth] ② *(mit einem Wasserstrahl reinigen)* ■ **jdn/etw [mit etw]** ~ to hose sb/sth off [with sth]; ■ **sich [mit etw]** ~ to hose oneself down [*or* off] ③ *(sl: durch Injektion töten)* ■ **jdn [mit etw]** ~ to give sb a lethal injection [of sth] **II.** *vi* ① *(vulg: ejakulieren)* to ejaculate, to cum *vulg* ② *(von etw spritzend abprallen)* ■ **von etw** ~ to spray off sth

Absprung *m* ① *(fam: Ausstieg)* getting out; **den ~ schaffen** to make a getaway; **den ~ verpassen** to miss the boat ② LUFT take-off ③ SKI jump ④ *(Abgang vom Gerät)* jump; ***beim ~ vom Barren fiel er um*** as he jumped from the bars, he fell over

ab|spulen **I.** *vt* ① *(abwickeln)* ■ **etw [von etw]** ~ to unwind sth [from sth] ② *(fam: von einer Spule)* ■ **etw** ~ *Garn, Film* to reel off sth ③ *(fam: in immer gleicher Weise tun)* ■ **etw** ~ to go through sth mechanically; **das gleiche Programm** ~ to go through the same routine **II.** *vi (fam: in immer gleicher Weise ablaufen)* ■ **sich** ~ to repeat itself over and over again; ***bei jedem Streit spult sich bei den beiden immer wieder dasselbe ab*** every time they have an argument, it's the same old pattern [*or fam* thing]

ab|spülen **I.** *vt* ① *(unter fließendem Wasser reinigen)* ■ **etw** ~ to wash [*or* rinse] sth; **das Geschirr** ~ to do the dishes, BRIT *a.* to wash up ② *(durch einen Wasserstrahl entfernen)* ■ **etw [von etw]** ~ to wash [*or* rinse] sth off [sth] **II.** *vi (spülen)* to do the dishes, BRIT *a.* to wash up

ab|stammen *vi kein pp* ① *(jds Nachfahre sein)* ■ **von jdm** ~ to descend [*or* be descended] from sb ② LING ■ **von etw** ~ to stem [*or* derive] from sth

Abstammung <-, -en> *f (Abkunft)* origins *pl,* descent, extraction; **adeliger ~ sein** to be of noble birth; ***sie muss französicher ~ sein*** she must be of French extraction; **ehelicher/nichtehelicher ~ sein** JUR to be legitimate/illegitimate

Abstand[1] *m* ① *(räumliche Distanz)* distance; **ein ~ von 20 Metern** a distance of 20 metres [*or* AM -ers]; ■ **der ~ von etw zu etw** the distance between sth and sth; ***der Wagen näherte sich dem vorausfahrenden Fahrzeug bis auf einen ~ von einem Meter*** the car came to within a metre of the car in front; **mit knappem/weitem** ~ at a short/great [*or* considerable] distance; **in einigem** ~ at some distance; **einen ~ einhalten** to keep a distance; ~ **[von jdm/etw] halten** to maintain a distance [from sb/sth]; ***fahr nicht so dicht auf, halte ~!*** don't drive so close, leave a space!; **mit** ~ by a long way, far and away

❷ (*zeitliche Distanz*) interval; **in kurzen/regelmäßigen ~en** at short/regular intervals ❸ (*innere Distanz*) aloofness; **die Dinge mit ~ sehen** [*o* **~** [**von etw**] **gewinnen**] to distance oneself from sth ❹ SPORT margin; **mit zwei Punkten ~** with a two-point margin; ***mit weitem ~ folgten die anderen Mannschaften*** there was a big gap between the leaders and the other teams; **mit** [**großem**] **~ führen** to lead by a [wide] margin, to be [way] ahead *fam* ❺ (*geh: Verzicht*) **von etw ~ nehmen** to decide against sth; **davon ~ nehmen, etw zu tun** to refrain from [*or* decide against] doing sth

Abstand² *m* FIN (*fam*) *s.* **Abstandssumme**

Abstandssumme *f* FIN (*geh*) compensation; ***der Spieler wechselte für eine ~ von drei Millionen zu dem anderen Verein*** the player changed teams for a transfer fee of three million

ab|statten *vt* (*geh*) ■**jdm etw ~** *to do sth dutifully or officially;* **jdm einen Bericht über etw ~** to give a report on sth to sb; **jdm einen Besuch ~** to pay sb a visit; **jdm einen Staatsbesuch ~** to pay an official visit on sb, to call on sb officially; ***ich muss mal meiner Tante einen Besuch ~*** I must call in on [*or* AM visit] my aunt

ab|stauben **I.** *vt* ❶ (*fam: ergattern*) ■**etw** [**von** [*o* **bei**] **jdm**] **~** to rip sth off [from sb] *sl,* to liberate sth [from sb] *fam,* to get hold of sth [from sb]; ***Sie wollen wohl nur bei anderen Leuten ~, wie?*** you just want to rip other people off, don't you?; ***das alte Gemälde habe ich bei meinen Großeltern abgestaubt*** I liberated that painting from my grandparents *hum* ❷ (*vom Staub befreien*) ■**etw ~** to dust sth **II.** *vi* to dust

ab|stechen *irreg* **I.** *vt* ❶ (*schlachten*) ■**ein Tier ~** to slit [*or* cut] an animal's throat ❷ (*sl: erstechen*) ■**jdn ~** to stab sb to death ❸ HORT ■**etw** [**mit etw**] **~** to cut sth [with sth]; **die Grasnarbe ~** to cut the turf ❹ (*etw abfließen lassen, ein Abflussloch öffnen*) ■**etw ~** to run off sth; **einen Hochofen ~** to tap a furnace **II.** *vi* (*sich abheben, unterscheiden*) ■**von jdm/etw ~** ■**gegen etw ~** to stand out from [*or* against] sb/sth; **stark von jdm/etw ~** to be in [stark] contrast to sb/against sth; **gegen den Hintergrund ~** to stand out against the background

Abstecher <-s, -> *m* ❶ TOURIST (*fam: Ausflug*) trip, excursion ❷ (*Umweg*) detour ❸ (*geh: Exkurs*) ■**ein ~ in etw** *akk* to sidestep [*or* digress] into sth

ab|stecken *vt* ❶ (*markieren*) ■**etw** [**mit etw**] **~** to mark sth out [with sth]; **etw mit Pfosten ~** to stake out sth ❷ (*umreißen*) ■**etw ~** to sketch [*or* map] sth out ❸ MODE ■**etw** [**mit etw**] **~** to pin sth; ***bei der Anprobe wurde der Anzug von der Schneiderin abgesteckt*** at the fitting the suit was fitted by the taylor

ab|stehen *vi irreg* ❶ (*nicht anliegen*) ■[**von etw**] **~** to stick out [from sth]; **vom Kopf ~** to stick up; ***er hat abstehende Ohren*** his ears stick out ❷ (*entfernt stehen*) ■[**von etw**] **~** to be at a distance [from sth]; ***das Bücherregal sollte etwas von der Wand ~*** the book shelf should not touch the wall

Absteige *f* (*pej: Stundenhotel*) cheap hotel, dive *fam;* (*schäbiges Hotel*) dosshouse BRIT, flophouse AM *fam*

ab|steigen *vi irreg sein* ❶ (*heruntersteigen*) ■[**von etw/einem Tier**] **~** to dismount [from sth/an animal], to get off [of sth/an animal]; **von einer Leiter ~** to get down off [*or* from] the ladder, to climb down from a ladder ❷ (*fam: sich einquartieren*) ■[**in etw** *dat*] **~** to stay [somewhere], to put up at; **in einem Hotel ~** to stay in a hotel ❸ (*seinen Status verschlechtern*) ■**irgendwie ~** to go downhill; **beruflich/gesellschaftlich ~** to slide down the job/social ladder ❹ SPORT ■[**aus etw/in etw** *akk*] **~** to be relegated [from sth/to sth]; ***sie sind auf den letzten Platz abgestiegen*** they've been relegated to the last position ❺ (*im Gebirge*) to descend, to climb down

Absteigequartier *nt* ÖSTERR (*Unterkunft*) accommodation

Absteiger(in) <-s, -> *m(f)* SPORT relegated team

ab|stellen **I.** *vt* ❶ ELEK (*ausschalten*) ■**etw ~** to switch [*or* turn] sth off *sep* ❷ (*Zufuhr unterbrechen, abdrehen*) ■[**jdm**] **etw ~** to cut sth off [of sb] *sep,* to disconnect sth; **den Haupthahn ~** to turn off *sep* [*or* BRIT *a.* disconnect] the mains [*or* AM main tap] ❸ (*absetzen*) ■**etw ~** to put sth down; ***Vorsicht beim A~ des Schreibtisches!*** be careful how you put the desk down! ❹ (*aufbewahren*) ■**etw** [**bei jdm**] **~** to leave sth [with sb]; ***Gepäckstücke können in den Schließfächern abgestellt werden*** luggage can be deposited in the lockers ❺ (*parken*) ■**etw ~** to park [sth]; ***wo stellst du dein Auto immer ab?*** where do you park? ❻ (*unterbinden*) ■**etw ~** to stop sth, to put an end [*or* a stop] to sth ❼ (*abrücken*) ■**etw von etw ~** to move sth away from sth; ***der Kühlschrank muss etwas von der Wand abgestellt werden*** the fridge should not be right up against the wall ❽ (*abordnen, abkommandieren*) ■**jdn für etw/zu etw ~** to send [*or* detail] sb for sth/to sth ❾ (*einstellen, anpassen*) ■**etw auf etw/jdn ~** to adjust sth to sth/sb; ***die Rolle ist sehr gut auf den Schauspieler abgestellt*** the part was written with the actor in mind **II.** *vi* (*berücksichtigen*) ■[**mit etw**] **auf etw** *akk* **~** to take sth into consideration [when doing sth/ with sth], to focus on sth [with sth]; ***die Produktion auf die Erfordernisse des Umweltschutzes ~*** to take the environment into consideration when planning the production

Abstellgleis *nt* BAHN siding ▸ WENDUNGEN: **jdn aufs ~ schieben** (*fam*) to throw sb on the scrap heap; **auf dem ~ sein** [*o* **stehen**] (*fam*) to be on the scrap heap

Abstellkammer *f* broom closet, cubbyhole, BRIT *a.* boxroom **Abstellraum** *m* storeroom, BRIT *a.* boxroom

ab|stempeln *vt* ❶ (*mit einem Stempel versehen*) ■[**jdm**] **etw ~** to frank [*or* stamp] [*or* post mark] sth [for sb] ❷ (*pej*) ■**jdn** [**als** [*o* **zu**] **etw**] **~** to brand sb [as sth]; **sich von jdm als** [*o* **zu**] **etw ~ lassen** to let oneself be branded as sth; ***ich lasse mich von dir nicht als Miesmacher ~!*** I'm not going to let you get away with calling me a killjoy!

ab|steppen *vt* ■**etw ~** to stitch [*or* quilt] sth; **Daunenjacken ~** to quilt down jackets

ab|sterben *vi irreg sein* ❶ (*eingehen*) *Pflanzen, Bäume* to die ❷ MED (*leblos werden*) *Glieder* to die ❸ (*gefühllos werden*) ■[**jdm**] **~** to go numb [*or* dead] [on sb]; ■**abgestorben** to go [*or* grow] numb, to be benumbed; **wie abgestorben sein** as if dead; ***von der Kälte waren meine Finger wie abgestorben*** my fingers were numb [*or* benumbed] with cold

Abstieg <-[e]s, -e> *m* ❶ (*das Hinabklettern*) descent ❷ (*Niedergang*) decline; **der berufliche/gesellschaftliche ~** descent down the job/social ladder ❸ SPORT relegation

ab|stillen **I.** *vt* ■**jdn ~** to wean sb, to stop breast-feeding; **ein Kind/einen Säugling ~** to wean a child/baby **II.** *vi* to stop breast-feeding

ab|stimmen **I.** *vi* (*die Stimme abgeben*) ■[**über jdn/etw**] **~** to vote for sb/on sth; [**über etw** *akk*] **~ lassen** to have [*or* take] a vote [on sth], to put sth to the vote **II.** *vt* ❶ (*in Einklang bringen, anpassen*) ■**Dinge aufeinander/etw auf etw** *akk* **~** to co-ordinate things [with each other]; *Farben, Kleidung* to match ❷ RADIO ■**etw** [**auf etw** *akk*] **~** to tune sth [to/in to sth] ❸ (*mechanisch einstellen*) ■**etw** [**auf etw** *akk*] **~** to adjust sth [to sth]; ***die Sitze sind genau auf seine***

Größe abgestimmt the seats are adjusted to fit his size **III.** *vr* (*eine Übereinstimmung erzielen*) ■**sich** [**mit jdm**] ~ to co-ordinate [with sb]; ■**sich** [**miteinander**] ~ to co-ordinate with one another; ***die Zeugen hatten sich offensichtlich in ihren Aussagen miteinander abgestimmt*** the witnesses had obviously worked together on their statements

Abstimmung *f* ① (*Stimmabgabe*) vote; **etw zur ~ bringen** to put sth to the vote; **geheime ~** secret ballot; **eine ~** [**über etw** *akk*] **durchführen** [*o* **vornehmen**] to take a vote on sth; **zur ~ schreiten** (*geh*) to vote ② (*harmonische Kombination*) co-ordination; ***die ~ der Farben ist sehr gelungen*** the colours are well-matched ③ RADIO tuning ④ (*Anpassung durch mechanische Einstellung*) adjustment

Abstimmungsergebnis *nt* result of the vote **Abstimmungsniederlage** *f* defeat [in the vote] **Abstimmungssieg** *m* victory [in the vote]

abstinent **I.** *adj* ① (*enthaltsam*) teetotal, abstinent; ■**~ sein** to be teetotal, to be a teetotaller [*or* AM teetotaler] ② (*sexuell enthaltsam*) celibate **II.** *adv* ① (*enthaltsam*) abstinently ② (*sexuell enthaltsam*) in celibacy, as a celibate

Abstinenz <-> *f kein pl* ① (*das Abstinentsein*) abstinence; **strenge ~** strict abstinence ② (*sexuelle Enthaltsamkeit*) [sexual] abstinence, celibacy

Abstinenzler(in) <-s, -> *m(f)* (*pej*) teetotaller BRIT, teetotaler AM

ab|stoppen **I.** *vt* ① (*zum Stillstand bringen*) ■**etw ~** to stop sth, to bring sth to a halt; **den Verkehr ~** to stop the traffic ② (*mit der Stoppuhr messen*) ■**jdn/etw ~** to time sb/sth **II.** *vi* to stop

Abstoß *m* ① (*das Abstoßen*) shove, push ② FBALL goal kick

ab|stoßen *irreg* **I.** *vt* ① MED ■**etw ~** to reject sth ② (*nicht eindringen lassen*) ■**etw ~** to repel sth; **Wasser ~d** to be waterproof [*or* water-repellent] ③ (*anwidern*) ■**jdn ~** to repel sb ④ (*durch einen Stoß abschlagen*) ■**etw ~** *dat* to chip off sth ⑤ (*verkaufen*) ■**etw ~** to get rid of [*or* offload] sth ⑥ (*durch Stöße beschädigen, abnutzen*) ■**etw ~** to damage sth; ***an älteren Büchern sind oft die Ecken abgestoßen*** the corners of old books are often bent and damaged ⑦ (*wegstoßen*) ■**etw** [**von etw**] **~** to push sth away [from sth]; ***mit dem Ruder stieß er das Boot vom Ufer ab*** using the rudder he shoved [*or* pushed] off from the bank ⑧ (*abwerfen*) ■**etw ~** ***die Schlange stieß die Haut ab*** the snake shed its skin **II.** *vr* ① (*abfedern und hochspringen*) ■**sich** [**von etw**] **~** to jump [*or* leap] [from sth] ② (*durch Stöße ramponiert werden*) ■**sich ~** to become [*or* get] damaged **III.** *vi* (*anwidern*) **sich von etw ~ fühlen** to be repelled by sth

abstoßend **I.** *adj* ① (*widerlich*) repulsive, sickening, revolting, disgusting; **ein ~es Aussehen** a repulsive appearance ② (*für Flüssigkeiten undurchlässig*) repellent **II.** *adv* (*widerlich*) in a repulsive [*or* revolting] [*or* disgusting] way; **~ aussehen** to look repulsive; **~ riechen** to smell disgusting

Abstoßung <-, -en> *f* MED rejection; PHYS repulsion

Abstoßungsreaktion *f* MED rejection

ab|stottern *vt* (*fam: nach und nach bezahlen*) ■**etw** [**mit** [*o* **durch**] **etw**] **~** to pay by [*or* in] instalments [*or* AM installments], BRIT *a.* to buy sth on the never-never *fam*

abstrahieren* **I.** *vi* (*geh: auf ein Prinzip zurückführen*) to abstract **II.** *vt* (*geh: verallgemeinern*) ■**etw** [**aus etw**] **~** to abstract sth [from sth]

ab|strahlen *vt* ① PHYS (*ausstrahlen*) ■**etw ~** to radiate sth ② (*sandstrahlen*) ■**etw ~** to sandblast sth

abstrakt **I.** *adj* abstract **II.** *adv* in the abstract; **etw zu ~ darstellen** to present [*or* deal with] sth too much in the abstract

Abstraktion <-, -en> *f* (*abstraktes Denken*) abstraction

Abstraktionsvermögen *nt* (*geh*) ability to think in the abstract [*or* use abstract notions]

ab|strampeln *vr* (*fam*) ① (*mühsam strampeln*) ■**sich ~** to pedal hard ② (*fam: sich abrackern*) ■**sich ~** to struggle, to sweat, to work oneself half to death

ab|streichen *vt irreg* ① (*streichend entfernen*) ■**etw** [**an etw** *dat*] **~** to wipe off the excess; ***du musst die überschüssige Farbe am Rand des Farbeimers ~*** you have to wipe off the drips on the rim of the tin ② (*abziehen*) ■**etw von etw ~** *Betrag* to deduct sth from sth, to knock sth off sth; ***von dem, was sie sagt, muss man die Hälfte ~*** you can take everything she says with a pinch [*or* grain] of salt

ab|streifen *vt* ① (*abziehen*) ■**etw** [**von etw**] **~** to take off *sep* [*or* remove] sth [from sth] ② (*säubern*) ■**etw** [**an etw** *dat*] **~** to wipe sth [on sth]; **die Füße ~** to wipe one's feet ③ (*geh: entfernen*) **den Dreck** [*o* **Schmutz**] [**von etw**] **~** to wipe off the dirt [from sth] *sep*, to wipe the dirt [from sth] ④ (*geh: aufgeben*) ■**etw ~** to rid oneself of sth, to throw sth off; **eine schlechte Gewohnheit ~** to shake off a bad habit ⑤ (*absuchen*) ■**etw ~** to search [*or fam* scour] [*or fam* comb] sth; ***er streifte das Gelände nach seinem Hund ab*** he scoured [*or* combed] the area for his dog

ab|streiten *vt irreg* ① (*leugnen*) ■**etw ~** to deny sth; ***er stritt ab, sie zu kennen*** he denied knowing her [*or* that he knew her] ② (*absprechen*) ■**jdm etw ~** to deny sb sth; ***das kann man ihr nicht ~*** you can't deny her that

Abstrich *m* ① *pl* (*Kürzungen*) cuts; [**an etw** *dat*] **~e machen** to make cuts [in sth]; (*Zugeständnisse, Kompromisse*) to lower one's sights [in sth]; ***man muss im Leben oft ~e machen*** you can't always have everything in life ② MED swab; **einen ~** [**von etw**] **machen** to take a swab [*or* smear] [of sth]; *vom Gebärmutterhals* to conduct [*or* carry out] a smear test [*or* cervical smear]

abstrus *adj* (*geh*) abstruse

ab|stufen **I.** *vt* ■**etw ~** ① (*nach Intensität staffeln*) to shade sth; ■**abgestuft** shaded, graded; **eine fein abgestufte Farbpalette** a finely shaded [*or* graded] range of colours [*or* AM -ors] ② (*terrassieren*) to terrace sth ③ (*nach der Höhe staffeln*) to grade sth **II.** *vr* ■**sich ~** to be terraced; ***die Hänge stufen sich zum Tal hin ab*** the slopes go down in terraces into the valley

Abstufung <-, -en> *f* ① (*Staffelung*) grading; ***die ~ der Gehälter*** the grading of salaries ② (*Stufe*) grade ③ (*Schattierung*) shading ④ (*Nuance*) shade ⑤ *kein pl* (*das Gliedern in Terrassen*) terracing; ***durch ~ wurde der Hang für die Landwirtschaft nutzbar gemacht*** the slope was terraced for agricultural use

ab|stumpfen **I.** *vt haben* ① (*stumpf machen*) ■**etw ~** to blunt sth ② (*gleichgültig machen*) ■**jdn** [**gegenüber einer S.** *dat*] **~** to inure sb [to sth]; ***der ständige Reizüberfluss stumpft die Menschen immer mehr ab*** constant stimulation is blunting people's senses **II.** *vi sein* ■[**gegen etw**] **~** to become inured [to sth]

Absturz *m* ① (*Sturz in die Tiefe*) fall; *von Flugzeug* crash ② (*fam: Misserfolg*) fall from grace, flop ③ (*Zusammenbruch*) collapse; ***der Firma droht der ~*** the company is in danger of folding [*or fam!* going bust]; **einen Computer/ein Programm/ein System zum ~ bringen** to cause [*or* make] a computer/program/system to crash ④ (*sehr steiler Abhang*) sharp drop

ab|stürzen *vi sein* ① (*in die Tiefe stürzen*) ■[**von etw**] **~** to fall [from sth]; *Flugzeug* to crash ② INFORM to crash ③ (*fam: Misserfolg haben*) to fall from grace ④ (*fam: zusammenbrechen*) to collapse; ***wer hätte geahnt, dass eine so solide Firma je ~ würde?*** who would have thought that such a secure company would fold [*or fam!* go bust] ⑤ (*fam: betrunken sein*) to get blind drunk [*or dated sl* completely blotto] ⑥ (*den inneren Halt verlieren*) to lose control ⑦ (*steil abfallen*) to fall away [steeply]; ***die Klippen stürzen steil ins Meer ab*** there's a sharp drop from the cliffs to the sea [*or* the cliffs fall away steeply into the sea]

Absturzstelle *f* ① LUFT, RAUM crash site, scene [*or* site] of the/a crash ② (*Stelle eines Bergsteigerunfalls*) location of the fall [*or* accident]

ab|stützen *vt* ■**etw** [**durch** [*o* **mit**] **etw**] ~ to support [*or sep* prop up] sth [with sth]; ■**sich** [**mit etw**] ~ to support oneself [with sth]; **sich durch Krücken** ~ to support oneself on crutches

ab|suchen *vt* ① (*durchstreifen*) ■**etw** [**nach jdm/etw**] ~ to search [*or fam* scour] [*or fam* comb] sth [for sb/sth] ② (*untersuchen*) ■**etw** [**nach etw**] ~ to examine sth [for sth]; ***wir haben den Baum nach Schädlingen abgesucht*** we've examined [*or* checked] the tree for pests ③ (*suchend absammeln*) ■**etw** [**von etw**] ~ to pick sth [off sth]

Absud *m* decoction

absurd *adj* absurd; **~es Theater** theatre [*or* AM -er] of the absurd

Absurdität <-, -en> *f* absurdity

Abszess[RR] <-es, -sse> *m*, **Abszeß** <-sses, -sse> *m* MED abscess

Abszisse <-, -n> *f* MATH abscissa

Abt, Äbtissin <-[e]s, Äbte> *m, f* abbot *masc*, abbess *fem*

Abt. *f Abk von* **Abteilung** dept.

ab|takeln *vt* ① NAUT ■**etw** ~ to unrig sth ② (*heruntergekommen*) ■**abgetakelt** seedy

ab|tasten *vt* ① (*tastend untersuchen*) ■**jdn/etw** [**auf etw** *akk* [*o* **nach etw**]] ~ to search sb/sth [for sth]; ■**sich** [**auf etw** *akk*] ~ to search oneself; **jdn nach Knoten** ~ to palpate sb for [lymph] nodes; **jdn nach Waffen** ~ to frisk sb for weapons ② (*durch Strahlen untersuchen*) ■**jdn/etw** [**nach etw**] ~ to screen sb/sth [for sth] ③ INFORM ■**etw** ~ to scan sth ④ (*sondieren*) ■**jdn** [**auf etw** *akk*] ~ to sound sb out [for sth]; ■**sich** [**auf etw** *akk*] ~ to size one another up [for sth]; **den Feind/einen sportlichen Gegner** ~ to size up the enemy/a sporting opponent, to suss out the enemy/opposition *sl*

ab|tauchen *vi sein* (*sl*) to go underground

ab|tauen **I.** *vt haben* ■**etw** ~ to thaw sth [out], to defrost sth; **einen Kühlschrank** ~ to defrost a refrigerator **II.** *vi sein* ① (*sich tauend auflösen*) to thaw [*or* melt] ② (*eisfrei werden*) to become free of ice, to defrost

Abtei <-, -en> *f* abbey

Abteil *nt* compartment; ~ **für Mutter und Kind** compartment for mothers with young children; **ein ~ erster/zweiter Klasse** a first-/second-class compartment; **in verschiedene ~e aufgeteilt** divided into various sections

ab|teilen *vt* ■**etw** [**von etw**] ~ to divide [*or* partition] sth off [from sth]

Abteilung[1] *f* ① (*Teil einer Organisation*) department; *eines Krankenhauses* ward [*or* section] ② MIL section, unit

Abteilung[2] *f kein pl* (*Abtrennung*) dividing [*or* partitioning] off

Abteilungsleiter(in) *m(f) einer Verkaufsabteilung* department[al] manager; *einer Firma, Universität, Krankenhaus* head of department

ab|telefonieren* **I.** *vi* (*fam*) ■[**jdm**] ~ to [tele]phone [*or* call] [sb] to say one can't come **II.** *vt* (*fam*) ■**jdn/etw** ~ to [tele]phone [a]round sb/sth *fam*; ***ich habe die ganze Firma nach ihm abtelefoniert*** I've phoned [a]round the whole company in search of him

ab|tippen *vt* (*fam*) ■**etw** ~ to type [up [*or* out] *sep*] sth

Äbtissin <-, -nen> *f fem form von* **Abt** abbess

ab|tönen *vt* **eine Farbe** ~ to tone [down *sep*] a colour [*or* AM -or]; **zwei Farben** ~ to tone two colours in [with each other]

Abtönung *f* ① (*das Abtönen*) toning down ② (*Farbnuance*) tone, shade

ab|töten *vt* ① (*zum Absterben bringen*) ■**etw** ~ to kill off sth *sep*, to destroy sth ② (*zum Erlöschen bringen*) ■**etw** [**in** [*o* **bei**] **jdm**] ~ to deaden sth [in sb]

ab|tragen *irreg* **I.** *vt* ① (*abnutzen*) ■**etw** ~ to wear sth out; **abgetragene Kleidung** worn [out] clothes; ■**etwas Abgetragenes** sth worn out ② (*geh: abbezahlen*) ■**etw** ~ to pay off *sep* [*or* discharge] sth ③ (*geh: abräumen*) **das Geschirr** ~ to clear away the dishes *sep* ④ (*entfernen*) ■**etw** [**bis auf etw** *akk*] ~ to clear sth away [down to sth]; ***der verseuchte Boden soll bis auf eine Tiefe von 15 Metern abgetragen werden*** the contaminated soil is to be cleared away down to a depth of 15 metres ⑤ (*geh: abbauen*) **ein Gebäude/ein Haus/eine Mauer** ~ to take [*or* tear] down *sep* [*or* dismantle] a building/house/wall ⑥ GEOG ■**etw** ~ to wash away sth *sep* **II.** *vi* (*geh: Teller, Speisen etc. vom Tisch wegtragen*) to clear away *sep*

abträglich *adj* (*geh*), **abträgig** *adj* SCHWEIZ ■[**jdm/einer S.**] ~ **sein** to be detrimental [to sb/sth]

Abtragung <-, -en> *f* ① FIN (*geh*) discharge, paying off ② GEOG washing away ③ (*geh: Abbau*) dismantling, taking down

Abtransport *m* removal; *von Verwundeten* evacuation

ab|transportieren* *vt* ■**etw** ~ to remove sth, to transport sth [away]; ■**jdn** ~ to transport sb; ***die Überlebenden wurden aus dem Erdbebengebiet abtransportiert*** the survivors were evacuated from the earthquake zone

ab|treiben *irreg* **I.** *vt haben* ① MED **ein Kind** ~ to abort a pregnancy, to have an abortion ② (*in eine andere Richtung treiben lassen*) ■**jdn/etw** [**von etw**] ~ to carry [*or* drive] sb/sth [from sth] [*or* away from sth]; **ein Schiff vom Kurs** ~ to drive [*or* carry] a ship off course ③ (*zu Tal treiben*) **das Vieh** ~ to bring down the animals **II.** *vi* ① *haben* MED to perform [*or* carry out] an abortion; ~ **lassen** to have an abortion ② *sein* (*in eine andere Richtung treiben*) ■[**von etw**] ~ to be carried [*or* driven] [[away] from sth]; ***das Boot trieb weit vom Kurs ab*** the boat was driven a long way off course

Abtreibung <-, -en> *f* MED abortion; **eine ~ [an jdm] vornehmen** (*geh*) to perform [*or* carry out] an abortion [on sb]; **eine ~ vornehmen lassen** (*geh*) to have an abortion

Abtreibungsparagraph *m* JUR abortion law **Abtreibungspille** *f* morning-after pill **Abtreibungsversuch** *m* MED attempted abortion; **einen ~ [an sich** *dat*] **vornehmen** (*geh*) to attempt to carry out an abortion [on oneself]

ab|trennen *vt* ① (*ablösen*) ■**etw** [**von etw**] ~ to detach [*or* remove] sth [from sth]; ***hier*** ~ detach [*or* tear off] here ② (*abteilen*) ■**etw** [**von etw**] ~ to divide [*or* partition] off sth [from sth] *sep* ③ (*geh: gewaltsam vom Körper trennen*) ■[**jdm**] **etw** ~ to cut [sb's] sth off *sep*; ***der Mähdrescher trennte ihm einen Arm ab*** the combine harvester severed his arm [from his body]

Abtrennung *f* ① (*das Lostrennen von Festgenäh-*

tem) removal, detachment ② *(das Abteilen)* dividing [*or* partitioning] off ③ *(trennende Vorrichtung)* partition ④ MED *(das Abschneiden)* cutting off; *von Tumor* excision, removal

ab|treten *irreg* **I.** *vt haben* ① *(übertragen)* ▪ **[jdm] etw ~**, ▪ **etw [an jdn] ~** to sign over sth [to sb] *sep;* **Ansprüche/Rechte ~** to transfer [*or* cede] claims/rights; **ein Gebiet/Land ~** to cede a territory/land; ▪ **abgetreten** ceded ② *(fam: überlassen)* ▪ **jdm etw ~** to give sth to sb; ***er hat ihr seinen Platz abgetreten*** he gave up his seat to her, he offered her his seat ③ *(durch Betreten abnutzen)* ▪ **etw ~** to wear sth out ④ *(durch Treten entfernen, reinigen)* **den Dreck/Schnee [von etw] ~** to stamp off the dirt/snow [from sth] *sep* **II.** *vi sein* ① *(zurücktreten)* ▪ **[von etw] ~** to step down [from sth]; **von der politischen Bühne ~** to retire from the political stage; *Monarch* to abdicate; *Politiker* to resign ② THEAT **[von der Bühne] ~** to leave [*or* exit] [the stage] ③ *(fam: sterben)* to make one's [last] exit ④ MIL to stand down; ▪ **~ lassen** to dismiss; **~!** dismissed! **III.** *vr haben* ① *(sich durch Treten säubern)* ▪ **sich etw ~** to wipe one's sth; **sich** *dat* **seine Schuhe/Stiefel [an etw** *dat*] **~** to wipe off one's shoes/boots [on sth] *sep* ② *(sich durch Betreten abnutzen)* ▪ **sich ~** to wear out

Abtreter <-s, -> *m (fam)* doormat

Abtretung <-, -en> *f* signing over; *von Anspruch, Rechten* transferring [*or* ceding]; *von Gebiet* ceding

Abtrieb *m* AGR *Vieh von der Alm* to bring down the cattle from the mountain pastures

Abtritt[1] *m* ① *(Rücktritt)* resignation; *von Monarch* abdication; **jds ~ von der politischen Bühne** sb's withdrawal from the political stage ② THEAT exit

Abtritt[2] *m (veraltend) s.* **Toilette**

ab|trocknen **I.** *vt* ▪ **jdn/etw ~** to dry sb/sth; ▪ **sich ~** to dry oneself; **das Geschirr ~** to dry [up [*or* AM off] *sep*] the dishes [*or* BRIT *a.* to do the drying up]; ▪ **jdm etw ~** to dry sth for sb; ▪ **sich** *dat* **etw ~** to dry one's sth; ***liebevoll trocknete er ihr die Tränen ab*** lovingly he wiped away [*or* dried] her tears **II.** *vi* to dry the dishes, BRIT *a.* to dry up, BRIT *a.* to do the drying up

ab|tropfen *vi sein* to drain; ▪ **etw ~ lassen** to leave sth to drain; **die Wäsche ~ lassen** to leave the washing to drip-dry

Abtropfsieb *nt* colander

ab|trotzen *vt (geh)* ▪ **jdm etw ~** to wring sth out of sb

abtrünnig *adj* renegade; **~er Ketzer** apostate heretic; **~er Lehnsmann** renegade [*or* disloyal] vassal; **~e Provinz/~er Staat** rebel region/state; ▪ **jdm/einer S.** *dat* **~ werden** to be disloyal to sb/sth; **seinem Glauben/der Kirche ~ werden** to renounce one's [*or* desert the] faith/the church

Abtrünnige(r) *f(m) dekl wie adj* renegade; REL apostate

Abtrünnigkeit <-> *f kein pl* disloyalty; *eines Glaubens* apostasy

ab|tun *vt irreg* ① *(keine Wichtigkeit beimessen)* ▪ **etw [mit etw] ~** to dismiss sth [with sth]; **etw mit einem Achselzucken/Lächeln ~** to dismiss sth with a shrug/laugh, to shrug/laugh sth off; ▪ **etw als etw ~** to dismiss sth as sth; ***als jugendlichen Übermut kann man diese Gewalttaten nicht ~*** these acts of violence cannot be dismissed as youthful high spirits ② *(selten: erledigen)* ▪ **[mit etw] abgetan sein** to be settled [by sth]; ***lassen wir es damit abgetan sein*** let that be an end to it; **eine Sache so schnell wie möglich ~** to deal [*or* have done] with sth as quickly as possible

ab|tupfen *vt* ① *(durch Tupfen entfernen)* ▪ **[jdm] etw ~** to dab sth away [of sb]; **die Tränen von jds Wange ~** to wipe the tears from sb's cheek; ▪ **sich** *dat* **etw ~** to wipe one's sth; **sich den Schweiß von der Stirn ~** to mop [*or* dab] the sweat from one's brow ② *(durch Tupfen reinigen)* ▪ **etw [mit etw] ~** to swab sth [with sth]; **eine Wunde ~** to clean a wound

abturnen [-tøːɐ-] *vi (sl)* to be a pain in the neck *fam*

Abundanz <-> *f kein pl* abundance

ab|urteilen *vt* ① JUR ▪ **jdn ~** to [pass] sentence [*or* judgement] [on] sb; ▪ **abgeurteilt** convicted ② *(pej: verdammen)* ▪ **jdn ~** to condemn sb

Aburteilung <-, -en> *f* ① JUR sentencing, passing of a sentence ② *(pej: Verdammung)* condemnation

Abverkauf *m* ÖSTERR *(Ausverkauf)* sale

ab|verlangen* *vt s.* **abfordern**

ab|wägen *vt irreg* ▪ **etw [gegeneinander] ~** to weigh sth up [against sth else]; **seine Worte gut ~** to choose [*or* weigh] one's words carefully; **beide Möglichkeiten [gegeneinander] ~** to weigh up the two possibilities [against one another]; **Vor- und Nachteile [gegeneinander] ~** to weigh [up] the disadvantages and advantages [*or* pros and cons]; *s. a.* **abgewogen**

Abwägung <-, -en> *f* weighing up, consideration; ***so eine Situation bedarf der ~ eines jeden Wortes*** a situation like this calls for every single word to be carefully considered

Abwahl *f kein pl* voting out; ***es kam zur ~ des Vorstands*** the board was voted out of office

abwählbar *adj sth that can be cancelled by vote or choice;* ***der Vorsitzende ist jederzeit ~*** the chairman can be voted out [of office] at any time; **ein ~es Schulfach** an optional subject

ab|wählen *vt* ▪ **jdn ~** to vote sb out [of office]; **ein [Schul]fach ~** to drop [*or sep* give up] a subject

ab|wällen *vt s.* **abbrühen**

ab|wälzen *vt* ▪ **etw [auf jdn] ~** to unload sth [on to sb]; **die Kosten auf jdn ~** to pass on the costs to sb; **die Schuld/Verantwortung [auf jdn] ~** to shift the blame/responsibility [on to sb]

ab|wandeln *vt* ▪ **etw ~** to adapt sth; **ein Musikstück ~** to adapt a piece of music; **ein Thema/einen Vertrag ~** to modify a subject/contract

ab|wandern **I.** *vi sein* ① *(sich von einem Ort entfernen)* to go away ② *(auswandern)* ▪ **[aus etw] ~** to migrate [from somewhere]; ***die ländliche Bevölkerung wanderte in die Städte ab*** the rural population moved [*or* migrated] to the towns ③ *(fam: überwechseln)* ▪ **zu jdm ~** to move to sb; ***die besten Spieler wandern immer zu den größten Vereinen ab*** the best players always move [*or* transfer] to the biggest clubs ④ FIN *(fam: andernorts angelegt werden)* ▪ **[aus etw] [irgendwohin] ~** to be transferred [from [*or* out of] sth] [to somewhere] **II.** *vt* **ein Gebiet ~** to walk all over an area

Abwanderung *f* ① *(an einen anderen Ort ziehen)* migration ② FIN exodus [*or* flight] of capital ③ *(gründliche Begehung eines Gebietes)* walking all over

Abwanderungsverlust *m* population drain

Abwandlung *f* adaptation; MUS variation

Abwärme *f* waste heat

Abwart(in) <-s, -e> *m(f)* SCHWEIZ *(Hausmeister)* caretaker

ab|warten **I.** *vt* ▪ **etw/jdn ~** to wait for sth/sb; ***wir müssen erst den Regen ~*** we must wait until it stops raining [*or* the rain stops] [*or* for the rain to stop]; ***das bleibt abzuwarten*** that remains to be seen, only time will tell; ***sie konnte es einfach nicht mehr ~*** she simply [*or* just] couldn't wait any longer **II.** *vi* to wait; ***wart' mal ab!*** [just] [you] wait and see!

abwartend **I.** *adj* expectant; **eine ~e Haltung einnehmen** to adopt a policy of wait and see **II.** *adv* expectantly; **sich ~ verhalten** to behave cautiously

Abwartin <-, -nen> *f fem form von* **Abwart**

abwärts *adv* downhill; ***hinter der Kurve geht es ~***

its all downhill after the bend; ***vom Chef ~ sind alle anwesend*** from the boss down everyone is present; **es geht mit jdm/etw ~** sb/sth is going downhill; ***es geht mit ihr gesundheitlich abwärts*** her health is deteriorating

abwärts|gehen *vi irreg sein s.* **abwärts** **Abwärtstrend** *m* downhill trend, recession

Abwasch¹ <-[e]s> *m kein pl* ❶ (*Spülgut*) dirty dishes *pl*, BRIT *a.* washing-up ❷ (*das Spülen*) washing the dishes, washing-up BRIT; **den ~ machen** to do the dishes, BRIT *a.* to wash up, BRIT *a.* to do the washing-up ▶ WENDUNGEN: **das geht in einem ~** [*o* **das ist ein ~**] (*fam*) you can kill two birds with one stone *prov*

Abwasch² <-, -en> *f* ÖSTERR (*Spülbecken*) sink

abwaschbar *adj* washable

Abwaschbecken *nt* sink

ab|waschen *irreg* **I.** *vt* ❶ (*spülen*) ■**etw ~** to wash sth up; **das Geschirr ~** to do the dishes [*or* BRIT *a.* washing-up] ❷ (*durch Waschen entfernen*) ■**etw** [**von etw**] **~** to wash sth [off sth]; ■**sich** *dat* **etw** [**von etw**] **~** to wash sth [from one's sth]; ***sie wusch ihrer Tochter den Schmutz vom Gesicht ab*** she washed the dirt off her daughter's face ❸ (*reinigen*) ■**sich ~** to wash oneself **II.** *vi* to do the dishes, BRIT *a.* to wash up, BRIT *a.* to do the washing-up; ***hilfst du mir mal beim A~?*** will you help me do the washing-up?

Abwaschlappen *m* dishcloth **Abwaschwasser** *nt* ❶ (*Spülwasser*) dishwater, BRIT *a.* washing-up water ❷ (*pej fam: dünne Flüssigkeit*) dishwater

Abwasser <-wässer> *nt* waste water, sewage; *von Industrieanlagen* effluent, waste water

Abwasseraufbereitung *f* sewage treatment **Abwasserentsorgung** *f* ÖKOL sewage disposal **Abwasserkanal** *m* sewer **Abwasserleitung** *f* waste pipe **Abwasserreinigung** *f* purification of effluent[s]

ab|wechseln [-vɛks-] *vi/vr* ■**sich ~** ❶ (*im Wechsel handeln*) to take turns ❷ (*im Wechsel erfolgen*) to alternate; ***Sonne und Regen wechselten sich ab*** it alternated between sun and rain

abwechselnd [-vɛks-] *adv* alternately; ***in der Nacht hielten die vier ~ Wache*** the four took turns to stand guard during the night

Abwechs(e)lung <-, -en> [-vɛks-] *f* change; **eine willkommene ~ sein** to be a welcome change; **die ~ lieben** to like a bit of variety; **zur ~** for a change

abwechslungshalber [-vɛks-] *adv* for a change, for variety's sake **abwechslungslos** *adj* unchanging, monotonous **abwechslungsreich** *adj* varied

Abweg *m meist pl* **jdn auf ~e führen** [*o* **bringen**] to lead sb astray; **auf ~e geraten** to go astray; (*moralisch*) to stray from the straight and narrow

abwegig *adj* ❶ (*unsinnig*) absurd; **ein ~er Gedanke/eine ~e Idee** a far-fetched thought/idea; **ein ~er Verdacht** an unfounded [*or* a groundless] suspicion ❷ (*merkwürdig*) strange, bizarre, weird

Abwegigkeit <-, *selten* -en> *f* erroneousness; *von Verdacht* groundlessness; *von Idee* strangeness, far-fetchedness

Abwehr *f kein pl* ❶ (*inneres Widerstreben*) resistance; ***seine Pläne stießen auf starke ~*** his plans met [with] strong [*or* stiff] resistance ❷ MIL repelling, repulse ❸ (*Spionage~*) counterespionage, counterintelligence ❹ SPORT (*Verteidigung*) defence [*or* AM -se]; **die ~ gegnerischer Angriffe** to ward off the opponent's attacks; (*die Abwehrspieler*) defenders ❺ (*Widerstand gegen Krankheit*) protection; *von Infektion* protection, resistance

abwehrbereit *adj* ready for defence [*or* AM -se] **Abwehrdienst** *m* MIL counter-intelligence service

ab|wehren **I.** *vt* ❶ MIL ■**jdn/etw ~** to repel [*or* repulse] sb/sth ❷ SPORT ■**etw ~** to fend sth off; **den Ball ~** to clear the ball; **mit dem Kopf den Ball ~** to head the ball clear; **einen Schlag ~** to fend off [*or* parry] a blow ❸ (*abwenden, fern halten*) ■**etw** [**von sich**] **~** to turn sth away [from oneself]; **eine Gefahr/Unheil ~** to avert [a] danger/[a] disaster; **einen Verdacht** [**von sich**] **~** to avert suspicion [from oneself]; **einen Vorwurf ~** to fend off [*or* deny] [*or form* refute] an accusation **II.** *vi* ❶ (*ablehnen*) to refuse ❷ SPORT to clear

abwehrend *adj* defensive

Abwehrkampf *m* defensive action **Abwehrkräfte** *pl* the body's defences **Abwehrmaßnahme** *f* defence reaction **Abwehrmechanismus** *m* PSYCH, MED defence mechanism **Abwehrreaktion** *f* defensive reaction **Abwehrstoffe** *pl* MED antibodies *pl* **Abwehrsystem** *nt* MED immune system

ab|weichen *vi irreg sein* ❶ (*sich entfernen, abkommen*) ■**von etw ~** to deviate from sth ❷ (*sich unterscheiden*) ■[**in etw** *dat*] **von jdm/etw ~** to differ from sb/sth [in sth]

abweichend *adj* different

Abweichler(in) <-s, -> *m(f)* (*pej*) deviant

Abweichung <-, -en> *f* ❶ (*Unterschiedlichkeit*) difference; *einer Auffassung* deviation [*or* divergence] ❷ (*das Abkommen*) deviation ❸ TECH **zulässige ~** tolerance

ab|weisen *vt irreg* ❶ (*wegschicken*) ■**jdn ~** to turn sb away; **sich** [**von jdm**] **nicht ~ lassen** to not take no for an answer [from sb] ❷ (*ablehnen*) ■**etw ~** to turn down sth *sep;* **einen Antrag ~** to refuse [*or* turn down] [*or* reject] an application; **eine Bitte ~** to deny [*or* reject] a request; ■**jdn ~** to reject sb ❸ JUR **eine Klage ~** to dismiss [*or* throw out] a complaint

abweisend *adj* cold

Abweisung *f* ❶ (*das Wegschicken*) turning away ❷ (*das Ablehnen*) turning down, rejection ❸ JUR dismissal

abwendbar *adj* avoidable, preventable

ab|wenden *reg o irreg* **I.** *vr* (*geh*) ■**sich** [**von jdm/etw**] **~** to turn away [from sb/sth] **II.** *vt* ❶ (*verhindern*) ■**etw** [**von jdm/etw**] **~** to protect [sb/sth] from sth; **eine Katastrophe/ein Unheil ~** to avert a catastrophe/disaster ❷ (*zur Seite wenden*) ■**etw** [**von jdm/etw**] **~** to turn sth away [from sb/sth]; **die Augen** [*o* **den Blick**] **~** to look away, to avert one's gaze [*or* eyes]; **mit abgewandtem** [*o* **abgewendetem**] **Blick** with one's eyes averted

ab|werben *vt irreg* ■[**jdm**] **jdn ~** to entice [*or* lure] sb away [from sb]

Abwerbung *f* enticement, luring [away]

ab|werfen *irreg* **I.** *vt* ❶ (*aus der Luft herunterfallen lassen*) ■**etw ~** to drop sth; **Ballast ~** to drop [*or* shed] [*or* discharge] ballast; **Blätter** [*o* **Laub**]**/Nadeln ~** to shed leaves/needles; **das Geweih ~** to shed antlers ❷ (*von sich werfen*) **einen Reiter ~** to throw [*or* unseat] a rider ❸ FIN, ÖKON ■**etw ~** to yield sth; **einen Gewinn ~** to yield [*or* make] [*or* show] a profit; **Zinsen ~** to yield [*or* bear] [*or* earn] interest ❹ (*geh: abschütteln*) ■**etw ~** to throw [*or* cast] off sth *sep;* **die Fesseln/das Joch der Sklaverei ~** (*fig*) to cast [*or* throw] off the yoke of slavery *fig* ❺ (*ablegen*) **eine Karte ~** to discard a card **II.** *vi* ❶ SPORT (*beim Hochsprung*) to knock down [*or* knock off] [*or* dislodge] the bar ❷ FBALL (*Abwurf vom Tor machen*) to throw the ball out

ab|werten **I.** *vt* ❶ (*Kaufwert vermindern*) ■**etw** [**um etw**] **~** to devalue sth [by sth]; ■**abgewertet** devalued ❷ (*Bedeutung mindern*) ■**etw ~** to debase [*or* cheapen] sth **II.** *vi* ■[**um etw**] **~** to devalue [by sth]

abwertend **I.** *adj* pejorative, derogatory **II.** *adv* derogatorily; **ein Wort ~ gebrauchen** to use a word in a derogatory way

Abwertung *f* ❶ (*Minderung der Kaufkraft*) devaluation ② (*Wertminderung*) debasement

abwesend *adj* ① (*geh: nicht anwesend*) absent; ***Herr Frank ist momentan*** ~ Mr Frank is not here [*or* out of the office] at the moment ② (*geistes~*) absent-minded; ***sie hatte einen ganz ~en Gesichtsausdruck*** she looked completely lost in thought; ***du siehst so*** ~ ***aus!*** you look as though you're somewhere else [altogether]!

Abwesende(r) *f(m) dekl wie adj* absentee

Abwesenheit <-, *selten* -en> *f* ① (*Fehlen*) absence; **durch ~ glänzen** (*iron fam*) to be conspicuous by one's absence *esp hum;* **in ~ von jdm** in sb's absence ② (*Geistes~*) absent-mindedness

ab|wickeln I. *vt* ① (*von etw wickeln*) ■ **etw** [**von etw**] ~ to unwind sth [from sth]; ■ **sich** [**von etw**] ~ to unwind [itself] [from sth] ② (*erledigen*) ■ **etw** ~ to deal with sth; **einen Auftrag** ~ to process an order; **Aufträge** ~ to transact business; **ein Geschäft** ~ to carry out a transaction ③ (*als politische Altlast abschaffen*) ■ **jdn/etw** ~ *Firma, Arbeitskräfte* to deal with sb/sth II. *vr* (*glatt vonstatten gehen*) ■ **sich** ~ to run smoothly

Abwicklung <-, -en> *f* ① (*Erledigung*) conducting; *von Auftrag* processing; ***er war für die reibungslose ~ der Veranstaltung verantwortlich*** he was responsible for making sure that the event ran smoothly ② (*Abschaffung*) getting rid of; ***hunderte von Staatsdienern befürchten die*** ~ hundreds of civil servants fear they will be dismissed [*or* are living in fear of dismissal]

ab|wiegeln I. *vi* to play it down; ***jetzt wieg[e]le mal nicht ab, die Situation ist sehr ernst!*** don't [try and] play it down, the situation is very serious! II. *vt* (*beschwichtigen*) ■ **jdn/etw** ~ to calm down [*or* pacify] sb/sth *sep;* ***die Menge liess sich nicht*** ~ the crowd would not be calmed; **sich nicht ~ lassen** to not take no for an answer

ab|wiegen *vt irreg* ■ [**jdm**] **etw** ~ to weigh sth [out] [for sb]; **Argumente** [**sorgfältig**] ~ (*fig*) to [carefully] weigh up the arguments *fig*

ab|wimmeln *vt* (*fam*) ■ **jdn** ~ to get rid of sb; ■ **etw** ~ to get out of [doing] sth

ab|winkeln *vt* ■ **etw** ~ to bend sth; ■ **abgewinkelt** bent; **mit abgewinkelten Armen** with arms akimbo

ab|winken *vi* (*fam*) to signal one's refusal

ab|wirtschaften *vi* (*fam*) to go downhill; ***die Firma hat jetzt endgültig abgewirtschaftet*** the company now finally had been run-down; ■ **abgewirtschaftet** run-down; **eine abgewirtschaftete Regierung** a discredited government

ab|wischen *vt* ① (*durch Wischen entfernen*) ■ [**sich** *dat*] **etw** [**von etw**] ~ to wipe sth [from sth]; **sich die Tränen** ~ to dry one's tears; ***liebevoll wischte er ihr die Augen ab*** he lovingly dried her eyes; **sich den Schweiß von der Stirn** ~ to mop the sweat from one's brow ② (*durch Wischen säubern*) ■ [**jdm**] **etw** ~ to wipe sth [for sb]; ***bitte die Hände an diesem Handtuch ~!*** please dry your hands on this towel!; ■ [**sich** *dat*] **etw** ~ to wipe sth; ***wisch dir die Hände bitte am Handtuch ab!*** dry your hands on the towel!

ab|wracken *vt* ① (*verschrotten*) ■ **etw** ~ to break up *sep* [*or* scrap] sth ② (*herunterkommen*) ■ **abgewrackt** clapped-out *fam*

Abwurf *m* ① (*das Hinunterwerfen*) dropping; *von Ballast* shedding, jettisoning ② (*das Abgeworfenwerden*) throwing; ***bei dem ~ von dem Pferd brach er sich den Arm*** he broke his arm when he was thrown from the horse ③ SPORT (*Abwerfen der Latte beim Hochsprung*) knocking down [*or* off], dislodging; (*Speerwerfen*) throwing; (*beim Fußball*) throw-out

ab|würgen *vt* (*fam*) ① (*ungewollt ausschalten*) **den Motor** ~ to stall the engine ② (*im Keim ersticken*) ■ **etw** ~ to nip sth in the bud; ■ **jdn** ~ (*unterbrechen*) to cut sb short [*or* off], to interrupt sb; **jdn** [**einfach**] **mitten im Satz** ~ to cut sb off right in the middle of a sentence

ab|zahlen *vt* ① (*zurückzahlen*) ■ **etw** ~ to pay sth off; **ein Darlehen** [*o* **einen Kredit**]**/seine Schulden** ~ to pay off [*or* repay] a loan/one's debts ② (*in Raten bezahlen*) ■ **etw** ~ to pay for sth in instalments [*or* AM installments]; ■ **abgezahlt** paid for *pred;* ***unser Haus ist endlich abbezahlt*** we've finally paid off [*or* for] the house, we've finally paid all the instalments on the house

ab|zählen I. *vt* ■ **etw** ~ to count sth [out]; ■ **abgezählt** exact; ***bitte das Fahrgeld abgezählt bereithalten*** please tender [the] exact [*or* correct] fare II. *vi* to count; ***der Kassierer hat sich beim A~ vertan*** the cashier made a mistake counting

Abzählreim *m* counting-out rhyme

Abzahlung *f* ① (*Rückzahlung*) paying off ② (*Bezahlung auf Raten*) repayment; [**etw**] **auf ~ kaufen** to buy sth in instalments [*or* AM installments] [*or* BRIT *a.* on hire purchase] [*or* BRIT *fam a.* on the never-never]

Abzählvers *m s.* **Abzählreim**

ab|zapfen *vt* ■ **etw** [**aus etw**] ~ to pour [*or* tap] sth [from sth]; **Bier** ~ to tap beer; **jdm Geld** ~ (*fam*) to get [*or* scrounge] money from [*or* off] sb

Abzäunung <-, -en> *f* fencing

Abzeichen *nt* ① (*ansteckbare Plakette*) badge ② SPORT badge ③ MIL insignia [*or* badge] of rank

ab|zeichnen I. *vt* ① (*durch Zeichnen wiedergeben*) ■ **etw** [**von etw**] ~ to copy [*or* reproduce] sth [from sth] ② (*signieren*) ■ **etw** ~ to initial sth; **einen Scheck** ~ to initial a check II. *vr* ① (*erkennbar werden*) ■ **sich** ~ to become apparent; ***der Ausbruch eines Bürgerkrieges beginnt sich immer deutlicher abzuzeichnen*** the outbreak of civil war is beginning to loom ever larger [on the horizon] ② (*Umrisse erkennen lassen*) ■ **sich** [**durch/auf etw**] ~ to show [through/on sth]

Abziehbild *nt* TECH transfer

ab|ziehen *irreg* I. *vi* ① *sein* MIL ■ [**aus etw**] ~ to withdraw [from sth] ② *sein* (*fam: weggehen*) to go away; ***zieh ab!*** go away!, clear off!, get lost! *sl* ③ *sein* (*durch Luftzug entfernen*) ■ [**aus etw**] ~ to clear [*or* escape] [from sth] ④ *sein* METEO ■ [**irgendwohin**] ~ to move away [*or* off] [somewhere] [*or* on] ⑤ *haben* (*den Abzug einer Waffe drücken*) to fire, to pull the trigger II. *vt haben* ① (*einbehalten*) ■ **etw** [**von etw**] ~ to deduct sth [from sth]; ***Steuern und Sozialabgaben werden direkt vom Gehalt abgezogen*** tax and national insurance are deducted directly from the wages ② (*nachlassen*) ■ **etw** [**von etw**] ~ to take [*or* knock] sth off [sth] *sep;* ***ich kann Ihnen 5% Rabatt*** [***vom Preis***] ~ I can knock 5% [off the price] for you [*or* give [*or* offer] you a discount of 5% [on the price]] ③ MATH ■ **etw** [**von etw**] ~ to subtract sth [from sth] ④ FIN **Kapital** [**aus einer Firma/einem Land**] ~ to withdraw capital [from a company/country]; **jdm eine Summe vom Konto** ~ to debit a sum [of money] from sb's account ⑤ MIL ■ **etw** [**aus etw**] ~ to withdraw sth [from sth]; **Truppen aus einem Gebiet** ~ to withdraw [*or* draw back] troops from an area ⑥ (*etw durch Ziehen entfernen*) ■ **etw** ~ to pull off sth *sep;* **das Bett** ~ to strip the bed; **ein Laken** ~ to remove [*or sep* take off] a sheet; **einen Ring** ~ to take [*or* pull] off a ring *sep;* **einen Schlüssel** [**von etw**] ~ to take [*or* pull] out a key [from sth]; [**jdm/einem Tier**] **das Fell/die Haut** ~ to skin sb/an animal ⑦ (*vervielfältigen*) ■ **etw** ~ to run sth off; ***bitte ziehen Sie das Manuskript 20 mal ab*** please make [*or* run off] 20 copies of the manuscript ⑧ SCHWEIZ (*ausziehen*) ■ **etw** ~ to take sth off III. *vr* SCHWEIZ (*sich ausziehen*) ■ **sich** ~ to undress

ab|zielen *vi* ❶ (*anspielen*) ■ **[mit etw] auf etw** *akk* ~ to get at sth [with sth] *fam* ❷ (*im Visier haben*) ■ **auf jdn/etw** ~ to aim [*or* direct] at sb/sth

ab|zocken **I.** *vt* (*sl*) ■ **jdn** ~ to fleece sb *fam* **II.** *vi* (*sl*) to clean up *fam*

Abzockerei <-, -en> *f* (*pej sl*) rip-off *fam*

Abzug *m* ❶ (*das Einbehalten*) deduction; ***ohne Abzüge verdient sie 3.000 DM*** she earns 3000 marks before deductions ❷ (*das Abziehen*) deduction; ***nach ~ des Rabattes musste er noch nur 200 DM zahlen*** after deducting the discount he was left with only 200 marks to pay; **etw [von etw] in ~ bringen** (*geh*) to deduct sth [from sth]; **ohne ~** without [any] deductions, net ❸ TYPO proof ❹ FOTO print ❺ MIL withdrawal; **jdm freien ~ gewähren** to grant sb safe passage ❻ FIN **der ~ von Kapital** withdrawal of capital ❼ METEO moving away; ***mit einem ~ der Kaltfront ist vorläufig noch nicht zu rechnen*** we don' t expect the cold front to move on yet ❽ (*Luft~*) vent; (*Dunst~*) extractor [fan]; (*über einem Herd*) extractor hood ❾ (*Vorrichtung an einer Waffe*) trigger; **den Finger am ~ haben** to have one's finger on the trigger

abzüglich *präp +gen* ■ ~ **einer S.** *gen* less [*or* minus] sth

abzugsfähig *adj* tax-deductible

Abzugsfähigkeit *f* ÖKON **steuerliche ~** tax deductibility **abzugsfrei** *adj* tax-free **Abzugshaube** *f* extractor hood **Abzugsrohr** *nt* flue [pipe]

Abzweig *m* ❶ (*geh: Weggabelung*) turning, turn-off ❷ TECH couple

ab|zweigen **I.** *vi sein* ■ **[von etw] [irgendwohin]** ~ to branch off [from sth] [to somewhere]; ***hinter der Kurve zweigt die Goethestraße nach links ab*** Goethestraße turns [*or* goes] off to the left after the bend **II.** *vt haben* (*fam*) ■ **etw [von etw]** ~ to set [*or* put] aside sth [from sth] *sep*

Abzweigung <-, -en> *f* ❶ (*Straßengabelung*) turning, turn-off; ***wir müssen an der ~ links [abbiegen]*** we must turn left at the junction ❷ (*Nebenlinie einer Strecke*) branch line

ab|zwicken *vt* ■ **[jdm/einer S.] etw** ~ to nip [*or* pinch] off sth [sb/sth] *sep*

Accessoire <-s, -s> [aksɛ'soa:ɐ] *nt meist pl* accessory

Acerolakirsche *f* BOT West Indian Cherry

Acetat <-s, -e> [at͜se-] *nt* acetate

Aceton <-s, -e> [at͜se-] *nt* acetone

Acetylcholin <-s> *nt kein pl* BIOL (*Überträgerstoff an Nervenzellen*) acetylcholine

Acetylen <-s> [at͜se-] *nt* acetylene

ach **I.** *interj* ❶ (*jammernd, ärgerlich*) oh no!; ~, ***das sollte doch schon lange erledigt sein!*** oh no! that was supposed to have been done ages ago!; ~ ***je!*** oh dear [me]!; ~, ***rutsch mir doch den Buckel runter!*** oh, go [and] take a running jump!; ~ ***nein, du schon wieder?*** oh no! not you again?; ~ **und weh schreien** (*veraltend geh*) to scream blue murder ❷ (*also*) oh!; ~, ***so ist das also ...*** oh, so that's how it is ... ❸ (*aha*) [oh,] I see!; ~ **ne** [*o* **nein**]**!** (*fam*) I say!; ~ ***so, ich verstehe!*** oh, I see!; ~ ***wirklich?*** really?; ~ ***so! na, dann versuchen wir es eben noch mal!*** well, all right then, let's try it one more time! ❹ (*ganz und gar nicht*) ~ **was** [*o* **wo**]**!** come on! **II.** *adv* (*geh*) ***sie glaubt von sich, sie sei ~ wie schön*** she thinks she's oh so beautiful

Ach <-s, -[s]> *nt* (*Ächzen*) groan ▸ WENDUNGEN: **mit ~ und Krach** (*fam*) by the skin of one's teeth; ***er bestand die Prüfung nur mit ~ und Krach*** he only [just] scraped through the exam [*or* passed the exam by the skin of his teeth]; **mit ~ und Weh** (*fam*) with great lamentations; ***mit ~ und Weh stimmte sie zu*** she agreed through gritted teeth

Achat <-[e]s, -e> *m* agate

Achillesferse *f* Achilles' heel **Achillessehne** *f* Achilles tendon

Achse <-, -n> ['aksə] *f* ❶ AUTO axle ❷ (*Schwerpunkt*) axis ❸ POL, HIST axis ▸ WENDUNGEN: **[ständig] auf ~ sein** (*fam*) to be [always] on the move

Achsel <-, -n> ['aksl] *f* ❶ ANAT armpit ❷ (*fam: Schulter*) shoulder; **die** [*o* **mit den**] **~n zucken** to shrug one's shoulders

Achselhaare ['aksl-] *pl* armpit [*or* underarm] hair **Achselhöhle** *f* armpit **Achselklappe** *f* epaulette **Achselpolster** *nt* shoulder padding **Achselstück** *nt* MIL epaulette **Achselzucken** <-> *nt kein pl* shrug [of the shoulders] **achselzuckend** **I.** *adj* shrugging **II.** *adv* with a shrug [of the shoulders]

Achsenbruch ['aksn-] *m* broken axle **Achsenkreuz** *nt* MATH axes of coordinates, coordinate axes **Achsenmächte** *pl* HIST ■ **die ~** the Axis Powers

Achslast ['aks-] *f* AUTO axle weight **Achsstand** *m* AUTO wheelbase

acht[1] *adj* eight; ~ ***mal drei sind gleich 24*** eight times three is 24; ***das kostet ~ Mark*** that costs eight marks; ***die Linie ~ fährt zum Bahnhof*** the No. 8 goes to the station; ***es steht ~ zu drei*** the score is eight three [*or* 8–3]; ~ **[Jahre alt] sein/werden** to be/turn eight [years old]; **mit ~ [Jahren]** at the age of eight, at eight [years old], as an eight-year-old; ~ **Uhr sein** to be eight o'clock; **gegen ~ [Uhr]** [at] about [*or* around] eight [o'clock]; **um ~** at eight [o'clock]; **... [Minuten] nach/vor ~ ...** [minutes] past/to eight [o'clock]; **kurz nach/vor ~ [Uhr]** just [*or* shortly] after/before eight [o'clock]; **alle ~ Tage** [regularly] every week; **heute/Freitag in ~ Tagen** a week today/on Friday; **heute/Freitag vor ~ Tagen** a week ago today/on Friday

acht[2] *adv* **zu ~ sein** ***wir waren zu ~*** there were eight of us

Acht[1] <-, -en> *f* ❶ (*Zahl*) eight ❷ (*etw von der Form einer 8*) ***ich habe eine ~ im Vorderrad*** my front wheel is buckled; **auf dem Eis eine ~ laufen** to skate a figure of eight on the ice ❸ (*hum fam: Handschellen*) handcuffs ❹ KARTEN ■ **die/eine ~** the/an eight; **die Herz-/Kreuz-~** the eight of hearts/clubs ❺ (*Verkehrslinie*) ■ **die ~** the [number] eight

Acht[RR2] *f* ~ **geben** [*o* **haben**] to be careful; ***sie gab genau ~, was der Professor sagte*** she paid careful attention to what the professor said; **auf jdn/etw ~ geben** [*o* **haben**] to look after [*or fam* keep an eye on] sb/sth; ~ **geben** [*o* **haben**]**, dass ...** to be careful that ...; ***gib ~, dass dir niemand das Fahrrad klaut!*** watch out that nobody pinches your bike!; **etw außer ~ lassen** to not take sth into account [*or* consideration]; ***wir haben ja ganz außer ~ gelassen, dass der Friseur geschlossen hat!*** we completely forgot that the hairdresser is closed!; **sich in ~ nehmen** to be careful, to take care; ***nimm dich bloß in ~, Bürschchen!*** just you watch it, mate *fam*!; **sich [vor jdm/etw] in ~ nehmen** to be wary [of sb/sth]; ***vielen Dank für die Warnung, ich werde mich in ~ nehmen*** thank you for the warning, I'll be on my guard; ***nimm dich in ~ vor dieser gefährlichen Kurve!*** please take care on this dangerous bend!

Acht[3] <-> *f* ❶ HIST (*Entzug der bürgerlichen Rechte*) ■ **die ~** outlawry; **in ~ und Bann sein** to be outlawed ❷ (*Ausschluss aus christlicher Gemeinschaft*) **jdn in ~ und Bann tun** to excommunicate sb; (*verdammen*) to ostracize sb

achtbar *adj* (*geh*) respectable

Achtbarkeit <-> *f* (*geh*) respectability

achte(r, s) *adj* ❶ (*nach dem siebten kommend*) eighth; **an ~r Stelle** [in] eighth [place]; **die ~ Klasse**

third year of senior school BRIT, eighth grade AM ② (*Datum*) eighth; ***heute ist der ~*** ist's the eighth of May today; **am ~n September** on the eighth of September

Achte(r) *f(m) dekl wie adj* ① (*Person*) ■ **der/die/das** ~ the eighth; ***du bist jetzt der ~, der fragt*** you're the eighth person to ask; **als ~ an der Reihe** [*o* **dran**] **sein** to be the eighth [in line]; **~[r] sein/werden** to be/finish [in] eighth [place]; **als ~r durchs Ziel gehen** he finished eighth, he crossed the line in eighth place; **jeder ~** every eighth person, one in eight [people] ② (*bei Datumsangabe*) ■ **der ~** [*o geschrieben* **der 8.**] the eighth *spoken,* the 8th *written;* ■ **am ~n** on the eighth ③ (*Namenszusatz*) **Karl der ~** [*o geschrieben* **Karl VIII.**] Karl the Eighth *spoken* [*or* Karl VIII] *written*

Achteck *nt* octagon **achteckig** *adj* octagonal, eight-sided *attr* **achteinhalb** *adj* eight and a half; *s. a.* **anderthalb**

achtel *adj* eighth

Achtel <-s, -> *nt o* SCHWEIZ *m* eighth; **zwei/drei ~** two/three eighths; **ein ~ Rotwein** a small glass of red wine (*measuring 125 ml*)

Achtelfinale *nt* round of the last sixteen, eighth-finals *rare;* ***die Sieger des ~s*** the winners from the last sixteen **Achtelnote** *f* MUS quaver **Achtelpause** *f* MUS quaver rest

achten I. *vt* (*schätzen*) ■ **jdn ~** to respect sb; ■ **jdn als etw ~** to respect sb as sth II. *vi* ① (*aufpassen*) ■ **auf jdn/etw ~** to look after [*or fam* keep an eye on] sb/sth ② (*be~*) ■ **auf jdn/etw ~** to pay attention to sb/sth; **auf das Kleingedruckte ~** to pay pay attention to the small print ③ (*darauf sehen*) ■ **darauf ~, etw zu tun** to remember to do sth; ***achtet aber darauf, dass ihr nichts umwerft!*** be careful [*or* take care] not to knock anything over!

ächten *vt* ① (*verdammen*) ■ **jdn ~** to ostracize sb ② HIST (*proskribieren*) ■ **jdn [für etw] ~** to outlaw sb [for sth]

achtens *adv* eighthly

achtenswert *adj* **ein ~er Erfolg** a commendable success, commendable efforts; **eine ~e Person** a worthy person

Achter <-s, -> *m* (*Ruderboot*) ■ **ein ~** an eight

Achterbahn *f* roller-coaster **Achterdeck** *nt* after deck

achterlei *adj inv* eight [different]; **~ Brot/Käse** eight [different] kinds of bread/cheese; **in ~ Farben/Größen** in eight [different] colours [*or* AM -ors]/sizes

achtern *adv* NAUT aft, astern; **nach/von ~** aft/from aft, astern/from astern

achtfach, 8fach I. *adj* eightfold; **die ~e Menge** eight times the amount; **bei ~er Vergrößerung** enlarged eight times; **in ~er Ausfertigung** eight copies of II. *adv* eightfold, eight times over

Achtfache, 8fache *nt dekl wie adj* the eightfold *rare;* ■ **das ~ an etw** *dat* eight times as much of sth; **um das ~ größer/höher sein** to be eight times bigger [*or* as big]/higher [*or* as high]; **um das ~ erhöhen** to increase eightfold [*or* eight times]

acht|geben *vi irreg s.* **Acht**[2]

achtgeschossig *adj* eight-storey [*or* AM -story] *attr;* ***das Haus ist ~*** the house has eight storeys

acht|haben *vi irreg* (*geh*) *s.* **Acht**[2]

achthundert *adj* eight hundred; *s. a.* **hundert** **achthundertjährig** *adj* eight hundred-year-old *attr;* **das ~e Bestehen von etw feiern** to celebrate the octocentenary [*or* octocentennial] of sth **achtjährig, 8-jährig**[RR] *adj* ① (*Alter*) eight-year-old *attr,* eight years old *pred;* ***ein ~er Junge*** an eight-year-old boy, a boy of eight; **das ~e Jubiläum einer S.** *gen* the eighth anniversary of sth ② (*Zeitspanne*) eight-year *attr;* **eine ~e Amtszeit** an eight-year tenure, a tenure [of] eight years **Achtjährige(r), 8-Jährige(r)**[RR] *f(m) dekl wie adj* eight-year-old **achtköpfig** *adj* eight-headed *attr;* ***eine ~köpfige Familie*** a family of eight

achtlos I. *adj* careless, thoughtless; ■ **~ von jdm sein, etw zu tun** to be thoughtless of sb to do sth II. *adv* without noticing; ***~ ging er an ihr vorbei*** he went past her without noticing

Achtlosigkeit <-> *f* ① (*Unachtsamkeit*) carelessness ② (*unachtsames Verhalten*) thoughtlessness

achtmal, 8-mal[RR] *adv* eight times; **~ so viel/so viele** eight times as much/as many

achtmalig, 8-malig[RR] *adj* eight times over; ***nach ~em Klingeln*** after ringing [the bell] eight times [*or* for the eighth time], after eight rings of the bell

achtsam I. *adj* (*geh*) careful; ■ **~ sein [mit etw]** to be careful [with sth] II. *adv* (*geh*) carefully; ***bitte gehen Sie sehr ~ damit um!*** please take great care whit this!

Achtsamkeit <-> *f kein pl* (*geh*) care

Achtsitzer <-s, -> *m* eight-seater **Achtspurtechnik** *f* MUS, TV eight-track technology **achtstöckig, 8-stöckig**[RR] *adj inv* eight-storey [*or* AM -story] *attr,* with eight storeys *pred* **Achtstundentag** *m* eight-hour day **achtstündig, 8-stündig**[RR] *adj* eight-hour *attr,* lasting eight hours *pred;* **~er Arbeitstag** eight-hour day **achttägig, 8-tägig**[RR] *adj* eight-day *attr,* lasting eight days *pred* **achttausend** *adj* ① (*Zahl*) eight thousand; *s. a.* **tausend 1** ② (*fam: 8000 DM*) eight grand *no pl,* eight thou *no pl sl,* eight G's [*or* K's] *no pl* AM *sl* **Achttausender** <-s, -> *m* mountain over 8,000 metres [*or* AM meters] **achtteilig, 8-teilig**[RR] *adj* eight-part; *Besteck* eight-piece **Achtundsechziger(in)** <-s, -> *m(f) sb who took an active part in the demonstrations and student revolts of 1968*

Achtung[1] *interj* ■ **~!** ① (*Vorsicht*) watch [*or* look] out!; ***„~ Hochspannung!"*** "danger, high voltage!"; ***„~ Lebensgefahr!"*** "danger [to life]!"; ***„~ Stufe!"*** "mind the step" ② (*Aufmerksamkeit*) [your] attention please!; ***~, ~, eine wichtige Durchsage!*** [your] attention please, this is an important message! ③ MIL attention!; ***~, präsentiert das Gewehr!*** present arms! ► WENDUNGEN: **~, fertig, los!** ready, steady, go!; ***~, auf die Plätze, fertig, los!*** on your marks, [get] set, go!

Achtung[2] <-> *f kein pl* ① (*Beachtung*) ■ **die ~ einer S.** *gen* respect for sth ② (*Wertschätzung*) ■ **~ [vor jdm/etw]** respect [for sb/sth]; **[keine] ~ vor jdm/etw haben** to have [no] respect for sb/sth; **sich** *dat* **[bei jdm] ~ verschaffen** to earn [sb's] respect; ***alle ~!*** well done!; **bei aller ~ [vor jdm/etw]** with all due respect [for sb/sth]

Ächtung <-, -en> *f* ① (*Verfemung*) ostracism ② (*Verdammung*) condemnation ③ HIST (*Erklärung der Acht*) outlawing

achtunggebietend *adj* (*geh*) awe-inspiring

Achtungsapplaus *m* polite applause **Achtungserfolg** *m* reasonable success

achtzehn *adj* eighteen; **ab ~ frei[gegeben] sein** *Film* for eighteens and over; ■ **~ Uhr** 6pm, 1800hrs *written,* eighteen hundred hours *spoken; s. a.* **acht**[1]

achtzehnte(r, s) *adj* eighteenth; *s. a.* **achte (r, s)**

achtzig *adj* ① (*Zahl*) eighty; ***die Linie ~ fährt zum Bahnhof*** the No. 80 goes to the station; **~ [Jahre alt] sein** to be eighty [years old]; **mit ~ [Jahren]** at the age of eighty, at eighty [years old], as an eighty-year-old; **über ~ sein** to be over eighty; **Mitte ~ sein** to be in one's mid-eighties ② (*fam: Stundenkilometer*) eighty [kilometres [*or* AM -ers] an hour]; **[mit] ~ fahren** to do [*or* drive at] eighty [kilometres an hour] ► WENDUNGEN: **jdn auf ~ bringen** (*fam*) to make sb's blood boil, to make sb flip his/her lid; **auf ~ sein** (*fam*) to be hopping mad *fam; s. a.* **Sache**

achtziger, **80er** *adj attr, inv* ❶ (*das Jahrzehnt von 80 bis 90*) **die ~ Jahre** the eighties, the '80s ❷ (*aus dem Jahr -80 stammend*) [from] '80; **ein ~ Jahrgang** an '80 vintage

Achtziger[1] <-s, -> *m* (*Wein aus dem Jahrgang -80*) '80 vintage

Achtziger[2] <-, -> *f* (*Briefmarke im Wert von 80 Pfennig*) eighty-pfennig stamp

Achtziger(in) <-s, -> *m(f)* octogenarian; **in den ~n sein** to be in one's eighties; ***meine Mutter ist schon eine ~in*** my mother's already in her eighties

Achtzigerjahre *pl* ■ **die ~** the eighties [*or* '80s]

achtzigjährig, **80-jährig**[RR] *adj* ❶ (*Alter*) eighty-year-old *attr,* eighty years old *pred* ❷ (*Zeitspanne*) eighty-year *attr*

Achtzigjährige(r), **80-jährige(r)**[RR] *f(m) dekl wie adj* eighty-year-old

achtzigste(r, s) *adj* eighth; *s. a.* **achte(r, s)**

Achtzylinder *m* (*fam*) ❶ (*Wagen*) eight-cylinder car ❷ (*Motor*) eight-cylinder engine **Achtzylindermotor** *m* eight-cylinder engine **achtzylindrig** *adj* eight-cylinder; ■ **~ sein** to have eight cylinders

ächzen *vi* ❶ (*stöhnen*) to groan; **~ und stöhnen** (*fam*) to moan and groan *fam* ❷ (*knarren*) to creak

Ächzer <-s, -> *m* (*schwerer Seufzer*) groan ▸ WENDUNGEN: **seinen letzten ~ tun** (*fam*) to draw one's last breath

Acker <-s, Äcker> *m* field; **den ~/die Äcker bestellen** to plough the field[s], to till the soil

Ackerbau *m kein pl* [arable] farming; **~ betreiben** to farm [the land], to till the soil **ackerbautreibend** *adj attr* farming **Ackerbeere** *f* dewberry **Ackerbohne** *f* broad bean **Ackerfläche** *f* area of arable land **Ackergaul** *m* (*pej: Pferd*) cart-horse, old nag *pej* ▸ WENDUNGEN: **aus einem ~ kann man kein Rennpferd machen** (*prov*) you can't make a silk purse out of a sow's ear *prov* **Ackergerät** *nt* farm[ing] implement **Ackerknoblauch** *nt* wild leek **Ackerkrume** *f* topsoil **Ackerland** *nt kein pl* arable [farm]land

ackern *vi* ❶ (*fam: hart arbeiten*) to slog away *fam* ❷ (*das Feld bestellen, pflügen*) to till the soil

Ackersalat *m* DIAL lamb's lettuce **Ackerschnecke** *f* ZOOL field slug **Ackerwinde** *f* BOT field bindweed

a conto *adv* on account

Acryl <-s> [a'kryl] *nt* acrylic

Acrylfarbe *f* acrylic paint **Acrylglas** *nt* acrylic glass

Actinium <-s> *nt* actinium

Action <-> ['ɛkʃən] *f* (*fam*) action *fam;* **jede Menge ~** loads of action; (*bei Veranstaltung a.*) lots going on; **~ geladen** action packed

Actionfilm *m* action film

a.D. *Abk von* **außer Dienst** retd.

A.D. *Abk von* **Anno Domini** AD

ad absurdum *adv* [**etw**] **~ führen** (*geh*) to make nonsense of [sth]

ADAC <-> *m kein pl Abk von* **Allgemeiner Deutscher Automobil-Club** *German automobile club,* ≈ AA BRIT, ≈ RAC BRIT, ≈ AAA AM

ad acta *adv* **etw ~ legen** (*geh*) to consider sth [as] finished [*or* closed]

Adam <-s, -s> *m* ❶ (*Name*) Adam ❷ (*hum: Mann*) man ▸ WENDUNGEN: **bei ~ und Eva anfangen** (*fam*) to start from scratch [*or* the very beginning]; **noch von ~ und Eva stammen** (*fam*) to be out of the ark, fam; **nach ~ Riese** (*fam*) according to my calculations; **seit ~s Zeiten** (*fam*) for God knows how long *fam*

Adamsapfel *m* (*fam*) Adam's apple **Adamskostüm** *nt* ▸ WENDUNGEN: **im ~** (*hum fam*) in one's birthday suit

Adaptation <-, -en> *f* (*fachspr*) *s.* **Adaption**

Adapter <-s, -> *m* adapter, adaptor

adaptieren* **I.** *vt* ❶ (*umarbeiten*) ■ **etw** [**für etw**] **~** to adapt sth [for sth] ❷ ÖSTERR (*herrichten*) ■ **etw ~** to renovate sth; ***der neue Mieter muss die Wohnung noch mit Tapeten und Fußbodenbelägen ~*** the new tenant still has to fit the flat out with wallpaper and floor coverings **II.** *vr* ■ **sich an etw** *akk* **~** to adapt to sth

Adaption <-, -en> *f* ❶ *kein pl* (*Einfügung*) ■ **jds ~ an etw** *akk* sb's adaptation to sth; ***die ~ an seine neue Umgebung fiel ihm nicht leicht*** it wasn't easy for him to adapt to his new surroundings ❷ (*Anpassung eines literarischen Werkes an ein neues Medium*) adaptation

adäquat *adj* adequate; **~e Position/Stellung/~es Verhalten** suitable position/job/behaviour [*or* AM -or]; **~e Kritik** valid criticism; ■ **einer S.** *dat* **~ sein** to be appropriate [*or* in proportion] to sth

Adäquatheit <-> *f kein pl* (*geh*) adequacy; *Kritik* validity

addieren* **I.** *vt* ■ **etw ~** to add up sth *sep;* ■ **etw zu etw ~** to add sth to sth **II.** *vi* to add; ***ich habe mich beim A~ vertan*** I've made a mistake counting

Addis Abeba <-s> *nt* Addis Ababa

Addition <-, -en> *f* addition

ade *interj* SÜDD goodbye; [**jdm**] **~ sagen** to say goodbye [to sb]; **jdm/einer S.** *dat* **~ sagen** to bid sb/sth farewell

Adel <-s> *m kein pl* ❶ (*Gesellschaftsschicht*) nobility, aristocracy ❷ (*Zugehörigkeit zum ~*) [membership of the] nobility [*or* aristocracy]; **~ *verpflichtet*** noblesse oblige; **jdm den ~ verleihen** to bestow a title on sb, to raise sb to the peerage BRIT; **alter ~** ancient nobility, ancienne noblesse; **aus altem ~ stammen** to be a member of the ancient nobility [*or* from an old aristocratic family] [*or* aristocratic lineage]; **erblicher ~** hereditary title [*or* peerage]; **der hohe ~** the higher nobility, the aristocracy; **der niedere ~** the lesser nobility; **persönlicher ~** non-hereditary title, life peerage; **verarmter ~** impoverished nobility; **von ~** of noble birth; **von ~ sein** to be [a] noble [*or* of noble birth] [*or* a member of the nobility] ❸ (*geh: edle Gesinnung*) nobility; ■ **der ~ einer S.** *gen* the nobility of sth

adelig *adj s.* **adlig**

Adelige(r) *f(m) dekl wie adj s.* **Adlige(r)**

adeln *vt* ■ **jdn ~** ❶ (*den Adel verleihen*) to bestow a title on sb, to raise sb to the peerage ❷ (*geh: auszeichnen*) to ennoble sb; ***dein Großmut adelt dich sehr*** your magnanimity does you credit

Adelstitel *m* title [of nobility]

Adenosintriphosphat *nt* BIOL adenosine triphosphate

Ader <-, -n> *f* ❶ (*Vene*) vein; (*Schlagader*) artery; **sich** *dat* **die ~n aufschneiden** to slash one's wrists; **jdn zur ~ lassen** (*veraltet*) to bleed sb; (*fig*) to milk sb ❷ (*Erzgang*) vein ❸ (*einzelner Draht*) core ❹ BOT vein ❺ (*Begabung*) **eine ~ für etw haben** to have a talent for sth; **jds ~ sein** to be sb's forte; **eine künstlerische/musikalische/poetische ~ haben** to have an artistic/musical/poetic bent

Äderchen <-s, -> *nt dim von* **Ader** small vein

Aderhaut *f* ANAT (*Blutgefäß-Schicht des Auges*) choroid coat

Aderlass[RR] <-es, -lässe> *m*, **Aderlaß** <-lasses, -lässe> *m* ❶ (*geh: fühlbarer Verlust*) drain ❷ MED (*veraltet*) bleeding

Äderung <-, -en> *f* ❶ ANAT veining ❷ BOT venation

ADFC *m Akr von* **Allgemeiner Deutscher Fahrrad-Club**

Adhäsionsverschluss[RR] *m* [reusable] adhesive seal

ad hoc *adv* (*geh*) ad hoc
Ad-hoc-Maßnahme *f* (*geh*) ad hoc measure
adieu [a'diø:] *interj* (*geh*) *s.* **ade**
adipös *adj* adipose
Adjektiv <-s, -e> *nt* adjective
Adjunkt(in) <-en, -en> *m(f)* ÖSTERR, SCHWEIZ (*unterer Beamter*) low-ranking civil servant
adjustieren* *vt* ■**etw** ~ to adjust sth; **ein Messgerät/die Waage** ~ to set a gauge/the scales; **ein Zielfernrohr** ~ to collimate a telescope
Adjutant(in) <-en, -en> *m(f)* adjutant, aide-de-camp
Adler <-s, -> *m* eagle
Adlerauge *nt* eagle eye; ~**n haben** (*fig*) to be eagle-eyed, to have eagle eyes; (*alles sehen*) to be hawk-eyed, to have eyes like a hawk **Adlerfarn** *m* bracken **Adlerhorst** *m* eyrie **Adlerlachs** *m* coraker, shadefish **Adlernase** *f* aquiline nose **Adlerrochen** *m* eagle ray
adlig *adj* aristocratic, noble; ***er kann eine lange Reihe ~er Vorfahren vorweisen*** he comes from a long line of aristocrats; ■~ **sein** to have a title, to be titled
Adlige(r) *f(m) dekl wie adj* aristocrat, nobleman *masc*, noblewoman *fem*
Administration <-, -en> *f* ① (*Verwaltung*) administration ② POL (*Regierung*) administration, government
administrativ I. *adj* administrative II. *adv* administratively
Admiral¹ <-s, -e> *m* (*Schmetterlingsart*) red admiral
Admiral(in)² <-s, -e *o* Admiräle> *m(f)* admiral
Admiralität <-, -en> *f* admirals *pl*, admiralty *no pl*, Admiralty [Board] BRIT, Navy Department AM
Admiralsrang *m* rank of admiral; ■**im** ~ holding the rank of admiral
Adonis <-, -se> *m* (*geh*) Adonis; ***du bist auch nicht gerade ein ~!*** you're no oil-painting yourself! [*or* fam]
adoptieren* *vt* ■**jdn** ~ to adopt sb; ■**adoptiert sein/werden** to be adopted
Adoption <-, -en> *f* adoption; **ein Kind zur ~ freigeben** to put a child up for adoption
Adoptiveltern *pl* adoptive parents **Adoptivkind** *nt* adopted [*or* adoptive] child
Adr. *f Abk von* **Adresse** addr.
Adrenalin <-s> *nt kein pl* adrenalin
Adrenalinspiegel *m* adrenalin level **Adrenalinstoß** *m* rush [*or* surge] of adrenalin
Adressat(in) <-en, -en> *m(f)* ① (*geh: Empfänger*) addressee ② (*geh: der, an den jd sich zu richten hat*) *person, to whom sb should direct themselves;* ***unser Abteilungsleiter ist Ihr*** ~ our head of department is the person you should go [*or* turn] to ③ *pl* ÖKON (*Zielgruppe*) target group[s]
Adressatengruppe *f* target group
Adressatin <-, -nen> *f fem form von* **Adressat**
Adressbuch^RR *nt* ① (*amtliches Adressverzeichnis*) directory ② (*Notizbuch für Adressen*) address book
Adresse <-, -n> *f* ① (*Anschrift*) address ② INFORM (*Kennzeichen für einen Speicherplatz einer Datei*) address ③ (*Name*) **eine gute** [*o* **feine**] ~ a leading name ▶ WENDUNGEN: **an jds eigene ~ gehen** [*o* **sich an jds eigene ~ richten**] (*geh: an jdn selbst*) to be addressed [*or* directed] at sb [personally]; **bei jdm** [**mit etw**] **an der falschen/richtigen ~ sein** to have addressed [*or* come to] the wrong/right person [*or* knocked at the wrong door] [with sth]; **bei jdm** [**mit etw**] **an die falsche/richtige** [*o* **verkehrte**] ~ **kommen** [*o* **geraten**] (*fam*) to address the wrong/right person [with sth], to knock at [*or* come to] the wrong door; **sich an die falsche/richtige ~ wenden** (*fam*) to come [*or* go] to the wrong/right place [*or* person], to knock at the wrong/right door; **etw an jds ~ richten** (*geh*) to address sth to sb; **eine Warnung an jds ~ richten** to issue [*or* address] a warning to sb, to warn sb
adressieren* *vt* ■**etw** [**an jdn/etw**] ~ to address sth to sb/sth
Adressiermaschine *f* addressing machine, Addressograph®
adrett I. *adj* (*hübsch, gepflegt*) smart; **ein ~es Äußeres** a smart [*or* well-groomed] appearance II. *adv* neatly, smartly; ***sie ist immer ~ gekleidet*** she's always neatly turned out [*or* smartly dressed]
Adria <-> *f* ■**die** ~ the Adriatic [Sea]
Advent <-s, -e> *m* Advent [season]; ■**im** ~ during [the] Advent [season]; **erster/zweiter/dritter/vierter** ~ first/second/third/fourth Sunday in Advent
Adventskalender *m* Advent calendar **Adventskranz** *m* Advent wreath **Adventssonntag** *m* Advent Sunday **Adventszeit** *f* Advent [season]
Adverb <-s, -ien> *nt* adverb
adverbial I. *adj* adverbial II. *adv* adverbially
Adverbialbestimmung *f* adverbial qualification **Adverbialsatz** *m* adverbial clause
Advokat(in) <-en, -en> [-vo-] *m(f)* ① ÖSTERR, SCHWEIZ (*Rechtsanwalt*) lawyer, solicitor BRIT, attorney AM ② (*geh: Fürsprecher*) advocate
Advokatur <-, -en> *f* SCHWEIZ ① (*Amt eines Advokaten*) legal profession ② (*Kanzlei eines Advokaten*) lawyer's office
Advokaturbüro *nt* SCHWEIZ lawyer's office
Advokaturskanzlei *f* ÖSTERR (*Anwaltskanzlei*) lawyer's [*or* AM *a.* law] office
Adzukibohne *f* adzuki bean
Aerobic <-s> [ɛ'ro:bɪk] *nt kein pl* aerobics + *sing/pl vb*
Aerobier <-s, -> *m* BIOL, MED aerobe
Aerodynamik [aero-, ɛro-] *f* aerodynamics + *sing/pl vb*
aerodynamisch I. *adj* aerodynamic II. *adv* aerodynamically
Affäre <-, -n> *f* ① (*Angelegenheit*) affair, business *no pl* ② (*Liebesabenteuer*) [love] affair; **eine ~ haben** to have an affair ③ (*unangenehmer Vorfall*) affair; (*Skandal*) scandal; **in einer ~ verwickelt sein** to be involved [*or* mixed up] in an affair ▶ WENDUNGEN: **keine** [**große**] ~ **sein** to be no big deal *fam;* **sich aus der ~ ziehen** (*fam*) to wriggle out of a sticky situation *fam*
Äffchen <-s, -> *nt dim von* **Affe** little monkey [*or* ape]
Affe <-n, -n> *m* ① (*Tier*) ape, monkey ② (*sl: blöder Kerl*) fool, idiot, clown, twit *sl;* **ein eingebildeter ~** (*fam*) a conceited ass *fam* ▶ WENDUNGEN: [**dasitzen**] **wie der ~ auf dem Schleifstein** (*sl*) [to sit there] looking like a right berk [*or* AM real fool]; **die drei ~n** see no evil, hear no evil, speak no evil; **flink wie ein ~** agile as a cat; **ich glaub'** [*o* **denk'**], **mich laust der ~!** (*fam*) I think my eyes are deceiving me!
Affekt <-[e]s, -e> *m bes* JUR affect *form*, emotion; **im ~ handeln** to act in the heat of the moment
Affekthandlung *f* act committed in the heat of the moment
affektiert I. *adj* (*pej geh*) affected, artificial II. *adv* (*pej geh*) affectedly, artificially
affenartig *adj* (*den Affen ähnlich*) apelike, like a monkey *pred*, simian *form* **Affenbrotbaum** *m* baobab **Affenbrotbaumfrucht** *f* monkey bread **affengeil** *adj* (*sl*) really cool *sl*, wicked *sl* **Affenhaus** *nt* monkey house **Affenhitze** *f* (*fam*) scorching heat; ***heute ist mal wieder eine ~!*** it's another scorching hot day! *fam*, it's another scorcher! *fam* **Affenkäfig** *m* monkey cage ▶ WENDUNGEN: **zugehen wie im** [*o* **in einem**] ~ (*fam*) to be like bedlam *fam;*

hier geht es ja zu wie in einem ~! it's like bedlam in here!; **stinken wie im** [*o* **in einem**] ~ (*sl*) to smell like a pig sty, to stink to high heaven **Affenmensch** *m* ape-man **Affenschande** *f* (*fam*) it's a sin *fam* **Affentempo** *nt* (*fam*) breakneck speed; **in** [*o* **mit**] **einem** ~ at breakneck speed **Affentheater** *nt* (*fam*) (*furchtbare Umstände*) [sheer] farce ▶ WENDUNGEN: [**wegen etw**] **ein** ~ **machen** to make a right [*or* AM real] song and dance [*or* fuss] [about sth] **Affenzahn** *m* (*sl*) breakneck speed

Affiche <-, -n> ['afiʃ] *f* SCHWEIZ (*Plakat*) poster, bill

affig **I.** *adj* (*pej fam*) affected; **einen ~en Eindruck machen** to make a ridiculous impression **II.** *adv* (*pej fam*) affectedly

Äffin <-, -nen> *f fem form von* **Affe** female monkey, she-monkey; (*Menschen~*) female ape, she-ape

Affinität <-, -en> *f* (*geh*) affinity

Affront <-s, -s> [a'frõ:] *m* (*geh*) affront; ■**ein ~ gegen jdn/etw** an affront [*or* insult] to sb/sth

Afghane, **Afghanin** <-n, -n> *m, f* Afghan; *s. a.* **Deutsche(r)**

Afghanisch *nt dekl wie adj* Afghan; *s. a.* **Deutsch**

afghanisch *adj* Afghan; *s. a.* **deutsch**

Afghanische <-n> *nt* ■**das** ~ Afghan, the Afghan language; *s. a.* **Deutsche**

Afghanistan <-s> *nt* Afghanistan

Afrika <-s> *nt* Africa

Afrikaans <-> *nt* Afrikaans

Afrikaner(in) <-s, -> *m(f)* African; ■~ **sein** to be [an] African

afrikanisch *adj* African

Afroamerikaner(in) *m(f)* Afro-American

afroamerikanisch *adj inv* Afro-American

Afrolook[RR] <-s, -s> [-lʊk] *m* Afro[-look]; ■**im** ~ with [*or* in] an Afro[-look]; ***sie trug ihre Haare früher im*** ~ she used to have an Afro [*or* her hair in an Afro]

After <-s, -> *m* (*geh*) anus

After-Shave[RR], **Aftershave**[RR] <-[s], -s> ['a:ftɐ'ʃəɪv] *nt* aftershave

AG <-, -s> *f Abk von* **Aktiengesellschaft** plc, public limited company BRIT, [stock] corporation AM

Ägäis <-> *f* the Aegean [Sea]

Agar <-s> *nt kein pl* BIOL agar

Agave <-, -n> [-və] *f* agave

Agent(in) <-en, -en> *m(f)* ① (*Spion*) [secret] agent, spy ② (*Generalvertreter*) agent, representative

Agentenring *m* spy ring **Agententätigkeit** *f* espionage

Agentin <-, -nen> *f fem form von* **Agent**

Agentur <-, -en> *f* agency

Agenturbericht *m* [news] agency report **Agenturmeldung** *f* agency report

Agglomerat <-[e]s, -e> *f* ① (*geh: Anhäufung*) agglomeration *form,* agglomerate *form* ② CHEM agglomerate ③ GEOL conglomerate

Agglomeration <-, -en> *f* SCHWEIZ (*Ballungsraum*) conurbation

Agglutination <-, -en> *f* MED (*Verklumpung von Blutbestandteilen*) agglutination

ag|glutinieren* *vi sein* MED agglutinate

Aggregat <-[e]s, -e> *nt* unit, set [of machines]; (*Stromaggregat*) power unit

Aggregatzustand *m* CHEM state

Aggression <-, -en> *f* ① (*aggressive Gefühle*) aggression; **~en gegen jdn/etw empfinden** to feel aggressive [*or* aggression] towards sb/sth ② MIL (*Angriff*) aggression

Aggressionsstau *m* pent-up aggression **Aggressionsverhalten** *nt* BIOL aggressive behaviour [*or* AM -or]

aggressiv **I.** *adj* aggressive **II.** *adv* aggressively

Aggressivität <-, -en> [-vi-] *f* aggressiveness

Aggressor <-s, -ssoren> *m* (*geh*) aggressor

agieren* *vi* (*geh*) ■[**als etw**] ~ to act [*or* operate] [as sth]

agil *adj* (*geh*) ① (*beweglich*) agile ② (*geistig regsam*) mentally agile [*or* alert]

Agio <-s, -s> *nt* FIN, BÖRSE agio, premium

Agitation <-, -en> *f* agitation; ■~ **treiben** [*o* **betreiben**] to agitate

Agitator, **-torin** <-en, -toren> *m, f* agitator

agitieren* *vi* (*geh*) ■[**für jdn/etw**] ~ to agitate [for sb/sth]

Agnostiker(in) <-s, -> *m(f)* PHILOS agnostic

Agnostizismus <-> *m kein pl* PHILOS agnosticism

Agonie <-, -n> [*pl* -'ni:ən] *f* (*geh*) death throes *npl;* **in ~ liegen** [to be] in the throes of death; **in** [**letzter/tiefer**] ~ **liegen** (*geh*) to be in the [last] throes of death

Agrarfläche *f* agrarian land **Agrargesellschaft** *f* agrarian [*or* agricultural] society **Agrarland** *nt* agricultural country **Agrarmarkt** *m* agraricultural market **Agrarminister(in)** *m(f)* Minister for Agriculture BRIT, Agriculture Secretary AM, Secretary of Agriculture AM **Agrarpolitik** *f* agricultural policy **Agrarreform** *f* agricultural reform **Agrarstaat** *m* agrarian state **Agrarwirtschaft** *f* agricultural economy

Agrasel <-, -n> *nt* ÖSTERR (*Stachelbeere*) gooseberry

Agrobakterium <-s, -bakterien> *nt* BIOL agrobacterium

Agrochemie [-çe-] *f* agrochemistry, agricultural chemistry

Ägypten <-s> *nt* Egypt

Ägypter(in) <-s, -> *m(f)* Egyptian; ■~ **sein** to be [an] Egyptian

ägyptisch *adj* Egyptian

ah *interj* ① (*sieh an*) ah, oh; **~, *jetzt verstehe ich*** ah, now I understand; **~, *da kommt ja unser Essen!*** oh look, here comes our food ② (*Ausdruck von Wohlbehagen*) mmm; **~, *das schmeckt lecker!*** mmm, that tastes lovely!

äh *interj* ① (*Pausenfüller*) er; **~, *lass mich mal nachdenken*** er, just let me think ② (*Ausdruck von Ekel*) ugh; **~, *was stinkt das denn hier so widerlich!*** ugh, what's the disgusting smell in here?

aha *interj* ① (*ach so*) aha, [ah,] I see; **~, *ich verstehe!*** aha, I understand [*or* see] ② (*sieh da*) look!

Aha-Erlebnis *nt* PSYCH aha experience [*or* moment], moment of sudden insight

Ahle <-, -n> *f* bodkin

Ahn <-[e]s *o* -en, -en> *m s.* **Ahne 1**

ahnden *vt* (*geh*) ■**etw** [**mit etw**] ~ to punish sth [with sth]

Ahne, Ahne <-n, -n> *m, f* ① (*geh: Vorfahre*) ancestor, forefather ② (*geh: Vorläufer*) forerunner

Ahne <-n, -n> *f* (*geh*) *fem form von* **Ahne** ancestress

ähneln *vt* ■**jdm/etw** ~ to resemble sb/sth; ***du ähnelst meiner Frau*** you remind me of my wife; ■**jdm** [**in etw** *dat*] ~ to resemble sb [in sth]; ***die Schwestern ~ sich in ihrem Aussehen*** the sisters resemble [*or* look like] each other [*or* one another] in appearance

ahnen **I.** *vt* ① (*vermuten*) ■**etw** ~ to suspect sth; ■~, **dass/was/weshalb …** to suspect, that/what/why …; ***na, ahnst du jetzt, wohin wir fahren?*** well, have you guessed where we're going yet? ② (*voraussehen*) ■**etw** ~ to have a premonition of sth ③ (*er~*) ■**etw** ~ to guess [at] sth; ***das kann/konnte ich doch nicht ~!*** how can/could I know that?; **ohne es zu** ~ without suspecting, unsuspectingly; **ohne zu ~, dass/was** without suspecting, that/what; **etwas/nichts** [**von etw**] ~ to know something/nothing [about sth], to have an/no idea [about sth] *fam;* [**ach,**] *du ahnst es nicht!* (*fam*) [oh,] you'll never guess! *fam* **II.** *vi* (*geh: schwanen*) ■ **jdm etw ~** to have misgivings [*or* forebodings]; ***mir ahnt Schreckliches*** I have misgivings; ***mir ahnt da nichts Gutes*** I fear the worst

Ahnenforschung *f* genealogy **Ahnengalerie** *f* gallery of ancestral [*or* family] portraits **Ahnengemälde** *nt* ancestral painting **Ahnenreihe** *f* ancestral line **Ahnentafel** *f* genealogical table, family tree

Ahnfrau *f* (*veraltend*) *fem form von* **Ahne** ancestress **Ahnherr** *m* (*veraltend*) ancestor, forefather

Ahnin <-, -nen> *f* (*geh*) *fem form von* **Ahn** ancestress

ähnlich **I.** *adj* similar; ■ **~ wie jd/etw sein** to be similar to [*or* like] sb/sth; ■ **[etwas] Ähnliches** [something] similar; ***Ähnliches habe ich vorher noch nie gesehen*** I've never seen anything like it **II.** *adv* (*vergleichbar*) similarly; ■ **jdm ~ sehen** to look like [*or* resemble] sb ▸ WENDUNGEN: **das sieht ihm/ihr [ganz] ~!** (*fam*) that's just like him/her *fam*, that's him/her all over *fam* **III.** *präp + dat* ■ **~ jdm/einer S.** like [*or* similar to] sb/sth

Ähnlichkeit <-, -en> *f* ❶ (*ähnliches Aussehen*) resemblance, similarity; ***man konnte eine gewisse ~ feststellen*** there was a certain similarity; ■ **~ mit jdm/etw** similarity [*or* resemblance] to sb/sth; ***sie hat eine große ~ mit ihrem Vater*** she bears a great resemblance to her father ❷ (*Vergleichbarkeit*) similarity ❸ **mit jdm/etw ~ haben** (*ähnliche Züge*) to resemble sb/sth; ***du hast ~ mit ihr*** you resemble her; (*mit etw vergleichbar sein*) similar to sth

Ahnung <-, -en> *f* ❶ (*Vorgefühl*) foreboding, premonition; **~en haben** to have premonitions ❷ (*Vermutung*) suspicion, hunch *fam*; ***es ist eher so eine ~*** it's more of a hunch [than anything] *fam* ❸ (*Idee*) idea; **keine ~ haben** to have no idea; **keine blasse** [*o* **nicht die geringste**] **~ haben** (*fam*) to not have the faintest idea [*or* clue] *fam*; ***hast du/ haben Sie eine ~, warum/ was/ wohin …?*** (*fam*) do you know why/what/where …?; ***hast du eine ~!*** (*iron fam*) that's what you think! *fam*; **eine ~ [davon] haben, was** to have an idea what; **~/keine ~ [von etw] haben** to understand/to not understand [sth]; ***man merkt gleich, dass sie ~ hat*** you can see straight away that she knows what she's talking about; **keine ~ haben, wie …** to not have an idea how …; **keine ~!** (*fam*) [I've] no idea! *fam*, [I] haven't [got] a clue *fam*

ahnungslos **I.** *adj* ❶ (*etw nicht ahnend*) unsuspecting ❷ (*unwissend*) ignorant, clueless **II.** *adv* unsuspectingly

Ahnungslose(r) *f(m) dekl wie adj* unsuspecting [person]; ***spiel nicht die ~*** don't play [*or* come] the innocent [with me] *fam*

Ahnungslosigkeit <-> *f* ❶ (*Arglosigkeit*) innocence, naivety ❷ (*Unwissenheit*) ignorance

ahoi *interj* ■ **Boot ~!** ship ahoy!

Ahorn <-s, -e> *m* ❶ (*Baum*) maple [tree] ❷ (*Holz*) maple [wood]

Ahornblatt *nt* maple leaf **Ahornpresssaft**[RR] *m* maple sap

Ähre <-, -n> *f* ❶ (*Samenstand*) ear, head ❷ (*Blütenstand*) spike ▸ WENDUNGEN: **~n lesen** to glean

Ährenachse *f* BOT rachilla **Ährenfeld** *nt* field [of corn] in the ear **Ährenfisch** *m* sand smelt, smelt, silverside

Aids <-> [eɪds] *nt Akr von* **Acquired Immune Deficiency Syndrom** Aids

Aidserreger *m* Aids virus **Aidshilfe** *f* Aids relief **aidsinfiziert** *adj* infected with Aids *pred* **Aidsinfizierte(r)** *f(m) dekl wie adj* person infected with Aids **aidskrank** *adj* suffering from Aids *pred* **Aidskranke(r)** *f(m) dekl wie adj* person suffering from Aids, Aids sufferer **Aidstest** *m* Aids test **Aidsübertragung** *f* Aids transmission **Aidsvirus** *nt* Aids virus

Aimara *nt* Aymara; *s. a.* **Deutsch**

Airbag <-s, -s> ['æːɐbæk] *m* airbag **Airbus** ['æːɐbʊs] *m* airbus

Ajatollah <-s, -s> *m* Ayatollah

Akademie <-, -en> [*pl* -'miːən] *f* ❶ (*Fachhochschule*) college ❷ (*wissenschaftliche Vereinigung*) academy; **~ der Wissenschaften** academy of sciences

Akademiker(in) <-s, -> *m(f)* ❶ (*Hochschulabsolvent*) [college [*or* university]] graduate ❷ (*Hochschullehrkraft*) academic

akademisch **I.** *adj* ❶ (*von der Universität verliehen*) academic ❷ (*studentisch*) scholarly; **~es Proletariat** academic proletariat ❸ (*abstrakt*) theoretical, academic **II.** *adv* **~ gebildet sein** to be academically [*or* university] educated

Akazie <-, -n> [-tsiə] *f* ❶ (*Acacia*) acacia ❷ (*Robinia pseudoacacia*) robinia, false acacia

Akelei <-, -en> *f* BOT columbine

Akipflaume *f* ackee

Akklamation <-, -en> *f* acclamation; **jdn per** [*o* **durch**] [*o* **mit**] **~ wählen** ÖSTERR, SCHWEIZ to elect sb by acclamation

akklimatisieren* *vr* ❶ (*sich gewöhnen*) ■ **sich [an etw** *dat*] **~** to become acclimatized [to sth] ❷ (*sich einleben*) ■ **sich [an etw** *akk*] **~** to become [*or* get] used to sth; ■ **sich [bei jdm] ~** to settle in [somewhere]

Akklimatisierung <-, -en> *f* acclimatization

Akkommodation <-, -en> *f* BIOL accomodation

Akkord[1] <-[e]s, -e> *m* chord

Akkord[2] <-[e]s, -e> *m* piece-work; ■ **im** [*o* **in**] [*o* **auf**] **~ arbeiten** to be on piece-work

Akkordarbeit *f* piece-work **Akkordarbeiter(in)** *m(f)* piece-worker

Akkordeon <-s, -s> *nt* accordeon

Akkordlohn *m* piece-work pay **Akkordzuschlag** *m* piece-work bonus

akkreditieren* *vt* ■ **jdn [bei etw] [als etw] ~** to accredit sb [to sth] [as sth]; ■ **akkreditiert** accredited; ■ **[bei etw] ~ sein** to be accredited [to sth]; ***sie ist beim Handelsministerium akkreditiert*** she is accredited to the ministry of trade

Akkreditierung <-, -en> *f* accreditation; ■ **jds ~ [bei etw]** sb's accreditation [to sth]

Akku <-s, -s> *m* (*fam*) *kurz für* **Akkumulator**

Akkumulator <-s, -toren> *m* accumulator, [storage] battery

akkurat **I.** *adj* ❶ (*sorgfältig*) meticulous; **~er Mensch** meticulous person ❷ (*exakt*) accurate, precise **II.** *adv* ❶ (*sorgfältig*) meticulously ❷ (*exakt*) accurately ❸ DIAL (*genau*) exactly

Akkusativ <-s, -e> *m* accusative [case]

Akkusativobjekt *nt* direct [*or* accusative] object

Akne <-, -n> *f* acne

Akontozahlung *f* payment on account; ***eine ~ von 30 % auf den Kaufpreis*** a 30 % deposit on the asking price, a deposit [*or* down payment] of 30 % of the asking price

Akribie <-> *f kein pl* (*geh*) [extreme] precision

akribisch **I.** *adj* (*geh*) [extremely] precise, meticulous; ■ **etwas Akribisches** something [extremely] precise [*or* meticulous] **II.** *adv* (*geh*) [extremely] precisely, meticulously

Akrobat(in) <-en, -en> *m(f)* acrobat

Akrobatik <-> *f kein pl* ❶ (*Körperbeherrschung und Geschicklichkeit*) acrobatic skill ❷ SPORT (*Disziplin*) acrobatics + *sing vb*

akrobatisch *adj* acrobatic

Akronym <-s, -e> *nt* acronym

Akt¹ <-[e]s, -e> *m* ① (*Darstellung eines nackten Menschen*) nude [painting] ② (*geh: Geschlechts~*) sexual act ③ (*Handlung*) act; ***ein ~ der Rache*** an act of revenge ④ (*Zeremonie*) [ceremonial] act, ceremony ⑤ (*Aufzug eines Theaterstücks*) act ⑥ (*Zirkusnummer*) act ▸ WENDUNGEN: **das ist doch kein ~!** (*fam*) that's not much to ask *fam*

Akt² <-[e]s, -en> *m* ÖSTERR (*Akte*) file

Aktaufnahme *f* nude photograph **Aktbild** *nt* nude picture [*or* painting]

Akte <-, -n> *f* ① (*Unterlagen zu einem Vorgang*) file; ***die ~ Borgfeld*** the Borgfeld file ② (*Personalakte*) file, records ③ **in die ~ kommen** to be entered into the/a [personal] file, to go on record [*or* file]; **zu den ~n kommen** to be filed away; **etw zu den ~n legen** (*etw ablegen*) to file sth away; (*etw als erledigt betrachten*) to lay sth to rest

Aktenberg *m* (*fam*) mountain of files **Akteneinsicht** *f* (*geh*) inspection of the files [*or* records] **Aktenkoffer** *m* attaché [*or* executive] case, briefcase **aktenkundig** *adj* ① (*mit dem Inhalt der Akte vertraut sein*) familiar with the records *pred* ② (*in Akten vermerkt*) on record ▸ WENDUNGEN: **sich ~ machen** to make oneself familiar with the records **Aktenlage** *f* **nach ~** according to the files **Aktenmappe** *f* ① (*Hefter für Akten*) folder ② (*schmale Aktentasche*) briefcase, portfolio **Aktennotiz** *f* memorandum **Aktenordner** *m* file **Aktenschrank** *m* filing cabinet **Aktentasche** *f* briefcase **Aktenvermerk** *m* memo, memorandum **Aktenvernichter** *m* shredder **Aktenvernichtung** *f* (*Zerreißen*) document [*or* file] shredding; (*Verbrennen*) document [*or* file] incineration **Aktenzeichen** *nt* file reference [number]

Aktfoto *nt* nude photograph **Aktfotografie** *f* nude photography

Aktie <-, -n> [-tsiə] *f* BÖRSE share; **die ~n stehen gut/schlecht** (*einen guten Kurs haben*) the shares are doing well/badly; (*fig: die Umstände sind vorteilhaft*) things are/aren't looking good ▸ WENDUNGEN: **wie stehen die ~n?** (*hum fam: wie geht's?*) how's it going?, BRIT *a.* how's tricks? *fam;* (*wie sind die Aussichten?*) what are the prospects?

Aktienbesitz [-tsiən-] *m* BÖRSE shareholdings, AM *a.* stockholdings **Aktienfonds** *m* share fund **Aktiengesellschaft** *f* ÖKON public limited company BRIT, [stock] corporation AM **Aktienindex** *m* share index **Aktienkurs** *m* share [*or* AM *a.* stock] price **Aktienmarkt** *m* stock market **Aktienmehrheit** *f* majority shareholding **Aktienoption** *f* stock option **Aktienpaket** *nt* parcel of shares

Aktin <-s, -e> *nt* BIOL actin

Aktion <-, -en> *f* ① (*Handlung*) act, action ② (*Sonderverkauf*) sale ③ (*Militär~ -, Werbe~*) campaign ④ **in ~ sein** to be [constantly] in action; **in ~ treten** to act, to go [*or* come] into action

Aktionär(in) <-s, -e> *m(f)* FIN shareholder, AM *a.* stockholder

Aktionärsversammlung *f* ÖKON shareholders' [*or* AM *a.* stockholders'] meeting

Aktionismus <-> *m* (*pej: übertriebener Tätigkeitsdrang*) excessive desire for action

aktionsfähig *adj* ① (*fam: in der Lage, zu agieren*) capable of action *pred* ② MIL (*kampffähig*) ready [*or* fit] for action *pred* **Aktionskomitee** *nt* action committee **Aktionspreis** *m* special offer **Aktionsradius** *m* ① (*Reichweite*) radius [*or* range] of action ② (*Wirkungsbereich*) sphere of activity; ***diese Abteilung ist ab heute Ihr neuer ~*** this department is your new domain from today **aktionsunfähig** *adj* ① (*nicht in der Lage, zu agieren*) incapable of action *pred* ② MIL (*nicht kampffähig*) not ready [*or* fit] for action *pred;* ■**etw ~ machen** to render sth unfit for action, to stand sth down

aktiv I. *adj* ① (*rührig, praktizierend*) active; ■**in etw** *dat* **~ sein** to be active in sth ② (*im Militärdienst befindlich*) serving; **~e Laufbahn** [professional] career ③ (*berufstätig*) working II. *adv* ① (*tatkräftig*) actively ② (*als ~er Soldat*) ■**~ dienen** to serve

Aktiv <-s, *selten* -e> *nt* LING active [voice]

Aktiva [-va] *pl* ÖKON assets; **~ und Passiva** assets and liabilities

Aktive(r) [-və, -vɐ] *f(m) dekl wie adj* active participant

aktivieren* [-ˈviː-] *vt* ① (*anspornen*) ■**jdn ~** to stimulate sb, to get sb moving [*or fam* going] ② (*aktiver gestalten*) ■**etw ~** to intensify sth, to step sth up ③ MED (*stimulieren*) ■**etw ~** to stimulate sth ④ (*in Gang setzen*) ■**etw ~** to activate sth; **einen Prozess ~** to set a process in motion

Aktivierung <-, -en> *f* ① (*Anregen zu vermehrter Tätigkeit*) activation; ***dieses Mittel dient zur ~ der körpereigenen Abwehrkräfte*** this preparation serves to activate the body's defences ② CHEM, PHYS activation ③ ÖKON activation, improvement; *von Bilanz* carrying as assets; **die ~ des Außenhandels** achievement of an export surplus

Aktivist(in) <-en, -en> [-ˈvɪst] *m(f)* (*aktiver Mensch*) active person; (*politisch aktiver Mensch*) politically active person, activist

Aktivität <-, -en> [-vi-] *f* ① (*Tätigkeit*) activity ② BIOL (*Funktion*) function ③ (*Strahlung*) [radio]activity ④ **~/~en entfalten** to be active

Aktivposten *m* ÖKON asset

Aktivurlaub *m* activity holiday

Aktmalerei *f* nude painting **Aktmodell** *nt* nude model

aktualisieren* *vt* ■**etw ~** to bring sth up-to-date, to update sth; ■**aktualisiert** up-to-date, updated

Aktualisierung <-, -en> *f* update

Aktualität <-, -en> *f* ① (*Gegenwartsinteresse*) topicality ② *pl* (*geh: aktuelle Ereignisse*) current events

Aktuar(in) <-s, -e> *m(f)* SCHWEIZ (*Schriftführer*) secretary

aktuell *adj* ① (*gegenwärtig*) topical; **die ~sten Nachrichten** the latest news; **~e Vorgänge** current events; ■**Aktuelles** topicalities, news; ***Aktuelles findet man nur in der Tageszeitung*** it is only possible to find the latest [*or* most up-to-date] news in a daily newspaper ② (*gegenwärtig*) current; **~e Kaufkraft** real purchasing power ③ (*modern*) latest; ***solche Schuhe sind schon lange nicht mehr ~*** shoes like that haven't been in fashion for ages

Aktzeichnung *f* nude drawing

Akupressur <-, -en> *f* acupressure

Akupunkteur(in) <-s, -e> [akupʊŋkˈtøːɐ] *m(f)* acupunturist

akupunktieren* I. *vt* ■**jdn ~** to perform acupuncture on sb II. *vi* to [perform] acupunture

Akupunktur <-, -en> *f* acupuncture

Akustik <-> *f kein pl* ① (*akustische Verhältnisse*) acoustics + *pl vb;* ***der Raum hat eine gute ~*** the room has good acoustics ② (*Lehre vom Schall*) acoustics + *sing vb*

Akustikkoppler *m* TECH, INFORM acousting coupler

akustisch I. *adj* acoustic II. *adv* acoustically; ***ich habe dich rein ~ nicht verstanden*** I just didn't hear [*or* catch] what you said

akut *adj* ① MED (*plötzlich auftretend*) acute ② (*dringend*) pressing, urgent; **~er Mangel** acute shortage [*or* lack]; ■**etwas Akutes** something pressing [*or* urgent]

Akut <-[e]s, -e> *m* LING acute [accent]

AKW <-s, -s> *nt Abk von* **Atomkraftwerk**

Akzent <-[e]s, -e> *m* ① (*Aussprache*) accent; **einen bestimmten ~ haben** to have a certain [type of] accent; **mit ~ sprechen** to speak with an accent ② LING (*Zeichen*) accent ③ (*Betonung*) stress ④ (*Schwerpunkt*) accent, emphasis; **den ~ auf etw legen** *akk* to emphasize [*or* accentuate] sth; **~e setzen** (*Vorbilder schaffen*) to set [new] trends; (*akzentuiert in bestimmter Weise*) to emphasize [*or* stress] sth

akzentfrei I. *adj* without an [*or* any] accent *pred;* ■ **~ sein** to have no accent II. *adv* without an [*or* any] accent

akzentuieren* *vt* (*geh*) ① (*betonen*) ■ **etw ~** to emphasize sth ② (*hervorheben*) ■ **etw ~** to accentuate sth

akzeptabel *adj* acceptable; ■ **[für jdn] ~ sein** to be acceptable [to sb]; ■ **etwas Akzeptables** something acceptable

Akzeptanz <-> *f* acceptance

akzeptieren* I. *vt* ■ **etw ~** to accept sth II. *vi* to accept

AL <-, -s> *f Abk von* **Alternative Liste** electoral pact of alternative political groups

à la *adv* ① KOCHK (*nach Art von*) à la, after the manner of ② LIT (*nach jds Art*) in the manner [*or* style] of sb

Alabaster <-s, -> *m* alabaster

Alarm <-[e]s, -e> *m* ① (*Warnsignal*) alarm; ■ **~ schlagen** [*o* **geben**] to sound [*or* raise] the alarm ② MIL (*Alarmzustand*) alert; ■ **~ sein** to be on alert; ■ **bei ~** during an alert; ■ **~!** alert!, action stations!

Alarmanlage *f* alarm [system] **alarmbereit** *adj* on stand-by *pred* **Alarmbereitschaft** *f* stand-by; ■ **~ haben** to be on stand-by; ■ **in ~ sein** [*o* **stehen**] to be on stand-by; **jdn/etw in ~ versetzen** to put sb/sth on stand-by **Alarmglocke** *f* alarm bell ▸ WENDUNGEN: **bei jdm geht die ~** (*fam*) sb sees the warning signs

alarmieren* *vt* ① (*zum Einsatz rufen*) ■ **jdn ~** to call sb out ② (*aufschrecken*) ■ **jdn ~** to alarm sb

alarmierend *adj* alarming

Alarmsignal *nt* alarm signal; **bei jdm/etw ein ~ auslösen** to alert sb/sth **Alarmstufe** *f* state of alert **Alarmübung** *f* practice alert **Alarmvorrichtung** *f* alarm [device] **Alarmzustand** *m* alert; ■ **im ~ sein** to be on the alert [*or* stand-by]; **jdn in den ~ versetzen** to put sb on the alert, stand-by

Alb[1] <-> *f kein pl* **die [Schwäbische] ~** the Swabian Alps

Alb[RR2] <-[e]s, -e> *m meist pl* ① (*veraltend geh: Albtraum*) nightmare ② (*veraltet: Nachtmahr*) spectre [*or* AM -er]

Albaner(in) <-s, -> *m(f)* Albanian; *s. a.* **Deutsche(r)**

Albanien <-s> *nt* Albania; *s. a.* **Deutschland**

albanisch *adj* Albanian; *s. a.* **deutsch**

Albanisch *nt dekl wie adj* Albanian; *s. a.* **Deutsch**

Albanische *nt* ■ **das ~** Albanian; *s. a.* **Deutsche**

Albatros <-, -se> *m* albatross

Albdruck[RR] <*selten* -drücke> *m* (*schwere seelische Bedrückung*) nightmare ▸ WENDUNGEN: **wie ein ~ auf jdm lasten** to weigh heavily on sb [*or* sb's mind]

Alben *pl von* **Album**

albern[1] I. *adj* ① (*kindisch*) childish, puerile ② (*lächerlich, unbedeutend*) laughable, trivial II. *adv* childishly

albern[2] *vi* to fool around

Albernheit <-, -en> *f* ① (*kindisches Wesen*) childishness ② (*Lächerlichkeit, Unbedeutsamkeit*) triviality ③ (*kindische Handlung*) tomfoolery ④ (*lächerliche Bemerkung*) silly remark

Albinismus <-> *m kein pl* BIOL, MED albinism

Albino <-s, -s> *m* albino

Albtraum[RR] *m* nightmare

Album <-s, Alben> *nt* album

Albumin <-s, -e> *nt* BIOL, MED albumin

Alchimie <-> *f,* **Alchemie** <-> *f bes* ÖSTERR alchemy

Alchimist(in) <-en, -en> *m(f),* **Alchemist(in)** <-en, -en> *m(f) bes* ÖSTERR alchemist

Aldehyd <-s, -e> *nt* CHEM (*Verbindung von Alkoholen mit Sauerstoff*) aldehyde

al dente *adj* [*of pasta*] *tender but still firm when bitten,* al dente

alemannisch *adj* LING Alemannic

Alevit(in) <-en, -en> *m(f)* REL Alevite

Alfalfasprossen *pl* alfalfa sprouts

Alge <-, -n> *f* alga

Algebra <-> *f* algebra

algebraisch *adj* algebraic

Algenblüte *f* algal bloom **Algenpest** *f* ÖKOL plague of algae

Algerien <-s> *nt* Algeria; *s. a.* **Deutschland**

Algerier(in) <-s, -> *m(f)* Algerian; *s. a.* **Deutsche(r)**

algerisch *adj* Algerian; *s. a.* **deutsch**

Algier <-s> [-ʒiːɐ̯] *nt* Algiers

Algorithmus <-, -men> *m* algorithm

alias *adv* alias, otherwise known as

Alibi <-s, -s> *nt* ① (*Aufenthaltsnachweis zur Tatzeit*) alibi ② (*Vorwand*) excuse

Alibifrau *f* token woman **Alibifunktion** *f* use as an alibi [*or* excuse]; ■ **[nur] ~ haben** to [only] serve as an alibi [*or* excuse] **Alibipolitik** *f* token policy

Alimente *pl* maintenance *no pl,* alimony *no pl* AM

Alk[1] <-s> *m kein pl* (*pej sl*) alcohol

Alk[2] <-en, -en> *m* ORN auk

Alkali <-s, -lien> [*pl* -liən] *nt* alkali

alkalisch *adj* alkaline

Alkaloid <-[e]s, -e> *nt* alkaloid

Alkohol <-s, -e> *m* alcohol; **jdn unter ~ setzen** (*sl*) to get sb drunk [*or* BRIT *vulg a.* pissed]; **unter ~ stehen** (*geh*) to be under the influence [of alcohol]

alkoholarm *adj* low alcohol, low in alcohol *pred* **Alkoholdelirium** *nt* alcoholic delirium **Alkoholeinfluss[RR]** *m* (*geh*) influence of alcohol; **unter ~ stehen** to be under the influence of alcohol [*or* BRIT *a.* drink] **Alkoholeinwirkung** *f* influence of alcohol **Alkoholexzess[RR]** *m* excessive drinking **Alkoholfahne** *f* (*fam*) alcohol breath; ■ **eine ~ haben** to smell of alcohol [*or* drink], to have alcohol breath **alkoholfrei** *adj* non-alcoholic, alcohol-free **Alkoholgegner(in)** *m(f)* teetotaler BRIT, teetotaller AM, *esp* AM prohibitionist **Alkoholgehalt** *m* alcohol[ic] content **Alkoholgenuss[RR]** *m* (*geh*) consumption of alcohol **alkoholhaltig** *adj* alcoholic

Alkoholika *pl* alcoholic drinks

Alkoholiker(in) <-s, -> *m(f)* alcoholic; **~ sein** to be [an] alcoholic; **Anonyme ~** Alcoholics Anonymous

alkoholisch *adj* alcoholic

alkoholisiert I. *adj* (*geh*) inebriated II. *adv* (*geh*) inebriatedly; ***wer ~ Auto fährt, macht sich strafbar*** anyone who drives in an inebriated state is open to prosecution, drunk drivers are liable to prosecution *fam*

Alkoholismus <-> *m* alcoholism

Alkoholkonsum *m* consumption of alcohol **alkoholkrank** *adj inv* alcoholic **Alkoholmessgerät[RR]** *nt* alcoholometer, breathalyser BRIT *fam,* Breathalyzer® AM **Alkoholmissbrauch[RR]** *m kein pl* alcohol absue **Alkoholpegel** *m* (*hum*), **Alkoholspiegel** *m* level of alcohol in one's blood, Blood-alcohol level **Alkoholsteuer** *f* duty [*or* tax] on alcohol **alkoholsüchtig** *adj* MED alcoholic, addicted to alcohol **Alkoholsüchtige(r)** *f(m) dekl wie adj* alcoholic **Alkoholsünder(in)** *m(f)* (*fam*) [convicted] drunk driver *fam* **Alkoholtest** *m* breath test, fam **Alkoholverbot** *nt* ban on alcohol, *esp* AM prohibition

Alkoholvergiftung *f* alcohol[ic] poisoning
all *pron indef* all; ■ ~ **jds ...** all sb's ....; ***sie gab ihnen ~ ihr Geld*** she gave them all her money; ■ ~ **der/die/das/dies ...** all the/this ...; ~ ***die Zeit*** all the time; ~ ***dies soll umsonst gewesen sein?*** all this was for nothing?
All <-s> *nt kein pl* space
allabendlich **I.** *adj* regular evening *attr;* **der ~e Spaziergang** the regular evening walk **II.** *adv* every evening
Allah *m* REL Allah
allbekannt *adj* universally known
alldem *pron s.* **alledem**
alle *adj pred (fam) (gegessen)* ■ ~ **sein** to be all gone [*or* finished]; ***der Kuchen ist ~!*** the cake is all gone [*or* finished]; **etw ~ machen** to finish sth off *sep* ▶ WENDUNGEN: **jdn ~ machen** *(sl)* to do sb in *sl;* ***ich bin ganz ~*** I'm exhausted [*or* finished]
alle(r, s) *pron indef* ❶ *attr (mit Singular)* all; ***er hat ~s Geld verloren*** he's lost all his money; [***ich wünsche dir***] ***~s Gute*** [I wish you] all the best; *(mit Plural)* all, all the; ***ich bitte ~e Anwesenden*** I call on all those present ❷ *substantivisch* ■ ~ all of you, everyone, all of them; ***und damit sind ~ gemeint*** and that means everyone; ***das sind aber viele Bücher, hast du sie ~ gelesen?*** that's a lot of books, have you read them all?; ***von den Röcken haben mir ~ nicht gefallen*** I didn't like any of the dresses; ***ihr seid ~ beide Schlitzohren!*** you're both a couple of crafty devils!; ***wir haben ~ kein Geld mehr*** none of us have any money left; **zum Kampf ~r gegen ~ kommen** to turn into a free for all; ■ ~ **die[jenigen], die** all of those, who, everyone, who ❸ *substantivisch (~ Dinge)* ■ **alles** everything; ***ist das schon ~s?*** is that everything [*or fam* it]? ❹ *substantivisch (insgesamt)* ■ **alles** all [that]; ***das ist doch ~s Unsinn*** that's all nonsense; ***das geht dich doch ~s nichts an!*** that's nothing at all to do with you! ❺ *substantivisch (fam: ~)* ■ **alles** everyone; ***so, nun aber ~s ab ins Bett!*** right, everyone [*or* all [of you]] off to bed now!; ***bitte ~s aussteigen!*** all change, please! ❻ *(bei Zeit und Maßangaben)* every; ~ **fünf Minuten** every five minutes; **das ist ~s** that's everything [*or* all]; ***das kann doch nicht ~s sein*** that can't be everything [*or fam* it]; ***soll das schon ~s gewesen sein?*** was that everything [*or fam* it]?; ~ **auf einmal** [everyone] all at once; ***redet nicht ~ auf einmal*** don't all speak at once; ~ ***auf einmal passen nicht durch die Tür*** everyone won't fit through the door [all] at the same time; **in ~m** in everything; **~s in ~m** *(insgesamt betrachtet)* all in all; *(zusammengerechnet)* in all; **trotz ~m** in spite of everything; **über ~s** above all else; **vor ~m** *(insbesondere)* above all; *(hauptsächlich)* primarily; **was ... ~s** *(fam)* ***was habt ihr im Urlaub so ~s gemacht?*** what did you get up to on holiday?; ***was er ~s so weiß*** the things he knows; ***was sie ~s nicht kann*** the things she can do; **~s, was** *(~ Dinge)* everything that; *(das Einzige)* all [that]; ***~s, was jetzt noch zählt, ist Einigkeit*** all that matters now is unity; ***~s, was ich weiß, ist ...*** all I know is that ...; ***wer war ~s da?*** who was there? ▶ WENDUNGEN: [**wohl**] **nicht mehr ~ haben** *(fam)* to be mad; ***hast du/hat er/sie sie noch ~?*** *(fam)* are you/is he/she mad?; ~ **für einen und einer für ~** all for one and one for all; **~s und jedes** anything and everything
alledem *pron* all that; **bei/trotz ~** even so, in spite of that; **zu ~** on top of [all] that; **nichts von ~** none of it
Allee <-, -n> [*pl* -eːən] *f* avenue, tree-lined walk
Allegorie <-, -n> [*pl* -iːən] *f* allegory
allegorisch *adj inv* allegorical
Allegro <-s, -s *o* Allegri> *nt* allegro
allein, alleine *(fam)* **I.** *adj pred* ❶ *(ohne andere)* alone; **jdn ~ lassen** to leave sb alone; ***wir sind jetzt endlich ~*** we're on our own at last; ***sind Sie ~ oder in Begleitung?*** are you by yourself or with someone? ❷ *(einsam)* lonely ❸ *(ohne Hilfe)* on one's own; **auf sich** *akk* **~ angewiesen** [*o* **gestellt**] **sein** to be on one's own, to be left to one's own resources; **für sich ~** by oneself, on one's own; ***er arbeitet lieber für sich ~*** he prefers to work alone ▶ WENDUNGEN: **für sich ~ [genommen]** in itself; ***dieser Vorfall ist, für sich ~ genommen, schon schwer wiegend genug*** this incident is in itself serious enough **II.** *adv* ❶ *(bereits)* just; ~ ***das Ausmaß der Schäden war schon schlimm genug*** the extent of the damage alone was bad enough; ~ ***der Gedanke daran*** the mere [*or* very] thought of it ❷ *(ausschließlich)* exclusively; ***das ist ganz ~ dein Bier!*** that's up to you!; ***das ist ~ deine Entscheidung*** it's your decision [and yours alone]; **die ~ selig machende Kirche/Lehre** the only true church/teaching ❸ *(ohne Hilfe)* single-handedly, on one's own, by oneself; ***unser Jüngster kann sich schon ~ anziehen*** our youngest can already dress himself [*or* get dressed by himself]; **eine ~ erziehende Mutter/ein ~ erziehender Vater** a single mother/a single father; **~ erziehend sein** to be a single parent; **von ~** by itself/oneself; ***ich wäre auch von ~ darauf gekommen*** I would have thought of it myself ❹ *(unbegleitet)* unaccompanied; *(isoliert)* alone; ***das Haus liegt ganz für sich ~*** the house is completely isolated; **~ gelassen** left on one's own; **sich [sehr/ganz] ~ gelassen fühlen** to feel abandoned; **~ stehend** single, unmarried ▶ WENDUNGEN: **nicht ~ ..., sondern auch ...** not only [*or* just] ..., but also ...
Alleinerbe, -erbin *m, f* sole heir *masc* [*or fem* heiress]; ***er war ~*** he was the sole heir **alleinerziehend** *adj inv, attr s.* **allein II 3** **Alleinerziehende(r)** *f(m) dekl wie adj* single parent **Alleingang** <-gänge> *m (fam)* solo effort; **etw im ~ machen** to do sth on one's own **Alleinherrschaft** *f* POL absolute power **Alleinherrscher(in)** *m(f) (geh)* absolute ruler, autocrat, dictator
alleinig **I.** *adj attr* sole **II.** *adv (geh)* solely
Alleinlebende(r) *f(m) dekl wie adj* single person **Alleinsein** *nt kein pl* solitariness; *(Einsamkeit)* loneliness; ***manchen Menschen macht das ~ nichts aus*** some people don't mind being alone **alleinseligmachend** *adj s.* **allein II 2** **alleinstehend** *adj s.* **allein II 4** **Alleinstehende(r)** *f(m) dekl wie adj* unmarried person **Alleinunterhalter(in)** *m(f)* solo entertainer **Alleinvertretung** *f* ÖKON sole and exclusive agency [*or* representation]; **die ~ einer Firma haben** to be the sole representative of a firm **Alleinvertrieb** *m* ÖKON exclusive marketing; ***in diesem Bezirk hat er den ~ von Mercedes*** he's the sole distributor of Mercedes in this area
allel *adj inv, attr* BIOL allele
Allel <-s, -e> *nt* BIOL allele
allemal *adv* ❶ *(ohne Schwierigkeit)* without any trouble; ***was er kann, kann ich ~*** whatever he can do, I can do, too; **~!** definitely ❷ *(in jedem Fall)* always; **ein für ~** once and for all
allenfalls *adv* at [the] most, at best
allenthalben *adv (geh)* everywhere
aller- *in Komposita mit superl* ... of all; **die A~schönste .../der A~größte ...** the most beautiful/the biggest of all **alleraller-** *in Komposita mit superl (fam)* ***der/die/das A~schnellste/A~größte ...*** the very fastest/biggest ... *childspeak*
allerbeste(r, s) *adj* very best; ***ich wünsche Dir das Allerbeste*** I wish you all the best; ■ **es ist das A~ [*o* am A~n], etw zu tun** it's best to do sth; ***es ist das A~, in diesem Fall zu schweigen*** it's best to keep quiet in this case

A

allerdings *adv* ① *(jedoch)* although, but; ***ich rufe dich an, ~ erst morgen*** I'll call you, although [*or* but] not till tomorrow ② *(in der Tat)* definitely, indeed *form;* ~! indeed!, AM *a.* you bet! *fam;* ***hast du mit ihm gesprochen? — ~!*** did you speak to him? — I certainly did!

allererste(r, s) *adj* the [very] first; ***Zähneputzen ist morgens das A~, was er tut*** the first thing he does in the morning is clean his teeth; ▪ **als A~r** the first; ▪ **als A~s** first of all **allerfrühestens** *adv* at the [very] earliest

allergen I. *adj* MED allergenic II. *adv* as an allergen; ~ **wirken** to have an allergenic effect

Allergen <-s, -e> *nt* MED allergen

Allergie <-, -n> [*pl* -iːən] *f* allergy; ~ **auslösend** allergenic; **eine ~ [gegen etw] haben** to have an allergy [to sth]

Allergietest *m* allergy test

Allergiker(in) <-s, -> *m(f)* person suffering from an allergy

allergisch I. *adj* allergic; ▪ ~ **gegen etw sein** to be allergic to sth II. *adv* ① MED ~ **bedingt** caused by an allergy; ~ **[auf etw *akk*] reagieren** to have an allergic reaction [to sth] ② *(abweisend)* ~ **auf etw *akk* reagieren** to get hot under the collar about sth

Allergologe, Allergologin <-n, -n> *m, f* allergist

Allergologie <-> *f kein pl* allergology

allerhand *adj inv (fam)* all sorts of; ~ **Auswahl** enormous choice; *(ziemlich viel)* a great deal [*or fam* masses] of; ***ich habe noch ~ zu tun*** I've still got so much [*or fam* masses] [*or fam* tons] to do ▶ WENDUNGEN: **das ist ja [*o* doch] ~!** that's a bit rich! [*or* AM much]; **[das ist] ~!** Oh my God!, Good heavens! [*or dated* Lord]

Allerheiligen <-s> *nt* All Saints' Day

Allerheiligste(s) *nt dekl wie adj* REL ① *(jüdisch)* Holy of Holies ② *(katholisch)* Blessed Sacrament **allerhöchste(r, s)** *adj* highest; **die ~ Belastung** the maximum load; **der ~ Betrag** the highest sum ever; **die ~ Geschwindigkeit** the maximum speed; **die ~ Instanz** the supreme authority **allerhöchstens** *adv* ① *(allenfalls)* at the most ② *(spätestens)* at the latest; ***in ~ 4 Minuten explodiert hier alles!*** in no later than 4 minutes everything here will explode!

allerlei *adj inv* ① *substantivisch (viel)* a lot, loads *fam;* ***ich muss noch ~ erledigen*** I still have a lot [*or fam* loads] to do ② *attr (viele Sorten)* all sorts of

Allerlei <-s, *selten* -s> *nt* all sorts [*or* kinds] of things; **ein ~ an etw** all sorts of sth; **Leipziger ~** *mixed vegetables comprising of peas, carrots and asparagus*

allerletzte(r, s) *adj* ① *(ganz letzte)* [very] last; ▪ **der/die A~** the [very] last [person]; ▪ **das A~** the [very] last thing ② *(allerneueste)* latest ③ *(allerjüngste)* recently; **in ~r Zeit** very recently; **in den ~n Wochen** in the last few weeks ▶ WENDUNGEN: **[ja/wirklich] das Allerletzte sein** *(fam)* to be beyond the pale! *fam;* ***er ist das Allerletzte!*** he's just vile! **allerliebste(r, s)** *adj* ① *(Lieblings-)* favourite BRIT, favorite AM ② *(meistgeliebt)* dearest; ▪ **am ~n** most [*or* best] [of all]; ***mir wäre es am ~n wenn …*** I would prefer it if … **Allerliebste(r)** *f(m) dekl wie adj* darling; ***sie ist seine ~*** she's his favourite **allermeiste(r, s)** *adj* most *generalization,* the most *comparison;* ***im Urlaub verbringt er die ~ Zeit mit Angeln*** on holiday he spends most of his time fishing; ***er bekommt in der Firma das ~ Geld*** he earns the most money in the company; ▪ **das A~** most, the lion's share; ***das A~ habe ich schon fertig*** I've done most of it already; ▪ **die A~n** most people; ▪ **am ~n** most of all **allernächste(r, s)** *adj* ① *(unmittelbar folgend)* next; **in ~r Zeit [*o* Zukunft]** in the very near future; ▪ **als ~s/am ~n** next ② *(unmittelbar benachbart)* nearest ③ *(kürzeste)* shortest ④ *(emotional nahe)* ▪ **am ~n** ***ihre Tante steht ihr am ~n*** her aunt is closest to her

allerneu(e)ste(r, s) *adj* latest; **auf dem ~n Stand** state-of-the-art, up-to-the-minute; ▪ **das Allerneueste** the latest; ▪ **am ~n** the newest

Allerseelen <-s> *nt* All Souls' Day

allerseits *adv* ① *(bei allen)* on all sides; ***sie war ~ ein gerne gesehener Gast*** she was a welcome guest everywhere ② *(an alle)* everyone; ***„Abend, ~!"*** "evening, everyone!"

allerspätestens *adv* at the latest

Allerweltsausdruck *m (pej)* trite [*or* meaningless] [*or* hackneyed] phrase

allerwenigste(r, s) *adj* ① *(wenigste: zählbar)* fewest; *(unzählbar)* least; **in den ~n Fällen** in only a very few cases; **das ~ Geld** the least money; **die ~n Menschen** very few people; ▪ **am ~n** the least; **die ~ [*o* am ~n] Zeit haben** to have the least amount of time ② *(mindeste)* least; ***das ~ wäre noch gewesen, sich zu entschuldigen*** the least he could have done was to apologize ▶ WENDUNGEN: **das am ~n!** that's the last thing I want to do/hear! **allerwenigstens** *adv* at [the very] least **Allerwerteste** *m dekl wie adj (hum)* behind, posterior

alles *pron indef s.* **alle(r, s)**

allesamt *adv* all [of them/you/us]; ***die Politiker sind doch ~ korrupt*** politicians are corrupt to a man; ***ihr seit doch ~ verrückt!*** you're mad, the lot [*or* all] of you!, you're all mad!

Allesfresser <-s, -> *m* BIOL omnivore, omnivorous animal **Alleskleber** *m* general purpose adhesive [*or* glue] **Allesschneider** *m* slicing machine **Alleswisser(in)** <-s, -> *m(f)* smart-alec *fam,* know-all BRIT *fam,* know-it-all AM *fam*

allfällig *adj* SCHWEIZ *(eventuell)* necessary

allg. *adj Abk von* **allgemein**

Allgäu <-s> *nt* ▪ **das ~** the Allgäu

allgegenwärtig *adj* ① REL *(geh)* omnipresent; ▪ **der Allgegenwärtige** the omnipresent One, God ② *(überall gegenwärtig)* ubiquitous *form*

allgemein I. *adj* ① *attr (alle betreffend)* general; **~e Feiertage** national holidays; **im ~en Interesse liegen [*o* sein]** to be in everyone's interests [*or* in the common interest]; **von ~em Interesse sein** to be of interest to everyone; **~e Vorschriften** universal regulations, regulations applying to everyone; **das ~e Wahlrecht** universal suffrage; **die ~e Wehrpflicht** military service ② *attr (allen gemeinsam)* general, public; **zur ~en Überraschung** to everyone's surprise; **das ~e Wohl** the common good; **~e Zustimmung finden/auf ~e Ablehnung stoßen** to meet with general approval/disapproval ③ *(nicht spezifisch)* general; ***die Frage war ~er Natur*** the question was of a rather general nature ▶ WENDUNGEN: **im A~en** *(normalerweise)* generally speaking; *(insgesamt)* on the whole II. *adv* ① *(allerseits, überall)* generally; **~ bekannt/üblich sein** to be common knowledge/practice; **~ gültig** general, universally applicable; **~ verständlich** intelligible to everybody; **~ zugänglich sein** to be open to the general public; **~ verbreitet** widespread ② *(nicht spezifisch)* generally; ***der Vortrag war leider sehr ~ gehalten*** unfortunately the lecture was rather general [*or* lacked focus]; **eine ~ bildende Schule** *a school providing a general rather than specialized education;* **~ medizinisch** general medical *attr*

Allgemeinarzt, -ärztin *m, f* general practitioner **Allgemeinbefinden** *nt* general health; ***danke, mein ~ ist recht gut*** generally speaking, I'm very well, thanks **allgemeinbildend** *adj* SCH *s.* **allgemein II 2** **Allgemeinbildung** *f kein pl* general education **allgemeingültig** *adj attr s.* **allgemein II**

1 **Allgemeingültigkeit** *f* [universal] validity **Allgemeingut** *nt* common knowledge

Allgemeinheit <-> *f kein pl* ① (*Öffentlichkeit*) general public ② (*Undifferenziertheit*) generality, universality; ***seine Erklärungen waren von viel zu großer*** ~ his explanations were far too general

Allgemeinmedizin *f* general medicine **Allgemeinmediziner(in)** *m(f)* general practitioner, GP **allgemeinverständlich** *adj s.* **allgemein II 1** **Allgemeinwissen** *nt* general knowledge **Allgemeinwohl** *nt* welfare of the general public **Allgemeinzustand** *m* general health

Allheilmittel *nt* cure-all, panacea *bes pej*

Allianz <-, -en> *f* alliance

Alligator <-s, -toren> *m* alligator

alliiert *adj attr* allied

Alliierte(r) *f(m) dekl wie adj* ally; ■ **die ~n** the Allies, the Allied Forces

Alliteration <-, -en> *f* LIT alliteration

alljährlich I. *adj attr* annual II. *adv* every year, annually

Allmacht *f kein pl* unlimited power, omnipotence *form;* REL omnipotence

allmächtig *adj* all-powerful, omnipotent *form;* REL omnipotent

Allmächtige(r) *m dekl wie adj* Almighty God; ■ **der ~** the Almighty; **~r!** (*fam*) Good God!

allmählich I. *adj attr* gradual II. *adv* ① (*langsam*) gradually; ~ ***geht er mir auf die Nerven*** he's beginning to get on my nerves; ***ich werde ~ müde*** I'm getting tired ② (*endlich*) ***wir sollten jetzt ~ gehen*** it's time we left; ***es wurde auch ~ Zeit!*** about time too!

allmonatlich I. *adj attr* monthly II. *adv* every month **allmorgendlich** I. *adj attr* every morning; **das ~e Anstehen an der Bushaltestelle** the morning queue [*or* AM line] at the bus stop; ***das ~e Aufstehen um 6 Uhr ist eine Qual*** getting up every morning at 6 is torture II. *adv* every morning **allnächtlich** I. *adj attr* nightly II. *adv* every night

Allometrie <-, -ien> *f* ① BIOL (*ungleichmäßiges Wachstum von Organismen*) allometry ② BIOL (*Untersuchung des Wachstums von Organismen*) allometry

allometrisch *adj inv* BIOL allometric

Allparteienregierung *f* all-[*or* multi-]party government

Allradantrieb *m* four-[*or* all-]wheel drive

allradgetrieben *adj inv* AUTO four wheel [*or* all-wheel] drive; (*geschrieben a.*) 4WD

Allroundgenie [ɔ:l'raʊnd-] *nt*, **Allroundtalent** *nt* all-round genius [*or* talent] **Allroundkünstler(in)** *m(f)* multi-talented [*or* all-round] artist

allseitig I. *adj* widespread II. *adv* **~ interessiert sein** to be interested in everything; **~ begabt sein** to be an all-round talent [*or* a good all-rounder]

allseits *adv* ① (*überall*) everywhere ② (*rundum*) in every respect; ***sie schien ~ gewappnet zu sein*** she seemed to know about everything; ***ich bin ~ vorbereitet*** I'm ready for anything

Alltag *m* ① (*Werktag*) working day BRIT, workday AM; ■ **an ~en** on workdays ② (*Realität*) everyday life

alltäglich *adj* ① *attr* (*tagtäglich*) daily, everyday ② (*gang und gäbe*) usual; ***diese Probleme sind bei uns*** ~ these problems are part of everyday life here ③ (*gewöhnlich*) ordinary

alltags *adv* on workdays

Alltagskleidung *f* everyday clothes, not your Sunday best **Alltagsleben** *nt* daily routine

allumfassend *adj* (*geh*) all-round, global; **~e Forschungen** extensive research; ***sein Wissen ist nahezu ~!*** his knowledge is almost encyclop[a]edic!

Allüren *pl* ① (*geziertes Verhalten*) affectation ② (*Starallüren*) airs and graces

allwissend *adj* ① (*fam: umfassend informiert*) knowing it all; ***er tut immer so*** ~ he thinks he knows it all; ***ich bin doch nicht ~!, bin ich ~?*** (*fam*) what do you think I am? a walking encyclop[a]edia?, I don't know everything, you know ② REL (*alles wissend*) omniscient; ■ **der A~e** the Omniscient

Allwissenheit <-> *f kein pl* omniscience

allwöchentlich I. *adj attr* weekly II. *adv* every week

allzeit *adv* (*geh*) always; ***ich bin ~ die Deine!*** I'm yours for ever; **~ bereit!** be prepared!

allzu *adv* all too; ***du hast ~ dick aufgetragen*** you've gone over the top; ■ **nur ~ ...** only too ...; **~ früh** far too early, all too soon; ***ruf mich am Sonntag an, aber bitte nicht ~ früh!*** call me on Sunday, but not too early!; **~ gern** only too much [*or* willingly]; ***gehen wir heute ins Theater? — nur ~ gern!*** shall we go to the theatre tonight? — I'd love to!; ***magst du Fisch? — nicht ~ gern*** do you like fish? — not very much [*or* I'm not over[ly] fond of it]; ***ich habe das nicht ~ gern getan*** I didn't like doing that; **~ häufig** all too often; **~ oft** only too often; **nicht ~ oft** not [all] too often; **~ sehr** too much; ***dieser Schmuck gefällt mir wirklich ~ sehr!*** I just love this jewellery!; ***er war nicht ~ sehr in sie verliebt*** he wasn't all that much in love with her; ***man sieht dir ~ sehr an, dass du lügst!*** I can see all too clearly that you're lying!; ***bin ich ~ sehr verspätet?*** am I very late?; ■ **nicht ~** not all that much [*or* too much]; **nicht ~ gerne** reluctantly; ***fühlst du dich nicht gut? — nicht ~ sehr!*** are you all right? — not really; **~ viel** too much; ***er trank nie ~ viel Alkohol*** he never drank that much alcohol; ***450 Mark ist aber nicht ~ viel!*** 450 marks is not very much!; **~ viel ist ungesund** moderation in everything **allzufrüh** *adv s.* **allzu** **allzugern** *adv s.* **allzu** **allzusehr** *adv s.* **allzu** **allzuviel** *adv s.* **allzu**

Allzweckhalle *f* [multipurpose] hall **Allzweckreiniger** *m* general-purpose cleaner

Alm <-, -en> *f* mountain pasture, alp

Almanach <-s, -e> *m* almanac

Almaty <-s> *nt* Almaty, Alma-Ata

Almosen <-s, -> *nt* ① (*pej: geringer Betrag*) pittance ② (*geh: Spende*) alms, donation

Aloe <-, -n> ['a:loe, *pl* -loən] *f* aloe

Alp <-[e]s, -e> *m meist pl* ① (*veraltend geh: Albtraum*) nightmare ② (*veraltet: Nachtmahr*) spectre [*or* AM -er]

Alpaka <-s, -s> *nt* alpaca

Alpdruck <*selten* -drücke> *m* (*schwere seelische Bedrückung*) nightmare ▶ WENDUNGEN: **wie ein ~ auf jdm lasten** to weigh heavily on sb [*or* sb's mind]

Alpen *pl* ■ **die ~** the Alps

Alpendohle *f* ORN alpine chough **Alpenkrähe** *f* ORN chough **Alpenland** *nt* ① (*in den Alpen liegendes Land*) alpine country ② (*Gebiet der Alpen*) the Alps **Alpenpass**[RR] *m* alpine pass **Alpenrepublik** *f* (*Österreich*) Austria **Alpenrose** *f* alpine rose [*or* rhododendron] **Alpenstrandläufer** *m* ORN dunlin **Alpenveilchen** *nt* cyclamen **Alpenvorland** *nt* foothills *pl* of the Alps

Alphabet <-[e]s, -e> *nt* alphabet; ■ **nach dem ~** alphabetically

alphabetisch *adj* alphabetical

alphabetisieren* *vt* ■ **etw ~** to put sth into alphabetical order; ■ **alphabetisiert sein** to be in alphabetical order; ■ **jdn ~** to teach sb to read and write

Alphabetisierung <-, -en> *f* ① (*das Alphabetisieren*) arranging in alphabetical order ② (*Beseitigung des Analphabetentums*) literacy campaign

Alpha-Helix <-, -Helices> *f* BIOL alpha helix **alphanumerisch** *adj* INFORM alphanumeric **Alphastrahlen** *pl* NUKL alpha rays **Alpha-Tier** *nt* BIOL alpha animal

Alphorn *nt* alp[en]horn

alpin *adj* alpine

Alpinismus <-> *m kein pl* SPORT alpinism

Alpinist(in) <-en, -en> *m(f)* alpinist

Alptraum *m* nightmare

Alraun <-[e]s, -e> *m*, **Alraune** <-, -n> *f* BOT mandrake

als *konj* (1) *(in dem Moment, da)* when, as; ***ich kam, ~ er ging*** I came as he was leaving; **gleich, ~ …** as soon as …; **damals, ~ …** [back] in the days when …; **gerade ~ …** just when [*or* as]…; ***sie rief an, ~ ich gerade weg war*** she called just as I'd left (2) *nach Komparativ* than; ***der Bericht ist interessanter ~ erwartet*** the report is more interesting than would have been expected (3) *(geh: wie)* as; **so … ~ möglich** as … as possible; **alles andere ~ …** everything but …; **anders ~ jd sein** to be different from [*or* to] sb; **niemand/nirgends anders ~ …** nobody/nowhere but…; **niemand anders ~ …** *(a. hum, iron)* none other than …; ***sie haben andere Verfahren ~ wir*** they have different procedures from ours; ***ich brauche nichts anderes ~ ein paar Tage Urlaub*** all I need is a couple of days vacation (4) *(in Modalsätzen)* ▪ **…, ~ habe/könne/sei/würde …** as if [*or* though]; ***es sieht aus, ~ würde es bald schneien*** it looks like snow [*or* as though it's going to snow]; ***~ ob ich das nicht wüsste!*** as if I didn't know that! (5) *(so dass es ausgeschlossen ist)* ▪ **zu …, ~ dass** too … to …; ***du bist noch zu jung, ~ dass du dich daran erinnern könntest*** you're too young to be able to remember that (6) *(zumal)* since; ▪ **um so …, ~ …** all the more …, since …; ***das ist um so trauriger, ~ es nicht das erste Mal war*** it is all the sadder since it wasn't the first time (7) *(in der Eigenschaft von etw)* ▪ **~ etw** as sth; ***ein Tonband ist vor Gericht nicht ~ Beweis zugelassen*** a tape recording is not recognized as evidence in court; ▪ **~ jd** as sb; ***schon ~ Kind hatte er immer Albträume*** even as a child, he had nightmares; **sich ~ wahr/falsch erweisen** to prove to be true/false

alsbald *adv (geh)* soon, presently *form;* ***ich komme ~*** I'm just coming

alsbaldig *adj (geh)* immediate; ***wir sehen Ihrer ~en Antwort mit Interesse entgegen*** we look forward to your prompt reply; ***„zum ~en Verbrauch bestimmt"*** "for immediate use only"

alsdann *adv* (1) *(geh: sodann)* then (2) DIAL *(also [dann])* so, well then

Alse <-, -n> *f* KOCHK [alice] shad

also I. *adv (folglich)* so, therefore *form;* ***es regnet, ~ bleiben wir zu Hause*** it's raining, so we'll stay at home II. *pron* (1) *(nun ja)* well; ***[ja] ~, zuerst gehen Sie geradeaus und dann …*** ok, first you go straight ahead and then … (2) *(tatsächlich)* so; ***er hat ~ doch nicht die Wahrheit gesagt!*** so he wasn't telling the truth after all!; ***kommst du ~ mit?*** so are you coming [then]? (3) *(aber)* ***~, dass du dich ordentlich benimmst!*** now, see that you behave yourself!; ***~ so was!*** well [I never]!; ***~, jetzt habe ich langsam genug von deinen Eskapaden!*** now look here, I've had enough of your escapades! (4) *(na)* ***~ warte, Bürschchen, wenn ich dich kriege!*** just you wait, sunshine, till I get my hands on you!; **~ gut** [*o* **schön**] well, OK, [well,] all right; **~ dann, …!** so …, well then …; ***~ dann, mach's gut!*** oh well, take care! ▸ WENDUNGEN: **~ doch!** you see!; ***~ doch, wie ich's mir dachte!*** you see! just as I thought!; **na ~!** just as I thought!; ***wird's bald? na ~!*** get moving! at last!; **~ nein!** no!

Alsterwasser *nt (Mixgetränk aus Bier und Limonade)* ≈ shandy

alt <älter, älteste(r,s)> *adj* (1) *(betagt)* old; **schon sehr ~ sein** to be getting on a bit *fam;* ***ich glaube nicht, dass ich ~ werde*** I don't think I'll live to a ripe old age; ***ich möchte mit dir ~ werden*** I'd like to grow old with you; ▪ **älter sein/werden** to be/get older; ***tja, man wird eben älter!*** well, we're all getting on!; ▪ **älter als jd werden** to live longer than sb; ▪ **für etw zu ~ sein** to be too old for sth; ▪ **jdm zu ~ sein** to be too old for sb; **A~ und Jung** young and old alike; **[für/zu etw] ~ genug sein** old enough [for] (2) *(ein bestimmtes Alter habend)* old; **… Wochen/Monate/Jahre ~ sein** to be … weeks/months/years old; ***er ist 21 Jahre ~*** he's 21 [years old [*or* years of age]]; ***wie ~ ist er? — er ist 18 Monate ~*** how old is he? — he's 18 months [old]; ***darf ich fragen, wie ~ Sie sind?*** may I ask how old you are?; ***er wird dieses Jahr 21 Jahre ~*** he'll be [*or* he's going to be] 21 [years old] this year; ***Ende Mai wurde sie 80 Jahre ~*** she turned 80 at the end of May; **[etwas] älter als jd sein** to be [slightly] older than sb; ▪ **älter/am ältesten sein** to be the older/the oldest; ▪ **der/die Ältere/Älteste** the older [*or dated* elder]/the oldest [*or dated* eldest] (3) *(aus früheren Zeiten stammend)* ancient; ***der Attis-Kult ist älter als das Christentum*** the cult of Attica is older than Christianity (4) *attr (langjährig)* old; **~e diplomatische Beziehungen** long-standing diplomatic relations (5) *(gebraucht)* old (6) *(nicht mehr frisch)* old; **~es Brot** stale bread (7) *attr (abgelagert)* mature; **~er Käse** mature cheese; **~er Wein** vintage wine (8) *attr (pej: wirklich)* old; ***du ~er Geizhals!*** you old skinflint! *fam;* ***~er Freund/~es Haus!*** old friend/mate! (9) *attr (ehemalig)* old (10) *attr (frühere)* ▪ **der/die/das A~ …** the same old …; ***du bist wirklich noch der ~e Pedant*** you're still the same old pedantic fellow you always were; ***du bist ganz der A~e geblieben*** you're still your old self; ***er war nie wieder der A~e*** he was never the same again ▸ WENDUNGEN: **man ist so ~, wie man sich fühlt** you're as old as you feel; **~ aussehen** *(fam: dumm dastehen)* to look a [*or* AM like a] complete fool [*or* BRIT *a.* a proper charlie]; **ich werde heute nicht ~!** *(fam)* I won't stay up late tonight; **hier werde ich nicht ~!** *(fam)* I won't hang around here much longer!

Alt[1] <-s, -e> *m* MUS alto, contralto

Alt[2] <-s, -> *nt kurz für* **Altbier** *top-fermented dark beer*

Altachtundsechziger(in) *m(f) person who was active in the 1968 student uprisings in Germany* **altangesehen** *adj* established **altangesessen**, **altansässig** *adj s.* **alteingesessen**

Altar <-s, -täre> *m* altar; **jdn zum ~ führen** *(geh)* to lead sb to the altar; **etw auf dem ~ einer S. opfern** *gen* to sacrifice sth on the altar of sth

Altarkreuz *nt* altar crucifix **Altarraum** *m* chancel, sanctuary

Altauto *nt* old car

altbacken *adj* (1) *(nicht mehr frisch)* stale (2) *(altmodisch)* old-fashioned

Altbau <-bauten> *m* old building

Altbausanierung *f* rennovation of old buildings **Altbauwohnung** *f* flat [*or* AM apartment] in an old building

altbekannt *adj* well-known **altbewährt** *adj* (1) *(seit langem bewährt)* *Methode, Mittel etc.* well-tried (2) *(lange gepflegt)* well-established; ***eine ~e Freundschaft*** a long-standing friendship

Altbier *nt top-fermented dark beer*

Altbundeskanzler(in) *m(f)* ex-chancellor, former chancellor

altdeutsch I. *adj* traditional German II. *adv* in traditional German style

Alte(r) *f(m) dekl wie adj* ① (*fam: alter Mann*) old geezer; (*alte Frau*) old dear [*or* girl]; ■ **die ~n** the older generation, the old folks *fam* ② (*fam: Ehemann, Vater*) old man; (*Mutter*) old woman; ■ **meine/die ~e** (*Ehefrau*) the old wife *fam;* ■ **die/jds ~n** (*Eltern*) the/sbs old folks ③ (*fam: Vorgesetzte(r)*) ■ **der/die ~** the boss ④ *pl* (*die Ahnen*) ■ **die ~n** the ancients ⑤ *pl* ZOOL (*Tiereltern*) ■ **die ~n** the parent animals ▶ WENDUNGEN: **wie die ~n sungen, so zwitschern auch die Jungen** (*prov*) like father, like son *prov*

Alte(s) *nt dekl wie adj* ① (*das Traditionelle*) ■ **das ~** tradition; **das ~ und das Neue** the old and the new ② (*alte Dinge*) old things ▶ WENDUNGEN: **aus A~ mach Neu** (*prov fam*) make do and mend *prov;* **alles bleibt beim A~en** nothing ever changes

altehrwürdig *adj* (*geh*) time-honoured [*or* AM -ored]; **der ~e Greis** the revered [*or* venerable] old man **alteingesessen** *adj* old-established **Alteisen** *nt* scrap iron

Altenarbeit *f* voluntary work for the elderly, *as home-help* **Alteneinrichtungen** *pl* geriatric institutions

Altenglisch *nt* Old English, Anglo-Saxon

Altenheim *nt s.* **Altersheim Altenhilfe** *f* geriatric welfare **Altenpflege** *f* care for the elderly, geriatric care **Altenpflegeheim** *nt* old people's [*or* nursing] home **Altenpfleger(in)** *m(f)* geriatric nurse **Altentagesstätte** *f* day care centre [*or* AM -er] for the elderly **Altenteil** *nt a cottage reserved for the farmer after he passes the farm over to his heirs* ▶ WENDUNGEN: **sich aufs ~ begeben** [*o* **setzen**] [*o* **zurückziehen**] to retire [from public life] **Altenwohnheim** *nt* sheltered housing

Alter <-s, -> *nt* ① (*Lebensalter*) age; ***wenn du erst mal mein ~ erreicht hast, ...*** when you're as old as I am, ...; **in jds** *dat* **~** at sb's age; **mittleren ~s** middle-aged; **in vorgerücktem ~** (*geh*) at an advanced age; **im zarten ~ von ...** (*geh*) at the tender age of ...; **in jds ~ sein** to be the same age as sb; ***er ist in meinem ~*** he's my age; ***das ist doch kein ~!*** that's not old! ② (*Bejahrtheit*) old age; ***er hat keinen Respekt vor dem ~*** he doesn't respect his elders; **im ~** in old age ▶ WENDUNGEN: **~ schützt vor Torheit nicht** (*prov*) there's no fool like an old fool *prov*

älter *adj* ① *comp von* **alt** ② *attr* (*schon betagt*) somewhat older; **~e Mitbürger** senior citizens

Ältere(r) *f(m) dekl wie adj* ① ■ **die ~n** the older people, the oldies *fam* ② HIST ***Breughel der ~*** Breughel senior [*or esp* BRIT the elder]

altern *vi sein o selten haben* ① (*älter werden*) to age; ■ **~d** aging; ■ **das Altern** the process of aging ② (*sich abnutzen*) to age; ■ **das Altern** the aging-process ③ (*reifen*) to mature

alternativ I. *adj* alternative; **~e Liste** *Green Party Faction in Berlin* II. *adv* **~ leben** to live an alternative lifestyle

Alternative <-n, -n> [-və] *f* alternative; ■ **die ~ haben, etw zu tun** to have the alternative of doing sth

Alternative(r) [-və, -vɐ] *f(m) dekl wie adj* ① POL follower [*or* member] of an alternative party ② ÖKOL member of the alternative society, greenie BRIT *fam,* tree-hugger AM *pej fam*

Alternativreisende(r) *f(m) dekl wie adj* TOURIST alternative traveller [*or* AM traveler]

alterprobt *adj* well-tried; ***ein ~er Lehrer*** a proven teacher

alters *adv* **von** [*o* **seit**] **~** [**her**] (*geh*) of old, for donkey's years *fam;* ***das ist schon von ~ her bei uns so Sitte*** that's a time-honoured custom here

Altersarmut *f kein pl* poverty in old age, old-age poverty **Altersasyl** *nt* SCHWEIZ (*Altersheim*) old people's home, AM *a.* home for senior citizens **altersbedingt** *adj* due to old age; ***~e Kurzsichtigkeit*** myopia caused by old age; ■ [**bei jdm**] **~ sein** to be caused by old age [in sbs case] **Altersbeschränkung** *f* age limit **Altersbeschwerden** *pl* complaints *pl* of old age **Alterserscheinung** *f* symptom of old age **Altersforschung** *f* MED gerontology **Altersgenosse, -genossin** *m, f* person of the same age **Altersgrenze** *f* ① (*altersbedingtes Einstellungslimit*) age limit ② (*Beginn des Rentenalters*) retirement age **Altersgründe** *pl* reasons of age; ***für seinen Rücktritt waren ~ ausschlaggebend*** his age was the decisive factor for his resignation; ■ **aus ~n** by reason of age, because of one's age **Altersgruppe** *f* age group **Altersheim** *nt* old people's home, AM *a.* home for senior citizens **Altersklasse** *f* class **Alterskrankheit** *f* ailment of old age [*or* old age illness] **Altersprozess**RR *m* aging process **Alterspyramide** *f* SOZIOL age pyramid **Altersrente** *f,* **Altersruhegeld** *nt* (*geh*) old-age pension BRIT, social security AM **altersschwach** *adj* ① (*gebrechlich*) frail, decrepit *esp pej;* **~e Menschen** frail [*or* infirm] old people; **ein ~es Tier** an old and weak animal ② (*fam: abgenutzt*) decrepit, worn-out **Altersschwäche** *f kein pl* ① (*Gebrechlichkeit*) infirmity; ***er konnte vor ~ kaum noch gehen*** he could hardly walk, he was so old and frail ② (*fam: schwere Abnutzung*) decrepitude **Alterssitz** *m* retirement home **altersspezifisch** *adj* age-related **Altersstarrsinn** *m* senile obstinacy **Altersstruktur** *f kein pl* age structure **Altersstufe** *f* ① (*Altersgruppe*) age group ② (*Lebensabschnitt*) stage of life **Altersteilzeit** *f system of part-time working for people approaching retirement* **Altersunterschied** *m* age difference **Altersversicherung** *f* pension insurance **Altersversorgung** *f* retirement pension; (*betrieblich*) pension scheme [*or* AM plan] **Alterswerk** *nt* KUNST, LIT, MUS later work

Altertum <-> *nt kein pl* antiquity; **das Ende des ~s** the end of the ancient world

Altertümer *pl* KUNST, HIST antiquities *pl*

altertümlich *adj* ① (*veraltet*) old-fashioned, out-of-date, dated ② (*archaisch*) ancient; LING archaic

Altertümlichkeit <-> *f kein pl* ancientness; (*archaische Art*) antiquity; LING archaic

Altertumskunde *f* archaeology BRIT, archeology AM

Altertumswert *m* antique value ▶ WENDUNGEN: **schon ~ haben** (*hum fam*) to be an antique

Alterung <-, -en> *f* ① (*Altwerden*) ageing, aging AM ② KOCHK maturation; *von Wein* aging

AlterungsprozessRR *m* ageing [*or* AM aging] process

älteste(r, s) *adj superl von* **alt** oldest

Älteste(r) *f(m) dekl wie adj* the oldest; ***ich glaube, mit 35 sind wir hier die ~n*** I think that, at 35, we're the oldest here; ■ **die ~n** REL, HIST the elders *pl*

Ältestenrat *m* council of elders; (*in der BRD*) parliamentary advisory committee (*consisting of members of all parties whose task it is to assist the President of the Bundestag*)

Altflöte *f* alto-flute

Altfranzösisch *nt* Old French **Altgerät** *nt* second-hand equipment **Altglas** *nt* glass for recycling; ***wir bringen unser ~ zum Altglascontainer*** we take our old bottles and jars to the bottle bank **Altglascontainer** *m* bottle bank BRIT, glass-recycling collection point AM **Altgold** *nt* old gold **altgriechisch** *adj* classical [*or* ancient] Greek **Altgriechisch** *nt* classical [*or* ancient] Greek **althergebracht, altherkömmlich** *adj* traditional; **eine ~e Sitte** an ancient custom; ■ **etwas Althergebrachtes** a tradition **althochdeutsch** *adj* Old High German **Althochdeutsch** *nt dekl wie adj* Old High German

Altist(in) <-en, -en> *m(f)* MUS alto
Altjahresabend *m* SCHWEIZ (*Silvester*) New Year's Eve **Altkleidersammlung** *f* collection of old [*or* used] clothes
altklug *adj* precocious
Altlast *f* ❶ ÖKOL poisonous waste ❷ (*Überbleibsel*) relic
ältlich *adj* oldish
Altmaterial *nt* ÖKOL waste material **Altmeister(in)** *m(f)* ❶ (*großer Könner*) doyen *masc,* doyenne *fem,* dab hand *fam* ❷ SPORT former champion **Altmetall** *nt* scrap metal **Altmetallcontainer** *m* can [*or* tin] bank BRIT, metal-recycling collection point AM **altmodisch** I. *adj* old-fashioned; (*rückständig*) old-fangled, old hat *pred fam;* ***das sind aber sehr ~e Methoden!*** those methods are very old hat! II. *adv* **~ gekleidet** dressed in old-fashioned clothes; **~ eingerichtet** furnished in an old-fashioned style **Altöl** *nt* used oil
Altpapier *nt* waste paper
Altpapiercontainer *m* paper bank BRIT, paper-recycling collection point AM **Altpapiersammlung** *f* waste paper collection
Altphilologe, -login *m, f* classical scholar, classicist
altrosa *adj inv* old rose
Altruismus <-> *m kein pl* BIOL, PSYCH altruism
altruistisch *adj* (*geh*) altruistic, selfless
Altschnee *m snow which has been lying for some time* **Altschulden** *pl* POL, ÖKON *public debt left behind by the former GDR* **Altsilber** *nt* ❶ (*Gebrauchtsilber*) old silver ❷ (*künstlich gedunkeltes Silber*) oxidized silver **Altsprachler(in)** <-s, -> *m(f)* (*fam*) *s.* **Altphilologe** **altsprachlich** *adj* SCH classical **Altstadt** *f* old town centre [*or* AM -er] **Altstadtsanierung** *f* restoration of [the] old town centre [*or* AM -er] **Altsteinzeit** *f* ARCHÄOL Palaeolithic [*or* AM Paleolithic] Age **altsteinzeitlich** *adj* ARCHÄOL Palaeolithic BRIT, Paleolithic AM; **der ~e Mensch** Palaeolithic man **altväterlich** I. *adj* ❶ (*überkommen*) old ❷ (*altmodisch*) old-fashioned, quaint ❸ (*patriarchalisch*) patriarchal II. *adv* in an old-fashioned way **Altwarenhändler(in)** *m(f)* second-hand dealer
Altweiberfas(t)nacht *f* DIAL *part of the carneval celebrations: last thursday before ash wednesday, when women assume control* **Altweibersommer** *m* ❶ (*Nachsommer*) Indian summer ❷ (*Spinnfäden im ~*) gossamer
Alu[1] *nt kurz für* **Aluminium**
Alu[2] *f* (*fam*) *Akr von* **Arbeitslosenunterstützung** dole BRIT *fam,* unemployment benefit AM
Alufelge *f* AUTO aluminium [*or* AM aluminum] [wheel] rim **Alufolie** *f* (*fam*) tin foil
Aluminium <-s> *nt kein pl* aluminium BRIT, aluminum AM
Aluminiumfolie *f* aluminium foil
Alveole <-, -en> *f* MED (*Lungenbläschen*) alveolus
Alzheimer <-s> *m* (*fam*), **Alzheimerkrankheit**[RR] *f kein pl* Alzheimer's [disease]; ■ **~ haben** to suffer from Alzheimer's [disease]
am = an dem ❶ *zur Bildung des Superlativs* ***ich fände es ~ besten, wenn …*** I think it would be best if …; ***es wäre mir ~ liebsten, wenn …*** I would prefer it if …; ***~ schnellsten/schönsten sein*** to be [the] fastest/most beautiful ❷ (*fam: beim*) ***ich bin ~ Schreiben!*** I'm writing!
Amalgam <-s, -e> *nt* MED, CHEM amalgam
Amateur(in) <-s, -e> [ama'tøːɐ] *m(f)* amateur
Amateurfotograf, -grafin <-s, -en> *m, f* amateur photographer **Amateurfunker(in)** *m(f)* TECH radio amateur
amateurhaft *adj* amateurish
Amateurin <-, -nen> *f fem form von* **Amateur**
Amateurliga *f* amateur league **Amateurmannschaft** *f* amateur team **Amateursport** *m* amateur sport **Amateurverein** *m* SPORT amateur club
Amazonas <-> *m* Amazon
Amazone <-, -n> *f* Amazon
Amberfisch *m* rock salmon
Ambiente <-> *nt kein pl* (*geh*) ambience *form*
Ambition <-, -en> *f meist pl* ambition; **~[en] haben** to be ambitious; **~[en] auf etw** *akk* **haben** to have designs *pl* [*or fam* one's eye] on sth
ambitioniert *adj* (*geh*) ambitious
ambivalent [-va-] *adj* (*geh*) ambivalent; **~e Gefühle haben** to have mixed feelings
Ambivalenz <-, -en> *f* ambivalence
Amboss[RR] <-es, -e> *m,* **Amboß** <-sses, -sse> *m* ❶ (*beim Schmied*) anvil ❷ ANAT anvil, incus *spec*
Ambrettekörner *pl* amber seed
ambulant I. *adj* out-patient *attr;* **ein ~er Patient** an out-patient II. *adv* **jdn ~ behandeln** to treat sb as an out-patient; **sich ~ versichern** to insure oneself against non-hospital treatment
Ambulanz <-, -en> *f* ❶ (*im Krankenhaus*) out-patient department ❷ (*Unfallwagen*) ambulance
Ameise <-, -n> *f* ant
Ameisenbär *m* anteater **Ameisenhaufen** *m* anthill **Ameisenigel** *m* ZOOL echidna, spiny anteater **Ameisenlöwe** *m* ZOOL ant lion, doodlebug **Ameisensäure** *f* formic acid
amen *interj* amen
Amen <-s, -> *nt* Amen ► WENDUNGEN: **so sicher wie das ~ in der Kirche** (*fam*) as sure as eggs are eggs, as sure as I'm standing here; **sein ~ zu etw geben** to give one's blessing [*or* the go-ahead] to sth
Americium <-s> *nt kein pl* americium
Amerika <-s> *nt* ❶ (*Kontinent*) America ❷ (*USA*) the USA, the United States, the States *fam;* **die Indianer ~s** the North American Indians
Amerikaner <-s, -> *m a small, round, flat, iced cake*
Amerikaner(in) <-s, -> *m(f)* American
amerikanisch *adj* ❶ (*in den USA beheimatet*) American; ***der Mississippi ist der längste ~e Fluss*** the Mississippi is the longest river in the USA ❷ (*auf dem ~en Kontinent beheimatet*) [North] American
amerikanisieren* *vt* ■**etw/jdn ~** to Americanize sth/sb
Amerikanistik <-> *f kein pl* American Studies
Amethyst <-s, -e> *m* amethyst
Amharisch *nt dekl wie adj* Amharic; *s. a.* **Deutsch**
Amharische <-n> *nt* ■**das ~** Amharic; *s. a.* **Deutsche**
Ami <-s, -s> *m* ❶ (*fam: US-Bürger*) Yank ❷ (*sl: US-Soldat*) GI
Aminogruppe *f* BIOL, CHEM amino group **Aminosäure** *f* amino acid
Ammann <-männer> *m* SCHWEIZ (*Land~*) cantonal president; (*Gemeinde~*) mayor; (*Vollstreckungsbeamte(r)*) [local] magistrate
Amme <-, -n> *f* wet nurse
Ammenmärchen *nt* (*fam*) old wives' tale
Ammer <-, -n> *f* ORN bunting
Ammoniak <-s> *nt kein pl* ammonia
Ammonit <-en, -en> *m* ARCHÄOL ammonite
Amnesie <-, -n> [*pl* -iːən] *f* amnesia
Amnestie <-, -n> *f* amnesty; **eine ~ [für jdn] verkünden** to declare [*or* grant] [BRIT *a.* an] amnesty [for sb]
amnestieren* *vt* ■**jdn ~** to grant sb [BRIT *a.* an] amnesty, to pardon sb
Amnestierte(r) *f(m) dekl wie adj* person who has been granted amnesty
Amnion <-s> *nt kein pl* ZOOL amnion
Amniozentese <-, -n> *f* MED (*Fruchtwasseruntersuchung*) amniocentesis

Amöbe <-, -n> *f* amoeba BRIT, AM *a.* ameba
Amöbenruhr *f* MED (*durch Amöben erzeugte Darmerkrankung*) amoebic [*or* AM *a.* amebic] dysentery
Amok <-s> *m* ~ **fahren** to run amok [*or* amuck]; ~ **laufen** running amok [*or* amuck]
Amokfahrer(in) *m(f)* mad [*or* crazed] driver **Amokfahrt** *f* rampant [*or* crazed] drive **Amoklauf** *m* rampage; **einen ~ aufführen** to run amok **Amokläufer(in)** *m(f)* madman, crazed person **Amokschütze, -schützin** *m, f* crazed gunman; **ein unbekannter ~** an unknown gunman
Amor <-s> *m kein pl* Cupid, Eros ► WENDUNGEN: **~s Pfeil** (*geh*) Cupid's arrow, love's arrows
amoralisch *adj* ❶ (*unmoralisch*) immoral ❷ (*außerhalb moralischer Werte*) amoral
Amortisation <-, -en> *f* (*Deckung vor Ertrag*) amortization
amortisieren* **I.** *vt* ÖKON **eine Investition ~** to amortize an investment **II.** *vr* ■ **sich ~** to pay for itself
amourös [amu'rø:s] *adj* (*geh*) amorous
Ampel <-, -n> *f* traffic lights *npl;* ***die ~ ist auf rot gesprungen*** the lights have turned red; ***fahr los, die ~ ist grün!*** drive on! it's green!; ***du hast eine rote ~ überfahren*** you've just driven through a red light
Ampelanlage *f* [set of] traffic lights **Ampelkoalition** *f* POL (*fam*) *a coalition of the three political parties, SPD, FDP and Greens, whose party colours are red, yellow and green respectively* **Ampelkreuzung** *f a crossroads where traffic is regulated by traffic lights* **Ampelphase** *f* sequence of traffic lights
Ampère <-[s], -> *nt* amp, ampere *form*
Ampèremeter *nt* ammeter **Ampèrestunde** *f* ampere hour
Amphetamin <-s, -e> *nt* amphetamine
Amphibie <-, -n> [*pl* -iən] *f* amphibian
Amphibienfahrzeug *nt* amphibian, amphibious vehicle
amphibisch *adj* amphibious
Amphitheater *nt* amphitheatre [*or* AM -er]
Amphore <-, -n> *f* amphora
Amplitude <-, -n> *f* PHYS amplitude
Ampulle <-, -n> *f* ampoule, AM *a.* ampul, AM *a.* ampule
Amputation <-, -en> *f* amputation
amputieren* **I.** *vt* ■ **jdn ~** to carry out an amputation on sb; **jdm ein Glied ~** to amputate sb's limb **II.** *vi* to amputate
Amputierte(r) *f(m) dekl wie adj* amputee
Amsel <-, -n> *f* blackbird
Amsterdam <-s> *nt* Amsterdam
Amt <-[e]s, Ämter> *nt* ❶ (*Behörde, Abteilung*) office, department; **aufs ~ gehen** (*fam*) to go to the authorities; **Auswärtiges ~** Foreign Office BRIT, State Department AM ❷ (*öffentliche Stellung*) post, position; (*hohe, ehrenamtliche Stellung*) office; **[noch] im ~ sein** to be [still] in office; **sein/ein ~ antreten** to take up one's post [*or* office]; **für ein ~ kandidieren** to be a candidate for an office/a post [*or* position], to go for an office/a post [*or* position] *fam;* **ein ~ innehaben** to hold an office; **jdn aus dem ~ entfernen** to remove sb from [his/her] office; **in ~ und Würde sein** to be a man/woman of position and authority ❸ (*offizielle Aufgabe*) responsibility, [official] duty; **kraft jds ~es** (*geh*) in one's official capacity; ***kraft ihres ~es als Vorsitzende*** acting in her capacity as president; **seines ~es walten** (*geh*) to carry out [*or* discharge] one's duty; **von ~s wegen** officially, ex officio *spec;* ***ich erkläre Sie von ~s wegen für verhaftet*** I arrest you in the name of the law ❹ TELEK (*Fernamt*) operator, exchange *dated;* (*freie Leitung*) outside line ❺ REL (*Hochamt*) [high] mass
amtieren* *vi* ❶ (*ein Amt innehaben*) to hold office; (*sein Amt angetreten haben*) to be in office; ■ **[als etw] ~** to hold office [as sth]; ■ **~d** official ❷ (*ein Amt vorübergehend wahrnehmen*) ■ **[als etw] ~** to act [as sth] ❸ (*fam: fungieren*) ■ **als etw ~** to act [as] sth; **als Gastgeber ~** to play host
amtierend *adj inv, attr* office-holding *attr,* present *attr*
amtlich I. *adj* official; *s. a.* **Kennzeichen II.** *adv* officially
Amtmann, -männin *o* **-frau** <-leute> *m, f* senior civil servant
Amtsanmaßung *f* JUR (*unbefugte Ausübung eines Amtes*) *impersonation of sb with official authority;* ***er wurde wegen ~ verurteilt*** he was found guilty of false pretences **Amtsantritt** *m* assumption of office; ***vor seinem ~*** before he took up office **Amtsarzt, -ärztin** *m, f* ADMIN ≈ medical officer **amtsärztlich I.** *adj* **ein ~es Attest** ≈ a health certificate from the medical officer **II.** *adv* MED **sich ~ untersuchen lassen** to be examined by the medical officer **Amtsbereich** *m* jurisdiction **Amtsblatt** *nt* official gazette **Amtsdauer** *f* term of office **Amtsdeutsch** *nt* (*pej*) officialese *pej* **Amtseid** *m* oath of office; **einen ~ ablegen** to be sworn in **Amtseinführung** *f* inauguration **Amtsenthebung** *f,* **Amtsentsetzung** *f* SCHWEIZ, ÖSTERR dismissal, removal from office **Amtsgang** *m* ADMIN official government transactions *pl* **Amtsgeheimnis** *nt* ❶ *kein pl* (*Schweigepflicht*) official secrecy; **dem ~ unterliegen** to be bound by official secrecy [*or esp* BRIT protected by the Official Secrets Act] ❷ (*geheime Information*) official secret **Amtsgericht** *nt* ≈ magistrates' [*or* AM district] court **Amtsgeschäfte** *pl* official duties **Amtshandlung** *f* (*geh*) official duty; **jdn bei der Ausführung einer ~ behindern** to obstruct sb in the course of his/her duties **Amtshilfe** *f* ADMIN *obligatory exchange of information between local or government authorities* **Amtsinhaber(in)** *m(f)* office-bearer [*or* -holder] **Amtsmissbrauch**[RR] *m* abuse of authority **amtsmüde** *adj* tired of office **Amtsperiode** *f* term of office **Amtsrichter(in)** *m(f)* ≈ magistrate BRIT, district court judge AM **Amtsschimmel** *m kein pl* (*hum fam*) bureaucracy, red tape; **dem ~ ein Ende bereiten** to cut the red tape; **den ~ reiten** to tie everything up with red tape; **den ~ wiehern hören** to see oneself caught up in red tape **Amtssprache** *f* ❶ *kein pl* (*Amtsdeutsch*) official language, officialese *pej* ❷ (*offizielle Landessprache*) official language **Amtsstunden** *pl* office hours **Amtsträger(in)** *m(f)* office bearer **Amtsübernahme** *f* assumption of office; **bei ~** on assuming office **Amtsvergehen** *nt* offence [*or* AM -se] committed by public servant **Amtsvormund** *m* official guardian (*appointed by the courts*) **Amtsvorsteher(in)** *m(f)* head [*or* director] [of a department] **Amtsweg** *m* official channels *pl;* **auf dem ~** through official channels; **den ~ beschreiten** (*geh*) to go through official channels **Amtszeichen** *nt* dialling [*or* AM dial] tone **Amtszeit** *f* period of office, term [*or* tenure] [of office] **Amtszimmer** *nt* office
Amulett <-[e]s, -e> *nt* amulet
amüsant I. *adj* entertaining, amusing **II.** *adv* entertainingly; **sich ~ unterhalten** to have an amusing conversation
amüsieren* **I.** *vr* ■ **sich ~** enjoy oneself; ***amüsiert euch gut!*** have a good time!; ■ **sich mit jdm ~** to have a good time with sb; ■ **sich über jdn/etw ~** to laugh about sb/sth; ■ **sich darüber ~, dass** to laugh about the fact that **II.** *vt* ■ **jdn ~** to amuse sb; ***du grinst? was amüsiert dich denn so?*** what are you grinning about?; ***dein Benehmen amüsiert mich nicht sehr!*** I don't find your behaviour very amusing!; **etw zum Amüsieren finden** to find sth amus-

ing

Amüsierviertel *nt* red light district

amusisch *adj* (*geh*) uncultivated, uncultured, philistine *pej*

Amylase <-, -n> *f* BIOL amylase

an **I.** *präp* ① +*dat* (*direkt bei*) at; **der Knopf ~ der Maschine** the button on the machine; **nahe ~ der Autobahn** close to the motorway [*or* AM freeway]; ~ **dieser Stelle** in this place, on this spot ② +*dat* (*in Berührung mit*) on; ***er nahm sie ~ der Hand*** he took her by the hand ③ +*dat* (*auf/bei*) at; ***sie ist am Finanzamt*** she works for the Inland Revenue ④ +*dat* (*zur Zeit von*) on; ~ **den Abenden** in the evenings; ~ **jenem Morgen** that morning; ~ **Weihnachten** at Christmas; (*25. Dezember*) on Christmas Day ⑤ +*dat* (*verbunden mit einer Sache/Person*) about; **das Angenehme/Besondere/Schwierige ~ etw** the nice [*or* pleasant]/special/difficult thing about sth; ***was ist ~ ihm so besonders?*** what's so special about him?; ***das gefällt mir gar nicht ~ ihr*** I don't like that about her at all ⑥ +*dat* (*nebeneinander*) **Tür ~ Tür wohnen** to be next-door neighbours [*or* AM -ors]; ***in der Altstadt steht Haus ~ Haus dicht beieinander*** in the old town the houses are very close together; ***die Zuschauer standen dicht ~ dicht*** the spectators were packed close together ⑦ +*dat* SCHWEIZ (*auf*) on; (*bei*) at; (*in*) in; ***das kam gestern am Fernsehen*** it was on television yesterday ⑧ +*akk räumlich* ***sie ging ~s Klavier*** she went to the piano; ***er setzte sich ~ den Tisch*** he sat down at the table; ***die Hütte war ~ den Fels gebaut*** the hut was built on the rocks; **bis ~ etw reichen** to reach as far as sth; ***pflanze den Baum nicht zu dicht ~s Haus*** don't plant the tree too close to the house; ***er schrieb etw ~ die Tafel*** he wrote sth on the board; **etw ~ etw lehnen** to lean sth against sth; ***er setzte sich gleich ~ den Computer*** he went straight to the computer ⑨ +*akk* (*sich wendend*) to; ~ **das Telefon gehen** to answer the telephone; ~ ***dieses Gerät lasse ich keinen ran!*** I won't let anybody touch this equipment! ⑩ +*akk zeitlich* (*sich bis zu etw erstreckend*) of, about; ***sie dachten nicht ~ Morgen*** they didn't think about [*or* of] tomorrow; ***kannst du dich noch ~ früher erinnern?*** can you still remember the old days? ⑪ +*akk* SCHWEIZ (*zu*) to ▸ WENDUNGEN: ~ **jdm/etw** __**vorbei**__ past; ~ [**und für**] __**sich**__ actually; *s. a.* **ab II.** *adv* ① (*ungefähr*) ■ ~ **die ...** about, approximately ② (*Ankunftszeit*) arriving at ③ ELEK (*fam: angeschaltet*) on; ~ **sein** to be on; *Licht a.* to be burning ④ (*fam: angezogen*) on; **ohne etwas ~** with nothing on ⑤ (*zeitlich*) **von etw ~** from sth on [*or* onwards]; ***von seiner Kindheit ~*** from the time he was a child; **von jetzt ~** from now on

Anabolikum <-s, -ka> *nt* anabolic steroid

Anabolismus <-> *m kein pl* BIOL anabolism

Anachronismus <-, -nismen> *m* (*geh*) anachronism

anachronistisch *adj* (*geh*) anachronistic

Anaerobier <-s, -> *m* BIOL anaerobe

Anakonda <-, -s> *f* anaconda

anal **I.** *adj* anal **II.** *adv* anally; ~ **fixiert sein** PSYCH to be anally retentive; ~ **verkehren** to have anal intercourse

analog **I.** *adj* ① (*entsprechend*) analogous ② INFORM analog **II.** *adv* ① (*entsprechend*) analogous; ■ ~ [**zu etw** *dat*] analogous [to [*or* with] sth] ② INFORM as an analog

Analogie <-, -n> [*pl* -iːən] *f* analogy; **in ~ zu etw** in analogy to sth

Analogieschluss^RR *m* PHILOS argument by analogy

Analogrechner *m* analogue computer **Analogtachometer** *m* TECH, AUTO analogue tachometer **Analoguhr** *f* analogue watch

Analphabet(in) <-en, -en> [ˈanʔalfabeːt] *m(f)* illiterate; (*pej: Unwissende(r)*) ignoramus

Analphabetentum <-s> *nt*, **Analphabetismus** <-> *m kein pl* illiteracy

Analphabetin <-, -nen> *f fem form von* **Analphabet**

Analverkehr *m* anal sex

Analyse <-, -n> *f* analysis

analysieren* *vt* ■ **etw/jdn** ~ to analyze sth/sb

Analysis <-> *f kein pl* MATH analysis

Analytiker(in) <-s, -> *m(f)* (*geh*) analyst

analytisch **I.** *adj* (*geh*) analytic, analytical **II.** *adv* analytically

Anämie <-, -n> [*pl* -iːən] *f* MED anaemia BRIT, anemia AM

anämisch *adj* MED (*blutarm*) anemic

Anamnese <-, -n> *f* MED patient's history, anamnesis *spec*

Ananas <-, – *o* -se> *f* pineapple

Anarchie <-, -n> [*pl* -iːən] *f* anarchy

Anarchismus <-> *m kein pl* anarchism

Anarchist(in) <-en, -en> *m(f)* anarchist

anarchistisch *adj* anarchic, anarchical

Anarcho <-s, -s> *m* (*sl*) anarchist, anarcho-syndicalist

Anästhesie <-, -n> [*pl* -iːən] *f* anaesthesia BRIT, anesthesia AM

Anästhesist(in) <-en, -en> *m(f)* anaesthetist BRIT, anesthetist AM

Anatolien <-s> *nt* Anatolia

Anatomie <-, -n> [*pl* -iːən] *f* ① *kein pl* (*Fach*) anatomy ② (*Institut*) institute of anatomy

Anatomiesaal *m* anatomy theatre [*or* AM -er]

anatomisch **I.** *adj* anatomic, anatomical **II.** *adv* anatomically

an|backen *vi* KOCHK to stick, to cake on

an|baggern *vt* (*sl*) ■ **jdn** ~ to chat sb up BRIT, to hit on sb AM

an|bahnen **I.** *vt* (*geh*) ■ **etw** ~ (*anknüpfen*) to pave the way for sth; (*in die Wege leiten*) to prepare [the ground] for sth; ■ **das Anbahnen** preparation, spadework *fam* **II.** *vr* ① (*sich andeuten*) ■ **sich** ~ to be in the offing [*or* on the horizon] ② (*sich entwickeln*) ■ **sich** [**bei jdm**] ~ to be in the making; ***hoffentlich bahnt sich da keine Erkältung*** [***bei dir***] ***an!*** I hope you're not getting a cold!; ***zwischen ihnen bahnt sich etwas an*** there's sth going on there

an|bändeln *vi* ① (*Liebesbeziehung beginnen*) ■ **mit jdm** ~ to take up with sb ② (*Streit anfangen*) ■ **mit jdm** ~ to start an argument with sb

Anbau[1] *m kein pl* AGR cultivation

Anbau[2] <-bauten> *m* ① (*Nebengebäude*) extension, annexe BRIT, annex AM ② *kein pl* (*das Errichten*) building

an|bauen[1] *vt* ■ **etw** ~ to grow [*or* cultivate] sth

an|bauen[2] **I.** *vt* ■ **etw** [**an etw** *akk*] ~ to build an extension [to sth] **II.** *vi* to extend, to build an extension

Anbaufläche *f* AGR ① (*zum Anbau geeignete Fläche*) land suitable for cultivation ② (*bebaute Ackerfläche*) acreage **Anbaugebiet** *nt* AGR area [of cultivation]

Anbeginn *m* (*geh*) beginning; **seit ~** [**einer S.** *gen*] since the beginning [of sth]; ***seit ~ der Welt*** since the world began; **von ~** [**an**] [right] from the beginning

an|behalten* *vt irreg* ■ **etw** ~ to keep sth on

anbei *adv* (*geh*) enclosed; ~ ***die erbetenen Prospekte*** please find enclosed the requested brochure

an|beißen *irreg* **I.** *vi* ① (*den Köder beißen*) to take [*or* nibble at] the bait ② (*fam: Interesse haben*) to show interest, to take the bait **II.** *vt* ■ **etw** ~ to take a bite of [*or* bite into] sth ▸ WENDUNGEN: __**zum**__ **Anbeißen** (*fam*) fetching BRIT, hot AM *sl*

anbieten

nach Wünschen fragen, etwas anbieten	asking people what they want, offering something
Kann ich Ihnen helfen?/Was darf's sein?	**Can I help you?/What'll it be?**
Haben Sie irgendeinen Wunsch?	**Would you like anything?**
Was hättest du denn gern?	**What would you like?**
Was möchtest/magst du essen/trinken?	**What would you like** to eat/drink?
Wie wär's mit einer Tasse Kaffee? *(fam)*	**How about** a cup of coffee?
Darf ich Ihnen ein Glas Wein **anbieten**?	**May I offer you** a glass of wine?
Sie können gern mein Telefon benutzen.	**You're welcome** to use my phone.
Angebote annehmen	accepting offers
Ja, bitte./Ja, gern.	**Yes please./I'd love one.**
Danke, das ist nett/lieb von dir.	**Thanks, that's kind of you.**
Ja, das wäre nett.	**Yes, that would be kind.**
Oh, das ist aber nett!	**Oh, that's nice of you!**
Angebote ablehnen	turning down offers
Nein, danke!	**No, thanks!**
Aber das ist doch nicht nötig!	**But that's not necessary!/You shouldn't have!**
Das kann ich doch nicht annehmen!	**I can't (possibly) accept this!**
zögern	hesitating
Ich weiß nicht so recht.	**I'm not sure.**
Ich kann Ihnen noch nicht sagen, ob ich Ihr Angebot annehmen werde.	**I can't tell you yet whether or not** I'm going to accept your offer.
Ich muss darüber noch nachdenken.	**I still have to think about it.**
Ich kann Ihnen noch nicht zusagen.	**I can't accept yet.**

an|belangen* *vt (geh)* ■**jdn ~** to be sb's business, to concern sb; **was jdn/etw anbelangt, ...** as far as sb/sth is concerned...; ***was die Sache anbelangt ...*** as far as that is concerned ...

an|bellen *vt* ■**jdn ~** to bark at sb

an|beraumen* *vt (geh)* ■**etw ~** to fix [*or* arrange] sth; **einen Termin ~** to set [*or* fix] a date

an|beten *vt* ❶ REL ■**jdn/etw ~** to worship sb/sth ❷ *(verehren)* ■**jdn ~** to adore [*or* worship] sb

Anbeter(in) <-s, -> *m(f)* REL worshipper, devotee

Anbetracht *m* ■**in ~ einer S.** *gen* in view of; **in ~ dessen, dass** in view of the fact that

an|betreffen* *vt irreg (geh) s.* **anbelangen**

an|betteln *vt* ■**jdm ~** to beg from sb; ■**[jdn] um etw ~** to beg [sb] for sth

Anbetung <-, *selten* -en> *f* REL worship, adoration

an|biedern *vr (pej)* ■**sich [bei jdm] ~** to curry favour [*or* AM -or] with sb, to crawl [to sb]; ■**~d** crawling, ingratiating *form*

Anbiederung <-, -en> *f* ingratiation; ***ihre ~ an ihn ist wirklich abstoßend*** the way she fawns all over him is really disgusting

Anbiederungsversuch *m* attempt to ingratiate oneself; ***seine ~e gehen mir auf die Nerven*** his attempts to butter me up are getting on my nerves

an|bieten *irreg* **I.** *vt* ■**[jdm] etw ~** to offer [sb] sth, to offer sth [to sb]; ***darf ich Ihnen noch ein Stück Kuchen ~?*** would you like another piece of cake?; ***na, was bietet die Speisekarte denn heute an?*** well, what's on the menu today?; ***dieser Laden bietet regelmäßig verschiedene Südfrüchte an*** this shop often has exotic fruit for sale; ***diesen Fernseher kann ich Ihnen besonders günstig ~*** I can give you a particularly good price for this TV **II.** *vr* ❶ *(sich zur Verfügung stellen)* ■**sich [jdm] als etw ~** to offer [*or* volunteer] one's services as sth to sb; ***darf ich mich Ihnen als Stadtführer ~?*** my services as guide are at your disposal; ■**sich ~, etw zu tun** to offer [*or* volunteer] to do sth ❷ *(nahe liegen)* ■**sich [für etw] ~** to be just the right thing [for sth]; ***eine kleine Pause würde sich jetzt ~*** a little break would be just the thing now; ***es bietet sich leider keine andere Alternative an*** unfortunately, there's no alternative; ■**es bietet sich an, das zu tun** it would seem to be the thing to do; ***bei dem Wetter bietet es sich doch an, einen Ausflug zu unternehmen*** this is just the right weather for a trip somewhere

Anbieter(in) *m(f)* supplier

an|binden *vt irreg* ❶ *(festbinden)* ■**jdn/etw [an etw** *akk o dat*] **~** to tie sb/sth [to sth]; ***die Kähne waren fest an den Anlegern angebunden*** the barges were moored to the jetty ❷ *(durch Pflichten einschränken)* ■**jdn ~** to tie sb down; *(jds Freiheit einschränken)* to keep sb on a lead ❸ TRANSP ■**etw an etw** *akk* **~** to connect sth to sth

Anblick *m* sight; **einen erfreulichen/Furcht erregenden ~ bieten** to be a welcoming/horrifying sight; ***das war kein schöner ~!*** it was not a pretty sight!; **beim ~ einer S.** *gen* at the sight of; **beim ersten ~** at first sight

an|blicken *vt (geh)* ■**jdn ~** to look at sb; ***er blickte sie lange und versonnen an*** he gazed at her, lost in thought; ***er blickte sie kurz an*** he glanced at her

an|blinzeln *vt* ■**jdn ~** to blink at sb; *(zublinzeln)* to wink at sb

an|bohren *vt* ❶ *(ein Loch bohren)* ■**etw ~** to drill [*or* bore] into sth ❷ *(zugänglich machen)* ■**etw ~** to drill for sth ❸ ZOOL ■**etw ~** to eat into sth

Anbot <-[e]s, -e> *nt* ÖSTERR *(geh: Angebot)* offer

an|braten *vt irreg* KOCHK ■**etw ~** to fry sth until brown

an|brauchen *vt (fam)* ■**etw ~** to open [*or* start] sth; **eine angebrauchte Flasche Cola** an open bottle of coke; **eine angebrauchte Tüte Chips** an open [*or* a half-eaten] packet of crisps [*or* AM chips]

an|bräunen *vt* KOCHK ■**etw ~** to brown sth

an|brechen *irreg* **I.** *vi sein* to begin; *Tag* to dawn, to break *form; Winter, Abend* to set in; *Dunkelheit, Nacht* to fall; ***wir redeten bis der Tag anbrach*** we talked until the break of day **II.** *vt haben* ■ **etw** ~ ① (*zu verbrauchen beginnen*) to open sth; **eine Packung Kekse** ~ to open [*or* start] a packet of biscuits; **die Vorräte** ~ to break into supplies; ■ **angebrochen** opened, half-eaten *fam;* ***wir haben den angebrochenen Urlaub daheim verbracht*** we spent the rest of the holiday at home ② (*auszugeben beginnen*) to break sth; ***ich wollte den Hunderter nicht*** ~ I didn't want to break the hundred mark note ③ (*teilweise brechen*) to chip sth

an|brennen *irreg* **I.** *vi sein* ① (*verkohlen*) to burn; ■ **etw** ~ **lassen** to let sth burn; ***es riecht hier so angebrannt*** it smells of burning in here ② (*zu brennen beginnen*) to burn; ***tu erst Papier unter die Kohle, dann brennt sie leichter an!*** put paper under the coal so that it ignites better ▸ WENDUNGEN: **nichts** ~ **lassen** (*fam*) to not hesitate [*or* let an opportunity go past one] **II.** *vt haben* ■ **etw** ~ to ignite sth

an|bringen *vt irreg* ① (*befestigen*) ■ **etw** [**an etw** *dat*] ~ to hang sth [on sth], to fix sth [to sth] ② (*montieren*) **Beschläge** ~ to attach [*or* mount] fittings; **ein Gerät** ~ to instal a piece of equipment; **ein Regal** ~ to put up a shelf ③ (*vorbringen*) ■ **etw** ~ to introduce [*or* mention] sth; *s. a.* **angebracht** ④ (*äußern*) ■ **etw** [**bei jdm**] ~ to make sth [to sb] ⑤ (*verwenden*) ■ **etw** [**in etw** *dat*] ~ to make use of sth [in sth], to put sth to good use ⑥ (*fam: herbeibringen*) ■ **jdn/etw** ~ to bring sb/sth [along] ⑦ (*fam*) ■ **etw** [**bei jdm**] ~ to sell [*or sl* flog] sth [to sb]

Anbruch *m kein pl* (*geh*) dawn, beginning *form;* **bei** ~ **des Tages** at the break of day, at daybreak [*or* dawn]; **bei** ~ **der Dunkelheit** at dusk

an|brüllen I. *vt* ① (*fam: wütend laut ansprechen*) ■ **jdn/etw** ~ to shout at sb/sth ② (*in jds Richtung brüllen*) ■ **jdn** ~ to bawl at sb; *Löwe* to roar at sb; *Bär* to snarl at sb; *Stier* to bellow at sb **II.** *vi* (*fam*) ■ **gegen jdn/etw** ~ to shout sb/sth down, to make oneself heard above sb/sth

Anchovis <-, -> [an'ʃo:vɪs] *f* anchovy

Andacht <-, -en> *f* prayer service; **in** [*o* **mit**] [*o* **voller**] ~ REL in [*or* with] devotion; **voller** ~ (*geh*) in rapt devotion

andächtig I. *adj* ① REL devout, reverent ② (*ehrfürchtig*) reverent; (*in Gedanken versunken*) rapt **II.** *adv* ① REL devoutly, religiously ② (*hum: ehrfürchtig*) reverently; (*inbrünstig*) raptly

Andächtige(r) *f(m) dekl wie adj* REL worshipper, devotee

Andamanisches Meer *nt* Andaman Sea

an|dämpfen *vt* KOCHK *s.* **andünsten**

Andauer *f kein pl* continuance; ***mit einer ~ des milden Wetters ist weiterhin zu rechnen*** the mild weather is expected to continue

an|dauern *vi* to continue; *Gespräche, Meeting* to go on

andauernd I. *adj* continuous, persistent; **bis in die späten Abendstunden** ~ going on well into the night **II.** *adv* continuously, persistently; ***jetzt schrei mich nicht ~ an*** stop shouting at me all the time

Anden *pl* Andes *npl*

Andenken <-s, -> *nt* ① (*Souvenir*) souvenir *a. fam* ② (*Erinnerungsstück*) ■ **ein** ~ **an jdn/etw** a keepsake from sb/sth; **zum** ~ **an jdn/etw** as a keepsake of sb/sth, in memory of sb/sth ③ *kein pl* (*Erinnerung*) memory; **zum** ~ **an jdn** in memory [*or* remembrance] of; **jdm ein ehrendes** ~ **bewahren** (*geh*) to honour [*or* AM -or] sb's memory; (*jdm gedenken*) to commemorate sb; **jdn/etw in freundlichem** ~ **behalten** in fond memory of sb; **im** ~ **an ...** in memory of ...

andere(r, s) *pron indef* ① *adjektivisch* (*abweichend*) different, other; ***das ist eine ~ Frage*** that's another [*or* a different] question; **bei einer ~n Gelegenheit** another time; **das** ~ **Geschlecht** the opposite sex; **ein ~s Mal** another time; **eine** ~ **Meinung haben, einer ~n Meinung sein** to have [*or* be of] a different opinion; **eine ganz** ~ **Sache** an entirely different matter ② *adjektivisch* (*weitere*) other; ***er besitzt außer dem Mercedes noch drei ~ Autos*** apart from the Mercedes, he's got three more cars; ***haben Sie noch ~ Fragen?*** have you got any more [*or* further] questions? ③ ■ **andere** *substantivisch* (*sonstige*) more, others; ***es gibt noch ~, die warten!*** there are others waiting!; ***ich habe nicht nur diese Brille, sondern noch*** ~ I've got more than just this one pair of glasses; ■ **das/der/die** ~ the other; ■ **ein ~r/eine ~/ein ~s** [an]other, a different one; ***eines ist schöner als das ~!*** each one is more beautiful than the last! ④ ■ **andere** *substantivisch* (*sonstige Menschen*) others; ■ **der/die** ~ the other [one]; ■ **ein ~r/eine** ~ someone else; ■ **die ~n** the others; **alle ~n** all the others; **wir ~n** the rest of us; **jede/jeder** ~ anybody else; **keine ~/kein ~r als ...** nobody [*or* no one else] but ...; **weder den einen/die eine noch den ~n/die** ~ neither one of them; **einer nach dem ~n, eine nach der ~n** one after the other; **der eine oder** ~ one or two people; ***falls dem einen oder ~m etwas einfällt*** if any of you have an idea; ***ich will weder den einen noch den ~n einladen*** I don't want to invite either one; **auf** ~ **hören** to listen to others; ***2 Kinder haben sie schon, sie wollen aber noch*** ~ they've already got 2 children but they want more; ***gab es noch ~ [Frauen] in deinem Leben?*** were there other women in your life?; ***hast du eine ~?*** is there someone else?, have you got another woman?; ***auch ~ als ich denken so*** other people think the same as I do; **da muss ein ~r kommen** (*fig*) it will take more than him/you etc ⑤ ■ **anderes** *substantivisch* (*Abweichendes*) other things *pl;* ***das T-shirt ist schmutzig — hast du noch ein ~s*** that t-shirt is dirty — have you got another one?; ■ **etwas/nichts ~s** [*o* **A~s**] something/anything else; ***hattest du an etwas ~s gedacht/ etwas ~s erwartet?*** what did you expect?; ***ich hatte nichts ~s erwartet*** I didn't expect anything else; ***das ist natürlich etwas ~s!*** that's a different matter altogether; ***das ist etwas ganz ~s!*** that's something quite different; ***es bleibt uns nichts ~s übrig*** there's nothing else we can do; ***lass uns von etwas ~m sprechen*** let's talk about something else, let's change the subject; ***dem hätte ich was ~s erzählt!*** (*fam*) I would have given him a piece of my mind; **nichts ~s** [*o* **A~s**] [**mehr**] **tun wollen, als ...** to not want to do anything else than ...; **nichts ~s** [*o* **A~s**] **als** nothing but; ***das bedeutet doch nichts ~s als die totale Pleite*** it means only one thing and that is total ruin; **alles** ~ everything else; **alles** ~ **als ...** anything but ...; **ein[e]s nach dem ~n** first things first; **so kam eins zum ~n** one thing led to another; **weder das eine noch das** ~ neither [one]; (*tun wollen*) not either; **und ~s mehr** and much more besides; **unter ~m ...** ... amongst other things, including ...

ander(e)nfalls *adv* otherwise **ander(e)norts** *adv* (*geh*) elsewhere; ~ ***ist es auch nicht anders!*** it's no different anywhere else!

and(e)rerseits *adv* on the other hand

andermal *adv* ■ **ein** ~ another [*or* some other] time

ändern I. *vt* ① (*verändern*) ■ **etw** ~ to change [*or* alter] sth; ***ich kann es nicht*** ~ I can't do anything about it; **[s]eine Meinung** ~ to change one's mind; **den Namen** ~ to change one's name; **das ändert nichts daran, dass ...** that doesn't change [*or* alter] the fact that; ***das alles ändert nichts an der Tatsache, dass …*** none of that changes [*or* alters] the fact that …; ***daran kann man nichts*** ~ there's nothing anyone/we/you can do about it ② MODE ■ **[jdm] etw** ~ to alter sth [for sb]; (*kleiner machen*) to take sth in; (*die Naht auslassen*) to let sth out **II.** *vr* ■ **sich** ~ to change; ***in meinem Leben muss sich einiges*** ~ there will have to be some changes in my life; ***die Windrichtung hat sich geändert*** the wind has changed direction; ***es hat sich nichts geändert*** nothing's changed; ■ **sich an etw** *dat* ~ to change; **das lässt sich nicht** ~ there's nothing that can be done about it, you can't do anything about it

anders *adv* ① (*verschieden*) differently; ***die Sachen sind doch etwas*** ~ ***als erwartet gelaufen*** things have progressed in a different way to what we expected; ***sie denkt*** ~ ***als wir*** she has a different point of view from us; ***diese Musik klingt schon ganz*** ~ this music sounds completely different; ***als braves Kind gefällst du mir ganz*** ~ I like you much more when you behave; ■ ~ **als …** different to [*or* from] [*or* AM *a.* than] …; ~ **als sonst** different than usual; **es sich** *dat* ~ **überlegen** to change one's mind; ~ **denkend** dissenting, dissident; ~ **gesinnt** of a different opinion; ~ **lautend** contrary, different ② (*sonst*) otherwise; ~ ***kann ich es mir nicht erklären*** I can't think of another explanation; **jemand** ~ somebody [*or* someone] [*or* anybody] else; **niemand** ~ nobody [*or* no one] else; ***lass außer mir niemand*** ~ ***rein!*** don't let anybody in except [for] me!; **was/wer/wo** ~**?** what/who/where else?; **nicht** ~ **gehen** to be able to do nothing about sth; ***es ging leider nicht*** ~ I'm afraid I couldn't do anything about it ▸ WENDUNGEN: **auch** ~ **können** (*fam*) ***ich kann auch*** ~***!*** (*fam*) you'd/he'd etc. better watch it!; **nicht** ~ **können** (*fam*) to be unable to help it [*or* oneself]; ***ich konnte nicht*** ~ I couldn't help it; **jdm wird ganz** ~ (*schwindelig*) to feel dizzy; **da wird einem ja ganz** ~**!** (*ärgerlich zumute*) it makes [*or* it's enough to make] one's blood boil

andersartig *adj* different **andersdenkend** *adj attr s.* **anders 1** **Andersdenkende(r)** *f(m) dekl wie adj* dissident

anderseits *adv s.* **and[e]rerseits**

andersfarbig **I.** *adj* of a different colour [*or* AM -or] [*or liter* hue] **II.** *adv* a different colour [*or* AM -or]; ~ **lackiert** painted a different colour **andersgesinnt** *adj s.* **anders 1** **Andersgesinnte(r)** *f(m) dekl wie adj* person of a different opinion **andersgläubig** *adj* REL of a different faith **Andersgläubige(r)** *f(m) dekl wie adj* REL follower of a different faith **anders(he)rum** **I.** *adv* the other way round **II.** *adj pred* (*fam: homosexuell*) gay **anderslautend** *adj attr* (*geh*) *s.* **anders 1** **Anderslautende** *nt* contrary reports; ***ich habe nichts*** ~***s gehört*** I haven't heard anything to the contrary **andersrum** *adv, adj* (*fam*) *s.* **anders[he]rum** **anderssprachig** *adj* ① (*abgefasst*) in another language ② (*sprechend*) speaking a different language **anderswo** *adv* ① (*an einer anderen Stelle*) somewhere else ② (*an anderen Orten*) elsewhere **anderswoher** *adv* from somewhere else **anderswohin** *adv* somewhere else, elsewhere

anderthalb *adj* one and a half; ***meine Tochter ist*** ~ ***Jahre alt*** my daughter is one and a half; ~ **Kilometer** one kilometer and a half; ~ **Stunden** an hour and a half

anderthalbmal *adv* one and a half times; ~ **so viel …** half as much … again

Änderung <-, -en> *f* ① (*Abänderung*) change, alteration; *Gesetz* amendment; *Entwurf, Zeichnung* modifications *pl;* ■ **die** ~ **an etw** *dat* the alteration to; **eine** ~/~**en an etw** *dat* **vornehmen** to make a change/changes to sth, to change sth; **geringfügige** ~**en** slight alterations; **„**~**en vorbehalten"** "subject to change" ② MODE alteration ③ (*Wandel*) change; **eine** ~ **des Wetters** a change in the weather

Änderungsantrag *m* POL amendment **Änderungschneiderin** <-, -nen> *f fem form von* **Änderungsschneider** seamstress **Änderungsschneider(in)** *m(f)* ≈ tailor *masc,* ≈ seamstress *fem* **Änderungsschneiderei** *f* MODE tailor's [shop] **Änderungsvorschlag** <*pl* -vorschläge> *m* proposed change [*or* amendment]; **einen** ~/**Änderungsvorschläge machen** to suggest a change, to make a suggestion for change **Änderungswunsch** <*pl* -wünsche> *m* proposed changes [*or* alterations]; **einen** ~/**Änderungswünsche haben** to want to make changes [*or* alterations]

anderweitig **I.** *adj attr* other, further **II.** *adv* ① (*mit anderen Dingen*) with other matters; ~ **beschäftigt sein** to be busy with other things, to be otherwise engaged ② (*von anderer Seite*) somewhere else, elsewhere; ***mir sind*** ~ ***bereits 200.000 DM geboten worden*** somebody else has offered me DM 200,000 ③ (*bei anderen Leuten*) other people; ~ **verpflichtet sein** to have other committments ④ (*an einen anderen*) to somebody else ⑤ (*anders*) in a different way; **sich** ~ **entscheiden** to make an alternative decision; **etw** ~ **verwerten** to make use of sth another way

an|deuten **I.** *vt* ① (*erwähnen*) ■ **etw** ~ to indicate [*or* make a reference to] sth ② (*zu verstehen geben*) ■ **[jdm] etw** ~ to imply sth [to sb]; ***was wollen Sie damit*** ~***?*** what are you getting at?; ***was wollen Sie mir gegenüber*** ~***?*** what are you trying to tell me?; ***sie hat es nicht direkt gesagt, nur angedeutet*** she didn't say it out loud but she implied it; ■ ~**, dass/was** to make it clear [that] ③ KUNST, MUS (*in Umrissen erkennen lassen*) ■ **jdn/etw** ~ to outline [*or* sketch] sb/sth **II.** *vr* ■ **sich [bei jdm]** ~ to be signs [*or* indications] of sth; ***eine Verbesserung/ Veränderung deutet sich an*** there are indications of improvement/of a change

Andeutung *f* ① (*flüchtiger Hinweis*) hint; ***aus ihren*** ~***en konnte ich schließen, dass …*** I gathered from her remarks that …; **eine** ~ **fallen lassen** to drop a hint; **eine** ~ **auf etw sein** to be a reference to sth; **bei der geringsten** ~ **von sth** at the first sign of sth; **eine versteckte** ~ an insinuation; **eine** ~ **[über jdn/etw] machen** to make a remark [about sb/sth], to imply sth [about sb] ② (*Spur*) hint, trace

andeutungsweise **I.** *adv* ① (*indirekt*) as an indication of; **jdm etw** ~ **zu verstehen geben** to indicate sth to sb; ***davon war nur*** ~ ***die Rede*** it was merely hinted at ② (*rudimentär*) as an intimation **II.** *adj attr* (*selten*) **ein** ~**s Lächeln** the shadow [*or* a hint] of a smile

an|dicken *vi* KOCHK to thicken

an|dienen **I.** *vt* ■ **jdm etw** ~ to press sth on sb; ■ **sich** *dat* **etw von jdm** ~ **lassen** to be forced [*or* bludgeoned] into [doing] sth by sb **II.** *vr* ■ **sich jdm [als etw]** ~ to offer sb one's services [*or* oneself] [as sth]

an|docken *vi* ■ **[an etw** *dat***]** ~ to dock [with sth]; *Virus a.* to attach [to sth]

Andorra <-s> *nt* GEOG Andorra

Andorraner(in) <-s, -> *m(f)* Andorran

andorranisch *adj* Andorran

Andrang *m kein pl* ① (*hindrängende Menschenmenge*) crush; ~ **der Menschen** rush of people; **ein großer** ~ a throng of people, a large crowd ② (*Zustrom*) rush, surge

andre(r, s) *adj s.* **andere(r, s)**

Andreaskreuz *nt* ① REL St. Andrew's cross ② (*Verkehrszeichen*) diagonal cross

an|drehen *vt* ① (*anstellen*) ■ **etw** ~ to turn [*or* switch] sth on ② (*festdrehen*) ■ **etw** ~ to tighten sth ③ (*fam: verkaufen*) ■ **jdm etw** ~ to flog sb sth *sl;* ■ **sich** *dat* **etw** ~ **lassen** to be flogged sth

andrerseits *adv s.* **and[e]rerseits**

Androgen <-s, -e> *nt* androgen

androgyn *adj* androgynous

an|drohen *vt* ■ **jdm etw** ~ to threaten sb with sth; ***er drohte ihm Prügel an*** he threatened to beat him up

Androhung *f* threat; **unter** ~ **einer S.** *gen* [*o* **von etw**] under [*or* with] threat of sth; JUR under penalty of sth

Android(e) <-en, -en> [andro'i:t, *pl* -'i:dən] *m* android

Andruck¹ <-drucke> *m* TYPO proof

Andruck² *m kein pl* PHYS accelerative force

an|drucken *vi* TYPO to start printing

an|dünsten *vt* KOCHK ■ **etw** ~ to braise sth lightly

an|ecken *vi sein* (*fam*) to put people's backs up *fam;* ■ **bei jdm** ~ to put sb's back up *fam,* to rub sb the wrong way *fam*

an|eignen *vr* ■ **sich** *dat* **etw** ~ ① (*an sich nehmen*) to take [*or form* appropriate] sth ② (*sich vertraut machen*) to learn [*or* acquire] sth ③ (*sich angewöhnen*) to learn [*or sep* pick up] sth

Aneignung <-, *selten* -en> *f* ① (*geh: Diebstahl*) appropriation ② (*Erwerb*) acquisition ③ (*Lernen*) learning, aquisition

aneinander *adv* ① (*jede(r,s) an den anderen/das andere*) to one another; ~ **denken** to think about each other; ~ **grenzen** to border on one another; ~ **hängen** to be very close; **sich** ~ **reihen** to follow one another; **etw** ~ **stellen** to put sth next to one another [*or* each other] ② (*jede(r,s) am anderen*) **Spaß** ~ **haben** to have fun together; **etw** ~ **finden** to see sth in each other; **sich** *akk* ~ **reiben** to rub each other [up] the wrong way; **sich** *akk* ~ **schmiegen** to cuddle; **sich** *akk* [**vor Kälte**] ~ **schmiegen** to huddle up together [in the cold]; ~ **geschmiegt** close together ③ (*jeweils an der anderen Person*) each other; ~ **vorbeireden** to talk at cross purposes ④ (*eine(r,s) am anderen*) together ⑤ (*zusammen*) together; **etw** ~ **fügen** to put sth together; **sich** ~ **fügen** to go together; **etw** ~ **halten** to hold sth up together, to compare sth with each other; **etw** ~ **reihen** to string sth together; ~ **stoßen** to bump into each other; (*zwei Dinge*) to bang together ⑥ (*eine(r) gegen den anderen/die andere*) [**wegen jdm/einer S.**] ~ **geraten** (*sich prügeln*) to come to blows [about sb/sth]; (*sich streiten*) to have a fight [*or* BRIT *a.* row] [about sth], to argue [about [*or* over] sth]; **mit jdm** ~ **geraten** (*sich prügeln*) to have a fight with sb; (*sich streiten*) to have a fight [*or* BRIT *a.* row] with sb

aneinander|geraten* *vi irreg sein s.* **aneinander 6** **aneinander|halten** *vt irreg s.* **aneinander 5** **aneinander|reihen** I. *vt s.* **aneinander 5** II. *vr s.* **aneinander 1** **aneinander|schmiegen** *vr s.* **aneinander 2** **aneinander|stellen** *vt s.* **aneinander 1**

Anekdötchen <-s, -> *nt* (*hum fam*) little anecdote

Anekdote <-, -n> *f* anecdote, story

an|ekeln *vt* ■ **jdn** ~ to make sb sick, to disgust [*or* nauseate] sb; ■ **es ekelt jdn an, etw tun zu müssen** it nauseates sb to have to do sth; ■ **von etw angeekelt sein** to be disgusted [*or* nauseated] by sth

Anemone <-, -n> *f* BOT anemone

an|erbieten* *vr irreg* (*geh*) ■ **sich** ~ to offer one's services [*or* oneself]; ■ **sich** ~, **etw zu tun** to offer to do sth

Anerbieten <-s, -> *nt* (*geh*) offer

anerkannt *adj* ① (*unbestritten, geschätzt*) acknowledged, recognized ② (*zugelassen*) recognized; [**staatlich**] ~**e Schule** [state-] recognized schools

anerkanntermaßen *adv* admittedly; ***dieses Werk gehört ~ zu den herausragendsten in der Kunstgeschichte*** this work is recognized as one of the greatest in the history of art

an|erkennen* *vt irreg* ① (*offiziell akzeptieren*) ■ **etw** [**als etw**] ~ to recognize sth [as sth]; **jdn als Herrscher** ~ to acknowledge sb as ruler; **ein Kind** ~ to acknowledge a child as one's own; **eine Forderung** ~ to accept a demand ② ÖKON **eine Rechnung** ~ to accept a bill; **Schulden** ~ to acknowledge debts ③ (*würdigen*) ■ **etw** ~ to appreciate sth, to recognize sth ④ (*gelten lassen*) ■ **etw** ~ to recognize sth; ■ ~, **dass** to accept [*or* acknowledge] [the fact] that; **eine Meinung** ~ to respect an opinion

anerkennend I. *adj* acknowledging; **ein ~er Blick** a look of acknowledg[e]ment [*or* recognition] II. *adv* in acknowledg[e]ment [*or* recognition]

anerkennenswert I. *adj* commendable, praiseworthy, laudable *form* II. *adv* in a commendable [*or* praiseworthy] way [*or* manner]

Anerkenntnis *nt* acknowledg[e]ment

Anerkennung *f* ① (*offizielle Bestätigung*) recognition; ~ **finden** to gain recognition ② ÖKON acknowledg[e]ment ③ (*Würdigung*) appreciation, recognition; **in** ~ **einer S.** *gen* (*geh*) in recognition of [*or form* as a tribute to] sth ④ (*lobende Zustimmung*) praise; ~ **finden** to earn [*or* win] respect ⑤ (*Tolerierung*) acceptance, recognition

an|erziehen* *vt irreg* ■ **jdm etw** ~ to teach sb sth, to instil [*or* AM -ll] sth into sb *form;* ■ **sich** *dat* **etw** ~ to learn [*or* teach oneself] sth; ■ **anerzogen sein** to be acquired

an|fachen *vt* (*geh*) ① (*zum Brennen bringen*) ■ **etw** ~ to kindle sth ② (*schüren*) ■ **etw** ~ to arouse sth; **Hass** ~ to whip [*or* stir] up hatred; **Leidenschaft** ~ to arouse [*or* inflame] passion

an|fahren *irreg* I. *vi sein* to drive off; *Zug* to draw in; **das A~ am Berg** the hill start; **angefahren kommen** to arrive, to come; ***da kommt unser Taxi ja schon angefahren!*** there's our taxi! II. *vt haben* ① (*beim Fahren streifen*) ■ **jdn/etw** ~ to hit [*or* run into] sb/sth ② (*mit dem Wagen liefern*) ■ **etw** ~ to deliver sth; ■ **etw** ~ **lassen** to have sth delivered ③ *irreg* (*schelten*) ■ **jdn** ~ to bite sb's head off *fam,* to snap at sb ④ TRANSP ■ **etw** ~ to call at sth; **einen Hafen** ~ to pull in at a port; ***Helgoland wird regelmäßig von Fährschiffen angefahren*** Helgoland is a regularly frequented port of call ⑤ (*fam: auftischen*) ■ **etw** ~ to lay on sth *sep fam*

Anfahrt <-, -en> *f* ① (*Hinfahrt*) journey [to] ② (*Anfahrtszeit*) journey [*or* travelling [*or* AM *usu* traveling]] time ③ (*Zufahrt*) approach

Anfall¹ <-[e]s> *m kein pl* ① (*Aufkommen allgemeiner Dinge*) accumulation; **ein** ~ **an Arbeit** a build-up of work; **ein** ~ **an Einsatz** a raising of the stakes ② FIN *von Zinsen* accrual; JUR devolution ③ (*Anhäufung*) *Reparaturen, Kosten* amount

Anfall² <-[e]s, -fälle> *m* ① MED (*Attacke*) attack; **einen** ~ **bekommen** [*o* **haben**] to have a heart attack; **epileptischer** ~ epileptic fit ② (*Wutanfall*) fit of rage; **einen** ~ **bekommen** [*o fam* **kriegen**] to have [*or* go into] a fit of rage, to throw a fit [*or* BRIT *fam a.* wobbly], to blow one's top *fam;* ***der kriegt [nochmal] einen ~, wenn er das mitbekommt!*** he's going to go round the bend [*or* throw a wobbly] when he hears about this! ③ (*Anwandlung*) ■ **ein** ~ **von etw** a fit of sth; ■ **in einem** ~ **von etw** in a fit of sth; **in einem** ~ **von Wahnsinn** in a fit of madness; **in einem** ~ **von Großzügigkeit** with [*or* in] a sudden show of generosity, in a fit of generosity

an|fallen¹ *vi irreg sein* ① (*entstehen*) to arise, to be produced ② FIN (*anlaufen*) ■ **bei etw** ~ to accrue on sth; *Kosten* incurr; *Beitrag, Zahlung* to be due; **die ~den Kosten/Probleme** the costs/problems incurred ❸ (*sich anhäufen*) to accumulate; *Arbeit a.* to pile up; ***die zusätzlich ~de Arbeit*** the additional work incurred

an|fallen² *vt irreg* ❶ (*überfallen*) ■ **jdn ~** to attack sb ❷ (*anspringen*) ■ **jdn/ein Tier ~** *bissiger Hund* to attack sb/an animal ❸ (*fig:* [*seelisch*] *befallen*) ■ **jdn ~** to overcome sb; ***Heimweh fiel ihn an*** he was overcome with [*or* by] homesickness

anfällig *adj* ❶ (*leicht erkrankend*) delicate; ■ **[für** [*o* **gegen] etw] ~ sein/werden** to be/become prone [*or* susceptible] [to sth] ❷ AUTO, TECH (*reparatur~*) temperamental

Anfälligkeit <-> *f meist sing* ❶ (*anfällige Konstitution*) delicateness; ■ **die ~ für** [*o* **gegen] etw** susceptibility [*or* proneness] to sth ❷ AUTO, TECH (*Reparatur~*) temperamental nature

Anfang <-[e]s, -fänge> *m* ❶ (*Beginn*) beginning, start; ***… und das ist erst der ~*** … and that's just the start; **[bei etw/mit etw] den ~ machen** to make a start [in sth/with sth]; **einen neuen ~ machen** to make a fresh start; **seinen ~ nehmen** (*geh*) to begin [*or* start]; ***das Verhängnis hatte bereits seinen ~ genommen*** fate had already begun to take [*or* run] its course; **~ September/der Woche** at the beginning of September/the week; ***der Täter war ca. ~ 40*** the suspect was in his early 40s; **von ~ bis Ende** from start to finish; **am ~** (*zu Beginn*) in the beginning; ***ich bin erst am ~ des Buches*** I've only just started the book; (*anfänglich*) to begin with, at first; **von ~ an** from the [very] start, right from the word go [*or* the start]; **zu ~** to begin with ❷ (*Ursprung*) beginnings *pl*, origin[s] *usu pl*; ***wir stecken noch in den Anfängen*** we're still getting [it] off the ground; **der ~ allen Lebens** the origins of all life; **aus bescheidenen Anfängen** from humble beginnings ▶ WENDUNGEN: **der ~ vom Ende** the beginning of the end; **am ~ war das Wort** REL in the beginning was the Word; **aller ~ ist schwer** (*prov*) the first step is always the hardest *prov*

an|fangen *irreg* **I.** *vt* ❶ (*beginnen*) ■ **etw ~** to begin [*or* start] sth; ■ **etw [mit jdm] ~** to start [up] sth [with sb]; ***er fing ein Gespräch mit ihr an*** he started [*or* struck up] a conversation with her, he started talking to her; ■ **etw mit etw ~** to start sth with sth; ***sie fangen das Essen immer mit einem Gebet an*** they always say grace before eating [*or* start a meal by saying grace] ❷ (*fam: anbrauchen*) **eine Packung Kekse/ein Glas Marmelade ~** to start a [new [*or* fresh]] packet of biscuits/jar of jam ❸ (*machen*) **etw anders ~** to do sth differently [*or* a different way]; **etw richtig ~** to do sth correctly [*or* in the correct manner]; ***wenn Sie es richtig ~*** if you go about it correctly; **etwas mit etw/jdm ~ können** (*fam*) to be able to do sth with sth/sb; **jd kann mit etw/jdm nichts ~** (*fam*) sth/sb is [of] no use to sb, sth/sb is no good to sb; ***damit kann ich doch gar nichts ~!*** that's no good at all to me!; (*verstehen*) that doesn't mean anything to me; ***was soll ich damit ~?*** what am I supposed to do with that?; **mit jmd ist nichts anzufangen** nothing can be done with sb; ***mit ihr kann ich nichts ~*** she's not my type; **nichts mit sich anzufangen wissen** to not know what to do with oneself **II.** *vi* ❶ (*den Anfang machen*) ■ **[mit etw] ~** to start [sth] ❷ (*beginnen*) to start [*or* begin], to get going *fam*; ***bevor der Sturm so richtig anfängt*** before the storm really gets going *fam* ❸ (*seine Karriere beginnen*) ■ **[als etw] ~** to start out [as sth]

Anfänger(in) <-s, -> *m(f)* novice, beginner; (*im Straßenverkehr*) learner [driver] BRIT, student driver AM; **[in etw *dat*] ~ sein** to be a novice [in [*or* at] sth]; ***ich bin in dieser Materie noch ~*** I'm still a novice in [*or* new to] this field [*or* subject]; **ein blutiger ~ sein** (*fam*) to be a complete novice [*or* an absolute beginner]; **[du/Sie] ~!** (*fam*) you bungling idiot!

Anfängerkurs(us) *m* beginners' course, course for beginners **Anfängerübung** *f* exercises *pl* for beginners; SCH introductory course

anfänglich **I.** *adj attr* initial *attr* **II.** *adv* (*geh*) at first, initially

anfangs **I.** *adv* at first, initially; ***gleich ~*** right at the start [*or* outset] **II.** *präp +gen* SCHWEIZ at the start of

Anfangsbuchstabe *m* initial [letter] **Anfangsgehalt** *nt* starting [*or* initial] salary **Anfangsgründe** *pl* SCH basics *npl*, rudiments *pl* **Anfangskapital** *nt* ÖKON, FIN initial capital **Anfangskredit** *m* FIN initial loan **Anfangskurs** *m* FIN, BÖRSE opening [*or* issuing] [*or* starting] price **Anfangsschwierigkeiten** *pl* initial difficulties, teething troubles *pl fam* **Anfangsstadium** *nt* initial stage[s] *usu pl* **Anfangsverdacht** *m* initial hunch **Anfangszeit** *f* early stages *pl*

an|fassen **I.** *vt* ❶ (*berühren*) ■ **etw ~** to touch sth; ***die Lebensmittel bitte nicht ~*** please do not handle the groceries; ***fass mal ihre Stirn an, wie heiß die ist!*** feel how hot her forehead is!; ***fass mich nicht an!*** don't [you] touch me! ❷ (*greifend berühren*) ■ **jdn ~** to take hold of sb; ■ **jdn [an etw *dat*] ~** (*packen*) to grab hold of sb [by sth] ❸ (*bei der Hand nehmen*) ■ **jdn an der Hand fassen** to take sb by the hand [*or* sb's hand]; ■ **sich** [*o* **einander] ~** (*geh*) to join [*or* hold] hands, to take one another's hand ❹ (*anpacken*) ■ **etw ~** to tackle sth; **etw falsch** [*o* **verkehrt]/richtig ~** to go about sth in the wrong/right way ❺ (*behandeln*) **jdn/ein Tier hart** [*o* **scharf]/sachte ~** to treat [*or* handle] sb/an animal harshly/gently ▶ WENDUNGEN: **zum A~** (*fam*) approachable, accessible; ***ein Politiker zum A~*** a politician of the people; ***EDV zum A~*** data processing [*or* computing] [*or* EDP] made easy **II.** *vi* ❶ (*berühren*) ■ **[etw irgendwo] ~** to touch [sth somewhere]; ***fass mal an! weich, nicht?*** feel that! it's soft isn't it? ❷ (*mithelfen*) ■ **mit ~** to lend [*or* give] a hand **III.** *vr* (*sich anfühlen*) to feel; ***es fasst sich rau an*** it feels rough

an|fauchen *vt* ❶ (*fauchen*) ■ **jdn/ein Tier ~** *Katze* to spit at sb/an animal ❷ (*fig fam: wütend anfahren*) ■ **jdn ~** to snap at sb, to bite sb's head off *fam*; ***was fauchst du mich so an!*** don't snap at me!, stop biting my head off!

an|faulen *vi sein* to begin to rot; ■ **angefault** rotting

anfechtbar *adj* contestable, disputable; JUR contestable

Anfechtbarkeit <-> *f kein pl* contestability, disputability; JUR contestability

an|fechten *vt irreg* ❶ JUR ■ **etw ~** to contest sth ❷ (*nicht anerkennen*) ■ **etw ~** to dispute [*or* challenge] sth ❸ (*geh: beunruhigen*) ■ **jdn ficht etw an** *Sorgen, Versuchungen* sth concerns sb; ***das ficht mich nicht an*** that doesn't worry me

Anfechtung <-, -en> *f* ❶ JUR appeal, contestation; *eines Abkommens, Vertrages* challenging, contesting ❷ *meist pl* (*geh: Gewissenskonflikt*) moral conflict ❸ LIT, REL (*geh: Versuchung*) temptation; **allen ~en standhalten** to withstand all trials

an|feinden *vt* ■ **jdn ~** to be hostile to sb; ***wegen ihrer feministischer Aussagen wurde sie damals heftig angefeindet*** due to her feminist statements she aroused great hostility [*or* animosity] at that time; ■ **sich** [*o* **einander] ~** to be at war with one another

Anfeindung <-, -en> *f* hostility, animosity, ill-will

an|fertigen *vt* ❶ (*herstellen*) ■ **etw ~** to make sth; ■ **sich *dat* etw [von jdm] ~ lassen** to have sth made [by sb] ❷ (*geh: erstellen*) ■ **etw ~** to make sth; **Protokolle ~** to take [down] [*or* keep] minutes; **ein Portrait**

~ to do a portrait; **ein Schriftstück** ~ to draw up a document; **ein Zeichnung** ~ to do a drawing ③ PHARM (*zubereiten*) ■ **etw** ~ to prepare sth, to make sth up *sep;* ■ **etw lässt sich** ~ sth is made up; ***die Lotion läßt sich leicht selbst*** ~ the lotion can be easily prepared

Anfertigung <-, -en> *f* ① (*Herstellung*) making [up]; ~***en von Anzügen nach Maß*** suits made to measure; *eines Porträts* painting ② (*geh: Aufsetzung*) doing; *einer Kopie* making; *eines Schriftstücks* drawing up, preparation ③ PHARM (*Zubereitung*) preparation

an|feuchten *vt* ■ **etw** ~ to moisten sth; **einen Schwamm** ~ to wet a sponge ▸ WENDUNGEN: **sich die Kehle** [*o* **Gurgel**] ~ to wet one's whistle

an|feuern *vt* ① (*ermutigen*) ■ **jdn** ~ to cheer sb on, to encourage sb; ■ ~**d** encouraging; ~**de Zurufe** cheers ② (*anzünden*) ■ **etw** ~ to light sth

an|fixen *vt* (*sl*) ■ **jdn** ~ to get sb to do [*or* into doing] drugs *sl*

an|flehen *vt* ■ **jdn** [**um etw**] ~ to beg sb [for sth]; ■ **jdn** ~**, etw zu tun** to beg [*or* implore] [*or liter* beseech] sb to do sth

an|fletschen *vt* ■ **jdn/ein Tier** ~ to bare one's teeth at sb/an animal

an|fliegen *irreg* **I.** *vt haben* ① LUFT ■ **etw** ~ to fly to sth ② MIL ■ **etw** ~ to attack sth [from the air], to fly at sth ③ (*geh*) ■ **jdn** ~ to overcome sb **II.** *vi sein* ① LUFT to approach, to come in to land; ■ **beim A~** in the approach, coming in to land ② (*herbeifliegen*) to come flying up; **angeflogen kommen** (*fam*) to come flying in

Anflug <-[e]s, -flüge> *m* ① LUFT approach ② (*fig: Andeutung, Spur*) hint, trace, touch; (*Anfall*) fit, burst, wave; **ein** ~ **von Grippe** a touch of flu; **ein** ~ **von Ironie/Spott/Bart** a hint [*or* trace] of irony/mockery/a beard; **ein** ~ **von Eifersucht** a fit of jealousy; **ein** ~ **von Mitleid** a wave of compassion

an|fordern *vt* ① (*die Zusendung erbeten*) ■ **etw** [**bei/von jdm**] ~ to request sth [of/from sb]; **einen Katalog** ~ to order a catalogue [*or* AM -og] ② (*beantragen*) ■ **jdn/etw** ~ to ask for sb/sth

Anforderung <-, -en> *f* ① *kein pl* (*das Anfordern*) request; *Katalog* ordering; ■ **auf** ~ on request; ■ **nach** [**vorheriger**] ~ as [previously] requested ② *meist pl* (*Anspruch*) demands; ***seine Qualifikationen entsprechen leider nicht unseren*** ~***en*** unfortunately his qualifications do not meet our requirements; ■ **jds** ~/~**en an jdn** sb's demand/demands on sb; [**bestimmte**] ~**en** [**an jdn**] **stellen** to place [certain] demands [on sb]; ***du stellst zu hohe*** ~***en*** you're too demanding

Anforderungsprofil *nt* job specification; *eines Produkts* product profile

Anfrage <-, -n> *f* ① (*Bitte um Auskunft*) inquiry, question; ■ **auf** ~ on request; POL **große** ~ *question put to the government that is discussed at a meeting of the Lower House;* **kleine** ~ *question to the government that is raised and dealt with in writing* ② INFORM (*abfragender Befehl*) inquiry

an|fragen *vi* ■ [**bei jdm**] **um etw** ~ to ask [sb] for sth; [**bei jdm**] **um Erlaubnis/Genehmigung** ~ to ask [sb] for permission/approval

an|freunden *vr* ① (*Freunde werden*) ■ **sich mit jdm** ~ to make friends with sb; ■ **sich** ~ to become friends ② (*fig: schätzen lernen*) ■ **sich mit jdm/etw** ~ to get to like sb/sth ③ (*fig: sich zufrieden geben*) ■ **sich mit etw** ~ to get to like sth, to get used to the idea of sth, to acquire a taste for sth; ***ich könnte mich schon mit der Vorstellung*** ~***, in München zu leben*** I could get used to the idea of living in Munich

an|fügen *vt* ① (*daran legen*) ■ **etw** [**an etw** *akk*] ~ to add sth [to sth] ② ([*Worte*] *hinzufügen*) ~**, dass** to add that

an|fühlen **I.** *vt* ■ **etw** [**mit etw**] ~ to feel sth [with sth] **II.** *vr* **sich glatt/samtig/weich** ~ to feel smooth/velvety/soft

an|führen *vt* ① (*befehligen*) ■ **jdn/etw** ~ to lead sb/sth; **Truppen** ~ to command [*or* lead] troops ② (*fig: zitieren*) ■ **etw** ~ to quote sth; **ein Beispiel/Beweise/einen Grund** ~ to give an example/evidence/a reason ③ (*fig: benennen*) ■ **jdn** ~ to name sb ④ (*fig fam: hereinlegen*) ■ **jdn** ~ to take sb in, to have sb on *sep;* ■ **sich von jdm** ~ **lassen** to be taken for a ride by sb, to be taken in by sb

Anführer(in) <-s, -> *m(f)* ① (*Befehlshaber*) leader; *von Truppen* commander ② (*pej: Rädelsführer*) ringleader

Anführung <-, -en> *f* ① (*Befehligung*) leadership; *von Truppen* command; **unter** ~ **eines Generals** under the command of a General ② (*das Anführen*) quotation; ***ich bitte um die*** ~ ***von Einzelheiten!*** please give [me] [some] details!; ***durch die*** ~ ***dieses Beispiels*** by using this example ③ (*Zitieren*) citation; ~ **einer Vorentscheidung** citing [*or* quoting] [*or* citation] of a precedent

Anführungsstrich *m,* **Anführungszeichen** *nt meist pl* quotation mark[s], BRIT *a.* inverted comma[s]; **Anführungsstriche** [*o* **Anführungszeichen**] **unten/oben** quote/unquote

an|füllen *vt* ■ **etw** [**mit etw**] ~ to fill sth [with sth]; ■ [**mit etw**] **angefüllt sein** to be filled [with sth], to be full [of sth]

an|funkeln *vt* ■ **jdn** ~ to glare at sb

Angabe <-, -n> *f* ① *meist pl* (*Mitteilung*) details *pl,* statement; ***es gibt bisher keine genaueren*** ~***n*** there are no further details to date; ***wie ich Ihren*** ~***n entnehme*** from what you've told me; ~**n** [**über etw** *akk*/**zu etw**] **machen** to give details about sth; ***machen Sie bitte nähere*** ~***n!*** please give us further [*or* more precise] details!; **laut** ~**n einer Person** *gen* according to sb; **nach** ~**n einer Person** *gen* according to sb, by sb's account; ***wir bitten um*** ~ ***der Einzelheiten*** please provide us with the details; ***er verweigerte die*** ~ ***seiner Personalien*** he refused to give his personal details [*or* particulars]; ~**n zur Person** (*geh*) personal details, particulars ② *kein pl* (*fam: Prahlerei*) boasting, bragging, showing-off ③ SPORT (*Aufschlag*) service, serve

an|gaffen *vt* (*pej*) ■ **jdn** ~ to gape [*or* BRIT *a.* gawp] [*or* AM *a.* gawk] at sb

an|geben *irreg* **I.** *vt* ① (*nennen*) ■ [**jdm**] **etw** ~ to give sth [to sb]; **einen/seinen Namen** ~ to give a/one's name; **Mittäter** ~ to name accomplices; **jdn als Zeugen** ~ to cite sb as a witness ② (*zitieren*) ■ **jdn/etw** ~ to quote sb/sth ③ (*behaupten*) ■ **etw** ~ to say [*or* claim] sth; **ein Alibi** ~ to establish an alibi; ~**, etw zu haben/etw getan zu haben** to claim to have sth/to have done sth ④ FIN (*deklarieren*) ■ **etw** ~ to declare sth ⑤ (*anzeigen*) ■ **etw** ~ to indicate sth; ■ **angegeben** indicated ⑥ (*bestimmen*) ■ [**jdm**] **etw** ~ to set sth [for sb]; **das Tempo** ~ to set the pace; **eine Note/den Takt** ~ MUS to give a note/the beat; *s. a.* **Ton²** **II.** *vi* ① (*prahlen*) ■ [**bei jdm**] [**mit etw**] ~ to boast [*or fam* brag] [about sth] [to sb], to show off [to sb] [about sth] ② SPORT (*Aufschlag haben*) to serve

Angeber(in) <-s, -> *m(f)* show-off, poser

Angeberei <-, -en> *f* (*fam*) ① *kein pl* (*Prahlerei*) showing-off, boasting, posing; ***hör doch auf mit der*** ~ stop showing off, will you! ② *meist pl* (*großtuerische Äußerung*) boast; ***das sind bloß*** ~***en!*** he's/they're etc. just boasting! [*or* showing off]

Angeberin <-, -nen> *f fem form von* **Angeber**

angeberisch **I.** *adj* pretentious, posey *fam* **II.** *adv*

A

pretentiously

Angebetete(r) *f(m) dekl wie adj (geh)* beloved; ■ **jds ~** sb's beloved

angeblich **I.** *adj attr* alleged **II.** *adv* alledgedly, apparently; ***er hat jetzt ~ reich geheiratet*** he is believed [*or* said] to have married into money; ***er hat ~ nichts gewusst*** apparently, he didn't know anything about it

angeboren *adj* ❶ MED congenital ❷ *(fig fam)* characteristic, innate, inherent

Angeborener Auslösemechanismus *m* BIOL innate releasing mechanism

Angebot <-[e]s, -e> *nt* ❶ *(Anerbieten)* offer ❷ FIN *(Versteigerungsgebot)* bid; *(Offerte)* offer ❸ *kein pl (Warenangebot)* range of goods [on offer]; ■ **ein ~ an etw/von etw** *dat* a range [*or* choice] [*or* selection] of sth; **jdm [zu etw] ein ~ machen** [*o* **unterbreiten**] *(geh)* to make sb an offer [on sth]; **~ und Nachfrage** ÖKON supply and demand ❹ *(Sonderangebot)* special offer; **im ~** on special offer

angebracht *adj* ❶ *(sinnvoll)* sensible, reasonable ❷ *(angemessen)* suitable, appropriate; ■ **für jdn/etw ~ sein** to be suitable [*or* appropriate] for sb/sth

angedacht *adj* briefly considered

Angedenken *nt kein pl (geh)* ❶ *(Gedenken)* memory; ■ **jds ~** memory of sb; ■ **das ~ eines Menschen** a person's memory; ***ich werde sein ~ immer in Ehren halten*** I will always cherish his memory; **im ~ an etw** *akk* in memory of sth ❷ *(liter, form o veraltend)* **seligen ~s** of blessed memory

angefault *adj* starting to rot

angegammelt *adj (fam)* partly rotten

angegangen *adj* KOCHK **~es Fleisch** meat that is starting to become high

angegossen *adj* ► WENDUNGEN: **wie ~ sitzen** [*o* **passen**] *(fam)* to fit like a glove

angegraut *adj* greying

angegriffen **I.** *adj inv* frail; *Nerven* raw **II.** *adv* **~ aussehen** to look exhausted

angehaucht *adj (fig fam)* ■ **irgendwie ~ sein** to have [*or* show] certain tendencies [*or* leanings]; **romantisch ~ sein** to have a romantic inclination

angeheiratet *adj* [related] by marriage; ***er ist ein ~er Onkel*** he is an uncle by marriage

angeheitert *adj (fam)* tipsy, merry *fam;* **leicht/stark ~ sein** to be slightly/very tipsy [*or fam* merry]

an|gehen *irreg* **I.** *vi* ❶ *sein (beginnen)* to start; *(zu funktionieren)* to come on ❷ *(zu leuchten beginnen)* to come [*or* go] on; *(zu brennen beginnnen)* to start burning, to catch [fire] ❸ *(vorgehen)* ■ **[bei jdm/etw] gegen jdn ~** to fight [against] sb [with sb/in sth]; ***ich werde bei Gericht gegen dich ~!*** I'll take you to [*or* see you in] court! ❹ *(bekämpfen)* ■ **gegen etw ~** to fight [against] sth; **ein Feuer ~** to fight a fire ❺ *(möglich sein)* to be possible [*or fam* OK]; ■ **es geht nicht an, dass jd etw tut** it is not permissible [*or fam* it's not o.k.] for sb to do sth ❻ MED, BIOL to take [root] **II.** *vt* ❶ *haben o* SÜDD *sein (in Angriff nehmen)* ■ **etw ~** to tackle sth ❷ *sein* SPORT *([ein Hindernis/Ziel etc] anlaufen)* ■ **etw ~** to [take a] run[-]up to sth ❸ *sein (gegen jdn vorgehen)* ■ **jdn ~** to attack sb ❹ *haben (fig: attackieren)* ■ **jdn irgendwie ~** to attack sb in a certain manner ❺ *haben* AUTO *(anfahren)* ■ **etw ~** to take sth; **eine Kurve ~** to take a corner ❻ *haben (betreffen)* ■ **jdn ~** to concern sb; ***was geht mich das an?*** what's that got to do with me?; ***das geht dich einen Dreck an!*** *(fam)* that's none of your [damn] business; ***was mich angeht, würde ich zustimmen*** as far as I am concerned [*or* for my part], I would agree ❼ *haben o* SÜDD *sein (um etw bitten)* ■ **jdn [um etw] ~** to ask sb [for sth]

angehend *adj* prospective, budding; ***eine ~e junge Dame*** [quite] a young lady; **eine ~e Mutter/ein ~er Vater** an expectant mother [*or* mother to be]/father; **ein ~er Beamter/Studienrat** a prospective civil servant/teacher; **ein ~er Künstler** a budding artist

an|gehören* *vi* ❶ *(Mitglied sein)* ■ **einer S.** *dat* **~** to belong to [*or* be a member of] sth ❷ *(geh: gehören)* ■ **jdm ~** to belong to sb

angehörig *adj* ■ **einer S.** *dat* **~** belonging to sth *pred;* ■ **jd ist einer S.** *dat* **~** sb belongs to sth

Angehörige(r) *f(m) dekl wie adj* ❶ *(Familienangehörige(r))* relative; **der nächste ~** [*o* **die nächsten ~n**] the next of kin; ***haben Sie keine weiteren ~n mehr?*** do you not have any [other] family left? ❷ *(Mitglied)* member

Angeklagte(r) *f(m) dekl wie adj* accused, defendant

Angel <-, -n> *f* ❶ *(zum Fische fangen)* fishing-rod and line, AM *a.* fishing pole ❷ *(Türangel)* hinge ► WENDUNGEN: **etw aus den ~n heben** *(fam)* to revolutionize sth completely; *(etw umkrempeln)* to turn sth upside down

Angelegenheit <-, -en> *f meist sing* matter; ***in welcher ~ wollten Sie ihn sprechen?*** in what connection [*or* on what business] did you want to speak to him?; **sich um seine eigenen ~en kümmern** to mind one's own business; **in eigener ~** on a private [*or* personal] matter; **jds ~ sein** to be sb's responsibility

angelernt *adj* ❶ *(eingearbeitet)* semi-skilled; **~e Arbeiter** semi-skilled worker; ■ **Angelernte[r]** semi-skilled worker ❷ *(oberflächlich gelernt)* acquired; **~es Wissen** superficially acquired knowledge

Angelernte(r) *f(m) dekl wie adj* semi-skilled worker

Angelgerät *nt* fishing tackle *no pl* **Angelhaken** *m* fish-hook

Angelika *f* BOT, KOCHK angelica

Angelikawurzel *f* root angelica

Angelleine *f* fishing line

angeln **I.** *vi* ❶ *(Fische fangen)* to fish, to angle; ■ **[das] A~** fishing, angling; ***gehst du morgen zum A~ ?*** are you going fishing tomorrow? ❷ *(zu greifen versuchen)* ■ **nach etw/einem Tier ~** to fish [around] for sth/an animal; **nach Komplimenten ~** to fish for compliments **II.** *vt* ■ **etw ~** to catch sth; **für jeden geangelten Fisch** for every fish caught; **sich einen Mann ~** *(fam)* to catch oneself [*or* hook] a man

Angeln *pl* HIST *(Volksstamm)* Angles

Angelobung <-, -en> *f* ÖSTERR *(Vereidigung)* swearing in

Angelpunkt *m* central issue, crucial point, crux [of the matter]

Angelrute *f* fishing rod

Angelsachse, -sächsin <-n, -n> *m, f* Anglo-Saxon

angelsächsisch *adj inv* Anglo-Saxon

Angelschein *m* fishing licence [*or* AM -se] [*or* permit] **Angelschnur** *f* fishing line **Angelsport** *m* angling, fishing

angemessen **I.** *adj* ❶ *(entsprechend)* fair, reasonable; ■ **einer S.** *dat* **~ sein** to be proportionate to [*or form* commensurate with] sth ❷ *(passend)* appropriate, suitable, adequate; ■ **einer S.** *dat* **~ sein** to be appropriate [*or* suitable for] to sth **II.** *adv* ❶ *(entsprechend)* proportionately, commensurately *form* ❷ *(passend)* appropriately, suitably

Angemessenheit <-> *f kein pl* ❶ *(angemessene Entsprechung)* reasonableness, fairness, commensurateness *form* ❷ *(passende Art)* appropriateness, suitability

angenehm **I.** *adj* pleasant; **eine ~e Nachricht** good news; **~es Wetter** agreeable weather; ■ **jdm ~ sein** to be pleasant for sb; ***das wäre mir ~*** *(euph)* that would be helpful, I would be most grateful; ***es wäre mir ~er, wenn ...*** I would prefer it if ...; ***ist es Ihnen so ~?*** is that alright with you? ► WENDUNGEN: **das**

A~e mit dem Nützlichen verbinden to mix business with pleasure; [sehr] ~! (*geh*) pleased to meet you! II. *adv* pleasantly

angenommen I. *adj* ❶ (*zugelegt*) assumed; ***unter einem ~en Namen schreiben*** to write under a pseudonym [*or* an assumed name] ❷ (*adoptiert*) *Kind* adopted II. *konj* assuming; ■~, [dass] ... assuming [that] ...

angepasstRR, **angepaßt** I. *adj* conformist II. *adv* conformist; **sich** [**stets**] ~ **verhalten** to [always] behave in a conformist manner

AngepasstheitRR, **Angepaßtheit** <-> *f kein pl* conformism

angeregt I. *adj* animated, lively II. *adv* animatedly; ***sie diskutierten*** ~ they had an animated discussion

angesagt *adj inv* scheduled

angeschlagen *adj* (*fig fam*) weak[ened]; ***du siehst ~ aus*** you look groggy [*or* worn out]; ■[**von etw**] ~ **sein** to be weakened [by sth]; ~**es Aussehen** groggy appearance; ~**e Gesundheit** poor [*or* weak] health

angeschmutzt *adj* slightly soiled, shop-soiled

angeschrieben *adj* ■**bei jdm gut/schlecht ~ sein** (*fam*) to be in sb's good/bad books

Angeschuldigte(r) *f(m) dekl wie adj* suspect

angesehen *adj* respected; **eine ~e Firma** a company of good standing; ■[**wegen etw**] ~ **sein** to be respected [for sth]

Angesicht <-[e]s, -er> *nt* (*geh*) ❶ (*Antlitz*) countenance; **jdn von ~ kennen** to know sb by sight; **im ~ einer S.** *gen* in the face of sth; **von ~ zu ~** face to face ❷ (*fig: Ruf*) reputation

angesichts *präp +gen* ■~ **einer S.** *gen* in the face of sth

angespannt I. *adj* ❶ (*angestrengt*) strained, tense; **ein ~er Mensch** a tense person; ~**e Nerven** strained nerves; **mit ~er Aufmerksamkeit** with keen [*or* close] attention ❷ (*kritisch*) critical; **ein ~er Markt** a tight [*or* overstretched] market; **eine ~e politische Lage** a strained [*or* tense] situation II. *adv* ~ **wirken** to seem tense; **etw ~ verfolgen** to follow sth tensely; ~ **zuhören** to listen attentively [*or* closely]

angestammt *adj* (*geerbt*) hereditary, ancestral; (*überkommen*) traditional; (*hum: altgewohnt*) usual

Angestellte(r) *f(m) dekl wie adj* [salaried] employee, white-collar worker

Angestelltengewerkschaft *f* **Deutsche** ~ *white-collar or salaried employees' union in Germany* **Angestelltenverhältnis** *nt* employment on a [monthly] salary; **im ~** to be on a [monthly] salary (*not employed for life with a subsequent pension*) **Angestelltenversicherung** *f* white-collar workers' [*or* salaried employees'] insurance

angestrengt I. *adj* ❶ (*Anstrengung zeigend*) *Gesicht* strained ❷ (*intensiv*) hard II. *adv* (*intensiv*) hard; ~ **diskutieren** to discuss intensively

angetan *adj* ❶ (*erbaut*) ■**von jdm/etw irgendwie ~ sein** to be taken with sb/sth in a certain manner ❷ (*geh: so geartet*) ■**danach** [*o* **dazu**] ~ **sein, etw zu tun** to be suitable for doing sth; *Atmosphäre, Benehmen, Wesen* to be calculated to do sth

Angetraute(r) *f(m) dekl wie adj* (*hum fam*) ■**jds** ~ sb's better half *hum fam*

angetrunken *adj* slightly drunk, tipsy

angewandt *adj attr* applied

angewiesen *adj* (*abhängig*) dependent; ■**auf jdn/etw ~ sein** to be dependent on sb/sth; ***ich bin auf jede Mark*** ~ I [*or* have to watch] need every penny

an|gewöhnen* *vt* (*zur Gewohnheit machen*) ■**jdm etw** ~ to get sb into the habit of [doing] sth; ■**sich** *dat* **etw** ~ to get into the habit of [doing] sth; ■**sich** *dat* ~, **etw zu tun** to get into the habit of doing sth

Angewohnheit <-, -en> *f* habit

angewurzelt *adj inv* **wie ~ dastehen** [*o* **stehen bleiben**] to stand rooted to the spot

angezeigt *adj* (*geh*) appropriate

an|giften *vt* (*fam*) ■**jdn** ~ to snap at sb

Angina <-, Anginen> *f* MED angina; ~ **Pectoris** angina pectoris

an|gleichen *irreg* I. *vt* (*anpassen*) ■**etw an etw** *akk* ~ to bring sth into line with sth; **sein Verhalten an eine bestimmmte Situation** ~ to adapt one's behaviour [*or* AM -or] to a particular situation; ■**aneinander** *dat* **angeglichen werden** to become alike II. *vr* (*sich anpassen*) ■**sich** [**jdm/einer S.** *dat*] [**in etw** *dat*] ~ to adapt oneself to [sb/sth] [in sth]; ■**sich** [**aneinander** *dat*] ~ to become like [each another] [*or* similar], to move into line

Angleichung *f* ❶ (*Anpassung*) adaptation, [social] conformity ❷ (*gegenseitige Anpassung*) becoming alike [*or* similar]

Angler(in) <-s, -> *m(f)* angler

Anglerfisch *m s.* **Seeteufel**

an|gliedern *vt* ■**etw einer S.** ~ *dat* ❶ (*anschließen*) to incorporate sth into sth; **eine Firma** ~ to affiliate a company [to] ❷ (*annektieren*) to annex sth to sth

Angliederung *f* ❶ (*Anschluss*) incorporation; **die ~ von Firmen** the affiliation of companies ❷ (*Annexion*) annexation

anglikanisch *adj* Anglican; **die ~e Kirche** the Church of England, the Anglican Church

Anglist(in) <-en, -en> *m(f)* ❶ (*Wissenschaftler*) Anglist, English scholar ❷ (*Student*) student of English [language and literature]

Anglistik <-> *f kein pl* Anglistics, study of English [language and literature]

Anglistin <-, -nen> *f fem form von* **Anglist**

Anglizismus <-, -men> *m* LING anglicism

an|glotzen *vt* (*fam: anstarren*) ■**jdn** ~ to gape [*or* BRIT *a.* gawp] [*or* AM *a.* gawk] at sb

Angola <-s> *nt* Angola; *s. a.* **Deutschland**

Angolaner(in) <-s, -> *m(f)* Angolan; *s. a.* **Deutsche(r)**

angolanisch *adj* Angolan; *s. a.* **deutsch**

Angorakaninchen *nt* angora rabbit **Angorakater** *m* angora [tom]cat **Angorakatze** *f* angora cat **Angorawolle** *f* angora [wool]

angrabschen, **angrapschen** *vt* (*pej fam*) ■**jdn/etw** ~ to grab sb/sth

angreifbar *adj* (*bestreitbar*) contestable, open to attack [*or* criticism]

an|greifen *irreg* I. *vt* ❶ MIL, SPORT (*attackieren, vorgehen*) ■**jdn/etw** ~ to attack sb/sth; ■**angegriffen** under attack *pred* ❷ (*kritisieren*) ■**jdn/etw** ~ to attack sb/sth ❸ (*schädigen*) ■**etw** ~ to damage sth; **das Nervensystem** ~ to attack the nervous system; ■[**etw ist**] **angegriffen** [sth is] weakened; **eine angegriffene Gesundheit** weakened health *no pl, no indef art* ❹ (*zersetzen*) ■**etw** ~ to attack [*or* corrode] sth ❺ ([*seelisch u. gesundheitlich*] *beeinträchtigen*) ■**jdn/etw** ~ to affect sb/sth, to put a strain on sb; ***die schlechte Nachricht hat sie doch angegriffen*** the bad news [visibly] affected her; **die Gesundheit** ~ to harm [*or* impair] the [*or* one's] health; ***die lange Erkrankung hat sie spürbar angegriffen*** she was visibly weakened by the long illness; ■**angegriffen sein** to be exhausted; **nervlich angegriffen sein** to have strained nerves ❻ DIAL (*anfassen*) ■**etw** ~ to [take] hold [of] sth ❼ (*Vorräte anbrechen*) ■**etw** ~ to break into sth II. *vi* ❶ MIL, SPORT (*attackieren, vorgehen*) to attack ❷ (*fig: aggressiv Kritik üben*) to attack ❸ MED, PHARM (*wirken*) ■**irgendwo** ~ to have an affect somewhere ❹ DIAL (*anfassen, anpacken*) ■[**irgendwo**] ~ to [take] hold [of] [somewhere]; ***greif mal* [*mit*] *an!*** [can [*or* will] you] lend a hand!

Angst, Sorge

Angst/Befürchtungen ausdrücken	expressing anxiety/fears
Ich habe (da) ein ungutes Gefühl.	**I've got a bad feeling (about this).**
Mir schwant nichts Gutes. *(fam)*	**I've got a bad feeling.**
Ich rechne mit dem Schlimmsten.	**I'm expecting the worst.**
Diese Menschenmengen **machen mir Angst.**	These crowds **scare/frighten me.**
Diese Rücksichtslosigkeit **beängstigt mich.**	This thoughtlessness **frightens me.**
Ich habe Angst, dass du dich verletzen könntest.	**I'm scared/afraid** you will hurt yourself.
Ich habe Angst vorm Zahnarzt.	**I'm scared/afraid of** the dentist.
Ich habe Bammel/Schiss vor der Prüfung. *(fam)*	**I'm worried about** the exam.
Sorge ausdrücken	expressing concern
Sein Gesundheitszustand **macht mir große Sorgen.**	**I am very worried about** his health.
Ich mache mir Sorgen um dich.	**I am worried about** you.
Die steigenden Arbeitslosenzahlen **beunruhigen mich.**	**I'm concerned about** the rising unemployment figures.
Die Sorge um ihn **bereitet mir schlaflose Nächte.**	**I'm having sleepless nights** worrying about him.

Angreifer(in) <-s, -> *m(f)* ❶ MIL (*angreifende Truppen*) attacker ❷ *meist pl* SPORT (*Angriffsspieler*) attacking player, forward, striker

an|grenzen *vi* ■**an etw** *akk* ~ to border on sth

angrenzend *adj attr* bordering; **direkt ~er Anlieger** next-door neighbour [*or* AM -or]; ***die ~en Bauplätze*** the adjoining [*or* adjacent] building sites; ■**an etw** *akk* ~ bordering [on] sth

Angriff *m* ❶ MIL (*Attacke*) attack; ***ein ~ feindlicher Bomber*** an attack by enemy bombers, a[n air-]raid; **zum ~ blasen** to sound the charge [*or* attack]; (*fig*) to go on the offensive [*or* attack]; **zum ~ übergehen** to go over to the attack; (*fig*) to go on the offensive [*or* attack] ❷ SPORT (*Vorgehen*) attack; (*die Angriffsspieler*) attack, forwards *pl;* ***im ~ spielen*** to play in attack ❸ (*fig: aggressive Kritik*) attack; ■**ein ~ auf** [*o* **gegen**] **jdn/etw** an attack on sb/sth ▸ WENDUNGEN: **~ ist die beste Verteidigung** (*prov*) offence [*or* AM -se] is the best [form of] defence [*or* AM -se] *prov;* **etw in ~ nehmen** to tackle sth

Angriffsfläche *f* MIL (*Ziel für Angriffe*) target; **jdm/einer S.** *dat* **eine ~ bieten** to offer a target to sb/sth; (*fig*) to leave [oneself] open to attack by sb/sth **Angriffskrieg** *m* MIL war of aggression **Angriffslust** *f kein pl* ❶ (*angriffslustige Einstellung*) aggressiveness ❷ MIL, POL, SPORT (*Aggressivität*) aggression **angriffslustig** *adj* ❶ (*zu aggressiver Kritik neigend*) aggressive ❷ MIL, SPORT (*aggressiv*) aggressive **Angriffsspiel** *nt* SPORT attacking play **Angriffsspieler(in)** *m(f)* SPORT forward, attacking player, striker **Angriffswaffe** *f* MIL offensive weapon

an|grinsen *vt* ■**jdn** [**irgendwie**] ~ to grin at sb [in a certain manner]

angst *adj* afraid; **jdm ~** [**und bange**] **werden** to become afraid; *s. a.* Angst

Angst <-, Ängste> *f* ❶ (*Furcht*) fear; ■**die ~ vor jdm/etw** the fear of sb/sth; **~ bekommen** [*o fam* **kriegen**] to become [*or fam* get] afraid [*or* frightened]; **~** [**vor jdm/etw/einem Tier**] **haben** to be afraid [of sb/sth/an animal]; ***ich habe solche ~!*** I am so afraid!; ***er hat im Dunkeln*** ~ he is afraid of the dark; **~ um jdn/etw haben** to be worried about sb/sth; **jdm ~ machen** [*o fam* **einjagen**] [*o geh* **einflößen**] to frighten sb; **jdm ~** [**und bange**] **machen** to strike fear into sb's heart; **aus ~, etw zu tun** for fear of doing sth; **vor ~** by [*or* with] fear; ***vor ~ war sie wie gelähmt*** [it was as if] she was paralysed by fear; ***vor ~ brachte er kein Wort heraus*** he was struck dumb with fear; **keine ~!** (*fam*) don't worry; **~ und Schrecken verbreiten** to spread fear and terror ❷ (*seelische Unruhe*) anxiety; **in tausend Ängsten** [**um jdn**] **schweben** to be terribly worried [about sb]

Angsthase *m* (*fig fam*) scaredy-cat

ängstigen **I.** *vt* ■**jdn ~** ❶ (*in Furcht versetzen*) to frighten sb ❷ (*beunruhigen, besorgen*) to worry sb **II.** *vr* ❶ (*Furcht haben*) ■**sich** [**vor jdm/etw/einem Tier**] ~ to be afraid [of sb/sth/an animal] ❷ (*sich sorgen*) ■**sich** [**um jdn/wegen etw**] ~ to worry [about sb/because of sth]

ängstlich **I.** *adj* ❶ (*verängstigt*) frightened ❷ (*besorgt*) worried **II.** *adv* (*fig: beflissen*) carefully

Ängstlichkeit <-> *f kein pl* ❶ (*Furchtsamkeit*) fear ❷ (*Besorgtheit*) anxiety

Angstneurose *f* anxiety neurosis; **an einer ~ leiden** to suffer from an anxiety neurosis **Angstschrei** *m* cry of fear **Angstschweiß** *m* cold sweat **Angsttraum** *m* nightmare **angstvoll** **I.** *adj inv* fearful **II.** *adv* fearfully, apprehensively **Angstzustand** *m* state of panic

an|gucken *vt* (*fam*) ■**jdn/etw ~** to look at sb/sth; ■**sich** *dat* **jdn/etw ~** to [take a] look at sb/sth

an|gurten *vt* ■**jdn ~** to strap sb in; ■**sich ~** to fasten one's seat belt, AM *a.* to buckle up; ■**angegurtet** with one's seat belt fastened

an|haben[1] *vt irreg* (*tragen*) ■**etw/nichts ~** to be wearing sth/nothing, to have sth/nothing on

an|haben[2] *vt irreg* **jdm etwas ~ können/wollen** to be able to/want to harm sb; **jdm nichts ~ können** to be unable to harm sb

an|halten[1] *irreg* **I.** *vi* ❶ (*stoppen*) ■[**an etw** *dat*/**bei etw/vor etw** *dat*] ~ to stop [at sth/near sth/in front of sth]; ***an der Ampel*** ~ to stop [*or* pull up] at the [traffic] lights ❷ (*stehen bleiben*) ■[**an etw** *dat*] ~ to stop [at sth] ❸ (*innehalten*) ■[**in etw** *dat*] ~ to pause [in sth] **II.** *vt* (*stoppen*) ■**jdn/etw ~** to stop sb/sth, to bring sb/sth to a stop

an|halten[2] *vi irreg* (*fortdauern*) to continue; ***das schöne Wetter soll noch eine Weile*** ~ the beautiful weather is expected to last for a little while yet; ***die Unruhen halten jetzt schon seit Monaten an*** the disturbances have been going on for some months now; ***wie lange hielten diese Beschwerden bei Ihnen jetzt schon an?*** how long have you had these symptoms now?

an|halten[3] *irreg* **I.** *vt* (*anleiten*) ■**jdn** [**zu etw**] ~ to teach sb [to do sth]; ■**zu etw angehalten sein** to be taught to do sth; ■**angehalten sein, etw zu tun** to be encouraged to do sth **II.** *vi* (*werben*) ■[**bei jdm**] **um jdn ~** to ask [sb] for sb; ***er hielt bei ihren Eltern um sie an*** he asked her parents for her hand in marriage

an|halten⁴ *vt irreg (davor halten)* ■ **jdm/sich etw** *akk* ~ to hold sth up against sb/oneself; ***die Verkäuferin hielt mir das Kleid an*** the shop assistant held the dress up against me

anhaltend **I.** *adj* continuous; ~**er Lärm** incessant noise; ~**er Schmerz** persistent [*or* constant] [*or* nagging] pain; ***die ~e Hitzewelle/Kältewelle*** the continuing heatwave/cold spell **II.** *adv* METEO prolonged; ~ **regnerisch sein** to rain continuously

Anhalter(in) <-s, -> *m(f)* hitch-hiker; **per ~ fahren** to hitch-hike

Anhaltspunkt *m* clue

anhand *präp +gen* on the basis of; ■ ~ **einer S.** *gen* on the basis of sth; **sich ~ eines Kompasses zurechtfinden** to find one's way with the aid of a compass

Anhang <-[e]s, -hänge> *m* ① *(Nachtrag)* appendix ② *kein pl (Angehörige)* [close] family, dependants BRIT, dependents AM, wife [and children] ③ *kein pl (Gefolgschaft)* followers, supporters, fans

an|hängen **I.** *vt* ① *a.* BAHN *(ankuppeln)* ■ **etw** [**an etw** *akk*] ~ to couple sth [*or* hitch sth up] [to sth] ② *(daran hängen)* ■ **etw** [**an etw** *akk*] ~ to hang [up] sth [on sth] ③ *(hinzufügen)* ■ **etw** ~ to add sth; ■ **angehängt** final ④ *(fig fam: übertragen)* ■ **jdm etw** ~ to pass sth on to sb ⑤ *(fig fam: aufschwatzen)* ■ **jdm etw** ~ to palm [*or* foist] sth off on sb ⑥ *(fig fam: anlasten)* ■ **jdm etw** ~ to blame [*or* pin] sth on sb ⑦ *(fig fam: geben)* ■ **jdm etw** ~ to give sb sth; ***jdm einen schlechten Ruf*** ~ to give sb a bad name **II.** *vr* ① AUTO *(hinterherfahren)* ■ **sich** [**an jdn/etw**] ~ to follow [*or* drive behind] sb/sth ② *(fig: zustimmen)* ■ **sich** [**an jdn/etw**] ~ to agree with sb/sth **III.** *vi irreg (fig)* ① *(anhaften)* ■ **jdm hängt etw an** sth sticks to sb ② *(sich zugehörig fühlen)* ■ **einer S.** *dat* ~ to belong to sth; **der** [*o* **einer**] **Mode** ~ to follow [the] fashion[s]; **einer Vorstellung/Idee** ~ to adhere to a belief/idea

Anhänger <-s, -> *m* ① AUTO *(angehängter Wagen)* trailer ② *(angehängtes Schmuckstück)* pendant ③ *(Gepäckanhänger)* label, tag

Anhänger(in) <-s, -> *m(f) (fig)* ① SPORT *(Fan)* fan, supporter ② *(Gefolgsmann)* follower, supporter

Anhängerkupplung *f* AUTO coupling device

Anhängerschaft <-> *f kein pl* ① *(Gefolgsleute)* followers *pl*, supporters *pl* ② SPORT *(Fans)* fans *pl*, supporters *pl*

anhängig *adj* JUR ■ [**bei etw**] ~ **sein** to be pending at sth; **bei einem Gericht ~ sein** [to be] pending in court

anhänglich *adj (sehr an jdm hängend)* devoted; *(sehr zutraulich)* friendly

Anhänglichkeit <-> *f kein pl* ① *(anhängliche Art)* devotion ② *(Zutraulichkeit)* trusting nature

Anhängsel <-s, -> *nt* ① *(lästiger Mensch)* hanger-on, gooseberry *fam* ② *(Anhang)* **ein ~ an etw** *akk* **sein** to be an appendix to sth

an|hauchen *vt* ■ **jdn** [**mit etw**] ~ to breathe on sb [with sth]; *s. a.* **angehaucht**

an|hauen *vt irreg (sl)* ① *(ansprechen)* ■ **jdn** ~ to accost sb ② *(erbitten)* ■ **jdn um etw** ~ to tap [*or fam* touch] sb for sth

an|häufen **I.** *vt* ■ **etw** ~ ① *(aufhäufen)* to pile sth up ② *(fig: ansammeln)* to accumulate [*or* amass] sth **II.** *vr* ① *(sich zu einem Haufen ansammeln)* ■ **sich** ~ to pile up ② *(sich ansammeln)* ■ **sich** ~ to accumulate

Anhäufung <-, -en> *f* ① *(das Aufhäufen)* piling up, amassing ② *(fig: das Ansammeln)* accumulation

an|heben *irreg* **I.** *vt* ① *(hochheben)* to lift sth [up]; **den Hut** ~ to take off [*or liter* doff] one's hat ② *(erhöhen)* ■ **etw** ~ to increase [*or* raise] sth; **die Gebühren/Löhne/Preise** ~ to increase [*or* raise] charges/wages/prices **II.** *vi (hochheben)* ■ [**mit**] ~ to [help] lift sth [up]

Anhebung <-, -en> *f (Erhöhung)* increase, raising; **die ~ der Gebühren/Löhne/Preise** the increase [*or* rise] in charges/wages/prices

an|heften *vt* ① *(daran heften)* ■ **etw an etw** *akk* ~ to attach sth to sth ② *(anstecken)* ■ **jdm etw** ~ to pin sth on sb, to decorate sb with sth

anheim *adv (geh)* ~ **fallen** ■ **jdm/einer S.** *dat* ~ to fall victim [*or* prey] to sb/sth; **es jdm ~ stellen, etw zu tun** to leave [it] up to sb [to decide] what to do

anheimelnd *adj (geh)* cosy BRIT, cozy AM, homey; ~**e Klänge** familiar sounds

anheim|fallen *vi irreg sein (geh) s.* **anheim** **anheim|stellen** *vt (geh) s.* **anheim**

anheischig *adv* **sich ~ machen, etw zu tun** *(veraltend geh)* to take it upon oneself [*or* undertake] to do sth

an|heizen *vt* ■ **etw** ~ ① *(zum Brennen bringen)* to light sth, to set sth alight ② *(fig fam: im Schwung bringen)* to get sth going, to hot sth up ③ *(fam: verschlimmern)* to aggravate [*or* fan the flames of] sth

an|heuern **I.** *vt* NAUT ■ **jdn** [**als etw**] ~ to sign sb on [*or* up] [as sth] **II.** *vi* NAUT ■ [**bei jdm/auf etw** *dat*] ~ to sign on [with sb/on sth]

Anhieb *m* **auf** [**den ersten**] ~ *(fam)* straight away [*or fam* off], at the first go; ***das kann ich nicht auf ~ sagen*** I couldn't say off the top of my head

an|himmeln *vt (fam)* ■ **jdn** ~ to idolize sb; *(schwärmerisch ansehen)* to gaze adoringly at sb

Anhöhe <-, -n> *f* high ground

an|hören **I.** *vt* ① *(zuhören)* ■ [**sich** *dat*] **etw** ~ to listen to sth ② *(mithören)* ■ **etw** [**mit**] ~ to listen [in] to sth; **ein Geheimnis** [**zufällig**] [**mit**] ~ to [accidentally] overhear a secret ③ *(Gehör schenken)* ■ **jdn** ~ to listen to sb, to hear sb [out]; ■ [**sich** *dat*] **etw** ~ to listen to sth ④ *(anmerken)* ■ **jdm etw** ~ to hear sth in sb['s voice]; ***dass er Däne ist, hört man ihm aber nicht an!*** you can't tell from his accent that he's Danish! **II.** *vr* ① *(stimmlich klingen)* ■ **sich irgendwie** ~ to sound [a certain way]; ***na, wie hört sich die Gruppe an?*** well, how does the group sound? ② *(im Klang von bestimmter Art sein)* ■ **sich irgendwie** ~ to sound [a certain way]; ***eine CD hört sich besser an als eine Platte*** a CD sounds better than a record ③ *(klingen)* ■ **sich irgendwie** ~ to sound [a certain way]; ***Ihr Angebot hört sich gut an*** your offer sounds good

Anhörung <-, -en> *f* JUR hearing

Anhörungsverfahren *nt* JUR hearing

an|hupen *vt (fam: in jds Richtung hupen)* ■ **jdn/etw** ~ to sound one's horn [*or* BRIT *a.* hoot] at sb/sth; ■ **sich** ~ to sound the horn [*or* BRIT *a.* hoot] at one another

an|husten *vt* ■ **jdn** ~ to cough at [*or* on] sb

Anilin <-s> *nt kein pl* CHEM aniline

Anilinfarbe *f* CHEM aniline colour [*or* AM -or]

animalisch *adj* animal; ■ **etwas A~es** sth animal-like; ***er hat so etwas A~es!*** he has a kind of animal magnetism!

Animateur(in) <-s, -e> [anima'tøːɐ] *m(f) (Unterhalter[in])* host *masc* [*or fem* hostess]

Animation <-, -en> *f* ① *(Unterhaltung)* entertainment ② FILM animation

Animierdame *f* [nightclub [*or* bar]] hostess

animieren* **I.** *vt* ■ **jdn** [**zu etw**] ~ to encourage [*or* prompt] sb [to do sb] **II.** *vi* ■ [**zu etw**] ~ to encourage [to do sth]; ***diese Musik animiert mich zum Mittanzen!*** this music is making me want to join in [the dancing]!; ■ **dazu ~, etw zu tun** to be encouraged to do sth

A

animierend I. *adj* stimulating; ***die Liveshow wurde immer ~er*** the live floorshow became increasingly provocative [*or* suggestive] II. *adv* stimulatingly; ***schönes Wetter wirkt auf mich ~*** fine weather has a stimulative [*or* an invigorating] effect on me

Animierlokal *nt* hostess bar [*or* nightclub] **Animiermädchen** *nt s.* **Animierdame**

Anion <-s, -en> *nt* CHEM (*negativ geladenes Ion*) anion

Anis <-[es], -e> *m* ① BOT (*Pflanze*) anise ② KOCHK (*Gewürz*) aniseed ③ (*fam*) *s.* **Anisschnaps** aniseed brandy

Anisschnaps *m* aniseed liqueur [*or* schnaps]

an|kämpfen *vi* ■ **gegen etw ~** to fight [against] sth; **gegen die Elemente ~** to battle against [*or* with] the elements; ***sie kämpfte gegen ihre Tränen an*** she fought back her tears; ■ **gegen jdn ~** to fight [against] [*or* [do] battle with] sb

Ankauf <-[e]s, -käufe> *m* buy, purchase *form;* **An- und Verkauf von...** we buy and sell...

an|kaufen I. *vt* ■ **etw ~** to buy [*or form* purchase] sth II. *vi* to buy, to purchase III. *vr* (*eine Immobilie erwerben*) ■ **sich [irgendwo] ~** to buy property [somewhere]

Anker <-s, -> *m* ① NAUT anchor; **[irgendwo] vor ~ gehen** NAUT to drop [*or* cast] anchor [somewhere]; **irgendwo vor ~ gehen** (*a. fig fam*) to stop [over] somewhere; **den ~ hieven** [*o* **lichten**] to weigh [*or* raise] anchor; **[irgendwo] vor ~ liegen** to lie [*or* ride] at anchor; **~ werfen** (*a. fig*) to drop [*or* cast] anchor ② (*fig geh: Halt*) mainstay, support ③ TECH, BAU (*Befestigungsteil*) anchor[-iron]; (*Teil eines Aggregates*) armature; (*Teil des Uhrwerks*) anchor

Ankerkette *f* anchor cable

ankern *vi* ① (*Anker werfen*) to drop [*or* cast] anchor; ■ **ein Schiff ankert** a ship is dropping [*or* casting] anchor ② (*vor Anker liegen*) to lie [*or* ride] at anchor; ■ **ein Schiff ankert** a ship is lying [*or* riding] at anchor

Ankerplatz *m* anchorage **Ankerwinde** *f* NAUT windlass, capstan

an|ketten *vt* ① (*an einer Kette befestigen*) ■ **jdn/ein Tier/etw ~** to chain sb/an animal/sth up; ■ **[an etw** *akk o dat*] **angekettet sein** to be chained [up] [to sth] ② (*fig: unentrinnbar verbunden*) ■ **[an jdn] angekettet sein** to be tied [to sb]

an|kläffen *vt* ■ **jdn ~** to yap at sb; (*fig: jdn heftig anfahren*) to bark at sb

Anklage <-, -n> *f* ① *kein pl* JUR (*gerichtliche Beschuldigung*) charge; ***wie lautet die ~?*** what's the charge?; **gegen jdn ~ [wegen etw] erheben** to charge sb [with sth]; **[wegen etw] unter ~ stehen** to be charged [with sth]; **jdn [wegen etw] unter ~ stellen** to charge sb [with sth] ② JUR (*Anklagevertretung*) prosecution ③ (*Beschuldigung*) accusation ④ (*fig: Anprangerung*) ■ **eine ~ gegen etw** a denunciation of sth

Anklagebank *f* JUR dock; **jdn [wegen etw] auf die ~ bringen** to put sb in the dock [*or* take sb to court] [for sth]; **[wegen etw] auf der ~ sitzen** to be in the dock [for sth] **Anklageerhebung** *f* JUR preferral of charges

an|klagen I. *vt* ① JUR (*gerichtlich beschuldigen*) ■ **jdn [einer S.** *gen* [*o* **wegen etw]** *gen*] **~** to charge sb [with sth], to accuse sb [of sth] ② (*beschuldigen*) ■ **jdn einer S.** *gen* **~** to accuse sb of sth; ■ **jdn ~, etw getan zu haben** to accuse sb of doing [*or* having done] sth ③ (*fig: anprangern*) ■ **jdn/etw ~** to denounce sb/sth II. *vi* (*eine Anprangerung zum Ausdruck bringen*) to denounce

anklagend I. *adj* ① (*anprangernd*) denunciatory ② (*eine Beschuldigung beinhaltend*) accusatory II. *adv* (*als Anklage*) accusingly

Ankläger(in) <-s, -> *m(f)* JUR prosecutor; **öffentlicher ~** public prosecutor

Anklageschrift *f* JUR indictment

an|klammern I. *vt* ① (*anheften: mit einer Büroklammer befestigen*) ■ **etw [an etw** *akk o dat*] **~** to clip sth [[on]to sth]; (*mit einer Heftmaschine befestigen*) to staple sth [[on]to sth] ② (*mit einer Wäscheklammer befestigen*) ■ **etw ~** to peg sth II. *vr* ① (*krampfhaft festhalten*) ■ **sich an etw** *akk* **~** to cling [*or* hang] on to sth ② (*fig: sich festklammern*) ■ **sich an jdn/etw** *akk* **~** to cling [on]to sb/sth

Anklang <-[e]s, -klänge> *m* ① *kein pl* (*Zustimmung*) approval; **[bei jdm] [bestimmten] ~ finden** to meet with the approval [of sb] [*or* [a certain amount of] approval [from sb]] ② (*Ähnlichkeit*) ■ **~/Anklänge an jdn/etw** similarity/similarities to sb/sth; ***in dem Film gibt es gewisse Anklänge an E.A. Poe*** there are certain similarities to [*or* echoes of] E.A. Poe in the film

an|kleben I. *vt haben* ■ **etw an etw** *akk* **~** to stick sth on sth II. *vi sein* to stick; ■ **an etw angeklebt sein** to be stuck [on]to sth

Ankleidekabine *f* changing cubicle

an|kleiden *vt* (*geh*) ■ **jdn ~** to dress [*or* clothe] sb; ■ **sich ~** to dress [*or* clothe] oneself

Ankleideraum *m* changing room

an|klicken *vt* INFORM ■ **etw ~** to click on sth

an|klingeln *vt, vi* SÜDD, SCHWEIZ (*fam: telefonieren*) ■ **[bei jdm] ~** [*o* **jdn ~**] to give sb a ring [*or* call] [*or* BRIT *fam a.* bell]

an|klingen *vi irreg sein* ① (*erinnern*) ■ **an etw** *akk* **~** to be reminiscent of sth ② (*spürbar werden*) ■ **in etw** *dat* **~** to be discernible in sth; ***in ihren Worten klang ein deutlicher Optimismus an*** there was a clear note of optimism in her words; ■ **etw [in etw** *dat*] **~ lassen** to make sth evident [*or* apparent] [in sth]

an|klopfen *vi* ① (*an die Tür klopfen*) ■ **[an etw** *akk o dat*] **~** to knock [on sth]; **an die Tür ~** [*o* **der**] to knock on [*or* at] the door ② (*fig fam: vorfühlen*) ■ **bei jdm [wegen etw] ~** to sound sb out [about sth]

an|knabbern *vt* (*fam: annagen*) ■ **etw ~** to gnaw [away] at sth; ***das Kind knabberte das Brot nur an*** the child only nibbled [at] the bread

an|knacksen *vt* (*fam*) ① ■ **[sich** *dat*] **etw ~** to crack [a bone in] sth ② (*beeinträchtigen*) ■ **etw ~** to injure sth; **jds** *akk* **Stolz ~** to injure [*or* hurt] sb's pride; **jds Selbstbewusstsein/Zuversicht ~** to undermine [*or* shake] sb's [self-]confidence; ■ **angeknackst sein** to be in a bad way; ***bei deiner angeknacksten Gesundheit solltest du aufpassen*** with your poor health you should take it easy

an|knipsen *vt* (*fam*) ■ **etw ~** to switch [*or fam* flick] sth on; ***lass das Licht [nicht] angeknipst*** [don't] leave the light on

an|knöpfen *vt* ■ **etw [an etw** *akk o dat*] **~** to button sth on[to sth]

an|knoten *vt* ■ **etw [an etw** *akk o dat*] **~** to tie sth [to sth]

an|knüpfen I. *vt* ① (*befestigen*) ■ **etw [an etw** *akk o dat*] **~** to tie [*or* fasten] sth [to sth] ② (*fig: aufnehmen*) ■ **etw ~** to establish sth; **eine Freundschaft ~** to strike up a friendship II. *vi* (*fig*) ■ **an etw** *akk* **~** to resume sth; **an ein altes Argument ~** to take up an old argument

Anknüpfungspunkt *m* starting-point

an|knurren *vt* ■ **jdn ~** (*a. fig*) to growl at sb

an|kochen *vt* ■ **etw ~** to parboil [*or* precook] sth

an|kommen *irreg* I. *vi sein* ① TRANSP (*ein Ziel erreichen*) to arrive; ***seid ihr auch gut angekommen?*** did you arrive safely? ② (*angeliefert werden*) ■ **[bei jdm] ~** to be delivered [to sb] ③ (*angelangen*) ■ **bei etw ~** to reach sth ④ (*fam: sich nähern*) to approach;

schau mal, wer da ankommt! [just] look who's coming! (5) (*fam: Anklang finden*) ■ **[bei jdm]** ~ *Sache* to go down well [with sb]; *Person* to make an impression [on sb]; ***der neue Chef kommt gut an*** the new boss is well liked [*or* is a real [*or* big] hit] (6) (*sich durchsetzen*) ■ **gegen jdn/etw** ~ to get the better of sb/sth; ***gegen diesen Flegel von Sohn kommt sie nicht mehr an*** she can't cope with her brat of a son any more (7) (*überwinden*) ■ **gegen etw** ~ to break [*or fam* kick] a habit; **gegen eine Arbeitsüberlastung** ~ to cope with an excess of work; **gegen Vorurteile** ~ to break down prejudices (8) (*fam: darauf ansprechen*) ■ **[jdm] [mit etw]** ~ to speak [to sb] [about sth]; ***nachher kommst du mir wieder damit an*** afterwards you'll come back to me about it [and say…]; ***mit so einem alten Auto brauchen Sie bei uns nicht anzukommen!*** don't bother [coming to] us with such an old banger!; ***kommen Sie mir bloß nicht schon wieder damit an!*** [just] don't start harping on about that again! (9) (*eine Stellung/einen Studienplatz finden*) ■ **[bei jdm] [mit etw]** ~ to be taken on [by sb] [with sth] [*or* accepted]; ***bist du mit deiner Bewerbung bei Siemens angekommen?*** were you successful with your job application to [*or* at] Siemens? (10) (*geboren werden*) ■ **[bei jdm]** ~ to be born [to sb]; ***das Baby kommt in zwei Monaten an*** the baby is due in two months; ***bei meiner Frau ist gerade ein Junge angekommen!*** my wife has just given birth to a [baby] boy! **II.** *vi impers sein* (1) (*wichtig sein*) ■ **auf etw** *akk* ~ sth matters [*or* is important]; ■ **es kommt darauf an, dass** what matters is that; ***bei diesem Job kommt es sehr darauf an, dass man kreativ arbeiten kann*** what matters in this job is that one able to work creatively (2) (*von etw abhängen*) ■ **auf jdn/etw** ~ to be dependent on sb/sth; ***du glaubst, ich schaffe es nicht? na, das käme auf einen Versuch an!*** you don't think I can manage it? well, I'll give it a [damn good] try! [*or fam* do my damnedest!]; ***das kommt darauf an*** it [*or* that] depends; ■ **darauf ~, dass/ob** it depends on/on whether; ***alles kommt darauf an, ob wir rechtzeitig fertig werden*** it all depends on whether we're ready in time; ***es kommt darauf an, dass ich gesund bleibe*** it depends on me staying healthy (3) (*riskieren*) **es auf etw** *akk* ~ **lassen** to risk [*or* chance] sth; **es darauf ~ lassen** (*fam*) to risk [*or* chance] it; ***lass es lieber nicht darauf ~!*** don't leave it to chance!; ***lassen wir es also darauf ~!*** let's risk [*or* chance] it! **III.** *vt sein* (*geh: sich für jdn darstellen*) **jdn leicht/schwer** [*o* **hart**] ~ to be easy/hard for sb; ***die Arbeitslosigkeit meines Mannes kommt mich schon schwer an*** I'm finding my husband's unemployment hard; **es kommt jdn leicht/schwer** [*o* **hart**] **an, etw zu tun** to be easy/hard for sb to do sth

Ankömmling <-s, -e> *m* (*Neugeborenes*) new arrival; (*kürzlich Angekommene[r]*) newcomer

an|koppeln *vt* BAHN ■ **etw [an etw** *akk*] ~ to couple sth [to sth]; RAUM to dock sth [with sth]

an|kotzen *vt* (1) (*derb: anwidern*) ■ **jdn** ~ to make sb [feel] sick; ***dieser schleimige Kerl kotzt mich an!*** this slimy bloke makes me [feel] sick! [*or fam!* want to puke] (2) (*derb: bespucken*) ■ **jdn/etw** ~ to throw up [*or fam!* puke] [all] over sb/sth

an|kreiden *vt* (1) (*anlasten*) ■ **jdm etw [irgendwie]** ~ to hold sth against sb [in a certain manner]; ***das kreidet sie dir heute noch [übel] an!*** she still [really] holds that against you [even] today! (2) (*veraltet: Schulden anschreiben*) to chalk up sth

an|kreuzen *vt* ■ **etw** ~ to mark sth with a cross

an|kündigen **I.** *vt* (1) (*ansagen*) ■ **[jdm] jdn** ~ to announce sb [to sb]; ***darf ich Ihnen jetzt den nächsten Gast unserer Show*** ~ [please] let me introduce the next guest in our show, and the next act in our show is (2) (*avisieren*) ■ **jdn [als jdn]** ~ to announce sb [as sb]; ***er wurde uns als Professor Poloni angekündigt*** he was announced [*or* introduced] to us as Professor Poloni (3) (*voraussagen*) ■ **etw** ~ to predict sth; ***uns wurden gerichtliche Schritte angekündigt*** we were given notice of legal proceedings; ***die Wettervorhersage kündigt Regen an*** the weather forecast is predicting [*or* has announced] rain (4) (*anzeigen, kundgeben*) ■ **etw [für etw]** ~ to advertise sth [for sth]; ***der Magier kündigte die nächste Nummer an*** the magician announced the next number; ***wir konnten leider nicht vorher ~, dass…*** unfortunately we were unable to give prior notice that… (5) (*Besuch anmelden*) ■ **sich [bei jdm] [als jd]** ~ to announce oneself [to sb] [as sb]; ***sie besucht uns nie, ohne sich vorher angekündigt zu haben*** she never visits us without letting us know beforehand **II.** *vr* (*sich andeuten*) ■ **sich [durch etw]** ~ to announce itself [with sth]; ***es wird kälter, der Herbst kündigt sich an*** it is getting colder, autumn [*or* AM *a.* fall] is in the air; ***Erkältung kündigt sich oft durch Halsschmerzen an*** a cold is usually preceded by a sore throat

Ankündigung <-, -en> *f* (1) (*Ansage*) announcement (2) (*Avisierung*) advance notice (3) (*das Voraussagen*) announcement; ***die ~ einer Sturmflut*** a storm tide warning (4) (*Anzeige, Kundgebung*) announcement (5) (*Vorzeichen*) advance warning

Ankunft <-, -künfte> *f* (1) (*das Ankommen*) ■ **jds** ~ [**an etw** *dat*/**in etw** *dat*] sb's arrival [at sth/in sth] (2) TRANSP (*Eintreffen*) arrival (3) REL (*Wiederkunft*) the Second Coming

Ankunftshalle *f* arrivals [lounge [*or* hall]] **Ankunftstafel** *f* arrivals [indicator] board **Ankunftszeit** *f* time of arrival, arrival time; **geschätzte** ~ estimated time of arrival

an|kurbeln *vt* ■ **etw** ~ (1) ÖKON (*in Gang bringen*) to boost [*or* stimulate] sth (2) AUTO (*anlassen*) to start sth [up], to crank sth up

Ankurbelung <-, -en> *f* ÖKON boost, stimulation

an|lächeln *vt* ■ **jdn** ~ to smile at sb

an|lachen **I.** *vt* (1) (*in jds Richtung lachen*) ■ **jdn** ~ to laugh at sb; ■ **sich** ~ to laugh at one another (2) (*fig*) ■ **jdn lacht etw an** sth is enticing sb; ***das lacht mich nicht besonders an*** that doesn't appeal to me all that much; ***diese Schokotorte lacht mich so unwiderstehlich an*** this chocolate cake looks too good to resist [*or* is just asking to be eaten] **II.** *vr* (*fam: mit jdm anbändeln*) ■ **sich** *dat* **jdn** ~ to pick sb up *fam*

Anlage <-, -n> *f* (1) (*Produktionsgebäude*) plant (2) BAU (*das Errichten*) building, construction (3) HORT (*Grün~*) park, green area; (*das Anlegen*) lay out (4) SPORT facilities *pl*, [sport's] complex; MIL (*Einrichtung*) installation (5) TECH, TELEK, MUS (*Stereo~*) stereo equipment, sound [*or* music] system; (*Telefon~*) telephone system [*or* network] (6) TECH (*technische Vorrichtung*) plant *no pl*; **sanitäre ~n** (*geh*) sanitary facilities (7) FIN (*Kapital~*) investment (8) ÖKON (*Beilage zu einem Schreiben*) enclosure; **als** [*o* **in der**] ~ enclosed (9) *meist pl* (*Veranlagung*) disposition, natural abilities *pl*; ***dieser Knabe hat gute ~n, aus dem kann mal was werden!*** this guy is a natural, he could be big one day!; **die ~ zu etw haben** to have the disposition [*or* temperament] for sth (10) *kein pl* LIT, THEAT (*Grundidee*) conception

Anlageberater(in) *m(f)* FIN investment advisor

an|lagern *vr* CHEM ■ **sich [an etw** *akk*] ~ to be taken up [by sth]

Anlagevermögen *nt* FIN fixed assets

an|landen **I.** *vt haben* ■ **etw [irgendwo]** ~ to land sth [somewhere] **II.** *vi sein* ■ **irgendwo** ~ to land somewhere

an|langen¹ I. *vt haben* (*betreffen*) ■jdn ~ to concern sb; was jdn/etw anlangt, ... as far as sb/sth is concerned, ... II. *vi sein* (*geh: ankommen*) ■[irgendwo] ~ to arrive [*or* reach] [somewhere]

an|langen² I. *vi* SÜDD (*fam*) (1) (*anfassen*) ■irgendwo ~ to touch somehwere (2) (*mithelfen*) ■[mit] ~ to help [*or* lend a hand] [with] II. *vt* SÜDD (*anfassen*) ■etw ~ to touch sth

Anlass^RR <-es, -lässe> *m*, **Anlaß** <-sses, -lässe> *m* (1) (*unmittelbarer Grund*) reason; ■der/ein/kein ~ zu etw the/a/no reason for sth; *ihr Geburtstag war der geeignete ~, mal wieder zu feiern* her birthday was the perfect excuse for another party; ■ein/kein ~, etw zu tun a/no reason to do sth; es besteht ~ zu etw there are grounds [*or* is cause] for sth; es besteht kein ~ zu etw/, etw zu tun there are no grounds for sth/to do sth; [jdm] ~ zu etw geben to give [sb] grounds for sth; jdm ~ geben, etw zu tun to give sb grounds to do sth; einen/keinen ~ haben, etw zu tun to have grounds/no grounds to do sth; ein ~ [für jdn] sein, etw zu tun to be a [good] excuse [for sb] to do sth; etw zum ~ nehmen, etw zu tun to use sth as an opportunity to do sth; aus bestimmtem ~ for a certain type of reason; und aus diesem ~ and for this reason; *aus besonderem ~ fällt der Spielfilm aus* due to unforeseen circumstances we will not be able to show the film; aus keinem besonderen ~ for no particular reason; aus gegebenem ~ with good reason; zum ~ von etw werden to be the cause of sth (2) (*Gelegenheit*) occasion; dem ~ entsprechend to fit the occasion; *sie war immer dem ~ entsprechend angezogen* she was always dressed for the occasion; beim geringsten ~ at the slightest opportunity; bei jedem ~ at every opportunity; aus ~ einer S. *gen* on the occasion of sth

an|lassen *irreg* I. *vt* ■etw ~ (1) AUTO (*starten*) to start sth [up]; ■das A~ starting [up] (2) (*fam: [ein Kleidungsstück] anbehalten*) to keep sth on (3) (*fam: in Betrieb lassen*) to leave sth on; den Motor ~ to leave the engine running; (*brennen lassen*) to leave sth burning; (*laufen lassen*) to leave sth running [*or* on] II. *vr* (*fam*) (1) (*sich beruflich erweisen*) ■sich ~ to get along [*or* on]; *na, wie lässt sich denn der neue Lehrling an?* well, how is the new trainee getting on [*or* coming along]? (2) METEO (*anfangen*) ■sich irgendwie ~ to start in a certain manner; *der Sommer lässt sich wirklich ausgezeichnet an* the summer promises to be an excellent one (3) ÖKON (*sich entwickeln*) ■sich irgendwie ~ to develop in a certain manner; *wie lässt sich euer Geschäft denn an?* how's [your] business [going]?

Anlasser <-s, -> *m* AUTO starter [motor]

anlässlich^RR, **anläßlich** *präp +gen* ■~ einer S. *gen* on the occasion of

an|lasten *vt* ■jdm etw ~ to blame sb for sth; *ihm wird Betrug angelastet* he was accused of fraud; *dieses Zuspätkommen will ich Ihnen ausnahmsweise nicht ~* as an exception I won't hold it against you for arriving late; ■jdm etw als etw ~ to regard sth in sb as sth; *ihr Ausbleiben wurde ihr als Desinteresse angelastet* people [*or* took her absence for a lack of interest] regarded her absence as a lack of interest [on her part]

Anlauf <-[e], -läufe> *m* (1) SPORT (*das Anlaufen*) run-up; ~ nehmen to take a run-up; mit/ohne [bestimmten] ~ with/without a [certain type of] run-up (2) (*fig: Versuch*) attempt, go *fam;* beim ersten/zweiten ~ at the first/second attempt; [noch] einen ~ nehmen [*o* machen] to make another attempt, to have another go *fam* (3) (*Beginn*) start; ~ nehmen, etw zu tun to start to do sth

an|laufen *irreg* I. *vi sein* (1) (*beginnen*) to begin, to start; *in den Kinos läuft jetzt der neue James Bond an* the new James Bond film is now showing at the cinema; *in Kürze läuft die [neue] Saison an* the new season opens [*or* begins] shortly (2) SPORT (*zu laufen beginnen*) to take a run-up (3) ([*Scheiben/Brillengläser*] *beschlagen*) to steam up (4) (*oxidieren*) to rust, to tarnish, to oxidize (5) (*sich verfärben*) ■irgendwie ~ to change colour [*or* AM -or] in a certain manner; *vor Wut rot ~* to turn purple with rage; *die Patientin läuft schon blau [im Gesicht] an!* the patient is beginning to turn blue [in the face]! (6) (*sich ansammeln*) ■[auf etw *akk*] ~ to accrue [in sth] (7) KOCHK *s.* anschwitzen II. *vt haben* NAUT (*ansteuern*) ■etw ~ to put into sth; *das Schiff lief den Hafen an* the ship put into port

Anlaufphase *f* beginning stages *pl;* FILM, THEAT beginning performances **Anlaufprobleme** *pl* initial probems; *eines Projekts a.* teething problems [*or* troubles]; ~ mit etw *dat* haben to have trouble [*or* problems] starting sth **Anlaufstelle** *f* refuge, shelter **Anlaufzeit** *f* (1) (*Vorbereitungszeit*) preparation [time]; *morgens braucht er eine gewisse ~, um in Schwung zu kommen* he needs a bit of time to get going in the morning (2) AUTO (*Warmlaufzeit*) warming-up time [*or* period]

Anlaut *m* LING initial sound; im ~ at the beginning of a word, in initial position

an|läuten I. *vi* SÜDD, SCHWEIZ ■[jdm [*o* bei jdm]] ~ to phone [sb], to ring [sb] [up] II. *vt* ■jdn ~ to phone sb, to ring sb [up]

Anlegebrücke *f* landing stage, jetty

an|legen I. *vt* (1) (*erstellen*) ■etw ~ to compile sth; eine Liste ~ to draw up a list (2) HORT ■etw ~ to lay sth out (3) (*ansammeln*) ■etw ~ to lay sth in; sich *dat* einen Vorrat [*o* Vorräte] [an etw *dat*] ~ to lay oneself in a stock [of sth] (4) FIN (*investieren*) ■etw [in etw *dat*] ~ to invest sth [in sth]; ■etw [für etw] ~ to spend sth [on sth] (5) (*fig*) ■es auf etw *akk* ~ to risk sth, to leave sth to chance; ■es [mit etw] darauf ~, dass jd etw tut to risk [with sth] that sb does sth (6) (*daran legen*) ■etw [an etw *akk*] ~ to place sth [against [*or* on] sth]; MATH to position sth [to sth]; eine Leiter ~ to put a ladder up; Karten ~ to lay down cards (7) (*geh: anziehen*) ■etw ~ to don sth; ■jdm etw ~ to put sth on sb (8) (*ausrichten*) ■etw auf etw *akk* ~ to structure sth for sth; etw auf eine bestimmte Dauer ~ to plan sth [to last] for a certain period; ■auf jdn/etw angelegt sein to be built for sb/sth; *das Stadion ist auf 30.000 Besucher angelegt* the stadium holds [*or* was built to hold] 30,000 spectators; *s. a.* Maßstab II. *vi* (1) NAUT (*festmachen*) ■[irgendwo *dat*] ~ to berth [*or* dock] [somewhere] (2) MIL (*zielen*) ■[mit etw] [auf jdn] ~ to aim [at sb] [with sth]; *„legt an – Feuer!"* "take aim – fire!" (3) KARTEN (*dazulegen*) ■[bei jdm] ~ to lay down [cards] [on sb's hand] III. *vr* ■sich mit jdm ~ to pick an argument [*or* a fight] with sb

Anlegeplatz *m* berth, dock

Anleger(in) <-s, -> *m(f)* FIN investor

Anlegestelle *f* NAUT mooring

an|lehnen I. *vt* (1) (*daran lehnen*) ■etw [an etw *akk*] ~ to lean sth [against sth]; ■angelehnt sein propped up (2) (*einen Spalt offen lassen*) ■etw ~ to leave sth slightly open; die Tür ~ to leave the door ajar; ■angelehnt sein to be slightly open [*or* ajar] II. *vr* (1) (*sich daran lehnen*) ■sich [an jdn/etw *akk*] ~ to lean [against sb/sth] (2) (*fig*) ■sich an etw *akk* ~ *Text* to follow sth, to be faithful to sth

Anlehnung <-, -en> *f* ■die ~ an jdn/etw following of sb/sth; in ~ an jdn/etw following sb/sth; ~ [an jdn] suchen (*Anschluss*) to strike up a friendship

[with sb]

Anlehnungsbedürfnis *nt* need for affection **an·lehnungsbedürftig** *adj* needing affection *pred,* in need of affection

an|leiern *vt* (*fam: im Gang setzen*) ■ **etw** ~ to get sth going

Anleihe <-, -n> *f* ① FIN (*Kredit*) loan; **eine ~ [bei jdm] aufnehmen** to take out a loan [with sb]; BÖRSE, FIN (*Wertpapier*) bond ② (*hum: Plagiat*) borrowing; ***dieser Satz ist eine ~ bei Goethe*** this sentence is lifted from Goethe *fam;* **eine ~ bei jdm/etw machen** (*fam*) to borrow sth from sb/sth

an|leiten *vt* ① (*unterweisen*) ■ **jdn** ~ to instruct [*or* train] sb; ■ **sich von jdm ~ lassen** to be instructed [*or* trained] by sb ② (*erziehen*) ■ **jdn zu etw** ~ to teach sb sth

Anleitung <-, -en> *f* ① (*Gebrauchs~*) instructions *pl;* **unter jds** *dat* ~ [*o* **unter der ~ von jdm**] under sb's guidance ② (*das Anleiten*) instruction, direction

Anlernberuf *m* (*Beruf mit verkürzter Ausbildungszeit ohne Gesellenprüfung*) semi-skilled job

an|lernen **I.** *vt* ① (*einweisen*) ■ **jdn [zu etw]** ~ to train sb [in sth]; *s. a.* **angelernt** ② (*dressieren*) ■ **ein Tier dazu ~, etw zu tun** to train an animal to do sth **II.** *vr* ■ **sich** *dat* **etw** ~ to cram, BRIT *fam a.* to mug sth up, BRIT *fam a.* to mug up on sth, BRIT *fam a.* to swot up sth

an|lesen *irreg* **I.** *vt* (*den Anfang von etw lesen*) ■ **etw** ~ to start [*or* begin] to read [*or* reading] sth **II.** *vr* (*sich durch Lesen aneignen*) ■ **sich** *dat* **etw** ~ to learn sth by reading; **angelesenes Wissen** knowledge [acquired] from books

an|leuchten *vt* ■ **jdn/etw [mit etw]** ~ to light sb/sth up [with sth]; ***beim Verhör wurde er mit der grellen Schreibtischlampe angeleuchtet*** the dazzling table lamp was shone [directly] at him during the interrogation

an|liefern *vt* ÖKON ■ **[jdm] etw** ~ to deliver sth [to sb]

Anlieferung <-, -en> *f* delivery; **bei ~** on delivery

an|liegen *vi irreg* ① (*zur Bearbeitung anstehen*) to be on the agenda; ■ **~d** [still] to be done, pending ② MODE (*sich eng anpassen*) ■ **[an etw** *dat*] ~ to fit tightly [*or* closely] [on sth]; ■ **~d** tight-[*or* close-]fitting ③ (*nicht abstehen*) to lie flat; ■ **~d** flat (**an** +*dat* against)

Anliegen <-s, -> *nt* ① (*Bitte*) request; **ein ~ [an jdn] haben** to have a request to make [*or* favour [*or* AM -or] to ask] [of sb] ② (*Angelegenheit*) matter

anliegend *adj* ① (*beiliegend*) enclosed ② (*angrenzend*) adjacent

Anlieger <-s, -> *m* ① (*Anwohner*) resident; ***die Straße ist nur für ~*** [**bestimmt**]! [access to] the street is for residents only!; **~ frei** [*o* **frei für ~**] residents only ② (*Anrainer*) neighbour [*or* AM -or]; **die ~ der Ostsee** countries bordering the Baltic Sea; **die ~ eines Sees** people living on the shores of a lake; ***die ~ des Kanals waren stets durch Hochwasser gefährdet*** the people living along[side] the canal were constantly endangered by high water

Anliegerverkehr *m* [local] residents' traffic; **~ frei** residents only

an|locken *vt* ■ **jdn** ~ to attract sb; ■ **ein Tier** ~ to lure an animal

an|löten *vt* ■ **etw [an etw** *akk o dat*] ~ to solder sth on[to sth]

an|lügen *vt irreg* ■ **jdn** ~ to lie to [*or* tell a lie [*or* lies] to] sb; ■ **sich [von jdm] ~ lassen** to be lied to [by sb]

Anm. *f Abk von* **Anmerkung**

Anmache <-> *f kein pl* (*sl: plumper Annäherungsversuch*) come-on *sl*

an|machen *vt* ① (*fam: befestigen*) ■ **etw [an etw** *akk o dat*] ~ *Brosche, Gardinen, etc.* to put sth on[to sth] ② (*einschalten*) ■ **etw** ~ to turn [*or* put] sth on ③ (*anzünden*) ■ **etw** ~ to light sth ④ KOCHK (*zubereiten*) ■ **etw [mit etw]** ~ to dress sth [with sth] ⑤ (*sl: aufreizen*) ■ **jdn** ~ to turn sb on ⑥ (*sl: aufreißen wollen*) ■ **jdn** ~ to pick sb up; ■ **sich [von jdm] ~ lassen** to be picked up [by sb]; ■ **jdn** ~ (*rüde ansprechen*) to have a go at sb

an|mahnen *vt* ① (*zur Bezahlung auffordern*) ■ **etw [bei jdm]** ~ to send a reminder [to sb] [to pay] ② (*ermahnen*) ■ **jdn zu etw** ~ to urge sb to do [*or* into doing] sth, to exhort sb to [do] sth *form* ③ (*fordern*) ■ **etw** ~ to call for sth

an|malen **I.** *vt* ① (*bemalen*) ■ **etw [mit etw]** ~ to paint sth [with sth]; **mit Buntstiften/Filzstiften** ~ to colour [*or* AM -or] in with pencils/felt tips ② (*fam: anstreichen*) ■ **etw** ~ to paint sth ③ (*fam: schminken*) ■ **jdm etw** ~ to paint sth on sb **II.** *vr* (*fam*) ① (*pej: sich schminken*) ■ **sich** ~ to paint one's face; ■ **sich** *dat* **etw** ~ to paint sth ② (*sich aufmalen*) ■ **sich** *dat* **etw** ~ to paint sth on one's face **III.** *vi* (*anzeichnen*) ■ **[an etw** *dat*] **~, wo** to mark [on sth] where

Anmarsch <-[e]s> *m kein pl* ① MIL (*Marsch zu einem Bestimmungsort*) advance; **im ~ [auf etw** *akk*] **sein** to be advancing [on sth] ② (*Marschweg*) walk ▸ WENDUNGEN: **im ~ sein** (*fam*) to be on the way; (*hum*) to be coming

an|marschieren* *vi sein* MIL to advance

an|maßen *vr* ■ **sich** *dat* **etw** ~ to claim sth [unduly] for [*or form* arrogate sth to] oneself; ***was maßen Sie sich an!*** what right do you [think you] have!; **sich [eine] Kritik/ein Urteil** ~ to take it upon oneself to criticize/pass judgement; ■ **sich** *dat* **~, etw zu tun** to presume to do sth

anmaßend *adj* arrogant

Anmaßung <-, -en> *f* arrogance

Anmeldebestätigung *f* ① ADMIN (*für das Einwohnermeldeamt*) confirmation of registration ② SCH acknowledgement [of application] **Anmeldeformular** *nt* registration form **Anmeldefrist** *f* registration period **Anmeldegebühr** *f* registration fee

an|melden **I.** *vt* ① (*ankündigen*) ■ **jdn/etw [bei jdm]** ~ to announce sb/sth [to sb]; **einen Besuch** ~ to announce a visit; ***wen darf ich ~?*** who shall I say is calling?; ***ich bin angemeldet*** I have an appointment; ■ **angemeldet** announced; **angemeldete Hotelgäste** registered hotel guests; **nicht angemeldete Patienten** patients without an appointment ② (*vormerken lassen*) ■ **jdn [bei/zu etw]** ~ to enrol sb [at/in sth]; ***sie meldete ihre Tochter zu diesem Kurs an*** she enrolled her daughter in [*or* for] [*or* on] this course; ***Kinder müssen rechtzeitig bei einer Schule angemeldet werden*** children must be enrolled at a school in good time; ■ **etw [für/zu etw]** ~ to book sth in [for sth] ③ ADMIN (*polizeilich melden*) ■ **jdn/etw [bei jdm]** ~ to register sb/sth [with sb] ④ (*geltend machen*) ■ **etw [bei jdm]** ~ to assert sth [with sb]; **Ansprüche bei der Versicherung** ~ to make a claim on one's insurance; **Bedenken/Proteste/Wünsche** ~ to make [one's] misgivings/protests/wishes known ⑤ FIN (*anzeigen*) ■ **etw [bei jdm]** ~ to declare sth [to sb] **II.** *vr* ① (*ankündigen*) ■ **sich [bei jdm]** ~ to give notice of a visit [to sb] ② (*sich eintragen lassen*) ■ **sich [für/zu etw]** ~ to apply [for sth] ③ (*sich einen Termin geben lassen*) ■ **sich [bei jdm]** ~ to make an appointment [with sb] ④ ADMIN (*sich registrieren lassen*) ■ **sich [bei jdm]** ~ to register [oneself] [with sb]

anmeldepflichtig *adj pred* ■ **[bei jdm] ~ sein** to be obliged to be registered [with sb]; ■ **~ sein** to be obliged to have a licence [*or* AM -se] **Anmeldeschluss**[RR] *m* application closing date

Anmeldung <-, -en> *f* ① (*vorherige Ankündigung*) [advance] notice [of a visit]; **ohne ~** without an appointment ② SCH (*vorherige Meldung*) enrolment

BRIT, enrollment AM ❸ (*Registrierung*) registration; **die ~ eines Fernsehers/Radios** the licensing of [*or* to license] a television/radio ❹ MED (*Anmelderaum*) reception

anmerken *vt* ❶ (*an jdm feststellen*) ■ **jdm etw ~** to notice [*or* see] sth in sb; ■ **jdm ~, was jd tut** to [be able to] tell what sb is doing; **sich** *dat* **etw ~ lassen** to let [*or* sb lets] sth show; **jd lässt sich** *dat* **etw [nicht] ~** to [not] let sth show; **sich** *dat* **~ lassen, was/wie...** to let show what/how... ❷ (*eine Bemerkung machen*) ■ **etwas/nichts [zu etw] ~** to add sth/nothing [about sth]; ■ **etwas Angemerktes** comment[s] ❸ MEDIA (*als Anmerkung aufführen*) ■ **etw irgendwo ~** to [make a] note [of] sth somewhere ❹ (*notieren*) ■ **[sich** *dat*] **etw ~** to make a note of sth

Anmerkung <-, -en> *f* ❶ ([*schriftliche*] *Erläuterung*) note ❷ (*Fußnote*) footnote ❸ (*a. iron geh:* [*mündlicher*] *Kommentar*) comment, observation; ([*schriftliche*] *Notiz*) written comment, notes *pl*

an|mieten *vt* (*geh*) ■ **etw ~** to rent sth [out]

an|motzen *vt* (*fam*) ■ **jdn ~** to scream at sb, to bite sb's head off *fam*

an|mustern *vt, vi* NAUT *s.* **anheuern** to sign on

Anmut <-> *f kein pl* (*geh*) ❶ (*Grazie*) grace[fulness] ❷ (*liebliche Schönheit*) beauty, loveliness

an|muten I. *vt* (*geh*) ■ **jdn irgendwie ~** to appear [*or* seem] to sb in a certain manner; ■ **es/etw mutet jdn irgendwie an** it/sth seems in a certain manner to sb; ***dieser Schnee mutet wie im Märchen an*** this snow seems like sth out of a fairytale II. *vi* (*geh*) ■ **irgendwie ~** to appear [*or* seem] in a certain manner; **es mutet sonderbar an, dass...** it seems strange that...

anmutig *adj* (*geh*) ❶ (*graziös*) graceful ❷ (*hübsch anzusehen*) beautiful, lovely

an|nageln *vt* (*durch Nägel befestigen*) ■ **etw [an etw** *akk*] **~** to nail sth on[to sth] ▶ WENDUNGEN: **wie angenagelt** as if rooted to the spot; **[da]stehen wie angenagelt** to stand [there] [as if] [*or* remain] rooted to the spot

an|nagen *vt* ■ **etw ~** to gnaw [away] at sth

an|nähen *vt* ■ **etw [an etw** *akk o dat*] **~** to sew sth on[to sth]

an|nähern I. *vr* ❶ (*sich in der Art angleichen*) ■ **sich [einander** *dat*] **~** to come closer [to one another] ❷ (*sich gefühlsmäßig näher kommen*) ■ **sich einander** *dat* **~** to come closer to one another II. *vt* ■ **aneinander ~** to bring into line with each another [*or* one another]

annähernd I. *adj* approximate, rough II. *adv* approximately, roughly; ***es kamen nicht ~ so viele Besucher wie erwartet*** nowhere near [*or* nothing like] as many spectators came as had been expected

Annäherung <-, -en> *f* convergence

Annäherungsversuch *m* advance[s] *esp pl;* ***lass deine plumpen ~e!*** stop coming on to me! [*or fam* giving me the come-on!]; **[bei jdm] ~e machen** to make advances [to sb]

annäherungsweise *adv* approximately; ■ **nicht ~** nowhere near, nothing like

Annahme <-, -n> *f* ❶ (*Vermutung*) supposition, assumption; **recht gehen in der ~, dass ...** (*geh*) to be right in the assumption that...; **von einer ~ ausgehen** to proceed [*or* work] on the assumption; **der ~ sein, dass ...** to assume that...; **in der ~, [dass] ...** on the assumption [that] ❷ *kein pl* (*geh: das Annehmen*) acceptance; **mit der ~...** by accepting...; **~ verweigert** delivery [*or* acceptance] refused ❸ *kein pl* ÖKON **~ eines Auftrags** taking on an order; **~ eines Angebots** acceptance of an offer ❹ *kein pl* JUR **~ eines Kindes, ~ an Kindes Statt** (*geh*) adoption [of a child]; **~ eines Namens** adoption [*or* assumption] of a name ❺ (*Annahmestelle*) reception

Annahmefrist *f* deadline **Annahmeschluss**RR *m* closing date **Annahmestelle** *f* ❶ (*Lottoannahmestelle*) *outlet selling lottery tickets* ❷ (*Abgabestelle für Altmaterialen/Müll*) [rubbish [*or* AM garbage]] dump, [refuse] collection point ❸ (*Stelle für die Annahme*) counter **Annahmeverweigerung** *f* refusal to accept [post]

Annalen *pl* annals; **in die ~ eingehen** to go down in the annals [of history] [*or* history]

annehmbar I. *adj* ❶ (*akzeptabel*) acceptable; ■ **[für jdn] ~ sein** to be acceptable [to sb] ❷ (*nicht übel*) reasonable II. *adv* reasonably

an|nehmen *irreg* I. *vt* ❶ (*entgegennehmen*) ■ **etw [von jdm] ~** to accept sth [from sb]; ***nehmen Sie das Gespräch an?*** will you take the call? ❷ ÖKON (*in Auftrag nehmen*) ■ **etw ~** to take sth [on] ❸ (*akzeptieren*) ■ **etw ~** to accept sth; **eine Herausforderung ~** to accept [*or* take up] a challenge; **[einen] Rat ~** to take [a piece of] advice *no pl, no indef art* ❹ (*meinen*) ■ **etw [von jdm] ~** to think sth [of sb]; ***du kannst doch nicht im Ernst*** [***von mir***] ***~, dass ich dir helfe*** you can't seriously expect me to help you ❺ (*voraussetzen*) ■ **etw ~** to assume sth; *s. a.* **angenommen** ❻ (*billigen*) ■ **etw ~** to adopt [*or* pass] sth; **einen Antrag ~** to carry [*or* pass] a motion ❼ (*sich zulegen*) ■ **etw ~** to adopt sth; **schlechte Angewohnheiten ~** to pick up [*or form* acquire] bad habits; *s. a.* **angenommen** ❽ (*zulassen*) ■ **jdn/etw ~** to accept sb/sth; **Patienten/Schüler ~** to take on [*or* accept] patients/[school]children ❾ (*sich entwickeln*) ***der Konflikt nimmt immer schlimmere Ausmaße an*** the conflict is taking a turn for the worse; ■ **etw ~** to take sth on ❿ JUR (*adoptieren*) ■ **jdn ~** to adopt sb; *s. a.* **angenommen** ⓫ (*eindringen lassen*) ■ **etw ~** to take sth, to let sth in; ***dieser Stoff nimmt kein Wasser an*** this material is water-resistant [*or* water-repellent] II. *vr* ❶ (*sich um jdn kümmern*) ■ **sich jds** *gen* **~** to look after sb; ***nach dem Tod ihrer Eltern nahm er sich ihrer rührend an*** after her parents' death, he took her under his wing ❷ (*sich mit etw beschäftigen*) ■ **sich einer S.** *gen* **~** to take care of sth

Annehmlichkeit <-, -en> *f meist pl* ❶ (*Bequemlichkeit*) comfort, convenience ❷ FIN (*Vorteil*) advantage

annektieren* *vt* ■ **etw ~** to annex sth

Annektierung <-, en> *f* ADMIN, POL annexation

Annexion <-, -en> *f* annexation

Anno *adv,* **anno** *adv* ÖSTERR (*im Jahre*) in the year ▶ WENDUNGEN: **von ~ dazumal** [*o* **dunnemal**] [*o* **Tobak**] (*fam*) from the year dot BRIT *fam,* from long ago AM; ***die sind wohl noch von ~ dazumal!*** they are probably from the year dot! *fam,* they look like they came out of the ark! *sl*

Anno Domini *adv* HIST Anno Domini, in the year of our Lord

Annonce <-, -n> [a'nõ:sə, a'nɔŋsə] *f* MEDIA ❶ (*Anzeige*) advertisement, ad[vert] *fam* ❷ (*Kontaktanzeige*) ad *fam* in the personal column

annoncieren* [anõ'si:rən, anɔŋ'si:rən] I. *vi* MEDIA ❶ (*Anzeige veröffentlichen*) ■ **[in etw** *dat*] **~** to advertise [in sth] ❷ (*Kontaktanzeige veröffentlichen*) to place an ad *fam* in the personal column II. *vt* MEDIA ❶ (*eine Annonce aufgeben*) ■ **etw ~** to advertise sth ❷ (*geh: ankündigen*) ■ **etw ~** to announce sth

annullieren* *vt* JUR ■ **etw ~** to annul sth

Annullierung <-, -en> *f* JUR annulment

Anode <-, -n> *f* PHYS anode

an|öden *vt* (*fam*) ■ **etw/jdn ödet jdn an** sth/sb bores sb silly [*or* stiff] [*or* to tears]

anomal *adj* abnormal

Anomalie <-, -n> [*pl* -'li:ən] *f* ❶ MED (*Missbildung*) abnormality ② PHYS (*Unregelmäßigkeit*) anomaly

anonym **I.** *adj* anonymous; ~ **bleiben** to remain anonymous **II.** *adv* anonymously

anonymisieren* *vt* ■**etw** ~ to make sth anonymous *fig*, to estrange sth

Anonymität <-> *f kein pl* anonymity

Anorak <-s, -s> *m* anorak

an|ordnen *vt* ① (*festsetzen*) ■**etw** ~ to order sth; ***wer hat diesen Blödsinn angeordnet?*** who's responsible [*or* to blame] for this nonsense?; ■~, **dass** to order that ② (*ordnen*) ■**etw** [**nach etw**] ~ to arrange sth [according to sth]

Anordnung <-, -en> *f* ① (*Verfügung*) order; ***nur ich gebe hier*** [***die***] ~***en!*** I'm the only one who gives orders [around] here!; ~**en treffen** to give orders; **gegen jds** ~/~**en verstoßen** to disobey sb's order[s]; **auf jds** *akk* ~ on sb's orders; ***auf*** ~ ***seines Arztes*** on [his] doctor's orders; ***auf polizeiliche*** ~ by order of the police ② (*systematische Ordnung*) order

Anorexie <-, -n> [*pl* -'ksi:ən] *f* MED, PSYCH anorexia

anorganisch *adj* CHEM inorganic

anormal *adj* (*fam*) *s.* **anomal** abnormal

an|packen **I.** *vt* (*fam*) ① (*anfassen*) ■**jdn/etw/ein Tier** ~ to touch sb/sth/an animal ② (*beginnen*) ■**etw** ~ to tackle sth; ***packen wir's an!*** let's get started! [*or* going!] ③ (*behandeln*) ■**jdn irgendwie** ~ to treat sb in a certain manner **II.** *vi* (*fam*) ① (*anfassen*) ■[**irgendwo**] ~ to take hold of [somewhere] ② (*mithelfen*) ■**jd packt** [**mit**] **an** sb lends a hand; ***das schaffen wir, wenn ihr alle*** [***mit***] ***anpackt*** we can manage it if everybody lends a hand

an|passen **I.** *vt* ① (*adaptieren*) ■**etw einer S./an etw** *akk* ~ to adapt sth to sth ② (*darauf abstellen*) ■**etw einer S.** ~ to adapt sth to sth ③ (*angleichen*) ■**etw** [**an etw** *akk*] ~ to adjust sth [to sth] ④ (*entsprechend verändern*) ■**etw einer S.** ~ to adjust sth to sth **II.** *vr* ① (*sich darauf einstellen*) ■**sich** [**einer S.** *dat*] ~ to adjust [to sth]; *s. a.* **angepasst** ② (*sich angleichen*) ■**sich jdm** [*o* **an jdn**]/**einer S.** ~ to fit in with [*or* adapt [oneself] to] sb/sth; (*gesellschaftlich*) to conform to sth

Anpassung <-, *selten* -en> *f* ① (*Abstimmung*) adaptation (**an** +*akk* to); **mangelnde** ~ maladaptation ② (*Erhöhung*) adjustment; **eine** ~ **der Gehälter um 8% vornehmen** to adjust salaries by 8% ③ (*Angleichung*) conformity *no art* (**an** +*akk* to/with), adjustment (**an** +*akk* to)

anpassungsfähig *adj* flexible, adaptable **Anpassungsfähigkeit** *f* adaptability (**an** +*akk* to), flexibility (**an** +*akk* in/towards) **Anpassungsschwierigkeiten** *pl* difficulties in adapting **Anpassungsvermögen** <-s, *selten* -> *nt* adaptability

an|peilen *vt* ① TELEK (*durch Peilung ermitteln*) ■**etw** [**mit etw**] ~ to take a bearing on sth [with sth] ② NAUT (*fam: ansteuern wollen*) ■**etw** ~ to head [*or* steer] for sth ③ (*fam: anvisieren*) ■**etw** ~ to set [*or* have] one's sights on sth; ■**jdn** ~ (*sl*) to fix one's eyes on sb

an|pfeifen *irreg* SPORT **I.** *vi* to blow the whistle **II.** *vt* **das Spiel** ~ to blow the whistle [to start the game]; FBALL *a.* to blow the whistle for kickoff

Anpfiff *m* ① SPORT ~ [**des Spiels**] whistle [to start the game]; FBALL *a.* kick-off ② (*fam: Rüffel*) ticking-off BRIT *fam*, chewing-out AM *fam*

an|pflanzen *vt* ① ■**etw** ~ (*setzen*) to plant sth; (*anbauen*) to grow [*or* cultivate] sth ② (*bepflanzen*) ■**etw** [**mit etw**] ~ to plant sth [with sth]

Anpflanzung *f* ① (*Setzen*) planting *no pl;* (*Pflanzen*) growing *no pl*, cultivation ② (*angepflanzte Fläche*) cultivated area [*or* plot]

an|pflaumen *vt* (*fam*) ■**jdn** ~ to make fun of sb

an|pinkeln *vt* (*fam: gegen etw urinieren*) ■**jdn/etw** ~ to pee [*or fam* piddle] on sb/sth; **einen Baum/eine Wand** ~ to pee [*or fam* piddle] against a tree/wall

an|pinseln *vt* (*fam*) ① (*anstreichen*) ■**etw** [**mit etw**] ~ to paint sth [with sth] ② (*mit dem Pinsel anmalen*) ■**etw** [**an etw** *akk*] ~ to paint [*or* daub] sth [on sth]

an|pirschen *vr* ① (*sich vorsichtig nähern*) ■**sich** [**an ein Tier**] ~ to stalk [an animal] ② (*fam: sich anschleichen*) ■**sich an jdn** ~ to creep up on sb

an|pissen *vt* (*vulg*) ■**jdn/etw** ~ to piss on sb/sth *sl;* **einen Baum/eine Wand** ~ to piss against a tree/wall *sl*

Anpöbelei <-, -en> *f* (*fam*) verbal abuse *hum fam no pl, no indef art*

an|pöbeln *vt* (*fam*) ■**jdn** ~ to abuse sb [verbally], to get snotty with sb *fam*

Anprall <-[e]s, -e> *m* impact, collision; **beim** ~ **an etw** *akk* on impact with sth

an|prallen *vi sein* ■**an etw** *akk*/**gegen etw** ~ to crash into [*or* against] sth

an|prangern *vt* ■**jdn/etw** [**als etw**] ~ to denounce sb/sth [as sth]

an|preisen *vt irreg* (*rühmen*) ■**etw** ~ to extol sth; ***dieser Wagen wird in der Werbung als preisgünstig angepriesen*** the advert claims this car to be good value for money; ■**sich** [**als etw**] ~ to extol [*or* sell] oneself [as [being] sth]

Anprobe *f* fitting

Anproberaum *m* fitting [*or* changing] room

an|probieren* **I.** *vt* ■**etw** ~ to try on sth *sep;* ■**jdm etw** ~ (*fam*) to try sth on sb **II.** *vi* to try on; ***darf ich mal*** ~***?*** can I try it on?

an|pumpen *vt* (*fam*) ■**jdn** [**um etw**] ~ to cadge [*or* scrounge] [sth] from [*or* off] sb *fam*

an|pusten *vt* (*fam*) ① (*anblasen*) ■**jdn** ~ to blow at sb ② (*anfachen*) **das Feuer/die Flammen** ~ to blow on the fire/the flames

an|quatschen *vt* (*fam*) ■**jdn** ~ to speak to sb; (*anbaggern*) to chat up *sep* [*or* AM hit on] sb; ■**sich** [**von jdm**] ~ **lassen** to get chatted up [*or* AM hit on] [by sb]

Anrainer(in) <-s, -> *m(f)* ① (*geh: benachbarter Staat*) neighbour[ing] [*or* AM -or[ing]] [country]; ~ ***der Nordsee*** country bordering on the North Sea ② *bes* ÖSTERR (*Anlieger*) [local] resident

Anrainerstaat *m* neighbouring [*or* AM -oring] country; ***die*** ~***en Deutschlands*** the countries bordering on Germany

an|raten *irreg* **I.** *vi* ■**jdm** ~[**, etw zu tun**] to advise sb [to do sth]; **auf jds Anraten** [**hin**] on sb's advice **II.** *vt* ■**jdm etw** ~ to recommend sth to sb

anrechenbar *adj* FIN chargeable, attributable; ■**auf etw** *akk*/**für etw** ~ **sein** to be deductible from sth

an|rechnen *vt* ① (*gutschreiben*) ■**jdm etw** ~ *akk* to take sb's sth into consideration; ***die DM 2000 werden auf die Gesamtsumme angerechnet*** the DM 2000 will be deducted from the total; ***das alte Auto rechnen wir Ihnen mit DM 3450 an*** we'll take off DM 3450 for your old car ② (*in Rechnung stellen*) ■**jdm etw** ~ to charge sb with sth ③ (*ankreiden*) **jdm etw als Fehler** ~ to count sth as a mistake [for sb], to consider sth to be a mistake on sb's part ④ (*geh: zugute halten*) ■**jdm etw als etw** ~ to credit sb's sth as [*or* to be] sth; ***wir rechnen es Ihnen als Verdienst an, dass …*** we think it greatly to your credit that …; ***dass er ihr geholfen hat, rechne ich ihm hoch an*** I think very highly of him for having helped her; ■**sich** *dat* **etw** ~ to credit one's sth; ***diesen Erfolg rechnete er sich als besonderen Verdienst an*** he gave himself much credit for this success

Anrechnung *f* FIN allowance (**auf** +*akk* for); (*Belastung*) debit[ing] (**auf** +*akk* from); (*Gutschrift*) credit[ing] (**auf** +*akk* to); ***bei/unter*** ~ ***Ihres Gebrauchtwagens*** after deduction of the value of your used car;

~ **finden** (*geh*) to be considered, to be taken into account

Anrecht *nt* ■ **das/ein ~ auf etw** *akk* the/a right [*or* the/an entitlement] to sth; **das/ein ~ auf die Erbschaft haben** [*o* **besitzen**] to have a right [*or* be entitled] to the inheritance; **das/ein ~ auf Ruhe/Respekt haben** [*o* **besitzen**] to be entitled to peace and quiet/respect; **sein ~** [**auf etw** *akk*] **geltend machen** to assert [*or* enforce] one's right [to sth]

Anrede *f* form of address

> **! Tipp** In den englischsprachigen Ländern ist es durchaus üblich, sich schon bei der ersten Begegnung beim Vornamen zu nennen. Das gilt auch für Vorgesetzte und deren Mitarbeiter. Das bedeutet aber nicht, dass der Umgang miteinander deshalb von Anfang an vertrauter ist.

an|reden I. *vt* **jdn** [**mit seinem Namen/mit seinem Titel/mit „Professor"**] ~ to address sb [by his name/by his title/as "Professor"] II. *vi* ■ **gegen jdn/etw** ~ to argue against sb, to make oneself heard against [*or* over] sth

an|regen I. *vt* ① (*ermuntern*) ■ **jdn** [**zu etw**] ~ to encourage [*or* urge] sb [to do sth]; **jdn zum Denken/Nachdenken/Überlegen** ~ to make sb think/ponder/consider ② (*geh: vorschlagen*) ■ **etw** ~ to suggest [*or form* propose] sth ③ (*stimulieren*) ■ **etw** ~ to stimulate sth; **den Appetit** ~ to stimulate [*or* whet] the appetite; *s. a.* **angeregt** II. *vi* ① (*beleben*) to be a stimulant [*or* tonic], to have a stimulating effect; ***kein Appetit? ein Aperitif regt an!*** no appetite? an aperitif will whet it! ② (*geh: vorschlagen*) ■ **~, etw zu tun** to suggest [*or* propose] that sth is [*or* be] done

anregend I. *adj* ① (*stimulierend*) stimulating; **eine ~e Droge/ein ~es Mittel** a stimulant ② (*sexuell stimulierend*) sexually arousing; ***das findet er*** ~ he finds that sexually arousing II. *adv* ① (*stimulierend*) [**bei Kreislaufschwäche/Müdigkeit**] ~ **wirken** to act as a stimulant [*or* tonic] [against circulatory debility/ tiredness] ② (*sexuell stimulierend*) ~ **wirken** to have a sexually arousing effect

Anregung *f* ① (*Vorschlag*) idea; **eine ~ machen** to make a suggestion [*or* proposal]; **auf ~ einer Person** [*o* **auf jds ~**] at sb's suggestion, at the suggestion of sb ② (*Impuls*) stimulus ③ *kein pl* (*Stimulierung*) stimulation

an|reichern I. *vt* ① (*gehaltvoller machen*) ■ **etw** [**mit etw**] ~ to enrich sth [with sth] ② CHEM (*versetzen*) ■ **etw mit etw** ~ to add sth to sth; **Trinkwasser mit Fluor** ~ to add fluorine to [*or* to fluorinate] drinking water II. *vr* ① CHEM (*sich ansammeln*) ■ **sich in etw** *dat* ~ to accumulate [*or* build up] in sth ② CHEM (*etw als Zusatz anlagern*) ■ **sich mit etw** ~ to become enriched with sth

Anreicherung <-, en> *f* ① (*Ansammlung, Speicherung*) accumulation ② (*Verbesserung*) enrichment

Anreicherungssystem *nt* AUTO enrichment system

Anreise *f* ① (*Anfahrt*) journey [here/there] ② (*Ankunft*) arrival; ***an welchem Tag erfolgt Ihre ~?*** on what day will you be arriving?

an|reisen *vi sein* ① (*ein Ziel anfahren*) to travel [here/there]; ***reist du mit dem eigenen Wagen an?*** will you be travelling [*or* coming] by car? ② (*eintreffen*) to arrive

an|reißen *vt irreg* ① (*kurz zur Sprache bringen*) ■ **etw** ~ to touch on sth ② (*durch Reißen anbrechen*) **etw** [**an der Ecke/Seite**] ~ to open sth [at the corner/side] ③ (*durch Reiben entzünden*) **ein Streichholz** [**an etw** *dat*] ~ to strike a match [on sth]

Anreiz *m* incentive

an|reizen I. *vt* ① (*jdn anspornen*) ■ **jdn** [**zu etw**] ~ to encourage sb [to do sth], to urge sb to do sth; **jdn zu großen Leistungen** ~ to encourage [*or* urge] sb to perform great feats; ■ **jdn** [**dazu**] **~, etw zu tun** to act as an incentive for [*or* encourage] sb to do sth ② (*stimulieren*) ■ **etw** ~ to stimulate sth; **den Appetit** ~ to stimulate [*or* whet] [*or* sharpen] the appetite II. *vi* (*anspornen*) ■ [**dazu**] **~, etw zu tun** to act as an incentive to do sth

an|rempeln *vt* ■ **jdn** ~ to bump into sb

an|rennen *vi irreg sein* MIL ■ **gegen etw** ~ to storm sth

Anrichte <-, -n> *f* ① (*Büfett*) sideboard ② (*Raum*) pantry

an|richten *vt* ■ **etw** ~ ① (*zubereiten*) to prepare sth; **einen Salat mit Majonäse** ~ to dress a salad with mayonnaise ② (*geh: servieren*) to serve sth; ■ **es ist/wird angerichtet** dinner etc. is served *form* ③ (*fam: anstellen*) **Schaden** ~ to cause damage; **Unfug** [*o* **Unsinn**] ~ to get up to mischief, to be up to no good *fam*; ***was hast du da wieder angerichtet!*** what have you [*fam* gone and] done now! ④ (*verursachen*) *Schaden, Unheil* to cause sth

an|ritzen *vt* ■ **etw** ~ to scratch [the surface of] sth; **einen Baum/Rinde** ~ to scarify a tree/bark *spec*

an|rollen *vi sein* ① (*zu rollen beginnen*) to start to move [*or* roll], to start moving [*or* rolling] ② (*heranrollen*) to roll up; *Flugzeug* to taxi in ▸ WENDUNGEN: **etw ~ lassen** (*fam*) to get sth going *fam*

an|rosten *vi sein* to start rusting, to start to rust

an|rösten *vt* ■ **etw** ~ to toast sth

anrüchig *adj* ① (*einen üblen Ruf aufweisend*) disreputable, of ill repute *pred* ② (*unanständig*) indecent, offensive; ■ [**für jdn**] ~ **sein** to be offensive to sb; ■ **etwas Anrüchiges** something offensive [*or* indecent]; **als etwas Anrüchiges gelten** to be considered offensive [*or* indecent]

an|rücken I. *vi sein* ① (*herbeikommen*) to be coming up [*or* closer]; *Feuerwehr, Polizei* to be on the scene ② MIL (*im Anmarsch sein*) ■ [**gegen jdn/etw**] ~ to advance [against sb/sth] ③ (*hum fam: zum Vorschein kommen*) to turn up *fam*, to materialize *hum*; ■ **etw ~ lassen** to bring sth along *hum* ④ (*weiter heranrücken*) ■ **an jdn** ~ to come [*or* move] up [*or* closer] [to sb] II. *vt haben* (*heranrücken*) ■ **etw an etw** *akk* ~ to move sth up [*or* closer] [to sth]

Anruf *m* ① (*Telefonanruf*) [telephone] call ② MIL (*Aufforderung*) challenge; **ohne** [**vorherigen**] ~ **schießen** to shoot without warning

Anrufbeantworter <-s, -> *m* answering machine, BRIT *a.* answerphone; ***„hier ist der automatische ~"*** "this is an automatic answering service"

an|rufen *irreg* I. *vt* ① (*telefonisch kontaktieren*) ■ **jdn** ~ to call sb [on the telephone], to phone sb, to give sb a ring [*or fam* call]; ■ **angerufen werden** to get a telephone call ② MIL (*aufrufen*) ■ **jdn** ~ to challenge sb; (*von einem Polizisten*) to shout sb a warning ③ JUR (*appellieren*) ■ **jdn/etw** ~ to appeal to sb/sth ④ (*beschwören*) ■ **jdn/etw** ~ to call on sb/sth II. *vi* ■ [**bei jdm/für jdn**] ~ to phone [sb/for sb]; ***darf ich mal bei dir ~?*** can I give you a call?

Anrufer(in) <-s, -> *m(f)* caller

an|rühren *vt* ① *verneint* (*konsumieren*) ■ **etw nicht** ~ to not touch sth ② (*geh: berühren*) ■ **etw** ~ to touch sth; ***rühr' mich ja nicht an!*** don't you touch me! ③ (*ansprechen*) ■ **etw** ~ to touch on sth ④ (*durch Rühren zubereiten*) ■ [**jdm**] **etw** ~ to mix sth [for sb]; **eine Soße** ~ to blend a sauce

anrührend *adj* moving

ans = **an das** *s.* **an**

an|säen *vt* AGR ① (*aussäen*) ■ **etw** ~ to sow sth

A

② (*besäen*) ■ **etw** [**mit etw**] ~ to sow sth [with sth]

Ansage *f* ① (*Ankündigung*) announcement ② (*beim Kartenspiel*) bid; ***du hast die*** ~ it's your bid

an|sagen **I.** *vt* ① (*durchsagen*) ■ **etw** ~ to announce sth ② (*ankündigen*) ■ [**jdm**] **jdn/etw** ~ to announce sb/sth [to sb] ③ (*fam: erforderlich sein*) ■ **angesagt sein** to be called for; (*in Mode sein*) to be in ④ KARTEN ■ [**jdm**] **etw** ~ to bid [sb] sth **II.** *vr* ① (*Besuch ankündigen*) ■ **sich** [**bei jdm**] [**für etw/zu etw**] ~ to announce a visit [to sb] [*or* tell sb that one is coming] [for sth] ② (*sich ankündigen*) to announce itself/themselves *liter* **III.** *vi* ① (*eine Ansage machen*) to do the announcements ② KARTEN to bid; ***du sagst an!*** your bid!

an|sägen *vt* ■ **etw** ~ to saw into sth; ■ **das Ansägen** [**einer S.**] sawing [into sth]

Ansager(in) <-s, -> *m(f)* ① (*Sprecher*) announcer ② (*Conférencier*) host, compere BRIT, emcee AM

an|sammeln **I.** *vt* ① (*anhäufen*) ■ **etw** ~ to accumulate [*or* amass] sth; **Vorräte** ~ to build up provisions ② FIN (*akkumulieren*) **Zinsen** [**auf einem Sparbuch/Konto**] ~ *dat* to accrue interest [on a savings book/an account] ③ MIL (*zusammenkommen lassen*) **Truppen** [**für jdn/etw**] ~ to concentrate troops [for sb/sth] **II.** *vr* ① (*sich versammeln*) ■ **sich** ~ to gather, to collect ② (*sich anhäufen*) ■ **sich** ~ *Spinnweben, Staub* to collect, to gather; *Krimskrams, Müll* to accumulate ③ FIN (*sich akkumulieren*) ■ **sich** ~ to accrue ④ (*sich aufstauen*) ■ **sich** [**bei jdm**] ~ to build up [in sb]

Ansammlung *f* ① (*Haufen*) crowd, gathering ② (*Aufhäufung*) accumulation ③ (*Aufstauung*) build-up

ansässig *adj* (*geh*) resident; ***alle ~en Bürger*** all resident citizens; **in einer Stadt ~ sein** to be resident in a city

Ansässige(r) *f(m) dekl wie adj* resident

Ansatz *m* ① (*Basis*) base; *von Haar* hairline; **im ~** basically ② (*erster Versuch*) ■ **der/ein ~ zu etw** the/an [initial] attempt at sth; **einen neuen ~ zu etw** a fresh attempt at sth ③ (*Ausgangspunkt*) first sign[s *pl*], beginning[s *pl*] (**zu** of) ④ ÖKON (*geh: Veranschlagung*) estimate, assessment; **außer ~ bleiben** (*geh*) to not be taken into account; **etw** [**für etw**] **in ~ bringen** (*geh*) to appropriate sth [for sth] ⑤ (*angelagerte Schicht*) coating

Ansatzpunkt *m* starting point **Ansatzstück** *nt* TECH extension

ansatzweise *adv* basically; ~ **richtig sein/verstehen/zutreffen** to be basically correct/to basically understand/to basically apply; ***ich verstehe diese Theorie nicht einmal*** ~ I don't have the faintest understanding of this theory

an|säuern *vt* KOCHK **eine Soße** ~ to acidulate [*or* acidify] [*or* sour] a sauce

an|saufen *vr irreg* ■ **sich** *dat* **einen** [**Rausch**] ~ (*sl*) to get plastered [*or* BRIT pissed], AM hammered *sl*

an|saugen **I.** *vt* ■ **etw** ~ to suck [*or* draw] in sth **II.** *vr* ■ **sich** [**an jdn/jdm/etw**] ~ *Blutegel* to attach itself [to sb/sth]; *Vampir* to fasten [*or* sink] its teeth [into sb/sth]

an|schaffen **I.** *vt* ① (*kaufen*) ■ **etw** ~ to buy [*or* form purchase] sth; ■ **sich** *dat* **etw** ~ to [go and] buy [*or* get] oneself sth ② (*fam: zulegen*) **Kinder** [*o* **Nachwuchs**] ~ to have children [*or* offspring]; [**sich**] **eine Frau/einen Freund/eine Freundin** ~ to find [*or* get] [oneself] a wife/friend/girlfriend **II.** *vi* (*sl*) [**für jdn**] ~ [**gehen**] to be on the game [for sb] BRIT, to hook [for sb] AM *pej fam;* **auf dem Strich ~** [**gehen**] to go on the game BRIT, to hook AM

Anschaffung <-, -en> *f* ① *kein pl* (*das Kaufen*) ■ **die ~** purchase ② (*gekaufter Gegenstand*) purchase, buy; **eine ~/~en machen** to make a purchase/purchases

Anschaffungskosten *pl* purchase price *no pl*

an|schalten *vt* ■ **etw** ~ to switch on sth; ***wo lässt sich der Fernseher ~?*** where do I switch on the television?; ■ **sich** ~ to switch [itself/themselves] on

an|schauen **I.** *vt* ■ **jdn/etw** ~ to look at sb/sth; ***wie schaust du mich denn an!*** what are you looking at me like that for?; **jdn/etw genauer** ~ to look more closely at [*or* examine] sb/sth; ***lass mich das Foto mal*** ~ let me have a look at the photo; **einen Film/die Nachrichten** ~ to watch a film/the news **II.** *vr* ① (*sich ansehen*) ■ **sich** *dat* **etw** ~ to take a look at sth; ***wir haben uns gestern den Film angeschaut*** we watched the film last night; **sich** *dat* **etw genauer** [*o* **näher**] ~ to take a closer look at sth ② (*hinnehmen*) ■ **sich** *dat* **etw** ~ to put up with sth; ■ **sich** *dat* **~, wie jd etw tut** to stand back and watch sb do sth [*or* how sb does sth] **III.** *vi* [**da**] **schau** [**einer**] **an!** (*fam*) well there's something for you!, fam

anschaulich **I.** *adj* illustrative; **ein ~es Beispiel** a good [*or* illustrative] example; **eine ~e Beschreibung** a graphic description; [**jdm**] **etw ~ machen** to illustrate sth [to sb]; ***sie konnte stets den Unterricht sehr ~ machen*** she was always able to make the lesson come alive **II.** *adv* clearly, vividly

Anschaulichkeit <-> *f kein pl* clarity, vividness; *einer Beschreibung* graphicness

Anschauung <-, -en> *f* ① (*Ansicht*) view; **eine ~ teilen** to share a view; ***unserer ~ nach …*** our view is that …, in our view, …; **aus eigener ~** (*geh*) from one's own experience [*or* first hand] ② (*geh: Vorstellung*) idea, notion

Anschauungsmaterial *nt* visual aids *pl*

Anschein *m* ■ [**äußerer**] ~ [outward] appearance; **den ~ erwecken, als** [**ob**] … to give the impression that [*or* of] …; **sich** *dat* **den ~ geben**[**, als/als ob**] … to pretend [to be/as if …]; **den ~ haben** to appear [*or* seem] so; **den ~ haben, als** [**ob**] … to appear that [*or* as if] …, to seem that [*or* as if] …; **den ~ machen, dass …** [*o* **als ob**] SCHWEIZ to give the impression that …; **dem** [*o* **allem**] ~ **nach** to all appearances, apparently

anscheinend *adv* apparently

an|scheißen *vt irreg* (*sl*) ① (*zurechtweisen*) ■ **jdn** ~ to give sb a dressing down [*or* BRIT *a.* bollocking] *sl* ② (*betrügen*) ■ **jdn** ~ to screw sb *sl*

an|schicken *vr* (*geh*) ■ **sich ~, etw zu tun** to prepare to do sth [*or* be on the point of doing]; **sich ~ wollen, etw zu tun** to want to do sth

an|schieben *vt irreg* ■ **etw** ~ *Fahrzeug* to push sth; ***schieben Sie mich mal an?*** can you give me a push?

an|schießen *irreg* **I.** *vt* ① (*durch Schuss verletzen*) ■ **jdn/etw** ~ to shoot and wound sb/sth ② (*fam: kritisieren*) ■ **jdn** ~ to hit out at sb; **jdn schwer** ~ to tear sb to pieces **II.** *vi* to shoot along; ■ **angeschossen kommen** to come shooting along

an|schimmeln *vi sein* to go mouldy

an|schirren *vt* **eine Kutsche** ~ to harness horses to a carriage; **ein Pferd** ~ to harness a horse; **Ochsen** ~ to yoke [up] oxen

Anschiss[RR] <-es, -e> *m*, **Anschiß** <-sses, -sse> *m* (*sl*) ■ **ein** ~ a dressing down *sl*, BRIT *a.* a bollocking *sl*

Anschlag[1] *m* assassination; (*ohne Erfolg*) attempted assassination; ■ **einen ~ auf jdn/etw verüben** to make an attack [*or* assault] on sb's life, to attack [*or* assault] sth; **einem ~ zum Opfer fallen** to be assassinated; **einen ~ auf jdn vorhaben** (*hum fam*) to have a request [*or hum fam* tiny request] for sb, to have a favour [*or* AM -or] to ask of sb

Anschlag[2] *m* ① (*betätigte Taste*) *von Klavier* touch, action; *von Schreibmaschine* stroke; ***200 Anschläge***

die Minute ≈ 40 words a minute ❷ (*angeschlagene Bekanntmachung*) placard, poster ❸ TECH (*Widerstand*) stop; **etw bis zum ~ drehen/durchdrücken** to turn sth as far as it will go/to push sth right down; ***er trat das Gaspedal durch bis zum*** ~ he floored it *fam* ❹ SPORT (*Schwimmbewegung*) stroke ❺ MIL ■ **etw [auf jdn] in ~ bringen** to aim sth [at sb], to draw [*or* take] a bead on sb; **eine Schusswaffe im ~ haben** to have a firearm cocked ❻ MUS touch, attack

Anschlag[3] *m* FIN estimate; **etw in ~ bringen** (*geh*) to take sth into account

Anschlagbrett *nt* notice [*or* AM bulletin] board

an|schlagen[1] *irreg* **I.** *vt haben* ❶ (*annageln*) **einen Aushang/ein Bild/ein Plakat [an etw** *akk*] ~ to put [*or* hang] up a notice/picture/poster [on sth]; **ein Brett [an etw** *akk*] ~ to fasten [*or* nail] a board [to sth] ❷ MUS **eine Taste/einen Akkord** ~ to strike a key/chord ❸ (*anstimmen*) **Gelächter** ~ to burst into laughter; **einen anderen Ton** ~ to adopt a different tactic, to change tactics ❹ (*durch einen Stoß beschädigen*) ■ **[jdm] etw** ~ to chip [sb's] sth; ■ **[sich** *dat*] **etw [an etw** *dat*] ~ to [strike and] injure one's sth [on sth]; *s. a.* **angeschlagen** ❺ (*mit etw zielen*) ■ **etw [auf jdn]** ~ to aim [*or* level] sth [at sb], to draw [*or* take] a bead on sb ❻ (*durch einen Klang anzeigen*) **die Stunde/halbe Stunde/Viertelstunde** ~ to strike the hour/half hour/quarter hour ❼ ÖSTERR (*anzapfen*) **ein Fass** ~ to tap [*or form or hum* broach] a barrel **II.** *vi* ❶ *sein* (*anprallen*) ■ **mit etw an etw** *akk*/**gegen etw** ~ to knock [*or* bump] sth on/against sth; (*heftiger*) to strike sth on/against sth; ■ **[an etw** *akk*] ~ *Wellen* to beat [against sth] ❷ *haben* SPORT (*den Beckenrand berühren*) to touch ❸ *haben* (*läuten*) to ring; *Glocken* to strike, to toll *liter* ❹ *haben* (*warnend bellen*) *Hund* to [give a [loud]] bark

an|schlagen[2] *vi irreg* ❶ (*wirken*) ■ **[bei jdm/etw]** ~ to have an effect [on sb/sth], to be effective [against sth]; **bei jdm gut/schlecht** ~ to have a good/bad effect on sb ❷ (*fam: dick machen*) ■ **bei jdm** ~ to make sb put on [weight]; ***Sahnetorten schlagen bei mir sofort an*** I put on weight immediately from cream gateaux

an|schleichen *vr irreg* ■ **sich an jdn/etw** ~ to creep up on sb/up to sth; **angeschlichen kommen** to come creeping up

an|schleppen *vt* ❶ (*fam: mitbringen*) ■ **jdn [mit]** ~ to drag sb along *fam* ❷ (*mühsam herbeibringen*) ■ **etw** ~ to drag sth along; ■ **[jdm] etw** ~ to bring [sb] sth *hum fam* ❸ AUTO **ein Fahrzeug** ~ to tow-start a vehicle

an|schließen *irreg* **I.** *vt* ❶ ELEK, TECH, TELEK ■ **etw [an** *akk* **etw]** ~ to connect sth [to sth] ❷ (*mit Schnappschloss befestigen*) ■ **etw [an** *akk* **etw]** ~ to padlock sth [to sth] ❸ (*hinzufügen*) ■ **etw** ~ to add sth ❹ (*anketten*) ■ **jdn [an** *akk* **etw]** ~ to chain sb [to sth]; **jdn an Händen und Füßen** ~ to chain sb hand and foot **II.** *vr* ❶ (*sich zugesellen*) ■ **sich jdm** ~ to join sb ❷ (*beipflichten*) ■ **sich jdm/einer S.** *dat* ~ to fall in with [*or* follow] sb/sth; ***dem schließe ich mich an*** I think I'd go along with that ❸ (*sich beteiligen*) ■ **sich einer S.** *dat* ~ to associate [*or* become associated] with sth; ■ **einer S.** *dat* **angeschlossen sein** to be affiliated with sth ❹ (*angrenzen*) ■ **sich [einer S.** *dat*/**an eine S.]** ~ to adjoin sth; **sich unmittelbar** ~ to directly adjoin ❺ (*folgen*) ■ **sich einer S.** *dat*/**an eine S.** ~ to follow sth; ***dem Vortrag schloss sich ein Film an*** the lecture was followed by a film **III.** *vi* ■ **an etw** *akk* ~ to [directly] follow sth

anschließend **I.** *adj* (*darauf folgend*) following; **die ~e Diskussion/das ~e Ereignis** the ensuing discussion/event **II.** *adv* afterwards

Anschluss[RR] <-es, Anschlüsse> *m*, **Anschluß** <-sses, Anschlüsse> *m* ❶ TELEK (*Telefonanschluss*) [telephone] connection; (*weiterer* ~) extension; ***der ~ ist gestört*** there's a disturbance on the line; **„kein ~ unter dieser Nummer"** "the number you are trying to call is not available"; **der ~ ist besetzt** the line is engaged [*or* AM busy]; ~ **[nach etw] bekommen** to get through [to sth] ❷ TECH (*das Anschließen*) ■ **der** ~ connecting ❸ **im ~ an etw** *akk* (*anschließend*) after sth; **im ~ an jdn/etw** with respect to sb/sth ❹ *kein pl* (*Kontakt*) contact; ~ **bekommen** [*o* **finden**] to make friends; ~ **[an jdn] suchen** to want to make friends [with sb] ❺ POL (*Annektion*) annexation (**an** +*akk* to) ❻ (*Beitritt*) affiliation (**an** +*akk* with) ❼ *kein pl* SPORT ***diesem Läufer gelang der ~ an die Spitze*** this runner has managed to join the top athletes ❽ BAHN, LUFT (*Verbindung*) connection, connecting flight/train; ~ **[nach London/München] haben** to have a connection [*or* connecting flight/train] [to London/Munich]; **den ~ verpassen** to miss one's connecting train/flight ▶ WENDUNGEN: **den ~ verpassen** (*keinen Partner finden*) to be left on the shelf *hum;* (*beruflich nicht vorwärts kommen*) to miss the boat

Anschlussflug[RR] *m* connecting flight **Anschlusszug**[RR] *m* BAHN connecting train, connection

an|schmachten *vt* ■ **jdn** ~ to drool over sb *fig*

an|schmieden *vt* ■ **jdn [an** *akk* **etw]** ~ to chain sb [to sth]; ■ **angeschmiedet sein** to be forged

an|schmiegen **I.** *vt* ■ **etw an etw** *akk* ~ to nestle sth against sth **II.** *vr* ■ **sich [an jdn/etw]** ~ ❶ (*sich fest daran schmiegen*) to cuddle up [to sb/sth]; (*von Katzen, Hunden*) to nestle [up to sb/into [*or* against] sth] ❷ (*eng umfangen*) to be close-fitting, to cling to sb/sth

anschmiegsam *adj* ❶ (*anlehnungsbedürftig*) affectionate ❷ (*weich*) soft

an|schmieren **I.** *vt* ❶ (*pej: achtlos bemalen*) ■ **jdn/etw [mit etw]** ~ *Wand, Gesicht* to smear sb/sth [with sth] ❷ (*fam: beschmutzen*) ■ **jdn/sich mit etw** ~ to smear sth on sb/oneself ❸ (*fam: betrügen*) ■ **jdn [mit etw]** ~ to con sb [with sth], to take sb for a ride *fam;* ***da bist du ganz schön angeschmiert worden!*** they certainly saw you coming! **II.** *vr* (*pej: sich beliebt machen*) ■ **sich bei jdm** ~ to suck up to sb

an|schnallen *vt* ❶ AUTO, LUFT (*den Sicherheitsgurt anlegen*) ■ **jdn** ~ to fasten sb's seat belt, to strap sb up; **jdn im Sitz** ~ to strap sb in his seat; ■ **sich** ~ to fasten one's seat belt ❷ (*sich etw festschnallen*) ■ **etw** ~ to strap on sth

Anschnallpflicht *f* obligatory wearing of seat belts

an|schnauzen *vt* (*fam*) ■ **jdn** ~ to bawl at sb *fam,* to bite sb's head off *fam;* ■ **sich [von jdm] ~ lassen** to get bawled at [by sb] *fam*

an|schneiden *vt irreg* ❶ (*durch Schneiden anbrechen*) ■ **etw** ~ to cut [into] sth ❷ (*ansprechen*) ■ **etw** ~ to touch on sth

Anschnitt *m* ❶ *kein pl* (*das Anschneiden*) cutting ❷ (*erstes Stück*) ■ **der** ~ the first slice; (*Ende*) end piece ❸ **Gschnatter** ~ ÖSTERR *tough cut of beef topside*

Anschovis <-, -> *f s.* **Anchovis**

an|schrauben *vt* ■ **etw [an etw** *akk o dat*] ~ to screw sth to sth; (*durch Schraubenbolzen*) to bolt sth to sth; **etw fest** ~ to screw sth tight

an|schreiben *irreg* **I.** *vt* ❶ (*etw darauf schreiben*) ■ **etw [an etw** *akk*] ~ to write sth [on sth]; (*mit Farbe*) to paint sth [on sth]; (*mit Kreide*) to daub sth [on sth] ❷ (*ein Schreiben an jdn richten*) ■ **jdn [wegen etw]** ~ to write to sb [for [*or* regarding] sth]; ■ **Angeschriebene[r]** addressee; *s. a.* **angeschrieben** ❸ (*fam: zu jds Lasten notieren*) ■ **jdm etw** ~ to charge sth to sb's account, AM *a.* to put sth on sb's tab **II.** *vi* (*fam*) to take credit; ■ [bei jdm] ~ lassen to buy on credit [or BRIT a. tab] [from sb]

an|schreien vt irreg ■ jdn [wegen etw] ~ to shout at sb [because of sth]; ■ sich [von jdm] ~ lassen to get shouted at [by sb]

Anschrift f address

Anschubfinanzierung f FIN knock-on [or no indef art start up] financing

an|schuldigen vt ■ jdn [einer S. gen] ~ to accuse sb [of sth]; ■ jdn ~, etw zu tun to accuse sb of doing sth

Anschuldigung <-, -en> f accusation

an|schwärzen vt (fam) ① (schlecht machen) ■ jdn [bei jdm] ~ to blacken sb's name [with sb] ② (denunzieren) ■ jdn [wegen etw] [bei jdm] ~ to run sb down [to sb] [for sth]

an|schweigen vt irreg ■ jdn ~ to say nothing [to sb]; ■ sich ~ to say nothing to each other

an|schweißen vt TECH ■ etw [an etw akk] ~ to weld sth [to sth]; ■ [an etw akk o dat] angeschweißt sein to be welded to sth

an|schwellen vi irreg sein ① (eine Schwellung bilden) to swell [up]; ■ [dick] angeschwollen sein to be [very] swollen ② (einen höheren Wasserstand bekommen) Fluss to swell, to rise ③ (lauter werden) to rise

an|schwemmen I. vt haben ■ etw ~ to wash sth up [or ashore]; angeschwemmtes Holz driftwood II. vi sein to be washed up [or ashore]

an|schwimmen irreg I. vi sein ■ gegen etw ~ to swim against sth II. vt haben ■ etw ~ to swim to[wards] sth

an|schwindeln vt (fam) ■ jdn ~ to tell [sb] fibs fam [or lies]; ■ sich [von jdm] ~ lassen to take fibs fam [or lies] [from sb]

an|schwitzen vt KOCHK to [lightly] sautée

an|segeln vt ■ etw ~ to sail to[wards] sth; einen Hafen ~ to put into a harbour [or AM -or]; eine Stadt ~ to head for a city

an|sehen irreg I. vt ① (ins Gesicht sehen) ■ jdn ~ to look at sb; jdn ärgerlich/böse/unschuldig ~ to give sb an irritated/angry/innocent look; jdn groß ~ to stare at sb [with surprise]; jdn verdutzt/verwundert ~ to look at sb with surprise/a baffled expression ② (betrachten) ■ etw ~ to take a look at sth; ■ sich dat jdn/etw ~ to take a look [or peer] at sb/sth; etw genauer [o näher] ~ to take a closer look at sth; hübsch/schauderhaft anzusehen sein to be pretty/horrible to look at; jdn nicht mehr ~ (fam) to not even look at [or want to know] sb any more ③ (etw für etw halten) ■ etw als [o für] etw ~ to consider sth [as being [or to be]] sth, to look upon [or regard] sth as being sth ④ (betrachten) [sich dat] einen Film/eine Fernsehsendung ~ to watch a film/a television programme [or AM -am]; [sich dat] ein Fußballspiel/ein Theaterstück ~ to see a football match/a play ⑤ (an jdm ablesen können) jdm sein Alter nicht ~ sb doesn't look his/her age; die Überarbeitung sieht man ihr an den dunklen Augenringe an you can tell by the dark rings under her eyes that she's overworked; ihre Erleichterung war ihr deutlich anzusehen her relief was obvious [or stood plainly on her face]; s. a. Auge, Nasenspitze ⑥ (sehen und hinnehmen) ■ etw [mit] ~ to stand by and watch sth; ■ nicht [mit] ~, wie jd etw tut to not put up with sb doing sth; das kann ich nicht länger mit ~ I can't stand [or put up with] it any more ► WENDUNGEN: sieh mal einer an! (fam) well, well, what a surprise! fam, [well] I'll be damned! fam, BRIT a. well I never! fam II. vr das sehe sich einer an! (fam) well, would you believe it!

Ansehen <-s> nt kein pl ① (Reputation) reputation, standing; [bei jdm] [ein großes] ~ genießen to enjoy a [good] reputation [or have [a lot of] standing] [with sb]; zu ~ kommen [o gelangen] to acquire standing [or a good reputation]; [bei jdm] in [großem/hohem] ~ stehen to be held in [high] regard [or esteem] [by sb]; [bei jdm] an ~ verlieren to lose standing [with sb] ② (geh: Aussehen) appearance; ein anderes ~ gewinnen to take on a different appearance ③ JUR ohne ~ der Person without respect [or exception] of person

ansehnlich adj ① (beträchtlich) considerable; eine ~e Leistung an impressive performance ② (stattlich) good-looking, handsome; ein ~er Bauch a proud stomach hum; ein ~es Gebäude a majestic building

an|seilen vt ■ jdn ~ to fasten sb with a rope; ■ sich ~ to fasten a rope to oneself; ■ angeseilt sein to be roped together

an|sein vi irreg sein (fam) s. an II 3

an|sengen I. vt haben ■ etw ~ to singe sth II. vi sein to be[come] singed; es riecht angesengt there's a singeing smell

an|setzen I. vt ① (anfügen) ■ etw [an etw akk o dat] ~ to attach sth [to sth]; (annähen) to sew sth on [sth] ② (anlehnen) ■ etw [an etw akk] ~ to lean sth against sth; eine Leiter [an etw akk] ~ to put up a ladder [against sth] ③ (daran setzen) ■ etw ~ to place sth in position; ein Blasinstrument ~ to raise a wind instrument to one's mouth; eine Feder ~ to put a pen to paper; ein Trinkgefäß ~ to raise a cup to one's lips; wo muss ich den Wagenheber ~? where should I put [or place] the jack? ④ (veranschlagen) ■ etw [mit etw/auf etw akk] ~ to estimate [or calculate] sth [at sth]; mit wieviel Mark würden Sie die Gesamtkosten des Hauses ~? what would you estimate to be the total cost of the house [in marks]? ⑤ (festlegen) ■ etw [für etw] ~ to fix sth [for sth] ⑥ (auf jdn hetzen) ■ jdn auf jdn/etw ~ to put sb on[to] sb/sth; Hunde auf jdn/jds Spur ~ to put [or set] dogs on sb's trail ⑦ BOT (bilden) Beeren/Früchte ~ to produce [or form] berries/fruit; Blätter ~ to put out leaves; Blüten/Knospen ~ to blossom/bud ⑧ KOCHK (aufsetzen) ■ etw [mit etw] ~ to prepare sth [with sth] II. vi ① (einzuwirken beginnen) ■ mit etw an einer bestimmten Stelle ~ to put sth at a certain place ② (beginnen) ■ [zu etw] ~ to start [or begin] to do sth; zum Trinken/Überholen ~ to start to drink/overtake; mit der Arbeit/mit dem Heben ~ to start work[ing]/lifting ③ BOT (sich bilden) ■ an etw dat ~ to come out [or forth] [on sth] ④ (dick werden) [Fett] ~ to put on weight III. vr ■ sich [an/auf/in etw dat] ~ to form [on/in sth]

Ansicht <-, -en> f ① (Meinung) view, opinion; über etw akk/in etw dat geteilter ~ sein to have a different view of [or opinion about] sth, to think differently about sth; [über etw akk/in etw dat] bestimmter ~ sein to have a particular view [of sth] [or opinion [about sth]], to think a certain way [about sth]; ich bin ganz Ihrer ~ I agree with you completely; und welcher ~ bist du? what's your view [of it] [or opinion [on it]]?; der gleichen ~ sein to be of [or share] the same view [or opinion]; der ~ sein, dass ... to be of the opinion that ...; nach ~ gen in the opinion of; deiner/meiner ~ nach in your/my opinion, I/you think that ... ② (Abbildung) view; die ~ von hinten/vorne/der Seite the rear/front/side view, the view from the rear/front/side; die ~ von oben/unten the view from above/below; TECH the top/bottom view; zur ~ for [your/our] inspection

ansichtig adj ■ jds/einer S. ~ werden (veraltend geh) to set eyes on [or liter or old behold] sb/sth

Ansichts(post)karte f [picture] postcard **Ansichtssache** f [reine] ~ sein to be [purely] a matter of opinion; ■ das ist ~! (fam) that's a matter of opini-

A

on! *fam*

an|siedeln **I.** *vt* ① (*ansässig machen*) ■ **jdn** ~ to settle sb; **eine Tierart irgendwo [wieder]** ~ to [re-]introduce a species to somewhere; **eine Vogelkolonie [wieder]** ~ to [re-]establish a bird colony somewhere ② ÖKON (*etablieren*) ■ **etw [irgendwo]** ~ to establish sth [somewhere] ③ (*geh: aus etw stammen*) ■ **in etw** *dat* **angesiedelt** [*o* **anzusiedeln**] **sein** to belong to the field of sth **II.** *vr* ■ **sich** ~ ① (*sich niederlassen*) to settle ② BIOL (*entstehen*) to establish itself/themselves

Ansiedler(in) *m(f)* settler

Ansiedlung *f* ① (*Siedlung*) settlement ② (*das Ansiedeln*) ■ **die** ~ the settlement; *Tier, Tierart* the colonization, the introduction ③ ÖKON (*Etablierung*) ■ **die** ~ the establishment

Ansinnen <-s, -> *nt* (*geh*) suggestion; **ein** ~ **[an jdn] haben** to have an implausible request [for sb]

Ansitz *m* JAGD raised hide [*or* AM blind]

ansonsten *adv* ① (*im übrigen*) otherwise ② (*iron: sonst*) ~ ***hast du nichts zu kritisieren?*** anything else to criticize? *iron;* ***aber ~ geht's dir gut?*** you're not serious!, you must be joking! ③ (*im anderen Fall*) otherwise; (*bedrohlicher*) else

an|spannen **I.** *vt* ① (*zusammenziehen*) ■ **etw** ~ to tighten [*or* tauten] sth; **seine Muskeln** ~ to tense one's muscles ② (*überanstrengen*) ■ **etw** ~ to strain [*or* tax] sth; **jdn [zu sehr]** ~ to [over]tax sb; *s. a.* **angespannt** ③ (*in Anspruch nehmen*) **seine Ersparnisse/seinen Etat** ~ to stretch one's savings/budget ④ (*mit Zugtieren bespannen*) ■ **etw** ~ to hitch up sth; **die Kutsche mit Pferden** ~ to hitch up the horses; **ein Pferd** ~ to harness a horse; **Ochsen** ~ to yoke [up] oxen **II.** *vi* ① (*ins Geschirr spannen*) *Ochsen* to yoke [up] the oxen; *Pferde* to harness the horse[s] ② (*mit Pferden bespannen*) ***es ist angespannt!*** the carriage is ready; ■ ~ **lassen** to get a/the carriage ready, to put in the horse[s]

Anspannung *f* strain, exertion; (*körperlich*) effort; **unter** ~ **aller Kräfte** by exerting all one's energies

Anspiel <-s> *nt kein pl* ① (*Spielbeginn: beim Kartenspiel*) lead; (*Schach*) first move; SPORT start of play; **das** ~ **haben** [*o* **ausführen**] to have the lead [*or* first move] ② SPORT (*Ballspiele*) pass

an|spielen **I.** *vi* ① (*etw andeuten*) ■ **auf jdn/etw** ~ to allude to sb/sth; (*böse*) to insinuate sth; ***worauf willst du ~?*** what are you driving [*or* getting] at?; ***spielst du damit auf mich an?*** are you getting at me? ② SPORT (*das Spiel beginnen*) to start; FBALL to kick off; ***wann wird denn angespielt?*** when's the kick off? **II.** *vt* SPORT ■ **jdn** ~ to pass [*or* play] the ball to sb

Anspielung <-, -en> *f* allusion; (*böse*) insinuation; (*sexuell a.*) innuendo; ■ **eine** ~ **auf jdn/etw** an allusion to [*or* regarding] sb/sth; **sich in ~en ergehen** to indulge in allusions

an|spitzen *vt* ① (*spitz machen*) ■ **etw** ~ to sharpen sth ② (*fam: antreiben*) ■ **jdn** ~ to egg sb on, to push sb [on]

Ansporn <-[e]s> *m kein pl* incentive; **innerer** ~ motivation

an|spornen *vt* ① (*Anreize geben*) ■ **jdn [zu etw]** ~ to spur sb on [to sth]; ■ **jdn [dazu] ~, etw zu tun** to spur sb on to do sth; **Spieler** ~ to cheer on players ② (*die Sporen geben*) ■ **ein Pferd** ~ to spur [on] a horse

Ansprache *f* speech, address; **eine** ~ **halten** to make [*or* hold] [*or* deliver] a speech, to hold [*or* deliver] an address *fam;* **halte keine ~n!** (*fam*) don't go lecturing! *fam*

ansprechbar *adj pred* ① (*zur Verfügung stehend*) available, open to conversation ② MED (*bei Bewusstsein*) responsive ③ (*zugänglich sein*) ■ **auf etw** *akk* ~ **sein** to respond to sth; ***sie ist heute nicht*** ~ you can't talk to her at all today

an|sprechen *irreg* **I.** *vt* ① (*anreden*) ■ **jdn** ~ to speak to sb ② (*betiteln*) **jdn [mit Kasimir/seinem Namen/seinem Titel]** ~ to address sb [as Kasimir/by his name/by his title] ③ (*etw gegenüber jdm erwähnen*) **jdn auf etw** *akk* ~ to approach sb about sth ④ (*bitten*) ■ **jdn um etw** ~ to ask sb for sth, to request sth of sb *form* ⑤ (*meinen*) ■ **jdn** ~ to concern sb; ***mit dieser Aufforderung sind wir alle angesprochen*** this request concerns us all ⑥ (*erwähnen*) ■ **etw** ~ to mention sth ⑦ (*gefallen*) ■ **jdn** ~ to appeal to sb ⑧ (*beeindrucken*) ■ **jdn** ~ to impress sb **II.** *vi* ① MED (*reagieren*) ■ **auf etw** *akk* ~ to respond to sth; ■ **bei jdm** ~ to make an impression on sb ② TECH (*reagieren*) ■ **bei etw/auf etw** *akk* ~ to respond to sth ③ (*Anklang finden*) ■ **[bei jdm]** ~ to appeal to sb, to make an impression [on sb]; **sehr** ~ to make a strong impression

ansprechend *adj* appealing; **eine ~e Umgebung** a pleasant environment

Ansprechpartner(in) *m(f)* contact, partner

an|springen *irreg* **I.** *vi sein* ① (*zu laufen beginnen*) to start; *Motor a.* to catch; ***der Motor will nicht*** ~ the engine won't start; **schwer** ~ to start with difficulty ② (*fam: reagieren*) ■ **auf etw** *akk* ~ to jump at sth *fam;* **auf eine Erpressung/Drohung** ~ to respond to blackmail/a threat **II.** *vt haben* ■ **jdn** ~ to jump on sb; *Raubtiere* to pounce on sb; *Hund* to jump up at sb

an|spritzen *vt* ■ **jdn/etw [mit etw]** ~ to spray sb/sth [with sth]

Anspruch *m* ① JUR (*Recht*) claim; ■ ~ **auf etw** *akk* claim to; **einen** ~ **auf etw** *akk* **erheben** to make a claim for [*or* to] sth; (*behaupten*) to claim sth; JUR *a.* to file a claim to [*or* for] sth; **einen** ~ **auf etw** *akk* **haben** to be entitled to sth; **darauf** ~ **haben, etw zu tun** to be entitled to do sth ② *pl* (*Anforderungen*) demands (**an** +*akk* on); **den/jds Ansprüchen [voll/nicht] gerecht werden** to [fully/not] meet the/sb's requirements; **Ansprüche stellen** to be exacting [*or* very demanding]; **große** [*o* **hohe**] **Ansprüche [an jdn/etw] stellen** to place great demands on [*or* be very demanding of] sb/sth; **etw [für sich] in** ~ **nehmen** to claim sth [for oneself]; **jds Dienste/Hilfe/Unterstützung in** ~ **nehmen** to enlist sb's services/help/support; **Möglichkeiten/eine Einrichtung in** ~ **nehmen** to take advantage of opportunities/a facility; **jdn in** ~ **nehmen** to preoccupy sb; **sehr in** ~ **genommen** to be very busy/preoccupied; ***darf ich Sie in ~ nehmen?*** may I have a moment [of your time]? ③ *pl* (*Wünsche*) standards, requirements, demands

Anspruchsdenken *nt* demanding attitude

anspruchslos *adj* ① (*keine großen Ansprüche habend*) modest, unassuming; **ein ~er Mensch** a modest [*or* an unassuming] person, a person of few wants; ***ich bin recht*** ~ I don't want for much ② (*trivial*) trivial; **literarisch** ~ **sein** to be of a low literary level, to be light reading; ■ **etwas Anspruchsloses** something trivial; (*Buch*) something light ③ (*pflegeleicht*) undemanding

Anspruchslosigkeit <-> *f kein pl* ① (*anspruchsloses Wesen*) modesty ② (*Trivialität*) triviality ③ (*Pflegeleichtigkeit*) undemanding nature

anspruchsvoll *adj* ① (*besondere Anforderungen habend*) demanding; **sehr** ~ fastidious, hard to please *pred* ② (*geistige Ansprüche stellend*) demanding; *Geschmack, Lesestoff, Film a.* highbrow ③ (*qualitativ hochwertig*) high-quality, of high quality *pred*

Anspruchsvolle(r) *f(m) dekl wie adj* discriminating person, person of discrimination

an|spucken *vt* ■ **jdn** ~ to spit at sb

an|spülen *vt* ■ **etw** ~ to wash up sth *sep,* to wash sth ashore

an|stacheln *vt* ■ **jdn [zu etw]** ~ to drive [*or* goad] sb [to sth]; ■ **jdn [dazu]** ~**, etw zu tun** to drive [*or* goad] sb to do sth

Anstalt <-, -en> *f* 1 MED institute, mental institution, asylum 2 SCH (*geh*) institution *form* 3 (*öffentliche Einrichtung*) institute; **öffentliche** ~ public institution; ~ **des öffentlichen Rechts** public institution, body corporate *spec*

Anstalten *pl* preparations; ~/**keine** ~ **machen** [*o* **treffen**][**, etw zu tun**] (*geh*) to make a/no move to do sth; ***er bat sie zu gehen doch sie machten keine*** ~ he asked them to go, but they didn't move; ~ [**für** [*o* **zu**] **etw**] **treffen** to take measures [*or* make preparations] [for sth]; [**nur**] **keine** ~! don't trouble yourself/yourselves!

Anstaltsarzt, -ärztin *m, f* resident physician; (*im Gefängnis*) prison doctor **Anstaltsgeistliche(r)** *f(m) dekl wie adj* resident chaplain; (*im Gefängnis*) prison chaplain **Anstaltskleidung** *f* institutional clothing; (*im Gefängnis*) prison clothing

Anstand *m kein pl* decency, propriety; **keinen** ~ **haben** to have no sense of decency; (*schlechte Manieren haben*) to have no manners; ~ **an etw** *dat* **nehmen** to object to sth; **den** ~ **verletzen** to offend against decency; **ohne** ~ (*geh*) without objection [*or form* demur]

anständig I. *adj* 1 (*gesittet*) decent; ~**e Witze** clean jokes 2 (*ehrbar*) respectable 3 (*fam: ordentlich*) proper *fam* II. *adv* 1 (*gesittet*) decently; **sich** ~[**er**] **benehmen** to behave oneself; ~ **sitzen** to sit up straight 2 (*fam: ausgiebig*) properly; ~ **baden** to have a proper bath *fam;* ~ **ausschlafen/essen** to get a decent meal/a good night's sleep

anständigerweise *adv* out of decency

Anständigkeit <-> *f kein pl* 1 (*Ehrbarkeit*) respectability 2 (*Sittsamkeit*) decency

Anstandsbesuch *m* duty call **anstandshalber** *adv* out of politeness **anstandslos** *adv* without difficulty **Anstandswauwau** <-s, -s> *m* (*fam*) chaperon[e]; **den** ~ **spielen** to play gooseberry BRIT *hum fam,* to act as chaperone AM

an|starren *vt* ■ **jdn/etw** ~ to stare at sb/sth; ***was starrst du mich so an?*** what are you staring at [me like that for]?

anstatt I. *präp +gen* instead of II. *konj* ■ ~ **etw zu tun** instead of doing sth

an|stauben *vi sein* to gather dust *a. iron;* ■ **angestaubt** dusty

an|stauen I. *vt* ■ **etw** ~ to dam sth up, to bank sth II. *vr* 1 (*sich stauen*) ■ **sich** [**in etw** *dat*/**vor etw** *dat*] ~ to bank [*or* accumulate] [in/before sth]; *Blut* to congest [in/before sth] 2 (*sich aufstauen*) ■ **sich in jdm** ~ to build up [in sb]; **angestauter Hass** brimming hatred; **angestaute Wut** pent-up rage

an|staunen *vt* ■ **jdn/etw** ~ to stare at sb/sth in wonder; (*sehnsüchtig*) to gaze at sth

an|stechen *vt irreg* 1 KOCHK (*durch Hineinstechen prüfen*) ■ **etw** [**mit etw**] ~ to prick sth [with sth] 2 MED (*durch Hineinstechen öffnen*) ■ **etw** [**mit etw**] ~ to lance [*or* pierce] sth [with sth] 3 (*in etw stechen*) ■ **etw** ~ to puncture sth 4 (*anzapfen*) **ein Fass** ~ to tap [*or* broach] a barrel

an|stecken I. *vt* 1 (*befestigen*) ■ [**jdm**] **etw** ~ to pin sth on [sb] 2 (*auf den Finger ziehen*) [**jdm**] **einen Ring** ~ to put [*or* slip] a ring on sb's finger, to put [*or* slip] on a ring 3 (*anzünden*) [**jdm**] **eine Pfeife/Zigarette/Zigarre** ~ to light [up] a pipe/cigarette/cigar [for sb]; [**sich** *dat*] **eine Pfeife/Zigarre/Zigarette** ~ to light [up] a pipe/cigar/cigarette 4 (*in Brand stecken*) ■ **etw** [**mit etw**] ~ to set sth alight [*or* on fire] [with sth]; **ein Gebäude** ~ to set fire to a building; ■ **sich** ~ **lassen** to catch fire 5 MED (*infizieren*) ■ **jdn** [**mit etw**] ~ to infect sb [with sth]; ***ich möchte dich nicht*** ~ I don't want to give it to you 6 (*fig*) ■ **jdn** [**mit etw**] ~ to infect sb [with sth] II. *vr* MED (*sich infizieren*) ■ **sich** [**bei jdm**] [**mit etw**] ~ to catch sth [from sb], to become infected [with sth] III. *vi* 1 MED (*infektiös sein*) to be infectious [*or* catching]; (*durch Berührung*) to be contagious; **sich leicht/schnell** ~ to catch illnesses easily 2 (*fig: sich übertragen*) to be contagious

ansteckend *adj* 1 MED (*infektiös*) infectious, catching *pred;* (*durch Berührung*) contagious 2 (*fig: sich leicht übertragend*) contagious

Anstecker *m* pin, badge

Anstecknadel *f* pin

Ansteckung <-, *selten* -en> *f* infection; (*durch Berührung*) contagion; **eine** ~ **mit Aids/Syphilis** catching AIDS/syphilis

Ansteckungsgefahr *f* risk of infection

an|stehen *vi irreg haben o* SÜDD *sein* 1 (*Schlange stehen*) ■ [**nach etw**] ~ to queue [*or* AM line] [up] [for sth] 2 (*zu erledigen sein*) ■ **etw steht** [**bei jdm**] **an** sth must be dealt with, sb must deal with sth; ***für heute steht nichts mehr an*** there's nothing else to be done today; ***steht bei dir heute etwas an?*** are you planning on doing anything today?; ~**de Fragen/Punkte** questions/points on the agenda; ~**de Probleme** problems facing them/us etc. 3 JUR (*angesetzt sein*) to be pending; **etw** ~ **haben** to have sth pending 4 (*geh: geziemen*) **jdm** [**besser/gut/schlecht**] ~ to [better/well/badly] befit sb *form or old;* ■ **es steht jdm an, etw zu tun** to befit sb to do sth *form or old*

an|steigen *vi irreg sein* 1 (*sich erhöhen*) ■ [**auf etw** *akk*/**um etw**] ~ to go up [*or* increase] [*or* rise] [to/by sth]; ■ ~**d** increasing 2 (*steiler werden*) to ascend; **stark/steil** ~ to ascend steeply; ■ ~**d** ascending *attr,* inclined

anstelle *präp +gen* instead of

an|stellen I. *vt* 1 (*einschalten, in Gang setzen, wieder fließen lassen*) ■ **etw** ~ to turn on sth 2 (*beschäftigen*) ■ **jdn** [**als etw**] ~ to employ sb [as sth]; ■ [**bei jdm/einer Firma**] [**als etw**] **angestellt sein** to be employed [by sb/at [*or* by] a company] [as sth] 3 (*geh: durchführen*) **Betrachtungen/Vermutungen** [**über etw** *akk*/**zu etw**] ~ to make observations [on sth]/assumptions [about sth]; **Nachforschungen** [**über etw** *akk*/**zu etw**] ~ to conduct [*or* make] enquiries [*or* inquiries] [*or* investigations] [into sth]; [**neue**] **Überlegungen** [**über etw** *akk*/**zu etw**] ~ to [re]consider [sth] 4 (*fam: bewerkstelligen*) ■ **etw** ~ to do [*or* manage] sth; **etw geschickt** ~ to bring [*or fam* pull] sth off; **ich weiß nicht, wie ich es** ~ **soll** I don't know how to do [*or* manage] it; ■ **es** ~**, dass man etw tut** to go about doing sth 5 (*fam: anrichten*) **Blödsinn** ~ to get up to nonsense; ***was hast du da wieder angestellt?*** what have you [*fam* gone and] done now?; ***dass ihr mir ja nichts anstellt!*** see to it that you don't get up to anything! 6 (*anlehnen*) ■ **etw** [**an etw** *akk*] ~ to lean sth against sth; **eine Leiter** [**an einen Baum/eine Wand**] ~ to put up [*or* stand] a ladder [against a tree/wall] 7 (*dazu stellen*) ■ **etw** ~ [**an** *akk* **etw**] to add sth [to sth] II. *vr* ■ **sich** ~ 1 (*Schlange stehen*) to queue [up] BRIT, to line up AM; **sich hinten** ~ to join the back of the queue [*or* AM line[-up]] 2 (*fam: sich verhalten*) to act, to behave; **sich dumm** ~ to act as if one is stupid, to play the fool 3 (*wehleidig sein*) to make a fuss, kick up a shindy *fam;* ***stell dich nicht*** [***so***] ***an!*** don't go making a fuss!

anstellig I. *adj* able II. *adv* **sich** ~[**er**] **verhalten** to be [more] able

Anstellung *f* post; [**noch**] **in** ~ **sein** to be [still] employed; **in fester ~ sein** to have a permanent job, to be permanently employed

Anstellungsvertrag *m* employment contract, articles *pl* of employment *rare*

an|steuern *vt* ■**etw ~** ❶ (*darauf zusteuern*) to head [*or* steer] for sth ❷ (*anvisieren*) to steer for sth; **etw ~ wollen** to be steering for sth

Anstich *m* tapping, broaching

Anstieg <-[e]s, -e> *m* ❶ (*Aufstieg*) ascent ❷ *kein pl* (*Steigung*) incline ❸ *kein pl* (*das Ansteigen*) rise, increase (+*gen* in)

an|stieren *vt* (*pej*) ■**jdn ~** to gape [*or* BRIT *a.* gawp] [*or* AM *a.* gawk] at sb

an|stiften *vt* ❶ (*anzetteln*) ■**etw ~** to instigate [*or* be behind] sth ❷ (*fam: anrichten*) **Streiche/Unfug ~** to get up to mischief/no good ❸ (*veranlassen*) **jdn zu einem Verbrechen ~** to incite sb to commit a crime; **jdn zu Meineid ~** to suborn sb [to commit perjury] *form;* ■**jdn [dazu] ~, etw zu tun** to incite sb [*or fam* to put sb up] to do sth

Anstifter(in) *m(f)* instigator (+*gen*/**zu** +*dat* of)

Anstiftung *f* **~ eines Verbrechens** [*o* **zu einem Verbrechen**] instigation of a crime; ■**~ einer Person [zu etwas]** incitement of a person [to do sth]

an|stimmen **I.** *vt* ■**etw ~** ❶ (*zu singen anfangen*) to begin singing sth; **summend eine Melodie ~** to hum a tune ❷ (*zu spielen anfangen*) to start playing [*or* strike up] sth ❸ (*erheben*) **ein Geheul/ein Geschrei/Proteste ~** to start howling/screaming/protesting; **Gelächter ~** to burst out laughing **II.** *vi* (*den Grundton angeben*) to give the keynote

Anstoß *m* ❶ (*Ansporn*) impetus (**zu** for); ***der ~ zu diesem Projekt ging von ihr aus*** she was the one who originally got this project going; **den ~ zu etw bekommen** [*o* **den ~ bekommen, etw zu tun**] to be encouraged to do sth; **jdm den ~ geben, etw zu tun** to encourage [*or* induce] sb to do sth; **[jdm] den [ersten] ~ zu etw geben** to give [the first] impetus to sth, to [initially] stimulate sb [to do sth] ❷ (*geh: Ärgernis*) annoyance; **[bei jdm] ~ erregen** to cause annoyance [to sb]; **[bei jdm] schon lange ~ erregen** to have long been a cause [*or* source] of annoyance [to sb]; **an etw** *dat* **~ nehmen** to take offence [*or* AM -se]; *s.* **Stein** ❸ SPORT (*Spielbeginn*) start of the game; (*Billard*) break; (*Fußball*) kick off; (*Feldhockey*) bully [off]; (*Eishockey*) face-off; **der Pfiff zum ~** the starting whistle; (*Fußball*) the whistle for kick off ❹ SCHWEIZ (*Angrenzung*) ■**~ an etw** *akk* border to sth

an|stoßen *irreg* **I.** *vi* ❶ *sein* (*gegen etw stoßen*) ■**[mit etw] [an etw** *akk*] **~** to bump sth [on sth]; **mit dem Kopf an etw ~** to bump one's head on sth ❷ *haben* (*einen Toast ausbringen*) ■**[mit etw] [auf jdn/etw] ~** to drink to sb/sth [with sth]; ***lasst uns ~!*** let's drink to it/that! ❸ *sein* (*selten: angrenzen*) ■**an etw** *akk* **~** to adjoin sth; *Land, Staat* to border on sth **II.** *vt haben* ❶ (*leicht stoßen*) ■**jdn [mit etw] ~** to bump sb [gently] [with sth] ❷ (*in Bewegung setzen*) ■**etw ~** to hit sth ❸ (*in Gang setzen*) ■**etw ~** to set sth in motion **III.** *vr haben* (*sich durch einen Stoß verletzen*) ■**sich [an etw** *dat*] **~** to knock [*or* bang] [and injure] oneself [on sth]; **sich** *dat* **den Kopf/Arm ~** to knock one's head/arm

Anstößer(in) <-s, -> *m(f)* SCHWEIZ (*Anwohner*) [local] resident

anstößig **I.** *adj* offensive; **~e Kleidung** indecent clothing; **ein ~er Witz** an offensive [*or* a dirty] [*or* BRIT *a.* a blue] joke **II.** *adv* offensively, indecently; **sich ~ ausdrücken** to use offensive language

Anstößigkeit <-, -en> *f* offensiveness *no pl,* indecency *no pl*

Anstoßpunkt *m* FBALL centre [*or* AM -er] spot

an|strahlen *vt* ❶ (*mit Scheinwerfer anleuchten*) **ein Gebäude/eine Kirche ~** to floodlight a building/church; **einen Menschen/eine Szene [mit einem Scheinwerfer] ~** to train a spotlight on a person/scene ❷ (*strahlend ansehen*) ■**jdn ~** to beam at sb; **jdn freudig** [*o* **glücklich**] **~** to beam at sb with joy; ***sie strahlte/ihre Augen strahlten ihn an*** she beamed at him

an|streben *vt* ■**etw ~** to strive for sth; ■**~, etw zu tun** to be striving to do sth

an|streichen *vt irreg* ■**etw [mit etw] ~** ❶ (*mit Farbe bestreichen*) to paint sth [with sth]; **etw neu/frisch ~** to give sth a new/fresh coat of paint; **etw rot ~** to paint sth red ❷ (*markieren*) to mark sth; **etw dick/rot ~** to mark sth clearly/in red

Anstreicher(in) <-s, -> *m(f)* [house] painter

an|strengen **I.** *vr* ❶ (*sich intensiv einsetzen*) ■**sich [bei etw/für etw] ~** to exert oneself [in/for sth]; **sich mehr/sehr ~** to make a greater/great effort; **sich übermäßig ~** to overexert [*or* overstrain] oneself ❷ (*sich besondere Mühe geben*) ■**sich [mit etw] ~** to make a [big] effort [with sth], to try hard for sth; **sich sehr [mit etw] ~** to go to [*or* take] a lot of trouble [for sth]; ■**sich ~, etw zu tun** to try hard to do sth; **sich sehr ~, etw zu tun** to go to [*or* take] a lot of trouble to do sth [*or* in doing sth] **II.** *vt* ❶ (*strapazieren*) ■**jdn ~** to tire sb out; ***das viele Lesen strengt meine Augen an*** all this reading puts a strain on my eyes ❷ (*intensiv beanspruchen*) ■**etw ~** to strain sth; **seinen Geist/die Muskeln ~** to exert one's mind/muscles; **alle Kräfte ~** to use all one's strength ❸ (*strapazieren*) ■**jdn [sehr] ~** to [over]tax sb; *s. a.* **angestrengt**

anstrengend *adj* strenuous; (*geistig*) taxing; (*körperlich*) exhausting [*or* tiring]; **eine ~e Zeit** an exhausting time; ***das ist ~ für die Augen*** it's a strain on the eyes

Anstrengung <-, -en> *f* ❶ (*Kraftaufwand*) exertion *no pl* ❷ (*Bemühung*) effort; **mit äußerster** [*o* **letzter**] **~** with one last effort; **~en/einige ~en machen, etw zu tun** to make an effort/several efforts to do sth, to try [several times] to do sth

Anstrich¹ *m* ❶ *kein pl* (*das Anstreichen*) ■**der ~** painting ❷ (*Farbüberzug*) coat [of paint]

Anstrich² *m kein pl* ❶ (*persönliche Note*) ■**ein ~ von etw** a touch of sth; **ein ~ von Charmeur** a touch of the charmer ❷ (*Anschein*) ■**der ~ von etw** the veneer [*or* gloss] of sth

Ansturm *m* ❶ (*Andrang*) rush (**auf** +*dat* on) ❷ MIL (*stürmische Attacke*) onslaught ❸ (*geh: das Aufwallen*) surge

an|stürmen *vi sein* ❶ (*ungestüm angelaufen kommen*) to rush [*or* dash] up ❷ MIL (*anrennen*) ■**gegen etw ~** to storm sth ❸ (*geh: dagegen peitschen*) ■**gegen etw ~** to pound against sth

an|suchen *vi* ÖSTERR (*veraltend: förmlich erbitten*) ■**bei jdm um etw ~** to ask sb for sth, to request sth of sb *form*

Ansuchen <-s, -> *nt* ÖSTERR (*a. form*) request (**um** for); **auf jds ~** *akk* at sb's request

Antagonist(in) <-en, -en> *m(f)* antagonist

an|tanzen *vi sein* (*fam*) ■**[bei jdm] ~** to show [*or* turn] up [at sb's place] *fam*

Antarktis <-> *f* ■**die ~** the Antarctic, Antarctica

antarktisch *adj* Antarctic *attr*

an|tasten *vt* ■**etw ~** ❶ (*beeinträchtigen*) **jds Ehre/Würde ~** to offend against sb's honour [*or* AM -or]/dignity; **jds Privileg/Recht ~** to encroach [up]on sb's privilege/right ❷ (*anbrechen*) to use sth; **Vorräte ~** to break into supplies ❸ (*leicht berühren*) to touch sth

an|tauen *vi sein* to begin [*or* start] to defrost; ■**angetaut** slightly defrosted

Anteil *m* ❶ (*Teil*) share (**an** +*dat* of); **~ an einer Erb-**

schaft [legal] portion of an inheritance; ~ **an einem Werk** contribution to a work; **der ~ an Asbest/Schwermetallen** the proportion of asbestos/heavy metals ② ÖKON (*Beteiligung*) interest, share (**an** +*dat* in) ③ (*geh: Mitgefühl*) sympathy, understanding (**an** +*dat* for) ④ (*geh: Beteiligung*) interest (**an** +*dat* in); ~ **an etw** *dat* **haben** to take part in sth; ~ **an etw** *dat* **nehmen** [*o* **zeigen**] to show [*or* take] an interest in sth; ~ **an jds Freude/Glück nehmen** [*o* **zeigen**] to share in sb's joy/happiness

anteilig, anteilmäßig **I.** *adj* proportionate, proportional **II.** *adv* ***mir stehen ~ 450.000 DM zu*** DM 450,000 falls to my share

Anteilnahme <-> *f kein pl* ① (*Beileid*) sympathy (**an** +*dat* with) ② (*Beteiligung*) attendance (**an** +*dat* at)

Anteilschein *m* ÖKON share [certificate]

an|telefonieren* *vt* (*fam*) ■**jdn** ~ to call [*or* phone] sb up

Antenne <-, -n> *f* ① RADIO, TV aerial; **eine ausfahrbare** ~ a telescopic aerial ② ZOOL antenna, feeler ▶ WENDUNGEN: **eine/keine ~ für etw haben** (*fam*) to have a/no feeling [*or fam* nose] for sth

Anthologie <-, -n> [*pl* -'giːən] *f* anthology

Anthrazit <-s, *selten* -e> *m* anthracite, hard coal

anthrazitfarben *adj* charcoal **anthrazitfarbig** *adj* charcoal

Anthropologe, -login <-n, -n> *m, f* anthropologist

Anthropologie <-> *f kein pl* anthropology

Anthropologin <-, -nen> *f fem form von* **Anthropologe**

anthropologisch *adj inv* anthropological

Anthroposoph(in) <-en, -en> *m(f)* anthroposophist

Anthroposophie <-> *f kein pl* anthroposophy

Anthroposophin <-, -nen> *f fem form von* **Anthroposoph**

anthroposophisch *adj* anthroposophic[al]

Antialkoholiker(in) *m(f)* teetotaller BRIT, teetotaler AM **antialkoholisch** *adj inv* anti-alcohol *attr* **antiamerikanisch** *adj inv* anti-American **Antiasthmatikum** <-s, -ka> *nt* anti-asthmatic [agent] **antiautoritär** *adj* anti[-]authoritarian **Antibabypille** *f* (*fam*) the pill [*or* Pill] *fam* **Antibiotikum** <-s, -biotika> *nt* antibiotic **Antiblockiersystem** *nt* antilock [braking] system, ABS **Antichrist(in)** *m(f)* ① <-[s]> REL ■**der** ~ the Antichrist ② <-en, -en> antichristian, opponent of Christianity **antichristlich** *adj* antichristian **Antidepressivum** <-s, -va> [-vʊm, -va] *nt* antidepressant **Antidiabetikum** <-s, -ka> *nt* antidiabetic [agent] **Antidiuretikum** <-s, -ka> *nt* antidiuretic [agent] **Antiepileptikum** <-s, -ka> *nt* anti-epileptic [*or* anticonvulsant] [agent] **Antifa** <-> *f kein pl* (*sl*) antifascist movement **Antifaltencreme** *f* anti-wrinkle cream **Antifaschismus** *m* antifascism **Antifaschist(in)** *m(f)* antifascist **antifaschistisch** *adj* antifascist

Antigen <-s, -e> *nt* BIOL, MED antigen

Antiguaner(in) <-s, -> *m(f)* Antiguan; *s. a.* **Deutsche(r)**

antiguanisch *adj* Antiguan; *s. a.* **deutsch**

Antigua und Barbuda <-s> *nt* Antigua and Barbuda; *s. a.* **Deutschland**

antihaftbeschichtet *adj inv* KOCHK non-stick **Antihistamin** *nt* antihistamine

antik **I.** *adj* ① (*als Antiquität anzusehen*) antique ② (*aus der Antike stammend*) ancient; ~**e Kunst** ancient art forms *pl* **II.** *adv* ~ **eingerichtet sein** to be furnished in an antique style

Antike <-> *f kein pl* antiquity; **der Mensch/die Kunst der** ~ man/the art of the ancient world

antiklerikal *adj* anticlerical **Antikommunismus** *m* anti[-]communism **Antikommunist(in)** *m(f)* anti[-]communist **antikommunistisch** *adj* anticommunist **Antikörper** *m* MED antibody **Antikörperbestimmung** *f* MED determination of antibodies

Antilope <-, -n> *f* antelope

antimilitaristisch *adj* anti-militaristic

Antimon <-s> *nt kein pl* antimony

Antipathie <-, -n> [*pl* -'tiːən] *f* antipathy (**gegen** to)

Antipode, Antipodin <-, -n> *m, f* ① (*Mensch*) Antipodean ② (*fig geh*) antipode

Antipoden *pl* the Antipodes

an|tippen *vt* ① (*kurz berühren*) ■**jdn** [**an etw** *dat*] ~ to give sb a tap [on sth], to tap sb on sth; ■**etw** ~ to touch sth ② (*streifen*) ■**etw** ~ to touch on sth

Antiqua <-> *f kein pl* TYPO roman [type]

Antiquar(in) <-s, -e> *m(f)* second-hand bookseller

Antiquariat <-[e]s, -e> *nt* (*Laden*) second-hand bookshop [*or* AM *a.* bookstore]; (*Abteilung*) second-hand department; **modernes** ~ remainder bookshop [*or* AM *a.* bookstore]/department

Antiquarin <-, -nen> *f fem form von* **Antiquar**

antiquarisch **I.** *adj* (*alt*) antiquarian; (*von modernen Büchern*) second-hand, remaindered **II.** *adv* (*im Antiquariat*) **ein Buch ~ bekommen/erwerben** [*o* **kaufen**] to get/buy a book second-hand

antiquiert *adj* (*pej*) antiquated, AM *a.* horse-and-buggy *attr*

Antiquität <-, -en> *f* antique

Antiquitätengeschäft *nt* antiques shop **Antiquitätenhandel** *m* antiques trade [*or* business] **Antiquitätenhändler(in)** *m(f)* antiques dealer

Antirakete, Antiraketenrakete *f* antiballistic missile, ABM **Antiraucherkampagne** *f* anti-smoking campaign **Antirheumatikum** <-s, -ka> *nt* antirheumatic **Antisemit(in)** *m(f)* antisemite; ~[**in**] **sein** to be antisemitic **antisemitisch** *adj* antisemitic **Antisemitismus** <-> *m kein pl* ■**der** ~ antisemitism **Antiseptikum** <-s, -ka> *nt* antiseptic **antiseptisch** *adj* antiseptic **Antispastikum** <-s, -ka> *nt* antispasmodic [agent] **antistatisch** **I.** *adj* antistatic **II.** *adv* **etw ~ behandeln** to treat sth with an antistatic [agent] **Antiteilchen** *nt* PHYS anti[-]particle **Antiterroreinheit** *f* antiterrorist squad [*or* unit]

Antithese *f* antithesis

Antitranspirant <-s, -e *o* -s> *nt* antiperspirant **Antivirenprogramm** *nt* INFORM anti-virus [program] **antizyklisch** *adj inv* ① (*geh: unregelmäßig wiederkehrend*) anticyclical ② ÖKON anticyclical

Antlitz <-es, -e> *nt* (*poet*) face, countenance *liter*

Anton <-s> *m* ▶ WENDUNGEN: **blauer** ~ [blue] overalls *npl*

an|tönen *vt* ÖSTERR, SCHWEIZ *s.* **andeuten**

an|törnen **I.** *vt* (*sl*) **jdn** [**stark/stärker**] ~ to give sb a [big [*or* real]/bigger] kick *fam;* **von Drogen/Musik angetörnt werden** to get a kick from drugs/music *fam* **II.** *vi* (*sl*) ***diese Droge/Musik törnt ganz schön an!*** this drug/music really gives you a great kick!; ■**angetörnt sein** to be [on a] high *fam*

Antrag <-[e]s, -träge> *m* ① (*Beantragung*) application; **einen ~ [auf etw** *akk*] **stellen** to put in an application [for sth]; **auf jds ~** *akk* at sb's request, at the request of sb ② (*Formular*) application form (**auf** +*akk* for) ③ JUR petition; **einen ~ [auf etw** *akk*] **stellen** to file a petition [for sth] ④ (*im Parlament: Vorschlag zur Abstimmung*) motion ⑤ (*Heiratsantrag*) [marriage] proposal; **jdm einen ~ machen** to propose [to sb]

an|tragen *vt irreg* (*geh*) ■**jdm etw** ~ to offer sb sth; ■**jdm ~, etw zu tun** to suggest [*or* propose] that sb does sth

Antragsformular *nt* application form

Antragsteller(in) <-s, -> *m(f)* (*geh*) applicant **An-**

tragstellung <-> *f kein pl* application

antrainiert *adj* ❶ *Muskeln, Fitness* developed ❷ *Verhalten* learned

an|trauen *vt* (*veraltend*) ■ **jdm angetraut werden** to be [*or* get] married to sb, to be given to sb in marriage *dated;* ***ihr angetrauter Ehemann*** her lawful wedded husband

an|treffen *vt irreg* ❶ (*treffen*) ■ **jdn ~** to catch sb; **im Büro/zu Hause anzutreffen sein** to be in the office/at home; **jdn beim Putzen/Stricken ~** to catch sb cleaning/knitting ❷ (*vorfinden*) ■ **etw ~** to come across sth

an|treiben *irreg* **I.** *vt haben* ❶ (*vorwärts treiben*) ■ **jdn/ein Tier ~** to drive sb/an animal [on] ❷ (*drängen*) ■ **jdn [zu etw] ~/jdn dazu ~, etw zu tun** to urge sb to do sth; (*aufdringlicher*) to push sb [to do sth] ❸ (*anschwemmen*) ■ **etw [an etw** *dat*] **~** to wash sth up [on sth]; **etw am Strand/an den Stränden ~** to wash sth ashore ❹ TECH (*vorwärts bewegen*) ■ **etw ~** to drive sth ❺ (*veranlassen*) ■ **jdn ~, etw zu tun** to drive sb [on] to do sth; ***die bloße Neugierde trieb ihn dazu an, die Briefe seiner Frau zu öffnen*** he was driven by pure curiosity to open his wife's letters **II.** *vi sein* (*angeschwemmt werden*) ■ **[an etw** *akk*] **~** to be washed up [on sth]; **am Strand/an den Stränden ~** to be washed ashore

Antreiber(in) *m(f)* (*pej*) slave-driver *pej*

an|treten¹ *irreg* **I.** *vt haben* ❶ (*beginnen*) ■ **etw ~** to begin sth ❷ (*übernehmen*) **ein Amt/den Dienst ~** to take up [*or* assume] [an] office/one's services, seine Amtszeit ~, to take office; **ein Erbe ~** to come into an inheritance; **eine Stellung ~** to take up a post; *s. a.* **Beweis II.** *vi sein* ❶ (*sich aufstellen*) to line up; MIL to fall in ❷ (*erscheinen*) ■ **[zu etw] ~** to appear [for sth] ❸ (*eine Stellung beginnen*) ■ **bei jdm/einer Firma [als etw] ~** to start one's job [as sth] under sb/at a company ❹ SPORT (*zum Wettkampf erscheinen*) ■ **[zu etw] ~** to compete [in sth]

an|treten² *irreg* **I.** *vt* ❶ (*fest treten*) ■ **etw ~** to tread sth down [firmly] ❷ AUTO (*starten*) ■ **etw ~** to start sth; **einen Motorrad ~** to kickstart a motorbike **II.** *vi* (*energisch die Pedale betätigen*) to sprint

Antrieb *m* ❶ AUTO, LUFT, RAUM (*Vortrieb*) drive (+*gen* for); **Front-/Heckantrieb** AUTO front/rear wheel drive ❷ (*motivierender Impuls*) drive, energy *no indef art;* **aus eigenem ~** (*fig*) on one's own initiative; **jdm [neuen] ~ geben[, etw zu tun]** (*fig*) to give sb the/a new impetus to do sth

Antriebsachse [-aksə] *f* AUTO drive axle **Antriebskraft** *f* TECH [driving] power **Antriebsschwäche** *f* lack of drive [*or* energy] **Antriebswelle** *f* TECH drive shaft

an|trinken *irreg* **I.** *vt* (*fam*) **die Flasche/seinen Kaffee ~** to drink a little from the bottle/some of one's coffee; **eine angetrunkene Flasche** an opened bottle; ***das Glas ist angetrunken*** somebody's drunk out of that glass **II.** *vr* (*fam*) **sich** *dat* **einen [Rausch/Schwips] ~** to get [oneself] tiddly [*or* AM tipsy] *fam;* *s. a.* **Mut**

Antritt¹ *m kein pl* ❶ (*Beginn*) start ❷ (*Übernahme*) **nach ~ seines Amtes/der Stellung/der Erbschaft** after assuming office/taking up the post/coming into the inheritance

Antritt² *m kein pl* SPORT spurt

Antrittsbesuch *m* first courtesy call [*or* visit]; **einen ~ abstatten bei jd** to pay a first courtesy call [*or* visit] on sb **Antrittsrede** *f* maiden speech **Antrittsvorlesung** *f* inaugural lecture

an|trocknen *vi sein* ■ **[an etw** *dat*] **~** to dry [on sth]

an|tun *vt irreg* ❶ (*zufügen*) ■ **jdm etwas/nichts ~** to do something/not to do anything to sb; ***tu mir das nicht an!*** (*hum fam*) spare me, please! *hum fam;* **sich** *dat* **etwas ~** (*Selbstmord begehen*) to kill oneself, to do oneself in *fam* ❷ **es jdm angetan haben** to appeal to sb; *s. a.* **angetan**

an|turnen *vi* ❶ *haben* SPORT *to celebrate the start of the open-air season with an athletic event* ❷ *sein* (*fam: sich ausgelassen bewegend herankommen*) **angeturnt kommen** to come rollicking

an|turnen *vt* ❶ (*in einen Drogenrausch versetzen*) ■ **jdn ~** to turn sb on *sl,* to stone sb *sl* ❷ (*fam: in Erregung versetzen*) ■ **jdn ~** to turn sb on

Antwerpen <-s> *nt* Antwerp

Antwort <-, -en> *f* ❶ (*Beantwortung*) answer (**auf** +*akk* to); **eine ~ auf eine Anfrage/ein Angebot/einen Brief** an answer [*or* a reply] to an inquiry [*or* enquiry]/an offer/a letter; ***und wie lautet deine ~ auf meine Frage?*** and what's your answer [*or* reply] to my question?; **um ~ wird gebeten!** RSVP; **um baldige** [*o* **umgehende**] **~ wird gebeten!** please reply by return [of] post [*or* AM return mail]; **jdm [eine] ~ geben** to give sb an answer, to answer [*or* reply to] sb; ***das also gibst du mir zur ~?*** so that's your answer?; *s. a.* **Rede** ❷ (*Reaktion*) response (**auf** +*akk* to); **als ~ auf etw** *akk* in response to sth ❸ (*Pendant*) answer (**auf** +*akk* to) ► WENDUNGEN: **keine ~ ist auch eine ~** (*prov*) no answer is an answer

Antwortbrief *m* answer, reply

antworten *vi* ❶ (*als Antwort geben*) ■ **[jdm] ~** to answer [sb], to reply [to sb]; ***ich kann Ihnen darauf leider nichts ~*** unfortunately I cannot give you an answer to that; ***was soll man darauf noch ~?!*** what kind of answer can you give to that?; **auf jds Frage ~** to answer sb's [*or* reply to sb's] question; **mit Ja/Nein ~** to answer yes/no [*or form* in the affirmative/negative]; **mit „vielleicht" ~** to answer with "perhaps"; **schriftlich ~** to answer [*or* reply] in writing, to give a written answer ❷ (*reagieren*) to respond (**mit** with)

Antwortkarte *f* reply card **Antwortschein** *m* **internationaler ~** [international] reply coupon **Antwortschreiben** *nt* (*geh*) answer, reply

an|vertrauen* **I.** *vt* ❶ (*vertrauensvoll übergeben*) ■ **jdm etw ~** to entrust sth to sb [*or* sb with sth] ❷ (*geh: in etw bergen*) ■ **etw einer S.** *dat* **~** to consign sth to sth *form* ❸ (*vertrauensvoll erzählen*) ■ **jdm/einer S. etw ~** to confide sth to sb/sth **II.** *vr* ❶ (*sich vertrauensvoll mitteilen*) ■ **sich jdm** *dat* **~** to confide in sb ❷ (*sich in einen bestimmten Schutz begeben*) ■ **sich einer S.** *dat* **~** to entrust oneself to sth

an|visieren* [-vi-] *vt* ❶ (*ins Visier nehmen*) ■ **jdn/etw ~** to sight sb/sth ❷ (*geh: ins Auge fassen*) ■ **etw ~** to set one's sights on sth; **eine Entwicklung/die Zukunft ~** to envisage a development/the future

an|wachsen [-ks-] *vi irreg sein* ❶ (*festwachsen*) ■ **[auf etw** *dat*] **~** to grow [on sth] ❷ MED (*sich mit Körpergewebe verbinden*) ■ **an etw** *dat* **~** to grow on sth; *Transplantat* to take [*or* adhere] [to sth] ❸ (*zunehmen*) ■ **[bis zu etw/auf etw** *akk*] **~** to grow [*or* increase] [to sth]

Anwachsen *nt* ■ **das ~** ❶ (*das Festwachsen*) growing ❷ MED (*Verbindung mit Körpergewebe*) growing; *von Transplantat* taking, adherence ❸ (*Zunahme*) growth, increase; **im ~ [begriffen] sein** to be growing [*or* on the increase]

an|wählen *vt* TELEK ■ **jdn/eine Nummer ~** to call sb/to dial a number

Anwalt, -wältin <-[e]s, -wälte> *m, f* ❶ (*Rechtsanwalt*) lawyer, solicitor BRIT, attorney AM; **sich** *dat* **einen ~ nehmen** to engage the services of a lawyer ❷ (*geh: Fürsprecher*) advocate; **~ der Armen/Hilfsbedürftigen** champion of the poor/needy

Anwaltsbüro *nt* ❶ *s.* **Anwaltskanzlei** ❷ (*Anwaltssozietät*) law firm, BRIT *a.* firm of solicitors

Anwaltschaft <-, *selten* -en> *f* ❶ (*Vertretung eines*

Klienten) case; **eine ~ übernehmen** to take on [*or* over] a case; **eine ~ [für jdn] übernehmen** to take on [*or* over] sb's case ② (*Gesamtheit der Anwälte*) ▪ **die ~** the legal profession

Anwaltsgehilfe, -gehilfin *m, f* [solicitor's BRIT] clerk, lawyer's secretary AM **Anwaltskammer** *f* incorporated law society **Anwaltskanzlei** *f* lawyer's [*or* AM law] office **Anwaltskosten** *pl* legal expenses **Anwaltspraxis** *f* law [*or* BRIT *a.* solicitor's] [*or* AM *a.* attorney's] practice; **~ betreiben** to practise [*or* AM -ce] law

an|wandeln *vt* (*geh*) ▪ **jdn ~** to come over sb; ***mich wandelt ganz einfach die Lust an, spazieren zu gehen!*** I quite simply feel the desire to go for a walk

Anwandlung *f* mood; **aus einer ~ heraus** on an impulse; **[wieder] ~en bekommen** (*fam*) to go into [one of one's] fits *fam;* **in einer ~ von Großzügigkeit/Wahnsinn** in a fit of generosity/madness; **in einer ~ von Furcht/Misstrauen** on an impulse of fear/suspicion

an|wärmen *vt* **das Bett ~** to warm [up] the bed; **Speisen ~** to heat up food; ***danke, dass Sie mir den Platz angewärmt haben!*** thanks for keeping my seat warm! *a. hum*

Anwärter(in) *m(f)* candidate (**auf** *+akk* for); SPORT contender (**auf** *+akk* for); **der ~ auf den Thron** the heir to the throne; (*Prätendent*) the pretender to the throne

Anwartschaft <-, *selten* -en> *f* candidature (**auf** *+akk* for), candidacy (**auf** *+akk* for); **die ~ auf das Erbe** the claim to the inheritance; SPORT contention; **~ auf den Thron** claim to the throne

an|weisen *vt irreg* ① (*durch Anweisung beauftragen*) ▪ **jdn ~[, etw zu tun]** to order sb to do sth ② (*anleiten*) ▪ **jdn ~** to instruct sb ③ (*zuweisen*) ▪ **jdm etw ~** to direct sb to sth ④ (*überweisen*) **[jdm] Geld [auf ein Konto] ~** to transfer money [to sb/to sb's account]; *s. a.* **angewiesen**

Anweisung *f* ① (*Anordnung*) order, instruction; **~ haben, etw zu tun** to have instructions to do sth; **auf [jds** *akk*] **~** on [sb's] instruction, on the instructions of sb ② (*Anleitung*) instruction ③ (*Gebrauchsanweisung*) instructions *pl* ④ (*Zuweisung*) allocation ⑤ (*Überweisung*) transfer ⑥ (*Überweisungsformular*) payment slip

anwendbar *adj* applicable (**auf** *+akk o dat* to); **in der Praxis ~** practicable, practical

Anwendbarkeit <-> *f kein pl* applicability (**auf** *+akk* to)

an|wenden *vt reg o irreg* ① (*gebrauchen*) ▪ **etw [bei jdm/etw] ~** to use sth [on sb/during sth] ② (*übertragen*) ▪ **etw auf etw** *akk* **~** to apply sth to sth; *s. a.* **angewandt**

Anwender(in) <-s, -> *m(f)* INFORM user

Anwenderprogramm *nt* INFORM application program **Anwendersoftware** <-, -s> *f* application software

Anwendung *f* ① (*Gebrauch*) use; **etw zur ~ bringen** (*geh*) to use [*or* apply] sth; **~ finden** [*o geh* **zur ~ gelangen**] to be used [*or* applied], to find application *form* ② (*Übertragung*) application (**auf** *+akk* to) ③ MED (*therapeutische Maßnahme*) administration

Anwendungsbereich *m* area of application **Anwendungsgebiet** *nt* field of applications **Anwendungsvorschrift** *f* instructions *pl* for use

an|werben *vt irreg* ▪ **jdn [für etw] ~** to recruit sb [for sth]; **Soldaten ~** to recruit [*or* enlist] soldiers

Anwerbung *f* recruitment; *a.* MIL enlistment

Anwerbungsstopp[RR] *m* stop to recruitment

an|werfen *irreg* **I.** *vt* ▪ **etw ~** ① TECH (*in Betrieb setzen*) to start sth up ② (*fam: anstellen*) to switch sth on ③ (*durch Drehen in Gang setzen*) **den Motor [mit der Kurbel] ~** to crank the engine; **den Propeller [von Hand] ~** to swing the propeller **II.** *vi* SPORT (*mit dem Werfen beginnen*) to take the first throw

Anwesen <-s, -> *nt* (*geh*) estate

anwesend *adj* present *pred;* ▪ **[bei jdm/bei etw/auf etw** *dat*] **~ sein** to be present [at sb's place/at sth]; **nicht ganz ~ sein** (*hum fam*) to be a million miles away [*or fam* off in one's own little world]

Anwesende(r) *f(m) dekl wie adj* person present; ▪ **die ~n** those present; **alle ~n** all those present

Anwesenheit <-> *f kein pl* presence; *von Studenten* attendance; **in jds ~** *dat,* **in ~ von jdm** in sb's presence, in the presence of sb

Anwesenheitsliste *f* attendance list **Anwesenheitspflicht** *f* obligation to attend; ***es herrscht ~*** attendance is compulsory

an|widern *vt* ▪ **jdn ~** to nauseate sb, to make sb sick; ▪ **angewidert** nauseated *attr*

an|winkeln *vt* **den Arm/das Bein ~** to bend one's arm/leg; **Signalflaggen in bestimmter Reihenfolge ~** to move semaphore flags to certain angles; **mit angewinkeltem Arm/Bein** with the arm/leg bent

an|wirken *vt* KOCHK (*fachspr*) **Marzipan ~** to knead marzipan in sugar

Anwohner(in) <-s, -> *m(f)* ① (*Anlieger*) [local] resident ② (*Anrainer*) **die ~ des Sees/der Küste** the people living by the lake/along the coast

Anwurf *m* ① *kein pl* SPORT first throw ② (*geh: Schmähung*) imputation, [unfounded] accusation

an|wurzeln *vi sein* ▪ **[in etw** *dat*] **~** to take root [in sth]; **wie angewurzelt dastehen** [*o* **stehen bleiben**] to stand rooted to the spot

Anzahl *f kein pl* number; **eine ganze ~** quite a lot + *pl vb;* **eine ziemliche ~** quite a number + *pl vb*

an|zahlen *vt* ① (*als Anzahlung geben*) ▪ **[jdm] etw ~** to pay [sb] a deposit of sth; ***500 DM waren schon angezahlt*** a deposit of DM 500 has already been paid; ***abzüglich der angezahlten 10%*** minus the deposit of 10% ② (*eine Anzahlung auf den Preis von etw leisten*) ▪ **etw ~** to pay a deposit on sth

Anzahlung *f* ① (*angezahlter Betrag*) deposit; **eine ~ machen** [*o* **leisten**] (*geh*) to pay a deposit; **800 DM ~ machen** [*o* **leisten**] to pay a deposit of DM 800, to leave DM 800 as a deposit ② (*erster Teilbetrag*) first instalment [*or* AM installment]

an|zapfen *vt* ① (*Flüssigkeit durch Zapfen entnehmen*) ▪ **etw ~** to tap sth; **ein Fass ~** to tap [*or* broach] a barrel ② ELEK, TELEK (*fam: sich illegal an etw anschließen*) ▪ **etw ~** to tap [*or* bug] sth; **eine Telefonleitung ~** to tap a telephone line ③ (*fam: Informationen gewinnen*) ▪ **jdn ~** to pump sb *fam*

Anzeichen *nt* sign; MED (*Symptom*) symptom; ***es liegen [keine] ~ dafür vor, dass ...*** there are [no] signs that ...; ***alle ~ deuten darauf hin, dass ...*** all signs [*or* symptoms] indicate that ...; ***wenn nicht alle ~ trügen*** if all the symptoms are to be believed

an|zeichnen *vt* ① (*markieren*) ▪ **etw [auf etw** *dat*] **~** to mark [out] sth [on sth]; (*mit Kreide*) to chalk sth [on sth] ② (*zeichnen*) ▪ **etw [an etw** *akk*] **~** to draw sth [on sth]; (*mit Kreide*) to chalk sth [on sth]

Anzeige <-, -n> *f* ① (*Strafanzeige*) charge (**wegen** for); **~ bei der Polizei** report to the police; **eine ~ [wegen einer S.] bekommen** [*o* **erhalten**] to be charged [with sth]; **~ gegen Unbekannt** charge against a person [*or* persons] unknown; **jdn/etw zur ~ bringen** (*geh*), **[gegen jdn] eine ~ machen** [*o* **erstatten**] to bring [*or* lay] a charge against sb, to report sth; **[eine] ~ gegen jdn bei der Polizei machen** [*o* **erstellen**] to report sb to the police ② (*Bekanntgabe bei Behörde*) notification ③ (*Inserat*) ad[vertisement] ④ (*Bekanntgabe*) announcement ⑤ (*das Anzeigen*) display; **die ~ der Messwerte/Messinstrumente**

the readings of the measured values/on the gauges [*or* Am *a.* gages] ⑥ (*angezeigte Information*) information ⑦ TECH (*Instrument*) gauge, Am *a.* gage

an|zeigen *vt* ① (*Strafanzeige erstatten*) ■ **jdn [wegen etw]** ~ to report sb [for sth]; ■ **etw** ~ to report sth; ■ **sich [selbst]** ~ to give oneself up, to turn oneself in ② (*mitteilen*) ■ **jdm etw** ~ to announce sth to sb; MIL to report sth to sb ③ (*angeben*) ■ **etw** ~ to indicate [*or* show] sth; (*digital*) to display sth; **diese Uhr zeigt auch das Datum an** this watch also shows [*or* gives] the date ④ (*bekannt geben*) ■ **[jdm] etw** ~ to announce sth [to sb] ⑤ (*angeben*) **ein Abbiegen/eine Richtung** ~ to indicate a turn-off/direction; AUTO to signal a turn-off/direction ⑥ (*erkennen lassen*) ■ **jdm** ~, **dass ...** to indicate to [*or* show] sb that ...; *s. a.* **angezeigt**

Anzeigenannahme *f* ① (*Stelle für die* ~) advertising sales department ② (*Erfassung einer Anzeige*) advertising sales **Anzeigenblatt** *nt* advertiser **Anzeigenkampagne** *f* advertising campaign **Anzeigenteil** *m* advertising section, small ads *pl*

Anzeigepflicht *f kein pl* (*geh*) obligation to inform the police/authorities etc.; **der** ~ **unterliegen** to be notifiable

anzeigepflichtig *adj* notifiable

Anzeiger[1] *m* advertiser

Anzeiger(in)[2] *m(f)* (*geh*) informer *a. pej*

Anzeigetafel *f* LUFT, BAHN departure and arrivals [information] board; SPORT scoreboard

an|zetteln *vt* ① (*vom Zaun brechen*) **Blödsinn** ~ [*o* **Unsinn**] to be up to mischief; **eine Schlägerei/einen Streit** ~ to provoke a fight/an argument ② (*in Gang setzen*) ■ **etw** ~ to instigate sth

an|ziehen[1] *vt irreg* ① (*sich mit etw bekleiden*) ■ **[sich** *dat*] **etw** ~ to put on sth *sep,* to don sth *form or liter;* **[sich] die Schuhe** ~ to put on [*or* slip into] one's shoes ② (*jdn bekleiden*) ■ **jdn** ~ to dress sb; ■ **jdm etw** ~ to put sth on sb ③ (*kleiden*) **jdn [modisch/vorteilhaft]** ~ to dress sb [up] [in the latest fashion/to look their best]; ■ **sich** ~ to get dressed; **sich leger/schick/warm** ~ to put on casual/smart/warm clothing ④ SCHWEIZ (*beziehen*) **das Bett** ~ to make the bed; **das Bett frisch** ~ to change the bed

an|ziehen[2] *irreg* **I.** *vt* ① (*straffen*) ■ **etw** ~ to pull sth tight; **die Zügel** ~ to pull [[back] on] the reins ② (*festziehen*) ■ **etw** ~ to tighten sth; **die Bremse** ~ to apply [*or* put on] the brake ③ (*an den Körper ziehen*) **einen Arm/ein Bein** ~ to draw up an arm/a leg ④ (*anlocken*) ■ **jdn** ~ to attract [*or* draw] sb; **sich von jdm/etw angezogen fühlen** to be attracted to [*or* drawn by] sb/sth ⑤ PHYS (*an sich ziehen*) ■ **etw** ~ to attract sth ⑥ (*fig: sich zueinander hingezogen fühlen*) ■ **sich** ~ to be attracted to each other; *s. a.* **Gegensatz** ⑦ (*annehmen*) ■ **etw** ~ to absorb sth ⑧ (*ans Schloss ziehen*) **eine Tür** ~ to pull a door to **II.** *vi* ① (*sich in Bewegung setzen*) *Zug* to start moving; *Zugtier* to start pulling ② (*beschleunigen*) to accelerate ③ FIN (*ansteigen*) to rise; **kräftig** ~ to escalate

anziehend *adj* attractive

Anziehung *f* ① (*verlockender Reiz*) attraction ② *kein pl s.* **Anziehungskraft 1**

Anziehungskraft *f* ① PHYS (*Gravitation*) [force of] attraction; ~ **der Erde** [force of] gravitation ② (*Verlockung*) attraction, appeal; **auf jdn eine [große]** ~ **ausüben** to appeal to [*or* attract] sb [strongly]

Anzug[1] *m* ① (*Herrenanzug*) suit; **ein einreihiger/zweireihiger** ~ a single-[*or* double-]breasted suit; **im** ~ **erscheinen** to appear in a suit ② SCHWEIZ (*Bezug*) duvet cover; **Anzüge fürs Bett** linen *no pl,* bedclothes ▶ WENDUNGEN: **aus dem** ~ **kippen** (*fam: ohnmächtig werden*) to pass out

Anzug[2] *m kein pl* ① AUTO (*Beschleunigungsvermögen*) acceleration ② (*Heranrückung*) approach; **im** ~ **sein** to be on the way; MIL to be approaching; *Bedrohung, Gefahr* to be in the offing; (*von Erkältung, Schnupfen*) to be coming on

anzüglich *adj* ① (*schlüpfrig*) insinuating, suggestive, lewd; ***ich verbitte mir diese ~en Bemerkungen!*** I won't stand for such insinuating [*or* suggestive] remarks! ② (*zudringlich*) personal, pushy *fam;* ■ ~ **sein/werden** to get personal, to make advances

Anzüglichkeit <-, -en> *f* ① *kein pl* suggestiveness *no pl,* lewdness *no pl;* ***diese Geste war von einer gewissen*** ~ this gesture was of a certain suggestive [*or* insinuating] nature ② *kein pl* (*Zudringlichkeit*) advances *pl* ③ (*zudringliche Handlung*) pushiness *no pl*

an|zünden *vt* ■ **etw** ~ ① (*entzünden*) *Feuer* to light sth ② (*in Brand stecken*) *Haus* to set sth on fire, to set fire [*or* light] to sth ③ (*anstecken*) *Zigarette* to light sth

Anzünder *m* (*fam*) fire lighter

an|zweifeln *vt* ■ **etw** ~ to question [*or* doubt] sth; **einen Bericht/die Echtheit eines Gegenstandes/eine Theorie** ~ to question a report/the authenticity of an object/a theory

an|zwinkern *vt* ■ **jdn** ~ to wink at sb, to give sb a wink

AOK <-, -s> *f Abk von* **Allgemeine Ortskrankenkasse** *public organization providing statutory health insurance to individuals living within a particular area*

Äon <-s, -en> *m meist pl* ASTRON, PHILOS (*geh*) [a]eon

Aorta <-, Aorten> *f* aorta

apart *adj* striking, distinctive, unusual; ***er war ein Mann von ~em Aussehen*** he was a striking [*or* distinctive-looking] man; ***was für ein ~er Pullover!*** that's an unusual sweater!

Apartheid <-> *f kein pl* POL (*hist*) apartheid *no pl, no indef art*

Apartheidpolitik *f kein pl* POL (*hist*) policy of apartheid, apartheid policy

Apartment <-s, -s> [a'partmənt] *nt* flat Brit, apartment Am

Apartmenthaus *nt* block of flats Brit, apartment house Am **Apartmentwohnung** *f s.* **Apartment**

Apathie <-, -n> [*pl* -'tiːən] *f* apathy; MED listlessness

apathisch **I.** *adj* apathetic; MED listless **II.** *adv* apathetically; MED listlessly

Apenninen *pl* Apennines *npl*

aper *adj* SCHWEIZ, ÖSTERR, SÜDD (*schneefrei*) snowless, clear [*or* free] of snow

Aperitif <-s, -s *o* -e> *m* aperitif

Apfel <-s, Äpfel> *m* apple ▶ WENDUNGEN: **der** ~ **fällt nicht weit vom Stamm** (*prov*) like father, like son; **in den sauren** ~ **beißen** (*fam*) to bite the bullet

Apfelausstecher *m* apple corer **Apfelbaum** *m* apple tree **Apfelblüte** *f* (*Blüte*) apple blossom; (*das Blühen*) blossoming of apple trees; ***zur Zeit der*** ~ when the apple trees are in blossom **Apfelbrandwein** *m* apple brandy

Äpfelchen <-s, -> *nt dim von* **Apfel**

Apfelessig *m* cider vinegar **Apfelkuchen** *m* apple tart [*or* pie] [*or* cake] **Apfelmost** *m* DIAL (*unvergorener Fruchtsaft*) apple juice; (*vergorener Fruchtsaft*) [apple] cider **Apfelmus** *nt* apple sauce **Apfelsaft** *m* apple juice **Apfelschimmel** *m* dapple-grey [horse]

Apfelsine <-, -n> *f* (*Frucht*) orange; (*Baum*) orange tree

Apfelstrudel *m* apple strudel **Apfeltasche** *f* apple turnover

äpfeltragend *adj* BOT apple bearing, pomiferous

Apfeltrester *m* apple schnaps **Apfelwein** *m* cider

Aphorismus <-, -rismen> *m* aphorism

Aphrodisiakum <-s, -disiaka> *nt* aphrodisiac

Apnoe-Tauchen [a'pnoːə-] *nt* SPORT (*Tauchen ohne Atemgerät*) freediving *no pl, no indef art,* apnea diving *no pl, no indef art*

Apo, **APO** <-> *f kein pl Akr von* **außerparlamentarische Opposition**

apodiktisch (*geh*) **I.** *adj* apodictic **II.** *adv* apodictically

Apokalypse <-, -n> *f* apocalypse

apolitisch *adj* apolitical, non-political

Apostel <-s, -> *m* apostle

Apostelbrief *m* epistle **Apostelgeschichte** *f kein pl* Acts of the Apostles *pl* **Apostelkuchen** *m* brioche-style cake

apostolisch *adj* apostolic

Apostroph <-s, -e> *m* apostrophe

apostrophieren* *vt* ① LING (*selten*) ■ **etw** ~ to apostrophize sth ② (*geh: anreden, nachdrücklich bezeichnen*) ■ **jdn/etw als etw** *akk* ~ to refer to sb/sth as sth

Apotheke <-, -n> *f* pharmacy, dispensary, BRIT *a.* [dispensing] chemist's

apothekenpflichtig *adj* available only at the pharmacy [*or* BRIT *a.* chemist's]

Apotheker(in) <-s, -> *m(f)* pharmacist, BRIT *a.* [dispensing] chemist

Apothekergewicht *nt* apothecaries' weight

Apothekerin <-, -nen> *f fem form von* **Apotheker**

Apothekerwaage *f* precision scales *pl*

Appalachen *pl* Appalachian Mountains *pl*

Apparat <-[e]s, -e> *m* ① TECH (*technisches Gerät*) apparatus *no pl form,* appliance, machine; (*kleineres Gerät*) gadget ② TELEK (*Telefon*) telephone, phone; **am ~ bleiben** to hold the line; ***bleiben Sie bitte am ~!*** please hold the line!; ***wer war eben am ~?*** who was that on the phone just then?; **am ~!** speaking! ③ (*fam: Radio*) radio; (*Rasierapparat*) razor; (*Fotoapparat*) camera ④ ADMIN (*Verwaltungsapparat*) apparatus, machinery; **kritischer ~** LIT critical apparatus ⑤ (*sl: großer Gegenstand*) whopper; ***meine Gallensteine, das waren solche ~e!*** my gall-stones were real whoppers!

Apparatebau *m kein pl* machine-building *no pl,* instrument-making *no pl* **Apparatemedizin** *f kein pl* high-tech medicine *no pl*

Apparatschik <-s, -s> *m* (*pej*) apparatchik

Apparatur <-, -en> *f* [piece of] equipment *no pl,* apparatus *no pl*

Appartement <-s, -s> [apartə'mãː] *nt* ① (*Zimmerflucht*) suite [of rooms] ② *s.* **Apartment**

Appel <-s, Äppel> *m* NORDD (*Apfel*) apple ▸ WENDUNGEN: **für einen ~ und ein <u>Ei</u>** (*fam*) for peanuts, dirt cheap

Appell <-s, -e> *m* ① (*Aufruf*) appeal; ■ **der/ein ~ an jdn/etw** the/an appeal to sb/sth; ■ **der/ein ~ zu etw** *dat* the/an appeal for sth; **einen ~ an jdn richten** to make an appeal to sb ② MIL (*Antreten zur Besichtigung*) roll call; **zum ~ antreten** to line up for roll call

Appellation <-, -en> *f* JUR SCHWEIZ appeal

appellieren* *vi* ① (*sich auffordernd an jdn wenden*) to appeal; ■ **an jdn ~[, etw zu tun]** to appeal to sb [to do th] ② (*etw wachrufen*) **an jds** *dat* **Großzügigkeit/Mitgefühl/Vernunft ~** to appeal to sb's [sense of] generosity/[sense of] sympathy/common sense ③ SCHWEIZ (*Berufung einlegen*) ■ **gegen etw** *akk* ~ to appeal against sth

Appendix <-, -dizes> [a'pɛndɪks, -dizes] *m* ① ANAT appendix ② LIT (*Anhang*) appendix

Appenzell <-s> *nt* Appenzell **Appenzell-Außerrhoden** <-s> *nt* Appenzell Outer Rhodes [*or* Ausser Rhoden] **Appenzell-Innerrhoden** <-s> *nt* Appenzell Inner Rhodes [*or* Inner Rhoden]

Appetenz <-, -en> *f* BIOL appetence

Appetenzverhalten *nt* BIOL appetitive behaviour [*or* AM -or]

Appetit <-[e]s> *m kein pl* (*Lust auf Essen*) appetite; **~ [auf etw** *akk*] **bekommen/haben** to feel like [*or* fancy] [having] [sth]; ***das kann man mit ~ essen!*** that's sth you can really tuck into!; ***auf was hast du denn heute ~?*** what do you feel like having today?; **[jdm] ~ machen** to whet sb's appetite; **den ~ anregen** to work up an/one's appetite; **jdm den ~ [auf etw** *akk*] **verderben** (*fam*) to spoil sb's appetite; **guten ~!** enjoy your meal! ▸ WENDUNGEN: **der ~ kommt beim [*o* mit dem] <u>Essen</u>** (*prov*) the appetite grows with the eating

appetitanregend *adj* ① KOCHK (*appetitlich*) appetizing ② PHARM (*appetitfördernd*) **ein ~es Mittel** an appetite stimulant **Appetithappen** *m* canapé **appetithemmend** *adj* appetite suppressant

appetitlich **I.** *adj* ① (*Appetit anregend*) appetizing; (*fig a.*) tempting ② (*fam: Lust anregend*) tempting, attractive **II.** *adv* appetizingly, temptingly

Appetitlosigkeit <-> *f kein pl* lack of appetite

Appetitzügler <-s, -> *m* appetite suppressant

applaudieren* *vi* (*geh*) to applaud; ■ **[jdm/einer S.] ~** to applaud [sb/sth]

Applaus <-es, *selten* -e> *m* (*geh*) applause *no pl;* **stehender ~** standing ovation

apportieren* JAGD **I.** *vi* to retrieve, to fetch **II.** *vt* ■ **etw ~** to fetch [*or* retrieve] sth

Apposition <-, -en> *f* LING apposition

appretieren* *vt* CHEM ■ **etw ~** to proof [*or* finish] sth; **etw fleckunempfindlich/nässeunempfindlich ~** to stainproof [*or* rainproof] [*or* waterproof] sth

Appretur <-, -en> *f* CHEM finish

Approbation <-, -en> *f* licence [*or* AM -se] to practise [*or* AM -ce] as a doctor/dentist etc

approbiert *adj* certified, registered

Après-Ski <-, -s> [aprɛ'ʃiː] *nt* ① (*Freizeit nach dem Skilaufen*) après-ski ② MODE après-ski clothing

Aprikose <-, -n> *f* (*Frucht*) apricot; (*Baum*) apricot tree

aprikotieren *vt* KOCHK to brush with strained apricot jam

April <-s, *selten* -e> *m* April; *s. a.* **Februar** ▸ WENDUNGEN: **jdn in den ~ <u>schicken</u>** to make an April fool of sb; **~! ~!** (*fam*) April fool!

Aprilscherz *m* ① (*Scherz am 1. April*) April fool's trick ② (*schlechter Witz*) [bad] joke; ***das ist doch wohl ein ~!*** you must be joking! **Aprilwetter** *nt* April weather

a priori [apri'oːri] *adv* PHILOS (*geh*) a priori

apropos [apro'poː] *adv* ① (*übrigens*) by the way[, that reminds me]; ***~, was ich noch sagen wollte …*** by the way, I was going to say …; ***~, ehe ich's vergesse …*** by the way, before I forget … ② (*was … angeht*) ~ ***Männer, …*** talking of [*or* apropos] men, …

Apsis <-, -siden> *f* ① ARCHIT (*Chorabschluss*) apse ② (*im Zelt*) bell

Aquädukt <-[e]s, -e> *m o nt* ARCHÄOL aqueduct

Aquakultur *f* aquaculture **Aquamarin** <-s, -e> *m* aquamarine **aquamarinblau** *adj* aquamarine **Aquaplaning** <-s> *nt kein pl* aquaplaning *no pl*

Aquarell <-s, -e> *nt* watercolour [*or* AM -or] [painting]; ■ **~e malen** to paint in watercolours [*or* AM -ors]

Aquarellfarbe *f* watercolour **Aquarellmaler(in)** *m(f)* watercolourist **Aquarellmalerei** *f* KUNST watercolour painting **Aquarellmalerin** <-, -nen> *f fem form von* **Aquarellmaler**

Aquarium <-s, -rien> [*pl* -riən] *nt* aquarium

Aquatinta <-, -tinten> *f* aquatint

Äquator <-s> *m kein pl* equator

Äquatorialguinea <-s> *nt* Equatorial Guinea; *s. a.* **Deutschland**

Äquatorialguineer(in) <-s, -> [-gi'neːɐ] *m(f)* Equatorial Guinean, Equatoguinean; *s. a.* **Deutsche(r)**

äquatorial guineisch *adj* Equatorial Guinean, Equatoguinean; *s. a.* **deutsch**

Äquatortaufe *f* NAUT crossing-the-line ceremony

Aquavit <-s, -e> [-vi-] *m* aquavit

äquivalent [-va-] *adj (geh)* equivalent; ■**einer S.** *dat* ~ **sein** to be suitable [*or* appropriate] for sth

Äquivalent <-s, -e> [-va-] *nt* equivalent

Äquivalenz <-, -en> *f* equivalence

Ar <-s, -e> *nt o m* (*100 m²*) are

Ära <-, Ären> *f (geh)* era

Ara <-, -s> *m* ORN macaw

Araber(in) <-s, -> *m(f)* Arab

Araber <-s, -> *m* (*Vollblutpferd*) Arab

Arabeske <-, -n> *f* KUNST, ARCHIT arabesque

Arabien <-s> *nt* Arabia

arabisch *adj* ① GEOG (*zu Arabien gehörend*) Arabian, Arab; **A~e Republik Syrien** ÖSTERR (*Syrien*) Syria; **A~es Meer** Arabian Sea ② LING Arabic; **auf** ~ in Arabic

Arabisch *nt dekl wie adj* LING Arabic; ■**das ~e** Arabic

Arabische Republik Syrien *f* ÖSTERR *s.* **Syrien**

Arabisches Meer *nt* Arabian Sea

Arabistik <-> *f kein pl* Arabic studies *pl*

Arachidöl *nt* peanut oil

Arafurasee *f* Arafura Sea

Aralsee *m* Aral Sea

aramäisch *adj* Aramaic

Aramäisch <-> *nt dekl wie adj* Aramaic; ■**das ~e** Aramaic

Arbeit <-, -en> *f* ① (*Tätigkeit*) work *no pl, no indef art;* ***pack lieber mit an, statt mir nur bei der ~ zuzusehen!*** you could give me a hand instead of watching me do all the work!; ***die ~ mit Schwerbehinderten ist äußerst befriedigend*** working with the disabled is extremely fulfilling; **gute/schlechte ~ leisten** to do a good/bad job; **ganze** [*o* **gründliche**] **~ leisten** to do a good job; **etw** [**bei jdm**] **in ~ geben** to have sth done [at sb's [*or* by sb]]; **etw in ~ haben** to be working on sth; **in ~ sein** work is in progress on sth; ***Ihr Pils ist in ~!*** your Pils is on its way!; **an** [*o* **bei**] **der ~ sein** to be working; **die ~ läuft nicht davon** (*hum*) your work will still be there when you get back; **jdm** [**viel**] **~ machen** to make [a lot of] work for sb; **sich an die ~ machen** to get down to working; **an die ~ gehen** to get down to work; **an die ~!** get to work!; **~ und Kapital** labour [*or* AM -or] and capital ② (*Arbeitsplatz*) work *no indef art, no pl,* employment *no indef art, no pl,* job; ***er fand ~ als Kranfahrer*** he got a job as a crane driver; ***wir fahren mit dem Fahrrad zur ~*** we cycle to work; ***beeil dich, sonst kommst du zu spät zur ~!*** hurry up, or you'll be late for work!; ***ich gehe heute nicht zur ~*** I'm not going [in]to work today; **~ suchende Menschen** those looking for a job; **einer** [**bestimmten**] **~ nachgehen** (*geh*) to have a job; **einer geregelten ~ nachgehen** to have a steady job; [**bei jdm**] **in ~ stehen** [*o* **sein**] (*geh*) to be employed [by sb] ③ (*handwerkliches Produkt*) work, handiwork; ***dieser Schreibtisch ist eine saubere ~!*** this bureau is an excellent bit of handiwork!; **nur halbe ~ machen** to do a half-hearted job ④ (*schriftliches Werk*) work ⑤ SCH (*Klassenarbeit in der Schule*) test; **eine ~ schreiben** to do [*or* sit] a test; ***sie büffelten für die anstehende ~ in Mathe*** they were swotting for the upcoming maths test; (*Examensarbeit an der Uni*) paper, essay ⑥ *kein pl* (*Mühe*) work, effort, troubles *pl;* ***das Geld ist für die ~, die Sie hatten!*** the money is for your troubles! [*or* efforts]; ***mit kleinen Kindern haben Eltern immer viel ~*** small children are always a lot of work for parents; **sich** *dat* **~** [**mit etw**] **machen** to go to trouble [with sth]; ***machen Sie sich keine ~, ich schaffe das schon alleine!*** don't go to any trouble, I'll manage on my own!; **viel ~ sein** [*o* **kosten**] to take a lot of work [*or* effort] ⑦ (*Aufgabe*) job, chore; ***die Mutter verteilte an ihre Kinder die einzelnen ~en wie Spülen, Staubsaugen etc*** the mother shared out all the chores such as the washing-up, hoovering etc amongst her children ▶ WENDUNGEN: **~ schändet nicht** (*prov*) work is no disgrace, a bit of work never harmed anyone; **erst die ~, dann das Vergnügen** (*prov*) business before pleasure *prov*

arbeiten I. *vi* ① (*tätig sein*) to work; ***stör mich nicht, ich arbeite gerade!*** don't disturb me, I'm working!; ■**an etw** *dat* ~ to be working on sth; ***Helene arbeitet an der Fertigstellung ihres Erstromans*** Helen is working on the completion of her first novel; ■**über jdn/etw** ~ to work on sb/sth; ***er arbeitet über Goethe*** he's working on Goethe; **für zwei ~** (*fam*) to do the work of two [people] ② (*berufstätig sein*) ■[**bei jdm/für jdn/an etw** *dat*] ~ to work [for sb/on sth]; **~ gehen** to have a job ③ TECH (*funktionieren*) to work; ■[**mit etw**] ~ to operate [on sth]; ***das System arbeitet vollautomatisch*** the system is fully automatic; ***unsere Heizung arbeitet mit Gas*** our heating operates [*or* runs] on gas; ***alle Systeme ~ nach Vorschrift*** all systems are working according to regulations ④ MED (*funktionieren*) to function; ***Ihre Leber arbeitet nicht mehr richtig*** your liver is not functioning properly anymore ⑤ (*sich bewegen*) *Holz, Balken* to warp ⑥ (*gären*) *Hefe, Most etc* to ferment ⑦ *impers* (*sich innerlich mit etw beschäftigen*) to work; ■**in jdm arbeitet es** sb is reacting; ***man sah, wie es in ihm arbeitete*** you could see his mind working; ***lass mich nachdenken, in meinem Kopf arbeitet es jetzt!*** let me think, my mind is starting to work! ⑧ MODE (*schneidern*) **bei jdm ~ lassen** to have sth made somewhere/by sb; ***Ihr Anzug sitzt ja ganz ausgezeichnet! wo/bei wem lassen Sie ~?*** your suit fits wonderfully! Where do you have your clothes made [*or* who makes your clothes for you]? II. *vr* ① (*gelangen*) ■**sich irgendwohin ~** to work one's way somewhere; ***die Bergarbeiter arbeiteten sich weiter nach unten*** the miners worked their way further down; **sich** [**langsam**] **nach oben** [*o* **an die Spitze**] ~ to work one's way [slowly] to the top ② (*durchdringen*) ■**sich** [**durch etw**] [**durch**]~ to work oneself [through sth]; ***der Bohrer musste sich durch das Gestein ~*** the drill had to work through the stonework ③ (*bewältigen*) ■**sich durch etw ~** to work one's way through sth; ***es wird Wochen brauchen, bis ich mich durch all die Aktenberge gearbeitet habe*** it will take me weeks to work my way through the stacks of papers ④ *impers* (*zusammenarbeiten*) ■**es lässt sich** [**mit jdm**] **arbeiten** there's co-operation [with sb]; **es arbeitet sich gut/schlecht mit jdm** you can/can't work well with sb; ***mit willigen Mitarbeitern arbeitet es sich besser als mit störrischen*** it's better to work with willing colleagues than with stubborn ones; (*umgehen*) to work; **es arbeitet sich gut/schlecht auf etw** *dat*/**mit etw** *dat* you can/can't work well on sth/with sth; ***mit dem alten Computer arbeitet es sich nicht so gut*** you can't work as well on the old computer ⑤ (*durch Arbeit in einen bestimmten Zustand geraten*) **sich halb tot ~** to work oneself to death; **sich krank ~** to work til one drops; **sich müde ~** to tire oneself out with work, to work oneself silly; *s. a.* **Tod** III. *vt* ① (*herstellen*) to make; ■**etw** [**aus etw**] ~ to make sth [from sth]; **von Hand ~** to make sth by hand; ***der Schmuck ist ganz aus 18-karätigem Gold gearbeitet*** the jewellery is made entirely from 18-carat gold ❷ (*tun*) ■ **etwas/nichts** ~ to so sth/nothing; ***ich habe heute noch nichts gearbeitet*** I haven't managed to do anything yet today

Arbeiter(in) <-s, -> *m(f)* (*Industrie*) [blue-collar] worker; (*landwirtschaftlicher* ~) labourer [*or* AM -orer]

Arbeiterbewegung *f* POL labour movement **Arbeiterfamilie** *f* working-class family **Arbeiterführer(in)** *m(f)* workers' leader **Arbeitergewerkschaft** *f* blue-collar union

Arbeiterin <-, -nen> *f fem form von* **Arbeiter**

Arbeiterkind *nt* working-class child **Arbeiterpartei** *f* workers' party

Arbeiterschaft <-> *f kein pl* work force + *sing/pl vb*

Arbeitersiedlung *f* workers' housing estate **Arbeiter-und-Bauern-Staat** *m* HIST (*in der ehemaligen DDR*) worker's and peasant's state **Arbeiter-und-Soldaten-Rat** *m* HIST workers' and soldiers' council **Arbeiterviertel** *nt* working-class area [*or* district] **Arbeiterwohlfahrt** *f kein pl* ■ **die** ~ the workers' welfare union

Arbeitgeber(in) <-s, -> *m(f)* employer; ***bei welchem ~ bist du beschäftigt?*** who is your employer?

Arbeitgeberanteil *m* employer's contribution

Arbeitgeberin <-, -nen> *f fem form von* **Arbeitgeber**

Arbeitgeberseite *f* employers' side **Arbeitgeberverband** *m* employers' association

Arbeitnehmer(in) *m(f)* employee

Arbeitnehmeranteil *m* employee's contribution

Arbeitnehmerin <-, -nen> *f fem form von* **Arbeitnehmer**

Arbeitnehmerschaft <-, -en> *f* employees *pl*

Arbeitnehmerseite *f* employee's side

Arbeitsablauf *m* production, work routine

arbeitsam *adj* (*geh o veraltend*) industrious

Arbeitsamkeit <-> *f kein pl* (*geh o veraltend*) industriousness

Arbeitsamt *nt* job centre BRIT, employment office AM **Arbeitsanleitung** *f* (*mündlich*) [work] instructions *pl;* (*schriftlich*) [written] guidelines *pl* **Arbeitsantritt** *m* start of employment **Arbeitsanzug** *m* work clothes *pl;* (*Handwerker etc*) overalls *pl* **Arbeitsatmosphäre** <-, *selten* -n> *f* work climate, atmosphere at work **Arbeitsauffassung** *f s.* **Arbeitsmoral** **Arbeitsaufwand** *m* expenditure of energy; ***was für ein ~!*** what a lot of work! **arbeitsaufwändig**^RR^, **arbeitsaufwendig** *adj* labour-intensive **Arbeitsausfall** *m* loss of working hours **Arbeitsbedingungen** *pl* working conditions *pl* **Arbeitsbeginn** *m* start of work; (*Stempeluhr*) clocking-on; **zu spät zum ~ erscheinen** to be late for work [*or* clocking-on] **Arbeitsbericht** *m* work report **Arbeitsbeschaffung** *f* (*Arbeitsplatzbeschaffung*) job creation; (*Auftragsbeschaffung*) obtaining work *no art,* bringing in work *no art* **Arbeitsbeschaffungsmaßnahme** *f* job creation scheme [*or* AM plan] **Arbeitsbescheinigung** *f* cerificate of employment **Arbeitsbesuch** *m* working visit **Arbeitsdienst** *m* HIST labour service **Arbeitseifer** *m* enthusiasm for one's work **Arbeitseinstellung** *f* walkout **Arbeitsende** *nt* end of the working day; (*Stempeluhr*) clocking-off; ***um 16 Uhr 30 ist*** ~ work finishes [*or* clocking-off is] at 4.30 pm **Arbeitserlaubnis** *f* (*betriebliche Arbeitsberechtigung*) permission to work; (*behördliche Arbeitsgenehmigung*) work permit **Arbeitserleichterung** *f* saving of labour; ***das bedeutet eine große*** ~ that makes work a lot easier [*or* is very labour-saving]; **zur** ~ to facilitate work, to make work easier **Arbeitsessen** *nt* business [*or* working] lunch/dinner **Arbeitsexemplar** *nt* desk copy **arbeitsfähig** *adj* ❶ (*tauglich*) able to work; ■ ~ **sein** to be fit for work ❷ (*funktionsfähig*) ■ ~ **sein** to be viable **Arbeitsfähige(r)** *f(m) dekl wie adj a person who is able to work* **Arbeitsfähigkeit** *f* ❶ (*Tauglichkeit*) ability [*or* fitness] to work ❷ (*Funktionsfähigkeit*) viability **Arbeitsfeld** *nt* (*geh*) field of work **Arbeitsfläche** *f* work surface **Arbeitsfriede(n)** *m* peaceful labour relations *pl, no art* **Arbeitsgang** <-gänge> *m* ❶ (*Produktionsabschnitt*) production stage; (*Bearbeitungsabschnitt*) stage [of operation] ❷ *s.* **Arbeitsablauf** **Arbeitsgebiet** *nt s.* **Arbeitsfeld** **Arbeitsgemeinschaft** *f* working-group; SCH study-group **Arbeitsgericht** *nt* industrial tribunal **Arbeitsgesetzgebung** *f* labour legislation **Arbeitsgruppe** *f* team **arbeitsintensiv** *adj* labour-intensive, requiring a lot of work **Arbeitskampf** *m* industrial action **Arbeitskleidung** *f* work clothes *pl* [*or form* attire] **Arbeitsklima** *nt* working athmosphere, work climate **Arbeitskollege, -kollegin** *m, f* colleague, work-mate *fam* **Arbeitskraft** *f* ❶ *kein pl* (*Leistungskraft*) work capacity; **die menschliche** ~ human labour ❷ (*Mitarbeiter*) worker **Arbeitskreis** *m* working group **Arbeitslager** *nt* labour camp **Arbeitsleben** *nt kein pl* working life **Arbeitsleistung** *f* output, performance **Arbeitslohn** *m* wages *pl*

arbeitslos *adj* unemployed; ■ ~ **sein/werden** to be/become unemployed [*or* out of work]

Arbeitslose(r) *f(m) dekl wie adj* unemployed person; ■ **die ~n** the unemployed

Arbeitslosengeld *nt* unemployment benefit [*or* pay], BRIT *fam a.* the dole **Arbeitslosenhilfe** *f* unemployment aid [*or* assistance] **Arbeitslosenquote** *f* unemployment figures *pl* **Arbeitslosenunterstützung** *f kein pl* (*hist*) unemployment benefit [*or* pay] BRIT the dole *fam a.* **Arbeitslosenversicherung** *f* unemployment insurance, National Insurance BRIT **Arbeitslosenzahlen** *pl* unemployment figures *pl*

Arbeitslosigkeit <-> *f kein pl* unemployment *no indef art, + sing vb*

Arbeitsmangel *m* lack of work **Arbeitsmarkt** *m* job [*or* labour] market **Arbeitsmarktreform** *f* labour market reform **Arbeitsmaterial** *nt* (*für eine berufliche Arbeit benötigtes Material*) material required for work; (*für den Schulunterricht benötigtes Material*) classroom aids *pl* **Arbeitsmedizin** *f* industrial medicine **Arbeitsminister(in)** *m(f)* Employment Secretary BRIT, Secretary of Labor AM **Arbeitsmittel** *nt s.* **Arbeitsmaterial** **Arbeitsmoral** *f* work morale [*or* ethic] **Arbeitsniederlegung** *f* walkout **Arbeitsort** *m* place of work **Arbeitspapier** *nt* ❶ (*vorläufige Grundlage*) working paper ❷ *pl* (*beschäftigungsrelevante Unterlagen*) employment papers *pl* **Arbeitspause** *f* [coffee/lunch/tea] break **Arbeitspensum** *nt* work quota **Arbeitsplan** *m* workplan

Arbeitsplatz *m* ❶ (*Arbeitsstätte*) workspace, workplace; ***das Institut hat insgesamt 34 Arbeitsplätze*** the institute has working space for 34 members of staff; ***meine Kollegin ist im Moment nicht an ihrem*** ~ my colleague is not at her desk at the moment; **am** ~ at work, in the office; ***Alkohol am ~ ist untersagt*** alcohol at the workplace is not permitted ❷ (*Stelle*) job, vacancy; **freier** ~ vacancy

Arbeitsplatzbeschreibung *f* job description **Arbeitsplatzwechsel** *m* change of employment [*or* job]

Arbeitsprobe *f* sample of one's work **Arbeitsraum** *m s.* **Arbeitszimmer** **Arbeitsrecht** *nt* industrial law **arbeitsrechtlich** *adj* concerning industrial law **arbeitsreich** *adj* busy, filled with work **Arbeitsrhythmus** *m* work rhythm **Arbeitsrichter(in)** *m(f)* judge in an industrial tribunal **Arbeitsruhe** *f* work shut-down; ***während des Streiks herrschte in fast allen Betrieben*** ~ most factories were closed during the strikes **arbeitsscheu** *adj* (*pej*) work-shy **Arbeitsscheue(r)** *f(m) dekl wie adj* (*pej*) person who does not want to get a job **Arbeitsschluss**RR *m* finishing-time **Arbeitsschutz** *m* health and safety protection at the workplace **Arbeitsspeicher** *m* INFORM main memory **Arbeitsstätte** *f* (*geh*) place of work **Arbeitsstelle** *f* job **Arbeitsstunde** *f* (*am Arbeitsplatz verbrachte Stunde*) working hour; (*berechnete Stunde*) working hour, labour **Arbeitssuche** *f* search for employment; **auf ~ sein** to be seeking employment [*or* job-hunting]; **sich** *akk* **auf ~ machen** [*o* **begeben**] to start job-hunting [*or* looking for a job] **Arbeitstag** *m* working day; **ein harter ~** a hard day at work **Arbeitstagung** *f* conference **Arbeitstätigkeit** *f* (*geh*) work; **einer ~ nachgehen** to be employed **arbeitsteilig** I. *adj* based on job-sharing [*or* the division of labour] II. *adv* ***sie sind ~ beschäftigt*** they work under the principle of job-sharing **Arbeitsteilung** *f* job-sharing, division of labour **Arbeitstempo** *nt* work-speed, rate of work **Arbeitstier** *nt* (*fam*) workaholic, workhorse **Arbeitstisch** *m* work-table; (*Schreibtisch*) desk; (*für handwerkliche Arbeiten*) work-bench **Arbeitstitel** *m* provisional [*or* draft] title **Arbeitsüberlastung** *f* pressure of work

arbeitsuchend *adj attr s.* **Arbeit 2**

Arbeitsuchende(r) *f(m) dekl wie adj* job-seeker

arbeitsunfähig I. *adj* unfit for work; **jdn ~ schreiben** MED to write sb a sick note [*or* put sb on sick leave] II. *adv* off sick; ***er war ~ erkrankt*** he was off sick [*or* on the sick-list] **Arbeitsunfähigkeit** *f* inability to work, unfitness for work **Arbeitsunfähigkeitsbescheinigung** *f* certificate of unfitness for work; (*Krankschreibung*) sick note **Arbeitsunfall** *m* work-related [*or* industrial] accident **Arbeitsunterlage** *f meist pl* work paper, sources *pl* required for one's work **Arbeitsverdienst** *m* (*geh*) income, earnings *npl* **Arbeitsvereinfachung** *f* work [*or* task] simplification **Arbeitsverhältnis** *nt contractual relationship between employer and employee;* **in einem ~ stehen** to be in employment **Arbeitsvermittlung** *f* ❶ (*Vermittlung einer Beschäftigung*) arrangement of employment ❷ (*Abteilung im Arbeitsamt*) employment exchange, job centre [*or* AM -er] ❸ (*Vermittlungsagentur*) employment agency **Arbeitsvertrag** *m* contract of employment **Arbeitsverweigerung** *f* refusal to work **Arbeitsweise** *f* (*Vorgehensweise bei der Arbeit*) working method; (*Funktionsweise von Maschinen*) mode of operation **Arbeitswelt** *f* world of work **arbeitswillig** *adj* willing to work **Arbeitswillige(r)** *f(m) dekl wie adj* person willing to work **Arbeitswoche** *f* working week **Arbeitswut** *f* (*fam*) work mania **arbeitswütig** *adj* (*fam*) ■ **~ sein** to be suffering from work mania **Arbeitszeit** *f* ❶ (*tägliche betriebliche Arbeit*) working hours *pl*; **gleitende ~** flexible working hours *pl*, flexitime, AM *a.* flextime ❷ (*benötigte Zeit*) required [working] time **Arbeitszeitverkürzung** *f* reduction of working hours **Arbeitszeugnis** *nt* reference [from previous employer] **Arbeitszimmer** *nt* study

Arborio <-s> *m*, **Arborio Reis** *m kein pl* KOCHK arborio rice *no pl*

archaisch *adj* archaic

Archaismus <-, -men> *m* KUNST, LING archaism

Archäologe, -login <-n, -n> *m, f* archaeologist, *esp* AM archeologist

Archäologie <-> *f kein pl* archaeology, *esp* AM archeology

Archäologin <-, -nen> *f fem form von* **Archäologe**

archäologisch I. *adj* archaeological, *esp* AM archeological II. *adv* archaeological, *esp* AM archeological

Archäopteryx <-, -e> *m* ARCHÄOL, BIOL (*Urvogel*) archaeopteryx

Arche <-, -n> *f* ark; **die ~ Noah** REL Noah's Ark

Archetyp <-s, -en> *m* PHILOS, PSYCH archetype

archetypisch *adj* archetypal

Archipel <-s, -e> *m* GEOG archipelago

Architekt(in) <-en, -en> *m(f)* architect

Architektenbüro *nt* ❶ (*Konstruktionsraum*) architect's office ❷ (*Firma*) firm of architects

Architektin <-, -nen> *f fem form von* **Architekt**

architektonisch I. *adj* architectural, structural II. *adv* from an architectural point of view, structurally

Architektur <-, -en> *f* (*Baukunst*) architecture; (*Bauwerk*) piece of architecture

Archiv <-s, -e> [-və] *nt* archives *pl*

Archivar(in) <-s, -e> [-ˈvaːɐ] *m(f)* archivist

Archivbild *nt* MEDIA archive [*or* library] photo, photo from the archives **Archivexemplar** *nt* MEDIA file copy

archivieren* [-ˈviː-] *vt* MEDIA to archive, to file; ■ **etw ~** to put sth in[to] the archives, to file sth [away]

ARD <-> *f kein pl Abk von* **Arbeitsgemeinschaft der Rundfunkanstalten Deutschlands** *amalgamation of the broadcasting stations of the Länder which runs the first German national TV channel*

Are <-, -n> *f* SCHWEIZ *s.* **Ar**

Areal <-s, -e> *nt* ❶ (*Gebiet*) area ❷ (*Grundstück*) grounds *pl*, land

ArekanussRR *f* areca nut, betel nut

Ären *pl of* **Ära**

Arena <-, Arenen> *f* ❶ (*Manege*) [circus-]ring ❷ SPORT (*Kampfplatz*) arena ❸ (*Stierkampfarena*) [bull-]ring ► WENDUNGEN: **in die ~ steigen** to enter the ring; POL to enter the [political] arena

arg <ärger, ärgste> I. *adj bes* SÜDD ❶ (*schlimm*) bad, terrible; **im A~en liegen** to be at sixes and sevens; **das Ärgste befürchten** to fear the worst; **etw noch ärger machen** to make sth worse; **eine ~e Beleidigung** a terrible insult; ***er war ihr ärgster Feind*** he was her worst enemy; **~ verletzt sein** to be badly hurt ❷ *attr* (*groß*) great; **eine ~e Enttäuschung/Freude** a great disappointment/pleasure ❸ *attr* (*stark*) heavy; **ein ~er Raucher/Säufer** a heavy smoker/drinker II. *adv* SÜDD (*fam: sehr*) badly, terribly; ***tut es ~ weh?*** does it hurt badly?; ***er hat dazu ~ lang gebraucht*** he took a terribly long time for it; **es [zu] ~ treiben** to go too far

Argentinien <-s> [-niən] *nt* Argentina

Argentinier(in) <-s, -> *m(f)* Argentinian, Argentine; *s. a.* **Deutsche(r)**

argentinisch *adj* Argentinian, Argentine; *s. a.* **deutsch**

Ärger <-s> *m kein pl* ❶ (*Wut*) annoyance, anger; ***er fühlte ~ in sich aufsteigen*** he could feel himself getting very annoyed [*or* angry] ❷ (*Unannehmlichkeiten*) bother, trouble; ***das sieht nach ~ aus!*** looks like trouble!; **~ bekommen** [*o* **kriegen**] (*fam*) to get into trouble; **es gibt [mit jdm] ~** (*fam*) there's going to be trouble [with sb]; **~ haben** to have problems [*or fam* hassle]; **~ mit jdm/etw haben** to have trouble [*or* problems] with sb/sth; **[jdm] ~ machen** [*o* **bereiten**] to cause [sb] trouble, to make trouble [for sb]; **so ein ~!** (*fam*) how annoying!; **zu jds ~** to sb's annoyance

ärgerlich I. *adj* ❶ (*verärgert*) annoyed, cross; (*sehr verärgert*) infuriated; ■ **~ [über [*o* auf] jdn/etw] sein** to be annoyed [*or* cross] [about [*or* at] sb/sth]; **jdn ~**

Verärgerung

Unzufriedenheit ausdrücken	expressing dissatisfaction
Das entspricht nicht meinen Erwartungen.	**That doesn't come up to my expectations.**
Ich hätte erwartet, dass Sie sich nun mehr Mühe geben.	**I would have expected** you to take more trouble.
So hatten wir es nicht vereinbart.	**That's not what we agreed.**
Verärgerung ausdrücken	expressing annoyance
Das ist (ja) unerhört!	**That's (quite) outrageous!**
Eine Unverschämtheit ist das!/So eine Frechheit!	**That's outrageous!/What a cheek!**
Das ist doch wohl die Höhe!	**That's the limit!**
Das darf doch wohl nicht wahr sein!	**That can't be true!**
Das nervt! *(fam)*	**It's a pain in the neck.**
Das ist ja nicht mehr zum Aushalten! *(fam)*	**It's become unbearable!/I can't stand it!** *(fam)*

machen to annoy [*or* infuriate] sb, to make sb cross; **es macht jdn ~, etw zu tun** it annoys sb to [have to] do sth ② (*unangenehm*) unpleasant; ■ ~ **[für jdn] sein** to be unpleasant [for sb] **II.** *adv* (*verärgert*) annoyed, crossly; (*nervig*) annoyingly; ***sie sah mich ~ an*** she looked at me crossly

ärgern **I.** *vt* ① (*ungehalten machen*) ■ **jdn [mit etw** *dat***]** ~ to annoy [*or* irritate] sb [with sth]; ***du willst mich wohl ~?*** are you trying to annoy me?; ***das kann einen wirklich ~!*** that is really annoying!; ***ich ärgere mich, dass ich nicht hingegangen bin*** I'm annoyed with myself for not having gone; ***ich ärgere mich, weil er immer zu spät kommt*** I'm fed up [*or* annoyed] because he's always late ② (*reizen*) ■ **jdn/ein Tier [wegen etw** *dat***]** ~ to tease sb/an animal [about sth] **II.** *vr* (*ärgerlich sein*) ■ **sich** *akk* **[über jdn/etw]** ~ to be/get annoyed [about sb/sth]; (*sehr ärgerlich sein*) to be/get angry [*or* infuriated] [about sb/sth]; **sich** *akk* **gelb/grün/schwarz [über etw** *akk***]** ~ to drive oneself mad [about sth]; ***ich könnte mich schwarz darüber ~*** that makes me see red! ▶ WENDUNGEN: **nicht ~, nur wundern!** (*fam*) that's life!; *s. a.* **Tod**

Ärgernis <-, -se> *nt kein pl* (*Anstoß*) offence [*or* AM -se], outrage; **[bei jdm] ~ erregen** (*geh*) to cause offence [*or* AM -se] to sb, to offend sb; **ein ~ sein** to be a terrible nuiscance ▶ WENDUNGEN: **ein ~ kommt selten allein** (*prov*) it never rains but it pours BRIT, when it rains, it pours AM

Arglist <-> *f kein pl* (*geh*) craftiness, cunning, guile, malice; **die reinste [*o* nichts als] ~!** pure cunning!

arglistig **I.** *adj* (*geh: hinterlistig*) cunning, crafty; JUR fraudulent; *s. a.* **Täuschung** **II.** *adv* cunningly, craftily

arglos *adj* (*ahnungslos*) innocent, guileless; ***wie konntest du nur so ~ sein?*** how could you have been so stupid [*or* naive]?

Arglosigkeit <-> *f kein pl* innocence *no pl,* guilelessness *no pl*

Argon <-s> *nt kein pl* CHEM argon *no pl*

ärgste(r, s) *adj superl von* **arg**

Argument <-[e]s, -e> *nt* argument; **das ist kein ~** (*unsinnig sein*) that's a poor [*or* weak] argument; (*keine Entschuldigung*) that's no excuse

Argumentation <-, -en> *f* argumentation *no pl*

argumentativ **I.** *adj* (*geh*) using reasoned argument **II.** *adv* (*geh*) using reasoned argument; ***~ ist er sehr schwach*** he doesn't know how to argue; ***die Beweisführung war ~ sehr überzeugend*** the evidence provided a convincing argument

argumentieren* *vi* ■ **[mit jdm]** ~ to argue [with sb]; ■ **mit etw** *dat* ~ to use sth as an argument

Argusauge *nt* (*geh*) eagle eye, vigilance; **jdn/etw mit ~n beobachten** to watch sb/sth with an eagle eye [*or* like a hawk]

Argwohn <-s> *m kein pl* suspicion; **jds ~ erregen [*o* ~ bei jdm erregen]** to arouse sb's suspicion[s]; **~ gegen jdn hegen** (*geh*) to be [*or* become] suspicious of sb, to have doubts about sb; **~ [gegen jdn] schöpfen** (*geh*) to raise suspicion [against sb]; **jds ~ zerstreuen** to allay sb's suspicion[s]; **mit [*o* voller] ~** with suspicion

argwöhnen *vt* (*geh*) ■ **etw** ~ to suspect sth; ■ **~, dass …** to suspect, that …

argwöhnisch **I.** *adj* (*misstrauisch*) suspicious **II.** *adv* suspiciously

Arie <-, -n> [-riə] *f* MUS aria

Arier(in) <-s, -> [-riɐ] *m(f)* ① LING (*Indogermane*) Aryan ② HIST Aryan

arisch *adj* ① LING Indo-Germanic ② HIST Aryan

Aristokrat(in) <-en, -en> *m(f)* aristocrat

Aristokratie <-, -n> [*pl* -'tiːən] *f* aristocracy

Aristokratin <-, -nen> *f fem form von* **Aristokrat**

aristokratisch *adj* aristocratic

Aristoteles <-> *m* Aristotle

Arithmetik <-> *f kein pl* arithmetic *no pl*

arithmetisch **I.** *adj* arithmetic, arithmetical **II.** *adv* arithmetically

Arkade <-, -n> *f* ARCHIT ① (*Torbogen*) archway ② *pl* (*Bogengang*) arcade ③ (*überdachte Einkaufsstraße*) [shopping] arcade

Arktis <-> *f* Arctic

arktisch *adj* arctic

arm <ärmer, ärmste> *adj* ① (*besitzlos*) poor; ■ ~ **sein/werden** to be/become poor; **jdn ~ machen** to make sb poor; **du machst mich noch mal ~!** (*fam*) you'll ruin me yet!; **die Ärmsten der A~en** the poorest of the poor; **A~ und Reich** rich and poor ② (*gering*) sparse; ■ ~ **an etw** *dat* **sein** to be somewhat lacking in sth; ***die Landschaft ist ~ an Vegetation*** the scenery is sparsely vegetated ③ AGR (*nicht fruchtbar*) *Boden* poor; ■ ~ **an etw** *dat* **sein** to be poor [*or* lacking] in sth; **~ an Nährstoffen sein** to be poor in nutrients ④ (*verlieren*) ■ **um jdn/etw** *akk* **ärmer sein/werden** to have lost/lose sth ⑤ (*fam: in einer schlechten Lage*) **~ dran sein** to have a hard time

Arm <-[e]s, -e> *m* ① ANAT arm; **jdm den ~ bieten [*o* reichen]** (*geh*) to offer [*or* lend] sb one's arm; **jdn am ~ führen** to lead sb by the arm; **jdn im ~ [*o* in den ~en] halten** to embrace sb, to hold sb in one's arms; **sich** *akk* **in den ~en liegen** to lie in each other's arms; **sich** *akk* **aus jds ~en lösen** (*geh*) to free oneself from sb's embrace; **ein Kind/ein Tier auf den ~ nehmen** to pick up a child/an animal; **jdn in die ~e nehmen** to take sb in one's arms; **jdn in die ~e**

schließen (*geh*) to embrace sb; **jdm den ~ umdrehen** to twist sb's arm; **mit den ~en rudern** [*o* **die ~e schwenken**] to wave one's arms; ~ **in** ~ arm in arm ❷ (*Zugriff*) grip ❸ (*Flussarm*) arm [*or* branch] of a river ❹ MODE (*Ärmel*) sleeve, arm ▶ WENDUNGEN: **der ~ der Gerechtigkeit** (*geh*) the long arm of justice; **der ~ des Gesetzes** (*geh*) the long arm of the law; **einen langen/den längeren ~ haben** to have a lot of/more influence [*or* clout] *fam;* **jdn am langen** [*o* **steifen**] **~ verhungern lassen** (*fam*) to put the screws on sb *fam;* **jds verlängerter ~** sb's right-hand man; **jdn mit offenen ~en empfangen** to welcome sb with open arms; **jdm in den ~ fallen** to get in sb's way, to spike sb's guns; **jdm** [**mit etw** *dat*] **unter die ~e greifen** to help sb out [with sth]; **jdm in die ~e laufen** (*fam*) to bump *fam* [*or* run] into sb; **jdn auf den ~ nehmen** to pull sb's leg *fam;* **jdn jdm/einer S. in die ~e treiben** to drive sb into the arms of sb/sth

armamputiert *adj* with an amputated arm [*or* both arms amputated]; ■~ **sein** to have had an arm amputated

Armamputierte(r) *f(m) dekl wie adj* person who has had an arm [*or* both arms] amputated

Armatur <-, -en> *f meist pl* ❶ TECH (*Mischbatterie mit Hähnen*) fitting ❷ AUTO (*Kontrollinstrument*) instrument

Armaturenbeleuchtung *f* AUTO dash-light **Armaturenbrett** *nt* AUTO dashboard

Armband <-bänder> *nt* ❶ (*Uhrarmband*) [watch] strap ❷ (*Schmuckarmband*) bracelet **Armbanduhr** *f* [wrist-]watch **Armbeuge** *f* inside of the/one's elbow, crook of the/one's arm **Armbinde** *f* ❶ MED (*Armschlinge*) sling ❷ (*Abzeichen*) armband **Armbruch** *m* MED ❶ (*gebrochener Armknochen*) broken [*or* fractured] arm ❷ (*sl: Patient mit einem ~*) fracture **Armbrust** *f* HIST crossbow

Ärmchen <-s, -> *nt dim von* **Arm** little arm

armdick *adj* as thick as one's arm

Arme(r) *f(m) dekl wie adj* (*besitzloser Mensch*) poor person, pauper; ■**die ~n** the poor *npl* ▶ WENDUNGEN: [**ach,**] **du/Sie ~(r)!** (*iron*) poor you!, you poor thing!; **ich ~(r)!** woe is me! *poet,* poor me!

Armee <-, -n> *f* MIL army; **die rote ~** the Red Army; ■**eine ~ von Menschen/Tieren** (*fig fam*) an army of people/animals

Ärmel <-s, -> *m* sleeve; **sich** *dat* **die ~ hoch krempeln** [*o* **aufkrempeln**] to roll up one's sleeves ▶ WENDUNGEN: **lasst uns die ~ hoch krempeln!** let's get down to it!; **etw aus dem ~ schütteln** (*fam*) to produce/do sth just like that

Ärmelaufschlag *m* MODE cuff

Armeleuteessen *nt* poor man's food [*or* fare] *liter*
Armeleuteviertel *nt s.* **Armenviertel**

Ärmelkanal *m* Channel; ■**der ~** the English Channel

ärmellos *adj* sleeveless

Armenhaus *nt* ❶ HIST poorhouse, workhouse ❷ (*fig: arme Region*) poor area

Armenien <-s> *nt* Armenia; *s. a.* **Deutschland**

Armenier(in) <-s, -> *m(f)* Armenian; *s. a.* **Deutsche(r)**

Armenisch *nt dekl wie adj* Armenian; *s. a.* **Deutsch**

armenisch *adj* Armenian; *s. a.* **deutsch**

Armenische <-n> *nt* ■**das ~** Armenian, the Armenian language; *s. a.* **Deutsche**

Armenrecht *nt* JUR legal aid **Armenviertel** *nt* poor district [*or* quarter]

ärmer *adj comp von* **arm**

Armeslänge *f* arm's length

Armflor *m* black armband

armieren* *vt* ■**etw ~** TECH (*zur Verstärkung ummanteln*) to sheathe sth; BAU (*mit Eisengeflecht versehen*) to reinforce sth

armlang *adj* arm-length **Armlänge** *f* ❶ ANAT arm length ❷ MODE sleeve length **Armlehne** *f* armrest **Armleuchter** *m* ❶ (*mehrarmiger Leuchter*) chandelier ❷ (*pej fam: Dummkopf*) twat *fam,* jerk *fam,* fool

ärmlich I. *adj* ❶ (*von Armut zeugend*) poor, cheap; (*Kleidung*) shabby; **aus ~en Verhältnissen** from humble backgrounds ❷ (*dürftig*) meagre [*or* AM -er] II. *adv* (*kümmerlich*) poorly

Ärmlichkeit <-> *f kein pl* ❶ (*von Armut zeugende Beschaffenheit*) poorness *no pl,* humbleness *no pl,* cheapness *no pl,* shabbiness *no pl* ❷ (*Dürftigkeit*) meagreness BRIT *no pl,* meagerness AM *no pl*

Armloch *nt* MODE armhole **Armmuskel** *m* biceps **Armpolster** *nt* ❶ MODE shoulder pads *pl* ❷ (*Polster der Armlehne*) padded armrest **Armprothese** *f* MED artificial arm **Armreif(en)** *m* bangle

armselig *adj* ❶ (*primitiv*) shabby, primitive ❷ (*dürftig*) miserable, pitiful, wretched ❸ (*meist pej: unzulänglich*) pathetic, wretched, sad *fam;* ***du ~er Lügner!*** you pathetic liar!

Armseligkeit *f* ❶ (*Primitivität*) shabbiness *no pl,* primitiveness *no pl* ❷ (*Dürftigkeit*) miserableness *no pl,* pitifulness *no pl,* wretchedness *no pl* ❸ (*Unzulänglichkeit*) patheticness *no pl,* pitifulness *no pl*

Armsessel *m* armchair

ärmste(r, s) *adj superl von* **arm**

Armstumpf *m* stump of the/one's arm **Armstütze** *f* armrest

Armsündermiene *f* (*hum*) hang-dog [*or* sheepish] expression [*or* look]

Armut <-> *f kein pl* ❶ (*Bedürftigkeit*) poverty; **neue ~** new wave of poverty ❷ (*Verarmung*) lack; ■**die/eine ~ an etw** *dat* the/a lack of sth; **geistige ~** intellectual poverty

Armutsgrenze *f* poverty line; **unterhalb der ~ leben** to live below the poverty line **Armutszeugnis** *nt* ▶ WENDUNGEN: **ein ~ für jdn sein** to be the proof of sb's shortcomings [*or* inadequacy]; **jdm/sich** [**mit etw** *dat*] **ein ~ ausstellen** to show up sb's/one's own shortcomings [with sth], to show sb/oneself up with sth

Armvoll <-, -> *m* armful

Arnika <-, -s> *f* arnica

Aroma <-s, Aromen *o* -s *o* -ta> *nt* ❶ (*Geruch*) aroma; (*Geschmack*) taste, flavour [*or* AM -or] ❷ CHEM (*Aromastoff*) [artificial] flavouring [*or* AM -oring]

Aromastoff *m* flavouring **Aromatherapie** *f* aromatherapy

aromatisch I. *adj* aromatic, savoury; (*wohlschmeckend*) flavoursome BRIT, flavorful AM, distinctive; ***die Speise hat einen sehr ~en Geschmack*** the dish has a very distinctive taste II. *adv* ❶ (*voller Aroma*) aromatic ❷ (*angenehm schmeckend*) savoury BRIT, savory AM

aromatisieren* *vt* ■**etw ~** to aromatize sth

Aronsstab *m* BOT arum

Arrangement <-s, -s> [arãʒəˈmãː] *nt* (*geh*) arrangement

arrangieren* [arãˈʒiːrən] I. *vt* ❶ (*in die Wege leiten*) to arrange; ■**etw** [**für jdn**] **~** to arrange sth [for sb]; ■**~, dass** to arrange, so that ❷ (*gestalten*) ■**etw ~** to arrange sth ❸ MUS to arrange II. *vr* ❶ (*übereinkommen*) ■**sich** *akk* [**mit jdm**] **~** to come to an arrangement [with sb] ❷ (*sich abfinden*) ■**sich** *akk* [**mit etw** *dat*] **~** to come to terms [with sth]

Arrest <-[e]s, -s> *m* JUR ❶ (*Freiheitsentzug*) detention; **persönlicher ~** arrest, AM *a.* [body] attachment ❷ (*Beschlagnahme*) **dinglicher ~** attachment, seizure; **einen dinglichen ~ erlassen** to issue a writ of

attachment
Arrestzelle *f* detention cell
arretieren* *vt* (*feststellen*) ▪ **etw** ~ to lock sth [into place]; ***sie arretierte das Fenster in Kippstellung*** she put the window in[to] the tilt position
Arretierung <-, -en> *f* ❶ (*das Arretieren*) locking [in place] ❷ TECH (*Mechanismus*) locking mechanism
arrivieren* *vi sein* (*geh*) to become a success, to make it *fam;* ▪ **zu etw** *dat* ~ to rise to become [*or* achieve] [*or fam* make it to] sth; ▪ **arriviert** successful
Arrivierte(r) <-n, -n> *f(m) dekl wie adj* ❶ (*geh: beruflich erfolgreiche Person*) success, high-flier ❷ (*pej: Emporkömmling*) upstart
arrogant **I.** *adj* arrogant **II.** *adv* arrogantly
Arroganz <-> *f kein pl* arrogance
arrosieren *vt* KOCHK to baste
Arsch <-[e]s, Ärsche> *m* (*derb*) ❶ (*Hintern*) arse BRIT *fam!*, ass AM *fam!*, BRIT *a.* bum *sl* ❷ (*blöder Kerl*) [stupid] bastard, BRIT *sl a.* bugger ▸ WENDUNGEN: **jdm geht der ~ auf** [*o* **mit**] **Grundeis** (*sl*) sb is scared shitless [*or* BRIT *a.* shit-scared]; **aussehen wie ein ~ mit Ohren** (*sl*) to look as thick as pig-shit; **am ~ der Welt** (*sl*) out in the sticks, in the arse [*or* AM ass] end of nowhere *sl;* **einen kalten ~ haben/kriegen** (*euph: sterben*) to snuff it, to kick the bucket; **den ~ offen haben** (*vulg*) to be talking out of one's arse [*or* AM ass] *sl;* ***du hast ja den ~ offen!*** you're talking out of your arse!; **sich** *dat* **den ~ abfrieren** (*sl*) to freeze one's arse [*or* AM ass] [*or fam!* tits] [*or fam!* balls] off; **jdm in den ~ kriechen** to kiss *sl* [*or fam!* lick] sb's arse [*or* AM ass]; **jdn [mal] am ~ lecken können** sb can get stuffed *sl*, sb can fuck-off *vulg;* **leck mich [damit] am ~!** (*verpiss dich*) fuck [*or vulg* piss] off!, BRIT *a.* get stuffed! *sl*, AM *a.* kiss my ass! *sl;* (*verdammt noch mal*) fuck it! *vulg*, BRIT *fam a.* [oh] bugger [it]!; **im** [*o* **am**] **~ sein** (*sl*) to be fucked[-up] *vulg;* **sich** *akk* **auf den** [*o* **seinen**] **~ setzen** (*sl*) to park one's bum [*or* AM butt] *fam;* (*sich Mühe geben*) to get one's arse [*or* AM ass] in gear *sl;* (*perplex sein*) to be blown away *sl;* **jdn** [*o* **jdm**] **in den ~ treten** (*sl: einen Tritt versetzen*) to kick sb's arse [*or* AM ass] *sl;* (*jdn antreiben*) to give sb a [good] kick up the arse [*or* AM ass] *fam;* **[von jdm] den ~ vollbekommen** [*o* **kriegen**] (*sl*) to get a [bloody [*or* AM hell of a] *fam*] good hiding [from sb]; **den ~ zukneifen** (*euph: sterben*) to snuff it *sl*, to kick the bucket *sl*
Arschbacke *f* (*derb*) [bum-]cheek BRIT *fam!*, [butt-]cheek AM *fam!* ▸ WENDUNGEN: **etw auf einer ~ absitzen** (*sl*) to serve sth in a blink of an eye **Arschfick** *m* (*vulg*) bum-fuck BRIT *vulg*, butt-fuck AM *vulg* **Arschkriecher(in)** *m(f)* (*pej sl: Kriecher*) arse-licker BRIT *fam!*, ass-kisser AM *sl* **Arschloch** *nt* (*vulg*) arsehole BRIT, asshole AM; **das** [*o* **dieses**] **~ von Chef/etc** that [*or* this] arsehole of a boss/etc **Arschtritt** *m* (*sl*) kick up the back-side *fam*, kick up the arse *sl;* **[von jdm] einen ~ kriegen** to get a kick up the back-side [*or* arse] [from sb]
Arsen <-s> *nt kein pl* CHEM arsenic *no pl*
Arsenal <-s, -e> *nt* ❶ (*Vielzahl*) ▪ **ein ~ von** [*o* **an**] **etw** *dat* arsenal ❷ (*Waffenlager*) an arsenal of sth
Arsenik <-s> *nt kein pl* arsenic *no pl*
Art. *Abk von* **Artikel**
Art <-, -en> *f* ❶ (*Sorte*) sort, type, kind; ***er sammelt alle möglichen ~en von Schmetterlingen*** he collects all sorts of butterflies; ***ein Schurke der übelsten ~*** a rogue of the nastiest sort [*or* type]; ▪ **eine/diese ~** a/this sort [*or* kind] of ❷ (*Methode*) way; ***eine merkwürdige ~*** an odd [*or* strange] way; **auf die** [*o* **diese**] **~ und Weise** [in] this way; ***auf die ~ und Weise geht es am schnellsten*** it's quicker this way; **auf grausame/merkwürdige/ungeklärte ~** in a cruel/strange/unknown way ❸ (*Wesens~*) nature; **von lebhafter/ruhiger/etc ~ sein** to be of a lively/quiet/etc nature ❹ (*Verhaltensweise*) behaviour [*or* AM -or]; ***das ist doch keine ~!*** (*fam*) that's no way to behave!; ***ist das vielleicht*** *fam* ***eine ~?*** is that any way to behave? ❺ BIOL species ❻ (*Stil*) style ▸ WENDUNGEN: **nach ~ des Hauses** KOCHK à la maison; **einzig sein in seiner ~** to be the only one of its kind; **aus der ~ schlagen** (*Familie*) to go a different way, not to run true to type
Artbildung *f* BIOL specification
arteigen *adj* BIOL characteristic [of the species]
artenreich *adj* species-rich, high in biodiversity
Artenreichtum <-s> *m kein pl* BIOL abundance of species **Artenrückgang** *m* BIOL extinction of species **Artenschutz** *m* protection of species **Artenschutzabkommen** *nt* BIOL treaty for the protection of endangered species **Artensterben** *nt kein pl* extinction of the species **Artenvielfalt** <-> *f kein pl* BIOL abundance of species
Arterhaltung *f* survival of the species
Arterie <-, -n> [-riə] *f* artery
arteriell *adj* arterial
Arterienverkalkung *f*, **Arteriosklerose** <-, -n> *f* hardening of the arteries
artfremd *adj* uncharacteristic, untypical **artgemäß** *adj s.* **artgerecht**
Artgenosse, -genossin *m, f* BIOL plant/animal of the same species ▸ WENDUNGEN: **jd und seine/ihre ~n** (*fam*) sb and his/her fellow species
artgerecht **I.** *adj* appropriate to [*or* suitable for] a species **II.** *adv* appropriate to [*or* suitable for] a species; **~e Tierhaltung** keeping animals in ways appropriate to their species **artgleich** *adj* of the same species
Arthritis <-, Arthritiden> *f* arthritis
arthritisch *adj* arthritic
Arthropode <-, -en> *m* ZOOL arthropod
Arthrose <-, -n> *f* arthrosis
artig *adj* well-behaved, good; ***sei schön ~!*** be good!
Artigkeit <-, -en> *f* (*veraltend*) ❶ *kein pl* (*Wohlerzogenheit*) courteousness *no pl form*, good manners *pl*, politeness *no pl* ❷ *pl* (*Komplimente*) compliments
Artikel <-s, -> *m* ❶ MEDIA (*Zeitungs~*) article; (*Eintrag*) entry ❷ ÖKON (*Ware*) item, article ❸ LING article
Artikulation <-, -en> *f* (*geh*) articulation, enunciation
artikulieren* **I.** *vt* (*geh*) to enunciate; **[seine] Worte deutlich ~** to enunciate one's words clearly **II.** *vr* (*geh*) **sich** *akk* **gut/schlecht ~** to articulate oneself well/badly
Artillerie <-, *selten* -n> *f* artillery
ArtilleriebeschussRR *m* artillery fire
Artillerist <-en, -en> *m* artilleryman
Artischocke <-, -n> *f* artichoke **Artischockenboden** *m* artichoke heart **Artischockenherz** *nt* artichoke heart
Artist(in) <-en, -en> *m(f)* (*Zirkuskunst etc.*) performer, artiste
artistisch *adj* ❶ (*Zirkuskunst betreffend*) spectacular ❷ (*überaus geschickt*) skilfull BRIT, skillfull AM, dextrous, masterly
artverschieden *adj* of a different species, like chalk and cheese *fig hum* **artverwandt** *adj* BIOL of similar species, [genetically] related
Artwort <-wörter> *nt* LING adjective
Arznei <-, -en> *f* ❶ PHARM, MED medicine ❷ (*fig geh: Lehre*) medicine, pill; **eine bittere/heilsame ~ für jdn sein** to be a painful/salutary lesson for sb
Arzneibuch *nt* PHARM pharmacopoeia BRIT, pharmacopeia AM **Arzneifläschchen** *nt* medicine bottle **Arzneikunde** *f kein pl* pharmacology *no pl*
Arzneimittel *nt* drug, medicine **Arzneimittelabhängigkeit** *f* drug addiction **Arzneimittelaller-**

gie *f* drug allergy **Arzneimittelentsorgung** *f* disposal of expired drugs **Arzneimittelforschung** *f* pharmacological research **Arzneimittelgesetz** *nt* JUR law governing the manufacture and prescription of drugs **Arzneimittelhersteller** *m* drug manufacturer **Arzneimittelmissbrauch**RR *m* drug abuse

Arzneipflanze *f* medicinal plant **Arzneischränkchen** *nt* medicine cabinet [*or* cupboard]

Arzt, Ärztin <-es, Ärzte> *m, f* doctor, medical practitioner; ■~ **für etw** *akk* specialist in sth; ~ **für Chirugie** surgeon; ~ **für Orthopädie** orthopaedic [*or* AM orthopedic] specialist; ~ **für Allgemeinmedizin** general practitioner, GP; ~ **am Krankenhaus** clinical specialist; **behandelnder** ~ personal doctor [*or* GP]; ***wer ist Ihr behandelnder ~?*** who is your personal GP?; **praktischer** ~ (*veraltet*) general practitioner, GP

Arztberuf *m* medical profession **Arztbesuch** *m* ❶ (*Besuch des Arztes*) doctor's visit ❷ (*Aufsuchen eines Arztes*) visit to a/the doctor

Ärztebesteck *nt* surgical instruments **Ärztekammer** *f* General Medical Council BRIT, medical association AM **Ärztekollegium** *nt*, **Ärztekommission** *f* medical advisory board

Ärzteschaft <-> *f kein pl* medical profession

Arztfrau *f* doctor's wife **Arzthelfer(in)** *m(f)* [doctor's] receptionist

Ärztin <-, -nen> *f fem form von* **Arzt**

Arztkosten *pl* medical costs *pl*

ärztlich I. *adj* medical **II.** *adv* medically; **sich** *akk* ~ **beraten** [*o* **behandeln**] **lassen** to seek [*or* get] medical advice

Arztpraxis *f* doctor's surgery [*or* practice]

As[1] <-ses, -se> *nt* KARTEN *s.* **Ass**

As[2] <-, -> *nt* MUS A flat

Asafötida <-s> *m kein pl* KOCHK asafoetida BRIT, asafetida AM

Asbest <-[e]s> *nt kein pl* asbestos *no pl*

asbesthaltig *adj* CHEM, ÖKOL containing asbestos *pred*

Asbestverseuchung *f* asbestos contamination

AschantinussRR *f* ÖSTERR *s.* **Erdnuss**

aschblond *adj* ash-blond

Aschchabat, Aschgabat <-s> *nt* Ashgabat, Ashkhabad

Asche <-, -n> *f* ❶ (*Feuerüberbleibsel*) ash ❷ *kein pl* (*geh: Reste einer kremierten Leiche*) ashes *pl* ▸ WENDUNGEN: **sich** *dat* ~ **aufs Haupt streuen** (*geh: sich schuldig bekennen*) to wear sackcloth and ashes; ~ **zu ~, Staub zu Staub** REL dust to dust, ashes to ashes; **zu ~ werden** to turn to ashes

Äsche <-, -n> *f* ZOOL grayling

Aschenbahn *f* SPORT cinder track **Aschenbecher** *m* ashtray **Aschenbrödel** <-s> *nt kein pl s.* **Aschenputtel Ascheneimer** *m* (*Eimer für die Asche aus dem Herd oder Ofen*) ash can **Aschenplatz** *m* SPORT cindered turf **Aschenputtel** <-> *nt kein pl* LIT Cinderella **Aschenregen** *m* shower of ash

Ascher <-s, -> *m* (*fam*) *s.* **Aschenbecher**

Aschermittwoch *m* REL Ash Wednesday

aschfahl *adj* (*gräulich*) ashen; ■~ **sein/werden** to be/turn ashen **aschgrau** *adj* ash-grey

ASCII-Code ['aski-ko:t] *m* ASCII code

Ascorbinsäure <-> *f kein pl* BIOL, CHEM (*Vitamin C*) ascorbic acid *no pl*

äsen *vi* JAGD to graze, to browse

aseptisch *adj* aseptic

Äser *pl von* **Aas**

Aserbaidschan <-s> *nt* Azerbaijan; *s. a.* **Deutschland**

Aserbaidschaner(in) <-s, -> *m(f)* Azerbaijani; *s. a.* **Deutsche(r)**

aserbaidschanisch *adj* Azerbaijani; *s. a.* **deutsch**

asexuell ['azɛksuɛl] *adj* asexual

Asiat(in) <-en, -en> *m(f)* Asian

asiatisch *adj Sprache, Kultur* Asian; (*Asien betreffend*) Asiatic; **die ~e Region der Türkei** the Asiatic region of Turkey

Asien <-s> *nt* Asia

Askalonzwiebel *f* shallot

Askese <-> *f kein pl* (*geh*) asceticism *no pl*

Asket(in) <-en, -en> *m(f)* (*geh*) ascetic

asketisch I. *adj* (*geh*) ascetic **II.** *adv* (*geh*) ascetically

Askorbinsäure <-> *f kein pl* BIOL, CHEM (*Vitamin C*) ascorbic acid *no pl*

Äskulapstab *m* staff of Aesculapius

asozial I. *adj* antisocial **II.** *adv* antisocially **Asoziale(r)** *f(m) dekl wie adj* (*pej*) social misfit

Aspekt <-[e]s, -e> *m* (*geh*) aspect; **einen anderen ~ bekommen** to take on a different complexion; ***unter diesem ~ betrachtet*** looking at it from this aspect [*or* point of view]

Asphalt <-[e]s, -e> *m* asphalt *no pl*

Asphaltdecke *f* asphalt surface

asphaltieren* *vt* to asphalt, to tarmac; ■**etw** ~ to asphalt sth; ■**etw ~ lassen** to have sth asphalted

Asphaltstraße *f* asphalt road

Aspik <-s, -e> *m o* ÖSTERR *nt* KOCHK aspic

Aspirin® <-s, -> *nt* aspirin

AssRR <-es, -e> *nt* KARTEN ace; (*fig: Spitzenkönner*) ace ▸ WENDUNGEN: [**noch**] **ein ~ im Ärmel haben** to have an [*or* another] ace up one's sleeve

aß *pret von* **essen**

assaisonnieren *vt* KOCHK (*fachspr*) to season

Assekuranz <-, -en> *f* (*fachspr veraltet*) insurance [industry]

Assel <-, -n> *f* ZOOL isopod, woodlouse

Asservat <-[e]s, -e> *nt* JUR [court] exhibit

Asservatenkammer *f* JUR room where [court] exhibits are kept

Assessmentcenter *nt* assessment centre [*or* AM -er]

Assessor, Assessorin <-s, -ssoren> *m, f* JUR, SCH *graduate civil servant who has completed his/her traineeship*

Assimilation <-, -en> *f* ❶ BIOL, CHEM photosynthesis ❷ (*geh: Anpassung*) ■**die ~ an etw** *akk* the assimilation [*or* integration] into [*or* the adjustment to] sth

assimilieren* **I.** *vr* (*geh*) ■**sich** *akk* **an etw** *akk* ~ to assimilate [*or* integrate] oneself into sth **II.** *vt* BIOL, CHEM ■**etw** ~ to photosynthesize sth

Assisen *pl* SCHWEIZ *s.* **Geschworene**

Assistent(in) <-en, -en> *m(f)* ❶ SCH assistant lecturer ❷ MED (*Assistenzarzt*) houseman ❸ (*geh: Helfer*) assistant

Assistenz <-, *selten* -en> *f* (*geh*) assistance; **unter** [**der**] ~ **von jdm** with the assistance of sb; **unter jds** ~ with sb's assistance

Assistenzarzt, -ärztin *m, f* houseman **Assistenzprofessor(in)** *m(f)* assistant professor

assistieren* *vi* ■[**jdm**] [**bei etw** *dat*] ~ to assist sb with sth

Assoziation <-, -en> *f* (*geh*) ❶ (*Verknüpfung*) association; ■**die/eine ~ an etw** *akk*/**mit etw** *dat* the/an association with sth ❷ POL (*Vereinigung*) association

assoziieren* *vt* (*geh*) to associate; ■**etw mit etw** *dat* ~ to associate sth with sth

assoziiert *adj* POL (*geh*) associate; ~***es Mitglied der EU*** associate member of the EU

Ast <-[e]s, Äste> *m* ❶ BOT (*starker Zweig*) branch, bough; (*Astknoten*) knot ❷ (*abzweigender Flussteil*) branch; **sich** *akk* **in Äste teilen** to branch ❸ MED (*Zweig*) branch ▸ WENDUNGEN: **auf dem absteigenden ~ sein** [*o* **sich** *akk* **auf dem absteigenden ~**

befinden] (*fam*) sb/sth is going downhill; **den ~ absägen, auf dem man sitzt** to dig one's own grave; **sich** *dat* **einen ~ lachen** (*sl*) to double up with laughter, to laugh one's head off

AStA <-[s], -[s] *o* Asten> ['asta] *m* SCH *Akr von* **Allgemeiner Studentenausschuss** Student Union, NUS BRIT

Aster <-, -n> *f* Michaelmas daisy

Asteroid <-en, -en> [astero'i:t, *pl* -'i:dən] *m* asteroid

Astgabel *f* fork of a tree [*or* branch]

Ästhet(in) <-en, -en> *m(f)* (*geh*) aesthete BRIT, esthete AM

Ästhetik <-> *f kein pl* ① (*Wissenschaft vom Schönen*) aesthetics BRIT, esthetics AM *pl* ② (*Schönheitssinn*) aesthetic [*or* AM esthetic] sense

ästhetisch *adj* (*geh*) aesthetic BRIT, esthetic AM

Asthma <-s> *nt kein pl* asthma

Asthmatiker(in) <-s, -> *m(f)* asthmatic

asthmatisch I. *adj* ① (*durch Asthma ausgelöst*) asthmatic, asthma; **ein leichter/schwerer ~ Anfall** a mild/serious asthma [*or* asthmatic] attack; **ein ~es Röcheln** an asthmatic wheeze ② (*an Asthma leidend*) asthma; **~er Patient** asthma patient **II.** *adv* asthmatically

astig *adj* gnarled, knotty

Astknoten *m* knot **Astloch** *nt* knothole **astrein** *adj* ① (*fam: moralisch einwandfrei*) straight *fam*, above board, genuine; ***der Kerl ist nicht ganz*** ~ there is something fishy about that guy ② (*sl: bombig, spitze*) fantastic, great ③ BOT (*fachspr: keine Astknoten aufweisend*) knot-free; ■ ~ **sein** to be free of knots

Astrologe, -login <-n, -n> *m, f* astrologer

Astrologie <-> *f kein pl* astrology

Astrologin <-, -nen> *f fem form von* **Astrologe**

astrologisch I. *adj* astrological **II.** *adv* astrologically

Astronaut(in) <-en, -en> *m(f)* astronaut

Astronom(in) <-en, -en> *m(f)* astronomer

Astronomie <-> *f kein pl* astronomy

Astronomin <-, -nen> *f fem form von* **Astronom**

astronomisch *adj* ASTRON astronomical; (*fig: riesig, immens*) astronomical

Astrophysik *f* astrophysics + *sing vb, no art*

Astrophysiker(in) *m(f)* astrophysicist

Astwerk *nt* (*geh*) boughs *pl*, branches *pl*

ASU <-, -s> *f Akr von* **Abgassonderuntersuchung**

Asuncion <-s> [asun'θi̯ɔn] *nt* Asunción

Äsung <-, -en> *f* JAGD grazing, browsing *liter*

Asyl <-s, -e> *nt* asylum; **das Recht auf ~** the right to asylum; **politisches ~** political asylum; **um ~ bitten** [*o* **nachsuchen**] (*geh*) to apply for [*or* seek] [political] asylum; **jdm ~ gewähren** to grant sb [political] asylum

Asylant(in) <-en, -en> *m(f) s.* **Asylbewerber**

Asylantenwohnheim *nt* home for asylum-seekers

Asylantrag *m* application [*or* request] for political asylum; **einen ~ stellen** to file [*or* submit] an application for political asylum **Asylbewerber(in)** *m(f)* applicant for [political] asylum **Asylmissbrauch**RR *m* JUR abuse of asylum procedures **Asylrecht** *nt* right of political asylum **Asylsuchende(r)** *f(m) dekl wie adj* asylum seeker

Asymmetrie *f* asymmetry

asymmetrisch *adj* asymmetric, asymmetrical

Asynchronie <-> *f kein pl* asynchrony

Aszendent <-en, -en> *m* ASTROL ascendant

at [ɛt] *f Abk von* **Atmosphäre**

A.T. *nt Abk von* **Altes Testament** OT BRIT, O.T. AM

Atavismus <-, -men> *m* BIOL atavism

atavistisch *adj* BIOL atavistic

Atelier <-s, -s> [ate'lie:, atə'lie:] *nt* KUNST, ARCHIT studio

Atelieraufnahme *f* FOTO studio shot **Atelierfenster** *nt* studio window **Atelierwohnung** *f* studio flat

Atem <-s> *m kein pl* ① (*Atemluft*) breath; **den ~ anhalten** to hold one's breath; **~ holen** [*o* **schöpfen**] to take [*or* draw] a breath; **wieder zu ~ kommen** to get one's breath back, to catch one's breath; **nach ~ ringen** to be gasping for breath; **außer ~** out of breath ② (*das Atmen*) breathing; **mit angehaltenem ~** holding one's breath ▶ WENDUNGEN: **mit angehaltenem ~** with bated breath; **den längeren ~ haben** to have the whip hand; **jdn in ~ halten** to keep sb on their toes; **~ holen** [*o* **schöpfen**] to take a [deep] breath; **jdm den ~ verschlagen** to take sb's breath away, to leave sb speechless; **in einem** [*o* **im selben**] **~** (*geh*) in one/the same breath

Atembeklemmung *f* shortness of breath *no pl* **atemberaubend** *adj* breath-taking **Atembeschwerden** *pl* breathing difficulties *pl*, trouble in breathing [*or* difficulty] **Atemgerät** *nt* respirator; (*von Taucher, Feuerwehr*) breathing apparatus **Atemgeräusch** *nt* respiratory sounds *pl* **Atemholen** <-s> *nt kein pl* breathing *no pl* **Atemlähmung** *f* respiratory paralysis

atemlos I. *adj* ① (*außer Atem*) breathless ② (*perplex*) speechless **II.** *adv* breathlessly, speechlessly

Atemlosigkeit <-> *f kein pl* breathlessness *no pl*

Atemluft *f* air [to breathe] **Atemmaske** *f* ① MED breathing [*or* oxygen] mask ② (*Gasmaske*) gas mask **Atemnot** *f* MED shortness of breath *no pl* **Atempause** *f* ① (*um Luft zu schöpfen*) pause for breath ② (*kurze Unterbrechung*) breather **Atemschutzgerät** *nt* breathing apparatus **Atemschutzmaske** *f s.* Atemmaske **Atemstillstand** *m* respiratory arrest **Atemwege** *pl* ANAT respiratory tracts [*or* passages] *pl* **Atemwegserkrankung** *f* MED (*geh*) respiratory disease **Atemzug** *m* (*einmaliges Luftholen*) breath ▶ WENDUNGEN: **einen ~ lang** for [the count of] one breath; **in einem** [*o* **im selben**] **~** in one [*or* the same] breath

Atheismus <-> [ate'ɪsmʊs] *m kein pl* atheism *no pl*

Atheist(in) <-en, -en> *m(f)* atheist

atheistisch *adj* atheist

Athen <-s> *nt* Athens

Äther <-s> *m kein pl* ① CHEM ether *no pl* ② (*liter: Himmel*) ether ▶ WENDUNGEN: **etw in den ~ schicken** RADIO (*geh*) to put sth on the air [*or* out on air]; **über den ~** (*geh*) over the air

ätherisch *adj* ① (*geh*) ethereal ② CHEM ethereal

Äthiopien <-s> *nt* Ethiopia; *s. a.* **Deutschland**

Äthiopier(in) <-s, -> *m(f)* Ethiopian; *s. a.* **Deutsche(r)**

äthiopisch *adj* Ethiopian; *s. a.* **deutsch**

Athlet(in) <-en, -en> *m(f)* ① (*Sportler*) athlete ② (*wohlgeformter Mensch*) athletic type

athletisch *adj* athletic

Äthylalkohol *m* CHEM ethyl alcohol

Atlant <-en, -en> *m* atlas

Atlanten *pl von* **Atlas**

Atlantik <-s> *m* Atlantic; ■ **der ~** the Atlantic

atlantisch *adj* METEO Atlantic; **ein ~es Hoch** a high-pressure area coming from the Atlantic

Atlas <- *o* -ses, Atlanten *o* -se> *m* atlas

atmen I. *vi* to breathe; **frei ~** (*fig*) to breathe freely **II.** *vt* to breathe; ■ **etw atmen** to breathe sth [in]

Atmosphäre <-, -n> *f* ① PHYS atmosphere; ***die ~ der Erde*** the Earth's athmosphere ② (*Stimmung*) atmosphere; **eine gespannte ~** a tense atmosphere

Atmosphärendruck <-drücke> *m* atmospheric pressure **Atmosphärenüberdruck** <-drücke> *m* atmospheric excess pressure

atmosphärisch *adj* atmospheric

Atmung <-> *f kein pl* breathing *no pl,* respiration form

atmungsaktiv *adj* MODE breathable

Atmungsorgane *pl* respiratory organs

Atoll <-s, -e> *nt* atoll

Atom <-s, -e> *nt* atom

Atomangriff *m* MIL nuclear attack **Atomantrieb** *m* nuclear propulsion

atomar I. *adj* ❶ PHYS (*die Atome betreffend*) atomic, nuclear ❷ MIL (*Atomwaffen betreffend*) nuclear II. *adv* ❶ MIL (*Atomwaffen betreffend*) with nuclear weapons ❷ TECH with nuclear power; ■ ~ **angetrieben sein** to be nuclear-powered

Atomausstieg *m* denuclearization *no pl* **Atombombe** *f* atomic [*or* nuclear] bomb **Atombombenexplosion** *f* atomic [*or* nuclear] explosion **atombombensicher** I. *adj* nuclear blast-proof II. *adv* safe from nuclear blast **Atombombenversuch** *m* nuclear [weapons] test

Atombomber *m* LUFT nuclear bomber **Atombunker** *m* nuclear fall-out shelter **Atomenergie** *f* nuclear [*or* atomic] energy **Atomexplosion** *f* nuclear [*or* atomic] explosion **Atomforschung** *f* nuclear research **Atomforschungszentrum** *nt* nuclear research centre [*or* AM -er] **Atomgegner(in)** *m(f)* person who is against nuclear power

atomgetrieben *adj* nuclear-powered

Atomgewicht *nt* atomic weight **Atomindustrie** *f* nuclear industry

atomisieren* *vt* ■**etw** ~ to atomize sth

Atomkern *m* PHYS nucleus **Atomkraft** *f kein pl* nuclear power [*or* energy] **Atomkraftwerk** *nt* nuclear power station **Atomkrieg** *m* nuclear war **Atommacht** *f* POL, MIL nuclear power **Atommeiler** *m* nuclear reactor **Atommodell** *nt* PHYS model of an atom

Atommüll *m* nuclear [*or* atomic] waste

Atommüllagerung <-> *f kein pl s.* **Atommülllagerung** **Atommüllendlager** *nt* nuclear [*or* radioactive] waste disposal site **Atommülllagerung**[RR] <-> *f kein pl* nuclear [*or* radioactive] waste disposal

Atomphysik *f* nuclear physics + *sing vb* **Atomphysiker(in)** *m(f)* nuclear physicist **Atompilz** *m* mushroom cloud **Atomrakete** *f* nuclear missile **Atomreaktor** *m* nuclear reactor **Atomschmuggel** <-s> *m kein pl illegal disposal of nuclear waste in another country* **Atomsperrvertrag** *m s.* **Atomwaffensperrvertrag** **Atomsprengkopf** *m* nuclear warhead **Atomtest** *m* MIL nuclear [weapons] test **Atomteststopp**[RR] *m* nuclear test ban **Atomteststoppabkommen**[RR] *nt* POL nuclear test ban treaty **Atomtriebwerk** *nt* RAUM nuclear engine **Atomuhr** *f* TECH atomic watch **Atomversuch** *m s.* **Atomtest**

Atomwaffe *f* MIL nuclear weapon

atomwaffenfrei *adj* POL nuclear-free **Atomwaffensperrvertrag** *m* POL Nuclear Weapons Non-Proliferation Treaty

Atomzeitalter *nt kein pl* ■ **das** ~ the nuclear [*or* atomic] age **Atomzertrümmerung** *f* PHYS splitting of the atom

atoxisch *adj* (*fachspr*) non-toxic

ATP <-s, -s> *nt Abk von* **Adenosintriphosphat** ATP

Atrium <-s, Atrien> [*pl* -riən] *nt* ARCHIT atrium

Atriumhaus *nt* ARCHIT *a building centred around an open court/atrium*

Atrophie <-, -n> [*pl* -'fiːən] *f* MED atrophy

atrophisch *adj* MED atrophied

Atropin <-s> *nt kein pl* BIOL, MED atropine *no pl*

ätsch *interj* (*fam*) ha-ha; ***du hast verloren,*** ~ [***bätsch***]! ha-ha, you lost! [na, na, na, na, na, na! *in a sing-song voice*]

Attaché <-s, -s> [ata'ʃeː] *m* POL attaché

Attacke <-, -n> *f* ❶ MIL attack; **zur** ~ **blasen** to sound the charge; **eine** ~ **gegen jdn reiten** to charge sb ❷ (*Kritik*) ■ **eine/die** ~ **gegen jdn/etw** an/the attack against sb/sth; [**wütende**] ~**n gegen jdn reiten** (*heftige Kritik üben*) to launch an [angry] attack against sb ❸ MED (*Anfall*) attack, fit; **eine epileptische** ~ an epilectic fit

attackieren* *vt* ■ **jdn/etw** ~ ❶ (*geh*) to attack sb/sth ❷ MIL (*veraltend: angreifen*) to charge [*or* attack] sb/sth

attaschieren *vt* KOCHK **Fleisch/Geflügel** ~ *to boil meat/poultry until meat separates from the bone*

Attentat <-[e]s, -e> *nt* (*Mordanschlag*) an attempt on sb's life; (*mit tödlichem Ausgang*) assassination; **ein** ~ **auf jdn verüben** to make an attempt on sb's life; (*mit tödlichem Ausgang*) to assassinate sb ► WENDUNGEN: **ein** ~ **auf jdn vorhaben** (*hum fam: jdn um etw bitten wollen*) to [want to] ask sb a favour [*or* AM -or]

Attentäter(in) *m(f)* assassin

Attest <-[e]s, -e> *nt* MED (*ärztliche Bescheinigung*) certificate; **jdm ein** ~ [**über etw** *akk*] **ausstellen** to certify sth for sb; ***der Hausarzt stellte ihm ein ~ über seinen Gesundheitszustand aus*** the GP certified his condition for him

attestieren* *vt* ❶ MED (*geh: ärztlich bescheinigen*) ■ [**jdm**] **etw** ~ to certify [sb] sth; ■ **jdm** ~, **dass ...** to certify sb as ...; ■ **sich** *dat* [**von jdm**] **etw** ~ **lassen** to have sb certify sth, to have sth certified; ***ich lasse mir meine Arbeitsunfähigkeit*** ~ I'm going to get myself certified unfit for work ❷ (*geh: bescheinigen*) to confirm; ■ **jdm/einer S. etw** ~ to confirm sb/sth sth; ***dem Wein wurde erneut hohe Qualität attestiert*** once again the high quality of the wine was guaranteed

Attitüde <-, -n> *f meist pl* (*geh*) posture, gesture, attitude

Attraktion <-, -en> *f* ❶ (*interessanter Anziehungspunkt*) attraction; ***das Riesenrad war die große*** ~ the Ferris wheel was the big attraction ❷ *kein pl* (*geh: Reiz, Verlockung*) attraction

attraktiv *adj* attractive

Attraktivität <-, -en> [-vi-] *f kein pl* attractiveness *no pl*

Attrappe <-, -n> *f* dummy, fake; [**nur**] ~ **sein** to be [only] a dummy [*or* fake]

Attribut <-[e]s, -e> *nt* (*geh*) ❶ LING attribute ❷ (*charakteristisches Kennzeichen oder Sinnbild*) symbol

atü *Akr von* **Atmosphärenüberdruck**

atypisch *adj* atypical

ätzen I. *vi* (*versetzend sein*) to corode II. *vt* KUNST (*durch Säure ein~*) to etch; ■ **etw in etw** *akk* ~ to etch sth in sth **ätzend** *adj* ❶ (*zerfressend wirkend*) corrosive ❷ (*beißend*) *Geruch* pungent ❸ (*sl: sehr übel*) lousy

Ätzmittel *nt* CHEM corrosive **Ätznatron** *nt kein pl* CHEM caustic soda *no pl,* sodium hydroxide *no pl* **Ätzstift** *m* MED cautery stick

Ätzung <-, -en> *f* ❶ MED (*Ver~*) cauterization ❷ KUNST etching

au *interj* ouch, ow ► WENDUNGEN: ~ **fein/ja/klasse** (*fam*) oh great/yeah/brilliant! [*or* AM excellent!]; ~ **ja/klasse!** oh yeah/great!

Au <-, -en> *f* SÜDD, ÖSTERR *s.* **Aue**

aua *interj s.* **au 1**

Aubergine <-, -n> [obɛr'ʒiːnə] *f* aubergine BRIT, egg-plant AM

aubergine *adj pred,* **auberginefarben** *adj* aubergine[-coloured] BRIT, egg-plant[-colored] AM

auch I. *adv* ① (*ebenfalls*) too, also, as well; *ich habe Hunger, du ~?* I'm hungry, you too?; *gehst du morgen ~ ins Kino?* are you going to the cinema as well tomorrow?; *Gewalt ist aber ~ keine Lösung!* violence is no solution either!; *das ist ~ möglich* that's also a possibility; *kannst du ~ einen Salto rückwärts?* can you do a summersault backwards as well?; *ich will ein Eis! — ich ~!* I want an ice-cream! — me too!; ~ **gut** that's ok [too]; **... ~ nicht!** not ... either, ... neither, nor ...; *ich gehe nicht mit! — ich ~ nicht!* I'm not coming! — nor am I! [*or* me neither!]; *wenn du nicht hingehst, gehe ich ~ nicht* of you don't go, I won't either ② (*sogar*) even; *der Chef hat eben immer Recht, ~ wenn er Unrecht hat!* the boss is always right, even when he's wrong! ▶ WENDUNGEN: **... aber ~!** on top of everything; *so was Ärgerliches aber ~!* that's really too annoying; *verdammt aber ~!* damn and blast it! *fam; wozu aber ~ sich widersetzen* what's the point in arguing; ~ **das noch!** that's all I need! **II.** *pron* ① (*tatsächlich*) too, as well; *so schlecht hat das nun ~ wieder nicht geschmeckt!* it didn't taste that bad!; *wenn ich etwas verspreche, tu' ich das ~!* If I promise something then I'll do it!; *ich habe das nicht nur gesagt, ich meine das ~ [so]!* I didn't just say it, I mean it too [*or* as well]! ② *interrog* (*verallgemeinernd*) ■ **so/was/wie ... ~** however/whatever ...; *was er ~ sagen mag ...* whatever he may say ... ③ (*einräumend*) ~ **wenn** even if; ~ *wenn das stimmen sollte* even if it were true; *so schnell sie ~ laufen mag* however fast she may run ...; *wie sehr du ~ flehst* however much you beg; **wie dem ~ sei** whatever; *wie dem ~ sei, ich gehe jetzt nach Hause* be that as it may, I am going home now ④ (*zweifelnd*) *ist das ~ gut/nicht zu weit?* are you sure it's good/not too far?

Audienz <-, -en> *f* audience

Audimax <-> *nt kein pl* (*fam*) *kurz für* **Auditorium maximum** main lecture hall [*or* theatre [*or* AM -er]]

audiovisuell [-vi-] *adj* audio-visual

Audition <-, -s> *f* FILM, THEAT audition

Auditorium <-s, -rien> [*pl* -riən] *nt* ① SCH auditorium ② (*geh: Zuhörerschaft*) audience

Aue <-, -n> *f* DIAL (*liter*) meadow, pasture

Auerhahn *m* ORN [male/cock] capercaillie **Auerhenne** *f* ORN (*weibliches Auerhuhn*) [female/hen] capercaillie **Auerhuhn** *nt* ORN capercaillie **Auerochse** *m* ZOOL aurochs

auf I. *präp* ① +*dat* on, upon *form; er saß ~ dem Stuhl* he sat on the chair; *sie kamen ~ dem Hügel an* they arrived on the hill; *~ dem Mond gibt es keine Luft zum Atmen* there's no air to breathe on the moon ② +*akk* (*in Richtung*) on, onto; *das Wrack ist ~ den Meeresgrund gesunken* the wreck has sunk to the bottom of the ocean; *sie fiel ~ den Rücken* she fell on[to] her back; *sie schrieb etwas ~ ein Blatt Papier* she wrote something on a piece of paper; *schmier mir bitte nichts ~ die Decke!* please don't make a mess on the tablecloth!; *sie hob das Kind ~ den Stuhl* she lifted the child onto the chair; *sie legte sich ~ das Bett* she lay down on the bed; ~ **ihn!** [go and] get him! ③ +*akk* (*in Bezug ~ Inseln*) to; *wann fliegst du ~ die Kanaren?* when are you flying to the Canaries? ④ +*dat* in; *er verbringt den Winter ~ den Bahamas* he spends the winter in the Bahamas; *Kingston liegt ~ Jamaica* Kingston is in Jamaica ⑤ +*akk* (*zur*) to; *morgen muss er ~ die Post* tomorrow he has to go to the post office ⑥ +*dat* at; *ich habe ~ der Bank noch etwas zu erledigen* I still have some business to take care of at the bank; *sein Geld ist ~ der Bank* his money is in the bank; *er arbeitet ~ dem Finanzamt* he works at the tax office; ~ **der Schule** at school; *warst du schon ~ der Polizei?* have you already been to the police? ⑦ +*akk* (*einen Zeitpunkt festlegend*) on; *Heiligabend fällt ~ einen Dienstag* Christmas Eve falls on a Tuesday; *die Konferenz muss ~ morgen verlegt werden* the conference has to be postponed until tomorrow; *es geht schon ~ Ostern zu* it's getting closer to Easter; *ich komme in der Nacht [von Montag] ~ Dienstag an* I will arrive on Monday night ⑧ +*akk* (*beschränkend*) to; *das Projekt konnte ~ drei Jahre reduziert werden* it was possible to reduce the project to three years; *ich kann es Ihnen nicht ~ den Tag genau sagen* I can't tell you exactly to the day; *~ den Millimeter genau* exact to a millimeter ⑨ +*dat* (*während*) on; *~ der Busfahrt wurde es einigen schlecht* some people felt sick on the bus ride ⑩ +*akk* (*für*) for; *bleib doch noch ~ einen Tee* won't you stay for a cup of tea ⑪ +*akk* (*um*) upon, after; ■ **etw ~ etw** sth upon [*or* after] sth; *Sieg ~ Sieg* win after [*or* upon] win ⑫ +*akk* (*als Reaktion*) at; ■ ~ **etw [hin]** at sth; *~ seinen Vorschlag [hin] wurde er befördert* at his suggestion he was promoted; *~ meinen Brief hin hat sie bisher nicht geantwortet* she hasn't replied yet because of my letter; *~ seine Bitte [hin]* at his request ⑬ +*akk* (*sl: in einer bestimmten Art*) *komm mir bloß nicht ~ die wehleidige Tour!* don't try the weepy approach on me!; *~ die Masche falle ich nicht rein* I won't fall for that trick ⑭ +*akk* (*jdm zuprostend*) to; ~ *uns!* to us! ⑮ +*akk* (*zu einem Anlass*) to; *wollen wir ~ das Fest gehen?* shall we go to the party? ⑯ *mit Steigerungen* (*so ... wie möglich*) most + *adv; man begrüßte sie ~ das Herzlichste* she was greeted most warmly; *sie wurden ~ das Grausamste gefoltert* they were tortured most cruelly **II.** *adv* ① (*fam: geöffnet*) open; *Fenster auf!* open the window!; *Augen ~ im Straßenverkehr!* keep your eyes open in traffic!; ~ **sein** to be open; *wie lange sind die Läden heute ~?* how long are the shops open today? ② (*fam: nicht abgeschlossen*) ~ **sein** *Tür, Schloss* to be open [*or* unlocked] ③ (*fam: nicht mehr im Bett*) **[früh/schon]** ~ **sein** to be up [early/already] ▶ WENDUNGEN: ~ **und ab** [*o* **nieder**] (*geh*) up and down; ~ **und davon** (*fort*) up and away **III.** *interj* ① (*los*) ~ *nach Kalifornien!* let's go to California!; *auf, tu was!* come on, do something! ② (*aufgesetzt*) on; **Helme/Masken/Hüte auf!** helmets/masks/hats on! **IV.** *konj* (*geh: Äußerung eines Wunsches*) ■ ~ **dass ...** that ...; *~ dass wir uns in Zukunft vertragen mögen!* that we may get on well in the future!

Auf *nt* ▶ WENDUNGEN: **das/ein ~ und Ab** up and down, to and fro; (*ständiger Wechsel zwischen gut und schlecht*) up and down; *in jedem Leben ist es doch immer ein ~ und Ab* every life has its ups and downs

auf|arbeiten *vt* ① (*renovieren*) ■ **etw ~** to refurbish sth [*or sep* do up] ② (*bearbeiten*) ■ **etw ~** to get through [*or sep* finish off] sth; **aufgearbeitete Akten/Korrespondenz** cleared files/correspondence ③ (*bewältigen*) **die Vergangenheit ~** to reappraise the past ④ (*auswerten*) **Literatur ~** to incorporate literature critically

auf|atmen *vi* ① (*durchatmen*) to breathe ② (*seine Erleichterung zeigen*) to heave [*or* give] a sigh of [*or* to sigh with] relief; ■ **ein [erleichtertes] A~** a sigh of relief

auf|backen *vt* ■ **etw ~** to heat [*or* crisp] [*or* warm] up sth *sep*

auf|bahren *vt* ① (*im Sarg ausstellen*) ■ **jdn ~** to lay sb out in state, to lay out sb *sep;* **eine prominente Persönlichkeit ~** to lay a famous person's body out in state; **einen Toten ~** to lay out a dead person; ■ **aufgebahrt sein** to lie in state; **ein aufgebahrter Leich-**

nam (*geh*) a body lying in state ② (*offen aufstellen*) **einen Sarg** ~ to lay a coffin on a/the bier; **ein aufgebahrter Sarg** a coffin laid on the bier

Aufbahrung <-, -en> *f* laying out, lying in state

Aufbahrungshalle *f* funeral parlour [*or* AM -or]

Aufbau¹ *m kein pl* ① (*das Zusammenbauen*) ■ **der** ~ assembling, construction ② (*Schaffung*) **der ~ von Kontakten** the setting up of contacts; **der ~ eines Landes** the building of a state; **der ~ eines sozialen Netzes** the creation of a social network; **der ~ der Wirtschaft/der wirtschaftliche ~** the building up of the economy ③ (*Wiedererrichtung*) reconstruction; **der ~ der Kommunikationsverbindungen** the reinstatement of communications ④ (*Struktur*) structure

Aufbau² <-bauten> *m* ① (*Karosserie~*) body[work [*or* shell]] ② *meist pl* NAUT superstructure *no pl, no indef art*

Aufbauarbeit *f* reconstruction work

auf|bauen I. *vt* ① (*zusammenbauen*) ■ **etw ~ einen Motor ~** to assemble an engine ② (*hinstellen*) ■ **etw ~ ein kaltes Büfett ~** to set [*or* lay] out *sep* a cold buffet ③ (*wieder ~*) ■ **etw ~ ein Haus/Land neu ~** to rebuild a house/country ④ (*schaffen*) ■ **sich** *dat* **etw ~** to build up sth *sep;* **sich** *dat* **eine Existenz ~** to build up an existence [for oneself]; ■ **etw ~ eine Organisation/Bewegung ~** to build up an organization/a movement *sep* ⑤ (*daraufbauen*) **etw [auf etw** *akk*] ~ to add [*or* build] sth [on sth], to add [on *sep*] sth ⑥ (*wiederherstellen*) **die Gesundheit/seine Kräfte ~** to build up one's health/strength [again] *sep* ⑦ (*basieren*) ■ **etw auf etw** *dat o akk* ~ to base [*or* construct] sth on sth ⑧ (*fam: durch Förderung zu etw machen*) ■ **jdn [zu etw]** ~ to build up sb *sep* into sth; **jdn zum großen Künstler ~** to build up sb *sep* into [*or* promote sb as] a great artist ⑨ (*herstellen*) ■ **etw ~ eine Verbindung ~** to make [*or form* effect] a connection; **eine Theorie ~** to construct a theory ⑩ (*strukturieren*) ■ **aufgebaut sein** to be structured **II.** *vi* ① (*sich gründen*) ■ **auf etw** *dat o akk* ~ to be based [*or* founded] on sth; ***dieses Musikstück baut auf den Regeln der Zwölftonmusik auf*** this piece [of music] is based on twelve-tone principles ② (*mit dem Zusammenbau beschäftigt sein*) to be building; ***wir sind noch dabei aufzubauen*** we are still building; ***bis dahin müssen wir aufgebaut haben*** we have to have finished building by then **III.** *vr* ① (*fam: sich postieren*) ■ **sich vor jdm/etw ~** to stand up in front of sb, to take up position in front of sth; **sich drohend vor jdm ~** to plant oneself in front of sb *fam* ② (*sich gründen*) ■ **sich auf etw** *dat o akk* ~ to be based [*or* founded] on sth ③ (*sich bilden*) ■ **sich ~** to build up; ***die Regenwolken bauten sich auf*** the rainclouds started to build up ④ (*bestehen aus*) ■ **sich aus etw ~** to be built up [*or* composed] of sth

Aufbauhilfe *f* reconstruction aid

auf|bäumen *vr* ① (*sich ruckartig aufrichten*) ■ **sich ~** to convulse; **sich vor Schmerz ~** to writhe [*or* be convulsed] with pain; *Pferd* to rear [up] ② (*geh: sich auflehnen*) ■ **sich gegen jdn/etw ~** to revolt [*or* rebel] against sb/sth; ■ **A~** revolt

auf|bauschen I. *vt* ① (*übertreibend darstellen*) ■ **etw [zu etw]** ~ to blow up sth *sep* [into sth], to exaggerate sth ② (*blähen*) ■ **etw ~** to fill [*or* swell] [*or* belly] [out *sep*] sth; **mit aufgebauschten Segeln** in [*or* under] full sail **II.** *vr* (*scheinbar bedeutender werden*) ■ **sich zu etw ~** to be blown up to sth

Aufbaustudium *nt* research studies *npl*

auf|begehren* *vi* ■ **[gegen jdn/etw]** ~ ① (*geh*) to rebel [*or* revolt] [against sb/sth]; ■ **~d** rebelling ② SCHWEIZ (*protestieren*) to protest [against sb/sth]; ■ **A~** protest

auf|behalten* *vt irreg* ■ **etw ~** to keep sth on *sep*

auf|beißen *vt irreg* ■ **etw ~** to open sth using [*or* with] one's teeth; **eine Nuss ~** to crack a nut with one's teeth; **eine Verpackung ~** to bite open packaging *sep;* **sich** *dat* **die Lippe ~** to bite one's lip [and make it bleed]

auf|bekommen* *vt irreg* (*fam*) ■ **etw ~** ① (*öffnen*) to get sth open; ***lässt sich die Schublade ohne Schlüssel ~?*** can the drawer be opened without a key? ② (*zu erledigen erhalten*) to get sth as homework; ***wir haben heute sehr viel ~*** we were given a lot of homework today

auf|bereiten* *vt* ■ **etw ~** ① (*durch Reinigung verwendungsfähig machen*) to process sth; **Erz ~** to dress [*or* prepare] ore; **Trinkwasser ~** to purify [*or* treat] water ② (*bearbeiten*) to edit sth; **etw literarisch ~** to turn sth into literature; **etw dramaturgisch ~** to adapt sth for the theatre [*or* AM -er]

Aufbereitung <-, -en> *f* ① (*das Aufbereiten*) processing; **die ~ von Erz** the dressing [*or* preparation] of ore; **die ~ von [Trink]wasser** the purification [*or* treatment] of water ② (*Bearbeitung*) editing

Aufbereitungsanlage *f* processing [*or* treatment] plant

auf|bessern *vt* ■ **etw ~** to improve sth; **ein Gehalt ~** to increase a salary

Aufbesserung <-, -en> *f* improvement; **~ eines Gehalts** an increase in salary (+*gen* in)

auf|bewahren* *vt* ■ **etw ~** ① (*in Verwahrung nehmen*) to keep sth; **jds Dokumente/Wertsachen ~** to look after sb's documents/valuables, to have sb's documents/valuables in one's keeping ② (*lagern*) to store sth; ***kühl und trocken aufbewahren!*** keep in a cool dry place

Aufbewahrung <-, -en> *f* ① (*Verwahrung*) [safe]keeping; **~ einer hinterlegten Sache** storage of a deposited item; **einen Koffer in ~ geben** to deposit a suitcase [at the left luggage [*or* AM baggage room]]; **jdm etw zur [sicheren] ~ anvertrauen** [*o* **übergeben**] to give sth to sb for [*or* put sth in[to] sb's] safekeeping ② (*fam: Gepäck~*) left-luggage [office] [*or* AM baggage room]

Aufbewahrungsort *m* **etw an einen sicheren ~ bringen** to put sth in a safe place; **ein geeigneter ~ für etw** the right place to keep sth

auf|bieten *vt irreg* ① (*einsetzen*) ■ **jdn/etw ~** to muster sb/sth; **die Polizei ~** to call in the police *sep;* **Truppen ~** to call in *sep* [*or* mobilize] troops ② (*aufwenden*) ■ **etw ~** to muster [*or* summon] [*or* gather] sth ③ (*zur Vermählung ausschreiben*) ■ **aufgeboten werden** to have one's banns published

Aufbietung <-> *f kein pl* ① (*Einsatz*) mustering; *von Polizei, Militär* calling in; **die ~ von Truppen** to mobilize [*or* call in] troops; **unter ~ einer S.** *gen*/**von etw** with the employment [*or* use] of sth; **unter ~ von Truppen** with the mobilization of troops ② (*das Aufbieten*) summoning, gathering, mustering; **unter** [*o* **bei**] **~ aller Kräfte** with the utmost effort, by summoning all one's strength

auf|binden *vt irreg* ① (*öffnen, lösen*) ■ **[jdm] etw ~** to untie [*or* undo] [sb's] sth ② (*hoch binden*) **Haare ~** to put up hair *sep;* **Zweige ~** to tie together twigs *sep* ③ (*auf etw befestigen*) ■ **etw [auf etw** *akk*] ~ to fasten [*or* tie] sth on[to] sth, to fasten [*or sep* tie down] sth; ■ **jdm/sich etw ~** to fasten [*or* tie] sth on sb/sth; **jdm/sich etw auf den Rücken ~** to hitch sth on[to] sb's/one's back ④ (*fam: weismachen*) ■ **jdm etw ~** to make sb fall for sth; **jdm eine Lüge ~** to tell sb a lie; ***das lasse ich mir von dir nicht ~!*** I'm not going to fall for that! ⑤ TYPO (*einbinden*) ■ **etw ~** to bind sth

auf|blähen I. *vt* ① (*füllen*) ■ **etw ~** to fill [*or* blow] out sth *sep;* ■ **aufgebläht** inflated ② MED (*blähen*)

■ **etw** ~ to distend sth; ■ **aufgebläht** distended, swollen ③ (*aufbauschen*) ■ **etw** ~ to inflate sth; ■ **aufgebläht** inflated; **bis ins Groteske aufgebläht** blown out of all recognition *pred* ④ (*übersteigern*) ■ **aufgebläht** [**sein**] [to be] inflated; **aufgeblähter Verwaltungsapparat** bloated administrative machinery **II.** *vr* ■ **sich** ~ ① (*sich füllen*) to fill ② MED (*sich blähen*) to become distended [*or* swollen] ③ (*pej: sich wichtig machen*) to puff oneself up; ■ **aufgebläht** puffed-up

aufblasbar *adj* inflatable

auf|blasen *irreg* **I.** *vt* ■ [**jdm**] **etw** ~ to inflate sth [for sb]; **einen Luftballon/eine Papiertüte** ~ to blow up *sep* [*or* inflate] a balloon/paper bag; ■ [**etw**] **zum Aufblasen sein** to be inflatable; **eine Puppe zum A~** an inflatable doll **II.** *vr* ■ **sich** ~ (*pej: sich wichtig machen*) to puff oneself up; ■ **aufgeblasen** [**sein**] [to be] puffed-up

auf|bleiben *vi irreg sein* ① (*nicht zu Bett gehen*) to stay up ② (*geöffnet bleiben*) to stay open

auf|blenden **I.** *vi* ① AUTO to turn up the headlights *sep*, to turn the headlights on [full [*or* AM high] beam]; **aufgeblendet** [*o* **mit aufgeblendeten Scheinwerfern**] **fahren** to drive with one's headlights on full beam ② FOTO to increase the aperture **II.** *vt* AUTO **die Scheinwerfer** ~ to turn up the/one's headlights *sep;* **die Scheinwerfer kurz** ~ to flash the/one's headlights

auf|blicken *vi* ① (*nach oben sehen*) ■ [**zu jdm/etw**] ~ to look up [at sb/sth]; [**zu jdm/etw**] **kurz** ~ to glance up [at sb/sth] ② (*als Vorbild verehren*) ■ **zu jdm** ~ to look up to sb

auf|blinken *vi* ① AUTO (*fam: kurz aufblenden*) to flash [one's headlights] ② (*kurz blinken*) to flash, to blink

auf|blitzen *vi* ① *haben* (*kurz aufleuchten*) to flash ② *sein* (*plötzlich auftauchen*) ■ [**bei/in jdm**] ~ to flash through sb's mind; ***der Gedanke blitzte in ihm auf*** the thought flashed through his mind; *Hass, Kampfeswille* to flare up [in sb]; ***in seinen Augen blitzte es zornig auf*** his eyes flashed angrily

auf|blühen *vi sein* ① (*Blume*) to bloom; *Knospe, Baum* to blossom [out]; [**voll**] **aufgeblühte Blumen** flowers in [full] bloom ② (*aufleben*) to blossom out ③ (*geh: sich entwickeln*) to [begin to] flourish [*or* thrive]

auf|bocken *vt* ■ **etw** ~ to jack up sth *sep*

auf|bohren *vt* ■ **etw** ~ to drill open sth *sep;* ■ **das A~** drilling open

auf|brauchen *vt* ■ **etw** ~ to use up sth *sep;* ■ **sich** ~ to get used up; ***meine Geduld ist aufgebraucht*** my patience is exhausted

auf|brausen *vi sein* ① (*wütend werden*) to flare up, to fly into a temper, to fly off the handle ② (*schäumen*) to fizz [up] ③ (*plötzlich einsetzen*) to break out; *Jubel a.* to burst forth

aufbrausend *adj* quick-tempered, irascible; ■ ~ **sein** to be quick-tempered [*or* irascible], to be liable to fly off the handle

auf|brechen *irreg* **I.** *vt haben* ■ **etw** ~ ① (*gewaltsam öffnen*) to break [*or* force] open sth *sep*, ein Auto/einen Tresor ~, to break into a car/strongroom; **einen Deckel** ~ to force [*or* BRIT prise] [*or* AM prize] [off [*or* open] *sep*] a lid; **ein Schloss** ~ to break open a lock *sep*, to force [open *sep*] a lock ② (*geh: zur Öffnung bringen*) to break down sth *sep* **II.** *vi sein* ① (*aufplatzen*) to break up, to split; *Knospe* to [burst] open; *Wunde* to open ② (*erneut sichtbar werden*) to break out ③ (*sich auf den Weg machen*) to start [*or* set] off [*or* out]; ***ich glaube, wir müssen*** ~ I think we've got to go, I think we ought to go

aufbrezeln *vr* (*fam*) to get all dolled up *pej*

auf|bringen *vt irreg* ① (*bezahlen*) ■ **etw** ~ to pay sth; **Geld** ~ to raise [*or* find] money ② (*mobilisieren*) ■ **etw** ~ to summon [up *sep*] sth ③ (*erzürnen*) ■ **jdn** [**gegen jdn/etw**] ~ to irritate sb, to set sb against sb/sth; *s. a.* **aufgebracht** ④ (*ins Leben rufen*) ■ **etw** ~ to start sth; **ein Gerücht** ~ to put about a rumour [*or* AM -or] *sep* ⑤ NAUT (*erobern*) **ein Schiff** ~ to capture [*or* seize] a ship ⑥ DIAL (*aufbekommen*) ■ **etw** ~ to get sth open; **einen Knoten** ~ to undo [*or* untie] a knot; ■ **aufgebracht werden** to be opened ⑦ (*auftragen*) ■ **etw** [**auf etw** *akk*] ~ to apply sth [to sth]; **Farbe** ~ to apply paint

Aufbruch *m* ① *kein pl* (*das Aufbrechen*) departure; ***das Zeichen zum ~ geben*** to give the signal to set off [*or* out] ② (*geh: Erneuerung*) emergence, awakening *liter;* **eine Zeit des ~s** a time of change [*or* new departures] ③ (*Frost~*) crack

Aufbruchsstimmung *f* ① (*Gefühl, aufbrechen zu wollen*) atmosphere of departure; ~ ***kam langsam*** [***unter den Gästen***] ***auf*** the party started to break up; ***hier herrscht schon*** ~ it's [*or* they are] all breaking up; ***es herrschte allgemeine*** ~ [***unter den Gästen***] the party was breaking up; **in** ~ **sein** to be wanting [*or* ready] to go ② (*Stimmung der Erneuerung*) atmosphere of awakening

auf|brühen *vt* ■ **etw** ~ to brew up *sep* sth; ■ [**jdm/sich**] **einen Tee/eine Tasse Kaffee** ~ to make [*or* brew] [sb/oneself] a [cup of] tee/coffee

auf|brummen *vt* (*fam*) ■ **jdm etw** ~ to land sb with sth *fam;* ***man hat mir schon wieder den Küchendienst aufgebrummt!*** I'm landed with kitchen duties again!

auf|bürden *vt* (*geh*) ① (*jdn mit etw belasten*) ■ **jdm etw** ~ to encumber sb with [*or form* load sth on to] sth ② (*jdm geben*) **jdm die Schuld** ~ to put the blame on [*or form* impute the guilt to] sb; **jdm die Verantwortung** ~ to burden [*or* saddle] sb with the responsibility

auf|decken **I.** *vt* ① (*enthüllen*) ■ **etw** ~ to uncover [*or* discover] sth; **einen schwierigen/ungelösten Fall** ~ to unravel a difficult/an unsolved case; **ein Rätsel** ~ to solve a riddle ② (*geh: bloßlegen*) ■ **etw** ~ to lay bare sth *sep*, to expose sth; **Fehler** ~ to discover [*or* identify] mistakes ③ KARTEN (*umdrehen*) **die Karten** ~ to show one's cards [*or* hand] ④ (*auf den Esstisch stellen*) ■ **etw** ~ to put sth on the table, to lay [*or* AM set] the table with sth ⑤ (*zurückschlagen*) ■ **etw** ~ to fold down sth *sep* ⑥ (*jds Bett zurückschlagen*) ■ **jdn** ~ to throw off sb's blankets *sep* **II.** *vi* (*den Tisch decken*) to lay [*or* AM set] the table

Aufdeckung <-, -en> *f* ① (*Enthüllung*) exposure, discovery; (*eines Falls*) solving; (*eines Rätsels*) solution (+*gen* to) ② (*geh: Bloßlegung*) exposure; *von Fehlern* discovery

auf|donnern *vr* (*pej fam*) ■ **sich** ~ to doll [*or* BRIT *a.* tart] oneself up *pej fam;* ■ **aufgedonnert** dolled [*or* BRIT *a.* tarted] up *pej fam;* ■ **aufgedonnert sein** to be dolled [*or* BRIT *a.* tarted] up *pej fam*

auf|drängen **I.** *vt* ■ **jdm etw** ~ to force [*or* push] [*or* impose] sth on sb **II.** *vr* ■ **sich jdm** ~ ① (*aufzwingen*) to force [*or* impose] oneself/itself on sb; ***ich will mich nicht*** ~ I don't want to impose [myself] ② (*in den Sinn kommen*) ***der Gedanke drängte sich ihm auf*** the thought came to [*or* struck] him, he couldn't help thinking

auf|drehen **I.** *vt* ■ **etw** ~ ① (*durch Drehen öffnen*) to turn on sth *sep;* **eine Flasche/ein Ventil** ~ to open a bottle/valve; **einen Schraubverschluss** ~ to unscrew a cap ② (*fam: lauter stellen*) to turn up sth *sep;* **voll aufgedreht** turned up full *pred* ③ DIAL (*aufziehen*) to wind up sth *sep* ④ (*zu Locken rollen*) to curl sth **II.** *vi* (*fam*) ① (*loslegen*) to get going; ■ **aufgedreht sein** to be full of go ② (*beschleunigen*) [**voll**]

~ to floor [*or* step on] the accelerator

aufdringlich *adj* ❶ (*zudringlich*) obtrusive, importunate *form,* pushy *fam;* **ein ~er Mensch** an insistent person; ■ **~ werden** to become obtrusive, to get pushy *fam* ❷ (*zu intensiv*) ■ **~ sein ein ~er Geruch** a pungent [*or* powerful] smell ❸ (*schreiend*) loud, powerful; ■ **~ sein** to be loud [*or* powerful]

Aufdringlichkeit <-, -en> *f* ❶ (*Zudringlichkeit*) obtrusiveness *no pl,* importunateness *no pl form,* pushiness *no pl,* insistence *no pl* ❷ (*zu intensive Art*) pungency *no pl* ❸ (*grelle Gestaltung*) loudness *no pl*

auf|dröseln *vt* (*fam*) ■ **etw ~** to unravel sth; **einen Knoten ~** to undo [*or* untie] a knot

Aufdruck <-drucke> *m* ❶ (*aufgedruckter Hinweis*) imprint, stamp ❷ (*Zusatzstempel auf Briefmarke*) overprint

auf|drucken *vt* ■ **etw [auf etw** *akk*] ~ to print sth on sth, to apply sth [to sth] *form*

auf|drücken **I.** *vt* ❶ (*durch Dagegendrücken öffnen*) ■ **etw ~** to push open sth *sep* ❷ (*durch Knopfdruck öffnen*) ■ **etw ~** to open sth [by pressing a/the button] ❸ (*mit etw darauf drücken*) ■ **etw [auf etw** *akk*] ~ to press [down on] [*or* press sth on] sth ❹ ■ **jdm einen ~** (*fam*) to give sb a kiss [*or fam* quick peck]; (*schmatzend*) to give sb a smacker *fam* **II.** *vi* (*die Tür elektrisch öffnen*) to open the door [by pressing a/the button]

aufeinander *adv* ❶ (*räumlich*) on top of each other [*or* one another]; **etw ~ häufen** to pile sth on top of one another; ■ **etw ~ legen** to put [*or* lay] sth on top of each other [*or* one another]; **~ liegen** to lie on top of each other [*or* one another]; **etw ~ schichten** to put sth in layers one on top of the other; **Holz ~ schichten** to stack wood [in layers]; **etw ~ stellen** to put [*or* place] sth on top of each other [*or* one another]; **sich** *akk* **~ stellen** to get on top of each other [*or* one another] ❷ (*zeitlich*) after each other, to follow [*or* come after] each other [*or* one another]; **dicht ~ folgen** to come thick and fast *a. hum;* **~ folgend** successive; **eng ~ folgend** thick and fast *a. hum* ❸ (*gegeneinander*) **~ losgehen/losschlagen** to hit away at/charge at each other [*or* one another]; **~ prallen** (*zusammenstoßen*) to collide, to bump into each other; *Truppen* to clash; **[hart] ~ prallen** *Meinungen* to clash; **~ stoßen** (*in ein Handgemenge geraten*) to clash; **~ treffen** (*zum Kampf zusammentreffen*) to meet; (*in konträrer Weise geäußert werden*) to come into conflict; **[hart] ~ treffen** to clash ❹ (*wechselseitig auf den anderen*) **~ angewiesen sein** to be dependent on each other [*or* one another]; **sich ~ verlassen** to rely on each other [*or* one another]; **~ zugehen** to approach each other [*or* one another]

aufeinander|folgen *vi sein s.* **aufeinander 2** **aufeinanderfolgend** *adj s.* **aufeinander 2** **aufeinander|legen** *vt s.* **aufeinander 1** **aufeinander|liegen** *vi irreg s.* **aufeinander 1** **aufeinander|prallen** *vi sein s.* **aufeinander 3** **aufeinander|schichten** *vt s.* **aufeinander 1** **aufeinander|stellen** *vt s.* **aufeinander 1** **aufeinander|stoßen** *vi irreg sein s.* **aufeinander 3** **aufeinander|treffen** *vi irreg sein s.* **aufeinander 3**

Aufenthalt <-[e]s, -e> *m* ❶ (*das Verweilen*) stay ❷ (*das Wohnen*) residence ❸ (*Aufenthaltsort*) place of residence, domicile *form,* abode *form;* **ständiger ~** permanent address [*or form* abode]; **in einer Stadt/einem Land [dauernden] ~ nehmen** (*geh*) to take up [permanent] residence in a city/country ❹ BAHN (*Wartezeit*) stop[over]; ***wie lange haben wir in Köln ~?*** how long do we have to wait [for] in Cologne?, how long do we stop [for] in Cologne?

Aufenthalter(in) <-s, -> *m(f)* SCHWEIZ nonpermanent [*or* foreign] resident; JUR resident alien

Aufenthaltsdauer *f* length [*or* duration] of [one's] stay **Aufenthaltserlaubnis** *f* residence permit **Aufenthaltsort** *m* whereabouts + *sing/pl vb;* JUR [place of] residence, abode *form;* **ständiger ~** permanent address [*or form* abode] **Aufenthaltsraum** *m* day room; (*in Firma*) recreation room; (*auf Flughafen*) lounge

auf|erlegen* *vt* (*geh*) ■ **jdm etw ~** to impose sth on sb; **jdm eine Strafe ~** to impose [*or* inflict] a punishment on sb; ■ **jdm ~, etw zu tun** to enjoin sb to do sth *form or liter*

auf|erstehen* *vi irreg sein* REL to rise from the dead; *Christus* to rise again; ■ **der Auferstandene** the risen Christ; ***Christus ist auferstanden!*** Christ is risen!

Auferstehung <-, -en> *f* REL resurrection; **Christi ~** the Resurrection [of Christ]; **~ feiern** (*hum fam*) to enjoy a comeback

Auferstehungsfest *nt* Feast of the Resurrection

auf|essen *irreg* **I.** *vt* ■ **etw ~** to eat up sth *sep* **II.** *vi* to eat up [everything] *sep*

auf|fädeln *vt* ■ **etw ~** to thread [*or* string] together sth *sep*

auf|fahren *irreg* **I.** *vi sein* ❶ (*mit einem Stoß darauf fahren*) ■ **auf jdn/etw ~** to run [*or* drive] into sb/sth; **auf eine Sandbank ~** to run [aground] on a sandback ❷ (*näher heranfahren*) ■ **[auf jdn/etw] ~** to drive [*or* move] up [to sb/sth]; **zu dicht ~** to drive too close behind [the car ahead], to tailgate; ***mein Hintermann fährt dauernd so dicht auf!*** the car behind me is right on my tail all the time, the car behind me is tailgating ❸ (*hinauffahren*) ■ **auf etw** *akk* **~** to drive on[to] sth ❹ (*hochschrecken*) to start [up]; **[aus dem Schlaf] ~** to awake with a start [*or* fright] ❺ (*aufbrausen*) to fly into a rage; ■ **auffahrend** irascible; *Mensch a.* quick-tempered **II.** *vt haben* ■ **etw ~** ❶ (*anfahren*) **Erde/Kies ~** to put down earth/gravel *sep* ❷ MIL (*in Stellung bringen*) to bring up sth *sep,* to bring sth into action ❸ (*sl: herbeischaffen*) to dish [*or* serve] up sth *sep;* ***fahr noch mal Bier auf!*** bring another round in! *fam* ❹ (*ins Felde führen*) to bring on [*or* forward] sth *sep; s.* **Geschütz**

Auffahrt *f* ❶ (*Autobahn~*) [motorway [*or* AM freeway]] slip [*or* approach] road [*or* AM ramp] ❷ *kein pl* (*das Hinauffahren*) climb, ascent ❸ (*ansteigende Zufahrt*) drive[way] ❹ SCHWEIZ *s.* **Himmelfahrt**

Auffahrunfall *m* collision; (*von mehreren Fahrzeugen*) pile-up

auf|fallen *vi irreg sein* ❶ (*positiv bemerkt werden*) **[jdm/bei jdm] [angenehm/positiv] ~** to make a good/positive impression on sb ❷ (*negativ bemerkt werden*) ■ **[als etw] ~** to attract attention [*or fam* stick out] [as sth]; ***nur nicht ~!*** don't go attracting attention!, just keep low! [*or* a low profile]; **[bei jdm] [negativ/unangenehm] ~** to make a negative/bad impression on sb ❸ (*besonders bemerkt werden*) ■ **[jdm] ~** to come to sb's attention [*or* notice], to stand out; ***sie fällt durch ihre weißen Haare auf*** her white hair makes her stand out ❹ (*als auffallend bemerkt werden*) ***ist Ihnen etwas Ungewöhnliches aufgefallen?*** did you notice anything unusual?; ***der Fehler fällt nicht besonders auf*** the mistake is not all that noticeable; ***fällt dieser Fleck/dieses Loch an meinem Kleid auf?*** does this stain show on/does this hole show in my dress?; ***was fällt dir an dem Gedicht auf?*** what does this poem tell you?; ■ **jdm ~, dass ...** sb has noticed that ...

auffallend **I.** *adj* (*ins Auge fallend*) conspicuous, noticeable; **~e Ähnlichkeit/Schönheit** striking likeness/beauty; ■ **~ sein** to be strange [*or* peculiar]; ■ **etwas/nichts A~es** something/nothing remarkable; ***das A~[st]e an ihm sind die roten Haare*** the [most] striking thing about him is his red hair **II.** *adv*

auffordern, verlangen

jemanden auffordern	asking someone
Kannst du grade mal kommen?	**Can you just** come here **for a minute?**
Besuch mich **doch mal.**	**Do** come and visit me.
Denk dran, mich heute Abend anzurufen.	**Don't forget** to phone me this evening.
Ich muss Sie bitten, den Raum zu verlassen. *(form)*	**I must ask you** to leave the room.
zu gemeinsamem Handeln auffordern	inviting a shared activity
Auf geht's! *(fam)*	**Let's go!**
An die Arbeit!/Fangen wir mit der Arbeit **an!**	**(Let's get) to work!/Let's get down to** work!
Lasst uns mal in Ruhe darüber reden.	**Let's just** talk about it calmly.
Wollen wir jetzt nicht endlich mal damit anfangen?	**Shall we finally** make a start on it?
verlangen	demanding
Ich will/bestehe darauf, dass du gehst.	**I want** you to go/**insist (that)** you go.
Ich verlange eine Erklärung von Ihnen.	**I demand an explanation from** you.
Das ist das Mindeste, was man verlangen kann.	**That is the least one can expect.**

① *(in ~er Weise)* strangely, oddly ② ▪**stimmt ~!** *(fam)* too true!, how right you are!

auffällig I. *adj* conspicuous; **~e Farbe/Kleidung** conspicuous [*or* loud] colour [*or* AM -or]/clothing; **~e Narbe** conspicuous [*or* prominent] scar; ***~er geht's nicht mehr*** he/they etc. couldn't make it more conspicuous [*or* obvious] if he/they etc. tried; **sozial ~** displaying social behavioural problems; ▪**an jdm ~ sein** to be noticeable about sb; ~ ***an ihm sind seine grauen Haare*** what is noticeable about him is his grey hair; ▪**etwas A~es** something conspicuous [*or* remarkable]; ***ihr neuer Hut hatte etwas A~es*** her new hat had something remarkable about it **II.** *adv* conspicuously; ***er hielt sich in der Diskussion ~ zurück*** it was conspicuous how little he took part in the discussion

auf|falten I. *vt* ▪**etw ~** to unfold sth **II.** *vr* ▪**sich ~** ① *(von Fallschirm)* to open ② GEOL *(sich verwerfen)* to fold upwards, to upfold *spec*

Auffangbecken *nt* ① *(Sammelbecken)* collecting tank ② *(Sammlungsbewegung)* focal point

auf|fangen *vt irreg* ① *(einfangen)* ▪**etw ~** to catch sth ② *(mitbekommen)* ▪**etw ~** to catch sth ③ TELEK *(zufällig über Funk mithören)* ▪**etw ~** to pick up sth *sep* ④ *(kompensieren)* ▪**etw ~** to offset [*or* counterbalance] sth ⑤ *(sammeln)* ▪**etw ~** to collect [*or* catch] sth ⑥ AUTO *(abfangen)* ▪**jdn/etw ~** to cushion sb/sth, to absorb sth ⑦ SPORT *(abwehren)* ▪**etw ~** to block [*or* intercept] sth

Auffanglager *nt* reception camp [*or* centre [*or* AM -er]]

auf|fassen *vt* ▪**etw [als etw** *akk*] **~** to interpret [*or* understand] sth [as sth]; **etw falsch ~** to interpret [*or* understand] sth wrongly, to misinterpret [*or* misunderstand] sth

Auffassung *f* ① *(Meinung)* opinion, view; ***ich bin der ~, dass ...*** I think [that]...; **nach jds ~, jds ~ nach** in sb's opinion, to sb's mind; ***nach katholischer ~*** according to the Catholic faith ② *kein pl* *(Auffassungsgabe)* perception

Auffassungsgabe *f kein pl* perception, grasp

auffieren *vt* NAUT ▪**die Schoten ~** *(lockern)* to loosen the ropes

auffindbar *adj* ▪**etw ist [nicht] ~** it is[n't] to [*or* can['t]] be found; **etw ~ machen** to show where sth can be found

auf|finden *vt irreg* ▪**jdn/etw ~** to find [*or* discover] sb/sth; ▪**etw ist nicht/nirgends aufzufinden** sth cannot be found/sth cannot be found anywhere

auf|fischen *vt* ① *(fam)* ▪**jdn/etw ~** to fish out sb *sep*, to fish up sth *sep* ② *(sl)* ▪**jdn ~** to dig up sb *sep fam*

auf|flackern *vi sein (geh)* to flare up, to kindle *liter*

auf|flammen *vi sein* ① *(flammend aufleuchten)* to flare up; **etw zum A~ bringen** to make sth flare up; **etw wieder zum A~ bringen** to rekindle sth ② *(geh: gewaltig losbrechen)* to flare up

auf|fliegen *vi irreg sein* ① *(hoch fliegen)* to fly up, to soar [up]; ▪**~d** soaring ② *(sich jäh öffnen)* to fly open ③ *(fam: öffentlich bekannt werden)* to be busted *fam; Betrug, Machenschaften* to be blown *fam;* ▪**jdn/etw ~ lassen** to blow sb/sth *fam,* to shop sb *sl* ④ *(fam: jäh enden)* to break up; ▪**etw ~ lassen** to blow sth *fam*

auf|fordern *vt* ① *(ersuchen)* ▪**jdn ~, etw zu tun** to ask [*or form* request] sb to do sth; ***wir fordern Sie auf, ...*** you are requested ... ② *(von jdm eine bestimmte Tätigkeit fordern)* **jdn zum Bleiben ~** to ask [*or form* call upon] sb to stay; **jdn zum Gehen/Schweigen ~** to ask [*or* tell] sb to go/to be quiet ③ *(zum Tanz bitten)* ▪**jdn ~** to ask sb to dance [*or* for a dance]

auffordernd I. *adj* inviting **II.** *adv* invitingly

Aufforderung *f* request; *(stärker)* demand; **auf die ausdrückliche ~** at the express request; **gerichtliche ~** summons; **~ zum Tanz** invitation to dance

auf|forsten I. *vt* ▪**etw [wieder] ~** to [re]afforest sth; ▪**das A~** afforestation; ***das A~ von Brachland*** the afforestation of fallow land **II.** *vi* to plant trees; ***man ist dabei aufzuforsten*** they are doing some reafforesting

auf|fressen *irreg* **I.** *vt* ① *(verschlingen)* ▪**jdn/etw ~** to eat up sb/sth *sep;* **die Beute ~** to devour its prey; ***ich fress' dich* [*deswegen*] *nicht auf!*** I'm not going to bite your head off [because of it]! ② *(fig: erschöpfen)* ▪**jdn ~** to exhaust sb **II.** *vi* to eat up all its food *sep*

auf|frischen I. *vt haben* ① *(reaktivieren)* **frühere Beziehungen/Freundschaften ~** to renew [earlier] relationships/friendships; **seine Erinnerungen ~** to refresh one's memories; **seine Kenntnisse ~** to polish up one's knowledge *sep;* **sein Französisch ~** to brush up one's French *sep* ② *(erneuern)* ▪**einen Anstrich ~** to brighten up a coat of paint *sep;* **sein Make-up ~** to retouch [*or sep* touch up] one's make-up ③ MED **eine Impfung ~** to boost an inoculation ④ *(ergänzen)* **Vorräte ~** to replenish stocks **II.** *vi sein o haben Wind* to freshen, to pick up; ▪**~d** freshening **III.** *vi impers sein* ▪**es frischt auf** it's getting [*or* becoming] cooler [*or* fresher]

Auffrischungsimpfung *f* booster [inoculation

form]

auf|führen I. *vt* ① (*spielen*) **Shakespeare/ein Theaterstück** ~ to perform [*or* put on] [*or* stage] Shakespeare/a play; **Wagner/ein Musikwerk** ~ to perform Wagner/a piece of music ② (*auflisten*) ■**jdn/etw** ~ to list sb/sth; **etw im einzelnen** ~ to itemize sth; **Beispiele** ~ to cite [*or* give] [*or* quote] examples; **Zeugen** ~ to cite witnesses **II.** *vr* (*sich benehmen*) ■**sich** ~ to behave; **sich so ~, als ob ...** to act as if ...; ***führ dich wegen so einer Lappalie nicht gleich so auf!*** don't make a scene about such a petty matter!

Aufführung *f* ① (*Darbietung*) performance; **die ~ eines Theaterstücks** the staging [*or* performance] of a play; **die ~ eines Musikstücks** the performance of a piece of music; **jdn/etw zur ~ bringen** (*geh*) to perform sb/sth; **zur ~ kommen** [*o* **gelangen**] (*geh*) to be performed ② (*Auflistung*) listing; *von Beispielen* citing, giving, quoting; *von Zeugen* citing; **einzelne ~** itemization; **zur ~ kommen** to be listed etc.

Aufführungsrecht *nt* performing [*or* dramatic] rights *npl*

auf|füllen I. *vt* ① (*vollständig füllen*) ■**etw** [**mit etw**] ~ to fill up sth *sep* [with sth] ② (*nachfüllen*) ■**jdm etw** [**mit etw**] ~ to top up sth *sep* [with sth] for sb; **Öl** ~ to top up the oil *sep;* **Benzin** ~ to tank [*or* fill] up **II.** *vi* (*nachfüllen*) ■**jdm** ~ to serve sb; ***darf ich Ihnen noch ~?*** (*das Glas ~*) may I top you [*or* your glass] up?

Aufgabe[1] <-, -n> *f* ① (*Verpflichtung*) job, task; **jds ~ sein, etw zu tun** to be sb's job [*or* task] [*or* responsibility] to do sth; **sich** *dat* **etw zur ~ machen** to make sth one's job [*or* business]; **sich** *dat* **zur ~ machen, etw zu tun** to make it one's business to do sth ② *meist pl* SCH (*Übungs~*) exercise; (*Haus~*) homework *no pl* ③ (*zu lösendes Problem*) question; **eine schwierige ~ lösen** to solve a difficult problem ④ (*Zweck*) purpose ⑤ (*das Aufgeben von Gepäck*) registering, registration; LUFT checking-in ⑥ (*das Abschicken von Briefen, Päckchen*) posting, sending off

Aufgabe[2] <-> *f kein pl* ① (*Verzicht auf weiteren Kampf*) surrender; **~ des Kampfes** cessation of fighting ② SPORT (*freiwilliges Ausscheiden*) withdrawal, retirement; **Sieg durch ~** (*in Boxen*) technical knockout ③ (*das Aufgeben*) ■**die ~ einer S.** *gen*/**von etw** giving up sth ④ (*das Fallenlassen*) dropping; *von Hoffnungen* abandonment ⑤ (*Einstellung*) closing down, giving up ⑥ (*das Abbrechen*) abandonment, dropping

auf|gabeln *vt* ① (*fam: kennen lernen*) ■**jdn** ~ to pick [*or* dig] up sb *sep fam* ② (*mit der Forke aufladen*) ■**etw** ~ to fork up sth *sep*

Aufgabenbereich *m,* **Aufgabengebiet** *nt* area of responsibility, purview *form* **Aufgabenheft** *nt* SCH homework book **Aufgabenstellung** *f* ① SCH (*geh*) setting of [one's] homework ② (*gestellte Aufgabe*) type of problem **Aufgabenverteilung** *f* allocation of responsibilities [*or* tasks]; SCH allocation of exercises

Aufgang <-gänge> *m* ① (*das Erscheinen*) rising; *von Planeten a.* ascent ② (*aufwärts führende Treppe*) staircase, stairs *npl;* **zwei Aufgänge** two staircases [*or* sets of stairs]; **im ~** (*fam*) on the stairs [*or* staircase]

auf|geben[1] *vt irreg* ① (*zu lösen geben*) ■**jdm etw** ~ to pose sth for sb ② SCH (*die Anfertigung von etw anordnen*) ■[**jdm**] **etw** ~ to give [*or* set] [sb] sth ③ (*zu befördern geben*) ■**etw** ~ **Gepäck** ~ to register luggage; LUFT to check in luggage ④ (*zur Aufbewahrung geben*) to put in [the] left luggage [*or* AM baggage room] ⑤ (*im Postamt abgeben*) ■**etw** ~ to post [*or* AM mail] sth ⑥ (*in Auftrag geben*) ■**etw** ~ to place [*or sep* put in] sth ⑦ DIAL (*Essen zuteilen*) ■**jdm etw** ~ to serve sb sth; ***kann ich dir noch Kartoffeln ~?*** can serve you [any] more potatoes?

auf|geben[2] *irreg* **I.** *vt* ① (*einstellen*) ■**etw** ~ to give up sth *sep;* **den Widerstand** ~ to give up one's resistance ② (*etw sein lassen*) ■**jdn/etw** ~ to give up sb/sth *sep;* **eine Stellung** ~ to resign [*or sep* give up] a post ③ (*mit etw aufhören*) ■**etw** ~ to give up sth *sep;* **eine Gewohnheit** ~ to break with [*or sep* give up] a habit; **das Rauchen** ~ to give up smoking; **eine Sucht** ~ to come away from an addiction; ***gib's auf!*** (*fam*) why don't you give up? ④ (*fallen lassen*) ■**etw** ~ to drop sth; **die Hoffnung** ~ to give up [*or* lose] hope; **einen Plan** ~ to drop [*or* throw over] a plan ⑤ (*verloren geben*) ■**jdn** ~ to give up with [*or* on] sb, to give up sb *sep* for lost ⑥ (*einstellen*) ■**etw** ~ to give up [*or* close down] sth *sep* ⑦ (*vorzeitig beenden*) ■**etw** ~ to drop [*or* abandon] sth **II.** *vi* (*sich geschlagen geben*) to give up [*or* in]; MIL to surrender

Aufgebot *nt* ① (*aufgebotene Menschenmenge*) crowd; *von Polizei, Truppen* contingent *form* ② (*Heiratsankündigung*) notice of [an] intended marriage; **das ~ bestellen** to give notice of one's intended marriage

aufgebracht I. *adj* outraged, infuriated, incensed; ■[**über jdn/über etw/wegen etw**] ~ **sein** to be outraged [*or* infuriated] [*or* incensed] [with sb/with sth/over sth]; ***über was bist du denn so ~?*** what are you so outraged [*or* infuriated] [*or* incensed] about? **II.** *adv* in outrage

aufgedunsen *adj* bloated, swollen; **~es Gesicht** puffy face; ■~ **sein** to be bloated [*or* swollen]; *Gesicht* to be puffy

Aufgedunsenheit <-> *f kein pl* bloatedness; *von Gesicht* puffiness

auf|gehen *vi irreg sein* ① (*langsam sichtbar werden*) to rise; *Planeten a.* to ascend ② (*sich öffnen*) to open; THEAT (*von Vorhang*) to rise, to go up ③ (*sich öffnen*) *Knoten, Reißverschluss etc.* to come undone ④ (*sich verwirklichen*) to work [out], to come off; ***all seine Pläne sind aufgegangen*** all his plans [have] worked out ⑤ (*klar werden*) ■**jdm** ~ to dawn on [*or* become apparent to] sb ⑥ MATH to work [*or* come] out; ***die Division geht [ganz/glatt] auf*** the division works [*or* comes] out even; *s. a.* **Rechnung** ⑦ (*seine Erfüllung finden*) ■**in etw** *dat* ~ to be taken [*or* wrapped] up in sth; ***sie geht ganz in ihrer Familie auf*** her family is her whole world ⑧ (*aufkeimen*) to sprout, to come up ⑨ KOCHK (*sich heben*) to rise, to prove

aufgehoben *adj* [**bei jdm**] **gut/schlecht ~ sein** to be/to not be in good keeping [*or* hands] [with sb]; [**bei jdm**] **besser/bestens ~ sein** to be in better/the best keeping [*or* hands] [with sb]; ***dort weiß ich die Kinder gut ~*** I know the children are in good care [*or* hands] there

auf|geilen I. *vt* (*sl*) ■**jdn** ~ to work up sb *sep fam* **II.** *vr* (*sl*) ■**sich** [**an jdm/etw**] ~ to get off [on sb/sth] *sl*

aufgeklärt *adj* ① PHILOS enlightened; ■~ **sein** to be enlightened ② (*sexualkundlich*) ■~ **sein** to know the facts of life; ***die heutige Jugend ist sehr ~*** young people nowadays are well-acquainted with the facts of life; *s. a.* **aufklären**

aufgekratzt *adj* (*fam*) full of beans *fam;* **sehr ~** over the moon *fam*

Aufgeld *nt* DIAL (*Zuschlag*) extra charge

aufgelegt *adj* ① (*in bestimmter Laune*) **gut/schlecht ~ sein** to be in a good/bad mood; ■[**dazu**] **~ sein, etw zu tun** to feel like doing sth; **zum Feiern ~ sein** to be in a mood for [*or* feel like] celebrating ② *attr* DIAL barefaced *pej*

aufgelöst *adj* ① (*außer sich*) ■[**vor etw** *dat*] ~ **sein** to be beside oneself [with sth] ② (*erschöpft*) exhausted, shattered *fam*

aufgeräumt *adj* (*geh*) cheerful, blithe *dated*

aufgeregt **I.** *adj* (*erregt*) excited; (*durcheinander*) flustered; ■ ~ [**über etw** *akk*] **sein** to be excited [*or* flustered] [about sth]; ~ [**vor Freude** *dat*] **sein** to be thrilled [with joy] **II.** *adv* excitedly; **ganz/ziemlich** ~ in complete/quite some excitement

Aufgeregtheit <-> *f kein pl* excitement; **in großer** ~ in great excitement; (*durcheinander*) in a very flustered state

aufgeschlossen *adj* open-minded; ■ **für/gegenüber etw** ~ **sein** to be open-minded about/as regards sth; ***neuen Ideen gegenüber bin ich jederzeit*** ~ I am always open [*or* receptive] to new ideas; **etw** *dat* ~ **gegenüberstehen** to be open-minded about [*or* as regards] sth

Aufgeschlossenheit <-> *f kein pl* open-mindedness

aufgeschmissen *adj* (*fam*) ■ ~ **sein** to be in a fix *fam*

aufgesetzt *adj s.* **aufsetzen I 5**

aufgeweckt *adj* bright, sharp, quick-[witted]; ■ ~ **sein** to be bright [*or* sharp]

Aufgewecktheit <-> *f kein pl* quick-wittedness, intelligence

auf|gießen *vt irreg* ① (*nachfüllen*) ■ [**jdm**] **etw** ~ *akk* to pour in sth *sep* [for sb]; ***darf ich Ihnen noch Wein*** ~***?*** may I top up your wine? ② (*darauf gießen*) **Kaffee/Tee** ~ to make coffee/tea, to brew tea; **Wasser** ~ to add [*or sep* pour on] water

auf|gliedern **I.** *vt* ■ **etw** [**in etw** *akk*] ~ to subdivide [*or sep* split up] sth [into sth]; **etw in** [**einzelne**] **Kategorien** ~ to categorize sth; **etw in Unterpunkte** ~ to itemize sth **II.** *vr* ■ **sich in etw** *akk* ~ to subdivide [*or* break down] into sth

Aufgliederung *f* breakdown, division

auf|glimmen *vi irreg sein* (*geh*) ① (*erglimmen*) to light up; **kurz** ~ to flicker up ② (*fig: schwach aufflackern*) to glimmer

auf|glühen *vi sein o haben* to start [*or* begin] to glow

auf|graben *vt irreg* ■ **etw** ~ to dig up sth *sep*

auf|greifen *vt irreg* ① (*festnehmen*) ■ **jdn** ~ to pick up sb *sep* ② (*weiterverfolgen*) ■ **etw** ~ to take up sth *sep;* **einen Punkt** ~ to take up a point; **ein Gespräch** ~ to continue a conversation

aufgrund *präp,* **auf Grund**[RR] + *gen* ■ ~ **einer S.** *gen* owing to [*or* because of] sth; ~ ***der Aussagen der Zeugen*** on the basis [*or* strength] of the witnesses' testimonies

Aufguss[RR] <-es, Aufgüsse> *m,* **Aufguß** <-sses, Aufgüsse> *m* ① PHARM [herbal] brew, infusion *spec* ② (*in der Sauna*) *a preparation of herbs suspended in water for vaporization on hot stones in a sauna*

Aufgussbeutel[RR] *m* tea bag; (*Kaffee*) sachet

auf|haben *irreg* **I.** *vt* (*fam*) ■ **etw** ~ ① (*geöffnet haben*) to leave open sth *sep* ② (*an sich tragen*) to wear [*or sep* have on] sth ③ (*aufgeknöpft haben*) to have sth open; **einen Knopf** ~ to have a button undone ④ SCH (*aufbekommen haben*) to have sth [to do] ⑤ DIAL (*aufgegessen haben*) to have finished [eating/drinking] [*or* have eaten/drunk up] sth *sep* **II.** *vi* (*fam*) to be open

auf|hacken *vt* ■ **etw** ~ ① (*durch Hacken aufbrechen*) to break up sth *sep* ② (*mit Schnabelhieben öffnen*) to peck [*or* break] open sth *sep;* **die Erde** ~ to peck away at the soil

auf|halsen *vt* (*fam*) ■ **jdm etw** ~ to saddle [*or* land] sb with sth; ■ **sich** *dat* **etw** ~ to saddle oneself with sth

auf|halten *irreg* **I.** *vt* ① (*abhalten*) ■ **jdn** [**bei etw**] ~ to keep sb back [*or* away] [from sth] ② (*am Weiterkommen hindern*) ■ **jdn** ~ to hold up sb *sep* ③ (*zum Halten bringen*) ■ **etw** ~ to stop sth; **einen Angriff** ~ to hold an assault in check; **den Vormarsch** ~ to arrest [*or* check] an advance ④ (*abwehren*) ■ **etw** ~ **einen Schlag** ~ to parry a blow ⑤ (*fam: offen hinhalten*) ■ **etw** ~ to hold open sth *sep;* **die Hand** ~ to hold out one's hand *sep* **II.** *vr* ① (*weilen*) ■ **sich** ~ to stay ② (*verweilen*) ■ **sich bei etw** ~ to dwell on [*or* linger over] sth ③ (*sich weiterhin befassen*) ■ **sich mit jdm/etw** ~ to spend time [dealing] with sb; ***mit denen halte ich mich nicht länger auf*** I'll not waste any more [of my] time with them

auf|hängen **I.** *vt* ① (*daran hängen*) ■ **etw** [**an/auf etw** *dat*] ~ to hang up sth *sep* [on sth]; **etw an der Garderobe** ~ to hang up sth *sep* in the cloakroom; **ein Bild** ~ to hang [up] a picture; **die Wäsche** ~ to hang out the washing [*or* AM laundry] [to dry] ② (*durch Erhängen töten*) ■ **jdn** [**an etw** *dat*] ~ to hang sb [from sth] ③ (*entwickeln*) **etw an einer Frage/Theorie** ~ to use a question/theory as a peg for sth ④ (*etw Lästiges zuschieben*) ■ **jdm etwas** ~ to lumber [*or* AM saddle] sb with sth **II.** *vr* ① (*sich durch Erhängen töten*) ■ **sich** [**an etw** *dat*] ~ to hang oneself [from sth] ② (*hum fam: den Mantel an den Haken hängen*) ■ **sich** ~ to hang up one's coat *sep*

Aufhänger <-s, -> *m* ① (*Schlaufe zum Aufhängen*) loop, tab ② (*fam: Anknüpfungspunkt*) peg [to hang sth on]

Aufhängung <-, -en> *f* AUTO suspension

auf|hauen **I.** *vt haben reg o irreg* (*fam*) ■ **etw** ~ to break open sth *sep;* **etw mit einer Axt** ~ to chop open sth *sep* with an axe **II.** *vi sein* (*fam*) **mit dem Kopf auf etw** *akk o dat* ~ to bash [*or* bump] one's head on [*or* against] sth

auf|häufen **I.** *vt* ■ **etw** ~ to pile up [*or* accumulate] sth; ■ **aufgehäuft** accumulated **II.** *vr* ■ **sich** ~ to pile up, to accumulate

auf|heben *irreg* **I.** *vt* ① (*vom Boden nehmen*) ■ **etw** [**von etw**] ~ to pick up sth *sep* [off sth] ② (*aufrichten*) ■ **jdn/etw** ~ to help sb [to] get up, to lift up sth *sep* ③ (*aufbewahren*) ■ [**jdm**] **etw** ~ to put aside sth *sep* for sb, to keep [back *sep*] sth for sb; (*nicht wegwerfen*) to keep sth [for sb]; *s. a.* **aufgehoben** ④ (*widerrufen*) ■ **etw** ~ to abolish [*or* do away with] sth; **ein Embargo** ~ to lift [*or* remove] an embargo; **einen Erlass** ~ to annul [*or form* rescind] a decree; **ein Gesetz** ~ to abolish [*or form* abrogate] a law; **ein Urteil** ~ to quash [*or* reverse] [*or form* rescind] a judgement; **eine Verfügung** ~ to cancel [*or form* rescind] an order ⑤ (*beenden*) ■ **etw** ~ to raise [*or* lift] sth ⑥ PHYS (*außer Kraft setzen*) ■ **aufgehoben sein/werden** to be/become neutralized, to be/become cancelled out **II.** *vr* (*sich ausgleichen*) ■ **sich** ~ to offset each other; MATH to cancel [each other] out

Aufheben <-s> *nt kein pl* [**nicht**] **viel** ~[**s**] [**von etw**] **machen** to [not] make a lot of [*or* kick up a] fuss [about [*or* over] sth] *fam;* **viel** ~[**s**] **von jdm machen** to make a lot of fuss about sb; **ohne** [**jedes/großes**] ~ without any/much fuss

Aufhebung <-, -en> *f* ① (*das Aufheben*) abolition; *von Embargo* lifting, raising; *von Erlass* annulment; *von Immunität* lifting, withdrawing [the privileges of]; *von Urteil* reversal; *von Verfügung* cancellation ② (*Beendigung*) lifting, raising ③ PHYS neutralization

auf|heitern **I.** *vt* ■ **jdn** ~ to cheer up sb *sep* **II.** *vr* ■ **sich** ~ ① (*sonniger werden*) to clear, to brighten up ② (*geh: einen heiteren Ausdruck annehmen*) to light up

Aufheiterung <-, -en> *f* ① (*das Aufheitern*) cheering up ② (*Nachlassen der Bewölkung*) bright period, improvement; **zunehmende** ~ gradual improvement, bright periods of increasing length

auf|heizen **I.** *vt* ① (*allmählich erhitzen*) ■ **etw** ~ to heat [up *sep*] sth ② (*geh: emotional aufladen*) ■ **jdn** ~ to inflame sb; **die Atmosphäre** ~ to charge the atmosphere; **die Stimmung** ~ to stir up feelings *sep;* ■ **aufgeheizt** charged **II.** *vr* ■ **sich** ~ ① (*sich allmählich erhitzen*) to heat up ② (*geh: sich emotional aufladen*) to become charged, to intensify

auf|helfen *vi irreg* ■ **jdm** [**von etw**] ~ to help up sb *sep* [*or* sb to get up] [off sth]

auf|hellen I. *vt* ■ **etw** ~ ① (*blonder, heller machen*) to lighten sth ② (*klarer machen*) to throw [*or* shed] light upon sth **II.** *vr* ■ **sich** ~ ① (*sonniger werden*) to brighten [up] ② (*geh: heiterer werden*) to light up

Aufheller <-s, -> *m* (*für Wäsche*) optical brightener; (*für Haare*) lightener

Aufhellung <-, -en> *f* ① (*Blondierung*) lightening ② (*Erhellung*) clarification, illumination ③ (*das Aufhellen*) brightening; ***es kam zu zeitweisen ~en*** the weather brightened up from time to time

auf|hetzen *vt* (*pej*) ■ **jdn** [**gegen jdn/etw**] ~ to incite [*or sep* stir up] sb['s animosity] [against sb/sth], to set sb against sb/sth; ■ **jdn zu etw** ~ to incite [*or sep* stir up] sb to [do] sth; ■ **jdn dazu ~, etw zu tun** to incite [*or sep* stir up] sb to do sth

auf|heulen *vi* ① (*abrupt heulen*) ■ [**vor etw** *dat*] ~ to howl [out] [with sth], to give a howl [of sth]; ***er heulte auf vor Wut*** he gave a howl of anger ② (*laut zu weinen beginnen*) to [start to] wail [*or* howl] ③ (*zum Heulen steigern*) *Motor* to [give a] roar; *Sirene* to [start to] wail

auf|holen I. *vt* (*wettmachen*) ■ **etw** ~ to make up sth *sep;* **versäumten Lernstoff** ~ to catch up on missed learning; ***der Bus holte die Verspätung auf*** the bus made up [for lost] time **II.** *vi* to catch up; *Läufer, Rennfahrer* to make up ground; *Zug* to make up time

auf|horchen *vi* to prick up one's ears, to sit up [and take notice]

auf|hören *vi* ① (*etw nicht mehr weiter tun*) ■ [**mit etw**] ~ to stop [*or* leave off] [sth]; ***hör endlich auf!*** [will you] stop it! [*or* leave off!]; **mit dem Lamentieren** ~ to stop complaining; **plötzlich** ~ to stop dead; ■ **~, etw zu tun** to stop [*or* leave off] doing sth; ***hör auf, zu jammern!*** stop whining! ② (*ein Ende nehmen*) to stop, to [come to an] end; ***es hört auf, zu regnen*** the rain is stopping [*or* coming to an end] ③ (*nicht weiterführen*) to stop, to [come to an] end; ***der Weg hört hier auf*** the track stops here ④ (*nicht fortgesetzt werden*) to stop, to [come to an] end ⑤ (*Stellung aufgeben*) ■ [**bei jdm/etw**] ~ to leave [sb/sth]; ***sie hat bei uns aufgehört*** she has left [us] ▶ WENDUNGEN: **da hört sich doch alles auf!** (*fam*) that's the [absolute] limit!

Aufkauf *m* ■ **der** ~ [**einer S.** *gen*/**von etw**] buying up sth *sep;* (*zur Verteuerung*) cornering sth

auf|kaufen *vt* ■ **etw** ~ to buy up sth *sep;* (*zur Verteuerung*) to corner [*or* get a corner] sth

Aufkäufer(in) *m(f)* buyer[-up]; (*zur Verteuerung*) cornerer, coemptor *spec*

auf|keimen *vi sein* ① (*sprießen*) to germinate, to sprout ② (*geh: sich zaghaft zeigen*) ■ [**in jdm**] ~ to bud [*or liter* burgeon] [in sb]; *Zweifel* to [begin to] take root; ■ **~d** budding, burgeoning *liter;* **~er Zweifel** growing [*or liter* nascent] doubt

auf|klaffen *vi sein o haben* to yawn; *Wunde* to gape; ■ **~d** yawning; **~er Abgrund** yawning abyss

aufklappbar *adj* hinged; **~es Verdeck** fold[-]down top; **Auto mit ~em Verdeck** convertible; ■ **~ sein** to be hinged [*or* on hinges]; **nach hinten/nach vorne/zur Seite ~ sein** to be hinged at the back/at the front/on the side; **nach außen/innen ~ sein** to hinge outwards/inwards

auf|klappen I. *vt haben* ■ **etw** ~ ① (*durch Auseinanderlegen öffnen*) to open [up *sep*] sth; **einen Liegestuhl** ~ to unfold a deckchair; **ein Messer** ~ to unclasp [*or* open] a knife; **ein Verdeck** ~ to fold back a top *sep;* ■ **aufgeklappt** open; **ein Cabrio mit aufgeklapptem Verdeck** a convertible with the top folded back; ■ **das Aufklappen** [**einer S.** *gen*/**von etw**] opening [up] sth ② (*hochschlagen*) to turn up sth *sep;* ■ **aufgeklappt** turned-up; **mit aufgeklapptem Kragen** with one's collar turned up **II.** *vi sein* (*sich durch Auseinanderfallen öffnen*) to open [up]; *Verdeck* to fold back

auf|klaren METEO **I.** *vi impers* ■ **es klart auf** it's clearing [*or* brightening] [up] **II.** *vi* (*sonniger werden*) to brighten [up]; *Wetter a.* to clear [up]; *Himmel a.* to clear

auf|klären I. *vt* ① (*erklären*) ■ **etw** ~ to clarify sth; **einen Irrtum/ein Missverständnis** ~ to resolve [*or sep* clear up] an error/a misunderstanding; **ein rätselhaftes Ereignis** ~ to throw [*or* shed] light on [*or* to clarify] a puzzling occurrence; ■ **es lässt sich** ~ it can be clarified/resolved etc.; ***lässt sich der Irrtum nicht ~?*** can't this error be put right? ② (*aufdecken*) ■ **etw** ~ to solve sth; **ein Verbrechen** ~ to clear up a crime ③ (*informieren*) ■ **jdn** [**über etw** *akk*] ~ to inform [*or* tell] sb [about sth], to inform sb [of sth]; ■ **aufgeklärt sein** to be informed ④ (*sexuell informieren*) **Kinder** ~ to explain the facts of life to children, to tell children the facts of life; (*in Sexualkunde*) to give children sex education; ■ **aufgeklärt sein** to know about the facts of life ⑤ MIL (*auskundschaften*) ■ **etw** ~ to reconnoitre sth; *s. a.* **aufgeklärt II.** *vr* ■ **sich** ~ ① (*sich aufdecken*) *Geheimnis, Irrtum etc.* to resolve itself, to be cleared up ② (*geh: sich aufhellen*) to light up, to brighten [up] ③ (*sonniger werden*) to clear, to brighten [up]

Aufklärer <-s, -> *m* ① MIL reconnaissance plane ② PHILOS philosopher of the Enlightenment

Aufklärung *f* ① (*Erklärung*) clarification; *von Irrtum, Missverständnis* resolution, clearing up ② (*Aufdeckung*) solution (+*gen*/**von** +*dat* to); *von Verbrechen* clearing up ③ (*Information*) ■ [**die**] ~ **über etw** *akk* [the] information about [*or* on] sth ④ (*sexuelle Information*) ***die ~ von Kindern*** explaining the facts of life to children; [**sexuelle**] ~ sex education ⑤ MIL (*Spionageabteilung*) reconnaissance ⑥ PHILOS ■ **die** ~ the Enlightenment

aufklärungsbedürftig *adj Fall, Sachverhalt, Angelegenheit* needing further explanation *pred*

Aufklärungsbuch *nt* sex education book **Aufklärungsfilm** *m* sex education film **Aufklärungsflugzeug** *nt s.* **Aufklärer 1 Aufklärungskampagne** *f* information campaign **Aufklärungspflicht** *f kein pl* [**richterliche**] ~ JUR duty of judicial enquiry; ADMIN obligation to provide information; [**ärztliche**] ~ MED *surgeon's/doctor's duty to inform a patient of the possible risks involved with an intended operation, course of treatment, etc.* **Aufklärungsquote** *f* detection rate (**von** for) **Aufklärungssatellit** *m* MIL spy satellite

auf|klatschen *vt* (*sl: verprügeln*) ■ **jdn** ~ to beat sb up *fam*

auf|kleben *vt* ■ **etw** [**auf etw** *akk*] ~ to stick on sth *sep,* to stick sth on sth; (*mit Kleister*) to paste on sth *sep,* to paste sth on sth; (*mit Leim*) to glue [sth] on sth *sep;* **eine Briefmarke** ~ to put on *sep* [*or form* affix] a stamp

Aufkleber *m* sticker; (*für Briefumschläge, Pakete usw.*) adhesive label

auf|knacken *vt* ■ **etw** ~ ① (*fam: aufbrechen*) to break into sth; **einen Tresor** ~ to break into [*or fam* crack] a safe ② (*knacken*) to crack [open *sep*] sth; **eine Nuss** ~ to crack [open] a nut

auf|knöpfen *vt* ① (*durch Knöpfen öffnen*) ■ [**jdm**/

sich] **etw** ~ to unbutton [sb's/one's] sth; **einen Knopf** ~ to undo a button; ■ **aufgeknöpft** unbuttoned; **mit aufgeknöpfter Hose** with one's trousers unbuttoned [*or* fly open [*or* undone]]; **sich** *dat* **die Knöpfe** ~ to undo one's buttons, to unbutton oneself *hum* ② (*durch Knöpfen befestigen*) ■ **etw** [**auf etw** *akk*] ~ to button sth to sth, to button on sth *sep*

auf|knoten *vt* ■ **etw** ~ to untie [*or* undo] sth; ■ **das A~** [**einer S.** *gen*/**von etw**] untying [*or* undoing] sth

auf|knüpfen I. *vt* ① (*erhängen*) ■ **jdn** [**an etw** *dat*] ~ to hang sb [from sth], to string up sb *sep* [on sth] *fam* ② *s.* **aufknoten II.** *vr* (*sich erhängen*) ■ **sich** [**an etw** *dat*] ~ to hang oneself [from sth]

auf|kochen I. *vt haben* (*zum Kochen bringen*) ■ **etw** ~ to heat [*or* warm] up sth *sep;* (*bei Kochrezepten*) to bring sth to the [*or* AM a] boil **II.** *vi sein* (*zu kochen beginnen*) to come to the [*or* AM a] boil; ■ **etw** ~ **lassen** to bring sth to the boil; ■ **das A~** [**einer S.** *gen*/**von etw**] bringing [sth] to the boil; ***nach kurzem A~ …*** after bringing to a quick boil …

auf|kommen *vi irreg sein* ① (*finanziell begleichen*) ■ **für etw** ~ to pay for sth, to bear [*or* pay] the costs of sth; **für die Kosten** ~ to bear [*or* pay] [*or form* defray] the costs of sth; **für den Schaden** ~ to pay for [*or* make good] the damage ② (*Unterhalt leisten*) ■ **für jdn/etw** ~ to pay for sth, to pay for sb's upkeep [*or* maintenance] ③ (*entstehen: von Nebel*) to come down; *Regen* to set in; *Wind* to rise, to get [*or* pick] up; **~der Nebel** settling mist; **bei ~dem Regen** as the rain sets/set in; **bei ~dem Wind** as the wind picks/picked up ④ (*entstehen*) to arise, to spring up; **~de Befürchtungen/Gerüchte** fresh fears/rumours [*or* AM -ors]; ■ **etw** ~ **lassen** to give rise to sth ⑤ (*aufsetzen*) ■ [**auf etw** *dat*] ~ to land [on sth]; **hart/weich** ~ to have a hard/soft landing; ■ **beim A~** when [*or* on] landing ⑥ NAUT (*herankommen*) to come [*or* haul] up; ■ **etw** ~ **lassen** to let sth come [*or* haul] up ▶ WENDUNGEN: **jdn/etw nicht** ~ **lassen** to not give sb/sth a chance; **gegen jdn/etw nicht** ~ to be no match for sb/sth; ***gegen ihn kommst du ja nicht auf!*** you haven't a [cat in hell's *fam*] chance against him

Aufkommen <-s, -> *nt* ① *kein pl* (*Entstehung*) emergence; *einer Methode* advent, emergence; *einer Mode a.* rise ② (*das Auftreten*) appearance; *von Wind* rising ③ FIN (*Einnahme*) amount; ~ **an Einkommensteuer** income-tax revenue

auf|kratzen *vt* ① (*durch Kratzen öffnen*) ■ [**sich** *dat*] **etw** ~ to scratch open sth *sep;* [**sich** *dat*] **die Haut** ~ to scratch one's skin sore ② (*sich durch Kratzen verletzen*) ■ **sich** ~ to scratch oneself sore

auf|kreischen *vi* ■ [**vor etw** *dat*] ~ to scream [out] [*or* shriek] [with sth], to give a scream [*or* shriek] [of sth]; ■ **~d** screaming, shrieking

auf|krempeln *vt* ■ **etw** ~ to roll up sth *sep;* ■ **sich** *dat* **etw** ~ to roll up one's sth *sep;* **sich die Ärmel** ~ to roll up one's sleeves

auf|kreuzen *vi sein* (*fam*) ■ [**bei jdm**] ~ to turn [*or* show] up [at sb's] *fam*

auf|kriegen *vt* (*fam*) *s.* **aufbekommen**

auf|künden *vt* (*geh*), **auf|kündigen** *vt* ① (*kündigen*) [**jdm**] **das Dienstverhältnis** ~ to give notice [to sb]; [**jdm**] **einen Vertrag** ~ to revoke [*or* terminate] a [*or* sb's] contract, to give sb notice of termination of their contract *form* ② (*das Ende von etw ankündigen*) **jdm die Freundschaft** ~ to break off *sep* [*or form* terminate] one's friendship with sb; **jdm den Gehorsam** ~ to refuse obedience to sb

Aufkündigung *f* (*geh*) ① (*Kündigung*) termination, revocation ② (*das Aufkündigen*) termination; ~ **des Gehorsams** refusal to obey

auf|lachen *vi* to [give a] laugh; **verächtlich** ~ to give a derisive laugh

auf|laden *irreg* **I.** *vt* ① (*darauf laden*) ■ **etw** [**auf etw** *akk*] ~ to load sth [on[to] sth]; **etw auf einen Wagen** ~ to load sth on[to] [*or* aboard] a vehicle ② (*auf den Rücken packen*) ■ **jdm/einem Tier etw** ~ to load down sb/an animal *sep* with sth ③ (*aufbürden*) ■ **jdm etw** ~ to burden [*or* saddle] sb with sth; ■ **sich** *dat* **etw** ~ to load oneself down [*or* burden oneself] with sth ④ ELEK ■ **etw** ~ to charge sth; **eine Batterie** [**wieder**] ~ to [re]charge a battery ⑤ (*Atmosphäre: aufheizen*) ■ **etw** ~ to charge sth; ■ **aufgeladen** charged **II.** *vr* ELEK ■ **sich** ~ to become charged, to take on a charge

Auflage <-, -n> *f* ① (*gedruckte Exemplare*) edition; **verbesserte** ~ revised edition ② (*Auflagenhöhe*) number of copies; *von Zeitung* circulation; ***das Buch/die Zeitung hat hohe ~n erreicht*** a large number of copies [of this book] has been sold/this paper has attained a large circulation ③ ÖKON (*Produktion*) [series] production ④ (*Bedingung*) condition; **harte ~n** stringent conditions; **die** ~ **haben, etw zu tun** to be obliged to do sth; **jdm ~n/eine** ~ **machen** to issue instructions/an order to sb; **jdm etw zur** ~ **machen** to impose sth on sb as a condition; **jdm zur** ~ **machen, etw zu tun** to make it a condition for sb to do sth, to impose a condition on sb that he/she etc. [should] do sth; **mit der ~, etw zu tun** on condition that he/she etc. [should] do sth ⑤ (*aufzulegendes Polster*) pad, padding *no pl* ⑥ (*Überzug*) plating *no pl,* coating; **eine** ~ **aus Blattgold/Kupfer** copper/gold plating

Auflage(n)höhe *f* (*von Buch*) number of copies published; *von Zeitung* circulation; ***das Buch/die Zeitung hatte eine ~ von 90.000 Exemplaren*** the book sold 90,000 copies/the paper had a circulation of 90,000 **auflagenschwach** *adj* low-circulation *attr,* with a low circulation; ■ ~ **sein** to have a low circulation **auflagenstark** *adj* high-circulation *attr,* with a high circulation; ■ ~ **sein** to have a high circulation

auf|lassen *vt irreg* ① (*fam: offen lassen*) ■ **etw** ~ to leave open sth *sep* ② (*fam: aufbehalten*) ■ **etw** ~ to leave [*or* keep] on sth *sep;* ***soll ich meinen Hut ~?*** should I keep my hat on? ③ (*fam: aufbleiben lassen*) ■ **jdn** ~ to let sb stay up [longer] ④ (*in die Höhe steigen lassen*) ■ **etw** ~ to let sth up ⑤ JUR (*übertragen*) ■ **etw** ~ to transfer [*or* convey] [*or form* assure] sth ⑥ (*stilllegen*) ■ **etw** ~ to close [*or* shut] down sth *sep;* ■ **aufgelassen** closed down; **ein aufgelassenes Bergwerk** an abandoned mine ⑦ ÖSTERR, SÜDD (*schließen*) ■ **etw** ~ to close [*or* shut] down sth *sep;* **das Geschäft** ~ to shut up shop

Auflassung <-, -en> *f* ① JUR (*Übertragung*) transfer[ance], conveyance ② BERGB (*Stilllegung*) shutting down ③ ÖSTERR, SÜDD (*Schließung*) shutting [*or* closing] down

auf|lauern *vi* ■ **jdm** ~ to lie in wait for sb; (*anschließend angreifen, ansprechen*) to waylay sb

Auflauf[1] *m* KOCHK *savoury or sweet dish baked in the oven*

Auflauf[2] *m* (*Menschen~*) crowd

auf|laufen *vi irreg sein* ① (*sich ansammeln*) to accumulate; *Zinsen* to accrue; *Schulden* to mount up; ■ **~d** accumulating; *Zinsen* accruing; ■ **aufgelaufen** accumulated; **aufgelaufene Zinsen** interest accrued ② (*auf Grund laufen*) ■ [**auf etw** *akk o dat*] ~ to run aground [on sth] ③ (*aufprallen*) ■ **auf jdn/etw** ~ to run into sb/sth; (*aus entgegengesetzten Richtungen a.*) to collide with sb/sth ④ (*ansteigen*) to rise; ■ **~d** rising; **~des Wasser** flood [*or* rising] tide ⑤ (*scheitern*) ■ [**mit etw**] ~ to fail [*or fam* fall flat] [with sth]; ■ **jdn/etw** ~ **lassen** (*fam*) to drop sb/sth in it

Auflaufform *f* ovenproof dish

auf|leben *vi sein* ① (*munter werden*) to liven up

② (*neuen Lebensmut bekommen*) to find a new lease of [*or* AM on] life ③ (*geh: sich erneut bemerkbar machen*) to revive ④ FIN (*erneut in Kraft treten*) to be[come] reinstated

auf|lecken *vt* ■ **etw** ~ to lick up sth *sep*

auf|legen I. *vt* ① (*herausgeben*) ■ **etw** ~ to publish [*or* print] [*or sep* bring out] sth; **ein Buch neu** [*o* **wieder**] ~ to reprint [*or* republish] a book; (*neue Bearbeitung*) to bring out a new edition [of a book] ② ÖKON (*produzieren*) ■ **etw** ~ to launch sth ③ FIN (*emittieren*) ■ **etw** ~ to float [*or* issue] sth ④ (*auf den Tisch legen*) **Gedeck** ~ to lay cutlery; **eine Tischdecke** ~ to put on *sep* [*or* spread] a tablecloth ⑤ **den Hörer** ~ to hang up, to replace the receiver ⑥ (*nachlegen*) **Holz/Kohle** ~ to put on more wood/coal *sep* ⑦ NAUT ■ **etw** ~ to lay up sth *sep,* to put sth out of commission II. *vi* (*Telefonhörer* ~) to hang up, BRIT *a.* to ring off

auf|lehnen *vr* ■ **sich** [**gegen jdn/etw**] ~ to revolt [*or* rebel] [against sb/sth]

Auflehnung <-, -en> *f* rebellion, revolt

auf|lesen *vt irreg* (*fam*) ① (*aufheben*) ■ **etw** [**von etw**] ~ to pick up sth *sep* [off sth]; **Obst** ~ to pick up *sep* [*or* gather] fruit ② (*finden und mitnehmen*) **jdn** [**von der Straße**] ~ to pick sb up [off the street] ③ (*aufschnappen*) ■ **etw** ~ to pick up sth *sep*

auf|leuchten *vi sein o haben* to light up

auf|liegen *irreg* I. *vi* ① (*auf etw liegen*) ■ [**auf etw** *dat*] ~ to lie [on sth] ② (*erschienen sein*) to be published II. *vr* (*sich etw wund liegen*) ■ **sich** *dat* **etw** ~ to get bedsores [on one's sth]; ■ **aufgelegen** [covered] with bedsores *pred*

auf|listen *vt* ■ [**jdm**] **etw** ~ to list sth [for sb]

Auflistung <-, -en> *f* ① *kein pl* (*das Auflisten*) listing ② (*Liste*) list

auf|lockern I. *vt* ① (*abwechslungsreicher machen*) ■ **etw** [**durch etw**] ~ to liven up sth *sep* [with sth], to make sth more interesting [with sth] ② (*zwangloser machen*) ■ **etw** ~ to ease sth; **in aufgelockerter Stimmung** in a relaxed mood ③ (*weniger streng machen*) ■ **etw** ~ to soften sth, to make sth less severe ④ (*von Verspannungen befreien*) ■ **etw** ~ to loosen up sth *sep;* (*vor Leibesübungen*) to limber up sth *sep* ⑤ (*lockern*) ■ **etw** ~ to loosen [up *sep*] sth, to mellow sth; ■ **aufgelockert** loosened, mellow[ed] ⑥ (*locker machen*) ■ **etw** ~ **die Erde** ~ to break up the earth [*or* soil] II. *vr* ■ **sich** ~ ① SPORT (*sich von Verspannungen befreien*) to loosen up; (*vor Leibesübungen*) to limber up ② (*sich zerstreuen*) to break up, to disperse; **aufgelockerte Bewölkung** thinning cloudcover

Auflockerung *f* ① (*abwechslungsreichere Gestaltung*) **zur** ~ **des Unterrichtsstoffes** [in order] to liven up the lesson [*or* to make the lesson more interesting] ② (*zwanglosere Gestaltung*) ***seine Witze trugen zur ~ der gespannten Atmosphäre bei*** his jokes helped to ease the tense atmosphere ③ (*weniger strenge Gestaltung*) **zur** ~ **eines Musters dienen** to serve to make a pattern less severe [*or* to soften a pattern] ④ (*Beseitigung von Verspannungen*) loosening up; (*vor Leibesübungen*) limbering up ⑤ (*Zerstreuung*) breaking up, dispersal ⑥ (*das Auflockern*) loosening [up]

auf|lodern *vi sein* ① (*plötzlich hoch schlagen*) to flare [*or* blaze] up; [**hoch**] **~de Flammen** raging flames ② (*geh: ausbrechen*) to flare up; *Kämpfe a.* to break out

auf|lösen I. *vt* ① (*in Flüssigkeit lösen*) ■ **etw** [**in etw** *akk o dat*] ~ to dissolve sth [in sth] ② (*aufklären*) ■ **etw** ~ to clear up *sep* [*or* resolve] sth ③ (*aufheben*) ■ **etw** ~ to disband sth, *Parlament* ~, to dissolve parliament; ■ **aufgelöst** disbanded; **aufgelöstes Parlament** dissolved parliament ④ (*zerstreuen*) ■ **etw** ~ to disperse [*or sep* break up] sth ⑤ FIN **ein Konto** ~ to close an account; ■ **aufgelöst** closed ⑥ (*ausräumen*) ■ **etw** ~ to clear sth; **einen Haushalt** ~ to break up a household *sep* ⑦ FOTO ■ **etw** ~ to resolve sth ⑧ MATH **Gleichungen** ~ to [re]solve equations; **Klammern** ~ to eliminate brackets ⑨ MUS ■ **Vorzeichen** ~ to cancel sharps/flats ⑩ (*geh: lösen*) **das Haar** ~ to let down one's hair *sep;* **einen Haarknoten** ~ to undo a bun; **mit aufgelösten Haaren** with one's hair loose [*or* down] II. *vr* ① (*in Flüssigkeit zergehen*) ■ **sich** ~ to dissolve ② (*sich zersetzen*) ■ **sich** ~ to disintegrate ③ (*sich klären*) ■ **sich** ~ to resolve itself, to be resolved; ***die Probleme haben sich*** [***in nichts/in Luft***] ***aufgelöst*** the problems have disappeared [into thin air] ④ (*die weitere Existenz beenden*) ■ **sich** ~ to disband ⑤ (*sich zerstreuen*) ■ **sich** [**in etw** *akk*] ~ to break up *sep* [*or* disperse] [into sth]; *Nebel a.* to lift ⑥ (*verschwinden*) **sich** [**in nichts/Luft** *akk*] ~ to disappear [into thin air]; *s. a.* **aufgelöst**

Auflösung *f* ① (*Beendigung des Bestehens*) disbanding; *vom Parlament* dissolution ② (*Zerstreuung*) dispersal, breaking up ③ (*Klärung*) clearing up, resolving ④ FIN closing ⑤ (*Bildqualität*) resolution; **ein Bildschirm mit hoher** ~ a high-resolution screen; (*Computer*) a high-resolution monitor ⑥ (*das Auflösen*) clearing; *von Haushalt* breaking up ⑦ (*das Zergehen*) dissolving; **die** ~ **des Zuckers im Kaffee** dissolving sugar in coffee ⑧ (*geh: Verstörtheit*) distraction

Auflösungszeichen *nt* MUS natural [sign]

auf|machen I. *vt* ① (*fam: öffnen*) ■ **etw** ~ to open sth ② (*fam: lösen*) ■ [**jdm**] **etw** ~ to undo [sb's] sth; ■ [**sich** *dat*] **etw** ~ to undo one's sth; **Schnürsenkel/Schuhe** ~ to undo [*or* untie] laces/shoes ③ (*gründen*) ■ **etw** ~ to open [up *sep*] sth ④ (*gestalten*) ■ **etw** ~ to make [*or* get] up sth *sep* ⑤ (*darstellen*) ■ **etw** ~ to feature sth; **etw mysteriös** ~ to feature sth as a mystery; **etw groß** ~ to give sth a big spread ⑥ MED (*sl: operieren*) ■ **jdn** ~ to open up sb *sep fam,* to cut open sb *sep fam* II. *vi* ① (*die Tür öffnen*) ■ [**jdm**] ~ to open the door [for sb] ② (*ein Geschäft* [*er*]*öffnen*) to open up III. *vr* ① (*sich anschicken*) ■ **sich** [**dazu**] ~, **etw zu tun** to get ready to do sth ② (*aufbrechen*) ■ **sich** [**zu etw**] ~ to set [*or* start] out [on sth]; **sich nach Ottobrunn/in die Kneipe** ~ to set out for Ottobrunn/for the pub

Aufmacher *m* MEDIA front-page story, lead [article]

Aufmachung <-, -en> *f* ① (*Kleidung*) turn-out; **in großer** ~ **erscheinen** to turn up [*or* out] in full dress ② (*Gestaltung von Buch*) presentation ③ (*Gestaltung von Seite, Zeitschrift*) layout; ***der Artikel erschien in großer*** ~ the article was given a big spread

auf|malen *vt* ■ **etw** [**auf etw** *akk*] ~ to paint sth [on sth]; (*kritzeln*) to scrawl sth [on sth]

Aufmarsch *m* ① (*das Aufmarschieren*) marching up; (*Parade*) march-past ② MIL (*Beziehen der Stellungen*) deployment

auf|marschieren* *vi sein* ① (*heranmarschieren und sich aufstellen*) to march up ② MIL (*in Stellung gehen*) to be deployed; ■ **jdn/etw** ~ **lassen** to deploy sb/sth; **jdn/etw in Gefechtsformation** ~ **lassen** to assemble sb/sth in fighting formation; **jdn** ~ **lassen** (*fig sl*) to drum up sb *sep,* to have sb march up *hum*

aufmeißeln *vt* MED ■ [**jdm**] **etw** ~ to trephine [sb's] sth

auf|merken *vi* ① (*aufhorchen*) to sit up [and take notice] ② (*geh: Acht geben*) ■ [**auf etw** *akk*] ~ to pay attention [to sth], to pay heed to sth; ***merk jetzt gut auf!*** pay close attention now!

aufmerksam I. *adj* ① (*alles genau bemerkend*) attentive; **~e Augen** keen [*or* sharp] eyes; ■ [**auf jdn/etw**] ~ **sein/werden** to take notice [of sb/sth]; **jdn auf etw** *akk* ~ **machen** to draw [*or* direct] sb's attention to sth, to point sth out to sb; **jdn darauf** ~ **ma-**

chen, dass ... to draw [*or* direct] sb's attention to the fact that ..., to point out to sb that ...; ***auf diese Situation sind wir nicht ~ gemacht worden*** we were not told of this situation ❷ (*zuvorkommend*) attentive; [***das ist***] ***sehr ~*** [***von Ihnen***]! [that's] most kind [of you] **II.** *adv* attentively; (*beobachtend*) observantly; ***seht mal ~ zu!*** watch carefully, pay attention and watch

Aufmerksamkeit <-, -en> *f* ❶ *kein pl* (*aufmerksames Verhalten*) attention, attentiveness; ***es ist meiner ~ entgangen*** it escaped my attention ❷ *kein pl* (*Zuvorkommenheit*) attentiveness ❸ (*Geschenk*) token [gift]; [***nur***] ***eine kleine ~ von mir!*** just a little something from me

auf|mischen *vt* (*sl*) ❶ (*neu mischen*) ■ **Farben ~** to remix paints ❷ (*verprügeln*) ■ **jdn ~** to lay into sb *sl*

auf|mixen *vt* **eine Soße ~** *to mix cold butter into a sauce to bind*

auf|möbeln *vt* (*fam*) ❶ (*restaurieren*) ■ **etw ~** to do up sth *sep fam* ❷ (*aufmuntern*) ■ **jdn ~** to cheer [*or fam* buck] up sb *sep*

auf|montieren* *vt* ❶ ■ **etw** [**auf etw** *akk*] **~** to mount [*or* install] sth [on sth], to fit sth on[to] sth, to fit [on *sep*] sth ❷ KOCHK *s.* **montieren**

auf|motzen *vt* (*fam*) ■ **etw ~** to doll [*or* BRIT *a.* tart] up sth *sep fam;* **ein aufgemotztes Auto** a souped-up car *fam*

auf|mucken *vi* (*fam*) ■ [**gegen jdn/etw**] **~** to kick [out] against sb/sth, to kick out; **~de Schüler** disruptive pupils

auf|muntern *vt* ■ **jdn ~** ❶ (*aufheitern*) to cheer up sb *sep* ❷ (*beleben*) to liven [*or* pick] up sb *sep* ❸ (*jdm Mut machen*) to encourage sb; **jdn zum Kampf ~** to encourage sb to fight

aufmunternd **I.** *adj* encouraging **II.** *adv* encouragingly; **~ gemeint sein** to be meant as [*or* to be] an encouragement

Aufmunterung <-, -en> *f* ❶ (*Aufheiterung*) cheering up; **als ~ gemeint sein** to be meant to cheer up ❷ (*Ermutigung*) encouragement; **als ~** as an encouragement ❸ (*Belebung*) livening up; **zur ~** to liven up sb *sep;* **jdm zur ~ dienen** to serve to liven up sb *sep*

aufmüpfig *adj* (*fam*) ■ **~ sein/werden** to be rebellious [*or* unruly] [*or* contrary]

auf|nähen *vt* ■ [**jdm**] **etw** [**auf etw** *akk*] **~** to sew sth on[to] [sb's] sth, to sew on sth *sep;* ■ **aufgenäht** sewn-on

Aufnahme¹ <-, -n> *f* ❶ (*das Fotografieren*) ■ **die ~** photographing; **die ~ von Bildern** taking of pictures [*or* photographs] ❷ (*das Filmen*) ■ **die ~** [**einer S.** *gen*/**von etw**] filming [*or* shooting] [sth]; ***Achtung, ~!*** action! ❸ (*Fotografie*) photo[graph], picture *fam;* **~n machen** to take photo[graph]s [*or* pictures]; **von jdm/etw eine ~ machen** to take a photo[graph] [*or* picture] of sb/sth *fam,* to take sb's photo[graph] [*or* picture] *fam* ❹ (*Tonband~*) [tape-]recording; **von jdm/etw eine ~ machen** to record sb/sth [on tape], to make a recording of sth on tape

Aufnahme² <-, -n> *f* ❶ (*Beginn*) start, commencement *form; von Tätigkeit a.* taking up; *von Beziehung, Verbindung a.* establishment ❷ (*Unterbringung*) ■ **die/eine ~ in etw** *akk* the admission [into] sth; **bei jdm ~ finden** to find accommodation at sb's house; **bei jdm freundliche ~ finden** to meet with a warm reception from sb ❸ *kein pl* (*Absorption*) absorption ❹ (*Verleihung der Mitgliedschaft*) ■ **die ~** admission ❺ (*Auflistung*) inclusion (**in** +*akk* in) ❻ (*Aufzeichnung*) taking down; *von Telegramm* taking; **die ~ eines Unfalls** taking down the details of an accident ❼ FIN (*Inanspruchnahme*) taking up, raising ❽ (*Reaktion*) reception; ■ **die ~ einer S.** *gen* **bei jdm** sb's reception of sth ❾ (*Aufnahmeraum in Klinik*) reception area, reception *no art* ❿ (*aufgenommener Patient*) admission ⓫ *kein pl* (*geh: Verzehr*) ingestion *form*

Aufnahmeantrag *m* application for membership, membership application **aufnahmefähig** *adj* ■ [**für etw**] **~ sein** to be able to grasp [*or sep* take in] sth **Aufnahmegebühr** *f* membership fee, dues *npl* **Aufnahmelager** *nt* POL, SOZIOL refugee camp **Aufnahmeprüfung** *f* entrance examination **Aufnahmestudio** *nt* recording studio **Aufnahmetechnik** *f* MUS, ELEK sound recording technology **Aufnahmewagen** *m* RADIO, TV recording van

Aufnahmsprüfung *f* ÖSTERR (*Aufnahmeprüfung*) entrance examination

auf|nehmen¹ *vt irreg* ■ **jdn/etw ~** ❶ (*fotografieren*) to photograph [*or* take a photo[graph] of] sb/sth, to take sb's photo[graph] [*or* picture]; ***diese Kamera nimmt alles sehr scharf auf*** this camera takes very sharply focused photographs [*or* pictures] ❷ (*filmen*) to film [*or fam* shoot] sb/sth ❸ (*aufzeichnen*) to record sb/sth [on tape], to make a recording of sth [on tape]

auf|nehmen² *vt irreg* ❶ (*unterbringen*) ■ **jdn** [**bei sich**] **~** to accommodate sb [at one's house], to take in sb *sep* ❷ (*in einer Schule unterbringen*) ■ **jdn ~** to admit [*or sep* take on] sb ❸ (*beitreten lassen*) ■ **jdn** [**in etw** *akk*] **~** to admit sb [to sth], to receive sb into sth ❹ (*geistig registrieren*) ■ **etw** [**in sich**] **~** to grasp [*or sep* take in] sth; ***diese Schüler nehmen alles schnell auf*** these pupils are quick on the uptake ❺ (*auflisten*) ■ **etw** [**in etw** *akk*] **~** to include sth [in sth] ❻ (*beginnen*) ■ **etw ~** to begin [*or form* commence [with]] sth; **eine Beziehung ~** to establish a relationship; **Kontakt mit jdm ~** to establish [*or* make] [*or* get in] contact with sb, to contact sb; **das Studium/eine Tätigkeit ~** to take up studies/an activity *sep* ❼ (*absorbieren*) ■ **etw ~** to absorb sth ❽ (*auf etw reagieren*) ■ **etw ~** to receive sth ❾ (*niederschreiben*) ■ **etw ~** to take down sth *sep;* **ein Telegramm ~** to take a telegram ❿ (*aufgreifen*) ■ **etw ~** to take up sth *sep* ⓫ (*fassen*) ■ **etw ~** to contain [*or* hold] sth ⓬ (*aufheben*) ■ **etw** [**von etw**] **~** to pick up sth *sep* [off sth] ⓭ NORDD (*aufwischen*) ■ **etw** [**mit etw**] **~** to wipe up sth *sep* [with sth] ⓮ FIN (*in Anspruch nehmen*) ■ **etw** [**auf etw** *akk*] **~** to raise sth [on sth]; **eine Hypothek auf ein Haus ~** to raise a mortgage on [*or* to mortgage] a house ⓯ (*auf die Nadel nehmen*) ■ **etw ~** to take [*or* pick] up sth *sep*
▸ WENDUNGEN: **es mit jdm/etw ~** [**können**] to be a match for sb/sth (**an** in); **es mit jdm/etw nicht ~ können** to be no match for sb/sth (**an** in)

Aufnehmer <-s, -> *m* NORDD (*Wischlappen*) cloth

äufnen *vt* SCHWEIZ (*ansammeln*) ■ **etw ~** to accumulate sth

auf|nötigen *vt* ❶ (*zu nehmen drängen*) ■ **jdm etw ~** to force [*or* press] sth on sb ❷ (*zu akzeptieren nötigen*) ■ **jdm etw ~** to force [*or* impose] sth on sb

auf|opfern *vr* ■ **sich** [**für jdn/etw**] **~** to sacrifice oneself [for sb/sth]

aufopfernd *adj s.* **aufopferungsvoll**

Aufopferung *f* sacrifice; **jdn mit ~ pflegen** to nurse sb with devotion

aufopferungsvoll **I.** *adj* (*hingebungsvoll*) devoted; **~e Arbeit** work with devotion **II.** *adv* with devotion; **jdn ~ pflegen** to nurse sb with devotion

auf|packen *vt* ❶ (*aufladen*) ■ **jdm/einem Tier etw ~** to load sth on[to] sb/an animal, to load sb/an animal with sth; ■ **sich** *dat* **etw ~** to load oneself with sth ❷ (*fam: aufbürden*) ■ **jdm etw ~** to burden [*or* saddle] sb with sth

auf|päppeln *vt* (*fam*) ■ **jdn/ein Tier ~** to feed up sb/an animal *sep;* (*wieder gesund machen*) to nurse sb/an animal back to health

auf|passen *vi* ① (*aufmerksam sein*) to pay attention; **genau ~** to pay close attention; ***kannst du nicht ~, was man dir sagt?*** can't you listen to what is being said to you?; ■ **~, dass ...** to take care that ...; ■ **pass auf!**, ■ **aufgepasst!** (*sei aufmerksam*) [be] careful!; (*Vorsicht*) watch [*or* BRIT *a.* mind] out! ② (*beaufsichtigen*) ■ **[auf jdn/etw]** ~ to keep an eye on sb/sth; (*bei Prüfung*) to invigilate [*or* AM proctor] [sb/sth]; **auf die Kinder** ~ to mind [*or* look after] the children

Aufpasser(in) <-s, -> *m(f)* (*pej: Aufseher*) watchdog *fam*, minder *fam;* (*bei Prüfung*) invigilator BRIT, proctor AM; (*Spitzel*) spy; (*Wächter*) guard, screw *pej sl*

auf|peitschen *vt* ① (*aufhetzen*) ■ **jdn** ~ to inflame [*or sep* work up] sb; (*stärker*) to whip up sb *sep* into a frenzy; **jdn zu neuen Übergriffen** ~ to inflame [*or sep* work up] sb into new attacks ② (*entflammen*) ■ **etw** ~ to inflame [*or* fire] sth ③ (*aufbranden lassen*) ■ **etw** ~ to whip up sth *sep;* **das aufgepeitschte Meer** the wind-lashed sea

auf|peppen *vt* (*sl*) ■ **etw** ~ to jazz up sth *sep fam*

auf|pflanzen **I.** *vt* ① MIL **Bajonette** ~ to fix bayonets; ■ **aufgepflanzt** fixed ② (*aufstellen*) ■ **etw** ~ to plant sth **II.** *vr* (*fam: sich hinstellen*) ■ **sich [vor jdm/etw]** ~ to plant oneself in front of sb/sth

auf|pfropfen *vt* ■ **etw [auf etw** *akk*] ~ to graft sth on[to] sth, to graft on sth *sep*

auf|picken *vt* ■ **etw** ~ ① (*pickend fressen*) to peck up sth *sep* ② (*pickend öffnen*) to peck open sth *sep*

auf|platzen *vi sein* to burst open; *Wunde* to open up, to rupture; ■ **aufgeplatzt** burst

auf|plustern **I.** *vt* (*aufrichten*) ■ **etw** ~ to ruffle [up] sth *sep;* **eine aufgeplusterte Henne** a hen with its feathers ruffled [up] **II.** *vr* ■ **sich** ~ ① (*das Gefieder aufrichten*) to ruffle [up *sep*] its feathers ② (*pej fam: sich wichtig machen*) to puff oneself up

auf|polieren* *vt* ■ **etw** ~ (*fam*) to polish up sth *sep*

auf|prägen *vt* ■ **etw [auf etw** *akk*] ~ to emboss [*or* stamp] sth with sth; **seinen Namen auf einen Füller** ~ to emboss [*or* stamp] a pen with one's name; ■ **aufgeprägt** embossed; ■ **das A~ einer S.** *gen/***von etw** stamping sth

Aufprall <-[e]s, -e> *m* impact; **bei einem ~ auf etw** *akk* [up]on impact with sth

auf|prallen *vi sein* ■ **[auf etw** *akk o dat*] ~ to hit [*or* strike] sth, to collide with sth; *Mensch, Fahrzeug a.* to run into sth; **frontal [auf etw** *akk o dat*] ~ to collide head-on [with sth]; **seitlich auf etw** *akk o dat* ~ AUTO to hit sth from the side, to have a lateral impact with sth *form;* ■ **das A~** impact

Aufpreis *m* extra [*or* additional] charge; **gegen** ~ for an extra [*or* additional] charge, at extra charge

auf|probieren* *vt* ■ **etw** ~ to try [on *sep*] sth; **einen Hut/eine Brille** ~ to try on *sep* a hat/a pair of spectacles

auf|pumpen *vt* ■ **etw** ~ ① (*durch Pumpen aufblasen*) to pump up *sep* [*or* inflate] sth; ■ **aufgepumpt** inflated ② (*die Reifen von etw mit Luft füllen*) to pump up [*or* inflate] the tyres [*or* AM tires] of sth; **beim A~** when pumping up [*or* inflating] tyres

auf|putschen **I.** *vt* ① (*aufwiegeln*) ■ **jdn/etw [gegen jdn/etw]** ~ to stir up *sep* [*or* rouse] sb/sth [against sb/sth]; **öffentliche Meinung** ~ to whip [*or* stir] up public opinion *sep* ② (*jds Leistungsfähigkeit steigern*) ■ **jdn** ~ to stimulate sb; ■ **~d** stimulating; **~de Substanzen** stimulants **II.** *vr* (*seine Leistungsfähigkeit steigern*) ■ **sich [mit etw]** ~ to pep oneself up [with sth] *fam*

Aufputschmittel *nt* stimulant, upper *sl*

auf|putzen *vt* DIAL *s.* **aufwischen**

auf|quellen *vi irreg sein* to swell [up]; ■ **aufgequollen** swollen; **aufgequollenes Gesicht** puffy [*or* bloated] face

auf|raffen **I.** *vr* ① (*sich mühselig erheben*) ■ **sich** *akk* **[von etw]** ~ to pull [*or* pick] oneself up [off sth] ② (*sich mühselig entschließen*) ■ **sich** *akk* **zu etw** ~, ■ **sich** *akk* **dazu ~, etw zu tun** to bring [*or* rouse] oneself to do sth; ***ich muss mich*** ~ I must pull myself together **II.** *vt* ■ **etw** ~ ① (*schnell aufheben*) to snatch up sth *sep* ② (*raffen*) to gather up sth *sep;* **mit aufgerafftem Rock** with her frock gathered up

auf|ragen *vi sein o haben* ■ **[über etw** *dat*] ~ to rise above sth; (*sehr hoch*) to tower [up] over sth, to tower up; *Turm* soaring; *Baum* towering

auf|rappeln *vr* (*fam*) ■ **sich** ~ ① (*wieder zu Kräften kommen*) to recover, to get over it ② *s.* **aufraffen I**

auf|rauen[RR], **auf|rauhen** *vt* ■ **etw** ~ ① (*von Haut: rau machen*) to roughen sth, to make sth rough ② (*von Textilien: rau machen*) to nap sth

Aufräumarbeiten *pl* clearing-up [*or* clean-up] operations

auf|räumen **I.** *vt* (*Ordnung machen*) ■ **etw** ~ to tidy [*or* clear] up sth *sep;* **einen Schrank** ~ to clear [*or* tidy] out a cupboard *sep;* **einen Schreibtisch** ~ to clear [up] a desk *sep;* **Spielsachen** ~ to clear [*or* tidy] away toys *sep;* ■ **aufgeräumt sein** to be [neat and] tidy **II.** *vi* ① (*Ordnung machen*) to tidy [*or* clear] up ② (*pej: dezimieren*) **unter der Bevölkerung [gründlich]** ~ *Seuche* to decimate [*or* wreak havoc among] the population; *Mordkommando* to slaughter the population; **unter Pennern** ~ to clear out [*or* away] down-and-outs *sep pej* ③ (*etw beseitigen*) ■ **mit etw** ~ to do away with sth

Aufräumungsarbeiten *pl* clear[ing]-up operations

auf|rechnen *vt* ■ **jdm etw [gegen etw]** ~ to offset sth against [sb's] sth

aufrecht **I.** *adj* upright, erect **II.** *adv* upright, erect; ~ **sitzen** to sit up[right]; **etw ~ hinstellen** to place sth upright [*or* in an upright position]

aufrecht|erhalten* *vt irreg* ① (*daran festhalten*) ■ **etw** ~ to maintain sth; **die Anklage** ~ to uphold [*or* abide by] the charge; **seine Behauptung** ~ to stick to one's view; **seine Entscheidung** ~ to abide by one's decision ② (*bestehen lassen*) ■ **etw** ~ to keep up sth *sep* ③ (*moralisch stützen*) ■ **jdn** ~ to keep sb going, to sustain sb

Aufrechterhaltung *f* ① (*das Aufrechterhalten*) maintenance; *von Anklage* upholding; *von Behauptung* sticking (+*gen* to); *von Entscheidung* abiding (+*gen* by) ② (*das weitere Bestehenlassen*) continuation

auf|regen **I.** *vt* ■ **jdn** ~ (*erregen*) to excite sb; (*verärgern*) to annoy [*or* irritate] sb; (*nervös machen*) to make sb nervous; (*bestürzen*) to upset sb; ***reg mich nicht auf!*** stop getting on my nerves!; ***das kann einen schon ~!*** that can really drive you mad *fam;* ***das regt mich auf!*** that really annoys me [*or fam* gets on my wig] ! **II.** *vr* (*sich erregen*) ■ **sich [über jdn/etw]** ~ to get worked up *fam* [*or* excited] [about sb/sth]; ***reg dich nicht so auf!*** don't get [yourself] so worked up!; *s. a.* **aufgeregt**

aufregend *adj* exciting; ■ **etwas A~es** something exciting; ■ **wie ~!** (*fam*) how exciting! *a. iron,* bully for him/them/you etc.! *iron*

Aufregung *f* ① (*aufgeregte Erwartung*) excitement *no pl* ② (*Beunruhigung*) agitation *no pl;* ***nur keine ~!*** don't get flustered, don't get [yourself] worked up *fam;* ***wozu die [ganze] ~?*** what's the big deal? *fam;* **in heller** ~ in utter confusion; **in helle ~ geraten** to work oneself into a panic; **jdn/etw in ~ versetzen** to get sb/sth into a state *fam*

auf|reiben *irreg* **I.** *vt* ① (*zermürben*) ■ **jdn** ~ to wear down [*or* out] sb *sep;* **jdn nervlich** ~ to fray sb's nerves ② (*wund reiben*) ■ **[jdm] etw** ~ to chafe sb's sth, to rub sb's sth sore ③ MIL *(völlig vernichten)* ■ **etw** ~ to annihilate [*or sep* wipe out] sth **II.** *vr* ① *(sich zermürben)* ■ **sich** ~ to wear oneself out; **sich [für die Arbeit]** ~ to work oneself into the ground ② *(sich aufscheuern)* ■ **sich** *dat* **etw [an etw** *dat*] ~ to chafe one's sth [*or* rub one's sth sore] [against sth]; **sich die Hände/Haut** ~ to rub one's hands/skin sore

aufreibend *adj* wearing, trying

auf|reihen I. *vt* ■ **etw [auf etw** *akk*] ~ to string sth [on sth]; **Edelsteine auf eine Schnur** ~ to string precious stones on a thread **II.** *vr* ■ **sich** ~ to line up, to get in lines [*or* a line]; **aufgereiht stehen** to stand in rows [*or* a row]

auf|reißen *irreg* **I.** *vt haben* ① *(durch Reißen öffnen)* ■ **etw** ~ to tear [*or* rip] open sth *sep* ② *(aufbrechen)* ■ **etw** ~ to tear [*or* rip] up sth *sep* ③ *(ruckartig öffnen)* ■ **etw** ~ to fling [*or* throw] open sth *sep;* **die Augen/den Mund** ~ to open one's eyes/mouth wide ④ *(aufritzen)* ■ **etw** ~ to tear [*or* rip] sth; ■ **[sich** *dat*] **etw [an etw** *dat*] ~ to tear [*or* rip] one's sth [on sth]; **die Haut leicht** ~ to graze one's skin ⑤ *(sl: aufgabeln)* ■ **jdn** ~ to pick up sb *sep fam* **II.** *vi sein* *(von Hose: aufplatzen)* to rip, to tear (**an** +*dat* at); *Naht* to split, to burst; *Wolkendecke* to break up; *Wunde* to tear open

auf|reizen *vt* ① *(erregen)* ■ **jdn** ~ to excite sb; *(stärker)* to inflame sb; ■ **sich durch etw** ~ **lassen** to get worked up about sth *fam* ② *(provozieren)* ■ **jdn [zu etw]** ~ to provoke sb [into doing sth]; **jdn zum Kampf** ~ to provoke sb into fighting

aufreizend I. *adj* ① *(erregend)* exciting ② *(sexuell provokant)* provocative; *Unterwäsche a.* sexy *fam* **II.** *adv* *(sexuell provokant)* provocatively; **sich** ~ **wiegen** to sway in a sexy rhythm *fam*

Aufrichte <-, -n> *f* SCHWEIZ *(Richtfest)* topping-out ceremony

auf|richten I. *vt* ① *(in aufrechte Lage bringen)* ■ **etw** ~ to put [*or* set] sth upright; ■ **jdn** ~ to help up sb *sep,* to help sb to her/his feet; **einen Patienten** ~ to sit up a patient ② *(aufstellen)* ■ **etw** ~ to erect [*or sep* put up] sth; **die Flagge** ~ to raise [*or sep* run up] a flag ③ *(geh: Mut machen)* ■ **jdn [wieder]** ~ to put new heart into [*or* give fresh courage to] sb **II.** *vr* ① *(aufrechte Stellung einnehmen)* ■ **sich** ~ *(gerade stehen)* to stand up [straight]; *(gerade sitzen)* to sit up [straight]; *(aus gebückter Haltung)* to straighten up ② *(geh: neuen Mut fassen)* ■ **sich an jdm** ~ to find new strength in [*or* take heart from] sb

aufrichtig I. *adj* honest, sincere, upright; ■ ~ **[zu jdm/gegenüber jdn] sein** to be honest [with sb]; **ein ~es Gefühl** a sincere feeling; **~e Liebe** true love **II.** *adv* sincerely; ~ **bedauern, dass ...** to sincerely regret that ...; **jdn** ~ **hassen/verabscheuen** to hate sb deeply

Aufrichtigkeit <-> *f kein pl* sincerity *no pl,* honesty *no pl*

auf|riegeln *vt* ■ **etw** ~ to unbolt sth

Aufriss^RR <-es, -e> *m,* **Aufriß** <-sses, -sse> *m* ① *(Ansicht)* elevation, vertical plan; *(Vorderansicht)* front view [*or* elevation]; *(Seitenansicht)* profile, side elevation; **etw im** ~ **zeichnen** to draw the front/side elevation etc. of sth ② *(kurze Darstellung)* outline, sketch

auf|ritzen *vt* ① *(durch Ritzen verletzen)* ■ **jdm/sich etw** ~ to cut [open *sep*] sb's/one's sth; *(aufkratzen)* to scratch [open *sep*] sb's/one's sth ② *(durch Ritzen öffnen)* ■ **etw [mit etw]** ~ to slit open *sep* sth [with sth]

auf|rollen I. *vt* ① *(zusammenrollen)* ■ **etw** ~ to roll up sth *sep;* **ein Kabel** ~ to coil [up *sep*] [*or sep* wind up] a cable; ■ **etw [auf etw** *akk*] ~ to wind up *sep* sth [on sth] ② *(entrollen)* ■ **etw** ~ to unroll sth; **eine Fahne** ~ to unfurl a flag ③ *(erneut aufgreifen)* ■ **etw wieder** ~ to re[-]open sth **II.** *vr* ■ **sich [zu etw]** ~ to roll up [into sth]; *Schlange* to coil [itself] [into sth]

auf|rücken *vi sein* ① *(weiterrücken)* to move up [*or* along]; *(auf einer Bank a.)* to budge up BRIT *fam* ② *(avancieren)* ■ **[zu etw]** ~ to be promoted [to sth]

Aufruf *m* ① *(Appell)* appeal; ■ **der/ein** ~ **an jdn** the/an appeal to sb; **ein** ~ **an das Volk** an appeal to the public; *(positiv a.)* a proclamation; **ein** ~ **zum Streik** a call for strike action; **einen** ~ **an jdn richten[, etw [nicht] zu tun]** to [make an] appeal to sb [[not] to do sth] ② *(das Aufrufen)* **ein** ~ **der Namen** a roll call; ■ **nach** ~ when [*or* on being] called ③ INFORM call; *von Daten a.* retrieval ④ LUFT call; ***letzter ~ für alle Passagiere*** last call for all passengers

auf|rufen *irreg* **I.** *vt* ① *([mit] Namen nennen)* ■ **etw** ~ to call [out *sep*] sth; ■ **jdn [namentlich]** ~ to call [out] sb['s name] ② *(zum Kommen auffordern)* ■ **jdn ~[, etw zu tun]** to request sb [to do sth] ③ *(appellieren)* ■ **[jdn] zu etw** ~ to call [upon sb] [*or* appeal [to sb]] for sth; **Arbeiter zum Streik** ~ to call upon workers to strike; ■ **jdn ~, etw zu tun** to call upon [*or* appeal to] sb to do sth ④ INFORM ■ **etw** ~ to call up *sep* sth; **Daten** ~ to retrieve [*or sep* call up] data ⑤ LUFT ■ **etw** ~ to call sth **II.** *vi* ■ **zu etw** ~ to call for sth; **zum Widerstand/Streik** ~ to call for resistance/a strike [*or* upon people to resist/strike]

Aufruhr <-[e]s, -e> *m* ① *kein pl* *(geh: Erregung)* tumult *no pl,* turmoil *no pl;* *(in der Stadt/im Volk)* unrest *no pl, no indef art;* **sein innerer** ~ the turmoil within one; **in [o im]** ~ **sein, sich in [o im]** ~ **befinden** to be in a tumult; *Bevölkerung* to be in a turmoil; **in** ~ *akk* **geraten** to be thrown into a turmoil; **jdn in** ~ *akk* **versetzen** to throw sb into a turmoil ② *(Aufstand)* revolt, uprising, rebellion; **einen** ~ **unterdrücken** to crush [*or* put down] [*or* quell] a revolt [*or* an uprising]

Aufrührer(in) <-s, -> *m(f)* insurgent, rabble-rouser *pej*

aufrührerisch *adj* ① *attr* *(rebellisch)* rebellious, insurgent; *(meuternd)* mutinous ② *(aufwiegelnd)* inflammatory, rabble-rousing *pej;* **eine ~e Rede** an incendiary [*or* an inflammatory] [*or pej* a rabble-rousing] speech

auf|runden *vt* ■ **etw [auf etw** *akk*] ~ to round up *sep* sth [to sth]; **etw auf einen glatten Betrag** ~ to bring up *sep* sth to a round figure; ■ **aufgerundet** rounded up

auf|rüsten I. *vi* to arm; ■ **wieder** ~ to rearm **II.** *vt* ① *(das [Militär]potenzial verstärken)* ■ **etw [wieder]** ~ to [re]arm sth ② *(hochwertiger machen)* ■ **etw** ~ to upgrade sth; **ein Kraftwerk** ~ to re[-]equip [*or* refit] a power plant

Aufrüstung *f* arming *no pl,* armament *no pl;* *(Wieder~)* rearming *no pl,* rearmament *no pl;* **die atomare [o nukleare]/konventionelle** ~ nuclear armament, the acquisition of nuclear/conventional arm[ament]s [*or* weapons]

auf|rütteln *vt* ① *(durch Rütteln aufwecken)* ■ **jdn [aus etw]** ~ to rouse sb [from sth], to shake sb out of sth ② *(aufstören)* ■ **jdn/etw [aus etw]** ~ to rouse sb/sth [from sth], to shake up *sep* sb/sth [out of sth]; **jdn aus seiner Lethargie/Untätigkeit** ~ to rouse sb from her/his apathy/[her/his] inactivity; **jds Gewissen** ~ to stir sb's conscience

aufs ① *(fam)* *s.* **auf das** *s.* **auf** ② + *superl* ~ **entschiedenste/grausamste** [*o* ~ **Entschiedenste/Grausamste**] most decisively/cruelly; ~ **beste** [*o* ~ **Beste**] in the best way possible

auf|sagen *vt* ① *(vortragen)* ■ **etw** ~ to recite [*or* say] sth ② *(geh: aufkündigen)* **jdm den Dienst/Gehorsam** ~ to refuse to serve/obey sb; **jdm die Freundschaft** ~ to break off *sep* one's friendship with sb

auf|sammeln *vt* ■**etw** ~ to gather [up *sep*] sth; (*Fallengelassenes*) to pick up sth *sep*

aufsässig *adj* ① (*widerspenstig*) unruly, recalcitrant *form;* **ein ~er Zögling** a disruptive [*or* an unruly] element ② (*widersetzlich*) rebellious

Aufsässigkeit <-, -en> *f meist sing* ① (*Widerspenstigkeit*) unruliness, recalcitrance *form* ② (*Widersetzlichkeit*) rebelliousness

Aufsatz[1] *m* top [*or* upper] part; (*zur Verzierung*) bit on top; **ein abnehmbarer** ~ a removable top part [*or* section]

Aufsatz[2] *m* ① SCH essay, composition ② (*Essay*) essay, treatise

Aufsatzthema *nt* essay subject

auf|saugen *vt reg o irreg* ① (*durch Einsaugen entfernen*) ■**etw [mit etw]** ~ to soak up *sep* sth [with sth] ② (*mit dem Staubsauger entfernen*) ■**etw** ~ to vacuum up sth *sep* ③ (*geh: in sich aufnehmen*) ■**etw [in sich** *akk*] ~ to absorb [*or sep* soak in] sth

auf|schauen *vi* (*geh*) *s.* **aufblicken**

auf|schaukeln *vr* (*fam*) ■**sich** ~ to build up

auf|schäumen **I.** *vi sein* to foam [up], to froth up; *Meer* to foam **II.** *vt haben* ■**etw** ~ to foam [*or* expand] sth

auf|scheuchen *vt* ① (*erschrecken und wegscheuchen*) ■**etw [von etw]** ~ to frighten [*or* scare] away sth [from sth] *sep* ② (*fam: jds Ruhe stören*) ■**jdn** ~ to disturb sb; ■**jdn aus etw** ~ to jolt sb out of sth

auf|scheuern **I.** *vt* ■**[jdm] etw** ~ to rub sb's sth sore; **die Haut** ~ to chafe sb's skin; ■**aufgescheuert** [rubbed *pred*] sore; **aufgescheuerte Haut** chafed skin **II.** *vr* ■**sich** *dat* **etw** ~ to rub one's sth sore, to chafe the skin of [*or* take the skin off] one's sth

auf|schichten *vt* ■**etw** ~ to stack [*or sep* pile up] sth; ■**aufgeschichtet** stacked, piled up

auf|schieben *vt irreg* ① (*durch Schieben öffnen*) ■**etw** ~ to slide open sth *sep;* **einen Riegel** ~ to push [*or* slide] back a bolt *sep* ② (*verschieben*) ■**etw [auf etw** *akk*] ~ to postpone [*or* defer] [*or sep* put off] sth [until [*or* till] sth] ► WENDUNGEN: **aufgeschoben ist nicht aufgehoben** (*prov*) there'll be another opportunity [*or* time]

auf|schießen *irreg* **I.** *vi sein* ① (*rasch wachsen*) to shoot up; *Jugendlicher* to shoot up *fam;* ■**aufgeschossen [sein]** [to be] lanky ② (*hochfahren*) ■**[aus etw]** ~ to leap [*or* shoot] up [out of sth] ③ (*in die Höhe schießen*) to leap up **II.** *vt haben* ■**etw** ~ to shoot open sth *sep*

Aufschlag *m* ① (*Aufprall*) impact *no pl;* (*mit Fallschirm*) landing ② SPORT (*eröffnender Schlag*) service *no pl,* serve; ~ **haben** to be serving; ***wer hat ~?*** whose serve [*or* service] [is it]? ③ (*Aufpreis*) extra charge, surcharge ④ MODE (*von Ärmel*) cuff; (*von Hose*) turn-up BRIT, cuff AM; (*von Mantel*) lapel, revers *spec*

auf|schlagen *irreg* **I.** *vi* ① *sein* (*auftreffen*) ■**[auf etw** *dat o akk*] ~ to strike, to hit [*or* strike] sth; ***das Flugzeug schlug in einem Waldstück auf*** the plane crashed into a wood; **mit dem Ellenbogen/Kopf [auf etw** *akk o dat*] ~ to hit one's elbow/head [on sth]; **dumpf [auf etw** *akk o dat*] ~ to [fall with a] thud [on[to] sth] ② *sein* (*sich abrupt öffnen*) to burst [*or* fly] open ③ *sein* (*auflodern*) ■**aus etw** ~ to leap [*or* blaze] up out of sth ④ *haben* (*sich verteuern*) ■**[um etw]** ~ to rise [*or* go up] [by sth] ⑤ *haben* SPORT (*das Spiel durch Aufschlag eröffnen*) to serve **II.** *vt haben* ① (*aufklappen*) ■**etw** ~ to open sth; **Seite 35** ~ to turn to page 35, to open one's book at [*or* AM to] page 35; ■**aufgeschlagen** open ② (*durch Schläge aufbrechen*) ■**etw [mit etw]** ~ to break open *sep* sth [with sth]; **das Eis [mit etw]** ~ to break a hole in [*or* through] the ice [with sth]; **Nüsse [mit etw]** ~ to crack [open *sep*] nuts [with sth]; **ein Schloss [mit etw]** ~ to break [open *sep*] a lock [with sth] ③ (*öffnen*) ■**etw** ~ to open one's sth ④ (*aufbauen*) ■**etw** ~ to put up sth *sep;* **ein Zelt** ~ to pitch [*or sep* put up] a tent ⑤ (*einrichten*) **seinen Nachtlager** ~ to bed down for the night; **sein Quartier [in etw** *dat*] ~ to settle down [in sth]; **seinen Wohnsitz in Hamburg** ~ to take up residence in Hamburg ⑥ (*hinzurechnen*) ■**etw auf etw** *akk* ~ to add sth to sth ⑦ (*verteuern*) ■**etw [um etw]** ~ to raise [*or sep* put up] sth [by sth] ⑧ (*umlegen*) ■**etw** ~ to turn back sth *sep;* **seine Ärmel** ~ to roll up *sep* one's sleeves; **seinen Kragen** ~ to turn up *sep* one's collar

Aufschläger(in) *m(f)* server

auf|schließen *irreg* **I.** *vt* ① (*etw mit dem Schlüssel öffnen*) ■**[jdm] etw** ~ to unlock sth [for sb] ② (*geh: offenbaren*) **jdm sein Herz/Innerstes** ~ to open [*or sep* pour out] one's heart to sb, to tell sb one's innermost thoughts **II.** *vi* ① (*öffnen*) ■**[jdm]** ~ to unlock the door [for sb] ② (*näher rücken*) to move up; ■**[zu jdm/etw]** ~ to catch up [with sb/sth]; *s. a.* **aufgeschlossen**

auf|schlitzen *vt* ① (*durch Schlitzen öffnen*) ■**etw [mit etw]** ~ to slit [open *sep*] sth [with sth]; ■**jdn [mit etw]** ~ to slash [*or sep* cut up] sb [with sth] ② (*durch Schlitzen verletzen*) ■**jdm etw** ~ to slash [*or sep* cut up] sb's sth; **jdm den Bauch** ~ to slash open *sep* sb's belly; ■**sich** *dat* **etw** ~ to slit one's sth; **sich** *dat* **den Bauch** ~ to disembowel oneself, to slit [*or* slash] open one's stomach *sep* ③ (*durch Schlitzen beschädigen*) ■**etw [mit etw]** ~ to slash sth [with sth]; ■**einer S.** *dat* **etw** ~ to slit [open [*or* into] *sep*] sth's sth

Aufschluss[RR] <-es, Aufschlüsse> *m,* **Aufschluß** <-sses, Aufschlüsse> *m* information *no pl;* ~ **[über etw** *akk*] **verlangen** to demand an explanation [of sth]; **[jdm] ~ [über jdn/etw] geben** to give [sb] information [about sb/sth]

auf|schlüsseln *vt* ① (*detaillieren*) ■**etw [nach etw]** ~ to classify sth [according to sth] ② (*erläutern*) ■**jdm etw** ~ to explain sth to sb; **jdm etw detaillierter** ~ to give sb a more detailed explanation of sth

aufschlussreich[RR], **aufschlußreich** *adj* informative, instructive; (*enthüllend*) revealing, illuminating

auf|schnappen *vt* (*fam*) ■**etw** ~ ① (*mitbekommen*) to pick up sth *sep;* **einzelne Worte** ~ to catch [*or sep* pick up] the odd word ② (*durch Zuschnappen fangen*) to catch sth

auf|schneiden *irreg* **I.** *vt* ① (*in Scheiben schneiden*) ■**[jdm] etw** ~ to slice sth [for sb]; ■**aufgeschnitten** sliced, in slices *pred* ② (*tranchieren*) ■**etw** ~ to carve sth ③ (*auseinander schneiden*) ■**etw** ~ to cut open sth *sep;* **einen Knoten/eine Kordel** ~ to cut [through] a knot/cord ④ MED ■**[jdm] etw** ~ to lance [sb's] sth; *s. a.* **Pulsader** **II.** *vi* (*fam*) to brag, to boast; **maßlos** ~ to lay it on thick [*or* with a trowel] *fam*

Aufschneider(in) *m(f)* (*fam*) boaster, show-off

Aufschnitt *m kein pl* (*aufgeschnittene Wurst*) assorted sliced cold meats *pl,* cold cuts *npl* AM; (*aufgeschnittener Käse*) assorted sliced cheese[s *pl*]

Aufschnittgabel *f* cold meat fork **Aufschnittmesser** *nt* ham carver

auf|schnüren *vt* ■**etw** ~ to untie [*or* undo] sth; **ein Paket** ~ to unwrap [*or* open] [*or* undo] a parcel; **einen Schuh** ~ to unlace a shoe

auf|schrammen *vr s.* **aufschürfen**

auf|schrauben *vt* ■**etw** ~ to unscrew [*or sep* screw off] sth; **eine Flasche** ~ to take [*or* screw] the cap [*or* top] off a bottle, to unscrew the cap [*or* top] of a bottle

auf|schrecken **I.** *vt* <schreckte auf, aufgeschreckt> *haben* ■**jdn [aus etw]** ~ to startle sb [from sth]; **jdn aus der Gleichgültigkeit/Lethargie** ~ to rouse sb from [*or* jolt sb out of] her/his indifference/apathy **II.** *vi* <schreckte *o* schrak auf, auf-

geschreckt> *sein* ■ [**aus etw**] ~ to start [up] [*or* be startled] [from sth]; **aus seinen Gedanken** ~ to start; **aus dem Schlaf** ~ to wake up with a start

Aufschrei *m* ① (*schriller Schrei*) scream, shriek ② (*Lamento*) outcry; **ein ~ der Empörung** an [indignant] outcry, an outcry of indignation

auf|schreiben *vt irreg* ① (*niederschreiben*) ■ [**jdm**] **etw** [**auf etw** *akk*] ~ to write [*or* note] down sth [for sb] *sep,* to write [*or* note] sth [down] [for sb] on sth; ■ **sich** *dat* **etw** ~ to make a note of sth ② (*fam: anschreiben*) ■ [**jdm**] **etw** ~ to put sth on the/sb's slate *fam,* to chalk up *sep* sth [for sb] ③ (*verordnen*) ■ [**jdm**] **etw** ~ to prescribe sth [for sb] ④ (*fam: polizeilich notieren*) ■ **jdn** ~ to take sb's name; (*ausführlicher*) to take [down *sep*] sb's particulars

auf|schreien *vi irreg* to shriek; **vor Entsetzen** ~ to shriek with fright, to give a shriek of terror

Aufschrift *f* inscription

Aufschub *m* ① (*Verzögerung*) delay (+*gen* in); (*das Hinauszögern*) postponement, deferment; **ein ~ der Hinrichtung** a stay of execution, a reprieve; **keinen ~ dulden** (*geh*) to brook [*or* admit of] no delay *form* ② (*Stundung*) respite *no pl,* grace *no pl, no art;* **eine Woche** ~ a week's grace; **um einen ~ bitten** to ask for time [*or* a delay]; **jdm ~ gewähren** to allow sb grace, to grant sb a delay [*or* an extension]

auf|schürfen *vt* ■ [**sich** *dat*] **etw** ~ to graze [*or* scrape] one's sth; ■ **aufgeschürft** grazed

auf|schütteln *vt* ■ **etw** ~ to plump up sth *sep*

auf|schütten *vt* ① (*nachgießen*) ■ **etw** [**auf etw** *akk*] ~ to pour on sth *sep,* to pour sth on [*or* over] sth ② (*aufhäufen*) ■ **etw** ~ to heap [*or* pile] up sth *sep;* **Stroh** ~ to spread straw ③ (*durch Aufhäufen errichten*) ■ **etw** ~ to build up sth *sep;* **eine Straße** ~ to raise a road; (*erweitern*) to widen a road

Aufschüttung <-, -en> *f* earth bank [*or* wall], embankment

auf|schwatzen *vt,* **auf|schwätzen** *vt* DIAL (*fam*) ■ **jdm etw** ~ to fob sth off on sb, to talk sb into taking/buying sth; ■ **sich** *dat* **etw** [**von jdm**] ~ **lassen** to get talked into taking/buying sth [off sb]

auf|schwemmen I. *vt* ■ **etw** ~ to make sb's sth bloated [*or* puffy]; ■ **jdn** ~ to make sb bloated II. *vi* to make sb bloated, to cause bloating; ■ **aufgeschwemmt** bloated; **ein ~es Gesicht** a bloated [*or* puffy] face

auf|schwingen *irreg* I. *vr haben* ■ **sich** [**zu etw**] ~ ① (*sich aufraffen*) to bring oneself to do sth; ■ **sich dazu ~, etw zu tun** to bring oneself to do sth ② (*geh: sich nach oben schwingen*) to soar [up] [to[wards] sth] II. *vi sein* to slide open

Aufschwung *m* ① (*Auftrieb*) lift *no pl,* impetus *no pl, no indef art;* **jdm neuen ~ geben** to give sb fresh impetus ② (*Aufwärtstrend*) upswing, upturn; **einen ~ nehmen** to take an upward trend; **im ~ sein** to be on the upswing ③ SPORT swingup

auf|sehen *vi irreg* ① (*hochsehen*) ■ [**von etw**] ~ to look up [from sth]; ■ **nicht von der Arbeit** ~ to not look up from one's work; (*nicht ablenken lassen*) to keep one's eyes on one's work; ■ **zu jdm** ~ to look up at sb ② (*bewundern*) ■ **zu jdm** ~ to look up to sb

Aufsehen <-s> *nt kein pl* sensation; **ohne** [**großes/jedes**] ~ without any [real] fuss [*or fam* hassle]; **jd erregt** [**mit etw**]**/etw erregt** [**großes**] ~ sb['s sth]/sth causes a [great] sensation [*or* stir]; ~ **erregend** sensational; **etwas ~ Erregendes** something sensational, quite something *fam;* (*negativ*) something shocking; ■ **nichts ~ Erregendes** nothing sensational; **um etw viel ~ machen** to make [*or fam* kick up] a lot of fuss about sth; **das wird für ~ sorgen** that will cause a sensation; **jedes ~ vermeiden** to avoid causing a sensation [*or* fuss]

aufsehenerregend *adj s.* **Aufsehen**

Aufseher(in) <-s, -> *m(f)* ① (*Gefängnis~*) [prison] guard, BRIT *a.* warder ② (*die Aufsicht führende Person*) supervisor; (*Museums~*) attendant

auf|sein *vi irreg sein* (*fam*) *s.* **auf II 1, 2, 3**

auf|setzen I. *vt* ① (*auf den Kopf setzen*) ■ **etw** [**auf etw** *akk*] ~ to put on sth *sep;* ■ **sich** *dat* **etw** ~ to put on sth *sep;* **die Brille** ~ to put on one's glasses; **mit aufgesetzter Maske** with a mask on ② (*auf den Herd stellen*) ■ **etw** ~ to put on sth *sep* ③ (*auf den Boden aufkommen lassen*) ■ **etw** ~ to put down sth *sep,* to put sth down on the floor; ***ich kann den Fuß nicht richtig*** ~ I can't put any weight on my foot ④ (*verfassen*) ■ [**jdm**] **etw** ~ to draft [*or sep* draw up] sth [for sb] ⑤ (*zur Schau tragen*) ■ **etw** ~ to put on sth *sep;* ■ **aufgesetzt** false *pej;* **ein aufgesetztes Lächeln** a false [*or pej* plastic] smile; ■ **aufgesetzt sein** to be false ⑥ (*aufrichten*) ■ **jdn** ~ to sit up sb *sep* II. *vr* (*sich aufrichten*) ■ **sich** ~ to sit up III. *vi* ■ [**auf etw** *dat o akk*] ~ to land [*or* touch down] [on sth]; **auf die** [*o* **der**] **Landebahn** ~ to land, to touch down

auf|seufzen *vi* [**laut**] ~ to heave a [loud] sigh; ***„endlich!" seufzte sie auf*** "at last!" she sighed

Aufsicht <-, -en> *f* ① *kein pl* (*Überwachung*) supervision (**über** +*akk* of); ~ **führend** supervising; **der ~ führende Lehrer** the invigilator [*or* AM proctor]; **bei einer Prüfung ~ führen** [*o* **haben**] to invigilate [*or* AM proctor] an exam; **im Pausenhof ~ führen** [*o* **haben**] to be on duty during break; **jdn ohne ~ lassen** to leave sb unsupervised [*or* without supervision]; **jdm obliegt die ~ über jdn/etw** (*geh*) sb is in charge of [*or* responsible for] sb/sth; **unter ärztlicher/polizeilicher** ~ under medical/police supervision ② (*Aufsicht führende Person*) person in charge; (*bei einer Prüfung*) invigilator BRIT, proctor AM; **die ~ fragen** to ask at the office

aufsichtführend *adj attr s.* **Aufsicht 1**

Aufsichtführende(r) *f(m) dekl wie adj* (*geh*) person in charge, office *no indef art*

Aufsichtsbehörde *f* supervisory authority [*or* body], controlling [*or* regulatory] body *form* **Aufsichtspersonal** *nt* supervisory staff + *sing/pl vb* **Aufsichtspflicht** *f* obligatory supervision (*legal responsibility to look after sb, esp children*); (*die elterliche ~*) parental responsibility **Aufsichtsrat** *m* supervisory board; **im ~ sitzen** to be on [*or* a member of] the supervisory board **Aufsichtsrat, -rätin** *m, f* supervisory board member, member of a/the supervisory board **Aufsichtsratsvorsitzende(r)** *f(m) dekl wie adj* chairman of the supervisory board, supervisory board chairman

auf|sitzen *vi irreg* ① *sein* (*sich auf ein Reittier schwingen*) to mount; **wieder** ~ to re[-]mount; **jdm aufzusitzen helfen** to help sb [to] mount [*or* into the saddle] ② *haben* (*fam: aufgerichtet sitzen*) ■ [**in etw** *dat*] ~ to sit up [in sth] ③ *haben* NAUT (*festsitzen*) ■ [**auf etw** *dat*] ~ to run/have run aground [on sth] ④ *sein* (*fam: darauf hereinfallen*) ■ **jdm/einer S.** ~ to be taken in by sb/sth ⑤ (*fam*) ■ **jdn ~ lassen** (*im Stich lassen*) to let sb down, to leave sb in the lurch; (*versetzen*) to stand sb up *fam*

auf|spalten I. *vt* ① (*teilen*) ■ **sie/etw in etw** *akk* ~ to split [*or* divide] them/sth up into sth ② (*zerlegen*) ■ **etw** [**in etw** *akk*] ~ to split [up *sep*] [*or sep* break down] sth [into sth] II. *vr* ■ **sich** [**in etw** *akk*] ~ to split up [into sth], to divide [up] into sth

Aufspaltung *f* breakdown (**in** +*akk* into)

auf|spannen *vt* ① (*ziehen*) ■ **etw** ~ to stretch out *sep* [*or* spread [out *sep*]] sth; **ein Seil** ~ to put up *sep* a cable ② (*auseinander ziehen*) ■ **etw** ~ to open sth; **einen Schirm** ~ to open [*or sep* put up] an umbrella ③ (*aufziehen*) ■ **etw** [**auf etw** *akk*] ~ to stretch sth [on[to] sth]; **eine Saite [auf etw** *akk*] ~ to put [on] a string on sth; **neue Saiten auf eine Gitarre** ~ to re[-]string a guitar

auf|sparen *vt* ❶ (*für später aufheben*) ■ **[jdm] etw** ~ to save [*or* keep] sth [for sb] ❷ (*für später bewahren*) ■ **etw für etw** ~ to save sth for sth

auf|sperren *vt* ■ **etw** ~ ❶ (*aufreißen*) to open wide sth *sep;* **weit aufgesperrt** wide open ❷ SÜDD, ÖSTERR (*aufschließen*) to unlock sth

auf|spielen I. *vr* (*fam*) ❶ (*angeben*) ■ **sich** ~ to give oneself [*or* put on] airs, to show off ❷ (*sich als etw ausgeben*) ■ **sich als etw** ~ to set oneself up as sth; **sich als Boss** ~ to play [*or* act] the boss II. *vi* (*veraltet*) ■ **[jdm] [zum Tanz]** ~ to play [the/some dance music] [for sb]; (*anfangen*) to strike up [the dance music] [for sb]

auf|spießen *vt* ❶ (*daraufstecken*) ■ **etw [mit etw]** ~ to skewer sth [with sth]; **etw mit der Gabel** ~ to stab one's fork into sth; **Schmetterlinge [mit einer Nadel]** ~ to pin butterflies ❷ (*durchbohren*) ■ **jdn/etw [mit etw]** ~ to run sb/sth through [with sth]

auf|springen *vi irreg sein* ❶ (*hoch springen*) to leap [*or* jump] up [*or* to one's feet] ❷ (*auf etw springen*) ■ **[auf etw** *akk*] ~ to jump [*or* hop] on[[to] sth] ❸ (*sich abrupt öffnen*) to burst [*or* fly] open; *Deckel* to spring open ❹ (*aufplatzen*) to crack; *Lippen, Haut a.* to chap; ■ **aufgesprungen** cracked/chapped ❺ (*auftreffen*) to bounce

auf|sprühen *vt* ■ **etw [auf etw** *akk*] ~ to spray on sth *sep,* to spray sth on sth

auf|spüren *vt* ❶ (*auf der Jagd entdecken*) ■ **etw** ~ to scent sth; *Jäger* to track [down *sep*] [*or spec* spoor] sth ❷ (*ausfindig machen*) ■ **jdn** ~ to track down sb *sep*

auf|stacheln *vt* ■ **jdn [zu etw]** ~ to incite [*or* goad [on *sep*]] sb, to incite sb to do [*or* goad sb into doing] sth; ■ **jdn gegen jdn** ~ to turn sb against sb

auf|stampfen *vi* to stamp; **mit dem Fuß** ~ to stamp one's foot

Aufstand *m* rebellion, revolt; (*örtlich begrenzt*) uprising; (*organisiert*) insurrection; **einen** ~ **niederschlagen** to quell [*or* put down] a rebellion; ***das wird einen ~ geben!*** (*fam: Unruhe geben*) there'll be trouble!; (*Ärger geben*) there'll be hell to pay! *fam;* **im** ~ **sein** to be in [a state of] rebellion [*or* revolt]; **den** ~ **proben** (*fam*) to flex one's muscles

aufständisch *adj* rebellious; (*meuternd*) mutinous

Aufständische(r) *f(m) dekl wie adj* rebel; (*einer politischen Gruppe a.*) insurgent

auf|stapeln *vt* ■ **etw** ~ to stack [up *sep*] [*or sep* pile up] sth

auf|stauen I. *vt* ■ **etw** ~ to dam sth II. *vr* ■ **sich** ~ ❶ (*sich stauen*) to be dammed up ❷ (*sich ansammeln*) to be/become bottled up; ■ **aufgestaut** bottled-up

auf|stechen *vt irreg* ■ **etw [mit etw]** ~ to lance [*or* pierce] sth [with sth]

auf|stecken I. *vt* ❶ (*auf etw stecken*) ■ **etw** ~ to put on sth *sep;* **Bajonette** ~ to fix bayonets; **Fahnen** ~ to put up *sep* bunting ❷ (*hoch stecken*) ■ **etw** ~ to pin [*or* put] up sth *sep* ❸ (*fam: aufgeben*) ■ **es** ~ to pack it in *fam,* to give up on it *fam* II. *vi* (*fam*) to pack it in *fam*

auf|stehen *vi irreg sein* ❶ (*sich erheben*) ■ **[von etw]** ~ to get [*or* stand] up [from sth], to arise [*or form* rise] [from sth]; ■ **vor jdm/für jdn** ~ to get [*or* stand] up for [*or form* before] sb; (*aus Achtung*) to rise before sb *form;* (*im Bus*) to offer one's seat to sb ❷ (*das Bett verlassen*) to get up, to rise *form* ❸ (*fam: offen sein*) to be open; ■ **~d** open ❹ (*geh: sich auflehnen*) ■ **gegen jdn/etw** ~ to rise [in arms] [*or* revolt] against sb/sth ▶ WENDUNGEN: **da musst du früher [*o* eher] ~!** (*fig fam*) you'll have to do better than that!

auf|steigen *vi irreg sein* ❶ (*sich in die Luft erheben*) to soar [up]; *Flugzeug* to climb; *Ballon* to ascend ❷ (*besteigen*) ■ **[auf etw** *akk*] ~ to get [*or* climb] on [sth]; **auf ein Pferd** ~ to get on[to] [*or* mount] a horse; **auf den Sattel** ~ to get [*or* climb] into the saddle ❸ (*befördert werden*) ■ **[zu etw]** ~ to be promoted [to sth]; **durch die Ränge** ~ to rise through the ranks ❹ (*den sportlichen Rang verbessern*) ■ **[in etw** *akk*] ~ to go up [into sth], to be promoted [to sth] ❺ (*sich in die Höhe bewegen*) ■ **[aus etw]** ~ to rise [from [*or* out of] sth] ❻ (*sich in die Luft erheben*) ■ **in etw** *dat*/**mit etw** ~ to climb in sth; **in einem Ballon** ~ to ascend [*or* go up] in a balloon ❼ (*entstehen*) ■ **in jdm** ~ to well up in sb ❽ (*hoch klettern*) ■ **[an etw** *dat*] ~ to climb up, to climb [up] sth; **zum Gipfel** ~ to climb [up] to the top ❾ (*geh: aufragen*) to tower, to rise up; **bedrohlich** ~ to loom

Aufsteiger(in) <-s, -> *m(f)* ❶ (*fam: beruflich aufgestiegene Person*) ■ **ein [sozialer]** ~ a social climber ❷ (*aufgestiegene Mannschaft*) promoted team

auf|stellen I. *vt* ❶ (*aufbauen*) ■ **etw** ~ to put up sth *sep;* **eine Anlage/Maschine** ~ to install a system/machine [*or sep* put in]; **ein Denkmal** ~ to erect [*or* raise] a monument; **eine Falle** ~ to set [*or* lay] a trap; **einen Mast/eine Wand** ~ to erect [*or* put up] a mast/wall; **ein Schild** ~ to put up a plaque ❷ (*erheben*) ■ **etw** ~ to put forward [*or form* forth] sth *sep* ❸ (*ausarbeiten*) ■ **etw** ~ to draw up sth *sep;* **eine Theorie** ~ to elaborate a theory *a. form* ❹ (*erstellen*) ■ **etw** ~ to draw up *sep* [*or* make [out *sep*]] sth; **eine Rechnung** ~ to make out [*or* up] *sep* an invoice; **eine Tabelle** ~ to compile [*or sep* make up] a table ❺ (*nominieren*) ■ **jdn [als/für etw]**~ to nominate sb [sth/for [*or* as] sth] ❻ (*postieren*) ■ **jdn** ~ to post [*or* station] sb ❼ (*formieren*) **eine Mannschaft** ~ to organize a team [*or* to field a team]; **Truppen** ~ to raise [*or* muster] troops ❽ (*aufsetzen*) ■ **etw** ~ to put on sth *sep* ❾ (*erzielen*) ■ **etw** ~ to set sth ❿ (*wieder hinstellen*) ■ **etw** ~ to stand up sth *sep,* to set sth upright ⓫ (*aufrichten*) ■ **etw** ~ to prick up sth *sep* ⓬ SCHWEIZ (*aufmuntern*) ■ **jdn** ~ to pick [*or* perk] up sb *sep;* ■ **aufgestellt [sein]** [to be] perky II. *vr* ❶ (*sich hinstellen*) ■ **sich** ~ to stand; *Wachen* to be posted; **sich vor dem Tor** ~ to stand [*or a. hum* plant oneself] in front of the goal; **sich hintereinander** ~ to line up; *Soldaten* to fall into line; **sich im Kreis** ~ to form a circle ❷ (*sich hochstellen*) *Haare* to raise, to bristle; *Ohren* to prick up; *Katzenfell* to bristle

Aufstellung <-> *f kein pl* ❶ (*Errichtung*) erection *no pl,* raising *no pl;* (*von Maschine*) installation *no pl* ❷ (*Erhebung*) putting forward *no pl* [*or form* forth] ❸ (*Ausarbeitung*) drawing up *no pl; von Software* writing *no pl; von Theorie* elaboration *no pl a. form* ❹ (*Erstellung*) making [out] *no pl,* drawing up *no pl; von Rechnung* making out [*or* up] *no pl; von Tabelle* compiling *no pl,* making up *no pl* ❺ (*Nominierung*) nomination *no pl,* nominating *no pl* ❻ (*Postierung*) posting, stationing; ~ **nehmen** to take up position ❼ (*Formierung*) *von Mannschaft* drawing up *no pl; von Truppen* raising *no pl,* mustering *no pl* ❽ SPORT (*Auswahl*) team, lineup ❾ (*Erzielung*) setting *no pl*

Aufstieg <-[e]s, -e> *m* ❶ (*Verbesserung der Dienststellung*) rise; **der** ~ **zu etw** the rise to [becoming] sth; **beruflicher/sozialer** ~ professional/social advancement; **den** ~ **ins Management schaffen** to work one's way up into the management ❷ (*Weg zum Gipfel*) climb, ascent (**auf** +*akk* up) ❸ SPORT ■ **der/ein** ~ **[in etw** *akk*] promotion [to sth] ❹ LUFT ascent

Aufstiegschance [-ʃã:sə, -ʃaŋsə] *f* prospect [*or* chance] of promotion **Aufstiegsmöglichkeit** *f* career prospect **Aufstiegsrunde** *f* SPORT play-off round, play-offs *pl fam* **Aufstiegsspiel** *nt* SPORT play-off [match]

auf|stöbern *vt* ① *(entdecken)* ■ **jdn** ~ to run sb to earth, to track down sb *sep;* ■ **etw** ~ to discover sth ② *(aufscheuchen)* ■ **etw** ~ to start [*or* flush] sth; *(aus dem Bau)* to run sth to earth, to unearth sth *spec;* **einen Fasan** ~ to flush [*or sep* put up] a pheasant

auf|stocken **I.** *vt* ① *(zusätzlich erhöhen)* ■ **etw [auf etw** *akk*/**um etw]** ~ to increase sth [to/by sth]; **das Team** ~ to expand the team ② *(erhöhen)* ■ **etw** ~ to add another storey [*or* AM story] on[to] sth; **etw um ein Stockwerk/zwei Stockwerke** ~ to add another storey [*or* AM story]/another two storeys [*or* AM stories] on[to] sth **II.** *vi* ① *(Kapital erhöhen)* ■ **[um etw]** ~ to increase one's capital stock [by sth] ② *(ein Gebäude erhöhen)* to build another storey [*or* AM story]; **um zwei Etagen** ~ to build another two storeys [*or* AM stories]

auf|stöhnen *vi* to groan loudly [*or* aloud], to give [*or* heave] a loud groan

auf|stoßen *irreg* **I.** *vi* ① *haben* *(leicht rülpsen)* to burp ② *sein o haben* *(Rülpsen verursachen)* ■ **jdm** ~ to make sb burp, to repeat on sb *fam;* ***das Essen stößt mir immer noch auf*** the food is still repeating on me ③ *haben* *(hart auftreffen)* ■ **mit etw** ~ to hurt oneself on sth ④ *sein* *(fam: auffallen)* ■ **jdm** ~ to strike sb ⑤ *sein* *(fam: übel vermerkt werden)* **jdm sauer/übel** ~ to stick in sb's craw [*or* throat]; *Bemerkung a.* to leave a nasty taste in sb's mouth; ■ **jdm** ~, **dass ...** to stick in sb's craw [*or* throat] that ... **II.** *vt haben* ■ **etw** ~ to push sth open **III.** *vr haben* ■ **sich** *dat* **etw** ~ to hit [*or* bang] one's sth; **mit aufgestoßenem Kopf** with a bang [*or* bump] on the head; **aufgestoßene Knie** grazed knees

aufstrebend *adj* ① *(Fortschritt anstrebend)* aspiring, striving for progress *pred;* **eine ~e Stadt** an up-and-coming [*or* a thriving] town ② *(ehrgeizig)* ambitious

Aufstrich *m esp* KOCHK spread

auf|stülpen *vt* ■ **jdm etw** ~ to put sth on sb; **jdm eine Kapuze** ~ to pull a hood over sb's head; **den Kragen** ~ to turn up one's collar; **sich** *dat* **einen Hut** ~ to pull [*or* put] one's hat on

auf|stützen **I.** *vt* ① *(auf etw stützen)* ■ **etw** ~ to put [*or* rest] one's sth on the table etc.; **mit aufgestützten Ellenbogen** with one's elbows [resting] on the table etc. ② *(stützen und aufrichten)* ■ **jdn** ~ to prop up sb *sep;* **jdn unter den Achseln** ~ to support sb under her/his arms **II.** *vr* ■ **sich [auf etw** *akk***]** ~ to support oneself [on sth]; *Gebrechliche a.* to prop oneself up [on sth], to lean one's weight on sth

auf|suchen *vt* *(geh)* ① *(besuchen)* ■ **jdn** ~ to go to [see] sb; **einen Arzt** ~ to consult *form* [*or* go to [see]] a doctor; **einen Freund** ~ to call on a friend ② *(geh: irgendwohin gehen)* ■ **etw** ~ to go to sth; **das Bett** ~ to go [*or form* retire] to bed

auf|takeln **I.** *vt* NAUT ■ **etw** ~ to rig up sth *sep* **II.** *vr* *(pej fam)* ■ **sich** ~ to doll [*or* BRIT *a.* tart] oneself up *fam;* ■ **aufgetakelt [sein]** to be all dolled [*or* BRIT *a.* tarted] up *fig fam,* [to be] dressed [*or* done] [up] to the nines

Auftakt *m* ① *(Beginn)* start; *(Vorbereitung)* prelude **(zu/für** to); **den ~ von [*o* zu] etw bilden** to mark the beginning [*or* start] of sth; *(als Vorbereitung)* to form a prelude to sth ② MUS upbeat

auf|tanken **I.** *vt* ■ **etw** ~ to fill up sth *sep;* ***einmal A~ bitte!*** fill up *sep* the tank please!, fill her up! *fam;* ■ **aufgetankt** with a full tank *pred;* **ein Flugzeug** ~ to refuel a plane **II.** *vi* ① *(den Tank auffüllen)* to fill up, to fill [*or* refill] the tank; *(Flugzeug)* to refuel ② *(fam: sich erholen)* to recharge one's batteries

auf|tauchen *vi sein* ① *(an die Wasseroberfläche kommen)* to surface; *Taucher a.* to come up; **wieder** ~ to resurface; **aus dem Wasser** ~ to break the surface of the water; *Taucher* to come up; **in Etappen** ~ to come up in stages ② *(zum Vorschein kommen)* to turn up; *verlorener Artikel a.* to be found ③ *(plötzlich dasein)* to suddenly appear, to materialize ④ *(sichtbar werden)* ■ **[aus etw]** ~ to appear [out of sth]; **aus dem Nebel** ~ to emerge [*or* appear] from out of the fog; *(bedrohlich)* to loom out of the fog ⑤ *(sich ergeben)* ■ **[in/bei jdm]** ~ to arise [in sb]; **~de düstere Ahnungen** the onset of forebodings

auf|tauen **I.** *vi sein* ① *(ganz tauen)* to thaw ② *(fig: weniger abweisend werden)* to open up, to unbend **II.** *vt haben* ■ **etw** ~ to thaw [out *sep*] sth

auf|teilen *vt* ① *(aufgliedern)* ■ **etw [in etw** *akk***]** ~ to divide [up *sep*] [*or sep* split up] sth [into sth]; **Schubladen in Fächer** ~ to partition drawers ② *(verteilen)* ■ **etw [unter sie]** ~ to share out *sep* sth [between them]

Aufteilung *f* ① *(Einteilung)* division; *von Schublade, Kleingarten* partitioning **(in** *+akk* into) ② *(Fach)* division; *von Schublade* partition

auf|tischen *vt* ① *(servieren)* ■ **[jdm] etw** ~ to serve [sb] sth, to dish out [*or* up] *sep* sth [for sb] *fam* ② *(fam: erzählen)* ■ **jdm etw** ~ to tell sb sth; **jdm Lügen** ~ to give sb a pack of lies

Auftrag <-[e]s, Aufträge> *m* ① *(Beauftragung)* contract; *(an Freiberufler)* commission; ■ **ein ~ über [*o* für] etw** *akk* a contract/commission for sth; **einen ~ erhalten** to obtain [*or* secure] a contract/commission ② *(Bestellung)* [sales] order; **einen ~ ausführen** to deal with [*or form* execute] an order; ■ **ein ~ über etw** *akk* an order for sth; **im ~ und auf Rechnung von jdm** by order and for account of sb ③ *(Anweisung)* orders *pl,* instructions *pl;* **einen ~ ausführen** to carry out [*or* execute] an order; **den [ausdrücklichen] ~ haben[, etw zu tun]** to be [expressly] instructed [to do sth]; **jdm den ~ geben, etw zu tun** to instruct sb to do sth; **etw [bei jdm] in ~ geben** to order sth [from sb]; **eine Skulptur [bei jdm] in ~ geben** to commission [sb with] a sculpture; **im ~** by order, on authority; **in jds ~** on sb's instructions; *(für jdn)* on sb's behalf ④ *kein pl* *(geh: Mission)* task, mission; ***„~ erledigt!"*** "mission accomplished" ⑤ *(das Aufstreichen)* application

auf|tragen *irreg* **I.** *vt* ① *(aufstreichen)* ■ **etw [auf etw** *akk***]** ~ to apply sth [to sth], to put on sth *sep,* to put sth on sth; **Farbe** ~ to apply paint; **Kleister** ~ to apply paste, to spread [on *sep*] paste ② *(geh: ausrichten lassen)* ■ **jdm etw** ~ to instruct sb to do sth; ***er hat mir Grüße an Sie aufgetragen*** he['s] asked me to give you his regards; ***hat sie dir [für mich] denn nichts aufgetragen?*** didn't she give you a message [for me]? ③ *(geh: servieren)* ■ **etw** ~ to serve [up [*or* out] *sep*] sth; ■ **aufgetragen** served; ■ **es ist aufgetragen!** *(geh)* lunch/dinner etc. is served! *form* ④ *(durch Tragen abnutzen)* ■ **etw** ~ to wear out sth *sep;* ■ **aufgetragen** worn out **II.** *vi* ① *(dick aussehen lassen)* to be bulky, to make sb look fat; ***der Rock trägt auf*** the skirt is not very flattering to your/her figure ② *(übertreiben)* ■ **dick [*o* stark]** ~ to lay it on thick [*or* with a trowel] *fam* ③ *(geh: servieren)* ■ **jdm** ~ to serve sb

Auftraggeber(in) *m(f)* client; *(von Firma, Freiberufler)* customer **Auftragnehmer(in)** <-s, -> *m(f)* contractor *form;* *(beauftragte Firma)* firm receiving the order, successful bidder *spec;* ~ **und Auftraggeber** principal and agent *form*

Auftragsbestätigung *f* confirmation of [an] order **Auftragsbuch** *nt* order book **Auftragseingang** *m* receipt of order **auftragsgemäß** **I.** *adj* as ordered *pred,* as per order *pred* **II.** *adv* as ordered [*or* instructed] **Auftragslage** *f* order position [*or* situation] [*or spec* picture], situation concerning orders **Auftragsmord** *m* JUR contract killing **Auftragsplus** *nt* increase in orders **Auftragspolster** *nt* backlog of orders, back orders *pl; **wir haben ein dickes** ~* our order books are well-filled **Auftragsrückgang** *m* drop in [*or* falling off of] orders *no pl*

auf|treffen *vi irreg sein* ■ **[mit etw] [auf etw** *akk o dat*] ~ to hit [*or* strike] sth [on sth]; **auf den** [*o* **dem**] **Boden** ~ to hit [*or* strike] the ground; **mit dem Kopf [auf etw** *akk o dat*] ~ to hit [*or* strike] one's head [on sth]; **hart/weich** ~ *Fallschirmspringer* to land heavily/to have a soft landing; ■ **[auf etw** *akk o dat*] ~ *Geschoss* to strike [sth]; *Rakete, abgeworfene Hilfsgüter a.* to land [on sth]

auf|treiben *vt irreg* ❶ (*fam*) ■ **jdn/etw** ~ to find [*or fam* get hold of] sb/sth ❷ (*aufblähen*) ■ **etw** ~ to distend [*or* bloat] sth; **den Teig** ~ to make the dough rise

auf|trennen *vt* ■ **etw** ~ ❶ (*zerschneiden*) to undo sth ❷ MED (*aufschneiden*) to open sth

auf|treten *irreg* **I.** *vi sein* ❶ (*den Fuß aufsetzen*) to walk; ***der Fuß tut so weh, dass ich* [*mit ihm*] *nicht mehr* ~ *kann*** my foot hurts so badly that I can't walk on it [*or* put my weight on it] ❷ (*eintreten*) to occur; *Schwierigkeiten* to arise; ■ **das A~ von etw** the occurrence of sth ❸ MED (*sich zeigen*) ***bei Einnahme dieses Medikamentes kann Übelkeit*** ~ [taking] this medicine can cause nausea; ***wenn diese Symptome ~, …*** if these symptoms [should] appear [*or* occur] …; ***diese seltene Tropenkrankheit ist lange nicht mehr aufgetreten*** there has been no record of this rare tropical disease for a long time; ***die Pest trat in dichter besiedelten Gebieten auf*** the plague occured in more densely populated areas ❹ (*erscheinen*) to appear [on the scene *a. pej*]; ■ **[als etw]** ~ to appear [as sth]; **als Kläger** ~ to appear as [a] [*or* for the] plaintiff; **als Zeuge** ~ to appear as a witness, to take the witness box; **geschlossen** ~ to appear as one body; ■ **gegen jdn/etw** ~ to speak out against sb/sth; **gegen jdn/etw als Zeuge** ~ to give evidence against sb/sth ❺ (*in einem Stück spielen*) to appear [on the stage]; ■ **[auf/in etw** *dat*] **als etw** ~ to appear as [*or* play] sth [on/in sth] ❻ (*sich benehmen*) to behave; **zurückhaltend** ~ to tread carefully ❼ (*handeln*) ■ **als etw/für jdn** ~ to act as sth/on sb's behalf **II.** *vt haben* ■ **etw** ~ to kick open [*or* in] sth *sep*

Auftreten <-s> *nt kein pl* ❶ (*Benehmen*) behaviour [*or* AM -or] *no pl,* conduct *no pl* ❷ (*Manifestation*) occurrence, outbreak; **bei ~ von Schwellungen** in the event of swelling, when swelling occurs; **bei ~ dieser Symptome** when these symptoms occur ❸ (*Erscheinen*) appearance; **das ~ in der Öffentlichkeit vermeiden** to avoid public appearances [*or* appearing in public]

Auftrieb *m* ❶ *kein pl* PHYS buoyancy *no pl;* LUFT lift *no pl* ❷ *kein pl* (*Aufschwung*) upswing, upturn; **etw** *dat* **einen ~ geben** to buoy *sep* up sth ❸ *kein pl* (*frischer Schwung*) impetus *no pl;* **jdm neuen ~ geben** to give sb fresh impetus [*or* a lift] ❹ (*das Hinauftreiben*) *driving of cattle up to* [*Alpine*] *pastures*

Auftritt *m* ❶ (*Erscheinen*) appearance ❷ (*Erscheinen auf der Bühne*) entrance; ***ich habe meinen ~ erst im zweiten Akt*** I don't come [*or* go] on until the second act ❸ (*Streit*) row; **unangenehme ~e** unpleasant scenes

auf|trumpfen *vi* ❶ (*seine Überlegenheit ausspielen*) to show sb what one is made of ❷ (*sich schadenfroh äußern*) to crow *pej*

auf|tun *irreg* **I.** *vr* ❶ (*geh: sich öffnen*) ■ **sich [vor jdm]** ~ to open [up] [for [*or form* before] sb]; *Abgrund a.* to yawn before sb *liter* ❷ (*sich ergeben*) ■ **sich** ~ to open up **II.** *vt* ❶ (*sl: ausfindig machen*) ■ **jdn/etw** ~ to find sb/sth ❷ (*fam: servieren*) ■ **jdm etw** ~ to serve sb with sth; ***können Sie mir noch etwas ~?*** can I have some more? **III.** *vi* ❶ (*veraltet geh: öffnen*) ■ **jdm** ~ to open the door for sb ❷ (*fam: Essen auflegen*) ■ **jdm/sich** ~ to put sth on sb's/one's plate, to help sb/oneself to sth

auf|türmen **I.** *vt* ■ **etw [auf/in etw** *dat*] ~ to pile [*or* heap] up sth [on/in sth] *sep;* **Holz** ~ to stack [up *sep*] [*or sep* pile up] wood **II.** *vr* (*geh*) ❶ (*hoch aufragen*) ■ **sich [vor jdm]** ~ to tower up [before [*or* in front of] sb]; (*bedrohlich*) to loom up [before [*or* in front of] sb] ❷ (*sich zusammenballen*) ■ **sich** ~ to pile [*or* mount] up

auf|wachen *vi sein* to wake [up], to awake[n] *liter;* **aus einem Alptraum/einer Narkose** ~ to start up from a nightmare/to come round from an anaesthetic [*or* AM anesthetic]

auf|wachsen [-ks-] *vi irreg sein* ■ **[als etw] [auf/in etw** *dat*] ~ to grow up [sth] [on/in sth]; ***er wuchs als Kind armer Eltern auf*** he grew up the son of poor parents

auf|wallen *vi sein* ❶ (*leicht aufkochen*) to be brought to the [*or* AM a] boil; **etw ~ lassen** to bring sth to the boil ❷ (*geh: aufsteigen*) ■ **in jdm** ~ to surge [up] [with]in sb

Aufwallung *f* ■ **eine ~ von etw** a surge of sth; **eine ~ von Hass/Wut** a wave of hate/fit of rage

Aufwand <-[e]s> *m kein pl* ❶ (*Einsatz*) expenditure *no pl;* **[zeitlicher]** ~ time *no pl;* ***der ~ war umsonst/das war ein unnützer ~*** it was a waste of energy/money/time; **einen ~ an Energie/Geld/Material** *dat* **erfordern** to require a lot of energy/money/material[s]; ***das erfordert einen ~ von 21 Millionen Mark*** that will cost [*or* take] 21 million marks ❷ (*aufgewendeter Luxus*) extravagance; **[großen] ~ treiben** to be [very] extravagant, to live in [grand] style [*or* [great] luxury]

aufwändig[RR] **I.** *adj* ❶ (*teuer und luxuriös*) lavish, extravagant; **~es Material** costly material[s *pl*]; ■ **~ sein** to be lavish [*or* extravagant] [*or* costly] ❷ (*umfangreich*) costly, expensive **II.** *adv* lavishly; **~ eingerichtet sein** to be fitted out luxuriously

Aufwandsentschädigung *f* expense allowance

auf|wärmen **I.** *vt* ❶ (*wieder warm machen*) ■ **[jdm] etw** ~ to heat up *sep* sth [for sb] ❷ (*fam: erneut zur Sprache bringen*) ■ **etw** ~ to bring [*or fam* drag] [*or pej a.* rake] up sth *sep* **II.** *vr* ■ **sich** ~ ❶ (*den Körper warm werden lassen*) to warm oneself [up] ❷ (*die Muskulatur auflockern*) to warm [*or* limber] up

auf|warten *vi* (*geh*) ❶ (*zu bieten haben*) ■ **mit etw** ~ to offer sth; **mit einer Überraschung** ~ to come up with [*or* provide] a surprise ❷ (*vorsetzen*) ■ **[jdm] mit etw** ~ to serve [sb with] sth ❸ (*veraltend: bedienen*) ■ **jdm** ~ to serve [*or* wait on] sb

aufwärts *adv* ❶ (*nach oben*) up[ward[s]]; ***die Ecken haben sich ~ gebogen*** the corners have curled up; **den Fluss** ~ upstream; **es geht [mit jdm/etw]** ~ (*Fortschritte machen*) things are looking up [for sb]/looking up [*or* getting better] [*or* improving] [for sth]; **es geht [mit jdm]** ~ (*sich gesundheitlich erholen*) sb is doing [*or* getting] better; **etw ~ richten** to direct sth upwards; **~ zeigen** to point up[ward[s]]; *Konjunktur* to be on the upswing; ■ **von etw [an]** ~ from sth upward[s] ❷ (*bergauf*) uphill

Aufwärtsentwicklung *f* upward trend (+*gen* in)

aufwärts|gehen *vi impers, irreg sein s.* **aufwärts** 1 **Aufwärtshaken** *m* uppercut; **einen ~ unter dem** [*o* **das**] **Kinn landen** to land an uppercut on sb's chin **Aufwärtstrend** *m* upward trend

Aufwartung *f* ■ **jdm seine ~ machen** (*veraltet geh*) to visit [*or* call [in] on] [*or old* wait on] sb

auf|waschen *vt irreg* DIAL (*abwaschen*) to wash [*or* do] the dishes, BRIT *a.* to wash up ▶ WENDUNGEN: **das**

ist [dann] **ein A~** (*fam*) [that way] we can kill two birds with one stone

auf|wecken *vt* ▪ **jdn** ~ to wake [up *sep*] sb; ***um wieviel Uhr soll ich dich ~?*** at what time shall I wake you?; **unsanft aufgeweckt werden** to be rudely awoken; *s. a.* **aufgeweckt**

auf|weichen I. *vt haben* (1) (*morastig machen*) ▪ **etw** ~ to make sth sodden [*or* soggy]; ▪ **aufgeweicht** sodden, soaked, soggy (2) (*weich machen*) ▪ [**jdm/sich**] **etw** ~ to soak [one's] sth/sth [for sb] (3) (*geh: lockern*) ▪ **etw** ~ to weaken [*or* undermine] sth; **eine Doktrin** ~ to water down *sep* a doctrine II. *vi sein* (1) (*morastig werden*) to become [*or* get] sodden [*or* soggy] (2) (*geh: sich lockern*) to be weakened [*or* undermined]; *Doktrin* to become watered down

auf|weisen *vt irreg* (1) (*erkennen lassen*) ▪ **etw** ~ to show sth; ***das Auto wies einige Kratzer auf*** the car had a number of scratches; ***die Patientin wies einige blaue Flecke auf*** the patient exhibited some bruising (2) (*durch etw gekennzeichnet sein*) ▪ **etw** ~ to contain sth; **viele Irrtümer/orthographische Fehler** ~ to be riddled with [*or* full of] mistakes/misspellings (3) (*über etw verfügen*) ▪ **etw aufzuweisen haben** to have sth to show [for oneself]

auf|wellen *vt* KOCHK to heat gently (*in a liquid*)

auf|wenden *vt irreg o reg* ▪ **etw** ~ (1) (*einsetzen*) to use sth; **viel Energie ~, etw zu tun** to put a lot of energy into doing sth; **viel Mühe ~, etw zu tun** to take a lot of trouble [*or* great pains] doing sth; **viel Zeit ~, etw zu tun** to spend a lot of time doing sth (2) (*ausgeben*) to spend [*or* expend] sth; **die aufgewendeten Mittel** expenditure *no pl*

aufwendig I. *adj* (1) (*teuer und luxuriös*) lavish, extravagant; **~es Material** costly material[s *pl*]; ▪ **~ sein** to be lavish [*or* extravagant] [*or* costly] (2) (*umfangreich*) costly, expensive II. *adv* lavishly; **~ eingerichtet sein** to be fitted out luxuriously

Aufwendung <-, -en> *f* (1) *kein pl* (*das Aufwenden*) spending *no pl, no indef art; von Energie, Zeit* expending *no pl, no indef art* (2) *pl* (*Ausgaben*) expenditure *no pl, no indef art,* expenses *pl*

auf|werfen *irreg* I. *vt* ▪ **etw** ~ (1) (*zur Sprache bringen*) to raise [*or sep* bring up] sth (2) (*aufhäufen*) to build [up *sep*] [*or sep* throw up] sth; **Erde** ~ to throw on *sep* soil II. *vr* ▪ **sich zu etw** ~ to set oneself up as sth; **sich zum Richter** ~ to set oneself up as judge

auf|werten I. *vt* (1) (*im Wert erhöhen*) ▪ **etw** [**um etw**] ~ to revalue sth [by sth] (2) (*höher werten*) ▪ **etw** ~ to increase the value of sth; **sein Ansehen** ~ to raise [*or* enhance] one's status; **eine Rolle** ~ to raise [*or* enhance] the status of a role II. *vi* to revalue [its currency]

Aufwertung <-, -en> *f* (1) (*das Aufwerten*) revaluation (**um** by) (2) (*höhere Bewertung*) enhancement

auf|wickeln *vt* ▪ **etw** ~ (1) (*aufrollen*) to roll up sth *sep;* **Haare** ~ to put curlers in one's hair (2) (*auseinander wickeln*) to unwind sth; **einen Verband** ~ to take off a bandage

auf|wiegeln *vt* ▪ **jdn** ~ to stir up sb *sep;* **Leute gegeneinander** ~ to set people at each other's throats; **das Volk** ~ to stir up the people *form;* **die aufgewiegelte Bevölkerung** the popular uprising; **jdn zum Streik/Widerstand** ~ to incite sb to strike/resist

auf|wiegen *vt irreg* ▪ **etw** ~ to compensate [*or* make up] for sth; ***sie ist nicht aufzuwiegen*** she can't be bought for all the money in the world

Aufwiegler(in) <-s, -> *m(f)* (*pej*) rabble-rouser *pej*

Aufwind *m* (1) *kein pl* (*Aufschwung*) impetus *no pl;* **ein konjunktioneller** ~ an economic upswing; [**neuen**] ~ **bekommen** to be given [*or* gain] fresh impetus; **im ~ sein** to be on the way up; **etw** *dat* **neuen ~ verschaffen** to give fresh impetus to sth, to provide sb with fresh impetus (2) LUFT upcurrent, updraught BRIT, updraft AM

auf|wirbeln I. *vi sein* to swirl [*or* whirl] up II. *vt haben* ▪ **etw** ~ to swirl [*or* whirl] up sth *sep;* **Staub** ~ to raise [*or sep* swirl [*or* whirl] up] dust

auf|wischen I. *vt* ▪ **etw** ~ (1) (*entfernen*) to wipe up sth *sep;* (*mit Mop a.*) to mop up sth *sep;* **etw vom Boden** ~ to wipe/mop up *sep* sth off the floor (2) (*reinigen*) to wipe sth; (*mit Mop a.*) to mop sth II. *vi* to wipe [*or* mop] the floor[s]; **in der Küche** ~ to wipe/mop the kitchen floor

auf|wühlen *vt* (1) (*aufwerfen*) ▪ **etw** ~ to churn [up *sep*] sth; ▪ **aufgewühlt** churned [up]; **die aufgewühlte See** the churning sea; ▪ **aufgewühlt sein** to be churned up; *See* to be churning (2) (*geh: stark bewegen*) ▪ **jdn** [**innerlich**] ~ to stir up *sep* [*or* shake [up *sep*]] sb; ▪ **~d** stirring; (*stärker*) devastating; ▪ **aufgewühlt** agitated, in a turmoil *pred;* (*stärker*) turbulent

auf|zählen *vt* ▪ [**jdm**] **etw** ~ to list [*or form* enumerate] sth [for sb], to give [sb] a list of sth; **jdm seine ganzen Fehler** ~ to tell sb all his faults, to count off *sep* all his faults; [**jdm**] **Gründe/Namen** ~ to give [sb] reasons/names, to list reasons/names for sb

Aufzahlung <-, -en> *f* ÖSTERR, SCHWEIZ (*Aufpreis*) additional charge

Aufzählung <-, -en> *f* list; *von Gründen, Namen a.* enumeration

auf|zäumen *vt* ▪ **etw** ~ to bridle sth; **etw von hinten** [*o* **verkehrt herum**] **aufzäumen** (*fig fam*) to set [*or* go] about sth the wrong way

auf|zeichnen *vt* (1) (*aufnehmen*) ▪ **etw** [**auf etw** *akk*] ~ to record sth [on sth]; **etw auf Tonband** ~ to tape sth, to record sth on tape; FILM *a.* to can sth *sl;* **etw mit dem Videorekorder** ~ to video [*or* tape] sth (2) (*als Zeichnung erstellen*) ▪ [**jdm**] **etw** [**auf etw** *akk*] ~ to draw [*or* sketch] sth [on sth] [for sb]; ▪ **jdm ~, wie ...** to draw [*or* sketch] sb a picture showing how ... (3) (*notieren*) ▪ **etw** ~ to note [down *sep*] sth

Aufzeichnung *f* (1) (*das Aufzeichnen*) recording *no pl, no indef art;* (*auf Band a.*) taping *no pl, no indef art;* (*auf Videoband a.*) videoing *no pl, no indef art* (2) (*Zeichnung*) drawing, sketch (3) *meist pl* (*Notizen*) notes

auf|zeigen *vt* ▪ [**jdm**] [**an etw** *dat*] **~, dass/wie ...** to show [sb] [using sth] that/how ...; (*nachweisen a.*) to demonstrate [to sb] [using sth] that/how ...

auf|ziehen *irreg* I. *vt haben* (1) (*durch Ziehen öffnen*) ▪ **etw** ~ to open sth; **einen Reißverschluss** ~ to undo a zip; **eine Schleife/seine Schnürsenkel** ~ to untie [*or* undo] a bow/one's laces; **die Vorhänge** ~ to draw back *sep* [*or* open] the curtains (2) (*herausziehen*) ▪ **etw** ~ to open [*or sep* pull open] sth (3) (*aufkleben*) ▪ **etw** [**auf etw** *akk*] ~ to mount sth [on sth] (4) (*befestigen und festziehen*) ▪ **etw** ~ to fit sth; **Reifen** ~ to fit [*or* mount] [*or sep* put on] tyres [*or* AM tires]; **Saiten/neue Saiten auf eine Gitarre** ~ to string/restring a guitar; *s. a.* **Saite** (5) (*spannen*) ▪ **etw** ~ to wind up sth *sep* (6) (*großziehen*) ▪ **jdn/etw** ~ to raise [*or* rear] sb/sth, to bring up *sep* sb (7) (*kultivieren*) ▪ **etw** ~ to cultivate [*or* grow] sth (8) (*fam: verspotten*) ▪ **jdn** [**mit etw**] ~ to tease sb [about sth], to make fun of sb['s sth] (9) (*veranstalten*) ▪ **etw** ~ to set up sth *sep;* **ein Fest** [**ganz groß**] ~ to arrange a celebration [in grand style] (10) (*fam: gründen*) ▪ **etw** ~ to start [*or* set] up sth *sep* (11) (*hochziehen*) ▪ **etw** ~ to hoist sth; **die Segel** ~ to hoist [*or* raise] the sails (12) (*durch Einsaugen füllen*) ▪ **etw** [**mit etw**] ~ to fill [*or* charge] sth [with sth]; ▪ **etw** ~ to draw up sth *sep* II. *vi sein* (1) (*sich nähern*) to gather, to come up (2) (*aufmarschieren*) ▪ [**vor etw** *dat*] ~ to march up [in front of sth]; *Wache* to mount guard [in front of sth]

Aufzucht *f kein pl* ❶ (*das Großziehen*) raising *no pl, no indef art,* rearing *no pl, no indef art* ❷ (*aufgezogene Jungpflanzen*) cultivated plants *pl* ❸ (*aufgezogene Jungtiere*) young breed

Aufzug[1] *m* ❶ (*Fahrstuhl*) lift Brit, elevator Am; (*für Speisen*) dumb waiter; ~ **fahren** to take [*or* go in] the lift ❷ (*Festzug*) procession ❸ *kein pl* (*das Aufmaschieren*) parade ❹ *kein pl* (*das Nahen*) gathering *no pl, no indef art* ❺ (*Akt*) act

Aufzug[2] *m kein pl* (*pej fam*) get-up *fam*

Aufzugführer(in) *m(f)* lift [*or* Am elevator] operator, Brit *a.* liftman

auf|zwingen *irreg* **I.** *vt* ❶ (*gewaltsam auferlegen*) ■ **jdm etw** ~ to force sth on sb; **jdm seinen Willen** ~ to impose [*or* force] one's will on sb; **jdm Geschlechtsverkehr** ~ to force sb into [*or* to have] sex ❷ (*gewaltsam öffnen*) ■ **etw [mit etw]** ~ to force [*or* Brit prise] [*or* Am prize] open sth [with sth] *sep;* **etw mit einer Brechstange** ~ to jemmy [*or* Am jimmy] open sth *sep;* **etw mit Gewalt** ~ to force open sth *sep* ❸ (*aufdrängen*) ■ **jdm etw** ~ to force sth on sb, to force sb to accept [*or* into accepting] sth **II.** *vr* ■ **sich jdm** ~ to force itself on sb; *Gedanke* to strike sb forcibly

Augapfel *m* eyeball, bulbus oculi *spec;* **jdn/etw wie seinen** ~ **hüten** to cherish sb/sth like life itself

Auge <-s, -n> *nt* ❶ (*Sehorgan*) eye; ***es tränen ihr die ~n*** her eyes are watering; ***er hat eng stehende ~n*** his eyes are too close together; **das linke/rechte** ~ one's left/right eye; **[sich** *dat***] die [***o* **seine] ~n untersuchen lassen** to have one's eyes tested; **mit bloßem [***o* **nacktem]** ~ with the naked eye; **etw mit [seinen] eigenen ~n gesehen haben** to have seen sth with one's own eyes, to have witnessed sth in person; **gute/schlechte ~n [haben]** [to have] good/poor eyesight *sing* [*or pl* eyes]; **~n wie ein Luchs haben** (*sehr gut sehen*) to have eyes like a hawk, to be eagle-eyed; (*alles merken a.*) to not miss a thing; **[die] ~n links/rechts!** mil eyes left/right!; **mit den ~n blinzeln [***o* **zwinkern]** to blink [*or* wink]; **etw im ~ haben** to have [got] sth in one's eye; **sich** *dat* **die ~n reiben** to rub one's eyes; (*nach dem Schlaf a.*) to rub the sleep from one's eyes; **mit den ~n rollen** to roll one's eyes; **auf einem ~ schielen/blind sein** to have a squint/to be blind in one eye; ***ich habe doch ~n im Kopf!*** (*fam*) I know what I saw!; ***hast du/haben Sie keine ~n im Kopf?*** (*fam*) haven't you got any eyes in you head?, use your eyes!; **die ~n offen haben [***o* **halten]** to keep one's eyes open [*or fam* skinned] [*or fam* peeled]; **mit offenen ~n schlafen** to daydream; **mir wurde schwarz vor ~n** everything went black, I blacked out; **sehenden ~s** (*geh*) with open eyes, with one's eyes open; **ein sicheres ~ für etw haben** to have a good eye for sth; **da blieb kein ~ trocken** (*hum fam*) there wasn't a dry eye in the place; **man muss seine ~n überall/hinten und vorn haben** (*fam*) you need eyes in the back of your head; ***ich kann meine ~n nicht überall haben*** (*fam*) I can't look [*or* be] everywhere at once; **mit verbundenen ~n** blindfolded; (*mit absoluter Sicherheit*) blindfold; ***so weit das ~ reicht*** as far as the eye can see; **jdn/etw im ~ behalten** (*beobachten*) to keep an eye on sb/sth; (*sich vormerken*) to keep [*or* bear] sb/sth in mind; **etw ins ~ fassen** to contemplate sth; **ins ~ fassen, etw zu tun** to contemplate doing sth; ***das muss man sich mal vor ~n führen/führen, was ...!*** just imagine it/imagine what ...!; **jdm etw vor ~n führen** to make sb aware of sth; ***geh mir aus den ~n!*** get out of my sight [*or fam!* face]!; **die ~n aufmachen [***o* **aufsperren] [***o* **auftun]** (*fam*) to open one's eyes; ***jetzt gehen mir die ~n auf!*** now I'm beginning to see the light; **sich** *dat* **die ~n nach jdm/etw ausgucken** (*fam*) to look everywhere for sb/sth, to hunt high and low for sth; **jdm gehen die ~n über** sb's eyes are popping out of her/his head; **ein ~ auf jdn/etw geworfen haben** to have one's eye on sb/sth; **jdn/etw im ~ haben** to have one's eye on sb/sth, to keep tabs on sth; **ein ~ auf jdn/etw haben** to keep an eye on sb/sth; **etw noch deutlich [***o* **genau] [***o* **lebhaft] vor ~n haben** to remember sth clearly [*or* vividly]; **nur ~n für jdn haben** to only have eyes for sb; **jdn nicht aus den ~n lassen** to not let sb out of one's sight, to keep one's eyes riveted on sb; **ein ~ riskieren** (*fam*) to risk a glance [*or* peep], to have [*or* take] a peep; **die ~n schließen** (*geh*) to fall asleep; **für immer die ~n schließen** (*euph geh*) to pass away [*or* on] *euph;* **jdm schwimmt alles vor den ~n** sb feels giddy [*or* dizzy], sb's head is spinning; **etwas fürs ~ sein** to be a treat to look at; *Ding a.* to have visual appeal; (*unerwartet*) to be a sight for sore eyes *fam;* **nur fürs ~ sein** (*fam*) to be good to look at but not much else *fam;* **jdm in die ~n sehen [***o* **schauen]** to look into sb's eyes; (*trotzig*) to look sb in the eye[s] [*or* straight in the face]; **ins ~ springen [***o* **fallen] [***o* **stechen]** to catch the eye; **ins ~ springen [***o* **fallen], wie ...** to be glaringly obvious that ...; **etw steht jdm vor ~n [***o* **schwebt]** sb can picture sth vividly, sb envisages [*or* envisions] sth *form;* ***ich traute meinen ~n nicht!*** I couldn't believe my eyes [*or* what I was seeing]; **etw aus den ~n verlieren** to lose track of sth; **sich aus den ~n verlieren** to lose contact, to lose touch with each other [*or* one another]; **in jds ~n** *dat* in the opinion [*or* view] of sb, in sb's opinion [*or* view], as sb sees it; **in den Augen der Leute/Öffentlichkeit** in the eyes of most people/the public; **~ in ~** face to face; **unter jds ~n** *dat* before sb's very eyes, under sb's very nose; **vor aller ~n** in front of everybody ❷ (*Punkt beim Würfeln*) point ❸ (*Keimansatz*) eye ❹ (*Fett~*) drop [*or* globule] of fat ❺ (*Zentrum*) eye ▸ Wendungen: **jdm sieht die Dummheit aus den ~n** sb's stupidity is plain to see; **das ~ des Gesetzes** (*hum*) the [arm of the] law + *sing/pl verb;* **jd guckt sich die ~n aus dem Kopf** (*fam*) sb's eyes are popping out of her/his head [*or* coming out on stalks]; **die/jds ~n sind größer als der Mund** (*fam*) sb's eyes are bigger than her/his stomach; **jdm sieht der Schalk aus den ~n** sb [always] has a roguish [*or* mischievous] look on his/her face; **aus den ~n, aus dem Sinn** (*prov*) out of sight, out of mind *prov;* **„~ um ~, Zahn um Zahn"** "an eye for an eye and a tooth for a tooth"; **[um] jds blauer ~n willen** for the sake of sb's pretty face *a. iron;* **mit einem blauen ~ davonkommen** (*fam*) to get off lightly; **vor jds geistigen [***o* **inneren] ~** in sb's mind's eye; **jdn mit [***o* **aus] großen ~n ansehen [***o* **anschauen]** to look at sb wide-eyed; **mit einem lachenden und einem weinenden ~** with mixed feelings; **jdm schöne [***o* **verliebte] ~n machen** to make eyes at sb; **unter vier ~n** in private; (*unter uns etc. a.*) between ourselves etc.; **ein Gespräch unter vier ~n** a private conversation; **ich hab' doch hinten keine ~n!** (*fam*) I don't have eyes in the back of my head; **jdm jeden Wunsch an [***o* **von] den ~n ablesen** to anticipate sb's every wish; **der würde ich am liebsten die ~n auskratzen!** (*fam*) I'd like to scratch her eyes out; **jdm jdn/etw aufs ~ drücken** (*fam*) to force [*or* impose] sb/sth on sb; **ins ~ gehen** (*fam*) to backfire, to go wrong; **[große] ~n machen** (*fam*) to be wide-eyed [*or* Brit *a. fam* gobsmacked]; ***da machst du ~n, was?*** that's got you, hasn't it?; **jdm die ~n [über etw** *akk***] öffnen** to open sb's eyes [to sth]; **die ~n vor etw** *dat* **verschließen** to close [*or* shut] one's eyes to sth; **ein ~/beide ~n zudrücken** (*fam*) to turn a blind eye;

kein ~ **zutun** (*fam*) to not sleep a wink [*or* get a wink of sleep]; **~n zu und durch** (*fam*) take a deep breath [*or* grit your teeth] and get to it; **jdn/etw mit anderen ~n [an]sehen** to see sb/sth in a different [*or* in another] light

äugen *vi* (*veraltet fam*) to look

Augenarzt, -ärztin *m, f* eye specialist, ophthalmologist *spec* **augenärztlich I.** *adj attr* ophthalmological *spec;* **~e Behandlung** eye [*or spec* ophthalmic] treatment; **~e Beratung** advice from an eye specialist [*or spec* ophthalmologist]; **das ~e Gebiet** the field of ophthalmology *spec* **II.** *adv* ① (*durch einen Augenarzt*) by an eye specialist [*or spec* ophthalmologist] ② (*hinsichtlich der Augenheilkunde*) for the field of ophthalmology *spec* **Augenaufschlag** *m* look

Augenblick *m* ① (*kurze Zeitspanne*) moment; ***es dauert nur einen*** ~ it won't take a minute; ***wenn Sie einen ~ Zeit haben, ...*** if you could spare a moment ...; **im ersten** ~ for a moment, at first; **im letzten** ~ at the [very] last moment, in the nick of time; **im nächsten** ~ the [very] next moment; **in einem** ~ [with]in a moment; **alle ~e** constantly, all the time; **etw alle ~e tun** to keep on doing sth; **einen ~[, bitte]!** one moment [please]!; **jeden** ~ any time [*or* minute] [*or* moment] [now]; **keinen ~ zögern** to not hesitate for a moment; ~ **mal!** (*he*) just a minute! [*or* second] [*or fam* sec], hang on! [*or* BRIT *a.* about] *fam;* (*ach ja*) wait a minute [*or* second] [*or fam* sec], hang on *fam* ② (*Zeitpunkt*) instant, moment; **der ~ der Wahrheit** the moment of truth; **der passende** [*o* **richtige**] ~ the right moment; **im passenden** [*o* **richtigen**] ~ at the right moment; **im** ~ at present [*or* the moment]; **in diesem** ~ at that/this moment; **in einem schwachen ~/~ der Schwäche** in a moment of weakness

augenblicklich I. *adj* ① (*sofortig*) immediate ② (*derzeitig*) present, current; **die ~e Lage** the present [*or* current] situation, the situation at the moment ③ (*vorübergehend*) temporary; **eine ~e Modeerscheinung** a short-lived fashion, a fad *pej fam* ④ (*einen Augenblick dauernd*) momentary **II.** *adv* ① (*sofort*) immediately; (*herausfordernd*) at once, this minute ② (*zur Zeit*) at present, at the moment

Augenblinzeln *nt kein pl* blink; (*mit einem Auge*) wink **Augenbohne** *f* black-eyed bean **Augenbraue** *f* eyebrow, supercilium *spec;* **buschige ~n** bushy eyebrows; **[sich** *dat*] **die ~n zupfen** to pluck one's eyebrows; **die ~n hochziehen** to raise one's eyebrows **Augenbrauenstift** *m* eyebrow pencil **augenfällig** *adj* obvious, evident; ■ **[jdm** [*o* **für jdn**]] ~ **sein** to be obvious [*or* evident] [to sb] **Augenfarbe** *f* colour [*or* AM -or] of [one's] eyes **Augenflimmern** *nt* flickering before the eyes **Augenheilkunde** *f* ophthalmology *spec* **Augenhöhe** *f* ■ **in** ~ at eye level **Augenhöhle** *f* [eye] socket, orbit[al cavity] *spec* **Augenklappe** *f* eye-patch; ■ **~n** (*für Pferd*) blinkers *pl* BRIT, blinders *pl* AM **Augenkrankheit** *f* eye disease **Augenlicht** *nt kein pl* (*geh*) [eye]sight *no pl, no art;* **das** [*o* **sein**] ~ **verlieren** to lose one's [eye]sight **Augenlid** *nt* eyelid **Augenmaß** *nt kein pl* ① (*Fähigkeit, Entfernungen abzuschätzen*) eye for distance[s]; **[ein gutes]/[ein] schlechtes ~ haben** to have a good/no [*or* a poor] eye for distance[s]; **ein ~ für etw haben** to have an eye for sth; **nach** ~ by eye ② (*Gabe der Einschätzung*) perceptiveness; ~ **haben** to be able to assess [*or* gauge] things [*or* situations]; **ein ~ für etw haben** to have an eye for sth **Augenmerk** <-s> *nt kein pl* (*Aufmerksamkeit*) attention *no pl, no art;* ***ich bitte für einen Augenblick um Ihr ~!*** could I have your attention please!; **mit gespanntem** ~ with rapt attention; **jds ~ auf etw** *akk* **lenken** [*o* **richten**] to direct [*or* draw] sb's attention to sth **Augennerv** *m* optic nerve **Augenoperation** *f* eye operation **Augenoptiker(in)** *m(f)* (*geh*) *s.* **Optiker** **Augenränder** *pl* rims of the/one's eyes; ***seine ~ waren gerötet*** his eyes were red-rimmed **Augenringe** *pl* rings under one's/the eyes *pl;* (*als Maske*) rings [a]round one's/the eyes *pl* **Augenschatten** *pl* shadows *pl* under [*or* [a]round] one's/the eyes

Augenschein *m kein pl* ① (*Anschein*) appearance; **den ~ haben** to look like it; **den ~ haben, als ob ...** to appear [*or* look] as if/though ...; **nach dem/nach bloßem ~ urteilen** to judge by appearances [alone]; **dem ~ nach** by all [*or* to judge by] appearances; **der ~ kann trügen** looks can be [*or* are] deceptive; **jdn/etw in ~ nehmen** to look closely [*or* have a close look] at sb/sth ② SCHWEIZ (*Lokaltermin*) visit to the scene of the crime

augenscheinlich I. *adj* obvious, evident; ■ **~ sein, dass ...** to be obvious [*or* evident] that ... **II.** *adv* obviously, evidently

Augentropfen *pl* eye drops *npl* **Augentrost** *m* BOT eyebright **Augenweide** *f* feast [*or* treat] for one's [*or* the] eyes; (*unerwartet*) sight for sore eyes *fam;* **nicht gerade eine** ~ a bit of an eyesore **Augenwinkel** *m* corner of one's/the eye; **aus dem** [*o* **einem**] ~ from [*or* out of] the corner of one's eye **Augenwischerei** <-, -en> *f* (*pej*) eyewash *no pl, no indef art* **Augenzahl** *f* number of points **Augenzeuge, -zeugin** *m, f* eyewitness; ■ ~ **sein[, wie ...]** to be an eyewitness, to witness how ...; ■ ~ **bei etw sein** to be an eyewitness to sth **Augenzeugenbericht** *m* eyewitness account; **nach ~en** [*o* **~en zufolge**] according to eyewitness accounts **Augenzwinkern** *nt kein pl* blinking *no pl, no indef art;* (*mit einem Auge*) winking *no pl, no indef art* **augenzwinkernd** *adv* with a wink; ***sie sahen sich ~ an*** they winked at each other; **jdm etw ~ zu verstehen geben** to give sb to understand sth with a wink

Augiasstall [au'gi:as-, 'augias-] *m kein pl* (*pej geh*) dunghill, Augean stables *pl,* sodom *pej liter*

Augur <-s *o* -guren, -guren> *m* ① HIST augur, auspex *spec* ② (*geh: Prophet*) augur, prophet

August[1] <-[e]s, -e> *m* August; **Anfang/Ende/Mitte** ~ at the beginning of/at the end of/in the middle of [*or* in mid-]August; **bis Ende** ~ by the end of August; ***wenn es ~ ist, ...*** in August ...; ***wir haben*** ~ it's August; **im** ~ in August; **in den ~ fallen** to be in August; **einen Termin in den ~ legen** to make a date for August; **etw auf den ~ verlegen** to move sth to August; **diesen** [*o* **in diesem**] ~ this August; **bis in den ~ [hinein]** into August; **für den [Monat]** ~ for August; **vor** ~ *dat* before August; **den ganzen ~ über** all [*or* throughout] August; **am 14.** ~ (*gesprochen*) on the fourteenth of August, on August the fourteenth, AM *a.* on August fourteenth; (*geschrieben a.*) on 14th August BRIT, on August 14 AM; ***den 14. ~ 2001*** 14th August 2001 BRIT, August 14th, 2001 AM

August[2] <-s> *m kein pl* Augustus; **der dumme** ~ (*veraltend*) the clown, August[e] *spec;* **den dummen ~ spielen** to act [*or* play] the clown [*or* fool]

Augustfeier *f* SCHWEIZ *public holiday celebrated on the evening of 1 August*

Augustiner <-s, -> *m,* **Augustinermönch** *m* Augustinian, Augustinian [*or* Augustine] monk

Auktion <-, -en> *f* auction

Auktionator, -torin <-s, -toren> *m, f* auctioneer

Auktionshaus *nt* auctioneers *pl,* auction house

Aula <-, Aulen> *f* [assembly] hall

Au-pair-Mädchen [o'pɛ:r-], **Aupairmädchen**[RR] *nt* au pair [girl]; **als ~ arbeiten** to [work as an] au pair **Au-pair-Stelle, Aupairstelle**[RR] *f* au-pair job, job as an au pair

Aura <-> *f kein pl* (*geh*) aura; **eine geheimnisvolle**

~ an aura of mystery

aus **I.** *präp +dat* ① (*von innen nach außen*) out of, out *fam;* ~ **dem Fenster/der Tür** out of the window/door; ~ **der Flasche trinken** to drink from [*or* out of] the bottle; ***das Öl tropfte ~ dem Fass/Ventil*** the oil was dripping from the barrel/from the valve; **etw ~ der Zeitung herausschneiden** to cut sth out of the newspaper; **Zigaretten ~ dem Automaten** cigarettes from a machine; ■ ~ **etw heraus** out of sth; *s. a.* **Weg** ② (*die zeitliche Herkunft bezeichnend*) from; **ein Gemälde ~ dem Barock** a painting from the Baroque period, a Baroque painting; ~ **dem 17. Jahrhundert stammen** to be [from the] 17th century ③ (*auf Ursache deutend*) ~ **Angst** for [*or* out of] fear; ~ **Angst vor/Liebe zu jdm/etw** for fear/love of sb/sth; ~ ***Angst vor Strafe lief er davon*** fearing punishment he ran away; ~ **Angst davor, dass ...** fearing that ...; ~ **Dummheit/Eifersucht/Habgier/Hass/Verzweiflung** out of stupidity/jealousy/greed/hatred/desperation; ***warum redest du nur so einen Quatsch, wahrscheinlich nur ~ Dummheit!*** why are you talking such rubbish? you're probably just being stupid!; **ein Mord ~ Eifersucht/Habgier** a murder fuelled by jealousy/hatred; **ein Mord** [*o* **Verbrechen**] ~ **Leidenschaft/Liebe** a crime of passion, a crime passionnel *liter;* ~ **niedrigen Motiven** for base motives; ~ **Unachtsamkeit** due to carelessness; ***pass doch auf, du wirfst sonst noch ~ Unachtsamkeit die Kanne um!*** look out, else you'll knock over the can in your carelessness; ***dieser Selbstmord geschah ~ Verzweiflung*** this suicide was an act of despair; ~ **einer Eingebung/Laune heraus** on [an] inspiration/impulse, on a whim ④ (*von*) from; **jdn/etw ~ etw ausschließen** to exclude sb/sth from sth; ~ **dem Englischen** from [the] English [*or* the English language]; ~ **guter Familie** from [*or* of] a good family; ~ **guter Familie stammen** to be of [a] [*or* come from a] good family; ~ **uns[e]rer Mitte** from our midst; ~ **Stuttgart kommen** to be [*or* come] from Stuttgart; (*gebürtig a.*) to be a native of Stuttgart ⑤ (*unter Verwendung von etw hergestellt*) [made] of; ~ **Wolle sein** to be [made of] wool; ~ **etw bestehen/sein** to be made of sth; **eine Bluse ~ Seide/Brosche ~ Silber** a silk blouse/silver brooch **II.** *adv* ① (*fam: gelöscht*) out; ■ ~ **sein** to have gone out; *Feuer, Ofen, Kerze* to be out; ***Zigarette ~!*** put out *sep* your cigarette! ② (*ausgeschaltet*) off; **„~"** "off"; ■ ~ **sein** to be [switched] off; (*an elektronischen Geräten a.*) "standby"; **auf „~" stehen** to be off [*or* on "standby"] ③ (*zu Ende*) ■ ~ **sein** to have finished; *Krieg* to have ended, to be over; *Schule* to be out; **mit etw ist es ~** sth is over; **mit jdm ist es ~** (*fam: sterben*) sb has had it *sl;* ***es ist ~ mit ihm*** he's finished [*or sl* had it]; **es ist ~ [zwischen jdm]** (*fam: beendet sein*) it's over [between sb]; ***zwischen denen ist es ~*** they've broken up, it's over between them; ***zwischen uns ist es ~, mein Freund!*** we're finished [*or* history], mate!; ~ **und vorbei sein** to be over and done with; ***es ist ~ und vorbei mit diesen Träumen*** these dreams are over once and for all ④ (*außerhalb*) ~ **sein** SPORT to be out ⑤ (*versessen*) ■ **auf jdn/etw ~ sein** to be after sb/sth ⑥ (*fort*) ■ **[mit jdm] ~ sein** to go out [with sb]

Aus <-> *nt kein pl* ① FBALL out of play *no pl, no art;* (*seitlich*) touch *no pl, no art;* **ins ~ gehen** to go out of play; (*seitlich a.*) to go into touch; (*hinter der Torlinie a.*) to go behind [for a corner/goalkick] ② (*Ende*) end; **vor dem beruflichen ~ stehen** to be at the end of one's career; ■ **das ~ für etw** the end of sth ③ SPORT (*Spielende*) ■ **das ~** the end of the game [*or* match]; FBALL *a.* the final whistle

aus|arbeiten *vt* ■ **etw ~** to work out sth *sep;* (*verbessern*) to perfect sth; **ein System ~** to elaborate *form* [*or sep* draw up] a system; **einen Text ~** to prepare [*or sep* draw up] a text; (*formulieren a.*) to formulate [*or* compose] a text; **eine Theorie aus etw ~** to elaborate *form* [*or sep* draw up] a theory from [*or* on the basis of] sth

Ausarbeitung <-, -en> *f* working out *no pl;* (*Verbesserung*) perfection *no pl; System, Theorie* elaboration *no pl,* drawing up *no pl* (**aus** from/on the basis of); *Text* preparation *no pl,* drawing up *no pl;* (*Formulierung a.*) formulation *no pl,* composition *no pl*

aus|arten *vi sein* ① (*zu etw werden*) ■ **in etw** *akk* ~ to degenerate into sth; **in einen Krieg ~** to degenerate into a war ② (*ausfallend werden*) to get out of hand, to become unruly; (*fluchen*) to use bad [*or* coarse] language

aus|atmen **I.** *vi* to breathe out, to exhale **II.** *vt* ■ **etw ~** to exhale [*or sep* breathe out] sth

aus|backen *vt* ■ **etw ~** KOCHK to deep-fry sth

aus|baden *vt* (*fam*) ■ **etw ~** to pay [*or* suffer] [*or* BRIT *fam a.* carry the can] for sth

aus|baggern *vt* ■ **etw ~** ① (*mit einem Bagger vertiefen*) to excavate sth; **eine Fahrrinne ~** to deepen a shipping lane by dredging; **einen Fluss/See ~** to dredge [out *sep*] a river/lake ② (*mit einem Bagger herausholen*) to excavate [*or sep* dig up] sth; (*in Fluss, See*) to dredge [up *sep*] sth

aus|balancieren* [-balãsiːrən] *vt* ■ **etw ~** ① (*ins Gleichgewicht bringen*) to balance sth ② (*geh: harmonisieren*) to balance [out *sep*] sth ③ (*geh: abstimmen*) to balance sth

Ausbau <-bauten> *m* ① *kein pl* (*das Ausbauen*) extension *no pl* (**zu** into); (*das Umbauen*) conversion *no pl* (**zu** [in]to) ② ARCHIT (*angefügter Teil*) extension, annexe BRIT, annex AM ③ *kein pl* (*das Herausmontieren*) removal (**aus** from) ④ *kein pl* (*Vertiefung*) building up, cultivation ⑤ *kein pl* (*die Festigung*) strengthening, consolidation

aus|bauen *vt* ① (*baulich erweitern*) ■ **etw [zu etw] ~** to extend sth [into sth]; (*umbauen*) to convert sth [[in]to sth]; (*innen*) to fit out *sep* sth [into sth] ② (*herausmontieren*) ■ **etw [aus etw] ~** to remove sth [from sth] ③ (*vertiefen*) ■ **etw [zu etw] ~** to cultivate [*or sep* build up] sth [to sth] ④ (*konsolidieren*) ■ **etw ~** to consolidate [*or* strengthen] sth

ausbaufähig *adj* ① (*fam: viel versprechend*) promising; ■ ~ **sein** to be promising; *Schüler, Mitarbeiter a.* to show promise ② (*erweiterungsfähig*) expandable ③ (*sich vertiefen lassend*) that can be built up [*or* cultivated]; ***Ich denke, unsere Beziehung ist noch ~*** I think we have a good relationship to build on ④ (*möglich zum entfernen*) removable

aus|bedingen* *vr irreg* ■ **sich** *dat* **[von jdm] etw ~** to insist on sth, to make sth a condition [for sb]; **sich das Recht ~[, etw zu tun]** to reserve the right [to do sth]; ■ **sich** *dat* **[von jdm] ~, dass ...** to make it a condition [for sb] that ..., to stipulate that ...; ***... doch ich bedinge mir aus, dass ...*** ... but only on condition that ...

aus|beinen *vt* KOCHK to bone, to joint

Ausbeinmesser *nt* boning knife

aus|beißen *vr irreg* ■ **sich** *dat* **einen Zahn [an etw** *dat*] ~ to break a tooth [on sth], to lose a tooth [after biting into sth]

aus|bessern *vt* ① MODE (*durch Nähen reparieren*) ■ **etw [mit etw] ~** to mend [*or* repair] sth [with sth]; (*flicken*) to patch sth [with sth]; (*stopfen*) to darn sth [with sth] ② (*reparieren*) ■ **etw ~** to repair [*or* mend] [*or* fix] sth; **eine Roststelle ~** to remove a rust spot

Ausbesserung <-, -en> *f* ① MODE mending *no pl,* repairing *no pl;* (*Flicken*) patching *no pl;* (*Stopfen*) darning *no pl* ② (*das Ausbessern*) repairing *no pl,* mending *no pl,* fixing *no pl;* *einer Roststelle*

removal *no pl*

Ausbesserungsarbeiten *pl* repairs *pl* (**an** +*dat* to), repair work *no pl, no indef art* (**an** +*dat* on); *von Lack* retouching work *no pl* **ausbesserungsbedürftig** *adj* in need of repair/retouching etc. *pred*

aus|beulen I. *vt* ■ **etw ~** ❶ (*nach außen wölben*) to make sth bulge [*or* a bulge in sth]; (*verschleißen*) to make sth [go] baggy; ■ **ausgebeult** baggy; **ein ausgebeulter Hut** a battered hat ❷ (*durch Herausschlagen glätten*) to remove dents/a dent in sth; (*durch Hämmern a.*) to hammer [*or* beat] out dents/a dent in sth *sep;* **eine Beule ~** to remove a dent; (*durch Hämmern a.*) to hammer [*or* beat] out a dent *sep* **II.** *vr* ■ **sich ~** to go baggy

Ausbeute <-, -n> *f* ❶ (*Förderung*) gains *pl;* ■ **die ~ an etw** *dat* the yield in sth; ***die ~ an nützlichen Informationen war gering*** little useful information was gleaned, the yield of useful information was minimal ❷ (*Gewinn*) profits *pl*

aus|beuten *vt* ❶ (*pej: völlig ausschöpfen*) ■ **jdn ~** to exploit sb; **Arbeiter ~** to exploit [*or pej fam* sweat] workers ❷ (*abbauen*) ■ **etw ~** to work [*or* exploit] sth

Ausbeuter(in) <-s, -> *m(f)* (*pej*) exploiter, sweater *pej*

Ausbeutung <-, -en> *f* ❶ (*pej: das Ausbeuten*) exploitation *no pl* ❷ (*Abbau*) working *no pl,* exploitation *no pl*

aus|bezahlen* *vt* ❶ (*zahlen*) ■ [**jdm**] **etw ~** to pay out *sep* sth [to sb] ❷ (*bezahlen*) ■ **jdn ~** to pay off sb *sep,* to pay sb her/his wages ❸ (*abfinden*) ■ **jdn ~** to buy out [*or* pay off] sb *sep*

aus|bilden I. *vt* ❶ (*beruflich qualifizieren*) ■ **jdn** [**in etw** *dat*] **~** to train sb [in sth]; (*unterrichten a.*) to instruct sb [in sth]; (*akademisch*) to educate sb [in sth]; **Rekruten ~** to train [*or* drill] recruits; **jdn zum Arzt/Sänger ~** to train sb to be a doctor/singer; **ein ausgebildeter Übersetzer** a qualified translator ❷ (*entwickeln*) ■ **etw ~** to develop [*or* cultivate] sth; **seine Stimme ~** to train one's voice; **eine ausgebildete Stimme** a trained voice **II.** *vr* ❶ (*sich schulen*) ■ **sich** [**in etw** *dat*] **~** to train [in sth]; (*studieren*) to study [sth]; (*Qualifikation erlangen*) to qualify [in sth] ❷ MED ■ **sich ~** to develop; *Tumor a.* to form; ■ [**voll**] **ausgebildet sein** to be fully developed ❸ BOT ■ **sich ~** to develop, to form

Ausbilder(in) <-s, -> *m(f)* trainer; MIL instructor

Ausbildner(in) <-s, -> *m(f)* ÖSTERR, SCHWEIZ *s.* **Ausbilder**

Ausbildung <-, en> *f* ❶ (*Schulung*) training *no pl, no indef art;* ■ **eine ~** a training course; (*Unterricht*) instruction *no pl, no indef art;* (*akademisch*) education *no pl; von Rekruten* drilling *no pl,* training *no pl;* ***welche ~ hat er?*** what was he trained for? [*or* as]; **eine dreijährige ~** three years of training/instruction; **die ~ zum Tischler** training as a joiner; **in der ~ sein** to be in training [*or* a trainee]; (*akademisch*) to still be at university [*or* college] BRIT, to still be in school [*or* college] AM ❷ (*Entwicklung*) development *no pl,* cultivation *no pl; von Stimme* training *no pl* ❸ MED (*Entwicklung*) development *no pl; von Tumor a.* formation *no pl* ❹ BOT (*Entwicklung*) development *no pl,* formation *no pl,* growth *no pl*

Ausbildungsbeihilfe *f* educational grant; (*für Lehrlinge*) training allowance **Ausbildungsberuf** *m* occupation that requires training **Ausbildungsbetrieb** *m* apprenticing company (*company that takes on trainees*) **Ausbildungsdauer** *f* training period **Ausbildungsförderung** *f* [training/educational] grant **Ausbildungskompanie** *f* training unit **Ausbildungsplatz** *m* place to train **Ausbildungsstand** *m kein pl* level of training; *von Soldaten a.* level of drilling **Ausbildungsstätte** *f* training centre [*or* AM -er] **Ausbildungsvergütung** *f* (*geh*) training allowance **Ausbildungsvertrag** *m* articles *pl* of apprenticeship **Ausbildungszeit** *f* training period, period of training; **nach einer ~ von drei Jahren** after three years of training, after a three-year training period [*or* period of training] **Ausbildungsziel** *nt* training objective

aus|bitten *vr irreg* (*geh*) ❶ (*fordern*) ■ **sich** *dat* [**von jdm**] **etw ~** to ask [sb] for sth, to request sth [from [*or form* of] sb]; ***ich bitte mir Ruhe aus!*** I must [*or* will] have silence!; ***das möchte ich mir*** [***auch***] ***ausgebeten haben!*** I should think so too!; ■ **sich** *dat* [**von jdm**] **~, dass jd etw tut** to ask [*or* request] sb to do sth ❷ (*erbitten*) ■ **sich** *dat* **etw ~** to ask for sth; ■ **sich** *dat* **etw von jdn ~** to ask [*or* beg] sth of sb *form*

aus|bleiben *vi irreg sein* ❶ (*nicht kommen*) to fail to appear [*or* come], to fail to materialize *fam* ❷ (*nicht auftreten*) to fail to appear; *Regen, Schnee* to hold off; ■ **nicht ~ können** to be inevitable ❸ (*nicht eintreten*) to not appear, to be absent; *Menstruation* to not come, to be overdue ❹ (*nicht erfolgen*) to fail to come in ❺ (*aussetzen*) to stop, to fail

Ausbleiben <-s> *nt kein pl* ❶ (*Fortbleiben*) failure to appear [*or* come], non[-]appearance; (*Schüler a.*) absence ❷ (*das Nichtauftreten*) failure to appear; *Regen* holding off *no pl* ❸ (*Nichteintritt*) absence; **bei ~ der Menstruation** when [one's] menstruation doesn't come [*or* is overdue] ❹ (*das Nichteintreffen*) failure to come in

aus|blenden *vt* (*fam*) ■ **etw ~** *Problem* to blend out sth *sep*

aus|blenden I. *vt* ■ **etw ~** ❶ (*aus dem Film nehmen*) to cut out sth *sep;* **den Ton ~** to cut off *sep* the sound; ■ **ausgeblendet werden** to be cut out/off ❷ (*ausklingen lassen*) to fade out sth *sep* **II.** *vr* ■ **sich aus etw ~** to leave sth; **sich** [**aus einer Übertragung**] **~** to leave a transmission

Ausblick *m* ❶ (*Aussicht*) view, outlook *form,* prospect *liter;* ■ **der/ein ~ auf etw** *akk* the/a view of sth, the/an outlook over [*or* on[to]] sth *form,* the/a prospect of [*or* over] sth *liter;* **ein Zimmer mit ~ aufs Meer** a room overlooking [*or* with a view of] the sea; **ein weiter ~ auf die Umgebung** a panorama of the surroundings ❷ (*Zukunftsvision*) prospect, outlook; ■ **der/ein ~ auf etw** *akk* the/a prospect [*or* the/an outlook] for sth; **der ~ auf zukünftige Entwicklungen** future prospects *npl*

aus|bluten I. *vi sein* to bleed to death; ■ **ein Schaf ~ lassen** to bleed a sheep [dry]; ■ **ausgeblutet** bled [dry *pred*] **II.** *vt* ■ **jdn ~** to bleed sb dry [*or* white] *sep fam;* ■ **das A~** throatcutting

aus|bomben *vt* ■ **jdn ~** to bomb sb's home, to bomb sb out of her/his home; ■ **die Ausgebombten** people who have been bombed out of their homes

aus|booten *vt* (*fam*) ■ **jdn ~** to kick [*or fam* boot] out sb *sep*

aus|borgen *vt* ❶ (*fam: verleihen*) ■ [**jdm**] **etw ~** to lend [sb] sth, to lend [out *sep*] sth [to sb] ❷ (*fam: sich ausleihen*) ■ [**sich** *dat*] **etw** [**von jdm**] **~** to borrow sth [from sb]

aus|brechen *irreg* **I.** *vi sein* ❶ (*sich befreien*) ■ [**aus etw**] **~** to escape [from sth]; (*Gefangene a.*) to break out [of sth]; ■ **ausgebrochen** escaped ❷ MIL (*einen Durchbruch erzwingen*) ■ [**aus etw**] **~** to break out [of sth] ❸ (*sich von etw frei machen*) ■ [**aus etw**] **~** to break away [from sth]; **aus einer Ehe ~** to break up *sep* a marriage ❹ (*zur Eruption gelangen*) to break out, to erupt; ■ **das A~** eruption ❺ (*entstehen*) to break out; *Erdbeben* to strike ❻ (*losbrechen*) to explode, to erupt ❼ (*spontan erfolgen lassen*) **in Gelächter** *akk* **~** to burst into laughter [*or* out laughing];

in Jubel *akk* ~ to erupt with jubilation; **in Tränen** [*o* **Weinen**] *akk* ~ to burst into tears [*or* out crying] ⑧ (*außer Kontrolle geraten*) to swerve; *Pkw a.* to career [out of control] ⑨ (*austreten*) ■ **jdm bricht der Schweiß aus** sb breaks into [*or* out in] a sweat **II.** *vt haben* ① (*her~*) ■ **etw** [**aus etw**] ~ to break off *sep* sth [from sth]; **ein Fenster** [**aus etw**] ~ to put in *sep* a window, to let [*or* put] a window into sth; **eine Wand** ~ to take down *sep* a wall; ■ **sich** *dat* **einen Zahn** ~ to break off *sep* a tooth ② (*erbrechen*) ■ **etw** ~ to vomit [*or sep fam* bring up] sth

Ausbrecher(in) <-s, -> *m(f)* escapee, escaped prisoner

aus|breiten I. *vt* ① (*entrollen und hinlegen*) ■ **etw** [**vor jdm**] ~ to spread [out *sep*] sth [in front of [*or form* before] sb]; **eine Landkarte** ~ to open [*or* spread] out a map *sep* ② (*verteilen*) ■ **etw** ~ to lay [*or* set] out sth *sep;* (*ausstellen*) to display sth ③ (*ausstrecken*) ■ **etw** ~ to spread [out *sep*] [*or* extend] sth; **die Arme** ~ to extend [*or sep* stretch [*or* spread] out] one's arms ④ (*darlegen*) ■ **etw** [**vor jdm**] ~ to enlarge [up]on sth [for sb] **II.** *vr* ① (*sich erstrecken*) ■ **sich** [**in etw** *akk*/ **nach etw etc.**] ~ to spread [out] [in/towards etc. sth], to extend into/to etc. sth ② (*übergreifen*) ■ **sich** [**auf/über etw** *akk o dat*] ~ to spread [to/over sth] ③ (*überhand nehmen*) ■ **sich** ~ to spread ④ (*fam: sich breit machen*) ■ **sich** ~ to spread oneself out

Ausbreitung <-, -en> *f* ① (*das Übergreifen*) spread *no pl* (**auf** +*akk* to) ② (*das Überhandnehmen*) spread *no pl; von Propaganda a.* dissemination *no pl,* propagation *no pl* ③ (*Ausdehnung*) spread *no pl* ④ (*Darlegung*) enlargement *no pl* (+*gen* on)

ausbrennen *irreg* **I.** *vi sein* ① (*zu Ende brennen*) to go out; *Feuer a.* to burn [itself] out; ■ **ausgebrannt** extinguished ② (*energielos sein*) ■ **ausgebrannt sein** to be burnt out **II.** *vt haben* ■ **etw** ~ to burn out *sep* sth, to cauterize sth *spec*

aus|bringen *vt irreg* ① (*ausrufen*) **einen Trinkspruch** [**auf jdn**] ~ to propose a toast [to sb]; **ein „Hurra" auf jdn** ~ to cheer sb; **ein Prosit auf jdn** ~ to toast sb's health ② (*verstreuen*) ■ **etw** [**auf etw** *dat o akk*] ~ to spread [out *sep*] sth [on [*or* over] sth] ③ NAUT (*herunterlassen*) ■ **etw** ~ to lower sth

aus|bröseln *vt* **eine Backform** ~ to grease and line a baking tin with breadcrumbs

Ausbruch *m* ① (*das Ausbrechen*) escape (**aus** from); *von Gefangene a.* breakout (**aus** from); ■ **der/ein** ~ the/a breakout/the/an escape; **ein ~ aus dem Gefängnis** a jailbreak ② MIL (*Durchbruch*) breakout ③ (*Beginn*) outbreak ④ (*Eruption*) eruption; **zum ~ kommen** to erupt ⑤ (*fam: Entladung*) outburst; (*stärker*) eruption, explosion, BRIT *a.* wobbly *fam;* **einen ~ bekommen** to explode [*or* erupt], BRIT *a.* to throw a wobbly *fam*

Ausbruchsversuch *m* ① (*versuchter Ausbruch*) attempted escape [*or* breakout], escape [*or* breakout] attempt ② MIL (*versuchter Durchbruch*) attempted breakout, breakout attempt; **einen ~ machen** to attempt a breakout

aus|brüten *vt* ■ **etw** ~ ① (*bis zum Ausschlüpfen bebrüten*) to hatch sth; (*in Brutkasten*) to incubate sth; ■ **ausgebrütet** hatched [*or* incubated] ② (*fam: aushecken*) to hatch [up *sep*] [*or sep* cook up] sth ③ (*fam: entwickeln*) to be sickening for sth

aus|buchten I. *vr* ■ **sich** ~ to bulge [*or* curve] out[ward[s]]; ■ **ausgebuchtet** curving **II.** *vt* ■ **etw** ~ to hollow out sth *sep*

Ausbuchtung <-, -en> *f* indentation; *von Strand* cove

aus|buddeln *vt* (*fam*) ■ **etw** ~ ① (*ausgraben*) to dig up sth *sep* ② (*ausfindig machen*) to find [*or sep* dig up] sth

aus|bügeln *vt* ① (*durch Bügeln glätten*) ■ **etw** ~ to iron out sth *sep* ② (*fam: wettmachen*) ■ **etw** ~ to make good sth *sep* ③ (*fam: bereinigen*) ■ **etw** [**wieder**] ~ to iron out sth *sep*

aus|buhen *vt* (*fam*) ■ **jdn** ~ to boo at sb; (*von der Bühne a.*) to boo off sb *sep,* to boo sb off the stage

Ausbund *m kein pl* paragon *no pl* (**an** +*dat* of), model *no pl* (**an** +*dat* of), epitome *no pl* (**an** +*dat* of); **ein ~ an** [*o* **von**] **Verworfenheit** depravity itself [*or* personified]

aus|bürgern *vt* ■ **jdn** ~ to expatriate sb; **jdn aus Deutschland** ~ to deprive sb of German citizenship [*or* nationality]; ■ **Ausgebürgerte**[**r**] expatriate

Ausbürgerung <-, -en> *f* expatriation

aus|bürsten *vt* ① (*durch Bürsten entfernen*) ■ **etw** [**aus etw**] ~ to brush out sth *sep,* to brush sth out of sth ② (*sauber bürsten*) ■ **etw** ~ to brush sth; ***dieses Haarspray lässt sich leicht*** ~ this hairspray is brushed out easily

aus|büxen *vi* (*hum fam*) to run away [from home]

Auschwitzlüge <-> *f kein pl* HIST (*fachspr*) denial of the holocaust

Ausdauer *f kein pl* ① (*Beharrlichkeit*) perseverance *no pl,* tenacity *no pl;* (*Hartnäckigkeit a.*) persistence *no pl* ② (*Durchhaltevermögen*) stamina *no pl,* staying power *no pl;* (*im Ertragen*) endurance *no pl*

ausdauernd I. *adj* ① (*beharrlich*) persevering, tenacious; (*hartnäckig a.*) persistent; **~e Anstrengungen** [*o* **Bemühungen**] unremitting [*or* untiring] efforts; ■ **~ sein** to be persevering [*or* persistent] ② (*Durchhaltevermögen besitzend*) with stamina [*or* staying power]; (*im Ertragen*) with endurance; ■ **~ sein** to have stamina [*or* staying power] **II.** *adv* **~ arbeiten/lernen** to apply oneself to working [*or* one's work]/learning

ausdehnbar *adj* ■ ~ [**auf/über etw** *akk* **hinaus**] extendable [*or* extensible] [to sth]

aus|dehnen I. *vr* ① (*größer werden*) ■ **sich** ~ to expand ② (*sich ausbreiten*) ■ **sich** [**auf/über etw** *akk*] ~ to spread [to/over sth]; ■ **ausgedehnt** extensive, expansive ③ (*dauern*) ■ **sich** ~ to go on; **sich endlos** ~ to take [*or* go on] forever *fam* **II.** *vt* ① (*verlängern*) ■ **etw** [**bis zu etw/über etw** *akk*] ~ to extend [*or* prolong] sth [by up to/by sth] ② (*erweitern*) ■ **etw** [**auf etw** *akk*] ~ to expand [*or* extend] [*or* widen] sth [to sth] ③ ■ **etw** ~ (*vergrößern*) to expand sth; (*ausbeulen*) to stretch sth

Ausdehnung *f* ① (*Verlängerung*) extension (+*gen* to/of), prolongation *no pl* (+*gen* of) ② (*Ausbreitung*) spread[ing] *no pl* (**auf** +*akk* to) ③ (*Erweiterung*) expansion *no pl* ④ (*Vergrößerung*) expansion *no pl;* **in ~ begriffen sein** to be expanding ⑤ (*Fläche*) area; **eine ~ von 10000 km² haben** to cover an area of 10,000 km²

aus|denken *vr irreg* ■ **sich** *dat* **etw** ~ (*ersinnen*) to think up sth *sep;* **eine Ausrede/Entschuldigung** ~ to think up [*or* of] *sep* [*or* contrive] [*or a. pej* concoct] an excuse; **eine Geschichte** ~ to think up [*or* make up] a story *sep;* **eine Idee/einen Plan** ~ to devise [*or sep* think up] an idea/plan; **eine Überraschung** ~ to plan a surprise; **eine ausgedachte Geschichte** a made-up story; ***da musst du dir schon etwas anderes ~!*** (*fam*) you'll have to think of something better than that!; ***das hast du dir so/fein ausgedacht!*** (*fam*) that's what you think!; ***es ist nicht auszudenken*** it's inconceivable

aus|dienen *vi* (*fam*) ■ **ausgedient** worn-out, BRIT *fam a.* clapped-out; **ein ausgedientes Kraftwerk** a decommissioned power station; ■ **ausgedient haben** to have had its day; *Stift* to be finished [*or* used up]

aus|diskutieren* **I.** *vt* ■ **etw** ~ to discuss sth fully [*or* thoroughly] **II.** *vi* ■ **ausdiskutiert haben** to have finished discussing [or talking]

aus|dörren I. *vt haben* ■ **jdn** ~ to dehydrate sb; ■ **etw** ~ to dry up sth *sep;* **die Haut** ~ to dry out *sep* one's skin; **die Kehle** ~ to parch one's throat; ■ **ausgedörrt sein** to be dehydrated; *Kehle* to be parched; *Erde, Land* to have dried out; (*stärker*) to be scorched [*or* parched] II. *vi sein* to dry out; (*stärker*) to become parched [*or* scorched]; ■ **ausgedörrt** dried out; (*stärker*) parched, scorched; **eine ausgedörrte Kehle** a parched throat

aus|drehen *vt* (*fam*) ■ **etw** ~ to turn [*or* switch] off sth *sep;* **das Licht** ~ to turn out [*or* turn [*or* switch] off] the light *sep*

Ausdruck[1] <-drücke> *m* ① (*Bezeichnung*) expression; ***es gibt einen bestimmten*** ~ ***dafür*** there's a certain word for it; ■ **Ausdrücke** bad [*or* coarse] language *no pl, no art,* swear words *pl;* **ein schwäbischer** ~ a Swabian turn of phrase *a. hum* ② *kein pl* (*Gesichts~*) [facial] expression ③ *kein pl* (*Zeichen*) ■ **der/ein/als** ~ **seiner Dankbarkeit/Liebe** *gen* the/an/as an expression of one's gratitude/love; **mit dem** ~ **des Bedauerns** (*geh*) expressing [*or* with an expression of] regret; **mit dem** ~ **der Hochachtung** (*geh*) with the expression of great respect; **etw zum** ~ **bringen, einer S.** *dat* ~ **geben** [*o* **verleihen**] (*geh*) to express [*or* give expression to] sth; **seine Dankbarkeit zum** ~ **bringen** to voice [*or* express] one's gratitude, to give expression to one's gratitude; ■ [**in etw** *dat*] **zum Ausdruck kommen** to find expression [in sth]; ***in seinen Worten kam Mitleid zum*** ~ his words expressed his sympathy ④ *kein pl* (*Ausdrucksweise*) mode of expression, way of expressing oneself; **gewandt im** ~ **sein** to have an elegant mode of expression; **sich im** ~ **vergreifen** to use the wrong approach; (*kompliziert ausdrücken*) to use long words

Ausdruck[2] <-drucke> *m* [computer] print-out, hard copy *spec;* **einen** ~ [**einer S.** *gen*/**von etw**] **machen** to run off *sep* a copy [of sth]

aus|drucken *vt* ■ [**jdm**] **etw** ~ to print [out *sep*] sth [for sb], to run off *sep* a copy [of sth] [for sb]

aus|drücken I. *vt* ① (*bekunden*) ■ [**jdm**] **etw** [**für etw**] ~ to express sth [to sb] [for sth]; **jdm seine Liebe** ~ to express one's love for sb ② (*formulieren*) ■ **etw** ~ to express [*or* formulate] sth, to put sth into words; **anders ausgedrückt** in other words; ***lassen Sie es mich anders*** ~ let me put it another way; **einfach ausgedrückt** put simply, in simple terms, in words of one syllable *a. iron;* **um es milde auszudrücken** to put it mildly [*or* another way] ③ (*zeigen*) ■ **etw** ~ to express [*or* show] sth; *Verhalten a.* to reveal sth; *Maßnahmen a.* to demonstrate sth ④ (*auspressen*) ■ [**jdm/sich**] **etw** ~ to press [*or* squeeze] out sth [for sb] *sep;* **eine Zitrone** ~ to press [*or* squeeze] the juice out of [*or* to squeeze] a lemon; **seine Pickel** ~ to squeeze one's spots ⑤ (*durch Zerdrücken löschen*) ■ **etw** ~ to stub [*or* put] out sth *sep* II. *vr* ① (*seine Meinung formulieren*) ■ **sich** ~ to express oneself; **sich ungeschickt** ~ to express oneself badly; **sich falsch** ~ to use the wrong word; **sich gewandt** ~ to be very articulate ② (*sich widerspiegeln*) ■ **sich in etw** *dat* ~ to be expressed [*or* revealed] in sth; ***in ihrem Gesicht drückte sich Verzweiflung aus*** her face showed her despair

ausdrücklich I. *adj attr* express, explicit; **eine** ~**e Zuwiderhandlung** a clear [*or form* patent] violation II. *adv* expressly, explicitly; (*besonders*) particularly; **etw** ~ **betonen** to emphasize sth particularly [*or* specifically]

Ausdruckskraft *f kein pl* expressiveness **ausdruckslos** *adj* inexpressive; **ein** ~**es Gesicht** an expressionless face; (*ungerührt*) an impassive face; **ein** ~**er Blick** a vacant [*or* blank] look **Ausdrucksvermögen** <-s> *nt kein pl* articulatedness **ausdrucksvoll** *adj* expressive, full of expression *pred* **Ausdrucksweise** *f* mode of expression, way of expressing oneself; ***was ist denn das für eine*** ~**!** what sort [*or* kind] of language is that [to use]?; **sich einer anständigen** ~ **befleißigen** to use decent language

aus|dünnen *vt* ① (*reduzieren*) ■ **etw** ~ to reduce sth **ein Team** ~ to reduce [*or sep* cut down] team members ② (*durch Beschneiden weniger dicht sein lassen*) ■ **etw** ~ to thin out sth *sep* ③ (*durch Schneiden das Volumen vermindern*) ■ [**jdm**] **etw** ~ to thin out *sep* [sb's] sth

aus|dünsten I. *vt* ■ **etw** ~ ① (*gasförmige Stoffe abgeben*) to emit [*or sep* give off] [*or spec* exhale] sth ② (*Geruch verbreiten*) to give off sth *sep* II. *vi* to emit [*or sep* give off] [*or spec* exhale] vapours [*or* AM -ors]/a vapour [*or* AM -or]

Ausdünstung <-, -en> *f* ① (*ausgedünstete Stoffe*) exhalation *spec;* (*gasförmig a.*) vapour [*or* AM -or]; (*Schweiß*) perspiration *no pl form;* (*Geruch*) fume, smell; *von Mensch, Tier* smell *no pl* ② (*das Ausdünsten*) evaporation *no pl,* exhalation *no pl spec*

auseinander *adv* ① (*räumlich*) ■ ~ **sein** to be wide apart; *Zähne* to be widely spaced; **etw** ~ **biegen** to bend apart sth *sep;* **Ranken** ~ **biegen** to push back *sep* branches; **etw** ~ **falten** to unfold sth; (*ausbreiten a.*) to open [out *sep*] sth; ~ **gehen** (*sich auflösen*) to disperse; (*sich verzweigen*) to diverge; (*fam: dick werden*) to [start to] fill out *a. hum;* ~ **laufen** (*zerlaufen*) to run; (*sich auflösen*) to disperse, to break up; (*voneinander abweichen*) to differ, to diverge (**in** +*dat* in); **etw** ~ **machen** (*aufmachen*) to open sth; (*mit Mühe a.*) to get open sth *sep;* (*auseinanderfalten*) to unfold sth; (*ausbreiten a.*) to open [out *sep*] sth; **verklebte Seiten** ~ **machen** to get apart *sep* glued pages; **die Arme** ~ **machen** to open one's arms; **die Beine** ~ **machen** to spread [*or* part] [*or* open] one's legs; ~ **streben** (*geh*) to diverge; ~ **treiben** to drift apart; **jdn/etw** ~ **treiben** to disperse sb/sth ② (*in mehrere Teile*) **etw** ~ **bekommen** [*o* **bringen**] to be able to get sth apart; ~ **brechen** to break [*or* fall] apart; **etw** ~ **brechen** to break sth in two; ~ **fallen** to fall apart [*or* to pieces]; **etw** ~ **nehmen** (*demontieren*) to dismantle [*or form* disassemble] sth, to take apart sth *sep;* (*zerpflücken*) to tear apart sth *sep,* to tear sth to pieces; **jdn** ~ **nehmen** (*fig sl: zerstören*) to smash [up *sep*] [*or fam* trash] [sb's] sth; (*gründlich verprügeln*) to work over sb *sep fam,* to beat [the] shit out of sb *fam!* ③ (*separat*) **etw** ~ **schreiben** to write sth as two words; **zwei Personen/Vasen** ~ **setzen** to separate two persons/to set apart *sep* two vases; **sich** *akk* ~ **setzen** (*getrennt voneinander*) to sit apart ④ (*zeitlich*) ■ ~ **sein** ***die beiden sind*** [***im Alter***] ***ein Jahr*** ~ there is a year between the two of them, the two are a year apart in age; ***sie sind altersmäßig weit*** ~ there is a great gap in their ages ⑤ (*fam: getrennt*) ■ ~ **sein** to have broken [*or* split up]; ~ **brechen** (*sich auflösen*) to break up; ~ **gehen** (*in die Brüche gehen*) to break up; *Ehe a.* to fall apart; (*sich trennen*) to part; (*voneinander abweichen*) to differ, to diverge ⑥ (*voneinander weg*) **jdn** ~ **bringen** to separate [*or* part] sb; **jdn** ~ **dividieren** to separate [*or* part] sb; **etw** ~ **halten** (*unterscheiden*) to distinguish between sth; **jdn** ~ **halten** (*voneinander unterscheiden können*) to tell apart sb *sep;* ***kannst du die Zwillinge immer*** ~ ***halten?*** can you always tell the twins apart?; **sich** *akk* ~ **leben** to drift apart; *Ehepartner a.* to become estranged; **sich mit jdm** ~ **leben** to drift away from sb; (*zerstritten*) to become estranged from sb *form* ⑦ (*sonstige Verbindungen*) **jdm etw** ~ **setzen** (*erklären*) to explain sth to sb; **jdm etw detailliert** ~ **setzen** to explain sth to sb in detail, to expound sth to sb *form;*

jdm ~ setzen, was/wie … to explain to sb what/how …; **sich** *akk* **mit etw ~ setzen** (*sich befassen*) to tackle sth; (*sich genau ansehen a.*) to have [*or* take] a good look at sth; **sich mit einem Problem ~ setzen** to tackle [*or* grapple with] a problem; **sich ~ setzen** (*geh: sich streiten*) to argue; **sich gerichtlich** [*o* **vor Gericht**] **~ setzen** to go to court; **sich mit jdm ~ setzen** to argue with sb

auseinander|bekommen* *vt irreg s.* **auseinander 2** **auseinander|biegen** *vt irreg s.* **auseinander 1** **auseinander|brechen** *irreg vi, vt sein s.* **auseinander 2, 5** **auseinander|bringen** *vt irreg* (*fam*) *s.* **auseinander 6** **auseinander|dividieren** *vt s.* **auseinander 6** **auseinander|falten** *vt s.* **auseinander 1** **auseinander|gehen** *vi irreg sein s.* **auseinander 1, 5** **auseinander|halten** *vt irreg s.* **auseinander 6** **auseinander|laufen** *vi irreg sein s.* **auseinander 1** **auseinander|leben** *vr s.* **auseinander 6** **auseinander|machen** *vt* (*fam*) *s.* **auseinander 1** **auseinander|nehmen** *vt irreg s.* **auseinander 2**

auseinander|setzen *vt, vi s.* **auseinander 3, 7**

Auseinandersetzung <-, -en> *f* ❶ (*Streit*) argument, quarrel; [**mit jdm**] **eine ~** [**wegen etw**] **haben** (*einen Streit*) to have [got into] an argument [with sb] [about sth]; (*ein Streitgespräch*) to have an argument [with sb] [about sth]; ■ **es kam** [**wegen etw**] **zu einer ~** an argument blew up [*or* there was an argument] [about sth] ❷ (*Beschäftigung*) ■ **die ~ mit etw** the examination of sth; (*Analyse*) the analysis of sth

auseinander|streben *vi sein s.* **auseinander 1** **auseinander|treiben** *irreg vt, vi haben o sein s.* **auseinander 1**

auserkoren *adj* (*geh*) chosen; ■ **dazu ~ sein, etw zu tun** to be chosen to do sth

auserlesen I. *adj* select; **~e Speisen/Weine** choice [*or* select] dishes/wines II. *adv* particularly, especially

aus|ersehen* *vt irreg* (*geh*) ■ **jdn** [**zu etw**] **~** to choose sb [for [*or* to be] sth]; ■ **jdn dazu ~, etw zu tun** to choose sb to do sth

aus|erwählen* *vt* (*geh*) ■ **jdn zu etw ~** to choose sb for [*or* to do] sth; ■ **jdn ~, etw zu tun** to choose sb to do sth

auserwählt *adj inv, präd* chosen

Auserwählte(r) *f(m) dekl wie adj* (*geh*) ❶ (*auserwählte Person*) ■ **die ~n** the chosen few + *pl vb* [*or pl* ones], the elect + *pl vb form* ❷ (*hum: jds Zukünftige(r)*) ■ **jds ~** sb's intended *fam*

ausfahrbar *adj* extendable, extensible *spec;* **eine ~e Antenne** a retractable aerial; **eine ~e Kopfstütze** an adjustable headrest; ■ **~ sein** to be extendable [*or spec* extensible]/retractable/adjustable

aus|fahren *irreg* I. *vt haben* ❶ (*spazieren fahren*) ■ **jdn** [**mit etw**] **~** to take [out *sep*] sb for a walk [in sth]; **jdn** [**im Wagen/in der Kutsche**] **~** to take sb [out *sep*] for a drive [*or* ride]; **ein Baby ~** to take out *sep* the baby [in the pushchair [*or* AM stroller]] ❷ (*ausliefern*) ■ **etw ~** to deliver sth ❸ (*Leistung voll ausnutzen*) ■ **etw ~** to run [up *sep*] sth to top speed; **ein Auto voll ~** to drive a car flat out ❹ (*ausstrecken*) ■ **etw ~** to extend sth; **das Fahrgestell ~** to lower the landing gear; **die Kopfstütze/das Periskop ~** to raise the headrest/periscope II. *vi sein* ❶ (*spazieren fahren*) to go [out] for a drive [*or* ride] ❷ (*sich verlängern*) *Antenne* to extend; *Kopfstütze* to be raised; *Fahrgestell* to lower ❸ (*in Bezug auf bösen Geist*) ■ [**aus jdm**] **~** to come out [of sb], to leave [sb]

Ausfahrt *f* ❶ *kein pl* (*Abfahrt*) departure ❷ (*Spazierfahrt*) ■ **die/eine ~** [**in etw** *dat*/**mit etw**] the/a drive [*or* ride] [in sth]; **eine ~ aufs Land** a drive [*or* ride] in the country, a country drive; **eine ~ machen** to go for a drive [*or* ride] ❸ (*Hof~, Garagen~*) exit; (*mit Tor*) gateway; **„~ freihalten!“** “keep clear”, “No parking”; (*Autobahn~*) slip road BRIT, exit [ramp] AM; **~ Sindelfingen** Sindelfingen exit, exit for Sindelfingen

Ausfahrt(s)schild *nt* exit sign

Ausfall *m* ❶ (*Fehlbetrag*) deficit; **ein ~ von Steuereinnahmen** a revenue deficit; (*Verlust*) loss; MIL loss, casualty; **erhebliche Ausfälle** considerable losses, a considerable number of casualties ❷ (*das Versagen*) failure; AUTO breakdown; (*Produktions~*) stoppage; MED failure, loss of function; **bei einem ~ des Systems** in case of [a] system failure; **der ~ der Atmung/einer Niere** respiratory/kidney failure ❸ *kein pl* (*das Nichtstattfinden*) cancellation; (*das Fehlen*) absence ❹ LING dropping, omission ❺ (*Ergebnis*) outcome *no pl,* results *pl* ❻ (*beleidigende Äußerung*) insult; ■ **Ausfälle** invective *form* ❼ MIL (*Ausbruch*) sortie, sally; (*beim Fechten*) thrust, lunge; **einen ~** [**mit etw**] **machen** to [make a] lunge [*or* thrust] [with sth]

aus|fallen *vi irreg sein* ❶ (*herausfallen*) ■ **etw fällt** [**jdm**] **aus** [sb's] sth is falling out, sb loses sth; **jdm fallen** [**die**] **Haare aus** sb is going bald [*or* is balding] ❷ (*nicht stattfinden*) to be cancelled [*or* AM *a.* canceled]; ■ **ausgefallen** cancelled; ■ **etw ~ lassen** to cancel sth; **das Frühstück ~ lassen** to go without breakfast; **eine Unterrichtsstunde ~ lassen** to cancel a lesson; *Schüler* to not go to [*or* to skip] a lesson, to skive BRIT, to play hooky AM ❸ (*nicht funktionieren*) *Niere* to fail; *Motor* to break down ❹ (*entfallen*) to be lost, to be not forthcoming *form* ❺ (*nicht zur Verfügung stehen*) ■ [**bei/während etw**] [**wegen etw**] **~** to be absent [*or* unavailable] [for/during sth] [owing to sth]; (*ausscheiden*) to drop out [of sth] [because of sth]; *Rennwagen a.* to retire [from sth] [owing to [*or* because of] sth] ❻ LING to be dropped [*or* omitted] ❼ MODE **groß/klein ~** *Kleidungsstück* to be large/small ❽ (*werden*) to turn out; ***die Rede ist zu lang ausgefallen*** the speech was [*or* turned out to be] too long

aus|fällen *vt* CHEM ■ **etw** [**aus etw**] **~** to precipitate [out of sth]

ausfallend, ausfällig I. *adj* abusive II. *adv* **sich ~ ausdrücken** to use abusive language; **sich ~ über jdn/etw äußern** [*o* **auslassen**] to get personal about sb/sth; **etw ~ formulieren** to frame sth in abusive language

Ausfallstraße *f* arterial road **Ausfallzeit** *f period counting towards pension during which no payments were made owing to illness, unemployment, etc.*

aus|fechten *vt irreg* ■ **etw ~** to fight [out *sep*] sth

aus|fegen *vt* ■ **etw ~** to sweep [out *sep*] sth; ■ **das A~ von etw/einer S.** *gen* sweeping [out *sep*] sth

aus|feilen *vt* ■ **etw ~** ❶ (*wegfeilen*) to file down sth *sep,* to remove sth by filing ❷ (*den letzten Schliff geben*) to polish [up *sep*] sth; ■ **ausgefeilt** polished

aus|fertigen *vt* (*geh*) ■ [**jdm**] **etw ~** to draft [*or sep* draw up] sth [for sb]; [**jdm**] **einen Pass ~** to issue [sb with] a passport; **eine Rechnung** [**für etw**] **~** to make out *sep* a bill [for sth], to invoice sth

Ausfertigung *f* (*geh*) ❶ *kein pl* (*Ausstellung*) drawing up, drafting; *einer Rechnung* making out; *von Pass a.* issuing ❷ (*Abschrift*) copy; **die erste ~** the top [*or* master] copy; **in einfacher/doppelter/dreifacher/mehrfacher ~** as one copy/as two/three/multiple copies; **in doppelter/dreifacher/vierfacher ~** in duplicate/triplicate/quadruplicate; **in doppelter ~ unterzeichnet** signed in duplicate; **etw in doppelter ~** two copies of sth

ausfindig *adj* ■ **jdn/etw** [**in etw** *dat*] **~ machen** to locate sb/sth [in sth], to trace sb/sth [to sth]; ■ **etw** [**in etw** *dat*] **~ machen** to find [*or* discover] sth [in sth]

aus|fliegen *irreg* I. *vi sein* ❶ (*das Nest verlassen*) to fly off [*or* away]; ***der Vogel ist ausgeflogen*** the bird has flown ❷ (*fam: weggehen*) to go out **II.** *vt haben* ■ **jdn** [**aus etw**] ~ to fly sb [out of sth], to evacuate sb [by air/plane/helicopter] [from sth]

aus|fließen *vi irreg sein* ■ [**aus etw**] ~ to leak out [of sth]; *Eiter* to discharge [from sth]

aus|flippen *vi sein* (*fam*) ❶ (*wütend werden*) to freak out *fam,* to blow a fuse *fam,* BRIT *a.* to do one's nut *fam* ❷ (*sich wahnsinnig freuen*) to jump for joy, to be over the moon ❸ (*überschnappen*) to have a screw loose *hum fam,* to lose it [completely]; (*aufgrund von Drogen, Stimulanzien*) to be high *fam* [*or sl* spaced out]; (*aufgrund von Alkohol*) to get drunk [*or* [*or* BRIT *fam!* *a.* pissed] tight]; ■ **ausgeflippt** (*überspannt*) freaky *fam;* (*unter Drogen stehend*) high *fam,* spaced out *sl;* ■ **Ausgeflippte**[**r**] freak, weirdo *pej fam*

Ausflucht <-, Ausflüchte> *f* excuse; **Ausflüchte machen** to make excuses; ***mach keine Ausflüchte!*** [I want [to hear]] no excuses!

Ausflug *m* ❶ (*Betriebs~*) outing; (*Schul~ a.*) trip, AM *a.* field trip; (*Wanderung*) walk, hike; **einen ~ machen** to go on [*or* for] an outing [*or* a trip]/a walk [*or* hike] ❷ (*Exkurs*) ■ **~ in etw** *akk* excursion; **einen ~ in etw** *akk* **machen** to make an excursion into sth

Ausflügler(**in**) <-s, -> *m(f)* tripper; (*für einen Tag*) day-tripper

Ausflugsdampfer *m* pleasure steamer **Ausflugslokal** *nt* tourist café **Ausflugsort** *m* pleasure resort **Ausflugsziel** *nt* destination [of one's outing]; **beliebte ~e** places of popular resort BRIT, popular destinations

Ausfluss[RR] <-es, Ausflüsse> *m,* **Ausfluß** <-sses, Ausflüsse> *m* ❶ (*~stelle*) outlet ❷ *kein pl* MED [vaginal *form*] discharge ❸ (*geh: Resultat*) result[s *pl*], product

aus|forschen *vt* ■ **jdn/etw ~** to investigate sb/sth

aus|fragen *vt* ■ **jdn ~** to question sb, to pump sb for details *a. pej*

aus|fransen *vi sein* to fray, to become frayed

aus|fressen *vt irreg* (*fam*) ■ **etwas/nichts ausgefressen haben** to have done something/nothing wrong

Ausfuhr <-, -en> *f* ❶ *kein pl* (*Export*) export[ation]; (*~handel*) exports *pl* ❷ *pl* exports

ausführbar *adj* feasible, practicable, workable; **kaum/leicht ~** difficult/easy to carry out *pred*

Ausfuhrbeschränkung *f* export control **Ausfuhrbestimmungen** *pl* export regulations *pl*

aus|führen *vt* ❶ (*durchführen*) ■ **etw ~** to carry out sth *sep;* **Anweisungen ~** to act [up]on [*or sep* carry out] [one's/sb's] instructions; **einen Auftrag ~** to carry out *sep* [*or form* execute] an order; **einen Befehl/Truppenbewegungen ~** to execute an order/troop movements; **einen Elfmeter/Freistoß ~** to take a penalty/free kick; **eine Operation ~** to perform [*or sep* carry out] an operation; **einen Plan ~** to put a plan into effect, to carry out *sep* a plan ❷ (*spazieren gehen mit*) ■ **jdn/etw ~** to take out sb/sth *sep;* **den Hund ~** to take [out *sep*] the dog for a walk; **jdn groß ~** to take out *sep* sb for a real treat ❸ (*hum: öffentlich zeigen*) ■ **etw ~** to parade *pej* [*or sep* show off] sth ❹ (*exportieren*) ■ **etw** [**in etw** *akk*] **~** to export sth [to sth]; **ausgeführte Waren** exports ❺ (*erläutern*) ■ [**jdm**] **etw ~** to explain sth [to sb]; (*darlegen*) to set out *sep* sth [for sb]; **etw im Einzelnen ~** to explain the points of sth, to elaborate on sth; **etw detailliert ~** to explain sth in detail, to particularize sth *form*

Ausführende(**r**) *f(m) dekl wie adj* performer

Ausfuhrgenehmigung *f* export licence [*or* AM -se] **Ausfuhrland** *nt* ❶ (*exportierendes Land*) exporting country; **ein ~ für Kaffee** a coffee-exporting country ❷ (*Land, in das ausgeführt wird*) export market

ausführlich **I.** *adj* detailed; **eine ~e Erklärung** a full explanation; **~e Informationen** full [*or* detailed] information *no pl, no art* **II.** *adv* in detail [*or* full]; **sehr ~** in great detail; ■ **~er** in more [*or* greater] detail

Ausführlichkeit <-> *f kein pl* detail[edness]; *von Erklärung* fullness; **in aller ~** in [great] [*or* down to the last] detail, in full

Ausführung *f* ❶ *kein pl* (*Durchführung*) carrying out; *von Auftrag a.* execution; *von Befehl* execution; *von Elfmeter, Freistoß* taking; *eines Gesetzes* implementation; *von Operation* performance, carrying out; **zur ~ gelangen** [*o* **kommen**] (*geh*) to be carried out/executed ❷ (*Qualität*) quality; *von Möbel a.* workmanship; (*Modell*) model, design ❸ *kein pl* (*Darlegung, Erklärung*) explanation ❹ *meist pl* (*Bericht*) report

Ausfuhrverbot *nt* export ban [*or* embargo]

aus|füllen *vt* ❶ (*Antworten eintragen*) ■ **etw ~** to fill in [*or* out] sth *sep,* to complete sth ❷ (*gerecht werden*) ■ **etw ~** to fill sth; ***er füllt den Posten gut/nicht gut aus*** he is well-fitted/not fitted for the post ❸ (*befriedigen*) ■ **jdn** [**ganz** [*o* **voll**]] **~** to satisfy sb [completely], to give sb [complete] fulfilment [*or* AM fulfillment] *usu form* ❹ (*Zeit in Anspruch nehmen*) ■ **etw ~** to take up *sep* all of sth; ■ **seine Zeit** [**mit etwas**] **~** to fill up *sep* one's time [with sth], to pass one's time [doing sth]; **sein Leben mit etw ~** to spend one's [whole] life doing [*or* in] sth ❺ (*stopfen*) ■ **etw** [**mit etw**] **~** to fill sth [with sth]; **ein Loch** [**mit etw**] **~** to fill [up [*or* out] *sep*] a hole [with sth]; **einen Spalt** [**mit etw**] **~** to stop [*or sep* fill in] a gap [with sth]

aus|futtern *vt* KOCHK **eine Form ~** to line a baking tin

Ausgabe *f* ❶ *kein pl* (*Austeilung*) distribution, giving out; (*Aushändigung a.*) handing out; *von Befehl, Fahrkarte, Dokument* issuing; ***~ von Fahrkarten am Schalter 2*** Window 2 for tickets, tickets issued at Window 2 ❷ *kein pl* BÖRSE (*Herausgabe*) issuing; *von Anleihen a.* negotiation *form* ❸ INFORM output *no pl;* (*Druck~ a.*) print-out; **eine ~ am Terminal** a screen output ❹ (*Schalter*) issuing counter; (*Büro*) issuing office; (*Bücher~*) issue [*or* issuing] desk; (*Essens~*) serving counter ❺ MEDIA, LIT edition; *von Zeitschrift a.* issue; **die ~ von 1989** the 1989 edition; **alte ~n** back issues; (*Version*) version ❻ *pl* (*Kosten*) expenses, costs; **die staatlichen ~n** state spending *no pl, no art*

Ausgabeschalter *m* (*in Bibliothek*) issue [*or* AM circulation] desk

Ausgang *m* ❶ (*Weg nach draußen*) way out, exit (*+gen* from); ***ich bringe Sie noch*** [***bis***] ***zum ~*** I'll show you the way out; *von Wald* edge; LUFT gate ❷ MED (*Auslass*) opening; *von Enddarm a.* exitus *spec* ❸ (*Erlaubnis zum Ausgehen*) permission to go out; MIL pass; **~ haben** to have permission to go out; *Personal* to have the day off; (*für den Abend*) to have the evening off; MIL to be on leave; **bis 22 Uhr ~ haben** MIL to have a pass till 10 o'clock [*or* AM *a.* 10 PM]; **~ bis zum Wecken haben** MIL to be on overnight leave [till reveille] ❹ *kein pl* (*Ende*) end; *einer Epoche a.* close; *von Film, Roman a.* ending; (*Ergebnis*) outcome; **einen tödlichen ~ haben** to end fatally; **einen glücklichen/tragischen/unverhofften ~ nehmen** to turn out [*or* end] happily/to end in tragedy/to take an unexpected turn ❺ *kein pl* (*~spunkt*) starting point, point of departure; (*Anfang*) beginning ❻ *pl* (*ausgehende Post*) outgoing mail *no pl, no indef art;* (*ausgehende Waren*) outgoing goods

Ausgangsbasis *f kein pl* basis **Ausgangsposition** *f* starting position **Ausgangspunkt** *m* starting point; *einer Reise a.* departure **Ausgangssperre** *f* MIL (*für die Bevölkerung*) curfew; **eine ~ ver-**

hängen to impose a curfew; (*für Soldaten*) confinement to barracks; ~ **haben** to be confined to barracks

Ausgangssprache *f* source language **Ausgangsstellung** *f* ❶ SPORT (*Grundstellung*) **in ~ gehen** starting position ❷ MIL initial position

ausgebaut *adj* fully developed; **gut ~e Straßen** well-built roads

aus|geben *vt irreg* ❶ (*aufwenden*) ■**etw [für etw]** ~ to spend sth [on sth]; **ein Teil seines Gehalts für etw** ~ to invest [*or* spend] part of one's salary on sth ❷ (*austeilen*) ■**etw [an jdn]** ~ to distribute [*or sep* give out] sth [to sb]; (*aushändigen a.*) to hand out *sep* sth [to sb]; **einen Ausweis/ein Dokument/eine Fahrkarte** ~ to issue a passport/document/ticket; **die Karten** ~ to deal the cards; ***wer gibt die Karten aus?*** whose deal is it?; **eine Datei auf dem Drucker** ~ INFORM to output a file to the printer *form,* to print [out *sep*] a file; **Befehle** ~ to issue [*or* give] orders ❸ (*fam: spendieren*) ■**[jdm] etw** ~ to treat sb to sth; ***darf ich dir einen Ouzo ~?*** can I buy you an ouzo?; **eine Runde [Bier]** ~ to buy [*or fam* stand] a round, to get in *sep* the beers *fam;* **[jdm] einen** ~ (*fam*) to buy [*or* get] sb a drink; ***heute abend gebe ich einen aus*** the drinks are on me this evening ❹ FIN ■**etw** ~ to issue sth ❺ (*darstellen*) ■**jdn/etw als/für jdn/etw** ~ to pass off *sep* sb/sth as sb/sth; ■**sich [jdm gegenüber] als jd/etw** ~ to pass oneself off as sb/sth [to sb], to pose as sb/sth

ausgebrannt *adj* drained, exhausted, BRIT *a.* knackered *fam!;* (*geistig erschöpft a.*) burned-out, spent

ausgebucht *adj* ❶ (*belegt*) booked up ❷ (*fam*) ■~ **sein** to be booked up; ***heute Abend/nächste Woche ist bei mir völlig*** ~ I'm fully booked up for this evening/next week

ausgebufft *adj* (*fam*) shrewd, BRIT *a.* fly

Ausgeburt *f* ❶ (*Gebilde*) monstrous product [*or* invention]; **eine ~ der Fantasie** a product of a diseased imagination *pej* ❷ (*pej: Geschöpf, Kreatur*) monster; **eine ~ der Hölle** a fiend from [*or pej* spawn of] hell [*or* Hell]

ausgedient *adj inv, attr* **ein ~er Gegenstand** an item which one has no further use for; MIL (*veraltend*) veteran

ausgefallen *adj* unusual; (*sonderbar*) weird

ausgeglichen *adj Klima* equable, even, steady; *Mensch* equable, level-headed, easy-going; *Temperament* equable, easy-going

Ausgeglichenheit <-> *f kein pl* evenness, steadiness; *Mensch* level-headedness; **seine** ~ his balanced character

aus|gehen *vi irreg sein* ❶ (*aus dem Haus gehen*) to go out; ■**ausgegangen sein** to have gone out, to be out [*or liter* abroad]; ■**[mit jdm]** ~ (*zum Vergnügen*) to go out [with sb] ❷ (*aufhören zu brennen*) ■**[jdm]** ~ *Lampe* to go out [on sb *hum fam*] ❸ (*ausfallen*) ■**jdm/einem Tier** ~ *Haare* to fall out ❹ (*herrühren*) ■**von jdm** ~ to come from sb; ***von wem geht diese Idee aus?*** whose idea is this? ❺ (*seinen Ursprung haben*) ■**von etw** ~ to lead from sth; ***von dem Platz gehen vier Straßen aus*** four streets lead from [*or* off] the square; ■**etw geht von jdm/etw aus** sb/sth radiates sth ❻ (*enden*) to end; ■**gut/schlecht** ~ to turn out well/badly; *Buch, Film* to have a happy/sad ending [*or* end]; *Spiel* to end well/badly ❼ (*annehmen*) ■**davon ~, dass ...** to start out from the fact/idea that ...; ***es ist davon auszugehen, dass ...*** it can be assumed that ...; ***davon kann man nicht*** ~ you can't go by that ❽ (*zu Grunde legen*) ■**von etw** ~ to take sth as a basis [*or* starting point] ❾ (*zu Ende gehen*) ■**etw geht [jdm] aus** sb runs out of sth; ***das Brot ist ausgegangen*** there's no more bread, I've/we've etc. run out of bread; ***deine guten Ausreden gehen dir wohl auch nie aus!*** you're never at a loss for [*or* you always find] a good excuse; ***mir geht die Geduld aus*** I'm losing [my] patience; ***ihm ist die Luft*** [*o* ***Puste***] ***ausgegangen*** he ran out of steam *fam;* (*finanziell*) he ran out of funds

ausgehend *adj attr* **im ~en Mittelalter** towards the end of the Middle Ages; **das ~e 19. Jahrhundert** the end [*or* close] of the 19th century

ausgehungert *adj* ❶ (*fam: sehr hungrig*) ■~ **sein** to be starved [*or* starving] [*or* famished] ❷ (*ausgezehrt*) emaciated ❸ (*bedürftig*) ■**nach etw ~ sein** to be starved [*or* desperately in need] of sth

Ausgehuniform *f* MIL dress uniform

ausgeklügelt *adj* ingenious

ausgekocht *adj* (*pej fam*) cunning, sly

ausgelassen *adj* wild, mad *fam; Kinder* boisterous, lively; ■~ **sein** to be boisterous [*or* lively] [*or* in high spirits]

Ausgelassenheit <-, *selten* -en> *f* wildness, madness *fam; von Kindern* boisterousness, high spirits *npl*

ausgemacht *adj* ❶ (*entschieden*) ■**es ist** ~ [*o* **eine ~e Sache**], **dass ...** it is agreed that ...; (*nicht abwendbar*) it's a foregone conclusion that ... *form;* ***noch nicht ~ ist, ob ...*** it is not yet settled whether ... ❷ *attr* (*fam: eingefleischt*) complete, utter, downright *a. pej fam,* regular *hum fam*

ausgemergelt *adj* emaciated, gaunt; **ein ~es Gesicht** a gaunt [*or* pinched] face

ausgenommen *konj* except, apart from; **alle, ~ du** everyone but [*or* except [for]] you, everyone save [*or* apart from] yourself; ***wir kommen, ~ es regnet*** we'll come, but only if it doesn't rain; **ich/Sie/die Kranken nicht** ~ myself/yourself/the sick not excepted [*or* excluded]

ausgepowert [-paʊɐt] *adj* (*fam*) washed out *fam,* completely exhausted, BRIT *a.* done in *pred fam*

ausgeprägt *adj* (*prononciert*) *Charakterzüge, Eigenschaften* distinctive; (*markant*) distinctive; **ein ~es Interesse** a pronounced interest; **eine ~e Neigung** a distinct inclination; **ein [stark] ~er Sinn für alles Schöne** a well-developed sense for everything beautiful; **~er Stolz** deep-seated pride

ausgerechnet *adv* ❶ *personenbezogen* (*gerade*) ■~ **jd/jdn/jdm** sb of all people; ***warum muss das ~ mir passieren?*** why does it have to happen to me [of all people]? ❷ *zeitbezogen* (*gerade*) ■~ **jetzt** now of all times; ■~ **gestern/heute** yesterday/today of all days; ~ ***dann war ich nicht zu Hause*** right then I was not in, of course; ***~, als wir ins Bett gehen wollten, ...*** just when we wanted to go to bed ...

ausgeruht I. *adj inv, attr* well rested II. *adv inv* **etw ~ beginnen** to start sth well rested; **sich ~ an die Arbeit machen** to start work having had a good night's sleep

ausgerüstet *adj* ❶ (*ausgestattet*) equipped ❷ CHEM, MODE (*durch Nachbehandlung veredelt*) treated

ausgeschlafen *adj* (*fam*) sharp; ■~ **sein** to be alert [*or* sharp] [*or* on the ball]

ausgeschlossen *adj pred* ■~ **sein[, dass ...]** to be impossible [that ...]; (*außer Frage kommen a.*) to be out of the question [that ...]; ***es ist nicht ~, dass ...*** it is just possible that ...; ■**[völlig] ~!** [that's] [completely] impossible! [*or* out of the question], nothing doing! *fam; s. a.* **Irrtum**

ausgeschnitten *adj* low-cut; ■~ **sein** to be low-cut [*or* cut low]; **ein vorn ~es/tief ~es Kleid** a dress cut low/very low at the front, a dress with a low/plunging neckline; ***sie kam tief ~ auf den Ball*** she came to the ball in a very low-cut dress

ausgesprochen I. *adj* (*positive Eigenschaft bezeichnend*) distinct; **~e Eleganz** sheer elegance; **~e Freundlichkeit** real friendliness; (*negative Eigen-*

schaft bezeichnend) extreme; ~**e Begabung** a marked [*or* pronounced] ability; **eine/keine ~e Ähnlichkeit** a marked/no particular similarity; (*ausgeprägt*) pronounced, distinctive; ***sie ist keine ~e Schönheit*** she's not exactly what you would call pretty; ~**es Pech haben** to have really bad luck, to be really unlucky **II.** *adv* ① (*wirklich*) really ② (*besonders*) really, extremely; (*negative Eigenschaft bezeichnend a.*) downright *fam*

aus|gestalten* *vt* ■**etw** ~ (*dekorieren, einrichten*) to decorate sth; (*ausbauen*) to develop sth; **etw antik** ~ to decorate sth in an antique style

ausgestorben *adj* ① (*erloschen*) extinct ② (*verlassen*) ■[**wie**] ~ **sein** to be deserted

Ausgestoßene(r) *f(m) dekl wie adj* outcast

ausgesucht **I.** *adj* ① (*erlesen*) choice, select; ~**e Qualität** choice quality ② (*gewählt*) well-chosen; **eine ~e Gesellschaft** a select group of people **II.** *adv* extremely, exceptionally; ~ **gute Weine** choice [*or* select] wines

ausgewachsen [-vaks-] *adj* ① (*voll entwickelt*) fully grown ② (*fam: komplett*) utter, complete; **ein ~er Skandal** a full-blown scandal

ausgewählt *adj* ① (*selektiert*) selected ② (*erlesen*) select; **eine ~e Mannschaft** a hand-picked team; ~**e Weine** choice [*or* select] wines

ausgewiesen *adj* acknowledged

ausgewogen *adj* balanced; **das ~e Kraftverhältnis** the balance of powers; ~**e Maßnahmen** a balanced set of measures

Ausgewogenheit <-> *f kein pl* balance; ~ **bewahren** to preserve the balance

ausgezeichnet **I.** *adj* excellent; ■**von ~er Qualität** of excellent [*or* superior] quality **II.** *adv* extremely well; ~ **kochen** to be an excellent cook; ***mir geht es*** ~ I'm feeling just great

ausgiebig **I.** *adj* extensive; **eine ~e Mahlzeit** a substantial [*or* large] meal; **einen ~en Mittagsschlaf** a long afternoon nap; **von etw ~en Gebrauch machen** to make full [*or* good] use of sth **II.** *adv* extensively; ~ **baden/schlafen/schwimmen** to have a good [long] bath/sleep/swim; **etw ~ gebrauchen** to make full [*or* good] use of sth

aus|gießen *vt irreg* ① ■**etw** ~ (*entleeren*) to empty sth; (*weggießen*) to pour away sth *sep;* **etw im Toilettenbecken** ~ to pour sth down the toilet ② (*füllen*) ■**etw [mit etw]** ~ to fill [in *sep*] sth [with sth]; **einen Hohlraum mit etw** ~ to fill a cavity with sth, to pour sth into a cavity ③ (*überschütten*) **Hohn/Spott über jdm** ~ to pour scorn on/to mock sb

Ausgleich <-[e]s, *selten* -e> *m* ① (*das Ausgleichen*) balancing, squaring; **der ~ eines Kontos** to balance an account ② (*das Wettmachen*) settlement; *eines Fehlers, Schadens* compensation; ■**zum ~ einer S.** *gen* by way of compensation [*or* in order to compensate] for sth ③ (*das Korrigieren*) balancing; *von Unebenheiten* evening out ④ (*Vermittlung*) conciliation ⑤ (*Kompensierung*) ***er treibt zum ~ Sport*** he does sport to keep fit; **zum willkommenen ~ von etw** as a welcome change from sth ⑥ *kein pl* SPORT equalizer, tie AM; **den ~ erzielen** to equalize, to tie [the score [*or* it up]] AM; TENNIS deuce

aus|gleichen *irreg* **I.** *vt* ■**etw [durch etw]** ~ ① (*glatt stellen*) to balance [*or* square] sth [with sth]; **Schulden [durch etw]** ~ to settle debts [with sth] ② (*korrigieren*) to balance sth [with sth] *sep;* **die Unebenheiten eines Fußbodens** ~ to even out a floor ③ (*wettmachen*) to compensate for [*or* make good] sth [with sth/by doing sth] ④ (*ausbalancieren*) to reconcile sth [with sth] **II.** *vi* ① SPORT [**zu 1:1**] ~ to equalize [the score at 1 all], to tie the score AM ② (*vermitteln*) to prove [*or* be] conciliatory; *Mensch* to act as a mediator **III.** *vr* ■**sich [durch etw]** ~ to balance out [as a result of sth]

Ausgleichskasse *f* SCHWEIZ *independent compensation and insurance fund for members of the armed forces* **Ausgleichssport** *m* keep-fit activities **Ausgleichstor** *nt,* **Ausgleichstreffer** *m* equalizer, tying goal AM

aus|gleiten *vi irreg sein* (*geh*) ■[**auf etw** *dat*] ~ to slip [on sth]

aus|gliedern *vt* ÖKON ■**etw [aus etw]** ~ to disembody [*or* disincorporate] sth [from sth] *spec*

aus|graben *vt irreg* ■**etw** ~ ① (*aus der Erde graben*) to dig up sth *sep;* **Altertümer** ~ to excavate [*or sep* dig up] ancient artefacts; **eine Leiche** ~ to disinter [*or* exhume] a body ② (*hervorholen*) to dig out sth *sep;* **alte Geschichten** ~ to bring up *sep* old stories

Ausgrabung *f* ① *kein pl* (*das Ausgraben*) digging up; *einer Leiche* disinterment, exhumation ② (*Grabungsarbeiten*) excavation[s *pl*]; (*Grabungsort*) excavation site; (*Grabungsfund*) [archaeological [*or* AM archeological]] find

aus|gräten *vt* KOCHK *s.* **entgräten**

aus|greifen *vi irreg* to make long strides

ausgreifend *adj* ■[**weit**] ~ long, lengthy; **eine [weit] ~e Bewegung** a sweeping movement

aus|grenzen *vt* ■**jdn/etw [aus etw]** ~ to exclude sb/sth [from sth]

Ausgrenzung <-> *f kein pl* ■**die ~ [aus etw]** the exclusion [from sth]

Ausguck <-[e]s, -e> *m* lookout; ~ **halten** to keep a lookout; NAUT to keep lookout

aus|gucken *vt* (*fam*) ■[**sich** *dat*] **jdn/etw** ~ to set one's sights on sb/sth, to pick out sb *sep; s. a.* **Auge**

Ausguss[RR] <-es, Ausgüsse> *m,* **Ausguß** <-sses, Ausgüsse> *m* ① (*Spüle*) sink ② (*Tülle*) spout

aus|haben *irreg* **I.** *vt* (*fam*) ■**etw** ~ ① (*ausgezogen haben*) to have taken off sth *sep* ② (*beendet haben*) to have finished sth **II.** *vi* (*fam*) to get off [school]

aus|hacken *vt* ① (*durch Hacken entfernen*) ■**etw** ~ to hoe [out *sep*] sth ② ■**jdm/etw etw** ~ to peck out *sep* sb's/sth's sth; **etw** *dat* **die Federn** ~ to tear out *sep* sth's feathers; *s. a.* **Krähe**

aus|haken **I.** *vt* ■**etw** ~ to unlatch [*or* unhook] sth **II.** *vi impers* (*fam*) ■**es hakt bei jdm aus** ① (*nichts mehr verstehen*) sb doesn't get it [*or* just can't understand]; (*zuviel auf einmal*) it's too much for sb ② (*wütend werden*) something in sb snapped *fam*

aus|halten *irreg* **I.** *vt* ① (*ertragen können*) ■**es** ~ to bear [*or* stand] [*or* endure] it; ***er hält es in keiner Stellung lange aus*** he never stays in one job for long; ***hältst du es noch eine Stunde aus?*** can you hold out [*or* manage] another hour?; ***hält ein Mensch das überhaupt aus?*** is it humanly possible?; ***man kann es wochenlang ohne Essen*** ~ you can go without food for weeks; ■**etw** ~ to stand [*or* bear] sth; **die Kälte** ~ to endure the cold; **jds Blick** ~ to return sb's stare; **es ist mit jdm/etw nicht [länger] auszuhalten** [*o* **nicht zum A~**] it's [getting] unbearable with sb/sth; **es lässt sich [mit jdm]** ~ it's bearable [being with sb], I/we etc. can't complain, sb is bearable, you can get on with sb; **es lässt sich [hier]** ~ it's not a bad place ② (*standhalten*) ■**etw** ~ to be resistant to sth; **eine hohe Temperatur** ~ to withstand a high temperature; **viel** ~ to take a lot; *Stoff* to take a lot of wear [and tear]; **eine hohe Last** ~ to bear a heavy load; **den Druck** ~ to [with]stand the pressure; *s. a.* **Vergleich** ③ (*fam: Unterhalt leisten*) ■**jdn** ~ to keep [*or* support] sb **II.** *vi* to hold out; ***hältst du noch aus?*** can you hold out [any longer]?

aus|handeln *vt* ■**etw [mit jdm]** ~ to negotiate sth [with sb]; ***das ist noch auszuhandeln*** we/they etc.

still need to negotiate that

aus|händigen *vt* ■**jdm etw** ~ to hand over *sep* sth to sb; **jdm einen Preis** ~ to give sb a prize; **jdm eine Urkunde** ~ to surrender a document to sb *form*

Aushändigung <-> *f kein pl* handing over; *einer Urkunde* surrendering; **die feierliche** ~ [**von etw/einer S.** *gen*] the [formal] presentation of sth

Aushang *m* announcement, notice; (*das Aushängen*) posting; **etw durch** ~ **bekannt geben** to put up a notice about sth

aus|hängen **I.** *vt* ■**etw** ~ ① (*durch Aushang bekannt machen*) to put up sth *sep;* **Plakate** ~ to post [*or sep* put up] bills ② (*aus den Angeln heben*) to unhinge sth, to take sth off its hinges; **die Haken von etw** ~ to unhook sth **II.** *vi irreg* to be/have been put up; **am schwarzen Brett** ~ to be on the notice board **III.** *vr* ■**sich** ~ to drop out; ***das Kleid wird sich*** ~ the creases will drop out of the dress

Aushängeschild *nt* ① (*Reklametafel*) sign [board] ② (*Renommierstück*) showpiece

aus|harren *vi* to wait [patiently]; **auf seinem Posten** ~ to stand by one's post; **als letzter im Büro** ~ to be the last to leave the office

aus|hauchen *vt* (*geh*) ① (*Luft schwach ausstoßen*) ■**etw** ~ to exhale [*or sep* breathe out] sth; **seinen Atem** ~ to exhale, to breathe out ② (*sterben*) **sein Leben** [*o* **seine Seele**] ~ to breathe one's last

aus|hebeln *vt* ■**etw** ~ to annul [*or* cancel] sth

aus|heben *vt irreg* ① (*ausgraben*) ■**etw** ~ to excavate [*or sep* dig out] sth; **einen Graben/ein Grab** ~ to dig a ditch, grave ② (*ausrauben*) ■**etw** ~ to rob sth [of its eggs [*or* young]] ③ (*hochgehen lassen*) ■**jdn/etw** ~ to bust sb/sth *fam*

Aushebung <-, -en> *f* SCHWEIZ (*Einberufung*) conscription

aus|hecken *vt* (*fam*) ■**etw** ~ to hatch [*or sep fam* cook up] sth; ***du hast wieder etwas ausgeheckt!*** you're up to something again; [**neue**] **Streiche** ~ to think up new tricks

aus|heilen **I.** *vt haben* ■**etw** ~ to cure sth [completely]; ■**ausgeheilt sein** to be [completely] cured **II.** *vi sein* to be cured; *Wunde* to heal

aus|helfen *vi irreg* ■[**jdm**] ~ to help out [sb] *sep,* to give [*or* lend] [sb] a [helping] hand; ■**jdm** [**mit etw**] ~ to help out *sep* sb [with sth]

aus|heulen (*fam*) **I.** *vi* to have finished [*or* stopped] crying **II.** *vr* ① (*gründlich weinen*) ■**sich** ~ to have a good cry ② (*jdm* [*weinend*] *sein Leid klagen*) ■**sich bei jdm** ~ to have a good cry on sb's shoulder, to sob one's heart out [to sb]

Aushilfe *f* ① (*vorübergehende Hilfe*) temporary help [*or* assistance]; ***„Assistentin zur ~ gesucht"*** "assistant wanted for temporary work"; **jdn zur** ~ **haben** to have sb to help out; [**bei jdm**] **zur** ~ **arbeiten** to temp [for sb] *fam* ② (*vorübergehende Hilfskraft*) temporary worker, temp *fam*

Aushilfsjob *m* odd job, temporary work *no pl, no art*

Aushilfskraft *f s.* Aushilfe 2 **Aushilfspersonal** *nt* temporary staff + *sing/pl vb* **aushilfsweise** *adv* on a temporary basis

aus|höhlen *vt* ■**etw** ~ ① (*unterspülen*) to erode [*or sep* wear away] sth; (*Inneres herausmachen*) to hollow out sth *sep;* **einen Kürbis** ~ to scoop [*or* hollow] out *sep* a pumpkin ② (*untergraben*) to undermine sth; (*erschöpfen*) to weaken sth

Aushöhlung <-, -en> *f* ① *kein pl* erosion, wearing away ② *kein pl* undermining; *der Gesundheit* weakening ③ (*kleine Höhle*) hollow; MED cavity

aus|holen *vi* ① (*Schwung nehmen*) ■[**mit etw**] ~ to swing back [sth] *sep;* [**mit der Hand**] ~ to take a swing; **weit** ~ to take a big swing; **zum Schlag** ~ to draw back *sep* one's arm/fist etc. for a blow; **mit dem Schläger** ~ to swing one's club/racket etc.; **mit dem Speer** ~ to draw back *sep* one's/the javelin ② (*ausschweifen*) to beat about the bush ③ (*große Schritte machen*) to lengthen one's stride[s], to stride out; **mit weit ~den Schritten gehen** to walk with long strides, to stride

aus|horchen *vt* (*fam*) ■**jdn** [**über jdn/etw**] ~ to sound out *sep* sb [about sth]

aus|hungern *vt* ■**jdn** ~ to starve out sb *sep*

aus|husten **I.** *vt* ■**etw** [**aus etw**] ~ to cough up sth *sep,* to cough [up *sep*] sth out of sth **II.** *vi* to finish [*or* stop] coughing **III.** *vr* ■**sich** ~ to finish [*or* stop] coughing; ***huste dich ordentlich aus!*** cough it all up *a. hum*

aus|kämmen *vt* ■**etw** ~ ① (*kämmend entfernen*) to comb out sth *sep* ② (*gründlich kämmen*) to comb sth; **etw gut** ~ to give sth a good combing

aus|kehren **I.** *vt* ■**etw** ~ to sweep away sth *sep;* **das Haus** ~ to sweep [out *sep*] the house **II.** *vi* to sweep, to do the sweeping

aus|keimen *vi sein* to germinate; *Kartoffeln* to sprout; ■**ausgekeimt** germinated, sprouted

aus|kennen *vr irreg* ① (*sich gut zurechtfinden*) ■**sich** [**irgendwo**] ~ to know one's way around [somewhere] ② ([*gute*] *Kenntnisse besitzen*) ■**sich** [**auf/in etw** *dat*] ~ to know a lot [about sth], to be well versed in *form* [*or* know all about] sth, to know one's stuff *fam;* ■**sich mit jdm/etw** ~ to know all about sb/sth; ***ich kenne mich mit dieser Technik nicht aus*** I don't know much about this technology ③ (*wissen, woran man ist*) ■**sich bei jdm** ~ to know where one is with sb

aus|kippen *vt* (*fam*) ■**etw** [**auf/über etw** *dat*] ~ to empty [out *sep*] sth [on[to] sth]; **Flüssigkeit** ~ to pour away sth *sep*

aus|klammern *vt* ■**etw** ~ to ignore [*or sep* leave aside] sth

Ausklang <-> *m kein pl* conclusion, end; **zum** ~ **des Abends** to conclude [*or sep* finish off] the evening

ausklappbar *adj* folding; (*mit Scharnieren*) hinged

aus|klappen *vt* ■**etw** [**aus etw**] ~ to open sth out of [*or sep* open out] sth; **eine Fußstütze** ~ to pull out *sep* a footrest

aus|kleiden *vt* ① (*beziehen*) ■**etw** [**mit etw**] ~ to line sth [with sth] ② (*geh: entkleiden*) ■**jdn** ~ to undress sb; ■**sich** ~ to get undressed

aus|klingen *vi irreg sein* (*geh*) ■[**mit etw**] ~ to conclude [*or* end] [with sth]; *Abend, Feier a.* to finish off with sth

aus|klinken **I.** *vt* ■**etw** ~ to release sth **II.** *vi* ■[**sich**] ~ to release itself/themselves; *Pilot* to activate the release **III.** *vr* ■**sich** [**aus etw**] ~ to withdraw [from sth]; ***ihr geht danach ins Kino? Da klinke ich mich aus*** you're going to the cinema afterwards? I don't think I'll join you there

aus|klopfen *vt* ■**etw** ~ to beat the dust out of sth; **einen Teppich** ~ to beat a carpet; **eine Pfeife** ~ to knock out *sep* one's pipe

aus|klügeln *vt* (*fam*) ■**etw** ~ to work out *sep* sth to perfection; ■**ausgeklügelt** cleverly thought-out; **ein ausgeklügelter Trick** an ingenious trick

aus|knipsen *vt* (*fam*) ■**etw** ~ to switch [*or* turn] off sth *sep*

aus|knobeln *vt* ■**etw** ~ to work [*or fam* figure] out sth *sep*

ausknöpfbar *adj* detachable

aus|kochen *vt* ■**etw** ~ ① KOCHK to boil [down *sep*] sth ② (*in kochendes Wasser legen*) to boil sth [clean]; **Instrumente/Spritzen** ~ to sterilize instruments/syringes ③ (*fam: sich ausdenken*) to cook up sth *sep fam;* ***die haben wieder was ausgekocht!*** they're up to something again

aus|kommen *vi irreg sein* ① (*ausreichend haben*) ■ **mit etw** ~ to get by on [*or* to manage on [*or* with]] sth; ***mein Auto kommt mit 7 Litern aus*** my car uses only 7 litres per 100 kilometres; ■ **ohne jdn/etw** ~ to manage [*or* do] without sb/sth; (*nicht benötigen*) to go without sb/sth ② (*sich mit jdm vertragen*) ■ **mit jdm [gut]** ~ to get on [*or* along] well with sb; ■ **mit jdm nicht gut** ~ to not get on [*or* along] with sb; ***mit ihm ist nicht auszukommen*** he's impossible to get on [*or* along] with ③ ÖSTERR (*entkommen*) ■ **[jdm]** ~ to escape [sb], to get away [from sb]; **aus seiner Zelle** ~ to escape [from] one's cell

Auskommen <-s> *nt kein pl* ① (*Einkommen*) livelihood; **sein** ~ **haben/finden** to get by ② ■ **mit jdm ist kein** ~ sb is impossible to get on [*or* along] with

auskömmlich **I.** *adj* ① (*ausreichend*) adequate, sufficient; ~**e Verhältnisse** comfortable circumstances ② (*verträglich*) easy-going **II.** *adv* comfortably

aus|kosten *vt* ■ **etw** ~ ① (*genießen*) to make the most of sth; **das Leben** ~ to enjoy life to the full; **den Moment/seine Rache** ~ to savour [*or* AM -or] the moment/one's revenge ② (*fam: mitmachen, probieren*) to have one's fill of sth; **etw** ~ **müssen** to have to suffer sth

aus|kotzen (*derb*) **I.** *vt* ■ **etw** ~ to puke up sth *sep fam* **II.** *vi* to throw up *fam*, to puke *fam* **III.** *vr* ■ **sich** ~ to throw up *fam*, to puke *fam!*; **sich gründlich** [*o* **richtig**] ~ to puke one's guts out *fam!*

aus|kratzen *vt* ① ■ **etw** ~ to scrape out sth *sep*; **eine Pfanne** ~ to scour [out *sep*] [*or sep* scrape out] a pan ② MED *s.* **ausschaben 2**

aus|kriegen *vt* (*fam*) ■ **etw** ~ ① (*ausziehen können*) to get off sth *sep* ② (*beenden*) to finish [off] sth, to polish off; **eine Flasche** ~ to empty [*or* AM *a.* kill] a bottle

aus|kristallisieren* CHEM **I.** *vr haben* ■ **sich** ~ to crystallize, to form [*or spec* shoot into] crystals **II.** *vi sein* to crystallize, to form [*or spec* shoot into] crystals

aus|kugeln *vt* ■ **jdm etw** ~ to dislocate sb's sth; ■ **sich** *dat* **etw** ~ to dislocate [*or spec* luxate] one's sth; ■ **ausgekugelt** dislocated, luxated *spec*

aus|kühlen **I.** *vt haben* ■ **jdn/etw** ~ to chill [through *sep*] sb/sth **II.** *vi sein* to cool down; *Mensch, Körper* to get chilled [through]; ■ **etw** ~ **lassen** to leave sth to cool

Auskühlung *f* hypothermia

aus|kundschaften *vt* ① (*herausfinden*) ■ ~, **ob/wann/wie/warum ...** to find out whether/when/how/why ... ② (*ausfindig machen*) ■ **etw** ~ to find sth; MIL to reconnoitre [*or* AM -er] sth; **eine Lage** ~ to find out about the situation; **ein Versteck** ~ to spy out *sep* a hide-out

Auskunft <-, Auskünfte> *f* ① (*Information*) information *no pl, no indef art;* ■ **eine** ~ a bit [*or* piece] of information; **nähere** [*o* **weitere**] ~ more information, further details *pl;* ■ **eine/die** ~ **über jdn/etw** information/the information about sb/sth; **eine** ~ [*o* **Auskünfte**] **[über jdn/etw] [bei jdm] einholen** [*o* **einziehen**] to make [some] enquiries [*or* inquiries] [to sb] [about sb/sth]; **[jdm] eine** ~ **geben** [*o* **erteilen**] to give sb some information ② (~*sschalter*) information office/desk; (*am Bahnhof a.*) enquiry [*or* inquiry] office/desk; (*Fernsprech~*) directory enquiries BRIT, the operator AM, npl, no art

Auskunftei <-, -en> *f* credit [enquiry [*or* inquiry]] agency

Auskunftsbeamte(r), **-beamtin** *m, f* BAHN information clerk BRIT, inquiries assistant AM **Auskunftsschalter** *m* information desk; (*am Bahnhof*) enquiry desk, enquiries, inquiries

aus|kungeln *vt* (*fam*) ■ **etw [mit jdm]** ~ to hatch [out *sep*] sth [with sb]

aus|kuppeln *vi* AUTO to disengage [*or* let out] the clutch, to declutch

aus|kurieren* (*fam*) **I.** *vt* ■ **etw** ~ to cure sth [completely], to get rid of sth *fam* **II.** *vr* ■ **sich** ~ to get better

aus|lachen **I.** *vt* ■ **jdn** ~ to laugh at sb; (*höhnisch*) to jeer at sb **II.** *vi* ■ **ausgelacht haben** to have stopped laughing

aus|laden *irreg* **I.** *vt* ① (*entladen*) ■ **etw** ~ to unload sth; NAUT *a.* to discharge sth; **ein Schiff** ~ to unload [*or* lighten] a ship ② (*fam: Einladung widerrufen*) ■ **jdn** ~ to tell sb not to come; (*förmlich*) to cancel sb's invitation **II.** *vi* to spread; **[4 Meter]** ~ *Dach, Balkon* to protrude [*or* jut out] [[by] 4 metres]

ausladend *adj* ① (*sich erstreckend*) spreading; *Baum* a tree with spreading branches; (*vorspringend*) protruding; (*breit*) broad; ~**e Hüften** broad [*or hum a.* childbearing] hips; **ein** ~**es Dach** an overhanging [*or* a protruding] roof ② (*ausholend*) sweeping

Auslage <-, -n> *f* ① *pl* MODE, ÖKON (*im Schaufenster ausgestellte Ware*) display ② MODE, ÖKON (*Schaufenster*) shop window; (*Schaukasten*) showcase ③ *pl* ÖKON (*zu erstattender Geldbetrag*) disbursement ④ *pl* ÖKON (*Ausgaben, Unkosten*) expenses *npl;* **sonstige** ~**n** sundry expenses ⑤ SPORT basic stance; (*Fechten*) on guard position; **in [die]** ~ **gehen** to adopt [the] on guard position

aus|lagern *vt* ■ **etw [in etw** *akk*] ~ ① (*verlagern*) to move sth [to sth] ② (*an einem anderen Ort lagern*) to evacuate sth [to sth] ③ (*aus dem Lager bringen*) to move sth to another storage site [in sth]

Auslagerung *f* ① (*das Verlagern*) ■ **die** ~ **von etw/einer S.** *gen* **[in etw** *akk*/**nach etw]** moving sth [to sth]; **die** ~ **der Produktion ins Ausland** the removal of production to outside the country ② (*das Auslagern*) ■ **die** ~ **von etw/einer S.** *gen* **[an/in etw** *akk*] the evacuation of sth [to sth] ③ (*in ein anderes Lager bringen*) ■ **die** ~ **von etw/einer S.** *gen* moving sth to another storage site

Ausland <-[e]s> *nt kein pl* ■ **[das]** ~ foreign countries *pl;* (*die Ausländer*) foreigners *pl;* **feindliches** ~ enemy countries *pl;* **Handel mit dem** ~ foreign trade, trade with other countries; **das benachbarte/westliche** ~ neighbouring/western countries *pl;* **die Reaktionen des** ~**s** [the] reaction [from] abroad; ■ **aus dem** ~ from abroad [*or* another country]; **Nachrichten aus dem** ~ foreign news + *sing vb*, news from abroad + *sing vb;* ■ **ins/im** ~ abroad

Ausländer(in) <-s, -> *m(f)* foreigner; JUR alien

Ausländeramt *nt* ADMIN aliens' registration office BRIT, Immigration and Naturalization Service AM **Ausländerbeauftragte(r)** *f(m) dekl wie adj official assigned to the integration of foreign immigrants* **ausländerfeindlich** **I.** *adj* racist, xenophobic, hostile to foreigners *pred* **II.** *adv* **sich** ~ **ausdrücken** to use racist expressions **Ausländerfeindlichkeit** *f* racism, xenophobia, hostility to foreigners **Ausländerhass**[RR] *m* racial hatred, xenophobia

Ausländerin <-, -nen> *f fem form von* **Ausländer**

Ausländerrecht *nt kein pl* JUR law[s] concerning aliens **Ausländerwahlrecht** *nt* voting rights for foreigners *pl* (*for foreigners living in Germany*) **Ausländerwohnheim** *nt* home for immigrants

ausländisch *adj* ① *attr* foreign, from abroad *pred* BRIT; BOT exotic ② (*fremdländisch*) exotic, outlandish *a. pej*

Auslandsanleihe *f* foreign loan **Auslandsaufenthalt** *m* stay abroad **Auslandsbeziehungen** *f pl* POL foreign relations **Auslandsdeutsche(r)** *f(m)* expatriate German, German [national] living abroad **Auslandserfahrung** *f* experience acquired abroad **Auslandskorrespondent(in)** *m(f)* foreign correspondent **Auslandskrankenschein** *m* health insurance document for overseas travel, ≈ E107 BRIT **Auslandsnachrichten** *f pl* foreign news + *sing vb*, news from abroad + *sing vb* **Auslandsreise** *f* journey [*or* trip] abroad **Auslandsschule** *f* British/German etc. school abroad **Auslandsschutzbrief** *m* certificate of entitlement for international travel cover **Auslandssemester** *nt* SCH semester abroad **Auslandsversicherung** *f* insurance for abroad **Auslandsvertretung** *f* ① POL diplomatic representation ② ÖKON foreign office

aus|lassen *irreg* **I.** *vt* ① (*weglassen*) ■ **etw** ~ to omit [*or sep* leave out] sth; (*überspringen*) to skip [*or* pass over] sth; (*verpassen*) to miss sth, to let sth pass by ② (*abreagieren*) ■ **etw an jdm** ~ to vent [*or sep* take out] sth on sb; **seinen Hass an jdm** ~ to vent [*or* take out] one's hatred on sb ③ KOCHK (*zerlaufen lassen*) **Butter** ~ to melt butter; **Speck** ~ to render down *sep* bacon fat ④ (*fam: ausgeschaltet lassen*) ■ **etw** ~ to keep sth switched off ⑤ ÖSTERR ■ **jdn/etw** ~ (*loslassen*) to let go of sb/sth; (*aus einem Käfig etc. freilassen*) to let out sb/sth *sep* **II.** *vr* (*pej*) ■ **sich über jdn/etw** ~ to go on about sb/sth *pej*; ***er hat sich nicht näher darüber ausgelassen*** he didn't say any more about it [*or* explain any further] **III.** *vi* ÖSTERR to let go; ***lass aus, das ist mein Auto!*** hands off, that's my car!

Auslassung <-, -en> *f* ① *kein pl* (*das Weglassen*) omission ② (*weggelassene Stelle*) omission ③ *pl* (*pej: Äußerungen*) spoutings *pej*

Auslassungspunkte *pl* ellipsis *spec*, AM *a.* suspension points **Auslassungszeichen** *nt* apostrophe

aus|lasten *vt* ① (*voll beanspruchen*) ■ **etw** ~ to use sth to capacity; ■ **[voll] ausgelastet [sein]** [to be] running to capacity *pred*; **teilweise ausgelastet** running at partial capacity *pred* ② (*voll fordern*) ■ **jdn** ~ to occupy sb fully; ■ **ausgelastet [sein]** [to be] fully occupied; ***mit den sechs Kindern sind sie voll ausgelastet*** they have their hands full with their six children, their six children keep them fully occupied

Auslauf <-[e]s> *m* ① *kein pl* (*Bewegungsfreiheit*) exercise; (*für Tiere*) space [*or* room] to move about in; (*für Kinder*) room to run about ② (*Ausfluss*) outlet, discharge

aus|laufen *irreg* **I.** *vi sein* ① (*herauslaufen*) ■ **[aus etw]** ~ to run out [of sth]; (*wegen Undichtheit*) to leak out [of sth]; (*Inhalt austreten lassen*) to leak; *Auge* to drain; *Blase* to discharge, to drain ② NAUT (*Hafen verlassen*) ■ **[nach etw]** ~ to [set] sail [for sth], to put out to sea ③ (*nicht fortgeführt werden*) to be discontinued; ■ **ausgelaufen** discontinued ④ (*enden*) to end; *Vertrag* to expire, to run out ⑤ (*ein bestimmtes Ende nehmen*) ■ **gut/nicht gut** ~ to turn out well/badly ⑥ (*zum Stillstand kommen*) to come to a stop; *Läufer a.* to ease off, to slow down; *Skispringer* to glide to a stop ⑦ (*übergehen in*) ■ **in etw** *akk* ~ to run into sth; (*dadurch breiter werden*) to open out into sth; *Berge* to end in sth; *Streit, Ehekrach* to turn into sth **II.** *vr haben* ■ **sich** ~ to have a good run about [*or* enough exercise]

Ausläufer *m* ① METEO *Hochdruckgebiet* ridge; *Tiefdruckgebiet* trough ② *meist pl* (*Vorberge*) foothills *npl* ③ BOT runner, stolon *spec*

Auslaufmodell *nt* discontinued model

aus|laugen *vt* ① (*Nährstoffe entziehen*) ■ **etw** ~ to exhaust sth; *Regenfälle* to wash the nutrients out of sth; (*austrocknen*) to dry out sth *sep* ② (*erschöpfen*) ■ **jdn** ~ to exhaust [*or sep* wear out] sb

Auslaut *m* LING final [*or* terminal] position

aus|lauten *vi* LING ■ **auf etw** *akk* ~ to end [*or* terminate] in sth; ■ **~d** final

aus|leben **I.** *vr* ① (*das Leben auskosten*) ■ **sich** ~ to live it up ② (*sich verwirklichen*) ■ **sich in etw** *dat* ~ to run free in sth **II.** *vt* (*geh*) ■ **etw** ~ to realize sth

aus|lecken *vt* ■ **etw** ~ to lick out sth *sep*; **seinen Teller** ~ to lick one's plate clean

aus|leeren *vt* ■ **etw** ~ ① (*ausgießen*) to empty [out *sep*] sth; (*ausladen*) to dump [*or form* discharge] sth; **Flüssigkeit** ~ to pour away *sep* liquid; **etw in den Ausguss/die Toilette** ~ to pour sth down the drain/toilet; ■ **etw über jdm** [*o* **jdn**]**/etw** ~ to pour sth over sb/sth; **einen Behälter über jdm** [*o* **jdn**]**/etw** ~ to empty [the contents of] a container over sb/sth ② (*austrinken*) to drain [*or* empty] sth

aus|legen *vt* ① ■ **etw** ~ (*ausbreiten*) to lay out sth *sep*; (*verlegen*) to put down sth ② (*bedecken*) ■ **etw [mit etw]** ~ to cover sth [with sth]; (*auskleiden*) to line sth with sth; (*mit Einlegearbeit*) to inlay sth with sth; **einen Läufer/Teppich** ~ to lay down *sep* a rug/carpet; **ein Haus/einen Raum mit Teppichböden** ~ to furnish a house with carpets/to carpet a room; **eine Straße mit etw** ~ to surface a road with sth ③ (*erklären*) ■ **jdm etw** ~ to explain sth to sb ④ (*deuten*) ■ **etw** ~ to interpret sth; **etw richtig/falsch** ~ to interpret sth correctly [*or* wrongly], to misinterpret sth; **einen Witz übel** ~ to take a joke badly ⑤ (*leihen*) ■ **jdm etw** ~ to lend sb sth, to lend sth to sb; ***sie hat das Geld für das Paket ausgelegt*** she paid [the money] for the package ⑥ TECH (*konzipieren, vorsehen*) ■ **etw [für etw]** ~ to design sth [for sth]; ■ **für etw ausgelegt sein** to be designed for sth; **komfortabler/sportlich ausgelegt sein** to be given a more comfortable [*or* a sporty] design [*or* look]; ■ **etw für etw** ~ to design sth for sth; ■ **auf etw** *akk* **ausgelegt sein** to be designed for sth ⑦ KOCHK *s.* **ausfuttern**

Ausleger <-s, -> *m* ① TECH jib, boom ② (*Kufe gegen Kentern*) outrigger

Auslegung <-, -en> *f* (*Deutung*) interpretation; (*Erklärung*) explanation

Auslegungssache *f* matter of interpretation; ***es ist*** [***reine***] ~ it's [purely] a matter of interpretation

aus|leiden *vi irreg* (*geh*) ■ **er/sie etc. hat ausgelitten** his/her suffering is over [*or* at an end]

aus|leiern **I.** *vt haben* (*fam*) ■ **etw** ~ to wear out sth *sep* **II.** *vi sein* to wear out; ■ **ausgeleiert [sein]** [to be] worn [out]

Ausleihe <-, -n> *f* ① (*das Ausleihen*) lending, issuing; ***eine*** ~ ***der Bücher ist nicht möglich*** it is not possible to lend [*or* issue] books ② (*Schalter*) issuing [*or* lending] desk

aus|leihen *irreg* **I.** *vt* ■ **[jdm/an jdn] etw** ~ to lend [sb] sth, to lend [out *sep*] sth [to sb] **II.** *vr* ■ **sich** *dat* **etw [bei/von jdm]** ~ to borrow sth [from sb], to borrow [sb's] sth

aus|lernen *vi* to finish one's studies; ■ **ausgelernt haben** to have finished school/college etc.; *Lehrling* to have finished one's apprenticeship; ■ **ausgelernt** qualified ▸ WENDUNGEN: **man lernt [eben]** <u>**nie**</u> **aus** (*prov*) [you] live and learn *prov*

Auslese <-, -n> *f* ① (*die Elite*) ■ **die** ~ the chosen few + *pl vb*, the elite + *sing/pl vb a. pej* ② (*Wein*) superior [*or* high-quality] wine (*made from selected grapes*) ③ *kein pl* (*Auswahl*) ■ **eine** ~ **von etw** a selection of sth; **die natürliche** ~ natural selection; **eine** ~ **treffen** [*o* **vornehmen**] to make a selection

aus|lesen *irreg* **I.** *vt* ■ **etw** ~ to finish reading sth **II.** *vi* to finish reading; ***hast du bald ausgelesen?*** will you have finished [reading] it soon?

Ausleseprozess[RR] *m* selection process; **der natürliche** ~ the process of natural selection **Ausleseverfahren** *nt* selection procedure

aus|leuchten *vt* ■ **etw** ~ ① (*mit Licht erfüllen*) to illuminate sth ② (*die Hintergründe klären*) to throw a light on sth; ■ **etw muss ausgeleuchtet werden** light must be thrown on sth

aus|liefern *vt* ❶ (*liefern*) ■ **etw [an jdn]** ~ to deliver sth [to sb] ❷ (*überstellen*) ■ **jdn [an jdn/etw]** ~ to hand over *sep* sb [to sb/sth], to turn in sb *sep*, to turn sb over [*or* to deliver sb] to sb/sth; **jdn [an ein anderes Land]** ~ to extradite sb [to another country] ❸ (*preisgeben*) ■ **jdm/etw ausgeliefert sein** to be at sb's mercy [*or* the mercy of sb/sth]

Auslieferung *f* ❶ *von Waren* delivery ❷ *von Menschen* handing over, turning in; **eine** ~ **[an ein anderes Land]** extradition [to another country]

Auslieferungsantrag *m* JUR, POL application for extradiction **Auslieferungsverfahren** *nt* JUR extradition proceedings *pl*

aus|liegen *vi irreg* ❶ (*zum Verkauf liegen*) ■ **[in etw** *dat*] ~ to be displayed [*or* on display] [in sth] ❷ (*bereitliegen*) ■ **[für jdn/zu etw]** ~ to be [made] available [to sb/for sth]; *Zeitungen a.* to be laid out [for sb/sth]; *Schlinge, Reuse* to be down

Auslinie [-li:niə] *f* FBALL touchline; TENNIS sideline; ■ **die ~n** TENNIS the tramlines [*or* AM sidelines]

aus|loben *vt* ■ **etw für etw** ~ to offer sth as a reward for sth

aus|löffeln *vt* ■ **etw** ~ to spoon up sth *sep;* (*aufessen*) to eat up *sep* [all of] sth; **seinen Teller** ~ to empty one's plate ▸ WENDUNGEN: **etw** ~ **müssen**, ~ **[müssen], was man sich** *dat* **eingebrockt hat** (*fig fam*) to take the consequences, to have to face the music, you make your bed, you've got to lie in it *fam; s. a.* **Suppe**

aus|löschen *vt* ■ **etw** ~ ❶ (*löschen*) to extinguish [*or sep* put out] sth; **eine Kerze** ~ to snuff [out *sep*] [*or* extinguish] a candle ❷ (*beseitigen*) to obliterate sth; ■ **etw [an etw** *dat*] ~ to erase sth [from sth] ❸ (*geh: tilgen*) to blot out sth *sep;* **Erinnerungen** ~ to obliterate [*or sep* blot out] memories; (*vernichten*) to obliterate [*or* destroy] sth; ***während des Krieges wurden ganze Dörfer ausgelöscht*** during the war, whole villages were destroyed

aus|losen **I.** *vt* ■ **jdn/etw** ~ to draw sb/sth; ■ **ausgelost werden** to be drawn; (*mit Strohhalmen u. ä.*) to draw lots **II.** *vi* to draw lots; ■ **~/es wurde ausgelost, wer etw tut** to draw lots/lots were drawn as to [*or* to see] who does sth; ■ **ausgelost werden** to be drawn by lot

aus|lösen *vt* ❶ (*in Gang setzen*) ■ **etw** ~ to set off *sep* [*or* trigger [off *sep*]] sth, to activate sth; **den Kameraschluss** ~ to release the shutter; **eine Bombe** ~ to trigger [*or* set] off a bomb ❷ (*bewirken*) ■ **[bei jdm] etw** ~ to produce sth [on sb]; **einen Aufstand** ~ to unleash [*or sep* trigger off] an uprising; **[bei jdm] Begeisterung/Mitgefühl** ~ to arouse [*or* evoke] [sb's] enthusiasm/pity; **Beifall** ~ to elicit [*or sep* trigger off] applause [*or* set off [a round of]]; **[bei jdm] Erleichterung/Überraschung** ~ to cause relief/surprise; **allergische Reaktionen** ~ to cause allergic reactions; **[bei jdm] Widerstand** ~ to have provoked [sb's] resistance ❸ (*einlösen*) ■ **etw** ~ to redeem sth; **ein abgeschlepptes Auto** ~ to pay the fine on an impounded car; **Gefangene** ~ to release prisoners; (*durch Lösegeld*) to ransom prisoners ❹ DIAL (*herausnehmen*) ■ **etw** ~ to take out sth *sep* ❺ KOCHK *s.* **ausbeinen**

Auslöser <-s, -> *m* ❶ FOTO [shutter] release ❷ PSYCH trigger mechanism ❸ (*fam: Anlass*) trigger; ■ **der** ~ **für etw sein** to be the cause of [*or sep* trigger off] sth

Auslosung *f* draw; **die** ~ **der Preise** the prize draw

Auslösung *f* ❶ TECH activation; FOTO release ❷ (*Ursache*) causing; *eines Aufstands* unleashing, triggering off ❸ (*Einlösung*) redemption; ***die ~ meines Autos hat mich 200 DM gekostet*** I had to pay 200 DM to retrieve my car; *von Gefangenen* release; (*durch Lösegeld*) ransoming ❹ (*Aufwandsentschädigung*) travel allowance *no pl*

aus|loten *vt* ❶ NAUT ■ **etw** ~ to sound [*or* plumb] the depth of sth; **die Tiefe** ~ to sound [*or* plumb] the depth ❷ (*geh: ergründen*) ■ **jdn/etw** ~ to fathom out sb/sth *sep,* to plumb the depths of sb/sth

aus|machen *vt* ❶ (*löschen*) ■ **etw** ~ to extinguish [*or sep* put out] sth; (*ausschalten*) to turn [*or* switch] off sth *sep;* **den Motor** ~ to switch off *sep* the engine ❷ (*ermitteln*) ■ **jdn/etw** ~ to determine [*or sep* make out] the position/positions of sb/sth; **die Zahl der Opfer** ~ to determine the number of victims; ***es lässt sich nicht mehr ~, wie ...*** it can no longer be determined how ...; (*entdecken*) to make out sb/sth *sep;* **jdn/etw überall** ~ (*zu entdecken glauben*) to suspect sb/sth everywhere ❸ (*vereinbaren*) ■ **etw [mit jdm]** ~ to agree to [*or* [up]on] sth [with sb]; **einen Termin** ~ to agree upon [*or* to] [*or* AM *a.* on] a time; ***wir müssen nur noch ~, wann wir uns treffen*** we only have to arrange where we should meet; ■ **ausgemacht** agreed ❹ (*abmachen*) ■ **etw mit sich [selbst]** ~ **[müssen]** to [have to] decide [sth] for oneself; **einen Streit [untereinander]** ~ to settle an argument [amongst themselves] ❺ (*bewirken, darstellen*) ■ **etw** ~ [to go] to make up sth; ***alles, was das Leben ausmacht*** everything that is a part of life; ***eine Luxuslimousine macht keinen Millionär aus*** a limousine does not make one a millionaire ❻ (*betragen*) ■ **etw** ~ to amount [*or* run] to sth; ***der stärkere Motor macht 32 PS mehr aus*** the more powerful engine delivers 32 HP more; (*sich summieren*) to add up [*or* come] to sth ❼ (*bewirken*) ■ **kaum etwas** ~ to hardly make any difference; ■ **nichts** ~ to not make any difference [*or* to make no difference] [at all]; ■ **viel** ~ to make a big difference; ***was macht es schon aus?*** what difference does it make? ❽ (*beeinträchtigen*) ***macht es Ihnen etwas aus, wenn ...?*** do you mind if ...?; ***ja, es macht mir viel aus*** yes, I do mind very much; ■ **es macht jdm nichts/viel aus, etw zu tun** sb doesn't mind doing sth/it matters a great deal to sb to do sth

aus|malen **I.** *vr* ■ **sich** *dat* **etw** ~ to imagine sth; **sich** *dat* **das Leben/die Zukunft** ~ to picture one's life [ahead of one]/the [*or* one's] future; **sich** *dat* **etw ganz anders/viel schöner** ~ to imagine sth to be completely different/much more beautiful; ■ **sich** *dat* **~, was ...** to imagine what ... **II.** *vt* ■ **[jdm] etw** ~ to describe sth [to sb]; *Reiseprospekt* to depict sth; **jdm etw in bunten Farben** ~ to give sb a vivid description of sth

aus|manövrieren* [-øvri:-] *vt* ■ **jdn/etw** ~ to outmanoeuvre [*or* AM outmaneuver] [*or* outflank] sb/sth

Ausmaß *nt* ❶ (*Fläche*) area; **das** ~ **von etw haben** to cover the area of sth; **von geringem** ~ **sein** to be small in area; (*Größe*) size; ■ **die ~e** the dimensions, the size; **das** ~ [*o* **die ~e**] **von etw/einer S.** *gen* **sein** to have the dimensions [*or* be the size] of sth ❷ (*Umfang*) extent *no pl;* **Besorgnis erregende/größere ~e annehmen** to assume alarming/greater proportions

aus|merzen *vt* ❶ (*ausrotten*) ■ **jdn/etw** ~ to exterminate sb/sth; **Schädlinge** ~ to exterminate [*or form* eradicate] pests; **Unkraut** ~ to eradicate weeds *form* ❷ (*beseitigen*) ■ **etw** ~ to eliminate [*or form* eradicate] sth

aus|messen *vt irreg* ■ **etw** ~ to measure [out *sep*] sth, to take the measurements [of sth]

Ausmessung <-> *f* ❶ *kein pl* (*das Ausmessen*) measuring [out] ❷ *pl* (*Abmessungen*) dimensions

aus|misten **I.** *vt* ■ **etw** ~ ❶ (*vom Mist befreien*) to muck out sth *sep* ❷ (*fam: von Überflüssigem befreien*) to tidy out sth *sep;* **alte Bücher** ~ to throw out *sep* old books; **sein Zimmer** ~ to clean out *sep* one's room **II.** *vi* ① (*den Mist hinausschaffen*) to muck out ② (*fam: Überflüssiges hinausschaffen*) to have a clean-out BRIT, to clean up AM

aus|mustern *vt* ① (*aussortieren*) ■**etw** ~ to take sth out of service; **Möbel** ~ to discard old furniture ② MIL (*entlassen*) ■**jdn** ~ to discharge sb [from the forces]

Ausnahme <-, -n> *f* exception; **eine** ~ **zulassen** to make an exception; **eine** ~ **sein wollen** to want to be different [*or* an exception]; [**bei jdm/etw**] **die** ~ **sein** to be the exception [with sb/sth]; [**mit jdm/etw**] **eine/keine** ~ **machen** to make an/to make no exception [in sb's case/the case of sth]; ■**mit** ~ **von jdm,** ■**mit jds** ~ with the exception of [*or* except [for]] sb; **mit einer** ~ with one exception; **ohne** [**jede**] ~ without exception ▶ WENDUNGEN: ~**n bestätigen die Regel** (*prov*) the exception proves the rule *prov*

Ausnahmebestimmung *f* exemption [*or* exceptional] provision *spec* **Ausnahmeerscheinung** *f* exception[al case], exceptional person **Ausnahmefall** *m* exception[al case]; **ein seltener** ~ a very rare case; **in Ausnahmefällen** in exceptional cases **Ausnahmegenehmigung** *f* special licence [*or* AM license] [*or* permit] **Ausnahmeregelung** *f* special regulation [*or* provision] **Ausnahmesituation** *f* special [*or* exceptional] situation; POL state of emergency **Ausnahmezustand** *m* POL state of emergency; [**über etw** *akk*] **den** ~ **verhängen** to declare a state of emergency [in sth]; **über das ganze Land den** ~ **verhängen** to declare a state of national emergency

ausnahmslos I. *adv* without exception **II.** *adj* **das** ~**e Erscheinen der gesamten Belegschaft** the appearance of all the staff without exception; **die** ~**e Zustimmung aller Delegierten** the unanimous agreement of all delegates

ausnahmsweise *adv* as a special exception; ***darf ich das machen? — ~!*** may I do that? — just this once!; ***heute ging er ~ eine Stunde früher*** today he left an hour earlier [for a change]

aus|nehmen *irreg* **I.** *vt* ① (*ausweiden*) ■**etw** ~ to gut [*or* dress] sth; **Geflügel** ~ to draw poultry ② (*ausschließen*) ■**jdn** [**von etw**] ~ to exempt sb [from sth], to make an exception of sb; ***ich nehme keinen aus*** I'll make no exceptions; ***nehmt mich bei dieser Sache aus!*** count me out [of it]!; **jdn von einer Pflicht** ~ to release [*or* exempt] sb from a duty ③ (*fam: viel Geld abnehmen*) ■**jdn** ~ to fleece sb *fam;* (*beim Glücksspiel*) to clean out sb *sep fam* ④ ÖSTERR (*erkennen*) ■**jdn/etw** ~ to make out *sep* [*or form* discern] sb/sth; **jdn/etw schlecht** ~ to barely make out *sep* [*or form* discern] sb/sth **II.** *vr* (*geh*) **sich gut/schlecht** ~ to look good/bad; ■**sich neben jdm/etw wie jd/etw** ~ to look like sb/sth next to sb/sth

ausnehmend I. *adj* (*geh*) exceptional **II.** *adv* exceptionally; ***das gefällt mir ~ gut*** I like it very much indeed; ~ **vorteilhaft angezogen** dressed to kill *pred fam*

aus|nüchtern I. *vt haben* ■**jdn** ~ to sober up sb *sep* **II.** *vi vi: sein, vr: haben* ■[**sich**] ~ to sober up

Ausnüchterung <-, -en> *f* sobering up

Ausnüchterungszelle *f* drying-out cell

aus|nutzen *vt* ① (*ausbeuten*) ■**jdn** ~ to exploit sb ② (*sich zunutze machen*) ■**etw** ~ to make the most of sth; **jds Leichtgläubigkeit/Unerfahrenheit** ~ to take advantage of sb's gullibility/inexperience

ausnützen *vt bes* SÜDD, ÖSTERR (*ausnutzen*) to take advantage of

Ausnutzung <-> *f kein pl* ① (*Ausbeutung*) exploitation ② (*das Wahrnehmen*) ■**die** ~ **von etw/einer S.** *gen* making the most of sth; ***bei rechtzeitiger ~ dieser einmaligen Gelegenheit hätten Sie ...*** if you had made the most of this unique opportunity, you would have ...; ■**unter** ~ **von jds etw** by taking advantage of sb's sth

Ausnützung <-> *f kein pl bes* SÜDD, ÖSTERR exploitation

aus|packen I. *vt* ■**etw** ~ to unpack sth; **ein Geschenk** ~ to unwrap a present **II.** *vi* ① (*Koffer, Kisten* ~) to unpack ② (*fam: gestehen*) to talk *fam;* (*seine Meinung sagen*) to speak one's mind

aus|palen *vt* KOCHK *s.* **entschoten**

aus|peitschen *vt* ■**jdn** ~ to whip [*or* flog] sb

aus|pfeifen *vt irreg* ■**jdn/etw** ~ to boo sb off the stage/to boo [*or* hiss] at sth

aus|pflanzen *vt* ■**etw** [**in etw** *akk*] ~ to plant out sth [in sth] *sep*

aus|plaudern *vt* ■**etw** ~ to let out *sep* [*or fam* blab] sth

aus|plündern *vt* ① (*ausrauben*) ■**etw** ~ to plunder [*or* pillage] sth; **einen Laden** ~ to loot a shop ② (*hum: leer räumen*) ■**etw** ~ to raid sth ③ (*fam: ausnehmen 3*) ■**jdn** ~ to fleece sb *fam;* (*ausrauben*) to rob sb [of every penny]; (*beim Glücksspiel*) to clean out sb *sep fam*

aus|posaunen* *vt* (*fam*) ■**etw** ~ to broadcast sth *fam*

aus|prägen *vr* ■**sich** [**in etw** *dat*] ~ to be revealed in sth; ***die Erziehung prägt sich im Charakter/Verhalten aus*** one's upbringing shapes [*or* stamps] [*or* leaves its stamp on] one's character/behaviour

Ausprägung <-> *f* ① *kein pl* shaping, moulding BRIT, molding AM; *von Begabung, Hartnäckigkeit* development ② (*Akzentuierung*) markedness, distinctness; ***in einer derart starken ~ ist mir diese Krankheit noch nicht begegnet*** I have never come across this illness at such an advanced stage

aus|pressen *vt* ① (*her~*) ■**etw** ~ to squeeze out sth *sep;* **frisch ausgepresst** freshly pressed; **Orangen** ~ to press [*or* squeeze [the juice from]] oranges ② (*ausbeuten*) ■**jdn/etw** ~ to squeeze sb/sth dry [*or* BRIT *hum a.* until the pips squeak], to bleed sb/sth dry [*or fam* white], to milk sb/sth dry ③ (*brutal ausfragen*) ■**jdn** ~ to press sb; **jdn wie eine Zitrone** ~ to squeeze sb like a lemon [for information]

aus|probieren* **I.** *vt* ■**jdn/etw** ~ to try [out *sep*] sb/sth, to give sb/sth a try [*or* go]; **ein Auto** ~ to test-drive [*or sep* try out] a car, to go for a test drive; ■**es mit jdm** ~ to try sb out **II.** *vi* ■~, **ob/wie ...** to see whether/how ...

Auspuff <-[e]s, -e> *m* exhaust [pipe], AM *a.* tailpipe

Auspuffgase *pl* exhaust fumes [*or form* emissions]

Auspuffrohr *nt* exhaust [pipe], AM *a.* tailpipe **Auspufftopf** *m* silencer BRIT, muffler AM

aus|pumpen *vt* ① (*leer pumpen*) ■**etw** ~ to pump out sth *sep;* **jdm den Magen** ~ to pump [out *sep*] sb's stomach ② (*fam: völlig erschöpfen*) ■**jdn** ~ to drain sb; ■**ausgepumpt sein** to be completely drained

aus|pusten *vt* (*fam*) ■**etw** ~ to blow out sth *sep*

aus|putzen *vt* ■**etw** ~ to clean sth; **einen Schrank** ~ to clean [out *sep*] a cupboard

aus|quartieren* *vt* ■**jdn** [**in etw** *akk*] ~ to move out *sep* sb [into/to sth]

aus|quetschen *vt* ① (*auspressen*) ■**etw** ~ to squeeze out sth *sep;* **Orangen** ~ to press [*or* squeeze [the juice out of]] oranges ② (*fam: forciert ausfragen*) ■**jdn** [**über jdn/etw**] ~ to pump sb [for information on/details about sb/sth]; *Polizei* to grill sb [about sb/sth] *fam*

aus|radieren* *vt* ■**etw** ~ ① (*mit Radiergummi entfernen*) to rub out *sep* [*or* erase] sth ② (*vernichten*) to wipe out sth *sep;* **eine Stadt** ~ to wipe a city off the map

aus|rangieren* [-raŋˈʒiːrən, -rãˈʒiːrən] *vt* ■**etw** ~ to throw out sth *sep;* **ein Auto** ~ to scrap [*or fam* junk] a car; **einen Fernseher** ~ to throw out *sep* [*or fam* junk] a television set; **Reifen** ~ to discard tyres [*or* AM tires]

aus|rasieren* *vt* ■ **[jdm] etw** ~ to trim [sb's] sth; (*von Haaren befreien*) to shave [sb's] sth

aus|rasten I. *vi sein* ① (*herausspringen*) to come out; **einen Knopf** ~ **lassen** to release [*or spec* disengage] a button ② (*hum fam: wild werden*) to go ape-shit *fam!*, to throw a wobbly BRIT *hum fam*, to have a spaz AM *fam* **II.** *vi impers haben* (*fam*) ■ **bei jdm** ~ ① (*durchdrehen*) to go ape-shit *fam!*, to throw a wobbly BRIT *hum fam*, to have a spaz AM *fam* ② (*nichts mehr verstehen*) sb doesn't get it [*or* understand any more]

aus|rauben *vt* ■ **jdn/etw** ~ to rob sb/sth; **ein Grab** ~ to rob [*or* plunder] a grave

aus|rauchen I. *vt* ■ **etw** ~ to finish [smoking] sth **II.** *vi* to finish smoking

aus|räuchern *vt* ■ **jdn/etw** ~ to smoke out sb/sth *sep*; **etw aus etw** ~ to smoke sth out of sth

aus|raufen *vt* ■ **[sich** *dat*] **etw** ~ to tear [*or* pull] out one's sth *sep*

aus|räumen *vt* ■ **etw** ~ ① (*her~*) to move [*or* clear] out sth *sep*; (*leer räumen*) to clear out sth *sep*; **Schubladen** ~ to empty [*or* clear out] the drawers; **die Bücher [aus den Kisten]** ~ to remove the books [from the crates] ② (*beseitigen*) to clear up sth *sep*; **[jds] Zweifel** ~ to dispel [sb's] doubts ③ MED (*herausoperieren*) to remove [*or spec* extirpate] sth

aus|rechnen I. *vt* ■ **etw** ~ to calculate sth; **Kosten** ~ to calculate [*or sep* work out] the costs; **Aufgaben** ~ to work out *sep* problems; ■ **etw nach etw** ~ to calculate sth from sth; **etw im Kopf/mit dem Taschenrechner** ~ to calculate [*or sep* work out] sth in one's head/using a calculator; ■ ~**, ob/wie ...** to work [*or fam* figure] out whether/how ... **II.** *vr* ① (*kalkulieren mit*) ■ **sich** *dat* **etw** ~ to reckon on sth, to reckon [*or* fancy] [that] one has sth ② (*sich vorstellen*) ■ **sich** *dat* **etw** ~ to work out *sep* sth for oneself; ■ **sich** *dat* ~**, wie ...** to work [it] out for oneself how ... ③ (*sich berechnen lassen*) ■ **etw lässt sich** ~ sth can be calculated; ***diese Gleichung lässt sich*** ~ this equation can be solved; (*sich vorstellen können*) sth can be imagined; ***es lässt sich* [*leicht*]** ~**, *dass ...*** you/I etc. can [easily] imagine that ...

Ausrede *f* excuse; ***keine*** ~***n!*** no excuses!; (*zu Kind a.*) none of your excuses!; **eine faule** ~ a feeble [*or pej* lame] excuse

aus|reden I. *vi* to finish speaking; ■ **jdn** ~ **lassen** to let sb finish [speaking], to hear out sb *sep*; ■ **jdn nicht** ~ **lassen** to not let sb finish [speaking], to not hear out sb *sep*, to cut sb short **II.** *vt* ■ **jdm etw** ~ to talk sb out of sth **III.** *vr bes* ÖSTERR ■ **sich** ~ to have a heart-to-heart [talk]

aus|reiben *vt irreg* ■ **etw** ~ ① (*durch Reiben entfernen*) to rub out sth *sep* ② (*trocken reiben*) to wipe out sth *sep*; (*mit Scheuermitteln*) to scour out sth *sep*; **Gläser** ~ to wipe out *sep* glasses

aus|reichen *vi* ■ **[für jdn/etw]** ~ to be sufficient [*or* enough] [for sb/sth]; ***es muss für uns alle*** ~ it will have to do for us all

ausreichend I. *adj* sufficient; ~**e Kenntnisse/Leistungen** adequate knowledge/performance; ■ **nicht** ~ insufficient/inadequate; SCH satisfactory **II.** *adv* sufficiently

aus|reifen *vi sein* ① (*liter*) to ripen; *Wein* to mature; **Wein** ~ **lassen** to allow wine to mature ② (*fig*) ■ **ausgereift sein** to be perfected; ***die Technik ist noch nicht ausgereift*** the technology is still in the development[al] stages

Ausreise *f* departure [from a/the country]; ■ **bei der** ~ on leaving the country; **die Erlaubnis zur** ~ **beantragen** to apply for an exit visa; **das Recht auf** ~ *akk* the right to leave the country; **jdm die** ~ **verweigern** to prohibit sb from leaving the country, to refuse sb an exit visa

Ausreiseantrag *m* application for an exit visa **Ausreiseerlaubnis**, **Ausreisegenehmigung** *f* exit permit

aus|reisen *vi sein* to leave the country; (*endgültig*) to emigrate; **nach Israel** ~ to go/emigrate to Israel

Ausreisevisum [-vi:-] *nt* exit visa **Ausreisewelle** *f* POL mass emigration **Ausreisewillige(r)** *f(m) dekl wie adj* prospective emigrant

aus|reißen *irreg* **I.** *vt haben* ■ **[jdm/etw] etw** ~ to pull out *sep* [sb's/sth's] sth; **jdm die Haare** ~ to tear out *sep* sb's hair; **einer Fliege die Flügel** ~ to pull off *sep* a fly's wings; **Unkraut/Blumen** ~ to pull up [*or* out] *sep* weeds/flowers; **Blätter** ~ to pull [*or* pluck] off *sep* leaves **II.** *vi sein* ① (*fam: davonlaufen*) ■ **[jdm]** ~ to run away [from sb] ② (*sich lösen*) ■ **[aus etw]** ~ to come away [from sth]; *Griff* to come off [sth] ③ (*einreißen*) to split, to pull apart; *Knopfloch* to tear

Ausreißer(in) <-s, -> *m(f)* ① (*fam*) runaway ② (*Ausnahmeerscheinung*) freak value

aus|reiten *irreg* **I.** *vi sein* ■ **[auf seinem Pferd]** ~ to ride out, to go riding [*or* for a ride] **II.** *vt haben* ■ **etw** ~ to take out sth *sep*, to exercise sth

aus|reizen *vt* ■ **etw** ~ ① KARTEN to bid sth up to strength ② (*ausschöpfen*) to discuss [*or* do] sth to death; **die Möglichkeiten** ~ to exhaust the possibilities

aus|renken *vt* ■ **jdm etw** ~ to dislocate sb's sth; ■ **sich** *dat* **etw** ~ to dislocate one's sth

aus|richten I. *vt* ① (*übermitteln*) ■ **jdm etw** ~ to tell sb sth; **jdm eine Nachricht** ~ to pass on the news to sb *sep*; ■ **jdm** ~**, dass ...** to tell sb that; ■ **jdm** ~ **lassen, dass ...** to send sb word that; ***kann ich etwas*** ~***?*** can I give him/her a message? [*or* take a message?]; ***bitte richten Sie ihr einen Gruß* [*von mir*] *aus*** give her my regards, say "hello" to her [for me] ② (*veranstalten*) ■ **[jdm] etw** ~ to organize sth [for sb]; **[jdm] eine Hochzeit/ein Fest** ~ to arrange a wedding/celebration [for sb] ③ (*erreichen*) ■ **bei jdm etwas/nichts** ~ to achieve something/nothing with sb; ***wir konnten bei ihm nichts*** ~ we couldn't get anywhere with him ④ (*einstellen*) ■ **etw [auf etw** *akk*] ~ to align sth [with sth]; (*abstellen*) to gear sth to sth ⑤ (*aufstellen*) ■ **jdn/etw** ~ to line up sb/sth *sep*, to get sb into line; ■ **sich** ~ to line up [in a straight row]; MIL to dress ranks; **sich [nach dem Nebenmann/Vordermann/Hintermann]** ~ to line up [exactly] with the person next to one/in front [of one]/behind [one] ⑥ ÖSTERR (*schlecht machen*) ■ **jdn** ~ to run down *sep* [*or* AM *a.* badmouth] sb ⑦ SCHWEIZ (*zahlen*) ■ **jdm etw** ~ to pay sb sth; **jdm eine Entschädigung** ~ to recompense sb *form* **II.** *vr* (*sich nach etw richten*) ■ **sich an etw** *dat* ~ to orientate oneself to sth; **sich an der Parteimeinung** ~ to follow [*or a. pej* toe] the party line

Ausrichter <-s, -> *m* organizer, official sponsor

Ausrichtung <-> *f kein pl* ① (*Orientierung*) ■ **die** ~ **[einer S.** *gen*] **an etw** *dat* the orientation [of sth] to sth ② (*Einstellung*) ■ **die** ~ **[einer S.** *gen*] **auf etw** *akk* orientating [sth] to [*or* aligning [sth] with] sth ③ (*Organisieren*) organization; *einer Hochzeit* arrangements *pl* (+*gen* for), arrangement

Ausritt *m* ride [out]; (*das Ausreiten*) riding out

aus|rollen I. *vt haben* ■ **etw** ~ ① (*entrollen*) to roll out sth *sep*; **ein Kabel** ~ to run [*or* pay] out *sep* a cable ② (*flach walzen*) to roll out sth *sep* **II.** *vi sein* *Flugzeug* to taxi to a standstill [*or* stop]; *Fahrzeug* to coast to a stop

aus|rotten *vt* ■ **etw** ~ to exterminate sb/sth; **Termiten** ~ to destroy termites; **Unkraut** ~ to wipe out *sep* weeds; **ein Volk** ~ to exterminate [*or sep* wipe out] a people; **Ideen/Religion** ~ to eradicate *form* [*or sep* stamp out] ideas/a religion

Ausrottung <-, -en> *f* extermination

aus|rücken *vi sein* ① (*vorwärts bewegen*) *Truppen* to turn out; (*ins Feld*) to march out; *Panzer* to move [*or* set] out; *Polizei* to turn out; *Feuerwehr* to go out on a call ② (*fam: ausreißen*) to make off; [**aus einer Anstalt/von zu Hause**] ~ to run away [from an institute/from home]; **aus dem Gefängnis** ~ to escape from prison

Ausruf *m* cry; **ein** ~ **des Entsetzens** a cry of horror; **ein warnender** ~ a shout of warning, a warning shout; **etw durch** ~ **bekannt machen** to proclaim sth

aus|rufen *vt irreg* ① (*verkünden*) ■**etw** ~ to call out sth *sep; Auktionator* to invite bids for sth; **Haltestellen/einen Streik** ~ to call the stops/a strike; **Schlagzeilen** ~ to cry out *sep* the headlines; **seine Waren** ~ to cry one's wares; **Krieg** ~ to declare [*or* proclaim] war ② (*über Lautsprecher suchen lassen*) ■**jdn** ~ to put out a call for sb ③ (*proklamieren*) **jdn zum König** ~ to proclaim sb king

Ausrufer(in) <-s, -> *m(f)* HIST [town] crier

Ausrufung <-, -en> *f* proclamation; *Krieg a.* declaration; **die** ~ **eines Streiks** a strike call, call to strike

aus|ruhen *vi, vr* ■[**sich**] ~ to [take [*or* have] a] rest; ■**jds etw muss sich** ~ sb has to rest his/her sth; ■**ausgeruht** [**sein**] [to be] well rested

aus|rupfen *vt* ■**etw** ~ to pluck out sth *sep*

aus|rüsten *vt* ■**jdn/etw** ~ to equip sb/sth; **ein Fahrzeug/Schiff** [**mit etw**] ~ to fit out *sep* a vehicle/ship, to fit a vehicle/ship with sth

Ausrüstung <-> *f* ① *kein pl* (*das Ausrüsten*) ■**die** ~ **einer S.** *gen* equipping sth; *Fahrzeug/Schiff* fitting out sth *sep* ② (*Ausrüstungsgegenstände*) equipment *no pl; Expedition a.* tackle, gear; (*Kleidung*) outfit *no pl*

Ausrüstungsgegenstand *m*, **Ausrüstungsstück** *nt* piece [*or* item] of equipment

aus|rutschen *vi sein* ① (*ausgleiten*) ■[**auf etw** *dat*] ~ to slip [on sth]; **sie ist ausgerutscht** she [*or* her foot] slipped ② (*entgleiten*) ■**jdm** ~ to slip [out of sb's hand [*or* fingers]]; ***mir ist die Hand ausgerutscht*** my hand slipped [*or hum* moved all by itself]

Ausrutscher <-s, -> *m* (*fam*) slip-up

Aussaat *f* ① *kein pl* (*das Säen*) ■**die** ~ [**von etw**] sowing [sth] ② (*Saat*) seed *no pl*

aus|säen *vt* ■**etw** ~ to sow sth

Aussage *f* ① *a.* JUR (*Darstellung*) statement; **eine eidliche/schriftliche** ~ a sworn/written statement; (*Zeugen~*) evidence *no pl,* testimony; **die** ~ **verweigern** *Angeklagter* to refuse to make a statement; *Zeuge* to refuse to testify [*or* give evidence]; **eine** ~ **machen** to make a statement, to testify, to give evidence; ~ **steht gegen** ~ it's one person's word against another's ② (*Tenor*) message

Aussagekraft *f kein pl* meaning[fulness]

aussagekräftig *adj* convincing

aus|sagen I. *vt* ■**etw** [**über jdn/etw**] ~ ① (*darstellen*) to say sth [about sb/sth]; JUR to give sth in evidence about sb/sth, to testify [to sb's actions/to sth] ② (*deutlich machen*) to say sth [about sb/sth]; ***was will der Dichter mit diesem Gedicht ~?*** what's the poet trying to say [*or form* convey] with this poem? II. *vi* JUR ■[**vor etw** *dat*] ~ *Zeuge* to testify [*or* give evidence] [before sth]; *Angeklagter, Beschuldigter* to make a statement [before sth]; **eidlich** [*o* **unter Eid**] ~ to give evidence under oath, to depose *form;* **mündlich/schriftlich** ~ to give evidence/to make a statement; ■**für/gegen jdn** ~ to give evidence [*or* testify] in sb's favour [*or* AM -or]/against sb

aus|sägen *vt* ■**etw** ~ to saw out sth *sep*

Aussagesatz *m* LING statement **Aussageverweigerung** *f* JUR refusal to give evidence [*or* to testify]

Aussatz <-es> *m kein pl* MED (*veraltet*) leprosy *no art;* **vom** ~ **befallen sein** to be struck by leprosy

aussätzig *adj* MED (*veraltet*) leprous *spec;* ~**e Menschen** lepers; ■~ **sein** (*liter o fig*) to be leprous *liter or spec,* to be a leper

Aussätzige(r) *f(m) dekl wie adj* (*veraltet liter o fig*) leper; **eine Kolonie für** ~ a leper colony

aus|saufen *irreg* I. *vt* ■**etw** ~ to drink up sth; **einen Eimer/Napf** ~ to empty a bucket/bowl; **einen Eimer Wasser** ~ to drink a bucket of water; (*derb*) to swill down sth *sep fam or a. pej;* ***wer hat mein Bier ausgesoffen?*** who's drunk my beer?; **eine Flasche/ein Glas** ~ to empty [*or sep fam* knock back] a bottle/glass II. *vi* (*derb*) to get it down one *fam* [*or fam!* one's neck]

aus|saugen *vt* ① (*leer saugen*) ■**etw** ~ to suck the juice out of sth, to suck sth [dry]; **ein Wunde** ~ to suck the poison out of a wound ② (*ausbeuten*) ■**jdn** ~ to drain sb dry; **ein Land bis aufs Blut** ~ to bleed a country dry [*or fam* white]

aus|schaben *vt* ① (*durch Schaben säubern*) ■**etw** ~ to scrape out sth *sep* ② MED **jdm die Gebärmutter** ~ to curette sb's womb *spec*

Ausschabung <-, -en> *f* MED curettage *spec,* curettement *spec; von Gebärmutter a.* D and C

aus|schachten I. *vt* ■**etw** ~ to excavate [*or* dig] sth; **Erde** ~ to dig up soil; **einen Brunnen** ~ to sink [*or* dig] a well II. *vi* to excavate, to dig

Ausschachtung <-, -en> *f* ① *kein pl* (*das Ausschachten*) ■**die** ~ **einer S.** *gen* the excavation of sth, digging sth; *von Brunnen* sinking [*or* digging] a well; *von Erde* digging up [*or* the excavation of] earth ② (*Baugrube*) excavation

Ausschachtungsarbeiten *pl* excavation work *no pl, no indef art*

aus|schaffen *vt* SCHWEIZ (*abschieben*) to deport

aus|schalten I. *vt* ① (*abstellen*) ■**etw** ~ to turn [*or* switch] off sth *sep* ② (*eliminieren*) ■**jdn/etw** ~ to eliminate sb/sth, to put sb out of the running II. *vr* ■**sich** [**automatisch**] ~ to switch [*or* turn] [itself] off [automatically]

Ausschaltung *f* ① (*das Abstellen*) switching [*or* turning] off ② (*Eliminierung*) elimination

Ausschank <-[e]s, -schänke> *m* ① (*Schankraum*) taproom, bar; (*Schanktisch*) bar, counter ② *kein pl* (*Getränkeausgabe*) serving of drinks; ***„~ von 9 bis 14 Uhr"*** "open from 9 AM to 2 PM"; ***„kein ~ an Jugendliche unter 16 Jahren"*** "Persons under the age of 16 will not be served 16"

Ausschankerlaubnis *f* licence BRIT, license AM

Ausschau *f* ■~ [**nach jdm/etw**] **halten** to keep an eye out [*or* a lookout] [for sb/sth]; ~**, nach Verdächtigen halten** to keep an eye out [*or* a lookout] for anything suspicious

aus|schauen *vi* ① (*geh: sich umsehen*) ■**nach jdm/etw** ~ to look [*or* be on the lookout] for sb/sth ② DIAL, SÜDD, ÖSTERR *s.* **aussehen** ③ (*fam*) ■**wie schaut's aus?** how's things [*or* it going?]? *fam;* ***wie schaut's aus, kommst du mit?*** so what do you say, are you coming along?; ***wie schaut's aus? hast du eine Chance?*** what do you think? do you have a chance?

aus|schaufeln *vt* ■**etw** ~ to dig sth; **Erde** ~ to dig out *sep* [*or* shovel] soil

aus|schäumen *vt* ■**etw** ~ to fill sth with foam; **die Wände eines Hauses** ~ to fit a house with cavity insulation

aus|scheiden *irreg* I. *vi sein* ① (*nicht weitermachen*) ■[**aus etw**] ~ to retire [from sth]; **aus einem**

Verein ~ to leave a club ② SPORT to drop out of sth; ***wer unfair kämpft, muss*** ~ whoever cheats will be disqualified; ***sie schieden im Viertelfinale aus*** they were eliminated in the quarter-final; *Rennwagen* to retire [from sth] ③ (*nicht in Betracht kommen*) to be ruled out **II.** *vt haben* ① (*aussondern*) ■ **etw** ~ to take out sth *sep;* ■ **die faulen Beeren** ~ to sort out *sep* the rotten berries; ■ **jdn** ~ to eliminate sb ② (*absondern*) ■ **etw** ~ to excrete sth; *Organ* to secrete sth

Ausscheidung <-, -en> *f* ① *kein pl* (*das Absondern*) excretion; *eines Organs* secretion; **die** ~ **von Giftstoffen** the excretion of toxic substances ② *pl* MED (*Exkremente*) excreta *form,* excrement *no pl, no indef art* ③ SPORT (*Vorkampf*) qualifying contest; FBALL qualifying round

Ausscheidungskampf *m s.* **Ausscheidung 3** **Ausscheidungsorgan** *nt* excretory organ **Ausscheidungsrunde** *f* qualifying round; FBALL *a.* qualifying match [*or* game] **Ausscheidungsspiel** *nt* qualifying match [*or* game]

aus|schenken **I.** *vt* ① (*eingießen*) ■ **jdm etw** ~ to pour sb sth ② (*servieren*) ■ **etw [an jdn]** ~ to serve sth [to sb]; *Wirt* to serve [sb] sth [*or* sth [to sb]] **II.** *vi* to serve the drinks

aus|scheren *vi sein* ① ■ **[aus etw]** ~ to pull out, to leave sth; (*ausschwenken*) to swing out; *Flugzeug* to break formation, to peel off [from sth]; *Soldat* to break rank ② (*ausschwenken, von gerader Linie abweichen*) ■ **[aus etw]** ~ to step out of line, to withdraw from [*or* pull out of] sth

aus|schicken *vt* ■ **jdn** ~ to send out sb *sep;* **einen Boten** ~ to dispatch a messenger

aus|schießen *irreg* **I.** *vt haben* ■ **[jdm] etw** ~ to shoot out *sep* [sb's] sth **II.** *vi sein* SÜDD, ÖSTERR to fade

aus|schildern *vt* ■ **etw** ~ to signpost sth; ■ **ausgeschildert sein** to be signposted

aus|schimpfen *vt* ■ **jdn [wegen etw]** ~ to berate sb [for doing sth] *form,* to tell sb off, AM *a.* to give sb hell; ■ **von jdm ausgeschimpft werden** to get told off by [*or* BRIT a telling-off from] [*or* AM hell] sb [*or* to be scolded by]; ***aber schimpf mich nicht [deswegen] aus!*** but don't go telling me off!

aus|schirren *vt* **ein Pferd** ~ to unharness a horse; (*von einer Kutsche a.*) to take out *sep* a horse; **Ochsen** ~ to unyoke the oxen

aus|schlachten *vt* ■ **etw** ~ ① (*Verwertbares ausbauen*) to cannibalize sth [for parts]; **eine Firma** ~ to break up *sep* a firm for sale; **ein Buch/Werk** ~ to get everything out of a book/work ② (*fam: ausnutzen*) to exploit [*or* capitalize on] sth

aus|schlafen *irreg* **I.** *vt* ■ **etw** ~ to sleep off sth *sep;* ***seinen Rausch*** ~ to sleep off one's drink **II.** *vi, vr* ■ **[sich]** ~ to have a good [night's] sleep; *s. a.* **ausgeschlafen**

Ausschlag[1] *m* MED rash, exanthem[a] *spec;* **[von etw]** ~ **bekommen/haben** to get/have got [*or* AM *a.* gotten] a rash from sth, to come/have come out in a rash

Ausschlag[2] *m* deflection; **[bei etw] den** ~ **geben** (*fig*) to be the decisive factor [*or* prove decisive] [for/in sth]; ***die Stimme des Vorsitzenden gibt den*** ~ the chair has the casting vote

aus|schlagen *irreg* **I.** *vt haben* ① (*ablehnen*) ■ **etw** ~ to turn down sth *sep;* (*höflicher*) to decline sth; **eine Erbschaft** ~ to disclaim [*or* waive] an estate *form;* ■ **jdm etw** ~ to refuse sb sth ② (*auskleiden*) ■ **etw mit etw** ~ to line sth with sth ③ (*her~*) ■ **jdm etw** ~ to knock out *sep* sb's sth; *Huf a.* to kick out *sep* sb's sth ④ (*löschen*) ■ **etw [mit etw]** ~ to knock out *sep* sth [with [*or* using] sth] ⑤ DIAL (*ausschütteln*) ■ **etw** ~ to shake out sth *sep* **II.** *vi* ① *haben* (*los-, zuschlagen*) ■ **[mit etw]** ~ to strike [*or* lash] out [with sth]; **mit den Füßen** ~ to kick [out]; **mit dem Ellenbogen nach hinten** ~ to hit backwards with one's elbow; **[mit den Hufen]** ~ to kick ② *sein o haben* to deflect, to be deflected; *Wünschelrute* to dip; *Metallsuchgerät* to register [metal] ③ *sein o haben* (*sprießen*) to come out, to start to bud, to burgeon [out] *liter; Bäume a.* to come [*or liter* break] into leaf ④ *haben* ■ **ausgeschlagen haben** to have finished striking [the hour] ⑤ *sein* (*ausgehen*) to turn out; ■ **für/gegen jdn** ~ to turn out well/badly for sb; **zum Guten** ~ to turn out all right; **zu jds Nachteil/Vorteil** ~ to turn out to sb's disadvantage/advantage

ausschlaggebend *adj* decisive; **die ~e Stimme** the deciding [*or* decisive] vote; ***die Stimme des Vorsitzenden ist*** ~ the chair has the casting vote; **[für jdn] von ~er Bedeutung [sein]** [to be] of prime importance [for sb]; ■ **[für jdn/etw]** ~ **sein** to be [*or* prove] decisive [for sb/sth]; ***für diese Entscheidung war ~, dass ...*** in this decision-making X was decisive

aus|schließen *vt irreg* ① (*entfernen*) ■ **jdn [aus/von etw]** ~ to exclude sb [from sth]; (*als Strafe a.*) to bar sb [from sth]; **die Öffentlichkeit [von etw]** ~ JUR to hold sth in camera; (*spec*) to exclude the public [from sth]; **ein Mitglied [aus etw]** ~ to expel a member [from sth]; (*vorübergehend*) to suspend a member [from sth]; **einen Spieler [von etw]** ~ to disqualify a player [from sth] ② (*für unmöglich halten*) ■ **etw** ~ to rule out sth *sep;* ***das eine schließt das andere nicht aus*** the one does not exclude the other, they're not mutually exclusive; ***ich will nicht ~, dass er ein Dieb ist, aber ...*** I don't want to rule out the possibility that he's a thief, but ... ③ (*aussperren*) ■ **jdn/sich [aus etw]** ~ to lock out *sep* sb/lock oneself out [of sth]

ausschließlich **I.** *adj attr* exclusive; **das ~e Recht** the sole [*or* exclusive] right **II.** *adv* exclusively; ***das ist ~ unsere Angelegenheit*** this is strictly our affair, this concerns nobody but us; ***darüber habe ~ ich zu bestimmen*** I'm the one to decide on this matter **III.** *präp +gen* excluding, exclusive of; (*geschrieben a.*) excl[.]

aus|schlüpfen *vi sein* ■ **[aus etw]** ~ to hatch out [of sth], to hatch [out]

Ausschluss^RR <-es, Ausschlüsse> *m,* **Ausschluß** <-sses, Ausschlüsse> *m* exclusion; *von Mitglied* expulsion; (*vorübergehend*) suspension; *von Spieler* disqualification; **unter** ~ **der Öffentlichkeit stattfinden** JUR to be closed to the public, to take place in camera *spec*

Ausschlusskriterium^RR *f* disqualifying criterion [*or* factor]

aus|schmücken *vt* ■ **etw [mit etw]** ~ ① (*dekorieren*) to decorate [*or liter* adorn] sth [with sth] ② (*ausgestalten*) to embellish [*or* embroider] sth [with sth]

Ausschmückung <-, -en> *f* ① (*Dekoration*) decoration, adornment *liter* ② (*das Ausgestalten*) embellishment, embroidery *no pl*

Ausschneidebogen *m* sheet of cardboard cut-outs

aus|schneiden *vt irreg* ■ **etw [aus etw]** ~ to cut out sth *sep,* to cut sth out of sth; *s. a.* **ausgeschnitten**

Ausschnitt *m* ① (*Zeitungs~*) cutting, clipping ② MATH sector ③ (*ausgeschnittener Teil*) neckline; **ein tiefer** ~ a low [*or* plunging] neckline; **jdm in den** ~ **schauen** to look down sb's dress ④ (*Teil*) ■ **der/ein** ~ **[aus etw]** the/a part of sth; **ein** ~ **[aus einem Gemälde/Foto]** a detail [of a painting/photograph]; **ein** ~ **[aus einem Roman]** an excerpt [*or* extract] [from a novel]; **ein** ~ **[aus einem Film]** a [film] clip; ***ich kenne das Buch/den Film nur in ~en*** I only know parts of the book/film

aus|schöpfen *vt* ① (*leeren*) ■ **etw [mit etw]** ~ to empty sth [with [*or* using] sth]; ■ **ausgeschöpft sein**

to be empty; **ein Boot** ~ to bale out *sep* a boat; **Suppe** ~ to ladle out *sep* soup; **Wasser** ~ to scoop out *sep* water ❷ (*vollen Gebrauch machen*) ■ **etw** [**voll**] ~ to make full use of one's sth; **seine Kompetenzen** ~ to do everything [with]in one's power; **das ganze Angebot** ~ to try out everything on offer; **die Möglichkeiten/seine Reserven** ~ to exhaust the possibilities/one's reserves; **ein Thema** ~ to go into a subject thoroughly

aus|schreiben *vt irreg* ❶ (*ungekürzt schreiben*) ■ **etw** ~ to write out sth *sep;* **seinen Namen** ~ to write out *sep* one's name in full ❷ (*ausstellen*) ■ [**jdm**] **etw** ~ to make out *sep* sth [to sb]; **ein Formular** ~ to fill in [*or* AM *a.* out] *sep* a form, to complete a form ❸ (*bekannt machen*) ■ **etw** ~ to announce sth; (*um Angebote zu erhalten*) to invite tenders for sth; **eine Stelle** ~ to advertise a post; **Wahlen** ~ to call an election, BRIT *a.* to go to the country

Ausschreibung <-, -en> *f* announcement; (*für Angebote*) invitation to tender, call for tenders; *einer Stelle* advertisement (**von** for); *von Neuwahlen* the calling of a new election; **öffentliche** ~ public invitation to tender

aus|schreiten *vi irreg sein* (*geh*) to stride out

Ausschreitung <-, -en> *f meist pl* riot[s *pl*], rioting *no pl, no indef art*

Ausschuss[RR1] <-es, Ausschüsse> *m,* **Ausschuß** <-sses, Ausschüsse> *m* committee; **einen** ~ **einsetzen** to constitute [*or* name] a committee *form;* **in einem** ~ **sitzen** to sit [*or* serve] on a committee

Ausschuss[RR2] <-es> *m,* **Ausschuß** <-sses, Ausschüsse> *m kein pl* (*fam*) rejects *pl*

Ausschuss[RR3] <-es, Ausschüsse> *m,* **Ausschuß** <-sses, Ausschüsse> *m* (*bei Schusswunde*) exit wound

Ausschussmitglied[RR] *nt* committee member

Ausschussquote[RR] *f* reject [*or* frequency] [*or* breakage] rate

Ausschusssitzung[RR] *f* committee meeting

Ausschussware[RR] *f* rejects *pl*

aus|schütteln *vt* ■ **etw** ~ to shake out sth

aus|schütten **I.** *vt* ❶ (*ausleeren*) ■ **etw** [**über jdn** [*o* **jdm**]/**etw**] ~ to empty sth [over sb/sth] ❷ (*verschütten*) ■ **etw** ~ to spill sth ❸ FIN (*auszahlen*) ■ **etw** [**an jdn**] ~ to distribute sth [to sb]; **eine Dividende** ~ to distribute [*or* pay out] a dividend **II.** *vr* (*fam*) ■ **sich vor Lachen** ~ to split one's sides laughing *fig*

Ausschüttung <-, -en> *f* FIN dividend; (*das Ausschütten*) distribution of dividends

aus|schwärmen *vi sein Bienen* to swarm out; *Soldaten* to fan out

aus|schweifen *vi sein* ❶ (*abschweifen*) to ramble on ❷ (*umherschweifen*) to run riot; ***er ließ seine Phantasie*** ~ he let his imagination run riot

ausschweifend *adj* **ein ~es Leben** a hedonistic life; **eine ~e Phantasie** a wild imagination

Ausschweifung <-, -en> *f meist pl* excess

aus|schweigen *vr irreg* ■ **sich** [**über jdn/etw**] ~ to remain silent [about sb/sth]; **sich eisern** ~ to maintain a stony silence

aus|schwemmen *vt* ❶ (*ausspülen*) ■ **etw** [**aus etw**] ~ to flush sth out [of sth] ❷ (*aushöhlen*) ■ **etw** ~ to hollow out *sep* sth

aus|schwenken **I.** *vt haben* ■ **etw** ~ ❶ (*ausspülen*) to rinse out *sep* sth ❷ (*zur Seite schwenken*) to swing sth out **II.** *vi sein* to wheel; ***die Marschkolonne schwenkte nach rechts aus*** the column wheeled to the right; ***Vorsicht, Anhänger schwenkt aus!*** Keep clear of trailer!

aus|schwitzen *vt* ❶ (*durch Schwitzen ausscheiden*) ■ **etw** ~ to sweat out *sep* sth; **eine Grippe** ~ to sweat out a bout of flu ❷ (*Feuchtigkeit absondern*) *Wände* to sweat ❸ (*durch Erhitzen Feuchtigkeit entfernen*) **Mehl** ~ to sweat flour

aus|sehen *vi irreg* to look; ***du siehst gut/gesund/schick aus*** you look great/healthy/smart; ■ ~ **wie ...** to look like ...; **es sieht gut/schlecht aus** things are looking good/not looking too good; **bei jdm sieht es gut/schlecht aus** things are looking good/not looking too good for sb; ***und wie sieht es bei euch aus?*** and how are things with you?; ***bei mir sieht es gut aus*** I'm doing fine; ***heute sieht es regnerisch aus*** it looks like rain today; **nach Schnee/Regen** ~ to look as if it is going to snow/rain; **nach etwas/nichts aussehen** to look good/not look anything special, to look/not look the part; **es sieht** [**jdm**] **danach** [*o* **so**] ~, **als ...** it looks [*or* seems] [to sb] as though ... [*or* if]; ***du siehst mir gerade danach aus!*** (*iron*) I don't think so!, I bet!; ***so siehst du*** [***gerade***] ***aus!*** (*fam*) that's what you think! *fam;* ***seh' ich so*** [*o* ***danach***] ***aus?*** what do you take me for? *fam;* **wie sieht's aus?** (*fam*) how's things? [*or* BRIT *fam a.* tricks]

Aussehen <-s> *nt kein pl* appearance; ■ **jds** ~ **nach** judging [*or* going] by sb's appearance; ■ **dem** ~ **nach** judging [*or* going] by appearances

aus|sein *irreg, Zusammenschreibung nur bei infin und pp* **I.** *vi sein* (*fam*) ❶ (*beendet sein*) to have finished; *Krieg* to have ended, to be over; *Schule* to be out ❷ (*ausgeschaltet sein*) to be [switched] off; *Feuer, Ofen, Kerze* to be out ❸ SPORT (*außerhalb des Spielfeldes*) *Ball* to be out ❹ (*es auf jdn/etw abgesehen haben*) ■ **auf jdn/etw** *akk* ~ to be after sb/sth ❺ (*ausgehen*) ■ [**mit jdm**] ~ to go out [with sb] **II.** *vi impers sein* ❶ (*vorbei sein*) ■ **es ist mit etw aus** sth is over; ***es ist aus und vorbei mit diesen Träumen*** these dreams are over once and for all ❷ (*fam: sterben*) ■ **es ist mit jdm** ~ sb has had it *sl;* ***es ist aus mit ihm*** he's finished [*or sl* had it] ❸ (*fam: beendet sein*) ■ **es ist aus** [**zwischen jdm**] it's over [between sb]; ***zwischen denen ist es aus*** they've broken up, it's over between them; ***zwischen uns ist es aus, mein Freund!*** we're finished [*or* history], mate!

außen *adv* on the outside; ~ ***an der Windschutzscheibe*** on the outside of the windscreen; ***er spielt links/rechts*** ~ he is playing on the outside left/right; ■ **nach** ~ outwards; ■ **von** ~ from the outside; ~ **vor bleiben** to be left out; ~ **vorsein** to be left out; **jdn/etw** ~ **vorlassen** to leave sb/sth out, to exclude sb/sth; **nach** ~ **hin** outwardly

Außen <-> *nt kein pl* outside

Außenansicht *f* exterior view **Außenantenne** *f* outdoor [*or* external] aerial **Außenaufnahme** *f* outdoor shot **Außenbahn** *f* SPORT outside lane **Außenbeleuchtung** *f* exterior lighting **Außenbezirk** *m* outer [*or* outlying] district **Außenbordmotor** *m* outboard [motor]

aus|senden *vt irreg* (*geh*) ❶ (*ausschicken*) ■ **jdn** ~ to send sb out ❷ (*ausstrahlen*) ■ **etw** ~ to broadcast sth

Außendienst *m* employment as a sales representative; **im** ~ **sein** [*o* **arbeiten**] to work as a sales representative [*or* in sales]; ~ **machen** to work outside the office

Außendienstmitarbeiter(in) *m(f)* sales representative

Außenhandel *m* foreign trade

Außenhandelsbeziehungen *pl* foreign trade relations **Außenhandelsbilanz** *f* balance of trade **Außenhandelspolitik** *f* foreign trade policy

Außenhaut *f* outer skin **Außenkurve** *f* outer curve, outside bend **Außenminister(in)** *m(f)* foreign minister, foreign secretary BRIT, Secretary of State AM **Außenministerium** *nt* foreign ministry, Foreign

Office BRIT, State Department AM **Außenmitarbeiter(in)** *m(f)* external employee **Außenpolitik** *f* foreign policy **außenpolitisch** I. *adj* foreign policy *attr;* ~e **Erfahrung**/~er **Erfolg** experience/success in foreign policy; ***in ~en Fragen*** in matters of foreign policy; ~er **Sprecher** foreign policy spokesman II. *adv* as regards foreign policy **Außenquartier** *nt* SCHWEIZ suburb **Außenseite** *f* outside; *Gebäude* exterior

Außenseiter(in) <-s, -> *m(f)* (*a. fig*) outsider

Außenspiegel *m* AUTO [out]side mirror **Außenstände** *pl* ÖKON debts outstanding, accounts receivable *pl* **Außenstehende(r)** *f(m) dekl wie adj* outsider **Außenstelle** *f* branch **Außenstürmer(in)** *m(f)* FBALL wing **Außentasche** *f* outside pocket **Außentemperatur** *f* outside [*or* external] temperature **Außenwand** *f* exterior [*or* outside] wall **Außenwelt** *f* outside world **Außenwinkel** *m* exterior angle **Außenwirtschaft** *f* ÖKON foreign trade

außer I. *präp +dat o gen (selten)* ❶ (*abgesehen von*) apart from, except for; ***~ dir waren alle auf dem Fest*** everone was at the party but [*or* apart from] you ❷ (*zusätzlich zu*) in addition, apart from; ***~ ihrer eigenen Arbeit mußte sie noch die seinige erledigen*** she had to do his work as well as her own ❸ (*nicht in*) out of; ~ **Betrieb/Sicht/Gefahr sein** to be out of order/sight/danger ▸ WENDUNGEN: [**über jdn/etw**] ~ **sich** *dat* **sein** to be beside oneself [about sb/sth]; *s. a.* **Reihe, geraten** II. *konj* ■ ~ **daß** except that; ■ ~ [**wenn**] except [when]

Außerachtlassung <-, -en> *f* disregard; **unter ~ der Regeln** with total disregard for the rules

außerbetrieblich *adj inv* private

außerdem *adv* besides; ***ich habe keine Zeit und ~ auch keine Lust*** I don't have time and besides [*or* anyway], I don't feel like it; ***er ist Professor und ~ noch Gutachter*** he is professor and expert besides that [*or* as well]

außerdienstlich I. *adj* private II. *adv* in private, privately

äußere(r, s) *adj* ❶ (*außerhalb gelegen*) outer; ~e **Verletzung** external injury ❷ (*von außen wahrnehmbar*) outer, exterior ❸ (*außenpolitisch*) external

Äußere(s) *nt dekl wie adj* outward appearance

außerehelich I. *adj* extramarital; **ein ~es Kind** an illegitimate child, a child born outside marriage [*or esp form* wedlock] II. *adv* illegitimately **außereuropäisch** *adj attr* non-European; ***China ist das bevölkerungsreichste ~e Land*** China is the most populated country outside of Europe **außerfahrplanmäßig** I. *adj* non-scheduled II. *adv* ***dieser Bus verkehrt nur ~*** this bus runs a non-scheduled service **außergerichtlich** I. *adj* out of court *attr* II. *adv* out of court **außergewöhnlich** I. *adj* unusual; **eine ~e Leistung** an extraordinary achievement; **ein ~er Mensch** a remarkable [*or* an extraordinary] person; **einer ~en Belastung ausgesetzt sein** to be under extreme pressure; ■ **etwas A~es** something unusual [*or* out of the ordinary]; **etw ~ Gutes** something extraordinary II. *adv* extremely

außerhalb I. *adv* outside; ~ **der Stadt** outside the town, out of town; ~ **stehen** to be on the outside; **nach ~** outside [*or* out] of town; **von ~** from out of town II. *präp +gen* ❶ (*räumlich entfernt*) outside; ~ **der Stadt** outside the town ❷ (*zeitlich entfernt*) ~ **der Sprechstunde** outside [of] surgery/visting, etc. hours ❸ (*jenseits*) outside; ~ **meiner Kompetenz** outside my competence; ~ **der Legalität** outside the law

außerirdisch *adj* extraterrestrial; ■ **A~e** extraterrestrials, aliens

Außerkraftsetzung <-, -en> *f* (*geh*) repeal *form*

äußerlich *adj* ❶ (*außen befindlich*) external; **nur zur ~en Anwendung!** MED, PHARM [for] external use only ❷ (*oberflächlich*) superficial; [**rein**] ~ **betrachtet** on the face of it

Äußerlichkeit <-, -en> *f* ❶ (*Oberflächlichkeit*) superficiality; (*Formalität*) formality ❷ *pl* (*oberflächliche Details*) trivialities *pl*

äußerln *vt, vi nur infin* ÖSTERR ■ **einen Hund ~** [**führen**] to take a dog for a walk

äußern I. *vr* ❶ (*Stellung nehmen*) ■ **sich** [**zu etw**] ~ to say something [about sth], to comment [on sth]; ***ich will mich vorerst nicht dazu ~*** I don't want to make any comment at this stage; **sich über jdn/etw** *akk* **abfällig ~** to make disparaging comments about [*or* of] sb/sth ❷ (*sich manifestieren*) ■ **sich** [**irgendwie**] ~ to manifest itself [somehow] II. *vt* (*sagen*) ■ **etw ~** to say sth; (*zum Ausdruck bringen*) to utter [*or* voice] [*or* express] sth; **eine Kritik ~** to voice a criticism; **einen Wunsch ~** to express a wish

außerordentlich I. *adj* ❶ (*ungewöhnlich, bemerkenswert*) extraordinary, exceptional ❷ (*nicht turnusgemäß*) extraordinary; **ein ~er Professor** associate professor; **eine ~ Sitzung** an extraordinary meeting II. *adv* extraordinarily, remarkably, exceptionally

außerorts *adv* SCHWEIZ, ÖSTERR out of town **außerparlamentarisch** *adj* extraparliamentary **außerplanmäßig** *adj* unscheduled; ~e **Ausgaben/Kosten** non-budgetary [*or* additional] expenses/costs **außerschulisch** *adj* extracurricular **außersinnlich** *adj* extrasensory; ~ **Wahrnehmung** extrasensory perception

äußerst *adv* extremely

außerstande *adj* (*nicht in der Lage*) ■ ~, **etw zu tun** unable [*or* not in a position] to do sth; ■ **zu etw ~ sein,** ■ ~ **sein, etw zu tun** to be unable to do sth, to be incapable of doing sth; **sich ~ erklären/sehen, etw zu tun** to find oneself unable to do sth

äußerste(r, s) *adj* ❶ (*entfernteste*) outermost; **am ~n Ende der Welt** at the farthest point of the globe; **der ~ Norden/Süden** the extreme north/south ❷ (*späteste*) latest possible; **der ~ Termin** the latest possible time/date ❸ (*höchste*) utmost; **von ~r Dringlichkeit** extremely urgent; **von ~r Wichtigkeit** of supreme [*or* the utmost] importance; **der ~ Preis** the last price; ***sie wehrte sich mit ~r Kraft*** she defended herself with all her strength

Äußerste(s) *nt dekl wie adj* **auf das ~ gefasst sein** to be prepared for the worst; **bis zum ~n gehen** to go to any extreme; **sein ~s geben** to give one's all; **das ~ wagen** to go to all extremes

äußerstenfalls *adv* at the most, at best

außertariflich *adj inv* non-union

außertourlich [-tuːɐ-] I. *adj* ÖSTERR, SÜDD unscheduled II. *adv* ÖSTERR, SÜDD in addition

Äußerung <-, -en> *f* ❶ (*Bemerkung*) comment, remark ❷ (*Zeichen*) expression, sign

außeruniversitär *adj inv* SCI, SCH *Forschung, Veranstaltung, Weiterbildung* not university related

aus|setzen I. *vt* ❶ (*im Stich lassen*) ■ **jdn/ein Tier ~** to abandon sb/an animal ❷ (*ins Freie herausbringen*) **Pflanzen ~** to plant out plants; **Wild/Fische ~** to release game/fish ❸ NAUT **Boote ~** to lower boats [to water]; **Passagiere ~** to maroon passengers ❹ (*preisgeben*) ■ **jdn/etw einer S.** *dat* ~ to expose sb/sth to sth; ■ **sich einer S.** *dat* ~ to expose oneself to sth; **jdn der Kritik aussetzen** to subject sb to criticism ❺ (*festsetzen*) ■ **jdm etw ~** to offer sb sth; **einen Preis auf jds Kopf ~** to put a price on sb's head ❻ (*vermachen*) ■ **jdm etw ~** to bequeath [*or* leave] sth to sb ❼ (*unterbrechen*) to interrupt; **einen Prozeß ~** to adjourn a trial; **Rückzahlung/Zinsen ~** to defer payment/interest ❽ (*vertagen*) ■ **etw ~** to suspend sth ❾ (*bemängeln*) ■ **an etw** *dat* **ist etwas/nichts auszusetzen** there is something/nothing wrong with [*or* objectionable about] sth; ■ **[an jdm/etw] etwas/nichts auszusetzen haben** to find fault/not find any fault [with sb/sth] **II.** *vi* ❶ (*aufhören*) ■ **[bei etw]** ~ to take a break [from sth]; (*bei Spiel*) to sit [sth] out; **eine Runde aussetzen** to miss a turn ❷ (*versagen*) to stop; *Motor* to fail; **bei jdm setzt die Atmung/das Herz aus** sb's breathing/heart stops ❸ (*unterbrechen*) ■ **mit etw** ~ to interrupt sth; **mit der Pille** ~ to stop taking the pill; **ohne auszusetzen** nonstop, without a break **III.** *vi impers* (*fam: ausrasten*) ■ **es setzt [bei jdm] aus** sth snaps [in sb]; ***auf einmal setzte es bei ihm aus*** all of a sudden he snapped

Aussetzer <-s, -> *m* TECH (*fam*) *abrupt failure of a machine or one of its functions during operation*

Aussetzung <-, -en> *f* ❶ (*das Aussetzen*) *Kind, Haustiere* abandonment; *Pflanzen* planting out; *Fische, Wild* releasing; *Boote* lowering; *Passagiere* marooning ❷ (*in Aussicht stellen*) *Belohnung, Preis, Erbteil* offer ❸ JUR (*Unterbrechung*) adjournment; *einer Rückzahlung, der Zinsen* deferment ❹ JUR (*Vertagung*) suspension

Aussicht *f* ❶ (*Blick*) view; ■ **die ~ auf etw** *akk* the view overlooking [*or* of] sth ❷ (*Chance*) prospect, chance; ■ **die ~ auf etw** *akk* the chance of sth; **große ~en auf etw haben** *akk* to have every prospect [*or* chance] of sth; **gute ~en auf etw haben** *akk* to have good prospects of sth; **keine** [*o* **nicht die geringsten**] **~en [auf etw** *akk*] **haben** to have no [*or* not the slightest] chance [of sth]; **etw in ~ haben** to have good prospects of sth; **jdm etw in ~ stellen** to promise sb sth; **das sind ja schöne ~en!** (*iron fam*) what a prospect!

aussichtslos *adj* hopeless; ■ **[so gut wie] ~ sein** to be [absolutely] hopeless

Aussichtslosigkeit <-> *f kein pl* hopelessness, desperation

Aussichtspunkt *m* viewpoint **aussichtsreich** *adj* promising; **eine ~ Stelle** a job with good prospects **Aussichtsturm** *m* lookout tower

aus|sieben *vt* ❶ (*mit Sieb entfernen*) ■ **etw [mit etw] [aus etw]** ~ to strain sth [out of sth] [with sth] ❷ (*aussondern*) ■ **jdn [aus etw]** ~ to sift sb [out of sth]

aus|siedeln *vt* ■ **jdn** ~ to evacuate [*or* resettle] sb

Aussiedler(in) *m(f)* emigrant; (*Evakuierter*) evacuee

aus|sitzen *vt* ■ **etw** ~ to sit sth out

aus|söhnen **I.** *vt* ■ **jdn mit jdm/etw** ~ to reconcile sb with sb/to sth **II.** *vr* ■ **sich mit jdm/etw** ~ to become reconciled with sb/to sth; ■ **sich** ~ to make up

Aussöhnung <-, -en> *f* ■ ~ **[mit jdm]** reconciliation [with sb]

aus|sondern *vt* to select; **Schlechtes** ~ to sift [*or* flush] out the bad ones [*or* bits]; **den besten Kandidaten** ~ to single out the best candidate

Aussonderung <-, -en> *f* selection, picking out *no pl; von Bewerbern* singling out; ***die Vorstellungsgespräche dienten der ~ des besten Kandidaten*** the interviews served to single out the best candidate

aus|sorgen *vi* ■ **ausgesorgt haben** to be set up for life *fam*

aus|sortieren* *vt* ■ **etw** ~ to sort sth out

aus|spähen **I.** *vi* ■ **[nach jdm/etw]** ~ to look out [for sb/sth] **II.** *vt* ■ **jdn/etw** ~ to spy sb/sth out

aus|spannen **I.** *vi* to relax, to have a break **II.** *vt* ❶ ■ **etw [aus etw]** ~ to unharness [*or* unhitch] sth [from sth]; **einen Ochs** ~ to unyoke an ox ❷ (*ausbreiten*) ■ **etw** ~ to spread sth out; **ein Seil/eine Leine** ~ to put up a rope/line ❸ (*herausdrehen*) ■ **etw [aus etw]** ~ to take sth out [of sth]; **den Bogen aus der Schreibmaschine** ~ to take the paper out of the typewriter ❹ (*fam: abspenstig machen*) **jdm die Freundin/den Freund** ~ to pinch [*or* steal] sb's girlfriend/boyfriend ❺ (*fam: sich ausborgen*) ■ **jdm etw** ~ to do sb out of sth *fam*

Ausspannung <-> *f kein pl* relaxation *no pl*

aus|sparen *vt* ❶ (*nicht einbeziehen*) ■ **etw [bei etw]** ~ to avoid sth [in sth] ❷ (*ausnehmen*) ■ **etw [bei etw]** ~ to omit sth [in sth] ❸ (*verschonen*) ■ **jdn** ~ to spare sb ❹ (*unbeschriftet lassen*) ■ **etw** ~ to leave sth blank

Aussparung <-, -en> *f* (*Lücke*) gap; (*Auslassung*) omission

aus|speien *irreg* **I.** *vt* (*geh*) ❶ (*ausstoßen*) ■ **etw** ~ to disgorge sth, to bring up *sep* sth ❷ (*ausspucken*) ■ **etw** ~ to spit out *sep* sth; (*fig*) to spew out *sep* sth **II.** *vi* (*geh*) to spit out

aus|sperren *vt* ■ **jdn [aus etw]** ~ to lock sb out [of sth]; ■ **sich [aus etw]** ~ to lock oneself out [of sth]

Aussperrung <-, -en> *f* ÖKON lockout; **jdm mit ~ drohen** to threaten sb with a lockout, to threaten to lock out sb

aus|spielen **I.** *vt* ❶ KARTEN ■ **etw** ~ to play sth ❷ (*als Preis aussetzen*) *Lotterie* ■ **etw** ~ to pay out sth ❸ (*wechselseitig einsetzen*) to use, to apply; ■ **etw [gegen jdn]** ~ to play sth off [against sb], to use sth [against sb]; ■ **jdn gegen jdn** ~ to play sb off against sb **II.** *vi* ❶ KARTEN (*das Spiel eröffnen*) to lead; (*Karte ablegen*) to play a card; **einen Trumpf** ~ to play a trump [card] ❷ (*verspielen*) ■ **[bei jdm] [als etw] ausgespielt haben** to have had it [with sb] [as sth]; ***bei mir hast du endgültig ausgespielt!*** you've had it as far as I am concerned!, I'm through with you! *fam*

Ausspielung <-, -en> *f* draw

aus|spinnen *vt irreg* ■ **etw** ~ to spin [*or* draw] sth out

aus|spionieren* *vt* ❶ (*als Spion durchsuchen*) ■ **etw** ~ to spy into sth, to spy sth out ❷ (*ausfindig machen*) ■ **jdn/etw** ~ to spy sb/sth out

Aussprache *f* ❶ (*Akzent*) pronunciation, accent; (*Art des Artikulierens*) articulation; **eine feuchte ~ haben** to splutter when one speaks ❷ (*Unterredung*) talk, discussion

Ausspracheangabe *f* phonetic transcription **Aussprachewörterbuch** *nt* phonetic dictionary, dictionary of pronunciation

aussprechbar *adj* ■ **[für jdn] nicht/schwer ~ sein** to be unpronouncable/difficult to pronounce [for sb]; ■ **[für jdn] kaum ~ sein** to be barely prounoucable [for sb]

aus|sprechen *irreg* **I.** *vt* ❶ (*artikulieren*) ■ **etw** ~ to pronounce sth; ***wie spricht man das [Wort] aus?*** how do you pronounce [*or* say] that [word]? ❷ (*äußern*) ■ **etw** ~ to express sth; ***kaum hatte er den Satz ausgesprochen, ...*** he had barely finished the sentence ...; **ein Lob** ~ to give a word of praise; **eine Warnung** ~ to issue [*or* give] a warning; **einen Zweifel [an etw]** ~ to express doubts [in sth] ❸ (*ausdrücken*) ■ **jdm etw** ~ to express sth to sb; ***das Parlament sprach der Regierung das Vertrauen aus*** parliament passed a vote of confidence in the government ❹ JUR **eine Scheidung** ~ to grant a divorce; **eine Strafe** ~ to give out a punishment; **ein Urteil** ~ to pronounce [a] sentence **II.** *vr* ■ **sich** ~ ❶ (*sein Herz ausschütten*) to talk things over, to have a talk, to say what's on one's mind ❷ (*Stellung nehmen*) to voice one's opinion; ■ **sich für/gegen jdn/etw** ~ to voice ones support for/opposition against sb/sth ❸ (*sich äußern*) to speak one's mind; **sich anerkennend/lobend über jdn/etw** ~ to speak highly about sb/sth ❹ LING to be pronounced; ***dieses Wort spricht sich leicht/schwer aus*** this word is easy/difficult to pronounce; ***wie spricht sich der Name aus?*** how do you pronounce the name? **III.** *vi* to finish [speaking]; ***haben Sie jetzt endlich ausgesprochen?*** have you quite finished?; *s. a.* **ausgesprochen**

Ausspruch *m* remark; (*geflügeltes Wort*) saying

aus|spucken I. *vt* ❶ (*ausspeien*) ■**etw** ~ to spit sth out ❷ (*fam: auswerfen*) ■**etw** ~ to spew sth out *fam;* (*herausgeben*) to cough up *sep* sth; ***los, spuck das Geld endlich 'raus!*** come on, cough up the money! *fam* ❸ (*fam: gestehen*) ■[**etw**] ~ to spit [sth] out **II.** *vi* ■[**vor jdm/etw**] ~ to spit [at sb/sth]

aus|spülen *vt* ■**etw** ~ to wash sth out, to rinse sth; ■[**sich** *dat*] **etw** ~ to wash out [one's] sth, to rinse [one's] sth; **etw kräftig** ~ to flush out sth

Ausspülung *f* washing out *no pl,* rinse; GEOL erosion

aus|staffieren* *vt* (*fam*) ❶ (*ausstatten*) ■**etw** [**mit etw**] ~ to fit sth out [with sth], to equip sth [with sth] ❷ (*einkleiden*) ■**jdn** [**mit etw**] ~ to rig [*or esp* BRIT kit] sb out [in sth]

Ausstand *m* ❶ (*Streik*) **im** ~ **sein** to be on strike; **in den** ~ **treten** to go on strike, BRIT *a.* to take industrial action ❷ SCHWEIZ, ÖSTERR, SÜDD (*Ausscheiden aus Stelle o Schule*) going away *no pl,* leaving BRIT *no pl;* **seinen** ~ **geben** to hold a going-away [*or* BRIT leaving] party

ausständig *adj* FIN, ÖKON outstanding

aus|stanzen *vt* ■**etw** [**aus etw**] ~ to stamp [*or* punch] sth out [of sth]; **ein Loch** ~ to punch a hole; **Münzen** ~ to mint coins

aus|statten *vt* ❶ (*versorgen*) ■**jdn** [**mit etw**] ~ to equip sb [with sth], to provide sb [with sth] ❷ JUR ■**jdn mit etw** ~ to vest sb with sth, to provide [*or* furnish] sb with sth ❸ (*einrichten*) ■**etw** [**mit etw**] ~ to furnish sth [with sth] ❹ (*versehen*) ■**etw** [**mit etw**] ~ to equip sth with sth; ***der Bildband ist gut ausgestattet*** the book is well illustrated; *Auto;* ***dieses Modell ist serienmäßig mit elektrischen Fenstern ausgestattet*** this model has electric windows as a standard fitting

Ausstatter(in) <-s, -> *m(f)* FILM, TV, THEAT (*Kostüm*) wardrobe supervisor; (*Szenenbildner*) set designer; ~***in: Heike Busch*** wardrobe/set design by Heike Busch

Ausstattung <-, -en> *f* ❶ *kein pl* (*Ausrüstung*) equipment; (*das Ausrüsten*) equipping *no pl,* provision, fitting-out *no pl* ❷ *kein pl* ■**jds** ~ **mit etw** the vesting of sb with sth ❸ (*Einrichtung*) furnishings *pl;* ***das Haus hatte eine sehr luxuriöse*** ~ the house was luxuriously furnished ❹ (*Aufmachung*) features *pl,* fittings *pl*

aus|stechen *vt irreg* ❶ (*entfernen, herausnehmen*) **jdm das Auge** ~ to poke [*or* gouge] sb's eye out; **Plätzchen** ~ to cut out biscuits; **Torf** ~ to cut peat [*or* turf]; **Unkraut** ~ to dig out weeds ❷ (*fam: übertreffen und verdrängen*) ■**jdn** ~ to outdo sb; ■**jdn bei jdm** ~ to push sb out of sb's favour; ***mit dieser Leistung stach er alle Konkurrenten aus*** this performance outstripped that of all his competitors

Ausstechform *f* KOCHK cutter

aus|stehen *irreg* **I.** *vt* ❶ (*ertragen*) ■**etw** ~ to endure sth; **jdn/etw nicht** ~ **können** to not be able to stand *fam* [*or* tolerate] sb/sth ❷ (*durchmachen*) ■**mit jdm/etw etwas/viel** ~ to go through something/a lot with sth; ***ich habe nun wirklich genug ausgestanden!*** I've really been through enough!; **mit jdm/etw viel/etwas auszustehen haben** to have to put up with a lot/something with sb/sth; **ausgestanden sein** (*vorbei sein*) to be all over [and done with] **II.** *vi* ■[**noch**] ~ ❶ (*noch nicht da sein*) to be due; ***die Antwort steht seit 5 Wochen aus*** the reply has been due for 5 weeks; ***die Sendung/das Paket steht immer noch aus*** the letter/package has still not been delivered; (*noch zu erwarten sein*) to be still expected [*or* awaited] ❷ ÖKON, FIN to be owing [*or* outstanding]; ■~**d** outstanding

aus|steigen *vi irreg sein* ❶ ■[**aus etw**] ~ to get off [sth]; **aus einem Auto** ~ to get out of a car; ***du kannst mich dort*** ~ ***lassen*** you can let me out over there; ***„Endstation, alles ~!"*** "Last stop, all change!" ❷ (*aufgeben*) ■[**aus etw**] ~ to drop out [of sth], to quit *fam* [sth]; SPORT to retire [*or* withdraw] [from sth]; (*sich zurückziehen*) to withdraw [from sth]; **aus der Gesellschaft** ~ to drop [*or* opt] out of society

Aussteiger(in) <-s, -> *m(f)* (*aus Gesellschaft, Beruf, Studium*) dropout *esp pej,* BRIT *a.* downshifter; (*aus Terroristenkreisen*) deserter, apostate

aus|stellen I. *vt* ❶ (*zur Schau stellen*) ■**etw** ~ to display sth; (*auf Messe, in Museum*) to exhibit sth ❷ (*ausschreiben*) ■[**jdm**] **etw** ~ to write [out *sep*] [sb] sth, to make out *sep* sth [for sb]; [**jdm**] **eine Rechnung** ~ to issue [sb] an invoice; (*ausfertigen*) to issue [sb] sth; ■**etw auf jdn** ~ to make out sth to sb [*or* in sb's name]; ***Stellen Sie bitte die Rechnung aus*** Please write me [out] the bill; ***sie ließ sich einen Scheck/die Bescheinigung*** ~ she had a cheque/the certificate made out in her name ❸ (*ausschalten*) ■**etw** ~ to switch off *sep* sth; **die Heizung** ~ to turn off *sep* the heating [*or* AM the heat] **II.** *vi* ÖKON (*sich an einer Ausstellung beteiligen*) to exhibit

Aussteller(in) <-s, -> *m(f)* ❶ (*auf Messe*) exhibitor ❷ FIN (*ausstellender Kontoinhaber*) *Scheck* drawer; ADMIN (*ausstellende Behörde o. Stelle*) issuer

Ausstellfenster *nt* AUTO quarterlight

Ausstellung *f* ❶ (*Kunst~, Messe*) exhibition ❷ *kein pl* (*das Ausschreiben*) *Scheck* making out; *Rezept, Rechnung* writing out, issuing; ***die*** ~ ***der Rechnung erfolgt innerhalb von zwei Werktagen*** an invoice will be issued withing two working days; (*Ausfertigung*) issue, issuing

Ausstellungsdatum *nt* date of issue **Ausstellungsfläche** *f* ÖKON exhibition area **Ausstellungsgelände** *nt* exhibition site [*or* area] **Ausstellungskatalog** *m* exhibition catalogue **Ausstellungsmacher(in)** *m(f)* exhibition organizer **Ausstellungsstück** *nt* display model; (*in Ausstellung*) exhibit **Ausstellungstag** *m* day of issue

aus|sterben *vi irreg sein* to die out; *Geschlecht, Spezies* to become extinct

Aussterben *nt* extinction; **im** ~ **begriffen** dying out

Aussteuer <-, -n> *f* dowry

Ausstieg <-[e]s, -e> *m* ❶ *kein pl* (*das Aussteigen*) ■**der** ~ **aus etw** *Bus, Zug etc.* getting off sth; *Auto* getting out of sth; *Höhle* climbing out of sth ❷ (*Öffnung zum Aussteigen*) exit ❸ (*das Aufgeben*) ■**der** ~ **aus etw** abandoning sth; **der** ~ **aus der Kernenergie** abandoning [of] nuclear energy

Ausstiegsklausel *f* JUR opt-out clause

aus|stopfen *vt* ■**etw** ~ to stuff sth; **eine Ritze** [**mit etw**] ~ to fill a crack [with sth]

Ausstoß *m* ❶ (*Produktion*) output, production; ■**der** ~ **von/an etw** the output [*or* production] of sth ❷ (*Ausschluß*) expulsion ❸ (*Emission*) emission

aus|stoßen *vt irreg* ❶ (*hervorbringen*) ■**etw** [**in etw** *akk*] ~ to eject sth [into sth]; **Gase** ~ to emit [*or* give off] gases ❷ (*von sich geben*) **einen Seufzer** ~ to utter a sigh; **einen Schrei** ~ to give [out] a shout, to shout out; **Laute** ~ to make noises ❸ (*herausstoßen*) ■**etw** [**aus etw**] ~ to expel sth [from sth] ❹ (*verlieren lassen*) ■**sich** *dat* **etw** ~ to put out [*or* knock out] one's sth; ■**jdm einen Zahn** ~ to knock out sb's tooth; **jdm ein Auge** ~ to poke out sb's eye ❺ (*ausschließen*) ■**jdn** [**aus etw**] ~ to expel [*or* banish] sb [from sth]; *s. a.* **Ausgestoßene(r)** ❻ (*produzieren*) ■**etw** ~ to turn out sth, to produce sth

Ausstoßung <-> *f kein pl* ■**die** ~ **aus etw** expulsion from sth; (*aus der Gemeinschaft/dem Stam/etc.m*) banishment [*or* exclusion] from sth

aus|strahlen I. *vt haben* ① (*abstrahlen*) ■**etw** ~ to radiate sth; **Licht/Wärme** ~ to give off light/heat; **Radioaktivität** ~ to emit [*or* generate] radioactivity ② RADIO, TV (*senden*) ■**etw** ~ to transmit [*or* broadcast] sth ③ (*verbreiten*) ■**etw** ~ to radiate [*or* exude] sth; ***er strahlt eine wohltuende Ruhe aus*** he exudes a pleasant sense of calm II. *vi sein* ① (*abstrahlen*) ■ [**von etw**] ~ to radiate; *bes Licht, Wärme* to be given off; *Radioaktivität* to be emitted [*or* generated] ② (*sich ausdehnen*) ■**in etw** *akk* ~ *Schmerz* to extend to sth ③ (*übergehen*) ■**auf jdn/etw** ~ to spread out to sb/th

Ausstrahlung *f* ① (*besondere Wirkung*) radiance; **eine besondere** ~ **haben** to have a special charisma ② RADIO, TV broadcast[ing], transmission

Ausstrahlungstermin *m* TV broadcasting date

aus|strecken I. *vt* ■**etw** [**nach jdm/etw**] ~ to extend sth [to sb/sth]; **seine Fühler** ~ to put out one's antennae; (*fig*) to make enquiries; **die Hände/Beine** ~ to stretch [*or* put] out ones hands/legs II. *vr* (*sich räkeln*) ■**sich** ~ to stretch oneself out, to have a stretch

aus|streichen *vt irreg* ① (*durch Streichen ungültig machen*) ■**etw** ~ to cross out *sep* sth ② (*glätten*) ■**etw** ~ to smooth out *sep* sth ③ KOCHK ■**etw** [**mit etw**] ~ to grease sth [with sth] ④ (*ausschmieren*) ■**etw** [**mit etw**] ~ to smooth over sth [with sth], to fill sth [with sth]

aus|streuen *vt* ① (*verstreuen*) ■**etw** ~ to scatter sth; ■**etw mit etw** ~ to scatter [*or* cover] sth with sth ② (*verbreiten*) ■**etw** ~ to scatter [*or* spread] sth ③ KOCHK **etw** [**mit etw**] ~ to grease and line [with sth]

aus|strömen I. *vi sein* ① (*herausfließen*) ■ [**aus etw**] ~ to stream [*or* pour] [out of sth]; (*entweichen*) *Dampf, Gas* to escape [*or* leak] [from sth] ② (*ausgehen*) ■**von etw** ~ to be given off from sth, to be emitted from sth; ***von diesen Blüten strömt ein süßlicher Duft aus*** these blossoms are giving off [*or* emitting] a sweet smell ③ (*ausstrahlen*) ■**von etw** ~ *Hitze, Wärme* to radiate from sth; ■**von jdm** ~ *Heiterkeit, Ruhe, Zufriedenheit* to radiate [*or* exude] from sb II. *vt haben* ① (*austreten lassen*) ■**etw** ~ to give off sth ② (*verbreiten*) ■**etw** ~ to radiate sth

aus|suchen *vt* (*auswählen*) ■ [**jdm** [*o* **für jdn**]] **etw** ~ to choose [*or* pick [out]] [*or* select] sth [for sb]; ■**jdn** [**für/zu etw**] ~ to choose sb [for sth]; ■ [**sich** *dat*] **etw** ~ to choose [*or* pick] sth; ■ [**sich** *dat*] **jdn** ~ to pick [*or* select] sb; *s. a.* **ausgesucht**

Austausch *m* exchange; (*Ideenaustausch*) exchange of ideas; **im** ~ **für** [*o* **gegen**] **etw** in exchange for sth

austauschbar *adj* interchangeable, exchangeable; *abgenutzte o defekte Teile* replaceable; ■~ **sein** *Mensch* to be replaceable

aus|tauschen I. *vt* ① (*ersetzen*) ■ [**jdm**] **etw** [**gegen etw**] ~ to replace sth [with sth] [for sb] ② POL ■**jdn/etw** ~ to exchange sb/sth; ***die Gegner tauschten Gefangene aus*** the enemies exchanged prisoners ③ (*miteinander wechseln*) ■**etw** ~ *Erfahrungen* ~ to exchange [*or* swap] experiences II. *vr* (*über jdn/etw sprechen*) ■**sich** [**über jdn/etw**] ~ to exchange stories [about sb/sth]

Austauschmotor *m* replacement [*or* refurbished] engine **Austauschschüler/-student(in)** *m(f)* exchange pupil/student

aus|teilen *vt* ■**etw** [**an jdn**] ~ to distribute sth [*or* hand out *sep* sth] [to sb]; **das Abendmahl/Sakrament** ~ to administer [*or* give] communion; **Befehle** ~ to issue commands; **Essen** [**an jdn**] ~ to serve food [to sb]; **Karten** [**an jdn**] ~ to deal [out] [the] cards [to sb]; **den Segen** ~ (*a fig*) to give [*or* pronounce] a blessing

Austeilung *f* distribution, handing out; *Essen* serving; REL administering, administration

Auster <-, -n> *f* oyster

Austernbank *f* oyster bank [*or* bed] **Austernbrecher** <-s, -> *m* oyster opener **Austernfischer** *m* ORN oyster catcher **Austerngabel** *f* oyster fork **Austernmesser** *nt* oyster knife **Austernöffner** *m s.* Austernbrecher **Austernpilz** *m* Chinese [*or* oyster] mushroom **Austernschale** *f* oyster shell

aus|tilgen *vt* (*geh*) ① (*vernichten*) ■**jdn/etw** ~ to annihilate sb/sth; **Unkraut/Ungeziefer** ~ to exterminate [*or* eradicate] weeds/pests ② (*auslöschen*) ■**etw** ~ to extinguish sth; **die Erinnerung an etw** ~ to obliterate the memory of sth

aus|toben I. *vt* ■**etw an jdm** ~ to let sth out on sb II. *vr* ■**sich** ~ ① (*sich abregen*) to let off steam; (*sich müde toben*) to romp around [*or* about]; (*ein wildes Leben führen*) to sow one's wild oats *fam!*; (*seine Neigungen ausleben*) to let one's hair down ② *Orkan* to die down

aus|tragen *vt irreg* ① (*zu Fuß zustellen*) ■**etw** ~ to deliver sth ② (*stattfinden lassen*) ■**etw** ~ to hold sth; **einen Streit mit jdm** ~ to have it out with sb ③ (*streichen*) ■**etw** [**aus etw**] ~ to take out sth [from sth]; **einen Namen aus einer Liste** ~ to take a name off a list, to cross a name out on a list ④ (*bis zur Geburt behalten*) ■**jdn/ein Tier** ~ to carry sb/an animal to the full term

Austräger(in) *m(f)* [news]paper man/woman/boy

Austragung <-, -en> *f* holding

Austragungsort *m* venue

Australien <-s> *nt* Australia; *s. a.* **Deutschland**

Australier(in) <-s, -> *m(f)* Australian; *s. a.* **Deutsche(r)**

australisch *adj* Australian; *s. a.* **deutsch**

aus|träumen *vi* ■ [**noch nicht**] **ausgeträumt haben** to have not stopped dreaming [yet]; ■**ausgeträumt sein** to be over; ***ihr Traum von einem schönen Urlaub war ausgeträumt*** her dream of a nice holiday was over

aus|treiben *irreg* I. *vt* ① REL (*vertreiben*) ■ [**jdm**] **jdn** ~ to exorcise sb [in sb], to drive out sb [in sb] ② (*rücksichtlos abgewöhnen*) ■**jdm etw** ~ to knock sth out of sb *fam* ③ AGR ■**etw** ~ to drive sth out; **das Vieh** ~ to drive out the cattle II. *vi* BOT to sprout

Austreibung <-, -en> *f* REL exorcism

aus|treten *irreg* I. *vi sein* ① (*herausdringen*) ■ [**aus etw**] ~ to come out [of sth]; *Blut, Eiter etc. a.* to issue [from sth]; *Öl* to leak [from sth]; (*entweichen*) *Gas* to escape [from sth] ② (*fam: zur Toilette gehen*) to go to the loo BRIT *fam* [*or* AM bathroom] ③ (*ausscheiden*) ■ [**aus etw**] ~ to leave [sth], to resign II. *vt haben* ■**etw** ~ ① (*auslöschen*) to stamp sth out ② (*durch Tragen ausweiten*) to wear sth out ③ (*abnutzen*) ■**etw** ~ to wear sth down; ■**ausgetreten** worn [down]

aus|tricksen *vt* (*fam*) ■**jdn** ~ to trick sb

aus|trinken *irreg* I. *vt* ■**etw** ~ to finish sth II. *vi* to drink up, to finish one's drink

Austritt *m* ① *kein pl* (*das Herauskommen*) issue; *Flüssigkeit* leakage; ***der Schaden wurde durch den ~ der Bremsflüssigkeit verursacht*** the damage was caused by the brake fluid leaking; (*das Entweichen*) *Gas, Radioaktivität* escape; *Geschoß* exit ② (*das Ausscheiden*) ■~ **aus etw** departure [*or* resignation] *esp form* from sth

Austrittserklärung *f* notice of resignation

aus|trocknen I. *vi sein* to dry out; *Brot, Fluß, Käse, Kuchen* to dry up; *Haut* to dehydrate, to become dry; *Kehle* to become parched II. *vt* ① *haben* (*trockenlegen*) ■**etw** ~ to dry out sth ② (*trocken machen*) ■**etw** ~ to dehydrate sth; **die Kehle** ~ to make the

throat parched
aus|trompeten* *vt* (*fam*) ■ **etw** ~ to broadcast sth *fam*
aus|tüfteln *vt* (*fam: geschickt ausarbeiten*) ■ **etw** ~ to work sth out, to figure out sth *fam;* (*sich ausdenken*) to think up sth
aus|üben *vt* ① (*praktizieren*) ■ **etw** ~ **einen Beruf** ~ to practise [*or* AM -ice] a profession; **ein Amt** ~ to hold office; **eine Aufgabe/Funktion** ~ to perform a task/a function; **Macht/ein Recht** ~ to exercise power/a right ② (*wirken lassen*) **Druck/einen Einfluß** [**auf jdn**] ~ to exert pressure/an influence [on sb]; **eine Wirkung** ~ [**auf jdn**] to have an effect [on sb]
Ausübung *f kein pl* ① (*das Praktizieren*) practising [*or* AM -ic-] *no pl;* (*das Innehaben*) *Amt* holding *no pl,* carrying out *no pl; Aufgabe, Funktion* performing *no pl;* **in** ~ **eines Berufes** (*geh*) in the pursuance of a profession *form;* **in** ~ **einer Pflicht** (*geh*) in the execution of a duty *form;* **in** ~ **eines Amtes** (*geh*) in the line of duty ② (*die Entfaltung einer Wirkung*) exertion ③ (*das Verwalten*) exercise
aus|ufern *vi sein* to escalate, to get out of hand; ■ [**zu etw**] ~ to escalate [into sth]
Ausverkauf *m* ① ÖKON (*Räumung des Lagers*) clearance sale; ***„~ wegen Geschäftsaufgabe"*** "Closing-down sale" ② (*pej: Verrat*) sell-out
aus|verkaufen* *vt* ■ **etw ausverkauft haben** to have sold out of sth
ausverkauft *adj* sold out; *s. a.* **Haus**
aus|wachsen *irreg* **I.** *vi sein* (*zu Ende wachsen*) to grow to full extent; ■ **ausgewachsen sein** to be fully grown ► WENDUNGEN: **das/es ist** [**ja**] **zum A~** DIAL (*fam*) it's enough to drive you mad, it's enough to drive you around [*or* BRIT *a.* round] the bend *fam;* **es war zum A~ langweilig** DIAL (*fam*) it was incredibly boring **II.** *vr haben* ① (*durch Wachstum verschwinden*) ■ **sich** ~ to right itself ② (*ausufern*) ■ **sich zu etw** ~ to escalate into sth, to turn into sth; *s. a.* **ausgewachsen**
Auswahl *f* ① ÖKON (*Warenangebot*) selection, range, choice; ■ **die/eine** ~ **an etw** ~ *dat* the/a selection of sth; **freie** ~ [**unter** *dat* **...**] **haben** to have one's pick [among ...], to have the choice [among ...]; **die** ~ **haben** to have the choice; ***du hast die ~!*** it's your choice!; **jdn/etw zur** ~ **haben** to have sb/sth to choose from; **zur** ~ **stehen** to choose from choose from; **eine/seine** ~ [**unter** *dat* **...**] **treffen** to make one's choice [*or* selection] [from ...] ② SPORT representative team
aus|wählen **I.** *vt* ■ [**sich** *dat*] **jdn/etw** [**aus/unter** *dat* **...**] ~ to choose [*or* select] sb/sth [from/among ...] [for oneself]; *s. a.* **ausgewählt** **II.** *vi* to choose, to select; *s. a.* **ausgewählt**
Auswahlmannschaft *f* SPORT representative team **Auswahlspieler(in)** *m(f)* SPORT player for a representative team **Auswahlverfahren** *nt* selection process
aus|walken *vt* KOCHK to flatten, to roll flat
aus|walzen *vt* ① (*zu Blech walzen*) ■ **etw** [**zu etw**] ~ to roll out *sep* sth [to sth] ② (*pej: zu breit erörtern*) ■ **etw** ~ to drag out *sep* sth, to go to town on sth
Auswanderer, -wanderin *m, f* emigrant
aus|wandern *vi sein* ■ [**nach/in etw** *akk*] ~ to emigrate [to somewhere]
Auswanderung *f* emigration
auswärtig *adj attr* ① (*nicht vom Ort*) from out of town, non-local; ÖKON *Filiale, Zweigstelle* out of town ② POL foreign; **Minister des A~en** (*geh*) Foreign Minister, Foreign Secretary BRIT; *s. a.* **Amt, Dienst**
auswärts *adv* ① (*außerhalb des Ortes*) out of town; SPORT away; ***das Spiel fand ~ statt*** it was an away game; ■ **von** ~ from out of town; ~ **essen** to eat out ② (*nach außen*) ■ **nach** ~ outwards
Auswärtsspiel *nt* SPORT away game
aus|waschen *vt irreg* ① (*durch Waschen entfernen*) ■ [**sich** *dat*] **etw** [**aus etw**] ~ to wash out sth [from sth] ② (*durch Spülen säubern*) ■ **etw** ~ to wash sth out, to rinse sth ③ GEOL (*herausspülen*) ■ **etw** ~ to flush out [*or* erode] sth
auswechselbar *adj* (*untereinander* ~) interchangeable; (*ersetzbar*) replaceable
aus|wechseln [-ks-] *vt* ■ **jdn/etw** [**gegen jdn/etw**] ~ to replace sb/sth [with sb/sth]; **einen Spieler** [**gegen jdn**] ~ to substitute a player [for sb] ► WENDUNGEN: **wie ausgewechselt** [**sein**] [to be] a different person, [to be] born again
Auswechselspieler(in) *m(f)* SPORT substitute
Auswechs(e)lung <-, -en> *f* replacement; SPORT substitution
Ausweg *m* ■ **der/ein** ~ [**aus etw**] the/a way out [of sth]; **der letzte** ~ the last resort; **sich** *dat* **einen** ~ **offenlassen** [*o* **halten**] to leave oneself a way out; **keinen** ~ **mehr** [**aus etw**] **wissen** to not know a [*or* any] way out [of sth] anymore, to not know any solution [to sth]
ausweglos *adj* hopeless
Ausweglosigkeit <-> *f kein pl* hopelessness *no pl*
aus|weichen *vi irreg sein* ① (*Hindernis, Gefahr vermeiden*) ■ [**etw** *dat*] ~ to get out of the way [of sth] ② (*zu entgehen versuchen*) ■ [**jdm/etw**] ~ to evade [*or* avoid] [sb/sth]; ■ ~**d** evasive ③ (*als Alternative beschreiten*) ■ **auf etw** *akk* ~ to fall back on [*or* switch to] sth [as an alternative]
Ausweichflughafen *m* LUFT alternative airport **Ausweichmanöver** *nt* ① AUTO, LUFT evasive manoeuvre [*or* action] ② (*Ausflucht*) evasion **Ausweichmöglichkeit** *f* means of getting out of the way; (*Alternative*) alternative
aus|weiden *vt* JAGD ■ **etw** ~ to disembowel sth
aus|weinen **I.** *vr* ■ **sich** [**bei jdm**] ~ to have a good cry [on sb's shoulder] **II.** *vi* (*zu Ende weinen*) ■ **ausgeweint haben** to have finished crying **III.** *vt* **Betrübnis/Kummer bei jdm** ~ to weep on sb's shoulder
Ausweis <-es, -e> *m* (*Personal-/Firmen~*) identity card, I.D.; (*Berechtigungs~*) pass, permit; (*Mitglieds/Leser/Studenten~*) card, I.D.; (*Blinden~, Behinderten~*) identification card
aus|weisen *irreg* **I.** *vt* ① (*abschieben*) ■ **jdn** ~ to deport [*or* expel] sb ② (*Identität nachweisen*) ■ **jdn als jdn/etw** ~ to identify sb as sb/sth ③ (*aufzeigen*) ■ **etw** [**als etw**] ~ to identify [*or* reveal] sth [as sth] ④ (*unter beweis stellen*) ■ **etw** ~ to prove sth; **sein Talent** ~ to reveal one's talent **II.** *vr* ① (*sich identifizieren*) ■ **sich** ~ to identify oneself, to prove one's identity; ***können Sie sich*** [***irgendwie/durch irgend etwas***] ***~?*** do you have any means of identification? ② (*sich erweisen*) ■ **sich als jd** ~ to prove oneself to be sb ③ SCHWEIZ (*nachweisen*) ■ **sich über etw** *akk* ~ to have proof [*or* evidence] of sth; *s. a.* **ausgewiesen**
Ausweiskontrolle *f* identity check [*or* control] **Ausweispapiere** *pl* identity papers *pl*
Ausweisung *f* ADMIN deportation
aus|weiten **I.** *vt* ① (*weiter machen*) ■ **etw** ~ to stretch sth ② (*umfangreicher machen*) ■ **etw** ~ to broaden [*or* widen] sth, to expand sth **II.** *vr* ① (*weiter werden*) ■ **sich** ~ to stretch [out] ② (*sich ausdehnen*) to extend; ***der Konflikt drohte, sich über die Grenze auszuweiten*** the conflict threatened to extend [*or* spill over] across the border ③ (*eskalieren*) ■ **sich** [**zu etw**] ~ to escalate [into sth]
Ausweitung <-, -en> *f* ① (*Ausdehnung*) stretching *no pl,* widening *no pl* ② (*das Auswachsen*) escalation
aus|wellen *vt* KOCHK *s.* **auswalken**

auswendig *adv* [off] by heart, from memory; **etw ~ können** to know sth [off] by heart, to know sth from memory; **etw ~ lernen** to learn sth [off] by heart, to memorize sth ► WENDUNGEN: **das kann ich schon ~** (*iron*) I've heard it a million times before; *s. a.* **inwendig**

Auswendiglernen <-s> *nt kein pl* learning by heart *no pl*, memorizing *no pl*

aus|werfen *vt irreg* ① (*ausstoßen*) ■**etw ~ Asche/Lava ~** to eject ash/lava ② (*herausschaufeln*) ■**etw ~** to dig out sth ③ NAUT ■**etw ~ ein Netz/eine Leine ~** to cast out a net/a line ④ (*verteilen*) ■**etw [an jdn] ~** to allocate sth [to sb]; **Dividende ~** to pay out dividends ⑤ INFORM ■**etw ~** to turn [*or* put] out sth

aus|werten *vt* ■**etw ~** ① (*nutzbar machen*) to utilize sth, to make use of sth ② (*evaluieren*) to evaluate [*or* assess] sth; **Statistiken/Daten ~** to analyze statistics/data

Auswertung *f* ① (*Nutzbarmachung*) utilization ② (*Evaluierung*) evaluation; (*von Statistiken*) analysis

aus|wickeln *vt* ■**etw [aus etw] ~** to unwrap sth [from sth]

aus|wiegen *vt irreg* ■**[jdm] etw [von etw] ~** to weigh out [sth] [for sb]; ***wieviel Käse darf ich Ihnen ~?*** how much cheese shall I weigh out for you?; *s. a.* **ausgewogen**

aus|winden *vt irreg* SÜDD, SCHWEIZ ■**etw ~** to wring out *sep* sth

aus|wirken *vr* ■**sich [auf etw** *akk*] ~ to have an effect [on sth]

Auswirkung *f* (*Wirkung*) effect; (*Folge*) consequence; **negative ~en haben** to have negative repercussions

aus|wischen *vt* ① (*durch Wischen löschen*) ■**etw ~** to wipe sth; **die Tafelschrift ~** to wipe [*or* rub] off the writing on the blackboard ② (*sauber wischen*) ■**etw ~** to wipe clean *sep* sth ► WENDUNGEN: **jdm eins auswischen** (*fam*) to get one's own back on sb

aus|wringen *vt irreg* ■**etw ~** to wring out *sep* sth

Auswuchs *m* ① MED growth ② (*Mißstand*) excess

aus|wuchten *vt* AUTO **ein Rad ~** to balance a wheel

Auswurf *m kein pl* ① MED phlegm ② GEOL (*das Auswerfen*) ejection, eruption

aus|zahlen I. *vt* ① (*Betrag aushändigen*) ■**[jdm] etw ~** to pay out sth [to sb] ② (*abfinden*) ■**jdn ~** to pay off *sep* sb; *Kompagnon, Miterben* to buy out *sep* sb II. *vr* (*sich lohnen*) ■**sich [für jdn] ~** to pay [off] [for sb]

aus|zählen *vt* ① (*durch Zählen ermitteln*) ■**etw ~** to count sth ② SPORT ■**jdn ~** to count out *sep* sb

Auszahlung *f* ① (*Aushändigung als Zahlung*) paying out; **zur ~ kommen** [*o geh* **gelangen**] to be paid out ② (*Abfindung*) paying off; *eines Kompagnons, Miterbens* buying out

Auszählung *f* counting

Auszehrung <-, -en> *f* ① (*Kräfteverfall*) emaciation ② (*Substanzverlust*) drain (**an** *+dat* on); (*in einer Firma*) shortage of staff

aus|zeichnen I. *vt* ① (*mit Preisschild versehen*) ■**etw ~** to price sth ② (*ehren*) ■**jdn [mit/durch etw] ~** to honour [*or* AM -or] sb [with sth]; **jdn durch einen Preis ~** to give sb an award; **jdn durch einen Orden ~** to decorate sb with a medal ③ (*positiv hervorheben*) ■**jdn ~** to distinguish sb [from all others] ④ TYPO (*Schriftarten angeben*) ■**etw ~** to mark sth II. *vr* ■**sich [durch etw] ~** to stand out [due to sth]; ***er zeichnet sich nicht gerade durch Intelligenz aus*** (*iron*) he's not exactly known for his intelligence; *s. a.* **ausgezeichnet**

Auszeichnung *f* ① *kein pl* (*das Auszeichnen von Ware*) labelling [*or* AM -l-] ② *kein pl* TYPO (*das Auszeichnen*) marking up *no pl* ③ *kein pl* (*das Ehren*) honouring [*or* AM -or-] *no pl;* (*mit Orden, Würde*) decoration; (*mit Preise*) awarding *no pl* ④ (*Preisetikett an Ware*) price tag ⑤ TYPO (*Schriftartangabe an Manuskript*) mark up ⑥ (*Ehrung*) honour [*or* AM -or]; (*Orden*) decoration; (*Preis*) award; **[etw] mit ~ bestehen** to pass [sth] with distinction

Auszeit *f* SPORT time out

ausziehbar *adj* extendable [*or* BRIT *a.* -ible]; **~e Antenne** telescopic aerial; **~er Tisch** pull-out table

aus|ziehen *irreg* I. *vt haben* ① (*ablegen*) ■**[sich** *dat*] **etw ~** to take off *sep* sth, to remove sth; ■**jdm etw ~** to remove [*or* take off] sb's sth ② (*entkleiden*) ■**jdn ~** to undress sb; ■**sich ~** to undress, to take off one's clothes, to get undressed *fam* ③ (*fam*) ■**jdn ~** to rip sb off *fam* ④ (*herausziehen*) ■**etw ~** to pull out *sep* sth ⑤ (*verlängern*) ■**etw ~** to extend sth ⑥ (*nachzeichnen*) **eine vorgezeichnete Linie [mit Tusche] ~** to trace sth [with ink] II. *vi sein* ① (*Wohnung aufgeben*) ■**[aus etw] ~** to move out [of sth] ② (*ausrücken*) ■**auf etw** *akk*/**zu etw ~** to set out on/to sth

Ausziehleiter *f* extension [*or* pull-out] ladder **Ausziehplatte** *f* leaf **Ausziehtisch** *m* pull-out table

aus|zischen *vt* THEAT ■**jdn/etw ~** to hiss off sb/sth

Auszubildende(r) *f(m) dekl wie adj* trainee

Auszug *m* ① (*das Umziehen*) move; **der ~ aus Ägypten** REL the Exodus from Egypt ② (*das Hinausschreiten*) procession ③ (*Ausschnitt, Exzerpt*) excerpt; *Buch a.* extract ④ (*Konto~*) statement ⑤ JUR extract ⑥ MUS arrangement ⑦ PHARM ■**~ [aus etw]** extract [of sth]

auszugsweise I. *adv* in excerpts [*or* extracts] II. *adj* in excerpts [*or* extracts]

autark *adj* ÖKON self-sufficient, autarkical *spec*

Autarkie <-, -n> [*pl* -kiːən] *f* ÖKON autarky

authentisch *adj* authentic

Authentizität <-> *f kein pl* authenticity

Autismus <-> *m* MED autism

autistisch *adj* MED autistic

Auto <-s, -s> *nt* car; **~ fahren** to drive [a car]; (*als Mitfahrer*) to drive [by car]; **mit dem ~ fahren** to go by car

Autobahn *f* motorway BRIT, freeway AM; (*in Deutschland a.*) autobahn

Autobahnauffahrt *f* motorway slip-road [*or* approach [road]] BRIT, freeway on ramp [*or* entrance] AM **Autobahnausfahrt** *f* motorway slip-road [*or* exit] BRIT, freeway exit [*or* off ramp] AM **Autobahn(benutzungs)gebühr** *f* [motorway] toll **Autobahndreieck** *nt* motorway junction **Autobahnkreuz** *nt* motorway intersection **Autobahnpolizei** *f* motorway [*or* AM highway] police + *sing/pl vb* **Autobahnraststätte** *f* motorway services *pl* BRIT, services *pl* AM, motorway service area BRIT **Autobahnring** *m* motorway ring road BRIT, beltway AM **Autobahnvignette** *f* (*car sticker showing that a monthly/annual toll has been paid*), vignette **Autobahnzubringer** *m* motorway approach road BRIT, entrance ramp (*to the freeway*) AM

Autobatterie *f* car battery

Autobiographie *f* autobiography

autobiographisch *adj inv* autobiographical

Autobombe *f* car bomb **Autobus** *m* (*veraltet*), **Autocar** *m* SCHWEIZ bus

Autodidakt(in) <-en, -en> *m(f)* self-educated person, autodidact *form*

autodidaktisch I. *adj* self-taught, autodidactic *form* II. *adv* autodidactically; ***ihre Fähigkeiten waren ~ erworben*** her abilities were self-taught

Autodieb(in) *m(f)* car thief **Autodiebstahl** *m* car theft **Autodrom** <-s, -e> *nt* ① AUTO, SPORT motor-racing circuit ② ÖSTERR Dodgems® [*or* bumper cars] track **Autoelektrik** *f* car electrics *pl* **Autofähre** *f* car ferry **Autofahren** *nt* driving (*by car*);

ihr wird beim ~ immer übel she feels sick when she drives [*or* travels by car] **Autofahrer(in)** *m(f)* [car] driver **Autofahrt** *f* car journey
Autofokus <-, -se> *m* FOTO autofocus
autofrei *adj* car-free; *Straße, Stadtteil* pedestrian **Autofriedhof** *m* (*fam*) car dump
autogen *adj* ① TECH **~es Schweißen** autogenous welding ② PSYCH **~es Training** relaxation through self-hypnosis
Autogramm <-s, -e> *nt* autograph
Autogrammjäger(in) *m(f)* (*fam*) autograph hunter **Autogrammstunde** *f* MUS, FILM, LIT autograph [signing] session
Autohändler(in) *m(f)* car dealer[ship] **Autokino** *nt* drive-in cinema **Autoknacker(in)** <-s, -> *m(f)* (*fam*) car thief **Autokolonne** *f* line of cars
Autokrat(in) <-en, -en> *m(f)* autocrat
Autokratie <-, -n> [*pl* -'ti:ən] *f* autocracy
Autokratin <-, -nen> *f fem form von* **Autokrat**
autokratisch *adj* autocratic
Autolenker(in) *m(f) bes* SCHWEIZ (*Autofahrer*) [car] driver
Automat <-en, -en> *m* ① (*Geld~*) cash dispenser; (*Musik~*) jukebox; (*Spiel~*) slot-machine; (*Verkaufs~*) vending machine ② ELEK [automatic] cut-out
Automatenknacker(in) <-s, -> *m(f)* (*fam*) vandal (*who breaks into slot- or vending machines*) **Automatenrestaurant** *nt restarant with vending machines selling meals and snacks*
Automatic Call Distribution, **Automatic-Call-Distribution**^RR [ɔ:tə,mætɪ'kɔ:ldɪstrɪ'bj:ʃᵊn] *f* TELEK automatic call distribution
Automatik¹ <-> *f* ① (*Steuerungs~*) automatic system ② (*Automatikgetriebe in Fahrzeugen*) automatic transmission
Automatik² <-s, -s> *m* (*Wagen mit Automatikgetriebe*) automatic
Automatikwagen *m* automatic
Automation <-> *f kein pl* automation
automatisch *adj* automatic
automatisieren* *vt* ■ **etw** ~ to automate sth
Automatisierung <-, -en> *f* automation
Automechaniker(in) *m(f)* car mechanic **Autominute** *f* minute by [*or* in the] car; ***20 ~n von hier entfernt*** 20 minutes by car from here
Automobil <-s, -e> *nt* (*veraltet geh*) automobile *dated,* motor-car *dated form*
Automobilausstellung *f* motor show **Automobilbau** *m kein pl* car manufacture [*or* manufacturing] *no pl* **Automobilbranche** *f* car industry **Automobilclub** *m* automobile association [*or* club] **Automobilindustrie** *f* car industry
Automobilist(in) <-en, -en> *m(f)* SCHWEIZ (*geh: Autofahrer*) [car] driver
Automobilklub *m s.* **Automobilclub** **Automobilsalon** *m* ① (*Automobilausstellung*) motor show ② (*Automobilhändler*) car showroom
Automodell *nt* [car] model
autonom *adj* POL autonomous
Autonome(r) *f(m) dekl wie adj* POL independent
Autonomie <-, -n> [*pl* -'mi:ən] *f* POL autonomy
Autonomiegebiet *nt* POL autonomous province
Autonummer *f* car [registration] number
Autopilot *m* LUFT autopilot
Autopsie <-, -n> [*pl* -'psi:ən] *f* MED autopsy
Autor, **Autorin** <-s, -toren> *m, f* author
Autoradio *nt* car radio; (*mit Kassettenspieler*) car stereo
Autoradiogramm <-s, -e> *nt* BIOL, MED autoradiogramme [*or* AM -am], autoradiograph
Autoradiographie <-, -n> *f* BIOL, MED autoradiography, radiography
Autoreifen *m* car tyre [*or* AM tire] **Autoreisezug** *m* BAHN ≈motorrail
Autorenlesung *f* author reading
Autorennen *nt* motor race; (*Rennsport*) motor racing
Autorenverzeichnis *nt* index of authors
Autoreparaturwerkstatt *f* garage
Autorin <-, -nen> *f fem form von* **Autor** [female] author, authoress
autorisieren* *vt* ■ **jdn** [**zu etw**] ~ to authorize sb [to do sth]; ***ich habe ihn dazu autorisiert*** I gave him authorization for it; ■ **autorisiert** authorized
autoritär *adj* authoritarian
Autoritarismus <-> *m kein pl* POL, SOZIOL authoritarianism
Autorität <-, -en> *f* authority
autoritätsgläubig *adj* (*pej*) trusting authority **Autoritätsgläubigkeit** *f* (*pej*) trust in authority
Autosalon *m* ① *s.* **Automobilausstellung** ② (*Autohändler*) car showroom **Autoschalter** *m* FIN drive-through teller **Autoschlange** *f* queue [*or* AM line] of cars **Autoschlüssel** *f* car key **Autoschutzbrief** *m* international travel insurance **Autoskooter** <-s, -> [-sku:tɐ] *m* bumper [*or* Dodgem®] car
Autosom <-s, -en> *nt* BIOL autosome
Autostrich *m* (*sl*) kerb-crawling [*or* AM curb-crawling] district (*street with prostitutes propositioning car-drivers*) **Autostunde** *f* hour's drive; **drei ~n entfernt sein** to be three hours' drive [away] [*or* three hours [away] by car]
Autosuggestion *f* PSYCH autosuggestion
Autotelefon *nt* car phone **Autounfall** *m* car accident **Autoverkehr** *m* car traffic **Autoverleih** *m* car rental [*or* BRIT *a.* hire] firm [*or* company] **Autovermietung** *f s.* **Autoverleih** **Autowerkstatt** *f* garage, car repair shop **Autowrack** *nt* car wreck, wrecked car
Autozoom [-zu:m] *nt* autozoom
Autozubehör *nt* car accessories *pl* **Autozug** *m s.* **Autoreisezug**
autsch *interj* (*fam*) ouch
auweh *interj*, **auwei(a)** *interj* oh dear, goodness *dated*
Auxin <-s, -e> *nt* BOT, CHEM auxin
Avance <-, -n> [a'vã:sə] *f* **jdm ~n machen** (*geh*) to make advances on sb
avancieren* [avã'si:rən] *vi sein* (*geh*) ■ [**zu etw**] ~ to advance [to sth]
Avantgarde <-, -n> [avã'gardə] *f* (*geh*) avantgarde
Avantgardist(in) <-en, -en> *m(f)* avant-gardist, member of the avant-garde
avantgardistisch *adj* avantgarde
AvD <-> *m kein pl Abk von* **Automobilclub von Deutschland** *German automobile club*
Ave-Maria <-[s], -[s]> *nt* REL Hail Mary
Aversion <-, -en> [-vɛr-] *f* ■ ~ [**gegen jdn/etw**] an aversion [to sb/sth]; **eine ~ gegen jdn/etw haben** to have an aversion to sb/sth
Aversionstherapie <-, -n> *f* aversion therapy
avisieren* [-vi-] *vt* (*geh*) ■ [**jdm**] **jdn/etw** ~ to announce sb [to sb]/advise [sb] of sth; ***aha, Sie sind mir bereits [von Herrn Zahn] avisiert worden*** ah, I was told you were going to come [by Herr Zahn]; **jdm sein Ankunft** ~ to advise sb of one's arrival
Avocado <-, -s> [-vo-] *f* avocado
axial *adj* TECH axial
Axiom <-s, -e> *nt* axiom
axiomatisch *adj* axiomatic
Axolotl <-s, -> *m* ZOOL axolotl
Axon <-s, Axone> *nt* BIOL axon
Axt <-, Äxte> *f* axe ▶ WENDUNGEN: **die ~ im Haus**

erspart den Zimmermann (*prov*) self-help is the best help; **sich wie die ~ im Walde benehmen** (*fam*) to behave like a bull in a china shop; **die ~ an etw** *akk*/**an die Wurzel von etw legen** to take [*or* grab] the bull by the horns
Azalee <-, -n> *f* BOT azalea
Azoren *pl* GEOG ■ **die ~** the Azores *npl*
Azteke, Aztekin <-n, -n> *m, f* HIST Aztec
Azubi <-s, -s> *m,* **Azubi** <-, -s> *f kurz für* **Auszubildende(r)** trainee
azurblau *adj* (*geh*) azure[-blue]
Azurjungfer *f* ZOOL damselfly

B

B, b <-, – *o fam* -s, -s> *nt* ① (*Buchstabe*) B [*or* b]; **~ wie Berta** B for Benjamin BRIT, B as in Baker AM ② MUS B flat; ■ **b** (*Erniedrigungszeichen*) flat
Babassu-Öl <-s> *nt kein pl* babassu oil
babbeln I. *vi* (*fam*) to babble *fam;* (*viel reden a.*) to chatter **II.** *vt* (*fam: dummes Zeug reden*) ■ **etw ~** to babble on about sth *fam*
Babel <-s> *nt* (*geh*) Babel; (*fig*) hotbed of vice; *s. a.* **Turm**
Baby <-s, -s> ['be:bi] *nt* baby
Babyausstattung *f* MODE baby clothes *npl* **Babyboom** [-bu:m] *m* baby-boom **Babydoll** <-s, -s> [-dɔl] *nt* baby-doll pyjamas [*or* AM pajamas] *npl* **Babyjahr** *nt* (*fam*) maternity [*or* paternity] leave (*of one-year duration*)
babylonisch *adj* Babylonian
Babynahrung *f* baby food **babysitten** [-zɪtn] *vi meist infin* ■ **[bei jdm] ~** to babysit [for sb] **Babysitter(in)** <-s, -> *m(f)* babysitter **Babyspeck** *m* (*hum fam*) puppy fat BRIT *hum fam,* baby fat AM *hum fam* **Babystrich** *m* (*fam*) child prostitution **Babywaage** *f* infant scales *npl* **Babywippe** *f* baby bouncer
Bach <-[e]s, Bäche> *m* brook, creek AM; (*kleiner a.*) stream ▶ WENDUNGEN: **den ~ runtergehen** (*fam*) to go down the drain/plughole/tube *fam*
bachab *adv* SCHWEIZ (*bachabwärts*) downstream
Bache <-, -n> *f* JAGD [wild] sow
Bachforelle *f* brown trout
Bächlein <-s, -> *nt dim von* **Bach** small stream [*or* creek], brooklet ▶ WENDUNGEN: **ein ~ machen** (*kindersprache*) to do a wee-wee *childspeak*
Bachsaibling <-s, -e> *m* brook [*or* speckled] [*or* salmon] trout **Bachstelze** <-, -n> *f* wagtail
Back[1] <-, -en> *f* ① NAUT forecastle, fo'c'sle ② (*Schüssel*) mess-tin, dixie ③ (*Tisch*) mess table ④ (*Tischgemeinschaft*) mess
Back[2] <-s, -s> [bæk] *m* SPORT SCHWEIZ defender
Backbeutel *m tubular plastic bag for roasting meat in* **Backblech** *nt* baking tray
Backbord <-[e]s> *nt kein pl* NAUT port [side]
backbord(s) *adv* NAUT on the port side; ***Ruder hart ~!*** steer to port!
Bäckchen <-s, -> *nt dim von* **Backe** cheek
Backe <-, -n> *f* ① (*Wange*) cheek; **mit vollen ~n kauen** to chew with stuffed cheeks ② (*fam: Po~*) cheek, buttock; **etw auf einer ~ absitzen** (*sl*) to do sth easily [*or* with no bother] ③ KOCHK [pork] cheek ④ (*von Schraubstock*) jaw; (*Brems~*) shoe; (*am Fahrrad*) block ▶ WENDUNGEN: **au ~!** (*veraltet fam*) oh dear!
backen <backt *o* bäckt, backte *o veraltet* buk, gebacken> **I.** *vt* ■ **etw ~** (*im Ofen*) to bake sth; (*in Fett*) to fry sth; ■ **etw in etw** *dat* **~** to bake/fry sth with sth **II.** *vi* to bake; DIAL (*braten*) to fry
Backenbart *m* sideburns *pl* **Backenknochen** *m* ANAT cheekbone **Backentasche** *f* ZOOL cheek pouch **Backenzahn** *m* back tooth, molar
Bäcker(in) <-s, -> *m(f)* ① (*Mensch*) baker; **beim ~** at the baker's [shop] ② (*Bäckerei*) bakery
Backerbsen *pl* ÖSTERR, SÜDD *small pasta balls in soups*
Bäckerei <-, -en> *f* ① (*Bäckerladen*) baker's [shop]; (*Backstube*) bakery ② ÖSTERR (*Gebäck*) small pastries and biscuits
Bäckerin <-, -nen> *f fem form von* **Bäcker**
Bäckerladen *m* baker's shop, bakery **Bäckermeister(in)** *m(f)* master baker **Bäckermesser** *nt* baker's knife
Bäckersfrau *f* baker's wife
backfertig *adj* KOCHK oven-ready **Backfisch** *m* ① (*gebackener Fisch*) fried fish in batter ② (*veraltet: Teenager*) teenage girl **Backfolie** *f kein pl* baking foil **Backform** *f* baking tin; (*Kuchenform a.*) cake tin **backfrisch** *adj* freshly baked
Background <-s, -s> [-graunt] *m* (*geh*) background; (*Musik*) background music
Backhähnchen *nt* fried chicken (*in breadcrumbs*)
Backhendl <-s, -> *nt* SÜDD, ÖSTERR fried chicken (*in breadcrumbs*) **Backmischung** *f* cake mixture **Backobst** *nt* dried fruit **Backofen** *m* oven; **heiß wie in einem ~** like an oven, boiling hot **backofenfest** *adj* ovenproof **Backpapier** *nt kein pl* baking parchment
Backpfeife *f* DIAL slap in the face
Backpflaume *f* prune **Backpinsel** *m* brush **Backpulver** *nt* baking powder **Backrohr** *nt* ÖSTERR, **Backröhre** *f* oven **Backschaufel** *f s.* **Pfannenwender**
Backstein *m* BAU [red]brick
Backsteinbau <-bauten> *m* ARCHIT redbrick building **Backsteingotik** *f* ARCHIT, KUNST redbrick Gothic (*found in northern Germany*)
Backstube *f* bakery **Backtrog** *m* kneading [*or* dough] trough **Backwaren** *pl* bakery produce **Backzeit** *f* baking time
Bad <-[e]s, Bäder> *nt* ① (*eingelassenes Badewasser*) bath; **jdm/sich ein ~ einlassen** [*o* **einlaufen lassen**] to run sb/oneself a bath ② (*das Baden*) bathing; **ein ~ nehmen** to take *form* [*or* have] a bath ③ (*Badezimmer*) bathroom ④ (*Schwimm~*) swimming pool [*or* BRIT bath[s]] ⑤ (*Badeort: Heil~*) spa; (*See~*) seaside resort ▶ WENDUNGEN: **ein ~ in der Menge** a walkabout
Badeanstalt *f* swimming pool, [swimming] baths *pl* **Badeanzug** *m* swimming costume, swimsuit **Badegast** *m* ① (*Kurgast*) spa visitor ② (*Schwimmbadbesucher*) swimmer **Badegelegenheit** *f swimming pool or nearby beach* **Bade(hand)tuch** *nt* bath towel **Badehose** *f* swimming trunks *npl* **Badekappe** *f* swimming cap **Badelatschen** *m* (*fam*) flip-flops *pl fam* **Bademantel** *m* bathrobe, dressing gown **Badematte** *f* bathmat **Bademeister(in)** *m(f)* [pool] attendant; (*am Strand*) lifeguard **Bademütze** *f s.* **Badekappe**
baden I. *vi* ① (*ein Wannenbad nehmen*) to bathe, to have a bath; **am B~ sein** to be in the bath; **warm baden** to have a warm bath ② (*schwimmen*) ■ **[in etw** *dat*] **~** to swim [in sth]; **~ gehen** to go for a swim ▶ WENDUNGEN: **im Geld ~** to be rolling in money; **[bei/mit etw] ~ gehen** (*fam*) to come a cropper [doing/with sth] **II.** *vt* ① ■ **jdn ~** to bath sb; ■ **sich ~** to have [*or form* take] a bath; *s. a.* **Kind** ② MED ■ **etw [in etw** *dat*] **~** to bathe sth [in sth]
Badenixe *f* (*hum*) beach babe *fam*
Baden-Württemberg <-s> *nt* Baden-Württemberg
Badeofen *m* boiler **Badeort** *m* seaside resort; (*Kur-*

ort) spa resort **Badeplatz** *m* bathing place **Badesaison** *f* swimming season **Badesalz** *nt* bath salt **Badeschuh** *m* bathing shoe **Badestrand** *m* bathing beach **Badetuch** *nt s.* **Badehandtuch** **Badewanne** *f* bath [tub] **Badewasser** *nt* bath water **Badewetter** *nt* weather for swimming **Badezeit** *f* ① (*Saison*) swimming season ② *pl* (*Öffnungszeiten eines Schwimmbades*) [pool] opening hours **Badezeug** *nt* swimming things *pl* **Badezimmer** *nt* bathroom **Badezusatz** *m* bath salts *npl*, bubble bath

Badkleid *nt* SCHWEIZ (*Badeanzug*) swimming costume

Badminton <-> ['bætmɪntən] *nt* badminton

baff *adj pred* (*fam*) ■ ~ **sein** to be flabbergasted

BAFöG <-> *nt*, **Bafög** <-> *nt kein pl Akr von* **Bundesausbildungsförderungsgesetz** [student] grant; ~ **bekommen** [*o* **kriegen** *fam*] to receive [*or fam* get] a grant

Bagage <-> [ba'ga:ʒə] *f* (*pej fam*) ① (*Gesindel*) pack *pej* ② (*veraltet: Gepäck*) baggage

Bagatelldelikt *nt* JUR minor [*or* petty] offence

Bagatelle <-, -n> *f* trifle, bagatelle *dated*

bagatellisieren* I. *vt* ■ **etw** ~ to trivialize sth, to play down *sep* sth II. *vi* to trivialize

Bagatellsache *f* JUR *s.* **Bagatelldelikt** **Bagatellschaden** *m* minor damage **Bagatellunfall** *m* minor accident

Bagdad <-s> *nt* Bag[h]dad

Bagger <-s, -> *m* BAU excavator

Baggerführer(in) *m(f)* BAU excavator driver **Baggergut** *nt kein pl debris dug up by an excavator*

baggern I. *vi* ① BAU to dig, to excavate ② (*Volleyball*) to dig ③ (*sl*) to flirt II. *vt* ① BAU ■ **etw** ~ to excavate [*or* dig] sth ② (*Volleyball*) **den Ball** ~ to dig the ball

Baggersee *m artificial lake formed in gravel pit*

Baguette <-s, -s> [ba'gɛt] *nt* baguette

bäh *interj* ① (*vor Ekel*) yuck, ugh; (*aus Schadenfreude*) ha ha ② (*von Schaf*) baa; ~ **machen** (*kindersprache*) to go baa *childspeak*

Bahamaer(in) <-s, -> *m(f) s.* **Bahamer**

bahamaisch *adj* Bahamian; *s. a.* **deutsch**

Bahamer(in) <-s, -> *m(f)* Bahamian; *s. a.* **Deutsche(r)**

bahamisch *adj s.* **bahamaisch**

bähen *vt* KOCHK ■ **etw** ~ ÖSTERR (*im Ofen leicht rösten*) to toast sth

Bahn <-, -en> *f* ① (*Eisen~*) train; (*Straßen~*) tram; (*Verkehrsnetz, Verwaltung*) railway[s]; **mit der** ~/**per** ~ by train [*or* rail]; **frei** ~ ÖKON free on rail, carriage paid ② SPORT track; *Schwimmbecken* lane; (*Kegel~*) alley; (*Schlitten~, Bob~*) run; (*Pferderenn~*) course, track ③ ASTRON orbit, path ④ MIL [flight] path ⑤ (*Stoff~, Tapeten~*) length, strip ⑥ (*Weg, Lauf*) course; TRANSP (*Fahr~*) lane; ~ ***frei!*** make way!, mind your backs! ▸ WENDUNGEN: **freie** ~ [**für etw/bei jdm**] **haben** to have the go-ahead [for sth/from sb]; **in geregelten ~en verlaufen** to take am orderly course; **jdn wieder auf die rechte** ~ **bringen** to put sb back on the right track [*or* straight and narrow]; **etw in die richtigen ~en lenken** to lead sth in the right channels; **auf die schiefe** ~ **kommen** [*o* **geraten**] to get off the straight and narrow; **jdn auf die schiefe** ~ **bringen** to get sb off the straight and narrow; **sich** *dat* **eine** ~ **brechen** to force one's way, to make headway; **einer S.** *dat* ~ **brechen** to blaze the trail for sth; **aus der** ~ **geraten** to get off track; **jdn aus der** ~ **werfen** to get sb off course

Bahnanschluß *m* railway link **Bahnarbeiter(in)** *m(f)* railway worker **Bahnbeamte(r)**, **-beamtin** *m, f* railway official **bahnbrechend** I. *adj* groundbreaking, pioneering II. *adv* ~ **wirken** to be groundbreaking [*or* pioneering] **Bahnbus** *m* TRANSP rail coach **BahnCard** <-, -s> *f* BAHN ≈railcard BRIT

Bähnchen <-s, -> *nt dim von* **Bahn**

Bahndamm *m* railway embankment

bahnen *vt* ■ [**jdm**] **etw** ~ to pave a way [for sb]; ■ **sich** *dat* **etw** ~ to fight [*or* pave] one's sth; **ein Flußbett** ~ to carve [*or* channel] out a river bed; **sich einen Weg durch etw** ~ to fight [*or* pave] one's way through sth

Bahnfahrt *f* train [*or* rail[way]] journey **Bahnfracht** *f* rail freight **Bahngelände** *nt* railway area **Bahngleis** *nt* railway line

Bahnhof *m* [railway] station ▸ WENDUNGEN: **nur** [**noch**] ~ **verstehen** (*hum fam*) to not have the foggiest [idea] *fam*; **jdm einen großen** ~ **bereiten** to give sb [the] red carpet treatment

Bahnhofsgaststätte *f* station restaurant **Bahnhofshalle** *f* station concourse **Bahnhofsmission** *f* REL *organisation for helping rail travellers in need* **Bahnhofsplatz** *m* station square **Bahnhofspolizei** *f kein pl* station police **Bahnhofsuhr** *f* station clock **Bahnhofsvorstand** *m* ÖSTERR, SCHWEIZ, **Bahnhofsvorsteher(in)** *m(f)* stationmaster

Bahnkörper *m* (*fachspr*) track **bahnlagernd** *adj* ÖKON to be collected from a railway station

Bähnler(in) <-s, -> *m(f)* SCHWEIZ (*fam*) railway worker

Bahnlinie [-li:niə] *f* railway line **Bahnpolizei** *f* railway police **Bahnschranke** *f*, **Bahnschranken** *m* ÖSTERR level crossing barrier **Bahnsteig** <-[e]s, -e> *m* [station] platform **Bahnstrecke** *f* railway line **Bahnübergang** *m* level crossing; **beschrankter/unbeschrankter** ~ guarded/open level crossing **Bahnverbindung** *f* [rail] connection **Bahnwärter(in)** *m(f)* level crossing attendant

Bahrainer(in) <-s, -> *m(f)* Bahraini, Bahreini; *s. a.* **Deutsche(r)**

bahrainisch *adj* Bahraini, Bahreini; *s. a.* **deutsch**

Bahre <-, -n> *f* stretcher; (*Toten~*) bier

Bahreiner(in) <-s, -> *m(f) s.* **Bahrainer**

bahreinisch *adj s.* **bahrainisch**

Baiser <-s, -s> [bɛ'ze:] *nt* meringue

Baisse <-, -n> ['bɛ:sə] *f* BÖRSE slump; **auf** ~ **spekulieren** to bear

Bajonett <-[e]s, -e> *nt* MIL bayonet

Bajonettverschluß *m* ELEK bayonet fitting

Bajuware, **Bajuwarin** <-n, -n> *m, f* (*hum*) *s.* **Bayer**

Bake <-, -n> *f* ① NAUT [marker] buoy ② LUFT beacon ③ TRANSP lane closure/narrowing signal; (*vor Bahnübergang o Autobahnausfahrt*) countdown marker

Bakkarat <-s> ['bakara] *nt kein pl* baccarat

Bakschisch <-s, -e *o* -s> *nt* baksheesh

Bakterie <-, -n> [-riə] *f meist pl* bacterium

bakteriell I. *adj* MED bacterial, bacteria *attr* II. *adv* MED ~ **bedingt** caused by bacteria

Bakterienkolonie *f* BIOL bacteria colony **Bakterienkultur** *f* bacteria culture **Bakterienrasen** *m* BIOL bacteria lawn **Bakterienträger(in)** *m(f)* MED carrier

Bakteriologe, **-login** <-n, -n> *m, f* bacteriologist

Bakteriologie <-> *f kein pl* bacteriology

Bakteriologin <-, -nen> *f fem form von* **Bakteriologe**

bakteriologisch *adj* bacteriological; ~**e Kriegsführung** biological warfare

Bakteriophage <-n, -n> *m* BIOL bacteriophage

bakterizid I. *adj* germicidal, bactericidal II. *adv* ~ **wirksam sein** to act as a germicide

Balalaika <-, -s *o* Balalaiken> *f* MUS balalaika

Balance <-, -n> [ba'lã:sə] *f* ① (*Gleichgewicht*) balance, equilibrium; **jdn aus der** ~ **bringen** to bring [*or* put] sb off balance; **die** ~ **halten/verlieren** to keep/lose one's balance ② (*Ausgewogenheit*) balance

Balanceakt *m* ① (*Seiltanz*) balancing [*or* tightrope]

act ❷ (*Vorgang des Lavierens*) balancing act
balancieren* [balã'si:rən] **I.** *vi* ❶ *sein* (*sich vorsichtig bewegen*) ■[**über etw** *akk*] ~ to balance [one's way accross sth] ❷ *haben* (*lavieren*) ■**zwischen etw** *dat* **und etw** ~ to keep [*or* achieve] a balance between sth and sth **II.** *vt haben* ■**etw** [**auf etw** *dat*] ~ to balance sth [on sth]
Balancierstange *f* balancing pole
bald I. *adv* ❶ (*schnell, in Kürze*) soon; ***komm ~ wieder!*** come back soon!; ***so ~ wird es das nicht mehr geben*** that won't happen again in a hurry; **wird's ~?** (*fam*) move it!; **so ~ wie** [*o* **als**] **möglich** as soon as possible; [**all**]**zu** ~ [all] too soon; **bis ~!** see you later!; ~ **darauf** soon [*or* shortly] after[wards]; **nicht so ~** not as soon ❷ (*fast*) almost; ***das ist schon ~ nicht mehr schön!*** that's taking it a bit too far!, that's beyond a joke! ❸ (*fam*) soon; ***wirst du wohl ~ ruhig sein?*** will you just be quiet! [*or sl* shut up!]; *s. a.* **möglichst, sobald II.** *konj* (*geh*) ■~ **…, ~ …** one moment …, the next …; ~ ***hier,*** ~ ***da*** now here, now there
Baldachin <-s, -e> *m* canopy, baldachin
Bälde *f* **in** ~ in the near future
baldig *adj attr* speedy, quick; ***um ~e Antwort wird gebeten*** we hope to receive [*or* look forward to receiving] a reply soon; ***wir hoffen auf Ihr ~es Kommen!*** we hope to see you soon!; *s. a.* **Wiedersehen**
baldigst *adv* (*geh*) as soon as possible, without delay
baldmöglichst *adv* as soon as possible, without delay
Baldrian <-s, -e> *m* BOT valerian
Baldriantropfen *pl* PHARM valerian [drops *pl*]
Balg[1] <-[e]s, Bälge> *m* ❶ (*Blase~*) bellows *npl* ❷ (*Tierhaut*) pelt ▶ WENDUNGEN: **jdm auf den ~ rücken** (*fam*) to crowd sb
Balg[2] <-[e]s, Bälger> *m o nt* (*pej fam*) brat *pej fam*
balgen *vr* ■**sich** [**um etw**] ~ to scrap [over sth], to have a scrap [over sth]
Balgerei <-, -en> *f* scrap
Balkan <-s> *m* ❶ ■**der** ~ the Balkans *pl;* **auf dem ~** on [*or* in] the Balkans ❷ (*Balkangebirge*) Balkan Mountains *pl*
Balkanhalbinsel *f* Balkan Peninsula
balkanisch *adj* Balkan
Balkanisierung <-> *f kein pl* POL (*pej*) Balkanization
Balkanländer *pl* Balkan States
Balken <-s, -> *m* ❶ (*Holz~*) beam ❷ (*Stahl~*) girder ❸ (*Stütz~*) prop, shore ❹ MUS bar ❺ SPORT beam ❻ (*heraldisches Zeichen*) fesse, bar; (*Uniformstreifen*) stripe ▶ WENDUNGEN: **der ~ im eigenen Auge** REL the beam in one's own eye; **lügen, daß sich die ~ biegen** (*fam*) to lie through one's teeth *fam*
Balkencode *m* bar code **Balkendiagramm** *nt* bar chart **Balkenkonstruktion** *f* timber-frame construction **Balkenüberschrift** *f* MEDIA banner headline **Balkenwaage** *f* beam balance
Balkon <-s, -s *o* -e> [bal'kɔŋ, bal'kõ:] *m* ❶ ARCHIT balcony ❷ THEAT dress circle
Balkonpflanze *f* balcony plant **Balkonzimmer** *nt* room with balcony
Ball[1] <-[e]s, Bälle> *m* ❶ (*zum Spielen*) ball; **am ~ sein** to be in possession of the ball, to have the ball; **jdm den ~ zuspielen** to feed sb the ball; **~ spielen** to play ball ❷ (*runder Gegenstand*) ball; **der ~ der Sonne** (*poet*) the sun's fiery orb ▶ WENDUNGEN: **am ~ bleiben** to stay on the ball *fig;* **bei jdm am ~ bleiben** to keep in with sb *fig;* **den ~ aufgreifen** to pick up on a point; **am ~ sein** to be on the ball *fig;* **jdm den ~ zuspielen** to feed sb lines *fig*
Ball[2] <-[e]s, Bälle> *m* (*Tanzfest*) ball; (*mit Mahl a.*) dinner-dance BRIT; **auf dem ~** at the ball
Ballade <-, -n> *f* ballad
balladenhaft *adj* balladic, ballad-like
balladesk *adj s.* **balladenhaft**
Ballast <-[e]s, *selten* -e> *m* NAUT, LUFT ballast; (*fig*) burden, encumbrance; ~ **ab-/über Bord werfen** NAUT, LUFT to discharge [*or* shed] ballast; (*fig: sich von etwas Unnützem befreien*) to get rid of a burden [*or* an encumbrance]
Ballaststoffe *pl* roughage *sing,* [dietary] fibre [*or* AM -er]
ballen I. *vt* ■**etw** ~ to press sth together [into a ball]; **Papier** ~ to crumple paper [into a ball]; **die Faust** [**gegen jdn**] ~ to clench one's fist [at sb]; **die Hand zur Faust** ~ to clench one's [*or* make a] fist; *s. a.* **Faust II.** *vr* ■**sich** ~ to crowd [together]; *Wolken* to gather; *Faust* to clench; *Verkehr* to build up
Ballen <-s, -> *m* ❶ (*rundlicher Packen*) bale ❷ (*an Hand o Fuß*) ball; (*bei Tieren*) pad
Ballenwild *nt* small game
Ballerei <-, -en> *f* (*fam*) ❶ (*Schießerei*) shooting ❷ (*Knallerei*) banging
Ballerina[1] <-, Ballerinen> *f* ballerina, ballet-dancer
Ballerina[2] <-s, Ballerinas> *m* (*Schuh*) court shoe BRIT, pump AM
Ballermann <-männer> *m* (*sl*) gun
ballern I. *vi* (*fam*) ❶ (*schießen*) ■[**mit etw**] ~ to shoot [*or* fire] [with sth]; ***in Deutschland wird zu Silvester viel geballert*** there are lots of fireworks in Germany on New Year's Eve ❷ (*knallen*) to bang ❸ (*poltern*) ■**gegen etw** ~ to hammer against sth; **gegen die Tür** ~ to bang on the door **II.** *vt* (*sl: zuschlagen*) ■**etw** ~ to bang [*or* slam] sth; **jdm eine** ~ to sock sb one *sl*
Ballett <-[e]s, -e> *nt* ❶ (*Tanz*) ballet ❷ (*Tanzgruppe*) ballet [company]; **zum ~ gehen** to become a ballet dancer; **beim ~ sein** to be [a dancer] with the ballet, to be a ballet dancer
Ballettänzer(in) *m(f) s.* **Balletttänzer**
Balletteuse <-, -n> [balɛ'tø:zə] *f* (*geh*) [ballet] dancer
Ballettmeister(in) *m(f)* ballet master, maître de ballet **Ballettröckchen** *nt* tutu **Ballettruppe** *f s.* **Balletttruppe** **Ballettschuhe** *pl* ballet shoes *pl*
BalletttänzerRR**(in)** *m(f)* ballet dancer **Balletttruppe**RR *f* ballet [company]
Ballgefühl *nt kein pl* SPORT feeling for the ball
Ballistik <-> *f kein pl* ballistics + *sing vb*
ballistisch *adj* ballistic
Balljunge *m* TENNIS ball boy
Ballkleid *nt* ball dress [*or* gown]
Ballmädchen *nt* TENNIS *fem form von* **Balljunge** ball girl
Ballon <-s, -s *o* -e> [ba'lɔŋ, ba'lõ:] *m* ÖSTERR, SCHWEIZ ❶ (*Luft~*) balloon ❷ (*bauchiger Glasbehälter*) carboy, demijohn ❸ (*sl: Kopf*) nut BRIT, bean AM; **einen** [**roten**] ~ **kriegen** (*fam*) to turn [*or* go] bright red, to go [as] red as a beetroot
Ballondilatation <-, -en> *f* MED balloon dila[ta]tion **Ballonfahrer(in)** *m(f)* balloonist **Ballonmütze** *f* (*veraltet*) Mao cap **Ballonreifen** *m* (*veraltet*) balloon tyre [*or* AM tire] **Ballonrock** *m* puffball
Ballsaal *m* ballroom
Ballspiel *nt* ball game **Ballspielen** <-s> *nt kein pl* playing ball; ~ **gehen** to go and play ball; **„~ verboten"** "No ball games"
Ballung <-, -en> *f* ❶ (*Ansammlung*) concentration; *Truppen* build-up, massing; **die ~ der Kaufkraft in einer Region** the concentration of spending power in a region ❷ (*Verdichtung*) accumulation [*or* concentration]
Ballungsgebiet *nt,* **Ballungsraum** *m* conurbation **Ballungszentrum** *nt* centre [*or* AM -er] of population; **industrielles ~** centre [*or* AM -er] of industry
Ballwechsel *m* rally

Balsaholz *nt* balsa[wood]

Balsam <-s, -e> *m* ❶ (*Salbe*) balsam, balm ❷ (*fig*) balm; ~ **für die Seele sein** to be [*or* work] like balm for the soul

Balsamessig *m* balsamic vinegar

Baltikum <-s> *nt* ■**das** ~ the Baltic states

Balustrade <-, -n> *f* balustrade

Balz <-, -en> *f* ❶ (*Paarungsspiel*) courtship display ❷ (*Paarungszeit*) mating season

balzen *vi* to perform a courtship display

Balztanz *m* BIOL courtship dance **Balzzeit** *f s.* **Balz 2.**

Bambus <-ses *o* -, -se> *m* bamboo

Bambusbär *m s.* Panda **Bambusrohr** *nt* bamboo cane **Bambussprossen** *pl* bamboo shoots *pl*

Bammel <-s> *m* (*fam*) ■[**einen**] ~ **vor jdm/etw haben** to be scared of sb/sth; [**einen**] **großen** ~ **vor etwas haben** to be scared stiff of sth

banal *adj* banal; **eine ~e Angelegenheit/Ausrede** a trivial matter/excuse; **eine ~e Bemerkung** a trite [*or* trivial] remark; **ein ~es Thema** a commonplace topic

banalisieren* *vt* (*geh*) ■**etw** ~ to trivialize sth

Banalität <-, -en> *f* ❶ *kein pl* (*banale Beschaffenheit*) banality [*or* triteness]; *eines Themas, einer Angelegenheit* triviality; **von großer** ~ extremely trivial ❷ *meist pl* (*banale Äußerung*) platitude

Banane <-, -n> *f* banana

Bananendampfer *m* banana boat **Bananenplantage** *f* banana plantation **Bananenrepublik** *f* (*pej*) banana republic **Bananenschale** *f* banana skin **Bananenstaude** *f* banana [plant] **Bananenstecker** *m* ELEK (*veraltend*) banana plug

Banause <-n, -n> *m* (*pej*) philistine

band *imp von* **binden**

Band¹ <-[e]s, Bänder> *nt* ❶ (*Streifen Gewebe*) ribbon *a. fig;* (*Haar~*) hair ribbon; (*Hut~*) hatband; (*Schürzen~*) apron string; **das Blaue** ~ the Blue Riband [*or* AM Ribbon] ❷ (*Mess~*) measuring tape ❸ (*Metall~*) metal band ❹ (*Verpackungs~*) packaging tape ❺ TECH (*Ton~*) [recording] tape; **etw auf** ~ **aufnehmen** to tape [record] sth, to record sth on tape; **etw auf** ~ **diktieren** [*o* **sprechen**] to dictate sth on to tape; **auf** ~ **sein** to be [recorded] on tape; **etw auf** ~ **haben** to have sth [recorded] on tape ❻ (*Fließ~*) conveyor belt; **am** ~ **arbeiten** to work on an assembly [*or* a production] line; **vom** ~ **laufen** to come off the [production] line; **am laufenden** ~ (*fam*) non-stop, continuously; **etw am laufenden** ~ **tun** to keep doing sth ❼ RADIO wavelength, [frequency] band ❽ *meist pl* ANAT ligament; **sich die Bänder zerren/[an]reißen** to strain/tear ligaments ❾ BAU (*Baubeschlag*) hinge

Band² <-[e]s, -e> *nt* (*geh*) ❶ (*gegenseitige Beziehung*) bond, tie; **zarte ~e knüpfen** to start a romance ❷ *pl* (*Fesseln*) bonds *npl,* fetters *npl,* shackles *npl;* **jdn in ~e schlagen** (*veraltet*) to clap [*or* put] sb in irons

Band³ <-[e]s, Bände> *m* volume; **Bände füllen** to fill volumes; **über etw Bände schreiben können** to be able to write volumes about sth ▸ WENDUNGEN: **Bände sprechen** (*fam*) to speak volumes

Band⁴ <-, -s> [bɛnt] *f* MUS band, group

Bandage <-, -n> [ban'daːʒə] *f* bandage ▸ WENDUNGEN: **das sind harte ~n** (*fam*) those are hard words; **mit harten ~n kämpfen** (*fam*) to fight with no holds barred [*or* one's gloves off]

bandagieren* [banda'ʒiːrən] *vt* ■[**jdm**] **etw** ~ to bandage [up] [sb's] sth

Bandaufnahme *f* tape-recording

Bandbreite *f* ❶ (*geh*) range ❷ FIN variation; **eine** ~ **von ... bis ... haben** to range from ... to ... ❸ RADIO, INET bandwidth

Bändchen <-s, -> *nt* ❶ *dim von* **Band¹** small ribbon ❷ *dim von* **Band³** small [*or* slim] volume

Bande¹ <-, -n> *f* ❶ (*Verbrecher~*) gang, band ❷ MUS (*fam: Gruppe*) gang *fam*

Bande² <-, -n> *f* SPORT barrier; **die ~ eines Billardtisches** the cushion of a billiard table; **die ~ einer Reitbahn** the boards of an arena

Bandeisen *nt* metal hoop

Bändel^RR <-s, -> *m* ❶ (*Schnürsenkel*) shoelace ❷ (*Bändchen*) ribbon ▸ WENDUNGEN: **jdn am** ~ **haben** (*fam*) to be able to twist sb round one's little finger

Bandenchef(in) [-ʃɛf] *m(f)* (*fam*), **Bandenführer(in)** *m(f)* gang leader **Bandenkriminalität** *f* (*Kriminalität von Verbrecherbanden*) [organized] gang crime

Bandenwerbung *f* ÖKON *advertising on hoardings round the perimeter of sports arenas*

Banderole <-, -n> *f* revenue stamp [*or* seal]

Bänderriss^RR *m* MED torn ligament **Bänderzerrung** *f* MED pulled ligament

bändigen *vt* ❶ (*zähmen*) ■**ein Tier** ~ to tame an animal ❷ (*niederhalten*) ■**jdn** ~ to bring sb under control, to subdue sb ❸ (*geh: zügeln*) ■**etw** ~ to control [*or* overcome] sth, to bring sth under control; **Haare** ~ to control one's hair; **Naturgewalten** ~ to harness the forces of nature

Bändigung <-, -en> *f* ❶ (*Zähmung*) taming ❷ (*Niederhaltung*) controlling, subduing ❸ (*geh: Zügelung*) controlling, overcoming; **die ~ eines Brandes** bringing a fire under control; **die ~ von Naturgewalten** harnessing [of] the forces of nature

Bandit(in) <-en, -en> *m(f)* bandit, brigand *old;* **einarmiger** ~ one-armed bandit

Bandmaß *nt* tape measure

Bandnudeln *pl* ribbon noodles, tagliatelle *npl*

Bandoneon <-s, -s> *nt* MUS bandoneon

Bandsäge *f* band saw

Bandscheibe *f* ANAT [intervertebral] disc; **es an** [*o* **mit**] **der** ~ [*o* **den ~n**] **haben** (*fam*) to have a slipped [*or* slipped a] disc

Bandscheibenschaden *m* MED damaged [intervertebral] disc **Bandscheibenvorfall** *m* MED slipped disc

Bandwurm *m* tapeworm

bang(e) <-er *o* bänger, -ste *o* bängste> *adj* (*geh*) scared, frightened; **~e Augenblicke/Minuten/Stunden** anxious moments/minutes/hours; **ein ~es Schweigen** an uneasy silence; **in ~er Erwartung** uneasily; **es ist/wird jdm** ~ [**zumute**] to be/become uneasy [*or* anxious]; **jdm ist** ~ [**vor jdm/etw**] sb is scared [of sb/sth]; *s. a.* **Herz**

Bangale, Bangalin <-n, -n> *m, f s.* **Bangladescher**

bangalisch *adj* Bengali; *s. a.* **deutsch**

Bange <-> *f* ~ [**vor jdm/etw**] **haben** to be scared [*or* frightened] [*or* afraid] [of sb/sth]; **jdm** ~ **machen** to scare [*or* frighten] sb; **~e machen** [*o* **B~emachen**] **gilt nicht!** (*fam*) you can't scare me!; [**nur**] **keine** ~! (*fam*) don't be scared [*or* afraid]!; (*keine Sorge*) don't worry!

bangen *vi* (*geh*) ❶ (*sich ängstigen*) ■**um jdn/etw** ~ to worry [*or* be worried] about sb/sth; **um jds Leben** ~ to fear for sbs life ❷ (*Angst haben*) ■**es bangt jdm** [**vor jdm/etw**] [*o* **jdm bangt es** [**vor jdm/etw**]] sb is scared [*or* frightened] [*or* afraid] of sb/sth

Bangladesch, Bangladesh <-> *nt* Bangladesh

Bangladescher(in) <-s, -> *m(f)* Bangladeshi; *s. a.* **Deutsche(r)**

bangladeschisch *adj* BRD, ÖSTERR Bangladeshi; *s. a.* **deutsch**

Banjo <-s, -s> ['bɛndʒo] *nt* banjo

Bank¹ <-, Bänke> *f* ❶ (*Sitzmöbel*) bench; (*Garten~*)

[garden] seat [*or* bench]; (*Anklage~*) dock; **auf der Anklage~** in the dock; (*Kirchen~*) pew; **vor leeren Bänken predigen** to preach to an empty church; (*Schul~*) desk; **in der ersten ~** in the front [*or* first] row; (*Werk~*) workbench; **vor leeren Bänken spielen** to play to an empty house ❷ (*bankförmige Anhäufung*) bank; (*Austern~*) bed; (*Korallen~*) reef; (*Sand~*) sandbank, sandbar; (*Wolken~*) bank of clouds ▶ WENDUNGEN: **etw auf die lange ~ schieben** (*fam*) to put sth off; **[alle] durch die ~** (*fam*) every single one [*or* the whole lot] [of them]

Bank² <-, -en> *f* ❶ FIN bank; **auf der ~** in the bank; **ein Konto bei einer ~ haben** to have an account with a bank ❷ (*Kasse*) bank; **die ~ haben** [*o* **halten**] to be [the] banker, to have a bank; **die ~ sprengen** to break the bank

Bankangestellte(r) *f(m) dekl wie adj* bank employee **Bankautomat** *m* [automated] cash dispenser, automated teller machine, ATM, bank machine

Bänkchen <-s, -> *nt dim von* **Bank¹** little [*or* small] bench

Bankdirektor, -direktorin *m, f* bank manager, director of a bank

Bänkellied *nt* street ballad **Bänkelsänger(in)** *m(f)* ballad-singer

Bankenaufsicht *f* bank supervision **Bankenviertel** *nt* banking district

Banker(in) <-s, -> ['bɛŋkɐ] *m(f)* (*fam*) banker

Bankett¹ <-[e]s, -e> *nt* banquet

Bankett² <-[e]s, -e> *nt*, **Bankette** <-, -n> *f* verge BRIT, shoulder AM; **„~e nicht befahrbar** [*o* **unbefahrbar**]**"** "soft verges"

Bankfach *nt* ❶ (*Schließfach*) safe-deposit box ❷ (*Beruf*) banking, banking profession; **im ~ arbeiten** to work in banking [*or* in the banking profession] **Bankfiliale** *f* branch (*of a bank*) **Bankgeheimnis** *nt* [the bank's duty to maintain] confidentiality **Bankgeschäft** *nt* bank transaction **Bankguthaben** *nt* bank balance **Bankhalter(in)** *m(f)* bank, banker **Bankhaus** *nt* (*geh*) banking house; **~ Schlüter & Sohn** Schlüter & Son, Bankers

Bankier <-s, -s> [baŋ'kie:] *m* banker

Bankivahuhn *nt* ORN (*Gallus gallus*) red jungle fowl

Bankkaufmann, -frau *m, f* [qualified] bank clerk **Bankkonto** *nt* bank account **Bankkredit** *m* bank loan **Banklehre** *f* training as a bank clerk **Bankleitzahl** *f* bank sorting code [number] **Banknote** *f* banknote

Bankomat <-en, -en> *m* cash machine [*or* dispenser]

Bankplatz *m* (*geh*) banking centre [*or* AM -er] **Bankprovision** *f* bank charge **Bankraub** *m* bank robbery **Bankräuber(in)** *m(f)* bank robber

bankrott *adj* ❶ ÖKON bankrupt; **jdn ~ machen** to bankrupt sb ❷ (*fig*) bankrupt, discredited

Bankrott <-[e]s, -e> *m* bankruptcy; **~ gehen** [*o* **machen**] to go [*or* become] bankrupt

Bankrotterklärung *f* ❶ ÖKON declaration of bankruptcy ❷ (*Erklärung der Inkompetenz*) declaration of failure

Bankrotteur(in) <-s, -e> [baŋkrɔ'tø:ɐ] *m(f)* (*geh*) bankrupt

Banküberfall *m* bank raid **Banküberweisung** *f* bank transfer **banküblich** *adj* ***es ist* ~** it is normal banking practice **Bankverbindung** *f* banking arrangements; **wie ist Ihre ~?** what are the particulars of your bank account? **Bankwesen** *nt kein pl* banking

Bann <-[e]s> *m* ❶ (*geh*) spell; **in jds ~** *akk*/**in den ~ einer S. geraten** to come under sb's/sth's spell; **jdn in ~ halten** (*geh*) to hold sb in one's spell; **jdn in seinen ~ schlagen** [*o* **ziehen**] to cast a spell over sb; **in jds ~** *dat*/**im ~ einer S. stehen** *gen* to be under sb's spell/under the spell of sth ❷ HIST excommunication; **den ~ über jdn aussprechen** to excommunicate sb; **jdn vom ~ lösen** to absolve sb [from excommunication]; **jdn in den ~ tun** [*o* **jdn mit dem ~ belegen**] to excommunicate sb

Bannbulle *f* HIST bull [*or* letter] of excommunication

bannen *vt* ❶ (*geh: faszinieren*) ■**jdn ~** to entrance [*or* captivate] sb; **[wie] gebannt** [as though] bewitched [*or* entranced] ❷ (*fern halten*) ■**jdn/etw ~** to exorcize sb/sth; **Gefahr ~** to avert [*or* ward off] danger

Banner <-s, -> *nt* banner; **das ~ einer Sache hochhalten** to hold high the banner of sth

Bannerträger(in) *m(f)* (*a. fig*) standard-bearer

Bannkreis *m* influence; **in jdns ~ stehen** to be under sb's influence; **in jdns ~ geraten/in den ~ einer Sache geraten** to come under sb's/sth's influence **Bannmeile** *f restricted area round a [government] building in which public meetings or demonstrations are banned* **Bannstrahl** *m* (*geh*) excommunication **Bannwald** *m* ÖSTERR, SCHWEIZ *forest planted as protection against avalanches*

Bantamgewicht *nt* SPORT ❶ *kein pl* (*Klasse*) bantamweight; **im ~ boxen** to box in the bantamweight category ❷ (*Sportler*) bantamweight **Bantamgewichtler(in)** <-s, -> *m(f) s.* **Bantamgewicht 2.**

Baobab <-s, -s> *m* BOT (*Adansonia*) baobab

Baptist(in) <-en, -en> *m(f)* Baptist

bar *adj* ❶ (*in Banknoten oder Münzen*) cash; **~es Geld** cash; **~e Zahlungen** payments in cash; **[in] ~ bezahlen** to pay [in] cash; **gegen ~** for cash; ***Verkauf nur gegen* ~** cash sales only; ***DM 600 in* ~** DM 600 [in] cash ❷ *attr* (*rein*) pure; **~er Unsinn** utter [*or* absolute] rubbish [*or* AM garbage] ❸ *pred* (*geh: ohne*) ■**~ einer S.** *gen* devoid of [*or* [utterly] without] sth

bar, Bar <-s, -s> *nt als Maßeinheit* bar

Bar <-, -s> *f* bar

Bär(in) <-en, -en> *m(f)* bear; **stark wie ein ~** (*fam*) strong as an ox; **wie ein ~ schlafen** (*fam*) to sleep like a log; **der Große/Kleine ~** the Great/Little Bear, Ursa Major/Minor *spec* ▶ WENDUNGEN: **jdm einen ~en aufbinden** (*fam*) to have [*or* AM put] sb on, to pull sb's leg

Baracke <-, -n> *f* hut, shack

Barbadier(in) <-s, -> *m(f)* Barbadian, Bajan *fam; s. a.* **Deutsche(r)**

barbadisch *adj* Barbadian; *s. a.* **deutsch**

Barbados <-> *nt* Barbados; *s. a.* **Deutschland**

Barbar(in) <-en, -en> *m(f)* ❶ (*pej*) barbarian, brute ❷ HIST Barbarian

Barbarakraut *nt kein pl* wintercress, land cress

Barbarei <-, -en> *f* (*pej*) ❶ (*Unmenschlichkeit*) barbarity; **ein Akt der ~** an act of barbarity, a barbarous act ❷ *kein pl* (*Kulturlosigkeit*) barbarism; **in ~ versinken** [*o* **in die ~ zurücksinken**] to [re]lapse into barbarism

Barbarie-Ente *f* KOCHK Musk duck

Barbarin <-, -nen> *f fem form von* **Barbar**

barbarisch I. *adj* ❶ (*pej: unmenschlich*) barbarous; **~e Folter** brutal torture; **eine ~e Strafe** a savage punishment ❷ (*fam: grässlich*) barbaric ❸ (*fam: unerhört*) dreadful, terrible ❹ HIST barbarian II. *adv* ❶ (*grausam*) brutally ❷ (*fam: entsetzlich*) dreadfully, awfully

Barbe <-, -n> *f* ZOOL, KOCHK (*Fischart*) barbel

bärbeißig *adj* (*fam*) grumpy; **ein ~er Ton** a gruff tone

Barbenkraut *nt* barbarea

Barbier <-s, -e> *m* (*veraltet*) barber

Barbiturat <-[e]s, -e> *nt* barbiturate

Barbitursäure *f* PHARM barbituric acid

barbusig I. *adj* topless II. *adv* topless

Bardame *f* barmaid, hostess

Barde <-n, -n> *m* bard

bardieren *vt* KOCHK to wrap in bacon

Bare(s) *nt kein pl* cash

Bärendienst *m* ▶ WENDUNGEN: **jdm einen ~ erweisen** to do sb a bad turn [*or* disservice] **Bärendreck** *m* SÜDD, SCHWEIZ (*Lakritze*) liquorice BRIT, licorice AM **Bärenhaut** *f* bearskin ▶ WENDUNGEN: **auf der ~ liegen** (*pej fam*) to laze about, to lie around **Bärenhunger** *m* a massive appetite; **einen ~ haben** (*fam*) to be famished [*or* ravenous] [*or* starving] **Bärenjagd** *f* bear hunt[ing] **Bärenklau** <-> *m kein pl* BOT (*Heracleum*) hogweed, cow parsnip **Bärenkräfte** *pl* the strength of an ox **Bärenkrebs** *m* ZOOL, KOCHK slipper lobster **Bärenlauch** *m* wild garlic, ramson **Bärennatur** *f* tough constitution; **eine ~ haben** (*fam*) to be tough **bärenstark** *adj* ① (*fam: äußerst stark*) as strong as an ox *pred* ② (*sl: toll*) cool **Bärentraube** *f* BOT (*Arctostaphylos*) bearberry

Barentssee *f* Barents Sea

Barett <-[e]s, -e *o* -s> *nt* beret; (*von Geistlichem*) biretta; (*von Richter*) cap; (*von Professor*) mortarboard

barfuß *adj pred* barefoot[ed]

barfüßig *adj* ① *attr* barefooted ② *pred* (*geh*) *s.* **barfuß**

barg *imp von* **bergen**

Bargeld *nt* cash

bargeldlos **I.** *adj* cashless **II.** *adv* without using cash; **~ zahlen** to pay without cash [*or* by credit card etc.]

barhäuptig **I.** *adj* (*geh*) bare-headed **II.** *adv* (*geh*) bare-headed

Barhocker *m* bar stool

Bärin <-, -nen> *f fem form von* **Bär** [she-]bear

Bariton <-s, -e> *m* baritone

Barium <-s> *nt kein pl* barium

Barkasse <-, -n> *f* launch

Barkauf *m* cash purchase

Barke <-, -n> *f* skiff, rowing boat

Barkeeper(in) <-s, -> ['ba:ɐki:pɐ] *m(f)*, **Barmann** *m* barman, bartender

Bärlapp <-s, -e> *m* BOT (*Lycopodium*) clubmoss, lycopod **Bärlauch** *m* BOT (*Allium ursinum*) broad-leaved garlic

Barlöffel *m* mixing spoon (*for drinks*)

barmherzig *adj* (*mitfühlend*) compassionate; ■ **~ sein** to show compassion; **eine ~e Tat** an act of compassion ▶ WENDUNGEN: **[Gott] der B~e** REL merciful God

Barmherzigkeit <-> *f kein pl* mercy, compassion; **[an jdm] ~ üben** (*geh*) to show mercy to [*or* compassion towards] sb

Barmittel *pl* FIN (*geh*) cash reserves [*or* resources]

Barmixer(in) <-s, -> *m(f)* barman

barock *adj* ① KUNST, ARCHIT, LIT baroque ② (*üppig*) baroque [*or* ornate]; **eine ~e Figur** an ample [*or* voluptuous] figure; **eine ~e Sprache** florid language ③ (*pompös*) extravagant

Barock <-[s]> *nt o m kein pl* baroque

Barockzeit *f* the baroque [*or* age] period

Barometer <-s, -> *nt* barometer; **das ~ fällt/steigt** the barometer is falling/rising ▶ WENDUNGEN: **das ~ steht auf Sturm** things look stormy

Barometerstand *m* barometer reading

Baron(in) <-s, -e> *m(f)* baron; KOCHK (*vom Lamm/Rind*) baron [of beef/lamb]

Baroness[RR] <-, -en> *f*, **Baroneß** <-, -essen> *f*, **Baronesse** <-, -n> *f daughter of a baron*

Baronin <-, -nen> *f fem form von* **Baron**

Barrakuda <-, -s> *m* ZOOL (*Sphyraena barracuda*) barracuda

Barrel <-s, -s *o als Maßeinheit* -> ['bɛrəl] *nt* barrel

Barren[1] <-s, -> *m* SPORT parallel bars *npl*

Barren[2] <-s, -> *m* bar, ingot; **in ~** in the form of bars [*or* ingots]

Barrengold *nt* gold bullion

Barriere <-, -n> *f* (*a. fig*) barrier

Barrikade <-, -n> *f* (*Verschanzung*) barricade ▶ WENDUNGEN: **[für etw] auf die ~n gehen** to man the barricades [for sth], to go on the warpath for [sth]

barsch **I.** *adj* curt **II.** *adv* curtly

Barsch <-[e]s, -e> *m* perch

Barschaft <-> *f kein pl* (*geh*) cash; ***50 DM, das ist meine ganze ~!*** 50 marks is all the cash I have!

Barscheck *m* FIN open [*or* uncrossed] cheque BRIT, cashable check AM **Barspende** *f* FIN cash donation

barst *imp von* **bersten**

Bart <-[e]s, Bärte> *m* ① (*Voll~*) beard; **einen ~ haben** to have a beard; **sich *dat* etw in den ~ brummeln** (*fam*) to mumble sth [into one's beard]; **sich *dat* einen ~ wachsen [*o* stehen] lassen** to grow a beard; **mit ~** bearded; **ohne ~** clean-shaven ② (*Schnurr~*) moustache BRIT, mustache AM ③ ZOOL whiskers ④ TECH (*Schlüssel~*) bit ▶ WENDUNGEN: **beim ~e des Propheten** cross my heart; **jdm um den ~ gehen** (*fam*) to butter sb up; **einen ~ haben** (*fam*) to be as old as the hills; **der ~ ist ab** (*fam*) that's it! [*or* that]

Bärtchen <-s, -> *nt* small beard; (*Schnurrbart*) small moustache [*or* AM mustache]

Bartenwal *m* ZOOL whalebone [*or* baleen] whale

Bartflechte *f* ① MED sycosis ② BOT beard lichen [*or* moss] **Bartgrundel** <-, -n> *f* ZOOL, KOCHK *s.* **Schmerle** **Barthaar** *nt* ① (*im Gesicht*) facial hair ② ZOOL whisker

Barthel *m* ▶ WENDUNGEN: **wissen, wo [der] ~ den Most holt** (*fam*) to know what's what [*or* every trick in the book]

Bartholomäusnacht *f* HIST ■ **die ~** the Massacre of St Bartholemew

bärtig *adj* bearded

Bärtige(r) *m dekl wie adj* a bearded man, a man with a beard

bartlos *adj* beardless, clean-shaven **Bartmännchen** *nt* KOCHK, ZOOL cusk eel **Bartnelke** *f* sweet william **Bartstoppeln** *pl* stubble *sing* **Bartwuchs** *m* growth of beard; (*Frau*) facial hair

Barverkauf *m* cash sale **Barvermögen** *nt* cash [*or* liquid] assets **Barzahlung** *f* payment in cash, cash payment

Barzange *f* bar tongs *npl*

Basalt <-[e]s, -e> *m* basalt

Basar <-s, -e> *m* ① (*orientalischer Markt*) bazaar ② (*Wohltätigkeits~*) bazaar

Base[1] <-, -n> *f* CHEM base

Base[2] <-, -n> *f* ① (*veraltet*) *s.* **Cousine** ② SCHWEIZ *s.* **Tante**

Baseball <-s> ['bɛɪsbɔ:l] *m kein pl* baseball

Baseballschläger *m* baseball bat

Basedow <-s> ['ba:zedo] *m kein pl* MED **b~sche Krankheit** [exophthalmic] goitre [*or* -er] AM

Basedow-Kankheit, **Basedowkrankheit**[RR] *f* [exophthalmic] goitre [*or* -er] AM

Base-Jumping <-s> ['beɪsdʒʌmpɪŋ] *nt kein pl* SPORT base-jumping (*parashooting off buildings, bridges, etc.*)

Basel <-s> *nt* Basle [*or* Basel]

Basellandschaft <-s> *nt* Basel District

Basel-Stadt <-> *nt* Basel City

Basen *pl von* **Basis**, **Base**

Basenpaarung *f* BIOL base pairing

basieren* **I.** *vi* ■ **auf etw ~** *dat* to be based on sth **II.** *vt* (*selten*) ■ **etw auf etw ~** *akk* to base sth on sth

Basilika <-, Basiliken> *f* basilica

Basilikum <-s> *nt kein pl* basil

Basilisk <-en, -en> *m* basilisk

Basis <-, Basen> *f* ① (*Grundlage*) basis ② POL (*die Parteimitglieder/die Bürger*) ■ **die** ~ the grass roots [level]; **an der** ~ **arbeiten** to do grass roots work ③ ARCHIT base ④ MIL base

Basisarbeit *f* groundwork, work at grass roots level **Basiscamp** [-kɛmp] *nt* base camp

basisch **I.** *adj* CHEM basic **II.** *adv* CHEM as a base

Basisdemokratie *f kein pl* grass-roots democracy **Basisgruppe** *f* POL action group **Basislager** *nt* base camp **Basiswissen** *nt kein pl* basic knowledge

Baske, Baskin <-n, -n> *m, f* Basque; *s. a.* **Deutsche(r)**

Baskenland *nt* ■ **das** ~ Basque region **Baskenmütze** *f* beret

Basketball <-s> *m kein pl* basketball

Baskin <-, -nen> *f fem form von* **Baske**

Baskisch *nt dekl wie adj* Basque; *s. a.* **Deutsch**

baskisch *adj* Basque; *s. a.* **deutsch**

Baskisch *nt dekl wie adj* Basque; *s. a.* **Deutsch**

Baskische <-n> *nt* ■ **das** ~ Basque, the Basque language; *s. a.* **Deutsche**

Basmati <-s> *m kein pl* basmati [rice]

Basrelief *nt* bas-relief

bass^RR^, **baß** *adv* (*hum*) ~ **erstaunt sein** to be flabbergasted

Bass^RR^ <-es, Bässe> *m*, **Baß** <-sses, Bässe> *m* ① MUS bass [voice]; (*Sänger*) bass; ***den*** ~ ***singen*** to sing bass [*or* the bass part] ② MUS bass [notes *pl*]

Bassbariton^RR^ *m* bass baritone **Bassgeige**^RR^ *f* (*fam*) [double] bass **Bassgitarre**^RR^ *f* bass guitar

Bassin <-s, -s> [ba'sɛ̃ː] *nt* ① (*Schwimmbecken*) pool ② (*Garten~*) pond

Bassist(in) <-en, -en> *m(f)* ① (*Sänger*) bass [singer] ② (*Spieler eines Bassinstrumentes*) [double] bass player

basslastig^RR^ *adj* MUS *Musik, Sound, Song* heavy on the bass **Bassschlüssel**^RR^ *m* bass clef **Bassstimme**^RR^ *f* (*Gesangsstimme*) bass [voice]; (*Partie*) bass [part]

Basstölpel^RR^ *m* ORN (*Sula bassana*) gannet

Bast <-[e]s, *selten* -e> *m* ① BOT bast; (*Pflanzenfaser zum Binden*) raffia ② (*Geweih*) velvet

basta *interj* [**und damit**] ~**!** [and that's] enough!

Bastard <-[e]s, -e> *m* ① (*fam: mieser Kerl*) bastard ② HIST (*uneheliches Kind*) bastard ③ BOT (*Hybride*) hybrid

bastardisieren *vt* ■ **etw** ~ to bastardize sth

Bastardisierung <-, -en> *f* BIOL, BOT bastardization

Bastei <-, -en> *f* HIST *s.* **Bastion**

Bastelarbeit *f* ① (*Tätigkeit des Bastelns*) handicraft [work]; (*knifflige Arbeit*) a tricky [*or* BRIT *fam a.* fiddly] job ② (*Ergebnis*) piece of handicraft [work]

Bastelei <-, -en> *f* (*pej fam*) fiddling around *fam*

basteln **I.** *vi* ① (*als Hobby*) to make things [with one's hands], to do handicrafts ② (*sich zu schaffen machen*) ■ **an etw** ~ *dat* to work on sth; ***er bastelt schon den ganzen Tag an dem Computer herum*** he's been fiddling [*or* messing] around with the computer all day **II.** *vt* (*handwerklich fertigen*) ■ [**jdm**] **etw** ~ to make sth [for sb]; **ein Gerät** ~ to build a machine; ■ **sich** *dat* **etw** ~ to make oneself sth

Basteln <-s> *nt kein pl* ① (*Hobby*) handicraft [work], making things ② (*Prozess des Anfertigens*) ■ **das** ~ **einer Sache** making [*or* building] sth

Bastille <-> [bas'tiːjə] *f kein pl* HIST Bastille; ***der Sturm auf die*** ~ the storming of the Bastille

Bastion <-, -en> *f* bastion, bulwark; ***eine*** ~ ***des Kommunismus*** a bastion of Communism; **die letzte** ~ the last bastion

Bastler(in) <-s, -> *m(f)* handicraft enthusiast, do-it-yourselfer, handy man; **ein guter** ~ **sein** to be good with one's hands

bat *imp von* **bitten**

BAT *m Abk von* **Bundesangestelltentarif** statutory salary scale

Bataillon <-s, -e> [batal'joːn] *nt* battalion

Bataillonskommandeur [-kɔmandøːɐ] *m* battalion commander

Batate <-, -n> *f* AGR, BOT (*Ipomoea batates*) sweet potato

Bataviasalat *m* Batavia lettuce

Batik <-, -en> *f* batik

batiken **I.** *vi* to do batik [work] **II.** *vt* ■ [**jdm**] **etw** ~ to decorate sth with batik [for sb]

Batist <-[e]s, -e> *m* batiste

Batterie <-, -n> [*pl* -'riːən] *f* ① ELEK battery ② TECH (*Misch~*) regulator ③ (*fam: Ansammlung*) row ④ MIL battery ⑤ KOCHK set (*of matching pots and pans, casseroles etc.*)

Batteriebetrieb *m* battery operation; **auf** ~ **laufen** to run on batteries, to be battery-powered **batteriebetrieben** *adj* battery-powered **Batteriehuhn** *nt* (*fam*) battery hen

Batzen <-s, -> *m* ① (*Klumpen*) lump; *Erde* clod; **ein ganzer** [*o* **schöner**] ~ [**Geld**] (*fam*) a pile [of money], a tidy sum, a pretty penny ② HIST (*Silbermünze*) batz

Bau^1^ <-[e]s, -ten> *m* ① *kein pl* (*das Bauen*) building, construction; **im** ~ **befindlich** under construction; **mit dem** ~ **beginnen** to start building; **im** [*o* **in**] ~ **sein** to be under construction ② *kein pl* (*Körper~*) build, physique ③ (*Gebäude*) building; (*~werk*) construction ④ *kein pl* (*fam: Baustelle*) building site; **auf dem** ~ **arbeiten** to work on a building site, to be a construction worker ⑤ *kein pl* MIL (*sl: Arrest*) guardhouse, BRIT *a.* glasshouse *sl*

Bau^2^ <-[e]s, -e> *m* ① (*Erdhöhle*) burrow, hole; (*Biber~*) [beaver] lodge; (*Dachs~*) sett; (*Fuchs~*) earth, den; (*Wolfs~*) lair ② (*sl: Wohnung*) den; **nicht aus dem** ~ **kommen** to not stick one's nose out[side] the door

Bauabschnitt *m* stage [*or* phase] [of construction] **Bauamt** *nt* building control department, department of building inspection **Bauarbeiten** *pl* building [*or* construction] work *sing*; ***wegen*** ~ ***gesperrt*** closed for repair work **Bauarbeiter(in)** *m(f)* building [*or* AM construction] worker **Bauaufsichtsbehörde** *f* planning department and buildings control office **Baubeginn** *m kein pl* start of construction **Bauboom** [-buːm] *m* construction [*or* building] boom **Baubude** *f* site hut

Bauch <-[e]s, Bäuche> *m* ① (*Unterleib*) stomach, belly, tummy *inf;* KOCHK belly; (*Fett~*) paunch; **einen dicken** ~ **bekommen** [*o* **kriegen**] to put on weight around the stomach, to develop a paunch; [**noch**] **nichts im** ~ **haben** (*fam*) to have an empty stomach; **sich** *dat* **den** ~ **voll schlagen** (*fam*) to stuff oneself *fam* ② (*bauchiger Teil*) belly; **im** ~ **eines Schiffes** in the bowels of a boat ▶ WENDUNGEN: **einen dicken** ~ **haben** (*sl*) to have a bun in the oven BRIT *derb,* to be in the family way AM; **jdm einen dicken** ~ **machen** (*sl*) to put sb in the club [*or* AM in the family way] *sl;* **aus dem hohlen** ~ [**heraus**] (*fam*) off the top of one's head; **voller** ~ **studiert nicht gern** (*prov*) you can't study on a full stomach; **mit etw auf den** ~ **fallen** (*fam*) to make a hash of sth; **sich** *dat* [**vor Lachen**] **den** ~ **halten** (*fam*) to split one's sides [laughing]; **vor jdm auf dem** ~ **kriechen** [*o* **rutschen**] (*fam*) to crawl to sb, to grovel at sb's feet; **aus dem** ~ (*fam*) from the heart

Bauchansatz *m* beginnings *pl* of a paunch **Bauchbinde** *f* ① MED abdominal bandage ② (*Papierring/-streifen*) band **Bauchdecke** *f* ANAT abdominal wall

Bauchfell *nt* ANAT peritoneum

Bauchfellentzündung *f* MED peritonitis

Bauchfleck *m* ÖSTERR (*fam: Bauchklatscher*) belly-flop *fam* **Bauchfleisch** *nt* belly **bauchfrei** *adj inv* **~es Top** halter top **Bauchgrimmen** <-s> *nt kein pl* stomach ache, a sore stomach

Bauchhöhle *f* abdominal cavity

Bauchhöhlenschwangerschaft *f* ectopic pregnancy

bauchig *adj* bulbous

Bauchklatscher <-s, -> *m* (*fam*) belly-flop **Bauchladen** *m* vendor's [*or* sales] tray **Bauchlandung** *f* (*fam*) belly-landing ▶ WENDUNGEN: **eine ~ mit etw machen** to make a flop of sth, to come a cropper with sth **Bauchlappen** *m* KOCHK (*vom Kalb*) belly [of veal]

Bäuchlein <-s, -> *nt* (*hum*) tummy *fam*

bäuchlings *adv* on one's stomach, face down

Bauchmuskeln *pl* stomach muscles *pl* **Bauchnabel** *m* navel, belly [*or* BRIT *a.* tummy] button *fam* **bauchreden** *vi nur infin und pp* to ventriloquize; ■**das B~** ventriloquism **Bauchredner(in)** *m(f)* ventriloquist **Bauchschmerzen** *pl* stomachache [*or* pains], tummy ache *fam;* **~ haben/kriegen** to have/get stomachache [*or* AM a stomachache]; (*fig fam*) to get butterflies in one's tummy [*or* stomach] *fam* **Bauchschuss**RR *m* ① (*Schuss in den Bauch*) shot in the stomach ② (*fam: Patient mit Bauchschuss*) stomach wound **Bauchspeck** *m* ① (*Fleischstück*) streaky bacon ② (*Fettansatz*) spare tyre [*or* AM tire] **Bauchspeicheldrüse** *f* ANAT pancreas **Bauchtanz** *m* belly-dance **Bauchtänzerin** *f* belly-dancer **Bauchweh** *nt s.* **Bauchschmerzen**

Baud <-[s], -> [bo:t] *nt* baud

Baudenkmal *nt* architectural [*or* historical] monument **Bauelement** *nt* component [part]

bauen I. *vt* ① (*errichten*) ■**[jdm] etw ~** to build [*or* construct] sth [for sb]; ■**sich** *dat* **etw ~** to build oneself sth ② (*zusammen~*) ■**etw ~** to construct [*or* make] sth; **ein Auto/eine Bombe/ein Flugzeug/ein Schiff ~** to build a car/bomb/an aircraft/ship; **ein Gerät ~** to construct a machine; **eine Violine ~** to make a violin ③ (*herstellen*) ■**etw ~** to build sth; **ein Nest ~** to build a nest; *s. a.* **Bett** ④ (*fam: verursachen*) **Mist ~** to mess things up; **einen Unfall ~** to cause an accident ⑤ (*fam: schaffen*) ■**etw ~** to do sth; **den Führerschein ~** to do one's driving test II. *vi* ① (*ein Haus errichten lassen*) to build a house, to have a house built; **billig ~** to build cheaply; **teuer ~** to spend a lot on building a house; ■**an etw** *dat* **~** to work on sth; **an einem Haus ~** to be building [*or* working on] a house ② (*vertrauen*) ■**auf jdn/etw ~** to rely [*or* count] on sb/sth; **darauf ~, dass etwas passiert** to rely on sth happening

Bauentwurf *m* building plans *pl*

Bauer1 <-n *o selten* -s, -n> *m* ① (*Landwirt*) farmer ② HIST (*Vertreter einer Klasse*) peasant ③ (*pej: ungehobelter Mensch*) peasant, yokel, [country] bumpkin ④ (*Schachspiel*) pawn ▶ WENDUNGEN: **die dümmsten ~n ernten die größten** [*o* **dicksten**] **Kartoffeln** (*prov fam*) fortune favours [*or* AM -ors] fools *prov;* **was der ~ nicht kennt, [das] frisst er nicht** (*prov fam*) people don't change their lifelong eating habits; *s. a.* **Bäuerin**

Bauer2 <-s, -> *nt o selten m* (*Vogelkäfig*) [bird] cage

Bäuerchen <-s, -> *nt* (*kindersprache*) burp; **[ein] ~ machen** to burp [a baby]

Bäuerin <-, -nen> *f* ① *fem form von* **Bauer** ② (*Frau des Bauern*) farmer's wife

bäuerisch *adj s.* **bäurisch**

bäuerlich I. *adj* ① (*ländlich*) rural; **~e Betriebe** farms; **~e Sitten** rustic [*or* country] customs ② (*rustikal*) country, peasanty II. *adv* ① (*agrarisch*) rural ② (*rustikal*) **~ eingerichtet** decorated with rustic charm

Bauernaufstand *m* HIST peasants revolt [*or* uprising] **Bauernbrot** *nt* coarse rye-bread **Bauernbub** *m* SÜDD, ÖSTERR, SCHWEIZ (*Bauernjunge*) country lad [*or* AM boy] **Bauernfang** *m* ▶ WENDUNGEN: **auf ~ ausgehen** (*pej fam*) to set out to con people **Bauernfänger** *m* (*pej fam*) con-man *fam,* swindler **Bauernfängerei** <-, -en> *f* (*pej fam*) con-trick [*or* AM -game]; ***das ist doch nur ~!*** that's nothing but a con-trick **Bauernfrühstück** *nt fried potatoes with ham and egg* **Bauerngarten** *m* (*Gemüsegarten*) vegetable garden; (*Kräutergarten*) herb garden; (*für Eigenbedarf*) kitchen garden **Bauernhaus** *nt* farmhouse **Bauernhochzeit** *f* country wedding **Bauernhof** *m* farm **Bauernjunge** *m* country lad [*or* AM boy]; **ein strammer ~** a strapping country lad [*or* boy] **Bauernkrieg** *m* HIST Peasants' War **Bauernopfer** *nt* necessary sacrifice **Bauernregel** *f* country saying

Bauernschaft <-> *f kein pl* farming community, farmers

bauernschlau *adj* crafty, cunning, sly **Bauernschläue** *f* native cunning [*or* craftiness] **Bauerntölpel** *m* (*pej*) country bumpkin [*or* yokel] **Bauernverband** *m* farmer's association

Bauersfrau *f s.* **Bäuerin 2. Bauersleute** *pl* ① (*Bauern*) country [*or* farming] folk ② (*Bauer und Bäuerin*) the farmer and his wife

Bauerwartungsland *nt* development land, land earmarked for development

baufällig *adj* dilapidated, in a bad state of repair

Baufälligkeit *f* state of dilapidation; ***„wegen ~ gesperrt“*** "no entry – building unsafe"

Baufirma *f* building [*or* construction] firm, building contractor **Baugelände** *nt* construction [*or* building] site **Baugenehmigung** *f* planning [*or* building] consent [*or* permission] **Baugenossenschaft** *f* housing association **Baugerüst** *nt* scaffolding **Baugeschäft** *nt* building firm **Baugesellschaft** *f* construction company **Baugewerbe** *nt kein pl* building [*or* construction] trade **Baugrube** *f* excavation, foundation ditch **Baugrundstück** *nt* plot of land [for building] **Bauhandwerker(in)** *m(f)* skilled building [*or* AM construction] worker **Bauhaus** *nt* KUNST Bauhaus **Bauherr, -herrin** *m, f* client for whom a building is being built **Bauherrenmodell** *nt tax-relief scheme for construction of residential and commercial properties* **Bauholz** *nt* timber BRIT, lumber AM **Bauindustrie** *f* construction [*or* building] industry **Bauingenieur(in)** *m(f)* civil engineer **Baujahr** *nt* ① (*Jahr der Errichtung*) year of construction ② (*Produktionsjahr*) year of manufacture **Baukasten** *m* construction set [*or* kit]; (*für Kleinkinder*) box of building blocks **Baukastensystem** *nt kein pl* modular [*or* unit] construction system **Bauklotz** *m* building brick [*or* block] ▶ WENDUNGEN: **Bauklötze staunen** (*fam*) to gape in astonishment, to be flabbergasted **Bauklötzchen** *nt* [building] bricks **Baukonjunktur** *f* construction [*or* building] boom **Baukosten** *pl* building [*or* construction] costs *pl* **Baukostenzuschuss**RR *m tenant's contribution to building costs* **Baukunst** *f* (*geh*) architecture **Bauland** *nt* building land **Baulärm** *m kein pl* construction noise **Bauleiter(in)** *m(f)* [building] site manager, BRIT *a.* clerk of [the] works **Bauleitplan** *m* development plans for local real estate **Bauleitung** *f* ① (*Aufsicht*) site supervision; (*die Bauleiter*) supervisory staff ② (*Büro*) site office

baulich I. *adj* structural; **sich in einem guten/schlechten ~en Zustand befinden** to be structurally sound/unsound; ***wegen ~er Maßnahmen bleibt***

das Gebäude vorübergehend geschlossen the building is temporarily closed due to renovations; **~e Veränderungen durchführen** to carry out structural alterations [*or* modifications] **II.** *adv* structurally

Baulichkeit <-, -en> *f meist pl* (*geh*) building

Baulöwe *m* (*fam*) building speculator **Baulücke** *f* vacant [*or* BRIT *a.* gap] site

Baum <-[e]s, Bäume> *m* ❶ (*Pflanze*) tree; **der ~ der Erkenntnis** the Tree of Knowledge; **stark wie ein ~** [as] strong as a horse [*or* an ox]; **auf einen ~ klettern** to climb [up] a tree; **Bäume ausreißen können** (*fig fam: voller Energie sein*) to be full of energy [*or fam* beans]; (*viel leisten können*) to feel able to tackle anything ❷ INFORM (*Such~*) tree [structure] ▸ WENDUNGEN: **zwischen ~ und Borke stehen** [*o* **stecken**] to be in two minds [about sth], to be stuck between a rock and a hard place; **die Bäume wachsen nicht in den Himmel** (*prov*) all good things come to an end *prov;* **einen alten ~** [*o* **alte Bäume**] **soll man nicht verpflanzen** (*prov*) old people should be left in familiar surroundings

Baumarkt *m* ❶ (*Geschäft für Baubedarf*) DIY superstore, building supplies store AM ❷ (*Baugewerbe*) construction market **Baumaschine** *f* piece of construction equipment [*or* machinery] **Baumaterial** *nt* building material

Baumbestand *m* [stock of] trees **baumbestanden** *adj* FORST tree-covered *attr,* covered with trees *pred*

Bäumchen <-s, -> *nt* ❶ *dim von* **Baum** young tree ❷ **~ wechsle dich spielen** (*hum*) to change [*or* swap] partners, to go bed-hopping

Baumeister(in) *m(f)* ❶ (*Techniker im Bauwesen*) master builder ❷ (*geh: Erbauer*) builder, architect

baumeln *vi* ❶ (*hin und her schaukeln*) ■[**an etw** *dat*] **~** to dangle [from sth] ❷ (*sl: erhängt werden*) to swing *fam;* ***wir wollen den Mörder ~ sehen!*** let's see the murderer swing!

bäumen *vr s.* **aufbäumen**

Baumfalke *m* ORN (*Falco subbuteo*) hobby **Baumfarn** *m* tree fern **Baumgrenze** *f* tree line, timberline **Baumgruppe** *f* group [*or* clump] [*or* cluster] of trees, coppice **baumhoch** *adj* as high as the trees **Baumkelter** *f* arbor press **Baumkrone** *f* treetop, crown of a/the tree **baumlang** *adj* (*fam*) extremely tall; **ein ~er Bursche** a beanpole **Baumläufer** *m* ORN tree creeper **baumlos** *adj* treeless **Baumnuss**RR *f* SCHWEIZ (*Walnuss*) walnut **Baumnussöl**RR *nt* walnut oil **Baumriese** *m* (*geh*) giant tree **Baumrinde** *f* [tree] bark, bark of a tree **Baumschere** *f* secateurs *npl* **Baumschule** *f* tree nursery **Baumstamm** *m* tree-trunk **baumstark** *adj* beefy, hefty **Baumsterben** *nt* dying[-off] of trees, forest die-back **Baumstruktur** *f* INFORM tree structure **Baumstumpf** *m* tree stump **Baumtomate** *f* tamarillo **Baumwipfel** *m* treetop

Baumwolle *f* cotton

baumwollen *adj attr* cotton

Bauordnung *f* building regulations *pl* **Bauplan** *m* building plans *pl* [*or* project]; **genetischer ~** genetic structure **Bauplatz** *m* site [for building] **Baupolizei** *f* building control [department] [*or* inspectorate] **Baupreis** *m meist pl* building costs *pl* **Bauprojekt** *nt* building project **Baurecht** *nt kein pl* building law [*or pl* regulations] **Baureihe** *f* [production] series

bäurisch *adj* (*pej*) boorish, oafish

Bauruine *f* (*fam*) unfinished [*or* half-finished] building which has been abandoned **Bausatz** *m* construction kit

Bausch <-es, Bäusche *o* -e> *m* ❶ (*Knäuel*) Watte ball ❷ (*von Stoff*) puff; (*von Vorhang*) pleat ▸ WENDUNGEN: **in ~ und Bogen** lock, stock and barrel

Bauschäden *pl* construction faults *pl*

bauschen **I.** *vr* **sich ~** to billow out **II.** *vi* (*bauschig sein*) [**in der Taille**] **~** to be full [at the waist]; **an den Ärmeln/Schultern ~** to have full sleeves/shoulders **III.** *vt* ■**etw ~** ❶ (*aufblähen*) to fill [*or* swell] sth; ***der Wind bauschte die Segel*** the wind filled the sails ❷ (*raffen*) gather sth

bauschig *adj* full; **eine ~e Hose** baggy trousers [*or* AM *a.* pants] *npl*

Bauschlosser(in) *m(f)* fitter [on a building site] **Bauschutt** *m* building rubble

bausparen *vi nur infin* to save with a building society [*or* AM savings and loan association]

Bausparer(in) *m(f)* saver with a building society [*or* AM savings and loan association], building society [*or* AM savings and loan association] investor

Bausparkasse *f* building society BRIT, savings and loan association AM **Bausparvertrag** *m* savings contract with a building society [*or* AM savings and loan association]

Baustein *m* ❶ (*Material zum Bauen*) building stone ❷ (*Bestandteil*) element ❸ INFORM chip, module **Baustelle** *f* building site; (*auf Straßen*) roadworks BRIT *npl,* [road] construction site AM; ***„Betreten der ~ verboten“*** "No entry to unauthorized persons" **Baustil** *m* architectural style **Baustoff** *m* building material **Baustopp**RR *m* suspension of building work; **einen ~ verordnen** to halt [work on] a building project **Bausubstanz** *f* fabric [of a building]; **historische ~** historic building stock **Bautechniker(in)** *m(f)* structural engineer **Bauteil** *nt* part of a building; (*von Maschine*) component; **fertiges ~** prefabricated element

Bauten *pl von* **Bau**[1]

Bautischler(in) *m(f)* joiner **Bauträger** *m* property developer **Bautrupp** *m* builders *pl* **Bauunternehmen** *nt* builder, building contractor **Bauunternehmer(in)** *m(f)* builder, building contractor **Bauvorhaben** *nt* construction [*or* building] project **Bauweise** *f* ❶ (*Art des Bauens*) method of building [*or* construction] ❷ (*Baustil*) style; **geschlossene/offene ~** terraced/detached houses **Bauwerk** *nt* building; (*von Brücke usw.*) construction **Bauwesen** *nt kein pl* building industry [*or* trade], construction industry **Bauwillige(r)** *f(m)* willing builder; (*für Eigenheim*) willing homebuilder **Bauwirtschaft** *f kein pl* building [*or* construction] industry

Bauxit <-s, -e> *m* bauxite

bauz *interj* (*kindersprache*) bang, crash; **~ machen** to go wallop [*or* AM boom]

Bauzaun *m* site fence [*or* hoarding] **Bauzeichnung** *f* construction drawing, building plan **Bauzeit** *f* time required for construction; ***die ~ beträgt 8 Monate*** it will take 8 months to build

Bayer(in) <-n, -n> *m(f)* Bavarian

bay(e)risch *adj* Bavarian

Bayerischer Wald *m* ■**der Bayerische Wald** the Bavarian Forest, the Bayerischer Wald

Bayern <-s> *nt* Bavaria

Bayöl *nt* myrcia oil

Bazillus <-, Bazillen> *m* MED bacillus; **der ~ der Freiheit** (*fig*) the cancer of corruption

BCG-Schutzimpfung *f* BCG vaccine

Bd. *Abk von* **Band** vol.

Bde *Abk von* **Bände** vols.

BDI <-> *m kein pl Abk von* **Bundesverband der deutschen Industrie** ≈ CBI BRIT

BDÜ <-> *m kein pl Abk von* **Bundesverband der Dolmetscher und Übersetzer** *federal association of interpreters and translators*

beabsichtigen* *vt* ❶ (*intendieren*) ■**etw** [**mit etw**] **~** to intend [*or* mean] to do sth [with sth]; ***das hatte ich nicht beabsichtigt!*** I didn't mean to do that!,

that wasn't intentional! ② *(geh: planen)* ■**etw ~** to plan sth; ■**~, etw zu tun** to plan to do sth

beabsichtigt *adj* intended; ***das war durchaus ~!*** that was intentional!; **die ~e Wirkung zeigen** to have the desired [*or* intended] effect; **wie ~** as intended

beachten* *vt* ① *(befolgen)* ■**etw ~** to observe [*or* comply with] sth; **eine Anweisung/einen Rat ~** to follow [*or* heed] advice/an instruction; **ein Verkehrszeichen ~** to observe a traffic sign; **die Vorfahrt ~** to yield [right of way], BRIT *a.* to give way ② *(darauf achten)* ■**jdn/etw ~** to notice [*or* pay attention to] sb/sth ③ *(berücksichtigen)* **bitte ~** ***Sie, dass ...*** please note [*or* take into consideration [*or* account]] that ...

beachtenswert *adj* remarkable, noteworthy; ■**~ sein, dass/wie** to be worth noting that/how

beachtlich I. *adj* considerable; **ein ~er Erfolg/eine ~e Leistung** a notable success/achievement; **eine ~e Verbesserung** a marked improvement; **B~es leisten** to achieve a considerable amount; **nichts B~es** nothing worthy of note; ***~!*** not bad! II. *adv* ① *(deutlich)* **~ kälter/schneller/wärmer** considerably [*or* markedly] [*or* significantly] colder/faster/warmer ② *(bemerkenswert)* remarkably

Beachtung *f* observance; ***wir bitten um ~ der Bedienungsanleitung*** please follow the instructions; ***die strikte ~ der Vorschriften*** compliance with [the] regulations; **~ finden** to receive attention; **keine ~ finden** to be ignored; **jdm/einer S. ~/keine ~ schenken** to pay attention/no attention to [*or* take notice/no notice of] sb/sth; **[jds] ~ verdienen** to be worthy of [sb's] attention; **bei ~ der Bestimmungen/Regeln** if one follows [*or* sticks to] the regulations/rules; **unter ~ einer S.** *gen* taking sth into account [*or* considering sth]

Beamte(r) *f(m) dekl wie adj* public official; *(Polizei~)* police officer; *(Post~)* post-office official; *(Staats~)* civil servant; *(Zoll~)* customs officer; **~ auf Probe** civil servant on probation; **~ auf Lebenszeit** civil servant; **~ auf Widerruf** probationary civil servant; **~ auf Zeit** temporary civil servant

Beamtenanwärter(in) *m(f)* civil service trainee **Beamtenapparat** *m* civil service machinery **Beamtenbeleidigung** *f* insulting a [public] official; ***er ist wegen ~ angeklagt*** he's been charged with insulting an official **Beamtenbestechung** *f* bribing a [public] official; ***man hat sie wegen versuchter ~ verurteilt*** she was sentenced for attempting to bribe an official **Beamtendeutsch** *nt* LING, ADMIN *(pej)* officialese **Beamtenlaufbahn** *f* civil service career, career in the civil service **beamtenmäßig** *adj* officious *pej,* according to ... **Beamtenmentalität** *f* *(pej)* bureaucratic mentality **Beamtenrecht** *nt kein pl* civil service law

Beamtenschaft <-> *f kein pl* civil servants *pl* [*or* service]

Beamtentum <-[e]s> *nt kein pl* ① *(Stand der Beamten)* civil service ② *s.* **Beamtenschaft**

Beamtenverhältnis *nt* status as a civil servant; **im ~ stehen** to be a civil servant; **ins ~ übernommen werden** to become [*or* attain the status of] a civil servant

beamtet *adj* appointed on a permanent basis; **~er Mitarbeiter** employee with the status of civil servants

Beamtin <-, -nen> *f fem form von* **Beamte(r)**

beängstigen* *vt (geh)* ■**jdn ~** to alarm sb

beängstigend I. *adj* alarming, frightening; ***er ist in einem ~en Zustand*** his condition gives cause for concern; **etwas B~es haben** to be a cause for alarm II. *adv* frighteningly, alarmingly

beanspruchen* *vt* ① *(fordern)* ■**etw [für sich] ~** to claim sth [for oneself]; **etw zu ~ haben** to lay claim to sth ② *(brauchen)* ■**etw ~** to require [*or* take up] sth; **Zeit/Platz ~** to take up time/space ③ *(Anforderungen an jdn stellen)* ■**jdn ~** to make demands on sb; ***ich will Sie nicht länger ~*** I don't want to take up any more of your time; ■**etw ~** to demand sth; **jds Gastfreundschaft/Zeit ~** to make demands on [*or* take advantage of] sb's hospitality/time; **jds Geduld ~** to try sb's patience ④ *(belasten)* ■**jdn/etw ~** to put sb/sth under stress

Beanspruchung <-, -en> *f* ① *(das Fordern)* claim (*+gen* to) ② *(Inanspruchnahme)* demands *pl* (*+gen* on) ③ *(Belastung)* use; **berufliche/physische/psychologische ~** job-related/physical/psychological stress; **übermäßige ~ einer Maschine** subjecting a machine to excessive load

beanstanden* *vt* ■**etw [an jdm/etw] ~** to complain about [*or* take exception to] sth; ***er findet an allem was zu ~*** he always finds sth to complain about; ***das ist beanstandet worden*** there have been complaints about that; ***daran ist nichts zu ~*** there is nothing wrong with it; ■**~, dass** to complain that; **beanstandete Waren** goods about which there have been complaints

Beanstandung <-, -en> *f* complaint; **~en haben** to have complaints; **zur ~ Anlass geben** *(geh)* to give cause for complaint

beantragen* *vt* ① *(durch Antrag erbitten)* ■**jdn/etw [bei jdm/etw] ~** to apply for sb/sth [from sb/sth] ② POL ■**etw ~** to propose sth, to put forward sth *sep* ③ JUR ■**etw ~** to apply [*or* file an application] for sth; **die Höchststrafe ~** to seek [*or* request] the maximum penalty

beantworten* *vt* ■**etw ~** to answer [*or* reply to] sth; **einfach/leicht/schwer zu ~** simple/easy/difficult to answer; ■**etw mit etw ~** to respond to sth with sth; **eine Frage mit Ja/Nein ~** to answer yes/no

Beantwortung <-, -en> *f* answer, reply; **in ~ einer S.** *gen (geh)* in reply to sth

bearbeiten* *vt* ① *(behandeln)* ■**etw [mit etw] ~** to work on sth [with sth]; **Holz ~** to work wood; **etw mit einer Chemikalie ~** to treat sth with a chemical; **etw mit einem Hammer/mit einer Feile/mit Schmirgelpapier ~** to hammer/file/sand sth ② *(sich befassen mit)* ■**etw ~** to deal with sth; **eine Bestellung ~** to process an order; **einen Fall ~** to work on [*or* handle] a case ③ *(redigieren)* ■**etw ~** to revise sth; ■**bearbeitet** revised ④ *(fam: traktieren)* **jdn mit den Fäusten/mit Tritten ~** to beat [*or* thump]/kick [away at] sb; ■**etw [mit etw] ~** to work [away] at sth [with sth] ⑤ *(fam: auf jdn einwirken)* ■**jdn ~** to work on sb; ***wir haben ihn so lange bearbeitet, bis er zusagte*** we worked on him until he agreed ⑥ *(bestellen)* ■**etw [mit etw] ~** to cultivate sth [with/using sth] ⑦ *(adaptieren)* ■**etw [für jdn] ~** to arrange sth [for sb]; **ein Musikstück ~** to arrange a piece of music

Bearbeiter(in) *m(f)* ① *(Sach~)* person [responsible for] dealing with sth ② *(bearbeitender Autor)* editor, reviser [*or* AM *a.* -or] ③ MUS *(adaptierender Komponist)* arranger

Bearbeitung <-, -en> *f* ① *(das Behandeln)* working [on] ② *(das Bearbeiten)* dealing with, handling; **die ~ eines Falles** to handle a case; **die ~ eines Antrags** to deal with an application ③ *(das Redigieren)* editing, revising, revision; ***das ist eine neue ~ des Buchs*** that's a new [*or* revised] edition of the book ④ *(adaptierte Fassung)* adaptation; **filmische ~** film [*or* cinematographic] adaptation

Bearbeitungsgebühr *f* administrative [*or* handling] charge

beargwöhnen* *vt* ■**jdn/etw ~** to be suspicious of sb/sth, to regard sb/sth with suspicion

Beat <-[s]> [bi:t] *m kein pl* beat [music]

Beatband <-bands> ['bi:tbɛnt] *f* beat group
beatmen* *vt* ① (*jdm Sauerstoff zuführen*) ■**jdn** ~ to give [*or* administer] artifical respiration to sb; (*während einer Operation*) to ventilate sb ② ÖKOL (*mit Sauerstoff anreichern*) **ein Gewässer/einen Teich** ~ to oxygenate a stretch of water/a pond
Beatmung *f* artifical respiration; **künstliche** ~ artificial respiration; (*während einer Operation*) ventilation
Beatmungsgerät *nt* respirator, ventilator
Beatmusik *f* beat music
Beatnik <-s, -s> *m* HIST beatnik
Beau <-, -s> [bo:] *m* (*geh*) dandy
Beaufortsee [bo:'fɔ:t-] *f* Beaufort Sea
beaufsichtigen* *vt* ■**jdn/etw** ~ to supervise sb/sth; **Kinder** ~ to mind [*or* AM look after] children; **eine Prüfung** ~ to invigilate [*or* AM proctor] an exam
Beaufsichtigung <-, -en> *f* supervision, supervising; *einer Prüfung* invigilation BRIT, proctorship AM; ***ihm wurde die ~ der Kinder übertragen*** he was asked to supervise [*or* look after] the children
beauftragen* *vt* ■**jdn mit etw** ~ to give sb the task of doing sth; **einen Architekten/Künstler** [**mit etw**] ~ to commission an architect/artist [to do sth]; **eine Firma** [**mit etw**] ~ to hire [*or* BRIT *a.* engage] a firm [to do sth]; ■**jdn** [**damit**] **~, etw zu tun** to ask sb to do sth
Beauftragte(r) *f(m) dekl wie adj* representative
beäugen* *vt* (*fam*) ■**jdn/etw** ~ to eye sb up *fam*, to inspect sb
bebauen* *vt* ① (*mit einem Gebäude versehen*) ■**etw** [**mit etw**] ~ to build [sth] on sth; **dicht bebaut sein** to be heavily built-up ② (*bestellen*) ■**etw** [**mit etw**] ~ to cultivate sth [with sth]; ***das Land wurde mit Gerste bebaut*** the land was planted with barley
Bebauung <-, -en> *f* ① (*das Bebauen*) development; ***der Konzern plant die ~ des Grundstückes*** the firm plans to develop this site ② (*Bauten*) buildings ③ (*das Bestellen*) cultivation
Bebauungsplan *m* development plan
Bébé <-s, -s> *nt* SCHWEIZ (*Baby*) baby
beben *vi* ① (*zittern*) to shake, to tremble ② (*erbeben*) ■[**vor etw** *dat*] ~ to quiver [*or* tremble] [with sth]; *Lippen* to tremble [with sth]; *Knie* to shake [with sth] ③ (*geh: bangen*) ■**um jdn/etw** ~ to tremble for sb
Beben <-s, -> *nt* ① (*Erd~*) earthquake ② (*Zittern*) shaking, trembling ③ (*leichtes Zittern*) quivering
bebend I. *adj inv, attr* shaking, trembling II. *adv inv* shaking, trembling
bebildern* *vt* ■**etw** [**mit etw**] ~ to illustrate sth [with sth]; [**mit etw**] **bebildert sein** to be illustrated [with sth]
Bebilderung <-, -en> *f* ① (*das Bebildern*) illustration ② (*Illustrationen*) illustrations *pl*
bebrillt *adj* (*hum fam*) bespectacled
Béchamelkartoffeln [beʃa'mɛl-] *pl* potatoes in béchamel sauce **Béchamelsoße** *f* béchamel sauce
Becher <-s, -> *m* ① (*Trinkgefäß*) glass, tumbler; (*aus Plastik*) beaker; (*für Wein*) goblet; (*für Tee/Kaffee*) mug ② (*becherförmige Verpackung*) carton, tub; **ein ~ Eis** a carton of ice-cream ③ SCHWEIZ (*Bierglas*) mug ④ BOT (*Hülle*) cup, cupule
bechern *vi* (*hum fam*) to booze [away]; **tüchtig** ~ to have a few
becircen* [bə'tsɪrtsn] *vt s.* **bezirzen**
Becken <-s, -> *nt* ① (*Bassin*) basin; (*Spül~*) sink; (*von Toilette*) bowl, BRIT *a.* pan; (*Schwimm~*) pool ② ANAT pelvis; **ein gebärfreudiges ~ haben** (*fam*) to have child-bearing hips ③ GEOL basin ④ MUS cymbals *pl*
Beckenbruch *m* (*gebrochenes Becken 2.*) fractured pelvis, pelvic fracture **Beckengürtel** *m* BIOL (*Skelettbereich um das Becken*) pelvic girdle **Beckenknochen** *m* hip-bone, pelvic bone
Becquerel <-s, -> [bɛkə'rɛl] *nt* becquerel
bedachen* *vt* ■**etw** [**mit etw**] ~ to roof sth [with sth]
bedacht I. *adj* ① (*überlegt*) careful, cautious, prudent ② (*Wert auf etw legen*) ■**auf etw** *akk* ~ **sein** to be concerned about [*or* lay great store by] sth; ■**darauf ~ sein, etw zu tun** to be concerned to do sth II. *adv* carefully, circumspectly
Bedacht <-s> *m* **mit** ~ (*geh*) carefully, prudently; **mit ~ vorgehen** (*vorsichtig*) to act in a carefully considered way; (*absichtlich*) deliberately; **ohne/voll**[**er**] ~ (*geh*) without thinking/with great care
Bedachte(r) *f(m) dekl wie adj* (*ein Erbender*) beneficiary
bedächtig I. *adj* ① (*ohne Hast*) measured, deliberate ② (*besonnen*) thoughtful II. *adv* ① (*ohne Hast*) deliberately; ~ **sprechen** to speak in measured tones ② (*besonnen*) carefully
Bedächtigkeit <-> *f kein pl* deliberateness
bedachtsam *adj* (*geh*) *s.* **bedächtig 2**
Bedachung <-, -en> *f* (*geh*) ① (*das Bedachen*) roofing ② (*Dach*) roof
bedang *pret von* **bedingen**
bedanken* I. *vr* to express thanks; ■**sich bei jdm** [**für etw**] ~ to thank sb [*or* say thank you to sb] [for sth]; ***ich bedanke mich!*** thank you!; **sich bei jdm** [**für etw**] ~ **können** [*o* **dürfen**] (*iron*) to have sb to thank [for sth] II. *vt* SÜDD, ÖSTERR ■[**von jdm**] [**für etw**] **bedankt werden** to be thanked [by sb] [for sth]; ***seien Sie herzlich bedankt!*** please accept our heartfelt thanks

> **! Tipp** Man sagt normalerweise **Thank you** oder kurz **Thanks**; informeller sagen einige Leute in Großbritannien **Cheers** oder auch einfach **Ta** (britischer Slang). Als Antwort würde man **You're welcome** (vor allem in den USA), **Sure** (amerikanisch), **Not at all** (britisch), **Don't mention it** oder **It's a pleasure** sagen.

Bedarf <-[e]s> *m kein pl* need, requirement; ■**der/jds ~ an etw** *dat* the/sb's need for sth; **der tägliche ~ an Vitaminen** daily requirement of vitamins [*or* vitamin requirement]; **Dinge des täglichen ~s** everyday necessities; **jds ~** [**an etw**] **ist gedeckt** sb's need [*or* requirements] [of/for sth] are covered [*or* met]; ***mein ~ ist gedeckt!*** (*iron fam*) I've had enough!; ***kein ~!*** (*fam*) no thanks!; ~ **an etw** *dat* **haben** to need [*or* be in need of] sth; **keinen ~ an etw** *dat* **haben** to have no need for sth; **bei ~** if required; [**je**] **nach ~** as required
Bedarfsfall *m* **für den ~** (*geh*) in case the need arises; **im ~** (*geh*) if necessary **Bedarfsgüter** *pl* consumer goods **Bedarfshaltestelle** *f* request stop
bedauerlich *adj* regrettable, unfortunate; **etwas B~es** sth regrettable; ***sehr ~!*** how unfortunate!, what a pity!; ■**~ sein, dass** to be unfortunate
bedauerlicherweise *adv* regrettably, unfortunately; ***ich kann mich ~ nicht mehr daran erinnern*** I'm afraid I can't remember
bedauern* *vt* ① (*schade finden*) ■**etw** ~ to regret sth; ■**~, dass** to regret that; ***wir ~, Ihnen mitteilen zu müssen...*** we regret to have [*or* we are sorry] to inform you...; [***ich***] ***bedau***[***e***]***re!*** I'm sorry! ② (*bemitleiden*) ■**jdn** ~ to feel [*or* be] sorry for sb; ***er ist zu ~*** he is to be pitied
Bedauern <-s> *nt kein pl* regret; **zu jds größtem ~** [*o* [**sehr**] **zu jds ~**] to sb's [great] regret

bedauernd I. *adj* sympathetic II. *adv* sympathetically, full of sympathy

bedauernswert *adj*, **bedauernswürdig** *adj* (*geh*) pitiful; **ein ~er Zwischenfall** an unfortunate incident

bedecken* I. *vt* ① (*zudecken*) ■ **jdn/etw** [**mit etw**] ~ to cover sb/sth [with sth]; ■ **sich** [**mit etw**] ~ to cover oneself [with sth] ② (*über etw breiten*) ■ **etw** ~ to cover sth; ■ **mit etw bedeckt sein** to be covered with sth II. *vr* (*bewölken*) ■ **sich** ~ to cloud over, to become overcast; ■ **bedeckt** overcast

bedeckt *adj* ① *inv, präd* (*bewölkt*) overcast, cloudy ② *inv* (*belegt, heiser, rauh*) hoarse ▸ WENDUNGEN: **sich** [**in etw** *dat*] ~ **halten** to keep a low profile

Bedecktsamer <-s, -> *m* BOT (*Angiospermae*) angiosperm

bedenken* *irreg* I. *vt* ① (*in Betracht ziehen*) ■ **etw** ~ to consider sth, to take sth into consideration; ***bitte bedenke, dass/was …*** please consider [*or* take into consideration] [*or* remember] that…/what …; ***das hätte er früher ~ müssen*** he should have considered [*or* thought of] that sooner; [**jdm**] **etw zu ~ geben** (*geh*) to ask [sb] to consider sth; [**jdm**] **zu ~ geben, dass …** to ask [sb] to keep in mind that … ② (*durchdenken*) ■ **etw** ~ to consider [*or* think about] sth; ***wenn man es recht bedenkt, …*** if you think about it properly…; ***das will wohl bedacht sein*** (*geh*) that calls for careful consideration ③ (*geh: zukommen lassen*) ■ **jdn** [**mit etw**] ~ to give sb sth; ***alle wurden großzügig bedacht*** everyone was generously catered for ④ (*geh: zuteil werden lassen*) ■ **jdn mit etw** ~ to meet sb with sth; ***sie wurde mit viel Lob bedacht*** they heaped praise on her II. *vr* (*geh: sich besinnen*) ■ **sich** ~ to reflect, to think; **ohne sich lange zu ~** without stopping to reflect [*or* think]

Bedenken <-s, -> *nt* ① *meist pl* (*Zweifel*) doubt, reservation[s]; **moralische ~** moral scruples; **~ haben** [*o* **hegen**] (*geh*) to have doubts [*or* reservations]; **jdm kommen ~** sb has second thoughts; **ohne ~** without hesitation ② *kein pl* (*das Überlegen*) consideration, reflection; ***nach langem ~*** after much thought

bedenkenlos I. *adv* ① (*ohne Überlegung*) unhesitatingly, without hesitation; **etwas ~ annehmen/unterschreiben** to accept/sign sth without a moment's hesitation ② (*skrupellos*) unscrupulously II. *adj* unhesitating

Bedenkenlosigkeit <-> *f kein pl* ① (*Unüberlegtheit*) lack of consideration ② (*Skrupellosigkeit*) unscrupulousness, lack of scruples

bedenklich *adj* ① (*fragwürdig*) dubious, questionable ② (*Besorgnis erregend*) disturbing, alarming; **ein ~er Gesundheitszustand** a serious condition ③ (*besorgt*) apprehensive, anxious; **jdn ~ stimmen** to give sb cause for concern

Bedenkzeit *f* time to think about sth; [**jdn**] **um** [**etwas/ein bisschen/ein wenig**] **~ bitten** [*o* **sich** *dat* [**von jdm**] [**etwas/ein bisschen/ein wenig**] **~ ausbitten**] to ask [sb] for [a little] time to think about sth; **jdm** [**etwas/ein bisschen/ein wenig**] **~ geben** to give sb [a bit of] time to think about sth

bedeuten* *vt* ① (*auf bestimmte Weise definiert sein*) ■ **etw** ~ to signify [*or* mean] sth ② (*besagen*) ■ **etw** ~ to mean [*or* represent] sth; ***was bedeutet dieses Symbol?*** what does this symbol signify?; ***ihr Schweigen dürfte wohl Desinteresse ~*** her silence seems to indicate a lack of interest; ■ **~, dass** to indicate that; ***das hat nichts zu ~*** that doesn't mean anything; ***was hat das zu ~?*** what does that mean?, what's all that about? ③ (*versinnbildlichen*) ■ **etw** ~ to symbolize sth ④ (*ankündigen, zur Folge haben*) ■ **etw** ~ to mean sth; ***das bedeutet nichts Gutes für uns*** that spells trouble for us ⑤ (*wichtig sein für jdn*) [**jdm**] **etwas/nichts/wenig** ~ to mean sth/nothing/little [to sb]; ***du bedeutest mir sehr viel*** you mean a lot to me ⑥ (*geh: zu verstehen geben*) ■ **jdm ~, dass** to indicate to sb that; ■ **jdm ~, etw zu tun** to indicate to sb that they should do sth

bedeutend I. *adj* ① (*wichtig*) important; **eine ~e Person** an eminent person; **ein ~er Politiker** a leading politician; **eine ~e Rolle spielen** to play a leading [*or* significant] role; **etwas B~es** something important [*or* significant] ② (*beachtlich*) considerable, significant II. *adv* considerably

bedeutsam I. *adj* ① (*wichtig*) important; **eine ~e Entscheidung/Verbesserung** a significant decision/improvement ② (*viel sagend*) meaningful, significant II. *adv* meaningfully, significantly

Bedeutung <-, -en> *f* ① (*Sinn*) meaning; **in wörtlicher/übertragener ~** in the literal/figurative sense ② (*Wichtigkeit*) significance, importance; [**für jdn**] **große/größte ~ besitzen** to be of great/the utmost significance [*or* importance] [to [*or* for] sb]; **von übergeordneter ~** of overriding importance; [**für jdn/etw**] **von** [**bestimmter**] **~ sein** to be of [a certain] importance [for [*or* to] sb/sth]; ***es ist für mich überhaupt nicht von ~*** it is of no importance to me; **einer S.** *dat* [**bestimmte**] **~ beimessen** to attach [a certain] importance to sth; **nichts von ~** nothing important ③ (*Geltung*) importance; ***ein Mann von großer ~*** an important man

bedeutungslos *adj* ① (*ohne große Wirkung*) insignificant, unimportant; **keinesfalls/praktisch/völlig ~** not at all/practically/completely insignificant ② (*nichts besagend*) meaningless

Bedeutungslosigkeit <-> *f kein pl* insignificance, unimportance

bedeutungsvoll *adj s.* **bedeutsam** **Bedeutungswandel** *m* change in [*or* of] meaning, semantic change **Bedeutungswörterbuch** *nt* defining dictionary

bedienen* I. *vt* ① (*im Restaurant*) ■ **jdn** ~ to serve [*or* wait on] sb; **sich** [**von jdm**] **~ lassen** to be waited on [by sb] ② (*im Geschäft*) **einen Kunden ~** to serve a customer; ***werden Sie schon bedient?*** are you being served? ③ (*bei jdm Dienste leisten*) ■ **jdn** ~ to serve sb ④ (*sich alles bringen lassen*) **sich** [**von jdm**] [**von vorne bis hinten**] **~ lassen** to be waited on hand and foot [by sb] ⑤ (*benutzen*) ■ **etw** ~ to operate ⑥ (*beliefern*) ■ **jdn** ~ to serve sb ⑦ (*gebietlich abdecken, versorgen*) ■ **etw** ~ *Bus, Zug* to serve sth; *Flugzeug* to operate to ⑧ FIN (*die Zinsen von etw zahlen*) **einen Kredit ~** to service [*or* AM pay interest on] a loan ⑨ KARTEN ■ **etw** ~ to play; **eine Farbe ~** to follow suit ⑩ (*pej fam: fördern*) ■ **etw** ~ *Klischee, Vorurteil, Ressentiment* to encourage sth ▸ WENDUNGEN: **bedient sein** (*fam*) to have had enough; **mit etw gut/schlecht bedient sein** to be well-/ill-served by sth II. *vi* ① (*sich um den Gast kümmern*) to serve; ***wird hier nicht bedient?*** is there no-one serving here? ② (*Kartenspiel*) to follow suit III. *vr* ① (*sich Essen nehmen*) ■ **sich** ~ to serve oneself, to help oneself to; **sich mit einem Stück Kuchen ~** to help oneself to a piece of cake; ~ ***Sie sich!*** help yourself! ② (*geh: gebrauchen*) ■ **sich einer S.** *gen* ~ to make use of sth; **sich eines Menschen ~** to use sb

Bediener(in) *m(f)* ① (*Benutzer*) operator ② ÖSTERR (*Putzfrau*) cleaner *masc*, cleaning lady *fem*

bedienerfreundlich *adj* user-friendly; **etw ~ machen** to make sth more user-friendly **Bedienerführung** *f* INFORM user prompt

Bedienerin <-, -nen> *f fem form von* **Bediener** waitress

bedienstet *adj* ① ÖSTERR in employment ② (*veraltet*) ■ **bei jdm ~ sein** to be employed by sb

Bedienstete(r) *f(m) dekl wie adj* ① (*Angestellte(r) im öffentlichen Dienst*) employee ② *meist pl* (*veraltet: Dienstboten*) servant

Bedienung <-, -en> *f* ① (*Kellner*) waiter, waitress ② *kein pl* (*Handhabung*) operation ③ *kein pl* (*das Bedienen*) service; ***ist der Biergarten draußen auch mit ~?*** is there table-service [*or* do the waiters serve] outside as well?; ***die Preise verstehen sich inklusive Mehrwertsteuer und*** ~ the prices include VAT and service charge; ~ **inbegriffen** service [charge] included; **jdm zur freien ~ stehen** to be at the disposal of sb ④ MIL (*Bedienungsmannschaft*) crew ⑤ FIN servicing BRIT, interest payments AM; **die ~ eines Kredites** debt service, serving [*or* AM paying interest on] a loan

Bedienungsanleitung *f* operating instructions *pl* **Bedienungsfehler** *m* operator['s] error **Bedienungshinweise** *pl* operating instructions *pl* **Bedienungskomfort** *m* ease of operation **Bedienungsmannschaft** *f* MIL operating crew; (*eines Geschützes*) gun crew **Bedienungsvorschrift** *f* operating instructions

bedingen* *vt* ① (*verursachen*) ■**etw** ~ to cause sth; ***höhere Löhne ~ höhere Preise*** higher wages lead to higher prices; ■**durch etw bedingt sein** to be a result of sth ② (*verlangen*) ■**etw** ~ to require, to demand; ***die Lage bedingt rasches Handeln*** the situation calls for swift action

bedingt I. *adj* ① (*eingeschränkt*) qualified; **~e Erlaubnis** conditional permission ② JUR conditional; **~e Entlassung** suspension of the remainder of the sentence on probation; **~e Strafaussetzung** conditional discharge, [suspension of sentence on] probation; **~er Straferlass** remission of a penalty [*or* sentence] ③ MED **~e Reaktion** conditioned reaction; **~er Reiz** conditioned stimulus II. *adv* ① (*eingeschränkt*) partly, to some extent; ~ **gültig** of limited validity; ***dem kann ich nur ~ zustimmen*** I can only agree with that to a degree ② JUR SCHWEIZ, ÖSTERR (*mit Bewährungsfrist*) conditionally

Bedingung <-, -en> *f* ① (*Voraussetzung*) condition; **[es] zur ~ machen, dass ...** to make it a condition [*or* stipulate] that ...; **[jdm] eine ~/~en stellen** to set [*or* impose] a condition/conditions [on sb]; **unter der ~, dass ...** on condition [*or* with the proviso] that ...; **[nur] unter einer ~** [only] on one condition; **unter keiner ~** under no circumstances, on no account [*or* condition]; **unter welcher ~?** on what condition? ② *pl* ÖKON terms, conditions; **zu günstigen/ungünstigen ~en** on favourable [*or* AM -orable]/unfavourable [*or* AM -orable] terms ③ *pl* (*Umstände*) conditions; **unter gewissen ~en** in [*or* under] certain conditions

bedingungslos I. *adj* unconditional; **~er Gehorsam/~e Treue** unquestioning obedience/trust II. *adv* unconditionally; **jdn ~ gehorchen** to obey sb unquestioningly [*or* without question]; **jdn ~ vertrauen** to trust sb blindly [*or* unconditionally]

Bedingungssatz *m* LING conditional clause

bedrängen* *vt* ① (*bestürmen*) ■**jdn [mit etw]** ~ to pester [*or* bother] sb [with sth]; ■**jdn ~, etw zu tun** to pressure [*or* BRIT *a.* pressurize] sb into doing sth; (*belästigen*) to badger [*or* pester] sb into doing sth ② ([*seelisch*] *belasten*) ■**jdn** ~ to burden sb

Bedrängnis <-ses, -se> *f* (*geh*) difficulties *pl;* **in finanzieller/seelischer ~ sein** to be in financial difficulties [*or* straits]/emotional difficulties [*or* distress]; **jdn in seelische ~ bringen** to put sb on the spot; **jdn in ~ bringen** to get sb into trouble *a. euph;* **einen Gegner in ~ bringen** to cause problems for an opponent; **in ~ sein/geraten** to be/get into difficulties

bedrohen* *vt* ① (*mit etw drohen*) ■**jdn [mit etw]** ~ to threaten sb [with sth] ② (*gefährden*) ■**etw** ~ to endanger sth; **den Frieden** ~ to be [*or* pose] a threat to peace; ■**[durch [*o* von] etw] bedroht sein** to be threatened [by sth]

bedrohlich I. *adj* dangerous, threatening; **in ~er Nähe sein** to be perilously close; **eine ~e Lage** an alarming situation II. *adv* dangerously, alarmingly

Bedrohtheit <-> *f kein pl* threatened state; *einer Person* threatened position

Bedrohung *f* ① (*Drohung*) threat (+*gen* to) ② (*das Bedrohen*) threat (+*gen* of)

Bedrohungsanalyse *f* threat analysis

bedrucken* *vt* ■**etw [mit etw]** ~ to print [sth] on sth

bedrücken* *vt* ■**jdn** ~ to depress sb; ***was bedrückt dich?*** what's troubling you?, what's up? *fam*

bedrückend *adj* depressing; **ein ~es Schweigen/eine ~e Stimmung** an oppressive silence/atmosphere

bedrückt *adj* depressed; **~es Schweigen** oppressive silence

Bedrückung <-> *f kein pl* (*geh*) depression

Beduine, Beduinin <-n, -n> *m, f* Bed[o]uin

Beduinenzelt *nt* Bed[o]uin tent

bedürfen <bedurfte, bedurft> *vi* (*geh*) ■**einer S.** *gen* ~ to require [*or* need] sth; ***es bedarf keiner weiteren Erklärung*** no further explanation is necessary; ***es hätte nur eines Lächelns bedurft, um ihn zu überzeugen*** it would only have taken a smile to convince him; ***sein Benehmen bedarf einer Entschuldigung*** his behaviour demands [*or* requires] an apology

Bedürfnis <-ses, -se> *nt* ① (*Bedarf*) need, necessity; ■**jds ~se** sb's needs [*or* wants]; ***hast du noch irgendwelche ~se?*** is there anything else you need?; **die ~se des täglichen Lebens** everyday needs ② *kein pl* (*Verlangen*) desire, need; **das ~ haben, etw zu tun** to feel the need to do sth; **es ist jdm ein ~, etw zu tun** (*geh*) it is sb's need to do sth ▶ WENDUNGEN: **ein dringendes ~** (*euph*) a call of nature *usu hum*

Bedürfnisanstalt *f* **öffentliche ~** (*geh o veraltend*) public convenience *esp* BRIT *form* [*or* AM restroom]

Bedürfnislosigkeit <-> *f kein pl a.* REL modesty of one's needs, material abstinence

bedürftig *adj* ① (*materielle Hilfe benötigend*) needy *attr,* in need *pred;* ■**die B~en** the needy + *pl vb*, those in need + *pl vb* ② (*geh*) ■**jds/einer S.** *gen* ~ **sein** to be in [*or* have] need of sb/sth

Bedürftigkeit <-> *f kein pl* (*geh*) need, neediness

Beefsteak <-s, -s> ['bi:fste:k, -ʃte:k] *nt bes* NORDD steak; **deutsches ~** beefburger

beehren* I. *vt* (*geh*) ■**jdn/etw [mit etw]** ~ to honour [*or* AM -or] sb/sth [with sth]; **jdn [mit einen Besuch] ~** to honour sb with a visit *a. iron* II. *vr* (*geh*) ■**sich ~, etw zu tun** to have the honour [*or* AM -or] of doing sth

beeiden* *vt* ■**etw** ~ to swear to sth; **eine beeidete Aussage** a sworn statement

beeilen* *vr* ■**sich [mit etw]** ~ to hurry [up] [with sth]; ***beeil dich, wir müssen zum Zug!*** hurry up [*or fam* get a move on], we've got a train to catch!; ■**sich ~, etw zu tun** (*geh*) to hurry [*or* hasten] to do sth

Beeilung <-> *f kein pl* (*fam*) ■**~!** get a move on! *fam,* AM *fam usu* step on it!

beeindrucken* *vt* ■**jdn [mit etw]** ~ to impress sb [with sth]; **sich [von etw] nicht ~ lassen** to not be impressed [by sth]

beeindruckend *adj* impressive; ***es war ein ~es Erlebnis*** it left a lasting impression

beeinflussbar[RR], **beeinflußbar** *adj* easily [*or* able to be] influenced *pred;* ***sie ist nur schwer ~*** she's not easily influenced [*or* swayed]

beeinflussen* *vt* ■**jdn/etw** ~ to influence sb/sth;

seine Entscheidung nicht durch etw ~ lassen to not let his/her decision be swayed by sth; ■ **durch** [*o* **von**] **etw beeinflusst sein** to be influenced by sth; **leicht/schwer zu ~ sein** to be easy/hard to influence

Beeinflussung <-, -en> *f* influence, influencing *no pl*; ***der Anwalt erhielt wegen unfairer ~ des Zeugen einen Verweis*** the lawyer was reprimanded for leading the witness

beeinträchtigen* *vt* ■ **jdn/etw ~** *dat* to disturb sb/sth; **jdn in seiner persönlichen Entfaltung ~** to interfere with [*or* restrict] sb's personal development; **jdn in seiner Freiheit ~** to restrict sb's freedom; **jdn in seiner Kreativität ~** to curb sb's creativity; **ein Verhältnis ~** to damage a relationship; **jds Genuss ~** to detract from sb's enjoyment; **das Reaktionsvermögen/die Leistungsfähigkeit ~** to impair [*or* reduce] the [*or* one's] reactions/efficiency; ■ **~d** adverse

Beeinträchtigung <-, -en> *f Freiheit* restriction; *Genuss* detracting (+*gen* from); *Kreativität* curbing; *Qualität* reduction (+*gen* in); *Reaktionsvermögen* impairing; *Verhältnis* damaging

beelenden* *vt* ■ **jdn ~** (*traurig stimmen*) to sadden sb; (*schockieren*) to upset sb

Beelzebub <-s> *m s.* **Teufel**

beenden* *vt* ■ **etw ~** to end [*or* finish] sth; **eine Verhandlung ~** to bring negotiations to an end; *s. a.* **Leben**

beendigen* *vt* (*geh*) *s.* **beenden**

Beendigung <-> *f kein pl* end, ending; (*Schluss*) conclusion; ***nach ~ des Studiums nahm sie eine Stelle an*** after completing her studies she accepted a job

beengen* *vt* ■ **jdn ~** to restrict sb; (*fig*) to stifle [*or* cramp] [*or* inhibit] sb; ***kleine Zimmer ~ mich irgendwie*** small rooms somehow make me feel confined; ***diese spießbürgerliche Umgebung beengte ihn*** he was stifled by these petit [*or* BRIT *a.* petty] bourgeois surroundings; **~de Kleidung** tight [*or* restrictive] clothing; **etw als ~d empfinden** to find sth confining; ■ **jdn ~** to make sb feel confined [*or* boxed-in]

beengt **I.** *adj* cramped, confined **II.** *adv* in cramped conditions; **sich [von jdm/etw] ~ fühlen** (*fig*) to feel cramped [*or* stifled] [by sb/sth]

Beengtheit <-> *f kein pl* confinement, restriction; **in räumlicher ~ wohnen** to live in cramped conditions; **ein Gefühl** [*o* **den Eindruck**] **von ~ haben** to feel confined [*or* cramped], to have a feeling of confinement

beerben* *vt* ■ **jdn ~** to inherit sb's estate, to be heir to sb

beerdigen* *vt* ■ **jdn ~** to bury sb

Beerdigung <-, -en> *f* funeral, burial

Beerdigungsfeier *f* funeral service **Beerdigungsinstitut** *nt* funeral parlour [*or* AM -or], undertaker's

Beere <-, -n> *f* berry; **~n tragen** to bear fruit; (*Wein~*) grape

Beerenauslese *f wine whose characteristic richness derives from noble rot induced by the use of overripe grapes* **Beerenfrucht** *f* (*geh*) berry **Beerenobst** *nt* soft fruit **Beerenstrauch** *m* berry-[*or* fruit-]bearing bush

Beet <-[e]s, -e> *nt* bed; (*Blumen~*) flowerbed; (*Gemüse~*) vegetable patch

befähigen* *vt* ■ **jdn dazu ~, etw zu tun** to enable sb to do sth; **ein Tier zu Höchstleistungen ~** to enable an animal to achieve record performances; **jdn zu kritischer Überlegung ~** to equip sb to think critically

befähigt *adj* qualified; ■ **für** [*o* **zu**] **etw ~ sein** to be capable of doing [*or* competent at] sth

Befähigung <-> *f kein pl* qualification[s]; **~ und Engagement** ability and commitment; **als ~ zu etw gelten** to qualify sb to do [*or* become] [*or* be] sth

Befähigungsnachweis *m* proof of [one's] qualifications

befahl *pret von* **befehlen**

befahrbar *adj* passable; NAUT navigable; **nicht ~** impassable; NAUT unnavigable

befahren* **I.** *vt irreg* ① (*auf etw fahren*) **eine Straße/einen Weg ~** to drive along [*or* down] [*or* on] a road/a path; ***diese Straße wird stark/wenig ~*** there is a lot of/not much traffic on this road; ***diese Straße darf nur in einer Richtung ~ werden*** this road is only open in one direction; ***der Pass darf im Winter nicht ~ werden*** the pass is closed in winter; **eine Strecke** [*o* **Route**] **~** to use a route; **alle sieben Meere ~** to sail the seven seas ② BERGB **einen Schacht ~** to go down [*or* use] a shaft; **eine Grube ~** to work a mine **II.** *adj* used; **kaum/stark** [*o* **viel**] **~ sein** to be little/much [*or* heavily] used [*or* used a lot]; **eine viel** [*o* **stark**] **~e Kreuzung** a busy junction [*or* crossroads + *sing/pl vb*]; ***die Autobahn Stuttgart-München ist immer stark ~*** there's always heavy traffic on the Stuttgart- Munich motorway

Befahren <-s> *nt kein pl* ■ **das ~ einer S.** *gen* the use of sth; ***häufiges ~ durch Lastkraftwagen kann Straßen schwer beschädigen*** roads frequently used by heavy goods vehicles can be seriously damaged

Befall <-[e]s> *m kein pl* FORST, HORT infestation

befallen* *vt irreg* ① MED ■ **jdn/etw ~** to infect sb/sth; **von etw ~ werden** to be attacked [*or* infected] by sth ② FORST, HORT ■ **etw ~** to infest sth ③ (*geh*) ■ **jdn ~** to overcome sb; **von Ekel/Hunger/Müdigkeit ~ werden** to feel disgusted/hungry/tired

befangen *adj* ① (*gehemmt*) inhibited, self-conscious ② JUR (*voreingenommen*) biased [*or* BRIT *a.* biassed], prejudiced; **sich für ~ erklären** to withdraw [from a case] [*or* AM *a.* to declare oneself disqualified] on the grounds of bias; **jdn als ~ ablehnen** to challenge [*or* AM *a.* disqualify] sb on grounds of bias ③ (*geh*) ■ **in etw** *dat* **~ sein** to be set on sth; **in einem Irrtum ~ sein** to be labouring [*or* AM -oring] under a misapprehension *form;* **im Glauben ~ sein, dass ...** to be under the impression that ...

Befangenheit <-> *f kein pl* ① (*Gehemmtheit*) inhibition, self-consciousness ② JUR (*Voreingenommenheit*) bias, prejudice; **jdn wegen [Besorgnis der] ~ ablehnen** to challenge [*or* AM *a.* disqualify] sb on grounds of [suspected] bias

befassen* **I.** *vr* ① (*sich beschäftigen*) ■ **sich mit etw ~** to concern oneself with sth; **sich mit einer Angelegenheit ~** to look into a matter; **sich mit einem Problem ~** to tackle [*or* deal with] a problem ② (*sich widmen*) ■ **sich mit jdm ~** to spend time with [*or* give attention to] sb **II.** *vt* (*geh*) *a.* JUR ■ **jdn mit einer S. ~** to bring [*or* refer] a matter to sb; **das Gericht mit einer S. ~** to bring a case before the court

befehden* *vt* ① (*geh*) ■ **jdn/etw ~** to attack sb/sth ② HIST ■ **jdn/etw ~** to feud with sb/over sth; ■ **sich [gegenseitig] ~** to [carry on a] feud with each other

Befehl <-[e]s, -e> *m* ① (*Anweisung*) order; ***~ vom Chef!*** boss's orders!; ***~ ist ~*** orders are orders; **einen ~ ausführen** to carry out [*or* execute] an order; ***~ ausgeführt!*** MIL mission accomplished!; **einen ~ befolgen** to obey [*or* follow] an order [*or pl* orders]; **einen ~ erhalten** to receive an order; **einen ~ erlassen** to issue [*or* AM *a.* hand down] an order; **jdm einen ~ geben** [*o* **erteilen**], **etw zu tun** to order sb [*or* issue sb with an order] to do sth; **einen ~ geben, etw zu tun** to order [*or* issue an order] that sth be done; ***Sie haben mir hier überhaupt keine ~e zu geben!*** I won't take orders from you!; **den ~ haben,**

etw zu tun to have orders [*or* to have been ordered] to do sth; **den ~ [über etw** *akk*] **haben** [*o* **führen**] to have [*or* be in] command [of sth]; **auf ~ handeln** to act under orders; **unter jds** *dat* **~ stehen** to be under sb's command; **den ~ übernehmen** to take [*or* assume] command; **einen ~ verweigern** to disobey an order; **auf ~** under orders, to order; **auf höheren ~** on orders from above; **auf jds** *akk* **~ [hin]** on sb's order; **~ von oben** orders from above; **zu ~** (*veraltend*) yes, sir, aye, aye, sir ② INFORM, MED command

befehlen <befahl, befohlen> I. *vt* ① (*den Befehl geben*) ■**jdm ~, etw zu tun** to order [*or* command] sb to do sth; ■**etw ~** to order sth; ***von dir lasse ich mir nichts ~!*** I won't take orders from you!; ***was ~ Sie, Herr Hauptmann?*** what are your orders, Captain? ② (*beordern*) ■**jdn irgendwohin ~** to order sb [to go] somewhere; ■**jdn zu jdm/etw ~** to summon sb to sb/sth; ***Sie sind zum General befohlen worden!*** you've been summoned to the General! ③ (*veraltet geh*) ■**[etw] ~** to desire [sth]; **~ *Sie sonst noch etwas, gnädige Frau?*** will there be anything else, Madam?; ***ganz wie Sie ~!*** just as you wish! II. *vi* ① MIL ■**über jdn/etw ~** to be in [*or* have] command of sb/sth ② (*Anordnungen erteilen*) ■**~, dass ...** to order [*or* give orders] that ...; **mit ~der Stimme** in a commanding voice

befehligen* *vt* MIL ■**jdn/etw ~** to command sb/sth, to be in [*or* have] command of sb/sth

Befehlscode *m* INFORM command **Befehlsempfänger(in)** *m(f)* one who takes an order **Befehlsform** *f* LING imperative **befehlsgemäß** I. *adj* as ordered *pred,* in accordance with orders *pred* II. *adv* as ordered, in accordance with orders **Befehlsgewalt** *f* MIL command; **die ~ haben** to have [*or* be in] command; **jds ~ unterstehen** to be under sb's command **Befehlshaber(in)** <-s, -> *m(f)* MIL commander **Befehlssatz** *m* LING imperative [sentence] **Befehlston** *m* peremptory tone **Befehlsverweigerung** *f* MIL refusal to obey orders [*or* an order] **Befehlszeile** *f* INFORM command line

befeinden* *vt* (*geh*) ■**jdn/etw ~** to attack sb/sth; *Land* to be hostile towards; ■**sich ~** to be hostile towards each other

befestigen* *vt* ① (*anbringen*) ■**etw [an etw** *dat*] **~** to fasten [*or* attach] [*or* fix] sth [to sth]; **ein Boot an etw ~** to tie up [*or* moor] a boat to sth ② BAU **eine Fahrbahn** [*o* **Straße**] **~** to make up [*or* AM pave] a road; **eine Böschung ~** to stabilize an embankment; **einen Damm/Deich ~** to reinforce a dam/dyke ③ MIL ■**etw ~** to fortify sth; **eine Grenze ~** to strengthen a border

Befestigung <-, *selten* -en> *f* ① (*das Anbringen*) fixing, fastening; ***der Gurt dient zur ~ der zwei Teile*** the strap serves to fasten the two parts [together] ② BAU stabilizing, making up BRIT, paving AM ③ (*zu Verteidigungszwecken*) reinforcement ④ MIL fortification

Befestigungsanlage *f* fortification[s] **Befestigungswerk** *nt* fortification

befeuchten* *vt* ■**etw [mit etw] ~** to moisten sth [wth sth]; **Bügelwäsche ~** to dampen washing before ironing

befeuern* *vt* ① (*beheizen*) ■**etw [mit etw] ~** to fuel sth [by sth] ② MIL ■**jdn/etw ~** to fire on [*or* shoot at] sb/sth ③ NAUT, LUFT ■**etw ~** to mark [*or* light] sth with beacons ④ (*fam*) ■**jdn [mit etw] ~** to pelt [*or* bombard] sb [with sth], to hurl sth at sb

Befeuerung <-, *selten* -en> *f* NAUT, LUFT [marking with] lights [*or* beacons]

Beffchen <-s, -> *nt* REL Geneva band

befiehlt *3. pers sing pres von* **befehlen**

befinden* *irreg* I. *vr* ① (*sich aufhalten*) ■**sich irgendwo ~** to be somewhere; ***unter den Geiseln ~ sich zwei Deutsche*** there are two Germans amongst the hostages; **sich im Ausland/im Urlaub ~** to be abroad/on holiday [*or* AM vacation] ② (*in einem bestimmten Zustand sein*) **sich in bester/schlechter Laune ~** to be in an excellent/a bad mood; **sich in guten Händen ~** to be in good hands; **sich im Kriegszustand ~** to be at war; *s. a.* **Irrtum** ③ (*geh: sich fühlen*) ■**sich ... ~** to feel ...; ***wie ~ Sie sich heute?*** how do you feel today?, how are you feeling today? II. *vi* (*geh*) ■**über jdn/etw ~** to decide [on] sth, to make a decision about sb/sth; ***darüber haben wir nicht zu ~*** it is not for us to pass judgement on this III. *vt* (*geh*) ① (*halten*) ■**etw für etw ~** to consider [*or* deem] [*or* find] sth [to be] sth; **es für gut/nötig/schlecht ~, etw zu tun** to deem [*or* consider] it a good idea/necessary/not such a good idea to do sth; ■**jdn für etw ~** to find sb sth; **jdn [für** [*o* **als**]] **schuldig/unschuldig ~** to find sb guilty/not guilty; **etw [für** [*o* **als**]] **wahr/falsch ~** to believe [*or* consider] sth to be true/false; **jdn für tauglich/nicht tauglich ~** MIL to declare sb fit/unfit [for military service] ② (*äußern*) ■**etw ~** to decide [*or* conclude] sth

Befinden <-s> *nt kein pl* ① (*Zustand*) [state of] health; *eines Kranken* condition; **seelisches ~** mental state; ***er hat sich nach deinem ~ erkundigt*** he asked how you were ② (*geh*) opinion, view; **nach jds ~** in sb's opinion [*or* view]; **etw nach eigenem ~ entscheiden** to use one's own judgement in deciding sth

befindlich *adj meist attr* (*geh*) ① (*sich an einer Stelle befindend*) situated, located; ***das Gericht beschloss alle noch auf den Konten ~en Gelder zu sperren*** all the funds still left in the accounts were blocked by order of the court; ***alle derzeit in Haft ~en politischen Gefangenen werden entlassen*** all political prisoners currently in detention will be released ② (*sich in einem Zustand befindend*) ***das in Kraft ~e Gesetz*** the law which is in force; ***das im Umlauf ~e Geld*** the money in circulation; ***die im Bau ~en Häuser*** those houses [which are] currently being built

Befindlichkeit *f* mental state

befingern* *vt* (*fam*) **etw ~** to finger sth

beflaggen* *vt* ■**etw ~** to [be]deck [*or* decorate] sth with flags; **ein Schiff ~** to dress a ship

Beflaggung <-, -en> *f* ① (*das Beflaggen*) decoration with flags; NAUT *Schiffe* dressing with flags ② (*geh*) flags; **die ~ auf Halbmast setzen** to set [*or* lower] the flags at half-mast

beflecken* *vt* ① (*mit Flecken beschmutzen*) ■**etw [mit etw] ~** to stain sth [with sth]; **etw mit Farbe ~** to get paint [stains] on sth; ***wer hat das Tischtuch so mit Marmelade befleckt?*** who left jam stains on the tablecloth? ② (*geh*) ■**etw [durch etw] ~** to stain sth [with/by sth]; **jds Ehre ~** to slur [*or* cast a slur on] sb's honour [*or* AM -or]; **jds Ruf ~** to tarnish [*or form* sully] sb's reputation

befleckt *adj* ① (*fleckig*) stained, dirty; ■**[mit etw] ~ sein** to be stained [with sth], to be covered with stains; **mit Blut ~** blood-stained ② (*geh*) sullied, besmirched

befleißigen* *vr* (*geh*) ■**sich einer S.** *gen* **~** to strive for sth; **sich großer Höflichkeit/Zurückhaltung ~** to make an effort to be very polite/excercise greater restraint [*or* to be more restrained]

befliegen* *vt irreg* LUFT **eine viel** [*o* **stark**] **beflogene Strecke** a heavily-used route; ***diese Strecke wird nicht mehr beflogen*** this route is not in operation any more

beflissen I. *adj* (*geh: bemüht*) keen, zealous; ■**~ sein[, etw zu tun]** to be keen [to do sth] II. *adv* keenly, zealously

Beflissenheit <-> *f kein pl* keenness *no pl,* zeal *no pl*

beflügeln* *vt* (*geh*) ① (*anregen*) ■ **jdn/etw** ~ to inspire sb/sth; ***das Lob hatte sie beflügelt*** the praise had spurred her on; **die Fantasie** ~ to fire the imagination; ■ **jdn** ~, **etw zu tun** to inspire sb to do sth ② (*schneller werden lassen*) ■ **etw beflügelt jdn** sth spurs sb on; ***Angst/Hoffnung beflügelte seine Schritte*** fear/hope spurred him on [*or* winged his steps]

befohlen *pp von* **befehlen**

befolgen* *vt* ■ **etw** ~ to follow sth; **Befehle** ~ to follow [*or* obey] orders; **jds** *akk* **Rat** ~ to follow [*or* take] sb's advice; **grammatische Regeln** ~ to obey grammatical rules; **Vorschriften** ~ to obey [*or* observe] regulations

Befolgung <-> *f kein pl Befehl* following *no pl,* obeying *no pl,* compliance (+*gen* with); *Rat* following *no pl,* taking *no pl*

befördern* *vt* ① (*transportieren*) ■ **jdn/etw** ~ to transport [*or* carry] sb/sth; **das Gepäck** ~ **lassen** to have one's baggage sent; ***die Teilnehmer wurden mit dem Bus zum Tagungsort befördert*** participants were taken by bus to the conference venue ② (*jds Dienststellung anheben*) ■ **jdn** [**zu etw**] ~ to promote sb [to sth] ③ (*iron fam*) **jdn vor die Tür** [*o* **ins Freie**] ~ to throw [*or fam* chuck] sb out; **jdn nach draußen** ~ to escort sb outside; *s. a.* **Jenseits** ④ (*geh*) ■ **etw** ~ to promote [*or* foster] sth; ■ **jdn** [**in etw** *dat*] ~ to support sb [in sth]

Beförderung *f* ① (*Transport*) transport[ation], carriage ② (*dienstliches Aufrücken*) promotion (**zu** +*dat* to)

Beförderungsart *f* mode of transport **Beförderungsbedingungen** *pl* conditions *pl* of carriage **Beförderungskosten** *pl* transport costs **Beförderungsmittel** *nt* means of transport **Beförderungspflicht** *f obligation of public transport companies to convey people and goods*

befrachten* *vt* ① (*beladen*) ■ **etw** [**mit etw**] ~ to load sth [with sth] ② (*fig geh*) ■ **etw mit etw** ~ to overload sth with sth; ■ **mit etw befrachtet sein** to be laden with sth

befragen* *vt* ① (*Fragen stellen*) ■ **jdn** [**über jdn/etw/zu etw**] ~ to question sb [about sb/sth]; ■ **jdn** [**zu etw**] ~ JUR to question [*or* examine] sb [about sth] ② (*konsultieren*) ■ **etw** [**über jdn/etw**] ~ to consult sth [about sb/sth]; ■ **jdn** [**in etw** *dat*/**um etw**] ~ to ask [*or* consult] sb [about sth]; **jdn nach seiner Meinung** ~ to ask sb for his/her opinion

Befragte(r) *f(m) dekl wie adj* person questioned; **die Befragten** those questioned, the interviewees

Befragung <-, -en> *f* ① (*das Befragen*) questioning; JUR examination, questioning ② (*Konsultierung*) consultation; ***nach*** ~ ***des Orakels*** after consulting the oracle ③ (*Umfrage*) survey, [opinion] poll

befreien* I. *vt* ① (*freilassen*) ■ **jdn/ein Tier** [**aus** [*o* **von**] **etw**] ~ to free [*or* set free *sep*] [*or* release] sb/an animal [from sth] ② (*unabhängig machen*) ■ **jdn/etw** [**von jdm/etw**] ~ to liberate sb/sth [from sb/sth] ③ (*von etw Störendem frei machen*) ■ **etw von etw** ~ to clear sth of [*or* remove sth from] sth; **seine Schuhe vom Dreck** ~ to remove the dirt from one's shoes ④ (*erlösen*) ■ **jdn von etw** ~ to free [*or* release] sb from sth; **jdn von Schmerzen** ~ to free [*or* rid] sb of pain; **jdn von seinem Leiden** ~ to release sb from their suffering ⑤ (*freistellen*) ■ **jdn von etw** ~ to excuse sb from sth; **jdn vom Wehrdienst** ~ to exempt sb from military service; **von Steuern befreit** tax-exempt ⑥ (*jdm etw abnehmen*) ■ **jdn von etw** ~ to relieve sb of sth II. *vr* ① (*freikommen*) ■ **sich** [**aus** [*o* **von**] **etw**] ~ to escape [from sth] ② (*etw abschütteln*) ■ **sich** [**von etw**] ~ to free oneself [from sth], to rid oneself [of sth] ③ (*etw überwinden*) ■ **sich aus etw** ~ to get out of sth; **sich aus einer Abhängigkeit** ~ to free oneself from a dependency; **sich aus einer schwierigen Lage** ~ to extricate oneself from a difficult situation; ■ **sich von etw** ~ to rid oneself of sth; **sich von Vorurteilen** ~ to rid oneself of prejudice

Befreier(in) <-s, -> *m(f)* liberator

befreit I. *adj* (*erleichtert*) relieved II. *adv* with relief; ~ **aufatmen** to breathe [*or* heave] a sigh of relief

Befreiung <-, *selten* -en> *f* ① (*Freilassen*) release, freeing *no pl;* **die** ~ **der Geiseln** the release of the hostages ② (*Befreien aus der Unterdrückung*) liberation; **die** ~ **der Frau** women's liberation [*or* emancipation] ③ (*Freistellung*) exemption (**von** +*dat* from); ***ich brauche eine*** ~ ***vom Sportunterricht*** I need to be excused from the sports lesson ④ ([*körperliche*] *Erlösung*) release; **rasch** ~ [**von Schmerzen**] **verschaffen** to provide a rapid release [from pain] ⑤ (*Erleichterung*) relief

Befreiungsbewegung *f* liberation movement **Befreiungsfront** *f* liberation front **Befreiungskampf** *m* struggle for freedom [*or* liberation] **Befreiungskrieg** *m* war of liberation; **die** ~**e** HIST the Wars of Liberation **Befreiungsorganisation** *f* liberation organization **Befreiungsschlag** *m* ① SPORT clearance; (*beim Eishockey*) icing ② (*fig: erlösende Aktion*) unleashing, [act of] release **Befreiungstheologie** *f kein pl* liberation theology **Befreiungsversuch** *m* ① (*Rettungsversuch*) rescue bid [*or* attempt] ② (*Ausbruchsversuch*) escape bid [*or* attempt]

befremden* I. *vt* ■ **jdn** ~ to disconcert sb; ***ich war von ihrem Verhalten etwas befremdet*** I was somewhat disconcerted [*or* taken aback] by her behaviour, I found her behaviour somewhat disconcerting; ***diese Gefühlsausbrüche*** ~ ***mich doch sehr!*** I find these emotional outbursts very off-putting! II. *vi* to be disconcerting

Befremden <-s> *nt kein pl* disconcertment, disquiet; **zu jds** *dat* ~ to sb's disconcertment [*or* alarm]; **sein** ~ **ausdrücken** to express one's disconcertment [*or* alarm]; ~ **erregen** to cause disconcertment; ***die Bilder erregten bei den Besuchern*** ~ the visitors were disconcerted by the pictures

befremdend *adj* disconcerting

befremdlich *adj* (*geh*) *s.* **befremdend**

befreunden* *vr* ① (*sich anfreunden*) ■ **sich mit jdm** ~ to make [*or* become] friends with sb ② (*sich an etw gewöhnen*) ■ **sich mit etw** ~ to get used to [*or form* grow accustomed to] sth

befreundet *adj* ① (*freundlich gesinnt*) friendly; **ein** ~**er Staat** a friendly country; **das** ~**e Ausland** friendly [foreign] countries *pl* ② (*Freunde sein*) [**eng** [*o* **fest**]] **miteinander** ~ **sein** to be [close] friends; [**eng** [*o* **fest**]] **mit jdm** ~ **sein** to be [close [*or* very good]] friends with sb

befrieden* *vt* POL (*geh*) **ein Land** ~ to bring peace to a country

befriedigen* I. *vt* ① (*zufrieden stellen*) ■ **jdn/etw** ~ to satisfy sb/sth; **jds Ansprüche/Wünsche** ~ to fulfil [*or* AM fulfill] sb's requirements/wishes; **die Gläubiger** ~ to satisfy [*or* pay off] [*or* settle [up] with] the creditors; **seine Neugier** ~ to satisfy one's curiosity; **leicht/schwer zu** ~ **sein** to be easily/not easily satisfied, to be easy/hard to satisfy ② (*sexuelles Verlangen stillen*) ■ **jdn** ~ to satisfy sb ③ (*innerlich ausfüllen*) ■ **jdn** ~ to satisfy sb; ***mein Beruf befriedigt mich nicht*** I'm not satisfied with my job, I'm not getting any job satisfaction II. *vi* (*zufrieden stellend sein*) to be satisfactory; ***diese Lösung befriedigt nicht*** this is an unsatisfactory solution III. *vr* (*sexuell*) ■ **sich** [**selbst**] ~ to masturbate

befriedigend *adj* ① (*zufrieden stellend*) satisfactory;

■ **[für jdn] ~ sein** to be satisfying [for sb] ❷ *(Schulnote)* satisfactory, adequate

befriedigt I. *adj* ❶ *(zufrieden gestellt)* satisfied ❷ *(sexuell befriedigt)* [sexually] satisfied II. *adv* with satisfaction

Befriedigung <-> *f kein pl* ❶ *(Zufriedenstellung)* satisfaction; **zur ~ deiner Neugier** to satisfy your curiosity; **sexuelle ~** sexual satisfaction ❷ *(Zufriedenheit)* satisfaction; **eine innere ~** an inner sense of satisfaction; **jdm ~ bereiten** [*o* **gewähren**] to satisfy sb; ***die Arbeit bereitet mir einfach keine ~ mehr*** I'm just not getting any satisfaction from my job anymore; **zu jds ~ sein** to be to sb's satisfaction

befristen* *vt (zeitlich begrenzen)* ■ **etw [auf etw** *akk*/**bis zu etw] ~** to limit [*or* restrict] sth [to sth]; **eine Stelle ~** to limit the duration of a job

befristet *adj* restricted, limited; ÖKON, JUR *a.* fixed-term; **eine ~e Anlage** a fixed-term deposit; **eine ~e Aufenthaltsgenehmigung** *a residence permit valid for a restricted period of time;* **eine ~e Stelle** [*o* **Tätigkeit**] a fixed-term job; **ein ~er Vertrag** a contract of limited duration; **ein ~es Visum** a temporary visa; ■ **auf etw** *akk*/**bis zu etw ~ sein** to be valid for/until sth; ÖKON, JUR to be limited [*or* restricted] [to sth]; ***seine Aufenthaltserlaubnis ist auf ein Jahr ~*** his residence permit is valid for one year

Befristung <-, -en> *f* restriction, limitation; *(Zeitbegrenzung)* time limit; ***heutzutage sind ~en von Arbeitsverhältnissen schon fast die Regel*** nowadays it's almost the norm for appointments to be for a restricted period of time

befruchten* *vt* ❶ *(Befruchtung erzielen)* ■ **etw ~** to fertilize sth; **eine Frau ~** to impregnate a woman; **eine Blüte ~** to pollinate a flower; **eine Eizelle ~** to fertilize an egg; **künstlich ~** to inseminate artificially ❷ *(fig: fördernd anregen)* ■ **jdn/etw ~** to stimulate [*or* inspire] sb/sth, to have a stimulating effect on sb/sth

Befruchtung <-, -en> *f* fertilization; *Blüte* pollination; **künstliche ~** *Mensch* in vitro fertilization, IVF; *Tier* artificial insemination, AI

befugen* *vt (geh)* ■ **jdn dazu ~, etw zu tun** to authorize sb to do sth

Befugnis <-ses, -se> *f (geh)* authorization *no pl*, authority *no pl;* **zu etw keine ~ haben** to not be authorized to do sth; **seine ~se überschreiten** to overstep one's authority

befugt *adj (geh)* authorized; ■ **B~e/nicht B~e** authorized/unauthorized persons; ■ **zu etw ~ sein** to be authorized to do sth

befühlen* *vt* ■ **etw ~** to feel sth

befummeln* *vt (sl)* ■ **jdn/etw ~** to grope [*or* paw] sb/sth *fam*

Befund <-[e]s, -e> *m* MED result[s *pl*]; **negativer/positiver ~** negative/positive result[s *pl*]; **ohne ~** negative

befürchten* *vt* ■ **etw ~** to fear sth; **das Schlimmste ~** to fear the worst; ■ **~, dass ...** to be afraid that ...; **nichts zu ~ haben** to have nothing to fear [*or* to be afraid of]; **es ist** [*o* **steht**] **zu ~, dass ...** it is [to be] feared that ...; **wie befürchtet** as feared

Befürchtung <-, -en> *f meist pl* fear; ***seine ~en waren unbegründet*** his fears were unfounded; ***ich hatte schon große ~en!*** I was really afraid [*or* worried]!; ***ich hatte die schlimmsten ~en*** I feared the worst; **in jdm die ~ erwecken, dass ...** to arouse the fear in sb that ...; **die ~ haben** [*o geh* **hegen**], **dass ...** to fear [*or* be afraid] that ...

befürworten* *vt* ■ **etw ~** to be in favour [*or* AM -or] of [*or* support] [*or* approve of] sth; ■ **es ~, dass/wenn ...** to be in favour [*or* approve] of ...

befürwortend I. *adj* supportive, favourable [*or* AM -orable] II. *adv* favourably [*or* AM -orably]

Befürworter(in) <-s, -> *m(f)* supporter, advocate

Befürwortung <-, -en> *f* support, approval

begabt *adj* gifted, talented; ■ **für etw ~/nicht ~ sein** to have/not have a gift [*or* talent] for sth; ***sie ist künstlerisch/musikalisch sehr ~*** she's very artistic/musical, she's artistically/musically gifted; ***er ist vielseitig ~*** he's an all-round talent; ■ **mit etw ~ sein** *(bes iron geh)* to be blessed with sth

Begabte(r) *f(m) dekl wie adj* gifted [*or* talented] person

Begabtenförderung *f* SCH *educational grant for particularly gifted pupils and students*

Begabung <-, -en> *f* ❶ *(Talent)* talent, gift; **eine [besondere] ~ für etw haben** to have a [special] gift for sth; **eine ~ dafür haben, etw zu tun** *(a. iron)* to have a talent [*or* gift] for doing sth, to have a knack of doing sth *iron* ❷ *(begabter Mensch)* talented person; **eine künstlerische/musikalische ~ sein** to be a talented artist/musician

begaffen* *vt (pej fam)* ■ **jdn/etw ~** to gape [*or fam* goggle] [*or* BRIT *fam a.* gawp] at sb/sth

begann *pret von* **beginnen**

begatten* I. *vt* ZOOL ■ **ein Weibchen ~** to mate [*or* copulate] with a female II. *vr* ■ **sich ~** to mate

begeben* *vr irreg (geh)* ❶ *(gehen)* ■ **sich irgendwohin ~** to proceed [*or* make one's way] somewhere; **sich zu Bett** [*o* **zur Ruhe**] **~** to retire [to bed]; **sich nach Hause** [*o* **auf den Heimweg**] **~** to set off home ❷ *(beginnen)* ■ **sich an etw** *akk* **~** to commence sth; **sich an die Arbeit ~** to commence work ❸ *(sich einer S. aussetzen)* ■ **sich in etw** *akk* **~** to expose oneself to sth; **sich in ärztliche Behandlung ~** to undergo [*or* get] medical treatment ❹ *impers, meist im Imperfekt (geschehen)* ■ **es begab sich etw** sth happened [*or* came to pass] ❺ *(auf etw verzichten)* ■ **sich einer S.** *gen* **~** to renounce [*or* relinquish] sth; **sich der Möglichkeit ~, etw zu tun** to forego the opportunity to do sth

Begebenheit <-, -en> *f (geh)* event, occurrence

begegnen* *vi sein* ❶ *(treffen)* ■ **jdm ~** to meet sb; ***ich bin ihm die Tage im Supermarkt begegnet*** I bumped [*or* ran] into [*or* met] him recently at the supermarket; **jds** *dat* **Blick ~** to meet sb's gaze [*or* eye]; ■ **sich ~** to meet ❷ *(antreffen)* ■ **einer S.** *dat* **~** to encounter [*or* come across] sth ❸ *(geh: entgegentreten) Person* to treat; *Sache* to meet, to face; *Vorschlag a.* to respond to; **jdm freundlich/höflich ~** to treat sb in a friendly/polite manner; **jdm mit Herablassung/Spott ~** to treat sb condescendingly [*or* with condescension]/scornfully [*or* with scorn]; **einer Gefahr mutig ~** to face [a] danger courageously [*or* bravely]; **seinem Schicksal ~** to confront [*or* meet] [*or* face] one's fate ❹ *(geh: widerfahren)* ■ **jdm ~** to happen to sb

Begegnung <-, -en> *f* ❶ *(Zusammenkunft)* meeting, encounter; **ein Ort internationaler/weltweiter ~** an international/global meeting place ❷ SPORT encounter ❸ *(das Kennenlernen)* encounter (**mit** +*dat* with)

Begegnungsstätte *f* meeting place

begehbar *adj inv* passable on foot; ***dieser Weg ist im Winter nicht ~*** this path cannot be used in winter

begehen* *vt irreg* ■ **etw ~** ❶ *(verüben)* to commit [*or form* perpetrate] sth; **einen Fehler** [*o* **Irrtum**] **~** to make a mistake; **eine Dummheit/Unvorsichtigkeit/Taktlosigkeit ~** to do sth foolish [*or* stupid]/careless [*or* rash]/tactless; **Selbstmord/eine Sünde/ein Verbrechen/einen Verrat ~** to commit suicide/a sin/a crime/an act of betrayal; **eine strafbare Handlung ~** to commit an offence ❷ *(betreten)* to walk across/along/into sth; ***im Winter ist der Weg***

oft nicht zu ~ it's often impossible to use this path in winter; ***„B~ der Brücke auf eigene Gefahr"*** "Persons use this bridge at their own risk"; ***„Passanten werden vor dem B~ des Baugerüsts gewarnt"*** "passers-by are warned against climbing [*or* warned not to climb] on the scaffolding"; **begehbarer Kleiderschrank** walk-in wardrobe ③ (*geh: feiern*) to celebrate; **ein Fest** ~ to hold a celebration; **ein Jubiläum** ~ to celebrate an anniversary; **einen kirchlichen Festtag** ~ to celebrate [*or* observe] a religious holiday

begehren* *vt* (*geh*) ① (*nach jdm verlangen*) ■ **jdn** ~ to desire sb; **jdn zur Frau** ~ (*veraltet*) to want sb as [*or* to be] [*or* to wish sb to be] one's wife ② (*zu besitzen wünschen*) ■ **etw** ~ to covet sth; ***alles, was das Herz begehrt*** everything the heart desires [*or* could wish for] ③ (*verlangen*) ■ **etw [von jdm]** ~ to desire [*or* want] sth [from sb]; ■ **etw zu tun** ~ (*veraltend*) to desire to do sth

Begehren <-s, *selten* -> *nt* ① (*geh: Verlangen*) desire; ■ **das/ein** ~ **nach jdm/etw** the/a desire for sb/sth; **auf jds** ~ **[hin]** at sb's request ② (*veraltet: Wunsch*) wish

begehrenswert *adj* desirable; ■ **[für jdn]** ~ **sein** to be desirable [for sb]

begehrlich *adj* (*geh*) longing, covetous

Begehrlichkeit <-, -en> *f* (*geh*) desire, covetousness *no pl*

begehrt *adj* ① (*sehr umworben*) [much] sought-after; **eine ~e Frau/ein ~er Mann** a desirable woman/man; **ein ~er Junggeselle** an eligible bachelor; **ein ~er Posten** a sought-after [*or* desirable] job; **ein ~er Preis** a [much-]coveted prize ② (*beliebt, gefragt*) popular, much in demand; ■ **als etw** ~ **sein** to be popular as sth

Begehung <-, -en> *f* ① JUR commission, perpetration ② (*Inspizieren*) inspection

begeistern* **I.** *vt* ① (*mit Begeisterung erfüllen*) ■ **jdn** ~ to fill [*or* fire] sb with enthusiasm; ***dein Verhalten begeistert mich nicht sonderlich!*** I am not particularly thrilled by your behaviour!; ***das Stück hat die Zuschauer begeistert*** the audience were enthralled by the play ② (*Interesse für etw entwickeln*) ■ **jdn für etw** ~ to fill sb with enthusiasm for sth; ***er konnte alle für seinen Plan*** ~ he managed to win everybody [over] to his plan; ***sie ist für nichts zu*** ~ you can't interest her in anything; ***für Fußball bin ich nicht zu begeistern*** I'm not too crazy about *fam* football **II.** *vr* ■ **sich für jdn/etw** ~ to be [*or* get] [*or* feel] enthusiastic about sb/sth

begeistert **I.** *adj* (*hingerissen*) enthusiastic; ***sie ist eine ~e Opernliebhaberin*** she is an ardent [*or* a keen] opera fan; ■ **[von etw]** ~ **sein** to be thrilled [*or* delighted] [by sth] **II.** *adv* enthusiastically

Begeisterung <-> *f kein pl* enthusiasm (**über/für** +*akk* about/for); ***die Zuschauer klatschen vor*** ~ the spectators applauded enthusiastically; **große/grenzenlose** ~ great/boundless enthusiasm; ***es herrschte helle*** ~ everyone was wildly enthusiastic; ~ **auslösen** to arouse [*or* stir up] enthusiasm; **in** ~ **geraten** to become enthusiastic, to be filled [*or* fired [up]] with enthusiasm; **etw aus** ~ **tun** to do sth for the sheer fun of it [*or* because one really enjoys it]; **jdn in** ~ **versetzen** to arouse [*or* kindle] sb's enthusiasm; **mit** ~ enthusiastically; ***er hat das Buch mit großer*** ~ ***gelesen*** he really enjoyed the book

begeisterungsfähig *adj* able to get enthusiastic [*or* show one's enthusiasm] *pred;* **ein ~es Publikum** an appreciative audience **Begeisterungsfähigkeit** *f* capacity for enthusiasm **Begeisterungssturm** *m* storm [*or* wave] of enthusiasm

Begierde <-, -n> *f* (*geh*) desire (**nach** +*dat* for); ***die*** ~ ***nach Macht*** the lust for power; **vor** ~ **brennen, etw zu tun** to be burning [*or* longing] to do sth; **voll** ~ longingly, hungrily

begierig **I.** *adj* ① (*gespannt*) eager; ■ **auf etw** *akk* ~ **sein** to be eager for sth; ■ ~ **[darauf] sein, etw zu tun** to be eager [*or* keen] to do sth ② (*verlangend*) hungry, longing; ~ ***mehr zu wissen, fragte und fragte er*** hungry to know more, he kept on asking; ***mit ~en Augen sah das Kind die Spielsachen an*** the child looked longingly at the toys ③ (*sexuell verlangend*) lascivious, leering **II.** *adv* ① (*gespannt*) eagerly ② (*verlangend*) hungrily, longingly ③ (*sexuell verlangend*) hungrily, lasciviously

begießen* *vt irreg* ① (*Flüssigkeit über etw gießen*) ■ **etw [mit etw]** ~ to pour [sth] over sth; **die Blumen** ~ to water the plants; **einen Braten mit Fett** ~ to baste a roast ② (*fam*) ■ **etw** ~ to celebrate sth [with a drink]; ***das muss begossen werden!*** that calls for a drink!

Beginn <-[e]s> *m kein pl* start, beginning; **am** [*o* **bei**] [*o* **zu**] ~ at the start [*or* beginning]

beginnen <begann, begonnen> **I.** *vi* ① (*anfangen*) ■ **[mit etw]** ~ to start [*or* begin] [sth]; ■ **~, etw zu tun** to start [*or* begin] to do [*or* doing] sth ② (*eine Arbeit aufnehmen*) ■ **als etw** ~ to start out [*or* off] as sth **II.** *vt* ① (*anfangen*) ■ **etw [mit etw]** ~ to start [*or* begin] sth [with sth]; **ein Gespräch** ~ to strike up [*or* begin] a conversation; **einen Streit** ~ to get into an argument ② (*geh: angehen*) ■ **etw** ~ to do sth; ***wir müssen die Angelegenheit ganz anders*** ~ we'll have to tackle the matter differently

beginnend *adj attr* ① (*sich ankündigend*) incipient; **eine ~e Infektion** the beginnings of an infection ② (*einsetzend*) beginning, starting; **bei ~er Nacht/Dämmerung** as night/dusk was falling; **im ~en 20. Jahrhundert** in the early [*or* at the beginning of the] 20th Century

beglaubigen* *vt* ① (*als richtig bestätigen*) ■ **[jdm] etw** ~ to authenticate [*or* attest] sth [for sb]; **eine Abschrift** ~ to certify a copy; **die Echtheit [eines Gemäldes etc.]** ~ to attest to [*or* verify] the authenticity [of a painting etc.]; **etw notariell** ~ to attest sth by a notary, AM *a.* to notarize sth; ■ **[sich** *dat*] **etw [von jdm]** ~ **lassen** to have sth authenticated [*or* certified] [by sb]; **eine beglaubigte Kopie** [*o* **Abschrift**] a certified [*or* true] [*or* AM *a.* an exemplified] copy ② POL ■ **jdn als etw [bei etw]** ~ to accredit sb as sth [to sth]

Beglaubigung <-, -en> *f* ① JUR certification, authentication, attestation ② POL *von Botschafter* accreditation, accrediting

Beglaubigungsschreiben *nt* credentials *pl,* letter of credence

begleichen* *vt irreg* (*geh*) ■ **etw** ~ to pay sth; **eine Rechnung** ~ to settle a bill; **seine Schulden** ~ to pay [off] [*or* settle] one's debts

Begleichung <-, *selten* -en> *f* (*geh*) payment, settlement

Begleitbrief *m s.* **Begleitschreiben**

begleiten* *vt* ① (*mitgehen*) ■ **jdn** ~ (*a. fig*) to accompany sb; **jdn irgendwohin** ~ to accompany [*or* come/go with] sb somewhere; **jdn nach Hause/zur Bushaltestelle** ~ to accompany [*or form* escort] sb home/to the bus stop; **jdn zur Tür** ~ to take [*or* show] [*or form* escort] sb to the door; ■ **etw** ~ to escort sth; ***unsere guten Wünsche*** ~ ***dich!*** our best wishes go with you! ② (*musikalisch unterstützen*) ■ **jdn [auf einem Instrument]** ~ to accompany sb [on an instrument]; **jdn auf dem** [*o* **am**] **Klavier begleiten** to accompany sb on the piano

Begleiter(in) <-s, -> *m(f)* ① (*begleitender Mensch*) companion; **ständiger ~/ständige ~in** (*euph*) constant companion, lover ② MUS accompanist

Begleiterscheinung *f* ① (*gemeinsam auftretendes*

Phänomen) concomitant *form;* ***die ständigen Klimaschwankungen sind ~en der Erwärmung der Erdatmosphäre*** global warming goes hand in hand with continual variations in climate ② MED [accompanying] symptom **Begleitinstrument** *nt* accompanying instrument **Begleitmannschaft** *f* escort [troup] **Begleitmusik** *f* ① (*Hintergrundmusik*) [musical] accompaniment, background music; (*im Film*) incidental music ② (*sl: begleitende Aktionen*) incidentals *pl,* incidental details; ~ **zu etw sein** to be incidental to sth **Begleitperson** *f* escort; ***Jugendliche unter 16 dürfen Kneipen nur mit einer erwachsenen ~ betreten*** young people under 16 may go into pubs only when accompanied by an adult **Begleitschein** *m* customs transfer certificate, bond note BRIT, waybill AM **Begleitschreiben** *nt* covering [*or* AM cover] letter [*or* BRIT *a.* note] **Begleitumstände** *pl* attendant circumstances *pl*

Begleitung <-, -en> *f* ① (*das Begleiten*) company; **in ~** in company, accompanied; ***kommst du allein oder in ~?*** are you coming on your own or with someone?; **in** [**jds** *gen*] **~** accompanied by sb; **ohne** [**jds** *gen*] **~** unaccompanied [by anybody]; ***er kam ohne ~*** he came alone [*or* on his own], he was unaccompanied; (*für eine Frau*) escort ② (*Begleiter*[*in*]) companion; **als ~ mitgehen** to accompany [*or* come/go with] sb ③ (*Gefolge*) entourage, retinue ④ MUS accompaniment; ***er bat sie um ~ auf dem Klavier*** he asked her to accompany him on the piano; **ohne ~ spielen** to play unaccompanied

beglücken* *vt* (*geh*) ① (*glücklich stimmen*) ■**jdn** [**mit/durch etw**] **~** to make sb happy [with sth]; ***sie hatten uns gerade mit einem vierwöchigen Besuch beglückt*** (*iron fam*) they had just blessed us with a four-week visit [*or* stay] *iron* ② (*hum: sexuell befriedigen*) ■**jdn ~** to satisfy sb['s desire], to bestow favours [*or* AM -ors] on sb *hum fam*

beglückend *adj* (*glücklich stimmend*) cheering, gladdening; **ein ~es Erlebnis/Gefühl** a cheering experience/feeling

Beglücker <-s, -> *m* (*a. iron*) benefactor; ***er fühlt sich als ~ der Frauen*** he thinks he's God's gift to women

beglückt **I.** *adj* happy, pleased **II.** *adv* happily

beglückwünschen* *vt* ■**jdn** [**zu etw**] **~** to congratulate sb [on sth]; **sich ~ können** to be thankful [*or* grateful]; ***sie kann sich zu dieser Idee ~*** she can be proud of this idea; **lass dich ~!** congratulations!

begnadet* *adj* (*geh*) gifted, talented

begnadigen* *vt* ■**jdn ~** to pardon [*or* grant pardon to] sb; (*bei Todesurteil*) to reprieve sb; **zu lebenslänglicher Haft begnadigt werden** to have one's sentence commuted to life imprisonment

Begnadigung <-, -en> *f* reprieve, pardon; **um ~ bitten** to petition for a pardon

Begnadigungsgesuch *nt* JUR plea for [a] reprieve [*or* pardon]

begnügen* *vr* ① (*sich mit etw zufrieden geben*) ■**sich mit etw ~** to be content [*or* satisfied] with sth ② (*sich beschränken*) ■**sich damit ~, etw zu tun** to be content to do sth, to content oneself with doing sth; ***er begnügte sich mit ein paar kurzen Worten*** he restricted himself to a few short words

Begonie <-, -n> [-niə] *f* begonia

begonnen *pp von* **beginnen**

begraben* *vt irreg* ① (*beerdigen*) ■**jdn/ein Tier ~** to bury sb/an animal; *s. a.* **lebendig** ② (*verschütten*) ■**jdn/etw** [**unter etw** *dat*] **~** to bury sb/sth [under sth] ③ (*aufgeben*) **die Hoffnung/einen Plan ~** to abandon [*or* give up] hope/a plan ④ (*beenden*) ■**etw ~** to end sth; **einen Streit ~** to bury the hatchet [*or* one's differences]; ***die Sache ist ~ und vergessen*** the matter is dead and buried ▶ WENDUNGEN: **sich ~ lassen können** (*fam*) to be a lost cause; ***du kannst dich ~ lassen!*** you may as well give up!; **sich mit etw ~ lassen können** (*fam*) to have no chance with sth; ***mit dem Zeugnis kannst du dich ~ lassen*** you've got no chance with that report; **irgendwo nicht ~ sein mögen** (*fam*) ***in so einem Kaff möchte ich nicht ~ sein!*** I wouldn't live in that dump if you paid me!

Begräbnis <-ses, -se> *nt* burial, funeral

begradigen* *vt* BAU ■**etw ~** to straighten sth [out]

Begradigung <-, -en> *f* BAU straightening; **die ~ von Flüssen** the straightening of rivers

begreifbar *adj* conceivable, comprehensible; **leicht/schwer ~** easy/difficult to understand [*or* comprehend]

begreifen* *irreg* **I.** *vt* ① (*verstehen*) ■**etw ~** to understand sth; (*erfassen*) to comprehend sth; ***hast du es endlich begriffen?*** have you grasped it [*or fam* got the hang of it] at last?; **kaum zu ~ sein** to be incomprehensible; ***ich begreife nicht ganz, was du damit meinst*** I don't quite get what you're driving at; ***ich begreife nicht, wie man so dumm sein kann*** I don't understand how someone can be so stupid; ■**~, dass …** to realize that …; ***begreifst du denn nicht, dass das keinen Sinn hat?*** don't you realize [*or* can't you see] there's no sense in that?; ***er begriff langsam, dass sie ihn verlassen hatte*** he began to comprehend [*or* it began to sink in] that she had left him ② (*Verständnis haben*) ■**jdn/etw ~** to understand sb; **begreife das, wer will!** that's [*or* it's] beyond [*or* that beats] me! ③ (*für etw halten*) ■**etw als etw ~** to regard [*or* see] [*or* view] sth as sth **II.** *vi* (*verstehen*) to understand, to comprehend; ***begriffen?*** understood?, got it? *fam;* **langsam/schnell ~** to be slow/quick on the uptake **III.** *vr* ① **sich selbst nicht ~** [**können**] to be incomprehensible [to sb]; ***ich begreife mich selbst nicht, wie konnte ich das nur zulassen?*** it is incomprehensible to me how I could have allowed that ② (*sich auffassen*) ■**sich als etw ~** to consider [*or* see] oneself to be sth

begreiflich *adj* understandable; ■**jdm ~ sein/werden, warum/was …** to be/become clear to sb why/what …; ***es ist nicht ~, warum er das getan hat*** I don't understand why he did that; **sich jdm ~ machen** to make oneself clear to sb; **jdm etw ~ machen** to make sth clear to sb

begreiflicherweise *adv* understandably

begrenzen* *vt* ① *a.* BAU ■**etw ~** to mark [*or* form] the border [*or* boundary] of sth; ***ein Bach begrenzt den Garten von zwei Seiten*** a stream borders the garden [*or* marks the boundary of the garden] on two sides ② (*beschränken*) ■**etw** [**auf etw** *akk*] **~** to limit [*or* restrict] sth [to sth]; **die Geschwindigkeit auf … km/h ~** to oppose a speed limit [*or* restriction] of … km/h, to restrict the speed limit to … km/h ③ (*in Grenzen halten*) ■**etw ~** to limit sth

begrenzt **I.** *adj* limited, restricted; **~e Aktion/Dauer** limited action/period; **in einem zeitlich ~en Rahmen** in a limited [*or* restricted] time frame; ***ich habe leider nur ~e Möglichkeiten, Ihnen zu helfen*** unfortunately there is only a limited amount I can do for you; ***mein Aufenthalt hier ist zeitlich nicht ~*** there is no time limit on my stay **II.** *adv* with limits [*or* restrictions]; **nur ~ möglich sein** to be only partially possible; **nur ~en Einfluss auf etw** *akk* **nehmen können** to only have limited influence over sth; **sich nur begrenzt aufhalten können** to be only able to stay for a short time

Begrenztheit <-> *f kein pl* limitedness *no pl* (+*gen* of), limitations *pl* (+*gen* in)

Begrenzung <-, -en> *f* ① *a.* BAU (*Begrenzen*) limiting, restriction; (*Grenze*) boundary ② (*fig: das Beschränken*) restriction; **eine ~ des Einflusses/der Macht** a restriction of [the] influence/the power; **die Begrenzung der Höchstgeschwindigkeit** the speed limit ③ BAU (*Grenze*) boundary

Begriff <-[e]s, -e> *m* ① (*Terminus*) term; **ein ~ aus der Philosophie** a philosophical term; ***das ist ein dehnbarer ~*** (*lit*) that's a loose concept; (*fig*) that can mean what you want it to mean ② (*Vorstellung, Auffassung*) idea; **der ~ von Freiheit** the idea [*or* concept] [*or* notion] of freedom; **keinen ~ von etw haben** to have no idea about sth; **sich** *dat* **einen ~ von etw machen** to have an idea of sth, to imagine sth; **sich** *dat* **keinen ~ [von etw] machen** (*fam*) to not be able to imagine sth; **jdm ein/kein ~ sein** to mean sth/nothing [*or* not to mean anything] to sb; ***Marilyn Monroe ist jedem in der Filmwelt ein ~*** Marilyn Monroe is well-known in the film world; ***Harald Maier? Ist mir kein ~*** Harald Maier? I've never heard of him; **für jds** *akk* **~e** in sb's opinion; ***für meine ~ ist er unschuldig*** I believe he's innocent ③ (*Inbegriff*) epitome *no pl;* ***dieser Markenname ist zu einem ~ für Qualität geworden*** this brand name has become the quintessence of quality ④ (*Verständnis*) **schnell/schwer von ~ sein** (*fam*) to be quick/slow on the uptake ► WENDUNGEN: **im ~ sein** [*o geh* **stehen**], **etw zu tun** to be on the point of doing [*or* about to do] sth

begriffen *adj* (*geh*) ■ **in etw** *dat* **~ sein** to be in the process of [doing] sth; ***alle Gäste sind schon im Aufbruch ~*** everyone is [already] starting to leave

begrifflich *adj attr* conceptual; **sich um ~e Klarheit bemühen** to endeavour [*or* AM -or] to define things clearly

begriffsstutzig *adj* slow on the uptake, slow-witted, dense *fam* **Begriffsstutzigkeit** <-> *f kein pl* slow-wittedness *no pl,* obtuseness *no pl* **Begriffsvermögen** *nt* comprehension *no pl,* understanding *no pl,* ability to understand; ***das geht einfach über mein ~*** that's beyond my grasp [*or* comprehension], that's above [*or* over] my head

begründen* *vt* ① (*Gründe angeben*) ■ **etw [mit etw] ~** to give reasons for sth; **eine Ablehnung/Forderung ~** to justify a refusal/demand; **eine Behauptung/Klage/einen Verdacht ~** to substantiate a claim/complaint/suspicion; ***sein Verhalten ist einfach durch nichts zu ~*** his behaviour simply cannot be accounted for ② (*gründen*) ■ **etw ~** to found [*or* establish] sth; **eine Firma ~** to found [*or* form] a company, to establish [*or* set up] a business; **einen Hausstand ~** to set up house

Begründer(in) *m(f)* founder

begründet *adj* ① (*fundiert*) well-founded; **eine ~e Aussicht auf Erfolg** a reasonable chance of success; **es besteht ~e Hoffnung, dass …** there is reason to hope that …; **in etw** *dat* **~ liegen** [*o* **sein**] to be the result of sth ② JUR valid; ***eine Klage ist ~*** an action lies [*or* is] well-founded

Begründung <-, -en> *f* ① (*Angabe von Gründen*) reason, grounds *pl;* **eine ~ für etw angeben/finden/haben** to give/find/have a reason for sth; ■ **als** [*o* **zur**] **~ einer S.** *gen* as the reason for sth ② JUR grounds *pl,* reasons *pl,* [statement of] reasons [*or* grounds]; *von Klage* grounds of a charge BRIT, written pleadings *pl* AM; **~ für etwas sein** [*o* **geben**] to give grounds for, to substantiate ③ (*geh*) establishment, foundation; **die ~ eines eigenen Hausstandes** setting up house on one's own

begrünen* **I.** *vt* ■ **etw ~** to cover sth with greenery **II.** *vr* ■ **sich** *akk* **~** to become covered in greenery

begrüßen* *vt* ① (*willkommen heißen*) ■ **jdn [mit etw] ~** to greet [*or* welcome] sb [with sth]; ***ich begrüße Sie!*** welcome!; ■ **jdn als etw** *akk* **~** to greet sb as sth; **jdn bei sich zu Hause ~ dürfen** (*geh*) to have the pleasure of welcoming sb into one's home *form;* ***wir würden uns freuen, Sie demnächst wieder bei uns ~ zu dürfen*** we would be delighted to have the pleasure of your company again soon; (*im Geschäft*) we would be delighted to be of service to you again soon; ***wir würden uns freuen, Sie bald wieder an Bord ~ zu dürfen*** we look forward to welcoming you on board again soon ② (*gutheißen*) ■ **etw ~** to welcome sth; **einen Entschluss ~** to welcome a decision; **es ist zu ~, dass …** it is to be welcomed [*or* a good thing] that … ③ SCHWEIZ (*ansprechen*) ■ **jdn/etw [in etw** *dat*] **~** to approach [*or* consult] sb/sth [on sth]

begrüßenswert *adj* welcome; **~e Nachrichten** welcome news + *sing vb;* ■ **es ist ~ dass …** it is to be welcomed that …, … is very welcome; ■ **es wäre ~ wenn …** it would be desirable if …, it is desirable that … *form*

Begrüßung <-, -en> *f* greeting, welcoming; **offizielle ~** official welcome; ***zur ~ erhielt jeder Gast ein Glas Sekt*** each guest was welcomed with a glass of sekt; **jdm zur ~ die Hand schütteln** to greet sb with a handshake

> **! Tipp** Bis zur Mittagszeit verwendet man **Good morning**, danach sagt man bis etwa 18 Uhr **Good afternoon** und darauf folgt **Good evening**; **Good night** sagt man, wie im Deutschen, erst bevor man ins Bett geht. In Australien und Neuseeland sagt man den ganzen Tag über **G'day**. Informell kann man überall und zu jeder Tageszeit **Hello** oder auch **Hi** sagen. Wenn man Bekannte trifft, fragt man, wie es ihnen geht: **How are you?** oder informeller **How are you doing?** oder **How's life?** Für diese Frage bedankt man sich und antwortet meist kurz, dass es einem gut geht: **Fine, Thanks** oder **Very well, thanks.** Außerdem fragt man immer ebenso nach, wie es dem anderen geht: **And you?**, **And yourself?** oder **How about you?**

begucken* *vt* (*fam*) ■ **jdn/etw ~** to [have a] look at sb/sth

begünstigen* *vt* ① (*förderlich sein*) ■ **etw ~** to favour [*or* AM -or] sth; **von etw begünstigt werden** to be helped [*or* furthered] by sth; **den Export ~** to increase [*or* boost] exports; **die Konjunktur ~** to improve [*or* boost] the economy; **das Wachstum ~** to encourage [*or* boost] growth *no def art* ② (*bevorzugen*) ■ **jdn [bei etw/vor jdm] ~** to favour [*or* AM -or] sb [with sth/over [*or* more than] sb] ③ (*bedenken*) ■ **jdn [mit etw] ~** to benefit sb [with sth]; **durch ein Testament begünstigt sein** to benefit [*or* be a beneficiary] under a will; **jdn mit einer Schenkung [von 1000 DM] ~** to bestow sb with a gift [of 1,000 marks] ④ JUR **einen Täter ~** to aid [and abet] a perpetrator [after the fact]

Begünstigung <-, -en> *f* ① (*Förderung*) *Pläne, Projekte* favouring [*or* AM -oring] *no pl,* furthering *no pl;* (*positive Beeinflussung*) encouragement; ***niedrige Zinsen sind eine ~ für ein stärkeres Wirtschaftswachstum*** low interest rates encourage strong economic growth ② (*das Bevorzugen*) preferential treatment ③ JUR aiding [and abetting] *no pl* the perpetrator of an offence [*or* AM -se] [after the fact], acting *no pl* as an accessory to an offence [after the fact]; **~ im Amt** connivance; **jdn wegen ~ verurteilen** to sentence sb for acting as an accessory after the act

begutachten* *vt* ❶ (*fachlich prüfen*) ■ **etw** [**auf etw** *akk*] ~ to examine sth [for sth]; **etw auf sein Alter/seinen Wert** ~ to examine sth to establish its age/value; **etw schriftlich** ~ to produce a written report on sth; **etw** ~ **lassen** to get sth examined, to get expert advice about sth ❷ (*fam*) ■ **jdn/etw** ~ to have [*or* take] a look at sb/sth; ***lass dich mal ~!*** let's have a look at you!

begütert *adj* (*geh*) affluent, wealthy

begütigend I. *adj* soothing, calming II. *adv* soothingly

behaart *adj* hairy, hirsute; **ganz dicht** [*o* **stark**]/**schwach** ~ **sein** to be thickly/thinly covered with hair, to be very/not very hairy

Behaarung <-, -en> *f* hair

behäbig *adj* ❶ (*gemütlich, geruhsam*) placid, easy-going; (*langsam, schwerfällig*) ponderous ❷ (*dicklich*) portly, stolid, stout ❸ SCHWEIZ (*stattlich*) imposing ❹ (*fig*) **ein ~es Möbelstück** a solid piece of furniture

Behäbigkeit <-> *f kein pl* ❶ (*Geruhsamkeit*) placidity *no pl* ❷ (*Stattlichkeit*) substantiality, imposingness *no pl*

behaftet *adj* ■ **mit etw** ~ **sein** to be marked with sth, to have sth; (*mit Makel*) to be flawed with sth; **mit Fehlern ~e Waren** seconds *pl;* **mit negativen Konnotationen** ~ **sein** to have negative connotations; **mit Misstrauen** ~ **sein** to be full of mistrust; **mit Problemen** ~ **sein** to be fraught with problems

behagen* *vi* ■ **etw behagt jdm** sth pleases sb, sb likes sth; ■ **etw behagt jdm nicht** sth does not please sb, sb does not like sth; ***es behagt ihm nicht, so früh aufzustehen*** he doesn't like [*or* enjoy] getting up so early; ***es behagt mir gar nicht, dass er so früh kommt*** I'm not pleased at all that he's coming so early

Behagen <-s> *nt kein pl* contentment, pleasure; **etw mit** ~ **genießen** to enjoy sth immensely; **etw mit** ~ **verspeisen** [*o* **essen**] to eat sth with [great] relish

behaglich I. *adj* ❶ (*gemütlich*) cosy BRIT, cozy AM; **es sich** *dat* **auf dem Sofa/vor dem Kamin** ~ **machen** to make oneself comfortable on the sofa/in front of the fire ❷ (*genussvoll*) contented; **ein ~es Schnurren** a contented purring II. *adv* ❶ (*gemütlich*) cosily BRIT, cozily AM; ~ **eingerichtet sein** to be comfortably [*or* BRIT cosily] [*or* AM cozily] furnished; **sich bei jdm** ~ **fühlen** to feel at home [*or* comfortable] in sb's house ❷ (*genussvoll*) contentedly

Behaglichkeit <-> *f kein pl* cosiness BRIT, coziness AM, comfortableness, sense of comfort

behalten* *vt irreg* ❶ (*in seinem Besitz lassen*) ■ **etw** ~ to keep sth; ***wozu willst du das alles ~!*** why hang on to all this! ❷ (*nicht preisgeben*) **etw für sich** ~ to keep sth to oneself ❸ (*als Gast haben*) ■ **jdn** [**bei sich**] ~ to have sb stay on [with one]; ***ich hätte dich ja noch gerne länger [bei mir]*** ~ I would have loved you to stay longer [with me] ❹ (*bewahren*) ■ **etw** ~ to maintain sth; **die Fassung** ~ to maintain one's composure; **die Nerven** [*o* **die Ruhe**] ~ to keep one's nerve [*or* calm] [*or fam* one's cool] ❺ (*im Gedächtnis bewahren*) ■ **etw** ~ to remember sth; ***ich habe leider seinen Namen nicht*** ~ sorry, I cannot remember his name; **etw im Kopf** ~ to keep sth in one's head, to remember sth ❻ (*stetig bleiben*) ■ **etw** ~ to keep [*or* retain] sth; **seine Form** ~ (*bei Menschen*) to keep in shape; (*bei Kleidungsstücken*) to keep [*or* retain] its shape; **seinen Namen/seine Staatsangehörigkeit** ~ to keep [*or* retain] one's name/nationality ❼ (*dort lassen, wo es ist*) **die Hände in den Hosentaschen** ~ to keep one's hands in one's pockets; **den Hut auf dem Kopf** ~ to keep one's hat on; **nichts bei sich** ~ **können** to be unable to keep anything down ❽ (*zurückbehalten*) ■ **etw von etw** ~ to be left with sth from sth

Behälter <-s, -> *m* container, receptacle *form*

behämmert *adj* (*sl*) *s.* **bekloppt**

behänd(e)[RR] I. *adj* (*geh*) deft, nimble, agile; ***für sein Alter ist er aber noch sehr*** ~ he is still very nimble [*or* agile] for his age II. *adv* deftly, nimbly, agilely

behandeln* *vt* ❶ (*medizinisch versorgen*) ■ **jdn/etw** ~ to treat [*or* attend to] sb/sth; ***wer ist Ihr ~ der Arzt?*** who is the doctor treating you? ❷ (*damit umgehen*) ■ **jdn/etw/ein Tier** ~ to treat sb/an animal; **jdn gut** ~ to treat sb well; **jdn schlecht** ~ to treat sb badly, to mistreat sb; **jdn stiefmütterlich** ~ to neglect sb; **jdn mit Fäusten und Fußtritten** ~ to subject sb to kicks and punches; **jdn mit Nachsicht** ~ to be lenient with sb; **jdn wie ein kleines Kind** ~ to treat sb like a child; **etw vorsichtig** ~ to handle sth with care ❸ (*mit einer Substanz bearbeiten*) ■ **etw** [**mit etw**] ~ to treat sth [with sth]; **chemisch behandelt** chemically treated ❹ (*abhandeln*) ■ **etw** ~ to deal with [*or* treat] sth; **einen Antrag/Punkt** ~ to deal with an application/a point

behändigen *vt* SCHWEIZ ■ **etw** ~ to get hold of sth

Behändigkeit[RR] <-> *f kein pl* (*geh*) deftness, nimbleness, agility

Behandlung <-, -en> *f* ❶ (*medizinische Versorgung*) [**bei jdm**] [**wegen etw** *gen*] **in** ~ **sein** to be treated [by sb] [*or* receive treatment [from sb]] [for sth]; ***bei wem sind Sie in ~?*** who is treating you? ❷ (*Umgang*) treatment; **eine gute/schlechte** ~ **erfahren** to be treated well/badly, to be mistreated; **eine unwürdige** ~ **erfahren** to reveive shameful treatment ❸ (*das Bearbeiten mit einer Substanz*) treatment ❹ (*das Abhandeln*) treatment; **die** ~ **eines Antrags/eines Punktes** the handling of an application/a point

behandlungsbedürftig *adj* ■ **etw ist** ~ sth is in need of [*or* requires] treatment **Behandlungskosten** *pl* cost of treatment **Behandlungsmethode** *f* method of treatment, treatment method **Behandlungsraum** *m*, **Behandlungszimmer** *nt* treatment room

behangen *adj* ❶ (*beladen sein*) ■ **mit etw** ~ **sein** to be laden with sth; **ein voll ~er Baum** a heavily laden tree; ***die Pflaumenbäume sind dieses Jahr überreich mit Früchten*** ~ the plum trees are dripping with fruit this year ❷ (*pej*) ■ [**mit etw**] ~ **sein** to be festooned [with sth]; **mit Juwelen/Schmuck** ~ **sein** to be dripping with jewels/jewellery [*or* AM jewelry]

behängen* *vt* ❶ ■ **etw mit etw** ~ to hang [*or* decorate] sth with sth; **Wände mit Bildern** ~ to hang walls with pictures; **Wände mit Teppichen** ~ to decorate walls with [wall] hangings; **den Weihnachtsbaum** [**mit Kugeln/Lametta**] ~ to decorate the Christmas tree [with balls/tinsel] ❷ (*pej fam*) ■ **jdn mit etw** ~ to festoon sb [*or* deck sb out] with sth; ■ **sich** [**mit etw**] ~ to festoon oneself [*or* deck oneself out] [with sth]; **eine Frau mit Schmuck/einen Offizier mit Orden** ~ to festoon a woman with jewellery [*or* AM jewelry]/an officer with medals

beharren* *vi* ❶ (*darauf bestehen*) ■ **auf** [*o* **bei**] **etw** *dat* [**hartnäckig**] ~ to insist [stubbornly] on sth; **auf seiner Meinung** ~ to persist with one's opinion; ■ **jds B~** [**auf etw** *dat*] sb's insistence [on sth] ❷ (*bleiben*) ■ **in etw** *dat* ~ to remain in sth; **in der Tradition** ~ to uphold tradtion; **an einem Ort** ~ to remain in a place

beharrlich I. *adj* insistent; (*ausdauernd*) persistent; **~er Fleiß** dogged hard work [*or* effort]; ***du hättest ~er sein sollen*** you should have persevered [*or* been persistent] II. *adv* persistently; ~ **auf sein Recht pochen** to doggedly stand up for one's rights; ~ **schwei-**

gen to persist in remaining silent

Beharrlichkeit <-> *f kein pl* insistence, persistence

Beharrungsvermögen *nt* ① (*Ausdauer*) steadfastness ② PHYS inertia

behaupten* I. *vt* ① (*als unbewiesene Äußerung aufstellen*) ■ **etw [von jdm/etw]** ~ to claim [*or* maintain] [*or* assert] sth [about sb/sth]; ***wer das [von ihr] behauptet, lügt!*** whoever says that [about her] is lying!; ■ **~, dass ...** to claim that ...; ***ich behaupte ja nicht, dass ich immer Recht habe*** I don't claim to be right all the time, I'm not claiming that I am always right; ■ **von jdm ~, dass ...** to say of sb that ...; ■ **es wird [von jdm] behauptet, dass ...** it is said [*or* claimed] [of sb] that ...; **etw getrost ~ können** to be able to safely say sth ② (*aufrechterhalten*) ■ **etw** ~ to maintain sth; **seinen Vorsprung gegen jdn ~ [können]** to [manage] to maintain one's lead over sb II. *vr* (*sich durchsetzen*) ■ **sich [gegen jdn/etw]** ~ to assert oneself [over sb/sth]; **sich gegen die Konkurrenz ~ können** to be able to survive against one's competitors; ***Agassi konnte sich gegen Sampras*** ~ Agassi held his own against Sampras

Behauptung <-, -en> *f* ① (*unbewiesene Äußerung*) assertion, claim; **eine ~/~en aufstellen** to make an assertion/assertions ② (*Durchsetzen*) maintaining *no pl*, maintenance *no pl*; ***die ~ an der Tabellenspitze wird nicht leicht sein*** it will not be easy to stay at the top of the table

Behausung <-, -en> *f* (*hum geh*) accommodation, dwelling; ***dies ist meine bescheidene*** ~ this is my humble abode *a. iron;* **weitab von jeder menschlichen** ~ far away from any human habitation

Behaviorismus <-> [bihevɪəˈrɪsmʊs] *m kein pl* PSYCH (*Verhaltensforschung*) behaviourism [*or* AM -iorism] *no pl*

beheben* *vt irreg* ① (*beseitigen*) ■ **etw** ~ to remove sth; **einen Fehler/Mangel** ~ to rectify a mistake/fault; **die Missstände** ~ to remedy shortcomings; **einen Schaden/eine Funktionsstörung** ~ to repair damage/a malfunction ② FIN ÖSTERR **Geld** ~ to withdraw money

Behebung <-, -en> *f* ① (*Beseitigung*) removal; **die ~ eines Fehlers/Mangels** the rectification [*or* remedying] of a mistake/fault; **die ~ des Schadens/der Störung** the repair of the damage/fault ② FIN ÖSTERR *Geld* withdrawal

beheimatet *adj* ① (*ansässig*) ■ **[irgendwo] ~ sein** to be resident [somewhere]; ***wo bist du eigentlich ~?*** where do you actually come from? ② BOT, ZOOL native, indigenous; **in Kalifornien ~ sein** to be native [*or* indigenous] to [*or* a native of] California

beheizbar *adj* heatable; **eine ~e Heckscheibe/Windschutzscheibe** a heated rear window/windscreen; **etw ist mit Holz/Koks/etc. ~** sth can be heated with wood/coke/etc.

beheizen* *vt* ■ **etw [mit etw]** ~ to heat sth [with sth]

Behelf <-[e]s, -e> *m* [temporary] replacement, makeshift, stop-gap

behelfen* *vr irreg* ① (*mit einem Ersatz auskommen*) **sich mit etw ~ [müssen]** to [have to] make do [*or* manage] with sth ② (*zurechtkommen*) ■ **sich ~ [können]** to manage, to get by; **sich ohne etw ~** to manage [*or* get by] without sth

Behelfsausfahrt *f* temporary exit **behelfsmäßig** I. *adj* makeshift, temporary II. *adv* temporarily, in a makeshift fashion **Behelfsunterkunft** *f* makeshift dwelling

behelligen* *vt* ■ **jdn [mit [*o* durch] etw]** ~ to pester [*or* bother] sb [with sth]; ***darf ich Sie noch einmal mit einer Frage*** ~ may I trouble [*or* bother] you with one more question?

behend(e) *adj, adv s.* **behänd[e]**

Behendigkeit <-> *f kein pl s.* **Behändigkeit**

beherbergen* *vt* ■ **jdn** ~ to accommodate [*or* house] sb, to put up sb *sep* [somewhere]

Beherbergung <-> *f kein pl* accommodation

beherrschen* I. *vt* ① (*gut können*) ■ **etw** ~ to have mastered [*or fam* got the hang of] sth; **sein Handwerk** ~ to be good at [*or* skilled in] one's trade; ***sie beherrscht ihr Handwerk*** she's good at what she does; **ein Instrument** ~ to play an instrument well, to have mastered an instrument; **die Spielregeln** ~ to know [*or* have learnt] the rules well; **eine Sprache** ~ to have good command of a language; **alle Tricks** ~ to know all the tricks; **etw gerade so** ~ to have just about mastered [*or fam* got the hang of] sth; **etw gut/perfekt** ~ to have mastered sth well/perfectly; **etw aus dem Effeff** ~ (*fam*) to know sth inside out ② (*als Herrscher regieren*) ■ **jdn/etw** ~ to rule sb/sth ③ (*handhaben*) ■ **etw** ~ to control sth; **ein Fahrzeug** ~ to have control over a vehicle ④ (*prägen, dominieren*) ■ **etw** ~ to dominate sth; **ein ~der Eindruck/eine ~de Erscheinung** a dominant impression/figure ⑤ (*zügeln*) ■ **etw** ~ to control sth; **seine Emotionen/Gefühle/Leidenschaften** ~ to control one's emotions/feelings/passions ⑥ (*unter dem Einfluss von etw stehen*) ■ **von etw beherrscht werden** to be ruled by sth; **von seinen Gefühlen beherrscht werden** to be ruled [*or* governed] by one's emotions II. *vr* (*sich bezähmen*) ■ **sich** ~ to control oneself ▸ WENDUNGEN: **ich kann mich ~!** (*iron fam*) no way!, not likely!, I wouldn't dream of it!

beherrscht I. *adj* [self-]controlled; ***er blieb gelassen und*** ~ he remained calm and composed II. *adv* with self-control [*or* composure]

Beherrschtheit <-> *f kein pl s.* **Beherrschung 2.**

Beherrschung <-> *f kein pl* ① (*das Gutkönnen*) mastery ② (*Selbst~*) self-control; **die [*o* seine] ~ verlieren** to lose one's self-control ③ (*das Kontrollieren*) control

beherzigen* *vt* ■ **etw** ~ to take sth to heart; **einen Rat** ~ to heed [a piece of] advice

beherzt *adj* (*geh*) intrepid, courageous, spirited

behilflich *adj* ■ **jdm [bei/mit etw] ~ sein** to help sb [with sth]; **jdm beim Einsteigen/Aussteigen ~ sein** to help sb [to] get on/off; ***darf ich dir damit ~ sein?*** may I give you a hand with that?; ***könntest du mir wohl mit 300 Mark ~ sein?*** could you help me out with 300 marks?

behindern* *vt* ① (*hinderlich sein*) ■ **jdn [bei etw]** ~ to obstruct [*or* hinder] sb [in sth]; ■ **etw [bei etw]** ~ to hinder sth [in sth]; **die Bewegungsfreiheit** ~ to impede one's movement[s] ② (*hemmen*) ■ **etw** ~ to hamper sth; ***die erneuten Terroranschläge ~ den Friedensprozess*** the renewed terrorist attacks are threatening the peace process

behindert *adj* disabled; **geistig/körperlich** ~ mentally/physically handicapped

Behinderte(r) *f(m) dekl wie adj* disabled [*or* handicapped] person/man/woman; ■ **die B~n** the handicapped [*or* disabled]; **eine Telefonzelle für körperlich** ~ a [tele]phone box [*or* AM booth] for the physically handicapped; **ein Parkplatz/eine Toilette für** ~ a parking place/toilet for the disabled; **geistig/körperlich** ~ mentally/physically handicapped person

Behindertenausweis *m* identity card for the disabled **behindertengerecht** I. *adj inv* suitable for the disabled II. *adv inv* ~ **ausgestattet sein** to be suitable for the disabled **Behindertenolympiade** *f* Paralympic Games, Paralympics *npl* **Behindertenparkplatz** *m* parking place for the disabled, disabled parking place; (*Parkgelände*) car park [*or* AM parking lot] for the disabled, disabled car park **Behinderten-WC** *nt* toilet for the disabled, disabled toilet **Behin-**

dertenwerkstatt *f* sheltered workshop

Behinderung <-, -en> *f* ❶ (*das Behindern*) hindrance, obstruction; ***es muss mit* [*erheblichen*] *~en gerechnet werden*** [long] delays are to be expected ❷ (*körperliche Einschränkung*) handicap; **geistige/körperliche ~** mental/physical handicap

Behörde <-, -n> *f* ❶ (*Dienststelle*) department; **mit Genehmigung der zuständigen ~** with permission from [*or* the permission of] the appropriate authorities ❷ (*fam*) town council, local authorities; ***sie arbeitet bei der ~*** she works for the council ❸ (*Amtsgebäude*) [government] [*or* [local] council] offices

Behördengang <-gänge> *m* trip to the authorities **behördenübergreifend** *adj* ADMIN embracing several authorities **Behördenwillkür** *f* official whim [*or* caprice]

behördlich I. *adj* official; **auf ~e Anordnung** by order of the authorities II. *adv* officially; **~ genehmigt** authorized by the authorities

behüten* *vt* ❶ (*schützend bewachen*) ■**jdn/etw ~** to watch over [*or* guard] sb/sth ❷ (*bewahren*) ■**jdn vor etw** *dat* **~** to protect sb from sth; **jdn vor einem großen Fehler/vor Schlimmerem ~** to save sb from a big mistake/a worse fate ▶ WENDUNGEN: [**Gott**] **behüt**[**e**]! God [*or* Heaven] forbid!

behütet I. *adj* protectively brought up; **eine ~e Kindheit** a sheltered childhood; **ein wohl ~es Mädchen** a well-cared-for girl; ***hier werden Ihre Kinder ~ und gut aufgehoben sein*** your children will be in safe hands here II. *adv* **~ aufwachsen** to have a sheltered upbringing

behutsam I. *adj* (*geh*) careful, gentle; ***~es Vorgehen ist angesagt*** it will be necessary to proceed with caution [*or* cautiously]; ■[**bei etw**] **~ sein** to be careful [in sth/when doing sth] II. *adv* (*geh*) carefully, gently; **jdm etw ~ beibringen** to break sth to sb [*or* tell sb sth] gently

Behutsamkeit <-> *f kein pl* (*geh*) care

bei *präp +dat* ❶ (*räumlich*) ■**~ jdm** (*in jds Wohn-/Lebensbereich*) with sb; ***am Wochenende sind sie entweder ~ ihm oder ~ ihr*** at the weekend they will either be at his place or at hers; ***dein Schlüssel müsste ~ dir in der Schreibtischschublade sein*** your key should be in your desk drawer; ***~ uns zu Hause wurde früher vor dem Essen immer gebetet*** we always used to say grace before a meal at our house; ***~ wem hast du die letzte Nacht verbracht?*** who did you spend last night with?; ***ich war die ganze Zeit ~ meinen Eltern*** I was at my parents' [house] the whole time; ***~ Familie Schmidt*** (*Briefanschrift*) c/o Schmidt ❷ (*räumlich*) ■**~ jdm** (*in jds Unternehmensbereich/Institution*) in; ***~ wem lassen Sie Ihre Anzüge schneidern?*** who makes your suits?, who is your tailor?; SCH from; ***sie hat ihr Handwerk ~ einem sehr erfahrenen Meister gelernt*** she learnt her trade from a very experienced master craftsman; ***~ diesem Professor hören die Studenten immer gerne Vorlesungen*** the students always enjoy this professor's lectures; ***~ wem nimmst du Klavierstunden?*** who do you have your piano lessons with?; (*in einem Geschäft*) at; **beim Bäcker/Friseur** at the baker's/hairdresser's; (*angestellt sein*) for; ***er ist* [*Beamter*] *~ der Bahn/Post/beim Bund*** he works for the railways/post office/armed forces; ***er ist neuerdings auch Redakteur ~ uns*** he joined us as an editor recently too; ***seit wann bist du eigentlich ~ dieser Firma?*** how long have you been working for this company?; ***er ist ein hohes Tier ~ der Post*** he is a big shot [*or* fish] at the post office ❸ (*räumlich*) ■**~ jdm** (*in jds* [*künstlerischem*] *Werk*) in; ***das Zitat steht irgendwo ~ Goethe*** the quotation comes from somewhere in Goethe; ***~ wem hast du denn das gelesen?*** where did you read that?; ***das kannst du alles ~ Schopenhauer nachlesen*** you can look it all up in Schopenhauer ❹ (*räumlich: mit sich führen oder haben*) ■**~ sich** with; **etw ~ sich haben** to have sth with [*or* on] one; ***ich habe die Unterlagen leider nicht ~ mir*** I'm afraid I haven't got the papers with me; ***ich habe gerade kein Geld ~ mir*** I haven't any money on me at the moment; **jdn ~ sich haben** to have sb with one ❺ (*räumlich*) ■**~ etw** (*in der Nähe von*) near sth; ***Böblingen ist eine Stadt ~ Stuttgart*** Böblingen is a town near Stuttgart ❻ (*räumlich*) ■**~ etw** (*Berührung*) by; **jdn ~ der Hand nehmen** to take sb by the hand; ***er packte sie grob ~ den Haaren*** he grabbed her roughly by the hair ❼ (*~ einem Vorgehen*) **~ einer Aufführung/Hochzeit/einem Gottesdienst** at a performance/wedding/church service; ***~ dem Zugunglück starben viele Menschen*** many people died in the train crash ❽ (*räumlich*) ■**~ etw** (*dazwischen, darunter*) among; ***die Unterlagen sind ~ den Akten*** the papers are amongst the files; ***~ den Demonstranten waren auch einige gewalttätige Chaoten*** there were also several violent hooligans among the demonstrators ❾ (*ungefähr*) around; ***der Preis liegt ~ etwa 1000 Mark*** the price is around [*or* about] 1000 marks ❿ (*Zeitspanne: während*) during; ***ich habe ~ dem ganzen Film geschlafen*** I slept through the whole film; ***~ der Vorführung darf nicht geraucht werden*** smoking is not permitted during the performance; ***unterbrechen Sie mich bitte nicht dauernd ~ meiner Rede!*** please stop interrupting my speech!; (*Zeitspanne: Zeitpunkt betreffend*) at; **~ jds Abreise/Ankunft** on sb's departure/arrival; ***ich hoffe, du bist ~ meiner Abreise auch zugegen*** I hope you will be there when I leave [*or* on my departure]; ***sei bitte ~ meinem Eintreffen auf dem Bahnhof!*** please be waiting for me at the station when I arrive!; ***~ Beginn der Vorstellung wurde die Beleuchtung im Kino langsam dunkler*** as the film began the lights in the cinema gradually went dim ⓫ (*während einer Tätigkeit*) while; ***beim Lesen kann ich nicht gleichzeitig Radio hören*** I cannot read and listen to the radio at the same time; ***das ist mir beim Wäschebügeln eingefallen*** it occurred to me when [*or* as] [*or* while] I was ironing; ***störe mich bitte nicht ständig ~ der Arbeit!*** please stop disturbing me constantly when I'm working! ⓬ (*Begleitumstände*) by; ***wir aßen ~ Kerzenlicht*** we had dinner by candlelight; ***wir können das ja ~ einer Flasche Wein besprechen*** let's talk about it over a bottle of wine; ***~ Schnee ist Weihnachten immer am schönsten*** Christmas is always nicest when it snows; ***~ diesem Wetter setze ich keinen Fuß vor die Tür!*** I'm not setting foot outside the door in this weather!; **~ dieser Hitze/Kälte** in such a heat/cold; **~ Wind und Wetter** come rain or shine ⓭ (*im Falle von etw*) in case of; ***„bei Feuer Scheibe einschlagen“*** “in case of fire break glass”; ***~ 45° unter Null*** at 45° below zero; ***~ Nebel/Regen*** when it is foggy/raining, when there is fog/rain ⓮ (*wegen, mit*) with; **~ deinen Fähigkeiten** with your talents [*or* skills]; ***~ der Sturheit, die er an den Tag legt, könnte man manchmal wirklich verzweifeln*** one could sometimes really despair at the stubbornness he shows; ***~ so viel Dummheit ist wirklich alle Liebesmüh vergebens*** all effort is futile in the face of such stupidity ⓯ (*trotz*) ■**~ all/aller ...** in spite of all, despite all; **~ alledem ...** for [*or* despite] all that ... ⓰ (*in Schwurformeln*) by; **~ meiner Ehre** [up]on my honour; ***ich schwöre es, ~ meiner toten Mutter!*** I swear on my mother's grave!; **~ Gott!** (*veraltend*) by God!; ***„ich schwöre ~ Gott, die Wahrheit zu sagen und***

nichts als die Wahrheit" "I swear to tell the truth, the whole truth and nothing but the truth, so help me God" ▸ WENDUNGEN: **nicht** [**ganz**] ~ **sich sein** (*fam*) to be not [quite] oneself

bei|behalten* *vt irreg* ① (*weiterhin behalten*) ▪ **etw** ~ to maintain sth, to keep sth up; **eine Angewohnheit** ~ to maintain a habit; **einen Brauch/eine Tradition** ~ to uphold a custom/tradition; **eine Meinung** ~ to stick to an opinion ② (*fortsetzen*) to keep to, to continue; **eine Diät** ~ to keep to a diet; **seine Geschwindigkeit** ~ to maintain one's speed; **eine Therapie** ~ to continue [with] a treatment

Beibehaltung <-> *f kein pl* ① (*das Beibehalten*) *Gewohnheit, Methode* maintenance, upkeep, upholding ② (*das Fortsetzen*) *Richtung* keeping to, continuance

bei|biegen *vt irreg* (*sl: beibringen*) ▪ **jdm** ~, **dass ...** to get it through to sb that ...; (*schonend beibringen*) to break it gently to sb that...; (*geduldig beibringen*) to get it patiently across to sb...

Beiblatt *nt* insert, supplement

Beiboot *nt* tender (*vessel attendant on others*)

bei|bringen *vt irreg* ① (*fam: eine schlechte Nachricht übermitteln*) ▪ **jdm etw** ~ to break sth to sb; ▪ **jdm** ~, **dass ...** to break it to sb that ...; **jdm etw schonend** ~ to break sth gently to sb ② (*fam: lehren*) ▪ **jdm/einem Tier etw** ~ to teach sb/an animal sth ③ (*zufügen*) ▪ **jdm etw** ~ to inflict sth on sb; **jdm eine Kopfverletzung/Niederlage/hohe Verluste** ~ to inflict a head injury/a defeat/heavy losses on sb ④ (*beschaffen*) ▪ **jdn/etw** ~ to produce sb/sth; **Beweise** ~ to produce [*or* provide] [*or* supply] proof; **das Geld** ~ to produce [*or form* furnish] the money; **die Unterlagen** ~ to produce [*or* supply] the documents; **einen Zeugen/eine Zeugin** ~ to produce a witness

Beichte <-, -n> *f* ① REL confession; ***die ~ wird dich erleichtern*** confession will be a relief for you; [**bei jdm**] **die** ~ **ablegen** (*geh*) to make one's confession [to sb]; **jdm die** ~ **abnehmen** to hear sb's confession; **zur** ~ **gehen** to go to confession; **eine** ~ **ablegen** (*hum: etw gestehen*) to make a confession ② (*hum: etw gestehen*) **eine** ~ **ablegen** to confess to sth

beichten I. *vt* ① REL ▪ [**jdm**] **etw** ~ to confess sth [to sb] ② (*hum fam: gestehen*) ▪ **jdm etw** ~ to confess sth to sb II. *vi* REL to confess; ~ **gehen** to go to confession

Beichtgeheimnis *nt* seal of confession **Beichtstuhl** *m* confessional **Beichtvater** *m* (*veraltend*) father confessor *a. fig*

beidarmig I. *adj* ① SPORT double-[*or* two-]handed ② (*beide Arme betreffend*) of both arms *after n;* **eine ~e Amputation** an amputation of both arms II. *adv* ① SPORT with two [*or* both] hands ② (*beide Arme betreffend*) on both arms; ***er war ~ amputiert*** he had both arms amputated **beidbeinig** I. *adj* ① SPORT two-footed; **ein ~er Absprung** a two-footed take-off ② (*beide Beine betreffend*) of both legs; **eine ~e Amputation** an amputation of both legs II. *adv* ① SPORT with [*or* on] two [*or* both] feet ② (*beide Beine betreffend*) of both legs; ~ **amputieren** to amputate both legs

beide *pron* ① (*alle zwei*) both; ***sie hat ~ Kinder gleich lieb*** she loves both children equally; ~ **Mal**[**e**] both times ② (*sowohl du als auch du*) both; ***jetzt kommt mal ~ her zu Opa*** come here to Grandad both of you; ▪ **ihr** ~ the two of you; ***ihr ~ solltet euch wieder vertragen!*** you two really should make up again!; ▪ **euch ~n** both of you, you both; ***muss ich euch ~n denn immer alles zweimal sagen?*** do I always have to tell you both everything twice? ③ (*ich und du*) ▪ **uns ~n** both of us; ▪ **wir** ~ the two of us ④ (*die zwei*) ▪ **die** [**...**] **~n** both [of them], the two of them; ***die ~n vertragen sich sehr gut*** they both [*or* the two of them] get on very well; **die ersten/letzten ~n ...** the first/last two ...; **einer/einen/eine/eins von ~n** one of the two; **keiner/keinen/keine/keins von ~n** neither of the two [*or* them]; **welcher/welchen/welche/welches von ~n** which of the two ⑤ (*sowohl dies als auch jenes*) ▪ **~s** both; ***~s ist möglich*** both are [*or* either [one] is] possible

beidemal *adv s.* **beide 1.**

beiderlei *adj attr, inv* both; ***was gab es zu trinken, Bier oder Wein? — es gab ~ Getränke, Bier und Wein*** what was there to drink, beer or wine? — there was both beer and wine; **Verwandte ~ Geschlechts** relatives of both sexes

beiderseitig *adj* on both sides; **ein ~es Abkommen** a bilateral agreement; **~es Vertrauen/~e Zufriedenheit** mutual trust/satisfaction; **sich im ~en Einverständnis trennen** to part in mutual agreement

beiderseits I. *adv* on both sides II. *präp +gen* ▪ ~ **einer S.** *gen* on both sides of sth; ~ **der Straße** on both sides of the street [*or* road]

beidfüßig I. *adj* ① SPORT two-footed; **ein ~er Absprung** a two-footed take-off ② (*beide Füße betreffend*) of both feet *after n;* **eine ~e Amputation** an amputation of both feet II. *adv* ① SPORT with two feet; ~ **abspringen** to take off with two feet ② (*beide Füße betreffend*) of both feet; ~ **amputieren** to amputate both feet **beidhändig** I. *adj* ① SPORT double-[*or* two-]handed ② (*beide Hände betreffend*) **eine ~e Amputation** an amputation of both hands; **ein ~er Griff** a double-[*or* two-]handed grip II. *adv* ① SPORT with two [*or* both] hands ② (*beide Hände betreffend*) ~ **amputiert** with both hands amputated

bei|drehen *vi* NAUT to heave to

beidseitig I. *adj* ① (*auf beiden Seiten vorhanden*) on both sides; **eine ~e Beschichtung** a coating on both sides, a double-sided coating; **~e Lähmung** bilateral paralysis *spec,* diplegia *spec* ② *s.* **beiderseitig II.** *adv* on both sides; ~ **gelähmt** paralysed [*or* AM -yzed] down both sides **beidseits** *präp +gen* SÜDD, SCHWEIZ *s.* **beiderseits II**

beieinander *adv* together; **jdn/etw** [**wieder**] ~ **haben** (*fam: einsammeln*) to have [got] sb/sth together [again]; ~ **liegen** to lie together; ~ **sitzen** to sit together; ~ **stehen** to stand together ▸ WENDUNGEN: **sie nicht** [**mehr**] **alle** [*o* **richtig**] ~ **haben** to have a screw loose *fig fam;* **gut/schlecht** ~ **sein** (*fam körperlich*) to be in good/bad [*or* poor] shape; (*geistig*) to be/not be all there *fam*

beieinander|haben *vt irreg* (*fam*) *s.* **beieinander 1** **beieinander|liegen** *vi irreg s.* **beieinander 1** **beieinander|sein** *vi irreg sein* (*fam*) *s.* **beieinander 2** **beieinander|sitzen** *vi irreg s.* **beieinander 1** **beieinander|stehen** *vi irreg s.* **beieinander 1**

Beifahrer(in) *m(f)* (*Passagier neben dem Fahrer*) front-seat passenger, passenger in the front seat; (*zusätzlicher Fahrer*) co-driver

Beifahrerairbag [-æːɐbæk] *m* passenger airbag **Beifahrersitz** *m* [front] passenger seat

Beifall <-[e]s> *m kein pl* ① (*Applaus*) applause; ~ **heischend** (*geh*) looking for applause; ~ **klatschen** to applaud; ~ **klopfen** (*bei einer Vorlesung*) to applaud (*by knocking on a table etc. with one's fist*); **jdm/einer S.** ~ **spenden** (*geh*) to applaud sb/sth; ~ **auf offener Szene** applause during the performance [*or* scene]; **mit anhaltendem/brausendem** [*o* **donnerndem**] ~ **quittiert werden** to be met with prolonged/thunderous applause ② (*Zustimmung*) approval; ~ **heischend** (*geh*) looking for approval; **jdm einen ~en Blick zuwerfen** to cast an approval-seeking glance at sb; [**jds** *akk*] ~ **finden** to meet with [sb's] approval

beifallheischend *adj, adv s.* **Beifall 1, 2**

beifällig I. *adj* approving; **mit ~em Gemurmel quittiert werden** to be met with murmurs of approval II. *adv* approvingly; ***er nickte ~ mit dem Kopf*** he nodded approvingly [*or* in approval]; ***dieser Vorschlag wurde ~ aufgenommen*** this suggestion was favourably received

Beifallsbekundung *f* demonstration [*or* show] of approval **Beifallsbezeigung** *f* (*geh*) *s.* **Beifallsbekundung** **Beifallssturm** *m* storm of applause

bei|fügen *vt* ① (*mitsenden*) [**einem Brief/Paket**] **etw** ~ to enclose sth [in a letter/parcel] ② (*hinzufügen*) ■[**etw**] ~ to add [sth]

Beifügung <-> *f kein pl* ① (*geh*) enclosure; **unter ~ einer S.** *gen* (*geh*) enclosing sth; ***unter ~ von 5 DM Rückporto senden wir Ihnen gerne den Prospekt zu*** the catalogue will be sent to you if you enclose 5 DM for return postage ② LING attribute

Beifuß <-es> *m kein pl* BOT mugwort

Beigabe <-, -n> *f* ① *sing* (*das Hinzufügen*) addition; ***ohne die ~ von Pfeffer und Salz schmeckt die Suppe recht fade*** the soup is pretty tasteless without salt and pepper; **unter ~ von etw** *gen* (*geh*) adding sth ② *sing o pl* (*Beilage*) side dish ③ *pl* ARCHÄOL burial gift [*or* object]

beige [beːʃ, ˈbeːʒə] *adj inv* beige

Beige[1] <-, – *o fam* -s> [beːʃ, ˈbeːʒə] *nt* beige

Beige[2] <-, -n> *f* SÜDD, ÖSTERR, SCHWEIZ pile; **zu einer ~ aufgeschichtet werden** to be stacked up in a pile

bei|geben *vt irreg* ① (*mitsenden*) ■[**einer S.** *dat*] **etw** ~ to enclose sth [with sth] ② (*hinzufügen*) ■**einer S.** *dat* **etw** ~ to add sth to sth; ***dem Teig müssen noch 4 Eier beigegeben werden*** 4 more eggs have to be added to the dough ③ (*geh*) ■**jdm/einer S. jdn** ~ to assign sb to sb/sth; *s. a.* **klein**

beigefarben *adj* beige[-coloured [*or* AM -ored]]

Beigeordnete(r) *f(m) dekl wie adj* town councillor [*or* AM councilor]

Beigeschmack *m* ① (*zusätzlicher Geschmack*) [after]taste; **einen bitteren/seltsamen ~ haben** to have a bitter/strange taste; **einen ~ hinterlassen** to leave an aftertaste ② (*fig*) overtone[s]; ***das Wort hat einen leicht negativen ~*** that word has slightly negative overtones

Beignet <-s, -s> [bɛnˈjeː] *m* KOCHK fritter

Beiheft *nt* (*zusätzlich beigelegtes Heft*) supplement; SCH answer book

bei|heften *vt* ■[**einer S.** *dat*] **etw** ~ to attach sth [to sth]

Beihilfe *f* ① (*finanzielle Unterstützung*) financial assistance, allowance; ***Beamte bekommen 50% ~ zu allen Behandlungskosten*** civil servants receive a 50% contribution towards the cost of health care; (*nicht rückzuerstattende Förderung*) grant; (*Subvention*) subsidy; **~en erhalten** to receive subsidies ② JUR aiding and abetting [before the fact]; **~ zum Mord** to be [*or* act as] an accessory [to murder]

Beijing <-s> [beɪˈdʒɪŋ] *nt s.* **Peking**

Beiklang *m* ① (*fig*) overtone[s]; ***das Wort hat einen leicht negativen ~*** that word has slightly negative overtones ② MUS [disturbing] accompanying sound

bei|kommen *vi irreg sein* ① (*mit jdm fertig werden*) ■**jdm/einer S.** *dat* ~ to sort out sb/sth *sep* ② DIAL (*endlich herbeikommen*) to come; ***beeil dich! mach, dass du beikommst!*** hurry up and get over here! ③ DIAL (*erreichen können*) ■**irgendwo** ~ to reach somewhere; ***die Öffnung ist so eng, dass man mit der Zange nicht beikommt*** the opening is too narrow to reach with the pliers

Beikost *f* (*geh für Säuglinge*) dietary supplement; (*für Kranke, frisch Operierte*) supplementary diet

Beil <-[e]s, -e> *nt* ① (*Werkzeug*) [short-handled] axe, hatchet ② HIST (*Fall~*) blade [of a guillotine]; (*Richt~*) executioner's axe

Beilage *f* ① (*beigelegte Speise*) side dish, *esp* AM side order ② (*das Beilegen*) enclosure (**zu** in); **unter ~ von etw** with the enclosure of sth ③ (*Beiheft*) supplement, addition; (*beigelegtes Werbematerial*) insert ④ ÖSTERR (*Anlage*) enclosure; ***ich übersende Ihnen eine Probe als ~*** I have enclosed a sample for you

beiläufig I. *adj* passing II. *adv* ① (*nebenbei*) in passing; **einen Namen ~ erwähnen** to mention a name in passing ② ÖSTERR (*ungefähr*) about

Beiläufigkeit <-, -en> *f* ① (*Nebensächlichkeit*) triviality ② (*Gleichgültigkeit*) casualness

bei|legen *vt* ① (*dazulegen*) ■**einer S.** *dat* **etw** *akk* ~ to insert sth in sth; **einem Brief einen Rückumschlag ~** to enclose an SAE [*or* AM SASE] in a letter ② (*beimessen*) ■**einer S.** *dat* **etw** *akk* ~ to attribute [*or* ascribe] sth to sth; **einer Sache Bedeutung** [*o* **Gewicht**] ~ *dat* to attach importance to sth ③ (*schlichten*) ■**etw** ~ to settle sth; ***lass uns die Sache [gütlich] ~!*** let's settle the matter [amicably] ④ (*annehmen*) [**sich** *dat*] **einen Titel** ~ to assume a title

beileibe *adv* on no account; **etw ~ niemandem** [*o* **keiner Menschenseele**] **verraten** to tell sb sth on no [*or* not tell sth to a soul on any] account; ***achten Sie aber ~ darauf, ...*** make absolutely sure ...; **~ nicht!** certainly not, BRIT *a.* not on your nelly *hum fam*

Beileid *nt kein pl* condolence[s *pl*], sympathy; [**mein**] **herzliches** ~ [you have] my heartfelt sympathy, my heart bleeds for you *iron;* **jdm** [**zu etw**] **sein ~ aussprechen** [*o* **ausdrücken**] to offer sb one's condolences [*or* express one's sympathy with sb] [on sth]

Beileidsbekundung *f* expression of sympathy **Beileidsbesuch** *m* visit of condolence; ***von ~en bitten wir abzusehen*** we request that you do not pay any visits of condolence *form;* [**jdm**] **einen ~ machen** [*o* **abstatten**] to pay [sb] a visit of condolence **Beileidsbezeugung** *f s.* **Beileidsbekundung** **Beileidskarte** *f s.* **Kondolenzkarte** **Beileidsschreiben** *nt* [letter of] condolence

bei|liegen *vi irreg* ■**einer S.** *dat* ~ to be appended [*or* attached] to sth; (*einem Brief, Paket*) to be enclosed in sth

beiliegend *adj* enclosed; **~ finden Sie ...** (*geh*) please find enclosed ..., enclosed is/are ...

beim = **bei dem** ① (*Aufenthalt in jds Geschäftsräumen*) **~ Arzt/Bäcker/Friseur** at the doctor's/baker's/hairdresser's ② (*eine Tätigkeit ausführend*) **jdn ~ Arbeiten stören** to disturb sb working; **jdn ~ Stehlen ertappen** [*o* **erwischen**] to catch sb [in the act of] stealing

bei|mengen *vt* ■[**einer S.** *dat*] **etw** ~ to add sth [to sth], to mix sth into sth; **Zucker** ~ to add [*or sep* mix in] sugar

bei|messen *vt irreg* **einer S.** *dat* **Bedeutung** [*o* **Gewicht**]/**Wert** ~ to attach importance/value to sth

bei|mischen *vt s.* **beimengen**

Bein <-[e]s, -e> *nt* ① (*Körperteil*) leg; **jdm ein ~ amputieren** to amputate sb's leg; **die ~ ausstrecken/spreizen/übereinander schlagen** to stretch [out]/part/cross one's legs; **sich** *dat* **ein ~/das rechte ~ brechen** to break one's leg/one's right leg; **jdn/etw** [**wieder**] **auf die ~ bringen** to get sb back on his/sth back on its feet again; **das ~ heben** *Hund* to lift a leg; **jdm** [**wieder**] **auf die ~e helfen** to help sb back on [*or* onto] his feet; **wieder auf die ~e kommen** (*sich wieder aufrichten*) to get back on one's feet [again], to find one's legs; **schwach/unsicher auf den ~en sein** to be weak/unsteady on one's feet; **auf einem ~ stehen** to stand on one leg; **jdm ein ~ stellen** to trip up sb *sep;* **die ~e** [**lang**] **von sich strecken** to stretch out one's legs; **von einem ~ aufs an-**

dere treten to shift from one foot to the other; **ein ~ verlieren** to lose a leg; **sich** *dat* **die ~e vertreten** to stretch one's legs ② (*Hosen~*) leg; **weite ~e** flares; **Jeans mit engen ~en** drainpipes *npl* ③ (*Knochen*) bone ▸ WENDUNGEN: **die ~e unter den Arm** [*o* **in die Hand**] **nehmen** (*fam*) to take to one's heels, to leg it *sl;* **sich** *dat* **die ~e in den Bauch stehen** (*fam*) to be standing until one is ready to drop *fam;* **mit beiden ~en auf dem Boden stehen** to have both feet on the ground; **mit einem ~ im Gefängnis stehen** to be running the risk of a jail sentence; **mit einem ~ im Grabe stehen** (*sterbenskrank sein*) to have one foot in the grave; (*einen lebensgefährlichen Beruf haben*) to defy death; **mit beiden ~en im Leben stehen** to have both feet [firmly] on the ground; **die ~e unter jds Tisch strecken** (*fam*) to have one's feet under sb's table; **jüngere ~e haben** (*fam*) to have [got] a younger pair of legs [on one] *hum;* **mit dem linken ~ zuerst aufgestanden sein** to have got out of bed on the wrong side; **sich** *dat* **die ~e** [**nach etw**] **abrennen** [*o* **ablaufen**] [*o* **wund laufen**] (*fam*) to run one's legs off [for sth]; **sich** *dat* [**bei etw**] **kein ~ ausreißen** (*fam*) to not bust a gut [over sth] *sl;* **~e bekommen** (*fam*) to go for a walk on its own *hum;* **jdm/sich** *dat* **etw ans ~ binden** to saddle sb/oneself with sth; **jdn auf die ~e bringen** [*o* **stellen**] (*Menschen zusammenbringen*) to bring people together *sep;* **jdm in die ~e fahren** to make sb shake all over, to go right through sb; **immer wieder auf die ~e fallen** (*fam*) to always land on one's feet; **jdn/etw am ~ haben** (*fam*) to have sb/sth round one's neck *fam;* **alles, was ~e hat, ...** (*fam*) everything on two legs ... *hum;* **sich** *dat* **kaum noch** [*o* **nur noch mit Mühe**]/**nicht mehr auf den ~en halten können** to be hardly able to stand on one's [own two] feet; **jdm** [**wieder**] **auf die ~e helfen** to help sb back on [*or* onto] his feet; **was die ~e hergeben** (*fam*) as fast as one's legs can carry one; **auf einem ~ kann man nicht stehen!** (*fig fam*) you can't stop at one!; **wieder auf die ~e kommen** (*wieder gesund werden*) to be up on one's feet again; (*sich wirtschaftlich wieder erholen*) to recover one's economic state; **jdm** [**tüchtig**] **~e machen** (*fam*) to give sb a [swift] kick in [*or* up] the arse [*or* AM ass] *sl;* ***verschwinde endlich, oder muss ich dir erst ~e machen?*** get lost, or do you need a kick up the arse? *hum sl;* **sich auf die ~e machen** (*fam*) to get a move on; **auf den ~en sein** (*in Bewegung sein*) to be on one's feet; (*auf sein*) to be up and about; ***ich bin nicht mehr so gut auf den ~en*** I'm not as young as I used to be *a. hum;* **wieder auf den ~en sein** to be on one's feet [*or* up and about] again; **auf eigenen ~en stehen** to be able to stand on one's own two feet; **auf schwachen ~en stehen** to have a shaky foundation, to be untenable; **etw auf die ~e stellen** to get sth going; **jdm ein ~ stellen** to trip up sb *sep*

beinah(e) *adv* almost, nearly

Beinahezusammenstoß <-es, -stöße> *m* near miss

Beiname *m* epithet, byname, cognomen *form*

Beinamputation *f* ① (*Amputation eines Beines*) leg amputation; **Kriegsopfer mit ~en** war victims with amputated legs; [**an jdm**] **eine ~ vornehmen** to amputate sb's leg ② (*fam: Patient mit zu amputierendem Bein*) leg job *sl* **beinamputiert** *adj* with an amputated leg [*or* amputated legs]; **linksseitig/rechtsseitig ~ sein** to have had one's left/right leg amputated **Beinarbeit** *f kein pl* footwork **Beinbruch** *m* ① (*Bruch eines Beines*) fracture of the leg; ***das ist kein ~!*** (*fig fam*) it's not as bad as all that!; ***alles kein ~, es wird schon gehen*** don't worry your head about it, it'll be all right *fam* ② (*fam: Patient mit einem ~*) broken leg *fam*

beinern *adj* ① (*knöchern*) **der ~e Knochenmann/ein ~es Skelett** Death/a skeleton ② (*aus Knochen gefertigt*) bone *attr,* [made] of bone *pred* ③ (*elfen~*) ivory *attr,* [made] of ivory *pred*

Beinfleisch *nt* (*vom Rind*) [beef] shin **Beinfreiheit** *f* legroom

beinhalten* *vt* (*geh*) ■**etw ~** to contain sth; **etw auch ~** to include sth

beinhart SÜDD, ÖSTERR **I.** *adj* (*fam*) ruthless, rock-hard, fam; **eine ~e Geschäftsfrau** a ruthless [*or fam* hard-nosed] businesswoman; **~e Bedingungen** ruthless terms **II.** *adv* (*fam*) ruthlessly, mercilessly **Beinprothese** *f* artificial leg, leg prosthesis *spec;* **jdm eine ~ anpassen** to fit sb with an artificial leg **Beinscheibe** *f* KOCHK (*vom Rind, Kalb*) shin slice **Beinschiene** *f* ① MED [leg] splint ② SPORT shin pad ③ HIST greave[s *pl*] **Beinstumpf** *m* [leg] stump **Beinwell** *m* BOT (*Symphytum officinale*) comfrey

bei|ordnen *vt* ■**jdm jdn ~** to assign sb to sb

Beipack <-[e]s> *m kein pl* additional consignment

Beipackzettel *m* instruction leaflet; (*Inhaltsverzeichnis*) list of contents

bei|pflichten *vi* ■**jdm/einer S.** [**in etw** *dat*] **~** to agree with sb/sth [on sth]; ***dieser Ansicht muss man*** ~ one has to agree with this view

Beirat *m kein pl* advisory board [*or* committee]

beirren* *vt* ■**sich** [**bei/durch etw**] [**nicht**] **~ lassen** to [not] let oneself be put off [by sth]; ■**sich** [**in etw** *dat*] [**nicht**] **~ lassen** to [not] let oneself be swayed [in sth]; ■**jdn ~** to confuse [*or* disconcert] sb

beisammen *adv* ① (*zusammen*) together; **~ sein** to be [all] together; *s. a.* **beieinander** ② (*fam: geistig rege*) [**nicht**] **gut ~ sein** to [not] be with it *fam;* **einigermaßen** [*o* **leidlich**] **~ sein** to be more or less there *fam*

beisammen|haben *vt irreg* (*fam*) ■**sie/etw** [**fr etw**] **~** to have [got together] enough of them/sth [for sth]; [**genug**] **Geld/Leute ~** to have [got together] enough money/people ▸ WENDUNGEN: [**sie**] **nicht alle ~** (*fam*) to be [*or* have gone] soft in the head *fam* **beisammen|sein** *vi irreg sein s.* **beisammen** **Beisammensein** *nt* get-together

Beisatz *m* LING apposition; (*Beispiel des ~es*) apposition

Beischlaf *m* sexual intercourse [*or* relations *pl*] (**von/zwischen** between); **den ~ vollziehen** to consummate the marriage; **außerehelicher ~** adultery

Beisein *nt* ■**in jds ~,** ■**im ~ von jdm** in sb's presence [*or* the presence of sb], before sb; ■**ohne jds ~** [*o* **ohne ~ von jdm**] without sb['s *form*] being present

beiseite *adv* to one side; **~ gehen/treten** to step aside [*or* to the [*or* one] side]; **etw ~ lassen** to leave aside sth *sep,* to leave sth on one side; **etw ~ legen** (*etw weglegen*) to put aside sth *sep,* to put sth to one side; (*etw sparen*) to put [*or* set] aside sth *sep* ▸ WENDUNGEN: **etw ~ bringen** to misappropriate sth; **jdn ~ schaffen** to do away with sb; *s. a.* **Scherz, Spaß**

Beis(e)l <-s, -n> *nt* ÖSTERR (*fam*) dive *pej fam,* BRIT *a.* boozer *fam*

bei|setzen *vt* (*geh*) ■**jdn/etw** [**in etw** *dat*] **~** to inhume sb/sth [in sth] *form,* to inter sb [in sth] *form;* **eine Urne ~** to install an urn [in its resting place]

Beisetzung <-, -en> *f* (*geh*) burial, interment *form,* funeral; *einer Urne* installing [in its resting place]

Beisitzer(in) <-s, -> *m(f)* ① JUR associate judge [*or* BRIT *a.* puisne] *spec* ② (*Kommissionsmitglied*) assessor

Beispiel <-[e]s, -e> *nt* example; **anschauliches ~** illustration; ■**praktisches ~** demonstration; **jdm als ~ dienen** to be [*or* serve as] an example to sb; [**jdm**] **mit gutem ~ vorangehen** [*o* **jdm ein gutes ~ ge-**

ben] to set [sb] a good example; **sich** *dat* **an jdm/etw ein ~ nehmen** to take a leaf out of sb's book; **zum ~** for example [*or* instance]; **wie zum ~** such as

beispielhaft I. *adj* ❶ (*vorbildlich*) exemplary; ■ **[für jdn] ~ sein** to be an example [to sb] ❷ (*typisch*) typical (**für** of) **II.** *adv* (*vorbildlich*) **sich ~ benehmen/verhalten** to show exemplary behaviour [*or* AM -or]/to prove oneself exemplary

beispiellos *adj* ❶ (*unerhört*) outrageous ❷ (*ohne vorheriges Beispiel*) unprecedented, without parallel *pred* (**in** +*dat* in)

Beispielsatz *m* example [sentence]

beispielsweise *adv* for example [*or* instance]

bei|springen *vi irreg sein* ❶ ([*jdm*] *aushelfen*) ■ **jdm [mit etw] ~** to help out sb *sep* [with sth] ❷ (*zu* [*jds*] *Hilfe kommen*) ■ **jdm ~** to rush to sb's aid [*or* assistance]

beißen <biss, gebissen> **I.** *vt* ([*mit den Zähnen*] *verletzen*) ■ **jdn [in etw** *akk*] **~** to bite sb['s sth] [*or* sb [in the sth]]; ■ **sich ~** to bite each other [*or* one another]; ***er wird dich schon nicht ~!*** (*fig*) he won't bite you; ***das Brot ist so hart, dass man es kaum mehr ~ kann!*** this bread is so hard that you can hardly bite into it; **etwas/nichts zu ~ haben** (*fam*) to have something/nothing to eat, to get one's teeth around *hum fam* **II.** *vi* ❶ (*mit den Zähnen zupacken*) to bite; ■ **auf/in etw** *akk* **~** to bite into sth; **in einen Apfel ~** to bite into [*or* take a bite out of] an apple ❷ (*schnappen*) ■ **nach jdm/etw ~** to bite [*or* snap] at sb/sth ❸ (*brennend sein*) ■ **[an/auf/in etw** *dat*] **~** to make sth sting, to sting; *Säure* to burn; **in den Augen ~** to make one's eyes sting [*or* water] ❹ (*an~*) to rise to the bait; ***die Fische wollen heute nicht ~*** the fish aren't biting today ▸ WENDUNGEN: **an etw** *dat* **zu ~ haben** to have sth to chew over **III.** *vr* ❶ (*mit den Zähnen*) ■ **sich** *akk o dat* **auf etw** *akk* **~** to bite one's sth ❷ (*unverträglich sein*) ■ **sich [mit etw] ~** to clash [with sth]

beißend *adj* ❶ (*scharf*) pungent, sharp; **~er Qualm** acrid smoke ❷ (*brennend*) burning ❸ (*ätzend*) caustic, cutting; **~e Kritik** scathing criticism

Beißerchen <-s, -> *pl* (*hum fam*) [little] teeth; (*künstliches Gebiss*) choppers *fam*, BRIT *a.* pearlies *hum*

Beißhemmung *f* BIOL attack inhibition **Beißring** *m* teething ring **Beißzange** *f* DIAL *s.* **Kneifzange**

Beistand *m* ❶ *kein pl* (*Unterstützung*) support; (*Hilfe*) assistance; *von Priester* attendance, presence; **ärztlicher ~** medical aid [*or* attendance]; **jdm seinen ~ leihen** (*geh*) to offer sb one's assistance; **jdm ~ leisten** to give sb one's [financial] support ❷ (*helfender Mensch*) assistant; **seelischer ~** sb who gives emotional support ❸ JUR legal adviser, counsel

Beistandspakt *m* mutual assistance pact [*or* treaty]

bei|stehen *vi irreg* ■ **jdm [gegen jdn/etw] ~** to stand by sb [before sb/sth]; **jdm helfend/tatkräftig ~** to give sb assistance/one's active support; ■ **einander** [*o* **sich**] **~** to stand by each other

bei|stellen *vt* ÖSTERR ■ **[jdm] etw ~** to provide [sb with] sth

Beistellmöbel *pl* occasional furniture *no pl* **Beistelltisch** *m* occasional [*or* side] table

bei|steuern *vt* ■ **etw [zu etw] ~** to contribute sth [to sth]; **seinen Teil ~** to contribute one's share

bei|stimmen *vi s.* **zustimmen**

Beistrich *m bes* ÖSTERR comma

Beitel <-s, -> *m* [wood] chisel

Beitrag <-[e]s, -träge> *m* ❶ (*Mitglieds~*) fee, dues *npl*; (*Versicherungs~*) premium ❷ (*Artikel*) article, contribution ❸ (*Mitwirkung*) contribution; **einen ~ zu etw leisten** to make a contribution [*or* contribute] to sth ❹ SCHWEIZ (*Subvention*) subsidy

bei|tragen I. *vi irreg* ■ **zu etw ~** to contribute to sth; ***der Vorschlag soll dazu ~, dass wir einen befriedigenden Kompromiss finden*** this proposal is to help us obtain a satisfactory compromise **II.** *vt* ■ **etw zu etw ~** to contribute sth to sth; **seinen Teil zur Rettung der Hungernden ~** to do one's bit to help the starving

Beitragsbemessungsgrenze *f income level up to which contributions are payable* **beitragsfrei I.** *adj* non[-]contributory; **~e Mitgliedschaft** free membership; **~e Versicherung** paid-up insurance **II.** *adv* **jdn ~ versichern** to insure sb on a non[-]contributory basis **Beitragsklasse** *f* insurance group **Beitragsmarke** *f* stamp **beitragspflichtig** *adj inv* liable to pay contribution **Beitragsrückerstattung** *f* premium [*or* contribution] refund; (*Beitragsrückvergütung*) no-claim[s] bonus BRIT, premium refund AM **Beitragssatz** *m* membership rate **Beitragszahler(in)** *m(f)* fee-paying member

bei|treiben *vt irreg* JUR ■ **etw ~** to force [*or* enforce] [the] payment of sth; ***Ihre Schulden können [gerichtlich] beigetrieben werden*** payment of your debts may be enforced [by legal proceedings]

Beitreibung <-, -en> *f* JUR collection, recovery

bei|treten *vi irreg sein* ■ **einer S.** *dat* **~** ❶ (*Mitglied werden*) to join sth [as a member], to become a member of sth ❷ POL to enter into sth; **einer Föderation ~** to accede to a federation

Beitritt *m* ❶ (*das Beitreten*) entry (**zu** into); **seinen ~ [zu etw] erklären** to join sth ❷ POL (*Anschluss*) accession (**zu** to)

Beitrittserklärung *f* confirmation of membership **Beitrittsgesuch** *nt* application for membership **Beitrittskandidat** *m* POL, EU candidate for accession

Beiwagen *m* sidecar

Beiwagenfahrer(in) *m(f)* sidecar passenger

Beiwerk *nt* (*geh*) embellishment[s *pl*]

bei|wohnen *vi* (*geh*) ❶ (*dabei sein*) ■ **einer S.** *dat* **~** to be present at [*or* attend] sth ❷ (*veraltet*) ■ **jdm ~** to cohabit with sb *form*, to lie with sb *old*

Beiwort <-wörter> *nt* ❶ (*beschreibendes Wort*) epithet ❷ (*selten: Adjektiv*) adjective

Beiz <-, -en> *f* SÜDD, SCHWEIZ (*fam*) dive *pej fam*, BRIT *a.* boozer *fam*

Beize[1] <-, -n> *f* ❶ (*Beizmittel*) stain[ing agent] ❷ (*Marinade*) marinade ❸ *kein pl* (*das Beizen*) ■ **die ~ [einer S.** *gen*/**von etw]** staining [sth] ❹ *s.* **Beizjagd**

Beize[2] <-, -n> *f* DIAL pub BRIT, bar AM *fam*

beizeiten *adv* in good time; ***das hättest du mir aber ~ sagen müssen!*** you should have told me that earlier [*or* before]

beizen *vt* ❶ (*mit einem Beizmittel behandeln*) **etw [braun/schwarz] ~** to stain sth [brown/black] ❷ (*marinieren*) ■ **etw ~** to marinade sth

Beizjagd *f* ■ **die ~** hawking

Beizmittel *nt* stain[ing agent]

Beizvogel *m* falcon, hawk

bejahen* *vt* ■ **etw ~** ❶ (*mit Ja beantworten*) to answer sth in the affirmative ❷ (*gutheißen*) to approve [of] sth

bejahend I. *adj* affirmative; **eine ~e Antwort** an affirmative [*or* a positive] answer **II.** *adv* affirmatively, in affirmation

bejahrt *adj* (*geh*) ❶ (*älter*) elderly, advanced in years *pred* ❷ (*hum: von Tier: alt*) aged *hum*

Bejahung <-, -en> *f* ❶ (*das Bejahen 1.*) affirmation; (*Antwort*) affirmative answer (+*gen* to) ❷ (*Gutheißung*) approval

bejammern* *vt* ■ **jdn ~** to lament [*or liter* bewail] sb; ■ **etw ~** to lament [*or liter* bemoan] sth

bejammernswert *adj* lamentable, pitiable, pitiful
bejubeln* *vt* ① *(jubelnd begrüßen)* ■ **jdn [als etw]** ~ to cheer sb, to acclaim sb as sth ② *(jubelnd feiern)* ■ **etw** ~ to cheer [*or* rejoice at] sth; ■ **bejubelt werden** to be met with cheering [*or* rejoicing]
bekakeln* *vt* DIAL ■ **etw** ~ to discuss [*or sep* talk over] sth; ■ **~, was/wann/wie** to discuss what/when/how
bekämpfen* *vt* ① *(gegen jdn/etw kämpfen)* ■ **jdn/etw** ~ to fight [against] sb/sth; ■ **sich [gegenseitig]** ~ to fight one another; *s. a.* **Messer** ② *(durch Maßnahmen eindämmen)* ■ **etw** ~ to combat sth ③ *(auszurotten suchen)* ■ **etw** ~ to control sth
Bekämpfung <-, *selten* -en> *f* ① *(das Bekämpfen)* fighting **(von/**+*gen* against) ② *(versuchte Eindämmung)* ■ **die/eine** ~ **[einer S.** *gen***/von etw]** combatting [sth]; ***zur ~ der Drogenkriminalität*** to combat drug-related crime ③ *(versuchte Ausrottung)* controlling
Bekämpfungsmaßnahme *f* pesticide
bekannt *adj* ① *(allgemein gekannt)* well-known; **eine ~e Person** a famous [*or* well-known/better-known] person; **[jdm] etw ~ geben** to announce sth [to sb]; *(von der Presse)* to publish sth; ***ihre Verlobung geben ~ …*** the engagement is announced between …; **jdn ~ machen** *(berühmt)* to make sb famous; **etw ~ machen** *(öffentlich)* to make sth known to the public; **[jdm] etw ~ machen** to announce sth [to sb]; **etw der Öffentlichkeit ~ machen** to publicize sth; *(durch Fernsehen)* to broadcast sth; **[jdm] vertrauliche Information ~ machen** to disclose confidential information [to sb]; **für etw ~ sein** to be well-known [*or* famous] for sth; **~ werden** to become well-known [*or* famous]; ■ **[jdm] ~ werden** to leak out [to sb] ② *(nicht fremd, vertraut)* familiar; ***ist dir dieser Name ~?*** do you know [*or* are you familiar with] this name?; ***mir ist das/sie ~*** I know about that/I know her, she is known to me; **allgemein/durchaus ~ sein** to be common knowledge/a known fact; ***dir war nicht ~, dass …?*** you didn't know that …?; **jdn/sich [mit jdm] ~ machen** to introduce sb/oneself [to sb]; **jdn/sich mit etw ~ machen** to familiarize sb/oneself with sth; **mit jdm ~ sein** to be acquainted with sb; **jdm ~ sein** to be familiar to sb; ***sein Gesicht ist mir ~*** I've seen his face somewhere before; **jdm ~ vorkommen** to seem familiar to sb
Bekannte(r) *f(m)* *dekl wie adj* ① *(jdm bekannter Mensch)* acquaintance; **ein guter ~r** a friend; **einer von meinen ~n** an acquaintance of mine ② *(euph: Freund)* friend
Bekanntenkreis *m* circle of acquaintances
bekanntermaßen *adv (geh) s.* **bekanntlich**
Bekanntgabe *f* announcement; *(von der Presse)* publication
bekannt|geben *vt irreg s.* **bekannt 1**
Bekanntheit <-> *f kein pl* fame; **Namen von geringerer ~** less famous names; **ich darf die ~ dieser Fakten voraussetzen** I may assume that these facts are known; **von großer/geringer ~ sein** to be well-/little-known
Bekanntheitsgrad *m* degree of fame; **sein ~ ist gering** he is little-known [*or* not very well-known]
bekanntlich *adv* as is [generally] known; ***das ist ~ nicht ihr richtiger Name*** as is [generally] known, that is not her real name; ***es gibt ~ auch andere Meinungen*** there are known to be other opinions
bekannt|machen *vt s.* **bekannt 1**
Bekanntmachung <-, -en> *f* ① *kein pl (das Bekanntmachen)* announcement; *(der Öffentlichkeit)* publicizing; *(durch Fernsehen)* broadcasting; *(von der Presse)* publication; **öffentliche ~** public announcement ② *(Anschlag etc)* announcement, notice
Bekanntschaft <-, -en> *f* ① *kein pl (das Bekanntsein)* acquaintance; ***unsere ~ geht auf die Schulzeit zurück*** we have been acquainted since our schooldays; **eine ~ machen** to make an acquaintance; **~en machen** to meet new people; **jds ~ machen** to make sb's acquaintance *a. iron;* **mit etw ~ machen** *(iron)* to get to know sth *iron* ② *(fam: Bekanntenkreis)* acquaintances *pl*
bekannt|werden *vi irreg sein s.* **bekannt 1**
Bekassine <-, -n> *f* ORN snipe
bekehren* I. *vt* ■ **jdn [zu etw]** ~ *(lit, fig)* to convert [*or* proselytize *liter*] sb [to sth] II. *vr* ■ **sich [zu etw]** ~ *(lit, fig)* to be[come] converted [to sth]
Bekehrte(r) *f(m)* *dekl wie adj* convert, proselyte *liter*
Bekehrung <-, -en> *f* conversion, proselytism *liter*
bekennen* *irreg* I. *vt* ① *(eingestehen)* ■ **[jdm] etw** ~ to confess sth [to sb], to admit sth; **seine Schuld/seine Sünden/sein Verbrechen ~** to confess one's guilt/sins/crime ② *(öffentlich dafür einstehen)* ■ **etw** ~ to bear witness to sth II. *vr* ① *(zu jdm/etw stehen)* ■ **sich zu jdm/etw** ~ to declare one's support for sb/sth; **sich zu einem Glauben ~** to profess a faith; **sich zu einem Irrtum ~** to admit to a mistake; **sich zu einer Tat ~** to confess to a deed; **sich zu einer Überzeugung ~** to stand up for one's convictions ② *(sich als etw zeigen)* ■ **sich als etw ~** to confess [*or form* avow] oneself sth; ***immer mehr Menschen ~ sich als Homosexuelle*** more and more people are coming out [of the closet] *sl;* ■ **~d** confessing, professing; *s. a.* **Kirche, befangen, schuldig**
Bekenner(in) *m(f)* confessor; **Eduard der ~** Edward the Confessor
Bekenneranruf *m* call claiming responsibility **Bekennerbrief** *m*, **Bekennerschreiben** *nt* letter claiming responsibility
Bekennerin <-, -nen> *f fem form von* **Bekenner**
Bekenntnis *nt* ① *(Eingeständnis)* confession ② *(das Eintreten für etw)* ■ **das/ein/jds ~ zu etw** the/a/sb's [declaration of] belief [*or* declared belief] in sth ③ REL *(Konfession)* [religious] denomination; ***welches ~ haben Sie?*** what denomination do you belong to?
Bekenntnisfreiheit *f s.* **Glaubensfreiheit** **bekenntnislos** *adj* without denomination *pred* **Bekenntnisschule** *f* denominational school
beklagen* I. *vt* ■ **etw** ~ to lament [*or liter* bemoan] sth; ■ **zu ~ sein** ***bei dem Unglück waren 23 Tote zu ~*** the accident claimed 23 lives; ***Menschenleben waren nicht zu ~*** there were no casualties II. *vr* ■ **sich [bei jdm] [über jdn/etw [*o* wegen etw]] ~** *gen o dat* to complain [*or* to make a complaint] [to sb] [about sb/sth]; ***man hat sich bei mir über Sie beklagt*** I have received a complaint about you; ***ich kann mich nicht ~*** I can't complain, I've no reason to complain
beklagenswert *adj* lamentable; *(ein ~er Irrtum/ein ~es Versehen)* an unfortunate [*or* regrettable] error/oversight *a. euph;* ■ **~ sein, dass** to be unfortunate [*or* regrettable] that
beklagt *adj* JUR **die ~e Partei** the defendant
Beklagte(r) *f(m)* *dekl wie adj* JUR defendant
beklatschen* *vt* ■ **jdn/etw** ~ to applaud sb/sth
beklauen* *vt (fam)* ■ **jdn/etw** ~ to rob sb/sth
bekleben* *vt* ■ **etw mit etw** ~ to stick sth on[to] sth; *(mit Leim)* to glue sth on[to] sth; **etw mit Plakaten/Etiketten ~** to stick posters/labels on[to] sth, to poster [over *sep*]/label sth; ***Verteilerkästen dürfen nicht beklebt werden*** affix no labels on[to] distribution boxes *form*
bekleckern* I. *vt (fam)* ■ **[jdm] etw [mit etw]** ~ to stain [sb's] sth [with sth]; ■ **[sich** *dat***] etw** ~ to stain [one's] sth; ***sie hat sich über und über mit Spinat***

bekleckert! she's smeared spinach all over herself! **II.** *vr* (*fam*) **sich** [**mit Brei/Soße**] ~ to spill porridge/sauce all down [*or* over] oneself

bekleiden* *vt* (*geh*) ❶ (*innehaben*) ■**etw** ~ to fill [*or* occupy] sth; **einen Rang** ~ to hold a rank ❷ (*beziehen*) ■**etw mit etw** ~ to line sth with sth; **Wände mit Tapeten** ~ to wallpaper walls ❸ (*geh*) ■**sich** [**mit etw**] ~ to dress [*or* clothe] oneself [in sth], to get dressed; **sich leicht** ~ to put on [*or form* don] light clothing

bekleidet *adj* dressed, attired *form,* clad *liter;* ■**mit etw** ~ **sein** to be dressed [*or liter* clad] in sth; **knapp** [*o* **notdürftig**]/**leicht** [**mit etw**] ~ scantily [*or* skimpily]/lightly dressed [*or form* attired] [in sth]

Bekleidung *f* ❶ (*Kleidungsstück*) clothing *no pl, no indef art,* clothes *npl;* **ohne** ~ without [any] clothes on ❷ (*geh: das Innehaben*) tenure; ~ **eines Amtes** tenure of office

Bekleidungsindustrie *f* clothing [*or* garment] industry **Bekleidungsstück** *nt* (*geh*) *s.* **Kleidungsstück**

beklemmend **I.** *adj* ❶ (*beengend*) claustrophobic, oppressive ❷ (*beängstigend*) oppressive; **ein ~es Gefühl** an oppressive [*or* uneasy] feeling; **ein ~es Schweigen** an oppressive [*or* embarrassing] silence **II.** *adv* oppressively

Beklemmung <-, -en> *f* constriction; **~en bekommen/haben** to start to feel/to feel oppressed [*or* full of apprehension]

beklommen **I.** *adj* anxious, apprehensive; (*von Mensch a.*) uneasy **II.** *adv* anxiously, apprehensively; ~ **klingen** to sound anxious [*or* apprehensive]

Beklommenheit <-> *f kein pl* anxiety, apprehensiveness; (*von Mensch a.*) uneasiness

beklopfen* *vt* ■**jdn/etw** ~ to tap sb/sth, to percuss sth *spec*

bekloppt *adj* (*sl*) *s.* **bescheuert**

beknackt *adj* (*sl*) *s.* **bescheuert**

beknien* *vt* (*fam*) ■**jdn** ~[**, etw zu tun**] to beg [*or* implore] sb [to do sth]

bekochen* *vt* ■**jdn** ~ to cook for sb

bekommen* *irreg* **I.** *vt haben* ❶ (*erhalten*) ■**etw** [**von jdm**] ~ to receive sth [from sb]; ***ich habe das zum Geburtstag*** ~ I received [*or* got] [*or* was given] this for my birthday; ***wir ~ demnächst Kabelfernsehen*** we're having cable TV installed in the near future; **etw in die Hände** ~ (*fam*) to get hold of sth; **eine Ermäßigung** ~ to qualify for a reduction; **Geld** ~ to receive [*or* earn] money; ***hast du dein Geld schon ~?*** have you been paid yet?; ***sie bekommt 28 Mark die Stunde*** she earns 28 marks an hour; **die Genehmigung/die Mehrheit** ~ to obtain permission/the majority; **ein Lob/einen Tadel** ~ to be praised/reprimanded, to receive praise/a reprimand; **eine Massage/eine Spritze** ~ to be given a massage/an injection; **eine Ohrfeige/einen Schlag** ~ to get a clip on the ear/an electric shock; **einen Preis** ~ to win a prize; **Prügel** [*o* **Schläge**] ~ to get a thrashing [*or* AM *a.* licking]; **Tritte** ~ to get kicked [*or fam* a kicking]; **die Zeitung regelmäßig** ~ to have the newspaper delivered regularly; ***ich bekomme noch 4000 Mark von dir*** you still owe me 4000 marks; ***was ~ Sie dafür?*** how much is it?, how much do I owe you?; ***von der Schokolade kann sie einfach nicht genug ~!*** she just can't get enough of that chocolate! ❷ (*erreichen*) **den Bus/das Flugzeug/den Zug** ~ to catch the bus/plane/train; **die Maschine nach Honolulu** ~ to catch the flight to Honolulu ❸ (*serviert erhalten*) ■**etw** ~ to be served with sth; ***ich bekomme ein Bier*** I'd like a beer; ***wer bekommt das Steak?*** who ordered [*or* whose is] the steak?; (*im Geschäft*) to buy sth; ***was ~ Sie?*** what would you like? [*or* what can I get you?] ❹ (*verhängt erhalten*) **eine Gefängnisstrafe/Geldstrafe** ~ to get [*or* be given] a prison sentence/a fine; ***er bekam 3 Jahre Gefängnis*** he was sentenced to [*or* got] three years in prison ❺ (*mit etw rechnen*) **Ärger/Schwierigkeiten** ~ to get into trouble/difficulties; ***wir ~ besseres Wetter*** the weather is improving ❻ (*entwickeln*) [**es mit der**] **Angst** ~ to get [*or* become] afraid; **eine Erkältung** ~ to catch [*or* come down with] a cold; **eine Glatze/graue Haare** ~ to go bald [*or* AM *a.* to be balding]/to go grey BRIT [*or* AM gray]; **Heimweh** ~ to get homesick; **eine Krankheit** ~ to get [*or* develop] an illness; **Lust ~, etw zu tun** to feel like doing sth; **Zähne** ~ to teethe, to get [*or* cut] teeth; ***du hast wieder Farbe*** ~ you look much better; *s. a.* **Durst, Hunger** ❼ *mit Infinitivkonstruktion* **etw zu essen/trinken** ~ to get sth to eat/drink; **etw zu hören/sehen** ~ to get to hear/see sth; ***der wird von mir etwas zu hören ~!*** (*fam*) I'll give him a piece of my mind! [*or fam* what-for!]; **etwas zu lachen** ~ to get something to laugh about; ***in einem Kaufhaus bekommt man alles zu kaufen*** you can buy anything in a department store ❽ *mit pp oder adj siehe auch dort* **etw gemacht** ~ to get [*or* have] sth done; **etw bezahlt** ~ to get paid for sth; **seinen Wunsch erfüllt** ~ to have one's wish fulfilled; **etw geschenkt** ~ to be given sth [as a present]; ***von ihm bekommst du das Buch sicher geliehen*** he's sure to lend you that book ❾ (*dazu bringen, etw zu tun*) **jdn dazu ~, etw zu tun/dass jd etw tut** to get sb to do sth; ***er ist einfach nicht ins Bett zu*** ~ he just won't go to bed, we just can't get him to bed; ***ich bekam es nicht über mich, ihr die Wahrheit zu sagen*** I couldn't bring myself to tell her the truth ❿ (*finden*) ■**etw** ~ to find sth; ***er hat noch keine Arbeit*** ~ he hasn't found work yet; ***sie hat die Stelle ~, die in der ‚Zeit' ausgeschrieben war*** she got that job that was advertised in 'Zeit' **II.** *vi* ❶ *sein* (*zuträglich sein*) **jdm** [**gut**]/**schlecht** [*o* **nicht**] ~ to do sb good/to not do sb any good; *Essen* to agree/to disagree [*or* to not agree] with sb ❷ (*bedient werden*) ~ ***Sie schon?*** are you being served? [*or* attended to]

bekömmlich *adj* ❶ (*leicht verdaulich*) [easily] digestible; **besser/leicht/schlecht** [*o* **schwer**] **zu ~ sein** to be easier to digest/easily digestible/difficult to digest ❷ (*wohltuend*) *Klima* beneficial

Bekömmlichkeit <-> *f kein pl* digestibility; **zur besseren** ~ for better digestibility; **zur besseren ~ fetten Essens** to better digest fatty food

beköstigen* *vt* ■**jdn** ~ to feed sb, to provide sb with their meals

Beköstigung *f* boarding; **mit** ~ including food

bekräftigen* *vt* ❶ (*bestätigen*) ■**etw** [**durch/mit etw**] ~ to confirm sth [by sth]; **etw noch einmal** ~ to reaffirm sth; **eine Aussage eidlich** ~ to swear to a statement; **eine Vereinbarung mit einem Handschlag** ~ to seal an agreement by shaking hands; ■**~, etw getan zu haben/machen zu wollen** to confirm [*or* affirm] that one has done/intends to do sth ❷ (*bestärken*) ■**jdn in etw** *dat* ~ to strengthen [*or* confirm] sb's sth; ■**etw** ~ to corroborate [*or* substantiate] sth; **jds Plan/Vorhaben** ~ to support sb's plans/intentions

Bekräftigung <-, -en> *f* ❶ (*Bestätigung*) confirmation ❷ (*Bestärkung*) **zur ~ eines Entschlusses** to strengthen a decision; **zur ~ eines Verdachts** to confirm a suspicion; **zur ~ einer Vermutung** to prove an assumption; **zur ~ eines Versprechens** in support of a promise

bekränzen* *vt* ❶ (*mit einem Kranz schmücken*) ■**jdn/etw** [**mit etw**] ~ to crown sb/sth with a [sth] wreath ❷ (*mit Girlanden schmücken*) ■**etw** [**mit etw**] ~ to adorn sth with [sth] garlands, to garland sth

[with sth]

bekreuzigen* *vr* ■ **sich [vor jdm/etw]** ~ to cross oneself [on seeing sb/sth]

bekriegen* *vt* ■ **sich [gegenseitig]** ~ to be warring [with one another]; ■ **jdn/etw** ~ to wage war on sb/sth

bekritzeln* *vt* ■ **etw [mit etw]** ~ to scribble [sth] on sth; (*schmieren*) to scrawl [sth] on sth

bekümmern* **I.** *vi impers* ■ **es bekümmert jdn** it worries sb **II.** *vr* ❶ (*geh o veraltend*) ■ **sich über etw** *akk* ~ to worry about sth ❷ (*sich kümmern, für etw/jdn sorgen*) ■ **sich um etw/jdn** ~ to look after sth/sb

bekümmert *adj* troubled, worried; (*erschüttert*) distressed; ■ **[über jdn/etw]** ~ **sein** to be worried [about sb/sth]; (*erschüttert*) to be distressed [with sb/at sth]

bekunden* *vt* ■ **etw [über etw** *akk*] ~ to show [*or* express] sth [about sth]; **Interesse [an etw** *akk*]/**Sympathie [für etw** *akk*] ~ to express interest [in sth]/a liking [for sth]

Bekundung <-, -en> *f* expression, demonstration

belächeln* *vt* ■ **jdn/etw** ~ to smile at sb/sth; ■ **belächelt werden** to be a target of ridicule

belachen* *vt* ■ **jdn/etw** ~ to laugh at sb/sth; (*bespötteln*) to mock [*or* make fun of] sb/sth; ■ **belacht werden** to cause laughter

beladen*[1] *irreg* **I.** *vt* ❶ (*mit Ladung versehen*) ■ **etw** ~ to load [up *sep*] sth; **etw mit Gütern** ~ to load sth with goods, to load goods on[to] sth ❷ (*Last aufbürden*) ■ **jdn/ein Tier [mit etw]** ~ to burden sb with sth, to load an animal [with sth]; ■ **sich mit etw** ~ to load oneself [up] with sth **II.** *vr* (*sich mit etw belasten*) ■ **sich mit etw** ~ to burden oneself with sth

beladen*[2] *adj* ❶ (*mit einer Last versehen*) loaded; (*von Menschen a.*) laden; ■ **[mit etw]** ~ **sein** to be loaded [with sth]; (*von Menschen a.*) to be laden [*or* loaded down] [with sth] ❷ (*belastet*) ■ **mit etw** ~ **sein** to be burdened [*or* weighed down] with sth

Belag <-[e]s, Beläge> *m* ❶ (*aufgelegte Esswaren*) topping; *von Brot* spread ❷ (*Zahn~*) film, tartar *no art spec;* (*Zungen~*) fur ❸ (*Schicht*) coating, layer ❹ (*Brems~*) lining ❺ (*Fußboden~*) covering; (*Straßen~*) surface

Belagerer <-s, -> *m* besieger

belagern* *vt* ■ **etw** ~ to besiege [*or lit* lay siege to] sth; ■ **[von jdm] belagert sein/werden** to be/come under siege [from sb]

Belagerung <-, -en> *f* (*lit, fig*) siege

Belagerungszustand *m* ■ **der** ~ a state of siege; **den** ~ **[über eine Stadt] verhängen** to proclaim [*or* declare] [a town to be in] a state of siege

belämmert[RR] *adj* (*sl*) ❶ (*betreten*) sheepish, embarrassed ❷ (*scheußlich*) lousy; ***dieses ~e Wetter!*** the stupid [*or fam* lousy] [*or sl* shitty] weather!

Belang <-[e]s, -e> *m* ❶ *kein pl* (*Bedeutung, Wichtigkeit*) ■ **nichts von** ~ nothing important; ■ **ohne** ~ **[für jdn/etw] sein** to be of no importance [*or* significance] [to sb/for [*or* to] sth], to be significant; ■ **[für jdn] von** ~ **sein** to be of importance [to sb], to be significant; ■ **etwas/nichts von** ~ something [*or* anything]/nothing important [*or* of importance] ❷ *pl* (*Interessen, Angelegenheiten*) interests, concerns; **jds ~e vertreten** [*o* **wahrnehmen**] to represent the interests of sb ❸ *kein pl* (*geh: Hinsicht*) matter

belangen* *vt* ❶ JUR ■ **jdn [wegen etw]** ~ to prosecute sb [for sth]; **jdn wegen Beleidigung/Verleumdung** ~ to sue sb for slander [*or* libel]; **jdn gerichtlich** ~ to take sb to court, to take legal steps against sb *form* ❷ (*betreffen*) ■ **was jdn/etw belangt** as for sb/sth [*or* far as sb/sth is concerned]

belanglos *adj* (*unwichtig*) unimportant, trivial; (*nebensächlich*) irrelevant; ■ **etwas B~es** something unimportant [*or* trivial]

Belanglosigkeit <-, -en> *f* ❶ *kein pl* (*belanglose Beschaffenheit*) unimportance, insignificance ❷ (*Unwichtigkeit*) triviality, trivia *no pl, no indef art*

Belarus <-> *nt* B[y]elorussia, Belarus

Belarusse, Belarussin <-n, -n> *m, f* Belarusian; *s. a.* **Deutsche(r)**

belarussisch *adj* Belarusian; *s. a.* **deutsch**

belassen* *vt irreg* ❶ (*es bei etw bewenden lassen*) ■ **es bei etw** ~ to leave it at sth; ~ ***wir es dabei!*** let's leave it at that ❷ (*geh: bleiben lassen*) **jdn in seinem Amt/an seinem Platz** ~ to allow sb to remain in office/to keep his job ❸ (*stehen lassen*) **etw an seinem Platz/auf einem Tisch** ~ to leave sth in its place/on a table ❹ (*geh: behalten lassen*) ■ **jdm/einer S. etw** ~ to allow sb/sth to retain sth ❺ (*verhaftet sein lassen*) ■ **jdn in etw** *dat* ~ to leave sb to his sth; **jdn in dem Glauben ~, dass ...** to let sb go on believing that ...

belastbar *adj* ❶ (*zu belasten*) loadable; ■ **bis zu/mit etw** ~ **sein** to have [*or* bear] a maximum/minimum load of sth ❷ (*fig: beanspruchbar*) ***kein Mensch ist unbegrenzt*** ~ nobody can take work/abuse indefinitely; ***unter Stress ist ein Mitarbeiter weniger*** ~ stress reduces an employee's working capacity; ***durch Training wird das Gedächtnis ~er*** training makes the memory absorb more; ***die Nerven sind nur bis zu einem bestimmten Grad*** ~ the nerves can only take so much; ***der Körper/Kreislauf von Sportlern ist in hohem Maße*** ~ an athlete's body/circulation can take a lot of punishment; ***regelmäßiges Training macht Herz und Lunge ~er*** regular training strengthens the heart and lungs ❸ ÖKOL (*mit Schadstoffen zu belasten*) able to withstand contamination ❹ FIN (*zu überziehen*) ■ **[mit bis zu etw]** ~ **sein** to have a maximum limit of sth, to have a limit [of up to sth ; ***wie hoch ist mein Konto ~?*** what is the limit on my account?, how much can I overdraw on my account?

Belastbarkeit <-, -en> *f* ❶ (*Fähigkeit, Lasten auszuhalten*) load-bearing capacity ❷ (*Beanspruchbarkeit*) ability to take [*or* handle] stress; *von Gedächtnis* capacity; *von Organen, Körper* maximum resilience ❸ ÖKOL ***die ~ der Atmosphäre durch Schadstoffe ist schon überschritten*** the atmosphere has reached its saturation level for pollutants ❹ FIN (*Besteuerbarkeit*) ability to pay taxes

belasten* **I.** *vt* ❶ (*mit Last beschweren*) ■ **etw [mit etw]** ~ to load sth [with sth]; ***das darf nur mit bis zu 8 Personen/750 kg belastet werden*** its maximum load is 8 persons/750 kg ❷ (*anstrengen*) ■ **jdn [mit etw]** ~ to load sb with sth, to burden sb [with sth]; **jdn mit der Verantwortung** ~ to burden sb with the responsibility ❸ (*bedrücken*) ■ **jdn/etw** ~ to burden sb/sth; **jdn** [*o* **jds Gewissen**] **[schwer]** ~ to weigh [heavily] on one's mind; ■ **~d** crippling ❹ (*leistungsmäßig beanspruchen*) ■ **jdn/etw [durch/mit etw]** ~ to strain sb/sth [through/with sth], to put a strain on sb/sth; **jdn/etw zu sehr belasten** to overstrain sb/sth; ■ **[durch/mit etw] belastet werden** to come under strain [from sth] ❺ JUR ■ **jdn [durch etw]** ~ to incriminate sb [by sth]; ■ **sich [selbst]** ~ to incriminate oneself; ■ **~d** incriminating, incriminatory; **~des Material** incriminating evidence ❻ (*beschweren*) ■ **jdn/etw mit etw** ~ to burden sb/sth with sth ❼ (*ökologisch beanspruchen*) ■ **etw [durch** [*o* **mit**] **etw]** ~ to pollute sth [with sth] ❽ (*debitieren*) **jdn mit den Kosten** ~ to charge the costs to sb; **ein Konto [mit DM 100]** ~ to debit [DM 100 from] an account; ***dafür werden wir Sie mit DM 200*** ~ we will charge you DM 200 for that ❾ FIN (*steuerlich beanspruchen*) ■ **jdn [mit etw]** ~ to burden sb [with sth];

jdn übermäßig hoch ~ to overburden sb ⑩ FIN **etw mit einer Hypothek** ~ to mortgage sth; **etw mit Schulden** ~ to encumber sth [with debts] *form* ⑪ FIN (*finanziell in Anspruch nehmen*) ■**jdn mit etw** ~ to order sb to pay sth **II.** *vr* (*sich etw aufbürden*) **sich mit Arbeit/einer Aufgabe** ~ to take on work/a job *sep;* **sich mit unnützen Details** ~ to go into unnecessary details; **sich mit Sorgen/Verpflichtungen** ~ to burden oneself with worries/obligations; **sich mit der Verantwortung** ~ to take the responsibility [up]on oneself

belastend *adj* incriminating

belästigen* *vt* ■**jdn** ~ (*jdm lästig werden*) to bother sb; (*zudringlich werden*) to pester sb; ***würde es Sie ~, wenn ich rauche?*** do you mind if I smoke?; ■**~d** annoying

Belästigung <-, -en> *f* annoyance *no pl;* **etw als [eine] ~ empfinden** to find sth annoying [*or* a nuisance]

Belastung <-, -en> *f* ① (*das Belasten*) loading ② (*Gewicht*) weight, load; **die erhöhte ~ der Brücke** the increased weight [placed] on the bridge; **die maximale ~ der Brücke/des Aufzugs** the weight limit of the bridge/the maximum load for the lift [*or* AM elevator] ③ (*Anstrengung*) burden ④ (*Last*) burden ⑤ ÖKOL pollution *no pl, no indef art* ⑥ JUR incrimination ⑦ (*das Beschweren*) burden (**durch/mit** of) ⑧ (*leistungsmäßige Beanspruchung*) strain (**für/von** on) ⑨ FIN charge (+*gen* on) ⑩ FIN (*Beschwerung mit Hypothek*) mortgage; (*Hypothek*) mortgage ⑪ FIN (*Schulden a.*) encumbrance *form;* (*steuerliche Beanspruchung*) burden

Belastungs-EKG *nt* MED excercise electrocardiogram [*or* ECG] **Belastungsfähigkeit** *f* degree of resilience **Belastungsgrenze** *f* limit **Belastungsmaterial** *nt* JUR incriminating evidence **Belastungsprobe** *f* ① (*Erprobung der Belastbarkeit*) load[ing] test ② (*Erprobung der Beanspruchbarkeit*) endurance test ③ (*Zerreißprobe*) tolerance test; **einer ~ ausgesetzt sein** to be put to the test **Belastungszeuge, -zeugin** *m, f* JUR witness for the prosecution, Queen's [*or* AM State's] evidence

belauern* *vt* ① (*lauernd beobachten*) ■**ein Tier** ~ to observe an animal unseen ② (*argwöhnisch beobachten*) ■**jdn** ~ to watch sb secretly, to spy [up]on sb

belaufen* *vr irreg* ■**sich auf etw** *akk* ~ to amount [*or* come] to sth; ***der Schaden belief sich auf Millionen*** the damage ran into millions

belauschen* *vt* ■**jdn/etw/ein Tier** ~ to eavesdrop [*or* listen in] on sb/sth, to listen to the sounds of an animal

beleben* **I.** *vt* ① (*anregen*) ■**jdn/etw** ~ to stimulate sb/sth *sep* ② (*erfrischen*) ■**jdn** ~ to make sb feel better [*or* refreshed]; **jdn wieder** ~ to refresh sb ③ (*ankurbeln*) ■**etw** ~ to stimulate sth ④ (*zum Leben erwecken*) ■**jdn** ~ to resuscitate sb, to bring sb back to life; **ein Monstrum** ~ to bring a monster to life ⑤ (*lebendiger gestalten*) ■**etw [neu]** ~ to put [new] life into sth; **eine Unterhaltung** ~ to liven up [*or* animate] a conversation **II.** *vr* ① (*sich mit Leben/Lebewesen füllen*) ■**sich [mit etw]** ~ to come to life [with sth] ② (*lebhafter werden*) ■**sich** ~ to light up ③ (*stimuliert werden*) ■**sich** ~ to become stimulated **III.** *vi* ① (*munter machen*) to pick one up ② (*erfrischen*) to make one feel better

belebend *adj* ① (*anregend*) invigorating ② (*erfrischend*) refreshing

belebt *adj* ① (*bevölkert*) busy ② (*lebendig*) animate

Belebtheit <-> *f kein pl* bustle (+*gen* in)

Belebung <-, -en> *f* ① (*Anregung*) stimulation; ***er braucht morgens Kaffee zur*** ~ he needs coffee to wake up in the morning ② (*Ankurbelung*) stimulation, encouragement

Beleg <-[e]s, -e> *m* ① (*Quittung*) receipt, voucher; ***schreiben Sie mir bitte einen ~?*** may I have a receipt? ② (*Unterlage*) proof, no art, no pl ③ (*Quellennachweis*) example, instance

Belegarzt, -ärztin *m, f general practitioner or other non-resident doctor charged with a number of patients in a hospital*

belegbar *adj* verifiable; ***ist es ~, dass/wann/wie/wo ...?*** can it be verified that/when/how/where ...?

Belegbett *nt hospital bed under the charge of a general practitioner or other non-resident doctor*

belegen* *vt* ① (*mit Belag versehen*) **ein Brot mit etw** ~ to spread sth on a slice of bread, to make a sandwich with sth; **ein Brot mit Butter** ~ to butter a slice of bread; **einen Tortenboden [mit etw]** ~ to fill a flan case [with sth]; **belegte Brote** open sandwiches ② (*beweisen*) ■**etw** ~ to verify sth; **eine Behauptung/einen Vorwurf** ~ to substantiate a claim/an accusation; **ein Zitat** ~ to give a reference for a quotation ③ (*auferlegen*) ■**jdn mit etw** ~ to impose sth on sb ④ SCH ■**etw** ~ to enrol [*or* AM enroll] [*or* put one's name down] for sth ⑤ (*okkupieren*) ■**etw** ~ to occupy sth; ■**etw mit jdm** ~ to accommodate sb in sth; ■**belegt sein** to be occupied [*or* taken]; ***ist der Stuhl hier schon belegt?*** is this chair free?, is somebody sitting here? ⑥ (*innehaben*) **den vierten Platz** ~ to take fourth place, to come fourth; **einen höheren Rang** ~ to be ranked higher; **den zweiten Tabellenplatz** ~ to be second in the league table [*or* AM standings]; **die Tabellenspitze** ~ to be at the top of the league table [*or* AM standings] ⑦ MIL ■**jdn/etw mit etw** ~ to bombard sb/sth with sth; **jdn/etw mit Artilleriefeuer/Bomben** ~ to bomb [*or* bombard] sb/sth; **etw mit einem Bombenteppich** ~ to blanket-bomb sth ⑧ (*beschimpfen*) **jdn mit einem Fluch** ~ to lay a curse on sb; **jdn mit Namen** ~ to call sb names; **jdn mit Schimpfwörtern** ~ to hurl insults at sb

Belegexemplar *nt* specimen copy

Belegschaft <-, -en> *f* (*Beschäftigte*) staff, personnel; (*aus Arbeitern*) workforce; **die ganze** ~ (*hum fam*) the whole mob [*or* gang] *fam*

Belegschaftsaktie [-aktsi̯ə] *f* staff employee [*or* BRIT *spec fam a.* buckshee] share **Belegschaftsmitglied** *nt* member of staff, employee **Belegschaftsrabatt** *m* staff discount

Belegstation *f hospital ward under the charge of various non-resident doctors,* ≈ GP ward BRIT

belegt *adj* ① (*mit Belag überzogen*) coated; **~e Zunge** furred [*or* coated] tongue ② (*rau*) hoarse; **mit ~er Stimme sprechen** to speak with a husky [*or* hoarse] voice

Belegungsrecht *nt* JUR right of occupation

belehrbar *adj* teachable

belehren* *vt* ① (*informieren, aufklären*) ■**jdn** ~ to inform sb; **jdn eines anderen** ~ to teach sb otherwise; **sich eines anderen ~ lassen** to learn [*or* be taught] otherwise ② (*von Meinung abbringen*) ■**jdn** ~ to convince sb that he is wrong; (*von einer falschen Ansicht abbringen*) to disabuse sb *form;* **sich von jdm ~ lassen** to listen to sb; ***er lässt sich nicht*** ~ he won't listen [*or* be told] ③ JUR (*ausführlich informieren*) ■**jdn [über etw** *akk*] ~ to advise [*or* warn] sb [of sth]

belehrend **I.** *adj* didactic **II.** *adv* didactically

Belehrung <-, -en> *f* ① (*belehrender Rat*) explanation, lecture *fam;* ***deine ~en kannst du dir sparen!*** there's no need to lecture me *fam;* **danke [o vielen Dank] für die ~!** (*iron*) thanks for the tip *iron* ② (*Verweis*) lesson ③ JUR caution

beleibt *adj* (*geh*) corpulent *form,* portly *a. hum*

Beleibtheit <-> *f kein pl* (*geh*) corpulence *form,*

portliness *a. hum*

beleidigen* *vt* ❶ (*schmähen*) ■ **jdn/etw** [**durch etw**] ~ to insult sb [with sth], to offend sb/sth [with sth] ❷ (*empfindlich beeinträchtigen*) ■ **jdn** ~ to offend [*or* be offensive to] sb

beleidigend **I.** *adj* insulting, offensive **II.** *adv* insultingly, offensively; **sich ~ ausdrücken** to use offensive language

beleidigt **I.** *adj* offended; **leicht ~ sein** to be quick to take offence [*or* AM -se], to be easily offended; **ein ~es Gesicht** [*o* **eine ~e Miene**] **aufsetzen** [*o* **machen**] to put on a hurt face/expression; ***bist du jetzt ~?*** have I offended you?; *s. a.* **Leberwurst** **II.** *adv* in a huff *fam;* **~ reagieren/schweigen** to get/go into a huff *fam*

Beleidigung <-, -en> *f* ❶ (*das Beleidigen*) insult, offence [*or* AM -se] (+*gen* to); JUR defamation ❷ (*Schmähung*) insult; **etw als** [**eine**] **~ auffassen** to take sth as an insult, to take offence [*or* AM -se] at sth ❸ (*Missachtung*) offence [*or* AM -se], affront (+*gen*/**für** +*akk* to)

beleihen* *vt irreg* ■ **etw ~** to lend money on sth; FIN to mortgage [*or* give [*or* raise] a mortgage on] sth; **Schulden ~** to encumber debts *form;* ■ [**mit etw**] **beliehen sein** to be mortgaged [at sth]; ***wie hoch ist das Haus beliehen?*** how high is the mortgage on the house?

belemmert *adj* (*sl*) *s.* **belämmert**

belesen *adj* well-read

Belesenheit <-> *f kein pl* wide reading; **ein hohes Maß an ~** great familiarity with literature

beleuchten* *vt* ❶ (*durch Licht erhellen*) **eine Bühne/Straße ~** to light a stage/road; **einen Garten/ein Haus ~** to light up *sep* [*or* illuminate] a garden/house ❷ (*anstrahlen*) ■ **etw ~** to light up *sep* [*or* illuminate] sth ❸ (*geh: betrachten*) ■ **etw ~** to throw light on [*or* examine] sth

Beleuchter(in) <-s, -> *m(f)* lighting technician

Beleuchtung <-, *selten* -en> *f* ❶ (*das Beleuchten*) lighting ❷ (*künstliches Licht*) light; (*Lichter*) lights *pl;* **die ~ der Straßen** street lighting ❸ AUTO lights *pl* ❹ (*geh: das Betrachten*) examination, elucidation *form*

Beleuchtungskörper *m* (*geh*) lighting fixture [*or* appliance]

beleumdet *adj* (*geh*) **nicht gut** [*o* **schlecht**] [*o* **übel**] **~ sein** to have a bad reputation; **ein übel ~es Hotel** a hotel with a bad reputation

Belgien <-s> *nt* Belgium; *s. a.* **Deutschland**

Belgier(in) <-s, -> *m(f)* Belgian; *s. a.* **Deutsche(r)**

belgisch *adj* Belgian; *s. a.* **deutsch**

Belgrad <-s> *nt* Belgrade

belichten* *vt* FOTO ■ **etw ~** to expose sth

Belichtung *f* FOTO exposure; **falsche ~** incorrect exposure

Belichtungsautomatik *f* automatic exposure [control] **Belichtungsmesser** *m* light meter **Belichtungszeit** *f* exposure [time]

belieben* **I.** *vt* (*iron*) ■ **~, etw zu tun** to like doing sth; ***du beliebst wohl zu scherzen*** you must be joking **II.** *vi* (*geh*) **was/wie es jdm beliebt** as sb likes [*or* wishes]

Belieben <-s> *nt kein pl* **in jds** *dat* **~ liegen** [*o* **stehen**] (*geh*) to be up to sb, to be left to sb's discretion; **etw in jds** *dat* **~ stellen** to leave sth up to sb [*or* sb's discretion]; [**ganz**] **nach ~** just as you/they etc. like, any way you/they etc. want [to], however you/they etc. please

beliebig **I.** *adj* any; [**irgend**]**eine/jede ~e Zahl** any number at all [*or* you like]; **nicht jede ~e Zahl** not every number; ■ **etwas B~es** anything at all; ■ **jeder B~e** anyone at all; ■ **irgendein B~er** just anybody, *fam a.* any old Tom, Dick or Harry **II.** *adv* **~ häufig/lange/spät/viele** as often/long/late/many as you like; **etw ~ verändern** to change sth at will

beliebt *adj* ❶ (*geschätzt*) popular; ■ [**bei jdm**] **~ sein** to be popular [with sb]; **sich** [**bei jdm**] **~ machen** to make oneself popular [*or pej* ingratiate oneself] [with sb] ❷ (*gerne besprochen*) popular, favourite [*or* AM -orite] *attr*

Beliebtheit <-> *f kein pl* popularity; **sich** [**bei jdm**] **großer/zunehmender ~ erfreuen** to enjoy great/increasing popularity [with sb]

beliefern* *vt* ■ **jdn/etw** [**mit etw**] **~** to supply sb/sth [with sth]; ***diese Großhandelsfirma beliefert nur Restaurants*** this wholesale company only supplies [*or form* purveys for] restaurants

Belieferung *f* delivery; **die ~ einer Firma einstellen** to stop supplying a company

Belize <-s> *nt* Belize; *s. a.* **Deutschland**

Belizer(in) <-s, -> *m(f)* Belizean; *s. a.* **Deutsche(r)**

belizisch *adj* Belizean; *s. a.* **deutsch**

Belladonna <-, -donnen> *f* ❶ (*Extrakt*) belladonna, atropin[e] *spec* ❷ BOT belladonna, deadly nightshade

bellen **I.** *vi* to bark **II.** *vt* ■ **etw ~** to bark [out *sep*] sth

bellend *adj* **ein ~er Husten** a hacking cough; **eine ~e Stimme** a harsh [*or* barking] voice

Belletristik <-> *f kein pl* belles lettres *npl*

belletristisch *adj* **die ~e Abteilung** the department for fiction and poetry; **~e Literatur/Bücher** [books of] fiction and poetry

belobigen* *vt* ■ **jdn** [**wegen etw**] **~** to commend [*or* praise] sb [for sth]

Belobigung <-, -en> *f* (*geh*) commendation *form,* praise *no indef art;* **jdm eine ~ aussprechen** to commend [*or* praise] sb

belohnen* *vt* ❶ (*als Lohn beschenken*) ■ **jdn/etw** [**mit etw**] **~** to reward sb/sth [with sth] ❷ (*Lohn sein*) ■ **jdn** [**für etw**] **~** to reward sb [for sth]; ***die Leistung der Schauspieler wurde vom Publikum mit begeistertem Beifall belohnt*** the actors received loud applause; ***dein Lächeln belohnt mich zur Genüge!*** your smile is reward enough

Belohnung <-, -en> *f* ❶ (*das Belohnen*) rewarding ❷ (*Lohn*) reward; **eine ~** [**für etw**] **aussetzen** to offer a reward [for sth]; **zur** [*o* **als**] **~** [**für etw**] as a reward [for sth]

belüften* *vt* ■ **etw ~** to ventilate [*or* air] sth

Belüftung *f* ■ **die ~** ❶ *kein pl* (*das Belüften*) ventilating, airing; ***die ~ der Kellerräume ist sehr schlecht*** the basement rooms are very badly ventilated ❷ ELEK ventilation *no indef art*

Beluga <-, -s> *m s.* **Weißwal**

belügen* *irreg vt* ■ **jdn ~** to lie [*or* tell lies] [*or* tell a lie] to sb (+*gen* to); ■ **sich** [**selbst**] **~** to deceive oneself

belustigen* **I.** *vt* ■ **jdn** [**mit etw**] **~** to amuse sb [with sth]; ***was belustigt dich?*** what's amusing you? [*or* so funny?]; ■ **~d** amusing **II.** *vr* (*geh*) ■ **sich über jdn/etw ~** to make fun of sb/sth

belustigt **I.** *adj* amused; ■ **über etw** *akk* **~ sein** to be amused at [*or* by] sth **II.** *adv* in amusement

Belustigung <-, -en> *f* (*geh*) amusement; **zu jds ~** for sb's amusement [*or* the amusement of sb]

bemächtigen* *vr* (*geh*) ❶ (*in seine Gewalt bringen*) ■ **sich jds/einer S. ~** to take [*or* sieze] hold of sb/sth ❷ (*überkommen*) ■ **sich jds ~** to come over sb

bemäkeln* *vt* ■ **etw** [**an jdm/etw**] **~** to find fault with [sb's] sth/with sth [on/in sth]; **immer etwas an allem und jedem ~** to always be picking holes in everything and everyone; ***was hast du an dem Essen zu ~?*** what don't you like about the food?

bemalen* **I.** *vt* ■ **etw** [**mit etw**] **~** to paint [sth on] sth; **etw farbig ~** to paint sth [in] different colours [*or* AM

-ors] **II.** *vr* (*pej fam: sich schminken*) **sich** ~ to paint oneself *fam;* ■ **sich** *dat* **etw** ~ to paint one's sth; **sich** *dat* **das Gesicht** ~ to paint [*or pej* plaster] one's face

Bemalung <-, -en> *f* ❶ (*das Bemalen*) ■ **die** ~ **einer S.** *gen*/**von etw** painting sth ❷ (*aufgetragene Farbe*) paint (+*gen* on) ❸ (*Kriegs~*) war paint

bemängeln* *vt* ■ **etw** ~ to find fault with, to fault, to criticize; ***an der Qualität war nichts zu*** ~ the quality could not be faulted; ■ **~, dass ...** to complain that ..

Bemängelung <-, -en> *f* (*das Bemängeln*) fault-finding; (*Kritik*) criticism; (*Beschwerde*) complaint

bemannen* **I.** *vt* NAUT, RAUM ■ **etw** [**mit jdm**] ~ to man sth [with sb]; **ein Schiff voll** ~ to take on the ship's full complement [of crew]; ■ [**nicht**] **bemannt** [un]manned **II.** *vr* (*hum fam*) ■ **sich** ~ to get oneself a man

Bemannung <-, -en> *f* NAUT, RAUM ❶ (*das Bemannen*) ■ **die** ~ [**einer S.** *gen*/**von etw**] manning [sth] ❷ (*selten: Besatzung*) crew, complement [of crew] *form*

bemänteln* *vt* ■ **etw** ~ to cover up sth *sep*

Bembel <-s, -> *m* DIAL pitcher

bemerkbar *adj* noticeable, perceptible; ***zwischen den beiden Bildern ist kein Unterschied*** ~ I can't see any difference between the two pictures; ***dieser Geruch muss für jeden*** ~ ***gewesen sein*** everybody must have noticed this smell; **sich** [**bei jdm**] [**durch etw**] ~ **machen** to draw [sb's] attention to oneself [*or* to attract [sb's] attention] [by doing sth]; ***ich werde mich schon*** [***bei Ihnen***] ~ ***machen, wenn ich Sie benötige*** I'll let you know when I need you; **sich** [**durch etw**] ~ **machen** to make itself felt [with sth]

bemerken* *vt* ❶ (*wahrnehmen*) ■ **jdn/etw** ~ to notice sb/sth; ■ **~, dass** to notice that; ■ **~, wie jd etw tut** to see [*or* notice] sb do sth; ***sie bemerkte rechtzeitig/zu spät, dass ...*** she realized in time/too late that ... ❷ (*äußern*) **etwas/nichts** [**zu etw**] ~ to have sth/nothing to say [to sth]; ***dazu möchte ich noch folgendes*** ~ to that I would like to add the following

bemerkenswert **I.** *adj* remarkable; ■ **etwas/nichts B~es** sth/nothing remarkable **II.** *adv* remarkably

Bemerkung <-, -en> *f* comment, remark; [**jdm gegenüber**] **eine** ~/**~en** [**über etw** *akk*] **machen** to remark [*or* comment] on sth [to sb], to make a remark [*or* comment]/remarks [*or* comments] [about sth] [to sb]; [**jdm gegenüber**] **eine** ~ [**über jdn/etw**] **fallen lassen** to drop a remark [about sb/sth] [*or* comment on sb/sth] [to sb]

bemessen* *irreg* **I.** *vt* ■ **jdm etw** [**nach etw**] ~ to determine [*or* calculate] sth for sb [according to sth]; **großzügig/knapp** ~ **sein** to be generous/not very generous; ***meine Zeit ist knapp*** ~ my time is short [*or* limited] **II.** *vr* (*geh*) ■ **sich nach etw** ~ to be proportionate to sth

Bemessung *f* determination, calculation

Bemessungsgrundlage *f* FIN assessment basis, basis of assessment

bemitleiden* *vt* ■ **jdn** ~ to pity sb, to feel pity [*or* sorry] for sb; ■ **sich** [**selbst**] ~ to feel sorry for oneself; ***sie ist zu*** ~ she is to be pitied

bemitleidenswert *adj* pitiable, pitiful

bemittelt *adj* (*geh*) well-to-do, well-off; **sehr/weniger** ~ **sein** to be very/less well-off [*or* well-to-do]; **genügend** ~ **sein** to have enough to get by on comfortably *a. iron*

bemoost *adj* mossy, moss-grown *attr,* covered with moss *pred*

bemühen* **I.** *vr* ❶ (*sich Mühe geben*) ■ **sich** ~[, **etw zu tun**] to try hard [to do sth], to endeavour [*or* AM -or] to do sth *form;* **sich vergebens** ~ to try in vain, to waste one's efforts; ***du musst dich mehr*** ~ you must try harder; ~ ***Sie sich nicht*** don't bother yourself, don't put yourself out ❷ (*sich kümmern*) **sich um jdn** ~ to court sb['s favour [*or* AM -or]]; **sich um einen Patienten** ~ to look after [*or* attend to] a patient ❸ (*zu erlangen suchen*) **sich um gute Beziehungen/eine Stelle** ~ to try hard [*or* BRIT to endeavour [*or* AM -or]] to get good connections/a job *form;* **sich um jds Gunst/Vertrauen/Wohl** ~ to court sb's favour [*or* AM -or]/to try to win sb's trust/to take trouble over sb's well-being ❹ (*geh: gehen*) **sich zur Tür** ~ to go [*or form* proceed] to the door; **sich ins Nebenzimmer** ~ to go [*or form* proceed] [*or liter a. hum* repair] to the next room; ■ **sich zu jdm** ~ to go/come to sb **II.** *vt* (*geh*) ■ **jdn** ~ to send for sb; **einen Anwalt** ~ to consult a lawyer

Bemühen <-s> *nt kein pl* (*geh*) efforts *pl,* endeavours [*or* AM -ors] *pl form* (**um** for)

bemüht *adj* keen; ■ [**darum**] ~ **sein, etw zu tun,** ■ **um etw** ~ **sein** to try hard [*or form* endeavour] [*or* be at pains] to do sth

Bemühung <-, -en> *f* ❶ (*angestrengter Einsatz*) effort, endeavour [*or* AM -or] *form;* **trotz aller ~en** despite all efforts; ***danke für Ihre ~en*** thank you for your trouble ❷ *pl* services

bemüßigt *adj* **sich** ~ **fühlen, etw zu tun** [*o* **sehen**] (*meist iron geh*) to feel obliged [*or* called upon] to do sth

bemuttern* *vt* ■ **jdn** ~ to mother sb

benachbart *adj* ❶ (*in der Nachbarschaft gelegen*) nearby; (*nebenan*) neighbouring [*or* AM -oring] *attr;* **die ~e Familie/das ~e Haus** the family/house next door; ■ **jdm/einer S.** ~ **sein** to be close to sb/sth ❷ (*angrenzend*) neighbouring [*or* AM -oring], adjoining

benachrichtigen* *vt* ■ **jdn** [**von etw**] ~ to inform sb [of sth]; (*amtlich*) to notify sb [of sth]

Benachrichtigung <-, -en> *f* ❶ (*das Benachrichtigen*) notification (**von/über** +*akk* of/about); ***er bittet in diesem Fall um*** ~ he would like to be notified should this be the case ❷ (*schriftliche Nachricht*) [written] notification

benachteiligen* *vt* ❶ (*schlechter behandeln*) ■ **jdn** ~ to put sb at a disadvantage; (*wegen Rasse, Geschlecht, Glaube*) to discriminate against sb ❷ (*zum Nachteil gereichen*) ■ **jdn** [**gegenüber jdm**] ~ to handicap sb [with respect to sb]

benachteiligt **I.** *adj* disadvantaged, at a disadvantage *pred* **II.** *adv* disadvantaged; **sich** ~ **fühlen** to feel at a loss

Benachteiligte(r) *f(m)* dekl wie adj victim; ■ **der/die ~e sein** to be at a disadvantage

Benachteiligung <-, -en> *f* ❶ (*das Benachteiligen*) ■ **die** ~ **einer Person** *gen*/**von jdm** discriminating against sb ❷ (*benachteiligter Zustand*) discrimination

benagen* *vt* ■ **etw** ~ to gnaw [at] sth; *Hund a.* to chew [on] sth

Bendel <-s, -> *m s.* **Bändel**

benebeln* *vt* (*fam*) ■ **jdn** ~ to befuddle sb; *Narkose, Sturz a.* to daze sb, to make sb feel dazed; *Dämpfe, Duft, Rauch a.* to make sb's head reel [*or* swim]; **ein ~der Duft/eine ~de Wirkung** a heady perfume/effect; ■ **benebelt** (*fam*) befuddled; (*durch Alkohol a.*) tipsy *fam;* (*durch Schlag*) dazed

Benediktiner(in) <-s, -> *m(f)* Benedictine [friar/nun]

Benediktinerorden *m* Benedictine order, order of St Benedict

Benefizkonzert *nt* charity concert **Benefizveranstaltung** *f* benefit event [*or* performance] **Benefizvorstellung** *f* charity [*or* benefit] performance

benehmen* *vr irreg* ■ **sich** ~ to behave [oneself]; ***benimm dich!*** behave yourself!; ■ **sich wie jd** ~ to behave like sb; ***der Junge benimmt sich wie sein Vater*** the boy takes after his father; **sich gut** ~ to behave well [*or* oneself]; ***der Kleine hat sich den ganzen Abend gut benommen*** the little one was well-behaved [*or* on his best bevahiour] all evening; **sich schlecht** ~ to behave badly, to misbehave

Benehmen <-s> *nt kein pl* ① (*Manieren*) manners *npl;* **kein** ~ **haben** to have no manners, to be bad-mannered ② (*geh: Einvernehmen*) **sich mit jdm ins** ~ **setzen** to get in touch with [*or* contact] sb; **sich mit jdm über etw** *akk* **ins** ~ **setzen** to try to reach [*or* come to] an agreement with sb about sth; **im** ~ **mit jdm** with the consent of sb

beneiden* *vt* ■ **jdn [um etw]** ~ to envy sb [sth]; ***er ist nicht zu*** ~ I don't envy him, he is not to be envied

beneidenswert I. *adj* enviable; ■ **etwas/nichts B~es** sth/nothing to be envied II. *adv* (*wunderbar*) amazingly

Beneluxländer, **Beneluxstaaten** *pl* Benelux countries

benennen* *vt irreg* ① (*mit Namen versehen*) ■ **jdn/etw [nach jdm]** ~ to name sb/sth [after [*or* AM *a.* for] sb]; **etw neu** ~ to rename sth; **Gegenstände** ~ to denote [*or* give names to] objects ② (*namhaft machen*) ■ **[jdm] jdn als etw** ~ to nominate sb as [sb's] sth; **jdn als Zeugen** ~ to call sb as a witness

Benennung <-, -en> *f* ① (*das Benennen*) ■ **die** ~ **einer Person/S.** *gen* naming a person/thing ② (*das Namhaftmachen*) nomination; *von Zeugen* calling ③ (*Bezeichnung*) name, designation *form*

benetzen* *vt* (*geh*) ■ **etw [mit etw]** ~ to moisten sth [with sth]; ■ **etw** ~ *mit Tau, Tränen* to cover sth

Bengale, **Bengalin** <-n, -n> *m, f* ① (*Einwohner Bengalens*) Bengali ② *s.* **Bangladescher**

Bengali *nt* Bengali; *s. a.* **Deutsch**

bengalisch *adj s.* **bangalisch**

Bengel <-s, -[s]> *m* ① (*frecher Junge*) rascal, brat *pej fam* ② (*niedlicher Junge*) **ein süßer [kleiner]** ~ a dear [*or* AM cute] little boy ▸ WENDUNGEN: **den** ~ **hoch werfen** SCHWEIZ (*hoch greifen*) to aim high

Benimm <-s> *m kein pl* (*fam*) manners *npl*

Benin <-s> *nt* Benin; *s. a.* **Deutschland**

Beniner(in) <-s, -> *m(f)* Beninese; *s. a.* **Deutsche(r)**

beninisch *adj* Beninese; *s. a.* **deutsch**

Benjamin <-s, -e> *m* (*fam*) ■ **der** ~ the baby of the family

benommen *adj* dazed; **jdn** ~ **machen** to befuddle sb

Benommenheit <-> *f kein pl* daze[d state]; **ein Gefühl von** ~ a dazed feeling

benoten* *vt* ① (*mit Zensur versehen*) ■ **etw** ~ to mark sth; ***ihr Aufsatz wurde mit „sehr gut" benotet*** her essay was given [*or fam* got] an A ② (*durch eine Zensur einstufen*) ■ **jdn** ~ to assess sb

benötigen* *vt* ■ **etw [von jdm]** ~ to need [*or form* require] sth [from sb]; **dringend** ~ to be in urgent need of sth

Benotung <-, -en> *f* ① (*das Benoten*) ■ **die** ~ **[einer S.** *gen*/**von etw]** marking [sth] ② (*Note*) mark[s *pl*]

benutzbar *adj* us[e]able; **eine nicht ~e Straße** an impassable road; **nur einmal/wieder voll/nicht mehr** ~ **sein** to be us[e]able only once/fully us[e]able again/no longer us[e]able

benutzen* *vt*, **benützen*** *vt* DIAL ① ■ **etw [als etw]** ~ to use sth [as sth]; ■ **das B~** the use; **nach dem B~** after use; ■ **benutzt** used; **das benutzte Geschirr** the dirty dishes *pl* ② (*geh*) **den Aufzug/die Bahn/den Bus** ~ to take the lift [*or* AM elevator]/train/bus ③ (*verwerten*) ■ **etw** ~ to consult sth; **die benutzte Literatur** the literature consulted ④ (*wahrnehmen*) ■ **etw** ~ to seize [*or* avail oneself of] sth ⑤ (*für seine Zwecke ausnutzen*) ■ **jdn** ~ to take advantage of sb; **sich benutzt fühlen** to feel [that one has been] used

Benutzer(in) <-s, -> *m(f)*, **Benützer(in)** <-s, -> *m(f)* DIAL ① (*benutzender Mensch*) borrower; (*mit Leihgebühr*) hirer BRIT, person renting AM; (*einer Bibliothek*) reader, borrower ② INFORM user

Benutzerebene *f* INFORM user [*or* system] interface **benutzerfreundlich** I. *adj* user-friendly II. *adv* with user-friendliness in mind, in a user-friendly manner **Benutzerfreundlichkeit** <-> *f kein pl* user-friendliness **Benutzerhandbuch** *nt* user manual [*or* handbook]

Benutzerin, **Benützerin** <-, -nen> *f fem form von* **Benutzer**

Benutzeroberfläche *f* INFORM user [*or* system] interface **Benutzerschnittstelle** *f* user interface **benutzerunfreundlich** I. *adj* non-user-friendly, user-hostile *hum* II. *adv* ~ **angelegt sein** to have a non-user-friendly layout; **etw** ~ **gestalten** to give sth a non-user-friendly design

Benutzung *f*, **Benützung** *f* DIAL ① (*Gebrauch*) use; ■ **die** ~ **[einer S.** *gen*] **als etw** the use [of sth] as sth; **nach der** ~ after use; **etw in** ~ **haben/nehmen** (*geh*) to be/start using sth; **jdm etw zur** ~ **überlassen** to put sth at sb's disposal; **die** ~ **einer S.** *gen*/**von etw vermeiden** to avoid using sth ② (*das Fahren mit etw*) **die** ~ **des Busses/Zugs** taking the bus/train ③ (*Verwertung*) consultation

Benutzungsgebühr *f* hire [*or* AM rental] charge

Benzin <-s, -e> *nt* ① (*Kraftstoff*) petrol BRIT, gas[oline] AM; ~ **sparendes Auto** economical car ② (*Lösungsmittel*) benzine

benzinbetrieben *adj* petrol-fuelled [*or* -driven] BRIT, gas[oline]-fueled AM; **~er Motor** petrol [*or* AM gas[oline]] engine

Benziner <-s, -> *m* (*fam*) car which runs on petrol

Benzinfeuerzeug *nt* petrol lighter **Benzingutschein** *m* petrol coupon **Benzinkanister** *m* petrol canister **Benzinmotor** *m* petrol engine **Benzinpumpe** *f* fuel pump **Benzintank** *m* petrol tank **Benzinuhr** *f* AUTO fuel gauge [*or* AM gage] **Benzinverbrauch** *m* fuel consumption

Benzoesäure ['bɛntso̯e-] *f* benzoic acid *no art*

Benzol <-s, -e> *nt* benzene; (*im Handel erhältlich*) BRIT *usu* benzol[e]

beobachtbar *adj* observable

beobachten* *vt* ① (*genau betrachten*) ■ **jdn/etw** ~ to observe sb/sth; **jdn/etw genau** ~ to watch sb/sth closely; ■ **jdn [bei etw]** ~ to watch sb [doing sth]; **gut beobachtet!** well spotted! ② (*observieren*) ■ **[durch jdn [***o* **von jdm]] beobachtet werden** to be kept under the surveillance [of sb]; ■ **jdn [durch jdn]** ~ **lassen** to put sb under the surveillance [of sb]; **jdn durch die Polizei** ~ **lassen** to put sb under police surveillance; **sich [von jdm] beobachtet fühlen** to feel that one is being watched [by sb] [*or* that sb is watching one]; **sich [von jdm] auf Schritt und Tritt beobachtet fühlen** to feel that one is being dogged by sb [*or* that sb is dogging one] ③ (*bemerken*) ■ **etw an jdm/bei etw** ~ to notice sth in sb/about sth

Beobachter(in) <-s, -> *m(f)* observer; **ein guter [***o* **scharfer]** ~ a keen observer

Beobachtung <-, -en> *f* ① (*das Beobachten*) observation ② (*Observierung*) surveillance ③ *meist pl* (*Ergebnis des Beobachtens*) observations *pl;* **[an jdm] die** ~ **machen, dass** to notice that

Beobachtungsgabe *f* talent for [*or* power of] observation; **eine gute/scharfe** ~ **haben** to have a very observant/keen eye **Beobachtungsposten** *m* ■ **auf** ~ **sein** (*fam*) to be on the lookout **Beobachtungssatellit** *m* observation [*or fam* spy] satellite

beordern* *vt* ■**jdn zu jdm** ~ to send sb to sb; **jdn zu sich** ~ to send for [*or* summon] sb; ■**jdn irgendwohin** ~ to order [*or* instruct] sb to go somewhere

bepacken* *vt* ■**jdn/etw [mit etw]** ~ to load up sb/sth *sep* [with sth]; ■**sich [mit etw]** ~ to load oneself up [with sth]; ■**bepackt** loaded

bepflanzen* *vt* ■**etw [mit etw]** ~ to plant sth [with sth]; **Beete mit etw** ~ to plant sth in beds; ■**bepflanzt** planted

Bepflanzung *f* ❶ (*das Bepflanzen*) ■**die** ~ **einer S.** *gen*/**von etw** the planting of sth; ***die ~ von Beeten soll bei kühlem Wetter erfolgen*** flower beds should be planted in cool weather ❷ (*die Pflanzen*) plants *pl* (+*gen*/**von** +*dat* in)

bepinkeln* I. *vt* (*fam*) ■**etw** ~ to pee [*or fam* piddle] on sth; **einen Baum/eine Wand** ~ to pee [*or fam* piddle] against a tree/wall II. *vr* (*fam*) ❶ (*sich voll pinkeln*) ■**sich** ~ to wet oneself, AM *a.* to pee one's pants *fam* ❷ (*sich etw mit Urin beschmutzen*) ■**sich** *dat* **etw** ~ to pee [*or fam* piddle] over one's sth

bepinseln* *vt* ❶ KOCHK ■**etw [mit etw]** ~ to brush sth with sth ❷ MED **jdm das Zahnfleisch** ~ to paint sb's gums ❸ (*fam: mit Pinseln beschreiben*) ■**etw [mit etw]** ~ to paint sth [with sth], to daub sth with sth

bequatschen* *vt* (*fam*) ❶ (*bereden*) ■**etw [mit jdm]** ~ to talk over sth *sep* [with sb] ❷ (*überreden*) ■**jdn [dazu]** ~[, **etw zu tun**] to persuade sb [to do sth], to talk sb into doing sth; ***also gut, du hast mich bequatscht!*** all right, you've talked me into it!

bequem I. *adj* ❶ (*angenehm*) comfortable; **es sich** *dat* ~ **machen** to make oneself comfortable ❷ (*leicht zu bewältigen*) easy ❸ (*leicht zu handhaben*) manageable, easy to operate ❹ (*im Umgang angenehm*) easy-going ❺ (*pej: träge*) idle, comfort-loving; **es** ~ **[mit jdm/etw] haben** to have an easy time of it [with sb/sth] II. *adv* ❶ (*leicht*) easily ❷ (*angenehm*) comfortably

bequemen* *vr* (*geh*) ❶ (*sich zu etw verstehen*) ■**sich zu etw** ~, ■**sich [dazu]** ~, **etw zu tun** to bring oneself to do sth; (*herablassend*) to condescend [*or form* deign] to do sth *a. iron* ❷ (*sich begeben*) ■**sich zu jdm/etw** ~ to come/go to sb/sth

Bequemlichkeit <-, -en> *f* ❶ (*Behaglichkeit*) comfort ❷ (*Trägheit*) idleness, laziness; **aus [reiner]** ~ out of [sheer] laziness

berappen* *vt* (*fam*) ■**etw [für etw]** ~ to fork [*or* shell] out sth *sep* [for sth]

beraten*[1] *irreg* I. *vt* ❶ (*mit Rat bedenken*) ■**jdn [in etw** *dat*] ~ to advise sb [*or* give sb advice] [on sth]; **jdn finanziell/rechtlich** ~ to give sb financial/legal advice; ■**sich [von jdm]** ~ **lassen** [, **ob/wie**] to ask sb's advice [as to whether/on how] ❷ (*besprechen*) ■**etw** ~ to discuss sth; POL to debate sth II. *vi* ■**[mit jdm über etw** *akk*] ~ to discuss sth with sb; ***sie ~ noch*** they're still discussing it III. *vr* ■**sich [über jdn/etw]** ~ to discuss sb/sth; ***das Kabinett wird sich heute ~*** the cabinet will be meeting today for talks; ■**sich mit jdm [über jdn/etw]** ~ to consult [with] sb [about sb/sth]

beraten*[2] *adj* advised; **finanziell/rechtlich gut** ~ **sein** to receive good financial/legal advice; **gut/schlecht** ~ **sein, etw zu tun** to be well-/ill-advised to do sth

beratend I. *adj* advisory, consultative II. *adv* in an advisory [*or* a consultative] capacity; **jdm** ~ **zur Seite stehen** to act in an advisory capacity to sb

Berater(in) <-s, -> *m(f)* advisor; (*in politischen Sachen a.*) counsellor BRIT, counselor AM; (*Fach~*) consultant

Beratertätigkeit *f* advisory service[s *pl*] **Beratervertrag** *m* consultative contract; (*Stelle*) advisory post

beratschlagen* I. *vt* ■**etw** ~ to discuss sth; ■**[mit jdm]** ~, **was/wie** to discuss [with sb] what/how II. *vi* (*sich beraten*) ■**[mit jdm] [über etw** *akk*] ~ to discuss sth [with sb]; ***wir ~ noch*** the matter is still under discussion [*or* we are still discussing it]

Beratung <-, -en> *f* ❶ (*das Beraten*) advice ❷ (*Besprechung*) discussion; POL debate ❸ (*beratendes Gespräch*) consultation

Beratungsdienst *m* advice service **Beratungsgesetz** *nt* ■**das** ~ *law prescribing dissuading advice for pregnant women wanting an abortion* **Beratungsstelle** *f* advice [*or* advisory] centre [*or* AM -er]

berauben* *vt* ❶ (*durch Raub bestehlen*) ■**jdn/etw** ~ to rob sb/sth; ■**jdn einer S.** *gen* ~ to rob [*or hum* relieve] sb of sth ❷ (*geh: gewaltsam entziehen*) ■**jdn einer S.** *gen* ~ to deprive sb of sth ❸ (*geh: nehmen*) ■**jdn einer S.** *gen* ~ to take sth from sb; ■**einer S.** *gen* **beraubt werden** to lose [*or* be deprived of] sth

berauschen* I. *vt* (*geh*) ■**jdn** ~ ❶ (*trunken machen*) to intoxicate sb; *Alkohol a.* to inebriate sb ❷ (*in Verzückung versetzen*) to intoxicate [*or liter* enrapture] sb; *Geschwingkeit* to exhilarate sb II. *vr* ■**sich an etw** *dat* ~ ❶ (*in Ekstase geraten*) to become intoxicated [*or liter* enraptured] by sth; **sich an Geschwindigkeit** ~ to become exhilarated by speed; **sich an Blut** ~ to get into a frenzy over blood ❷ (*geh: sich trunken machen*) to become intoxicated with sth

berauschend *adj* intoxicating; **[das war] nicht [sehr]** ~ (*iron*) [that] was just wonderful

Berber <-s, -> *m* (*fam*) Berber [carpet]

Berber(in) <-s, -> *m(f)* Berber

Berberitze <-, -n> *f* BOT berberis

Berberteppich *m* Berber [carpet]

berechenbar *adj* ❶ (*zu berechnen*) calculable, computable *form*; ***das ist nicht ~*** that is incalculable [*or form* incomputable], that cannot be calculated ❷ (*einzuschätzen*) predictable

Berechenbarkeit <-> *f kein pl* ❶ (*berechenbare Beschaffenheit*) calculability, computability *form* ❷ (*Einschätzbarkeit*) predictability

berechnen* *vt* ❶ (*ausrechnen*) ■**etw** ~ to calculate [*or form* compute] sth; **Gebühren** ~ to determine fees; ~, **ob/wie/wieviel** to calculate whether/how/how much ❷ (*in Rechnung stellen*) ■**[jdm] etw** ~ to charge [sb] sth; ***das hat er mir mit DM 135 berechnet*** he charged me DM 135 for it ❸ (*im Voraus abwägen*) ■**etw** ~ to calculate the effect of sth ❹ (*vorsehen*) ■**etw für jdn/etw** ~ to intend sth for sb/sth; ■**für jdn/etw berechnet werden** to be intended [*or* meant] for sb/sth; ***alle Rezepte sind für 4 Personen berechnet*** all recipes are [calculated] for four persons

berechnend *adj* (*pej*) scheming *pej*, calculating

Berechnung *f* ❶ (*Ausrechnung*) calculation, computation *form; von Gebühr* determination; **etw durch** ~ **ermitteln** to calculate [*or form* compute] sth; **jds** ~ **nach** [*o* **nach jds** ~] according to sb's calculations; **nach meiner** ~ by my reckoning, according to my calculations ❷ (*das Berechnen*) charge; **gegen** ~ for a fee; **ohne** ~ without [any] charge ❸ (*das Abwägen im voraus*) calculated effect[s *pl*] ❹ (*pej*) scheming *pej*, calculation; **aus** ~ in cold deliberation

Berechnungsgrundlage *f* basis for estimation

berechtigen* I. *vt* ■**jdn zu etw** ~ ❶ (*bevollmächtigen*) to entitle sb to [do] sth; ■**jdn dazu** ~, **etw zu tun** to entitle [*or* empower] sb to do sth; ***was berechtigt Sie dazu, mich immer zu kontrollieren?*** what right do you have to always check up on me?; ■**[dazu] berechtigt sein, etw zu tun** to be entitled [*or* have the right] to do sth; **sich zu etw berechtigt fühlen** to feel justified in doing sth ❷ (*Anlass geben*) to give sb grounds for sth II. *vi* ■**zu etw** ~ ❶ (*bevollmächtigen*) to entitle sb to [do] sth ❷ (*Anlass geben*) to give rise to sth

berechtigt *adj* justifiable; **ein ~er Anspruch** a legitimate [*or* rightful] claim; **ein ~er Einwand/eine ~e Forderung** a justifiable [*or* justified] objection/demand; **eine ~e Frage/Hoffnung** a legitimate question/hope; **ein ~er Vorwurf** a just accusation

berechtigterweise *adv* (*geh*) legitimately, with full justification

Berechtigung <-, *selten* -en> *f* ❶ (*Befugnis*) authority; ***Zutritt nur mit ~!*** authorized access only, for authorized persons only; **die/keine ~ haben, etw zu tun** to have the/no authorization [*or* to be/not be authorized] to do sth ❷ (*Rechtmäßigkeit*) justifiability

bereden* **I.** *vt* ❶ (*besprechen*) ■**etw [mit jdm] ~** to discuss [*or sep* talk over] sth [with sb] ❷ (*überreden*) ■**jdn zu etw ~** to talk sb into [doing] sth; ■**jdn [dazu] ~, etw zu tun** to talk sb into doing [*or* persuade sb to do] sth **II.** *vr* ■**sich [mit jdm] [über etw** *akk*] **~** to discuss [*or sep* talk over] sth [with sb]; ***wir ~ uns noch*** we are still discussing it

beredsam *adj* ❶ (*geh*) eloquent ❷ (*iron*) ***du bist ja ausgesprochen ~*** you haven't exactly got the gift of the gab *iron fam;* ***nanu, heute so ~?*** what, cat got your tongue? *hum fam*

Beredsamkeit <-> *f kein pl* (*geh*) eloquence

beredt *adj* (*geh*) ❶ (*eloquent*) expressive, eloquent; **~es Schweigen** eloquent [*or* pregnant] silence; ***dein Schweigen/deine Miene ist ~ genug!*** your silence is answer enough/your face says it all ❷ (*geh*) *s.* **beredsam 1**

Beredtheit <-> *f kein pl* (*selten: Beredsamkeit*) eloquence

Bereich <-[e]s, -e> *m* ❶ (*Gebiet*) area; **im ~ des Möglichen liegen** to be within the realms [*or* bounds] of possibility ❷ (*Sach~*) field; **in jds ~** *akk* **fallen** to be within sb's field

bereichern* **I.** *vr* ■**sich [an etw** *dat*] **~** to grow rich [on sth], to make a lot of money [out of sth] **II.** *vt* ❶ (*erweitern*) ■**etw ~** to enlarge sth ❷ (*vertiefen*) ■**etw ~** to enrich sth ❸ (*innerlich reicher machen*) ■**etw bereichert jdn** sb gains [*or* learns] a lot from sth

Bereicherung <-, -en> *f* ❶ (*Erweiterung*) enrichment; *von Sammlung* enlargement; (*Gewinn*) gain, boon; **ungerechtfertigte ~** JUR unjust[ified] enrichment ❷ (*innerer Gewinn*) ***das Gespräch mit Ihnen war mir eine ~*** I gained [*or* learned] a lot from our conversation

Bereifung <-, -en> *f* AUTO set of tyres [*or* AM tires], tyres *pl* (+*gen* on); **eine neue ~** a new set of tyres, new tyres

bereinigen* **I.** *vt* ■**etw ~** to resolve [*or sep* clear up] sth; **ihre Meinungsverschiedenheit ~** to settle their differences **II.** *vr* ■**sich ~** to resolve itself, to clear itself up

Bereinigung *f* ■**die ~ einer S.** *gen*/**von etw** resolving [*or sep* clearing up] sth; **die ~ ihrer Meinungsverschiedenheit** settling their differences

bereisen* *vt* ■**etw ~** ❶ (*reisend durchqueren*) to travel around sth; **die Welt ~** to travel the world ❷ ÖKON (*abfahren*) to travel [*or* cover] sth

bereit *adj meist pred* ❶ (*fertig*) ■**[für** [*o* **zu] etw] ~ sein** to be ready [for sth]; (*vorbereitet*) to be prepared for sth; **sich [für** [*o* **zu] etw] ~ halten** to be ready [*or* prepared] [for sth]; ***haltet euch für den Abmarsch ~!*** get ready to march; **sich ~ halten, etw zu tun** to be ready to do sth; **etw ~ haben** to have sth at the ready; **eine Antwort/Ausrede ~ haben** to have an answer/excuse ready [*or* a ready answer/excuse] ❷ (*willens*) ■**zu etw ~ sein** to be willing [*or* prepared] to do sth; **zum Nachgeben/zu Zugeständnissen ~ sein** to be prepared to yield/to make concessions; ■**~ sein, etw zu tun** to be willing [*or* prepared] to do sth; **sich ~ erklären, etw zu tun** to agree to do sth; **sich zu etw ~ finden** to be willing [*or* prepared] to do sth

bereiten* *vt* ❶ (*machen*) ■**jdm etw ~** to cause sb sth; **einen freundlichen Empfang/eine Freude/eine Überraschung ~** to give sb a warm welcome/pleasure/a surprise; **jdm Kopfschmerzen ~** to give sb a headache ❷ (*geh: zu~*) ■**[jdm] etw ~** to prepare sth [for sb]; **Medikamente/Essen/Kaffee ~** to make up medicines/to prepare food, coffee *sep* ❸ (*richten*) ■**etw [für jdn/etw] ~** to prepare sth [for sb/sth]; **das Bett ~** to make [up *sep*] the bed

bereit|halten *vt irreg* ❶ (*griffbereit haben*) ■**etw [für jdn/etw] ~** to have sth ready [for sb/sth]; **Medikamente/Schusswaffen ~** to keep medicines/firearms at the ready ❷ (*in petto haben*) ■**etw [für jdn] ~** to have sth in store [for sb] **bereit|legen** *vt* ■**etw [für jdn/etw] ~** to lay out sth *sep* ready [for sb/sth] **bereit|liegen** *vi irreg* ❶ (*abholbereit liegen*) ■**[für jdn/zu etw] ~** to be ready [for sb/sth] ❷ (*griffbereit liegen*) ■**[für jdn] ~** to be within reach [for sb] ❸ NAUT ■**[zu etw] ~** to be ready [for sth] **bereit|machen** *vt* ■**sich [für jdn/etw] ~** to get [*or* make oneself] ready [for sb/sth]

bereits *adv* (*geh*) already; **~ damals** even then; ***das habe ich Ihnen doch ~ erzählt*** I have told you that already, I have just told you that; ***ich ermahne Sie ~ zum zweiten Male*** I am warning you now for the second time

Bereitschaft <-, -en> *f* ❶ *kein pl* willingness; **seine ~ zu etw erklären, seine ~ erklären, etw zu tun** to express one's willingness to do sth ❷ *kein pl* (*Bereitschaftsdienst*) emergency service; **~ haben** *Apotheke* to provide emergency [*or* after-hours] services; *Arzt, Feuerwehr* to be on call; (*im Krankenhaus*) to be on duty; *Beamter* to be on duty; *Polizei, Soldaten* to be on standby; **in ~ sein** *Arzt* to be on call; (*im Krankenhaus*) to be on duty; *Feuerwehr, Truppen* to be on standby ❸ (*Einheit der Bereitschaftspolizei*) squad [of police]

Bereitschaftsarzt, -ärztin *m, f* doctor on duty **Bereitschaftsdienst** *m* emergency service; *von Apotheker a.* after-hours service **Bereitschaftspolizei** *f* riot [*or form* security alert] police

bereit|stehen *vi irreg* ■**[für jdn/etw] ~** to be ready [for sb/sth]; *Truppen, Panzer* to stand by [for sb/sth]; ***20 Divisionen stehen bereit*** 20 divisions are standing by **bereit|stellen** *vt* ❶ (*zur Verfügung stellen*) ■**etw [für jdn/etw] ~** to provide [sb/sth with] sth; ■**für jdn/etw bereitgestellt werden** to be provided for sb/sth ❷ (*vorbereitend hinstellen*) ■**etw ~** to make sth ready ❸ BAHN **einen zusätzlichen Zug ~** to run an extra train, to make an extra train available ❹ MIL ■**jdn/etw ~** to put sb/sth on standby; **alle bereitgestellten Panzer** all tanks on standby **Bereitstellung** *f* ❶ (*das Bereitstellen*) provision ❷ BAHN availability, running ❸ MIL **die ~ von Truppen/Panzern** putting soldiers/tanks on standby

bereitwillig **I.** *adj* ❶ (*gerne helfend*) willing; **ein ~er Verkäufer** an obliging salesman ❷ (*gerne gemacht*) **eine ~e Auskunft/ein ~es Angebot** information/an offer given willingly **II.** *adv* readily, willingly

Bereitwilligkeit <-> *f kein pl* willingness; *von Verkaufspersonal* obligingness

bereuen* *vt* ■**etw ~** to regret sth; **seine Missetaten/Sünden ~** to repent of one's misdeeds/sins; ■**~, etw getan zu haben** to regret having done sth; ***das wirst du noch ~!*** you'll be sorry [for that]!

Berg <-[e]s, -e> *m* ❶ GEOG mountain; (*kleiner*) hill; **den ~ hinauf/hinunter** uphill/downhill; **~ Heil!**

good climbing to you!; **über ~ und Tal** up hill and down dale *dated;* **am ~ liegen** to lie at the foot of the hill [*or* mountain]; *s. a.* **Glaube** ② *pl* ■ **die ~e** the hills; (*größer*) the mountains ③ (*große Menge*) ■ **ein ~/~e von etw** a pile/piles of sth; **~e von Papier** mountains of paper; **einen ~ von Briefen erhalten** to receive a flood of letters ▶ WENDUNGEN: **wenn der ~ nicht zum Propheten kommt, muss der Prophet zum ~e kommen** (*prov*) if the mountain won't come to Mahomet, [then] Mahomet must go to the mountain *prov;* **über alle ~e sein** (*fam*) to be long gone [*or fam* miles away]; **jdm goldene ~e versprechen** to promise sb the moon; **mit etw hinterm ~ halten** to keep quiet about sth [*or* sth to oneself], to not let the cat out of the bag; **am ~ sein** SCHWEIZ to not have a clue, to be clueless *fam;* **über den ~ sein** (*fig*) to be out of the woods; **noch nicht über den ~ sein** to be not out of the woods [*or* out of danger] yet; ***die Patientin ist noch nicht über den ~*** the patient's state is still critical

bergab *adv* downhill; ***mit ihm/seinem Geschäft geht es ~*** (*fig*) he/his business is going downhill **bergabwärts** *adv* (*geh*) *s.* **bergab Bergahorn** *m* sycamore [tree] **Bergakademie** *f* mining college, school of mining

Bergamotte <-, -n> *f* BOT bergamot [orange]

Bergamt *nt* mining authority **bergan** *adv s.* **bergauf Bergarbeiter(in)** *m(f) s.* **Bergmann bergauf** *adv* uphill; **es geht wieder ~** (*fig*) things are looking up [*or* getting better]; ***es geht mit mir wieder ~*** healthwise things are looking up, my health is improving; ***es geht mit dem Geschäft wieder ~*** business is looking up **bergaufwärts** *adv* (*geh*) *s.* **bergauf Bergausrüstung** *f* climbing [*or* mountaineering] equipment **Bergbahn** *f* mountain railway; (*Seilbahn*) funicular railway **Bergbau** *m kein pl* ■ **der ~** mining **Bergbehörde** *f* mining inspectorate **Bergbesteigung** *f* mountain climb [*or* ascent] **Bergbewohner(in)** *m(f)* mountain dweller, highlander **Bergdorf** *nt* mountain village

Bergelohn *m* NAUT salvage [money] *no art*

bergen <barg, geborgen> *vt* ① (*retten*) ■ **jdn/etw [aus etw] ~** to save sb/sth, to rescue sb/sth [from sth]; **Giftstoffe/Tote ~** to recover toxic material/the dead; **ein Schiff/ein Schiffsladung ~** to salvage a ship/a ship's cargo; **tot geborgen werden** to be recovered dead ② (*in Sicherheit bringen*) ■ **etw [aus etw] ~** to remove sth [from sth] ③ (*geh: enthalten*) ■ **etw [in sich** *dat*] **~** to hold sth ④ (*mit sich bringen*) ■ **[in sich** *dat*] **~** to involve sth ⑤ (*geh: schützen*) ■ **jdn [vor jdm/etw] ~** to shelter sb [from sb/sth] ⑥ (*geh: verbergen*) ■ **etw an/in etw** *dat* **~** to hide sth on/in sth; ***sie barg ihren Kopf an seiner Schulter*** she buried her face in his shoulder; *s. a.* **geborgen**

Bergfahrrad *nt* mountain bike **Bergfink** *m* ORN (*Fringilla montifringilla*) brambling **Bergfried** <-[e]s, -e> *m* keep; HIST *bes* donjon **Bergführer(in)** *m(f)* mountain guide **Berggipfel** *m* mountain top [*or* peak] **Berggorilla** *m* ZOOL (*Gorilla gorilla berengei*) mountain gorilla **Berggrat** *m* mountain ridge **Berghang** *m* mountain slope **berghoch** I. *adj* mountainous; **~e Müll-/Schutthaufen** mountains of rubble/rubbish [*or* AM garbage] II. *adv* ***der Müll türmte sich ~*** mountains of rubbish were piled up; ***die Wellen türmten sich ~*** the waves rose to mountainous heights **Berghütte** *f* mountain hut [*or* refuge]

bergig *adj* hilly; (*gebirgig*) mountainous

Bergingenieur(in) *m(f)* mining engineer **Bergkäse** *m* alpine cheese **Bergkette** *f* mountain range [*or* chain] **Bergkristall** *m* rock [*or* mountain] crystal *no art* **Bergkuppe** *f* mountain top **Bergland** *nt* hilly country [*or* region]; (*gebirgig*) mountainous country [*or* region] **Berglandschaft** *f* mountain landscape **Berglinse** *f* puy lentil **Bergluft** *f* mountain air **Bergmann** <-leute> *m* miner **Bergnot** *f* **in ~ sein** [*o* **geraten**] to have [*or* get into] [serious] climbing difficulties **Bergplateau** *nt* mountain plateau **Bergpredigt** *f kein pl* REL ■ **die ~** the Sermon on the Mount **Bergrücken** *m* mountain ridge [*or* crest] **Bergrutsch** *m* landslide, BRIT *a.* landslip **Bergsattel** *m* [mountain] saddle, col **Bergschuh** *m* climbing boot **Bergseil** *nt* climbing [*or* mountaineering] rope **Bergspitze** *f* mountain peak **Bergstation** *f* mountain rescue hut **berg|steigen** *vi irreg sein o haben* to mountaineer, to go mountain climbing [*or* mountaineering]; ■ **[das] B~** mountaineering, mountain climbing **Bergsteigen** *nt* mountaineering **Bergsteiger(in)** *m(f)* mountain climber, mountaineer **Bergstraße** *f* ① (*Straße im Gebirge*) mountain road ② ■ **die ~** *area between Darmstadt and Heidelberg noted for its wines and fruit* **Bergtour** *f* [mountain] climb

Berg-und-Tal-Bahn *f* roller coaster, big dipper BRIT **Berg-und-Tal-Fahrt** *f* roller coaster ride; ***das war die reinste ~*** it was like being on a roller coaster

Bergung <-, -en> *f* ① (*Rettung*) saving, rescuing; ***die ~ der Lawinenopfer gestaltete sich äußerst schwierig*** it was extremely difficult to rescue those caught by the avalanche; *einer Schiff[sladung]* salvaging ② (*das Bergen*) removing; *von Toten* recovering

Bergungsarbeiten *f* rescue work *no pl, no indef art; von Schiff[sladung]* salvage work *no pl, no indef art* **Bergungsmannschaft** *f* rescue team; *von Schiff[sladung]* salvage team **Bergungstrupp** *m* rescue party

Bergvolk *nt* mountain race **Bergwacht** *f* mountain [*or* alpine] rescue service **Bergwand** *f* mountain face **Bergwanderung** *f* mountain hike [*or* trek], BRIT *a.* hill-walk **Bergwerk** *nt* mine; **im ~ arbeiten** to work down the mine *hum* **Bergwiese** *f* mountain pasture

Beriberi <-> *f kein pl* MED beriberi

Bericht <-[e]s, -e> *m* report; (*Zeitungs~ a.*) article (*+gen* by); **amtlicher ~** official report, communiqué; **~ vom Tage** news report; **[jdm] [über etw** *akk*] **~ erstatten** (*geh*) to report [to sb] on sth [*or* to sb [on sth]], to give [sb] a report [on sth]

berichten* I. *vt* ■ **[jdm] etw ~** to tell sb [sth]; ***was gibt's denn zu ~?*** what have you to tell me?; ***es gibt einiges zu ~*** I/we have a number of things to tell you; **falsch/recht berichtet** SCHWEIZ wrong/right [*or* correct]; ***bin ich falsch/recht berichtet, wenn ich annehme...?*** am I wrong/right [*or form* correct] in assuming ...? II. *vi* ① ■ **[über etw** *akk*] **[für jdn] ~** to report on sth [for sb]; **ausführlicher ~** to give a more detailed report; ***es berichtet für Sie exklusiv ...*** reporting for you exclusively is ...; ***wie unser Korrespondent berichtet*** according to our correspondent; ***wie soeben berichtet wird, sind die Verhandlungen abgebrochen worden*** we are just receiving reports that negotiations have been broken off ② (*Bericht erstatten*) ■ **jdm über etw** *akk* **~** to tell sb about sth; ■ **[jdm] ~, dass ...** to tell [*or form* inform] sb that ...; ■ **[jdm] ~, wann/warum/wie ...** to tell sb when/why/how ...; ■ **[jdm] ~, wenn ...** to let sb know when ...; ***es wird berichtet, dass ...*** it's going the rounds that ...; ***von Zeugen wurde uns berichtet, wie/dass ...*** we have received accounts from witnesses on how ... ③ SCHWEIZ (*erzählen*) to talk, to chat *fam;* ***es gibt viel zu ~*** there is [*or* we have] a lot to talk [*or fam* chat] about

Berichterstatter(in) <-s, -> *m(f)* reporter; (*Korres-*

pondent) correspondent **Berichterstattung** *f* (*Reportage*) ■ **die** ~ reporting (**über** +*akk* on); (*Bericht*) report; **zur** ~ **zurückgerufen werden** to be called back to [give a] report

berichtigen* **I.** *vt* ① (*korrigieren*) ■ **jdn/etw** ~ to correct sb/sth; ■ **sich** ~ to correct oneself; **eine erste Fassung** ~ to correct [*or form* emend] an initial version; ~ ***Sie mich, wenn ich mich irre*** correct me if I'm wrong *a. iron* ② JUR ■ **etw** ~ to rectify sth **II.** *vi* to correct sb/sth; ***„Irrtum," berichtigte sie*** "Wrong," she corrected [him/her etc.]; ■ **~d** corrective

Berichtigung <-, -en> *f* ① (*Korrektur*) correction ② JUR rectification ③ (*schriftliche Korrekturarbeit*) corrections *pl*

Berichtsjahr *nt* ÖKON year under review [*or* report]

beriechen* *irreg* **I.** *vt* ■ **jdn/etw** ~ to sniff at [*or* smell] sb/sth; *Tier* to sniff at sb/sth **II.** *vr* (*fam*) ■ **sich** [**gegenseitig**] ~ to size each other up

berieseln* *vt* ① (*rieselnd bewässern*) ■ **etw** ~ to spray sth [with water]; **etw dünn** ~ to spray sth lightly [with water] ② (*fig fam*) ■ **von etw berieselt werden** to be exposed to a constant stream of sth; **sich von Musik** ~ **lassen** to have [a constant stream of] music playing in the background

Berieselung <-, -en> *f* ① (*das Berieseln*) spraying; ■ **die** ~ **einer S.** *gen*/**von etw** spraying sth ② (*fam*) ■ **die** ~ **durch** [*o* **mit**] **etw** the constant stream of sth; **die** ~ **der Kunden mit Musik/Werbung** exposing customers to a constant stream of music/ advertisements

Berieselungsanlage *f* sprinkler [system]; (*größer*) irrigation system

beringen* *vt* ■ **einen Vogel** ~ to ring a bird; ■ **beringt** ringed; **mit Brillanten ~e Finger** fingers ringed with diamonds

Beringmeer *nt* Bering Sea

beritten *adj* mounted, on horseback *pred;* **~e Polizei** mounted police + *sing/pl vb*

Berkelium <-s> *nt kein pl* berkelium *no art*

Berlin <-s> *nt* Berlin

Berliner[1] <-s, -> *m* DIAL ■ ~ [**Pfannkuchen**] doughnut BRIT, donut AM

Berliner[2] *adj attr* Berlin; *s. a.* **Pfannkuchen, Weiße**

Berliner(**in**) <-s, -> *m(f)* Berliner

berlinern* *vi* (*fam*) to speak [in] [the] Berlin dialect

Bermudadreieck *nt kein pl* ■ **das** ~ the Bermuda triangle

Bermudas[1] *pl* ■ **die** ~ Bermuda *no art,* + *sing vb,* the Bermudas + *pl vb;* **auf den** ~ in Bermuda [*or* the Bermudas]

Bermudas[2], **Bermudashorts** [-ʃɔrts, -ʃɔːɐts] *pl* Bermuda[short]s

Bern <-s> *nt* Bern[e]

Berner *adj attr* Berne[se]; *s. a.* **Oberland**

Berner(**in**) <-s, -> *m(f)* Bernese

Berner Oberland *nt* ■ **das** ~ the Bernese Oberland

Bernhardiner <-s, -> *m* Saint Bernard [dog]

Bernitschke *f* BOT cranberry

Bernstein *m kein pl* amber, succinite *spec*

bernsteinfarben *adj* amber[-coloured [*or* AM -ored]]

Bernsteinkette *f* amber necklace

Berserker <-s, -> *m* HIST berserker; (*Irrer*) madman; **arbeiten wie ein** ~ to work like crazy [*or* fury] [*or* mad]; **toben wie ein** ~ to go berserk; **zum** ~ **werden** to go [*or* be sent] berserk

bersten <barst, geborsten> *vi sein* (*geh*) ① (*auseinander platzen*) to explode; *Ballon* to burst; *Glas, Eis* to break, to crack; *Erde* to burst open, to break asunder *liter;* **zum B~ voll** (*fam*) full to bursting[-point] *fam* ② (*fig*) ■ **vor etw** *dat* ~ to burst with [*or* nearly die of] sth; **vor Wut** ~ to be livid [*or* to tremble] with rage; **vor Lachen** ~ to split one's sides laughing

Berstschutz *m* (*im Kernkraftwerk*) safety containment

berüchtigt *adj* ① (*in schlechtem Ruf stehend*) notorious, infamous; ■ **wegen etw** ~ **sein** to be notorious for sth ② (*gefürchtet*) feared, dreaded; ■ **wegen etw** ~ **sein** to be feared [*or* dreaded] because of sth

berückend *adj* captivating, enchanting; **eine ~e Schönheit** a ravishing beauty

berücksichtigen* *vt* ① (*beachten, einkalkulieren*) ■ **etw** ~ to take sth into consideration [*or* account], to bear sth in mind; ■ ~**, dass ...** to remember [*or* bear in mind] that ..., to take into consideration [*or* account] [the fact] that ... ② (*rücksichtsvoll anerkennen*) ■ **etw** ~ to allow [*or* make allowances] for sth; ***wir müssen ~, dass er lange krank war*** we have to allow for his long illness ③ (*positiv bedenken*) ■ **jdn/etw** ~ to consider sb/sth; **jdn/etw testamentarisch** ~ to remember sb/sth in one's will

Berücksichtigung <-> *f kein pl* consideration; **unter** ~ **einer S.** *gen* in consideration of [*or* with regard to] sth; ~ **finden** to be considered

Beruf <-[e]s, -e> *m* occupation *form,* job; **ein akademischer** ~ an academic profession; **ein freier** ~ a profession; **ein handwerklicher** ~ a trade; **ein gewerblicher** ~ a commercial trade, business; ***sie ist Ärztin von*** ~ she's a doctor; ***er ist Maurer von*** ~ he's a bricklayer by trade; **einen** ~ **ausüben** to work; ***was sind Sie von ~?*** what do you do [for a living]?, what is your occupation? *form;* ***welchen ~ üben Sie aus?*** what's your profession [*or* occupation]?; **einen** ~ **ergreifen** to take up an occupation [*or* trade] [*or* profession]; ***welchen ~ willst du später mal ergreifen?*** what would you like to be when you grow up?; **im** ~ **stehen** to work; **seinen** ~ **verfehlt haben** to have missed one's vocation; **von ~s wegen** because of one's job

berufen[1] *adj* ① (*kompetent*) qualified, competent; *s. a.* **Mund, Seite** ② (*ausersehen*) ■ **zu etw** ~ **sein** to have a vocation [*or* calling] for sth [*or* to do sth]; ***er ist zu Großem*** ~ he's meant for greater things; **sich** ~ **fühlen, etw zu tun** to feel called to do sth, to feel one has a vocation [*or* calling] [*or* mission] to do/be sth; **viele sind** ~ REL many are called

berufen*[2] *irreg* **I.** *vt* ① (*ernennen*) ■ **jdn zu etw** ~ to appoint sb to sth; **jdn auf einen Lehrstuhl** ~ to offer sb a chair ② (*fam: heraufbeschwören*) **etw nicht** ~ **wollen** to hate to have to say sth, to not want to tempt fate; ***ich will es nicht ~, aber er schafft die Prüfung sicher*** much as I hate to say it, he's not going to pass the exam; ***ich will das Unglück nicht*** ~ I don't want to invite trouble ③ (*veraltet: zusammenrufen, zu sich rufen*) ■ **etw** ~ to convene [*or* summon] sth; ***das Parlament wurde*** ~ Parliament was convoked [*or* summoned]; ■ **jdn zu sich** ~ to call [*or* summon] sb to one; ***der Herr hat sie zu sich*** ~ she has been called to her Maker **II.** *vr* ■ **sich auf jdn/etw** ~ to refer to sb/sth; ***der Korrespondent berief sich auf die Prawda*** the journalist quoted "Pravda" [in support]; ***sie berief sich auf ihre Unkenntnis*** she pleaded her ignorance **III.** *vi* JUR ÖSTERR (*Berufung einlegen*) to [lodge an] appeal

beruflich **I.** *adj* professional, vocational; **~e Aussichten** career [*or* job] prospects; **~er Erfolg** success in one's career [*or* job]; **~er Werdegang** career; **~e Laufbahn** career; **~e Pflichten** professional duties [*or* tasks]; **~e Fortbildung** further training; **aus ~en Gründen verreist** [*o* **abwesend**] away on business **II.** *adv* as far as work is concerned; **es geht** ~ **bergauf/bergab** things are going well/badly in one's job; **sich** ~ **weiterbilden** [*o* **fortbilden**] to undertake further training; **sich** ~ **verbessern/verschlechtern**

to improve/worsen one's professional situation; ~ **vorankommen** to progress in one's career; ~ **unterwegs sein** to be away on business; ~ **verhindert sein** to be detained by work; ***was macht sie ~?*** what does she do for a living?

Berufsarmee *f* regular army **Berufsausbildung** *f* [professional] training; ~ **zum Handwerker** apprenticeship **Berufsaussichten** *pl* career prospects *pl* **Berufsbeamte(r)** *f(m) dekl wie adj* civil servant **Berufsbeamtentum** *nt* civil service

berufsbedingt *adj* occupational; ***bei einem Bäcker ist das frühe Aufstehen ~*** for a baker getting up early is part of the job; **~e Krankheit** occupational disease

Berufsberater(in) *m(f)* careers advisor [*or* adviser] **Berufsberatung** *f* (*Beratungsstelle*) careers [*or* AM career] advisory service; (*das Beraten*) careers [*or* AM career] advice [*or* guidance] **Berufsbezeichnung** *f* [official] job title

> **! Tipp** In den USA werden Personen, die öffentliche Ämter bekleiden, häufig zusammen mit ihrer Berufsbezeichnung genannt, z. B. **Senator Kennedy, Reverend Smith** oder **Judge O'Brian.**

berufsbezogen **I.** *adj* vocational **II.** *adv* ~ **unterrichten** to teach vocationally [*or* practically] orientated [*or* AM oriented]

Berufsbild *nt* job outline (*analysis of an occupation as a career*) **Berufserfahrung** *f* work [*or* professional] [*or* occupational] experience **Berufsethos** *nt* professional ethics *npl* **Berufsfachschule** *f* training college **Berufsfeuerwehr** *f* [professional] fire brigade [*or* AM department]

berufsfremd *adj* with no experience of [*or* AM in] a field [*or* a particular occupation]; ***~e Bewerber haben kaum eine Chance*** applicants who have no experience in this field have almost no chance; **eine ~e Tätigkeit** a job outside one's profession [*or* trade]

Berufsgeheimnis *nt* (*Schweigepflicht*) professional confidentiality [*or* secrecy]; (*Geheimniskrämerei*) professional secret **Berufsgenossenschaft** *f* professional [*or* trade] association **Berufsgruppe** *f* occupational group **Berufsheer** *nt* professional [*or* regular] army **Berufsjugendliche(r)** *f(m) dekl wie Adj* (*iron fam*) wannabe teenager *pej fam* **Berufskleidung** *f* work[ing] clothes *npl* **Berufskrankheit** *f* occupational [*or* industrial] disease [*or* illness] **Berufsleben** *nt* working life; **im ~ stehen** to be working [*or form* in employment]

berufsmäßig **I.** *adj* professional **II.** *adv* professionally; **etw ~ machen/betreiben** to do sth on a professional basis; ***er ist ~ sehr engagiert*** he's very taken up with his work

Berufsoffizier(in) *m(f)* professional officer **Berufsrisiko** *nt* occupational hazard **Berufsschule** *f* vocational school, technical college, college of further education **Berufsschüler(in)** *m(f)* student at vocational school [*or* a technical college] **Berufsschullehrer(in)** *m(f)* SCH vocational school teacher **Berufssoldat(in)** *m(f)* professional [*or* regular] soldier **Berufsspieler(in)** *m(f)* ❶ SPORT professional player ❷ (*Glücksspieler*) professional gambler **Berufssportler(in)** *m(f)* professional [sportsman/sportswoman], pro *fam* **Berufsstand** *m* professional group; (*akademisch*) profession; (*handwerklich*) trade

berufstätig *adj* employed, working; ■ ~ **sein** to have a job, to [be in] work; ***sie ist nicht mehr ~*** she's left [*or* out of] work; **~e Frau/Mutter/~er Mann** working woman/mother/man

Berufstätige(r) *f(m) dekl wie adj* working person; ■ **die ~n** those in employment, the working people

Berufstätigkeit *f* occupation, [gainful] employment; ***bei ~ beider Ehepartner*** when both husband and wife are working [*or* in employment]; ***nach 20 Jahren ~ warf er alles hin*** after 20 years of working life, he gave it all up

berufsunfähig *adj* disabled; **zu 10 % ~ sein** to have an 10% occupational disability; **jdn ~ schreiben** to certify that sb is unable to practice his/her profession

Berufsunfähigkeit *f* occupational incapacity [*or* disability], inability to practice one's profession

Berufsverband *m* professional [*or* trade] organization [*or* association] **Berufsverbot** *nt official debarment from one's occupation;* **jdm ~ erteilen** [*o* **auferlegen**] to ban sb from his/her occupation; ~ **haben** to be banned from one's occupation **Berufsverbrecher(in)** *m(f)* professional criminal **Berufsverkehr** *m* rush-hour traffic **Berufsvorbereitungsjahr** *nt pre-training course of one year* **Berufswahl** *f kein pl* choice of career [*or* occupation] **Berufswechsel** *m* change of occupation **Berufszweig** *m* profession, professional branch [*or* field]

Berufung <-, -en> *f* ❶ JUR appeal; ***ich rate Ihnen zur ~*** I advise you to appeal [*or* lodge [*or* file] an appeal]; ~ **in erster/zweiter Instanz** to appeal to a court of first/second instance; **in die ~ gehen** [*o* ~ **einlegen**] to lodge [*or* file] an appeal, to appeal; **die ~ zulassen/für unzulässig erklären** to give/refuse leave to appeal; **einer ~ stattgeben** to allow an appeal ❷ (*Angebot für ein Amt*) appointment, nomination; ■ **die/eine ~ auf/in etw** *akk* the/an appointment as/to sth; **eine ~ auf einen Lehrstuhl erhalten** SCH to be offered a chair; **eine ~ in ein Amt erhalten** to be appointed to office *no art* ❸ (*innerer Auftrag*) vocation; ■ **jds** *gen* ~ **zu etw** sb's calling [*or* vocation] for sth; ***sie ist Lehrerin aus ~*** she was called to be a teacher ❹ (*das Sichbeziehen*) ■ **die ~ auf jdn/etw** reference to sb/sth; **unter ~ auf jdn/etw** with reference to [*or* on the authority of] sb/sth

Berufungsfrist *f prescribed period within which an appeal must be made* **Berufungsgericht** *nt* court of appeal **Berufungsinstanz** *f* court of appeal **Berufungsklage** *f* appeal **Berufungskommission** *f* review committee

beruhen* *vi* ■ **auf etw** *dat* ~ to be based [*or* founded] on sth; ***die Film beruht auf einer wahren Begebenheit*** the movie is based on a true story; ***die ganze Angelegenheit beruht auf einem Irrtum*** the whole affair is due to a mistake; **etw auf sich** *dat* ~ **lassen** to drop sth; ***ich will diese Angelegenheit auf sich ~ lassen*** I want to let the matter rest; ***du kannst das nicht auf sich ~ lassen*** you cannot let this pass [*or* go] unnoticed; *s. a.* **Gegenseitigkeit**

beruhigen* **I.** *vt* ❶ (*beschwichtigen*) ■ **jdn** ~ to reassure [*or* comfort] sb; ***ihr herzlicher Empfang beruhigte ihn wieder*** their warm welcome set [*or* put] him at ease again; **jds Gewissen/Gedanken** ~ to ease sb's conscience/mind ❷ (*ruhig machen*) ■ **jdn/etw** ~ to calm sb/sth [down], to pacify sb; **jdm die Nerven** ~ to soothe sb's nerves; **jds Schmerzen** ~ to ease [*or* relieve] [*or* alleviate] sb's pain; **den Verkehr** ~ to introduce traffic calming measures; ***dieses Getränk wird deinen Magen ~*** this drink will settle your stomach **II.** *vr* ❶ (*ruhig werden*) ■ **sich** ~ to calm down, to relax, to chill out *sl; politische Lage* to stabilize; **Meer** to grow calm; ~ ***Sie sich!*** calm down!, take it easy! ❷ (*abflauen*) ■ **sich** ~ *Unwetter, Nachfrage* to die down, to abate, to subside *form; Krise* to ease off **beruhigend** **I.** *adj* ❶ (*ruhig machend*) reassuring; *Musik, Bad, Massage* soothing ❷ MED (*ruhig stellend*) sedative **II.** *adv* reassuringly, soothingly;

eine ~ wirkende Spritze an injection with a sedative effect

beruhigt I. *adj* relieved, reassured; ***dann bin ich ~!*** that's put my mind at rest!, that's a relief! II. *adv* with an easy mind, without worrying

Beruhigung <-, -en> *f* ① *(das Beschwichtigen)* reassurance; ***ich hoffe, diese positive Auskunft dient Ihrer ~*** I hope you are reassured by this positive news ② *(das Beruhigen)* soothing, calming; ***geben Sie der Patientin etwas zur ~*** give the patient something to calm her; **ein Mittel zur ~** a sedative; **zwangsweise ~** MED enforced sedation; **zu jds** *dat* **~** to reassure sb, to set sb's mind at rest; ***ich kann Ihnen zu Ihrer ~ versichern, dass Ihr Kind unverletzt ist*** I can reassure you that your child is unharmed; ***sehr zu meiner ~*** much to my relief ③ *(das Beruhigtsein)* calming [down]; ***bald nach Einnahme des Mittels trat ein Effekt der ~ ein*** soon after taking the medicine it began to have a soothing effect [on him/her]

Beruhigungsmittel *nt* sedative **Beruhigungspille** *f* sedative [pill], tranquillizer BRIT, tranquilizer AM **Beruhigungsspritze** *f* sedative [injection], tranquillizer BRIT, tranquilizer AM

berühmt *adj* famous, celebrated, noted; ▪ **für** [*o* **wegen**] **etw ~ sein** to be famous [*or* noted] [*or form* renowned] for sth ▶ WENDUNGEN: **nicht gerade** [**sehr**] **~ sein** *(fam)* to be nothing to write home [*or* shout] about

berühmt-berüchtigt *adj inv* notorious, infamous

Berühmtheit <-, -en> *f* ① *(Ruf)* fame, eminence, renown *form;* ***die ~ von Shakespeare ist unbestritten*** Shakespeare's fame [*or* renown] is undeniable; **~ erlangen** to rise to [*or* achieve] fame, to become famous, to achieve eminence *form;* **zu trauriger ~ gelangen** *(iron)* to achieve notoriety *iron* ② *(berühmter Mensch)* celebrity, well-known personality; ***sie ist eine ~*** she's a star

berühren* I. *vt* ① *(Kontakt haben)* ▪ **jdn/etw ~** to touch sb/sth; MATH to be at a tangent to; ***bitte nicht ~!*** Please, do not touch!; ***wo die Felder die Berge ~*** where the fields border on [*or* meet] the mountains ② *(seelisch bewegen)* ▪ **jdn** [**in irgendeiner Weise**] **~** to touch [*or* move] [*or* affect] sb [in a certain way]; ***dieses Lob hat sie angenehm berührt*** the praise came as a pleasant surprise to her; ***das berührt mich überhaupt nicht!*** I couldn't care less! ③ *(kurz erwähnen)* ▪ **etw ~** to touch on [*or* allude to] sth; **ein Thema nicht ~** to avoid [any] reference to a subject ④ *(auf Reise streifen)* ▪ **etw ~** to call at [*or* AM stop [off]] somewhere II. *vr* ① *(Kontakt haben)* ▪ **sich ~** to touch, to come into contact [with each other] [*or* [with one another]] ② *(übereinstimmen)* ▪ **sich** [**in etw** *dat*] **~** to meet, to converge; ***in einigen Punkten ~ wir uns*** we agree on a couple of points

berührt *adj* touched, moved, affected; ▪ **von etw** [**irgendwie**] **~ sein** to be [somehow] touched [*or* moved] [*or* affected] by sth; ***ich bin angenehm ~!*** it has come as a pleasant surprise!; **peinlich ~ sein** to be deeply embarrassed; **schmerzlich/seltsam/unangenehm ~ sein** to be painfully/strangely/unpleasantly affected

Berührung <-, -en> *f* ① *(Kontakt)* contact, touch; **jdn mit etw in ~ bringen** to bring sb into contact with sth; ***diese Weltreise brachte uns mit fremden Kulturen in ~*** on this world trip we encountered foreign cultures; **mit jdm/etw in ~ kommen** *(physisch)* to brush up against [*or* touch] sb/sth; *(in Kontakt kommen)* to come into contact with sb/sth; **B~ verboten!** do not touch!; **bei ~** [**einer S.** *gen*] touching [sth]; ***bei ~ dieses Drahtes wird der Alarm ausgelöst*** touching the wire sets off the alarm; **bei der leisesten** [*o* **geringsten**] **~** at the slightest touch; ***„bei ~ Lebensgefahr!"*** "danger! do not touch!" ② *(Erwähnung)* reference, allusion; ***sie vermied jede ~ dieses Themas*** she avoided any reference [*or* allusion] to this subject

Berührungsangst *f meist pl* fear of contact **Berührungsbildschirm** *m* touchscreen **Berührungspunkt** *m* ① *(Punkt der Übereinstimmung)* point of contact, area [*or* point] of agreement ② MATH tangential point

Beryllium <-s> *nt kein pl* CHEM beryllium

besabbern* I. *vt* *(fam)* ▪ **jdn/etw ~** to slobber on sb/sth *fam* II. *vr* *(fam)* ▪ **sich** [**mit etw**] **~** to dribble [sth]; ***er hat sich überall mit Haferbrei besabbert*** he's dribbled porridge all over the place [*or* himself]

besagen* *vt* ▪ **etw ~** to mean [*or* say] [*or* imply] sth; ***das will noch nicht viel ~*** that doesn't mean anything; **nicht ~, dass** to not mean [to say] that; ***das besagt nicht, dass sie auch tatsächlich kommt*** that doesn't mean [to say] she'll actually come; **es besagt, dass** it says [*or* means] that

besagt *adj attr* *(geh)* aforesaid, aforementioned *form;* **~er Herr Dietrich** the said [*or* aforesaid] Mr Dietrich

besaiten* *vt* **ein Instrument ~** to string an instrument; **etw neu ~** to restring sth; *s. a.* **zart**

besamen* *vt* ▪ **jdn/ein Tier** [**künstlich**] **~** to [artificially] inseminate sb/an animal; **eine Pflanze ~** to pollinate a plant

besammeln* *vr* SCHWEIZ *s.* **versammeln**

Besammlung *f* SCHWEIZ *s.* **Versammlung**

Besamung <-, -en> *f* insemination, fertilization; **künstliche ~** artificial insemination, AI

besänftigen* I. *vt* ▪ **jdn/etw ~** to calm sb/sth [down], to soothe [*or* placate] sb/sth; **jds Zorn ~** to calm sb down, to soothe sb's anger; **jdm das Gemüt ~** to soothe sb's feelings; ***sie war nicht zu ~*** she was inconsolable II. *vr* ▪ **sich ~** to calm [*or* BRIT quieten] down [*or* AM quiet], to cool down [*or* off]; *Sturm, Unwetter* to die down, to subside *form*

Besänftigung <-, -en> *f* calming, soothing

besät *adj* ① *(bestreut)* ▪ **mit etw ~** strewn [*or* dotted] with sth; *(bedeckt)* covered with sth; **mit Papier/Müll ~** littered with paper/rubbish [*or* AM garbage]; **mit Sternen ~** star-studded [*or* -spangled] ② *(iron: überladen)* cluttered, chock-a-block *fam*

Besatz <-es, Besätze> *m* ① *(Borte)* border, trimming ② JAGD *(Bestand)* stock

Besatzer <-s, -> *m* ① *(pej: Besatzungssoldat)* member of the occupying force ② *(Besatzungsmacht)* occupying forces *pl*

Besatzung <-, -en> *f* ① *(Mannschaft)* crew ② *(MIL)* occupation; *(Besatzungsarmee)* occupying army [*or* forces *pl*] ③ MIL *(Verteidigungstruppe)* troops, garrison

Besatzungsarmee *f* occupying army **Besatzungsmacht** *f* occupying power **Besatzungstruppen** *pl* occupying troops *pl* **Besatzungszone** *f* occupation zone, zone of occupation

besaufen* *vr irreg* *(sl)* ▪ **sich** [**mit etw**] **~** to get sloshed [*or* plastered] [*or* BRIT *a.* legless] [*or* BRIT *a.* pissed] *sl* [on sth]

Besäufnis <-ses, -se> *nt* *(sl)* booze-up *fam,* piss-up BRIT *sl*

besäuselt *adj* *(fam)* tipsy *fam,* tiddly *fam,* woozy *fam,* merry

beschädigen* *vt* ▪ **etw ~** to damage sth; ▪ [**leicht/schwer**] **beschädigt** [slightly/badly] damaged

Beschädigung *f* damage *no pl;* ▪ **die ~ von etw** the damage [done] to sth; [**einige/schwere**] **~en aufweisen** to be [slightly/badly] damaged

Beschädigungskampf *m* BIOL injurious [*or* damaging] fight

beschaffen*[1] **I.** *vt* ■ [jdm] **jdn/etw ~** to get [*or fam* get hold of] sb/sth [for sb], to obtain [*or* procure] sb/sth [for sb] *form;* ***eine Waffe ist nicht so ohne weiteres zu ~*** a weapon is not so easy to come by **II.** *vr* ■ **sich** *dat* **etw ~** to get [*or fam* get hold of] sth, to obtain sth *form;* ***du musst dir Arbeit/Geld ~*** you've got to find [*or* get] yourself a job/some money

beschaffen[2] *adj* (*geh*) ■ **irgendwie ~ sein** to be made in some way, to be in a certain condition [*or* state]; **hart/weich ~ [sein]** [to be] hard/soft; ***die Straße ist schlecht/gut ~*** the road is in bad/good repair; ***mit dieser Angelegenheit ist es derzeit nicht gut ~*** the situation doesn't look very good just now; ***wie ist es mit deiner Kondition ~?*** what about your physical fitness?

Beschaffenheit <-> *f kein pl* composition; *Zustand* state, nature; *Material* structure, quality; *Körper* constitution; *Psyche* make-up; ***die ~ des Stoffes war sehr seidig*** the material was very silky; ■ **je nach ~ von etw** according to the nature [*or* quality] [*or* character] of sth

Beschaffung <-> *f kein pl* obtaining (**von** +*dat* of), procurement *form*

Beschaffungskriminalität *f* drugs-related crime **Beschaffungsprostitution** *f* drugs-related prostitution

beschäftigen* **I.** *vr* ① (*sich Arbeit verschaffen*) ■ **sich [mit etw] ~** to occupy [*or* busy] oneself [with sth]; ***hast du genug, womit du dich ~ kannst?*** have you got enough to do [*or* to keep you busy]? ② (*sich befassen*) ■ **sich mit jdm ~** to pay attention to sb; ***du musst dich mehr mit den Kindern ~*** you should spend more time with the children; ■ **sich mit etw ~** to take a close look at [*or* deal with] sth; ***mit dieser Sache habe ich mich ja noch gar nicht beschäftigt*** it's never occurred to me before; ***die Polizei wird sich mit dem Fall ~ müssen*** the police will have to deal with [*or* examine] the case; ***er hat sich schon immer mit Briefmarken beschäftigt*** he's always been into stamps **II.** *vt* ① (*innerlich in Anspruch nehmen*) ■ **jdn ~** to be on sb's mind; **mit einer Frage/einem Problem beschäftigt sein** to be preoccupied with a question/problem ② (*anstellen*) ■ **jdn [bei sich] ~** to employ sb ③ (*eine Tätigkeit geben*) ■ **jdn [mit etw] ~** to keep sb busy [*or* occupy sb] [with sth]

beschäftigt *adj* ① (*befasst*) busy, preoccupied; ■ **[mit jdm/etw] ~ sein** to be busy [with sb/sth]; ***mit was bist du da gerade ~?*** what are you up to there? ② (*angestellt*) employed; ■ **[als etw] ~ sein** to be employed [as sth]; ***wo bist du ~?*** where do you work? **Beschäftigte(r)** *f(m) dekl wie adj* employee; **abhängig ~** employed persons *pl,* wage and salary earners *pl*

Beschäftigung <-, -en> *f* ① (*Anstellung*) employment *no pl,* job; **eine feste ~** regular employment [*or* work]; **eine ~ als...** work [*or* a job] as a...; **eine/keine ~ haben** to be employed/unemployed, to have/not have a job; **einer/keiner ~ nachgehen** (*geh*) to have employment/no employment *form;* **ohne ~ sein** to be unemployed [*or* without work] ② (*Tätigkeit*) activity, occupation; ***ich finde schon eine ~ für euch*** I'll find something for you to do ③ (*Auseinandersetzung*) consideration (**mit** +*dat* of); **nach eingehender ~ mit etw** having given sth serious thought [*or* consideration]; **die ~ mit etw** thinking about sth; **die ~ mit der Literatur/der Natur** the study of literature/nature; ■ **die ~ mit jdm** dealing with sb ④ (*das Beschäftigen anderer*) occupation; ***die ~ der Kinder ist nicht immer leicht*** keeping the children occupied is not always easy

Beschäftigungsförderungsgesetz *nt* promotion of employment act **Beschäftigungslage** *f* [situation on the] job market

beschäftigungslos *adj* (*arbeitslos*) unemployed

Beschäftigungspolitik *f* employment policy **Beschäftigungsprogramm** *nt* ≈ re-employment programme [*or* Am -am] **Beschäftigungstherapie** *f* occupational therapy

beschämen* *vt* ■ **jdn ~** to shame sb, to put sb to shame; ***es beschämt mich, zuzugeben ...*** I'm ashamed to admit ...

beschämend *adj* ① (*schändlich*) shameful, disgraceful ② (*demütigend*) humiliating; **ein ~es Gefühl** a feeling of shame

beschämt *adj* ashamed, abashed; (*verlegen*) shamefaced, red-faced; ■ **über etw ~ sein** to be ashamed of sth; ■ **von [*o* durch] etw ~ sein** to be embarrassed by sth

Beschämung <-, *selten* -en> *f* shame; **zu meiner ~** to my shame [*or* disgrace] [*or* chagrin] *form*

beschatten* *vt* ① (*überwachen*) ■ **jdn ~ [lassen]** to [have sb] shadow[ed] sb, to follow [*or* trail] [*or fam* tail] sb ② (*geh: mit Schatten bedecken*) ■ **etw ~** to shade sth

Beschatter(in) <-s, -> *m(f)* (*fam*) shadow, tail

Beschattung <-, *selten* -en> *f* ① (*Überwachung*) shadowing; ***sie ordnete die ~ des Verdächtigen an*** she ordered that the suspect be shadowed ② (*das Schattenwerfen*) shade

beschauen* *vt* ① *Fleisch* ■ **etw ~** to inspect sth ② DIAL (*betrachten*) ■ **etw ~** to look at sth

beschaulich **I.** *adj* peaceful, tranquil; ***ein ~es Leben führen*** to lead a contemplative [*or* meditative] life **II.** *adv* peacefully, quietly; **sein Leben ~er gestalten** to lead a more meditative [*or* contemplative] life; **~ arbeiten** to work leisurely

Beschaulichkeit <-> *f kein pl* peace, tranquillity; **ein Leben in ~** a tranquil life

Bescheid <-[e]s, -e> *m* news *no indef art, + sing vb,* information *no pl, no indef art;* ADMIN answer, reply; **~ erhalten** to be informed [*or* notified]; **abschlägiger ~** negative reply, rejection; **jdm [über etw** *akk* [*o* **von etw** *dat*]] **~ geben** to inform [*or* notify] sb [about sth]; **jdm [über etw** *akk*] **~ sagen** to tell sb [*or* to let sb know] [about sth]; **jdm ordentlich ~ sagen, jdm gründlich ~ stoßen** (*fam*) to give sb a piece of one's mind [*or fam* a ticking-off]; **jdm brieflich/telefonisch/per Fax ~ geben** to inform sb [*or* let sb know] by post [*or* Am mail]/[tele]phone/fax; ***ich habe bis heute noch keinen ~*** I still haven't heard anything; **irgendwo ~ wissen** to know one's way around somewhere; **gut/besser ~ wissen** to be well-informed/better-informed; **[über etw** *akk* [*o* **in etw** *dat*]] **~ wissen** to know [about sth]; *Geheimnis* to be in the know [*or* the picture]; ***ich weiß ~!*** I know all about it! [*or* what's going on]; ***frag' Kerstin — sie weiß ~*** ask Kerstin — she knows; **näher ~ wissen** to know more about sth

bescheiden[1] **I.** *adj* ① (*genügsam*) modest, self-effacing, unassuming; **ein ~es Leben führen** to lead a humble life, to live a modest existence ② (*einfach*) modest, unpretentious, plain; **aus ~en Verhältnissen kommen** to have a humble background [*or* humble origins]; **in ~en Verhältnissen leben** to live a simple life [*or* modestly]; **nur eine ~e Frage** just one small question ③ (*fam: gering*) modest, meagre [*or* Am -er]; **zu ~en Preisen** at moderate prices ④ (*euph fam: beschissen*) lousy *fam,* Brit *a.* bloody-awful *sl;* ***seine Leistung war eher ~*** his performance was rather lousy **II.** *adv* ① (*selbstgenügsam*) modestly, self-effacingly ② (*einfach*) modestly, unpretentiously, plainly ③ (*euph fam: beschissen*) ■ **sich ~ fühlen** to feel bloody awful [*or* Am like crap] *sl;* ■ **jdm geht es ~**

sth isn't going very well for sb; ***mir geht's beruflich wirklich*** ~ jobwise things aren't great

bescheiden*[2] *irreg* **I.** *vt* ① (*geh: entscheiden*) ■ **etw** ~ to come to a decision about sth; **einen Antrag** ~ to decide upon an application; **einen Antrag positiv/negativ** ~ to accept/reject a proposal; **ein Gesuch positiv/negativ** ~ to grant [*or* approve]/reject [*or* turn down] a request ② (*geh: zuteil werden lassen*) ■ **jdm ist etw beschieden** sth falls to sb's lot [*or liter* is granted to sb]; ***es war ihr nicht beschieden, den Erfolg zu genießen*** it was not her lot to enjoy success; ***möge dir zeitlebens Glück und Zufriedenheit beschieden sein!*** may you enjoy happiness and contentment all your life! ③ (*geh: bestellen*) ■ **jdn zu jdm/etw** ~ to summon [*or* call] sb to sb/sth **II.** *vr* (*geh*) ■ **sich mit etw** ~ to be content with sth

Bescheidenheit <-> *f kein pl* ① (*Genügsamkeit*) modesty, humility; **in aller** ~ in all modesty; **bei aller** ~ with all due modesty; **[nur] keine falsche** ~**!** no false modesty [now]!; **aus [reiner]** ~ out of [pure] modesty ② (*Einfachheit*) modesty, plainness, unprentiousness ③ (*Geringfügigkeit*) modesty, paucity *form* ▶ WENDUNGEN: ~ **ist eine Zier, doch weiter kommt man ohne ihr** (*hum liter*) modesty is a virtue but it won't get you far

bescheinen* *vt irreg* ■ **jdn/etw** ~ to illuminate [*or* light up] [*or* shine on] sb/sth; **von der Sonne beschienen** sunlit; **vom Glück beschienen sein** to be a lucky fellow

bescheinigen* *vt* ■ **jdm etw** ~ to certify sth for sb *form;* (*quittieren*) to provide sb with [*or* give sb] a receipt; **es wird hiermit bescheinigt, dass ...** this is to certify that; ■ **[jdm]** ~**, dass ...** to confirm to sb in writing [*or* provide sb with written certification] that ...; ■ **sich** *dat* **etw [von jdm]** ~ **lassen** to get a certificate [*or* written confirmation] for sth [from sb], to have sth certified [by sb] *form*

Bescheinigung <-, -en> *f* certification, written confirmation; **die** ~ **der Gesundheit [durch einen Arzt]** a [doctor's] certificate [*or* bill] of health; **die** ~ **der [gestrigen/heutigen] Anwesenheit** the confirmation of attendance [yesterday/today]; **die** ~ **des Gelderhalts/Warenerhalts** a receipt

bescheißen* *irreg* **I.** *vt* (*sl*) ■ **jdn [um etw]** ~ to do [*or* diddle] sb [out of sth] *sl;* ■ **jdn** ~ to rip sb off *sl,* to screw sb *fig vulg;* ***man hat mich beschissen!*** I've been ripped off! **II.** *vi* (*sl*) ■ **[bei etw]** ~ to cheat [at sth]; ***nimm dich vor ihm in acht, er bescheißt gerne!*** watch out! he likes cheating! **III.** *vr* (*vulg*) ■ **sich** ~ to shit oneself *sl;* ■ **sich** *dat* **etw** ~ to shit on sth *sl;* ***der Besoffene hatte sich die Hosen beschissen*** the drunk shat his trousers

beschenken* **I.** *vt* ■ **jdn [mit etw]** ~ to give sb sth [as a present]; **reich beschenkt werden** to be showered with presents; ***für Ihre Hilfe würde ich Sie gerne mit einer Flasche Wein*** ~ I would like to present you with a bottle of wine to thank you for you help **II.** *vr* ■ **sich [gegenseitig]** ~ to give each other presents, to present each other with sth *form*

bescheren* **I.** *vt* ① (*zu Weihnachten beschenken*) ■ **jdn** ~ to give sb a Christmas present; ■ **beschert werden** to get one's Christmas presents; ■ **jdn mit etw** ~ to give sb sth [for Christmas] ② (*zuteil werden lassen*) ■ **jdm etw** ~ to give sb sth [as a present], to grant sb sth, to bless sb with sth *liter;* ***freue dich, dass dich das Schicksal mit so einer lieben Frau beschert hat!*** be happy that fate has blessed you with such a wonderful wife!; ***nach langer Ehe wurde ihnen doch noch ein Kind vom Himmel beschert*** after many years of marriage heaven bestowed a child upon them *liter* **II.** *vi* to give each other Christmas presents; ***ihr könnt reinkommen, es wird beschert!*** you can come in, the presents are waiting!

Bescherung <-, -en> *f* giving of Christmas presents; ***kommt, Kinder, die*** ~ ***fängt an!*** come on, children, it's time for the presents! ▶ WENDUNGEN: **die [ganze]** ~ (*iron fam*) the [whole] lot [*or* mess]; **[das ist ja] eine schöne** ~**!** (*iron*) this is a pretty kettle of fish! *iron,* what a fine mess! *iron;* **da/jetzt haben wir die** ~**!** well, that's just great! [*or* terrific] *iron,* well, there you are! haven't I told you!

bescheuert **I.** *adj* (*fam*) ① (*blöd*) screwy *fam,* BRIT *a.* daft *fam;* ***dieser*** ~***e Kerl*** that daft idiot; ***der ist etwas*** ~ he's got a screw loose *fam;* ***red' nicht so etwas B~es!*** don't talk such claptrap [*or* codswallop]! *fam,* don't talk daft! *fam;* ***da hast du dir aber etwas B~es ausgedacht!*** what you've come up with there is a load of nonsense [*or* twaddle]! *fam* ② (*unangenehm*) stupid; ***so was*** ~***es!*** how stupid!; ***mein*** ~***es Auto wollte einfach nicht anspringen!*** my frigging car just wouldn't start! **II.** *adv* (*fam*) in a stupid [*or* BRIT *a.* daft] way, stupidly; ***sie hat das Gedicht total*** ~ ***übersetzt*** she really screwed up the translation of this poem *sl;* ***du siehst total*** ~ ***aus*** you look really daft; ***wie kann man nur so*** ~ ***fragen!*** how can you ask such daft questions!; ■ **sich so** ~ **anstellen** to be so stupid [*or* BRIT *a.* daft], to act like such an idiot; ■ **wie** ~ like crazy [*or* a mad thing] *fam*

beschichten* *vt* ■ **etw [mit etw]** ~ to coat [*or* cover] sth [with sth]; **etw mit Farbe** ~ to give sth a coat of paint; **etw mit Teer** ~ to tar[mac] sth; **mit Kunststoff beschichtet** plastic-coated, laminated

beschicken* *vt* ■ **etw [mit etw]** ~ ① (*mit Zusendung bedenken*) to supply sth [with sth]; **einen Markt/Abnehmer** ~ to supply a market/customers; **eine Messe/Ausstellung** ~ to exhibit at a fair, to send products to an exhibition; **eine Versammlung** ~ to send representatives to an assembly ② TECH to supply [*or* fill] [*or* charge] sth [with sth]; ***diese Maschine wird mit Öl beschickt*** this machine is charged [*or* fuelled] with oil

beschießen* *vt irreg* ① (*mit Schüssen bedenken*) ■ **jdn/etw [mit etw]** ~ to shoot at [*or* fire on [*or* at]] sb/sth [with sth]; **jdn/etw mit Granaten** ~ to shell [*or* bombard] sb/sth with granades; **jdn/etw mit Jagdbomben** ~ to fire on sb/sth with firebombers; **jdn/etw mit Kanonen** ~ to fire at sb/sth with canons; **jdn/etw mit Maschinengewehren** ~ to machine-gun sb/sth ② (*überhäufen*) ■ **jdn mit etw** ~ to bombard sb with sth; ***er wurde mit Fragen beschossen*** he was bombarded [*or* besieged] with questions ③ PHYS ■ **etw [mit etw]** ~ to bombard sth [with sth]

Beschießung <-, -en> *f* shooting; (*mit Jagdbomben/Kanonen*) firing; (*mit Granaten*) shelling, bombardment; PHYS bombardment

beschildern* *vt* ■ **etw [mit etw]** ~ (*mit Schildchen versehen*) to label sth [with sth]; (*geh*) to put signs [*or* labels] on sth; (*mit Verkehrsschild versehen*) to signpost; **gut/schlecht** ~ **[sein]** [to be] well/badly signposted

Beschilderung <-, -en> *f* ① (*das Beschildern*) labelling BRIT, labeling AM; ADMIN (*geh*) signposting ② (*geh: Schildchen*) label; (*Verkehrsschild*) signpost

beschimpfen* **I.** *vt* ■ **jdn [als/mit etw]** ~ to insult sb [as/with sth], to call sb names, to hurl abuse at sb; ***muss ich es mir gefallen lassen, so beschimpft zu werden?*** do I have to put up with these insults?; ***sie beschimpfte ihn in übelster Weise*** she called him dreadful names; **jdn auf's Übelste** ~ to abuse sb in the worst possible manner **II.** *vr* ■ **sich [gegenseitig]** ~ to insult [*or* abuse] each other, to call each other names

Beschimpfung <-, -en> *f* ① (*das Beschimpfen*)

abuse *no pl; Person* abuse (+*gen* of), swearing (+*gen* at) ❷ (*Schimpfwort*) insult

BeschissRR <-es> *m kein pl*, **Beschiß** <-sses> *m kein pl* (*sl*) swindle, rip-off *sl*; ***was für ein*** [*o* ***so ein***] ***~!*** what a swizz! [*or* rip-off]

beschissen I. *adj* (*sl*) miserable, lousy *fam*, shitty *sl*, BRIT *a.* bloody-awful *sl* II. *adv* (*sl*) in a lousy [*or* rotten] fashion *fam*; ***es geht ihr wirklich ~*** she's having a miserable [*or fam* lousy] time of it; ***wir werden hier ~ bezahlt*** the pay here is bloody-awful *sl*; **~ behandelt werden/aussehen** to be treated/to look like a piece of shit [*or* dirt] *sl*

beschlafen* *vt irreg* ❶ (*fam: koitieren*) ■**jdn ~** to sleep [*or* have sex] with sb; (*fam*) to screw sb *sl* ❷ (*nachdenken*) ■**etw ~** to sleep on sth; *s. a.* **überschlafen**

Beschlag <-[e]s, Beschläge> *m* ❶ (*Metallstück*) fastening, [metal] fitting; *Koffer* lock; *Buch* clasp; *Tür, Fenster, Möbelstück* fitting, mounting, [ornamental] hinge ❷ (*Belag*) film; *Metall* tarnish; *Glasscheibe* steam, condensation ▶ WENDUNGEN: **etw/jdn mit ~ belegen, etw/jdn in ~ nehmen** to monopolize [*or* seize] sth/sb; ***die Polizei nahm das Auto in ~*** the police impounded the car; ***wir sollten schon einmal unsere Plätze in ~ nehmen*** we had better secure our seats; **jd ist mit ~ belegt, jd wird in ~ genommen** sb is up to their eyeballs in it, sb's hands are full [with sth]

beschlagen*[1] *irreg* I. *vt haben* ❶ (*mit metallenem Zierrat versehen*) ■**etw [mit etw] ~** to fit sth [with sth]; **Schuhe ~** to put metal tips on shoes; **etw mit Ziernägeln ~** to stud sth ❷ (*behufen*) ■**[jdm] ein Pferd ~** to shoe [sb's] horse II. *vi sein* to mist [*or* steam] up; ***der Spiegel im Bad ist ~*** the bathroom mirror is misted [*or* steamed] up; ***Silber beschlägt sehr schnell*** silver tarnishes very quickly

beschlagen[2] *adj* (*erfahren*) ■**in etw** *dat* **[gut/nicht] ~ sein** to be [well/badly] versed in sth, to be very experienced [*or* knowledgeable]/inexperienced in sth

Beschlagnahme <-, -n> *f* seizure; MIL requisition

beschlagnahmen* *vt* ❶ (*konfiszieren*) ■**etw ~** to seize sth; ***Ihr Pass ist beschlagnahmt*** your passport has been confiscated; **ein Fahrzeug ~** to impound a vehicle ❷ (*fam: mit Beschlag belegen*) ■**jdn/etw ~** to commandeer [*or hum* hog] sb/sth ❸ (*zeitlich in Anspruch nehmen*) **[von etw] beschlagnahmt sein** to be taken up [with sth]

Beschlagnahmung *f* JUR confiscation, impounding

beschleichen* *vt irreg* (*geh: überkommen*) ■**jdn ~** to come over sb, to creep [*or* steal] up on sb; ***mich beschleicht langsam der Verdacht, dass er sich mit unserem Geld abgesetzt hat*** I have a funny feeling he's run off with our money

beschleunigen* I. *vt* ■**etw ~** to accelerate [*or* speed up] [*or form* precipitate] sth, to hurry sth along; **das Tempo ~** to increase [*or* pick up] speed, to accelerate; **das Tempo einer Maschine/eines Vorganges ~** to speed up a machine/a process; **seine Schritte ~** to quicken one's pace II. *vr* ■**sich ~** to accelerate, to speed up, to hasten *form* III. *vi* to accelerate; **stark ~** to accelerate hard, to put one's foot down *fam*

Beschleunigung <-, -en> *f* ❶ AUTO (*Beschleunigungsvermögen*) acceleration *no pl*; ***bei der ~ lässt du bestimmt die meisten Wagen weit hinter dir!*** when you accelerate like that, I bet you leave most cars standing! ❷ (*das Beschleunigen*) acceleration *no pl*, speeding up *no pl*; **eine ~ der Gangart** a quickening [*or* an acceleration] of the pace ❸ (*Hast, Eile*) **etw mit großer ~ tun** to do sth with great speed [*or* haste]

Beschleunigungsvermögen *nt* AUTO *s.* **Beschleunigung**

beschließen* *irreg* I. *vt* ❶ (*entscheiden über*) ■**etw ~** to decide sth; **ein Gesetz ~** to vote through a new bill, to pass a motion; ■**~, etw zu tun** to decide to do sth; (*nach reiflicher Überlegung*) to make up one's mind to do sth ❷ (*geh: beenden*) ■**etw ~** to conclude *form* [*or* close] sth, to wind sth up; ***ich möchte [meine Rede] mit einem Zitat ~*** I would like to conclude [my speech] with a quote II. *vi* (*einen Beschluss fassen*) ■**über etw** *akk* **~** to decide on sth

beschlossen *adj* ❶ (*entschieden*) decided, agreed, settled; **das ist [eine] ~e Sache** the matter is settled, the subject is closed ❷ (*geh*) **etw liegt** [*o* **ist**] **in etw** *dat* **~** sth is contained within sth; ***in diesem gewichtigen Wort liegt viel Weisheit ~*** a great deal of wisdom is hidden in his weighty saying

BeschlussRR <-es, Beschlüsse> *m*, **Beschluß** <-sses, Beschlüüsse> *m* decision, resolution *form*; (*Gerichts~*) order of court, [court] order; ***und wie lautet der ~?*** and what's the decision?; ***unser ~ ist unumstößlich*** our decision is final; ***der Stadtrat hat einen ~ gefasst*** the town council has passed a resolution; **zu einem ~ kommen** to reach [*or* come to] a decision [*or* an agreement]; **einen ~ fassen** to reach [*or* make] a decision; **auf jds** *akk* **~** on sb's authority; ***auf ~ des Parlaments/Präsidenten*** by order of parliament/the president

beschlussfähigRR, **beschlußfähig** *adj* quorate BRIT *form*; ■**~ sein** to have a quorum **Beschlussfähigkeit**RR, **Beschlußfähigkeit** *f kein pl* quorum *form* **beschlussunfähig**RR, **beschlußunfähig** *adj* inquorate *form*; ***die Versammlung ist ~!*** the meeting is not quorate!

beschmeißen* *vt irreg* (*fam*) *s.* **bewerfen**

beschmieren* I. *vt* ❶ (*bestreichen*) ■**etw [mit etw] ~** to spread sth on sth; **ein [Stück] Brot dick/dünn ~** to butter [a slice of] bread thickly/thinly; **eine Wunde ~** to put cream [*or* ointment] on a wound; **das Gesicht mit Creme ~** to put cream on one's face; **etw mit Fett ~** to grease sth ❷ (*besudeln*) ■**jdn/etw [mit etw] ~** to stain [*or* dirty] sth [*or* smear sb/sth] [with sth]; ***du bist da am Kinn ja ganz beschmiert*** you've got something smeared on your chin; **etw mit Gekritzel ~** to scribble [*or* scrawl] [all] over sth; **etw mit Farbe ~** to daub [over] sth II. *vr* ■**sich [mit etw] ~** to make [*or* get] oneself dirty [*or form* soil oneself] [with sth]; ■**sich** *dat* **etw [mit etw] ~** to get [*or* make] sth dirty [*or form* soil sth] [with sth]; ***ich habe mir mein Kleid komplett mit Soße beschmiert*** I've spilled gravy all over my dress

beschmutzen* I. *vt* ❶ (*schmutzig machen*) ■**jdn/etw ~** to dirty [*or form* soil] sb/sth, to make sb/sth dirty; (*mit Spritzern*) to [be]spatter sb/sth; ■**beschmutzt** dirty, soiled *form*, grubby *fam*; **beschmutzte Bettlaken/Handtücher** soiled sheets/towels ❷ (*in den Schmutz ziehen*) ■**etw ~** to blacken [*or* discredit] [*or* tarnish] sth, to drag sth through the mud *prov*; ***ich lasse mir meinen Ruf nicht so ~*** I won't let my reputation be dragged through the mud like that; *s. a.* **Nest** II. *vr* ■**sich [mit etw] ~** to get [*or* make] oneself dirty [*or fam* grubby] [with sth]; ***wo hast du dich mit der Farbe so beschmutzt?*** where did you get paint all over you?; ■**sich** *dat* **etw [mit etw] ~** to get sth dirty [with sth]

Beschmutzung <-, -en> *f* dirtying, soiling *form*; **vor ~ schützen** to protect from dirt

beschneiden* *vt irreg* ❶ (*zurechtschneiden*) ■**[jdm/einem Tier] etw ~** to cut [*or* trim] [sb's/an animal's] sth; (*stutzen*) to clip; ■**etw ~** HORT to prune sth; TYPO, VERLAG to cut sth ❷ MED, REL ■**jdn ~** to circumcise sb ❸ (*beschränken*) ■**etw ~** to curtail [*or* curb] sth; **Wirtschaftshilfe ~** to cut [*or form* curtail] economic aid; **Einkommen ~** to cut [*or* reduce] income

Beschneidung <-, -en> *f* ❶ (*das Zurechtschneiden*) cuttting, trimming; (*das Stutzen*) clipping; HORT pruning; ***im frühen Winter erfolgt die ~ der Obstbäume*** in early winter the fruit trees are pruned; TYPO, VERLAG cutting ❷ MED, REL circumcision ❸ (*das Beschränken*) curtailment; ~ **der Wirtschaftshilfe** reduction [*or* curtailment] of [*or* cut[back] in] economic aid; ~ **des Einkommens** cut in [*or* reduction of] income

beschneit *adj* snow-covered; **dick/frisch** ~ thickly/newly covered with snow; **weiß** ~ white with snow, snow-covered; ***die weiß ~en Berge*** the snow-capped mountains

beschnitten *adj* circumcised

beschnüffeln* **I.** *vt* ❶ (*Schnuppern von Tieren*) ■**jdn/etw** ~ to sniff at sb/sth ❷ (*pej fam: bespitzeln*) ■**jdn** ~ to check [*or* suss] sb out *fam,* to spy on sb; ■**eine Situation** ~ to poke one's nose into sth *pej fam;* ***sie ließ ihren Mann von einem Detektiv*** ~ she had her husband sussed out by a private detective **II.** *vr* ■**sich [gegenseitig]** ~ *Tiere* to have a sniff at [*or* sniff] each other; (*fig*) *Menschen* to size one another up

beschnuppern* **I.** *vt* ❶ (*Beriechen von Tieren*) ■**jdn/etw** ~ to sniff sb/sth ❷ (*fam: prüfend kennen lernen*) ■**jdn** ~ to size sb up, to take stock of sb **II.** *vr* ❶ (*beschnüffeln*) ■**sich [gegenseitig]** ~ *Tiere* to sniff each other ❷ (*fam: sich prüfend kennen lernen*) ■**sich** ~ to size each other up, to take stock of each other

beschönigen* *vt* ■**etw** ~ to gloss over [*or* cover up] [*or* whitewash] sth; **eine ~der Ausdruck, eine ~de Bezeichnung** a gloss-over, a cover-up, a whitewash, a euphemism

Beschönigung <-, -en> *f* gloss-over, cover-up, whitewash; ***berichten Sie über den Fall, aber bitte ohne ~en*** please tell us about the case but without glossing over any details

beschranken* *vt* ■**etw** ~ to put up a [railway] gate [*or* barrier]; **ein beschrankter Bahnübergang** a railway crossing with gates

beschränken* **I.** *vt* ❶ (*begrenzen*) ■**etw [auf etw** *akk*] ~ to limit [*or* restrict] [*or* confine] sth [to sth]; **Ausgaben** ~ to limit [*or* curtail] expenditure ❷ (*einschränken*) ■**jdn in etw** *dat* ~, ■**jdm etw** ~ to curtail [*or* limit] sb's sth; ***ihm wurde das Budget beschränkt*** his budget was partly obstructed **II.** *vr* ❶ (*sich begnügen*) ■**sich [auf etw** *akk*] ~ to limit [*or* restrict] oneself [to sth]; ***für diesmal will ich mich noch darauf ~, Sie zu verwarnen*** this time I'll just give you a warning ❷ (*sich einschränken*) ■**sich auf etw** *akk* ~ to confine [*or* restrict] oneself [*or* to keep] to sth; **sich auf das Wesentliche** ~ to keep to the essential points

beschränkt *adj* ❶ (*eingeschränkt, knapp*) restricted, limited; **finanziell/räumlich/zeitlich ~ sein** to have a limited amount of cash [*or* limited finances]/space/time; **~e Sicht** low visibility; **~e Haftung** limited liability; **Gesellschaft mit ~er Haftung** limited [liability] company BRIT, corporation AM; **~e Verhältnisse** narrow circumstances ❷ (*dumm*) limited, slow-[*or* dull-]witted; (*engstirnig*) narrow-minded

Beschränkung <-, -en> *f* restriction, limitation; **[jdm] die ~ einer S.** *gen* **auferlegen** to impose a restriction on [sb's] sth; ■**die/eine ~ auf etw** *akk* the/a restriction [*or* limitation] to sth; ***er bat sie um eine ~ auf die wesentlichen Punkte*** he asked her to keep to the main points; **jdm ~en auferlegen** to put [*or* impose] restrictions on sb

beschreiben* *vt irreg* ❶ (*darstellen*) ■**[jdm] jdn/etw** ~ to describe sb/sth [to sb], to give [sb] a description of sb/sth; ***du musst mir das nachher in allen Einzelheiten ~*** you'll have to tell me all about it later; **kaum/nicht zu ~ sein** to be almost/absolutely indescribable; **[jdm] etw gar nicht ~ können** to not be able to describe sth [to sb]; ***ich kann dir nicht ~, wie erleichtert ich war*** I can't tell you how relieved I was ❷ (*voll schreiben*) ■**etw [ganz]** ~ to cover sth [*or* fill sth up] [completely] with writing ❸ (*vollführen*) ■**etw** ~ to describe sth; **eine Bahn/einen Kreis** ~ to describe a path/a circle

Beschreibung *f* ❶ (*das Darstellen*) description, depiction, portrayal; ***das ist eine falsche ~ der Geschehnisse!*** that is a false representation of events!; ~ **eines Handlungsablaufs** narration, account; **eine kurze** ~ sketch, outline; ***das spottet jeder ~*** it beggars description ❷ (*fam: Beipackzettel*) description; (*Gebrauchsanweisung*) instructions *pl,* instruction sheet

beschreiten* *vt irreg* (*geh*) ■**etw** ~ ❶ (*begehen*) to walk on sth; **einen Pfad** ~ to walk along a path ❷ (*einschlagen*) **einen Weg** ~ to follow [*or* pursue] a course; **einen neuen Weg** ~ to change tack [*or* direction], to apply different methods; *s. a.* **Rechtsweg**

beschriften* *vt* ■**etw [mit etw]** ~ (*mit Inschrift versehen*) to inscribe sth [with sth], to inscribe [sth] on sth; (*mit Aufschrift versehen*) to letter [*or* label] sth [with sth]; **ein Kuvert** [*o* **einen Umschlag**] ~ to address an envelope; **Etiketten** ~ to write labels; **ein Bild** ~ to give a caption to a photograph [*or* an illustration]; **einen Karton** [*o* **eine Kiste**] ~ to mark a box

Beschriftung <-, -en> *f* ❶ (*das Beschriften*) lettering, labelling BRIT, labeling AM, inscribing; *Kuvert* addressing; *Etiketten* writing ❷ (*Aufschrift*) inscription, lettering, label, caption; *Grabstein* inscription

beschuldigen* *vt* ■**jdn [einer S.** *gen*] ~ to accuse sb [of sth], to blame sb [for sth], to charge sb [with sth] *liter;* **jdn der Fahrlässigkeit** ~ to accuse sb of negligence; ■**jdn ~, etw getan zu haben** to accuse sb of doing sth

Beschuldigte(r) *f(m) dekl wie adj* accused; **der Anwalt/die Anwältin des/der ~n** the defendant's [*or* BRIT defence [*or* AM -se]] lawyer

Beschuldigung <-, -en> *f* accusation, allegation *form,* charge[s] *form;* ***wie lautet die ~?*** what are the charges?

beschummeln* **I.** *vt* (*fam*) ❶ (*betrügen*) ■**jdn [bei/mit etw]** ~ to trick [*or* cheat] sb [when doing sth/by sth]; ■**jdn um etw** ~ to do [*or* cheat] [*or fam* diddle] sb out of sth; **jdn finanziell** ~ to swindle sb, to rip sb off *sl* ❷ (*belügen*) ■**jdn** ~ to tell sb lies [*or* fibs] *fam,* to take sb for a ride *fam* **II.** *vi* (*fam: betrügen*) ■**[bei etw]** ~ to cheat [at sth]

beschuppt *adj* scaled, scaly; **dick/dünn ~ sein** to be thick-scaled/thin-scaled; **kaum ~ sein** to have almost no scales

Beschuss[RR] <-es> *m kein pl,* **Beschuß** <-sses> *m kein pl* fire; (*durch Granaten, Raketen*) shelling; (*durch schwere Geschütze*) bombardment; **unter schwerem** ~ under heavy [*or* intense] fire; **unter ~ geraten/liegen** [*o* **stehen**] to come/be under fire; **jdn/etw unter ~ nehmen** (*a. fig*) to attack sb/sth; (*mit Maschinengewehren*) to fire at sb/sth; (*mit Granaten, Raketen*) to shell sb/sth

beschützen* *vt* ■**jdn [vor jdm/etw]** ~ to protect [*or* shelter] [*or* give shelter to] sb [from sb/sth], to defend sb [against sb/sth]; (*mit dem eigenen Körper*) to shield [*or* screen] sb [from sb/sth]; ***der Herr beschütze dich!*** may the Lord protect you!; ■**~d** protective; *s. a.* **Werkstatt**

Beschützer(in) <-s, -> *m(f)* protector, defender, guardian angel *iron*

beschwatzen* *vt* (*fam*) ❶ (*überreden*) ■**jdn [zu**

etw] ~ to talk sb round [*or* into sth/doing sth]; ***lass dich ja nicht zum Kauf eines Autos*** ~ don't let yourself be talked into buying a car; (*schmeichelnd*) to wheedle [*or* coax] sb [into sth/doing sth] ② (*bereden*) ■ **etw** ~ to chat [*or* BRIT *a.* have a chinwag] about sth [*or* BRIT *a.* natter] *sl*

beschwätzen* *vt* DIAL (*fam*) *s.* **beschwatzen**

Beschwerde <-, -n> *f* ① (*Beanstandung, Klage*) complaint; **Grund zur ~ haben** to have grounds for complaint [*or* reason to complain] ② JUR appeal; **~ gegen jdn/etw führen** to submit [*or* make] a complaint about sb/sth; **[bei jdm] ~ einlegen** to file [*or* lodge] an appeal [with sb]; **[bei jdm] eine ~ einreichen** to lodge [*or* file] a complaint [with sb] ③ *pl* MED complaint *form;* **~n mit etw haben** to have problems with sth; ***haben Sie sonst noch ~n?*** is there anything else wrong?; **etw macht jdm ~** sth hurts sb; ***mein Magen macht mir ~n*** my stomach is giving [*or* causing] me trouble

Beschwerdebuch *nt* complaints book **beschwerdefrei** *adj* MED healthy; ***bei Malaria kommt es regelmäßig zu ganz ~en Intervallen*** patients with malaria experience regular periods where the disease is not apparent **Beschwerdefrist** *f* JUR *period of time within which an appeal must be lodged;* ***Sie haben eine ~ von zwei Monaten*** you must lodge an appeal within two months **Beschwerdeführer(in)** *m(f)* (*geh*) person lodging a complaint; JUR complainant, appellant, plaintiff

beschweren* **I.** *vr* ① (*sich beklagen*) ■ **sich [bei jdm] [über jdn/etw]** ~ to complain [about sb/sth] [to sb]; ***ich kann mich nicht*** ~ I can't complain ② (*fig: sich belasten*) ■ **sich [mit etw]** ~ to encumber oneself [with sth] **II.** *vt* ① (*mit Gewicht versehen*) *Briefe, Papiere* ■ **jdn/etw [mit etw]** ~ to weight sb/sth [down] [with sth] ② (*belasten*) ■ **jdn** ~ to weigh [*or fam* get] sb down, to burden sb; ***komm, was beschwert dich denn so?*** come on, what's getting you down?

beschwerlich *adj* difficult, exhausting, arduous *form,* onerous *form;* **eine ~ Reise** an arduous/a fatiguing journey; ***das Laufen ist für ihn sehr*** ~ walking is hard for him [*or* a strain on him]

Beschwerlichkeit <-, -en> *f* ① *kein pl* difficulty, arduousness *form,* onerousness *form;* ***der Aufstieg zum Gipfel war von großer/ziemlicher*** ~ the climb to the summit was very/quite arduous ② *pl* (*Mühsal*) hardships, discomforts; **die ~ einer Zugreise** the inconveniences of a train journey

beschwichtigen* *vt* ■ **jdn [mit etw]** ~ to calm sb [down] [*or* soothe [*or form* placate] sb] [with sth]; **jdm das Gewissen** ~ to soothe sb's conscience; **jds Zorn** ~ to calm [*or* soothe] [*or form* appease] sb's anger **beschwichtigend** **I.** *adj* soothing, calming **II.** *adv* soothingly, calmly

Beschwichtigung <-, -en> *f* soothing, calming, placation *form; Gewissen* soothing; *Zorn* calming, appeasement *form*

Beschwichtigungsformel *f* words *pl* of reassurance; **zu ~n greifen** to use the rhetoric of appeasement **Beschwichtigungspolitik** *f* policy of appeasement

beschwindeln* *vt* (*fam*) ① (*belügen*) ■ **jdn** ~ to tell sb fibs *fam,* to lead sb up the garden path *prov* ② (*betrügen*) ■ **jdn [um etw]** ~ to con [*or* swindle] sb [out of sth]

beschwingen* *vt* ■ **jdn** ~ to get sb going, to make sb brighten up, to animate sb *form;* ***die Musik beschwingte uns*** the music elated us

beschwingt **I.** *adj* lively; *Mensch a.* vivacious; **mit ~em Gang, ~en Schrittes** with a spring in one's step; **~e Musik** lively music; **~e Rhythmen** vibrant [*or* pulsating] rhythms **II.** *adv* chirpily; **sich ~ fühlen** to feel elated [*or* exhilerated]; ***es war ein schöner Abend gewesen und er ging ~ nach Hause*** it was a wonderful evening and he went home in a happy frame of mind

beschwipst *adj* (*fam*) tipsy *fam,* merry

beschwören* *vt irreg* ① (*beeiden*) ■ **etw** ~ to swear [to] sth [*or* that sth is true]; ~ ***kann ich das nicht*** I wouldn't like to swear to it; **eine Aussage** ~ to make a statement under oath ② (*anflehen*) ■ **jdn** ~ to beg [*or* implore] [*or form* beseech] sb ③ (*magisch hervorbringen*) ■ **etw** ~ to conjure [*or* call] up sth; **Geister/Tote** ~ to raise ghosts/the dead; (*bezwingend*) to exorcize; **eine Schlange** ~ to charm a snake ④ (*geh: hervorrufen*) ■ **etw [in jdm]** ~ to conjure up sth *sep* [in sb] **beschwörend** **I.** *adj* imploring, pleading, beseeching *form* **II.** *adv* imploringly, pleadingly, beseechingly *form*

Beschwörung <-, -en> *f* ① (*das Anflehen*) appeal, entreaty, supplication *form;* ***unsere ganzen ~en nützten nichts*** all our pleading was in vain ② (*das magische Hervorbringen*) conjuring-[*or* calling-]up, conjuration; (*Beschwörungsformel*) magic spell; **eine ~ aussprechen** to chant an incantation, to speak the magic words ③ (*das Hervorrufen*) conjuring-up; **eine ~ längst vergessener Erinnerungen** a conjuring-up of long-forgotten memories; **eine ~ der Vergangenheit/alter Zeiten** a reminder of the past/old times

beseelen* *vt* ① (*durchdringen*) ■ **jdn/etw** ~ to animate [*or* fill] sb; **sich von neuem Mut beseelt fühlen** to feel filled with renewed courage; ***ein Lächeln beseelte ihr Antlitz*** (*liter*) a smile animated her face; **vom Geist der Aufklärung/Revolution etc beseelt** to be inspired by [*or* filled with] the spirit of the Enlightenment/Revolution etc ② (*mit innerem Leben erfüllen*) ■ **etw** ~ to breathe life into; **[der Glaube an] die beseelte Natur** [the belief that] everything in nature has a soul; ***der Schauspieler hat diese Figur wirklich neu beseelt*** the actor really breathed new life into this character; **eine beseelte Darbietung/ein beseelter Blick** a soulful performance/glance

besehen* *irreg* **I.** *vt* ■ **jdn/etw** ~ to look at sb/sth, to have a look at sb/sth; **etw näher** ~ to inspect [*or* examine] sth closely **II.** *vr* ① (*sich betrachten*) ■ **sich** ~ to look at oneself; ***na, besiehst du dich wieder im Spiegel?*** are you admiring yourself in the mirror again? ② (*betrachten*) ■ **sich** *dat* **etw** ~ to [have a] look at sth

beseitigen* *vt* ① (*entfernen*) ■ **etw** ~ to dispose [*or* get rid] of sth; **Zweifel** ~ to dispell doubts; **ein Missverständnis** ~ to clear up a misunderstanding; **sich leicht ~ lassen** to be easily removed; **Schnee/ein Hindernis** ~ to clear away snow/an obstacle; **Streit** ~ to settle a dispute/an argument; **Fehler** ~ to eliminate mistakes; **Ungerechtigkeiten** ~ to abolish [*or* eliminate] injustice ② (*euph: umbringen*) ■ **jdn** ~ to eliminate [*or fam* do away with] sb, to wipe sb out *sl*

Beseitigung <-> *f kein pl* ① (*das Beseitigen*) disposal; *Farben/Spuren/Regime* removal; *Zweifel* dispelling; *Missverständnis* clearing-up ② (*euph: Liquidierung einer Person*) elimination

Besen <-s, -> *m* ① (*Kehr~*) broom; (*kleiner*) brush; *Hexe* broomstick ② KOCHK whisk ③ (*pej sl: kratzbürstige Frau*) old bag *pej,* old battleaxe *pej* ④ SÜDD (*fam*) *Swabian vineyard's own public bar selling its wine, signalled by a broom hanging outside the door* ▶ WENDUNGEN: **etw mit eisernem ~ auskehren** to make a clean sweep of sth; **neue ~ kehren gut** (*prov*) a new broom sweeps clean *prov;* **ich fresse einen ~, wenn ...** (*fam*) I'll eat my hat if ...

Besenbinder(in) <-s, -> *m(f)* broom-maker **Besenginster** *m* BOT (*Sarothamnus scoparius*) common broom **Besenkammer** *f* broom cupboard

besenrein *adj* well-swept
Besenschrank *m* broom cupboard **Besenstiel** *m* broomstick ▶ WENDUNGEN: **steif wie ein ~, als habe jd einen ~ verschluckt** as stiff as a post [*or* poker] *fam* **Besenwirt(in)** *m(f)* SÜDD (*fam*) owner of a "Besen"
Besenwirtschaft *f* SÜDD (*fam*) *s.* **Besen**
besessen *adj* ① REL possessed; ■ **[von etw/vom Teufel] ~ sein** to be possessed [by sth/by the devil] ② (*unter einem Zwang stehend*) ■ **[von etw] ~ sein** to be obsessed [with sth]; **wie ~** like mad *sl*
Besessene(r) *f(m) dekl wie adj* ① REL possessed person ② (*fanatischer Mensch*) fanatic; **wie ein ~r/eine ~** like one possessed [*or* a maniac]
Besessenheit <-> *f kein pl* ① REL possession ② (*Wahn*) obsession, fanaticism
besetzen* *vt* ① (*belegen*) ■ **etw ~** to reserve sth; ***besetz schon mal zwei Plätze für uns*** keep two places for us; **Stühle/Plätze ~** to occupy [*or* take] chairs/seats; ***das Theater war bis auf den letzten Platz besetzt*** there was a full house at the theatre; **die Toilette ~** to occupy the toilet; **die Leitung ~** to engage the line BRIT, to keep the line busy AM ② (*okkupieren*) ■ **etw ~** *a.* MIL to occupy sth; (*bemannen*) to man sth; **ein Haus ~** to take possession of [*or* squat in] a house; ***zehn Leute haben das leer stehende Gebäude besetzt*** ten people are squatting in the disused building ③ (*ausfüllen*) ■ **etw [mit jdm] ~** to fill sth [with sb]; **einen Posten ~** to fill a post; **eine Rolle ~** THEAT to cast sb in [*or* fill] a role ④ JAGD **ein Gehege/einen Zoo mit Tieren ~** to fill [*or* stock] an enclosure/a zoo with animals ⑤ (*dekorieren*) ■ **etw mit etw ~** to trim sth with sth; ***sie hatte ihr Kostüm über und über mit Pailletten besetzt*** she had sequins all over her costume
besetzt *adj* ① (*vergeben*) taken, occupied; **voll/dicht ~** full, crowded, packed [out]; **ein schlecht ~es Theater** an empty theatre [*or* AM -er]; **ein gut/schlecht ~er Film** a well-cast/miscast movie ② (*belegt*) ■ **~ sein** *Telefon, Toilette* to be occupied [*or* BRIT *a.* engaged] [*or* AM *a.* busy]; *Terminkalender, Termine* to be fully booked-up; ***die Sache ist negativ ~*** this carries negative connotations ③ MIL occupied; (*bemannt*) manned; **etw ~ halten** to continue to occupy sth; (*bemannt*) to continue to man sth; **ein ~es Haus** a squat
Besetztzeichen *nt* engaged [*or* AM busy] tone
Besetzung <-, -en> *f* ① (*Vergeben einer Stelle*) appointment (**mit** +*dat* of); FILM, THEAT casting (**mit** +*dat* of) ② (*alle Mitwirkende*) *Film, Stück* cast; *Mannschaft* line-up, players *pl*, members [of a team] *pl*; **die zweite ~** THEAT understudy; SPORT substitute ③ (*Okkupierung*) *Land, Gebiet* occupation; *Haus* squatting [in]; *Amt/Stelle* filling
Besichtigung <-, -en> *f* visiting; *Wohnung, Haus etc.* viewing; *Truppen* inspection, review; ***„heute keine ~!"*** "closed today!"; ***„~en nur sonntags!"*** "viewing only on Sundays!"; **eine ~ der Sehenswürdigkeiten** a sightseeing tour, a tour of the sights; **die ~ einer Stadt** a tour of a town; **zur ~ freigegeben** open for public viewing
Besichtigungszeiten *pl* opening [*or* viewing] times; ***„~ von 9 – 11 Uhr"*** "open 9am to 11am"
besiedeln* *vt* ① (*bevölkern*) ■ **etw ~** to settle [*or* populate] sth; (*kolonisieren*) to colonize sth; **mit Tieren besiedelt sein** to be populated with [*or* inhabited by] animals ② (*wachsen*) ■ **etw ~** to grow on [*or* in] sth; **mit Pflanzen/Vegetation besiedelt sein** to be inhabited by plants/vegetation
besiedelt *adj* populated; **dicht [*o* stark]/dünn/schwach [*o* kaum] ~** densely/thinly/sparsely populated; **nicht ~** unpopulated
Besied(e)lung <-, -en> *f* settlement; (*Kolonisierung*) colonization; *Ballungsraum, Landstrich, etc* population; **dichte/dünne ~** dense/sparse population
Besiedlungsdichte *f* population [density]
besiegeln* *vt* ■ **etw ~** to seal sth; **sein Schicksal ~** to seal one's fate; **etw schriftlich ~** to put sth in writing
besiegen* *vt* ① (*schlagen*) ■ **jdn ~** to beat [*or* defeat] [*or liter* vanquish] sb; SPORT to outdo [*or* beat] sb; **ein Land ~** to conquer a country; **den Gegner mit List ~** to defeat one's opponent with cunning; ***sie haben die andere Mannschaft mit 3:2 besiegt*** they beat the other team 3:2; **sich [für] besiegt erklären** to admit defeat, to throw in the towel [*or* up the sponge] *fam* ② (*überwinden*) ■ **etw ~** to overcome [*or* conquer] sth
Besiegte(r) *f(m) dekl wie adj* loser; ■ **die Besiegten** the defeated [*or liter* vanquished]
besingen* *vt irreg* ① (*rühmen*) ■ **jdn/etw ~** to sing about [*or* the praise of] sb/sth, to honour sb/sth in song ② MUS ■ **etw [mit etw] ~** to record sth [with sth]
besinnen* *vr irreg* ① (*überlegen*) ■ **sich ~** to think [for a moment], to consider, to reflect, to contemplate *liter*; **ohne sich zu ~** without hesitation [*or* stopping to think]; **sich anders ~ [*o* sich eines anderen [*o* Besseren] ~]** to reconsider [*or* think better of] sth, to change one's mind [about sth]; **sich [für einen Moment] ~** after [a moment's] consideration; ***da brauche ich mich nicht lange zu ~, das weiß ich auswendig!*** I don't need to think about that, I know it by heart!; **nach kurzem B~** after brief consideration ② (*an etw denken*) ■ **sich [auf jdn/etw] ~** to think [about sb/sth], to consider [*or liter* contemplate] [sb/sth], to reflect [on sb/sth]; (*auf Vergangenes*) to remember, to recall; **wenn ich mich recht besinne** if I remember rightly [*or* correctly], if my memory serves me right
besinnlich *adj* thoughtful, pensive, reflective, contemplative; (*geruhsam*) leisurely; ***er verbrachte einige ~e Tage im Kloster*** he spent a few days of contemplation [*or* on retreat] in the monastery; **ein ~er Mensch** a thoughtful [*or* reflective] person; ***sie hatte ein ~es Wesen*** (*liter*) she was a reflective type, she was of a thoughtful turn of mind; **~ sein** to be thoughtful; **~er werden** to grow [more] thoughtful
Besinnung <-> *f kein pl* ① (*Bewusstsein*) consciousness; **die ~ verlieren** to faint, to pass out, to lose consciousness *fig* [*or* one's head [*or* marbles]]; **bei/ohne ~ sein** to be conscious/unconscious [*or fam* out cold]; **[wieder] zur ~ kommen** to come round [*or* to one's senses], to regain consciousness; **jdn [wieder] zur ~ bringen** to revive sb; (*fig*) to bring sb round [*or* to their senses]; ***ihr seit wohl nicht bei ~!*** you must be out of your mind! ② (*Reflexion*) thought, reflection, contemplation; **zur ~ kommen** to gather one's thoughts
Besinnungsaufsatz *m* discursive essay
besinnungslos *adj* ① (*ohnmächtig*) unconscious; ■ **~ werden** to lose consciousness, to pass [*or fam* black] out ② (*blind*) insensate, pure; **~e Wut** blind rage; ***~e Angst lähmte ihre Glieder*** pure, unadulterated fear gripped her limbs; ■ **[wie] ~ sein vor etw** to be blind [*or* beside oneself] with sth
Besinnungslosigkeit <-> *f kein pl* unconsciousness; ***die Patientin befindet sich seit Wochen im Zustand der ~*** the patient has been in a coma for weeks
Besitz <-es> *m kein pl* ① (*Eigentum*) property; *Vermögen* possession ② AGR land, estate; (*Landsitz, Gut*) estate ③ (*das Besitzen*) possession; **jdm den ~ [einer S. *gen*] streitig machen** to challenge [*or* contest] sb's ownership [of sth]; **etw in ~ nehmen, von etw ~ er-**

greifen (*geh*) to take possession [*or* hold] of sth; **in den ~ einer S.** *gen* **gelangen** [*o* **kommen**] to come into [*or* gain] possession of sth; **etw in ~ haben** (*geh*) to possess sth, to have sth in one's possession *form;* **jds** *gen* [**alleiniger**] **~ sein** to be sb's [sole] property; **im ~ von etw sein** (*geh*) to be in possession of sth; ***ich bin im ~ Ihres Schreibens vom 17.4.*** I have received your letter of 17 April; **in jds** *dat* **~ sein, sich in jds** *dat* **~ befinden** to be in sb's possession [*or* hands]; **in jds** *akk* **~ übergehen** [*o* **gelangen**] to pass into sb's possession [*or* hands]; **in staatlichem/privatem ~** state-owned/privately-owned

Besitzanspruch *m* claim to [right of] ownership; JUR [possessory] title; **einen ~ auf etw** *akk* **haben** to have a right to sth; **seine Besitzansprüche** [**auf etw** *akk*] **anmelden** [*o* **geltend machen**] to claim possession of sth **besitzanzeigend** *adj* LING [**ein**] **~es Fürwort** [a] possessive pronoun

besitzen* *vt irreg* ❶ (*Eigentümer sein*) ■**etw ~** to own [*or form* possess] [*or fam* have [got]] sth; **ein** [**großes**] **Vermögen ~** to be [very] wealthy ❷ (*haben, aufweisen*) ■**etw ~** to have [got] *fam* [*or form* possess] sth; **Frechheit ~** to be cheeky [*or* impertinent]; **die Frechheit ~, etw zu tun** to have the cheek [*or* impertinence] to do sth; **jds** *gen* **Fürsprache/Vertrauen/etc ~** to have sb's approval/confidence; **ein Recht/eine Möglichkeit ~, etw zu tun** to enjoy a right/the possibility to do sth ❸ (*mit etw ausgestattet sein*) to have [*or* be equipped with] [*or* boast] sth *hum* ❹ (*euph: beschlafen*) ■**jdn ~** to have sb

besitzend *adj* wealthy; **die** [**Angehörigen der**] **~en Klassen** the propertied classes *form*

Besitzer(in) <-s, -> *m(f)* owner; ■**der ~ einer S.** *gen* the owner of sth; **~ eines Geschäfts/Hotels/etc.** proprietor of a business/hotel/etc.; **~ einer Eintrittskarte/Aktie** holder of a ticket/shareholder; ***sie ist seit neuestem ~in einer Eigentumswohnung*** she has recently bought her own flat [*or* become a flat-owner]; **der rechtmäßige ~** the rightful owner; **den ~ wechseln** to change hands

besitzergreifend *adj* possessive **Besitzergreifung** *f* (*geh*) seizure; **~ durch den Staat** seizure of power by the state; *Macht, Kontrolle* seizure; (*unrechtmäßig*) usurpation; *Land* occupation **besitzlos** *adj* poor, penniless; **die** [**Angehörigen der**] **~en Klassen** [*o* **Bevölkerungsschichten**] the dispossessed *form,* the have-nots; ***nach dem Konkurs ihrer Firma war sie völlig ~*** after her company went bankrupt she was left with nothing **Besitzstand** *m* standing as propertied members of society

Besitztum <-s, -tümer> *nt* property *no pl,* possession; *Land* estate

Besitzung <-, -en> *f* (*Land- und Grundbesitz*) property, estate

Besitzverhältnisse *pl* [conditions of] ownership *no pl*

besoffen *adj* (*sl*) ❶ (*betrunken*) sloshed *fam,* plastered *fam,* BRIT *a.* pissed *sl;* **ein ~er Mensch** a drunk [*or* drunkard]; **im ~en Zustand** drunk; **total ~** dead drunk ❷ (*von Sinnen*) cuckoo *sl,* BRIT *a.* potty *sl*

Besoffene(r) *f(m) dekl wie adj* (*sl*) drunk, drunkard

besohlen* *vt* ■[**jdm**] **die Schuhe/Stiefel/etc** [**neu**] **~** to [re]sole sb's shoes/boots/etc

besolden* *vt* ADMIN ■**jdn ~** to pay sb; **jdn nach einem bestimmten Tarif/einer bestimmten Lohngruppe ~** to pay sb according to a particular scale/a particular salary grade

Besoldung <-, -en> *f* ADMIN pay, salary; **jds ~ erhöhen** to raise sb's salary, to give sb a rise [*or* raise] AM

Besoldungsgruppe *f* ADMIN [salary] grade **Besoldungsordnung** *f* ADMIN pay [*or* salary] regulations *pl*

besondere(r, s) *adj* ❶ (*ungewöhnlich*) special, unusual; (*eigentümlich*) peculiar; (*außergewöhnlich*) particular; ***zu meiner ~n Freude darf ich Ihnen heute unseren Gast vorstellen*** I am particularly pleased to introduce our guest to you today; **ganz ~** very special [*or* unusual]; **eine ~ Ehre** a great honour [*or* AM -or]; **ein ~r Umstand** an unusual [*or* exceptional] circumstance; **von ~r Schönheit/Anmut** [**sein**] [to be] of exceptional [*or* uncommon] beauty/grace ❷ (*speziell*) special, particular; **ein ~s Interesse an etw haben** to be keenly [*or* especially] interested in sth; **ein ~r Gast/eine ~ Behandlung** a special guest/treatment; **von ~r Bedeutung** of great significance; **ohne ~ Begeisterung** without any marked enthusiasm; [**einen**] **~n Wert auf etw legen** to value sth highly, to attach great importance to sth ❸ (*zusätzlich, separat, gesondert*) special [kind of], separate, particular

Besondere(s) *nt dekl wie adj* ❶ (*besondere Eigenschaft*) special feature; ***was ist das ~ an ihm?*** what's so special [*or* remarkable] about him?; **etw/nichts ~s** sth/nothing special; ***haben Sie irgend etwas ~s entdeckt?*** have you discovered anything out of the ordinary?; **vom Allgemeinen zum ~n** from the general to the particular ❷ (*ein besonderer Mensch*) ■**etw/jd/nichts ~s** sth/somebody/nothing special; ***sie war nichts ~s*** she was nothing special ▶ WENDUNGEN: **im ~n** in particular, particularly, especially

Besonderheit <-, -en> *f* (*Merkmal*) characteristic, feature; (*Aussergewöhnlichkeit*) special quality; (*Eigentümlichkeit*) peculiarity

besonders *adv* ❶ *intensivierend* (*außergewöhnlich*) particularly, especially, specially, exceptionally; **~ viel** a great deal, an awful lot *fam;* **nicht ~ klug/fröhlich** not particularly [*or* [e]specially] [*or* not so] bright/happy; **nicht ~ viel** not a great deal ❷ (*vor allem*) in particular, above all; **~ *sie war davon betroffen*** mainly she was affected ❸ (*speziell*) specially; **sich** *dat* **etw ~ anfertigen lassen** to have sth specially made; **~ verpackt** individually packed; ***das Problem muss später ~ behandelt werden*** that problem will have to be dealt with separately later; **nicht ~ sein** (*fam*) nothing out of the ordinary [*or* to write home about] *fig;* ***hat's geschmeckt? — na ja, das Essen war nicht ~*** did you enjoy the meal? — well, not particularly; [**jdm geht es** [*o* **jd fühlt sich**]] **nicht ~** (*fam*) [sb feels] not too good [*or* great] *fam*

besonnen I. *adj* sensible, calm, prudent; **~ bleiben** to keep [*or* stay] calm; ***sein ~es Verhalten rettete ihn*** his level-headed [*or* discreet] conduct saved him II. *adv* sensibly, calmly, prudently; ***wir sollten sehr ~ vorgehen*** we should proceed with utmost caution, discretion

Besonnenheit <-> *f kein pl* common sense *no pl,* calmness *no pl,* prudence *no pl*

besorgen* *vt* ❶ (*kaufen*) ■[**jdm**] **etw ~** to buy [*or* get] [sb] sth; (*beschaffen*) to get [*or form* obtain] sth for sb [*or* sb sth], to procure sth for sb *form;* ■**sich** *dat* **etw ~** to get [oneself] sth, to obtain [*or form* procure] sth [for oneself]; **jdm einen Job/Partner ~** to fix sb [up] with a job/partner; **sich einen Job ~** to find oneself a job *fam* ❷ (*erledigen*) ■**etw ~** to see [*or* attend] to sth; **jds Angelegenheiten ~** to look after [*or* manage] sb's affairs; **den Haushalt ~** to run the household ▶ WENDUNGEN: **was du heute ~ kannst, verschiebe nicht auf morgen** (*prov*) do not postpone anything until tomorrow that could be done today; **es jdm ~** (*fam: jdn verprügeln*) to give sb a thrashing; (*es jdm heimzahlen*) to give sb what for; ***ich habe es ihm richtig besorgt*** I really let him have it; (*jdm die Meinung sagen*) to give sb a piece of one's mind; (*derb: jdn sexuell befriedigen*) to give it to sb *vulg*

Besorgnis <-ses, -se> *f* ① (*Sorge*) concern, worry, alarm; ~ **erregend** worrying, alarming; ***der Zustand des Patienten ist weiterhin ~ erregend*** the patient's condition is continuing to cause concern; **jds** *akk* ~ **erregen** to cause sb concern, to alarm sb; **in ~ geraten** to get alarmed [*or* worried]; **mit wachsender ~** with increasing concern [*or* anxiety]; ***kein Grund zur ~!*** no need to worry! ② (*Befürchtung*) misgivings *pl,* concerns *pl,* fears *pl;* **jdm seine ~se zerstreuen** to allay sb's misgivings [*or* concerns] [*or* fears]; **große ~** great [*or* considerable] concern; **ernste ~** grave concern; **~ erregen** to cause [*or* arouse] concern; **~ der Befangenheit** JUR fear of bias

besorgniserregend *adj s.* **Besorgnis 1**

besorgt *adj* ① (*voller Sorge*) worried, concerned; ■ [**wegen/um etw**] ~ **sein** to be worried [*or* concerned] [about sth]; ***er war um seine Zukunft ~*** he was anxious about his future; **mit ~er Miene** with a troubled expression [on sb's face]; **ein ~es Gesicht machen** to look troubled [*or* worried] ② (*fürsorglich*) ■ **um jdn/etw ~ sein** to be anxious about sb/sth, to be concerned [*or form* solicitous] about [*or* for] sb/sth; ***seine Eltern waren immer sehr ~ um ihn*** his parents were always worrying about him

Besorgtheit <-> *f kein pl* concern, anxiety, uneasiness; ■ **jds ~ um jdn/etw** sb's concern about [*or* for] sb/sth

Besorgung <-, -en> *f* ① (*Einkauf*) shopping, errand[s], purchase[s] *form;* [**für jdn**] **eine ~/~en machen** [*o* **erledigen**] to do some shopping [*or* errands] [for sb], to make a purchase/some purchases [for sb] *form;* (*das Kaufen*) purchase *form* ② (*das Erledigen*) *Geschäfte, Aufgaben* management [*or* handling] [of affairs]

bespannen* *vt* ① (*überziehen*) ■ **etw** [**mit etw**] ~ to cover sth [with sth]; **etw mit Stoff/einer Plane ~** to cover sth with fabric/canvas; **Sitzmöbel ~** to re-cover [*or* re-upholster] furniture; **etwas mit Saiten ~** to string sth; **einen Schläger neu ~** to re-string a racket ② (*Zugtiere anspannen*) ■ **etw** [**mit etw**] ~ to harness [*or* put] sth [to sth]; **den Wagen ~** to harness up the cart; **mit Pferden bespannt** horse-drawn

Bespannung *f* ① *kein pl* (*das Bespannen mit Stoff*) covering; *Instrument, Schläger* stringing; *Wagen* harnessing ② (*der Überzug*) cover, covering; **Wand~** wall-coverings; (*Saiten*) strings *pl;* (*Zugtiere*) team [of oxen etc]

bespielbar *adj* ① TECH *Kassette* capable of being recorded on; ***diese Videokassette ist ~*** you can use this video cassette for recording ② SPORT *Platz* fit for playing on; ***der Platz ist nur mit Stollenschuhen ~*** only studded boots are to be used on the pitch

bespielen* *vt* ① TECH *Kassette, Tonband* ■ **etw** [**mit etw**] ~ to make a recording [of sth] [*or* to record [sth]] on sth; ***die MC ist mit klassischer Musik bespielt*** the tape has got classical music on it; **ein bespieltes Band** a [pre-]recorded tape ② SPORT *Platz* ■ **etw** ~ to play on sth; ***nach dem Regen kann der Platz noch nicht wieder bespielt werden*** after the rain the pitch is not yet ready for playing on

bespitzeln* *vt* ■ **jdn** ~ to spy on sb, to keep sb under surveillance

Bespitzelung <-, -en> *f* spying, surveillance; **die ~ einer Person** the surveillance of a person

besprechen* *irreg* **I.** *vt* ① (*erörtern*) ■ **etw** [**mit jdm**] ~ to discuss sth [*or* talk about sth [*or* sth over]] [with sb], to confer [with sb] about/on sth *form;* **wie besprochen** as agreed ② (*rezensieren*) ■ **etw** ~ to review sth; [**von der Kritik**] **negativ** [*o* **schlecht**]/**positiv besprochen werden** to receive [*or* get] good/bad reviews ③ (*aufnehmen*) ■ **etw** [**mit etw**] ~ to make a recording [of sth] on sth; **besprochene Bänder** spoken [*or* voice] recordings **II.** *vr* (*sich beraten*) ■ **sich** [**über etw** *akk*] ~ to discuss [sth], to talk [*or form* confer] [about sth], to talk sth over; ■ **sich mit jdm** [**über etw** *akk*] ~ to consult with sb [about sth], to discuss sth [*or* talk sth over] with sb

Besprechung <-, -en> *f* ① (*Konferenz*) meeting, conference; (*Unterredung*) discussion, talk; (*nach intensiven ~en kamen sie zu einer Einigung*) after intensive negotiations they reached an agreement ② (*Rezension*) review

Besprechungsexemplar *nt* review copy **Besprechungszimmer** *nt* conference room; **ärztliches ~** consulting room

bespritzen* *vt* ■ **jdn** [**mit etw**] ~ to splash [*or* spray] sb [with sth], to splash [sth over] sb; ■ **sich** [**mit etw**] ~ to splash [sth on] oneself; **jdn/etw mit Blut ~** to spatter sb/sth with blood; ■ [**jdm/sich**] **etw ~** to splash [*or* spatter] [sb's/one's] sth; ***er hat den Pulli mit Farbe bespritzt*** he's splashed [*or* spattered] paint all over his sweater; **eine Pflanze mit Wasser ~** to spray a plant with water; ■ **sich gegenseitig** [**mit etw**] ~ to splash each other [with sth]; **sich** [**gegenseitig**] **mit dem Gartenschlauch ~** to hose oneself/each other down

besprühen* *vt* ■ **jdn/etw** [**mit etw**] ~ to spray sb/sth [with sth]; ■ **sich** [**mit etw**] ~ to spray oneself [with sth]; ■ [**sich** *dat*] **etw** [**mit etw**] ~ to spray [one's] sth [with sth]

bespucken* *vt* ■ **jdn/etw** ~ to spit at sb/sth

besser I. *adj comp von* **gut** ① (*höher*) better; **~es Gehalt** higher wages, better pay; **~e Qualität** superior quality; ■ **etwas B~es** sth better; **nichts B~es** nothing better; ***Sie finden nichts B~es!*** you won't find anything better!; ***es gibt auf dem Markt nichts B~es*** it's the best on the market; ■ **~ sein** to be better; ***etw könnte ~ sein*** sth could be better, sth has room for improvement; **nicht ~ als ...** no better than ...; ■ [**es ist**] ~, [**wenn**] ... it would be better if ...; **~, *man sieht uns nicht zusammen*** it would be better if nobody saw us together; ■ **etw wird ~** [*o* **mit etw** *dat* **wird es ~**] sth is getting better [*or* improving] ② (*sozial höhergestellt*) more respectable, better-off, genteel *iron* ③ (*iron fam: kaum mehr als*) ■ **etw ist ein ~er/~es/eine ~e ...** sth is just a bit better than ... [*or* a better sort of]; ***das nennen Sie anständige Wohnung? das ist doch allenfalls eine ~e Bruchbude!*** you call that a decent flat? it's just a slighty upmarket garden shed! ▶ WENDUNGEN: **jdn eines B~en belehren** to put sb right, to enlighten sb; ***ich lasse mich gerne eines B~en belehren*** I'm willing to admit I'm wrong; **sich eines B~en besinnen** to think better of sth; **B~es zu tun haben** to have other things to do [*or prov* fish to fry]; ***als ob ich nichts B~es zu tun hätte!*** as if I had nothing better to do!; *s. a.* **Wendung II.** *adv comp von* **gut, wohl** ① (*nicht mehr schlecht*) **es geht jdm ~** MED sb is [*or* feels] better; **es geht** [**einer S.** *dat*] ~ ÖKON sth is doing better; ***es geht der Landwirtschaft noch nicht ~*** the agricultural industry is still not doing well ② (*mehr als gut*) better; **~ gestellt** better off; **~ Gestellte** the better-off + *pl vb;* **jdn ~ stellen** to improve sb's [financial or social] position; ***sie wurde um 157 DM pro Monat ~ gestellt*** she is better off by 157 DM a month; **~ verdienen** to earn more ③ (*fam: lieber*) better; ***dem solltest du ~ aus dem Wege gehen!*** it would be better if you avoided him!, you would do better to keep out of his way!; ***lass ~ mich ran!*** let me have a go!; ***soll ich ihm von unserem Gespräch berichten? — nein, das lassen Sie ~ bleiben!*** shall I tell him about our conversation? — no, it would be better not to! ▶ WENDUNGEN: **~** [**gesagt**] (*richtiger*) rather, properly speaking *form;* **es ~ haben** to be [a lot] better off; **es**

[**mit jdm**] ~ **haben** to be better off [with sb]; ~ **ist** ~ [it's] best to be on the safe side [*or prov* better [to be] safe than sorry]; **es kommt noch** ~ (*iron fam*) you haven't heard the half of it! *fam;* **jd täte** ~ **daran ...** sb would do better to ...; **jd will es** [*o* **alles**] [**immer**] ~ **wissen** sb [always] knows better; **um so** ~! (*fam*) all the better!

besser|gehen *vi impers, irreg sein s.* **besser II 1**

bessergestellt *adj s.* **besser II 2**

bessern I. *vr* ■ **sich** ~ ❶ (*ein besseres Benehmen zeigen*) to improve, to do better, to turn over a new leaf *prov,* to mend one's ways ❷ (*besser werden*) to improve, to get better; ***sein*** [***Gesundheits***]***zustand hat sich gebessert*** he has recovered **II.** *vt* ■ **jdn** ~ to reform sb, to change sb for the better; ■ **etw** ~ to improve upon sth

besser|stellen *vt s.* **besser II 2**

Besserung <-> *f kein pl* MED improvement; **gute** ~! get well soon!; **auf dem Weg der** ~ **sein** to be on one's way to recovery; *Lage, Situation* an improvement [*or* a change for the better] [in a situation]; *Preis, Kurs* gain, advance; ***es soll nie wieder vorkommen, hiermit gelobe ich*** ~ it won't happen again, from now on I'm a reformed character

Besserverdienende(r) *f(m) dekl wie adj* JUR high earner

Besserwisser(in) <-s, -> *m(f)* (*pej*) know-all *pej,* know-it-all *pej,* wise guy *pej*

Besserwisserei <-> *f kein pl* (*pej*) know-all manner; ***verschone uns bitte mit deiner ständigen*** ~! please spare us this little Mr/Miss Know-it-all attitude of yours!

Besserwisserin <-, -nen> *f fem form von* **Besserwisser**

besserwisserisch I. *adj* (*pej*) know-all; **eine** ~**e Art** a know-it-all manner; ***sie legt immer so ein*** ~***es Verhalten an den Tag*** she always behaves like a little Miss Know-it-all **II.** *adv* (*pej*) like a know-all, in a know-all way

bestallen* *vt* (*geh: ernennen*) ■ **jdn** [**zu etw**] ~ to appoint sb [to sth]; **jdn ins Amt** ~ to instal sb in office *form*

Bestallung <-, -en> *f* (*geh: Ernennung*) ■ **jds** *gen* ~ [**zu etw**] sb's appointment to sth; (*in ein höheres Amt*) sb's installation [as sth] *form*

Bestallungsurkunde *f* certificate of appointment

Bestand <-[e]s, Bestände> *m* ❶ (*Fortdauer*) survival, continued existence, continuation, longevity *form;* ***der weitere*** ~ ***der Koalition hängt vom Ausgang der Verhandlungen ab*** whether the coalition will survive depends on the outcome of the negotiations; ÖSTERR (*Bestehensdauer*) founding; ***die Firma hat 30-jährigen*** ~ the company has its 30th anniversary; **von** ~ **sein,** ~ **haben** to be long-lasting [*or* durable] ❷ (*vorhandene Menge*) ■ **der/jds** *gen* ~ [**an etw** *dat*] the/sb's supply [*or* stock] [*or* store] [of sth]; *Vieh* [live] stock; *Kapital* assets *pl; Wertpapiere* holdings *pl;* FORST (*Waldstück*) stand *form; Bäume* stand [*or* population] [of trees]; ~ **aufnehmen** (*a. fig*) to take stock, to do stocktaking

bestanden *adj inv* ❶ (*erfolgreich absolviert*) passed; ***nach glänzend*** ~***em Examen*** after brilliantly passing the exam ❷ (*mit Pflanzen bewachsen*) covered with trees *pred,* tree-covered *attr;* **mit Bäumen** ~**e Straße** tree-lined street; **gut/schlecht** ~**es Gebiet** well/poorly-stocked area ❸ SCHWEIZ (*alt, bejahrt*) advanced in years *pred,* ageing BRIT, aging AM

beständig *adj* ❶ *attr* (*ständig*) continual, constant, persistent *pej,* relentless *pej* ❷ (*gleich bleibend*) consistent, dependable, steady; ~**e Loyalität** unswerving loyalty; ~**es Wetter** settled weather; ~**es Tief** persistent depression ❸ (*widerstandsfähig*) ■ ~ [**gegen etw**] **sein** to be resistant [to sth]; **hitze**~ heat-resistant, -proof ❹ (*dauerhaft*) long-lasting, lasting

Beständigkeit <-> *f kein pl* ❶ (*das Anhalten*) persistence; **die** ~ **des guten/schlechten Wetters** the continuation of the settled [*or* good]/bad weather [conditions] ❷ (*gleichbleibende Eigenschaft*) consistency, dependability, steadfastness; *Liebende* constancy ❸ (*Widerstandsfähigkeit*) resistance; ■ ~ **gegen etw** resistance to sth

Bestandsaufnahme *f* ❶ ÖKON stocktaking, inventory; [**eine**] ~ **machen** to take stock, to do the stocktaking; (*in Gastronomie oder Haushalt*) to make an inventory; **geschlossen wegen** ~ closed for stocktaking ❷ (*fig: Bilanz*) taking stock; ***wenn ich mir bei einer*** ~ ***überlege, was ich nach 10 Jahren erreicht habe ...*** when I take stock of what I've achieved in 10 years...; [**eine**] ~ **machen** to weigh up sth [*or* sth up], to review sth

Bestandteil *m* part, element; SCI component, constituent; **notwendiger** [*o* **elementarer**] ~ essential [*or* integral] part; **sich in seine** ~**e auflösen** to fall apart, to disintegrate; **etw in seine** ~**e zerlegen** to take sth to pieces, to dismantle sth; (*etw auflösen*) to disintegrate [*or* break down] sth

bestärken* *vt* ■ **jdn** [**in etw** *dat*] ~ to encourage sb['s sth], to support sb [in sth]; **jdn in seinem Wunsch/Vorhaben** ~ to confirm [*or* strengthen] sb in their desire/intention; **jdn in einem Verdacht** ~ to reinforce sb's suspicion

Bestärkung *f* ❶ (*Unterstützung*) support, encouragement; ~ **eines Vorsatzes** support [*or* strengthening] of an intention ❷ (*Erhärtung*) confirmation; ~ **eines Verdachts** confirmation of a suspicion

bestätigen* *vt* ❶ (*für zutreffend erklären*) ■ [**jdm**] **etw** ~ to confirm [sb's] sth; **eine Theorie** ~ to confirm [*or* bear out] a theory; **ein Alibi** ~ to corroborate an alibi; **die Richtigkeit einer S.** *gen* ~ to testify to sth's correctness, to verify sth; **ein Urteil** ~ to uphold [*or* sustain] a sentence; ***das Parlament bestätigte den Vertrag*** the parliament ratified the treaty; ■ **jdn** [**in etw** *dat*] ~ to support sb [in sth]; **jdn in seinem Verdacht/seiner Vermutung** ~ to confirm sb's suspicion/speculation; ■ ~**d** in confirmation; **ein** ~**des Kopfnicken** a nod of confirmation; **„hiermit** [*o* **hierdurch**] **wird bestätigt, dass ..."** "we hereby confirm [*or* certify] that ..." ❷ (*quittieren*) ■ [**jdm**] **etw** ~ to certify sth [for sb]; [**jdm**] **den Empfang einer S.** *gen* ~ to acknowledge receipt of sth [for sb]; ADMIN to confirm sth [to sb] ❸ ADMIN ■ **jdn in etw** *dat* ~ to confirm sb in sth; **jdn im Amt** ~ to confirm sb in office; **jdn in einer Stellung** ~ to confirm sb's appointment

Bestätigung <-, -en> *f* ❶ (*das Bestätigen*) confirmation; *Richtigkeit, Echtheit* verification; *Gesetz, Vertrag* ratification; ■ **die/zur** ~ **einer S.** *gen* the/in confirmation of sth; **schriftliche** ~ written confirmation; [**in**] ~ **der Beweise** [*o* **des Alibis**] [in] confirmation [*or* corroboration] of [the] evidence; ***dies sind Beweise zur*** ~ ***meines Verdachts*** this evidence proves my suspicions were right; ~/**keine** ~ **finden** (*geh*) to be validated/to not be validated *form;* JUR to be upheld [*or* sustained]; ***er sucht doch bloß*** ~! he's merely trying to boost his ego! ❷ (*Quittierung*) ■ **die/zur** ~ **einer S.** *gen* the/in confirmation of sth; ■ **die/zur** ~ **des Empfangs** [*o* **Erhalts**] the/in acknowledgement of receipt ❸ (*bestätigendes Schriftstück*) written confirmation, certification, certificate

bestatten* *vt* (*geh*) ■ **jdn** ~ ❶ (*beerdigen*) to bury [*or form* inter] sb; ***sie wird in drei Tagen auf dem alten Friedhof bestattet*** in three days' time she will be laid to rest in the old cemetery; **irgendwo bestattet liegen** to lie [*or* be] buried somewhere ❷ (*verbrennen*) to cremate sb

Bestatter(in) <-s, -> *m(f)* (*geh: Beerdigungsunternehmer*) funeral director *form,* undertaker
Bestattung <-, -en> *f* (*geh*) *s.* **Beerdigung**
Bestattungsinstitut *nt,* **Bestattungsunternehmen** *nt* (*geh*) funeral parlour [*or* AM -or] [*or* directors'] **Bestattungsunternehmer(in)** *m(f)* (*geh*) *s.* **Bestatter**
bestäuben* *vt* ❶ KOCHK ■ **etw** [**mit etw**] ~ to dust [*or* brush] sth [with sth] ❷ BOT ■ **etw** ~ to pollinate sth
Bestäubung <-, -en> *f* BOT pollination
bestaunen* *vt* ■ **jdn/etw** ~ to admire sb/sth; ***wir bestaunten ihr Geschick*** we marvelled at her skilfulness
bestbezahlt *adj attr* highest paid, best-paid
Beste(s) *m o f o nt* ■ **der/die/das** ~ the best; **das** ~ **vom** ~**n** the very best; ***er ist der*** ~ ***von allen*** he's the pick of the bunch [*or* best of the lot], sie wollen das ~ *von allem,* they want the best of everything; ***in der Klasse war er immer der*** ~ he always came first [*or* top] in class; ***Nachgeben ist nicht immer das*** ~ giving in is not always best [*or* the best thing to do]; **das** ~ **wäre ...** it would be best if ... ▸ WENDUNGEN: **der/die/das erst[e]** [*o* **nächst[e]**] ~ the first [*or* next] [person, thing] available; **sein** ~**s geben** to give of one's best *form,* to do the best one can; [**jdm**] **etw zum** ~**n geben** ([*jdm*] *etw erzählen*) to oblige [sb] with sth; ***auf Partys pflegte sie immer lustige Anekdoten zum*** ~***n zu geben*** at parties she always had a wealth of funny stories; **jdn zum** ~**n halten** (*jdn zum Narren halten*) to pull sb's leg *prov,* to make fun of sb; **wir wollen das** ~ **hoffen** let's hope for the best; **das** ~ **aus etw machen** to make the best of sth [*or* of a bad job]; **es steht** [**mit etw**] **nicht zum** ~**n** it doesn't look good [*or* very hopeful]; **sein** ~**s tun** to do one's best; **nur jds** *akk* ~**s wollen** to only want the best for sb [*or* have sb's interests at heart]; **zu jds** ~**n** in sb's [own] interests; ***glaube mir, es ist nur zu deinem B~n*** believe me, it's for your own good; **meine** ~/**mein** ~**r!** (*veraltet fam*) my dearest *old fam,* my dear *fam*
beste(r, s) I. *adj superl von* **gut** *attr* best; **von der** ~**n Qualität** of the highest quality; **die** ~ **Weite** the farthest [*or* furthest]; **aus** ~**r Familie** from a good family; **von** ~**r Abstammung** of good birth [*or form* stock]; **sich** ~**r Gesundheit erfreuen** to be in the best of health; **in** ~**r Laune** in an excellent mood [*or* the best of spirits]; **in** ~**r Gelassenheit** very [*or* extremely] composed; ***meine*** ~***n Glückwünsche zur bestandenen Prüfung!*** congratulations on passing your exam!; ***mit den*** ~***n Genesungswünschen*** with all best wishes for a speedy recovery; [***Briefformel***]: ***„mit den*** ~***n Grüßen*** [***Ihr***]***"*** "Best wishes, [Yours]"; *s. a.* **Wille** ▸ WENDUNGEN: **aufs** [*o* **auf das**] ~ perfectly, very well; *s. a.* **Beste(r,s)** II. *adv* ❶ ■ **am** ~**n** + *verb* best; ***sie schloss in der Prüfung am*** ~***n ab*** she finished top in the exam ❷ (*ratenswerterweise*) ■ **am** ~**n** it would be best if ..., your best bet would be to ... *fam* ▸ WENDUNGEN: **das ist** [**auch** [*o* **doch**]] **am** ~**n so!** it's all for the best!; **es wäre am** ~**n, wenn ...** it would be best if ...; ***es wäre am*** ~***n, wenn Sie jetzt gingen*** you had better go now
bestechen* *irreg* I. *vt* ❶ (*durch Zuwendungen beeinflussen*) ■ **jdn** [**mit etw**] ~ to bribe sb [*or* buy sb off] [with sth] ❷ (*für sich einnehmen*) ■ **jdn** [**durch etw**] ~ to win sb over [with sth]; **jdn durch Schönheit** ~ to entrance [*or* captivate] sb II. *vi* (*Eindruck machen*) to be impressive [*or* irresistible]; ■ **durch etw** ~ to win people over [*or* impress] with sth; **durch Schönheit** ~ to be entrancing [*or* captivating]; ***das Auto besticht durch seine Form*** the appeal of the car lies in its shape
bestechend I. *adj* captivating, irresistible, impressive; **ein** ~**es Angebot** a tempting offer; **ein** ~**er Gedanke** a fascinating thought [*or* idea]; **ein** ~**es Lächeln** a winning smile; **eine** ~**e Schönheit** an entrancing [*or* captivating] beauty; **eine** ~**er Geist** a brilliant mind; ■ **etwas B~es** something irresistible; **etwas B~es haben** to have a certain irresistibility II. *adv* winningly, impressively
bestechlich *adj* corrupt, open to bribery, venal *form*
Bestechlichkeit <-> *f kein pl* corruptibility, venality *form*
Bestechung <-, -en> *f* bribery, corruption; ***durch*** ~ ***eines Polizisten gelang dem Häftling die Flucht*** the prisoner managed to escape by brinbing a policeman; **sich durch** ~ **von etw freikaufen** to bribe one's way out of sth; **aktive/passive** ~ JUR giving/accepting [*or* taking] bribes
Bestechungsgeld *nt meist pl* bribe **Bestechungsversuch** *m* attempt to bribe
Besteck <-[e]s, -e> *nt* ❶ (*Ess~*) cutlery *n sing;* ~ **bilden** to make up [*or* lay] a place setting; **die** ~**e auflegen** to lay the table; ***bringen Sie uns bitte noch ein*** ~ please could you lay us another place [*or* bring us another set of cutlery] ❷ (*Instrumentensatz*) set of instruments, instruments; *Raucher* smoker's set; (*sl*) *Heroinsüchtige* needles *pl*
Besteckkasten *m* cutlery box, canteen *form*
bestehen* *irreg* I. *vt* ❶ (*erfolgreich abschließen*) ■ **etw** [**mit etw**] ~ to pass sth [with sth]; ***sie bestand ihre Prüfung mit Auszeichnung*** she got a distinction in her exam, she passed her exam with distinction; **etw nicht** ~ to fail sth; **eine Probe** [*o* **Aufgabe**] ~ to stand the test [of sth]; **jdn** ~ **lassen** to let sb pass [an exam]; ***die Prüfer ließen ihn nicht*** ~ the examiners failed him ❷ (*geh: durchstehen*) ■ **etw** ~ to come through sth [in one piece], to survive sth; **einen Kampf** ~ to win a fight ❸ (*andauern*) **etw** ~ **lassen** to retain sth; **ein Gebäude** ~ **lassen** to leave a building standing; **getrennte Haushalte** ~ **lassen** to continue [living] with separate domestic arrangements [*or* households]; **eine Abmachung** ~ **lassen** to let an arrangement continue, to leave an arrangement as it is II. *vi* ❶ (*existieren*) to be; **es** ~ **Zweifel** [**an etw**] there are doubts [about sth]; ***es besteht kein Zweifel*** there is no doubt; **es** ~ **gute Aussichten, dass ...** the prospects of ... are good; **es besteht die Gefahr, dass ...** there is a danger of [*or* that] ...; ***besteht noch Hoffnung?*** is there still a chance?; ***es besteht kaum noch Hoffnung, dass ...*** there is almost no chance of ...; ***es besteht der Verdacht, dass sie für eine andere Macht spioniert hat*** she is suspected of spying for another power; ***bei uns besteht der Brauch ....*** we have a tradition of ...; ~ **bleiben** (*weiterhin existieren*) to last; *Hoffnung* to remain; *Tradition* to prevail; *Wetter* to persist; (*weiterhin gelten*) *Versprechen, Wort* to hold good, to remain ❷ *mit Zeitangabe* to exist, to be in existence; ***das Unternehmen besteht jetzt schon 50 Jahre*** the company is 50 years old [*or* has been in existence for 50 years] ❸ (*sich zusammensetzen*) ■ **aus etw** ~ to consist [*or* be composed] of [*or form* comprise] sth; *Material* to be made of ❹ (*beinhalten*) ■ **in etw** *dat* ~ to consist in sth; **jds Aufgabe besteht darin, etw zu tun** sb's job consists in doing [*or* it's sb's job to do] sth; **jds Chance besteht darin, dass ...** sb's chance lies in ...; **das Problem besteht darin, dass ...** the problem is that ...; **die Schwierigkeit besteht in/darin, dass ...** the difficulty lies in ...; **der Unterschied besteht in/darin, dass ...** the difference lies in ... ❺ (*standhalten*) ■ **vor jdm/etw** ~ to survive [*or* hold one's own [*or* stand one's ground] against] sb/sth; **vor jds** *dat* **kritischem Auge** ~ to survive sb's critical eye; **vor der Kritik** ~ to stand up to criticism [*or* a review]; ■ **neben jdm/etw** ~ to compare [well]

to [*or* with] sb/sth; ***ich kann nicht neben ihr*** ~ I don't compare with her ⑥ (*durchkommen*) ■ [**in etw** *dat*] [**mit etw**] ~ to pass [sth] [with sth]; ***ich habe bestanden! — gratuliere!*** I've passed! — congratulations! ⑦ (*insistieren*) ■ **auf etw** *dat* ~ to insist that sth, to insist on sth; ***ich bestehe auf der Erfüllung Ihrer Verpflichtungen!*** I insist that you fulfil your obligations!; ■ **darauf ~, dass ...** to insist that ...; ***wenn Sie darauf ~!*** if you insist!; **auf einer Meinung** ~ to stick to an opinion [*or* to one's guns] *prov*

Bestehen <-s> *nt kein pl* ① (*Vorhandensein*) ■ **das ~ einer S.** *gen* the existence of sth; ***das 25jährige ~ der Firma wurde gefeiert*** the company celebrated its 25th birthday; **seit** [**dem**] **~ einer S.** *gen* since the establishment of sth; *Schule, Verein etc* founding; *Geschäftsverbindung* setting-up, establishment ② (*Beharren*) ■ **jds** *gen* ~ **auf etw** *dat* sb's insistence on sth; ■ **jds ~ darauf, dass ...** sb's insistence that ... ③ (*das Durchkommen*) ■ **das ~ einer S.** *gen Prüfung, Test* the passing of sth; *Probezeit* successful completion; *schwierige Situation* surviving, coming through; *Gefahren* overcoming

bestehen|bleiben *vi irreg sein s.* **bestehen II 1**

bestehend *adj* (*existierend*) existing, prevailing, present; (*geltend*) current; **noch** ~ extant

bestehen|lassen *vt irreg s.* **bestehen I 1, I 3**

bestehlen* *vt irreg* ■ **jdn/etw** [**um etw**] ~ to steal [sth] from sb/sth, to rob sb/sth [of sth]; ***Hilfe, man hat mich bestohlen!*** help, I've been robbed!

besteigen* *vt irreg* ① (*auf etw klettern*) ■ **etw** ~ to climb [up onto] [*or form* ascend [to]] sth; **ein Gerüst/eine Leiter/einen Turm/einen Berg** ~ to climb [*or* go up] a scaffolding/ladder/tower/mountain; **die Kanzel** ~ to climb [*or* get] into the pulpit; **das Podest** ~ to get up onto the platform; **das Rednerpult** ~ to go up to the rostrum, to take the floor; **einen Thron** ~ to ascend a throne ② (*sich auf etw schwingen*) **ein Tier** ~ to mount an animal; *ein Fahrrad/Motorrad* ~ to get on[to] [*or* mount] a bike/motorcycle ③ (*einsteigen in*) **einen Bus** ~ to get on a bus; **ein Taxi/Auto** ~ to get into [*or* in] a car/taxi; **ein Flugzeug** ~ to board [*or* get into] a plane; **ein Schiff** ~ to go on board [*or* aboard] a ship ④ (*begatten*) ■ **etw** ~ ZOOL to cover [*or* mount] [another animal], jdn ~; (*sl*) to mount sb *sl*

Besteigung *f* ■ **die ~ einer S.** *gen* the ascent of sth; ***die ~ des Berges erwies sich als schwierig*** climbing the mountain proved difficult; *Thron* accession [to the throne], ascent; *s. a.* **Thronbesteigung**

bestellen* **I.** *vt* ① (*in Auftrag geben*) ■ **etw** [**bei jdm**] ~ to order sth [from sb]; ■ [**sich** *dat*] **etw** ~ to order [oneself] sth [*or* [for oneself]]; **etw bei einem Kellner** ~ to order [*or* ask for] sth from a waiter; **etw bei einem Geschäft** ~ to place an order for sth [with a shop]; **eine Zeitung** ~ to subscribe to a paper; *s. a.* **Aufgebot** ② (*reservieren*) ■ [**jdm**] **etw** ~ to reserve [*or* book] sth [for sb]; ***die Gäste nahmen am bestellten Tisch im Restaurant Platz*** the guests sat down at the table they had reserved; ■ [**sich** *dat*] **etw** ~ to book, to reserve ③ (*ausrichten*) ■ **jdm etw** ~ to tell sb sth, to give sb a message; ■ **jdm** [**von jdm**] **~, dass ...** to tell sb [from sb] that ...; [**jdm**] **Grüße** ~ to send [sb] one's regards; ***können Sie ihr etwas ~?*** may I leave a message for her? ④ (*kommen lassen*) ■ **jdn/etw** [**zu jdm/irgendwohin**] ~ to ask sb/sth [to come to sb/somewhere]; **einen Patienten** ~ to give a patient an appointment; **ein Taxi** ~ to call a taxi; **ein Mietwagen** ~ to order a rented car; ■ [**bei** [*o* **zu**] **jdm/irgendwohin** *akk*] **bestellt sein** to have an appointment [with sb/at some place] ⑤ ADMIN (*einsetzen*) ■ **jdn** [**zu etw**] ~ to appoint [*or* nominate] sb [as sth] ⑥ AGR (*bearbeiten*) ■ **etw** [**mit etw**] ~ to cultivate sth [with sth], to work sth; **den Acker** ~ to plant [*or* till] the field ▸ WENDUNGEN: **wie bestellt und nicht abgeholt** (*hum fam: allein und ratlos*) standing around, making the place look untidy *hum fam*, looking like a lost sheep *hum fam;* **nichts/nicht viel/kaum etwas zu ~ haben** (*nichts/etc zu sagen/auszurichten haben*) to not have a [*or* much] say, to have not got a chance; ***gegen die andere Mannschaft hatten wir nichts zu ~*** we were no match for the other team; **um jdn/mit etw ist es ... bestellt** (*jd/etw befindet sich in einer ... Lage*) sb/sth is in a ... way, things look ... for sb/sth; ***um meine Finanzen ist es derzeit schlecht bestellt*** my finances are in a bad way at the moment **II.** *vi* (*Bestellung aufgeben*) ■ [**bei jdm**] ~ to order [from sb]

Besteller(in) <-s, -> *m(f)* *customer* [*who has placed an order for sth*], buyer; *Zeitung* subscriber

Bestelliste *f s.* **Bestellliste** **Bestellliste**RR *f* list

Bestellnummer *f* order number **Bestellpraxis** *f* MED *surgery where patients are seen only on appointment* **Bestellschein** *m* order form

Bestellung <-, -en> *f* ① (*das Bestellen*) ■ **die/eine ~ einer S.** *gen* [**bei jdm/aus etw**] the/an order for sth [from sb/sth]; ~ ***aus einem Katalog*** ordering from a catalogue; **eine ~ entgegennehmen/bearbeiten** to take/process an order; (*bestellte Ware*) order, ordered goods; **eine ~ machen** [*o* **aufgeben**] to order, to make [*or* place] an order; **auf ~ arbeiten** to work to order; **etw auf ~ machen** [*o* **anfertigen**] to make sth to order; **auf ~ gemacht** made to order ② (*Essensauswahl*) order; ***manche Gerichte gibt es nur auf ~*** some dishes have to be ordered in advance ③ TOURIST reservation, booking ④ (*Übermittlung*) delivery; ***er bat sie um ~ von Grüßen an seinen Bekannten*** he asked her to pass on his good wishes [*or* give his regards] to his friends ⑤ AGR cultivation ⑥ ADMIN nomination, appointment; ~ **eines Gutachters** appointment of an expert; ~ **eines Gutachtens** request for an expert opinion; ~ **zum Vormund** appointment as guardian ▸ WENDUNGEN: **auf** ~ (*einfach so*) just like that; **wie auf** ~ (*wie gerufen*) in the nick of time, coming in handy

Bestellzettel *m s.* **Bestellschein**

besten *adv s.* **beste**

bestenfalls *adv* at best

bestens *adv* very well, excellently; **um etw ist es ~ bestellt** sth is looking very rosy [*or* doing extremely well]; ~ **vorsorgen** to take very careful precautions; ***für alle Eventualitäten ist ~ vorgesorgt*** we are ready for all eventualities; **etw ~ vorbereiten** to prepare sth extremely well [*or* BRIT *a.* very well indeed]; ***ich danke ~!*** thank you very much indeed!; **jdn ~ grüßen** to send sb one's best regards [*or* wishes]

besteuern* *vt* ■ **jdn/etw** ~ to tax [*or* impose a tax on] sb/sth; ***Alkohol wird mit 15 DM pro Liter besteuert*** the tax on alcohol is 15 DM per litre

Besteuerung <-, -en> *f* taxation

Bestform *f* BES. SPORT *s. a.* **Höchstform**

bestialisch **I.** *adj* atrocious, brutal; **~er Gestank** vile [*or* foul] [*or* appalling] smell; **~er Schmerz** excruciating [*or* intense] pain; **~e Hitze/Kälte** awful [*or* beastly] heat/cold **II.** *adv* (*fam*) dreadfully; ~ **kalt** extremely [*or* beastly] cold; ~ **stinken** to stink to high heaven *fig;* ***was stinkt denn hier so ~?*** what's that dreadful smell round here?; ~ **weh tun** to hurt badly [*or sl* like hell]; ~ **zugerichtet** badly beaten up [*or* mauled]

besticken* *vt* ■ **etw** [**mit etw**] ~ to embroider [sth on] sth

Bestie <-, -n> ['bɛstiə] *f* ① (*reißendes Tier*) beast *form* ② (*grässlicher Mensch*) brute, beast, monster

bestimmbar *adj* identifiable, recognizable; ***dieser Geruch ist schwer ~*** it's difficult to say [*or* determine] what this smell is

bestimmen* I. *vt* ① (*festsetzen*) ■ etw ~ to decide on [*or form* determine] sth; einen Preis ~ to fix [*or* set] a price; Ort und Zeit ~ to fix [*or* appoint] a place and time; eine Grenze/ein Limit ~ to set a limit; *wir müssen genau ~, wo wir uns treffen* we have to decide exactly where we'll meet; *Gesetzenwurf, Verordnung* to rule, to lay down; *das Gesetz bestimmt es so* it's the law; das Gesetz bestimmt, dass ... the law says that ...; (*entscheiden*) to decide sth ② (*prägen*) ■ etw ~ to set the tone for sth; *sein ruhiges Auftreten bestimmte die folgende Diskussion* his calm manner set the tone for [*or* of] the ensuing discussion; *dichte Wälder ~ das Landschaftsbild* thick forests characterize the scenery ③ (*beeinflussen*) ■ etw ~ to influence sth; etw entscheidend ~ to determine [*or* control] sth; *die Meinung anderer Leute bestimmte sein ganzes Handeln* other people's opinions had a determining [*or* prevailing] influence on all of his actions; sich nach etw bestimmen, durch etw bestimmt werden to be governed [*or* determined] by sth ④ (*wissenschaftlich feststellen*) ■ etw ~ to categorize sth; etw nach [seiner] Art ~ to establish the category of sth; Pflanzen/Tiere ~ to classify plants/animals; die Bedeutung/Etymologie/Herkunft von etw ~ to determine the significance/etymology/origin of sth; einen Begriff ~ to define a term ⑤ (*vorsehen*) ■ jdn zu etw ~ to make sb sth, to name [*or* choose] sb as sth; jdn durch Wahl zu etw ~ to vote sb in as sth; ■ etw für jdn ~ to intend [*or* earmark] sth for sb; füreinander bestimmt meant for each other; etw ist für jdn bestimmt sth is for sb; zu Größerem bestimmt sein to be destined for higher things; vorherbestimmt sein to be predestined ⑥ (*geh: bewegen*) ■ jdn zu etw ~ to induce [*or form* to prevail on] sb to do sth II. *vi* ① (*befehlen*) to be in charge, to decide what happens, to lay down the law *pej* ② (*verfügen*) ■ über jdn/etw ~ to control sb/sth, to dispose of sth; über seine Zeit ~ to organize one's time; (*jdn bedrängen*) to push sb around *fam;* über jds *akk* Gelder ~ to have control over sb's finances

bestimmend I. *adj* deciding, decisive, determining; für jdn/etw ~ sein to be a decisive [*or* crucial] factor for sb/in sth II. *adv* decisively

bestimmt I. *adj* ① (*nicht genau genannt*) certain; aus ~en Gründen for reasons which sb would rather not go into ② (*speziell, genau genannt*) particular; eine ganz ~e Sache/ein ganz ~er Mensch a particular thing/person; ganz ~e Vorstellungen very particular [*or* exact] ideas; ein ~er Verdacht a clear [*or* definite] suspicion; ■ etwas [ganz] B~es something [in] particular, something special ③ (*festgesetzt*) fixed, specified, stated; *ein ~er Tag/Termin/Ort* the appointed day/date/place; klar, deutlich exact, clear; eine ~e Ausdrucksweise an articulate manner; ein ~er Artikel LING a definite article ④ (*entschieden*) determined, resolute, firm; *ihr Auftreten war höflich, aber ~* her manner was polite but firm II. *adv* ① (*sicher*) definitely, for certain; etw ganz ~ wissen to know sth for certain, to be positive about sth; *Sie sind ~ derjenige, der mir diesen Brief geschickt hat!* you must be the person who sent me this letter!; *~ nicht* never, certainly not; *der ist ~ nicht hier* I doubt that he's here; *Ich bin morgen ganz ~ mit von der Partie* you can definitely count me in tomorrow; *ich schreibe ~* I will write, I promise; *ich bin ~ nicht lange weg* I won't be gone long, I promise ② (*entschieden*) determinedly, resolutely; *sie ist eine sehr ~ auftretende Frau* she has a very determined air about her

Bestimmtheit <-> *f kein pl* determination, resoluteness; die ~ von jds Auftreten sb's determined [*or* the resoluteness of sb'] manner; die ~ von jds Ton the determination in sb's tone of voice; die ~ von Angaben/Daten the precision [*or* exactitude] of details/data; in [*o* mit] aller ~ categorically, emphatically; etw in aller ~ sagen/hören to say/hear sth loud and clear; etw in aller ~ ablehnen to categorically refuse sth; etw mit ~ sagen können to be able to state sth definitely [*or* with certainty]; etw mit ~ wissen to know sth for certain, to be positive about sth; auf jdn mit ~ rechnen to count [*or* rely] on sb

Bestimmung <-, -en> *f* ① (*Vorschrift*) regulation; die kleingedruckten ~en the small print; *Vertrag* term, stipulation *form;* Gesetz, Testament provision *form;* Schul~ school rules [*or* regulations] *pl;* (*für die Abwicklung einer S.*) directions ② *kein pl* (*Zweck*) purpose; ein Gebäude seiner ~ übergeben to officially open [*or form* inaugurate] a building; *im Priesteramt sah/fand er seine ~* priesthood was his mission in life [*or* vocation] ③ (*Schicksal*) fate, destiny ④ (*das Bestimmen*) fixing, determining; *Preis, Grenze, Limit* fixing [*or* setting]; *Zeit, Ort* appointing [*or* fixing]; *Landesgrenze* establishment; *Alter, Herkunft* determination; *Begriff* definition; *Bäume, etc* classification; adverbiale [*o* nähere] ~ LING adverbial [phrase]

Bestimmungsbahnhof *m* station of destination **Bestimmungshafen** *m* port of destination **Bestimmungsland** *nt* country of destination **Bestimmungsort** *m* destination **Bestimmungswort** <-wörter> *nt* LING (*erster Bestandteil einer Zusammensetzung, der den zweiten, das Grundwort, näher bestimmt*) *first part of a word which defines the second part*

bestirnt *adj* (*poet*) starry; hell ~ starlit

Bestleistung *f* (*Höchstleistung*) best performance; jds *gen* persönliche ~ sb's personal best [*or* record]; *das ist europäische ~!* that's a new European record!

Best.-Nr. *f* ÖKON *Abk von* **Bestellnummer**

bestrafen* *vt* ■ jdn [mit etw] ~ to punish sb [by/with sth]; jdn streng ~ to punish sb severely; jdn mit einer Geldstrafe ~ to fine sb; *jdn mit einer Gefängnisstrafe ~* to sentence sb; einen Spieler [wegen eines Fouls] ~ to penalize a player [for a foul]; ■ etw [mit etw] ~ to punish sth [by/with sth]; etw wird mit Gefängnis bestraft sth is punishable by imprisonment *form*

Bestrafung <-, -en> *f* punishment; *Spieler* penalization; (*mit Gefängnis*) sentencing; (*mit Gebühr*) fining; *das Volk verlangte die ~ der Verantwortlichen* the people demanded that those responsible be punished; zur ~ as a punishment; etw verdient ~ sth should be punished [*or* deserves punishment]

bestrahlen* *vt* ① MED (*mit Strahlen behandeln*) ■ jdn/etw ~ to treat sb/sth with [*or* give sb/sth] radiotherapy; *sie wird wegen ihres Rückenleidens dreimal die Woche bestrahlt* she has radiotherapy for her back three times a week ② (*beleuchten*) ■ etw ~ to illuminate sth; *sie bestrahlten das Gebäude mit Scheinwerfern* they shone search-lights on the building

Bestrahlung *f* MED (*das Bestrahlen*) radiotherapy; (*Sitzung zwecks ~*) a radiotherapy session

Bestreben *nt* endeavour[s] [*or* AM -or[s]] *form; es war immer mein ~ gewesen, euch gute Manieren beizubringen* I have always tried to teach you good manners; das ~ haben, etw zu tun to make every effort [*or form* take pains] to do sth; im ~/in jds *dat* ~, etw zu tun in the attempt to do sth, in his/her attempt [*or* efforts *pl*] [*or* endeavours *pl*] to do sth

bestrebt *adj* keen, eager; ■ ~ sein, etw zu tun to be keen [*or* eager] to do sth, to make every effort [*or form* a. to endeavour [*or* AM -vor]] to do sth

Bestrebung <-, -en> *f meist pl* endeavour[s] [*or* AM -or[s]] *form,* attempt[s], effort[s]; ~**en sind im Gange, etw zu tun** efforts are being made to do sth; ***dahin gehen auch meine ~en*** that's what I've been trying to do

bestreichen* *vt irreg* ■**etw mit etw ~** ① (*beschmieren*) to smear sth with [*or* put sth on] sth [*or form* apply sth to]; **etw mit Fett ~** to rub fat into sth; **etw mit Öl ~** to oil sth; **eine Scheibe Brot mit etw ~** to spread sth on a slice of bread; **eine Scheibe Brot mit Butter ~** to butter a slice of bread; **ein dick bestrichenes Brot** a thickly-spread slice ② (*einpinseln*) to coat sth with sth; **etw mit Farbe ~** to paint sth

bestreiken* *vt* ■**etw ~** to take strike action [*or* AM go on strike] against sth; ***dieser Betrieb wird bestreikt*** there is a strike in progress at this company

bestreitbar *adj* disputable, questionable, debatable; **nicht ~** indisputable, incontrovertible, undeniable

bestreiten* *vt irreg* ① (*leugnen*) ■**etw ~** to deny [*or form* refute] sth; **eine Behauptung ~** to reject [*or* contest] [*or* dispute] an assertion; **eine Tat ~** to deny having committed an offence; ■**~ etw zu tun/getan zu haben** to deny doing/having done sth; **etw vehement ~** to deny sth vehemently; **es lässt sich nicht ~, dass ...** it cannot be denied [*or* is undeniable] that ... ② (*finanzieren*) ■**etw ~** to finance [*or* pay for] sth; **die Kosten ~** to cover [*or* meet] [*or form* defray] the costs; [**aus/von etw**] **seinen Unterhalt ~** to provide for one's maintenance from sth, to earn [*or* make] a living by doing sth; ***wovon willst du denn den Unterhalt deiner Familie ~?*** how are you going to support your family [financially]? ③ (*tragen, gestalten*) ■**etw ~** to run [*or* organize] sth; **ein Gespräch ~** to carry a conversation *fig* [*or* do all the talking] ④ (*streitig machen*) ■**jdm etw ~** to challenge sb's sth; **jdm das Recht zu etw ~** to challenge sb's right to sth, to deny sb the right to do sth

bestreuen* *vt* ■**etw** [**mit etw**] **~** to strew sth [with sth], to strew [*or* scatter] [sth on] sth; **etw mit Puderzucker ~** to dust sth with castor sugar; **etw mit Zucker ~** to sprinkle sugar on sth; **etw mit Kies ~** to gravel sth; ***„Achtung! nicht bestreute Eisglätte!"*** "Beware of icy surfaces!"

bestricken* *vt* (*geh*) to bewitch, to charm, to enchant; **~der Charme** irresistible charms

Bestseller <-s, -> ['bɛstzɛlɐ] *m* bestseller

Bestsellerautor(in) *m(f)* bestselling author **Bestsellerliste** *f* bestseller list

bestsituiert *adj attr bes* ÖSTERR (*gutsituiert*) well-situated [*or* -off]

bestücken* *vt* ① (*ausstatten*) ■**etw** [**mit etw**] **~** to stock sth [with sth]; **mit etw gut bestückt sein** to have a good supply [*or* stock] of sth, to be armed with sth *hum;* **etw wieder** [**neu**] **~** to restock sth ② MIL to equip; **einen Soldat mit Waffen ~** to arm a soldier; **gut bestückt** well-armed, armed to the teeth *fam*

bestürmen* *vt* ■**jdn** [**mit etw**] **~** to bombard [*or* besiege] sb [with sth]

bestürzen* *vt* ■**jdn ~** to upset [*or* stun] [*or* dismay] sb, to fill sb with dismay

bestürzend I. *adj* disturbing, distressing; **~e Neuigkeiten** upsetting news II. *adv* disturbingly, distressingly, alarmingly

bestürzt I. *adj* upset, stunned, dismayed; ■[**über etw** *akk*] **~ sein** to be dismayed [*or* disturbed] [*or* upset] [by sth]; **zutiefst ~** deeply dismayed, devastated; **jdn ~ anschauen** to look at sb with a stunned [*or* perplexed] expression on one's face, to look at sb stunned [*or* in consternation] II. *adv* in a dismayed [*or* disturbed] manner [*or* way]; ***sie riss ~ die Augen auf, als sie entdeckte, dass ihr Geldbeutel gestohlen worden war*** her eyes widened in shock as she discovered that her purse had been stolen

Bestürzung <-> *f kein pl* dismay, consternation; **~ auslösen** to arouse [great] consternation; ***an seinem erschütterten Gesicht konnte sie seine ~ ablesen*** from the shattered expression on his face she could see that he was upset

Bestzeit *f* best time

Besuch <-[e]s, -e> *m* ① (*das Besuchen*) visit; ■**~ einer S.** *gen Fest, Museum, Land* visit to sth; *Gottesdienst, Messe, Schule, Veranstaltung* attendance at sth; ■**~ bei jdm** visit to sb; ***nach dem ~ beim Arzt wusste sie, dass sie schwanger war*** after she had seen the doctor, she knew that she was pregnant; **~** [**von jdm**] **haben** to have [*or* receive] a visit from sb *form;* ***ihr Besuch war mir immer willkommen*** her visits [*or* visits from her] were always welcome to me; **jdm einen ~ machen** [*o geh* **abstatten**] to pay sb a visit, to pay a call on sb; (*kurz*) to call [*or* drop in] on sb; [**bei jdm**] **auf** [*o* **zu**] **~ sein** to be on a visit [to sb]; ***ihre Freunde haben einen Bauernhof, da ist sie oft auf ~*** her friends have a farm and she often goes to visit them there; ***ich bin hier nur zu ~*** I'm just visiting ② (*Besucher*) visitor[s]; (*eingeladen*) guest[s]; **hoher ~** important [*or* official] visitor[s] [*or* guest[s]]; **~** [**von jdm**] **bekommen** [*o* **erhalten**] to have [*or* get] a visit [from sb]; **unerwarteter/regelmäßiger ~** an unexpected/regular guest [*or* visitor] [*or* visit]; ***es klingelt, bekommst du denn so spät noch ~?*** that's the doorbell, are you expecting anyone at this hour?

besuchen* *vt* ① (*als Besuch kommen*) ■**jdn ~** to visit [*or* call [in] on] [*or* drop in on] sb; ***er wird oft von Freunden besucht*** he often gets visits from friends; ***besuch mich bald mal wieder!*** come again soon! ② MED **einen Patienten ~** to make a house call on [*or* visit] sb; **einen Arzt ~** to see a doctor ③ (*aufsuchen*) ■**etw ~** to go to sth; **ein Museum/eine Ausstellung ~** to visit [*or* go to] a museum/an exhibition; ***das Oktoberfest wird immer von vielen Menschen besucht*** the Oktoberfest is always well-attended; **eine Kneipe/einen Laden regelmäßig ~** to patronize [*or* frequent] a pub [*or* AM bar]/shop ④ (*teilnehmen*) ■**etw ~** to go to [*or* attend] sth *form*

Besucher(in) <-s, -> *m(f)* ① (*jd, der jdn besucht*) visitor, guest, company *no pl;* ***ich habe gerade noch einen ~ da, rufst du später noch mal an?*** I've got company at the moment, could you call back later? ② (*jd, der etw besucht*) visitor; *Kino, Theater* cinema/theatre [*or* AM -er] goer, patron *form; Sportveranstaltung* spectator; **ein regelmäßiger ~** frequenter, habitué ③ (*Teilnehmer*) participant; *Gottesdienst* church-goer, member of the congregation

Besucherparkplatz *m* visitor's parking [lot] **Besucherritze** *f* (*hum fam*) *crack between the two mattresses of twin beds where a child or visitor slept in earlier times* **Besucherzahl** *f* number of visitors; ■**die ~ bei** [*o* **von**] **etw** the number of visitors at/of sth

Besuchserlaubnis *f* ADMIN (*Genehmigung zum Besuch*) permission to visit; **~ bekommen/haben** to receive/have permission to visit [*or* a visitor's permit]; (*Genehmigung, Besuch empfangen zu dürfen*) to obtain/have permission [*or* be allowed] to receive visitors **Besuchsrecht** *nt* visiting rights *pl* **Besuchstag** *m* visiting day **Besuchszeit** *f* visiting time [*or* hours *pl*] **Besuchszimmer** *nt* visitors' room

besucht *adj* ■**gut/kaum** [*o* **schwach**] **~ sein** to be well-/poorly attended; ***dieses Museum ist meist gut ~*** this museum usually attracts a lot of visitors; ■**viel** [*o* **gern**] [*o* **häufig**] **~** much frequented, very popular

besudeln* *vt* (*geh*) ① (*mit Flüssigkeit beschmieren*)

■ etw [mit etw] ~ to besmear sth [with sth]; ■ sich [mit etw] ~ to soil oneself [with sth]; ■ [sich dat] etw [mit etw] ~ to soil [or stain] sth [with sth]; **ein Kleidungsstück [mit etw]** ~ to soil [or stain] a piece of clothing [with sth]; ***jetzt habe ich meine Bluse mit Kaffee besudelt*** now I've got coffee all over my blouse ② (*herabwürdigen*) ■ **etw** ~ to besmirch [*or* sully] sth

Beta <-[s], -s> *nt* beta

Betablocker <-s, -> *m* MED beta-blocker

betagt *adj* (*geh*) aged, advanced in years *pred*

betanken* *vt* ■ **etw [mit etw]** ~ to fill [*or* tank] up sth *sep* [with sth]; **ein Flugzeug** ~ to refuel a plane

betasten* *vt* ■ **jdn/etw** ~ to feel [*or* touch] sb/sth; ***Kunden werden gebeten, die Ware nicht zu*** ~ customers are requested not to touch the articles on display; MED to palpate

Betastrahlen *pl* NUKL beta rays **Betastrahlung** *f* NUKL beta radiation **Betateilchen** *nt* NUKL beta particle

betätigen* I. *vt* ■ **etw** ~ ① (*drücken*) to press sth; (*umlegen*) to operate sth; (*einschalten*) to activate sth; **die Bremse** ~ to apply [*or* put on] the brake[s] ② (*geh: funktionieren lassen*) to activate sth II. *vr* ■ **sich** ~ to busy oneself; ***du kannst gleich bleiben und dich hier ~!*** (*fam*) don't go away — there's enough for you to do here!; **sich künstlerisch** ~ to do a little painting [on the side]; **sich politisch** ~ to be politically active; **sich sportlich** ~ to exercise

Betätigung <-, -en> *f* ① (*Aktivität*) activity; (*berufliche Tätigkeit*) work ② (*das Drücken*) pressing; *von Bremse* application; *von Knopf* pushing; (*das Umlegen o Ziehen*) operation; ***die fahrlässige ~ der Notbremse im fahrenden Zug ist unter Strafe gestellt*** pulling the emergency cord without good reason [*or* abuse of the emergency brake] in a moving train is a punishable offence; (*das Einschalten*) activation

Betätigungsfeld *nt* field [*or* sphere] of activity

betatschen* *vt* (*pej fam*) ■ **jdn/etw** ~ to paw sb/sth *fam*

betäuben* *vt* ① (*narkotisieren*) ■ **jdn/ein Tier [mit etw]** ~ to anaesthetize [*or* AM anesthetize] sb/an animal [with sth]; ***die Entführer betäubten ihr Opfer*** the kidnappers drugged their victim; ***nachdem er sich den Kopf angestoßen hatte, wankte er wie betäubt umher*** after he had run into something hard with his head, he staggered around [as if] in a daze ② MED (*unempfindlich machen*) ■ **[jdm] etw** ~ to deaden sth [for sb]; **Schmerzen** ~ to kill pain; ■ **[wie] betäubt** [as if] paralyzed ③ (*ruhig stellen*) ■ **etw** ~ to silence sth *fig;* **Emotionen** ~ to suppress [one's] feelings; **das Gewissen** ~ to ease one's conscience; **seinen Kummer mit Alkohol** ~ to drown one's sorrows in drink

betäubend *adj* ① (*ohren~*) deafening ② (*benommen machend*) intoxicating ③ (*narkotisierend*) narcotic

Betäubung <-, -en> *f* ① (*das Narkotisieren*) anaesthetization, anesthetization AM ② (*das Betäuben*) deadening; *von Schmerzen* easing, killing *fam;* ***nach dem Unfall musste er lange Zeit Schmerzmittel zur ~ der Schmerzen einnehmen*** for a long time after the accident he had to take pain-killers to ease [*or* for] the pain ③ MED (*Narkose*) anaesthetic BRIT, anesthetic AM; **örtliche** [*o* **lokale**] ~ local anaesthetic; ***diese Operation kann unter örtlicher ~ vorgenommen werden*** this operation can be done under local anaesthetic

Betäubungsmittel *nt* PHARM drug, narcotic [agent]

Betäubungsmittelgesetz *nt* JUR law governing the use and traffic of drugs

Betbruder *m* (*pej fam*) holy Joe *sl,* churchy type [of man]

Bete <-, *selten* -n> *f* **rote** ~ beetroot

beteilen* *vt* ÖSTERR (*beschenken*) ■ **jdn [mit etw]** ~ to provide [for] sb [with sth]

beteiligen* I. *vt* ■ **jdn [an etw]** ~ *dat* to give sb a share [in sth]; ***er beteiligte seinen Sohn mit 15% an seiner Firma*** he gave his son a 15% stake [*or* [financial] interest] in his company II. *vr* ■ **sich [mit etw] [an etw]** ~ *dat* to participate [*or* take part] [in sth] [with sth]; ***beteiligt sich dein Mann eigentlich auch an der Hausarbeit?*** does your husband help around the house? [*or* with the housework?]; **sich an einem Unternehmen** ~ to have a stake [*or* [financial] interest] in a company

beteiligt *adj* ■ **an etw** *dat* ~ **sein** ① (*mit dabei*) to be involved in sth ② FIN, ÖKON to hold a stake [*or* [financial] interest] in sth

Beteiligte(r) *f(m)* *dekl wie adj* person involved; ***das Rundschreiben richtete sich an alle ~n*** the circular was addressed to all the parties involved [*or* interested parties]

Beteiligung <-, -en> *f* ① (*Teilnahme*) participation (**an** +*dat* in); ***der Oberbürgermeister wirbt für eine hohe ~ an den bevorstehenden Kommunalwahlen*** the mayor is encouraging everyone to vote in the municipal elections ② FIN, ÖKON (*Anteil*) stake (**an** +*dat* in), [financial] interest (**an** +*dat* in); (*das Beteiligen*) share (**an** +*dat* in); ~ **an einem Unternehmen** stake [*or* [financial] interest] in a company; **stille** ~ silent partnership

Betel <-s> *m* *kein pl* PHARM betel

Betelnuss[RR] *f* betel nut

beten I. *vi* to pray; ■ **für jdn/etw** ~ to pray for sb/sth; ■ **um etw** ~ to pray for sth; ■ **zu jdm** ~ to pray to sb II. *vt* ■ **etw** ~ to recite [*or* say] sth; ***das Vaterunser*** ~ to recite [*or* say] the Lord's Prayer

Beter(in) <-s, -> *m(f)* [person at] prayer

beteuern* *vt* ■ **jdm ~, dass** to protest to sb that; ***und wenn ich Ihnen aufrichtig beteuere, dass alles erfunden ist?*** and what if I honestly assure you that everything was made up?; **jdm seine Liebe** ~ to declare one's love to sb; **seine Unschuld** ~ to protest one's innocence

Beteuerung <-, -en> *f* protestation, declaration; ***unter ~en, nie mehr gegen die Vorschriften verstoßen zu wollen, verließen sie den Saal*** giving assurances that they would never disobey orders again, they left the hall

betiteln* *vt* ① (*anreden*) ■ **jdn [als etw]** ~ to address sb [as sth]; ***er möchte gerne [als] Herr Professor betitelt werden*** he would like to be addressed as 'Professor' ② (*pej: beschimpfen*) ■ **jdn [als** [*o* **mit] etw]** ~ to call sb [sth] ③ (*mit Titel versehen*) ■ **etw [mit etw]** ~ to [en]title sth [as sth]

Beton <-s, *selten* -s> [be'tɔŋ, be'tõ:, be'to:n] *m* concrete

Betonbau <-bauten> *m* ① (*Gebäude aus Beton*) concrete building ② *kein pl* (*Bauweise mit Beton*) concrete construction **Betonbrücke** *f* concrete bridge **Betonburg** *f* (*pej*) concrete monstrosity [*or* block] **Betondecke** *f* ① (*Gebäudedecke aus Beton*) concrete ceiling ② (*Straßendecke aus Beton*) concrete [road] surface

betonen* *vt* ① (*hervorheben*) ■ **etw** ~ to accentuate sth; ***dieses Kleid betont ihre Figur*** this dress accentuates her figure; ■ **etw** ~ to stress [*or* emphasize] sth; ■ **~, dass** to stress [*or* emphasize] that ② LING (*akzentuieren*) ■ **etw** ~ to stress sth

betonieren* *vt* ■ **etw** ~ to concrete sth; ■ **betoniert** concrete

Betonklotz *m* ① (*Klotz aus Beton*) concrete block

❷ (*pej: grässlicher Betonbau*) concrete monstrosity **Betonkonstruktion** *f* concrete construction **Betonkopf** *m* (*pej*) hardliner **Betonmischer** <-s, -> *m* concrete-[*or* cement-]mixer **Betonpfeiler** *m* concrete pillar **Betonpolitik** *f* (*pej*) hardline politics **Betonrinne** *f* BAU concrete gully **Betonsilo** *m* (*pej fam*) concrete skyscraper, tall concrete monstrosity

betont I. *adj* emphatic; ~**e Eleganz** pronounced [*or* studied] elegance; ~**e Höflichkeit** studied politeness; ~**e Kühle/Sachlichkeit** marked [*or* pointed] coolness/objectivity II. *adv* markedly

Betonung <-, -en> *f* ❶ *kein pl* (*das Hervorheben*) accentuation; ***die ~ ihrer Unschuld hatte kaum Einfluss auf die öffentliche Meinung*** the protestation[s] of her innocence had little effect on the formation of public opinion ❷ LING stress ❸ (*Gewicht*) emphasis

Betonungszeichen *nt* LING stress mark

betören* *vt* ■**jdn** ~ to bewitch sb

betörend *adj* bewitching

Betörung <-, -en> *f* ❶ (*das Betören*) bewitchment ❷ (*etwas Hinreißendes*) sth bewitching; ***dieser Duft, eine wahre ~!*** this fragrance, simply bewitching!

Betpult *nt* prie-dieu, kneeling-desk for prayer

betr. *adj, adv Abk von* **betreffen, betreffend, betreffs** re, ref.

Betr. *Abk von* **Betreff** re, ref.

Betracht <-[e]s> *m kein pl* **außer ~ bleiben** to be left out of consideration [*or* disregarded]; **in ~ kommen** to be considered, to come into consideration; **etw außer ~ lassen** to leave sth out of consideration, to disregard sth; **jdn/etw in ~ ziehen** to consider sb/sth

betrachten* *vt* ❶ (*anschauen*) ■[**sich** *dat*] **etw** ~ to look at sth; **bei näherem B~** on closer examination ❷ (*bedenken*) ■**etw** ~ to look at [*or* consider] sth; ■**sich** ~ to look at oneself; (*sich bedenken*) to reflect [up]on ❸ (*halten für*) ■**jdn/etw als jd/etw** ~ to regard [*or* consider] [*or* look upon] sb/sth as sb/sth; ■**sich als etw** ~ to regard [*or* consider] [*or* look upon] oneself as sth; ~ ***Sie sich als fristlos gekündigt!*** consider yourself sacked!

Betrachter(in) <-s, -> *m(f)* ❶ (*von Anblick*) observer, beholder *form;* ***der aufmerksame ~ wird zwischen Original und Fälschung kleine Unterschiede feststellen können*** the alert eye [*or* a good observer] will discover slight discrepancies between the original and the copy ❷ (*von Situation*) observer

beträchtlich I. *adj* (*sehr groß*) considerable; ~**er Schaden** extensive [*or* great] damage; **um ein B~es** considerably II. *adv* considerably

Betrachtung <-, -en> *f* ❶ (*das Anschauen*) contemplation; **bei näherer ~** on closer examination; **bei oberflächlicher ~** at [a] first glance ❷ (*Überlegung, Untersuchung*) consideration; **in ~en versunken** lost in thought [*or* contemplation]; **über jdn/etw ~en anstellen** to think about sb/sth more closely [*or* long and hard about sb/sth]; ***seine ~en zu diesem Thema sollten Sie unbedingt lesen*** you really ought to read his discourse on this matter

Betrachtungsweise *f* way of looking at things

Betrag <-[e]s, Beträge> *m* (*Geld~*) amount, sum; ~ **dankend erhalten** [payment] received with thanks

betragen* *irreg* I. *vi* to be; ***die Rechnung beträgt DM 10*** the bill comes [*or* amounts] to DM 10; ***die Preisdifferenz beträgt 378 Mark*** the difference in price is [*or* comes to] DM 378 II. *vr* ■**sich irgendwie** ~ to behave in a certain manner

Betragen <-s> *nt kein pl* behaviour [*or* AM -or]; SCH conduct

betrauen* *vt* ■**jdn mit etw** ~ to entrust sb with sth; ■**jdn damit ~, etw zu tun** to entrust sb with [the task of] doing sth

betrauern* *vt* ■**jdn/etw** ~ to mourn [for [*or* over]] sb/sth

beträufeln* *vt* (*durch Tropfen befeuchten*) ■**etw** [**mit etw**] ~ to sprinkle sth [with sth]; ***man kann das Schnitzel mit Zitronensaft ~*** one can squeeze lemon juice on a schnitzel [*or* cutlet]; MED to put [*or* apply] drops [of sth] on sth

Betrauung <-> *f kein pl* entrustment; ■**jds ~ mit etw** the entrustment of [*or* entrusting] sb with sth

Betreff <-[e]s, -e> *m* (*geh: Bezug*) reference; ***Betreff: Ihr Schreiben vom 23.6.*** Re: your letter of June 23; **in diesem** [*o* **dem**] ~ in this regard [*or* respect]

betreffen* *vt irreg* ❶ (*angehen*) ■**jdn** ~ to concern sb; ■**etw** ~ to affect sth; ***seine Ausführungen ~ einen ganz wichtigen Punkt*** his observations touch upon a very important point; **was jd/das betrifft, ...** as far as sb/that is concerned, as regards sb/that; **„Betrifft: ...“** “Re: ...”; ***„Betrifft 1. Mahnung“*** “Re: first reminder” ❷ (*geh: widerfahren*) ■**jdn/etw** ~ to befall sb/sth ❸ (*geh: seelisch treffen*) ■**jdn ...** ~ to affect sb ...; ***seine Untreue betrifft mich sehr*** his unfaithfulness deeply saddens me

betreffend *adj attr* ❶ (*bewusst*) in question *pred;* ***haben Sie den ~en Artikel gelesen?*** have you read the article in question?; **die ~e Person** the person concerned [*or* in question] ❷ (*angehend*) ■**etw** ~ concerning [*or* regarding] sth

Betreffende(r) *f(m) dekl wie adj* person concerned [*or* in question]

betreffs *präp* (*geh*) ■**etw** ~ **einer S.** *gen* sth concerning [*or* regarding] sth; ***Ihre Anfrage ~ Möglichkeiten einer Zusammenarbeit können wir wie folgt beantworten ...*** our answer to your inquiry on the possibility of working together is as follows ...

Betreffzeile *f* reference line

betreiben* *vt irreg* ❶ (*vorantreiben*) ■**etw** [**irgendwie**] ~ to proceed with sth [in a certain manner]; **auf jds B~** *akk* [**hin**] (*geh*) at sb's instigation ❷ ÖKON (*ausüben*) ■**etw** ~ to carry on sth; **einen Laden/eine Firma** ~ to run [*or* operate] a firm ❸ (*sich beschäftigen mit*) ■**etw** ~ to do [*or* go in for] sth; ***er betreibt Sport*** he does sporting activities ❹ ADMIN (*in Gang halten*) ■**etw** ~ to operate, to run; ***Fernseher dürfen nur nach Entrichtung der Fernsehgebühren betrieben werden*** a television [set] may only be used after payment of the television licence ❺ (*antreiben*) ■**etw mit etw** ~ to drive [*or* power] sth with sth/in a certain manner; ***das U-Boot wird atomar betrieben*** the submarine is nuclear-powered

Betreiber(in) <-s, -> *m(f)* (*Ausübender*) person who runs sth; ***alle ~ eines Gewerbes ...*** all people who carry on a trade ...; (*Firma, Träger*) operator

Betreibung <-, -en> *f* ❶ (*das Vorantreiben*) pursuit, pursuance; *von Untersuchungen* carrying out ❷ ÖKON (*Unterhaltung*) running; ***die ~ des Restaurants war sehr lukrativ*** the way the restaurant was run led to lucrative profits ❸ ADMIN (*Bedienung*) operation, running; ***die ~ eines Fernsehers ohne die Zahlung der Fernsehgebühren ist unzulässig*** it is illegal to watch television without a licence ❹ SCHWEIZ (*Beitreibung*) collection

betreten*[1] *vt irreg* ■**etw** ~ ❶ (*hineingehen in*) to enter sth; (*auf etw treten*) to walk on sth; **das Spielfeld** ~ to take the field; (*steigen auf*) to step onto; **die Bühne** ~ to come/go on stage; **das Podium** ~ to mount the podium ❷ (*das Begehen*) ■[**das**] **B~** [**einer S.** *gen*] walking [on sth]; ***„B~ [des Rasens] verboten!“*** “keep off [the grass]!”; (*das Hineingehen*) entering [sth]; **beim B~ eines Raumes** on entering a room; ***„B~ für Unbefugte verboten"*** "no entry to unauthorized persons" ❸ (*in Angriff nehmen*) ■ **etw** ~ to tackle sth; **Neuland** ~ to break new ground; ***mit dem Großprojekt betritt er unsicheren Boden*** he was entering the unknown with his large-schale project

betreten*2 **I.** *adj* embarrassed **II.** *adv* embarrassedly; ***er schwieg*** ~ he kept an embarrassed silence

Betretenheit <-> *f kein pl* embarrassment

betreuen* *vt* ❶ (*sich kümmern um*) ■ **jdn/etw** ~ to look after [*or* take care of] sb/sth; **einen Garten** ~ to maintain a garden ❷ (*verantwortlich sein für*) ■ **etw** ~ to be responsible for [*or* in charge of] sth

Betreuer(in) <-s, -> *m(f)* person who looks after sb; JUR custodian of persons of full age; ***auf jeden ~ kamen im Seniorenheim 13 Bewohner*** there were 13 residents to every nurse in the old people's home; ***der medizinische ~ der Nationalelf*** the national team['s] doctor

Betreuung <-, -en> *f* ❶ (*das Betreuen*) looking after; *von Patienten* care; ***für die ~ von Patienten sollten Fachkräfte eingesetzt werden*** qualified personnel are necessary to look after the patients ❷ (*Betreuer*) nurse, carer

Betrieb <-[e]s, -e> *m* ❶ (*Industrie~*) [industrial] company, firm; ***ist Direktor Wengel schon im ~?*** is director Wengel already at work [*or* in the [*or* his] office]?; ***ich muss heute etwas länger im ~ bleiben*** I have to work late today ❷ (*die Belegschaft eines ~es*) workforce ❸ *kein pl* (*Betriebsamkeit*) activity; ***heute war nur wenig/herrschte großer ~ im Laden*** it was very quiet/busy in the shop today ❹ (*Tätigkeit*) operation, running; ***die Straßenbahnen nehmen morgens um 5 Uhr ihren ~ auf*** the trams start running at 5 o'clock in the morning; (*Ablauf*) production process; ***steh hier nicht so rum, du störst den ganzen ~ im Büro!*** don't just stand around here, you're disrupting the smooth running of the office!; **etw in ~ nehmen** to put sth into operation; ***die Busse werden morgens um 5 Uhr in ~ genommen*** the buses are put into service at 5am; ***die neue Produktionsstraße soll im Herbst in ~ genommen werden*** the new production line is expected to be put in to operation [*or* come on stream] in [the] autumn; **etw in/außer ~ setzen** to put into/out of operation [*or* service]; ***eine Maschine in/außer ~ setzen*** to start up/stop a machine; **außer ~ [sein]** [to be] out of order [*or* service]; (*abgestellt sein*) to be out of operation [*or* switched off]; **in ~ [sein]** to be in operation [*or* [switched] on]

betrieblich **I.** *adj attr* (*den Betrieb 1. betreffend*) operational; ***das ist eine rein ~e Angelegenheit, die nur Firmenangehörige angeht*** that is purely an internal matter which only concerns employees of the company; (*vom Betrieb geleistet*) company; ***betriebliche Altersversorgung/Leistungen*** company pension plan/benefits **II.** *adv* (*durch den Betrieb der Firma*) operationally; ***die Rationalisierungen sind ~ bedingt*** the rationalization is for operational reasons

betriebsam **I.** *adj* busy; ***er ist sehr ~, bei ihm muss alles immer gleich erledigt werden*** he is a very industrious person who has to do everything immediately **II.** *adv* busily

Betriebsamkeit <-> *f kein pl* activity, busyness

Betriebsangehörige(r) *f(m) dekl wie adj* employee **Betriebsanleitung** *f* TECH operating instructions *pl* **Betriebsausflug** *m* staff [*or* BRIT works] [*or* AM office] outing **betriebsbereit** **I.** *adj* TECH ready for operation [*or* use], in running [*or* working] order; ***in ~em Zustand*** in running [*or* working] order **II.** *adv* ready for operation [*or* use] **betriebsblind** *adj having become blind to shortcomings in company processes [after many years of employment]* **Betriebsdauer** *f* working life **betriebseigen** *adj inv* company *attr,* belonging to a/the company **Betriebserlaubnis** *f* operating licence [*or* AM -se] **Betriebsferien** *pl* [annual] works [*or* AM company] holidays *pl* **betriebsfremd** *adj* non-company **Betriebsfremde(r)** *f(m)* outsider **Betriebsführung** *f s.* Betriebsleitung **Betriebsgeheimnis** *nt* trade [*or* business] secret **Betriebsgelände** *nt* company grounds *pl* **Betriebsgenehmigung** *f* operating licence [*or* AM -se]; *s.* Betriebserlaubnis **Betriebshaftpflichtversicherung** *f* business liability insurance **betriebsintern** *adj s.* betrieblich **Betriebskapital** *nt* ÖKON working capital **Betriebskindergarten** *m* crèche BRIT for employees' children, employee daycare center AM **Betriebsklima** *nt* working atmosphere **Betriebskosten** *pl* operating costs; *von Kraftfahrzeug, Maschine* running costs **Betriebsleiter(in)** *m(f)* [works [*or* AM company]] manager **Betriebsleitung** *f* ❶ (*das Leiten eines Betriebes*) management [of a works [*or* AM company]] ❷ (*Firmenleitung*) [works [*or* AM company]] management **Betriebsprüfung** *f* FIN ≈ tax audit (*regular audit of a company and its accounts by the tax authorities*) **Betriebsrat** *m* POL employee representative committee, BRIT *a.* works council **Betriebsrat, -rätin** *m, f* POL employee representative, BRIT *a.* member of a [*or* the] works council **Betriebsratsvorsitzende(r)** *f(m)* chairperson of an [*or* the] employee representative committee [*or* BRIT *a.* works council] **Betriebsschluss**RR *m* end of business hours [*or* the working day]; ***um 17 Uhr ist in den meisten Fabriken ~*** the working day ends at 5pm in most factories, most factories shut down at 5pm; ***nach ~*** after work [*or* [working] hours] **betriebssicher** *adj* TECH reliable [in operation] **Betriebsstörung** *f* TECH interruption of operation [*or* service], stoppage **Betriebssystem** *nt* INFORM operating system **Betriebsunfall** *m* ❶ (*Unfall*) ≈ industrial accident (*accident at or on the way to or from work*) ❷ (*hum sl: ungewollte Schwangerschaft*) accident *fam* **Betriebsvereinbarung** *f* ≈ shop agreement BRIT (*agreement between the works council and the employer concerning working conditions*), internal wage and salary agreement AM **Betriebsverfassung** *f* JUR company code of practice, BRIT *a.* works constitution **Betriebsverfassungsgesetz** *nt* Industrial Constitution of Law BRIT, Works Council Constitution [*or* AM Employees' Representation] Act **Betriebsversammlung** *f* works [*or* AM company] meeting, (meeting of the workforce [chaired by the works council chairman]) **Betriebswirt(in)** *m(f)* ÖKON graduate in business management **Betriebswirtschaft** *f* ÖKON business management **betriebswirtschaftlich** *adj inv* business management *attr,* operational **Betriebswirtschaftslehre** *f kein pl* business management

betrinken* *vr irreg* ■ **sich [mit etw]** ~ to get drunk [on sth]

betroffen **I.** *pron s.* **betreffen** **II.** *adj* ❶ (*bestürzt*) shocked; **~es Schweigen** stunned silence ❷ (*angehen*) ■ **[von etw] ~ sein** to be affected [*or* concerned] [by sth] **III.** *adv* with dismay

Betroffene(r) *f(m) dekl wie adj* person affected

Betroffenheit <-> *f kein pl* shock; **in stummer ~** in stunned silence

betrüben* *vt* ■ **jdn [mit etw]** ~ to sadden sb [with sth], to cause sb distress [with sth]; ***es betrübt mich ...*** it saddens [*or* grieves] me ...

betrüblich *adj* distressing; ***ich muss Ihnen leider eine ~e Mitteilung machen*** I'm afraid I have [some] bad news for you

betrüblicherweise *adv* unfortunately

betrübt *adj* sad; ■[**über etw** *akk*] ~ **sein** to be sad [about sth]

Betrug <-[e]s, SCHWEIZ Betrüge> *m* fraud

betrügen* *irreg* **I.** *vt* ❶ (*vorsätzlich täuschen*) ■**jdn** ~ to cheat [*or* swindle] sb; ■**jdn um etw** ~ to cheat sb out of sth; ■**betrogen** cheated, deceived; ***ich fühle mich betrogen!*** I feel betrayed!; **sich um etw betrogen sehen** to feel cheated [*or sl* done] out of sth; **sich** *dat* **in etw betrogen sehen** to be deceived in sth; ***ich sehe mich in meinem Vertrauen betrogen!*** I feel [that] my trust has been betrayed! ❷ (*durch Seitensprung hintergehen*) ■**jdn** [**mit jdm**] ~ to be unfaithful to [*or* cheat on] sb [with sb] **II.** *vr* (*sich etw vormachen*) ■**sich** ~ to deceive [*or* delude] oneself

Betrüger(in) <-s, -> *m(f)* con man, swindler; ***du ~! diese Spielkarte hast du aus dem Ärmel gezogen!*** you cheat! you had that card up your sleeve!

Betrügerei <-, -en> *f* (*pej*) ❶ (*ständiges Betrügen*) swindling; ***seine ~en beim Kartenspielen wurden endlich nachgewiesen*** they finally managed to prove his cheating at cards ❷ (*ständige Seitensprünge*) cheating, unfaithfulness

Betrügerin <-, -nen> *f fem form von* **Betrüger**

betrügerisch *adj* (*pej*) deceitful; **in ~er Absicht** JUR with intent to defraud

betrunken **I.** *adj* drunken *attr,* drunk *pred* **II.** *adv* drunkenly

Betrunkene(r) *f(m) dekl wie adj* drunk, drunken person

Betrunkenheit *f* drunkenness

Betschwester *f* (*pej*) churchy type [of woman]

Bett <-[e]s, -en> *nt* ❶ (*Schlafstätte*) bed; (*Lagerstatt a.*) resting-place; **~en bauen** MIL to make [the] beds; **jdn ins** [*o geh* **zu**] ~ **bringen** to put sb to bed; **jdn ans ~ fesseln** (*geh*) to confine sb to bed; ***durch die schwere Operation war er wochenlang ans ~ gefesselt*** he was confined to bed for weeks as a result of the major operation; **ins ~ gehen** to go to bed; **mit jdm ins ~ gehen** [*o* **steigen**] (*euph*) to go to bed with sb *fig;* **jdn aus dem ~ holen** to get sb out of bed; **das ~ hüten müssen** (*geh*) to be confined to [*or* have to stay in] [one's] bed; **sich ins** [*o geh* **zu**] ~ **legen** to go [*or* retire] to bed; **im ~ liegen** to be in bed; ***er ist krank und liegt im ~*** he's ill and [laid up] in bed; [**jdm**] **das ~/die ~en machen** [*o geh* **bereiten**] to make sb's bed/the beds [up]; **ins ~ machen** to wet the bed; **jdn ins ~ packen** [*o* **stecken**] (*fam*) to pack sb off to bed *fam;* **ins ~ sinken** to fall into bed; **an jds** *dat* ~ at sb's bedside; **jdm etw ans ~ bringen/stellen** to bring sth to sb's bedside/to put sth by sb's bed; ***ich stelle dir die Lampe ans ~*** I'll put the lamp by the bed for you; **jdm Frühstück ans ~ bringen** to bring sb breakfast in bed; **im ~** in bed; **im ~ frühstücken** to have breakfast in bed ❷ (*Ober~*) duvet, quilt, eiderdown BRIT, comforter AM ❸ (*Fluss~*) [river] bed ▶ WENDUNGEN: **sich ins gemachte ~ legen** to have everything handed to one on a plate

Bettbank <-bänke> *f* ÖSTERR (*Bettsofa*) sofa bed, AM *a.* hide-a-bed **Bettbezug** *m* duvet [*or* quilt] [*or* BRIT *a.* eiderdown] cover **Bettcouch** *f s.* Bettsofa **Bettdecke** *f* blanket; (*Steppdecke*) duvet, quilt, eiderdown BRIT, comforter AM

Bettel <-s> *m* ▶ WENDUNGEN: **der ganze ~** DIAL the whole business; ***ich bin den ganzen ~ so satt!*** I'm sick of the whole business!; [**jdm**] **den** [**ganzen**] ~ **hinwerfen/jdm den** [**ganzen**] ~ **vor die Füße werfen** [*o* **schmeißen**] to throw in the [whole] business [with sb]/to throw the [whole] business back at sb

bettelarm *adj* destitute

Bettelei <-, -en> *f* (*pej*) begging

Bettelmönch *m* REL mendicant [*or* begging] friar

betteln *vi* ■[**bei jdm**] [**um etw**] ~ to beg [sb] [for sth]; (*um etw bitten*) to beg for sth; ***„B~ verboten"*** "no begging"

Bettelorden *m* REL mendicant [*or* begging] order **Bettelstab** *m* **jdn an den ~ bringen** to reduce sb to beggary; **an den ~ kommen** to be reduced to beggary

betten **I.** *vt* ❶ (*hinlegen*) ■**jdn/etw irgendwie** ~ to lay sb/sth down in some way; ***weich gebettet*** in a soft bed ❷ (*liter*) ■**in etw** *akk* **gebettet sein** [*o* **liegen**] to be nestled in sth **II.** *vr* ▶ WENDUNGEN: **sich weich ~** to make an easy life for oneself; ***durch seine reiche Heirat hat er sich wirklich weich gebettet!*** by marrying into money he has assured himself of a really easy life!; **wie man sich bettet, so liegt man** (*prov*) as you make your bed, so you must lie on it *prov*

Bettenburg *f* (*hum*) giant hotel

Bettflasche *f* SÜDD, SCHWEIZ hot-water bottle **Bettgeschichte** *f* ❶ (*sexuelles Verhältnis*) [love] affair ❷ MEDIA (*sl*) ≈ sex scandal (*gossip story on the sex lives of the rich and famous*) **Bettgestell** *nt* bedstead **Betthase** *m* (*fam*) sex kitten *sl,* sexpot *sl* **Betthimmel** *m* bed canopy **Betthupferl** <-s, -> *nt* ≈ bedtime treat (*sweets given to children before they go to bed*) **Bettkante** *f* edge of the bed ▶ WENDUNGEN: **den/die würde ich nicht von der ~ stoßen!** (*euph fam*) I wouldn't say 'no' to him/her! *sl* **Bettkasten** *m* bedding box [under a bed or sofa-bed] **Bettlade** *f* SÜDD, ÖSTERR (*Bettgestell*) bedstead **bettlägerig** *adj* bedridden, confined to bed *pred* **Bettlägerigkeit** <-> *f kein pl* MED bed confinement **Bettlaken** *nt s.* Bettuch **Bettlektüre** *f* bedtime reading

Bettler(in) <-s, -> *m(f)* beggar; ***gegen diesen Krösus bin ich mit meinem bescheidenen Einkommen kaum mehr als eine ~in!*** on my modest income I'm little more than a pauper next to this moneybags!

Bettnässen <-s> *nt kein pl* bed-wetting **Bettnässer(in)** <-s, -> *m(f)* bed-wetter **Bettpfanne** *f* bedpan **Bettpfosten** *m* bedpost **Bettrand** *m s.* Bettkante **bettreif** *adj* (*fam*) ready for bed *pred* **Bettruhe** *f* bed-rest **Bettschwere** *f* ▶ WENDUNGEN: **die nötige ~ bekommen/haben** (*fam*) to be ready for bed [*or sl* one's pit] **Bettsofa** *nt* sofa bed, AM *a.* hide-a-bed **Bettszene** *f* bedroom scene **Betttuch**[RR] *nt getrennt: Bett-tuch* sheet **Bettuch** *nt s.* Betttuch **Bettvorleger** *m* bedside rug **Bettwäsche** *f* bedlinen **Bettzeug** *nt* bedding

betucht *adj* (*fam*) well off, well-to-do

betulich **I.** *adj* ❶ (*übertrieben besorgt*) fussing; ***deine ~e Art geht mir auf die Nerven!*** your fussing is getting on my nerves! ❷ (*gemächlich*) leisurely **II.** *adv* in a leisurely [*or* an unhurried] manner

betupfen* *vt* ❶ (*tupfend berühren*) ■**etw** [**mit etw**] ~ to dab sth [with sth]; **eine Wunde ~** to swab a wound ❷ (*mit Tupfen versehen*) ***einen Stoff ~*** to print with spots; ***eine bunt betupfte Bluse*** a blouse with coloured [*or* AM -ored] spots

betuppen* *vt* DIAL (*fam*) ■**jdn** [**um etw**] ~ to con *fam* [*or sl* diddle] sb [out of sth]; ***die Verkäuferin muss mich betuppt haben, mir fehlen 1,45 DM!*** the salesgirl must have diddled me, I'm DM 1.45 short!

Beuge <-, -n> *f* ❶ ANAT bend; *von Arm a.* crook of the arm ❷ SPORT (*Rumpf~*) bend; **in die ~ gehen** to squat

Beugehaft *f* JUR coercive detention

Beugel <-s, -> *m* ÖSTERR (*Hörnchen*) croissant

Beugemuskel *m* flexor [muscle]

beugen **I.** *vt* ■**etw** ~ ❶ (*neigen*) to bend sth; **den Kopf ~** to bow one's head ❷ LING (*konjugieren*) to conjugate sth; (*deklinieren*) to decline sth **II.** *vr*

❶ (*sich neigen*) ▪ **sich irgendwohin** ~ to bend in a certain direction; ***sich aus dem Fenster*** ~ to lean out of the window; ***er saß über seine Manuskripte gebeugt*** he sat hunched over his manuscripts ❷ (*sich unterwerfen*) ▪ **sich [jdm/einer S.]** ~ to submit [*or* bow] [to sb/sth]; ***ich werde mich der Mehrheit*** ~ I will bow to the majority

Beugung <-, -en> *f* ❶ (*das Beugen*) bending ❷ PHYS (*Ablenkung*) diffraction ❸ LING *von Adjektiv, Substantiv* declension; *von Verb* conjugation

Beule <-, -n> *f* ❶ (*Delle*) dent ❷ (*Schwellung*) bump, swelling

beulen *vi* (*aus~*) ▪ [**an etw** *dat*] ~ to go baggy [*or* to bag] [somewhere]; ***die Hose beult an den Knien*** the trousers are going baggy at the knees; ▪ **eingebeult** dented

Beulenpest *f* MED bubonic plague

beunruhigen* **I.** *vt* ▪ **jdn** ~ to worry [*or* concern] sb **II.** *vr* ▪ **sich [über jdn/etw** [*o* **wegen jdm/etw**]] ~ to worry [about sb/sth]

beunruhigend *adj* disturbing, worrying

beunruhigt *adj* ▪ ~ [**über etw** [*o* **wegen etw**]] **sein** *akk* to be concerned [about sth]

Beunruhigung <-, *selten* -en> *f* concern; **jdn mit ~ erfüllen** to give sb cause for concern, to cause sb disquiet

beurkunden* *vt* ▪ **etw** ~ to certify sth; ***man wollte den Vertrag vom Notar ~ lassen*** the contract was to be certified [*or* notarized] by a notary

Beurkundung <-, -en> *f* ❶ (*das Beurkunden*) certification ❷ (*Urkunde*) documentary evidence

beurlauben* *vt* ❶ (*Urlaub geben*) ▪ **jdn [für etw]** ~ to give [*or* grant] sb time off [from work] [*or* leave [of absence]] [for sth]; ***können Sie mich für eine Woche ~?*** can you give me [*or* I take] a week off? ❷ ADMIN (*suspendieren*) ▪ **jdn** ~ to suspend sb; ▪ [**von etw**] **beurlaubt sein** to be suspended [from sth]; ***Sie sind bis auf Weiteres [vom Dienst] beurlaubt*** you are suspended [from duty [*or* office]] until further notice ❸ SCH ▪ **sich ~ lassen** to go on [*or* take] a sabbatical; ▪ **beurlaubt sein** to be on [a] sabbatical

Beurlaubung <-, -en> *f* ▪ **jds ~ [von etw]** ❶ (*das Beurlauben*) sb's time off [*or* leave [of absence]] [from sth] ❷ ADMIN (*Suspendierung*) sb's suspension [from sth] ❸ SCH (*Entpflichtung*) sb's sabbatical [from sth] ❹ MIL (*fam: Urlaubsschein*) pass

beurteilen* *vt* ❶ (*einschätzen*) ▪ **jdn** ~ to judge sb; ***der Lehrer muss jeden Schüler*** ~ the teacher has to assess every pupil ❷ (*abschätzen*) ▪ **etw** ~ to assess sth; (*kritisch einschätzen*) to review sth; **einen Kunst-/Wertgegenstand** ~ to appraise a piece of art/valuable

Beurteilung <-, -en> *f* ❶ (*das Beurteilen*) assessment ❷ (*Kritik*) review; (*Einschätzung*) appraisal ❸ SCH (*schriftliches Urteil*) [school] report; ADMIN [progress] report

Beurteilungsmaßstab *m von Mitarbeiter* criterion for assessment; *von Kunst-/Wertgegenstand* criterion for appraisal

Beuschel <-s, -> *nt* KOCHK ÖSTERR, SÜDD (*Gericht aus Lunge und Herz*) dish made of heart and lung; (*Lunge*) lights *npl;* (*Innereien*) entrails *npl*, innards *npl fam;* ~ **vom Lamm** lamb pluck

Beute <-> *f kein pl* ❶ (*Jagd~*) prey; **ohne** ~ without a bag ❷ (*erbeutete Dinge*) haul, swag *sl;* **eine reiche/lohnende** ~ a big/worthwhile haul; [**fette/dicke/reiche**] ~ **machen** to make a [big] haul ❸ (*geh: Opfer*) prey *fig*, victim *fig;* **eine leichte** ~ [an] easy prey

Beutefangverhalten *m* BIOL prey catching behaviour [*or* AM -or]

Beutel <-s, -> *m* ❶ (*Tasche*) bag; **Tabaks~** [tobacco] pouch ❷ (*fam: Geld~*) purse ❸ ZOOL pouch ▸ WENDUNGEN: **tief in den ~ greifen müssen** to have to dig deep into one's pocket

Beutelmeise *f* ORN (*Remiz pendulinus*) penduline tit

beuteln *vt* (*fam*) ▪ **jdn** ~ to shake sb

Beutelratte *f* ZOOL (*Didelphis*) oppossum **Beuteltier** *nt* marsupial

Beutestück *nt* spoils *npl*, booty **Beutezug** *m* raid

bevölkern* **I.** *vt* ▪ **etw** ~ ❶ (*beleben*) to fill [*or* throng] sth ❷ (*besiedeln*) to inhabit [*or* populate] sth **II.** *vr* ▪ **sich mit ...** ~ to fill up with ...

bevölkert *adj* ❶ (*besiedelt*) populated; ***die Steppe ist nur wenig*** ~ the Steppes are only sparsely populated ❷ (*belebt*) full, thronged; ***die kaum ~en Straßen*** the almost empty streets

Bevölkerung <-, -en> *f* population

Bevölkerungsabnahme *f* decrease in population **Bevölkerungsdichte** *f* population density **Bevölkerungsentwicklung** <-> *f kein pl* population development **Bevölkerungsexplosion** *f* population explosion **Bevölkerungsgruppe** *f* section of the population **Bevölkerungspyramide** *f* population pyramid **Bevölkerungsrückgang** *m* decrease in population **Bevölkerungsschicht** *f* class [of society], social stratum **Bevölkerungsstatistik** *f* demography *no pl* **Bevölkerungsstruktur** *f* population structure **Bevölkerungswachstum** *nt kein pl* population growth **Bevölkerungszahl** *f* population **Bevölkerungszunahme** *f* increase in population

bevollmächtigen* *vt* ▪ **jdn [zu etw]** ~ [*o* **jdn** ~[, **etw zu tun**]] to authorize sb [to do sth]; ***er bevollmächtigte seine Frau, für ihn zu unterschreiben*** he authorized his wife to sign on his behalf

Bevollmächtigte(r) *f(m) dekl wie adj* authorized representative; POL plenipotentiary

Bevollmächtigung <-, *selten* -en> *f* authorization

bevor *konj* ❶ (*solange*) ▪ ~ [**nicht**] until; ▪ **nicht** ~ not until ❷ (*ehe*) before

bevormunden* *vt* ▪ **jdn** ~ to treat sb like a child; ***ich lasse mich nicht mehr ~, ich will selbst entscheiden!*** I won't be ordered about any more, I want to make up my own mind!

Bevormundung <-, -en> *f* being treated like a child

bevorrechtigt *adj* (*privilegiert*) privileged

bevor|stehen *vi irreg* ❶ (*zu erwarten haben*) ▪ **jdm/einer S.** ~ to await [*or* be in store for] sb/sth; ***der schwierigste Teil steht dir erst noch bevor!*** the most difficult part is yet [*or* still] to come!; ***uns steht ein harter Winter bevor*** a hard winter is in store for us, it's going to be a hard winter ❷ (*in Kürze eintreten*) ▪ **etw steht bevor** sth is approaching; ***der Sommer steht bevor*** summer will soon be here

bevorstehend *adj* approaching; **das ~e Fest/der ~e Geburtstag** the upcoming party/birthday; **~e Gefahr** impending danger; ***diese kühlen Herbsttage waren Vorboten des ~en Winters*** those cool autumn[al] days heralded the onset of winter

bevorzugen* *vt* ❶ (*begünstigen*) ▪ **jdn [vor jdm]** ~ to favour [*or* AM -or] sb [over sb]; ***keines unserer Kinder wird bevorzugt, alle werden gleich behandelt*** none of our children receive preferential treatment, they are all treated equally; ***hier wird niemand bevorzugt!*** there's no favouritism around here! ❷ (*den Vorzug geben*) ▪ **etw** ~ to prefer sth

bevorzugt **I.** *adj* ❶ (*privilegiert*) privileged ❷ (*beliebteste(r,s)*) favourite BRIT, favorite AM **II.** *adv* **etw ~ abfertigen/ausliefern** to give sth priority [in shipment]; **jdn ~ abfertigen** [*o* **bedienen**] [*o* **behandeln**] to give sb preferential treatment

Bevorzugung <-, -en> *f* ❶ (*das Bevorzugen*) ▪ **jds ~ [vor jdm]** preference of sb [over sb else]; ***die ~ einiger Schüler war nicht zu übersehen*** you couldn't help but notice that some of the pupils were favoured over others ② (*bevorzugte Behandlung*) ■ **jds ~/die ~ einer S.** [**bei etw**] preferential treatment of sb/sth [in sth]

bewachen* *vt* ① (*beaufsichtigen*) ■ **jdn/etw ~** to guard sb/sth ② SPORT (*decken*) ■ **jdn ~** to guard sb; **einen** [**gegnerischen**] **Spieler ~** to mark [*or* AM guard] an opponent

Bewacher(in) <-s, -> *m(f)* ① (*jd, der jdn bewacht*) guard ② SPORT (*Deckungsspieler*) marker BRIT, defender AM

bewachsen*[1] [-ks-] *vt irreg* ■ **etw ~** to grow over sth

bewachsen*[2] *adj* ■ **mit etw ~** overgrown with sth

bewacht *adj* guarded; **auf ~en Parkplätzen ...** in supervised car parks ... [*or* AM parking lots]

Bewachung <-, -en> *f* ① (*das Bewachen*) guarding; **unter** [**schwerer** [*o* **strenger**]] **~** under [close] guard ② (*Wachmannschaft*) guard

bewaffnen* *vt* ■ **jdn/etw** [**mit etw**] **~** to arm sb/sth [with sth]; ■ **sich** [**mit etw**] **~** to arm oneself [with sth]

bewaffnet *adj* armed; ■ **mit etw ~** armed with sth *pred;* **ausgezeichnet/schlecht/unzureichend ~** well-/badly/insufficiently armed

Bewaffnete(r) *f(m) dekl wie adj* armed person

Bewaffnung <-, -en> *f* ① *kein pl* (*das Bewaffnen*) arming ② (*Gesamtheit der Waffen*) weapons *pl,* arms *npl*

bewahren* *vt* ① (*schützen*) ■ **jdn vor jdm/etw ~** to save [*or* protect] sb from sb/sth; **vor etw** *dat* **bewahrt bleiben** to be spared sth; ■ **jdn davor ~, etw zu tun** to save sb from doing sth; **davor bewahrt bleiben, etw zu tun** to be spared having to do sth ② (*geh: aufheben*) ■ **etw** [**für jdn**] **~** to keep sth [for sb]; ***bewahre bitte dieses Schmuckstück*** [***für mich***] ***in deinem Safe*** please keep [*or* look after] this piece of jewellery [for me] in your safe ③ (*erhalten, behalten*) ■ [**sich** *dat*] **etw ~** to keep sth; **den guten Ruf ~** to protect [*or* guard] one's good reputation; *s. a.* **Stillschweigen** ▶ WENDUNGEN: **das Gesicht ~** to save face; **Gott bewahre!** (*fam*) [good] Lord [*or* heavens] no!

bewähren* *vr* ■ **sich ~** to prove itself [*or* its worth]; ***unsere Freundschaft hat sich bewährt*** our friendship has stood the test of time; ***im Dauertest hat sich das neue Auto glänzend bewährt*** the new car had excellent performance in the endurance test; ■ **sich** [**als jd/in etw**] **~** *dat* to prove oneself [as sth/in sth]

bewahrheiten* *vr* ■ **sich ~** to come true

bewährt *adj* tried and tested, proven; **~er Mitarbeiter/Kollege** reliable colleague

Bewahrung <-, -en> *f* (*geh*) ① (*Erhaltung*) protection; *von Geheimnis* keeping ② (*Auf~*) keeping; ***er versprach ihm die sichere ~ der Dokumente*** he promised the safekeeping of the documents

Bewährung <-, -en> *f* JUR ① (*im Strafvollzug*) probation; ***er bekam 6 Monate Haft auf ~*** he received a six months suspended sentence with probation; **eine Strafe zur ~ aussetzen** to suspend a sentence; **~ bekommen** to be put on probation; **mit/ohne ~** with/without probation ② (*Bewährungsfrist*) period of probation, probation[ary] period

Bewährungsfrist *f* JUR period of probation, probation[ary] period **Bewährungshelfer(in)** *m(f)* JUR probation officer **Bewährungsprobe** *f* [acid] test ▶ WENDUNGEN: **eine/die ~ bestehen** to stand the test; **jdn/etw einer ~ unterziehen** to put sb/sth to the test

bewaldet *adj* wooded; ■ **dicht/dünn ~ sein** to be thickly/sparsely wooded

bewältigen* *vt* ■ **etw ~** ① (*meistern*) to cope with sth; **Schwierigkeiten ~** to overcome difficulties; ***diese kurze Strecke kann ich zu Fuß ~*** I'll be able to manage this short distance on foot ② (*verzehren*) to manage [to eat] sth ③ (*verarbeiten*) to digest [*or sep* take in] sth; (*überwinden*) to get over sth; **die Vergangenheit ~** to come to terms with the past

Bewältigung <-, -en> *f* ① (*das Meistern*) coping with; *von Schwierigkeiten* overcoming; *einer Strecke* covering ② (*der Verzehr*) consumption ③ (*Verarbeitung*) getting over; *der Vergangenheit* coming to terms with; *von Eindrücken* digesting, taking in

bewandert *adj* well-versed; ■ [**in etw** *dat*/**auf einem Gebiet**] **~ sein** to be well-versed [in sth/in a subject [*or* field]]; ***was du alles weißt, du bist aber wirklich sehr ~!*** the things you know! you really are very knowledgeable!

Bewandtnis *f* **mit jdm/etw hat es eine eigene** [*o* **besondere**] **~** (*geh*) sth has a particular reason [*or* explanation]; ***das hat seine eigene ~*** that's a long story; ***das hat folgende ~*** the reason [*or* explanation] is as follows; ***mein Verhalten hat eine ganz andere ~*** there is a quite different explanation for my behaviour; **eine ganz bestimmte/besondere ~ haben** there is a very good reason [*or* explanation] [for that]; ***welche/was für eine ~ hat es damit?*** what's the reason for [*or* behind] this?

bewässern* *vt* ■ **etw ~** AGR *Feld* to irrigate sth; HORT *Garten* to water sth

Bewässerung <-, -en> *f* ■ **die ~ einer S.** *gen* ① AGR the irrigation of sth ② HORT the watering of sth

Bewässerungsanlage *f* AGR irrigation plant **Bewässerungsgraben** *m* AGR irrigation ditch **Bewässerungskanal** *m* AGR irrigation channel **Bewässerungssystem** *nt* AGR irrigation system

bewegen*[1] **I.** *vt* ① (*regen, rühren*) ■ **etw ~** to move sth; ■ **etw von/zu etw ~** (*transportieren*) to move sth from/to sth ② (*beschäftigen*) ■ **jdn ~** to concern sb; ***dieser Gedanke bewegt mich schon längere Zeit*** this [thought] has been on my mind for some time; (*innerlich aufwühlen*) to move sb ③ (*bewirken*) ■ **etwas/nichts/viel/wenig ~** to achieve sth/nothing/a lot/little **II.** *vr* ① (*sich fortbewegen*) ■ **sich ~** to move ② (*sich körperlich betätigen*) ■ **sich ~** to [take some] exercise ③ ASTRON ■ **sich** [**um etw/in Richtung auf etw**] **~** *akk* to move [round sth/towards [*or* in the direction of] sth]; ***der Mond bewegt sich um die Erde*** the moon moves [*or* revolves] round the earth ④ (*variieren, schwanken*) ■ **sich ~** to range; ***der Preis bewegt sich um 3000 Mark*** the price is around [*or* in the range of] DM 3,000; ***die Verluste ~ sich in den Millionen*** the losses will run into the millions ⑤ (*sich ändern*) ■ **sich ~** to change

bewegen*[2] <bewog, bewogen> *vt* (*veranlassen*) ■ **jdn zu etw ~** to move [*or* persuade] sb to do sth; ■ **jdn dazu ~, etw zu tun** to move [*or* persuade] sb to do sth; **sich bewogen fühlen, etw zu tun** (*geh*) to feel as if one has [*or* prompted] [*or* obliged] to do sth; ***ich fühlte mich bewogen, etwas zu sagen*** I felt I had [*or* obliged] to say something

bewegend *adj* moving

Beweggrund *m* motive (+*gen* for)

beweglich *adj* ① (*zu bewegen*) movable; **~e Glieder** supple joints ② (*manövrierfähig*) manoeuvrable BRIT, maneuvrable AM; (*mobil*) mobile ③ (*geistig wendig*) agile-[*or* nimble-]minded ④ (*verlegbar*) movable; ***Ostern und Pfingsten sind ~e Feiertage*** Easter and Whitsun are movable [religious] holidays

Beweglichkeit <-> *f kein pl* ① (*geistige Wendigkeit*) agility [*or* nimbleness] of the mind, mental agility ② (*bewegliche Beschaffenheit*) suppleness, flexibility ③ (*Mobilität*) mobility

bewegt *adj* ① (*sich bewegend*) choppy ② (*lebhaft*) eventful ③ (*innerlich gerührt*) ■ [**von etw**] **~ sein** to be moved [by sth]; **mit ~er Stimme** in an emotional voice [*or* a voice laden with emotion]

Bewegung <-, -en> *f* ❶ (*Hand~*) gesture, movement of the hand; (*körperliche Aktion*) movement, gesture; **eine/keine [falsche] ~!** one/no false move/moves!; SCI, TECH motion; *von schwerem Gegenstand* moving; ASTROL, ASTRON *der Gestirne/Planete* movements *pl* ❷ (*körperliche Betätigung*) exercise; **jdn in ~ bringen** to get sb moving; **sich ~ verschaffen** [*o* **machen**] *dat* to [take some] exercise ❸ (*Ergriffenheit*) emotion ❹ KUNST, POL (*ideologische/Kunst-/politische Richtung*) movement ❺ (*Dynamik, Änderung*) change; ***eine Firma, der es an ~ fehlt, wird sich kaum überleben können*** a company which can't move [*or* change] with the times is unlikely to survive; **jdn in ~ halten** to keep sb moving [*or fam* on the go]; **in ~ sein** *Mensch* to be on the move [*or fam* go]; ***ich war heute den ganzen Tag in ~*** I was on the go all day today; **in ~ geraten** POL to start to move; **in eine S.** *akk* **kommt ~** progress is being made; **sich in ~ setzen** to start moving; **etw in ~ setzen** [*o* **bringen**] to start sth moving, to get sth going [*or* started] **Bewegungsablauf** *m* sequence of movements **Bewegungsenergie** *f* PHYS kinetic energy **bewegungsfähig** *adj* able to move, mobile **Bewegungsfreiheit** *f* freedom to move; ***in diesen engen Sachen hat man keinerlei ~*** there's hardly any room to move [*or* breathe] in these tight clothes; ***eine Haftstrafe bedeutet eine Einschränkung der persönlichen ~*** a custodial sentence represents a restriction of a person's freedom of movement **bewegungslos** I. *adj* (*reglos*) motionless; (*unbewegt*) still II. *adv* motionless **Bewegungslosigkeit** <-> *f kein pl* motionlessness **Bewegungsmangel** *m kein pl* lack of exercise **Bewegungstherapie** *f* MED therapeutic exercise **bewegungsunfähig** I. *adj* unable to move, immobile II. *adv* paralysed [*or* AM -yzed]

bewehrt *adj inv* equipped (**mit** +*dat* with)

beweihräuchern* *vt* ❶ REL (*Weihrauch zufächeln*) ■**etw ~** to [in]cense sth ❷ (*pej: in den Himmel heben*) ■**jdn ~** to praise sb to the skies [*or* high heavens]; ■**sich [selbst] ~** to praise oneself to the skies

beweinen* *vt* ■**jdn/etw ~** to weep over sb/sth

Beweis <-es, -e> *m* ❶ JUR (*Nachweis*) proof, evidence; ***~e brauchen wir!*** we need proof! [*or* evidence]; ***im Hintergrund wurden ~e gegen ihn gesammelt*** evidence was secretly [being] gathered against him; ■**ein/der ~ für etw/einer S.** *gen* proof of sth; **den ~ für etw antreten** to attempt to prove sth; **den ~ [für etw] erbringen** to provide conclusive proof [*or* evidence] [of sth]; **~ erheben** to hear [*or* take] evidence; **den ~ führen** to offer evidence ❷ (*Zeichen*) sign, indication; **als/zum ~ [einer S.]** *gen* as a sign of [sth]

Beweisantrag *m* JUR motion to hear [*or* take] evidence **Beweisaufnahme** *f* JUR hearing [*or* taking] evidence

beweisbar *adj* provable

beweisen* *irreg* I. *vt* ❶ (*nachweisen*) ■**[jdm] etw ~** to prove sth [to sb]; ***der Angeklagte ist unschuldig bis das Gegenteil bewiesen wird*** the defendant [*or* accused] is innocent until proven guilty; **was zu ~ war** which was [the thing] to be proved, quod erat demonstrandum; **was [noch] zu ~ wäre** which remains to be proved ❷ (*erkennen lassen*) ■**etw ~** to display [*or* show] sth; ■**~, dass/wie ...** to show that/how ... II. *vr* (*sich zeigen*) ■**sich ~** to show [itself]; ***es beweist sich wieder einmal ...*** this shows once again ... [*or* is further proof ...]

Beweiserhebung *f* JUR *s.* **Beweisaufnahme** **Beweisführung** *f* JUR giving [of] evidence, presentation of one's case **Beweiskraft** *f kein pl* JUR evidential [*or* probative] value; ■**die ~ einer S.** *gen* the evidential [*or* probative] value of sth; **~/keine ~ haben/besitzen** to have [no] evidential [*or* probative] value **beweiskräftig** *adj* JUR of evidential [*or* probative] value *pred* **Beweislage** *f* [amount and type of] evidence **Beweislast** *f kein pl* JUR burden of proof **Beweismaterial** *nt* JUR [body of] evidence **Beweismittel** *nt* JUR piece of evidence **Beweisnot** *f kein pl* JUR lack of evidence; **in ~ sein/kommen** to be unable to produce evidence **Beweisstück** *nt* JUR exhibit

bewenden *vt impers* ■**es bei** [*o* **mit**] **etw ~ lassen** to leave it at sth; ***für diesmal will ich es noch bei einer Verwarnung ~ lassen*** this time I'll leave it at a warning

Bewenden <-s> *nt kein pl* end; ***das hat damit sein ~*** that's the end of that [*or* the matter]; ***lass es jetzt damit sein ~ haben*** let that be an end to it, let the matter [*or* it] rest there

Bewerb <-[e]s, -e> *m* SPORT ÖSTERR (*Wettbewerb*) competition

bewerben* I. *vr irreg* ■**sich [auf etw** *akk*] **[bei jdm] [um etw** *akk*] **~** to apply [in response to sth] [to sb] [for sth]; ■**sich [bei jdm] als etw ~** to apply [to sb] [for a job] as sth II. *vt* ■**etw ~** to advertise sth

Bewerber(in) <-s, -> *m(f)* applicant, candidate

Bewerbung *f* ❶ (*Beantragung einer Einstellung*) application; **~ *um ein politisches Amt*** candidature for [a] political office ❷ (*Bewerbungsschreiben nebst Unterlagen*) [letter of] application ❸ (*werbliche Maßnahmen*) advertising

Bewerbungsbogen *m* application form **Bewerbungsgespräch** *nt* [job] interview **Bewerbungsschreiben** *nt* [letter of] application **Bewerbungsunterlagen** *pl* documents in support of an application **Bewerbungsverfahren** *nt* application procedure

bewerfen* *vt irreg* ❶ (*beschmeißen*) ■**jdn/etw mit etw ~** to throw sth at sb/sth; ***als der Lehrer auf den Schulhof trat, wurde er mit Schneebällen beworfen*** the teacher was pelted with snowballs when he entered the schoolyard; ■**sich [gegenseitig] mit etw ~** to throw sth at each other ❷ BAU (*werfend verputzen*) ■**etw mit etw ~** to plaster [*or* render] sth with sth

bewerkstelligen* *vt* ■**etw ~** ❶ (*pej fam: anstellen*) to do sth; ***was hast du denn da wieder bewerkstelligt?*** what have you [gone and] done this time?; ***so etwas konntest auch nur du ~!*** only you could do something like that! ❷ (*zuwege bringen*) to manage [to do] sth; ■**es ~, dass jd etw tut** to [manage to] get sb to do sth

bewerten* *vt* ■**jdn/etw [mit etw] ~** to assess sb/sth [as sth]; ***der Aufsatz wurde mit befriedigend bewertet*** the essay was given the mark "satisfactory"; **ein Kunstobjekt ~** to value a work of art; ■**jdn/etw nach etw ~** to judge sb/sth according to sth; ***nach dem Einheitswert ~*** to assess [*or* appraise] based on the standard value; **etw zu hoch/niedrig ~** to overvalue/undervalue sth

Bewertung *f* assessment; *von Besitz* valuation; SCH *einer Schülerarbeit* marking

Bewertungskriterium *nt* criterion

bewiesenermaßen *adv* demonstrably; ***sie ist ~ für diese ganzen Intrigen verantwortlich gewesen*** it has been proved that she is responsible for all these intrigues

bewilligen* *vt* ■**[jdm] etw ~** to approve sth [for sb]; ***ihm wurde eine neue Redakteurin bewilligt*** he was allowed a new editor; FIN to grant [sb] sth; ***ein Stipendium ~*** to award a grant

Bewilligung <-, -en> *f* ❶ (*das Bewilligen*) approval;

von Mitteln, Kredit granting; *von Stipendium* awarding ❷ (*schriftliche Genehmigung*) approval

bewirken* *vt* ❶ (*verursachen*) ■**etw** ~ to cause sth; ***was nur seinen plötzlichen Sinneswandel bewirkt haben mag?*** what might have caused his sudden change of mind?; ***ihr Einlenken wurde durch starken Druck ihrer Lieferanten bewirkt*** she relented after intense pressure was exerted [on her] by her supplier ❷ (*erreichen*) ■[**bei jdm**] **etwas/nichts** ~ to achieve sth/nothing [with sb]; ***mit Klagen bewirkst du bei ihm gar nichts mehr*** you won't get anywhere [at all] with him by complaining, complaints won't budge him in the slightest

bewirten* *vt* ■**jdn** [**mit etw**] ~ to entertain sb [with sth]; ***mit was darf ich euch denn ~? Sekt, Filetspitzen, Räucherlachs?*** what can I offer you? champagne, fillet steak or smoked salmon?; ***in diesem Restaurant kehren wir oft ein, weil man dort immer gut bewirtet wird*** we often go to this restaurant as we always get a good meal there; ***kauf bitte reichlich ein, wir haben morgen 10 Personen zu ~!*** buy plenty as we've got ten people to cater [*or* cook] for tomorrow!

bewirtschaften* *vt* ❶ (*betreiben*) ■**etw** ~ to run sth; ***der Imbiss am See wird nur in der Saison bewirtschaftet*** the lakeside snack bar is only open in season ❷ AGR (*bestellen*) ■**etw** [**als etw**] ~ to work sth [as sth] ❸ ÖKON, POL (*staatlich kontrollieren*) ■**etw** ~ to ration sth; **Devisen/Wohnraum** ~ to control foreign currency/living space

Bewirtschaftung <-, -en> *f* ❶ (*das Betreiben*) running; ***die ~ der Skihütte war sehr aufwändig*** the costs of running the skiers' lodge were very high ❷ AGR (*die Bestellung*) farming, working; **die ~ der Felder** the cultivation of the fields ❸ ÖKON, POL (*staatliche Kontrolle*) rationing; **die ~ von Devisen/Wohnraum** the controlling of foreign currency/living space; ***aufgrund der Notlage sah sich die Regierung zur ~ der Lebensmittel gezwungen*** the state of emergency forced the government into rationing food supplies

Bewirtung <-, -en> *f* entertaining; ***kümmerst du dich bitte um die ~ unserer Gäste?*** will you see to our guests please?

bewog *imp von* **bewegen²**

bewogen *pp von* **bewegen²**

bewohnbar *adj* habitable; **etw ~ machen** to make sth habitable [*or* fit to live in]

bewohnen* *vt* ■**etw** ~ to live in sth; ***das Haus wird schon seit Jahren nicht mehr bewohnt*** the house has not been lived in [*or* occupied] for years; ***er bewohnt das ganze Haus allein*** he occupies the whole house himself; **eine Gegend/Insel/ein Land** ~ to inhabit an area/island/country

Bewohner(in) <-s, -> *m(f)* ❶ (*Einwohner*) inhabitant; *von Haus, Zimmer* occupant ❷ (*Tier*) inhabitant; ***die Springmaus gehört zu den ~n der [afrikanischen] Wüste*** the jerboa is a native of the [African] desertlands; ***dieser Vogel ist ein ~ der Wälder*** this is a woodland bird

Bewohnerschaft <-, -en> *f* (*geh*) inhabitants *pl*, denizens *pl form;* **die ~ eines Mietshauses** the occupants of a block of flats

bewohnt *adj* inhabited; ***diese einsame Gegend ist kaum bewohnt*** this lonely region is sparsely populated; ***ist das Haus überhaupt ~?*** is the house even occupied?

bewölken* *vr* ■**sich** ~ ❶ (*sich mit Wolken bedecken*) to cloud over, to become overcast ❷ LIT (*sich verfinstern*) to darken; ***seine Stirn bewölkte sich*** his face darkened

bewölkt *adj* METEO cloudy, overcast; ***heute wird es leicht ~ sein*** it will be partly cloudy today

Bewölkung <-, -en> *f* METEO cloud cover; ***„im Tagesverlauf wechselnde ~"*** "today will see variable amounts of cloud [cover]"

Bewölkungsauflockerung *f* METEO breaking up of [the] cloud cover **Bewölkungszunahme** *f kein pl* METEO increase in [the] [*or* increasing] cloud cover

Bewuchs *m kein pl* ÖKOL vegetation [*or* plant] cover

Bewund(e)rer, Bewund(r)erin <-s, -> *m, f* admirer

bewundern* *vt* ■**jdn/etw** [**wegen etw**] ~ to admire sb/sth [for sth]; ■**etw** [**an jdm**] ~ to admire sth [about sb]; ***was ich an dir bewundere ist …*** what I admire about you is …

bewundernd I. *adj* admiring **II.** *adv* admiringly

bewundernswert *adj,* **bewundernswürdig** *adj* (*geh*) admirable; ■[**an jdm/etw**] ~ **sein** to be admirable [about sb/sth]; ***deine Gelassenheit ist [an dir] wirklich ~*** the really admirable thing [about you] is your calmness

bewundert *adj* admired

Bewunderung <-, *selten* -en> *f* admiration; ***meine ~!*** congratulations!

Bewundrer *m s.* **Bewunderer**

bewusst^RR^, **bewußt I.** *adj* ❶ *attr* (*vorsätzlich*) wilful BRIT, willful AM ❷ *attr* (*überlegt*) considered; **~e Lebensführung** socially and environmentally aware life-style ❸ *attr* (*überzeugt*) committed ❹ PSYCH (*im Bewusstsein vorhanden*) ■**sich** *dat* **einer S.** *gen* **~ sein/werden** (*jdm ist/wird etw klar*) to be/become aware of sth; ***sie waren sich der Tragweite dieser Entscheidung nicht ~*** they did not realize the enormity [*or* far-reaching consequences] of this decision; ■**jdm ~ sein/werden** to be/become clear to sb ❺ *attr* (*bekannt, besagt*) in question *pred,* are you still teaching at the same school? **II.** *adv* ❶ (*überlegt*) **~ leben** to live with great [social and environmental] awareness ❷ (*vorsätzlich*) deliberately ❸ (*klar*) **jdm etw ~ machen** to make sb realize sth; ***man kann ihr diesen Irrtum einfach nicht ~ machen*** it is impossible to make her aware of her mistake; **sich** *dat* **etw ~ machen** to realize sth; ***das muss man sich mal ~ machen!*** just imagine!

Bewusstheit^RR^, **Bewußtheit** <-> *f kein pl* ❶ (*Vorsätzlichkeit*) wilfulness BRIT, willfulness AM ❷ (*Überlegtheit*) awareness

bewusstlos^RR^, **bewußtlos I.** *adj* unconscious **II.** *adv* unconsciously; **~ zusammenbrechen** to collapse unconscious [*or* in a faint]

Bewusstlose(r)^RR^, **Bewußtlose(r)** *f(m) dekl wie adj* unconscious person

Bewusstlosigkeit^RR^, **Bewußtlosigkeit** <-> *f kein pl* unconsciousness ▶ WENDUNGEN: **bis zur ~** (*fam*) ad nauseam

bewusst|machen *vt s.* **bewusst II 3**

Bewusstsein^RR^ <-s>, **Bewußtsein** *nt kein pl* ❶ (*bewusster Zustand*) consciousness; **wieder zu ~ kommen, das ~ wiedererlangen** to regain consciousness; **das ~ verlieren** to lose consciousness; **bei [vollem] ~ sein** to be [fully] conscious; ***er wurde bei vollem ~ operiert*** he was operated on while fully conscious ❷ PHILOS, PSYCH, MED (*bewusste Wahrnehmung*) consciousness; **jdm etw ins ~ bringen** [*o* **rufen**] to remind sb of sth; **jdn/etw aus dem/ihrem/seinem ~ verdrängen** to banish sb/sth from one's/her/his mind ❸ (*bewusste Ansichten*) consciousness ❹ (*das Wissen um etw*) ■**das ~ einer S.** *gen* the awareness of sth; **jdm zu[m] ~ kommen** to become clear to sb; **etw mit [vollem] ~ tun** to do sth intentionally; **im ~ einer S.** *gen* in the knowledge of sth; ***das ~, dass er im Recht war, verlieh ihm Kraft*** the knowledge that he was in the right gave him strength

BewusstseinsbildungRR *f* creation of awareness **bewusstseinserweiternd**RR *adj* PHARM, PSYCH mind-expanding **Bewusstseinserweiterung**RR *f* PSYCH expansion of the mind [*or* one's consiousness] **Bewusstseinsspaltung**RR *f* MED, PSYCH split[ting of the] consciousness, schizophrenia **Bewusstseinsstörung**RR *f* disturbance of consciousness **Bewusstseinsveränderung**RR *f* change of awareness

bezahlbar *adj* payable; ■ **etw ist** ~ sth is to be paid; ***es ist zwar teuer, aber für die meisten doch noch*** ~ although it is expensive, most people can still afford it

bezahlen* I. *vt* ① (*begleichen*) ■ **[jdm] etw** ~ to pay [sb] sth; ***wenn Sie mir 100 Mark ~, verrate ich alles!*** give me DM 100 and I'll tell you everything!; ***die Rechnung muss gleich bezahlt werden*** the bill must be settled immediately; ***ich bezahle den Wein!*** I'll pay for the wine! ② (*entlohnen*) ■ **jdn [für etw]** ~ to pay sb [for sth] ③ (*euph: kaufen*) ■ **jdm etw** ~ to pay for [*or* buy] sth for sb; *s. a.* **Leben II.** *vi* to pay; **[Herr Ober,] [bitte]** ~**!** waiter, the bill please!

bezahlt *adj* paid; ~**e Schulden** paid [off] [*or* settled] debts; **etw** ~ **bekommen** [*o fam* **kriegen**] to be paid for sth; **ein Essen/Getränk/eine Hotelübernachtung** ~ **bekommen** to have a meal/drink/stay in a hotel paid for ▶ WENDUNGEN: **als ob jd es** ~ **bekäme** (*fam*) for all sb is worth; **sich [für jdn]** ~ **machen** to pay [*or* be worth the trouble] [for sb]

Bezahlung *f* ① (*das Bezahlen*) payment; *von Schulden a.* settlement, settling; *von Getränken, Speisen* paying for; ***denk bitte an die ~ der Miete!*** don't forget to pay the rent! ② (*Lohn, Gehalt*) pay; ***für den Auftrag hatte er $10.000 als ~ erhalten*** he received payment of $10,000 for the contract; **ohne/gegen** ~ without payment/for payment

bezähmen* I. *vt* (*geh*) ■ **etw** ~ to keep sth under control; **den Durst/Hunger** ~ to master [*or* bear] one's thirst/appetite; **die Neugierde** ~ to restrain one's curiosity **II.** *vr* ■ **sich** ~ to control [*or* restrain] oneself

bezaubern* I. *vt* ■ **jdn** ~ to enchant sb **II.** *vi* to enchant

bezaubernd *adj* ① (*entzückend*) enchanting; ***das ist wirklich ein ~es Kaffeeservice!*** that is really a delightful [*or* charming] coffee set!; ***sie war eine Frau von ~er Schönheit*** she was a woman of captivating beauty ② (*iron*) ***das sind ja ~e Aussichten!*** what fine prospects!; ***wirklich ~!*** that's really great!, oh how wonderful!

bezecht *adj* (*fam*) drunk, BRIT *fam a.* tight

bezeichnen* I. *vt* ① (*benennen*) ■ **jdn/etw [als jdn/etw]** ~ to call sb/sth [sb/sth]; ***dein Verhalten kann man nur als ungehörig ~!*** your behaviour can only be described as impertinent! ② (*bedeuten*) ■ **etw** ~ to denote sth ③ (*genau beschreiben*) ■ **[jdm] etw** ~ to describe sth [to sb] ④ (*kennzeichnen*) ■ **etw [durch/mit etw]** ~ to mark sth [with sth]; LING, MUS to indicate sth [with sth] **II.** *vr* (*sich benennen*) ■ **sich als jd/etw** ~ to call oneself sb/sth; ***sie bezeichnet sich als großzügig*** she describes herself as generous

bezeichnend *adj* (*charakteristisch*) characteristic, typical; ■ **etw ist** ~ **für jdn/etw** sth is typical of sb/sth

bezeichnenderweise *adv* typically

Bezeichnung *f* ① (*Ausdruck*) term ② (*Kennzeichnung*) marking; (*Beschreibung*) description; ***die ~ auf der Verpackung ist wenig informativ*** the description on the packaging doesn't give much useful information

bezeugen* *vt* ① JUR ■ **etw** ~ (*als Zeuge bestätigen*) to testify to sth; (*bestätigen*) to attest sth; ■ ~**, dass** to testify that; ■ ~**, dass** to show [*or* prove] that ② (*geh: nachweisen*) ■ **jdm etw** ~ to prove sth to sb

bezichtigen* *vt* ■ **jdn [einer S.** *gen*] ~ to accuse sb [of sth]; ■ **jdn ~, etw getan zu haben** to accuse sb of having done sth

beziehbar *adj* ① (*bezugsfertig*) ready for occupation [*or* to move into] ② ÖKON (*erhältlich*) obtainable

beziehen* *irreg* I. *vt* ① (*mit Bezug versehen*) ■ **etw [mit etw]** ~ to cover sth [with sth]; **die Bettwäsche neu** ~ to change the bed [linen] [*or* sheets]; **etw neu** ~ to re-cover sth; MUS (*bespannen*) to string ② (*in etw einziehen*) ■ **etw** ~ to move into sth ③ *bes* MIL (*einnehmen*) ■ **etw** ~ to take up sth; **einen Standpunkt** ~ to adopt a point of view ④ ÖKON (*sich beschaffen*) ■ **etw [von jdm]** ~ to obtain [*or* get] sth [from sb]; **eine Zeitschrift** ~ to take [*or* AM subscribe to] a magazine ⑤ FIN (*erhalten*) ■ **etw [von jdm/etw]** ~ to receive [*or* draw] sth [from sb/sth] ⑥ SCHWEIZ (*einziehen*) to collect ⑦ (*fam: bekommen*) to get; ***du beziehst gleich eine Ohrfeige, wenn du nicht mit dem Blödsinn aufhörst!*** I'll box your ears in a minute if you don't stop messing around! ⑧ (*in Beziehung setzen*) ■ **etw auf jdn/etw** ~ to apply sth to sb/sth; ***warum bezieht er [bloß] immer alles auf sich?*** why does he always [have to] take everything personally? **II.** *vr* ① (*sich bedecken*) ■ **sich** ~ to cloud over, to become overcast ② (*betreffen*) ■ **sich auf jdn/etw** ~ to refer to sb/sth ③ (*sich berufen*) ■ **sich auf jdn/etw** ~ to refer to sb/sth

Bezieher(in) <-s, -> *m(f)* FIN drawer, recipient; MEDIA (*Abonnent*) subscriber; ~ **von Waren** buyers [*or* purchasers] of goods

Beziehung <-, -en> *f* ① (*Verbindung*) ■ **die/jds** ~ **zu etw** the/sb's relationship with sth; **zwischen etw und jdm/etw besteht eine/keine** ~ there is a/no connection between sth and sb/sth; **etw zu etw in** ~ **setzen** [*o* **bringen**] to connect sth with sth; ***als Tagträumer ist es leicht die ~ zur Realität zu verlieren*** it's easy for a daydreamer to lose his [*or* her] grasp of reality ② *meist pl* (*fördernde Bekanntschaften*) connections *npl;* ~**en haben** to have connections; **seine ~en spielen lassen** to pull [some] strings ③ (*Verhältnis*) relationship; ***ich habe zur heutigen Jugend keine ~*** I can't relate to the youth of today; **diplomatische ~en** diplomatic relations; ***diplomatische ~en aufnehmen/abbrechen*** to establish/break off diplomatic relations; (*sexuell*) [sexual] relationship; ■ **jds** ~ **zu/mit jdm** sb's relationship with sb; **intime** [*o* **sexuelle**] ~**en [zu jdm] haben** [*o* **unterhalten**] to have intimate relations [with sb]; **menschliche ~en** human relations; **keine** ~ **zu jdm/etw haben** to have no feeling for [*or* be unable to relate to] sb/sth ④ (*Hinsicht*) respect; **in einer/keiner** ~ in one/no respect [*or* way]; **in jeder** ~ in every respect; **in mancher** ~ in many respects ⑤ (*Zusammenhang*) connection; **in einer/keiner** ~ **zueinander stehen** to have a/no connection with one another

Beziehungskiste *f* (*sl*) relationship

beziehungslos *adj* unconnected, unrelated

Beziehungslosigkeit <-> *f kein pl* unconnectedness, unrelatedness

beziehungsweise *konj* or rather

beziffern* I. *vt* (*in Zahlen ausdrücken*) ■ **etw [mit etw/auf etw** *akk*] ~ to estimate sth [at sth] **II.** *vr* (*sich belaufen*) ■ **sich auf etw** ~ *akk* to come to sth; ***die Gesamtzahl der Demonstranten bezifferte sich auf über 500.000*** the number of demonstrators numbered more than 500,000

Bezifferung <-, -en> *f* ① (*das Beziffern*) estimate; ***zur Zeit ist noch keine exakte ~ der entstandenen Verluste möglich*** at the moment it is difficult to put an exact figure on the losses incurred ② (*Gesamt-*

heit erwähnter Zahlen) numbering; ***bei der ~ der Seiten wurden einige Fehler gemacht*** there were some mistakes in the page numbering

Bezirk <-[e]s, -e> *m* ① (*Gebiet*) district ② ÖKON (*Vertretungsgebiet*) region ③ ADMIN ÖSTERR, SCHWEIZ (*Verwaltungs~*) [administrative] district ④ (*Fachbereich*) field, domain, sphere

Bezirksgericht *nt* JUR ÖSTERR, SCHWEIZ (*Amtsgericht*) ≈ county [*or* AM district] court **Bezirkshauptmann, -männin** *m, f* ÖSTERR *chief officer of an administrative district* **Bezirksklasse** *f*, **Bezirksliga** *f* SPORT district [*or* local] league **Bezirksschule** *f* SCHWEIZ district school **Bezirksspital** *nt bes* SCHWEIZ (*Kreiskrankenhaus*) district hospital **Bezirksstadt** *f* ADMIN *s.* **Kreisstadt Bezirksvorsteher(in)** *m(f)* ADMIN head of district administration

bezirzen* *vt* (*fam*) ■**jdn ~** to bewitch sb, to wrap sb round one's little finger

Bezogene(r) *f(m) dekl wie adj* FIN, ÖKON drawee

bezug *s.* **Bezug 8**

Bezug <-[e]s, Bezüge> *m* ① (*Kissen~*) pillow-case; (*Bett~*) duvet [*or* quilt] [*or* BRIT *a.* eiderdown] cover ② (*Bezugsstoff*) covering ③ ÖKON (*das Beziehen*) buying, purchasing; *einer Publikation* subscription (+*gen* to) ④ FIN (*das Erhalten*) drawing, receiving; ■**der ~ von etw** the drawing [*or* receiving] of sth; SCHWEIZ (*das Einziehen*) collection ⑤ *pl* (*Einkünfte*) income *sing*, earnings *pl* ⑥ (*Verbindung*) *s.* **Beziehung 1** ⑦ SCHWEIZ (*das Beziehen*) moving in[to] ⑧ (*geh: Berufung*) reference; **~ auf etw nehmen** *akk* to refer to sth; **~ nehmend auf** *akk* **etw** with reference to ⑨ (*Hinsicht*) ■**in ~ auf etw** *akk* with regard to …; **in ~ darauf** regarding that; **mit** [*o* **unter**] **~ auf** *akk* **…** (*geh*) with reference to …

Bezüger(in) <-s, -> *m(f)* SCHWEIZ (*Bezieher*) drawer, recipient; *von Waren* buyer, purchaser; *Zeitung* regular reader (+*gen* of), subscriber (+*gen* to)

bezüglich **I.** *präp* (*geh*) ■**~ einer S.** *gen* regarding [*or* with regard to] sth **II.** *adj* LING relative; ***das ~e Fürwort*** the relative pronoun; ■**auf etw** *akk* **~** relating to sth

Bezugnahme <-, -n> *f* **unter ~ auf etw** *akk* (*geh*) with reference to sth

bezugsberechtigt *adj* ÖKON, ADMIN entitled [to receive [*or* draw] sth]; ■[**für** [*o* **zu**] **etw**] **~ sein** to be entitled [to sth] **Bezugsberechtigte(r)** *f(m) dekl wie adj* ÖKON, ADMIN beneficiary **bezugsfertig** *adj* ready to move into [*or* for occupation] **Bezugsperson** *f* PSYCH, SOZIOL ≈ role model (*a person on whom sb models their thinking and behaviour due to their personal relationship*) **Bezugsquelle** *f* source of supply **Bezugsrecht** *nt* BÖRSE, ÖKON subscription right **Bezugsschein** *m* ÖKON [ration] coupon

bezuschussen* *vt* ■**etw/jdn ~** to subsidize sth/sb

bezwecken* *vt* ① (*bewirken*) ■**etw/nichts** [**bei jdm**] **~** to achieve sth/nothing [with sb]; ***Ermahnungen ~*** [***bei ihr***] ***gar nichts mehr*** warnings don't have any affect [on her] any more ② (*beabsichtigen*) ■**etw** [**mit etw**] **~** to aim to achieve sth [with sth]; ■**etw ~** to have sth as its object

bezweifeln* *vt* ■**etw ~** to question sth; ■**~, dass** to doubt that, to question whether; ***ich will nicht einmal ~, dass …*** I don't doubt for a moment that …; ***es ist doch sehr zu ~, dass …*** it is highly questionable whether …

bezwingen* *irreg* **I.** *vt* ① (*besiegen*) ■**jdn ~** to defeat sb; **einen Gegner ~** to beat [*or* defeat] an opponent ② (*überwinden*) ■**etw ~** to capture [*or* take] sth; **einen Anstieg/einen Pass ~** to negotiate a climb/pass; **einen Berg ~** to conquer a mountain ③ (*bezähmen*) ■**etw ~** to keep sth under control; **den Durst/Hunger/Schmerz ~** to master [*or* bear] one's thirst/appetite/pain; **Emotionen ~** to overcome emotions; **die Neugierde ~** to restrain one's curiosity; **den Zorn ~** to contain one's anger **II.** *vr* ■**sich ~** to restrain onseself; ***wenn ich Pralinen sehe, muss ich zugreifen, da kann ich mich einfach nicht ~!*** when I see chocolates, I have to have some, I simply can't help myself!

BfA <-> *f kein pl Abk von* **Bundesversicherungsanstalt für Angestellte** *Federal Insurance Office for Salaried Employees*

BGB <-> *nt kein pl Abk von* **Bürgerliches Gesetzbuch**

BGH <-s> *m Abk von* **Bundesgerichtshof**

BH <-[s], -[s]> *m Abk von* **Büstenhalter** bra *inf*

Bhagwan <-s, -s> *m* (*Träger des hinduistischen Ehrentitels*) Bhagavat, Bhagavad; (*Leiter der Sekte*) Bhagavata

Bhagwananhänger(in) *m(f)* Bhagavata follower **Bhagwankommune** *f* Bhagavata commune **Bhagwankult** *m* Bhagavata cult

Bhutan <-s> *nt* Bhutan; *s. a.* **Deutschland**

Bhutaner(in) <-s, -> *m(f)* Bhutanese; *s. a.* **Deutsche(r)**

bhutanisch *adj* Bhutanese; *s. a.* **deutsch**

bi *adj pred* (*sl*) bi *pred sl*

Biathlon <-s, -s> *nt* biathlon

bibbern *vi* (*fam*) ■[**vor etw**] **~** *dat* to tremble [*or* shake] [with sth]; (*vor Kälte*) to shiver; ■**um etw ~** to fear for sth; **um sein Leben ~** to fear for one's life

Bibel <-, -n> *f* Bible; (*ein Exemplar der ~*) [a copy of] the Bible

bibelfest *adj* well-versed in the Bible *pred* **Bibelspruch** *m* Biblical saying [*or* quotation] **Bibelstelle** *f* passage [*or* text] from the Bible **Bibeltext** *m* ① (*Text der Bibel*) text of the Bible ② *s.* **Bibelstelle** **Bibelvers** *m s.* **Bibelspruch**

Biber <-s, -> *m* ① ZOOL beaver ② (*Biberfell*) beaver fur [*or* skin] ③ MODE (*weicher Baumwollflanell*) flannelette

Biberbau <-baue> *m* beaver['s] lodge **Biberbetttuch**[RR] *nt* flannelette sheet **Biberbettuch** *nt s.* **Biberbetttuch** **Biberburg** *f s.* **Biberbau**

Bibernell(e) <-, -n> *f kein pl* KOCHK burnet

Biberpelz *m* beaver fur **Biberschwanz** *m* ① (*der* [*platte*] *Schwanz eines Bibers 1.*) beaver's tail ② BAU (*eine bestimmte Sorte flacher Dachziegel*) flat roof tile

Bibliografie[RR] <-, -n> [*pl* -'fi:ən] *f* VERLAG bibliography

bibliografieren*[RR] *vt* LIT ① (*bibliografisch verzeichnen*) ■**etw ~** to record sth in a bibliography, to catalogue [*or* AM -og] ② (*biliografische Daten feststellen*) ■**etw ~** to take the bibliographic details of sth

bibliografisch[RR] **I.** *adj* VERLAG bibliographic[al] **II.** *adv* bibliographically; ***Publikationen ~ erfassen*** to record publications in a bibliography

Bibliographie <-, -n> [*pl* -'fi:ən] *f* VERLAG *s.* **Bibliografie**

bibliographieren* *vt* LIT *s.* **bibliografieren**

bibliographisch *adj, adv* VERLAG *s.* **bibliografisch**

bibliophil **I.** *adj* ① (*schöne Bücher liebend*) bibliophilic ② VERLAG **~e Ausgabe** collector's edition **II.** *adv* VERLAG ***das Buch war ~ ausgesttatet*** the book was designed for collectors [*or* bibliophiles]

Bibliothek <-, -en> *f* ① (*Sammlung von Büchern*) library ② (*Gebäude einer Bücherei*) library; (*Raum mit einer Bibliothek 1.*) library

Bibliothekar(in) <-s, -e> *m(f)* librarian

bibliothekarisch *adj* as a librarian *pred*

Bibliothekskatalog *m* library catalogue [*or* AM -og] **Bibliothekswesen** <-s> *nt kein pl* librarianship

biblisch *adj* ① (*aus der Bibel*) biblical ② (*sehr hoch*)

ein ~es Alter erreichen to reach a ripe old age

Bickbeere *f* NORDD (*Heidelbeere*) blueberry, BRIT *a.* bilberry

Bidet <-s, -s> [bi'de:] *nt* bidet

Bidon <-s, -s> [bi'dõ:] *m o nt* SCHWEIZ (*Kanister*) can

bieder *adj* ① (*pej: einfältig*) conventional, conservative ② (*brav*) plain; **einen ~en Geschmack** conservative taste ③ (*veraltend: rechtschaffen*) upright

Biederkeit <-> *f kein pl* (*pej*) conservatism, conventionality

Biedermann <-männer> *m* (*pej*) upright citizen

Biedermeier <-s> *nt kein pl* Biedermeier [period [*or* style]]; ***Spitzweg ist ein typischer Maler des ~*** Spitzweg was a typical painter of the Biedermeier period [*or* after the Biedermeier style]

biegen <bog, gebogen> **I.** *vt haben* ① ■ **etw ~** to bend sth; ■ [**jdm**] **etw ~** to bend [*or* flex] sth [to sb]; *s. a.* **gebogen** ② LING ÖSTERR (*flektieren*) to inflect ▶ WENDUNGEN: **auf B~ oder Brechen** (*fam*) by hook or by crook; **es geht auf B~ oder Brechen** (*fam*) it's all or nothing [*or* do or die] **II.** *vi sein* (*abbiegen*) ■ **jd/etw irgendwohin ~** sb/sth turns somewhere; ***bei der Ampel biegst du links*** turn left at the lights; ***wenn ich nicht nach links gebogen wäre, hätte mich der Lkw voll erwischt!*** if I hadn't swerved to the left the lorry would have hit me full on!; ***sie ist mit dem Fahrrad zu schnell um die Kurve gebogen*** she took the corner too quickly on her bike; (*umbiegen*) to curve; ***Vorsicht, gleich biegt die Straße scharf nach links!*** careful, the road curves sharply to the left in a moment **III.** *vr haben* ① (*sich krümmen*) ■ **sich ~** + *Richtungsangabe* to bend; ***das Auto ist gerade in eine Nebenstrasse gebogen*** the car has just turned into a side street ② (*sich verziehen*) ■ **sich ~** to go out of shape; ***im Wind bogen sich die Bäume*** the trees swayed in the wind; ***die Tafel bog sich*** [***fast***] ***unter der Last der Speisen*** the table was [almost] groaning under the weight of the food

biegsam *adj* ① (*elastisch*) supple, lithe ② (*flexibel*) flexible; **~*er Einband*** limp binding [*or* book cover] ③ (*leicht zu biegen*) ductile

Biegsamkeit <-> *f kein pl* ① (*Elastizität*) suppleness, litheness ② (*Flexibilität*) ductility

Biegung <-, -en> *f* ① (*Kurve*) bend; ***der Fluss wand sich in*** [***schlangenförmigen***] ***~en durch das Tal*** the river flowed snake-like through the valley; **eine ~ machen** to turn; MED (*Krümmung*) curvature ② LING ÖSTERR (*Flexion*) inflection

Biene <-, -n> *f* ① (*Tier*) bee ② (*veraltend sl: nettes Mädchen*) bird *sl*

Bienenfleiß *m* [great] industriousness; ***sie machte sich mit ~ an die Arbeit*** she went about the work, busy as a beaver **Bienenfresser** *m* ORN (*Merops apiaster*) bee eater **Bienengift** *nt* PHARM bee poison **Bienenhonig** *m* bees' [*or* natural] honey **Bienenkönigin** *f* queen bee **Bienenkorb** *m* beehive **Bienenschwarm** *m* swarm of bees **Bienenstich** *m* ① (*Stich einer Biene*) bee sting ② (*Kuchen*) *flat cake with an almond and sugar coating and a custard or cream filling* **Bienenstock** *m* beehive **Bienenvolk** *nt* bee colony **Bienenwachs** *nt* beeswax **Bienenzüchter(in)** *m(f)* bee-keeper, apiarist *spec*

Biennale <-, -n> [biɛ'na:lə] *f* KUNST, FILM *biennial arts exhibition or show*

Bier <-[e]s, -e> *nt* beer; ***ein kleines/großes ~, bitte!*** a small/large beer, please!, a half [pint]/pint [of beer], please!; **~ vom Fass** draught beer; **dunkles/helles ~** dark/light beer, ale [*or* BRIT *a.* bitter]/lager ▶ WENDUNGEN: **das ist mein/dein ~** (*fam*) that's my/your business [*or* affair]; **das ist nicht mein/sein ~** (*fam*) that's nothing to do with me/him [*or* not my/his problem]

Bierausschank *m* pub BRIT, alehouse BRIT, bar AM **Bierbauch** *m* (*fam*) beer belly, potbelly, beer gut *fam* **Bierbrauer(in)** *m(f)* brewery; (*person*) brewer **Bierbrauerei** *f* brewery

Bierchen <-s, -> *nt* (*fam*) a [little] [glass of] beer; ***wollen wir ein ~ trinken gehen?*** shall we go for a quick one? [*or* BRIT *fam* swift half]

Bierdeckel *m* beer mat **Bierdose** *f* beer can **Bierernst** *m* (*fam*) deadly seriousness **bierernst** *adj inv* (*fam*) dead[ly] serious **Bieressig** *m* malt vinegar **Bierflasche** *f* beer bottle **Biergarten** *m* beer garden **Biergeruch** *m* smell of beer **Bierglas** *nt* beer glass **Bierkasten** *m* crate of beer **Bierkeller** *m* ① (*Kellerwirtschaft*) bierkeller BRIT, beer-drinking establishment ② (*Lager für Bier*) beer cellar **Bierkrug** *m* (*Krug für Bier: aus Glas*) tankard; (*aus Steingut*) stein **Bierlaune** *f* (*fam*) ▶ WENDUNGEN: **in einer ~, aus einer ~ heraus** in a high-spirited mood [after a few beers] **Bierleiche** *f* (*fam*) [sb who is dead] drunk [due to drinking beer] **Bierpression** *f* bar room pump **Bierschinken** *m* KOCHK ≈ ham sausage (*type of sausage containing large pieces of ham*) **Bierwürze** *f* wort **Bierzelt** *nt* beer tent

Biese <-, -n> *f* MODE (*Besatz*) piping; (*Fältchen*) tuck; ***Röcke mit ~n sind früher mal Mode gewesen*** pleated skirts used to be fashionable; (*Ziernaht*) decorative seam

Biest <-[e]s, -er> *nt* (*fam*) ① (*pej: lästiges Insekt*) [damn *fam*] bugs; ***ach, diese Mücken! hat mich schon wieder so ein ~ gestochen!*** oh, these mosquitos! another one of the damn things has just bitten me! *fam;* (*bösartiges Tier*) creature; ***sei vorsichtig mit diesem Pferd, das ~ schlägt gerne aus!*** be careful with this horse, the brute likes to kick! ② (*pej: bösartiger Mensch*) beast; ***sie kann manchmal ein ~ sein*** sometimes she can be a [right] bitch ▶ WENDUNGEN: **ein süßes ~** a real temptress

biestig **I.** *adj* (*fam*) beastly *fam,* horrible *fam* **II.** *adv* nastily

bieten <bot, geboten> **I.** *vt* ① (*anbieten*) ■ [**jdm**] **etw** [**für etw**] **~** to offer [sb] sth [for sth] ② (*geben*) ■ [**jdm**] **etw ~** to give [sb] sth; **eine Gelegenheit/Möglichkeit ~** to offer [*or* give] an opportunity/possibility; **Gewähr ~** to provide guarantee; **Sicherheit/Schutz ~** to provide security/safety ③ (*aufweisen*) ■ [**jdm**] **etw ~** to have sth [for sb]; ***das Hochhaus bietet fünfzig Familien Wohnung*** the multi-storey building has [*or* provides] flats for fifty families; ***diese Häuser ~ betuchten Kunden viel Luxus*** these houses offer well-to-do buyers a lot of luxury; **Probleme/Schwierigkeiten ~** to present problems/difficulty ④ (*zeigen, darbieten*) ■ [**jdm**] **etw ~** to present [sb] with sth; **einen Film/ein Theaterstück ~** to show [*or* put on] a film/theatre [*or* AM -er] production; **eine Leistung ~** to give [*or* put on] a performance ⑤ (*anbieten*) ■ [**jdm**] **etw ~** to offer [sb] sth; ***die Leute wollen, dass ihnen Nervenkitzel, Spannung und Sensationen geboten werden*** people want [to be offered] thrills, spills and excitement; [**jdm**] **etwas/nichts zu ~ haben** to have sth/nothing to offer [to] [sb] ⑥ (*pej: zumuten*) ■ **jdm etw ~** to serve sth up to sb; ***was einem heutzutage an Kitsch geboten wird!*** the rubbish that's served up [*or* that we're expected to put up with] today!; ***so etwas ließe ich mir nicht ~!*** I wouldn't stand for [*or* put up with] it! **II.** *vi* ① KARTEN (*ansagen*) to bid ② (*ein Angebot machen*) to [make a] bid **III.** *vr* ① (*sich anbieten*) ■ **sich** [**jdm**] **~** to present itself [to sb] ② (*sich darbieten*) ■ **sich jdm/einer S. ~** to present to sb/sth; ***was für ein grässlicher Anblick bot sich den Zuschauern!*** the spectators were confronted with a horrendous sight!

③ (*zumuten*) ■ **sich etw ~/nicht ~ lassen** *dat* to [not] stand for [*or* put up with] sth
Bieter(in) <-s, -> *m(f)* bidder
Bigamie <-, -n> [*pl* -'miːən] *f* JUR bigamy
Bigamist(in) <-en, -en> *m(f)* JUR bigamist
bigamistisch *adj inv* bigamous
bigott *adj* (*frömmelnd*) devout; (*scheinheilig*) hypocritical
Bigotterie <-, -n> *f* ① *kein pl* (*Scheinheiligkeit, Frömmelei*) bigotry, piousness ② (*selten: bigotte Handlungsweise oder Äußerung*) bigotry, pious behaviour [*or* AM -or]/remark
Biker(in) <-s, -> ['bajkɐ] *m(f)* (*sl*) biker *fam*
Bikini <-s, -s> *m* bikini
Bilanz <-, -en> *f* ① ÖKON balance sheet; **eine ~ aufstellen** ÖKON to draw up a balance sheet; **~ machen** (*fam*) to check [out] one's finances *fam* ② (*Ergebnis*) end result; **[die] ~ [aus etw] ziehen** (*fig*) to take stock [of sth]
Bilanzbuchhalter(in) *m(f)* ÖKON accountant
bilanzieren* ÖKON **I.** *vi* to balance **II.** *vt* ■ **etw ~** to balance sth; (*fig*) to assess sth
Bilanzsumme *f* ÖKON balance-sheet total
bilateral *adj* bilateral
Bilch <-es, -e> *m* ZOOL dourmouse
Bild <-[e]s, -er> *nt* ① (*Fotografie*) photo[graph]; **ein ~ machen** [*o* **knipsen**] [*o* **schießen**] to take a photo[graph]; ***ich habe noch 8 ~er auf dem Film*** I've got eight photos [*or* exposures] left on the film ② KUNST (*Zeichnung*) drawing; (*Gemälde*) painting ③ TV, FILM picture ④ KARTEN **~erkarten** court [*or* picture] cards ⑤ (*Spiegel~*) reflection ⑥ (*Anblick, Ansicht*) scene; ***das ~ der Erde hat sich sehr verändert*** the appearance of the earth has changed greatly; ***vom Aussichtsturm bot sich ein herrliches ~*** there was an excellent view from the observation tower; ***diese riesigen Hochhäuser wären sicher keine Bereicherung für das ~ der Stadt*** these skyscrapers would hardly improve the townscape; ***die hungernden Kinder boten ein ~ des Elends*** the starving children were a pathetic [*or* wretched] sight ⑦ LIT (*Metapher*) metaphor, image ⑧ (*Vorstellung*) picture; ***mit diesem Artikel rückte er sich ins ~*** he announced his arrival on the scene with this article; ***das in dem Werk gezeichnete ~ der Amerikaner ist sehr negativ*** the image of Americans in this work is very negative; ***von seiner zukünftigen Frau hat er schon ein genaues ~*** he already has a very good idea of what his future wife should be like ⑨ THEAT (*Szene*) scene ▶ WENDUNGEN: **ein ~ für [die] Götter** (*fam*) a sight for sore eyes; **ein ~ des Jammers** (*geh*) a picture of misery; **das ist ein schwaches ~!** (*fam*) that is a [very] poor show; **etw im ~ festhalten** to capture sth on film/canvas; **ein ~ von einem Mann/einer Frau sein** to be a fine specimen of a man/woman [*or only for woman* a perfect picture of a woman]; **sich von jdm/etw ein ~ machen** *dat* to form an opinion about sb/sth; **sich von etw kein ~ machen** *dat* to have [absolutely] no idea of sth; ***du machst dir kein ~ davon, wie schwer das war!*** you have [absolutely] no idea [of] how difficult it was!; **jdn [über jdn/etw] ins ~ setzen** to put sb in the picture [about sb/sth]; **[über jdn/etw] im ~e sein** to be in the picture [about sb/sth]
Bildarchiv *nt* MEDIA photo[graphic] archives *pl* **Bildatlas** *m* VERLAG pictorial atlas **Bildauflösung** *f* TV, INFORM (*Anzahl Bildpunkte auf einer bestimmten Fläche*) resolution, picture definition **Bildausfall** *m* TV loss of picture [*or* vision] **Bildband** <-bände> *m* VERLAG book of pictures **Bildbericht** *m* MEDIA photographic report **Bildbeschreibung** *f* SCH [detailed] description of a picture [*or* painting] **Bilddatei** *f* INFORM photo [*or* picture] file **Bilddokument** *nt* pictorial [*or* photographic] document
bilden **I.** *vt* ① (*hervorbringen*) ■ **etw ~** to form sth; ***ein Insektenstich kann eine Schwellung ~*** an insect bite can cause a swelling; ANAT sth is formed; ***Galle wird in der Gallenblase gebildet*** bile is formed in the gall-bladder; BOT to grow sth; CHEM to produce sth ② LING (*formen*) ■ **etw ~** to form sth ③ POL (*zusammenstellen*) ■ **etw ~** to form sth; **einen Ausschuss/ein Komittee ~** to set up a committee ④ FIN (*ansammeln*) ■ **etw ~** to set up sth; **ein Vermögen ~** to build up a fortune ⑤ (*darstellen*) ■ **etw ~** to make up sth; **eine Gefahr/ein Problem/eine Regel ~** to constitute a danger/problem/rule ⑥ (*mit Bildung versehen*) ■ **jdn ~** to educate sb; ***die vielen Reisen haben ihn spürbar gebildet*** his many travels have noticeably broadened his mind ⑦ KUNST (*formen*) ■ **etw [aus etw] ~** to make sth [from sth]; ***die Krüge hatte er aus Ton gebildet*** he had made the jugs out of clay **II.** *vr* ① (*entstehen*) ■ **sich ~** to produce; CHEM form; BOT to grow ② (*sich Bildung verschaffen*) ■ **sich [aus etw] ~** to educate oneself [from sth] ③ (*sich formen*) ■ **sich** *dat* **etw [über jdn/etw] ~** to form sth [about sb/sth]; **eine Meinung ~** to form an opinion **III.** *vi* to broaden the mind; *s. a.* **Kunst, Künstler**
Bilderausstellung *f* exhibition of paintings/photographs **Bilderbogen** *m* VERLAG pictorial broadsheet **Bilderbuch** *nt* VERLAG picture book ▶ WENDUNGEN: **wie im ~** perfect; ***eine Landschaft wie im ~!*** a landscape [right out of a picture postcard]! **Bilderbuchkarriere** *f* dream [*or* brilliant] career **Bilderbuchlandung** *f* perfect [*or* textbook] landing **Bildergeschichte** *f* picture story **Bilderrahmen** *m* picture frame **Bilderrätsel** *nt* picture puzzle **Bilderschrift** *f* pictographic system of writing **Bildersturm** *m* HIST iconoclasm
Bildfernsprecher *m* (*geh*) videophone **Bildfläche** *f* FILM, FOTO projection surface ▶ WENDUNGEN: **auf der ~ erscheinen** (*fam*) to appear on the scene; **von der ~ verschwinden** (*fam*) to disappear from the scene; ***besser, du verschwindest gleich von der ~*** you'd better make yourself scarce **Bildfolge** *f* ① FOTO sequence of shots [*or* pictures] ② FILM, TV sequence of shots **Bildfrequenz** *f* FILM, TV image frequency
bildhaft **I.** *adj* vivid; **eine ~e Beschreibung** a graphic description **II.** *adv* graphically, vividly; **etw ~ darstellen** to depict sth vividly; **sich etw ~ vorstellen** to picture sth vividly
Bildhauer(in) <-s, -> *m(f)* sculptor **Bildhauerei** <-> *f kein pl* sculpture *no pl, no art* **Bildhauerin** <-, -nen> *f fem form von* Bildhauer **Bildhauerkunst** *f* (*geh*) sculpture *no pl, no art* **bildhübsch** *adj* as pretty as a picture; ***sie ist ein ~es Mädchen*** she's a really pretty [*or* stunning] girl
bildlich **I.** *adj* figurative, metaphorical; **ein ~er Ausdruck** a figure of speech **II.** *adv* figuratively, metaphorically; **~ gesprochen** metaphorically speaking; **sich etw ~ vorstellen** *dat* to picture sth; ***stell dir das mal ~ vor!*** just try to picture it!
Bildlichkeit <-> *f kein pl* figurativeness *no pl*
Bildmaterial *nt* [illustrative] pictures *pl*, pictorial [*or* visual] material *no pl*; SCH visual aids *pl*
Bildnis <-ses, -se> *nt* (*geh*) portrait
Bildplatte *f* video disc [*or* AM *a.* disk] **Bildplattenspieler** *m* video disc [*or* AM *a.* disk] player **Bildqualität** *f* TV, FILM picture [*or* image] quality; FOTO print quality **Bildredakteur(in)** *m(f)* picture editor **Bildreportage** *f* photographic report; TV photographic documentary **Bildröhre** *f* TV picture tube, kinescope *spec* **Bildschärfe** *f* TV, FOTO definition *no pl, no indef art*
Bildschirm *m* TV, INFORM screen; **über den ~ flim-**

mern (*fam*) to come on, to be on the box *fam*

Bildschirmarbeit *f* VDU work *no pl, no indef art* **Bildschirmarbeitsplatz** *m* work station **Bildschirmgerät** *nt* visual display unit **Bildschirmschoner** *m* screen saver **Bildschirmtext** *m* TELEK videotex, viewdata

bildschön *adj s.* **bildhübsch** **Bildstelle** *f* picture and film archive **Bildstörung** *f* TV interference *no pl, no indef art* **Bildsuchlauf** *m* cue review **Bildtafel** *f* ❶ (*ausrollbare Leinwand*) projection screen ❷ (*ganzseitige Illustration*) full-page display; (*in einem Buch*) plate **Bildtelefon** *nt* videophone **Bildtext** *m* caption

Bildung <-, -en> *f* ❶ *kein pl* (*Kenntnisse*) education *no pl;* **~/keine ~ haben** to be educated/uneducated; **höhere ~** higher education ❷ *kein pl* ANAT development *no pl,* forming *no pl* ❸ BOT forming *no pl,* development *no pl,* formation *no pl* ❹ LING forming *no pl;* ***Kleinkinder haben Schwierigkeiten mit der ~ von Sätzen*** small children have difficulty in forming sentences; (*Wort*) form ❺ *kein pl* (*Zusammenstellung*) formation *no pl;* ***die ~ eines Fonds/ Untersuchungsausschusses*** the setting up of a fund/committee of enquiry ❻ *kein pl* (*Erstellung*) forming *no pl* ❼ (*Gebilde*) formation

BildungsabschlussRR *m* SCH [school [*or* educational]] qualifications *pl* **Bildungsangebot** *nt* educational opportunities *pl* **Bildungsbürger(in)** *m(f)* member of the educated classes **Bildungschancen** *pl* educational opportunities *pl* **Bildungsdefizit** *nt* deficit in education **Bildungseinrichtung** *f* (*geh*) educational establishment [*or* institution] **Bildungsgang** <-gänge> *m* course [of study] **Bildungsgewebe** *nt* BOT meristem **Bildungsgrad** *m* level of education **Bildungsgut** *nt* facet of general education **Bildungslücke** *f* gap in one's education **Bildungsniveau** *nt* level [*or* standard] of education **Bildungspolitik** *f* education policy **Bildungsreform** *f* reform of the education system **Bildungsreise** *f* educational trip [*or* holiday] **Bildungsstand** *m s.* **Bildungsniveau** **Bildungssystem** *nt* education system **Bildungsurlaub** *m* educational holiday; ÖKON, JUR study leave *no pl* **Bildungsweg** *m* ■**jds ~** the course of sb's education; **auf dem zweiten ~** through evening classes **Bildungswesen** <-s> *nt kein pl* education system

Bildunterschrift *f s.* **Bildtext** **Bildwörterbuch** *nt* illustrated [*or* pictorial] [*or* visual] dictionary **Bildzuschrift** *f* reply with a photograph enclosed

Bilge <-, -n> *f* NAUT bilge

bilingual *adj inv* bilingual

Billard <-s, -e *o* ÖSTERR -s> ['bɪljart] *nt* billiards + *sing vb;* **[mit jdm] ~ spielen** to play billiards [with sb]

Billardkugel *f* billiard ball **Billardstock** *m* billiard cue **Billardtisch** *m* billiard table

Billet(t) <-[e]s, -e *o* -s> [bɪl'jɛt] *nt* ❶ ÖSTERR (*Briefchen, Glückwunschkarte*) note ❷ SCHWEIZ (*Fahrkarte*) ticket

Billet(t)eur(in) <-s, -e> [bɪljɛ'tøːɐ] *m(f)* ÖSTERR usher *masc,* usherette *fem*

Billet(t)eur <-s, -e> *m,* **Billet(t)euse** <-, -n> *f* SCHWEIZ (*Schaffner*) conductor *masc,* conductress *fem*

Billiarde <-, -n> *f* thousand trillion

billig I. *adj* ❶ (*preisgünstig*) cheap, inexpensive; **ein ~er Preis** a low price; **ein ~er Kauf** a bargain, a good buy; **es jdm ~er machen** to reduce sth for sb; ***ich mache es Ihnen 20 % ~er!*** I'll reduce it by 20 % for you; **nicht ganz [*o* gerade] ~ sein** to be not exactly cheap; **etw für ~es Geld kaufen** to buy sth cheap ❷ (*pej: minderwertig*) cheap; ***verschone mich mit diesem ~en Kram!*** spare me this cheap junk! ❸ (*pej: oberflächlich*) cheap, shabby; ***welche ~e Ausrede haben Sie diesmal?*** what feeble excuse have you got this time?; **ein ~er Trick** a cheap trick; **ein ~ Trost** cold comfort ❹ (*veraltet: angemessen*) proper; **nach ~em Ermessen** as appears just [*or* fair], in one's fair judgement II. *adv* cheaply; **~ abzugeben** going cheap *fam;* ***„gut erhaltene Ledergarnitur ~ abzugeben"*** "leather suite in good condition at a knock-down price"; **~ einkaufen** to shop cheaply ▸ WENDUNGEN: **~ davonkommen** (*fam*) to get off lightly

Billiganbieter *m* supplier of cheap products

billigen *vt* ■**etw ~** to approve of sth; ***die Pläne der Regierung wurden vom Parlament gebilligt*** the government's plans were approved by parliament; ■ **~, dass jd etw tut** to approve of sb's doing sth; ***ich werde nicht ~, dass du dich weiter so ungebührlich verhältst!*** I cannot approve of your continuing to behave so improperly!

Billigflagge *f* NAUT (*pej fam*) flag of convenience (*i.e. Panama, Honduras, Liberia*)

Billigkeit <-> *f kein pl* ❶ (*billiger Preis*) cheapness *no pl* ❷ (*pej: Oberflächlichkeit*) cheapness *no pl,* shabbiness *no pl;* ***diese Ausrede ist in ihrer ganzen ~ leicht zu durchschauen*** you can easily see through the whole feeble excuse

Billigland *nt country with cheap production and labour costs* **Billiglohnland** *nt country with a low-wage economy* **Billigpreis** *m* low price **Billigprodukt** *nt* cheap [*or* low-priced] product

Billigung <-, *selten* -en> *f* approval; ■**die ~ einer S.** *gen* the approval of sth; ***Sie können mit der ~ der Pläne rechnen*** you can count on the plans being approved; **jds ~ finden** to meet with sb's approval

Billigware *f* ÖKON low-quality merchandise

Billion <-, -en> *f* trillion

bim, bam! *interj* ding, dong!

Bimbam *m* ▸ WENDUNGEN: **ach du heiliger ~!** (*fam*) good grief! *fam*

Bimbes <-> *m kein pl* (*iron sl*) the ready [*or pl* readies] BRIT *sl,* mazuma AM *fam*

Bimetall *nt* TECH bimetallic strip

bimmeln *vi* (*fam*) to ring

Bimsstein *m* ❶ GEOL pumice stone ❷ BAU breeze-block

bin *1. pers sing pres von* **sein**

binär *adj* binary

Binde <-, -n> *f* ❶ MED bandage; (*Schlinge*) sling; (*elastische ~*) [elastic] bandage; **[jdm] eine [elastische] ~ anlegen** to put an [elastic] bandage on sb [*or* bandage sb up]; **eine ~ um etw wickeln** to bandage sth up ❷ (*Monats~*) sanitary towel [*or* AM napkin] ❸ (*Armband*) armband ▸ WENDUNGEN: **jdm fällt die/eine ~ von den Augen** (*geh o veraltend*) the penny drops; **jdm die ~ von den Augen nehmen/reißen** (*geh o veraltend*) to take/rip off sb's blindfold; **sich einen hinter die ~ gießen [*o* kippen]** *dat* (*fam*) to have a drink or two, to wet one's whistle *fam*

Bindegewebe *nt* ANAT connective tissue **Bindegewebsmassage** *f* massage of the connective tissue **Bindeglied** *nt* [connecting] link **Bindehaut** *f* ANAT conjunctiva **Bindehautentzündung** *f* MED conjunctivitis *no pl, no indef art* **Bindemittel** *nt* binder, binding agent; KOCHK *a.* thickener, thickening agent

binden <band, gebunden> I. *vt* ❶ (*durch Binden zusammenfügen*) ■**etw [zu etw] ~** to bind [*or* tie] sth [to sth]; ***Fichtenzweige wurden zu Kränzen gebunden*** pine twigs were tied [*or* bound] [together] into wreaths; ***binden Sie mir bitte einen Strauß roter Rosen!*** make up a bunch of red roses for me, please; ***bindest du mir bitte die Krawatte?*** can you do [up] my tie [for me], please?; ***kannst du mir bitte die Schürze hinten ~?*** can you tie my apron at the back for me, please? ② (*fesseln, befestigen*) ■ **jdn/etw/ein Tier an etw** *akk* ~ to tie [up *sep*] sb/sth/an animal to sth; **jdn an Händen und Füßen** ~ to bind sb hand and foot; **jdm die Hände** ~ to tie sb's hands; ■ **[sich** *dat*] **etw** *akk* **um etw binden** to tie sth round [one's] sth; ***sie band sich ein Tuch um den Kopf*** she tied a shawl round her head ③ (*festlegen*) ■ **jdn [an jdn/etw]** ~ to bind sb [to sb/sth]; ***ein Vertrag bindet immer beide Seiten*** a contract is always binding on both parties; ***durch die Anstellung wurde sie an München gebunden*** as a result of her appointment she was tied to Munich; ***ihn band ein furchtbarer Eid*** he was bound by a terrible oath ④ (*emotional verbinden*) ■ **jdn an etw** *akk* ~ to tie sb to sth; ***er hatte immer den Eindruck, dass ihn nichts an diese Stadt bindet*** he always had the impression that he had no ties with this town ⑤ (*festhalten*) ■ **etw [mit/durch etw]** ~ to bind sth [with/by means of sth]; **Kapital** ~ to tie [*or* lock] up capital ⑥ CHEM ■ **etw** ~ to bind sth ⑦ KOCHK to bind [*or* thicken] sth; **eine Soße** ~ to bind a sauce ⑧ VERLAG (*mit Einband versehen*) ■ **etw** ~ to bind sth ⑨ MUS **Akkorde/Töne** ~ to slur chords/tones; **eine Note** ~ to tie a note; *s. a.* **gebunden** ▶ WENDUNGEN: **jdm sind die Hände gebunden** sb's hands are tied **II.** *vi* to bind; ***dieser Klebstoff bindet gut*** this glue bonds well; *Soße* to bind **III.** *vr* (*sich verpflichten*) ■ **sich an jdn/etw** ~ to commit oneself to sb/sth; ***ich möchte mich momentan nicht*** ~ I don't want to tie myself down [*or* get involved] right now

bindend *adj* binding; ***ich benötige von Ihnen eine ~e Zusage*** I need a definite yes from you; ■ ~ **[für jdn] sein** to be binding [on sb]

Binder <-s, -> *m* ① (*veraltend: Krawatte*) tie ② (*Bindemittel*) binder

Bindestrich *m* hyphen **Bindewort** *nt* LING conjunction

Bindfaden *m* string; ***ein Stück*** ~ a piece of string ▶ WENDUNGEN: **es regnet Bindfäden** (*fam*) it's raining cats and dogs *fam*

Bindung <-, -en> *f* ① (*Verbundenheit*) ■ **jds** ~ **an jdn** [*o* **zu jdm**]**/an etw** *akk* sb's bond to sb/sth; ***sie hatte eine enge ~ an ihren Vater*** she had a close relationship with her father; ***er fühlte eine starke ~ an diese Frau*** he felt a strong bond towards this woman; ***die ~ an seine Geburtsstadt war groß*** the ties with his home town were strong; **flüchtige ~en eingehen** to enter into fleeting relationships ② (*Verpflichtung*) commitment; **[mit jdm] eine [neue] ~ eingehen** to establish [new] ties [with sb]; **eine ~ lösen/auflösen** to break off a relationship; **eine vertragliche ~ eingehen** to enter into a binding contract ③ SKI binding ④ MODE weave *no pl* ⑤ CHEM, NUKL bond

Bingelkraut *nt* BOT dog's mercury

binnen *präp +dat o gen* (*geh*) within; ~ **kurzem** shortly, soon

Binnendeich *m* inner [*or* inland] dyke **binnendeutsch** *adj* used in Germany; **ein ~er Ausdruck** an expression used in Germany; **~e Dialekte** dialects spoken in Germany **Binnenfischerei** *f* freshwater fishing *no pl, no indef art* **Binnengewässer** *nt* inland water *no indef art* **Binnenhafen** *m* inland [*or* river] port **Binnenhandel** *m* domestic [*or* home] trade *no pl* **Binnenland** *nt* landlocked country **Binnenmarkt** *m* domestic [*or* home] market; **der [Europäische] Binnenmarkt** the Single [European] Market **Binnenmeer** *nt* inland sea **Binnenschiffahrt** *f s.* **Binnenschifffahrt** **Binnenschiffer(in)** *m(f)* boatman on inland waters; ***er arbeitet als ~ auf einem Schleppkahn*** he works as a bargeman **Binnenschifffahrt**[RR] *f* inland navigation **Binnensee** *m* lake **Binnenverkehr** *m* inland traffic

binomisch *adj* MATH binomial

Binse <-, -n> *f* BOT rush ▶ WENDUNGEN: **in die ~n gehen** (*fam*) *Vorhaben* to fall through; *Veranstaltung* to be a washout *fam; Unternehmen* to go down the drain *fam; Geld* to go up in smoke

Binsenwahrheit *f*, **Binsenweisheit** *f* truism

Bio <-> *f kein pl* SCH (*sl*) biology

bioaktiv *adj* biologically active; **~e Waschmittel** biological detergents **Biobauer** *m* organic farmer **Biobrennstoff** *m* bio-fuel, biomass fuel **Biochemie** *f* biochemistry **Biochemiker(in)** *m(f)* biochemist **biochemisch** *adj inv* biochemical **Biochip** *nt* ELEK, ÖKOL bio-chip **biodynamisch** *adj* organic **Biogas** *nt* biogas **Biogenese** *f* biogenesis **biogenetisch** *adj* biogenetic

Biograf(in)[RR] <-en, -en> *m(f)* biographer

Biografie[RR] <-, -n> [*pl* -'fi:ən] *f* ① (*Buch*) biography ② (*Lebenslauf*) life [history]

Biografin[RR] <-, -nen> *f fem form von* **Biograf**

biografisch[RR] *adj* biographical

Biograph(in) <-en, -en> *m(f) s.* **Biograf**

Biographie <-, -n> *f s.* **Biografie**

Biographin <-, -nen> *f fem form von* **Biograph** *s.* **Biograf**

biographisch *adj s.* **biografisch**

Bioindikator *m* BIOL biological indicator **Bioindustrie** *f* AGR, ÖKON organic products industry **Bioladen** *m* health-food shop [*or* AM *usu* store], whole-food shop BRIT, natural food store AM

Biologe, -login <-n, -n> *m, f* biologist

Biologie <-> *f kein pl* biology *no pl, no indef art*

Biologin <-, -nen> *f fem form von* **Biologe**

biologisch **I.** *adj* biological; (*natürlich*) natural **II.** *adv* biologically; ***immer mehr Bauern entscheiden sich, ~ anzubauen*** more and more farmers are deciding to cultivate their land naturally; ~ **abbaubar** biodegradable

Biomasse *f* ÖKOL biomass; ***die absterbenden Lebewesen tragen zur Bildung von ~ bei*** dead organisms contribute to the formation of organic material **Biomechanik** *f kein pl* biomechanics + *sing vb* **Biomechaniker(in)** *m(f)* biomechanic **Biomembran** *f* BIOL biological membrane **Bionahrungsmittel** *nt* organic food

Bionik <-> *f kein pl* bionics + *sing vb*

Biophysik *f* biophysics + *sing vb* **Bioprodukt** *nt* organic product

Biopsie <-, -n> [*pl* -'psi:ən] *f* MED biopsy; ■ **bei jdm eine ~ machen** to conduct a biopsy on sb

Biorhythmus *m* biorhythm **Biosphäre** *f* ÖKOL biosphere **Biotechnik** *f* bioengineering *no pl*, biotechnics + *sing vb* **Biotechnologie** <-, -n> *f* biotechnology *no pl, no art*

Biotin <-s> *nt kein pl* biotin, vitamin H

Biotonne *f* bio-bin, biocontainer, biovat **Biotop** <-s, -e> *nt* ÖKOL biotope **Biotreibstoff** *m* biofuel **Biowaschmittel** *nt* biological detergent **Biowissenschaften** *pl* ÖKOL life sciences *npl*

Biozönose <-, -n> *f* ÖKOL biocenose, biotic community

BIP *nt* ÖKON *Abk von* **Bruttoinlandsprodukt** GDP

bipolar *adj inv* (*geh*) bipolar

Birchermüsli[RR] *nt*, **Birchermüesli**[RR] *nt* SCHWEIZ *porridge-style muesli with condensed milk and grated apple*

birgt *3. pers sing pres von* **bergen**

Birke <-, -n> *f* ① (*Baumart*) birch [tree] ② (*Birkenholz*) birch *no pl, no indef art*

Birkenspanner *m* ZOOL peppered moth **Birkenwasser** *nt* hair lotion (*derived from birch sap*)

Birkhahn *m* blackcock **Birkhuhn** *nt* black grouse

Birma <-s> *nt s.* **Myanmar**

Birmanisch *nt dekl wie adj* Burmese; *s. a.* **Deutsch**
Birmanische <-n> *nt* ■ **das** ~ Burmese, the Burmese language; *s. a.* **Deutsche**
Birnbaum *m* ① (*Baumart*) pear tree ② *kein pl* (*~holz*) pear-wood *no pl, no indef art*
Birne <-, -n> *f* ① (*Frucht des Birnbaums*) pear; (*Birnbaum*) pear tree ② ELEK (*veraltend*) [light] bulb ③ (*fam: Kopf*) nut *fam;* **eine weiche ~ haben** (*sl*) to be soft in the head *sl*
birnenförmig *adj* pear-shaped
bis **I.** *präp +akk* ① *zeitlich* (*sich an einen genannten Zeitpunkt erstreckend*) till, until; ***ich zähle ~ drei*** I'll count [up] to three; (*nicht später als*) by; ■ **von … ~ …** from … until…; ***von Montag ~ Samstag*** from Monday to Saturday; **bis morgen/später/Montag/nächste Woche** see you tomorrow/later/on Monday/next week; ~ **bald/gleich** see you soon/in a little while [*or* a minute]; ~ **dann!** until then!; ~ **dahin/dann** by then; ~ ***dahin bin ich alt und grau!*** I'll be old and grey by then!; ~ ***dahin war alles gut gegangen*** until then everything had gone well; ~ **einschließlich** up to and including; ***ich bin von heute an ~ einschließlich Mittwoch auf einer Tagung*** I'm at a meeting from today until the end of Wednesday [*or* until Wednesday inclusive]; ~ **jetzt** up to now; ~ ***jetzt ist noch alles ruhig*** so far everything is still quiet; ***irgendwelche Beschwerden? — nein, ~ jetzt jedenfalls noch nicht!*** any complaints? — no, nothing so far anyway; ~ **später!** see you later!; ~ **wann?** until when?; ~ ***wann gilt der Fahrplan?*** when is the timetable valid till?, how long is the timetable valid?; ~ ***wann weiß ich, ob Sie das Angebot annehmen?*** [by] when will I know, whether you're going to accept the offer?; ~ ***wann bleibst du?*** how long are you staying [for]? ② *räumlich* as far as; ***der Zug geht nur ~ Wertheim*** the train's only going as far as Wertheim; ***er musterte ihn von oben ~ unten*** he looked him up and down; ***der Hof geht genau ~ dahinten hin*** the yard runs right through to the back; ~ **dort/dorthin/dahin** to, up to; ~ ***dort/dahin sind es nur 3 Kilometer*** it's only 3 kilometres there; ***siehst du die Sandbank? wir schwimmen bis dahin/dorthin*** can you see the sandbank? we'll swim out to there; ~ ***dahin kenne ich den Film*** I know the film up to this point; ~ **hierher** up to this point; ~ **hierher und nicht weiter** as far as here [*or* up to here] and no further; ~ **wo/wohin …?** where…to?; ***bis wo/wohin können Sie mich mitnehmen?*** where can you take me to?, how far can you take me?; ~ ***wo/wohin sind wir in der letzten Stunde gekommen?*** where did we get to [*or* how far did we get] in the last lesson? ③ (*erreichend*) up to; ***die Tagestemperaturen steigen ~ [zu] 30°C*** daytime temperatures rise to 30°C; ***sie war ~ zum 17. Lebensjahr im Internat*** she was at boarding school until she was 17; (*unterhalb*) under, up to; ***Kinder ~ sechs Jahren*** children under six [years of age] [*or* up to the age of six] **II.** *adv* ① *zeitlich* till, until; ~ ***gegen 8 Uhr*** until about 8 o' clock; ~ ***in die frühen Morgenstunden*** until the early hours [of the morning]; ~ ***spät in die Nacht*** long into the night; ~ ***zu dieser Stunde habe ich davon nichts gewusst!*** I knew nothing about it until now; ***der Bau dürfte ~ zu Weihnachten fertig sein*** the construction work should be finished by Christmas; ~ **anhin** SCHWEIZ (*bis jetzt*) up to now; ~ **und mit** SCHWEIZ (*bis einschließlich*) up to and including ② *räumlich* into, to; ■ ~ **an/in/über/unter etw** *akk* right up to/into/over/up to sth; ***die Äste reichen ~ ans Haus*** the branches reach right up to the house; ***jetzt sind es nur noch zwei Stunden ~ nach Hause*** + *Zeitangabe davor* it's only another two hours until we get home ③ *bei Alters-, Maß-, Mengen-, Temperaturangaben* (*erreichend*) ■ ~ **zu …** up to; ***Jugendliche ~ zu 18 Jahren*** adolescents up to 18 [years of age] ④ (*mit Ausnahme von*) ■ ~ **auf jdn/etw,** ■ SCHWEIZ ~ **an jdn/etw** except [for] sb/sth **III.** *konj* ① (*beiordnend*) to; ***400 bis 500 Gramm Schinken*** 400 to 500 grams of ham; ***das Wetter morgen: bewölkt ~ bedeckt und strichweise leichter Regen*** the weather for tomorrow: cloudy or overcast with light rain in places ② *unterordnend: zeitlich* (*bevor*) by the time, till, until; ~ ***es dunkel wird, möchte ich zu Hause sein*** I want to be home by the time it gets dark; ***ich warte noch, ~ es dunkel wird*** I'll wait until it gets dark; (*bevor nicht*) till, until; ~ ***die Hausaufgaben gemacht sind, geht ihr nicht raus!*** you're not going out until your homework's done!
Bisam <-s, -e *o* -s> *m* ① MODE musquash *no pl* ② *no pl* (*Moschus*) musk *no pl*
Bisamratte *f* muskrat
Bischkek <-s> *nt* Bishkek
Bischof, Bischöfin <-s, Bischöfe> *m, f* bishop
bischöflich *adj* episcopal
Bischofsamt *nt* episcopate, bishopric **Bischofskonferenz** *f* REL conference of bishops **Bischofsmütze** *f* [bishop's] mitre [*or* AM -er] **Bischofssitz** *m* bishop's seat, cathedral city **Bischofsstab** *m* bishop's crook, crosier
Bisexualität *f* bisexuality
bisexuell *adj* bisexual
bisher *adv* until [*or* up to] now; ~ ***habe ich noch nichts Gegenteiliges gehört*** I've not heard anything to the contrary so far; (*momentan*) currently
bisherig *adj attr* previous *attr;* **die ~e politische Entwicklung** current political developments; **nach unseren ~en Erkenntnissen** according to our current knowledge
Biskaya <-> *f* ■ **die** ~ [the Bay of] Biscay; *s. a.* **Golf**
Biskuit <-[e]s, -s *o* -e> [bɪs'kvi:t, bɪs'kui:t] *nt o m* KOCHK sponge
Biskuitgebäck *nt* sponge cake **Biskuitrolle** *f* Swiss [*or* AM jelly] roll **Biskuitteig** *m* sponge mixture
bislang *adv s.* **bisher**
Bismarckhering *m* Bismarck herring
Bison <-s, -e> *m* bison
biss[RR], **biß** *imp von* **beißen**
Biss[RR] <-es, -e> *m,* **Biß** <-sses, -sse> *m* ① (*das Zubeißen*) bite ② (*Bisswunde*) bite; ***der ~ muss unbedingt genäht werden!*** the bite will have to have stitches ③ (*sl: engagierter Einsatz*) drive; ~ **haben** (*sl*) to have drive
bisschen[RR], **bißchen** *pron indef* ① *in der Funktion eines Adjektivs* ■ **ein ~ …** a bit of …, some …; ***kann ich noch ein ~ Milch haben?*** can I have another drop of [*or* a drop more] milk?; ***ich habe ein ~ Ärger im Büro gehabt!*** I've had a bit of bother at the office; ■ **kein ~ …** not one [little] bit of …; ***du hast aber auch kein ~ Verständnis für meine schwierige Situation*** you haven't got a scrap of sympathy for the awkward situation I'm in; ***ich habe kein ~ Geld*** I'm penniless; ***ich habe im Moment kein ~ Zeit!*** I haven't got a minute to spare at the moment!; ■ **das ~ …** the little bit of …; ***das ~ Geld, das ich habe, brauche ich selber*** I need what money I have myself; ***mit dem ~ Gehalt kann man in München keine großen Sprünge machen*** this salary won't get you far in Munich! ② *in der Funktion eines Adverbs* ■ **ein ~ …** a bit [*or* little]; ***das war ein ~ dumm von ihr!*** that was a little stupid of her!; + *comp;* ***darf's ein ~ mehr Käse sein, die Dame?*** would Madam like a little more cheese?; ***ich würde an deiner Stelle ein ~ weniger arbeiten!*** if I were

you, I'd work a little less; ■ **kein ~ ...** not the slightest bit ...; ***es ist kein ~ teurer!*** it's not a bit more expensive!; ***sie war kein ~ schlechter als er*** she was no worse than him in the slightest ③ *in der Funktion eines Substantivs* ■ **ein ~** a bit [*or* little]; ***wenn man nur so ein ~ verdient wie ich!*** when one earns as little as I do!; ***für so ein ~ wollen die 1000 Mark!*** they want 1,000 marks for a little bit like that!; ***von so einem ~ wirst du doch nicht satt*** a little portion like that won't fill you up; ***nimmst du Milch in den Kaffee? — ja, aber nur ein ~*** do you take milk with your coffee? — yes, but just a drop; ■ **das ~** the little; ***drei Eier, zwei Semmeln, etwas Butter— und für das ~ wollen die 10 Mark?*** three eggs, two rolls and some butter — and they want ten marks for these few items!; **ein klein ~** (*fam*) a little bit

Bissen <-s, -> *m* morsel; ***kann ich einen ~ von deinem Brötchen haben?*** can I have a bite of your roll?; ***wenn du das Steak nicht ganz schaffst, kannst du mir gern einen ~ übrig lassen!*** if you can't quite manage the steak, you can leave me a mouthful; ***sie will keinen ~ anrühren*** she won't eat a thing; ***ich habe heute keinen ~ gegessen*** I haven't eaten a thing today; ***er brachte keinen ~ herunter*** he couldn't eat a thing ▸ WENDUNGEN: **ihm blieb der ~ im Hals stecken** his throat contracted with fear; **sich** *dat* **jeden ~ vom Munde absparen** to keep a tight rein on one's purse strings, to scrimp and scrape [*or* save]

bissig *adj* ① (*gerne zubeißend*) vicious; ***„[Vorsicht], ~er Hund!"*** "beware of [the] dog!"; ***ist der Hund ~?*** does the dog bite? ② (*sarkastisch*) caustic, cutting; **eine ~e Kritik** a scathing [*or* waspish] review; **~e Kritik** biting [*or* scathing] criticism; ***sie hat eine sehr ~e Art*** she's very sarcastic; ***du brauchst nicht gleich ~ zu werden!*** there's no need to bite my head off!; ***sie hat äußerst ~ reagiert*** she reacted in an extremely caustic manner

Bissigkeit <-, -en> *f* ① *kein pl* (*bissige Veranlagung*) viciousness *no pl* ② *kein pl* (*Sarkasmus*) causticity *no pl* ③ (*bissige Bemerkung*) caustic remark

BisswundeRR *f* bite

bist *2. pers sing pres von* **sein**

Bistum <-s, -tümer> *nt* bishopric, diocese

bisweilen *adv* (*geh*) at times, now and then

Bit <-[s], -[s]> *nt* INFORM bit

Bittbrief *m* letter of request

bitte *interj* ① ([*höflich*] *auffordernd*) please; **~, *Sie wünschen?*** what can I do for you?; **~ schön[, was darf es sein]?** can I help you?; **~ nicht!** no, please!, please don't!; ***ja, ~?*** (*am Telefon*) hello?, yes?; ***bleiben Sie ~ am Apparat*** please hold the line; ***Herr Ober, die Rechnung ~!*** waiter! could I have the bill, please; ***hier entlang ~!*** this way, please!; **~ *nach Ihnen*** after you; **~, *nehmen Sie doch Platz!*** please take a seat; **~[, *treten Sie ein*]!** come in!; ***tun Sie [doch] ~ ...*** won't you please ...; ***[einen] Moment ~!*** one moment [please]!, wait a minute [please]! ② (*zustimmend*) ***ach ~, darf ich Sie mal was fragen? — ja ~*** Oh! could I ask you something, please? — yes, by all means ③ (*Dank erwidernd*) ***herzlichen Dank für Ihre Mithilfe! — [aber] ~ sehr!*** many thanks for your help — please don't mention it!; ***danke für die Auskunft! — ~[, gern geschehen]*** thanks for the information — you're [very] welcome!; ***danke, dass du mir geholfen hast! — ~ [, gern geschehen]!*** thanks for helping me — not at all!; ***danke schön! — ~ schön, war mir ein Vergnügen!*** thank you! — don't mention it, my pleasure!; ***Entschuldigung! — ~!*** I'm sorry! — that's all right! ④ (*anbietend*) **~ schön** here you are ⑤ (*um Wiederholung bittend*) ***~? könnten Sie die Nummer noch einmal langsamer wiederholen?*** sorry, can you repeat the number more slowly? ⑥ (*drückt Erstaunen aus*) **wie ~?** I beg your pardon?; [***wie***] **~, *habe ich Sie da recht verstanden?*** [I beg your] pardon! Did I hear you right? ⑦ (*drückt aus, dass etw nicht unerwartet war*) ***Na ~ schön, jetzt haben wir den Salat!*** There you are, we're in a fine mess now!; ***na ~!*** what did I tell you!; ***na ~, habe ich schon immer gewusst*** there you are, I knew it all along ⑧ (*sarkastisch*) all right, fair enough; ***ich brauche dein Geld nicht — ~, wie du willst!*** I don't need your money — fair enough, as you wish! ▸ WENDUNGEN: **~ ~ machen** (*kindersprache fam*) to say please nicely

Bitte <-, -n> *f* request (**um** for); **eine ~ äußern** to make a request; **eine ~ [an jdn] haben** to have a favour [*or* AM -or] to ask [of sb]; ***ich hätte eine ~ an Sie*** if you could do me one favour; **mit einer ~ an jdn herantreten** to go to [*or* approach] sb with a request; **eine ~ an jdn richten** [*o* **sich mit einer ~ an jdn wenden**] to make [*or* put] a request to sb; **auf jds ~ [hin]** *akk* at sb's request; ***ich habe eine große ~: ...*** if I could ask [you to do] one thing: ..., I have one request to make: ...

> **! Tipp** In Bitten sollte das **please** immer am Satzende stehen, z. B. *Could you help me with ..., **please?*** Stellt man ein **please** an den Satzanfang, wird die Bitte dagegen als Aufforderung verstanden und kann unhöflich erscheinen. Auch in Korrespondenzen sollte man sich so höflich wie möglich ausdrücken.

bitten <bat, gebeten> **I.** *vt* ① (*Wunsch äußern*) ■ **jdn [um etw] ~** to ask sb [for sth]; ***darf ich Sie um Rat ~?*** may I ask your advice?; ***könnte ich dich um einen Gefallen ~?*** could I ask you a favour?; ***die Passagiere werden gebeten sich anzuschnallen*** passengers are requested to fasten their seatbelts; ***ich bitte dich um alles in der Welt*** I beg [*or* implore] you; ■ **jdn [darum] ~, etw zu tun** [*o* **dass er etw tut**] to ask sb to do sth; ***ich bitte dich darum, mit keinem Menschen darüber zu reden*** I would ask you not to talk to anybody about this ② (*einladen*) ■ **jdn auf etw** *akk*/**zu etw ~** to ask [*or* invite] sb for sth/to do sth; ***darf ich dich auf ein Glas Wein zu mir ~?*** may I ask you home for a glass of wine?; ***nach dem Tanz baten die Gastgeber [die Gäste] zum Abendessen*** after the dance the hosts invited the guests to have dinner; ***darf ich [euch] zu Tisch ~?*** may I ask you to come and sit down at the table?, dinner is served!; ***wenn ich euch jetzt in den Garten ~ dürfte!*** if I might ask you to go into the garden now ③ (*auffordern*) ■ **jdn irgendwohin ~** to ask sb to go somewhere; ***der Chef bat den Mitarbeiter zu sich ins Büro*** the boss asked the employee to come [in]to his office; ***ich muss Sie bitten mitzukommen*** I must ask you to come with me; ***darf ich Sie ~?*** would you mind?; ***wenn ich Sie ~ darf!*** if you please!, if you wouldn't mind! ▸ WENDUNGEN: **sich nicht [lange] ~ lassen** to not have to be asked twice; ***er ließ sich nicht lange ~*** he didn't have to be asked twice; **sich gerne ~ lassen** to like to be asked; **[aber] ich bitte dich/Sie!** really! **II.** *vi* ① (*eine Bitte aussprechen*) ■ **um etw ~** to ask [*or* make a request] for sth, to request sth; **um Hilfe/Verständnis ~** to ask for help/understanding; **um Ruhe ~** to request [*or* ask for] silence; ***darf ich einen Augenblick um Aufmerksamkeit ~?*** may I have your attention for a moment, please?; **um jds Anwesenheit ~** to request sb's presence; ***darf ich [um den nächsten Tanz] ~?***

bitten

bitten	requesting
Kannst/Könntest du bitte mal den Müll runterbringen?	**Can/Could you please** take the rubbish down?
Bitte sei so gut und bring mir meine Jacke.	**Be an angel/a love and** bring me my jacket. *(fam)*
Wärst du so nett und würdest mir die Zeitung mitbringen?	**Would you be good enough to** bring me back a paper?
Würden Sie bitte so freundlich sein und ihr Gepäck etwas zur Seite rücken?	**Would you mind just** moving your luggage slightly to one side?
Darf ich Sie bitten, Ihre Musik etwas leiser zu stellen?	**Could I ask you** to turn your music down a little?

um Hilfe bitten	asking for help
Kannst du mir einen Gefallen tun?	**Could you do me favour?**
Darf/Dürfte ich Sie um einen Gefallen bitten?	**Can/Could I ask you a favour?**
Könntest du mir bitte helfen?	**Could you help me please?**
Könnten Sie mir bitte behilflich sein?	**Could you give me a hand please?**
Ich wäre Ihnen dankbar, wenn Sie mir dabei helfen könnten.	**I would be grateful if** you could give me hand with this.

may I have the pleasure [of the next dance]?; ■ **es wird gebeten, ...** (*geh*) please ...; ***Hinweis: „es wird gebeten, in der Schalterhalle nicht zu rauchen"*** notice: "please do not smoke in the booking hall"; (*dringend wünschen*) to beg for sth; **um Verzeihung** ~ to beg for forgiveness; ***darum möchte ich doch sehr gebeten haben!*** (*emph geh*) I should hope so too!; ***ich bitte [sogar] darum*** (*geh*) I should be glad ❷ (*hereinbitten*) ■ **jd lässt** ~ sb will see sb; ***der Herr Professor lässt*** ~ the professor will see you now; ***er möchte Sie gerne sprechen! — aber selbstverständlich, ich lasse ~!*** he would like to speak to you — but of course, would you ask him to come in! ❸ (*emph: befehlend*) if you please!; **ich muss doch [sehr] ~!** well really!; ***also diese Manieren heutzutage! ich muss doch sehr ~!*** well really! People's manners today! ▸ WENDUNGEN: ~ **und betteln** (*fam*) to beg and plead; **wenn ich ~ darf!** if you wouldn't mind!

Bitten <-s> *nt kein pl* pleading *no pl;* ***trotz seines [inständigen] ~s*** despite his [urgent] pleas; **jds ~ und Betteln** sb's begging and pleading; ***dein ~ und Betteln ist vergeblich, ich habe gesagt nein!*** it's no use your begging and pleading, I've said no!; **sich aufs ~ verlegen** to resort to pleading; **auf jds ~ [hin]** *akk* at sb's request; **auf ~ von jdm** at the request of sb; ***auf ~ von uns allen*** at the request of us all

bittend I. *adj* pleading; ***ihre ~en Augen*** the beseeching look in her eyes II. *adv* beseechingly

bitter I. *adj* ❶ (*herb*) bitter; **~e Schokolade** plain chocolate; ***brrr! diese ~e Medizin!*** yuk! this awful tasting medicine! ❷ (*schmerzlich*) bitter; **eine ~e Lehre** a hard lesson; **~es Leid erfahren** to experience abject sorrow; **~e Reue** deep [*or* keen] regret; **ein ~er Verlust** a painful loss; **die ~e Wahrheit** the painful truth; *s. a.* **Ernst** ❸ (*verbittert*) bitter; ***die Bauern führten beim Abt ~e Klagen*** the farmers complained bitterly to the abbot ❹ (*schwer*) bitter; ***es ist mein ~er Ernst*** I am deadly serious; **in ~er Not leben** to live in abject poverty; **jdn seinem ~en Schicksal überlassen** to leave sb to his sad fate; **~es Unrecht** grievous wrong [*or* injustice]; **sich ~e Vorwürfe machen** to reproach oneself bitterly ▸ WENDUNGEN: **bis zum ~en Ende** to the bitter end II. *adv* bitterly; ***es war ~ kalt*** it was bitterly cold; ***das ist ~ wenig*** that's desperately little; **etw ~ bereuen** to regret sth bitterly; **etw ~ vermissen** to miss sth desperately; **für etw ~ bezahlen** to pay dearly for sth; ***das wird sich ~ rächen!*** you'll/we'll etc. pay dearly for that!; *s. a.* **nötig**

Bitter <-s, -> *m* KOCHK bitters + *sing vb*

bitterböse *adj* furious; ~ **reagieren** to react furiously

Bittere(r) *m dekl wie adj s.* **Bitter**

bitterernst *adj* extremely serious; ***musst du denn immer so ~ sein?*** must you always be so deadly serious?; ■ **jdm ist es mit etw ~** sb is deadly serious about sth; **etw ~ meinen/nehmen** to mean/take sth deadly seriously **bitterkalt** *adj attr* bitter, bitterly cold

Bitterkeit <-> *f kein pl* ❶ (*Verbitterung*) bitterness ❷ (*bitterer Geschmack*) bitterness

bitterlich I. *adj* slightly [*or* somewhat] bitter II. *adv* bitterly; ~ **weinen/frieren** to cry bitterly/to be [*or* feel] dreadfully cold

Bittermandel *f* bitter almond

Bitternis <-, -se> *f* (*liter*) bitterness *no pl*

Bittgang <-gänge> *m* (*geh*) [supplicatory] request; **einen ~ zu jdm machen** to go cap in hand to sb *fig* **Bittgottesdienst** *m* REL rogation service **Bittschrift** *f* (*veraltend*) plead, petition **Bittsteller(in)** <-s, -> *m(f)* petitioner, supplicant *form*

Bitumen <-s, – *o* Bitumina> *nt* bitumen *no pl*

bivalent [-va-] *adj* bivalent

Biwak <-s, -s *o* -e> *nt* bivouac

biwakieren* *vi* to bivouac

bizarr *adj* bizarre

Bizeps <-es, -e> *m* biceps

BKA <-> *nt kein pl Abk von* **Bundeskriminalamt**

Blabla <-s> *nt kein pl* (*pej fam*) waffle *pej*

bla bla (**bla**) *interj* (*pej fam*) blah blah blah *pej fam*

Blache <-, -n> *f* ÖSTERR, SCHWEIZ tarpaulin

Black-out, **Blackout**[RR] <-s, -s> ['blɛkʔaut, 'blɛkʔaut, blɛk'ʔaut] *m* ❶ (*Gedächtnislücke*) lapse of memory ❷ (*Bewusstseinstrübung, -verlust*) blackout; ***in Prüfungssituationen kommt es manchmal zu einem ~*** during examinations one can sometimes have a mental block; ***das muss er im völligen ~ getan haben*** he must have done that in a complete fog ❸ (*Stromausfall*) blackout

blaffen *vi* ❶ (*kläffen*) to yap ❷ (*pej: schimpfen*) to snap *fam*

Blag <-s, -en> *nt* DIAL (*pej*), **Blage** <-, -n> *f* DIAL (*pej*) brat *pej*

blähen I. *vt* ■ **etw ~** ❶ (*mit Luft füllen*) to fill [out] sth *sep;* ***der Zugwind bläht die Vorhänge*** the draught is making the curtains billow ❷ ANAT to distend sth;

■ **gebläht** distended; ***das Ross blähte seine Nüstern*** the horse dilated [*or* flared] its nostrils **II.** *vr* ■ **sich** ~ (*sich mit Luft füllen*) to billow; ANAT to dilate; ***seine Nasenflügel blähten sich vor Zorn*** his nostrils dilated [*or* flared] with anger **III.** *vi* (*blähend wirken*) to cause flatulence [*or* wind]

blähend *adj* flatulent; **bei jdm ~ wirken** to have a flatulent effect on sb

Blähung <-, -en> *f meist pl* flatulence *no pl, no indef art,* wind *no pl, no indef art;* **an ~en leiden** to suffer from flatulence; **~en haben** to have flatulence

blamabel *adj* (*geh*) shameful; ***eine blamable Lage*** an embarrassing situation

Blamage <-, -n> [bla'ma:ʒə] *f* (*geh*) disgrace *no pl*

blamieren* **I.** *vt* ■ **jdn ~** to disgrace sb; *s. a.* **Innung** **II.** *vr* ■ **sich [durch etw] ~** to disgrace [*or* make a fool of] oneself [as a result of sth]

blanchieren* [blã'ʃi:rən] *vt* KOCHK ■ **etw ~** to blanch sth

Blanchierlöffel *m* KOCHK blanching spoon

blank **I.** *adj* (1) (*glänzend, sauber*) shining, shiny (2) (*abgescheuert*) shiny (3) (*rein*) pure, sheer; ***was du sagst, ist ~er Unsinn!*** what you're saying is utter nonsense!; (*total*) utter; ***in der Stadt herrschte das ~e Chaos*** utter chaos reigned in the town (4) (*nackt*) bare, naked; ÖSTERR, SÜDD (*ohne Mantel*) without a coat; **~ [aus]gehen** to go [out] without a coat (5) (*veraltend: gezogen*) drawn; **mit ~em Schwert** with drawn sword; **~er Stahl** cold steel (6) (*bloß*) bare; **~e Erde/Wände/~es Holz** bare earth/walls/wood (7) (*poet: strahlend*) bright; ***als er die Goldmünze sah, bekam er ~e Augen*** his eyes shone when he saw the gold coin; ***es ist schon ~er Tag*** it's already broad daylight (8) *pred* (*fam*) ■ **~ sein** to be broke *fam; s. a.* **Hans** **II.** *adv* (*glänzend*) **~ gewetzt** shiny; **~ poliert** brightly polished

Blankett <-s, -e> *nt* KOCHK ragout, fricassée

blankgewetzt *adj attr s.* **blank II.**

blanko *adv* (1) (*unbedruckt*) plain (2) (*ohne Eintrag [Betrag, Name]*) blank; ***man soll nie einen unterschriebenen Scheck ~ aus der Hand geben*** one should never hand out a blank signed cheque

Blankoscheck *m* blank cheque [*or* AM check] **Blankovollmacht** *f* carte blanche

blankpoliert *adj attr s.* **blank II.**

Blankvers *m* blank verse

Bläschen <-s, -> [-sçən] *nt* small blister

Blase <-, -n> *f* (1) ANAT bladder; **eine schwache ~ haben** (*fam*) to have a weak bladder *fam;* **sich** *dat* **die ~ erkälten [*o* unterkühlen]** to get a chill on the bladder (2) MED blister; **sich** *dat* **~n laufen** to get blisters on one's feet (3) (*Hohlraum*) bubble; **~n werfen [*o* ziehen]** to form bubbles; *Anstrich* to blister; *Tapete, heiße Masse* to bubble (4) (*Sprechblase*) speech bubble, balloon (5) (*fam: Clique*) gang *fam*

Blasebalg <-[e]s, -bälge> *m* bellows *npl,* pair of bellows

blasen <bläst, blies, geblasen> **I.** *vi* (1) (*Luft ausstoßen*) to blow; ■ **auf etw** *akk* **~** to blow on sth; **auf eine Brandwunde ~** to blow on a burn (2) MUS (*Töne erzeugen*) to play; ■ **auf/in etw** *dat* **~** to play sth; ***manche Leute können auf Kämmen ~*** some people can play a comb; ***der Jäger blies in sein Horn*** the hunter sounded his horn **II.** *vi impers* (*fam: es windet*) it's windy; ***draußen bläst es aber ganz schön*** it's really windy outside **III.** *vt* (1) (*durch Blasen kühlen*) ■ **etw blasen** to blow on sth; **die heiße Suppe/den Kaffee ~** to blow on one's hot soup/coffee [to cool it down] (2) (*entfernen*) ■ **etw ~** to blow sth; ***er blies [sich] den Fussel vom Ärmel*** he blew the fluff off his sleeve (3) MUS ■ **etw ~** to play sth; ■ **etw [auf etw] ~** to play sth [on sth]; ***er nahm die Trompete zur Hand und blies [darauf] eine wunderschöne Melodie*** he picked up the trumpet and played a wonderful melody [on it] (4) (*derb: fellieren*) ■ **jdn ~,** ■ **jdn einen ~** to give sb a blow job *fam!*

Blasenentzündung *f* inflammation of the bladder, cystitis *no pl, no indef art spec* **Blasenleiden** *nt* bladder complaint; **ein ~ haben** to have bladder trouble [*or* a bladder complaint] **Blasenschwäche** *f* bladder weakness, a weak bladder **Blasenstein** *m* bladder stone **Blasentang** *m* BOT bladder wrack [*or* kelp] **Blasentee** *m herbal tea to relieve bladder problems*

Bläser(in) <-s, -> *m(f)* MUS wind player; ■ **die ~** the wind section

Bläserquartett *nt* MUS wind quartet

blasiert *adj* (*pej geh*) arrogant, blasé

Blasiertheit <-, -en> *f* (*pej geh*) arrogance, blasé attitude; (*Äußerung*) arrogant [*or* blasé] comment

blasig *adj* (1) (*Blasen aufwerfend*) bubbly; ***der Teig wird ~*** the batter is getting light and airy (2) MED blistered

Blasinstrument *nt* wind instrument **Blaskapelle** *f* brass band **Blasmusik** *f* brass-band music **Blasorchester** *nt* MUS wind orchestra

Blasphemie <-, -n> [*pl* -'mi:ən] *f* (*geh*) blasphemy

blasphemisch *adj* (*geh*) blasphemous

Blasrohr *nt* blowpipe

blass[RR], **blaß** *adj* (1) (*bleich*) pale; **~ aussehen** to look pale [*or* BRIT *fam* peaky] [*or* AM peaked] [*or liter* wan]; **~ um die Nase sein** to be green [*or* pale] about the gills *hum;* ■ **[vor etw] ~ werden** *dat* to go [*or* grow] [*or* turn] pale [with sth]; **~ vor Neid werden** to go [*or* turn] green with envy; (*vor Schreck a.*) to pale, to blanch (2) (*hell*) pale; **eine ~e Schrift** faint writing; ***er trug ein Hemd in einem ~en Grün*** he wore a pale-green shirt (3) (*geh: matt*) **ein ~es Licht/~er Mond** a pale [*or liter* wan] light/moon (4) (*schwach*) vague; **eine ~e Erinnerung/Hoffnung** a dim [*or* vague] memory/faint hope; *s. a.* **Schimmer** (5) (*ohne ausgeprägte Züge o Eigenschaften*) **~ wirken** to seem colourless [*or* AM -orless] [*or* bland]

Blässe <-, -n> *f* (1) (*blasse Beschaffenheit*) paleness *no pl,* pallor *no pl* (2) (*Farblosigkeit*) colourlessness [*or* AM -orness] *no pl*

Blässgans[RR] *f* ORN white-fronted goose **Blässhuhn**[RR] *nt* coot

blässlich[RR], **bläßlich** *adj* palish, rather pale

bläst *3. pers sing pres von* **blasen**

Blatt <-[e]s, Blätter> *nt* (1) BOT leaf (2) (*Papierseite*) sheet; **lose [*o* fliegende] Blätter** loose leaves [*or* sheets]; **vom ~ singen/spielen** MUS to sight-read (3) (*Seite*) page; KUNST print (4) (*Zeitung*) paper (5) (*von Werkzeugen*) blade (6) KARTEN hand; **ein/kein gutes ~** good/not a good hand (7) JAGD, KOCHK shoulder ▶ WENDUNGEN: **kein ~ vor den Mund nehmen** to not mince one's words; **das steht auf einem anderen ~** that's a different matter; **[noch] ein unbeschriebenes ~ sein** (*unerfahren sein*) to be inexperienced; (*unbekannt sein*) to be an unknown quantity; **das ~ hat sich gewendet** things have changed

Blättchen <-s, -> *nt dim von* **Blatt 1., 2.**

blätt(e)rig *adj* flaking; (*geschichtet*) laminate; ■ **~ werden** to begin to flake [*or* start flaking]; ***der Teig ist ganz ~ geworden*** the pastry's gone all flaky

Blätterkohl *m s.* **Chinakohl**

Blättermagen *m* ZOOL omasum *spec*

blättern **I.** *vi* (1) (*flüchtig lesen, umblättern*) ■ **[in etw** *dat*] **~** to flick [*or* leaf] through sth (2) (*abbröckeln*) to flake [off], to come off in flakes; ***die Farbe blättert schon von der Wand*** the paint is already flaking off the wall **II.** *vt* ■ **[jdm] etw auf etw** *akk* **~** to lay down sth one by one [for sb]; ***sie blätterte [mir] 20 Tausen-***

der auf den Tisch she counted out 20 thousand-mark notes on the table [for me]

Blätterpilz *m* BOT agaric

Blätterteig *m* flaky [*or* puff] pastry

Blätterteiggebäck *nt* puff pastries *pl* **Blätterteigpastete** *f* vol-au-vent

Blattfall <-s> *m kein pl* falling *no pl* of leaves, abscission *spec* **Blattfeder** *f* TECH leaf spring **Blattform** *f* BOT form of a leaf **blattförmig** *adj* leaf-shaped **Blattgemüse** *nt* greens *npl;* ■**ein** ~ a leaf vegetable **Blattgold** *nt* gold leaf *no pl, no indef art* **Blattgrün** *nt* chlorophyll *no pl, no indef art* **Blattlaus** *f* aphid **Blattpflanze** *f* foliate plant

blättrig *adj s.* **blätterig**

Blattsalat *m* lettuce **Blattschuss**RR *m* JAGD shot into the chest **Blattspinat** *m* leaf spinach **Blattspreite** <-, -n> *f* BOT lamina, blade **Blattstiel** *m* BOT stalk, petiole *spec* **Blattwerk** *nt kein pl* (*geh*) foliage *no pl* **Blattzichorie** *f* leafy chicory

blau *adj* ① (*Farbe*) blue ② (*blutunterlaufen*) bruised; **ein ~er Fleck** a bruise; **schnell ~e Flecken bekommen** to bruise quickly; **ein ~es Auge** a black eye; (*vor Kälte o weil herzkrank*) blue ③ *inv, nachgestellt* KOCHK rare, underdone, blue; **Forelle blau** blue trout, trout au bleu ④ *meist pred* (*fam: betrunken*) drunk, plastered *fam,* BRIT *a.* tight *pred fam,* BRIT *a.* canned *pred fam,* BRIT *a.* pissed *pred fam!; s. a.* **blaumachen, Planet, Blut, Blume, Montag, Anton, Ferne**

Blau <-s, – *o fam* -s> *nt* blue

Blaualge *f* BOT blue-green alga **blauäugig** *adj* ① (*blaue Augen habend*) blue-eyed ② (*naiv*) naïve **Blauäugigkeit** <-> *f kein pl* naïvety *no pl* **Blaubeere** *f s.* **Heidelbeere blaublütig** *adj* blue-blooded

Blaue <-n> *nt kein pl* ■**das** ~ the blue; **ins ~ spielen** to have a hint of blue ▶ WENDUNGEN: **das ~ vom Himmel [herunter]lügen** (*fam*) to lie one's head off *fam;* **jdm das ~ vom Himmel [herunter] versprechen** (*fam*) to promise sb the earth [*or* moon] *fam;* **ins ~ hinein** (*fam*) at random; **eine Fahrt ins ~** a mystery tour; ***lass uns einfach ins ~ fahren*** let's just set off and see where we get to [*or* end up]; ***wir setzen uns jetzt ins Auto und machen einfach eine Fahrt ins ~*** we'll jump in the car and just set off somewhere [*or* into the blue]

Blaue(r) *m dekl wie adj* (*sl*) hundred-mark note

Bläue <-> *f kein pl* blueness *no pl;* ***der Himmel war von strahlender ~*** the sky was a brilliant blue

Blaufelchen *nt* whitefish **Blaufisch** *m* skipjack, striped tuna **Blaufuchs** *m* blue [*or* arctic] fox **blaugrau** *adj* blue-grey, bluish grey **blaugrün** *adj* blue-green, bluish green **Blauhai** *m* requiem shark **Blauhelm** *m* (*sl*) blue beret, UN soldier **Blauhelm-Mission** *f* POL UN mission **blaukochen** *vt* KOCHK **einen Fisch ~** to cook a fish blue (*poach an unscaled fish in vinegar until it turns blue*) **Blaukraut** *nt* SÜDD, ÖSTERR red cabbage

bläulich *adj* bluey, bluish

Blaulicht *nt* flashing blue light; **mit ~** with a flashing blue light [*or* [its] blue light flashing]

Bläuling <-s, -e> *m* ZOOL blue

blau|machen **I.** *vi* (*fam: krank feiern*) to go [*or* AM call in] sick; SCH to play truant [*or* AM hook[e]y], BRIT *a.* to bunk off *fam* **II.** *vt* (*fam*) ■**einen Tag ~** to go [*or* AM call in] sick for a day

Blaumann <-männer> *m* (*fam*) blue overalls, boiler suit BRIT **Blaumeise** *f* blue tit **Blaupapier** *nt* carbon paper **Blaupause** *f* blueprint **blaurot** *adj* purple **Blausäure** *f* CHEM hydrocyanic acid **Blauschimmelkäse** *m* blue cheese **Blauschönung** *f* KOCHK blue fining, Moeslinger fining **blauschwarz** *adj* blue-black, bluish black **Blaustich** *m* FOTO blue cast **blaustichig** *adj* FOTO with a blue cast *after n* **Blaustrumpf** *m* (*pej veraltet*) bluestocking *pej old* **Blautanne** *f* blue [*or* Colorado] spruce **Blauwal** *m* blue whale

Blazer <-s, -> ['ble:zɐ] *m* blazer

Blech <-[e]s, -e> *nt* ① *kein pl* (*Material*) sheet metal *no pl, no indef art* ② (*Blechstück*) metal plate ③ (*Back~*) [baking] tray ④ *kein pl* (*fam: Unsinn*) rubbish *no pl, no indef art,* crap *no pl, no indef art fam!,* tripe *no pl, no indef art fam;* ***rede kein ~!*** don't talk rubbish [*or* AM garbage] [*or fam!* crap]! ⑤ *kein pl* (*pej fam: Orden etc.*) gongs *pl* BRIT *fam,* fruit salad AM *no pl, no indef art fam* ⑥ (*im Orchester*) brass

Blechbläser(in) *m(f)* MUS brass player **Blechblasinstrument** *nt* MUS brass instrument **Blechbüchse** *f* tin [box] **Blechdose** *f* tin

blechen **I.** *vt* (*fam*) ■**etw [für etw] ~** to fork [*or* shell] out sth [for sth] *fam* **II.** *vi* (*fam*) to cough up *fam,* to fork [*or* shell] out *fam*

blechern **I.** *adj* ① *attr* (*aus Blech*) metal ② (*hohl klingend*) tinny; **eine ~e Stimme** a hollow voice **II.** *adv* tinnily; ~ ***klingen*** to sound tinny

Blechgeschirr *nt* [metal] kitchenware *no pl, no indef art* **Blechinstrument** *nt s.* **Blechblasinstrument** **Blechkanister** *m* metal can[ister] [*or* container] **Blechkiste** *f* (*pej fam*) [old] crate *sl* **Blechlawine** *f* (*pej fam*) solid line of vehicles, river of metal *fam* **Blechnapf** *m* metal bowl; (*im Gefängnis*) prison eating utensils ▶ WENDUNGEN: **wer einmal aus dem ~ frisst ...** someone who has done time [*or* BRIT *a.* porridge] once ... **Blechschaden** *m* AUTO damage *no pl, no indef art* to the bodywork **Blechschere** *f* TECH plate shears *npl,* snips *npl* **Blechtrommel** *f* tin drum

blecken *vt* **die Zähne ~** to bare its teeth; ***der Hund bleckte die Zähne*** the dog bared its teeth

Blei <-[e]s, -e> *nt* ① *kein pl* (*Metall*) lead *no pl, no indef art;* **schwer wie ~** (*fig*) as heavy as lead; ***meine Augen/Arme sind so schwer wie ~*** my eyes/arms are like lead; ~ **gießen** *to pour molten lead on cold water and tell someone's fortune from the shapes on New Year's Eve* ② (*Lot*) plumb [bob] ③ *kein pl* (*Bleigeschoss*) lead shot *no pl;* ***ich habe noch genug ~ im Magazin, um euch alle umzulegen!*** I've still got enough lead in the magazine to finish you all off! ▶ WENDUNGEN: **jdm wie ~ in den Gliedern [*o* Knochen] liegen** to make sb's limbs feel like lead; **jdm wie ~ im Magen liegen** (*schwer verdaulich sein*) to lie heavily on sb's stomach; (*seelisch belastend sein*) to be preying on one's mind; ***Ölsardinen liegen mir immer stundenlang wie ~ im Magen*** sardines in oil lie heavily on my stomach for hours; ***die Sache liegt mir wie ~ im Magen*** the affair is preying on my mind

Bleibe <-, -n> *f* place to stay; **eine/keine ~ haben** to have somewhere/nowhere to stay; ***wenn du noch keine [feste] ~ hast, kannst du gerne bei mir wohnen*** if you still have nowhere [definite] to stay, you're welcome to stay [*or fam* stop] with me

bleiben <blieb, geblieben> *vi sein* ① (*verweilen*) ■**[bei jdm/an einem Ort] ~** to stay [*or* remain] [with sb/in a place]; ***wo bleibst du so lange?*** what has been keeping you all this time?; ***wo sie nur so lange bleibt?*** wherever has she got to?; ~ ***Sie doch noch! sagte er*** do stay! he said; ***der Kranke muss im Bett ~*** the patient must stay in bed; ***ich bleibe heute etwas länger im Büro*** I'll be a bit late back from the office today; ***ich bleibe noch zwei Jahre in der Schule*** I'll stay at school another two years, I've still got another two years at school; ■**an etw ~** *dat* to remain at sth; **für [*o* unter] sich ~ mögen [*o* wollen]** to wish to be alone; ***wir möchten einen Moment für uns ~***

we should like to be alone for a moment; ***er ist ein Einzelgänger, der lieber für sich bleibt*** he's a loner who likes to be by himself; ~ ***Sie bitte am Apparat!*** hold the line, please!; ***bleibt am Platz!*** stay in your seats [*or* sitting down]! ② (*nicht ... werden*) ■ **...** ~ to not be ...; **unbeachtet** ~ to go unnoticed; ***ihre Klagen blieben ungehört*** her complaints were not listened to [*or* fell on deaf ears]; ***mein Brief ist bis jetzt unbeantwortet geblieben*** so far I have received no reply to my letter; ***diese Ereignisse werden mir für immer unvergessen*** ~ I shall never forget those events; (*weiterhin sein*) to continue to be, to remain; ***die Lage blieb weiterhin angespannt*** the situation remained tense; ***für die meisten Leute bleibt das Geheimarchiv weiter unzulänglich*** the secret archives continue to be inaccessible to most people; **wach** ~ to stay [*or* keep] awake ③ (*andauern*) to last, to persist; ***hoffentlich bleibt die Sonne noch eine Weile*** I do hope the sunshine lasts for a while yet; ***der Regen dürfte vorerst*** ~ the rain should persist for the time being ④ (*nicht gestrichen werden*) to remain; **„bleibt"** TYPO "please retain", "stet"; ***soll der Satz gestrichen werden oder ~?*** should the sentence be deleted or remain? ⑤ *meist Vergangenheit* (*hinkommen*) ■ **irgendwo** ~ to get to, to happen to; ***wo ist meine Brieftasche geblieben?*** where has my briefcase got to?, what has happened to my briefcase? ⑥ (*fam: unterkommen*) ■ **irgendwo** ~ to stay somewhere; ***wo sollen die Kinder jetzt*** ~ where are the children going to stay now?; ***leider können wir sie nicht weiter beschäftigen, sie müssen sehen, wo sie*** ~ unfortunately we can't keep them on, they'll have to look out [*or* find employment] for themselves; ***der neue Student hat immer noch kein Zimmer gefunden, wo er ~ kann*** the new student has still not found a place to stay [*or* any accommodation] ⑦ (*verharren*) ■ **bei etw** ~ to adhere [*or fam* keep] [*or* stick] to sth; ***bleibt es bei unserer Abmachung?*** does our arrangement still stand?; ***ich bleibe lieber bei meiner alten Marke*** I prefer to stick to [*or* stay with] my old brand; ***ich bleibe bei Weißwein*** I'm sticking to [*or* with] white wine ⑧ (*übrig ~*) ■ **jdm bleibt etw[, dass/etw zu tun]** to remain [*or* be left] for sb [to do sth]; ***es bleibt wenigstens die Hoffnung, dass es besser werden könnte*** at least the hope remains that things could improve; ***eine Möglichkeit bleibt uns noch*** we still have one possibility left; ***was blieb ihm anderes, als nachzugeben?*** what else could he do but give in?; ***es blieb mir keine andere Wahl*** I was left with no other choice ⑨ (*ver~*) ■ **[jdm] ~, etw zu tun** to remain [for sb] to do sth; ***es bleibt abzuwarten, ob sich die Lage bessern wird*** it remains to be seen, if the situation will improve; ***es bleibt doch zu hoffen, dass diese Maßnahmen bald greifen werden*** the hope remains that these measures will soon take effect; ***sicher werden die politischen Gefangenen bald freigelassen! – was sehr zu wünschen bleibt*** the political prisoners are sure to be released soon – which very much remains our hope; ***es bleibt natürlich Ihnen belassen, wie Sie sich entscheiden*** it's up to you, of course, how you decide ⑩ (*euph: umkommen*) ■ **irgendwo** ~ to die somewhere; ***der Kapitän ist auf See geblieben*** the captain died at sea; ***viele Soldaten blieben im Feld/Krieg*** many soldiers fell *euph* in battle/were killed in action ▶ WENDUNGEN: **das bleibt unter uns** that's [just] between ourselves; **sieh zu, wo du bleibst!** you're on your own!

bleibend *adj* lasting, permanent

bleiben|lassen *vt irreg* (*fam*) *s.* **bleiben 11.**

bleich *adj* ① (*blass*) pale; ■ ~ **[vor etw** *dat*] **werden** to go [*or* turn] pale [with sth]; ***er wurde ~ vor Entsetzen/Schreck*** he paled [*or* went] [*or* turned pale] with terror/fright ② (*geh: fahl*) pale; **das ~e Licht des Mondes** the pale light of the moon ③ (*geh: schier*) sheer; **das ~e Grauen/Entsetzen** sheer horror/terror

bleichen <bleichte *o veraltet* blich, gebleicht> **I.** *vt haben* (*aufhellen*) ■ **etw** ~ to bleach sth **II.** *vi sein* (*verblassen*) to become faded

Bleichgesicht *nt* ① (*fam*) pale face; ***du bist mir aber ein ~! warum musst du auch immer in der Stube hocken?*** you've really got a pale [*or* pasty] face, why must you always hang around indoors? ② (*Weiße(r)*) paleface **bleichgesichtig** *adj* (*fam*) pale-[*or* pasty-]faced **Bleichmittel** *nt* bleach *no pl*, bleaching agent **Bleichschnabel** *m* SÜDD, SCHWEIZ pale face **Bleichsellerie** *m* celery

bleiern **I.** *adj* ① *attr* (*aus Blei*) lead ② (*grau wie Blei*) leaden ③ (*schwer lastend*) heavy; ***eine ~e Müdigkeit*** an overwhelming tiredness **II.** *adv* heavily; ***Müdigkeit legte sich ~ auf ihre Lider*** her eyelids were heavy [*or* like lead]

Bleierz *nt* lead ore **bleifrei** **I.** *adj* (*ohne Blei*) lead-free; **~es Benzin** unleaded [*or* lead-free] petrol [*or* AM gas[oline]] **II.** *adv* lead-free; ***ich fahre schon lange*** ~ I've been using lead-free petrol for a long time now

Bleifuß *m* ▶ WENDUNGEN: **mit ~ fahren** (*fam*) to drive with one's foot to the floor [*or* AM *a.* with the pedal to the metal] **Bleigießen** <-s> *nt kein pl old New Year's Eve custom of fortune-telling by pouring molten lead into cold water and reading the shapes created* **bleihaltig** *adj* containing lead; **~es Erz** lead-bearing [*or spec* plumbiferous] ore; ■ **[zu] ~ sein** containing [too much] lead **Bleikristall** *nt* lead crystal *no pl, no indef art* **Bleikugel** *f* lead bullet **Bleisatz** *m* TYPO hot-metal composition [*or* [type]setting] *no pl, no indef art*, hot type *no pl, no indef art* **bleischwer** *adj s.* **bleiern 3**

Bleistift *m* pencil

Bleistiftabsatz *m* stiletto heel **Bleistiftspitzer** *m* pencil sharpener

Bleivergiftung *f* lead poisoning *no pl, no indef art* **bleiverglast** *adj* leaded **Bleiverglasung** *f* lead glazing *no pl, no indef art*

Blende <-, -n> *f* ① FILM, FOTO (*Öffnung*) aperture; (*Vorrichtung*) diaphragm; (*Einstellungsposition*) f-stop, aperture ② (*Lichtschutz*) blind, screen; ***um in der Sonne besser sehen zu können, hielt sie sich die Hand als ~ über die Augen*** in order to see more clearly she screened her eyes from the sun with her hand; *s. a.* **Sonnenblende** ③ ARCHIT blind window/arch etc. ④ MODE trim

blenden **I.** *vt* ① ([*vorübergehend*] *durch Licht blind machen*) ■ **jdn** ~ to dazzle sb; **den Gegenverkehr** ~ to dazzle on-coming traffic ② (*betören*) ■ **jdn [mit etw]** ~ to dazzle sb [with sth]; ***von ihrer Schönheit war er wie geblendet*** he was dazzled by her beauty ③ (*hinters Licht führen*) ■ **jdn [durch etw]** ~ to deceive [*or sep* take in] sb [with sth] ④ (*liter o veraltet: blind machen*) ■ **jdn** ~ to blind sb **II.** *vi* ① (*zu grell sein*) to be dazzling [*or* too bright]; ***mach die Vorhänge zu, es blendet!*** close the curtains, the light's dazzling!; **~d weiß** dazzling white ② (*hinters Licht führen*) to deceive [*or sep fam* take in] people **III.** *vi impers* to produce a lot of glare; ***wenn das Licht direkt auf den Bildschirm fällt, blendet das*** there's a lot of glare when the light falls directly onto the screen

Blendenautomatik *f* FOTO automatic aperture control

blendend **I.** *adj* brilliant; **~er Laune sein** to be in a sparkling mood **II.** *adv* wonderfully; **sich ~ amüsieren** to have great [*or* wonderful] fun

blendendweiß *adj attr s.* **blenden II 1**

Blender(in) <-s, -> *m(f)* fraud, beguiler
blendfrei *adj* ❶ (*entspiegelt*) non-reflective ❷ (*nicht blendend III.*) non-dazzle **Blendschutz** *m* anti-dazzle device **Blendschutzzaun** *m* anti-dazzle barrier
Blendung <-, -en> *f* ❶ (*das Geblendetwerden*) dazzling *no pl* ❷ (*liter o veraltet*) blinding
Blendwerk *nt kein pl* (*liter*) deception; ***ein ~ des Teufels*** the devil's trickery, a trap set by the devil
Blesse <-, -n> *f* (*weißer Fleck*) blaze
Blessur <-, -en> *f* (*geh*) wound; **aus etw mit einer leichten ~ kommen** (*fig*) to come out of sth more or less unscathed *fam*
bleu [blø:] *adj inv* MODE light-blue
blich (*veraltet*) *pret von* **bleichen**
Blick <-[e]s, -e> *m* ❶ (*das Blicken*) look; ***er warf einen [kurzen] ~ aus dem Fenster*** he glanced out of the window; **auf den ersten ~** at first sight; ***es war Liebe auf den ersten ~*** it was love at first sight; **auf den zweiten ~** on closer inspection; **jds ~ ausweichen** to avoid sb's gaze [*or* eye]; **jdn mit den [*o* seinen] ~en durchbohren** to look piercingly at sb; **jds ~ erwidern** to return sb's gaze; **den ~ auf jdn/etw heften** (*geh*) to fix one's eyes on sb/sth; **jdn mit den ~en messen** (*geh*) to look sb up and down, to size sb up; **jdm einen/keinen ~ schenken** (*geh*) to look at sb/not to give sb a second glance; **jdn mit einem ~ streifen** to glance fleetingly at sb; **einen ~ auf jdn/etw tun** [*o* **werfen**] to glance [briefly] at sb/sth; **jdn/etw mit den [*o* seinen] ~en verschlingen** to devour sb/sth with one's eyes; **~e miteinander wechseln** [*o* **tauschen**] to exchange glances; **jdn keines ~es würdigen** (*geh*) to not deign to look at sb; **alle ~e auf sich ziehen** *akk* to attract attention; **auf einen/mit einem ~** at a glance ❷ (*~richtung*) eyes *pl*, gaze *no pl*; ***ihr Blick fiel auf die Kirche*** the church caught her eye; **den ~ heben** to look up, to raise one's eyes; **den ~ senken** to look down, to lower one's eyes ❸ (*Augenausdruck*) expression, look in one's eye; ***in ihrem ~ lag Ausweglosigkeit*** there was a look of hopelessness in her eyes; ***er warf einen prüfenden ~ auf die Antiquität*** he cast a critical eye over the antique; ***er musterte sie mit finsterem ~*** he looked at her darkly ❹ (*Aus~*) view; ***ein Zimmer mit ~ auf den Strand*** a room overlooking [*or* with a view of] the beach; **sich** *dat* **jds ~en entziehen** (*geh*) to disappear from sb's line of sight; **den ~en entschwinden** to disappear from sight [*or* view] ❺ (*Urteilskraft*) eye; **einen klaren ~ für etw haben** to see things clearly; **einen [guten] ~ für etw haben** to have an eye [*or* a good eye] for sth; **keinen ~ für etw haben** to have no eye for sth, to be a bad judge of sth; **seinen ~ für etw schärfen** to sharpen [*or* heighten] one's awareness of sth ▸ WENDUNGEN: **einen ~ hinter die Kulissen tun** [*o* **werfen**] to take a look behind the scenes; **den bösen ~ haben** to have the evil eye; **wenn ~e töten könnten!** (*fam*) if looks could kill!; **etw aus dem ~ verlieren** to lose sight of sth; **etw im ~ haben** to have an eye on sth; ***er hatte den Aufstieg fest im ~*** he had an eye firmly on promotion; ***wir müssen den Termin immer im ~ behalten*** we must always bear in mind [*or* keep an eye on] the deadline; **mit ~ auf** with regard to *form*
blicken I. *vi* ❶ (*schauen*) ■ **[auf jdn/etw] ~** to look [*or* have a look] [at sb/sth]; ■ **irgendwohin ~** to look somewhere; ***er blickte kurz aus dem Fenster*** he glanced [briefly] out of the window ❷ (*geh: aussehen*) to look; ***was blickst du so böse?*** why are you looking so angry? ❸ (*hervorsehen*) ■ **aus etw ~** to peep out of sth; *s. a.* **hervorblicken** ❹ (*sich zeigen*) **sich ~ lassen** to put in an appearance; ***lass dich doch mal wieder [bei uns] ~*** why don't you come round [and see us] again sometime?; ***sie hat sich hier nicht wieder ~ lassen*** she hasn't shown up here again; **sich [bei jdm] nicht [mehr] ~ lassen** to not be seen [any more] [at sb's house]; ***sie lässt sich schon längere Zeit nicht mehr bei uns ~*** she hasn't been round to see us for ages; ***lass dich hier ja nicht mehr ~!*** don't show your face around here again!; *s. a.* **tief II.** II. *vt* (*sl*) ■ **etw ~** (*verstehen*) to understand sth; ***gib's auf, er blickt das sowieso nicht!*** give up, he doesn't get it anyway! *fam*
Blickfang *m* eye-catcher **Blickfeld** *nt* field of view [*or* vision]; **in jds [*o* jdm ins] ~ geraten [*o* kommen]** to come into sb's field of view; **ins ~ [der Öffentlichkeit] rücken** to become the focus of [public] attention; **aus dem [*o* jds] ~ verschwinden** to disappear from view **Blickkontakt** *m* visual contact; **[mit jdm] ~ haben/aufnehmen** to have/make eye contact [with sb] **Blickpunkt** *m* ❶ (*Standpunkt*) point of view; **vom ... ~ aus [betrachtet [*o* gesehen]]** from ... point of view; ***vom juristischen ~ aus [betrachtet]*** from the legal point of view ❷ (*Fokus*) **im ~ [der Öffentlichkeit] stehen** to be the focus of [public] attention **Blickrichtung** *f* direction of sight; ***du musst weiter nach links schauen, das ist nicht die richtige ~!*** you must look more to the left, that's not the right direction!; **in jds ~** in sb's line of sight; ***die große Eiche steht genau in unserer ~*** the great oak is exactly in our line of sight; **in ~ [nach] Westen** facing [*or* looking] west **Blickwinkel** *m* ❶ (*Perspektive*) angle of vision, perspective ❷ (*Gesichtspunkt*) point of view
blind I. *adj* ❶ (*ohne Sehvermögen*) blind; ■ **~ sein/werden** to be/go blind; ***sie ist auf einem Auge blind*** she's blind in one eye; ■ **von etw/vor etw** *dat* **~ sein** to be blinded by sth; **~ geboren** blind from birth; *s. a.* **Fleck** ❷ (*unkritisch*) blind; ■ **für [*o* in Bezug auf] etw** *akk* **~ sein** to be blind to sth; ***was ihn selbst betrifft, scheint er irgendwie ~ zu sein*** he seems to be blind somehow to factors which affect him ❸ (*wahllos*) blind; **das ~e Schicksal** (*geh*) blind fate; **der ~e Zufall** pure [*or* sheer] chance ❹ (*verblendet*) blind; ■ **~ vor Eifersucht/Hass/Wut [sein]** *dat* [to be] blinded by jealousy/hatred/rage ❺ (*trübe*) **~es Glas** clouded glass; **~es Metall** dull [*or* tarnished] metal; ***der antike Spiegel war teilweise etwas ~*** the antique mirror had a few black spots; *s. a.* **Fleck** ❻ (*verdeckt*) concealed; **~e Naht** invisible seam; **~er Passagier** stowaway ❼ (*vorgetäuscht*) false; **~er Bogen/~es Fenster** blind arch/window; *s. a.* **Alarm** ▸ WENDUNGEN: **bist du [so] ~?** (*fam*) are you blind?; **Mann, bist du ~!** (*sl*) God, you're thick! *sl*; **jdn ~ [für etw] machen** to blind sb [to sth] II. *adv* ❶ (*wahllos*) blindly; ***er griff ~ ein Buch aus dem Regal heraus*** he took a book at random from the shelf ❷ (*unkritisch*) blindly ❸ (*ohne Ausgang/Tür*) **~ enden [*o* sein]** to be a dead end; ***viele Gänge in der Pyramide enden ~*** many passages in the pyramid are dead ends ❹ LUFT **~ fliegen** to fly blind [*or* on instruments]; **~ landen** to land blind ❺ (*verdeckt*) ***der Mantel wird ~ geknöpft*** the coat has concealed buttons; **etw ~ backen** KOCHK to bake sth blind
blind|backen *vt s.* **blind II 5** **Blindband** <-bände> *m* dummy **Blindbewerbung** *f* speculative application
Blinddarm *m* appendix, caecum *spec* BRIT, cecum AM; (*Patient*) case of appendicitis
Blinddarmentzündung *f* MED appendicitis **Blinddarmfortsatz** *m* ANAT appendix **Blinddarmoperation** *f* MED appendix operation, appendectomy *spec*
Blind Date [blaɪnd'deɪt] *nt* blind date
Blinde(r) *f(m) dekl wie adj* blind woman *fem*, blind

man *masc,* blind person; ■ **die ~n** the blind ▶ WENDUNGEN: **unter den ~n ist der Einäugige König** (*prov*) in the country of the blind the one-eyed man is king *prov;* **das sieht doch ein ~r [mit dem Krückstock** *veraltend*] (*fam*) anyone [*or* any fool] can see that!

Blindekuh *f kein art* blind man's buff *no art;* ~ **spielen** to play blind man's buff

Blindenhund *m* guide dog **Blindenschrift** *f* Braille *no art*

blind|fliegen *vi irreg sein s.* **blind II 4** **Blindflug** *m* ❶ LUFT blind flight; ***der Pilot musste im ~ manövrieren*** the pilot had to fly on instruments ❷ (*fig*) process of trial and error **Blindgänger** <-s, -> *m* MIL dud; ***ein ~ aus dem zweiten Weltkrieg*** an unexploded bomb from the Second World War **Blindgänger(in)** <-s, -> *m(f)* (*sl*) dead loss *fam* **blindgläubig** I. *adj* credulous; ***die ~en Sektenmitglieder begingen Selbstmord*** driven by blind faith the members of the sect committed suicide; ***du glaubst einfach alles — bist du wirklich so ~?*** you simply believe everything — are you really so credulous? II. *adv* blindly; ~ ***führten sie seine Befehle aus*** they blindly carried out his orders

Blindheit <-> *f kein pl* blindness *no pl* ▶ WENDUNGEN: **jdn mit ~ schlagen** (*liter*) to denude sb of common sense, to strike sb blind; **[wie] mit ~ geschlagen sein** to seem to have lost all judgement, to be [as if] struck blind

Blindlandung *f* LUFT blind [*or* instrument] landing

blindlings *adv* blindly

Blindschleiche <-, -n> *f* slowworm, blindworm

Blindwühle <-, -n> *f* ZOOL mole rat

blindwütig I. *adj* raging, in a blind fury *pred;* **ein ~er Angriff** a frenzied attack II. *adv* in a blind fury

blinken I. *vi* ❶ (*funkeln*) to gleam, to sparkle ❷ (*Blinkzeichen geben*) ■ **[mit etw] ~** to flash [sth]; **mit der Lichthupe ~** to flash one's [head]lights; (*zum Abbiegen*) to indicate II. *vt* ■ **etw ~** to flash sth; ***das Schiff blinkte SOS*** the ship was flashing an SOS [signal] [*or* was signalling SOS]

Blinker <-s, -> *m* ❶ AUTO indicator, BRIT *fam a.* winker ❷ (*blinkender Metallköder*) spoon[bait]

Blinkerhebel *m* AUTO indicator switch

Blinkfeuer *nt* NAUT flashing light **Blinklicht** *nt* ❶ TRANSP flashing light ❷ (*fam*) *s.* **Blinker 1** **Blinkzeichen** *nt* flashing signal; ~ **geben** to flash a signal; ***der Fahrer gab mir ~ [mit der Lichthupe]*** the driver flashed [his headlights at] me

blinzeln *vi* ❶ (*unfreiwillig zusammenkneifen*) to blink; (*geblendet*) to squint ❷ (*zwinkern*) to wink; *s. a.* **anblinzeln, zublinzeln**

Blitz <-es, -e> *m* ❶ (*Blitzstrahl*) flash of lightning, lightning *no pl, no indef art;* (*Blitzeinschlag*) lightning strike; **vom ~ getroffen/erschlagen werden** to be struck/killed by lightning; **der ~ schlägt in etw** *akk* **[ein]** lightning strikes sth ❷ (*das Aufblitzen*) flash ❸ FOTO flash ❹ *pl* (*liter: grelle Blicke*) glaring looks; ***ihre Augen schossen [wütende] ~e gegen ihn*** her eyes flashed [furiously] at him, she looked daggers at him ▶ WENDUNGEN: **wie ein ~ aus heiterem Himmel** like a bolt from the blue; **wie ein geölter ~** (*fam*) like greased lightning; **wie vom ~ getroffen** [*o* **gerührt**] thunderstruck; **wie ein ~ einschlagen** to come as a bombshell; **wie der ~** (*fam*) like [*or* as quick as] lightning

Blitzableiter <-s, -> *m* lightning conductor ▶ WENDUNGEN: **als ~** as a scapegoat **Blitzaktion** *f* lightning operation [*or* raid] **blitzartig** I. *adj* (*sehr schnell*) lightning *attr;* ***die Schlange machte eine ~e Bewegung*** the snake moved like lightning II. *adv* (*sehr schnell*) like lightning; ***er ist ~ verschwunden*** he disappeared as quick as [*or* in] a flash

blitz(e)blank *adj* (*fam*) as clean as a whistle *pred fam,* spick and span *pred fam*

blitzen I. *vi impers* ***es blitzte*** there was [a flash of] lightning; ***ich habe kaum ein Gewitter erlebt, bei dem es so oft geblitzt hat*** I've scarcely experienced a storm with so much lightning II. *vi* ❶ (*strahlen*) to sparkle; *s. a.* **Sauberkeit** ❷ (*funkeln*) ■ **[vor etw** *dat*] ~ to flash [with sth]; ***ihre Augen blitzten vor Zorn*** her eyes flashed with anger ❸ FOTO (*fam*) to use [a] flash III. *vt* ❶ FOTO (*fam*) ■ **jdn/etw ~** to take a flash photo of sb/sth ❷ (*fam: in Radarfalle*) ■ **geblitzt werden** to be photographed [*or fam* zapped]

Blitzesschnelle *f* lightning speed *no pl, no indef art;* **in/mit ~** with lightning speed

Blitzgerät *nt* FOTO flash unit

blitzgescheit *adj* (*fam*) brilliant

Blitzhacker *m* vegetable chopper **Blitzkarriere** *f* rapid rise; **eine ~ machen** to enjoy a rapid rise, to be a highflier **Blitzkrieg** *m* MIL blitzkrieg

Blitzlicht *nt* FOTO flash[light]

Blitzlichtbirne *f* FOTO flashbulb **Blitzlichtgewitter** *nt* (*fam*) frenzy of flashing cameras **Blitzlichtwürfel** *m* flashcube

blitzsauber *adj* (*fam*) sparkling clean ▶ WENDUNGEN: **ein ~es Mädel** SÜDD a great girl [*or* BRIT DIAL splendid lass]

Blitzschlag *m* lightning strike; ***ein ~ traf den Baum*** the tree was struck by lightning; **vom ~ getroffen werden** to be struck by lightning **blitzschnell** *adj s.* **blitzartig** **Blitzstrahl** *m* (*geh*) flash of lightning **Blitzumfrage** *f* quick [*or* lightning] poll **Blitzwürfel** *m* FOTO flashcube

Blizzard <-s, -s> ['blɪzɐt] *m* blizzard

Block[1] <-[e]s, Blöcke> *m* ❶ (*Form*) block; ■ **ein ~ aus/von etw** a block of sth ❷ (*Richt~*) [executioner's] block

Block[2] <-[e]s, Blöcke *o* -s> *m* ❶ (*Häuser~*) block; (*großes Mietshaus*) block [of flats] BRIT, apartment building AM ❷ (*Papierstapel*) book; **ein ~ Briefpapier** a pad of writing paper ❸ (*Briefmarken~*) block ❹ POL (*politischer Bund*) bloc; (*Fraktion*) faction

Blockade <-, -n> *f* ❶ (*Wirtschafts~*) blockade; **die ~ brechen** to break [*or* run] the blockade; **über etw** *akk* **eine ~ verhängen** to impose a blockade on sth ❷ MED block ❸ (*Denkhemmung*) mental block

Blockbildung *f* POL formation of blocs [*or* factions]

Blockbuchstabe *m* block [*or* capital] letter

Blockbuster [-bʌstə] *m* ÖKON (*fam*) blockbuster

blocken I. *vt* ■ **etw ~** ❶ SPORT to block sth ❷ (*verhindern*) to block [*or* stall] sth ❸ SÜDD (*bohnern*) to polish sth II. *vt* ❶ SPORT to block ❷ SÜDD (*bohnern*) to polish ❸ JAGD to perch, to block; *s. a.* **abblocken**

Blockflöte *f* MUS recorder

blockfrei *adj* POL non-aligned **Blockfreiheit** *f* POL non-alignment **Blockhaus** *nt* log cabin **Blockheizkraftwerk** *nt* block-type thermal power station [*or esp* AM plant]

blockieren* I. *vt* ❶ (*unterbrechen*) ■ **etw ~** to block sth; **die Stromzufuhr ~** to interrupt the electricity supply; **den Verkehr ~** to stop the traffic ❷ AUTO ■ **etw ~** to lock sth; ***eine Gewaltbremsung kann die Räder ~*** sudden braking can lock the wheels ❸ (*absperren*) ■ **etw ~** to block [*or* jam] sth; (*mit Blockade*) to blockade sth ❹ POL ■ **etw ~** to block sth II. *vi* AUTO to lock, to seize up, to jam; ***durch plötzlichen Ölverlust blockierte das Getriebe*** the gears locked as a result of a sudden loss of oil

Blockpartei *f* HIST factional party **Blocksatz** *m* TYPO justification **Blockschokolade** *f kein pl* cooking chocolate *no pl* **Blockschrift** *f* block capitals [*or* letters] *pl* **Blockstelle** *f* BAHN block signal-box **Block-**

stunde *f* SCH double period **Blockunterricht** *m* SCH teaching by subject area *no pl, no indef art,* theme-work teaching *no pl, no indef art* **Blockwart** <-[e]s, -e> *m* HIST block [*or* local group] leader (*during the rule of the nazis*)

blöd(e) I. *adj* (*fam*) ❶ (*veraltend: dumm*) silly, stupid; (*schwachsinnig*) feeble-minded ❷ (*unangenehm*) disagreeable; **eine ~e Situation** an awkward situation; ***so ein ~es Wetter!*** what terrible weather!; **ein ~es Gefühl** a funny feeling; **zu ~!** how annoying!; (*ekelhaft*) nasty; ***das ist ja vielleicht ein ~er Kerl!*** he really is a nasty piece of work! II. *adv* (*fam*) idiotically, stupidly; ***was stehst du hier noch so ~ rum?*** why are you still standing around here like an idiot?; ***der guckt so ~!*** he's got such a stupid look on his face!; ***frag doch nicht so ~!*** don't ask such stupid questions!; ***er hat sich wirklich ~ angestellt*** he made such a stupid fuss; ***glotz doch nicht so ~!*** don't gawp at me like an idiot!; ***der hat vielleicht wieder ~ herumgelabert*** he's really been acting the fool again; **sich ~ anstellen** to be [*or* act] stupid

Blödelei <-, -en> *f* (*fam*) ❶ (*das Blödeln*) fooling, messing about [*or* around] *no pl, no indef art;* ***lass endlich diese ~!*** will you stop messing about! ❷ (*Albernheit*) silly prank

blödeln *vi* (*fam*) ■ [**mit jdm**] ~ to tell [sb] silly jokes; *s. a.* **herumblödeln**

blöderweise *adv* (*fam*) stupidly

Blödheit <-, -en> *f* ❶ (*Dummheit*) stupidity *no pl* ❷ (*blödes Verhalten*) foolishness *no pl,* silliness *no pl* ❸ (*alberne Bemerkung*) stupid remark

Blödian <-[e]s, -e> *m,* **Blödmann** *m* (*fam*) fool, idiot

Blödsinn *m kein pl* (*pej fam*) ❶ (*Quatsch*) nonsense *no pl, no indef art,* rubbish *no pl, no indef art;* ***wer hat sich denn diesen ~ ausgedacht?*** what fool came up with this idea?; ***machen Sie keinen ~!*** don't mess about! ❷ (*Unfug*) silly tricks *pl*

blödsinnig *adj* (*pej fam*) idiotic, stupid; ***was für eine dumme Idee, so etwas B~ es!*** what a silly idea, how stupid!

blöken *vi* to bleat

blond *adj* ❶ *Haar* blond[e]; (*hellgelb*) fair-haired; ***sind die Haare von Natur aus so ~?*** are you naturally so fair-haired?; **~ gefärbt** dyed blond [*or* blonde]; ***sie hat ~ gefärbte Haare*** she has dyed blonde hair, her hair is dyed blonde; **~ gelockt** blond[e] curly *attr;* **~ gelockte Person** person with blond[e] curly hair; ■ **~ gelockt sein** to have curly fair hair ❷ (*fam*) light-coloured [*or* AM -ored]; ***mir würde ein schönes, ~es Bier jetzt gut schmecken!*** a nice lager would go down well now; ***~er Tabak*** blond tobacco

Blond <-s> *nt kein pl* blond, blonde

Blonde(r) *f(m) dekl wie adj* blonde, blond-haired man

blondgefärbt *adj attr s.* **blond 1** **blondgelockt** *adj attr s.* **blond 1**

blondieren* *vt* ❶ (*blond färben*) ■ **etw ~** to bleach sth; ***manche Frauen ~ ihre Haare/das Haar*** some women dye their hair blonde ❷ KOCHK to sautée lightly

Blondine <-, -n> *f* blonde

bloß I. *adj* ❶ (*unbedeckt*) bare; ■ **mit ~m/~er/etc. ...** with bare ...; **mit ~en Füßen gehen** to walk barefoot; **mit ~em Oberkörper** stripped to the waist; **mit ~em Schwert** with sword drawn ❷ *attr* (*alleinig*) mere; **der ~e Neid** sheer envy; **die ~e Dummheit** sheer stupidity; (*allein schon*) very; ***schon der ~e Gedanke machte ihn rasend*** the very thought made him furious II. *adv* (*nur*) only; ***was er ~ hat?*** whatever is the matter with him?; **nicht ~ ..., sondern auch ...** not only ..., but also ...; ***er ist nicht ~ wohlhabend, sondern sieht auch noch gut aus*** he's not only affluent, but he's good looking as well III. *pron* (*verstärkend*) ***lass mich ~ in Ruhe!*** just leave me in peace!; ***hör ~ auf mit diesem Gelaber!*** just stop prattling on, will you!

Blöße <-, -n> *f* ❶ (*geh*) bareness *no pl;* (*Nacktheit*) nakedness *no pl;* **in voller ~** completely naked ❷ SPORT opening; ***er nutzte jede ~ seines Gegners aus*** he made use of every opening his opponent presented; **sich** *dat* **eine/keine ~ geben** (*aus/nicht aus seiner Deckung herauskommen*) to drop/not drop one's guard; (*einen/keinen Schwachpunkt zeigen*) to show a/not show any weakness ▶ WENDUNGEN: **jdm eine ~ bieten** to reveal a weakness to sb; **sich** *dat* **eine/keine ~ geben** to show a/not show any weakness

bloßlegen *vt* ■ **etw ~** ❶ (*ausgraben*) to uncover sth ❷ (*enthüllen*) to bring sth to light, to reveal sth **bloßliegen** *vi irreg sein* to be exposed [*or* uncovered] **bloßstellen** *vt* ❶ (*verraten*) ■ **jdn ~** to expose [*or* unmask] sb ❷ (*blamieren*) ■ **jdn ~** to show up sb *sep;* ■ **sich ~** to make a fool of oneself, to show oneself up **bloßstrampeln** *vr* ■ **sich ~** to kick off the covers *sep*

Blouson <-[s], -s> [blu'zõ:] *m o nt* bomber jacket

blubbern *vi* (*fam*) to bubble

Blücher *m* ▶ WENDUNGEN: **wie ~ rangehen** (*fam*) to get stuck in *fam*

Blue Jeans, Bluejeans[RR] <-, -> ['blu:dʒi:ns] *pl* [blue] jeans

Blues <-, -> [blu:s] *m* MUS blues + *sing vb*

Bluff <-[e]s, -s> [blʊf, blaf, blœf] *m* (*veraltet*) bluff

bluffen I. *vi* (*täuschen*) to bluff II. *vt* (*jdn täuschen*) ■ **jdn ~** to bluff sb

blühen I. *vi* ❶ (*Blüten haben*) to bloom, to flower; **zum B~ kommen** (*zu blühen beginnen*) to [come into] blossom ❷ (*florieren*) ■ **~ [und gedeihen]** to flourish, to thrive ❸ (*fam*) ■ **jdm ~** to be in store for sb; ***dann blüht dir aber was!*** then you'll be for it! *fam;* ***das kann mir irgendwann auch noch ~*** that may happen to me as well sometime II. *vi impers* ■ **es blüht** there are flowers; ***im Süden blüht es jetzt schon überall*** everything is in blossom in the south

blühend *adj* ❶ (*in Blüte sein*) blossoming ❷ (*strahlend*) glowing, radiant; ***sie sieht wirklich ~ aus*** she looks really radiant ❸ (*prosperierend*) flourishing, thriving ❹ (*fam*) excessive; **eine ~ Fantasie haben** to have a fertile [*or* vivid] imagination; **~er Unsinn sein** to be utter nonsense

Blühet <-s> *m kein pl* SCHWEIZ (*Blütezeit*) blossoming *no pl*

Blümchen <-s, -> *nt dim von* **Blume** little flower

Blume <-, -n> *f* ❶ (*blühende Pflanze*) flower; (*Topf~*) pot plant ❷ (*Duftnote*) bouquet ❸ (*Bierschaumkrone*) head ❹ KOCHK top rump ▶ WENDUNGEN: **die blaue ~** LIT the Blue Flower (*symbol of longing in poetry*); **jdm etw durch die ~ sagen** to say sth in a roundabout way to sb; **jdm etw durch die ~ zu verstehen geben** to drop a veiled hint to sb about sth; **danke** [*o* **vielen Dank**] **für die ~n** (*iron*) thank you very much, I'm sure! *iron,* thanks for nothing! *iron*

Blumenbank <-bänke> *f* flower stand **Blumenbeet** *nt* flowerbed **Blumendraht** *nt* florist's wire **Blumenerde** *f* HORT potting compost **Blumenfrau** *f* flower-woman **blumengeschmückt** *adj* adorned with flowers *pred* **Blumenkasten** *m* flower-box, window box **Blumenkohl** *m kein pl* cauliflower **Blumenkresse** *f* BOT, KOCHK nasturtium **Blumenladen** *m* flower shop, florist's **Blumenmädchen** *nt* flower-girl **Blumenmann** *m* [male] flower-seller **Blumenmeer** *nt* sea of flowers **Blumenmuster** *nt* floral pattern [*or* design] **Blumensprache** *f* language of flowers **Blumenstock** *m* [flowering] pot plant **Blumenstrauß** <-sträuße> *m* bouquet [*or* bunch] of flowers **Blumentopf** *m* ❶ (*Topf*) flowerpot ❷ (*Pflanze*) [flowering] pot plant ▸ WENDUNGEN: **mit etw keinen ~ gewinnen können** (*fam*) nothing to shout [*or fam* write home] about; ***mit dem Aufsatz kannst du keinen ~ gewinnen*** your essay's nothing to shout about **Blumenvase** *f* flower vase **Blumenzwiebel** *f* HORT bulb

blumig *adj* flowery; **~er Stil.** ornate [*or* flowery] style; **~er Wein** wine with a flowery bouquet

Bluse <-, -n> *f* blouse ▸ WENDUNGEN: **pralle ~** (*sl*) big boobs [*or* tits] *sl;* **jdm in die ~ fassen** (*sl*) to grope sb's boobs [*or* tits] *sl;* **was in der ~ haben** (*sl*) to have big boobs [*or* tits] *sl*

Blust <-[e]s> *m o nt kein pl* SCHWEIZ (*Blüte*) blossom; (*Blütezeit*) blossoming *no pl*

Blut <-[e]s> *nt kein pl* ❶ (*Körperflüssigkeit*) blood *no pl, no indef art;* **~ bildend** haem[at]opoietic BRIT, hem[at]opoietic AM; **~ reinigend** blood-cleansing, depurative; **~ stillend** MED styptic, haemostatic BRIT, hemostatic AM; ***bei Nasenbluten wirkt ein Eisbeutel ~ stillend*** an ice-pack has a styptic effect on nosebleeds; **jdm ~ abnehmen** to take a blood sample from sb; **in ~ schwimmen** to be swimming in blood; **es wurde viel ~ vergossen** there was a lot of bloodshed, much blood was shed *liter;* **es fließt ~** blood is being spilled ❷ (*Geblüt*) blood; (*Erbe a.*) inheritance ▸ WENDUNGEN: **jdm gefror** [*o* **stockte**] [*o* **gerann**] [*o* **erstarrte**] **das ~ in den Adern** sb's blood froze [in their veins] [*or* ran cold]; **jdm steigt** [*o* **schießt**] **das ~ in den Kopf** the blood rushes to sb's head; ***weil sie sich so schämte, schoss ihr das Blut in den Kopf/ins Gesicht*** her cheeks flushed with shame; **~ und Wasser schwitzen** (*fam*) to sweat blood [and tears] *fam;* **blaues ~ haben** to have blue blood; **böses ~ machen** [*o* **schaffen**] [*o* **geben**] to cause [*or* create] bad blood [*or* ill-feeling]; **frisches ~** new [*or* fresh] blood; ***die Firma braucht frisches ~*** the company needs new [*or* fresh] blood; **heißes** [*o* **feuriges**] **~ haben** to be hot-blooded; **kaltes ~ bewahren** to remain calm; **[nur] ruhig ~!** [just] calm down!, keep cool! *fam;* **[einem] ins ~ gehen** to get into one's blood [*or* one going]; **~ geleckt haben** to have developed a liking [*or* got a taste] for sth; **jdm im ~ liegen** to be in sb's blood; ***das Singen liegt ihm im ~*** singing is in his blood; **etw im ~ haben** to have sth in one's blood; **bis aufs ~** in the extreme; ***er hasste ihn bis aufs ~*** he absolutely loathed him; ***diese Ketzerei wurde von der Kirche bis aufs ~ bekämpft*** the church fought this heresy tooth and nail; ***sie peinigte ihn bis aufs ~*** she tormented him mercilessly; *s. a.* **Hand**

Blutader *f* ANAT vein **Blutalkohol(gehalt)** *m* blood alcohol level **Blutandrang** *m* MED congestion **blutarm** *adj* MED anaemic BRIT, anemic AM **Blutarmut** *f* MED anaemia BRIT, anemia AM **Blutbad** *nt* bloodbath; **[unter ihnen] ein ~ anrichten** to create carnage [amongst them] **Blutbahn** *f* bloodstream **Blutbank** <-banken> *f* blood bank **blutbefleckt** *adj* bloodstained **blutbeschmiert** *adj* smeared with blood *pred* **Blutbild** *nt* MED blood count **Blutblase** *f* blood blister **Blutbuche** *f* BOT copper beech

Blutdruck *m kein pl* blood pressure *no pl, no indef art;* **hoher/niedriger ~** high/low blood pressure

Blutdruckmesser <-s, -> *m* blood pressure gauge [*or* AM *a.* gage] **Blutdruckmessgerät**^RR *nt* MED sphygmomanometer **blutdrucksenkend** *adj* MED, PHARM anti-hypertensive

Blüte <-, -n> *f* ❶ (*Pflanzenteil*) bloom, flower; *Baum* blossom; ***die ~n des Kirschbaumes sind rein weiß*** the blossom on the cherry tree is pure white; **sich zur vollen ~ entfalten** to blossom; **in [voller] ~ stehen** to be in [full] bloom; **~n treiben** to [be in] bloom [*or* flower]; *Baum* to [be in] blossom ❷ (*Blütezeit*) blooming *no pl,* blossoming *no pl,* flowering season; ***im Mai beginnt die ~ der Kirschbäume*** cherry trees start to blossom in May ❸ (*fam: falsche Banknote*) dud *fam,* forgery ❹ (*hoher Entwicklungsstand*) height, heyday *usu sing;* ***während der Zeit der größten ~ des Römischen Reiches*** at the height of the Roman Empire; ***in jeder Zivilisation gibt es eine Zeit der ~*** every civilization has its heyday; **seine ~ erreichen** [*o* **erleben**] to reach its peak; **in der ~ seiner/ihrer Jahre sein** [*o* **stehen**] to be in the prime of life; ***er steht in der ~ seiner Jahre*** he is in his prime; ***im 19. Jahrhundert entfaltete sich die Stadt zur vollen ~*** the town blossomed in the 19th century; ***Anfang des 20. Jahrhunderts stand die Kunst des Jugendstils gerade in voller ~*** Art Nouveau flourished at the beginning of the 20. century ▸ WENDUNGEN: **merkwürdige** [*o* **seltsame**] [*o* **wunderliche**] **~n treiben** to take on strange forms

Blutegel *m* ZOOL leech

bluten *vi* ■**[an etw** *dat/***aus etw]** ~ to bleed [from sth] ▸ WENDUNGEN: **~ müssen/sollen** (*fam*) to have/ought to cough up [*or* fork out] *fam*

Blütenblatt *nt* BOT petal **Blütenhonig** *m* honey made from blossom **Blütenkelch** *m* BOT calyx **Blütenknospe** *f* flower bud **Blütenkohl** *m s.* **Blumenkohl** **Blütenstand** *m* BOT inflorescence *no pl* **Blütenstaub** *m* pollen *no pl, no indef art*

Blutentnahme *f* taking of a blood sample

Blütenzweig *m* flowering twig

Bluter <-s, -> *m* MED haemophiliac BRIT, hemophiliac AM

Bluterguss^RR <-es, -ergüsse> *m,* **Bluterguß** <-sses, -ergüsse> *m* bruise, haematoma *spec* BRIT, hematoma *spec* AM

Bluterin <-, -nen> *f fem form von* **Bluter**

Bluterkrankheit *f* MED haemophilia *no pl, no art* BRIT, hemophilia *no pl, no art* AM

Blütezeit *f* ❶ (*Zeit des Blühens*) blossoming *no pl,* flowering season; ***gerade während der ~ leidet sie an Heuschnupfen*** it's precisely when the trees are in blossom that she suffers from hay fever ❷ (*Zeit hoher Blüte*) heyday; ***nach einer kurzen ~ begann der Niedergang dieser Zivilisation*** after a brief period of glory the civilization began to decline

Blutfarbstoff *m* ANAT haemoglobin [*or* AM hemo-] *no pl, no indef art* **Blutfleck** *m* bloodstain **Blutgefäß** *nt* blood vessel **Blutgerinnsel** *nt* blood clot **Blutgerinnung** *f* clotting of the blood **blutgierig** *adj* (*geh*) bloodthirsty **Blutgruppe** *f* blood group [*or* type]; **jds ~ bestimmen** to determine sb's blood type **Blutgruppenbestimmung** *f* MED blood-typing **Bluthochdruck** *m* high blood pressure **Bluthund** *m* ❶ (*Jagdhund*) bloodhound ❷ (*pej: blutiger Unterdrücker*) bloody tyrant *pej* **Bluthusten** *m* coughing up of blood

blutig **I.** *adj* ❶ (*blutend*) bloody; (*blutbefleckt*) bloodstained ❷ KOCHK underdone, bloody; **sehr ~** rare ❸ (*mit Blutvergießen verbunden*) bloody ❹ (*fam: völlig*) absolute, bloody *fam!; s. a.* **Ernst** **II.** *adv* bloodily; **sich die Füße ~ laufen** to walk till one's feet are red raw

blutjung *adj* very young

Blutkonserve [-və] *f* unit of stored blood **Blutkörperchen** *nt* blood corpuscle [*or* cell]; **rote/weiße ~** red/white [blood] corpuscles **Blutkrebs** *m* MED leukaemia BRIT, leukemia AM **Blutkreislauf** *m* [blood] circulation *no pl, no indef art* **Blutlache** *f* pool of blood **blutleer** *adj* ❶ (*ohne Blut*) bloodless, drained of blood *pred;* ***ihr Gesicht war ~*** his face was deathly pale ❷ MED anaemic BRIT, anemic AM **Blutorange** *f*

BOT blood orange **Blutplasma** *nt* blood plasma *no pl, no indef art* **Blutplättchen** <-s, -> *nt* blood platelet **Blutprobe** *f* ① (*Entnahme*) blood sample ② (*Untersuchung*) blood test; **eine ~ bei jdm machen** to take a blood sample from sb [*or* a sample of sb's blood] **Blutrache** *f* blood vendetta **Blutrausch** *m* savage frenzy *no pl* **blutrot** *adj* (*liter*) blood-red **blutrünstig** *adj* bloodthirsty **Blutsauger** *m* ZOOL bloodsucker **Blutsauger(in)** *m(f)* (*Ausbeuter*) extortioner, bloodsucker

Blutsbruder *m* blood brother **Blutsbrüderschaft** *f* blood brotherhood

Blutschande *f* incest **Blutschuld** *f* (*liter*) blood guilt; ***er lud [eine] ~ auf sich*** he had blood on his hands **Blutschwamm** *m* MED strawberry mark, angioma *spec* **Blutsenkung** *f* MED sedimentation of the blood; (*Test*) [erythrocyte] sedimentation test; **eine ~ machen** to test the sedimentation rate of the blood **Blutserum** *nt* MED blood serum *no pl, no indef art* **Blutspende** *f* unit of blood [from a donor] **Blutspenden** <-s> *nt kein pl* donation of blood *no pl* **Blutspender(in)** *m(f)* blood donor **Blutspur** *f* trail of blood; **~en** traces of blood **blutstillend** *adj s.* **Blut 1.**

Blutstropfen *m* drop of blood; **bis zum letzten ~** to the last drop of blood

Blutstuhl *m* MED blood in the faeces [*or* AM feces] **Blutsturz** *m* [external] haemorrhage [*or* AM hemorrhage]

blutsverwandt *adj* related by blood *pred* **Blutsverwandte(r)** *f(m) dekl wie adj* blood relation [*or* relative] **Blutsverwandtschaft** *f* blood relationship

blutt *adj* SCHWEIZ, SÜDD (*nackt*) bare

Bluttat *f* (*geh*) bloody deed; **eine ~ begehen** to commit a bloody deed

blütteln *vi* SCHWEIZ ▪ [**irgendwo**] **~** to strip off [somewhere]

Bluttransfusion *f* blood transfusion **blutüberströmt** *adj* streaming with blood *pred* **Blutübertragung** *f s.* **Bluttransfusion**

Blutung <-, -en> *f* ① (*das Bluten*) bleeding *no pl, no indef art;* **innere ~en** internal bleeding [*or* BRIT haemorrhage] [*or* AM hemorrhage] ② [**monatliche**] **~** menstruation, period

blutunterlaufen *adj* suffused with blood *pred;* **~e Augen** bloodshot eyes **Blutuntersuchung** *f* blood test **Blutvergießen** <-s> *nt kein pl* (*geh*) bloodshed *no pl, no indef art* **Blutvergiftung** *f* blood poisoning *no indef art* **Blutverlust** *m* loss of blood **blutverschmiert** *adj* covered [*or* caked] with blood *pred,* bloodstained **Blutwäsche** *f* MED haemodialysis [*or* AM hemo-] *spec* **Blutwurst** *f* black pudding BRIT, blood sausage AM **Blutzirkulation** *f s.* Blutkreislauf **Blutzoll** *m kein pl* (*geh*) death toll *no pl,* number of dead and injured *no pl,* fatalities *pl* **Blutzucker** *m* MED ① (*Zuckeranteil*) blood sugar ② (*fam*) blood sugar test **Blutzuckerspiegel** *m* MED blood sugar level **Blutzuckerwert** *m* MED blood sugar count **Blutzufuhr** *f* blood supply

BLZ <-> *f Abk von* **Bankleitzahl**

BND <-s> *m kein pl Abk von* **Bundesnachrichtendienst**

Bö <-, -en> *f* gust, squall

Boa <-, -s> *f* ZOOL, MODE boa

Bob <-s, -s> *m* bob[sleigh] BRIT, bob[sled] AM

Bobbahn *f* bob[sleigh [*or* AM sled]] run

Bobbybohne *f* bobby bean

Bobfahrer(in) *m(f)* SPORT bobber **Bob Run Skating, Bob-Run-Skating**[RR] ['bɒbrʌnskeɪtɪŋ] *nt* SPORT bob run skating (*skating down a bob run*)

Boccia <-> ['bɔtʃa] *nt o f kein pl* SPORT boccia (*Italian bowls*)

Bock[1] <-[e]s, Böcke> *m* ① ZOOL buck; (*Schafs~*) ram; (*Ziegen~*) billy-[*or* he-]goat ② (*fam*) stubbornness *no pl;* **einen/seinen ~ haben** (*fam*) to be awkard [*or* difficult], to play up *fam* ③ AUTO ramp; *s. a.* **Sägebock** ④ SPORT buck, [vaulting] horse ⑤ (*Kutsch~*) box ▸ WENDUNGEN: **den ~ zum Gärtner machen** (*fam*) to be asking for trouble; **die Böcke von den Schafen scheiden** [*o* **trennen**] (*fam*) to separate the sheep from the goats; **alter ~** (*fam*) old goat *fam,* old git *sl;* **geiler ~** (*fam*) randy old goat *fam,* randy sod *sl;* **null ~ [auf etw** *akk*] **haben** (*sl*) to be not in the mood [for sth] [*or* in no mood for sth]; ***sie hat null ~ auf nichts*** she's just not in the mood for anything; **sturer ~** (*fam*) stubborn sod *sl;* **~ [auf etw** *akk*] **haben** (*sl*) to fancy [sth] *fam;* ***wenn du ~ hast, kannst du ja mitkommen*** if you fancy it, you can come with us; **~ haben, etw zu tun** (*sl*) to fancy doing sth *fam;* **keinen ~ [auf etw** *akk*] **haben** (*sl*) to not fancy [sth]; **keinen ~ haben, etw zu tun** (*sl*) to not fancy doing sth *fam;* **einen [kapitalen] ~ schießen** (*fam*) to drop a [real] clanger *fam,* to [really] boob *fam,* to make a [real] boob *fam;* **stinken wie ein ~** (*fam*) to really pong *fam,* to stink to high heaven *fam*

Bock[2] <-s, -> *nt s.* **Bockbier**

bockbeinig *adj* (*fam*) awkward, stubborn

Bockbier *nt* bock beer (*type of strong beer*)

bocken *vi* ① (*störrisch sein*) to refuse to move, to dig in one's heels *sep;* ***das Pferd bockte vor der Hürde*** the horse refused the fence ② (*fam: sich ruckartig bewegen*) to lurch along ③ (*fam: trotzig sein*) to act [*or* play] up *fam*

bockig *adj* (*fam*) awkward, stubborn

Bockleiter *f* stepladder **Bockmist** *m* (*sl*) bullshit *sl;* **~ machen** [*o* **bauen**] to screw [*or* BRIT *a.* cock] up *sl*

Bocksbeutel *m* ① (*Flaschenform*) bocksbeutel *spec* ② (*Frankenwein*) bottle of Franconian wine **Bockshorn** *nt* ▸ WENDUNGEN: **sich** *akk* [**von jdm**] [**nicht**] **ins ~ jagen lassen** (*fam*) to [not] be intimidated by sb; ***lass dich nicht von ihm ins ~ jagen!*** don't let him get at you!

Bockspringen *nt kein pl* SPORT vaulting *no pl, no art;* **~ spielen** to play leapfrog **Bocksprung** *m* ① (*Sprung über Menschen*) leapfrog ② SPORT vault

Bockwurst *f* KOCHK bockwurst

Boden <-s, Böden> *m* ① (*Erdreich, Acker*) soil; **magerer/fetter ~** barren [*or* poor]/fertile soil ② (*Erdoberfläche*) ground; ***der ~ bebte*** the ground shook; ***die Reisenden waren froh, wieder festen ~ zu betreten*** the passengers were glad to be [*or* stand] on firm ground [*or* terra firma] [again] ③ *kein pl* (*Territorium*) land; (*auf britischem ~*) on British soil ④ (*Fläche, auf der man sich bewegt*) ground; (*Fußboden*) floor; (*Teppichboden*) carpet; **zu ~ fallen** [*o geh* **sinken**] [*o geh* **gleiten**] to fall to the ground; **tot zu ~ fallen** to drop dead; **zu ~ gehen** *Boxer* to go down; **jdn [mit sich] zu ~ reißen** to drag sb to the ground; **jdn zu ~ rennen** to knock down sb *sep;* **beschämt/verlegen zu ~ schauen** to look down in shame/embarrassment; **jdn zu ~ schlagen** [*o geh* **strecken**] to knock [*or form* strike] down sb *sep,* to floor sb; **ohnmächtig zu ~ sinken** (*geh*) to fall unconscious to the ground ⑤ (*Dachboden*) loft, attic; **auf dem ~** in the loft [*or* attic]; *s. a.* **Heuboden, Trockenboden** ⑥ (*Grund*) bottom; *eines Gefäßes a.* base; **der ~ des Sees/Flusses** the bottom of the sea/river, the seabed/riverbed ⑦ (*Tortenboden*) flan base ⑧ (*Grundlage*) **jdm/einer S. den ~ bereiten** to pave the way for sb/sth; **sich auf schwankendem** [*o* **unsicherem**] **~ bewegen** to be on shaky ground [*or* out of one's depth]; **auf schwankendem ~ stehen** to be built on weak foundations; **auf dem ~ der Tatsachen bleiben/stehen** to stick to the facts/to be based on facts; **allen** [*o* **jeglichen**] **Spekulationen** *dat* **den ~ entziehen** to knock the bottom out of all speculation; **auf dem ~ des Gesetzes stehen** to be within [*or* to conform to] the constitution; **auf dem ~ der Wirklichkeit stehen** to deal only with [bald] facts ▶ WENDUNGEN: **jdm wird der ~ unter den Füßen zu heiß, jdm brennt der ~ unter den Füßen** things are getting too hot [*or* hotting up too much] for sb; [**wieder**] **festen** [*o* **sicheren**] **~ unter die Füße bekommen** (*nach einer Schiffsreise*) to be back on terra firma [*or* dry land]; (*nach einer Flugreise*) to be back on terra firma [*or* on the ground]; (*wieder Halt bekommen*) to find one's feet again; **festen** [*o* **sicheren**] **~ unter den Füßen haben** (*nach einer Schiffsreise*) to be back on terra firma [*or* dry land]; (*nach einer Flugreise*) to be back on terra firma [*or* the ground]; (*sich seiner Sache sicher sein*) to be sure of one's ground; **jdm schwankt der ~ unter den Füßen** the ground is rocking [*or* moving] [*or* shaking] under sb's feet; **den ~ unter den Füßen verlieren** (*die Existenzgrundlage verlieren*) to feel the ground fall from beneath one's feet; (*haltlos werden*) to have the bottom drop out of one's world; **jdm den ~ unter den Füßen wegziehen** to cut the ground from under sb's feet; [**wieder**] **auf festem ~ sein** (*eine sichere Grundlage haben*) to be secure [again]; *Unternehmen* to be back on its feet [again]; **auf fruchtbaren ~ fallen** to fall on fertile ground; [**einen**] **günstigen ~ für etw finden** to find fertile ground for sth; **total am ~ sein** to be [completely] shattered; **am ~ zerstört sein** (*fam*) to be devastated, to be all of a heap *fam;* **jdn unter den ~ bringen** SCHWEIZ to be the death of sb; **einer S.** *dat* **den ~ entziehen** (*geh*) to make sth unnecessary/irrelevant; [**jdm/etw gegenüber**] **an ~ gewinnen** (*einholen*) to gain ground [over sb/sth]; (*Fortschritte machen*) to make headway [*or* progress]; [**jdm/etw gegenüber**] **an ~ verlieren** to lose ground [to sb/sth]; [**jdm/etw gegenüber**] [**verlorenen**] **~ gutmachen** [*o* **wettmachen**] to make up [lost] ground [*or* to catch up] [on sb/sth]; **etw** [**mit jdm**] **zu ~ reden** SCHWEIZ to chew over sth *sep* [with sb]; **aus dem ~ schießen** to sprout [*or* spring] [*or* shoot] up; **etw aus dem ~ stampfen** to build sth overnight; **wie aus dem ~ gestampft** [*o* **gewachsen**] [*o* **geschossen**] **vor jdm stehen** to appear out of nowhere; **jd wäre am liebsten in den ~ versunken** sb wishes the ground would open up and swallow them; ***ich hätte vor Scham im ~ versinken können*** I was so ashamed that I wished the ground would [open and] swallow me up [*or* open up and swallow me]; **jd könnte jdn unangespitzt in den ~ rammen** sb could wring sb's neck [*or* strangle sb]; **durch alle Böden** [**hindurch**] SCHWEIZ at all costs

Bodenbelag *m* floor covering; **ein ~ aus Holz/Marmor/Stein** a wood/marble/stone floor **Bodenbelastung** *f* ÖKOL pollution of the ground **Bodenbeschaffenheit** *f* ❶ AGR (*Art des Erdbodens*) [consistency of the] soil ❷ (*Art der Oberfläche*) condition of the ground **Bodendecker** <-s, -> *m* BOT close-growing plant **Bodenerhebung** *f* elevation; **eine leichte ~** a gentle elevation **Bodenerosion** *f* erosion of the earth's surface **Bodenfrost** *m* ground frost *no pl* **Bodenhaftung** *f* AUTO wheel grip, road adhesion *spec* **Bodenkammer** *f* attic **Bodenkontrolle** *f* RAUM ground control

bodenlos **I.** *adj* ❶ (*fam: unerhört*) outrageous; **~er Leichtsinn** crass stupidity; ***das ist eine ~e Frechheit!*** that's absolutely outrageous! ❷ (*sehr tief*) bottomless; **ein ~er Abgrund** an abyss, a chasm; **ins B~e fallen** (*fig*) to plummet **II.** *adv* extremely; **~ gemein/unverschämt** extremely nasty/insolent

Bodennebel *m* ground fog [*or* mist] **Bodenpersonal** *nt* LUFT ground crew **Bodenreform** *f* JUR agrarian [*or* land] reform **Bodensatz** *m* sediment; *von Kaffee* grounds *npl* **Bodenschätze** *pl* mineral resources *pl* **Bodenschwelle** *f* sill **Bodensee** *m* ■**der ~** Lake Constance **Bodensicht** *f* LUFT ground visibility **Bodenspekulation** *f* land speculation

bodenständig *adj* ❶ (*lange ansässig*) long-established ❷ (*unkompliziert*) uncomplicated

Bodenstation *f* RAUM ground station **Bodenstreitkräfte** *pl* MIL ground forces *pl* **Bodentruppen** *pl* MIL ground troops *pl* **Bodenturnen** *nt kein pl* floor exercises *pl* **Bodenvase** *f* floor vase **Bodenverschmutzung** *f* ground pollution **Bodenversiegelung** *f* floor sealing **Bodenwelle** *f* bump

Body <-s, -s> ['bɔdi] *m* body BRIT, bodysuit AM

Bodybuilding <-s> [-bɪldɪŋ] *nt kein pl* bodybuilding *no pl;* **~ machen** to do bodybuilding [exercises *pl*]

Bodyguard <-s, -s> [-gɑ:d] *m* bodyguard

bog *imp von* **biegen**

Bogen <-s, – *o* ÖSTER, SCHWEIZ, SÜDD Bögen> *m* ❶ (*gekrümmte Linie*) curve; *eines großen Flusses a.* sweep; MATH arc; **in hohem ~** in a high arc; **einen ~ fahren** to execute a turn; **einen ~ machen** to curve [round] ❷ (*Blatt Papier*) sheet [of paper] ❸ (*Schusswaffe*) bow; **Pfeil und ~** bow and arrow[s *pl*]; **ein Meister des ~s** a master archer; **den ~ spannen** to draw the bow ❹ MUS bow ❺ ARCHIT arch ❻ (*Druck~*) sheet; (*gedruckt*) signature ▶ WENDUNGEN: **in hohem ~ hinausfliegen** (*fam*) to be turned out *fam;* ***nach dem Skandal flog er im hohen ~ aus der Firma*** he was thrown out on his ear [*or* chucked out] [*or* sent flying] after the scandal; **jdn in hohem ~ hinauswerfen** (*fam*) to throw sb out on their ear *fam;* **den ~ heraushaben** (*fam*) to have got the hang of it *fam;* **einen** [**großen**] **~ um jdn/etw machen** to steer [well] clear of sb/sth; **den ~ überspannen** to overstep the mark, to go too far

Bogenfenster *nt* arched window **bogenförmig** *adj* arched; **~e Reißzähne** curved fangs **Bogengang** <-gänge> *m* ARCHIT archway **Bogenlampe** *f* arc lamp [*or* light] **Bogenschießen** *nt kein pl* SPORT archery *no pl* **Bogenschütze, -schützin** *m, f* SPORT archer; HIST *a.* bowman **Bogensehne** *f* MUS bowstring

Boheme <-> [bɔ'ɛ:m, bo'hɛ:m] *f kein pl* (*geh*) Bohemia *no pl liter*

Bohemien <-s, -s> [boe'mjɛ̃, bohe'mjɛ̃] *m* (*geh*) Bohemian

Bohle <-, -n> *f* [thick] plank, board

Böhme, Böhmin <-n, -n> *m, f* Bohemian

Böhmen <-s> *nt* Bohemia

Böhmerwald *m* Bohemian Forest

Böhmin <-, -nen> *f fem form von* **Böhme**

böhmisch *adj* Bohemian ▶ WENDUNGEN: **jdm ~ vorkommen** (*fam*) to seem odd to sb; *s. a.* **Dorf**

Bohne <-, -n> *f* bean; **dicke/grüne/rote/weiße/braune/schwarze ~n** broad/French [*or* runner]/kidney/haricot/brown/black beans; **blaue ~** purple runner bean; (*Kaffeebohne*) [coffee] bean; **blaue ~n** (*veraltet sl: Geschosse*) lead *no pl sl* ▶ WENDUNGEN: **~n in den Ohren haben** (*fam*) to be deaf *fam;* **nicht die ~!** (*fam*) not the slightest [*fam* little bit]; ***er versteht nicht die ~ von der Sache*** he doesn't have the slightest [*or* faintest] idea about this matter

Bohneneintopf *m* bean stew **Bohnenkaffee** *m* ❶ (*gemahlen*) real coffee ❷ (*ungemahlen*) unground coffee [beans *pl*] **Bohnenkraut** *nt kein pl* savory *no pl* **Bohnenschnitzler** *m* KOCHK bean slicing machine **Bohnenstange** *f* beanpole *also hum* **Bohnenstroh** *nt* ▶ WENDUNGEN: **dumm wie ~** (*fam*) as thick as two [short] planks *hum fam* **Bohnensuppe** *f* bean soup

Bohner <-s, -> *m*, **Bohnerbesen** *m* floor polisher
bohnern *vti* ■ [etw] ~ to polish [sth]
Bohnerwachs [-vaks] *nt* floor polish [*or* wax]
bohren **I.** *vt* ① (*Öffnung in etw machen*) **ein Loch [in etw** *akk*] ~ to bore a hole [in sth]; (*mit Bohrmaschine*) to drill a hole [in sth]; **einen Brunnen** ~ to sink a well ② (*mit dem Bohrer bearbeiten*) **Beton/Holz** ~ to drill concrete/wood ③ (*hineinstoßen*) ■**etw in etw** *akk* ~ to sink sth into sth; ***er bohrte ihm das Messer in den Bauch*** he plunged the knife into his stomach; *s. a.* **Grund II.** *vi* ① (*mit dem Bohrer arbeiten*) to drill ② (*stochern*) **[mit dem Finger] in der Nase** ~ to pick one's nose; **mit dem Finger im Ohr** ~ to poke one's finger in one's ear ③ *Zahnarzt* to drill ④ (*nach Bodenschätzen suchen*) ■**nach etw** *dat* ~ to drill for sth ⑤ (*fam: drängen*) ■**so lange ~, bis ...** to keep on asking [*or* keep on and on] until ...; ***sie bohrte so lange, bis ich ihr alles erzählte*** she kept on at me [*or* asking me] until I told her everything; ***er bohrte so lange, bis ihm seine Mutter ein Eis kaufte*** he kept pestering his mother until she bought him an ice cream ⑥ (*nagen*) ■**[in jdm]** ~ to gnaw at sb **III.** *vr* ■**sich** *akk* **in etw** *akk*/**durch etw** *akk* ~ to bore its way into/through sth; *Bohrer* to drill its way into/through sth
bohrend *adj* gnawing; **ein ~er Blick** a piercing look; **~e Fragen** *pl* probing questions *pl*
Bohrer <-s, -> *m* ① (*fam: Schlagbohrmaschine*) drill ② (*Handbohrer*) gimlet, auger ③ (*Zahnbohrer*) [dentist's] drill
Bohrfeld *nt* drilling field **Bohrinsel** *f* drilling rig; (*Öl a.*) oil rig **Bohrloch** *nt* ① (*das in das Gestein vorgetriebene Loch*) borehole ② (*gebohrtes Loch*) drill hole **Bohrmaschine** *f* drill[ing machine] **Bohrmuschel** *f* ZOOL (*Pholas*) rock borer, piddock **Bohrturm** *m* derrick
Bohrung <-, -en> *f* ① (*das Bohren*) drilling, boring (**nach** for) ② (*Bohrloch*) bore[hole]; **eine ~ niederbringen** to sink a borehole
böig **I.** *adj* gusty; **~es Wetter** windy [*or fam* blowy] weather **II.** *adv* **~ auffrischender Westwind** a freshening westerly
Boiler <-s, -> *m* hot-water tank; **den ~ anstellen** to turn on the water-heater
Boje <-, -n> *f* buoy
Bolero <-s, -s> *m* ① MUS (*a. Tanz*) bolero ② (*Kleidungsstück*) bolero
Bol-Form *f* KOCHK pudding steamer
Bolivianer(in) <-s, -> *m(f)* Bolivian; *s. a.* **Deutsche(r)**
bolivianisch *adj* Bolivian; *s. a.* **deutsch**
Bolivien <-s> *nt* Bolivia; *s. a.* **Deutschland**
Bolivier(in) <-s, -> *m(f) s.* **Bolivianer**
bolivisch *adj s.* **bolivianisch**
Böller <-s, -> *m* ① MIL saluting gun ② (*fam: Feuerwerkskörper*) firework, banger BRIT, firecracker AM
bollern *vi* DIAL ***der Wagen bollerte über die Straße*** the cart rolled loudly down the street; ***er bollerte mit der Faust gegen die Tür*** he banged on the door with his fist
böllern *vi* to fire a saluting gun; ***an Silvester wird die ganze Nacht geböllert*** fireworks are let off right through the night on New Years Eve
BöllerschussRR *m* gun salute; **20 Böllerschüsse** a twenty gun salute
Bollwerk *nt* (*geh*) bulwark
Bolschewik(in) <-en, -en *o* -i> *m(f) s.* **Bolschewist**
Bolschewismus <-> *m kein pl* ■**der** ~ Bolshevism
Bolschewist(in) <-en, -en> *m(f)* Bolshevik, Bolshevist
bolschewistisch *adj* Bolshevist, Bolshevik *attr*
bolzen **I.** *vi* (*fam*) to kick about; **~ gehen** to go for a kick-about *fam* **II.** *vt* (*fam*) **den Ball ins Tor/an den Pfosten** ~ to hammer [*or* slam] the ball home/against the post
Bolzen <-s, -> *m* ① TECH pin; (*mit Gewinde*) bolt ② (*Geschoss der Armbrust*) bolt, quarrel
Bolzenschneider *m* bolt cutter[s *pl*]
Bombardement <-s, -s> [bɔmbardəˈmãː] *nt* ① MIL bombardment ② (*geh*) deluge (**von** of)
bombardieren* *vt* ① (*auf ein Ziel abwerfen*) ■**jdn/etw** ~ to bomb sb/sth; **etw mit Napalm** ~ to bomb sth with napalm, to napalm sth; **jdn/etw mit Granaten** ~ to shell sb/sth; ***die Stadt wurde heute Nacht ununterbrochen mit Granaten bombardiert*** the town was under continuous shelling [*or* was being shelled continuously] last night; ***die Demonstranten bombardierten die Polizei mit Eiern und Tomaten*** the demonstrators threw eggs and tomatoes at the police ② (*fam: überschütten*) ■**jdn mit etw** *dat* ~ to bombard sb with sth
Bombardierung <-, -en> *f* ① MIL bombing; ***Churchill gab den Befehl zur ~ Dresdens*** Churchill gave the command to bomb Dresden; (*mit Granaten*) bombardment ② (*fam*) bombardment
Bombast <-[e]s> *m kein pl* (*pej*) ① (*Schwulst*) bombast ② (*Pomp*) pomp
bombastisch *adj* (*pej*) ① (*schwülstig*) bombastic ② (*pompös*) pompous
Bombe <-, -n> *f* ① (*Spengkörper*) bomb; ■**die** ~ (*die A-Bombe*) the Bomb; **etw mit ~n belegen** to bomb sth; **wie eine ~ einschlagen** to come as a bombshell; **eine ~ legen** MIL to plant a bomb ② (*Geldbombe*) strongbox ③ SPORT (*sl: harter Schuss*) cracker *fam*, scorcher *fam* ▶ WENDUNGEN: **die ~ platzen lassen** to drop a/the/one's bombshell
Bombenabwurf *m* bomb release, bombing **Bombenangriff** *m*, **Bombenanschlag** *m* bomb strike [*or* attack] **Bombenattentat** *nt* bomb attack **Bombendrohung** *f* bomb scare **Bombenerfolg** *m* (*fam*) smash hit *fam* **bombenfest** *adv* (*fam*) extremely securely **Bombengeschäft** *nt* (*fam*) roaring business; **ein ~ [mit etw** *dat*] **machen** to do a roaring business [with [*or fam* in] sth] **Bombenleger** *m* (*fam: Terrorist*) bomber **bombensicher** **I.** *adj* ① MIL bombproof; **~er Unterstand** bombproof shelter, dugout ② (*fam*) sure; **ein ~er Tip** a dead cert *sl* **II.** *adv* **~ lagern/verbunkern** to place in a bombproof store/to store in a bombproof bunker **Bombensplitter** *m* shrapnel *no pl*, bomb splinter; ■**ein** ~ a piece of shrapnel **Bombenstimmung** *f kein pl* (*fam*) ■**in ~ sein** to be in a brilliant mood; ***auf der Party herrschte eine*** ~ the place was jumping **Bombenteppich** *m* hail of bombs; **etw mit einem [dichten] ~ belegen** to blanket-bomb sth **Bombentrichter** *m* bomb crater
Bomber <-s, -> *m* (*fam*) bomber
Bommel <-s *o* -, – *o* -n> *m o f* DIAL (*Troddel*) tassle
Bon <-s, -s> [bɔŋ, bõː] *m* ① (*Kassenzettel*) receipt ② (*Gutschein*) voucher
Bonbon <-s, -s> [bɔŋˈbɔŋ, bõˈbõː] *m o* ÖSTERR *nt* ① (*Süßigkeit*) sweet BRIT, candy AM ② (*etwas Besonderes*) treat
bonbonfarben, **bonbonfarbig** *adj* gaudy
BonboniereRR, **Bonbonniere** <-, -n> [bɔŋbɔˈnieːrə, bɔŋbɔˈniɛːrə] *f* box of chocolates, bonbonnière *dated*
bongen *vt* (*fam*) ■**etw** ~ to ring sth up; ■**[ist] gebongt!** (*sl*) right you are! *fam*
Bonität <-, -en> *f* financial standing, credit worthiness
Bonito <-s, -s> *m* KOCHK bonito
Bonmot <-s, -s> [bõˈmoː] *nt* (*geh*) bon mot

Bonn <-s> *nt* Bonn
Bonner *adj attr* Bonn
Bonner(in) <-s, -> *m(f)* inhabitant of Bonn
Bonsai <-[s], -s> *m* bonsai
Bonus <- *o* -ses, – *o* -se *o* Boni> *m* ① FIN bonus; ~ **bei Schadensfreiheit** no-claims bonus ② SCH, SPORT (*Punktvorteil*) bonus points *pl;* ■ **ein** ~ a bonus point
Bonze <-n, -n> *m* ① (*pej*) bigwig *fam,* big shot *fam* ② REL bonze
Boom <-s, -s> [bu:m] *m* ① ÖKON boom ② (*Hausse*) bull movement [*or* market]; (*starke Nachfrage*) rise
boomen ['bu:mən] *vi* ÖKON to [be on the] boom
Boot <-[e]s, -e> *nt* boat, tub *fam;* (*Segel~*) yacht; (*Ruder~*) [rowing] boat; ~ **fahren** to go boating ▸ WENDUNGEN: **alle in einem** [*o* **im gleichen**] ~ **sitzen** (*fam*) to be all in the same boat *fam*
Bootsbauer(in) <-s, -> *m(f)* boatbuilder **Bootsfahrt** *f* boat trip **Bootsflüchtling** *m* ■ ~**e** boat people **Bootshaus** *nt* boathouse **Bootslänge** *f* SPORT [boat's] length; ***sie gewannen mit einer*** ~ [***Vorsprung***] they won by a length **Bootsmann** <-leute> *m* NAUT bo[']sun, boatswain; MIL petty officer **Bootssteg** *m* landing-stage **Bootsverleih** *m* boat hire **Bootsverleiher(in)** *m(f)* boat hirer
Bor <-s> *nt kein pl* boron *no pl*
Borax <-[es]> *m kein pl* borax *no pl*
Bord¹ <-[e]s> *m* **an** ~ aboard, on board; **an** ~ **gehen/kommen** to board, to come/go aboard [*or* on board]; **über** ~ **gehen** to go overboard; **von** ~ **gehen** *Lotse* to leave the plane/ship; *Passagier a.* to disembark; **jdn/etw an** ~ **nehmen** to take sb/sth aboard [*or* on board]; **jdn/etw über** ~ **werfen** to throw sb/sth overboard, to jettison sth; **Mann über** ~**!** man overboard!; **frei an** ~ ÖKON free on board, f.o.b. ▸ WENDUNGEN: **etw über** ~ **werfen** to throw sth overboard [*or* to the [four] winds]
Bord² <-[e]s, -e> *nt* shelf
Bord³ <-[e]s, -e> *nt* SCHWEIZ (*Rand*) ledge; (*Böschung*) embankment
Bordbuch *nt* logbook **Bordcomputer** *m* RAUM, LUFT, NAUT onboard computer; AUTO trip computer, electronic navigator **bordeigen** *adj* onboard
Bordell <-s, -e> *nt* brothel
Bordellwirt(in) *m(f)* (*geh*) brothel-keeper
Bordellwirtin *f* (*geh*) *fem form von* **Bordellwirt** madam, bawd, brothel-keeper
Bordfunk *m* NAUT [ship's] radio; LUFT [aircraft] radio equipment **Bordkarte** *f* boarding card [*or* pass] **Bordpersonal** *nt kein pl* crew *no pl*
Bordstein *m* kerb BRIT, curb AM ▸ WENDUNGEN: **den** ~ **mitnehmen** (*fam*) to hit the kerb [*or* AM curb]
Bordsteinkante *f* kerb BRIT, curb AM
Bordüre <-, -n> *f* border
Bordwaffen *pl* MIL aircraft armaments *pl* **Bordwand** *f* NAUT ship's side [*or* wall]; LUFT side of the aircraft; AUTO dropside BRIT, sideboard AM
borgen *vt* ① (*sich leihen*) ■ [**sich** *dat*] **etw** [**von jdm**] ~ to borrow sth [from sb] ② (*leihen*) ■ **jdm etw** ~ to lend [*or* loan] sb sth [*or* sth to sb]
Borke <-, -n> *f* ① BOT bark ② MED NORDD scab
Borkenkäfer *m* bark beetle **Borkenkrepp** *m* [*spec* tree bark] crepe
Borlotti-Bohne *f* borlotti bean
Born <-[e]s, -e> *m* ① (*liter: Quelle*) spring ② (*geh: Ursprung, Quelle*) fund, fountain, fount *liter*
Borneopfeffer *m* sarawak
borniert *adj* (*pej*) bigoted, narrow-minded
Borreliose <-, -n> *f* MED Lyme disease, borreliosis *spec*
Borretsch <-[e]s> *m kein pl* borage
Borsalbe *f* boric acid ointment
Borschkohl *m* DIAL *s.* **Wirsing**

Börse <-, -n> *f* ① (*Wertpapierhandel*) stock market; (*Gebäude*) stock exchange; **an die** ~ **gehen** to go public; **an der** ~ [**gehandelt**] [traded [*or* listed]] on the exchange; **an der** ~ **notiert werden** to be quoted on the stock exchange; **an der** ~ **spekulieren** to speculate on the stock exchange, to play the stock market, to dabble in stocks *fam* ② (*veraltend: Geldbörse*) purse; (*für Männer*) wallet
Börsenbeginn *m kein pl* opening of the stock market; **bei** ~ at the start of trading, when the market opens/opened **Börsenbericht** *m* market [*or* stock exchange] report **Börseneinführung** *f* admission to official listing **Börseneröffnung** *f* opening of the stock market **Börsengang** *m* stock market flotation, going public *no pl;* **den** ~ **vorbereiten** to prepare to go public **Börsengeschäft** *nt* stock market transaction **Börsenkrach** *m* collapse of the stock market, [stock market] crash **Börsenkurs** *m* market price [*or* rate], stock exchange price [*or* quotation]; **letzter** ~ final quotation **Börsenmakler(in)** *m(f)* stockbroker **börsennotiert** *adj inv* FIN *Firma* listed [*or* quoted] [on the stock exchange] **Börsennotierung** *f* stock market listing, quotation; **letzte** ~ last price **Börsenplatz** *m* stock exchange, exchange centre [*or* AM -er] **Börsenschluss**^RR *m kein pl* close of the stock exchange, final hour of trading; **bei** ~ at the close of trading, when the market closes/closed **Börsenspekulant(in)** *m(f)* speculator [on the stock market], BRIT *a.* stockjobber *fam* **Börsenspekulation** *f* speculation on the stock market [*or* exhange], BRIT *a.* stockjobbing *no pl, no art fam* **Börsenspiel** *nt* BÖRSE agiotage **Börsenstart** *m* BÖRSE stockmarket flotation [of an enterprise] **Börsentermingeschäft** *nt* trading in futures **Börsentipp**^RR *m* market [*or* stock] tip
Börsianer(in) <-s, -> *m(f)* (*fam*) ① (*Börsenmakler*) broker ② (*Spekulant an der Börse*) speculator; **gewiefter** ~ wolf *sl*
Borste <-, -n> *f* ① (*dickes Haar*) bristle, seta *spec* ② (*Bürstenhaar*) bristle ③ *pl* (*hum fam: Kopf- o Barthaare*) bristles, bristly hair
Borstenvieh *nt* (*hum fam*) pigs *pl,* swine *pl*
borstig *adj* bristly, setaceous *spec*
Borte <-, -n> *f* border, edging, trimming
Borwasser *nt kein pl* boric acid solution
bös *adj s.* **böse**
bösartig *adj* ① (*tückisch*) malicious; **ein** ~**es Tier** a vicious animal ② MED (*maligne*) malignant; **eine** ~**e Krankheit** a pernicious disease
Bösartigkeit <-> *f kein pl* ① (*Tücke*) maliciousness; *eines Tiers* viciousness ② MED malignancy
Böschung <-, -en> *f* embankment; *eines Flusses, einer Straße a.* bank
böse I. *adj* ① (*sittlich schlecht*) bad; (*stärker*) evil, wicked; ~ **Absicht**/~**r Wille** malice; **etw mit** ~**r Absicht tun** to do sth with evil intent; ***das war keine*** ~ ***Absicht!*** no harm intended!; ***er wittert hinter jedem Vorfall eine*** ~ ***Absicht*** he suspects malice behind every incident; **die** ~ **Fee** the Wicked Fairy; **jdm B~s tun** to cause [*or* do] sb harm; ***er will dir doch nichts B~s*** he doesn't mean you any harm; ***pass auf, er will dir B~s!*** watch out, he's out to get your blood [*or fam* to get you]; ***er könnte niemandem B~s tun*** he could never hurt a fly ② *attr* (*unangenehm, übel*) bad; ~**s Blut machen** [*o* **schaffen**] to cause bad blood; **ein** ~**s Ende nehmen** (*geh*) to end in disaster; **es wird ein** ~**s Erwachen geben** sb is going to have a rude awakening [*or* to have [*or* get] a nasty shock]; ~ **Folgen** [*o* **Konsequenzen**] **haben** to have dire consequences; **eine** ~ **Geschichte** [*o* **Angelegenheit**] a nasty affair [*or* business]; **jdm einen** ~**n Streich spielen** to play a nasty [*or* mean] trick on sb; **ein** ~**r**

Traum a bad dream; **eine ~ Überraschung erleben** to have an unpleasant [*or* a nasty] surprise; **~ Zeiten** bad [*or* hard] times; **ein ~r Zufall** a terrible coincidence; **nichts B~s ahnen** to not suspect anything is [*or* expect anything to be] wrong, to be unsuspecting; **nichts B~s daran** [*o* **dabei**] **finden, etw zu tun/wenn...** to not see any harm [*or* anything wrong] in doing sth/in it if ...; ***mir schwant B~s*** I don't like the look of this; ***er dachte an nichts B~s, als ...*** (*a. hum*) he was minding his own business when ... *a. hum* ❸ (*verärgert*) angry, cross; **ein ~s Gesicht/~r Gesichtsausdruck** a scowl; **ein ~s Gesicht/einen ~n Gesichtsausdruck machen** to scowl, to glower; **~ sein/werden** to be/get [*or* become] angry [*or* cross]; (*stärker*) to be/get furious [*or fam* mad]; ***sie wird leicht ~*** she angers [*or* gets angry] easily; **auf jdn/mit jdm ~ sein, jdm ~ sein** to be angry [*or* cross] with sb; ***sei [mir] bitte nicht ~, aber ...*** please don't be cross [*or* angry] [with me], but ...; **zum B~n ausschlagen** (*geh*) to have bad [*or* negative] consequences; **im B~n auseinander gehen, sich *akk* im B~n trennen** to part on bad terms; **sich *akk* zum B~n wenden** to take an unpleasant [*or* a nasty] turn ❹ (*fam: unartig*) naughty, bad ❺ (*gefährlich, schlimm*) bad, nasty; **ein ~r Husten/Sturz** a bad [*or* nasty] cough/fall; **eine ~ Krankheit** a serious illness; **ein ~er Unfall** (*fam*) a terrible accident; (*fam: schmerzend, entzündet*) bad, sore; **ein ~r Finger** a sore finger ▸ WENDUNGEN: **den ~n Blick haben** to have the evil eye; **B~s im Schilde führen** to be up to no good **II.** *adv* ❶ (*übelwollend*) evilly; **~ gucken/lächeln** to give an evil look/smile; ***das habe ich nicht ~ gemeint*** I meant no [*or* didn't mean any] harm, no harm intended ❷ (*fam: sehr*) badly; **sich *akk* ~ irren** to make a serious mistake; **jdn ~ mitnehmen** to hit sb hard; **jdn ~ reinlegen** to drop sb in it *fam* ❸ (*schlimm, übel*) badly; ***er ist ~ gefallen*** he had a nasty fall; **~ ausgehen** to end in disaster, to turn out badly; ***das wird ~ ausgehen!*** that'll end in disaster! [*or* turn out badly!]; **~ dran sein** to be in a bad way; **~ [für jdn] aussehen** to look bad [for sb]; ***es sieht ~ aus für dich*** things're looking bad for you

Böse(r) *f(m) dekl wie adj* ❶ (*Bösewicht*) villain, baddy BRIT *fam*, bad guy AM ❷ (*geh: Teufel*) ■**der ~** the Devil

Bösewicht <-[e]s, -er *o* -e> *m* ❶ (*hum fam: Wicht*) little devil *fam* ❷ (*veraltend o hum: Schurke*) villain

boshaft **I.** *adj* (*übel wollend*) malicious, nasty **II.** *adv* **~ grinsen/lächeln** to give an evil grin/smile

Bosheit <-, -en> *f* malice *no pl*, nastiness *no pl*; (*Bemerkung*) nasty [*or* malicious] remark; **aus [lauter] ~** out of [pure] malice, for [purely] malicious reasons

Boskop <-s, -> *m* russet

Bosnien <-s> *nt* Bosnia; *s. a.* **Deutschland**

Bosnien-Herzegowina <-~-s> *nt*, **Bosnien und Herzegowina** <-s> *nt* ÖSTERR Bosnia-Herzegovina

Bosnier(in) <-s, -> *m(f)* Bosnian; *s. a.* **Deutsche(r)**

bosnisch *adj* Bosnian

bosnisch-herzegowinisch *adj* Bosnian; *s. a.* **deutsch**

BossRR <-es, -e> *m*, **Boß** <-sses, -sse> *m* (*fam*) boss *fam*

böswillig **I.** *adj* malicious, malevolent; JUR wilful BRIT, willful AM; **in ~er Absicht** with malicious intent [*or* AM *a.* prepense] [*or* AM *form a.* aforethought]; **~es Verlassen** wilful desertion **II.** *adv* maliciously, malevolently; ***es geschah nicht ~!*** no harm intended!

Böswilligkeit <-> *f kein pl* malice *no pl*, malevolence *no pl*; **aus [lauter] ~** out of pure malice [*or* malevolence], for purely malicious [*or* malevolent] reasons

bot *imp von* **bieten**

Botanik <-> *f kein pl* botany *no pl*

Botaniker(in) <-s, -> *m(f)* botanist

botanisch *adj* botanical; **~er Garten** Botanical Gardens *pl*

Botanisiertrommel *f* [botanist's] specimen box

Bote, Botin <-n, -n> *m, f* ❶ (*Kurier*) courier; (*mit Nachricht*) messenger; (*Zeitungs~*) paperboy *masc*, papergirl *fem*; (*Laufbursche*) errand boy; *bes* SÜDD (*Post~*) postman ❷ (*geh: Anzeichen*) herald, harbinger *liter*

Botendienst *m* messenger service; **~e** [*o* **verrichten**] **[für jdn] leisten** *pl* to carry messages [for sb] **Botengang** <-gänge> *m* errand; **einen ~ [für jdn] machen** [*o* **erledigen**] to run an errand [for sb] **Botenstoff** *m* BIOL chemical messenger

Botin <-, -nen> *f fem form von* **Bote**

Botschaft[1] <-, -en> *f* ❶ (*Nachricht*) news *no pl*, *no indef art*; **freudige ~** good news, glad tidings *old or hum*; ***hast du schon die freudige ~ gehört?*** have you heard the good news yet?; ***ich habe eine freudige ~ für dich*** I've got [some] good [*or* happy] news for you; **eine ~ erhalten** to receive a message [*or* a piece of news]; **jdm eine ~ hinterlassen** to leave sb a message [*or* a message for sb]; (*offizielle Nachricht*) communication; **die Frohe ~** REL the Gospel ❷ (*ideologische Aussage*) message

Botschaft[2] <-, -en> *f* (*Gesandtschaft*) embassy; **eine ~ errichten** to create [*or* establish] an embassy; (*Gebäude*) embassy [building]

Botschafter(in) <-s, -> *m(f)* ambassador

Botschaftsflüchtling *m sb seeking political asylum in an embassy building*

Botsuana <-s> *nt*, **Botswana** <-s> *nt* SCHWEIZ Botswana; *s. a.* **Deutschland**

Botsuaner(in) <-s, -> *m(f)* Botswanan; *s. a.* **Deutsche(r)**

botsuanisch *adj* BRD, ÖSTERR, **botswanisch** *adj* SCHWEIZ Botswanan; *s. a.* **deutsch**

Bott <-[e]s, -e> *nt* SCHWEIZ general meeting

Böttcher(in) <-s, -> *m(f)* cooper

Bottich <-[e]s, -e> *m* tub; (*für Wäsche*) washtub

Bouclé[1] <-s, -s> [bu'kle:] *nt* (*Garn*) bouclé yarn

Bouclé[2] <-s, -s> [bu'kle:] *m* (*Gewebe*) bouclé [fabric]

Boudoir <-s, -s> [bu'doa:ɐ̯] *nt* (*veraltet geh*) boudoir *a. hum*

Bouillon <-, -s> [bʊl'jɔŋ, bʊl'jõ:] *f* [beef] bouillon; (*Restaurant*) consommé

Bouillonwürfel *m* bouillon [*or* stock] cube

Boulevard <-s, -s> [bulə'va:ɐ] *m* boulevard

Boulevardblatt *nt* (*fam*) tabloid **Boulevardpresse** *f* (*fam*) yellow [*or pej* gutter] press **Boulevardtheater** *nt* light theatre [*or* AM -er] **Boulevardzeitung** *f* tabloid

Bourgeois <-, -> [bʊr'ʒoa(s)] *m* (*geh*) bourgeois

Bourgeoisie <-, -n> [bʊrʒoa'zi:, 'zi:ən] *f* (*veraltend geh*) bourgeoisie

Boutique <-, -n> [bʊ'ti:k] *f* boutique

Bovist <-s, -e> *m* BOT puffball, bovista *spec*

Bowle <-, -n> ['bo:lə] *f* ❶ (*Getränk*) punch *no pl*; **eine ~ ansetzen** [*o* **machen**] to prepare [a/some] punch ❷ (*Schüssel*) punchbowl

Bowling <-s, -s> ['bo:lɪŋ] *nt* [tenpin] bowling *no pl*, *no art*; **zum ~ gehen** to go bowling

Bowlingkugel *f* bowling ball

Box <-, -en> *f* ❶ (*Behälter*) box ❷ (*fam: Lautsprecher*) loudspeaker; (*Musikbox*) jukebox, juke *fam* ❸ (*abgeteilter Raum*) compartment; (*Stand im Stall*) box [stall] ❹ (*für Rennwagen*) pit

boxen **I.** *vi* to box; **um die Meisterschaft ~** to box for the championship; ***es wird um den Titel geboxt*** it's a title fight; ■**gegen jdn ~** to fight sb **II.** *vt* ❶ (*schla-*

gen) ■**jdn** ~ to punch sb ② SPORT *(sl: antreten gegen)* ■**jdn** ~ to fight [against] sb ③ *(hinein-/hinausmanövrieren)* ■**jdn/etw** ~ to push [*or* force] sb/sth **III.** *vr* ① *(fam: sich schlagen)* ■**sich** *akk* **mit jdm** ~ to have a punch-up BRIT *fam* [*or* AM fist fight] with sb; ***hört auf, euch zu ~!*** stop fighting! ② *(fam: sich einen Weg bahnen)* **sich** *akk* **nach vorne/durchs Leben** ~ to fight one's way forward/through life

Boxen <-s> *nt kein pl* boxing *no art*

Boxer(in) <-s, -> *m(f)* boxer

Boxermotor *m* AUTO opposed cylinder [*or* flat] engine **Boxernase** *f* boxer's nose **Boxer-Shorts, Boxershorts** [-ʃoːɐts, -ʃɔrts] *pl* boxer shorts *npl*

Boxhandschuh *m* boxing glove **Boxkampf** *m* ① *(Einzelkampf)* bout, boxing match ② *(Boxen)* boxing, *no art* **Boxring** *m* [boxing] ring **Boxsport** *m* sport of boxing, boxing *no art* **Boxverein** *m* boxing club

Boy <-s, -s> [bɔɪ] *m* ① *(Liftboy)* bellboy, AM *a.* bellhop ② *(sl: junger Kerl)* boy, lad

Boykott <-[e]s, -e *o* -s> [bɔɪ'kɔt] *m* boycott

boykottieren* [bɔɪkɔ'tiːrən] *vt* ■**etw** ~ to boycott sth

brabbeln **I.** *vt (fam)* ■**etw** ~ to mumble sth **II.** *vi (fam)* to mumble; **ein ~der Säugling** a gurgling baby

brach *imp von* **brechen**

Brachfeld *nt* fallow field

Brachialgewalt *f kein pl* brute force; **mit** ~ with brute force [*hum* and ignorance]; **mit ~ vorgehen** to use brute force

Brachland *nt* fallow [land] **brach|legen** *vt* **ein Feld** ~ to leave a field fallow **brach|liegen** *vi irreg* ① *(unbebaut sein)* to lie fallow ② *(ungenutzt sein)* to be left unexploited; **etw ~ lassen** to leave sth unexploited

Brachsen <-s, -> *m* ZOOL, KOCHK *(Abramis brama)* [common] bream

brachte *imp von* **bringen**

Brachvogel *m* curlew

brackig *adj* brackish

Brackwasser *nt* brackish water

Brahmane <-n, -n> *m* Brahman, Brahmin

brahmanisch *adj* Brahman *attr,* Brahmanic

BraindrainRR <-s> [breɪn'dreɪn] *m kein pl* brain drain *no pl*

Brainstorming <-s> ['breɪnstɔːmɪŋ] *nt kein pl* brainstorming session

braisieren *vt* KOCHK to braise

Branche <-, -n> ['brãːʃə] *f* ① *(Wirtschaftszweig)* line of business ② *(Tätigkeitsbereich)* field

BranchenadressbuchRR *nt* classified [*or* trade] directory **Branchenbuch** *nt (Branchenverzeichnis)* classified [*or* trade] directory, ≈ Yellow Pages **Branchenerfahrung** *f* experience in the trade [*or* industry] **branchenfremd** *adj* inexperienced in [*or* foreign to] the trade [*or* industry] *pred* **Branchenführer** *m* market leader **Branchenkenner(in)** *m(f)* ***er ist [ein]*** ~ he knows the trade [*or* industry] **Branchenkenntnis** *f* knowledge of the trade [*or* industry]; ■**~se** *pl* tricks *pl* of the trade **branchenkundig** *adj* well-versed in the trade [*or* industry] *pred* **Branchenriese** *m* ÖKON *(fam)* industrial giant **branchentypisch** *adj* typical of the trade [*or* industry] *pred* **branchenüblich** *adj* customary, usual in the trade [*or* industry] *pred* **branchenunüblich** *adj* not usual in the trade [*or* industry] *pred* **Branchenverzeichnis** *nt* classified [*or* trade] directory, yellow pages *pl*

Brand <-[e]s, Brände> *m* ① *(Feuer)* fire; **in ~ geraten** to catch fire, to burst into flames; **einen ~ legen** to start a fire; **einen ~ löschen** to extinguish [*or sep* put out] a fire; **etw in ~ stecken** to set sth alight; **ein Gebäude in ~ stecken** to set a building on fire, to set fire to a building ② *von Keramik, Porzellan, Ziegel* ■**der** ~ firing ③ *(fam: großer Durst)* raging thirst; **einen ~ haben** *(fam)* to be parched; **seinen ~ löschen** *(fam)* to cool one's raging thirst ④ MED gangrene, *no art, no pl* ⑤ BOT blight, smut

brandaktuell *adj (fam)* highly topical; **ein ~es Buch** a book hot off the press; **eine ~e CD/Schallplatte** a very recent CD/record; **ein ~es Thema/eine ~e Frage** a red-hot subject/issue *fam*

Brandanschlag *m* arson attack **Brandbinde** *f* bandage for burns **Brandblase** *f* burn blister **Brandbombe** *f* incendiary bomb [*or* device] **Brandbrief** *m* urgent reminder

brandeilig *adj (fam)* extremely urgent

branden *vi* ■**an etw** *akk*/**gegen etw** *akk* ~ to break against sth

Brandenburg <-s> *nt* Brandenburg

Brandente *f* ORN *(Tadorna tadorna)* shelduck **Brandfleck** *m* burn [mark] **Brandgefahr** *f* fire risk, danger of fire **Brandgeruch** *m* smell of burning **Brandherd** *m* source of the fire

brandig *adj* ① *(bei Feuer)* burnt *attr;* **~ riechen** to smell of burning ② BOT blighted, smutted ③ MED gangrenous

Brandkatastrophe *f* conflagration, fire disaster **Brandleger(in)** <-s, -> *m(f) bes* ÖSTERR *(Brandstifter)* arsonist **Brandloch** *nt* burn[t] hole; **in etw** *akk* **ein ~ machen** to burn a hole in sth **brandmager** *adj* SCHWEIZ extremely thin, skinny *fam* **Brandmal** <-s, -e> *nt (geh)* brand **brandmarken** *vt* ① *(fig: anprangern)* ■**jdn/etw [als etw** *akk***]** ~ to brand sb/sth [as] sth, to denounce sb/sth [as sth] ② HIST *(mit Brandzeichen versehen)* ■**jdn [als etw** *akk***]** ~ to brand [*or* stigmatize] sb [as sth] **Brandmauer** *f* fire[proof] wall **Brandmeister(in)** *m(f)* head firefighter **brandneu** *adj (fam)* brand new **Brandopfer** *nt* ① *(Opfer eines Brandes)* victim of a/the fire ② REL burnt offering; *(Mensch)* burnt sacrifice **Brandrede** *f* inflammatory speech **Brandrodung** *f* slash-and-burn *no art* **Brandsalbe** *f* burn ointment, ointment for burns [*or* scalds] **Brandschaden** *m* fire damage *no pl*

brandschatzen *vt* ■**etw** ~ to sack [*or* pillage] sth

Brandstelle *f* ① *(Ort des Brandes)* fire ② *(verbrannte Stelle)* burnt patch **Brandstifter(in)** *m(f)* arsonist **Brandstiftung** *f* arson *no pl* **Brandteig** *m* KOCHK chou[x] pastry

Brandung <-, -en> *f* surf, breakers *pl*

Brandursache *f* cause of the fire **Brandwache** *f* ① *(Überwachung der Brandstelle)* firewatch ② *(Posten an der Brandstelle)* firewatch team ③ SCHWEIZ *(Feuerwehr)* fire brigade **Brandwunde** *f* burn **Brandzeichen** *nt* brand

brannte *imp von* **brennen**

Branntwein *m (geh)* spirits, pl

Branntweinessig *m* spirit vinegar **Branntweinsteuer** *f* tax on spirits

Brasilianer(in) <-s, -> *m(f)* Brazilian; *s. a.* **Deutsche(r)**

brasilianisch *adj* Brasilian; *s. a.* **deutsch**

Brasilien <-s> [-liən] *nt* Brazil; *s. a.* **Deutschland**

BrasilnussRR *f* BOT *(Berthollotia excelsa)* Brazil nut

Brassen <-, -> *m s.* **Brachsen**

Brät <-s> *nt kein pl* DIAL *(fachspr)* sausage meat

Bratapfel *m* baked apple **Bratbeutel** *m s.* **Backbeutel**

braten <brät, briet, gebraten> **I.** *vt* ■**etw** ~ *(in der Pfanne garen)* to fry sth; ■**[sich** *dat***] etw** ~ to fry [oneself] sth; *(am Spieß garen)* to roast sth [on a spit]; **etw knusprig [*o* kross]** ~ to fry/roast sth until crisp **II.** *vi* ① *(in der Pfanne garen)* to fry ② *(fam: schmo-*

ren) [**in der Sonne**] ~, **sich** *akk* ~ **lassen** to roast [in the sun] *fam*

Braten <-s, -> *m* joint, roast [meat *no pl, no art*]; **kalter** ~ cold meat ▶ WENDUNGEN: **ein fetter** ~ (*fam*) a prize [*or* good] catch; **den** ~ **riechen** (*fam*) to smell a rat *fam*

Bratenfett *nt* dripping *no pl* **Bratengabel** *f* carving fork **Bratensoße** *f* gravy **Bratenthermometer** *nt* meat thermometer **Bratenwender** <-s, -> *m* roasting jack, turnspit

Bräter <-s, -> *m* KOCHK roasting pan [*or* dish]

Bratfett *nt* cooking fat **Bratfisch** *m* ❶ (*zum Braten bestimmter Fisch*) fish for frying ❷ (*gebratener Fisch*) fried fish **Brathähnchen** *nt*, **Brathendl** <-s, -[n]> *nt* ÖSTERR, SÜDD grilled chicken **Brathering** *m* fried herring **Brathuhn** *nt* roast chicken **Bratkartoffeln** *pl* fried potatoes *pl*, sauté *pl* potatoes **Bratkartoffelverhältnis** *nt* (*pej fam*) meal ticket *pej fam*; ***er hat ein ~ mit ihr*** she is his meal ticket **Bratpfanne** *f* frying-pan **Bratröhre** *f* DIAL oven **Bratrost** *m* grill

Bratsche <-, -n> *f* viola

Bratschist(in) <-en, -en> *m(f)* violist, viola player

Bratspieß *m* spit **Bratwurst** *f* ❶ (*zum Braten bestimmte Wurst*) [frying] sausage, bratwurst ❷ (*gebratene Wurst*) [fried] sausage, bratwurst

Brauch <-[e]s, Bräuche> *m* custom, tradition; ***so will es der ~*** that's the custom [*or* tradition]; **nach altem** ~ according to custom [*or* tradition]; [**bei jdm so**] ~ **sein** to be customary [*or* tradition[al]] [*or* the custom] [with sb]

brauchbar *adj* ❶ (*geeignet*) suitable; [**beschränkt/nicht**] ~ **sein** to be of [limited/no] use; ***mein Schirm ist zwar alt, aber noch ganz ~*** my umbrella is old but it still serves its purpose [*or* it'll still do the trick] ❷ (*ordentlich*) useful; **ein ~er Plan** a viable plan; **ein ~er Mitarbeiter** a useful worker *fam*

brauchen I. *vt* ❶ (*nötig haben*) ■**jdn/etw** [**für/zu etw**] ~ to need sb/sth [for sth/to do sth]; ***wozu brauchst du das?*** what do you need that for?; ***ich kann dich jetzt nicht ~*** (*fam*) I haven't got time for you right now ❷ (*an Zeit benötigen*) **Zeit/eine Stunde** [**für etw**] ~ to need time/an hour [for sth]; ***ich brauche bis zum Bahnhof etwa eine Stunde*** I need about an hour [*or* it takes me about an hour] to get to the station; ***alles braucht seine Zeit*** everything takes time, Rome wasn't built in a day *prov* ❸ DIAL (*fam: gebrauchen*) ■**etw** ~ to need sth; ***kannst du die Dinge ~?*** can you find a use for these?; ***das könnte ich jetzt gut ~*** I could do with that right now; ***ich kann diese Leute nicht ~!*** I don't need [*or* I can do without] these people! ❹ (*fam: verbrauchen*) ■**etw** ~ to use sth II. *vb aux modal* (*müssen*) ■**etw** [*geh* **zu**] **tun** ~ to need to do sth; ■**etw nicht** [**zu**] **tun** ~ to not need to do sth, to need not do sth; ***Astrid braucht nächste Woche nicht zu arbeiten*** Astrid doesn't need to work next week; ***du hättest doch nur etwas [zu] sagen ~*** you need only have said something, you only needed to say something; ***der Rasen braucht noch nicht gemäht [zu] werden*** the lawn doesn't need mowing yet [*or* needn't be mown yet] III. *vt impers* SCHWEIZ, SÜDD ■**es braucht etw** sth is needed; ***es braucht noch ein bisschen Salz*** a little more salt is needed, you need a little bit more salt; ■**es braucht jdn/etw, um etw zu tun** sb/sth is needed to do sth

Brauchtum <-[e]s, *selten* -tümer> *nt* customs *pl*, traditions, pl; **ein altes** ~ a tradition

Brauchwasser *nt* (*fachspr*) industrial [*or* service] water

Braue <-, -n> *f* [eye]brow, supercilium *spec*; **zusammengewachsene ~n** eyebrows joined in the middle; *s. a.* **Augenbraue**

brauen *vt* ❶ **Bier** ~ to brew beer ❷ (*fam: zubereiten*) [**jdm/sich**] **einen Kaffee** ~ to make [sb/oneself] [a/some] coffee; **einen Zaubertrank** ~ to concoct a magic potion

Brauer(in) <-s, -> *m(f)* brewer

Brauerei <-, -en> *f* ❶ (*Braubetrieb*) brewery ❷ *kein pl* (*das Brauen*) ■**die** ~ brewing *no pl*

Brauereiabwässer *pl* effluent from breweries

Brauerin <-, -nen> *f fem form von* **Brauer**

Brauhaus *nt* [privately-owned] brewery **Braumeister(in)** *m(f)* master brewer

braun I. *adj* ❶ (*Farbe*) brown; (*brünett*) brown, brunet[te]; (*von der Sonne*) [sun-]tanned; ■~ **werden** to become brown [*or* [sun-]tanned] ❷ (*pej: nationalsozialistisch*) Nazist[ic], Nazi *attr;* ■**die B~en** *pl* the Brownshirts *pl* II. *adv* ~ **gebrannt** [sun-]tanned; **etw** ~ **färben/lackieren** to dye/paint sth brown

Braun <-s, -> *nt* brown [colour [*or* AM -or]]; ■**in** ~ in brown

braunäugig *adj* brown-eyed **Braunbär** *m* brown bear

Bräune <-> *f kein pl* [sun]tan

bräunen I. *vt* ❶ (*braun werden lassen*) ■**jdn/etw** ~ to tan sb/sth ❷ KOCHK ■**etw** ~ to brown sth II. *vi* ❶ (*braun werden*) ■[**in der Sonne**] ~ to go brown [*or* tan] [in the sun]; (*von Sonne, UV-Strahlung*) to tan ❷ KOCHK to turn brown; ■**etw** ~ **lassen** to brown sth III. *vr* ■**sich** *akk* ~ (*sich sonnen*) to get a tan; (*braun werden*) to go brown

braungebrannt *adj s.* **braun** II **braunhaarig** *adj* brown-haired; (*Frau*) brunet[te] **Braunkohle** *f* brown coal, lignite **Braunkohlekraftwerk** *nt* brown coal fired power station

bräunlich *adj* brownish

Braunreis *m s.* **Naturreis**

Braunschweig <-s> *nt* Brunswick

Bräunung <-, -en> *f* bronzing *no pl, no indef art;* **eine tiefe** ~ **der Haut** a deep [sun]tan

Bräunungscreme [-kre:m] *f* tanning cream

Braunwurz <-> *f kein pl* BOT (*Scrophularia*) figwort

Braus *m s.* **Saus**

Brause <-, -n> *f* ❶ DIAL (*veraltend: Dusche*) shower; **sich** *akk* **unter die** ~ **stellen** to take [*or* have] a shower; (*Handbrause*) [hand] shower ❷ (*Aufsatz von Gießkannen*) spray [attachment], sprinkler ❸ (*veraltend fam: Limonade*) lemonade; (*Brausepulver*) sherbet powder

brausen *vi* ❶ *haben* (*tosen*) to roar [*or* thunder]; (*von Wind, Sturm*) to howl; **~der Beifall** tumultuous applause ❷ *sein* (*fam: rasen, rennen, schnell fahren*) to storm; (*von Wagen*) to race

Brausepulver [-fɐ, -vɐ] *nt* effervescent powder; (*für Kinder*) sherbet powder **Brausetablette** *f* effervescent tablet

Braut <-, Bräute> *f* ❶ (*bei Hochzeit*) bride; ~ **Christi** bride of Christ ❷ (*veraltend: Verlobte*) fiancée, betrothed *old;* ***sie ist seine ~*** she is his fiancée, she is engaged [*or old* betrothed] to him ❸ (*veraltend sl: junge Frau, Freundin*) girl, BRIT *fam a.* bird

Brautente *f* wood duck **Brautführer** *m* bride's male attendant

Bräutigam <-s, -e> *m* ❶ (*bei Hochzeit*) [bride]groom ❷ (*veraltend: Verlobter*) fiancé, betrothed *old*

Brautjungfer *f* bridesmaid **Brautkleid** *nt* wedding dress **Brautkranz** *m* bridal wreath **Brautleute** *pl s.* **Brautpaar** **Brautmutter** *f* bride's mother **Brautpaar** *nt* ❶ (*bei Hochzeit*) bride and groom + *pl vb* ❷ (*veraltend: Verlobte*) engaged couple **Brautschau** *f* **auf** ~ **gehen,** ~ **halten** (*hum*) to go/be looking for a wife **Brautschleier** *m* bridal [*or* wedding] veil **Brautvater** *m* bride's father

brav **I.** *adj* ❶ (*folgsam*) well-behaved, good; ***sei schön ~!*** be a good boy/girl; ***komm her, sei ein ~er Hund!*** come here, there's a good dog!; ***bist du wieder nicht ~ gewesen?*** have you been bad again?; ~ [***gemacht***]! [there's a] good boy/girl! ❷ (*bieder*) plain ❸ (*rechtschaffen*) worthy, honest **II.** *adv* ❶ (*folgsam*) ***geh ~ spielen!*** be a good boy/girl, and go and play, go and play, there's a good boy/girl ❷ (*rechtschaffen*) worthily

bravo [-vo] *interj* well done, bravo *dated*

Bravoruf *m* cheer

Bravour <-> [bra'vuːɐ] *f kein pl* (*geh*) ❶ (*Meisterschaft*) brilliance *no pl,* bravura *no pl liter;* ■**mit ~** (*meisterlich*) with style; **eine Prüfung mit ~ bestehen** to pass an examination with flying colours [*or* AM -ors]; (*mit Elan*) with spirit ❷ (*Kühnheit*) gallantry

Bravourleistung *f* (*geh*) brilliant performance

bravourös **I.** *adj* ❶ (*meisterhaft*) brilliant, bravura *attr liter* ❷ (*kühn*) undaunted **II.** *adv* ❶ (*meisterhaft*) with brilliance ❷ (*kühn*) gallantly

Bravourstück *nt* (*geh*) ❶ (*Glanznummer*) brilliant feat ❷ MUS bravura

Bravur[RR] <-> *f kein pl* (*geh*) *s.* **Bravour**

bravurös[RR] *adj, adv s.* **bravourös**

BRD <-> *f Abk von* **Bundesrepublik Deutschland** FRG

Break <-s, -s> [breɪk] *m o nt* TENNIS break

Brechbohne *f* French [*or* string] bean **Brechdurchfall** *m* vomiting and diarrhoea [*or* AM diarrhea] *no art* **Brecheisen** *nt* crowbar

brechen <bricht, brach, gebrochen> **I.** *vt haben* ❶ (*zer~*) ■**etw ~** to break sth; *s. a.* **durchbrechen, zerbrechen** ❷ (*ab~*) ■**etw von etw** *dat* **~** to break sth off sth; **Zweige von den Bäumen ~** to break twigs off trees ❸ (*spaltend ab~*) **Schiefer/Stein/Marmor ~** to cut slate/stone/marble; (*im Steinbruch*) to quarry slate/stone/marble ❹ (*nicht* [*mehr*] *einhalten*) **eine Abmachung/einen Vertrag ~** to break [*or* violate] an agreement/a contract; **seinen Eid ~** to violate one's oath; **sein Schweigen ~** to break one's silence; **jdm die Treue ~** to break trust with sb ❺ (*übertreffen*) **einen Rekord ~** to break a record ❻ (*niederkämpfen*) ■**etw** [**durch etw** *akk*] **~** to overcome sth [with sth]; ■**jdn/etw** [**durch etw** *akk*] **~** to break sb/sth down [with sth] ❼ (*geh: pflücken*) ■**etw ~** to pick [*or liter* pluck] sth ❽ (*ablenken*) ■**etw ~** to refract sth; **einen Lichtstrahl ~** to refract a ray of light; (*abprallen lassen*) to break the force of sth; ***die Brandung wurde von den Buhnen gebrochen*** the groynes broke the force of the surf ❾ (*verletzen*) **sich** *dat* **den Arm/einen Knochen ~** to break one's arm/a bone; **jdm den Arm ~** to break sb's arm ❿ (*er~*) ■**etw ~** to vomit sth **II.** *vi* ❶ *sein* (*auseinander*) to break [apart]; **zum B~** [*o* **~d**] **voll sein** (*fam*) to be jam-packed *fam; s. a.* **Herz** ❷ *haben* (*Verbindung beenden*) ■**mit jdm/etw ~** to break with sb/sth; **eine Tradition ~** to break with [*or* away from] a tradition ❸ (*sich erbrechen*) to be sick, to throw up **III.** *vr haben* (*abgelenkt werden*) ■**sich** *akk* [**an etw** *dat*] **~** to break [against sth]; PHYS to be refracted [at sth]; (*von Ruf, Schall*) to rebound [off sth]

Brecher <-s, -> *m* breaker; **große/schwere ~** *pl* rollers *pl*

Brecherbse *f* sugar snap pea **Brechmittel** *nt* emetic [agent]; **das reinste ~** [**für jdn**] **sein** (*fam*) to make sb [want to] puke *sl* **Brechreiz** *m kein pl* nausea *no pl, no art* **Brechstange** *f* crowbar

Brechung <-, -en> *f* ❶ ■**die ~** (*von Wellen*) breaking; PHYS the diffraction; (*von Schall*) rebounding ❷ LING mutation *no art*

Bredouille <-, -n> [bre'dʊljə] *f* ▸ WENDUNGEN: **in die ~ geraten** [*o* **kommen**] to get into a scrape [*or* fix] [*or hum* pretty pickle] *fam;* **in der ~ sein** [*o* **sitzen**] to be in a scrape [*or* fix] [*or hum* pretty pickle] *fam*

Brei <-[e]s, -e> *m* ❶ (*dickflüssiges Nahrungsmittel*) mash *no pl,* pap *no pl* ❷ (*zähe Masse*) paste; ***die Lava ergoss sich als rot glühender ~ den Vulkanhang hinunter*** the red-hot lava flowed sluggishly down the side of the volcano; **jdn zu ~ schlagen** (*fam*) to beat sb to a pulp *fam;* **jdm ~ ums Maul schmieren** to soft-soap [*or* sweet-talk] sb *fam;* **um den** [**heißen**] **~ herumreden** to beat about the bush *fam*

breiig *adj* pulpy, mushy; **eine ~e Konsistenz** a viscous [*or* thick] consistency; **~e Lava** viscous [*or* sluggish] lava; **eine ~e Masse** a paste

breit **I.** *adj* ❶ (*flächig ausgedehnt*) wide; **eine ~e Nase** a flattened nose; **~e Schultern haben** to have broad shoulders; **ein ~er Kerl** a hefty bloke [*or* AM guy]; **~e Buchstaben** TYPO expanded letters; **~e Schrift** TYPO padded [*or* sprawling] type; **etw ~**[**er**] **machen** to widen sth; **x cm ~ sein** to be x cm wide; ***ein 25 cm ~es Brett*** a 25-cm-wide plank, a plank 25 cm in width; *s. a.* **Bein** ❷ (*ausgedehnt*) wide; **ein ~es Publikum** a wide [*or* large] public; **die ~e Öffentlichkeit** the general public; **~e Zustimmung** wide[-ranging] approval ❸ (*gedehnt*) broad; *ein ~es Lachen* a hearty laugh ❹ (*stark ausgeprägt*) **ein ~er Dialekt** a broad dialect ❺ DIAL (*sl: betrunken*) smashed *sl* **II.** *adv* ❶ (*flach*) flat ❷ (*ausgedehnt*) **sich** *akk* **~ machen** to spread oneself [out] (**auf** +*dat* on); (*sich ausbreiten*) to spread; (*sich verbreiten*) to pervade; ***mach dich doch nicht so ~!*** don't take up so much room; ***ihr Exfreund hat sich in ihrer Wohnung ~ gemacht*** her ex treats her flat as if it were his; ***bei euch scheinen sich einige Vorurteile ~ gemacht zu haben*** you seem to have adopted some prejudices ❸ (*umfangreich*) **~ gebaut** strongly [*or* sturdily] built; ***sie ist in den Hüften ~ gebaut*** she's broad in the beam *hum fam;* **sich** *akk* **~ hinsetzen** to plump down; ***setzt dich doch nicht so ~ hin!*** don't take up so much room! ❹ (*gedehnt*) broadly; ***er grinste ~ über das ganze Gesicht*** he grinned broadly [*or* from ear to ear] ❺ (*ausgeprägt*) **~ sprechen** to speak in a broad dialect

Breitband <-bänder> *nt* ELEK, RADIO, TELEK broadband

Breitbandantibiotikum *nt* broad-spectrum antibiotic

breitbeinig **I.** *adj* **in ~er Stellung** with one's legs apart; **ein ~er Gang** a rolling gait **II.** *adv* with one's legs apart; **~ gehen** to walk with a rolling gait

Breite <-, -n> *f* ❶ (*die breite Beschaffenheit*) width; **von x cm ~** x cm in width, with a width of x cm; [**jdm**] **etw in aller ~ erklären** to explain sth [to sb] in great detail; **in voller ~ vor jdm** (*fam*) right [*or fam* smack] in front of sb; **in die ~ gehen** (*fam*) to put on weight ❷ (*Ausgedehntheit*) wide range; **die ~ des Angebots** the wide range on offer ❸ (*Gedehntheit*) breadth ❹ (*von Dialekt, Aussprache*) broadness ❺ (*Breitengrad*) latitude; ***in südlichere ~n fahren*** to travel to more southerly climes; ***die Insel liegt*** [***auf***] ***34° nördlicher ~*** the island lies 34° north; *pl;* **in unseren/diesen ~n** in our part/these parts of the world

breiten **I.** *vt* ❶ (*decken*) ■**etw über jdn/etw ~** to spread sth over sb/sth ❷ (*spreizen*) **etw ~** to spread sth; ***der Vogel breitete die Flügel*** the bird spread its wings **II.** *vr* (*poet: sich decken*) ■**sich** *akk* **über etw** *akk* **~** to spread over sth; ***Dunkelheit breitete sich über die Stadt*** darkness spread over the town

Breitenarbeit *f* more general work; SPORT *training for*

a large number of up-and-coming players or teams **Breitengrad** *m* [degree of] latitude **Breitenkreis** *m* line of latitude, parallel **Breitensport** *m* popular sport **Breitenwirkung** *f* widespread impact

breitkrempig *adj* broad-brimmed **breit|machen** *vr* (*fam*) *s.* **breit II 2** **breitrandig** *adj* wide-rimmed; **ein ~er Hut** a broad-brimmed hat; *s. a.* **breitkrempig** **breit|schlagen** *vt irreg* (*fam*) ▪ **jdn [zu etw** *dat*] ~ to talk sb round, to talk sb [round] into doing sth; ▪ **sich** *akk* **[von jdm] [zu etw** *dat*] ~ **lassen** to let oneself be talked round [by sb] [into doing sth] **breitschult(e)rig** *adj* broad-shouldered *attr;* ~ **sein** to have broad shoulders **Breitschwanz** *m kein pl* caracul, broadtail **Breitseite** *f* ❶ NAUT broadside; **eine ~ abgeben** to fire a broadside ❷ (*scharfe Attacke*) broadside; **eine ~ abkriegen** (*fam*) to catch a broadside ❸ (*kürzere Seite*) short end **breitspurig** *adj* BAHN broad-gauge *attr* **breit|treten** *vt irreg* (*fam*) ▪ **etw** ~ ❶ (*zu ausgiebig erörtern*) to go on about sth *fam,* to flog sth to death *sl* ❷ (*verbreiten*) to enlarge on sth **breit|walzen** *vt* (*fam*) *s.* **breittreten** **Breitwand** *f* wide screen; **auf ~ zeigen** to show on a wide screen; **ein Film in ~** a film in wide-screen format **Breitwandfilm** *m* wide-screen film, film for the wide screen **Breitwegerich** *m* BOT (*Plantago major*) great plantain

Bremen <-s> *nt* Bremen

Bremsanlage *f* braking system **Bremsbacke** *f* brake shoe **Bremsbelag** *m* brake lining; AUTO brake pad

Bremse[1] <-, -n> *f* ❶ (*Bremsvorrichtung*) brake; ***die ~n sprechen gut an*** the brakes respond well ❷ (*Pedal*) brake [pedal]; (*Bremshebel*) brake [lever]; **auf die ~ treten** [*o fam* **steigen**] [*o sl* **latschen**] to put on [*or* apply]/slam on *fam* the brakes

Bremse[2] <-, -n> *f* (*Stechfliege*) horsefly

bremsen **I.** *vi* ❶ (*die Bremse betätigen*) to brake, to put on [*or* apply] the brakes ❷ (*abbremsen*) to brake; (*~d wirken*) to act as a brake; (*von Wind*) to slow sb/sth down ❸ (*hinauszögern*) to put on the brakes *fam* ❹ (*fig: zurückstecken*) ▪ **mit etw** *dat* ~ to cut down on sth; **mit den Ausgaben ~ müssen** to have to curtail expenses **II.** *vt* ❶ AUTO (*ab~*) ▪ **etw** ~ to brake sth ❷ (*verzögern*) ▪ **etw** ~ to slow down sth *sep,* to retard sth; (*dämpfen*) to curb sth ❸ (*fam: zurückhalten*) ▪ **jdn** ~ to check sb; ***sie ist nicht zu ~*** (*fam*) there's no holding [*or* stopping] her **III.** *vr* ***ich kann/werd' mich ~!*** (*fam*) not likely! *a. iron,* not a chance! *a. iron*

Bremser(in) <-s, -> *m(f)* ❶ (*fig: Verhinderer*) damper; **sich als ~ betätigen** to have a dampening effect, to be a wet blanket *fam* ❷ HIST, BAHN brake[s]man; SPORT brake[s]man

Bremsfallschirm *m* brake parachute, drogue [parachute] **Bremsflüssigkeit** *f* brake fluid **Bremshebel** *m* brake lever **Bremsklappe** *f* LUFT air brake **Bremsklotz** *m* AUTO brake pad **Bremskraftverstärker** *m* AUTO power brake [unit], brake servo **Bremslicht** *nt* stop light [*or* lamp] **Bremspedal** *nt* brake pedal **Bremsrakete** *f* retro-rocket **Bremsspur** *f* skid marks *pl*

Bremsung <-, -en> *f* braking *no art*

Bremsvorrichtung *f* (*geh*) brake mechanism [*or* gear *no pl*] **Bremsweg** *m* braking [*or* stopping] distance

brennbar *adj* combustible, [in]flammable

Brennelement *nt* NUKL fuel element

brennen <brannte, gebrannt> **I.** *vi* ❶ (*in Flammen stehen*) to be on fire; **lichterloh ~** to be ablaze; **zu ~ anfangen** to start burning, to catch fire; ▪ **~d** burning ❷ (*angezündet sein*) to burn; *Streichholz* to strike [*or* light]; *Feuerzeug* to light ❸ ELEK (*fam: an sein*) to be on; *Lampe a.* to be burning; ▪ **etw ~ lassen** to leave sth on ❹ (*schmerzen*) to be sore; **auf der Haut/in den Augen ~** to burn [*or* sting] the skin/eyes ❺ (*auf etw sinnen*) ▪ **auf etw** *akk* ~ to be bent on [*or* dying for] sth; ▪ **darauf ~, etw zu tun** to be dying to do sth ❻ (*ungeduldig sein*) ▪ **vor etw** *dat* ~ to be burning [*or* bursting] with sth; **vor Neugier ~** to be bursting with curiosity **II.** *vi impers* ***es brennt!*** fire! fire!; ***in der Fabrik brennt es*** there's a fire in the factory; ***wo brennt's denn?*** (*fig*) where's the fire?; (*fig fam*) what's the panic? **III.** *vt* ❶ (*rösten*) ▪ **etw** ~ to roast sth ❷ (*destillieren*) ▪ **etw** ~ to distil [*or* AM -ll] sth; **etw schwarz** [*o* **illegal**] ~ to moonshine sth AM ❸ (*härten*) ▪ **etw** ~ to fire [*or* bake] sth ❹ (*auf~*) ▪ **einem Tier etw auf die Haut ~** to brand an animal's hide with sth; ▪ **etw auf etw** *akk*/**in etw** *akk* ~ to burn sth into sth **IV.** *vr* ▪ **sich** *akk* **[an etw** *dat*] ~ to burn oneself [on sth]

brennend **I.** *adj* ❶ (*quälend*) scorching; **~er Durst** parching thirst ❷ (*sehr groß*) **~e Frage** urgent question; **~er Wunsch** fervent wish **II.** *adv* (*fam: sehr*) incredibly; ***ich wüsste ~ gern ...*** I would dearly like to know ...

Brenner[1] <-s, -> *m* TECH burner

Brenner(in)[2] <-s, -> *m(f)* (*Beruf*) distiller

Brennerei <-, -en> *f* distillery

Brennerin <-, -nen> *f fem form von* **Brenner**

Brennessel *f s.* **Brennnessel** **Brennglas** *nt* burning glass **Brennholz** *nt* firewood *no pl* **Brennkammer** *f* LUFT combustion chamber **Brennmaterial** *nt* [heating] fuel **Brennnessel**[RR] *f* stinging nettle **Brennofen** *m* kiln **Brennpunkt** *m* ❶ PHYS focal point ❷ MATH focus ❸ (*Zentrum*) focus, focal point; **in den ~ [der Aufmerksamkeit/des Interesses] rücken** to become the focus [*or* focal point] [of attention/interest]; **im ~ [des Interesses] stehen** to be the focus [of interest] **Brennschere** *f* curling tongs *npl* **Brennspiritus** *m* [mineralized *spec*] methylated spirit **Brennstab** *m* NUKL fuel rod **Brennstoff** *m* fuel **Brennstoffkreislauf** *m* NUKL fuel cycle **Brennweite** *f* PHYS focal length

brenzlig **I.** *adj* (*fam*) dicey *fam,* iffy *sl;* ***die Situation wird mir zu ~*** things are getting too hot for me **II.** *adv* **~ riechen** to smell of burning

Bresche <-, -n> *f* breach; **in etw** *akk* **eine [große] ~ schlagen** [*o* **reißen**] (*fig*) to make a [great] breach in sth; **[für jdn] in die ~ springen** (*fig*) to step in [for sb]; **eine ~ in etw** *akk* **schlagen** [*o* **schießen**] to breach sth; **für jdn/etw eine ~ schlagen** to stand up for sb/sth

Breslau <-s> *nt* Wrocław

Bressehuhn *nt* KOCHK Bresse chicken

Bretagne <-> [bre'tanjə, brə'tanjə] *f* ▪ **die ~** Brittany

Bretone, Bretonin <-n, -n> *m, f* Breton; *s. a.* **Deutsche(r)**

Bretonisch *nt dekl wie adj* Breton; *s. a.* **Deutsch**

bretonisch *adj* Breton; *s. a.* **deutsch**

Bretonische <-n> *nt* ▪ **das ~** Breton, the Breton language; *s. a.* **Deutsche**

Bretonische <-n> *nt* ▪ **das ~** Breton, the Breton language; *s. a.* **Deutsche**

Brett <-[e]s, -er> *nt* ❶ (*Holzplatte*) [wooden] board; (*Planke*) plank; **etw mit ~ern vernageln** to board sth up; (*Sprungbrett*) [diving-] board; (*Regalbrett*) shelf; **die ~er, die die Welt bedeuten** THEAT (*fig*) the stage; **auf den ~ern stehen** THEAT to be on the stage; **schwarzes ~** noticeboard ❷ (*Spielbrett*) [game]board ❸ *pl* (*Skier*) skis *pl;* **auf den ~ern stehen** [*o* **sein**] to be on skis; (*Boxring*) floor, canvas; **auf die ~er gehen** (*fig*) to hit the canvas *fam;* **jdn auf die ~er schicken** (*fig fam*) to floor sb ▸ WENDUNGEN: **ein ~ vorm Kopf haben** (*fam*) to be slow on the uptake *a. iron; s. a.*

Briefe

Anrede in Briefen	forms of address in letters
Liebe/r ...,	Dear ...,
Hallo, ...!/Hi, ...! *(fam)*	Hello, ...!/Hi, ...!
Liebe/r Frau/Herr ...,	Dear Mr/Mrs ...,
Sehr geehrte/r Frau/Herr ... *(form)*	Dear Mrs/Mr ...
Sehr geehrte Damen und Herren ...	Dear Sir or Madam
Schlussformeln in Briefen	ending a letter
Tschüss! *(fam)*/Ciao! *(fam)*	Bye!/Cheers!
Alles Gute! *(fam)*	All the best!
Herzliche/Liebe Grüße *(fam)*	Kind regards/With love from ...
Viele Grüße	Best wishes
Mit (den) besten Grüßen	Yours
Mit freundlichen Grüßen *(form)*	Yours sincerely

Welt

Brettchen <-s, -> *nt* [small] board

Bretterboden *m* board[ed] floor **Bretterbude** *f* booth

brettern *vi sein* (*fam*) to hammer *fam;* **die Straße entlang** ~ to tear up the road *fam;* **mit 200 Sachen über die Autobahn** ~ to be doing 125 along the motorway [*or* AM freeway]

Bretterwand *f* wooden wall **Bretterzaun** *m* wooden fence; (*an Baustellen*) hoarding

Brettspiel *nt* board game

Brevet <-s, -s> [bre'veː, bre'vɛ] *nt* SCHWEIZ brevet

brevetieren* *vt* SCHWEIZ ■**jdn** ~ to brevet sb

Brevier <-s, -e> [bre'viːɐ] *nt* ❶ (*Leitfaden*) ■**ein** ~ **einer S.** *gen* a guide to sth ❷ REL breviary; **das** ~ **beten** to say one's breviary

Brezel <-, -n> *f* pretzel

bricht *3. pers pres von* **brechen**

brickettieren *vt* ■**etw** ~ KOCHK to briquet sth

Bridge <-> [brɪdʒ] *nt kein pl* bridge *no pl;* **eine Partie** ~ **spielen** to play a game of bridge

bridieren *vt* ■**etw** ~ KOCHK to truss sth

Bridieren *nt kein pl* KOCHK trussing

Brief <-[e]s, -e> *m* ❶ (*Poststück*) letter; **etw als** ~ **schicken** to send sth [by] letter post [*or* AM at [the] letter rate]; **jdm** ~ **und Siegel [auf etw** *akk*] **geben** to give sb one's word [on sth]; **blauer** ~ (*Kündigung*) letter of dismissal; SCH *school letter notifying parents that their child must repeat the year;* **ein offener** ~ an open letter; **mit jdm** ~**e wechseln** to correspond with sb ❷ (*in der Bibel*) epistle ❸ ÖKON *s.* **Briefkurs**

Briefbeschwerer <-s, -> *m* paperweight **Briefblock** *m* writing [*or* letter] pad **Briefbogen** *m* [sheet of] writing [*or* letter] paper **Briefbombe** *f* letter bomb

Briefchen <-s, -> *nt* ❶ *dim von* **Brief** note ❷ (*flaches Päckchen*) packet; **ein** ~ **Streichhölzer** a book of matches

Briefdrucksache *f* printed material [sent in letter form] **Briefeinwurf** *m* (*geh*) letter-box BRIT, mailbox AM; (*in Postamt*) postbox BRIT, mailbox AM **Brieffreund(in)** *m(f)* pen-pal *fam,* BRIT *a.* penfriend **Brieffreundschaft** *f* correspondence [between pen-pals [*or* BRIT *a.* penfriends]]; **eine** ~ **haben** to be penfriends **Briefgeheimnis** *nt* privacy [*or* secrecy] of correspondence

Briefing <-s, -s> *nt* MIL, ÖKON briefing

Briefkarte *f* correspondence card

Briefkasten *m* (*Hausbriefkasten*) letter-box BRIT, mailbox AM; (*Postbriefkasten*) postbox BRIT, mailbox AM, BRIT *a.* pillar-box; **elektronischer** ~ INFORM electronic mailbox; **ein toter** ~ a dead-letter box

Briefkastendomizil *nt* SCHWEIZ seat of a letter-box company **Briefkastenfirma** *f* letter-box company **Briefkopf** *m* letterhead **Briefkurs** *m* FIN selling rate [*or* price]

brieflich I. *adj* in writing *pred,* by letter *pred;* **in** ~**er Verbindung stehen** (*geh*) to be corresponding II. *adv* in writing, by letter

Briefmarke *f* [postage] stamp

Briefmarkenalbum *nt* stamp album **Briefmarkenautomat** *m* stamp[-dispensing] machine **Briefmarkenbogen** *m* sheet of stamps **Briefmarkenkunde** *f* philately **Briefmarkensammler(in)** *m(f)* philatelist, stamp collector **Briefmarkensammlung** *f* stamp collection **Briefmarkenstempel** *m* post[age] mark **Briefmarkenzahnung** *f* [stamp's] perforations *pl*

Brieföffner *m* letter opener, paper knife **Briefpapier** *nt* letter [*or* writing] paper **Briefporto** *nt* letter rate **Briefschulden** *pl* arrears *pl* of correspondence *form* **Brieftasche** *f* wallet, AM *a.* billfold **Brieftaube** *f* carrier [*or* homing] pigeon **Briefträger(in)** *m(f)* postman *masc,* postwoman *fem* **Briefumschlag** *m* envelope **Briefwaage** *f* letter scales; *pl* balance **Briefwahl** *f* postal vote BRIT, absent[ee] ballot [*or* voting] AM; **seine Stimme durch** ~ **abgeben** to vote by post [*or* AM mail] **Briefwahlantrag** *m* POL application for a postal vote [form] **Briefwähler(in)** *m(f)* postal [*or* AM absentee] voter **Briefwahlunterlagen** *f* POL postal vote forms **Briefwechsel** *m* correspondence; **mit jdm in** ~ **stehen, einen** ~ **mit jdm führen** (*geh*) to be corresponding [*or* in correspondence] with sb **Briefzusteller(in)** *m(f)* (*geh*) postman *masc,* postwoman *fem*

Bries <-es, -e> *nt* KOCHK sweetbreads *pl*

briet *imp von* **braten**

Brigade <-, -n> *f* MIL brigade

Brigadegeneral(in) *m(f)* brigadier

Brigg <-, -s> *f* NAUT brig

Brikett <-s, -s *o selten* -e> *nt* briquette

Brikettzange *f* fire tongs *npl*

brillant [brɪl'jant] *adj* brilliant

Brillant <-en, -en> *m* brilliant, [cut] diamond

Brillantkollier *nt* diamond necklace **Brillantschmuck** *m kein pl* diamonds *pl*

Brillanz <-> [brɪl'jants] *f kein pl* ❶ (*meisterliche Art*) brilliance ❷ (*von Lautsprecher*) bounce, brilliancy ❸ (*Bildschärfe*) quality

Brille <-, -n> *f* ❶ (*Sehhilfe*) glasses *npl,* spectacles *npl,* specs *npl fam;* ■**eine** ~ a pair of glasses [*or* spectacles] [*or fam* specs]; [**eine**] ~ **tragen** to wear glasses; **etw durch eine rosa[rote]** ~ **sehen** (*fig*) to see sth through rose-coloured [*or* AM -ored] [*or* rose-tinted] glasses; **alles durch eine schwarze ~ sehen** (*fig*) to take a gloomy [*or* pessimistic] view [of things]; **etw durch seine [eigene] ~ sehen** [*o* **betrachten**] (*fig*) to take a subjective view of sth, to see sth as one wants to [see it] ② (*Toilettenbrille*) [toilet] seat

Brillenbär *m* ZOOL (*Tremarctos ornatus*) spectacled bear **Brillenetui** *nt* glasses [*or* spectacles] case **Brillengestell** *nt* spectacles frame **Brillenglas** *nt* lens **Brillenschlange** *f* ① ZOOL [spectacled] cobra ② (*pej fam*) sb wearing glasses, four-eyes *pej fam*, BRIT *a. pej fam* specky four-eyes **Brillenträger(in)** *m(f)* person wearing glasses [*or* spectacles] *pl; **sie ist ~in*** she wears glasses

brillieren* [brɪl'ji:rən] *vi* (*geh*) ■[**mit etw** *dat*] ~ to scintillate [with sth] *liter*

Brimborium <-s> *nt kein pl* (*pej fam*) fuss, ado; **ein ~ [um etw** *akk*] **machen** to make a fuss [about [*or* over] sth]

Brimsenkäse *m* ÖSTERR (*Schafskäse*) sheep's cheese

bringen <brachte, gebracht> *vt* ① (*tragen*) ■[**jdm**] **etw** ~ to bring [sb] sth, to bring sth [to sb]; **den Müll nach draußen** ~ to take [*or* bring] out the rubbish [*or* AM garbage]; **etw an sich** *akk* ~ (*fam*) to get sth; **etw hinter sich** *akk* ~ to get sth over and done with; **etw mit sich** ~ to involve [*or* entail] sth; ***seine Unaufrichtigkeit brachte viele Probleme mit sich*** his dishonesty caused a lot of troubles; **es nicht über sich ~, etw zu tun** not to be able to bring oneself to do sth ② (*servieren*) ■**jdm etw** ~ to bring sb sth; **sich** *dat* **etw ~ lassen** to have sth brought to one ③ (*mitteilen*) ■**jdm eine Nachricht** ~ to bring sb news ④ (*befördern*) **jdn in die Klinik/zum Bahnhof/nach Hause** ~ to take sb to the clinic/to the station/home; **die Kinder ins Bett** ~ to put the children to bed ⑤ (*begleiten*) ■**jdn nach Hause** ~ to accompany sb home ⑥ (*darbieten*) ■**etw** ~ (*von Kino, Nachtlokal*) to show sth; (*von Artist, Tänzerin, Sportler*) to perform sth; *s. a.* **Opfer** ⑦ (*senden*) ■**etw** ~ to broadcast sth; TV to show [*or* broadcast] sth; ***das Fernsehen bringt nichts darüber*** there's nothing on television about it; ***um elf Uhr ~ wir Nachrichten*** the news will be at eleven o' clock ⑧ (*aufführen*) ■**etw** ~ to perform sth ⑨ (*veröffentlichen*) ■**etw** ~ to print [*or* publish] sth; ***die Zeitung brachte nichts/einen Artikel darüber*** there was nothing/an article in the paper about it; ***alle Zeitungen brachten es auf der ersten Seite*** all the papers had it on the front page ⑩ (*bescheren*) ■**jdm etw** ~ [**jdm**] **Glück/Unglück** ~ to bring [sb] good/bad luck; ***so ein großer Rasen kann einem schon eine Menge Arbeit ~*** such a large lawn can mean a lot of work for one ⑪ (*versetzen*) **jdn in Bedrängnis** ~ to get sb into trouble; **jdn ins Gefängnis** ~ to put [*or* land] sb in prison; **jdn vor Gericht** ~ to bring sb before the court; **jdn ins Grab** ~ to be the death of sb; **jdn in Schwierigkeiten** ~ to put [*or* get] sb into a difficult position; ***das bringt dich noch in Teufels Küche!*** you'll get into [*or* be in] a hell of a mess if you do that! *fam;* **jdn zur Verzweiflung/Weißglut** ~ to make sb desperate/livid; **jdn zum Nervenzusammenbruch** ~ to give sb a nervous breakdown ⑫ (*rauben*) ■**jdn um etw** ~ to rob sb of sth; **jdn um den Verstand** ~ to drive sb mad; ***das Baby bringt die Eltern um den Schlaf*** the baby is causing the parents sleepless nights ⑬ (*lenken*) **die Diskussion/das Gespräch auf jdn/etw** ~ to bring the discussion/conversation round to sb/sth ⑭ (*ein~*) ■[**jdm**] **etw** ~ to bring in sth [for sb]; ***das bringt nicht viel Geld*** that won't bring [us] in much money; (*er~*) to produce, to yield ⑮ (*fam: bekommen*) ***ob wir den Schrank noch weiter an die Wand ~?*** I wonder whether we can get the cupboard closer to the wall?; ***ich bringe die Füße einfach nicht in diese Stiefel!*** I simply can't get my feet in these boots!; ***alleine bringe ich die schwere Vase nicht von der Stelle*** I can't move this heavy vase alone; ***bringst du den Korken aus der Flasche?*** can you get the cork out of the bottle? ⑯ (*bewegen*) ■**jdn dazu ~, etw zu tun** [*o* **dass jd etw tut**] to get sb to do sth; ***er fährt nicht gerne in kalte Länder, du bringst ihn nie dazu mitzukommen*** he doesn't like going to cold countries, you'll never get him to come along! ⑰ *mit substantiviertem Verb* (*bewerkstelligen*) **jdn zum Laufen/Singen/Sprechen** ~ to make sb run/sing/talk; **jdn zum Schweigen** ~ to silence sb; **etw zum Brennen/Laufen** ~ to get sth to burn/work; **etw zum Stehen** ~ to bring sth to a stop; **jdn so weit** [*o* **dahin** [*o* **dazu**]] **bringen, dass ...** to force sb to ...; ***mit seinen ständigen Mäkeleien bringt er mich noch dahin, dass ich kündige*** his incessant carping will make me hand in my notice [one day]; ***du wirst es noch so weit ~, dass man dich rauswirft!*** you'll make them throw you out; **jdn außer sich** *akk* ~ to exasperate sb ⑱ (*fam: erreichen*) **es auf ein gutes Alter** ~ to reach a ripe old age; ***der Motor brachte es auf 500.000 km*** the engine kept going for 500,000 km; ***er brachte es in der Prüfung auf 70 Punkte*** he got 70 points in the exam; ***der Wagen bringt es auf 290 km/h*** this car can do 290 kph ⑲ (*erfolgreich werden*) **es zum Millionär/Firmenleiter** ~ to become a millionaire, to become [*or* make it to] company director; **es zum Präsidenten** ~ to become [*or* make] president; ■**es zu etwas/nichts** ~ to get somewhere/nowhere ⑳ (*fam: leisten*) ***für das Gehalt muss einer aber schon ganz schön was [an Leistung] ~!*** you really have to perform to get this salary!; ***wer hier zu wenig bringt, fliegt!*** if you're not up to form, you're out!; ***was bringt der Wagen denn so an PS?*** what's the top HP of this car? ㉑ (*sl: machen*) **einen Klops** ~ NORDD to put one's foot in it *fam;* **einen Hammer** ~ (*fam*) to drop a bombshell *fam;* ***das kannst du doch nicht ~!*** you can't [go and] do that! ㉒ (*sl: gut sein*) ***sie/es bringt's*** she's/it's got what it takes; ***meinst du, ich bring's?*** do you think I can do it?; ***das bringt er nicht*** he's not up to it; ***na, bringt dein Mann es noch [im Bett]?*** well, can your husband keep it up [in bed]? *fam;* ***der Motor bringt's nicht mehr!*** the engine's had it [*or* done for] *fam;* ***die alte Kiste wird es noch für 'ne Weile ~*** there's still some life left in the old crate *fam;* **das bringt nichts** (*fam*) it's pointless; **das bringt's nicht** (*fam*) that's useless

Bringschuld *f* ① JUR *obligation which the debtor has to perform at the creditor's place of business or residence* ② (*moralische Verpflichtung*) moral obligation

Briocheform [bri'ɔʃ-] *f* brioche tin

brisant *adj* ① (*geh*) explosive ② (*explosiv*) explosive, high-explosive *attr;* **~er Sprengstoff** high explosive

Brisanz <-, -en> *f* ① (*geh*) explosive nature ② (*Explosivität*) explosive power, brisance *spec*

Brise <-, -n> *f* breeze; **eine frische/leichte/steife** ~ a fresh/light/stiff breeze

Britannien <-s> [-niən] *nt* HIST Britannia; (*Großbritannien*) Britain; *s. a.* **Deutschland**

britannisch *adj* HIST Britannic

Brite, Britin <-n, -n> *m, f* Briton, Brit *fam;* ***wir sind ~n*** we're British; *s. a.* **Deutsche(r)**

britisch *adj* British, Brit *attr fam; s. a.* **deutsch**

bröckelig *adj* ① (*zerbröckelnd*) crumbling *attr;* **~ werden** to [start to] crumble ② (*leicht bröckelnd*) crumbly

Bröckelkohl *m* DIAL *s.* **broccoli**

bröckeln *vi* ① *haben* (*in kleine Brocken zerfallen*) to crumble; *s. a.* **zerbröckeln** ② *sein* (*in kleinen Bro-*

cken abfallen) ■ **von/aus etw** *dat* ~ to crumble [away] from [*or* out of] sth

Brocken <-s, -> *m* ❶ *(Bruchstück)* chunk; **jdm** ~ *pl* **an den Kopf werfen** *(fam: jdn beschimpfen)* to fling [*or* hurl] insults at sb; **ein harter** [*o* **dicker**] ~ [**für jdn**] **sein** *(fam)* to be a tough nut [for sb]; ***das ist ein harter*** ~ that's a toughie *fam* ❷ *pl* **ein paar** ~ **Russisch** a smattering of Russian; ***ich habe nur ein paar*** ~ ***vom Gespräch aufgeschnappt*** I only caught a few words of the conversation ❸ *(fam: massiger Mensch)* hefty bloke [*or* AM guy] *fam;* ***das Baby ist ein ganz schöner*** ~ the baby is a right little dumpling *fam*

brockenweise *adv* bit by bit

brodeln *vi* ❶ *(aufwallen)* to bubble; *(von Lava a.)* to seethe ❷ *(liter: wallen)* to swirl

Brodem <-s, -> *m kein pl (liter)* noxious vapour [*or* AM -or]; *(aus dem Boden a.)* miasma *no pl, no indef art*

Brokat <-[e]s, -e> *m* brocade

Broker(in) <-s, -> *m(f)* FIN broker

Brokkoli *pl* broccoli *no pl, no indef art*

Brokkoliröschen *pl* broccoli florets *pl*

Brom <-s> *nt kein pl* bromine *no pl*

Brombeere *f* ❶ *(Strauch)* blackberry [*or* bramble[berry]] bush ❷ *(Frucht)* blackberry, bramble[berry]

Brombeerstrauch *m s.* **Brombeere 1**

bronchial [-ˈçiaːl] *adj* bronchial

Bronchialasthma *nt* bronchial asthma **Bronchialkatarrh** *m* bronchial catarrh, bronchitis

Bronchie <-, -n> [-çiə, *pl* -çiən] *f meist pl* bronchial tube, bronchus *spec*

Bronchitis <-, Bronchitiden> [-çi-] *f* bronchitis *no art*

Bronze <-, -n> [ˈbrõːsə] *f* ❶ *(Metall)* bronze ❷ *(Skulptur aus Bronze)* bronze

Bronzemedaille [-medaljə] *f* bronze medal

bronzen [ˈbrõːsn] *adj* ❶ *(aus Bronze 1.)* bronze *attr,* of bronze *pred* ❷ *(von ~er Farbe)* bronze[-coloured [*or* AM -ored]]

Bronzerelief *nt* KUNST bronze relief **Bronzezeit** *f* ■ **die** ~ the Bronze Age

Brosche <-, -n> *f* brooch

broschiert *adj* paperback *attr*

Broschüre <-, -n> *f* brochure

Broschureinband *m* TYPO cut flush binding

Brösel <-s, -> *m* DIAL ❶ *(Krümel)* crumb ❷ *pl* breadcrumbs *pl*

brös(e)lig *adj* DIAL crumbly

bröseln *vi* DIAL ❶ *(bröckeln)* to crumble ❷ *(zerbröseln)* to make crumbs

Brot <-[e]s, -e> *nt* bread *no pl;* **alt[backen]es** ~ stale bread; **schwarzes** ~ black [*or* rye] bread; ***unser tägliches*** ~ ***gib uns heute!*** REL give us this day our daily bread; ***das ist unser täglich[es]*** ~ *(fig)* that's our stock-in-trade; *(Laib)* loaf [of bread]; *(Butterbrot)* slice of bread and butter; **ein** ~ **mit Honig/Käse** a slice of bread and honey/cheese; **belegtes** ~ open sandwich; **sich** *dat* **sein** ~ [**als etw**] **verdienen** to earn one's living [*or hum* daily bread] [as sth]; **ein hartes** [*o* **schweres**] ~ **sein** to be a hard way to earn a living; **wes** ~ **ich ess', des Lied ich sing'** *(prov)* never quarrel with your bread and butter, he who pays the piper calls the tune *prov; s. a.* **Mensch**

Brotaufstrich *m* [sandwich] spread **Brotbelag** *m* topping, sandwich filling **Brotbeutel** *m* haversack

Brötchen <-s, -> *nt* [bread] roll ▶ WENDUNGEN: **sich** *dat* **seine** ~ **verdienen** *(fam)* to earn one's living [*or hum* daily bread]; **kleine[re]** ~ **backen müssen** *(fam)* to have to set one's sights lower

Brötchengeber *m (hum fam)* provider *hum*

Broteinheit *f* MED carbohydrate unit **Broterwerb** *m* [way of earning one's] living **Brotfrucht** *f* BOT, KOCHK breadfruit **Brotkasten** *m* bread bin **Brotkorb** *m* bread basket; **jdm den** ~ **höher hängen** *(fig fam)* to keep sb short BRIT, to put the squeeze on sb AM **Brotkrume** *f* breadcrumb **Brotkruste** *f s.* **Brotrinde** **brotlos** *adj* out of work *pred,* unemployed; **jdn** ~ **machen** to put sb out of work; *s. a.* **Kunst** **Brotmaschine** *f* bread slicer **Brotmesser** *nt* bread knife **Brotrinde** *f* [bread] crust **Brotröster** <-s, -> *m s.* **Toaster** **Brotschnitte** *f* slice of bread **Brotsuppe** *f* bread soup **Brotteig** *m* [bread] dough, *no pl* **Brotteller** *m* side plate **Brotvermehrung** *f* **die wunderbare** ~ REL the feeding of the five thousand **Brotzeit** *f* DIAL ❶ *(Pause)* tea break; ~ **machen** to have a tea break ❷ *(Essen)* snack, sandwiches *pl*

brr *interj* ❶ *(Befehl an Zugtiere)* whoa ❷ *(Ausruf bei Kälte)* brr

Bruch[1] <-[e]s, Brüche> *m* ❶ *(das Brechen)* ***die Kutsche blieb wegen des*** ~***s einer Achse liegen*** the coach stopped because of a broken axle; *(in Damm, Staudamm)* breach ❷ *(das Brechen)* violation, infringement; ~ **eines Eides** violation of an [*or* breach of] oath; ~ **des Gesetzes** violation [*or* breach] of the law; ~ **eines Vertrags** infringement [*or* violation] of a contract, breach of contract; ~ **des Vertrauens** breach of trust ❸ *(von Beziehung, Partnern)* rift; ***es kam zum*** ~ ***zwischen ihnen*** a rift developed between them; ~ **mit Tradition/der Vergangenheit** break with tradition/the past; **in die Brüche gehen** to break up, to go to pieces; ***unsere Freundschaft ging in die Brüche*** our friendship went to pot *fam* ❹ MED *(Knochenbruch)* fracture; **ein komplizierter** ~ a compound fracture; *(Eingeweidebruch)* hernia, rupture; **ein eingeklemmter** ~ an incarcerated [*or* strangulated] hernia *spec;* **einen** ~ **haben** to have [got] a hernia, to have ruptured oneself; **sich** *dat* **einen** ~ **heben** to give oneself a hernia, to rupture oneself ❺ MATH fraction ❻ *(zerbrochene Ware)* breakage; **zu** ~ **gehen** to get broken ❼ *(sl: Einbruch)* break-in; ***der Ganove wurde beim*** ~ ***gefasst*** the crook was caught breaking in; **einen** ~ **machen** *(sl)* to do a break-in, AM *a.* to bust a joint *sl*

Bruch[2] <-[e]s, Brüche> *m o nt* bog, marsh

Bruchbude *f (pej fam)* dump *pej fam,* hole *pej fam* **Bruchfläche** *f* surface of the break **Bruchhefe** *f* flocculating yeast

brüchig *adj* ❶ *(bröckelig)* friable; **~er Papyrus/~es Pergament** brittle papyrus/parchment; **~es Leder** cracked [*or* brittle] leather ❷ *(von Stimme: rau)* cracked, hoarse ❸ *(ungefestigt)* fragile, shaky

Bruchlandung *f* crash-landing; **eine** ~ **machen** to crash-land, to make a crash-landing **Bruchpresse** *f* curd press **Bruchrechnen** *nt* fractions *pl* **Bruchrechnung** *f* MATH ❶ *(Aufgabe mit Brüchen)* sum with fractions ❷ *s.* **Bruchrechnen** **Bruchreis** *m* broken rice **Bruchstelle** *f* break; *(von Knochen a.)* fracture **Bruchstrich** *m* MATH fraction line **Bruchstück** *nt* ❶ *(abgebrochenes Stück)* fragment ❷ *(von Lied, Rede etc: schriftlich)* fragment; *(mündlich)* snatch **bruchstückhaft** **I.** *adj* fragmentary **II.** *adv* in fragments; *(mündlich)* in snatches; ***ich kann mich nur noch*** ~ ***daran erinnern*** I can only remember parts of it **Bruchtee** *m* broken tea **Bruchteil** *m* fraction; ***ein gebrauchtes Auto kostet nur einen*** ~ ***eines neuen*** a second-hand car is only a fraction of the cost of a new one; **im** ~ **eines Augenblicks/einer Sekunde** in the blink of an eye/in a split second **Bruchzahl** *f* MATH fraction

Brücke <-, -n> *f* ❶ *(Bauwerk)* bridge; **jdm goldene ~n/eine goldene** ~ **bauen** *(fig)* to smooth the way for sb; **alle ~n hinter sich** *dat* **abbrechen** *(fig)* to burn [all] one's bridges [*or* boats] behind one; **eine ~ über etw** *akk* **schlagen** (*liter*) to build [*or* lay] [*or* throw] a bridge across sth; **eine ~ [zwischen Völkern/Nationen] schlagen** (*fig*) to forge links [between peoples/nations] ② NAUT [captain's] bridge ③ (*Zahnbrücke*) [dental] bridge ④ (*Teppich*) rug, runner ⑤ SPORT bridge

Brückenbau <-bauten> *m* ① *kein pl* (*die Errichtung einer Brücke*) bridge-building *no art* ② (*Brücke*) bridge **Brückenbogen** *m* arch [of a/the bridge] **Brückenechse** *f* ZOOL (*Sphenodon punctatus*) tuatara **Brückengebühr** *f* [bridge] toll **Brückengeländer** *nt* parapet **Brückenkopf** *m* MIL bridgehead; **einen ~ bilden** [*o* **errichten**] (*fig*) to form a bridgehead, to get a toehold **Brückenpfeiler** *m* [bridge] pier **Brückenschlag** *m kein pl* bridging *no art;* ***das war der erste ~*** that forged the first link **Brückenspringen** *nt* bridge-jumping *no art* **Brückentag** *m extra day off to bridge single working day between a bank holiday and the weekend*

Bruder <-s, Brüder> *m* ① (*Verwandter*) brother; ■**die Brüder Schmitz/Grimm** the Schmitz brothers/the Brothers Grimm; **der große ~** (*fig*) Big Brother; **unter Brüdern** (*fam*) between friends ② (*Mönch*) brother; **~ Cadfael** Brother Cadfael; (*Gemeindemitglieder*) ■**Brüder** brothers, brethren ③ (*pej fam: Kerl*) bloke BRIT *fam,* guy AM *fam;* **ein warmer ~** (*pej*) a fairy [*or* queer] [*or* BRIT *a.* poof[ta]] *pej;* **ein zwielichtiger ~** a shady character [*or* customer]

Brüderchen <-s, -> *nt* ① (*kleiner Bruder*) little [*or* baby] brother ② (*veraltet: als Anrede*) friend

Bruderherz *nt* (*hum*) dear [*or* beloved] brother; ***na ~?*** well, dear brother [*or* brother dear?] **Bruderkrieg** *m* war between brothers, fratricidal war **Bruderkuss**[RR] *m* fraternal [*or* brotherly] kiss **Bruderland** *nt* brother [*or* sister] nation

Brüderlein <-s, -> *nt* (*liter*) *s.* **Brüderchen**

brüderlich I. *adj* fraternal, brotherly II. *adv* like brothers; **~ teilen** to share and share alike

Bruderliebe *f* brotherly [*or* fraternal] love **Brudermord** *m* fratricide **Brudermörder(in)** *m(f)* fratricide **Bruderpartei** *f* brother party

Bruderschaft <-, -en> *f* REL fraternity, brotherhood

Brüderschaft <-, -en> *f* intimate [*or* close] friendship; **mit jdm ~ schließen** to make close friends with sb; **mit jdm ~ trinken** to agree to use the familiar "du" [over a drink]

Brudervolk *nt* sister people; ***unser ~ in Kuba*** our Cuban brothers [*or* cousins] *pl* **Bruderzwist** *m* fraternal feud [*or* strife]

Brügge <-s> *nt* Bruges

Brühe <-, -n> *f* ① (*Suppe*) [clear] soup, broth ② (*fam: Flüssigkeit*) **schmutzige ~** sludge, slop; (*Schweiß*) sweat ③ (*pej fam: Getränk*) slop *pej,* swill *pej*

brühen *vt* (*auf~*) **[jdm/sich] einen Kaffee/Tee ~** to make coffee/tea [for sb/oneself], to make [sb/oneself] a coffee/tea

Brühkartoffeln *pl* DIAL bouillon potatoes *pl* **Brühsieb** *nt s.* **Küchensieb** **brühwarm** I. *adj* (*fam*) **~e Neuigkeiten** [*o* **Nachrichten**] *pl* hot news + *sing vb* II. *adv* (*fam: alsbald*) **etw ~ weitererzählen** to immediately start spreading sth around **Brühwürfel** *m* stock [*or* bouillon] cube **Brühwurst** *f* sausage for boiling

Brüllaffe *m* ① (*Tier*) howling [*or* howler] monkey ② (*pej fam: Schreihals*) loudmouth *pej fam*

brüllen I. *vi* ① (*schreien*) to roar, to bellow, to howl; (*weinen*) to bawl; ***brüll doch nicht so!*** don't shout like that!; **vor Lachen/Schmerzen/Wut ~** to roar [*or* bellow] [*or* howl] with laughter/pain/rage; ***du siehst ja zum B~ aus*** (*fam*) you don't half look a sight *fam* ② (*von Löwe*) to roar; (*von Stier*) to bellow; (*von Affe*) to howl II. *vt* ■**jdm etw ins Ohr/Gesicht ~** to shout [*or* bellow] [*or* bawl] sth in sb's ear/face; ***Sie brauchen mir das nicht ins Ohr zu ~!*** you don't need to shout [it] in my ear!

Brummbär *m* (*fam*) ① (*kindersprache: Bär*) teddy bear ② (*brummiger Mann*) crosspatch *fam,* grouch, fam **Brummbass**[RR] *m* (*fam*) deep [*or* rumbling] bass

brummeln I. *vi* (*fam*) to mumble II. *vt* (*fam*) ■**etw ~** to mumble sth

brummen I. *vi* ① (*von Insekt, Klingel*) to buzz; (*von Bär*) to growl; (*von Wagen, Motor*) to drone; (*von Bass*) to rumble; (*von Kreisel*) to hum ② (*beim Singen*) to drone ③ (*fam: in Haft sein*) to be doing time *fam;* **drei Jahre ~** to be doing three years *fam* ④ (*murren*) to grumble II. *vt* ■**etw ~** to mumble sth

Brummer <-s, -> *m* (*fam*) ① (*Insekt*) *Fliege* bluebottle; *Hummel* bumble-bee ② (*Lastwagen*) juggernaut

Brummi <-s, -s> *m* (*fam*) lorry BRIT, truck AM

brummig *adj* (*fam*) grouchy *fam;* **ein ~er Kerl** a grouch *fam*

Brummkreisel *m* (*fam*) humming top **Brummschädel** *m* (*fam*) headache; (*durch Alkohol a.*) hangover, thick head; **einen ~ haben** to be hung over, to have [got] a hangover

Brunch <-[e]s, -[e]s *o* -e> [brʌntʃ] *nt* brunch

brunchen [brʌntʃən] *vi* to brunch

Brunei Darussalam <-s> *nt,* **Brunei** <-s> *nt* ÖSTERR, SCHWEIZ Brunei; *s. a.* **Deutschland**

Bruneier(in) <-s, -> *m(f)* Bruneian; *s. a.* **Deutsche(r)**

bruneiisch *adj* Bruneian; *s. a.* **deutsch**

brünett *adj* brunet[te], dark[-haired]; ***sie ist ~*** she is [a] brunette

Brünette(r) *f dekl wie adj* brunet[te]

Brunft <-, Brünfte> *f* (*~zeit*) rutting season; **in der ~ sein** to be rutting, to be on [*or* AM in] heat

brunftig *adj* rutting

Brunftplatz *m* rutting ground **Brunftschrei** *m* rutting [*or* mating] call **Brunftzeit** *f* rut[ting season]

Brunnen <-s, -> *m* ① (*Wasserbrunnen*) well; **einen ~ bohren** to sink [*or* bore] a well; **artesischer ~** artesian well ② (*ummauertes Wasserbecken*) fountain, fount *liter* ▶ WENDUNGEN: **den ~ erst zudecken, wenn das Kind hineingefallen ist** (*prov*) to lock the stable door after the horse has bolted *prov*

Brunnenbauer(in) <-s, -> *m(f)* well-digger **Brunnenbecken** *nt* basin [of a fountain] **Brunnenfigur** *f* sculpture [*or* figure] on a fountain **Brunnenhaus** *nt* well house, pump room **Brunnenkresse** *f* watercress **Brunnenkur** *f* mineral water treatment *no indef art* **Brunnenschacht** *m* well shaft **Brunnenvergifter(in)** <-s, -> *m(f)* (*pej*) [political] muckraker *pej* **Brunnenvergiftung** *f* ① (*Wasservergiftung*) well poisoning ② (*pej*) [political] muckraking *pej* **Brunnenwasser** *nt* well water

Brünnlein <-s, -> *nt* (*poet*) *dim von* **Brunnen**

Brunst <-, Brünste> *f s.* **Brunft**

brünstig *adj* ① (*von männlichem Tier*) rutting; (*von weiblichem Tier*) on [*or* AM in] heat *pred* ② (*hum: sexuell begierig*) horny

Brunstschrei *m s.* **Brunftschrei** **Brunstzeit** *f s.* **Brunftzeit**

brüsk *adj* brusque

brüskieren* *vt* ■**jdn ~** to snub sb

Brüskierung <-, -en> *f* ① *kein pl* (*das Brüskieren*) snub ② (*barscher Akt*) rebuff

Brüssel <-s> *nt* Brussels

Brüsseler *adj* Brussels; **der ~ Bürgermeister** the Mayor of Brussels; **~ Spitzen** Brussels lace *no pl, no*

art

Brüsseler(in) <-s, -> *m(f)* inhabitant of Brussels; ***sind Sie etwa ~?*** do you come from Brussels?

Brust <-, Brüste> *f* ❶ (*Brustkasten*) chest; **~ [he]raus!** chest out!; **es auf der ~ haben** (*fam*) to have chest trouble; **schwach auf der ~ sein** (*hum fam: eine schlechte Kondition haben*) to have a weak chest; (*an Geldmangel leiden*) to be a bit short *fam;* **sich** *dat* **an die ~ schlagen** (*fig*) to beat one's breast; **sich** *akk* **an jds ~ ausweinen** to cry on sb's shoulder; **~ an ~** face to face ❷ (*weibliche ~*) breast; **eine flache ~** a flat chest; **einem Kind die ~ geben, ein Kind an die ~ legen** to nurse [*or* breast-feed] a baby ❸ KOCHK breast; (*von Rind*) brisket ❹ SPORT (*sl*) breaststroke ▶ WENDUNGEN: **einen zur ~ nehmen** to have a quick drink [*or fam* quickie]; **[sich** *dat*] **jdn zur ~ nehmen** (*fam*) to take sb to task; ***die werde ich mir zur ~ nehmen!*** just wait till I get my hands on her!; **sich** *akk* **[vor jdm] in die ~ werfen** to puff oneself up [in front of sb]

Brustbein *nt* ANAT breastbone, sternum **Brustbeutel** *m* money bag [worn round the neck] **Brustbild** *nt* KUNST head-and-shoulders [*or* half-length] portrait; FOTO head-and-shoulders [*or* half-length] photo **Brustdrüse** *f* mammary gland

brüsten *vr* ■ **sich** *akk* **[mit etw** *dat*] **~** to boast [*or* brag] [about sth]; ***das ist nichts, womit Sie sich ~ könnten!*** that's nothing to boast about!

Brustfell *nt* ANAT pleura **Brustfellentzündung** *f* pleurisy, pleuritis **Brustflosse** *f* pectoral fin **Brustgegend** *f* thoracic region **Brusthöhe** *f* **in ~** chest-high **Brusthöhle** *f* chest cavity **Brustkasten** *m* (*fam*) chest **Brustkorb** *m* ANAT chest, thorax *spec* **Brustkrebs** *m* breast cancer, mastocarcinoma *spec* **Brustmuskel** *m* pectoral muscle **Brustoperation** *f* breast operation **Brustprothese** *f* breast implant **Brustschwimmen** *nt* breast-stroke **Brustschwimmer(in)** *m(f)* breast-stroke swimmer **Brustspitz(e)** *m,* **Brustkern** *m* KOCHK ÖSTERR (*vom Rind*) top flank **Bruststimme** *f* chest voice **Bruststück** *nt* KOCHK breast; (*von Rind*) brisket **Brusttasche** *f* breast pocket; **innere ~** inside [breast] pocket **Brustton** <-töne> *m* chest note; **im ~ der Überzeugung** in a tone of utter [*or* with the greatest] conviction **Brustumfang** *m* chest measurement; (*von Frau*) bust measurement; ***darf ich mal Ihren ~ nehmen?*** may I take your chest [*or* bust] measurement?

Brüstung <-, -en> *f* ❶ (*Balkonbrüstung etc*) parapet, balustrade ❷ (*Fensterbrüstung*) breast

Brustwarze *f* nipple **Brustwehr** *f* ❶ MIL breastwork ❷ HIST parapet **Brustweite** *f s.* **Brustumfang** **Brustwirbel** *m* thoracic [*or* dorsal] vertebra

Brut <-, -en> *f* ❶ *kein pl* (*das Brüten*) brooding *no pl* ❷ (*die Jungen*) brood; (*von Hühnern*) clutch; (*von Bienen*) nest ❸ *kein pl* (*pej: Gesindel*) mob *pej,* pack *pej*

brutal I. *adj* ❶ (*roh*) brutal; **ein ~er Kerl** a brute ❷ (*fam: besonders groß, stark*) bastard *attr sl;* **~e Kopfschmerzen haben** (*fam*) to have a throbbing [*or* BRIT *sl a.* bastard] headache; **ein ~er Fehler** a big mistake *a. iron;* **eine ~e Niederlage** a crushing defeat; **~e Ungerechtigkeit** gross injustice; ***das ist ja ~!*** what a bastard! *sl* II. *adv* ❶ (*roh*) brutally ❷ (*ohne Rücksicht*) *sagen, zeigen* brutally; **jdm etw ganz ~ sagen** to be brutally [*or* cruelly] frank with sb ❸ (*fam: sehr*) ***das tut ~ weh*** it hurts like hell [*or* buggery] *fam;* **~ wenig verdienen** to be earning peanuts *fam* [*or sl* chickenshit]; ***das war ~ knapp/gut!*** that was damned close/good! *fam;* **~ viel[e]** a hell of a lot *fam;* ***der weiß echt ~ wenig*** he knows damn all *fam,* he don't know shit *hum sl*

brutalisieren* *vt* ■ **jdn ~** to brutalize sb

Brutalisierung <-> *f kein pl* brutalization

Brutalität <-, -en> *f* ❶ *kein pl* (*Rohheit*) brutality ❷ *kein pl* (*Schonungslosigkeit*) brutality, cruelty ❸ (*Gewalttat*) brutal act; ■ **~en** brutalities, brutal acts

Brutapparat *m* incubator

brüten *vi* ❶ (*über den Eiern sitzen*) to brood; (*von Hühnern a.*) to sit ❷ (*lasten*) ■ **[über etw** *dat*] **~** to hang heavily [over sth]; **~d heiß** (*fam*) boiling [hot] *fam* ❸ (*grübeln*) ■ **[über etw** *dat*] **~** to brood [over sth]; *s. a.* **Hitze 1**

brütendheiß *adj attr s.* **brüten 2**

Brüter <-s, -> *m* NUKL [nuclear] breeder; **schneller ~** fast breeder

Bruthitze *f* (*fam*) stifling heat **Brutkasten** *m* MED incubator; ***hier ist es so heiß/hier herrscht eine Hitze wie in einem ~!*** (*fam*) it's like an oven in here **Brutknospe** *f* BOT bulbil **Brutkolonie** *f* ZOOL nesting colony **Brutpflege** *f* care of the brood; **~ betreiben** to care for the brood **Brutplatz** *m* breeding place; (*von Hühnern*) hatchery **Brutreaktor** *m* [nuclear] breeder **Brutstätte** *f* ❶ (*Nistplatz*) breeding ground (*+gen* for) ❷ (*geh: Herd*) breeding ground (*+gen* for), hotbed (*+gen* of)

brutto *adv* [in the] gross; **3800 DM ~ verdienen** to have a gross income of 3800 DM; **~ 1450 Mark** 1450 marks gross

Bruttoeinkommen *nt* gross [*or* before-tax] income [*or npl* earnings] **Bruttogehalt** *nt* gross salary [*or* pay] **Bruttogewicht** *nt* gross weight **Bruttoinlandsprodukt** *nt* gross domestic product, GDP **Bruttolohn** *m* gross wage [*or* pay] **Bruttopreis** *m* gross price **Bruttoregistertonne** *f* register [*or form* gross registered] ton **Bruttosozialprodukt** *nt* gross national product, GNP

brutzeln I. *vi* (*braten*) ■ **[in etw** *dat*] **~** to sizzle [away] [in sth] II. *vt* ■ **[sich** *dat*] **etw ~** to fry [oneself] sth

BSE *f* MED *Abk von* **bovine spongiforme Enzephalopathie** BSE

BSP *nt Akr von* **Bruttosozialprodukt** GNP

Btx *Abk von* **Bildschirmtext** Vtx

Bub <-en, -en> *m* SÜDD, ÖSTERR, SCHWEIZ boy, lad, BRIT *a.* cock

Bube <-n, -n> *m* (*Spielkarte*) jack, knave

Bubikopf *m* bob, bobbed hair *no pl, no indef art;* **sich** *dat* **einen ~ schneiden lassen** to have [*or* get] one's hair bobbed [*or* cut in a bob]

Buch <-[e]s, Bücher> *nt* ❶ (*Band*) book; **ein schlaues ~** (*fam*) a clever book; **über den Büchern sitzen** to pore [*or* sit] over one's books; **ein ~ mit sieben Siegeln** (*fig*) a closed book; **das Goldene ~ [der Stadt]** distinguished visitors' book; ***du bist für mich ein offenes ~*** I can read you like a book; ***du redest wie ein ~*** (*fam*) you never stop talking; **ein [richtiger] Gentleman, wie er im ~e steht** the very model of a gentleman ❷ *meist pl* ÖKON (*Geschäftsbuch*) books *pl,* accounts *pl;* **die Bücher fälschen** to cook the books *fam;* **[jdm] die Bücher führen** to keep sb's accounts [*or* books]; **über etw** *akk* **~ führen** to keep a record of sth; **über die Bücher gehen** SCHWEIZ to balance the books; **[mit etw** *dat*] **[sehr] zu ~[e] schlagen** to make a [great] difference [with sth]; ***das schlägt mit 4500 DM zu ~e*** that gives you 4500 DM ❸ REL (*Schrift*) Book; **die Bücher Mose** the Pentateuch; **das erste/zweite/dritte/vierte/fünfte ~ Mose** Genesis/Exodus/Leviticus/Numbers/Deuteronomy; **das ~ der Bücher** (*geh*) the Book of Books

Buchbesprechung *f* book review **Buchbinder(in)** <-s, -> *m(f)* bookbinder **Buchbinderei** <-, -en> *f* ❶ (*Betrieb eines Buchbinders*) bookbindery ❷ *kein pl* (*das Buchbinden*) ■ **die ~** bookbinding *no pl* **Buchbinderin** <-, -nen> *f fem form von* **Buch-**

binder **Buchblock** <-blöcke> *m* inner book **Buchdeckel** *m* book cover **Buchdruck** *m kein pl* letterpress printing *no art* **Buchdrucker(in)** *m(f)* [letterpress] printer **Buchdruckerei** *f* ❶ (*Betrieb eines Buchdruckers*) printing works *npl* ❷ *kein pl* (*das Buchdrucken*) ■ **die** ~ printing **Buchdruckerin** *f fem form von* **Buchdrucker Buchdruckerkunst** *f* art of printing

Buche <-, -n> *f* ❶ (*Baum*) beech [tree] ❷ (*Holz*) beech [wood]

Buchecker <-, -n> *f* beechnut

buchen *vt* ❶ (*vorbestellen*) **etw [bei einem Reisebüro]** ~ to book [*or* reserve] sth [at a travel agent] ❷ ÖKON (*ver~*) ■ **etw [als etw** *akk*] ~ to enter sth [as sth] ❸ (*registrieren*) ■ **etw** ~ to register sth ❹ (*fam: sich zurechnen*) ■ **etw als Erfolg/Sieg** ~ to mark [*or fam* chalk] up a success/victory [for oneself]

Buchenholz *nt* beech[wood]

Bücherbord <-e> *nt,* **Bücherbrett** *nt* bookshelf **Bücherbus** *m* mobile library, library van

Bücherei <-, -en> *f* [lending] library

Bücherfreund(in) *m(f)* book-lover, bibliophile **Büchernarr, -närrin** *m, f* book-fan, bookworm **Bücherregal** *nt* bookshelf; **im** ~ on the bookshelf **Bücherschaft** *m* SCHWEIZ (*Bücherregal*) bookshelf; (*Bücherschrank*) bookcase **Bücherschrank** *m* bookcase **Büchersendung** *f* ❶ (*Paket mit Büchern*) consignment of books ❷ (*Versendungsart*) book post *no indef art* **Bücherverbrennung** *f* burning of books **Bücherwand** *f* wall of bookshelves **Bücherwurm** *m* (*hum*) bookworm

Buchfink *m* chaffinch

Buchform *f* **in** ~ in book form **Buchführung** *f* bookkeeping *no pl,* accounting *no pl;* **einfache/doppelte** ~ single-/double-entry bookkeeping **Buchgeld** *nt* FIN bank deposit money, money in account **Buchgemeinschaft** *f* book club **Buchhalter(in)** *m(f)* bookkeeper, accountant **buchhalterisch** *adj* bookkeeping *attr* **Buchhaltung** *f* ❶ (*Rechnungsabteilung*) accounts [*or* bookkeeping] department ❷ *s.* **Buchführung Buchhandel** *m* book trade; **im** ~ **erhältlich** available [*or* on sale] in bookshops **Buchhändler(in)** *m(f)* bookseller **buchhändlerisch I.** *adj* bookseller's *attr;* **eine ~e Ausbildung haben** to be a trained bookseller **II.** *adv* **sich** *akk* ~ **betätigen/~ tätig sein** to be [*or* work as] a bookseller **Buchhandlung** *f* bookshop **Buchhülle** *f* dust cover [*or* jacket] **Buchklub** *m* book club **Buchmacher(in)** *m(f)* bookmaker, bookie *fam* **Buchmalerei** *f* ❶ *kein pl* (*Kunsthandwerk*) ■ **die** ~ [book] illumination ❷ (*einzelnes Bild*) illumination **Buchmesse** *f* book fair **Buchprüfer(in)** *m(f)* auditor **Buchprüfung** *f* audit **Buchrücken** *m* spine [of a book]

Buchsbaum ['bʊks-] *m* box[-tree]

Buchse <-, -n> ['bʊksə] *f* ❶ ELEK jack ❷ TECH bushing

Büchse <-, -n> ['bʏksə] *f* ❶ (*Dose*) tin BRIT, can AM; (*Konservenbüchse*) tin BRIT, can AM ❷ (*Sammelbüchse*) collecting-box ❸ (*Jagdgewehr*) rifle

Büchsenfleisch *nt* tinned [*or* AM canned] meat **Büchsengemüse** *nt* canned [*or* BRIT *a.* tinned] vegetables **Büchsenmacher(in)** *m(f)* gunsmith **Büchsenmilch** *f* evaporated milk *no pl* **Büchsenöffner** *m* can-opener, BRIT *a.* tin-opener

Buchstabe <-n[s], -n> *m* (*Druckbuchstabe*) character, letter; **fetter** ~ bold character [*or* letter]; **in großen ~n** in capitals, in upper case; **in kleinen ~n** in small letters, in lower case; **in ~n** in words; ***den Betrag bitte in ~n vermerken*** please write the amount out [in words] ▶ WENDUNGEN: **nach dem ~n des Gesetzes** according to the letter of the law; **sich** *akk* **auf seine vier ~n setzen** (*hum fam*) to sit oneself down; **dem ~n nach** to the letter

buchstabengetreu I. *adj* literal; ***er bestand auf der ~en Einhaltung der Vorschriften*** he insisted that the regulations be followed to the letter **II.** *adv* **etw** ~ **befolgen** to follow sth to the letter **Buchstabenkombination** *f* combination of letters **Buchstabenrätsel** *nt* anagram puzzle **Buchstabenschloss**RR *nt* combination lock [using letters] **Buchstabenschrift** *f* alphabetic script

buchstabieren* *vt* ■ **etw** ~ to spell sth

buchstäblich I. *adj* literal; ***bei ~er Auslegung des Gesetzes ergäbe sich ein ganz anderer Sinn*** if one were to interpret the law literally a completely different sense would be revealed **II.** *adv* (*geradezu*) literally

Buchstütze *f* book-end

Bucht <-, -en> *f* ❶ (*im Meer*) bay; **die Deutsche** ~ the Heligoland [*or* AM Helgoland] Bight ❷ (*kleiner Koben*) pen ❸ (*Parkbucht*) parking bay

Buchtel <-, -n> *f meist pl* ÖSTERR *a yeast pastry filled with jam or sth similar*

buchtenreich *adj* with many bays *pred;* ***nach Süden hin wird die Küste ~er*** to the south the coast has more bays

Buchtitel *m* ❶ (*Titel*) book title ❷ (*Buch*) title **Buchumschlag** *m* book cover

Buchung <-, -en> *f* ❶ (*Reservierung*) booking; ***denke bitte an die rechtzeitige ~ des Fluges!*** please remember to book the flight in time! ❷ FIN (*Verbuchung*) posting

Buchungsbeleg *m* bookkeeping voucher, accounting supporting record **Buchungscomputer** *m* reservation computer, computer for reservations **Buchungskarte** *f* TELEK telephone card, *for the use of which one is billed later*

Buchweizen *m* buckwheat

Buchwert *m* book value **Buchwesen** *nt kein pl* book trade *no pl*

Buckel <-s, -> *m* ❶ (*fam: Rücken*) back; **einen [krummen]** ~ **machen** to arch one's back ❷ (*fam: kleine Bergkuppe*) hill ❸ (*fam*) hunchback, humpback ❹ (*kleine Wölbung*) bump ❺ HIST (*eines Schildes*) boss ▶ WENDUNGEN: **den** ~ **voll Schulden haben** (*fam*) to be up to one's neck in debt; **etw auf dem** ~ **haben** (*fam*) to have been through sth *fam;* ***noch mehr Arbeit kann ich nicht bewältigen, ich habe schon genug auf dem ~!*** I can't cope with any more work – I've done enough already!; ***das Auto hat schon einige Jahre auf dem*** ~ the car has been around for a good few years; **den** ~ **voll kriegen** (*fam*) to get a [good] hiding [*or* AM licking] *fam;* **rutsch mir [doch] den** ~ **runter!** (*fam*) get off my back! [*or* case!]

buck(e)lig *adj* (*fam*) ❶ (*mit einem Buckel 2.*) hunchbacked ❷ (*mit Buckeln 4.*) bumpy **Buck(e)lige(r)** *f(m) dekl wie adj* hunchback, humpback

buckeln *vi* ❶ (*einen Buckel machen*) ■ **ein Tier buckelt** an animal arches its back ❷ (*pej: sich devot verhalten*) ■ **[vor jdm]** ~ to crawl [to sb] *pej fam* ▶ WENDUNGEN: **nach oben** ~ **und nach unten treten** to crawl to the bigwigs and bully the underlings BRIT *pej fam,* to suck ass and kick ass AM *pej fam!*

Buckelpiste *f* [ski-slope with] moguls, mogul field **Buckelrind** *nt* zebu **Buckelwal** *m* ZOOL (*Megaptera Novae-Angliae*) humpback whale

bücken *vr* ■ **sich** *akk* **[nach etw** *dat*] ~ to bend down [to pick sth up]

Bückling <-s, -e> *m* ❶ (*Fisch*) smoked herring ❷ (*hum fam: Verbeugung*) bow; **[vor jdm] einen** ~ **machen** to bow before [*or* to] sb

Budapest <-s> *nt* Budapest

buddeln I. *vi* (*fam: graben*) ■ **[irgendwo]** ~ to dig [up] [somewhere] **II.** *vt* DIAL (*ausgraben*) ■ **etw** ~ to dig sth [out]

Buddha <-s, -s> ['bʊda] *m* Buddha

Buddhismus <-> [bʊ'dɪsmʊs] *m kein pl* Buddhism *no pl*

Buddhist(in) <-en, -en> [bʊ'dɪst] *m(f)* Buddhist

buddhistisch *adj* Buddhist

Bude <-, -n> *f* ❶ (*Hütte aus Brettern*) [wooden] cabin [*or* hut]; (*Baubude*) [builder's] hut BRIT, trailer [on a construction-site] AM; (*Kiosk*) kiosk ❷ (*fam: Studentenbude*) [student] digs *npl* [*or* AM pad]; (*Wohnung*) digs *npl* BRIT, pad AM; **[eine] sturmfreie ~ haben** (*fam*) to have the place to oneself, to be able to do as one pleases (*without interference or objection from parents or landlord/-lady*) ❸ (*fam: Etablissement etc*) shop *fam;* **die ~ dichtmachen** to shut up [*or* close] shop ▶ WENDUNGEN: **jdm fällt die ~ auf den Kopf** (*fam*) sb feels claustrophobic; **[jdm] die ~ auf den Kopf stellen** (*fam bei einer Feier*) to have a good old rave-up [in sb's house] BRIT *sl,* to trash sb's house AM *sl;* (*beim Durchsuchen*) to turn the house upside-down; **jdm die ~ einrennen** [*o* **einlaufen**] (*fam*) to buy everything in sight in sb's shop BRIT *fam,* to clear out sb's store AM *fam;* **jdm auf die ~ rücken** to drop in on sb [unannounced and unwanted]; *s. a.* **Leben**

Budget <-s, -s> [bʏ'dʒeː] *nt* ❶ (*Haushaltsplan*) budget ❷ (*fam: Finanzen*) budget

Budgetberatung *f* budget discussion

budgetieren* *vt* ■ **etw** ~ to draw up a budget for sth

Büfett <-[e]s, -e *o* -s> [bʏ'feː] *nt* ❶ (*Anrichte*) sideboard, AM *usu* hutch ❷ (*Verkaufstisch*) counter ❸ (*Essen*) buffet; **kaltes ~** cold buffet

Büffel <-s, -> *m* buffalo

Büffelei <-, -en> *f* (*fam*) swotting [up] BRIT, cramming AM; ***das Pauken von Geschichtszahlen ist eine einzige ~*** memorizing dates is one hard slog

Büffelherde *f* herd of buffalo **Büffelleder** *nt* buffalo leather

büffeln I. *vi* (*fam: pauken*) to swot BRIT, to cram AM; ***vor jeder Klassenarbeit muss wieder [schwer] gebüffelt werden*** we/you/they etc. have to swot [up] before every test; ***so spät am Abend bist du immer noch am B~? — ja, ich muss Formeln/Geschichtszahlen/Vokabeln pauken!*** you're still studying so late in the evening? — yes, I need to learn formulas/history dates/vocab **II.** *vt* (*fam: pauken*) ■ **etw** ~ to swot up on [*or* AM cram for] sth

Buffet, Büffet <-s, -s> [bʏ'feː] *nt* ❶ ÖSTERR, SCHWEIZ (*Büfett*) buffet ❷ SCHWEIZ (*Bahnhofsgaststätte*) buffet, station restaurant

Buffo <-s, -s *o* Buffi> *m* buffo

Bug <-[e]s, Büge *o* -e> *m* ❶ NAUT bow; LUFT nose ❷ KOCHK (*Rind*) shoulder, blade; (*Schwein*) hand of pork

Bügel <-s, -> *m* ❶ (*Kleiderbügel*) coat-hanger ❷ (*Griff einer Handtasche*) handle ❸ (*Griff einer Säge*) frame ❹ (*Einfassung*) edging ❺ (*Brillenbügel*) leg [of glasses] ❻ (*Steigbügel*) stirrup ❼ (*beim Schlepplift*) grip ❽ (*Abzugsbügel*) trigger-guard

Bügelbrett *nt* ironing board **Bügeleisen** <-s, -> *nt* iron **Bügelfalte** *f* crease **bügelfrei** *adj* crease-free, easy-care **Bügelgriff** *m* AUTO bow-type door handle **Bügelmaschine** *f* ironing machine

bügeln I. *vt* ■ **etw** ~ to iron sth **II.** *vi* to iron; ■ **[das] B~** [the] ironing

Buggy <-s, -s> ['bagi] *m* (*faltbarer Kinderwagen*) pushchair BRIT, buggy BRIT, stroller AM

Bugrad *nt* nose wheel

Bugschaufelstück *nt* KOCHK (*vom Rind*) top shoulder

bugsieren* **I.** *vt* ❶ (*fam: mühselig bewegen*) ■ **etw irgendwohin** ~ to shift sth somewhere ❷ (*fam: drängen*) ■ **jdn irgendwohin** ~ to shove [*or* drag] [*or* propel] sb somewhere ❸ NAUT (*schleppen*) ■ **etw irgendwohin** ~ to tow [*or* tug] sth somewhere **II.** *vi* ❶ NAUT (*schleppen*) to tow ❷ (*fam: hantieren*) to manouevre BRIT, to maneuver AM

Bugspriet <-[e]s, -e> *nt* bowsprit **Bugstück** *nt* **dickes ~** KOCHK prime shoulder **Bugwelle** *f* bow wave

buh *interj* boo

Buh <-s, -s> *nt* (*fam*) boo

buhen *vi* (*fam*) to boo

buhlen *vi* (*pej veraltet*) ■ **um etw** *akk* ~ to court sth; **um Anerkennung ~** to seek recognition; **um jds Gunst ~** to court sb's favour [*or* AM -or]

Buhmann <-männer> *m* (*fam*) scapegoat, AM *a.* fall guy *sl;* **jdn zum ~ [für jdn/etw] machen** to make sb into a scapegoat [*or* AM *sl a.* fall guy] [for sb/sth]

Bühne <-, -n> *f* ❶ (*Spielfläche der Bühne 2.*) stage; **zur ~ gehen** to go on the stage; **auf der ~ stehen** to be on the stage; **von der ~ abtreten, von der ~ verschwinden** (*fam*) to leave [*or* disappear from] the scene; **hinter der ~** behind the scenes ❷ (*Theater*) theatre [*or* AM -er] ❸ (*Tribüne*) stand ❹ (*Hebebühne*) hydraulic lift ❺ DIAL (*Dachboden*) attic, loft ▶ WENDUNGEN: **etw über die ~ bringen** (*fam*) to get sth over with; **über die ~ gehen** (*fam: abgewickelt werden*) to take place; (*aufgeführt werden*) to be staged [*or* performed]; ***das Stück ist schon über mehrere ~n gegangen*** the play has already been performed several times

Bühnenanweisung *f* stage direction **Bühnenarbeiter(in)** *m(f)* stagehand **Bühnen(aus)sprache** *f* ≈ received pronunciation (*standard pronunciation used in German theatre*) **Bühnenbearbeitung** *f* stage adaptation **Bühnenbeleuchtung** *f* stage lighting **Bühnenbild** *nt* scenery **Bühnenbildner(in)** <-s, -> *m(f)* scene-painter **bühnenreif** *adj* ❶ THEAT fit for the stage ❷ (*iron: theatralisch*) dramatic **Bühnensprache** *f s.* **Bühnenaussprache bühnenwirksam** THEAT **I.** *adj* dramatically effective **II.** *adv* in a dramatically effective manner; ***das Schauspiel kann durchaus ~ umgestaltet werden*** the play can definitely be made dramatically effective

Buhruf *m* [cry of] boo **Buhrufer(in)** <-s, -> *m(f)* person who cries boo

buk (*veraltet*) *imp von* **backen**

Bukarest <-s> *nt* Bucharest

Bukett <-s, -s *o* -e> *nt* ❶ (*geh: Strauß*) bouquet ❷ (*Duft*) *Wein* bouquet

Buklee^RR *nt s.* **Bouclé**[1], **Bouclé**[2]

bukolisch *adj* (*geh*) idyllic

Bulette <-, -n> *f* DIAL (*Frikadelle*) meat ball ▶ WENDUNGEN: **ran an die ~n!** (*fam*) let's get down to it! *fam*

Bulgare, Bulgarin <-n, -n> *m, f* Bulgarian; *s. a.* **Deutsche(r)**

Bulgarien <-s> [-riən] *nt* Bulgaria; *s. a.* **Deutschland**

Bulgarin <-, -nen> *f fem form von* **Bulgare**

bulgarisch *adj* Bulgarian; *s. a.* **deutsch 1, 2**

Bulgarisch *nt dekl wie adj* Bulgarian; *s. a.* **Deutsch**

Bulgarische <-n> *nt* ■ **das ~** Bulgarian, the Bulgarian language; *s. a.* **Deutsche**

Bulimie <-> *f kein pl* bulimia [nervosa] *no pl*

Bullauge *nt* porthole **Bulldogge** *f* bulldog **Bulldozer** <-s, -> ['bʊldoːzɐ] *m* bulldozer

Bulle[1] <-n, -n> *m* ❶ (*männliches Tier*) bull ❷ (*sl: Polizist*) cop[per] *fam;* ■ **die ~n** *pl* the [Old] Bill + *sing/pl vb* BRIT *sl,* the cops *pl* AM *sl* ❸ (*fam: starker Mann*) hulk

Bulle[2] <-, -n> *f* REL bull; HIST bulla

Bullenhitze *f kein pl* (*fam*) stifling heat *no pl*

Bulletin <-s, -s> [bʏl'tɛ̃ː] *nt* bulletin

bullig *adj (fam)* ① *(massig)* hulking ② *(drückend)* stifling; ***hier ist es ~ heiß*** it's stiflingly hot here
bum *interj* bang; **es macht ~** there is a [*or* it goes] bang
Bumerang <-s, -s *o* -e> *m* ① *(Wurfholz)* boomerang ② *(Eigentor)* own goal BRIT, goal scored against your own team AM; **sich für jdn als ein ~ erweisen** [*o* **auf jdn wie ein ~ zurückfallen**] to boomerang [*or* backfire] on sb
Bummel <-s, -> *m* stroll; **einen ~ machen** to go for a stroll
Bummelant(in) <-en, -en> *m(f)* *(pej fam)* slowcoach BRIT *fam*, slowpoke AM *fam*
Bummelei <-> *f kein pl* *(pej fam)* dilly-dallying *fam*
bummeln *vi* ① *sein (spazieren gehen)* ■ [**irgendwo**] ~ to stroll [somewhere]; ~ **gehen** to go for a stroll ② *haben (fam: trödeln)* to dilly-dally *fam*
Bummelstreik *m* go-slow **Bummelzug** *m (fam)* local [passenger] [*or* non-express] train
Bummler(in) <-s, -> *m(f)* ① *(Spaziergänger)* person out on a stroll ② *(fam: Trödler)* slowcoach BRIT *fam*, slowpoke AM *fam*
bums *interj* bang; ~ **machen** to go bang; ***auf dieser viel befahrenen Straße macht es öfter mal ~*** on this busy street you often hear crashes
Bumsbomber *m (pej derb) aeroplane which flies to a sex tourist resort*
bumsen I. *vi impers haben (fam)* ① *(dumpf krachen)* ■ **es bumst** there is a bang; ***was bumst da so?*** what's that banging?; ***hörst du es nicht ~?*** can't you hear that/the banging?; AUTO *(aufprallen)* there is a crash; ***jede Woche bumst es an dieser Kreuzung mehrmals*** there are several crashes at this crossroads every week ② *(gleich gibt's eine Ohrfeige!)* ■ **es bumst!** you'll get what for [*or* AM you're going to get it] in a minute! **II.** *vi* ① *sein (prallen, stoßen)* ■ [**mit etw** *dat*] **auf/gegen etw** *akk* ~ to bang [one's sth] against/into sth ② *haben (derb: koitieren)* ■ [**mit jdm**] ~ to screw *fam!* [*or vulg* fuck] sb, BRIT *a.* to have it off [with sb]; ■ [**das**] **B~** screwing, BRIT *a.* having it off **III.** *vt haben (derb: beschlafen)* ■ **jdn** ~ to screw *fam!* [*or vulg* fuck] sb; ***was habe ich sie gebumst!*** I gave her a good screwing!; ■ [**von jdm**] **gebumst werden** to be screwed *fam!* [*or vulg* fucked] [by somebody]
Bumslokal *nt (pej fam)* dive *fam* **Bumsmusik** *f (pej fam)* oompah oompah *fam*
Bund[1] <-[e]s, Bünde> *m* ① *(Vereinigung, Gemeinschaft)* association; **mit jdm im ~e stehen** [*o* **sein**] to be in cahoots with sb *fam* ② *(Verband)* ■ ~ **der ...** *gen* association of ... ③ *(die Bundesrepublik Deutschland)* ■ **der** ~ the Federal Republic of Germany; ~ **und Länder** the Federation and the Länder; SCHWEIZ *(Eidgenossenschaft)* confederation ④ *(Konföderation)* confederation ⑤ *(fam: Bundeswehr)* ■ **der** ~ the [German] army; **beim ~ sein** to be doing one's military service ⑥ *(Einfassung)* waistband ⑦ *(Querleiste)* fret ▶ WENDUNGEN: **den ~ der Ehe eingehen** *(geh)*, **den ~ fürs Leben schließen** *(geh)* to enter into wedlock *dated form*
Bund[2] <-[e]s, -e> *nt* bundle; KOCHK bunch
Bündchen <-s, -> *nt (Abschluss am Ärmel)* cuff; *(Abschluss am Halsausschnitt)* neckband
Bündel <-s, -> *nt* ① *(Packen)* bundle, sheaf ② *(eine Menge)* bunch *fam*; **ein ~ von Fragen** *pl* a set [*or* cluster] of questions ③ *(fam: ein Wickelkind)* little bundle *fam* ▶ WENDUNGEN: **sein ~ schnüren** [*o* **packen**] *(hum fam)* to pack one's bags; **jeder hat sein ~ zu tragen** we all have our cross to bear
bündeln *vt* ① *(zusammenschnüren)* ■ **etw** ~ to tie sth in[to] bundles; **Karotten/Radieschen etc. ~** to tie carrots/radishes etc. in[to] bunches ② ORN *(konzentrieren)* to concentrate sth
bündelweise *adv* by the bundle [*or* bunch]
Bundesamt *nt* federal office **Bundesangestelltentarif** *m* salary scale for government employees [*or* civil servants] **Bundesanleihe** *f* federal loan **Bundesanstalt** *f* federal institute; ~ **für Arbeit** Federal Employment Office **Bundesanwalt, -anwältin** *m, f* JUR ① BRD Federal Public Prosecutor; *(beim Bundesverwaltungsgericht)* prosecutor in the Supreme Administrative Court ② SCHWEIZ public prosecutor **Bundesanwaltschaft** *f* JUR Federal Public Prosecutor's Office **Bundesanzeiger** *m* BRD Federal Gazette **Bundesarbeitsgericht** *nt kein pl* JUR Federal Labour [*or* AM -or] Court *(highest labour court in Germany)* **Bundesarchiv** *nt* federal archives *pl* **Bundesausbildungsförderungsgesetz** *nt federal law concerning the promotion of education and training* **Bundesautobahn** *f* federal motorway [*or* AM highway] **Bundesbahn** *f* **die** [**Deutsche**] ~ German Federal Railway, ≈ British Rail BRIT, ≈ Amtrak AM **Bundesbank** *f kein pl* Federal Bank of Germany **Bundesbehörde** *f* Federal authority [*or* AM agency] **Bundesbürger(in)** *m(f)* German citizen
bundesdeutsch *adj* German, of the Federal Republic of Germany *pred*
Bundesdeutsche(r) *f(m) dekl wie adj* German **Bundesebene** *f* federal level; **auf ~** at [*or* on a] federal level
bundeseigen *adj (dem Bund 3. gehörend)* federal
Bundesfinanzhof <-[e]s> *m kein pl* Federal Fiscal Court *(German supreme tax court)* **Bundesgebiet** *nt* BRD federal [*or* German] territory **Bundesgenosse, -genossin** *m, f* ally **Bundesgericht** *nt* SCHWEIZ [Swiss] Federal Court, Federal Court of Switzerland **Bundesgerichtshof** *m* BRD Federal German supreme court *(highest German court of appeal)* **Bundesgrenzschutz** *m* BRD German Border Police **Bundeshauptstadt** *f* federal capital **Bundeshaus** *nt* ① BRD Bundestag building ② SCHWEIZ federal parliament [building] **Bundesheer** *nt* ÖSTERR Austrian Armed Forces **Bundesinnenminister(in)** *m(f)* German [*or* Federal] Minister of the Interior **Bundeskabinett** *nt* BRD German [*or* Federal] Cabinet **Bundeskanzler(in)** *m(f)* BRD German [*or* Federal] Chancellor; ÖSTERR Austrian [*or* Federal] Chancellor; SCHWEIZ Head of the Federal Chancellery **Bundeskanzleramt** *nt* POL Federal Chancellor's Office *(responsible for planning, control and coordination of the Bundeskanzler's functions and duties)* **Bundeskanzlerin** *f fem form von* Bundeskanzler **Bundeskartellamt** *nt kein pl* Federal Cartel Office **Bundeskriminalamt** *nt* Federal Criminal Police Office *(central organization for combatting and investigating crime)* **Bundeslade** *f* REL Ark of the Covenant **Bundesland** *nt* federal state; *(nur BRD)* Land; **die alten/neuen Bundesländer** former West/East Germany **Bundesliga** *f kein pl* German football [*or* AM soccer] league **Bundesligist** <-en, -en> *m* team in the German football [*or* AM soccer] league **Bundesminister(in)** *m(f)* BRD, ÖSTERR federal minister [of Germany/Austria] **Bundesministerium** *nt* BRD, ÖSTERR federal ministry **Bundesnachrichtendienst** *m* BRD Federal Intelligence Service [of Germany] **Bundespost** *f kein pl* Federal Post Office *(German Postal Service)* **Bundespräsident(in)** *m(f)* BRD, ÖSTERR President [*or* Head of State] of the Federal Republic of Germany/Austria; SCHWEIZ President of the Confederation **Bundesrat** *m* ① BRD, ÖSTERR Bundesrat *(Upper House of Parliament)* ② *kein pl* SCHWEIZ Federal Council *(executive body)* **Bundesrat, -rätin** *m, f* ÖSTERR Member of the Bundesrat/Upper House of Parliament; SCHWEIZ Member of the Federal Council

Bundesrechnungshof *m kein pl* Federal Audit Office (*responsible for examining the income and expenditure of the government*) **Bundesregierung** *f* federal government

Bundesrepublik *f* federal republic; **die ~ Deutschland** the Federal Republic of Germany **bundesrepublikanisch** *adj* German

Bundesschatzbrief *m* federal treasury bill **Bundesstaat** *m* ❶ (*Staatenbund*) confederation ❷ (*Gliedstaat*) federal state; ***im ~ Kalifornien*** in the state of California **Bundesstraße** *f* BRD, ÖSTERR ≈ A road BRIT, ≈ interstate [highway] AM

Bundestag *m kein pl* BRD Bundestag (*Lower House of Parliament*) **Bundestagsabgeordnete(r)** *f(m) dekl wie adj* Member of the Bundestag, German member of parliament **Bundestagsdebatte** *f* Bundestag debate **Bundestagsfraktion** *f* parliamentary group [*or* party] in the Bundestag **Bundestagsmitglied** *nt* Member of the Bundestag, German member of parliament **Bundestagspräsident(in)** *m(f)* President of the Bundestag **Bundestagswahl** *f* Bundestag election

Bundestrainer(in) *m(f)* BRD [German] national coach **Bundesverdienstkreuz** *nt* BRD Order of Merit of the Federal Republic of Germany, ≈ OBE BRIT **Bundesverfassung** *f kein pl* federal constitution **Bundesverfassungsgericht** *nt kein pl* BRD Federal Constitutional Court (*supreme legal body that settles issues relating to the basic constition*) **Bundesversammlung** *f* POL ❶ BRD Federal Assembly ❷ SCHWEIZ Parliament **Bundesversicherungsanstalt** *f* **~ für Angestellte** Federal Insurance Office for Salaried Employees **Bundesverwaltungsgericht** *nt* BRD Federal Administrative Court **Bundeswehr** *f* Federal [*or* German] Armed Forces

bundesweit **I.** *adj* throughout [the whole of] [*or* all over] Germany *pred;* ***nach der Katastrophe erfolgte ein ~er Spendenaufruf*** after the catastrophe there was an appeal for donations throughout [the whole of] Germany **II.** *adv* throughout [the whole of] [*or* all over] Germany

Bundfalte *f* pleat **Bundfaltenhose** *f* trousers [*or* AM *a.* pants] *pl* with a pleated front **Bundhose** *f* breeches *npl,* knickerbockers *pl* BRIT, knickers *npl* AM

bündig *adj* ❶ (*bestimmt*) concise; ***danke, das war ~, ich gehe!*** thanks, you've made yourself clear – I'm off!; *s. a.* **kurz** ❷ (*schlüssig*) conclusive ❸ (*in gleicher Ebene*) level

Bündigkeit <-> *f kein pl* conciseness *no pl*

Bündnis <-ses, -se> *nt* alliance; **~ 90** Bündnis 90 (*political party comprising members of the citizens' movements of former East Germany*)

Bündnisblock <-blöcke> *m* group of allied countries *pl* **Bündnisgrüne** *pl* Green party alliance **Bündnispartner** *m* POL, ÖKON alliance partner **Bündnissystem** *nt* system of alliance **Bündnistreue** *f* loyalty to a/the alliance

Bundweite *f* waist size

Bungalow <-s, -s> ['bʊŋgalo:] *m* bungalow

Bungeejumping <-s> ['bandʒidʒampɪŋ] *nt kein pl* bungee jumping *no pl*

Bungeeseil *nt* bungee [cord [*or* rope]]

Bunker <-s, -> *m* ❶ (*Schutzraum*) bunker; (*Luftschutzbunker*) air-raid shelter ❷ (*beim Golf*) bunker ❸ (*sl: Gefängnis*) slammer

bunkern *vt* ■ **etw ~** to hoard sth

Bunsenbrenner <-s, -> *m* Bunsen burner

bunt **I.** *adj* ❶ (*farbig*) colourful BRIT, colorful AM ❷ (*ungeordnet*) muddled; (*vielfältig*) varied **II.** *adv* ❶ (*farbig*) colourfully BRIT, colorfully AM; **~ bemalt** colourful[ly painted]; **~ gestreift** with colourful [*or* coloured] stripes *pl;* ***ein ~ gestreiftes Hemd*** a colourfully-striped shirt; **~ kariert** with a coloured check [pattern] ❷ (*ungeordnet*) in a muddle; **~ gemischt** (*abwechslungsreich*) diverse; (*vielfältig*) varied ▶ WENDUNGEN: **es zu ~ treiben** (*fam*) to go too far; **jdm wird es zu ~** (*fam*) sb has had enough

buntbemalt *adj attr s.* **bunt II 1** **buntgemischt** *adj attr s.* **bunt II 2** **buntgestreift** *adj s.* **bunt II 1**

Buntheit <-> *f kein pl* colourfulness *no pl* BRIT, colorfulness *no pl* AM; ***sie liebt Kleider von auffallender ~*** she loves strikingly colourful clothes

Buntmetall *nt* non-ferrous heavy metal **Buntpapier** *nt* coloured [gummed] paper **Buntsandstein** *m* ❶ BAU red sandstone ❷ GEOL Bunter **Buntspecht** *m* great spotted woodpecker **Buntstift** *m* coloured pencil **Buntwäsche** *f* colour wash, coloureds *pl*

Bürde <-, -n> *f* (*geh*) ❶ (*Last*) load; ***die Zweige bogen sich unter der ~ des Schnees*** the branches bent under the weight of the snow ❷ (*Beschwernis*) burden

Bure, Burin <-n, -n> *m, f* Boer

Burg <-, -en> *f* ❶ (*au Stein*) castle ❷ (*Sandburg*) sand[-]castle ❸ (*Biberbau*) lodge

Bürge, Bürgin <-n, -n> *m, f* guarantor; **jdm ~ für etw** *akk* **sein** to be sb's guarantee for sth; **[jdm] einen ~n stellen** [*o* **bringen** *fam*] to provide [sb] with a guarantor

bürgen *vi* ❶ (*einstehen für*) ■ **[jdm] für etw** *akk* **~** to act as guarantor [for sb] for sth; ■ **für jdn ~** to act as sb's guarantor ❷ (*garantieren*) ■ **für etw** *akk* **~** to guarantee sth

Burgenland *nt* Burgenland

Bürger(in) <-s, -> *m(f)* citizen

Bürgerbegehren *nt* BRD public petition for a referendum **Bürgerbewegung** *f* citizens' movement **bürgerfern** *adj* non-citizen friendly, not in touch with the people *pred,* aloof **Bürgerhaus** *nt* ❶ (*Gemeindehaus*) municipal hall ❷ (*Haus eines Bürgers*) town house ❸ (*veraltend: bürgerliche Familie*) bourgeois family *pej*

Bürgerin <-, -nen> *f fem form von* **Bürger** **Bürgerinitiative** *f* citizens' group **Bürgerkrieg** *m* civil war **bürgerkriegsähnlich** *adj* similar to civil war *pred,* as in civil war *pred*

bürgerlich *adj* ❶ *attr* (*den Staatsbürger betreffend*) civil; **~e Pflicht** civic duty ❷ (*dem Bürgerstand angehörend*) bourgeois *pej* **Bürgerliche(r)** *f(m) dekl wie adj* commoner

Bürgermeister(in) *m(f)* mayor; ***der regierende ~ von Hamburg*** the governing Mayor of Hamburg

Bürgermeisterstück *nt* KOCHK top rump, thick flank

bürgernah *adj* citizen-friendly, in touch with the people *pred*

Bürgernähe *f kein pl* citizen-friendliness *no pl* **Bürgerpflicht** *f* civic duty **Bürgerrecht** *nt meist pl* civil right **Bürgerrechtler(in)** <-s, -> *m(f)* civil rights activist **Bürgerrechtsbewegung** *f* civil rights *pl* movement **Bürgerrechtsgesuch** *nt* SCHWEIZ (*Einbürgerungsgesuch*) application for naturalization

Bürgerschaft <-, -en> *f* POL ❶ (*die Bürger*) citizenry ❷ (*Bürgervertretung*) ≈ city-state parliament (*in the länder of Bremen and Hamburg*)

Bürgerschaftswahl *f* elections to the city-state parliament

Bürgerschreck *m a person who frightens or provokes other people by behaving in a consciously uncoventional manner* **Bürgersteig** <-[e]s, -e> *m* pavement BRIT, sidewalk AM

Bürgertum <-s> *nt kein pl* bourgeoisie + *sing/pl vb*

Bürgerversammlung *f* citizen's meeting

Burgfestspiele *pl open-air theatre festival that takes*

place within the grounds of a castle **Burgfriede(n)** *m* truce; ■ **einen ~ schließen** to call a truce **Burgherr(in)** *m(f)* lord of a/the castle
Bürgin <-, -nen> *f fem form von* **Bürge**
Burgruine *f* castle ruin
Bürgschaft <-, -en> *f* JUR ❶ (*gegenüber Gläubigern*) guaranty; ~ **[für jdn/etw] leisten** (*[für jdn/etw] bürgen*) to act as a guarantor [for sb/sth]; **die ~ für jdn übernehmen** to act as sb's guarantor ❷ (*Haftungssumme*) security
Burgund <-[s]> *nt* Burgundy
Burgunder <-s, -> *m* (*Wein aus Burgund*) burgundy
Burgunder(in) <-s, -> *m(f)* ■ **ein ~/eine ~in sein** to come from Burgundy
Burgunderkelch *m* Burgundy glass **Burgunderpfanne** *f* KOCHK *heavy metal casserole for meat fondue* **Burgundertrüffel** *m* Burgundy truffle
burgundisch *adj* Burgundy
Burgverlies *nt* castle dungeon
Burin <-, -nen> *f fem form von* **Bure**
Burkina Faso <-s> *nt* Burkina Faso; *s. a.* **Deutschland**
Burkiner(in) <-s, -> *m(f)* Burkinan; *s. a.* **Deutsche(r)**
burkinisch *adj* Burkinabe, Burkinan; *s. a.* **deutsch**
burlesk *adj* burlesque
Burleske <-, -n> *f* MUS burlesque
Burma <-s> *nt s.* **Myanmar**
Burnout <-s, -s> ['bœrnaut] *m* burn-out
Burnus <- *o* -ses, -se> *m* burnous[e] BRIT, burnoose AM
Büro <-s, -s> *nt* office
Büroangestellte(r) *f(m) dekl wie adj* office worker **Büroarbeit** *f* office work **Büroautomation** *f* office automation **Bürobedarf** *m* office supplies *pl* **Bürohaus** *nt* office block **Bürohengst** *m* (*pej fam*) pen pusher *pej* **Bürokaufmann, -kauffrau** *m, f* office adminstrator [with commercial training] **Büroklammer** *f* paper clip **Bürokommunikation** *f* office communication **Bürokommunikationssystem** *nt* office communications system **Bürokraft** *f* office worker
Bürokrat(in) <-en, -en> *m(f)* (*pej*) bureaucrat *pej*
Bürokratie <-, -n> [*pl* -'tiːən] *f* bureaucracy
Bürokratin <-, -nen> *f fem form von* **Bürokrat**
bürokratisch I. *adj* ❶ *inv, attr* (*verwaltungsmäßig, der Bürokratie gemäß*) bureaucratic ❷ (*pej*) bureaucratic, involving a lot of red tape II. *adv inv* bureaucratically, using a lot of red tape
Bürokratismus <-> *m kein pl* (*pej*) bureaucracy
Büromaschine *f* piece of office equipment **Büroschluss**[RR] *m* end of office hours *pl* **Bürostunden** *pl* office hours *pl* **Büroturm** *m* office block
Bürschchen <-s, -> *nt dim von* **Bursche** (*pej: junger Bursche*) [young] fellow; **mein ~!** my boy!
Bursche <-n, -n> *m* ❶ (*Halbwüchsiger*) adolescent; ***warte nur, mein ~, ich werde dich erwischen!*** just you wait young man – I'll catch you! ❷ (*fam: Kerl*) so-and-so BRIT *fam*, character AM ❸ (*fam: Exemplar*) specimen
Burschenschaft <-, -en> *f* SCH ≈ fraternity (*student's duelling association with colours*)
Burschenschaft(l)er <-s, -> *m* SCH member of a fraternity
burschikos I. *adj* (*salopp*) casual; (*Mensch*) laid-back; **~es Mächen** tomboy; **~e Ausdrucksweise** slangy [*or* casual] way of talking II. *adv* casually; **sich** *akk* **~ benehmen** to behave in a laid-back manner; **sich** *akk* **~ ausdrücken** to express oneself using slang
Bürste <-, -n> *f* brush
bürsten *vt* ❶ (*mit einer Bürste reinigen*) ■ **etw ~** to brush sth ❷ (*abbürsten*) ■ **etw von etw** *dat* **~** to brush sth off [of AM *a.*] sth
Bürsten(haar)schnitt *m* crew cut **Bürstenmacher(in)** *m(f)* brush maker **Bürstenmassage** [-masaːʒə] *f* brush massage
Burunder(in) <-s, -> *m(f)* Burundian; *s. a.* **Deutsche(r)**
Burundi <-s> *nt* Burundi; *s. a.* **Deutschland**
Burundier(in) *m(f) s.* **Burunder**
burundisch *adj* Burundi; *s. a.* **deutsch**
Bürzel <-s, -> *m* ORN tail; KOCHK parson's nose
Bus <-ses, -se> *m* AUTO bus; (*Reisebus*) coach, AM *usu* bus
Busbahnhof *m* bus station
Busch <-[e]s, Büsche> *m* ❶ (*Strauch*) shrub, bush ❷ (*Buschwald*) bush ❸ (*Strauß*) bunch; (*selten: Büschel*) tuft ▶ WENDUNGEN: **mit etw** *dat* **hinter dem ~ halten** (*fam*) to keep sth to oneself; **im ~ sein** (*fam*) ■ **da ist etw im ~** sth is up; **bei jdm auf den ~ klopfen** (*fam*) to sound sb out; **sich** *akk* **[seitwärts] in die Büsche schlagen** (*fam*) to sneak away
Buschbohne *f* dwarf [*or* AM bush] bean
Büschel <-s, -> *nt* tuft
büschelweise *adv* in tufts *pl;* ***der Flachs wurde ~ zum Trocknen ausgelegt*** the flax was laid out in bundles *pl* to dry
Buschenschenke *f* ÖSTERR (*Straußwirtschaft*) *temporary bar in which new local wines are sold*
Buschfeuer *nt* bush fire
buschig I. *adj* bushy II. *adv* ■ **~ wachsen** to spread
Buschmann <-männer *o* -leute> *m* Bushman **Buschmannfrau** *f* Bushman woman **Buschmesser** *nt* bushwhacker **Buschwerk** *nt kein pl* thicket **Buschwindröschen** [-røːsçən] *nt* wood anemone
Busen <-s, -> *m* ❶ (*weibliche Brust*) bust ❷ (*Oberteil eines Kleides*) top ❸ (*geh: Innerstes*) breast *liter*
Busenfreund(in) *m(f)* ❶ (*enger Freund*) buddy *fam*, best friend ❷ (*iron: Intimfeind*) bosom friend *iron*, mortal enemy
Busfahrer(in) *m(f)* bus driver **Bushaltestelle** *f* bus stop **Bushäusle** *nt* SÜDD (*fam*) bus shelter
Businessclass *f* business class **Businessplan** *m* ÖKON business plan
Buslinie *f* bus route
Bussard <-s, -e> *m* buzzard
Buße <-, -n> *f* ❶ *kein pl* (*Reue*) repentance; (*Bußauflage*) penance *no pl;* **~ tun** to do penance; **jdn zu einer ~ verurteilen** to sentence sb to penance; **zur ~** as a penance; *s. a.* **Sakrament** ❷ JUR (*Schadenersatz*) damages *npl* ❸ SCHWEIZ (*Geldbuße*) fine
büßen I. *vt* ❶ (*bezahlen*) ■ **etw [mit etw** *dat***] ~** to pay for sth [with sth]; **das wirst [*o* sollst] du mir ~!** I'll make you pay for that! ❷ SCHWEIZ (*mit einer Geldbuße belegen*) ■ **jdn ~** to fine sb II. *vi* (*leiden*) ■ **[für etw** *akk***] ~** to suffer [because of sth]; ***dafür wird er mir ~!*** I'll make him suffer [*or* I'm going to get him back] for that!
Büßer(in) <-s, -> *m(f)* penitent
Büßergewand *nt* REL penitential garment ▶ WENDUNGEN: **keineswegs im ~** without the slightest trace of remorse
Büßerin <-, -nen> *f fem form von* **Büßer**
Busse(r)l <-s, -[n]> *nt* SÜDD, ÖSTERR (*fam: Kuss*) kiss
busse(r)ln *vt, vi* SÜDD, ÖSTERR (*fam: küssen*) ■ **jdn ~** to kiss sb; ■ **~** to kiss
bußfertig *adj* penitent **Bußgang** *m* ▶ WENDUNGEN: **einen ~ [zu jdm] antreten** (*geh*) to beg [sb's] forgiveness *no pl* **Bußgebet** *nt* penitential prayer
Bußgeld *nt* (*Geldbuße*) fine, BRIT *a.* penalty (*imposed for traffic and tax offences*)
Bußgeldbescheid *m* notice of a fine, BRIT *a.* penalty notice **Bußgeldkatalog** *m* list of offences *pl* pu-

nishable by fines *pl* **Bußgeldstelle** *f* [traffic] fine payment office **Bußgeldverfahren** *nt* fining system

Bußpredigt *f* penitential sermon **Buß- und Bettag** *m* day of prayer and repentance (*on the Wednesday before Advent*)

Büste <-, -n> *f* ❶ (*Skulptur von Kopf und Schultern*) bust ❷ (*euph: Busen 1*) bust ❸ (*Schneiderpuppe*) tailor's dummy

Büstenhalter *m* bra[ssiere]

Büstier <-s, -s> [bys'ti̯eː] *nt* bustier

Busverbindung *f* bus service

Butan <-s, -e> *nt* butane

Butangas *nt* butane gas

Butike <-, -n> *f* boutique

Butt <-[e]s, -e> *m* butt

Bütt <-, -en> *f* DIAL *a barrel-like platform from which speeches are given at carnivals;* **in die ~ steigen** to take the floor [at a carnival]

Butte <-, -n> *f* ❶ (*Tragebehälter*) hod ❷ *s.* **Bütte**

Bütte <-, -n> *f* DIAL tub

Büttel <-s, -> *m* (*pej veraltet*) ❶ (*Handlanger*) servant ❷ (*Gerichtsbote*) bailiff

Bütteldienst *m* (*pej*) servant's job; ***für solche ~e bin ich mir zu schade!*** that kind of job's beneath me!

Bütten <-s> *nt,* **Büttenpapier** *nt kein pl* handmade paper **Büttenrand** *m* deckle edge **Büttenrede** *f* DIAL humorous speech, *made from the barrel-like platform at a carnival*

Butter <-> *f kein pl* butter *no pl;* **braune ~** nut butter; **gute ~** quality butter ▶ WENDUNGEN: **jdm nicht die ~ auf dem Brot gönnen** (*fam*) to begrudge sb everything; **sich** *dat* **[von jdm] nicht die ~ vom Brot nehmen lassen** (*fam*) to stand up for oneself [against sb]; **wie ~ in der Sonne dahinschmelzen** to evaporate *fig;* **weich wie ~** as soft as can be; ***nach außen zeigt er Härte, aber innerlich ist er weich wie ~*** he looks tough on the outside but he's a real softie at heart; **alles [ist] in ~** (*fam*) everything is hunky-dory

Butterberg *m* [EU] butter mountain **Butterblume** *f* buttercup **Butterbohne** *f* butter bean **Butterbrot** *nt* slice of buttered bread ▶ WENDUNGEN: **jdm etw aufs ~ schmieren** (*fam*) to rub sth in; ***das schmiere ich dem aber aufs ~!*** I won't let him forget that!; **für ein ~** (*fam*) for a song [*or* AM peanuts *pl*]; ***da arbeitest du ja für ein ~!*** you're working for peanuts there! **Butterbrotpapier** *nt* greaseproof paper **Buttercreme** *f* butter cream **Buttercremetorte** *f* butter cream gateau [*or* AM cake] **Butterdose** *f* butter-dish

Butterfly <-s, -> *m,* **Butterflystil** *m s.* **Schmetterlingsstil**

Butterfrucht *f* (*selten*) avocado **Butterglasur** *f* butter icing **Butterkeks** *m* butter biscuit [*or* AM cookie], BRIT *a.* Rich Tea® *biscuit* **Butterkohl** *m s.* **Schnittkohl** **Buttermilch** *f* buttermilk

buttern I. *vt* ❶ (*mit Butter bestreichen*) ■**etw ~** to butter sth ❷ (*fam: investieren*) ■**etw in etw** *akk* **~** to plough [*or* AM plow] sth into sth II. *vi* (*Butter herstellen*) to produce butter

ButternussRR *f* American white walnut **Butternusskürbis**RR *m* butternut squash **Butterpilz** *m* boletus lutens **Butterroller** *m* butter curler **Buttersalat** *nt* BOT, KOCHK young green lettuce **Buttersauciere** *f* butter boat **Buttersäure** *f* CHEM butyric acid **Butterschmalz** *nt* clarified butter **butterweich** I. *adj* really soft II. *adv* softly

Büttner(in) <-s, -> *m(f)* DIAL (*Böttcher*) cooper

Button <-s, -s> ['batən] *m* badge

Butzenscheibe *f* bullion point sheet

b.w. *Abk von* **bitte wenden** PTO

B-Waffe *f* biological weapon

BWL *f Abk von* **Betriebswirtschaftslehre**

Bypass <-es, Bypässe> ['baipas] *m* bypass

Bypassoperation *f* bypass operation

Byte <-s, -s> [bait] *nt* byte

byzantinisch *adj* Byzantine

Byzanz <-> *nt* Byzantium

bzgl. *präp +gen Abk von* **bezüglich**

bzw. *adv Abk von* **beziehungsweise**

C

C, c <-, – *o fam* -s, -s> *nt* ❶ (*Buchstabe*) C, c; **~ wie Cäsar** C for [*or* AM as in] Charlie; *s. a.* **A 1** ❷ MUS C, c; **das hohe ~** top [*or* high] c; *s. a.* **A 2**

C *Abk von* **Celsius** C

ca. *Abk von* **circa** approx., ca.

Cabrio <-s, -s> *nt s.* **Kabrio**

Cabriolet <-[s], -s> *nt s.* **Kabriolett**

CAD <-s, -s> *nt Abk von* **computer-aided design** CAD

Caddie <-s, -> ['kɛdi] *m* ❶ (*Mensch*) caddie, caddy ❷ (*Wagen*) caddie [*or* caddy] car

Cadmium <-s> *nt kein pl* cadmium *no pl*

Café <-s, -s> *nt* café

Cafeteria <-, -s> *f* cafeteria

Cafetiere [kafe'ti̯eːrə] *f* cafetiere

cal *f kurz für* **kalorie** cal.

Calcium <-s> *nt kein pl s.* **Kalzium**

Californium <-s> *nt kein pl* californium *no pl*

Callboy ['kɔːlbɔɪ] *m male version of a call girl* **Callcenter** ['kɔːlsɛntɐ] *nt* TELEK call centre **Callcenter-Agent** *m* TELEK call centre adviser **Callgirl** <-s, -s> [-gœrl] *nt* call girl

Camcorder <-s, -> ['kamkɔrdɐ] *m* camcorder

Camembert <-s, -s> ['kaməmbɛːɐ̯] *m* Camembert [cheese]

Camp <-s, -s> [kɛmp] *nt* MIL ❶ (*Lager*) camp ❷ (*Gefangenenlager*) prison camp

campen ['kɛmpn̩] *vi* ■**[irgendwo] ~** to camp [*or* go camping] [somewhere]

Camper(in) <-s, -> ['kɛmpɐ] *m(f)* camper

campieren* *vi* ❶ *s.* **kampieren** ❷ ÖSTERR, SCHWEIZ (*campen*) to camp, to go camping

Camping <-s> ['kɛmpɪŋ] *nt kein pl* camping

Campingartikel *m* piece of camping equipment **Campingausrüstung** *f* camping equipment **Campingbus** *m* camper **Campingführer** *m* camping guide **Campingplatz** *m* campsite, camping [*or* AM camp] ground **Campingzubehör** *nt* camping equipment *no pl*

Campus <-, -> *m* campus

Canasta <-s> *nt kein pl* KARTEN [game of] canasta

Canberra <-s> *nt* Canberra

Cancan <-s, -s> [kã'kãː] *m* cancan

cand. *Abk von* **candidatus** final year student, BRIT *a.* graduand

Canellino *f* KOCHK canellino bean

Cannabis <-> *m kein pl* cannabis *no pl*

Cannelloni *pl* cannelloni *npl*

Cañon <-s, -s> ['kanjɔn] *m* canyon

Canossa <-[s]> *nt s.* **Kanossa**

Canyoning ['kænjənɪŋ] *nt* SPORT canyoning *no pl, no indef art*

Cape <-s, -s> [keːp] *nt* cape

Cappuccino <-[s], -[s]> [kapʊ'tʃiːno] *m* cappuccino

Caravan <-s, -s> ['ka(ː)ravan] *m* caravan

Carepaket ['kɛə-] *nt* care package

Carnaroli *m kein pl* KOCHK carnaroli rice *no pl*

Carolina *m kein pl* KOCHK Carolina rice *no pl*
Carport <-s, -s> ['ka:pɔ:t] *m* carport
Cartoon <-s, -s> [kar'tu:n] *m* cartoon
Carving ['ka:ɐvɪŋ] *nt* SKI carving **Carving-Ski** *m* carving ski
Casanova <-s, -s> *m* Casanova
Cäsar[1] <-s> ['tsɛ:zar] *m* Caesar
Cäsar[2] <-saren, -saren> *m* emperor
Cäsarenwahn(sinn) *m* megalomania
Cascading [kæs'keɪdɪŋ] *nt* SPORT cascading
Cash <-s> [kæʃ] *nt kein pl* FIN (*fam*) cash
cash [kæʃ] *adv* cash
Cashewnuss[RR] ['kɛʃu-] *f* cashew nut
Cashflow[RR] <-s, -s> ['kæʃfloʊ] *m* cash flow
Cäsium <-s> ['tsɛ-] *nt kein pl* caesium BRIT *no pl*, cesium AM *no pl*
Cassette <-, -n> *f s.* **Kassette**
casten ['ka:stn̩] *vt* FILM ■**jdn** ~ to cast sb
Casting <-s, -s> ['ka:stɪŋ] *nt* FILM, THEAT casting [session] **Casting-Agentur** *f* FILM casting agency
Catch-as-catch-can <-> ['kætʃəz'kætʃkæn] *nt kein pl* catch-as-catch-can *no pl*, all-in wrestling *no pl*
catchen ['kɛtʃn̩] *vi* ■**gegen jdn** ~ to wrestle catch-as-catch-can against sb
Catcher(in) <-s, -> ['kɛtʃɐ] *m(f)* catch-as-catch-can [*or* all-in] wrestler
Catering <-[s]> ['kəɪtərɪŋ] *nt kein pl* catering *no pl*
Cateringservice *m* catering service
Cayennepfeffer [ka'jɛn-] *m* cayenne pepper
CB-Funk *m* CB radio
CD <-, -s> *f Abk von* **Compact Disc** CD
CD-Brenner *m* CD rewriter [*or* burner] **CD-Player** <-s, -> [-ple:ə] *m* CD player **CD-ROM** <-, -s> [tse:de:'rɔm] *f* CD-ROM; ■**auf CD-ROM** on CD-ROM **CD-ROM-Laufwerk** *nt* CD-ROM drive [*or* player] **CD-Spieler** *m s.* **CD-Player**
CDU <-> *f Abk von* **Christlich-Demokratische Union** CDU
CD-Video *nt* video disc **CD-Videogerät** *nt* video disc player **CD-Wechsler** *m* CD selector
Celebessee [tse'le:bɛs] *f* Celebes Sea
Cellist(in) <-en, -en> [tʃɛ'lɪst] *m(f)* cellist
Cello <-s, -s *o* Celli> ['tʃɛlo] *nt* cello
Cellophan® <-s> [tsɛlo'fa:n] *nt kein pl* cellophane
Celsius ['tsɛl-] *no art, inv* Celsius
Celsiusskala *f* celsius scale
Cembalo <-s, -s *o* Cembali> ['tʃɛmbalo] *nt* cembalo
Cervelatwurst [sɛrvə'la:t-] *f* cervelat [sausage]
Ces, ces <-, -> [tsɛs] *nt* MUS C flat
Cha-Cha-Cha <-[s], -s> ['tʃa'tʃa'tʃa] *m* cha-cha[-cha]
Chagrinleder [ʃa'grɛ̃-] *nt* shagreen
Chamäleon <-s, -s> [ka-] *nt* chameleon; **ein ~ sein** (*pej*) to be [like] a chameleon
Champagner <-s, -> [ʃam'panjə] *m* champagne
Champagnerschere *f* champagne tongs *npl*
Champignon <-s, -s> ['ʃampɪnjɔŋ] *m* mushroom
Champion <-s, -s> ['tʃɛmpi̯ən] *m* (*Spitzensportler*) champion; (*Spitzenmannschaft*) champions *pl*
Chance <-, -n> ['ʃã:sə] *f* ① (*Möglichkeit*) chance; **eine/keine ~ ungenutzt lassen** to [not] pass up an opportunity; **jdm eine ~ geben** to give sb a chance; **jdm eine letzte ~ geben** to give sb one last chance; **[gegen jdn] keine ~ haben** to have no chance [against sb]; **die ~n** *pl* **stehen gut/schlecht** there's a good chance/there's little chance; **wie stehen die ~n?** (*fam*) what are the odds? ② *pl* (*Aussichten*) prospects *pl*; **[bei jdm] ~n haben** (*fam: Aussicht auf Erfolg haben*) to have a chance [with sb]; (*beim Arbeitgeber etc*) to have prospects [with an employer, etc.]
Chancengleichheit *f kein pl* equal opportunities
chancenlos *adj* no chance; ~ **gegen jdn/etw sein** to not stand a chance against sb/sth
changieren* [ʃã'ʒi:rən] *vi* to shimmer
Chanson <-s, -s> [ʃã'sõ:] *nt* chanson
Chanson(n)ette <-, -n> [ʃãsɔ'nɛt] *f* chanteuse
Chansonsänger(in) *m(f)* singer of chansons, chansonnier
Chaos <-> ['ka-] *nt kein pl* chaos *no pl*; **irgendwo herrscht [ein einziges]** ~ there is [complete [*or* absolute]] chaos somewhere
Chaot(in) <-en, -en> [ka-] *m(f)* (*pej*) ① (*Radikale(r)*) anarchist ② (*sl: verworrener Mensch*) chaotic [*or* muddle-headed] person
chaotisch [ka-] **I.** *adj* chaotic; ~ **aussehen/klingen** to look/sound chaotic **II.** *adv* chaotically
Chapeau claque, Chapeau Claque[RR] <- -, -x -s> [ʃapo'klak] *m* opera-hat
Charakter <-s, -tere> [ka-] *m* ① (*Wesen*) character; ~ **haben** to have strength of character; **den ~ prägen** [*o* **formen**] to form [*or* BRIT mould] [*or* AM mold] the character; **jd von ~** sb with strength of character ② (*Eigenart*) character; *eines Gesprächs, einer Warnung* nature *no indef art* ③ (*liter*) character
Charakteranlage *f* characteristic **Charakterdarsteller(in)** *m(f)* character actor **Charaktereigenschaft** *f* characteristic **Charakterfehler** *m* character defect **charakterfest** *adj* with strength of character *pred*; ~ **sein** to have strength of character **Charakterfestigkeit** *f* strength of character
charakterisieren* *vt* ■**etw** ~ to characterize sth; ■**jdn/etw [als etw** *akk*] ~ to characterize sth/sb [as sth]
Charakterisierung <-, -en> *f* characterization
Charakteristik <-, -en> *f* ① (*treffende Schilderung*) characterization ② TECH (*typische Eigenschaft*) feature
Charakteristikum <-s, -ristika> *nt* (*geh*) characteristic
charakteristisch *adj* characteristic, typical; ■~ **[für jdn/etw] sein** to be characteristic [*or* typical] [of sb/sth]
charakteristischerweise *adv* characteristically
Charakterkopf *m* face with striking [*or* distinctive] features; **einen ~ haben** to have striking features, to have an expressive face
charakterlich **I.** *adj* of sb's character *pred*; ~**es Merkmal** characteristic; ~**e Stärke** strength of character **II.** *adv* in character, as far as sb's character is concerned *pred*; **jdn ~ stark/negativ prägen** to have a strong/negative effect on sb's character
charakterlos **I.** *adj* despicable **II.** *adv* despicably **Charakterlosigkeit** <-, -en> *f* ① (*Niedertracht*) despicableness *no pl* ② (*schändliche Tat*) despicable act; ***es ist einfach eine ~ von ihr*** it is simply despicable of her **Charaktermerkmal** *nt s.* **Charaktereigenschaft**
Charakterologie <-> *f kein pl* characterology *no pl*
charakterologisch *adj* characterological
Charakterrolle *f* character part **Charakterschwäche** *f* weakness of character **Charakterschwein** *nt* (*fam*) bad lot **Charakterstärke** *f* strength of character **Charakterstudie** *f* character study **charaktervoll** **I.** *adj* ① (*anständig*) decent ② (*ausgeprägt*) pronounced **II.** *adv* decently **Charakterzug** *m* characteristic
Charge <-, -n> ['ʃarʒə] *f* ① (*Dienstgrad*) rank; **die höheren/unteren ~n** the upper/lower ranks ② (*Nebenrolle*) supporting role ③ PHARM batch
Charisma <-s, Charismen *o* Charismata> ['ça:rɪsma] *nt* (*geh*) charisma
Charismatiker(in) <-s, -> *m(f)* charismatic person
charismatisch *adj* charismatic
Charleston <-, -s> ['tʃarlstn̩] *m* Charleston

charmant [ʃar'mant] **I.** *adj* charming **II.** *adv* charmingly

Charme <-s> [ʃarm] *m kein pl* charm; ~ **haben** to have charm

Charmeur(in) <-s, -e> [ʃar'møːɐ̯] *m(f)* charmer

Charta <-, -s> ['karta] *f* charter; **Magna** ~ Magna Carta [*or* Charta]

Charterflug ['tʃartɐ-] *m* charter flight **Charter(flug)gesellschaft** *f* charter company **Chartermaschine** *f* charter [[*or* AM airplane] aeroplane]

chartern ['tʃartɐn] *vt* ① (*mieten*) ■**etw** ~ to charter sth ② (*fam: anheuern*) ■[**sich** *dat*] **jdn** ~ to hire sb

Charts [tʃaːts] *pl* charts *pl*

Chassis <-, -> [ʃa'siː] *nt* chassis

Chateaubriand <-[s], -s> [ʃatobri'ãː] *nt* KOCHK chateaubriand

Chatroom <-s, -s> ['tʃætruːm] *m* INET chat room

chatten ['tʃætən] *vi* INET (*fam*) ■[**mit jdm**] ~ to chat [with sb]

Chauffeur(in) <-s, -e> [ʃɔ'føːɐ̯] *m(f)* (*Fahrer*) driver; (*persönlicher Fahrer*) chauffeur

chauffieren* [ʃɔ'fiːrən] **I.** *vt* (*geh o veraltend*) ■**jdn** [**irgendwohin/zu jdm**] ~ to drive sb [somewhere/to sb] **II.** *vi* (*geh o veraltend*) to drive

Chaussee <-, -n> [ʃɔ'seː] *f* (*in Straßennamen*) Avenue; (*veraltend*) country road

Chauvi <-s, -s> ['ʃoːvi] *m* (*sl*) [male] chauvinist [pig] *pej*

Chauvinismus <-> [ʃo-] *m kein pl* ① POL (*pej*) chauvinism *no pl pej* ② (*männlicher* ~) [male] chauvinism *no pl pej*

Chauvinist(in) <-en, -en> [ʃo-] *m(f)* ① POL (*pej*) chauvinist *pej* ② (*Chauvi*) [male] chauvinist [pig] *pej*

chauvinistisch [ʃo-] **I.** *adj* (*pej*) ① POL chauvinistic ② (*männlich* ~) chauvinistic *pej* **II.** *adv* (*pej*) chauvinistically *pej*

Chayote <-, -n> [tʃa'joːtə] *f* BOT, KOCHK chayote, vegetable pear

checken ['tʃɛkn̩] *vt* ① (*überprüfen*) ■**etw** ~ to check sth; ■~**, ob** to check whether ② (*sl: begreifen*) ■**etw** ~ to get sth *fam* ③ SPORT (*anrempeln*) ■**jdn** ~ to check sb

Checkliste *f* checklist **Checkpoint** <-s, -s> *m* checkpoint **Check-up** <-s, -s> ['tʃɛkap] *m* checkup

Chef(in) <-s, -s> [ʃɛf] *m(f)* head; (*Leiter einer Firma*) manager, boss *fam;* ~ **des Stabes** MIL chief of staff

Chefarzt, -ärztin *m, f* head doctor **Chefetage** *f* management floor **Chefideologe, -login** *m, f* chief ideologist [*or* ideologue]

Chefin <-, -nen> *f* ① *fem form von* **Chef** ② (*fam: Frau des Chefs*) boss' wife *fam*

Chefkoch, -köchin *m, f* chief [*or* head] cook **Chefredakteur(in)** *m(f)* editor-in-chief **Chefredaktion** *f* ① (*Aufgabe*) chief editorship ② (*Büro*) editor-in-chief's office **Chefsache** *f pl selten* (*fam*) matter for the boss [to take care of], management matter; **etw zur** ~ **machen** to make sth a matter for the management; ***Erklären Sie den Fall zur*** ~***!*** that's a matter for the boss! **Chefsekretär(in)** *m(f)* manager's secretary **Chefunterhändler(in)** *m(f)* POL head [*or* chief] negotiator

chem. *Abk von* **chemisch**

Chemie <-> [çe'miː] *f kein pl* ① (*Wissenschaft*) chemistry ② ÖKON (*Branche*) chemical industry ③ (*fam: chemische Zusatzstoffe*) chemicals *pl fam*

Chemiearbeiter(in) *m(f)* chemical worker **Chemiefaser** *f* (*Kunstfaser*) man-made fibre [*or* AM -er] **Chemiekonzern** *nt* chemical manufacturer [*or* company] **Chemielaborant(in)** *m(f)* laboratory chemist **Chemielehrer(in)** *m(f)* chemistry teacher **Chemieunfall** *nt* chemical accident **Chemieunterricht** *m* chemistry lesson **Chemiewaffen** *pl* chemical weapons *pl* **chemiewaffenfrei** *adj* free of chemical weapons *pred*

Chemikalie <-, -n> [çemi-] *f meist pl* chemical

Chemiker(in) <-s, -> ['çeːmikɐ] *m(f)* chemist

chemisch ['çeːmɪʃ] SÜDD *bes* **I.** *adj* chemical **II.** *adv* chemically; **etw** ~ **reinigen** to dry-clean sth

Chemotechnik [çemo-] *f kein pl* chemical engineering *no pl* **Chemotechniker(in)** *m(f)* chemical engineer **Chemotherapeutikum** <-s, -ka> *nt* chemotherapeutical remedy **Chemotherapie** *f* chemotherapy

Cherub <-s, -im *o* -inen> ['çeːrʊp] *m* cherub

chic [ʃɪk] *adj s.* **schick**

Chicorée <-s> ['ʃikore] *m kein pl* chicory

Chiemsee *m* Chiemsee

Chiffon <-s, -s> ['ʃɪfõ] *m* chiffon

Chiffre <-, -n> ['ʃɪfrə] *f* ① (*Kennziffer*) box number ② (*Zeichen*) cipher

Chiffreanzeige *f* box number advertisement

chiffrieren* [ʃɪ'friːrən] *vt* ■**etw** ~ to [en]code sth; ■**chiffriert** [en]coded

Chile <-s> ['tʃiːle] *nt* Chile; *s. a.* **Deutschland**

Chilekrabbe *f* ZOOL langostino

Chilene, Chilenin <-n, -n> *m, f* Chilean; *s. a.* **Deutsche(r)**

chilenisch *adj* Chilean; *s. a.* **deutsch**

Chili <-s> ['tʃiːli] *m kein pl* ① (*Pfefferschote*) chilli BRIT, chili AM ② (*Pfeffersoße*) chilli sauce

Chilischote *f* chilli, hot pepper

China <-s> ['çiːna] *nt* China; *s. a.* **Deutschland**

Chinakohl *m* Chinese cabbage **Chinapfeffer** *m* anise pepper **Chinasalat** *m* Chinese leaf [*or* cabbage] **Chinawurzel** *f* chinaroot

Chinchilla[1] <-, -s> [tʃɪn'tʃɪla] *f* chinchilla

Chinchilla[2] <-s, -s> [tʃɪn'tʃɪla] *nt* chinchilla

Chinese, Chinesin <-n, -n> [çi-] *m, f* Chinese [person]; *s. a.* **Deutsche(r)**

chinesisch *adj* Chinese ▶WENDUNGEN: ~ **für jdn sein** (*fam*) to be double Dutch to sb; *s. a.* **deutsch**

Chinesisch *nt dekl wie adj* Chinese; *s. a.* **Deutsch**

Chinesische <-n> *nt* ■**das** ~ Chinese; *s. a.* **Deutsche**

Chinin <-s> [çi'niːn] *nt kein pl* quinine *no pl*

Chip <-s, -s> [tʃɪp] *m* ① INFORM [micro]chip ② (*Jeton*) chip ③ *meist pl* KOCHK crisp *usu pl* BRIT, chip *usu pl* AM

Chipkarte *f* smart card

Chiropraktik [çiro-] *f kein pl* chiropractic *no pl* **Chiropraktiker(in)** *m(f)* chiropractor

Chirurg(in) <-en, -en> *m(f)* surgeon

Chirurgie <-, -n> [çirʊr'giː] *f* ① *kein pl* (*Fachgebiet*) surgery ② (*chirurgische Abteilung*) surgery ward

Chirurgin <-, -nen> *f fem form von* **Chirurg**

chirurgisch **I.** *adj* surgical; ■**die** ~**e Abteilung** the surgery ward **II.** *adv* surgically; ~ **tätig sein** to practise [*or* AM -ce] surgery

Chisinau <-s> [kiʃi'nəu̯] *nt* Chişinău

Chitin <-s> [çi'tiːn] *nt kein pl* chitin *no pl*

Chlor <-s> [kloːɐ̯] *nt kein pl* chlorine

Chlorakne *f* chloracne *no pl*

chloren *vt* ■**etw** ~ to chlorinate sth

chlorieren* *vt* ■**etw** ~ to chlorinate sth; *s. a.* **Kohlenwasserstoff**

chlorig *adj* chlorous

Chloroform <-s> *nt kein pl* chloroform *no pl* **chloroformieren*** *vt* ■**jdn** ~ to chloroform sb **Chlorophyll** <-s> *nt kein pl* chlorophyll *no pl*

Choke <-s, -s> [tʃoʊk] *m* choke

Cholera <-> ['koːlera] *f kein pl* cholera *no pl*

Choleriker(in) <-s, -> [ko-] *m(f)* choleric person

cholerisch *adj* choleric
Cholesterin <-s> [çolɛsteˈriːn] *nt kein pl* cholesterol *no pl*
Cholesterinspiegel *m* cholesterol level
Chor¹ <-[e]s, Chöre> [koːɐ̯] *m* 1 (*Gruppe von Sängern*) choir 2 MUS chorus; **im ~** in chorus
Chor² <-[e]s, -e *o* Chöre> *m* ARCHIT 1 (*Altarraum*) choir 2 (*Chorempore*) choir gallery
Choral <-s, Choräle> [ko-] *m* chorale
Choreograf(in)ᴿᴿ <-en, -en> *m(f)* choreographer
Choreografieᴿᴿ <-, -n> [ko-] *f* choreography
Choreografinᴿᴿ <-, -nen> *f fem form von* **Choreograf**
choreografischᴿᴿ *adj* choreographic
Choreograph(in) <-en, -en> *m(f) s.* **Choreograf**
Choreographie <-, -n> *f s.* **Choreografie**
Choreographin <-, -nen> *f fem form von* **Choreograf**
choreographisch *adj s.* **choreografisch**
Chorgesang *m* choral singing *no pl*
Chorgestühl *nt* choir stalls *pl*
Chorknabe *m* choirboy **Chorleiter(in)** *m(f)* choirmaster **Chorsänger(in)** *m(f)* chorister
Chose <-, -n> [ˈʃoːzə] *f* (*fam*) 1 (*Angelegenheit*) thing *fam,* affair, matter 2 (*Zeug*) stuff *fam;* ■ **die [ganze] ~** the whole lot *fam*
Chr. *Abk von* **Christus, Christi** Christ
Christ(in) <-en, -en> [krɪst] *m(f)* Christian
Christbaum *m* DIAL (*Weihnachtsbaum*) Christmas tree **Christbaumschmuck** *m kein pl* DIAL Christmas tree decorations *pl* **Christdemokrat(in)** *m(f)* Christian Democrat **christdemokratisch** *adj* Christian democratic
Christenheit <-> *f kein pl* Christendom *no pl*
Christenpflicht *f* Christian duty
Christentum <-s> *nt kein pl* Christianity *no pl*
Christenverfolgung *f* persecution of [the] Christians
Christfest *nt* DIAL (*Weihnachtsfest*) Christmas
Christi *gen von* **Christus**
christianisieren* *vt* ■**jdn/etw ~** to convert sb/sth to Christianity, to christianize sb/sth
Christianisierung <-, -en> *f* christianization, conversion to Christianity
Christin <-, -nen> *f fem form von* **Christ**
Christkind *nt* 1 (*Jesus*) infant [*or* baby] Jesus, Christchild 2 (*weihnachtliche Gestalt, die Geschenke bringt*) Father Christmas BRIT, Santa Claus AM; **ans ~ glauben** to believe in Father Christmas 3 *bes* SÜDD, ÖSTERR (*Weihnachtsgeschenk*) Christmas present
christlich **I.** *adj* Christian; **C~-Demokratische Union** [*o* **CDU**] Christian Democratic Union, CDU; **C~-Soziale Union** [*o* **CSU**] Christian Social Union; **C~er Verein Junger Männer** Young Men's Christian Association **II.** *adv* in a Christian manner; *s. a.* **Seefahrt, Verein**
Christmesse *f,* **Christmette** *f* REL Christmas mass **Christrose** *f* Christmas rose **Christstollen** *m cake made of yeast dough, raisins, candied citrus fruits and often marzipan that is traditionally eaten at Christmas*
Christus <Christi, *dat* – *o geh* Christo, *akk* – *o geh* Christum> [ˈkrɪstʊs] *m* Christ; (*Christusfigur*) figure of Christ; **nach ~, nach Christi Geburt** AD; **vor ~, vor Christi Geburt** BC; **Christi Himmelfahrt** Ascension
Chrom <-s> [kroːm] *nt kein pl* chrome *no pl*
Chromatik <-> [kro-] *f kein pl* 1 MUS chromaticism 2 ORN chromatics + *sing vb*
chromatisch *adj* MUS, ORN chromatic
chromblitzend *adj* gleaming [*or* shiny] with chrome
Chromosom <-s, -en> [kro-] *nt* chromosome
Chromosomensatz *m* chromosome number
Chronik <-, -en> [ˈkroːnɪk] *f* chronicle
chronisch [ˈkroːnɪʃ] *adj* 1 MED chronic 2 (*fam: dauernd*) chronic; ■ **etw ist bei jdm ~** sb has [a] chronic [case of] sth; **ein ~ kranker Mensch** a chronically ill person; ■ **~ sein/werden** to be/become chronic
Chronist(in) <-en, -en> *m(f)* chronicler
Chronologie <-> [kro-] *f kein pl* 1 (*geh: zeitliche Abfolge*) sequence 2 (*Zeitrechnung*) chronology
chronologisch **I.** *adj* chronological **II.** *adv* chronologically, in chronological order
Chronometer <-s, -> [krono-] *nt* chronometer
Chrysantheme <-, -n> [kryzanˈteːmə] *f* chrysanthemum
Chuzpe <-> [ˈxʊt͡spə] *f kein pl* (*pej fam*) gall
CIA <-> *f o m Abk von* **Central Intelligence Agency** CIA
Cicero¹ <-s> [ˈt͡sit͡sero] *m* HIST Cicero
Cicero² <-> *f o m kein pl* TYPO cicero
Cicerone <-[s], -s *o geh* Ciceroni> *m* (*veraltend*) 1 (*Fremdenführer*) tourist guide 2 (*Reiseführer*) guide[book]
Cie. SCHWEIZ *Abk von* **Kompanie**
Cineast(in) <-en, -en> [sine-] *m(f)* (*geh*) cinéaste, cineast[e]
cineastisch *adj* cinematic
circa *adv s.* **zirka**
Circe <-, -n> [ˈt͡ʃɪrt͡ʃə] *f* 1 HIST Circe 2 (*geh: verführerische Frau*) Circe *form,* temptress
Cis, cis <-, -> [t͡sɪs] *nt* C sharp
ciselieren [t͡sɪ-] *vt* KOCHK ■**etw ~** to score [*or* gash] sth
City <-, -s> [ˈsɪti] *f* city [centre] BRIT, city center AM, downtown AM
City-Trip <-s, -s> [ˈsɪtitrɪp] *m* (*Städtereise*) city break
Clan <-s, -s> [klaːn] *m* 1 (*Stamm*) clan 2 (*pej: Clique*) clique *pej*
Claqueur <-s, -e> [klaˈkøːɐ̯] *m* (*pej geh*) claqueur BRIT, [a member of a] studio audience AM
Clavicembalo <-s, -s *o* -cembali> [klaviˈt͡ʃɛmbalo] *nt* clavicembalo
clean [kliːn] *adj pred* (*sl*) ■ **~ sein** to be clean
clever [ˈklɛvɐ] **I.** *adj* (*fam*) 1 (*aufgeweckt*) smart, bright 2 (*pej: raffiniert*) cunning **II.** *adv* (*fam*) 1 (*geschickt*) artfully 2 (*pej*) cunningly
Clevernessᴿᴿ, Cleverneß <-> *f kein pl* 1 (*Aufgewecktheit*) brightness *no pl* 2 (*pej: Raffinesse*) cunningness *no pl*
Clinch <-[e]s> [klɪnt͡ʃ] *m kein pl* clinch; (*fig a.*) dispute; **[mit jdm] in den ~ gehen** to get into a clinch [with sb]; (*fig a.*) to start a dispute [with sb]; **sich** *akk* **aus dem ~ lösen** to free oneself from [*or* get out of] the clinch; **[mit jdm] im ~ sein** [*o* **liegen**] (*fig*) to be in dispute [with sb]
Clip <-s, -s> [klɪp] *m* 1 (*Klemme*) clip 2 (*Haarklemme*) hair slide [*or* clip], barrette AM 3 (*Ohrschmuck*) clip-on [earring] 4 (*Videoclip*) video
Clips <-, -e> *m s.* **Clip 3**
Clique <-, -n> [ˈklɪkə] *f* 1 (*Freundeskreis*) circle of friends 2 (*pej*) clique *pej*
Cliquen(un)wesen *nt* (*pej*) cliquism *pej* **Cliquenwirtschaft** *f* (*pej fam*) cliquism *pej*
Clochard <-s, -s> [klɔˈʃaːɐ̯] *m* tramp, AM *fam a.* bum
Clou <-s, -s> [kluː] *m* 1 (*Glanzpunkt*) highlight 2 (*Kernpunkt*) crux 3 (*Pointe*) punch line
Clown(in) <-s, -s> [klaʊ̯n] *m(f)* clown ▶ WENDUNGEN: **sich** *akk***/jdn zum ~ machen** to make a fool of oneself/sb; **den ~ spielen** to play the clown
Club <-s, -s> *m s.* **Klub**
Clubber(in) <-s, -> [ˈklʌbn̩] *m(f)* [night]clubber

Club-Steak [klʌb-] *nt* club steak
cm *Abk von* **Zentimeter** cm
Co. *Abk von* **Kompagnon, Kompanie** Co.
Coach <-[s], -s> [koʊtʃ] *m* coach
Coca <-[s], -s *o wenn f* -, -s> *nt o f (fam)* Coke® *fam*
Cockpit <-s, -s> ['kɔkpɪt] *nt* LUFT, AUTO cockpit
Cocktail <-s, -s> ['kɔkte:l] *m* ❶ *(Getränk)* cocktail ❷ *(Party)* cocktail party ❸ *(Mischung)* wild mixture
Cocktailbar *f* cocktail bar **Cocktailkleid** *nt* cocktail dress **Cocktailparty** *f* cocktail party
Coco-Bohne *f* broad bean
Code <-s, -s> *m s.* **Kode**
Codex <-es *o* -, -e *o* Codices> *m s.* **Kodex**
codieren* *vt* ❶ INFORM, TECH ■**etw** ~ to code sth ❷ LING *s.* **kodieren**
Cognac® <-s, -s> ['kɔnjak] *m* cognac
Coitus <-, -> *m (geh)* coitus *form,* coition *spec; s. a.* **Koitus**
Cola <-[s], -s *o wenn f* -, -s> *nt o f (fam)* Coke® *fam*
Colchicin <-s> [kɔlçi'tʃi:n] *nt kein pl s.* **Kolchizin**
Collage <-, -n> [kɔ'la:ʒə] *f* KUNST, MUS collage
Collagen <-s> *nt s.* **Kollagen**
Collier <-s, -s> *nt s.* **Kollier**
Coloniakübel *m* ÖSTERR *(große Mülltonne)* dustbin BRIT, garbage [*or* trash] can AM
Colt® <-s, -s> *m* Colt; **zum ~ greifen** to go for one's gun
Combo <-, -s> *f* combo
Come-backRR, **Comeback** <-[s], -s> [kam'bɛk] *nt* comeback; **ein/sein ~ feiern** to enjoy a comeback; **jdm gelingt ein ~** sb makes a successful comeback
COMECON, Comecon <-> *m o nt kurz für* **Council for Mutual Economic Assistance/Aid** COMECON
Comer See *m* Lake Como
Comic <-s, -s> ['kɔmɪk] *m meist pl* comic
Coming-out <-[s], -s> [kamɪŋ'ʔaut] *nt* coming-out
CompactdiscRR <-, -s> [kɔm'pɛkt-] *f* compact disc
Compiler <-s, -> [kɔm'pailɐ] *m* compiler
Computer <-s, -> [kɔm'pju:tɐ] *m* computer; **den ~ programmieren** to program the computer; [**etw**] **auf ~ umstellen** to computerize [sth]
Computerarbeitsplatz *m* computerized workstation **Computerdiagnostik** *f* computer diagnosis **Computerfreak** *m* computer freak **computergesteuert** I. *adj* computer-controlled II. *adv* under computer control; ***die Montage erfolgt*** ~ the assembly is controlled by computer **computergestützt** *adj* computer-aided **Computergrafik**RR *f* computer graphics *npl*
computerisieren* *vt* ■**etw** ~ to computerize sth
Computerisierung <-> *f kein pl* computerization
Computerkasse *f* computerized [cash] till **Computerlinguist(in)** *m(f)* computer linguist **Computerlinguistik** *f* computer linguistics + *sing vb* **Computernetz** *nt* INFORM, INET computer net **Computersimulation** *f* INFORM computer simulation **Computerspiel** *nt* computer game **Computersprache** *f* computer language
Computer-Telephony-IntegrationRR, **Computer Telephony Integration** *f* TELEK computer telephony integration
Computertomogramm *nt* computer-aided tomogram **Computertomograph** *m* computerized tomography [*or* CT] scanner **Computertomographie** *f* computerized tomography, CT **Computervirus** *m* computer virus
Comtesse <-, -n> [kõ'tɛs] *f* countess
Conditio sine qua non <- - - -> *f kein pl (geh)* sine qua non *form,* indispensable condition
Conférencier <-s, -s> [kõferã'sie:] *m* compère
Confiserie <-, -n> *f* SCHWEIZ *(Konditorei) s.* **Konfiserie**
Consultingfirma [kən'sʌltɪŋ-] *f* consulting firm
Container <-s, -> [kɔn'te:nɐ] *m* ❶ *(Behälter)* container ❷ *(Müll~)* skip BRIT, dumpster AM ❸ *(Wohn~)* Portakabin®
Containerbahnhof *m* container depot **Containerterminal** *m o nt* container terminal **Containerverkehr** *m* container traffic
Containment <-s, -s> *nt* containment shell
Contenance <-> [kõntə'nã:s] *f kein pl (geh)* composure *no pl*
Contergankind *nt (fam)* thalidomide child
Contrefilet ['kõntrə-] *nt* KOCHK *(vom Rind)* rump
Controller(in) <-s, -> *m(f)* controller
Controlling <-s> [kən'troʊlɪŋ] *nt kein pl* controlling *no pl,* controllership *no pl* BRIT
Cookinseln <-> [kʊk-] *pl* ■**die** ~ the Cook Islands *pl; s. a.* **Falklandinseln**
cool [ku:l] *adj (sl)* ❶ *(gefasst)* calm and collected ❷ *(sehr zusagend)* cool *fam*
Copilot(in) *m(f)* co-pilot
Copyright <-s, -s> ['kɔpirait] *nt* copyright
coram publico *adv (geh)* coram populo *form,* publicly
Cord <-s> *m kein pl* cord[uroy]
Cordhose *f* cords *npl,* corduroy trousers [*or* AM pants] *npl*
Cordon bleu <- -, -s -s> [kɔrdõ'blø] *nt veal cutlet filled with boiled ham and cheese and covered in breadcrumbs*
Corner <-s, -> ['kɔ:nə] *m* ÖSTERR, SCHWEIZ *(Eckball)* corner
Cornflakes®RR ['ko:nfleɪks] *pl* cornflakes *pl*
Cornichon <-s, -s> [kɔrni'ʃõ:] *nt* pickled gherkin, AM *a.* cornichon
Corporate FashionRR <-> ['kɔ:pərɪt'fɛʃn] *f kein pl* MODE corporate fashion
Corps <-, -> [ko:ɐ] *nt s.* **Korps**
Corpus <-, Corpora> *nt s.* **Korpus²**
Corpus DelictiRR <- -, Corpora -> *nt* ❶ JUR *(Tatwerkzeug)* [material] evidence [of a crime]; **das ~ vorlegen** to present the evidence ❷ *(hum: Beweisstück)* evidence
Cortison <-s> *nt kein pl s.* **Kortison**
cos *kurz für* **Kosinus**
Costa Rica <-s> *nt* Costa Rica; *s. a.* **Deutschland**
Costa-Ricaner(in) <-s, -> *m(f)* Costa Rican; *s. a.* **Deutsche(r)**
costa-ricanisch *adj* Costa Rican; *s. a.* **deutsch**
Côte d'Ivoire <-s> [kotdi'vwa:r] *nt* Ivory Coast, Côte d'Ivoire; *s. a.* **Deutschland**
Couch <-, -es *o* -en> [kautʃ] *f o* SÜDD *m* couch, sofa, settee
Couchgarnitur *f* three-piece suite, AM *a.* couch set **Couchpotato** <-, -es> ['kautʃpə'teɪtoʊ] *f (pej sl)* couch potato *esp* AM *sl* **Couchtisch** *m* coffee table
Couleur <-, -s> [ku'lø:ɐ] *f* ❶ *(geh: Anschauung)* persuasion; ■**einer bestimmten ~** of a certain hue ❷ SCH colours [*or* AM -ors] *pl;* **~ tragen** to wear one's colours
Count-downRR, **Countdown** <-s, -s> ['kaunt'daun] *m o nt (a. fig)* countdown
Coup <-s, -s> [ku:] *m* coup; **einen ~ [gegen jdn/etw] landen** to score a coup [against sb/sth]
Coupé <-s, -s> [ku'pe:] *nt* ❶ *(Sportlimousine)* coupé ❷ ÖSTERR *(Zugabteil)* compartment
Coupon <-s, -s> [ku'põ:] *m* ❶ *(abtrennbarer Zettel)* coupon ❷ *(Zinscoupon)* [interest] coupon
Courage <-> [ku'ra:ʒə] *f kein pl (geh)* courage *no pl*
couragiert I. *adj (geh)* bold II. *adv* boldly, courage-

ously
Courtage <-, -n> [kʊrˈtaːʒə] *f* brokerage *no pl*
Cousin, Cousine <-s, -s> [kuˈzɛ̃ː] *m, f* cousin
Cover <-s, -s> [ˈkavɐ] *nt* ① (*Titelseite*) [front] cover ② (*Plattenhülle*) [record] sleeve
Covergirl [-gøːɐ̯l] *nt* cover girl
covern [ˈkavɐn] *vt* MUS ▪ **etw** ~ *Song, Musiktitel* to re-mix sth
Crack[1] <-s, -s> [krɛk] *m* (*ausgezeichneter Spieler*) ace
Crack[2] <-s> *nt kein pl* (*Rauschgift*) crack *no pl*
Cracker <-s, -[s]> *m* cracker
Crashkurs[RR] [ˈkrɛʃ-] *m* crash course
Credo <-s, -s> *nt s.* **Kredo**
Creme <-, -s> [kreːm, krɛːm] *f* ① (*Salbe*) cream ② (*Sahnespeise*) mousse
Crème <-, -s> [krɛːm] *f* cream; ~ **fraîche** crème fraîche; **die ~ de la ~** (*geh*) the crème de la crème
cremefarben *adj* cream **Cremetorte** *f* cream cake
cremig I. *adj* creamy II. *adv* ▪ **etw ~ rühren/schlagen** to stir/beat sth till creamy, to cream sth
Crêpe <-s, -e *o* -s> *m s.* **Krepp**[1]
Crêpe de Chine <- - -, -s - -> [krɛpdəˈʃin] *m* crêpe-de-chine
Crescendo <-s, -s *o* Crescendi> [krɛˈʃɛndo] *nt* crescendo
Crew <-, -s> [kruː] *f* ① (*Besatzung*) crew ② (*Arbeitsgruppe*) team
Crispsalat *m* crisp lettuce
Croissant <-s, -s> [kroaˈsãː] *nt* croissant
Cromargan® <-s> *nt kein pl* stainless steel [made of chrome-nickel] *no pl*
Croupier <-s, -s> [kruˈpi̯eː] *m* croupier
Crux <-> *f kein pl* (*geh*) ① (*Schwierigkeit*) crux; **die ~ bei der Sache** the crux of the matter ② (*Last*) burden; ▪ **mit jdm ist es eine ~,** ▪ **mit jdm hat man seine ~** sb is a burden [to sb]
C-Schlüssel *m* C clef
CSU <-> *f Abk von* **Christlich-Soziale Union** CSU
c.t. SCH *Abk von* **cum tempore** fifteen minutes later [than the given time]; ***die Vorlesung beginnt um 9 Uhr ~*** the lecture starts at 9:15 a.m.
CTI *f* INFORM *Abk von* **Computer Telefony Integration** CTI
cum grano salis *adv* (*geh*) with a pinch [*or* grain] of salt
cum laude *adv* with distinction
cum tempore *adv* fifteen minutes later [than the given time]
Cunnilingus <-, -lingi> *m* (*geh*) cunnilingus *form*
Cup <-s, -s> [kap] *m* ① (*Siegespokal*) cup ② (*Pokalwettbewerb*) cup [competition] ③ MODE cup
Cupido <-s> *m* Cupid
Curare <-> *nt kein pl* BIOL curare *no pl*
Curie <-, -> *nt* curie
Curium <-s> *nt kein pl* curium *no pl*
Curriculum <-s, Curricula> *nt* (*geh*) syllabus, curriculum
Curry <-s, -s> [ˈkœri] *m o nt* curry
Currywurst *f a sausage served with curry-flavoured ketchup and curry powder*
Cursor <-s, -> [ˈkœrsɐ] *m* cursor
Cut <-s, -s> [kœt] *m* morning coat
Cuticula *f s.* **Kutikula**
cutten [ˈkatn̩] *vt, vi* ▪ [**etw**] ~ to cut [*or* edit] [sth]
Cutter(in) <-s, -> *m(f)* cutter, editor
CVJM <-s> *m kein pl Abk von* **Christlicher Verein Junger Männer** YMCA
C-Waffe *f* chemical weapon
Cyanobakterium <-s, -ien> *nt* BOT cyanobacterium
Cybercash <-s> [ˈsaibɐkæʃ] *nt* INET cyber cash *no pl*
Cybersex <-> *m kein pl* cybersex *no pl* **Cyberspace** <-, -s> [-speɪs] *m kein pl* cyberspace *no pl*
Cytoplasma [tsy-] *nt kein pl* BIOL cytoplasm *no pl*
Cytoskelett [tsy-] *nt* BIOL cytoskeleton

D

D, d <-, - *o fam* -s, -s> *nt* ① (*Buchstabe*) D, d; ~ **wie Dora** D for David BRIT, D as in Dog AM; *s. a.* **A 1** ② MUS D, d; *s. a.* **A 2**
d.Ä. *Abk von* **der Ältere** Sr.
da I. *adv* ① (*örtlich: dort*) there; ***Athen? ~ möchte ich auch einmal hin!*** Athens? I'd like to go there too!; ***die Straße ~ ist es*** it's the street over there; ***~ bist du ja!*** there you are!; ~ **drüben/hinten/vorne** over there; ~ **draußen/drinnen** out/in there; (*hier*) here; **der/die/das ... ~** this/that ... [over here/there]; ***geben Sie mir bitte ein halbes Pfund von dem ~!*** I'd like half a pound of this/that [here/there] please!; ~ **und dort** here and there; **~, wo ...** where; ***sie macht am liebsten ~ Urlaub, wo es warm ist*** she prefers to go on holiday in warm places; ***~, wo sie ist, will auch ich sein!*** wherever she is I want to be too!; **ach, ~ ...!** oh, there...!; ***ach, ~ bist du!*** oh, there you are!; ***ach, ~ lag/stand das!*** oh, that's where it was!; *s. a.* **sein 2** ② (*zeitlich: dann*) then; ***vor vielen, vielen Jahren, ~ lebte ein König*** (*liter*) many, many years ago there lived a king; (*nun*) now ③ (*daraufhin*) and [then] ④ (*fam: in diesem Fall*) in such a case (*usually not translated*); ***die Sache ist todernst, und ~ lachst du noch?*** the matter is dead[ly] serious and you're still laughing? II. *interj* here!; [**he,**] **Sie ~!** [hey,] you there! III. *konj* ① *kausal* (*weil*) as, since ② *temporal* (*geh*) when; *s. a.* **jetzt, nun**
DAAD *nt* SCH *Akr von* **Deutscher Akademischer Austauschdienst** *independant organization of institutions of higher education that arranges international exchanges for students*
da|behalten* *vt irreg* ▪ **jdn ~** to keep sb here/there
dabei *adv* ① (*örtlich: mitgegeben*) with [it/them]; ***ein kleines Häuschen mit einem Garten ~*** a little house with a garden; ***die Rechnung war nicht ~*** the bill was not enclosed; ***ist der Salat bei dem Gericht ~?*** does the meal come with a salad?, is there a salad with the meal?; **direkt/nahe ~** right next/near to it ② (*zeitlich: währenddessen*) at the same time, while doing so; ***Arbeit am Computer? aber ~ muss man doch immer so viel tippen!*** working on the computer? But that involves so much typing!; (*dadurch*) as a result ③ (*außerdem*) on top of it all, to boot BRIT, besides AM; ***sie ist schön und ~ auch noch klug*** she is beautiful and clever to boot ④ (*während einer Verrichtung*) while doing it; ***er wollte helfen und wurde ~ selbst verletzt*** he wanted to help and in doing so got hurt himself; ***wir haben ihn ~ ertappt, wie er über den Zaun stieg*** we caught him [while he was] climbing over the fence; ***die ~ entstehenden Kosten sind sehr hoch*** the resulting costs are very high; **das Dumme/Schöne ~ ist, ...** the stupid/good thing about it is ...; **interessant/wichtig ~ ist, ...** the interesting/important thing about it is ... ⑤ *einräumend* (*doch*) even though ⑥ (*damit verbunden*) through it/them; ***das Geschäft ist riskant, ~ kann man aber reich werden*** it's a risky business but it can make you rich; ***nimm meine Bemerkung nicht so ernst, ich habe mir nichts ~ gedacht*** don't take my remark so seriously – I didn't mean anything by it; ***was hast du dir denn ~ gedacht?*** what were you thinking of?; **nichts ~ finden[, etw zu tun/wenn jd**

etw tut] to not see the harm in [doing/sb doing] sth; **es ist nichts ~[, wenn man/jd etw tut]** there is no harm in [one/sb doing] sth; **da ist [doch] nichts ~** (*das ist doch nicht schwierig*) there's nothing to it; (*das ist nicht schlimm*) there's no harm in it; **was ist schon ~** what does it matter ❼ (*wie gesagt*) *s.* **belassen, bleiben, lassen**

dabei|bleiben *vi irreg sein* (*Tätigkeit fortsetzen*) ■ **bei jdm ~** to stay with sb; ■ **bei etw** *dat* **~** to carry on [*or* stick] with sth; *s. a.* **dabei 7** **dabei|haben** *vt irreg, Zusammenschreibung nur bei infin und pp* ■ **etw ~** to have sth on oneself; ■ **jdn ~** to have sb with oneself; ***sie wollten ihn nicht ~ haben*** they didn't want [to have] him around **dabei|sein** *vi irreg sein s.* **dabei 1, 2, 6** **dabei|sitzen** *vi irreg* ■ **[bei etw] [mit] ~** to be there [for sth]; **bei einer Konferenz ~** to sit in on a conference **dabei|stehen** *vi irreg* ■ **[bei etw] [mit] ~** to be there; (*untätig a.*) to stand there; **dicht ~** to be/stand close by

da|bleiben *vi irreg sein* to stay [on]; ***halt, bleib da!*** stop where you are!, wait!; ***bleiben Sie noch einen Moment da*** wait just one [*or* a] moment; ■ **dageblieben!** [just] stay right there!

da capo *adv* ❶ (*Zugabe*) ■ **~!** encore! ❷ MUS da capo

Dach <-[e]s, Dächer> *nt* ❶ (*Gebäudeteil, Schutz~*) roof; **ein steiles ~** a steep [*or spec* high-pitched] roof; **ein ~ mit Schiefer decken** to slate a roof; **[mit jdm] unter einem ~ wohnen** [*o* **leben**] to live under the same roof [as sb]; **unterm ~** in an/the attic; **unterm ~ wohnen** to live in an attic room/flat [*or* AM *a.* apartment]; (*im obersten Stock*) to live [right] on the top floor; **[k]ein ~ über dem Kopf haben** (*fam*) to [not] have a roof over one's head; **jdm das ~ überm Kopf anzünden** (*fam*) to burn down sb's house, to raze sb's house to the ground; ■ **das ~ der Welt** the Roof of the World ❷ (*Auto~*) roof; (*aus Stoff*) top ▶ WENDUNGEN: **unter ~ und Fach sein** to be all wrapped up [*or fam* in the bag]; *Vertrag a.* to be signed and sealed; *Ernte* to be safely in; **etw unter ~ und Fach bringen/haben** to get/have got [*or* AM gotten] sth all wrapped up; ***wir haben den Vertrag unter ~ und Fach gebracht*** we've got the contract signed and sealed; **[von jdm] eins aufs ~ bekommen** [*o* **kriegen**] (*fam: geohrfeigt werden*) to get a clout round [*or* AM slap upside] the head [from sb] *fam;* (*getadelt werden*) to be given a talking to [by sb], to get it in the neck [from sb] *fam;* **jdm eins aufs ~ geben** (*fam: jdm eine Ohrfeige geben*) to give sb a clout [*or* AM slap]/to clout [*or* AM slap] sb round [*or* AM upside] the head *fam;* (*jdn tadeln*) to give sb a good talking to *fam* [*or* BRIT *fam!* a bollocking] [*or* AM a reprimand]; **jdm aufs ~ steigen** (*fam*) to jump down sb's throat *fam;* **unter dem ~ einer S.** *gen* in the broader context of sth

Dachantenne *f* roof [*or* outside] aerial [*or* AM *a.* antenna] **Dachbalken** *m* roof joist [*or* beam] **Dachboden** *m* attic, loft; **auf dem ~** in the attic [*or* loft] **Dachdecker(in)** <-s, -> *m(f)* roofer; (*mit Ziegeln*) tiler ▶ WENDUNGEN: **das kannst du halten wie ein ~** (*fam*) whatever/whenever/however you like **Dachfenster** *nt* skylight **Dachfirst** *m* BAU [roof] ridge **Dachgarten** *m* ❶ (*Garten auf einem Flachdach*) roof garden ❷ DIAL *s.* **Dachterrasse** **Dachgepäckträger** *m* roof-rack **Dachgeschoss**[RR] *nt* attic storey [*or* AM story]; (*oberster Stock*) top floor [*or* storey] **Dachgesellschaft** *f* holding [*or* parent] company **Dachgleiche(nfeier)** <-, -n> *f* ÖSTERR *s.* **Richtfest** **Dachkammer** *f* attic room **Dachkännel** <-s, -> *m* SCHWEIZ *s.* **Dachrinne** **Dachlatte** *f* roof [*or* tile] batten **Dachlawine** *f* ***sein Auto ist von einer ~ verschüttet worden*** his car was buried by snow that fell from the roof **Dachluke** *f* skylight **Dachorganisation** *f* holding [*or* parent] organization **Dachpappe** *f* roofing felt **Dachrinne** *f* gutter

Dachs <-es, -e> *m* ❶ (*Tier*) badger ❷ (*fig: Person*) [so] **ein frecher ~!** (*fam*) cheeky beggar! *fam;* **ein junger ~** a young whippersnapper [*or* pup] *hum*

Dachsbau <-baue> *m* [badger's] sett

Dachschaden *m* damage to the roof *no pl* ▶ WENDUNGEN: **einen ~ haben** (*fam*) to have a screw loose *hum fam* **Dachschräge** *f* slant [*or* slope] of a/the roof

Dächsin *f fem form von* **Dachs** [female [*or* she-]] badger

Dachsparren *m* rafter **Dachständer** *m* AUTO roof rack **Dachstein** *m* Dachstein Mountains **Dachstube** *f* DIAL *s.* **Dachkammer** **Dachstuhl** *m* roof truss

dachte *imp von* **denken**

Dachterrasse *f* roof terrace **Dachträger** *m* roof-rack **Dachverband** *m* umbrella organization **Dachwohnung** *f* attic flat [*or* AM *a.* apartment] **Dachziegel** *m* [roofing] tile; **~ legen** to lay tiles **Dachzimmer** *nt s.* **Dachkammer**

Dackel <-s, -> *m* ❶ (*Hund*) dachshund, sausage dog *fam* ❷ DIAL (*fam: Blödmann*) clot *fam,* ninny *dated fam;* ***ich ~!*** silly me!

Dadaismus <-> *m kein pl* ■ **[der] ~** Dadaism

Dadaist(in) <-en, -en> *m(f)* Dadaist; ■ **die ~en** the Dadaists, the Dada group + *sing/pl vb*

dadurch *adv* ❶ *örtlich* through [it/them]; (*emph*) through there ❷ *kausal* (*aus diesem Grund*) so, thus *form;* ***du kannst versuchen, etwas zu tun, aber ~ wird es nicht besser*** you can try doing something, but it won't make it better; (*auf diese Weise*) in this way ❸ (*deswegen*) ■ **~, dass ...** because ...; ■ **~, dass er es getan hat, hat er ...** by doing that he has ..., because he did that, he has ...; ***~, dass das Haus isoliert ist, ist es viel wärmer*** the house is much warmer because it's insulated [*or* for being insulated]; ***~, dass er den zweiten Satz gewonnen hat, sind seine Chancen wieder gestiegen*** his chances improved again with him [*or form* his] winning the second set

dafür I. *adv* ❶ (*für das*) for it/this/that; **ein Beispiel ~** an example; ***wir haben kein Geld ~*** we've no money for it; ***ich hätte ~ nicht so viel ausgegeben*** I would never have spent so much on it; ***warum ist er böse? er hat doch keinen Grund ~*** why's he angry? he has no reason to be [*or* there's no reason for it]; ***es ist ein Beweis ~, dass ...*** it's proof that ...; ***ich bin nicht ~ verantwortlich, was mein Bruder macht*** I'm not responsible for my brother's doings [*or* for what my brother does]; ***~ bin ich ja da/Lehrer*** that's what I'm here for [*or* why I'm here]/that's why I'm a teacher; ***ich bezahle Sie nicht ~, dass Sie nur rumstehen!*** I'm not paying you just to stand around; ***er ist ~ bestraft worden, dass er frech zum Lehrer war*** he was punished for being cheeky to the teacher; *s. a.* **Grund** ❷ (*als Gegenleistung*) in return; ***ich repariere dir ~ deine Türklingel*** in return, I'll fix your doorbell; ***wenn du mir das verrätst, helfe ich dir ~ bei den Hausaufgaben*** if you tell me, I'll help you with your homework [in return] ❸ (*andererseits*) ***in Mathematik ist er schlecht, ~ kann er gut Fußball spielen*** he's bad at maths, but he makes up for it at football; ***zwar bin ich darüber nicht informiert, ~ weiß ich aber, wer Ihnen weiterhelfen kann*** although I haven't been informed, I do know who can help you further; ***er ist zwar nicht kräftig, ~ aber intelligent*** he may not be strong, but he's intelligent for all that ❹ (*im Hinblick darauf*) ■ **~, dass ...** seeing [*or* considering] [that] ...; ***~, dass sie einen Abschluss hat, ist sie aber nicht besonders clever*** seeing [*or* considering] [that] she's got a degree, she's not particularly clever, she's not particularly clever, seeing [*or* considering] [that] she's got a degree ❺ (*für einen solchen*) ***er ist zwar kein Professor, aber er geht ~ durch*** although he isn't a professor, he can pass off as [being] one; ***sie ist keine wirkliche Wahrsagerin, aber im Dorf gilt sie ~*** she isn't a real fortuneteller, but the village consider her to be one; ***es ist zwar kein Silber, man könnte es aber auf den ersten Blick ~ halten*** although it's not silver, it could be taken for it at first glance ❻ *in Verbindung mit vb etc siehe auch dort* ***ich kann mich nicht ~ begeistern*** I can't get enthusiastic about it; ***er kann sich nicht ~ interessieren*** he is not interested [in it/that]; ***ich werde ~ sorgen, dass ...*** I'll make sure that ...; **etw ~ können** ***ich kann doch nichts ~!*** I can't help it! **II.** *adj pred* ▪ **~ sein** to be for it/that [*or* in favour [*or* Am -or] [of it/that]]; ***wer ist ~ und wer dagegen?*** who's for it [*or* in favour] and who against?; ***nur wenig Leute sind ~, dass die Todesstrafe wieder eingeführt wird*** only a few people are for [*or* in favour of] bringing back the death penalty; ***ich bin [ganz] ~, dass wir/Sie es machen*** I'm [all] for [*or* in favour of] doing/your doing that; ***er will wieder nach Italien – ich bin nicht ~*** he wants to go to Italy again – I don't think he should; *s. a.* **stimmen**

dafür|halten *vi irreg* (*geh*) ▪ **~, dass ...** to be of the opinion [*or form* to opine] that ... **Dafürhalten** *nt kein pl* (*geh*) ▪ **nach jds ~** in sb's opinion; ***nach meinem ~, ...*** if it was up to me [*or* in my opinion], ... **dafür|können** *vt irreg* ***er kann nichts dafür*** it's not his fault, he can't help it; ***er kann doch nichts dafür, wenn/dass es regnet*** he can't help it raining, it's not his fault [that] it's raining; ***kann ich [vielleicht] etwas dafür, wenn/dass ...?*** do you think it's my fault that ...?; ***keiner kann etwas dafür, dass ...*** it's nobody's fault that ... **dafür|stehen** *vi irreg* SÜDD, ÖSTERR (*sich lohnen*) to be worth it [*or* worthwhile]

DAG <-> *f* ▪ **die ~** *Abk von* **Deutsche Angestellten-gewerkschaft** *s.* **Angestelltengewerkschaft**

dagegen **I.** *adv* ❶ (*gegen etw*) against it; ***es stand ein Baum im Weg und der Wagen prallte ~*** there was a tree in the way and the car crashed into it; ***die Tür war verschlossen, also pochte er ~*** the door was locked, so he hammered on it; ***mach das Licht an, und halte das Dia ~*** switch on the light and hold the slide up to [*or* against] it ❷ (*als Einwand, Ablehnung*) against it/that; ***~ müsst ihr was tun*** you must do something about it; ***auch wenn Sie es nicht waren, die Beweise sprechen ~*** even if it wasn't you, the evidence speaks against you; **etwas/nichts ~ haben** to object/to not object; ***haben Sie was ~, wenn ich rauche?*** do you mind if I smoke?, would you mind [*or* object] if I smoked?; ***ich habe sehr viel ~, wenn du über Nacht wegbleiben würdest!*** I strongly object to you staying out all night; ***was hat er ~, dass wir früher anfangen?*** what's he got against us starting earlier?, why does he object to us starting earlier?; ***ich habe/hätte nichts ~ [einzuwenden]*** that's fine [*or fam* okay] by me; ***ich hätte nichts ~, wenn er nicht käme*** I wouldn't mind at all if he didn't come ❸ (*als Gegenmaßnahme*) ***das ist gut/hilft ~*** it's good for it; ***ich habe Halsschmerzen, haben Sie ein Mittel ~?*** my throat hurts, do you have anything for it?; ***~ lässt sich nichts machen*** nothing can be done about it; ***es regnet herein, aber ich kann nichts ~ machen*** the rain comes in, but I can't do anything to stop it [*or* anything about it] ❹ (*verglichen damit*) compared with it/that/them, in comparison; ***die Stürme letztes Jahr waren furchtbar, ~ sind die jetzigen nicht so schlimm*** the gales last year were terrible, compared with them [*or* those], these aren't so bad [*or* these aren't so bad in comparison] ❺ (*als Ersatz, Gegenwert*) for it/that/them; ***ich setze DM 500 ~*** I'll bet DM 500 it/you etc. doesn't/won't etc. **II.** *adv pred* against; ▪ **~ sein** to be against it [*or* opposed [to it]]; ***34 waren dafür und 12 ~*** 34 were in favour and 12 against; ***ich bin ~, dass er Vorsitzender wird*** I am against [*or* opposed to] him [*or form* his] becoming chairman; **etw ~ halten** (*vergleichen*) to compare it/them with sth; ***um das Original von der Fälschung zu unterscheiden, muss man es ~ halten*** in order to tell apart the original and the forgery, you have to compare them; **etw ~ lehnen** to lean sth against it; **~ stimmen** to vote against **III.** *konj* ***er sprach fließend Französisch, ~ konnte er kein Deutsch*** he spoke French fluently, but [on the other hand] he could not speak any German; ***er ist mit der Arbeit schon fertig, sie ~ hat erst die Hälfte geschafft*** he's already finished the work, whereas she has only just finished half of it

dagegen|halten *vt irreg* ❶ (*vergleichen*) *s.* **dagegen II** ❷ (*einwenden*) ***ich habe nichts dagegenzuhalten*** I have no objection[s] [to it]; ▪ **~, dass ...** to put forward the objection that ... **dagegenlehnen** *vt s.* **dagegen II** **dagegen|setzen** *vt* ***ich kann nichts ~*** I have no objection[s]; ***das einzige, was ich ~ könnte, wäre ...*** the only objection I could put forward would be... **dagegen|sprechen** *vi irreg* to be against it; ***es spricht nichts dagegen*** there's no reason not to; ***was spricht dagegen, dass wir das so machen?*** what is there against us [*or form* our] doing it that way?; ***spricht etwas dagegen, dass wir es so machen?*** is there a reason for us not to do it? **dagegen|stellen** *vr* ▪ **sich** *akk* **~** to oppose it/this **dagegen|stemmen** *vr* ▪ **sich ~** ❶ (*lit*) to put one's shoulder to [*or* lean into] it ❷ (*fig*) to oppose it/this **dagegen|stimmen** *vi s.* **dagegen II**

da|haben *vt irreg, Zusammenschreibung nur bei infin und pp* ❶ ▪ **etw ~** (*vorrätig haben*) to have sth in stock; (*zur Hand haben*) to have sth; (*betont*) to have sth here/there ❷ (*zu Besuch haben*) ▪ **jdn ~** to have sb come to visit; (*unerwünscht a.*) to have sb here/there

daheim *adv* SÜDD, ÖSTERR, SCHWEIZ (*zu Hause*) at home; (*nach Präposition*) home; ***ich bin für niemanden ~*** I'm not at home to anybody; ***wo bist du ~?*** where's your home?; **[in Augsburg** *dat*] **~ sein** to be at home [in Augsburg]; ▪ **bei jdm ~** back home [where sb comes from]; **sich** *akk* **bei jdm ~ treffen** to meet at sb's home [*or* place]

Daheim <-s> *nt kein pl* SÜDD, ÖSTERR, SCHWEIZ home

Daheimgebliebene(r) *f(m) dekl wie adj* ▪ **die/alle ~n** those/all those at home

daher **I.** *adv* ❶ (*von dort*) from there; ***~ haben wir nichts zu befürchten*** we have nothing to fear from that quarter; ▪ **von ~** from there; ▪ **~ sein** to be [*or* come] from here/there ❷ (*aus diesem Grunde*) ▪ **[von] ~ ...** that's why ...; ***[von] ~ hat er das*** that's where he got it from; ***[von] ~ weißt du es also!*** so that's how [*or* why] you know that; **~ kommt es, dass ...** that is [the reason] why ...; **das/etw kommt ~, dass ...** that is because .../the cause of sth is that ... ❸ DIAL (*hierher*) here/there **II.** *konj* (*deshalb*) [and] that's why

daher|bringen *vt irreg* ÖSTERR ▪ **etw ~** to bring along sth *sep* **dahergelaufen** *adj* **ein ~er Hund** (*Kreuzung*) an indefinable breed *hum;* **ein ~er Kerl** (*pej*) some guy who comes/came along; **ein ~er Schnösel** (*pej*) a jumped-up busybody *fam;* **jede/jeder D~e/jeder ~e Kerl** (*pej*) any [old] Tom, Dick or Harry [*or* guy who [just] comes/came along] **daher|kommen** *vi irreg sein* ❶ (*herankommen*) to come along ❷ (*fam: sich zeigen*) to go around; ***wie kommst du***

D

denn daher! just look at you!, you look as though you've been dragged backwards through a bush! (3) (*auftreten*) to come along; **arrogant** ~ to put on airs **daher|reden** **I.** *vi* to talk away; ***red doch nicht so [dumm] daher!*** don't talk such rubbish! **II.** *vt* ■ **etw** ~ to say sth without thinking; ***was du alles daherredest!*** the things you come out with!; ***das war nur so dahergeredet!*** that was just empty talk!

daherum *adv* around [*or* BRIT *a.* round] there

dahin **I.** *adv* (1) (*an diesen Ort*) there; ***kommst du mit ~?*** are you coming too?; ~ ***gehe ich nie wieder*** I'm never going there again; ~ **und dorthin blicken** to look here and there; **Schläge ~ und dorthin verteilen** to strike about one; ***ist es noch weit bis ~?*** is it still a long way [to go]?, is there still far to go?; ***bis ~ müssen Sie noch eine Stunde zu Fuß laufen*** it'll take an hour to walk there; ***wie komme ich [hier] [am besten] ~?*** how do I [best] get there [from here]? (2) (*in dem Sinne, in die Richtung*) ***er äußerte sich ~ gehend, dass ...*** he said something to the effect that ...; **eine ~ gehende Aussage** a statement to that effect; ***wir sind ~ gehend verblieben, dass ...*** we agreed that ...; ***er hat den Bericht ~ [gehend] interpretiert, dass ...*** he has interpreted the report as saying that ...; ***wir haben uns ~ geeinigt/abgesprochen, dass ...*** we have agreed that ...; ***alle meine Hoffnungen/Bemühungen gehen ~, dass ich dieses Ziel bald erreiche*** all my hopes/efforts are directed towards [my] reaching this goal soon (3) (*soweit*) **es [noch] ~ bringen, dass ...** to carry matters to such a point that ...; ***du bringst es noch ~, dass ich mich vergesse!*** you'll soon make me forget myself!; ***es ist ~ gekommen, dass ...*** things have got to the stage where ...; ***ich sehe es schon ~ kommen, dass wir es noch bereuen*** I can see us regretting that; ***es kommt noch ~, dass ich dir eine scheuere!*** I'll give you one in a minute!; *s. a.* **stehen** (4) (*zeitlich*) ■ **bis** ~ until then; ***bis ~ haben Sie es bestimmt fertig*** you're bound to have finished it by then **II.** *adj pred* (*geh: kaputt*) ■ ~ **sein** to be lost; (*zerbrochen*) to be broken/smashed [beyond repair]

dahinab *adv s.* **dorthinab** **dahinauf** *adv s.* **dorthinauf** **dahinaus** *adv s.* **dorthinaus**

dahin|dämmern *vi sein o haben* to lie/sit there in a stupor; (*dösen*) to doze

dahinein *adv s.* **dorthinein**

dahin|fallen *vi irreg sein* SCHWEIZ (*geh*) *s.* **entfallen** **dahin|fliegen** *vi irreg sein* (1) (*geh: sich pfeilschnell bewegen*) to fly along; **vor den Augen** ~ to fly past [one's eyes]; (*eilends vergehen*) to fly past [*or* by] (2) (*liter: wegfliegen*) to fly off **dahin|geben** *vt irreg* (*liter*) ■ **etw** ~ to give away sth *sep;* **das Leben für etw** ~ to sacrifice [*or* give] one's life for sth **Dahingegangene(r)** *f(m) dekl wie adj* (*liter*) ■ **der/die** ~ the departed

dahingegen *adv* (*geh*) on the other hand, however

dahin|gehen *vi irreg sein* (*geh*) (1) (*vergehen*) to pass, to go by (2) (*einhergehen*) ■ **[an/auf etw** *dat*] ~ to go/walk along [sth] (3) (*euph: sterben*) to pass away [*or* on] **dahingehend** *adv s.* **dahin I 3** **dahingestellt** *adj* ■ ~ **sein/bleiben** to be/remain an open question; ■ **es ~ sein lassen[, ob .../solange ... nicht ...]** to leave it open [whether/until ...] **dahin|raffen** *vt* (*liter*) ■ **jdn** ~ to carry off sb *sep* **dahin|sagen** *vt* ■ **etw [nur so]** ~ to say sth without [really] thinking; ***das war nur so dahingesagt*** that was just empty talk **dahin|scheiden** *vi irreg sein* (*geh*) *s.* **dahingehen 3** **dahin|schleppen** *vr* ■ **sich** ~ (1) (*sich vorwärts schleppen*) to drag oneself along [*or* on] (2) (*schleppend vorangehen*) to drag on [and on *fam*] **dahin|schwinden** *vi irreg sein* (*geh*) (1) (*weniger werden*) *Geld, Kräfte, Vorräte* to dwindle [away]; *Gefühle* to dwindle; *Interesse a.* to fade (2) (*vergehen*) to pass by **dahin|siechen** *vi* (*geh*) to waste away **dahin|stehen** *vi irreg* ■ **[noch]** ~ ***das steht noch dahin*** that remains to be seen **dahin|stellen** *vt* (*fam: an einen bestimmten Ort stellen*) ■ **etw** ~ to put sth there

dahinten *adv* over there; (*hinter dem Angesprochenen/Sprecher*) back there; **ganz** ~ right over [*or fam* way back/over] there

dahinter *adv* (1) (*hinter dem/der*) behind it/that/them etc.; ***was sich wohl ~ verbirgt?*** I wonder what's behind that? (2) (*anschließend*) beyond (3) (*fig*) ***es ist nichts*** ~ there's nothing behind [*or* to] it; ***es ist da was*** ~ there's more to it/him/her etc. than meets the eye; ~ **kommen[, was/wie/warum ...]** to find out [what/how/why ...]; (*begreifen*) to figure it out, to get it *fam,* to figure out what/how/why ...; ~ **stecken** (*zugrunde liegen*) to be behind it; ***was steckt ~?*** what's behind it [all]?; ***es steckt gar nichts*** ~ there's nothing at all behind it; ***wer steckt ~?*** who's behind it?; ~ **stehen** (*zugrunde liegen*) to underlie it/them etc.; (*unterstützen*) to be behind it/that; (*befürworten a.*) to back it/that; ***du musst bei allem, was du tust, ~ stehen*** you must stand up for everything you do (4) (*fig: mit Nachdruck*) **sich ~ klemmen** [*o* **knien**] to buckle down, BRIT *a.* to get [*or* pull] one's finger out *fam;* (*körperlich a.*) to put one's back into it; ■ **sich ~ klemmen, dass jd etw tut** [*o* **knien**] to buckle down into getting sb to do sth

dahinterher *adj* (*fam*) ■ ~ **sein** to see to it; (*jdm auf die Finger schauen*) to breathe down sb's/one's neck *pej;* ■ ~ **sein, dass ...** to see to it that ...

dahinter|klemmen, **dahinter|knien** *vr* (*fam*) *s.* **dahinter 4** **dahinter|kommen** *vi irreg sein* (*fam*) *s.* **dahinter 3** **dahinter|stecken** *vi* (*fam*) *s.* **dahinter 3** **dahinter|stehen** *vi irreg s.* **dahinter 3**

dahinunter *adv s.* **dorthinunter**

dahin|vegetieren* [-ve-] *vi sein* to vegetate, to veg out *fam*

Dahlie <-, -n> ['da:liə] *f* dahlia

Dakapo <-s, -s> *nt* encore

Daktylo <-, -s> *f* SCHWEIZ typist, stenographer *dated*

da|lassen *vt irreg* (1) (*verweilen lassen/an Ort und Stelle lassen*) ■ **jdn** ~ to leave sb here/there (2) (*überlassen*) ■ **jdm etw** ~ to leave sb sth **da|liegen** *vi irreg* (1) (*hingestreckt liegen*) to lie there (2) (*hingelegt sein*) to lie there; (*da sein*) to be there (3) (*geh: sich erstrecken*) to spread out

dalli *adv* (*fam*) **[nun] mach mal ~!** get a move on!, be quick about it!; ***..., aber ~!*** ..., and be quick about it! [*or fam* make it snappy]; ***hau ab, aber ~!*** get lost, go on, quick!; **~, ~!** on the double *fam,* BRIT *fam a.* look smart!

Dalmatiner *m* (1) BIOL dalmation (2) KOCHK dalmation dessert wine

damalig *adj attr* at that time *pred* [*or* the]; **das ~e Rome** Rome at that time; **die ~en Sitten** the customs of those days; **der ~e Bürgermeister** the then mayor, the mayor at that time

damals *adv* then, at that time; ■ **seit** ~ since then; ■ **von** ~ of that time

Damaskus <-> *nt* Damascus

Damast <-[e]s, -e> *m* damask

damasten *adj attr* (*geh*) damask

Dämchen <-s, -> *nt dim von* **Dame 1.** little lady *a. hum;* **ein richtiges** ~ a proper little madam *hum*

Dame <-, -n> *f* (1) (*geh*) lady; ***guten Abend, die ~n!*** good evening, ladies!; ■ **meine ~!** madam *form;* **eine vornehme** ~ a lady, a gentlewoman *form;* **die ~ des Hauses** the lady [*or dated* mistress] of the house; **meine [sehr verehrten** *geh*] **~n und Herren!** ladies and gentlemen!; **die ~ jds Herzens** sb's sweetheart; **eine**

~ **von Welt** a mondaine *liter;* **jds alte** ~ *(fam)* sb's [*or* the] old lady *fam;* **eine ältere** ~ an old [*or euph* elderly] lady; **ganz** ~ [**sein**] [to be] the perfect [*or* quite a] [*or* every inch a] lady; **die große** ~ **spielen** to play the fine lady; **junge** ~ young lady; ***„~n"*** "Ladies"; ***wo ist hier für ~n?*** where's the lady's room? *euph* ❷ *(Begleiterin)* lady; *(auf einen Herrn bezogen)* partner; *(auf eine Party)* [lady] companion ❸ SPORT woman, lady; **die Schwimmmeisterschaft der ~n** the women's [*or* ladies'] swimming championships ❹ *(~spiel)* draughts + *sing vb* BRIT, checkers + *sing vb* AM; *(Doppelstein)* king; ~ **spielen** to play draughts ❺ *(bei Schach)* queen; **die** ~ **nehmen** to take the queen ❻ KARTEN queen

Damebrett *nt* draught[s]board

Damenbart *m* facial hair *no pl, no art* **Damenbegleitung** *f* female company, company of a lady; ~ ***erwünscht*** please bring a lady; **in** ~ in the company of a lady **Damenbekanntschaft** *f* lady friend, female acquaintance *a. euph;* **~en haben** to enjoy the company of ladies *euph;* **eine** ~ **machen** to make the acquaintance of a lady/young lady **Damenbesuch** *m* lady visitor[s]; ~ **haben** to have a lady visitor **Damenbinde** *f* sanitary towel [*or* AM napkin] **Damendoppel** *nt* SPORT ■**das** ~ the women's [*or* ladies'] doubles + *sing vb* **Dameneinzel** *nt* SPORT ■**das** ~ the women's [*or* ladies'] singles + *sing vb* **Damenfahrrad** *nt* ladies' bicycle **Damenfriseur** *m* ladies' hairdresser **Damenfußball** *nt* women's football **Damengesellschaft** *f* ladies' gathering

damenhaft I. *adj* ladylike *a. pej;* **eine ~e Bluse** a blouse fit for a lady II. *adv* like a lady

Damenkränzchen *nt* ladies' social [*or* AM klatsch] **Damenmannschaft** *f* ladies' team **Damenoberbekleidung** *f kein pl* ladies' wear **Damensattel** *m* sidesaddle; **im** ~ **reiten** to ride sidesaddle **Damenschneider** *m* dressmaker **Damentoilette** *f* ladies, ladies' toilet[s *pl*] [*or* AM [rest]room] **Damenunterwäsche** *f* ladies' [*or* women's] underwear **Damenwahl** *f* ladies' choice **Damenwäsche** *f kein pl* lingerie, ladies' underwear

Damespiel *nt* ■[**das**] ~ [a game of] draughts BRIT + *sing vb* **Damestein** *m* king

Damhirsch *m* fallow deer; *(männliches Tier)* fallow buck

damisch SÜDD, ÖSTERR I. *adj (fam)* ❶ *(dämlich)* stupid, daft BRIT *fam,* dozy BRIT *fam,* dumb AM *fam* ❷ *pred (schwindelig)* dizzy, giddy; ***mir wird*** ~ [***im Kopf***] my head's spinning II. *adv (fam: sehr)* terribly *fam;* ***das tut*** ~ ***weh!*** it hurts like hell! *fam*

damit I. *adv* ❶ *(mit diesem Gegenstand)* with it/that; ***was soll ich ~?*** what am I supposed [*or* meant] to do with that?; ***was will er ~?*** what does he want that for? [*or* with that?]; ***sie hatte zwei Koffer und stand ~ am Bahnhof*** she had two cases and was standing there with them in the station; ***sie hat Ärger mit der Waschmaschine — ~ habe ich auch Probleme!*** she has trouble with her washing machine — I've got problems with mine too ❷ *(mit dieser Angelegenheit)* ***meint er mich ~?*** does he mean me?, is he talking to me?; ***weißt du, was sie ~ meint?*** do you know what she means by that?; ***haben Sie darüber nachgedacht? und was ist nun ~?*** have you thought about it? so what do you say?; ~ ***sieht es heute schlecht aus*** today is a bad day for it; ***er konnte mir nicht sagen, was es ~ auf sich hat*** he couldn't tell me what it was all about; ***ist Ihre Frage ~ beantwortet?*** has that answered your question?; ***musst du immer wieder ~ ankommen?*** must you keep on about it?; ***ich habe nichts ~ zu tun*** I have nothing to do with it; ***hör auf ~!*** pack it in!, lay off! *fam;* ~ ***hat es noch Zeit*** there's no hurry for that ❸ *bei Verben* ***was willst du ~ sagen?*** what's that supposed [*or* meant] to mean?; ~ ***will ich nicht sagen, dass ...*** I don't mean to say that ...; ***sind Sie ~ einverstanden?*** do you agree to that?; ~ ***hatte ich nicht gerechnet*** I hadn't reckoned on [*or* with] that; ***er hatte nicht ~ gerechnet, dass sie mitkommen würden*** he hadn't reckoned on them [*or form* their] coming; ***sie fangen schon ~ an, das Haus abzureißen*** they're already starting to pull down the house; ~ ***fing alles an*** everything started with that ❹ *(bei Befehlen)* with it; ***weg ~!*** away [*or* off] with it!; ***her ~!*** give it to me! [*or fam* here!]; ***genug*** [*o* ***Schluss***] ***~!*** that's enough [of that]! ❺ *(somit)* with that, thereupon *form* II. *konj* so that; ~ ***sie ihn nicht verriet, ...*** so that she wouldn't betray him ..., lest she betrayed him ... *liter*

dämlich I. *adj (pej fam)* ❶ *(dumm)* stupid, dumb *fam* ❷ *(ungeschickt)* annoying II. *adv (pej fam)* ~ **fragen** to ask stupid [*or* AM *fam a.* dumb] questions/a stupid question; ***guck nicht so ~!*** don't give me that stupid look! *fam;* **jdm** ~ **kommen** to act the idiot [with sb]; **sich** ~ **anstellen** to be awkward

Dämlichkeit <-, -en> *f (pej fam)* ❶ *kein pl (dummes Verhalten)* stupidity ❷ *(dumme Bemerkung)* stupid [*or* AM *fam a.* dumb] remark

Damm <-[e]s, Dämme> *m* ❶ *(Stau~)* dam; *(Deich)* dyke; *(Erdwall)* bank, wall ❷ *(fig)* barrier (**gegen** + *akk* to/against); ***wenn wir das kleinste bisschen nachgeben, werden alle Dämme brechen*** if we give way at all, the floodgates will wide ❸ MED perineum *spec* ▶ WENDUNGEN: **wieder auf dem** ~ **sein** to be up on one's legs [*or fam* out and about] again; **nicht** [**ganz**] **auf dem** ~ **sein** to not feel up to the mark, to be out of sorts

Dammbruch *m* breach in a/the dam [*or* dyke]

dämmen *vt* ■**etw** ~ to insulate sth; **Schall** ~ to absorb sound

dämm(e)rig *adj* ❶ *(gering leuchtend)* dim, faint ❷ *(dämmernd)* ■ ~ **sein/werden** to be/get dark

Dämmerlicht *nt* half-light, gloom

dämmern I. *vi* ❶ *(geh)* *Tag, Morgen* to dawn, to break *liter; Abend* to approach; *s. a.* **heraufdämmern** ❷ *(fig fam: begreifen)* ■**jdm** ~ to [gradually] dawn on sb, to realize; ***eine Ahnung dämmerte mir*** a suspicion arose [with]in me ❸ *(im Dämmerzustand sein)* ■**vor sich hin~** to vegetate; *(dösen)* to doze II. *vi impers* ■**es dämmert** *(morgens)* dawn is breaking; *(abends)* dusk is falling; [***na,***] ***dämmert es*** [***dir***] ***jetzt?*** *(fig fam)* now is it dawning on you?

Dämmerschlaf *m* stupor; ■**im** ~ in a stupor **Dämmerstündchen** *nt (fam)* dusk; **ein** ~ **machen** to watch the sun go down

Dämmerung <-, -en> *f* twilight; *(Abend~)* dusk; *(Morgen~)* dawn; ■**in der** [*o* **bei**] ~ at dawn/dusk; *s. a.* **Einbruch**

Dämmerzustand *m* ❶ *(Halbschlaf)* semi[un]consciousness; ■**im** ~ in a stupor; ■**im** ~ **sein** to be semiconscious ❷ MED *(Bewusstseinstrübung)* twilight [*or* dream] state *spec*

dämmrig *adj s.* **dämmerig**

Dammriss[RR] *m* MED rupture of the perineum *spec,* perineal tear *spec* **Dammschnitt** *m* MED episiotomy *spec*

Dämmstoff *m* insulating material, insulant *spec*

Dämmung <-, -en> *f* insulation; *von Schall* absorption

Damoklesschwert *nt (geh)* sword of Damocles; **wie ein** ~ **über jdm/über jds Haupt hängen/schweben** to hang over sb/sb's head like a sword of Damocles

Dämon <-s, Dämonen> *m* ❶ *(böser Geist)* demon; **ein böser** ~ an evil spirit, a demon; **von einem** [**bö-**

sen] ~ **besessen** possessed [by an evil spirit] ❷ (*unheimlicher Antrieb*) **der ~ der Ausschweifung/Lust etc.** the demon of dissipation/lust etc.

dämonisch **I.** *adj* ❶ (*unheimlich*) demonic ❷ (*teuflisch*) evil, demoniac[al] *form* **II.** *adv* demonically; ~ **lächelnd** with a demonic grin

Dampf <-[e]s, Dämpfe> *m* ❶ (*Wasser~*) steam *no pl;* (*unter dem Siedepunkt*) water vapour [*or* AM -or]; **unter ~ sein** [*o* **stehen**] to be under steam, to have its steam up; ~ **draufhaben** (*a. fig*) to ge going at full steam; ~ **ablassen** (*a. fig*) to let off steam ❷ *pl* (*Ausdünstungen*) fumes *pl,* vapours [*or* AM -ors] *pl* ▶ WENDUNGEN: ~ **in den Fäusten haben** to pack quite a punch; ~ **aufsetzen,** ~ **dahinter machen** SCHWEIZ to get a move on; **jdm ~ machen** (*fam*) to make sb get a move on *fam;* ~ **hinter einer S.** *akk* **machen** SCHWEIZ to hurry on with sth

Dämpfaufsatz *m* KOCHK pan attachment for steaming

Dampfbad *nt* ❶ (*Schwitzbad in dampfhaltiger Luft*) steam bath ❷ (*Raum*) hot room **Dampfbügeleisen** *nt* steam iron

Dampfdruck *m* steam pressure

dampfdruck|garen *vt* ■**etw ~** to pressure-cook sth **Dampfdruckgaren** *nt* pressure cooking **Dampfdruckkochtopf** *m* pressure cooker

Dämpfeinsatz *m* KOCHK pan inset for steaming

dampfen *vi* ❶ *haben* (*Dampf abgeben*) to steam; *Kopftoch a.* to give off steam; **ein ~des Bad/Essen** a steaming-hot bath/meal; *Pferd* to be in a lather ❷ *sein* (*sich unter Dampf fortbewegen*) to steam; *Zug a.* to puff

dämpfen *vt* ■**etw ~** ❶ (*mit Dampf kochen*) to steam sth ❷ (*mit Dampf glätten*) to press sth with a steam iron ❸ (*akustisch abschwächen*) to muffle [*or* deaden] [*or* dampen] sth; **seine Stimme ~** to lower one's voice; ■**gedämpft** muffled, deadened, dampened; (*abgedunkelt*) muted, subdued ❹ (*mindern*) to cushion [*or* absorb] sth ❺ (*mäßigen*) to dampen sth; **seinen Wut ~** to curb one's anger; ■**jdn** [**in etw** *dat*] ~ to subdue sb['s sth]; ■**gedämpft** subdued

dampfentsaften *vt* KOCHK to juice using steam

Dampfer <-s, -> *m* steamer, steamship, steamboat ▶ WENDUNGEN: **auf dem falschen ~ sein** [*o* **sitzen**], **sich auf dem falschen ~ befinden** (*fig fam*) to have got [*or* AM gotten] the wrong idea [*or* hold of the wrong end of the stick], to be barking up the wrong tree

Dämpfer <-s, -> *m* ❶ MUS mute; *von Klavier* damper ❷ TECH damper ▶ WENDUNGEN: **jdm einen ~ aufsetzen** to dampen sb's spirits; **einer S.** *dat* **einen ~ aufsetzen** to put a damper [*or* throw cold water] on [sb's] sth

Dampfheizung *f* steam heating

dampfig *adj* steamy; **eine ~e Wiese** a meadow shrouded in mist *liter*

Dampfkessel *m* [steam] boiler **Dampfkochtopf** *m* pressure cooker **Dampfkraft** *f kein pl* steam power; **mit ~ angetrieben** steam-driven, driven by steam *pred* **Dampflok(omotive)** *f* steam engine [*or* locomotive] **Dampfmaschine** *f* steam engine **Dampfnudel** *f* KOCHK SÜDD *sweet or savoury yeast dumpling* **Dampfnudelpfanne** *f pan for cooking steamed yeast dumplings* **Dampfschiff** *nt s.* Dampfer **Dampfschiffahrt**, **Dampfschifffahrt**^RR *f kein pl* steam navigation

Dämpftopf *m* KOCHK steamer

Dampfturbine *f* steam turbine

Dämpfung <-, -en> *f* ❶ TECH damping; *Schall, Trittschall, Geräusch a.* deadening ❷ ÖKON *Konjunktur, Preisauftrieb* curbing ❸ (*fig*) *Freude/Leidenschaft, Begeisterung* tempering; *Wut* calming

Dampfwalze *f* steamroller

Damwild *nt* fallow deer

danach *adv* ❶ *zeitlich* after it/that, after *fam;* (*nachher a.*) afterwards; ***ich habe einen Whisky getrunken, ~ fühlte ich mich schon besser*** I had a whisky and after that [*or* afterwards] I felt better, I had a whisky and felt better after that [*or* afterwards] [*or fam* after]; ***ich las das Buch zu Ende, erst ~ konnte ich einschlafen*** only when I had finished reading the book could I get to sleep; ***ein paar Minuten ~ war er schon wieder da*** a few minutes later he was back ❷ *örtlich* behind [her/him/it/them etc.]; ***als erster ging der Engländer durchs Ziel und gleich ~ der Russe*** the Englishman finished first, immediately followed by the Russian, and the Russian immediately after him ❸ (*in bestimmte Richtung*) towards it/them; ~ **greifen** to [make a] grab at it; ~ **schlagen** to strike at it; ***hinter ihm war etwas, aber er hat sich nicht ~ umgesehen*** there was something behind him, but he didn't look round to see what it was ❹ (*dementsprechend*) accordingly; (*laut dem*) according to that; ***wir haben hier einen Bericht; ~ war die Stimmung damals ganz anders*** we have a report here, according to which the atmosphere at the time was quite different ❺ (*fam: zumute*) ■**jdm ist ~/nicht ~** sb feels/doesn't feel like it; ***manchmal ist mir so ~, da könnte ich alles hinschmeißen*** sometimes I feel like chucking it all in *fam; s. a.* **zumute** ❻ *in Verbindung mit subst, vb etc siehe auch dort* ***sie sehnte sich ~*** she longed for it/that; ***es geht nicht ~, was wir gerne hätten*** it doesn't work the way we would like it to ❼ (*fam: so*) ***er hat den Aufsatz in zehn Minuten geschrieben — ~ ist er*** he wrote the essay in ten minutes — it looks like it too; ***nur Frauen sollen sich bewerben! — natürlich, die Bedingungen sind auch ~*** only women are allowed to apply — of course, the conditions make that clear; ***wir sollten besser einen Schirm mitnehmen — du hast recht, das Wetter ist auch ~*** we had better take an umbrella — you're right, it does look as if it's going to rain; ***die Sitzung wurde vorzeitig beendet, die Stimmung der Anwesenden war auch ~*** the session was concluded early, a move welcomed by those present

Danaergeschenk *nt* (*geh*) Greek gift *liter*

Dancefloor <-s, -> ['dɑːnsflɔː] *m* (*fam*) dance floor

Dandy <-s, -s> ['dɛndi] *m* (*pej*) dandy, fop, peacock *dated or pej*

Däne, Dänin <-n, -n> *m, f* Dane

daneben *adv* ❶ (*neben jdm/etw*) next to her/him/it/that etc.; **links/rechts ~** (*neben Gegenstand*) to the left/right of it/them; (*neben Mensch*) to [*or* on] her/his etc. left/right; ***ich stand direkt ~, als der Unfall passierte*** the accident happened right next to me; ***wir wohnen*** [***im Haus***] ~ we live [in the house] next door; ~***!*** missed! ❷ (*verglichen damit*) compared with her/him/it/that etc., in comparison ❸ (*außerdem*) besides that, in addition [to that] ❹ (*unangemessen*) ~ **sein** to be inappropriate

daneben|benehmen* *vr irreg* (*fam*) ■**sich ~** to make an exhibition of oneself **daneben|gehen** *vi irreg sein* ❶ (*das Ziel verfehlen*) to miss; *Pfeil, Schuss a.* to miss its/their mark [*or* target] ❷ (*fam: scheitern*) to go wrong **daneben|greifen** *vi irreg* ❶ (*an etw vorbeigreifen*) to miss [it], to grab at empty air; (*auf Musikinstrumenten*) to play a wrong note/some wrong notes ❷ (*fam: falsch liegen*) ■**jd greift** [**mit etw**] **daneben** sb['s sth] is way out *fam* [*or* AM *fam* off] [*or* wide of the mark] **daneben|hauen** *vi irreg* ❶ (*an etw vorbeihauen*) ■**jd haut** [**mit etw**] **daneben** sb misses [the [*or* one's] mark], sb's sth misses the [*or* its] mark ❷ (*fam*) *s.* **danebengreifen 2**

sich bedanken

sich bedanken	thanking
Danke!	**Thank you!/Thanks!**
Danke sehr/schön!/Vielen Dank!	**Thank you very much!/Many thanks!**
Tausend Dank!	**Thanks a million!**
Danke, das ist sehr lieb von dir!	**Thank you, that's very kind of you!**
Vielen (herzlichen) Dank!	**Thank you very much!**
Ich bedanke mich (recht herzlich)!	**Thank you very much (indeed)!**
auf Dank reagieren	reacting to being thanked
Bitte!	**You're welcome!**
Bitte schön!/Gern geschehen!/Keine Ursache!	**You're welcome!/My pleasure./Don't mention it**
Bitte, bitte!/Aber bitte, das ist doch nicht der Rede wert!	**Not at all!/Please don't mention it!**
(Aber) das hab ich doch gern getan!/Das war doch selbstverständlich!	**(Not at all,) it was a pleasure!/The pleasure was mine!/I was happy to do it!**
dankend anerkennen	acknowledging gratefully
Vielen Dank, du hast mir sehr geholfen.	**Many thanks, you've been a great help.**
Wo wären wir ohne dich!	**What would we do without you!**
Ohne deine Hilfe hätten wir es nicht geschafft.	**We would not have managed it without your help.**
Sie waren uns eine große Hilfe.	**You were a great help to us.**
Ich weiß Ihr Engagement **sehr zu schätzen.**	**I very much appreciate** your commitment.

daneben|liegen *vi irreg (fam)* ■ **jd liegt [mit etw] daneben** sb['s sth] is way out *fam* [*or* AM *fam* off] [*or* wide of the mark] **daneben|schießen** *vi irreg* ① *(das Ziel verfehlen)* to miss [the target [*or* mark]] ② *(absichtlich vorbeischießen)* to shoot to miss **daneben|treffen** *vi irreg* ■ **jd trifft [mit etw] daneben** ① *(vorbeitreffen)* sb misses [the [*or* one's] mark], sb's sth misses the [*or* its] mark ② *(mit Antwort)* sb['s sth] is way out *fam* [*or* AM *fam* off] [*or* wide of the mark]

Dänemark <-s> *nt* Denmark

Dänin *f s.* **Däne**

dänisch *adj* Danish; **die ~e Hauptstadt/~en Küsten** the capital/coasts of Denmark; **die ~e Sprache** Danish

Dänisch *nt dekl wie adj* Danish; ■ **das ~e** Danish; **auf ~** in Danish

dank *präp +gen o dat (a. iron)* thanks to *a. iron*

Dank <-[e]s> *m kein pl* ① *(Anerkennung für Geleistetes)* ■ **jds ~** sign of sb's gratitude ② *(Dankbarkeit)* gratitude, thankfulness; **der ~ des Vaterlandes ist dir gewiss** *(hum)* you'll get a medal for that *hum;* **mit bestem ~ zurück!** returned with thanks!; **besten/herzlichen/schönen/tausend/vielen ~** thank you very much, many thanks *form,* thanks a lot *fam;* ***das war ein schlechter ~*** that is/was poor thanks; ***hab/haben Sie ~!*** *(geh)* thank you!; *(für Hilfe a.)* I'm much obliged to you *form;* **etw mit ~ annehmen** to accept sth with thanks; **jdm für etw ~ sagen** *(geh)* to express one's thanks to [*or* thank] sb for sth; REL to give thanks to sb for sth; **jdm ~ schulden, jdm zu ~ verpflichtet sein** *(geh)* to owe sb a debt of gratitude; **jdm ~ für etw wissen** *(geh)* to be indebted to sb for sth; **jdm ~ dafür wissen, dass ...** to be indebted to sb that ...; **als ~ für etw** in grateful recognition of sth; **zum ~ [dafür]** *(iron)* as a way of saying thank you; **[das ist] der [ganze] ~ dafür!** that is/was all the thanks one gets/got!

Dankadresse *f (geh)* official letter of thanks

dankbar I. *adj* ① *(dankend)* grateful; *(erleichtert)* thankful; ■ **jdm ~ [für etw] sein** to be grateful to sb [for sth]; **sich [jdm gegenüber] ~ erweisen** [*o* **zeigen**] to show one's gratitude [to sb] ② *(lohnend)* rewarding, profitable ③ *(anspruchslos)* appreciative; **ein ~er Stoff** a hard-wearing material; **eine ~e Pflanze** a plant which doesn't need much attention ④ *(verbunden)* obliged; ***ich wäre dir/Ihnen ~, wenn ...*** I would be obliged [*or* grateful] [*or* I would appreciate it] if you ... II. *adv* gratefully; *(erleichtert)* thankfully

Dankbarkeit <-> *f kein pl* gratitude; *(Erleichterung)* thankfulness; **jdm seine ~ [für etw] erweisen** [*o* **zeigen**] to express one's thanks to sb [for sth]

danke *interj* thank you, thanks, BRIT *fam a.* ta; *(nicht nötig)* no thank you [*or fam* thanks]; ***wie geht's? — ~, ich kann nicht klagen*** how's it going? — [I] can't complain; ***kann ich helfen? — ~, ich glaube, ich komme allein zurecht*** can I help? — thanks [all the same], but I think I can manage; **jdm für etw ~ sagen** *(geh)* to say thank you [to sb]; **~ schön/sehr** thank you [*or fam* thanks] very much; **~ vielmals** *(iron)* thanks a million *fam;* **~ ja, ja, ~** yes[,] please, yes[,] thank you; **~ nein, nein, ~** no[,] thank you [*or* thanks]; *s. a.* **Nachfrage**

danken I. *vi* ■ **[jdm] [für etw] ~** to express ones thanks [to sb] [*or* thank sb] [for sth]; ■ **[ich] danke** yes please; *(nicht nötig)* no thank you [*or* thanks]; **jdm mit einem Blumenstrauß ~** to express one's thanks with a bunch of flowers; ***ich danke dir dafür, dass du an mich gedacht hast*** thank you for thinking of me; **jdm ~ lassen** to send sb one's thanks; ***bestellen Sie bitte Ihrer Frau, ich lasse herzlich ~!*** please give your wife my thanks; ***na, ich danke [bestens]!*** *(iron)* well, thank you very much! *iron;* *(stärker)* not on your life! [*or* BRIT *hum a.* nelly], no[t a] chance!; ■ **man dankt** *(fam)* thanks a million *iron* [*or fam* for nothing]; **nichts zu ~** don't mention it, not at all, you're welcome II. *vt* ① *(lohnen)* ■ **jdm etw ~** to repay sb for sth; ***man wird es dir nicht ~/zu ~ wissen*** you won't be thanked for it/it won't be appreciated; ***sie werden es mir später einmal ~, dass ich das getan habe*** they'll thank me for doing it one day; ***man hat es mir schlecht gedankt, dass ich es getan habe*** I got small [*or* didn't get a lot of] thanks for doing it; ***wie kann ich Ihnen das jemals ~?*** how can I ever thank you? ② (*geh: verdanken*) ■**jdm/etw ~, dass ...** to owe it to sb/sth that ...; ***nur dem rechtzeitigen Erscheinen der Feuerwehr ist es zu ~, dass ...*** it was only thanks to the prompt turnout of the fire brigade that ...

dankend *adv* with thanks; ~ **erhalten** received with thanks

dankenswert *adj* commendable; **seine ~e Hilfe** his kind help

dankenswerterweise *adv* kindly; (*mit Erleichterung*) thankfully

dankerfüllt *adj* (*geh*) grateful, filled with [*or* full of] gratitude *pred;* (*erleichtert*) thankful

Dankeschön <-s> *nt kein pl* ① (*ein Wort als Dank*) thank you; **ein herzliches ~** a heartfelt [*or* big] thank you; [**jdm**] **ein herzliches ~ sagen** to express heartfelt thanks to sb ② (*Geste des Dankes*) thank you, token of one's gratitude

Dankesworte *pl* (*geh*) words of thanks; *von Redner* vote of thanks

Dankgottesdienst *m* thanksgiving service, service of thanksgiving **Danksagung** *f* note of thanks **Dankschreiben** *nt* letter of thanks

dann *adv* ① (*danach*) then; ***sie sprang zuerst ins Wasser, ~ sprangen die anderen*** she jumped first of all into the water, [and] then the others; ***wenn das gemacht ist, ~ kannst du gehen*** when that's done, you can go; ***noch eine Woche, ~ ist Weihnachten*** another week till [*or* until] [*or* and [then] it's] Christmas; ■**~ und wann** now and then; *s. a.* **bis**[2] ② (*zu dem Zeitpunkt*) ■**immer ~, wenn ...** always when ... ③ (*unter diesen Umständen*) then; ■**wenn ..., ~ ...** if ..., [then] ...; **etw nur ~ tun, wenn ...** to do sth only when ...; ***ich habe keine Lust mehr — ~ hör doch auf!*** I'm not in the mood any more — well stop then!; ***also ~ bis morgen*** right then, see you tomorrow, see you tomorrow then; ■**~ eben nicht** [well,] in that case [there's no more to be said]; ***~ erst recht nicht!*** in that case no way! [*or* not a chance] *fam;* ■**selbst ~** even then; ***ja, selbst ~!*** yes, even then; ***nein, selbst ~ nicht!*** no, not even then; *s. a.* **erst, wenn, ja** ④ (*sonst*) ***wenn dir auch dieser Vorschlag nicht zusagt, was/welcher ~?*** if you can't agree to this proposal, what can you agree to?; ***wenn man nicht einmal in Schottland echten Whiskey bekommt, wo ~?*** if you can't get real whisky in Scotland, where can you expect to find it?; ***wenn er seine Gedichte selbst nicht versteht, wer ~?*** if he can't understand his own poems, who else can [understand them]?; ***und falls das so nicht klappt, wie ~?*** and if it doesn't work, what then? ⑤ (*außerdem*) ■**... und ~ auch noch ...** on top of that, to boot; ***... und ~ will er auch noch sein Teil haben*** and, on top of that, he wants his share, and he wants his share to boot; ***strohdumm und ~ auch noch frech*** as thick as they come and cheeky into the bargain [*or* to boot]

dannen *adv* ■**von ~** (*veraltet*) thence *dated form*

dannzumal *adv* SCHWEIZ (*geh*) then

daran *adv* ① (*räumlich*) on it/that; ***halt deine Hand ~!*** put your hand against [*or* on] it; **etw ~ kleben/befestigen** to stick/fasten sth to it; **etw ~ lehnen/stellen** to lean/place it against sth; **~ riechen** to smell it; **~ stehen** to stand next to it; **nahe** [*o* **dicht**] **~** right up against it, [right] up close to it; **~ vorbei** past it ② (*zeitlich*) ***erst fand ein Vortrag statt, ~ schloss sich eine Diskussion*** [**an**] first there was a lecture, which was followed by a discussion [*or* and after that a discussion]; **im Anschluss ~** [*o* **~ anschließend**] following that/this; ***im Anschluss ~ gibt es einen Imbiss*** it/that/this will be followed by a snack ③ *in Verbindung mit subst, adj, vb siehe auch dort* **kein Interesse ~** no interest in it/that; **ein Mangel ~** a lack of it; **arm/reich ~** lacking/rich in it; ***kein Wort ist wahr ~!*** there isn't a word of truth in it, not a word of it is true; **~ sein** to be working on it; ***es ändert sich nichts ~*** it won't change, nothing will change; **~ arbeiten/ersticken** to work/choke on it/that; **sich ~ beteiligen/~ interessiert sein** to take part/be interested in it/that; ***denk ~!*** bear it/that in mind; ***denk ~ dass Du deine Schwester anrufen musst*** don't forget [you have] to ring your sister; **sich ~ erinnern/~ zweifeln** to remember/doubt it/that; **~ kauen** to chew [on] it; ***~ sieht man, dass ...*** there you [can] see that ...; **~ sitzen** to sit over it; **~ sterben** to die of it ④ **das Dumme/Gute/Schöne ~ ist, dass ...** the stupid/good/nice thing about it is that ...; *s. a.* **nahe, tun**

daran|geben *vt irreg* (*geh*) ■**etw** [**für jdn**] **~** to sacrifice sth [for sb] **daran|gehen** *vi irreg sein* to set about it; ■**~, etw zu tun** to set about doing sth **daran|machen** *vr* (*fam*) ■**sich ~** to set about [*or* get down to] it; ■**sich ~, etw zu tun** to get down to/set about to doing sth **daran|setzen** **I.** *vt* **alles ~, etw zu tun** to spare no effort [*or* do one's utmost] to do sth; ***sie setzte einiges daran, ihn doch noch umzustimmen*** she took [*or* was at] pains to persuade him **II.** *vr* ■**sich ~** to set about it **daran|wenden** *vt* (*geh*) to exert; ***er hat viel Energie darangewandt, sein Ziel zu erreichen*** he spared no effort in reaching his goal

darauf *adv* ① (*räumlich*) on it/that/them etc.; **~ folgend** following; **der ~ folgende Wagen** the car behind; **etw ~ legen** to lay [*or* put] sth on top; **~ schlagen** to hit it; **~ losfahren/schießen/zielen** to drive/shoot/aim at it/them; **~ losschwimmen** to swim towards it; **sich ~ beziehen/~ zurückführen** to refer/lead back to it/that/this ② (*zeitlich*) after that; ***zuerst kam der Wagen des Premiers, ~ folgten Polizisten*** the prime minister's car came first, followed by policemen; ***die Tage, die ~ folgten*** the days which followed; (*danach*) afterwards, after *fam;* **bald** [*o* **kurz**] **~** shortly afterwards [*or fam* after]; **am Abend ~** the next evening; **im Jahr ~** [in] the following year, a year later; **tags** [*o* **am Tag**] **~** the next [*or* following] day; **~ folgend** following, ensuing *form;* **die ~ folgende Frage** the next question; **der ~ folgende Tag** the following [*or* next] day ③ (*infolgedessen*) because of that, consequently, whereupon *form;* ***er hat gestohlen und wurde ~ von der Schule verwiesen*** he was caught stealing, whereupon he was expelled from the school ④ (*auf das*) **~ antworten/reagieren** to reply/react to it; **etw ~ sagen** to say sth to it/this/that; **ein Gedicht ~ schreiben** to write a poem about it; ***~ steht die Todesstrafe*** that is punishable by death; ***~ wollen wir trinken!*** let's drink to it/that! ⑤ *in Verbindung mit subst, adj, vb siehe auch dort* **einen Anspruch ~ erheben** to claim it; ***Hand ~!*** let's shake on it; **ein Recht ~** a right to it; ***wir müssen ~ Rücksicht nehmen/~ Rücksicht nehmen, dass ...*** we must take that into consideration/take into consideration that ...; ***Sie haben mein Wort ~!*** you have my word [on it]; **~ bestehen** to insist [on it]; **~ bestehen/hoffen/wetten, dass ...** to insist/hope/bet [that] ...; **sich ~ freuen** to look forward to it; **~ reinfallen** to fall for it; **stolz ~ sein** to be proud of it/that; **sich ~ verlassen** to rely on her/him/you etc.; **sich ~ vorbereiten** to prepare for it; ***sagen Sie es, ich warte ~!*** say it, I'm waiting!; **nur ~ aus sein, etw zu tun** to be only interested in doing sth; ***~ wolltest du hinaus!*** [so] that's what you were getting at!; ***wir kamen auch ~ zu sprechen*** we talked about that too; ***ein merkwürdiges Thema, wie kamen wir ~?*** a strange subject, how did we arrive at it?; ***ich weiß noch nicht, aber ich komme schon ~!*** I don't know yet, but I'll soon find out

darauffolgend *adj attr s.* **darauf 1, 2**

daraufhin¹ *adv* ① (*infolgedessen*) as a result [of this/that] ② (*nachher*) after that

daraufhin² *adv* (*im Hinblick darauf*) with regard to this/that; ***der Wagen wurde auch ~ untersucht, ob ein Unfall vorgelegen hatte*** the car was also inspected for signs of a past accident

daraus *adv* ① (*aus Gefäß o Raum*) out of it/that/them; **etw ~ entfernen** to remove sth from it ② (*aus diesem Material*) from [*or* out of] it/that/them; ***~ wird Wein gemacht*** wine is made from it/that ③ *in Verbindung mit subst, vb siehe auch dort* **sich ~ ergeben** to result; ***~ ergibt sich/folgt, dass ...*** the result of which is that ...; ***wie Sie ~ ersehen, ...*** as you can see [from this] ...; ***was ist ~ geworden?*** what's become of it? ▸ Wendungen: **~ wird nichts!** that's [perfectly] out of the question!

darben *vi* (*geh*) to live in [*or* suffer] want *form*

dar|bieten *irreg* **I.** *vt* (*geh*) ① (*vorführen*) ■ **[jdm] etw ~** to perform sth [before sb]; (*vortragen*) to present sth [to sb]; **ein Gedicht ~** to recite a poem ② (*anbieten*) ■ **jdm etw ~** to offer sb sth; (*servieren*) to serve sb sth; **eine Gabe/die Hand ~** to offer [*or form* proffer] a gift/one's hand **II.** *vr* ■ **sich jdm ~** to present itself [to sb], to be faced with sth; *Gelegenheit, Möglichkeit* to offer itself to sb

Darbietung <-, -en> *f* ① (*Vorführung*) performance; (*das Dargebotene*) act ② *kein pl* (*geh: das Anbieten*) serving

dar|bringen *vt irreg* (*geh*) ① (*zuteil werden lassen*) **jdm [seine] Glückwünsche ~** to offer [sb] one's best wishes; **jdm eine Ovation ~** to give sb an ovation; **jdm ein Ständchen ~** to serenade sb ② (*bringen*) ■ **[jdm] ein Opfer ~** to offer [up *sep*] a sacrifice [to sb]; **jdn einem Gott zum Opfer ~** to sacrifice sb to a god, to offer [up *sep*] sb as a sacrifice to a god

darein *adv* (*geh*) ① (*in das hinein*) in there; (*in vorher erwähntes*) in/into it/them, therein *form* ② (*veraltend: in diesen Umstand*) to it/that; ***sie mussten sich ~ fügen*** they had to accept [*or* bow to] that

darein|finden *vr irreg* (*geh*) to come to terms with [*or* learn to accept] it; (*resigniert a.*) to become resigned [*or* reconciled] to it; ■ **sich ~, etw zu tun** to come to terms with [*or* learn to accept] doing sth **darein|fügen** *vr* (*geh*) to resign oneself [to sth] **darein|reden** *vi* (*unterbrechen*) to interrupt; (*sich einmischen*) to interfere, to meddle **darein|setzen** *vt* (*geh*) to put into [*or* devote to] it; **seine ganze Energie ~, etw zu tun** to put all one's energy into [*or* devote all one's energy to] doing sth

Daressalam <-s> *nt* Dar es Salaam

darin *adv* ① (*in dem/der*) in there; (*in vorher erwähntem*) in it/them; ***was steht ~ [geschrieben]?*** what does it say? ② (*in dem Punkt*) in that respect; **~ übereinstimmen/~ übereinstimmen, dass...** to agree [in that respect]/to agree that ...; ***~ liegt ein Widerspruch*** there's a contradiction in that; **~ ganz groß/perfekt sein** (*fam*) to be very good/perfect at it/that; **~ ein Talent sein** (*fam*) to be born for it *fam*

dar|legen *vt* ■ **[jdm] etw ~** to explain sth [to sb]; **[jdm] seine Ansichten/einen Plan/eine Theorie ~** to explain [*or form* expound] one's views/a plan/a theory [to sb]; **etw ausführlich ~** to explain sth in detail, to elaborate on sth; **etw kurz ~** to give a brief explanation of sth

Darlegung <-, -en> *f* explanation

Darleh(e)n <-s, -> *nt* loan; ■ **ein ~ über/[in Höhe] von DM 100.000** a loan [to the amount] of [*or* amounting to] DM 100,000; **ein ~ beantragen** to apply for a loan; **[jdm] ein ~ gewähren** to grant [sb] a loan; **[jdm] ein ~ über DM 50.000 gewähren** to grant [sb] a loan of [*or* loan [out Am *a.*] [sb]] DM 50,000; **als ~** on [*or* as a] loan

Darleh(e)nsgeber(in) *m(f)* lender, loaner **Darleh(e)nsnehmer(in)** *m(f)* borrower, receiver [of a/the loan], loanee *spec* **Darleh(e)nssumme** *f* ■ **die ~** the amount of a/the loan; ■ **eine ~** a loan

Darling <-s, -s> *m* ■ **jds ~** sb's darling [*or fam* heart-throb]

Darm <-[e]s, Därme> *m* ① (*Verdauungstrakt*) bowels *npl*, intestine[s *npl*], gut[s *npl*] *fam;* **bei jdm auf den ~ schlagen** to give sb stomach trouble ② (*Wursthülle aus Darm*) [sausage] skin [*or* case]; **Wurst in echtem/künstlichem ~** sausage in real/synthetic skin; (*Material für Saiten, Schlägerbespannung*) [cat]gut

Darmausgang *m* anus, anal orifice *form;* **ein künstlicher ~** an artificial [*or spec* a preternatural] anus **Darmblutung** *f* intestinal bleeding **Darmbruch** *m* enterocele *spec* **Darmentleerung** *f* bowel movement, defecation *form,* evacuation of the bowels *form* **Darmflora** *f* intestinal flora *spec* **Darmgrippe** *f* gastric [*or* intestinal] flu [*or form* influenza] **Darmparasit** *m* BIOL intestinal parasite **Darmsaite** *f* [cat]gut string **Darmspülung** *f* irrigation of the bowels *form,* intestinal lavage *spec* **Darmtätigkeit** *f* ■ **die ~** peristalsis *spec;* **die ~ fördern/regulieren** to stimulate/regulate the movement of the bowels **Darmträgheit** *f* underactivity of the intestines; (*Verstopfung*) constipation **Darmverschlingung** *f* twisting of the intestine [*or* bowels], volvulus *spec* **Darmverschluss**[RR] *m* intestinal obstruction, obstruction of the bowels [*or* intestine], ileus *spec*

darnieder|liegen *vi irreg* ① (*geh: krank im Bett liegen*) ■ **[mit etw] ~** to be laid up [with sth], to be down with sth ② (*sich in einem schlechten Zustand befinden*) to stagnate, to languish

darob *adv* (*veraltet*) ***er war ~ erstaunt/sehr verärgert*** he was very surprised by that/very annoyed at that; ***sie wurde ~ sehr bewundert*** she was much admired for that [*or* on that account]

Darre <-, -n> *f* ① (*Vorrichtung zum Darren*) oast ② (*Trockengestell*) drying frame

dar|reichen *vt* (*geh*) *s.* **darbieten 2**

darren *vt* ■ **etw ~** to dry [*or* oast-dry] sth

darstellbar *adj* ① (*zu berichten*) ***das ist nicht in wenigen Worten ~*** this cannot be described in a few words; **kaum/leicht ~** hard/easy to describe [*or* express] [*or* portray] ② (*wiederzugeben*) ***diese Kurven sind grafisch ~*** these curves can be represented in graphic form; ***sämtliche Schritte sind auf dem Bildschirm ~*** all steps can be shown [*or form* depicted] on [the] screen

dar|stellen **I.** *vt* ① (*wiedergeben*) ■ **jdn/etw ~** to portray [*or form* depict] sb/sth; **etw blau/rot ~** to depict sth in blue/red *form;* ***was sollen diese Zeichen ~?*** what do these symbols mean? [*or* stand for] ② THEAT ■ **jdn ~** to portray [*or* play the part of] sb; ■ **etw ~** to portray sth; (*interpretieren*) to interpret sth; **eine Rolle ~** to play a role ③ (*beschreiben*) ■ **etw ~** to describe [*or sep form* set forth] sth; **etw ausführlich/kurz** [*o* **knapp**] **~** to give a detailed/brief description of sth ④ (*bedeuten*) ■ **etw ~** to represent [*or form* constitute] sth; **etwas ~** to be impressive; *Mensch a.* to cut a fine figure; **nichts ~** to be a nobody; **nichts im Leben ~** to be nothing in life **II.** *vr* ① (*zeigen*) ■ **sich [jdm] ~** to appear [to sb]; ***die Sache stellt sich als sehr schwierig dar*** the matter appears [to be] very difficult ② (*ausgeben als*) ■ **sich als jd ~** to show oneself to be sth

Darsteller(in) <-s, -> *m(f)* actor; ■ **~in** actress; **die ~in der Lady Macbeth** the actress playing Lady

Macbeth

darstellerisch I. *adj attr* acting; ***diese Rolle erfordert ~es Talent*** this role demands a talented actor; ***seine ~e Leistung war ausgezeichnet*** his performance was outstanding II. *adv* ***das Stück wies ~ einige Schwächen auf*** the acting in the play showed some weakness

Darstellung <-, -en> *f* ❶ *kein pl* (*das Wiedergeben im Bild*) portrayal, depiction; **die ~ von Perspektiven/mathematischen Modellen** the depiction of perspectives/mathematical models ❷ *kein pl* THEAT (*das Gestalten*) performance; **die ~ eines Charakters/einer Rolle** the interpretation of a character/role ❸ (*das Schildern*) representation *no pl;* (*Bericht*) account ❹ (*Bild*) depiction

Darstellungsform *f* THEAT form of expression **Darstellungsmittel** *nt* means of representation, technique [of representation] **Darstellungsweise** *f* way of expression

dar|tun *vt irreg* (*geh*) *s.* **darlegen**

darüber *adv* ❶ (*räumlich*) over it/that/them; (*direkt auf etw*) on top [of it/that]; (*oberhalb von etw*) above [it/that/them]; (*über etw hinweg*) over [it/that/them]; ***mein Mantel hängt dort, hänge deinen einfach*** ~ my coat's over there, just put yours on top; **mit der Hand ~ fahren** to run one's hand over it/that; **mit einem Tuch ~ fahren** to wipe over it/that with a cloth; **~ liegen** (*bedecken*) to lie over it; **~ stehen** (*a. fig*) to be above it [all] ❷ (*hinsichtlich einer Sache*) about it/that/them; **sich ~ beklagen/streiten, dass ...** to complain/argue about ...; **sich ~ wundern, was ...** to be surprised at what ...; **~ brüten/sitzen/wachen** to brood/sit/watch over it/that/them; **~ *spricht man nicht!*** one doesn't [*or* you don't] talk about such things!; **~ hinweggehen/hinwegsehen** to pass over [*or* ignore] it; **~ Stillschweigen bewahren** to maintain silence on [*or* keep silent about] it; **~ *besteht kein Zweifel*** there is no doubt about it ❸ (*währenddessen*) in the meantime; (*dabei und deswegen*) in the process ❹ (*über diese Grenze hinaus*) above [*or* over] [that]; ***10 Stunden oder*** ~ 10 hours and/or longer [*or* more]; ***die Teilnehmer waren alle 50 oder*** ~ the participants were all 50 or above [*or* older] ❺ (*höher*) **mit dem Angebot/Preis ~ liegen** to have made a higher offer/to have offered a higher price ❻ (*anfangen*) **sich ~ machen** to get to work on [*or* BRIT *fam* get stuck into] [*or* AM *fam* get going on] it ▶ WENDUNGEN: **~ <u>hinaus</u>** [*o* <u>hinweg</u>] **sein** to have got [*or* AM gotten] over it/that; **jdm ~ <u>hinweghelfen</u>** to help sb get over it/that; **~ <u>hinaus</u>** over and above [that], higher

darüber|fahren *vi irreg sein s.* **darüber 1** **darüber|liegen** *vi irreg s.* **darüber 1, 5** **darüber|machen** *vr* (*fam*) *s.* **darüber 6** **darüber|stehen** *vi irreg s.* **darüber 1**

darum *adv* ❶ (*deshalb*) that's why; **~?** because of that?, really?; **~!** (*fam*) [just] because! *fam;* **ach ~!** oh, that's why!, oh, I see!; **eben ~** for that very reason, that's exactly why; **~, weil ...** because ... ❷ *in Verbindung mit subst, vb siehe auch dort* ~ **bitten** to ask for it/that/them; **jdn ~ bitten/sich ~ bemühen, etw zu tun** to ask sb/to try [hard] to do sth; ***es geht uns ~, es richtig zu tun*** we are trying do it right; ***es geht nicht ~, wer zuerst kommt*** it's not a question of who comes first; **~ *geht es ja gerade!*** that's just it! [*or* the point!]; **~ *geht es nicht!*** that's not [*or* beside] the point!; ***wir kommen nicht ~ herum*** there's no avoiding it/that, it can't be helped; **~ herumreden** to beat around the bush; **sich ~ streiten** to argue over it/that ❸ (*räumlich: um diesen Ort, Gegenstand herum*) ■ ~ [**herum**] around it, BRIT *a.* round it; *s. a.* **drum**

darunter *adv* ❶ (*räumlich*) under it/that, underneath [it/that]; (*unterhalb von etw*) below [it/that]; **~ gehen** (*fam*) to go underneath; **~ hervorgucken/-springen/-sprudeln** to look/jump/gush out [from underneath]; **etw ~ setzen** to put sth to it; **seine Unterschrift** [*o geh* **Paraphe**] **~ setzen** to put one's signature to it/that, to sign ❷ (*unterhalb diese(r) Grenze*) lower; ***Schulkinder im Alter von 12 Jahren und*** ~ schoolchildren of 12 years and younger; ***keine Mark*** ~ not a mark less; **~ gehen** to go lower; *Temperatur* to fall [below it/that]; **~ liegen** to be less; **mit dem Angebot/Preis ~ liegen** to make a lower offer/to offer a lower price ❸ (*dazwischen*) among[st] them; **etw ~ mischen** to mix in; **sich ~ mischen** to mingle in [with sb]; **etw ~ rühren** KOCHK to stir in sth *sep;* **etw ~ schlagen** KOCHK to fold in sth *sep;* **etw ~ ziehen** KOCHK to fold in sth *sep* ❹ *in Verbindung mit subst, vb siehe auch dort* (*unter dieser Angelegenheit*) **~ leiden** to suffer under it/that; ***was verstehst du ~?*** what do you understand by it/that?; **~ *kann ich mir nichts/nicht viel vorstellen*** it doesn't mean anything/very much to me ❺ (*dazu*) **~ fallen** to fall [*or* come] under it/that ▶ WENDUNGEN: **es nicht ~ <u>machen</u>** [*o* <u>tun</u>] (*fam*) to not do it for less

darunter|fallen *vi irreg sein s.* **darunter 5** **darunter|gehen** *vi irreg sein s.* **darunter 1, 2** **darunter|liegen** *vi irreg haben s.* **darunter 2** **darunter|mischen** *vt, vr s.* **darunter 3** **darunter|rühren** *vt s.* **darunter 3** **darunter|schlagen** *vt s.* **darunter 3** **darunter|setzen** *vt s.* **darunter 1** **darunter|ziehen** *vt s.* **darunter 3**

Darwinfink *m* BIOL Darwin's finch

das *art, pron* the; *s. a.* **der**

da|sein *vi irreg sein s.* **da 1, 2, 5**

Dasein <-s> *nt kein pl* ❶ (*das menschliche Leben*) life, existence; **ein jämmerliches ~ fristen/führen** to eke out a miserable existence/to lead a miserable life; **jdm das ~ erleichtern** to make sb's life easier ❷ (*geh: Existenz*) existence ❸ (*Anwesenheit*) presence; *s. a.* **Kampf**

Daseinsberechtigung *f* right to exist *no pl;* **eine ~ haben** to justify one's existence; *von Menschen a.* right to live *no pl* **Daseinsfreude** *f* (*geh*) zest for life, joie de vivre **Daseinskampf** *m* (*geh*) *s.* **Existenzkampf**

daselbst *adv* (*veraltet*) in that [*or old* said] place; ***geboren 1698 zu Paris, gestorben 1745*** ~ born 1698 in Paris, died there 1745

da|sitzen *vi irreg* ❶ (*an einer Stelle sitzen*) to sit there; **noch/nicht mehr/schon ~** to be still/no longer/already sitting there; **gelangweilt/müde/traurig/zitternd ~** to sit there bored/tiredly/sadly/shivering ❷ (*fam: zurechtkommen müssen*) to be left on one's tod BRIT *fam* [*or* AM own]; **ohne Geld/Hilfe ~** to be left without [any] money/help

dasjenige *pron dem s.* **derjenige**

dass[RR], **daß** *konj* ❶ *mit Subjektsatz* that; **~ *wir einmal alle sterben müssen, ist nun mal gewiss*** [the fact] that we all have to die is certain *liter,* it is certain [that] we all have to die, we all have to die one day ❷ *mit Objektsatz* [that]; ***ich habe gehört, ~ du Vater geworden bist*** I've heard [that] you've become a father; **nicht verstehen, ~ ...** to not understand how ...; ***entschuldigen Sie bitte, ~ ich mich so verspätet habe*** please excuse my [*or* me] arriving so late ❸ *mit Attributivsatz* [that]; ***gesetzt den Fall, ~ ...*** assuming [that] ...; ***vorausgesetzt, ~ ...*** providing [that] ...; ***die Tatsache, ~ ...*** the fact that ...; [**nur**] **unter der Bedingung, ~ ...** on [the] condition that ...; ***ungeachtet dessen, ~ ...*** regardless of the fact that .. ❹ *mit Kausalsatz* that; ***ich war böse, ~ ...*** I was angry that ...; ***sie freut sich darüber, ~ ...*** she is pleased [that] …; **das kommt daher** [*o* **davon**]/**das liegt daran,** ~ **…** that's because …; **dadurch,** ~ **…** because … ⑤ *mit Konsekutivsatz* that; ***sie fuhr so schnell,*** ~ ***sie die rote Ampel übersah*** she drove so fast [that] she failed to see the red light ⑥ *als Einleitung eines Instrumentalsatzes* ***er verbringt seine Freizeit damit,*** ~ ***er Telefonkarten sammelt*** he spends his free time collecting phonecards ⑦ *mit Wunschsatz* (*geh*) if only, would that *liter;* ~ ***du nur recht hast!*** if only you were right! ⑧ (*in Warnungen*) ***sieh/seht zu,*** ~ ***…!*** see that …; (*nachdrücklicher:*) see to it [that] … ⑨ (*in Ausrufen des Bedauerns*) that; ~ ***es ausgerechnet mir passieren sollte!*** that it should happen to me of all people!; *s. a.* **als, auf, außer, ohne, so, [an]statt, kaum**

dasselbe, dasselbige *pron dem s. a.* **derselbe, hinauskommen, hinauslaufen**

Dasselfliege *f* ZOOL bot fly

da|stehen *vi irreg* ① (*untätig an einer Stelle stehen*) to stand there; **nur so/einfach** ~ to be just/simply standing there; **dumm/wie ein begossener Pudel** ~ to stand there stupidly/sheepishly [*or* with a stupid/sheepish expression [on one's face]]; **konsterniert/verblüfft/verwundert** ~ to stand there scandalized/stunned/astonished; **wie der Ochs vorm Berg** ~ to be at a [dead] loss ② (*erscheinen*) **ohne Geld** [*o* **Mittel**] ~ to be left penniless [*or* with nothing]; **mit leeren Händen** ~ to stand there [*or* be left] empty-handed; **als Dummkopf/Lügner** ~ to be left looking like an idiot/a liar; **allein** ~ to be left [all *fam*] alone [in the world]; **besser/anders/gut/schlecht** ~ to be in a better/different/good/bad position; **einzig** ~ to be unique [*or* in a class of its own] ► WENDUNGEN: **na, wie stehe ich jetzt da?** (*selbstlobend*) well, wasn't I just wonderful?; (*Vorwurf*) what a fool I must look now!

DAT <-s, -s> *nt Abk von* **digitales Tonband** DAT, digital audio tape

Date <-s, -s> [deɪt] *nt* (*sl*) date

Datei <-, -n> *f* INFORM [data] file; **eine** ~ **aufrufen/abspeichern/anlegen/löschen** to call [up]/save/create/delete a [data] file

Dateienverwaltung *f kein pl* file manager

Dateiname *m* INFORM file name

Daten¹ *pl von* **Datum**

Daten² *pl* data; ~ **zur Person** particulars *npl;* **technische** ~ specifications, specs *fam;* ~ **erfassen/verarbeiten** to collect [*or* capture]/process data

Datenabruf *m* data retrieval **Datenaufbereitung** *f kein pl* data editing **Datenaustausch** *m* data exchange, DX **Datenautobahn** *f* infromation highway

Datenbank <-banken> *f* data bank

Datenbankabfrage *f* database enquiry **Datenbankbeauftragte(r)** *f(m) dekl wie adj* database consultant **Datenbankverwaltung** *f* database management, DBM

Datenbestand *m* data stock **Datenbibliothek** *f* library of data **Dateneingabe** *f* data entry **Datenerfassung** *f* ■**die** ~ data collection [*or* capture] **Datenerhalt** *m* receival of data **Datenfernleitung** *f* remote data line **Datenfernübertragung** *f* remote data transmission, data telecommunication **Datenfernverarbeitung** *f kein pl* teleprocessing **Datenfluss**[RR] *m kein pl* information [*or* data] flow **Datenflut** *f* flood of data **Datenfunkgerät** *nt* police radio unit **Datenklau** <-s> *m kein pl* JUR, INFORM, INET (*fam*) data theft **Datenmenge** *f* amount [*or* volume] of data **Datenmissbrauch**[RR] *m* data abuse, misuse of data **Datennetz** *nt* ① (*Netzwerk*) data [*or* information] network ② (*Datenfernübertragungsnetz*) data transmission network **Datensatz** *nt* record **Datenschrott** *m* corrupt data, [electronic] garbage AM

Datenschutz *m* JUR data [privacy] protection

Datenschutzbeauftragte(r) *f(m) dekl wie adj* controller for data protection; (*Bundes~*) Federal Commissioner for Data Protection **Datenschützer(in)** *m(f)* (*fam*) data watchdog *fam* **Datenschutzgesetz** *nt* JUR Data Protection Act **datenschutzrechtlich** *adj* ***aus*** ~ ***en Gründen*** for reasons of data protection

Datensicherheit *f kein pl* data protection **Datensicherung** *f* [data] backup; ~ **[auf Diskette] machen** to backup [data] [to floppy disk] **Datensichtgerät** *nt* [visual] display unit, VDU **Datenterminal** *nt* data [communication] terminal **Datenträger** *m* data medium [*or* carrier] **Datentypist(in)** *m(f)* keyboarder **Datenübermittlung** *f kein pl s.* **Datenfernübertragung** **Datenübertragung** *f* data transmission **Datenverarbeitung** *f* INFORM data processing *no pl, no art;* **elektronische** ~ [*o* **EDV**] electronic data processing, EDP **Datenverarbeitungsanlage** *f* data processing [*or* DP] equipment **Datenverbund** *m* data network **Datenverkehr** *m kein pl* data traffic [*or* communication] **Datenverwaltung** *f* data management **Datenzentrale** *f,* **Datenzentrum** *nt* data centre [*or* AM -er]

datieren* **I.** *vt* ① (*mit Datum versehen*) ■**etw** ~ to date sth; ***auf den Wievielten war der Brief datiert?*** when was the letter dated?, what was the date on the letter?; **etw falsch** ~ to date sth incorrectly, to misdate sth *form;* **etw zurück/im Voraus** ~ to postdate/predate sth ② (*zeitlich einordnen*) ■**etw [auf einen bestimmten Zeitraum]** ~ to date sth [back to a certain period] **II.** *vi* ① (*stammen, bestehen*) ■**aus einem bestimmten Zeitraum** ~ [*o* **seit einem bestimmten Zeitraum/-punkt** ~] to date from [*or* back to] a certain period ② (*mit Datum versehen sein*) ***dieser Brief datiert vom 12. Februar*** this letter is dated 12th Febuary

Dativ <-s, -e> *m* LING dative [case]; **im** ~ **stehen** to be in the dative [case]; **den** ~ **regieren** to govern [*or* take] the dative [case]

Dativobjekt *nt* LING indirect [*or* dative] object

dato *adv* (*geh*) **bis** ~ to date

Datscha, Datsche <-, Datschen> *f* da[t]cha

Dattel <-, -n> *f* date

Dattelpalme *f* date [palm]

Datum <-s, Daten> *nt* date; ~ **des Poststempels** date as postmark; **älteren ~s** ***ein Wagen älteren ~s*** an older model of a car; ***ein Wörterbuch älteren ~s*** an older edition of a dictionary; **das gestrige/heutige/morgige** ~ yesterday's/today's/tomorrow's date; **neueren ~s** ***eine Ausgabe neueren ~s*** a more recent issue; ***das Auto ist erst neueren ~s*** the car is still [pretty *fam*] new; **sich im** ~ **irren** to get the date wrong; ***was für ein/welches*** ~ ***haben wir heute?*** what's the date today?; ***ein Brief ohne*** ~ an undated letter; ***der Brief trägt das*** ~ ***vom 7. Mai/von letztem Sonntag*** the letter is dated 7 May/last Sunday, the letter bears the date 7 May/of last Sunday *form*

! Tipp In Großbritannien werden oft direkt nach dem Tag die beiden letzten Buchstaben der Ordnungszahl gesetzt, z. B. **1st May** (fir**st** of May), **22nd June** (twenty-seco**nd** of June), **3rd March** (thi**rd** of March) oder **4th July** (four**th** of July). Wenn das Datum nur in Zahlen geschrieben wird, steht in Nordamerika der Monat vor der Zahl, z. B. **5/8/01** bezeichnet den 8. Mai 2001. Bis zum neunten Jahr eines Jahrhunderts werden die Zahlen mit **oh** oder **hundred** gebildet, z. B. **1507** heißt **fifteen oh seven** oder **fifteen hundred and seven.**

Datumsanzeige *f* date display **Datumsgrenze** *f* [international] date line **Datumsstempel** *m* ❶ (*Gerät zum Stempeln eines Datums*) dater ❷ (*eingestempeltes Datum*) date stamp

Dauer <-> *f kein pl* duration (+*gen* of); *von Aufenthalt* length; **von langer/kurzer ~ sein** to last long [*or* a long time]/to not last long [*or* a long time]; **von begrenzter ~ sein** to be of limited duration; **keine ~ haben** to not live long, to be short-lived; **von ~ sein** to be long-lasting [*or* long-lived]; ***die Wetterbesserung wird für die nächsten Tage von ~ sein*** the improvement in the weather will remain constant for the next few days; **nicht von ~ sein** to be short-lived; **auf ~** permanently; **auf die ~** in the long run [*or* term]; ***diesen Lärm kann auf die ~ keiner ertragen*** nobody can stand this noise for any length of time; ***das kann auf die ~ nicht so weitergehen!*** it can't go on like that forever!; **für die ~ von** for the duration of; ***für die ~ Ihres Aufenthaltes bei uns*** for [the duration [*or* length] of] your stay with us

Dauerarbeitslose(r) *f(m) dekl wie adj* long-term unemployed person; ■ **die ~n** the long-term unemployed **Dauerarbeitslosigkeit** *f kein pl* long-term unemployment **Dauerauftrag** *m* standing order; **per ~** by [*or* with a] standing order; **einer Bank einen ~ erteilen** to place a standing order at a bank **Dauerbehandlung** *f* MED long-term therapy, prolonged treatment **Dauerbeschäftigung** *f* ÖKON permanent employment *no pl* **Dauerbetrieb** *m kein pl* continuous operation **Dauerbrenner** *m* (*fam*) ❶ (*Ofen*) slow-burning stove ❷ (*dauerhaft interessantes Theater-/Musikstück*) long runner *fam;* ***dieses Thema wird noch zum ~*** this topic will be the talk of the town for a long time to come *fam* ❸ (*langer Kuss*) long, impassioned kiss, BRIT *sl a.* snog **Dauereinrichtung** *f* ❶ (*ständige Institution*) permanent institution ❷ (*ständige Übung*) **zu einer ~ werden** to become [a] regular practice **Daueremittent** *m* FIN constant issuer **Dauererfolg** *f* continuous success **Dauerfeuer** *nt* MIL sustained [*or* continuous] fire **Dauergast** *m* regular client (**in** +*dat* of), permanent fixture *hum* (**in** +*dat* at); (*im Hotel*) permanent guest [*or* resident]; **sich [bei jdm] als ~ einrichten** (*iron fam*) to grace sb's house with one's permanent presence *iron;* ***er ist in diesem Lokal Dauergast*** he's one of the regulars

dauerhaft I. *adj* ❶ (*haltbar, strapazierfähig*) durable, resistant ❷ (*beständig*) lasting; ***das darf kein ~er Zustand werden*** that shouldn't be allowed to become permanent II. *adv* permanently; **sich ~ einigen** to come to a lasting [*or* permanent] agreement; **~ schädigen/geschädigt werden** to inflict/suffer permanent damage

Dauerhaftigkeit <-> *f kein pl* ❶ (*Haltbarkeit, Strapazierfähigkeit*) durability ❷ (*Beständigkeit*) permanence; *von Wetter* constancy; ***der Versailler Frieden war nicht von großer ~*** the treaties of Versailles did not last

Dauerkarte *f* season ticket; **im Besitz einer ~ sein** to have [*or* be in hold of] a season ticket **Dauerkunde** *m* standing [*or* regular] customer **Dauerlauf** *m* [endurance] run, jog; **einen ~ machen** to go for a run [*or* jog]; **im ~** at a run [*or* jog], at a running [*or* jogging] pace **Dauerlutscher** *m* lollipop, BRIT *fam a.* lolly

dauern¹ *vi* ❶ (*währen, anhalten*) to last; **eine Stunde/einen Tag/lang/länger ~** to last an hour/a day/a long time/longer; ***dieser Krach dauert jetzt schon den ganzen Tag*** this racket has been going on all [*or* the whole] day now; ***der Film dauert 3 Stunden*** the film is 3 hours long ❷ (*Zeit erfordern*) to take; **lange/zu lange ~** to take long [*or* a long time]/to take too long; **nicht mehr lange ~** not to take much longer; ***das dauert wieder, bis er endlich fertig ist!*** he always takes such a long time to get ready; ***warum dauert das bei dir immer so lange?*** why does it always take you so long?, why do you always take so long?; ***vier Stunden? das dauert mir zu lange*** four hours? that's too long for me; ***es dauert alles seine Zeit*** everything takes its time, Rome wasn't built in a day *prov;* **das dauert und dauert!** (*fam*) it's taking ages [and ages] [*or* years] [*or* forever] *fam* ❸ (*geh: dauerhaft sein, Bestand haben*) to last, to endure *liter*

dauern² *vt* (*veraltend geh*) ❶ (*reuen*) ■ **jdn [sehr] ~** to be a cause of [deep] regret for sb; ■ **es dauert mich [sehr], dass ...** I regret [deeply] that ...; ***jeder Pfennig dauert mich*** every penny hurts ❷ (*Mitleid wecken bei*) ■ **jdn ~** (*veraltend*) to arouse [*or* awaken] pity in sb; ***der zerlumpte Bettler dauerte sie sehr*** they took pity on [*or* pitied] the ragged beggar

dauernd I. *adj* (*ständig*) constant, unceasing; (*anhaltend*) lasting; **eine ~e Freundschaft** a lasting [*or* long-lived] friendship; **~er Wohnsitz** permanent [*or* fixed] address II. *adv* ❶ (*ständig*) constantly; ***mit diesen Neuen hat man ~ Ärger!*** these newcomers are always causing trouble! ❷ (*immer wieder*) always; **etw ~ tun** to keep [on] doing sth

Dauerparker(in) *m(f)* (*Langzeitparker*) long-term [*or* all-day] parker; ***„Parkplatz [nur] für ~"*** "long-term carpark"; (*regelmäßiger, befugter Parker*) permit parker **Dauerredner(in)** *m(f)* (*pej*) windbag *pej fam* **Dauerregen** *m* continuous rain **Dauerschaden** *m* MED long-term damage **Dauerschleife** *f* TECH continuous [*or* endless] playback **Dauerspeicher** *m* INFORM non-volatile memory **Dauerstellung** *f* (*feste Anstellung*) permanent post; **in ~ [beschäftigt]** in permanent employment **Dauerstress**^RR *m* continuous stress **Dauerthema** *nt* permanent topic **Dauerton** *m* continuous [*or* sustained] tone **Dauerware** *f* KOCHK foods *pl* with long shelf life **Dauerwelle** *f* perm[anent wave *form*]; **sich *dat* eine ~ machen lassen** to have one's hair permed; **jdm eine ~ machen/legen** to perm[anent-wave *form*] sb's hair **Dauerwirkung** *f* long-lasting effect **Dauerwurst** *f salami-style sausage* **Dauerzustand** *m* (*anhaltender Zustand*) permanent state of affairs; **zum ~ werden** to become a permanent state of affairs; **[bei jdm] ein ~ sein/zum ~ werden** to be/become a habit [of sb's] *iron;* ***ich hoffe, das wird bei dir nicht zum ~!*** I hope that this isn't getting to become a habit of yours!

Däumchen <-s, -> *nt dim von* **Daumen** (*kindersprache*) [little] thumb ▶ WENDUNGEN: **~ drehen** (*fam*) to twiddle one's fingers [*or* thumbs]

Daumen <-s, -> *m* thumb, pollex *spec;* **am ~ lutschen** to suck one's thumb ▶ WENDUNGEN: **jdm die ~ drücken** [*o* **halten**] to keep one's fingers crossed [for sb]; **den ~ auf etw *akk* halten** [*o* **auf etw *dat* haben**] (*fam*) to keep [*or* have] a tight hold on sth; **den ~ in den Wind halten** (*fam: per Anhalter reisen*) to stick one's thumb out *fam;* **etw über den ~ peilen** to estimate sth by rule of thumb

Daumenabdruck *m* thumbprint **daumenbreit** *adj* as wide as a [*or* one's] thumb *pred,* ≈ inch-wide *attr* **Daumenlutscher(in)** *m(f)* (*pej*) thumb-sucker **Daumennagel** *m* thumbnail **Daumenregister** *nt* thumb-index **Daumenschraube** *f* HIST thumbscrew; **jdm die ~n anlegen** (*fig*) to put the thumbscrews on sb; **die ~n anlegen** (*fig*) to put on [*or* tighten] the thumbscrews

Däumling <-s, -e> *m* ❶ (*Schutzkappe für den Daumen*) [thumb] cap [*or* ring]; (*Fingerhut*) thimble ❷ (*winzige Märchengestalt*) ■ **der** ~ Tom Thumb

Daune <-, -n> *f* down *no pl;* **weich wie ~n** [as] soft as down

Daunendecke *f* duvet, quilt **Daunenjacke** *f* quilted jacket **Daunensteppdecke** *f* continental quilt, duvet **daunenweich** *adj* downy *attr,* [as] soft as down *pred*

Daus *m* **ei der ~!** (*veraltend*) well I'll be damned! [*or* BRIT *dated a.* blowed!]

David(s)stern *m* Star of David

DaviscupRR <-[s]> ['de:viskap] *m,* **Davispokal**RR *m* (*Tennispokal*) ■ **der** ~ the Davis Cup

davon *adv* ❶ (*von diesem Ort/dieser Person [entfernt]*) away; (*von dieser Stelle weg*) from there; **etw ~ lösen/trennen** to loosen/separate sth from it/that; **~ abgehen/loskommen** to come off it/that; **jdn ~ heilen** to heal sb of it/that; **rechts/links ~ abgehen** [*o* **abzweigen**] to branch off to the right/left [of it]; ***du bist zu weit ~ entfernt, um es deutlich zu sehen*** you're too far away to see it clearly; ***links/rechts ~*** to the left/right of it/that/them; ***er will erwachsen sein? er ist noch weit ~ entfernt!*** he thinks he's grown up? he's got far [*or* a long way] [*or fam* a hell of a way] to go yet! ❷ *in Verbindung mit subst, vb siehe auch dort* (*von diesem Umstand als Ausgangspunkt*) from it/that; **etw ~ ableiten** to derive sth from it/that; **~ absehen, etw zu tun** to refrain from doing sth; **~ ausgehen, dass ...** to presume that ...; **sich ~ erholen** to recover from it/that; **etwas/nichts ~ haben** to have sth/nothing of it; ***sie unterscheiden sich ~ nur in diesem kleinen Detail*** they differ from that only in this small detail; ***das Gegenteil ~*** the opposite of it/that; ***was hast du denn ~, dass du so schuftest? nichts!*** what do you get out of working so hard? nothing!; ***soll sie doch das Geld behalten, ich hab nichts ~!*** let her keep the money, it's no use to me!; ***das hast du nun ~, jetzt ist er böse!*** now you've [gone and] done it, now he's angry!; ***das kommt ~!*** you've/he's etc. only got yourself/himself etc. to blame! ❸ (*durch diesen Umstand [verursacht]*) as a consequence [*or* result]; ***es hängt ~ ab, ob/dass ...*** it depends on whether ...; ***man wird ~ müde, wenn man zuviel Bier trinkt*** drinking too much beer makes you tired; ***es ist nur eine Prellung, ~ stirbst du nicht!*** it's only a bruise, it won't kill you! *hum* ❹ (*mittels dieser Sache als Grundlage*) **sich ~ ernähren** to subsist on it/that; **~ leben** to live on it/that *liter,* to live off it/that *fig* ❺ ([*als Anteil*] *aus dieser Menge*) [some] of it/that/them; ([*als Anteil*] *aus diesem Behälter*) from it/that; **~ essen/trinken** to eat/drink [some] of it/that; **die Hälfte/ein Teil/ein Pfund ~** half/a part/a pound of it/that/them; **das Doppelte/Dreifache ~** twice/three times as much; ***die Milch ist schlecht, ich hoffe, du hast nicht ~ getrunken*** the milk is sour, I hope you didn't drink any [of it]; ***es ist genügend Eis da, nimm nur ~!*** there's enough ice-cream, please take [*or* have] some; ***ist das Stück Wurst so recht, oder möchten Sie mehr ~?*** will this piece of sausage be enough, or would you like [some] more [of it]?; ***wieviel Äpfel dürfen es sein? — 6 Stück ~, bitte!*** how many apples would you like? — six, please! ❻ *in Verbindung mit vb siehe auch dort* (*über diese Angelegenheit*) **~ hören/sprechen/wissen** to hear/speak/know of it/that/them; ***was hältst du ~?*** what do you think of it/that/them?; ***ich verstehe gar nichts ~*** I don't understand any of it/that, it/that doesn't mean anything to me; *Fachgebiet* I know nothing about it; ***~ weiß ich nichts*** I don't know anything about [*or hum* plead ignorance of] that; ***genug ~!*** enough [of this/that]!; ***kein Wort mehr ~!*** not another word!

davon|eilen *vi sein* (*geh*) to hurry [*or liter* hasten] away **davon|fahren** *vi irreg sein* ❶ (*geh: wegfahren, sich entfernen*) **in einem Auto ~** to drive off in a car; **auf einem Fahrrad ~** to ride off on a bicycle ❷ (*fahrend hinter sich lassen, abhängen*) ■ **jdm ~** to draw ahead of sb, to leave sb behind **davon|fliegen** *vi irreg sein* (*geh*) ■ [**jdm**] ~ to fly away [from sb]; *Vögel a.* to fly off [*or liter* take to flight] [before sb] **davon|gehen** *vi irreg sein* (*geh*) to go [away], to depart *form* **davon|jagen** **I.** *vt haben* (*vertreiben, verscheuchen*) ■ **jdn ~** to drive sb away [*or* off]; **Kinder/Katzen/Vögel ~** to chase away [*or* off] children/cats/birds **II.** *vi sein* ❶ (*stürmisch davoneilen*) to flee, to take flight *liter* ❷ (*schnell wegfahren, wegfliegen*) to roar off [*or* away] **davon|kommen** *vi irreg sein* **mit dem Leben ~** to escape with one's life; **mit einem blauen Auge/einem Schock ~** to come away with no more than a black eye/a shock; **glimpflich/mit einer Geldstrafe ~** to get off lightly/with a fine; **ungeschoren/[mit] heil[er Haut]/knapp ~** to get away scot-free/intact/by the skin of one's teeth *fam* **davon|lassen** *vi irreg haben s.* **Finger** **davon|laufen** *vi irreg sein* ❶ (*weglaufen*) ■ **jdm ~** to run off [*or* away] from sb ❷ (*laufend hinter sich lassen, abhängen*) ■ **jdm ~** to run ahead of sb; ***lauf mir nicht davon!*** don't run so fast! ❸ (*fam: überraschend verlassen*) ■ **jdm ~** to run out on sb *fam,* to desert sb ❹ (*außer Kontrolle geraten*) ■ **jdm/einer Sache ~** to run away from sb/to outpace sth ▸ WENDUNGEN: **zum D~ sein** (*fam*) [to be enough] to drive one mad [*or fam* mental]; ***das stinkt hier ja zum D~!*** it stinks here to high heaven! *fam* **davon|machen** **I.** *vr* (*sich unauffällig entfernen*) ■ **sich ~** to slip away; ***los, macht euch davon, hier habt ihr nichts mehr zu suchen!*** be off with you, you won't find anything here! **II.** *vi* (*fam: abhauen, fliehen*) to scarper *fam* **davon|schleichen** *irreg* **I.** *vi sein* (*leise und langsam weggehen*) to creep [*or* slink] away **II.** *vr haben* ■ **sich ~** (*sich leise und heimlich entfernen*) to steal away, to go tiptoeing off *hum* **davon|sein** *vi irreg* (*fam*) *s.* **auf** **davon|stehlen** *vr irreg* (*geh*) *s.* **davonschleichen** **davon|tragen** *vt irreg* ❶ (*weg-/fortbringen*) ■ **jdn/etw ~** to take sb/sth away ❷ (*geh: erringen, bekommen*) **den Preis ~** to carry off [*or* win] the prize; **Ruhm ~** to achieve [*or* win] glory; **einen Sieg ~** to score [*or* win] a victory ❸ (*geh: erleiden*) **Prellungen/Verletzungen/Knochenbrüche ~** to suffer bruising/injury/broken bones **davon|ziehen** *vi irreg sein* ❶ (*geh: weggehen*) to move on; *Prozession* to move off ❷ SPORT (*fam: einen Vorsprung gewinnen*) ■ [**jdm**] ~ to move ahead [of sb], to pull away [from sb]; (*Punktdifferenz erhöhen*) to increase the lead

davor *adv,* **davor** *adv* (*emph*) ❶ (*vor einer Sache/einem Ort/etc.*) in front [of it/that/them], before [it/that/them] *form; mit vorerwähntem Bezugsobjekt* in front of [*or form* before] [it/that/them/etc.]; **~ *musst du links abbiegen*** you have to make a left turn before it; **~ liegen** to lie in front of [*or form* before] it/that/etc.; **~ stehen** to be in front of [*or form* before] it/that/etc.; *Mensch a.* to stand in front of [*or form* before] it/that/etc. ❷ (*vor eine Sache/einen Ort/etc.*) in front of [it/that/them etc.]; ***sie stand direkt ~*** she stood directly in front of it ❸ (*zeitlich vorher*) before [it/that/them/etc.] ❹ *mit Verben* (*in Hinblick auf*) ***ich ekel mich ~*** I'm disgusted by it; ***er hat Angst ~*** he's afraid of it/that; ***er hatte mich ~ gewarnt*** he warned me about that

davor|liegen *vi irreg s.* **davor 1**

davor|sein *vi irreg sein s.* **davor 1, 4**

davor|stehen *vi irreg s.* **davor 1**

davor|stellen *vt s.* **davor 2**

DAX *m* BÖRSE *Akr von* **Deutscher Aktienindex** DAX

dazu *adv,* **dazu** *adv (emph)* ❶ *(zu dem gehörend)* with it ❷ *(außerdem)* at the same time, into [*or* AM in] the bargain, to boot; *s. a.* **noch** ❸ *(zu diesem Ergebnis)* to it/that; ***wie konnte es nur ~ kommen?*** how could that happen?; ***wie ist er ~ gekommen?*** how did he come by it; ***wie komme ich ~?*** *(fam)* why on earth should I?; ~ ***reicht das Geld nicht*** we/I haven't enough money for that; **im Gegensatz ~** contrary to this; **im Vergleich ~** in comparison to that; *s. a.* **führen, Weg** ❹ *(zu der Sache)* ***ich würde dir ~ raten*** I would advise you to do that; ***ich bin noch nicht ~ gekommen*** I haven't got round to it/to doing it yet ❺ *(dafür)* for it/that/this; ***ich bin ~ nicht bereit*** I'm not prepared to do that; ***er war ~ nicht in der Lage*** he wasn't in a position to do so; ***es gehört viel Mut ~*** that takes a lot of courage; ~ ***ist es da*** that's what it's there for; ~ ***habe ich keine Lust*** I don't feel like it; ~ ***habe ich schon Zeit*** I do have time for that; **die Erlaubnis/die Mittel/das Recht ~** the permission/the means/the right to do it; **kein Recht ~ haben, etw zu tun** to have no right to do sth ❻ *(darüber)* about it/that/this; ***er hat sich noch nicht ~ geäußert*** he hasn't commented on it yet; ***was meinst du ~?*** what do you think about it/that?; ***das ist meine Meinung ~*** that's my opinion of it ❼ NORDD *(fam)* ***da habe ich keine Zeit zu*** I haven't the time [for it/that]; ***da komme ich heute nicht mehr zu*** I won't be able to get round to it today; *s. a.* ~ **5**

dazu|gehören* *vi* ❶ *(zu der Sache gehören)* to belong [to it/etc.] ❷ *(im Preis eingeschlossen sein)* to be included [in it] ❸ *(nicht wegzudenken sein)* be a part of it

dazugehörig *adj attr* to go with it/them *pred,* which [*or* that] goes/go with it/them *pred;* **die ~en Schlüssel** the keys fitting [*or* belonging to] it/them

dazu|gesellen* *vr* ■ **sich ~** to join them/her/him/you/us/etc.

dazu|kommen *vi irreg sein* ❶ *(hinzukommen)* to arrive; *(zufällig)* to happen to arrive, to arrive on the scene *fam,* to turn up *fam* ❷ *(hinzugefügt werden)* to be added; ***kommt noch etwas dazu?*** is there [*or* will there be] anything else?

dazu|legen **I.** *vt* ■ **[jdm/sich] etw ~** to add sth [to it]; **jdm noch ein Stück Fleisch/Kuchen/etc. ~** to give sb another piece of meat/cake/etc.; **sich** *dat* **noch ein Stück ~** to take another piece **II.** *vr* ■ **sich ~** to lie down next to [*or* with] sb

dazu|lernen *vt* ■ **etw ~** to learn sth; **einiges ~** to learn a few [new] things; **etwas ~** to learn something new; ***man kann immer etwas ~*** there's always something [new] to learn; ***schon wieder was dazugelernt!*** you learn something [new] every day!

dazumal *adv (veraltend)* in those days; *s. a.* **Anno**

dazu|rechnen *vt* ■ **etw ~** ❶ *(hinzurechnen)* to add on sth ❷ *(in Betracht ziehen)* to consider sth, to take sth into consideration

dazu|setzen **I.** *vt* ❶ *(zu jdm setzen)* ***kann ich mich ~?*** do you mind if I join you? ❷ *(dazuschreiben)* ■ **etw ~** to add sth; **seinen Namen ~** to add [*or form* append] one's name **II.** *vr* ■ **sich [zu jdm] ~** to sit down [at sb's table]

dazu|tun *vt irreg (fam)* ■ **etw ~** ❶ *(hinzufügen)* to add sth ❷ *(zusätzlich schenken)* to add [*or* contribute] sth; **noch etw ~** to add [*or* contribute] another sth

Dazutun <-> *nt kein pl* ■ **ohne jds** *akk* **~** without sb's intervention [*or* help]

dazwischen *adv* ❶ *(räumlich: zwischen zwei Dingen)* between them, [in] between; *(darunter)* among[st] them ❷ *(zeitlich)* in between

dazwischen|fahren *vi irreg sein* ❶ *(eingreifen)* to intervene, to step in [and sort things out] ❷ *(unterbrechen)* to interrupt, to break in; *nicht Angesprochene a.* to butt in *fam;* ■ **jdm ~** to interrupt sb; *nicht Angesprochene a.* to butt in on sb *fam*

dazwischen|funken *vi (fam)* ■ **[jdm] ~** to mess sth up [for sb] *sep fam;* *(seinen Senf dazugeben)* to put [*or* stick] one's oar in *pej fam;* *(unaufgefordert in einem Gespräch)* to butt in [on sb] *fam*

dazwischen|kommen *vi irreg sein* ❶ *(zwischen etw geraten)* ■ **mit etw ~** to get sth caught [in sth] ❷ *(als Unterbrechung eintreten)* ***wenn nichts dazwischenkommt!*** if all goes well! [*or* to plan]; ***leider ist [mir] etwas dazwischengekommen*** I'm afraid something has come [*or fam* cropped] up

dazwischen|reden *vi* ■ **[jdm] ~** to interrupt [sb]; *nicht Angesprochene a.* to butt in [on sb]; ■ **das D~** interruptions *pl*

dazwischen|rufen *vt, vi irreg* ■ **[etw] ~** to interrupt [sth] loudly [with sth], to yell out [sth] *sep,* to shout [out] interruptions; ■ **das D~** [noisy] interruptions *pl*

dazwischen|schlagen *vi irreg* ■ **[mit etw] ~** to wade in [with sth]

dazwischen|stehen *vi irreg* ❶ *(zwischen zweien stehen)* to be between them; *Mensch a.* to stand between them ❷ *(unentschieden sein)* to be [in] between; **[politisch] ~** to sit on the fence [politically]; **mit seiner Meinung ~** to be noncommittal ❸ *(geh: trennend sein)* to be in the way

dazwischen|treten *vi irreg sein* ❶ *(schlichtend eingreifen)* to intervene; ■ **das/jds** *gen* **D~** the/sb's intervention ❷ *(geh: störend auftreten)* to get in the way; *störender Mensch, Exfreund, etc.* to come between [two people/etc.]

DB <-> *f Abk von* **Deutsche Bundesbahn** ≈ BR BRIT, ≈ Amtrak AM

DCC <-> *f Abk von* **Digital Compact Cassette** DCC

DDR <-> *f* HIST *Abk von* **Deutsche Demokratische Republik:** ■ **die ~** East Germany, the GDR, the German Democratic Republic *form;* **die ehemalige ~** [the] former East Germany

DDR-Bürger(in) *m(f)* HIST East German [citizen], citizen of the German Democratic Republic *form*

DDT <-> *nt Abk von* **Dichlordiphenyltrichloräthan** DDT

Deal <-s, -s> [di:l] *m (sl)* deal; **[mit jdm] einen ~ machen** to make [*or* do] a deal [with sb]

dealen ['di:lən] *vi (sl)* ■ **[mit etw] ~** to deal sth *sl,* to push sth *fam*

Dealer(in) <-s, -> ['di:lɐ] *m(f) (fam)* dealer *sl,* pusher *fam*

Debakel <-s, -> *nt (geh)* debacle *form,* fiasco; *(Niederlage a.)* whitewash BRIT, shutout AM

Debatte <-, -n> *f* ❶ *(Streitgespräch)* debate; *(schwächer)* discussion; **sich auf [k]eine ~ [über etw** *akk***] einlassen** to [not] enter into a discussion [about sth]; **zur ~ stehen** to be under [*or* up for] discussion; ***das steht hier nicht zur ~*** that's not the issue here, that's beside the point; **etw zur ~ stellen** to put sth up [*or form* forward] for discussion; **etw in die ~ werfen** to throw sth into the discussion ❷ *(Erörterung)* debate (+*gen* on)

debattieren* **I.** *vt* ■ **etw ~** to debate sth; *(schwächer)* to discuss sth **II.** *vi* ■ **[mit jdm] [über etw** *akk***] ~** to discuss [sth] [with sb]

Debet <-s, -s> *nt* FIN debit column [*or* side]; **mit DM 10.000 im ~ stehen** to have run up a debt [*or* debts] of DM 10.000

debil *adj* MED feeble-minded

Debilität <-> *f kein pl* MED feeble-mindedness *no pl*

Debüt <-s, -s> [de'by:] *nt* debut; **[mit etw] sein ~ geben** to [make one's] debut [with sth]

Debütalbum *nt* debut album
Debütant(in) <-en, -en> *m(f)* ❶ (*Anfänger*) novice, debutante *fem* ❷ (*gesellschaftlicher Neuling*) ■ **~in** debutante, deb *fam*
debütieren* *vi* ❶ (*erstmals auftreten*) ■ **als jd ~** to [make one's] debut as sb ❷ (*geh: erstmals in Erscheinung treten*) ■ **mit etw ~** to [make one's] debut with sth
Debütroman *m* debut [*or* first] novel
Dechant(in) <-en, -en> [dɛ'çant, 'dɛçant] *m(f)* REL dean
dechiffrieren* [deʃɪ'friːrən] *vt* ■ **etw ~** to decipher sth, to decode sth
Dechiffrierung <-, -en> *f* decoding, deciphering
Deck <-[e]s, -s> *nt* ❶ (*Abschluss des Schiffsrumpfs*) deck; **Aufbauten auf dem ~** superstructure *no pl, no indef art* ❷ (*Schiffsebene*) deck; **an ~ gehen** to go on deck; **an/unter ~** on/below deck ❸ (*Parkdeck*) level, storey
Deckadresse *f* accommodation address BRIT, mail drop AM **Deckaufbauten** *pl* superstructure *no pl, no indef art* **Deckbett** *nt* ❶ (*Bettdecke*) feather quilt, eiderdown ❷ SCHWEIZ bedding *no indef art* **Deckblatt** *nt* ❶ BOT bract *spec* ❷ (*von Zigarre*) wrapper ❸ KARTEN top card
Deckchen <-s, -> *nt dim von* **Decke** ❶ (*kleines Stoffstück*) small cloth ❷ (*Tisch~, bes aus Spitze*) doily
Decke <-, -n> *f* ❶ (*Zimmerdecke*) ceiling ❷ (*Tischdecke*) tablecloth ❸ (*Wolldecke*) blanket; (*Bettdecke*) cover, duvet BRIT ❹ (*Belag*) surface, surfacing *spec* ❺ (*Reifendecke*) outer tyre [*or* cover] [*or* casing] ▶ WENDUNGEN: **jdm fällt die ~ auf den Kopf** (*fam*) sb feels really cooped in [*or* up] [*or* shut in]; **an die ~ gehen** (*fam*) to blow one's top, to hit [*or* go through] the roof; **[vor Freude] an die ~ springen** (*fam*) to jump for joy; **mit jdm unter einer ~ stecken** to be in league [*or fam* cahoots] with sb, to be hand in glove with sb; **sich nach der ~ strecken** to cut one's coat according to one's cloth
Deckel <-s, -> *m* ❶ (*Verschluss*) lid; (*aus Folie*) top; *von Glas, Schachtel a.* top; *einer Uhr* cover ❷ (*Buchdeckel*) cover ▶ WENDUNGEN: **jdm eins auf den ~ geben** (*fam*) to give sb a clip round the earhole; **[von jdm] eins auf den ~ kriegen** (*fam: geschlagen werden*) to get a crack [*or* clout] on the head [from sb]; (*gerügt werden*) to be given a bollocking *fam!* [*or fam* a good talking-to] [off sb]
decken I. *vt* ❶ (*breiten*) ■ **etw über jdn/etw ~** to cover sb/sth with sth, to spread sth over sth ❷ (*bedecken*) ■ **etw ~** to cover sth; *s. a.* **gedeckt** ❸ (*eindecken*) **ein Dach mit Schiefer/Ziegeln ~** to roof a building with slate/tiles, to slate/tile a roof; **ein Dach mit Kupfer ~** to line a roof with copper; **ein Dach mit Reet/Stroh ~** to thatch a roof [with reeds/straw]; **ein Haus [mit etw] ~** to roof a house [with sth] ❹ (*zurechtmachen*) **den Tisch ~** to set [*or* lay] the table; **den Tisch für zwei ~** to set [*or* lay] the table for two; **es ist gedeckt!** dinner/lunch etc. is ready! [*or form* being served] ❺ (*verheimlichen*) ■ **jdn ~** to cover up for sb; ■ **etw ~** to cover up sth *sep* ❻ (*abschirmen*) ■ **jdn ~** to cover sb, to give sb cover; (*mit dem eigenen Körper*) to shield sb; **einen Spieler ~** to mark [*or* AM cover] an oppponent ❼ ÖKON (*befriedigen*) **die Nachfrage ~** to meet [*or* satisfy] the demand; *s. a.* **Bedarf** ❽ FIN (*absichern*) ■ **etw ~** to cover sth; **Kosten ~** to cover [*or* meet] [*or form* defray] costs; **einen Wechsel ~** to meet [*or* honour] a bill of exchange; ***der Scheck war nicht gedeckt*** the cheque wasn't covered, the cheque bounced *fam* ❾ (*wieder ausgleichen*) ■ **etw ~** to make good sth, to offset sth ❿ (*begatten*) **ein Tier ~** to cover [*or form* service] an animal; **eine Stute ~** to serve a mare **II.** *vi* ❶ (*überdecken*) to cover; ***diese Farbe deckt besser*** this paint gives a better cover [*or* covering], this paint has a better body *spec;* ■ **[gut] ~d** opaque; *s. a.* **gedeckt** ❷ SPORT to mark [*or* AM cover] one's opponent **III.** *vr* ■ **sich ~** ❶ (*übereinstimmen*) to coincide (**in** +*dat* in); *Aussagen* to correspond, to agree; *Meinungen* to coincide; *Geschmäcker* to match; *Zahlen* to tally; **sich ~de Dreiecke** MATH congruent triangles *spec* ❷ (*sich schützen*) to cover oneself (**gegen** +*akk* against)
Deckenbeleuchtung *f* ceiling [*or* overhead] lights *pl* **Deckengemälde** *nt* ceiling painting **Deckengewölbe** *nt* ARCHIT vaulting *no indef art* **Deckenlampe** *f* ceiling light **Deckenmalerei** *f* ceiling fresco
Deckfarbe *f* opaque colour [*or* AM *a.* -or], body-colour [*or* AM *a.* -or] **Deckflügel** *m* ZOOL wing-case, elytron *spec* **Deckhaar** *nt kein pl* ZOOL outer coat **Deckhengst** *m* stud[-horse], [breeding] stallion **Deckmantel** *m* (*fig*) mask, blind, mantle *liter;* ■ **unter dem ~ einer S.** *gen* under the guise [*or* cloak] of sth **Deckname** *m* assumed name, code name, alias; **unter dem ~n „Rudi" auftreten** to go under the alias of "Rudi"
Deckung <-, -en> *f* ❶ (*Feuerschutz*) cover ❷ FBALL marking BRIT, covering AM ❸ (*schützende Haltung*) guard; **seine ~ vernachlässigen** to drop [*or* lower] one's guard ❹ (*Schutz*) cover; **volle ~!** take cover!; **~ suchen** [*o* **in ~ gehen**] to take cover; **jdm ~ geben** to give sb cover, to cover sb ❺ (*Protektion*) backing *no pl* ❻ ÖKON covering, meeting; *von Kosten a.* defrayment *form; von Nachfrage* meeting, satisfaction; **zur ~ der Nachfrage** to meet [*or* satisfy] the demand ❼ (*finanzielle Absicherung*) cover; *von Darlehen* security; ***der Scheck ist ohne ~*** the cheque is not covered; **ein Wechsel ohne ~** an unsecured bill, a bill without cover; (*Ausgleich*) offset *no indef art* (+*gen* for); **zur ~ einer S.** *gen* to offset [*or* make good] sth; **zur ~ der Schäden** to meet the cost of the damage ❽ (*Übereinstimmung*) **etw zur ~ bringen** to make sth coincide; *Zahlen* to be made to tally
Deckungsauflage *f* break-even quantity (*number of sold publications needed to cover the printing costs*) **deckungsgleich** *adj* ❶ MATH congruent *spec* ❷ (*übereinstimmend*) concurring, concurrent; **~e Zeugenaussagen** agreeing [*or form* concordant] testimonies; ■ **~ sein** to coincide **Deckungsgleichheit** *f* ❶ MATH congruence *spec* ❷ (*Übereinstimmung*) **die ~ der Zeugenaussagen** the agreement between testimonies; **wegen der ~ der Ansichten/Aussagen** because of the degree to which these views coincide/these statements agree **Deckungskapital** *nt* covering funds *npl*
Deckweiß *nt* opaque white **Deckwort** <-wörter> *nt* code word
Decoder <-s, -> [de'koːdɐ] *m* decoder
decodieren* *vt* ■ **etw ~** to decode sth
Décolleté <-s, -s> [dekɔl'teː] *nt s.* **Dekolletee**
Decrescendo <-s, -s *o* Decrescendi> [dekrɛ'ʃɛndo] *nt* MUS diminuendo, decrescendo
Dedikationsexemplar *nt* presentation copy [containing a dedication]
deduzieren* *vt* ■ **etw ~** to deduce sth
Deern <-, -s> *f* NORDD (*fam*) lass[ie] BRIT DIAL
Deeskalation [deːʔɛs-] *f* MIL de-escalation
deeskalierend *adv* (*beschwichtigend, beruhigend*) calmingly; ***Frauen wirken in Reibereien meist ~*** women tend to have a pacificatory effect amidst friction
de facto *adv* de facto
De-facto-Anerkennung *f* JUR de facto recognition
Defätismus <-> *m kein pl* (*geh*) ■ **[der] ~** defeatism

a. pej

Defätist(in) <-en, -en> *m(f)* (*geh*) defeatist *a. pej*

defätistisch *adj* (*geh*) defeatist *a. pej*

defekt *adj* faulty, defective *form*

Defekt <-[e]s, -e> *m* ❶ (*Funktionsstörung*) fault, defect; **einen ~ haben** to be faulty [*or* defective] ❷ (*Missbildung*) defect; **ein geistiger/angeborener ~** mental deficiency/a congenital defect; **einen geistigen ~ haben** to be mentally deficient, to suffer from mental deficiency

defensiv I. *adj* ❶ (*auf Abwehr bedacht*) defensive ❷ (*auf Sicherheit bedacht*) safety-conscious; **eine ~e Fahrweise** non-aggressive [*or* defensive] driving II. *adv* defensively; **~ spielen** to adopt a defensive line of play

Defensive <-, -n> [-və] *f kein pl* ❶ (*Verteidigung*) defence [*or* AM -se]; **für die ~** for defence [purposes]; **sich in die ~ begeben** [*o* **in die ~ gehen**] to go on the defensive; **in der ~ bleiben** to remain on the defensive; **jd in die ~ drängen** to force sb on[to] the defensive ❷ SPORT defensive [line of play]; **aus der ~ zum Angriff übergehen** to switch [*or* change] from the defensive to the offensive, to go over to the offensive

Defensivkrieg *m* defensive war, defensive warfare *no art* **Defensivspiel** *nt* defensive game **Defensivwaffe** *f* defensive weapon

defilieren* *vi haben o sein* MIL ■**[vor jdm/etw] ~** to march [past sb/sth], to parade [before sb/sth]

definierbar *adj* definable; ■**nicht ~ [sein]** [to be] indefinable [*or* AM undefinable]; **leicht ~ [sein]** [to be] easy to define *pred;* **schwer ~ [sein]** [to be] difficult to define *pred;* (*subtil a.*) [to be] elusive

definieren* *vt* ❶ (*genau erklären*) ■**[jdm] etw ~** to define sth [for sb]; **[jdm] etw kurz ~** to give [sb] a brief definition of sth ❷ (*beschreiben*) ■**etw ~** to define [*or* describe] sth; **nicht zu ~ sein** to defy [*or* evade] definition [*or* description]; **schwer zu ~ sein** to be difficult to define [*or* describe]; (*subtil a.*) to be elusive

Definition <-, -en> *f* definition; **[jdm] eine ~ von etw geben** to give [sb] a definition of sth, to define sth [for sb]

definitiv I. *adj* (*genau*) definite; (*endgültig a.*) definitive II. *adv* (*genau*) definitely; (*endgültig a.*) definitively

Defizit <-s, -e> *nt* ❶ (*Fehlbetrag*) deficit; **[mit etw] ein ~ machen** to make a loss [with sth] ❷ (*Mangel*) ■**ein ~ an etw** *dat* a lack of sth; **ein ~ an etw** *dat* **haben** to suffer from a lack of sth

defizitär I. *adj* ❶ (*mit Defizit belastet*) in [the] deficit *pred* ❷ (*zu Defiziten führend*) **eine ~e Haushaltspolitik führen** to follow an economic policy that can only lead to deficit; **die ~e Entwicklung [der Organisation/Firma/etc.]** the trend [in the organization/firm/etc.] to run to a deficit II. *adv* **sich ~ entwickeln** to develop a deficit

Deflation <-, -en> *f* ÖKON deflation

deflationär *adj* ÖKON deflationary

Defloration <-, -en> *f* (*fachspr liter: Entjungferung*) defloration *liter*

deflorieren* *vt* (*fachspr liter: entjungfern*) ■**jdn ~** to deflower sb *liter*

Deformation <-, -en> *f* ❶ (*Verunstaltung*) deformation; (*Missbildung*) deformity; (*Entstellung*) disfigurement ❷ (*Verformung*) deformation; (*Verzerrung*) distortion

deformieren* *vt* ■**etw ~** ❶ (*verunstalten*) to deform sth; (*entstellen*) to disfigure sth; ■**deformiert** deformed, disfigured; **eine deformierte Nase** a misshapen nose ❷ (*verformen*) to deform sth; (*verzerren*) to distort sth

Deformierung <-, -en> *f* ❶ (*Verunstaltung*) deformity; (*Entstellung*) disfigurement ❷ (*Verformung*) deformation; (*Verzerrung*) distortion

Defroster <-s, -> *m* de-icer

deftig I. *adj* ❶ (*herzhaft*) good and solid *pred;* **~e Mahlzeit** substantial [*or* [good] solid] meal; **ein ~er Eintopf** a hearty stew ❷ (*anständig, gehörig*) **eine ~e Ohrfeige** a good whack round the ear *fam;* **eine ~e Tracht Prügel** a mother of a beating *fam,* a good hiding ❸ (*urwüchsig*) earthy; **ein ~er Witz** a coarse [*or* crude] joke II. *adv* **~ danebenhauen** (*fam*) to drop a clanger BRIT *fam;* **sich ~ ins Zeug legen** (*fam*) to really get going *fam;* **~ reinhauen** [*o* **zulangen**] (*fam*) to really get stuck in *fam*

Deftigkeit <-, -en> *f* ❶ *kein pl* (*Herzhaftigkeit*) solidness, substantialness; *von Eintopf a.* thickness; *von Wurst* solidness ❷ (*Derbheit*) earthiness; *Witz* crudeness, coarseness

Degen <-s, -> *m* ❶ SPORT ([*Sport-*]*Waffe*) epée; HIST rapier, sword; **den ~ ziehen** to draw one's sword [*or* rapier]; **mit bloßem** [*o* **nacktem**] **~** with one's sword drawn [*or* rapier]; **jdn auf ~ fordern** HIST to challenge sb to a duel (*with rapiers*) ❷ (*Degenfechten*) [epée] fencing

Degeneration <-, -en> *f* ❶ (*geh*) degeneration ❷ MED, BIOL degeneration; **eine/die ~ von Zellen** cellular degeneration

Degenerationserscheinung *f* sign of degeneration

degenerieren* *vi* to degenerate

degeneriert *adj* degenerate

Degenfechten *nt* ■**das ~** epée fencing

degorgieren [-ˈʒiː-] *vt* ■**etw ~** KOCHK to disgorge sth

degradieren* *vt* ■**jdn [zu etw] ~** ❶ MIL to demote sb [to sth]; (*mit Entlassung*) to cashier sb; **jdn zum einfachen Soldaten ~** to demote sb to the ranks ❷ (*pej geh*) to degrade sb, to reduce sb to [the level of] sth

Degradierung <-, -en> *f* ■**jds** *gen* **~ [zu etw]** ❶ MIL sb's demotion [to sth] ❷ (*geh*) sb's degradation [to sth]

degressiv *adj* FIN degressive *spec*

Degustation <-, -en> *f bes* SCHWEIZ (*geh*) tasting session

degustieren* *vt bes* SCHWEIZ (*geh*) ■**etw ~** to taste sth

dehnbar *adj* ❶ (*flexibel*) elastic; **~er Stoff** elastic [*or* stretch] [*or fam* stretchy] material ❷ (*interpretierbar*) flexible, open to interpretation *pred*

Dehnbarkeit <-> *f kein pl* ❶ (*Flexibilität*) elasticity; *von Stoff a.* stretchiness *fam* ❷ (*Interpretierbarkeit*) flexibility

dehnen I. *vt* ■**etw ~** ❶ (*ausweiten*) to stretch sth ❷ MED to dilate [*or* stretch] sth ❸ (*gedehnt aussprechen*) to lengthen sth; (*schleppend*) to drawl sth; *s. a.* **gedehnt** II. *vr* ■**sich ~** ❶ (*sich ausdehnen*) to stretch ❷ (*sich strecken*) to stretch

Dehnung <-, -en> *f* ❶ (*das Dehnen*) stretching ❷ MED dilation ❸ (*Laut- o Silben~*) lengthening; (*schleppend*) drawling

Dehydradation <-, -en> *f* dehydration

dehydratisieren* *vt* ■**etw ~** to dehydrate sth

dehydrieren* *vt* CHEM ■**etw ~** to dehydrogenate [*or* dehydrogenize] sth *spec;* (*zur Gewinnung von Sauerstoff*) to dehydrate sth

Dehydrierung <-, -en> *f* CHEM dehydrogenation *spec,* dehydrogenization *spec;* (*zur Gewinnung von Sauerstoff*) dehydration

Deibel <-s, -> *m* NORDD (*fam*) *s.* **Teufel**

Deich <-[e]s, -e> *m* dyke, dike; **einen ~ durchbrechen** to breach a dyke [*or* dike]

Deichsel <-, -n> [-ks-] *f* shaft; (*Doppeldeichsel*) shafts *pl;* **Ochsen an die ~n spannen** to yoke oxen

into [*or* between] the shafts
Deichselbruch *m* broken shafts *pl*
deichseln *vt* (*fam*) ■ **etw** ~ to wangle sth *fam;* ■ **es [so] ~, dass ...** to so wangle it that ... *fam*
Deichverband *m association of owners of dyked land*
dein I. *pron poss* ❶ *adjektivisch* your; ***herzliche Grüße, ~e Anita*** with best wishes, yours/love Anita ❷ *substantivisch* (*veraltend*) yours, thine *old;* ***behalte, was ~ ist*** keep what is yours [*or old* thin] **II.** *pron pers gen von* **du** (*veraltet poet*) of thee; ***ich werde ewig ~er gedenken*** I shall remember thee forever *dated*
deine(r, s) *pron poss, substantivisch* ❶ (*der/die/das dir Gehörende*) yours ❷ (*geh*) ■ **der/die ~** [*o* **D~**] yours; ***stets und immer der ~*** yours ever ❸ (*Angehörige*) ■ **die ~n** [*o* **D~n**] your family + *sing/pl vb* [*or* people], your folks; **du und die ~n** [*o* **D~n**] you and yours ❹ (*das in deiner Macht stehende*) ■ **das ~** [*o* **D~**] what is yours; ***tu du das ~*** you do your bit; ***kümmere du dich um das ~*** you mind your own affairs [*or* what is yours]
deiner *pron pers gen von* **du** (*geh*) ***wir werden uns ~ erinnern*** we will remember you
deinerseits *adv* ❶ (*auf deiner Seite*) for your part ❷ (*von dir aus*) on your part
deinesgleichen *pron inv* ❶ (*pej*) the likes of you *pej,* your sort + *pl vb pej;* ■ **du und ~** you and your sort *pej* ❷ (*geh*) ***an Schönheit ist keine ~*** in beauty there is none to equal you *liter*
deinethalben *adv* (*veraltend*), **deinetwegen** *adv* (*wegen dir*) because of you, on your account, on account of you; (*dir zuliebe*) for your sake **deinetwillen** *adv* ■ **um ~** for your sake; (*als Erwiderung auf Bitte*) seeing that it's you *hum*
deinige *pron poss, substantivisch* (*veraltend geh*) ❶ (*der/die/das dir Gehörende*) ■ **der/die/das ~** [*o* **D~**] yours, thine *old* ❷ (*deine Angehörigen*) ■ **die ~n** [*o* **D~n**] your family + *sing/pl vb* [*or* people] [*or* kin *dated*] ❸ ■ **das ~e** [*o* **D~e**] (*das dir Zukommende*) ***tu du das ~e*** you do your bit
deins *pron poss* yours
Deismus <-> *m kein pl* PHILOS ■ **der ~** deism
Déjà-vu-Erlebnis [deʒa'vy:-] *nt* PSYCH déjà vu
de jure *adv* JUR de jure, by right, legally
De-jure-Anerkennung *f* JUR de jure [*or* legal] recognition
Deka <-[s], -> *nt* ÖSTERR *s.* **Dekagramm**
Dekade <-, -n> *f* decade
dekadent *adj* decadent
Dekadenz <-> *f kein pl* decadence
Dekaeder <-s, -> *m* decahedron
Dekagramm *nt* ÖSTERR ten gram[me]s *pl,* decagram[me] *spec*
Dekalog <-[e]s> *m* REL **der ~** the Ten Commandments, the Decalogue *spec*
Dekan(in) <-s, -e> *m(f)* SCH dean
Dekanat <-[e]s, -e> *nt* ❶ (*Amtszeit eines Dekans*) deanship ❷ SCH (*Amtssitz*) office of a/the dean; REL deanery
Dekanin <-, -nen> *f fem form von* **Dekan**
Deklamation <-, -en> *f* ❶ (*geh: Vortrag*) recitation ❷ (*pej: Leerformel*) [empty] rhetoric *no pl*
deklamatorisch *adj* ❶ *inv* (*ausdrucksvoll im Vortrag*) rhetorical ❷ (*übertrieben im Ausdruck*) rhetorical, declamatory ❸ MUS declamatory
deklamieren* (*geh*) **I.** *vt* ■ **etw ~** to recite sth **II.** *vi* to recite; **gut ~ können** to be good at reciting
Deklaration <-, -en> *f* ❶ (*geh*) declaration ❷ (*Zollerklärung*) declaration
deklarieren* *vt* ■ **etw ~** ❶ (*geh*) to declare sth ❷ (*angeben*) to declare sth; ***haben Sie etwas zu ~?*** do you have anything to declare?; **seine Einkünfte ~** to file one's income-tax return
Deklarierung <-, -en> *f* declaration
deklassieren* *vt* ❶ (*als drittklassig erscheinen lassen*) ■ **jdn/etw ~** to downgrade sb/sth ❷ SPORT ■ **jdn ~** to outclass sb; (*vernichtend schlagen a.*) to humiliate sb
Deklassierung <-, -en> *f* SPORT outclassing; (*durch vernichtenden Schlag a.*) humiliation
Deklination <-, -en> *f* ❶ LING declension ❷ PHYS [magnetic] declination *spec*
deklinierbar *adj* LING declinable; **nicht ~** indeclinable
deklinieren* *vt* LING ■ **etw ~** to decline sth; ■ **das D~** the declinations *pl*
dekodieren* *vt s.* **decodieren**
Dekolletee[RR], **Dekolleté** <-s, -s> [dekɔl'te:] *nt* ❶ (*Körperpartie*) cleavage ❷ MODE low-cut [*or* decolleté] neckline, decolletage; **ein Kleid mit einem gewagten/tiefen ~** a daringly/very low-cut [*or* decolleté] dress
dekolletiert [dekɔl'ti:ɐt] *adj* low-cut, decolleté; **gewagt/tief ~** daringly/very low-cut [*or* decolleté]
Dekompression *f* decompression
Dekompressionskammer *f* decompression chamber
Dekontamination *f* decontamination, decon *spec sl*
dekontaminieren* *vt* ■ **jdn/etw ~** to decontaminate sb/sth
Dekor <-s, -s *o* -e> *m o nt* ❶ (*Muster*) pattern ❷ THEAT, FILM decor, scenery
Dekorateur(in) <-s, -e> [dekora'tø:ɐ̯] *m(f)* (*Innenraum~*) interior designer; (*Schaufenster~*) window dresser; (*für Theater- o Filmkulissen*) set designer
Dekoration <-, -en> *f* ❶ *kein pl* (*das Ausschmücken*) decoration *no pl, no indef art* ❷ (*Auslage*) [window] display ❸ (*Ausschmückung*) decoration[s *pl*] ❹ (*Bühnenbild*) decor, scenery
dekorativ I. *adj* decorative; **rein ~** purely ornamental **II.** *adv* decoratively
dekorieren* *vt* ❶ (*ausgestalten*) ■ **etw [mit etw] ~** to decorate sth [with sth]; (*mit Girlanden a.*) to drape sth [with sth]; **ein Schaufenster ~** to dress a shop window ❷ (*auszeichnen*) ■ **jdn [mit etw] ~** to decorate sb [with sth], to award sb [sth]; **vielfach dekoriert** highly decorated
Dekoriermesser *nt* KOCHK decorating knife **Dekorierzucker** *m* decorating sugar
Dekostoff *m* furnishing fabric; (*für Vorhänge a.*) drapery
Dekret <-[e]s, -e> *nt* decree *form;* **ein ~ erlassen** to issue [*or form* pass] a decree
dekuvrieren* (*geh*) **I.** *vt* ■ **jdn/etw [als etw] ~** to expose sb/sth [as sth], to uncover sth [as sth] **II.** *vr* ■ **sich als etw ~** to reveal oneself as sth
Deleatur(zeichen) <-s, -> *nt* TYPO deletion [mark]
Delegation <-, -en> *f* delegation; **eine aus 25 Mitgliedern bestehende ~** a body of 25 delegates
Delegationschef(in) *m(f)* head of a/the delegation
delegieren* *vt* ■ **etw [an jdn] ~** to delegate sth [to sb]
Delegierte(r) *f(m) dekl wie adj* delegate
Deletion <-, -en> *f* BIOL deletion
Delfin[RR] <-s, -e> *m s.* **Delphin**
Delfter *adj attr* Delft; **[das] ~ Porzellan** Delft, delftware
delikat *adj* ❶ (*wohlschmeckend*) delicious, exquisite ❷ (*geh: behutsam*) discreet, tactful ❸ (*geh: heikel*) delicate, sensitive ❹ (*geh: empfindlich*) delicate, sensitive
Delikatesse <-, -n> *f* ❶ (*Leckerbissen*) delicacy, tasty morsel *a. fig* ❷ (*geh: Besonderheit*) exquisite

D

example (**für** +*akk* of) ❸ *kein pl* (*geh: Feinfühligkeit*) delicacy, sensitivity, tact

Delikatessengeschäft *nt* delicatessen, deli *fam*

Delikt <-[e]s, -e> *nt* JUR ❶ (*Vergehen*) offence [*or* AM -se], tort *spec,* delict *esp* AM *spec;* **ein geringfügiges** ~ a petty offence ❷ (*Straftat*) crime, penal offence [*or* AM -se]; **ein schweres** ~ a serious crime

Delinquent(in) <-en, -en> *m(f)* (*geh*) offender; **jugendliche** ~**en** juvenile delinquents

delirieren* *vi* MED (*geh*) to be delirious [*or* in a state of delirium]

Delirium <-s, -rien> *nt* delirium; **ins** ~ **verfallen** to become delirious; (*Alkoholpsychose a.*) alcoholic delirium *form;* ~ **tremens** MED delirium tremens *form,* the DTs *pl fam;* (*physische Symptome*) the shakes *pl fam;* **im** ~ **sein** (*stark betrunken*) to be paralytic *fam;* (*im Wahn*) to be delirious [*or* in a state of delirium]

Delle <-, -n> *f* dent; **jdm eine** ~ **hineinfahren** to make a dent in sb's car

delogieren* [delo'ʒiːrən] *vt* ÖSTERR ■**jd** ~ to evict [*or sep* turn out] sb

Delphin¹ <-s, -e> *m* dolphin

Delphin² <-s> *nt,* **Delphinschwimmen** <-s> *nt kein pl* butterfly [stroke]; **500 Meter** ~ the 500-metre butterfly

Delta <-s, -s *o* Delten> *nt* delta

Deltagleiter <-s, -> *m* hang-glider; **mit einem** ~ **fliegen** to hang-glide, to go hang-gliding **Deltamündung** *f* delta estuary **Deltastrahlen** *pl* delta rays

De-Luxe-Ausführung [də'lyks-] *f* de luxe version; ■**in** ~ in the de luxe version

dem I. *pron dat von* **der, das** ❶ *siehe auch Verben* to the; *mit Präposition* the ❷ **ist es an** ~**?** is it the case?; **es ist [nicht] an** ~ that's [not] the case [*or* how it is]; **wenn** ~ **so ist** if that's the way it is [*or* the case]; **wie** ~ **auch sei** be that as it may **II.** *pron dem dat von* **der, das** ❶ *attr* (*diesem*) to that ❷ *mit Präposition* (*emph: diesem*) that; **hinter** ~ **Baum** behind that tree ❸ *substantivisch* (*jenem Mann*) him, to him; (*unter mehreren*) that one **III.** *pron rel dat von* **der, das** *siehe auch Verben* ■**der,** ~ **...** the one/man/etc. that/[to etc.] which/who/[to etc.] whom ...

Demagoge, -gogin <-n, -n> *m, f* (*pej*) demagogue [*or* AM *a.* -og] *pej*

Demagogie <-, -n> [*pl* -'giːən] *f* (*pej*) demagog[uer]y, demagoguism

Demagogin <-, -nen> *f fem form von* **Demagoge**

demagogisch (*pej*) **I.** *adj* demagogic, rabble-rousing *pej* **II.** *adv* **die Tatsachen** ~ **verzerren** to twist the facts to [suit] [one's] demagogic ends

Demarche <-, -n> [de'marʃ] *f* POL diplomatic representation, démarche *spec;* **eine** ~ **unternehmen** to lodge a diplomatic protest

Demarkationslinie *f* POL, MIL demarcation line, line of demarcation

demaskieren* (*geh*) **I.** *vt* ■**jdn [als etw]** ~ to expose [*or* unmask] sb [as sth] **II.** *vr* ■**sich [als etw]** ~ to reveal [*or* show] oneself [to be sth]

Dementi <-s, -s> *nt* [official] denial, disclaimer *form*

dementieren* **I.** *vt* ■**etw** ~ to deny [*or form* disclaim] sth **II.** *vi* to deny [*or form* disclaim] it; ■~ **lassen** to issue a denial [*or* disclaimer]

Dementierung <-, -en> *f* denial, denying

Dementimaschinerie *f* POL *party machine producing continual denials*

dementsprechend **I.** *adj* appropriate; **eine** ~**e Bemerkung** a remark to that effect; **ein** ~**es Gehalt** a commensurate salary *form;* **ein** ~**es Verhalten** fitting conduct *no pl, no indef art* **II.** *adv* correspondingly; (*demnach*) accordingly; **sich** ~ **äußern** to utter words to that effect; ~ **bezahlt werden** to be paid commensurately *form*

Demerarazucker *m* demerara sugar

Demeter (Verband)® *m* AGR, KOCHK *soil association promoting produce cultivated using organic methods*

demgegenüber *adv* in contrast **demgemäß** *adj s.* **dementsprechend**

demilitarisieren* *vt* ■**etw** ~ to demilitarize sth; **eine demilitarisierte Zone** a demilitarized zone

Demilitarisierung <-, -en> *f* demilitarization

Demission <-, -en> *f* POL resignation; **jdn zur** ~ **zwingen** to force sb to resign

demissionieren* *vi* POL SCHWEIZ to resign; *Minister a.* to resign from the cabinet

demnach *adv* therefore, hence *form* **demnächst** *adv* soon, shortly, before long; ***„~ im Kino/in diesem Kino"*** "coming soon to a cinema near you/coming soon"

Demo <-, -s> *f* (*fam*) demo *fam; s. a.* **Demonstration**

demobilisieren* *vt* ■**jdn/etw** ~ to demobilize [*or fam* demob] sb/sth

Demografie[RR] <-, -en> *f s.* **Demographie**

demografisch[RR] *adj s.* **demographisch**

Demographie <-, -en> *f* ❶ (*Zusammensetzung der Bevölkerung*) demography ❷ *kein pl* (*Fachbereich*) ■**[die]** ~ demography

demographisch *adj* demographic

Demokrat(in) <-en, -en> *m(f)* ❶ POL democrat; **ein überzeugter** ~ a staunch democrat ❷ (*Mitglied der Demokratischen Partei*) Democrat

Demokratie <-, -n> *f* democracy

Demokratin <-, -nen> *f fem form von* **Demokrat**

demokratisch **I.** *adj* ❶ POL democratic; **eine** ~**e Staatsform** a democratic state, a democracy ❷ (*die Partei der Demokraten betreffend*) Democratic; **Freie D~e Partei** [*o* **FDP**] *centre German political party supporting liberal views;* **ein** ~**er Abgeordneter** a Democrat[ic representative] **II.** *adv* democratically

Demokratische Volksrepublik Korea *f* BRD, ÖSTERR *s.* **Nordkorea**

Demokratische Volksrepublik Laos *f* BRD, ÖSTERR *s.* **Laos**

demokratisieren* *vt* ■**etw** ~ ❶ (*zur Demokratie umwandeln*) to democratize sth, to make sth [more] democratic ❷ (*nach demokratischen Prinzipien gestalten*) to democratize sth, to organize sth along [more] democratic lines

Demokratisierung <-, -en> *f* ■**die** ~ ❶ (*Umwandlung zur Demokratie*) democratization, the democratic process ❷ (*demokratische Gestaltung*) democratization

demolieren* *vt* ■**etw** ~ to wreck [*or sep* smash up] [*or fam* trash] sth; *Rowdy a.* to vandalize sth; **[völlig] demoliert sein** to be [completely] wrecked; *Auto a.* to be a [complete] wreck [*or* BRIT write-off]

Demonstrant(in) <-en, -en> *m(f)* demonstrator

Demonstration <-, -en> *f* ❶ POL demonstration, demo *fam* (**für/gegen** +*akk* in support of/against) ❷ (*geh: Bekundung*) demonstration; **eine** ~ **der Macht** a show of force ❸ (*geh: Veranschaulichung*) presentation, demonstration

Demonstrationsmaterial *nt* presentation aids *pl* **Demonstrationsrecht** *nt kein pl* ■**das** ~ the right to demonstrate [*or* hold demonstrations] **Demonstrationszug** *m* demonstration, [protest] march

demonstrativ **I.** *adj* demonstrative; ~**er Beifall** acclamatory applause *form;* **das** ~**e Fehlen/ein** ~**er Protest** the pointed absence/a pointed protest **II.** *adv* demonstratively; **jdm/etw** ~ **Beifall spenden** to give sb/sth acclamatory applause *form;* **den Saal** ~ **verlassen** to pointedly leave the room, to walk out

Demonstrativpronomen *nt* LING demonstrative pronoun

demonstrieren* **I.** *vi* ▪ [**für/gegen jdn/etw**] ~ to demonstrate [*or* hold a demonstration/demonstrations] [in support of/against sb/sth]; **eine ~de Menge** a crowd of demonstrators; **~de Studenten** student demonstrators **II.** *vt* (*geh*) ▪ **etw** ~ to demonstrate [*or* give a demonstration of] sth

Demontage <-, -n> [demɔnˈtaːʒə] *f* ❶ (*das Demontieren*) dismantling *no pl* ❷ (*geh: Abbau*) dismantling

demontieren* *vt* ❶ (*abmontieren*) ▪ **etw** ~ to dismantle [*or sep* take apart] sth; *Maschine* to dismantle, to take apart *sep*, to break up *sep*; *Reifen* to take off *sep* ❷ (*geh: abbauen*) ▪ **etw/jdn** ~ to dismantle sth/sb['s statue]

Demoralisation <-, *selten* -en> *f* demoralization

demoralisieren* *vt* ▪ **jdn** ~ ❶ (*entmutigen*) to demoralize sb ❷ (*geh*) to corrupt [*or form* deprave] sb

Demoskop(in) <-en -en> *m(f)* [opinion] pollster

Demoskopie <-, -n> *f* ❶ (*Meinungsumfrage*) public opinion survey [*or* poll] ❷ *kein pl* (*Meinungsforschung*) ▪ **die** ~ [public] opinion research

Demoskopin <-, -nen> *f fem form von* **Demoskop**

demoskopisch *adj* [public] opinion research *attr;* **eine ~e Erhebung** a public opinion survey [*or* poll]; **die ~en Voraussagen** the predictions in the opinion polls

demotiviert *adj* PSYCH demotivated, not motivated

demoulieren *vt* ▪ **etw** ~ KOCHK to unmould sth, to turn out *sep* sth

demselben *pron dat von* **derselbe, dasselbe** *siehe auch Verben* the same [one]; (*Person*) the same [person]

Demut <-> *f kein pl* humility *no pl* (**gegenüber** +*dat* before); ▪ **in** ~ with humility

demütig **I.** *adj* humble; **ein ~er Mensch** a humble person; (*in der Kirche a.*) a supplicant *liter* **II.** *adv* humbly

demütigen **I.** *vt* ▪ **jdn** ~ to humiliate sb **II.** *vr* ▪ **sich** [**vor jdm**] ~ to humiliate [*or form* abase] oneself [before sb]; (*den Stolz überwinden*) to humble oneself [before sb]

demütigend *adj* humiliating

Demütigung <-, -en> *f* humiliation *no pl, no indef art;* **jdm eine ~ zufügen** (*geh*) to humiliate sb

Demutshaltung *f* BIOL submission posture

demzufolge **I.** *konj* (*laut dem*) according to which; (*aufgrund dessen*) owing to which **II.** *adv* therefore, so, consequently, hence *form*

den **I.** *pron* ❶ *akk von* **der** *siehe auch Verben* the ❷ *dat pl von* **der, die, das** *siehe auch Verben* the **II.** *pron dem akk von* **der** *attr, siehe auch Verben* (*jenen Gegenstand/Mensch*) ~ **da** [**drüben**] that one [over] there; (*Mann a.*) him [*or* the man] [over] there; ~ **da hinten/vorne** the one behind/in front **III.** *pron rel akk von* **der** *siehe auch Verben* (*Gegenstände*) that, which; (*Mensch*) that, who[m *form*]

denaturieren* *vt* CHEM ▪ **etw** ~ to denature sth *spec*

Denaturierung <-, -en> *f* BIOL, CHEM denaturization *spec*

Dendrit <-en, -en> *m* ❶ MED dendrite *spec*, dendron *spec* ❷ GEOL dendrite

denen **I.** *pron dem dat pl von* **der, die, das** *siehe auch Verben* to them; *mit Präposition* them **II.** *pron rel dat pl von* **der, die, das** *siehe auch Verben* to whom; (*von Sachen*) to which, that, which

dengeln *vt* ▪ **etw** ~ to sharpen [*or* hone] sth (*by hammering*)

Den Haag <-s> *m* The Hague

Denim <-s, -s> *m o nt* denim

Denkansatz *m* starting point [for thought] **Denkanstoß** *m* sth to get one thinking [*or* make one think]; **etw als ~ betrachten** to consider sth worth thinking about; **jdm einen ~/Denkanstöße geben** [*o* **vermitteln**] to give sb food for thought [*or* something to think about] **Denkaufgabe** *f* problem; (*Rätsel a.*) [brain-]teaser; **eine schwierige** ~ a real poser *fam*

denkbar **I.** *adj* conceivable, imaginable; **es ist** [**nicht**] **~, dass ...** it's [in]conceivable that ...; **es ist durchaus ~, dass ...** it's very possible [*or* likely] that ... **II.** *adv* extremely, rather; **das ~ beste/schlechteste Wetter** the best/worst weather imaginable, the best/worst possible weather

Denke <-> *f* (*sl*) way of thinking, mindset, mentality *a. pej*

denken <dachte, gedacht> **I.** *vi* ❶ (*überlegen*) to think; ***wo ~ Sie hin!*** whatever are you thinking of?; **ich denke, also bin ich** I think, therefore I am; **hin und her** ~ (*unschlüssig*) to go over and over sth in one's mind; (*angestrengt*) to rack one's brains; **langsam/schnell** ~ to be a slow/quick thinker; **laut** ~ to think aloud [*or* out loud]; **jdm zu ~ geben** to give sb food for thought [*or* something to think about]; ***das gab mir zu*** ~ that made me think ❷ (*meinen*) to think, to reckon *fam;* ***was denkst du?*** what do you say [*or* think] [*or fam* reckon]?; ***ich denke nicht*** I don't think so [*or fam* reckon]; ***ich denke schon*** I think [*or fam* reckon] so; ***an wieviel hatten Sie denn gedacht?*** how much were you thinking of?; **bei sich ~** [**, dass...**] to think to oneself [that...] ❸ (*urteilen*) ▪ [**über jdn/etw** [*o* **von jdm/etw**]] ~ to think [about/of sb/sth]; **wie ~ Sie darüber?** what's your view [of it] [*or* opinion [of [*or* on] it]]?, what do you think [of [*or* about] it]?; **anders über etw ~** to hold a different view of sth, to think differently about sth; ***ich denke genauso darüber*** that's exactly what I think, I think exactly the same; **gut/schlecht/das Beste/das Schlechteste über jdn** [*o* **von jdm**] ~ to think well/ill/the best/the worst of sb; ***denk nicht immer so negativ!*** don't be so negative about everything! ❹ (*eingestellt sein*) **edel/engstirnig/kleinlich/liberal** ~ to be noble-/narrow-/petty-/liberal[ly] minded ❺ (*sich vorstellen*) ▪ **an jdn/etw** ~ to think of sb/sth; ***die viele Arbeit, ich darf gar nicht daran*** ~ all that work, it doesn't bear thinking about; ▪ **daran ~, was ...** to think of what ... ❻ (*sich erinnern*) to think; ***solange ich ~ kann*** [for] as long as I can remember; ▪ **an jdn/etw** ~ to think of sb/sth; ***denk an die Telefonrechnung!*** remember [*or* don't forget] [to pay] the telephone bill!; ***die wird noch an mich ~!*** she won't forget me in a hurry!; ***wenn ich so an früher denke*** when I think [*or* cast my mind] back; ▪ **daran ~, was ...** to think of what ...; ***ich denke mit Entsetzen daran, was damals war*** I shudder to think what it was like then ❼ (*beachten*) ▪ **an etw** ~ to bear in mind sth, to think of sth ❽ (*beabsichtigen*) ▪ **an etw** *akk* ~ to think of [*or* consider] [*or* contemplate] sth; ***daran ist gar nicht zu*** ~ that's [quite] out of the question; ***ich denke [gar] nicht daran!*** [I'll be] damned if I will!, not on your life! *fam*, no way [José *hum*]! *fam;* ▪ **daran ~, etw zu tun** to think of [*or* consider] [*or* contemplate] doing sth; ***ich denke [gar] nicht daran, es zu tun*** I don't have the least intention of doing that/it; (*nicht im Traum*) I wouldn't dream of doing that ❾ (*im Sinn haben*) ▪ [**nur**] **an jdn/etw/sich** *akk* ~ to [only] think of sb/sth/oneself, to only have sb/sth/oneself in mind; **nur an seinen Vorteil** ~ to always look out for number one **II.** *vt* ❶ (*überlegen*) ▪ **etw** ~ to think [*or* conceive] of sth; ***was denkst du jetzt?*** what are you thinking [of]?; (*nachgrüblerisch a.*) a penny for your thoughts?; ***es ist kaum zu*** ~ it's hard to imagine; ***das***

wage ich kaum zu ~ I dare think [about it]; ***das habe ich*** [***mir***] ***schon lange gedacht*** I've suspected as much for quite some time ② (*annehmen, glauben*) to think; ***wer hätte das*** [***von ihr***] ***gedacht!*** who'd have thought [*or* believed] it [of her]?; ***was sollen bloß die Leute*** ~***!*** what will people think!; ***ich habe das ja gleich gedacht!*** I [just] knew it!; ***da weiß man nicht, was man*** ~ ***soll*** what is one supposed to make of it?; ***denkste!*** (*fam*) that's what you think!; **Gutes/Schlechtes/das Beste/das Schlechteste von jdm** ~ to think well/ill/the best/the worst of sb ③ (*bestimmen*) ■ **für jdn/etw gedacht sein** to be meant [*or* intended] for sb/sth; ***so war das*** [***aber***] ***nicht gedacht*** that wasn't what I/he/she etc. had in mind ④ (*sich vorstellen*) ■ **sich** *dat* **etw** ~ to imagine sth; ***das kann ich mir*** ~ [***, daß ...***] I can imagine [that ...]; ***den Käse musst du dir*** ~***!*** (*hum fam*) cheese would go down well with that, but we'll have to do without; ***ich habe mir das so gedacht: ...*** this is what I had in mind: ...; ***das habe ich mir gleich gedacht!*** I thought as much [from the start]!; ***dachte ich mir's doch!*** I [just] knew it!, I thought as much!; ***das hast du dir*** [***so***] ***gedacht!*** that's what you think!; ***wie denkst du dir das*** [***eigentlich***]? what's the big idea?; *s. a.* **Teil** ⑤ (*beabsichtigen*) ■ **sich** *dat* **etw bei etw** ~ to mean sth by sth; ***ich habe mir nichts Böses dabei gedacht*** [***, als ...***] I meant no harm [when ...]; ***sie denkt sich nichts dabei*** she doesn't think anything of it

Denken <-s> *nt kein pl* ① (*das Überlegen*) thinking *no pl* ② (*Denkweise*) [way of] thinking, reasoning, thought, train of thought ③ (*Gedanken*) thoughts *pl;* **positives** ~ positive thinking ④ (*Denkvermögen*) understanding; **zu klarem** ~ **kommen** to start thinking clearly

Denker(in) <-s, -> *m(f)* thinker; (*Philosoph a.*) philosopher; *s. a.* **Volk**

Denkerfalte *f meist pl* (*hum*) furrow on one's brow; **die Stirn in** ~**n ziehen** to furrow one's brow [thinking]

Denkerin <-, -nen> *f fem form von* **Denker**

Denkerstirn *f* (*hum*) lofty brow *liter*

Denkfabrik *f* think tank **denkfaul** *adj* [mentally] lazy, too lazy to think *pred a. hum;* ***sei nicht so*** ~***!*** use your brain! *fam* **Denkfaulheit** *f* [mental] laziness **Denkfehler** *m* error in one's/the logic, flaw in one's/the reasoning, fallacy *spec;* **einen** ~ **begehen** [*o* **machen**] to make an error in one's logic, to commit a fallacy *spec* **Denkfigur** *f* (*geh*) conceived idea **Denkhilfe** *f* clue, hint; **jdm eine** ~ **geben** to give sb a clue; **jdm einen Hinweis** [*o* **Tip**] **als** ~ **geben** to give sb a clue; (*Gedächtnisstütze*) reminder

Denkmal <-s, Denkmäler *o liter* -e> *nt* ① (*Monument*) monument (+*gen*/**für** +*akk* to), memorial; (*Statue*) statue; **jdm ein** ~ **errichten** [*o* **setzen**] to erect [*or sep* put up] a memorial/statue to sb, to erect a memorial in sb's honour [*or* AM -or] [*or* in honour of sb]; **einer S.** *dat* **ein** ~ **errichten** [*o* **setzen**] (*fig*) to erect a monument to sth; **sich** *dat* [**selbst**] [**mit etw**] **ein** ~ **errichten** [*o* **setzen**] (*fig*) to leave a memorial [to oneself] [with [*or* in the form of] sth] ② (*Zeugnis*) monument (+*gen* to)

denkmalgeschützt *adj inv* ARCHIT under a preservation order BRIT, listed for preservation AM **Denkmal(s)pflege** *f* preservation of [historical] monuments **Denkmal(s)pfleger(in)** *m(f)* curator of monuments **Denkmal(s)schutz** *m* protection of historical monuments; **unter** ~ **stehen** to be listed, BRIT *a.* to be under a preservation order; *Gebäude a.* to be a listed [*or* AM landmarked] building; **etw unter** ~ **stellen** to classify sth as a[n] historical monument

Denkmodell *nt* hypothesis; (*Vorstufe zur Realisierung*) working hypothesis **Denkpause** *f* pause for thought; (*bei Verhandlungen etc. a.*) break; (*länger*) adjournment; **eine** ~ **einlegen** to have [*or* take] a break to think things over, to adjourn for further thought *form* **Denkprozess**[RR] *m* thought process **Denkschema** *nt* thought pattern **Denkschrift** *f* memorandum *form* **Denksport** *m* mental exercise [*or hum* acrobatics + *sing vb*] **Denksportaufgabe** *f s.* **Denkaufgabe**

denkste *interj s.* **denken II 2**

Denkübung *f* mental exercise *no pl, no indef art* **Denkvermögen** *nt kein pl* intellectual capacity *no art,* capacity for thought **Denkweise** *f* way of thinking, mindset, mentality *a. pej;* ***was ist denn das für eine*** ~***!*** what kind of attitude is that? **denkwürdig** *adj* memorable, notable, noteworthy *form;* **ein** ~**er Tag** a memorable [*or* red-letter] day **Denkwürdigkeit** *f* memorability, notability, noteworthiness *form* **Denkzettel** *m* (*fam*) [unpleasant] warning; **jdm einen** ~ **geben** [*o* **verpassen**] to give sb a warning [he/she/etc. won't forget in a hurry *fam*]; ***das soll dir ein*** ~ ***sein!*** let that be a warning to you!

denn **I.** *konj* ① (*weil*) because, for *liter;* ~ **sonst** otherwise ② (*jedoch*) ■ **es sei** ~, [**dass**] ... unless ... ③ (*geh: als*) than; **kräftiger/schöner/etc.** ~ **je** stronger/more beautiful/etc. than ever **II.** *adv* NORDD (*fam: dann*) then; ***... und so passierte es*** ~ ***auch ...*** and so it happened **III.** *pron* ① *gewöhnlich nicht übersetzt* (*eigentlich*) ***hast du*** ~ ***immer noch nicht genug?*** have you still not had enough?; ***wie geht's*** ~ ***so?*** how are you [*or* things [then]]?, how's it going [then]?; ***wo bleibt sie*** ~***?*** where's she got to?; ***was soll das*** ~***?*** what's all this [then]?; ■ **wann/was/wer/wie/wieso/wo/etc.** ~**?** when/what/who/how/why/where/etc.?; (*ungläubig, trotzig*) when/what/how/who/how/why/where then?; ***wieso*** ~***?*** why?, how come? [*or* so]; ***wieso*** ~ ***nicht?*** why not?; (*trotzig*) why not then? ② *verstärkend* (*sonst*) ■ **was/wen/wo/wohin** ~ **sonst?** what/who[m *form*]/where/where else?; (*ungläubig, trotzig a.*) what/who[m *form*]/where/where else then?

dennoch *adv* still, nevertheless *form,* nonetheless *form;* ~ ***hat sie es versucht*** yet [*or* but] she still tried, she tried nonetheless [*or* nevertheless] *form;* **und** ~, **...** [and] yet ...

denselben **I.** *pron akk von* **derselbe** the same [one]; *auf männliche Personen bezogen a.* the same man/boy/etc. **II.** *pron dat von* **dieselben** the same [ones] + *pl vb; auf männliche Personen bezogen a.* the same men/boys/etc. **III.** *pron dem akk von* **derselbe** the same ... **IV.** *pron dem dat von* **dieselben** the same ...

dental *adj* ① LING dental *spec;* (*im Englischen a.*) alveolar *spec* ② MED dental

Dental <-s, -e> *m* LING dental [consonant] *spec;* (*im Englischen a.*) alveolar [consonant] *spec*

Dentalhygieniker(in) *m(f)* [dental [*or* oral]] hygienist **Dentallabor** *nt* dental laboratory

Denunziant(in) <-en, -en> *m(f)* (*pej*) informer *pej,* stool pigeon *sl*

Denunziantentum <-s> *nt kein pl* (*pej*) ■ **das** ~ informing *a. pej;* (*Denunzianten*) informers *pl pej*

Denunziation <-, -en> *f* (*pej*) ① (*das Anschwärzen*) informing *no pl a. pej* ② (*denunzierende Anzeige*) denunciation

denunzieren* *vt* ① (*pej: anzeigen*) ■ **jdn** [**bei jdm**] [**als etw** *akk*] ~ to denounce sb [as sth] [to sb], to inform on [*or* against] sb ② (*geh: brandmarken*) ■ **etw als etw** *akk* ~ to condemn [*or* denounce] sth as [being] sth

Deo <-s, -s> *nt* (*fam*) deodorant

Deodorant <-s, -s *o* -e> *nt* deodorant

deodorierend I. *adj* deodorizing, deodorant *attr* II. *adv* ~ **wirken** to have a deodorizing [*or* deodorant] effect

Deoroller *m* roll-on [deodorant] **Deospray** *nt o m* deodorant spray **Deostift** *m* deodorant stick

Departement <-s, -s> [departə'mɑ̃:] *nt* (*in Frankreich*) département *spec;* (*in der Schweiz*) department; (*Bundesverwaltung*) ministry

Dependance <-, -n> [depɑ̃'dɑ̃:s] *f* ❶ (*Nebengebäude*) annexe BRIT, annex AM ❷ (*geh: Zweigstelle*) branch

Depesche <-, -n> *f* (*veraltet*) telegram BRIT, wire AM

deplaciert [-'si:ɐt] *adj,* **deplaziert** *adj s.* **deplatziert**

Deplasmolyse <-, -n> *f* BIOL flaccidity

deplatziert^RR *adj* misplaced; **sich** [**vollkommen**] ~ **fühlen** to feel [completely] out of place

Depolarisation <-, -en> *f* SCI depolarization

depolarisieren *vt* ■**etw** ~ depolarize sth

Deponie <-, -n> [*pl* -'ni:ən] *f* dump, disposal site

deponieren* *vt* ❶ (*hinterlegen*) ■**etw** [**bei jdm/in etw** *dat*] ~ to deposit sth [with sb/in sth] ❷ (*hinstellen*) **etw auf/vor etw** *dat* ~ to deposit [*or sep* put down] sth on/in front of sth

Deportation <-, -en> *f* deportation

deportieren* *vt* ■**jdn** ~ to deport sb

Deportierte(r) *f(m) dekl wie adj* deportee

Depositen *pl* FIN deposits *pl;* **kurzfristige** ~ deposits at short notice

Depot <-s, -s> [de'po:] *nt* ❶ (*Lager*) depot, depository ❷ (*Stahlkammer*) [bank's] strongroom ❸ (*Sammelstelle für öffentliche Verkehrsmittel*) [bus/tram] depot ❹ (*Bodensatz*) deposit, dregs *npl* ❺ SCHWEIZ (*Flaschenpfand*) deposit

Depp <-en *o* -s, -e[n]> *m* SÜDD, ÖSTERR, SCHWEIZ (*fam*) twit *fam*

deppert SÜDD, ÖSTERR I. *adj* (*fam*) stupid; **ein ~er Kerl** a dopey [*or* stupid] guy, a dope II. *adv* (*fam*) stupidly; **sich ~ anstellen** to be stupid [*or* dopey]

Depression <-, -en> *f* ❶ (*seelische Gedrücktheit*) depression *no pl, no indef art;* ■**~en** fits of depression ❷ FIN, POL, ÖKON depression, slackness of business

depressiv I. *adj* depressive; (*deprimiert*) depressed II. *adv* ~ **gestimmt/veranlagt sein** to be depressed/be prone to depression

deprimieren* *vt* ■**jdn** ~ to depress sb; **jdn richtig** ~ to really get sb down

deprimierend *adj* depressing; **~e Aussichten** black [*or* depressing] prospects

deprimiert *adj* depressed; ***sei nicht so ~!*** don't look so down!; **in ~er Stimmung sein** to be depressed [*or* in low spirits]

Deputat <-[e]s, -e> *nt* SCH teaching load

Deputation <-, -en> *f* (*veraltet*) deputation + *sing/pl vb*

Deputierte(r) *f(m) dekl wie adj* deputy

der^1 I. *art def, maskulin, Nom Sing* ❶ (*auf eine Person, ein männliches Tier bezogen*) the; ~ ***Nachbar/Freund*** the neighbour/friend; ~ ***Eber/Hengst*** the boar/stallion ❷ (*allgemein auf ein Tier, eine Sache bezogen*) the; ~ ***Hund/Wellensittich*** the dog/budgerigar; ~ ***Käse/Salat*** the cheese/salad; ~ ***Tisch/Schlüssel*** the table/key; ~ ***Mai*** [the month of] May ❸ (*bei verallgemeinernden Aussagen*) ~ ***Franzose isst gern gut*** the French like to eat well ❹ (*fam: in Verbindung mit Eigennamen*) ~ ***Papa hat's mir erzählt*** dad told me; ~ ***Andreas lässt dich grüßen*** Andreas sends his love II. *art def, feminin, gen sing von* **die**^1, I. ❶ (*auf eine Person, ein weibliches Tier bezogen*) ***die Hände ~ Frau/Freundin*** the woman's/friend's hands; ***das Fell ~ Kuh/Bärin*** the cow's/bear's fur ❷ (*allgemein auf ein Tier, eine Sache bezogen*) ***die Augen ~ Maus*** the eyes of the mouse; ***die Augen ~ Katze*** the cat's eyes; ***die Form ~ Tasse*** the cup's shape; ***die Form ~ Schüssel*** the shape of the bowl; ***eine Frage ~ Ethik*** a question of ethics ❸ (*bei verallgemeinernden Aussagen*) ***die Trinkfestigkeit ~ Engländerin*** the ability of the Englishwoman to hold her drink ❹ (*fam: in Verbindung mit Eigennamen*) ***die Eltern/Schuhe ~ Barbara*** Barbara's parents/shoes III. *art def, feminin, dat sing von* **die**^1, I. ❶ ***mit/von ~ Nachbarin sprechen*** to speak with/about the neighbour; ***an ~ Tür klopfen*** to knock at the door; ***an ~ Decke hängen*** to hang from the ceiling; ***sie folgte ~ Frau/Menge*** she followed the woman/crowd; ***er gab ~ Großmutter den Brief*** he gave his grandmother the letter, he gave the letter to his grandmother ❷ (*fam: in Verbindung mit Eigennamen*) ***ich werde es ~ Anette sagen*** I'll tell Anette IV. *art def, gen pl von* **die**^1, II. des; ***die Wohnung ~ Eltern*** my/his/her etc parents' flat; ***das Ende ~ Ferien*** the end of the holidays

der^2 I. *pron dem, maskulin, Nom Sing* ❶ (*auf eine Person, ein männliches Tier bezogen*) that; ~ ***Mann/Junge*** [***da***] that man/boy [there]; ~ ***Hengst*** [***da***] that stallion [there]; ~ ***weiß das doch nicht!*** he doesn't know that!; ~ ***Angeber!*** that show-off!; ~ ***mit den roten Haaren*** the man [*or* one] with the red hair, that red-haired man; ***dein Freund, ~ war nicht da*** (*fam*) your boyfriend, he wasn't there; ~ ***und joggen?*** him, jogging?; ~ ***hier/da*** this/that man [*or* one], he; ~, ***den ich meine*** the man [*or* one] I mean, so-and-so ❷ (*allgemein auf ein Tier, eine Sache bezogen*) that; ~ ***Hund/Wellensittich*** [***da***] that dog/budgerigar [there]; ~ ***Pullover/Tisch*** [***da***] ***gefällt mir*** I like that sweater/table [there]; ~ ***Baum*** [***da***] that tree [there]; ***beißt ~?*** does he bite? II. *pron rel, maskulin, Nom Sing* who, that; ***der Mann, ~ es eilig hatte*** the man who was [*or* that] in a hurry; ***ein Film, ~ gut ankommt*** a much-acclaimed film; ***der Kandidat, ~ gewählt wurde*** the candidate who was chosen; ***ein Roman, ~ von Millionen gelesen wurde*** a novel [that has been] read by millions III. *pron dem, feminin, gen sing von* **die**^2, I. ❶ (*auf eine Person, ein weibliches Tier bezogen*) ***die Hände ~ Frau*** [***da***] that woman's hands; ***das Fell ~ Kuh*** [***da***] that cow's fur ❷ (*allgemein auf ein Tier, eine Sache bezogen*) ***die Augen ~ Katze*** [***da***] that cat's eyes; ***die Form ~ Tasse*** [***da***] the shape of that cup [over there] IV. *pron dem, feminin, dat sing von* **die**^2, I.: ***das Fahrrad gehört ~ Frau*** [***da***] the bike belongs to that woman [over] there; ***man muss ~ Frau*** [***da***] ***die Eintrittskarte vorzeigen*** you have to show that woman [over] there the tickets; ***mit ~ Freundin verstehe ich mich gut*** I get on well with that friend; ***glaub ~ bloß nicht!*** don't believ her [of all people]! V. *pron dem, gen pl von* **die**^1, II.: ***das Verhalten ~ Leute*** [***da***] the behaviour of those people [over] there; ***die Farbe ~ Blüten*** [***da***] the colour of those flowers [over] there VI. *pron dem o rel, maskulin, Nom Sing,* ~ ***dafür verantwortlich ist*** the man who [*or form* he who] is responsible for that; ~ ***mir das erzählt hat, hat gelogen*** the man who told me that lied VII. *pron rel, feminin, dat sing von* **die**^2, III.: ***die Kollegin, ~ ich den Brief geben soll*** the colleague to whom I was supposed to give the letter; ***die Freundin, mit ~ ich mich gut verstehe*** the friend who I get on with so well, the friend with whom I get on so well; ***die Katze, ~ er zu fressen gibt*** the cat which he feeds; ***die Hitze, unter ~ sie leiden*** the heat they're suffering from

derart *adv* ❶ *vor vb* ■**etw ~ tun, dass ...** to do sth so much [*or* to such an extent] that ...; **sich ~ benehmen, dass ...** to behave so badly that ...; ~ ***vorbereitet trat sie zuversichtlich die Prüfung an*** thus prepared[,] she confidently began the exam ❷ *vor adj* ~ **ekelhaft/heiß/etc. sein, dass …** to be so disgusting/hot/etc. that …; ***sie ist eine* ~ *unzuverlässige Frau, dass …*** she is such an unreliable woman that …

derartig I. *adj* such; **eine ~e Frechheit** such impertinence; **bei ~en Versuchen** in such experiments [*or* experiments of that kind]; ■**[etwas] D~es** something/things like that [*or* of the kind]; ***[etwas] D~es habe ich noch nie gesehen*** I've never seen anything like it [*or* the like] II. *adv* such; **eine ~ hohe Summe, dass …** such a high sum [that …]; **ein ~ schönes Wetter[, dass/wie …]** such beautiful weather [that/as …]

derb I. *adj* ❶ (*grob*) coarse, rough; **~e Manieren** rough [*or pej* uncouth] manners; **~e Ausdrucksweise/Sprache** earthy [*or pej* crude] choice of words/language; **~er Witz** earthy [*or pej* crude] joke ❷ (*fest*) strong; **~es Material** tough [*or* strong] material; **~e Schuhe** stout [*or* strong] shoes ❸ (*einfach und kräftig*) coarse II. *adv* ❶ (*heftig*) roughly; **jdn ~ anfahren** to snap at sb, to bite sb's head off *fam;* **jdn ~ anfassen** to handle sb roughly, to manhandle sb; **jdn ~ behandeln** to treat sb roughly, to give sb rough treatment ❷ (*grob*) crudely; **sich ~ ausdrücken** to be crude; ***um es ~ auszudrücken…*** to put it crudely,…

Derbheit <-, -en> *f* ❶ (*Grobheit*) coarseness, roughness; *von Manieren a.* uncouthness *pej; von Witz* earthiness *no pl,* crudeness *no pl pej; von Ausdrucksweise, Sprache a.* roughness *no pl,* earthiness *no pl* ❷ *kein pl* (*feste Beschaffenheit*) strength, toughness *no pl; von Schuhen a.* stoutness *no pl*

Derby <-s, -s> ['dɛrbi] *nt* derby (*horse race for three-year-olds*)

deregulieren* *vt* POL, ÖKON ■**etw ~** *Markt, Arbeitsverhältnisse* to deregulate sth

Deregulierung *f* deregulation

dereinst *adv* (*geh*) one [*or* some] day

deren I. *pron dem gen pl von* **der, die, das** their; **~ Hintermänner** the men behind them II. *pron* ❶ *rel gen sing von* **die** whose; *auf Gegenstand bezogen a.* of which ❷ *gen pl von rel pron* **der, die, das** *auf Personen bezogen* whose; *auf Sachen bezogen a.* of which

derenthalben *adv* (*veraltet*), **derentwegen** *adv* on whose account [*or form* account [*or* because] of whom]; *auf Sachen bezogen* because [*or* on account] of which **derentwillen** *adv* ■**um ~** *auf Person bezogen* for whose sake [*or form* the sake of whom]; *auf Sachen bezogen* for the sake of which

derer *pron gen pl von dem pron* **der, die, das** ❶ (*derjenigen*) ■**~, die …** of those who … ❷ (*geh: der Herren und Frauen*) ■**das Geschlecht ~ von Werringen** the von Werringen family

dergestalt *adv* (*geh*) thus *form;* ■**etw ~ tun, dass …** to do sth so much [*or* to such an extent] that …

dergleichen *pron dem, inv* ❶ *adjektivisch* such, like that *pred,* of that kind *pred* ❷ *substantivisch* that sort of thing; **nichts ~** nothing like it [*or* of that kind]; **~ *ist mir noch nicht passiert*** I've never seen the like; ***ich will nichts ~ hören!*** I don't want to hear any of it; ■**und ~ [mehr]** and suchlike

Derivat <-[e]s, -e> [-'vaːt] *nt* CHEM, LING derivative

Derivativ <-s, -e> *nt* LING derivative

derjenige, diejenige, dasjenige <*gen* desjenigen, derjenigen, desjenigen, *pl* dergenigen; *dat* demjenigen, derjenigen, demjenigen, *pl* denjenigen; *akk* denjenigen, diejenige, dasjenige, *pl* diejenigen> *pron dem* ❶ *substantivisch* (*nominativ*) ■**~, der/den …/diejenige, die …** *auf Personen bezogen* the one [*or* he/she] who [*or* that]/who[m *form*] [*or* that] …; *auf Sachen bezogen* the one that [*or* which] …; ■**diejenigen/denjenigen, die …** *auf Personen bezogen* the ones [*or* they] who [*or* that]/who[m *form*] [*or* that] …; *auf Gegenstände bezogen* the ones which [*or* that] …; ***ist das ~, welcher/diejenige, welche?*** (*fam*) is[n't] that the one who …?; ***ach, ~, welcher!*** oh, him!; ***etwa diejenige, welche?*** you mean her? ❷ *adjektivisch* (*geh*) that; ***derjenige Mann, der …*** that man who …

derlei *pron inv* such, that kind of, like that *pred;* ~ ***Worte sollte man für sich behalten*** such words should be kept to oneself

dermaßen *adv* **eine ~ lächerliche Frage** such a ridiculous question; **~ schön, dass …** so beautiful that …; **jdn ~ unter Druck setzen, dass …** to put sb under so much pressure that …; **jdn ~ misshandeln, dass …** to abuse sb so badly that …

Dermatologe, -login <-n, -n> *m, f* dermatologist

Dermatologie <-> *f kein pl* ■**die ~** dermatology

Dermatologin <-, -nen> *f fem form von* **Dermatologe**

derselbe, dieselbe, dasselbe <*gen* desselben, derselben, desselben, *pl* derselben; *dat* demselben, derselben, demselben, *pl* denselben; *akk* denselben, dieselbe, dasselbe, *pl* dieselben> *pron dem* ❶ (*ebender, ebendie, ebendas*) ■**~ + noun** the same + noun ❷ *substantivisch* (*fam*) the same; **ein und ~** one and the same; ***nicht schon wieder dasselbe!*** not this [stuff *fam*] again!; ***sie fallen immer auf dasselbe rein*** they're always falling for the same things; ***immer dieselben kriegen den Ärger*** it's always the same people who get into trouble; ***noch mal dasselbe, bitte!*** (*fam*) [the] same again please!; **es sind immer dieselben, die …** it's always the same ones [*or* people] who [*or* that] …

derweil[en] I. *adv* meanwhile, in the meantime II. *konj* (*veraltend*) while, whilst

Derwisch <-es, -e> *m* dervish

derzeit *adv* SÜDD, ÖSTERR at present [*or* the moment]

derzeitig *adj attr* present; (*aktuell a.*) current

des[1] *pron def gen von* **der, das** *siehe auch Substantive* **das Aussehen ~ Kindes/Mannes** the child's/man's appearance; **ein Zeichen ~ Unbehagens** a sign of uneasiness; **das ständige Krähen ~ Hahnes** the constant crowing of the cock [*or* cock's constant crowing]

des[2] <-> *nt,* **Des** <-> *nt kein pl* MUS ■**das ~** D flat

Desaster <-s, -> *nt* disaster, calamity; **mit einem ~ enden** to end in disaster [*or* calamity]

desaströs *adj* (*geh*) disastrous, catastrophic

desensibilisieren* *vt* MED ■**jdn [gegen etw] ~** to desensitize sb [against sth]

Deserteur(in) <-s, -e> [dezɛr'tøːɐ] *m(f)* MIL deserter

desertieren* *vi sein o selten haben* MIL ■**[von etw] ~** to desert [sth]; ■**zu jdm ~** to desert [*or* go over] to sb

Desertion <-, -en> *f* MIL desertion

desgleichen *adv* likewise, also; ***er ist Mitglied dieser Kirche, seine Verwandten*** ~ he's a member of this church, as are his family

deshalb *adv* ❶ (*daher*) therefore ❷ (*aus dem Grunde*) because of it; ~ ***frage ich ja*** that's why I'm asking; ***also ~!, ~ also!*** so that's why! [*or* the reason]; ***ich bin ~ hergekommen, weil ich dich sprechen wollte*** what I came here for was to speak to you, the reason I came here was that I wanted to speak to you

Design <-s, -s> [di'zain] *nt* design; MODE *a.* cut

designen* *vt* ■**etw ~** to design sth

Designer(in) <-s, -> *m(f)* designer

Designerdroge *f* designer drug

Designerin <-, -nen> *f fem form von* **Designer**

Designermöbel *nt meist pl* designer furniture *no pl*

Designermode *f kein pl* designer fashion

designiert *adj attr* designated

desillusionieren* [dɛsʔɪluzio'ni:rən, dezɪlu-] *vt* ■**jdn** ~ to disillusion sb

Desillusionierung <-, -en> *f* disillusion[ment]

Desinfektion <-, -en> [dɛsʔɪn-, dezɪn-] *f* disinfection

Desinfektionsmittel *nt* disinfectant; (*für Wunden a.*) antiseptic **Desinfektionsspray** *nt* disinfectant spray

desinfizieren* *vt* ■**etw** ~ to disinfect sth; **Instrumente** ~ to sterilize instruments

Desinfizierung <-, -en> *f s.* **Desinfektion**

Desinformation *f* disinformation *no pl, no indef art*

Desinformationskampagne *f* disinformation campaign, campaign of disinformation

Desintegration *f* (*geh*) disintegration

Desinteresse *nt* lack of interest, indifference; ■**jds** *gen* ~ [**an jdm/etw**] sb's lack of interest [for sb/in sth] [*or* indifference [towards sb/sth]]; **sein** ~ **an etw** *dat* **bekunden** [*o* **zeigen**] to demonstrate one's indifference to [*or* lack of interest in] sth; **auf** ~ **stoßen** to meet with indifference

desinteressiert *adj* uninterested, indifferent; **ein ~es Gesicht** a bored face; ■**an jdm/etw** ~ **sein** to be uninterested in [*or* indifferent to] sb/sth

Desktop-Publishing[RR] <-> ['dɛsktɔp-pablɪʃɪŋ], **Desktoppublishing**[RR] *nt kein pl* ■[**das**] ~ desktop publishing, DTP

desodorieren* *vt s.* **desodorisieren**

desolat *adj* (*geh*) ❶ (*trostlos*) bleak ❷ (*verzweifelt*) wretched, desperate

desorientiert [dɛsʔɔriɛn'ti:rt, dezɔ-] *adj inv* disorientated

Desorientierung [dɛsʔɔ-, dezɔ-] *f* ❶ (*Verwirrung*) disorientation, confusion ❷ (*Störung der Orientierungsfähigkeit*) disorientation

Desoxyribonukleinsäure [dɛsʔɔksyribonukle'i:n-, dezɔksy-] *f* ■**die** ~ deoxyrybonucleic acid *spec*, DNA *spec*

despektierlich *adj* (*geh*) disrespectful; (*stärker*) contemptuous

Desperado <-s, -s> *m* (*geh*) desperado

Despot(in) <-en, -en> *m(f)* despot, tyrant

despotisch I. *adj* despotic, tyrannical II. *adv* despotically, tyrannically; **sich** ~ **aufführen** to domineer

desselben *pron gen von* **derselbe, dasselbe**

dessen I. *pron dem gen von* **der**[2], **das** his/its; ~ **ungeachtet** (*geh*) nevertheless *form*, nonetheless *form*, notwithstanding this *form* II. *pron rel gen von* **der**[2], **das** whose; (*von Sachen a.*) of which

dessentwillen *adv* **um** ~ for whose sake [*or form* the sake of whom]

dessenungeachtet *adv* (*geh*) *s.* **dessen I**

Dessert <-s, -s> [dɛ'se:ɐ, dɛ'sɛ:ɐ] *nt* dessert; ***was gibt es zum ~?*** what's for dessert? [*or* BRIT *a.* pudding] [*or* BRIT *fam a.* afters]

Dessertteller *m* dessert plate

Dessin <-s, -s> [dɛ'sɛ̃:] *nt* MODE pattern, design; *von Vorhängen a.* print

Dessous <-, -> [dɛ'su:, *pl* dɛ'su:s] *nt meist pl* undergarment, underwear *no pl, no art*

destabilisieren *vt* ■**etw** ~ to destabilize sth

Destillat <-[e]s, -e> *nt* CHEM distillation, distillate *spec*

Destillation <-, -en> *f* ❶ (*Brennen*) distillation ❷ CHEM distillation

destillieren* *vt* CHEM ■**etw** ~ to distil [*or* AM -ll] sth

Destillierkolben *m* CHEM distilling [*or* distillation] flask [*or* retort]

desto *konj* ~ **besser** all the better; ~ **eher** the earlier; ~ **schlimmer!** so much the worse!; *s. a.* **je**

destruktiv *adj* destructive

deswegen *adv s.* **deshalb**

Deszendent <-en, -en> *m* ASTROL descendant

Detail <-s, -s> [de'tai, de'ta:j] *nt* detail; ■**die ~s** the details [*or* particulars]; **im** ~ in detail; ***die Schwierigkeiten liegen im ~*** it's the details that are most difficult; **in allen ~s** in the greatest detail; **etw mit allen ~s berichten** to report sth in full detail, to give a fully detailed account of sth; **ins** ~ **gehen** to go into detail[s]; (*sich daranmachen*) to get down to details

Detailfrage *f* question of detail **detailgenau** *adj* down to the last detail **Detailkenntnisse** *pl* detailed knowledge *no pl, no indef art*

detaillieren* *vt* ■[**jdm**] **etw** ~ to give [sb] full details [*or* particulars] of [*or* to specify] sth; [**jdm**] **etw genauer** [*o* **näher**] ~ to give [sb] more [*or* fuller] details of sth, to specify sth more precisely, to expand [up]on sth

detailliert [deta'ji:ɐt] I. *adj* detailed; **~e Angaben** details, particulars; **nicht** ~ **genug sein** to be lacking in detail II. *adv* in detail; **etw** ~ **beschreiben** to describe sth in detail, to give a detailed description of sth; **etw** ~ **erklären** to explain sth in detail, to expound sth *form*

Detailliertheit <-> *f kein pl* detail; **in aller** ~ in the greatest detail; **etw in aller** ~ **berichten** to report sth in full detail

Detaillist(in) <-en, -en> [deta'jɪst] *m(f)* SCHWEIZ *s.* **Einzelhändler**

Detektei <-, -en> *f* [private] detective agency, firm of [private] investigators; **„~ *Schlupps & Partner“*** "Schlupps & Partners, Private Investigators„

Detektiv(in) <-s, -e> *m(f)* ❶ (*Privat~*) private investigator [*or* detective] [*or fam* eye], AM *a.* gumshoe *fam* ❷ (*Zivilfahnder*) plain-clothes policeman

Detektivbüro *nt s.* **Detektei**

Detektivin <-, -nen> *f fem form von* **Detektiv**

detektivisch I. *adj* **~e Kleinarbeit** detailed detection work; **~er Scharfsinn** a detective's keen perception II. *adv* like a detective

Detektivroman *m* detective novel; (*bes. mit Mörder*) whodun[n]it *fam*

Determinante <-, -n> *f* (*geh*) determinant

determinieren* *vt* (*geh*) ■**etw** ~ to determine sth; **etw** [**im Voraus**] ~ to [pre]determine sth *form*

Determinismus <-> *m kein pl* PHILOS ■**der** ~ determinism

deterministisch *adj* PHILOS deterministic *spec*

Detonation <-, -en> *f* explosion; (*nur hörbar vernommen a.*) blast; **die** ~ **der Bombe** the bomb blast; **etw zur** ~ **bringen** to detonate sth

detonieren* *vi sein* to explode, to detonate

Detritus <-> *m kein pl* BIOL detritus *no pl*

Detritusfresser *m* BIOL deposit feeder

Deubel <-s, -> *m* DIAL *s.* **Teufel**

deucht (*veraltet*) *3. pers sing von* **dünken**

Deus ex Machina[RR] <- - -, Dei - -> *m* (*geh*) deus ex machina *liter*

Deut *m* (*bisschen, das Geringste*) *meist in Verbindung mit Verneinung* **keinen** [*o* **nicht einen**] ~ **wert sein** to be not worth tuppence [*or* AM diddly] *fam;* **um keinen** ~ [**besser**] not one bit [*or form* whit] [*or fam* a jot] [better]; ***daran ist kein ~ wahr*** there's not a grain of truth in it; ***sie versteht nicht einen ~ davon*** she doesn't know the first thing about it

deutbar *adj* interpretable; **kaum/nicht** ~ [**sein**] [to be] difficult/impossible to interpret *pred;* ***es ist nicht anders*** [***als so***] ~ it cannot be explained in any other way

deuteln *vi* (*geh*) ■**an etw** *dat* ~ to quibble over sth *pej;* ***daran gibt es nichts zu ~!*** there are no ifs and buts about it!

deuten I. *vt* ■[**jdm**] **etw** ~ to interpret sth [for sb]; **die**

D

Zukunft/jdm die Zukunft ~ to read the/sb's future; **etw falsch** ~ to misinterpret sth; ■ **sich** *dat* **etw** [**von jdm**] ~ **lassen** to have sth interpreted [by sb]; **sich** *dat* **die Zukunft** [**von jdm**] ~ **lassen** to have one's future read [by sb], to get sb to read one's future **II.** *vi* ❶ (*zeigen*) ■ [**mit etw**] **auf jdn/etw** ~ to point [sth] at sb/sth; **mit dem** [**Zeige**]**finger auf jdn/etw** ~ to point [one's finger] at sb/sth ❷ (*hinweisen*) ■ **auf jdn/etw** ~ to point to sb/sth; ***alles deutet auf Frost*** everything points to frost, all the signs are that there's going to be frost; **alles deutet darauf** [**hin**], **dass ...** all the indications are that ..., everything indicates that ..., there is every indication that ...

deutlich I. *adj* ❶ (*klar*) clear; [**un**]**~e Schrift** [il]legible writing; **~e Umrisse** distinct [*or* clear] [*or* sharp] outlines; [**jdm**] ~ **werden** to become clear [to sb] ❷ (*eindeutig*) clear; ***das war ~!*** that was clear [*or* plain] enough!; ~ **werden** to make oneself clear [*or* plain], to use words of one syllable *a. iron;* ***muss ich ~er werden?*** have I not made myself clear [enough]?; ***ich hoffe, ich muss nicht ~er werden!*** I hope I won't have to spell it out **II.** *adv* ❶ (*klar*) clearly, plainly; **etw** ~ **fühlen** to distinctly feel sth; ~ **sprechen** to speak clearly [*or* distinctly]; **etw** ~ **zeichnen** to draw sth in sharp detail/contrast ❷ (*eindeutig*) clearly, plainly; **sich** ~ **ausdrücken** to make oneself clear [*or* plain]; ~ **fühlen, dass ...** to have the distinct feeling that ...

Deutlichkeit <-, -en> *f* ❶ *kein pl* (*Klarheit*) clarity; *von Schrift* legibility; *von Zeichnung* sharp contrast [*or* detail]; **in** [*o* **mit**] **aller** ~ in all clarity [*or* its/their detail] ❷ (*Eindeutigkeit*) plainness; [**jdm**] **etw in** [*o* **mit**] **aller** ~ **sagen** [*o* **zu verstehen geben**] to make sth perfectly clear [*or* plain] [to sb]; **jdm in** [*o* **mit**] **aller** ~ **zu verstehen geben, dass ...** to make it perfectly clear [*or* plain] to sb that ...

deutsch *adj* ❶ (*Deutschland betreffend*) German; **~er Abstammung sein** to be of German origin; **~e Gründlichkeit** German [*or* Teutonic] thoroughness [*or* efficiency]; **die ~e Sprache** German, the German language; **die ~e Staatsbürgerschaft besitzen** [*o* **haben**] to have German citizenship, to be a German citizen; **das ~e Volk** the Germans, the German people[s *pl*]; **die ~e Wiedervereinigung** the reunification of Germany, German Reunification; ~ **denken** to have a [very] German way of thinking; **typisch** ~ **sein** to be typically German ❷ LING German; **die ~e Schweiz** German-speaking Switzerland; ~ **sprechen** to speak [in] German; ~ **sprechen können** to [be able to] speak German; **etw** ~ **aussprechen** to pronounce sth with a German accent, to give sth a German pronunciation ▶ WENDUNGEN: **mit jdm** ~ **reden** [*o* **sprechen**] (*fam*) to be blunt with sb, to speak bluntly with sb

Deutsch *nt dekl wie adj* ❶ LING German; ***können Sie ~?*** do you speak/understand German?; ~ **lernen/sprechen** to learn/speak German; ***er spricht akzentfrei*** ~ he speaks German without an accent; ***sie spricht fließend*** ~ she speaks German fluently, her German is fluent; ***er spricht ein sehr gepflegtes*** ~ his German is very refined; ~ **verstehen/kein** ~ **verstehen** to understand/not understand [a word of [*or* any]] German; ~ **sprechend** German-speaking, who speak/speaks German; **auf** ~ in German; **sich auf** ~ **unterhalten** to speak [*or* converse] in German; **etw auf** ~ **sagen/aussprechen** to say/pronounce sth in German; **in** ~ **abgefaßt sein** (*geh*) to be written in German; **etw in** ~ **schreiben** to write sth in German; **zu** ~ in German ❷ (*Fach*) German; ~ **unterrichten** [*o* **geben**] to teach German ▶ WENDUNGEN: **auf gut** ~ [**gesagt**] (*fam*) in plain English; **nicht mehr** ~ [*o* **kein** ~ **mehr**] **verstehen** (*fam*) to not understand plain English

Deutsche <-n> *nt* ■ **das** ~ German, the German language; **etw ins ~/aus dem** [*o* **vom**] **~n ins Englische übersetzen** to translate sth into German/from [the] German into English; **die Aussprache des ~n** German pronunciation, the pronunciation of German words

Deutsche(r) *f(m) dekl wie adj* German; ***er hat eine ~ geheiratet*** he married a German [woman]; ■ **die ~n** the Germans; ~ **sein** to be [a] German, to be from Germany; [**schon**] **ein halber ~r sein** to be German by formation

Deutsche Demokratische Republik *f* POL (*hist*) German Democratic Republic

Deutschenfeind(in) *m(f)* anti-German; (*krankhaft a.*) Germanophobe *form;* (*im Krieg*) enemy of the Germans [*or* Germany] **Deutschenfreund(in)** *m(f)* pro-German, Germanophile *form,* German-lover *a. pej;* (*im Krieg*) friend of the German people **deutsch-englisch** *adj* ❶ POL Anglo-German ❷ LING German-English, English-German **Deutschenhass**[RR] *m* Germanophobia *form,* hatred of Germany [*or* the Germans] **Deutschenhasser(in)** <-s, -> *m(f)* German-hater, Germanophobe *form*

Deutscher Aktienindex® *m* German share index

deutschfeindlich *adj* anti-German, Germanophobic *form* **Deutschfeindlichkeit** *f* hostility to Germany, Germanophobia *form* **deutsch-französisch** *adj* ❶ POL Franco-German ❷ LING German-French, French-German **deutschfreundlich** *adj* pro-German, Germanophile *form,* German-loving *attr a. pej* **Deutschfreundlichkeit** *f* love of Germany, Germanophilia *form*

Deutschland <-s> *nt* Germany; **aus** ~ **kommen** to come from Germany; **in** ~ **leben** to live in Germany

Deutschlandfrage *f* HIST ■ **die** ~ the German question **Deutschlandlied** *nt* ■ **das** ~ the German national anthem **Deutschlandpolitik** *f* (*innerdeutsche Politik*) [German] home affairs [*or* AM domestic policy]; (*gegenüber Deutschland*) policy on [*or* towards] Germany

Deutschlehrer(in) *m(f)* German teacher **deutschnational** *adj* HIST German National; ■ ~ **sein** to be a German National **Deutschordensritter** *m* HIST Teutonic Knight **deutsch-russisch** *adj* ❶ POL Russo-German ❷ LING Russian-German, German-Russian **Deutschschweiz** *f* ■ **die** ~ German-speaking Switzerland **Deutschschweizer(in)** *m(f)* German Swiss; ■ **die** ~ the German Swiss + *pl vb* **deutschschweizerisch** *adj* German-Swiss **deutsch-spanisch** *adj* German-Spanish, Spanish-German **deutschsprachig** *adj* ❶ (*Deutsch sprechend*) German-speaking *attr;* ■ ~ **sein** to speak German ❷ (*in deutscher Sprache*) German[-language] *attr;* **~e Literatur** German literature; **~er Unterricht** lessons given in German; ■ ~ **sein** to be in German; *Unterricht a.* to be given in German **deutschsprachlich** *adj* German *attr;* **der ~e Unterricht** German, the German lesson **deutschsprechend** *adj attr s.* **Deutsch deutschstämmig** *adj* of German origin [*or* stock] *pred* **Deutschstämmige(r)** *f(m) dekl wie adj* ethnic German

Deutschtum <-s> *nt kein pl* Germanness; (*Kultur*) German culture

Deutung <-, -en> *f* ❶ (*das Deuten*) interpretation; (*Erläuterung*) explanation; *von Horoskop, Zukunft* reading ❷ (*Interpretation*) interpretation; *von Text a.* exegesis *spec;* **eine falsche** ~ a misinterpretation

Deutungshoheit *f kein pl* SOZIOL (*geh*) sovereignity of interpretation **Deutungsversuch** *m* attempt at an interpretation; **einen** ~ **machen** [*o geh* **unternehmen**] to attempt an interpretation

Devise <-, -n> [-ˈviː-] *f* maxim, motto; ■ **nach der**

~... according to the motto...; ***nach der ~: der Zweck heiligt die Mittel*** as the saying goes: the end justifies the means

Devisen [-'viː-] *pl* FIN foreign exchange [*or* currency] *no pl, no indef art;* (*Wechsel*) foreign bills *pl* [of exchange]

Devisenbeschränkungen *pl* foreign exchange [*or* currency-control] [*or* exchange-control] restrictions *pl* **Devisenbestimmungen** *pl* foreign exchange control regulations *pl* **Devisenbringer** <-s, -> *m* (*fam*) foreign-exchange earner, earner of foreign exchange [*or* currency] **Devisengeschäft** *nt* ■ **das ~** foreign exchange dealing **Devisenhandel** *m* ■ **der ~** foreign currency [*or* exchange] dealings *npl,* sale and purchase of currencies *form* **Devisenknappheit** *f* shortage of foreign exchange **Devisenkurs** *m* [foreign] exchange rate, rate of exchange **Devisenmarkt** *m* foreign exchange market **Devisenreserven** *pl* foreign exchange reserves **Devisenschmuggel** *m kein pl* currency smuggling *no pl* **devisenschwach** *adj* with limited foreign currency reserves *pred,* soft-currency *attr spec* **devisenstark** *adj* hard-currency *attr spec* **Devisenvergehen** *nt* breach [*or* violation] of exchange control regulations

devot [-'voːt] *adj* (*pej geh*) obsequious *pej form*

Devotionalien [devotsio'naːliən] *pl* REL devotional objects [*or* articles]

Dextrose <-> *f kein pl* CHEM dextrose *spec,* dextroglucose *spec*

Dezember <-s, -> *m* December; *s. a.* **Februar**

dezent I. *adj* ① (*unaufdringlich*) discreet; **~e Farbe** subdued [*or* discreet] colour [*or* AM -or]; **~e Kleidung** modest [*or* discreet] wear ② (*zurückhaltend*) discreet II. *adv* ① (*unaufdringlich*) discreetly; **sich ~ kleiden** to dress modestly [*or* discreetly] ② (*zurückhaltend*) discreetly

dezentral I. *adj* decentralized II. *adv* **etw ~ entsorgen** to send sth to a decentralized disposal system; **etw ~ versorgen** to supply sth from decentralized outlets; **etw ~ verwalten** to govern sth in a decentralized system

dezentralisieren* *vt* ■ **etw ~** to decentralize sth

Dezentralisierung <-, -en> *f* decentralization; ■ **die ~ einer S.** *gen* the decentralization of sth

Dezernat <-[e]s, -e> *nt* department

Dezernent(in) <-en, -en> *m(f)* department head

Dezibel <-s, -> *nt* PHYS decibel

dezidiert I. *adj bes* ÖSTERR (*geh*) determined, firm II. *adv bes* ÖSTERR (*geh*) firmly, with determination

Dezigramm *nt* decigram[me] **Deziliter** *m o nt* decilitre [*or* AM -er] *spec*

dezimal *adj* decimal

Dezimalrechnung *f kein pl* MATH decimals *pl* **Dezimalstelle** *f* decimal place; **auf 5 ~n genau** correct to 5 decimal places **Dezimalsystem** *nt* ■ **das ~** the decimal system **Dezimalzahl** *f* decimal number; (*zwischen 0 und 1 a.*) decimal fraction

Dezime <-, -n> *f* MUS tenth

Dezimeter *m o nt* decimetre [*or* AM -er] *spec*

dezimieren* *vt* ■ **etw ~** to decimate sth

Dezimierung <-, -en> *f* decimation (*+gen* of), the decimation of sth

DFB *m* SPORT *Abk von* **Deutscher Fußball-Bund** ≈ FA BRIT, ≈ US Soccer [Federation] AM

DFÜ <-> *f kein pl Abk von* **Datenfernübertragung**

DGB <-s> *m Abk von* **Deutscher Gewerkschaftsbund:** ■ **der ~** the Federation of German Trade Unions

dgl. *pron Abk von* **dergleichen, desgleichen**

d. Gr. *Abk von* **der Große** *s.* **groß 14**

d. h. *Abk von* **das heißt** i.e.

Dhaka <-s> *nt* Dhaka, Dacca

Dia <-s, -s> *nt* slide, [positive *form*] transparency, diapositive *spec*

Diabetes <-> *m kein pl* MED diabetes [mellitus *spec*]

Diabetiker(in) <-s, -> *m(f)* MED diabetic

diabetisch MED I. *adj* diabetic; **ein ~er Mensch** a diabetic II. *adv* **~ bedingt [sein]** [to be] caused by diabetes *pred*

diabolisch (*geh*) I. *adj* ① (*boshaft*) evil, malicious ② (*teuflisch*) diabolical, diabolic, fiendish II. *adv* ① (*boshaft*) evilly, maliciously ② (*teuflisch*) diabolically, fiendishly

diachron(isch) [-'kroː-] *adj* LING diachronic

Diadem <-s, -e> *nt* diadem; (*für Frau a.*) tiara

Diadochen *pl* ■ **die ~** ① HIST the Diadochi *spec* ② (*fig geh*) rivals in a power struggle

Diadochenkämpfe *pl* (*geh*) power struggle

Diagnose <-, -n> *f* diagnosis; **eine ~ stellen** to make a diagnosis

Diagnosezentrum *nt* diagnostic centre [*or* AM -er]

Diagnostik <-> *f kein pl* MED ■ **die ~** diagnostics + *sing vb spec;* **die ~ von Tumoren** the diagnosis of tumours [*or* AM -ors]

diagnostisch *adj* MED diagnostic

diagnostizieren* *vt* ■ **etw [bei jdm] ~** to diagnose sth [in sb]

diagonal *adj* diagonal; **eine ~e Gerade** a diagonal [line]

Diagonale <-, -n> *f* diagonal [line]

Diagramm <-s, -e> *nt* graph, chart, diagram

Diakon(in) <-s *o* -en, -e[n]> *m(f)* REL deacon

Diakonat <-[e]s, -e> *nt* REL diaconate

Diakonie <-> *f kein pl* REL **die ~** social welfare work

Diakonin <-, -nen> *f fem form von* **Diakon**

Diakonisse <-, -n> *f,* **Diakonissin** <-, -nen> *f* REL deaconess

diakritisch *adj* diacritic; **ein ~es Zeichen** a diacritical mark

Dialekt <-[e]s, -e> *m* dialect

dialektal *adj* dialectal

Dialektausdruck *m* dialect expression

Dialektik <-> *f kein pl* dialectic, dialectics + *sing vb*

dialektisch *adj* ① PHILOS dialectical ② LING *s.* **dialektal**

Dialog <-[e]s, -e> *m* (*geh*) dialogue [*or* AM -og]; **interessanter ~** interesting discussion; **in einen ~ [über etw] eintreten** to discuss [sth], to enter into discussion [about sth]; **mit jdm einen ~ führen** to have a discussion with sb

Dialogbereitschaft *f kein pl* openness to dialogue **Dialogbetrieb** *m* INFORM dialogue, interactive [*or* conversational] mode; **im ~** on-line **Dialogfähigkeit** *f kein pl* openness to dialogue

Dialyse <-, -n> *f* dialysis

Diamant <-en, -en> *f* diamond; **geschliffene/ungeschliffene ~en** cut/uncut diamonds

diamanten *adj attr* ① (*wie Diamanten funkelnd*) like diamonds; **in/mit ~em Glanz funkeln** to sparkle like diamonds ② (*mit Diamanten besetzt*) diamond, set with diamonds

Diamantring *m* diamond ring **Diamantschleifer(in)** *m(f)* diamond cutter **Diamantstaub** *m* diamond dust

diametral I. *adj* (*geh*) diametrical II. *adv* (*geh*) diametrically; **~ entgegengesetzt sein** to be diametrically opposed [*or* opposite]

Diaphragma <-s, -s> *nt* diaphragm, Dutch cap BRIT

Diapositiv *nt* slide **Diaprojektor** *m* slide projector **Diarahmen** *m* slide frame

Diarrhö <-, -n>, **Diarrhoe** [dia'røː, -'røːən] *f* diarrhoea *no pl, no art* BRIT, diarrhea *no pl, no art* AM

Diaspora <-> [di'aspora] *f kein pl* ① REL Diaspora

❷ (*fig*) backwater, back of beyond BRIT

Diastole <-, -n> [di'astole, dia'sto:lə] *f* diastole

diastolisch *adj* diastolic

diät *adv s.* **Diät**

Diät <-, -en> *f* diet; **eine fettarme** ~ a diet low in fat, a low-fat diet; **eine salzlose** ~ a salt-free diet; **eine strenge** ~ a strict diet; ~ **halten** to keep to a diet; ~ **kochen** to cook according to a diet; ~ **leben** to keep to a diet; **auf** ~ **sein** (*fam*) to be on a diet, to diet; **mit einer** ~ **anfangen** to go on a diet; **nach einer** ~ **leben** to keep to a diet; **jdn auf** ~ **setzen** (*fam*) to put sb on a diet

Diätassistent(in) *m(f) sb trained to advise in and oversee the setting-up of diet programmes in hospitals and clinics* **Diätbier** *nt* lite [*or* BRIT *a.* diet] beer

Diäten *pl* POL [sessional] expenses *pl*

Diätetik <-, -en> *f* diatetics + *sing vb*

diätetisch *adj* diabetic

Diätfahrplan *m* (*fam*) diet, diet plan, regime[n] **Diätkost** *f* diet food **Diätkur** *f* dietary cure **Diätmargarine** *f* dietary margarine (*high in polyunsaturates*)

diatonisch *adj* diatonic; **die ~e Tonleiter** the diatonic scale

Diätwaage *f* food scale

Diavortrag *nt* slide show

dich I. *pron pers akk von* **du** you II. *pron refl* yourself

dicht I. *adj* ❶ (*eng beieinander befindlich*) dense, thick; **~es Laub** dense foliage; **~es Haar** thick hair; **~es Gefieder** dense [*or* thick] layer of feathers; **ein ~es Gedränge/eine ~e Menschenmenge** a dense crowd [*or liter* throng] ❷ (*undurchdringlich*) thick, dense; **~er Verkehr** heavy traffic; **im ~en Verkehr festsitzen** to be stuck in a traffic jam ❸ (*undurchlässig: vor Wasser*) waterproof, watertight; ***die Fenster sind wieder*** ~ the windows are sealed again now; **~e Leitung** watertight pipe; **~e Rolläden/Vorhänge** thick blinds/curtains; **~er Stoff** thickly [*or* densely] woven material, material with a close weave; **nicht mehr** ~ **sein** to leak ▶ WENDUNGEN: **nicht ganz** ~ **sein** (*pej sl*) to be off one's head [*or* BRIT *fam* one's trolley], to be out of one's mind, to be out to lunch *sl* II. *adv* ❶ (*örtlich*) closely; ~ **auffahren** to tail-gate, to drive too closely to the next car; ~ **gefolgt von etw** to be followed closely by; ***er gewann, ~ gefolgt von ...*** he won, closely followed by ...; ~ **übersät** thickly strewn; ~ **hinter jdm** just [*or* close] behind sb; ~ **hinter jdm sein** to be hard [*or* hot] on sb's heels; ~ **neben jdm** close beside [*or* just next to] sb; ~ **über etw hängen** to hang thickly over sth; ~ **vor jdm** just in front of sb; ~ **an** close [*or* near] to, ~ *unter,* close [*or* near] to, just under; ~ **beieinander/hintereinander** close together; ~ **[an ~] stehen** to be [*or* stand] close together, to be packed together like sardines [in a tin] ❷ (*zeitlich*) ~ **bevorstehen** to be coming up soon; ***Weihnachten steht*** ~ ***bevor*** it's not long till Christmas, Christmas is just around the corner; **an etw** ~ **dran sein** to be close to sth ❸ (*sehr stark*) densely; ~ **behaart sein** to have a lot of hair, to be hirsute *liter;* **auf der Brust** ~ **behaart sein** to have a very hairy chest; ***in seiner Jugend war er noch ~er behaart*** he had a good head of hair in his youth; ~ **besiedelt** densely populated; ~ **bewaldet** thickly wooded, densely forested; ~ **mit Efeu bewachsen sein** to be covered with ivy; ~ **mit Rosen bepflanzt sein** to be full of roses ❹ (*fest*) ~ **schließen** to close properly; **Gardinen** ~ **zuziehen** to close the curtains properly, to draw the curtains to; ~ **verhängt** thickly draped; ~ **gewebt** closely woven

dichtauf *adv* ~ **folgen** to follow close behind **dichtbehaart** *adj attr s.* **dicht II 3** **dichtbelaubt** *adj attr s.* **dicht II 3** **dichtbesiedelt** *adj,* **dichtbevölkert** *adj attr s.* **dicht II 3** **dichtbewölkt** *adj attr s.* **dicht II 3**

Dichte <-, -n> *f* ❶ *kein pl* density; ~ **des Gedränges** dense crowd; ~ **des Nebels** dense [*or* thick] fog ❷ PHYS density; **spezifische** ~ specific gravity

Dichtegradient *m* SCI density gradient **Dichtegradientenzentrifugation** *f* SCI density gradient centrifugation

dichten¹ I. *vt* ■ **etw [auf jdn/etw]** ~ to write [*or form* compose] poetry [to sb/sth]; ***ich habe ein paar Verse zu deinem Geburtstag gedichtet*** I've written a few verses for your birthday II. *vi* to write poetry

dichten² *vt* (*dicht machen*) ■ **etw [gegen etw]** ~ to seal sth [against sth]; **Fugen** ~ to grout cracks

Dichter(in) <-s, -> *m(f)* poet

dichterisch I. *adj* poetic[al]; *s.* **Freiheit** II. *adv* ❶ (*was die Dichtkunst betrifft*) poetically; ~ **begabt sein** to have a flair [*or* talent] for writing [poetry] ❷ (*in Art eines Gedichtes*) in poetry [*or* a poem], poetically; **etw** ~ **darstellen/wiedergeben** to present sth in the form of a poem

Dichterlesung *f* reading (*by a poet from his own work*) **Dichterwort** <-worte> *nt* lines of a poem, piece of poetry

dichtgedrängt *adj attr s.* **dicht II 1** **dicht|halten** *vi irreg* ❶ (*sl: den Mund halten*) to keep quiet [*or fam* one's mouth shut]; (*bei Verhör*) not to give away any information; **nicht** ~ to spill the beans, to let the cat out of the bag ❷ (*dicht bleiben*) not to leak; (*Schuhe*) to be waterproof; **nicht** ~ to begin to leak

Dichtkunst *f* poetic art, poetry

dicht|machen *vt, vi* (*fam*) ■ **[etw]** ~ ❶ (*schließen*) to close [*or* shut] [sth] ❷ (*den Betrieb einstellen*) to close [*or* shut] [sth] [down]

Dichtung¹ <-, -en> *f* ❶ *kein pl* (*Dichtkunst*) poetry; **die** ~ **der Renaissance** Renaissance poetry ❷ (*episches Gedicht*) epic poem; ~ **und Wahrheit** fact and fiction

Dichtung² <-, -en> *f* seal, sealing; (*Dichtring*) washer; (*von Ventildeckel*) gasket; (*von Zylinderkopf*) head gasket

Dichtungsmasse *f* sealing compound; **Fugen mit** ~ **verschmieren** to smear grout in the cracks **Dichtungsmittel** *nt* sealant, sealing material **Dichtungsring** *m,* **Dichtungsscheibe** *f* washer

dick I. *adj* ❶ (*einen großem Umfang aufweisend*) fat, stout BRIT, corpulent *form;* **~e Backen** chubby cheeks; **ein ~er Baum/Stamm** a thick tree/[tree]trunk; **ein ~es Buch/ein ~er Band** a thick book/volume; **eine ~e Zigarre** (*fam*) a fat [*or* big] cigar *fam;* **eine ~e Brieftasche** (*fam*) a fat wallet *fam;* **ein ~es Bündel Banknoten** (*fam*) a fat [*or* thick] [*or* big] bundle of bank notes; (*groß, schwer*) big, enormous; **eine ~e Limousine** a big limousine ❷ (*fam: beträchtlich*) big fat *fam;* **eine ~e Belohnung** a big fat reward; **etw macht [jdn]** ~ sth makes [sb] fat, sth is fattening; **[von etw]** ~ **werden** to get fat *fam* [from sth] [*or* put on weight]; *s. a.* **Berta** ❸ *nach Maßangaben* (*stark*) **5 Meter** ~ 5 metres thick; **eine 7 Kilometer ~e Schicht** a 7 kilometres thick layer [*or* a layer 7 kilometres thick] ❹ (*fam: schwer*) big; **ein ~er Tadel/Verweis** a severe [*or* sharp] reprimand; **ein ~es Lob [für etw] bekommen** to be praised highly [*or* to the high heavens] [for sth] ❺ (*geschwollen*) swollen; **~e Beule** big lump ❻ (*zähflüssig*) thick, viscous; **eine ~e Soße** a thick sauce ❼ (*fam: dicht*) thick ❽ (*dicht*) thick; **sich ins ~e Gewühl stürzen** to elbow one's way into the thick of the crowd ❾ (*fam: herzlich*) close ▶ WENDUNGEN: **mit jdm durch** ~ **und dünn gehen** to go through thick and thin with sb II. *adv* ❶ (*warm*) warmly; **sich** ~ **anziehen** to dress warmly ❷ (*fett*) heavily ❸ (*reichlich*) thickly; **etw zu ~ auftragen** to lay sth on with a trowel ④ (*fam: sehr*) very; **jdm etw ~ ankreiden** to pay sb back [*or* to get sb] for sth; **mit jdm ~ im Geschäft sein** to be well in with sb; **mit jdm ~[e] befreundet sein** (*fam*) to be as thick as thieves with sb ▸ WENDUNGEN: **es ~[e] haben** (*sl: reich sein*) to be loaded *fam*; **es nicht so ~[e] haben** (*fam*) to be not that loaded *fam*; **jdn/etw ~[e] haben** (*fam*) to be sick of [*or* fed up with] [*or* fed up to the back teeth with] sb/sth; **die Faxen ~e haben** to be fed up with sth; **es kommt immer gleich ganz ~[e]** (*fam*) it never rains but it pours *prov*; **sich ~ machen** (*fam*) to spread oneself out; **~ auftragen** (*pej fam*) to lay it on thick *prov* [*or prov, pej* with a trowel]

dickbauchig *adj* pot-bellied; **~er Krug** big jug **dickbäuchig** *adj* pot-bellied; ■**~ sein** to have a big belly *fam* [*or* stomach] **Dickdarm** *m* colon

dicke *adv* (*fam*) *s.* **dick II 5**

Dicke <-, -n> *f* ① (*Stärke*) thickness; **eine ~ von rund 3 Metern** a thickness of about 3 metres [*or* AM -ers] ② (*dicke Beschaffenheit*) size, stoutness BRIT, corpulence, obesity *form*

Dicke(r) *f(m) dekl wie adj* (*fam*) fatso *fam*, fatty *fam*

Dickerchen <-s, -> *nt* (*fam*) *s.* **Dicke(r)**

dickfellig *adj* (*pej fam*) thick-skinned *pej*, insensitive; ■**~ sein** to be thick-skinned *pej*, to be insensitive, to have a hide like a rhinoceros BRIT *pej* **Dickfelligkeit** <-> *f kein pl* (*pej fam*) insensitivity **dickflüssig** *adj* thick; **~es Öl** viscous oil **Dickhäuter** <-s, -> *m* (*hum fam*) ① (*Tier*) pachyderm ② (*fig*) **ein ~ sein** to have a thick skin

Dickicht <-[e]s, -e> *nt* ① (*dichtes Gebüsch*) thicket, brushwood ② (*unübersichtliches Konglomerat*) maze, labyrinth

Dickkopf *m* (*fam*) ① (*dickköpfiger Mensch*) stubborn [*or* obstinate] [*or* pigheaded] fool; **ein kleiner ~ sein** to be stubborn ② (*Starrsinn*) stubborness, obstinacy, pigheadedness; **seinen ~ bekommen** [*o* **seinen ~ aufsetzen**] to dig one's heels in; **einen ~ haben** to be stubborn [*or* obstinate] [*or* pig-headed], to be as stubborn as a mule; **seinen ~ durchsetzen** to have one's way

dickköpfig *adj* stubborn, obstinate, pig-headed

dickleibig *adj* (*geh*) ① (*korpulent*) stout BRIT, corpulent, obese *form* ② (*gewichtig*) heavy, bulky

Dickleibigkeit <-> *f kein pl* (*geh*) corpulence, obesity *form*, stoutness BRIT

dicklich *adj* ① (*etwas dick*) plump, chubby, podgy BRIT *fam*, pudgy AM *fam*; **~es Kind** chubby child ② (*dickflüssig*) thick; SCI viscous; ■**~ werden** to get/become thick

Dickmilch *f* curds *pl* **Dickschädel** *m* (*fam*) *s.* **Dickkopf** **dickschalig** *adj* with a thick skin; ■**~ sein** to have a thick skin **dickwandig** *adj* thick-walled; ■**~ sein** to be thick-walled, to have thick walls **Dickwanst** *m* (*pej fam*) fatso *pej fam*, fatty *pej fam*, butterball AM *usu pej fam*

Dictyosom <-s, -en> [dɪkty'soːm] *m* BIOL dictyosome

Didaktik <-, -en> *f* teaching methodology, didactics + *sing vb form*

didaktisch I. *adj* didactic *form* II. *adv* didactically *form*

die *art, pron* the; *s. a.* **der**

Dieb(in) <-[e]s, -e> *m(f)* (*Räuber*) thief; (*Bankräuber*) bank robber; (*Einbrecher*) burglar; **zum ~ werden** to become a thief, to take to stealing; **als ~ verurteilt werden** to be convicted as a thief; **sich wie ein ~ davonmachen** to creep away like a thief in the night; **haltet den ~!** "stop thief"; *s. a.* **Gelegenheit** ▸ WENDUNGEN: **die kleinen ~e hängt man, die großen lässt man laufen** (*prov*) little thieves are hanged but great ones escape *prov old*

Dieberei <-, -en> *f* (*pej fam*) [constant] thieving; **kleine ~** petty theft, pilfering

Diebesbande *f* (*pej*) gang [*or* band] of thieves **Diebesgesindel** *nt* thieving rabble; *s. a.* **Diebespack** **Diebesgut** *nt kein pl* stolen goods *npl* **Diebesnest** *nt* (*veraltend*) thieves' hideout [*or* den], nest of thieves BRIT **Diebespack** *nt kein pl* (*pej*) pack of thieves *pej*

Diebin <-, -nen> *f fem form von* **Dieb**

diebisch I. *adj* ① (*stehlend*) thieving ② (*fam: heimlich*) malicious, fiendish, diabolic; **mit ~er Freude** with fiendish joy II. *adv* (*schadenfroh*) maliciously, fiendishly; **sich ~ [über etw** *akk*] **freuen** to take a mischievous pleasure in sth

Diebstahl <-[e]s, -stähle> *m* theft, robbery; **geistiger ~** plagiarism; **schwerer ~** aggravated robbery; **einen ~ begehen** to commit a robbery [*or* theft]

Diebstahlsicherung *f* AUTO anti-theft device **Diebstahlversicherung** *f* insurance against theft

diejenige *pron dem s.* **derjenige**

Diele <-, -n> *f* ① (*Vorraum*) hall ② NORDD *central living room* ③ (*Fußbodenbrett*) floorboard

dienen *vi* ① (*nützlich sein*) ■**einer S.** *dat* ~ to be [important] for sth; **jds Interessen ~** to serve sb's interests; **jds Sicherheit ~** for sb's safety; **zum Verständnis einer S. ~** to help in understanding sth; **einem guten Zweck ~** to be for a good cause ② (*behilflich sein*) **jdm mit etw ~ können** to help sb with sth; ***womit kann ich Ihnen ~?*** how can I help you?; ***damit können wir im Moment leider nicht ~*** I'm afraid we can't help you there; ■**jdm ist mit etw gedient** sth is of use to sb; **jd ist mit etw nicht/kaum gedient** sth is of no/little use to sb, sth doesn't help sb/help sb much; ***wäre Ihnen vielleicht hiermit gedient?*** is this perhaps what you're looking for? ③ (*verwendet werden*) ■**[jdm] als etw ~** to serve [sb] as sth; ***lassen Sie es sich als Warnung ~*** let this be [*or* serve as] a warning to you ④ (*herbeiführen*) ■**zu etw ~** to make for [*or* be conducive to] sth; **der allgemeinen Erheiterung ~** to serve to amuse everyone; **einem Zweck ~** to serve a purpose ⑤ (*Militärdienst leisten*) ■**[bei etw/unter jdm] ~** to do military service [in sth/under sb]; *s. a.* **gedient** ⑥ (*veraltet: Knecht sein*) ■**jdm [als jd] ~** to serve sb [as sb] ⑦ (*angestellt sein*) ■**bei jdm/etw ~** to be in service to sb/sth

Diener <-s, -> *m* (*fam*) bow; **[vor jdm] einen ~ machen** to make a bow [to sb], to bow [to sb]

Diener(in) <-s, -> *m(f)* servant; **~ Gottes** servant of God; **Ihr [treu] ergebener ~** (*veraltet*) your [humble] servant *old*

dienern *vi* (*pej*) ■**[vor jdm] ~** to bow and scrape [to sb] *pej*

Dienerschaft <-, -en> *f* [domestic] servants *pl*

dienlich *adj* useful, helpful; ■**jdm/einer S. ~ sein** to be useful [*or* of use] to sb/sth; ***das kann dir kaum ~ sein*** this can't be of much use for you; ***kann ich Ihnen noch mit irgendetwas ~ sein?*** can I do anything else for you?

Dienst <-[e]s, -e> *m* ① (*berufliche Tätigkeit*) work; **~ haben** to be at work; ***wie lange hast du heute ~?*** how long do you have to work today?; **beim ~** at work; **im ~** at work; **außer ~** retired; **nach [dem] ~** after work; **vor dem ~** before work; **zum ~ gehen/kommen** to go/come to work; **zum ~ müssen** to have to go to work ② (*Arbeitszeit*) **während/nach dem ~** during/outside working hours; **jdn vom ~ befreien** to give [*or* grant] sb [paid] leave [*or* time off]; **jdn vom ~ beurlauben** [*o* **suspendieren**] to suspend sb [from work] ③ (*für jdn arbeiten*) **~ bei jdm als etw tun** to work for sb as sth, to be employed by sb as sth; **jdn in [seinen] ~ [*o* in seine ~e] nehmen** (*veraltet*) to take sb into service; **bei jdm in ~[en] [*o* in jds** *dat* **~[en]] sein [*o* stehen]** (*veraltet*) to be in service to sb; **in jds ~[e] treten** *akk* to enter sb's service ❹ (*Amt*) **diplomatischer [*o* auswärtiger] ~** diplomatic service; **der mittlere/gehobene/höhere ~** *the clerical/higher/senior sections of the civil service;* **öffentlicher ~** civil service; **jdn vom ~ suspendieren** to suspend sb from duty; **außer ~** retired ❺ MIL service; **den ~ quittieren** to leave the army; **aus dem ~ ausscheiden** to leave the service[s]; **aus dem aktiven ~ ausscheiden** to leave active service; **außer ~** retired; **im ~** on duty; **nicht im ~** off duty; **der Chef/der Unteroffizier vom ~** duty editor/NCO in charge ❻ (*Bereitschaftsdienst*) on call [*or* standby]; **~ haben** to be on call [*or* standby] ❼ *pl* (*unterstützende Tätigkeit*) services; ***danke für deine ~e!*** thanks for your help!; **jdm einen [guten] ~ erweisen [*o* tun]** to do sb a good turn, to render sb a valuable service *form;* **jdm einen schlechten ~ erweisen** to do sb a bad turn, to do sb a disservice *form;* **jdm gute ~e leisten** to stand sb in good stead; **jdm zu ~en stehen [*o* zu jds ~en]** to be at sb's service [*or* disposal]; **was steht zu ~en?** (*veraltend*) how may I be of service? *old;* **sich in den ~ einer S. stellen** *gen* to devote oneself to the service [*or* cause] of sth, to embrace a cause; **im ~[e] einer S. stehen** to be at the service of sth; **sich im ~[e] einer S. aufopfern** to sacrifice oneself in the service of sth; **etw in ~ stellen** to put sth into service; **ein Schiff in ~ stellen** to put a ship into commission; **seinen ~ versagen** to fail; ***seine Stimme versagte ihren ~*** his voice failed ❽ (*Service*) service; **einen ~ leisten** to perform [*or form* render] a service; **~ am Kunden** *service to the customer* ▶ WENDUNGEN: **~ ist ~, und <u>Schnaps</u> ist Schnaps** (*prov*) don't mix work and leisure

Dienstabteil *nt* staff compartment

Dienstag *m* Tuesday; ***wir haben heute ~*** it's Tuesday today; ***treffen wir uns ~?*** shall we get together on Tuesday?; **in der Nacht [von Montag] auf [*o* zu] ~** on Monday night, in the early hours of Tuesday morning; **~ in acht Tagen** a week on Tuesday, Tuesday week BRIT; **~ vor acht Tagen** a week last [*or* BRIT *a.* [ago] on] Tuesday, Tuesday before last; **diesen [*o* an diesem] ~** this Tuesday; **eines ~s** one Tuesday; **den ganzen ~ über** all day Tuesday; **jeden ~** every Tuesday; **letzten [*o* vorigen] ~** last Tuesday; **seit letzten [*o* letztem] ~** since last Tuesday; **[am] nächsten ~** next Tuesday; **ab nächsten [*o* nächstem] ~** from next Tuesday [on]; **am ~** on Tuesday; **[am] ~ früh** early Tuesday [morning]; **an ~en** on Tuesdays; **an einem ~** one [*or* on a] Tuesday; **am ~, den 4. März** (*Datumsangabe: geschrieben*) on Tuesday 4th March [*or* AM March 4]; (*gesprochen*) on Tuesday the 4th of March [*or* AM March 4th]

Dienstagabend[RR] *m* Tuesday evening; *s. a.* **Dienstag** **dienstagabends**[RR] *adv* [on] Tuesday evenings **Dienstagmittag**[RR] *m* [around] noon on Tuesday; *s. a.* **Dienstag** **dienstagmittags**[RR] *adv* [around] noon on Tuesdays **Dienstagmorgen**[RR] *m* Tuesday morning; *s. a.* **Dienstag** **dienstagmorgens**[RR] *adv* [on] Tuesday mornings **Dienstagnachmittag**[RR] *m* Tuesday afternoon; *s. a.* **Dienstag** **dienstagnachmittags**[RR] *adv* [on] Tuesday afternoons **Dienstagnacht**[RR] *f* Tuesday night; *s. a.* **Dienstag** **dienstagnachts**[RR] *adv* [on] Tuesday nights

dienstags *adv* [on] Tuesdays; **~ abends/nachmittags/vormittags** [on] Tuesday evenings/afternoons/mornings

Dienstagvormittag[RR] *m* Tuesday morning; *s. a.* **Dienstag** **dienstagvormittags**[RR] *adv* [on] Tuesday mornings

Dienstalter *nt* length of service **Dienstälteste(r)** *f(m) dekl wie adj person who has been in service the longest* **Dienstantritt** *m* **bei/nach/vor ~** as/after/before work begins [*or* starts]; (*Antreten eines Amtes*) taking up [of] office *form* [*or* a position] **Dienstanweisung** *f* [civil] service regulations **Dienstauffassung** *f* attitude to work; **nach jds ~** according to sb's attitude to work [*or* how sb views work] **Dienstaufsicht** *f* supervisory authority; **die ~ über etw haben** *akk* to be the supervisory authority for sth **Dienstausweis** *m* ADMIN official identity card

dienstbar *adj* **sich jdm ~ erzeigen** to show oneself willing to sb, to be assiduous to sb; **sich jdm/etw ~ machen** *dat* to make use of sb/sth, to make sth serve one's [own] purposes [*or* ends], to utilize sb/sth; *s.* **Geist**

Dienstbarkeit <-, -en> *f* JUR easement

dienstbeflissen *adj* diligent, assiduous **dienstbereit** *adj* ❶ (*im Bereitschaftsdienst*) on call; **~er Arzt** doctor on call ❷ (*veraltend*) ready to be of service; ***ich bin gerne ~*** I'm glad to be of service **Dienstbereitschaft** *f* ❶ (*Abrufbereitschaft*) standby duty; **~ haben** to be on call; ***welche Apotheke hat dieses Wochenende ~?*** which is the emergency pharmacy this weekend?, which pharmacy is open after hours this weekend? ❷ (*Bereitschaft zur Hilfe*) willingness to help, helpfulness **Dienstbezüge** *pl* earnings *npl,* salary **Dienstbote, -botin** *m, f* (*veraltend*) [domestic] servant; **die ~n** the domestic staff **Dienstboteneingang** *m* (*veraltend*) tradesmen's [*or* servants'] entrance **Dienstbotin** *f fem form von* **Dienstbote**

Diensteid *m* oath of service, official oath ▶ WENDUNGEN: **etw auf seinen ~ <u>nehmen</u>** to swear sth, to take an oath on sth **Diensteifer** *m* diligence, assiduousness **diensteifrig** *adj s.* **dienstbeflissen** **dienstfrei** *adj* free; **~er Tag** day off; **~ bekommen [*o* haben]** to get [*or* have] time off; **~ nehmen** to take time off **Dienstgebrauch** *m* official use; **nur für den ~** for official use only **Dienstgeheimnis** *nt* ❶ (*dienstliche Angelegenheit*) official secret; **~se ausplaudern** to disclose secret information ❷ *kein pl* (*Schweigepflicht über dienstliche Angelegenheiten*) official secrecy *no pl;* **Verletzung des ~es** breach of confidence; **das ~ verletzten** to cause a breach of confidence **Dienstgespräch** *nt* business call [*or* talks]; ADMIN official call [*or* talks] **Dienstgrad** *m* ❶ (*Rangstufe*) grade; MIL rank ❷ (*Mensch, Militär*) officer; **höherer ~** higher rank; **unterer ~** lower rank **Dienstgradabzeichen** *nt* insignia, badge of rank **diensthabend** *adj attr s.* **Dienst 6** **Diensthabende(r)** *f(m) dekl wie adj* **der ~ [Offizier]** MIL the officer on duty **Dienstherr** *m* employer **Dienstjahr** *nt meist pl* year of service **Dienstkleidung** *f* working clothes; **in ~** in uniform

Dienstleistung *f* ❶ *meist pl* ÖKON services *npl* ❷ (*Gefälligkeit*) favour [*or* AM -or]

Dienstleistungsabend *m* (*hist*) late night shopping (*formerly Thursday nights when stores were open until 8.30 p.m.*) **Dienstleistungsbereich** *m* service industry **Dienstleistungsberuf** *m* job [*or* career] in the service industries **Dienstleistungsbetrieb** *m* services business [*or* enterprise] **Dienstleistungsgewerbe** *nt,* **Dienstleistungsindustrie** *f* service industries *pl,* service industries sector **Dienstleistungsgewerkschaft** *f* ÖKON **vereinte ~** combined trade union for the service industry **Dienstleistungssektor** *m* service sector

dienstlich **I.** *adj* official; **~er Befehl/~es Schreiben/~e Zwecke** official order [*or* command]/letter/purposes; **~ werden** (*fam*) to get official [*or* formal] *fam* **II.** *adv* officially, on business; **~ unterwegs sein**

to be away on business; ~ [irgendwo] **zu tun haben** to have business to attend to [somewhere]; **jdn ~ sprechen** to speak to sb about a business matter

Dienstmädchen *nt* (*veraltend*) maid, servant *old* **Dienstmann** <-männer *o* -leute> *m* (*veraltend*) porter **Dienstmütze** *f* cap **Dienstpersonal** *nt kein pl* service personnel **Dienstpflicht** *f* ① (*Bürgerpflicht*) civic duty ② (*Pflicht im Dienstverhältnis*) [official] duty; **seine ~en verletzen** to not carry out one's work properly **Dienstplan** *m* [work] schedule, duty roster **Dienstrang** *m s.* Dienstgrad **Dienstreise** *f* business trip; ADMIN official trip; **auf ~ gehen** [*o* **sich** *akk* **auf ~ begeben**] to go on a business trip; ADMIN to go on an official trip **Dienstschluss**[RR] *m* closing time; ***wir haben jetzt ~!*** it's closing time!; **nach/vor ~** after/before closing time **Dienstsiegel** *nt* official seal **Dienststelle** *f* office, department; ***ich werde mich bei einer höheren ~ über Sie beschweren!*** I shall complain about you to a higher authority! **Dienststempel** *m* official stamp **Dienststunden** *pl* office hours *npl* **diensttauglich** *adj* fit [for service], medically fit, able-bodied; **voll** [*o* **uneingeschränkt**] **~ sein** to be completely fit [for service]; **beschränkt** [*o* **eingeschränkt**] **~ sein** to be not completely fit [for service] **diensttuend** *adj s.* Dienst 6 **dienstunfähig** *adj* unfit for work/service **dienstuntauglich** *adj* unfit for military service **Dienstvergehen** *nt* breach of duty **dienstverpflichten*** *vt* ■**jdn ~** to conscript sb; ■**dienstverpflichtet werden** to be conscripted **Dienstvertrag** *m* service contract **Dienstvilla** *f* POL house used for official purposes **Dienstvorschrift** *f* service regulations [*or* rules] *pl* **Dienstwagen** *m* ① ADMIN official car; ÖKON company car ② BAHN staff compartment **Dienstweg** *m* official channels *pl;* **auf dem ~** through official channels; **den ~ einhalten** to go through the official [*or* proper] channels **Dienstwohnung** *f* company flat [*or* AM apartment]; ADMIN government flat [*or* AM apartment] **Dienstzeit** *f* ① ADMIN length of service; **30jährige ~** 30 years of service; **nach Ende der ~** after leaving the [civil] service; **während jds ~** during sb's time in the [civil] service ② (*Arbeitszeit*) working hours **Dienstzeugnis** *nt* testimonial, reference

dies *pron dem, inv* ① (*das hier*) this; ~ [**hier**] **alles** all this ② (*das da*) that [one]; ~***es Benehmen gefällt mir ganz und gar nicht!*** I don't like that kind of behaviour at all!; ~ [**da**] **alles** all that; ~ **und das** this and that ③ *pl* (*diese hier*) these; ~ ***sind mein Bruder und meine Schwester!*** this is my brother and my sister! ④ *pl* (*diese da*) those

diesbezüglich I. *adj* (*geh*) relating to [*or* concerning] this, in connection with this; ***ich lehne jede Aussage ~ ab!*** I refuse to make any statement about this matter!; **~e Recherchen** [*o* **Ermittlungen**] investigation[s] into this [matter] II. *adv* in this connection, with respect to this *form;* ***können Sie uns ~ nähere Angaben machen?*** could you give us more details about this?

diese(r, s) *pron dem* ① *substantivisch* (*der/die/das hier*) this one ② *substantivisch* (*der/die/das dort*) that one; ***kennst du ~n*** [***Witz***]? do you know [*or* have you heard] this one?; ***ich fragte einen Polizisten; ~r sagte mir...*** I asked a policeman and he told me... ③ *substantivisch, pl* (*die hier*) these [ones]; ■~ [**hier**] these [ones] [here] ④ *substantivisch, pl* (*die dort*) those [ones]; ■~ [**da**] those [ones] there ⑤ *attr, sing* (*der/die/das hier*) this; **bis Ende ~r Woche** by the end of the [*or* this] week; [**nur**] **~es eine Mal** [just] this once ⑥ *attr, pl* (*die hier*) these; ~ **Frauen/Männer** these women/these men ⑦ *attr, sing* (*der/die/das dort*) that; ~ **und jenes** this and that; **~er verdammte Kerl** that wretched man; **~e Birgit!** that Birgit! ⑧ *attr, pl* (*die dort*) those; *s.* **Nacht, Tag**

Diesel[1] <-s> *nt kein pl* (*fam*) diesel

Diesel[2] <-s, -> *m* ① (*Wagen mit Dieselmotor*) car run on diesel BRIT, diesel *fam;* **einen ~ fahren** to drive a [car which runs on] diesel ② (*Motor*) *s.* **Dieselmotor**

dieselbe *pron,* **dieselbige** *pron dem* (*veraltend*) *s.* **derselbe**

Dieselkraftstoff *m kein pl* diesel fuel **Diesellok(omotive)** *f* diesel locomotive **Dieselmotor** *m* diesel engine, diesel *fam* **Dieselöl** *nt s.* **Diesel 1**

dieser *pron,* **dieses** *pron dem s.* **diese**

diesig *adj* misty; **leicht ~** hazy

diesjährig *adj attr* this year's **diesmal** *adv* this time; **für ~** this once **diesseitig** *adj* ① (*auf dieser Seite gelegen*) on this side; **am ~en Ufer** on the near bank ② (*geh: irdisch*) worldly, earthly

diesseits *präp* ■~ **einer S.** *gen* this side of sth

Diesseits <-> *nt kein pl* ■**das ~** earthly [*or* worldly] existence, this life; **im ~** here on earth

Dietrich <-s, -e> *m* picklock

dieweil I. *adv* (*veraltend*) meanwhile, in the meantime II. *konj* ① (*veraltend: während*) while ② (*all~*) because

diffamieren* *vt* ■**jdn/etw** [**als jdn/etw**] ~ to blacken sb's/sth's name/reputation [as sb/sth], to malign [*or* vilify] sb; ■**jdn/etw ~** to drag sb's/sth's name [*or* reputation] through the mud

diffamierend *adj* injurious, defamatory; (*mündlich a.*) slanderous; (*schriftlich a.*) libellous, libelous AM; **sich über jdn ~ äußern** to speak [*or* write] about sb in injurious terms

Diffamierung <-, -en> *f* ① (*das Diffamieren*) defamation, vilification ② (*Verleumdung*) aspersion, slur, lies *pl,* calumny *form;* (*mündliche a.*) slander; (*schriftliche a.*) libel

Differential <-s, -e> *nt s.* **Differenzial**

Differenz <-, -en> *f* ① (*Unterschied*) difference ② *meist pl* (*Meinungsverschiedenheit*) difference of opinion, disagreement

Differenzbetrag *m* difference; **für den ~ aufkommen** to pay the difference

Differenzial[RR] <-s, -e> *nt* ① MATH differential ② AUTO (*Getriebe*) differential [gear]

Differenzialgetriebe[RR] *nt* differential [gear] **Differenzialrechnung**[RR] *f* differential calculus

differenzieren* I. *vt* (*geh: modifizieren*) ■**etw ~** to adjust [*or* modify] sth II. *vi* (*geh: Unterschiede machen*) ■[**bei etw**] ~ to discriminate [*or* differentiate] [in doing sth]; **zwischen Dingen ~** to discriminate [*or* make a distinction] [*or* distinguish] between things III. *vr* (*sich vielfältig entwickeln*) ■**sich ~** to differentiate

differenziert I. *adj* (*geh: fein unterscheidend*) discriminating, differentiating II. *adv* (*geh*) **etw ~ beurteilen** to differentiate in making judgements; **etw ~ sehen** to see sth [more] discriminately; **die Dinge ~er sehen** to be more discriminating

Differenzierung <-, -en> *f* ① (*geh: Unterscheidung*) distinction, differentiation ② MATH differentiation

differieren* *vi* (*geh: sich unterscheiden*) ■~ [**in etw** *dat*] to differ [in sth]; ■~ **um etw** to differ by sth

diffizil *adj* (*geh*) ① (*schwierig*) difficult, awkward, demanding ② (*kompliziert*) complicated; **ein ~er Mensch** a difficult [*or* BRIT *a.* contrary] [*or form* intractable] person; **ein ~es Problem** a tricky [*or* BRIT *fam* knotty] problem

diffus I. *adj* ① (*zerstreut*) diffuse[d] ② (*verschwommen*) diffuse, vague II. *adv* (*unklar*) diffusely; **sich ~ ausdrücken** to express oneself vaguely [*or* diffusely]

digital I. *adj* digital II. *adv* digitally; **etw ~ darstellen** to represent sth digitally, to digitize sth
Digitalarmbanduhr *f* digital watch
digitalisieren* *vt* ■**etw ~** to represent sth digitally, to digitize sth; ■**digitalisiert** digitized
Digitalkamera *f* FOTO, FILM, INFORM digital camera
Digitalrechner *m* (*veraltend*) digital calculator **Digitaluhr** *f* ❶ INFORM digital clock ❷ TECH digital watch
Dikdik <-, -s> *nt* ZOOL dik-dik
Diktat <-[e]s, -e> *nt* ❶ (*in der Schule*) dictation; **ein ~ schreiben** to do [*or* write] a dictation ❷ (*Text für Stenotypistin*) dictation; **ein ~ aufnehmen** to take a dictation; **ein ~ auf Band sprechen** to dictate onto a tape; ***Fr. Schulze bitte zum ~!*** Ms. Schulze, please take a letter!; **nach ~ verreist** *on official communications indicating that the signatory is no longer available* ❸ (*geh: Gebot*) dictate[s] *form;* **sich dem ~ [von jdm/etw] fügen** to follow the dictates [of sb/sth]; **~ der Vernunft** dictated by logic ❹ POL despotism; **dem ~ der Sieger ausgeliefert sein** to be the mercy of the winner's bidding
Diktator, -torin <-s, -toren> *m, f* despot *form*
diktatorisch I. *adj* dictatorial; **mit ~en Vollmachten** with the authority of a dictator II. *adv* like a dictator
Diktatur <-, -en> *f* ❶ (*pej*) dictatorship ❷ **die ~ des Proletariats** the dictatorship of the proletariat
diktieren* *vt* ■**[jdm] etw ~** ❶ (*durch Diktat ansagen*) to dictate sth [to sb] ❷ (*pej: oktroyieren*) to dictate sth [to sb], to impose sth [on sb]
Diktiergerät *nt* Dictaphone
Dildo <-s, -s> *m* dildo *fam*
Dilemma <-s, -s *o* -ta> *nt* (*geh*) dilemma; **sich in einem ~ befinden** [*o* **in einem ~ stecken**] to be [*or* find oneself] in a dilemma, to be on the horns of a dilemma; **in ein ~ geraten** to run into a dilemma; **vor einem ~ stehen** to be faced with a dilemma
Dilettant(in) <-en, -en> *m(f)* ❶ (*pej: Stümper*) dilettante *pej,* bungler *fam;* **du ~!** you've bungled it! *fam* ❷ (*geh: Amateur*) amateur
dilettantisch I. *adj* (*pej*) dilettante, dilettantish *pej,* amateurish *fam;* **eine ~e Arbeit** a botched [*or* bungled] job *fam* II. *adv* (*pej*) amateurishly; **~ arbeiten** to make a real mess of sth, to do a sloppy job
Dill <-s, -e> *m* dill
Dimension <-, -en> *f* ❶ (*Ausdehnung*) dimension ❷ *pl* (*Ausmaße*) ■**~en** dimensions *pl;* **von gewaltigen ~en** of enormous proportions; **bestimmte ~en annehmen** to take on [*or* assume] particular dimensions; **epische ~en annehmen** to assume epic dimensions [*or* proportions]; **ungeahnte ~en annehmen** to take on unimagined dimensions
Diminutivform *f* diminutive
Dimmer <-s, -> *m* dimmer [switch]
DIN® <-> *f kein pl Akr von* **Deutsche Industrie-Normen** DIN
Dinar <-s, -e> *m* dinar
Diner <-s, -s> [di'ne:] *nt* (*geh*) dinner, dinner party; ***er lud seine Gäste zu einem ~ ein*** he invited his guests to a banquet
DIN-Format *nt* DIN format [*or* size]
Ding <-[e]s, -e *o fam* -er> *nt* ❶ (*Gegenstand*) thing, object; **persönliche ~e** personal effects [*or* items]; **die ~e beim [rechten] Namen nennen** to call a thing by its proper name, to call a spade a spade ❷ (*Mädchen*) **ein junges ~/junge ~er** (*fam*) a young thing/young things ❸ (*fam: Zeug*) ■**~er** *pl* things *pl,* stuff; ***was sind denn das für ~er?*** what's that?; **krumme ~er** (*fam*) funny business *fam;* **krumme ~er machen** [*o* **drehen**] (*fam*) to do sth dodgy *fam;* **ein [krummes] ~ drehen** (*sl*) to do a job *sl* ❹ (*Angelegenheit*) matters *pl,* things *pl;* **~e des täglichen Lebens** routine [*or* everyday] matters; ***in diesen ~en bin ich eigen!*** I'm very particular in these matters!; **ein ~ der Unmöglichkeit sein** (*fam*) to be out of the question; **vor allen ~en** above all; **nicht mit rechten ~en zugehen** there's sth fishy [*or* funny] about sth; **unverrichteter ~e** without carrying out one's intention, without doing what one wanted to, without success; ***er musste unverrichteter ~e wieder gehen*** he had to leave without achieving what he'd wanted to; **der ~e, die da kommen [sollen], harren** wait and see [what happens/what fate brings]; **das ist [ja] ein ~!** (*fam*) that's a bit thick BRIT [*or fam* much]!; **sich** *dat* **ein ~ leisten** (*fam*) to do a silly [*or fam* stupid] thing; **so wie die ~e liegen** as things stand [at the moment]; **wie ich die ~e sehe** as I see it; **über den ~en stehen** to be above it all [*or* detached] [*or* self-contained]; **guter ~e sein** to be in a good mood [*or* in good spirits], to be hopeful; **jdm ein ~ verpassen** (*sl*) to let sb have it *fam,* to give sb what for BRIT *fam;* **in ~en der/des ...** in ... matters, where ... is concerned; ***in ~en des Geschmacks*** in matters of taste; **ein tolles ~** (*fam*) something fantastic/amazing ❺ (*sl: Spezialität*) ***das ist nicht so ganz mein ~*** that's not really my thing *fam* ❻ PHILOS matter, entity, the thing in itself ►WENDUNGEN: **gut ~ will Weile haben** (*prov*) a thing well done needs time; **aller guten ~e sind drei** all good things come in threes
Dingelchen <-s, -> *nt* (*fam*) knick-knack, bric-a-brac
dingen <dang *o* dingte, gedungen> *vt* ❶ (*veraltend: anheuern*) ■**jdn ~** to hire sb ❷ (*pej geh*) **einen Mörder ~** to hire a killer
Dingens <-, -> *nt* DIAL (*fam*) *s.* **Dings[1]**
dingfest *adj* behind bars; **jdn ~ machen** to put sb behind bars
Dingi <-s, -s> ['dɪŋgi] *nt* dinghy
Dingo <-s, -s> *m* ZOOL dingo
Dings[1] <-> *nt kein pl* (*fam*) thing, whatchamacallit, whatsit BRIT, thingamabob BRIT, thingamajig
Dings[2] <-> *m o f kein pl* (*fam*) thingamabob; **Herr ~** Mr What's-his-name [*or* face], Mr What-d'you-call-him; **Frau ~** Ms [*or* Mrs] What's-her-name [*or* face], Ms [*or* Mrs] What-d'you-call-her; **die ~ Familie** the What's-their-name family, the What-d'you-call-them family
Dingsbums <-> *nt kein pl* (*fam*) *s.* **Dings[1]**
Dingsda[1] <-> *nt kein pl s.* **Dings[1]**
Dingsda[2] <-> *m o f kein pl s.* **Dings[2]**
dinieren* *vi* (*geh*) to dine *form;* ■**[bei/mit jdm] ~** to dine [at sb's/with sb]; **bei jdm zum D~ eingeladen sein** to have been invited to dine at sb's
Dinkel <-s> *m kein pl* spelt
Dinosaurier [-riɐ] *m* dinosaur
Diode <-, -n> *f* diode
Dioptrie <-, -n> [*pl* -'tri:ən] *f* dioptre [*or* AM -er]
Dioxid <-s, -e> *nt* dioxide
Dioxin <-s, -e> *nt* dioxin
dioxinhaltig *adj inv* containing dioxins
Diözese <-, -n> *f* diocese
Diphtherie <-, -n> [dɪfte'ri:, *pl* -'ri:ən] *f* diphtheria
Diphthong <-s, -e> [dɪf'tɔŋ] *m* diphthong
Dipl. *Abk von* **Diplom**
Dipl.-Ing. *Abk von* **Diplomingenieur**
Dipl.-Kfm. *Abk von* **Diplomkaufmann**
diploid *adj* BIOL diploid
Diplom <-s, -e> *nt* ❶ (*Hochschulzeugnis*) degree; (*Zeugnis*) certificate, diploma; **ein ~ [in etw** *dat*] **machen** (*Hochschulstudium mit ~ abschließen*) to get a degree [in sth]; (*Ausbildung mit ~ abschließen*) to get a diploma [*or* certificate] [in sth] ❷ (*Ehrenurkunde*) diploma, certificate

D

Diplomarbeit *f* thesis [for a degree]
Diplomat(in) <-en, -en> *m(f)* ❶ *(Person im auswärtigen Dienst)* diplomat ❷ *(geschickter Taktierer)* diplomat, diplomatist *form*
Diplomatenkoffer *m* briefcase **Diplomatenlaufbahn** *f* diplomatic career, career as a diplomat
Diplomatie <-> *f kein pl* diplomacy
Diplomatin <-, -nen> *f fem form von* **Diplomat**
diplomatisch I. *adj* ❶ *(die Diplomatie betreffend)* diplomatic; **~e Beziehungen abbrechen/aufnehmen** to break off/establish diplomatic relations ❷ *(geh: taktisch geschickt)* diplomatic; **~es Vorgehen** diplomacy II. *adv* diplomatically; **~ vorgehen** to proceed diplomatically, to act with diplomacy; **einen Staat ~ anerkennen** to give a country official recognition
Diplombibliothekar(in) *m(f)* qualified librarian **Diplombiologe, -biologin** *m, f* graduate [*or* qualified] biologist
diplomieren* *vi* SCHWEIZ ■ **in etw ~** *dat (ein Diplom machen)* to take a diploma in sth; *(ein Hochschulexamen machen)* to take a degree in sth; ***sie diplomierte an der Universität Bern*** her degree was awarded by the University of Bern
diplomiert *adj* qualified; *(mit Hochschulabschluss)* graduate
Diplomingenieur(in) *m(f)* graduate [*or* qualified] engineer; ***er ist ~*** he has a degree in engineering **Diplomkauffrau** *f fem form von* **Diplomkaufmann** [female] business school graduate **Diplomkaufmann** *m* [male] business school graduate **Diplomprüfung** *f* final exam[ination]s, finals *fam* **Diplomübersetzer(in)** *m(f)* graduate [*or* qualified] translator
Diplont <-s, -en> *m* BIOL diplont
dir *pron* ❶ *pers dat von* **du** you; ***ich hoffe, es geht ~ wieder besser?*** I hope you feel better; *nach Präpositionen;* **hinter/neben/über/unter/vor ~** behind/next to/above/under/in front of you ❷ *refl dat von* **sich** you
direkt I. *adj* ❶ *(durchgehende Verbindung)* direct; **eine ~e Flugverbindung/Zugverbindung** a direct flight/through train; ***Sie haben ~en Anschluss nach Paris*** you have a direct connection to Paris ❷ *(unmittelbar)* direct, immediate; **in ~er Verbindung mit jdm stehen** to be in direct contact with sb; **in ~er Verbindung zu etw stehen** to have directly to do with sth; ***er ging ~ nach Hause*** he went straight home [*or* home immediately]; **ein ~er Hinweis auf etw** a direct reference to sth ❸ *(unverblümt)* direct, straightforward, blunt *pej* ❹ *(Übertragung)* live; **eine ~e Übertragung** a live broadcast; *s. a.* **Rede** II. *adv* ❶ *(geradezu)* almost; ***das war ja ~ lustig*** that was actually funny for a change; ***die Bemerkung war ja ~ unverschämt*** the comment was really impertinent ❷ *(ausgesprochen)* exactly; **etw nicht ~ verneinen** to not really deny sth; **etw ~ zugeben** to admit sth outright; ***das war ja ~ genial!*** that was just amazing! ❸ *(unverblümt)* directly, plainly, bluntly *pej;* ***bitte sei etwas ~er!*** don't beat about the bush! *prov* ❹ *(mit Ortsangabe)* direct[ly], straight; **~ von A nach B fliegen** to fly direct from A to B; ***diese Straße geht ~ zum Bahnhof*** this road goes straight to the station ❺ *(übertragen)* live; **~ übertragen** to broadcast live ❻ *(unverzüglich)* immediately, directly, right away
Direktflug *m* direct flight
Direktion <-, -en> *f* ❶ *(Leitung)* management; **die ~ der Schule** the head of the school ❷ *(Direktoren, Vorstand)* board of directors ❸ *(fam: Büro des Direktors)* manager's [*or* director's] office ❹ SCHWEIZ *(Ressort)* department
Direktive <-n, -n> [-'ti:və] *f (geh)* directive *form,* instructions; **eine ~ ausgeben** to issue a directive *form*
Direktleitung *f* **eine ~ zu jdm haben** to have a direct line to sb **Direktmandat** *nt* ≈ direct mandate *(i.e. voted for directly by the electorate and not through party quotas as is possible in German parliamentary voting system)*
Direktor, -torin <-s, -toren> *m, f* ❶ SCH *einer Schule* principal, head BRIT, headmaster *masc* BRIT, headmistress *fem* BRIT ❷ SCH *einer Universität* principal, rector BRIT, president AM ❸ *(Leiter eines Unternehmens)* manager; **der kaufmännische/leitende ~** the business/managing director; *(Mitglied der Leitung)* director; **der ~ der Konzernabteilung/Forschungsabteilung** the head of department/research department ❹ *(Leiter einer öffentlichen Einrichtung)* head, director; **der ~ des Museums** the museum director; **der ~ der Haftanstalt** the prison director [*or* AM warden]
Direktorat <-[e]s, -e> *nt* SCH ❶ *(geh: Amt)* headship BRIT, position of principal [*or* BRIT *a.* head]; **jdm das ~ übertragen** to appoint sb as principal ❷ *(Amtszeit)* principalship, BRIT *a.* headship ❸ *(Diensträume)* principal's [*or* BRIT *a.* head's] office
Direktorin <-, -nen> *f fem form von* **Direktor**
Direktorium <-s, -rien> *nt* ❶ ÖKON board of directors, managing [*or* executive] board ❷ HIST Directoire, French Directorate
Direktrice <-, -n> [-'tri:sə] *f manager in the clothing industry who is a qualified tailor and who designs clothes*
Direktübertragung *f* live broadcast **Direktverbindung** *f* direct train [*or* flight]; **eine ~ von A nach B haben** to have a direct train from A to B [*or* a non-stop flight from A to B] **Direktvertrieb** *m* direct marketing **Direktzugriff** *m kein pl* INFORM direct memory access, DMA
Dirigent(in) <-en, -en> *m(f)* conductor
Dirigentenstab *m* conductor's baton
Dirigentin <-, -nen> *f fem form von* **Dirigent**
dirigieren* I. *vt* ❶ MUS **etw/ein Orchester ~** to conduct sth/an orchestra ❷ *(einweisen)* ■ **jdn/etw ~** to direct sb/sth ❸ *(leiten)* ■ **jdn/etw ~** to lead [*or* steer] sb/sth; **Touristen durch etw ~** to conduct tourists through sth; **die Unternehmenspolitik ~** to steer [*or* control] company policy II. *vi* MUS to conduct
Dirigismus <-> *m kein pl* state-controlled [*or* planned] economy, dirigisme *form*
Dirndl <-s, -> *nt* ❶ *s.* **Dirndlkleid** ❷ SÜDD, ÖSTERR *(Mädchen)* lass BRIT DIAL, gal AM
Dirndlkleid *nt* dirndl
Dirne <-, -n> *f (geh)* prostitute, call-girl
Dirnenmilieu *nt* prostitution scene
dis <-, -> *nt,* **Dis** <-, -> *nt* D sharp
Disagio <-s, -s> [dɪs'ʔa:dʒo] *nt* discount
Disco <-, -s> *f (fam) s.* **Disko**
Discountladen [dɪs'kaunt-] *m* discount shop
Disharmonie *f* disharmony, discord; **~ zwischen Freunden** discord among friends; **~ in einer Familie** family discord, domestic strife
disharmonisch *adj* disharmonious, dissonant, discordant
Diskant <-s, -e> *m* descant, treble; **eine ~blockflöte** a descant recorder; **eine ~flöte** a treble flute
Diskette <-, -n> *f* disk
Diskettenbox *f* disc storage box **Diskettenlaufwerk** *nt* disk drive
Diskjockey ['dɪskdʒɔke, -dʒɔki] *m* disc jockey
Disko <-, -s> *f (fam)* disco
Diskont <-s, -e> *m* ❶ *(Rabatt)* discount ❷ *s.* **Diskontsatz**

Diskontsatz *m* bank rate
Diskothek <-, -en> *f* disco, discotheque BRIT
diskreditieren* *vt* (*geh*) ■**jdn/etw** ~ to discredit sb/sth; ■**diskreditiert** discredited
Diskrepanz <-, -en> *f* (*geh*) discrepancy; **eine Zeit~** a time lag
diskret I. *adj* ❶ (*vertraulich*) confidential; **in einer ~en Angelegenheit** on a confidential matter; **etwas D~es** something confidential ❷ (*unauffällig*) discreet; **ein ~er Mensch** a discreet [*or* tactful] person; **eine ~ Farbe** an unobtrusive [*or* quiet] colour [*or* AM -or] II. *adv* ~ **behandeln** to treat confidentially; **sich ~ verhalten** to behave discreetly
Diskretion <-> *f kein pl* (*geh*) discretion; [**in einer S.**] **äußerste** [*o* **strengste**] ~ **wahren** to exercise [*or* show] complete discretion [in a matter]; ~ [**ist**] **Ehrensache** you can count on my/our discretion
diskriminieren* *vt* (*geh*) ❶ (*benachteiligen*) ■**jdn** ~ to discriminate against sb ❷ (*herabwürdigen*) ■**jdn** ~ to belittle sb; ■**etw** ~ to disparage sth
diskriminierend *adj* ❶ (*benachteiligend*) discriminatory; **~e Behandlung** discrimination ❷ (*herabwürdigend*) discriminatory, disparaging
Diskriminierung <-, -en> *f* ❶ (*Benachteiligung*) discrimination; ~ **der Frau/des Mannes** sex[ual] discrimination, discrimination against women/men; ~ **anderer Rassen** racial discrimination; ~ **von Minderheiten** discrimination against minorities ❷ (*pej: Herabwürdigung*) disparagement, insult
Diskurs <-es, -e> *m* (*geh*) discourse *form;* **mit jdm einen ~ haben** [*o* **führen**] to have a discussion with sb, to discuss [sth] with sb
Diskus <-, -se *o* Disken> *m* discus
Diskussion <-, -en> *f* ❶ (*Meinungsaustausch*) discussion, debate; (*Streitgespräch*) lively debate; (*emotionales Streitgespräch*) argument, fight, row BRIT; **zur ~ stehen** to be discussed; **etw zur ~ stellen** to put sth up for discussion; **keine ~/~en!** no arguments! ❷ (*öffentliche Auseinandersetzung*) discussion, debate
Diskussionsbeitrag *m* contribution to a discussion **Diskussionsteilnehmer(in)** *m(f)* participant in a discussion; *in Fernseh-/Rundfunksendung* panel member BRIT; **die ~ bei einer Debatte** the speakers in a debate
Diskuswerfen <-s> *nt kein pl* discus throwing **Diskuswerfer(in)** *m(f)* discus thrower
diskutabel *adj* (*geh*) worth considering [*or* thinking about], interesting; **nicht ~** out of the question; **etw für ~ halten** to consider sth worth discussing, to regard sth as worthy of discussion *form*
diskutieren* I. *vt* ■**etw** ~ to discuss sth; **etw abschließend ~** to discuss sth conclusively; **etw ausgiebig ~** to discuss sth at length; **etw erschöpfend ~** to have exhaustive discussions about sth; **etw zu Ende ~** to finish discussing sth II. *vi* ■[**über etw** *akk*] ~ to discuss sth, to have a discussion about sth; ***was gibt's denn da noch zu ~?*** what else is there [*or* what's left] to discuss?
dispensieren* *vt* (*geh*) ■**jdn von etw** ~ to excuse sb from sth
Dispersion <-, -en> *f* dispersion
Dispersionsfarbe *f* emulsion paint
Display <-s, -s> [dɪsˈpleɪ] *nt* display
Dispokredit *m* (*fam*) *s.* **Dispositionskredit**
disponieren* *vi* (*geh*) ❶ (*verfügen*) ■[**frei**] **über etw ~** *akk* to dispose [at will] of sth; **über ein Bankkonto ~** to have access to a bank account; **über Geld ~** to have money at one's disposal, to spend money; **über seine Zeit ~** to dispose of one's time, to arrange one's time as one likes ❷ (*planen*) to organize oneself; ■**über etw ~** to arrange sth
Disposition <-, -en> *f* disposal; ~ **über etw** *akk* **haben** (*geh*) to have sth at one's disposal; **jdn/etw zu seiner ~ haben** to have sb/sth at one's disposal; **zur ~ stehen** to be available; (*in Frage gestellt werden*) to be a matter of debate; ***diese Arbeitsstellen stehen zur ~*** employees are needed for these jobs; **jdm zur ~ stehen** to be at sb's disposal; **etw zur ~ stellen** to put sth at sb's disposal; **sein Amt/eine Stelle zur ~ stellen** to stand down from one's position [as ...]; **seine ~en treffen** to make one's arrangements, to plan
Dispositionskredit *m* overdraft facility
Disput <-[e]s, -e> *m* (*geh*) dispute; **einen ~** [**über etw** *akk*] **führen** to have a dispute [about [*or* over] sth]
disputieren* *vi* (*geh*) ■[**mit jdm**] [**über etw** *akk*] ~ to dispute [with sb] [about [*or* over] sth]; **endlos ~** to have a lengthy [*or* never-ending] dispute; **hitzig ~** to have a heated argument; **über ein Angebot ~** to discuss an offer; **über eine Streitfrage ~** to dispute an issue
Disqualifikation <-, -en> *f* disqualification; ■~ **wegen einer S.** *gen* disqualification on account of sth; ~ ***wegen Missachtung der Regeln*** disqualified for disregarding the rules
disqualifizieren* *vt* ❶ SPORT ■**jdn/etw** ~ [**wegen etw**] to disqualify sb/sth [for doing sth]; ***der Läufer wurde wegen Verlassens der Bahn disqualifiziert*** the runner was disqualified for running outside his lane ❷ (*geh*) ■**jdn/etw für etw ~** to disqualify sb/sth for sth, to rule out sb/sth *sep* as sth
Disqualifizierung <-, -en> *f s.* **Disqualifikation**
Dissertation <-, -en> *f* dissertation, thesis
Dissident(in) <-en, -en> *m(f)* ❶ (*Andersdenkende(r)*) dissident ❷ REL dissenter
dissonant *adj inv* ❶ MUS dissonant ❷ (*geh: unstimmig, unschön*) dissonant
Dissonanz <-, -en> *f s.* **Disharmonie**
Distanz <-, -en> *f* ❶ (*Entfernung*) distance; **eine große ~** a good [*or* great] distance ❷ SPORT distance ❸ *kein pl* (*Zurückhaltung*) distance, reserve; **mit einer gewissen ~** with a certain amount of reserve; **~ halten** [*o* **wahren**] (*geh*) to keep a [*or* one's] distance ❹ (*geh: Abstand*) detachment, distance; **aus der ~ betrachtet** with the benefit of hindsight; [**zu jdm/etw**] **auf ~ gehen** to distance [*or* dissociate] oneself [from sb/sth]
distanzieren* *vr* ■**sich von jdm/etw** ~ to distance oneself from sb/sth; ***ich distanziere mich ausdrücklich davon*** I want nothing to do with this
distanziert I. *adj* (*geh: zurückhaltend*) reserved, distant, aloof II. *adv* distantly, aloofly; **sich ~ verhalten** to be reserved [*or* distant] [*or* aloof]
Distel <-, -n> *f* thistle
Distelfalter *m* ZOOL painted lady **Distelfink** *m* goldfinch **Distelöl** *nt* safflower oil
distinguiert [dɪstɪŋˈgiːɐt] I. *adj* (*geh*) distinguished II. *adv* (*geh*) in a distinguished way [*or* fashion]
Distrikt <-[e]s, -e> *m* district
Disziplin <-, -en> *f* ❶ *kein pl* (*Zucht*) discipline; **eiserne ~** iron discipline; [**strikte**] **~ halten** to maintain [strict] discipline ❷ (*Sportart*) discipline, event ❸ (*Teilbereich*) discipline, branch
disziplinarisch I. *adj* disciplinary; **~e Maßnahmen ergreifen** to take disciplinary measures II. *adv* ❶ (*wegen Verstoß gegen Dienstvorschriften*) **gegen jdn ~ vorgehen** to take disciplinary action against sb ❷ (*besonders hart*) **jdn ~ bestrafen** to discipline sb
Disziplinarstrafe *f* disciplinary action; **gegen jdn eine ~ verhängen** to take disciplinary action against sb **Disziplinarverfahren** *nt* disciplinary hearing
disziplinieren* *vt* (*geh*) ■**jdn/sich** ~ to discipline

sb/oneself
diszipliniert I. *adj* (*geh*) disciplined II. *adv* (*geh*) in a disciplined fashion [*or* way]
disziplinlos I. *adj* undisciplined, disorderly, unruly BRIT II. *adv* in an undisciplined [*or* a disorderly] [*or* BRIT *a.* an unruly] fashion [*or* way]; **sich ~ verhalten** to behave in an undisciplined [*or* unruly] [*or* a disorderly] fashion
Disziplinlosigkeit <-, -en> *f* ① (*undiszipliniertes Verhalten*) disorderliness, unruliness BRIT ② (*undisziplinierte Handlung*) indiscipline, lack of discipline, disorderly conduct
dito *adv* ditto *fam;* ***ich soll dir von Angelika schöne Grüße bestellen! — ihr ~!*** Angelika asked me to give you her love! — please give her mine back!; ***danke für das Gespräch! — ~!*** thanks for the call! — thank you too!
Diva <-, -s *o* Diven> ['di:va, 'di:vən] *f* ≈prima donna (*actress or singer whose theatrical airs and graces make her a subject of discussion*)
divergieren* [-vɛr-] *vi* to diverge; ■**~d** divergent; ■**von etw ~** to diverge from sth; ***ihre Sicht der Dinge divergiert stark von der meinen*** her way of looking at things was very different from [*or* to] mine
divers *adj attr* diverse; **~e Fragen/Möglichkeiten/Ursachen** several [*or* various] questions/possibilities/reasons
Diverses *pl* ① (*Verschiedenes*) several [*or* various] things; ***ich muss noch ~ einkaufen*** I've still got to buy a few things ② (*auf Tagesordnung*) miscellaneous
Diversifikation <-, -en> *f* diversification
Dividend <-en, -en> [-vi-] *m* MATH dividend
Dividende <-, -n> [-vi-] *f* dividend
Dividendenausschüttung *f* payment of a dividend [*or* dividends]
dividieren* *vt, vi* ■[**etw**] [**durch etw**] ~ to divide [sth] [by [*or* AM in] sth]
Divis <-es, -e> [di'vi:s] *nt* hyphen
Division <-, -en> [-vi-] *f* division
Divisionär(in) <-s, -e> *m(f)* SCHWEIZ (*Befehlshaber einer Division*) divisional commander
Divisionsstab *m* [staff] officers of a division
Divisor <-s, -en> [-'vi:-] *m* divisor
Diwan <-s, -e> *m* (*veraltend*) divan
DJ <-s, -s> ['di:dʒeɪ] *m* (*fam*) DJ, deejay
d.J. ① *Abk von* **dieses Jahres** of this year ② *Abk von* **der Jüngere** the younger
DJH <-[s]> *nt Abk von* **Deutsches Jugendherbergswerk** ≈ YHA BRIT
Djibouti <-s> *nt* SCHWEIZ *s.* **Dschibuti**
djiboutisch *adj* SCHWEIZ *s.* **dschibutisch**
DKP <-> *f Abk von* **Deutsche Kommunistische Partei** *German communist party*
DLRG *f* SPORT *Abk von* **Deutsche Lebens-Rettungs-Gesellschaft** ≈ RNLI BRIT
DM <-, -> *kein art Abk von* **Deutsche Mark** Deutschmark, German mark
d.M. *Abk von* **dieses Monats** of this month
D-Mark <-, -> *f* D-mark
DNA <-, -s> *f Abk von* **Desoxyribonukleinsäure** DNA
D-Netz *nt network for mobile telephones throughout Europe*
DNS <-> *f Abk von* **Desoxyribonukleinsäure** DNA
Döbel <-s, -> *m* ZOOL, KOCHK chub
Dobermann <-s, -männer> *m* ZOOL Dobermann [pinscher]
doch I. *konj* (*jedoch*) but, however II. *adv* (*emph*) ① (*dennoch*) even so; ***zum Glück ist aber ~ nichts passiert*** fortunately, nothing happened ② (*einräumend*) ***ich wollte es ja nicht glauben, aber du hattest ~ recht*** I didn't want to believe it but you were right ③ (*Widerspruch ausdrückend*) ***er hat das nicht gesagt — ~, ich weiß genau, dass er das gesagt hat*** he didn't say that — yes, he did, I know he did; ***du gehst jetzt ins Bett — nein! — ~!*** go to bed now — no! — yes! ④ (*ja*) yes; ***hast du keine Lust, mit in die Spielbank zu kommen? — ~, schon, aber leider nicht genug Geld*** wouldn't you like to come with me to the casino? — yes, I would, but I haven't got enough money; ***hat es dir nicht gefallen? — ~[, ~]!*** didn't you enjoy it? — yes, I did!; ***darf ich bei Ihnen rauchen? — ~, warum nicht?*** may I smoke here? — yes, sure [*or* certainly] III. *pron* ① (*Nachdruck verleihend*) ***es war ~ nicht so wie Du dachtest*** it turned out not to be the way you thought it was; ***du weißt ja ~ immer alles besser!*** you always know better!; ***das war ~ gar nicht schlimm, oder?*** it wasn't so bad, was it?; ***jetzt komm ~ endlich*** come on!; ***kommen Sie ~ bitte morgen wieder*** please could you come back tomorrow; ***seid ~ endlich still*** for goodness' sake, be quiet!; ***sei ~ nicht immer so geizig*** don't be so stingy; ***sie will dir kündigen! — soll sie ~, das macht mir auch nichts aus*** she's going to sack you! — let her, I don't care; ***du weißt ~, wie es ist*** you know how it is; ***wäre es ~ schon endlich Sommer!*** if only the summer would come; ***wenn er ~ nur endlich mal den Mund halten würde!*** if only he would shut up!; ***setzen Sie sich ~!*** won't you sit down!; ***nehmen Sie sich ~ bitte!*** do help yourself!; *s. a.* **nicht, wenn** ② (*Unmut ausdrückend*) ***es wäre ~ schön, wenn du mir endlich mal die Wahrheit sagen würdest*** it would be nice if you'd [finally] tell me the truth; ***das ist ~ gar nicht wahr*** that's not true!; ***das ist ~ wirklich eine Frechheit!*** what a cheek!; ***du hast ihr ~ nicht etwa von unserem Geheimnis erzählt?*** you haven't told her our secret?, you haven't gone and told her our secret? *fam; s. a.* **also, ja, nein** ③ (*noch*) ***wie war ~ [gleich] Ihr Name?*** sorry, what did you say your name was?, what was your name again?; ***das ist Ihnen aber ~ bekannt gewesen, oder?*** but you knew that, didn't you?; *s. a.* **Höhe, Letzte(s)**
Docht <-[e]s, -e> *m* wick
Dock <-s, -s *o* -e> *nt* dock
Docker(in) <-s, -> *m(f)* docker
Doge <-n, -n> ['do:ʒə] *m* (*hist*) doge
Dogge <-, -n> *f* mastiff
Dogma <-s, -men> *nt* ① REL dogma, doctrine, article of faith ② (*geh*) dogma *pej,* doctrine *pej;* **etw zum ~ erheben** [*o* **machen**] to make a dogma [*or* doctrine] out of sth
dogmatisch *adj* (*pej geh*) dogmatic *pej*
Dogmatismus <-> *m kein pl* (*pej*) dogmatism
Dohle <-, -n> *f* jackdaw
Doktor, -torin <-s, -toren> *m, f* ① (*Arzt*) doctor; ***ich hätte gerne [den] Herrn ~ gesprochen*** I'd like to speak to the doctor, please; ***guten Tag, Frau/Herr ~*** good afternoon, Doctor; **den ~ aufsuchen** to go to [*or* visit] the doctor ② (*Träger eines Doktortitels*) doctor; ***er ist ~ der Physik*** he's got a Ph.D. in physics; **den ~ haben** to have a PhD [*or* Ph.D.] [*or form* Doctor of Philosophy]; **den** [*o* **seinen**] **~ machen** to do one's doctorate
Doktorand(in) <-en, -en> *m(f)* doctoral candidate, doctorand
Doktorarbeit *f* doctorate, doctoral dissertation **Doktordiplom** *nt* doctor's diploma [*or* certificate] **Doktorexamen** *nt s.* **Doktorprüfung Doktorgrad** *m* doctorate; **den ~ erwerben** to earn a doctorate, to be awarded a PhD [*or* Ph.D.]; **jdm den ~ verleihen** to award sb a PhD [*or* Ph.D.], to confer a PhD [*or* Ph.D.] on sb *form* **Doktorhut** *m* doctoral cap;

den ~ erwerben (*geh*) to be awarded a doctorate
Doktorin <-, -nen> *f fem form von* **Doktor**
Doktormutter *f fem form von* **Doktorvater** [female] supervisor [of a doctoral candidate] **Doktorprüfung** *f* doctorate examination **Doktorspiele** *pl* (*hum fam: Sexspiele*) sex games *pl* **Doktortitel** *m* doctorate; **den ~ führen** to be a Doctor of..., to have a PhD [*or* Ph.D.]; **jdm den ~ verleihen** to award sb a doctorate, to confer a doctorate on sb **Doktorvater, -mutter** *m, f* supervisor [of a doctoral candidate] **Doktorwürde** *f* (*veraltend*) *s.* **Doktortitel**
Doktrin <-, -en> *f* doctrine, dogma *pej;* **die katholische ~** the Catholic doctrine [*or* faith]
doktrinär *adj* (*pej geh*) doctrinaire *pej form;* **~e Ansichten vertreten** to apply doctrinaire principles
Dokument <-[e]s, -e> *nt* ❶ (*amtliches Schriftstück*) papers *pl,* document ❷ (*geh: Zeugnis*) proof, record
Dokumentar(in) <-s, -e> *m(f)* documentalist
Dokumentaraufnahme *f* documentary record **Dokumentarfilm** *m* documentary film
Dokumentarin <-, -nen> *f fem form von* **Dokumentar**
dokumentarisch I. *adj* documentary II. *adv* (*mit Dokumenten*) by providing documentary evidence; **etw ~ beweisen** to prove sth by providing documentary evidence
Dokumentation <-, -en> *f* ❶ (*Sammlung von Nachweisen*) documentation ❷ (*Beschreibung*) documents *pl,* documentation ❸ (*geh: Zeugnis*) proof
dokumentieren* I. *vt* ❶ (*durch Dokumente belegen*) ■**etw ~** to document sth ❷ (*fig: zeigen*) ■**etw ~** to reveal [*or* demonstrate] sth II. *vr* (*zum Ausdruck kommen*) ■**etw dokumentiert sich in etw** *dat* sth reveals itself [*or* is revealed] [*or* is shown] in sth
Dolce Vita[RR] <-> ['dɔltʃə'vi:ta] *nt o f kein pl* dolce vita, good life
Dolch <-[e]s, -e> *m* dagger *old,* knife; **einen ~ ziehen** to draw a dagger *old,* to pull a knife
Dolchstoß *m* ❶ (*Stoß mit dem Dolch*) stab wound; **jdm einen ~ versetzen** to stab sb ❷ (*hinterhältiger Anschlag*) stab in the back; **jdm einen ~ versetzen** to stab sb in the back
Dolchstoßlegende *f* (*hist*) ■**die ~** *widespread theory in Germany at the end of WWI that Germany lost the war not through military conquest but through treason*
Dolde <-, -n> *f* umbel
Doldenblütler <-s, -> *m* BOT umbellifer
doll I. *adj* (*fam*) ❶ (*schlimm*) dreadful *fam,* awful *fam,* terrible *fam* ❷ (*großartig*) fantastic *fam,* terrific *fam,* great *sl* ❸ (*unerhört*) outrageous; ***das ist ja ~!*** that's a bit much!, that's going a little overboard!; ***das wird ja immer ~er!*** it gets better and better! *euph;* ***das ist ja schon ein ~es Ding!*** that's incredible!; ■**das D~ste** the best [of it] *euph;* ***das D~ste kommt erst noch!*** the best is [yet] to come! *euph* II. *adv* DIAL (*sl*) like hell [*or* BRIT mad] *fam;* **sich über etw ~ freuen** to be delighted about sth; **sich ~ stoßen/wehtun** to knock/hurt oneself badly; ***es stürmt immer ~er*** the storm's getting worse and worse
Dollar <-[s], -s> *m* dollar; **der kanadische ~** the Canadian dollar
Dollarkurs *m* dollar rate **Dollarzeichen** *nt* dollar sign
dolmetschen I. *vi* to interpret, to act as interpreter II. *vt* ■**etw ~** to interpret sth
Dolmetscher(in) <-s, -> *m(f)* interpreter
Dolmetscherinstitut *nt,* **Dolmetscherschule** *f* school for interpreters
Dolomit <-s, -e> *m* ❶ (*Stein*) dolomite ❷ GEOL dolomite, magnesian limestone BRIT
Dolomiten *pl* ■**die ~** the Dolomites
Dom <-[e]s, -e> *m* ❶ (*große Kirche*) cathedral ❷ ARCHIT dome, cupola
Domain <-, -s> [də'meɪn] *f* INET domain
Domäne <-, -n> *f* ❶ (*Staatsgut*) state property ❷ (*geh: Spezialgebiet*) domain, area
Domestikation <-, -en> *f* BIOL domestication
Domestizierung *f* domestication
Domherr *m s.* **Domkapitular**
Domina <-, -s> *f prostitute specializing in masochism*
dominant *adj* dominant, assertive; **ein ~er Mensch** an assertive [*or usu pej* domineering] person; **ein ~es Merkmal** a dominant feature [*or* characteristic]
Dominante <-, -n> *f* ❶ MUS dominant ❷ (*vorherrschendes Merkmal*) dominant
Dominanz <-, -en> *f* ❶ (*geh: dominantes Wesen*) assertiveness, dominance *usu pej* ❷ BIOL dominance
Dominica <-s> *nt* Dominica; *s. a.* **Sylt**
dominieren* I. *vi* ❶ (*geh: vorherrschen*) to dominate, to be in control ❷ (*geh: überwiegen*) ■**[in etw** *dat*] **~** to prevail [*or* predominate] [*or* dominate] [in sth], to be dominant [*or* predominate] [in sth] II. *vt* (*geh: beherrschen*) ■**jdn/etw ~** to dominate sb/sth, to be dominant over sb/sth
dominierend *adj* dominating *usu pej,* predominating, prevailing, dominant
Dominikaner(in) <-s, -> *m(f)* ❶ REL member of the Dominican order ❷ GEOG, POL Dominican; *s. a.* **Deutsche(r)**
Dominikanermönch *m* Dominican friar
dominikanisch *adj* Dominican; *s. a.* **deutsch**
dominikanisch *adj* Dominican
Dominikanische Republik *f* Dominican Republic; **in der Dominikanischen Republik** in the Dominican Republic; **in die ~ fahren** to go [*or* travel] to the Dominican Republic; **in der Dominikanischen Republik leben** to live in the Dominican Republic; *s. a.* **Sylt**
Domino[1] <-s, -s> *m* domino
Domino[2] <-s, -s> *nt* dominoes + *sing vb;* **~ spielen** to have a game of [*or* to play] dominoes
Dominospiel *nt s.* **Domino**[2] **Dominostein** *m* ❶ (*Spiel*) domino ❷ (*Weihnachtsgebäck*) *cube-shaped sweet made of Lebkuchen [a sort of gingerbread], filled with marzipan and jelly and covered with chocolate*
Domizil <-s, -e> *nt* (*geh*) ❶ (*Wohnung*) residence, domicile *form,* abode *hum* ❷ (*Sitz*) residence
Domkapitel *nt* chapter [of a cathedral] **Domkapitular** <-s, -e> *m* canon **Dompfaff** <-en *o* -s, -en> *m* bullfinch
Dompteur(in) <-s, -e> [dɔmp'tø:ɐ] *m(f),* **Dompteuse** <-, -n> [dɔmp'tø:zə] *f* animal trainer
Donator, -torin <-s, -toren> *m, f* SCHWEIZ (*Schenker*) donator
Donau <-> *f* ■**die ~** the Danube
Donaulachs *m* Danube salmon **Donaumonarchie** *f kein pl former Austro-Hungarian monarchy*
Döner <-[s], -> *m,* **Dönerkebab** <-[s], -s> *m* [doner] kebab
Don Juan <-[s], -[s]> [dɔn 'xu̯an] *m* Don Juan
Donner <-s, *selten* -> *m* thunder ▶ WENDUNGEN: **wie vom ~ gerührt sein** (*fam*) to be thunderstruck [*or* dumbfounded] [*or fam* flabbergasted]
Donnerbalken *m* MIL (*hum sl*) thunderbox BRIT *sl,* [portable] outhouse AM **Donnergott** *m* Thor, god of thunder **Donnergrollen** *nt kein pl* (*geh*) roll [*or* rumble] [*or* peal] of thunder **Donnerkeil** *m* thunderbolt
donnern I. *vi impers haben* to thunder; ***hörst du, wie es donnert?*** can you hear the thunder? II. *vi*

❶ *haben* (*poltern*) ▪ [**mit etw**] **an etw** *akk*/**gegen etw** ~ to bang *fam* [*or* hammer] [*or* pound] on/at sth [with sth] ❷ *sein* (*krachend prallen*) ▪ [**mit etw**] **gegen/in etw** ~ *akk* to crash into sth [with sth]; **genau** [*o* **direkt**] [*o* **voll**] **gegen/in etw** ~ to crash straight [*or* right] into sth; ▪ **auf/gegen etw** *akk* ~ to crash onto/against sth; ***der Fußball donnerte genau gegen die Schaufensterscheibe*** the football slammed into the shop window ❸ *sein* (*sich polternd bewegen*) to thunder; ▪ **an jdm vorbei**~ to thunder past sb; ***ein schwerer Laster donnerte heran*** a heavy lorry came thundering by **III.** *vt haben* (*schleudern*) ▪ **etw** ~ to hurl [*or* slam] [*or fam* fling] sth ▶ WENDUNGEN: **jdm eine** ~ (*sl*) to clout [*or fam* wallop] sb BRIT, to plaster sb AM *fam*

donnernd *adj* thundering

Donnerrollen *nt kein pl s.* **Donnergrollen** **Donnerschlag** *m* ❶ METEO clap of thunder ❷ (*Ausdruck des Erstaunens*) ▪ ~! (*veraltend fam*) I'll be blowed! *dated*, blow me down! *dated* ▶ WENDUNGEN: **jdn wie ein** ~ **treffen** to hit sb out of the blue, to leave sb thunderstruck [*or* struck dumb [with astonishment/shock]]; **einen** ~ **loslassen** to unleash a thunderbolt

Donnerstag *m* Thursday; *s. a.* **Dienstag**

Donnerstagabend^RR *m* Thursday evening; *s. a.* **Dienstag** **donnerstagabends**^RR *adv* [on] Thursday evenings **Donnerstagmittag**^RR *m* [around] noon on Thursday; *s. a.* **Dienstag** **donnerstagmittags**^RR *adv* [around] noon on Thursdays **Donnerstagmorgen**^RR *m* Thursday morning; *s. a.* **Dienstag** **donnerstagmorgens**^RR *adv* [on] Thursday mornings **Donnerstagnachmittag**^RR *m* Thursday afternoon; *s. a.* **Dienstag** **donnerstagnachmittags**^RR *adv* [on] Thursday afternoons **Donnerstagnacht**^RR *f* Thursday night; *s. a.* **Dienstag** **donnerstagnachts**^RR *adv* [on] Thursday nights

donnerstags *adv* [on] Thursdays; ~ **abends/nachmittags/vormittags** [on] Thursday evenings/afternoons/mornings

Donnerstagvormittag^RR *m* Thursday morning; *s. a.* **Dienstag** **donnerstagvormittags**^RR *adv* [on] Thursday mornings

Donnerwetter *nt* ❶ (*veraltend: Gewitter*) thunderstorm ❷ (*fam: Schelte*) unholy row BRIT *fam*, an awful bawling out AM; **ein** ~ **über sich ergehen lassen** to be bawled out AM, to get a dressing down BRIT, to be hauled over the coals BRIT ❸ (*fam: alle Achtung!*) I'll be damned! *fam*, gosh! BRIT *fam* ❹ (*in Ausrufen*) [**zum**] ~! (*fam*) damn it! *fam*, bloody hell! BRIT *sl*

doof <doofer *o* döfer, doofste *o* döfste> *adj* (*fam*) ❶ (*blöd*) stupid, silly, brainless ❷ (*verflixt*) stupid, damn, bloody BRIT *sl*, fucking *vulg*; ▪ **jdm ist etw zu** ~ sb finds sth stupid [*or* ridiculous]; ***das ganze wird mir langsam zu*** ~ I'm beginning to find the whole business ridiculous; **zu** ~ [**aber auch**]! oh no!, what a pain ! *sl*, what a nuisance BRIT *fam*

Doofheit <-, -en> *f* (*fam*) stupidity, brainlessness, silliness BRIT, foolishness

Doofi <-[s], -s> *m* (*fam*) dummy, twit, num[b]skull, BRIT silly nit; **Klein** ~ ≈Simple Simon

Doofkopp <-s, -köppe> *m* (*sl*), **Doofmann** <-s, -männer> *m* (*sl*) twit, fool

Dope <-s, -s> [doːp] *nt* (*sl*) pot *sl*, hash *fam*

dopen ['dɔpn̩] *vt* ▪ **jdn/etw** ~ to dope sb/sth; ▪ [**sich**] ~ to dope [oneself]

Doping <-s, -s> ['dɔpɪŋ] *nt illicit use of drugs before sporting events*

Dopingkontrolle *f*, **Dopingtest** *m* drugs test **Dopingverdacht** *m* SPORT ***bei der Tennisspielerin besteht*** ~ the tennis player is suspected of having taken drugs

Doppel <-s, -> *nt* ❶ (*Duplikat*) ▪ **das/ein** ~ **einer S.** *gen* [**zu etw**] the/a duplicate [*or* copy] [of sth] ❷ SPORT (*Spiel mit 4 Spielern*) doubles; (*Mannschaft von 2 Spielern*) doubles team; **gemischtes** ~ mixed doubles

Doppeladler *m two-headed eagle on a coat-of-arms or coin* **Doppelagent**(**in**) *m*(*f*) double agent **Doppelband** *m* ❶ (*doppelter Umfang*) double volume ❷ (*zwei Bände*) set of two volumes **Doppelbegabung** *f* PSYCH, MUS double talent **Doppelbelastung** *f* double [*or* BRIT twofold] burden [*or* pressure] [*or* load] **Doppelbeschluss**^RR *m* MIL twin-track decision **Doppelbesteuerung** *f* double taxation **Doppelbett** *nt* double bed **Doppelbindung** *f* CHEM double bond **Doppelbock** *nt o m very strong German beer* **Doppelboden** *m* ARCHIT false bottom **Doppelbuchstabe** *m* double letter **Doppeldecker** <-s, -> *m* ❶ (*Flugzeug*) biplane ❷ (*fam: Omnibus*) double-decker [bus] ❸ (*fam: Butterbrot*) double-decker [sandwich] BRIT **doppeldeutig** *adj* ambiguous, equivocal **Doppeldeutigkeit** <-, -en> *f* ambiguity, equivocation, equivocalness **Doppelfehler** *m* double fault **Doppelfenster** *nt* double-glazing **Doppelgänger**(**in**) <-s, -> *m*(*f*) double, look-alike; ▪ **jds** ~ sb's double [*or* look-alike]; **einen** ~ **haben** to have a double [*or* a look-alike] **doppelgleisig** *adj* ❶ (*auf 2 Gleisen befahrbar*) double-tracked ❷ (*zwei Vorgehensweisen verfolgen*) ~ **fahren** to have two tactics **Doppelhaus** *nt* two semi-detached houses BRIT, duplex house AM **Doppelhaushälfte** *f* semi-detached house BRIT, duplex AM **Doppelhelix** *f* BIOL double helix **Doppelkinn** *nt* double chin; **ein** ~ **bekommen** [*o* **kriegen**]/**haben** (*fam*) to get/have a double chin **doppel|klicken** *vi* to double-click **Doppelkonsonant** *m* double consonant **Doppelkopf** *m kein pl card game with 4 players and two packs of 24 cards* **Doppelkorn** *m schnapps made out of grain, with 38% alcohol instead of the usual 32%* **Doppellaut** *m* ❶ (*Diphthong*) diphthong ❷ *s.* **Doppelkonsonant, Doppelvokal** **Doppelleben** *nt* double life; **ein** ~ **führen** to lead a double life **Doppelmoral** *f* double standards *pl* **Doppelmord** *m* double murder; **einen** ~ **begehen** [*o* **verüben**] (*geh*) to commit a double murder, form **Doppelname** *m* (*Nachname*) double-barrelled [*or* AM hyphenated] [sur]name; (*Vorname*) double first [*or* BRIT *a.* Christian] name **Doppelpass**^RR *m kein pl* POL dual citizenship **Doppelpunkt** *m* colon **Doppelraffinade** *f* KOCHK [doubly-]refined sugar **Doppelrolle** *f* double role; **eine** ~ **spielen** to play a double role [*or* two roles] **doppelseitig** *adj* ❶ (*beide Hälften betreffend*) double; **eine** ~**e Lungenentzündung haben** to have double pneumonia; ~**e Lähmung** diplegia ❷ (*beide Seiten betreffend*) double-paged; (*in der Zeitschriftenmitte*) centrefold BRIT, centerfold AM **Doppelsinn** *m* double meaning, ambiguity, equivocation **doppelsinnig** *adj s.* **doppeldeutig** **Doppelspiel** *nt* (*pej*) double-dealing *pej*; **mit jdm ein** ~ **treiben** to double-cross sb; (*jdn sexuell betrügen*) to two-time sb **Doppelspitze** *f* POL dual [party] leadership **Doppelstecker** *m* twin socket **doppelstöckig** *adj* ❶ ARCHIT two-storeyed ❷ (*mit 2 Etagen versehen*) ~**es Bett** bunk beds; ~**er Bus** double-decker bus ❸ KOCHK (*fam*) double **Doppelstück** *nt* KOCHK (*vom Lamm*) [lamb] double **Doppelstunde** *f* double lesson [*or* period]

doppelt **I.** *adj* ❶ (*zweite*) second; **ein** ~**es Gehalt** a second [*or* BRIT double] income; **eine** ~**e Staatsangehörigkeit haben** to have dual nationality ❷ (*zweifach*) double, twice; **der** ~**e Preis** double [*or* twice] the price; **aus** ~**em Grunde** for two reasons; **einem** ~**en Zweck dienen** to serve a dual purpose; **etw** ~ **haben** to have sth double [*or* two of sth]; ~ **so viel**

[von etw/einer S. *gen*] (*fig*) twice as much/many [sth]; *s. a.* **Ausfertigung, Hinsicht, Boden, Moral, Verneinung** ❸ (*verdoppelt*) doubled; **mit ~em Einsatz arbeiten** to double one's efforts **II.** *adv* ❶ *direkt vor Adjektiv* (*zweimal*) twice; ~ **so groß/klein sein wie etw** to be twice as big/small as sth; ~ **so viel bezahlen** to pay double [*or* twice] the price, to pay twice as much ❷ (*zweifach*) twice; ~ **sehen** to see double; ~ **versichert sein** to have two insurance policies; ~ **und dreifach** doubly [and more]; ***dem habe ich's aber heimgezahlt, und zwar ~ und dreifach!*** I really gave it to him, with knobs on! *sl* ❸ (*um so mehr*) doubly; **sich ~ in Acht nehmen/vorsichtig sein** to be doubly careful; **sich ~ entschuldigen** to apologize twice ▶ WENDUNGEN: ~ **gemoppelt sein** (*fam*) to be the same thing [said twice]; ~ **gemoppelt hält besser!** (*fam*) better [to be] safe than sorry *prov*

Doppelte(r) *m dekl wie adj* (*fam*) ***einen ~n, bitte!*** a double, please!

Doppelte(s) *nt dekl wie adj* ■ **das ~** double, twice; ***ich will mindestens das ~*** I want at least double [*or* twice] that [amount]; **das ~ wiegen** to weigh twice as much; **auf das ~ ansteigen** to double

Doppelverdiener(in) *m(f)* ❶ (*Person mit zwei Einkünften*) double wage earner ❷ *pl* (*Paar mit zwei Gehältern*) two-income [*or* double-income] couple **Doppelvokal** *m* diphthong **Doppelzentner** *m* ≈ 2 hundred weights BRIT (*two centners, i.e. 100 kilos*) **Doppelzimmer** *nt* double [room]; ***ein ~ bitte!*** a double room, please!

doppelzüngig I. *adj* (*pej*) devious, two-faced, double-dealing **II.** *adv* (*pej*) ~ **reden** to speak with a forked tongue *fam*, to be two-faced

Doppelzüngigkeit <-, -en> *f kein pl* (*pej*) double-dealing, two-facedness, deviousness

Dopplereffekt *m* Doppler effect

Dorade <-, -n> *f* ZOOL, KOCHK gilthead

Dorado <-s, -s> *nt s.* **Eldorado**

Dorf <-[e]s, Dörfer> *nt* ❶ (*kleine Ortschaft*) village BRIT, AM *usu* [small] town ❷ (*die Dorfbewohner*) village BRIT, AM *usu* town, the villagers BRIT, AM *usu* the town inhabitants; **das Olympische ~** the Olympic village; **das Leben auf dem ~** country [*or* BRIT *a.* village] life; **auf dem ~** in the country [*or* to live in the country]; **vom ~** from the country; ***sie ist offenbar vom ~*** she's obviously a country girl *fam* ▶ WENDUNGEN: **für jdn böhmische Dörfer sein** to be all Greek [*or* BRIT double Dutch] to sb; **Potemkinsche Dörfer** (*geh*) a facade, a façade, a sham

Dorfälteste(r) *f(m) dekl wie adj* ❶ (*Älteste(r) eines Dorfes*) ≈ oldest person in a village ❷ (*veraltend: Vorsteher eines Dorfes*) village elder[s] **Dorfbewohner(in)** *m(f)* villager, village inhabitant

Dörfchen <-s, -> *nt dim von* **Dorf** hamlet

Dorfjugend *f* village [*or* AM country] youth, young hicks *pej*, young people of the village [*or* AM in the country] **Dorfkrug** *m* NORDD (*Gaststätte in einem Dorf*) village pub BRIT, local bar AM

dörflich *adj* rural, rustic *liter;* **eine ~e Landschaft** rural scenery, a rural landscape; **eine ~e Umgebung** a rural [*or* country] area; ■ ~ **sein** to be rural

Dorfplatz *m* town square, village square BRIT

Dorfschaft <-, -en> *f* SCHWEIZ village BRIT, [small] town AM

Dorfschöne, Dorfschönheit *f* (*euph, a. iron*) rustic beauty *euph* **Dorfschulze** <-n, -n> *m* (*veraltet*) village elder **Dorftrottel** *m* (*fam*) local [*or* village] idiot

dorisch *adj* ❶ (*Kunst der Dorer betreffend*) Doric, Dorian ❷ (*Musik*) Dorian; **die ~e Tonart** the Dorian mode

Dorn[1] <-[e]s, -en> *m* thorn; **ohne ~en** without thorns, thornless ▶ WENDUNGEN: **jdm ein ~ im Auge sein** to be a thorn in sb's side, to be a pain in the neck [*or* BRIT *vulg* arse] [*or* AM *vulg* ass]

Dorn[2] <-[e], -e> *m* ❶ (*Metallstift*) [hinged] spike ❷ (*Werkzeug*) awl

Dornbusch *m* thorn bush

Dornengestrüpp *nt* bramble[s], briar **Dornenhecke** *f* thorn hedge, hedge of thorns **Dornenkrone** *f* crown of thorns

Dornfortsatz *m* BIOL, MED neural spine

Dorngrasmücke *f* ORN whitethroat **Dornhai** *m* ZOOL, KOCHK spiny dogfish

dornig *adj* ❶ (*viele Dornen aufweisend*) thorny; **~es Gestrüpp** brambles *pl* ❷ (*geh: schwierig*) thorny

Dornröschen <-> [-ˈrø:sçən] *nt kein pl* Sleeping Beauty

Dornröschenschlaf *f* ≈ sleepy way of life BRIT; **aus seinem ~ erwachen** [*o* **aufwachen**] to wake up, to be shaken out of a sleepy way of life; (*aufwachen aus der Lethargie*) to become aware of sth, to wake up and smell the coffee AM; **in einen ~ versinken** to fall into a deep sleep; **wieder in einen ~ versinken** to return to a sleepy way of life; (*lethargisch werden*) to fall into a stupor

Dörrapparat *m* KOCHK dessicating machine **Dörrbohne** *f* KOCHK dried broad bean

dörren I. *vt haben* ■ **etw ~** to dry [out] sth *sep* **II.** *vi sein* to dry out, to wither

Dörrfisch *m* dried fish **Dörrfleisch** *nt* DIAL dried meat, [smoked] bacon **Dörrobst** *nt* dried fruit **Dörrpflaume** *f* prune

Dorsch <-[e]s, -e> *m* cod

Dorschen *m* BOT, KOCHK swede

dort *adv hinweisend* there; ***schau mal ~!*** look at that!; ***hast du meine Brille gesehen? — ja, sie liegt ~*** have you seen my glasses? — yes, they're over there; **jdn ~ behalten** to keep sb there; ~ **bleiben** to stay there; ~ **drüben** over there; **nach ~** there; **von ~** from there; **von ~ aus** from there; *s. a.* **da I 1**

dort|behalten* *vt irreg s.* **dort** **dort|bleiben** *vi irreg sein s.* **dort** **dorther** *adv* from there **dorthin** *adv* there; ***können Sie mir sagen, wie ich ~ komme?*** can you tell me how to get there?; **bis ~** as far as there, up to there; ***wie weit ist es bis ~?*** how far is it to there? **dorthinab** *adv s.* **dorthinunter** **dorthinauf** *adv* up there **dorthinaus** *adv* (*dahinaus*) there, that way, in that direction ▶ WENDUNGEN: **bis ~** (*fam*) really, dreadfully, awfully; ***das ärgert mich bis ~!*** that makes me furious!, that drives me up the wall!, that really gets on my nerves! **dorthinein** *adv* over there **dorthinunter** *adv* down there

dortig *adj attr* local; **die ~en Verhältnisse kennen** to know the local situation [*or* the situation there]; **für ~e Verhältnisse** for the local circumstances

Dortmund <-s> *nt* Dortmund

Döschen <-s, -> [ˈdø:sçən] *nt dim von* **Dose** little tin [*or* box] [*or* can]

Dose <-, -n> *f* ❶ (*Büchse*) box; (*Blech~*) tin BRIT, can AM; **in ~n** in tins ❷ (*Steck~*) socket; (*Verteiler~*) distribution [*or* AM junction] box

Dosen *pl von* **Dosis**

dösen *vi* (*fam*) ■ [**vor sich hin**] ~ to doze [away], to drowse

Dosenbier *nt kein pl* canned beer **Dosenlocher** *m* KOCHK can punch **Dosenmilch** *f* tinned [*or* evaporated] [*or* condensed] milk **Dosenmusik** *f* (*hum fam*) muzak®, canned [*or* piped] music *pej;* (*im Gegensatz zu Livemusik*) recorded music **Dosennahrung** *f* tinned food **Dosenöffner** *m* tin opener **Dosensuppe** *f* canned soup

dosierbar *adj* measurable; **eine genau ~e Menge von etw** an exact dose of sth

dosieren* *vt* ① (*abmessen*) ■**etw** ~ to measure out sth *sep;* **Arzneimittel** ~ to measure out medicine [in doses]; **etw sparsam** ~ to be sparing with sth ② (*zumessen*) ■**etw** ~ to measure [*or* hand] out sth, to hand out in measured doses
Dosierspender *m* dispenser
Dosierung <-, -en> *f* dose, dosage
dösig *adj* (*fam*) ① (*blöd*) dozy; ***stell dich nicht so ~ an*** don't be so dozy ② (*dösend*) sleepy, dozy, drowsy
Dosimeter <-s, -> *nt* dosimeter, dosemeter BRIT
Dosis <-, Dosen> *f* dose, dosage; **in kleinen Dosen** in small doses
Döskopp <-s, -köppe> *m* NORDD (*fam*) dozy nit BRIT *fam*, dope
Dossier <-s, -s> [dɔ'sie:] *nt* file, dossier
Dotation <-, -en> *f* (*geh: Schenkung*) present; (*für Wohltätigkeitszwecke*) donation; (*ein regelmäßiges Einkommen erzeugend*) endowment
Dotcom <-, -s> ['dɒtkɒm] *f* ÖKON, INET (*sl*) dotcom, dot com
Dotcom-Unternehmen *nt* INET (*sl*) dotcom [business [*or* company]] *sl*
dotieren* *vt* ① (*honorieren*) **eine Stelle [mit etw]** ~ to remunerate a position [with sth]; ■**dotiert** salaried ② (*ausstatten*) **mit ... DM dotiert sein** to be worth ... DM; ***der erste Preis war mit 25000 DM dotiert*** the first prize was 25,000 marks
Dotter <-s, -> *m o nt* yolk
Dotterblume *f s.* **Sumpfdotterblume**
doubeln ['du:bln] I. *vt* ■**jdn** ~ to double for sb; **sich von jdm ~ lassen** to let sb double you; ***Schauspieler lassen sich oft von Stuntmen*** ~ actors often let stuntsmen double for them; ■**etw [für jdn]** ~ to play sth [for sb]; ***ein Stuntman hat die Szene für ihn gedoubelt*** a stuntman played the scene for him II. *vi* to work as a double
Double <-s, -s> ['du:bl] *nt* ① FILM double, stand-in ② (*Doppelgänger*) double, doppelgänger
doublieren [du'bli:rən] *vt* KOCHK ■**etw** ~ to double sth; **Gebäckstücke** ~ to place pastries on top of eachother
Douglasfichte *f,* **Douglastanne** ['duglas-] *f* Douglas fir
Dow-Jones-Index ['daʊ'dʒo:nz-] *m* Dow-Jones [Index]
down [daʊn] *adj pred* (*sl*) down, miserable; ~ **sein/sich ~ fühlen** to feel down [*or* low] [*or* miserable]
Downhill-Mountainbiking ['daʊnhil'maʊntinbaɪkɪŋ] *nt* downhill mountain biking
Download <-s, -s> ['daʊnloʊd] *m* INET download
Downsyndrom *nt* MED Down's syndrome
Dozent(in) <-en, -en> *m(f)* ① (*Universität*) lecturer ② (*Lehrer an einer Volkshochschule*) teacher, instructor; ■ ~ **für etw sein** to be a teacher of sth
Dozentur <-, -en> *f* (*geh*) lectureship
dozieren* *vi* ① (*an der Universität*) to lecture, to deliver a lecture [*or* lectures]; ■**über etw** ~ *akk* to lecture about sth, to deliver a lecture on ② (*geh: belehren*) to lecture, to preach *pej;* ■**~d** lecturing; **in ~dem Ton** in a lecturing tone of voice
dpa <-> *f Abk von* **Deutsche Presse-Agentur** *leading German press agency*
DPG *f* ÖKON *Abk von* **Deutsche Postgewerkschaft** *union of German postal workers*
dpt *Abk von* **Dioptrie**
Dr. *Abk von* **Doktor** Dr

! Tipp In der englischsprachigen Welt werden keine Titel vor dem Nachnamen angesammelt. Man spricht eine Person immer nur mit einem Titel an, z. B. **Prof. Sinclair**. Es gibt also keine Titel wie *Frau Prof. Dr. Dr. h.c. Schmid.* Der Doktortitel **Doctor** wird gewöhnlich nur für Ärzte und Ärztinnen verwendet. Man stellt sich nur mit Vor- und Nachnamen vor; Titel werden nicht genannt.

Drache <-n, -n> *m s.* **Drachen**
Drachen <-s, -> *m* ① (*Spielzeug*) kite; **einen ~ steigen lassen** to fly a kite ② (*Fluggerät*) hang-glider ③ (*fam: zänkisches Weib*) dragon *fam*
Drachenfliegen *nt* hang-gliding **Drachenflieger(in)** *m(f)* hang-glider **Drachenkopf** *m* ZOOL, KOCHK scorpion fish
Drachme <-, -n> *f* drachma
Dragee, Dragée <-s, -s> [dra'ʒe:] *nt* ① PHARM dragée *form,* sugar-coated pill ② KOCHK sugar-coated sweet BRIT
Dragoner <-s, -> *m* ① (*Angehöriger einer leichten Reitertruppe*) dragoon ② (*derbe Frau*) battleaxe [*or* AM -ax] *fam,* dragon *fam*
Draht <-[e]s, Drähte> *m* wire; (*sehr dünn*) filament; (*Telefondrähte*) telephone cables ► WENDUNGEN: **zu jdm einen guten ~ haben** to be on good terms with sb; **der heiße ~** the hot line; **[schwer] auf ~ sein** (*fam*) to be on the ball *fam* [*or* on one's toes]
Drahtbürste *f* wire brush **Drahtesel** *nt* (*fam*) bike **Drahtgeflecht** *nt* wire mesh **Drahtgitter** *nt* wire grating
drahtig *adj* wiry
drahtlos *adj* wireless, cordless; **~es Telefon** mobile [tele]phone BRIT, mobile BRIT, cellular [tele]phone AM, cellphone AM
Drahtschere *f* wire cutters *npl*
Drahtseil *nt* wire cable; *s. a.* **Nerv**
Drahtseilakt *m* (*geh*) high wire act **Drahtseilbahn** *f* cable railway [*or* car], gondola AM
Drahtverhau *m* wire entanglement **Drahtzaun** *m* wire fence **Drahtzieher(in)** <-s, -> *m(f)* sb pulling the strings
Drainage <-, -n> [drɛ'na:ʒə] *f s.* **Dränage**
drainieren* [drɛ'ni:rən] *vt s.* **dränieren**
Draisine <-, -n> [drɛ'zi:nə] *f* HIST ① BAHN rail trolley ② (*zweirädriges Fahrzeug*) draisine, dandy-horse *hist*
drakonisch I. *adj* (*unbarmherzig hart*) Draconian, harsh; **~e Strafe** Draconian measure [as punishment]; **~e Strenge** harshness II. *adv* harshly
drall *adj* well-rounded, shapely; **ein ~es Mädchen** a buxom lass BRIT, shapely girl
Drall <-[e]s, -e> *m* ① (*Rotation*) spin, twist; **einen ~ nach links/rechts haben** to have a spin to the left/right ② (*bei Gewehr*) rifling, groove
Dralon® <-[s]> *nt kein pl* Dralon® *esp* BRIT
Drama <-s, -men> *nt* ① (*Bühnenspiel*) drama, play ② (*erschütterndes Ereignis*) drama, tragedy; ***es ist ein ~, daß...*** it is a disaster that...; **ein ~ aus etw machen** to make a drama out of sth [*or* mountain out of a molehill]
Dramatik <-> *f kein pl* ① (*fig: große Spannung*) drama; ***die letzten Minuten des Matches waren von großer*** ~ the last minutes of the match were very dramatic [*or* full of drama] ② LIT (*dramatische Dichtkunst*) drama
Dramatiker(in) <-s, -> *m(f)* playwright, dramatist
dramatisch I. *adj* dramatic, drama-laden *form;* ***mach's nicht so ~!*** don't be so theatrical! II. *adv* dramatically
dramatisieren* *vt* ■**etw** ~ ① LIT *Stoff, Roman* to dramatize sth ② (*fig: übertreiben*) to express [*or* react to] sth in a dramatic way
Dramatisierung <-, -en> *f* dramatization; ***das ist doch wirklich kein Anlass zur ~!*** there is really no

call for dramatization!

Dramaturg(in) <-en, -en> *m(f)* dramatic advisor, dramaturg

Dramaturgie <-, -en> [*pl* -'gi:ən] *f* ❶ (*Lehre des Dramas*) dramaturgy ❷ (*Bearbeitung eines Dramas*) dramatization ❸ (*Abteilung*) dramaturgy dept

Dramaturgin <-, -nen> *f fem form von* **Dramaturg**

dramaturgisch *adj* dramaturgic[al] *form;* **~e Gestaltung** dramatization

dran *adv* (*fam*) ❶ (*daran*) **[zu] früh/spät ~ sein** to be [too] early/late; **gut ~ sein** to be well off [*or* AM sitting pretty] [*or* in a privileged position]; ***sie ist besser ~ als er*** she's better off than he is; **schlecht ~ sein** (*gesundheitlich*) to be off colour [*or* AM -or] [*or* BRIT poorly], to not be very well; (*schlechte Möglichkeiten haben*) to be in a bad position, to have a hard time [of it] ❷ (*an der Reihe sein*) ■**~ sein** to have a turn; ***jetzt bist du ~!*** now it's your turn!; ***wer ist als Nächster ~?*** whose turn is it next?, who's next?; ***ich war [zuerst]*** **~** it's my turn [first]; **[bei jdm] ~ sein *heute ist Latein*** **~** we've got Latin today ❸ (*fam: an den Kragen gehen*) ■**~ sein** to be for it *fam;* ***wenn ich ihr das nachweisen kann, dann ist sie ~!*** if I can prove it, then she'll really get it!; (*sterben müssen*) to be next ❹ (*vorhanden sein*) **nichts ~ sein an jdm** to be [very] thin [*or* nothing but skin and bones]; (*ohne Reize*) to be not very appealing, to not have much appeal; ■**etw ~ sein an jdm** to have sth [special]; ***was ist an ihm ~?*** what's so special about him?; **etw ~ sein an etw** to be sth to sth; ***an dieser Wachtel ist ja kaum was ~!*** there's hardly any meat to this quail! ❺ (*zutreffen*) ■**etw ~ sein an etw** *dat* to be sth in it; ***ob an diesem Gerücht doch etwas ~ sein könnte?*** could there be anything in this rumour?; **nichts ~ sein an etw** *dat* to be nothing in sth; *s. a.* **daran**

Dränage <-, -n> [drɛ'na:ʒə] *f* ❶ (*Entwässerungsleitung*) drainage [pipes] ❷ (*System von Entwässerungsgräben*) drainage [ditches]

dran|bleiben *vi irreg sein* (*fam*) ❶ (*dicht an jdm bleiben*) ■**an jdm ~** to keep [*or* stay] [*or* stick] close to sb ❷ (*am Telefon bleiben*) to hold the line BRIT, to hold AM

drang *imp von* **dringen**

Drang <-[e]s, Dränge> *m* ❶ (*innerer Antrieb*) longing, desire; ■**jds ~, etw zu tun** sb's urge [*or* itch] [*or* longing] to do sth; **ein ~ nach Bewegung** urge to do some [physical] exercise; **~ nach Wissen** thirst for knowledge; **~ nach Freiheit** longing [*or liter* yearning] for freedom; **ein starker ~** a strong desire [*or* urge], a great longing; **einen ~ haben[, etw zu tun]** to feel an urge [to do sth], to have a desire [to do sth] ❷ (*Harn~*) urgent need [*or* urge] to go to the toilet; **einem ~ nachgeben** to answer a call of nature ❸ (*geh: Druck*) ■**der ~ einer S.** *gen* pressure; **der ~ der Umstände** the force of circumstances

dran|gehen *vi irreg sein* (*fam*) ❶ (*sich zu schaffen machen*) ■**[an etw** *akk*] **~** to touch [sth] ❷ *s.* **darangehen**

Drängelei <-, -en> *f* (*pej fam*) ❶ (*lästiges Drängeln*) pushing [and shoving], jostling ❷ (*lästiges Drängen*) nagging, pestering; ***hör' auf mit dieser ~!*** stop pestering me!

drängeln I. *vi* (*fam*) to push [*or* shove]; ***drängle nicht!*** don't push!, stop pushing! II. *vt, vi* (*fam*) ■**[jdn] ~** to pester [*or* badger] [sb]; ■**jdn ~** to give sb a hard time *fam;* ***ich lasse mich von ihm nicht ~*** I will not be pestered [*or* badgered] by him; ■**das D~** pestering, nagging; **ständiges D~** constant pestering III. *vr* (*fam*) ❶ (*sich drängen*) *s.* **sich drängen III 1** ❷ (*sich bemühen*) ■**sich [darum] ~, etw zu tun** to push oneself forward to do sth, to be keen to do sth

drängen I. *vi* ❶ (*schiebend drücken*) to push [*or* shove] [*or* jostle]; **durch die Menge ~** to force [*or* elbow] [*or* BRIT shoulder] one's way through the crowd; **in die S-Bahn ~** to force [*or* elbow] [*or* BRIT shoulder] one's way into the tube [*or* AM train]; **nach vorne ~** to push to the front, to force [*or* elbow] [*or* BRIT shoulder] one's way to the front [*or* forwards]; **zum Ausgang/zur Kasse ~** to force [*or* elbow] [*or* BRIT shoulder] one's way to the exit/the till [*or* BRIT cash desk] [*or* AM cash register] ❷ (*fordern*) ■**auf etw ~** to insist on [*or form* press for] sth; **auf eine baldige Entscheidung ~** to ask for a speedy decision; ■**bei jdm auf etw** *akk* **~** to press sb to do sth; ■**zu etw ~** to want to do sth; ***warum drängst du so zur Eile?*** why are you in such a hurry?; ■**darauf ~, dass jd etw tut/dass etw getan wird** to insist that sb does sth/that sth gets done ❸ (*pressieren*) to be short [time]; **die Zeit drängt** time is running out [*or* short]; ***es drängt nicht*** there's no hurry II. *vt* ❶ (*schiebend drücken*) ■**jdn ~** to push [*or* shove] [*or* thrust] sb; **jdn zur Seite ~** to push [*or* shove] [*or* thrust] sb aside ❷ (*auffordern*) ■**jdn [zu etw] ~** to pressurize [*or* AM pressure] sb [into sth], to twist sb's arm *fam;* ■**jdn ~, etw zu tun** to pressurize sb into doing sth, to apply pressure to [*or* put pressure on] sb to do sth ❸ (*treiben*) ■**jdn [zu etw] ~** to force sb [to sth]; ***was drängt dich denn so?*** what's the hurry [*or* rush]?; ■**jdn ~, etw zu tun** to compel [*or* oblige] sb to do sth, to twist sb's arm to do sth *fam;* **sich [von jdm] gedrängt fühlen** to feel pressurized [*or* AM pressured] by sb, to feel sb is trying to pressurize [*or* AM pressure] one III. *vr* ❶ (*sich drängeln*) ■**sich ~** to crowd [*or* press]; ***vor den Theaterkassen drängten sich die Leute nach Karten*** a throng of people in front of the box office were trying to get tickets; ■**sich irgendwohin ~** to force one's way somewhere; **sich durch die Menschenmassen ~** to force [*or* elbow] [*or* BRIT shoulder] one's way through the crowd; **sich in den Bus/in die S-Bahn ~** to crowd [*or fam* pile] into the bus/tube BRIT [*or* AM subway]; **sich nach vorne ~** to press forwards ❷ (*sich häufen*) ■**sich ~** to pile [*or* mount] up ❸ (*unbedingt wollen*) ■**sich nach etw ~** to put [*or* push] oneself forward for sth

Drängen <-s> *nt kein pl* pleading, begging, beseeching *form;* **auf jds** *akk* **~ [hin]** because of sb's pleading [*or* begging]; (*Nörgelei*) pestering *fam;* ***schließlich gab er ihrem ~ nach*** he finally gave in to her

drängend *adj* ❶ (*dringend*) urgent, pressing ❷ (*dringlich*) insistent, urgent, compelling, forceful; **mit ~er Stimme** to speak in an insistent tone

drangsalieren* *vt* (*plagen*) ■**jdn [mit etw] ~** to plague [*or* harass] sb [with sth]

dran|halten *irreg* I. *vt* (*fam: an etw halten*) ■**etw [an etw** *akk*] **~** hold sth up [to sth] II. *vr* (*fam: sich ranhalten*) ■**sich ~** to keep at it [*or* sth], to not let up, to persevere

dran|hängen I. *vt* (*fam*) ❶ (*an etw hängen*) ■**etw [an etw** *akk*] **~** to hang sth [on sth] ❷ (*mehr aufwenden*) ■**[bei etw] etw ~** to add on sth [to sth]; ***wir wurden nicht rechtzeitig fertig und mussten noch zwei Stunden ~*** we didn't finish in time and had to put in another two hours II. *vi irreg* (*fam: an etw hängen*) ■**[an etw** *dat*] **~** to hang [on sth]; ***es hing ein Zettel dran*** a tag was attached III. *vr* (*fam: verfolgen*) ■**sich [an jdn] ~** to follow [sb], to stick close [to sb]

dränieren* *vt* ■**etw ~** to drain sth

dran|kommen *vi irreg sein* (*fam*) ❶ (*an die Reihe kommen*) to be sb's turn; ***Sie kommen noch nicht dran*** it's not your turn yet; ***warte bis du dran kommst*** wait your turn ❷ (*aufgerufen werden*) ■**[bei/mit etw] ~** to be asked [sth]; ***bei der Lehrerin***

komme ich nie dran this teacher never asks me anything ③ DIAL (*erreichen können*) ■ [an etw *akk*] ~ to reach [*or* get at] [sth]; ***versuche mal, ob du drankommst*** see if you can reach it

dran|kriegen *vt* (*fam*) ① (*zu etw veranlassen*) ■ **jdn** ~ to get sb to do sth, to make sb do sth; **jdn zur Arbeit** ~ to get sb working ② (*reinlegen*) ■ **jdn** ~ to fool sb, to take sb in

dran|lassen *vt irreg* (*fam*) ① (*an etw belassen*) ■ **etw** [**an etw** *dat*] ~ to leave sth [on sth] ② *s.* **ranlassen**

dran|machen I. *vr* (*fam: mit etw beginnen*) ■ **sich** [**an etw** *akk*] ~ to get started [*or* cracking] with sth [*or* going] II. *vt* (*fam: befestigen*) ■ **etw** [**an etw** *akk*] ~ to fix sth [to sth]; **einen Aufkleber/Etikett an etw** ~ to stick a sticker/a label on sth; **eine Steckdose** ~ to put in [*or* install] a socket

dran|nehmen *vt irreg* (*fam*) ■ **jdn** ~ ① (*zur Mitarbeit auffordern*) to ask sb ② (*zur Behandlung nehmen*) to take sb; ***können Sie mich nicht vorher ~?*** can't you take me first?

dran|setzen I. *vt* (*fam*) ① (*anfügen*) ■ **etw** [**an etw** *akk*] ~ to add sth [on] [to sth]; **ein Stück/Teil an etw** *akk* ~ to add a piece/part [on] [to sth] ② (*einsetzen*) ■ **etw** ~ to put [one's] sth into; ***seine ganze Kraft/sein gesamtes Vermögen ~, um sein Ziel zu erreichen*** to put all one's effort/fortune into reaching one's goal; ***wir müssen alles ~!*** we must do everything [*or* make every effort]! ③ (*beschäftigen*) ■ **jdn** ~ to put sb onto the job [*or* it] II. *vr* (*fam*) ① (*sich nahe an etw setzen*) ■ **sich** [**an jdn/etw**] ~ to sit [down] [next to sb/sth] ② *s.* **dranmachen I**

dran|wagen *vr* (*fam*) ■ **sich** [**an jdn/etw**] ~ to dare approach [*or fam* touch] sb

drapieren* *vt* ① (*aufwendig falten*) ■ **etw** [**um etw**] ~ to drape sth [around sth]; **Stoffe** ~ to drape fabrics ② (*schmücken*) ■ **etw** [**mit etw**] ~ to drape sth [with sth]

Drapierung <-, -en> *f* ① (*das Drapieren*) *Vorhang* draping ② (*Verzierung durch Stoff*) drape, drapery

drastisch I. *adj* ① (*einschneidend*) drastic ② (*eindeutig*) blunt II. *adv* ① (*einschneidend*) drastically ② (*deutlich*) bluntly; ~ **demonstrieren/zeigen** to demonstrate/show clearly

drauf *adv* (*fam*) on it [*or* them]; ***zu dritt warfen sie sich auf ihn ~, um ihn zu verprügeln*** three of them launched themselves upon him in order to beat him up ▶ WENDUNGEN: **etw ~ haben** (*fam: mit etw fahren*) to do [*or* be doing] sth; ***der Sportwagen hatte bestimmt 250 Sachen/Kilometer ~!*** the sports car must have been doing at least 250!; ***zuviel ~ haben*** to be driving too fast; (*etw beherrschen*) to be well up on sth; ***Mathe hat er ~*** he's brilliant at maths; ~ **und dran sein, etw zu tun** to be on the verge [*or* point] of doing sth; **immer feste ~!** let him have it!, give him what for! BRIT, show him who's boss AM; **gut/komisch/schlecht** ~ **sein** (*fam*) to feel good/strange/bad; *s. a.* **draufhaben**

drauf|bekommen* *vt irreg* (*fam*) ■ **etw** [**auf etw** *akk*] ~ to fit sth on [to sth] ▶ WENDUNGEN: **eins** ~ to get [*or* be given] a smack BRIT, to get it AM; (*geschimpft werden*) to get it in the neck BRIT *fam*, to get it AM

Draufgabe *f* ÖSTERR encore

Draufgänger(in) <-s, -> *m(f)* go-getter *fam*

draufgängerisch *adj* go-getting *fam*

drauf|gehen *vi irreg sein* (*sl*) ① (*sterben*) ■ [**bei/in etw**] ~ to kick the bucket [during [*or* in] sth] *sl*; **im Krieg** ~ to fall [*or* be lost] in [the] war ② (*verbraucht werden*) ■ [**bei etw**] ~ to be spent [on sth] ③ (*kaputtgehen*) ■ [**bei etw**] ~ to get [*or* be] broken [at sth]; ***ein paar Gläser gehen bei solchen Veranstaltungen immer drauf*** a few glasses always get [*or* are always] broken at functions like these **drauf|haben** *vt irreg* (*fam*) ① (*Kenntnisse haben*) ■ **etwas/nichts/viel** ~ to know sth/nothing/a lot; ***sie hat zwar nicht soviel drauf, dafür ist sie ein herzensguter Mensch*** she may not be all that bright [*or fam* have that much up top], but she's a good-hearted soul ② (*von sich geben*) ■ **etw** ~ to come out with sth; **dumme Sprüche** ~ to make [*or* BRIT *a.* come out with] stupid remarks; **Witze** ~ to tell jokes; ***sie hat immer einen flotten Spruch drauf*** she's always ready with a smart remark [*or* full of smart remarks] **drauf|halten** *irreg* I. *vt* (*fam*) ■ **etw** [**auf etw** *akk*] ~ to hold sth [on sth] II. *vi* (*fam*) ■ [**mit etw**] [**auf jdn/etw**] ~ to aim [at sb/sth] [with sth] **drauf|hauen** *vi irreg* (*fam*) ■ [**auf jdn/etw**] ~ to hit [sb/sth]; **jdm eins** ~ to hit sb, to fetch sb a blow *dated fam* **drauf|kommen** *vi irreg sein* (*fam*) ① (*herausbekommen*) to get it *fam*, to figure it out *fam* ② (*sich erinnern*) to remember [*or* recall]

drauf|kriegen *vt* (*fam*) *s.* **draufbekommen**

drauf|lassen *vt irreg* (*fam*) ■ **etw** [**auf etw** *dat*] ~ to leave sth on [sth] **drauf|legen** *vt* (*fam*) ① (*zusätzlich geben*) ■ **etw** ~ to fork out sth more *fam*; ***wenn Sie noch 5000 ~, können Sie das Auto haben!*** for another 5,000 the car is yours! ② (*auf etw legen*) ■ **etw** [**auf etw** *akk*] ~ to put sth on [sth]

drauflos *adv* [**nur**] **immer feste** [*o* **munter**] ~! (*drauf*) keep it up!; (*voran*) [just] keep at it!; ***wir schaffen das schon, nur immer munter ~*** we'll manage [it], as long as we [just] keep at it!

drauflos|arbeiten *vi* (*fam*) to get straight down to work **drauflos|fahren** *vi* (*fam*) to start driving **drauflos|gehen** *vi irreg sein* (*fam: ohne Ziel*) to set off **drauflos|reden** *vi* (*fam*) to start talking **drauflos|schießen** *vi* (*fam*) to open fire blindy

drauf|machen *vt* (*fam*) ■ **etw** [**auf etw** *akk*] ~ to put sth on [sth]; ***den Deckel wieder auf die Flasche*** ~ to put the lid back on the bottle ▶ WENDUNGEN: **einen** ~ (*sl*) to paint the town red *fam* **drauf|sein** *vi irreg sein* (*fam*) *s.* **drauf 2** **drauf|setzen** *vt* (*fam*) ■ **jdn/etw** [**auf ein Tier/etw** *akk*] ~ to put [*or* place] sb/sth on [an animal/sth]; ■ **sich** [**auf ein Tier/etw** *akk*] ~ to sit [on an animal/sth] ▶ WENDUNGEN: [**noch**] **eins** ~ (*sl: hinzufügen*) to add sth more [*or* else], to cap it all off **Drauf|sicht** *f* (*fachspr*) top view **drauf|stehen** *vi irreg* (*fam*) ① (*auf etw stehen*) ■ **auf etw** *dat* ~ to stand on sth ② (*gedruckt/geschrieben stehen*) ■ **auf etw** *dat* ~ to be on sth; ***ich kann nicht lesen, was da auf dem Etikett draufsteht*** I can't read what's [*or* what it says] on the label **drauf|stoßen** *irreg* I. *vi sein* (*fam*) to come to it; ***zum Bahnhof? — geradeaus, dann links, dann stoßen Sie genau drauf*** the station? — straight ahead, then left and you can't miss it [*or* it's right [there] in front of you] II. *vt haben* (*fam*) ■ **jdn** ~ to point it out to sb **drauf|zahlen** *vi* (*fam*) (*drauflegen*) ■ **etw** [**auf etw** *akk*] ~ to add sth [to sth]; ***der Teppich gehört Ihnen, wenn Sie noch zwei Hunderter ~*** the carpet is yours if you up [*or* improve] your offer by a couple of hundred ▶ WENDUNGEN: ~ **müssen** (*eine Einbuße erleiden*) to make a loss; (*seelisch betroffen sein*) to suffer [the most]

draus *adv* (*fam*) *s.* **daraus**

draus|bringen *vt irreg* ÖSTERR, SCHWEIZ, SÜDD ■ **jdn** ~ to distract sb, make sb lose their track [of thought] **draus|kommen** *vi irreg sein* ÖSTERR, SCHWEIZ, SÜDD to become distracted, to lose one's track [of thought]

draußen *adv* ① (*im Freien*) outside; ~ **bleiben** to wait [*or* stay] outside; **nach** ~ outside; **von** ~ from outside; ***da ist doch jemand ~ am Fenster/vor der Tür*** there's sb [outside] at the window/door ② (*weit entfernt*) out there; ***ich wohne*** [***weit***] ***~ auf dem Lande*** I live [way] out in the country; ***das Lokal liegt***

noch weiter ~ the pub is even further away; ~ ***auf dem Meer*** out at sea

drechseln [-ks-] **I.** *vt* ▪**etw** ~ to turn sth; *s. a.* **gedrechselt** **II.** *vi* to turn

Drechsler(in) <-s, -> [-ks-] *m(f)* turner

Drechslerbank <-bänke> *f* lathe

Drechslerei <-, -en> [-ks-] *f* turner's workshop

Drechslerin <-, -nen> *f fem form von* **Drechsler**

Dreck <-[e]s> *m kein pl* ❶ *(Erde)* dirt; ***die Wege sind vom Regen aufgeweicht, du bleibst bestimmt im ~ stecken*** the roads have been softened by the rain, you'll most probably get stuck in the mud; *(Schmutz)* mess, dirt, muck BRIT *fam;* ~ **machen** to make a mess; **vor ~ starren** to be covered in dirt [*or* muck] ❷ *(Schund)* rubbish BRIT, trash AM ▸ WENDUNGEN: ~ **am Stecken haben** *(fam)* to have a skeleton in the cupboard [*or* AM *usu* closet]; **frech wie ~** *(fam)* a real cheeky monkey BRIT, a lippy little devil AM; **aus dem gröbsten ~ heraus sein** *(fam)* to be over the worst; **der letzte ~ sein** *(sl)* to be the lowest of the low; **jdn wie den letzten ~ behandeln** *(fam)* to treat sb like dirt; **jdn einen [feuchten] ~ angehen** *(fam)* to be none of sb's [damned] business; **sich einen ~ um jdn/etw kümmern** [*o* **scheren**] *(fam)* to not give a damn about sb/sth; **seinen ~ alleine machen** *(fam)* to do one's own dirty work; **im ~ sitzen** [*o* **stecken**] *(fam)* to be in a mess [*or* BRIT *a.* the mire]; **jdn/etw in** [*o* **durch**] **den ~ ziehen** *(fam)* to drag sb's name/sth through the mud; **mit jedem ~** *(fam)* with every little thing; **einen ~** *(sl)* fuck all *sl,* naff [*or* sod] all BRIT; **einen ~ verstehen/wert sein/wissen** to not understand/be worth/know a damn thing *fam!* [*or* sod [*or* naff] all] BRIT

Dreckarbeit *f (fam)* dirty work; *(pej a.)* menial work **Dreckfinger** *pl (fam)* dirty fingers [*or esp* AM hands] *pl*

dreckig **I.** *adj* ❶ *(schmutzig)* dirty; **sich [an etw** *dat*] ~ **machen** to make oneself dirty [*or* dirty oneself] [on sth] ❷ *(fam: gemein)* dirty; ~**es Schwein** filthy swine; ~**er Verbrecher/Verräter** low-down criminal/traitor ❸ *(fam: abstoßend)* dirty **II.** *adv (fam)* nastily ▸ WENDUNGEN: **jdm geht es ~** *(fam)* sb feels bad [*or* terrible]; *(finanziell schlecht dastehen)* sb is badly off; *(Übles bevorstehen)* sb is [in] for it *fam;* ***wenn er erwischt wird, geht es ihm ~!*** if he's caught he'll be [in] for it!

Dreckloch *nt (pej sl)* hovel, dump *fam* **Drecknest** *nt (pej sl)* hole, dump *fam* **Dreckpfoten** *pl (sl)* dirty fingers *pl,* grubby paws *pl* **Drecksack** *m (sl)* bastard *vulg*

Drecksarbeit *f (fam) s.* **Dreckarbeit**

Drecksau *m (pej sl)* filthy swine *pej sl* **Dreckschleuder** *f (pej)* ❶ *(verleumderische Person)* slanderer ❷ *(Umweltverschmutzer)* industrial polluter **Dreckschwein** *nt (fam) s.* **Drecksau**

Dreckskerl *m (fam) s.* **Drecksack**

Dreckspatz *m (fam Kind)* mucky [*or* messy] pup BRIT *fam;* *(pej Erwachsener)* filthy beggar

Dreckswetter *nt (pej fam)* foul [*or* BRIT *a.* filthy] weather

Dreh <-s, -s *o* -e> *m* ❶ FILM, TV shooting *no pl;* **mitten im ~** in the middle of shooting ❷ *(fam)* trick ▸ WENDUNGEN: **den [richtigen] ~ heraushaben** *(fam)* to get the knack [*or fam* hang] of it; **[so] um den ~** *(fam)* about then [*or* that]; ***wir treffen uns morgen abend um acht, jedenfalls [so] um den ~*** we're meeting at round about eight tomorrow evening

Dreharbeit *f meist pl* FILM shooting *no pl* **Drehbackofen** *m* revolving tray oven, reel oven **Drehbank** <-bänke> *f* TECH lathe

drehbar **I.** *adj* revolving; ~**er Sessel/Stuhl** swivel chair **II.** *adv* revolving; ~ **gelagert** pivoted

Drehbewegung *f* rotation, rotary motion; **eine ~ machen** to turn [*or* rotate] **Drehbleistift** *m* propelling [*or* AM mechanical] pencil **Drehbrücke** *f* TECH swing bridge **Drehbuch** *nt* FILM screenplay **Drehbuchautor(in)** *m(f)* FILM screenplay writer **Drehbühne** *f* THEAT revolving stage

drehen **I.** *vt* ❶ *(herumdrehen)* ▪**etw** ~ to turn sth ❷ *(verdrehen)* ▪**etw** ~ to turn [*or* move] sth; **den Kopf ~** to turn [*or* move] one's head ❸ *(durch Rollen zubereiten)* ▪**[sich** *dat*] **etw** ~ to roll sth [for oneself] ❹ FILM *(aufnehmen)* ▪**etw** ~ to shoot sth ❺ *(stellen)* ▪**etw** ~ to turn sth; ***dreh bitte das Radio etwas lauter/leiser*** can you turn the radio up/down a bit, please ❻ *(sl: hinkriegen)* ▪**etw** ~ to manage sth; ***keine Sorge, ich werde es schon irgendwie ~, dass wir unbeschadet aus dieser Affäre herauskommen*** don't worry, I'll make sure somehow that we get out of this affair unscathed; *s. a.* **Ding** ▸ WENDUNGEN: **wie man es auch dreht und wendet** however [*or* no matter how] you look at it, whichever way **II.** *vi* ❶ FILM *(Aufnahmen machen)* to shoot ❷ *(stellen)* ▪**an etw** ~ *dat* to turn sth; ***wer hat an der Heizung gedreht?*** who's been fiddling with the heating? ❸ *(wenden)* to turn round ❹ *(umspringen)* ▪**[auf etw** *akk*] ~ to change [*or* shift] ▸ WENDUNGEN: **daran ist nichts zu ~ und zu deuteln** there are no two ways about it **III.** *vr* ❶ *(rotieren)* to rotate [*or* revolve]; ▪**sich [um etw]** ~ to turn [about sth]; ***die Erde dreht sich um die Sonne*** the earth turns about [*or* goes round] the sun; ***das Auto geriet bei Glatteis ins Schleudern und drehte sich mehrmals*** the car skidded on the ice and spun [round] several times; *s. a.* **Kreis** ❷ *(sich um~)* ▪**sich** ~ to turn; **sich zur Seite/auf den Bauch/nach rechts ~** to turn to the side/on to one's stomach/to the right ❸ *(betreffen)* ▪**sich um etw** ~ to be about sth; ***das Gespräch dreht sich um Sport*** the conversation revolves around sport; ▪**sich darum ~, dass** the point is that; ▪**sich um jdn/etw** ~ to be about [*or* concern] sb/sth ▸ WENDUNGEN: **sich ~ und wenden** to try and get out of it; **alles dreht sich um jdn** everything revolves around sb, sb is always the centre [*or* AM -er] of attention; **jdm dreht sich alles** sb's head is spinning [*or* BRIT *a.* swimming]; *s. a.* **Tanz**

Dreher(in) <-s, -> *m(f)* lathe operator

Dreherlaubnis *f kein pl* FILM permission to film [*or* shoot]; **eine ~ erhalten** to be granted permission to film [*or* shoot] **drehfreudig** *adj* AUTO free-revving, willing to rev *pred,* revving willingly *pred* **Drehgenehmigung** <-, -en> *f* FILM permission to film [*or* shoot]; **eine ~ erhalten** to be granted permission to film [*or* shoot]

Drehkran *m* TECH rotary [*or* BRIT slewing] [*or* AM sluing] crane **Drehkreuz** *nt* turnstile **Drehleiter** *f* turntable ladder **Drehmoment** *nt* AUTO, PHYS torque **Drehorgel** *f* MUS barrel-organ **Drehort** *m* FILM location **Drehpause** *f* FILM break in shooting **Drehrestaurant** *nt* revolving restaurant **Drehschalter** *m* ELEK rotary switch **Drehscheibe** *f* ❶ *(fig: Angelpunkt, Zentrum)* hub ❷ *(runde, sich drehende Vorrichtung)* revolving disc ❸ *(Töpferscheibe)* potter's wheel **Drehspieß** *m* spit **Drehstrom** *m* ELEK three-phase current **Drehstuhl** *m* swivel chair **Drehtür** *f* BAU revolving door **Dreh- und Angelpunkt** *m* key [*or* central] issue

Drehung <-, -en> *f* revolution; ***eine Pirouette besteht aus einer Vielzahl rascher ~en um die eigene Achse*** you perform a pirouette by spinning round quickly a number of times; **eine ~ machen** to turn

Drehwurm *m* ▸ WENDUNGEN: **einen** [*o* **den**] ~ **haben** [*o* **kriegen**] *(fam)* to feel giddy

Drehzahl *f* AUTO, PHYS [number of] revolutions

[*or* revs] *pl*

Drehzahlbereich *m* AUTO rev [*or* [engine] speed] range; **hoher/niedriger** ~ high revs [*or* [engine] speed] **Drehzahlmesser** *m* AUTO rev[olution] counter

drei *adj* three; ***sie arbeitet für*** ~ she works for [*or* does the work of] three; ~ **viertel** three quarters; ~ **viertel ...** quarter to ... BRIT, quarter before ... AM; ***es ist*** ~ ***viertel vier*** it's quarter to four [*or* 3:45]; *s. a.* **acht**[1] ▶ WENDUNGEN: **aussehen, als könne man nicht bis** ~ **zählen** to look pretty empty-headed; **ehe man bis** ~ **zählen konnte** in the twinkling [*or* blink] of an eye, before you could say Jack Robinson [*or* AM lickety-split] *dated*

Drei <-, -en> *f* ① (*Zahl*) three ② KARTEN three; *s. a.* **Acht**[1] **4** ③ (*auf Würfel*) **eine** ~ **würfeln** to roll a three ④ (*Zeugnisnote*) C, satisfactory; ***er hat in Deutsch eine*** ~ he got a C in German ⑤ (*Verkehrslinie*) ■ **die** ~ the [number] three

Dreiachteltakt *m* MUS three-eight time **dreibändig** *adj inv* LIT in three volumes *pred,* three-volume *attr* **Dreibettzimmer** *nt* three-bed room **dreidimensional** *adj* three-dimensional

Dreieck *nt* MATH triangle ▶ WENDUNGEN: **im** ~ **springen** (*fam*) to go off the deep end [*or* berserk] [*or* ballistic] *fam*

dreieckig, **3-eckig**[RR] *adj* triangular

Dreieckstuch *nt* ① MODE triangular shawl ② MED triangular bandage **Dreiecksverhältnis** *nt* love [*or* BRIT *a.* eternal] triangle, ménage à trois; **ein** ~ **haben** to be [involved] in an eternal triangle

dreieinhalb *adj* ① (*3,5*) three and a half ② (*fam*) three and a half grand *no pl sl,* three and a half thou *fam sl; s. a.* **achteinhalb**

dreieinig *adj s.* **dreifaltig**

Dreieinigkeit <-> *f kein pl s.* **Dreifaltigkeit**

Dreier <-s, -> *m* ① (*fam: drei Richtige im Lotto*) three winning numbers [in the lottery] ② SCH (*fam*) [a] satisfactory [mark [*or* AM grade]] ▶ WENDUNGEN: **ein flotter** ~ (*sl*) a threesome *fam,* three-in-a-bed sex BRIT *sl*

dreierlei *adj inv attr* three [different]; *s. a.* **achterlei**

Dreierpack *m* pack of three **Dreierreihe** *f* row of three; ***die Ehrenkompanie war in*** ~ ***angetreten*** the guard of honour fell in three abreast

dreifach, **3fach** I. *adj* threefold; **in ~er Ausführung** in triplet, three copies of; **die ~e Menge** three times [*or* BRIT *a.* treble] the amount II. *adv* threefold, three times over

Dreifache, **3fache** *nt dekl wie adj* three times [*or* BRIT *a.* treble] the amount; *s. a.* **Achtfache**

Dreifachstecker *m* three-way adapter

dreifaltig *adj* REL triune

Dreifaltigkeit <-> *f kein pl* REL Trinity; **die Heilige** ~ the Holy Trinity

Dreifarbendruck *m* TYPO ① *kein pl* (*Verfahren*) three-colour [*or* AM -or] printing ② (*Bild*) three-colour print **Dreifelderwirtschaft** *f kein pl* AGR crop rotation [with three crops] **Dreifuß** *m* ① (*Schemel*) three-legged stool ② (*Untergestell*) trivet, tripod **Dreigangschaltung** *f* three-speed; **ein Fahrrad mit** ~ a three-speed [bicycle] **Dreigespann** *nt* ① (*Troika*) troika, three-horse carriage ② (*fam*) threesome; ***dieser Verlag wird von einem*** ~ ***aus Vater und zwei Söhnen geleitet*** this publishing house is run by a father and his two sons **Dreigroschenheft(chen)** *nt* (*pej*) a Mills and Boone BRIT, a Harlequin romance novel AM

dreihundert *adj* three hundred; *s. a.* **hundert**

dreihundertjährig *adj* three hundred-year-old *attr;* **das ~e Bestehen von etw feiern** to celebrate the tercentenary [*or* tercentennial] of sth

dreijährig, **3-jährig**[RR] *adj* ① (*Alter*) three-year-old *attr,* three years old *pred; s. a.* **achtjährig 1** ② (*Zeitspanne*) three-year *attr; s. a.* **achtjährig 2**

Dreijährige(r), **3-Jährige(r)**[RR] *f(m) dekl wie adj* three-year-old

Dreikampf *m* SPORT three-event [athletics] competition (*100-metre sprint, long jump and shot put*) **Dreikäsehoch** <-s, -s> *m* (*hum fam*) little fellow [*or* AM guy], BRIT *fam a.* [little] nipper **Dreiklang** *m* MUS triad **Dreikönige** *pl* REL Epiphany *no pl* **Dreikönigsfest** *nt* REL [feast of] Epiphany **Dreikönigstag** *m* REL Epiphany, Twelfth Night **dreiköpfig** *adj* three-person *attr; s. a.* **achtköpfig** **Dreiländereck** *nt* GEOG *region where three countries meet*

dreimal, **3-mal**[RR] *adv* three times, thrice *dated; s. a.* **achtmal** ▶ WENDUNGEN: ~ **darfst du raten!** (*fam*) I'll give you three guesses; **jdm alles erst** ~ **sagen müssen** (*fam*) to always have to repeat everything to sb, to always have to tell sb twice

dreimalig, **3-malig** *adj* three times over; *s. a.* **achtmalig**

Dreimaster <-s, -> *m* NAUT three-master **Dreimeilenzone** *f* JUR three-mile limit; **außerhalb/innerhalb der** ~ outside/inside the three-mile limit **Dreimeterbrett** *nt* three-metre [*or* AM -er] board **Dreiminutenei** *nt* KOCHK soft-boiled egg

drein *adv* (*fam*) *s.* **darein**

drein|blicken *vi* look **drein|fügen** *vr* ■ **sich** ~ to accept [*or* fit in with] it **drein|reden** *vi* DIAL ■ **jdm [bei etw]** ~ ① (*dazwischenreden*) to interrupt sb [during/in sth] ② (*sich einmischen*) to interfere in sb's else's business **drein|schauen** *vi s.* **dreinblicken** **drein|schlagen** *vi irreg* DIAL to restore order using [*or* by] force

Dreipunkt(sicherheits)gurt *m* AUTO lap and shoulder [*or* AM diagonal] seatbelt **Dreirad** *nt* (*fam*) tricycle **dreiräd(e)rig** *adj* three-wheeled **Dreisatz** *m kein pl* MATH rule [*or* proportion] of three **Dreisatzrechnung** *f* MATH rule of three [calculation] **Dreispeichen-Lenkrad** *nt* AUTO three-spoke steering wheel **Dreispitz** <-es, -e> *m* HIST tricorn[e], three-cornered hat **Dreisprung** *m* SPORT *kein pl* triple jump **dreispurig** *adj inv* three-lane *attr,* having [*or* with] three lanes *pred*

dreißig *adj* ① (*Zahl*) thirty; *s. a.* **achtzig 1** ② (*fam: Stundenkilometer*) thirty [kilometres [*or* AM -meters] an hour]; *s. a.* **achtzig 2**

Dreißig <-, -en> *f* thirty

dreißiger *adj*, **30er** *adj attr, inv* **die** ~ **Jahre** the thirties [*or* '30s] *pl; s. a.* **achtziger**

Dreißiger[1] <-s, -> *m* ■ **ein** ~ a '30s vintage

Dreißiger[2] <-, -> *f* thirty-pfennig stamp

Dreißiger[3] *pl* **in den ~n/Mitte der** ~ **sein** to be in one's thirties/mid-thirties; *s. a.* **Achtziger**[3]

Dreißiger(in) <-s, -> *m(f)* (*Mensch in den Dreißigern*) thirty-year-old [man/woman]

Dreißigerjahre *pl* ■ **die** ~ the thirties [*or* '30s]

dreißigjährig, **30-jährig**[RR] *adj attr* ① (*Alter*) thirty-year-old *attr,* thirty years old *pred* ② (*Zeitspanne*) thirty-year *attr*

Dreißigjährige(r), **30-Jährige(r)**[RR] *f(m) dekl wie adj* thirty-year-old

Dreißigpfennigmarke *f*, **30-Pfennig-Marke** *f* 30-pfennig stamp

dreißigste(r, s) *adj* thirtieth; *s. a.* **achte(r, s)**

dreist *adj* (*pej*) brazen *pej;* **~e Anspielung/Behauptung/Weise** barefaced [*or* shameless] allusion/claim/way; ■ ~ **sein/werden** to be/become bold [*or pej* brazen]

dreistellig, **3-stellig**[RR] *adj inv* three-figure *attr*

Dreistigkeit <-, -en> *f* ① *kein pl* (*dreiste Art*) brazenness, shamelessness, barefacedness; **die** ~ **besitzen** [*o* **haben**], **etw zu tun** to have the audacity [*or* nerve] [*or* BRIT cheek] to do sth ❷ (*dreiste Handlung*) brazen act

dreistöckig, **3-stöckig**RR *adj inv* three-storey *attr* [*or* AM -story], with three storeys **dreistündig**, **3-stündig**RR *adj* three-hour *attr; s. a.* **achtstündig** **Dreitagebart** *m* designer stubble **dreitägig**, **3-tägig**RR *adj* three-day *attr* **dreitausend** *adj* ❶ (*Zahl*) three thousand; *s. a.* **tausend 1** ❷ (*fam: 3000 DM*) three grand *no pl,* three thou *no pl sl,* three G's [*or* K's] *no pl* AM *sl* **Dreitausender** *m* mountain over 3,000 metres [*or* AM meters] **dreiteilig**, **3-teilig**RR *adj* FILM three-part; *Besteck* three-piece **Dreitürer** <-s, -> *m* AUTO (*fam*) three-door car [*or* model] **dreitürig** *adj* AUTO three-door *attr,* with three doors *pred*

dreiviertel *adj, adv inv s.* **drei 1**, **viertel**

Dreiviertel *nt* **in einem ~ ...** in three-quarters ...; ***in einem ~ der Zeit*** in three-quarters [of] the time; ***ich könnte Ihnen das zu einem ~ der Summe anbieten*** I could offer you that at three-quarters [of] the price

Dreiviertelärmel *m* MODE three-quarter [length] sleeve **dreiviertellang** *adj* MODE three-quarter [length] **Dreiviertelliterflasche** *f* three-quarter litre [*or* AM -er] bottle **Dreiviertelmehrheit** *f* three-quarter[s] majority **Dreiviertelstunde** *f* three-quarters of an hour, AM *usu* 45 minutes **Dreivierteltakt** *m* MUS three-four [*or* AM three-quarter] time

Dreiwegekatalysator *m* AUTO three-way catalytic converter [*or* catalyst]

Dreizack <-s, -e> *m* trident **Dreizehenmöwe** *f* ORN kittiwake

dreizehn *adj* thirteen; **~ Uhr** 1pm, 1300hrs *written,* thirteen hundred hours *spoken; s. a.* **acht**[1] ▶ WENDUNGEN: **jetzt schlägt's aber ~** (*fam*) enough is enough

dreizehnte(r, s) *adj* thirteenth; *s. a.* **achte(r, s)**

Dreizehntel *nt a.* MATH thirteenth; *s. a.* **Achtel**

Dreizimmerwohnung *f* three-room flat [*or* AM apartment]

Dresche <-> *f kein pl* (*fam*) thrashing, AM licking; **~ bekommen** [*o* **kriegen**] to get a thrashing

dreschen <drischt, drosch, gedroschen> **I.** *vt* ❶ AGR ■**etw ~** to thresh sth; *s. a.* **Phrase** ❷ (*fam: prügeln*) ■**jdn ~** to thrash sb; **jd grün und blau ~** to beat sb black and blue; **jdm eine ~** (*fam*) to land sb one BRIT; ■**sich ~** to fight [one another] **II.** *vi* ❶ AGR to thresh ❷ (*fam: schlagen*) to hit out ❸ (*fam: treten*) to kick out

Dreschflegel *m* AGR flail **Dreschmaschine** *f* AGR threshing machine

Dresden <-s> *nt* GEOG Dresden

DressRR <-es, -e> *m o* ÖSTERR *f,* **Dreß** <-sses, -sse> *m* SPORT [sports] kit; (*Fußball*) kit, BRIT *a.* strip

Dressierbeutel *m s.* **Spritzbeutel**

dressieren* *vt* ❶ (*abrichten*) ■**ein Tier [für etw] ~** to train an animal [to do sth]; ■**ein Tier [darauf] akk ~, etw zu tun** to train an animal to do sth; *s. a.* **Mann 1** ❷ (*pej: disziplinierend zwingen*) ■**jdn ~** to drill sb ❸ KOCHK (*mit Spritzbeutel auftragen*) ■**etw ~** to pipe sth ❹ KOCHK (*bratfertig binden*) **einen Vogel/Braten ~** to truss a bird/roast

Dressing <-s, -s> *nt* KOCHK ❶ (*Salatsoße*) dressing ❷ (*Kräuter- oder Gewürzmischung*) marinade

Dressman <-s, -men> ['drɛsmən] *m* MODE male model

Dressur <-, -en> *f* ❶ (*das Dressieren*) training ❷ (*eingeübte Fertigkeit*) trick ❸ (*pej: das Abrichten*) disciplining, conditioning

dribbeln *vi* SPORT to dribble

driften *vi sein* (*a. fig*) to drift *a. fig*

Drill <-[e]s> *m kein pl* drill

Drillbohrer *m* drill

drillen *vt* ■**jdn ~** to drill sb; ■**jdn auf etw ~** *akk* to drill sb in sth [*or* sth into sb]; ■**auf etw** *akk* **gedrillt sein** (*fam*) to be drilled in sth

Drillich <-s, -e> *m* MODE drill

Drillichanzug *m* MODE dungarees *npl* **Drillichzeug** *nt kein pl* MODE dungarees *npl,* overalls *npl*

Drilling <-s, -e> *m* ❶ (*Geschwister*) triplet; ■**~e** [a set of] triplets; **~e bekommen** to have triplets ❷ JAGD triple-barrelled [*or* AM -eled] shotgun

drin *adv* (*fam*) ❶ (*darin*) in it; ***im Krug ist noch etwas ~*** there's still something left in the jug; *s. a.* **darin 1** ❷ (*drinnen*) inside; ***ich bin hier ~*** I'm in here; ***du bleibst ~, du warst unartig!*** you're staying indoors [*or* inside], you've been naughty! ▶ WENDUNGEN: **in etw** *dat* **~ sein** to get into sth; **etw ist [bei jdm] ~** (*fam*) sth is possible [from sb]; ***so viel ist bei mir nicht ~!*** I can't afford [to pay] that much!; **bei jdm ist alles ~** anything is possible with sb; **für jdn ist noch alles ~** anything is still possible for sb

dringen <drang, gedrungen> *vi* ❶ *sein* (*stoßen*) ■**durch etw/in etw ~** *akk* to penetrate sth; **durch die Bewölkung/den Nebel/in den Nachthimmel ~** to pierce the cloud/fog/the night sky ❷ *sein* (*durch etw vorwärts kommen*) ■**durch etw ~** to force one's [*or* its] way through sth ❸ *sein* (*vor~*) ■**an etw** *akk*/**zu jdm ~** to get through to [*or* reach] sth/sb; ***an die Öffentlichkeit ~*** to leak to the public ❹ *haben* (*auf etw bestehen*) ■**auf etw ~** *akk* to insist on sth; **auf mehr Gehalt ~** to demand more pay [*or* a higher salary]; ■**darauf ~, etw zu tun/dass etw getan wird** to insist on sth being done/that sth be done ❺ *sein* (*bestürmen*) ■**[mit etw] in jdn ~** to press sb [with sth]; **mit Bitten/Fragen in jdn ~** to bombard sb with requests/questions

dringend I. *adj* ❶ (*schnell erforderlich*) urgent, pressing; **etw ~ machen** (*fam*) to make sth a priority; **ein ~er Fall/eine ~e Operation** MED an emergency ❷ (*nachdrücklich, zwingend*) strong; **~er Aufruf/~e Bitte** urgent call/request; **~e Gründe** compelling reasons; **~e Warnung** dire warning **II.** *adv* ❶ (*schnellstens*) urgently ❷ (*nachdrücklich*) strongly ❸ (*unbedingt*) absolutely; ***ich muss dich ~ sehen*** I really need to [*or* must] see you

dringlich *adj s.* **dringend 1**

Dringlichkeit <-> *f kein pl* urgency

Dringlichkeitsanfrage *f* POL emergency question **Dringlichkeitsantrag** *m* POL emergency motion

drinhängen *vi irreg* (*fam*) *s.* **drinstecken 3, 4**

Drink <-s, -s> *m* drink; **jdm einen ~ machen** [*o* **mixen**] to make [*or* mix] [*or* AM *a.* fix] sb a drink

drinnen *adv* (*in einem Raum*) inside; **dort** [*o* **da**]/**hier ~** in there/here; (*im Haus*) indoors, inside; ***ich gehe jetzt nach ~*** I'm going indoors [*or* inside] now; **von ~** from [the] inside

drin|sein *vi irreg* (*fam*) *s.* **drin 3** **drin|sitzen** *vi irreg* ÖSTERR, SÜDD (*fam*) to be in [a bit of] a jam, to be in a real [*or* right] [*or* pretty] pickle BRIT, to be up the creek AM **drin|stecken** *vi* (*fam*) ■**in etw** *dat* **~** ❶ (*sich in etw befinden*) to be in sth ❷ (*investiert sein*) to go into sth; ***man merkt, dass da viel Arbeit/Liebe drinsteckt*** you can see that a lot of work/love has gone [*or* been put] into that ❸ (*direkt mit etw befasst sein*) to be involved in sth; *s. a.* **Ohr** ❹ (*verwickelt sein*) to be involved [*or* mixed up] in sth **drin|stehen** *vi* ❶ (*in etw stehen*) to be in it; ■**in etw** *dat* **~** to be in sth ❷ (*verzeichnet sein*) ■**in etw** *dat* **~** to be in sth; ***es stand also in dieser Zeitung drin?*** it was in this paper, was it?

drisch *imper sing von* **dreschen**

dritt *adv* ■**zu ~ sein** to be three together; ***wir waren zu ~*** there were three of us

drittälteste(r, s) *adj* third oldest; **~er Nachkomme**

third eldest [*or* oldest] descendant

dritte(r, s) *adj* ❶ (*nach dem zweiten kommend*) third; **die ~ Klasse** primary three BRIT, third grade AM; *s. a.* **achte(r, s) 1** ❷ (*Datum*) third, 3rd; *s. a.* **achte(r, s) 2**

Dritte(r) *f(m) dekl wie adj* ❶ (*dritte Person*) third; (*Unbeteiligter*) third party; **der ~ im Bunde sein** to make up a trio [*or* threesome]; *s. a.* **Achte(r) 1** ❷ (*bei Datumsangaben*) ■ **der ~** [*o geschrieben* **der 3.**] the third *spoken*, the 3rd *written*; *s. a.* **Achte(r) 2** ❸ (*Namenszusatz*) **Ludwig der ~** *gesprochen* Louis the Third; **Ludwig III.** *geschrieben* Louis III ❹ SCH **die D~** (*fam*) primary three BRIT, third grade AM ▶ WENDUNGEN: **der lachende ~** [the] tertius gaudens *rare* (*a third party that benefits from a dispute between two others*); **wenn zwei sich streiten, freut sich der ~** (*prov*) when two people quarrel, a third rejoices *prov*

drittel *adj* third

Drittel <-s, -> *nt o* SCHWEIZ *m* third; *s. a.* **Achtel**

dritteln *vt* ■ **etw ~** to divide [*or* split] sth three ways [*or* into three parts]

drittens *adv* thirdly

Dritte-Welt-Laden *m* Third World import store (*shop which sells products from the Third-World countries to support them*) **Dritte-Welt-Land** *nt* Third World country

drittgrößte(r, s) *adj* third-largest [*or* biggest] **dritthöchste(r, s)** *adj* third-highest **drittklassig** *adj* (*pej*) third-rate *pej* **Drittklässler(in)**[RR], **Drittkläßler** <-s, -> *m* SCH (*fam*) primary three [*or* P3] pupil BRIT, third-grader AM **Drittland** *nt* third country **drittletzte(r, s)** *adj* ■ **der/die/das ~** the third [from] last

Drive-in <-s, -s> ['draɪfɪn] *nt* drive-in [restaurant]

DRK <-> *nt Abk von* **Deutsches Rotes Kreuz** German Red Cross

droben *adv* (*geh*) up there; **dort ~** up there

Droge <-, -n> *f* PHARM ❶ (*Rauschgift*) drug *a. fig;* ***für einen Arbeitswütigen ist die Arbeit eine ~*** work is like a drug for a workaholic; **~n nehmen** to take [*or sl* do] drugs; **unter ~n stehen** to be on drugs ❷ (*Arzneistoff*) drug

dröge *adj* NORDD ❶ (*trocken*) dry ❷ (*langweilig*) boring

Drögeler(in) <-s, -> *m(f)* SCHWEIZ drug addict

drogenabhängig *adj* addicted to drugs *pred;* ■ **~ sein** to be a drug addict; **jdn ~ machen** to get sb addicted to drugs; **Crack/ein Dealer hat ihn ~ gemacht** crack/a dealer got him addicted to [*or* hooked on] drugs [*or* turned him into a drug addict] **Drogenabhängige(r)** *f(m) dekl wie adj* drug addict **Drogenabhängigkeit** *f* drug addiction **Drogenbekämpfung** *f kein pl* war on [*or* BRIT *a.* fight against] drugs **Drogenboss**[RR], **Drogenboß** *m* drug baron, drugs boss **Drogenhandel** *m* drug trafficking [*or* trade] **Drogenkonsum** *m* drug-taking **Drogenkonsument(in)** *m(f)* drug consumer [*or* AM user] **Drogenmissbrauch**[RR] *f kein pl* drug abuse **Drogensucht** *f s.* **Drogenabhängigkeit** **drogensüchtig** *adj s.* **drogenabhängig** **Drogensüchtige(r)** *f(m) dekl wie adj s.* **Drogenabhängige(r)** **Drogenszene** *f* drug scene **Drogentod** *m* death from an overdose [of drugs] **Drogentote(r)** *f(m) dekl wie adj sb who died of drug abuse*

Drogerie <-, -n> [-'riːən] *f* chemist's [shop] BRIT, drug store AM

Drogist(in) <-en, -en> *m(f)* chemist

Drohbrief *m* threatening letter

drohen **I.** *vi* ❶ (*physisch und moralisch be~*) ■ **[jdm] mit etw ~** to threaten [sb] with sth; ***die Arbeiter drohten mit Streik*** the union threatened to strike; ■ **[jdm] ~, etw zu tun** to threaten to do sth [to sb] ❷ (*unangenehmerweise bevorstehen*) ■ **[jdm/einer S.] ~** to threaten [sb/sth]; ***es droht ein Gewitter*** a storm is threatening [*or* about to break]; ***ein neuer Konflikt/Krieg droht*** there is the threat of renewed conflict/war; **jdm droht etw** sb is threatened by [*or* in danger of] sth; ***dir droht Gefahr/der Tod*** you're in danger/mortal danger [*or* danger of being killed]; **etw** *dat* **droht [etw]** sth threatens [sth]; ***vielen schönen Altbauten droht der Abriss*** a number of beautiful old buildings are under threat of being demolished **II.** *aux* ■ **~, etw zu tun** to be in danger of doing sth; ***die Zeitbombe drohte jeden Moment zu explodieren*** the time bomb was threatening to explode at any moment

drohend **I.** *adj* ❶ (*einschüchternd*) threatening, menacing ❷ (*bevorstehend*) impending, imminent **II.** *adv* threateningly

Drohgebärde *f* ❶ (*drohende Gebärde*) threatening gesture ❷ (*drohende Aktion*) threatening move

Drohne <-, -n> *f* ❶ (*männliche Biene*) drone ❷ (*pej: Schmarotzer*) parasite, sponger

dröhnen *vi* ❶ (*dumpf klingen*) to roar; *Donner* to roll, to rumble; *Lautsprecher, Musik, Stimme* to boom ❷ (*dumpf widerhallen*) **jdm dröhnt der Kopf** [*o* **Schädel**]/**dröhnen die Ohren** sb's head is/ears are ringing ❸ (*dumpf vibrieren*) to reverberate

dröhnend *adj* reverberating; **~er Applaus** resounding [*or* echoing] applause; **~er Lärm** droning noise; **~es Gelächter** raucous laughter; **~e Stimme** booming voice

Drohung <-, -en> *f* threat; **eine leere/keine leere ~** an/no empty threat; **eine offene ~** an explicit [*or* overt] threat; **eine versteckte ~** a veiled [*or* an implicit] threat

drollig *adj* ❶ (*belustigend*) funny, amusing [*or* comical] ❷ (*niedlich*) sweet *esp* BRIT, cute *esp* AM ▶ WENDUNGEN: **werd' nicht ~!** don't get funny

Dromedar <-s, -e> *nt* ZOOL dromedary

Drops <-, – *o* -e> *m o nt* fruit drop; **saure ~** acid drop

drosch *imp von* **dreschen**

Droschke <-, -n> *f* (*veraltend*) ❶ (*Pferde~*) hackney cab [*or* carriage], coach ❷ (*veraltend: Taxi*) [taxi-]cab

Drosophila <-, -s> *f* ZOOL drosophila

Drossel <-, -n> *f* ORN thrush

drosseln *vt* ❶ (*kleiner stellen*) ■ **etw ~** to decrease sth; **die Heizung ~** to turn the heating [*or* AM heater] down ❷ (*verringern*) ■ **etw [auf etw** *akk*/**um etw] ~** *Einfuhr, Produktion, Tempo* to reduce sth [to sth/by sth]

Dross(e)lung[RR], **Droßlung** <-, -en> *f* reduction, cutback; ***eine ~ der Importe*** a reduction [*or* cutback] in imports

drüben *adv* over there; **da ~** over there; **nach ~** over there; **von ~** from over there

drüber *adv* (*fam*) across [*or* over] [there]; ***ich muss da ~*** I must get across [*or* over] [that]; **~ hüpfen/springen** to hop/jump over [it]

drüber|hüpfen *vi* (*fam*) *s.* **drüber** **drüber|springen** *vi* (*fam*) *s.* **drüber**

Druck[1] <-[e]s, Drücke> *m* ❶ PHYS pressure; **unter ~ stehen** to be under pressure ❷ *kein pl* (*Zwang*) pressure; **~ bekommen** (*fam*) to be put under pressure; **in ~ sein, unter ~ stehen** to be pressed for time; **~ [hinter etw** *akk*] **machen** (*fam*) to put some pressure [*or* bring some pressure to bear] on [sth]; **jdn unter ~ setzen** [*o* **~ auf jdn ausüben**] to put [*or* exert] pressure on sb, to pressurize sb ❸ (*drückendes Gefühl*) pressure; ***ich habe so einen ~ im Kopf*** I have such a feeling of pressure in my head ❹ (*das Drücken*) pressure; ***die Raketen werden durch einen ~ auf jenen Knopf dort gestartet*** the missiles are released by pressing this button; **~ auf etw** *akk* **aus-**

üben (*geh*) to put [*or* exert] pressure on sth ❺ (*sl: Rauschgiftspritze*) fix *sl* ▸ WENDUNGEN: ~ **erzeugt Gegendruck** pressure creates resistance

Druck² <-[e]s, -e> *m* ❶ TYPO (*das Drucken*) printing; ***Satz und ~ von F. Schmidtmann & Söhne*** [type-]setting and printing by F. Schmidtmann & Sons; **in ~ gehen** to go into print [*or* to press]; **etw in ~ geben** to send sth to print [*or* press]; **im ~ sein** to be in print ❷ TYPO (*Druckwerk*) printed work, publication; (*Kunst~*) [art] print ❸ TYPO (*Art des Drucks*) print ❹ MODE (*bedruckter Stoff*) print

Druckabfall *m* PHYS pressure drop, fall [*or* drop] in pressure **Druckanstieg** *m* PHYS rise [*or* increase] in pressure **Druckanzug** *m* pressure suit **Druckausgleich** *m* PHYS pressure balance **Druckbehälter** *m* TECH pressure tank **Druckbleistift** *m* propelling [*or* AM mechanical] pencil

Druckbogen *m* printed sheet **Druckbuchstabe** *m* printed letter; **in ~n** in block capitals; ***„das Blatt bitte in ~n ausfüllen"*** "please fill out the form in block capitals"

Drückeberger <-s, -> *m* (*pej fam*) shirker *pej*

Drückebergerei <-> *f kein pl* (*pej fam*) shirking *pej*

druckempfindlich *adj* sensitive to pressure *pred;* **eine ~e Frucht** a fruit that is easily bruised

drucken I. *vt* ❶ (*vervielfältigen*) ■ **[jdm] etw ~** to print sth [for sb] ❷ (*auf~*) ■ **etw auf etw ~** *dat* to print sth on sth; *s. a.* **gedruckt** II. *vi* TYPO to print

drücken, drucken DIAL I. *vt* ❶ (*pressen*) ■ **etw ~** to press sth; **einen Knopf ~** to push [*or* BRIT *a.* press] a button; ■ **etw aus etw ~** to squeeze sth from sth; **Saft aus Früchten ~** to squeeze juice from fruit ❷ (*umarmen*) ■ **jdn [an etw** *akk*] ~ to hug sb, to press sb [to sth]; ***ich will dich an meine Brust ~*** I want to hug you [*or* press you to my breast]; *s. a.* **Daumen, Hand** ❸ (*schieben*) ■ **jdn ~** *akk* to push sb; ■ **etw ~** to push sth; ***er drückte den Hut in die Stirn*** he pulled his hat down over his forehead, brow ❹ (*ein Druckgefühl auslösen*) ■ **jdn ~** to be too tight for sb; ***die Schuhe ~ mich*** the shoes are pinching my feet; **das fette Essen drückte ihn** the fatty food lay heavily on his stomach BRIT; **der Rucksack/Sack drückte ihn** the backpack [*or* BRIT *a.* rucksack]/sack weighed him down ❺ (*herabsetzen*) ■ **etw ~** to lower sth [*or* bring sth down] ❻ (*be~*) ■ **jdn ~** to weigh heavily on sb II. *vi* ❶ (*Druck hervorrufen*) to pinch; ***der Rucksack drückt auf den Schultern*** the rucksack is weighing heavily on my shoulders; **im Magen ~** to lay heavily on one's stomach BRIT; *s. a.* **Blase** ❷ (*pressen*) ■ **[auf etw** *akk*] ~ to press [sth]; **auf einen Knopf ~** to push [*or* BRIT *a.* press] a button; ***„bitte ~"*** "push"; ■ **an etw ~** *dat* to squeeze sth ❸ METEO (*schwül sein*) to be oppressive ❹ (*bedrückend sein*) to weigh heavily ❺ (*negativ beeinträchtigen*) ■ **auf etw ~** *akk* to dampen sth ❻ (*Druck auf den Darm ausüben*) to push ❼ (*sl: Rauschgift spritzen*) to shoot up *sl* III. *vr* ❶ (*sich quetschen*) ■ **sich ~** + *Ortsangabe* to squeeze; **sich an die Wand ~** to squeeze up against the wall; **sich in einen Hausgang ~** to huddle in a doorway; **sich aus einem Zimmer ~** to slip out of a room ❷ (*fam: sich einer S. entziehen*) ■ **sich [vor etw** *dat*] ~ to shirk [*or* dodge] [sth]; ■ **sich [um etw] ~** to shirk [*or* get out of] [*or* avoid] [doing sth]

drückend *adj* ❶ (*lastend*) heavy; **~e Armut** grinding [*or* extreme] poverty *esp* AM; **~e Sorgen** serious [*or* grave] concerns; **~e Stimmung** oppressive atmosphere ❷ METEO oppressive

Drucker <-s, -> *m* INFORM printer

Drucker(in) <-s, -> *m(f)* printer

Drücker <-s, -> *m* ❶ ELEK [push-]button ❷ (*Abzug*) trigger ❸ TECH (*Klinke*) handle; (*am Türschloss*) latch ▸ WENDUNGEN: **auf den letzten ~** (*fam*) at the last minute; **am ~ sein** [*o* **sitzen**] (*fam*) to be in charge

Drücker(in) <-s, -> *m(f)* (*fam*) door-to-door salesman for [*or* BRIT *a.* hawker of] newspaper/magazine subscriptions

Druckerei <-, -en> *f* printing house [*or* BRIT *a.* works], printer's, AM printery

Druckerin <-, -nen> *f fem form von* **Drucker**

Drückerin <-, -nen> *f fem form von* **Drücker**

Drückerkolonne *f* (*fam*) group of newspaper/magazine subscription salespeople [*or* BRIT *a.* hawkers]

Druckerlaubnis *f* MEDIA permission to print, imprimatur

Druckerpresse *f* printing press **Druckerschwärze** *f* TYPO printer's [*or* printing] ink **Druckertreiber** *m* INFORM printer driver

Druckerzeugnis *nt* MEDIA printed work (*any piece of printed material*) **Druckfahne** *f* galley proof BRIT, galley AM **Druckfarbe** *f* printing colour [*or* AM -or] **Druckfehler** *m* MEDIA misprint, typographical [*or* printer's] error **druckfertig** *adj inv* TYPO ready to print [*or* for press] *pred* **druckfrisch** *adj* MEDIA hot off the press *pred*

druck|garen *vt* ■ **etw ~** KOCHK to pressure-cook sth **Druckgarer** *m,* **Druckkochtopf** *m* pressure cooker **Druckgefühl** *nt* feeling of pressure **Druckkabine** *f* LUFT, RAUM pressurized cabin **Druckknopf** *m* MODE press-stud BRIT, stud fastener AM

Druckkosten *pl* MEDIA printing costs *pl*

Druckluft *f kein pl* PHYS compressed air **Druckluftbremse** *f* AUTO air brake

Druckmaschine *f* printing press

Druckmesser *m* TECH pressure gauge **Druckmittel** *nt* means of bringing pressure to bear; **jdn/etw als ~ benutzen** [*o* **einsetzen**] to use sb/sth as a means of exerting pressure

Druckplatte *f* printing plate **Druckpresse** *f s.* **Druckmaschine** **druckreif** *adj* MEDIA ready for publication [*or* press] *pred* **Drucksache** *f* printed matter; **als ~ schicken** [*o* **versenden**] to send at printed matter rate [*or* as printed matter] **Druckschrift** *f* ❶ TYPO print type[s]; **in ~ ausfüllen/schreiben** to print ❷ (*geheftetes Druckerzeugnis*) pamphlet

drucksen *vi* (*fam*) to hum and haw BRIT, be indecisive

Druckstelle *f* mark [where pressure has been applied]; ***sie suchte sich nur Pfirsiche ohne ~n aus*** she chose only the peaches without bruises **Drucktaste** *f* TECH push-button; (*auf einer Tastatur*) key **Drucktype** *f* type

druckunempfindlich *adj* insensitive to pressure *pred* **Druckverband** *m* MED pressure bandage

Druckverfahren *nt* printing process **Druckvorlage** *f* printer's copy

Druckwasserreaktor *m* TECH pressurized water reactor **Druckwelle** *f* PHYS shock wave

Druckwerk *nt* MEDIA printed work, publication

Drudenfuß *m* HIST pentagram

druff *adv* DIAL (*fam*) *s.* **drauf**

Druide <-n, -n> *m* REL, HIST druid

drum *adv* (*fam*) that's why; ***... ~ frage ich ja!*** ... that's why I'm asking! ▸ WENDUNGEN: **das Drum und Dran** the whole works, everything to do with sth; **alles/das [ganze] Drum und Dran** all the details [*or* no beating about the bush]; **mit allem Drum und Dran** with all the trimmings; **~ rum** [*o* **herum**] all [a]round; **sei's ~!** be that as it may; *s. a.* **darum**

Drumherum <-s> *nt kein pl* (*fam*) ■ **das [ganze] ~** all the trappings

Drummer(in) <-s, -> ['dramɐ] *m(f)* MUS drummer

drunten *adv* DIAL (*da unten*) down there

drunter *adv* ❶ (*fam: unter einem Gegenstand*) underneath ❷ (*fam: unter einem Begriff*) ***da kann ich***

mir nichts ~ vorstellen that means nothing to me, I can't make head [n]or tail of it ▶ WENDUNGEN: **das Drunter und Drüber** the confusion; **alles geht ~ und drüber** everything is at sixes and sevens [*or* in confusion], I'm [he's/she's/etc.] all at sea; *s. a.* **darunter**

Drüse <-, -n> *f* ANAT gland; **etw mit den ~n haben** (*fam*) to have sth wrong with one's glands [*or* gland trouble]

Drüsenzelle *f* BIOL glandular cell

DSB <-s> *m Abk von* **Deutscher Sportbund** *German umbrella organization for sports*

Dschibuti <-s> *nt* BRD, ÖSTERR Djibouti, Jibuti; *s. a.* **Deutschland**

Dschibutier(in) <-s, -> *m(f)* Djiboutian; *s. a.* **Deutsche(r)**

dschibutisch *adj* BRD, ÖSTERR Djiboutian; *s. a.* **deutsch**

Dschungel <-s, -> *m* GEOG jungle ▶ WENDUNGEN: **der ~ der Großstadt** (*geh*) the city jungle BRIT; **der ~ der Paragraphen** (*geh*) the maze of legal bureaucracy

Dschunke <-, -n> *f* NAUT junk

DTP <-> *nt* INFORM *Abk von* **Desktoppublishing** DTP

dt(sch). *adj Abk von* **deutsch** G

Dtzd. *Abk von* **Dutzend** doz.

du <*gen* deiner, *dat* dir, *akk* dich> *pron pers* ❶ *2. pers sing* you; ***he, ~ da!*** hey, you there!; ***~, kann ich dich mal was fragen?*** listen, can I ask you something?; ***~, der ~ es erlebt hast*** you, who has experienced it; ***~ bist es*** it's you; ***bist ~ das, Peter?*** is it you Peter?; ***mach ~ das doch gefälligst selber!*** do it yourself!; ***~, kannst ~ mir mal helfen?*** hey, can you help me?; ***~, ich muss jetzt aber gehen!*** look [*or* listen], I have to go now!; ■ **... und ~?** what about you?; ■ **~ ...!** you ...!; ***~ Idiot!*** you idiot!; **mit jdm per ~ sein** to use the "du" form [*or* familiar form of address] with sb; **~ [zu jdm] sagen** to use the "du" form [*or* familiar form of address] with sb; **~, ~!** (*fam*) watch it ❷ (*poet*) thou; ***sei mir gegrüßt, ~ meine Heimat/ mein Vaterland!*** greetings, thou, my homeland/fatherland! ❸ (*man*) you; ***ob ~ willst oder nicht, ...*** whether you want to or not [*or* like it or not], ...

Du <-[s], -[s]> *nt* you, "du" (*familiar form of address*); **jdm das ~ anbieten** to suggest that sb use the familiar form of address [*or* uses the "du" form]

Dualsystem *nt* MATH binary system

Dübel <-s, -> *m* BAU dowel, plug

dübeln *vt* ■ **etw [an etw** *akk*] **~** to fix [*or* attach] sth [to sth] using plugs [*or* dowels]

dubios *adj* (*geh*) dubious

Dublee <-s, -s> *nt* rolled gold

Dublette <-, -n> *f* ❶ (*doppeltes Exemplar*) duplicate ❷ (*Edelsteinimitat*) doublet

Dublin <-s> ['dablɪn] *nt* GEOG Dublin

ducken I. *vr* ❶ (*sich rasch bücken*) ■ **sich [vor etw** *dat*] **~** to duck [sth]; **den Kopf ~** to duck [*or* lower] one's head; ***das Kind duckte sich ängstlich in eine Ecke*** the child cowered in a corner ❷ (*den Kopf einziehen*) ■ **sich ~** to stoop ❸ (*pej: sich unterwürfig zeigen*) ■ **sich ~** to humble oneself II. *vt* ❶ (*einziehen*) ■ **etw ~** to duck sth; **den Kopf ~** to duck [*or* lower] one's head ❷ (*unterdrücken*) ■ **jdn ~** to oppress sb III. *vi* (*pej*) to submit

Duckmäuser(in) <-s, -> *m(f)* (*pej*) yes-man

duckmäuserisch I. *adj* (*pej*) grovelling [*or* AM -l-], obsequious *form* II. *adv* (*pej*) grovellingly [*or* AM -l-], obsequiously *form*

Dudelei <-, -en> *f* (*pej*) racket *fam; von Flöte* tootling; *von Lautsprecher* blare

dudeln I. *vi* (*pej fam*) to drone [on]; *Drehorgel* to grind away; *Flöte* to tootle; *Lautsprecher* to blare II. *vt* (*pej fam*) ■ **etw ~** to drone [sth] on and on; ***die Lautsprecher dudelten immer wieder die gleichen Lieder*** the loudspeakers blared out the same songs over and over again; (*auf der Flöte spielen*) to tootle sth [on the flute]

Dudelsack *m* MUS bagpipes *pl*

Dudelsackspieler(in) *m(f)* MUS bagpipe-player, [bag]piper

Duell <-s, -e> *nt* duel; **ein ~ [mit jdm] austragen** to fight a duel [with sb]; **jdn zum ~ [heraus]fordern** to challenge sb to a duel

Duellant(in) <-en, -en> [duɛ'lant] *m(f)* duellist, duelist AM

duellieren* [duɛ'li:rən] *vr* ■ **sich ~** to [fight a] duel; ■ **sich [mit jdm] ~** to [fight a] duel [with sb]

Duett <-[e]s, -e> *nt* MUS duet; **[etw] im ~ singen** to sing [sth] as a duet

Duffinbohne *f* KOCHK lima bean

Dufflecoat <-s, -s> ['dʌflkoʊt] *m* MODE duffel[*or* duffle]-coat

Duft <-[e]s, Düfte> *m* [pleasant] smell; *einer Blume* fragrance, scent, perfume; *von Parfüm* scent; *von Essen, Kaffee* aroma, smell; *von Gewürzen* aroma, fragrance

dufte *adj* DIAL (*sl: hervorragend*) great *fam*, smashing BRIT *fam*; ***guck mal, die Frau da, ist die nicht ~?*** look at her, isn't she a cracker? *fam*; ***das finde ich ~*** [I think] that's great [*or* smashing] *fam*

duften I. *vi* ■ **[nach etw] duften** to smell [of sth]; ***hm, wie gut du duftest*** mmm, you smell nice II. *vi impers* ■ **es duftet [nach etw]** it smells [*or* there is a smell] [of sth]

duftend *adj attr* fragrant

duftig *adj* MODE gossamer

Duftmarke *f* JAGD scent mark **Duftnote** *f* ❶ (*Duft von besonderer Prägung*) [a particular type of] scent [*or* fragrance]; **eine schwere/etwas herbe/süßliche ~** a strong/slightly acrid/sweet scent [*or* fragrance] ❷ (*pej: Ausdünstung*) smell, odour [*or* AM -or] **Duftreis** *m* basmati rice **Duftsensation** *f* fragrant sensation **Duftstoff** *m* ❶ CHEM aromatic substance ❷ BIOL scent, odour [*or* AM -or] **Duftwasser** *nt* (*hum*) perfume, scent, BRIT toilet water **Duftwolke** *f* cloud of perfume

Duisburg <-s> ['dy:s-] *nt* Duisburg

Dukaten <-s, -> *m* HIST ducat

Dukatengold *nt* fine [*or* ducat] gold **Dukatenscheißer** *m* ▶ WENDUNGEN: **einen ~ haben** (*sl*) to be [absolutely] loaded [*or* stinking rich] *fam*; **ein ~ sein** (*sl*) to be made of money [*or fam* loaded]

dulden I. *vi* (*geh*) to suffer; **klaglos/widerspruchslos ~** to suffer in silence II. *vt* ❶ (*zulassen*) ■ **etw ~** to tolerate sth ❷ (*tolerieren*) ■ **jdn ~** to tolerate sb; ***ich will dich für ein paar Tage ~*** I'll put up with [*or* tolerate] you for a few days ❸ (*geh: er~*) ■ **etw ~** to endure sth

Dulder(in) <-s, -> *m(f)* (*geh*) silent sufferer

Duldermiene *f* (*iron*) martyred expression; **eine ~ aufsetzen** to put on a martyred expression [*or* an air of silent suffering]; **mit ~** with a martyred expression [*or* an air of silent suffering]

duldsam *adj* ■ **~ [jdm/einer S. gegenüber] sein** to be tolerant [of [*or* towards] sb/sth]

Duldsamkeit <-> *f kein pl* tolerance *no pl*

Duldung <-, *selten* -en> *f* toleration; **mit [o unter] [stillschweigender/offizieller] ~** with [tacit/official] permission

Duma <-> *f kein pl* (*russische Parlament*) ■ **die ~** the Duma

Dumdumgeschoss[RR] *nt* dumdum [bullet]

dumm <dümmer, dümmste> I. *adj* ❶ (*geistig beschränkt*) stupid, thick, dense ❷ (*unklug, unvernünf-

tig) foolish; ***wirklich kein ~ er Vorschlag*** that's not a bad idea at all; ■**es wäre ~, etw zu tun** it would be foolish to do sth; ■**so ~ sein, etw zu tun** stupid enough to do sth; ■**etwas Dummes** something foolish; ***so etwas Dummes!*** how foolish!; *s. a.* **Gesicht** ③ (*albern*) silly; ■**jdm zu ~ sein/werden** to be/become too much for sb; ***diese Warterei wird mir jetzt zu ~, ich gehe!*** I've had enough of waiting around [*or* I've been waiting around long enough], I'm going [*or* off]! ④ (*ärgerlich, unangenehm*) *Gefühl* nasty; *Geschichte, Sache* unpleasant; **zu ~** (*fam*) ***es ist zu ~, dass er nicht kommen kann*** [it's] too bad that he can't come; ***zu ~, jetzt habe ich mein Geld vergessen!*** [oh] how stupid [of me], I've forgotten my money; [***es ist***] ~ [***, dass***] it's a pity [that] **II.** *adv* stupidly; ***frag nicht so ~*** don't ask such stupid questions ▸ WENDUNGEN: **~ und dämlich** (*fam*) **sich ~ und dämlich reden** to talk until one is blue in the face; **sich ~ und dämlich suchen** to search high and low; **sich ~ und dämlich verdienen** to earn a fortune; **jdm ~ kommen** (*fam*) to be insolent to sb [*or* BRIT *a.* cheeky]; **~ dastehen** to look [*or* to be left looking] stupid, to not lift a little finger to help; **sich ~ stellen** to act stupid; **jdn für ~ verkaufen** (*fam*) to take sb for a ride

Dummchen <-s, -> *nt* (*fam*) *s.* **Dummerchen**

dummdreist *adj* impudent

Dumme(r) *f(m) dekl wie adj* (*fam*) idiot, fool *esp* BRIT, goof AM; ***der muss einer von den ganz ~n sein*** he must be a right [*or* prize] idiot BRIT; ***dann kannst du aber kein ganz ~r sein*** you can't be that [*or* completely] stupid; **einen ~n finden** to find some idiot [*or* BRIT a mug] *fam;* **der ~ sein** to be left holding the baby [*or* BRIT carrying the can] *fig,* take responsibility for a mistake ▸ WENDUNGEN: **die ~n sterben nicht aus, die ~n werden nicht alle** there's one born every minute

Dummejungenstreich *m* (*fam*) foolish [*or* silly] childish prank

Dummenfang *m kein pl* (*pej*) attempt to dupe gullible people; **auf ~ ausgehen** [*o* **sein**] to attempt to dupe gullible people

Dummerchen <-s, -> *nt* (*fam*) silly little boy *masc* [*or fem* girl], silly billy BRIT

dummerweise *adv* ① (*leider*) unfortunately ② (*unklugerweise*) stupidly, foolishly

Dummheit <-, -en> *f* ① *kein pl* (*geringe Intelligenz*) stupidity; **mit ~ geschlagen sein** to be stupid ② *kein pl* (*unkluges Verhalten*) foolishness *no pl;* ***so eine ~*** [***von dir***]! such foolishness [on your part]!, you acted like a real goof there! ③ (*unkluge Handlung*) foolish [*or* stupid] action; ***das war eine große ~ von dir*** that was foolish of you; **eine ~ machen** [*o* **begehen**] to do sth foolish [*or* stupid]; **~en machen** to do sth foolish [*or* stupid]; ***Mach bloß keine ~en!*** don't do anything foolish [*or* stupid]! ▸ WENDUNGEN: **~ und Stolz wachsen auf einem Holz** (*prov*) arrogance and stupidity go hand-in-hand *prov*

Dummkopf *m* (*pej fam: Trottel*) idiot, *esp* BRIT fool, goof[ball] AM; **sei kein ~!** don't be [such] an idiot

dümmlich **I.** *adj* simple-minded; **ein ~es Grinsen** a foolish grin **II.** *adv* simple-mindedly; ***sie grinste nur ~*** she just grinned foolishly [*or* like the village idiot], she gave a goofy grin

Dummy <-, -s> ['dami] *m* AUTO [crash-test] dummy

dümpeln *vi* NAUT to roll [gently]

dumpf **I.** *adj* ① (*hohl klingend*) dull; **~es Geräusch/~er Ton** muffled noise/sound ② (*unbestimmt*) vague; **~e Ahnung** sneaking [*or* vague] suspicion; **~e Erinnerung** vague [*or* hazy] recollection; **~s Gefühl** sneaking feeling; **~er Schmerz** dull pain ③ (*stumpfsinnig*) dulled, lifeless ④ (*feucht-muffig*) musty; **~e Atmosphäre/Luft** oppressive atmosphere/air **II.** *adv* ① (*hohl*) ***die Lautsprecher klingen ~*** the loudspeakers sound muffled; ***als sie gegen das leere Fass klopfte, klang es ~*** when she tapped the empty barrel, it sounded hollow ② (*stumpfsinnig*) dully, lifelessly

dumpfig *adj* musty

Dumpingpreis ['dampɪŋ-] *m* ÖKON dumping price; **zu ~en** at dumping prices

Düne <-, -n> *f* dune

Dünenbefestigung *f* dune fixation **Dünenbepflanzung** *f* dune plants **Dünengras** *nt* beach [*or* marram] grass **Dünensand** *m* dune [*or* drift] sand

Dung <-[e]s> *m kein pl* dung *no pl,* manure *no pl*

Düngemittel *nt* CHEM fertilizer

düngen **I.** *vt* ■**etw** [**mit etw**] ~ to fertilize sth [with sth] **II.** *vi* ① (*mit Dünger versehen*) ■[**mit etw**] ~ to fertilize [with sth] ② (*düngende Wirkung haben*) to fertilize; **gut/schlecht ~** to be a good/poor fertilizer

Dünger <-s, -> *m* fertilizer, manure *no pl*

Düngung <-, -en> *f* fertilizing, fertilization

dunkel **I.** *adj* ① (*ohne Licht*) dark; ■**~ sein/werden** to be/get dark ② (*düster in der Farbe*) dark; **dunkles Brot** brown bread; ***ein Dunkles, bitte!*** ≈ a dark beer, please!, ≈ a [pint/half of] bitter, please! BRIT ③ (*tief*) deep ④ (*unklar*) vague ⑤ (*pej: zwielichtig*) shady; **ein dunkles Kapitel der Geschichte** dark chapter in history ▸ WENDUNGEN: **jdn im Dunkeln lassen** to leave sb in the dark; **noch im Dunkeln liegen** to remain to be seen; **im Dunkeln ist gut munkeln** (*prov*) the dark is good for lovers; **im Dunkeln tappen** to be groping around [*or* about] in the dark; **im Dunkeln** in the dark **II.** *adv* darkly

Dunkel <-s> *nt kein pl* (*geh*) ① (*Dunkelheit*) darkness; **das ~ der Nacht** (*liter*) the darkness of the night *liter* ② (*Undurchschaubarkeit*) mystery ▸ WENDUNGEN: **im ~ der Vorzeit** in the mists of time [*or* dim and distant past]; **in ~ gehüllt sein** to be shrouded in mystery

Dünkel <-s> *m kein pl* (*pej*) arrogance

dunkelblau *adj* dark blue **dunkelblond** **I.** *adj* light brown **II.** *adv* light brown; **etw ~ färben** to dye sth [a] light brown [colour [*or* AM -or]] **dunkelbraun** *adj* dark brown **dunkelgrau** *adj* dark grey [*or* AM gray] **dunkelgrün** *adj* dark green **dunkelhaarig** *adj* dark-haired

dünkelhaft *adj* (*pej*) conceited

dunkelhäutig *adj* dark-skinned

Dunkelheit <-> *f kein pl* darkness *no pl;* **die ~ bricht herein** (*geh*) darkness is descending, night is falling; **bei einbrechender ~** at nightfall; *s. a.* **Einbruch, Schutz**

Dunkelkammer *f* FOTO darkroom **Dunkelmann** *m* (*pej*) shady character

dunkeln **I.** *vi* ① *haben impers* (*geh: Abend werden*) to grow dark ② *sein* (*nach~*) to become darker, to darken **II.** *vt haben* (*selten: künstlich nach~*) ■**etw ~** to darken sth

Dunkelreaktion *f* BIOL dark reaction **dunkelrot** *adj* dark red; ***sie wurde ~ vor Scham*** she went dark red [*or* blushed deeply] with shame **Dunkelziffer** *f* number of unreported cases

dünken <dünkte, gedünkt> **I.** *vt, vi impers* (*veraltend*) ■**jdn** [*o* **jdm**] **dünkt etw** sth seems to sb; **das dünkt mich** [*o* **mir**] **...** this seems to me ...; ■**jdm dünkt, dass ...** it seems to sb that ...; ***mir dünkt, dass ...*** methinks that ... *old* **II.** *vr* ■**sich etw ~** to think [*or* imagine] oneself sth, to regard oneself as sth

Dünkirchen <-s> *nt* GEOG Dunkirk

dünn **I.** *adj* ① (*eine geringe Stärke aufweisend*) thin; **~es Buch** slim volume; **eine ~e Schneedecke** light covering of snow ② (*nicht konzentriert*) weak; **~es**

Bier weak [or watery] beer; ~er Brei/~e Suppe thin [or watery] pulp/soup ③ MODE (fein) light; ~er Schleier/~e Strümpfe fine veil/tights ④ (spärlich) thin; *sein Haarwuchs ist schon ~ geworden* he's [already] gone a bit thin on top; *das Land ist ~ besiedelt* the countryside is sparsely populated ▶ WENDUNGEN: **sich ~ machen** (sl) to breathe in; *he, mach dich mal ~, wir wollen mit dem Schrank da vorbei!* hey, breathe in, we want to get past [you] with this cupboard!; *wenn du dich ein bisschen ~ machst, passen wir auch noch auf die Bank* if you squeeze up a bit, we'll [be able to] fit on the bench too **II.** adv sparsely; ~ **besiedelt** [o **bevölkert**] sparsely populated; ~ **gesät** thinly scattered; (fig) thin on the ground, few and far between; s. a. **dick, dünnmachen**

dünnbesiedelt adj attr, **dünnbevölkert** adj attr s. dünn II **Dünnbrettbohrer** m (pej sl) ① (Drückeberger) slacker; *er ist ein richtiger ~* he always chooses the path of least resistance ② (unintelligenter Mensch) idiot, fool esp BRIT **Dünndarm** m ANAT small intestine **Dünndruckausgabe** f MEDIA India paper edition **Dünndruckpapier** nt India paper **dünnflüssig** adj runny; ~**er Brei**/~**e Suppe** thin [or watery] pulp/soup; ~**er Teig** liquid [or runny] dough **dünnhäutig** adj ① (mit dünner Haut versehen) thin-skinned ② (zart besaitet) sensitive

dünn|machen vr (sl: abhauen) ■**sich** ~ to make oneself scarce fam

Dünnpfiff <-[e]s> m kein pl (fam) the runs npl fam **Dünnsäure** f CHEM dilute acid **Dünnsäureverklappung** f dumping of dilute acids **dünnschalig** adj thin-skinned; ~**e Nuss**/~**es Ei** thin-shelled nut/egg **Dünnschichtchromatographie** f BIOL thin-layer chromatography **Dünnschiss**[RR], **Dünnschiß** m (sl) the runs npl fam, the shits npl fam! **dünnwandig** adj thin-walled; **aus ~em Glas** made from thin[-walled] glass; **ein ~es Haus** a house with thin walls; ■~ **sein** to have thin walls

Dunst <-[e]s, Dünste> m ① (leichter Nebel) mist, haze; (durch Abgase) fumes npl ② (Dampf) steam ③ (Geruch) smell; (Ausdünstung) odour [or AM -or] ▶ WENDUNGEN: **keinen blassen ~ von etw haben** (fam) to not have the slightest [or faintest] [or BRIT fam a. foggiest] idea [or clue] about sth; **jdm blauen ~ vormachen** (fam) to pull the wool over sb's eyes [or BRIT throw dust in sb's eyes]

Dunstabzugshaube f TECH extractor hood

dünsten vt KOCHK ■**etw** ~ to steam sth; **Fleisch** ~ to braise meat; **Früchte** ~ to stew fruit

Dünster m KOCHK steamer

Dunstglocke f pall [or AM blanket] of smog

dunstig adj ① METEO misty, hazy ② (viele Ausdünstungen aufweisend) stuffy; *in dieser ~en Kneipe sah man kaum die Hand vor den Augen* you could hardly see your hand in front of your face in that smoky pub

Dunstkreis m (geh) ■**jds** ~ sb's entourage **Dunstobst** nt stewed fruit **Dunstschleier** m [thin] layer of mist [or haze] **Dunstwolke** f cloud of smog; (in einem Raum) fug BRIT fam

Dünung <-, -en> f NAUT swell

Duo <-s, -s> nt ① (Paar) pair, duo; *Bonnie und Clyde waren ein berüchtigtes ~* Bonnie and Clyde were an infamous [or a notorious] couple; **ein feines** [o **sauberes**] ~ (iron) a fine pair iron ② MUS duet; s. a. **Duett**

Duodezimalsystem nt kein pl duodecimal system

düpieren* vt (geh) ■**jdn** ~ to dupe sb; ■**der/die Düpierte** the dupe

Duplikat <-[e]s, -e> nt duplicate

Dur <-, -> nt MUS major; **in ~** in a major key; *die Symphonie ist in G~* the symphony is in G major

durch **I.** präp +akk ① (räumlich hindurch) ■~ **etw** through sth; ~ **den Fluss waten** to wade across the river; **direkt/quer ~ etw** right through [the middle of] sth; **mitten ~ etw** through the middle of sth ② (sich hindurch bewegend) ■~ **etw** through sth; *auf seinen Reisen reiste er ~ das ganze Land* on his travels he went all over the country; s. a. **Kopf, kreuz** ③ (per) by sth/through sb; *Sie werden von mir ~ meinen Anwalt hören!* you will be hearing from [me through] my lawyer!; *~ die landesweite Fahndung konnten die Täter ausfindig gemacht werden* thanks to a nationwide search the culprits were tracked down; *er ist ~ das Fernsehen bekannt geworden* he became famous through television; *~ Gottes Güte wurden sie gerettet* they were saved by the grace of God; **jdm etw ~ die Post schicken** to send sth to sb by [or AM mail] post [or post sth to sb]; **etw ~ Beziehungen/Freunde bekommen** to get sth through connections/friends ④ (vermittels) ■~ **etw** by sth, by [means of] sth; **Tod ~ Ertrinken/eine Giftinjektion/den Strang** death by drowning/lethal injection/hanging; ~ **[einen] Zufall** by chance; *Tausende wurden ~ das Erdbeben obdachlos [gemacht]* thousands were made homeless by the earthquake ⑤ (zeitlich hindurch) ■~ **etw** throughout sth; *sich ~s Leben schlagen* to struggle through life; *sie haben die ganze Nacht ~ gefeiert* they partied through[out] the night; *der Prozess ging ~ drei Instanzen* the case lasted for [or took] three hearings; *damit kommen wir nicht ~ den Winter* we won't last [or get through] the winter with that ⑥ MATH (dividiert) *27 ~ 3 macht 9* 27 divided by 3 is 9 **II.** adv ① (fam: vorbei) ■**es ist etw** ~ *Uhrzeit* it's past [or BRIT a. gone] sth; *es ist schon 12 Uhr ~* it's already past [or BRIT a. gone] 12 [o'clock]; ~ **sein** to have already left [or passed through]; *der Zug ist vor zwei Minuten ~* the train went two minutes ago; *Biberach? da sind wir schon lange ~!* Biberach? we passed that a long time ago! ② (fertig) **durch** [o **mit**] **etw ~ sein** (durchgelesen haben) to have finished [with] sth, to be through with sth; ~ **sein** (gar) to be done; (reif) to be ripe; *Käse* to be mature ③ (kaputt) ~ **sein** (durchgescheuert) to be worn out; (durchgetrennt) to be through ▶ WENDUNGEN: **jdm ~ und ~ gehen** to go right through sb; *dieser Anblick ging mir ~ und ~* this sight chilled me through and through; ~ **und ~** through and through; **jdn/etw ~ und ~ kennen** to know sb/sth like the back of one's hand [or through and through]; ~ **sein** (fam: genehmigt sein) to have gone [or got] [or come] through; *Antrag a.* to have been approved; ~ **und ~ überzeugt sein** to be completely [or totally] convinced; (ganz und gar) through and through; *er ist ~ und ~ verlogen* he is an out and out liar; ~ **und ~ nass** soaked, wet through BRIT

durch|ackern **I.** vt (fam) ■**etw** ~ to plough [or AM plow] through sth **II.** vr (fam) ■**sich [durch etw]** ~ to plough [or AM plow] one's way [through sth]

durch|arbeiten **I.** vt ■**etw** ~ ① (sich mit etw beschäftigen) to go [or work] through sth ② (durchkneten) to knead [or work] sth thoroughly **II.** vi to work through **III.** vr ■**sich durch etw** ~ ① (durch Erledigung bearbeiten) to work one's way through sth ② (durchschlagen) to fight one's way through sth

durch|atmen vi to breathe deeply, take deep breaths ▶ WENDUNGEN: **[wieder] ~ können** to be able to breathe freely [or relax] [again]

durchaus, durchaus adv ① (unbedingt) definitely; *hat er sich anständig benommen? — ja ~* did he behave himself [properly]? — yes, perfectly [or absolutely]; *da beharrt sie ~ auf ihrer Meinung* she is sticking absolutely [*or* resolutely] to her opinion; ***wenn Sie es ~ wünschen …*** if you [really [*or* absolutely]] insist … ❷ (*wirklich*) quite; ~ **möglich** quite [*or* perfectly] possible; ~ **richtig** quite [*or* absolutely] right; ~ **verständlich** completely [*or* totally] understandable; ***du hast ~ recht!*** you're quite [*or* absolutely] right!; ***das ließe sich ~ machen*** that sounds feasible [*or* possible], I'm sure we could swing that [somehow] *sl;* ***ich bin ja ~ Ihrer Meinung, aber …*** I quite [*or* entirely] agree with you but …; ***man muss ~ annehmen, dass …*** it's highly likely [*or* we can assume] that … ❸ (*völlig*) thoroughly; ~ **ernst** deadly serious; ~ **gelungen** highly successful; ~ **unerfreulich** thoroughly [*or* downright] unpleasant; ~ **zufrieden** completely [*or* perfectly] [*or* thoroughly] satisfied ❹ (*keineswegs*) ■ ~ **nicht** by no means; ~ **nicht** [**so**] **einfach/klug/schlecht** by no means [as] simple/clever/bad; ***er wollte seinen Irrtum ~ nicht einsehen*** he absolutely refused to [*or* there was no way he would] admit his mistake; ***wir konnten sie ~ nicht vom Gegenteil überzeugen*** we were completely unable to [*or* there was no way we could] convince her otherwise; ***wenn er das ~ nicht tun will …*** if he absolutely refuses to do it … [*or* there is no possibility of him doing it …] ❺ (*sicherlich*) ■ ~ **kein …** by no means; ~ ***kein schlechtes Angebot*** not a bad offer [at all]; ***sie ist ~ kein schlechter Mensch*** she is by no means a bad person [*or* far from being a bad person]; ***das ist ~ kein Witz*** that is no joking matter [*or* certainly no joke]

durch|beißen *irreg* **I.** *vt* ■**etw** ~ to bite through sth **II.** *vr* (*fam*) ■**sich** [**durch etw**] ~ to struggle one's way through [sth]

durch|bekommen* *vt irreg* (*fam*) ❶ (*durchtrennen*) ■**etw** ~ to cut through sth ❷ *s.* **durchbringen**

durch|biegen *irreg* **I.** *vt* ■**etw** ~ to bend sth; **den Rücken** ~ to arch one's back **II.** *vr* ■**sich** ~ to sag

durch|blasen *irreg* **I.** *vt* ■**etw** ~ to clear sth by blowing [through it] **II.** *vi* to blows through sth

durch|blättern, durchblättern* *vt* ■**etw** ~ to leaf [*or* flick] through sth

Durchblick *m* ❶ (*Ausblick*) ■**der/ein** ~ **auf etw** *akk* the/a view of sth; **ein malerischer/schöner** ~ a picturesque/beautiful view ❷ (*fam*) overall view; **den** ~ [**bei etw**] **haben** (*fam*) to know what's going on [in sth]; ***ich habe den [nötigen/völligen] ~*** I know [just/exactly] what's going on; **den** ~ [**bei etw**] **verlieren** to lose track of what's going on [in sth]; **sich** *dat* **einen** ~ [**bei etw**] **verschaffen** to get an idea of what's going on [in sth]

durch|blicken *vi* ❶ (*hindurchsehen*) ■[**durch etw**] ~ to look through [sth] ❷ (*geh: zum Vorschein kommen*) to show [*or* peep through] ❸ (*fam: den Überblick haben*) to know what's going on, to make head or tail of it BRIT ❹ (*andeuten*) **etw** ~ **lassen** to hint at [*or* intimate] sth; ~ **lassen, dass** to intimate that

durchbluten*[1] *vt* ANAT ■**etw** ~ to supply sth with blood; ■**durchblutet** supplied with blood; **mangelhaft/ungenügend durchblutet** with poor circulation

durch|bluten[2] *vi* to soak through; ***der Verband blutet durch*** the blood is soaking through the bandage

Durchblutung *f* ANAT circulation, supply [*or* flow] of blood

Durchblutungsstörung *f* MED circulatory problem, disturbance in blood supply [*or* flow]

durchbohren*[1] *vt* ■**jdn/etw** [**mit etw**] ~ to run sb through/to pierce sth [with sth]; (*ganz durchdringen*) to go through sb/sth; *s. a.* **Blick** ▸ WENDUNGEN: **jdn ansehen, als wollte man ihn/sie** ~ to look angrily at sb, to look daggers at sb BRIT

durch|bohren[2] **I.** *vt* ■**etw durch etw** ~ to drill sth through sth; ***er bohrte ein kleines Loch durch die Wand durch*** he drilled a small hole right through the wall **II.** *vr* ■**sich durch etw** ~ to go through sth; ***die Borkenkäfer bohren sich durch die Rinde von Bäumen durch*** bark beetles chew [their way] through the bark of trees

durch|boxen **I.** *vt* (*fam*) ■**etw** [**bei jdm**] ~ to push [*or* force] sth through [with sb] **II.** *vr* (*fam*) ❶ (*sich boxend durchdrängen*) ■**sich** [**irgendwohin**] ~ to fight one's way through [to somewhere] ❷ (*sich durchschlagen*) ■**sich** ~ to fight *fig;* **sich nach oben/an die Spitze** ~ to fight one's way up/to the top

durch|braten *irreg* **I.** *vt haben* ■**etw** ~ to cook sth until it is well done [*or* thoroughly]; ■**durchgebraten** well-done **II.** *vi sein* KOCHK to cook until [sth is] well done

durch|brausen *vi sein* ■[**durch etw**] ~ to speed [*or* tear] through [sth]; ***das Auto brauste [durch die Sperre] durch*** the car sped [*or* tore] through [the barrier]

durch|brechen[1] *irreg* **I.** *vt haben* ❶ (*in zwei Teile brechen*) ■**etw** ~ to break sth in two ❷ KOCHK **Fleisch/Gemüse** ~ to mince [*or* AM chop] meat/vegetables **II.** *vi sein* ❶ (*entzweibrechen*) ■[**unter etw** *dat*] ~ to break in two [under sth]; **unter dem Gewicht** ~ to break in two under the weight [of sth] ❷ (*einbrechen*) ■[**bei etw**] ~ to fall through [while doing sth] ❸ (*hervorkommen*) ■[**durch etw**] ~ to appear [through sth]; *Zähne* to come through; *Sonne* to break through [the clouds] ❹ (*sich zeigen*) to reveal [*or* show] itself ❺ MED to burst [*or* rupture]

durchbrechen*[2] *vt irreg* ❶ (*gewaltsam durch etw dringen*) ■**etw** [**mit etw**] ~ to crash through sth [with sth] ❷ (*überwinden*) ■**etw** ~ to break through sth; **die Schallmauer** ~ to break the sound barrier

Durchbrechung *f* breaking through *no pl;* ~ **der Schallmauer** breaking [of] the sound barrier

durch|brennen *vi irreg* ❶ *haben* (*weiterbrennen*) to stay alight [*or* keep burning] ❷ *sein* ELEK to burn out; ***die Sicherung ist durchgebrannt*** the fuse has blown ❸ *sein* (*fam*) ■[**jdm**] ~ to run away [from sb]; ■[**jdm**] ~ to run off [from sb] [*or* leave [sb]]; ***der arme Kerl, seine Frau ist ihm mit einem anderen Mann durchgebrannt!*** poor fellow, his wife has run off with [*or* has left him for] another man!

durch|bringen *vt irreg* ❶ (*durchsetzen*) ■**etw** [**bei jdm**] ~ to push sth through [with sb]; **einen Änderungsantrag im Parlament** ~ to have an amendment ratified in parliament; ***sie hat beim Chef ihre Gehaltserhöhung durchgebracht*** she managed to get the boss to approve her pay rise; ■**jdn** ~ to get sb elected ❷ (*für Unterhalt sorgen*) ■**jdn** ~ to support [*or* provide for] sb; ■**sich** ~ to get by; **sich mehr schlecht als recht** [*o* **kümmerlich**] [*o* **mühsam**] ~ to scrape by ❸ (*ausgeben*) ■**etw** [**für etw**] ~ to get through [*or fam* blow] sth [on sth]

durchbrochen *adj* MODE open-work *attr;* ~**e Schuhe/Stickerei/Spitzen/Strümpfe** open-work shoes/embroidery/lace/stockings

Durchbruch *m* ❶ (*entscheidender Erfolg*) ■**der/jds** ~ [**zu etw**] the/sb's breakthrough [into sth]; **zum** ~ **kommen** *Idee, Sache* to be gaining acceptance; *Charaktereigenschaft/Naturell/Natur* to come to the fore BRIT [*or* reveal itself [for what it is]]; **jdm/einer S. zum** ~ **verhelfen** to help sb/sth on the road to success ❷ MIL breakthrough ❸ (*das Hindurchkommen*) appearance; *Zahn* coming through *no pl* ❹ MED rupture, bursting ❺ (*durchgebrochene Öffnung*) opening

durch|checken *vt* ❶ (*fam*) ■**jdn** ~ to screen sb; **sich** ~ **lassen** to have a checkup; ■**etw** ~ to check through sth ❷ LUFT (*registrieren*) ■**etw** ~ to check sth in

durchdacht *adj* thought-out; ***eine gut ~e Idee*** a well thought-out idea; ■ **etwas Durchdachtes** sth thought-out

durch|denken, durchdenken* *vt irreg* ■ **etw ~** *irreg* to think sth through [*or* over]

durchdesignt [-di'zaint] *adj* MODE (*sl: gestylt*) styled

durch|diskutieren* *vt* ■ **etw [mit jdm] ~** to discuss sth thoroughly [*or* talk sth through] [with sb]

durch|drehen I. *vi* ① AUTO to spin ② (*fam*) to crack up *fam,* lose it *sl;* **durchgedreht sein** to have cracked up *fam* [*or sl* lost it] **II.** *vt* KOCHK ■ **etw ~** to mince sth; **Fleisch ~** to mince [*or* AM grind] meat, to put meat through the mincer [*or* AM grinder]; **Obst/Gemüse ~** to purée fruit/vegetables, to put fruit/vegetables through the blender

durch|dringen¹ *vi irreg sein* ① (*durch etw dringen*) ■ **[durch etw] ~** to come through [sth] ② (*vordringen*) ■ **[bis zu jdm] ~** to carry through [as far as sb]; ***ihre Stimmen drangen durch die dünne Wand bis zu den Nachbarn durch*** their voices carried through the thin wall as far as the[ir] neighbours [*or* reached the neighbours through the thin wall] ③ (*erreichen*) ■ **zu jdm ~** to get as far as sb; ***der Präsident ist zu gut abgeschirmt, zu ihm kann kein Attentäter ~*** the president is too well protected for any [potential] assassin to get close to him ④ (*sich durchsetzen*) ■ **[bei jdm/in etw *dat*] mit etw ~** to get sth accepted [by sb/sth]

durchdringen*² *vt irreg* ① (*durch etw dringen*) ■ **etw ~** to penetrate sth ② (*geh*) ■ **jdn ~** to pervade sb

durchdringend *adj* piercing; **~er Blick/~es Geräusch/~e Stimme** piercing [*or* penetrating] gaze/noise/voice; **~er Geruch** pungent [*or* penetrating] smell; **~er Gestank** penetrating stench; **~e Kälte/~er Wind** biting cold/wind; **~er Schmerz** excruciating pain

durch|drücken *vt* ① ■ **etw ~** (*erzwingen*) to push [*or* force] sth through; ■ **[es] [bei jdm] ~, dass** to get [it] accepted [by sb] that; ***wie hast du es denn [beim Chef] durchgedrückt, dass du eine Gehaltserhöhung bekommst?*** how did you manage to get a pay rise [out of the boss]? ② (*straffen*) to straighten sth

durchdrungen *adj pred* ■ **von etw ~ sein** to be imbued [*or* filled] with sth

durch|dürfen *vi irreg* (*fam*) to be allowed through; ***„entschuldigen Sie, darf ich mal durch?“*** “excuse me, can I get through [*or* past]?”

durcheinander I. *adj pred* (*fam*) ■ **~ sein** ① (*nicht ordentlich*) to be in a mess [*or* BRIT *a.* muddle]; (*völlig unaufgeräumt*) to be very untidy [*or* in a complete mess] ② (*fam: verwirrt*) to be confused [*or* in a state of confusion] **II.** *adv* ① (*in Unordnung*) **etw ~ bringen** to get sth in a mess [*or esp* BRIT muddle]; (*verwechseln*) to mix [*or esp* BRIT muddle] up sth *sep,* to get sth mixed [*or esp* BRIT muddled] up; **~ geraten** [*o* **kommen**] to get mixed [*or esp* BRIT muddled] up; **~ liegen** to be all over the place; **[jdm] etw ~ werfen** to get sth [of sb's] in a mess [*or esp* BRIT muddle]; **etw ~ wirbeln** to scatter sth in all directions ② (*verwirrt*) **jdn/etw [mit etw] ~ bringen** [*o* **werfen**] to confuse sb/sth [with sth]; **~ geraten** [*o* **kommen**] to get confused; **jdn/etw ~ wirbeln** (*fam: in Unruhe versetzen*) to shake sb/sth up ③ (*wahllos*) **etw ~ essen/trinken** to eat/drink sth indiscriminately; **~ laufen** to run about in all directions; **~ reden** to all talk at once [*or* the same time]; **~ schreien** to all shout at once [*or* the same time]; **alles ~ trinken** to mix one's drinks

Durcheinander <-s> *nt kein pl* ① (*Unordnung*) mess, BRIT *esp* muddle ② (*Wirrwarr*) confusion

durcheinander|bringen *vt irreg s.* **durcheinander II 1, II 2** **durcheinander|geraten*** *vi irreg sein s.* **durcheinander II 1, II 2** **durcheinander|kommen** *vi irreg sein* (*fam*) *s.* **durcheinander II 1, II 2** **durcheinander|liegen** *vi irreg haben o sein s.* **durcheinander II 1** **durcheinander|reden** *vi s.* **durcheinander II 3** **durcheinander|schreien** *vi irreg s.* **durcheinander II 3** **durcheinander|werfen** *vt irreg* (*fam*) *s.* **durcheinander II 1, II 2** **durcheinander|wirbeln** *vt s.* **durcheinander II 1, II 2**

D

durch|exerzieren* *vt* ■ **etw [mit jdm] ~** ① (*wiederholend üben*) to practise [*or* AM -ice] [*or* go through] sth [with sb] ② (*durchspielen*) to rehearse [*or* go through] sth [with sb]

durch|fahren¹ *vi irreg sein* ① (*zwischen etw fahren*) ■ **zwischen etw *dat* ~** to go [*or* drive] between [*or* through] sth ② (*fahrend durchbrechen*) ■ **durch etw ~** to crash through sth ③ (*nicht anhalten*) ■ **[bei etw] ~** to travel straight through; ***das Auto fuhr bei Rot durch*** the car drove [straight] through the red light [*or* ran the red light]; ***die Nacht ~*** to drive through the night ④ (*unterqueren*) ■ **unter etw *dat* ~** to travel [*or* pass] under sth; ***das hohe Fahrzeug kann unter dieser Brücke nicht ~*** this high vehicle can't drive under the bridge

durchfahren*² *vt irreg* ■ **jdn ~** ① (*plötzlich bewusst werden*) to flash through sb's mind ② (*von Empfindung ergriffen werden*) to go through sb

Durchfahrt *f* ① (*Öffnung zum Durchfahren*) entrance ② (*das Durchfahren*) thoroughfare; ***für Lkws ist hier keine ~*** there's no access [*or* thoroughfare] for trucks here!; **~ bitte freihalten** please do not obstruct [*or* keep clear]; **~ verboten** no thoroughfare; **auf der ~ sein** to be passing through

Durchfahrtsrecht *nt* JUR right of way **Durchfahrtsstraße** *f* TRANSP through road

Durchfall *m* ① MED diarrhoea BRIT, diarrhea AM; **~ haben** [*o* **an ~ leiden**] to have [an attack of] diarrhoea ② (*fam*) fail, failure

durch|fallen *vi irreg sein* ① (*durch etw stürzen*) ■ **[durch etw] ~** to fall through [sth] ② (*fam*) ■ **bei** [*o* **in**] **etw *dat* ~** to fail sth; **bei** [*o* **in**] **einer Prüfung ~** to fail an exam ③ (*einen Misserfolg haben*) ■ **[bei jdm/etw] ~** to [be a] failure [*or esp* BRIT flop] [with sb/sth]

durch|faulen *vi sein* to rot through

durch|fechten *vt irreg* ■ **etw ~** to fight [*or* see] sth through [to the end]

durch|feiern¹ *vi* (*fam*) to celebrate [*or* party] non-stop

durchfeiern*² *vt* ■ **etw ~** to celebrate sth without a break; ***wir haben die ganze Woche durchgefeiert*** the whole week was just one big party; **die Nacht ~** to celebrate [*or* party] all night [*or* through the night]

durch|feilen *vt* ■ **etw ~** to file through sth

durchfeuchten* *vt* ■ **etw ~** to soak sth; ■ **von etw durchfeuchtet sein** to be soaked [through] with sth; **durchfeuchtete Wände** damp-ridden walls

durch|finden *vi, vr irreg* ■ **[sich] [durch etw/in etw *dat*] ~** to find one's way [through sth/in sth]; ***durch dieses/bei diesem Durcheinander finde ich langsam nicht mehr durch*** I'm finding it increasingly hard to keep track in this chaos

durch|fliegen¹ *vi irreg sein* ① LUFT to fly non-stop [*or* direct] ② (*fam: nicht schaffen*) ■ **durch etw *akk* ~** *Prüfung* to fail [*or* flunk] sth; ■ **in etw *dat* ~** *Examen* to fail [*or* flunk] sth

durchfliegen*² *vt irreg* ■ **etw ~** to fly through sth

durch|fließen¹ *vi irreg sein* to flow through

durchfließen*² *vt irreg* ■ **etw ~** to flow through sth

Durchflug *m* LUFT ■ **der ~ durch etw** flying over *no pl* sth; **auf dem ~** in transit

DurchflussRR *m,* **Durchfluß** *m* ❶ *(fließende Menge)* flow ❷ *(das Durchfließen)* flow ❸ *(Öffnung zum Durchfließen)* opening, outlet

durchfluten* *vt (geh)* ❶ *(ganz erhellen)* ■**etw** ~ to flood sth ❷ *(durchströmen)* ■**jdn** ~ to flow through [*or* pervade] sb

durchforschen* *vt* ❶ *(durchstreifen)* ■**etw** ~ to explore sth ❷ *(durchsuchen)* ■**etw** [**nach etw**] ~ to search through sth [for sth]

durchforsten* *vt (fam)* ■**etw** [**nach etw** *akk*] ~ to sift through sth [for sth]

durch|fragen *vr* ■[**durch etw/zu jdm/zu etw**] ~ to find one's way [through sth/to sb/to sth] by asking

durch|fressen *irreg* **I.** *vr* ❶ *(korrodieren)* ■**sich** [**durch etw**] ~ to corrode [*or* eat through] [sth] ❷ *(sich durch etw nagen)* ■**sich** [**durch etw**] ~ *Tier* to eat [its way] through [sth] ❸ *(pej fam: essend schmarotzen)* ■**sich** [**bei jdm**] ~ to live on sb's hospitality, to eat sb out of house and home **II.** *vt* ■**etw durch etw** ~ sth eats through sth; ***die Motten haben ein Loch durch das Gewebe gefressen*** the moths have eaten a hole through the fabric; *Rost, Säure, etc.* sth corrodes through sth

Durchfuhr *f* transit

durchführbar *adj* feasible, workable, practicable

durch|führen **I.** *vt* ❶ *(abhalten)* ■**etw** ~ to carry out sth; **eine Untersuchung** ~ to carry out [*or* conduct] an examination; **ein Experiment** ~ to carry out [*or* conduct] [*or* perform] an experiment; **eine Haussuchung** ~ to search a house, to conduct [*or* do] a house search BRIT; **eine Messung** ~ to take a measurement; **eine Sammlung** ~ to take up collecting sth ❷ *(verwirklichen)* ■**etw** ~ to carry out sth ❸ *(hindurchführen)* ■**jdn** [**durch etw**] ~ to guide sb round [sth] [*or* show sb [a]round] ❹ *(durchleiten)* ■**etw durch etw/unter etw** *dat* ~ to pass [*or* run] sth through sth/under sth; ***eine neue Autobahn soll quer durch das Gebirge durchgeführt werden*** a new motorway is to be built straight through the mountains; ***die Gasleitung/das Kanalrohr/das Stromkabel wurde unter der Straße durchgeführt*** the gas pipe/sewage pipe/power cable was laid under the street **II.** *vi* ■**durch etw** ~ to pass [*or* run] through sth

Durchführung *f* ❶ *(Verwirklichung)* carrying out *no pl;* **etw zur** ~ **bringen** *(geh)* to carry out sth; **ein Gesetz zur** ~ **bringen** to apply [*or* enforce] a law; **zur** ~ **kommen** [*o* **gelangen**] *(geh)* to come into force ❷ *(Abhaltung)* carrying out *no pl; Erhebung, Untersuchung a.* conducting *no pl; Experiment* performing; *Messungen* taking

durch|füttern *vt (fam)* ■**jdn** ~ to support sb; ■**sich von jdm** ~ **lassen** to live off sb

Durchgabe *f* ❶ *(das Durchgeben)* passing on *no pl; Telegramm* phoning in [*or* through] *no pl* ❷ *(Nachricht)* announcement; *Telefon* message; *Lottozahlen* reading

Durchgang *m* ❶ *(Passage)* path[way] ❷ *(das Durchgehen)* entry; **kein** ~!, ~ **nicht gestattet!** no thoroughfare [*or* right of way]!; *(an Türen)* no entry!, do not proceed beyond this point! ❸ POL *(Phase)* round

durchgängig **I.** *adj* general, universal; ~**e Besonderheit** constant exceptional [*or* unusual] feature **II.** *adv* universally, generally; ***diese Eigenart des Satzbaus ist in ihren Gedichten ~ feststellbar*** this characteristic syntax is evident [*or* to be found] throughout [all of] her poetry

Durchgangslager *nt* transit camp **Durchgangsstraße** *f* TRANSP through road, thoroughfare **Durchgangsverkehr** *m* TRANSP ❶ *(durchgehender Ortsverkehr)* through traffic ❷ *(Transitverkehr)* transit traffic

durchgearbeitet *adj* spent working *pred;* ***nach zwei ~en Nächten/Wochenenden*** after two [whole] nights/weekends spent working, after working through two [whole] nights/weekends

durch|geben *vt irreg* RADIO, TV ■[**jdm**] **etw** ~ to pass sth on [to sb]; **die Lottozahlen** ~ to read the lottery numbers; **eine Meldung** ~ to make an announcement; **die Wetteraussichten** ~ to give the weather forecast; ***Telegramme werden telefonisch durchgegeben*** telegraphs are [usually] phoned in; ***lass dir telefonisch die Wetteraussichten ~!*** ring up and get the weather report; ■**jdm** ~, **dass** to tell sb that

durchgefroren *adj* frozen stiff *pred*

durch|gehen *irreg* **I.** *vi sein* ❶ *(gehen)* ■[**durch etw**] ~ to go through [sth]; ***Aufruf des Busfahrers: „bitte ~!"*** "pass [*or* move] right down [to the back of the bus] please!" ❷ *(fam: durchpassen)* ■[**durch etw/zwischen/unter etw** *akk*] ~ to fit [*or fam* go] [through sth/between sth/under sth] ❸ LUFT, BAHN *(ohne Unterbrechung verlaufen)* to go non-stop [*or* [*or* Brit] direct] ❹ *(fam: ohne Unterbrechung andauern)* to last ❺ *(durchdringen)* ■**durch jdn/etw** ~ to penetrate sth, to go through sb/sth ❻ *(angenommen werden)* to go through; *Antrag* to be carried [*or* passed]; *Gesetz* to be passed ❼ *(fam: weglaufen)* ■[**mit jdm/etw**] ~ to bolt [with sb/sth]; ■[**jdm**] **mit jdm/etw** ~ to run off [from sb] with sb/sth, to leave sb for sb [else]; ***seine Frau war ihm mit einem jüngeren Mann einfach durchgegangen*** his wife simply upped and left him for a younger man ❽ *(außer Kontrolle geraten)* ■**mit jdm** ~ to get the better of sb ❾ *(gehalten werden)* ■**für etw** ~ to be taken [*or* AM pass] for sth; ***du könntest für 30 ~*** you could be taken [*or* pass] for 30 ▸ WENDUNGEN: [**jdm**] **etw** ~ **lassen** to let sb get away with sth; ***diese Fehler können wir Ihnen auf Dauer nicht ~ lassen, Herr Lang!*** we can't tolerate [*or* overlook] these mistakes forever, Mr Lang!; ***für dieses eine Mal will ich Ihnen das noch mal ~ lassen!*** I'll let it pass [*or* overlook it] [just] this once! **II.** *vt sein o haben* ■**etw** [**mit jdm**] ~ to go through sth [with sb]

durchgehend **I.** *adj* ❶ *(nicht unterbrochen)* continuous; ***manche Kaufhäuser haben ~e Öffnungszeiten von 9 bis 18 Uhr 30*** some stores stay [*or* remain] open from 9am till 6:30pm ❷ BAHN through, direct, non-stop **II.** *adv* all the time; ***die Bereitschaftspolizei hat ~ Dienst*** the riot police are on call [a]round-the-clock [*or* 24 hours a day]; ~ **geöffnet** open right through

durchgeistigt *adj (geh)* intellectual

durchgeknallt *adj (sl)* ■~ **sein** to have gone crazy [*or fam* cracked up] [*or sl* lost it]; ***jetzt ist sie völlig ~!*** she's gone completely crazy [*or sl* completely lost it!] now!

durch|gießen *vt irreg* ■**etw** ~ to pour through sth *sep;* ■**etw durch etw** ~ to pour sth through sth

durch|graben *irreg* **I.** *vt* ■**etw durch etw** ~ to dig sth through sth; **einen Tunnel durch etw** ~ to dig a tunnel through sth **II.** *vr* ■**sich** ~ to dig through *sep* one's way; ■**sich durch etw/unter etw** *dat* ~ to dig one's way [*or* a tunnel] through/under sth

durch|greifen *vi irreg* ❶ *(wirksam vorgehen)* to take drastic [*or* decisive] action; **hart** ~ to crack down [hard] ❷ *(hindurchfassen)* ■[**durch etw**] ~ to reach through [sth]

durchgreifend **I.** *adj* drastic **II.** *adv* drastically, radically

durch|gucken *vi (fam)* *s.* **durchblicken 1, 2**

durch|haben *vt irreg (fam)* ■**etw** ~ ❶ *(durchgelesen haben)* to be through [*or* have finished] [reading] sth ❷ *(durchgearbeitet haben)* to have finished [*or* got through] sth ❸ *(durchtrennt haben)* to have got through sth

durch|hacken *vt* ■ **etw** ~ to chop [*or* hack] through sth

durch|halten *irreg* **I.** *vt* ■ **etw** ~ ① (*ertragen*) to stand sth ② (*weiterhin durchführen*) to keep sth going ③ (*beibehalten*) to keep up sth *sep;* **das Tempo** ~ to be able to stand [*or* BRIT last] the pace ④ (*aushalten*) to [with]stand sth **II.** *vi* ① (*standhalten*) to hold out, to stick it out *fam* ② (*funktionieren*) *Maschine* to last

Durchhalteparole *f* appeal to stand firm **Durchhaltevermögen** *nt* stamina, staying power; ~ **haben** to have stamina [*or* staying power]

durch|hängen *vi irreg haben o sein* ① (*nach unten hängen*) ■ [**nach unten**] ~ to sag ② (*fam: erschlafft sein*) to be drained ③ (*fam: deprimiert sein*) to be down [*or* on a downer] *fam;* ***lass dich nicht so*** ~ don't mope about like this

Durchhänger <-s, -> *m* **einen** [**totalen**] ~ **haben** (*fam*) to be on a [real] downer *fam*

durch|hauen *irreg* **I.** *vt* ① (*spalten*) ■ **etw** [**mit etw**] ~ to chop [*or* hack] sth in two [with sth], to split sth [in two] [with sth] ② (*fam: verprügeln*) ■ **jdn** ~ to give sb a good [*or fam* one hell of a] hiding [*or* thrashing] **II.** *vr* ■ **sich** [**durch etw**] ~ to get by [through sth]

durch|hecheln *vt* (*pej fam*) ■ **etw** ~ to gossip about sth; ***intime Details von Prominenten werden in den Klatschspalten immer durchgehechelt*** intimate details of prominent people are always picked over in the gossip columns

durch|heizen **I.** *vi* ① (*gründlich heizen*) to heat thoroughly ② (*kontinuierlich heizen*) to heat continuously [*or* day and night] **II.** *vt* ■ **etw** ~ ① (*gründlich heizen*) to heat [up *sep*] sth thoroughly ② (*kontinuierlich heizen*) to heat sth continuously [*or* day and night]

durch|helfen *irreg* **I.** *vi* ① (*durch etw helfen*) ■ **jdm** [**durch etw**] ~ to help sb through [sth] ② (*heraushelfen*) ■ **jdm** ~ to help sb through; ■ **jdm durch etw** ~ to help sb through [*or* out of] sth; **jdm durch eine schwierige Lage** ~ to help sb through [*or* out of] a difficult situation **II.** *vr* ■ **sich** ~ to get by [*or* along], to manage

durch|hören *vt* ① (*heraushören*) ■ [**bei jdm**] **etw** ~ to detect [*or* sense] sth [in sb] ② (*durch etw hören*) ■ **etw** [**durch etw**] ~ to hear sth [through sth]

durch|ixen *vt* (*fam*) ■ **etw** ~ to cross [*or* AM x] out sth *sep*

durch|kämmen¹ *vt* ■ **etw** ~ to comb through sth *sep;* **sich/jdm die Haare** ~ to give one's/sb's hair a good comb[ing]

durchkämmen*² *vt* ■ **etw** [**nach jdm**] ~ to comb sth [for sb]

durch|kämpfen **I.** *vt* ■ **etw** ~ to force [*or* push] through sth *sep* **II.** *vr* ① (*mühselig durchackern*) ■ **sich** ~ to battle [*or* fight] one's way through; ■ **sich durch etw** ~ to battle [*or* fight] one's way through sth ② (*sich durchringen*) ■ **sich zu etw** ~ to bring oneself to do sth; **sich zu einem Entschluss** ~ to bring oneself to make [*or* force oneself to [make]] a decision **III.** *vi* to fight continuously

durch|kauen *vt* ① (*gründlich kauen*) ■ **etw** ~ to chew sth thoroughly ② (*fam: erschöpfend besprechen*) ■ **etw** [**mit jdm**] ~ to discuss sth thoroughly [*or fam* have sth out] [with sb]

durch|klettern *vi sein* ■ [**durch etw**] ~ to climb through [sth]

durch|klingen *vi irreg haben o sein Gemütszustand* to come across; ~ **lassen, dass ...** to intimate [*or* create the impression] that ...

durch|kneten *vt* ① (*gründlich kneten*) ■ **etw** ~ to knead sth thoroughly ② (*kräftig massieren*) ■ **jdn/etw** ~ to give sb/sth a thorough massage

durch|kommen *vi irreg sein* ① (*durchfahren*) ■ [**durch etw**] ~ to come through [*or* past] [sth]; ***nach 300 Metern kommen Sie durch einen Tunnel durch*** after 300 metres you go through a tunnel ② (*vorbei dürfen*) to come past [*or* through] ③ (*durchdringen*) ■ [**durch etw**] ~ *Regen, Sonne* to come through [sth] ④ (*sichtbar werden*) ■ [**durch etw**] ~ to show through [sth]; *Sonne* to come out [from behind sth] ⑤ (*in Erscheinung treten*) ■ [**bei jdm**] ~ *Charakterzug* to become noticeable [*or* show through] [in sb]; ■ **in jdm** ~ to come [*or* show] through in sb ⑥ (*Erfolg haben*) ■ [**bei jdm**] **mit etw** ~ to get away with sth [with sb]; ***mit so einem Trick kommen Sie bei ihm nicht durch*** you won't get away with a dodge like that with him ⑦ (*gelangen*) ■ [**mit etw**] ~ to get through [*sep* sth]; ■ [**mit etw**] **durch etw** ~ to get [sth] through sth; ***ich komme mit meiner Hand nicht durch das Loch durch*** I can't get my hand through the hole; ■ **kein D~ für jdn sein** to be no way through for sb ⑧ (*Prüfung bestehen*) ■ [**bei jdm/in etw** *dat*] ~ to get through [sb's exam/sth], to pass [sb's exam/sth] ⑨ (*überleben*) to pull [*or* come] through, to survive; **nach einer Operation** ~ to survive an operation, to pull through ⑩ (*durchgesagt werden*) ■ [**in etw** *dat*] ~ to be announced [on sth]

durch|können *vi irreg* (*fam*) ■ [**durch etw**] ~ to be able to get through [sth]

durchkreuzen*¹ *vt* ■ **etw** ~ ① (*vereiteln*) to foil [*or* frustrate] [*or* thwart] sth ② (*durchqueren*) to cross sth

durch|kreuzen² *vt* ■ **jdn/etw** ~ to cross out sb/sth *sep;* **jdn aus der Liste** ~ to cross sb['s name] off the list

durch|kriechen *vi irreg sein* ■ [**durch etw**] ~ to crawl [*or* creep] through [sth]; ■ [**unter etw** *dat*] ~ to crawl [*or* creep] under[neath] [sth]

durch|kriegen *vt* (*fam*) *s.* **durchbekommen**

durch|laden *irreg* **I.** *vt* ■ **etw** ~ to charge [*or* prime] sth **II.** *vi* to charge, to prime

durch|langen (*fam*) **I.** *vi* to reach through, to put through *sep* one's hand; ■ **durch etw** ~ to reach [*or* put one's hand] through sth **II.** *vt* (*durchreichen*) ■ [**jdm**] **etw** ~ to pass through *sep* sth [to sb]

Durchlass^RR <-es, Durchlässe> *m,* **Durchlaß** <-sses, Durchlässe> *m* ① (*Durchgang*) passage[way]; (*Eingang*) way through [*or* in] ② (*Zugang*) access *no pl, no art;* **jdm/sich** ~ **verschaffen** to obtain permission for sb/oneself to pass, to gain admittance for sb/oneself; *mit Ausweis* to gain sb/oneself admittance; **sich** *dat* **mit Gewalt** ~ **verschaffen** to force one's way through [*or* in] *sep*

durch|lassen *vt irreg* ① (*vorbei lassen*) ■ **jdn/etw** [**durch etw**] ~ to let [*or* allow] sb/sth through [sth]; ***er ließ jeden durch die Absperrung durch*** he let everybody through the barrier ② (*durchdringen lassen*) ■ **etw** ~ to let through sth *sep* ③ (*fam: durchgehen lassen*) ■ **jdm etw** ~ to let sb get away with sth

durchlässig *adj* ① (*porös*) porous, permeable (**für** +*akk* to) ② (*offen*) ■ ~ **sein** *Grenze* to be open ③ (*Veränderungen zulassend*) **etw** ~ **gestalten** *System* to make sth interchangeable

Durchlässigkeit <-> *f kein pl* ① (*Porosität*) porosity *no pl,* permeability *no pl* (**für** +*akk* to) ② (*Offenheit*) ■ **seine** ~ one's open nature [*or* openness]

Durchlaucht <-, -en> *f* ■ **Seine/Ihre/Euer** ~ His [Serene]/Your Highness

Durchlauf *m* ① INFORM run ② SKI heat

durch|laufen¹ *irreg* **I.** *vi sein* ① (*durcheilen*) ■ [**durch etw**] ~ to run through [sth] ② (*durchrinnen*) ■ [**durch etw**] ~ to run through [sth] ③ (*im Lauf passieren*) ■ [**bei jdm**] ~ to pass by [*or* run past] [sb]; ■ **durch etw** ~ to run through sth; (*passieren a.*) to pass through sth **II.** *vt haben* ■ **etw** ~ to go through sth, to wear through sth *sep;* ■ **durchgelaufen** worn [through]

durchlaufen*[2] *vt irreg* ❶ (*im Lauf durchqueren*) ■ **etw** ~ to run through sth ❷ (*zurücklegen*) ■ **etw** ~ to cover [*or* run] sth; ***sie durchlief die 100 Meter als Beste*** she was the fastest over the 100 meters ❸ (*absolvieren*) ■ **etw** ~ to go through sth; ■ **das D~ einer S.** *gen*/**von etw** the completion of sth, completing sth; ***das D~ einer 2jährigen Schulung*** to complete a two-year training course ❹ (*erfassen*) ■ **jdn** ~ to run through sb; ***es durchlief mich siedend heiß*** I suddenly felt hot all over

durchlaufend *adj* continuous

Durchlauferhitzer <-s, -> *m* flow heater, continuous-flow water heater *form*

durch|lavieren* *vr* (*fam*) ■ **sich [durch etw/in etw** *dat*] ~ to steer a course [*or* to manoeuvre [*or* AM maneuver] one's way] through sth

durchleben* *vt* ■ **etw** ~ ❶ (*bis zu Ende erleben*) to go through sth ❷ (*durchmachen*) to experience sth; **schwere Zeiten** ~ to go [*or* live] through hard times

durchleiden* *vt irreg* ■ **etw** ~ to endure [*or* suffer] sth

durch|lesen *vt irreg* ■ [**sich** *dat*] **etw** ~ to read through sth *sep;* [**sich** *dat*] **ein Manuskript auf Fehler hin** ~ to read through *sep* a manuscript for errors, to proofread a manuscript

durchleuchten*[1] *vt* ❶ (*röntgen*) ■ **jdn [auf etw** *akk* **hin]** ~ to x-ray sb [for sth]; **eine Lunge auf Krebs** ~ to x-ray a lung for cancer; ■ **jdm etw** ~ to x-ray sb's sth; ■ **sich [von jdm]** ~ **lassen** to be [*or* get] x-rayed [by sb]; ■ **sich** *dat* **etw** ~ **lassen** to have [*or* get] one's sth x-rayed; ■ **das D~ [von etw]** x-raying [sth], an/the x-ray examination [of sth] ❷ (*fam: kritisch betrachten*) ■ **jdn/etw** ~ to investigate sb/sth, to probe into sb's records/sth

durch|leuchten[2] *vi* ■ [**durch etw**] ~ to shine through [sth]

Durchleuchtung <-, -en> *f* ❶ (*das Röntgen*) x-ray [examination] ❷ (*Untersuchung*) investigation (+*gen* into); *von Bewerbern* vetting

durch|liegen *irreg* **I.** *vt* ■ **etw** ~ to wear out *sep* sth [by lying on it]; ■ **durchgelegen** worn out; **ein durchgelegenes Bett** a bed sagging in the middle **II.** *vr* ■ **sich** ~ to develop [*or* get] bedsores; **ein durchgelegener Rücken** a back covered with [*or* in] bedsores; **einen durchgelegenen Rücken haben** to have bedsores on one's back

durchlöchern* *vt* ■ **jdn/etw [mit etw]** ~ to riddle sb/sth [with sth]; ■ **durchlöchert** full of holes

durch|lotsen *vt* (*fam*) ■ **jdn [durch/bis zu etw]** ~ to guide sb [through/to sth]; (*als Reiseführer*) to give sb a guided tour [through/to [*or* finishing at] sth]

durch|lüften **I.** *vt* ■ **etw** ~ to air sth thoroughly; **einen Raum** ~ to air out a room **II.** *vi* to air thoroughly

durch|machen **I.** *vt* ■ **etw** ~ ❶ (*erleiden*) to go through sth; **eine Krankheit** ~ to have an illness; **harte Zeiten** ~ to go through hard times ❷ (*durchlaufen*) to undergo [*or* go through] sth; **eine Ausbildung** ~ to go through [*or* undergo] training **II.** *vi* (*fam*) ❶ (*durchfeiern*) **bis zum anderen Morgen/die ganze Nacht** ~ to make a night of it, to have an all-night party ❷ (*durcharbeiten*) to work right through

Durchmarsch *m* ❶ (*lit*) ■ **jds** ~ [**durch etw**] sb's march through [sth]; **auf dem** ~ while [*or* when] marching through; **auf dem** ~ **sein** to be marching through ❷ (*fam: Sieg*) landslide [victory] ❸ (*sl: Durchfall*) the runs *npl fam;* ~ **haben** (*sl*) to have the runs *fam*

durch|marschieren* *vi sein* ■ [**durch etw**] ~ to march through [sth]

durchmessen* *vt irreg* (*geh*) ■ **etw** ~ to cross [*or* stride across] sth; **ein Zimmer mehrmals** ~ to pace a room

Durchmesser <-s, -> *m* diameter; **im** ~ in diameter

durch|mischen[1] *vt* ■ **etw** ~ to mix sth thoroughly

durchmischen*[2] *vt* ■ **etw mit etw** ~ to mix sth with sth

durch|mogeln (*fam*) **I.** *vr* ■ **sich** ~ to wangle [*or* AM finagle] one's way through *fam;* ■ **sich durch etw** ~ to wangle one's way through sth *fam;* **sich an der Grenze** ~ to smuggle oneself across [*or* over] the border **II.** *vt* ■ **jdn/etw** ~ to smuggle through sb/sth *sep;* ■ **jdn/etw durch etw** ~ to smuggle sb/sth through sth; **Zigaretten durch die Grenzkontrolle** ~ to smuggle cigarettes over the border

durch|müssen *vi irreg* (*fam*) ❶ (*durchgehen müssen*) ■ [**durch etw**] ~ to have to get [*or* go] through [sth]; ***machen Sie bitte Platz, ich muss hier durch!*** make way please, I have to get through here ❷ (*durchmachen müssen*) ■ **durch etw** ~ to have to go through sth; **durch schwere Zeiten** ~ to have to go through hard times

durch|nagen *vt* ■ **etw** ~ to gnaw through sth *sep*

durchnässen* *vt* ■ **jdn/etw** ~ to drench [*or* soak] sb/sth

durchnässt[RR], **durchnäßt** *adj inv* soaked; **bis auf die Haut** ~ soaked to the skin

durch|nehmen *vt irreg* ■ **etw [in etw** *dat*] ~ to do sth [in sth]; ***wir nehmen in Latein demnächst Cäsar durch*** we'll be doing Caesar soon in Latin

durch|numerieren* *vt* ■ **etw [von X bis Y]** ~ to number sth consecutively [from X to Y]

durch|organisieren* *vt* ■ **etw** ~ to organize sth thoroughly [*or* down to the last detail]; ■ **durchorganisiert** thoroughly organized, well-planned

durch|passieren *vt* ■ **etw** ~ KOCHK to strain sth [through a sieve]

durch|pauken *vt* (*fam*) ❶ (*gründlich durchnehmen*) ■ **etw** ~ to swot up on sth BRIT *fam;* (*übereilt*) to cram for sth ❷ (*durchsetzen*) ■ **jdn/etw** ~ to push [*or* force] through sb/sth *sep;* **ein neues Konzept** ~ to push [*or* force] through a new concept ❸ (*heraushelfen*) ■ **jdn** ~ to get sb off

durch|pausen *vt* ■ **etw** ~ to trace sth

durch|peitschen *vt* ❶ (*auspeitschen*) ■ **jdn** ~ to flog sb ❷ (*schnell durchbringen*) ■ **etw** ~ to railroad [*or* AM push] through sth *sep;* **die [*o* seine] eigenen Interessen** ~ to push through *sep* one's own interests

durchpflügen* *vt* ■ **etw** ~ ❶ (*gründlich pflügen*) to plough [*or* AM plow] sth thoroughly ❷ (*durch etw pflügen*) to plough through sth ❸ (*geh: genau prüfen*) to scour [through *sep*] sth

durch|plumpsen *vi sein* (*fam*) *s.* **durchfallen 2**

durch|probieren* *vt* ■ **etw** ~ to try sth in turn [*or* one after the other]; **alle Möglichkeiten** ~ to go through all the possibilities

durch|prügeln *vt* ■ **jdn** ~ to give sb a good thrashing, to beat sb [to a pulp *fam*]

durch|pusten *vt* (*fam*) *s.* **durchblasen**

durchqueren* *vt* ■ **etw** ~ to cross [*or form* traverse] sth; **einen Wald** ~ to pass through a wood

durch|quetschen (*fam*) **I.** *vr* ■ **sich [durch etw]** ~ to squeeze [a [*or* one's] way] through [sth] **II.** *vt* ■ **etw** ~ to squeeze [*or* press] through sth *sep;* ■ **etw durch etw** ~ to squeeze [*or* press] sth through sth

durch|rasen *vi sein* (*fam*) ■ [**durch etw**] ~ to race [*or* tear] through [sth]

durch|rasseln *vi sein* (*sl*) *s.* **durchfallen 2**

durch|rechnen *vt* ■ **etw** ~ to calculate sth [carefully]; (*überprüfen*) to check sth thoroughly

durch|regnen *vi impers* ❶ (*Regen durchlassen*) ■ [**durch etw**] ~ to rain through [sth] ❷ (*ununterbro-*

chen regnen) to rain continuously

Durchreiche <-, -n> *f* [serving] hatch, pass-through AM

durch|reichen *vt* ■ **etw** ~ to hand [*or* pass] through sth *sep;* ■ **etw durch etw** ~ to hand [*or* pass] sth through sth; ■ **jdm etw** [**durch etw**] ~ to hand [*or* pass] sb sth [*or* sth to sb] [through sth], to hand [*or* pass] through sth to sb *sep*

Durchreise *f* journey through; **auf der** ~ on the way through, while [*or* when] passing through; **auf der** ~ **sein** to be passing through

durch|reisen[1] *vi sein* ■ [**durch etw**] ~ to pass [*or* travel] through [sth]; **bis Berlin** ~ to be travelling [*or* AM -eling] through to Berlin

durchreisen*[2] *vt* ■ **etw** ~ to travel across [*or* through] sth; **die ganze Welt** ~ to travel all over the world

Durchreisende(r) *f(m) dekl wie adj* traveller [*or* AM traveler] [passing through], transient AM; ~ ***nach Bangkok*** through passengers to Bangkok; ■ **ein ~r/eine ~ sein** to be travelling [*or* passing] through

Durchreisevisum *nt* transit visa

durch|reißen *irreg* **I.** *vt haben* ■ **etw** [**mitten/in der Mitte**] ~ to tear sth in two [*or* in half] [*or* down the middle] **II.** *vi sein* ■ [**mitten/in der Mitte**] ~ to tear [in half [*or* two]]; *Seil* to snap [*or* break] [in two]

durch|rieseln[1] *vi sein* ■ [**durch etw**] ~ to trickle through [sth]; ■ **etw zwischen etw** *dat* ~ **lassen** to let sth trickle through sth

durchrieseln*[2] *vt* (*geh*) ■ **jdn** ~ to run through sb

durch|ringen *vr irreg* ■ **sich zu etw** ~ to finally manage to do sth; **sich zu einer Entscheidung** ~ to force oneself to [make] a decision; ■ **sich dazu ~, etw zu tun** to bring [*or* force] oneself to do sth

durch|rosten *vi sein* to rust through

durch|rufen *vi irreg* (*fam*) to call, BRIT *a.* to ring [up]; (*kurz Bescheid sagen*) to give sb a ring [*or* AM *usu* call]

durch|rühren *vt* ■ **etw** ~ to stir sth well; (*durchmischen*) to mix sth thoroughly; **etw gut** ~ to give sth a good stir

durch|rutschen *vi sein* ❶ (*durchgleiten*) ■ [**durch etw**] ~ to slip through [sth] ❷ (*fam*) **durch eine Prüfung** ~ to scrape through an exam[ination]

durch|rütteln *vt* ■ **jdn** ~ ❶ (*gründlich rütteln*) to shake sb violently ❷ (*hin und her schaukeln*) to shake sb about

durchs (*fam*) = **durch das**

durch|sacken *vi sein* LUFT to lose height suddenly

Durchsage *f* message; (*Radioansage*) announcement; **eine** ~ **machen** to give an announcement; (*Telefonauskunft*) recorded message

durch|sagen *vt* ❶ (*übermitteln*) ■ **etw** ~ to announce sth; **die Ergebnisse** ~ to give [*or* announce] the results ❷ (*mündlich weitergeben*) ■ **etw** [**nach vorne**] ~ to pass on *sep* sth [to the front]

durch|sägen *vt* ■ **etw** ~ to saw through sth *sep*

durch|saufen *irreg* (*sl*) **I.** *vi* to booze continuously *fam,* to be on a bender *fam* [*or fam!* the piss]; **die ganze Nacht** ~ to booze all night *fam,* to piss away the night *sep fam!* **II.** *vr* ■ **sich** [**bei jdm**] ~ to booze [at sb's expense] BRIT *fam,* to ponce [*or* AM mooch] drinks [off sb] *pej sl*

durch|sausen *vi sein* (*fam*) *s.* **durchfallen 2**

durchschaubar *adj* ❶ (*durchsichtig*) clear, transparent ❷ (*zu durchschauen*) obvious, transparent; **leicht** ~ easy to see through; **schwer** ~ enigmatic, inscrutable; **schwer** ~ **sein** to be an enigma

durchschauen*[1] *vt* ❶ (*erkennen*) ■ **etw** ~ to see through sth ❷ (*jds Absichten erkennen*) ■ **jdn** ~ to see through sb; ■ **leicht/schwer zu** ~ **sein** to be easy/difficult to see through; **du bist durchschaut!** I know what you're up to!, you've been rumbled! BRIT *fam*

durch|schauen[2] *vt s.* **durchsehen**

durch|scheinen *vi irreg* ❶ (*durch etw scheinen*) ■ ~ *Licht, Sonne* to shine through ❷ (*sichtbar sein*) ■ ~ *Farbe, Muster* to show [through]; ■ [**unter etw** *dat*] ~ to show through [under [*or* beneath] sth]

durchscheinend *adj* transparent; **eine ~e Bluse** a see-through blouse

durch|scheuern **I.** *vt* ❶ (*verschleißen*) ■ **etw** ~ to wear through sth *sep;* ***die Jacke war an den Ärmeln durchgescheuert*** the jacket was worn [through] at the elbows ❷ (*wund scheuern*) ■ [**sich** *dat*] **etw** ~ to chafe [one's] sth **II.** *vr* (*verschleißen*) ■ **sich** [**an etw** *dat*] ~ to wear through [at sth]

durch|schieben *vt irreg* ■ **etw** ~ to push through sth *sep;* ■ **etw durch etw/unter etw** *dat* ~ to push sth through/under sth; ■ **jdm etw** ~ to push sth through to sb

durch|schießen[1] *vi irreg* ■ **durch etw** ~ to shoot through sth

durchschießen*[2] *vt irreg* ❶ (*mit Kugeln durchbohren*) ■ [**jdm**] **etw** ~ to shoot sb through sth; ***ihm wurde die Schulter durchschossen*** he was shot through the shoulder ❷ (*plötzlich einfallen*) ■ **jdn** ~ to flash through sb's mind ❸ TYPO ■ **etw** ~ to space [*or* set] out sth *sep*

durch|schimmern *vi* ■ [**durch etw**] ~ to shimmer [*or* shine] through [sth]; *Farbe* to show through [sth]

durch|schlafen *vi irreg* to sleep through [it]; (*ausschlafen*) to get [*or* have] a good night's sleep

Durchschlag *m* ❶ (*Kopie*) copy ❷ (*Sieb*) colander, cullender; (*für Nudeln*) strainer

durch|schlagen[1] *irreg* **I.** *vt haben* ❶ (*durchbrechen*) ■ **etw** ~ to chop sth in two, to split sth [in two]; **eine Wand** ~ to knock a hole [*or* an opening] through a wall ❷ (*durchtreiben*) ■ **etw** ~ to knock through sth *sep;* ■ **etw durch etw** ~ to knock sth through sth; **einen Nagel durch etw** ~ to knock a nail through sth **II.** *vi* ❶ *sein* (*durchkommen*) ■ [**bei/in jdm**] ~ to show through [in sb]; ***in ihm schlägt der Lehrer durch*** you can see the teacher in him ❷ *sein* (*durchdringen*) ■ [**durch etw**] ~ to come [*or* go] through [sth]; *Geschoss a.* to pierce sth ❸ *haben* (*fam: abführen*) ■ [**bei jdm**] ~ to go [*or* run] straight through [sb] *fam* ❹ *sein* (*sich auswirken*) ■ [**auf etw** *akk*] ~ to have an effect [*or* make one's/its mark [felt]] [on sth] **III.** *vr haben* ❶ (*Dasein fristen*) ■ **sich** ~ to struggle along; **sich allein/irgendwie** ~ to struggle on alone/to get by somehow; **sich nur mit Mühe** ~ to only get by with difficulty ❷ (*ans Ziel gelangen*) ■ **sich** ~ to make one's way through; (*durchkämpfen*) to fight through *sep* one's way; ■ **sich durch etw** ~ to make/fight one's way through sth; **sich mit Müh und Not durch sein Leben** ~ to make one's way through life with great difficulty

durchschlagen*[2] *vt irreg* ❶ (*durchtrennen*) ■ **etw** [**mit etw**] ~ to chop through sth [with sth] ❷ (*durchdringen*) ■ **etw** ~ to penetrate [*or* pierce] sth; ***die Kugel durchschlug das Fenster*** the bullet smashed through the window

durchschlagend *adj* ❶ (*überwältigend*) sweeping; **ein ~er Erfolg** a huge [*or* resounding] [*or* tremendous] success; **eine ~e Wirkung haben** to be extremely effective ❷ (*überzeugend*) convincing; **ein ~es Argument** a convincing [*or* persuasive] argument; **ein ~er Beweis** conclusive evidence

Durchschlagpapier *nt* ❶ (*für Kopien*) copy paper ❷ (*Kohlepapier*) carbon paper

Durchschlagskraft *f* ❶ (*Wucht*) penetration ❷ (*fig*) effectiveness; **ohne** ~ **sein** to be ineffective

durchschlagskräftig *adj* decisive; **~e Beweise** conclusive evidence

durch|schlängeln *vr* ■**sich** [**zu jdm/etw**] ~ *Mensch* to thread one's way through [to sb/sth]; **sich durch ein Tal** ~ *Fluss* to meander [*or* wind its way] through a valley

durch|schleppen *vt* ❶ (*durchhelfen*) ■**jdn** [**mit**] ~ to carry along *sep* sb [with one]; (*aktiv*) to help along sb *sep* ❷ (*unterhalten*) ■**jdn** [**mit**] ~ to support sb

durch|schleusen *vt* (*fam*) ■**jdn** ~ to smuggle through sb *sep;* ■**jdn durch etw** ~ to smuggle sb through sth; **jdn durch eine Ausstellung** ~ to hurry [*or* rush] sb through an exhibition

Durchschlupf <-[e]s, -schlüpfe> *m* way through [*or* in]; (*Spalte a.*) gap; (*Loch a.*) hole

durch|schlüpfen *vi sein* ❶ (*durch etw schlüpfen*) ■[**durch etw**] ~ to slip through [sth]; ■**unter etw** *dat* ~ to slip [through] under sth ❷ (*sich durchmogeln*) ■[**durch etw**] ~ to slip through [sth]; **durch die Polizeikontrollen** ~ to slip through the fingers of the police, to give the police the slip *fam*

durch|schmecken **I.** *vt* ■**etw** ~ to taste sth **II.** *vi* to come through

durch|schmuggeln *vt* ■**etw** ~ to smuggle through sth *sep;* ■**etw durch etw** ~ to smuggle sth through sth

durch|schneiden[1] *vt irreg* ■**etw** [**in der Mitte**] ~ to cut sth through [*or* down the middle], to cut sth in half [*or* two]

durchschneiden*[2] *vt irreg* ■**etw** ~ ❶ (*entzweischneiden*) to cut through sth *sep,* to cut sth in two ❷ (*durchziehen*) to cut through [*or* intersect] sth; (*willkürlich a.*) to criss-cross sth ❸ (*geh: durchpflügen*) to plough [*or* AM plow] [*or* slice] through sth ❹ (*geh: laut durchdringen*) to pierce sth

Durchschnitt *m* average; MATH *a.* [arithmetic *spec*] mean; **guter** ~ **sein** [*o* **zum guten** ~ **gehören**] to be a good average; ~ **sein** to be average; **im** ~ on average; **über/unter dem** ~ **liegen** to be above/below average

durchschnittlich **I.** *adj* ❶ (*Mittelwert betreffend*) average *attr,* mean *attr;* ■~ **sein** to be a mean [*or* an average] value ❷ (*mittelmäßig*) ordinary; ~**e Verhältnisse** modest circumstances **II.** *adv* ❶ (*im Schnitt*) on average; ~ **verdienen** to earn an average wage ❷ (*mäßig*) moderately; ~ **intelligent** of average intelligence

Durchschnittsalter *nt* average age **Durchschnittsbürger(in)** *m(f)* average citizen; ■**der** ~ the average citizen, Joe Bloggs BRIT *fam,* Joe Blow AM *fam* **Durchschnittseinkommen** *nt* average income **Durchschnittsgeschwindigkeit** *f* average speed, mean velocity *spec* **Durchschnittsgesicht** *nt* ordinary [*or* nondescript] face **Durchschnittsmensch** *m* average person; ■**der** ~ the average person, Joe Bloggs [*or* AM Blow] *fam* **Durchschnittsschüler(in)** *m(f)* average pupil **Durchschnittstemperatur** *f* average [*or* mean] temperature **Durchschnittswert** *m* average [*or* mean] value

durchschnüffeln*, **durch|schnüffeln** *vt* (*pej fam*) ■**etw** ~ to nose through sth BRIT *fam;* **jds Zimmer** ~ to nose [*or* poke] around [in] sb's room *fam*

Durchschreibeblock *m* duplicating pad

durch|schreiben *vi irreg* to print through

Durchschreibepapier *nt* self-copying [*or* carbon] paper

durchschreiten* *vt irreg* (*geh*) ■**etw** ~ to stride through sth; **ein Feld** ~ to stride across a field; (*bemessen*) to pace across a field

Durchschrift *f* [carbon] copy

Durchschuss[RR] *m* ❶ (*durchgehender Schuss*) ***es war ein glatter*** ~ the shot had passed clean [*or* right] through ❷ TYPO (*Zwischenraum*) leading *spec*

durch|schütteln *vt* ❶ (*anhaltend schütteln*) ■**etw** ~ to shake sth thoroughly; **etw kurz** ~ to give sth a shake ❷ (*kräftig rütteln*) ■**jdn** ~ to give sb a good shaking, to shake sb till her/his teeth rattle *fam* ❸ (*durchrütteln*) ■[**in etw** *dat*] **durchgeschüttelt werden** to be shaken about [all over the place *fam*] [in sth]

durchschweifen* *vt* (*poet*) ■**etw** ~ to roam [*or* wander] through sth

durch|schwenken *vt* ■**etw** ~ KOCHK to toss in butter

durch|schwimmen[1] *vi irreg sein* ❶ (*hindurch schwimmen*) ■**unter/zwischen etw** *dat* ~ to swim [through] under/between sth; (*hindurch getragen werden*) to float [through] under/between sth ❷ (*ohne Pause schwimmen*) to swim without stopping

durchschwimmen*[2] *vt irreg* ■**etw** ~ to swim sth; **den Ärmelkanal** ~ to swim the Channel; **einen See** ~ to swim [across] a lake

durchschwitzen*, **durch|schwitzen** *vt* ■**etw** ~ to soak sth in sweat; ■**durchgeschwitzt** sweaty, soaked in sweat

durch|segeln *vi sein* ❶ (*lit*) ■**unter/zwischen etw** *dat* ~ to sail [through] between/under sth ❷ (*fam*) *s.* **durchfallen 2**

durch|sehen *irreg* **I.** *vt* ■**etw** ~ *akk* to go over [*or sep* look through] [*or sep* check through] sth; **einen Text auf Druckfehler** ~ to look over a text for printing errors, to proofread a text **II.** *vi* ❶ (*hin~*) ■[**durch etw**] ~ to look through [sth]; ***sieh mal hier durch!*** take [*or* have] a look through this/these; ■**zwischen etw** *dat* ~ to look out from between sth; **zwischen den Fingern** ~ to peep [out] [from] between one's fingers ❷ (*fam: durchblicken*) to grasp [*or fam* get] it; ***ich sehe da nicht mehr durch!*** I can't make any sense of it any more!

durch|seihen *vt* ■**etw** [**durch etw**] ~ to strain sth [through sth]

durch|sein *vi irreg sein* (*fam*) *s.* **durch II 1, II 2, II 3, II 4**

Durchsetzbarkeit <-> *f kein pl* chances of being accepted

durch|setzen[1] **I.** *vt* ❶ (*erzwingen*) ■**etw** ~ to get [*or* push] through sth *sep;* **Maßnahmen** ~ to impose measures; **Reformen** ~ to carry out [*or* effect] reforms; **seinen Willen** [**gegen jdn**] ~ to get one's own way [with sb], to impose one's will [on sb]; **seine Ziele** ~ to achieve [*or* accomplish] one's goals ❷ (*bewilligt bekommen*) ■**etw** [**bei jdm**] ~ to get sth through [sb], to get sb to agree to sth; **etw bei der Mehrzahl** ~ to get sth past the majority, to elbow through sth *sep;* ■[**es**] [**bei jdm**] ~, **dass etw getan wird** to get sb to agree to [do] sth; ***er konnte*** ~, ***dass seine Ansprüche anerkannt wurden*** he was able to get his claims recognized **II.** *vr* ❶ (*sich Geltung verschaffen*) ■**sich** [**bei jdm/gegen jdn**] ~ to assert oneself [with/against sb]; ■**sich mit etw** ~ to be successful with sth; ***sie hat sich mit ihren verrückten Ideen nicht*** ~ ***können*** her crazy ideas didn't meet with much success ❷ (*Gültigkeit erreichen*) ■**sich** ~ to be accepted, to gain acceptance; *Trend* to catch on

durchsetzen*[2] *vt* ■**etw mit etw** ~ to infiltrate sth with sth; ■**mit** [*o* **von**] **jdm durchsetzt sein** to be infiltrated by [*or* with] sb

Durchsetzung <-> *f kein pl* implementation; ■**die** ~ [**einer S.** *gen*/**von etw**] the implementation [of sth], implementing [*or sep* putting through] sth; **eine gerichtliche** ~ a legal enforcement

Durchsetzungsvermögen <-s> *nt kein pl* assertiveness

Durchseuchung <-> *f kein pl* spread *no pl* of infection

Durchsicht *f* examination, inspection; **zur** ~ for inspection [*or* examination]; ***hier ist die Post zur ~*** here's the post to look through

durchsichtig *adj* ❶ (*transparent*) transparent ❷ (*offensichtlich*) obvious, apparent

durch|sickern *vi sein* ❶ (*lit*) ▪ **[durch etw]** ~ to seep [*or* trickle] through [sth]; ▪ **etw ~ lassen** to let sth seep [*or* trickle] through; *Behälter* to leak [sth] ❷ (*allmählich bekannt werden*) ▪ **[zu jdm/in etw** *akk*] ~ to leak out [to sb/sth]; **Informationen ~ lassen** to leak information; ▪ **~, dass ...** to get out that ...

durch|sieben[1] *vt* ❶ (*lit*) ▪ **etw** ~ to sieve [*or* sift] sth ❷ (*ausmustern*) ▪ **jdn** ~ to sift through sb; (*genau überprüfen*) to screen sb

durchsieben*[2] *vt* (*fam*) ▪ **jdn/etw [mit etw]** ~ to riddle sb/sth [with sth]

durch|spielen *vt* ❶ **ein Musik-/Theaterstück** ~ to play/act through *sep* a piece/play once ❷ (*durchdenken*) ▪ **etw** ~ to go [*or* run] through [*or* over] sth

durch|sprechen *vt irreg* ▪ **etw [mit jdm]** ~ to discuss sth thoroughly [*or fam* have sth out] [with sb]

durch|spülen *vt* ▪ **etw** ~ to rinse [out *sep*] sth thoroughly; ▪ **[sich/jdm] etw** ~ to rinse [out *sep*] one's/sb's sth thoroughly

durch|starten *vi* ❶ LUFT to [pull up and] go round again ❷ AUTO to rev up

durch|stechen[1] *vt irreg* ▪ **etw** ~ to stick through sth *sep;* ▪ **etw durch etw** ~ to stick sth through sth

durchstechen*[2] *vt irreg* ▪ **etw [mit etw]** ~ to pierce sth [with sth]; **sich** *dat* **die Ohrläppchen ~ lassen** to have [*or* get] one's ears pierced

durch|stecken *vt* ▪ **etw** ~ to stick [*or* put] through sth *sep;* ▪ **etw durch etw** ~ to stick [*or* put] sth through sth

durch|stehen *vt irreg* ▪ **etw** ~ ❶ (*ertragen*) to get through sth; **Qualen** ~ to endure great pains; **Schwierigkeiten** ~ to cope with difficulties ❷ (*standhalten*) to [with]stand sth; **das Tempo** ~ to stand the pace, to hold out

durch|steigen *vi irreg sein* ❶ (*durch etw steigen*) ▪ **[durch etw]** ~ to climb through [sth] ❷ (*fam: verstehen*) to get it *fam;* ▪ **bei etw** ~ to get sth *fam;* ***da soll mal einer ~!*** just let someone try and understand that lot!

durch|stellen I. *vt* ▪ **jdn/etw** ~ to put through sb/sth *sep;* **ein Gespräch** ~ to put a call through; ***ein Augenblick bitte, ich stelle Sie durch*** one moment please, I'll just put you through II. *vi* ***soll ich ~?*** shall I put the call through?

Durchstieg <-[e]s, -e> *m* opening; (*Durchgang*) passage[way]

durchstöbern*, **durch|stöbern** *vt* ▪ **etw [nach etw]** ~ to rummage [*or* root] through sth [for sth]

Durchstoß *m* breakthrough

durchstoßen*[1] *vt irreg* ❶ (*durchbohren*) ▪ **jdn/etw** ~ to stab sb/sth; (*spitzer Gegenstand*) to go through sb/sth; (*Pfahl a.*) to impale sb/sth; ▪ **jdn/etw mit etw** ~ to stab sb/sth with sth; **jdn/ein Tier mit seiner Lanze/seinem Schwert** ~ to run sb/an animal through, to impale sb/an animal on one's lance/sword ❷ (*durchbrechen*) ▪ **etw** ~ to penetrate [*or* break through] sth; **die feindlichen Linien** ~ to break [*or* breach] the enemy lines

durch|stoßen[2] *irreg* I. *vi sein* ❶ (*durchdringen*) ▪ **[bis zu etw]** ~ to penetrate [as far as sth] ❷ (*vorstoßen*) ▪ **[bis zu etw/durch etw/zu etw]** ~ to advance [as far as/through/to sth] II. *vt haben* ▪ **etw** ~ to drive through sth *sep;* ▪ **etw durch etw** ~ to drive sth through sth; **einen Pfahl durch etw** ~ to drive a stake through sth

durch|streichen *vt irreg* ▪ **etw** ~ to cross out [*or* through] sth *sep,* to delete sth

durchstreifen* *vt* (*geh*) ▪ **etw** ~ to roam [*or* wander] through sth; **die Welt** ~ to rove the world

durch|strömen[1] *vi sein* ▪ **[durch etw/zu etw]** ~ to stream through [sth/to sth]

durchströmen*[2] *vt* (*geh*) ❶ (*durchfließen*) ▪ **etw** ~ to flow [*or* run] through sth ❷ (*durchdringen*) ▪ **jdn** ~ to flow [*or* run] through sb; **von neuer Hoffnung durchströmt** imbued with new hope *form*

durch|stylen *vt* (*sl*) ▪ **jdn/etw** ~ to give style to sb/sth; ▪ **durchgestylt** fully [*or* completely] styled

durchsuchen* *vt* ▪ **jdn [nach etw]** ~ to search sb [for sth], to frisk sb; ▪ **jdn nach Drogen/Waffen** ~ to search sb for drugs/weapons; ▪ **etw [nach jdm/etw]** ~ to search sth [for sb/sth]

Durchsuchung <-, -en> *f* search

Durchsuchungsbefehl *m* search warrant

durch|tanzen[1] *vi* to dance continuously; **die ganze Nacht** ~ to dance all night [long]

durchtanzen*[2] *vt* ▪ **etw** ~ to spend sth dancing; **eine durchtanzte Nacht** a night of dancing

durch|trainieren* [-treniːrən, -trɛ-] *vt* ▪ **etw** ~ to get sth into peak condition; ▪ **[gut] durchtrainiert** well-conditioned; ***er hat einen gut durchtrainierten Körper*** his body is in peak condition

durchtrainiert *adj* thoroughly fit

durchtränken* *vt* ▪ **etw** ~ to soak sth [completely], to saturate sth; ▪ **etw mit etw** ~ to soak sth in sth; **ein Tuch mit Wasser** ~ to soak a cloth in water

durch|trennen, **durchtrennen*** *vt* ▪ **etw** ~ to cut [through *sep*] sth, to cut sth in two, to sever sth

durch|treten *irreg* I. *vt haben* ▪ **etw** ~ ❶ (*fest betätigen*) **die Bremse** ~ to step on the brakes; **das Gaspedal** ~ to step on the accelerator, to hit the gas AM *fam* ❷ (*abnutzen*) to wear through sth *sep* II. *vi sein* ❶ (*geh: durchgehen*) to go [*or* walk] through; ***bitte treten Sie [hier] durch, meine Herrschaften!*** ladies and gentlemen, please step this way! ❷ (*durchsickern*) ▪ **[durch etw]** ~ to come [*or* seep] through [sth]

durchtrieben *adj* (*pej*) cunning, crafty, sly

Durchtriebenheit <-> *f kein pl* (*pej*) cunningness *no pl,* craftiness *no pl,* slyness *no pl*

durch|tropfen *vi sein* ▪ **[durch etw]** ~ to drip through [sth]

durchwachen* *vt* ▪ **etw** ~ to stay awake through sth; **viele Nächte an jds Bett** *dat* ~ to spend many nights awake at sb's bedside

durch|wachsen[1] *vi irreg sein* ▪ **[durch etw]** ~ to grow through [sth]

durchwachsen[2] *adj* ❶ **~er Speck** streaky bacon BRIT ❷ *pred* (*hum fam: mittelmäßig*) so-so *fam;* ***wie war das Wetter? — ~!*** what was the weather like? — mixed!; ***die Stimmung im Büro ist zur Zeit ~*** the atmosphere at work is not always good

Durchwahl *f* ❶ (*fam: ~nummer*) extension number ❷ (*das Durchwählen*) direct dialling [*or* AM -ling] *no pl, no art*

durch|wählen I. *vi* to dial direct; **nach London** ~ to dial London direct II. *vt* ▪ **etw** ~ to dial sth direct

Durchwahlnummer *f* extension number

durch|wandern[1] *vi sein* ▪ **[bis zu etw]** ~ to continue [*or* carry on] hiking [as far as sth]; ▪ **durch etw** ~ to hike through sth

durchwandern*[2] *vt* ▪ **etw** ~ to hike [*or* walk] through sth; **die ganze/halbe Welt** ~ to wander [*or* walk] round/half way round the world

durch|waschen *vt irreg* (*fam*) ▪ **etw** ~ to give sth a thorough wash

durch|waten[1] *vi sein* ▪ **[durch etw]** ~ to wade through [sth]

durchwaten*[2] *vt* ▪ **etw** ~ to wade across sth

durchweben* *vt irreg* ❶ (*lit*) ▪ **etw mit etw** ~ to interweave sth with sth ② (*fig geh*) ■ **mit** [*o* **von**] **etw durchwoben sein** to be interspersed with sth

durchweg *adv*, **durchwegs** *adv* ÖSTERR without exception; ~ **allen Anforderungen entsprechen** to meet [*or* match] all of the requirements

durchwehen* *vt* (*geh*) ■ **etw** ~ to blow through sth

durch|weichen¹ *vi sein* to get drenched [*or* soaked]; ■ **durchgeweicht sein** to be sodden BRIT

durchweichen² *vt* (*geh*) ■ **etw** ~ to drench [*or* soak] sth

durch|wetzen *vt* ■ **durchgewetzt** worn [through]; **ein durchgewetzter Kragen** a frayed collar

durch|winden *vr irreg* ① (*lit*) ■ **sich durch etw** ~ to meander [*or* wind one's way] through sth; ■ **sich zwischen etw** *dat* ~ to thread [*or* worm] one's way between sth ② (*fig*) ■ **sich** [**durch etw**] ~ to find one's way through [sth]

durchwirken* *vt* (*geh*) *s.* **durchweben**

durch|wollen *vi* (*fam*) ■ [**durch etw**] ~ to want to come/go [*or* get] through [sth]; ■ **zwischen/unter etw** *dat* ~ to want to get [*or* go] between/under sth

durch|wühlen¹ **I.** *vt* ■ **etw** [**nach etw**] ~ to rummage through [*or* about in] sth [in search of sth]; **ein Haus** ~ to ransack a house **II.** *vr* ① (*sich durcharbeiten*) ■ **sich** [**durch etw**] ~ to plough [*or* AM plow] through [sth] ② (*durch Wühlen gelangen*) ■ **sich** [**durch etw**] ~ to burrow through [sth]; ■ **sich unter etw** *dat* ~ to burrow [through] under sth

durchwühlen*² *vt* ■ **etw** [**nach etw**] ~ ① (*durchstöbern*) to comb sth [for sth] ② (*aufwühlen*) to churn [*or* dig] up sth [in search of sth] *sep*

durch|wurschteln, durch|wursteln *vr* (*sl*) ■ **sich irgendwie** ~ to muddle through somehow BRIT

durch|zählen *vt, vi* ■ [**etw**] ~ to count out [*or* up] sth *sep*; ■ [**jdn**] ~ to count sb

durchzechen* *vt* (*fam*) ■ **etw** ~ to drink [*or fam* booze] through sth; (*weiter trinken*) to carry on drinking [*or fam* boozing] through sth; **die ganze Nacht** ~ to drink all night [long], to piss away BRIT the night *sep fam!*; **eine durchzechte Nacht** a night of drinking, a night on the drink [*or* BRIT *fam!* piss]

durch|ziehen¹ *irreg* **I.** *vt haben* ① (*hin~*) ■ **etw** ~ to pull [*or* draw] through sth *sep*; ■ **etw durch etw** ~ to pull [*or* draw] sth through sth ② (*fam: vollenden*) ■ **etw** ~ to see sth through; ■ **durchgezogen werden** to be brought to a conclusion ③ (*sl: rauchen*) ■ **etw** ~ to smoke sth **II.** *vi sein* ① ■ [**durch etw**] ~ to come/go [*or* pass] through [sth]; *Truppe a.* to march through [sth] ② KOCHK **gebratenes Fleisch** ~ **lassen** to place fried meat in a preheated oven, in order to resoak escaped juices **III.** *vr haben* ■ **sich durch etw** ~ to occur throughout sth

durchziehen*² *vt irreg* ■ **etw** ~ ① (*durchqueren*) to go [*or* pass] [*or* travel] through sth; **ganze Erdteile** ~ to travel across entire continents ② (*konsequent verwendet werden*) to run through sth ③ (*durch etw verlaufen*) to criss-cross sth

durchzucken* *vt* ① (*geh: zuckend durchleuchten*) ■ **etw** ~ to flash across sth ② (*plötzlich ins Bewusstsein kommen*) ■ **jdn** ~ to flash through sb's mind

Durchzug *m* ① *kein pl* (*Luftzug*) draught BRIT, draft AM; ~ **machen** to create a through draught ② *von Truppen* march through ▶ WENDUNGEN: **auf** ~ **schalten** (*fam*) to let sth go in one ear and out the other *fam*

dürfen **I.** *modal vb* <darf, durfte, dürfen> ① (*Erlaubnis haben*) ■ **etw** [**nicht**] **tun** ~ to [not] be allowed to do sth; ***darf man hier parken?*** are you allowed [*or* is it permitted] to park here?; ***hier darf man nicht rauchen*** smoking is not allowed [*or* permitted] here ② *verneint* (*nicht sollen*) ■ **etw nicht tun** ~ to ought not [to] do sth *form*; ***wir ~ den Zug nicht verpassen*** we mustn't [*or form* ought not [to]] miss the train; ***das darf nicht wieder vorkommen*** this mustn't happen again ③ *verneint* (*nicht müssen*) ■ **etw nicht tun** ~ to not have to do sth; ***du darfst ihm das nicht übel nehmen*** you mustn't hold that against him; ***man darf sich nicht wundern, wenn ...*** it shouldn't come as a surprise when [*or* if] ... ④ *fragend* ■ **darf/dürfte/dürften ...?** may/might ...?; ***darf/dürfte ich wohl wissen, warum ...?*** may/might I know why ...?; ***darf ich mir noch ein Stück Fleisch nehmen?*** may [*or* can] I help myself to another piece of meat?; ***dürfte ich wohl noch ein Stück Kuchen haben?*** I wonder if I might [*or* could] have another piece of cake? ⑤ (*Veranlassung haben*) ***ich darf wohl sagen, dass ...*** I think I can say that ...; ***du darfst mir das ruhig glauben*** you can [*or* may] take it from me ⑥ *im Konjunktiv* (*sollen*) ■ **das/es dürfte ...** that/it should [*or* ought to] ...; ***es dürfte eigentlich genügen, wenn ich dir sage, dass...*** suffice it to say that ...; ***es klingelt, das dürfte Ulrike sein*** there's a ring at the door, that must be Ulrike; ***es dürfte wohl das Beste sein, wenn ...*** it would probably be best when [*or* if] ... ▶ WENDUNGEN: **was darf es sein?** what would you like?; **es darf nicht sein, dass ...** it's not on that ... *fam* **II.** *vi* <darf, durfte, gedurft> ***darf ich?*** may I?; ***darf ich nach draußen?*** may I go outside?; ***sie hat nicht gedurft*** she wasn't allowed to **III.** *vt* <darf, durfte, gedurft> ■ **etw** ~ to be allowed to do sth; ***darfst du das?*** are you allowed to?

dürftig **I.** *adj* ① (*kärglich*) paltrey *a. pej*, meagre [*or* AM -er]; ~**e Unterkunft** poor accommodation ② (*pej: schwach*) poor; **eine ~e Ausrede** a feeble excuse; ~**e Kenntnisse** scanty knowledge ③ (*spärlich*) sparse **II.** *adv* scantily; ~ **ausfallen** to be a poor outcome

Dürftigkeit <-> *f kein pl* meagreness *no pl* BRIT, meagerness *no pl* AM

dürr *adj* ① (*trocken*) dry; ~**es Laub** withered leaves ② (*a. fig: unfruchtbar*) barren; ~**e Jahre** arid [*or* lean] years ③ (*mager*) [painfully] thin, skinny *fam*; (*durch Krankheit*) gaunt ④ (*knapp*) meagre [*or* AM -er]; ***die ~en Jahre*** (*fig*) the lean years

Dürre <-, -n> *f* drought *no pl*

Dürrejahr *nt* year of drought **Dürrekatastrophe** *f* catastrophic [*or* disastrous] drought **Dürreperiode** *f* [period of] drought; (*fig*) barren period

Durst <-[e]s> *m kein pl* thirst *no pl*; ■ ~ **haben** to be thirsty; **jd bekommt** [*o fam* **kriegt**] [**von etw**] ~ sb gets thirsty [*or* a thirst] [from sth], sth makes sb thirsty; ~ **auf etw** *akk* **haben** to feel like drinking sth; ***ich hätte ~ auf ein kühles Bier*** I could do with a chilled beer; **seinen** [*o* **den**] ~ [**mit etw**] **löschen** [*o* **stillen**] to quench [*or* BRIT slake] one's thirst [with sth]; ***das macht ~*** that makes you thirsty [*or* gives you a thirst]; **einen** [*o* **ein Glas**] **über den** ~ **trinken** (*fam*) to have one too many

dursten *vi* (*geh*) to be thirsty; ~ **müssen** to have to go thirsty

dürsten (*geh*) **I.** *vt impers* ① (*Durst haben*) ■ **jdn dürstet** [**es**] sb is thirsty, sb thirsts *liter* ② (*inständig verlangen*) ■ **es dürstet jdn nach etw** sb thirsts for sth **II.** *vi* ■ **nach etw** ~ to be thirsty for sth; ■ **jds D~ nach etw** sb's thirst for sth

Durstgefühl *nt* feeling of thirst

durstig *adj* thirsty; ■ ~ **sein** to be thirsty; [**jdn**] ~ **machen** to make sb thirsty; ■ **jd wird** [**von etw**] ~ sb gets thirsty [*or* a thirst] [from sth], sth makes sb thirsty; ***von salzigen Speisen wird man*** ~ salty food makes you thirsty

durstlöschend *adj inv* thirst-quenching **durststillend** *adj* thirst-quenching **Durststrecke** *f* lean period **Durststreik** *m* refusal of [*or* to take] liquid;

sich im ~ befinden to refuse to take liquid

Durumweizen *m* durum wheat

Duschanbe <-s> [duʃam'bɛ] *nt* Dushanbe

Dusche <-, -n> *f* ❶ (*Apparatur*) shower ❷ (*das Duschen*) shower; **eine heiße/kalte ~** a hot/cold shower; **wie eine kalte ~ sein** [*o* **[auf jdn] wirken**] to pour cold water on sb; ***ihr plötzliches Nein wirkte auf ihn wie eine kalte ~*** her sudden no brought him down to earth; **unter die ~ gehen, eine ~ nehmen** to have [*or* take] a shower; **unter der ~ sein** [*o* **stehen**] to be in the shower, to be taking [*or* having] a shower

duschen I. *vi* to shower; **sich kalt/warm ~** to have [*or* take] a cold/hot shower II. *vr* ■ **sich ~** to have [*or* take] a shower III. *vt* ■ **jdn ~** to give sb a shower

Duschgel *nt* shower gel **Duschkabine** *f* shower cubicle; (*Dusche 1.*) shower **Duschraum** *m* shower room, showers *pl* **Duschvorhang** *m* shower curtain

Düse <-, -n> *f* ❶ TECH nozzle ❷ LUFT jet

Dusel <-s> *m kein pl* (*fam*) ❶ (*unverdientes Glück*) **~ haben** to be lucky; **[reiner] ~ sein** to be [pure] good fortune [*or* [sheer] luck]; ***es war reiner ~, dass ...*** it was sheer luck that ...; ***so ein ~!*** that was lucky!, what luck! ❷ SCHWEIZ, SÜDD ■ **im ~** (*benommen*) in a daze; (*schläfrig*) drowsy/drowsily; (*angetrunken*) tipsy; ***das hat er mir im ~ erzählt*** he told me that after he had had a few

dus(e)lig *adj* (*fam*) ■ **~ sein/werden** (*schläfrig*) to be/get [*or* become] drowsy; (*angetrunken*) to be/get [*or* become] tipsy; ***mir wird ~*** I'm feeling dizzy, to become dizzy

düsen *vi sein* (*fam: fliegen*) to jet; (*fahren*) to race; (*schnell gehen*) to dash; **nach Rom/zu einer Sitzung ~** to jet/race/dash off to Rome/a meeting

Düsenantrieb *m* jet propulsion *no pl, no art;* **mit ~** with jet propulsion; **ein Flugzeug mit ~** a jet[-propelled] aircraft **Düsenflugzeug** *nt* jet [aircraft] **Düsenjäger** *m* jet fighter **Düsentriebwerk** *nt* jet engine

Dussel <-s, -> *m* (*fam*) twit *fam,* prat BRIT *fam,* dork AM *fam*

Düsseldorf <-s> *nt* Düsseldorf

dusselig, dussligRR, dußlig (*fam*) I. *adj* daft *fam,* stupid II. *adv* ❶ (*dämlich*) stupidly; **sich ~ anstellen** to act stupidly [*or fam* stupid] ❷ (*enorm viel*) **sich ~ arbeiten** to work oneself silly; **sich ~ verdienen** to earn a fantastic amount, to rake it in *fam*

Dusseligkeit <-, -en> *f,* **DussligkeitRR, Dußligkeit** <-, -en> *f* (*fam*) stupidity *no pl*

düster *adj* ❶ (*finster*) dark, gloomy; **ein ~er Himmel** a gloomy [*or* an overcast] [*or* BRIT a heavy] sky; **~es Wetter** dismal [*or* gloomy] weather ❷ (*bedrückend*) gloomy, melancholy; **~e Gestalten** melancholy figures; **eine ~e Ahnung** a foreboding; **~e Prognosen** gloomy predictions; **ein ~es Szenario** a gloomy scenario ❸ (*schwermütig*) black, gloomy, melancholy; **eine ~e Miene** a gloomy [*or* melancholy] face; **~e Gedanken** black thoughts; **eine ~e Stimmung** a black [*or* melancholy] mood

Düsterkeit <-> *f kein pl* ❶ (*Dunkelheit*) darkness, gloominess; **von ~ erfüllt** gloomy; ***der Himmel war von großer ~*** the sky appeared really gloomy ❷ (*Schwermütigkeit*) gloominess; **Gedanken voller ~** gloomy thoughts

Dutt <-[e]s, -s *o* -e> *m* DIAL (*Haarknoten*) bun

Duty-free-Shop, DutyfreeshopRR <-s, -s> ['dju:ti'fri:ʃɔp] *m* duty-free shop

Dutzend <-s, -e> *nt* ❶ (*zwölf Stück*) dozen; **ein ~ [*o* d~] Mal** a dozen times; **zu einem ~ verpackt** packed in dozens; **ein halbes ~** half a dozen; **ein rundes ~** a full [*or* BRIT round] dozen; **im ~** (*fam*) by the dozen; ***die Eier sind im ~ billiger*** the eggs are cheaper by the dozen ❷ *pl* (*fam: jede Menge*) dozens; ***kaum sagt jemand was von Freibier, kommen gleich ~e*** as soon as somebody mentions free beer dozens turn up; **zu ~en** in [their] dozens

dutzend(e)mal *adv* (*fam*) dozens of times

dutzendfach I. *adj* dozens of II. *adv* dozens of times

Dutzendgesicht *nt* (*pej*) ordinary [*or* run-of-the-mill] face **Dutzendware** *f* (*pej*) mass-produced [*or* mass-market] item

dutzendweise *adv* by the dozen, in dozens

duzen *vt* ■ **jdn ~** to address sb as [*or* with] "Du", ≈ to be on Christian [*or* first] name terms with sb; ■ **sich [von jdm] ~ lassen** to allow sb to be on familiar [*or* first name] terms with one; ■ **sich ~** to be on familiar [*or* first name] terms with each other

Duzfreund(in) *m(f)* close [*or* good] friend; **alte ~e** old friends

DV <-> *f Abk von* **Datenverarbeitung** DP

DVD *f Abk von* **digital videodisc** DVD

DVD-Player <-s, -> [-pleɪɐ] *m* DVD player

Dynamik <-> *f kein pl* ❶ PHYS dynamics + *sing vb* ❷ (*fig*) dynamism *no pl;* ***die ~ dieser Entwicklung war nicht mehr zu bremsen*** this development was too dynamic to be slowed down

dynamisch I. *adj* ❶ (*schwungvoll*) dynamic ❷ (*vorwärts drängend*) dynamic ❸ (*regelmäßig angepasst*) index-linked II. *adv* dynamically

dynamisieren* *vt* (*geh*) ■ **etw ~** to index-link sth

Dynamisierung <-, -en> *f* (*geh*) index-linking *no pl;* ***das neue Gesetz erfordert die ~ der Renten*** the new act requires pensions to be index-linked

Dynamit <-s> *nt kein pl* ❶ (*lit*) dynamite ❷ (*fig*) dynamite; ***da steckt ~ drin!*** it's dynamite!

Dynamo <-s, -s> *m* dynamo

Dynastie <-, -n> [*pl* -'sti:ən] *f* dynasty

Dysprosium <-s> *nt kein pl* CHEM dysprosium *no pl*

D-Zug *m* (*veraltend*) express, fast train; ***lauf doch nicht so schnell, ich bin doch kein ~!*** (*hum fam*) not so fast, I can't run as fast as I used to!

D-Zug-Tempo *nt* ▶ WENDUNGEN: **im ~** (*fam*) like [*or* as quick as] a shot

E

E, e <-, – *o fam* -s, -s> *nt* ❶ (*Buchstabe*) E, e; **~ wie Emil** E for Edward BRIT, E as in Easy AM; *s. a.* **A 1** ❷ MUS ■ **das ~** [the note] E; *s. a.* **A 2**

Eau de Cologne <- – -> ['o:dəko'lɔnjə] *nt kein pl* eau de Cologne *no pl* BRIT, Cologne AM

Ebbe <-, -n> *f* ebb [*or* low] tide; (*Wasserstand*) low water; **~ und Flut** the tides *pl;* **~ sein** to be low tide; **bei ~** at low tide, when the tide goes out/has gone out; **mit der ~** with the ebb tide; **mit der ~ auslaufen** to leave on the ebb tide ▶ WENDUNGEN: **bei jdm herrscht** [*o* **ist**] **~, ~ sein** [*o* **herrschen**] **bei jdm** (*fam*) sb's finances are at a low ebb; ***in meinem Portmonee ist ~*** my finances are at a low ebb

eben¹ I. *adj* ❶ (*flach*) even, flat ❷ (*glatt*) level II. *adv* evenly

eben² I. *adv* ❶ *zeitlich* just; ***der Zug ist ~ erst abgefahren*** the train has only just left; ***~ war sie noch hier*** she was here just a moment ago; ***was meintest du ~?*** what did you say just now? ❷ (*nun einmal*) just, simply; ***das ist ~ so*** that's [just] the way it is [*or* things are] ❸ (*gerade noch*) just [about]; ***das wird [so] ~ noch reichen*** that'll just about be enough ❹ (*kurz*) **mal ~** [*o* **~ mal**] for a minute [*or* second]; ***komm mal ~ mit!*** come with me a second; ***ent-***

schuldigen Sie mich mal ~ excuse me for a minute **II.** *pron* ❶ *(genau das)* exactly, precisely; ***das ist es ja*** ~ that's precisely [*or* exactly] it; ***war es das, was du meintest? — nein, das*** ~ ***nicht*** was that what you meant? — no, not exactly [that]; ~ ***das wollte ich sagen*** that's precisely [*or* exactly] what I wanted to say; **[na]** ~**!** exactly ❷ *(Abschwächung von Verneinung)* ***das ist nicht*** ~ ***billig*** it's not exactly cheap

Ebenbild *nt* image; ■**jds** ~ sb's image; **jds [genaues]** ~ **sein** to be the [very [*or* spitting]] image of sb

ebenbürtig *adj* equal; ■**jdm [an etw** *dat*] ~ **sein** to be sb's equal [in sth]; **einander [nicht]** ~ **sein** [un]evenly matched

Ebenbürtigkeit <-> *f kein pl* equality *no pl*

ebenda *adv* ❶ *(genau dort)* exactly there; ***Bad Tölz? ja,*** ~ ***ist sie*** Bad Tölz? yes, that's exactly where she is ❷ *(bei Zitat)* ibidem; *(geschrieben a.)* ibid[.]

ebendahin *adv* ~ ***fahre ich ja*** that's exactly where I'm going **ebendarum** *adv* for that very reason; ~ ***frage ich ja!*** that is exactly why I'm asking **ebender** *pron,* **ebendie** *pron,* **ebendas** *pron* he/she/it; ***Ist das deine Traumfrau? Ebendie ist es.*** Is that the woman of your dreams? She is it. **ebendeshalb** *adv,* **ebendeswegen** *adv s.* **ebendarum** **ebendiese**(**r**, **s**) *pron* (*geh*) he/she/it; ***der Mann da vorne? — du sagst es,*** ~**r!** that man up front there? — you've said it, the very one!

Ebene <-, -n> *f* ❶ *(Tief~)* plain; *(Hoch~)* plateau ❷ MATH, PHYS plane; **schiefe** ~ inclined plane ❸ *(Schicht)* level; **sich [nicht] auf jds** ~ *akk* **begeben** (*geh*) to [not] come down to sb's level; **auf wissenschaftlicher** ~ at the scientific level

ebenerdig *adj* ■~ **sein** to be at ground level [*or* level with the ground]; **eine ~e Wohnung** a residence at ground level; **ein ~er Hauseingang** an entrance level with the ground [*or* at ground level]

ebenfalls *adv* also, as well, likewise, too; ***ich hätte es*** ~ ***getan*** I would have done it too [*or* as well], also, I would also have done it; ***ich*** ~**!** me too!; ***danke,*** ~**!** thanks, [and] the same to you

Ebenholz *nt* ebony; **schwarz wie** ~ as black as ebony

ebenjene(**r**, **s**) *pron* (*geh*) *substantivisch* he/she/it; ***war er der Täter? — ja,*** ~**r** ***war es!*** was he the culprit? — yes, he was the very one!; *adjektivisch;* ~ ***Frau heiratete er*** that's the very woman he married

Ebenmaß *nt kein pl* (*geh*) evenness *no pl,* regularity; *von Gesichtszügen* regularity *no pl; des Körpers* perfect proportions *pl*

ebenmäßig **I.** *adj* regular, symmetrical, well-proportioned, evenly proportioned; **von ~em Wuchs** of even proportions; **~e Zähne** evenly proportioned teeth **II.** *adv* proportionately, symmetrically

ebenso *adv* ❶ *(genauso)* just as; ***ich habe eine*** ~ ***schöne Wohnung*** I have just as nice a flat; ~ **gern** just as well/much; ***meinen Vater mag ich*** ~ ***gern wie meine Mutter*** I like my father just as much as my mother; ~ **gut** [just] as well; ***ich kann*** ~ ***gut darauf verzichten*** I can just as well go without it; ~ **lang[e]** just as long; ~ **oft** just as frequently [*or* often]; ~ **sehr** just as much; ***ich habe dich*** ~ ***sehr lieb wie du mich*** I'm just as much fond of you as you are of me; ~ **viel** just as much; ~ **wenig** ***das ist*** ~ ***wenig angebracht*** this is just as inappropriate ❷ *(auch)* also, likewise, as well; ***die Geschäfte sind geschlossen,*** ~ ***alle Kinos*** the shops are closed, as are all the cinemas; ***diese Waschmaschine ist*** ~ ***zu teuer*** that washing machine is too expensive as well

ebensogern *adv s.* **ebenso 1** **ebensogut** *adv s.* **ebenso 1** **ebensolang(e)** *adv s.* **ebenso 1** **ebensooft** [-zoʔɔft] *adv s.* **ebenso 1** **ebensosehr** *adv s.* **ebenso 1** **ebensoviel** *adv s.* **ebenso 1** **ebensowenig** *adv s.* **ebenso 1**

Eber <-s, -> *m* boar

Eberesche *f* BOT mountain ash [*or* rowan]

E-Business <-> ['iːˈbɪznɪs] *f kein pl* INET e-business

EC <-s, -s> *m* ❶ *Abk von* **Eurocity** Eurocity train ❷ *Abk von* **Euroscheck** eurocheque

echauffieren* [eʃɔˈfiːrən] *vr* (*veraltet*) ■**sich [über jdn/etw]** ~ to get worked up [*or form* to excite oneself] [about sb/sth]

Echo <-s, -s> *nt* ❶ *(Effekt)* echo ❷ *(Reaktion)* response (**auf** +*akk* to); **ein [großes]** ~ **finden** to meet with a [big] response ❸ *(Nachbeter)* echoer; **von jdm das** ~ [*o* **jds** ~] **sein** to echo sb's words

Echolot *nt* sonar, echo sounder

Echse <-, -n> [ˈɛksə] *f* saurian *spec;* (*Eid~*) lizard

echt **I.** *adj* ❶ *(nicht künstlich)* real; *(nicht gefälscht)* genuine; **eine ~e Blondine** a natural blonde ❷ *(aufrichtig) Freundschaft, Schmerz* sincere ❸ *(typisch)* typical ❹ *(beständig)* **~e Farben** fast colours [*or* AM -ors] ❺ *(wirklich)* real; *s. a.* **Bruch** **II.** *adv inv* ❶ *(typisch)* typically ❷ *(rein)* pure; ***das Armband ist*** ~ ***Platin!*** the bracelet is pure platinum! ❸ *(fam: wirklich)* really

Echtheit <-> *f kein pl* ❶ *(das Echtsein)* authenticity, genuineness ❷ *(Aufrichtigkeit)* sincerity

Echtzeit *f* INFORM real time

Eck <-[e]s, -e> *nt* ❶ ÖSTERR, SÜDD *(Ecke)* corner ❷ SPORT corner [of the goal]; **das kurze/lange** ~ the near/far corner [of the goal] ▶ WENDUNGEN: **über** ~ diagonally

EC-Karte *f Abk von* **Euroscheckkarte** Eurocheque card

Eckball *m* SPORT corner; **einen** ~ **geben/schießen** to award [*or* give]/take a corner; **einen** ~ **verwandeln** to score from a corner **Eckbank** *f* corner bench **Eckdaten** *pl s.* **Eckwert**

Ecke <-, -n> *f* ❶ *(spitze Kante)* corner; *eines Kragens* point; **sich an der** ~ **eines Tisches stoßen** to knock oneself on the edge of a table; **~n und Kanten** (*fig*) rough edges ❷ *(Straßen~)* corner; ***gleich um die*** ~ just round [*or* AM around] the corner ❸ *(Zimmer~)* corner; **jdn in die** ~ **stellen** to make sb stand in the corner; ***ab in die*** ~**!** go and stand in the corner! ❹ *(Käse~)* wedge ❺ *(fam: Gegend)* area; ***wir kommen aus der gleichen*** ~ we come from the same corner of the world ❻ *(fam: Entfernung)* distance, stretch; ***bis dahin ist es noch eine ganz schöne*** ~ it's still a fair old distance away; **mit jdm um/über sieben ~n verwandt sein** (*fam*) to be distantly related to sb ❼ SPORT corner; **eine kurze/lange** ~ a short/long corner; **die neutrale** ~ the neutral corner ▶ WENDUNGEN: **jdn um die** ~ **bringen** (*fam*) to do sb in *fam;* **jdn in die** ~ **drängen** to push sb aside; **an allen ~n und Enden** (*fam*) everywhere; **eine ganze** ~ (*fam*) quite a bit; **mit ~n und Kanten** with a mind of one's own

Ecker <-, -n> *f* BOT beechnut

Eckfenster *nt* corner window **Eckhaus** *nt* corner house, house on [*or* at] the corner

eckig *adj* ❶ *(nicht rund)* square; *(verwinkelt)* angular; **ein ~es Gesicht** an angular face; *s. a.* **Klammer** ❷ *(ungelenk)* jerky; **mit ~en Bewegungen gehen** to walk jerkily [*or* with a jerk] ❸ KOCHK rough

Ecklohn *m* standard [*or* basic] rate of pay **Eckpfeiler** *m* ❶ *(lit)* corner pillar ❷ *(fig)* cornerstone **Eckpfosten** *m* corner post **Eckregale** *pl* corner shelves, pl **Eckschrank** *m* corner cupboard **Eckstein** *m* ❶ *(lit)* cornerstone ❷ *(fig) s.* **Eckpfeiler 2** **Eckstoß** *m s.* **Eckball** **Eckstunde** *f* first/last lesson [*or* AM class] of the day **Ecktisch** *m* corner table **Eckwert** *m meist pl* benchmark figure; (*fig*) basis **Eckwurf** *m* SPORT corner throw **Eckzahn** *m* eye-

tooth, canine [tooth]; (*Hauer*) fang **Eckzins** *m* basic rate of interest
E-Commerce <-> ['i:'kɑmɜ:s] *m kein pl* INET e-commerce
Ecstasy <-, -s> *f* ecstasy, E *fam*
Ecu <-[s], -[s]> [e'ky:] *m*, **ECU** <-, -> *m* (*hist*) *Akr von* **European currency unit** ECU
Ecuador, Ekuador <-s> *nt* Ecuador; *s. a.* **Deutschland**
Ecuadorianer(in) <-s, -> *m(f)* Ecuadorean; *s. a.* **Deutsche(r)**
ecuadorianisch *adj* Ecuadorean; *s. a.* **deutsch**
Edamer <-s, -> *m* Edam [cheese] *no pl, no art*
Edda <-> *f kein pl* LITER Edda
edel I. *adj* ① (*großherzig*) generous ② (*hochwertig*) fine, high-grade ③ (*aristokratisch*) noble ④ *attr* (*veraltend: vornehm*) noble; **von edler Abkunft sein** to be of noble origin II. *adv* nobly; ~ **geformte Züge** aristocratic features
Edelboutique, Edelbutike *f* high-class [*or fam* classy] boutique **Edelfaser** *f* high-grade fibre [*or* AM -er] **Edelfrau** *f* noblewoman **Edelgas** *nt* inert [*or* rare] [*or* noble] gas **Edelholz** *nt* high-grade [*or* precious] wood *no pl* **Edelkastanie** *f* sweet [*or* Spanish] chestnut **Edelkitsch** *m* (*iron*) ostentatious rubbish [*or* kitsch] **Edelklasse** *f* ■ **die** ~ the crème de la crème **Edelmann** <-leute> *m* nobleman **Edelmetall** *nt* precious metal **Edelmut** *m kein pl* (*geh*) magnanimity *no pl form*, noble-mindedness *no pl* **edelmütig** I. *adj* (*geh*) magnanimous *form*, noble-minded II. *adv* magnanimously *form* **Edelpilzkäse** *m* blue [vein] cheese **Edelrose** *f* prize rose **Edelschnulze** *f* (*iron*) sentimental ballad, pretentious sob stuff *no pl, no indef art* BRIT *pej* **Edelstahl** *m* stainless [*or* high-grade] steel **Edelstein** *m* precious stone **Edeltanne** *f* silver fir
Edelweiß <-[es], -e> *nt* BOT edelweiss
Eden <-s> *nt kein pl* (*geh*) Eden *no pl;* **ein blühendes** ~ a flowering paradise; *s. a.* **Garten**
edieren* *vt* ■ **etw** ~ to publish sth
Edikt <-[e]s, -e> *nt* edict
Edinburg <-s> *nt* Edinburgh
editieren* *vt* INFORM ■ **etw** ~ to edit sth
Edition <-, -en> *f* ① (*das Herausgeben*) publication; (*die Ausgabe*) edition ② (*Verlag*) publishing house
Editor <-s, -toren> *m* INFORM [text] editor
Editor, -torin <-s, -toren> *m, f* (*geh*) publisher
Editorial <-s, -s> [edito'ria:l, ɛdi'tɔ:rɪəl] *nt* editorial
Editorin <-, -nen> *f fem form von* **Editor**
editorisch *adj* publishing *attr*
EDV <-> *f* INFORM *Abk von* **elektronische Datenverarbeitung** EDP
EDV-Anlage [e:de:'fau-] *f* computer system **EDV-Branche** *f* computing business **EDV-Fachmann, -Fachfrau** *m, f* computer specialist
EEG <-s, -s> *nt* MED *Abk von* **Elektroenzephalogramm** EEG
Efeu <-s> *m kein pl* ivy *no pl, no indef art*
Effeff <-> *nt kein pl* ▸ WENDUNGEN: **aus dem** ~ (*fam*) inside out *fam;* **etw aus dem** ~ **beherrschen/kennen** to know sth backwards/inside out
Effekt <-[e]s, -e> *m* ① (*Wirkung*) effect; ***der ~ war gleich Null*** it had no effect whatsoever; **im** ~ in the end ② (*Erscheinung*) effect; ■ **~e** effects, FX *sl;* (*in Film*) special effects [*or sl* FX]
Effekten *pl* securities *pl*, stocks and shares *pl*
Effektenbörse *f* stock exchange **Effektenhandel** *m* stock trading *no art*
Effekthascherei <-, -en> *f* (*fam*) cheap showmanship *no pl, no indef art*
effektiv I. *adj* ① (*wirksam*) effective ② *attr* (*tatsächlich*) actual *attr* II. *adv* ① (*wirksam*) effectively; **sich als** ~ **erweisen** [*o* **herausstellen**] to prove [*or* turn out to be] effective ② (*tatsächlich*) actually; **DM 5.000** ~ **verdienen** to gross DM 5,000
Effektivität <-> [-vi-] *f kein pl* effectiveness *no pl*
effektvoll *adj* effective
effizient (*geh*) I. *adj* efficient II. *adv* efficiently
Effizienz <-, -en> *f* (*geh*) efficiency
Efta <-> ['ɛfta] *f kein pl Akr von* **European Free Trade Association** EFTA *no pl*
EG <-> *f* ① (*hist*) *Abk von* **Europäische Gemeinschaft** EC ② ÖKON *Abk von* **Eingetragene Genossenschaft** registered cooperative society
egal (*fam*) I. *adj* ① (*gleichgültig*) ■ **jdm** ~ **sein** to be all the same to sb; ***das ist mir*** ~ I don't mind; (*unhöflicher*) I couldn't care less; ***es ist mir ~, ob/dass*** I don't care [*or* it makes no difference to me] whether/that; ***es kann dir doch nicht ~ sein!*** how can you not care?, it can't be a matter of indifference to you ② (*gleich aussehend*) identical; ■ ~ **sein** to be identical [*or* the same] ▸ WENDUNGEN: **~, was/wie/wo/warum ...** no matter what/how/where/why ... II. *adv* ① DIAL (*gleich*) identically; ~ **groß/lang** identical in size/length ② DIAL (*ständig*) constantly; ***in unserem Urlaub hat es ~ geregnet*** it rained continuously during our holiday
egalisieren *vt* **Gemüse/Obst** ~ KOCHK to cut vegetables/fruit into equal-sized pieces
Egel <-s, -> *m* leech
Egge <-, -n> *f* harrow
eggen I. *vt* ■ **etw** ~ to harrow sth II. *vi* to do harrowing
Ego <-s, -s> *nt* (*pej*) ego *a. pej*
Egoismus <-, -ismen> *m* ego[t]ism *pej*
Egoist(in) <-en, -en> *m(f)* ego[t]ist *pej*
egoistisch I. *adj* ego[t]istical *pej* II. *adv* ego[t]istically *pej*
Egomane, Egomanin <-n, -n> *m, f* egomaniac
Egomanie <-> *f* egomania *no pl, no art*
Egomanin <-, -nen> *f fem form von* **Egomane**
Egotrip <-s, -s> *m* ego trip *pej;* **auf dem** ~ **sein** (*fam*) to be on an ego trip *pej*
Egozentriker(in) <-s, -> *m(f)* (*geh*) egocentric
egozentrisch *adj* (*geh*) egocentric
eh[1] *interj* (*sl*) ① (*Anrede*) hey; ***~, du da!*** hey [*or* BRIT *fam* oy], you there! ② (*was?*) eh?
eh[2] I. *adv bes* ÖSTERR, SÜDD (*sowieso*) anyway; ***ich habe ~ keine Lust!*** I don't feel like it anyway! ▸ WENDUNGEN: **seit** ~ **und je** since time immemorial, for donkey's years BRIT *fam*, since the year dot BRIT *dated fam;* **wie** ~ **und je** as always II. *konj* (*ehe*) before
ehe *konj* before; ■ ~ **... nicht** until ...; ~ ***es nicht aufhört zu regnen, setze ich keinen Fuß vor die Tür!*** I'm not stepping outside until it stops raining!
Ehe <-, -n> *f* marriage; ~ **ohne Trauschein** common law marriage; **offene** ~ modern marriage; **wilde** ~ (*veraltend*) living together; **in wilder** ~ **leben** to be living together; **die** ~ **brechen** to commit adultery; [**mit jdm**] **die** ~ **eingehen** to marry [sb], to get married [to sb]; [**mit jdm**] **eine** ~ **führen** to be married [to sb]; **eine unglückliche** ~ **führen** to have an unhappy marriage; **die** ~ **schließen** to get married, to marry; **mit jdm die** ~ **schließen** (*geh*) to enter into marriage with sb *form;* **jdm die** ~ **versprechen** to promise to marry sb; **aus der/erster** ~ from a/one's first marriage
eheähnlich *adj* similar to marriage; [**mit jdm**] **in einer ~en Gemeinschaft leben** to cohabit [with sb] *form* **Eheberater(in)** *m(f)* marriage guidance counsellor, AM *a.* marriage counselor **Eheberatung** *f* ① (*das Beraten*) marriage guidance [*or* AM counseling] ② (*Beratungsstelle*) marriage guidance

council BRIT **Ehebett** *nt* double [*or form* matrimonial] bed **ehebrechen** *vi nur infin* to commit adultery **Ehebrecher(in)** <-s, -> *m(f)* adulterer *masc,* adulteress *fem* **ehebrecherisch** *adj* adulterous **Ehebruch** *m* adultery; ~ **begehen** to commit adultery

ehedem *adv* formerly, in former times; ■ **von** ~ (*geh*) of [*or* in] former times; ■ **wie** ~ (*geh*) as in former times

Ehefrau *f fem form von* **Ehemann** wife **Ehegatte** *m* (*geh*) ❶ *s.* **Ehemann** ❷ *pl* (*Ehepartner*) ■ **die** ~**n** [married] partners *pl* **Ehegattensplitting** *nt* separate taxation for man and wife **Ehegattin** *f* (*geh*) *fem form von* **Ehefrau** **Eheglück** *nt* married [*or hum* domestic] bliss **Ehehindernis** *nt* impediment to marriage **Ehekrach** *m* (*fam*) marital row [*or* AM fight] **Ehekrise** *f* marriage crisis **Ehekrüppel** *m* (*fam*) casualty of married life *hum fam;* (*Pantoffelheld*) henpecked husband **Eheleben** *nt kein pl* married life **Eheleute** *pl* (*geh*) married couple + *sing/pl vb*

ehelich **I.** *adj* marital; **ein** ~**es Kind** a legitimate child **II.** *adv* legitimately; ~ **geborene Kinder** legitimate children, children born in wedlock *old*

ehelichen *vt* (*hum*) ■ **jdn** ~ to wed sb *liter*

ehelos *adv* single, unmarried

Ehelosigkeit <-> *f kein pl* unmarried state *no pl;* (*Zölibat*) celibacy *no pl, no art*

ehemalig *adj attr* former; **jds E**~**er/E**~**e** (*hum fam*) sb's ex *fam;* ■ **die E**~**en** SCH the former pupils

ehemals *adv* (*geh*) formerly, previously

Ehemann <-männer> *m* husband **Ehepaar** *nt* [married] couple + *sing/pl vb;* ***das*** ~ ***Peisert*** Mr and Mrs Peisert + *pl vb* **Ehepartner(in)** *m(f)* husband *masc,* wife *fem,* spouse *form*

eher *adv* ❶ (*früher*) earlier, sooner; **je** ~**, desto besser** the sooner the better; ~ **…, als …** earlier [*or* sooner] than … ❷ (*wahrscheinlicher*) more likely ❸ (*mehr*) more; ***das lässt sich schon*** ~ ***hören!*** that sounds more like it! ❹ (*lieber*) rather, sooner; ***soll ich*** ~ ***am Abend hingehen?*** would it be better if I went in the evening?; ~ **…, als …** rather [*or* sooner] … than …

E-Herd *m kurz für* **Elektroherd**

Ehering *m* wedding ring

ehern *adj* (*geh*) ❶ (*lit*) metal ❷ (*fig*) iron; ~ **bleiben** to remain firm; **ein** ~**es Gesetz** an unshak[e]able law; **ein** ~**er Wille** an iron will

Ehescheidung *f* divorce **Eheschließung** *f* (*geh*) marriage ceremony, wedding

ehest *adv* ÖSTERR (*baldigst*) as soon as possible

Ehestand *m kein pl* (*geh*) marriage *no pl, no art,* matrimony *no pl, no art form;* **in den** ~ **treten** to enter into matrimony *form*

eheste(r, s) **I.** *adj attr* earliest; **bei** ~**r Gelegenheit** at the earliest opportunity **II.** *adv* ■ **am** ~**n** ❶ (*am wahrscheinlichsten*) [the] most likely; ***das scheint am*** ~***n möglich*** that seems [the] most likely ❷ (*zuerst*) the first; ***sie ist am*** ~***n da gewesen*** she was the first here

ehestens *adv* ❶ (*frühestens*) at the earliest ❷ ÖSTERR (*baldigst*) *s.* **ehest**

Eheverkündigung *f* SCHWEIZ (*Aufgebot*) announcement of marriage **Ehevermittlung** *f* ❶ *kein pl* (*Gewerbe*) arrangement of marriages, matchmaking *no pl, no art;* **in der** ~ **tätig sein** to arrange marriages ❷ (*Büro*) marriage bureau BRIT **Ehevermittlungsinstitut** *nt* marriage bureau BRIT **Eheversprechen** *nt* promise of marriage **Ehevertrag** *m* marriage contract **Eheweib** *nt* (*hum fam*) wife, old woman [*or* AM lady] *fam;* ■ **mein** ~ the wife, the missus BRIT *fam,* the old woman *fam* [*or* AM *fam* old lady]

Ehrabschneider(in) <-s, -> *m(f)* (*pej geh*) slanderer, calumniator *form*

ehrbar *adj* respectable

Ehre <-, -n> *f* ❶ *kein pl* (*Ansehen*) honour [*or* AM -or] *no pl;* **ein Fleck auf seiner** ~ a stain on one's honour; **jdm zur** ~ **gereichen** (*geh*) to bring sb honour [*or* honour to sb]; **jdn in seiner** ~ **kränken** to wound sb's honour; ~**/keine** ~ **im Leib** respect/not a shred of respect ❷ (*Anerkennung*) honour [*or* AM -or]; **zu jds** ~**n/zu** ~**n einer S.** *gen* in honour of sb/sth; **eine große** ~ a great honour; **jdm eine** ~**/große** [*o* **besondere**] ~ **sein** (*geh*) to be an honour/a great honour for sb; **mit militärischen** ~**n** with military honours; **sich** *dat* **etw als** ~ **anrechnen** to consider sth an honour; **jdm die letzte** ~ **erweisen** (*geh*) to pay sb one's last respects [*or* one's last respects to sb]; **sich** *dat* **die** ~ **geben, etw zu tun** (*geh*) to have the honour of doing sth; **etw in** ~**n halten** to cherish [*or* treasure] sth; **zu** ~**n kommen** to come back into favour [*or* AM -or]; **jdm** ~**/wenig** ~ **machen** to do sb credit/to not do sb any credit; ***was verschafft mir die*** ~***?*** (*geh o iron*) to what do I owe the honour? *form or iron;* **jdm wird die** ~ **zuteil, etw zu tun** sb is given the honour of doing sth ▸ WENDUNGEN: **in** ~**n ergraut sein** (*geh*) to have reached a venerable old age; ~**, wem** ~ **gebührt** (*prov*) honour where honour is due *prov;* **auf** ~ **und Gewissen** on my/his etc. honour; ~ **sei Gott in der Höhe** glory to God in the highest; **habe die** ~**!** ÖSTERR, SÜDD (*ich grüße Sie!*) [I'm] pleased to meet you; **mit wem habe ich die** ~**?** (*geh o iron*) with whom do I have the honour [of speaking]? *form or iron;* **… in allen** ~**n, aber …** I don't doubt …, but …; **jdn bei seiner** ~ **packen** to appeal to sb's sense of honour; [**das ist**] **zu viel der** ~**!** you do me too great an honour! *a. hum; s. a.* **Mann**

ehren *vt* ❶ (*würdigen*) ■ **jdn** [**durch** [*o* **mit**] **etw**] ~ to honour [*or* AM -or] sb [with sth] ❷ (*Ehre machen*) ■ **jdn** ~ to make sb feel honoured [*or* AM -ored]; ***dieser Besuch ehrt uns sehr*** we are very much honoured by this visit; *s. a.* **geehrt, Vater**

Ehrenamt *nt* honorary office [*or* post] **ehrenamtlich** **I.** *adj* honorary; ~**e Tätigkeiten** voluntary work **II.** *adv* in an honorary capacity, on a voluntary basis **Ehrenbürger(in)** *m(f)* freeman, honorary citizen; **jdn zum** ~ **der Stadt ernennen** to give sb the freedom of [*or* AM key to] the city **Ehrenbürgerrecht** *nt* freedom; **jdm das** ~ **verleihen** to award [*or* give] sb the freedom of the town **Ehrendoktor, -doktorin** *m, f* ❶ (*Titel*) honorary doctor ❷ (*Inhaber*) honorary doctor; ■ ~ **sein** to be an honorary doctor **Ehrendoktorwürde** *f* honorary doctorate; **jdm die** ~ **verleihen** to make sb an honorary doctor, to give sb an honorary doctorate **Ehrenerklärung** *f* ❶ JUR formal apology ❷ (*Vertrauensausspruch*) declaration of confidence **Ehrenformation** *f* MIL guard of honour **Ehrengast** *m* guest of honour

ehrenhaft **I.** *adj* honourable [*or* AM -orable] **II.** *adv* honourably [*or* AM -orably]

Ehrenhaftigkeit <-> *f kein pl* honourableness [*or* AM -orableness] *no pl*

ehrenhalber *adv* ❶ (*als Ehrung*) as an honour [*or* AM -or]; **einen Titel** ~ **verleihen** to award an honorary title; **jdn** ~ **zum Vorsitzenden ernennen** to appoint sb honorary chairman ❷ (*ohne Bezahlung*) on a voluntary basis

Ehrenlegion *f* legion of honour **Ehrenloge** *f* VIP [*or* BRIT royal] box **Ehrenmal** *nt* [war] memorial **Ehrenmann** *m* man of honour **Ehrenmitglied** *nt* honorary member **Ehrenplatz** *m* ❶ (*bevorzugter Sitz*) place [*or* seat] of honour ❷ (*besonderer Platz*) special place **Ehrenpreis** *nt* BOT speedwell BRIT, veronica BRIT, consolation prize AM **Ehrenrechte** *pl* **bürgerliche** ~ civil rights **Ehrenrettung** *f* retrieval of one's honour; **zu jds** ~ in sb's defence [*or* AM defense]; ***zu seiner ~ sei gesagt, dass …*** let it be said in his defence that …; **zu jds ~ dienen** to serve to clear sb's name **Ehrenrunde** *f* ① SPORT lap of honour; **eine ~ drehen** to run a lap of honour ② SCH (*fam: Wiederholung einer Klasse*) resitting [*or* AM repeating] a year **Ehrensache** *f* matter of honour; **~!** (*fam*) you can count on me! **Ehrensalve** [-və] *f* salute **Ehrentag** *m* (*geh*) special day **Ehrentor** *m* consolation goal **Ehrentribüne** *f* VIP stand [*or* rostrum] **Ehrenurkunde** *f* certificate of honour **ehrenvoll** *adj* ① (*ehrend*) honourable; **es als ~ betrachten, etw zu tun** to consider it an honour to do sth ② MIL **ein ~er Friede[n]** an honourable peace **Ehrenvorsitz** *m kein pl* POL, SOZIOL honourary [*or* AM honorary] chairmanship **Ehrenvorsitzende(r)** *f(m) dekl wie adj* honorary chair[person], honorary chairman *masc* [*or fem* chairwoman] **Ehrenwache** *f* guard of honour; [**an etw** *dat*] **die ~ halten** to keep vigil [at sth] **ehrenwert** *adj* (*geh*) *s.* **ehrbar** **Ehrenwort** <-worte> *nt* word of honour; **sein ~ brechen/halten** to break/keep one's word; [**jdm**] **sein ~ geben** to give [sb] one's word [of honour]; **~?** (*fam*) promise? *fam*, cross your heart [and hope to die]? *hum fam;* [**großes**] **~!** (*fam*) scout's honour! *hum fam;* **mein ~!** you have my word!

ehrerbietig I. *adj* (*geh*) respectful, deferential II. *adv* (*geh*) respectfully, deferentially

Ehrerbietung <-, -en> *f* (*geh*) respect, deference

Ehrfurcht *f kein pl* respect; (*fromme Scheu*) reverence; ■**jds ~ vor jdm/etw** sb's respect [*or* reverence] for sb/sth; **vor jdm/etw ~ haben** to have [great] respect for sb/sth, to revere sb; **~ gebietend** awe-inspiring; **eine ~ gebietende Geste/Stimme** an imperious gesture/voice

ehrfurchtgebietend *adj s.* **Ehrfurcht**

ehrfürchtig, **ehrfurchtsvoll** I. *adj* reverent II. *adv* reverentially

Ehrgefühl *nt kein pl* sense of honour [*or* AM -or]

Ehrgeiz *m kein pl* ambition; **krankhafter ~** morbid ambition; **keinen ~ haben** to have no [*or* be lacking in] ambition; ***er ist ein Mann von sehr großem ~*** he is a man of boundless [*or* unbridled] ambition; **seinen ~ dareinsetzen, etw zu tun** to make it one's [sole] ambition to do sth

ehrgeizig *adj* ambitious

ehrlich I. *adj* honest; **~e Absichten** honorable intentions; **~e Besorgnis/Zuneigung** genuine concern/affection; **es ~ mit jdm meinen** to have good intentions towards [*or* mean well by] sb; ***ich hatte die ~e Absicht zu kommen*** I really did mean [*or* intend] to come; ***der ~e Finder wird einen Finderlohn erhalten*** anybody finding and returning it will receive a reward ▶ WENDUNGEN: **~ währt am längsten** (*prov*) honesty is the best policy *prov* II. *adv* ① (*legal, vorschriftsmäßig*) fairly; **~ spielen** to play fair; **~ verdientes Geld** honestly earned money ② (*fam: wirklich*) honestly ▶ WENDUNGEN: **~ gesagt …** [*o* **um ~ zu sein …**] to be [quite] honest …; [**also**] **~!** honestly!, really!

ehrlicherweise *adv* in all honesty

Ehrlichkeit *f kein pl* ① (*Aufrichtigkeit*) sincerity, genuineness; ***sie zweifelte an der ~ seiner Absichten*** she doubted that his intentions were honourable ② (*Zuverlässigkeit*) honesty

ehrlos I. *adj* dishonourable [*or* AM -orable] II. *adv* dishonourably [*or* AM -orably]

Ehrlosigkeit <-> *f kein pl* dishonourableness [*or* AM -orableness]

Ehrung <-, -en> *f* ① (*Anerkennung*) recognition; ***die ~ der Sieger*** the presentation of medals to the winners, the presentation ceremony ② (*Beweis der Wertschätzung*) honour [*or* AM -or]; **mit ~en überhäuft werden** to be loaded with honours

Ehrwürden <*bei Voranstellung* -[s] *bei Nachstellung* -> *m kein pl, ohne art* REL (*veraltend*) Reverend; **Euer** [*o* **Eure**] **~** Reverend Father/Mother

ehrwürdig *adj* ① (*achtenswert*) venerable; **ein ~es Alter erreichen** to reach a grand [*or* ripe] old age ② REL (*verehrungswürdig*) reverend; **die ~e Mutter** [**Oberin**] the Reverend Mother [Superior]

Ehrwürdigkeit *f* venerability, venerableness

ei *interj* ① (*oha!*) well[, well]!, oho! ② (*brav!*) there, there; ***~, ~, so, jetzt tut es gar nicht mehr weh!*** there, there [*or* there now], now it's stopped hurting!; **bei einem Tier/jdm ~** [**~**] **machen** (*kindersprache*) to stroke an animal/sb, to pet an animal

Ei <-[e]s, -er> *nt* ① (*Vogel~, Schlangen~*) egg; **faules ~** rotten egg; **ein hartes/hart gekochtes ~** a hard-boiled egg; **aus dem ~ kriechen** to hatch [out]; **ein ~ legen** to lay an egg; **pochierte/verlorene ~er** poached eggs; **russische ~er** egg mayonnaise, eggs Russian style; **ein weiches/weich gekochtes ~** a soft-boiled egg ② (*Eizelle*) ovum ③ *pl* (*sl: Hoden*) balls *pl sl;* **jdm einen Tritt in die ~er geben** [*o* **versetzten**] to kick sb [*or* give sb a kick] in the balls *sl* ④ *pl* (*sl: Mark*) marks, ≈ quid *no pl* BRIT *fam*, ≈ bucks *pl* AM *fam;* ***das kostet dich 500 ~er!*** that'll cost you 500 quid! ▶ WENDUNGEN: **das ~ will klüger sein als die Henne!** [don't] try and teach your grandmother to suck eggs!; **das ist das ~ des Kolumbus** that's just the thing; **das ist ein dickes ~!** (*fam*) that's a bit much!; **ach, du dickes ~!** (*fam*) damn [it]!; **jdn wie ein rohes ~ behandeln** to handle sb with kid gloves; **das sind doch noch ungelegte ~er, kümmere Dich nicht um ungelegte ~r** we'll cross that bridge when we come to it; **wie auf ~ern gehen** (*fam: ungeschickt gehen*) to teeter around BRIT; (*vorsichtig, ängstlich gehen*) to walk carefully [*or* BRIT gingerly]; **sich** [*o* **einander**] **gleichen wie ein ~ dem anderen** to be as [a]like as two peas in a pod; **wie aus dem ~ gepellt** (*fam*) [to be] dressed up to the nines [*or* BRIT as smart as a guardsman]; **jdm die ~er polieren** (*sl*) to beat up sb *sep fam*, to give sb a good hiding *fam*

Eibe <-, -n> *f* BOT yew [tree]

Eichamt *nt* ADMIN Office of Weights and Measures BRIT, Bureau of Standards AM

Eichblattsalat *m* KOCHK oak leaf lettuce

Eiche <-, -n> *f* ① (*Baumart*) oak [tree] ② *kein pl* (*Eichenholz*) oak

Eichel <-, -n> *f* ① BOT (*Frucht der Eiche*) acorn ② ANAT glans ③ *pl* KARTEN ≈ clubs *pl* (*suit on old German playing cards equivalent to clubs*)

Eichelhäher *m* ORN jay

eichen[1] *adj* oak, oaken *dated*

eichen[2] *vt* ① (*einstellen*) ■**etw ~** to gauge sth; **ein Instrument/Messgerät/eine Waage ~** to calibrate an instrument/a gauge/scales; **Gewichte/Maße ~** to adjust [*or* gauge] weights/measures ② (*fam*) ■**auf etw** *akk* **geeicht sein** to be well up on sth *fam;* ***darauf ist er geeicht!*** that's [right] up his street!

Eich(en)baum *m* (*veraltend geh*) oak tree **Eichenblatt** *nt* oak leaf **Eichenholz** *nt* oak[wood] **Eichenlaub** *nt* ① BOT (*Laub der Eiche*) oak leaves *pl* ② MIL (*Auszeichnung*) oak-leaf garland, the Oak Leaves *pl*

Eichgewicht *nt* standard weight

Eichhörnchen *nt*, **Eichkätzchen** *nt* DIAL squirrel

Eichmaß *nt* standard measure **Eichstrich** *m* line showing the correct [*or* standard] measure

Eichung <-, -en> *f* ADMIN gauging; *von Instrumenten, Messgeräten* calibration; *von Gewichten, Maßen* adjusting, gauging

Eid <-[e]s, -e> *m* oath; **ein feierlicher/heiliger ~** a solemn oath; **an ~es statt** JUR in lieu [*or* instead] of

[an] oath; **an ~es statt erklären** [*o* **versichern**] to declare solemnly [*or* in lieu of [an] oath]; **eine Erklärung an ~es statt** an affirmation in lieu of [an] oath; ***ich erkläre an ~es statt, dass...*** I do solemnly declare that...; **einen falschen ~ schwören** to perjure oneself [*or* commit perjury]; **einen ~ ablegen** [*o* **leisten**] [*o* **schwören**] to swear [*or* take] an oath; **einen ~ auf jdn/etw leisten** to swear [*or* take] an oath of allegiance to sb/sth; **jdm einen ~ abnehmen** to administer an oath to sb [*or* swear sb in]; **etw auf seinen ~nehmen** to swear to sth; **jeden ~ schwören, dass...** to swear on one's mother's grave that...; **darauf kann ich einen ~ schwören** I would swear [an oath] to it; **es steht ~ gegen ~** it's one person's word against another's; **unter ~** [**stehen**] [to be] under [*or* BRIT on] oath

Eidbruch *m* breach of [one's[*or* an]] oath, perjury; **einen ~ begehen** to break one's [*or* an] oath, to commit perjury

eidbrüchig *adj* oath-breaking; ■ **~ werden** to break one's [*or* an] oath

Eidechse [-ɛksə] *f* lizard

Eiderente *f* eider [duck]

Eidesformel *f* JUR wording [*or* form] of the oath; **jdm die ~ vorsprechen/nachsprechen** to say the oath for sb to repeat/repeat the oath to sb **eidesstattlich** JUR **I.** *adj* in lieu of [an] oath; **~e Erklärung** [*o* **Versicherung**] affirmation in lieu of [an] oath, solemn affirmation **II.** *adv* **etw ~ erklären** to declare sth under oath

Eidgenosse, -genossin *m, f* Swiss [citizen] **Eidgenossenschaft** *f* **Schweizerische ~** the Swiss Confederation **eidgenössisch** *adj* Swiss

eidlich I. *adj* [made] under [*or* BRIT on] oath *pred* **II.** *adv* under [*or* BRIT on] oath; **~ gebunden** [*o* **verpflichtet**] **sein** to be bound by [an] oath

Eidotter *m o nt* egg yolk

Eierapfel *m* KOCHK aubergine BRIT, egg plant AM **Eierbecher** *m* egg-cup **Eierbrikett** *nt* ovoid [of coal] **Eierflip** <-s, -s> *m* egg nogg **Eierhandgranate** *f* hand-grenade, pineapple *sl*, Mills bomb *hist* **Eierkocher** *m* egg cooker **Eierkopf** *m* (*usu pej sl*) egghead *pej fam* **Eierköpfer** *m* KOCHK egg cutter **Eierkorb** *m* egg basket **Eierkuchen** *m* pancake **Eierlikör** *m* egg-liqueur, advocaat **Eierlöffel** *m* egg-spoon

eiern *vi* (*fam*) to wobble

Eierpfanne *m* KOCHK omelette pan **Eierpfannkuchen** *m* pancake **Eiersalat** *m* egg salad **Eierschale** *f* eggshell **Eierschneider** <-s, -> *m* egg slicer **Eierschwamm** <-s, -schwämme> *m* ÖSTERR, **Eierschwammerl** <-s, -> *nt* ÖSTERR (*fam: Pfifferling*) chanterelle **Eierspeise** *f* egg dish **Eierstock** *m* ANAT ovary **Eierstockentzündung** *f* MED ovaritis, oophoritis **Eiertanz** *m* (*fam*) treading carefully *fig;* [**um etw**] **einen** [**regelrechten**] **~ aufführen** to tread [very] carefully [in sth] **Eierteiler** *m* egg slicer **Eieruhr** *f* egg-timer **Eierwärmer** *m* egg-cosy

Eifer <-s> *m kein pl* enthusiasm; **mit ~** enthusiastically [*or* with enthusiasm]; **im ~** in one's excitement ▸ WENDUNGEN: **im ~ des Gefechts** (*fam*) in the heat of the moment; **blinder ~ schadet nur** (*prov*) more haste, less speed *prov*

eifern *vi* (*geh*) ❶ (*wettern*) ■ **gegen etw ~** to rail [*or* BRIT inveigh] against sth ❷ (*veraltend: streben*) ■ **nach etw ~** to strive for sth

Eifersucht *f kein pl* jealousy; ■ **jds ~ auf jdn** sb's jealousy of sb [else]; **aus ~** out of jealousy

Eifersüchtelei <-, -en> *f* (*pej*) petty jealousy

eifersüchtig *adj* jealous; ■ **~ [auf jdn/etw] sein** to be jealous [of sb/sth]; **jdn ~ machen** to make sb jealous

Eifersuchtsszene *f* scene [caused by jealousy], jealous scene ▸ WENDUNGEN: **jdm eine ~ machen** to make a scene [in a fit of jealousy]

Eiffelturm *m kein pl* the Eiffel Tower

eiförmig *adj* egg-shaped, oval, ovoid

eifrig I. *adj* enthusiastic, keen; **ein ~er Leser/Sammler** an avid reader/collector; **~e Suche** assiduous [*or* industrious] searching **II.** *adv* eagerly; **sich ~ bemühen/beteiligen/an die Arbeit machen** to try hard/take part/set about one's work enthusiastically; **~ lernen/üben** to learn/practice assiduously [*or* industriously]

Eigelb <-s, -e *o bei Zahlenangabe* -> *nt* egg yolk; ***man nimmt 6 ~ ...*** take 6 egg yolks [*or* the yolks of 6 eggs] ...

eigen *adj* ❶ (*jdm gehörig*) own; **seine ~e Meinung/Wohnung haben** to have [*or* an opinion/a flat of one's own] one's own opinion/flat; **etw sein Eigen nennen** (*geh*) to own sth ❷ (*separat*) separate; **mit ~em Eingang** with a separate entrance ❸ (*typisch, kennzeichnend*) ■ [**etw ist**] **jdm ~** [sth is] characteristic of sb; ***mit dem ihr ~en Optimismus ...*** with her characteristic optimism [*or* the optimism which is characteristic of her] ...; **sich** *dat* **etw zu Eigen machen** to make sth a habit [*or* a habit of sth] ❹ (*eigenartig*) peculiar; ***er ist ein ganz ~er Mensch*** he's a rather peculiar chap; *s. a.* **Ding**[1] ❺ (*penibel*) ■ **jd ist in etw** *dat* **~** sb is particular in sth; ***darin/was das angeht, bin ich*** [***sehr***] **~** I am [very] particular about that; *s. a.* **Bericht, Hand, Rechnung, Sache**

Eigenart *f* ❶ (*besonderer Wesenszug*) characteristic ❷ (*Flair*) individuality

eigenartig I. *adj* peculiar, strange; **das ist aber ~!** that's strange [*or* odd] [*or* unusual]! **II.** *adv* peculiarly, strangely; **~ aussehen** to look strange [*or* peculiar]

Eigenbau *m kein pl* (*selbst* [*an*]*gebaut*) **etw im ~ züchten** to grow sth oneself [*or* to grow one's own sth]; **Gemüse im ~** home-grown vegetables; **Bier Marke ~** home-brew; **Wein Marke ~** home-made wine; **ein Fahrrad Marke ~** a home-made bicycle; *s. a.* **Marke** **Eigenbedarf** *m* ❶ (*der eigene Bedarf*) [one's own] personal needs; **zum** [*o* **für den**] **~** for one's [own] personal use ❷ JUR ***jdm/eine Wohnung wegen ~s kündigen*** to give sb notice because one needs a flat for oneself; **~ geltend machen** to declare [*or* state] that one needs a [*or* AM appartment] flat/house for oneself **Eigenbericht** *m* report from a newspaper's own correspondent [*or* journalist] **Eigenblut** *nt* MED one's own blood

Eigenbrötler(in) <-s, -> *m(f)* loner, lone wolf

eigenbrötlerisch *adj* reclusive; **~e Besonderheiten/Verhaltensweisen** eccentricities

Eigendynamik *f* momentum of its [*or* their] own; **eine ~ entfalten** [*o* **entwickeln**] to gather [a] momentum of its [*or* their] own **Eigengewicht** *nt eines Fahrrades, Lkws* unladen weight; *von Waren* net weight **eigenhändig I.** *adj* personal; **ein ~er Brief** a handwritten letter; **ein ~es Testament** a holographic will; **eine ~e Widmung** a personally inscribed dedication **II.** *adv* personally; ***die Bäume habe ich ~ gepflanzt*** I planted the trees myself [*or* personally planted the trees] **Eigenheim** *nt* home of one's own; **die Besitzer von ~en** home-owners

Eigenheit <-, -en> *f s.* **Eigenart**

Eigeninitiative [-init͡siati:və] *f* (*jds eigene Initiative*) initiative of one's own; **auf** [*o* **in**] **~** on one's own initiative **Eigenkapital** *nt* FIN (*einer Person*) one's own capital; (*einer Firma*) equity capital **Eigenkreation** *f* one's own creation **Eigenleben** *nt kein pl* (*Privatleben*) private life; (*selbstständige Existenz*) independent existence **Eigenleistung** *f* (*eigene kreative Leistung*) one's own work; (*eigene Arbeit*) one's own work; (*selbstfinanzierte Arbeiten, Reparaturen*) one's own payment [*or* [personal] contribution] **Eigenliebe** *f* PSYCH ① (*Liebe zu sich selbst*) self-love ② (*Eitelkeit, Egoismus*) love of one's self, amour-propre **Eigenlob** *nt* self-praise, self-importance; ~ **stinkt!** (*fam*) don't blow your own trumpet! *prov* **eigenmächtig** I. *adj* high-handed II. *adv* high-handedly **Eigenmächtigkeit** <-, -en> *f* ① *kein pl* (*Selbstherrlichkeit*) high-handedness ② (*eigenmächtige Handlung*) unauthorized act[ion] **Eigenmittel** *pl* FIN (*geh*) [one's] own resources; **aus ~n** from [*or* out of] one's own resources **Eigenname** *m* LING proper noun [*or* name] **Eigennutz** <-es> *m kein pl* self-interest; **aus** ~ out of self-interest; **ohne [jeden]** ~ without [any] self-interest [*or* any thought for oneself] **eigennützig** I. *adj* selfish II. *adv* selfishly

eigens *adv* ① (*extra*) [e]specially ② (*ausschließlich*) solely; ***das ist ~ für dich*** this is just [*or* [e]specially] for you

Eigenschaft <-, -en> *f* ① (*Charakteristik*) quality; **gute/schlechte ~en** good/bad qualities ② CHEM, PHYS *etc.* (*Merkmal*) property ③ (*Funktion*) capacity; **in jds ~ als ...** in sb's capacity as ...; ***ich bin in amtlicher ~ hier*** I am here in an official capacity

Eigenschaftswort <-wörter> *nt* LING adjective

Eigensinn *m kein pl* stubbornness, obstinacy; **aus ~** out of stubbornness [*or* obstinacy] **eigensinnig** I. *adj* stubborn, obstinate II. *adv* stubbornly, obstinately **eigenstaatlich** *adj* sovereign **Eigenstaatlichkeit** *f* sovereignty

eigenständig I. *adj* independent II. *adv* independently

Eigenständigkeit <-> *f kein pl* independence

eigentlich I. *adj* ① (*wirklich, tatsächlich*) real; **der ~e Wert** the real [*or* true] value; **jds ~es Wesen** sb's true nature ② (*ursprünglich*) original; **im ~en Sinne des Wortes** in the original meaning of the word; *s. a.* **Sinn** II. *adv* ① (*normalerweise*) really; ***das müsstest du doch ~ wissen!*** you really ought to [*or* should] know that!; ***da hast du ~ recht*** you may be right there; ~ ***schon ...*** theoretically [yes] ② (*wirklich*) actually; ***ich bin ~ nicht müde*** I'm not actually tired III. *pron* (*überhaupt*) anyway; ***was fällt dir ~ ein!*** what [on earth] do you think you're doing!; ***was wollen Sie ~ hier?*** what do you [actually] [*or* [exactly] do you] want here?; ***wie reden Sie ~ mit mir!*** how dare you talk to me like that!; ***was ist ~ mit dir los?*** what [on earth] is wrong [*or fam* up] with you?; ***wie alt bist du ~?*** [exactly [*or* just]] how old are you?

Eigentor *nt* SPORT own goal ▶ WENDUNGEN: **ein ~ schießen** to shoot oneself in the foot

Eigentum <-s> *nt kein pl* property; ■**jds ~** sb's property; ***wessen ~ ist diese Villa?*** who owns this villa?; ■**das ~ an einer S.** *dat* the ownership of sth; ***das ~ an einem Konzern*** the assets of a company; **jds geistiges ~** sb's intellectual property; **~ an etw erwerben** *dat* JUR to acquire ownership of sth

Eigentümer(in) <-s, -> *m(f)* owner

eigentümlich I. *adj* ① (*merkwürdig*) strange, odd, peculiar; ■**jdm ist/wird ~** sb has/gets a strange [*or* odd] feeling ② (*geh: typisch*) ■**jdm/einer S. ~** characteristic of [*or* peculiar to] sb/sth; ***mit der ihm ~en Sorgfalt*** with characteristic care ③ (*übel*) ■**jdm ist/wird ~** sb feels strange [*or* odd] II. *adv* strangely, oddly, peculiarly; ~ **aussehen** to look odd, strange [*or* peculiar]

Eigentümlichkeit <-, -en> *f* ① (*Besonderheit*) characteristic ② (*Eigenheit*) peculiarity ③ *kein pl* (*Merkwürdigkeit*) peculiarity, strangeness

Eigentumsdelikt *nt* JUR offence [*or* -se] against property AM **Eigentumsrecht** *nt* JUR right of ownership; ■**jds ~ an jdm/etw** sb's right of ownership of sb/sth **Eigentumsverhältnis** *nt* distribution of property **Eigentumswohnung** *f* JUR owner-occupied [*or* freehold] flat [*or* AM apartment], condominium AM

eigenverantwortlich I. *adj* with sole responsibility *pred;* **eine ~e Tätigkeit** a responsible job II. *adv* on one's own authority **Eigenverantwortung** *f* self-responsibility, personal responsibility **eigenwillig** *adj* ① (*eigensinnig*) stubborn, obstinate ② (*unkonventionell*) unconventional, original **Eigenwilligkeit** <-> *f kein pl* ① (*Eigensinn*) stubbornness, obstinacy ② (*unkonventionelle Art*) unconventionality, originality

eignen *vr* ■**sich für [*o* zu] etw ~** to be suitable for [*or* suited to] sth; ■**etw eignet sich als [*o* zu] etw** sth can be of use [*or* could be used] as sth; ***dieses Buch eignet sich [sehr gut] zum Verschenken*** this book would make a [very] good [*or* suitable] present

Eigner(in) <-s, -> *m(f)* (*geh*) owner

Eignung <-, -en> *f* ■**jds ~ für [*o* zu] etw** sb's suitability for sth; ***er besitzt die ~ zum Übersetzer*** he would make a good translator; ■**die ~ einer S.** *gen* **für etw** the suitability of sth for sth

Eignungsprüfung *f*, **Eignungstest** *m* aptitude test

Eiklar <-s, -> *nt* ÖSTERR, SÜDD egg white

Eiland <-[e]s, -e> *nt* (*liter*) island, isle BRIT *liter*

Eilbote, -botin *m, f* express messenger; **per [*o* durch] ~n** by express delivery, express **Eilbrief** *m* express letter; **als ~** express, by express [delivery]

Eile <-> *f kein pl* haste; ***warum die ~?*** why such haste?, what's the hurry?; **~/keine ~ haben** to be in a/no hurry; **etw hat ~** sth is urgent; **mit etw ~ haben** sth is [extremely] urgent; **in ~ sein** to be in a hurry; **jdn zur ~ mahnen/treiben** to hurry sb up [*or* urge sb to hurry [up]]; **in der/aller/jds ~** in the hurry [*or* sb's haste]/in [the] great haste/in sb's haste; **in großer ~** in great haste [*or* a great hurry]; **nur keine ~!** there's no rush!

Eileiter <-s, -> *m* ANAT Fallopian tube

Eileiterentzündung *f* MED salpingitis **Eileiterschwangerschaft** *f* MED ectopic [*or* tubal] pregnancy

eilen I. *vi* ① *sein* (*schnell gehen*) ■**irgendwohin ~** to hurry somewhere; *s. a.* **Hilfe, Weile** ② *haben* (*dringlich sein*) ■**etw eilt** sth is urgent; **eilt!** urgent! II. *vi impers haben* ■**es eilt [mit etw]** (*es hat Eile*) it's urgent, sth is urgent; ***eilt es?*** is it urgent?; ■**es eilt jdm** sb is in a hurry

eilends *adv* at once, immediately, staight away

eilfertig I. *adj* (*geh*) assiduous, zealous II. *adv* assiduously, zealously

Eilfertigkeit *f kein pl* (*geh*) assiduousness, zealousness

eilig I. *adj* ① (*schnell, rasch*) hurried; ***nur nicht so ~!*** don't be in such a hurry [*or* rush]! ② (*dringend*) urgent; **in ~en Geschäften** on urgent business; **es [mit etw] ~ haben** to be in a hurry [*or* rush] [with sth]; **jd hat nichts E~eres zu tun, als ...** (*iron*) to have nothing better to do than ... *iron* II. *adv* quickly; ***sehr ~ verschwinden*** to beat a hasty retreat

eiligst *adv* at once, immediately, straight away

Eilpäckchen *nt* express parcel **Eilsendung** *f* express delivery, express mail [*or* BRIT post] *no pl* **Eiltempo** *nt* **im ~** (*fam*) as quickly as possible **Eilzug** *m* BAHN ≈ fast stopping train **Eilzustellung** *f* express delivery

Eimer <-s, -> *m* bucket, pail; (*Milch~*) pail; (*Müll~*) [rubbish] bin BRIT, garbage can AM ▶ WENDUNGEN: **es gießt wie mit [*o* aus] ~n** (*fam*) it's raining cats and dogs *fam*, it's bucketing down BRIT *fam;* **etw ist im ~** (*sl*) sth is bust [*or* AM kaput *fam*]

eimerweise *adv* by the bucketful, in bucketfuls

ein[1] *adv* (*eingeschaltet*) on; ***E~/Aus*** on/off

ein[2], **eine**, **ein** **I.** *adj* one; ~ ***Pfennig ist heutzutage nicht mehr viel Geld*** one [*or* a] pfennig isn't worth very much [*or* doesn't go very far] nowadays; ***es ist genau ~ Uhr*** it's one [o'clock] on the dot [*or* exactly one [o'clock]] ▸ WENDUNGEN: ~ **für allemal** once and for all; **jds E~ und Alles** to be sb's all and everything BRIT, to mean everything to sb; ***meine Liebste, mein E~ und Alles!*** my love, my all and everything [*or* you mean everything to me]!; ~ **und derselbe/dieselbe/dasselbe** one and the same; *s. a.* **eins II.** *art indef* ❶ (*einzeln*) a, an; ~ ***Europäer/Hotel/Umschlag*** a European/a hotel/an envelope; ~ ***Mann/~e Frau*** a man/woman; ***was bist du doch für ~ Dummkopf!*** what an idiot!; ***das ist ~ interessanter Vorschlag*** that's an interesting suggestion; ***die Tochter ~es Pfarrers*** the daughter of a priest, a priest's daughter; ***~e Hitze ist das hier!*** it's very hot [*or* sweltering] [in] here!; ***was für ~ Lärm!*** what a noise! ❷ (*jeder*) a, an; ***~e Wüste ist immer trocken*** a desert is [*or* deserts are] always dry

einachsig [-aksɪç] *adj* TECH single-axle, two-wheel

Einakter <-s, -> *m* THEAT one-act play

einander *pron* each other, one another; ***die Aussagen widersprechen ~ [nicht]*** the statements are [not] mutually contradictory

ein|arbeiten **I.** *vr* ■**sich [in etw]** ~ *akk* to get used to [sth], to familiarize oneself [with sth] **II.** *vt* ❶ (*praktisch vertraut machen*) ■**jdn [in etw]** ~ *akk* to train sb [for sth], to familiarize sb [with sth] ❷ (*einfügen*) ■**etw [in etw]** ~ *akk* to add sth in[to sth]; **eine Ergänzung/ein Zitat [in etw]** ~ to incorporate an amendment/quotation in[to sth] ❸ ÖSTERR (*nachholen, vorarbeiten*) ■**etw** ~ *Zeitverlust* to make up [for] sth

Einarbeitungszeit *f* training period

einarmig *adj* one-armed; *s. a.* **Bandit**

ein|äschern *vt* ❶ (*kremieren*) ■**jdn** ~ to cremate sb ❷ (*durch Feuer vernichten*) ■**etw** ~ to burn sth to the ground, to burn down sth *sep*, to reduce sth to ashes

Einäscherung <-, -en> *f* cremation

ein|atmen **I.** *vt* ■**etw** ~ to breathe in sth *sep*, to inhale sth **II.** *vi* to breathe in, to inhale

einäugig *adj* one-eyed; ■**der/die E~e** the one-eyed man *masc* [*or fem* woman]

Einbahnstraße *f* one-way street

ein|balsamieren* *vt* ❶ ■**jdn** ~ to embalm sb ❷ (*hum fam: einreiben*) ■**sich [mit etw]** ~ to apply [sth] liberally; **sich mit Duftwasser** ~ to splash on the toilet water [*or* AM cologne] ▸ WENDUNGEN: **sich ~ lassen können** (*fam*) to be a dead loss

Einbalsamierung <-, -en> *f* embalming, embalmment

Einband <-bände> *m* [book] cover

einbändig *adj* VERLAG one-volume *attr*, in one volume *pred*

Einbau <-bauten> *m* ❶ *kein pl* (*das Einbauen*) fitting *no pl; einer Batterie, eines Getriebes, Motors* installation *no pl* ❷ *meist pl* (*eingebautes Teil*) fitting *usu pl*

ein|bauen *vt* ❶ ■**etw [in etw** *akk*] ~ to build sth in[to sth], to fit sth [in sth]; **eine Batterie** ~ to install [*or* BRIT fit] a battery; **ein Getriebe/einen Motor** ~ to install a transmission/engine; ■**eingebaut** built-in ❷ (*fam: einfügen*) ■**etw [in etw** *akk*] ~ to incorporate sth [into sth]

Einbauküche *f* fitted kitchen

Einbaum *m* dug-out [canoe]

Einbauschrank *m* fitted cupboard, built-in cupboard; (*im Schlafzimmer*) built-in wardrobe

ein|behalten* *vt irreg* ■**etw** ~ *Abgaben, Steuern etc.* to withhold sth

einbeinig *adj* one-legged

ein|berufen* *vt irreg* ❶ (*zusammentreten lassen*) ■**etw** ~ to convene [*or* call] sth ❷ MIL ■**jdn** ~ to conscript [*or sep* call up] sb

Einberufene(r) *f(m) dekl wie adj* MIL conscript

Einberufung *f* ❶ (*das Einberufen*) convention, calling ❷ MIL call-up papers *pl* BRIT, draft card AM

Einberufungsbefehl *m* MIL call-up papers BRIT *pl*, draft card AM **Einberufungsbescheid** *m* MIL call-up papers *pl* BRIT, draft card AM

ein|betonieren* *vt* ■**jdn/etw [in etw]** ~ *akk* to concrete sb/sth in[to sth], to embed sb/sth in concrete

ein|betten *vt* ■**etw in etw** ~ *akk* to embed sth in sth

Einbettzimmer *nt* single room

ein|beulen **I.** *vt* ■**[jdm] etw** ~ to dent sth [of sb's], to make [*or* put] a dent in sb's; **ein eingebeulter Hut** a battered hat **II.** *vr* ■**sich** ~ to become dented

ein|beziehen* *vt irreg* ■**jdn [in etw] [mit]** ~ *akk* to include sb [in sth]; **jdn in eine Aufführung/Diskussion** ~ to involve sb in a performance/discussion; ■**etw [in etw] [mit]** ~ *akk* to include sth [in sth]

ein|biegen *vi irreg sein* ■**[in etw]** ~ *akk* to turn [off] [into sth]; ***er bog [nach links] in eine Fußgängerpassage ein*** he turned [left] into a pedestrian precinct; ■**in etw/nach ...** ~ *akk* to turn into sth/to bend to ...; ***diese Straße biegt in die Hauptstraße ein*** this street joins [*or* links up] [up] with the main road

ein|bilden *vr* ❶ (*fälschlicherweise glauben*) ■**sich etw** ~ *dat* to imagine [*or* think] sth; ***was hast du dir eigentlich eingebildet!*** what were you thinking [of]!; ■**sich ~, dass** *dat* to imagine [*or* think] that; ***du hast dir doch nicht etwa im Ernst eingebildet, dass ...*** did you [*or* you didn't] really think that ...; *s. a.* **steif, Schwachheit** ❷ (*fantasieren*) ■**sich etw** ~ *dat* to imagine sth ❸ (*stolz sein*) ■**sich etw** *dat* **auf etw** *akk* ~ to be proud of sth; ***darauf brauchst du dir nichts einzubilden*** that's nothing to write home [*or* BRIT crow] about ▸ WENDUNGEN: **du bildest dir wohl viel ein!** you think a lot of yourself!, you fancy yourself a bit! BRIT *fam;* **was bildest du dir eigentlich ein?** (*fam*) what's got into your head?, what are you thinking [of]?

Einbildung *f* ❶ *kein pl* (*Fantasie*) imagination; ***das ist [bloße [o reine]] ~!*** it's all in the mind! ❷ *kein pl* (*Arroganz*) conceitedness ▸ WENDUNGEN: ~ **ist auch eine Bildung!** (*fam*) what arrogance!; **du leidest wohl an ~!** (*hum fam*) you must be joking!

Einbildungskraft *f kein pl* [powers of] imagination

ein|bimsen *vt* (*fam*) ■**jdm etw** ~ to drum sth into sb

ein|binden *vt irreg* ❶ VERLAG ■**etw [in etw]** ~ *akk* to bind sth [in sth]; **etw neu** ~ to rebind sth ❷ (*einbeziehen*) ■**jdn/etw [in etw]** ~ to integrate sb/sth [into sth]

Einbindung *f kein pl* integration

ein|blasen *vt irreg* (*fam*) ■**jdm etw** ~ to put sth into sb's head; **jdm Blödheiten** ~ to fill sb's head with nonsense

ein|bläuen[RR] *vt* (*fam*) ■**jdm etw** ~ ❶ (*einschärfen*) to drum [*or* hammer] sth into sb['s head] ❷ (*einprügeln*) to beat sth into sb

ein|blenden **I.** *vt* FILM, TV, RADIO to insert; **Geräusche/Musik** ~ to dub in sounds/music; **eine Durchsage [in etw]** ~ to interrupt [sth] with an announcement **II.** *vr* TV, RADIO ■**sich [in etw]** ~ *akk* (*sich einschalten*) to interrupt [sth]; (*sich dazuschalten*) to go over to [*or* link up with] [sth]

Einblendung *f* FILM, TV, RADIO ❶ (*das Einblenden*) *von Verkehrsdurchsagen, von Werbung* insertion ❷ (*eingeblendeter Teil*) insert

ein|bleuen *vt* (*fam*) *s.* **einbläuen**

Einblick *m* insight; ■ ~ **in etw** *akk* insight into sth; **etw eröffnet jdm [...] ~e** sth provides sb with a[n] [...] insight; **jdm ~ in etw gewähren** *akk* to allow sb to look at sth; (*fig*) to allow sb to gain an insight into sth; ~ **in etw gewinnen** *akk* to gain an insight into sth; ~ **in etw haben** *akk* to be able to see into sth; (*informiert sein*) to have an insight into sth; ~ **in etw nehmen** *akk* (*geh*) to look at sth

ein|brechen *irreg* **I.** *vi* ① *sein o haben* (*Einbruch verüben*) ■ **[bei jdm/in etw]** ~ *dat o akk* to break into [sb's/sth]; ***beim Juwelier ist eingebrochen worden*** the jeweller's has been broken into, there has been a break-in at the jeweller's; ***bei mir ist eingebrochen worden*** [*o* ***man hat bei mir eingebrochen***] I've had a break-in, my house [*or* flat] has been broken into ② *sein* (*plötzlich beginnen*) *Dämmerung, Dunkelheit, Nacht* to fall ③ *sein* (*eindringen*) ■ **[in etw]** ~ *akk Wasser* to break through [into sth] ④ *sein* (*nach unten durchbrechen*) ■ **[auf etw]** ~ *dat* to fall through [sth] ⑤ *sein* (*einstürzen*) to fall [*or* cave] in ⑥ *sein* (*Misserfolg haben*) to come a cropper BRIT *sl*, to suffer a setback AM **II.** *vt haben* ■ **etw** ~ to break down sth *sep*

Einbrecher(in) <-s, -> *m(f)* burglar

Einbrenne *f* KOCHK roux

ein|brennen *vt* ■ **etw** ~ KOCHK to bind sth in a roux

ein|bringen *irreg* **I.** *vt* ① (*eintragen*) ■ **[jdm] etw** ~ to bring [sb] sth; **Zinsen** ~ to earn [*or* yield] interest ② (*einfließen lassen*) ■ **etw [in etw]** ~ *akk* to bring sth in[to sth], to bring sth to bear in sth; **Kapital in ein Unternehmen** ~ to contribute capital to a company; **seine Erfahrung** ~ to bring one's experience to bear in sth ③ AGR (*hineinbringen*) ■ **etw** ~ *Ernte* to bring [*or* gather] in sth ④ POL (*vorschlagen*) ■ **etw [in etw]** ~ *dat* to introduce [*or* propose] sth [in sth]; **einen Antrag** ~ to table a motion ⑤ (*aufholen, wettmachen*) **Zeit [wieder]** ~ to catch [*or* make] up [on] time **II.** *vr* ■ **sich** ~ to contribute

ein|brocken *vt* (*fam*) ■ **jdm etw** ~ to land sb in it [*or* BRIT the soup] *fam;* ■ **sich** *dat* **etw** ~ to land oneself in it [*or* BRIT the soup] *fam;* ***das hast du dir selber eingebrockt!*** you've only yourself to thank for that!, you brought that on yourself!

ein|bröseln *vt* KOCHK *s.* **panieren**

Einbruch *m* ① JUR (*das Einbrechen*) break-in; ■ **der/ein ~ in etw** *akk* the/a break-in somewhere; **ein ~ in die Bank** a break-in at the bank; **einen ~ [in etw] begehen** [*o* **verüben**] *akk* to break in [somewhere] ② (*das Eindringen*) penetration; **ein ~ von Kaltluft** an influx of cold air ③ (*Einsturz*) *Mauer etc.* collapse, caving in ④ BÖRSE, ÖKON slump, sharp fall [*or* drop] ⑤ (*plötzlicher Beginn*) onset; **bei ~ der Dunkelheit/Nacht** [at] nightfall; **vor ~ der Dunkelheit/Nacht** before nightfall

Einbruch(s)diebstahl *m* burglary, breaking and entering; **einen ~ begehen** [*o* **verüben**] to commit [a] burglary **einbruch(s)sicher** *adj* burglar-proof **Einbruch(s)werkzeug** *nt* house-breaking tool[s]

ein|buchten *vt* (*sl*) ■ **jdn** ~ to put sb away *fam,* to lock [*or* BRIT *sl* bang] sb up

Einbuchtung <-, -en> *f* ① (*Delle*) dent ② (*Aussparung*) indentation ③ (*Bucht*) bay, inlet

ein|buddeln *vt* (*fam*) ■ **jdn/etw** ~ to bury sb/sth; ■ **sich** ~ to dig oneself in

ein|bunkern *vr* (*fig fam*) ■ **sich** ~ to cut oneself off from one's surroundings

ein|bürgern **I.** *vt* ① ADMIN (*eine Staatsangehörigkeit verleihen*) ■ **jdn** ~ to naturalize sb ② (*heimisch werden*) ■ **eingebürgert werden** to become established **II.** *vr* ① (*übernommen werden*) ■ **sich** ~ to become established ② (*zur Regel werden*) ■ **es hat sich [bei jdm/irgendwo] so eingebürgert** it has become a habit [*or* the practice] [with sb/somewhere] [*or* custom]

Einbürgerung <-, -en> *f* ① ADMIN (*das Einbürgern*) naturalization ② BOT *einer Pflanze, eines Tieres* naturalization ③ (*das Üblichmachen*) establishment; **die ~ einer Sitte** the adoption of a custom

Einbuße *f* loss; **[mit etw] ~n erleiden** to suffer [*or* sustain] losses [on sth] [*or* incur]; **etw tut jdm/einer S. [schwere] ~** (*geh*) sth causes sb/sth to lose sth; ***der Skandal hat seinem Ansehen schwere ~ getan*** he lost a lot of respect because of the scandal

ein|büßen **I.** *vt* ■ **etw** ~ to lose sth **II.** *vi* ■ **an etw** ~ *dat* to lose sth; **nichts an Zuverlässigkeit** ~ to lose none of its reliability

ein|checken [-tʃɛkn] **I.** *vi* to check in; ■ **in etw** ~ *dat* to check into sth **II.** *vt* ■ **etw/jdn** ~ to check in sth/sb *sep*

ein|cremen *vt* ■ **[jdm] etw** ~ to put cream on [sb's] sth; ■ **sich etw** ~ *dat* to put cream on sth; ■ **sich [mit etw]** ~ to put cream on [oneself]

ein|dämmen *vt* ■ **etw** ~ to dam sth, to contain sth; **die Ausbreitung einer Krankheit/eines Virus** ~ to check [*or* stem] the spread of a disease/virus; **Inflation** ~ to curb [*or* control] inflation

Eindämmung *f* (*Verhinderung*) checking, stemming; (*das Eindämmen*) containment; **die ~ der Inflation** curbing [*or* controlling] inflation

ein|decken **I.** *vr* ■ **sich [mit etw]** ~ to stock up [on sth]; **sich mit Holz/Kohle** ~ to lay [*or* get] in stocks [*or* supplies] of wood/coal **II.** *vt* ① BAU ■ **etw [mit etw]** ~ to cover sth [with sth]; **ein mit Stroh eingedecktes Dach** a thatched roof ② (*fam: überhäufen*) ■ **jdn mit etw** ~ to swamp sb with sth; ■ **mit etw eingedeckt sein** to be inundated [*or* BRIT snowed under] with sth

Eindecker <-s, -> *m* LUFT monoplane

ein|deichen *vt* BAU ■ **etw** ~ to dike [*or* dyke] sth; **einen Fluss** ~ to embank [*or* dike] [*or* BRIT dyke] a river

ein|dellen *vt* (*fam*) ■ **[jdm] etw** ~ *Auto, Hut* to dent sth [of sb's], to make a dent in sth [of sb's]

eindeutig **I.** *adj* ① (*unmissverständlich*) unambiguous, unequivocal; **die ~e Absicht** the clear [*or* definite] intention ② (*unzweifelhaft*) clear; **~er Beweis** clear [*or* definite] proof; **eine ~e Niederlage** a resounding defeat; **ein ~er Sieg** a clear [*or* resounding] victory; **ein ~er Umstand** an incontestable [*or* indisputable] fact **II.** *adv* ① (*unmissverständlich*) unambiguously; ***ich hoffe, ich habe mich ~ ausgedrückt!*** I hope I have made myself clear[ly understood]! ② (*klar*) clearly; ***das stimmt aber ganz ~ nicht!*** that's clearly [*or* obviously] not true [at all]!

Eindeutigkeit <-> *f kein pl* ① (*Unmissverständlichkeit*) unambiguity, unequivocalness ② (*Unzweifelhaftigkeit*) clarity; **die ~ der Beweise** the clarity [*or* definiteness] of the proof

ein|deutschen *vt* ① (*dem Deutschen anpassen*) ■ **etw** ~ to Germanize sth; ■ **eingedeutscht** Germanized; ***Frisör ist eingedeutscht für Friseur*** Frisör is the Germanized version of Friseur ② (*deutsch machen*) ■ **jdn/etw** ~ to Germanize sb/sth

ein|dicken **I.** *vt haben* KOCHK ■ **etw** ~ to thicken sth **II.** *vi sein* to thicken

eindimensional *adj* ① MATH one-dimensional, unidimensional ② (*eingleisig*) one-dimensional

ein|dosen *vt* ■ **etw** ~ to tin [*or* AM can] sth

ein|dösen *vi sein* (*fam*) to doze [*or* drop] [*or fam* nod] off

ein|drängen *vi sein* ① (*bedrängen*) ■ **auf jdn** ~ to crowd around sb *fig* ② (*sich aufdrängen*) to crowd in on sb *fig*

ein|drecken **I.** *vi sein* (*fam*) to get dirty **II.** *vr* (*fam*) ■ **sich** ~ to get [oneself] dirty

ein|drehen *vt* ■ **etw [in etw]** ~ *akk* to screw sth in[to sth]; **jdm/sich die Haare** ~ to put sb's/one's hair in curlers [*or* rollers]

ein|dreschen *vi irreg (fam)* ■ **auf jdn** ~ to lay into sb *fam*

ein|dringen *vi irreg sein* ❶ *(einbrechen)* ■ **in etw** *akk* ~ to force one's way [*or* an entry] into sth ❷ *(vordringen)* ■ **in etw** *akk* ~ to force one's way into sth; MIL to penetrate [into] sth ❸ *(hineindringen, hineinsickern)* ■ **in etw** *akk* ~ to penetrate [into] sth; ***Grundwasser drang in den Tunnel ein*** ground water got [*or* seeped] into the tunnel ❹ *(sich kundig machen)* ■ **in etw** *akk* ~ to get to know sth ❺ *(sich verbreiten)* ■ **in etw** *akk* ~ to find its [*or* their] way into sth ❻ *(bestürmen)* ■ **[mit etw] auf jdn** ~ to besiege sb [with sth]

eindringlich **I.** *adj* *(nachdrücklich)* forceful, powerful; **eine ~e Schilderung** a vivid account **II.** *adv* strongly

Eindringlichkeit *f* forcefulness; **eine Schilderung von großer** ~ a very vivid account [*or* an account of great vividness]

Eindringling <-s, -e> *m* intruder; *(in Gesellschaft etc)* interloper

Eindruck <-drücke> *m* ❶ *(Vorstellung)* impression; **den ~ erwecken, als** [*o* **dass ...**] to give the impression that; **sich des ~s nicht erwehren können, dass** *(geh)* to have the strong impression that; **[von jdm/etw] einen ~/den ~ gewinnen, dass** to gain an/the impression [from sb/sth] that; **den ~ haben, dass** to have the impression that; **ich habe nicht den/diesen** ~ I don't have that impression; **[auf jdn] einen ... ~ machen** to give the impression of being ... [to sb]; ***sie machte einen nervösen*** ~ she gave the impression of being [*or* seemed] nervous; **[auf jdn] den ~ eines ... machen** to give the impression of being a ... [to sb]; **[...] ~ auf jdn machen** to make a[n] [...] impression on sb; **einen großen ~ auf jdn machen** to make a great [*or* big] impression on sb; **[bei jdm] ~ machen wollen** [*o fam* **schinden**] to be out to impress [sb]; **Eindrücke sammeln** to gain impressions; **unter dem ~ von etw stehen** to be under the effect of [*or* affected by] sth; **seinen ~ auf jdn nicht verfehlen** to have [*or* achieve] the desired effect on sb; **jdm einen ~ [von etw] vermitteln** to give sb an idea [about sth] ❷ *(selten: eingedrückte Spur)* impression, imprint

ein|drücken **I.** *vt* ❶ *(nach innen drücken)* ■ **etw** ~ to push in sth *sep;* **das Auto/den Kotflügel** ~ to dent the car/[car] wing [*or* AM fender]; **den Damm** ~ to break through the dam; **die Fenster** ~ to break [*or* shatter] the windows; **die Mauer/Tür** ~ to break down the wall/door ❷ *(verletzen)* ■ **jdm etw** ~ to crush sb's sth; **jdm den Brustkorb/Schädel** ~ to crush sb's chest/skull [*or* head]; **jdm die Nase** ~ to flatten sb's nose **II.** *vr* *(einen Abdruck hinterlassen)* ■ **sich in etw** *akk* ~ to make an impression [*or* imprint] in sth

eindrücklich *adj* SCHWEIZ *(eindrucksvoll)* impressive

eindrucksvoll **I.** *adj* impressive; **ein ~er Appell** a stirring appeal **II.** *adv* impressively

eine(r, s) *pron indef* ❶ *(jemand)* someone, somebody; ***es hat geklingelt, ist da ~r?*** the doorbell rang, is there someone [*or* somebody] [*or* anybody]?; ***~s von den Kindern*** one of the children; ■ **der/die/das** ~ [the] one; ***das ~ Buch habe ich schon gelesen*** I've already read one of the books [*or* the one book]; ***die ~n sagen das Eine, die anderen gerade das Gegenteil*** one lot [*or* some] say one thing, the other lot say [*or* [the] others [say]] exactly the opposite; *s. a.* **andere(r, s)** ❷ *(fam: man)* one; ***und das soll noch ~r glauben?*** and I'm [*or* we're] expected to swallow [*or* believe] that? ❸ *(ein Punkt)* ■ **~s** [*o* **eins**] one thing; ***~s gefällt mir nicht an ihm*** [there's] one thing I don't like about him; ***~s muss klar sein*** let's make one thing clear; ***~s sag' ich dir*** I'll tell you one thing; ***halt, noch eins[, ehe ich's vergesse,]*** and there's one more [*or* other] thing[, before I forget]; *s. a.* **hinauslaufen** ▶ WENDUNGEN: **du bist mir [...] ~(r)!** *(fam)* you're a[n] [...] one! BRIT; ***du bist mir aber/ja/vielleicht ~r!*** you're a right one!; **das ist ~r!** he's quite a man [*or* one]!; **~r für alle, alle für ~n** *(prov)* all for one and one for all *prov*

ein|ebnen *vt* ■ **etw** ~ to level [*or* flatten] sth [off]

Einehe *f* monogamy *no pl, no art*

eineiig *adj* BIOL identical; **~e Zwillinge** identical twins

eineinhalb *adj* one and a half; *s. a.* **achteinhalb**

eineinhalbmal *adv* one and a half times; ~ **schneller** one and a half times faster; ~ **so viel** one and a half times as much

Einelternfamilie [-liə] *f* one-parent [*or* single-parent] family

einen *vt (geh)* ■ **etw** ~ to unite sth

Einender <-s, -> *m* JAGD one-pointer

ein|engen *vt* ❶ *(beschränken)* ■ **jdn in etw** *dat* ~ to restrict [*or* cramp] sb in sth ❷ *(drücken)* ■ **jdn** ~ to restrict sb's movement[s] ❸ *(begrenzen)* ■ **etw [auf etw** *akk*] ~ to restrict [*or sep* narrow down] sth [to sth]

Einengung <-, -en> *f* ❶ *(Bedrängung)* cramping [of sb's style] *hum fam* ❷ *(Beschränkung)* restriction, limitation

einer *pron s.* **eine**

Einer <-s, -> *m* ❶ MATH unit ❷ SPORT *(einsitziges Ruderboot)* single scull

einerlei *adj inv, pred (egal)* ■ **jdm ~ sein** to be all the same to sb; ***das ist mir ganz*** ~ it's all the same [*or* doesn't matter] to me, it makes no difference to me, I don't mind; ■ **~, ob ...** it doesn't [*or* no] matter whether

Einerlei <-s> *nt kein pl* monotony; ***das ~ des [grauen] Alltags*** the monotony of daily [*or* everyday] life [*or* the daily grind]

einerseits *adv* ~ **... andererseits ...** on the one hand ..., on the other hand ...

eines *pron s.* **eine**

einesteils *adv* ~ **... ander[e]nteils** on the one hand ..., on the other hand ...

einfach **I.** *adj* ❶ *(leicht)* easy, simple; ***das hat einen ~en Grund*** there's a simple reason [*or* an easy explanation] for that; **es sich** *dat* **[mit etw] zu ~ machen** to make it too easy for oneself [with sth] ❷ *(unkompliziert)* straightforward, uncomplicated; ***warum ~, wenn's auch umständlich geht?*** *(iron)* why do things the easy way [when you can make them [*or* it] difficult]? ❸ *(gewöhnlich)* simple; **~es Essen** plain [*or* simple] food; **ein ~es Hemd/eine ~e Hose** a plain shirt/plain trousers; **ein ~er Mensch** a simple [*or* an ordinary] person ❹ *(nur einmal gemacht)* single; **eine ~e Fahrkarte** a one-way [*or* BRIT single] ticket; ***einmal ~ nach Regensburg*** a single [ticket] to Regensburg; **in ~er Ausfertigung** a single copy [of sth]; **~e Buchführung** single-entry bookkeeping; **~er Faden** plain [*or* simple] stitch; **ein ~er Knoten** a simple knot **II.** *adv* ❶ *(leicht)* simply, easily; ***es ist nicht ~ zu verstehen*** it's not easy [*or* simple] to understand ❷ *(schlicht)* simply, plainly ❸ *(einmal)* once; ~ **zusammenfalten** to fold once **III.** *pron* ❶ *(emph: geradezu)* simply, just; ~ **herrlich/lächerlich** simply [*or* just] wonderful/laughable ❷ *(ohne weiteres)* simply, just; ***he, du kannst doch nicht ~ weggehen!*** hey, you can't just [*or* simply] leave [like that]! ❸ *mit Verneinung (zur Verstärkung)* simply, just; ***ich kann es ~ nicht verstehen*** I just [*or* simply] can't understand it

Einfachheit <-> *f kein pl* ① *(Unkompliziertheit)* straightforwardness ② *(Schlichtheit)* plainness, simplicity ▸ WENDUNGEN: **der ~ halber** for the sake of simplicity [*or* simplicity's sake]

ein|fädeln I. *vt* ① *(in etw fädeln)* ■**etw** [**in etw** *akk*] **~** to thread sth [through sth]; **eine Nadel ~** to thread a needle; **einen Film ~** to wind on a film; **ein Tonband ~** to spool on a tape ② *(fam: anbahnen)* ■**etw ~** to engineer sth *fig* II. *vi* SKI to become entangled in a gate III. *vr* AUTO ■**sich** [**in etw** *akk*] **~** to filter [*or* merge] in[to sth]

ein|fahren *irreg* I. *vi sein* ① *(hineinfahren)* ■[**in etw** *akk*] **~** to come [*or* pull] in[to sth]; **auf einem Gleis ~** to arrive at [*or* come into] a platform; **in einen Hafen ~** to sail into a harbour [*or* AM -or] ② BERGB *(hinunterfahren)* to go down; **in eine Grube/einen ~** to go down a pit/shaft II. *vt haben* ■**etw ~** ① *(kaputtfahren)* to [drive into and] knock down sth *sep* ② *(einziehen) Antenne, Objektiv etc.* to retract sth ③ *(einbringen)* to make sth; **einen Gewinn/Verlust ~** to make a profit/loss ④ AGR *(einbringen)* to bring in sth; **das Heu/Korn ~** to bring in [*or* harvest] the corn/hay

Einfahrt *f kein pl* ① *(das Einfahren)* entry; **die ~ in den Hafen** sailing [*or* coming] into the harbour; **bei der ~ in die Zielgerade** entering the final straight; **die ~ eines Zuges** the arrival of a train ② *(Zufahrt)* entrance; **~ *freihalten!*** [please] keep [entrance] clear!

Einfall *m* ① *(Idee)* idea; **auf den ~ kommen, etw zu tun** to have [*or* get] the idea of doing sth ② MIL *(das Eindringen)* ■**~ in etw** *akk* invasion of sth ③ *(das Eindringen)* incidence; ***der ~ der Sonnenstrahlen*** the way the sun's rays fall

ein|fallen *vi irreg sein* ① *(in den Sinn kommen)* ■**etw fällt jdm ein** sb thinks of sth; **sich** *dat* **etwas ~ lassen** to think of sth; ***was fällt Ihnen ein!*** what do you think you're doing! ② *(in Erinnerung kommen)* ■**etw fällt jdm ein** sb remembers sth; ***der Name will mir einfach nicht ~!*** the name just won't come to me! ③ *(einstürzen)* to collapse [*or* cave in] ④ *(eindringen)* ■**nach/in etw** *akk* **~** to invade; **in die feindlichen Reihen ~** to penetrate enemy lines ⑤ *(hereinströmen)* ■[**in etw** *akk*] **~** to come in[to sth] ⑥ *(einsetzen)* ■[**in etw** *akk*] **~** *Chor, Instrument, Singstimmen* to join in [sth]; *(dazwischenreden)* to interrupt [sth] [*or* break in [on sth]] ⑦ *(einsinken)* to become sunken [*or* hollow]

einfallslos I. *adj* unimaginative II. *adv* unimaginatively **Einfallslosigkeit** <-> *f kein pl* unimaginativeness, lack of imagination **einfallsreich** I. *adj* imaginative II. *adv* imaginatively **Einfallsreichtum** *m kein pl* imaginativeness **Einfallswinkel** *m* angle of incidence

Einfalt <-> *f kein pl (arglose Naivität)* naivety ▸ WENDUNGEN: [**o/du**] **heilige ~!** what stunning naivety!, how naive can you be!, in sb's naivety

einfältig I. *adj* naive II. *adv* naively; ***tu doch nicht so ~*** don't act so naively

Einfaltspinsel *m (pej fam)* simpleton

Einfamilienhaus [-liən-] *nt* single family house, detached [family] house BRIT

ein|fangen *irreg* I. *vt* ① *(wieder fangen)* ■**jdn/ein Tier** [**wieder**] **~** to [re]capture sb/an animal ② *(wiedergeben)* ■**etw** [**in etw** *dat*] **~** to capture sth [in sth] *fig* II. *vr (fam)* ■**sich etw** *dat* **~** to catch sth; **eine Erkältung ~** to catch a cold; **eine Grippe ~** to come down with [the] flu

ein|färben *vt* ① *(neu färben)* ■**etw** [...] **~** *Haare, Stoff* to dye sth [...] ② TYPO *(mit Druckfarbe versehen)* ■**etw** [**mit etw**] **~** to ink sth [with sth]

einfarbig *adj inv* all one colour [*or* AM -or], in [*or* of] one colour [*or* AM -or] *pred*

ein|fassen *vt* ■**etw** [**mit etw**] **~** ① *(umgeben)* to border [*or* edge] sth [with sth]; **einen Garten mit einer Hecke/einem Zaun ~** to enclose [*or* surround] a garden with a hedge/fence ② *(umsäumen)* to hem sth [with sth] ③ *(fassen)* to set sth [in sth]

Einfassung *f* ① *(das Einfassen)* enclosure, enclosing ② *(Umgrenzung)* border, edging

ein|fetten *vt* ① *(mit Fett bestreichen)* ■**etw ~** to grease sth; *(Leder mit Fett behandeln)* to dubbin sth ② *(eincremen)* ■**jdn ~** to put [*or* rub] cream on sb, to cream sb BRIT; ■**sich ~** apply [a] cream; ■**sich etw** *dat* **~** to rub [*or* apply] cream onto sth

ein|finden *vr irreg (geh)* ■**sich** [**irgendwo**] **~** to arrive [somewhere]

ein|flechten *vt irreg* ① *(einfließen lassen)* ■**etw** [**in etw** *akk*] **~** to work sth in[to sth] *sep;* ■**~, dass** to add that ② *(hineinflechten)* ■**etw** [**in etw** *akk*] **~** to plait [*or* braid] sth in[to sth]; **ein Muster ~** [**in etw**] to weave a pattern in[to sth]

ein|fliegen *irreg* I. *vt haben* ① ■**jdn/etw** [**in etw** *akk*] **~** to fly sb/sth in[to sth]; ***die Militärtransporter flogen Munition/Nachschub ein*** the military transport planes flew [*or* airlifted] munitions/reinforcements in ② ■**etw ~** to make sth; **einen Gewinn/Verlust ~** to make a profit/loss II. *vi sein* to fly in

ein|fließen *vi irreg sein* ① *(als Zuschuss gewährt werden)* ■[**in etw** *akk*] **~** to pour in[to sth]; **~ lassen, dass** to let slip that ② METEO *(hineinströmen)* ■**in etw/nach etw ~** *akk* to move [*or* come] into sth

ein|flößen *vt* ① *(langsam eingeben)* ■**jdm etw ~** to give sb sth; **einem Kranken Essen ~** to feed the patient; **jdm etw mit Gewalt ~** to force-feed sb [with] sth ② *(erwecken)* ■**jdm etw ~** to instill sth in sb; **jdm Angst/Vertrauen ~** to instill [*or* inspire] fear/confidence in sb; **jdm Ehrfurcht ~** to instill respect in sb, to command sb's respect

Einflugschneise *f* LUFT approach path

EinflussRR <-es, Einflüsse> *m*, **Einfluß** <-sses, Einflüsse> *m* ① *(Einwirkung)* ■**jds ~** [**auf jdn**] sb's influence [on sb]; ■**der ~ einer S.** *gen* the influence of sth; **auf etw/jdn ~ haben** *akk* to have an influence on sth/sb; **~ auf etw/jdn ausüben** to exert an influence on sth/sb; **auf etw** *akk* **~ nehmen** to influence sth; **unter jds ~ geraten** *akk* to fall under sb's influence; **unter dem ~ von jdm/etw stehen** to be under sb's influence [*or* the influence of sb/sth]; **unter dem ~ von jdm/etw** under the influence of sb/sth ② *(Beziehungen)* influence, pull *fig,* sway; **seinen ~ geltend machen** to use one's influence [*or* pull] [*or* sway]; [...] **~ besitzen** [*o* **haben**] to have [...] influence [*or* pull] [*or* sway]

EinflussbereichRR *m* ① POL sphere of influence ② METEO ***Frankreich liegt im ~ eines atlantischen Tiefs*** an Atlantic depression is affecting the weather over France **einflusslos**RR *adj* uninfluential, without [*or* lacking in] influence *pred*

EinflussnahmeRR <-, *selten* -n> *f (geh)* ■**jds ~** [**auf etw** *akk*] sb's exertion of influence [on sth] **einflussreich**RR *adj* influential

ein|flüstern *vt (pej)* ■**jdm etw ~** *(suggerieren)* to put sth into sb's head; *(flüsternd vorsagen)* to whisper sth to sb

Einflüsterung <-, -en> *f (pej)* suggestion

ein|fordern *vt (geh)* ■**etw** [**von jdm**] **~** to demand payment of [*or sep* call in] sth [from sb]; **von jdm ein Versprechen ~, etw zu tun** to keep sb to their promise to do sth

einförmig I. *adj* monotonous; **~e Landschaft/Umgebung** uniform landscape/surroundings II. *adv* monotonously

Einförmigkeit <-, -en> *f* monotony; **die ~ der Landschaft/Umgebung** the uniformity of the landscape/surroundings

ein|frieden *vt* (*geh*) ■**etw** [**mit etw**] ~ to enclose [*or* surround] sth [with sth]

Einfriedung <-, -en> *f* (*geh*) ① (*das Einfrieden*) enclosure, enclosing ② (*die Umzäunung*) means of enclosure

ein|frieren *irreg* **I.** *vi sein* ① (*zufrieren*) to freeze up ② (*von Eis eingeschlossen werden*) ■**in etw** ~ *dat* to freeze into sth [*or* become ice-bound in sth] **II.** *vt haben* ■**etw** ~ ① (*konservieren*) to [deep-]freeze sth ② (*suspendieren*) to suspend sth; **diplomatische Beziehungen** ~ to break off [*or* suspend] diplomatic relations; **ein Projekt/die Planung** ~ to shelve a project/the plans ③ ÖKON (*festlegen*) to freeze sth

Einfrierung <-, -en> *f* ① (*Suspendierung*) suspension; *diplomatische Beziehungen* breaking off, suspension; *Projekt* shelving ② ÖKON (*die Festlegung*) freezing

ein|fügen **I.** *vt* ① (*einpassen*) ■**etw** [**in etw** *akk*] ~ to fit sth in[to sth] ② (*einfließen lassen*) ■**etw** [**in etw** *akk*] ~ to add sth [to sth]; ***lassen Sie mich gleich an dieser Stelle ~, …*** let me just say how honoured I am [to] …; ***darf ich an dieser Stelle kurz ~, dass …*** can I just quickly point out that … **II.** *vr* ① (*sich anpassen*) ■**sich** [**in etw**] ~ *akk* to adapt [oneself] [to sth] ② (*hineinpassen*) ■**sich** [**in etw**] ~ *akk* to fit in [with sth]

ein|fühlen *vr* ■**sich in jdn** ~ to empathize with sb; ■**sich in etw** ~ *akk* to get into the spirit of sth; **sich in einen Gedankengang** ~ to understand [*or* follow] a train of thought

einfühlsam **I.** *adj* sensitive; ~**e Worte** understanding [*or* sympathetic] words; **ein ~er Mensch** an empathetic person **II.** *adv* sensitively

Einfühlungsvermögen *nt* empathy

Einfuhr <-, -en> *f* ① (*das Importieren*) import, importing, importation ② (*das Eingeführte*) import

Einfuhrbeschränkung *f* import restriction, restriction on imports **Einfuhrbestimmungen** *pl* import regulations *pl*

ein|führen **I.** *vt* ① ÖKON (*importieren*) ■**etw** ~ to import sth ② (*bekannt machen*) ■**etw** [**irgendwo**] ~ to introduce sth [somewhere]; **einen Artikel/eine Firma** [**auf dem Markt**] ~ to establish a product/company [on the market] ③ (*in Gebrauch nehmen, verordnen*) ■**etw** [**in etw** *dat*] ~ to introduce sth [in sth] ④ (*vertraut machen*) ■**jdn** [**in etw** *akk*] ~ to introduce sb [to sth] [*or* initiate sb [into sth]] ⑤ (*hineinschieben*) ■**etw** [**in etw** *akk*] ~ to insert [*or* introduce] sth [into sth] **II.** *vr* ■**sich** [**…**] ~ to make a […] start; ***sie hat sich gut eingeführt*** she's made a good start **III.** *vi* ■**in etw** ~ *akk* to serve as an introduction [*or* insight] into sth; ■~**d** introductory; ~**de Worte** introductory words, words of introduction

Einfuhrgenehmigung *f* import licence [*or* AM -se] [*or* permit] **Einfuhrland** *nt* ÖKON importing country **Einfuhrsperre** *f* ÖKON ban on imports, embargo

Einführung *f* ① (*das Einführen*) introduction; ■**jds** ~ [**in etw** *akk*] sb's introduction [to sth] [*or* initiation [into sth]]; ~ **in ein Amt** installation in an office ② (*Einleitung*) introduction; ***Worte zur ~*** words of introduction, introductory words

Einführungskurs *m* introductory course **Einführungslehrgang** *m* introductory course **Einführungspreis** *m* introductory price **Einführungsseminar** *nt* introductory seminar

Einfuhrverbot *nt* ban [*or* embargo] on imports **Einfuhrzoll** *m* ÖKON import duty

ein|füllen *vt* ■**etw** [**in etw**] ~ *akk* to pour [*or* put] sth in[to sth]

Einfüllöffnung *f* filler opening [*or* inlet] **Einfüllstutzen** *m* AUTO filler neck [*or* pipe]

Eingabe <-, -en> *f* ① ADMIN (*Petition*) ■~ [**an jdn**] petition [to sb]; **eine ~ [an jdn] machen** to file a petition [with sb] [*or* present a petition [to sb]] ② *kein pl* (*das Verabreichen*) *Arznei* administration ③ *kein pl* INFORM *Daten, Informationen* input, entry

Eingabegerät *nt* INFORM input device **Eingabemodus** *m* INFORM entry mode **Eingabetaste** *f* INFORM enter-[*or* return-]key

Eingang <-gänge> *m* ① (*Tür, Tor, Zugang*) entrance; *eines Waldes* opening; **„kein ~!“** “no entry!”; **jdm/sich ~ in etw** *akk* **verschaffen** to gain sb[/oneself] entry to sth; **in etw** *akk* **~ finden** (*geh*) to find its way into sth ② *pl* (*eingetroffene Sendungen*) incoming mail [*or* BRIT post] *sing* ③ *kein pl* (*Erhalt*) receipt; **beim ~** on receipt ④ *kein pl* (*Beginn*) start; ***gleich zu ~ möchte ich sagen …*** I would like to start by saying [*or* say from the very outset] …

eingängig **I.** *adj* ① (*einprägsam*) catchy ② (*verständlich*) comprehensible; **eine ~e Erklärung** a clear [*or* comprehensible] explanation **II.** *adv* clearly

eingangs **I.** *adv* at the start [*or* beginning] **II.** *präp* +*gen* at the start [*or* beginning] of

Eingangsbestätigung *f* ADMIN acknowledgement [*or* confirmation] of receipt **Eingangsdatum** *nt* date of receipt **Eingangshalle** *f* entrance hall **Eingangskapitel** *nt* first chapter **Eingangsstempel** *m* date-stamp **Eingangstür** *f* [entrance] door; *eines Hauses, einer Wohnung* front door **Eingangsvermerk** *m* notice of receipt

ein|geben *irreg vt* ① (*verabreichen*) ■**jdm etw** ~ to give sb sth [*or* administer sth to sb] ② INFORM (*übertragen*) ■**etw** [**in etw** *akk*] ~ to input sth [into sth]; **Daten in einen Computer** ~ to enter [*or* input] data into a computer ③ (*geh: inspirieren*) ■**jdm etw** ~ to put sth into sb's head; **von Gott eingegeben** to be inspired by God

eingebildet *adj* ① (*pej: hochmütig*) conceited; ■**auf etw** *akk* ~ **sein** to be conceited about sth ② (*imaginär*) imaginary; **eine ~e Schwangerschaft** a false pregnancy

eingeboren[1] *adj* native

eingeboren[2] *adj* REL **Gottes ~er Sohn** the only begotten Son of God

Eingeborene(r) *f(m) dekl wie adj* native

Eingeborenensprache *f* native language

Eingebung <-, -en> *f* (*Inspiration*) inspiration; ***einer plötzlichen ~ folgend*** acting on a sudden impulse ▶ WENDUNGEN: göttliche ~ divine inspiration

eingedenk *adj pred* (*geh*) (*in Anbetracht*) ■~ **einer S.** *gen* bearing in mind [*or* remembering] sth; ~ ***dessen, was vorgefallen war …*** bearing in mind what had happened … ▶ WENDUNGEN: **einer S.** *gen* ~ sein/bleiben (*etw im Gedächtnis behalten*) to be mindful of sth [*or* bear sth in mind]

eingefahren *adj* well-worn

eingefallen *adj* hollow, sunken; **ein ~es Gesicht** a gaunt face

eingefleischt *adj attr* ① (*überzeugt*) confirmed; **ein ~er Junggeselle** a confirmed bachelor; **einer ~er Kommunist** a dyed-in-the-wool communist BRIT; **ein ~er Optimist** an incurable optimist ② (*zur zweiten Natur geworden*) deep-rooted, ingrained

ein|gehen *irreg* **I.** *vi sein* ① (*Aufnahme finden*) ■**in etw** ~ *akk* to find its [*or* their] way into sth; **in die Annalen/Geschichte** ~ to go down in the annals/history ② (*ankommen*) ■[**irgendwo/bei jdm**] ~ to be received [somewhere/by sb] [*or* arrive [somewhere]]; ***sämtliche Bestellungen, die bei uns ~, werden sofort bearbeitet*** all orders which we receive [*or* are received by us] are processed immediately; ***soeben geht bei mir eine wichtige Meldung ein*** I am just receiving an important report, an important report is just coming in to me; ■~**d** incoming ③ FIN (*gutge-

schrieben werden) ■[**auf etw** *dat*] ~ to be received [in sth]; ***die Miete für diesen Monat ist auf meinem Konto immer noch nicht eingegangen*** this month's rent has still not been paid into [*or* received in] my account yet ④ ([*ab*]*sterben*) to die [off]; ■[**an etw** *dat*] ~ to die [of [*or* from] sth]; ***das ist so schwül hier drinnen, ich geh noch ein!*** the closeness in here is killing me!; ***in dieser langweiligen Umgebung würde ich*** ~ I would die of boredom in this environment ⑤ (*fam: sich wirtschaftlich nicht halten*) to fold [*or fam* go bust] ⑥ (*aufgenommen werden*) ■**jdm** ~ to be grasped by sb; ***diese Argumente gehen einem leicht ein*** these arguments can be easily absorbed [*or* grasped]; ***das Lob ging ihr offenbar ein*** the praise obviously had the right [*or* desired] effect on her; ***ihm will es nicht*** ~ he can't grasp [*or* fails to grasp] it; ***es will mir einfach nicht ~, wieso*** I just can't see why ⑦ (*einlaufen*) to shrink; ***die Sofabezüge sind mir bei der Wäsche eingegangen*** the sofa covers shrank in the wash ⑧ (*sich beschäftigen mit*) ■**auf jdn/etw** ~ to deal with [*or* go into] sth, to pay some attention to sb; ***du gehst überhaupt nicht auf deine Kinder ein*** you don't pay your kids any attention; ***auf diesen Punkt gehe ich zum Schluss noch näher ein*** I would like to deal with [*or* go into] this point in more detail at the end ⑨ (*zustimmen*) ■**auf etw** *akk* ~ to agree to sth; (*sich einlassen*) to accept to sth; *s. a.* **Ruhe, Frieden II.** *vt sein* ① (*sich einlassen*) ■**etw** ~ to enter into sth; **ein Risiko** ~ to take a risk; **eine Wette** ~ to make a bet; ***ich gehe jede Wette ein, dass er wieder zu spät kommt*** I'll bet [you] anything [you like] that he'll arrive late again ② JUR (*abschließen*) ■[**mit jdm**] **etw** ~ to enter into sth [with sb]; **einen Vergleich** ~ to reach a settlement

eingehend **I.** *adj* detailed; **ein ~er Bericht** a detailed [*or* an exhaustive] report; **eine ~e Erörterung** a lengthy discussion; **eine ~e Prüfung** an exhaustive [*or* extensive] [*or* a thorough] test; **~e Studien** detailed [*or* in-depth] [*or* thorough] studies; **~e Untersuchungen** comprehensive surveys **II.** *adv* in detail; ~ **besprechen/diskutieren/erörtern** to discuss at length; ~ **studieren** to study thoroughly

eingekeilt *adj* hemmed [*or* wedged] in; ***das Auto ist ~ worden*** the car has been boxed in

Eingemachte(s) *nt dekl wie adj* KOCHK (*eingemachtes Obst*) preserved fruit ▶ WENDUNGEN: **ans ~ gehen** to draw on one's reserves; **es geht ans ~** (*fam*) the crunch has come

ein|gemeinden* *vt* ADMIN ■**etw** [**nach etw/in etw** *akk*] ~ to incorporate sth [into sth]

Eingemeindung <-, -en> *f* ADMIN incorporation

eingenommen *adj pred* ① (*positiv beeindruckt*) ■**von jdm/etw** ~ **sein** to be taken with sb/sth ② (*voreingenommen*) ■**gegen jdn/etw** ~ **sein** to be biased [*or* prejudiced] against sb/sth ③ (*überzeugt*) ■**von sich** *dat* [**selbst**]/**von etw** ~ **sein** to think a lot of oneself/sth ④ (*eingebildet*) ■**von sich** ~ **sein** to be conceited

eingerostet *adj inv* ① (*festsitzend*) rusted up ② (*fam: steif*) stiff ③ (*hum: aus der Übung gekommen*) rusty

eingeschlechtig *adj* BOT unisexual

eingeschnappt *adj inv* (*pej fam*) cross; ■~ **sein** to be miffed, to be in a huff BRIT *fam*

eingeschränkt *adj* limited; ■[**in etw** *dat*] ~ **sein** to be limited [*or* restricted] [in sth]

eingeschrieben **I.** *adj* (*eingetragen*) registered; **~es Mitglied sein** to be enrolled [*or* registered] as a member; **eine ~e Sendung** registered mail **II.** *adv* ~ **schicken** [*o* **versenden**] to send as [*or* by] registered post [*or* AM mail]

eingeschworen *adj* ① (*einander durch Schwur verpflichtet*) **~er Freund/Gegner** sworn friend/enemy ② (*fest zusammenhaltend*) close-knit ③ (*festgelegt*) ■**auf etw** *akk* ~ **sein** to swear by sth

eingesessen *adj* old[*or* long]-established

Eingesottene(s) *nt dekl wie adj* ÖSTERR (*Eingemachte(s)*) preserved fruit

eingespannt *adj pred* ■[**sehr**] ~ **sein** to be [very] busy

eingespielt *adj* operating well together; **ein ~es Ehepaar/Team** a [married] couple/team which work[s] well together; **eine ~e Mannschaft** a team that plays well together; ■**aufeinander ~ sein** to be used to one another

eingestandenermaßen *adv* (*geh: wie zugegeben wird*) admittedly

eingestandenermaßen *adv* admittedly

Eingeständnis *nt* admission, confession

ein|gestehen* *irreg* **I.** *vt* ■[**jdm**] **etw** ~ to admit sth [to sb]; **die Schuld/das Versagen** ~ to admit [*or* confess] one's guilt/failure **II.** *vr* ■**sich** *dat* **~, dass** to admit to oneself that; **sich** *dat* **etw nicht ~ wollen** to be unable to accept sth; **sich** *dat* **nicht ~ wollen, dass** to refuse to accept [*or* admit] that

eingestellt *adj* ① (*orientiert, gesinnt*) **fortschrittlich/ökologisch** ~ progressively/environmentally minded; **jd ist kommunistisch/religiös** ~ sb is a Communist [*or* has Communist leanings]/religious [*or* religiously minded]; ■**jd ist gegen jdn** ~ sb is set against sb ② ■**auf etw** *akk* ~ **sein** (*vorbereitet*) to be prepared for sth; ***ich war nur auf 3 Personen*** ~ I was only expecting three people; (*ausgerichtet, interessiert*) to only be interested in sth [*or* only have time for]; (*spezialisiert, festgelegt*) to specialize in sth

eingetragen *adj Mitglied, Verein, Warenzeichen* registered

Eingeweide <-s, -> *nt meist pl* ANAT entrails *npl*, innards *npl*; ***dieser Schnaps brennt einem ja richtig in den ~n!*** this Schnapps certainly takes your breath away!

eingeweiht *adj inv* ① (*nach Fertigstellung feierlich übergeben*) christened, officially opened ② (*informiert*) initiated; **über etw ~ sein** to know all about sth

Eingeweihte(r) *f(m) dekl wie adj* ① (*Adept*) initiate ② (*Experte*) ***diese Theorien sind wohl nur etwas für ein paar/wenige*** ~ these teories can probably only be understood by a select [*or* chosen] few

ein|gewöhnen* *vr* ■**sich** [**in etw** *akk*] ~ to settle in[to sth]

Eingewöhnung *f* settling in

ein|gießen *vt irreg* ■[**jdm**] **etw** [**in etw** *akk*] ~ to pour [sb] sth [into sth]; ***darf ich Ihnen noch Kaffee ~?*** can I pour you some more coffee?; ■**sich** *dat* [**etw**] ~ to pour oneself [sth]

ein|gipsen *vt* ① MED (*mit Gips bestreichen*) ■[**jdm**] **etw** ~ to put [*or* set] [sb's] sth in plaster ② BAU (*in Gips betten*) ■**etw** [**in etw** *akk*] ~ to fix sth in[to sth] with plaster [*or* plaster sth in[to sth]]

eingleisig **I.** *adj* single-track **II.** *adv* ① (*auf einem Gleis*) single-track ② (*in einer Richtung*) narrow-mindedly

ein|gliedern **I.** *vt* ① (*integrieren*) ■**jdn** [**wieder**] [**in etw** *akk*] ~ to [re]integrate sb [into sth] ② ADMIN, POL (*einbeziehen*) ■**etw** [**in etw** *akk*] ~ to incorporate sth [into sth] **II.** *vr* ■**sich** [**in etw** *akk*] ~ to integrate oneself [into sth]

Eingliederung *f* ① (*Integration*) integration ② ADMIN, POL (*Einbeziehung*) incorporation

Eingliederungsgeld *nt* integration money BRIT

Eingliederungshilfe *f* integration aid BRIT

ein|graben *irreg* **I.** *vt* ① (*vergraben*) ■**jdn/etw** [**in etw** *akk*] ~ to bury sb/sth [in sth]; **einen Pfahl** [**in**

etw] ~ to sink a post [*or* stake] [into sth] ❷ (*geh: einmeißeln*) ■ **etw** [**in etw** *akk*] ~ to carve sth [in sth] **II.** *vr* ❶ MIL (*sich verschanzen*) ■ **sich** ~ to dig [oneself] in ❷ (*durch Erosion eindringen*) ■ **sich** [**in etw** *akk*] ~ to carve a channel [in sth] ❸ (*sich einprägen*) ■ **sich** ~ to engrave itself; **sich in jds Gedächtnis** ~ to engrave itself on sb's memory ❹ (*eindringen*) ■ **sich in etw** *akk* ~ to dig into sth

ein|gravieren* [-vi:-] *vt* ■ **etw** [**in etw** *akk*] ~ to engrave sth [on sth]

ein|greifen *vi irreg* ❶ (*einschreiten*) to intervene ❷ (*sich einschalten*) ■ [**in etw** *akk*] ~ to intervene [in sth] ❸ (*beschneiden*) ■ **in etw** *akk* ~ to intrude [up]on sth; **in jmds Rechte** ~ to infringe sb's rights ❹ TECH (*sich hineinschieben*) ■ **in etw** *akk* ~ to mesh with sth

Eingreiftruppe *f* intervention force

ein|grenzen *vt* ■ **etw** [**auf etw** *akk*] ~ to limit [*or sep* narrow down] sth [to sth]

Eingriff *m* ❶ (*Einschreiten*) ■ **ein** ~ **in etw** [an] intervention in sth ❷ (*Übergriff*) ■ **ein** ~ **in jds ...** *akk* an intrusion [up]on sb's ...; **ein** ~ **in jds Rechte** an infringement of sb's rights ❸ MED (*Operation*) operation; **sich einem medizinischen** ~ **unterziehen** to have [*or* undergo] an operation

ein|gruppieren* *vt* ■ **jdn** [**in etw** *akk*] ~ to group sb [in sth]

Eingruppierung *f* grouping, classification

ein|haken **I.** *vt* ■ **etw** [**in etw** *akk*] ~ to hook sth in[to sth] **II.** *vi* (*fam*) ■ [**bei etw/an etw** *dat*] ~ to butt in [on sth] *fam* **III.** *vr* ■ **sich** [**bei jdm**] ~ to link arms [with sb]; **eingehakt gehen** to walk arm in arm

Einhalt *m kein pl* **jdm/einer S.** ~ **gebieten** (*geh*) to put a stop to sb/sth

ein|halten *irreg* **I.** *vt* ■ **etw** ~ ❶ (*beachten*) to keep sth; **eine Diät/einen Vertrag** ~ to keep to a diet/treaty; **die Spielregeln/Vorschriften** ~ to obey [*or* observe] the rules; **einen Termin** ~ to keep an appointment/a deadline; **Verpflichtungen** ~ to meet commitments ❷ (*beibehalten*) to maintain **II.** *vi* (*geh*) ■ [**mit etw**] ~ to stop [doing sth]

Einhaltung <-, -en> *f* ❶ (*das Beachten*) keeping; *von Spielregeln, Vorschriften* obeying, observing; **die** ~ **von Verpflichtungen** meeting commitments ❷ (*Beibehaltung*) maintaining

ein|hämmern **I.** *vt* ■ **jdm etw** ~ to hammer [*or* drum] sth into sb['s head]; ■ **sich** ~, **dass** *dat* to hammer [*or* drum] into oneself that **II.** *vi* ❶ (*einschlagen*) ■ [**mit etw**] **auf etw** *akk* ~ to hammer on sth [with sth]; ■ **auf jdn** ~ to pound sb ❷ (*dröhnend einwirken*) to pound [in] sb's ears

ein|handeln **I.** *vt* ■ **etw gegen** [*o* **für**] **etw** ~ to barter [*or* trade] sth for sth **II.** *vr* ■ **sich** *dat* **etw** [**für etw**] ~ (*fam*) to get sth [for sth]; **sich eine Krankheit** ~ to catch a disease

einhändig **I.** *adj* one-handed **II.** *adv* with one hand

ein|händigen *vt* (*geh*) ■ **jdm etw** ~ to hand over sth *sep* to sb

ein|hängen **I.** *vt* ❶ (*einsetzen*) ■ **etw** [**in etw** *akk*] ~ to hang sth [on sth]; **ein Fenster** ~ to fit a window ❷ (*auflegen*) **den Hörer** ~ to hang up [the receiver] [*or* replace the receiver] **II.** *vi* TELEK to hang up **III.** *vr* ■ **sich** [**bei jdm**] ~ to link arms [with sb]

ein|hauchen *vt* (*geh*) ■ **jdm etw** ~ to breathe sth into sb

ein|hauen *irreg* **I.** *vt* ❶ (*einschlagen*) ■ **etw** ~ to smash in sth *sep;* **eine Tür** ~ to knock down a door ❷ (*einmeißeln*) ■ **etw** [**in etw** *akk*] ~ to carve sth [in sth] **II.** *vi* ■ **auf jdn/etw** ~ to lay into sb [*or* go at sth]

ein|heften *vt* ❶ (*einordnen, Ablegen*) ■ **etw** [**in etw** *akk*] ~ to file sth [in sth] ❷ (*einnähen*) ■ **etw** ~ to tack in sth *sep*

einheimisch *adj* ❶ (*ortsansässig*) local; **die ~e Bevölkerung** the local residents [*or* population]; (*in dem Land, der Gegend ansässig*) native, indigenous ❷ (*aus dem Lande stammend*) local ❸ BOT, ZOOL (*natürlich vorkommend*) native, indigenous

Einheimische(r) *f(m) dekl wie adj* (*Ortsansässige(r)*) local; (*Inländer*) native [citizen]

ein|heimsen *vt* (*fam: erlangen*) ■ **etw** ~ to collect sth; **einen Auftrag** ~ to win [*or* clinch] an order; [**einen**] **Erfolg** ~ to score a success; [**ein**] **Gewinn** ~ to rake in profits

Einheirat *f* ■ **jds** ~ **in etw** *akk* sb's marriage into sth

ein|heiraten *vi* ■ **in etw** *akk* ~ to marry into sth

Einheit <-, -en> *f* ❶ (*Gesamtheit*) unity; **eine geschlossene** ~ an integrated whole ❷ (*Einigkeit*) unity; **die deutsche** ~ German reunification ❸ MIL (*militärische Formation*) unit ❹ PHARM (*Teilmenge*) unit ❺ (*Telefon~*) unit

einheitlich **I.** *adj* ❶ (*gleich*) uniform; **in ~er Kleidung** dressed the same [*or* alike] ❷ (*in sich geschlossen*) integrated; **eine ~e Front** a united front **II.** *adv* the same; ~ **gekleidet** dressed the same [*or* alike]; ~ **gestaltet** designed along the same lines; ~ **handeln** [*o* **vorgehen**] to act in a similar way

Einheitlichkeit <-> *f kein pl* ❶ (*Gleichheit*) uniformity ❷ (*Geschlossenheit*) unity; *von Design, Gestaltung* standardization, homogeneity

Einheitskleidung *f* uniform **Einheitspreis** *m* standard [*or* uniform] price **Einheitstarif** *m* standard [*or* uniform] tariff, flat rate **Einheitswährung** *f* single currency

ein|heizen *vi* ❶ (*gründlich heizen*) to turn the heater on, to put the heating on BRIT; **tüchtig** ~ to turn the heating [*or* AM heater] right up ❷ (*fam: die Meinung sagen*) ■ **jdm** ~ to haul sb over the coals [*or* AM rake]; (*zu schaffen machen*) to cause sb a lot of trouble

Einheizer(in) *m(f)* heater

einhellig **I.** *adj* unanimous **II.** *adv* unanimously

Einhelligkeit <-> *f kein pl* unanimity

einher|gehen *vi irreg sein* (*geh*) ■ **mit etw** ~ to be accompanied by sth

ein|holen **I.** *vt* ❶ (*einziehen*) ■ **etw** ~ to pull in sth *sep;* **eine Fahne/ein Segel** ~ to lower [*or sep* take down] a flag/sail ❷ (*anfordern*) ■ **etw** ~ to ask for [*or* seek] sth; **eine Baugenehmigung** ~ to apply for planning permission [*or* AM a building permit] ❸ (*erreichen, nachholen*) ■ **jdn/etw** ~ to catch up with sb/sth ❹ (*wettmachen*) ■ **etw** [**wieder**] ~ to make up sth [again] **II.** *vt, vi* DIAL (*einkaufen*) ■ [**etw**] ~ to go shopping [for sth]

Einholung <-, -en> *f* ❶ (*das Herunterziehen*) lowering, taking down; **die** ~ **der Flagge** the lowering of the flag ❷ (*das Anfordern*) seeking, asking for; **die** ~ **einer Genehmigung** to obtain permission

Einhorn *nt* unicorn

ein|hüllen *vt* (*geh*) ■ **jdn/etw** [**in etw** *akk*] ~ to wrap [up] sb/sth [in sth]; ■ **sich** [**in etw** *akk*] ~ to wrap oneself up [in sth]

einhundert *adj* (*geh*) one hundred; *s. a.* **hundred**

einhundertjährig *adj* one hundred-year-old *attr;* **das ~e Bestehen von etw feiern** to celebrate the centenary [*or* centennial] of sth

einig *adj* ❶ (*geeint*) united ❷ *pred* (*einer Meinung*) ■ **sich** *dat* [**über etw** *akk*] ~ **sein/werden** to be in/reach agreement [on sth]; ■ **sich** *dat* [**darüber** [*o* **darin**]] ~ **sein, dass** to be in agreement [*or* agreed] that; **mit jdm** [**in etw** *dat*] ~ **gehen** to agree [*or* be agreed] with sb [on sth]

einige(r, s) *pron indef* ❶ *sing, adjektivisch* (*ziemlich*) some; **aus ~r Entfernung** [from] some distance away; **nach ~r Zeit** after some time [*or* a [little] while]; ***das wird ~s Geld kosten*** that will cost quite a [*or* a fair] bit of money; (*etwas*) a little; ***mit ~m guten Willen*** with a little goodwill ② *sing, substantivisch* (*viel*) ■ **~s** quite a lot; ***ich könnte dir ~s über ihn erzählen*** I could tell you a thing or two about him; ***das wird aber ~s kosten!*** that will cost a pretty penny!; ***dazu gehört schon ~s an Mut*** that takes some [*or* more than a little] courage ③ *pl, adjektivisch* (*mehrere*) several; ***mit Ausnahme ~r weniger*** with a few exceptions; **~ Mal** several times; **an ~n Stellen** in some places; **in ~n Tagen** in a few days; **vor ~n Tagen** a few days ago, the other day ④ *pl, substantivisch* (*Menschen*) some; **~ *von euch*** some of you; ***er hat es ~n erzählt*** he has told some of them; (*Dinge*) some; [**nur**] **~ davon** [only [*or* just]] a few of them; **~ wenige** a few

ein|igeln *vr* ■ **sich ~** ① (*sich zusammenrollen*) to curl up into a ball ② (*sich zurückziehen*) to shut oneself away ③ MIL *Einheit, Truppen* to take up a position of all-round defence [*or* AM -se]

einigemal *adv s.* **einige(r,s) 3**

einigen I. *vt* (*einen*) ■ **etw ~** to unite sth II. *vr* (*sich einig werden*) ■ **sich** [**auf etw** *akk*/**über etw** *akk*] **~** to agree [*or* reach [an] agreement] [on sth]; ■ **sich** [**dahingehend**] **~, dass ...** to agree that

einigermaßen I. *adv* ① (*ziemlich*) fairly; **mit etw ~ zufrieden sein** to be reasonably happy with sth; ***darin kenne ich mich ~ aus*** I know my way around this subject to some extent [*or* degree] ② (*leidlich*) all right, OK *fam*, okay *fam*; ***wie geht's dir? — ~*** how are you? — all right [*or* okay] [*or* not [too] bad]; ***er hat die Prüfung so ~ geschafft*** he did reasonably well [*or* all right] in the exam II. *adj pred* (*fam: leidlich*) all right, OK *fam*, okay *fam*; ***dein Zeugnis ist immerhin ~*** your report is at least not too bad

einiges *pron s.* **einige**

einig|gehen *vi irreg sein s.* **einig 2**

Einigkeit <-> *f kein pl* ① (*Eintracht*) unity ② (*Übereinstimmung*) agreement; **es herrscht ~ darüber, dass** there is agreement that ▶ WENDUNGEN: **~ macht stark** (*prov*) unity is strength *prov*, strength through unity *prov*

Einigung <-, -en> *f* ① POL (*das Einigen*) unification ② (*Übereinstimmung*) agreement; **gütliche ~** amicable settlement; JUR settlement out of court; [**eine**] **~** [**über etw** *akk*] **erzielen** to reach [an] agreement [*or* settlement] [on sth]

Einigungsvertrag *m* POL Unification Treaty

ein|impfen *vt* ■ **jdm etw ~** to drum sth into sb; ■ **jdm ~, dass** to drum into sb that

ein|jagen *vt* **jdm Angst/Furcht/Schrecken ~** to scare/frighten/terrify sb

einjährig, 1-jährig[RR] *adj* ① (*Alter*) one-year-old *attr*, one year old *pred*; *s. a.* **achtjährig 1** ② BOT (*ein Jahr alt werdend*) annual ③ (*Zeitspanne*) one-year *attr*, [of] one [*or* a] year *pred*; *s. a.* **achtjährig 2**

Einjährige(r), 1-jährige(r) [RR] *f(m) dekl wie adj* one-year-old

ein|kalkulieren* *vt* ① (*mit einbeziehen*) ■ **etw** [**mit**] **~** to take sth into account; ■ [**mit**] **~, dass** to take into account that, to allow for the fact that ② (*mit einrechnen*) ■ **etw** [**mit**] **~** to take sth into account, to include sth

ein|kapseln I. *vt* PHARM ■ **etw ~** to encapsulate sth [*or* enclose sth in a capsule] II. *vr* MED ■ **sich** [**in etw** *dat*] **~** *krankes Gewebe* to encyst itself [in sth]

ein|kassieren* *vt* ■ **etw** [**bei/von jdm**] **~** ① (*kassieren*) to collect sth [from sb] ② (*fam: wegnehmen*) to confiscate sth [from sb]; ***he, wer hat meinen neuen Füller einkassiert?*** hey, who's pinched [*or* nicked] my new pen? *fam*

Einkauf *m* ① (*das Einkaufen*) shopping (**von** +*dat* of); ***ich muss noch einige Einkäufe erledigen*** I've still got a few [more] things to buy [*or* some [more] shopping to do]; **Einkäufe machen/tätigen** (*geh*) to do one's [*or* go] shopping ② (*eingekaufter Artikel*) purchase; ***ein günstiger ~!*** a good buy!; ***ich stelle gleich die Einkäufe in der Küche ab*** I'll take the shopping straight into the kitchen ③ *kein pl* ADMIN (*Abteilung*) purchasing [*or* BRIT buying] [department]

ein|kaufen I. *vt* (*käuflich erwerben*) ■ **etw ~** to buy sth; **etw billig/günstiger/teuer ~** to buy sth cheaply/at a more favourable price/at an expensive price [*or* to pay little/less/a lot for sth] II. *vi* ■ [**bei jdm/in etw** *dat*] **~** to shop [at sb's/sth]; **~ gehen** to go shopping III. *vr* (*einen Anteil erwerben*) ■ **sich in etw** *akk* **~** to buy [one's way] into sth

Einkäufer(in) *m(f)* buyer, purchaser

Einkaufsbummel *m* shopping trip [*or* expedition] **Einkaufsleiter(in)** *m(f)* chief buyer [*or* purchaser] **Einkaufsmöglichkeit** *f* shopping facilities BRIT **Einkaufsnetz** *nt* string bag **Einkaufspassage** *f* shopping arcade BRIT **Einkaufspreis** *m* purchase price; **zum ~** at cost [*or* price] **Einkaufsquelle** *f* **eine gute ~ für etw** a good place to buy sth **Einkaufsstraße** *f* shopping [*or* BRIT pedestrian] precinct [*or* AM district] **Einkaufstasche** *f* shopping bag **Einkaufswagen** *m* [shopping] trolley [*or* AM cart] **Einkaufszeile** *f* row of shops [*or* AM *usu* stores]; (*Haupteinkaufsstraße*) high [*or* AM main] street **Einkaufszentrum** *nt* [out-of-town] shopping centre [*or* AM -er] [*or* mall] **Einkaufszettel** *m* shopping list

Einkehr <-> *f kein pl* (*geh*) reflection; **innere ~** contemplation [of oneself]; **jdn zur ~ bringen** to make sb reflect; **~ halten** to search one's soul [*or* heart]

ein|kehren *vi sein* ① (*veraltend: besuchen*) ■ [**irgendwo/in etw** *dat*] **~** to stop off [somewhere/at sth] ② (*geh: sich einstellen*) ■ [**bei jdm**] [**wieder**] **~** to reign [again] [at sb's]; ***hoffentlich kehrt bald*** [***wieder***] ***Ruhe ein*** hopefully peace will reign [again] soon; (*kommen*) to set in; ***der Herbst kehrt*** [***wieder***] ***ein*** autumn is setting in [again]

ein|keilen *vt s.* **eingekeilt**

einkeimblättrig *adj* BOT monocotyledonous

ein|kellern *vt* ■ **etw ~** to store sth in the/a cellar

ein|kerben *vt* ■ **etw** [**in etw** *akk*] **~** to cut [*or* carve] sth in[to sth]

Einkerbung *f* cutting, carving

ein|kerkern *vt* (*geh*) ■ **jd ~** to incarcerate sb

ein|kesseln *vt* MIL ■ **jd kesselt jdn/etw ein** sb surrounds [*or* encircles] sb/sth

Einkesselung <-, -en> *f* MIL encirclement, surrounding

einklagbar *adj* JUR actionable, recoverable at law, legally recoverable; **ein ~er Anspruch** a cause of action; **eine ~e Forderung** an actionable [*or* enforceable] claim

ein|klagen *vt* JUR ■ **etw ~** to sew [*or* AM sue] for sth, to bring an action for [the recovery of] sth; **DM 100 ~** to sew [sb] for DM 100; **einen Anspruch ~** to sew for a debt, to prosecute a claim

ein|klammern *vt* ■ **etw ~** to bracket sth, to put brackets around sth, to put sth in brackets

Einklang *m* (*geh*) harmony; **etw** [**mit etw/miteinander**] **in ~ bringen** (*etw in Übereinstimmung bringen*) to harmonize sth [with sth/with each other]; **in** [*o* **im**] **~ mit etw stehen** to be in accord with sth; **im ~ mit jdm/etw** in harmony with sb/sth

ein|kleben *vt* ■ **etw** [**in etw** *akk*] **~** to stick sth in[to sth]

ein|kleiden *vt* ① (*mit Kleidung ausstatten*) ■ **jdn/sich** [**neu**] **~** to fit [*or* BRIT kit] out sb/oneself [with a [new] set of clothes] ② (*geh: fassen*) ■ **etw in etw** *akk* **~** to couch sth in sth

vorschlagen, einladen

vorschlagen	**suggesting**
Wie wär's, wenn wir heute mal ins Kino gehen würden?	**How about** going to the cinema today?
Wie wär's mit einer Tasse Tee?	**How about** a cup of tea?
Was hältst du davon, wenn wir mal eine Pause machen würden?	**What do you think about** having a break now?
Hättest du Lust, spazieren zu gehen?	**Would you like** to go for a walk?
Ich schlage vor, wir vertagen die Sitzung.	**I suggest** we postpone the meeting.
einladen	**inviting**
Besuch mich doch, ich würde mich sehr freuen.	**Do come and visit (me),** I'd be delighted.
Nächsten Samstag lasse ich eine Party steigen. **Kommst du auch?** *(fam)*	I'm having a party next Saturday. **Will you come?**
Darf ich Sie zu einem Arbeitsessen **einladen**?	**May I take you out for** a working lunch/dinner?
Ich würde Sie gern zum Abendessen **einladen.**	**I'd like to invite you round** *(at home)*//**out** *(in a restaurant)* for dinner.

Einkleidung *f* fitting [*or* BRIT kitting] out [with a [new] set of clothes]

ein|klemmen *vt* ❶ *(quetschen)* ■**jdm etw** ~ *Daumen etc.* to catch sb's sth; ■[**sich** *dat*] **etw** ~ to catch [one's] sth; ***die Fahrerin war hinter dem Steuer eingeklemmt*** the driver was pinned behind the [steering] wheel ❷ *(festdrücken)* ■**etw** [**in etw** *akk*] ~ to clamp sth [in sth]; *s. a.* **Bruch, Schwanz**

ein|klicken *vr* INET *(fam)* ■**sich in etw** *akk* ~ *Webseite* to click in *fam*

ein|klinken **I.** *vt* ❶ *(mit der Klinke schließen)* ■**etw** ~ to latch sth ❷ *(einrasten lassen)* ■**etw** [**in etw** *akk*] ~ *Sicherheitsgurt, Verschluss* to hook sth in[to sth] **II.** *vi* to latch **III.** *vr* ■**sich in etw** *akk* ~ to work one's way into sth; INFORM to access sth

ein|knicken **I.** *vt haben* ❶ *(umbiegen, umknicken)* ■**etw** [**an etw** *dat*] ~ to crease sth [at [*or* along] sth] ❷ *(fast zerbrechen)* ■**etw** ~ to snap sth **II.** *vi sein* ❶ *(umknicken)* ■[**mit** [*o* **in**] **etw**] ~ sth buckles [*or* gives way]; ***er knickte ständig in den Knien ein*** his knees were constantly buckling [*or* giving way]; *(sich einwinkeln)* to turn; ***mein Knöchel/Fuß knickt dauernd ein*** I'm always going over on [*or* turning] my ankle ❷ *(einen Knick bekommen)* ■[**an etw** *dat*] ~ to crease [along sth]; **an der Ecke** ~ to crease [at] the corner ❸ *(nachgeben, umfallen)* to give way

einknöpfbar *adj* MODE button-in

ein|knöpfen *vt* ■**etw** [**in etw** *akk*] ~ to button sth in[to sth]

ein|knüppeln *vi* ■[**mit etw**] **auf jdn** ~ to beat [*or* club] [*or* cudgel] sb [with sth]

ein|kochen **I.** *vt haben* KOCHK ■**etw** ~ to preserve sth **II.** *vi sein* KOCHK to thicken

Einkochtopf *m* preserving pan

ein|kommen *vi irreg sein (geh)* ■[**bei jdm**] **um etw** ~ to apply [to sb] for sth

Einkommen <-s, -> *nt* income *no pl*

Einkommenseinbuße *f* loss of income [*or* earnings] **Einkommensgefälle** *nt* disparity of income **Einkommensgrenze** *f* FIN income limit **Einkommensgruppe** *f* income bracket **einkommensschwach** *adj* FIN low-income *attr* **einkommensstark** *adj* FIN high-income *attr*

Einkommensteuer *f* income tax

Einkommensteuerbescheid *m* income tax assessment **Einkommensteuererklärung** *f* income tax return [*or* declaration] **einkommensteuerpflichtig** *adj* FIN liable to [pay] income tax

Einkommensverhältnisse *pl* income levels *pl* **Einkommensverteilung** *f kein pl* distribution of income

ein|kreisen *vt* ❶ *(einkringeln)* ■**etw** ~ to [put a] circle [round] sth ❷ *(umschließen)* ■**jdn/ein Tier** ~ to surround sb/an animal ❸ *(eingrenzen)* ■**etw** ~ to circumscribe sth *form*

Einkreisung <-, -en> *f* surrounding, encirclement; *einer Frage, eines Problems* circumscription *form*

ein|kriegen *vr meist verneint (fam)* **sich nicht** [**mehr**] ~ [**können**] to not be able to contain oneself [any more]; ***krieg dich wieder ein!*** get a grip on yourself!

ein|kringeln *vt* ■**etw** ~ to [put a] circle [round] sth

Einkünfte *pl* income *no pl*

ein|kuppeln *vi* to engage the clutch

ein|laden[1] *irreg* **I.** *vt* ❶ *(zum Besuch auffordern)* ■**jdn** [**zu etw/in etw** *akk*] ~ to invite sb [to sth]; ***ich bin zu meinem Cousin in die USA eingeladen*** my cousin [who lives] in the USA has invited me to stay with him; ***wir sind morgen eingeladen*** we've been invited out tomorrow ❷ *(kostenlos teilnehmen lassen)* ■**jdn zu** [*o* DIAL **auf**] **etw** *akk/***in etw** *akk* ~ to invite sb for/[out] to sth; **jdm zum Essen/ins Theater** ~ to take sb out to [*or* invite sb [out] for] dinner/the theatre [*or* AM -er]; ***ich lade dich ein*** it's my treat [*or* on me]; ***darf ich Sie zu einem Wein ~?*** can I get you a glass of wine?; ■**eingeladen sein** to be invited [*or* asked] out; ***du bist eingeladen*** this is on me [*or* my treat] **II.** *vi (geh)* ■**etw lädt zu etw ein** sth invites [*or* tempts] one to do sth

ein|laden[2] *vt irreg (in etw laden)* ■**etw** [**in etw** *akk*] ~ to load sth in[to sth]

einladend **I.** *adj* ❶ *(auffordernd)* inviting *attr* ❷ *(appetitlich)* appetizing **II.** *adv* invitingly

Einladung *f* ❶ *(Aufforderung zum Besuch)* invitation; **einer** ~ **Folge leisten** *(geh)* to accept an invitation ❷ *(Einladungsschreiben)* [letter of] invitation

> **! Tipp** Wenn Sie eingeladen sind, warten Sie ab, bis die Gastgeberin anfängt zu essen. In Großbritannien ist es üblich, den ersten Nachschlag höflich abzulehnen; beim zweiten Mal dürfen Sie sich aber überreden lassen. Nach dem Kaffee sollten Sie sich verabschieden. Außerdem ist es üblich, sich anschließend kurz schriftlich bei den Gastgebern zu bedanken.

Einladungskarte *f* invitation [card] **Einladungsschreiben** *nt* [letter of] invitation

Einlage <-, -n> *f* ① (*eingezahltes Geld*) deposit ② FIN investment ③ (*Schuh~*) insole ④ KUNST inlay, inlaid work; ***Elfenbein mit ~n aus Silber*** ivory inlaid with silver ⑤ THEAT interlude ⑥ KOCHK *solid ingredients* [*such as noodles, egg, vegetables etc.*] *added to soup* ⑦ (*Beilage*) enclosure; **etw als ~ in einen Brief legen** to enclose sth in a letter ⑧ (*provisorische Zahnfüllung*) temporary filling

ein|lagern *vt* ■ **etw ~** to store sth, to put down a store of sth BRIT; ■ **eingelagert** stored

Einlagerung *f* ① (*das Einlagern*) *Kartoffeln* storing, storage ② CHEM, GEOL deposit

ein|langen *vi sein* ÖSTERR (*eintreffen*) to arrive

Einlass[RR] <-es, Einlässe> *m*, **Einlaß** <-sses, Einlässe> *m* ① *kein pl* (*Zutritt*) admission; (*zu einem privaten Ort*) admittance; **jdm ~ verweigern** to refuse sb admission [*or* admittance]; **~ [in etw** *akk*] **begehren** to seek admission [to sth]; **~ finden** to be allowed in [*or* admitted], to gain admission; **auf ~ warten** to want to be let in; **jdm ~ [in etw** *akk*] **gewähren** to allow [*or* let] sb in[to sth], to admit sb [to sth]; **sich** *dat* **~ [in etw** *akk*] **verschaffen** to gain admission [to sth]; (*mit Gewalt*) to force one's way in[to sth] ② TECH inlet

ein|lassen *irreg* **I.** *vt* ① (*eintreten lassen*) ■ **jdn ~** to let sb in, to admit sb ② (*einströmen lassen*) ■ **etw ~** to let sth in ③ (*einlaufen lassen*) ■ **etw in etw** *akk* **~** to run sth into sth; **jdm ein Bad** [*o* **das Badewasser**] **~** to run sb a bath, to run [*or dated* draw] sb's bath *form;* ■ **sich** *dat* **etw ~** *Bad* to run [oneself] sth ④ (*einfügen*) ■ **etw [in etw** *akk*] **~** to set sth [in sth]; **einen Edelstein in etw ~** to set [*or* mount] a stone in sth **II.** *vr* ① (*auf etw eingehen*) ■ **sich** *akk* **auf etw** *akk* **~** to get involved in sth; **sich** *akk* **auf ein Abenteuer ~** to embark on an adventure; **sich auf ein Gespräch/eine Diskussion ~** to get involved in [*or* enter into] a conversation/discussion; **sich** *akk* **auf einen Kompromiss ~** to accept a compromise ② (*bes pej: Kontakt aufnehmen*) ■ **sich** *akk* **mit jdm ~** to get involved [*or* mixed up] with sb ③ JUR ■ **sich** *akk* **[zu etw] ~** to make a statement about sth

Einlassung <-, -en> *f* JUR statement, testimony

Einlauf *m* ① MED enema; **jdm einen ~ machen** to give sb an enema ② *kein pl* SPORT run-in, finish; ***beim ~ in die Zielgerade*** entering the home [*or* finishing] straight

ein|laufen *irreg* **I.** *vi sein* ① (*schrumpfen*) to shrink; ■ **eingelaufen** shrunk[en] ② (*hineinströmen*) to run; ***das Badewasser läuft schon ein*** the bathwater's running; **[jdm] ein Bad** [*o* **das Badewasser**] **~ lassen** to run [*or form* draw] [sb] a bath ③ (*eintreffen*) ■ **[bei jdm] ~** *Bewerbungen, Spenden* to be received [by sb], to arrive [*or* come in] ④ SPORT to run in; ■ **auf etw** *akk*/**in etw** *akk* **~** to run towards sth/into sth; **in die Zielgerade ~** to enter [*or* come into] the finishing [*or* home] straight; **als Erster ~** to finish [*or* come in] first ⑤ (*einfahren*) ■ **[in etw** *akk*] **~** to enter [sth], to arrive; ***das Schiff läuft in den Hafen ein*** the ship is sailing [*or* putting] into harbour **II.** *vt haben* (*durch Tragen anpassen*) ■ **etw ~** to wear sth in; ■ **eingelaufen** worn-in

ein|läuten *vt* ① (*durch Läuten anzeigen*) ■ **etw ~** to ring sth in ② SPORT ■ **etw ~** to sound the bell for sth

ein|leben *vr* ■ **sich [bei jdm/in etw** *dat o akk*] **~** to settle in [with sb/in sth], to feel at home [with sb/in sth] *fam*

Einlegearbeit *f* ① (*Möbelstück mit Intarsien*) furniture with marquetry [*or* inlaid work] ② (*Intarsie*) inlay, inlaid work *no pl,* marquetry *no pl*

ein|legen *vt* ① (*hineintun*) ■ **etw [in etw** *akk*] **~** to put sth in [sth], to lay [*or form* place] sth in sth; **eine Kassette/eine CD ~** to put on a cassette/a CD; **einen Film [in etw] ~** to put a film in [sth], to insert a film [in sth]; **einen Film in die Kamera ~** to put [*or* load] a film into the camera, to load the camera [with a film]; ■ **eingelegt** inserted *form* ② AUTO to engage *form;* **den zweiten Gang ~** to engage second gear, to change [*or* put it] into second [gear]; ■ **eingelegt** engaged *form* ③ KOCHK ■ **etw [in etw** *dat o akk*] **~** to pickle sth [in sth]; **eingelegte Heringe/Gurken** pickled herrings/gherkins ④ (*zwischendurch machen*) **eine Pause ~** to have [*or* take] a break [*or fam* breather]; **eine Mittagspause ~** to have [*or* take] a lunch break; **ein Schläfchen ~** to have forty winks ⑤ (*einreichen*) **ein Veto ~** to exercise [*or* use] a veto; **einen Protest [bei jdm] ~** to lodge [*or* make] a protest [with sb]; **einen Vorbehalt ~** to add a proviso; JUR to file sth; **etw bei einem Gericht ~** to file sth at a court; **Berufung ~** to [lodge an] appeal; ■ **eingelegt** filed ⑥ FIN (*einzahlen*) ■ **etw [in etw** *akk*] **~** to deposit sth [in sth], to invest sth [in sth] ⑦ (*intarsieren*) ■ **etw ~** to inlay sth; ■ **eingelegt** inlaid

Einlegesohle *f* inner sole, insole

ein|leiten *vt* ① (*in die Wege leiten*) ■ **etw [gegen jdn] ~** to introduce sth [against sb]; **Schritte [gegen jdn] ~** to take steps [against sb]; JUR to initiate [*or* institute] sth [against sb]; **einen Prozess [gegen jdn] ~** to start proceedings [against sb]; ■ **eingeleitet** initiated, instituted ② MED (*künstlich auslösen*) ■ **etw ~** to induce sth ③ (*eröffnen*) ■ **etw [mit etw] ~** to open [*or* begin] [*or form* commence] sth [with sth] ④ (*beginnen lassen*) ■ **etw ~** to usher sth in, to introduce sth ⑤ (*einleitend kommentieren*) ■ **etw ~** *Buch, Werk* to preface sth ⑥ (*hineinfließen lassen*) ■ **etw in etw** *akk* **~** to empty sth into sth; ***Abwässer in einen Fluss ~*** to discharge effluent into a river

einleitend **I.** *adj* introductory, opening **II.** *adv* as an introduction [*or* opening]; ***wie ich ~ bereits bemerkte, ...*** as I have already said in my introduction, ...

Einleitung *f* ① ADMIN introduction; **die ~ eines Verfahrens** the institution of proceedings; **die ~ einer Untersuchung** the opening of an inquiry [*or* investigation] ② (*Vorwort*) introduction, preface ③ ÖKOL ■ **die ~ von etw [in etw** *akk*] the discharge [*or* emptying] of sth [into sth]

ein|lenken *vi* ① (*nachgeben*) ■ **[in etw** *dat*] **~** to give way [*or* in] [in sth], to make concessions [in sth], to capitulate *form,* to yield [in sth] *liter;* ■ **das E~** giving way [*or* in], concession-making, capitulation *form,* yielding *liter;* **jdn zum E~ bringen** to persuade sb to give way [*or* make concessions] ② (*in eine andere Richtung fahren*) ■ **[in etw] ~** *Straße* to turn [*or* go] [into sth]

ein|lesen *irreg* **I.** *vt* INFORM ■ **etw [in etw** *akk*] **~** *Daten, Informationen* to read sth in[to sth] **II.** *vr* (*durch Lesen vertraut werden*) ■ **sich** *akk* **in etw** *akk* **~** to familiarize oneself with sth; **sich in ein Buch ~** to get into a book

ein|leuchten *vi* ■ **[jdm] ~** to be clear [*or* logical] [to sb], to make sense [to sb]; ***das leuchtet mir ein*** I can see [*or* understand] that; ■ **es leuchtet [jdm] ein, dass** it makes sense [to sb] that; ***es will mir einfach nicht ~, dass ...*** I just don't understand why

einleuchtend **I.** *adj* clear, logical, evident; **ein ~es Argument** a persuasive [*or* convincing] argument; **eine ~e Erklärung** a plausible explanation **II.** *adv* clearly, logically

ein|liefern *vt* ① (*stationär aufnehmen lassen*) ■ **jdn [in etw** *akk*] **~** *ins Gefängnis, Krankenhaus* to admit sb [to sth]; ■ **eingeliefert** admitted ② JUR **jdn in eine Haftanstalt ~** to send [*or form* commit] sb to prison; ■ **eingeliefert** imprisoned ③ (*aufgeben*) ■ **etw [bei etw] ~** to hand sth in [at sth]

Einlieferung *f* ① MED admission ② JUR committal [to prison], internment ③ *(von Sendungen) Brief, Paket etc.* handing-in

Einlieferungsschein *m* certificate of posting BRIT, postal receipt AM

ein|lochen *vt* ① *(sl: inhaftieren)* ■ **jdn [wegen etw]** ~ to lock sb up [*or* away] [for sth] *fam,* to put sb away [*or* behind bars] [for sth] *fam* ② SPORT *Golf* to hole [out] BRIT; *Billard, Snooker* to pot

ein|loggen *vi* ■ **[sich] [in etw** *akk*] ~ *System* to log in [*or* on] [to sth]

einlösbar *adj* redeemable; **ein ~er Gutschein** a [redeemable] coupon [*or* voucher]; ■ **etw ist [gegen etw]** ~ sth can be exchanged [for sth]; **etw ist gegen Geld** ~ sth can be cashed in

ein|lösen *vt* ① *(vergüten)* ■ **etw** ~ to honour [*or* AM -or] sth, to meet sth; **einen Scheck** ~ to honour a cheque BRIT, to honor [*or* cash] a check AM ② *(auslösen)* ■ **etw [bei jdm]** ~ to redeem sth [from sb]; **ein Pfand** ~ to redeem a pledge ③ *(wahr machen)* ■ **etw** ~ to honour [*or* AM -or] sth; **ein Versprechen** ~ to keep a promise

Einlösung *f* ① *(das Vergüten)* payment; ***einen Schuldschein/Scheck zur ~ vorlegen*** to present a promissory note/cheque for payment ② *(Auslösung)* redemption; **die ~ eines Schmuckstücks** the redemption of a piece of jewellery ③ *(das Wahrmachen)* ■ **die ~ von etw** the honouring [*or* AM -oring] of sth, the keeping of sth; ***muss ich dich erst an die ~ deines Wortes erinnern?*** do I have to remind you what you promised [*or* of your promise]?

ein|lullen *vt* ① *(schläfrig machen)* ■ **jdn** ~ to lull sb to sleep; ■ **~d** *als adj verwendet* lullaby-like; *als adv verwendet* like a lullaby ② *(willfährig machen)* ■ **jdn [mit etw]** ~ to lull sb into a false sense of security [with sth]

ein|machen **I.** *vt* ■ **etw** ~ to preserve sth; **Obst** ~ to can [*or* BRIT bottle] fruit; **Kompott/Marmelade** ~ to make fruit compôte [*or* marmalade]/jam; **etw in Essig** ~ to pickle sth; ■ **eingemacht** preserved, bottled **II.** *vi* to bottle up, to make jam, to preserve [sth]

Einmachglas *nt* [preserving] jar **Einmachring** *m* [rubber] seal **Einmachzucker** *m* preserving sugar

einmal[1], **1-mal**[RR] *adv* ① *(ein Mal)* once; *s. a.* **achtmal** ② *(ein einziges Mal)* once; ~ **am Tag/in der Woche/im Monat** once a day/week/month; ***wenn du auch nur ~ [o ein Mal] auf mich hören würdest*** if you would only listen to me, just once; ***das gibt's nur ~*** *(fam)* it's [really] unique, it's a one-off; ~ ***Hamburg und zurück, bitte*** one return to Hamburg, please; ~ ***Tee und zwei Kaffee, bitte!*** one tea and two coffees, please!; **auf** ~ all at once, suddenly, all of a sudden; *(an einem Stück)* all at once; ~ **mehr** once again; ~ [*o* **ein Mal**] **und nie wieder** once and once only [*or* and never again] ③ *(mal)* first; ~ ***sagst du dies und dann wieder das*** first you say one thing and then another; *s. a.* **noch, schon** ④ *(irgendwann, früher)* once, once upon a time *hum;* ***sie waren ~ glücklich*** they used to be happy [once]; **es war ~** once upon a time; **das war ~!** that's over!, that's a thing of the past! ⑤ *(irgendwann, später)* sometime, one of these days *fam;* ***du wirst ~ an meine Worte denken!*** you'll remember my words one day!; ***es kommt ~ der Tag, an dem...*** the day will come when...; ***ich will ~ Pilot werden*** I want to be a pilot [some day] ▶ WENDUNGEN: ~ **ist keinmal** *(prov)* just once doesn't count

einmal[2] *pron* ① *(eben)* ***so liegen die Dinge nun ~*** that's the way things are; ***alle ~ herhören!*** listen, everyone!; ***sag ~, ist das wahr?*** tell me, is it true?; ***sei doch ~ so lieb und reiche mir die Kaffeekanne!*** could you just pass me the pot of coffee?; ***komm doch ~ her!*** come here a minute!; ***kannst du ~ halten?*** can you hold onto this for a minute?; ***kannst du mir ~ bitte den Zucker geben?*** could you please pass me the sugar?; *s. a.* **nun** ② *(einschränkend)* **nicht** ~ not even; ***er hat sich nicht ~ bedankt*** he didn't even say thank you; **wieder** ~ [once] again

Einmalbesteck *nt* disposable cutlery, plastic knives, forks and spoons

Einmaleins <-> *nt kein pl* ① ■ **das** ~ [multiplication] tables *pl;* ***er kann bereits das ~*** he already knows his tables; **das kleine/große** ~ the tables from one to ten/eleven to twenty, the one to ten/eleven to twenty times tables ② *(die Grundzüge)* basics *pl* ③ *(Routinearbeit)* ***das tägliche ~ eines Anwalts*** a lawyer's routine [*or* bread-and-butter] work

Einmalgeschirr *nt* disposable crockery, paper [*or* plastic] plates etc. **Einmalhandschuh** *m* disposable glove **Einmalhandtuch** *nt* disposable towel

einmalig **I.** *adj* ① *(nicht wiederkehrend)* unique, unparalleled, unequalled; **ein ~es Angebot** a unique [*or* an exclusive] offer; **eine ~e Chance haben** [*o* **Gelegenheit**] to have a unique opportunity [*or* a once-in-a-lifetime chance] ② *(nur einmal getätigt)* once only, single; **eine ~e Zahlung** a one-off payment, payment of a lump sum; **eine ~e Anschaffung** a one-off [*or* non-recurring] purchase; *s. a.* **achtmalig** ③ *(fam: ausgezeichnet)* unique, second to none, unsurpassed *form;* **eine ~e Leistung** an outstanding achievement; ■ **etwas E~es** something unique ④ *(fam: göttlich, köstlich)* terrific *fam,* fantastic *fam,* far-out *sl;* ***der Kerl ist ~!*** the lad is quite a character [*or* really something]! **II.** *adv* *(besonders)* really; ~ **gut** exceptional; ***dieses Gericht schmeckt ~ gut*** this dish tastes out of this world *fam;* ~ **schön** of singular beauty *liter,* uniquely beautiful *form,* really fantastic [*or* superb] *fam*

Einmaligkeit <-> *f kein pl* uniqueness

Einmalspritze *f* disposable syringe **Einmalwindel** *f* disposable nappy [*or* AM diaper]

Einmannbetrieb *m* ① *(Einzelunternehmen)* one-man business [*or* company] [*or fam* show] ② TRANSP one-man operation **Einmannbus** *m* one-man bus, bus with a one-man crew

Einmarkstück *nt* one-mark coin [*or* piece]

Einmarsch *m* ① *(das Einmarschieren)* invasion; ■ **jds ~ in etw** *akk* sb's invasion of sth ② *(Einzug)* entrance; ■ **jds ~ [in etw** *akk*] sb's entrance [into sth]

ein|marschieren* *vi sein* ① *(in etw marschieren)* ■ **[in etw** *akk*] ~ to invade [sth] ② *(einziehen)* ■ **in etw** *akk* ~ to march into sth; ■ **~d** marching

ein|massieren* *vt* ■ **etw** ~ *akk* to rub sth in; ■ **[jdm] etw in etw** *akk* ~ to rub sth into [sb's] sth; **Kurspülung in das Haar** ~ to work [*or* massage] conditioner into the hair; **Massageöl in die Haut** ~ to massage oil into the skin

ein|mauern *vt* ① *(einlassen)* ■ **etw [in etw** *akk*] **mit** ~ to build [*or* embed] [*or* fix] sth [into sth] ② *(ummauern)* ■ **jdn/etw [in etw** *akk*] ~ to wall sb/sth up [in sth], to immure sb/sth [in sth] *form o liter*

Ein-Megabit-Chip *m* INFORM one-megabyte chip

ein|meißeln *vt* ■ **etw [in etw** *akk*] ~ to carve sth [into sth] [with a chisel]; ■ **eingemeißelt** carved, chiselled BRIT, chiseled AM

Einmeterbrett *nt* one-metre [*or* AM -er] [diving] board

ein|mieten *vr* ■ **sich [bei jdm/in etw** *dat*] ~ to move into accommodation [with sb/in sth]; **sich bei einer Familie** ~ to lodge with a family, to find lodgings [*or esp* BRIT *fam* digs] with a family

ein|mischen *vr* *(eingreifen)* ■ **sich [bei etw/in etw** *akk*] ~ to interfere [in sth]; ***misch dich ja nicht ein!*** don't interfere [*or fam* meddle] [*or fam* poke your nose in [where it's not wanted]]!; (*um zu schlichten*) to intervene [in sth]

Einmischung *f* (*das Eingreifen*) ■ **jds ~ in etw** *akk* sb's interference [*or fam* meddling] in sth; (*um zu schlichten*) sb's intervention in sth

einmonatig *adj attr* ① (*einen Monat dauernd*) one-month *attr,* lasting one month *pred;* **eine ~e Unterbrechung** a break [*or* an interval] of one month; **~e Dauer** one month's duration ② (*einen Monat alt*) one-month-old *attr,* one month old *pred*

einmonatlich **I.** *adj* monthly **II.** *adv* monthly, once a month

ein|montieren* *vt* ■ **etw ~** to install [*or* BRIT instal] sth; ■ **etw in etw** *akk* **~** to put sth into sth, to mount sth in sth; ■ **etw [in etw** *akk*] **wieder ~** to replace sth [in sth]

einmotorig *adj Flugzeug* single-engined

ein|motten *vt* ① MIL ■ **etw ~** to mothball [*or* BRIT cocoon] sth; ■ **eingemottet** mothballed, cocooned BRIT ② (*einlagern*) ■ **etw ~** *akk* to put sth in mothballs

ein|mumme(l)n *vt* (*fam: einhüllen*) ■ **jdn [in etw** *akk*] **~** to wrap sb up [warm] [in sth]; ■ **eingemummt** wrapped up, muffled; ■ **sich ~** to wrap up [warm]; **sich ganz dick/gut/warm ~** to wrap up warmly [*or* well]

ein|münden *vi sein* ① (*auf etw führen*) ■ **in etw** *akk* **~** to lead into sth, to join sth, to intersect with sth; ■ **~d** ***achten Sie bitte auf die von rechts ~de Straße!*** please watch out for the road joining from the right! ② (*in etw münden*) ■ **in etw** *akk* **~** to empty [*or* discharge] [*or* flow] into sth

Einmündung *f* ① (*Einfahrt*) entry, road leading up to a junction; **die ~ in die Autobahn** the sliproad to the motorway BRIT, the entrance to the highway AM ② (*Mündung*) *Fluss* confluence

einmütig **I.** *adj* unanimous **II.** *adv* unanimously, with one voice *liter;* **~ zusammenstehen** to stand united

Einmütigkeit <-> *f kein pl* unanimity, solidarity

ein|nähen *vt* MODE ① (*in etw nähen*) ■ **etw [in etw** *akk*] **~** to sew sth [into sth]; ■ **eingenäht** sewn in ② (*enger machen*) ■ **etw ~** to take sth in

Einnahme <-, -n> *f* ① FIN earnings; *bei einem Geschäft* takings *npl* BRIT; *bei einem Konzern* receipts *pl; bei einem Individuum* income *no pl; bei dem Staat* revenue[s]; **~n und Ausgaben** income and expenditure ② *kein pl* (*geh: das Einnehmen*) *Arzneimittel, Mahlzeiten* taking ③ (*Eroberung*) taking, capture

Einnahmequelle *f* source of income; *des Staates* source of revenue; **[sich** *dat*] **zusätzliche ~n erschließen** to find additional sources of income

ein|nehmen *vt irreg* ① ÖKON ■ **etw ~** *Geld* to take sth; *Steuern* to collect sth; ■ **eingenommen** collected ② (*zu sich nehmen*) ■ **etw ~** to take sth; **die Antibabypille ~** to be on the pill; **eine Mahlzeit ~** to have a meal ③ (*geh: besetzen*) ■ **etw ~** to take sth; ***bitte, nehmen Sie Ihre Plätze ein*** please take your seats [*or form* be seated] ④ (*vertreten*) **einen Standpunkt ~** to hold an opinion [*or* a view]; ■ **jd nimmt den Standpunkt ein, dass ...** sb takes the view that ...; **eine Haltung ~** to assume an attitude ⑤ (*innehaben*) ■ **etw ~** to hold [*or* occupy] sth; ***die Stelle des Chefs ~*** to take over the position of boss ⑥ SPORT ■ **etw ~** to hold sth; ***Platz 5 in der Tabelle ~*** to be lying fifth in the table ⑦ (*erobern*) ■ **etw ~** to take [*or* capture] sth; ■ **eingenommen** taken, captured ⑧ (*beeinflussen*) **jdn für sich** *akk* **~** to win favour [*or* AM -or] with sb, to charm sb; **jdn gegen sich/jdn/etw ~** to turn sb against oneself/sb/sth ⑨ (*als Raum beanspruchen, ausfüllen*) to take up; **viel Platz ~** to take up a lot of space ⑩ NAUT (*veraltend: laden*) to load

einnehmend *adj* charming, engaging; **~er Charme** engaging charm; **~es Lächeln** winning [*or* engaging] smile; ***er war ein Mensch von ~em Wesen*** he was a person with charming [*or* engaging] manners [*or* with winning ways]; ***ihre Art war nicht sehr ~*** she was rather unprepossessing; ■ **etwas E~es** something charming [*or* engaging]

ein|nicken *vi sein* (*fam*) to doze [*or* drop] [*or* nod] off *fam*

ein|nisten *vr* ① (*sich niederlassen*) ■ **sich bei jdm ~** to ensconce oneself [*or* to settle in] [with sb] ② (*sich festsetzen*) ■ **sich [bei jdm] ~** *Ungeziefer* to nest [*or* build a nest] [in sb's home] ③ (*einwachsen*) ■ **sich ~** *Eizelle, Parasiten* to lodge

Einöde *f* waste, wasteland; **eine menschenleere ~** a deserted wasteland; ***er lebt in der ~ des schottischen Hochlands*** he lives in the wilds of the Scottish Highlands

Einödhof *m* isolated [*or* secluded] [*or* out-of-the-way] farm

ein|ölen *vt* (*mit Öl bestreichen*) ■ **etw [mit etw** *dat*] **~** to oil [*or* lubricate] [*or* grease] sth [with sth]; ■ **jd ~** to put [*or* rub] oil on sb; ■ **eingeölt** oiled, lubricated; ■ **sich** *akk* **~** to put [*or* rub] oil on oneself, to rub oneself with oil; **sich mit Sonnenschutz ~** to put suntan oil on [oneself], to rub suntan oil in[to one's skin]

ein|ordnen **I.** *vt* ① (*einsortieren*) ■ **etw [in etw** *akk*] **~** to put sth [in sth] in order, to organize sth [in sth]; **etw alphabetisch ~** to file sth alphabetically ② (*klassifizieren*) ■ **jdn/etw [unter etw** *dat*] **~** to classify sb/sth [under sth], to categorize sb/sth [under sth], to pigeonhole sb/sth, to put sb/sth under a certain heading *fam;* **ein Kunstwerk zeitlich ~** to date a work of art **II.** *vr* ① (*sich einfügen*) ■ **sich [in etw** *akk*] **~** to fit in[to sth], to integrate [into sth] ② (*Fahrspur wechseln*) ■ **sich links/rechts ~** to get into the left-/right-hand lane, to move [over] [*or* get] into the correct lane; ***bitte ~*** get in lane

ein|packen **I.** *vt* ① (*verpacken*) ■ **etw [in etw** *akk*] **~** to wrap sth [in sth]; (*um zu verschicken*) to pack sth [*or* parcel sth up] [in sth]; (*um zu verkaufen*) to package sth; ■ **etw ~ lassen** to have sth wrapped; ■ **eingepackt** wrapped, packed, parcelled up, packaged ② (*einstecken*) ■ **[jdm] etw ~** to pack sth [for sb], to put sth in [for sb]; ■ **[sich** *dat*] **etw ~** to pack sth, to put sth in; ■ **eingepackt** packed ③ (*fam: einmummeln*) ■ **jdn [in etw** *akk*] **~** to wrap sb up [in sth]; ■ **sich [in etw** *akk*] **~** to wrap [oneself] up [in sth]; **sich in warme Kleidung ~** to wrap [oneself] up warm ▶ WENDUNGEN: **sich [mit etw] ~ lassen können** (*sl*) to pack up and go home [after/because of/with sth] *fig fam,* to pack it [all] in [*or* forget it] *fam* **II.** *vi* (*Koffer etc. füllen*) to pack [one's things] [up] ▶ WENDUNGEN: **~ können** (*sl*) to pack up and go home *fig fam,* to have had it *fam*

ein|parken **I.** *vi* ■ **[irgendwie] ~** to park [somehow]; **richtig ~** to park correctly [*or* properly]; **rückwärts ~** to back [*or* reverse] into a parking space BRIT; **vorwärts ~** to pull into a parking space; ■ **das E~** parking **II.** *vt* ■ **etw ~** to park sth; **etw rückwärts ~** to back [*or* reverse] into a parking space BRIT; **etw vorwärts ~** to pull into a parking space; ■ **es lässt sich [irgendwie] ~** it's ... to park; ***dieser Wagen lässt sich schlecht ~*** this car's difficult to park

Einparteienregierung *f* one-party government **Einparteienstaat** *m* one-party state **Einparteiensystem** *nt* one-party system

ein|passen **I.** *vt* ■ **etw [in etw** *akk*] **~** to fit sth [into sth] **II.** *vr* ■ **sich [in etw** *akk*] **~** to integrate [into sth], to adjust [oneself] [to sth]

ein|pauken *vt* (*fam*) ■ **sich etw ~** to cram [*or* BRIT *fam* bone up on] sth; ■ **jdm etw ~** (*veraltend*) to drum sth into sb's head

ein|pendeln *vr* ■ **sich [auf etw** *akk*] **~** to level off, to even out [at sth]; **sich auf ein bestimmtes Niveau** ~ to find a certain level, to even out at a certain level

ein|pennen *vi sein* (*sl*) to drop [*or* doze] [*or* nod] off *fam*

Einpersonenhaushalt *m* (*geh*) one-person [*or* single-person] household **Einpersonenstück** *nt* one-person show

Einpfennigstück *nt* one-pfennig coin [*or* piece]

ein|pferchen *vt* to cram in; **Tiere [in etw** *akk*] ~ to pen animals [in] [in sth]; **Menschen [in etw** *akk*] ~ to coop people up [together] [in sth]; ■**eingepfercht** crammed in, penned [in], cooped up; **eingepfercht stehen/sitzen** to stand/sit packed together like sardines [in a can]

ein|pflanzen *vt* ① (*in etw pflanzen*) ■**etw [in etw** *dat*] ~ to plant sth [in sth]; **etw wieder** ~ to replant sth; ■**eingepflanzt** planted ② MED ■**[jdm] etw** ~ to implant sth [in sb]

ein|pinseln *vt* ① MED ■**[jdm] etw [mit etw** *dat*] ~ to swab [sb's] sth [with sth] ② KOCHK ■**etw [mit etw** *dat*] ~ to brush sth [with sth]

ein|planen *vt* ① (*einbeziehen*) to plan, to schedule; ■**etw [mit]** ~ to take sth into consideration, to allow for sth ② (*im Voraus planen*) ■**etw [mit]** ~ to plan sth [in advance]

ein|pökeln *vt* KOCHK (*zur Konservierung einsalzen*) ■**etw** ~ *Fleisch* to salt sth

ein|prägen I. *vr* ① (*sich etw einschärfen*) ■**sich** *dat* **etw** ~ to remember [*or* make a mental note of] sth, to fix sth in your memory; ***sich die Formeln gut*** ~ to really learn [*or* memorize] the formulae ② (*im Gedächtnis haften*) ■**sich jdm** ~ *Bilder, Eindrücke, Worte* to be imprinted on sb's memory, to be engraved in sb's mind; ***die Worte haben sich mir unauslöschlich eingeprägt*** the words made an indelible impression on me, I'll remember those words till the end of my days **II.** *vt* ① (*einschärfen*) ■**jdm etw** ~ to drum [*or* get] sth into sb's head *fam*, to drive sth home [to sb], to impress sth on sb; ■**jdm** ~**, etw zu tun** to urge sb to do sth ② (*in etw prägen*) ■**etw [in etw** *akk*] ~ *Inschrift, Muster* to imprint sth [on sth]; **etw in Metall** ~ to engrave sth on metal

einprägsam *adj* easy to remember *pred;* **~e Melodie** catchy melody [*or* tune]

ein|programmieren* *vt* INFORM ■**etw** ~ *Daten* to progamme [*or* AM -am] sth in; ■**einprogrammiert** programmed

ein|prügeln I. *vt* (*fam*) ■**jdm etw** ~ to beat [*or* knock] sth into sb *fam* **II.** *vi* (*fam: immer wieder prügeln*) ■**[mit etw** *dat*] **auf jdn** ~ to beat up sb *sep* [with sth]

ein|pudern *vt* ■**sich** *dat* **etw** ~ to powder sth; **sich die Nase** ~ to powder one's nose; ■**[jdm] etw** ~ to powder [sb's] sth; **dem Baby den Po** ~ to powder the baby's bottom; ■**eingepudert** powdered

ein|quartieren* **I.** *vt* ① (*unterbringen*) ■**jdn [bei jdm]** ~ to put sb up [*or* house sb] [*or* find accommodation for sb] [with sb/at sb's] ② MIL ■**jdn irgendwo** ~ to billet sb somewhere **II.** *vr* ■**sich bei jdm** ~ to move in with sb

ein|rahmen *vt* ① (*in Rahmen fassen*) ■**[jdm] etw** ~ to frame sth [for sb]; **ein Foto** ~ **[lassen]** to have a photo framed; ■**eingerahmt** framed ② (*fam: links und rechts begleiten*) ■**jdn** ~ to flank sb ▶ WENDUNGEN: **das kannst du dir** ~ **lassen!** (*fam*) you can hang that in the toilet! BRIT *fam*

ein|rammen *vt* ■**etw [in etw** *akk*] ~ to ram [*or* drive] sth in[to sth] [*or* home]

ein|rasten *vi sein* to click home [*or* into place], to engage *form*

ein|räumen *vt* ① (*in etw räumen*) ■**etw [in etw** *akk*] ~ to put sth away [in sth], to clear sth away [into sth]; **die Möbel [wieder]** ~ to move the furniture [back] in[to the room]; ■**das E~** putting away ② (*füllen*) ■**etw** ~ to fill sth; ***der Schrank ist eingeräumt*** the cupboard is full [up] ③ (*mit Möbeln füllen*) ■**[jdm] etw** ~ to arrange sth [for sb]; ***bei einem Umzug räumen einem die Packer das Haus gleich wieder ein*** when you move, the packers set up everything again in the new house for you ④ (*zugestehen*) ■**[jdm gegenüber] etw** ~ to concede [*or* acknowledge] sth [to sb]; ■**[jdm gegenüber]** ~**, dass** to admit [*or* ackowledge] [*or* concede] [to sb] that ⑤ (*gewähren*) ■**jdm etw** ~ *Frist, Kredit* to give [*or* grant] sb sth ⑥ (*zugestehen*) ■**jdm etw** ~ *Freiheiten, Rechte etc.* to allow [*or* grant] sb sth

ein|rechnen *vt* ① (*mit einbeziehen*) ■**jdn [mit]** ~ to include sb, to count sb; ***dich mit eingerechnet sind wir 9 Personen*** counting [*or* including] you, there'll be 9 of us; ■**etw [mit]** ~ to allow for [*or* include] sth; ***ich habe die Getränke noch nicht mit eingerechnet*** I haven't allowed for the drinks yet ② (*als inklusiv rechnen*) ■**etw [mit]** ~ to include sth; ***Steuer und Bedienung sind bereits mit eingerechnet*** tax and service included

ein|reden I. *vt* (*durch Reden glauben machen*) ■**jdm etw** ~ to talk [*or* persuade] sb into thinking sth; ***wer hat dir denn diesen Unsinn eingeredet?*** who told you that nonsense?; ■**jdm** ~**, dass** to talk sb into thinking that; ***rede mir nicht immer ein, dass nur deine Meinung richtig sei!*** don't try and tell me that your opinion is the only right one! **II.** *vi* (*bedrängen*) ■**auf jdn** ~ to talk to sb in an insistent tone of voice, to keep on at sb *fam* **III.** *vr* (*sich etw immer wieder sagen*) ■**sich** *dat* **etw** ~ to talk [*or* persuade] oneself into thinking sth; ***rede dir doch so was nicht ein!*** put that idea out of your head!; ■**sich** ~**, dass** to talk [*or* persuade] oneself into thinking that

ein|regnen *vr impers* ■**es hat sich eingeregnet** the rain has set in

ein|reiben *vt irreg* ① (*in etw reiben*) ■**[jdm] etw irgendwo/irgendwohin** ~ to rub sth in[to] somewhere [for sb] [*or* into [sb's] somewhere]; ***reibst du mir die Salbe hier am Rücken ein?*** could you rub this cream into my back for me? ② (*einmassieren*) ■**jdn/sich [mit etw** *dat*] ~ to massage sb/oneself [with sth]; **jdn mit Sonnenöl** ~ to put suntan oil on sb; **sich mit Salbe** ~ to rub cream in[to oneself]; **sich mit Sonnenschutzöl** ~ to put on suntan oil; ■**sich** *dat* **etw mit etw** *dat* ~ to put sth on sth, to rub sth into sth

ein|reichen *vt* ① (*übersenden*) ■**etw [bei jdm]** ~ to submit [*or* present] sth [to sb], to send in sth *sep* [to sb]; **etw schriftlich** ~ to submit [*or* present] sth in writing; **etw persönlich** ~ to hand in sth *sep;* JUR to submit sth; ■**eingereicht** submitted ② (*darum bitten*) ■**etw** ~ to submit sth; **seine Kündigung** ~ to hand in [*or* tender] one's resignation; **eine Pensionierung/Versetzung** ~ to submit [*or* present] a request for retirement/a transfer

Einreichung <-, *selten* -en> *f* ① (*das Einreichen*) *Gesuch, Unterlagen* submission, presentation; JUR *Klage* submission ② (*die Beantragung*) submission, presentation; ***die*** ~ ***seines Rücktritts*** to hand in [*or* offer] one's resignation

ein|reihen I. *vt* (*zuordnen*) ■**jdn/etw irgendwie/unter etw** *akk* ~ to classify [*or fam* put] sb/sth somehow/under sth **II.** *vr* (*sich einfügen*) ■**sich in etw** *akk* ~ to join [*or* get into] sth; **sich in eine Schlange** ~ to join a queue, to get into line

Einreiher <-s, -> *m* a single-breasted jacket

Einreise *f* (*das Einreisen*) entry [into a country]; **jdm die** ~ **verweigern** to refuse sb entry, to be refused entry; ■**jds** ~ **nach etw** *akk/***in etw** *akk* sb's entry into sth

Einreisebestimmungen *pl* entry requirements **Einreisebewilligung** *f* entry approval **Einreiseerlaubnis** *f* entry permit; **eine/keine ~ haben** to have/not have an entry permit **Einreisegenehmigung** *f* entry permit

ein|reisen *vi sein (geh)* ■ **[nach etw** *akk*/**in etw** *akk*] ~ to enter [somewhere]; **in ein Land ~** to enter a country

Einreiseverbot *nt* refusal of entry; **~ haben** to have received a refusal of entry, to have been refused entry **Einreisevisum** *nt* [entry] visa

ein|reißen *irreg* **I.** *vi sein* ① *(einen Riss bekommen)* to tear; *Haut* to crack; ■ **eingerissen** torn; **eingerissene Haut** cracked skin ② *(fam: zur Gewohnheit werden)* to become a habit; **etw ~ lassen** to make a habit of sth, to let sth become a habit; ***wir wollen das hier gar nicht erst ~ lassen!*** we don't want that kind of behaviour here! **II.** *vt haben* ① *(niederreißen)* ■ **etw ~** to tear [*or* pull] sth down, to demolish sth ② *(mit Riss versehen)* ■ **etw ~** to tear sth **III.** *vr haben* ■ **sich** *dat* **etw [an etw** *dat*] ~ to tear the skin of sth [on sth]; **die Haut an dem Finger ~** to cut [the skin on] one's finger

ein|reiten *irreg* **I.** *vt haben* ■ **ein Pferd ~** to break in a horse **II.** *vi sein (in etw reiten)* ■ **[in etw** *akk*] ~ to ride in[to sth]

ein|renken **I.** *vt* ① MED *(wieder ins Gelenk drehen)* ■ **[jdm] etw ~** to set [*or spec* reduce] sth [for sb]; ***der Arzt hat ihm die Schulter [wieder] eingerenkt*** the doctor [re]set his shoulder ② *(fam: bereinigen)* ■ **etw [wieder] ~** to straighten sth out [again], to iron sth out *fig,* to put things right [again], to sort sth out, to get sth sorted *sl* **II.** *vr (fam: ins Lot kommen)* ■ **sich wieder ~** to sort itself out, to straighten itself out; ***das renkt sich schon wieder ein*** it'll be all right

ein|rennen *irreg* **I.** *vr (fam: sich anstoßen)* ■ **sich** *dat* **etw [an etw** *dat*] ~ to knock [*or fam* bash] sth [on sth]; **sich den Kopf/die Stirn an etw ~** to crack [*or* knock] one's head/forehead on sth **II.** *vt (veraltend fam: einstoßen)* ■ **etw ~** to break down sth *sep; s. a.* **Tür**

ein|richten **I.** *vt* ① *(möblieren)* ■ **[jdm] etw [irgendwie] ~** to furnish sth [somehow] [for sb]; ***die Wohnung war schon fertig eingerichtet*** the flat was already furnished; **etw anders ~** to furnish sth differently; **etw neu ~** to refurnish [*or* refit] sth; **eine Apotheke/eine Praxis/ein Labor ~** to fit out *sep* [*or* equip] a pharmacy/surgery/laboratory; ■ **irgendwie eingerichtet sein** to be furnished in a certain style, to have some kind of furniture; **antik eingerichtet sein** to have antique furniture; ■ **irgendwie eingerichtet** somehow furnished; **ein gut eingerichtetes Büro** a well-appointed office *form* ② *(ausstatten)* ■ **[jdm] etw ~** to install sth [for sb]; **ein Spielzimmer/Arbeitszimmer ~** to fit out [*or* furnish] a playroom/workroom ③ *(gründen)* ■ **etw ~** to set up *sep* [*or* establish] [*or* open] sth; **einen Lehrstuhl ~** to establish [*or* found] a chair; ■ **[neu] eingerichtet** [newly] set-up [*or* established] [*or* opened]; ■ **einzurichtend** to be set up [*or* established] [*or* opened] ④ FIN ■ **[jdm] etw [bei jdm] ~** to open sth [for sb] [with sb]; **ein Konto bei einer Bank ~** to open an account at a bank ⑤ TRANSP ■ **etw ~** to open [*or* establish] [*or* start] sth ⑥ *(arrangieren)* ■ **es ~, dass** arrange [*or* fix] it so that; **es lässt sich ~** that can be arranged [*or* BRIT fixed [up]]; ***wenn es sich irgendwie ~ lässt, dann komme ich*** if it can be arranged, I'll come ⑦ *(bearbeiten) Musikstück* to arrange; *Theaterstück, Text* to adapt ⑧ MED ■ **[jdm] etw ~** to set sth [for sb]; **einen gebrochenen Arm ~** to set a broken arm ⑨ *(vorbereitet sein)* ■ **auf etw** *akk* **eingerichtet sein** to be prepared [*or* geared up] for sth; ***darauf war ich nicht eingerichtet*** I wasn't prepared for that **II.** *vr* ① *(sich möblieren)* ■ **sich [irgendwie] ~** to furnish sth [somehow]; ***ich richte mich völlig neu ein*** I'm completely refurnishing my home ② *(sich einbauen)* ■ **sich** *dat* **etw ~** to install sth; ***er richtet sich eine kleine Atelierwohnung ein*** he's putting in a small studio flat ③ *(sich der Lage anpassen)* ■ **sich ~** to adapt [to a situation], to get accustomed to a situation ④ *(sich einstellen)* ■ **sich auf etw** *akk* ~ to be prepared for sth; **sich auf eine lange Wartezeit ~** to be ready [*or* prepared] for a long wait

Einrichtung <-, -en> *f* ① *(Wohnungs~)* [fittings and] furnishings *npl;* *(Ausstattung)* fittings *npl* ② *(das Möblieren)* furnishing; ***die ~ eines Hauses*** the furnishing of a house; *(das Ausstatten)* fitting-out, equipping; ***die komplette ~ eines Labors*** the fitting-out of a complete laboratory ③ *(das Installieren)* instal[l]ation BRIT, installation AM ④ ADMIN *(Eröffnung)* opening; *eines Lehrstuhles* establishment, foundation ⑤ FIN opening; **die ~ eines Kontos** to open an account ⑥ TRANSP opening, establishment ⑦ *(Institution)* organization, agency ⑧ *Musikstück* arrangement; *Theaterstück, Text* adaptation

Einrichtungsgegenstand *m Wohnung* furnishings *npl,* fittings *npl; Labor, Apotheke, Praxis* piece of equipment **Einrichtungshaus** *nt* furniture shop [*or* store]

ein|ritzen *vt* ■ **etw [in etw** *akk*] ~ to carve [*or* scratch] sth [in sth]; ***seinen Namen [in einen Baum] ~*** to scratch one's name [on a tree]

ein|rollen **I.** *vr haben* ■ **sich** *akk* ~ to curl [*or* roll] up; ■ **eingerollt** curled [*or* rolled] up; ■ **sich [auf etw** *dat*] ~ to snuggle [*or* curl] up [on sth] **II.** *vi sein (einfahren)* to pull in; ***der Zug rollt gerade ein*** the train is just approaching

ein|rosten *vi sein* ① *(rostig werden)* to rust [*or* go rusty]; ■ **eingerostet** rusty ② *(ungelenkig werden)* to get stiff, to stiffen up; ■ ~ **lassen** to let sth get stiff [*or* stiffen up], to allow sth to get stiff [*or* to stiffen up]; ■ **eingerostet** stiff

ein|rücken **I.** *vi sein* ① MIL ■ **[in etw** *akk*] ~ to march [into sth], to enter [sth]; ***Panzer rückten in die Hauptstadt ein*** tanks moved into [*or* entered] the capital; ■ **etw ~ lassen** *Truppen* to send sth ② *(zurückkehren)* ■ **[wieder] [in etw** *akk*] ~ to move [back] [to [*or* into] somewhere]; ***die Feuerwehr rückte wieder ein*** the fire brigade returned to base ③ *(eingezogen werden)* ■ **[zu etw** *dat*] ~ to join up [to sth], to enlist [in sth]; **zum Militär ~** to join the services [*or* BRIT forces] [*or* AM armed forces] **II.** *vt haben* ① *(vom Rand entfernen)* ■ **etw ~** to indent sth ② VERLAG ■ **[jdm] etw ~** to print sth [for sb], to put sth in [for sb]; ***rücken Sie mir die Anzeige noch mal ein?*** could you put the advert in again for me?

ein|rühren *vt* ■ **etw [in etw** *akk*] ~ to stir [*or* mix] in sth [to sth], to stir [*or* mix] sth in[to sth], to mix sth [with sth]; ■ **eingerührt** stirred in, mixed in [*or* with]; KOCHK to stir [*or* mix] in sth [to sth], to stir [*or* mix] sth in[to sth], to mix sth [with sth], to add sth [to sth]; **etw mit einem Quirl ~** to whisk [*or* beat] sth in[to sth]

ein|rüsten *vt* ■ **etw ~** *Gebäude* to put up scaffolding around sth *sep*

eins **I.** *adj* one; *s. a.* **acht**[1] ▸ WENDUNGEN: **~ A** *(fam)* first class [*or* rate], first-class *attr,* first-rate *attr;* **~ A Ware** first-class goods; **~, zwei, drei** *(fam)* hey presto *fam,* in no time at all, as quick as a flash; ***halt mal fest und ~, zwei, drei habe ich den Dorn entfernt*** keep still and before you can say "Ouch!" I'll have the thorn out; **es kommt ~ zum anderen** it's [just] one thing after another; **das kommt [*o* läuft] auf ~ hinaus** *(fam)* it doesn't make any difference, it all amounts to the same thing **II.** *adj pred* ① *(eine Ganzheit)* [all] one ② *(egal)* ■ **etw ist jdm ~** sth is all one to sb, sth makes no difference to sb ❸ (*einig*) ■ ~ **mit jdm/sich/etw sein** to be [at] one with sb/oneself/sth; **sich ~ mit jdm wissen/fühlen** to know/feel that one is in agreement with sb ▶ WENDUNGEN: **das ist alles** ~ (*fam*) it doesn't matter, it's all the same [thing]

Eins <-, -en> *f* ❶ (*Zahl*) one ❷ (*auf Würfel*) **lauter ~en würfeln** to throw nothing but ones ❸ (*Verkehrslinie*) ■ **die** ~ the [number] one ❹ (*Zeugnisnote*) ■ **eine ~ bekommen** to get [an] A, to get [an] excellent [mark]

ein|sacken¹ *vt* (*fam*) ❶ (*an sich bringen*) ■ **etw** ~ to bag [*or* pocket] sth; **eine Menge Geld** ~ to rake in *sep* a lot of money ❷ (*einheimsen*) ■ **etw** ~ to walk off with sth, to pocket [*or* claim] sth

ein|sacken² *vi sein* ■ [**in etw** *akk*] ~ to subside [into sth]

ein|salben *vt* (*mit Salbe bestreichen/mit Öl salben*) ■ **jdn** [**mit etw**] ~ to rub sb [with sth]; ■ [**jdm**] **etw** [**mit etw** *dat*] ~ to put [sth] on [sb's] sth; ***kannst du mir die Füße ~?*** could you put some ointment on my feet?; ■ **sich** *akk* ~ to rub ointment on [oneself]; ■ **sich** *dat* **etw** ~ to put ointment on one's sth

ein|salzen *vt* ■ **etw** ~ to salt sth; ■ **eingesalzt** salted

einsam I. *adj* ❶ (*verlassen*) lonely, lonesome AM; **ein ~es Leben** a solitary life; ~ **und verlassen** lonely and forlorn; **ein ~es Gefühl** a feeling of loneliness; ■ ~ **sein** to be lonely; **es wird ~ um jdn** sb's becoming isolated *fig*, people are distancing themselves from sb *fig* ❷ (*allein getroffen*) **einen ~ Entschluss fassen** [*o* **treffen**] to make a decision on one's own [*or* without consultation] ❸ (*vereinzelt*) single, lone, solitary ❹ (*abgelegen*) isolated, remote; ***siehst du dort das ~e Haus?*** you see that house standing alone? ❺ (*menschenleer*) deserted, lonely, desolate *pej;* **eine ~e Insel** a desert island ❻ (*fam: absolut*) absolute, outright; ***es war ~e Spitze!*** it was absolutely fantastic!; ***sie ist ~e Klasse*** she's in a class of her own II. *adv* (*abgelegen*) ~ **leben** to live a solitary life; ~ **liegen** to be situated in a remote [*or* isolated] place; ***dieser Gasthof liegt doch etwas*** ~ this pub is right off the beaten track [*or* very remote]

Einsamkeit <-, *selten* -en> *f* ❶ (*Verlassenheit*) loneliness; ***er mag die*** ~ he likes solitude; **die ~ des Alters** the loneliness of old age; **in jds ~** in sb's loneliness ❷ (*Abgeschiedenheit*) remoteness, solitariness, isolation

ein|sammeln *vt* ❶ (*sich aushändigen lassen*) ■ **etw** ~ to collect [in *sep*] sth; **die Schulhefte** ~ to collect [in/up] the exercise books ❷ (*aufsammeln*) ■ **etw** ~ to pick *sep* [*or* collect] [*or* gather] up sth

ein|sargen *vt* ■ **jdn** ~ to put [*or* place] sb in a coffin ▶ WENDUNGEN: **jd kann sich mit etw ~ lassen** (*sl*) sb can just as well give up [the ghost] with sth

Einsatz <-es, Einsätze> *m* ❶ (*eingesetzte Leistung*) effort; ~ **zeigen** to show commitment; **unter ~ aller seinen Kräfte** with a superhuman effort, using [*or* by summoning up] all his strength, unter ~ *ihres Lebens,* by putting her own life at risk ❷ *beim Glücksspiel* bet, stake; ***bitte Ihre Einsätze!*** please make [*or* place] your bets! ❸ FIN (*Kapital~*) deposit ❹ (*Verwendung*) use; MIL employment; ***der ~ des Ersatztorwarts war erforderlich*** a replacement [goalie] had to be brought on; **zum ~ kommen** to be used [*or* employed] [*or* deployed]; ***Spezialeinheiten der Polizei kamen zum*** ~ special police units were deployed [*or* brought into action]; ■ **der ~ von jdm/etw** *beim Militär* the deployment [*or* use] of sb/sth; ***unter massiertem ~ von Artillerie*** through massive use of artillery ❺ (*Aktion*) assignment, mission; **im ~ sein** to be on duty; ***die Feuerwehrleute waren rund um die Uhr im*** ~ the fire brigade worked [*or* were in action] round the clock; (*Aktion militärischer Art*) operation, campaign; **im ~ sein** to be in action; ***ich war damals auch in Vietnam im*** ~ I was also [in action] [*or* on active service] in Vietnam, I too saw action in Vietnam ❻ (*das musikalische Einsetzen*) entry; ***der ~ der Trompeten war verspätet*** the trumpets came in too late; **den ~ geben** to cue [*or* bring] in ❼ (*eingesetztes Teil*) inset; **Schubladen~** tray; **der Tisch~** the table extension leaf ❽ (*eingelassenes Stück*) insert, inserted part

Einsatzbefehl *m* order to go into action; MIL *a.* combat order; ***ohne ~ darf die Polizei nicht eingreifen*** without the order the police may not intervene; **den ~ geben** to give the order [to go into action] **einsatzbereit** *adj* ready for use *pred,* on standby *pred;* **jederzeit** [*o* **ständig**] ~ always on standby; *Menschen* ready for action [*or* duty] *pred;* MIL ready for combat *pred,* combat-ready *attr,* operational **Einsatzbereitschaft** *f* (*Bereitschaft*) willingness; ***ihre ~ bei diesem Projekt ist bewunderungswürdig*** her willingness to work for this project is admirable; (*zur Aktion*) readiness for action; **die ~ der Truppen** the troops' readiness for action; ***die ~ der Maschinen sollte überprüft werden*** the machines' readiness for use should be checked; **in ~ sein** [*o* **sich in ~ befinden**] to be on standby; ***die Feuerwehr muss sich in ständiger ~ befinden*** the fire brigade must be on constant standby **einsatzfähig** *adj* ❶ SPORT able to play *pred;* **die ~en Spieler** the players still able to play [*or* the remaining fit players] ❷ (*im Einsatz verwendungsfähig*) serviceable, in working order *pred* ❸ *Mensch* fit for action *pred* **Einsatzfreude** *f* enthusiasm; ~ **erkennen lassen** to show enthusiasm; **es ist ~ zu erkennen** enthusiasm can be seen; ~ **vermissen lassen** to lack enthusiasm; **es ist ~ zu vermissen** enthusiasm is lacking **Einsatzkommando** *nt* task force; **mobiles** ~ mobile task force **Einsatzleiter(in)** *m(f)* officer in charge [of operations] **Einsatzwagen** *m* (*speziell/zusätzlich eingesetzter Wagen*) special/extra carriage, special/extra [*or* relief] tram/bus; *Polizeifahrzeug* squad car

ein|saugen *vt* ■ **etw** [**in etw** *akk*] ~ to inhale sth, to breathe in sth *sep,* to draw [*or* suck] sth into sth

ein|scannen [-skɛnən] *vt* INFORM ■ **etw** ~ to scan sth

ein|schalten I. *vt* ❶ (*in Betrieb setzen*) ■ **etw** ~ to switch [*or* turn] on sth *sep;* **den Fernseher** ~ to put [*or* switch] [*or* turn] on *sep* the TV; **den ersten Gang** ~ to engage first gear *form,* to put the car in first gear; **den Motor** ~ to start the engine ❷ (*hinzuziehen*) ■ **jdn** [**in etw** *akk*] ~ to call in sb *sep,* to call sb into sth; ***du solltest besser einen Anwalt*** ~ you'd better get a lawyer ❸ (*einfügen*) **eine Pause** ~ to take a break II. *vr* ❶ RADIO, TV ■ **sich** [**in etw** *akk*] ~ to tune in[to sth]; ***es wird sich auch der österreichische Rundfunk*** ~ Austrian Radio will also be tuning in [*or* taking the broadcast] ❷ (*sich einmischen*) ■ **sich** [**in etw** *akk*] ~ to intervene [in sth]; ***sie schaltet sich gern in Diskussionen ein*** she likes to join in discussions

Einschaltquote *f* [audience] ratings *npl*

Einschaltung *f* ❶ (*das Einschalten*) turning [*or* switching] on; ***die ~ der Alarmanlage erfolgt automatisch*** the alarm is switched on [*or* goes off] automatically ❷ (*Hinzuziehung*) calling in; ***die ~ eines Anwalts*** to call in a lawyer ❸ (*Eingreifung*) *von Organisationen, Personen* intervention, calling in

ein|schärfen I. *vt* (*zu etw ermahnen*) ■ **jdm etw** ~ to impress on [*or* upon] sb the importance of sth, to stress to sb the importance of sth, to drum sth into sb's head *fam;* ***ich hatte dir doch absolutes Stillschweigen eingeschärft!*** I told you how important absolute confidentiality is!; ■ **jdm ~, etw zu tun** to urge [*or* tell] [*or form* exhort] sb to do sth; ***wie oft***

muss ich dir noch ~, nicht immer so geschwätzig zu sein! how often do I have to tell you not to be so talkative! **II.** *vr* ▪ **sich** *dat* **etw** ~ to remember sth, to engrave sth on one's memory *form;* ***diese Regel musst du dir unbedingt*** ~ you must make a point of remembering this rule

ein|schätzen *vt* ▪ **jdn irgendwie** ~ to judge sb [*or* assess sb's character] somehow, to consider sb to be something, to think sb is something, **etw irgendwie** ~, to appraise [*or* assess] [*or* evaluate] sth somehow; ***Sie haben ihn richtig eingeschätzt*** your opinion of him was right; ***du solltest sie nicht falsch*** ~ don't misjudge her; **jdn/etw zu hoch** ~ to overrate sb/sth; **jdn/etw zu niedrig** ~ to underrate sb/sth; **jdn zur Steuer** ~ to assess sb for tax [purposes]

Einschätzung *f* appraisal, assessment, evaluation, opinion, view; *einer Person* opinion, appraisal [*or* assessment] of character; **zu einer bestimmten** ~ [**einer S.** *gen*] **kommen** to come to [*or* form] a particular opinion [about sth]; **nach jds** *akk* ~ in sb's opinion [*or* view], as far as sb's concerned; ***nach allgemeiner*** ~ the popular opinion is that …

ein|schenken *vt* (*geh: eingießen*) ▪ **jdm etw** ~ to give sb sth, to pour sb sth, to pour sth for sb, to help sb to sth *form;* ***schenkst du mir bitte noch etwas Kaffee ein?*** could you give me some more coffee?; ***darf ich Ihnen etwas Tee*** ~ can I help you to some tea? *form;* ▪ **sich** *dat* ~ **lassen** to let one's glass [*or* cup] be filled [*or* refilled]; *s. a.* **Wein**

ein|schicken *vt* ▪ **etw** [**an jdn/etw**] ~ to send sth in [to sb/sth]

ein|schieben *vt irreg* ① (*in etw schieben*) ▪ **etw** [**in etw** *akk*] ~ to insert [*or* push] sth [into sth]; **ein Backblech/einen Grillrost in den Backofen** ~ to put a baking tray/a grilling rack in the oven, to slide a baking tray/a grilling rack into the oven ② TRANSP ▪ **etw** ~ to run [*or sep* put on] sth ③ (*zwischendurch drannehmen*) ▪ **jdn** ~ to fit [*or* slip] [*or* squeeze] sb in ④ (*zwischendurch einfügen*) ▪ **etw** ~ to fit sth in; **eine Pause** [*o* **Unterbrechung**] ~ to have [*or* take] a break

Einschienenbahn *f* monorail, single-track railway

ein|schießen *irreg* **I.** *vt haben* ① (*zerschießen*) ▪ **etw** [**mit etw** *dat*] ~ to shoot sth to pieces [with sth]; **eine Tür mit einem Revolver** ~ to shoot down a door *sep;* **die Schaufensterscheibe mit dem Ball** ~ to kick the football through the shop window ② (*durch Schießen funktionssicher machen*) ▪ **etw** ~ *Gewehr, Pistole etc.* to test sth ③ (*zwischendurch einheften*) ▪ **etw** ~ to insert sth **II.** *vr haben* ① (*durch Schießen treffsicher werden*) ▪ **sich** *akk* ~ to practise [*or* AM -ce]; ▪ **sich** *akk* **auf jdn/etw** ~ to get [*or* find] the range of sb/sth ② (*sich jdn als Ziel wählen*) ▪ **sich** *akk* **auf jdn/etw** ~ to get/have sb/sth in one's sights; ***die Presse hatte sich auf den korrupten Politiker eingeschossen*** the press had the corrupt politician in their sights **III.** *vi* ① *haben* (*ins Tor schießen*) ▪ **zu etw** *dat* ~ to make the score sth, to bring the score to sth; ***er schoss zum 3:0 ein*** he made the score 3:0 ② *sein* MED ▪ [**in etw** *akk*] ~ to flow into sth ③ *sein* (*hineinströmen*) ▪ **in etw** *akk* ~ to pour [*or* shoot] into sth

ein|schiffen **I.** *vt* ▪ **jdn/etw** ~ to take sb/sth on board **II.** *vr* (*an Bord gehen*) ▪ **sich** [**in/nach etw** *dat*] ~ to embark [in/for sth]; **sich nach einem Ort** ~ to go on board a ship bound for a place

ein|schirren *vt* ▪ **etw** ~ to harness [*or* put the harness on] sth

ein|schlafen *vi irreg sein* ① (*in Schlaf fallen*) ▪ [**bei** [*o* **über**] **etw** *dat*] ~ to fall asleep [during [*or* over] sth]; **schlecht** [*o* **schwer**] ~ **können** to have trouble getting off to sleep [*or* falling asleep]; ***ich kann nicht*** ~ I can't sleep; ***schlaf nicht ein!*** (*fam*) wake up! *fam;* ▪ **das E~** falling asleep; ***die Tropfen sind vor dem E~ zu nehmen*** the drops are to be taken before going to sleep ② (*euph: sterben*) to pass away ③ (*taub werden*) to go to sleep, to be[come] numb; ***autsch, mir ist das Bein eingeschlafen!*** ow, my leg's gone to sleep [*or* I've got pins and needles in my leg]! ④ (*nachlassen*) to die a [natural] death, to peter out; ***wir wollen unsere Freundschaft nicht ~ lassen*** we don't want to let our friendship peter out [*or* tail off]

ein|schläfern *vt* ① (*jds Schlaf herbeiführen*) ▪ **jdn** ~ to lull sb to sleep; **ein Kind** ~ to get a child off to sleep ② (*schläfrig machen*) ▪ **jdn** ~ to send sb to sleep, to have a soporific effect on sb ③ MED (*narkotisieren*) ▪ **jdn** ~ to put sb to sleep, to knock sb out *fam* ④ (*euph:* [*schmerzlos*] *töten*) ▪ **ein Tier** ~ to put an animal to sleep *euph;* ▪ **ein Tier** ~ **lassen** to have an animal put to sleep [*or* put down]

einschläfernd *adj* ① MED **ein ~es Mittel** a sleeping pill, a sleep-inducing drug ② (*langweilig*) ▪ ~ **sein** to have a soporific effect; ▪ **es ist ~, etw zu tun** doing sth has a soporific effect

Einschlag *m* ① METEO *eines Blitzes* striking ② MIL shot; *einer Granate* burst of shellfire ③ (*Schussloch*) hole; *einer Kugel* bullet hole; ***dieser Trichter ist der ~ einer Granate*** this crater is where a shell struck ④ (*Anteil*) strain; ***diese Sprache hat einen arabischen*** ~ this language contains elements of Arabic ⑤ (*Drehung der Vorderräder*) lock

ein|schlagen *irreg* **I.** *vt haben* ① (*in etw schlagen*) ▪ **etw** ~ to hammer [*or* drive] [*or* knock] in sth *sep* ② (*durch Schläge öffnen*) ▪ [**jdm**] **etw** ~ to smash [sb's] sth in; **ein Tor/eine Tür** ~ to break [*or* beat] down *sep* a gate/door, to smash a gate/door in; ▪ **eingeschlagen** smashed-in; **ein eingeschlagenes Fenster** a smashed-in window, a window which has been smashed in ③ (*zerschmettern*) ▪ **jdm etw** ~ to break sb's sth, to smash sb's sth [in]; **jdm die Nase** ~ to smash sb's nose, to plaster sb's nose across [*or* over] their face *fam;* **jdm die Zähne** ~ to knock sb's teeth in/out; ▪ **eingeschlagen** broken, smashed ④ (*einwickeln*) ▪ **etw** [**in etw** *akk*] ~ to wrap sth [in sth], to do sth up [in sth] ⑤ (*wählen*) ▪ **etw** ~ to take sth; **eine Laufbahn** ~ to choose a career; **eine bestimmte Richtung** ~ to go in [*or* take] a particular direction; **einen Weg** ~ to choose [*or* follow] a way [*or* path]; ▪ **eingeschlagen** chosen; ***das Schiff änderte den eingeschlagenen Kurs*** the ship changed course ⑥ AUTO ▪ **etw** ~ to turn sth; ▪ **eingeschlagen** turned ⑦ MODE to take in/up ⑧ HORT to heel in **II.** *vi* ① *haben o sein* METEO ▪ [**in etw** *akk*] ~ *Blitz* to strike [sth] ② *sein* MIL to fall; ▪ [**in etw** *akk*] ~ to strike [sth]; ***rings um die Soldaten schlugen Granaten ein*** shells fell all round the soldiers ③ *haben o sein* (*eine durchschlagende Wirkung haben*) to have an impact; ***die Nachricht hat eingeschlagen wie eine Bombe!*** the news has caused a sensation [*or* an uproar]! ④ *haben* (*einprügeln*) ▪ **auf jdn** ~ to hit sb; ▪ **auf etw** ~ to pound [on] sth [with one's fists] ⑤ *haben* (*einen Handschlag geben*) to shake [hands] on it; ***lass uns ~, die Wette gilt*** you're on: shake hands, let's bet on it ⑥ *haben* (*Anklang finden*) to catch on, to be well received

einschlägig **I.** *adj* (*entsprechend*) relevant, respective, pertinent; **~e Literatur** relevant literature **II.** *adv* JUR in this connection; ~ **vorbestraft** previously convicted

ein|schleichen *vr irreg* ① (*in etw schleichen*) ▪ **sich** *akk* [**in etw** *akk*] ~ to creep [*or* slip] [*or* sneak] in[to sth], to steal in[to sth] *form* ② (*unbemerkt auftreten*) ▪ **sich** *akk* [**in etw** *akk*] ~ to creep in[to sth]; **der Verdacht schleicht sich ein, dass …** one has a sneaking suspicion that …

E

ein|schleifen *vt irreg* SCH ■ **etw** ~ to drill sth; **eine schlechte Gewohnheit** ~ **lassen** to let a bad habit become established

ein|schleppen *vt* ■ **etw** [**in/nach etw** *akk*] ~ *Krankheiten, Ungeziefer* to bring sth in[to sth]

ein|schleusen *vt* ❶ (*heimlich hineinbringen*) ■ **jdn** [**in/nach etw** *akk*] ~ *Agenten, Spione* to smuggle sb in[to sth], to infiltrate sb into sth ❷ (*illegal hineinbringen*) ■ **jdn/etw** [**in/nach etw** *akk*] ~ *Falschgeld, Personen* to smuggle sb/sth in[to sth]

ein|schließen *vt irreg* ❶ (*in einen Raum schließen*) ■ **jdn** [**in etw** *akk o dat*] ~ to shut [*or* lock] sb [up] in [sth]; ■ **sich irgendwo** ~ **lassen** to let oneself be [*or* to allow oneself to be] shut [*or* locked] in somewhere ❷ (*wegschließen*) ■ **etw** [**in etw** *akk*] ~ to lock sth up [*or* away] [in sth]; ■ **eingeschlossen** locked away [*or* up] ❸ (*einbegreifen*) ■ **jdn** [**in etw** *akk*] ~ to include sb [in sth]; ■ [**in etw** *dat*] **eingeschlossen sein** to be included [in sth]; ***die Bedienung ist im Preis eingeschlossen*** service is included in the price ❹ (*einkesseln*) ■ **jdn/etw** ~ to surround [*or* encircle] sb/sth

einschließlich I. *präp* +*gen* (*inklusive*) ■ ~ **einer S.** *gen* inclusive of [*or* including] sth II. *adv* (*inbegriffen*) inclusive, including; ***vom 5. Januar bis ~ 2. Februar geschlossen*** closed from 5th January until 2nd February inclusive

ein|schlummern *vi sein* (*geh*) ❶ (*einschlafen*) to doze [*or* drop] off ❷ (*euph: sterben*) to pass away; **friedlich** ~ to pass away peacefully

EinschlussRR <-es, -schlüsse> *m*, **Einschluß** <-sses, -schlüsse> *m* inclusion; **mit** [*o* **unter**] ~ **von etw** (*geh*) including sth

ein|schmeicheln *vr* (*sich durch Schmeicheln beliebt machen*) ■ **sich** *akk* [**bei jdm**] ~ to ingratiate oneself [with sb], to curry favour [*or* AM -or] [with sb], to butter sb up *fam*

einschmeichelnd *adj* fawning, ingratiating, obsequious; **eine ~e Stimme** a mellifluous [*or* seductive] voice; **mit einer ~en Stimme** in dulcet [*or pej* honeyed] tones

ein|schmeißen *vt irreg* (*fam: einwerfen*) ■ [**jdm**] **etw** ~ *Fenster* to smash [sb's] sth in *fam*; ■ **eingeschmissen** smashed in

ein|schmelzen *vt irreg* (*wieder schmelzen*) ■ **etw** [**zu etw** *dat*] ~ *Metall* to melt sth down [into sth]; ■ **eingeschmolzen** melted down; ■ **das E~** melting down

ein|schmieren *vt* ❶ (*einölen*) ■ **etw** ~ to lubricate [*or* grease] sth ❷ (*einreiben*) ■ **etw** [**mit etw** *dat*] ~ to rub sth [with sth]; *mit Öl* to oil sth; **etw mit Salbe** ~ to rub cream into sth, to put cream on sth ❸ (*beschmieren*) ■ **sich** [**mit etw** *dat*] ~ to smear [*or* cover] oneself with sth; ***wo habt ihr euch denn wieder so eingeschmiert?*** where did you get [yourselves] so mucky?; ■ **sich** *dat* **etw** ~ to get [*or* make] one's sth mucky/greasy, to get covered in muck/grease

ein|schmuggeln *vt* ❶ (*einschleusen*) ■ **jdn** [**in etw** *akk*] ~ to smuggle sb in[to sth]; **Agenten in ein Land** ~ to infiltrate a country with spies, to infiltrate spies into a country; ■ **sich** [**irgendwo/in etw** *akk*] ~ to smuggle oneself in [somewhere/to sth] ❷ (*heimlich hineinschaffen*) ■ **etw** [**in etw** *akk*] ~ *Drogen, Zigaretten etc.* to smuggle sth in[to sth]

ein|schnappen *vi sein* ❶ (*ins Schloss fallen*) to click to [*or* shut] ❷ (*fam: beleidigt sein*) to get in a huff [*or* huffy] *fam*, to get het up *fam*, to be offended; ■ **eingeschnappt** in a huff *pred fam*, offended

ein|schneiden *irreg* I. *vt* ❶ (*einen Schnitt in etw machen*) ■ **etw** ~ *Papier, Stoff etc.* to snip sth, to make a cut [*or* an incision] in sth, to slash sth ❷ (*in etw schneiden*) ■ **etw** [**in etw** *akk*] ~ to carve [*or* cut] [*or* engrave] sth [in/into sth] ❸ (*klein schneiden und hineintun*) ■ **etw in etw** *akk* ~ to chop sth and put it in sth [*or* add it to sth]; ***in den Kohl werden noch Apfelstücke eingeschnitten*** pieces of apple are chopped into the cabbage ❹ ■ **in etw** *akk* **eingeschnitten sein** to be cut into sth; ■ **eingeschnitten** cut; **ein tief ~er Hohlweg** a deep cutting [*or* defile] II. *vi* (*schmerzhaft eindringen*) ■ [**in etw** *akk*] ~ to cut in[to sth]; ***die Ausgaben schneiden tief in unsere Finanzen ein*** expenses are cutting deeply into [*or* making deep holes in] our finances

einschneidend *adj* **von ~er Bedeutung** of great [*or* utmost] importance; **eine ~e Veränderung** a drastic [*or* marked] [*or* radical] change; **eine ~e Wirkung** a far-reaching [*or* dramatic] [*or* profound] effect

ein|schneien *vi sein* ■ [**in etw** *akk*] ~ to get snowed in [somewhere]; ***in dem Schneesturm wurden viele Fahrzeuge eingeschneit*** many vehicles were snowed in by the blizzard

Einschnitt *m* ❶ MED incision; **einen** ~ [**in etw** *akk*] **machen** to make an incision [in sth] ❷ (*eingeschnittene Stelle*) cut; **einen** ~ [**in etw** *akk*] **machen** to cut [into sth] ❸ (*Zäsur*) watershed, turning-point

ein|schnüren I. *vt* (*einengen*) ■ **jdn** ~ to constrict sb; ■ **jdm etw** ~ to constrict sb's sth; **jdm den Hals** ~ to choke [*or* strangle] sb; ***der Gürtel schnürte ihr die Taille ein*** the belt pulled in her waist tightly II. *vr* (*tief eindringen*) ■ **sich** [**in etw** *akk*] ~ to bite [*or* cut] in[to sth]

ein|schränken I. *vt* ❶ (*reduzieren*) ■ **etw** ~ to cut [back on] sth, to reduce sth; **Ausgaben** ~ to curtail spending; ■ **eingeschränkt** reduced; **in ~en Verhältnissen leben** to live in reduced circumstances ❷ (*beschränken*) ■ **etw** ~ to curb [*or* limit] [*or* restrict] sth, to impose a restriction on sth, to put a check on sth; ■ **jdn in etw** *dat* ~ to curb [*or* limit] [*or* restrict] sb's sth, to impose a restriction on sb's sth, to put a check on sb's sth; **jdn in seiner Bewegungsfreiheit** ~ to have limited freedom of movement II. *vr* ■ **sich** [**in etw** *dat*] ~ to cut back [*or* down] [on sth]; **sich im Konsum von etw** *dat* ~ to reduce one's consumption of sth *form*; **sich in den Ausgaben** ~ to curtail one's spending

einschränkend I. *adj* (*beschränkend*) restrictive; **ein ~er Satz** a qualifying sentence II. *adv* ***ich muss aber ~ bemerken/sagen, dass ...*** I have to qualify that and say that ... [*or* by saying that ...]

Einschränkung <-, -en> *f* ❶ (*Beschränkung*) limit, restriction; **ohne ~en** without restrictions; (*Beschränkung der Rechte*) restriction; **eine ~/~en machen** to impose a restriction/restrictions; **mit ~[en]** with restriction/restrictions ❷ (*Vorbehalt*) reservation; ***mit ~en musste ich gestehen, dass ...*** with certain reservations, I had to admit that ...; **ohne ~[en]** without reservation[s], unreservedly ❸ (*das Reduzieren*) reduction

ein|schrauben *vt* ■ **etw** ~ to screw sth in

Einschreib(e)brief *m* registered letter; **als** ~ as registered post BRIT, as a registered letter **Einschreib(e)gebühr** *f* registration fee

ein|schreiben *irreg* I. *vt* ■ **etw** ~ to register sth; ■ **eingeschrieben** registered II. *vr* ❶ (*sich eintragen*) ■ **sich** *akk* [**in/für etw** *akk*] ~ to put one's name down [*or* BRIT enrol] [*or* AM enroll] [in sth/for sth]; **sich in eine Liste** ~ to put one's name on a list; **sich für ein Kurs bei einem Verein** ~ to register [*or* put one's name down] for a course at an organization; **sich bei einem Verein** ~ to enrol [*or* AM -ll] in a club ❷ SCH (*sich immatrikulieren*) ■ **sich** *akk* [**für etw** *akk*] ~ to register [*or* BRIT enrol] [*or* AM enroll] [for sth]; **sich bei einer Universität** ~ to register at a university; **sich für ein Fach/einen Studiengang** ~ to put one's name down [*or* BRIT enrol] [*or* AM enroll] for a subject/course

Einschreiben *nt* (*eingeschriebene Sendung*) registered post [*or* AM letter]; ~ **mit Rückschein** *registered letter with reply to show receipt;* **etw als** [*o* **per**] ~ **schicken** to send sth by registered post; ***den Brief hier will ich per ~ schicken*** I want to send this as a registered letter

Einschreib(e)sendung *f* registered post [*or* AM mail]

Einschreibung *f* SCH registration, enrolment BRIT, enrollment AM

ein|schreien *vi irreg* ▪ **auf jdn** ~ to scream [*or* yell] [one's head off] at sb

ein|schreiten *vi irreg sein* ▪ [**gegen jdn/etw**] ~ to do sth [about sb/sth], to take steps [against sb/sth]; **energisch gegen etw** ~ to crack down on sth; ***die Polizei schritt mit Wasserwerfern und Tränengas gegen die Rowdies ein*** the police used water canons and tear gas against the vandals

Einschreiten <-s> *nt kein pl* action; (*um etw zu verhindern*) intervention

ein|schrumpeln *vi sein* (*fam*) to shrivel [up]; ***ab 40 schrumpelt die Haut ein*** at 40 the skin begins to wrinkle; ▪ **eingeschrumpelt** shrivelled [up] BRIT, shriveled [up] AM

ein|schrumpfen *vi sein* 1 (*schrumpfen*) to shrivel [up]; ▪ **eingeschrumpft** shrivelled [up] 2 (*weniger werden*) to shrink; ***unsere Vorräte sind eingeschrumpft*** our supplies have shrunk

Einschub *m* insertion

ein|schüchtern *vt* ▪ **jdn** [**durch** [*o* **mit**] **etw**] ~ to intimidate [*or* scare] [*or* frighten] sb [with sth/by doing sth]; **jdn mit Gewalt** ~ to menace [*or* bully] sb

Einschüchterung <-, -en> *f* intimidation, browbeating

Einschüchterungsversuch *m* attempt to intimidate [*or* at intimidation]

ein|schulen *vt* to send to school, to enrol [*or* AM enroll] at [primary] school; ▪ **eingeschult werden** to be sent to [*or* enrolled at] school

Einschulung *f* enrolment [*or* AM enrollemt] at [primary] school; ***die ~ erfolgt meist mit 6 Jahren*** most children start school at 6

EinschussRR <-es, Einschüsse> *m*, **Einschuß** <-sses, Einschüsse> *m* (*Schussloch*) bullet hole; (*Einschussstelle*) entry point of a bullet

EinschusslochRR *nt* bullet hole **Einschussstelle**RR *f* bullet hole, wound at point of entry

ein|schütten *vt* ▪ [**jdm**] **etw** [**in etw** *akk*] ~ to pour [sb] sth [into sth]; ▪ **sich** *dat* **etw** ~ to pour oneself sth

ein|schweißen *vt* 1 (*versiegeln*) ▪ **etw** [**in etw** *akk*] ~ *Nahrungsmittel, Bücher etc.* to seal sth [in sth]; ▪ **eingeschweißt** sealed 2 TECH (*durch Schweißen einfügen*) ▪ **etw irgendwo** ~ to weld sth [on/onto] somewhere

Einschweißfolie [-liə] *f* plastic [wrapping]

ein|schwören *vt irreg* 1 (*verpflichten*) ▪ **jdn auf etw** *akk* ~ to bind sb to sth/to do sth; **jdn auf Geheimhaltung** ~ to swear sb to secrecy; **jdn auf die Parteilinie** ~ to persuade [*or* oblige] sb to take [*or* tow] the party line, jdn ~; JUR to swear sb in 2 (*festgelegt sein*) ▪ **auf etw** *akk* **eingeschworen sein** to be a [confirmed] stalwart [*or* supporter] of sth; ***er ist auf Porsche eingeschworen*** he's a Porsche fan

ein|segnen *vt* REL 1 (*konfirmieren*) ▪ **jdn** ~ to confirm sb 2 (*weihen*) ▪ **etw** ~ to bless sth

Einsegnung *f* REL 1 (*Konfirmation*) confirmation 2 (*die Weihe*) blessing

einsehbar *adj inv Gelände, Raum* visible

ein|sehen *vt irreg* 1 (*begreifen*) ▪ **etw** ~ to see [*or* understand] sth; ***das sehe ich nicht ein*** I don't see why [*or* accept that]; ▪ ~, **dass** to realize that, to see [*or* understand] that; ***du solltest langsam ~, dass ...*** it's time you realized [*or* saw] [*or* understood] that ... 2 (*geh: prüfen*) ▪ **etw** ~ to examine [*or* inspect] sth, to have a look at sth 3 (*in etw hineinsehen*) ▪ **etw** ~ to look into sth [from outside]; ***unser Garten kann von den Nachbarn nicht eingesehen werden*** our garden is not overlooked, you cannot be overlooked in our garden

Einsehen <-> *nt kein pl* understanding; ***haben Sie doch ein ~!*** please understand!; ***so haben Sie doch ein ~!*** please be reasonable [*or fam* have a heart]!; [**mit/für etw**] **ein/kein** ~ **haben** to show [no] understanding [*or* consideration] [for sth]; ***dieser starrköpfige Kerl will einfach kein ~ haben*** the stubborn fool just doesn't want to understand

ein|seifen *vt* 1 (*mit Seife einreiben*) ▪ **jdn** ~ to soap sb, to lather sb with soap; ▪ **sich** ~ to soap oneself, to lather oneself with soap; ▪ **jdm etw** ~ to soap sb's sth, to lather sb's sth with soap; **jdm den Kopf** ~ to shampoo sb's hair; **jdm** [**das Gesicht**] **mit Schnee** ~ to rub snow into sb's face [*or* sb's face with snow]; ▪ **sich von jdm** ~ **lassen** to have sb soap you [*or* lather you with soap]; ▪ **sich** *dat* **etw** ~ to soap one's sth; **sich gründlich den ganzen Korper** ~ to soap oneself thoroughly 2 (*fam: hintergehen*) ▪ **jdn** ~ to take sb for a ride *fig;* ***der Verkäufer hat dich eingeseift*** the salesman ripped you off *fam*

einseitig I. *adj* 1 (*nur eine von zwei Personen betreffend*) one-sided; ▪ **etwas E~es** something one-sided; JUR, POL one-sided, unilateral; **~e Erklärungen** declarations made by one party 2 MED one-sided; **eine ~e Lähmung** paralysis of one side of the body 3 (*beschränkt*) one-sided; **eine ~e Ernährung** an unbalanced diet 4 (*voreingenommen*) bias[s]ed BRIT, biased AM, one-sided; ▪ ~ [**in etw** *dat*] **sein** to be biased [in sth] II. *adv* 1 (*auf einer Seite*) on one side; ***die Folie ist ~ bedruckt*** the transparency is printed on one side 2 (*beschränkt*) in a one-sided way; **jdn ~ ausbilden** to educate [*or* train] sb in a one-sided fashion; **sich ~ ernähren** to have an unbalanced diet 3 (*parteiisch*) from a one-sided point of view, one-sidedly; ~ **informiert** to hear only one side of the argument

Einseitigkeit <-, *selten* -en> *f* 1 (*Voreingenommenheit*) one-sidedness, bias 2 (*Beschränktheit*) one-sicedness; *Ernährung* imbalance

ein|senden *vt irreg* ▪ **etw** [**an jdn/etw**] ~ to send sth [in] [to sb/sth]

Einsender(in) *m(f)* sender

EinsendeschlussRR *m* closing date [for entries]; **irgendwann ist** ~ the closing date is sometime

Einsendung *f* 1 *kein pl* (*das Einsenden*) submission 2 (*Zuschrift*) reply, answer

Einser <-s, -> *m* SCH (*fam*) grade one

ein|setzen I. *vt* 1 (*hineinschreiben*) ▪ **etw** [**in etw** *akk*] ~ to write sth in [sth], to insert sth [in sth] 2 (*einfügen*) ▪ [**jdm**] **etw** [**in etw** *akk*] ~ to insert sth [in sth], to put sth in [sth]; ***für die zu Bruch gegangene Scheibe setzte ihnen der Glaser gleich eine neue ein*** the glazier replaced the broken pane for them 3 (*einnähen*) ▪ [**jdm**] **etw** [**in etw** *akk*] ~ to sew sth in[to sth] [for sb]; **einen Ärmel** ~ to set in a sleeve; ▪ **sich** [**von jdm**] **etw** [**in etw** *akk*] ~ **lassen** to have sth sewn in[to sth] [by sb], to have [sb] sew sth in[to sth] 4 (*ins Leben rufen*) ▪ **etw** ~ to establish sth, to set sth up 5 (*ernennen*) ▪ **jdn** [**als etw**] ~ to appoint [*or* BRIT instal[l]] [*or* AM install] sb [as sth]; ***im Testament war sie als Alleinerbin eingesetzt worden*** in the will she was named [*or* appointed] as the sole inheritor 6 (*zum Einsatz bringen*) ▪ **jdn/etw** [**gegen jdn**] ~ to use sb/sth [*or* bring sb/sth in] [against sb];

dank der eingesetzten Helfer gelang es, den Katastrophenopfern schneller zu helfen thanks to the helpers who had been brought in, the victims of the catastrophe could be helped more quickly; **Schlagstöcke/Gummigeschosse/Gas** ~ to use truncheons/rubber bullets/gas; SPORT *Ersatzspieler* to bring on sb *sep,* to use sb ❼ (*zusätzlich fahren lassen*) ■**etw** ~ to put on, to run; ■**eingesetzt** put on *pred,* run *pred* ❽ (*aufbieten*) ■**etw** ~ to use [*or* employ] sth; **das Leben** [**für etw** *akk*] ~ to put one's life at risk [*or* be ready to die] [for sth] ❾ KARTEN (*benutzen*) ■**etw** ~ to use [*or* employ] sth; (*aufwenden*) to use sth up; (*wetten*) to bet sth, to wager **II.** *vi* ❶ (*anheben*) to start [up], to begin, to commence; ***die Ebbe setzt oft ganz unmerklich ein*** the tide often starts to ebb quite imperceptibly; **die ~de Ebbe/Flut** the turning ebb tide/flood tide ❷ MED to begin; ■**etw setzt bei jdm ein** sb gets sth; ***gegen Abend hat bei ihm heftiges Fieber eingesetzt*** towards evening he was running a very high temperature; ***die Leichenstarre hat bereits eingesetzt*** rigor mortis has already set in; ***in tropischem Klima setzt bei Leichen die Verwesung oft schon nach zwei Tagen ein*** in tropical climates bodies often begin to decay after only two days ❸ MUS to begin to play, to start [up] **III.** *vr* ❶ (*sich engagieren*) ■**sich** ~ to make an effort, to exert oneself, to work hard; **sich besonders** ~ to make a special effort, to work particularly hard; **sich voll** ~ to make a whole-hearted effort [*or* every effort], to work whole-heartedly; ***Sie sollten sich intensiver*** ~ you should make a bigger effort [*or* work harder] ❷ (*sich verwenden für*) ■**sich für jdn/etw** ~ to be active on sb's/sth's behalf, to stand up for [*or* support] sb/sth; ■**sich bei jdm für jdn/etw** ~ to intercede with sb on sb's/sth's behalf; ***ich werde mich bei Direktor Wengel für dich*** ~ I'll have a word with Mr Wengel, the director, on your behalf; ■**sich dafür ~, dass** to speak out for [*or* in favour of] sth [so that]; ***sie hat sich immer öffentlich dafür eingesetzt, dass dieses Gesetz abgeschafft würde*** she has always spoken out in favour of getting rid of this law; ***er versprach, sich dafür einzusetzen, dass die Haftbedingungen erleichtert würden*** he promised to do what he could to make sure prison conditions were improved; ***kannst du dich nicht bei ihm dafür einsetzen, dass er mir den Betrag noch etwas stundet?*** can't you have a word with him so that he gives me time to pay?

Einsetzung <-, -en> *f* (*geh: Ernennung*) appointment, instal[l]ment BRIT, installment AM; ■**jds** ~ **in etw** *akk* sb's appointment to [*or* BRIT instal[l]ment in] [*or* AM installment in] sth

Einsicht *f* ❶ (*Erkenntnis*) insight; **jdn zur ~ bringen** to make sb see sense [*or* reason], to persuade sb; **zur ~ kommen** [*o* **gelangen**] to be reasonable, to see sense [*or* reason], to listen to reason; ***komm doch endlich zur ~!*** come on, be reasonable!; **zu der ~ kommen, dass** to see [*or* realize] that ❷ (*prüfende Durchsicht*) ■~ [**in etw** *akk*] inspection [*or* examination] [of sth]; **jdm ~ in die Akten gewähren/verwehren** to grant/refuse sb access to the files; ~ **in etw** *akk* **nehmen** to have access to [*or* inspect] sth; ~ **in etw** *akk* **verlangen** to demand access to sth; **zur ~** for inspection [*or* examination] ❸ (*Einblick*) view; ***der Zaun verwehrte Passanten die ~ in den Garten*** the fence stopped passers-by looking into the garden

einsichtig *adj* ❶ (*verständlich*) reasonable, understandable; **ein ~er Grund** a valid reason; ■**etw ist ~** sth is understandable; ***es müsste [Ihnen] ~ sein, dass ...*** you must see that ...; ■**es ist nicht ~, warum ...** it is difficult [*or* not easy] to see why ... ❷ (*vernünftig*) reasonable; ■~ **sein** to be reasonable; ■**so ~ sein, etw zu tun** to be reasonable enough to do sth

Einsichtnahme <-, -n> *f* (*geh: Einsicht 2.*) ■**die/jds ~ in etw** *akk* *Akten* the/sb's inspection [*or* examination] of sth

Einsiedler(in) *m(f)* hermit, recluse

einsiedlerisch **I.** *adj* solitary, hermit-like, reclusive **II.** *adv* like a hermit [*or* hermits], solitarily

Einsiedlerkrebs *m* ZOOL hermit crab

einsilbig *adj* ❶ LING monosyllabic; **ein ~es Wort** a monosyllable, a monosyllabic word ❷ (*wenig redselig*) monosyllabic, taciturn, quiet; ***er ist ein sehr ~er Mensch*** he's a man of few words ❸ (*knapp und wenig aussagekräftig*) monosyllabic; **~e Antwort geben** to answer in monosyllables; ■**etw ist zu ~** sth is too brief

Einsilbigkeit <-> *f kein pl Wort* monosyllabism; *Mensch* taciturnity, uncommunicativeness; *Reim* masculinity

ein|sinken *vi irreg sein* (*in etw sinken*) ■[**in etw** *akk o dat*] ~ *Morast,Schnee etc.* to sink in[to sth]

ein|sitzen *vi irreg* (*geh*) to serve a [prison] sentence *form,* to be imprisoned *form*

ein|sortieren* *vt* (*in etw sortieren*) ■**etw** [**in etw** *akk*] ~ to sort sth [out] [into sth]

ein|spannen *vt* ❶ (*heranziehen*) ■**jdn** [**für etw** *akk*] ~ to rope sb in [for sth]; ***manche Leute verstehen es, andere für sich einzuspannen*** some people know how to get others to work for them [*or* to rope others in]; **sich für jdn/etw ~ lassen** to let oneself be roped in for sb/sth ❷ (*in etw spannen*) ■**etw** ~ to insert sth; *in einen Schraubstock* to clamp [*or* fix] sth ❸ (*ins Geschirr spannen*) ■**Tiere** ~ to harness animals; ■**eingespannt** harnessed ❹ (*viel zu tun haben*) ■**sehr eingespannt sein** to be very busy

Einspänner <-s, -> *m* ❶ (*einspännige Kutsche*) one-horse carriage ❷ KOCH ÖSTERR *black coffee with whipped cream*

einspännig *adj* one-horse, harnessed with one horse *pred;* ■**etw ist** ~ sth is with [*or* pulled by] one horse; ~ **fahren** to drive out in a carriage with one horse, to drive a one-horse carriage

ein|sparen *vt* ❶ (*ersparen*) ■**etw** ~ to save sth ❷ (*kürzen*) ■**etw** ~ to save [*or* cut down] on sth, to economize on sth

Einsparung <-, -en> *f* ❶ (*das Einsparen*) saving, economizing; **die ~ von Rohstoffen/Strom** to save raw materials/electricity ❷ (*Kürzung*) cutting down/out, economizing, saving

ein|speichern *vt* ■**etw** [**in etw** *akk*] ~ to store sth [in sth]; **Daten in einen Computer** ~ to feed [*or* input] data into a computer

ein|speisen *vt* ❶ (*einleiten*) ■**etw** [**in etw** *akk*] ~ to feed sth in[to sth] ❷ (*einspeichern*) ■**etw** [**in etw** *akk*] ~ to store sth [in sth]

ein|sperren *vt* ❶ (*in etw sperren*) ■**jdn/ein Tier** [**in etw** *akk*] ~ to lock [*or* shut] sb/an animal up [in sth] [*or* in [sth]]; ■**eingesperrt sein** to be locked in [*or* up], to be shut in ❷ (*inhaftieren*) ■**jdn** ~ to lock sb up, to put sb behind bars; ***er gehört eingesperrt*** he belongs behind bars

ein|spielen **I.** *vr* ❶ (*einstellen*) ■**sich** ~ *Methode, Regelung* to get into full swing, to get going [properly], to get into one's stride [*or* it's [really] got going [properly]] [*or* it's got into its stride] ❷ (*sich aneinander gewöhnen*) ■**sich aufeinander** ~ to get used to each other ❸ SPORT (*sich warm spielen*) ■**sich** ~ to warm up **II.** *vt* ❶ FILM ■**etw** ~ to bring in sth; **die Aufwendungen/Produktionskosten** ~ to cover the expenses/production costs ❷ RADIO, TV ■**etw** ~ *Wetter, Interview etc.* to start [*or* begin] sth; ■**sich** *dat* **etw ~ lassen** to play sth ❸ INFORM **Daten** [**in etw** *akk*] ~ to load data [into sth]

Einsprache *f* JUR SCHWEIZ (*Einspruch*) objection

einsprachig *adj* monolingual

ein|sprechen *vi irreg* ▪ **auf jdn** ~ to speak to sb persuasively

ein|sprengen *vt* ▪ **etw [mit etw** *dat*] ~ to sprinkle sth [with sth]; ▪ **jdn mit etw** *dat* ~ to sprinkle sb with sth

ein|springen *vi irreg sein* (*fam*) ① (*vertreten*) ▪ **[irgendwo/für jdn]** ~ to stand in [*or* help out] [*or* step into the breach] [somewhere/for sb] ② (*aushelfen*) ▪ **[mit etw** *dat*] ~ to help out [with sth]

Einspritzanlage *f* fuel injection [system] **Einspritzdüse** *f* injection nozzle

ein|spritzen *vt* ① MED ▪ **jdm etw** ~ to inject sb with sth; ▪ **sich** *dat* **etw** ~ to inject oneself with sth ② AUTO ▪ **etw** ~ to inject sth

Einspritzer <-s, -> *m* (*fam*) car with [a] fuel injection [system], fuel-injected car *fam*

Einspritzmotor *m* fuel injection engine **Einspritzpumpe** *f* [fuel] injection pump

Einspruch *m* ① (*Protest*) objection ② JUR objection; ~**!** objection!; ~ ***abgelehnt!*** objection overruled!; ***dem ~ wird stattgegeben!*** objection sustained!; **[gegen etw** *akk*] ~ **erheben** to lodge [*or* make] [*or* raise] an objection [against sth]; ***ich erhebe ~, euer Ehren!*** objection, your honour!; **[gegen etw** *akk*] ~ **einlegen** *gegen Entscheidung, Urteil* to appeal [*or* lodge an appeal] [against sth]

einspurig I. *adj* ① TRANSP one-lane ② (*pej: eingleisig*) one-track; ~**es Denken** one-track mind II. *adv* ① TRANSP ***die Straße ist nur ~ befahrbar*** only one lane of the road is open ② (*pej: eingleisig*) in a narrow-minded way; ***er denkt so*** ~ he's so blinkered

einst *adv* ① (*früher*) once ② (*geh: in Zukunft*) one [*or* some] day

ein|stampfen *vt* MEDIA ▪ **etw** ~ to pulp sth

Einstand *m* ① *bes* SÜDD, ÖSTERR (*Arbeitsanfang*) start of a new job; ***wir müssen noch deinen ~ feiern*** we must celebrate your new job; **seinen ~ geben** to celebrate getting [*or* starting] a new job ② TENNIS deuce

ein|stechen I. *vi irreg* ① (*mit einer Stichwaffe*) ▪ **[mit etw** *dat*] **auf jdn** ~ to stab sb [repeatedly] [with sth] ② (*in etw hineinstechen*) ▪ **[mit etw** *dat*] **in etw** *akk* ~ *Nadel* to insert [*or* stick] sth into sth; ***mit der Gabel in die Kartoffeln*** ~ to prick the potatoes [with a fork] ③ (*durch Stechen etw hervorbringen*) ▪ **[mit etw** *dat*] **in etw** *akk* ~ to pierce [*or* make a hole in] sth [with sth] ④ KARTEN to [play a] trump II. *vt irreg* ▪ **etw in etw** *akk* ~ to stick [*or* insert] sth into sth; **die Nadel in die Vene** ~ to insert the needle into the vein; ▪ **etw [mit etw** *dat*] ~ KOCHK to prick sth [with sth]; **den Teig mehrmals mit einer Gabel** ~ to prick the dough several times with a fork

ein|stecken *vt* ① (*in die Tasche stecken*) ▪ **etw** ~ to put sth in one's pocket; ***er hat das Geld einfach eingesteckt!*** he's just pocketed the money!; ***hast du deinen Pass eingesteckt?*** have you got your passport?; ***stecken Sie Ihren Revolver mal wieder ein!*** put your revolver away! ② (*einwerfen*) ▪ **etw** ~ to post [*or* mail] sth ③ (*fam: hinnehmen*) ▪ **etw** ~ to put up with [*or* swallow] [*or* take] sth ④ (*verkraften*) ▪ **etw** ~ to take sth ⑤ ELEK ▪ **etw** ~ to plug in sth *sep*

Einsteckkarte *f* smart card

ein|stehen *vi irreg sein* ① (*sich verbürgen*) ▪ **für jdn/etw** ~ to vouch for sb/sth; ***ich stehe [voll] für ihn ein, er wird Sie schon nicht enttäuschen*** I can guarantee that he won't disappoint you; ▪ **[jdm] dafür ~, dass** to promise [*or* guarantee] [sb] that; ▪ **dafür ~, dass** to vouch for the fact that ② (*aufkommen*) ▪ **für etw** *akk* ~ to take responsibility for sth; **für Schulden** ~ to assume liability for debts

Einsteigekarte *f* boarding card [*or* AM pass]

ein|steigen *vi irreg sein* ① (*besteigen*) ▪ **[in etw** *akk*] ~ to get on [sth]; **in ein Auto** [*o* **Taxi**] ~ to get in[to] a car [*or* taxi]; **in einen Zug** ~ to get on [*or form* board] a train; ▪ **das E~** ***das E~ in den Zug*** getting onto the train; ~**!** all aboard! ② (*fam: hineinklettern*) ▪ **[in etw** *akk*] ~ to climb [*or* get] in[to sth] ③ ÖKON ▪ **in etw** *akk* ~ to buy into [*or* take a stake in] sth ④ (*sich engagieren*) ▪ **in etw** *akk* ~ to go into sth; **in eine Bewegung** ~ to get [*or* become] involved in a movement

Einsteinium <-s> *nt kein pl* einsteinium

einstellbar *adj* adjustable; ▪ **auf jdn/etw** ~ adjustable [to sb/sth]

ein|stellen I. *vt* ① (*anstellen*) ▪ **jdn [als etw]** ~ to employ [*or* take on] sb [as sth]; **Arbeitskräfte** ~ to take on employees; ***sie wurde als Redaktionsassistentin eingestellt*** she was given a job as [an] editorial assistant ② (*beenden*) ▪ **etw** ~ to stop [*or* break off] sth; **eine Suche** ~ to call off [*or* abandon] a search; **eine Planung** [*o* **ein Projekt**] ~ to shelve a plan [*or* project]; ***die Firma hat die Arbeit eingestellt*** the company has closed ③ MIL ▪ **etw** ~ to stop sth; **Feindseligkeiten** ~ to suspend hostilities; **das Feuer** ~ to cease fire; **Kampfhandlungen** ~ to cease hostilities [*or* fighting] ④ JUR ▪ **etw** ~ to abandon sth ⑤ FOTO, ORN ▪ **etw [auf etw** *akk*] ~ to adjust [*or* set] sth [to sth]; **etw auf eine Entfernung** ~ to focus sth ⑥ ELEK ▪ **etw [auf etw** *akk*] ~ to set sth [at sth] ⑦ TV, RADIO ▪ **[jdm] etw [auf etw** *akk*] ~ to tune [sb's] sth [to sth]; ***der Videorekorder ist auf Aufnahme eingestellt*** the video recorder is programmed to record ⑧ AUTO ▪ **[jdm] etw** ~ to adjust [sb's] sth; **die Zündung** ~ to set [*or* adjust] the [ignition] timing; ▪ **sich** *dat* **etw ~ lassen** to have sth adjusted ⑨ TECH ▪ **[jdm] etw [irgendwie]** ~ to adjust [sb's] sth [somehow]; **etw in der Höhe** ~ to adjust the height of sth; **die Lehnenneigung** ~ to adjust the angle of a rest ⑩ (*hineinstellen*) ▪ **etw [in etw** *akk*] ~ to put sth away [in sth]; ***in den Carport können zwei Autos eingestellt werden*** the carport can accommodate two cars; **ein Buch ins Regal** ~ to put a book away [on the shelf] ⑪ SPORT (*egalisieren*) ▪ **etw** ~ to equal sth; **den Rekord** ~ to equal the record II. *vr* ① (*auftreten*) ▪ **sich ~** *Bedenken* to begin; MED *Fieber, Symptome, Übelkeit etc.* to develop, to begin; ***Symptome haben sich eingestellt*** symptoms have appeared [*or* developed] ② (*sich anpassen*) ▪ **sich auf jdn/etw** ~ to adapt to sb/sth; ▪ **sich auf etw** ~ to adjust to sth ③ (*sich vorbereiten*) ▪ **sich auf etw** *akk* ~ to prepare oneself for sth ④ (*geh: sich einfinden*) ▪ **sich** ~ to arrive, to present oneself *form; s. a.* **eingestellt** III. *vi* (*beschäftigen*) to take on [*or* hire] people; ***wir stellen Maurer ein*** we have vacancies for bricklayers

einstellig *adj* single-digit *attr*

Einstellknopf *m* control knob; ▪ **die ~e** the controls [*or* control knobs] **Einstellplatz** *m* ① (*Platz zum Unterstellen*) carport ② (*Stellplatz*) parking space **Einstellrad** *nt* adjusting [*or* focussing] ring **Einstellschraube** *f* setting [*or* adjustment] screw

Einstellung *f* ① (*Anstellung*) taking on, employment; ***die ~ zusätzlicher Mitarbeiter*** taking on [*or* employing] extra staff; ***bei ihrer ~*** when she started the job ② (*Beendigung*) stopping, termination *form;* ~ **einer Suche** abandoning [*or* abandonment] of a search ③ FOTO adjustment ④ ELEK setting ⑤ AUTO adjustment; ~ **der Zündung** setting the timing ⑥ TECH (*Regulierung*) adjustment ⑦ TV, RADIO tuning; ***die ~ des Videorekorders*** to programme the video recorder ⑧ FILM shot, take ⑨ (*Gesinnung, Haltung*) attitude; **die richtige ~ mitbringen** to have the right attitude; ***das ist nicht die richtige ~!*** that's not the right attitude!; **eine ganz andere ~ haben** to think [*or* see it] differently; **politische/religiöse ~en** political/religous opinions [*or* views]; **eine kritische ~** a critical stance; **kritische ~en** critical views; **keine ~ zu etw haben** to hold no opinion about sth

Einstellungsbedingung *f* conditions of employment *usu pl,* requirements for employment *usu pl* **Einstellungsgespräch** *nt* interview **Einstellungsstopp**[RR] *m* freeze on recruitment, stop to new appointments; **einen ~ verhängen** to impose a freeze on recruitment; **einen ~ für Lehrer anordnen** to order a stop to the appointment of new teachers **Einstellungstermin** *m* starting date **Einstellungstest** *m test to be passed as a condition of employment*

Einstich *m* ❶ (*das Einstechen*) insertion ❷ (*Einstichstelle*) puncture, prick

Einstieg <-[e]s, -e> *m* ❶ *kein pl* (*das Einsteigen*) getting in; ■**jds ~ in etw** *akk* sb's getting in[to] [*or form* entry into/to] sth; **jds ~ in einen Bus/Zug** sb's getting on[to] [*or form* entering] a bus/train; **~ nur mit Fahrausweis** all passengers are required to have a ticket; ***„hier kein ~!“*** "No entry!", "Exit only!"; ***„~ nur vorn!“*** "Entry only at the front!" ❷ (*Tür zum Einsteigen*) *Bahn* door; *Bus a.* entrance; *Panzer* hatch ❸ (*Zugang*) ■**jds ~ in etw** *akk* sb's getting to grips with [*or fam* getting into] sth; ***ich habe bisher noch keinen ~ in diese schwierige Materie gefunden*** til now I've found no way of approaching [*or* getting to grips with] this difficult material ❹ (*Aufnahme*) start; **der ~ in einen Markt** the penetration of a market; ***der ~ in die Kernenergie*** to adopt [*or* start] a nuclear energy programme ❺ (*~ an einer Bergwand o. ä.*) ■**jds ~ in etw** *akk* sb's assault on sth

Einstiegsdroge *f* soft drug (*which can supposedly lead on to harder drugs*)

einstig *adj attr* former *attr*

ein|stimmen **I.** *vi* ■**[in etw** *akk*] ~ to join in [sth]; **in ein Lied ~** to join in the singing; **in eine Klage** [*o* **Beschwerde**] ~ to join in [*or* add one's voice to] a protest [*or* a complaint] **II.** *vt* (*innerlich einstellen*) ■**jdn auf etw** *akk* ~ to get sb in the right mood [*or* in the right frame of mind] [*or fam* psyched up] for sth

einstimmig[1] **I.** *adj* MUS **ein ~es Lied** a song for one voice **II.** *adv* MUS in unison, with one voice; **~ singen** to sing in unison

einstimmig[2] **I.** *adj* unanimous **II.** *adv* unanimously; **etw ~ beschließen** to come to a unanimous decision on sth

Einstimmigkeit <-> *f kein pl* unanimity; **~ erzielen** to achieve unanimity, to come to a unanimous agreement

Einstimmung *f kein pl* **zur ~ auf etw** *akk* to get in the right frame of mind [*or* the right mood] for sth; ***er sprach einige Worte zur ~ auf den Filmabend*** he said a few words as an introduction to the film evening

einstmals *adv* (*geh*) *s.* **einst**

einstöckig *adj inv* single-storey *attr* [*or* AM -story], one-storey *attr*

ein|stöpseln *vt* ELEK (*fam*) ■**etw ~** to plug sth in; ***wo kann ich den Stecker hier ~?*** where's the socket?

ein|stoßen *vt irreg* (*stoßend eindrücken*) ■**etw ~** to break sth down; **ein Fenster ~** to smash a window; **jdm die Zähne ~** to knock in sb's teeth [unintentionally] *sep;* **den Kopf ~** to bang one's head

ein|streichen *vt irreg* ❶ (*fam: einheimsen*) ■**etw ~** to pocket sth *fam;* ***in dem Geschäft streicht er Unsummen ein*** in that business he's raking it in [*or* BRIT he's coining it [in]] *fam* ❷ (*bestreichen*) ■**etw [mit etw** *dat*] ~ to paint [*or* coat] sth [with sth]; **Brot mit Butter ~** to butter [*or* spread butter on] a piece of bread

ein|streuen *vt* ❶ (*einflechten*) ■**etw [in etw** *akk*] ~ to work sth in[to sth]; **Zitate in ein Vortrag ~** to sprinkle a lecture with quotations; **geschickt eingestreute Bemerkungen** shrewdly placed remarks ❷ (*ganz bestreuen*) ■**etw [mit etw** *dat*] ~ to scatter [*or* strew] sth [with sth]; **die Rasenfläche mit Dünger ~** to scatter [*or* strew] fertilizer on the lawn

ein|strömen *vi sein* ❶ METEO (*in etw strömen*) ■**[nach etw]** ~ to stream [*or* surge] [*or* pour] in[to sth] ❷ (*rasch hineinfließen*) ■**[in etw** *akk*] ~ to pour [*or* flood] in[to sth]

ein|studieren* *vt* ■**etw ~** to rehearse [*or* BRIT practise] [*or* AM -ce] sth; **etw vor dem Spiegel ~** to rehearse sth in front of the mirror; ■**einstudiert** rehearsed

ein|stufen *vt* ❶ (*eingruppieren*) ■**jdn [in etw** *akk*] ~ to grade sb [in sth]; ■**jdn in etw** *akk* ~ to put sb in sth; **jdn in eine bestimmte Steuerklasse ~** to assess sb as being in a particular tax bracket; **jdn in eine Gehaltsgruppe ~** to give sb a [salary] grade ❷ (*zuordnen*) ■**etw in etw** *akk* ~ to categorize [*or* grade] sth as sth

Einstufung <-, -en> *f* categorization, classification; **jd's ~ in eine bestimmte Gehaltsklasse** sb's assessment as a particular salary grade

einstündig, **1-stündig**[RR] *adj* one-hour *attr,* lasting one hour *pred; s. a.* **achtstündig**

ein|stürmen *vi sein* ❶ (*bestürmen*) ■**[mit etw** *dat*] **auf jdn ~** to bombard [*or* besiege] sb [with sth]; **mit Fragen/Bitten auf jdn ~** to bombard [*or* besiege] sb with questions/requests ❷ (*eindringen*) ■**auf jdn ~** to overwhelm sb; ***nach dem Urlaub stürmten eine Vielzahl von Verpflichtungen auf ihn ein*** after the holiday he was swamped [*or* inundated] with engagements

Einsturz *m* ❶ (*das Einstürzen*) collapse; *Decke a.* caving-in, falling-in; *Mauer* falling-down, falling-in ❷ **etw zum ~ bringen** to cause sth to collapse [*or* the collapse of sth]

ein|stürzen *vi sein* ❶ (*zusammenbrechen*) to collapse; *Decke a.* cave in, fall down ❷ (*heftig eindringen*) ■**auf jdn ~** to overwhelm [*or* swamp] [*or* crowd in on] sb ❸ **etw zum E~ bringen** to cause sth to collapse

Einsturzgefahr *f kein pl* danger of collapse; ***„Vorsicht ~!“*** "Building unsafe!"; **es besteht ~** sth is threatening to [*or* is in danger of] collapse; **wegen ~** because sth is threatening to [*or* is in danger of] collapse

einstweilen *adv* ❶ (*vorläufig*) for the time being; **jdn ~ auf freien Fuß setzen** to release sb temporarily ❷ (*in der Zwischenzeit*) in the meantime, meanwhile

einstweilig *adj attr* temporary; **eine ~e Anordnung** [*o* **Verfügung**] a temporary [*or* interim] order/injunction

ein|suggerieren* *vt* (*fam*) ■**jdm etw ~** to suggest sth to sb, to persuade sb of sth; ■**jdm ~, dass** to suggest to [*or* persuade] sb that

eintägig, **1-tägig**[RR] *adj* one-day *attr,* lasting one day *pred*

Eintagsfliege *f* ❶ ZOOL mayfly ❷ (*von kurzer Dauer*) nine days' wonder; ***sein Erfolg war nur eine ~*** his success was just a flash in the pan

ein|tätowieren* *vt* ■**[jdm] etw ~** to tattoo sth [on sb]; ■**sich** *dat* **etw ~ lassen** to have a tattoo of sth; ***er ließ sich seine Initialen ~*** he had a tattoo of his initials; ■**eintätowiert** tattooed

ein|tauchen **I.** *vt haben* ■**jdn [in etw** *akk*] ~ to immerse sb [in sth]; ■**etw [in etw** *akk*] ~ to dip sth in [sth]; *Lebensmittel* to dip [*or fam* dunk] sth [in sth] **II.** *vi sein* ■**[in etw** *akk*] ~ to dive [*or* plunge] in[to sth], to dive [*or* submerge]

Eintausch *m* exchange; ***Hinweis: „~ von Gut-***

scheinen" sign: "Vouchers exchanged here"; **im** ~ **gegen etw** *akk* in exchange [*or* return] for sth

ein|tauschen *vt* ❶ (*tauschen*) ■**etw [gegen/für etw]** ~ to exchange sth [for sth]; **ein Gebrauchtwagen gegen einen neuen** ~ to trade in a second-hand car for a new one ❷ (*umtauschen*) ■**etw [gegen etw]** ~ to [ex]change sth [for sth]

eintausend *adj* one thousand; *s. a.* **tausend 1**

Eintausender <-s, -> *m* mountain over 1,000 metres [*or* AM -meters]

ein|teilen I. *vt* ❶ (*unterteilen*) ■**etw in etw** *akk* ~ to divide sth up into sth; ***ich habe die Pastete in sechs Stücke eingeteilt*** I've divided [*or* cut] the pie [up] into six pieces ❷ (*sinnvoll aufteilen*) ■**[sich** *dat*] **etw** ~ *Geld, Vorräte, Zeit* to be careful with sth; ■**etw** ~ to plan sth [out]; ***die Vorräte müssen so eingeteilt werden, dass sie uns zwei Wochen reichen*** we'll have to organize [*or* divide up] the supplies so that they last two weeks; **das Geld** ~ to budget, to manage [*or* organize] one's money [*or* finances]; **die Zeit/den Urlaub** ~ to arrange one's time/holiday; **die Zeit gut** ~ to make good use of one's time, to use one's time well; **sich die Zeit** ~ to plan [*or* organize] [*or* arrange] one's time; **sich die Arbeit** ~ to arrange [*or* organize] one's work ❸ (*für etw verpflichten*) ■**jdn zu etw** *dat* ~ to assign sb to sth **II.** *vi* (*fam: haushalten*) to budget

einteilig, 1-teilig[RR] *adj* one-piece *attr*

Einteilung *f* ❶ (*Aufteilung*) management, planning, organization; ***bei besserer ~ deiner Zeit hättest du sicher mehr Freizeit*** if you organized your time better, you would have more free time ❷ (*Verpflichtung*) ■**jds** ~ **zu etw** *dat* sb's assignment to sth

ein|tippen *vt* ■**etw [in etw** *akk*] ~ to key [*or* type] sth in[to sth]

eintönig I. *adj* monotonos; ~**e Arbeit** monotonous [*or* tedious] work; ~**es Leben** humdrum [*or* dull] [*or* monotonous] life **II.** *adv* monotonously; ~ **klingen** to sound monotonous; ~ **vortragen** to read in a monotone

Eintönigkeit <-> *f kein pl* monotony; **die** ~ **einer bestimmten Arbeit** the monotony [*or* sameness] [*or* tedium] of a particular job; **die** ~ **einer bestimmten Art Leben** the monotony [*or* dullness] [*or* dreariness] of a particular way of life

Eintopf *m*, **Eintopfgericht** *nt* stew

Eintracht <-> *f kein pl* ❶ (*harmonisches Einvernehmen*) harmony, peace, concord *form;* **in [Frieden und]** ~ **zusammenleben** to live together in [peace and] harmony ❷ SPORT *part of the name of a sports club,* ≈ United

einträchtig I. *adj* harmonious, peaceful; **ein** ~**es Zusammenleben** a harmonious [*or* peaceful] life together **II.** *adv* harmoniously, peacefully

Eintrag <-[e]s, Einträge> *m* ❶ *kein pl* (*Vermerk*) note, entry *form;* ~ **ins Logbuch** entry in the log book ❷ (*im Wörterbuch, Nachschlagewerk*) entry ❸ ADMIN registration, record; ~ **ins Handelsregister** record in the register of companies

ein|tragen *vt irreg* ❶ (*einschreiben*) ■**jdn [in etw** *akk*] ~ to enter [*or* record] sb's name [in sth], to put sb's name down [in sth], to enter sb [in sth]; ■**sich** *akk* **[in etw** *akk*] ~ to write one's name [in sth] ❷ (*amtlich registrieren*) ■**jdn/etw in etw** *akk* ~ to register sb/sth in sth; **ins Handelsregister** ~ to record in the register of companies [*or* commercial register]; ■**sich** ~ **lassen** to register ❸ (*einzeichnen*) ■**etw [auf etw** *dat*] ~ to note [*or* record] sth [on sth], to write sth in [on sth] ❹ (*geh: einbringen*) ■**jdm etw** ~ to bring [*or* earn] [*or* win] sb sth; ***sein Verhalten hat ihm allseits Achtung eingetragen*** his behaviour earned respect on all sides

einträglich *adj* profitable, lucrative, remunerative; **eine** ~**e Arbeit** a well-paid job

Eintragung <-, -en> *f s.* **Eintrag 1**

eintrainiert *adj* (*einstudiert*) practised, rehearsed

ein|träufeln *vt* **jdm Tropfen in etw** *akk* ~ to put drops in sb's sth, to administer drops to sb's sth *form*

ein|treffen *vi irreg sein* ❶ (*ankommen*) ■**[irgendwo/bei jdm]** ~ to arrive [somewhere/at sb's]; **mit Verspätung** ~ to arrive late; **frisch eingetroffen** just arrived [*or* in] ❷ (*in Erfüllung gehen*) to come true, to be fulfilled; ***die Katastrophe traf doch nicht ein*** the catastrophe didn't happen after all

ein|treiben *vt irreg* ■**etw [bei/von jdm]** ~ to collect sth [from sb]; **Schulden** ~ to collect [*or* recover] debts; **die Unkosten** ~ to recover the costs

Eintreibung <-, -en> *f* collection; ~ **einer Schuld** collection [*or* recovery] of a debt

ein|treten *irreg* **I.** *vi* ❶ *sein* (*betreten*) ■**[in etw** *akk*] ~ to go in [*or* enter] [sth]; ***bitte treten Sie ein!*** please step this way!; ***wir treten in ein neues Zeitalter ein*** we are entering a new era; ■**beim E~** on [*or* when] [*or* while] going in [*or* entering] ❷ *sein* (*beitreten*) ■**[in etw** *akk*] ~ to join [sth] ❸ *sein* (*Mitarbeiter werden*) to start somewhere; ■**bei jdm/in etw** *akk o dat* ~ to start working for sb/somewhere; **bei einem Arbeitgeber** ~ to start working for sb; **bei einer Firma** ~ to join [*or* start working at] a company ❹ *sein* (*aufnehmen*) ■**in etw** *akk* ~ **in Diskussionen/Verhandlungen** ~ to enter into discussions/negotiations; **in Gespräche** ~ to hold talks ❺ *sein* (*sich ereignen*) to occur, to ensue; **eine Katastrophe ist eingetreten** a catastrophe has happened; ***es ist noch keine Besserung seines Zustandes eingetreten*** his condition has not improved; **sollte der Fall ~, dass ...** if it should happen that ...; **der Fall kann ~, dass ...** it may happen that ...; ***dieser Fall ist noch nie eingetreten*** that has never happened; ■**das E~** the occurrence ❻ *sein* (*auftreten*) to set in; ***das Tauwetter ist eingetreten*** the thaw has set in; ***dann trat urplötzlich Stille ein*** then there was a sudden silence [*or* silence fell] ❼ *sein* RAUM ■**in etw** *akk* ~ to enter [*or* move into] sth; ■**beim E~** on [*or* when] [*or* while] entering ❽ *sein* (*sich einsetzen*) ■**für jdn/etw** ~ to stand [*or fam* stick] up for sb/sth, to champion sb/sth *form* ❾ *haben* (*jdn/etw wiederholt treten*) ■**auf jdn/ein Tier** ~ to kick sb/an animal [repeatedly] **II.** *vt haben* ❶ (*durch Treten zerstören*) ■**etw** ~ to kick sth in ❷ (*sich durch Treten eindrücken*) ■**sich** *dat* **etw** ~ to get sth in one's foot; ***ich habe mir einen Glassplitter eingetreten*** I've trodden on a splinter of glass

Eintreten <-s> *nt kein pl* standing [*or fam* sticking] up (**für** +*akk* for), championing *form* (**für** +*akk* of)

ein|trichtern *vt* (*fam*) ■**jdm etw** ~ to drum sth into sb *fam;* ***du brauchst mir das nicht immer wieder einzutrichtern*** you don't need to keep on at me

Eintritt *m* ❶ (*geh: das Betreten*) ■**jds** ~ **in etw** *akk* sb's entrance into sth *form;* ~ **verboten** no admission ❷ (*Beitritt*) ■**jds** ~ **in etw** *akk* sb's joining sth; ***wann hat er sich denn zum ~ in die Partei entschlossen?*** so when did he decide to join the party? ❸ (*Eintrittsgeld*) entrance fee, admission; ~ **frei** admission free ❹ (*Einlass*) ■**jds** ~ **[zu etw/in etw** *akk*] sb's admission [to sth]; ■**der** ~ **[zu etw/in etw** *akk*] admission [to sth] ❺ (*Beginn*) onset; **bei/vor** ~ **der Dunkelheit** when/before darkness falls [*or* nightfall]; **nach** ~ **der Dunkelheit** after dark, after darkness has fallen; **der** ~ **des Todes** (*geh*) death

Eintrittsgeld *nt* entrance [*or* admission] [fee [*or* charge]] **Eintrittskarte** *f* [admission [*or* entrance]] ticket **Eintrittspreis** *m* admission [*or* entrance] [fee [*or* charge]]

ein|trocknen *vi sein Farbe, Blut* to dry; *Wasser* to dry up; *Obst* to dry out [*or* shrivel up]; ■ **eingetrocknet** dried, dried-up

ein|trüben *vr impers* ■ **sich** ~ to cloud over, to become overcast

Eintrübung *f* cloud, cloudy spell

ein|trudeln *vi sein* (*fam*) to roll [*or* show] [*or* turn] up *fam*, to drift [*or* wander] in *fam*

ein|tunken *vt* DIAL (*eintauchen*) ■ **etw [in etw** *akk*] ~ to dunk sth [in sth] *fam*, to dip sth in sth; **einen Pinsel in Farbe** ~ to dip a [paint]brush in paint

ein|üben *vt* ■ **etw** ~ to practise [*or* AM -ce] sth; **eine Rolle/ein Stück** ~ to rehearse a role/play; **gut eingeübt** well-rehearsed, well-studied

ein|verleiben* **I.** *vt* ❶ (*eingliedern*) ■ **etw einer S.** *dat* ~ *Gebiet, Land* to incorporate sth into sth, to annex sth ❷ (*hinzufügen*) ■ **etw einer S.** *dat* ~ to incorporate sth into sth, to feed sth with sth *fam* **II.** *vr* ❶ POL (*annektieren*) ■ **sich** *dat* **etw** ~ to annex sth; ÖKON to incorporate sth ❷ (*hum fam: verzehren*) ■ **sich** *dat* **etw** ~ to put sth away, to guzzle sth *hum fam*; ***ich habe mir soeben den ganzen Kuchen einverleibt*** I've just hoovered the whole cake up *hum fam*

Einverleibung <-, -en> *f* POL annexation; ÖKON incorporation, takeover

Einvernahme <-, -n> *f* JUR *bes* ÖSTERR, SCHWEIZ (*Vernehmung*) examination; (*durch die Polizei*) questioning; (*agressive Vernehmung*) interrogation

ein|vernehmen* *vt irreg* JUR *bes* ÖSTERR, SCHWEIZ (*vernehmen*) to examine; ***die Polizei hat den Zeugen einvernommen*** the police questioned the witness; (*agressiv vernehmen*) to interrogate

Einvernehmen <-s> *nt kein pl* agreement; JUR *a.* [good] understanding; ***bestand nicht immer ~ darüber, dass …*** didn't we have an understanding that …; **in gegenseitigem** [*o* **beiderseitigem**] ~ by mutual agreement; **in gutem** [*o* **bestem**] ~ [**mit jdm**] **stehen** to be on good [*or* the best] terms [with sb]; **im ~ mit jdm** in agreement with sb; **ein stillschweigendes** ~ a tacit agreement [*or* understanding]

Einvernehmenserklärung *f* JUR declaration of understanding

einvernehmlich **I.** *adj* (*geh*) mutual, joint; **zu einer ~en Regelung gelangen** to come to an agreed ruling **II.** *adv* (*geh*) by [*or* in] mutual agreement

einverstanden *adj pred* ■ [**mit jdm/etw**] ~ **sein** to be in agreement [with sb/sth], to agree [with sb/sth]; ■ [**damit**] ~ **sein, dass** to be in agreement that, to agree that; **sich** *akk* **mit etw** *dat* ~ **erklären** to agree with sth; ~**!** agreed!, OK! *fam*

Einverständnis *nt* ❶ (*Zustimmung*) approval, consent; **ohne jds** ~ without sb's consent; **sein** ~ [**mit etw** *dat*] **erklären** to voice one's approval [of sth], to give one's approval [*or* consent]; **mit Ihrem** ~ with your approval; **im ~ mit jdm** with sb's approval; **in ~ mit jdm handeln** to act with sb's approval [*or* consent] ❷ (*Übereinstimmung*) agreement; **völliges** ~ complete [*or* full] agreement; **mit Ihrem** ~ with your agreement; ***findet dieser Vorschlag auch Ihr ~*** are you in agreement with this proposal?; **stillschweigendes** ~ tacit agreement; **in gegenseitigem** [*o* **beiderseitigem**] ~ by mutual agreement; **sein ~ mit etw** *dat* **erklären** to express one's agreement with sth; **im ~ mit jdm** in agreement with sb; ***zwischen uns herrscht ~*** there is agreement between us *form*, we are in agreement

Einverständniserklärung *f* declaration of consent

Einwaage *f kein pl* ÖKON ❶ (*Reingewicht*) weight of the contents ❷ (*Gewichtsverlust*) loss of weight

ein|wachsen¹ [-ks-] *vt* ■ **etw** ~ to wax sth

ein|wachsen² [-ks-] *vi irreg sein* ■ [**jdm**] ~ to grow in; **eingewachsene Zehennägel** ingrowing [*or esp* AM ingrown] toenails

Einwand <-[e]s, Einwände> *m* objection; **einen** ~ [**gegen etw** *akk*] **haben** to object [*or* to have an objection] [to sth]; ***haben Sie einen ~?*** have you got any objections?; **einen** ~ [**gegen etw** *akk*] **machen** [*o* **vorbringen**] to make [*or* lodge] an objection [to sth]; **einen** ~ [**gegen etw** *akk*] **erheben** to raise an objection [to sth]; JUR to demur

Einwanderer, -wand[r]erin *m, f* immigrant

ein|wandern *vi sein* ❶ (*immigrieren*) ■ [**nach/in etw** *akk*] ~ to immigrate [to/into sth] ❷ (*einziehen*) ■ [**nach/in etw** *akk*] ~ to migrate [to/into sth]

Einwanderung *f* ■ **jds ~ nach/in etw** *akk* sb's immigration to/into sth

Einwanderungsbehörde *f* immigration authorities *usu pl* **Einwanderungsgesetz** *nt* immigration laws *usu pl* **Einwanderungsland** *nt country which attracts a large number of immigrants;* ***die USA werden heute noch als begehrtes ~ betrachtet*** the USA is still seen today as a popular country to emigrate [*or* immigrate] to **Einwanderungspolitik** *f kein pl* POL immigration policy **Einwanderungsvisum** *nt* immigration visa

einwandfrei **I.** *adj* ❶ (*tadellos*) flawless, perfect; *Obst* perfect, without a blemish; *Fleisch a.* [perfectly] fresh; ~**e Qualität** excellent [*or* superior] quality; **in einem ~en Zustand** in perfect condition; ~**es Benehmen** impeccable [*or* model] behaviour [*or* AM -or]; **ein ~er Leumund** an excellent [*or* impeccable] character [*or* reputation] ❷ (*unzweifelhaft*) indisputable, irrefutable, undeniable, incontrovertible; **eine ~e Beweisführung** a conclusive [*or* compelling] [*or* line of argument] argumentation **II.** *adv* ❶ (*tadellos*) flawlessly, perfectly; **sich ~ verhalten** to behave impeccably ❷ (*unzweifelhaft*) indisputably, irrefutably, undeniably; ~ **beweisen** to prove conclusively [*or* beyond a shadow of a doubt]; ~ **nachweisen** to provide conclusive [*or* indisputable] [*or* irrefutable] evidence; ~ **feststehen** to be absolutely certain; ■ **es steht ~ fest, dass …** it is an indisputable [*or* irrefutable] [*or* undeniable] fact that …; ~ **erfunden** [*o* **erlogen**] **sein** to be a downright [*or* complete] lie; ~ **Betrug sein** to be [a] complete [*or* a clear case of] fraud, to be a complete swindle

einwärts *adv* inwards, in

ein|wässern *vt* KOCHK *s.* **wässern**

ein|weben *vt irreg* ■ **etw** [**in etw** *akk*] ~ to weave [*or* work] sth in[to sth]; ■ **eingewebt** woven-in *attr*, worked-in *attr*

ein|wechseln [-ks-] *vt* ❶ FIN ■ [**jdm**] **etw** [**in** [*o* **gegen**] **etw** *akk*] ~ to change sth [for sb] [into sth] ❷ SPORT ■ **jdn** [**für jdn**] ~ to bring on sb [for sb] *sep*

ein|wecken *vt* DIAL ■ **etw** ~ to bottle [*or* preserve] sth; ■ **eingeweckt** bottled

Einweckglas *nt* KOCHK preserving [*or* AM canning] jar

Einwegflasche *f* non-returnable bottle **Einwegrasierer** *m* disposable razor **Einwegspritze** *f* disposable needle [*or* syringe] **Einwegverpackung** *f* disposable packaging

ein|weichen *vt* ■ **etw** [**in etw** *dat*] ~ to soak sth [in sth]; ■ **eingeweicht** soaked

ein|weihen *vt* ❶ (*offiziell eröffnen*) ■ **etw** ~ to open sth [officially], to inaugurate sth *form* ❷ (*vertraut machen*) ■ **jdn** [**in etw** *akk*] ~ to initiate sb [into sth]; **jdn in ein Geheimnis** ~ to tell sb about [*or* let sb in on] a secret, to divulge a secret to sb; **jdn in einen Plan** ~ to outline [*or* unveil] [*or* present] a plan to sb

Einweihung <-, -en> *f* ❶ (*das Eröffnen*) [official] opening, inauguration ❷ (*das Vertrautmachen*) initiation

Einweihungsfeier *f* official opening, inauguration

ein|weisen *vt irreg* ❶ MED ■ **jdn** [**in etw** *akk*] ~ to send sb [to sth]; **jdn ins Krankenhaus** ~ to sent sb to hospital; ***der Patient wurde gestern eingewiesen*** the patient was admitted yesterday; **jdn in eine psychiatrische Klinik** ~ to commit sb to a mental hospital ② (*unterweisen*) ▪ **jdn [in etw** *akk*] ~ to brief sb [about sth], to show sb [what sth entails]; ***Ihre Kollegin wird Sie in Ihre neue Tätigkeit*** ~ your colleague will show you what your new job entails ③ AUTO ▪ **jdn [in etw** *akk*] ~ to direct [*or* guide] sb [into sth]; ▪ **sich in etw** *akk* ~ **lassen** to have sb direct [*or* guide] one into sth; ***in enge Parklücken sollte man sich besser*** ~ ***lassen*** it's better to be guided into tight parking spaces

Einweisung *f* ① MED ▪ **jds** ~ **in etw** *akk* sb's admission to sth; ~ **in eine psychiatrische Klinik** committal to a mental hospital ② (*Unterweisung*) ▪ **jds** ~ **[in etw** *akk*] sb's briefing [*or* instruction] [about sth] ③ AUTO ▪ **jds** ~**/die** ~ **einer S. [in etw** *akk*] sb's/the direction [*or* directing] [*or* guiding] of sth [into sth]; **die** ~ **in eine Parklücke** to be guided into a tight parking space

ein|wenden *vt irreg* ▪ **etw [gegen jdn/etw]** ~ to object [*or* make [*or* raise] an objection] [to sb/sth]; ▪ **[dagegen]** ~**, dass** to point out [*or* add] that; **etwas [gegen jdn/etw] einzuwenden haben** to have an objection [to sb/sth]; ***du hast aber auch immer etwas einzuwenden!*** you're always raising some objection or other!; **nichts [gegen jdn/etw] einzuwenden haben** to have no objection [to sb/sth]; ***ich habe nichts [dagegen] einzuwenden*** I have no objection, I don't object, I have nothing against it; **dagegen lässt sich** ~**, dass** an objection could be made that, one could object that; **dagegen lässt sich einiges** ~ there are a number of things to be said against it/that; **dagegen lässt sich nichts** ~ there can be no objection to it/that

Einwendung *f* ① (*Einwand*) objection (**gegen** +*akk* to); **keine** ~**en machen** to have no objections, to not object ② JUR ~**en [gegen etw** *akk*] **machen** to lodge an objection [to sth], to demur [to [*or* at] sth]

ein|werfen *irreg* **I.** *vt* ① (*eine Sendung* ~) ▪ **etw [in etw** *akk*] ~ *Brief* to post [*or* AM mail] sth ② (*durch Wurf zerschlagen*) ▪ **[jdm] etw [mit etw** *dat*] ~ to break [sb's] sth [with sth]; **eine Fensterscheibe** ~ to smash a window ③ SPORT ▪ **etw** ~ to throw sth in ④ (*etw zwischendurch bemerken*) ▪ **etw** ~ to throw sth in; **eine Bemerkung** ~ to throw in a comment [*or* remark], to interject *form* **II.** *vi* ① SPORT to throw in ② (*zwischendurch bemerken*) ▪ ~**, dass** to throw in [*or* interject] that

ein|wickeln *vt* ① (*in etw wickeln*) ▪ **etw [in etw** *akk*] ~ to wrap [up] sth in sth ② (*einhüllen*) ▪ **jdn [in etw** *akk*] ~ to wrap sb up [in sth]; ***wickle das Kind in diese Decke ein*** wrap the child [up] in this blanket; ▪ **sich [in etw** *akk*] ~ to wrap oneself up [in sth]; ***wickle dich schön warm ein!*** wrap yourself up warmly! ③ (*fam: überlisten*) ▪ **jdn [durch etw** *akk*] ~ to fool sb [with sth]; (*fam*) to take sb in; **jdn durch Schmeicheleien** ~ to butter up to sb; ▪ **sich [von jdm/etw]** ~ **lassen** to be fooled [*or* taken in] [by sb/sth]

Einwickelpapier *nt* wrapping paper

ein|willigen *vi* ▪ **[in etw** *akk*] ~ to consent [*or* agree] [to sth]

Einwilligung <-, -en> *f* (*Zustimmung*) consent, agreement; ***ohne meine*** ~ without my consent; ▪ **jds** ~ **in etw** *akk* sb's consent [*or* agreement] to sth; **seine** ~ **[zu etw** *dat*] **geben** to give one's blessing [*or* consent] [to sth]

ein|wintern *vi* SCHWEIZ (*Winter werden*) to become winter

ein|wirken **I.** *vi* ① (*beeinflussen*) ▪ **auf jdn/etw** ~ to have an effect [*or* influence] on sb/sth; **etw auf sich** *akk* ~ **lassen** to let sth soak in; ***er ließ das Kunstwerk auf sich*** ~ he soaked the work in ② PHYS, CHEM (*Wirkung entfalten*) ▪ **auf etw** *akk* ~ to react to sth; **etw** ~ **lassen** to let sth work in; ***du musst die Creme auftragen und*** ~ ***lassen*** apply the cream and let it be absorbed **II.** *vt* (*fachspr: einweben*) ▪ **etw in etw** *akk* ~ **ein Muster in einen Stoff** ~ to work a pattern into a cloth

Einwirkung *f* ▪ **jds** ~ **auf jdn** sb's influence on sb; **unter [der]** ~ **von etw/einer S.** *gen* under the influence of sth; ***unter [der]*** ~ ***von Drogen*** under the influence of drugs; ***sie stand unter [der]*** ~ ***eines Schocks*** she was suffering from [the effects of] shock; ***nach*** ~ ***der Salbe*** when the ointment has worked in

Einwirkungsmöglichkeit *f* (*Möglichkeit der Einwirkung*) influence; ***ich sah da keinerlei*** ~***en meinerseits*** I had no influence on [*or* no say in] the matter, I didn't think there was anything I could do about; **eine** ~**/**~**en haben** to bring influence to bear on sth

einwöchig *adj* one-week *attr,* lasting one week *pred*

Einwohner(in) <-s, -> *m(f)* inhabitant

Einwohnerkontrolle *f* SCHWEIZ *s.* **Einwohnermeldeamt** **Einwohnermeldeamt** *nt* ADMIN *residents' registration office* **Einwohnerrat** *m* ADMIN SCHWEIZ ① (*Gemeindeparlament in einigen Kantonen*) *regional parliament in larges cantons* ② (*Mitglied des Gemeindeparlaments*) *member of the regional parliament*

Einwohnerschaft <-, -en> *meist pl f* (*geh*) population *no pl,* inhabitants

Einwohnerschwund *m* falling [*or* declining] number of inhabitants; *eines Landes* declining population; **ein starker** ~ a sharp [*or* drastic] drop in the number of inhabitants

Einwohnerzahl *f* population, number of inhabitants

Einwurf *m* ① (*geh: das Hineinstecken*) *Münzen* insertion; *Briefe, Pakete* posting; ***denke bitte an den*** ~ ***des Briefes*** don't forget to post the letter; ~ **2 Mark** insert 2 marks [into the slot]; ~ **hier** [*o* **hier** ~] insert here ② SPORT throw-in; ***falscher*** ~ foul throw ③ (*Zwischenbemerkung*) interjection ④ (*schlitzartige Öffnung*) slit

ein|wurzeln *vi sein* FORST, HORT to take root

Einzahl *f* LING singular

ein|zahlen *vt* FIN ▪ **etw [auf etw** *akk*] ~ to pay sth [into sth]; ***die Spenden können auf ein Konto eingezahlt werden*** donations can be paid into an account

Einzahlung *f* FIN (*das Einzahlen*) payment, deposit

Einzahlungsbeleg *m* FIN credit slip **Einzahlungsformular** *nt* FIN paying-in slip BRIT, deposit slip AM **Einzahlungsschalter** *m* FIN paying-in [*or* AM deposit] counter **Einzahlungsschein** *m* ① FIN stub, counterfoil *esp* BRIT ② SCHWEIZ *s.* **Zahlkarte**

ein|zäunen *vt* ▪ **etw** ~ to fence sth in; ▪ **eingezäunt** fenced in

Einzäunung <-, -en> *f* ① (*Zaun*) fence ② (*das Einzäunen*) fencing

ein|zeichnen *vt* ▪ **etw [auf etw** *dat*] ~ to draw [*or* mark] sth in [on sth]; ▪ **eingezeichnet sein** to be drawn [*or* marked] in; ***ist der Ort auf der Karte eingezeichnet?*** is the place marked on the map?

Einzel <-s, -> *nt* TENNIS singles + *sing vb;* ***sie gewann das*** ~ ***gegen die Weltranglistendritte*** she won her singles against the world's number three; **im** ~ at singles

Einzelausgabe *f* MEDIA separate edition, special edition **Einzelband** *m* single volume **Einzelbett** *nt* single bed **Einzelblatteinzug** *m* TYPO cut-sheet feed, single sheet feed **Einzelfahrschein** *m* single ticket BRIT, one-way ticket AM **Einzelfall** *m* individual case; ***das Gericht muss jeden ~ prüfen*** the court must look at each case individually; **im ~** in each case; **kein ~ sein** to be no exception, to not be an isolated case; ***damit bist du kein ~*** you're not the only one **Einzelfrage** *f meist pl* detailed question **Einzelgänger(in)** <-s, -> *m(f)* (*Mensch, Tier*) loner, lone wolf **Einzelgewerkschaft** *f* ÖKON single union **Einzelhaft** *f* JUR solitary confinement; **jdn in ~ halten** to keep sb in solitary confinement

Einzelhandel *m* ÖKON retail trade; ***das ist der Preis für den ~*** that is the retail price; **im ~** retail; ***diese Artikel sind nur im ~ erhältlich*** these items are only available retail; ***im ~ kostet die Uhr 4500 DM*** the watch retails at 4,500 marks

Einzelhandelsgeschäft *nt* ÖKON retail outlet [*or* shop] **Einzelhandelskaufmann, -kauffrau** *m, f* trained retail salesman *masc,* trained retail saleswoman *fem* **Einzelhandelspreis** *m* ÖKON retail price

Einzelhändler(in) *m(f)* ÖKON retailer, retail trader

Einzelhaus <-es, -häuser> *nt* detached house

Einzelheit <-, -en> *f* detail; ***ich kann nicht jede ~ behalten*** I can't remember all the details; ***in der Dunkelheit kann man keine ~en sehen*** in the dark you cannot see anything in detail; **auf ~en eingehen** to go into detail[s]; **in allen ~en beschreiben** [*o* **schildern**] to describe in [great] detail; **bis in die kleinsten ~en** right down to the last detail; **sich in ~en verlieren** to get bogged down in detail

Einzelkabine *f* ① NAUT single cabin ② (*Umkleidekabine*) [individual] cubicle **Einzelkampf** *m* SPORT individual competition; MIL single combat **Einzelkind** *nt* only child **Einzelleistung** *f* individual performance

Einzeller <-s, -> *m* BIOL single-celled [*or* unicellular] organism

einzellig *adj* BIOL single-cell[ed], unicellular

einzeln **I.** *adj* ① (*für sich allein*) separate, individual; ***~e Teile des Geschirrs können nachgekauft werden*** individual pieces of this crockery can be purchased at a later date; ***ein ~er Mensch könnte alle Aufgaben erledigen*** one person alone could not do all the work ② (*detailed*) ■ **E~es** some; ***an E~es erinnere ich mich noch gut*** I can remember some things very well ③ (*individuell*) individual; ■ **der/die E~e** the individual; **als E~er** as an individual; **ein E~er/eine E~e** an individual, a single person; ***was kann ein E~er schon dagegen ausrichten?*** what can one person do on his own?; **jede[r, s] E~e** each individual; ***ich erwarte von jedem E~en von Ihnen, dass er seine Pflicht tut*** I expect [each and] every one of you to do your duty ④ (*allein stehend*) single, solitary; ***im Feld stand eine ~e Eiche*** a solitary oak tree stood in the field; ***die ganzen Felder gehören zu dem ~en Gehöft dort*** all the fields belong to that one farm ⑤ *pl* (*einige wenige*) some, a few, a handful; ***erst waren es nur ~e Arbeiter*** at the beginning there were only a few workers ⑥ *pl* METEO scattered; **~e Schauer** scattered showers **II.** *adv* (*separat*) separately; ***wir kamen ~*** we came separately; **im E~en** in detail; **etw ~ aufführen** to list sth separately; **bitte ~ eintreten!** please come in one at a time

Einzelperson *f* (*geh*) single person **Einzelradaufhängung** *f* AUTO independent suspension **Einzelstück** *nt* unique object [*or* piece], individual item; ***~e verkaufen wir nicht*** we do not sell these items singly **Einzeltäter(in)** *m(f)* JUR lone operator **Einzelteil** *nt* (*einzelnes Teil*) separate [*or* individual] part; ***ein Puzzle besteht aus vielen ~en*** a jigsaw puzzle has many separate parts; *Ersatzteil* spare [*or* replacement] part; **etw in seine ~e zerlegen** to take sth to pieces **Einzelzelle** *f* JUR, BIOL single cell **Einzelzimmer** *nt* MED, TOURIST single room

ein|zementieren* *vt* BAU ■ **etw [in etw** *akk*] ~ to cement sth [into sth]; **etw in die Wand ~** to set sth into the wall; ***der Safe ist einzementiert*** the safe is built [*or* set] into the concrete

ein|ziehen *irreg* **I.** *vt haben* ① FIN (*kassieren*) ■ **etw ~** *Beiträge, Gelder* to collect sth ② ADMIN (*aus dem Verkehr ziehen*) ■ **etw ~** to withdraw sth, to call sth in; ***die alten Banknoten wurden eingezogen*** the old banknotes were withdrawn from circulation ③ ADMIN (*beschlagnahmen*) ■ **etw ~** to take sth away; **Vermögen ~** to confiscate property; **einen Führerschein ~** to take away a driving licence ④ MIL (*einberufen*) **jdn [zum Militär] ~** to conscript [*or* call up] [*or* AM draft] sb [into the army] ⑤ (*nach innen ziehen*) ■ **etw ~** to take sth in; ***der Kopierer zieht die Blätter einzeln ein*** the photocopier takes in the sheets one by one ⑥ ZOOL (*zurückziehen*) ■ **etw ~** to draw in [*or* retract] sth ⑦ (*in die Gegenrichtung bewegen*) ■ **etw ~** to draw [*or* pull] in sth; **die Schulter ~** to hunch one's shoulder; **den Kopf ~** to duck one's head; ***der Hund zog den Schwanz ein*** the dog put its tail between its legs; ***mit eingezogenem Schwanz*** (*fig*) with his/her/its tail between his/her/its legs ⑧ AUTO, NAUT (*einfahren*) ■ **etw ~** *Antenne, Periskop* to retract sth ⑨ (*beziehen*) ■ **etw [in etw** *akk*] ~ to thread sth [in sth]; (*hineinstecken*) to put sth [into sth]; **ein Kissen in einen Bezug ~** to put a pillow in a pillowcase ⑩ BAU **eine Wand ~** to put in a wall ⑪ (*einsaugen*) ■ **etw ~** to draw [*or* suck] up sth; **Luft ~** to breathe in **II.** *vi sein* ① (*in etw ziehen*) ■ **[bei jdm/in etw** *akk*] ~ to move in [with sb/into sth]; ***wer ist im dritten Stock eingezogen?*** who has moved in on the third floor? ② POL ■ **in etw** *akk* ~ to take office in sth; ***er wurde gewählt und zog ins Parlament ein*** he was elected and took his seat in parliament ③ SPORT (*einmarschieren*) ■ **in etw** *akk* ~ to march [*or* parade] into sth; ***die einzelnen Mannschaften zogen in das Olympiastadion ein*** the individual teams marched [*or* paraded] into the Olympic stadium; MIL to march into sth ④ (*einkehren*) ■ **[bei jdm]** ~ to come [to sb]; ***nach dem Krieg zogen wieder Ruhe und Ordnung im Land ein*** after the war law and order returned to the country ⑤ (*eindringen*) ■ **[in etw** *akk*] ~ to soak [into sth]

Einziehung *f* ① (*Beschlagnahme*) confiscation, seizure ② (*Anfordern*) *Gelder, Steuern* collection; *Gebühren a.* recovery; (*aus dem Verkehr*) withdrawal; **~ einer Forderung** collection of a claim; (*Schulden*) recovery of a debt ③ MIL conscription, call-up, drafting AM; *Fahrzeug* requisitioning

einzig **I.** *adj* ① *attr* only, sole; ***wir haben nur eine ~e Möglichkeit*** there is only one thing we can do, we have only one chance ② (*alleinige*) ■ **der/die E~e** the only one; ***du bist der E~e, dem ich vertraue*** you are the only one I trust; ***das ist das E~e, was zählt*** that is the only thing that counts; ***er hat als E~er das Ziel erreicht*** he was the only one to reach the finish; ***das ~ Gute wäre, das Auto zu verkaufen*** the best thing to do would be to sell the car; ***kein ~er Gast blieb nach dem Essen*** not one solitary guest stayed behind after the meal; ***nur noch ein ~er Apfel ist übrig geblieben*** there is still one solitary apple left ③ (*fam: unglaublich*) ■ **ein ~er/eine ~e/ein ~es ...** a complete/ an absolute ...; ***seine Wohnung ist eine ~e Sauerei*** his flat is an absolute [*or* BRIT *fam!* bloody] disgrace; ***12 Stunden täglich am Monitor, das ist eine ~e Quälerei*** 12 hours a day at the computer is sheer murder; ***die Situation ist ein ~er Schlamassel*** the situation is a right [*or* an absolute] mess ④ *pred* (*einzigartig*) ■ **~ sein** to be unique ⑤ (*jds ~es Kind*) sb's only child **II.** *adv* (*ausschließlich*) only, solely; ***das hat er ~ dir zu verdanken*** he owes that entirely to you; ***die ~ mögliche Lösung*** the only possible solution; ~ **und allein** solely; ***es liegt ~ und allein an Ihnen*** it is entirely up to you **einzigartig** I. *adj* unique; ***das Bild war ~ schön*** the painting was astoundingly beautiful II. *adv* astoundingly

Einzigartigkeit <-> *f kein pl* uniqueness

Einzimmerwohnung *f* one-room flat [*or* AM apartment]

einzonen *vt* ■**etw** ~ ADMIN SCHWEIZ to divide into zones [*or* areas]

Einzug *m* ❶ (*das Einziehen*) ■**der/jds** ~ [**in etw** *akk*] the/sb's move [into sth]; **der ~ in ein Haus/eine Wohnung etc.** the/sb's move into a house/flat BRIT [*or* AM apartment] ❷ POL ***bei dieser Wahl gelang der Partei der ~ ins Parlament*** at this election the party won seats in Parliament ❸ (*der Beginn*) **seinen ~ halten** to arrive; ***der Winter hat ~ gehalten*** winter arrived ❹ MIL (*Einmarsch*) entry ❺ FIN (*das Kassieren*) collection ❻ TYPO (*Abstand einer Druckzeile vom linken Zeilenrand*) indentation

Einzüger *m* SCHWEIZ (*Einzieher von geschuldeten Geldbeträgen*) debt collector

Einzugsbereich *m*, **Einzugsgebiet** *nt* catchment area **Einzugsermächtigung** *f* FIN direct debit authorization

ein|zwängen I. *vt* ❶ (*beengen*) ■**jdn** ~ to constrain [*or* constrict] sb ❷ (*in etw zwängen*) ■**etw** [**in etw** *akk*] ~ to jam [*or* squeeze] [*or* wedge] sth [into sth] ❸ (*hineinzwingen*) ■**jdn** [**in etw** *akk*] ~ to squeeze sb [into sth]; ***jdn in ein Korsett ~*** to squeeze sb into a corset II. *vr* (*sich hineinzwängen*) ■**sich in etw** *akk* ~ to squeeze oneself into sth; **sich** [**in etw** *dat*] **eingezwängt fühlen** to feel constricted [in sth]

Einzylindermotor *m* TECH one- [*or* single-] cylinder engine

Eis <-es> *nt kein pl* ❶ (*gefrorenes Wasser*) ice; **zu ~ gefrieren** to freeze [*or* turn] to ice ❷ (*Eisdecke*) ice; ***aufs ~ gehen*** to go onto the ice; ~ **laufen** to ice-skate; ~ **Laufen** ice skating ❸ KOCHK (*Eiswürfel*) ice [cube]; ***eine Cola mit ~, bitte!*** a coke with ice, please; ***einen Whisky mit ~, bitte!*** a whisky on the rocks, please; (*Nachtisch*) ice [cream]; ~ **am Stiel** KOCHK ice[d] lolly BRIT, Popsicle® AM ▶ WENDUNGEN: **das ~ brechen** to break the ice; **jdn aufs ~ führen** to take sb for a ride *fam,* to lead sb up the garden path; **etw auf ~ legen** (*fam*) to put something on ice; **auf ~ liegen** to be on hold

Eisbahn *f* SPORT ice rink **Eisbär** *m* ZOOL polar bear **Eisbecher** *m* KOCHK ❶ (*Pappbecher*) [ice-cream] tub; (*Metallschale*) sundae dish ❷ (*Eiscreme*) sundae **Eisbein** *nt* KOCHK knuckle of pork **Eisberg** *m* GEOG iceberg; *s.* **Spitze Eisbeutel** *m* ice pack **Eisblock** *m* block of ice **Eisblume** *f meist pl* frost pattern **Eisbombe** *f* KOCHK bombe glacée **Eisbrecher** *m* NAUT icebreaker **Eiscafé** *nt* ❶ (*Eisdiele*) ice cream parlour [*or* AM -or] ❷ *s.* **Eiskaffee**

Eischnee *m* KOCHK beaten egg-white

Eiscreme [-kreːm], **Eiskrem** *f* KOCHK ice cream **Eisdecke** *f* sheet of ice **Eisdiele** *f* ice cream parlour [*or* AM -or]

Eisen <-s, -> *nt* ❶ *kein pl* CHEM, BERGB iron; ***der Zaun ist aus ~*** the fence is made of iron ❷ TECH (*Eisenbeschlag*) iron fitting ❸ (*beim Golf*) iron ▶ WENDUNGEN: **noch ein/mehrere ~ im Feuer haben** (*fam*) to have another/more than one iron in the fire; **zum alten ~ gehören** [*o* **zählen**] (*fam*) to be on the scrap heap *fam;* **ein heißes ~** a hot potato; **ein heißes ~ anfassen** to take the bull by the horns; **man muss das ~ schmieden, solange es heiß ist** (*prov*) one must strike while the iron is hot *prov*

Eisenbahn *f* ❶ (*Zug*) train ❷ (*Spielzeug~*) train set ▶ WENDUNGEN: **es ist** [**aller**]**höchste ~** (*fam*) it is high time, there is no more time to waste

Eisenbahner(in) <-s, -> *m(f)* (*fam*) railway employee, railroader AM

Eisenbähnler *m* SCHWEIZ (*fam*) *s.* **Eisenbahner**

Eisenbeschlag *m* iron band **eisenbeschlagen** *adj* with iron fittings; ~**e Stiefel** steel capped [*or* AM toe] boots **Eisenerz** *nt* CHEM, BERGB iron ore **Eisengehalt** *m* CHEM iron content **Eisengießerei** *f* TECH iron foundry **eisenhältig** *adj* ÖSTERR *s.* **eisenhaltig eisenhaltig** *adj* CHEM iron [*or form* ferruginous] bearing; ■~ **sein** to contain iron **Eisenhut** *m* ❶ HIST iron helmet ❷ BOT **blauer ~** monk's hood, aconite **Eisenindustrie** *f* ÖKON iron industry; *s.* **Eisen- und Stahlindustrie Eisenkraut** *nt* BOT verbena **Eisenmangel** *m* MED iron deficiency **Eisenoxid** *nt* CHEM ferric oxide **Eisenpräparat** *nt* PHARM iron tablets **Eisenspäne** *pl* iron filings **Eisenstange** *f* iron bar **Eisen- und Stahlindustrie** *f* ÖKON iron and steel industry **Eisenverbindung** *f* CHEM iron compound

Eisenwaren *pl* ÖKON ironmongery *no pl, no art* BRIT, hardware *no pl, no art*

Eisenwarenhändler(in) *m(f)* ÖKON ironmonger BRIT, hardware dealer AM **Eisenwarenhandlung** *f* ÖKON ironmonger's [shop] BRIT, hardware store AM

Eisenzeit *f kein pl* ARCHÄOL Iron Age

eisern I. *adj* ❶ *attr* CHEM iron ❷ (*unnachgiebig*) iron, resolute; ~**e Energie** unflagging [*or* indefatigable] energy; ~**e Ruhe** unshakeable patience; ■~ **sein** [*o* **bleiben**] to be/remain resolute; ***und wenn du noch so bettelst, da bin/bleibe ich ~!*** however much you beg, I will not change my mind; **mit ~em Besen auskehren** (*fig*) to make a clean sweep ❸ (*fest*) firm ❹ *attr* (*für Notfälle*) iron; **jds ~e Reserve** sb's nest egg ▶ WENDUNGEN: **aber ~!** (*fam*) of course [*or* absolutely] II. *adv* resolutely; ***sie hat sich ~ an den Plan gehalten*** she stuck firmly [*or* steadfastly] to the plan

Eiseskälte *f* (*geh*) icy cold

Eisfläche *f* [surface of the] ice **eisfrei** *adj* METEO, GEOG free of ice; ~ **bleiben** to remain ice-free **eisgekühlt** *adj* KOCHK ice-cold; ***ist das Bier ~?*** is that beer [*or* out of the fridge] really cold? **Eisglätte** *f* black ice **Eisheilige** *pl* ■**die** [**drei**] ~**n** *3 saints'days, about 12th-14th May, which are often cold and after which further frost is rare* **Eishockey** *nt* SPORT ice hockey

eisig I. *adj* ❶ (*bitterkalt*) icy; **ein ~er Wind** an icy [*or* bitter] wind ❷ (*abweisend*) icy; **ein ~es Schweigen** a frosty [*or* chilly] silence; **eine ~e Ablehnung** cold rejection ❸ (*jäh*) chilling; ***ein ~er Schreck durchfuhr sie*** a cold shiver ran through her ❹ (*frostig*) icy, cold; **ein ~es Lächeln** a frosty smile II. *adv* coolly

Eiskaffee *m* KOCHK ❶ (*selten*) iced coffee ❷ (*Kaffee mit Vanilleeis und Schagsahne*) chilled coffee with vanilla ice cream and whipped cream **eiskalt** I. *adj* ❶ (*bitter kalt*) ice-cold; ***du hast ja ~e Füße*** your feet are ice-cold [*or fam* like blocks of ice] ❷ (*kalt und berechnend*) cold and calculating, cold-blooded; ***dieser ~e Mörder*** this cold-blooded murderer ❸ (*dreist*) cool; **eine ~e Abfuhr bekommen** to be snubbed [*or* rebuffed] by sb II. *adv* (*kalt und berechnend*) coolly; **jdn ~ anblicken** to look coolly at sb; ***sie macht das ~*** she does it without turning a hair **Eiskasten** *m* ÖSTERR refrigerator **Eisklettern** *nt* SPORT ice climbing **Eiskratzer** *m* AUTO ice scratch **Eiskristall** *nt* ice crystal **Eiskunstlauf** *m* SPORT figure skating **Eiskunstläufer(in)** *m(f)* SPORT figure skater **Eislaufen** <-s> *nt kein pl s.* **Eis 2 Eismaschine** *f* KOCHK ice cream machine **Eismeer** *nt* GEOG polar sea; **Nördliches/Südliches ~** Arctic/Antarctic Ocean **Eismühle** *f* ice crusher **Eisnebel** *m* METEO freezing fog **Eispickel** *m* SPORT ice axe [*or* pick]

Eisprung *m* MED ovulation

Eisregen *m* METEO sleet **Eisrevue** *f* SPORT ice show **Eissalat** *m* iceberg lettuce **Eissalon** *m* DIAL (*veraltend*) *s.* **Eisdiele** **Eisschicht** *f*, **Eisschichte** *f* ÖSTERR layer of ice **Eisschießen** *nt* SPORT curling **Eisschnellauf** *m* SPORT *s.* **Eisschnelllauf** **Eisschnellaufbahn** *f s.* **Eisschenlllaufbahn** **Eisschnelläufer(in)** *m(f)* SPORT *s.* **Eisschnellläufer** **Eisschnelllauf**RR *m* SPORT speed skating **Eisschnelllaufbahn**RR *f* speed skating circuit **Eisschnellläufer(in)**RR *m(f)* SPORT speed skater **Eisscholle** *f* ice floe **Eisschrank** *m* (*veraltend*) *s.* **Kühlschrank**

Eisspeedway [-spi:dweɪ] *nt* (*Sportdisziplin*) speedway ice racing; (*Bahn*) ice speedway **Eisspeedwayfahrer(in)** [-spi:dweɪ-] *m(f)* speedway ice racer **Eissport** *m* ice sports *pl* **Eisstadion** *nt* SPORT ice rink **Eisstoß** *m* ÖSTERR (*Eisstau*) *blockage in river caused by ice floes* **Eissturmvogel** *m* ORN northern fulmar **Eistorte** *f* KOCHK ice cream cake **Eisverkäufer(in)** *m(f)* ice cream man **Eisvogel** *m* ORN kingfisher; ZOOL (*Schmetterling*) white admiral **Eiswaffel** *f* ice cream wafer; (*Eistüte*) wafer cone **Eiswasser** *nt* icy water; ***ein Glas*** ~ a glass of ice cold water **Eiswein** *m* KOCHK *wine made from grapes hardened by frost* **Eiswürfel** *m* ice cube; ***nehmen Sie*** ~ ***in die Cola?*** do you have ice in your coke? **Eiszapfen** *m* METEO icicle **Eiszeit** *f* ❶ GEOL Ice Age, glacial epoch *form* ❷ POL cold war **eiszeitlich** *adj* GEOL ice age, of the Ice Age

eitel *adj* ❶ (*pej: selbstgefällig*) vain; (*eingebildet*) conceited; *s.* **Freude**, **Pfau** ❷ (*veraltend geh*) vain; ***seine Hoffnungen erwiesen sich als*** ~ his hopes proved to be all in vain

Eitelkeit <-, -en> *f* (*pej*) vanity

Eiter <-s> *m kein pl* MED pus *no pl, no indef art*

Eiterbeule *f* ❶ MED boil ❷ (*fig: Übelstand*) canker *fig* **Eiterbläschen** *nt* MED pustule **Eitererreger** *m* MED pyogenic organism **Eiterherd** *m* MED suppurative focus

eit(e)rig *adj* MED *Ausfluss* purulent; *Geschwür, Pickel, Wunde* festering, suppurating; ■ ~ **sein** to fester, suppurate; (*mit Eiter getränkt*) pus-covered

eitern *vi* MED to fester, discharge pus, suppurate

Eiterpickel *m* MED pimple [with pus]

eitrig *adj s.* **eiterig**

Eiweiß *nt* ❶ CHEM protein ❷ KOCHK [egg] white, white of an egg; ~ **schaumig** [*o* **steif**] [*o* **zu Schnee**] **schlagen** to beat the egg white until it is stiff

eiweißarm I. *adj* low in protein; ~**e Kost** a low-protein diet II. *adv* (*mit zu wenig Protein*) low in protein; ***Sie ernähren sich zu*** ~ you are not getting enough protein **eiweißhaltig** *adj* containing protein **eiweißreich** *adj* rich in protein *pred*

Eizelle *f* BIOL ovum, egg cell AM *fam*

Ejakulat <-[e]s, -e> *nt* MED ejaculate, ejaculated semen

Ejakulation <-, -en> *f* BIOL ejaculation; **zur** ~ **kommen** to ejaculate, climax

ejakulieren* *vi* BIOL to ejaculate

Ekel[1] <-s> *m kein pl* disgust, revulsion; ***der*** ~ ***würgte ihn*** he [*or* felt nauseous] was overcome by nausea; ~ **erregend** nauseating, revolting, disgusting; **vor jdm/etw einen** ~ **haben** [*o* **empfinden**] to loathe sb/sth; **vor** ~ in disgust [*or* revulsion]; ***sie musste sich vor*** ~ ***übergeben*** she was so nauseated that she vomited

Ekel[2] <-s, -> *nt* (*fam*) revolting person

ekelerregend *adj s.* **Ekel**[1]

ekelhaft I. *adj* ❶ (*widerlich*) disgusting, revolting; ***ich habe so einen*** ~***en Geschmack im Mund*** I have got a nasty [*or* vile] taste in my mouth; ***so etwas E~es wie diese Würmer*** such revolting things like these worms ❷ (*fam: unangenehm*) nasty; ***sei nicht so*** ~ ***zu ihr*** don't be so nasty to her II. *adv* ❶ (*widerlich*) disgusting; ***der Käse riecht*** ~ the cheese smells awful ❷ (*fam: unangenehm*) horribly

ek(e)lig <-er, -ste> *adj s.* **ekelhaft 1**

ekeln I. *vt* ■**jdn** ~ to disgust [*or* revolt] [*or* nauseate] sb II. *vt impers* ■**es ekelt jdn** [**vor jdm/etw**] sb/sth disgusts sth/sb; ***es ekelt mich vor diesem Anblick*** the sight of it disgusts me III. *vr* ■**sich** [**vor jdm/etw**] ~ to find sth/sb disgusting [*or* revolting] [*or* nauseating]; ***sie ekelte sich vor seinen Frettchen*** she found his ferrets revolting

EKG <-s, -s> *nt* MED *Abk von* **Elektrokardiogramm** ECG; [**sich** *dat*] **ein** ~ **machen lassen** to have an ECG; **jdm ein** ~ **machen** to do an ECG for sb

Eklat <-s, -s> [e'kla:] *m* (*geh*) sensation; **einen** ~ **verursachen** to cause a stir [*or* sensation]; ***es kam zu einem*** ~ a dispute broke out

eklatant <-er, -este> *adj* (*geh*) **ein** ~**es Beispiel** a striking example; **ein** ~**er Fall** a spectacular [*or* sensational] case; **ein** ~**er Fehler** a glaring error

Eklipse <-, -n> *f* ASTRON eclipse

Ekstase <-, -n> *f* ecstasy; [**über etw** *dat*] **in** ~ **geraten** to go into ecstasies [over sth]; **jdn zur** ~ **treiben** to drive sb to the limits; (*jdn zum Orgasmus bringen*) to drive sb wild; **jdn in** ~ **versetzen** to send sb into ecstasies

ekstatisch *adj* (*geh*) ecstatic

Ekuadorianer(in) <-s, -> *m(f) s.* **Ecuadorianer**

ekuadorianisch *adj s.* **ecuadorianisch**

Ekzem <-s, -e> *nt* MED eczema

Elaborat <-[e]s, -e> *nt* (*pej geh*) concoction

Elan <-s> *m kein pl* élan, zest, vigour [*or* AM -or]; **mit** ~ with élan [*or* vigour]; **etw mit viel** ~ **tun** to do sth vigorously

Elast <-[e]s, -e> *meist pl m o nt* SCHWEIZ (*Gewebe, Band aus elastischem Material*) elastic

elastisch I. *adj* ❶ (*flexibel*) elastic, flexible; *Federkern, Karosserieaufhängung, Lattenrost* springy; *Stoff, Binde* stretchy ❷ (*spannkräftig*) *Gelenk, Muskel, Mensch* supple; *Gang* springy; ***im Alter ist man nicht mehr so*** ~ when you are old you are no longer supple II. *adv* supply; ***der Bügel schnellte*** ~ ***zurück*** the safety catch sprang back easily

Elastizität <-, -en> *meist sing f* ❶ (*elastische Beschaffenheit*) elasticity; *Lattenrost, Federkern* springiness ❷ (*Spannkraft*) *Muskel, Mensch, Leder* suppleness; *Gang* springiness

Elbe <-> *f* GEOG river Elbe

Elbsandsteingebirge *nt* Elbsandsteingebirge

Elch <-[e]s, -e> *m* ZOOL elk

Eldorado <-s, -s> *nt* eldorado; ***Las Vegas gilt als das*** ~ ***der Spieler*** Las Vegas is known as the gambler's paradise [*or* eldorado]

Electronic Banking <-> [elɛk'trɔnɪk'bɛŋkɪŋ] *nt kein pl* electronic banking

Elefant <-en, -en> *m* ZOOL elephant ▶ WENDUNGEN: **wie ein** ~ **im** <u>**Porzellanladen**</u> (*fam*) like a bull in a china shop

Elefantenbaby [-be:bi] *nt* ❶ ZOOL baby elephant ❷ (*pej fam*) baby; ***er hat die Körpergröße eines Mannes, aber er ist das reinste*** ~ he is the size of a man but he is still only a baby **Elefantenbulle** *m* ZOOL bull elephant **Elefantenhochzeit** *f* (*fam*) *merger of two or more very big companies* **Elefantenkuh** *f* ZOOL cow elephant **Elefantenrüssel** *m* ZOOL elephant's trunk

elegant I. *adj* ❶ (*vornehm*) elegant; ***die*** ~***e Welt*** (*veraltet*) high society ❷ (*gewandt*) elegant; ***die Probleme auf*** ~***e Weise lösen*** to find an elegant solution to the problems II. *adv* ❶ MODE elegantly ❷ (*geschickt*) nimbly; ***er zog sich*** ~ ***aus der Affäre*** he deftly extricated himself from the incident

Eleganz <-> *f kein pl* ❶ (*geschmackvolle Beschaffenheit*) elegance ❷ (*Gewandtheit*) deftness
Elegie <-, -ien> [*pl* -'gi:ən] *f* LIT elegy
elegisch *adj* ❶ LIT (*die Gedichtform der Elegie betreffend, in Form einer Elegie*) elegiac ❷ (*voll Schwermut, wehmütig*) elegiac; *Stimmung* mood
Elektorat <-[e]s, -e> *nt* HIST (*Kurfürstenwürde, Kurwürde*) rank of elector, electoral prince
elektrifizieren* *vt* BAHN ■ **etw** ~ to electrify sth
Elektrifizierung <-, -en> *f* BAHN electrification
Elektrik <-, -en> *f* ❶ (*elektrische Ausstattung*) electrical system ❷ (*Elektrotechnik*) electrics
Elektriker(in) <-s, -> *m(f)* electrician; ~ **sein** to be an electrician
elektrisch I. *adj* ❶ (*durch Strom bewirkt*) electric; ~**e Entladung**/~**es Feld**/~**er Widerstand** electrical discharge/field/resistance; ~**er Schlag**/**Strom** electric shock/current ❷ (*mit Strom betrieben*) electrical; ~**e Geräte** electrical appliances ❸ (*Strom führend*) ~**e Leitung**/~**es Kabel** electric wire/cable II. *adv* (*mit elektrischem Strom*) electric; ***er rasierte sich lieber ~ als nass*** he prefers an electric rasor to having a wet shave; ~ **betrieben** powered by electricity; **das geht alles** ~ it's all automatic; ~ **geladen** electrified; *s.* **Stuhl, Strom**
elektrisieren* I. *vt* ❶ (*fig*) to electrify ❷ (*aufladen*) to charge with electricity ❸ MED ■ **jdn** ~ to treat with electricity II. *vr* (*einen elektrischen Schlag bekommen*) ■ **sich** [**an etw** *dat*] ~ to give oneself an electric shock; **wie elektrisiert** [as if he had been] electrified
Elektrizität <-> *f kein pl* electricity; **statische** ~ static electricity
Elektrizitätsgesellschaft *f* ÖKON electric power company **Elektrizitätsversorgung** *f* ELEK [electric] power supply **Elektrizitätswerk** *nt* ❶ ELEK (*Anlage*) [electric] power station ❷ *s.* **Elektrizitätsgesellschaft**
Elektroantrieb *m* AUTO electric drive **Elektroartikel** *m* ÖKON electrical appliance **Elektroauto** *nt* electric car **Elektrochemie** *f* CHEM electrochemistry **elektrochemisch** *adj* CHEM electrochemical
Elektrode <-, -n> *f* electrode
Elektroenzephalogramm *nt* MED electroencephalogram, EEG
Elektrofahrzeug *nt* AUTO electric vehicle **Elektrogerät** *nt* TECH electrical appliance **Elektrogeschäft** *nt* electrical [*or* AM store] shop **Elektroherd** *m* ELEK electric cooker **Elektroindustrie** *f* ÖKON electrical industry **Elektroingenieur(in)** *m(f)* electrical engineer **Elektroinstallateur(in)** *m(f)* electrician **Elektrokardiogramm** *nt* MED electrocardiogram, ECG **Elektrokarren** *m* AUTO small electric truck
Elektrolyse <-, -n> *f* electrolysis
Elektrolyt <-en, -en> *m* CHEM, MED electrolyte
elektrolytisch *adj* electrolytic
Elektromagnet *m* electromagnet **elektromagnetisch** I. *adj* electromagnetic II. *adv* electromagnetically **Elektromagnetismus** *m* PHYS electromagnetism **Elektromotor** *m* electric motor
Elektron <-s, -tronen> ['e:lɛktrɔn, e'lɛktrɔn, elɛk'tro:n] *nt* NUKL electron
Elektronenblitz *m* TECH electronic flash **Elektronenblitzgerät** *nt* (*veraltend*) *s.* Elektronenblitz **Elektronenhülle** *f* NUKL electron shell [*or* cloud] **Elektronenmikroskop** *nt* SCI electron microscope **Elektronenstrahl** *m* PHYS electron [*or* cathode] ray **Elektronentransport** *m* BIOL eletron transport
Elektronik <-, -en> *f* ❶ *kein pl* electronics + *sing vb* ❷ (*elektronische Teile*) electronics *pl*
elektronisch I. *adj* electronic II. *adv* electronically
Elektrophorese <-, -n> *f* SCI electrophoresis **Elektrorasierer** *m* electric razor [*or* BRIT shaver] **Elektroschock** *m* MED electroshock **Elektrosmog** *m* ÖKOL electrosmog **Elektrostatik** *f* PHYS electrostatics + *sing vb* **elektrostatisch** PHYS I. *adj* electrostatic II. *adv* electrostatically **Elektrotechnik** *f* electrical engineering **Elektrotechniker(in)** *m(f)* ❶ (*Facharbeiter(in) auf dem Gebiet der Elektrotechnik*) electrical engineer ❷ (*Elektriker(in)*) electrician **elektrotechnisch** *adj* ELEK electrical, electrotechnical *rare*
Element <-[e]s, -e> *nt* ❶ BAU, CHEM element ❷ (*geh: Komponente*) element ❸ *pl* (*geh: Naturgewalten*) ■ **die** ~**e** the elements; ***die tobenden ~e*** the raging elements; **das nasse** ~ (*geh*) water; [**ganz**] **in seinem** ~ **sein** (*fig*) to be in one's element ❹ (*pej: Person*) **kriminelle/subversive** ~**e** criminal/subversive elements
elementar *adj* ❶ (*wesentlich*) elementary ❷ (*urwüchsig*) elemental; ~**er Hass**/~**e Leidenschaft** violent [*or* strong] hate/passion
Elementarbegriff *m* elementary concept **Elementargewalt** *f* (*geh*) elemental force **Elementarkenntnisse** *pl* elementary knowledge *no pl* **Elementarschule** *f* (*Grundschule*) primary school BRIT, elementary school BRIT *dated or* AM **Elementarteilchen** *nt* NUKL elementary particle
Elementbau <-s> *m kein pl* SCHWEIZ *s.* **Fertigbau**
Elenantilope *f* ZOOL (*Taurotragus oryx*) eland
elend I. *adj* ❶ (*beklagenswert*) wretched, miserable; ***ein ~es Leben führen*** to lead a miserable life ❷ (*krank*) awful, wretched; ***sich ~ fühlen*** to feel wretched [*or* awful] [*or* miserable]; ~ **aussehen** to look awful; **es geht jdm** ~ [*o* **jdm ist** ~ [**zumute**]] ***mir wird ganz ~, wenn ich daran denke*** I feel ill when I think about it, just thinking about it makes me feel sick ❸ (*erbärmlich*) dreadful, awful; **sich in einer** ~**en Verfassung befinden** to be in a dreadful state; ***in dieser ~en Hütte sollen wir leben?*** are we supposed to live in this dump? ❹ (*pej: gemein*) miserable, mean; ***du ~es Schwein!*** you miserable scumbag! *fam!* ❺ (*fam: sehr groß, schlecht*) awful [*or* dreadful]; ***ich habe selten so ein ~es Wetter erlebt!*** I have rarely seen such awful weather II. *adv* (*fam*) awfully, dreadfully; ~ **heiß/kalt** awfully [*or* dreadfully] hot/cold
Elend <-[e]s> *nt kein pl* (*Not*) misery [*or* distress]; ***es gibt ja so viel ~ auf dieser Welt*** there is so much misery in the world; **ins** ~ **geraten** to become destitute, to fall into poverty, *form* be reduced to penury; **im** [**bitteren/schrecklichen**] ~ **leben** to live in [abject] poverty [*or* squalor] [*or* misery]; **jdn/sich selbst ins** ~ **stürzen** to plunge sb/oneself into misery [*or* poverty]; *s.* **Bild** ▶ WENDUNGEN: **das heulende** ~ (*fam*) the blues *pl*; ***da kann man das heulende ~ kriegen*** it's enough to make you scream; **ein** ~ **sein, dass** (*fam*) to be heart-breaking that...; ***es ist einfach ein ~ mit ihm*** he makes you want to scream [*or* he is hopeless]
elendig *adj* DIAL *s.* **elend**
elendiglich *adv* (*geh*) wretchedly; ~ ***zugrunde gehen*** to come to a dismal [*or* miserable] [*or* wretched] end
Elendsquartier *nt* (*pej*) slum [dwelling] [*or* squalid dwelling] **Elendsviertel** *nt* slums *pl*, slum area
Eleve, Elevin <-n, -n> *m, f* ❶ (*veraltend geh*) student ❷ (*Schauspiel-, Ballettschüler*) drama/ballet student ❸ (*Land- oder Forstwirtschaftsauszubildender*) farming or forestry trainee
elf *adj* eleven; *s. a.* **acht** [1]
Elf[1] <-, -en> *f* ❶ (*Zahl*) eleven ❷ (*Verkehrslinie*) ■ **die** ~ the [number] eleven ❸ FBALL team [*or* eleven]
Elf[2] <-en, -en> *m*, **Elfe** <-, -n> *f* LIT elf
Elfenbein *nt* ivory

elfenbeine(r)n *adj* ivory [*or* made of ivory]; *s. a.* Turm
elfenbeinfarben *adj* ivory-coloured [*or* AM -ored]
Elfenbeinturm *m* (*geh*) ivory tower *fig*
Elfer <-s, -> *m* FBALL (*fam*) penalty [kick]
Elfmeter *m* FBALL penalty [kick]; **einen ~ schießen** to take a penalty; **einen ~ verschießen** to miss a penalty; **einen ~ verwandeln** to score from a penalty
Elfmetermarke *f* FBALL penalty spot **Elfmeterpunkt** *m* FBALL penalty spot **Elfmeterschießen** *nt* FBALL penalty; ***durch ~ entscheiden*** to decide a game on penalties [*or* in a penalty shoot-out]
elfte(r, s) *adj* ① (*nach dem zehnten kommend*) eleventh; **die ~ Klasse** fifth year (*secondary school*), fifth form; *s. a.* **achte(r, s) 1** ② (*bei Datumsangabe*) eleventh, 11th; *s. a.* **achte(r, s) 2**
Elfte(r) *f(m) dekl wie adj* ① eleventh; *s. a.* **Achte(r) 1** ② (*bei Datumsangabe*) ■ **der ~** [*o geschrieben* **der 11.**] the eleventh *spoken*, the 11th *written*; *s. a.* **Achte(r) 2** ③ SCH **die E~** (*fam*) fifth year (*secondary school*), fifth form
eliminieren* *vt* ① (*liquidieren*) ■ **jdn ~** to eliminate sb [*or fam* to get rid of sb] ② (*beseitigen*) ■ **etw ~** to eliminate sth; **Unklarheiten ~** to sort [*or* smooth] out uncertainties
Eliminierung <-, -en> *f* ① (*Liquidierung*) *von Feinden, Konkurrenten* elimination ② (*Beseitigung*) *Fehler* elimination, eradication; *Unklarheiten* smoothing [*or* sorting] out; ***sorgen Sie für die ~ dieser Probleme*** sort these problems out, get these problems sorted out
elitär I. *adj* ① (*eine Elite betreffend*) elitist ② (*pej: arrogant*) elitist II. *adv* (*im Sinne der eigenen Elite*) in an elitist way
Elite <-, -n> *f* elite
Elitedenken *nt kein pl* elitism **Eliteeinheit** *f* MIL elite troops *pl*; ***die Marines sind eine ~*** the marines are an elite unit **Elitetruppe** *f* MIL crack [*or* elite] troops *pl*
Elixier <-s, -e> *nt* elixir
ellbögeln *vi* SCHWEIZ (*sich rücksichtslos durchsetzen*) to be ruthless
Ellbogengesellschaft *f* dog-eat-dog society
Elle <-, -n> *f* ① ANAT ulna ② (*Maßstock*) yardstick ③ HIST (*altes Längenmaß*) cubit ▶ WENDUNGEN: **alles mit der gleichen** [*o* **mit gleicher**] **~ messen** to measure everything by the same yardstick
Ell(en)bogen <-bogen> *m* ① ANAT elbow; ***er bahnte sich seinen Weg mit den ~ durch die Menge*** he elbowed his way through the crowd ② **die/seine ~ gebrauchen** to be ruthless; **keine ~ haben** to be soft-hearted
Ell(en)bogenfreiheit *f kein pl* elbow room; ***als Angestellte hatte sie wenig ~*** as an employee she had little room to manoeuvre **Ell(en)bogenmensch** *m* ruthless [*or fam* pushy] person
ellenlang *adj* (*fam: überaus lang*) incredibly long; **eine ~e Liste** a list a mile long [*or* as long as my arm]; ***dieser Roman ist ~*** this novel is interminable [*or* lengthy]; **ein ~er Kerl/Mensch** an incredibly tall bloke/person
Ellipse <-, -n> *f* MATH ellipse; LING ellipsis
elliptisch *adj* MATH, LING elliptic[al]
E-Lok <-, -s> *f s.* **elektrische Lokomotive** electric locomotive [*or* engine]
eloquent I. *adj* (*geh*) eloquent II. *adv* (*geh*) eloquently
Eloquenz <-> *f kein pl* (*geh*) eloquence
El Salvador <-s> *nt* El Salvador; *s. a.* **Deutschland**
Elsass[RR] <- *o* -es> *nt*, **Elsaß** <- *o* -sses> *nt* GEOG ■ **das ~** Alsace
Elsässer(in) <-s, -> *m(f)* GEOG Alsatian, inhabitant of Alsace
elsässisch *adj* ① GEOG Alsatian ② LING Alsatian
Elsass-Lothringen[RR] *nt* GEOG Alsace-Lorraine
Elster <-, -n> *f* ORN magpie; **eine diebische ~ sein** to be a thief; **geschwätzig wie eine ~ sein** to chatter like a magpie, to be a chatter-box; **wie eine ~ stehlen** to have sticky fingers *fam*
elterlich *adj* parental
Eltern *pl* parents *pl* ▶ WENDUNGEN: **nicht von schlechten ~ sein** (*fam*) to be quite a good one *fam*; ***dieser Wein ist nicht von schlechten ~*** (*fam*) this wine is a bit of alright [*or* quite a good one] *fam*
Elternabend *m* SCH parents' evening BRIT, parent-teacher conference AM **Elternbeirat** *m* SCH parent's council BRIT, parent-teacher association AM **Elterngeneration** *f* BIOL parental generation, P generation **Elternhaus** *nt* ① (*Familie*) family; ***er kommt*** [*o* ***stammt***] ***aus gutem ~*** he comes from a good home ② (*Haus*) [parental] home **Elternliebe** *f* parental love
elternlos I. *adj* orphaned, parentless II. *adv* as an orphan
Elternschaft <-> *f kein pl* (*geh*) parents *pl*
Elternsprechstunde *f* SCH consultation hour [for parents] **Elternsprechtag** *m* SCH parents' evening **Elternteil** *m* parent **Elternurlaub** *m paid leave given to a new mother or father*
Email <-s, -s> [e'mai, e'ma:j] *nt* enamel **E-Mail-Benutzer(in)** *m(f)* e-mail user **E-Mail-Kommunikation** *f* communication by e-mail
Emaillack *m* enamel paint
Emaille <-, -n> [e'maljə, e'mai, e'ma:j] *f s.* **Email**
emaillieren* [ema'ji:rən, emal'ji:rən] *vt* ■ **etw ~** to enamel sth
E-Mail-Programm *nt* e-mail program **E-Mail-Software** *f* e-mail software
Emanze <-, -n> *f* (*fam*) women's libber
Emanzipation <-, -en> *f* ① (*Gleichstellung der Frau*) emancipation ② (*Befreiung aus Abhängigkeit*) liberation
Emanzipationsbewegung *f* emancipation movement
emanzipieren* *vr* ■ **sich** [**von etw** *dat*] **~** to emancipate oneself [from sth]; ***es wird Zeit, dass sich nun auch die Männer ~*** it's time men became emancipated
emanzipiert *adj* SOZIOL ① (*Gleichberechtigung anstrebend*) emancipated ② (*pej veraltet: unweiblich*) butch
Embargo <-s, -s> *nt* embargo; **ein ~** [**über ein Land**] **verhängen** to impose [*or* place] an embargo [on a country]
Emblem <-[e]s, -e> [ɛm'ble:m, ã'ble:m] *nt* ① (*Zeichen*) emblem ② (*Sinnbild*) symbol
Embolie <-, -n> [*pl* -'li:ən] *f* MED embolism
Embryo <-s, -s *o* -bryonen> *m o* ÖSTERR *nt* embryo
Embryologie <-> *f kein pl* embryology *no pl, no indef art*
Embryonalentwicklung *f kein pl* BIOL, ZOOL embryonic development
Embryonentransfer *m* BIOL, MED embryo transfer
emeritieren* *vt* ■ **jdn ~** to confer emeritus status on sb; ***er ist emeritierter Professor*** he is a professor emeritus [*or* an emeritus professor]
Emigrant(in) <-en, -en> *m(f)* ① (*Auswanderer*) emigrant ② (*politischer Flüchtling*) emigré
Emigration <-, -en> *f* ① (*das Emigrieren*) emigration; **in die ~ gehen** to emigrate; **in die innere ~ gehen** (*geh*) *to withdraw from current political or religious life in order to express one's opposition* ② *kein pl* (*die Emigranten*) emigrant community
emigrieren* *vi sein* to emigrate
eminent I. *adj* (*geh*) eminent; **von ~er Bedeutung**

sein to be of great significance; **von ~er Wichtigkeit sein** to be of paramount [*or* the utmost] importance; **ein ~er Unterschied** a considerable difference **II.** *adv* extremely

Eminenz <-, -en> *f* REL **Seine/Eure ~** His/Your Eminence ▸ WENDUNGEN: **graue ~** éminence grise, grey eminence

Emir <-s, -e> *m* emir

Emirat <-[e]s, -e> *nt* emirate; **die Vereinigten Arabischen ~e** the United Arab Emirates, U.A.E.

Emission <-, -en> *f* ① (*von Abgasen*) emission; ***Filteranlagen können die ~ von CO2 verringern*** filters reduce CO2 emissions ② FIN (*Wertpapier*) security; **die ~ von Wertpapieren** the issue [*or* issuing] of securities

Emissionskurs *m* FIN initial offering [*or* issue] price **Emissionswert** *m* emission level

Emmentaler <-s, -> *m* Emment[h]al[er] [cheese]

Emotion <-, -en> *f* emotion

emotional I. *adj* emotional; ■ **~ sein** to be emotional; **eine ~e Reaktion** an emotive reaction **II.** *adv* emotionally

emotionalisieren* *vt* (*geh*) ■ **etw ~** *Diskussion, Thema* to emotionalize sth

emotionell *adj s.* **emotional**

emotionsgeladen *adj* emotionally charged

emotionslos *adj* emotionless, unemotional

empfahl *imp von* **empfehlen**

empfand *imp von* **empfinden**

Empfang <-[e]s, Empfänge> *m* ① TV, RADIO reception; **ein Sprechfunkgerät auf ~ schalten** to switch a radiotelephone to "receive" ② (*das Entgegennehmen*) receipt; **zahlbar nach/bei ~** payable on receipt; **etw in ~ nehmen** to take receipt [*or* delivery] of sth, to receive sth ③ (*Hotelrezeption*) reception [desk] ④ (*Begrüßung*) reception; **einen ~ geben** [*o* **veranstalten**] to give [*or* hold] a reception; **jdn in ~ nehmen** to greet [*or esp form* receive] sb

empfangen <empfing, empfangen> *vt* ① (*auffangen*) ■ **etw ~** to receive sth; ■ **etw lässt sich ~** sth can be received; ***das 4. Programm lässt sich nicht gut ~*** Channel 4 is difficult to receive ② (*begrüßen*) ■ **jdn ~** to welcome [*or* greet] [*or form* receive] sb; ■ **jdn mit etw** *dat* **~** to receive sb with sth; ***sie empfingen den Sprecher mit lauten Buhrufen*** they greeted the speaker with loud boos ③ (*geh: schwanger werden*) **ein Kind ~** to conceive a child

Empfänger <-s, -> *m* RADIO, TV (*geh*) receiver

Empfänger(in) <-s, -> *m(f)* ① (*Adressat*) addressee, consignee; **~ unbekannt** not known at this address; **~ verzogen** gone away ② FIN payee ③ MED recipient

Empfängerabschnitt *m* FIN receipt slip

empfänglich *adj* ① (*zugänglich*) ■ **für etw** *akk* **~ sein** to be receptive to sth ② (*beeinflussbar, anfällig*) ■ **für etw** *akk* **~ sein** to be susceptible to sth

Empfängnis <-> *f pl selten* conception; **die Unbefleckte** [*o* **Mariä**] [*o* **Mariens**] **~** the Immaculate Conception

empfängnisverhütend I. *adj* contraceptive **II.** *adv* **~ wirken** to have a contraceptive effect, to act as a contraceptive **Empfängnisverhütung** *f* contraception **Empfängnisverhütungsmittel** *nt* contraceptive

empfangsberechtigt *adj* authorized to receive sth **Empfangsberechtigte(r)** *f(m) dekl wie adj* authorized recipient; ***diese Lieferung darf nur an ~ ausgehändigt werden*** this delivery can only be handed over to an authorized person **Empfangsbestätigung** *f* [confirmation of] receipt **Empfangschef(in)** *m(f)* head receptionist **Empfangsdame** *f* receptionist **Empfangsgerät** *nt* RADIO, TV receiver **Empfangsschüssel** *f* TV satellite dish **Empfangszimmer** *nt* reception room

empfehlen <empfahl, empfohlen> **I.** *vt* ① (*vorschlagen*) ■ **[jdm] etw ~** to recommend sth to sb; ■ **zu ~ sein** to be recommended; ***dieses Hotel ist zu ~*** this hotel is [to be] recommended; ■ **jdm jdn [als etw] ~** to recommend sb to sb [as sth]; ***ich empfehle Ihnen diese junge Dame [als neue Mitarbeiterin]*** I recommend this young lady to you [as a colleague]; ■ **~, etw zu tun** to recommend [*or* advise] doing sth; ■ **jdm ~, etw zu tun** to recommend [*or* advise] sb to do sth; ***ich ~ Ihnen, sofort zum Arzt zu gehen*** I recommend [*or* advise] you to go to the doctor at once ② (*veraltend geh: anvertrauen*) ■ **jdn jdm/einer S. ~** to entrust sb to sb/sth; ***er empfahl seine Kinder der Obhut seines Bruders*** he entrusted his children to the care of his brother ▸ WENDUNGEN: **~ Sie mich/uns ...!** (*geh*) give my regards [*or form* convey my respects] to...!; ***bitte, ~ Sie mich Ihrer Frau Gemahlin!*** please give my regards to your wife **II.** *vr impers* ■ **es empfiehlt sich, etw zu tun** it is advisable to do sth; ***es empfiehlt sich immer, einen Experten hinzuzuziehen*** it is always a good idea to bring in an expert **III.** *vr* ① (*sich anempfehlen*) ■ **sich [jdm] als etw ~** to recommend oneself [to sb] as sth; ***er empfahl sich uns als Experte für Autoreparaturen*** he offered us his services as an expert in car repairs ② (*geh*) ■ **sich ~** to take one's leave

empfehlenswert *adj* ① (*wert, empfohlen zu werden*) recommendable, to be recommended *pred;* ***das ist ein sehr ~es Hotel*** that is a highly recommendable hotel; ***die Ausstellung is wirklich ~*** the exhibition is really to be recommended ② (*ratsam*) ■ **es ist ~, etw zu tun** it is advisable to do sth; ***es ist ~, einen Schutzhelm zu tragen*** it is a good idea to wear a protective helmet

Empfehlung <-, -en> *f* ① (*Vorschlag*) recommendation ② (*Referenz*) reference, testimonial; **auf ~ von jdm** [*o* **auf jds ~**] *akk* on the recommendation of sb [*or* on sb's recommendation] ③ (*geh*) **mit den besten ~en** with best regards; **meine/unsere ~ an jdn** my/our [best] regards to sb

Empfehlungsschreiben *nt* letter of recommendation, testimonial

empfiehl *imper sing von* **empfehlen**

empfinden <empfand, empfunden> *vt* ① (*fühlen*) ■ **etw [bei etw** *dat***] ~** to feel [*or* experience] sth [when doing [*or* seeing] sth etc]; **Abscheu/Furcht vor etw ~** to loathe/fear sth; **Freude an etw ~** to derive pleasure from sth; **große Freude ~** to be filled with happiness; **Liebe/Hass für jdn ~** to feel love/hate for sb, to love/hate sb; **viel für jdn ~** to like sb a great deal, to be very fond of sb ② (*auffassen*) ■ **jdn/etw als etw ~** to feel sb/sth to be sth, to find sb/sth sth; ***ich empfinde das als Beleidigung*** I feel that to be insulting, I find that insulting; ***sie empfanden ihn als Störenfried*** they felt him to be [*or* thought of him as] a trouble-maker; ***wie empfindest du das?*** how do you feel about it?

Empfinden <-s> *nt kein pl* feeling; **meinem ~ nach** [*o* **für mein ~**] to my mind

empfindungslos *adj* ① (*taub*) numb, without sensation *pred* ② (*gefühllos*) unfeeling [*or* insensitive]

Empfindungslosigkeit <-> *f kein pl* ① (*körperliche Gefühllosigkeit*) der Glieder numbness ② (*Gefühlskälte*) insensitivity

Empfindungsvermögen *nt* (*geh*) ① (*Gefühl*) faculty of sensation, sensory perception ② (*fig*) sensitivity

empfing *imp von* **empfangen**

empfohlen I. *pp von* **empfehlen II.** *adj* **sehr** [*o* **besonders**] **~** highly recommended

empfunden *pp von* **empfinden**
Emphase <-, -n> *f* (*geh*) emphasis
emphatisch I. *adj* (*geh*) emphatic; ***er hielt eine ~e Rede*** he made a vigorous speech II. *adv* (*geh*) emphatically; ***sie brachte es sehr ~ zum Ausdruck*** she expressed it very vigorously
Empire¹ <-[s]> [ã'pi:r] *nt kein pl* ❶ HIST the French Napoleonic Empire ❷ KUNST *Stilepoche* Empire [style]
Empire² <-[s]> ['ɛmpaɪə] *nt kein pl* (*das britische Weltreich*) [British] Empire
empirisch I. *adj* (*geh*) empirical II. *adv* (*geh*) empirically
empor *adv* (*geh*) upwards, up; ***zu den Sternen ~*** up to the stars
empor|arbeiten *vr* (*geh*) ■**sich** [**zu etw** *dat*] ~ to work one's way up [to become sth]; ***er hat sich zum Millionär emporgearbeitet*** he worked his way up to become a millionaire **empor|blicken** *vi* ■[**zu jdm/etw**] ~ to look up [at sb/sth]
Empore <-, -n> *f* ARCHIT gallery
empören* I. *vt* ■**jdn** ~ to outrage [*or* insense] sb, to fill sb with indignation II. *vr* ❶ (*sich entrüsten*) ■**sich** [**über jdn/etw**] ~ to be outraged about [*or* by] sb/sth, to be insensed by sb/sth, to be filled with indignation by sb/sth; ***sie empörte sich über sein Benehmen*** his behaviour outraged her ❷ (*veraltet: rebellieren*) ■**sich** [**gegen jdn/etw**] ~ to rebel against sb/sth
empörend *adj* outrageous, scandalous
empor|heben *vt irreg* (*geh*) ■**jdn/etw zu jdm/etw** ~ to raise sb/sth to sb/sth, to lift sb/sth up to sb/sth **empor|kommen** *vi irreg sein* (*geh*) ❶ (*vorankommen*) ■[**in etw** *dat*] ~ to get on [*or* rise] in sth; ***wer [im Beruf] ~ will, muss mehr leisten als andere*** if you want to get on in your profession you have to do more than the others ❷ (*an die Oberfläche kommen*) to rise [up]
Emporkömmling <-s, -e> *m* (*pej*) upstart, parvenu
empor|lodern *vi sein* (*geh*) to blaze up **empor|ragen** *vi haben o sein* (*geh*) ■[**über etw** *akk*] ~ to tower above sth **empor|steigen** *irreg* I. *vi sein* (*geh*) to rise; ***Zweifel stiegen in ihm empor*** doubts rose in his mind; (*aufsteigen*) to rise [up]; ***der Rauch stieg in die Luft empor*** the smoke rose up into the air II. *vt sein* (*geh*) ■**etw** ~ to climb [up] sth
empört I. *adj* outraged, scandalized; ■[**über jdn/etw**] ~ **sein** to be scandalized by sb/sth, to be highly indignant about sb/sth; **mit ~er Stimme** in a tone of outrage II. *adv* indignantly
Empörung <-, -en> *f* ❶ *kein pl* (*Entrüstung*) ■~ **über jdn/etw** outrage [*or* indignation] about sb/sth; [**über etw** *akk*] **in ~ geraten** to become indignant about sth; **vor ~ zittern** to tremble with indignation ❷ (*liter: Rebellion*) ■**jds ~ gegen jdn/etw** sb's rebellion [*or* uprising] against sb/sth
empor|ziehen *vt irreg* (*geh*) ■**jdn/etw** ~ to draw [*or* pull] sb/sth up
emsig I. *adj* busy, industrious; **~e Ameisen** hardworking ants; **~er Fleiß** diligence II. *adv* industriously; ***überall wird ~ gebaut*** they are busy building everywhere
Emsigkeit <-> *f kein pl* industriousness, industry; **unermüdliche ~** untiring zeal
Emu <-s, -s> *m* ORN emu
emulgieren* *vt* CHEM ■**etw** [**in etw** *dat*] ~ to emulsify sth [in sth]
Emulsion <-, -en> *f* CHEM emulsion
E-Musik ['e:-] *f* (*ernste Musik*) serious music
en bloc [ã'blɔk] *adv* en bloc
Endabrechnung *f* final account [*or* invoice] **Endausscheidung** *f* final qualification round **Endbahnhof** *m* terminus **Endbetrag** *m* final amount [*or* sum] **Enddarm** *m* ANAT rectum

Ende <-s, -n> *nt* ❶ (*Schluss*) end; **~ August/des Monats/~ 2001** the end of August/the month/2001; ***sie kommt ~ August*** she's coming at the end of August; ***sie ist ~ 1948 geboren*** she was born at the end of 1948; **das ~ des Jahrhunderts** the end [*or* close] of the century; **das ~ eines Projekts** the conclusion of a project; **~ 20 sein** to be in one's late 20s; **ein böses ~ nehmen** to come to a bad end; **kein rühmliches ~ finden** [*o* **nehmen**] to come to an unfortunate end; **ein unrühmliches** [*o* **böses**] **~ finden** to come to a bad [*or fam* sticky] end; **bei** [*o* **mit**] **etw** *dat* **kein ~ finden** (*fam*) to not stop doing sth; **das ~ nahen fühlen** to feel the end approaching; **dem ~ zu gehen** to draw to a close; **ein ~ einer S. ist noch nicht abzusehen** there's no end in sight to sth; **damit muss es jetzt ein ~ haben** this must stop now; **einer S. ein ~ machen** [*o* **bereiten**] to put an end to sth; **ein ~ nehmen** (*fam*) to come to an end; ***das nimmt gar kein ~*** there's no end to it; **am ~** (*fam*) finally, at [*or* in] the end; **am ~ sein** (*fam*) to be at the end of one's tether; **mit etw** *dat* **am ~ sein** to run out of sth; ***er war bei dieser Frage mit seinem Wissen am ~*** this question baffled him; ***ich bin mit meiner Weisheit am ~*** I've run out of ideas; **ohne ~** without end, endless; **Fehler ohne ~** any number of mistakes; **Qualen ohne ~** suffering without end, endless suffering; **sich ohne ~ freuen** to be terribly pleased, to be delighted; **zu ~** finished, over; **etw zu ~ bringen** [*o* **führen**] to complete sth; **etw zu einem guten ~ bringen** [*o* **führen**] to complete sth successfully; **etw zu ~ lesen** to finish reading sth; **zu ~ sein** to be finished; **es geht** [**mit jdm**] **zu ~** sb is nearing the end; **etw geht zu ~** sth is nearly finished; **alles geht mal zu ~** [*o* **alles hat mal ein ~**] nothing lasts forever, all things must come to an end; (*angenehme Sachen*) all good things must come to an end [some time] ❷ FILM, LIT (*Ausgang*) ending ❸ (*räumliches Ende*) end; ***das Telefon befindet sich am ~ des Zuges*** the telephone is at the end [*or* rear] of the train; **ans ~** at the end; ***er setzte sich ganz ans ~ des Tisches*** he sat down at the far end of the table ❹ (*Stückchen*) **ein ~ Brot** a crust of bread ❺ (*Strecke*) way; ***von hier bis zum See ist es ein ganzes ~*** it's quite a way from here to the lake; ***wir haben noch ein schönes ~ Weges vor uns*** we have a considerable way [*or* a pretty long way] to go yet ❻ JAGD (*Geweih~*) point, tine *spec*; ***das Geweih dieses Hirsches hat zwölf ~n*** this stag's antlers have twelve points ▶ WENDUNGEN: **das ~ der Fahnenstange** (*fam*) as far as one can go, the limit; **das ~ vom Lied** (*fam*) the outcome [*or* upshot]; **lieber ein ~ mit Schrecken als ein Schrecken ohne ~** (*prov*) it's better to end with a short, sharp shock than to prolong the agony; **am ~ der Welt** (*fam*) at the back of beyond, in the middle of nowhere; **das ~ der Welt is nahe!** the end of the world is nigh!; **das dicke ~** (*fam*) the worst; **~ gut, alles gut** (*prov*) all's well that ends well; **letzten ~es** when all is said and done, in the last analysis
Endeffekt *m* ■**der ~ einer S.** *gen* the final result [*or* outcome] of sth; **im ~** (*fam*) in the final analysis, in the end
Endemie <-, -n> *f* MED endemic disease
endemisch *adj* MED endemic
Endemit <-s, -en> *m* BIOL endemic species
endemitisch *adj* MED endemic
enden *vi* ❶ *haben* (*nicht mehr weiterführen*) stop, end; ***die Straße endete nach 40 Kilometern*** after 40 kilometres the road came to an end; ***der Rock endet knapp oberhalb des Knies*** the skirt ends just above the knee ❷ *haben* (*auslaufen*) expire, run out, end; ***die Frist endet morgen*** tomorrow is the deadline ❸ *haben* (*nicht mehr weiterfahren*) end, stop;

dieser Zug endet hier! this train terminates here! ④ *haben* LING (*ausgehen*) ■**auf** [*o* **mit**] **etw** *akk* ~ to end with sth; ***das Wort endet auf ein „o"*** the word ends with an "o" ⑤ *sein* (*fam: landen*) end [up] ⑥ *haben* (*zu etw führen*) ■**in etw** *dat*/**irgendwo** ~ to end up in sth/somewhere; **das wird böse ~!** that will end in tears [*or* disaster]!; **jd wird schlimm** ~ sb will come to a bad end, sb will come to no good; **nicht ~ wollend** endless; ***es endete damit, dass sie sich verprügelten*** they ended up fighting, in the end they came to blows; **wie soll/wird es mit jdm noch mal ~?** what will happen to sb?, whatever will come of sb

Endergebnis *nt* final result; **im** ~ in the final analysis

endergonisch *adj* MED endergonic

Endgehalt *nt* final salary **Endgerät** *nt* TECH terminal **Endgeschwindigkeit** *f* ① TECH terminal velocity ② (*erreichbare Höchstgeschwindigkeit*) top speed

endgültig I. *adj* final; **eine ~e Antwort** a definitive answer; **ein ~er Beweis** a conclusive evidence; ■**etwas/nichts E~es** sth/nothing definite II. *adv* finally; ~ **entscheiden** to decide once and for all; **sich ~ trennen** to separate for good; ~ **aus** [*o* **vorbei**] **sein** to be over [and done with]

Endgültigkeit <-> *f kein pl* finality; **die ~ einer Entscheidung** the conclusiveness of a decision

Endhaltestelle *f* final stop [*or* terminus] **Endhandlung** *f* BIOL consummatory action

Endivie <-, -n> [-viə] *f* endive

Endiviensalat *m* endive

Endkampf *m* ① SPORT final ② MIL final battle **Endlager** *nt* ÖKOL permanent disposal [*or* storage] site **endlagern** *vt* ÖKOL ■**etw** [**irgendwo**] ~ to permanently store sth [somewhere] **Endlagerung** *f* permanent disposal [*or* storage]

endlich I. *adv* ① (*nunmehr*) at last; ~ ***kommt der Bus!*** there's the bus at last!; ***lass mich ~ in Ruhe!*** can't you leave me in peace!; ***hör ~ auf!*** will you stop that!; ***komm doch ~!*** come on!, get a move on! ② (*schließlich*) finally; **na ~!** (*fam*) at [long] last! II. *adj* ASTRON, MATH, PHILOS finite

endlos I. *adj* ① (*lange dauernd*) endless, interminable ② (*unbegrenzt*) infinite, endless II. *adv* interminably; **endlos lange** interminably long; ***ich musste ~ lange warten*** I had to wait ages

Endlospapier *nt* INFORM continuous paper

Endlösung *f* HIST ■**die** ~ the Final Solution (*extermination of the European Jews by the Nazis*) **Endmoräne** *f* GEOL terminal moraine

Endocytose <-, -n> *f* BIOL endocytosis

endogen *adj* endogenous

Endoplasmatisches Retikulum BIOL, MED endoplasmatic reticulum

Endorphin <-s, -e> *nt meist pl* endorphin

Endoskop <-s, -e> *nt* MED endoscope

Endosperm <-s, -e> *nt* BOT endosperm

Endotoxin *nt* BIOL, MED endotoxin

Endphase *f* final stage; **sich in der/seiner ~ befinden** to be in its final stage[s]; **in die/seine ~ eintreten** to enter its final stage[s] **Endpreis** *m* final price **Endprodukt** *nt* end [*or* final] product **Endpunkt** *m* ① (*äußerster Punkt*) end; **der ~ einer Rundfahrt** the last stop of a tour ② (*Endhaltestelle*) terminus; **der ~ einer Eisenbahnlinie** the end of a railway line **Endreim** *m* end rhyme **Endresultat** *nt* final result **Endrunde** *f* SPORT **die ~ einer Fußballmeisterschaft** the finals of a football championship; **die ~ eines Boxkampfes** the final round of a boxing match; **die ~ eines Autorennens** the final lap of a motor race **Endsieg** *m* final [*or* ultimate] victory **Endsilbe** *f* final syllable **Endspiel** *nt* SPORT final; **das ~ erreichen** [*o* **ins ~ kommen**] to reach [*or* get into] the final; SCHACH endgame **Endspurt** *m* SPORT final spurt, finish; **zum ~ ansetzen** to start the final spurt **Endstadium** *nt* final stage; MED terminal stage; **Krebs im ~** the final stages of cancer **Endstation** *f* ① TRANSP terminus ② (*letztliche Bestimmung*) the end of the line; ***für ihn heißt es: ~ Krankenhaus!*** he's going to end up in hospital! **Endsumme** *f* [sum] total

Endung <-, -en> *f* ending

Endurteil *nt* final verdict [*or* judgement] **Endverbraucher(in)** *m(f)* consumer, end-user **Endvierziger(in)** *dekl wie adj m(f)* a man/woman in his/her late forties **Endzeit** *f* REL last days of the world **endzeitlich** *adj attr* REL apocalyptic **Endzeitstimmung** *f* apocalyptic mood **Endziel** *nt* ① (*einer Reise*) destination ② (*Zweck*) ultimate goal [*or* aim] [*or* objective] **Endziffer** *f* final number **Endzustand** *m* final state; **im ~** in its final state **Endzweck** *m* ultimate aim [*or* purpose] [*or* object]

Energie <-, -n> [*pl* -'giːən] *f* ① PHYS energy; ~ **sparend** energy-saving ② (*Tatkraft*) energy, vigour [*or* AM -or], vitality; **viel ~ haben** to be full of energy; **wenig ~ haben** to lack energy; **etw mit aller** [*o* **ganzer**] **~ tun** to throw all one's energy into doing sth

Energiebedarf *m* energy requirement[s] **energiebewusst**RR I. *adj* energy-conscious II. *adv* ~ **bauen/kochen** to build/cook saving energy **Energiebilanz** *f* overview of energy consumption **Energieeinsparung** *f* saving of energy **Energiegewinnung** *f kein pl* generation of energy **Energiehaushalt** *m* ANAT energy balance **Energiekrise** *f* energy crisis **Energiepolitik** *f* energy policy **Energiequelle** *f* energy source, source of energy

Energiesparen *nt* energy saving, saving of energy

energiesparend *adj* ÖKOL *s.* **Energie 1**

Energiesparlampe *f* low-energy [*or* energy-saving] [electric] bulb **Energiesparmaßnahme** *f* energy-saving measure

Energieträger *m* energy source **Energieverbrauch** *m* energy consumption **Energieverschwendung** *f kein pl* energy waste **Energieversorgung** *f* supply of energy, energy supply **Energieversorgungsunternehmen** *nt* energy supplying company **Energievorkommen** *nt* energy source **Energievorräte** *pl* energy supplies *pl* **Energiewirtschaft** *f* energy industry [*or* sector] **Energiezufuhr** *f kein pl* energy supply

energisch I. *adj* ① (*Tatkraft ausdrückend*) energetic; **ein ~er Griff** a vigorous [*or* firm] grip; **ein ~er Mensch** a vigorous person ② (*entschlossen*) firm; ■**jd ist ~** sb is firm; **~e Maßnahmen** vigorous [*or* firm] measures; **~e Proteste** strong protests; **~e Worte** forceful words; ■**jd wird ~** sb puts his/her foot down II. *adv* vigorously; **etw ~ betonen** to stress sth vigorously; **etw ~ dementieren** to hotly [*or* vigorously] deny sth; **~ durchgreifen** to take firm [*or* vigorous] action

Energy-Drink ['enədʒi-] *m* energy drink

Enfant terrible <-, – *o* -s, -s> [ãfãtɛ'ribl] *nt* (*geh*) enfant terrible

eng I. *adj* ① (*schmal*) narrow ② (*knapp sitzend*) tight [*or* close-fitting]; ■**etw ist** [**jdm**] **zu ~** sth is too tight for sb ③ (*beengt*) cramped; ■**bei jdm ist es sehr ~** sb's home [*or* room] is too cramped ④ (*beschränkt*) narrow, restricted ⑤ (*wenig Zwischenraum habend*) close together *pred* ⑥ (*intim*) close ⑦ (*eingeschränkt*) limited, restricted; **im ~eren Sinn** in the stricter sense; **in die ~ere Wahl kommen** to get on to the short-list, to be short-listed; ***die Hochzeit fand in ~em Familienkreis statt*** the wedding was attended by close relatives only ▸ WENDUNGEN: **es wird ~** [**für jdn**] (*fam*) sb faces problems II. *adv* ① (*knapp*) closely; ~ **anliegen** [*o* **sitzen**] to fit closely; **ein ~ an-**

liegendes Kleid a close-fitting dress; **eine ~ anliegende Hose** very tight trousers; **[jdm] etw ~er machen** *Kleidungsstück* to take sth in [for sb] ❷ (*dicht*) densely; **~ bedruckt** closely printed, densely printed; **~ beschrieben** closely written; **~ nebeneinander** right next to each other; **~ nebeneinander/beisammen/zusammen stehen** to stand close to each other ❸ (*intim*) closely; **~ befreundet sein** to be close friends ❹ (*akribisch*) narrowly; **etwas zu ~ sehen** to take too narrow a view of sth; ***du siehst das zu ~*** there's more to it than that

Engadin <-s> *nt* Engadine

Engagement <-s, -s> [ãgaʒəˈmã:] *nt* ❶ (*Eintreten*) commitment (**für** +*akk* to) ❷ THEAT (*Anstellung*) engagement

engagieren* [ãgaˈʒi:rən] **I.** *vt* ■**jdn [für etw/als jdn] ~** to engage sb [for sth/as sb]; ***sie engagierte einen Privatdetektiv für die Aufgabe*** she engaged a private detective for the task; ***wir engagierten ihn als Leibwächter*** we took him on as a bodyguard **II.** *vr* ■**sich [für jdn/etw] ~** to be [*or* become] committed [to sb/sth], to commit oneself [to sth]; **sich in der Öffentlichkeit für etw ~** to speak out [in public] in favour [*or* AM -or] of sth; ■**sich dafür ~, dass** to support an idea that sth should happen

engagiert [ãgaˈʒi:ɐt] *adj* (*geh*) **politisch/sozial ~** politically/socially committed; **christlich ~ sein** to be a committed Christian; **politisch ~ sein** to be [heavily] involved in politics; **ökologisch ~ sein** to be involved in ecological matters

enganliegend *adj attr s.* **eng II 1** **engbedruckt** *adj attr s.* **eng II 2** **engbefreundet** *adj attr s.* **eng II 3** **engbeschrieben** *adj attr s.* **eng II 2**

Enge <-, -n> *f* ❶ *kein pl* (*schmale Beschaffenheit*) narrowness ❷ *kein pl* (*Beschränktheit: räumlich*) crampedness, confinement; **in großer räumlicher ~** in very cramped conditions; (*geistig*) narrowness; (*zeitlich*) closeness; **aufgrund der ~ eines Termins** because a deadline is so close; **jdn in die ~ treiben** to drive sb into a corner

Engel <-s, -> *m* angel; **ein gefallener ~** a fallen angel; **ein guter [*o* rettender] ~** a rescuing angel; **ein ~ sein** (*fam*) to be an angel; **nicht gerade ein ~ sein** (*fam*) to be no angel ▸ WENDUNGEN: **ich hörte die ~ im <u>Himmel</u> singen** (*fam*) it hurt like mad [*or* hell] *fam*

Engelmacher(in) *m(f)* (*euph fam*) backstreet abortionist

Engel(s)geduld *f* **eine [wahre] ~ haben [*o* zeigen]** to have [*or* display] the patience of Job [*or* a saint] **Engel(s)zungen** *pl* **[wie] mit ~ reden** to use all one's powers of persuasion

Engelwurz *f* [root] angelica

Engerling <-s, -e> *m* ZOOL cockchafer grub

engherzig *adj* (*pej*) ■**[in etw *dat*] ~ sein** to be petty [about sth]

Engherzigkeit <-> *f kein pl* (*pej*) pettiness

engl. *adj Abk von* **englisch** Eng.

England <-s> *nt* ❶ (*Teil Großbritanniens*) England ❷ (*falsch für Großbritannien*) Great Britain; *s. a.* **Deutschland**

Engländer <-s, -> *m* TECH adjustable spanner, monkey wrench

Engländer(in) <-s, -> *m(f)* Englishman *masc*, Englishwoman *fem*; **~ sein** to be English; ■**die ~** the English; *s. a.* **Deutsche(r)**

englisch *adj* ❶ (*Sprache*) English; **auf ~** in English; **englisch können** to [be able to] speak English; *s. a.* **deutsch 1** ❷ *inv* KOCHK (*Garstufe*) underdone; **sehr ~** bloody

Englisch *nt dekl wie adj* ❶ LING English; *s. a.* **Deutsch 1** ❷ (*Fach*) English; *s. a.* **Deutsch 2**

Englische <-n> *nt* ■**das ~** English; *s. a.* **Deutsche**

englischsprechend *adj inv s.* **Englisch 1**

engmaschig *adj* close-meshed

Engpass[RR] *m* ❶ GEOG [narrow] pass, defile ❷ (*Fahrbahnverengung*) bottleneck ❸ (*Verknappung*) bottleneck; ***es besteht bei dieser Ware derzeit ein ~*** these goods are at present in short supply

en gros [ãˈgro] *adv* ÖKON wholesale

engstirnig **I.** *adj* (*pej*) ■**jd ist ~** sb is narrow-minded [*or* insular]; ■**es ist ~, etw zu tun** it is narrow-minded to do sth **II.** *adv* (*pej*) narrow-mindedly; **~ denken/handeln** to think/act in a narrow-minded way [*or* fashion]

Engstirnigkeit <-> *f kein pl* narrow-mindedness

Enjambement <-s, -s> [ãjãbəˈmã:] *nt* enjambement

Enkel(in)[1] <-s, -> *m(f)* ❶ (*Kind des Kindes*) grandchild ❷ (*später Nachfahr*) descendant; **politischer ~** political heir

Enkel[2] <-s, -> *m* DIAL (*Fußknöchel*) ankle

Enkelkind *nt* grandchild **Enkelsohn** *m* (*geh*) grandson **Enkeltochter** *f* (*geh*) *fem form von* **Enkelsohn** granddaughter

Enklave <-, -n> [-və] *f* enclave

en masse [ã ˈmas] *adv* (*fam*) en masse

enorm **I.** *adj* ❶ (*groß*) enormous; **~e Anstrengung/Belastung** immense [*or* massive] effort/strain; **~e Geschwindigkeit/Hitze/Kälte** tremendous speed/heat/cold; **eine ~e Summe** a vast sum ❷ *pred* (*fam: herrlich, toll*) fantastic **II.** *adv* (*fam*) tremendously; **~ viel/viele** a tremendous amount/number, an enormous amount/number

en passant [ãpaˈsã:] *adv* en passant, in passing

Enquete <-, -n> [ãˈke:tə, ãˈkɛ:tə] *f* ❶ (*Umfrage*) survey ❷ ÖSTERR (*geh: Arbeitstagung*) symposium

Enquete-Kommission, Enquetekommission [ãˈke:tə-, ãˈkɛ:tə-] *f* POL commission of enquiry, select [*or* BRIT inquest] committee

Ensemble <-s, -s> [ãˈsãbl] *nt* ensemble

entarten* *vi sein* ■**[zu etw *dat*] ~** to degenerate [into sth]; *s.* **Kunst**

entäußern* *vr* (*geh*) ■**sich einer S. ~** *gen* to relinquish [*or* divest oneself of] sth

entbarten *vt* KOCHK **Schaltiere ~** to debeard shellfish

entbehren* **I.** *vt* ❶ (*ohne auskommen*) ■**jdn/etw ~ können** to be able to do [*or* manage] without sb/sth, to be able to spare sb/sth ❷ (*geh: vermissen*) ■**jdn/etw ~** to miss sb/sth ❸ (*überflüssig sein*) ■**zu ~ sein** to not be necessary; ***er ist wirklich nicht zu ~*** I really can't do without him **II.** *vi* (*geh*) ❶ (*Not leiden*) to go without ❷ (*ohne etw sein*) ■**etw entbehrt einer S.** *gen* sth is lacking sth; ***die Darstellung entbehrt jeden Reizes*** the performance is lacking any charm

entbehrlich *adj* dispensable, unnecessary

Entbehrung <-, -en> *f meist pl* deprivation, privation; **~en auf sich** *akk* **nehmen** to make sacrifices

entbehrungsreich *adj* (*geh*) **~e Jahre** years of privation

entbieten* *vt irreg* (*geh*) ■**[jdm] etw ~** to offer [sb] sth; **jdm seine Grüße ~** to present one's compliments to sb

entbinden* *irreg* **I.** *vt* ❶ MED ■**jdn [von einem Kind] ~** to deliver sb, to deliver sb's baby [*or* child]; ■**[von einem Kind] entbunden werden** to give birth to a baby [*or* child] ❷ (*dispensieren*) ■**jdn von etw ~** to release sb from sth; ***er wurde von seinem Amt entbunden*** he was relieved of his duties **II.** *vi* give birth

Entbindung *f* ❶ MED delivery, birth; ***sie wurde zur ~ ins Krankenhaus eingeliefert*** she went to hospital to have the baby ❷ (*Befreiung*) ■**~ von etw** release from sth; ***er bat um ~ von seinem Verspre-***

chen he asked to be released from his promise

Entbindungsklinik *f* maternity clinic

entblättern* *vr* ① (*die Blätter abwerfen*) to shed its leaves ② (*hum fam: sich ausziehen*) ▪ **sich [vor jdm] entblättern** to strip [off] [in front of sb]

entblöden* *vr* **sich** *akk* **nicht ~, etw zu tun** (*pej geh*) to have the effrontery [*or* audacity] to do sth

entblößen* *vt* (*geh*) ▪ **etw ~** to expose sth; **einen Arm ~** to uncover an arm; **den Kopf ~** to bare one's head; **die Gedanken ~** to reveal one's thoughts; ▪ **sich** *akk* **~** to take one's clothes off; ▪ **sich** *akk* **vor jdm ~** (*geh*) to expose oneself to sb

entblößt I. *adj* (*geh*) bare, exposed; **mit ~er Brust/~em Kopf** with bared breast/bared head II. *adv* (*geh*) **~ umhergehen** to walk around with no clothes on

entbrennen* *vi irreg sein* (*geh*) ① (*ausbrechen*) break out; **ein Streit entbrennt** a quarrel flares up ② (*Leidenschaft empfinden*) ▪ **für jdn ~** (*geh*) to fall passionately in love with sb ③ ▪ **vor etw** *dat* **~** (*geh*) to be inflamed with sth

entbürokratisieren* *vt* ▪ **etw/jdn ~** to free sth/sb of bureaucracy

Entchen <-s, -> *nt* ZOOL *dim von* **Ente** duckling

entdecken* I. *vt* ① (*zum ersten Mal finden*) ▪ **etw ~** to discover sth ② (*ausfindig machen*) ▪ **jdn/etw ~** to find sb/sth; **einen Fehler ~** to spot a mistake ③ (*veraltend: offenbaren*) ▪ **jdm etw ~** to reveal sth to sb II. *vr* (*geh o veraltend*) ▪ **sich** *akk* **jdm ~** to reveal oneself to sb

Entdecker(in) <-s, -> *m(f)* discoverer; **der berühmte ~ Captain Cook** the famous explorer Captain Cook

Entdeckung *f* discovery; ***er zeigte uns seine neueste ~*** he showed us his latest find

Entdeckungsreise *f* voyage of discovery; ***sie machten eine ~ ins Landesinnere*** they went on an expedition into the interior [of the country]; **auf ~ gehen** (*hum fam*) to go exploring

Ente <-, -n> *f* ① ORN duck ② (*fam: Zeitungs~*) spoof, canard ③ AUTO (*fam: Citroen 2 CV*) "deux-chevaux" ▶ WENDUNGEN: **lahme ~** (*fam*) slow-coach

entehren* *vt* ▪ **jdn/etw ~** to dishonour [*or* AM -or] sb/sth; ▪ **~d** degrading; **eine ~de Anschuldigung** a defamatory accusation

enteignen* *vt* JUR ▪ **jdn ~** to dispossess sb, to seize sb's possessions; ▪ **etw ~** to expropriate sth

Enteignung <-, -en> *f* JUR ▪ **~ von jdm** dispossession of sb; ▪ **~ von etw** expropriation [*or* seizure] of sth

enteilen* *vi sein* (*geh*) hurry [*or* hasten] away

enteisen* *vt* ▪ **etw ~** to de-ice sth; **eine Gefriertruhe ~** to defrost a freezer

Enteisung <-, -en> *f* de-icing

Entenbraten *m* roast duck **Entenei** *nt* duck's egg **Entengrütze** *f* BOT duckweed **Entenküken** *nt* duckling

Entente <-, -n> [ã'tãtə] *f* entente

Entenvögel *pl* KOCHK, ZOOL (*fachspr*) fowl, wildfowl

enterben* *vt* ▪ **jdn ~** to disinherit sb

Enterhaken *m* HIST, NAUT grappling iron [*or* hook]

Enterich <-s, -e> *m* ORN drake

entern I. *vt haben* board; **ein Schiff ~** to board a ship [with violence] II. *vi sein* board; **den Befehl zum E~ geben** to give the order to board

Entertainer(in) <-s, -> [ɛntəˈteɪnɐ] *m(f)* entertainer

Enter-Taste *f* INFORM "Enter" key

entfachen* *vt* (*geh*) ① (*zum Brennen bringen*) ▪ **etw ~** to kindle [*or* light] sth; **ein Feuer ~** to kindle a fire; **einen Brand ~** to start a fire ② (*entfesseln*) ▪ **etw ~** to provoke [*or* start] sth; **eine Leidenschaft ~** to arouse a passion

entfahren* *vi irreg sein* ▪ **etw entfährt jdm** sth slips out, sth escapes sb's lips; ***das Wort ist ihm nur so ~*** the word just escaped his lips, he just used the word inadvertently

entfallen* *vi irreg sein* ① (*dem Gedächtnis entschwinden*) ▪ **jdm ~** to escapes sb, to slips sb's mind, to forgets sth; ***der Name ist mir gerade ~*** the name escapes me, the name has slipped my mind ② (*wegfallen*) to be dropped; ***dieser Punkt der Tagesordnung entfällt*** this point has been dropped from the agenda ③ (*als Anteil zustehen*) ▪ **auf jdn ~** to be allotted to sb; ***auf jeden entfallen DM 50*** each person will receive/pay 50 marks; ***auf diese Partei ~ 5 Sitze*** this party receives 5 seats ④ (*geh: herunterfallen*) ▪ **jdm ~** to slip [*or* fall] from sb's hand[s]

entfalten* I. *vt* ① (*auseinander falten*) ▪ **etw ~** *Landkarte, Brief* to unfold [*or* open [out]] sth ② (*beginnen, entwickeln*) ▪ **etw [zu etw** *dat*] **~** to develop sth [into sth] ③ (*darlegen*) ▪ **etw [vor jdm] ~** to set sth forth, to expound sth ④ (*zur Geltung bringen*) ▪ **etw ~** to display sth II. *vr* ① (*sich öffnen*) ▪ **sich [zu etw** *dat*] **~** *Blüte, Fallschirm* to open [into sth] ② (*zur Geltung bringen*) ▪ **sich ~** to develop ③ (*sich voll entwickeln*) ▪ **sich ~** to develop to the full

Entfaltung <-, -en> *f* ① (*das Entfalten*) unfolding; **~ einer Blüte** opening of a flower ② (*Entwicklung*) development; **Recht auf freie ~ der Persönlichkeit** JUR right to the free development of one's personality; **etw zur ~ bringen** to help [sb] develop sth; **zur ~ kommen** [*o* **gelangen**] to develop ③ (*Darstellung*) presentation ④ (*Demonstration*) display

entfärben* I. *vt* ▪ **etw ~** to remove the colour [*or* AM -or] from sth, to take the colour [*or* AM -or] out of sth II. *vr* ▪ **sich ~** to lose its colour [*or* AM -or], to fade

Entfärber <-s, -> *m* dye remover

Entfärbungsmittel *nt s.* **Entfärber**

entfernen* I. *vt* ① (*beseitigen*) ▪ **etw [aus/von etw] ~** to remove sth [from sth] ② MED (*herausoperieren*) ▪ **[jdm] etw ~** to take out sb's sth; **jdm den Blinddarm entfernen** to take out [*or* remove] sb's appendix ③ ADMIN (*geh*) ▪ **jdn aus** [*o* **von**] **etw** *dat* **~** to remove sb from sth; **jdn aus der Schule enfernen** to expel sb [from school] ④ (*weit abbringen*) ▪ **jdn von etw** *dat* **~** to take sb away from sth; ***das entfernt uns vom Thema*** that takes us off the subject II. *vr* ① (*weggehen*) ▪ **sich [von/aus etw] ~** to go away [from sth], to leave [sth]; **sich vom Weg ~** to go off the path ② (*nicht bei etw bleiben*) ▪ **sich von etw ~** to depart from sth

entfernt I. *adj* ① (*weitläufig*) distant; **ein ~er Verwandter** a distant relative ② (*gering, leise*) slight, vague; **eine ~e Ähnlichkeit** a slight similarity; **eine ~e Ahnung** a vague idea; **ein ~er Verdacht** a remote suspicion ③ (*abgelegen*) remote; **ein ~er Teil eines Landes** a remote part of a country; ▪ **von jdm ~ sein** to be [far] away from sb; **[…] ~ [von etw] liegen** [*o* **sein**] to be […] [away] from [sth]; ***7 Kilometer von hier ~*** 7 kilometres [away] from here; **zu weit ~** too far [away] II. *adv* vaguely; ***sie erinnert mich ~ an meine Tante*** she vaguely reminds me of my aunt; **nicht im E~esten** not in the least [*or* slightest]; **nicht ~ so …** nothing like as … BRIT; **weit davon ~ sein, etw zu tun** to not have the slightest intention of doing sth; *s. a.* **verwandt**

Entfernung <-, -en> *f* ① (*Distanz*) distance; **auf eine bestimmte ~** from a certain distance; **auf eine ~ von 30 Metern** [*o* **auf 30 Meter ~**] from a distance of 30 metres [*or* AM -ers]; **aus der ~** from a distance; **aus kurzer/einiger ~** from a short/considerable distance; **in beträchtlicher ~** at some [considerable] distance; **in einer ~ von 1 000 Metern** at a dis-

E

tance [*or* range] of 1,000 metres [*or* AM -ers], 1,000 metres [*or* AM -ers] away ❷ ADMIN (*geh: Ausschluss*) ~ **aus/von der Schule** expulsion [from school]; ~ **aus dem Amt** removal from office ❸ MIL **unerlaubte** ~ [**von der Truppe**] absence without leave, AWOL

Entfernungsmesser <-s, -> *m* rangefinder

entfesseln* *vt* (*auslösen*) ■**etw** ~ to unleash sth

entfesselt *adj* unleashed; ~**e Elemente** raging elements; ~**e Leidenschaft** unbridled passion

entfetten* *vt* ■**etw** ~ KOCHK to remove the grease from sth

Entfettungskur *f* (*fam*) weight-reducing diet

entflammbar *adj* ❶ (*leicht zu entflammen*) inflammable ❷ (*fig fam*) easily roused

entflammen* I. *vt haben* ❶ (*anzünden, in Flammen setzen*) ■**etw** ~ to light sth; **ein Streichholz** ~ to light [*or* strike] a match ❷ (*entfachen*) ■**etw** ~ *Leidenschaft* to [a]rouse sth ❸ (*geh: begeistern*) ■**jdn für etw** ~ to arouse sb's enthusiasm for sth ❹ (*verliebt machen*) ■**jdn** [**für jdn**] ~ to enrapture sb II. *vr haben* ❶ (*sich entzünden*) ■**sich** *akk* [**an etw** *dat*] ~ ***das Gasgemisch hat sich entflammt*** the gas mixture burst into flames ❷ (*sich begeistern*) ■**sich** *akk* **für etw** *akk* ~ ***sie entflammte sich für seine Idee*** she was filled with enthusiasm for his idea III. *vi sein* (*geh: plötzlich entstehen*) ***ein Kampf um die Macht ist entflammt*** a struggle for power has broken out

entflechten* *vt irreg* ■**etw** ~ to decartelize sth; **ein Kartell** ~ to break up a cartel; **Interessen** ~ to disentangle interests; **Verkehr** ~ to ease the traffic flow

Entflechtung <-, -en> *f* decartelization; *eines Kartells* break[ing] up of a cartel

entfliegen* *vi irreg sein* (*geh*) ■**ein Vogel entfliegt** [**jdm/aus etw**] a bird flies away [from sb/sth]; **ein entflogener Papagei** an escaped parrot

entfliehen* *vi irreg sein* ❶ (*geh: fliehen*) ■[**aus etw** *dat*] ~ [*o* **einer S.** *dat* ~] to escape [*or* flee] from sth ❷ (*vergehen*) *Jugend, Zeit etc.* to fly by; ***die Zeit entflieht so rasch*** time flies by so fast

entfremden* I. *vt* ■**etw entfremdet sie einander** sth estranges them [from each other]; ***die lange Trennung hat sie*** [***einander***] ***entfremdet*** the long separation has estranged them [from each other]; ■**etw seinem Zweck** *dat* ~ to use sth for a different purpose; (*falscher Zweck*) to use sth for the wrong purpose II. *vr* ■**sich jdm** ~ to become estranged from sb; ***er hat sich seiner Frau ganz entfremdet*** he has become estranged from his wife, he and his wife have grown apart

Entfremdung <-, -en> *f* estrangement

entfrosten* *vt* AUTO ■**etw** ~ to defrost sth

Entfroster <-s, -> *m* defroster

entführen* *vt* ❶ (*mit Gewalt fortschaffen*) ■**jdn** ~ to abduct [*or* kidnap] sb; **ein Fahrzeug/Flugzeug** ~ to hijack a car/plane ❷ (*fam: wegnehmen*) ■**jdm jdn/etw** ~ to steal sth/sb from sb, to make off with sb's sth/sb; ***darf ich Ihnen eben mal Ihre Kollegin ~?*** can I just steal your colleague for a moment?

Entführer(in) *m(f)* kidnapper, abductor; *Fahrzeug/Flugzeug* hijacker

Entführung *f* kidnapping, abduction; *Fahrzeug/Flugzeug* hijacking

entgegen I. *adv* (*geh*) ■**einer S.** *dat* ~ towards sth; **neuen Abenteuern/Ufern** ~ on to new adventures/shores II. *präp* +*dat* against; ~ ***meiner Bitte*** contrary to my request; ~ ***allen Erwartungen*** against [*or* contrary to] all expectations

entgegen|arbeiten *vt* ■**einer S.** *dat* ~ to oppose sth, to work against sth **entgegen|bringen** *vt irreg* (*bezeigen*) ■**jdm etw** ~ to show sth for sb, to display sth towards [*or* for] sb; **einer Idee/einem Vorschlag Interesse** ~ to show [*or* display] interest in an idea/a suggestion; **jdm viel Liebe/Verständnis** ~ to show [*or* display] much love/understanding for [*or* towards] sb **entgegen|eilen** *vi sein* (*geh*) ■**jdm** ~ to rush [*or* hurry] to meet sb; ■**jdm entgegengeeilt kommen** to rush [*or* hurry] to meet sb; ■**einer S.** *dat* ~ to rush towards sth **entgegen|fahren** *vi irreg sein* ■**jdm** ~ to go [*or* come] to meet sb; **jdm mit dem Auto/Fahrrad** ~ to go [*or* come] to meet sb by car/bicycle; ■**jdm entgegengefahren kommen** to drive [*or* go] to meet sb **entgegen|fiebern*** *vi* ■**einer S.** *dat* ~ to feverishly look forward to sth **entgegen|gehen** *vi irreg sein* ■**jdm** ~ to go to meet sb; **dem Ende/seiner Vollendung** ~ to near [*or* approach] an end/completion; ■**jdm entgegengegangen kommen** to walk [*or* come] to meet sb; **seinem Untergang** ~ to go to one's death; **dem sicheren Tod** ~ to face certain death

entgegengesetzt I. *adj* ❶ (*gegenüberliegend, umgekehrt*) opposite; **am** ~**en Ende des Tisches** at the opposite end of the table; **in der** ~**en Richtung** in the opposite direction ❷ (*einander widersprechend*) opposing, conflicting; ~**e Auffassungen/Interessen/Meinungen** conflicting views/interests/opinions *pred*, opposed II. *adv* ~ **denken/handeln** to think/do the exact opposite; ~ **reagieren** to react in exactly the opposite way

entgegen|halten *vt irreg* ❶ (*in eine bestimmte Richtung halten*) ■**jdm/einer S. etw** ~ to hold out sth towards sb; ***er hielt ihr die Hand entgegen*** he held out his hand to her ❷ (*einwenden*) **jdm/einer S. eine Einwand** ~ to express an objection to sb/sth; **einem Vorschlag einen anderen** ~ to counter one suggestion with another; ■**jdm** ~**, dass ....** to object to sb that ... **entgegen|hoppeln** *vi* ■**jdm/etw** ~ *Kaninchen* to hop towards sth/sb **entgegen|kommen** *vi irreg sein* ❶ (*in jds Richtung kommen*) ■**jdm** ~ to come to meet sb ❷ (*entgegenfahren*) ■**jdm** ~ to drive towards sb; **der uns** ~**de Wagen** the car coming in the opposite direction ❸ (*Zugeständnisse machen*) ■**jdm/einer S.** ~ to accommodate sb/sth; **jds Bitte/Wunsch** ~ to comply with sb's request/wish, to accede to sb's request/wish; **jdm auf halbem Wege** ~ to meet sb halfway ❹ (*entsprechen*) ■**jdm/einer S.** ~ to fit in with sb/sth; ***das kommt unseren Plänen entgegen*** that fits in with our plans **Entgegenkommen** <-s, -> *nt* ❶ (*gefällige Haltung*) cooperation, willingness to cooperate ❷ (*Zugeständnis*) concession; ***er ist zu einem gewissen ~ bereit*** he is willing to make certain concessions

entgegenkommend *adj* obliging, accommodating

entgegenkommenderweise *adv* obligingly

entgegen|laufen *vi irreg sein* ❶ (*in jds Richtung laufen*) ■**jdm** ~ to run to meet sb; ■**jdm entgegengelaufen kommen** to run towards sb ❷ (*im Gegensatz stehen*) ■**einer S.** *dat* ~ to run contrary [*or* counter] to sth **Entgegennahme** <-, -n> *f* (*geh*) receipt; ~ ***eines Schmiergelds*** acceptance of a bribe

entgegen|nehmen *vt irreg* ■**etw** [**von jdm/für jdn**] ~ *Lieferung* to receive sth [from sb/for sb] **entgegen|schlagen** *vi irreg sein* ■**jdm** ~ to confront [*or* meet] sb; ***die Flammen schlugen ihnen entgegen*** the flames leapt to meet them; ***ihm schlug eine Welle der Begeisterung entgegen*** he was met by a wave of enthusiasm **entgegen|sehen** *vi irreg* ❶ (*geh: erwarten*) ■**einer S.** *dat* ~ to await sth; ***ich sehe Ihrer Antwort entgegen*** I look forward to receiving your reply, I await your reply; ***er sieht der Entscheidung mit Skepsis entgegen*** he doesn't expect much from the decision ❷ (*in jds Richtung sehen*) ■**jdm/etw** ~ to watch sb; ***er sah dem ankom-***

menden Schiff entgegen he watched the ship approaching **entgegen|setzen** I. *vt* ■ **einer S.** *dat* **etw** ~ to oppose sth with sth; **Anklagen etw** ~ to reply to accusations; **einer Forderung etw** ~ to counter a claim; **einer S. Alternativen** ~ to put forward alternatives to sth; **einer S. Widerstand** ~ to resist sth, to offer resistance to sth **II.** *vr* ■ **sich einer S.** *dat* ~ to resist [*or* oppose] sth **entgegen|stehen** *vi irreg* ■ **einer S.** *dat* ~ to stand in the way of sth; **dem steht nichts entgegen** there's no obstacle to that, there's nothing against that **entgegen|stellen** *vr* ■ **sich jdm/einer S.** ~ to resist [*or* oppose] sb/sth **entgegen|strecken** *vt* ■ **jdm etw** ~ to hold sth out to[wards] sb **entgegen|treten** *vi irreg sein* ❶ (*in den Weg treten*) ■ **jdm** ~ to walk up to sb; **einem Feind/Gegner** ~ to go into action against an enemy/opponent ❷ (*sich zur Wehr setzen*) ■ **einer S.** *dat* ~ to counter **entgegen|wirken** *vi* ■ **einer S.** *dat* ~ to oppose [*or* counteract] sth

entgegnen* *vt* ■ **[jdm] etw [auf etw** *akk***]** ~ to reply sth [to sb/sth]; **auf eine Anschuldigung/Vorwurf** ~ to respond to an accusation/criticism; **jdm ärgerlich** ~ to retort to sb; ***sie entgegnete* [*ihm*] *nichts*** she didn't respond [to him]; ***er wusste darauf nichts zu*** ~ he didn't know what to reply

Entgegnung <-, -en> *f* reply; **eine offizielle** ~ an official response

entgehen* *vi irreg sein* ❶ (*entkommen*) ■ **jdm** ~ to escape [*or form* elude] sb ❷ (*entrinnen*) ■ **einer S.** *dat* ~ to escape [*or* avoid] sth; **dem Tod** ~ to escape death ❸ (*nicht bemerkt werden*) ■ **etw entgeht jdm** [*o* **es entgeht jdm etw**] sth escapes sb['s notice], sb fails to notice sth; ***mir ist kein einziges Wort entgangen*** I haven't missed a single word; ■ **es entgeht jdm nicht, dass ...** it hasn't escaped sb's notice that ...; ***dir entgeht aber auch gar nichts!*** you really don't miss a trick, do you? ❹ (*versäumen*) ■ **sich** *dat* **etw** ~ **lassen** to miss sth; ***schade, dass du dir dieses Konzert hast* ~ *lassen müssen*** [it's a] pity that you had to miss this concert

entgeistert I. *adj* dumbfounded, thunderstruck, flabbergasted *fam* **II.** *adv* in amazement [*or* astonishment]

Entgelt <-[e]s, -e> *nt* ❶ (*Bezahlung*) payment, remuneration *form;* **als** [*o* **zum**] ~ (*Anerkennung*) as a reward; (*Entschädigung*) as compensation [*or* recompense] ❷ (*Gebühr*) **gegen** ~ for a fee; **ohne** ~ for nothing

entgelten* *vt irreg* (*geh*) ❶ (*vergüten*) ■ **jdm etw** ~ to recompense sb for sth ❷ (*büßen*) ■ **etw** ~ to pay [*or form* atone] for sth

entgiften* *vt* ■ **etw** ~ ❶ ÖKOL (*von Giften befreien*) to decontaminate sth ❷ MED to detoxicate [*or* detoxify] sth; **Blut** ~ to purify blood

Entgiftung <-, -en> *f* ❶ ÖKOL (*das Entgiften*) decontamination ❷ MED (*Befreiung von Stoffwechselgiften*) detoxication, detoxification, detox *fam*

entgleisen* *vi sein* ❶ (*aus den Gleisen springen*) to be derailed; **etw zum E~ bringen** [*o* **etw** ~ **lassen**] to derail sth ❷ (*geh: ausfallend werden*) to make a gaffe [*or* faux-pas], to drop a clanger BRIT *fam*

Entgleisung <-, -en> *f* ❶ (*das Entgleisen*) derailment ❷ (*Taktlosigkeit*) gaffe, faux-pas, clanger BRIT *fam*

entgleiten* *vi irreg sein* ❶ (*geh: aus den Händen gleiten*) ■ **etw entgleitet jdm** sb loses his/her grip on sth, sth slips out of [*or* from] sb's grip [*or* grasp] ❷ (*verloren gehen*) ■ **jdm** ~ to slip away from sb

entgräten* *vt* ■ **etw** ~ to fillet [*or* bone] sth

enthaaren* *vt* ■ **etw** ~ to remove unwanted hair from sth, to depilate

Enthaarung <-, -en> *f* the removal of unwanted hair, depilation

Enthaarungscreme *f* depilatory cream **Enthaarungsmittel** *nt* hair remover, depilator **Enthaarungswachs** *nt* depilatory wax

Enthalpie <-, -n> *f* CHEM (*freiwerdende Energie einer Reaktion*) enthalpy

enthalten* *irreg* I. *vt* ■ **etw** ~ ❶ (*in sich haben*) to contain sth ❷ (*umfassen*) to include sth; ■ **in etw** *dat* **[mit]** ~ **sein** to be included in [with] sth **II.** *vr* ❶ POL (*nicht abstimmen*) ■ **sich** *akk* ~ to abstain; *s.* **Stimme** ❷ (*geh: verzichten*) ■ **sich** *akk* **einer S.** *gen* ~ to refrain from sth; **sich des Alkohols/Rauchens/etc** ~ to abstain from alcohol/smoking/etc; **sich [nicht]** ~ **können, etw zu tun** [not] to be able to refrain from doing sth

enthaltsam I. *adj* [self-]restrained; (*genügsam*) abstinent, abstemious; (*keusch*) chaste, abstinent **II.** *adv* in an abstinent manner; **völlig** ~ **leben** to live a completely abstinent life

Enthaltsamkeit <-> *f kein pl* abstinence, abstention, abstemiousness; (*sexuelle Abstinenz*) abstinence, chastity

Enthaltung *f* POL abstention

enthärten* *vt* ■ **etw** ~ to soften sth

enthaupten* *vt* ■ **jdn** ~ (*durch Scharfrichter*) to behead [*or* guillotine] [*or* execute] sb; (*durch Unfall*) to decapitate sb

Enthauptung <-, -en> *f* (*durch Scharfrichter*) beheading, execution; (*durch Unfall*) decapitation

enthäuten* *vt* ■ **etw** ~ ❶ KOCHK (*von der Haut befreien*) to skin sth ❷ JAGD (*abhäuten*) to skin sth

entheben* *vt irreg* ■ **jdn einer S.** *gen* ~ ❶ (*suspendieren*) to relieve sb of sth ❷ (*geh: entbinden*) to release sb from sth

enthemmen* I. *vt* (*von Hemmungen befreien*) ■ **jdn** ~ to make sb lose [*or* to free sb from] their inhibitions; ■ **~d** disinhibitory, disinhibiting **II.** *vi* (*enthemmend wirken*) to have a disinhibitory [*or* disinhibiting] effect

enthemmend *adj* disinhibiting, making one lose one's inhibitions

enthemmt I. *adj* ❶ (*von Hemmungen befreit*) disinhibited; ■ ~ **sein** to have lost one's inhibitions ❷ *inv* TECH (*von einer Blockierung befreit*) uninhibited **II.** *adv* (*von Hemmungen befreit*) uninhibitedly

Enthemmung *f kein pl* loss of inhibitions

enthüllen* I. *vt* ■ **[jdm] etw** ~ ❶ (*aufdecken*) to reveal sth [to sb] ❷ (*von einer Bedeckung befreien*) to unveil [*or* reveal] sth [to sb] **II.** *vr* (*sich erweisen*) ■ **sich jdm** ~ to reveal oneself to sb; ***endlich hat sich mir sein wahrer Charakter enthüllt*** his true character was finally revealed to me

Enthüllung <-, -en> *f* ❶ (*die Aufdeckung*) disclosure; *von Skandal, Lüge* revelation, exposure *no pl, no indef art* ❷ (*das Enthüllen*) *von Denkmal, Gesicht* unveiling, revealing

Enthüllungsjournalismus <-> *f kein pl* investigative journalism

Enthusiasmus <-> *m kein pl* enthusiasm; **jds** *akk* ~ **bremsen** [*o* **dämpfen**] [*o* **zügeln**] to dampen sb's enthusiasm

Enthusiast(in) <-en, -en> *m(f)* enthusiast

enthusiastisch I. *adj* enthusiastic **II.** *adv* enthusiastically

entjungfern* *vt* ■ **jdn** ~ to deflower sb

Entjungferung <-, -en> *f* defloration

entkalken* *vt* ■ **etw** ~ to decalcify sth

entkeimen* *vt* ■ **etw** ~ to sterilize sth

entkernen* *vt* ■ **etw** ~ ❶ (*von Kernen befreien*) to stone sth; **einen Apfel** ~ to core an apple; **Trauben** ~ to remove the pips from grapes ❷ ARCHIT to remove the core of sth

entkleiden* *vt* (*geh*) ■ **jdn** ~ to undress sb; ■ **sich** ~ to get undressed, to undress [oneself]

entknoten* *vt* ■**etw** ~ to untie [*or* undo] sth
entkoffeiniert *adj inv* decaffeinated
entkolonialisieren* *vt* to decolonialize
Entkolonialisierung *f* decolonialization
entkommen* *vi irreg sein* ■[**jdm/aus etw** *dat*/**irgendwohin**] ~ to escape [from sb/sth/to somewhere]; ***sie konnte über die Grenze*** ~ she was able to escape across the border; ■**jdm** ~ to escape from sb; ***der Hirsch entkam den Jägern*** the deer escaped [from] the hunters
Entkommen <-> *nt kein pl* escape; **es gibt** [**für jdn**] **kein** ~ **aus** [*o* **von**] **etw** there is no escape [for sb] from sth
entkorken* *vt* ■**etw** ~ to uncork sth
entkräften* *vt* ❶ (*kraftlos machen*) ■**jdn** ~ (*durch Anstrengung*) to weaken sb; (*durch Krankheit*) to debilitate sb *form* ❷ (*widerlegen*) ■**etw** ~ to refute [*or* invalidate] sth
Entkräftung <-, -en> *f* ❶ (*Erschöpfung*) weakening, debilitation *form,* exhaustion ❷ (*fig: Widerlegung*) refutation, invalidation
entkrampfen* **I.** *vt* ■**etw** ~ ❶ (*lockern*) to relax sth ❷ (*entspannen*) to ease sth; **in entkrampfter Atmosphäre** in a relaxed atmosphere **II.** *vr* ■**sich** ~ ❶ MED (*sich lockern*) to relax ❷ (*sich entspannen*) *Krise, Situation* to ease
Entkrampfung <-, -en> *f* ❶ (*Lockerung*) relaxation ❷ (*Entspannung*) easing
entkriminalisieren* *vt* ■**etw** ~ to decriminalize sth
Entlad <-[e]s> *m kein pl* SCHWEIZ (*Ausladen*) unloading
entladen* *irreg* **I.** *vt* ■**etw** ~ ❶ (*Ladung herausnehmen*) to unload sth ❷ ELEK (*Ladung entnehmen*) to drain sth ❸ (*Munition entfernen*) to unload sth **II.** *vr* ❶ (*zum Ausbruch kommen*) ■**sich** [**über jdm/etw**] ~ *Gewitter, Sturm* to break [over sb/sth] ❷ ELEK (*Ladung abgeben*) ■**sich** ~ *Akku, Batterie* to run down ❸ (*fig: plötzlich ausbrechen*) ■**sich** [**über jdm**] ~ *Begeisterung, Zorn etc.* to be vented [on sb]
Entladung *f* ❶ (*das Entladen*) unloading ❷ ELEK discharge
entlang **I.** *präp* (*längs*) ■~ **einer S.** *gen* along sth; ■**etw** ~ along sth; **den Fluss** ~ along the river **II.** *adv* ■**an etw** *dat* ~ along; ***sie wanderten am Fluss*** ~ they wandered along the river; **hier** ~ this [*or* that] way
entlang|gehen *irreg* **I.** *vt sein* (*zu Fuß folgen*) ■**etw** ~ to go [*or* walk] along sth **II.** *vi sein* ■**an etw** *dat* ~ ❶ (*parallel zu etw gehen*) to go [*or* walk] along the side of sth ❷ (*parallel zu etw verlaufen*) to run alongside sth
entlarven* *vt* (*enttarnen*) ■**jdn/etw** [**als etw**] ~ *Dieb, Spion* to expose [*or* unmask] sb/sth [as sth]; ***das verlockende Angebot wurde als Falle entlarvt*** the tempting offer was revealed to be a trap; ■**sich** ~ to reveal one's true character [*or* BRIT colours] [*or* AM colors]; ■**sich** [**selbst**] **als etw** ~ to show oneself to be sth; ***sie entlarvte sich als Lügnerin*** she showed herself to be a liar
Entlarvung <-, -en> *f* (*Enttarnung, Aufdeckung*) exposure, unmasking; ■**jds** *gen* ~ **als etw** sb's exposure as sth
entlassen* *vt irreg* ❶ (*kündigen*) ■**jdn** ~ (*Stellen abbauen*) to make sb redundant; (*gehen lassen*) to dismiss ❷ (*geh: gehen lassen*) ■**jdn** ~ to dismiss sb; MED, MIL to discharge sb; SCH to expel; ***die Schüler wurden ins Berufsleben*** ~ the pupils left school to start working life ❸ (*geh: entbinden*) ■**jdn aus etw** *dat* ~ to release sb from sth
Entlassung <-, -en> *f* (*Kündigung*) redundancy [notice] BRIT, pink slip AM; ***die Firmenleitung soll die*** ~ ***der halben Belegschaft planen*** company management is said to be planning to make half the workforce redundant
Entlassungsgesuch *nt* [letter of] resignation **Entlassungszeugnis** *nt* SCH *last report before leaving school*
entlasten* *vt* ❶ JUR (*vom Verdacht befreien*) ■**jdn** [**von etw** *dat*] ~ to exonerate sb [from sth], to clear sb [of sth] ❷ (*von einer Belastung befreien*) ■**jdn** ~ to lighten sb's load, to relieve sb ❸ FIN (*ausgleichen*) ■**etw** ~ to settle sth; **ein Konto** ~ to credit an account ❹ (*Geschäftsführung genehmigen*) ■**jdn** ~ to approve sb's activities [*or* actions]
Entlastung <-, -en> *f* ❶ JUR (*Verdachtsbefreiung*) exoneration; **zu jds** *gen* ~ in sb's defence [*or* AM -se] ❷ (*das Entlasten*) relief; **zu jds** *gen* ~ in order to lighten sb's load ❸ (*Genehmigung der Geschäftsführung*) approval
Entlastungsmaterial *nt* JUR evidence for the defence [*or* AM -se] **Entlastungszeuge, -zeugin** *m, f* JUR defence [*or* AM -se] witness, witness for the defence [*or* AM -se] **Entlastungszug** *m* relief train
entlauben* **I.** *vt* (*von den Blättern befreien*) ■**etw** ~ to strip sth of leaves, to defoliate sth *spec* **II.** *vr* (*das Laub verlieren*) ■**sich** ~ to shed its leaves; ■**entlaubt** stripped of leaves; **entlaubte Äste** bare branches
entlaufen*[1] *vi irreg sein* (*weglaufen*) ■**jdm** ~ to run away from sb; ***„Hund entlaufen, 50 DM Belohnung“*** "missing dog, 50 marks reward"
entlaufen[2] *adj* (*entflohen*) escaped; (*weggelaufen*) on the run
entledigen* *vr* ❶ (*euph: umbringen*) ■**sich jds** *gen* ~ to dispose of sb ❷ (*geh: ablegen*) ■**sich einer S.** *gen* ~ to put sth down; *Kleidungsstück* to remove sth; ***wo kann ich mich hier meiner Tasche*** ~**?** where can I leave my bag here? ❸ (*loswerden*) ■**sich einer S.** *gen* ~ to carry out [*or* discharge] sth
entleeren* *vt* ■**etw** ~ ❶ (*vom Inhalt befreien*) to empty sth ❷ PHYSIOL (*leer machen*) to evacuate sth
Entleerung *f* ❶ (*das Entleeren*) emptying ❷ PHYSIOL (*das Entleeren*) evacuation
entlegen *adj* ❶ (*abgelegen*) remote ❷ (*eigenartig*) *Idee, Vorschlag* odd
entlehnen* *vt* LING ■**etw aus etw** *dat* ~ to borrow sth from sth
Entlehnung <-, -en> *f* LING ❶ (*das Entlehnen*) borrowing ❷ (*Lehnwort*) loan word
entleiben* *vr* (*geh*) ■**sich** *akk* ~ to commit suicide; ***die Grünen haben sich auf politischer Bühne entleibt*** the Greens have committed political suicide
entleihen* *vt irreg* ■**etw** [**von jdm/aus etw**] ~ to borrow sth [from sb/sth]
Entleiher(in) <-s, -> *m(f)* (*geh*) borrower
Entlein <-s, -> *nt* duckling
entloben* *vr* ■**sich** ~ to break off one's engagement
Entlobung <-, -en> *f* breaking off of one's engagement
entlocken* *vt* ❶ (*herausholen*) ■**jdm etw** ~ to elicit sth from sb; **jdm ein Geheimnis** ~ to coax a secret out of sb; **jdm Geld** ~ to worm money out of sb ❷ (*hum: zu etw veranlassen*) ■**einer S.** *dat* **etw** ~ to entice sth out of sth; ***versuch mal, ob du dem Spielautomaten nicht noch ein paar Märker*** ~ ***kannst!*** see if you can squeeze a few more quid out of the fruit machine
entlohnen* *vt* ❶ (*bezahlen*) ■**jdn** [**für etw** *akk*] ~ to pay sb [for sth] ❷ (*entgelten*) to reward sb [for sth]
entlöhnen* *vt* SCHWEIZ (*entlohnen*) to pay
Entlohnung <-, -en> *f* payment
Entlöhnung <-, -en> *f* SCHWEIZ (*Entlohnung*) payment
entlüften* *vt* ❶ (*verbrauchte Luft herauslassen*)

■**etw** ~ to ventilate sth ❷ (*Luftblasen entfernen*) ■**etw** ~ to bleed sth

Entlüftung <-, -en> *f* TECH ❶ (*Ventilation*) ventilation ❷ (*Entfernung von Luftblasen*) bleeding

entmachten* *vt* ■**jdn/etw** ~ to deprive sb/sth of power, to disempower sb/sth

Entmachtung <-, -en> *f* deprivation of power, disempowerment

entmannen* *vt* (*geh: kastrieren*) ■**jdn** ~ to castrate [*or* emasculate] sb

entmenscht *adj* bestial, inhuman

entmilitarisieren* *vt* ■**etw** ~ to demilitarize sth

Entmilitarisierung *f* demilitarization

entmündigen* *vt* JUR ■**jdn** [**wegen etw** *gen*] ~ to declare sb legally incapable [on account of sth]; ■**jdn ~ lassen** to have sb declared legally incapable

Entmündigung <-, -en> *f* ❶ JUR (*Entzug des Selbstbestimmungsrechts*) ■**jds** *gen* ~ [**wegen etw**] sb's legal incapacitation [on account of sth] ❷ (*Bevormundung*) deprivation of the right of decision-making

entmutigen* *vt* ■**jdn** ~ to discourage sb; ■**sich ~ lassen** to be discouraged

Entmutigung <-, -en> *f* discouragement

Entnahme <-, -n> *f* ❶ FIN (*geh: das Abheben*) withdrawal ❷ MED *von Blut* extraction; *von Gewebe* removal

Entnazifizierung <-> *f kein pl* denazification

entnehmen* *vt irreg* ❶ (*herausnehmen*) ■[**einer S.** *dat*] **etw** ~ to take sth [from sth] ❷ FIN (*abheben*) ■**etw** [**aus etw** *dat*] ~ to withdraw sth [from sth] ❸ MED (*abnehmen*) ■**jdm etw** ~ to extract sth from sb; **jdm eine Gewebeprobe** ~ to remove a tissue sample from sb ❹ (*fig: aus etw schließen*) ■**etw aus etw** *dat* ~ to infer *form* [*or* gather] sth from sth; ■**aus etw ~, dass ...** to gather from sth that ...

entnerven* *vt* (*pej*) ■**jdn** ~ (*der Nerven berauben*) to be nerve-[w]racking for sb; (*der Kraft berauben*) to enervate sb

entnervend *adj* (*der Nerven beraubend*) nerve-[w]racking; (*der Kraft beraubend*) enervating

entnervt **I.** *adj* (*der Nerven beraubt*) nerve-[w]racked; (*der Kraft beraubt*) enervated **II.** *adv* out of nervous exhaustion

Entomologie <-> *f kein pl* (*Insektenkunde*) entomology

entpuppen* *vr* (*sich enthüllen*) ■**sich** [**als etw**] ~ to turn out to be [sth]

entrahmen* *vt* ■**etw** ~ to skim sth

enträtseln* *vt* ■**etw** ~ ❶ (*ein Geheinmis lösen*) to unravel [*or* solve] sth ❷ (*einen Sinn herausfinden*) to work out sth *sep* ❸ (*eine Schrift entschlüsseln*) to decipher sth

entrechten* *vt* ■**jdn** ~ to deprive sb of their rights

Entrechtete(r) *f(m) dekl wie adj, meist pl* person deprived of their rights

Entrechtung <-, -en> *f* deprivation of rights

entreißen* *vt irreg* ❶ (*wegreißen*) ■**jdm etw** ~ to snatch sth [away] from sb ❷ (*geh: retten*) ■**jdn einer S.** *dat* ~ to rescue sb from sth; ***in letzter Minute wurde er dem Tode entrissen*** at the last moment he was snatched from the jaws of death

entrichten* *vt* (*geh*) ■**etw** ~ *Gebühren, Steuern* to pay sth

Entrichtung *f* (*geh*) payment

entringen* *vt irreg* (*geh*) ■**jdm etw** ~ to wrest sth from sb *liter*

entrinnen* *vi irreg sein* (*geh: entkommen*) ■**jdm/einer S.** ~ to escape from sb/sth; **es gibt** [**für jdn**] **kein E~** [**vor etw** *dat*] there's no escape [for sb] [from sth]

entrollen* **I.** *vt haben* ■**etw** ~ to unroll sth; **eine Fahne** ~ to unfurl a flag **II.** *vr haben* (*geh: sich zeigen*) ■**sich** ~ to unfold, to reveal [itself]

Entropie <-, -n> *f* PHYS entropy

entrosten* *vt* ■**etw** ~ to remove the rust from sth, to derust sth

entrücken* *vt* (*geh*) ■**jdn einer S.** *dat* ~ to carry sb away from sth, to transport sb away from sth; **der Realität ganz entrückt sein** to be totally removed from reality, to be on another planet *fam*

entrückt *adj* (*geh*) enraptured, transported

entrümpeln* *vt* ■**etw** ~ ❶ (*von Gerümpel befreien*) to clear sth out *sep* ❷ (*fig: von Unnützem befreien, revidieren*) to tidy sth up *sep,* to overhaul sth

Entrümp(e)lung <-, -en> *f* (*das Entrümpeln*) clearing out

entrüsten* **I.** *vt* (*empören*) ■**jdn** ~ to make sb indignant, to fill sb with indignation; (*stärker*) to outrage sb **II.** *vr* (*sich empören*) ■**sich über jdn/etw** ~ to be indignant about [*or* at] sb/sth; (*stärker*) to be outraged by sb/sth

entrüstet **I.** *adj* indignant (**über** +*akk* about/at) **II.** *adv* indignantly

Entrüstung *f* indignation; ■**jds** *gen* ~ **über jdn/etw** sb's indignation about [*or* at] sb/sth; **voller** ~ indignantly; ***er stand voller ~ auf*** he stood up filled with indignation; *s. a.* **Sturm**

entsaften* *vt* KOCHK ■**etw** ~ ❶ (*auspressen*) to extract the juice from sth ❷ (*auskochen*) to boil sth

Entsafter <-s, -> *m* juicer, BRIT *a.* juice extractor

entsagen* *vi* (*geh*) ■**einer S.** *dat* ~ to renounce [*or form* forgo] sth; ***dem Weine kann ich nicht ~*** I cannot forgo wine

Entsagung <-, -en> *f* (*geh*) renunciation *form;* **voller** ~ full of self-denial

entsagungsvoll *adj* (*geh*) ❶ (*Irdischem entsagend*) full of self-denial ❷ (*Verzicht ausdrückend*) full of resignation

entsalzen* *vt* ■**etw** ~ to desalinate sth

Entsalzung <-, -en> *f* desalination

entschädigen* *vt* ❶ (*Schadensersatz leisten*) ■**jdn** [**für etw** *akk*] ~ to compensate sb [for sth]; ■**etw** [**durch etw/mit etw**] ~ to compensate for sth [with sth] ❷ (*ein lohnender Ausgleich sein*) ■**jdn** [**für etw** *akk*] ~ to make up to sb [for sth]

Entschädigung *f* (*das Entschädigen*) compensation *no pl, no indef art;* **jdm eine ~ zahlen** to pay sb compensation; (*Leistung*) [compensation] payment [*or* settlement]

Entschädigungsanspruch *m* claim for compensation **Entschädigungsforderung** *f* claim for compensation **Entschädigungsleistung** *f* compensation payment [*or* settlement] **Entschädigungssumme** *f* [amount of] compensation

entschärfen* *vt* ■**etw** ~ ❶ (*den Zünder entfernen*) to defuse sth ❷ (*weniger kritisch machen*) to defuse sth; (*weniger anstößig machen*) to tone sth down *sep*

Entscheid <-[e]s, -e> *m* (*geh*) *s.* **Entscheidung**

entscheiden* *irreg* **I.** *vt* ❶ (*beschließen*) ■**~, dass/ob/was/wann/wie** to decide that/whether/what/when/how; (*gerichtlich*) to rule that/whether/what/when/how ❷ (*endgültig klären*) ■**etw** ~ to settle sth; ■**etw** [**für jdn** [*o* **zugunsten einer Person**]] ~ to settle sth [in sb's/a person's favour [*or* AM -or]]; ■**entschieden sein** to be decided; ***noch ist nichts endgültig entschieden*** nothing has been finally decided yet ❸ (*gewinnen*) ■**etw für sich** *akk* ~ to win sth; ***die Mannschaft konnte drei Spiele für sich ~*** the team secured victory in three games **II.** *vi* (*beschließen*) to decide; ***hier entscheide ich!*** I make the decisions here!; ■**für/gegen jdn/etw** ~ to decide in favour [*or* AM -or] /against sb/sth; (*gerichtlich*) to rule in favour [*or* AM -or] /against sb/sth; ■**über etw** *akk* ~ to decide on sth **III.** *vr* ❶ (*eine Ent-*

Entscheidungen

nach Entschlossenheit fragen	asking about strength of opinion
Sind Sie sicher, dass Sie das wollen?	**Are you sure** you want it/that?
Haben Sie sich das gut überlegt?	**Have you considered it carefully?**
Wollen Sie nicht lieber dieses Modell?	**Wouldn't you rather** have this model?
Entschlossenheit ausdrücken	expressing determination
Ich habe mich entschieden: Ich werde an der Feier nicht teilnehmen.	**I have decided:** I am not going to attend the celebration.
Ich habe mich dazu durchgerungen, ihr alles zu sagen.	**I have made up my mind** to tell her everything.
Wir sind (fest) entschlossen, nach Australien auszuwandern.	**We are (absolutely) determined** to emigrate to Australia.
Ich lasse mich von nichts/niemandem davon abbringen, es zu tun.	**Nothing/Nobody is going to stop me** doing it.
Ich werde auf keinen Fall kündigen.	**I shall on no account** hand in my notice.
Unentschlossenheit ausdrücken	expressing indecision
Ich weiß noch nicht, was ich tun soll.	**I don't know what I should do.**
Wir sind uns noch im Unklaren darüber, was wir tun werden.	**We are still unsure about** what we are going to do.
Ich bin mir noch unschlüssig, ob ich die Wohnung mieten soll oder nicht.	**I cannot decide whether** I should take the flat or not.
Ich habe mich noch nicht entschieden.	**I haven't decided yet.**
Ich bin noch zu keinem Entschluss darüber gekommen.	**I haven't reached a decision about it yet.**

scheidung treffen) ■**sich** ~ to decide, to reach [*or* come to] a decision; ■**sich [dazu] ~, etw zu tun** to decide to do sth; ***ich habe mich dazu entschieden, das Angebot anzunehmen*** I have decided to accept the offer; ■**sich für/gegen jdn/etw** ~ to decide in favour [*or* AM -or] /against sb/sth ❷ (*sich herausstellen*) ■**sich ~, ob/wann/wer/wie/wieviel** to be decided whether/when/who/how/how much/how many; ***es hat sich noch nicht entschieden, wer die Stelle bekommen wird*** it hasn't been decided who will get the job

entscheidend I. *adj* ❶ (*ausschlaggebend*) decisive; ■**für jdn/etw ~ sein** to be crucial for sb/sth ❷ (*gewichtig*) big, crucial II. *adv* (*in entschiedendem Maße*) decisively

Entscheidung *f* ❶ (*Beschluss*) decision; **es geht um die ~, ob/wer/wie** the decision will be whether/who/how; **zu einer ~ kommen** [*o* **gelangen**] to reach [*or* come to] [*or* arrive at] a decision; **die/eine ~ liegt bei jdm** it is for sb to decide; ***die ~ liegt beim Chef*** it's up to the boss to decide; **vor einer ~ stehen** to be confronted with a decision; **jdn vor eine ~ stellen** to leave a decision to sb; **eine ~ treffen** to make [*or* take] a decision ❷ JUR (*Urteil des Richters*) ruling; (*Votum der Geschworenen*) verdict; ***die ~ fiel zugunsten der Angeklagten aus*** the verdict was in favour of the accused ❸ SPORT (*Ausgang eines Spiels*) result; **um die ~ spielen** to play the [*or* BRIT decider] deciding-match

Entscheidungsbefugnis *f* decision-making powers *npl;* **die ~ haben** to have the power to make decisions **Entscheidungsfreiheit** *f* freedom of decision-making **entscheidungsfreudig** *adj* willing to make a decision **Entscheidungskriterium** *nt* decision factor, criterion **Entscheidungsprozess**[RR] *m* decision process **Entscheidungsschlacht** *f* ❶ MIL decisive battle ❷ (*Kraftprobe*) show-down *fam* **Entscheidungsspiel** *nt* decider BRIT, deciding match

entschieden I. *pp von* **entscheiden** II. *adj* ❶ (*entschlossen*) determined, resolute; **ein ~er Befürworter** a staunch supporter; **ein ~er Gegner** a resolute opponent ❷ (*eindeutig*) definite III. *adv* ❶ (*entschlossen*) firmly, resolutely; ***den Vorschlag lehne ich ganz ~ ab*** I categorically reject the proposal ❷ (*eindeutig*) definitely; ***diesmal bist du ~ zu weit gegangen*** this time you've definitely gone too far

Entschiedenheit <-, -en> *f* determination, resolution; **mit [aller] ~** in the strongest possible way; **etw mit [aller] ~ ablehnen** to refuse sth flatly; **mit ~ dementieren** to deny categorically

entschlacken* I. *vt* MED (*von Schlacken befreien*) ■**etw** ~ to purify sth [*or* cleanse] II. *vi* MED (*entschlackend wirken*) to have a purifying [*or* cleansing] effect

Entschlackung <-, -en> *f* MED purification, cleansing

Entschlackungskur *f* detox treatment

entschlafen* *vi irreg sein* (*euph geh: sterben*) to pass away [*or* over] [*or* on] *euph*

Entschlafene(r) *f(m) dekl wie adj* (*euph geh: gestorbene Person*) ■**der/die ~/die ~n** the deceased, the departed

entschleiern* *vt* (*geh*) ■**etw** ~ to uncover [*or* reveal] sth

entschließen* *vr irreg* (*sich entscheiden*) ■**sich [für etw/zu etw]** ~ to decide [on sth]; ■**sich [dazu] ~, etw zu tun** to decide to do sth; **sich zu nichts ~ können** to be unable to make up one's mind; ***ich kann mich so auf die Schnelle zu nichts ~!*** I can't make up my mind about anything so quickly!

Entschließung *f* (*geh: Entschluss*) decision; **zu einer ~ gelangen** (*geh*) to come to [*or* reach] a decision; **eine ~ einbringen** POL to propose a resolution; **eine ~ annehmen** POL to pass a resolution

entschlossen I. *pp von* **entschließen** II. *adj* (*zielbewusst*) determined, resolute, determined [*or* resolute] measures; **fest ~** absolutely determined; **kurz ~ sein** to decide without hesitating [*or* a moment's hesitation]; **etw kurz ~ tun** [to decide] to do sth straight away [*or* on the spur of the moment]; ***sie ist immer***

entschuldigen

zugeben, eingestehen	admitting, confessing
Ich bin Schuld daran.	**It's my fault.**
Ja, es war mein Fehler.	**Yes, it was my mistake.**
Da habe ich Mist gebaut. *(sl)*	**I've really messed that/things up.**
Ich gebe es ja zu: Ich habe zu vorschnell gehandelt.	**I admit it:** I acted too hastily.
Sie haben Recht, ich hätte mir die Sache gründlicher überlegen **sollen.**	**You are right, I should have** thought the matter through more.
sich entschuldigen	apologizing
(Oh,) das hab ich nicht gewollt! – Das tut mir Leid!	**(Oh,) I didn't mean to do that! I'm sorry!**
Entschuldigung!/Verzeihung!/Pardon!	**Excuse me!/Sorry!/I beg your pardon!**
Entschuldigen Sie bitte!	**Please excuse me!/I'm sorry!**
Das war nicht meine Absicht.	**That wasn't my intention.**
Ich muss mich dafür wirklich entschuldigen.	**I really must apologize.**
auf Entschuldigungen reagieren	accepting apologies
Schon okay! *(fam)*/**Das macht doch nichts!**	**That's okay!/It doesn't matter at all!**
Keine Ursache!/Macht nichts!	**That's all right!/Never mind!/It's okay!**
Machen Sie sich darüber keine Gedanken.	**Don't worry about it.**
Lassen Sie sich darüber keine grauen Haare wachsen. *(fam)*	**Don't lose any sleep over it.**

kurz ~ she always decides without a single hesitation; **wild** ~ *(fam)* fiercely determined, with fierce determination; **zu allem** ~ determined to do anything **III.** *adv* resolutely, with determination

Entschlossenheit <-> *f kein pl* determination, resolution; **mit wilder** ~ *(fam)* with fierce determination

entschlummern* *vi sein* ① *(euph geh: sterben)* to go to sleep *euph* ② *(veraltend geh)* to fall asleep

entschlüpfen* *vi sein* ① *(entkommen)* ■ **[jdm]** ~ to escape [from sb] ② *(fig: entfahren)* ■ **jdm** ~ *Bemerkung, Worte* to let sth slip

EntschlussRR <-es, Entschlüsse> *m*, **Entschluß** <-sses, Entschlüsse> *m* decision, resolution; **aus eigenem** ~ **handeln** to act on one's own initiative; **jds** *gen* **fester** ~ **sein, etw [nicht] zu tun** to be sb's firm intention [not] to do sth; **ein löblicher/weiser** ~ a commendable/wise decision; **seinen** ~ **ändern** to change one's mind; **einen** ~ **fassen** to make [*or* take] a decision; **zu einem** ~ **kommen** [*o* **gelangen**] to reach [*or* come to] a decision; **zu keinem** ~ **kommen** [*o* **gelangen**] to be unable to come to a decision

entschlüsseln* *vt* ■ **etw** ~ to decipher [*or* decode] sth

Entschlüsselung <-, -en> *f* deciphering, decoding

entschlussfreudigRR *adj* decisive **Entschlussfreudigkeit**RR <-> *f kein pl* decisiveness **Entschlusskraft**RR *f kein pl* decisiveness; ~ **besitzen** [*o* **haben**] to be decisive; **es fehlt** [*o* **mangelt**] **jdm an [genügend]** ~ sb is not decisive [enough]

entschlusslosRR **I.** *adj* indecisive **II.** *adv* indecisively

entschoten *vt* ■ **etw** ~ KOCHK to pod sth

entschuldbar *adj* excusable, pardonable

entschuldigen* **I.** *vi (als Höflichskeitformel)* ~ ***Sie, können Sie mir sagen, wie ich zum Bahnhof komme?*** excuse me, could you tell me how to get to the station?; ~ ***Sie bitte, was sagten Sie da gerade?*** sorry, what were you just saying there? **II.** *vr* ① *(um Verzeihung bitten)* ■ **sich [bei jdm] [für etw** *akk* [*o* **wegen etw** *gen*]] ~ to apologize [to sb] [for sth], to say sorry [to sb] [for sth]; ***ich muss mich bei Ihnen wegen meines Zuspätkommens*** ~ I'm terribly sorry I'm so late ② *(eine Abwesenheit begründen)* ■ **sich [bei jdm]** ~ to ask [sb] to be excused; ***ich möchte mich für die nächste Schulstunde*** ~ may be excused from the next lesson?; ■ **sich [bei/von jdm]** ~ **lassen** to send one's apologies [*or* BRIT excuses], to [ask sb to] convey one's apologies [*or* BRIT excuses] **III.** *vt* ① *(als verzeihlich begründen)* ■ **etw mit etw** *dat* ~ to use sth as an excuse for sth; ***Ihr Verhalten ist durch nichts zu ~!*** nothing can excuse your behaviour! ② *(eine Abwesenheit begründen)* ■ **jdn/etw [bei jdm]** ~ to ask [sb] to excuse sb/sth; ***ich möchte meine Tochter für morgen*** ~ I'd like to ask if my daughter can be excused tomorrow; ■ **jdn** ~ to excuse sb; ***ich bitte mich zu*** ~ please excuse me ③ *(als verständlich erscheinen lassen)* ■ **etw** ~ to excuse sth; ***das kann Ihr Zuspätkommen nicht ~!*** that is no excuse for your late arrival!; *(einen Regelverstoß hinnehmen)* to excuse [*or* forgive] sth; ***bitte ~ Sie die Störung*** please excuse [*or* forgive] the interruption

entschuldigend *adj* apologetic

Entschuldigung <-, -en> *f* ① *(Bitte um Verzeihung)* apology; **[jdn] [wegen etw** *gen*] **um** ~ **bitten** to apologize [to sb] [for sth]; **ich bitte um ~, aber ...?** excuse me,...; **um** ~ **bitten, dass/weil...** to apologize for being.../because...; ***ich bitte vielmals um ~, dass ich mich verspätet habe!*** I do aplogize for being late! ② *(Begründung, Rechtfertigung)* **als** [*o* **zur**] ~ **für etw** *akk* as an excuse for sth; **zu jds** *dat* ~ in one's defence [*or* AM -se]; ***was haben Sie zu Ihrer ~ zu sagen?*** what have you got to say in your defence? ③ *(als Höflichkeitsformel)* **~!** sorry!; ***o, ~, ich habe Sie angerempelt!*** oh! sorry for bumping into you!; **~, ...?** excuse me,...? ④ SCH *(Schreiben)* note, letter of excuse *form*; **jdm eine** ~ **schreiben** to write sb a note; **ohne** ~ without an excuse

entschweben* *vi sein (hum geh)* to float away *hum*

entschwefeln* *vt* ■ **etw** ~ to desulphurize sth

Entschwefelung <-, -en> *f* desulphurization

Entschwefelungsanlage *f* desulphurization plant

entschwinden* *vi irreg sein (geh)* ① *(verschwinden)* to disappear [*or* vanish] ② *(rasch vergehen)* to pass quickly

entseelt **I.** *adj (geh)* lifeless, dead **II.** *adv (geh)* lifelessly

Entseelte(r) *f(m) dekl wie adj (geh)* ■ **der/die ~/die ~n** the deceased, the departed

entsenden* *vt irreg o reg* ❶ *(abordnen)* ■ **jdn in etw** *akk* ~ [*o* **zu etw** *dat*] to send sb to sth ❷ *(schicken)* ■ **jdn [zu jdm]** ~ to send [*or form* dispatch] sb [to sb]

Entsendung *f* ❶ POL *(von Abgeordneten)* dispatch ❷ *(das Wegschicken)* sending, dispatch *form*

entsetzen* **I.** *vt (in Grauen versetzen)* ■ **jdn** ~ to horrify sb **II.** *vr (die Fassung verlieren)* ■ **sich [über jdn/etw]** ~ to be horrified [at sb/sth]

Entsetzen <-s> *nt kein pl (Erschrecken)* horror, dismay; **voller** ~ filled with horror [*or* dismay], horror-struck [*or* -stricken]; **mit** ~ horrified, dismayed; [**bleich/kreideweiß/versteinert**] **vor** ~ [pale/as white as a sheet/petrified] with horror; **zu jds [großem** [*o* **größten**]] ~ to sb's [great] horror [*or* dismay]

Entsetzensschrei *m* cry of horror

entsetzlich **I.** *adj* ❶ *(schrecklich)* horrible, awful, dreadful, terrible; ***wie ~!*** how dreadful [*or* terrible] [*or* awful]! ❷ *(fam: sehr stark)* awful, terrible; ***ich habe einen ~en Durst!*** I am terribly thirsty! **II.** *adv* ❶ *(in furchtbarer Weise)* awfully, terribly; ~ **aussehen** to look awful [*or* terrible] ❷ *intensivierend (fam)* awfully, terribly; ***diese Bluse ist ~ bunt*** this blouse is awfully garish

entsetzt **I.** *adj* horrified; ■ ~ **[über jdn/etw] sein** to be horrified [*or* appalled] [at [*or* by] sb/sth] **II.** *adv (großes Entsetzen zeigend)* in a horrified manner; ***sie schrie ~ auf*** she let out a horrified scream

entseuchen* *vt* ÖKOL ■ **etw** ~ to decontaminate [*or* disinfect] sth

entsichern* *vt* ■ **etw** ~ to release the safety catch on sth; **eine entsicherte Pistole** a pistol with the safety catch off

entsinnen* *vr irreg (geh)* ■ **sich [einer S./jds** *gen* [*o* **an jdn/etw**]] ~ to remember [sth/sb]; **wenn ich mich recht entsinne** if I remember correctly, if my memory serves me right

entsorgen* *vt* ÖKOL ■ **etw** ~ ❶ *(wegschaffen)* to dispose of sth ❷ *(von Abfallstoffen befreien)* ■ **eine Industrieanlage/eine Stadt** ~ to dispose of an industrial site's/a town's waste [*or* refuse and sewage]

Entsorgung <-, -en> *f (das Entsorgen)* waste disposal; ***die ~ von Schmutzwasser*** the disposal of waste water

Entsorgungsbetrieb *m* waste disposal plant

entspannen* **I.** *vr* ■ **sich** ~ ❶ *(relaxen)* to relax, to unwind ❷ *(sich glätten)* to relax, to release, to untighten; ***ihre Gesichtszüge entspannten sich*** her features relaxed ❸ POL *a. (sich beruhigen)* to ease **II.** *vt* ■ **etw** ~ ❶ *(lockern)* to relax sth ❷ *(die kritische Spannung beseitigen)* to ease sth; ***das Friedensangebot entspannte die Lage*** the peace offer eased the situation

entspannt *adj* relaxed

Entspannung *f* ❶ *(innerliche Ruhe)* relaxation; **zur** ~ for relaxation; ***nach der Arbeit sehe ich zur ~ etwas fern*** I watch a bit of television to unwind [*or esp* AM *fam* chill out] after work ❷ POL *(Abbau von Spannungen)* easing of [*or* reduction in] tension

Entspannungsmethode *f* relaxation method **Entspannungspolitik** *f* policy of détente **Entspannungstechnik** *f* relaxation technique **Entspannungsübung** *f meist pl* relaxation exercise

entspinnen* *vr irreg (sich ergeben)* ■ **sich [aus etw** *dat*] ~ to develop [*or* arise] [from sth]

entsprechen* *vi irreg* ■ **einer S.** *dat* ~ ❶ *(übereinstimmen)* to correspond to [*or* tally with] sth; ***der Artikel in der Zeitung entsprach nicht ganz den Tatsachen*** the article in the newspaper wasn't quite in accordance with the facts ❷ *(genügen)* to fulfil [*or* AM *usu* -ll] [*or* meet] [*or* answer] sth; ***die wenigsten der Bewerber entsprachen den Anforderungen*** very few of the applicants fulfilled the requirements ❸ *(geh: nachkommen)* to comply with sth; ***der geäußerten Bitte können wir nicht*** ~ we cannot comply with the request made

entsprechend **I.** *adj* ❶ *(angemessen)* appropriate, corresponding; *s. a.* **Umstand** ❷ *(zuständig)* relevant **II.** *präp + dat* in accordance with, according to, corresponding to; **den Bestimmungen** ~ in accordance with regulations

Entsprechung <-, -en> *f* correspondence, equivalence

entspringen* *vi irreg sein* ■ **einer S.** *dat* ~ ❶ GEOG *(seine Quelle haben)* to rise from sth ❷ *(seinen Ursprung haben)* to arise [*or* spring] from sth

entstammen* *vi sein* ■ **einer S.** ~ *dat* ❶ *(aus etw stammen)* to come [*or* stem] from sth; **einer wohlhabenden Familie** ~ to come from an affluent family ❷ *(aus einer bestimmten Zeit stammen)* to originate from sth; *(abgeleitet sein)* to be derived from sth; ***die Skulptur entstammt der viktorianischen Epoche*** the sculpture originates from the Victorian era

entstauben* *vt* ■ **etw** ~ to remove the dust from sth, to dust sth

entstehen* *vi irreg sein* ■ **[aus etw/durch etw]** ~ ❶ *(zu existieren beginnen)* to come into being [from], to be created [from]; ***aus diesem kleinen Pflänzchen wird ein großer Baum ~*** a great tree will grow from this sapling; ***das Haus war in nur 8 Monaten entstanden*** the house was built in only eight months; **im E~ begriffen sein** *(geh)* to be in the process of development [*or* emerging] ❷ *(verursacht werden)* to arise [*or* result] [from sth]; ***beträchtliche Unruhe entstand unter der Bevölkerung*** considerable unrest arose amongst the people ❸ CHEM *(sich bilden)* to be produced [from/through/via] ❹ *(sich ergeben)* to arise [*or* result] [from sth]; ~ ***mir irgendwelche Verpflichtungen?*** am I committing myself to anything?

Entstehung <-, -en> *f* ❶ *(das Werden)* creation; *des Lebens* origin; *eines Gebäudes* construction, building ❷ *(Verursachung)* creation, cause; ***die Nachrichten sorgten für die ~ von Unruhe*** the news created unrest ❸ CHEM *(Bildung)* formation

Entstehungsgeschichte *f* genesis, history of the origins of sth **Entstehungsort** *m* place of origin

entsteigen* *vi irreg sein (geh)* ■ **einer S.** *dat* ~ ❶ *(aussteigen)* to alight from sth *form;* **dem Bad/Wasser** ~ to emerge from the bath/water *form* ❷ *(aufsteigen) Dampf, Rauch* to rise from sth

entsteinen* *vt* ■ **etw** ~ to stone sth

Entsteiner *m* pitting machine

entstellen* *vt* ■ **etw** ~ ❶ *(verunstalten)* to disfigure sth; **jds** *gen* **Gesicht** ~ to disfigure sb's face; *s. a.* **Unkenntlichkeit** ❷ *(verzerren)* to contort [*or* distort] sth; ***der Schmerz entstellte ihre Züge*** her features were contorted with pain ❸ *(verzerrt wiedergeben)* **etw entstellt wiedergeben** to distort [*or* misrepresent] sth

Entstellung *f* ❶ *(entstellende Narbe)* disfigurement ❷ *(Verzerrung) der Tatsachen, Wahrheit* distortion

entsticken *vt* CHEM ■ **etw** ~ to denitrify [*or* denitrate] sth

Entstickung <-, -en> *f* CHEM denitrification, denitration

entstören* *vt* ■ **etw** ~ ❶ TELEK *(von Störungen befreien)* to eliminate interference in sth, to free sth from interference ❷ ELEK *(von Interferenzen befreien)* to fit a suppressor to sth; **entstörte [Elektro]geräte** [electrical] appliances fitted with a suppressor

Entstörung *f* ❶ TELEK *(das Entstören)* fault clearance,

freeing from interference ② ELEK fitting of a suppressor
Entstörungsstelle *f s.* **Störungsstelle**
entströmen* *vi sein (geh)* ■ **einer S.** *dat* ~ to pour [*or* gush] out of sth; *Gas, Luft* to escape [*or form* issue] from sth
enttabuisieren* *vt (geh)* ■ **etw** ~ to free sth from taboos
enttarnen* *vt* ■ **jdn [als etw]** ~ to expose sb [as sth]
enttäuschen* **I.** *vt* ① *(Erwartungen nicht erfüllen)* ■ **jdn** ~ to disappoint sb ② *(nicht entsprechen)* ■ **etw** ~ to dash [*or* betray] sth; **jds Hoffnungen** ~ to dash sb's hopes; **jds Vertrauen** ~ to betray sb's trust **II.** *vi (enttäuschend sein)* to be disappointing; ***die Mannschaft hat sehr enttäuscht*** the team was very disappointing
enttäuschend *adj* disappointing
enttäuscht I. *adj* disappointed (**über** *+akk/***von** *+dat* in/with); ~ **aussehen** to look disappointed **II.** *adv* disappointedly, full of disappointment
Enttäuschung *f* disappointment; **eine große** ~ a big disappointment; **jdm eine** ~ **bereiten** to disappoint sb; **zu jds** ~ to sb's disappointment; ***zu ihrer großen ~ erhielt sie die Stelle nicht*** to her great disappointment she didn't get the job
entthronen* *vt (geh)* ■ **jdn** ~ to dethrone sb
entvölkern* **I.** *vt (menschenleer machen)* ■ **etw** ~ to depopulate sth; ***durch die Epidemie wurden ganze Gebiete entvölkert*** whole areas became depopulated as a result of the epidemic; *(hum)* to clear of people; ***der strömende Regen hatte die Innenstadt praktisch entvölkert*** pouring rain had practically cleared the town centre of people **II.** *vr (hum: menschenleer werden)* ■ **sich** ~ to become deserted
Entvölkerung <-> *f kein pl* depopulation
entwachsen* [-ks-] *vi irreg sein (geh)* ■ **einer S.** *dat* ~ to grow out of sth, to outgrow sth; *s. a.* **Kinderschuh**
entwaffnen* *vt* ■ **jdn** ~ ① *(die Waffen abnehmen)* to disarm sb ② *(fig: mild stimmen)* to disarm sb
entwaffnend I. *adj* disarming **II.** *adv* disarmingly
Entwaffnung <-, -en> *f* disarming; *(eines Landes)* disarmament
entwarnen* *vi* to give [*or* sound] the all-clear
Entwarnung *f* all-clear; ~ **geben** to give [*or* sound] the all-clear
entwässern* *vt* ■ **etw** ~ ① AGR *(trockenlegen)* to drain sth ② BAU *(leer pumpen)* to drain [*or* pump out] sth ③ MED *(von Wasseransammlung befreien)* to dehydrate sth
Entwässerungsgraben *m* drainage ditch
entweder *konj* ~ **…, oder …** either…or; ~ **oder!** yes or no!; ***entscheide dich jetzt endlich – ~ oder!*** will you finally make a decision – one way or the other!
Entweder-oder^RR <-, -> *nt* alternative; ***du hast keine Wahl, es gibt kein ~!*** you have no choice, there are no two ways about it!
entweichen* *vi irreg sein* ① *(sich verflüchtigen)* ■ **[aus** [*o* **durch**] **etw]** ~ to leak [*or* escape] [from sth]; ***entweicht da Gas aus der Leitung?*** is gas escaping from the pipe there? ② *(geh: fliehen)* ■ **[aus etw]** ~ to escape [*or* run away] [from sth]
entweihen* *vt* ■ **etw** ~ to desecrate [*or* profane] sth
Entweihung *f* desecration
entwenden* *vt (geh)* ① *(stehlen)* ■ **[jdm] etw** ~ to purloin sth [from sb] *form* ② *(hum: an sich nehmen)* ■ **jdm etw** ~ to purloin sth from sb *hum form,* to steal [*or* BRIT *fam* nick] sth from sb
entwerfen* *vt irreg* ① *(zeichnerisch gestalten)* to sketch; ■ **[jdm] etw** ~ to design sth [for sb] ② *(designen)* ■ **etw** ~ to design sth ③ *(im Entwurf erstellen)* ■ **etw** ~ to draft [*or* draw up] sth
entwerten* *vt* ■ **etw** ~ ① *(ungültig machen)* to cancel [*or* invalidate] sth; **Banknoten** ~ to demonetize banknotes ② *(weniger wert machen)* **Preise** ~ to devalue prices ③ *(fig: im Wert mindern)* **ein Argument** ~ to undermine an argument
Entwerter <-s, -> *m* ticket-cancelling machine
Entwertung *f* ① *(das Entwerten)* cancellation, invalidation; *(Wertminderung)* devaluation ② *(fig: Wertminderung)* undermining
entwickeln* **I.** *vt* ■ **etw** ~ ① *(erfinden)* to develop sth ② *(entwerfen)* to develop sth; **einen Plan** ~ to develop [*or* devise] a plan ③ PHOT **einen Film** ~ to develop a film ④ CHEM *(entstehen lassen)* to produce sth **II.** *vr* ① *(zur Entfaltung kommen)* ■ **sich [zu etw]** ~ to develop [into sth]; ***Ihre Tochter hat sich zu einer bemerkenswerten jungen Dame entwickelt*** your daughter has turned out to be a remarkable young lady ② *(pej fam: sich entpuppen)* ■ **sich** ~ to turn out [*or* show [oneself]] to be ③ *(vorankommen)* ■ **sich [irgendwie]** ~ to progress [*or* evolve] [in a certain manner]; ***na, wie entwickelt sich euer Projekt?*** well, how is your project coming along? ④ POL *(zivilisatorisch fortschreiten)* ■ **sich [zu etw]** ~ to develop [into sth] ⑤ CHEM *(entstehen)* ■ **sich** ~ to be produced
Entwickler <-s, -> *m* PHOT developer
Entwicklung <-, -en> *f* ① *(das Entwickeln)* development; **[noch] in der** ~ **sein** [*o* **sich befinden**] to be [still] in the development stage; **in der** ~ in one's [*or* during] adolescence ② *(das Entwerfen) eines Plans, einer Theorie* evolution, development ③ PHOT development, processing ④ *(das Vorankommen)* progress, progression; ***die ~ der Verhandlungen wird positiv beurteilt*** the negotiations are judged to be progressing positively ⑤ ÖKON, POL *(Fortschritt)* development; **die** ~ **eines Landes** the development of a country ⑥ CHEM *(Entstehung)* production, generation; **die** ~ **entzündlicher Flüssigkeiten** the production of inflammable liquids ⑦ ÖKON, POL trend; **eine rückläufige** ~ **der Arbeitslosenzahlen** a falling trend in unemployment figures
Entwicklungsdienst *m* development aid service, ≈ Voluntary Service Overseas BRIT **entwicklungsfähig** *adj* capable of development **Entwicklungsgeschichte** *f* BIOL evolution **Entwicklungshelfer(in)** *m(f)* development aid worker, ≈ VSO worker BRIT **Entwicklungshilfe** *f* ① POL *(Unterstützung unterentwickelter Länder)* development aid ② FIN *(finanzielle Zuwendungen an Staaten)* foreign aid **Entwicklungsjahre** *pl* adolescence *no pl, no indef art;* **in den ~n sein** [*o* **sich in den** ~ **befinden**] to be in adolescence [*or* the teenage years] **Entwicklungsland** *nt* developing country **Entwicklungsphysiologie** *f* developmental physiology **Entwicklungsrückstand** *m* MED delayed development, underdevelopment **Entwicklungsstadium** *nt* development stage **Entwicklungsstufe** *f* stage of development **Entwicklungszeit** *f* ① *(Entwicklungsjahre)* adolescent years ② PHOT developing time
entwinden* *irreg* **I.** *vt (geh: aus jds Griff winden)* ■ **jdm etw** ~ to wrest sth from sb *liter* **II.** *vr (geh: sich herauswinden)* ■ **sich jdm/einer S.** *dat* ~ to free oneself from sb/from sth
entwirren* *vt* ■ **etw** ~ ① *(auflösen)* to disentangle [*or* unravel] sth ② *(klar machen)* to sort sth out *sep*
entwischen* *vi sein* ■ **[jdm/aus etw** *dat*] ~ to escape [from sb/sth]
entwöhnen* *vt* ① ■ **jdn** ~ to wean sb; **einen Säugling** ~ to wean an infant ② *(nicht mehr gewöhnt sein)* ■ **[einer S.** *dat*] **entwöhnt sein** to be weaned off [*or* from] sth, to lose the habit [of doing sth]; ***er war jeglicher Ordnung völlig entwöhnt*** he had grown unaccustomed to any kind of order

E

entwürdigen* *vt* ▪**jdn** ~ to degrade sb
entwürdigend **I.** *adj* degrading **II.** *adv* degradingly
Entwürdigung *f* degradation
Entwurf *m* ❶ (*Skizze*) sketch ❷ (*Design*) design ❸ (*schriftliche Planung*) draft; **im** ~ in the planning stage; ***das neue Gesetz ist im*** ~ the new act is being drafted
entwurzeln* *vt* ❶ (*aus dem Boden reißen*) ▪**etw** ~ to uproot sth ❷ (*heimatlos machen*) ▪**jdn** ~ to uproot sb
Entwurzelte(r) *f(m) dekl wie adj* displaced person
Entwurzelung <-, -en> *f* ❶ (*das Entwurzeln*) uprooting ❷ (*das Entwurzeltsein*) rootlessness
entzaubern* *vt* ❶ (*den romantischen Glanz nehmen*) ▪**jdn/etw** ~ to deprive sb/sth of their/its mystique; ***ihre romantischen Vorstellungen wurden durch die harte Realität entzaubert*** her romantic notions were shattered by harsh reality ❷ (*geh: von einem Bann befreien*) ▪**jdn** ~ to free sb from a spell, to break the spell on sb
entzerren* *vt* ▪**etw** ~ ❶ (*zeitlich auseinander ziehen*) to stagger sth ❷ TRANSP (*nicht überlappen lassen*) to regulate the flow of sth; **die Verkehrsströme** ~ to regulate the flow of traffic ❸ TECH (*verständlicher machen*) to rectify sth
Entzerrung *f* ❶ (*zeitliche Auseinanderziehung*) staggering ❷ TRANSP regulation of traffic ❸ TECH (*Verständlichmachung*) rectification
entziehen* *irreg* **I.** *vt* ❶ ADMIN (*aberkennen*) ▪**jdm etw** ~ to withdraw *form* [*or* take away] sth from sb; **jdm den Führerschein** ~ to revoke sb's driving licence [*or* AM -se] ❷ (*nicht länger geben*) ▪**jdm etw** ~ to withdraw sth from sb; *s. a.* **Wort** ❸ (*fern halten*) ▪**jdn einer S.** *dat* ~ to remove sb from sth ❹ (*wegziehen*) ▪**jdm etw** ~ to remove sth from sb; ***sie entzog ihm ihren Arm*** she removed her arm from him ❺ AGR, FORST (*aus etw entnehmen*) ▪**einer S.** *dat* **etw** ~ to remove sth from sth; ***dieses Getreide entzieht dem Boden viele Nährstoffe*** this grain removes a lot of nutrients from the soil ❻ CHEM (*extrahieren*) ▪**einer S.** *dat* **etw** ~ to extract sth from sth **II.** *vr* ❶ (*sich losmachen*) ▪**sich jdm/einer S.** ~ to evade sb/sth; ***sie wollte ihn streicheln, doch er entzog sich ihr*** she wanted to caress him, but he resisted her ❷ (*nicht berühren*) ▪**sich einer S.** *dat* ~ to be beyond sth; ***das entzieht sich meiner Kenntnis*** that's beyond my knowledge
Entziehung *f* ❶ ADMIN (*Aberkennung*) withdrawal, revocation ❷ (*Entzug*) withdrawal ❸ MED (*Entziehungskur*) withdrawal treatment, cure for an addiction; **eine** ~ **machen** to undergo withdrawal treatment
Entziehungsanstalt *f* drug rehabilitation centre [*or* AM -er] **Entziehungskur** *f* cure for an addiction; **eine** ~ **machen** to undergo a cure for an addiction
entzifferbar *adj* decipherable; **nicht** ~ indecipherable
entziffern* *vt* ▪**etw** ~ ❶ (*mühsam lesen*) to decipher sth ❷ (*entschlüsseln*) to decipher [*or* decode] sth
Entzifferung <-, -en> *f* ❶ (*das Entziffern*) deciphering ❷ (*das Entschlüsseln*) deciphering, decoding
entzücken* *vt* (*begeistern*) ▪**jdn** ~ to delight sb; ***ich muss sagen, das entzückt mich*** I must say, I find that delightful; ▪[**von jdm/etw** [*o* **über jdn/etw**]] **entzückt sein** to be delighted [by [*or* at] sb/sth]; [**von etw**] **wenig entzückt sein** (*iron*) not to be very pleased [about sth] *iron*
Entzücken <-s> *nt kein pl* (*Begeisterung*) delight; [**über etw** *akk*] **in** ~ **geraten** to go into raptures [over sth]; **zu jds** [**größten**] ~ to sb's great delight [*or* joy]
entzückend *adj* delightful; **das ist ja** ~**!** (*iron*) that's charming!
Entzug <-[e]s> *m kein pl* ❶ ADMIN (*das Entziehen*) withdrawal, revocation ❷ MED (*das Entziehen*) withdrawal; (*Entziehungskur*) withdrawal treatment, cure for an addiction; **kalter** ~ (*sl*) cold turkey *sl;* **auf** ~ **sein** (*sl*) to go [through] cold turkey *sl*
Entzugserscheinung *f* withdrawal symptom *usu pl* **Entzugssymptom** *nt* (*selten*) withdrawal symptom
entzündbar *adj* inflammable; **leicht** ~ highly inflammable
entzünden* **I.** *vt* ▪**etw** ~ ❶ MED (*infizieren*) to inflame sth ❷ (*geh: anzünden*) to light sth **II.** *vr* ❶ MED (*sich infizieren*) ▪**sich** ~ to become inflamed ❷ (*in Brand geraten*) ▪**sich** ~ to catch fire ❸ (*fig: aufflackern*) ▪**sich an etw** *dat* ~ to be sparked off by sth; *Begeisterung* to be kindled by sth
entzündlich *adj* ❶ MED (*infektiös*) inflammatory; (*sich leicht entzündend*) inflammatory; ***die Mandeln sind leicht*** ~ the tonsils become easily inflamed ❷ (*entzündbar*) inflammable
Entzündung *f* MED inflammation
entzündungshemmend *adj* MED anti-inflammatory **Entzündungsherd** *m* MED focus of inflammation
entzwei *adj pred* in two [pieces], in half; (*zersprungen*) broken; (*zerrissen*) torn
entzwei|brechen *irreg* **I.** *vi sein* (*zerbrechen*) to break into pieces **II.** *vt haben* (*zerbrechen*) ▪**etw** ~ to break sth into pieces, to break sth in two [*or* half]
entzweien* **I.** *vt* (*auseinander bringen*) ▪**jdn** ~ to divide people, to set people against each other; ***sie entzweiten sich wegen einer Frau*** they fell out [with each other] over a woman **II.** *vr* (*sich überwerfen*) ▪**sich mit jdm** ~ to fall out with sb
entzwei|gehen *vi irreg sein* to break [in two [*or* half]]
Entzweiung <-, -en> *f* ❶ (*Bruch*) split, break ❷ (*Streit*) quarrel
en vogue [ã'vo:k] *adj pred* (*geh*) in vogue [*or* fashion]
Enzephalogramm <-gramme> *nt* MED encephalogram
Enzian <-s, -e> *m* ❶ BOT gentian ❷ KOCHK (*Schnaps*) *spirit distilled from the roots of gentian*
Enzyklika <-, Enzykliken> *f* REL encyclical
Enzyklopädie <-, -n> [*pl* -'di:ən] *f* encyclopaedia, encyclopedia *esp* AM
enzyklopädisch **I.** *adj* encyclopaedic, encyclopedic *esp* AM **II.** *adv* encyclopaedically, encyclopedically *esp* AM
Enzym <-s, -e> *nt* enzyme
Enzymaktivität *f* BIOL enzyme activity **Enzymregulation** *f* BIOL enzyme regulation
Epen *pl von* **Epos**
Epidemie <-, -n> [*pl* -'mi:ən] *f* MED epidemic
epidemisch *adj* MED epidemic; (*fig: seuchenartig*) epidemic; **sich** *akk* ~ **verbreiten** to spread like an epidemic
epidermal *adj* MED epidermal
Epidermis <-, -men> *f* BIOL epidermis
Epigone <-n, -n> *m* epigone *liter,* imitator
Epigramm <-gramme> *nt* ❶ LIT epigram ❷ KOCHK (*Bruststück vom Lamm*) [lamb] epigramme [*or* AM -am]
Epik <-> *f kein pl* epic poetry
Epikureer(in) <-s, -> *m(f)* ❶ (*geh: Genussmensch*) epicurean *form* ❷ PHILOS Epicurean
Epilepsie <-, -n> [*pl* -'psi:ən] *f* epilepsy
Epileptiker(in) <-s, -> *m(f)* epileptic
epileptisch **I.** *adj* epileptic **II.** *adv* inclined to have epileptic fits, to have a tendency towards epileptic fits
Epilog <-s, -e> *m* epilogue
episch *adj* ❶ (*das Epos betreffend*) epic ❷ (*geh: end-*

los ausschmückend) of epic proportions; ~ **werden** to take on epic proportions; *s. a.* **Breite**

Episkopat <-[e]s, -e> *m o nt* REL ❶ *kein pl (Amt des Bischofs)* episcopate ❷ *(Gesamtheit der Bischöfe)* episcopate, episcopacy

Episode <-, -n> *f* episode

episodenhaft *adj (kurzzeitig)* short-lived; ~**e Erscheinung** brief appearance

Epistel <-, -n> *f* epistle

Epitaph <-s, -e> *nt (geh)* ❶ *(Gedenktafel)* memorial plaque ❷ *(Grabinschrift)* epitaph

Epizentrum *nt* epicentre [*or* AM -er]

epochal *adj s.* **epochemachend**

Epoche <-, -n> *f* epoch; ~ **machen** to be epoch-making; ~ **machend** epoch-making

epochemachend *adj s.* **Epoche**

Epos <-, Epen> *nt* epic

Equipe <-, -n> *f* team

er <*gen* seiner, *dat* ihm, *akk* ihn> *pron pers* ❶ *(männliche Person bezeichnend)* he; ***sie ist ein Jahr jünger als*** ~ she is a year younger than him; ***nicht möglich, ~ ist es wirklich!*** unbelievable, it really is him!; ***wer hat das gemacht? — ~!*** who did that? — he did!; ***ich war's doch gar nicht, ~ da war's!*** it certainly wasn't me, it was him there!; **wenn ich ~ wäre,...** if I were him,... ❷ *(Sache bezeichnend)* it; ***kauf dir doch auch einen Computer, ~ ist ein nützliches Hilfsmittel*** do buy yourself a computer, it's a useful aid ❸ *(Tier bezeichnend)* it; *(bei männlichen Tieren)* he; ***das ist mein Rabe, ~ heißt Fridolin*** that's my raven, he's called Fridolin; **ein E~ und eine Sie** *(hum fam)* a he and a she *hum fam*

ER <-s> *nt kein pl Abk von* **Endoplasmatisches Retikulum** ER *no pl*

erachten* *vt (geh)* ■ **es als etw ~** to consider [*or form* deem] it to be sth; ***ich habe es als meine Pflicht erachtet, dir das mitzuteilen*** I deemed it [to be] my duty to inform you about that

Erachten <-s> *nt kein pl* **meines ~s** [*o* **nach meinem ~**] in my opinion

erahnen* *vt (geh: ahnen)* ■ **etw ~** to guess [*or* imagine] sth; ■ **etw ~ lassen** to give an idea of sth; ***der Marmorblock lässt die Proportionen des späteren Kunstwerks*** ~ the marble block gives an idea of the size of the eventual work of art; ■ **sich ~ lassen** to be sensed

erarbeiten* *vt* ❶ *(durch Arbeit erwerben)* ■ [**sich** *dat*] **etw ~** to work for sth ❷ *(erstellen)* ■ **etw ~** to work out sth; **einen Plan ~** to work out a plan

Erbadel *m* hereditary nobility **Erbanlage** *f meist pl* hereditary factor [*or* characteristic] *usu pl*

erbarmen* **I.** *vt (leid tun)* ■ **jdn ~** to arouse sb's pity, to move sb to pity; ■ **es erbarmt mich, wenn...** I feel pity when[ever]... **II.** *vr* ❶ *(Mitleid haben)* ■ **sich jds/einer S.** *gen* ~ to take pity on sb/sth; ***Herr, erbarme dich unser*** Lord, have mercy upon us ❷ *(hum fam: sich annehmen)* ■ **sich** [**einer S.** *gen*] ~ to take care of [sth] *hum fam;* ***ein Stück Kuchen ist noch übrig, wer erbarmt sich und isst es?*** there's a piece of cake left over, who's going to take care of it?

Erbarmen <-s> *nt kein pl* pity, compassion; ■ ~ **mit jdm/etw** [**haben**] [to have] pity for sb/[to show] compassion for sth; **kein ~** [**mit jdm**] **kennen** [*o* **haben**] to show [sb] no mercy; **aus ~** out of pity; **voller ~** full of pity; **ohne ~** pitiless, merciless; ***dieser Killer tötete ohne das geringste*** ~ this murderer kills without showing the slightest [sign of] pity; **zum E~** *(fam)* pitiful, pathetic; ***Mund zu, du singst ja zum ~!*** keep your mouth shut, your singing is pitiful!; **~!** mercy!

erbarmenswert *adj (geh)* pitiful, wretched

erbärmlich **I.** *adj (pej)* ❶ *(fam: gemein)* miserable, mean; ***du ~es Schwein!*** you miserable swine!; ***ich hätte nie gedacht, dass einer so ~ sein kann*** I would never have thought that anyone could be so mean ❷ *(furchtbar)* terrible; ~**e Angst haben** to be terribly afraid ❸ *(jämmerlich)* miserable, wretched; **sich in einem ~en Zustand befinden** to be in a wretched condition; [**in etw** *dat*] ~ **aussehen** *(fam)* to look terrible [in sth] **II.** *adv (pej)* ❶ *(gemein)* wretchedly, abominably; ***er hat sich ~ verhalten!*** he behaved abominably! ❷ *(fam: furchtbar)* terribly; ***draußen ist es ~ kalt!*** it's terribly cold outside; ***die Wunde tut ~ weh!*** the wound hurts terribly!

Erbärmlichkeit <-> *f kein pl* ❶ *(Gemeinheit)* meanness, wretchedness ❷ *(Jämmerlichkeit)* awfulness, wretchedness

erbarmungslos **I.** *adj* pitiless, merciless **II.** *adv* pitilessly, mercilessly, without mercy

erbarmungsvoll **I.** *adj* compassionate, full of pity **II.** *adv* compassionately

erbauen* **I.** *vt* ❶ *(errichten)* ■ **etw ~** to build sth ❷ *(seelisch bereichern)* ■ **jdn ~** to uplift sb ❸ *(fam: begeistert sein)* ■ [**von etw** [*o* **über etw**]] **erbaut sein** to be enthusiastic [about sth]; ■ [**von etw** [*o* **über etw**]] **nicht** [**besonders**] **erbaut sein** not to be [particularly] pleased [about sth] [*or* delighted [by sth]] **II.** *vr (sich innerlich erfreuen)* ■ **sich an etw** *dat* ~ to be uplifted by sth

Erbauer(in) <-s, -> *m(f)* architect

erbaulich *adj (geh)* edifying *form;* **nicht gerade** [*o* **sehr**] ~ *(iron)* not exactly [*or* very] encouraging *iron*

Erbauung <-, -en> *f* ❶ *(Errichtung)* building ❷ *(seelische Bereicherung)* edification; **zur ~** for one's edification

erbberechtigt *adj* entitled to [*or* inherit] the/an inheritance **erbbiologisch** *adj* genetic; **ein ~es Gutachten** a genetic test report

Erbe <-s> *nt kein pl* ❶ *(Erbschaft)* inheritance *no pl;* **das ~ ausschlagen** to turn down [*or form* waive] an inheritance ❷ *(fig: Hinterlassenschaft)* legacy

Erbe, Erbin <-n, -n> *m, f* JUR heir *masc,* heiress *fem;* **alleiniger ~** the sole heir; **direkter ~** direct heir; **gesetzlicher ~** rightful heir; **die lachenden ~n** *(hum)* the joyful heirs; **leiblicher ~** blood-related heir; **jdn/ein Tier als ~n einsetzen** to appoint sb/an animal as heir

erbeben* *vi sein (geh)* ❶ *(beben)* to shake, to tremble, to shudder ❷ *(zittern)* ■ [**vor etw** *dat*] ~ to shake [*or* tremble] [with sth]; ***ihre Stimme erbebte vor Wut*** her voice was shaking with anger

erben **I.** *vt* ❶ *(als Erbe erhalten)* ■ **etw** [**von jdm**] ~ to inherit sth [from sb] ❷ *(fam: geschenkt bekommen)* ■ **etw** [**bei/von jdm**] ~ to be given sth [by sb] ❸ *(als Erbanlage bekommen)* ■ **etw von jdm ~** to inherit sth from sb **II.** *vi (Erbe sein)* to receive an inheritance; ***die müssen im Lotto gewonnen oder geerbt haben!*** they must have either won the lottery or have been left some money!

Erbengemeinschaft *f* community of joint heirs

erbetteln* *vt (durch Bitten erhalten)* ■ [**sich** *dat*] **etw ~** to obtain [*or* get] sth by begging; ***sie ließen nicht nach, bis sie sich von ihren Eltern den Kinobesuch erbettelt hatten*** they didn't give up until they had wheedled their parents into taking them to the cinema; **sich eine Mahlzeit ~** to beg for a meal

erbeuten* *vt* ■ **etw ~** ❶ *(als Beute erhalten)* to get away with sth ❷ *(als Kriegsbeute bekommen)* to capture [*or* take] sth ❸ *(als Beute fangen)* to carry off sth *sep*

Erbfaktor *m* hereditary factor [*or* gene] **Erbfeind(in)** *m(f)* arch enemy **Erbfolge** *f* [line of] succession

Erbgut *nt kein pl* genotype, genetic make-up

Erbgutschäden *pl* genetic abnormality **erbgutschädigend** *adj* genetically harmful
erbieten* *vr irreg* (*geh*) ■ **sich ~, etw zu tun** to offer [*or* volunteer] to do sth
Erbin <-, -nen> *f fem form von* **Erbe** heiress
Erbinformation *f* genetic information
erbitten* *vt irreg* (*geh*) ■ **etw [von jdm] ~** to ask for [*or form* request] sth [from sb]
erbittern* *vt* ■ **jdn ~** to enrage [*or* incense] sb
erbittert I. *adj* bitter; **~en Widerstand leisten** to put up a bitter resistance; **~e Gegner** bitter opponents II. *adv* bitterly; ***sie wehrten sich ~ bis zu ihrem Untergang*** they fought to the bitter end
Erbitterung <-> *f kein pl* ① (*entschlossene Wut*) bitterness ② (*selten: Heftigkeit*) fierceness
Erbium <-s> *nt kein pl* CHEM erbium
Erbkrankheit *f* hereditary disease
erblassen* *vi sein* (*erbleichen*) ■ **[vor etw *dat*] ~** to go [*or* turn] pale [with sth]; ***sie erblasste vor Schreck*** she turned pale with fright; ■ **jdn ~ lassen** to make sb go [*or* turn] pale; *s. a.* **Neid**
Erblasser(in) <-s, -> *m(f)* JUR testator **Erblast** *f* (*fig: Hinterlassenschaft*) legacy; ***der radioaktive Müll ist eine gefährliche ~*** radioactive waste is a dangerous legacy
erbleichen* *vi sein* (*geh*) ■ **[vor etw *dat*] ~** to go [*or* turn] pale [with sth]; ***er erbleichte vor Zorn*** he turned pale with anger
erblich I. *adj* hereditary; **eine ~e Krankheit** a hereditary disease II. *adv* by inheritance; **~ weitergeben** to pass on as a hereditary condition; ***Krampfadern sind ~ bedingt*** varicose veins are inherited; **~ belastet** MED having a hereditary disease; **~ [vor]belastet sein** (*hum*) to run in the family
erblicken* *vt* (*geh*) ① (*plötzlich sehen*) ■ **jdn/etw ~** to see [*or* catch sight of] [*or* spot] sb/sth ② (*fig: erkennen*) ■ **in jdm/einer S. etw ~** to see sb/sth as sth
erblinden* *vi sein* ■ **[von etw/durch etw] ~** to go blind [as a result of sth]
Erblindete(r) *f(m) dekl wie adj* blind person
Erblindung <-, -en> *f* loss of sight; **die ~ auf einem Auge** the loss of sight in one eye; **zur ~/zu einer bestimmten ~ führen** to lead to blindness/to a certain type of blindness
erblühen* *vi sein* (*geh*) to bloom [*or* blossom]; ***der Kirschbaum war voll erblüht*** the cherry tree was in full blossom
Erbmasse *f* genotype, genetic make-up **Erbonkel** *m* (*hum fam*) rich uncle *hum fam*
erbosen* I. *vt* (*geh: wütend machen*) ■ **jdn ~** to anger [*or* infuriate] sb; ■ **erbost sein [über jdn/etw]** to be furious [*or* infuriated] [with sb/about sth] II. *vr* (*geh: wütend werden*) ■ **sich über jdn/etw ~** to become furious [*or* infuriated] with sb/about sth
Erbpacht *f* hereditary lease
erbrechen¹ *irreg* I. *vt* (*ausspucken*) ■ **etw ~** to bring up sth *sep*; **etw bis zum E~ tun** (*pej fam*) to do sth ad nauseam; ***ich habe mir deine ewigen Klagen bis zum E~ mit anhören müssen!*** I'm absolutely sick of listening to your constant moaning; **etw ist zum E~** (*fam*) sth is disgusting [*or* revolting] II. *vi* (*den Mageninhalt erbrechen*) to throw up *sl* III. *vr* (*sich übergeben*) ■ **sich ~** to be sick; ***ich muss mich ~!*** I'm going to be sick!
erbrechen*² *irreg vt* (*geh o veraltet*) ■ **etw ~** to break open sth *sep*; **ein Türschloss ~** to force a lock ▶ WENDUNGEN: **etw bis zum E~ tun** (*sl*) to do sth ad nauseam
Erbrecht *nt* law of inheritance
erbringen* *vt* ■ **etw ~** *irreg* ① (*aufbringen*) to raise sth; **eine hohe Leistung ~** to perform well ② FIN (*als Erlös erzielen*) to raise sth ③ (*als Resultat zeitigen*) to produce [*or* yield] sth ④ JUR (*beibringen*) to produce sth
Erbrochene(s) *nt dekl wie adj* vomit
Erbschaft <-, -en> *f* inheritance; **eine ~ machen** to come into an inheritance
Erbschaft(s)steuer *f* estate [*or* death] duty [*or* duties], death tax AM
Erbschein *m* JUR certificate of inheritance; **jdm einen ~ ausstellen** to issue sb with a certificate of inheritance **Erbschleicher(in)** <-s, -> *m(f)* (*pej*) legacy-hunter *pej*
Erbse <-, -n> *f* pea; **gelbe ~** yellow pea
erbsengroß *adj* pea-size, the size of a pea **Erbsensuppe** *f* pea soup **Erbsenzähler(in)** *m(f)* (*pej sl*) pedant
Erbstück *nt* heirloom **Erbsünde** *f* REL original sin **Erbtante** *f* (*hum fam*) rich aunt *hum fam* **Erbteil** *nt* ① JUR (*Anteil an einer Erbschaft*) share of an inheritance ② MED, PSYCH (*Veranlagung*) inherited trait [*or* characteristics]
Erdachse [-ks-] *f* earth's axis
erdacht *adj* invented, made-up
Erdanziehung *f kein pl* gravitational pull of the earth **Erdapfel** *m* SÜDD, ÖSTERR (*Kartoffel*) potato **Erdarbeiten** *pl* excavation work **Erdatmosphäre** *f* earth's atmosphere **Erdball** *m* (*geh*) *s.* **Erdkugel**
Erdbeben *nt* earthquake
Erdbebenherd *m* seismic focus centre [*or* AM -er] **erdbebensicher** *adj* earthquake-proof **Erdbebenwarte** *f* seismological station
Erdbeere *f* ① (*Pflanze und Frucht*) strawberry ② (*Erdbeereis*) strawberry ice-cream
erdbeerfarben *adj* strawberry-coloured [*or* AM -ored] **Erdbeersirup** *m* strawberry syrup
Erdbestattung *f* burial, interment **Erdbevölkerung** *f* population of the earth, earth's population **Erdbewohner(in)** *m(f)* inhabitant of the earth
Erdboden *m* ground; **etw dem ~ gleichmachen** to raze sth to the ground; **als hätte ihn/sie der ~ verschluckt** as if the earth had swallowed him/her up
Erde <-, -n> *f* ① *kein pl* (*Welt*) earth; **der Planet ~** the planet Earth; **auf der ganzen ~** in the whole world; **auf der ganzen ~ bekannt** known throughout the world ② (*Erdreich*) earth, soil; **in fremder/heimatlicher ~ ruhen** (*geh*) to be buried in foreign/one's native soil *form* ③ (*Grund, Boden*) ground; **auf der ~** on the ground; **zu ebener ~** at street level; **[mit etw *dat*] unter die ~ gehen** BAU to build sth below ground; **etw aus der ~ stampfen** (*fam*) to produce sth out of thin air *fam*; ***die neuen Wohnblocks wurden in einem Jahr buchstäblich aus der ~ gestampft*** the new blocks of flats were literally thrown up in a year ④ (*Art des Bodens*) soil; **feuchte/fruchtbare ~** damp/fertile soil ⑤ ELEK (*Erdung*) earth ⑥ CHEM earth; **seltene ~n** rare earths ▶ WENDUNGEN: **jdn unter die ~ bringen** to be the death of sb
erden *vt* ELEK ■ **etw ~** to earth sth
Erdenbürger(in) *m(f)* mortal; **ein neuer ~** (*hum*) a new member of the human race *hum*
erdenken* *vt irreg* ■ **etw ~** to devise [*or* think up] sth
erdenklich *adj attr* (*nur denkbar*) conceivable, imaginable; **[jdm] alles ~ Gute/Schlechte/Böse [wünschen]** [to wish sb] all the very best/every conceivable misfortune/ill; **alles E~e tun** to do everything conceivable [*or* imaginable]
erdfarben *adj* earth-coloured [*or* AM -ored] **Erdferkel** *nt* ZOOL aardvark **Erdgas** *nt* natural gas **Erdgeist** *m* earth spirit **Erdgeruch** *m* earthy smell **Erdgeschichte** *f kein pl* geological history, history of the earth **erdgeschichtlich** I. *adj attr* geological

II. *adv* geologically **ErdgeschossRR** *nt* ground [*or* AM first] floor; **im ~** on the ground [*or* AM first] floor **Erdhaufen** *m* mound of earth
erdichten* *vt* (*geh*) ■ **etw ~** to fabricate sth, to make sth up *sep;* **das E~ von Geschichten** the fabrication of stories
erdig I. *adj* ❶ (*nach Erde riechend/schmeckend*) earthy ❷ (*mit Erde beschmutzt*) muddy II. *adv* earthily; **~ schmecken** to have an earthy taste
Erdinnere(s) *nt dekl wie adj* interior [*or* bowels] of the earth *npl* **Erdkern** *m* earth's core **Erdklumpen** *m* clod of earth **Erdkreis** *m* [entire] world, globe **Erdkröte** *f* ZOOL common toad **Erdkruste** *f* earth's crust **Erdkugel** *f* globe, world
Erdkunde *f* geography
erdkundlich *adj* geographical
ErdnussRR *f* (*Pflanze und Frucht*) peanut
ErdnussbutterRR *f* peanut butter **ErdnussölRR** *nt* peanut oil
Erdoberfläche *f* earth's surface, surface of the earth
Erdöl *nt* oil, petroleum; **~ exportierend** oil-exporting *attr*
erdolchen* *vt* (*geh*) ■ **jdn ~** to stab sb [to death]
Erdölembargo *nt* oil embargo **erdölexportierend** *adj attr s.* **Erdöl** **Erdölindustrie** *f* oil industry **Erdölleitung** *f* oil pipeline
Erdreich *nt* earth, soil
erdreisten* *vr* ■ **sich ~** to take liberties; ***was erdreistest du dich?*** how dare you!; ■ **sich ~, etw zu tun** to have the audacity to do sth
Erdrinde *f s.* **Erdkruste**
erdröhnen* *vi sein* ❶ (*dröhnend widerhallen*) ■ [**von etw** *dat*] **~** to resound [with sth]; ***die ganze Disko erdröhnte von dem Lärm*** the whole disco resounded with the noise ❷ (*dröhnen*) *Lautsprecher* to boom; *Wand, Decke* to resound
erdrosseln* *vt* ■ **jdn ~** to strangle [*or* throttle] sb
Erdrosselte(r) *f(m) dekl wie adj* strangled person
erdrücken* *vt* ❶ (*zu Tode drücken*) ■ **jdn/ein Tier ~** to crush sb/an animal to death ❷ (*fam: Eigenständigkeit nehmen*) ■ **jdn** [**mit etw** *dat*] **~** to stifle sb [with sth]; ***merkst du nicht, dass du dein Kind mit deiner Liebe fast erdrückst?*** can't you see that you're almost stifling the child with love ❸ (*sehr stark belasten*) ■ **jdn ~** to overwhelm sb; ***die Schulden drohten ihn zu ~*** he was weighed down with guilt
erdrückend *adj* overwhelming; **~e Beweise** overwhelming evidence
Erdrutsch *m* (*fig a.: überwältigender Wahlsieg*) landslide
erdrutschartig *adj* landslide; **ein ~er Wahlsieg** a landslide election victory **Erdrutschsieg** *m* landslide victory
Erdschatten *m* shadow of the earth **Erdschicht** *f* ❶ (*eine Schicht Erde*) layer of earth ❷ GEOL stratum **Erdspalte** *f* crevice **ErdsprossRR** *m* BOT underground shoot **Erdstoß** *m* seismic shock **Erdteil** *m* continent
erdulden* *vt* ■ **etw** [**von jdm**] **~** *dat Kränkungen, Leid* to endure [*or* suffer] sth [from sb]
Erdumdrehung *f* rotation [*or* revolution] of the earth **Erdumfang** *m* circumference of the earth **Erdumkreisung** *f* orbit around the earth **Erdumlaufbahn** *f* [earth] orbit
Erdung <-, -en> *f* ELEK ❶ (*das Erden*) earthing ❷ (*stromleitende Verbindung*) earth
Erdwall *m* earth embankment **Erdwärme** *f* geothermal heat **Erdzeitalter** *nt* geological era
ereifern* *vr* ■ **sich** [**über etw** *akk*] **~** to get excited [*or* worked up] [about [*or* over] sth]
ereignen* *vr* ■ **sich ~** to occur [*or* happen]
Ereignis <-ses, -se> *nt* event, occurrence; (*etw Besonderes*) occasion; **der Gang der ~se** the course of events; **das ~ des Jahrhunderts** the event of the century; **bedeutendes/historisches ~** important/historical incident; **ein freudiges ~** a happy event
ereignislos I. *adj* uneventful II. *adv* uneventfully
ereignisreich *adj* eventful, a life full of incident
ereilen* *vt* (*geh*) ■ **jdn ereilt etw** sth overtakes sb *form;* ***plötzlich ereilte ihn der Tod*** he was suddenly overtaken by death
Erektion <-, -en> *f* erection; **eine ~ haben** to have an erection
Eremit(in) <-en, -en> *m(f)* hermit
erfahren¹ *irreg* I. *vt* ❶ (*zu hören bekommen*) ■ **etw** [**von jdm**] [**über jdn/etw**] **~** *Nachricht, Neuigkeit etc.* to hear [*or* find out] sth [from sb] [about sb/sth]; ■ **etw ~** to learn of sth; ***darf man Ihre Absichten ~?*** might we enquire as to your intentions? ❷ (*geh: erleben*) ■ **etw ~** to experience sth; ***in seinem Leben hat er viel Liebe ~*** he experienced a lot of love in his life ❸ (*geh: mit sich geschehen lassen*) ■ **etw ~** to undergo sth II. *vi* (*Kenntnis erhalten*) ■ **von etw** *dat*/**über etw** *akk* **~** to learn of [*or* about] sth
erfahren² *adj* (*versiert*) experienced; ■ [**in etw** *dat*/**auf einem Gebiet**] **~ sein** to be experienced [in sth/in a field]
Erfahrenheit <-> *f kein pl* (*geh*) experience
Erfahrung <-, -en> *f* ❶ (*prägendes Erlebnis*) experience; ***ich bin wieder um eine ~ reicher!*** I'm the wiser for it!; ■ **jds ~en mit jdm/etw** sb's experience of sb/sth; **die/diese ~ machen** [**dass ...**] to have the/that experience [of ...]; **die ~ machen, dass ...** to find that ...; [**seine**] **~en machen** [*o* **sammeln**] to gain experience [for oneself]; **nach meiner ~** in my experience ❷ (*Übung*) experience; **jahrelange ~** years of experience; **mit** [**entsprechender**] **~** with [the appropriate] experience ❸ (*Kenntnis*) **etw in ~ bringen** to learn [*or sep* find out] sth ▶ WENDUNGEN: **durch ~ wird man klug** (*prov*) one learns by experience
Erfahrungsaustausch *m* exchange of experiences
erfahrungsgemäß *adv* in sb's experience; ***~ ist ...*** experience shows ...
erfassbarRR, **erfaßbar** *adj* ❶ (*begreifbar*) conceivable ❷ (*zu ermitteln*) ascertainable, detectable
erfassen* *vt* ❶ (*mitreißen*) ■ **etw/jdn ~** *Auto, Strömung* to catch sth/sb ❷ (*befallen*) ■ **jdn ~** to seize sb; ***sie wurde von Furcht erfasst*** she was seized by fear; ***eine tiefe Traurigkeit erfasste ihn*** he was overcome with great sadness ❸ (*begreifen*) ■ **etw ~** to understand [*or* grasp] sth; ***genau, du hast's erfasst!*** exactly, you've got it! ❹ ADMIN (*registrieren*) ■ **etw ~** to record sth; **etw statistisch ~** to record statistically ❺ INFORM (*eingeben*) ■ **etw ~** *Daten, Text* to enter sth
Erfassung *f* ❶ ADMIN (*Registrierung*) recording ❷ INFORM (*das Erfassen*) *Daten, Text* entering
erfinden* *vt irreg* ■ **etw ~** ❶ (*neu hervorbringen*) to invent sth ❷ (*erdichten*) to invent [*or sep* make up] sth; **frei erfunden sein** to be completely fictitious
Erfinder(in) *m(f)* inventor
Erfindergeist *m kein pl* inventive genius
Erfinderin <-, -nen> *f fem form von* **Erfinder**
erfinderisch *adj* inventive; *s. a.* **Not**
Erfindung <-, -en> *f* ❶ *kein pl* (*das Erfinden*) invention; **eine ~ machen** to invent sth; (*etwas Erfundenes*) invention; **eine sensationelle ~** a sensational invention ❷ (*Erdichtung, Lüge*) fabrication, fiction; ***das Ganze ist doch reine ~!*** the whole lot is pure fiction!
Erfindungsgabe *f s.* **Erfindungsgeist**
erflehen* *vt* (*geh*) ■ **etw** [**von jdm**] **~** to beg [*or liter* beseech] [sb] for sth
Erfolg <-[e]s, -e> *m* ❶ (*positives Ergebnis*) success;

~ **versprechend** promising; **äußerst ~ versprechend sein** to be extremely promising; **wenig ~ versprechend sein** to promise little; **etw ist ein voller** [*o* **durchschlagender**] ~ sth is a complete success; **etw als ~ buchen** [*o* **verbuchen**] to chalk sth up as a success; ~ [**mit etw** *dat*] **haben** to be successful [with sth]; ~ **bei jdm haben** to have success [*or* be successful] with sb; **mit ~** successfully; **viel ~!** good luck!; **keinen ~** [**mit etw/bei jdm**] **haben** to have no success [*or* be unsuccessful] [with sth/sb]; **ohne ~** without success, unsuccessfully ❷ (*Folge*) result, outcome; **mit dem ~, dass ...** with the result that ...

erfolgen* *vi sein* (*geh*) to occur, to take place; ***bisher ist auf meine Anfrage keine Antwort erfolgt*** so far there has been no reply to my enquiry

erfolglos *adj* ❶ (*ohne Erfolg*) unsuccessful, without success ❷ (*vergeblich*) futile; **unsere ~en Bestrebungen** our futile efforts

Erfolglosigkeit <-> *f kein pl* ❶ (*mangelnder Erfolg*) lack of success ❷ (*Vergeblichkeit*) futility; ***sie sah die ~ ihrer Bestrebungen*** she saw the futility of her efforts; [**etw ist**] **zur ~ verdammt** [sth is] condemned to failure

erfolgreich *adj* successful

Erfolgsaussichten *pl* prospects *pl* of success **Erfolgsautor(in)** *m(f)* successful [*or* bestselling] author **Erfolgsbilanz** *f* success record **Erfolgsdenken** <-s> *nt kein pl* positive thinking **Erfolgserlebnis** *nt* PSYCH sense of achievement; **ein ~ haben** to have a sense of achievement; **etw ist ein ~** sth is an achievement **Erfolgsgeheimnis** *nt* secret of [*or* to] success **Erfolgsgeschichte** *f* success story **Erfolgsmeldung** *f* news of success *no pl, no indef art* **Erfolgsmensch** *m* successful person **Erfolgsrezept** *nt* (*fam*) recipe for success

erfolgversprechend *adj* promising; **äußerst ~ sein** to be extremely promising; **wenig ~ sein** to promise little

erforderlich *adj* ❶ (*notwendig*) necessary; ■ **es ist ~, dass ...** it is necessary that ...; **etw ~ machen** to make sth necessary; **alles E~e veranlassen** to do everything necessary [*or* required] ❷ (*bereitzustellen*) necessary; **die ~en Mittel** the necessary resources

erfordern* *vt* ■ **etw ~** to require sth

Erfordernis <-ses, -se> *nt* requirement (**für** +*akk* for)

erforschen* *vt* ■ **etw ~** ❶ (*durchstreifen und untersuchen*) to explore sth ❷ (*prüfen*) to investigate sth; **sein Gewissen ~** to examine one's conscience

Erforschung *f* ❶ (*das Erforschen*) exploration ❷ (*das Prüfen*) investigation

erfragen* *vt* ■ **etw** [**von jdm**] ~ to ask [sb] about sth, to enquire [about] sth [from [*or form* of] sb]; **den Weg ~** to ask the way; **Einzelheiten ~** to obtain [*or form* ascertain] details

erfreuen* **I.** *vt* (*freudig stimmen*) ■ **jdn ~** to please [*or* delight] sb **II.** *vr* ❶ (*Freude haben*) ■ **sich an etw** *dat* ~ to enjoy [*or* take pleasure in] sth ❷ (*geh: genießen*) ■ **sich einer S.** *gen* ~ to enjoy sth, to take pleasure in sth

erfreulich **I.** *adj Anblick* pleasant; *Nachricht* welcome; ***das ist wirklich ~!*** that's really nice!; ■ **es ist/wäre ~, dass/falls/wenn ...** it is/would be nice [*or* good] that/if...; **etw ist alles andere als ~** sth is not welcome news by any means; **wie ~!** how nice! **II.** *adv* happily; ***an meinem Vortrag hat sie ~ wenig kritisiert*** fortunately enough for me she didn't criticize my paper too much

erfreulicherweise *adv* happily

erfreut **I.** *adj* pleased, delighted (**über** +*akk* about); **ein ~er Blick** a pleased look; **sehr ~!** (*geh*) pleased to meet you!, delighted! *form* **II.** *adv* delightedly

erfrieren* *vi irreg sein* ❶ (*durch Frost eingehen*) to be killed by frost ❷ (*durch Frost absterben*) *Gliedmassen* to get frostbitten; ■ **erfroren** frozen ❸ (*an Kälte sterben*) *Person/Tier* to freeze to death, to die of exposure

Erfrierung <-, -en> *f meist pl* frostbite; *s. a.* **Tod**

erfrischen* **I.** *vt* ■ **jdn ~** ❶ (*abkühlen*) to refresh sb ❷ (*beleben*) to refresh sb **II.** *vi* (*abkühlen*) to be refreshing **III.** *vr* (*sich abkühlen*) ■ **sich ~** to refresh oneself

erfrischend *adj* refreshing

Erfrischung <-, -en> *f* ❶ (*Abkühlung, Belebung*) refreshment *no pl* ❷ KOCHK (*erfrischendes Getränk*) refreshment; **zur ~** as refreshments; ***zur ~ wurde eisgekühlter Tee gereicht*** iced tea was served as a refreshment

Erfrischungsgetränk *nt* refreshment **Erfrischungsraum** *m* snack bar, refreshment room **Erfrischungstuch** *nt* tissue wipe

erfüllen* **I.** *vt* ❶ (*ausführen*) ■ **etw ~** to fulfil [*or* AM *usu* -ll] [*or* carry out] sth; ***welche Funktion erfüllt sie im Betrieb?*** what is her function in the company?; ***mein altes Auto erfüllt seinen Zweck*** my old car serves its purpose ❷ (*durchdringen*) ■ **jdn ~** to come over sb; ***von Ekel erfüllt, wandte sie sich ab*** filled with disgust she turned away ❸ (*anfüllen*) ■ **etw ~** to fill sth; ***das Giftgas erfüllte das ganze Gebäude*** the poisonous gas filled the whole building **II.** *vr* (*sich bewahrheiten*) ■ **sich ~** to be fulfilled, to come true; ***möge sich dein Wunsch ~!*** may your wish come true!

Erfüllung *f* ❶ (*die Ausführung*) realization; *von Traum, Verpflichtung* fulfilment BRIT, fulfillment AM; *von Amtspflichten* execution; **in ~ einer S.** *gen* (*geh*) in the performance of sth ❷ (*innere Befriedigung*) fulfilment BRIT [*or* fulfillment] AM *usu;* **etw geht in ~** sth is fulfilled [*or* comes true]

Erfüllungsgehilfe, -gehilfin *m, f* JUR accomplice; **sich zum ~n einer Person/einer S. machen** (*pej geh*) to become the instrument [*or* henchman] of a person/agent for sth *pej form*

Erg <-s, -> *nt* PHYS erg

ergänzen* *vt* ❶ (*auffüllen*) ■ **etw** [**um etw** *akk*] ~ to replenish sth [with sth], to fill in sth *sep;* (*vollenden*) to complete sth ❷ (*vervollständigen, bereichern*) ■ **etw durch etw** *akk* ~ to replenish sth with sth; **eine Sammlung durch etw ~** to complete a collection with sth ❸ (*erweitern*) ■ **etw um etw** *akk* ~ to complete sth with sth ❹ (*ausgleichen*) ■ **sie ~ sich** [*o* **einander**] they complement each other [*or* one another]

ergänzend **I.** *adj* additional; **ein ~er Satz** an additional sentence; **eine ~e Bermerkung** a further comment **II.** *adv* additionally

Ergänzung <-, -en> *f* ❶ (*das Auffüllen*) replenishment ❷ (*Bereicherung, Vervollständigung*) replenishment; *einer Sammlung* completion; **zur ~ einer S.** *gen* for the completion of sth ❸ (*das Ergänzen, Hinzufügen*) supplementing ❹ (*Zusatz*) addition

Ergänzungsabgabe *f* FIN, POL supplementary tax **Ergänzungsband** <-bände> *m* supplementary volume

ergattern* *vt* (*fam*) ■ **etw ~** to get hold of sth *fam*

ergaunern* *vt* (*fam*) ■ [**sich** *dat*] **etw ~** to obtain sth by underhand [*or* dishonest] means, to scrounge sth *fam*

ergeben*[1] *irreg* **I.** *vt* ❶ MATH (*ausmachen*) ■ **etw** [**für jdn**] ~ to amount [*or* come] to sth [for sb] ❷ (*als Resultat haben*) ■ **etw ergibt etw** sth produces sth; ***die Nachforschungen haben bisher nichts ~*** the investigations have produced nothing so far; ■ **~, dass ...** to reveal that ... **II.** *vr* ❶ MIL (*kapitulieren*) ■ **sich**

[jdm] ~ to surrender [to sb] ② (*sich fügen*) ■ **sich in etw** *akk* ~ to submit to sth; **sich in sein Schicksal** ~ to resign oneself to one's fate ③ (*sich hingeben*) ■ **sich einer S.** *dat* ~ to take to sth; **sich dem Glücksspiel** ~ to take to gambling; **einer S.** *dat* ~ **sein** to be addicted to sth ④ (*daraus folgen*) ■ **sich aus etw** *dat* ~ to result [*or* arise] from sth **III.** *vr impers* (*sich herausstellen*) ■ **es ergibt sich, dass ...** it transpires [*or* turns out] that ...

ergeben² *adj* ① (*demütig*) humble ② (*treu*) devoted; **Ihr/Ihre** [**sehr**] **~er/~e ...** (*veraltend*) your [most] obedient servant *dated*

Ergebenheit <-> *f kein pl* ① (*Demut*) humility ② (*Treue*) devotion

Ergebnis <-ses, -se> *nt* (*Ausgang, Resultat*) result, outcome; **zu einem/keinem ~ führen** to produce a result/lead nowhere; ***die Verhandlungen führten bisher zu keinem*** ~ negotiations have been inconclusive so far; **zu dem ~ führen, dass ...** to result in...being; **zu einem/keinem ~ kommen** to reach/fail to reach a conclusion; **im** ~ ultimately, in the final analysis; **ohne** ~ without result [*or* unsuccessful]; SPORT result

Ergebnisfußball *m* SPORT kill-the-clock football [*or* AM soccer]

ergebnislos **I.** *adj* unsuccessful, without result; ~ **bleiben** to come to nothing **II.** *adv* without result

ergehen* *irreg* **I.** *vi sein* ① (*geh: abgesandt werden*) ■ [**an jdn**] ~ to be sent [to sb] ② (*offiziell erlassen*) ■ **etw ~ lassen** to issue sth ③ (*geduldig hinnehmen*) **etw über sich** *akk* ~ **lassen** to endure sth **II.** *vi impers sein* (*widerfahren*) ■ **es ergeht jdm in einer bestimmten Weise** sb gets on in a certain way; ***und wie ist es euch im Urlaub so ergangen?*** how did you fare on your holidays?; ***wehe, du verrätst etwas, dann wird es dir schlecht ~!*** woe betide you if you reveal anything, you'll be for it then! **III.** *vr haben* ① (*sich auslassen*) ■ **sich in etw** *dat* [**gegen jdn/etw**] ~ to pour forth sth [against sb/sth]; ***er erging sich in Schmähungen*** he poured forth a tirade of abuse ② (*geh: spazieren gehen*) ■ **sich irgendwo** ~ to go for a walk [*or* stroll] somewhere

ergiebig *adj* ① (*sparsam im Verbrauch*) economical ② (*nützlich*) productive, fruitful

Ergiebigkeit <-> *f kein pl* (*Sparsamkeit im Verbrauch*) economicalness; ***dank neuer Inhaltsstoffe konnte die ~ unseres Shampoos weiter gesteigert werden*** thanks to new ingredients our shampoo goes even further

erglänzen* *vi sein* (*geh*) to gleam [*or* shine]

erglühen* *vi sein* (*geh*) ■ [**vor etw** *dat*] ~ to flush [with sth]; ***sie erglühte feuerrot vor Freude*** she went bright red with joy

ergo *konj* ergo, therefore

Ergonomie <-> *f* ergonomics + *sing vb*

ergonomisch **I.** *adj* ergonomic **II.** *adv* ergonomically

Ergotherapeut(in) *m(f)* ergotherapist

Ergotherapie *f* ergotherapy

ergötzen* **I.** *vt* (*geh: vergnügen*) ■ **jdn** ~ to amuse sb; **zu jds E~** [*o* **zum E~**] to sb's amusement [*or* delight] **II.** *vr* (*sich vergnügen*) ■ **sich** [**an etw** *dat*] ~ to take delight [in sth], to derive pleasure [from sth]

ergrauen* *vi sein* (*grauhaarig werden*) to turn [*or* go] grey

ergreifen* *vt irreg* ① (*fassen*) ■ **etw** ~ to grab [*or* seize] sth ② (*dingfest machen*) ■ **jdn** ~ to apprehend sb ③ (*übergreifen*) ■ **etw** ~ *Feuer* to engulf sth ④ (*fig: wahrnehmen*) ■ **etw** ~ to seize sth ⑤ (*in die Wege leiten*) ■ **etw** ~ to take sth; ***es müssen dringend Maßnahmen ergriffen werden*** measures must urgently be taken!; *s. a.* **Beruf, Macht** ⑥ (*gefühlsmäßig bewegen*) ■ **jdn** ~ to seize sb; (*Angst*) to grip sb

ergreifend *adj* moving, touching

ergriffen *adj* moved, touched

Ergriffenheit <-> *f kein pl* emotion

ergründen* *vt* ■ **etw** ~ to discover [*or* unearth] [*or form* ascertain] sth; (*verstehen*) to fathom sth [out]

Erguss^RR <-es, Ergüsse> *m*, **Erguß** <-sses, Ergüsse> *m* ① (*Ejakulation*) ejaculation; **vorzeitiger** ~ premature ejaculation; **einen ~ haben** to have an ejaculation ② MED bruise

erhaben *adj* ① (*feierlich stimmend*) *Gedanken* lofty; *Anblick* awe-inspiring; *Augenblick* solemn; *Schönheit* sublime ② (*würdevoll*) illustrious ③ TYPO (*die Fläche überragend*) embossed ④ (*über etw stehend*) ■ **über etw** *akk* ~ **sein** to be above [*or* beyond] sth; **über jede Kritik/jeden Vorwurf ~ sein** to be above [*or* beyond] criticism/reproach

Erhabenheit <-> *f kein pl* grandeur; *eines Augenblicks* solemnity; *von Schönheit* sublimity

Erhalt <-[e]s> *m kein pl* (*geh*) ① (*das Bekommen*) receipt; **zahlbar bei** ~ payable on receipt; **den ~ von etw** *dat* **bestätigen** (*geh*) to confirm receipt of sth; **nach/vor ~ einer S.** *gen* on/before receipt of sth ② (*das Aufrechterhalten*) maintenance; **der ~ der Macht** the maintenance of power

erhalten* *irreg* **I.** *vt* ① (*bekommen*) ■ **etw** [**von jdm**] ~ to receive sth [from sb]; *Antwort, Brief, Geschenk* receive; *Befehl* to be issued with [*or* receive]; **den Auftrag ~, etw zu tun** to be given [*or* assigned] the task of doing sth; **eine Nachricht** ~ to receive [*or* get] a message; **einen Orden** ~ to be decorated ② (*erteilt bekommen*) ■ **etw** [**für etw** *akk*] ~ to receive sth [for sth]; **ein Lob/eine Rüge/eine Strafe** [**für etw** *akk*] ~ to be praised/reprimanded/punished [for sth]; **einen neuen Namen** ~ to be given a new name [*or* renamed]; ***er erhielt 3 Jahre Gefängnis*** he got [*or* was sentenced to] 3 years in prison; ■ **etw** [**von jdm**] ~ *Aufenthaltsgenehmigung, Erlaubnis* to be granted sth [by sb] ③ (*eine Vorstellung gewinnen*) **einen Eindruck** [**von jdm/etw**] ~ to gain an impression [of sb/sth] ④ (*bewahren*) ■ **etw** ~ to maintain sth; *Vitamine/Wirkstoffe* to retain; [**durch etw**] ~ **bleiben** to be preserved [by sth]; ■ [**sich** *dat*] **etw** ~ to keep sth; ***ich sehe, du hast dir deinen Optimismus ~*** I see you're still an optimist ⑤ BAU (*bewahren*) ■ **etw** ~ to preserve sth; ■ **etw ist** ~ sth is preserved; **gut ~ sein** (*hum fam*) to be well-preserved *hum fam;* [**durch etw**] ~ **bleiben** *akk* to remain preserved [by means of sth]; **jdm ~ bleiben** to be with sb; (*iron*) to be with sb, to not lose sb ⑥ (*ausgestattet werden*) **eine andere** [*o* **neue**] **Fassung** ~ to be adapted [*or* reworked] **II.** *vr* ① (*sich halten*) ■ **sich irgendwie** ~ to keep [oneself] in a certain way; **sich gesund** ~ to keep [him or herself] healthy ② (*bewahrt bleiben*) ■ **sich** ~ to remain preserved

erhältlich *adj* obtainable; ■ **irgendwo/bei jdm ~ sein** to be obtainable/from sb somewhere; ***wissen Sie, bei welcher Firma dieser Artikel ~ ist?*** do you know which company stocks this article?; ***„jetzt ~!"*** "out now!" BRIT, "now available!" AM

Erhaltung *f kein pl* ① (*das Erhalten*) preservation, maintenance ② (*Aufrecht~*) maintenance ③ (*Versorgung*) support; ***sein Lohn reichte nicht aus für die ~ der Großfamilie*** his wage was not enough to support his large family

erhängen* **I.** *vt* ■ **jdn** ~ to hang sb; **... durch E~ ...** by hanging **II.** *vr* ■ **sich** ~ to hang oneself

erhärten* **I.** *vt* ■ **etw** ~ to support [*or* strengthen] sth **II.** *vr* ■ **sich** ~ to be reinforced

Erhärtung <-, -en> *f* ① (*Bekräftigung*) support; **die ~ eines Verdachts** the confirmation of sb's suspicions ② (*das Erhärten*) *Beton* hardening

erhaschen* *vt* (*geh*) ① (*ergreifen*) ■ **etw** ~ to grab

E

❷ (*wahrnehmen*) ■ **etw** ~ to catch sth

erheben* *irreg* **I.** *vt* ❶ (*hochheben*) ■ **etw** ~ to raise sth; **ein Messer [gegen jdn]** ~ to pull a knife [on sb]; **eine Schusswaffe [gegen jdn] erheben** to draw a gun [on sb] ❷ (*hochrecken*) **den Arm/die Hand/die Faust [zum Gruß]** ~ to raise an arm/a hand/a fist [in greeting] ❸ (*einfordern*) ■ **etw [auf etw** *akk*/**von jdm]** ~ to levy sth [on sth/sb] ❹ (*sammeln*) ■ **etw** ~ to collect sth, to gather sth ❺ (*machen*) ■ **etw zu etw** *dat* ~ to render sth sth; **etw zu einem Prinzip** ~ to make sth into a principle ❻ (*zum Ausdruck bringen*) **ein Geschrei/Gejammere** ~ to kick up [*or* to make] a fuss/to start whing[e]ing Brit; *Protest* voice; *Einspruch* raise **II.** *vr* ❶ (*aufstehen*) ■ **sich [von etw** *dat*] ~ to get up [from sth] ❷ (*sich auflehnen*) ■ **sich [gegen jdn/etw]** ~ to rise up [against sb/sth] ❸ (*aufragen*) ■ **sich [über etw** *dat*] ~ to rise up [above sth] ❹ (*geh: sich erhöhen*) ■ **sich über jdn** ~ to believe oneself above sb; ***Luzifer hatte sich über Gott erhoben*** Satan raised himself above God ❺ (*entstehen, aufkommen*) ■ **sich** ~ to start; **eine Brise erhebt sich** a breeze comes up; **ein Wind erhebt sich** a wind picks up; **ein Sturm erhebt sich** a storm blows up, to arise; **ein großes Geschrei/eine Wehklage erhob sich** a cry/wail arose; ***es erhebt sich aber immer noch die Frage, ...*** the question still remains ...

erhebend *adj* (*geh*) uplifting

erheblich I. *adj* ❶ (*beträchtlich*) considerable; *Nachteil, Vorteil* great, major; *Stau* huge; *Störung, Verspätung* major; *Verletzung* serious ❷ (*relevant*) relevant **II.** *adv* ❶ (*beträchtlich*) considerably; ***bei dem Unfall wurde das Auto ~ beschädigt*** the accident caused considerable damage to the car ❷ (*deutlich*) considerably

Erhebung[1] *f* ❶ (*Aufstand*) uprising; **eine bewaffnete** ~ an armed revolt ❷ (*das Erheben*) *von Abgaben, Steuern etc.* levying ❸ (*amtliche Ermittlung*) collection, gathering; **eine** ~ **[über etw** *akk*] **machen** [*o* **anstellen**] [*o* **durchführen**] to collect [*or* gather] statistics [about sth], to carry out a survey [on sth]

Erhebung[2] *f* (*Boden~*) elevation

erheitern* **I.** *vt* (*belustigen*) ■ **jdn** ~ to amuse sb **II.** *vr* (*heiter werden*) ■ **sich** ~ to light up; (*Wetter*) to brighten up

Erheiterung <-, *selten* -en> *f* amusement; **zu jds** ~ for sb's amusement

erhellen* **I.** *vt* ■ **etw** ~ ❶ (*hell machen*) to light up sth ❷ (*klären*) to throw light on sth **II.** *vr* ■ **sich** ~ to clear

Erhellung <-, *selten* -en> *f* explanation, insight; **die** ~ **der Gründe einer S.** *gen* the explanation of/insight into the reasons for sth

erhitzen* **I.** *vt* ❶ (*heiß machen*) ■ **etw [auf etw** *akk*] ~ to heat sth [to sth] ❷ (*zum Schwitzen bringen*) ■ **jdn** ~ to make sb sweat; ■ **erhitzt** sweaty; ■ **[von etw** *dat*] **erhitzt sein** to be sweaty [from sth] **II.** *vr* (*sich erregen*) ■ **sich [an etw** *dat*] ~ to get excited [about sth]

Erhitzung <-, *selten* -en> *f* ❶ (*das Erhitzen*) heating ❷ (*Erregung*) excitement

erhoffen* *vt* ■ **[sich** *dat*] **etw [von jdm/etw]** ~ to hope for sth [from sb/sth]

erhöhen* **I.** *vt* ❶ (*höher machen, aufstocken*) ■ **etw [um etw** *akk*] ~ to raise sth [by sth]; ***die Mauern wurden um zwei Meter erhöht*** the walls were raised by two metres ❷ (*anheben*) ■ **etw [auf etw** *akk*/**um etw** *akk*] ~ to increase sth [to sth/by sth] ❸ (*verstärken*) ■ **etw** ~ to heighten sth ❹ MUS ■ **etw** ~ to sharpen sth **II.** *vr* ❶ (*steigen*) ■ **sich [auf etw** *akk*/**um etw** *akk*] ~ to increase [to sth/by sth] ❷ (*sich verstärken*) ■ **sich** ~ to increase

erhöht *adj* ❶ (*verstärkt*) high; *Ausscheidung* increased; *Herzschlag, Puls* rapid ❷ (*gesteigert*) increased

Erhöhung <-, -en> *f* ❶ (*Steigerung*) increase; ***die ~ der Mehrwertsteuer*** the increase of the VAT ❷ (*Anhebung*) raising; ***die ~ des Zaunes wurde von den Nachbarn missbilligt*** the neighbours objected to the fence being raised higher ❸ (*Verstärkung*) heightening, increase

Erhöhungszeichen *nt* MUS sharp sign

erholen* *vr* ❶ (*wieder zu Kräften kommen*) ■ **sich [von etw** *akk*] ~ to recover [from sth] ❷ (*ausspannen*) ■ **sich [von etw** *akk*] ~ to take a break [from sth]; ***nach dem Urlaub sah sie erholt aus*** after the holiday she looked relaxed ❸ BÖRSE ■ **sich** ~ to rally ❹ HORT ■ **sich** ~ to recover

erholsam *adj* relaxing

Erholung <-> *f kein pl* ❶ (*das Schöpfen neuer Kräfte*) relaxation; ***gute ~!*** have a good holiday!; **zur** ~ **da sein** to be for relaxation; **zur** ~ **irgendwo sein/hinfahren** to be/go somewhere to relax; **jdm etw zur** ~ **verschreiben** to prescribe sb sth for stress [*or* relaxing] ❷ BÖRSE rallying

Erholungsaufenthalt *m* break **erholungsbedürftig** *adj* in need of relaxation *pred* **Erholungsgebiet** *nt* recreation area **Erholungskur** *f* [relaxation] cure; **eine** ~ **machen** to take a relaxation cure **Erholungsort** *m* [holiday [*or* Am vacation]] resort **Erholungspause** *f* break; **eine** ~ **machen** [*o* **einlegen**] to take a break **Erholungsurlaub** *m* holiday Brit, vacation Am

erhören* *vt* (*geh*) ❶ (*nachkommen*) *Bitte* grant; *Flehen, Gebete* answer ❷ (*sich hingeben*) ■ **jdn** ~ to give oneself to sb

erigieren* *vi* to become erect

erigiert *adj inv* erect

Erika <-, Eriken> *f* heather

erinnerlich *adj pred* (*geh*) ■ **etw ist jdm** ~ somebody remembers sth; **soviel mir** ~ **ist** as far as I can remember, if my memory serves me right *form*

erinnern* **I.** *vt* ❶ (*zu denken veranlassen*) ■ **jdn an etw** *akk* ~ to remind sb about sth; ■ **jdn daran ~, etw zu tun** to remind sb to do sth ❷ (*denken lassen*) ■ **jdn an jdn/etw** ~ to remind sb of sb/sth **II.** *vr* (*sich entsinnen*) ■ **sich an jdn/etw** ~ to remember sb/sth; **wenn ich mich recht erinnere, ...** if I remember correctly..., if my memory serves me correctly *form;* **soweit ich mich** ~ **kann** as far as I can remember **III.** *vi* ❶ (*in Erinnerung bringen*) ■ **an jdn** ~ to be reminiscent of sb *form;* ■ **an etw** ~ to call sth to mind, to be reminiscent of sth *form* ❷ (*ins Gedächtnis rufen*) ■ **daran ~, dass** to point out that

Erinnerung <-, -en> *f* ❶ (*Gedächtnis*) memory; **jds** ~ **nachhelfen** to jog sb's memory; **sich [bei jdm] [mit etw** *dat*] **in** ~ **bringen** to remind [sb] of oneself [with sth]; **jdn/etw in bestimmter** ~ **haben** [*o* **behalten**] to have certain memories of sth; ***behalte mich in guter ~*** remember the good times; **zur** ~ **an etw** *akk* in memory of sth; **eine/keine** ~ **an jdn/etw haben** to have memories/no memory of sb/sth ❷ *pl* (*Eindrücke von Erlebnissen*) memories *pl;* **~en austauschen** to talk about old times ❸ *pl* (*Memoiren*) memoirs *npl* ❹ (*geh: Mahnung*) reminder

Erinnerungslücke *f* gap in one's memory **Erinnerungsstück** *nt* memento **Erinnerungsvermögen** *nt kein pl* memory

Eritrea <-s> *nt* Eritrea; *s. a.* **Deutschland**

Eritreer(in) <-s, -> *m(f)* Eritrean; *s. a.* **Deutsche(r)**

eritreisch *adj* Eritrean; *s. a.* **deutsch**

Eriwan <-s> *nt* Yerivan, Erivan

erkalten* *vi sein* ❶ (*kalt werden*) to become cold ❷ (*abkühlen*) to cool [down] ❸ (*geh: nachlassen*) to wane

erkälten* I. *vr* (*eine Erkältung bekommen*) ■ **sich ~** to catch a cold II. *vt* (*unterkühlen*) ■ **sich** *dat* **etw ~** to catch a chill in one's sth

erkältet I. *adj* with a cold *pred;* ■ [**irgendwie**] **~ sein** to have a [...] cold II. *adv* as if [*or* like] one has a cold *pred; **du hörst dich ziemlich ~ an*** you sound as if [*or* like] you've got quite a bad cold

Erkältung <-, -en> *f* cold; **eine ~ bekommen** [*o* **kriegen**] to catch a cold; **eine ~ haben** to have a cold; **sich** *dat* **eine ~ zuziehen** (*geh*) to catch a cold

Erkältungskrankheit *f* cold

erkämpfen* *vt* (*erringen*) ■ [**jdm**] **etw ~** to obtain sth [for sb] [with some effort]; ■ [**sich** *dat*] **etw ~** to obtain sth [with some effort], to fight tooth and nail for sth; ■ **etw** [**für jdn/etw**] **~** to win sth [for sb/sth] [by fighting/trying hard]; ■ **irgendwie erkämpft ...** won; ***es war ein hart erkämpfter zweiter Platz*** it was a hard-won second place

erkaufen* *vt* ① (*durch Bezahlung erhalten*) ■ **etw ~** to buy sth ② (*durch Opfer erlangen*) ■ **etw** [**irgendwie**] **~** to pay for sth [somehow]; ***die Stellung hat sie teuer** [**genug**] **erkauft*** she paid dearly for the post

erkennbar *adj* ① (*sichtbar*) discernible ② (*wahrnehmbar*) ■ **für jdn/etw ~ sein** to be perceptible to sb/sth; ■ **an etw** *dat* **~ sein, dass** to be perceptible from sth that; ***an seiner Gereiztheit ist ~, dass irgendetwas Unangenehmes vorgefallen sein muss*** you can tell from his touchiness that something unpleasant must have happened

erkennen* *irreg* I. *vt* ① (*wahrnehmen*) ■ **jdn/etw ~** to discern sb/sth; ***er ist der Täter, ich habe ihn gleich erkannt!*** he's the culprit, I recognized him straight away; **etw ~ lassen** to show sth; **jdm zu ~ geben, dass** to make it clear to sb that ② (*identifizieren*) ■ **jdn/etw** [**an etw** *dat*] **~** to recognize sb/sth [by sth]; **sich** [**jdm**] [**als jd**] **zu ~ geben** to reveal one's identity [to sb], to reveal [to sb] that one is sb; ***er gab sich als ihr Vater zu ~*** he revealed that he was her father; ■ **sich** [**selbst**] **~** to understand oneself ③ (*einsehen*) ■ **etw ~** to recognize; **einen Fehler/Irrtum ~** to realize one's mistake; ■ **etw** [**als etw**] **~** to recognize [*or* realize] sth [as being sth] ④ (*feststellen*) ■ **etw ~** to detect sth; ■ **sich durch etw ~ lassen** to be detectable using ▶ WENDUNGEN: **du bist erkannt!** I know what you're up to! II. *vi* ① (*wahrnehmen*) ■ **ob/um was/wen ... ~** to see whether/what/who... ② (*einsehen*) ■ **dass/wie ... ~** to realize that/how...; **~ lassen, dass** to show that ③ JUR (*durch Urteil verhängen*) ■ **auf etw** *akk* **~** to pronounce sth; ***der Richter erkannte auf Freispruch*** the judge pronounced an acquittal ④ SPORT ■ **auf etw** *akk* **~** to award sth; ***der Schiedsrichter erkannte auf Freistoß*** the referee awarded a free kick

erkenntlich *adj* appreciative, grateful; ■ **sich** [**jdm**] [**für etw**] **~ zeigen** to show [sb] one's appreciation [*or* gratitude] for sth

Erkenntlichkeit <-, -en> *f kein pl* token of appreciation [*or* gratitude]

Erkenntnis *f* ① (*Einsicht*) insight; **eine gesicherte ~** a certain insight; **zu der/einer ~ kommen** [*o* **gelangen**] to realize sth; ***bist du schon zu einer ~ gelangt?*** have you managed to gain some insight?; **zu der ~ kommen** [*o* **gelangen**]**, dass** to realize that ② PHILOS, PSYCH (*das Erkennen*) understanding

Erkenntnisstand *m kein pl* (*geh*) status of the investigation

Erkennungsdienst *m* police identification [*or* AM records] department

erkennungsdienstlich I. *adj* belonging [*or* related] to the police identification *pred* department [*or* AM records]; **~e Arbeit** identification work II. *adv* by the police identification *pred* department [*or* AM records]

Erkennungsmarke *f* identification [*or* ID] tag *fam*

Erkennungszeichen *nt* identification mark

Erker <-s, -> *m* oriel

Erkerfenster *nt* oriel window, bay window **Erkerzimmer** *nt* oriel, room with a bay window

erklärbar *adj* explicable

erklären* I. *vt* ① (*erläutern*) ■ [**jdm**] **etw** [**an etw** *dat*] **~** to explain sth [to sb] [using sth]; ■ **jdm ~, dass/wieso ...** to explain to sb that/why ② (*interpretieren*) ■ [**jdm**] **etw ~** to interpret sth [to sb] ③ (*klar machen*) ■ **etw ~** to explain sth ④ (*bekannt geben*) ■ **etw ~** to announce sth; ***ich erkläre hiermit mein Einverständnis*** I hereby give my consent; ■ **etw für etw** *akk* **~** to declare sth sth; ***die Ausstellung wurde von der Königin für eröffnet erklärt*** the queen declared the exhibition open ⑤ (*offiziell bezeichnen*) ■ **jdn für etw** *akk* **~** to pronounce sb sth; **jdn für vermisst ~** to declare sb missing; ■ **etw für etw** *akk* **~** to declare sth sth II. *vr* ① (*sich deuten*) ■ **sich** *dat* **etw ~** to understand sth; **wie ~ Sie sich, dass ...** how do you explain that ... ② (*sich aufklären*) ■ **sich ~** to become clear, to understand ③ (*sich bezeichnen*) ■ **sich irgendwie ~** to declare oneself sth

erklärend I. *adj* explanatory II. *adv* as an explanation *pred;* **ich muss ~ bemerken, dass** I should explain that

erklärlich *adj* explainable, understandable; ■ **etw ist jdm ~** sb can explain sth, sb can understand sth

erklärt *adj attr* declared

Erklärung *f* ① (*Darlegung der Zusammenhänge*) explanation; ***sie bemühte sich um eine ~*** she attempted to explain; **es gibt für etw eine/keine ~** there is an/no explanation for sth; **es gibt für alles eine ~** there is an explanation for everything; **eine/keine ~ für etw haben** to be able/not be able to explain sth; **für alles eine ~ haben** to be able to explain everything ② (*Mitteilung*) statement; **eine ~** [**zu etw** *dat*] **abgeben** (*geh*) to make a statement [about sth]

erklimmen* *vt irreg* (*geh*) ■ **etw ~** ① (*ersteigen*) to climb sth, to ascend sth *form, liter* ② (*erreichen*) to reach sth

erklingen* *vi irreg sein* (*geh*) to sound

erkor *imp von* **erküren**

erkoren *pp von* **erküren**

erkranken* *vi* ① (*krank werden*) ■ [**an etw** *dat*] **~** to be taken ill [with sth]; ***sie ist plötzlich an Krebs erkrankt*** she suddenly contracted cancer; ***die Stadt hat viele an Aids erkrankte Einwohner*** the town has many inhabitants with Aids ② HORT (*befallen werden*) ■ **an etw** *dat* **~** to be diseased [with sth]

Erkrankung <-, -en> *f* ① (*Krankheitsfall*) illness ② FORST, HORT (*Befall*) disease

erkühnen* *vr* (*geh*) ■ **sich ~, etw zu tun** to dare to do sth; **was ~ Sie sich!** how dare you!

erkunden* *vt* ■ **etw ~** ① (*auskundschaften*) to scout out sth *sep* ② (*in Erfahrung bringen*) to discover sth

erkundigen* *vr* ■ **sich** [**bei jdm**] [**nach jdm/etw**] **~** to ask [sb] [about sb/sth]; ***du musst dich vorher ~*** you have to find out beforehand; ■ **sich** [**bei jdm**] **über jdn/etw ~** to make enquiries [*or* AM inquiries] [of sb] about sb/sth

Erkundigung <-, -en> *f* enquiry BRIT, inquiry AM; [**bei jdm**] **~en** [**über jdn/etw**] **einholen** [*o* **einziehen**] (*geh*) to make enquiries [*or* AM inquiries] [of sb] [about sb/sth]

Erkundung <-, -en> *f* MIL reconnoissance, scouting

erküren* <erkor, erkoren> *vt* ■ **jdn zu etw** *dat* **~** ① (*veraltend geh: auswählen*) to choose sb to be sth ② (*hum: machen*) to make sb sth

Erlagschein *m* ÖSTERR (*Zahlkarte*) postal money order

erlahmen* *vi sein* ① (*kraftlos werden*) to tire; *Kräfte*

erlauben

um Erlaubnis bitten	asking for permission
Darf ich Sie kurz stören/unterbrechen?	**May I** interrupt for a moment?
Haben/Hätten Sie was dagegen, wenn ich das Fenster aufmache?	**Do/Would you mind if** I open/opened the window?
Sind Sie damit einverstanden, wenn ich im Juli Urlaub nehme?	**Is it all right with you if** I take my holidays in July?
erlauben	**permitting**
Wenn du mit deinen Hausaufgaben fertig bist, **darfst du** raus spielen.	**You can** go out to play when you have finished your homework.
Sie dürfen gern hereinkommen.	**You are welcome** to come in.
In diesem Bereich **dürfen** Sie rauchen.	You **may** smoke in this area.
Wenn Sie möchten, können Sie hier parken.	**If you like**, you can park here.

ebb [away] ② (*nachlassen*) to wane

erlangen* *vt* (*geh*) ■**etw** ~ to obtain sth; **jds Freistellung** ~ to secure sb's release

Erlass[RR] <-es, -e *o* ÖSTERR Erlässe> *m*, **Erlaß** <-sses, -sse *o* ÖSTERR Erlässe> *m* ① (*Verfügung*) decree ② (*das Erlassen*) remission

erlassen* *vt irreg* ① (*verfügen*) ■**etw** ~ to issue sth ② (*von etw befreien*) ■**jdm etw** ~ to remit sb's sth

Erlassjahr[RR] *nt* ~ **2000** (*Schuldenerlass der Dritten Welt*) Jubilee 2000

erlauben* **I.** *vt* ① (*gestatten*) ■**jdm etw** ~ to allow [*or* permit] sb to do sth; ***du erlaubst deinem Kind zu viel*** you let your child get away with too much; ■**jdm ~, etw zu tun** to allow [*or* permit] sb to do sth; ■**etw ist [nicht] erlaubt** sth is [not] allowed, permitted; ■**es ist [nicht] erlaubt, etw irgendwo zu tun** it is [not] permissible to do sth somewhere; ■**etw ist jdm erlaubt** sb is allowed [*or* permitted] sth; ~ **Sie/erlaubst du, dass ich etw tue?** would you allow [*or* permit] me to do sth?; ~ ***Sie, dass ich mich vorstelle*** allow me to introduce myself; ~ ***Sie?, Sie ~ doch?*** (*geh*) may I/we, etc.? ② (*geh: zulassen*) ■**[jdm] etw** ~ to allow [*or* permit] [sb] sth; ~ ***deine Finanzen noch ein Abendessen zu zweit?*** are you sure you have enough money for a dinner for two?; ■**es jdm ~, etw zu tun** to permit sb to do sth; ***ich komme, soweit es meine Zeit erlaubt*** if I have enough time, I'll come ▸ WENDUNGEN: ~ **Sie mal!** what do you think you're doing? **II.** *vr* ① (*sich gönnen*) ■**sich** *dat* **etw** ~ to allow oneself sth ② (*geh: wagen*) ■**sich** *dat* **etw** ~ to venture to do sth *form;* ***wenn ich mir die folgende Bemerkung ~ darf*** if I might venture to make the following comment ③ (*sich herausnehmen*) ■**sich** *dat* **~, etw zu tun** to take the liberty of doing sth; ***was die Jugend sich heutzutage alles erlaubt!*** the things that young people get up to nowadays!; ***was ~ Sie sich [eigentlich]!*** what do you think you're doing!

Erlaubnis <-, *selten* -se> *f* ① (*Genehmigung*) permission; **[jdn] um ~ bitten** [*o* **fragen**] to ask [sb's] permission; **jdm die ~ geben** [*o* **erteilen**] **[zu etw/etw zu tun]** (*geh*) to give [*or* grant] sb permission [to do sth]; **jds/die ~ haben, etw zu tun** to have [sb's] permission to do sth; **mit jds ~** with sb's permission; **mit Ihrer [freundlichen/gütigen] ~** (*geh*) if you don't mind; **ohne jds ~** without sb's permission ② (*genehmigendes Schriftstück*) permit

erlaucht *adj* (*illuster*) illustrious

erläutern* *vt* ■**[jdm] etw** ~ to explain sth [to sb]

erläuternd **I.** *adj* explanatory **II.** *adv* as an explanation; ***... zuerst will ich aber folgende Dinge ~ bemerken*** ... but first I want to explain the following points

Erläuterung <-, -en> *f* explanation; **[jdm] ~en [zu etw** *dat*] **geben** to give [sb] explanations [of sth], to explain [sth] [to sb]; **nähere ~en geben** to give detailed explanations; **ohne ~** without explanation; **zur ~** by way of explanation; ***zur ~ meiner Idee habe ich einige Materialien zusammengestellt*** in order to better illustrate my point I've put together some physical examples

Erle <-, -n> *f* ① (*Baum*) alder [tree] ② *kein pl* (*Holz*) alder; **aus** [*o* **in**] ~ made from alder *pred*

erleben* *vt* ① (*im Leben mitmachen*) ■**etw** ~ to live to see sth; ***dass ich das [noch] ~ muss!*** couldn't I have been spared that?! ② (*erfahren*) ■**etw** ~ to experience sth; **wunderschöne Tage/einen wunderschönen Urlaub irgendwo** ~ to have a wonderful time/holiday somewhere; ***was hast du denn alles in Dänemark erlebt?*** what did you do/see in Denmark?; ***unser Land hat schon bessere Zeiten erlebt*** our country has seen better times; **[mal] etw ~ wollen** to want to do sth exciting [for once]; ***wenn Sie hier was ~ wollen, müssen Sie in die Stadt fahren*** if you're looking for some excitement here, you have to go into town ③ (*pej: durchmachen*) ■**etw** ~ to go through sth; **eine [große] Enttäuschung** ~ to be [bitterly [*or* sorely]] disappointed; **einen Misserfolg** ~ to experience failure; **eine Niederlage** ~ to suffer defeat ④ (*mit ansehen*) ■**es ~, dass/wie** to see that/how ⑤ (*kennen lernen*) ■**jdn** ~ to get to know sb; *Musiker, Redner* hear; *Schauspieler* to see an actor; ■**jdn irgendwie** ~ to see somebody a certain way; ***so wütend habe ich ihn noch nie erlebt*** I've never seem him so furious ▸ WENDUNGEN: **hat man so [et]was schon [mal] erlebt!** (*fam*) well, I'll be damned! *sl,* well, I never! BRIT *fam;* **der/die kann was ~!** (*fam*) he/she'll get what for! BRIT [*or* really get it] AM *fam;* **das möchte ich ~!** (*fam*) that'll be the day! *fam;* **das muss man erlebt haben!** you have to see it [to believe it]!

Erlebnis <-ses, -se> *nt* ① (*Geschehen*) experience ② ([*beeindruckende*] *Erfahrung*) experience

Erlebnisaufsatz *m* essay (*with the aim of practising clearly relating personal experiences*)

Erlebnispark *m* TOURIST amusement park

Erlebniswelt *f* PSYCH **die ~ eines Kindes** the world of a child

erledigen* **I.** *vt* ① (*ausführen*) ■**etw** ~ to carry out sth; **Besorgungen** ~ to do some [*or* the] shopping; **Formalitäten** ~ to complete formalities; **wird erledigt!** (*fam*) I'll/we'll, etc. get on [*or* BRIT on to] it [right away]!; ■**erledigt** done; ***die erledigte Post kommt in die Ablage*** the post which has been dealt with goes in the tray; **zu ~** to be done ② (*fam: erschöpfen*) ■**jdn** ~ to tire sb out, to wear sb out ③ (*sl:*

umbringen) ▪ **jdn ~** to do away with sb, to bump sb off ④ (*sl: k.o. schlagen*) ▪ **jdn mit etw** *dat* **~** to knock sb out with sth **II.** *vr* ▪ **etw erledigt sich [von selbst]** sth sorts itself out [on its own]

erledigt *adj pred* ① (*fam: erschöpft*) shattered *fam*, worn out ② (*sl: am Ende*) ▪ **erledigt sein** to have had it *fam* ③ (*abgehakt*) ▪ **jd ist [für jdn] ~** to be history [as far as sb is concerned]; ▪ **etw ist [für jdn] erledigt** something is over and done with [as far as sb is concerned]; (*schon vergessen*) sth is forgotten [*or* dead and buried] [as far as sb is concerned]

Erledigung <-, -en> *f* ① (*Ausführung*) execution, carrying out, conducting, dealing with; **die ~ der Korrespondenz** dealing with the correspondence; **in ~ einer S.** *gen* (*geh*) further to sth *form*; ***in ~ Ihrer Anfrage vom 17. Mai ...*** further to your inquiry dated 17th May ... ② (*Besorgung*) purchase; ***ich habe noch ein paar ~en zu machen*** I still have to buy a few things

erlegen* *vt* ① (*zur Strecke bringen*) ▪ **ein Tier ~** to bag an animal *fachspr*, to kill an animal; ▪ **erlegt** bagged *fachspr*, killed ② ÖSTERR (*bezahlen*) ▪ **etw ~** to pay sth

erleichtern* **I.** *vt* ① (*ertragbarer machen*) ▪ **[jdm] etw ~** to make sth easier [for sb], to make sth more bearable [for sb]; *s. a.* **Gewissen, Herz** ② (*innerlich beruhigen*) ▪ **jdn ~** to be of relief to sb; ***es hat mich sehr erleichtert, zu erfahren, dass ...*** I was greatly relieved to hear that ... ③ (*fam: beklauen*) ▪ **jdn um etw** *akk* **~** to relieve sb of sth *hum* ④ (*hum fam: erbitten*) ▪ **jdn um etw** *akk* **~** to borrow sth from sb **II.** *vr* (*euph geh*) ▪ **sich ~** to relieve oneself

erleichtert **I.** *adj* relieved; ***er stieß einen ~en Seufzer aus*** he gave a sigh of relief **II.** *adv* in a relieved manner; **~ aufatmen** to breathe a sigh of relief

Erleichterung <-, -en> *f* ① (*Linderung*) relief; **jdm ~ verschaffen** to bring/give sb relief ② *kein pl* (*Beruhigung*) relief; **mit [*o* voller] ~** with [great] relief; **zu jds ~** to sb's relief ③ (*Vereinfachung*) simplification; ***zur ~ der Aufgabe gebe ich euch einige Tipps*** to simplify the task I'll give you a few hints

erleiden* *vt irreg* ▪ **etw ~** ① (*hinnehmen müssen*) to suffer [*or* put up with] sth; *s. a.* **Schiffbruch** ② (*geh: erdulden*) to suffer [*or* endure] sth

erlernbar *adj* learnable; ▪ **[irgendwie] ~ sein** to be learnable [in a certain way]; ***diese Tricks sind ohne weiteres ~*** you can [easily] learn these tricks; ***im Kindesalter sind fremde Sprachen leichter ~*** children can learn to speak a foreign language more easily than adults

erlernen* *vt* ▪ **etw ~** to learn sth

erlesen *adj* exquisite

erleuchten* *vt* ① (*erhellen*) ▪ **etw ~** to light [up] sth, to illuminate sth *form;* ▪ **erleuchtet** lit, illuminated *form* ② (*inspirieren*) ▪ **jdn ~** to inspire sb; ▪ **erleuchtet** inspired

Erleuchtung <-, -en> *f* (*Inspiration*) inspiration; **eine ~ haben** to have an inspiration

erliegen* *vi irreg sein* ① (*verfallen*) ▪ **einer S.** *dat* **~** to fall prey to sth ② (*geh: zum Opfer fallen*) ▪ **einer S.** *dat* **~** to fall victim to sth ▸ WENDUNGEN: **etw zum E~ bringen** to bring sth to a standstill; ***der Generalstreik hatte die Wirtschaft zum E~ gebracht*** the general strike had brought the economy to its knees; **zum E~ kommen** to come to a standstill

erlischt *3. pers pres von* **erlöschen**

Erlös <-es, -e> *m* proceeds *npl*

erlöschen <erlischt, erlosch, erloschen> *vi sein* ① (*zu brennen aufhören*) to stop burning, to go out; ***dieser Vulkan ist vor 100 Jahren erloschen*** the volcano became dormant 100 years ago ② (*vergehen*) to fizzle out ③ (*seine Gültigkeit verlieren*) to expire; *Ansprüche* become invalid; *s. a.* **Geschlecht 2**

erlösen* *vt* ① (*befreien*) ▪ **jdn [aus/von etw] ~** to release sb [from sth] ② REL ▪ **jdn [aus/von etw] ~** to redeem sb [from sth] ③ (*einnehmen*) ▪ **etw [aus etw] ~** to make [*or* earn] sth [from sth]

erlösend **I.** *adj* relieving **II.** *adv* (*befreiend*) in a liberating manner *pred*, in a relieving manner *pred*

Erlöser(in) <-s, -> *m(f)* ▪ **der ~** the Redeemer

Erlösung *f* ① (*Erleichterung*) relief ② REL redemption

ermächtigen* *vt* ▪ **jdn [zu etw** *dat*] **~** to authorize sb [to do sth], to empower sb [to do sth]; ▪ **jdn dazu ~, etw zu tun** to authorize sb to do sth, to empower sb to do sth; ▪ **zu etw ermächtigt sein** to be authorized to do sth, to be empowered to do sth

Ermächtigung <-, -en> *f* authorization, empowerment

ermahnen* *vt* ① (*warnend mahnen*) ▪ **jdn ~** to warn sb; ***sei doch artig, muss ich dich denn immer ~?*** be a good child. Why do I have to scold you constantly?; ▪ **jdn ~, etw zu tun** to tell sb to do sth ② (*anhalten*) ▪ **jdn zu etw** *dat* **~** to admonish sb to do sth

Ermahnung *f* warning

Ermang(e)lung <-> *f kein pl* **in ~ eines Besseren** in the absence of a better alternative; **in ~ einer S.** *gen* (*geh*) in the absence of sth *form*

ermannen* *vr* ▪ **sich ~** to pull oneself together; ▪ **sich zu etw** *dat* **~** to summon up [the] courage to do sth

ermäßigen* **I.** *vt* ▪ **[jdm] etw [auf etw** *akk*/**um etw** *akk*] **~** to reduce sth [to sth/by sth] [for sb]; ▪ **ermäßigt** reduced **II.** *vr* ▪ **sich [auf etw** *akk*/**um etw** *akk*] **~** to be reduced [to sth/by sth]; ***bei Kindern unter 12 Jahren ermäßigt sich der Eintritt*** there is a reduction for children under the age of 12

Ermäßigung <-, -en> *f* reduction; **~ haben** to be entitled to a reduction

ermatten* **I.** *vt haben* (*geh*) ▪ **jdn ~** to exhaust sb, to wear sb out; ▪ **[von etw** *dat*] **ermattet sein** to be exhausted [*or* worn out] [by sth] **II.** *vi sein* (*geh*) to tire; ***die Bewegungen des Schwimmers ermatteten*** the swimmer's movements slowed down

ermessen* *vt irreg* ▪ **etw ~** to comprehend sth

Ermessen <-s> *nt kein pl* discretion; **nach jds ~** in sb's estimation; **nach freiem [*o* eigenem] ~** at one's [own] discretion; **nach menschlichem ~** as far as one can tell; **in jds ~ liegen [*o* stehen]** to be at [*or* left to] sb's discretion; ***es steht in Ihrem eigenen ~, ob sie bleiben oder gehen wollen*** it's up to you whether you stay or go; **etw in jds ~ stellen** *akk* to leave sth to sb's discretion; ***die Entscheidung stelle ich ganz in Ihr ~*** I leave the decision completely up to you [*or* at your discretion]

Ermessensfrage *f* matter of discretion

ermitteln* **I.** *vt* ▪ **etw ~** ① (*herausfinden*) to find out sth *sep*, to establish sth; ▪ **jdn ~** to establish sb's identity; ***der Täter konnte durch die Polizei ermittelt werden*** the police were able to establish the culprit's identity ② (*errechnen*) to determine sth [*or* calculate]; ▪ **jdn ~** to decide on sb; *den Gewinner* decide [on] **II.** *vi* (*eine Untersuchung durchführen*) ▪ **[gegen jdn] [wegen etw** *gen*] **~** to investigate [sb] [for sth]

Ermittler(in) <-s, -> *m(f)* investigator; **verdeckter ~** (*geh*) plain-clothes investigator

Ermittlung <-, -en> *f* ① *kein pl* (*das Ausfindigmachen*) determining ② (*Untersuchung*) investigation; **~en durchführen [*o* anstellen]** to carry out [*or* to conduct] investigations

Ermittlungsrichter(in) *m(f)* leader of a judicial inquiry, examining magistrate BRIT **Ermittlungsschritt** *m* JUR step of inquiry **Ermittlungsverfah-**

ren *nt* preliminary proceedings; **ein ~ gegen jdn einleiten** to institute preliminary [*or* initiate] proceedings against sb

ermöglichen* *vt* ■**jdn etw ~** to enable sb to do sth; ***sie hat jahrelang gespart, um ihrem Sohn das Studium zu ~*** she saved for years so that her son could go to university; ■**es jdm ~, etw zu tun** to enable sb to do sth; ■**es ~, etw zu tun** (*geh*) to make it possible for sth to be done; ***können Sie es ~, um 9 Uhr an unserem Stand auf der Buchmesse zu sein?*** can you be at our stand at the book fair at 9 o'clock?

ermorden* *vt* ■**jdn ~** to murder sb

Ermordete(r) *f(m) dekl wie adj* victim of murder, murder victim

Ermordung <-, -en> *f* murder

ermüden* **I.** *vt haben* ■**jdn ~** to tire sb [out] **II.** *vi sein* ❶ (*müde werden*) to become tired ❷ (*Spannung verlieren*) to wear, to fatigue

ermüdend *adj* tiring

Ermüdung <-, *selten* -en> *f* ❶ (*das Ermüden*) tiredness, fatigue; **vor ~** from tiredness ❷ TECH (*Verlust der Spannung*) wearing, fatigue

Ermüdungserscheinung *f* sign of fatigue *form* [*or* tiredness]

ermuntern* *vt* ❶ (*ermutigen*) ■**jdn [zu etw] ~** to encourage sb [to do sth]; ***dieser Erfolg ermunterte ihn zu weiteren Versuchen*** this success encouraged him to make further attempts ❷ (*beleben*) ■**jdn ~** to perk sb up; **sich ermuntert fühlen** to feel perked up

Ermunterung <-, -en> *f* encouragement; **zu jds ~** to encourage sb

ermutigen* *vt* ■**jdn [zu etw] ~** to encourage sb [to do sth]; ***dieser Erfolg ermutigte sie zur Weiterarbeit an dem Projekt*** this success encouraged her to continue working on the project

ermutigend **I.** *adj* encouraging **II.** *adv* encouragingly

Ermutigung <-, -en> *f* encouragement; ***dieser unerwartete Erfolg war eine ~ für alle*** this unexpected success gave everybody renewed hope

ernähren* **I.** *vt* ❶ (*mit Nahrung versorgen*) ■**jdn/ein Tier ~** to feed sb/an animal; ***sie ernährt ihre Kinder rein vegetarisch*** she gives her children vegetarian food only ❷ (*unterhalten*) ■**jdn ~** to provide for sb, to support sb; ***die Schriftstellerei allein kann keinen ~*** writing on its own doesn't bring in enough to live on **II.** *vr* ❶ (*sich speisen*) ■**sich von etw ~** to eat sth, to feed on sth, to live on sth; ■**sich irgendwie ~** to eat in a certain manner; ***du musst dich vitaminreicher ~!*** you need more vitamins in your diet! ❷ (*sich unterhalten*) ■**sich [von etw] ~** to support oneself [by doing/on sth]; ***sie muss sich von Gelegenheitsjobs ~*** she has to support herself by doing odd jobs

Ernährer(in) <-s, -> *m(f)* provider, breadwinner

Ernährung <-> *f kein pl* ❶ (*das Ernähren*) feeding ❷ (*Nahrung*) diet; **falsche/richtige ~** incorrect/correct diet; **pflanzliche ~** plant-based diet ❸ (*Unterhalt*) support; ***von einem so dürftigen Gehalt ist die ~ einer Familie nicht möglich*** it's impossible to support a family on such a meagre salary

Ernährungsforschung *f* nutritional research **Ernährungsgewohnheiten** *pl* eating habits *npl*, nutritional habits *npl* **Ernährungslehre** *f* nutritional science, dietetics *spec* **Ernährungsstörung** *f* eating disorder **Ernährungsweise** *f* diet; **eine gesunde ~** a healthy diet **Ernährungswissenschaft** *f* nutritional science, dietetics *fachspr* **Ernährungswissenschaftler(in)** *m(f)* dietitian [*or* dietician], nutritionist, nutritional scientist

ernennen* *vt irreg* ■**jdn [zu etw] ~** to appoint sb [as sth]

Ernennung *f* appointment (**zu** +*dat* as); **~ eines Stellvertreters** nomination of a deputy; ***mit seiner ~ zum Parteivorsitzenden hatte keiner gerechnet*** nobody had counted on his being appointed head of the party

Ernennungsurkunde *f* certificate of appointment

erneuerbar *adj* ❶ (*sich erneuern lassend*) renewable, replaceable ❷ (*regenerativ*) renewable

Erneuerer, Erneuerin <-s, -> *m, f* modernizer, revivalist; **~ einer Institution/Organisation** modernizer of an institution/organization

erneuern* *vt* ❶ (*auswechseln*) ■**etw ~** to change sth, to replace ❷ (*renovieren*) to renovate; *Fenster/Leitungen* repair; ■**etw ~ lassen** to have sth renovated [*or* repaired] ❸ (*verlängern*) ■**etw ~** to renew sth ❹ (*restaurieren*) ■**etw ~** to restore sth

Erneuerung *f* ❶ (*das Auswechseln*) changing ❷ (*Renovierung*) renovation; **~ der Heizung/Leitungen** repair to the heating system/pipes ❸ (*Verlängerung*) *Pass, Vetrag etc.* renewal ❹ (*Restaurierung*) *Gebäude* restoration ❺ (*Wandel*) rejuvenation; ***in diesem Urlaub erlebte sie eine regelrechte ~*** she was completely rejuvenated as a result of that holiday

erneut **I.** *adj attr* repeated **II.** *adv* again

erniedrigen* *vt* ❶ (*demütigen*) ■**jdn/sich ~** to degrade sb/oneself, to demean sb/oneself ❷ MUS ■**etw ~** to give sth a flatter tone, to play sth less sharp

Erniedrigung <-, -en> *f* ❶ (*Demütigung*) degradation, humiliation, abasement ❷ MUS flattening

Erniedrigungszeichen *nt* MUS flat sign

ernst *adj* ❶ (*gravierend*) serious; **es steht ~ um jdn** sb is seriously ill; ***diesmal ist es etwas E~es*** it's serious this time; **nichts E~es** (*keine ernste Erkrankung*) nothing serious; (*keine ernsthafte Beziehung*) not serious ❷ (*Ernst zeigend*) serious; **~ bleiben** to keep a straight face ❸ (*aufrichtig, wahr*) genuine, sincere, true; ***ich bin der ~en Ansicht/Überzeugung, dass ...*** I genuinely [*or* sincerely] [*or* truly] believe/am genuinely convinced that; **~ gemeint** serious, genuine; ***„... bitte nur ~ gemeinte Zuschriften!"*** "genuine replies only please!"; **es ~ meinen [mit jdm/etw]** to be serious [about sb/sth]; **jdn/etw ~ nehmen** to take sb/sth seriously ❹ (*bedeutungsvoll*) solemn

Ernst <-[e]s> *m kein pl* ❶ (*ernster Wille, aufrichtige Meinung*) seriousness; ■**etw ist jds ~** sb is serious about sth; ***ist das dein ~?*** are you serious [about it/that]?, do you mean it/that [seriously]?; **das kann doch nicht dein/Ihr ~ sein!** you can't be serious!, you must be joking!; **allen ~es** in all seriousness; **feierlicher ~** dead seriousness; **jds voller** [*o* **völliger**] **~ sein** to be completely serious about sth; **etw ist ~** sth is serious; **jdm ist es ~ mit etw** sb is serious about sth; **im ~** seriously; ***das kannst du doch nicht im ~ glauben!*** you can't seriously believe that! ❷ (*Ernsthaftigkeit*) seriousness; ■**jds ~/der ~ einer S.** sb's seriousness/the seriousness of sth; **mit ~ bei der Sache sein** to take sth seriously ❸ (*Bedrohlichkeit*) serious, gravity; ■**der ~ einer S.** *gen* the seriousness [*or* gravity] of sth; **der ~ des Lebens** the serious part of life; **~ mit etw machen** to be serious about sth

Ernstfall *m* emergency; **den ~ proben** to practise [*or* AM a.-ice] for an emergency; **im ~** in an emergency, in case of emergency **ernstgemeint** *adj attr s.* **ernst 3**

ernsthaft **I.** *adj* ❶ (*gravierend*) serious ❷ (*aufrichtig*) genuine, sincere **II.** *adv* ❶ (*wirklich*) seriously ❷ (*gravierend*) seriously; ***im Urlaub erkrankte er ~*** he became seriously ill while on holiday ❸ (*eindringlich*) urgently

Ernsthaftigkeit <-> *f kein pl* seriousness

Ernstkampf *m* BIOL *s.* **Beschädigungskampf**

ernstlich **I.** *adj attr* serious; **die ~e Absicht haben**

etw zu tun to seriously intend to do sth **II.** *adv s.* **ernsthaft II**

Ernte <-, -n> *f* AGR, HORT ① (*Ertrag*) harvest; **die ~ einbringen** (*geh*) to bring in the harvest ② (*das Ernten*) harvest

Ernte(dank)fest *nt* harvest festival, Thanksgiving AM *a.*

ernten *vt* ① (*einbringen*) ■**etw ~** to harvest sth; **Äpfel ~** to pick [*or* harvest] apples ② (*erzielen*) ■**etw ~** to earn sth; **Anerkennung ~** to gain [*or* receive] recognition; **Applaus ~** to win [*or* get] applause; **die Früchte seiner Arbeit ~** to reap the fruits of one's labour [*or* AM -or]; **Lob/Spott ~** to earn praise/scorn; **Undank ~** to get little thanks

ernüchtern* *vt* ■**jdn ~** ① (*einen Betrunkenen wieder nüchtern machen*) to sober up sb *sep* ② (*in die Realität zurückholen*) to bring sb back to reality [*or* back [*or* [back] down] to earth]; ■**~d** sobering; ■**~d [für jdn] sein** to be sobering [for sb]

Ernüchterung <-, -en> *f* disillusionment; ***auf den Erfolg folgte schnell die ~*** he/she etc. experienced disillusionment shortly after success

Eroberer, Erob[r]erin <-s, -> *m, f* conqueror

erobern* *vt* ① (*mit Waffengewalt besetzen*) ■**etw ~** to conquer sth ② (*durch Bemühung erlangen*) ■**etw ~** to win sth [with some effort] ③ (*für sich einnehmen*) ■**jdn/etw ~** to win sb/sth over

Eroberung <-, -en> *f* ① (*das Erobern*) conquest ② (*erobertes Gebiet*) conquered territory ③ (*fam: eroberte Person*) conquest *hum;* **eine ~ machen** to make a conquest

Eroberungskrieg *m* war of conquest

eröffnen* **I.** *vt* ① (*zugänglich machen*) ■**etw ~** to open sth ② (*in die Wege leiten*) ■**etw ~** to open sth, to institute sth; *s. a.* **Testament** ③ (*beginnen*) ■**etw ~** to open sth; **etw für eröffnet erklären** (*geh*) to declare sth open *form* ④ (*hum: mitteilen*) ■**jdm etw ~** to reveal sth to sb *hum,* to tell sb sth ⑤ (*bieten*) ■**jdm etw ~** to open up sth to sb ⑥ (*beginnen*) ■**etw ~** to commence sth; **das Feuer [auf jdn] eröffnen** to open fire [on sb] **II.** *vr* (*sich bieten*) ■**sich jdm [durch etw** *akk*] **~** to open up to sb [through sth] **III.** *vi* FIN ■**irgendwie ~** to be a certain way at the start of trading; ■**mit etw** *dat* **~** to open at sth

Eröffnung *f* ① (*das Eröffnen*) opening; ***bei der ~ der Galerie herrschte großer Andrang*** many people came to the opening of the gallery ② (*das Einleiten*) institution, opening ③ (*Beginn*) opening; ***bei ~ der Börse*** at the opening of the stock exchange ④ (*Beginn*) commencing; **die ~ des Feuers** the opening of fire ⑤ (*geh: Mitteilung*) revelation; **jdm eine ~ machen** to reveal something to sb

Eröffnungsansprache *f* opening address, opening speech

erogen *adj* erogenous

erörtern* *vt* ■**etw ~** to discuss sth [in detail], to examine sth

Erörterung <-, -en> *f* discussion, examination

Eros-Center <-s, -> *nt* (*euph*) brothel

Erosion <-, -en> *f* erosion

Erotik <-> *f kein pl* eroticism

Erotika *pl* erotica

erotisch *adj* ① (*die Erotik betreffend*) erotic ② (*sexuell erregend*) erotic

Erpel <-s, -> *m* drake

erpicht *adj* ■**auf etw** *akk* **~ sein** to be after sth; ■**[nicht] darauf ~ sein, etw zu tun** to [not] be interested in doing sth

erpressen* *vt* ① (*durch Drohung nötigen*) ■**jdn ~** to blackmail sb ② (*abpressen*) ■**etw [von jdm] ~** to extort sth [from sb]

Erpresser(in) <-s, -> *m(f)* blackmailer, extortioner [*or* extortionist]

Erpresserbrief *m* blackmail letter

erpresserisch **I.** *adj* (*Mensch*) blackmailing, extortive; **~es Verhalten** [*o* **Vorgehen**] blackmail **II.** *adv* in an extortive manner

Erpressung <-, -en> *f* blackmail; (*unter Anwendung der Gewalt*) extortion; **räuberische ~** JUR extortionary robbery

Erpressungsversuch *m* attempted blackmail *no pl,* attempted extortion

erproben* *vt* ■**etw ~** to test sth; ■**etw [an jdm/an einem Tier] ~** to test sth [on sb/on an animal]

erprobt *adj* ① (*erfahren*) experienced ② (*zuverlässig*) reliable

erquicken* *vt* (*geh*) ■**jdn ~** to refresh sb; **sich erquickt fühlen** to feel refreshed

erquicklich *adj* (*iron geh*) joyous *iron liter*

Erquickung <-, -en> *f* (*geh*) refreshment; **zur ~/zu jds ~** for refreshment/to refresh sb

Errata *pl* errata *npl*

erraten* *vt irreg* ■**etw ~** to guess sth, to work sth out [by guessing]; ***das war nicht schwer zu ~!*** it wasn't difficult to work that out!; ***du hast's ~!*** (*fam*) you guessed [*or* AM got] *fam* it!

errechnen* *vt* ■**etw ~** to calculate sth

erregbar *adj* ① (*leicht aufzuregen*) excitable ② (*sexuell zu erregen*) ■**[irgendwie] ~ sein** to be able to be aroused [in a certain way]

Erregbarkeit <-> *f kein pl* excitability

erregen* **I.** *vt* ① (*aufregen*) ■**jdn ~** to irritate sb, to annoy sb ② (*sexuell anregen*) ■**jdn ~** to arouse sb ③ (*hervorrufen*) ■**etw ~** to engender *fam,* to cause **II.** *vr* ■**sich über jdn/etw ~** to get annoyed about sb/sth

Erreger <-s, -> *m* (*Krankheits~*) pathogen, causative organism

erregt **I.** *adj* ① (*aufgeregt geführt*) heated ② (*aufgeregt*) irritated, annoyed **II.** *adv* in an irritated/annoyed manner

Erregung *f* ① (*erregter Zustand*) irritation, annoyment; **in ~ geraten** to become irritated, to get annoyed; **jdn in ~ versetzen** to irritate sb, to annoy sb; **vor ~** with anger ② (*sexuell erregter Zustand*) arousal; ***bereits ihr Anblick versetzte ihn in ~*** the sight of her alone was enough to give him an arousal ③ *kein pl* (*Erzeugung*) engendering, causing; **~ öffentlichen Ärgernisses** public indecency

erreichbar *adj* ① (*telefonisch zu erreichen*) ■**[für jdn] ~ sein** to be able to be reached [*or* contacted] [by sb] ② (*zu erreichen*) ■**[irgendwie] ~ sein** to be reachable [in a certain way]; ***die Hütte ist zu Fuß nicht ~*** the hut cannot be reached on foot

erreichen* *vt* ① (*rechtzeitig hinkommen*) ■**etw ~** to catch sth ② (*hingelangen*) ■**etw ~** to get to sth ③ (*antreffen*) ■**jdn ~** to reach sb, to contact sb, to get hold of sb, fam; ***Ihr Brief/Ihre Nachricht hat mich nicht rechtzeitig erreicht*** your letter/message didn't reach me on time, I didn't receive your message/letter on time ④ (*eintreffen*) ■**etw ~** to reach sth; ***wir werden Paris in einer halben Stunde ~*** in half an hour we will arrive in Paris ⑤ (*erzielen*) ■**etw ~** to reach sth; ***ich weiß immer noch nicht, was du ~ willst*** I still don't know what you want to achieve ⑥ (*einholen*) ■**jdn ~** to catch sb up BRIT, to catch up with sb ⑦ (*bewirken*) ■**etw [bei jdm] ~** to get somewhere [with sb]; ***hast du beim Chef etwas ~ können?*** did you manage to get anywhere with the boss? ⑧ (*an etw reichen*) ■**etw [mit etw** *dat*] **~** to reach sth [with sth]

Erreichung <-> *f kein pl* (*geh*) ① (*das Erreichen*) reaching ② (*das Erleben*) reaching; ***bei ~ des 60. Lebensjahres*** on one's 60th birthday/when one turns

60/at 60

erretten* *vt* (*geh*) ❶ (*befreien*) ■**jdn** [**aus etw** *dat*] ~ to rescue sb [from sth], to deliver sb [from sth] *form* ❷ (*retten*) ■**jdn vor etw** *dat* ~ to save sb from sth

Erretter(in) *m(f)* (*geh*) deliverer *form*

Errettung *f kein pl* (*geh*) ■**jds** ~ [**aus etw** *dat*] rescue, deliverance *form*

errichten* *vt* ■**etw** ~ ❶ (*aufstellen*) to erect sth *form*, to put sth up *sep* ❷ (*erbauen*) to erect sth *form*, to construct sth; ■**etw** ~ **lassen** to have sth erected ❸ (*begründen*) to found sth, to set up sth *sep*

Errichtung *f* ❶ (*Aufstellung*) *Barrikade, Gerüst, Podium* erection *form*, putting up ❷ (*Erbauung*) *Denkmal, Gebäude* erection *form*, construction ❸ (*Begründung*) *Gesellschaft, Stiftung* foundation, setting up

erringen* *vt irreg* ■**etw** ~ to win sth [with a struggle]

erröten* *vi sein* ■[**vor etw** *dat*] ~ to blush [with sth]; **jdn zum E~ bringen** to make sb blush

Errungenschaft <-, -en> *f* ❶ (*bedeutender Erfolg*) achievement ❷ (*hum fam: Anschaffung*) acquisition, investment *fam*

Ersatz <-es> *m kein pl* ❶ (*ersetzender Mensch*) substitute; (*ersetzender Gegenstand*) replacement; **als ~ für jdn** as a substitute for sb; **als ~** [**für etw** *akk*] as a replacement [for sth] ❷ (*Entschädigung*) compensation; **~ für etw** *akk* **leisten** to pay compensation for sth

Ersatzbefriedigung *f* vicarious satisfaction **Ersatzbrille** *f* spare pair of glasses **Ersatzdienst** *m* non-military service for conscientious objectors **Ersatzdroge** *f* ❶ MED (*Ersatzrauschmittel*) substitute drug ❷ (*fam*) substitute **ersatzgeschwächt** *adj* SPORT *Mannschaft* weakened by substitute players *pred* **Ersatzkasse** *f* substitute health insurance scheme **Ersatzmann** <-männer *o* -leute> *m* ❶ (*Vertreter*) substitute ❷ *s.* **Ersatzspieler** **Ersatzmine** *f* refill **Ersatzreifen** *m* spare wheel **Ersatzschlüssel** *m* spare key **Ersatzspieler(in)** *m(f)* substitute **Ersatzteil** *nt* spare [*or* replacement] part **Ersatztorwart(in)** *m(f)* substitute goalkeeper

ersatzweise *adv* as a replacement [*or* an alternative]

ersaufen* *vi irreg sein* (*sl*) to drown

ersäufen* *vt* ❶ (*ertränken*) ■**jdn/ein Tier** ~ to drown sb/an animal ❷ (*fam: betäuben*) ■**etw in etw** *dat* ~ to drown sth in sth

erschaffen *vt irreg* (*geh*) ■**jdn/etw** ~ to create sb/sth

Erschaffung *f* creation

erschallen *vi sein* (*geh*) to sound; ***aus dem Saal erschallten fröhliche Stimmen/erschallte fröhliches Lachen*** joyful voices/laughter could be heard coming from the hall

erschaudern* *vi sein* (*geh*) ■[**vor etw** *dat*] ~ to shudder [with sth]

erschauern* *vi sein* (*geh*) ■[**vor etw** *dat*] ~ to shiver [with sth]; ■**einen ~ lassen** to make one shiver

erscheinen* *vi irreg sein* ❶ (*auftreten*) to appear; ***du sollst sofort beim Chef ~!*** the boss wants to see you straight away!; ***sie war des öfteren unpünktlich erschienen*** she had often arrived late ❷ (*sichtbar werden*) to be able to be seen; ***am sechsten Tag erschien endlich Land am Horizont*** on the sixth day we/they etc. finally sighted land ❸ (*veröffentlicht werden*) to come out ❹ (*sich verkörpern*) ■**jdm** ~ to appear to sb; ***manchmal ~ einem im Traum die seltsamsten Dinge*** one sometimes sees the strangest things in dreams ❺ (*scheinen*) ■**jdm irgendwie** ~ to seem a certain way to sb; ***diese Hypothese erscheint mir recht weit hergeholt*** this hypothesis seems quite far-fetched to me; ■**jdm wie etw** ~ to seem like sth to sb

Erscheinen <-s> *nt kein pl* ❶ (*das Auftreten*) appearance; ***sie dankte den Gästen für ihr ~*** she thanked the guests for coming; ***um rechtzeitiges ~ wird gebeten!*** please be punctual! ❷ (*die Verkörperung*) appearance ❸ (*die Veröffentlichung*) publication

Erscheinung <-, -en> *f* ❶ (*Phänomen*) phenomenon ❷ (*Persönlichkeit*) ■**eine bestimmte ~** a certain figure ❸ (*Vision*) vision; **eine ~ haben** to have a vision ▶ WENDUNGEN: **in ~ treten** to appear

Erscheinungsbild *nt* appearance **Erscheinungsform** *f* manifestation **Erscheinungsjahr** *nt* year of publication **Erscheinungsort** *m* place of publication

erschießen* *irreg vt* ■**jdn** ~ to shoot sb dead; ■**sich** ~ to shoot oneself [dead]; *s. a.* **Tod**

Erschießung <-, -en> *f* shooting; **standrechtliche ~** shooting by order of a court martial

erschlaffen* *vi sein* ❶ (*schlaff werden*) to become limp; ■**etw ~ lassen** to let sth go limp [*or* relax] ❷ (*die Straffheit verlieren*) to become loose ❸ (*welk werden*) to wither, to become withered

erschlagen*[1] *vt* ■**jdn** ~ *irreg* ❶ (*totschlagen*) to beat sb to death ❷ (*durch Darauffallen töten*) to fall [down] and kill sb [in the process]; ***die Säule fiel um und erschlug ihn*** the pillar fell down and killed him ❸ (*überwältigen*) to overwhelm sb ▶ WENDUNGEN: **du kannst mich ~, aber ...** (*fam*) you can do what you want to me but ...

erschlagen[2] *adj* (*fam*) ■~ **sein** to be dead beat *sl*, BRIT *sl a.* to be knackered

erschleichen* *vr irreg* ■**sich** *dat* **etw** ~ to fiddle sth; ***es gelang ihr, sich seine Gunst/sein Vertrauen zu ~*** she managed to gain his favour/trust by tricking him

erschließen* *irreg* **I.** *vt* ❶ (*mit Installationen versehen*) ■**etw** ~ to develop sth; ■**erschlossen** developed ❷ (*nutzbar machen*) ■[**jdm**] **etw** ~ to exploit sth [for sb] **II.** *vr* ■**sich** *dat* **jdm** ~ to reveal oneself to sb, to be revealed to sb

Erschließung *f* ❶ BAU, ÖKON, ADMIN (*das zugänglich Machen*) development ❷ GEOL, ÖKON (*das nutzbar Machen*) tapping ❸ LING (*Schlußregel*) inference

erschöpfen* **I.** *vt* ❶ (*ermüden*) ■**jdn** ~ to exhaust sb ❷ (*aufbrauchen*) ■**etw** ~ to exhaust sth; ■**erschöpft sein** to be exhausted **II.** *vr* ❶ (*zu Ende gehen*) ■**sich** ~ to run out; ***das Interesse der Bevölkerung erschöpfte sich schnell*** the people quickly lost interest ❷ (*etw umfassen*) ■**sich in etw** *dat* ~ to consist only of sth; ■**sich darin ~, dass jd etw tut** to only go as far as sb doing sth; ***meine Möglichkeiten ~ sich darin, dass ich versuchen kann, für Sie zu intervenieren*** the only thing I can do is try to intervene on your behalf

erschöpfend **I.** *adj* ■~ **sein** ❶ (*zur Erschöpfung führend*) exhausting ❷ (*ausführlich*) exhaustive **II.** *adv* exhaustively

Erschöpfung <-, *selten* -en> *f* ❶ (*völlige Ermüdung*) exhaustion; **bis zur** [**völligen**] **~ arbeiten** to work until one is [completely] exhausted [*or* ready to drop] *fam*; **vor ~** with exhaustion ❷ (*das Aufbrauchen*) *Mittel, Vorräte* running out, exhaustion

Erschöpfungszustand *m* **sich in einem ~ befinden** to be in a state of exhaustion; **an Erschöpfungszuständen leiden** to suffer from exhaustion

erschossen *adj* (*fam*) bushed *fam*, BRIT *fam a.* knackered; ■[**völlig**] **~ sein** to be [completely] bushed [*or* BRIT *sl a.* knackered]

Erschossene(r) *f(m) dekl wie adj* victim of shooting

erschrak *imp von* **erschrecken II**

erschrecken **I.** *vt* <erschreckte, erschreckt> *haben* ❶ (*in Schrecken versetzen*) ■**jdn** ~ to give sb a fright ❷ (*bestürzen*) ■**jdn** ~ to alarm sb, to shock sb **II.** *vi* <erschrickt, erschreckte *o* erschrak, erschreckt *o* erschrocken> *sein* ■[**vor jdm/etw/**

bei etw] ~ to get a fright [from sb/sth/on account of sth]; ~ ***Sie nicht, ich bin's nur!*** don't get a fright, it's only me! **III.** *vr* <erschrickt, erschreckte, erschreckt *o* erschrocken> *haben* (*fam: einen Schrecken bekommen*) ■ **sich** [**über etw** *akk*] ~ to be schocked [by sth]

Erschrecken *nt kein pl* fear, terror

erschreckend **I.** *adj* alarming; ■ ~ **sein** to be alarming **II.** *adv* ① (*schrecklich*) terrible ② (*fam: unglaublich*) incredibly

erschrickt *3. pers pres von* **erschrecken**

erschrocken **I.** *pp von* **erschrecken II, III** **II.** *adj* alarmed, shocked; ■ ~ **sein** to be alarmed **III.** *adv* with a start *pred*

erschüttern* *vt* ① (*zum Beben bringen*) ■ **etw** ~ to shake sth ② (*in Frage stellen*) ■ **etw** ~ to shake sth; *Ansehen* damage; *Glaubwürdigkeit* undermine ③ (*tief bewegen*) ■ **jdn** ~ to shake sb, to distress sb; **jdn kann nichts mehr** ~ nothing can shake [*or* distress] sb anymore; **sich durch nichts** ~ **lassen** to let nothing shake [*or* distress] oneself

erschütternd *adj* distressing

erschüttert *adj* shaken, distressed; ■ [**über etw** *akk*] **erschüttert sein** to be shaken [*or* distressed] [by sth]

Erschütterung <-, -en> *f* ① (*erschütternde Bewegung*) shake ② (*Destabilisierung*) destabilization *no pl;* ***dieses skandalöse Urteil bewirkte eine ~ der gesamten Rechtsprechung*** this scandalous judgement has given the whole justice system a shake-up ③ (*das Erschüttern*) *Vertrauen* shaking ④ (*seelische Ergriffenheit*) distress; ***ihre ~ war ihr deutlich anzumerken*** it was easy to see that she was in distress

erschweren* *vt* ■ [**jdm**] **etw** ~ to make sth more difficult [for sb]; ***das Problem erschwerte ihm die Aufgabe*** the problem complicated the task for him

erschwerend **I.** *adj* complicating **II.** *adv* ■ **sich ~ auswirken** to make things difficult; ~ ***kommt noch hinzu ...*** to make matters [*or* things] worse...

Erschwernis <-, -se> *f* (*geh*) [additional] difficulty

Erschwerung <-, -en> *f* ■ **die ~ einer S.** *gen* the hindrance to sth

erschwindeln* *vt* ■ [**sich** *dat*] **etw von jdm** ~ to con sth [for oneself] out of sb

erschwinglich *adj* affordable; ■ ~ **sein** to be affordable

ersehen* *vt irreg* (*geh*) ■ **etw aus etw** *dat* ~ to see sth from sth; ***alles weitere können Sie aus meinem Lebenslauf*** ~ you'll find additional information in my CV; ■ **aus etw** *dat* **~, dass** to see from sth that

ersehnen* *vt* (*geh*) ■ **etw** ~ to long for sth, to yearn for sth; ■ **ersehnt** longed for, yearned for

ersetzbar *adj* replaceable; ■ ~ **sein** to be replaceable

ersetzen* *vt* ① (*austauschen*) ■ **etw** [**durch etw**] ~ to replace sth [with sth] ② (*vertreten*) ■ [**jdm**] **jdn/etw** ~ to replace [sb's] sb/sth; ***er ersetzt dem Kind den Vater*** he's a replacement father to the child ③ (*erstatten*) ■ **jdm etw** ~ to reimburse sb for sth

ersichtlich *adj* apparent; ■ **aus etw** *dat* ~ **sein, dass** to be apparent [*or* clear] from sth that

ersinnen* *vt irreg* (*geh*) ■ **etw** ~ to concoct sth; *Plan* devise

erspähen* *vt* ■ **jdn/etw** [**unter etw** *dat*] ~ to spot sb/sth [among sth]

ersparen* *vt* ① ■ **jdm etw** ~ to spare sb sth; ***ich kann Ihnen die Wartezeit leider nicht*** ~ I'm afraid you'll have to wait; **jdm bleibt etw/nichts erspart** sb is spared sth/not spared anything; ***schon wieder dieser Ärger, mir bleibt aber auch nichts erspart!*** not this again! the things I have to put up with!; ■ **sich** *dat* **etw** ~ to save oneself sth; ***den Ärger hättest du dir ~ können*** you could have spared yourself this trouble ② (*durch Sparen erwerben*) ■ [**sich** *dat*] **etw** ~ to save up [to buy] sth

Ersparnis <-, -se> *f*, <-ses, -se> *nt* ÖSTERR ① *kein pl* (*Einsparung*) ■ **die/eine ~ an etw** *dat* the/a saving in [*or* of] [*or* on] sth ② *meist pl* (*erspartes Geld*) savings *npl*

Erspartes *nt dekl wie adj* savings *npl*

ersprießlich *adj* (*geh*) useful, helpful; *Zusammenarbeit* successful; ■ **irgendwie ~ sein** to be useful [*or* helpful] in some way

erst **I.** *adv* ① (*zuerst*) [at] first; ~ ***sagst du ja, dann wieder nein!*** first you say yes, then you say no again!; ~ ***schien noch die Sonne, aber dann fing es bald an zu regnen*** at first it was sunny but it soon started to rain; ***mach ~ [ein]mal die Arbeit fertig*** finish your work first; ***wenn du das ~ einmal hinter dir hast*** once you've got that over with ② (*nicht früher als*) only; ***wecken Sie mich bitte ~ um 8 Uhr!*** please don't wake me until 8 o'clock!; ***er hat mich ~ darauf aufmerksam gemacht, als es schon zu spät war*** he didn't draw my attention to it until it was too late; ***ich brauche die Rechnung ~ in 5 Wochen zu bezahlen*** I don't need to pay the bill for another 5 weeks; ~ **gestern/heute/morgen** only yesterday/today/tomorrow; ***der nächste Zug fährt ~ morgen*** the next train doesn't leave until tomorrow; ~ **jetzt** only now; **eben/gerade** ~ [only] just; ~ **vor kurzem** only recently, only just; ~ **als ...** only when...; ~ **wenn** only if; ~ **..., wenn** only...if ③ (*bloß*) only **II.** *pron* (*verstärkend*) ***an deiner Stelle würde ich ~ gar nicht anfangen*** if I was in your shoes I wouldn't even start; ***wenn wir zu Hause sind, dann kannst du ~ was erleben!*** when we get home you'll be in real trouble! ▶ WENDUNGEN: ~ recht all the more; **jetzt ~ recht/recht nicht!** ***jetzt zeigst du es ihr ~ recht!*** now you can really show her!; ***tu, was man dir sagt! — nein, jetzt ~ recht nicht!*** do what you're told! no, now I definitely won't do it!; *s. a.* **gar**

erstarken* *vi sein* (*geh*) ① (*stärker werden*) to gain strength ② (*intensiver werden*) to become stronger; (*von Hoffnung/Zuversicht*) to increase

erstarren* *vi sein* ① (*fest werden*) to harden, to solidify; ***bei 0° C erstarrt Wasser zu Eis*** at 0° C water freezes and becomes ice ② (*wie gefroren sein*) to freeze; ***Dracula bot einen Anblick, der jedem das Blut in den Adern ~ ließ*** the sight of Dracula made everybody's blood freeze [in their veins] ③ (*vor Kälte steif werden*) to freeze ④ (*starr werden*) ■ [**vor etw** *dat*] ~ to freeze [with sth]

erstatten* *vt* ① (*ersetzen*) ■ [**jdm**] **etw** ~ to reimburse [sb] for sth ② (*geh: mitteilen*) **Anzeige** ~ to report a crime; **Anzeige gegen jdn** ~ to report sb; **jdm Bericht/Meldung** [**über etw** *akk*] **erstatten** to report to sb/notify sb [about sth]

Erstattung <-, -en> *f von Auslagen, Unkosten* reimbursement

erstaufführen *vt nur infin, pp* to première; ■ **erstaufgeführt** premièred **Erstaufführung** *f* première **Erstauflage** *f* first print[-run]

erstaunen* **I.** *vt haben* ■ **jdn** ~ to amaze sb; ***dieses Angebot erstaunt mich*** I find this offer amazing **II.** *vi sein* ■ **über etw** *akk* ~ to be amazed by sth

Erstaunen *nt* amazement; **voller** ~ full of amazement; **jdn in ~ versetzen** to amaze sb; **zu jds** ~ to sb's amazement

erstaunlich **I.** *adj* amazing, astonishing; ■ ~ **sein, dass/was/wie** to be amazing that/what/how; ■ **E~es** something amazing, amazing things *npl* **II.** *adv* amazingly, astonishingly

erstaunlicherweise *adv inv* astonishingly, amazingly

erstaunt I. *adj* amazed; ***du machst so ein ~es Gesicht*** you look so amazed; ■[**über jdn/etw**] ~ **sein** to be amazed [by sb/sth] II. *adv* in amazement

Erstausgabe *f* ❶ (*erste Veröffentlichung*) first edition ❷ (*Buch*) first edition **erstbeste**(**r, s**) *adj attr* first; ■**der/die/das E~** the first one sees [*or* comes across], the next best **Erstbesteigung** *f* first ascent **Erstdelinquent** *m* first offender

erste(**r, s**) *adj* ❶ (*an erster Stelle kommend*) first; ***die ~n fünf/ die fünf ~n Bäume*** the first five trees; **das E~, was ...** the first thing that; **die ~ Klasse** [*o fam* **die E~**] primary one BRIT, first grade AM; *s. a.* **achte**(**r, s**) **1** ❷ (*Datum*) first, 1st; *s. a.* **achte**(**r, s**) **2** ❸ (*führend*) leading, number one, top; ***das ~ Haus am Platz*** (*Hotel*) the best [*or* finest] hotel in town; (*Laden*) the top [*or* best] store in town; *s. a.* **Klasse, Wahl** ▶ WENDUNGEN: **der/die/das ~ Beste** the first one sees [*or* comes across], the next best; **fürs E~** to begin with, for the time being, for starters *fam;* **zum E~n, zum Zweiten, zum Dritten** going once, going twice, sold

Erste(**r**) *f(m) dekl wie adj* ❶ first; *s. a.* **Achte**(**r**) **1** ❷ (*bei Datumsangabe*) ■**der ~** [*o geschrieben* **der 1.**] the first *spoken,* the 1st *written; s. a.* **Achte**(**r**) **2** ❸ (*Namenszusatz*) **Ludwig der ~** *geschrieben* Louis the First; **Ludwig I.** *geschrieben* Louis I ❹ (*beste(r)*) the best, the leader; ***in Mathematik war sie die ~ in der Klasse*** she was top of the class in maths; ***der Porsche ist wieder ~r geworden*** the Porsche won again ▶ WENDUNGEN: **~ unter Gleichen** first among equals

erstechen* *vt irreg* ■**jdn** [**mit etw** *dat*] ~ to stab sb to death [with sth]

erstehen* *irreg* I. *vt haben* (*fam*) ■**etw** ~ to pick up sth *sep* II. *vi sein* ❶ (*geh: neu entstehen*) to be rebuilt ❷ (*geh: erwachsen*) ■**jdm** [**aus etw** *dat*] ~ to arise for sb [from sth]; ***daraus würden Ihnen nur Unannehmlichkeiten*** ~ it would only cause you difficulties

Erste-Hilfe-Kurs *m* first-aid course **Erste-Hilfe-Leistung** *f* first aid *no pl*

ersteigen* *vt irreg* ■**etw** ~ to climb sth; ***die höchsten Stufen des Ruhmes*** ~ to rise to the dizzy heights of fame

Ersteigung *f Berg* climbing

Ersteingabe *f* first entry **Ersteinsatz** *m* first use, first deployment

Erste-Klasse-Abteil *nt* first class compartment **Erste-Klasse-Wagen** *m* first class carriage

erstellen* *vt* ❶ (*geh: errichten*) ■**etw** [**in etw** *dat*] ~ to build sth [in sth] ❷ (*anfertigen*) ■[**jdm**] **etw** ~ to draw up, to write, to produce; ■**sich** *dat* **etw** [**von jdm**] ~ **lassen** to have sth drawn up/written/produced [by sb]

Erstellung *f* ❶ (*geh: Errichtung*) *Gebäude, Wohnungen* building ❷ (*Anfertigung*) drawing up, writing, production; **die ~ eines genauen Konzeptes** to draw up an exact plan

erstemal *adv s.* **Mal**

erstenmal *adv s.* **Mal**

erstens *adv* firstly

erstere(**r, s**) *adj* ■**der/die/das E~** the former; ***fliegen Sie mit der Maschine um 9:00 oder um 14:00? — mit E~r*** are you taking the plane at 9 AM or 2 PM? — the one at 9 [*or* the former]

erstgebärend *adj inv* primigravida *spec* **Erstgebärende** *f dekl wie adj* first-time mother [*or* primipara] *fachspr* **erstgeboren** *adj attr* first-born; ■**der/die E~e** the first-born [child] **erstgenannt** *adj attr* first, first mentioned

ersticken* I. *vt haben* ❶ (*durch Erstickung töten*) ■**jdn** ~ to suffocate sb ❷ (*erlöschen lassen*) ■**etw** ~ to extinguish sth ❸ (*dämpfen*) ■**etw** ~ to deaden sth ❹ (*unterdrücken*) ■**etw** ~ to crush sth II. *vi sein* ❶ (*durch Erstickung sterben*) ■**an etw** *dat* ~ to choke to death on sth, to be suffocated by sth; ***das Kind ist an einer Fischgräte erstickt*** the child choked to death on a fish bone; **zum E~** (*fam*) suffocating *fam,* stifling ❷ (*erlöschen*) to go out ❸ (*übermäßig viel haben*) ■**in etw** *dat* ~ to drown in sth; ***Deutschlands Städte ~ im Verkehr*** Germany's towns are overflowing with traffic

erstickt *adj* stifled; ***sie sprach mit halb von Tränen ~er Stimme*** she could hardly speak through all her tears

Erstickte(**r**) *f(m) dekl wie adj* victim of suffocation [*or* choking]

Erstickung <-> *f kein pl* ❶ (*von Lebewesen*) suffocation *no pl* [*or* choking] ❷ (*von Feuer*) suffocation; ***die ~ der Flammen gelang ihnen nur mit Mühe*** they were able to put out the flames only with difficulty

erstinstanzlich *adj* of first instance *pred* **erstklassig** I. *adj* first-class II. *adv* first-class, excellently **Erstklässler(in)**[RR], **Erstkläßler** <-s, -> *m* SÜDD, SCHWEIZ, **Erstklasser**(**in**) <-s, -> *m(f)* ÖSTERR primary one pupil BRIT, first grader AM **Erstkommunion** *f* first communion **Erstkontakt** *m* ÖKON initial approach [*or* contact]

Erstling <-s, -e> *m* ❶ (*erstes Werk*) first work ❷ (*erstgeborenes Kind*) first[-born *dated*] child

Erstlingswerk *nt* first book [*or* work]

erstmalig I. *adj* first II. *adv* (*geh*) *s.* **erstmals**

erstmals *adv* for the first time

Erstochene(**r**) *f(m) dekl wie adj* victim of fatal stabbing

erstrahlen* *vi sein* (*geh*) ■[**in etw** *dat*] ~ to be aglow [with sth]

erstrangig *adj* ❶ (*sehr wichtig*) major ❷ (*erstklassig*) first-class, first-rate

erstreben* *vt* (*geh*) ■**etw** ~ to strive for sth

erstrebenswert *adj* worth striving for *pred;* ■[**für jdn**] ~ **sein** to be worth striving for [in sb's opinion]; ■**es ist ~, etw zu sein** it is worth striving to be sth; ■**etwas E~es** something worth striving for

erstrecken* I. *vr* ❶ (*sich ausdehnen*) ■**sich** [**in etw** *akk*/**über etw** *akk*] ~ to extend [in sth/over sth] ❷ (*betreffen*) ■**sich auf etw** *akk* ~ to include sth II. *vt* SCHWEIZ (*verlängern*) ■**etw** ~ to extend sth

Erstschlag *m* first strike **Erststimme** *f* first vote (*given for a candidate in the voter's constituency in the first round of the Bundestag elections*) **Ersttagsbrief** *m* first-day cover **Ersttäter**(**in**) *m(f)* first offender

erstunken *adj* ▶ WENDUNGEN: **das ist ~ und erlogen** (*fam*) that's [*or* a pack of lies] the biggest lie I've ever heard BRIT

erstürmen* *vt* ❶ MIL (*durch einen Sturmangriff einnehmen*) ■**etw** ~ to storm sth ❷ (*fig o selten: ein Ziel erreichen*) ■**etw** ~ to conquer sth

Erstveröffentlichung *f* first publication **Erstwähler**(**in**) *m(f)* first-time voter

ersuchen* *vt* (*geh*) ❶ (*auffordern*) ■**jdn um etw** *akk* ~ to request sth from sb; ■**jdn** [**darum**] **~, etw zu tun** to request sb to do sth ❷ (*bitten*) ■[**jdn** [*o* **bei jdm**]] **um etw** *akk* ~ to request sth [from sb]

Ersuchen <-s, -> *nt* (*geh*) request; **ein ~ an jdn richten** [*o* **stellen**] to file a request with sb, to submit a request to sb; **auf ~ der/des ...** at the request of the...

ertappen* I. *vt* ■**jdn** [**bei etw** *dat*] ~ to catch sb [doing sth]; *s. a.* **in flagranti, Tat** II. *vr* ■**sich bei etw** *dat* ~ to catch oneself doing sth

erteilen* *vt* (*geh*) ■[**jdm**] **etw** ~ to give [sb] sth

ertönen* *vi sein* (*geh*) ① (*zu hören sein*) to sound; ***vom Nachbarhaus her ertönte laute Musik*** loud music was coming from the neighbouring house; ■ **etw ~ lassen** to let sth sound ② (*widerhallen*) ■ **von etw** *dat* ~ to resound with sth

Ertrag <-[e]s, Erträge> *m* ① (*Ernte*) yield; ~ **bringen** [*o* **abwerfen**] to bring yields ② *meist pl* revenue; ~ **bringen** [*o* **abwerfen**] to bring in revenue

ertragen* *vt irreg* ■ **etw ~** to bear sth; **nicht zu ~ sein** to be unbearable

erträglich *adj* bearable; ■ [**irgendwie**] ~ **sein** to be bearable [in a certain way]; **schwer ~ sein** to find it difficult to cope with sth

ertragreich *adv* productive; *Land* fertile

Ertragsspanne *f* margin of return **Ertragssteigerung** *f* profits increase

ertränken* I. *vt* ① (*ersäufen*) ■ **jdn/ein Tier ~** to drown sb/an animal ② (*betäuben*) ■ **etw** [**in etw** *dat*] ~ to drown sth [in sth] II. *vr* ■ **sich ~** to drown oneself

erträumen* *vt* ■ [**sich** *dat*] **jdn/etw ~** to dream about [*or* of] sb/sth

ertrinken* *vi irreg sein* ■ [**in etw** *dat*] ~ to drown [in sth]

Ertrinken <-s> *nt kein pl* drowning

ertrotzen* *vt* (*geh*) ■ [**sich** *dat*] **etw ~** to obtain by forceful means

Ertrunkene(r) *f(m) dekl wie adj* victim of drowning

ertüchtigen* I. *vt* (*geh*) ■ **jdn ~** to strengthen sb II. *vr* ■ **sich ~** to strengthen oneself

Ertüchtigung <-, -en> *f* strengthening; **körperliche ~** physical strengthening

erübrigen* I. *vr* ■ **sich ~** to be superfluous; ■ **es erübrigt sich, etw zu tun** it is not necessary to do sth II. *vt* (*aufbringen*) **etw ~ können** *Geld, Zeit* to spare sth

eruieren* *vt* (*geh*) ① (*in Erfahrung bringen*) ■ **etw ~** to find out sth *sep;* ■ [**bei jdm**] **~, wann/wer ...** to find out [from sb] when/where ... ② ÖSTERR, SCHWEIZ (*ausfindig machen*) ■ **jdn ~** to find sb

Eruption <-, -en> *f* eruption

erwachen* *vi sein* ① (*geh: aufwachen*) ■ [**aus etw** *dat*] ~ to wake up [from sth]; **aus der Narkose ~** to come round from the anaesthetic [*or* anesthetic] AM *esp;* **aus einer Ohnmacht ~** to come to; ■ **von etw** *dat* ~ to be woken by sth ② (*sich regen*) **Gefühle ~ in jdm** to awaken feelings in sb ► WENDUNGEN: **ein böses E~** a rude awakening

erwachsen*[1] [-ks-] *vi irreg sein* (*geh*) ■ **jdm ~** to arise for sb; ■ **etw erwächst jdm aus etw** sth causes sth for sb; **jdm ~ Kosten** [**aus etw** *dat*] sb incurs costs [as a result of sth]

erwachsen[2] [-ks-] *adj* adult, grown-up

Erwachsene(r) *f(m) dekl wie adj* adult, grown-up

Erwachsenenbildung [-ks-] *f* adult education **Erwachsenentaufe** *f* adult christening

erwägen* *vt irreg* ① (*in Betracht ziehen*) consider ② (*überlegen*) ■ **etw ~** to consider sth; ■ **~, etw zu tun** to consider doing sth

Erwägung <-, -en> *f* consideration; **etw in ~ ziehen** to give sth one's consideration, to consider sth; **in ~ ziehen, etw zu tun** to consider doing sth; **aus bestimmten ~en** [**heraus**] for certain reasons

erwähnen* *vt* ■ **jdn/etw ~** to mention sb/sth; ■ [**jdm gegenüber**] **~, dass ...** to mention [to sb] that ...

erwähnenswert *adj* worth mentioning *pred,* noteworthy; ***ich hielt es nicht für ~*** I didn't think it worth mentioning

Erwähnung <-, -en> *f* mentioning; **~ finden** (*geh*) to be mentioned

erwärmen* I. *vt* ① (*warm machen*) ■ **etw ~** to warm sth [up] ② (*begeistern*) ■ **jdn für etw** *akk* ~ to arouse [*or* kindle] enthusiasm in sb for sth II. *vr* ① (*warm werden*) ■ **sich** [**auf etw** *akk*] ~ to warm up [to sth] ② (*sich begeistern*) ■ **sich für jdn/etw ~** to work up enthusiasm for sb/sth

erwarten* I. *vt* ① (*entgegensehen*) ■ **jdn/etw ~** to expect sb/sth ② (*dem Eintritt von etw entgegensehen*) ■ **etw ~** to wait for [*or* to await] sth *form* ③ (*voraussetzen*) ■ **etw von jdm ~** to expect sth from sb; ■ **von jdm ~, dass** to expect sb to do sth; **von jdm zu ~ sein** to be expected from sb; ***von ihr ist bestimmt keine Hilfe zu ~*** she definitely won't [want to] help ④ (*mit etw rechnen*) ■ **etw erwartet einen** sth awaits one; **zu ~ sein** [*o geh* **stehen**]**, dass** to be expected; **etw war zu ~** sth was to be expected; **wider E~** contrary to [all] expectation[s] ⑤ (*bekommen*) ■ **etw** [**von jdm**] ~ to expect [sb's] sth; ***sie erwartet ein Baby von ihm*** she's expecting his baby II. *vr* (*sich versprechen*) ■ **sich** *dat* **etw von jdm/etw ~** to expect sth from [*or* of] sb/sth

Erwartung <-, -en> *f* ① *kein pl* (*Ungeduld*) anticipation; **in gespannter ~** in eager anticipation ② *pl* (*Hoffnung*) expectations *pl;* **jds ~en gerecht werden** to live up to sb's expectations; **seine ~en zu hoch spannen** to raise one's hopes too high; **voller ~** full of expectation; **zu bestimmten ~en berechtigen** to give grounds for certain expectations; **hinter jds ~en zurückbleiben** to not come up to sb's expectations; **den ~en entsprechen** to fulfil [*or* AM *usu* fulfill] the expectations; **jds ~en enttäuschen** to not come [*or* AM live] up to sb's expectations; **große ~en an etw knüpfen** *akk* to place high hopes on sth; **alle ~en übertreffen** to exceed all expectations, to go beyond all expectations ③ (*Entgegensehen*) ■ **in ~ einer S.** *gen* (*geh*) in anticipation of sth

Erwartungsdruck <-[e]s> *m kein pl* **unter ~ stehen** to be under pressure to perform **erwartungsgemäß** *adv* as expected **Erwartungshaltung** *f* expectation

erwartungsvoll I. *adj* expectant, full of expectation *pred;* ***ich fürchte, du bist zu ~*** I fear you're expecting too much II. *adv* expectantly

erwecken* *vt* ① (*hervorrufen*) ■ **etw ~** to arouse sth; **den Eindruck ~, ...** to give the impression ..., to create the impression ...; **Zweifel ~** to raise doubts ② (*geh: aufwecken*) ■ **jdn** [**aus etw** *dat*] ~ to wake sb [from sth]

erwehren* *vr* (*geh*) ■ **sich jds/einer S. ~** to fight off sb/sth *sep;* **sich einer S.** *gen* **nicht/kaum ~ können** to not/hardly be able to hold back sth; **sich eines Eindrucks/einer Vorstellung nicht ~ können** to not be able to help thinking sth

erweichen* *vt* ① (*umstimmen*) ■ **jdn ~** to make sb change their mind; **sich ~ lassen** to let oneself be persuaded ② KOCHK (*weich machen*) ■ **etw ~** to soften sth

erweisen* *irreg* I. *vt* ① (*nachweisen*) ■ **etw ~** to prove sth; ■ **~, dass** to prove that; ■ **erwiesen** proved ② (*zeigen*) ■ **etw wird ~, dass/ob ...** sth will show that/whether ... ③ (*geh: entgegenbringen*) ■ [**jdm**] **etw ~** to express sth [to sb]; **jdm einen Dienst/Gefallen tun** to do somebody a service/favour [*or* AM -or] II. *vr* ① (*sich herausstellen*) ■ **sich** [**als etw**] ~ to prove oneself [sth]; ***dieser Mitarbeiter hat sich als zuverlässig erwiesen*** this employee has proved himself reliable; ■ **es erweist sich, dass** it is evident that ② (*sich zeigen*) ■ **sich** [**gegen jdn** [*o* **jdm gegenüber**]] **als etw ~** to be sth [to sb]; ***sie sollte sich eigentlich dankbar*** [***gegen ihn/ihm gegenüber***] ~ she should really be grateful [to him]

erweitern* I. *vt* ① (*verbreitern*) ■ **etw** [**auf etw** *akk*/**um etw** *akk*] ~ to widen sth [to sth/by sth] ② (*vergrö-

ßern) ■ **etw [auf etw** *akk*/**um etw** *akk*] ~ to expand sth [to sth/by sth] ③ *(weiter machen)* ■ **etw [um etw** *akk*] ~ to widen sth [by sth]; ■ **sich** *dat* **etw ~ lassen** to have sth widened ④ *(umfangreicher machen)* ■ **etw [auf etw** *akk*/**um etw** *akk*] ~ to increase [*or* expand] [by sth/to sth] **II.** *vr* ① *(sich verbreitern)* ■ **sich [auf etw** *akk*/**um etw** *akk*] ~ to widen [to sth/by sth] ② MED, ANAT ■ **sich** ~ to dilate

Erweiterung <-, -en> *f* ① *(Verbreiterung) Anlagen, Fahrbahn* widening ② *(Vergrößerung)* expansion ③ *(Ausweitung)* increase ④ MED, ANAT dilation

Erwerb <-[e]s, -e> *m* ① *kein pl (geh: Kauf)* ■ **der ~ einer S.** *gen* acquisition *form*, purchase ② *(berufliche Tätigkeit)* ■ **jds ~** sb's occupation; **einem/keinem ~ nachgehen** *(geh)* to have an/no occupation

erwerben* *vt irreg* ① *(kaufen)* ■ **etw [für etw** *akk*] ~ to acquire sth [for sth], to purchase sth [for sth] ② *(an sich bringen)* ■ **etw [durch etw** *akk*] ~ to acquire sth [through sth]; **einen Titel** ~ to receive a title ③ *(gewinnen)* ■ **[sich** *dat*] **etw** ~ to earn sth; **jds Vertrauen** ~ to win sb's trust

Erwerbermodell *nt an investment plan in which sb purchases property and pays a reduced amount of tax through amortisation*

erwerbsfähig *adj (geh)* fit for gainful employment *form pred*, able to participate in gainful employment *form pred*, fit for work *pred*, able to work *pred* **Erwerbsleben** *nt* working life; **im ~ stehen** to lead a working life **erwerbslos** *adj (geh)* unemployed **Erwerbslose(r)** *f(m) dekl wie adj* unemployed person **erwerbstätig** *adj inv* working **Erwerbstätigkeit** <-> *f kein pl* employment; ***nach der Geburt setzte sie ihre ~ fort*** she went back to work after the birth **erwerbsunfähig** *adj (geh)* unfit for gainful employment *form pred*, unable to participate in gainful employment *form pred*, unfit for work *pred*, unable to work *pred*; **jdn ~ machen** to render sb unfit for work/unable to work **Erwerbsunfähigkeit** <-> *f kein pl* inability to work

Erwerbung *f* ① *(Kauf)* acquisition, purchase ② *(erworbener Gegenstand)* acquisition

erwidern* *vt* ① *(antworten)* ■ **[jdm] etw [auf etw** *akk*] ~ to give [sb] a reply [to sth]; ■ **[auf etw** *akk*] ~ to reply [to sth]; ***... erwiderte sie frech ...*** she replied cheekily; ***was haben Sie zu diesen Vorwürfen zu ~?*** what do you have to say in response to these accusations?; ■ **[auf etw** *akk*] **~, dass** to reply [to sth] by saying [that]; ***auf meine Frage erwiderte sie ...*** she replied to my question by saying ... ② *(zurückgeben)* ■ **etw** ~ to return sth; *s. a.* **Feuer**

Erwiderung <-, -en> *f* ① *(Antwort)* reply ② *(das Erwidern)* returning; **die ~ jds Liebe** returning of sb's love

erwiesenermaßen *adv* as has been proved

erwirken* *vt (geh)* ■ **etw [gegen jdn]** ~ to obtain sth [against sb]

erwirtschaften* *vt* ■ **etw** ~ to make

erwischen* *vt (fam)* ① *(ertappen)* ■ **jdn [bei etw** *dat*] ~ to catch sb [doing sth] ② *(ergreifen, erreichen)* ■ **jdn/etw** ~ to catch sb/sth; ***hast du den Bus noch erwischt?*** did you manage to catch the bus? ③ *(treffen)* ■ **jdn [an etw** *dat*] ~ to hit sb/[sb's sth] ▶ WENDUNGEN: **jdn hat's erwischt** *(sl: total verliebt sein)* sb has got it bad; *(plötzlich erkrankt sein)* sb has really come down with it *fam*; *(unerwartet umgekommen sein)* sb has snuffed it, fam

erworben *adj* acquired

erwünscht *adj* ① *(gewünscht)* desired ② *(willkommen)* welcome, desirable; **eine ~e Gelegenheit** a welcome opportunity; ***Ihre Anwesenheit ist zwar kein Muss, aber durchaus ~*** your presence is not compulsory though definitely desirable; ***Sie sind hier nicht ~!*** you are not welcome here!; ***Rauchen nicht ~!*** smoking not permitted!

erwürgen* *vt* ■ **jdn** ~ to strangle sb

Erwürgte(r) *f(m) dekl wie adj* victim of strangling

Erythrozyt <-s, -en> *m* BIOL, MED erythrocyte

Erz <-es, -e> *nt* ore

Erzader *f* vein of ore

erzählen* **I.** *vt* ① *(anschaulich berichten)* explain ② *(sagen)* tell, relate; ■ **[jdm] etw** ~ to tell [sb sth]; **[jdm] seine Erlebnisse** ~ to tell [sb] about one's experiences; ■ **[jdm] ~, was/wie/wer** to tell [sb] what/how/who; ***was erzählst du da?*** what are you saying?; **es wird erzählt, dass** they say that, there is a rumour [*or* AM -or] that ▶ WENDUNGEN: **das kannst du anderen ~!** *(fam)*, **das kannst du sonst wem** [*o* **einem anderen**] ~ *(fam)* you can tell that to the marines!, tell me another! BRIT; **mir kannst du viel ~** *(fam)* say what you like!; **dem/der werd' ich was ~!** *(fam)* I'll give him/her a piece of my mind!; **wem ~ Sie/erzählst du das!** *(fam)* you're telling me! **II.** *vi* to tell a story/stories

Erzähler(in) *m(f)* ① *(jd, der erzählt)* storyteller ② *(Schriftsteller)* storyteller, author; *(Romanperson)* narrator

Erzählung *f* ① *(Geschichte)* story ② *kein pl (das Erzählen)* telling; ***darf ich jetzt in meiner ~ fortfahren?*** may I continue telling my joke/story now?

Erzbergwerk *nt* ore mine

Erzbischof, -bischöfin *m, f* archbishop **erzbischöflich** *adj attr* archiepiscopal **Erzbistum** *nt* archbishopric **Erzdiakon, -diakonisse** *m, f* archdeacon *masc*, archdeaconess *fem* **Erzdiözese** *f* archdiocese **Erzengel** *m* archangel

erzeugen* *vt* ■ **etw** ~ ① *bes* ÖSTERR *(produzieren)* to produce sth ② CHEM, ELEK, PHYS to generate sth ③ *(hervorrufen)* to create sth; **Ärger** ~ to cause trouble; ■ **etw bei jdm** ~ to result in sb's sth; **Langeweile** ~ to result in sb's becoming bored

Erzeuger(in) <-s, -> *m(f)* ① *bes* ÖSTERR *(geh: Produzent)* producer ② *(hum fam: Vater)* father

Erzeugnis <-ses, -se> *nt* product

Erzeugung <-, -en> *f* ① *kein pl* CHEM, ELEK, PHYS generation ② *(Produktion)* production

Erzfeind(in) *m(f)* arch enemy **Erzgauner** *m (pej)* out-and-out rogue

Erzgebirge *nt* Erzgebirge

Erzgewinnung *f* ore mining

Erzherzog(in) *m(f)* archduke *masc*, archduchess *fem*

erziehbar *adj* educable; ■ **irgendwie ~ sein** to be educable in a certain way; ***Kinder sind nicht immer leicht ~*** bringing children up isn't always easy

erziehen* *vt irreg* ① *(aufziehen)* ■ **jdn** ~ to bring up *sep*; ***meinen Mann werde ich schon noch ~!*** *(hum)* I'll get my husband trained, don't you worry!; **gut/schlecht erzogen sein** to be well/badly brought-up ② *(anleiten)* ■ **jdn zu etw** *dat* ~ to teach sb to be sth; ***ihre Eltern hatten sie zur Pünktlichkeit erzogen*** her parents had taught her to be punctual

Erzieher(in) <-s, -> *m(f)* educator, teacher

erzieherisch *adj* educative

Erziehung *f kein pl* ① *(das Erziehen)* education *no pl*, teaching; ■ **jds ~ zu jdm/etw** teaching sb to be sb/sth ② *(Aufzucht)* upbringing ③ *(anerzogene Manieren)* manners *npl*; ***wo ist deine gute ~ geblieben?*** where are your manners?; **keine ~ haben** [*o* **jdm fehlt die ~**] to not be brought up properly, to not have any manners

erziehungsberechtigt *adj* acting as legal guardian *pred* **Erziehungsberechtigte(r)** *f(m) dekl wie adj* legal guardian, parent or legal guardian; ***Unterschrift des/der ~n*** signature of parent or legal guardian **Er-**

ziehungsgeld *nt* child benefit (*paid for at least 6 months after the child's birth to compensate the parent who takes time off work to look after the child*) **Erziehungsjahr** *nt year taken off work after the birth of a child to look after the child* **Erziehungsmethode** *f* method of education **Erziehungsurlaub** *m time taken off to look after a newborn child,* maternity [*or* paternity] leave **Erziehungswesen** *nt kein pl* education system **Erziehungswissenschaft** *f kein pl* education, educational studies *npl*

erzielen* *vt* ❶ (*erreichen*) ■**etw** ~ to reach sth, to achieve sth; ***es konnte bisher noch keine Einigung erzielt werden*** no agreement has been reached yet; **einen Erfolg erzielen** to achieve success; ***sie erzielte den ersten Preis*** she won the first prize ❷ SPORT ■**etw [gegen jdn]** ~ to score sth [against sth]; **eine Bestzeit/einen Rekord** ~ to establish a personal best/record

erzittern* *vi sein* (*geh*) ❶ (*zu zittern beginnen*) ■**[vor etw** *dat*] ~ to start trembling [with sth] ❷ (*erbeben*) to shake; ■**etw** ~ **lassen** to make sth shake

Erzkonkurrent(in) *m(f)* (*pej*) arch-rival **erzkonservativ** *adj* ultra-conservative **Erzpriester(in)** *m(f)* arch-priest *masc,* arch-priestess *fem* **erzreaktionär** *adj inv* POL, SOZIOL (*pej*) ultrareactionary **Erzrivale, -rivalin** *m, f* (*pej*) arch-rival **Erzschurke, -schurkin** *m, f* (*pej*) arch-villain

erzürnen* (*geh*) **I.** *vt* ■**jdn** ~ to anger sb; **jdn sehr** ~ to anger sb greatly, to incense sb **II.** *vr* ■**sich über jdn/etw** ~ to get [*or* become] angry at sb/about [*or* at] sth

Erzverbrecher(in) *m(f)* (*pej*) arch-villain *masc,* arch-villainess *fem*

Erzvorkommen *nt* ore deposit

erzwingen* *vt irreg* ■**etw [von jdm]** ~ [*o* **[jds] etw** ~] to get [*or* obtain] sth [from sb] by force, to force sth from [*or* out of] sb; **jds Einverständnis** ~ to make sb [*or* force sb to] agree, to make sb see reason; **eine Entscheidung** ~ to force an issue; **jds Zuneigung** ~ to force sb's affections; **ein Geständnis/eine Unterschrift [von jdm]** ~ to make sb confess/sign, to force sb to confess/sign; **[von jdm] ein Zugeständnis** ~ to wring [*or liter* wrest] a concession [from sb]

es <*gen* **seiner,** *dat* **ihm,** *akk* **es**> *pron pers, unbestimmt* ❶ (*das, diese(r, s): auf Dinge bezogen*) it; ***wo ist mein Buch? — ~ liegt auf dem Tisch*** where's my book? — it's [lying] on the table; ■**~ ist jd/etw** it's sb/sth; ***wer ist da? — ich bin*** ~ who's there? — it's me [*or dated form* it is I]; ***ich höre jemanden klopfen,*** ~ ***sind die Kinder*** I hear somebody knocking, it's the children ❷ *auf vorangehenden Satzinhalt bezogen* it; ***alle fanden das Urteil ungerecht, aber niemand sagte*** ~ everyone found the verdict unjust, but nobody said so; ***kommt er auch? — ich hoffe*** ~ is he coming too? — I hope so ❸ *rein formales Subjekt* **jdm gefällt ~, etw zu tun** sb likes doing sth; ~ ***gefällt mir*** I like it; ~ ***friert mich*** I am cold; ~ ***freut mich, dass …*** I am glad [*or* pleased] that …; ~ ***interessiert mich, warum du das getan hast*** I'm interested to know why you did that; ~ ***scheint ihr egal zu sein*** she doesn't seem to care; ~ ***ist kalt/7 Uhr/28° Celsius*** it's cold/7 o'clock/28° celsius; ~ ***ist zu dumm, aber …*** it's too bad, but …; ~ ***ist schade, dass …*** it's a pity [*or* shame] that … ❹ *rein formales Objekt* ***er hat ~ gut*** he's got it made; ***wir haben ~ schon längst kommen sehen*** we saw it coming for a long time; ***sie hat ~ an der Blase*** she has bladder trouble ❺ *Subjekt bei unpersönlichen Ausdrücken* ~ ***klopft*** there's a knock [*or* there's somebody knocking] [*or* somebody's knocking] at the door; ***hat ~ geklingelt?*** did somebody ring?; ~ ***regnet*** it's raining; ~ ***wurde getanzt*** there was dancing; ~ ***wird immer noch nicht genug getan*** there's still not enough being done ❻ *Einleitewort mit folgendem Subjekt* ~ ***geschah ein Unglück*** there was an accident; ~ ***geschieht manchmal ein Wunder*** a miracle happens sometimes; ~ ***kamen alle*** everybody came; ~ ***waren Tausende*** there were thousands

Es <-, -> *nt* MUS E flat

ESA <-> *f kein pl Abk von* **European Space Agency** ESA

Esche <-, -n> *f* ❶ (*Baumart*) ash [tree] ❷ (*Holz*) ash; **ein Tisch in** ~ an ash table

Eschenholz *nt* ash

Escudo <-[s], -[s]> *m* escudo

Esel(in) <-s, -> *m(f)* ❶ (*Tier*) donkey, ass *old,* she-ass *fem old,* jenny [ass] *fem old* ❷ *nur masc* (*fam: Dummkopf*) idiot; ***ich ~!*** I'm an idiot!, silly [old] me! *a. hum;* [***du***] ***alter ~!*** [you] idiot!

Eselsbrücke *f* (*fam*) aide-mémoire; (*gereimt*) jingle; **jdm/sich eine ~ bauen** to give sb a hint [*or* clue]/to use a mnemonic device **Eselsohr** *nt* dog-ear, turned-down corner; ***das Buch hat ja lauter ~en!*** the book has dog-eared pages all over the place!

Eskalation <-, -en> *f* escalation

eskalieren* **I.** *vi* ■**[zu etw** *dat*] ~ to escalate [into sth]; ***der Wortwechsel eskalierte schnell zum Streit*** the exchange of words quickly escalated into an argument **II.** *vt* ■**etw** ~ to escalate sth

Eskapade <-, -n> *f* ❶ (*geh: mutwillige Unternehmung*) escapade ❷ (*Dressursprung beim Pferd*) caprice

Eskimo, -frau <-s, -s> *m, f* Eskimo; ■**die ~s** the Eskimo[s]

Eskorte <-, -n> *f* escort

eskortieren* *vt* ■**jdn** ~ to escort sb; ■**etw** ~ to convoy [*or* escort] sth

Esoterik <-> *f kein pl* ■**die** ~ esotericism

esoterisch *adj* esoteric

ESP *nt* AUTO *Abk von* **elektronisches Stabilitätsprogramm** ESP

Espe <-, -n> *f* aspen, trembling poplar

Espenlaub *nt* aspen leaves *pl;* **zittern wie** ~ to be shaking like a leaf

Esperanto <-s> *nt kein pl* Esperanto

Espresso <-[s], -s *o* **Espressi**> *m* espresso

Espressomaschine *f* espresso [machine]

Esprit <-s> [ɛsˈpriː] *m kein pl* (*geh*) wit; **eine Frau/ein Mann von** ~ a [woman/man of] wit, a spirited woman/man

Essay <-s, -s> [ˈɛse, ɛˈseː] *m o nt* essay

essbar[RR], **eßbar** *adj* edible; **nicht** ~ inedible; ■**etwas E~es** something to eat

Essbesteck[RR] *nt* cutlery set **Ess-Brech-Sucht**[RR] *f kein pl* bulimia; **an ~ leiden** to suffer from bulimia

Essen <-s> *nt* Essen

essen <isst, aß, gegessen> **I.** *vt* (*Nahrung zu sich nehmen*) ■**etw** ~ to eat sth; ~ ***Sie gern Äpfel?*** do you like apples?; ***ich esse am liebsten Schokoladeneis*** I like chocolate ice-cream most [*or* best] of all; **etw zum Nachtisch** ~ to have sth for dessert ▶ WENDUNGEN: **gegessen sein!** (*fam*) to be dead and buried **II.** *vi* to eat; (*dinieren*) to dine *form;* ■**von etw** *dat* ~ to eat some of sth, to eat of sth *old;* (*probieren*) to try sth, to have some of sth; **in der Kantine/einem Restaurant** ~ to eat in the canteen/a restaurant, to take one's meals/a meal in the canteen/a restaurant; **von einem Teller** ~ to eat off a plate; **griechisch/italienisch** ~ to have a Greek/an Italian meal; ***lass uns chinesisch*** ~ let's have a Chinese *fam;* **gutbürgerlich** ~ to eat good plain food; **kalt/warm** ~ to have a cold/hot meal; ~ **gehen** (*zum E~ gehen*) to go to eat; ***ich geh' jetzt erst mal ~*** (*fam*) I'm just going for something to eat now; (*im Lokal speisen*) to eat [*or* *form* dine] out; [**gerade**] **beim E~ sein** to be in the middle of eating [*or* a meal]; ***in diesem Restaurant kann man gut*** ~ this restaurant does good food; ***ich habe noch nirgends so schlecht gegessen*** nowhere have I had such a poor meal; ***ich bin*** ~ (*fam*) I've gone to eat, tuck in! *fam,* get stuck in! *fam;* ~ ***kommen!*** come and eat!

Essen <-s, -> *nt* ① (*zubereitete Mahlzeit, Speise*) meal, repast *form;* (*Arbeits~*) working lunch/dinner; (*Fest~*) dinner; (*offizielles Dinner*) banquet, formal [*or* official] dinner; ~ **auf Rädern** meals on wheels; **zum** ~ **bleiben** to stay for [*or* BRIT to] lunch/dinner, to stay for a meal; **das** ~ **auf den Tisch bringen** to serve up [lunch/dinner] *sep;* **jdn zum** ~ **einladen** to invite sb to [*or* for] lunch/dinner, to invite sb for a meal; ~ **fassen** MIL to draw rations; (*fam*) to come and get one's meal; **ein** ~ [**für jdn**] **geben** to give [*or* throw] a banquet [for sb]; **das** ~ **kochen** [*o fam* **machen**] to cook [*or fam* get] the meal; **zum** ~ **kommen** to come and eat ② (*Nahrung*) food *no pl, no indef art;* **fettes** ~ fatty food

Essen(s)ausgabe *f* ① (*Schalter*) serving counter ② *kein pl* (*Verteilung einer Mahlzeit*) serving of meals; ***die*** ~ ***ist morgens um 7*** meals are served every morning at 7 **Essen(s)marke** *f* meal [*or* AM ticket] voucher **Essenszeit** *f* mealtime

essentiell *adj, adv s.* **essenziell**

Essenz <-, -en> *f* KOCHK, CHEM essence

essenziell[RR] I. *adj* ① (*geh: wesentlich*) essential; **von ~er Bedeutung sein** to be of vital importance ② BIOL, CHEM, MED essential II. *adv inv* PHILOS essentially

Esser(in) <-s, -> *m(f)* mouth to feed; **ein guter/ schlechter ~/eine gute/ schlechte ~in sein** to be a big [*or* BRIT great]/poor eater; ***auf einen*** ~ ***mehr kommt es auch nicht an*** one more person won't make any difference

Essgeschirr[RR] *nt* (*Service*) dinner service; MIL (*Besteck*) mess tin [*or* AM kit] **Essgewohnheiten**[RR] *pl* eating habits *pl*

Essig <-s, -e> *m* (*saure Flüssigkeit*) vinegar, acetum *fachspr* ▸ WENDUNGEN: **mit etw** *dat* **ist es** ~ (*fam*) it's all up with sth *fam;* ***damit ist es nun*** ~ it's all off; ***mit dem neuen Auto ist es*** ~ we/they etc. can forget the new car

Essigessenz *f* vinegar concentrate [*or* essence] **Essiggurke** *f* [pickled] gherkin **essigsauer** *adj* CHEM acetic; **essigsaure Tonerde** [basic] aluminium acetate **Essigsäure** *f* acetic [*or spec* ethanoic] acid

Esskastanie[RR] [-kastaːniə] *f* sweet chestnut, marron **Esskultur**[RR] *f kein pl* gastronomic culture **Esslöffel**[RR] *m* ① (*Essbesteck*) dessert spoon; (*zum Suppe essen*) soup spoon ② (*Maßeinheit beim Kochen*) tablespoon; ***man nehme einen*** ~ ***Zucker*** take a tablespoon of sugar **Essstäbchen**[RR] *nt meist pl* chopstick **Essstörung**[RR] *f meist pl* eating disorder **Esstisch**[RR] *m* dining table **Esswaren**[RR] *pl* food *no pl, no indef art,* provisions **Esszimmer**[RR] *nt* dining room

Establishment <-s, -s> [ɪs'tɛblɪʃmənt] *nt* ■ **das** ~ the Establishment

Este, Estin <-n, -n> *m, f* Estonian; *s. a.* **Deutsche(r)**

Ester <-s, -> *m* CHEM ester

Estland <-s> *nt* Estonia; *s. a.* **Deutschland**

estnisch *adj* Estonian; *s. a.* **deutsch**

Estragon <-s> *m kein pl* tarragon

Estragonessig *m* tarragon vinegar **Estragonöl** *nt* tarragon oil

Estrich <-s, -e> *m* ① (*Fußbodenbelag*) concrete floor ② SCHWEIZ (*Dachboden*) attic, loft

Eszett <-, -> *nt* eszett, [the letter] ß

etablieren* (*geh*) I. *vt* ■ **etw** ~ to establish sth II. *vr* ① (*einen festen Platz gewinnen*) ■ **sich** [**fest**] ~ to become [firmly] established, to establish oneself ② (*sich niederlassen*) ■ **sich** ~ to settle down ③ (*ein Geschäft gründen*) ■ **sich als etw** ~ to set oneself up as sth

etabliert *adj* (*geh*) established; **die ~e Oberschicht** the ruling class

Etablissement <-s, -s> [etablɪsə'mãː] *nt* (*geh*) ① (*Lokal*) establishment ② (*euph: Bordell*) house of pleasure *euph,* bordello *liter*

Etage <-, -n> [e'taːʒə] *f* floor; **auf** [*o* **in**] **der 5.** ~ on the 5th floor BRIT, on the 6th floor AM

Etagenbett [e'taːʒən-] *nt* bunk bed **Etagenheizung** *f* single-storey heating system **Etagenwohnung** *f* flat BRIT, apartment AM, *occupying a whole floor*

Etappe <-, -n> *f* ① (*Abschnitt*) phase; **in ~n arbeiten** to work in stages ② (*Teilstrecke*) leg, stage ③ MIL communications zone

Etappensieg *m* SPORT stage-win; (*fig*) partial victory **Etappensieger(in)** *m(f)* SPORT stage-winner

Etat <-s, -s> [e'taː] *m* POL budget; **einen** ~ **aufstellen** to prepare [*or sep* draw up] a budget; **den** ~ **kürzen** to trim the budget

etc. [ɛt'tseːtera] *Abk von* **et cetera** etc.

etepetete *adj pred* (*fam*) finicky *fam,* pernickety *fam*

Ethik <-> *f kein pl* ① (*Wissenschaft*) ethics + *sing vb* ② (*moralische Haltung*) ethics *npl* ③ (*bestimmte Werte*) ethic; **christliche** ~ Christian ethic

ethisch *adj* ethical

ethnisch *adj* ethnic

Ethnografie[RR] <-, -n> *f s.* **Ethnographie**

Ethnographie <-, -n> [*pl* -'fiːən] *f* ethnography

Ethnologe, Ethnologin *m, f* ethnologist

Ethnologie <-, -n> [*pl* -'giːən] *f kein pl* ethnology *no pl*

Ethnologin *f* ethnologist

Ethogramm <-s, -e> *nt* BIOL ethogram

Ethologie <-> *f kein pl* ethology *no pl*

Ethos <-> ['eːtɔs] *nt kein pl* (*geh*) ethos; **berufliches** ~ professional ethics *npl*

Etikett <-[e]s, -e> *nt* ① (*Preisschild*) price tag ② (*Aufnäher*) label

Etikette <-, -n> *f* (*geh*) etiquette; **gegen die** ~ **verstoßen** to offend against etiquette

Etikettenschwindel *m* ① (*Etiketten an Kleidern etc. vertauschen*) fraudulent exchange of labels ② (*fig: Augenwischerei*) conmanship; ***was dieser Politiker redet ist reinster*** ~ this politician is purely juggling with names

etikettieren* *vt* ■ **etw** ~ to label sth; *Preis* to price-tag sth

etliche(r, s) *pron indef* ① *adjektivisch, sing/pl* quite a lot of; ~ **Mal** (*geh*) several [*or* quite a few] times ② *substantivisch, pl* quite a few ③ *substantivisch, sing* ■ **~s** quite a lot; **um ~s älter/größer als jdn** quite a lot older/bigger than sb

etlichemal *adv* (*geh*) *s.* **etliche(r, s) 1**

Etrusker(in) <-s, -> *m(f)* Etruscan

etruskisch *adj* Etruscan

Etruskisch <-en> *nt* LING ■ **~/ das ~e** Etruscan

Etüde <-, -n> *f* MUS étude

Etui <-s, -s> [ɛt'viː, e'tyiː] *nt* case; (*verziert a.*) etui

etwa I. *adv* ① (*ungefähr, annähernd*) about; **in** ~ more or less; **so** ~ [*o* ~ **so**] roughly [*or* more or less] like this; ***so*** ~ ***könnte es passiert sein*** it could have happened roughly like this ② (*zum Beispiel*) for instance; ***wie*** ~ ***mein Bruder*** like my brother for instance II. *pron* ① (*womöglich*) ***ist das*** ~ ***alles, was Sie haben?*** are you trying to tell me [*or* do you mean to say] that's all you've got?; ***soll das*** ~ ***heißen, dass …?*** is that supposed to mean [that] …?; ***willst du*** ~

schon gehen? [surely] you don't want to go already!; ***das haben Sie wohl nicht mit Absicht gesagt, oder ~ doch?*** you didn't say that on purpose — or did you?; ***bleibst du nun hier oder kommst du ~ doch mit?*** do you want to stay here, or are you coming after all? ② *(Verstärkung der Verneinung)* ***ist das ~ nicht wahr?*** do you mean to say it's not true?

etwaig *adj attr* any

etwas *pron indef* ① *substantivisch (eine unbestimmte Sache)* something; ***hast du nicht eben auch ~ gehört?*** didn't you hear something then as well?; ***hast du ~?*** are you feeling all right?; ***merken Sie ~?*** do you notice anything?; ~ **sein** to be something; ***das ist doch schon mal ~!*** that's nothing to sniff at! *fam;* ***das will ~ heißen*** that's saying something; ***sein Wort gilt ~ beim Chef*** his word counts for something with the boss; ~ **miteinander haben** to have something going for each other ② *adjektivisch (nicht näher bestimmt)* something; ~ **Anderes** [*o* **anderes**] something else; ~ **Dummes/Neues** something stupid/new; ***dass ich das vergessen konnte, so ~ Dummes!*** I'm an idiot for forgetting that; ~ ***Schöneres habe ich noch nie gesehen*** I have never seen anything more beautiful; *(ein bisschen)* a bit; [**noch**] ~ **Geld/Kaffee** some [more] money/coffee; ***nimm dir ~ von dem Kuchen*** have a bit of cake ③ *adverbial (ein wenig)* a little, somewhat; ***du könntest dich ruhig ~ anstrengen*** you might make a bit of an effort; ***kannst du dich nicht ~ beeilen?*** can't you hurry up a little?; ***sie scheint ~ sauer zu sein*** she seems to be somewhat [*or* a little] annoyed; ~ ***seltsam ist das schon, oder?*** that's a little strange, don't you think?

Etwas <-> *nt kein pl* **ein hartes/spitzes/...** ~ something hard/sharp/...; **das gewisse** ~ that certain something [*or liter* je ne sais quoi]; **ein winziges** ~ a tiny little thing

Etymologie <-, -n> [*pl* -'giːən] *f* ① *kein pl (Wissenschaft)* ■ **die** ~ etymology *no pl* ② *(Herkunft)* etymology *no pl;* ***die ~ dieses Wortes ist unklar*** the etymology of this word is unclear

etymologisch *adj* etymological

EU *f Abk von* **Europäische Union** EU

EU-Behörde *f* EU authority **EU-Beitritt** *m* joining of the EU

euch I. *pron pers akk, dat von* **ihr** you; ***wie ist das bei ~ in Frankreich mit den Ferien?*** what are your holidays like in France?; **ein Freund/eine Freundin von** ~ a friend of yours II. *pron refl* ***beeilt ~!*** hurry [up]!; ***macht ~ fertig!*** get [*fam* yourselves] ready!; ***wascht ~!*** get [*fam* yourselves] washed!; ***putzt ~ die Zähne!*** brush your teeth!

Eucharistie <-> *f kein pl* REL Eucharist *no pl, no indef art*

euer I. *pron poss* your; ***es ist ~/eu[e]re/~[e]s*** it's yours; ***viele Grüße, ~ Martin!*** best wishes, [yours,] Martin; **E~** [*o* **Eu[e]re**] **Eminenz/Gnaden/Majestät** your Eminence/Grace/Majesty II. *pron pers gen von* **ihr** *(geh)* ***wir werden ~ gedenken*** we will think of you

euere(r, s) *pron poss s.* **eure(r, s)**

Eugenik <-> *f kein pl* MED eugenics + *sing vb*

eugenisch *adj* MED eugenic

EU-Gipfel *m* EU summit

Eukalyptus <-, -lypten> *m* ① *(Baum)* eucalyptus [tree] ② *(Öl)* eucalyptus [oil]

Eukalyptusbonbon [-bɔŋbɔŋ, -bõbõː] *m o nt* eucalyptus lozenge **Eukalyptushonig** *m* eucalyptus honey

Eukaryont <-en, -en> *m* BIOL eukaryote

EU-Kommission [eː'uː-] *f* EU Commission

Eule <-, -n> *f* ① *(Vogel)* owl ② *(pej: Frau)* **alte** ~ old crow [*or pej* crone] ▶ WENDUNGEN: **~n nach Athen tragen** *(prov)* to carry coals to Newcastle BRIT *prov*

Eulenspiegel *m* joker; ***unser Sohn ist ein richtiger ~*** our son is a right little rascal; **Till** ~ Till Eulenspiegel *liter*

EU-Mitgliedsland *nt* EU member-state **EU-Norm** *f* EU-guideline

Eunuch <-en, -en> *m* eunuch

Euphemismus <-, -mismen> *m* euphemism

euphemistisch *adj* euphemistic

Euphorie <-, -n> [*pl* -'riːən] *f* euphoria

euphorisch *adj* euphoric

Euratom <-> *f Akr von* **Europäische Atomgemeinschaft** Euratom

eure(r, s) *pron poss (geh)* ■ [**der/die/das**] **E~** yours; [**stets** [*o* **immer**]] **der/die E~** yours [ever]; ***Onkel August, immer der E~*** yours ever, Uncle August; ***tut ihr das E~*** you do your bit; ***kümmert ihr euch um das Eu[e]re!*** you attend to your own business

Eureka <-> *f Akr von* **European Research Coordination Agency** Eureka

eurerseits *adv (soweit es euch angeht)* for your part; *(von eurer Seite aus)* on your part

euresgleichen *pron inv (pej)* your like [*or pej* sort]

euretwegen *adv (wegen euch)* because of you, on your account; *(euch zuliebe)* for your sake[s]

Eurhythmie <-> *f kein pl* eurhythmics + *sing vb*

EU-Richtlinie *f* EU guide-line

Euroanleihe *f,* **Eurobond** *m* Eurobond **Eurocheque** *m s.* **Euroscheck** **Eurocity**, **Eurocityzug**[RR] [-sɪti-] *m* Eurocity train *(connecting major European cities)* **Eurodollar** *m* Eurodollar

Eurokrat(in) <-en, -en> *m(f)* Eurocrat

Europa <-s> *nt* Europe

Europaabgeordnete(r) *f(m) dekl wie adj* Member of the European Parliament, MEP **Europacup** [-kap] *m s.* **Europapokal**

Europäer(in) <-s, -> *m(f)* European

europäisch *adj* European; **E~e Atomgemeinschaft** [*o* **EURATOM**] European Atomic Energy Community, EURATOM; **E~e Einheitswährung** single European currency, euro; **E~e Gemeinschaft** [*o* **EG**] European Community, EC; **E~er Gerichtshof** European Court of Justice; **E~e Kommission** European Commission; **E~es Parlament** European Parliament; **E~er Rat** European Council; **E~e Union** European Union, EU; **E~es Währungssystem** [*o* **EWS**] European Monetary System, EMS; **E~e Währungsunion** [*o* **EWU**] European Monetary Union, EMU; **E~e Wirtschaftsgemeinschaft** [*o* **EWG**] European Economic Community, EEC, [European] Common Market; **E~er Wirtschaftsraum** [*o* **EWR**] European Economic Area, EEA; **E~e Zentralbank** [*o* **EZB**] European Central Bank, ECB

europäisieren* *vt* ■ **etw/jdn** ~ to Europeanize sth/sb

Europameister(in) *m(f)* *(als Einzelner)* European champion; *(als Team, Land)* European champions *pl* **Europameisterschaft** *f* European championship **Europaminister(in)** *m(f)* minister for European affairs **Europaparlament** *nt* ■ **das** ~ the European Parliament **Europapass**[RR] *m* European passport **Europapokal** *m* European cup **Europarat** *m kein pl* Council of Europe *no pl, no indef art* **Europastraße** *f main European arterial route* **Europawahl** *f* European elections *pl* **europaweit** *adj* Europe-wide, Pan-European

Europium <-s> *nt kein pl* europium

Euroscheck *m* Eurocheque **Euroscheckkarte** *f* Eurocheque card **Eurosignal** *nt* TELEK European call signal **Euroskeptiker(in)** *m(f)* Eurosceptic **Eurotunnel** *m* Channel tunnel **Eurovision** [-vi-] *f* Eurovision **Eurovisionssendung** [-vi-] *f* Eurovision broadcast [*or* BRIT programme], AM program **Euro-Währung** *f* European currency

eurozentrisch *adj* SOZIOL, POL, PHILOS Eurocentric

EU-Staat *m* EU country

Euter <-s, -> *nt o m* udder

Euthanasie <-> *f kein pl* euthanasia *no pl, no art,* mercy killing *fam*

eutroph *adj* ÖKOL eutrophic

Eutrophierung <-, -en> *f* ÖKOL eutrophication

ev. *adj Abk von* **evangelisch**

e.V., E.V. *m Abk von* **eingetragener Verein** registered association

Eva <-s> ['e:fa, 'e:va] *f* ① *(Frauenname)* Eve ② *(hum fam: Frau)* ***eine richtige kleine*** ~ a proper little madam BRIT *hum*

Evakostüm *nt s.* **Evaskostüm**

evakuieren* [-va-] *vt* ① *(an sicheren Ort bringen)* ■**jdn/etw** ~ to evacuate sb/remove sth (**aus** +*dat* from, **in/auf** +*akk* to); **jdn aufs Land** ~ to evacuate sb to the country ② *(auslagern)* ■**etw** ~ to remove sth (**in** +*akk* to)

Evakuierte(r) *f(m) dekl wie adj* evacuee

Evakuierung <-, -en> [-va-] *f* evacuation

evangelisch [evaŋ'ge:lɪʃ] *adj* Protestant; ■~ **sein** to be a Protestant

evangelisch-lutherisch *adj* Lutheran-Protestant

Evangelist <-en, -en> [evaŋge'lɪst] *m* evangelist

Evangelium <-s, -lien> [evaŋ'ge:liʊm, -liən] *nt* Gospel; *(fig)* gospel

Eva(s)kostüm *nt* **im** ~ *(hum)* in her birthday suit *hum,* in the altogether BRIT *hum*

Eventbereich [ɪ'vent-] *m* events area; *(Präsentationsräume)* presentation rooms *pl;* *(Partyräume)* party rooms *pl*

Eventualantrag *m* POL secondary motion **Eventualbudget** *nt s.* **Eventualhaushalt** **Eventualfall** [-vɛn-] *m* eventuality, contingency; **für den** ~ **gerüstet sein** to be ready for the eventuality [*or* contingency]; **im** ~ in the eventuality **Eventualhaushalt** *m* FIN, POL emergency [*or* contingency] budget

Eventualität <-, -en> [-vɛn-] *f* eventuality, contingency; **für alle ~en gerüstet sein** to be ready for all eventualities

eventuell [-vɛn-] **I.** *adj attr* possible; ***bei ~en Rückfragen wenden Sie sich bitte an die Direktion*** if you have any queries please contact the management **II.** *adv* possibly, perhaps; ***ich komme ~ etwas später*** I might [possibly] come a little later; ***könntest du mir ~ 500 Mark leihen?*** could you lend me 500 marks, by any chance?

Evergreen <-s, -s> ['ɛvɐgri:n] *m* evergreen

evident [-vi-] *adj (geh)* obvious, patent *attr form;* ■~ **sein, dass ...** to be obvious that ...

ev.-luth. *adj Abk von* **evangelisch-lutherisch**

Evolution <-, -en> [-vo-] *f* evolution

Evolutionsfaktor *m* BIOL evolution factor **Evolutionstheorie** *f* BIOL theory of evolution

evtl. *adj, adv Abk von* **eventuell**

E-Werk *nt s.* **Elektrizitätswerk**

EWG <-> *f Abk von* **Europäische Wirtschaftsgemeinschaft** EEC

ewig **I.** *adj* ① *(immer während)* eternal; **~es Eis/~er Schnee** perpetual ice/snow; **das ~e Leben** eternal [*or* everlasting] life; **~e Liebe** undying love ② *(pej fam: ständig)* **~es Gejammer** never-ending [*or* non-stop] moaning and groaning **II.** *adv* ① *(dauernd)* eternally; *(seit jeher)* always; [**schon**] ~ **bestehen** to have always existed; *(für immer)* for ever, forever; **jdm ~ dankbar sein** to be eternally grateful to someone; **schwören, jdn ~ zu lieben** to swear one's undying love to sb; **auf** ~ for ever ② *(fam: ständig)* always; ***in der Kantine gibt es ~ denselben Fraß*** *(fam)* the cantine always dishes up the same [old] grub *fam* ③ *(fam: lange Zeitspanne)* for ages; ***den habe ich schon ~ nicht mehr gesehen*** I haven't seen him in [*or fam* for] ages; ***das dauert*** [***ja***] ***~!*** it's taking ages [and ages]! *fam* ▶ WENDUNGEN: **drum prüfe, wer sich ~ bindet** *(prov)* marry in haste, repent at leisure *prov*

Ewiggestrige(r) *f(m) dekl wie adj (pej)* stick-in-the-mud *pej*

Ewigkeit <-, -en> *f* eternity *no pl, no def art,* everlastingness *no pl, no def art;* **eine** [**halbe**] ~ **dauern** *(hum fam)* to last an age [*or* an eternity]; **in die ~ eingehen** *(geh)* to pass into eternity *liter,* to enter into eternal life *liter;* **bis in alle ~** *(für alle Zeit)* for ever [*or liter* all eternity]; *(wer weiß wie lange)* for ever [and ever]; ***soll ich vielleicht bis in alle ~ warten?*** am I supposed to wait for ever?; **seit ~en** [*o* **einer ~**] *(fam)* for ages *fam*

EWS <-> *nt kein pl Abk von* **Europäisches Währungssystem** EMS

EWU <-> *f Abk von* **Europäische Währungsunion** EMU

ex *adv* ① *(vorüber)* ■**mit etw** *dat* **ist es** ~ it's [all] over with sth; ■~ **sein** *(fam)* to be done for *fam* ② *(auf einmal)* **etw** [**auf**] ~ **trinken** to down sth in one; [***aber***] [***trink***] ***~!*** bottoms up!, down the hatch! *fam* ▶ WENDUNGEN: ~ **und hopp** *(fam)* here today, gone tomorrow

Ex- *in Komposita* ex-...

exakt **I.** *adj* exact; ***das ist ~, was ich gemeint habe*** that's precisely [*or* exactly] what I meant **II.** *adv* exactly; ~ **arbeiten** to be accurate [*or* exact] in one's work

Exaktheit <-> *f kein pl* exactness *no pl,* precision *no pl*

exaltiert *adj (geh)* effusive *form*

Examen <-s, – *o* Examina> *nt* final exam[ination]s *pl,* finals *npl;* **mündliches** ~ oral exam[ination]; **schriftliches** ~ [written] exam[ination]; **das** [*o* **sein**] ~ **bestehen** to pass one's finals; **das** [*o* **sein**] ~ **mit Auszeichnung bestehen** to pass one's finals with distinction; **das** [*o* **sein**] ~ **mit Eins bestehen** [*o* **machen**] ≈ to get a First BRIT [*or* AM an A]; **durch das ~ fallen** to fail [in] one's finals; ~ **machen** to do [*or* take] one's finals

Examensangst *f* pre-exam anxiety; **unter ~ leiden** to suffer from pre-exam anxiety **Examenskandidat(in)** *m(f)* examinee, [examination] candidate

examinieren* *vt (geh)* ① *(prüfen)* ■**jdn** [**in etw** *dat*] ~ to examine sb [in sth]; **jdn über ein Thema ~** to examine sb in a subject; **eine examinierte Krankenschwester** a qualified nurse ② *(ausforschen)* **jdn** [**streng**] ~ to grill sb *fam,* to question sb closely

Exegese <-, -n> *f (geh)* exegesis

exekutieren* *vt (geh)* ■**jdn** ~ to execute sb; **jdn durch Erhängen** ~ to hang sb; **jdn durch Erschießen** ~ to execute sb by firing squad

Exekution <-, -en> *f (geh)* execution; **eine ~ vollziehen** to carry out an execution; ~ **durch Erschießen** execution by firing squad

Exekutionskommando *nt (geh)* firing [*or* execution] squad

Exekutive <-n, -n> [-'ti:və] *f* JUR executive authority [*or* power]

Exempel <-s, -> *nt* ① *(geh: Beispiel)* [warning] example; **an jdm/mit etw ein ~ statuieren** to make an example of sb/use sth as a warning ② *(veraltet: Übungsaufgabe)* [mathematical] problem

Exemplar <-s, -e> *nt* ① *(einzelnes Stück)* specimen; **ein besonders schönes/gut erhaltenes/seltenes ~** a particularly lovely/well-preserved/rare specimen; ***Marc ist ein merkwürdiges ~*** Marc is a funny character ② *(Ausgabe) Buch, Heft* copy; *Zeitung* issue, number

exemplarisch I. *adj* ❶ (*beispielhaft*) exemplary, model *attr* ❷ (*typisch*) ■~ **für jdn/etw sein** to be typical [*or* characteristic] of sb/sth II. *adv* as an example; **jdn ~ bestrafen** to punish sb as an example [to others]

exerzieren* MIL I. *vi* to drill II. *vt* (*geh*) ■**etw ~** to practise [*or* AM -ice] sth

Exerzierplatz *m* MIL parade ground

Exerzitien [-tsi̯ən] *pl* REL spiritual exercise[s *pl*]

Exfrau *f fem form von* **Exmann** ex[-wife] **Exfreund** *m* ex[-boyfriend] **Exfreundin** *f fem form von* **Exfreund** ex[-girlfriend]

Exhibitionismus <-> *m kein pl* exhibitionism *no pl*

Exhibitionist(in) <-en, -en> *m(f)* exhibitionist, flasher *pej sl*

exhumieren* *vt* (*geh*) ■**jdn ~** to exhume [*or form* disinter] sb

Exhumierung <-, -en> *f* (*geh*) exhumation *form*, disinterment *form*

Exil <-s, -e> *nt* exile; **ins ~ gehen** to go into exile; **ins amerikanische ~ gehen** to be exiled to America; [**in Amerika**] **im ~ leben** to live in exile [in America]

Exilliteratur *f* literature written in exile **Exilregierung** *f* government in exile

existent *adj* (*geh*) existent

Existentialismus <-> *m kein pl s.* **Existenzialismus**

Existentialist(in) <-en, -en> *m(f) s.* **Existenzialist**

existentialistisch *adj s.* **existenzialistisch**

existentiell *adj* (*geh*) *s.* **existenziell**

Existenz <-, -en> *f* ❶ *kein pl* (*das Vorhandensein*) existence *no pl;* ■**die ~ von jdm/etw** [*o* **jds ~/die ~ einer S.**] *gen* the existence of sb/sth ❷ (*Lebensgrundlage, Auskommen*) livelihood; **eine gesicherte ~** a secure livelihood ❸ (*Dasein, Leben*) life; **eine gescheiterte** [*o fam* **verkrachte**] **~** a failure [in life]; **sich eine neue ~ aufbauen** to create a new life for oneself; **eine kärgliche ~ fristen** to eke out a meagre [*or* AM -er] existence

Existenzangst *f* (*geh*) angst, fear for one's existence **Existenzberechtigung** *f kein pl* right to exist **Existenzgrundlage** *f* basis of one's livelihood **Existenzgründung** *f* founding of a business, setting up in business **Existenzgründungsberatung** *f* ÖKON [business] start-up advice **Existenzgründungsbörse** *f* ÖKON *forum for forging and promoting relations between established and start-up businesses* **Existenzgründungsseminar** *nt* ÖKON *workshop for those wishing to set up on their own in business*

Existenzialismus[RR] <-> *m kein pl* existentialism *no pl*

Existenzialist[RR]**(in)** <-en, -en> *m(f)* existentialist

existenzialistisch[RR] *adj* existential[ist]

existenziell[RR] *adj* (*geh*) existential; **von ~er Bedeutung/Wichtigkeit** of vital significance/importance

Existenzkampf *m* struggle for survival **Existenzminimum** *nt* subsistence level, bread line BRIT

existieren* *vi* ❶ (*vorhanden sein*) to exist, to be in existence ❷ (*sein Auskommen haben*) ■[**von etw** *dat*] **~** to live [on sth], to keep alive [on sth] *iron*

Exitus <-> *m kein pl* MED (*fachspr*) death, exitus *fachspr*

Exklave <-, -n> [-və] *f* POL exclave

exklusiv *adj* exclusive, select

Exklusivbericht *m* exclusive [report [*or* story]]

exklusive [-və] I. *präp +gen* ÖKON exclusive of, excluding II. *adv* (*geh*) exclusively

Exklusivität <-> [-vi-] *f kein pl* (*geh*) exclusiveness, selectness

Exklusivrecht *nt* exclusive rights *npl*, sole right

Exkommunikation *f* REL excommunication

exkommunizieren* *vt* REL ■**jdn ~** to excommunicate sb

Exkrement <-[e]s, -e> *nt meist pl* (*geh*) excrement *no pl*, excreta *npl form*

Exkursion <-, -en> *f* (*geh*) study trip BRIT; SCH field trip

Exlibris <-, -> *nt* ex libris, bookplate

Exmann *m* ex[-husband]

Exmatrikulation <-, -en> *f removal of sb's name from the university register*

exmatrikulieren* I. *vt* ■**jdn ~** to take sb off the university register II. *vr* ■**sich ~** to have one's name taken off the university register

Exocytose <-, -n> *f* BIOL exocytosis

Exodus <-, -se> *m* (*geh*) exodus

Exon <-s, -s> *nt* BIOL exon

exorbitant *adj* (*geh*) exorbitant

Exorzist(in) <-en, -en> *m(f)* exorcist

Exot(in) <-en, -en> *m(f)* ❶ (*aus fernem Land: Mensch*) exotic foreigner; (*Pflanze oder Tier*) exotic [plant/animal] ❷ (*fam: Rarität, ausgefallenes Exemplar*) rarity; (*Person*) eccentric; **wie ein ~ wirken** (*euph*) to look like something from outer space *hum*, to look out of place ❸ *pl* (*Wertpapiere*) exotics *npl*

exotisch *adj* ❶ (*aus fernem Land*) exotic ❷ (*fam: ausgefallen*) unusual, bizarre

Expander <-s, -> *m* chest-expander

expandieren* *vi* to expand

Expansion <-, -en> *f* expansion

Expansionspolitik *f kein pl* expansionism, expansionist policies *pl*

Expedition <-, -en> *f* ❶ (*Forschungsreise*) expedition ❷ (*Versandabteilung*) forwarding department

Experiment <-[e]s, -e> *nt* experiment; **ein ~/~e machen** to carry out [*or* do] an experiment/experiments

experimentell I. *adj* experimental II. *adv* by [way of] experiment; **etw ~ nachweisen** to prove sth by [way of] experiment

experimentieren* *vi* ■[**an/mit etw** *dat*] **~** to experiment [on/with sth]

Experte, Expertin <-n, -n> *m, f* expert

Expertenanhörung *f* specialist hearing **Expertenausschuss**[RR] *m*, **Expertengruppe** *f* panel of experts **Expertenhearing** *nt* specialist hearing **Expertenstab** *m* professional staff **Expertensystem** *nt* INFORM expert system

Expertise <-, -n> *f* expert's report

explizit *adj* (*geh*) explicit

explodieren* *vi sein* to explode *a. fig*, to detonate; **die Kosten/Preise ~** (*fig*) costs/prices are rocketing

Explosion <-, -en> *f* detonation, explosion *a. fig;* **etw zur ~ bringen** to detonate [*or* explode] sth

explosionsartig *adv* explosively

explosiv *adj* explosive

Explosiv <-s, -e> *m*, **Explosivlaut** *m* LING plosive

Explosivstoff *m* explosive

Exponat <-[e]s, -e> *nt* exhibit

Exponent <-en, -en> *m* MATH exponent

Exponent(in) <-en, -en> *m(f)* exponent, advocate

Export <-[e]s, -e> *m* ❶ *kein pl* (*Ausfuhr*) export ❷ (*ausgeführte Ware*) exports *npl*

Exportabteilung *f* export department **Exportartikel** *m* exported article [*or* item]; *pl* exports **Exportausführung** *f* export model [*or* version]

Exporteur(in) <-s, -e> [ɛkspɔr'tø:ɐ] *m(f)* exporter

exportfreudig *adj* export-minded **Exportgeschäft** *nt* export business **Exporthandel** *m* export trade [*or* business]

exportieren* *vt* ■**etw** ~ to export sth; **Arbeitslosigkeit in ein Land** ~ to bring unemployment to a country; **Baumwolle/Bananen/Kaffee in ein Land** ~ to export cotton/bananas/coffee to a country

Exportkaufmann, -kauffrau *m, f* exporter, export merchant **Exportschlager** *m* (*fam*) export hit **Exportüberschuss**RR *m* export surplus **Exportverbot** *nt* export ban **Exportware** *f* ① (*eine bestimmte Ware*) export commodity ② *kein pl* (*alle für den Export bestimmten Waren*) exports *pl*

Exposé <-s, -s> *nt s.* **Exposee**

ExposeeRR <-s, -s> *nt* memo[randum]

ExpressRR <-es> *m kein pl,* **Expreß** <-sses> *m kein pl* ① (*Eilzug*) express [train] ② (*schnell*) **etw per ~ senden** [*o* **schicken**] to send sth [by] express [delivery]

ExpressgutRR *nt* express goods *npl* [*or* parcels] *pl;* **etw als ~ versenden** [*o* **verschicken**] to send sth [by] express [delivery]

Expressionismus <-> *m kein pl* expressionism *no pl, no indef art*

Expressionist(in) <-en, -en> *m(f)* expressionist

expressionistisch *adj* expressionist[ic]

Expressionsvektor *m* BIOL expression vector

expressis verbis [-'vɛr-] *adv* (*geh*) explicitly, expressly

exquisit (*geh*) **I.** *adj* exquisite, choice *attr* **II.** *adv* exquisitely; ~ **essen** [*o geh* **speisen**] to have an exquisite [*or* choice] meal

extern *adj* external; **ein ~er Schüler/eine ~e Schülerin** a day boy/girl BRIT, a non-residential pupil

Externe(r) *f(m) dekl wie adj* SCH day boy/girl BRIT, non-residential pupil

exterritorial *adj* JUR ex[tra]territorial

extra *adv* ① (*besonders*) extra, [e]specially ② (*zusätzlich*) extra, to boot; ***ich gebe Ihnen noch ein Exemplar*** ~ I'll give you an extra copy [*or* a copy to boot] ③ (*eigens*) just, [e]specially; ***du brauchst mich nicht ~ anzurufen, wenn du ankommst*** you don't need to call me just to say you've arrived ④ (*fam: absichtlich*) on purpose, deliberately; ***etw ~ machen*** to do sth on purpose ⑤ (*gesondert*) separately; **etw ~ berechnen** to charge sth separately; **etw ~ legen** to put sth in a separate place

Extra <-s, -s> *nt* extra; *car* optional extra

Extraausgabe *f* ① MEDIA (*Sonderausgabe*) special edition ② FIN (*Zusatzkosten*) sundry expenses *npl* **Extrablatt** *nt* special supplement **Extrafahrt** *f* SCHWEIZ (*Sonderfahrt*) special excursion

extrahieren* *vt* ① MED (*entfernen*) ■**etw** ~ to extract sth ② CHEM, PHARM ■**etw** [**aus etw** *dat*] ~ to extract sth [from sth] ③ (*aus einem Text herausarbeiten*) ■**etw** [**aus etw** *dat*] ~ to extract sth [from sth]

Extrakt <-[e]s, -e> *m o nt* extract

extravagant [-va-] **I.** *adj* extravagant; **~e Kleidung** extravagant [*or* flamboyant] clothes **II.** *adv* extravagantly; ~ **angezogen** flamboyantly dressed

Extravaganz <-, -en> [-va-] *f* extravagance; *von Kleidung a.* flamboyance

extravertiert [-vɛr-] *adj* extrovert[ed]

Extrawurst *f* ① (*fam: Sonderwunsch*) **jdm eine ~ braten** to make an exception for sb; **immer eine ~ [gebraten haben] wollen** to always want special treatment ② ÖSTERR (*Lyoner*) pork [*or* veal] sausage

extrazellulär *adj* BIOL extracellular

Extrazug *f* SCHWEIZ (*Sonderzug*) special train

extrem **I.** *adj* extreme; **~e Anforderungen** excessive demands; **eine ~e Belastung für jdn darstellen** to be an exessive burden on someone **II.** *adv* (*sehr*) extremely; ~ **links/rechts** POL ultra-left/right; ~ **sinken/sich ~ verschlechtern** to drop/deteriorate drastically; ~ **steigen/sich ~ verbessern** to rise/improve considerably

Extrem <-s, -e> *nt* extreme; **von einem ~ ins andere fallen** to go from one extreme to another [*or* the other]

Extremfall *m* extreme [case]; **im ~** in the extreme case

Extremismus <-, *selten* -men> *m* extremism *no pl, no indef art*

Extremist(in) <-en, -en> *m(f)* extremist

extremistisch *adj* extremist

Extremitäten *pl* extremities *npl*

Extremsportart *f* adventure sport

Extremtourismus *m* extreme sports tourism

Ex-und-Hopp <-s> *nt kein pl* (*fam*) **die ~-Mentalität** the mentality of the throwaway society

Ex-und-Hopp-Verpackung *f* (*fam*) throwaway [*or* disposable] packaging

exzellent (*geh*) **I.** *adj* excellent, superior *form* **II.** *adv* excellently; **sich ~ fühlen** to feel on top form; ~ **speisen** to eat very well; ~ **schmecken** to taste delicious [*or* divine]

Exzellenz <-, -en> *f* Excellency; **Seine/Euer** [*o* **Eu[e]re**] ~ His/Your Excellency; ***ganz wie Euer ~ wünschen!*** as Your Excellency wishes!

exzentrisch *adj* (*geh*) eccentric

exzerpieren* *vt* (*geh*) ■**etw** [**aus etw** *dat*] ~ to extract [*or* select] sth [from sth]; *Textstelle* to excerpt [*or* extract]

Exzerpt <-[e]s, -e> *nt* (*geh*) excerpt

ExzessRR <-es, -e> *m meist pl,* **Exzeß** <-sses, -sse> *m meist pl* ① (*Ausschweifung*) excess, extremes *pl;* **etw bis zum ~ treiben** to take sth to extremes ② (*Ausschreitung*) excess, violence *no pl*

exzessiv *adj* (*geh*) excessive

Eyeliner <-s, -> ['aɪlaɪnɐ] *m* eyeliner

F

F, f <-, – *o fam* -s, -s> *nt* ① (*Buchstabe*) F, f; ~ **wie Friedrich** F for Frederick BRIT, F as in Fox AM; *s. a.* **A 1** ② MUS [the note] F; *s. a.* **A 2**

Fa. *Abk von* **Firma** Co.

Fabel <-, -n> *f* ① LIT fable ② (*fam*) tale, story

fabelhaft **I.** *adj* marvellous, AM marvelous, fabulous; ***das ist ja ~!*** (*fam*) that's marvellous **II.** *adv* marvellously

fabeln **I.** *vt* ■**etw** ~ to fabricate [*or sep* make up] sth **II.** *vi* ■[**von etw** *dat*] ~ to fantasize [about sth]

Fabeltier *nt,* **Fabelwesen** *nt* mythical creature

Fabrik <-, -en> *f* factory; **in die ~ gehen** (*fam*) to work in a factory

Fabrikanlage *f* [manufacturing] plant

Fabrikant(in) <-en, -en> *m(f)* ① (*Fabrikbesitzer*) industrialist, factory owner ② (*Hersteller*) manufacturer, maker

Fabrikarbeit *f* factory work **Fabrikarbeiter(in)** *m(f)* industrial [*or* factory] worker

Fabrikat <-[e]s, -e> *nt* ① (*Marke*) make; *bes. von Autos* marque ② (*Produkt*) product; (*Modell*) model

Fabrikation <-, -en> *f* production, manufacture

Fabrikationsfehler *m* manufacturing defect [*or* fault]

Fabrikbesitzer(in) *m(f)* industrialist, factory owner [*or* proprietor] **Fabrikdirektor(in)** *m(f)* plant manager **Fabrikerzeugnis** *nt* manufactured article, product **Fabrikgebäude** *nt* factory [building] **Fabrikgelände** *nt* factory site [*or pl* premises] **Fabrikhalle** *f* factory building; **in der ~** in the workshop **fabrikneu** *adj* brand-new **Fabrikschiff** *nt*

factory ship **Fabrikschornstein** *m* [factory] smokestack, factory chimney
fabrizieren* *vt* (*fam*) ■**etw** ~ ① (*anfertigen*) to manufacture sth ② (*anstellen*) **Blödsinn** ~ to do sth silly; ***was hast du denn da fabriziert?*** what have you [gone and] done now?, what have you managed to do now?
Facelifting <-s, -s> ['feɪslɪftɪŋ] *nt* (*fig*) facelift
Facette <-, -n> [fa'sɛtə] *f* facet
Facettenauge [fa'sɛtn-] *nt* compound eye
facettieren* *vt* (*geh*) ■**etw** ~ dissect [*or* scrutinize] sth
Fach <-[e]s, Fächer> *nt* ① (*Unterteilung*) *Tasche, Brieftasche, Portmonnee* pocket; *Schrank, Regal* shelf; (*Ablegefach*) pigeonhole; *Automat* drawer ② (*Wissens-, Sachgebiet*) subject; **vom** ~ **sein** to be a specialist; **sein** ~ **verstehen** to understand one's subject, to know one's stuff [*or* Brit onions] *fam;* ***das ist nicht mein*** ~/***ich bin nicht vom*** ~ that's not my line
Facharbeiter(in) *m(f)* skilled worker **Facharbeiterbrief** *m* certificate of proficiency **Facharzt, -ärztin** *m, f* specialist, [medical] consultant (**für** +*akk* in) **fachärztlich** I. *adj* specialist *attr;* **ein** ~**es Gutachten** a specialist's report; **ein** ~**es Attest** a [medical] certificate from a specialist; **eine** ~**e Untersuchung** an examination by a specialist II. *adv* **sich** ~ **behandeln/untersuchen lassen** to be examined/treated by a specialist **Fachaufsicht** *f* specialist [*or* expert] supervision **Fachausdruck** *m* technical [*or* specialist] term; **juristischer/medizinischer** ~ legal/medical term **Fachausschuss**RR *m* panel [*or* committee] of experts **Fachberater(in)** *m(f)* [technical] consultant **Fachberatung** *f* expert advice **Fachbereich** *m* ① (*Sachgebiet*) [specialist] field ② (*Fakultät*) faculty **fachbezogen** *adj* specialized **Fachbibliothek** *f* specialist library **Fachbuch** *nt* reference book; (*Lehrbuch*) textbook; **ein juristisches/medizinisches** ~ a specialist book on law/medicine **Fachbuchhandlung** *f* specialist bookshop; ~ **für Medizin/Naturwissenschaften** bookshop specializing in medicine/the natural sciences
fächeln (*geh*) I. *vt* ■**etw** ~ to fan sth; **sich/jdm den Kopf/die Stirn** ~ to fan one's/sb's head/forehead II. *vi* to fan; **sich/jdm** [**mit Fächern/Palmwedeln**] ~ to fan oneself/sb [with fans/palm leaves]
Fächer <-s, -> *m* fan; **ein zusammenklappbarer** ~ a folding fan
Fächerpalme *f* fan palm
fächerübergreifend *adj* interdisciplinary
Fachfrau *f fem form von* **Fachmann** **fachfremd** I. *adj* ~**e Aufgaben** tasks outside the/one's field; ~**e Mitarbeiter** untrained staff, staff with no background in the field; ~**en Unterricht erteilen** to give lessons in a subject other than one's own II. *adv* **jdn** ~ **beschäftigen/einsetzen** to employ sb in a field not his/her own; ~ **unterrichten** to give lessons in a subject other than one's own **Fachgebiet** *nt s.* **Fachbereich 1** **fachgebunden** *adj* related [to the/one's field *pred*]; **ein** ~**es Studium** course of study related to a specialist field **fachgerecht** I. *adj* expert, professional II. *adv* expertly, professionally; **etw** ~ **ausführen** to make a professional [*or* an expert] job of sth **Fachgeschäft** *nt* specialist shop, stockist **Fachgruppe** *f* team of specialists **Fachhandel** *m* specialist shop [*or* trade] **Fachhochschule** *f* ≈ technical college of higher education **Fachidiot(in)** *m(f)* (*pej sl*) blinkered specialist Brit (*a specialist who is not interested in anything outside his/her field*) **Fachjargon** *m* jargon, lingo *fam* **Fachkenntnisse** *pl* specialized knowledge **Fachkraft** *f* qualified employee **Fachkreise** *pl* specialist circles *pl,* experts *pl;* **medizinische** ~ medical experts; **in** [**maßgeblichen/wissenschaftlichen**] ~**n** among [leading/scientific] experts **fachkundig** I. *adj* informed; ■~ **sein** to be an expert II. *adv* **jdn** ~ **beraten** to give sb informed [*or* specialist] advice **fachkundlich** *adj* specialist *attr;* ~**en Unterricht geben** to teach specialized subjects **Fachlehrer(in)** *m(f)* specialist [subject] teacher **Fachleiter(in)** *m(f)* *Gymnasium* course supervisor; *Studienseminare* head of department, department head Am **Fachleute** *pl* experts *pl*
fachlich I. *adj* ① (*fachbezogen*) specialist ② (*kompetent*) informed; **ein** ~**er Rat** informed advice II. *adv* professionally; ~ **qualifizierte Mitarbeiter** staff [members] who are qualified in their field; ~ **auf dem Laufenden bleiben** to keep up to date in one's field; **sich** ~ **qualifizieren** to gain qualifications in one's/the field
Fachliteratur *f* specialist literature, specialized literature; **die** ~ **durcharbeiten** to work through the relevant specialist literature **Fachmann, -frau** <-leute *o selten* -männer> *m, f* expert, specialist **fachmännisch** I. *adj* expert; ~**e Ausführung** expert workmanship II. *adv* professionally; **jdn** ~ **beraten** to give sb expert advice; **etw** ~ **betrachten** to appraise sth with an expert's eye **Fachmesse** *f* trade [*or* Am show] fair **Fachpresse** *f* specialist publications *pl* **Fachprüfung** *f* professional [*or* qualifying] examination **Fachrichtung** *f* subject area **Fachschaft** <-, -en> *f* students *pl* of a/the department **Fachschule** *f* technical college **Fachschulreife** *f leaving certificate awarded to students at a vocational training school*
Fachsimpelei *f* (*fam*) shoptalk *no pl*
fachsimpeln *vi* (*fam*) ■[**mit jdm**] ~ to talk shop [with sb]
fachspezifisch I. *adj* subject-specific II. *adv* ~ **arbeiten** to work as a specialist; **jdn** ~ **ausbilden** to train sb in the field; **sich** ~ **weiterbilden** to gain further qualifications in one's/the field **Fachsprache** *f* technical jargon; **die mathematische** ~ the jargon of mathematics **Fachstudium** *nt* specialized studies *npl* **Fachtext** *m* technical [*or* specialist] text **fachübergreifend** *adj* interdisciplinary **Fachverband** *m* professional association **Fachvokabular** *nt* technical [*or* specialist] vocabulary **Fachwelt** *f* experts *pl*
Fachwerk *nt kein pl* half-timbering; **in** ~ **ausgeführt sein** to be half-timbered
Fachwerkhaus *nt* half-timbered house
Fachwissen *nt* specialized knowledge [of one's/the subject] **Fachwort** *nt* technical [*or* specialist] word [*or* term] **Fachwörterbuch** *nt* specialist [*or* Am technical] dictionary; **ein medizinisches** ~ a dictionary of medical terms **Fachzeitschrift** *f* specialist journal; **eine medizinische** ~ a medical journal; (*für bestimmte Berufe*) trade journal
Fackel <-, -n> *f* torch
fackeln *vi* (*fam*) to dither [about], to faff about [*or* Brit around] *fam*
Fackelschein *m* torchlight; **im** ~ by torchlight **Fackelzug** *m* torchlight procession
Factoring <-s> ['fɛktərɪŋ, 'fɛktorɪŋ] *nt kein pl* factoring
fad *adj* südd, österr insipid, tasteless
Fädchen <-s, -> *nt dim von* **Faden** [small] thread
fade *adj* ① (*nach nichts schmeckend*) ~**es Essen** bland [*or* tasteless] food; ~**r Geschmack** insipid taste ② (*langweilig*) dull, colourless Brit, colorless Am
fädeln *vt* ■**etw durch/auf etw** *akk* ~ to thread sth through/onto sth; **einen Faden in eine Nadel** ~ to thread a needle
Faden <-s, Fäden> *m* ① (*Woll~, Zwirn~*) thread; *Marionette* string; **dünner/dicker** ~ fine/coarse

thread ❷ MED stitch, suture *fachspr;* **die Fäden ziehen** to remove [*or sep* take out] the stitches [*or fachspr* sutures] ❸ (*von Raupe, Spinne*) thread, filament; *s. a.* **Leben** ❹ (*geh: einzelnes Haar*) strand ▶ WENDUNGEN: **alle Fäden [fest] in der Hand halten/behalten** to hold/hold on to the reins; **alle Fäden laufen in jds Hand zusammen** sb pulls all the strings; **keinen trockenen ~ am Leib haben** to be soaked to the skin; **keinen guten ~ an jdm/etw lassen** (*fam*) to tear sb/sth to pieces [*or* shreds], to rip into sb/sth; **der rote ~** the central [*or* recurrent] theme; **den ~ verlieren** to lose the thread

Fadenkreuz *nt* cross hairs *pl;* **jdn mit dem ~ anvisieren** to focus one's cross hairs on sb; **ins ~ geraten** (*fig*) to come under fire *fig;* **jdn/etw im ~ haben** (*fig*) to have sb/sth in one's sights **Fadennudeln** *pl* vermicelli + *sing/pl vb*

fadenscheinig *adj* ❶ (*pej: nicht glaubhaft*) poor, full of holes *pred;* **eine ~e Ausrede** a poor [*or* lame] excuse ❷ (*abgetragen*) threadbare

Fadenschneider *m* KOCHK canelle knife **Fadenwurm** *m* threadworm, nematode *fachspr*

Fagott <-[e]s, -e> *nt* bassoon

Fagottbläser(in) *m(f)* bassoonist

Fagottist(in) <-en, -en> *m(f)* bassoonist

fähig *adj* able, competent; ■ **[nicht] ~ sein, etw zu tun** [not] to be able to do sth; (*imstande*) capable; ■ **zu etw [nicht] ~ sein** to be [in]capable of sth; **zu allem ~ sein** to be capable of anything

Fähigkeit <-, -en> *f* ability *no pl;* **schauspielerische ~en** acting talent [*or* ability] *no pl;* **die ~ haben, etw zu tun** to be capable of doing sth; **bei deinen ~en ...** with your talents ...

fahl *adj* (*geh*) pale, wan *liter*

Fähnchen <-s, -> *nt* ❶ *dim von* **Fahne** [little] flag ❷ (*Wimpel*) pennant ❸ (*pej fam: Kleid*) flimsy dress ▶ WENDUNGEN: **sein ~ nach dem Wind hängen** to swim with the tide BRIT, to howl with the wolves BRIT, to go with the flow AM

fahnden *vi* ■ **nach jdm/etw ~** to search [*or* hunt] for sb/sth

Fahndung <-, -en> *f* search (**nach** + *dat* for), hunt (**nach** + *dat* for); **eine ~ nach jdm einleiten** to conduct a search for sb, to put out an APB on sb AM; **jd ist zur ~ ausgeschrieben** a warrant for sb' arrest has been issued

Fahndungsfoto *nt* photo of a wanted person, mugshot *sl* **Fahndungsliste** *f* wanted [persons] list; **auf der ~ stehen** to be on the wanted [persons] list

Fahne <-, -n> *f* ❶ (*Banner, National~*) flag, standard; MIL *a.* colours [*or* AM -ors] *npl* ❷ (*fig fam: Alkoholgeruch*) smell of alcohol; (*von Bier a.*) beery breath *no indef art;* **eine ~ haben** to smell of alcohol [*or* BRIT the bottle] ❸ TYPO galley [proof]; **~n lesen** to proofread ▶ WENDUNGEN: **mit fliegenden ~n zu jdm [über]wechseln** [*o* **wehenden**] to go over to sb quite openly; **etw auf seine ~ schreiben** to take up the cause of sth

Fahnenabzug *m* TYPO galley [proof] **Fahneneid** *m* MIL oath of allegiance; **den ~ schwören** to take the oath [of allegiance] **Fahnenflucht** *f kein pl* MIL desertion; **~ begehen** to desert, to be a deserter **fahnenflüchtig** *adj* MIL **ein ~er Soldat** a deserter; **~ sein** to be a deserter; **~ werden** to desert **Fahnenflüchtige(r)** *f(m) dekl wie adj* MIL deserter **Fahnenmast** *m* flagpole, [flag]staff **Fahnenstange** *f* [flag]staff; *s. a.* **Ende** **Fahnenträger(in)** *m(f)* standard-bearer, colour-bearer [*or* AM color-]

Fähnlein <-s, -> *nt* ❶ (*selten*) *dim von* **Fahne** [little] flag ❷ MIL, HIST troop

Fähnrich <-s, -e> *m* MIL sergeant; **~ zur See** petty officer

Fahrausweis *m* ❶ (*geh: Fahrkarte*) ticket; ***„Kontrolle, die ~e bitte!"*** "tickets please!" ❷ SCHWEIZ (*Führerschein*) driving licence [*or* AM -se] **Fahrbahn** *f* road; **von der ~ abkommen** to leave the road **Fahrbahnverengung** *f* lane closure

fahrbar *adj* mobile, on castors *pred;* **ein ~er Büroschrank** an office cabinet on castors; *s. a.* **Untersatz**

fahrbereit *adj* in running order *pred;* **in einem ~en Zustand sein** to be in good running condition [*or* order] **Fahrbereitschaft** *f* motor pool **Fahrdienstleiter(in)** *m(f)* BAHN train controller

Fähre <-, -n> *f* ferry

fahren <fährt, fuhr, gefahren> **I.** *vi* ❶ *sein* (*sich fortbewegen: als Fahrgast*) to go [by vehicle]; **mit dem Auto/Bus/Zug ~** to go by car/bus/train; ***wie fährt man am besten zum Bahnhof?*** what's the best way to the station?; (*als Fahrer*) to drive; **mit dem Auto ~** to drive, to go by car; **links/rechts ~** to drive on the left/right; **gegen etw** *akk* **~** to drive into sth; ***~ Sie nach Heidelberg?*** are you going to Heidelberg?; ***wie lange fährt man von hier nach Basel?*** how long does it take to get to Basel from here?; ***dieser Wagen fährt sehr schnell*** this car can go very fast, this car is a real goer *fam;* ***das Auto hier fährt ruhig*** this car is a quiet runner; ***mein Auto fährt nicht*** my car won't go; ***heutzutage ~ alle Bahnen elektrisch*** all railways are electrified these days; ***die Rolltreppe fährt bis in den obersten Stock*** the escalator goes up to the top floor; *s. a.* **Anhalter, Aufzug, Himmel, Hölle, Teufel** ❷ *sein* (*losfahren*) to go, to leave; ***wir ~ in 5 Minuten*** we'll be going [*or* leaving] in 5 minutes ❸ *sein* (*verkehren*) to run; ***der nächste Bus fährt [erst] in 20 Minuten*** the next bus [only] leaves in twenty minutes; ***die Bahn fährt alle 20 Minuten*** the train runs [*or* goes] every 20 minutes; ***diese Fähren ~ zwischen Ostende und Dover*** these ferries run [*or geh* ply] between Ostend and Dover ❹ *sein* (*reisen*) to go; **in [den] Urlaub ~** to go on holiday; ***fährst du mit dem Auto nach Italien?*** are you taking the car to Italy?, are you going to Italy by car? ❺ *sein* (*blitzschnell irgendwohin bewegen*) **aus dem Bett ~** to leap out of bed; **aus dem Schlaf ~** to wake with a start; **in seine Kleidung ~** to dress quickly; ***blitzartig fuhr es ihm durch den Kopf, dass ...*** the thought suddenly flashed through his mind that ...; ***diese Idee fuhr mir durch den Kopf, als ...*** I suddenly had this inspiration as ...; ***der Schreck fuhr ihr in alle Glieder*** the shock made her tremble all over; ***was ist denn in dich gefahren?*** what's got into you? ❻ *sein o haben* (*mit hastiger Bewegung streichen*) **sich** *dat* **mit der Hand über die Stirn ~** to pass one's hand over one's brow; ***er fuhr mit der Hand/einem Tuch über den Tisch*** he ran his hand/a cloth over the table ❼ *sein* (*zurechtkommen*) **[mit** [*o* **bei**] **etw** *dat*] **gut/schlecht ~** to do well/badly [with sth]; **mit jdm gut ~** to get on all right [*or* to fare well] with sb; **mit jdm schlecht ~** to not fare [*or* get on] very well with sb

II. *vt* ❶ *haben* (*lenken*) ■ **etw ~** to drive sth; **ein Fahrrad/Motorrad ~** to ride a bicycle/motorbike ❷ *haben o sein* (*am Fahrzeug haben, verwenden*) ■ **etw ~** to use sth; **Sommerreifen ~** to use [*or* drive on] normal tyres ❸ *haben* (*befördern, mitnehmen*) ■ **jdn/etw ~** to take sb/sth, to drive sb/transport sth; ***ich fahr' dich nach Hause*** I'll take [*or* drive] you home, I'll give you a lift home ❹ *sein* (*eine bestimmte Geschwindigkeit haben*) ■ **eine bestimmte Geschwindigkeit ~** to be doing a certain speed; **90 km/h ~** to be doing 55 m.p.h.; ***was/wie viel fährt der Wagen denn Spitze?*** what's the car's top speed? ❺ *haben o sein* SPORT **die beste Zeit ~** to do [*or* clock] the best time; ***mit nur 4 Stunden fuhr er***

Bestzeit his time of only four hours was the best; ***die Rennfahrerin fuhr einen neuen Weltrekord*** the racing driver set a new world record; ***die Wagen ~ jetzt die achte Runde*** the cars are now on the eighth lap ❻ *haben* (*fachspr: betreiben, organisieren*) ▪ **etw ~** to operate sth; (*durchführen*) **die Produktion mit 50 % ~** to run production at 50%; **die Produktion nach oben/unten ~** to step up/cut down production; **ein neues Programm ~** to start [*or* launch] a new programme; **eine Sonderschicht in der Fabrik ~** to put on an extra shift at the factory; **ein Angebot/Sortiment nach oben/unten ~** to increase/reduce an offer/a product range; **Überstunden ~** to do overtime ❼ (*loslassen*) **etw/jdn ~ lassen** to let go of sth/sb; (*verzichten, aufgeben*) to abandon sth/sb ▸ WENDUNGEN: **einen ~ lassen** (*fam*) to let [one] off *fam; s. a.* **Bruch, Schrott, schrottreif III.** *vr haben* ▪ **sich ~** ***der Wagen/das Fahrrad fährt sich gut*** it's nice to drive this car/to ride this bicycle; ▪ **es fährt sich ...** it's ... to drive; ***mit einer Servolenkung fährt es sich viel leichter*** it's much easier to drive with power steering

fahrend *adj* itinerant, wandering, peripatetic *form;* **ein ~es Volk** a wandering people + *pl vb*

Fahrenheit *kein art* Fahrenheit

fahren|lassen* *vt irreg s.* **fahren II 7**

Fahrensmann <-leute *o* -männer> *m* DIAL sailor; **ein alter ~** an old salt [*or* BRIT *fam* tar]

Fahrer(in) <-s, -> *m(f)* ❶ (*Auto~*) driver, motorist; (*Motorrad~*) motorbike rider, motorcyclist, biker *fam;* (*Renn~*) racing driver; (*Radrenn~*) racing cyclist ❷ (*Chauffeur*) driver, chauffeur *masc,* chauffeuse *fem*

Fahrerei <-, -en> *f* (*pej*) driving [about]; (*Fahren langer Strecken*) long hours of driving

Fahrerflucht *f* hit-and-run offence [*or* AM -se]; **~ begehen** to fail to stop after being involved in an accident, to be a hit-and-run driver; **wegen ~ verurteilt werden** to be convicted on a hit-and-run charge **Fahrerhaus** *nt* [driver's] cab[in] **Fahrerlager** *nt* SPORT racer's quarters *npl*

Fahrerlaubnis *f* (*geh*) driving licence BRIT, driver's license AM

Fahrgast *m* passenger

fahrgastarm *adj* (*geh*) not busy *pred;* **~e Zeiten** off-peak hours [*or* times] **Fahrgastaufkommen** *nt* (*geh*) number of passengers **Fahrgastzahlen** *pl* (*geh*) number of passengers **Fahrgastzelle** *f* AUTO occupant cell *spec,* passenger compartment *spec*

Fahrgeld *nt* fare; ***„bitte das ~ passend bereithalten"*** "please tender the exact fare" *form,* "please have the exact fare ready" **Fahrgelegenheit** *f* lift **Fahrgemeinschaft** *f* **eine ~ bilden** to share a car to work, to car pool AM **Fahrgestell** *nt s.* **Fahrwerk**

fahrig *adj* jumpy, jittery *fam;* **~e Bewegungen** nervous movements; (*unkonzentriert*) distracted

Fahrkarte *f* ticket (**nach** +*dat* to); **eine ~ erster/zweiter Klasse** a first-/second-class ticket

Fahrkartenausgabe *f s.* **Fahrkartenschalter Fahrkartenautomat** *m* ticket machine **Fahrkartenschalter** *m* ticket office

Fahrkomfort *m* [driving] comfort

fahrlässig **I.** *adj* negligent; **~e Körperverletzung** negligent bodily injury; **~e Tötung** negligent homicide, involuntary manslaughter; **grob ~** grossly negligent, reckless **II.** *adv* negligently; **~ handeln** to act with negligence

Fahrlässigkeit <-, -en> *f* negligence *no pl;* **grobe ~** recklessness, gross negligence

Fahrlehrer(in) *m(f)* driving instructor

Fährmann <-männer *o* -leute> *m* ferryman

Fahrplan *m* ❶ (*Ankunfts-/Abfahrtstabelle*) timetable, schedule AM ❷ (*fam: Programm*) plans *pl*

Fahrplanauszug *m* train timetable **fahrplanmäßig** **I.** *adj* scheduled; **bei ~er Abfahrt/Ankunft des Zuges** if the train departs/arrives on time [*or* schedule] **II.** *adv* as scheduled; (*rechtzeitig a.*) on time [*or* schedule]

Fahrpraxis *f kein pl* driving experience *no pl* **Fahrpreis** *m* fare; **~ für eine einfache Fahrt** single fare **Fahrpreisermäßigung** *f* fare reduction **Fahrprüfung** *f* driving test

Fahrrad *nt* [bi]cycle, bike *fam;* [**mit dem**] **~ fahren** to ride a bicycle [*or fam* bike], to cycle

Fahrradfahrer(in) *m(f)* cyclist, bicyclist *form* **Fahrradhändler(in)** *m(f)* ❶ (*Geschäftsmann/-frau*) bicycle dealer ❷ (*Laden*) bicycle shop [*or* AM *usu* store] **Fahrradkette** *f* bicycle [*or fam* bike] chain **Fahrradklingel** *f* [bicycle] bell **Fahrradkurier(in)** *m(f)* bicycle courier **Fahrradpumpe** *f* bicycle [*or* AM tire] pump **Fahrradständer** *m* [bi]cycle [*or fam* bike] stand, kick stand AM **Fahrradweg** *m* [bi]cycle [*or fam* bike] path, cycleway

Fahrrichtung *f* SCHWEIZ (*Fahrtrichtung*) direction of travel **Fahrrinne** *f* shipping [*or* navigable] channel, fairway

Fahrschein *m* ticket; ***„Kontrolle, ~e bitte!"*** "tickets please!"

Fahrscheinautomat *m* ticket machine **Fahrscheinentwerter** *m* ticket stamping machine

Fährschiff *nt s.* **Fähre**

Fahrschule *f* ❶ (*Firma eines Fahrlehrers*) driving school; **in die** [*o* **zur**] **~ gehen** to take driving lessons ❷ (*Fahrunterricht*) driving lessons *pl;* ***ich habe heute ~*** I have a driving lesson today **Fahrschüler(in)** *m(f)* ❶ (*Schüler einer Fahrschule*) learner [*or* AM student] driver ❷ SCH *pupil who commutes to school*

Fahrspur *f* [traffic] lane **Fahrstil** *m* style of driving **Fahrstuhl** *m* lift BRIT, elevator AM **Fahrstuhlschacht** *m* lift [*or* AM elevator] shaft **Fahrstunde** *f* driving lesson; **eine ~/~n nehmen** to take a driving lesson/driving lessons

Fahrt <-, -en> *f* ❶ (*das Fahren*) journey; ***„während der ~ nicht hinauslehnen"*** "do not lean out of the window while the train is in motion"; **freie ~** BAHN "go" signal, green light; AUTO clear run; (*fig*) green light, go-ahead ❷ NAUT (*Fahrgeschwindigkeit*) speed; **halbe/volle/wenig ~ machen** to sail at half/full/reduced speed; **volle/halbe ~ voraus!** full/half speed ahead!; **~ aufnehmen** to pick up speed; **~ machen** to make headway; **mit voller ~** AUTO, BAHN at full [*or* top] speed ❸ (*Reise*) journey; ***gute ~!*** bon voyage!, [have a] safe journey!; **eine einfache ~** a single [*or* AM one-way] [ticket [*or* fare]]; ***was kostet eine ~/eine einfache ~ nach Stuttgart?*** how much is it/a single [ticket] to Stuttgart?, what is the fare/the single fare to Stuttgart?; **eine ~/~en machen** to go on a trip/trips; **eine ~ ins Blaue** a mystery tour ❹ (*Kamera~*) tracking shot ▸ WENDUNGEN: **jdn in ~ bringen** (*fam*) to get sb riled [up] *fam,* to wind sb up *fam;* **in ~ kommen** [*o* **geraten**]/**sein** (*fam: wütend werden/sein*) to get/be riled [up] *fam;* (*in Schwung kommen*) to get/have got going

fährt *3. Person Präsens von* **fahren**

Fahrtantritt *m* (*geh*) start of a/the journey

fahrtauglich *adj* fit [*or* able] to drive *pred*

Fahrtauglichkeit *f* fitness [*or* ability] to drive

Fahrtdauer *f* journey time, duration of the journey; **eine ~ von drei Stunden** a three-hour journey, a journey of three hours

Fährte <-, -n> *f* trail, tracks *pl,* spoor *fachspr;* **jdn auf die richtige ~ bringen** (*fig*) to put sb on the right track *fig;* **jdn auf eine falsche ~ locken** (*fig*) to throw sb off the scent *fig;* **auf der falschen ~ sein** (*fig*) to be on the wrong track *fig,* to be barking up the

F

wrong tree *fig fam;* **auf der richtigen ~ sein** (*fig*) to be on the right track *fig;* **eine ~ verfolgen** (*a. fig*) to follow a trail *a. fig*

Fahrtenbuch *nt* driver's log; (*Tagebuch*) diary of a trip **Fahrtenmesser** *nt* sheath knife **Fahrtenschreiber** *m* tachometer, *esp* BRIT tachograph

Fahrtkosten *pl* travelling [*or* AM traveling] expenses *npl* **Fahrtrichtung** *f* direction of travel; **ein Sitz in ~** a forward facing seat; **die Züge in ~ Norden/Süden** the northbound/southbound trains; ***die Autobahn ist in ~ Norden gesperrt*** the northbound carriageway [*or* section] of the motorway is closed; **entgegen der/in ~ sitzen** *Bus* to sit facing backwards/the front; *Zug* to sit with one's back to the engine/facing the engine **Fahrtstunde** *f* hour's travel; ***bis Berlin müssen Sie von hier aus mit drei ~n rechnen*** you should allow three hours for the journey from here to Berlin

fahrtüchtig *adj* **~er Wagen** roadworthy car; **~er Mensch** person who is fit [*or* able] to drive

Fahrtüchtigkeit *f Wagen* roadworthiness; *Mensch* fitness [*or* ability] to drive

Fahrtunterbrechung *f* stop, break **Fahrtwind** *m* headwind

fahruntüchtig *adj* **~er Mensch** person who is unfit [*or* unable] to drive; **~es Fahrzeug** unroadworthy vehicle **Fahrverbot** *nt* driving ban; **befristetes ~** suspension of one's driving licence [*or* AM driver's license]; **[gegen jdn] ein [dreijähriges] ~ verhängen** to ban [*or* disqualify] sb from driving [for three years] **Fahrverhalten** *nt kein pl* AUTO, TRANSP *Fahrer* behaviour [*or* AM -or] behind the wheel; *Fahrzeug* vehicle dynamics *pl* **Fahrwasser** *nt* NAUT *s.* **Fahrrinne** ▸ WENDUNGEN: **in ein ganz anderes ~ geraten** to get on[to] a completely different tack; **in gefährliches ~ geraten** to get on to dangerous ground, to tread on thin ice; **in politisches ~ geraten** to get involved in politics; **in jds ~ *dat* schwimmen** [*o* **segeln**] to follow in sb's wake **Fahrweise** *f* ■ **jds ~** sb's driving, the way sb drives **Fahrwerk** *nt* ① LUFT landing gear *no pl,* undercarriage; **das ~ ausfahren/einfahren** to let down *sep*/retract the landing gear [*or* undercarriage] ② AUTO chassis **Fahrzeit** *f s.* **Fahrtdauer**

Fahrzeug <-s, -e> *nt* vehicle

Fahrzeugbrief *m* registration document **Fahrzeughalter(in)** *m(f)* vehicle owner **Fahrzeuglenker(in)** *m(f)* SCHWEIZ (*Fahrer*) driver of a/the vehicle **Fahrzeugnummer** *f* vehicle identification number, VIN **Fahrzeugpapiere** *pl* registration papers *npl* **Fahrzeugpark** *m* (*geh*) [vehicle] fleet **Fahrzeugschein** *m* motor vehicle registration certificate

Faible <-s, -s> ['fɛːbl] *nt* (*geh*) liking, foible *liter;* ■ **jds ~ für jdn/etw** sb's liking [*or liter* foible] for sb/sth; **ein ~ für jdn/etw haben** to be partial to sb/sth

fair [fɛːɐ] *adj* fair; ■ **[jdm gegenüber] ~ sein** to be fair [to sb]; ***das ist nicht ~!*** that's not fair!

Fairness[RR], **Fairneß** <-> ['fɛːɐnɛs] *f kein pl* fairness *no pl;* ■ **aus ~ [jdm gegenüber]** in fairness [to sb]

Fairway <-s, -s> ['feəweɪ] *nt* (*beim Golf*) fairway

Fäkalien [-liən] *pl* faeces BRIT, feces AM

Fakir <-s, -e> *m* fakir

Faksimile <-s, -s> *nt* facsimile

Faksimileausgabe *f* facsimile edition

Fakten *pl* facts *pl; s. a.* **Faktum**

faktisch **I.** *adj attr* real, effective **II.** *adv* basically, effectively, practically

Faktor <-s, -toren> *m* factor; **ein wesentlicher ~** an essential factor

Faktotum <-s, -s *o* Faktoten> *nt* ① (*Arbeitskraft*) factotum *a. hum* ② (*fam: älterer Mensch*) funny old bird *fam*

Faktum <-s, Fakten> *nt* (*geh*) [proven] fact

fakturieren* *vt* ÖKON ■ **etw ~** to invoice [*or* bill] sth

Fakultas <-, Fakultäten> *f* (*geh: Lehrbefähigung*) ■ **~ [in etw *dat*]** qualification to teach [sth]; **die ~ für etw *akk* haben** to be qualified to teach sth

Fakultät <-, -en> *f* (*zusammengehörende Wissenschaftsgebiete*) faculty; **medizinische ~** faculty of medicine ▸ WENDUNGEN: **von der anderen ~ sein** (*hum: von anderer Weltanschauung sein*) to be from the other camp *iron;* (*homosexuell*) to be queer *pej,* to be one of them *pej*

fakultativ *adj inv* (*geh*) optional

Falbe <-n, -n> *m* BIOL dun [horse]

Falbkatze *f* ZOOL African wild cat

Falke <-n, -n> *m* falcon, hawk

Falklandinseln *pl* ■ **die ~** the Falklands *pl,* the Falkland Islands *pl;* **auf den ~** on the Falklands; **auf die ~ fahren** to go to the Falklands; **auf den ~ leben** to live on the Falklands; **von den ~ stammen** to come from the Falklands

Falkner(in) <-s, -> *m(f)* falconer

Fall[1] <-[e]s, Fälle> *m* ① *kein pl* (*das Hinunterfallen*) fall; **der freie ~** free fall; **im freien ~** in free fall ② (*Sturz*) fall; **jdn zu ~ bringen** (*geh*) to make sb fall, to trip up sb *sep;* **zu ~ kommen** (*geh*) to fall; **sich bei einem ~ verletzen** to fall and injure oneself, to injure oneself [when] falling ③ (*Untergang*) downfall; *Festung* fall; **Aufstieg und ~** rise and fall; **etw zu ~ bringen** to bring down sth *sep;* **ein Gesetz zu ~ bringen** to defeat a bill; **jds Pläne zu ~ bringen** to thwart sb's plans; **eine Regierung zu ~ bringen** to bring down [*or* overthrow] a government

Fall[2] <-[e]s, Fälle> *m* ① (*Umstand, Angelegenheit*) case, circumstance, instance; **ein hoffnungsloser/schwieriger ~ sein** to be a hopeless/difficult case; **klarer ~!** (*fam*) you bet! *fam;* **sollte der ~ eintreten, dass ...** if the case should arise that ...; **[nicht] der ~ sein** [not] to be the case; ***sollte es der ~ sein, dass ...*** if it's true that ...; **auf alle Fälle** in any case; (*unbedingt*) at all events; **auf jeden** [*o* **in jedem**] **~** always; **auf keinen** [*o* **in keinem**] **~** never, under no circumstances; **für alle Fälle** just in case; **für den ~ einer Notlage** in case of emergency [*or pl* emergencies]; **für den ~ meines/seines Todes** in case I die/he dies; **für den ~, dass jd etw tut** in case sb does sth; **gesetzt den ~, dass ...** assuming [*or* supposing] [that]...; **im äußersten ~[e]** at the worst; **im günstigsten/schlimmsten** [*o* **ungünstigsten**] **~[e]** at best/worst; **im ~e eines ~es** if it comes [down] to it; **in diesem/dem ~** in this/that case; **in so einem ~** in a case like that; **von ~ zu ~** from case to case, as the case may be ② JUR case; **einen ~ übernehmen** to take on a case ③ MED case ④ LING (*Kasus*) case; **der erste/zweite ~** the nominative/genitive case ▸ WENDUNGEN: **[nicht] jds ~ sein** (*fam*) [not] to be to sb's liking, [not] to be sb's cup of tea *fam*

Fallbeil *nt* guillotine; **jdn durch das ~ hinrichten** to guillotine sb

Fallbeispiel *nt* example [for a particular case]

Falle <-, -n> *f* ① (*Fangmechanismus*) trap; **~n legen** [*o* **stellen**] to lay [*or* set] traps *a. fig;* **eine ~ aufstellen** to set a trap *a. fig;* **jdm in die ~ gehen** [*o* **in jds ~ geraten**] [*o* **gehen**] to fall [*or* walk] into sb's trap *a. fig,* to get caught in sb's trap *a. fig;* **jdn in eine ~ locken** to lure sb into a trap *a. fig;* **in der ~ sitzen** to be trapped *a. fig;* **jdm eine ~ stellen** to set a trap for sb *a. fig;* **in eine ~ tappen** (*a. fig*) to blunder into a trap *a. fig* ② (*sl: Bett*) bed, pit BRIT *sl;* ***ab in die ~!*** off to bed!; **in die ~ gehen** to turn in, to hit the sack *fam;* **in der ~e liegen** [*o* **sein**] to be [lying] in bed [*or* BRIT *sl* one's pit]

fallen <fällt, fiel, gefallen> *vi sein* ① (*herunterfallen*) *Person* to fall; ***Achtung, auf dem nassen Bo-***

den kann man leicht ~! be careful, it's easy to slip on the wet floor; *Gegenstand* to drop; **jdn/etw ~ lassen** (*nicht mehr halten können*) to let go of sb/sth, to drop sth; (*versehentlich verlieren*) to drop sth; ***Sie haben Ihren Geldbeutel ~ gelassen*** you've dropped your purse; **sich aufs Bett/auf einen Stuhl ~ lassen** to flop onto the bed/flop down onto a chair ② (*niederkommen, -gehen*) *Beil* to fall; *Klappe, Vorhang* to drop; (*Hammer*) to come down ③ (*stolpern*) ■ **über etw** *akk* ~ to trip over [*or* on] sth ④ (*fam: nicht bestehen*) ■ **durch etw** *akk* ~ to fail [*or* Am *fam* flunk] sth; **jdn durch eine Prüfung ~ lassen** to fail sb in an exam ⑤ (*sinken*) *Barometer, Preise* to fall; *Temperatur* to drop [*or* fall]; *Fieber, Wasserstand* to go down, to subside ⑥ (*im Krieg ums Leben kommen*) to fall, to be killed ⑦ (*erobert werden*) to fall; ***nach langem Kampf fiel die Stadt schließlich*** after a prolongued fight the town finally fell ⑧ (*treffen*) ■ **auf jdn ~** to fall [*or form* light] on sb; ***der Verdacht fiel auf den Gärtner*** the suspicion fell on the gardener; ***die Wahl der Chefin fiel auf den ersten Bewerber*** the boss chose the first applicant ⑨ (*durchdringen*) ■ **auf/durch/in etw** *akk* ~ [*Sonnen*]*strahlen* to shine on[to]/through/into sth ⑩ (*stattfinden, sich ereignen*) ■ **auf etw** *akk* ~ to fall on sth; ***der 1. April fällt dieses Jahr auf einen Montag*** April 1st falls on a Monday this year ⑪ (*jdm zukommen, übergehen auf*) ■ **an jdn ~** to be annexed by sb; ***nach dem Krieg fielen viele Teile Ostdeutschlands an Polen*** after the war many parts of East Germany were annexed by Poland; (*nach Verhandlungen*) to go to sb, to devolve on sb *form;* ***nach seinem Tod fiel die Versicherungssumme an die Bank*** after his death the insurance money went to the bank ⑫ (*einbezogen werden*) ■ **in etw** *akk* ~ to be channelled into sth; ***sein Privatvermögen fällt nicht in das gemeinschaftliche Vermögen*** his private means is not channelled into the collective property ⑬ (*ergehen*) to be reached; *Urteil, Beschluss a.* to be passed ⑭ SPORT to be scored; ***das zweite Tor fiel fünf Minuten vor Spielende*** the second goal was scored five minutes before the end ⑮ (*abgegeben werden*) *Schuss* to be fired; ***sie hörten, wie die Schüsse fielen*** they heard the shots being fired ⑯ (*verlauten*) to be spoken [*or* uttered]; ***sein Name fiel während der Sitzung mehrere Male*** his name was mentioned several times during the meeting; ***bei dem Treffen seiner geschiedenen Eltern fiel kein einziges böses Wort*** when his divorced parents met, not a single harsh word was said; **etw ~ lassen** (*äußern*) to let drop sth *sep;* **eine Bemerkung ~ lassen** to drop a remark ⑰ (*aufgeben*) **jdn/etw ~ lassen** to abandon [*or* drop] sb/sth

fällen *vt* ■**etw ~** ① (*umhauen*) to fell sth ② (*entscheiden*) to reach [*or* come to] sth; **ein Urteil ~** to reach [*or* pass] a verdict; *s. a.* **Lot**[1] **4**

fallen|lassen* *vt irreg s.* **fallen 16, 17**

Fallgrube *f* pit[fall]

fällig *adj* ① (*anstehend*) due *usu pred;* FIN *a.* payable; ***die Zahlungen sind am 23.~*** the payments are due on 23rd *form;* **~e Beträge/Zahlungen** *pl* amounts/payments due; **längst ~** long overdue ② (*fam: dran sein, geliefert sein*) ■**~ sein** to be [in] for it *fam*

Fälligkeit <-, -en> *f* FIN maturity, settlement date; **bei/nach ~ zahlen** to pay by/after the settlement date; **vor ~ zahlen** to pay in advance

Fallobst *nt kein pl* windfall

Fall-outRR, **Fallout** <-s, -s> ['fɔːlʔaʊt] *m* fall[-]out

Fallreep <-s, -s> *nt* NAUT rope ladder

falls *konj* if; **~ möglich/nötig** if possible/necessary

Fallschirm *m* parachute, chute *fam;* **mit dem ~ abspringen** to parachute, to make a parachute jump; **etw mit dem ~ abwerfen** to drop sth by parachute

Fallschirmabsprung *m* parachute jump **Fallschirmjäger(in)** *m(f)* paratrooper; ■**die ~** the paratroop[er]s **Fallschirmspringen** *nt* parachuting **Fallschirmspringer(in)** *m(f)* parachutist **Fallsicherung** *f* SPORT security rope

Fallstrick *m* trap, snare; **jdm ~e legen** to set a trap [*or* snare] for sb, to ensnare sb

Fallstudie *f* case study

fällt *3. pers pres von* **fallen**

Falltür *f* trapdoor **Fallwind** *m* fall [*or spec* katabatic] wind

falsch I. *adj* ① (*verkehrt*) wrong; **einen ~en Ton anschlagen** to hit a wrong note; **~e Vorstellung** wrong idea, misconception; **bei jdm an den F~en/die F~e geraten** to pick the wrong person in sb; [**mit etw** *dat*] [**bei jdm**] **~ liegen** (*fam*) to be wrong [about sb/in sth]; ***Sie sind hier falsch*** (*Ort*) you are in the wrong place; (*am Telefon*) you have the wrong number; ***wie man's macht, ist es ~!*** (*fam*) [regardless of] whatever I/you etc. do, it's [bound to be] wrong! ② (*unzutreffend*) false; **eine ~e Anschuldigung** a false accusation; **einen ~en Namen angeben** to a give a false name ③ (*unecht, nachgemacht*) fake, imitation *attr;* **~er Schmuck** fake [*or* paste] jewellery [*or* Am jewelry]; (*gefälscht*) forged, fake; **~es Geld** counterfeit money; **~e Würfel** loaded dice ④ (*pej: hinterhältig*) two-faced; **ein ~er Hund/eine ~e Schlange** a snake in the grass; *s. a.* **Spiel** ⑤ (*unaufrichtig, unangebracht*) false; **~es Pathos** (*geh*) false pathos, bathos; **~er Scham** false shame II. *adv* wrongly, etw ~ *aussprechen/schreiben/verstehen,* to pronounce/spell/understand sth wrongly, to mispronounce/misspell/misunderstand sth; **jdn ~ informieren** to misinform sb, to give sb wrong information; **alles ~ machen** to do everything wrong; **~ singen** to sing out of tune; **~ spielen** to cheat

Falschaussage *f* JUR **eine** [**uneidliche**] **~** false testimony **Falschbuchung** *f* false [*or* fraudulent] entry **Falscheid** *m* false oath

fälschen *vt* ■**etw ~** to forge [*or* fake] sth; **gefälschte Papiere** forged [*or* fake] papers; ÖKON to falsify sth; **die Bücher ~** to falsify [*or* BRIT *fam* cook] the books; **Geld ~** to counterfeit money

Fälscher(in) <-s, -> *m(f)* forger; *Geld* counterfeiter

Falschfahrer(in) *m(f) person driving on the wrong side of the road* **Falschgeld** *nt kein pl* counterfeit [*or* forged] money *no pl*

Falschheit <-> *f kein pl* falseness, falsity; (*pej*) *Charakter* falseness, deceitfulness

fälschlich I. *adj* ① (*irrtümlich*) mistaken, erroneous ② (*unzutreffend*) false II. *adv s.* **fälschlicherweise**

fälschlicherweise *adv* ① (*irrtümlicherweise*) mistakenly, erroneously ② (*zu Unrecht*) wrongly

Falschmeldung *f* false report **Falschmünzer(in)** <-s, -> *m(f)* counterfeiter, forger **Falschmünzerei** <-> *f kein pl* counterfeiting *no pl,* forgery **Falschparker(in)** *m(f)* parking offender **falsch|spielen** *vi s.* **falsch II** **Falschspieler(in)** *m(f)* cheat; (*professioneller ~*) [card]sharp[er] BRIT, card shark AM

Fälschung <-, -en> *f* ① *kein pl* (*das Fälschen*) counterfeiting, forgery; ***die ~ von Banknoten ist verboten*** the counterfeiting of banknotes is forbidden ② (*gefälschte Sache*) forgery, fake

fälschungssicher *adj* forgery-proof

Falsett <-[e]s, -e> *nt* falsetto; **~ singen** to sing falsetto

Falsifikat <-[e]s, -e> *nt* (*geh*) forgery, fake

Faltblatt *nt* leaflet **Faltboot** *nt* collapsible boot

Fältchen <-s, -> *nt* fine wrinkle [*or* line]; **~ um die Augen** crow's feet

Falte <-, -n> *f* ① (*in Kleidung: Knitter~, Bügel~*)

crease; (*Rock~*) pleat; **~n bekommen** to get [*or* become] creased; **etw in ~n legen** to pleat sth ❷ (*in Stoff, Vorhang*) fold; **~n werfen** to fall in folds, to drape ❸ (*Linie in der Haut*) wrinkle; **die Stirn in ~n legen** [*o* **ziehen**] to furrow [*or* BRIT knit] one's brows; **kaum/viele ~n haben** to have scarcely any/many wrinkles; **tiefe ~n** deep lines [*or* furrows]; **~n bekommen** to get wrinkles

falten *vt* ❶ (*zusammen~*) ■**etw ~** to fold sth; **die Hände ~** to fold one's hands ❷ (*in Falten legen*) **die Stirn ~** to furrow [*or* BRIT knit] one's brow

faltenlos *adj* unlined; **~e Haut** unlined [*or* smooth] skin

Faltenrock *m* pleated skirt

Falter <-s, -> *m* (*Tag~*) butterfly; (*Nacht~*) moth

faltig *adj* ❶ (*zerknittert*) creased, crumpled ❷ (*das Gesicht voller Falten*) wrinkled

Faltkarton [-kartɔŋ, -kartõ:, -karto:n] *m* collapsible [*or* folding] box

Falz <-es, -e> *m* ❶ (*in Papier*) fold ❷ TECH join, [lock] seam

falzen *vt* ■**etw ~** to fold sth

Fam. *Abk von* **Familie**

familiär **I.** *adj* ❶ (*die Familie betreffend*) family *attr;* **aus ~en Gründen** for family reasons ❷ (*zwanglos*) familiar; **in ~er Atmosphäre** in an informal atmosphere **II.** *adv* **mit jdm ~ verkehren** to be on close [*or* familiar] terms with sb

Familie <-, -n> [-liə] *f* family; **aus guter ~ sein** to come from [*or* to be of] a good family, to be of good stock *form;* **eine kinderreiche ~** a large family, a family with many children; **eine vierköpfige ~** a family of four; **in[nerhalb] der ~ bleiben** to stay in the family; **zur ~ gehören** to be one of the family; **eine ~ gründen** (*geh*) to start a family; **~ haben** (*fam*) to have a family; **das liegt in der ~** it runs in the family; ***das kommt in den besten ~n vor*** (*fam*) it can happen in the best of families; **„~ *Lang*"** "The Lang Family", "Mr and Mrs Lang and family"

Familienähnlichkeit *f* family resemblance **Familienalbum** *nt* family album **Familienangehörige(r)** *f(m) dekl wie adj* relative **Familienanschluss**[RR] *m kein pl* **eine Unterkunft mit ~** *accommodation with a family where one is treated as a member of the family* **Familienausweis** *m* family pass **Familienberatung** *f* family planning **Familienberatungsstelle** *f* family planning clinic **Familienbesitz** *m* family property; **in ~ sein** [*o* **sich in ~ befinden**] to be owned by the family **Familienbetrieb** *m* family concern [*or* business] **Familienbuch** *nt* genealogical register **Familienfeier** *f* family party [*or* BRIT *fam* do] **Familienfest** *nt* family celebration **Familienfragen** *pl* family issues *pl* **Familienglück** *nt* domestic bliss **Familiengrab** *nt* family grave [*or* AM plot] **Familiengruft** *f* family vault **Familienhilfe** *f* family assistance (*afforded by health insurance*) **Familienkreis** *m* family circle; ***die Beerdigung fand im engsten ~ statt*** only the immediate family were present at the funeral **Familienleben** *nt kein pl* family [*or* domestic] life *no pl* **Familienminister(in)** *m(f)* minister for family affairs BRIT **Familienministerium** *nt* Ministry for Family Affairs BRIT **Familienmitglied** *nt* member of the family; **ein neues ~ bekommen/bekommen haben** to be getting/to have had a new addition to the family **Familienname** *m* surname, last name **Familienoberhaupt** *nt* head of the family, pater familias *masc form* **Familienpackung** *f* family[-size] pack **Familienplanung** *f* family planning *no art* **Familienpolitik** *kein pl f* family policy **Familienrecht** *nt* family law **Familienroman** *m* [family] saga **Familienschmuck** *m* family jewels *pl* **Familienserie** *f* family series **Familiensitz** *m* family estate [*or* seat] **Familienstand** *m* marital status **Familienstück** *nt* family heirloom **Familientragödie** *f* family tragedy **Familienunternehmen** *nt* family business [*or* enterprise] **Familienunterstützung** *f s.* **Familienzulage** **Familienvater** *m* father [of a/the family] **Familienverhältnisse** *pl* family background *no pl;* **aus geordneten/zerrütteten ~n kommen** to come from a well-ordered background/broken home **Familienvorstand** *m* (*geh*) *s.* **Familienoberhaupt** **Familienwappen** *nt* family coat of arms, family arms *npl* BRIT **Familienzulage** *f* family allowance **Familienzusammenführung** *f* organized family reunion **Familienzuwachs** *m* addition to the family; **~ erwarten/bekommen** [*o fam* **kriegen**]/**bekommen haben** to be expecting/getting/have had an addition to the family

famos *adj* (*veraltend fam*) capital *dated fam;* **ein ~er Mensch** a brick *dated fam*

Famulus <-, Famuli> *m* MED (*veraltend geh*) *medical student doing practical work in a clinic*

Fan <-s, -s> [fɛn] *m* fan; (*Fußball~ a.*) supporter

Fanal <-s, -e> *nt* (*geh*) signal; **mit etw** *dat* **ein ~ setzen** to send a signal by doing sth

Fanatiker(in) <-s, -> *m(f)* fanatic; **ein politischer ~** an extremist; **ein religiöser ~** a religious fanatic, a [religious] zealot

fanatisch **I.** *adj* fanatical; **ein ~er Anhänger** a fanatical [*or pej* rabid] supporter **II.** *adv* fanatically

fanatisiert *adj* fanaticized

Fanatismus <-> *m kein pl* fanaticism

Fanclub ['fɛnklʊb] *m s.* **Fanklub**

fand *imp von* **finden**

Fanfare <-, -n> *f* ❶ (*Trompete*) ceremonial trumpet, fanfare ❷ (*Trompetensignal aus Dreiklangtönen*) fanfare; **eine ~ schmettern** to play a fanfare ❸ (*Musikstück*) fanfare ❹ (*zusätzliche Hupe im Auto*) multitone horn

Fang[1] <-[e]s, Fänge> *m* ❶ *kein pl* (*das Fangen*) catching, trapping; **zum ~ auslaufen** to go fishing ❷ *kein pl* (*Beute*) catch; *Fisch* haul ▶WENDUNGEN: [**mit jdm/etw**] **einen guten ~ machen** to make a good catch [with sb/sth]

Fang[2] <-[e]s, Fänge> *m meist pl* (*Kralle*) talon; (*Reißzahn*) fang ▶WENDUNGEN: **jd in seinen Fängen haben** (*fam*) to have sb in one's clutches

Fangarm *m* tentacle

fangen <fängt, fing, gefangen> **I.** *vt* ❶ (*festnehmen*) ■**jdn ~** to catch [*or* apprehend] sb; **einen Dieb ~** to catch a thief ❷ (*erjagen*) ■**etw ~** to catch sth ❸ (*erhaschen*) ■**etw ~** to catch sth **II.** *vi* ❶ (*erhaschen*) to catch ❷ (*Spiel*) **F~ spielen** to play catch **III.** *vr* ❶ (*ver~*) ■**sich in etw** *dat* **~** to be caught in sth ❷ (*das Gleichgewicht wiedererlangen*) ■**sich ~** to catch oneself; (*seelisch*) to pull oneself together [again]

Fangflotte *f* fishing fleet **Fangfrage** *f* trick [*or* BRIT catch] question; [**jdm**] **eine ~ stellen** to ask [sb] a trick question **fangfrisch** *adj* **~e Fische** fresh fish **Fanggründe** *pl* fishing grounds *npl* **Fangheuschrecke** *f* ZOOL mantis **Fangnetz** *nt* [fishing] net **Fangquote** *f* [fishing] quota **Fangschaltung** *f* interception circuit **Fangschiff** *nt* fishing boat **Fangschuss**[RR] *m* finishing shot, coup de grâce

fängt *3. pers pres von* **fangen**

Fangvorrichtung *f* ❶ (*Fangschaltung*) intercepting device ❷ (*Einrichtung in Aufzügen*) gripping device, safety catch **Fangzahn** *m* fang

Fanklub ['fɛn-] *m* fan club **Fanpost** *f* fan mail

Fantasie[RR1] <-, -n> [*pl* -'zi:ən] *f* ❶ *kein pl* (*Einbildungsvermögen*) imagination *no pl;* **eine lebhafte** [*o* **blühende**]/**krankhafte/schmutzige ~ haben** to have a wild imagination/sick/filthy mind [*or* filthy

imagination] ❷ *meist pl* (*Fantasterei*) fantasy
Fantasie² <-, -n> [*pl* -'ziːən] *f* MUS fantasia
fantasiebegabt^RR^ *adj* (*geh*) *s.* **fantasievoll** **Fantasiegebilde**^RR^ *nt* fantastic form **Fantasielosigkeit**^RR^ <-> *f kein pl* unimaginativeness *no pl,* lack of imagination *no pl* **Fantasiepreis**^RR^ *nt* (*fam*) outrageous[ly high] price
fantasieren^RR^* **I.** *vi* ❶ (*fabulieren*) ■[**von jdm/etw**] ~ to fantasize [about sb/sth] ❷ MED to be delirious **II.** *vt* ■**etw** ~ to imagine sth, to dream sth up
Fantast(in)^RR^ <-en, -en> *m(f)* dreamer
Fantasterei^RR^ <-, -en> *f* (*geh*) fantasy
Fantastin^RR^ <-, -nen> *f fem form von* **Fantast**
fantastisch^RR^ **I.** *adj* ❶ (*fam: toll*) fantastic ❷ (*fam: sagenhaft*) fantastic ❸ *attr* (*unglaublich*) incredible ❹ (*geh*) unreal **II.** *adv* ❶ (*fam: toll, sagenhaft*) wonderfully, fantastically ❷ (*unglaublich*) incredibly; ***das klingt*** ~ that sounds incredible
Fantasyroman *m* fantasy novel
Fanzine <-s, -s> ['fænziːn] *nt* SOZIOL fanzine
Farad <-[s], -> *nt* PHYS farad
Farbband <-bänder> *nt* typewriter ribbon **Farbbeutel** *m* paint bomb
Farbe <-, -n> *f* ❶ (*Farbton*) colour [*or* AM -or]; **in** ~ in colour [*or* AM -or]; **sanfte ~n** soft hues ❷ (*Anstreichmittel*) paint; (*Färbemittel*) colour [*or* AM -or], dye ❸ *pl* (*optisches Symbol*) colours [*or* AM -ors] ❹ KARTEN suit; ~ **bedienen** to follow suit ▶ WENDUNGEN: **etw in den schwärzesten ~n malen** [*o* **schildern**] to paint a black [*or* gloomy] picture of sth; ~ **bekennen** to come clean, to put one's cards on the table; ~ **bekommen** to get a [sun]tan
farbecht *adj* colourfast
Färbemittel *nt* dye
färben **I.** *vt* ❶ (*andersfarbig machen*) ■**etw** ~ to dye sth; **sich** *dat* **die Haare blond** ~ to bleach one's hair blond; **sich** *dat* **die Haare schwarz** ~ to dye one's hair black ❷ (*etw eine bestimmte Note geben*) **etw humoristisch/politisch/rassistisch** ~ to give sth humorous/political/racist overtones; ■**politisch/rassistisch gefärbt sein** to have political/racist overtones **II.** *vi* (*ab~*) to run **III.** *vr* ■**sich** ~ to change colour [*or* AM -or]; *Himmel* to turn colour [*or* AM -or]; ***die Blätter ~ sich gelb*** the leaves are turning yellow
farbenblind *adj* colour blind **Farbenblindheit** *f* BIOL colour blindness **farbenfreudig** *adj* ❶ (*bunt*) colourful ❷ (*kräftige Farben bevorzugend*) loving bright colours **farbenfroh** *adj* colourful **Farbenpracht** *f* (*geh*) blaze of colour **farbenprächtig** *adj* (*geh*) *s.* **farbenfroh**
Färber(in) <-s, -> *m(f)* dyer
Färberei <-, -en> *f* dye-works
Farbfernsehen *nt* colour television [*or* TV] **Farbfernseher** *m* (*fam*) colour television [set] [*or fam* TV] **Farbfernsehgerät** *nt* colour television [*or* TV] set **Farbfilm** *m* colour film **Farbfilter** *m* colour filter **Farbfoto** *nt* colour photograph
farbig **I.** *adj* ❶ (*bunt*) coloured, colourful; (*für Farbabbildungen*) colour; **eine ~e Postkarte** a colour postcard; **ein ~es Passbild** a colour passport photo ❷ (*anschaulich*) colourful ❸ *attr* (*Hautfarbe betreffend*) coloured; **die ~e Bevölkerung** coloured people **II.** *adv* ❶ (*bunt*) in colour ❷ (*anschaulich*) colourfully
färbig *adj* ÖSTERR *s.* **farbig 1**
Farbige(r) *f(m)* *dekl wie adj* coloured person, non-white
Farbkasten *m* paint box **Farbkopierer** *m* colour copier
farblich **I.** *adj* colour **II.** *adv* in colour; ***sie stimmte die Vorhänge ~ auf die Tapete ab*** she matched the colours of the curtains and the carpet
farblos *adj* ❶ (*ohne Farbe*) colourless; **ein ~er Lippenstift** a clear lipstick ❷ (*unauffällig, langweilig*) dull; **eine ~ Frau** a drab woman
Farbskala *f* colour range **Farbstift** *m* coloured pen [*or* pencil] **Farbstoff** *m* ❶ (*Färbemittel*) dye; (*in Nahrungsmitteln*) artificial colouring ❷ (*Pigment*) pigment **Farbton** *m* shade **Farbtupfer** *m* splash of colour
Färbung <-, -en> *f* ❶ *kein pl* (*das Färben*) colouring ❷ (*Tönung*) shade; (*von Blättern*) hue ❸ (*Einschlag*) bias, slant *fig*
Farce <-, -n> ['farsə] *f* ❶ (*Lustspiel*) farce ❷ (*lächerliche Karikatur*) farce; **eine einzige ~ sein** it's just a farce! ❸ KOCHK (*Füllung für Fleisch- und Fischspeisen*) stuffing, filling
farcieren *vt* KOCHK ■**etw** ~ to stuff [*or* fill] sth
Farinzucker *m s.* **Rohrzucker**
Farm <-, -en> *f* ❶ (*Bauernhof*) farm ❷ (*Zuchtbetrieb*) farm
Farmer(in) <-s, -> *m(f)* farmer
Farmhaus *nt* farmhouse
Farn <-[e]s, -e> *m,* **Farnkraut** *nt* fern
Farnpflanze *f* BOT fern
Färse <-, -n> *f* heifer
Fasan <-s, -e[n]> *m* pheasant
faschieren* *vt* ÖSTERR (*durch den Wolf drehen*) ■**etw** ~ to mince [*or* AM grind] sth
Faschierte(s) *nt dekl wie adj* ÖSTERR (*Hackfleisch*) mince, minced [*or* AM ground] meat
Fasching <-s, -e *o* -s> *m* SÜDD (*Fastnacht*) carnival
Faschingsdienstag *m* Shrove Tuesday **Faschingskrapfen** *m* jam [*or* AM jelly] doughnut
Faschismus <-> *m kein pl* fascism
Faschist(in) <-en, -en> *m(f)* fascist
faschistisch *adj inv* POL, HIST ❶ (*den Faschismus betreffend*) fascist ❷ (*pej: vom Faschismus geprägt*) fascist
faschistoid *adj* POL (*pej*) fascistic *pej*
Faselbohne *f s.* **Helmbohne**
Faselei <-, -en> *f* (*pej fam*) drivel *pej fam*
faseln **I.** *vi* (*pej fam*) to babble *pej fam;* ***hör auf zu ~!*** stop babbling on! **II.** *vt* (*pej fam*) ■**etw** ~ to spout on about sth *pej fam;* ***was faselt er da ständig?*** what's he going on about?
Faser <-, -n> *f* ❶ (*synthetisch erzeugter Faden*) fibre [*or* AM -er] ❷ (*Gewebezelle*) fibre [*or* AM -er]
fas(e)rig *adj* fibrous
fasern *vi* to fray
Fasnacht *f kein pl s.* **Fastnacht**
fasrig *adj s.* **faserig**
Fass^RR^ <-es, Fässer> *nt,* **Faß** <-sses, Fässer> *nt* (*Gefäß*) barrel, vat, cask; **etw in Fässer füllen** to barrel sth, to put sth into barrels; **vom** ~ on draught [*or* AM draft], on tap; **Bier vom** ~ draught [*or* AM draft] beer; **Wein vom** ~ wine from the wood ▶ WENDUNGEN: **ein ~ ohne Boden** a bottomless pit; **das schlägt dem ~ den Boden aus!** that really is the limit!; **das ~ zum Überlaufen bringen** to be the final [*or* last] straw, the straw that broke the camel's back
Fassade <-, -n> *f* ❶ (*Vorderfront eines Gebäudes*) façade, front ❷ (*äußerer Schein*) façade, front; **nur ~ sein** to be just [a] show
Fassbier^RR^ *nt* draught [*or* AM draft] beer
Fässchen^RR^ <-s, -> *nt dim von* **Fass** cask, keg
fassen **I.** *vt* ❶ (*ergreifen*) ■**etw** ~ to grasp sth; **jds Hand** ~ to take sb's hand; ■**jdn an/bei etw** *dat* ~ to seize sb by sth; **jdn am Arm** ~ to seize sb's arm [*or* sb by the arm]; **jdn bei der Hand** ~ to take sb by the hand; ■**etw an etw** *dat* ~ to take hold of sth by sth ❷ (*festnehmen*) ■**jdn** ~ to apprehend [*or* seize] [*or* catch] sb; ***die Täter konnten bisher nicht gefasst werden*** so far the culprits have not been apprehen-

ded ❸ (*zu etw gelangen*) ■**etw** ~ to take sth; **einen Entschluss** ~ to make a decision; **einen Vorsatz** ~ to make [*or* come to] a resolution; **keinen klaren Gedanken** ~ **können** not able to think clearly ❹ (*begreifen*) ■**etw** ~ to comprehend sth; ***er konnte sein Glück kaum fassen*** he could scarcely believe his luck; ***ich fasse es einfach nicht!*** I just don't believe it!; **es nicht** ~ **können[, dass ...]** not to be able to understand [*or* believe] [that ...]; **[das ist] nicht zu** ~**!** it's incredible [*or* unbelievable!] ❺ (*etw enthalten*) ■**etw** ~ to contain sth; ***wieviel Liter Öl fasst der Tank?*** how many litres of oil does the tank hold? ❻ (*ein*~) ■**etw [in etw** *akk*] ~ to mount [*or* set] sth [in sth]; *s. a.* **Wort II.** *vi* ❶ (*greifen*) to grip, to grasp; *Zahnrad, Schraube* to bite; ***die Reifen fassen nicht in dem tiefen Schnee*** the tyres won't grip in the deep snow ❷ (*berühren*) ■**an etw** *akk*/**in etw** *akk* ~ to touch sth/to feel inside sth; ***sie fasste in das Loch*** she felt inside the hole ❸ (*schnappen*) *von Hund* to bite; ***fass!*** get [*or* grab] [him/her]! **III.** *vr* ■**sich** ~ to pull oneself together; **sich kaum mehr** ~ **können** to scarcely be able to contain oneself

fässerweise *adv* by the barrel[ful] [*or* gallon]

FassetteRR <-, -n> *f s.* **Facette**

Fasson <-, -s> [fa'sõ:, fa'sɔŋ] *f* (*normale Form*) shape; **aus der** ~ **geraten** (*fam*) to let oneself go *fam* ▸ WENDUNGEN: **jeder soll nach seiner** [*o* **auf seine**] ~ **selig werden** (*prov*) each must live as he sees fit

Fassreif(en)RR *m* [barrel] hoop

Fassung <-, -en> *f* ❶ (*Rahmen*) mounting, setting ❷ (*Brillengestell*) frame; **eine Brille mit einer goldenen** ~ a pair of glasses with gold frames ❸ ELEK socket ❹ (*Bearbeitung*) version ❺ *kein pl* (*Selbstbeherrschung*) composure; **die** ~ **bewahren** to maintain one's composure, to keep one's cool *sl;* **jdn aus der** ~ **bringen** to unsettle [*or* disconcert] [*or* throw] sb; **außer** ~ **geraten** to lose one's composure [*or* self-control], to become rattled *fam;* **etw mit** ~ **tragen** to bear [*or* take] sth calmly; ***trag es mit*** ~ don't let it get to you; **die** ~ **verlieren** to lose one's self-control, to lose one's cool *sl*

fassungslos **I.** *adj* staggered, stunned **II.** *adv* in bewilderment; ~ **zusehen, wie ...** to watch in shocked amazement as ...

Fassungslosigkeit <-> *f kein pl* complete bewilderment

Fassungsvermögen *nt* capacity

FassweinRR *m* wine from the wood

fassweiseRR *adv* by the barrel[ful]

fast *adv* almost, nearly; ***ich konnte*** ~ ***nichts sehen*** I almost couldn't see anything; ~ ***nie*** hardly ever

fasten *vi* to fast

Fastenkur *f* diet; **eine** ~ **machen** to go on a diet **Fastenspeise** *f* KOCHK, REL fasting [*or* Lenten] food **Fastenzeit** *f* REL Lent, period of fasting

Fast FoodRR, **Fastfood**RR <-> ['fa:stfu:d] *nt kein pl* fast food

Fastfoodkette ['fa:stfu:d-] *f* chain of fast food restaurants

Fastnacht *f kein pl* DIAL carnival

Fastnachtsdienstag *m* Shrove Tuesday **Fastnachtskrapfen** *m* jam [*or* AM jelly] doughnut **Fastnachtszeit** *f* carnival season

Fasttag *m* day of fasting; **einen** ~ **einlegen** to go on a day of fasting; **einen** ~ **machen** to fast for a day

Faszination <-> *f kein pl* fascination; **[eine]** ~ **auf jdn ausüben** to fascinate sb

faszinieren* **I.** *vt* ■**jdn** ~ to fascinate sb; ***was fasziniert dich so an ihn?*** why do you find him so fascinating?; ***er war von ihrem Lächeln fasziniert*** he was captivated by her smile **II.** *vi* to fascinate

faszinierend *adj* fascinating

fatal *adj* (*geh*) ❶ (*verhängnisvoll*) fatal; **sich** ~ **[auf etw** *akk*] **auswirken** to have fatal repercussions; ~**e Folgen haben** to have fatal repercussions ❷ (*peinlich*) embarrassing, awkward; **ein** ~**es Gefühl** an awkward feeling; **in eine** ~**e Lage geraten** to be in an awkward position

Fatalismus <-> *m kein pl* (*geh*) fatalism

Fatalist(in) <-en, -en> *m(f)* fatalist

fatalistisch *adj* (*geh*) fatalistic

Fata Morgana <- -, - Morganen *o* -s> *f* ❶ (*Luftspiegelung*) mirage ❷ (*Wahnvorstellung*) fata morgana, hallucination

Fatzke <-n *o* -s, -n> *m* (*pej fam*) pompous twit

fauchen *vi* ❶ (*Tierlaut*) to hiss ❷ (*wütend zischen*) to spit

faul *adj* ❶ (*nicht fleißig*) idle, lazy ❷ (*verfault*) rotten [*or* bad]; (*verrottet*) decayed, rotten; ~**e Blätter** dead leaves; (*faulig*) foul ❸ (*pej fam: nicht einwandfrei*) feeble; **ein** ~**er Kompromiss** a shabby compromise; **ein** ~**er Kredit** a bad credit; **ein** ~**er Kunde** a shady customer; ■**an etw** *dat* **ist etw** ~ sth is fishy about sth; ***an diesem Angebot ist irgendwas*** ~ there's something fishy about this offer ❹ (*ohne zu zögern*) **nicht** ~ not slow ▸ WENDUNGEN: **etw ist** ~ **im Staate Dänemark** (*prov*) there's something rotten in the State of Denmark

Faulbaum *m* BOT black alder, alder buckthorn

faulen *vi sein o haben* to rot; *carcass* to decay; *Wasser* to stagnate; *Gemüse, Obst* to rot

faulenzen *vi* to laze about [*or* around] BRIT, to loaf around [*or* BRIT about] *pej sl;* ■**das F**~ lazing about

Faulenzer(in) <-s, -> *m(f)* (*pej*) layabout BRIT *pej fam,* lazybones *fam,* loafer *pej sl,* idler

Faulenzerei <-, *selten* -en> *f* (*pej*) idleness

Faulheit <-> *f kein pl* idleness, laziness; **vor** ~ **stinken** (*pej fam*) to be bone idle BRIT *pej fam*

faulig *adj* rotten; **ein** ~**er Geruch** a foul smell; **ein** ~**er Geschmack** a foul taste; ~**es Wasser** stagnant water; ~ **riechen/schmecken** to smell/taste foul

Fäulnis <-> *f kein pl* decay, rot; ***man muss das Holz gegen*** ~ ***schützen*** the wood must be protected from rotting; **im Zustand der** ~ in a state of decay

Faulpelz *m* (*pej fam*) layabout BRIT *pej fam,* loafer *pej sl,* lazybones **Faulschlamm** *m* sludge **Faultier** *nt* ❶ (*Tier*) sloth ❷ (*fam*) *s.* **Faulpelz**

Faun <-[e]s, -e> *m* faun

Fauna <-, Faunen> *f* fauna

Faust <-, Fäuste> *f* (*geballte Hand*) fist; **die [Hand zur]** ~ **ballen** to clench one's fist ▸ WENDUNGEN: **wie die** ~ **aufs Auge passen** (*nicht passen*) to clash horribly; (*perfekt passen*) to be a perfect match; (*passend sein*) to be [very] convenient; **jds** ~ **im Nacken spüren** to have sb breathing down your neck; **die** ~/**Fäuste in der Tasche ballen** to hold [*or* choke] back [*or* bottle up] one's anger; **mit der** ~ **auf den Tisch schlagen** to bang [*or* thump] the table with one's fist; **auf eigene** ~ off one's own bat BRIT, on one's own initiative [*or* under our own steam]; **mit eiserner** ~ with an iron fist [*or* hand]

Faustball *m kein pl* fistball (*team game in which the ball is hit over a cord with the fist or forearm*)

Fäustchen <-s, -> *nt dim von* **Faust** little fist ▸ WENDUNGEN: **sich** *dat* **ins** ~ **lachen** (*fam*) to laugh up one's sleeve *fam*

faustdick *adj* (*fam*) ❶ (*dick wie eine Faust*) *s.* **faustgroß** ❷ (*fam: unerhört*) whopping; ***das ist eine*** ~***e Lüge!*** that's a real whopper!, that's a whopping lie! ▸ WENDUNGEN: ~ **auftragen** (*fam*) to lay it on thick *fam;* **es** ~ **hinter den Ohren haben** to be crafty, to be a sly dog

Fäustel <-s, -> *m* mallet

Faustfeuerwaffe *f* handgun **faustgroß** *adj* the

size of [*or* as big as] a fist **Fausthandschuh** *m* mitten **Faustkeil** *m* hand-axe

Fäustling <-s, -e> *m s.* **Fausthandschuh**

Faustpfand *nt* security **Faustrecht** *nt kein pl* law of the jungle **Faustregel** *f* rule of thumb **Faustschlag** *m* blow, punch

Fauxpas <-, -> [fo'pa] *m* (*geh*) faux pas, gaffe; **einen ~ begehen** to make a gaffe, to make [*or* commit] a faux pas

Fave <-, -n> *f* KOCHK young broad bean

favorisieren* [-vo-] *vt* (*geh*) ■**jdn** ~ to favour [*or* AM -or] sb

Favorit(in) <-en, -en> [-vo-] *m(f)* ① (*Liebling*) favourite [*or* AM -orite] ② SPORT favourite [*or* AM -orite]

Fax <-, -e> *nt* ① (*Schriftstück*) fax ② (*Gerät*) fax [machine]; ***schick mir den Vertrag per ~ zu*** send me the contract by fax

faxen **I.** *vi* ■[**jdm**] ~ to fax [sb], to send a fax to sb **II.** *vt* ■**etw** ~ to fax sth; ■**etw an jdn** [*o* **jdm etw**] ~ to fax sth to sb [*or* sb sth], to send a fax to sb

Faxen *pl* ① (*Unsinn, Albereien*) clowning around; ***lass die ~!*** stop clowning around!; **nichts als** [**dumme**] **~ im Kopf haben** to still fool around; **~ machen** (*sl: Schwierigkeiten machen*) to give sb trouble ② (*fam: Grimassen*) grimaces *pl;* ***lass die ~!*** stop pulling [*or* making] faces!; **~ machen** to make [*or* BRIT pull] faces ▶ WENDUNGEN: **die ~ dick**[**e**] **haben** (*fam*) to have had it up to here *sl*

Faxgerät *nt* fax **Faxmodem** *nt* fax modem

Fayence <-, -n> [fa'jã:s] *f* faïence

Fazit <-s, -s *o* -e> *nt* result, upshot, summary, conclusion *fam;* **das ~ aus etw** *dat* **ziehen** to sum up sth *sep;* (*Bilanz ziehen*) to take stock of sth

FCKW <-s, -s> *m Abk von* **Fluorchlorkohlenwasserstoff** CFC

FCKW-frei *adj inv* CFC-free

FDP <-> *f Abk von* **Freie Demokratische Partei** FDP

Feature <-s, -s> ['fi:tʃɐ] *nt* feature programme [*or* AM -am]

Feber <-s, -> *m* ÖSTERR (*Februar*) February

Februar <-[s], *selten* -e> *m* February; **Anfang/Ende ~** at the beginning/end of February; **Mitte ~** in the middle of February, mid-February; **~ sein** to be February; **~ haben** to be February; ***jetzt haben wir*** [*o* ***ist es***] ***schon ~ und ich habe noch immer nichts geschafft*** it's February already and I still haven't achieved anything; **im ~** in February; **im Laufe des ~s** [*o* **des Monats ~**] during the course of February, in February; **im Monat ~** in [the month of] February; **in den ~ fallen/legen** to be in February/to schedule for February; **diesen** [*o* **in diesem**] **~** this February; **jeden ~** every February; **bis in den ~** [**hinein**] until [well] into February; **den ganzen ~ über** for the whole of February; **am 14. ~** (*Datumsangabe: geschrieben*) on [the] 14th February [*or* February 14th] BRIT, on February 14 AM; (*gesprochen*) on the 14th of February [*or* AM February the 14th]; ***am Freitag, dem*** [*o* ***den***] ***14. Februar*** on Friday, February [the] 14th; ***Dorothee hat am 12. ~ Geburtstag*** Dorothee's birthday is on February 12th; **auf den 14. ~ fallen/legen** to fall on/to schedule for February 14th; ***Hamburg, den 14. ~ 2000*** Hamburg, 14th February 2000 BRIT, Hamburg, February 14, 2000 *esp* AM

fechten <fechtet *o* ficht, focht, gefochten> *vi* ① SPORT ■[**mit etw** *dat*] ~ to fence [with sth]; ■**gegen jdn** ~ to fence against sb ② (*geh: kämpfen*) ■[**für jdn/etw/unter jdm**] ~ to fight [for sb/sth/under sb]

Fechten <-s> *nt kein pl* fencing

Fechter(in) <-s, -> *m(f)* fencer

Feder <-, -n> *f* ① (*Teil des Gefieders*) feather; (*lange Hut~*) long feathers, plume; **leicht wie eine ~** as light as a feather ② (*Schreib~*) nib, quill; **eine spitze ~ führen** to wield a sharp pen; **zur ~ greifen** to put pen to paper; **aus jds ~ stammen** to come from sb's pen ③ (*elastisches Metallteil*) spring ④ (*Bett*) **noch in den ~n liegen** (*fam*) to still be in bed; ***raus aus den ~n!*** (*fam*) rise and shine! *fam* ▶ WENDUNGEN: **sich mit fremden ~n schmücken** to take the credit for sb else's efforts; **~n lassen müssen** (*fam*) not to escape unscathed

Federball *m* ① *kein pl* (*Spiel*) badminton; **~ spielen** to play badminton ② (*leichter Gummiball*) shuttlecock **Federbein** *nt* TECH, AUTO suspension strut **Federbett** *nt* continental quilt BRIT, duvet BRIT, comforter AM **Federbusch** *m* ① (*Federn auf Vogelkopf*) crest ② (*Federn auf Kopfbedeckung*) plume **Federdecke** *f s.* **Federbett** **Federfuchser(in)** <-s, -> *m(f)* (*pej*) petty pen pusher *pej* **federführend** *adj* in charge; ■[**bei etw/für etw**] **~ sein** to be in charge [of sth] **Federführung** *f* overall control; **unter der ~ von jdm/etw …** under the overall control of sb/sth … **Federgewicht** *nt* SPORT ① *kein pl* (*niedrige Körpergewichtsklasse*) featherweight ② (*Sportler*) *s.* **Federgewichtler** **Federgewichtler(in)** <-s, -> *m(f)* SPORT featherweight **Federhalter** *m* fountain pen, pen holder **Federkernmatratze** *f* interior sprung mattress, innerspring mattress AM **Federkiel** *m* ① (*Teil einer Feder*) quill ② (*Schreibgerät*) quill **Federkissen** *nt* feather pillow **federleicht** *adj* as light as a feather *pred* **Federlesen** *nt* **ohne langes ~** without further ado; **ohne viel ~s** without much ceremony; **nicht viel ~s mit jdm/etw machen** to waste no time on sb/sth **Federmäppchen** <-s, -> *nt* pencil case

federn **I.** *vi* ① (*nachgeben*) to give slightly, to be springy ② SPORT to flex; [**in den Knien**] ~ to bend [at the knees] **II.** *vt* ■**etw** ~ to fit sth with suspension

federnd *adj* flexible, springy; **einen jugendlich-~en Gang haben** to have a youthful spring in one's step

Federstrich *m* stroke of the pen; **mit einem ~** with a single stroke of the pen

Federung <-, -en> *f* springing; (*für Auto a.*) suspension

Federvieh *nt* (*fam*) poultry

Federweiße(r) *m dekl wie adj* new wine

Federwild *nt* feathered game **Federzeichnung** *f* pen-and-ink drawing

Fee <-, -n> [-e:ən] *f* fairy; **die gute/böse ~** the good/bad fairy

Feed-back[RR], **Feedback** <-s, -s> ['fi:dbɛk] *nt* feedback *no indef art, no pl;* **jdm** [**ein**] **~ geben** to give sb feedback

Feeling <-s> ['fi:lɪŋ] *nt kein pl* ① (*Gefühl*) feeling ② (*Gefühl für etw*) feel; **ein ~ für etw** *akk* **haben** to have a feel for sth; **ein ~ für etw** *akk* **entwickeln** to develop a feel for sth

Fegefeuer *nt* ■**das ~** purgatory

fegen **I.** *vt haben* ① (*kehren*) ■**etw** ~ to sweep sth; ■**etw von etw** *dat* ~ to sweep sth off sth ② (*fortschieben*) ■**etw** ~ to sweep sth away ③ SCHWEIZ (*feucht wischen*) ■**etw irgendwohin** ~ to wipe sth [with a damp cloth] **II.** *vi* ① *haben* (*ausfegen*) to sweep up ② *haben* SCHWEIZ (*feucht wischen*) to wipe ③ *sein* (*fam: schnell fahren*) to sweep, to tear; ***er kam um die Ecke gefegt*** he came tearing round the corner ④ (*stark wehen*) to sweep; ***der Sturm fegte durch das Geäst*** the storm swept through the boughs of the trees

Fehde <-, -n> *f* ① (*Konflikt*) feud; **eine ~ mit jdm austragen** [*o* **fechten**] (*geh*) to carry on a feud with sb; **mit jdm in ~ liegen** (*geh*) to be feuding with sb ② HIST (*privater Krieg im Mittelalter*) feud

Fehdehandschuh *m* gauntlet; **jdm den ~ hinwerfen** (*fig geh*) to throw down the gauntlet to sb *fig;*

den ~ aufheben [*o* **nehmen**] (*fig geh*) to pick up the gauntlet *fig*

fehl *adj* **~ am Platz[e] [sein]** [to be] out of place

Fehl *m* **ohne ~ [und Tadel]** (*geh*) to be immaculate; **ein Mensch ohne ~ und Tadel** a person without blemish or blame

Fehlalarm *m* false alarm **Fehlanzeige** *f* (*fam*) dead loss *fam;* ■ **~!** wrong! **fehlbar** *adj* fallible **Fehlbesetzung** *f* wrong appointment; **eine ~ machen** [*o* **vornehmen**] to make a wrong appointment; (*bei Schauspielern*) miscasting; ***als Hamlet ist er eine totale ~*** he was totally miscast in the role as Hamlet **Fehlbestand** *m* deficiency **Fehlbetrag** *m* ❶ FIN (*fehlender Betrag*) shortfall ❷ ÖKON (*Defizit*) deficit **Fehldiagnose** *f* wrong [*or* false] diagnosis **Fehldruck** *m* misprint **Fehleinschätzung** *f* misjudgement, false estimation

fehlen **I.** *vi* ❶ (*nicht vorhanden sein*) ■ **etw fehlt [jdm]** sth is missing [for sb]; ***mir ~ noch einige Münzen*** I'm still missing a few coins; ***wie immer, das Zitat deiner Mutter, das durfte ja nicht ~!*** (*iron*) you couldn't leave that out, you had to quote your mother! ❷ (*abhanden gekommen sein*) ■ **jdm fehlt etw** sb is missing sth; ***mir ~ 100 Mark*** I'm missing 100 marks; ***sie stellte fest, dass einige Bücher fehlten*** she discovered that some books were missing ❸ (*abwesend sein*) ■ **[in etw** *dat*] **~** to be missing [from sth]; **entschuldigt/unentschuldigt ~** *bes* MIL authorized/unauthorized absence; (*in Schule*) to be absent with/without an excuse ❹ (*schmerzlich vermissen*) ■ **jd fehlt jdm** sb misses sb; ***du fehlst mir*** I miss you ❺ (*an etw leiden*) ***ich glaube, mir fehlt etwas*** I think there is something wrong with me; ***wenn ich nur wüsste, was mir fehlt*** if I only knew what was wrong with me; ***nein, mir fehlt wirklich nichts*** no, there is nothing the matter with me; ***fehlt Ihnen etwas?*** is there anything wrong with you? **II.** *vi impers* ❶ (*abhanden gekommen sein*) to be missing; ***es ~ 500 Mark aus der Kassette*** 500 marks are missing from the cashbox ❷ (*mangeln*) ■ **jdm fehlt es an etw** *dat* sb is lacking sth; ***jetzt fehlt es sogar an Brot*** there's even a lack of bread now; ***das Haus müsste mal wieder gestrichen werden, aber es fehlt eben an Geld*** the house should be repainted, but we just don't have enough money; **jdm fehlt an [gar] nichts** (*geh*) sb wants for nothing; ***während unserer Reise fehlte es uns an nichts*** during our journey we wanted for nothing ▶ WENDUNGEN: **es fehlte nicht viel, und ...** ^ ... almost ...; ***es hat nicht viel gefehlt, und du hättest die Kaffeekanne umgestoßen!*** you almost knocked the coffee pot over; **weit gefehlt!** way off the mark!, far from it!; **wo fehlt es** [*o* **'s**]**?** what's the matter?, what's wrong? *fam*

Fehler <-s, -> *m* ❶ (*Irrtum*) error, mistake; **einen ~ machen** [*o* **begehen**] to make a mistake; **jds ~ sein** to be sb's fault; **jdm ist ein ~ unterlaufen** sb has made a mistake ❷ SCH error, mistake ❸ (*Mangel*) defect; **einen ~ haben** to have a defect, to be defect ❹ (*schlechte Eigenschaft*) fault; **jeder hat [seine] ~** everyone has [their] faults; **den ~ [an sich** *dat*] **haben, etw zu tun** to have the fault of doing sth; ***du hast den ~, dass du immer mehr verlangst*** the trouble with you is, you're always asking for more ❺ SPORT fault; **auf ~ erkennen** [*o* **entscheiden**] to indicate a foul

fehleranfällig *adj* prone to errors *pred;* ***das ist ein sehr ~es Computerprogramm*** this computer program is prone to errors **Fehleranzeige** *f* INFORM error message **fehlerfrei** *adj s.* **fehlerlos**

fehlerhaft *adj* ❶ (*mangelhaft*) poor, imperfect, substandard; (*bei Waren*) defective ❷ (*falsch*) incorrect

fehlerlos *adj* faultless, perfect

Fehlermeldung *f* INFORM error message **Fehlerquelle** *f* source [*or* cause] of error **Fehlerquote** *f* error rate

Fehlgeburt *f* miscarriage; **eine ~ haben** [*o* **erleiden**] to have a miscarriage **fehl|gehen** *vi irreg sein* (*geh*) ❶ (*sich irren*) to be mistaken, to err; ■ **in etw ~** to be mistaken [*or* wrong] about sth; **fehl in der Annahme gehen, dass ...** to be mistaken [*or* wrong] in assuming that ... ❷ (*sich verlaufen*) to go wrong ❸ (*das Ziel verfehlen*) to go wide, to miss **Fehlgriff** *m* mistake; **einen ~ tun** to make a mistake **Fehlinformation** *f* incorrect [*or* false] information *no indef art, no pl* **Fehlinterpretation** *f* misinterpretation **Fehlinvestition** *f* bad investment **Fehlkalkulation** *f* miscalculation; **eine schwerwiegende ~** a grave miscalculation **Fehlkonstruktion** *f* (*pej*) flawed product; **eine totale ~ sein** to be extremely badly designed **Fehlleistung** *f* mistake, slip; **freudsche ~** Freudian slip **fehlleiten** *vt* to misdirect **Fehlplanung** *f* bad planning **Fehlrippe** *f* KOCHK rib **Fehlschlag** *m* failure **fehl|schlagen** *vi irreg sein* to fail; ***alle Bemühungen, den Streik zu verhindern, schlugen fehl*** all efforts to avert the strike came to nothing **Fehlstart** *m* ❶ (*missglückter Start eines Flugzeugs/Raumschiffs*) faulty launch ❷ SPORT false start **Fehltritt** *m* (*geh*) ❶ (*Fauxpas*) lapse, slip ❷ (*Ehebruch*) indiscretion **Fehlurteil** *nt* ❶ JUR miscarriage of justice ❷ (*falsche Beurteilung*) misjudgement; **ein ~ fällen** to form [*or* come to] [*or* make] an incorrect judgement **Fehlverhalten** *nt* ❶ (*falsches Verhalten*) inappropriate behaviour [*or* AM -or] ❷ PSYCH, SOZIOL aberrant [*or* abnormal] behaviour [*or* AM -or] **Fehlzündung** *f* misfiring; **~ haben** to misfire

Feier <-, -n> *f* ❶ (*festliche Veranstaltung*) celebration, party; **zur ~ einer S.** *gen* to celebrate sth ❷ (*würdiges Begehen*) ceremony; **zur ~ des Tages** in honour [*or* AM -or] of the occasion

Feierabend *m* ❶ (*Arbeitsschluss*) end of work, closing time *fam;* ***hoffentlich ist bald ~*** I hope it's time to go home soon; ***so, für mich ist jetzt ~*** OK, (it's) time for me to go!, OK, I think I'll call it a day!; ■ **~!** that's it for today!; **~ haben** to be time for sb to finish work; **~ machen** to finish work for the day; **nach ~** after work ❷ (*Zeit nach Arbeitsschluss*) evening; ***schönen Feierabend!*** have a nice evening! ▶ WENDUNGEN: **jetzt ist [damit] aber ~!** (*fam*) that's enough! *fam*

feierlich **I.** *adj* ❶ (*erhebend*) ceremonial, formal; **ein ~er Akt** a ceremonial act; **ein ~er Anlass** a formal occasion ❷ (*nachdrücklich*) solemn; **~e Beteuerungen** solemn declaration; **ein ~er Schwur** a solemn oath ▶ WENDUNGEN: **nicht mehr ~ sein** (*fam*) to go beyond a joke, to be no longer funny *fam* **II.** *adv* ❶ (*würdig*) formally; **etw ~ begehen** to celebrate sth ❷ (*nachdrücklich*) solemnly

Feierlichkeit <-, -en> *f* ❶ *kein pl* (*würdevolle Beschaffenheit*) solemnity, festiveness ❷ *meist pl* (*Feier*) celebrations, festivities

feiern **I.** *vt* ❶ (*festlich begehen*) ■ **etw ~** to celebrate sth; **seinen Geburtstag ~** to celebrate one's birthday; **eine Party ~** to have a party; *s. a.* **Abschied, Wiedersehen** ❷ (*umjubeln*) ■ **jdn ~** to acclaim sb **II.** *vi* to celebrate, to have a party

Feierschicht *f* (*ausgefallene Schicht*) cancelled [*or* AM canceled] shift; **eine ~ fahren** [*o* **einlegen**] to miss [*or* cancel] a shift **Feierstunde** *f* ceremony **Feiertag** *m* holiday; ***na dann, schöne ~e!*** have a nice holiday!

feig(e) **I.** *adj* cowardly; ***los, sei nicht ~!*** come on, don't be a coward! **II.** *adv* cowardly

Feige <-, -n> *f* ❶ (*Baum*) fig tree ❷ (*Frucht*) fig

Feigenbaum *m* fig tree **Feigenblatt** *nt* ❶ (*Blatt des Feigenbaums*) fig leaf ❷ (*dürftige Tarnung*) front; **etw als ~ benutzen** to use sth as a front [to hide sth]
Feigheit <-, -en> *f kein pl* cowardice; **~ vor dem Feind** cowardice in the face of the enemy
Feigling <-s, -e> *m* (*pej*) coward *pej*
Feile <-, -n> *f* file
feilen I. *vt* ■ **etw ~** to file sth; **seine Fingernägel ~** to file one's nails II. *vi* ■ **an etw** *dat* **~** ❶ (*mit einer Feile bearbeiten*) to file sth ❷ (*verbessern, vervollkommnen*) to polish, to make improvements, to improve; ***ich muss noch etwas an meinem Referat ~*** I have to polish up my oral presentation
feilschen *vi* (*pej*) ■ [**mit jdm**] [**um etw** *akk*] **~** to haggle [with sb] [over sth]
fein I. *adj* ❶ (*nicht grob*) fine; (*zart*) delicate; **~es Haar** fine hair ❷ (*vornehm*) distinguished; **~e Dame/~er Herr** a distinguished lady/gentleman; **~er Pinkel** (*pej fam*) a person who gives himself airs BRIT; **sich** *dat* **für etw** *akk* **zu ~ sein** sth is beneath one; **sich ~ machen** to get dressed up, to do oneself up *fam* ❸ (*von hoher Qualität*) exquisite, excellent, choice; **das F~ste vom F~en** the best [of the best], the creme de la creme; **vom F~sten** of the highest quality; (*rein*) pure; **aus ~em Gold/Silber** made out of pure gold/silver ❹ (*fam: anständig*) decent; (*iron*) fine *iron;* ***du bist mir ja ein ~er Freund!*** you're a fine friend! *iron* ❺ (*scharf, ~sinnig*) keen, acute, sensitive; **ein ~es Gehör haben** to have an acute sense of hearing; **eine ~e Nase haben** to have a very keen [*or* acute] sense of smell ❻ (*dezent*) delicate; **~er Humor** delicate sense of humour [*or* AM -or]; **~e Ironie** subtle irony ❼ (*fam: erfreulich*) fine, super, perfect, great; **~!** great!; **~, dass ...** it's great that ... ▶ WENDUNGEN: **~ heraus** [*o* **raus**] **sein** (*fam*) to be in a nice position; *s. a.* **säuberlich** II. *adv* ❶ *vor adj, adv* (*kindersprache: hübsch*) nice and ..., just *childspeak;* ***seid ~ artig!*** just be good now! ❷ (*genau*) fine, precise; **~ säuberlich** accurate ❸ (*zart, klein*) finely; **~ gemahlen** fine-ground, finely ground ❹ (*elegant*) **~ angezogen sein** to be dressed up; **sich ~ machen** to dress up
Feinabstimmung *f* fine tuning **Feinanteil** *m* KOCHK fines *npl* **Feinarbeit** *f* precision work
Feind(in) <-[e]s, -e> *m(f)* ❶ (*Gegner*) enemy, foe; **jdn zum ~ haben** to have sb as an enemy; **sich** *dat* **jdn zum ~ machen** to make an enemy of sb; **sich** *dat* **~e schaffen** to make enemies ❷ (*Opponent*) opponent; ■ **ein ~ einer S.** *gen* an opponent of sth ▶ WENDUNGEN: **viel ~ viel Ehr** the greater the opposition, the greater the prestige; **liebet eure ~e** REL love thine enemies; **ran an den ~!** (*fam*) up and at them! *fam*
Feindbild *nt* concept of an/the enemy
feindlich I. *adj* ❶ (*gegnerisch*) enemy *attr; Stellung* enemy position ❷ (*feindselig*) hostile; **eine ~e Haltung gegenüber jdm/etw einnehmen** to be hostile towards [*or* to] sb/sth; **jdm/einer S. ~ gegenüberstehen** to be hostile to sb/sth II. *adv* **jdm/etw gegenüber ~ eingestellt sein** to have a hostile attitude towards [*or* to] sb/sth
Feindschaft <-, -en> *f kein pl* animosity, hostility; **mit jdm in ~ leben** to be at daggers drawn with sb *fam*
feindselig I. *adj* hostile II. *adv* hostilely; **sich ~ verhalten** to behave in a hostile manner
Feindseligkeit <-, -en> *f* ❶ *kein pl* (*feindselige Haltung*) hostility ❷ *pl* (*Kampfhandlungen*) hostilities *npl*
feinfühlig *adj* sensitive **Feingefühl** *nt kein pl* sensitivity, delicacy, tact; **etw mit viel ~ behandeln** to handle sth with a great deal of tact; **etw verlangt viel ~** this requires [*or* demands] a great deal of tact **Feingehalt** *m* fineness **feingemahlen** *adj attr s.* **fein** II 3 **feinglied(e)rig** *adj* delicate, slender; **von ~er Gestalt sein** to have a slender figure **Feingold** *nt* pure gold
Feinheit <-, -en> *f* ❶ (*Feinkörnigkeit*) fineness; (*Zartheit*) delicacy; (*von Stoff*) superior quality ❷ (*Scharfsinnigkeit*) acuteness, keenness ❸ (*Dezentheit*) subtle ❹ *pl* (*Nuancen*) subtleties, nuances *pl;* ***das sind eben die gewissen ~en, die man beachten muss*** it's the little things that make the difference
feinkörnig *adj* ❶ (*aus kleinen Teilen*) fine-grained; **~er Sand** fine sand ❷ FOTO fine-grain **Feinkost** *f* delicacies **Feinkostgeschäft** *nt* delicatessen **feinmachen** *vr s.* **fein** II 4 **feinmaschig** I. *adj* fine; ***ein ~er Pullover*** a finely knitted sweater II. *adv* finely knitted **Feinmechanik** *f* precision engineering **Feinmechaniker(in)** *m(f)* precision engineer **feinmotorisch** *adj inv* ANAT fine-motor *attr spec* **Feinschmecker(in)** <-s, -> *m(f)* gourmet **Feinsilber** *nt* pure silver **feinsinnig** *adj* (*geh*) sensitive **Feinwäsche** *f* delicates *npl* **Feinwaschmittel** *nt* mild detergent
feist *adj* fat
feixen *vi* (*fam*) to smirk
Felchen <-s, -> *m* whitefish
Feld <-[e]s, -er> *nt* ❶ (*offenes Gelände, unbebautes Land*) field; **freies** [*o* **offenes**] [*o* **weites**] **~** open country; **auf freiem ~** in the open country; *s. a.* **Wald** ❷ (*Acker*) field; **das ~/die ~er bestellen** to cultivate [*or* till] the land ❸ (*abgeteilte Fläche*) section, field; **die ~er in einem Formular ausfüllen** to fill out all the fields in a form; (*auf Spielbrett*) square; (*Hintergrund*) background; INFORM field ❹ (*Spiel~*) field ❺ (*Öl~*) oilfield ❻ *kein pl* (*Schlacht~*) [battle]field; **im ~** in battle ❼ (*Bereich*) area, field; **ein weites ~ sein** to be a broad subject ❽ SPORT (*Gruppe*) field; **das ~ anführen** to lead the field ❾ PHYS field; **ein elektromagnetisches ~** an electromagnetic field ▶ WENDUNGEN: **das ~ behaupten** to stand one's ground; **etw ins ~ führen** (*geh*) to put sth forward; **das ~ räumen** (*weggehen*) to quit the field, to leave; (*seine Stellung aufgeben*) to give up, to quit; **jdn aus dem ~ schlagen** to get rid of sb; **jdm/einer S. das ~ überlassen** to leave the field open to a thing/sb; **gegen jdn/etw zu ~e ziehen** (*geh*) to campaign against sb/sth
Feldahorn *m* common maple **Feldarbeit** *f* work in the fields **Feldbett** *nt* camp bed **Feldflasche** *f* canteen, water bottle **Feldforschung** *f* field research; **~ betreiben** to carry out field research **Feldfrüchte** *pl* arable products *pl* **Feldgrille** *f* ZOOL field cricket **Feldhase** *m* ZOOL hare **Feldherr(in)** *m(f)* MIL, HIST general, strategist **Feldhuhn** *nt* partridge **Feldjäger(in)** *m(f)* ❶ *pl* (*Truppe*) military police + *sing/pl vb* ❷ (*Truppenangehöriger*) military policeman **Feldküche** *f* MIL field kitchen **Feldlazarett** *nt* MIL field hospital **Feldlerche** *f* ORN skylark **Feldmarschall(in)** *m(f)* field marshall [*or* AM marshal] **Feldmaus** *f* field mouse **Feldpost** *f* MIL [*or* AM armed] forces' postal service **Feldsalat** *m* lamb's lettuce **Feldspat** *m* feldspar **Feldstärke** *f* field strength **Feldstecher** <-s, -> *m* binoculars *npl;* (*beim Militär a.*) field glasses *npl* **Feldstudie** *f* field study **Feldthymian** *m* wild thyme **Feldversuch** *m* field trial
Feldwebel(in) <-s, -> *m(f)* sergeant-major
Feldweg *m* field path, country lane **Feldzug** *m* ❶ MIL campaign ❷ ([*Werbe-*]*Kampagne*) campaign
Felge <-, -n> *f* rim
Felgenbremse *f* rim brake
Fell <-[e]s, -e> *nt* (*Tierhaut*) fur; (*abgezogener Tierpelz*) hide; **einem Tier das ~ abziehen** to skin an

animal ► WENDUNGEN: **jdm das ~ über die Ohren ziehen** (*fam*) to take sb to the cleaners; **ein dickes ~ haben** (*fam*) to be thick-skinned, to have a thick skin; **sich** *dat* **ein dickes ~ anschaffen** (*fam*) to grow a thick skin; **jdm das ~ gerben** [*o* **versohlen**] (*fam*) to give sb a good hiding [*or* spanking] *sl;* **jdn** [*o* **jdm**] **juckt das ~** (*fam*) sb's asking for it [*or* a good hiding]; **jdm schwimmen alle** [*o* **die**] **~e weg** (*fam*) [all] one's hopes are dashed

Fellache, Fellachin <-n, -n> *m, f* fellah

Fellatio <-> *f kein pl* fellatio *no pl*

Fels <-en, -en> *m* ❶ (*geh*) *s.* **Felsen** cliff ❷ (*Gestein*) rock; *s. a.* **Brandung**

Felsblock <-blöcke> *m* boulder **Felsbrocken** *m* lump of rock

Felsen <-s, -> *m* cliff

Felsenbeere *f* juneberry **felsenfest** I. *adj* firm, rock solid, steadfast, solid as a rock II. *adv* firmly, steadfastly; **~ von etw** *dat* **überzeugt sein** to be firmly convinced of sth **Felsengebirge** *nt* rocky mountain range **Felsenhahn** *m* ORN cock-of-the-rock **Fels(en)riff** *nt* rocky reef **Fels(en)schlucht** *f* rocky gorge [*or* ravine] **Felsentaube** *f* ORN rock dove

Felsgestein *nt* rock

felsig *adj* rocky

Felsmalerei *f* rock painting **Felsspalte** *f* cleft [*or* crevice] in the rock **Felswand** *f* rock face

Feme <-, -n> *f* (*mittelalterliches Gericht*) vehme

Fem(e)gericht *nt* (*mittelalterliches Gericht*) vehmic court (*a court in mediaeval West Phalia famous for executing those accused immediately after finding them guilty*) **Fememord** *m* murder committed under the vehmic system, sectarian killing

Feminat <-[e]s, -e> *nt* female committee

feminin *adj* ❶ LING feminine ❷ (*geh: fraulich*) feminine ❸ (*pej: weibisch*) effeminate *pej*

Femininum <-s, Feminina> *nt* LING feminine noun

Feminismus <-> *m kein pl* feminism

Feminist(in) <-en, -en> *m(f)* feminist

feministisch *adj* feminist

Fenchel <-s> *m kein pl* BOT fennel

Fenchelöl *nt* fennel oil **Fenchelsamen** *m* fennel seed

Fennek <-s, -s> *m* ZOOL fennec

Fenster <-s, -> *nt* ❶ (*zum Hinausschauen*) window ❷ INFORM window ► WENDUNGEN: **weg vom ~ sein** (*fam*) to be out of the running; *s. a.* **Geld**

Fensterbank <-bänke> *f* window-sill **Fensterbrett** *nt* window-sill **Fensterbriefumschlag** *m* window envelope **Fensterflügel** *m* casement **Fensterfront** *f* glass façade **Fensterglas** *nt* window glass, window pane **Fensterheber** <-s, -> *m* window regulator **Fensterkreuz** *nt* mullion and transom **Fensterladen** *m* [window] shutter **Fensterleder** *nt* shammy (leather), chamois (leather)

fensterln *vi* SÜDD, ÖSTERR to climb in one's lover's window

fensterlos *adj* windowless

Fensterplatz *m* window seat **Fensterputzer(in)** <-s, -> *m(f)* window cleaner [*or* washer] **Fensterrahmen** *m* window frame **Fensterrede** *f* SOZIOL, POL (*pej fam*) soapbox speech **Fensterscheibe** *f* window pane **Fenstersims** *m o nt* window ledge **Fensterstock** *m* ÖSTERR (*Fensterrahmen*) window frame **Fenstersturz** *m* ❶ ARCHIT [window] lintel ❷ (*Sturz aus einem Fenster*) fall from a window ► WENDUNGEN: **der Prager ~** HIST the Defenestration of Prague **Fenstertechnik** *f* INFORM windowing

Ferien [-riən] *pl* ❶ (*Schulferien*) [school] holidays *pl* BRIT, [school] summer vacation AM; **die großen ~** the summer holidays BRIT; **~ haben** to be on holiday [*or* AM vacation] ❷ (*Urlaub*) holidays *pl,* vacation AM; ***habt ihr schon irgendwelche Pläne für die ~?*** have you made any plans for the holidays [*or* your vacation] ?; **in die ~ fahren** to go on holiday [*or* AM vacation]; **~ machen** to have [*or* take] a holiday, to go on vacation

Feriengast *m* holiday-maker **Ferienhaus** *nt* holiday home, cottage **Ferienkurs** *m* vacation course BRIT, summer school AM **Ferienlager** *nt* [children's] holiday camp; **in ein ~ gehen** [*o* **an einem ~ teilnehmen**] to join a summer [*or* BRIT *a.* holiday] camp **Ferienort** *m* holiday resort **Ferienreise** *f* holiday BRIT, vacation AM **Ferientag** *m* holiday, day off work; ***morgen ist der letzte ~*** tomorrow is the last day of the holidays **Ferienwohnung** *f* holiday flat BRIT, vacation apartment AM **Ferienzeit** *f* holiday period [*or* season]

Ferkel <-s, -> *nt* ❶ (*junges Schwein*) piglet ❷ (*pej fam: unsauberer Mensch*) pig, mucky pup BRIT *fam* ❸ (*pej fam: obszöner Mensch*) filthy pig *pej fam*

Ferkelei <-, -en> *f* (*pej fam*) ❶ (*Unsauberkeit*) mess; (*unordentliches Benehmen*) filthy behaviour [*or* AM -or] ❷ (*obszöner Witz*) dirty joke

ferkeln *vi* ❶ (*Ferkel werfen*) to litter ❷ (*Dreck machen*) to make a mess ❸ (*pej fam: sich unanständig benehmen*) to be acting like a pig, to be dirty [*or* disgusting] [*or* filthy]

Fermate <-, -n> *f* MUS pause

Ferment <-s, -e> *nt* (*veraltend*) enzyme

Fermium <-s> *nt kein pl* CHEM fermium

fern I. *adj* ❶ (*räumlich entfernt*) faraway, far off, distant; *Länder* distant lands; **von ~ beobachtet** to observe from afar [*or* a distance]; **von ~ betrachtet** viewed from a distance; **jdn von jdm/etw ~ halten** to keep sb away from sb/sth; **sich von jdm/etw ~ halten** to keep away from sb/sth; ***halte dich lieber von mir fern, ich habe eine Erkältung!*** you better not come too close, I've got a bad cold ❷ (*zeitlich entfernt*) distant; **in nicht allzu ~er Zeit** in the not too distant future ❸ (*außer Frage*) **etw liegt jdm ~** sth is far from sb's mind; **jdm liegt es ~, etw zu tun** to be far from sb's thoughts; **jdm nicht ~ liegen** to not be far from one's thoughts ❹ (*distanziert*) **jdm/einer S. ~ stehen** (*geh*) to have no contact with sb/a thing ► WENDUNGEN: **das sei ~ von mir!** by no means!, far be it from me! II. *präp* +*dat* far [away] from; **~ einem Menschen/einer S.** far [away] from a person/thing; *s. a.* **Heimat**

Fernamt *nt* telephone exchange **Fernbedienung** *f* remote control **Fernbeziehung** *f* SOZIOL long-distance relationship **fern|bleiben** *vi irreg sein* (*geh*) ■[**jdm/einer S.**] **~** to stay away [from sb/sth] **Fernblick** *m* vista, distant view, panorama

ferne *adv* (*poet, geh*) *s.* **fern**

Ferne <-, *selten* -n> *f* ❶ (*Entfernung*) distance; **aus der ~** from a distance; **in der ~** in the distance ❷ (*geh: ferne Länder*) distant lands [*or* distant climes] *form;* **in die ~ ziehen** to seek out distant climes [*or* far-off shores]; **aus der ~** from abroad; **in der ~** abroad ❸ (*längst vergangen*) [**schon**] **in weiter ~ liegen** it already happened such a long time ago ❹ (*in ferner Zukunft*) [**noch**] **in weiter ~ liegen** there is still a long way to go

ferner I. *adj* ❶ *comp von* **fern** more distant ❷ (*künftig, weiter*) in [the] future; **in der ~en Zukunft** in the long-term, in the distant future ► WENDUNGEN: **unter ~ liefen** (*fam*) to be amongst the also rans BRIT, to be a runner-up AM II. *adv* in the future; ■**... auch ~ etw tun werden** to continue to do sth in the future; ***ich werde auch ~ zu meinem Versprechen stehen*** I shall continue to keep my promise III. *konj* furthermore, in addition; **~ *möchte ich daran Sie erin-***

nern, dass … furthermore I would like to remind you that …

fernerhin **I.** *adv* (*veraltend geh*) *s.* **ferner II** **II.** *konj* (*veraltend geh*) *s.* **ferner III**

Fernfahrer(in) *m(f)* long-distance lorry [*or* AM truck] driver **Ferngas** *nt* gas from the national grid BRIT **ferngelenkt** *adj* remote-controlled, radio-controlled **Ferngespräch** *nt* long-distance call **ferngesteuert** *adj* remote-controlled, radio-controlled **Fernglas** *nt* [pair of] binoculars

fern|halten *irreg vt, vr s.* **fern I 1**

Fernheizung *f* district heating **Fernkopie** *f s.* **Telefax** **Fernkurs** *m* correspondence course **Fernlaster** *m* (*fam*) long-distance lorry [*or* AM truck] **Fernlastverkehr** *m* long-distance commercial haulage **Fernlastzug** *m* long-distance road train **Fernleihe** <-, -> *f* SCH ① *kein pl* (*Leihverkehr zwischen Bibliotheken*) inter-library loan ② *s.* **Fernleihverkehr** **fern|lenken** *vt* ■**etw** ~ to operate sth by remote control **Fernlenkung** *f* remote control; **eine Rakete mit** ~ a remote-controlled rocket **Fernlicht** *nt* full beam BRIT, high beams AM; **mit** ~ **fahren** to drive on full beam BRIT, to drive with your high beams on AM; [**das**] ~ **an haben** to be on full beam BRIT, to have your high beams on AM

fern|liegen *vi irreg s.* **fern I 3**

Fernmeldeamt *nt* telephone exchange **Fernmeldedienst** *m* telecommunications service **Fernmeldegeheimnis** *nt* confidentiality of telecommunications; **das** ~ **verletzen/wahren** to infringe/maintain the confidentiality of telecommunications **Fernmeldesatellit** *m* communications satellite **Fernmeldetechnik** *f kein pl* telecommunications engineering **Fernmeldetruppe** *f* signals [*or* AM signal] corps **Fernmeldeturm** *m* communication tower **Fernmeldewesen** *nt kein pl* telecommunications + *sing vb*

fernmündlich **I.** *adj* (*geh*) by telephone **II.** *adv* (*geh*) by telephone; ***wir haben uns ~ für den 18. verabredet*** we set a date on the [tele]phone to meet on the 18th

Fernost *kein art* **aus/in/nach** ~ from/in/to the Far East

fernöstlich *adj* Far Eastern

Fernrohr *nt* telescope **Fernruf** *m* (*geh*) telephone number; ***Fernruf: 555–129*** Telephone: 555 129 **Fernschreiben** *nt* telex [message] **Fernschreiber** *m* telex [machine] **Fernsehansager(in)** *m(f)* television announcer **Fernsehanstalt** *f* broadcasting company **Fernsehantenne** *f* television aerial **Fernsehapparat** *m* (*geh*) *s.* **Fernseher**

fern|sehen *vi irreg* to watch television; **stundenlang** ~ to watch television for hours on end

Fernsehen <-s> *nt kein pl* ① (*die Technik der Bildübertragung*) television ② (*die Sendeanstalten, das Programm*) television; ***das ~ bringt nur Wiederholungen*** they're only showing repeats [*or* reruns] on the TV; **beim** ~ **arbeiten** [*o* **sein**] to work [*or* be] in television; ~ **gucken** (*fam*) to watch the boob tube AM; **im** ~ **kommen** to be on television; ***was kommt heute im ~?*** what's on telly [*or* TV] today?; **etw im** ~ **sehen** to see sth on television ③ (*fam: Fernsehapparat*) ~ **haben** to have television

Fernseher <-s, -> *m* (*fam*) television [set]; **vor dem** ~ **hocken** [*o* **sitzen**] to sit in front of the television

Fernsehfritze *m* guy on the t.v., t.v. bloke BRIT **Fernsehgebühren** *pl* television licence fee BRIT **Fernsehgerät** *nt* (*geh*) television set **Fernsehjournalist(in)** *m(f)* television reporter **Fernsehkamera** *f* television camera **Fernsehkommissar** *m detective or policeman in a TV series* **Fernsehprogramm** *nt* ① (*Programm im Fernsehen*) television programme [*or* AM -am] ② (*Kanal*) [television] channel **Fernsehsatellit** *m* television satellite **Fernsehsender** *m* television station **Fernsehsendung** *f* television programme [*or* AM -am] **Fernsehspiel** *nt* television play, made-for-TV movie **Fernsehstudio** *nt* television studio **Fernsehtruhe** *f* TV television cabinet **Fernsehturm** *m* television tower **Fernsehübertragung** *f* television broadcast **Fernsehzeitschrift** *f* television [*or* TV] guide **Fernsehzuschauer(in)** *m(f)* viewer

Fernsicht *f* view; **gute/keine/schlechte** ~ **haben** to have a good/no/poor [*or* bad] view; **bei guter** ~ by good visibility

Fernsprechanlage *f* (*geh*) telephone **Fernsprechanschluss**RR *m* (*geh*) telephone connection **Fernsprechauftragsdienst** *m* automatic telephone answering service **Fernsprecher** *m* telephone **Fernsprechgebühr** *f* (*geh*) telephone charges *pl*

fern|stehen *vi irreg s.* **fern I 4**

fern|steuern *vt* ■**etw** ~ to operate sth by remote control; *s. a.* **ferngesteuert** **Fernsteuerung** *f* ① (*das Fernsteuern*) remote control ② (*Gerät*) remote-control system; ~ **haben** to be remote-controlled; **ein Fernseher mit** ~ a TV with a remote control **Fernstraße** *f* arterial road, highway, motorway BRIT, freeway AM, interstate AM; ***auf den Autobahnen und ~n liegen keine Störungen vor*** there are no delays on any motorways or major roads **Fernstudium** *nt* correspondence course **Fernüberwachung** *f* remote monitoring **Fernuniversität** *f* Open University **Fernverkehr** *m* long-distance traffic **Fernverkehrsstraße** *f s.* **Fernstraße** **Fernweh** <-[e]s> *nt kein pl* (*geh*) wanderlust **Fernziel** *nt* long-term objective

Ferse <-, -n> *f* (*Teil des Fußes*) heel ▸ WENDUNGEN: **sich jdm an die ~n hängen** to stick close to sb; **sich an jds ~n heften** to stick hard on [*or* to dog] sb's heels; **jdm [dicht] auf den ~n sein** [*o* **bleiben**] to be [hot] on sb's tail

Fersenbein *nt* calcaneum, heel bone **Fersengeld** *nt* ▸ WENDUNGEN: ~ **geben** (*fam*) to take to one's heels *fam*

fertig **I.** *adj* ① (*abgeschlossen, vollendet*) finished; ***das Essen ist in ein paar Minuten ~*** the food will be done [*or* ready] in a few minutes; **etw** ~ **haben** to have finished sth; ***haben Sie die Briefe schon ~?*** have you finished the letters yet?; **etw** ~ **kaufen** to buy a finished product; **mit etw** *dat* ~ **sein** to be finished with sth; **mit etw** *dat* ~ **werden** to finish sth ② (*bereit*) ready; ***ich bin schon lange ~!*** I've been ready for ages!; ***ich bin ~, wir können gehen*** I'm ready, let's go ③ (*ausgebildet*) trained; **Lehrer** qualified ④ (*fam: erschöpft*) exhausted, shattered BRIT *fam*, knackered BRIT *sl*, dog-tired; (*verblüfft*) amazed, gobsmacked BRIT, shocked by surprise BRIT *fam* ⑤ (*fam: Beziehung beendet*) ■**mit jdm** ~ **sein** to be through [*or* finished] with sb ⑥ (*fam: in der Hand haben, verarbeiten können*) **mit jdm/etw** ~ **werden** to cope with sb/sth ⑦ (*fam: basta*) ~**!** that's that [*or* the end of it]! **II.** *adv* ① (*zu Ende*) **etw** ~ **bekommen** [*o* **bringen**] [*o fam* **kriegen**] (*vollenden*) to complete [*or* finish] sth; **etw/eine S.** *akk* ~ **machen** [*o* **tun**] to finish sth; ***lass mich wenigstens noch in Ruhe ~ frühstücken!*** let me at least finish breakfast in peace; **etw** ~ **stellen** to finish [*or* complete] sth; ~ **gestellt** completed ② (*tatsächlich ausführen*) **etw** ~ **bekommen** [*o* **bringen**] [*o fam* **kriegen**] to carry out sth; (*etw schaffen*) to be capable of sth; **es** ~ **bekommen** [*o* **bringen**], **etw zu tun** to manage to do sth; ***der bringt es ~ und verlangt auch noch Geld dafür!*** and he even has the cheek [*or* audacity] to ask for money ③ (*bereit*) [**jdm**] **etw ~ machen** to have sth ready [for sb]; **etw rechtzeitig ~ machen** to finish sth [*or* have sth ready] on time; **sich** [**für etw** *akk*] **~ machen** to get ready [for sth] ④ (*fam: kaputt*) **etw macht jdn ~** (*zermürben*) sth wears out sb *sep;* **jdn ~ machen** (*schikanieren*) to wear sb down *sep;* (*sl: zusammenschlagen*) to beat up sb *sep* ▸ WENDUNGEN: **auf die Plätze, ~, los!** on your marks, get set, go!, ready, steady, go!

Fertigbau <-bauten> *m* ① *kein pl* (*Bauweise*) prefabricated construction ② (*Gebäude*) prefab **Fertigbauweise** *f kein pl* prefabricated building

fertig|bekommen* *vt irreg* (*fam*) *s.* **fertig II 1, II 2**

fertig|bringen *vt irreg s.* **fertig II 1, II 2**

fertigen *vt* (*geh*) ■**etw ~** to manufacture sth; **etw ~ lassen** to have sth manufactured

Fertiggericht *nt* instant meal, ready-to-eat meal **Fertighaus** *nt* prefabricated house, prefab *fam*

Fertigkeit <-, -en> *f* ① *kein pl* (*Geschicklichkeit*) skill ② *pl* (*Fähigkeiten*) competence, skills; ***dafür braucht man besondere ~en*** this requires special skills

fertig|kriegen *vt* (*fam*) *s.* **fertig II 1, II 2**

fertig|machen *vt s.* **fertig II 3, II 4**

Fertigprodukt *nt* finished product **fertig|stellen** *vt s.* **fertig II 1 Fertigstellung** *f* completion **Fertigteil** *nt* prefabricated component [*or* part]

Fertigung <-, -en> *f* manufacture

Fertigungsstraße *f* production line

Fes <-, -> *nt* MUS F flat

fesch *adj* ① SÜDD, ÖSTERR (*fam: flott*) smart; **ein ~er Kerl** a smart-looking fellow ② ÖSTERR (*fam: nett*) **sei ~!** be a sport!

Fessel <-, -n> *f* ① (*Schnur*) bond, fetter; (*Kette*) shackles *npl;* **eiserne ~n** iron shackles; **jdm ~n anlegen** *aus Schnur* to tie sb up; **jdn in ~n legen** [*o liter* **schlagen**] to put sb in chains *fig;* **seine ~n sprengen** to throw off one's chains *fig* ② ANAT (*geh: von Mensch*) ankle; (*von Huftier*) pastern

Fesselballon [-balɔŋ, -baloːn, -balõː] *m* captive balloon

fesseln *vt* ① (*Fesseln anlegen*) ■**jdn** [**mit etw** *dat*] **~** to bind [*or* tie [up *sep*]] sb [with sth]; ■**jdn an etw** *akk* **~** to bind [*or* tie] sb to sth; ■**jdn an etw** *dat* **~** to bind [*or* tie [up *sep*]] sb with sth, to shackle, to handcuff; ***er wurde mit gefesselten Händen vorgeführt*** he was brought in with his hands tied ② (*geh: binden*) ■**jdn an sich** *akk* **~** to tie sb to oneself ③ (*faszinieren*) ■**etw fesselt jdn** [**an jdm/etw**] sb is captivated [by sb/sth]; (*in Bann halten*) to captivate

fesselnd *adj* captivating, spellbinding

fest I. *adj* ① (*hart, stabil*) strong, tough; *Schuhe* sturdy ② (*nicht flüssig*) solid; *Nahrung* solid; (*erstarrt*) solidified ③ (*sicher, entschlossen*) firm; *Absicht* firm; *Zusage* definite; ***wir treffen uns also morgen, ist das ~?*** we'll meet tomorrow then, is that definite?; *s. a.* **Stimme** ④ (*kräftig*) firm; **ein ~er Händedruck** a sturdy handshake ⑤ (*nicht locker*) tight; *s. a.* **Schlaf** ⑥ (*konstant, ständig*) permanent; **eine ~e Anstellung** a permanent job; **~e Mitarbeiter** permanent employee *no pl;* (*~gesetzt*) fixed; **~e Kosten** fixed costs; (*eng, dauerhaft*) lasting; *Freund, Freundin* steady; *s. a.* **Redewendung** II. *adv* ① (*kräftig*) firmly; **~ an-/zupacken** to firmly grasp; **jdn ~ an sich drücken** to give someone a big hug ② (*nicht locker*) tightly; **etw ~ anziehen** to screw in sth tightly; **etw ~ treten** to tread [*or* trample] sth down *sep;* **sich ~ treten** to become trodden down; ***geht nicht quer durch das Beet! die Erde tritt sich sonst fest!*** don't walk across the flower-bed, otherwise the earth will get trodden down!; **etw ~ ziehen** (*zusammenziehen*) to tighten sth; (*festdrehen*) to tighten; **etw ~ zurren** to lash sth down [*or* together]; ***du musst den Sicherheitsgurt ~ zurren*** you must tighten your seat-belt; *s. a.* **verankern** ③ (*mit Nachdruck*) definitely; **~ an etw** *akk* **gebunden sein** to be firmly tied to sth; **jdm etw ~ versprechen** to make sb a firm promise; **etw ~ zusagen** to promise firmly; *s. a.* **entschlossen, schlafen** ④ (*dauernd*) permanently; **Geld ~ anlegen** to invest in a fixed term deposit; **~ angestellt** permanently employed; **~ angestellt sein** to have a permanent job ⑤ (*präzise*) **~ umrissen** clearly defined ▸ WENDUNGEN: **das tritt sich ~!** (*hum sl*) don't worry, you'll get used to it!

Fest <-[e]s, -e> *nt* ① (*Feier*) celebration; **ein ~ geben** to have [*or* throw] a party ② (*kirchlicher Feiertag*) feast, festival; **bewegliches/unbewegliches ~** movable/immovable feast; **frohes ~!** Happy [*or* Merry] Christmas/Happy Easter, etc.; **ein kirchliches ~** a religious festival [*or* feast] ▸ WENDUNGEN: **man soll die ~e feiern, wie sie fallen** (*prov*) one should make hay while the sun shines *prov*

Festakt *m* ceremony

festangestellt *adj s.* **fest II 4**

Festangestellte(r) *f(m) dekl wie adj* permanent employee

Festansprache *f s.* **Festrede**

Festanstellung *f* steady employment

fest|beißen *vr irreg* ① (*sich verbeißen*) ■**sich** [**an jdm/etw**] **~** to get a firm grip [on sb/sth] with one's teeth ② (*nicht weiterkommen*) ■**sich** [**an etw** *dat*] **~** to get stuck [on sth]

Festbeleuchtung *f* ① (*festliche Beleuchtung*) festive lighting [*or* lights] ② (*hum fam: zu helle Beleuchtung*) bright lights

fest|binden *vt irreg* ■**jdn/etw/ein Tier** [**an etw** *dat*] **~** to tie [*or* fasten] sb/sth/an animal [to sth]

fest|bleiben *vi irreg sein* to stand one's ground

feste *adv* (*fam*) like mad; **immer ~ drauf!** let him/them, etc. have it!

Feste <-, -n> *f* (*veraltet*) *s.* **Festung**

Festessen *nt* banquet

fest|fahren I. *vr irreg* ■**sich** [**in etw** *dat*] **~** to get stuck [in sth]; ■**sich** [**an etw** *dat*] **~** to get stuck [on sth] II. *vi irreg* to get stuck; ***das Auto ist im Schlamm festgefahren*** the car got stuck in the mud **fest|frieren** *vi irreg sein* ■[**an etw** *dat*] **~** to freeze [solid] [to sth] **festgaren** *vt* ■**etw ~** to boil sth until firm

Festgelage *nt* (*geh*) banquet, feast

Festgeld *nt* FIN fixed-term deposit **Festgeldkonto** *nt* ÖKON, FIN term account, time deposit account

fest|haken I. *vt* (*mit einem Haken befestigen*) ■**etw** [**an etw** *dat*] **~** to hook sth [to sth] II. *vr* (*hängenbleiben*) ■**sich an/in etw** *dat* **~** to get caught on/in sth

Festhalle *f* [festival] hall

fest|halten *irreg* I. *vt* ① (*fest ergreifen*) ■**jdn** [**an etw** *dat*] **~** to grab [*or* seize] sb [by sth]; ***er hielt sie am Ärmel fest*** he grabbed her by the sleeve ② (*gefangen halten*) ■**jdn ~** to detain [*or* hold] sb ③ (*konstatieren*) ■**~, dass ...** to record the fact that ...; ■**etw ~** to record [*or* make a note of] sth; ***diesen Punkt sollten wir unbedingt ~*** we should certainly make a note of this point II. *vi* ■**an etw** *dat* **~** to adhere [*or* stick] to sth; **hartnäckig an etw ~** to stubbornly cling to sth III. *vr* ■**sich** [**an jdm/etw**] **~** to hold on [to sb/sth]

festigen I. *vt* ■**etw ~** to strengthen sth; *Freundschaft* to establish; *Stellung* secure; *s. a.* **gefestigt** II. *vr* (*sich stabilisieren*) ■**sich ~** to become more firmly established

Festiger <-s, -> *m* setting lotion

Festigkeit <-> *f kein pl* ① (*Stabilität*) strength

② (*Unnachgiebigkeit, Entschlossenheit*) resoluteness, steadfastness; **mit ~ auftreten** to appear resolute ③ (*Standhaftigkeit*) firmness; **die ~ von jds Glauben** sb's firm belief

Festigung <-, -en> *f* consolidation

Festival <-s, -s> ['fɛstivəl, 'fɛstival] *nt* festival

fest|klammern I. *vt* (*mit Klammern befestigen*) ■**etw** [**an etw** *dat*] ~ to clip sth [to sth] II. *vr* (*nicht mehr loslassen*) ■**sich** [**an jdm/etw**] ~ to cling [*or* hang on] [to sb/sth] **fest|kleben** I. *vt haben* (*durch Kleben befestigen*) ■**etw** ~ to stick sth [on]; **festgeklebt sein** to be stuck on [*or* to] II. *vi sein* (*klebend haften*) ■[**an etw** *dat*] ~ to stick [to sth] **fest|krallen** *vr* ■**sich** [**an jdm/etw**] ~ to cling [on] [to sb/sth]; ***die Katze krallte sich an ihrem Pullover fest*** the cat dug its claws into her pullover

Festland *nt kein pl* ① (*Kontinent etc.*) continent, mainland; ***nach Wochen auf See tauchte endlich das ~ auf*** after weeks at sea land was finally sighted ② (*feste Erdoberfläche*) dry land

Festland(s)sockel *m* continental shelf

fest|legen I. *vt* ① (*bestimmen*) ■**etw** ~ to determine [*or* establish] [*or* define] sth; ■**~, dass ...** to stipulate that ...; ***die Rechte der Bürger sind im Bürgerlichen Gesetzbuch festgelegt*** the rights of every citizen are laid down in the Civil Code ② FIN (*unkündbar anlegen*) *Geld* to tie up *sep* ③ (*bindend verpflichten*) ■**jdn** [**auf etw** *akk*] ~ to tie sb down [to sth]; ***er will sich nicht ~ lassen*** he does not want to commit himself to anything II. *vr* (*sich verpflichten*) ■**sich** [**auf etw** *akk*] ~ to commit oneself [to sth]

Festlegung <-, -en> *f* determining, establishing, fixing, laying down; ***er war zuständig für die ~ der Tagesordnung*** he was responsible for creating [*or* defining] the agenda

festlich I. *adj* ① (*feierlich*) festive ② (*glanzvoll*) magnificent, splendid; *Beleuchtung* festive II. *adv* festively; **etw ~ begehen** (*geh*) to celebrate sth; **~ gekleidet sein** to be dressed up

Festlichkeit <-, -en> *f* celebration, festivity, festive atmosphere

fest|liegen *vi irreg* ① (*festgesetzt sein*) to be determined [*or* established]; ***die Termine liegen jetzt fest*** the schedules have now been fixed ② (*nicht weiterkönnen*) to be stranded [*or* stuck] ③ FIN (*fest angelegt sein*) to be tied up **fest|machen** I. *vt* ① (*befestigen*) ■**etw** [**an etw** *dat*] ~ to fasten [*or* secure] sth [to sth] ② (*vereinbaren*) ■**etw** ~ to arrange sth; **ein Geschäft** ~ to close a deal ③ (*ableiten, herleiten*) ■**etw an etw** *dat* ~ to link sth to sth II. *vi* NAUT (*anlegen*) ■[**an etw** *dat*] ~ to tie up [to sth], to moor **Festmeter** *m o nt* cubic metre [*or* AM -er] **fest|nageln** *vt* ① (*mit Nägeln befestigen*) ■**etw** [**an etw** *dat*] ~ to nail sth [to sth] ② (*fam: festlegen*) ■**jdn** [**auf etw** *akk*] ~ to nail [*or* pin] sb down [to sth]

Festnahme <-, -n> *f* arrest; **vorläufige** ~ provisional [*or* temporary] detention

fest|nehmen *vt irreg* **jdn** ~ to take sb into custody; **jdn vorläufig** ~ to take sb into [temporary] custody, to detain sb provisionally [*or* temporarily]; ***Sie sind [vorläufig] festgenommen*** I'm arresting you

Festplatte *f* INFORM hard disk

Festplattenlaufwerk *nt* INFORM hard disk drive

Festplatz *m* fairground

Festpreis *m* fixed price

Festrede *f* official speech; **die ~ halten** to give a formal address **Festredner(in)** *m(f)* official speaker **Festsaal** *m* banquet hall

fest|saugen *vr* ■**sich an jdm/etw** ~ to cling to [sb/sth], to attach to sb/sth firmly **fest|schrauben** *vt* ■**etw** ~ to screw on sth *sep* **fest|schreiben** *vt irreg* ■**etw** ~ to establish sth; ***das Abkommen schreibt den genauen Verlauf der Grenze zwischen den beiden Ländern fest*** the treaty defines the exact borders between the two countries

Festschrift *f* commemorative publication

fest|setzen I. *vt* (*bestimmen*) ■**etw** ~ to determine [*or* define] sth II. *vr* (*fest anhaften*) ■**sich** ~ to collect, to settle; ***in den Ritzen hat sich Dreck festgesetzt*** dirt has collected in the cracks

Festsetzung <-, -en> *f* determination, fixing

fest|sitzen *vi irreg* ① (*sich nicht bewegen lassen*) to be stuck; ***die Halterung muss richtig ~*** the bracket must be secure ② (*festkleben*) to be stuck on ③ (*stecken geblieben sein*) to be stuck

Festspiele *pl* festival

Festspielhaus *nt* festival theatre [*or* AM -er]

fest|stecken I. *vt* ■**etw** ~ to pin sth; **sich** *dat* **die Haare** ~ to pin up one's hair II. *vi sein s.* **festsitzen 3**

fest|stehen *vi irreg* ① (*festgelegt sein*) to be certain [*or* fixed]; ***steht das genaue Datum schon fest?*** has the exact date been fixed already? ② (*sich entschlossen haben*) to be firm; ***mein Entschluss steht fest*** my decision is firm [*or* final] ③ (*sicher sein*) ■**~, dass ...** to be certain that ...; ***eines steht jedenfalls fest — ...*** one thing is for certain [*or* sure] ...

feststehend *adj attr* established, fixed

feststellbar *adj* ① (*herauszufinden*) ■**~ sein** to be ascertainable ② (*arretierbar*) lockable

fest|stellen *vt* ① (*ermitteln*) ■**jdn/etw** ~ to identify sb/sth; **jds Personalien** ~ to ascertain sb's personal data; **den Täter** ~ to identify the guilty party ② (*bemerken*) ■**etw** ~ to detect sth ③ (*diagnostizieren*) ■[**bei jdm**] **etw** ~ to diagnose sb with sth; ***haben Sie irgendetwas Ungewöhnliches festgestellt?*** did you notice anything unusual?; ■**~, dass ...** to see that ...; ***zu meinem Erstaunen muss ich ~, dass ...*** I am astounded to see that ... ④ (*arretieren*) ■**etw** ~ to lock sth

Feststelltaste [-tastə] *f* shift lock

Feststellung *f* ① (*Bemerkung*) remark; ***erlauben Sie mir die ~, dass ..*** allow me to comment that ... ② (*Ermittlung*) ascertainment, establishment ③ (*Wahrnehmung, Beobachtung*) observation; **~en machen** to make observations; **die ~ machen, dass ...** (*geh*) to see that ..., to notice that ... ④ (*Ergebnis*) **zu der ~ kommen** [*o* **gelangen**], **dass ...** to come to the conclusion that ...

Feststimmung *f* festive atmosphere; **in ~ sein** to be in a festive mood **Festtafel** *f* (*geh*) banquet table *form* **Festtag** *m* ① (*Ehrentag*) special day ② (*Feiertag*) holiday; ***wir sind die ~e über verreist*** we're away for the holiday period; **frohe ~e!** (*Ostern*) Happy Easter; (*Weihnachten*) Merry [*or* Happy] Christmas **Festtagsstimmung** *f s.* **Feststimmung**

fest|treten *vt, vr irreg s.* **fest II 2, II 6**

festumrissen *adj attr s.* **fest II 5**

Festung <-, -en> *f* fortress

festverzinslich *adj* fixed-interest

Festwiese *f s.* Festplatz **Festzelt** *nt* marquee

fest|ziehen *vt irreg s.* **fest II 2**

Festzins *m* fixed interest

Festzug *m* procession, parade

fest|zurren *vt s.* **fest II 2**

Fete <-, -n> ['fe:tə, 'fɛ:tə] *f* party; **eine ~ machen** [*o* **feiern**] to have [*or* throw] a party

Fetisch <-[e]s, -e> *m* fetish

Fetischismus <-> *m kein pl* fetishism *no def art*

Fetischist(in) <-en, -en> *m(f)* fetishist

fett *adj* ① (*~haltig*) fatty; *Essen, Speisen* fatty ② (*pej: dick*) fat ③ TYPO bold; **~ gedruckt** in bold [type] *pred; Überschrift* printed in bold ④ (*üppig*) fertile, rich; *Ackerboden* fertile; **Beute** (*fam*) rich; **die ~en Jahre** the fat years; *Weide* rich ⑤ (*von Auto*) rich; ***wow, ist***

das ein fetter Wagen! wow, what a car!

Fett <-[e]s, -e> *nt* ❶ (*~gewebe*) fat; ~ **ansetzen** *Mensch* to gain weight; *Tier* to put on fat ❷ (*zum Schmieren*) grease; **pflanzliches/tierisches** ~ vegetable/animal fat; **etw in schwimmendem ~ backen** to deep-fry sth ▶ WENDUNGEN: **sein ~ abbekommen** [*o* **abkriegen**] (*fam*) to get one's come-uppance *fam;* **sein ~ [weg]haben** (*fam*) to get what is coming to you *fam*

Fettansatz *m* layers of fat; **zu ~ neigen** to tend to put on weight [easily] **fettarm** I. *adj* low-fat II. *adv* low-fat; ~ **essen** to eat low-fat foods **Fettauge** *nt* fatty globule **Fettbauch** *m* (*pej fam*) ❶ (*fetter Bauch*) paunch ❷ (*fetter Mann*) fatso *pej fam* **Fettcreme** *f* skin cream with oil **Fettdruck** *m* bold [type] **Fettembolie** *f* MED fat embolism

fetten I. *vt* (*ein~*) to grease II. *vi* (*Fett absondern*) to become greasy

Fettfilm *m* greasy film **Fettfleck(en)** *m* grease mark [*or* spot], smudge **Fettgebackenes** *nt* choux pastries *pl* **fettgedruckt** *adj attr s.* **fett 3** **Fettgehalt** *m* fat content **Fettgewebe** *nt* fatty tissue **Fettgriebe** *f* crackling

fetthaltig *adj* fatty

Fetthenne *f* BOT stonecrop

fettig *adj* greasy

Fettkiller *m* PHARM (*fam: mittel zur Reduzierung des Gewichts*) slimming product [*or* aid]

Fettkloß *m* (*pej*) fatso *pej fam,* fatty *pej fam* **Fettklumpen** *m* lump of fat **Fettkraut** *nt* BOT butterwort **Fettleber** *f* fatty liver

fettleibig *adj* (*geh*) corpulent *form,* obese

Fettleibigkeit *f* (*geh*) corpulence *form,* obesity

Fettnäpfchen *nt* (*fam*) [**bei jdm**] **ins ~ treten** to put one's foot in it [with sb] **Fettpfännchen** *nt* butter pan **Fettpolster** *nt* (*fam*) cushion of fat **Fettpresse** *f* grease gun **fettreich** I. *adj* rich II. *adv* richly; ~ **essen** to eat foods with a very high fat content **Fettsack** *m* (*sl*) fatso *pej fam;* ***he, ~!*** hey, fatso! **Fettsäure** *f* fatty acid **Fettschicht** *f* layer of fat **Fettschwein** *nt* porker **Fettstoffwechsel** *m* lipid metabolism **Fettsucht** *f kein pl* obesity **fetttriefend** *adj* dripping with fat **Fettwanst** *m* (*pej*) fatso *pej fam*

fetzen I. *vt haben* ❶ (*reißen*) ■ **etw** [**von etw**] [**irgendwohin**] ~ to rip [*or* tear] sth [off sth] [and put it somewhere else] ❷ (*fam: prügeln*) ■ **sich** ~ to tear apart; ***hört auf, euch zu ~!*** stop tearing each other apart! II. *vi* ❶ *sein* (*fam: rasen, rennen*) ■ **davon** ~ to tear off ❷ *haben* (*sl: mitreißen*) ■ **das fetzt** this is mind-blowing

Fetzen <-s, -> *m* ❶ ([*abgerissenes*] *Stück*) scrap, shred; *Haut* patch, piece; **Papier/Stoff** scrap, piece; **etw in ~ reißen** to tear sth to pieces [*or* shreds] ❷ (*zusammenhangsloser Ausschnitt*) snatches *pl* BRIT, fragments AM; ***ab und zu drang ein ~ des Gesprächs an sein Ohr*** now and again he heard snatches [*or* bits and pieces] of the conversation ❸ (*sl: billiges Kleid*) rag ▶ WENDUNGEN: **... dass die ~ fliegen** (*fam*) ... like mad; ***die beiden haben sich gestritten, dass die ~ flogen*** the two of them had a row and the sparks flew

fetzig *adj* (*sl: mitreißend*) fantastic; *Musik* hot; (*schick, flott*) trendy; *Typ* cool

feucht *adj* ❶ (*leicht nass*) damp; *Hände, Stirn* clammy, sweaty; ***ihre Augen wurden ~*** her eyes were misty [*or* moist] ❷ (*humid*) humid; *Klima, Luft* humid ❸ (*nicht angetrocknet*) ■ **noch ~ sein** to still be wet [*or* damp]; ***Achtung, die Farbe ist noch ~!*** Attention, wet paint!

Feuchtbiotop *f* damp biotope **feuchtfröhlich** I. *adj* (*hum fam*) merry II. *adv* (*hum fam*) merrily; ~ **feiern** to have a booze up BRIT, to go out drinking AM **feuchtheiß** *adj* hot and humid

Feuchtigkeit <-> *f kein pl* ❶ (*leichte Nässe*) dampness ❷ (*Wassergehalt*) moisture, humidity; **die ~ der Luft** humidity [in the air]

Feuchtigkeitscreme [-kre:m] *f* moisturizing cream **Feuchtigkeitsgehalt** *m* moisture content; **der ~ der Luft** the humidity in the air

feuchtkalt *adj* damp and cold **feuchtwarm** *adj* warm and humid

feudal *adj* ❶ HIST feudal ❷ (*fam: prächtig*) magnificent; *Essen* sumptuous; *Wohnung* plush, exclusive, luxurious

Feudalherrschaft *f* feudalism

Feudalismus <-> *m kein pl s.* **Feudalherrschaft**

Feuer <-s, -> *nt* ❶ (*Flamme*) fire; **bengalisches ~** Bengal light (*a thick sparkler with a wooden stem that burns with a green or red light*)***;*** **das olympische ~** the Olympic flame; ~ **speien** to spit fire; GEOL *Vulkan* to spew out fire; LIT *Drachen* to breathe fire; ~ **speiend** GEOL *Vulkan* spewing fire *pred;* LIT *Drachen* fire-breathing *attr;* ~ **machen** to make a fire; **am ~** by the fire ❷ (*für Zigarette*) **jdm ~ geben** to give sb a light; ~ **haben** to have a light; ***Entschuldigung, haben Sie mal ~?*** excuse me please, have you got a light? ❸ (*Kochstelle, Herd*) **etw auf offenem ~ kochen** to cook sth on an open fire; **etw vom ~ nehmen** to take sth off the heat; **etw aufs ~ stellen** to put sth on to cook ❹ (*Brand*) fire; ~**!** fire!; ~ **fangen** to catch [on] fire; ~ [**an etw** *akk*] **legen** to set alight [*or* fire] [to sth] [*or* to set sth on fire] ❺ MIL (*Beschuss*) fire; **jdn unter ~ nehmen** to open fire on sb/sth; ~ **frei!** open fire!; **das ~ einstellen** to cease fire; ***„~ einstellen!“*** “cease fire!”; **das ~ eröffnen** to open fire; ~ **geben** to open fire; ***„[gebt] ~!“*** “fire!” ❻ (*Schwung*) ardour [*or* AM -or]; **jugendliches ~** youthful vigour [*or* AM -or] ❼ (*geh: Glanz*) *Augen* sparkle ▶ WENDUNGEN: ~ **und Flamme** [**für jdn/etw**] **sein** (*fam*) to be enthusiastic [about sb/sth]; **jdm ~ unter dem Hintern** *fam* [*o* **Arsch** *sl*] **machen** to put a rocket under sb *fam;* **wie ~ und Wasser sein** to be as different as night and day, to be as different as chalk and cheese BRIT; **wie ~ brennen** to sting like mad, to burn; [**bei jdm**] ~ **fangen** to be smitten [by sb]; **für jdn durchs ~ gehen** to go through hell and high water for sb; **mit dem ~ spielen** to play with fire; **jdn/etw unter ~ nehmen** (*fam*) to blast [*or* BRIT *fam* slate] sb/sth

Feueralarm *m* fire alarm; ~ **geben** to give out the fire alarm **Feueranzünder** *m* firelighter, AM *usu* fire starter **Feuerball** *m* fireball **Feuerbefehl** *m* MIL order to fire; **den ~ geben** to give the order to fire **feuerbeständig** *adj* fireproof [*or* -resistant] **Feuerbestattung** *f* cremation **Feuerbohne** *f* scarlet runner bean **Feuereifer** *m* zeal[ousness]; **mit [wahrem] ~** with [true] zest **Feuereinstellung** *f* MIL cease-fire **feuerfest** *adj* fireproof; ~**es Geschirr** ovenproof [*or* heat-resistant] dishes **Feuergasse** *f* fire lane [*or* break] **Feuergefahr** *f* fire hazard; ***bei ~ benutzen Sie den Notausgang*** please use the emergency exit in the event of fire **feuergefährlich** *adj* [highly] [in]flammable [*or* combustible] **Feuergefecht** *nt* MIL gun fight **Feuerglocke** *f* (*veraltet*) fire bell **Feuerhaken** *m* poker **Feuerholz** *nt kein pl* firewood *no pl* **Feuerland** *nt* Tierra del Fuego **Feuerleiter** *f* ❶ (*Fluchtweg*) fire escape ❷ (*auf einem Feuerwehrauto*) [fire engine's] ladder **Feuerlöscher** *m* fire extinguisher **Feuermelder** <-s, -> *m* fire alarm

feuern I. *vi* ■ [**auf jdn/etw**] ~ to fire [at sb/sth] II. *vt* (*fam*) ❶ (*werfen*) ■ **etw irgendwohin** ~ to fling [*or* sling] sth [somewhere] *fam* ❷ (*fam: entlassen*) ■ **jdn** ~ to fire [*or* sack] sb; ■ **gefeuert werden** to be fired, to get the sack

Feuerpatsche *f* fire-beater **Feuerpause** *f* MIL cease-fire **Feuerprobe** *f* acid test; **die/eine ~ bestehen** to pass the acid test **Feuerqualle** *f* stinging jellyfish **feuerrot** *adj* ① (*Farbe*) fiery red, scarlet; **~es Haar** flaming [red] hair ② (*sich schämen*) ■ **~ werden** to turn crimson [*or* scarlet] **Feuersalamander** *m* [European] fire salamander **Feuersäule** *f* pillar of fire

Feuersbrunst *f* (*geh*) conflagration

Feuerschaden *m s.* **Brandschaden Feuerschein** *m* glow of [a/the] fire **Feuerschiff** *nt* lightship **Feuerschlucker(in)** <-s, -> *m(f)* fire-eater **feuersicher** *adj inv* ① (*widerstandsfähig gegen Feuer*) fireproof ② (*geschützt vor Feuer*) safe from fire *pred* **feuerspeiend** *adj attr s.* **Feuer 1 Feuerspritze** *f* fire hose **Feuerstein** *m* ① (*Zündstein*) flint ② GEOL flint, chert *spec* **Feuerstelle** *f* fireplace; (*draußen*) campfire site **Feuersturm** *m kein pl* MIL (*fam*) firestorm **Feuertaufe** *f kein pl* MIL (*fig a.*) baptism of fire **Feuertod** *m* ■ **der ~** [death at] the stake; **den ~ sterben** to be burned at the stake **Feuertreppe** *f s.* **Feuerleiter 1**

Feuerung <-, -en> *f* ① *kein pl* (*Brennstoff*) fuel ② (*Heizung*) heating system, heater AM

Feuerversicherung *f* fire insurance **feuerverzinkt** *adj* galvanized **Feuerwache** *f* fire station **Feuerwaffe** *f* firearm **Feuerwasser** *nt* (*fam*) firewater *hum fam*

Feuerwehr <-, -en> *f* ① (*zur Feuerbekämpfung*) fire brigade + *sing/pl vb*; **die freiwillige ~** the voluntary fire brigade + *sing/pl vb* ② (*Nothelfer*) rescue; ***jetzt kann ich wieder ~ spielen*** now I'm supposed to come to the rescue again ▶ WENDUNGEN: **wie die ~ fahren** (*fam*) to drive like the clappers BRIT *fam*

Feuerwehrauto *nt* fire engine **Feuerwehrmann, -frau** <-leute *o* -männer> *m, f* firefighter, fireman **Feuerwehrübung** *f* firefighting exercise

Feuerwerk *nt* fireworks *npl* [display *nsing*]; **ein ~ veranstalten** to have [*or* BRIT let off] [*or* AM set off] a fireworks display **Feuerwerker(in)** <-s, -> *m(f)* firework-maker **Feuerwerkskörper** *m* firework **Feuerzange** *f* fire tongs *npl* **Feuerzangenbowle** *f a hot red wine punch with a sugar cone soaked in rum lit above it*

Feuerzeug *nt* [cigar/cigarette/pipe] lighter

Feuerzeugbenzin *nt* lighter fuel **Feuerzeuggas** *nt* lighter gas

Feuilleton <-s, -s> [fœjəˈtõː, ˈfœjətõ] *nt* (*Zeitungsteil*) culture [*or* feature] section [*or pl* pages]

feurig *adj* ① (*temperamentvoll*) fiery ② (*veraltend: glühend*) glowing

Fez <-[es], -[e]> *m* fez

ff. *Abk von* **folgende Seiten:** [**auf** ***Seite 200*** ~ from page 200, pages [*or* pp[.]] 200 ff[.]

FH *f Akr von* **Fachhochschule**

Fiaker <-s, -> *m* ÖSTERR ① (*Kutsche*) [BRIT hackney] cab ② (*Kutscher*) cab driver, cabby *fam*

Fiasko <-s, -s> *nt* (*fam*) fiasco; [**mit etw** *dat*] **ein ~ erleben** to end [up] in a fiasco [over sth]

Fibel¹ <-, -n> *f* (*Lesebuch*) primer; (*Leitfaden*) introduction; **„~ für Gartenfreunde“** “Introduction to Gardening”

Fibel² <-, -n> *f* ARCHÄOL fibula

Fiber <-, -n> *f* ① (*Faser*) fibre [*or* AM -er] ② *kein pl* (*Kunstfaser*) [synthetic] fibre [*or* AM -er] ▶ WENDUNGEN: **mit jeder ~ ihres/seines Herzens** (*geh*) with every fibre [*or* AM -er] of her/his heart

Fibrin <-s> *nt kein pl* MED fibrin *spec*

Fibrom <-s, -e> *nt* MED fibroma *spec*

ficel(l)ieren *vt* KOCHK ■ **etw ~** to secure sth with kitchen string

Fiche <-s> [fiːʃ] *m o nt* [micro]fiche

ficht *3. pers pres von* **fechten**

Fichte <-, -n> *f* spruce

fichten *adj* spruce[wood]

Fichtenholz *nt* spruce[wood] **Fichtenkreuzschnabel** *m* ORN red crossbill, common crossbill **Fichtennadelextrakt** *m* pine essence **Fichtenzapfen** *m* spruce cone

Fick <-s, -s> *m* (*vulg*) fuck *vulg*

ficken (*vulg*) **I.** *vi* ■ [**mit jdm**] **~** to fuck [sb] *vulg*; ■ **das F~** fucking *vulg* **II.** *vt* ■ **jdn ~** to fuck sb *vulg*; ■ **gefickt werden** to get [*or* be] fucked *vulg*; ■ **sich ~ lassen** to [let oneself] get fucked *vulg*

fick(e)rig DIAL **I.** *adj* fidgety **II.** *adv* in a fluster [*or* flutter]

fidel *adj* (*fam*) merry, jolly *a. hum*

Fidibus <- *o* -ses, – *o* -se> *m* spill

Fidschi <-s> *nt* Fiji; *s. a.* **Sylt**

Fidschianer(in) <-s, -> *m(f)* Fijian; *s. a.* **Deutsche(r)**

fidschianisch *adj* Fijian; *s. a.* **deutsch**

Fieber <-s, -> *nt* ① (*erhöhte Temperatur*) fever; **~ haben** to have a temperature, to be feverish [*or* running a fever [*or* temperature]]; [**jdm**] **das ~ messen** to measure [*or* take] sb's temperature ② (*geh: Besessenheit*) fever

Fieberanfall *m* bout [*or* attack] of fever, pyrexia *spec* **Fieberfantasien**^RR *pl* feverish wanderings [*or* ravings] *npl* **fieberfrei** *adj* free of [*or* from] fever *pred*, apyretic *spec*; ■ **~ sein** to not have a fever **Fieberfrost** *m* feverish chill [*or* shivering *no art, no pl*], ague *spec*

fieberhaft **I.** *adj* ① (*hektisch*) feverish, febrile *liter* ② (*fiebrig*) feverish, febrile *form* **II.** *adv* feverishly

fieb(e)rig *adj* ① (*krank*) feverish, febrile *form*; ***du siehst so ~ aus*** you look as though you might have a temperature ② (*aufgeregt*) feverish

Fieberkurve *f* temperature curve **Fiebermesser** *m s.* **Fieberthermometer Fiebermittel** *nt* anti[-]fever drug, antipyretic [drug [*or* agent]] *spec*

fiebern *vi* ① (*Fieber haben*) to have a temperature [*or* fever] ② (*aufgeregt sein*) **vor Erregung/Ungeduld ~** *dat* to be in a fever of excitement/impatience ③ (*geh: sehnsüchtig verlangen*) ■ **nach etw** *dat* **~** to long feverishly for sth **fiebersenkend** *adj* fever-reducing, antipyretic *spec*; **~es Medikament** medicine to reduce [*or sep* bring down] fever, antipyretic [drug [*or* agent]] *spec* **Fieberthermometer** *nt* [clinical] thermometer

fiebrig *adj s.* **fieberig**

Fiedel <-, -n> *f* (*veraltet*) fiddle *fam*

fiedeln *vt, vi* (*hum, pej*) ■ [**etw**] **~** to fiddle *fam*, to play [sth] on the fiddle *fam*

Fiederblatt *nt* BOT compound leaf

fiel *imp von* **fallen**

fiepen *vi* ① (*kläglich tönen*) to whimper; *Vogel* to cheep ② *Pieper* to b[l]eep

fies *adj* (*pej fam*) ① (*abstoßend*) horrible, horrid *fam*, nasty; (*gemein*) mean, nasty; ***sei nicht so ~!*** don't be so mean [*or fam* horrid] ② (*ekelhaft*) horrible, disgusting

Fiesling <-s, -e> *m* (*fam*) [mean] bastard *fam!*

Fifa, FIFA <-> *f kurz für* **Fédération Internationale de Football Association** Fifa

fifty-fifty [ˈfɪftɪˈfɪftɪ] *adv* (*fam*) fifty-fifty; **~** [**mit jdm**] **machen** to go fifty-fifty [with sb]; **~ stehen** to be fifty-fifty; ***es steht ~*** it is [*or* the chances are] fifty-fifty

Figaro <-s, -s> *m* (*hum: Friseur*) hairdresser

Figur <-, -en> *f* ① (*Bildwerk*) figure ② (*Karikatur*) figure ③ (*Gestalt*) figure, physique; **auf seine ~ achten** to watch one's figure; (*sl: Typ*) character *fam* ④ FILM, LIT (*Charakter*) character ⑤ SPORT figure

▸ WENDUNGEN: **eine gute/schlechte/jämmerliche ~ abgeben** [*o* **machen**] to cut a good/bad/sorry figure
figurativ I. *adj* figurative II. *adv* figuratively
Figürchen <-s, -> *nt dim von* **Figur** figure; **ein reizendes ~** a nice little figure
figürlich *adj* ❶ (*figurbezogen*) regarding the/his/her figure ❷ (*übertragen*) figurative
Fiktion <-, -en> *f* (*geh*) fiction
fiktiv *adj* (*geh*) fictitious
Filet <-s, -s> [fiˈleː] *nt* fillet; **falsches ~** clod, shoulder
Filetsteak [fiˈleːsteːk, -ʃteːk] *nt* fillet steak
Filettiermesser *nt* filleting knife
Filia <-, -s> *f* (*hum*) *fem form von* **Filius**
Filiale <-, -n> *f* branch
Filialgeneration *f* BIOL (*in der Genetik Nachkommen aus der Kreuzung reinerbiger Eltern*) F1 generation **Filialleiter(in)** *m(f)* branch manager
filieren *vt* KOCHK ■**etw ~** to fillet sth
Filiermesser *nt s.* **Filetiermesser**
filigran *adj* filigree *attr*
Filigranarbeit *f* filigree work *no pl,* piece of filigree work
Filipino, Filipina <-s, -s> *m, f* Filipino; *s. a.* **Deutsche(r)**
Filius <-, -se> *m* (*hum*) offspring *hum,* son
Film <-[e]s, -e> *m* ❶ (*Spiel~*) film, motion picture, movie AM; **in einen ~ gehen** to go and see [*or* to go to] a film; ***im Fernsehen läuft ein guter ~*** there's a good film on television ❷ FOTO film; **einen ~ entwickeln lassen** to get [*or* have] a film developed ❸ (*~branche*) film industry; **beim ~ arbeiten** [*o* **sein**] to work in the film industry [*or* in films]; **zum ~ gehen** to go into films ❹ (*dünne Schicht*) film; ***ein Fett-/Öl-/Staub~*** a film of grease/oil/dust ▸ WENDUNGEN: **bei jdm reißt der ~** (*fam: sich nicht erinnern*) sb has a mental blackout; (*ausflippen*) something snaps [in sb] *fam*
Filmarchiv *nt* film archives *pl* **Filmaufnahme** *f* film recording, recording on film **Filmdiva** *f* screen goddess [*or* diva]
Filmemacher(in) *m(f)* (*sl*) film-maker
Filmempfindlichkeit *f* FOTO film speed
filmen I. *vt* ■**jdn/etw ~** to film sb/sth II. *vi* to film; ■**das F~** filming
Filmer(in) *m(f)* film-maker
Filmfestival *nt* film festival **Filmfestspiele** *nt pl* film festival *nsing* **Filmheld(in)** *m(f)* screen [*or* AM movie] hero **Filmindustrie** *f* film industry
filmisch I. *adj* cinematic II. *adv* from a cinematic point of view; **~ ausgezeichnet** superb from a cinematic point of view
Filmkamera *f* film [*or* AM movie] camera **Filmkarriere** *f* career as an actor/actress **Filmkassette** *f* film cassette **Filmkritik** *f* film review **Filmmaterial** *nt* film [coverage] *no pl* **Filmproduzent(in)** *m(f)* film [*or* AM movie] producer **Filmprojektor** *m* film projector **Filmrechte** *nt pl* film rights *npl* **Filmregisseur(in)** *m(f)* film [*or* AM movie] director **Filmriss**RR *m* (*sl*) mental blackout; ■**einen ~ haben** to have a mental blackout **Filmrolle** *f* ❶ (*Part*) [film] part [*or* role], part [*or* role] in a/the film ❷ (*Spule*) roll [*or* spool] of film **Filmschaffende(r)** *f(m) dekl wie adj* film-maker **Filmschauspieler(in)** *m(f)* film [*or* AM movie] actor *masc* [*or fem* actress] **Filmstar** *m* film [*or* AM movie] star **Filmstudio** *nt* film [*or* AM movie] studio **Filmtheater** *nt* (*geh*) cinema, movie theater AM **Filmtransport** *m* FOTO film transport **Filmverleih** *m* film distributors *pl* **Filmvorführer(in)** *m(f)* projectionist **Filmvorführgerät** *nt* (*geh*) projector **Filmvorführung** *f* film showing
Filmvorschau *f* [film] preview
Filofax® <-, -e> [ˈfaɪləʊfæks] *nt* filofax®, personal organizer
Filou <-s, -s> [fiˈluː] *m* (*fam*) devil *fam*
Filter <-s, -> *nt o m* ❶ TECH filter ❷ (*Kaffee-/Tee~*) filter ❸ (*Zigaretten~*) filter
Filteranlage *f* filter **Filterkaffee** *m* filter [*or* AM drip] coffee **Filtermundstück** *nt* filtertip
filtern *vt* ■**etw ~** to filter sth
Filterpapier *nt* filter paper **Filtertüte** *f* filter bag
Filterzigarette *f* filter[-tipped] cigarette
Filtrat <-[e]s, -e> *nt* filtrate
filtrieren* *vt* ■**etw ~** to filter sth
Filz <-es, -e> *m* ❶ (*Stoff*) felt ❷ (*verwobene Masse*) felt ❸ (*fam: Bierdeckel*) beermat BRIT, coaster AM ❹ POL (*pej*) spoils system
filzen I. *vi* to felt, to go felty II. *vt* (*fam: durchsuchen*) ■**jdn/etw ~** to search sb/sth, to frisk sb; ■**etw nach etw** *dat* **~** to go through sth for sth
filzig *adj* felty, feltlike
Filzlaus *f* crab [*or* pubic] louse **Filzschreiber** *m s.* **Filzstift** **Filzstift** *m* felt-tip [pen], BRIT *a.* fibre-tip [pen]
Fimmel <-s, -> *m* (*fam*) mania, obsession; **einen ~ haben** to have a screw loose *hum fam,* to be crazy [*or esp* BRIT mad] *fam;* **den ~ haben, etw zu tun** to have a thing about doing sth *fam*
final *adj* (*geh*) final
Finale <-s, -s *o* -> *nt* ❶ (*Endkampf*) final ❷ MUS finale
Finalsatz *m* LING final clause
Financier <-s, -s> [finanˈtsieː] *m* (*geh*) *s.* **Finanzier**
Finanzamt *nt* tax [and revenue] office; ■**das ~** the Inland Revenue BRIT, Internal Revenue Service AM **Finanzausgleich** *m redistribution of revenue between the government, Länder and local authorities,* ≈ revenue sharing AM **Finanzbeamte(r), -beamtin** *m, f* tax official **Finanzbehörde** *f* tax authority **Finanzberater(in)** *m(f) s.* **Steuerberater** **Finanzbuchhaltung** *f* accounts [*or* AM accounting] department
Finanzen *pl* ❶ (*Einkünfte*) finances *npl* ❷ (*Geldmittel*) ■**jds ~** sb's means *npl;* **jds ~ übersteigen** to be beyond sb's means
Finanzexperte, -expertin *m, f* financial expert **Finanzgenie** *nt* financial genius [*or* wizard]; ■**ein ~ sein** to be a financial genius [*or* wizard], to have a genius for finance **Finanzgericht** *nt* tax [*or form* fiscal] court **Finanzgeschäfte** *pl s.* **Geldgeschäfte** **Finanzhilfe** *f* financial assistance, financing aid **Finanzhoheit** *f* financial sovereignty *form*
finanziell I. *adj* financial; ■**das F~e** the financial aspect; ***er beauftragte sie mit dem F~en*** he charged her with the finances [*or* the financial side] II. *adv* financially
Finanzier <-s, -s> [finanˈtsieː] *m* (*geh*) financier
finanzierbar *adj inv* FIN, ÖKON albe to be financed
finanzieren* *vt* ■**etw ~** ❶ (*bezahlen*) to finance sth; (*sich leisten können*) to be able to afford sth; **frei finanziert** privately financed ❷ (*durch Kredit*) to pay sth with credit; ■**finanziert sein** to be bought on credit
Finanzierung <-, -en> *f* ■**die ~ [einer S.** *gen* [*o* **von etw** *dat*]] financing [sth]; ***für die ~ eines Eigenheimes braucht man erhebliche Fremdmittel*** considerable outside means are necessary to finance buying a house
Finanzierungsplan *m* financing plan [*or* scheme]
Finanzjahr *nt* financial [*or spec* fiscal] year **finanzkräftig** *adj* financially strong; **sehr ~** financially very strong **Finanzminister(in)** *m(f)* finance minister,

chancellor of the exchequer BRIT, secretary of the treasury AM **Finanzministerium** *nt* tax and finance ministry, treasury BRIT, Department of the Treasury AM **Finanzplatz** *m* financial centre [*or* AM -er] **Finanzpolitik** *f kein pl* ① (*Teil der Politik*) financial policy/policies ② (*Wissenschaft*) politics + *sing vb* of finance **finanzschwach** *adj* financially weak; **sehr** ~ financially very weak **Finanzspritze** *f* cash infusion [*or* injection], injection of fresh funds [*or* capital] **finanzstark** *adj s.* **finanzkräftig** **finanztechnisch** *adj* financial, fiscal *spec* **Finanzwirtschaft** *f kein pl* public finance

Findelkind *nt* (*veraltet*) foundling

finden <fand, gefunden> **I.** *vt* ① (*entdecken*) ■**jdn/etw** ~ to find sb/sth; ***es muss doch [irgendwo] zu ~ sein!*** it has to be [found] somewhere!; ***ich finde das [richtige] Wort nicht*** I can't find [*or* think of] the [right] word ② (*heraus~*) ■**etw** ~ to find sth; **einen Anlass/Grund/Vorwand [für etw** *akk*] ~ to find an occasion/reason/excuse [for sth] ③ (*feststellen*) ■**etw** ~ to find sth; **eine Ursache** ~ to find a cause; ■**etw an jdm** ~ to see sth in sb; ***in letzter Zeit finde ich unerklärliche Veränderungen an ihm*** I see inexplicable changes in him recently ④ (*vor~*) ■**jdn/etw** ~ to find sb/sth; **jdn müde/bewusstlos/tot** ~ to find sb tired/unconscious/dead; ***sie fanden ihre Wohnung durchwühlt*** they found their appartment turned upside down ⑤ *in Verbindung mit subst siehe auch dort* (*erhalten*) ■**etw [bei jdm]** ~ to find sth [with sb]; ***bei ihrem Vater fand sie immer Verständnis*** she always found understanding with her father; **[großen/reißenden] Absatz** ~ to sell [well/like hot cakes]; **Berücksichtigung** ~ to be taken into consideration; **Unterstützung** ~ to receive [*or* win] [*or* get] support; **Zustimmung [bei jdm]** ~ to meet with approval [from sb] [*or* sb's approval]; ***dieser Vorschlag fand bei den Delegierten breite Zustimmung*** this suggestion met widespread support from the delegates ⑥ (*aufbringen*) ■**etw** ~ to find sth; **den Mut/die Kraft** ~**, etw zu tun** to find the courage/strength to do sth ⑦ (*einschätzen, empfinden*) **jdn blöd/nett/angenehm** ~ to think [that] sb is stupid/nice/pleasant; ***wie findest du das?*** what do you think [of that]?; **etw gut/unmöglich/billig** ~ to think sth is [*or* to find sth] good/impossible/cheap; ***ich finde es nicht richtig, dass Frauen weniger verdienen*** I don't think it's right that women earn less; ***ich finde, die Ferien sind zu kurz*** I find that the holidays are too short; **es kalt/warm** ~ to find it cold/warm; ***ich finde das Wetter gar nicht mal so übel*** I find the weather is not too bad, I don't think the weather is all that bad; ***ich fände es dumm, jetzt nachzugeben*** I think it would be silly to give up now; ***findest du es richtig, dich so zu verhalten?*** do you think it's right for you to behave like this?; ***das ist teuer, finde ich*** that's expensive, I think ► WENDUNGEN: **nichts an etw** *dat* ~ to not think much of sth; **nichts dabei** ~**, etw zu tun** to think nothing of doing sth **II.** *vi* ① (*den Weg ~*) ■**zu jdm/etw** ~ to find one's way to sb/sth; **zu sich selbst** ~ to find oneself, to sort oneself out ② (*meinen*) to think; ■~, **[dass]** ... to think that ...; ***ich fände es besser, wenn ...*** I think it would be better when [*or* if] ...; ***~ Sie?*** [do] you think so? **III.** *vr* ■**sich** ~ ① (*wieder auftauchen*) to turn up; ***es wird sich wieder*** ~ it will turn up again ② (*zu verzeichnen sein*) to be found; ***es fand sich niemand, der es tun wollte*** there was nobody to be found who wanted to do it, nobody was willing to do it ③ (*in Ordnung kommen*) to sort itself out; ***es wird sich schon alles*** ~ it will all sort itself out [in time]

Finder(in) <-s, -> *m(f)* finder; **der ehrliche** ~ the honest finder

Finderlohn *m* reward for the finder

Fin de Siècle[RR] <-> [fɛ̃d'sjɛkl] *nt kein pl* fin de siècle *no pl;* **die Kunst/Literatur des** ~ fin de siècle art/literature

findig *adj* resourceful

Findigkeit <-> *f kein pl* resourcefulness

Findling <-s, -e> *m* GEOL erratic [boulder] *spec*

Finesse <-, -n> *f* (*geh*) ① *pl* (*Kunstgriffe*) finesse *nsing* ② *pl* (*Ausstattungsdetails*) refinement *nsing;* **mit allen** ~**n** with every refinement ③ *kein pl* (*Schlauheit*) finesse *no pl*

fing *imp von* **fangen**

Finger <-s, -> *m* finger, digit[us] *spec;* **der kleine** ~ the [*or* one's] little finger, the [*or* one's] pinkie AM *fam;* ***[nimm/lass die]*** ~ ***weg!*** [get/take your] hands off!; ~ ***weg davon!*** hands off [it]!; **den** ~ **am Abzug haben** to hold the trigger; **jdm mit dem** ~ **drohen** to wag one's finger at sb; **jdm was [*o* eins] auf die** ~ **geben** to rap sb's [*or* sb across [*or* on] the] knuckles, to give sb a rap across [*or* on] the knuckles; **[sich** *dat*] **den** ~ **in den Hals stecken** to stick one's finger down one's throat; **den** ~ **heben** to lift one's finger; **jdm auf die** ~ **klopfen** (*fig fam*) to give sb a rap across [*or* on] the knuckles, to rap sb's knuckles; **mit den** ~**n knipsen** [*o* **schnippen**] [*o* **schnackeln**] (*fam*) to snap one's fingers; **mit dem** ~ **auf jdn/etw zeigen** to point [one's [*or* a] finger] at sb/sth; **mit [den]** ~**n auf jdn zeigen** (*fig*) to point [one's finger] at sb ► WENDUNGEN: **ich hätte es mir/du hättest es dir etc. an den fünf [*o* zehn]** ~**n abzählen können!** (*fam*) a five-year-old could have worked that out! *fam;* **etw in die** ~ **bekommen** [*o fam* **kriegen**] to get one's fingers on sth; **jdn in die** ~ **bekommen** [*o fam* **kriegen**] to get one's hands on sb, to get a hold of sb; **der elfte** ~ (*hum*) one's third leg *hum fam;* **jdm in [*o* zwischen] die** ~ **geraten** to fall into sb's hands; **einen [*o* zehn] an jedem** ~ **haben** (*hum fam*) to have a woman/man for every day of the week; **überall seine** ~ **im Spiel [*o sl* drin] haben** (*pej*) to have a finger in every pie *fam;* **wenn man ihm den kleinen** ~ **gibt, [dann] nimmt er [gleich] die ganze Hand** (*prov*) give him an inch and he'll take a mile; **jdn [*o* jdm] juckt [*o* zuckt] es in den** ~**n[, etw zu tun]** (*fam*) sb is dying [*or fam* itching] to do sth; **keinen** ~ **krumm machen** (*fam*) to not lift a finger; **lange** ~ **machen** (*hum fam*) to be light-[*or* nimble-]fingered; **die** ~ **von jdm/etw lassen** (*fam*) to keep away from sb/sth; **sich** *dat* **die [*o* alle]** ~ **nach etw lecken** (*fam*) to kill for sth; **für jdn keinen** ~ **rühren** to not lift a finger for sb; **sich** *dat* **etw aus den** ~**n saugen** (*fam*) to conjure up sth *sep;* **sich** *dat* **nicht die** ~ **schmutzig machen** to not get one's hands dirty; **jdm [scharf] auf die** ~ **sehen** (*fam*) to keep a watchful eye [*or* an eye] on sb; **etw mit spitzen** ~**n anfassen** to pick up sth with two fingers; **sich** *dat* **bei [*o* an] etw** *dat* **die** ~ **verbrennen** (*fam*) to get one's fingers burnt over sth; **jdn um den [kleinen]** ~ **wickeln** (*fam*) to wrap sb [a]round one's little finger; **sich** *dat* **die** ~ **wund schreiben** to write one's fingers to the bone

Fingerabdruck *m* fingerprint; **jds [*o* von jdm die] Fingerabdrücke nehmen** to fingerprint sb, to take sb's fingerprints **Fingerbowle** *f* finger basin **Fingerbreit** <-, -> *m* finger['s]breadth ► WENDUNGEN: **keinen** ~ not an [*or* one] inch **fingerdick** **I.** *adj* as thick as a finger *pred* **II.** *adv* fingerthick **Fingerfarbe** *f* finger paint **fingerfertig** *adj* nimble-[*or* quick-]fingered, dexterous **Fingerfertigkeit** *f* dexterity **Fingergelenk** *nt* finger joint; (*Knöchel*) knuckle **Fingerglied** *nt* phalanx [of a/the finger] *spec* **Fingerhakeln** *nt* finger-wrestling **Fingerhandschuh** *m* glove **Fingerhut** *m* ① (*fürs Nähen*) thimble; **ein**

F

~ [voll] a thimbleful ② BOT foxglove **Fingerknöchel** *m* knuckle **Fingerknochen** *m* finger bone, phalanx *spec* **Fingerkraut** *nt* BOT cinquefoil **Fingerkuppe** *f* fingertip

Fingerling <-s, -e> *m* fingerstall

fingern I. *vi* ■ **an/mit etw** *dat* ~ to fiddle with sth; ■ **in etw** *dat* [**nach etw** *dat*] ~ to fumble around in sth [for sth] II. *vt* ① (*hervorholen*) ■ **etw aus etw** *dat* ~ to fish sth out of sth ② (*fam: tricksen*) ■ **etw** ~ to fiddle sth *fam*

Fingernagel *m* fingernail; **an den Fingernägeln kauen** to bite [*or* chew] one's nails **Fingerspitze** *f* fingertip ► WENDUNGEN: **das muss man in den ~n haben** you have to have a feel for it; **jdm juckt** [*o* **kribbelt**] **es in den ~n, etw zu tun** sb is itching to do sth *fam* **Fingerspitzengefühl** *nt kein pl* fine feeling *no pl*, instinctive feel *no pl*, tact [and sensitivity] *no pl*; ***das fordert sehr viel*** ~ that demands a lot of tact; **~/kein ~ haben** to be tactful/tactless **Fingerzeig** <-s, -e> *m* hint, pointer; **von jdm einen ~ bekommen** [*o* **erhalten**] to get [*or* receive] a hint from sb; **jdm einen ~ geben** to give sb a hint; **etw als** [**einen**] **~** [**Gottes/des Schicksals**] **empfinden** to regard sth [meant] as a sign [from God/of fate]

fingieren* [fɪŋ'giːrən] *vt* ■ **etw** ~ to fake [*or* fabricate] sth; ■ **fingiert** bogus, fictitious

Finish <-s, -s> ['fɪnɪʃ] *nt* ① (*Politur*) finish ② SPORT finish

Fink <-en, -en> *m* finch

Finne <-, -n> *f* ① ZOOL (*Stadium des Bandwurms*) bladder worm, cysticercus *spec* ② MED (*Mitesser*) pimple ③ (*Flosse*) fin

Finne, Finnin <-n, -n> *m, f* Finn, Finnish man/woman/boy/girl; ■ ~ **sein** to be Finnish

finnisch *adj* Finnish; **auf** ~ in Finnish; *s. a.* **Meerbusen**

Finnisch *nt dekl wie adj* Finnish; ■ **das ~e** Finnish, the Finnish language; **auf** ~ in Finnish; **ins ~e/aus dem ~en übersetzen** to translate into/from Finnish [*or* the Finnish language]

Finnland <-s> *nt* Finland

Finnwal *m* finback, rorqual

finster *adj* ① (*düster*) dark; **im F~en** in the dark ② (*mürrisch*) grim; ~ **entschlossen sein** to be grimly determined ③ (*schrecklich*) dark; **das ~e Mittelalter** the Dark Ages *npl* ④ (*unheimlich*) sinister, shady ► WENDUNGEN: ~ [**für jdn**] **aussehen** to look bleak [for sb]

Finsternis <-, -se> *f* ① *kein pl* (*Dunkelheit*) darkness *no pl* ② (*Sonnen~*) eclipse; **partielle/totale** ~ partial/total eclipse

Finte <-, -n> *f* subterfuge, trick

Firlefanz <-es> *m kein pl* (*fam*) ① (*Krempel*) trumpery ② (*Quatsch*) nonsense *no art, no pl*

firm *adj pred* ■ **in etw** *dat* ~ **sein** to have a sound knowledge of sth

Firma <-, Firmen> *f* ① (*Unternehmen*) company, firm, business ② (*Handelsname*) company name

Firmament <-s> *nt kein pl* (*poet*) ■ **das** ~ the firmament *liter*, the heavens *npl*

firmen *vt* ■ **jdn** ~ to confirm sb

Firmen *pl von* **Firma**

Firmenchef(in) [-ʃɛf] *m(f)* head of a/the company [*or* firm] [*or* business] **firmeneigen** *adj* company *attr*; ■ ~ **sein** to belong to the company **Firmengründung** *f* formation [*or* establishment] of a/the business [*or* company] **Firmeninhaber(in)** *m(f)* owner [*or* proprietor] of a/the company **Firmenkonzept** *nt* corporate concept **Firmenkopf** *m* business [*or* company] letterhead **Firmenleiter** *m s.* **Geschäftsleiter** **Firmenleitung** *f* company management [*or* direction] **Firmenlogo** *nt* company [*or* business] logo **Firmenname** *m* company name **Firmenrechner** *m* INFORM company computer system **Firmenschild** *nt* company [*or* firm] [*or* business] plaque **Firmensitz** *m* company seat, company headquarters AM **Firmenwagen** *m* company car **Firmenzeichen** *nt* company logo, trademark **Firmenzugehörigkeit** *f* length [*or* period] of employment; ***in seiner 12-jährigen ~ ...*** during [*or* in] his twelve years with the firm ... **Firmenzusammenschluss**RR *m* company merger

firmieren* *vi* ■ **als** [*o* **mit**] **XYZ** ~ to trade under the name of XYZ

Firmling <-s, -e> *m* candidate for confirmation

Firmung <-, -en> *f* comfirmation

Firn <-[e]s, -e> *m* firn *spec*, névé *spec*

Firnis <-ses, -se> *m* [oil-]varnish

firnissen *vt* ■ **etw** ~ to varnish [*or* BRIT oil] sth

First <-[e]s, -e> *m* roof ridge, crest of a/the roof

Firstziegel *m* ridge tile

Fis <-, -> *nt* MUS F sharp

Fisch <-[e]s, -e> *m* ① (*Tier*) fish; ~ **verarbeitend** fish-processing *attr* ② *kein pl* ASTROL Pisces, no art, no pl; [**ein**] ~ **sein** to be [a] Pisces ③ (*fam*) **weder ~ noch Fleisch sein** to be neither fish nor fowl, to be in fine fettle BRIT; **ein großer** [*o* **dicker**] ~ a big fish; **ein kleiner** ~ one of the small fry; **das sind kleine ~e** that's child's play; **ein** [**kalter**] ~ **sein** to be a cold fish; **stumm wie ein ~ sein** [*o* **bleiben**] to be as silent as a post; **munter wie ein ~ im Wasser sein** to be as happy as a pig in mud *fam*

Fischadler <-s, -> *m* osprey **fischarm** *adj* low in fish *pred* **Fischauge** *nt* ① (*Auge*) fish eye ② FOTO fish-eye lens **Fischbein** *nt kein pl* whalebone *no pl* **Fischbestand** *m* fish population; (*kommerziell*) fish stock[s *pl*] **Fischblase** *f* air [*or* swim] bladder

fischen I. *vi* to fish; ■ **das F~** fishing II. *vt* ① (*fangen*) ■ **etw** ~ to catch sth ② (*herausnehmen*) ■ **etw** [**aus/von etw** *dat*] ~ to fish sth out of/from sth

Fischer(in) <-s, -> *m(f)* fisher, fisherman *masc*, fisherwoman *fem*

Fischerboot *nt* fishing boat **Fischerdorf** *nt* fishing village

Fischerei <-> *f kein pl* fishing *no art, no pl*

Fischereihafen *m* fishing port **Fischereiwesen** *nt* fishing *no art, no pl*

Fischernetz *nt* fishing net

Fischfang *m kein pl* fishing *no art, no pl*; **zum ~ auslaufen** to set off for the fishing grounds; **auf ~ gehen** to go fishing; **vom ~ leben** to live from [*or* by] fishing **Fischfangflotte** *f* fishing fleet **Fischfanggebiet** *nt* fishing grounds *npl*

Fischfilet [-fileː] *nt* fillet of fish **Fischfutter** *nt* fish food **Fischgeruch** *m* fishy smell, smell of fish **Fischgeschäft** *nt* fishmonger's **Fischgräte** *f* fish bone **Fischgrätenmuster** *nt* herringbone [pattern] **Fischgrund** *m meist pl* NAUT fishery **Fischgründe** *pl* fisheries *npl*, fishing grounds *npl* **Fischhändler(in)** *m(f)* ÖKON fishmonger BRIT, fish dealer AM; *wholesaler* fish merchant **Fischheber** *m* fish lifter **Fischkessel** *m* fish steamer **Fischkutter** *m* fishing cutter **Fischmarkt** *m* fish market **Fischmehl** *nt* fish meal **Fischmesser** *nt* fish knife **Fischotter** *m* otter **Fischpfanne** *f* fish frying pan **Fischreichtum** *m kein pl* abundance of fish **Fischreiher** *m* grey heron **Fischreuse** *f* weir basket, fish trap **Fischrogen** *m* fish [*or spec* hard] roe **Fischschuppe** *f* [fish] scale **Fischschwarm** *m* shoal of fish **Fischstäbchen** *nt* fish-finger BRIT, fish stick AM **Fischsterben** *nt* dying [*or* death] of fish; (*als Statistik*) fish mortality *no indef art, no pl spec* **Fischsud** *m* fish stock **Fischteich** *m* fish pond **fischverarbeitend** *adj attr s.* **Fisch 1** **Fischzucht** *f* fish-farm-

ing **Fischzug** *m* raid; **einen [guten] ~ machen** to make a [good] foray
Fisimatenten *pl (fam)* ❶ *(Umstände)* fuss *nsing;* **~ machen** to make [*or* create] [*or fam* kick up] a fuss, to mess about; ***mach keine ~!*** don't make [*or fam* kick up] [such] a fuss! ❷ *(Albernheiten)* nonsense *nsing*
Fiskus <-, -se *o* Fisken> *m* **der ~** the treasury, BRIT exchequer
Fisolen *pl* ÖSTERR green beans *pl*
Fissur <-, -en> *f* crack
Fistel <-, -n> *f* MED fistula *spec*
Fistelstimme *f* piping voice, falsetto [voice]
fit *adj pred* fit; **sich ~ halten/machen** to keep/get fit
Fitis <-, -se> *m* ORN willow warbler
FitnessRR, **Fitneß** <-> *f kein pl* ❶ *(Leistungsfähigkeit)* fitness *no art, no pl* ❷ BIOL *(in der Evolutionslehre Grad der Angepasstheit an die Umwelt)* fitness *no pl,* adaptive value
FitnesscenterRR [-sɛntɐ] *nt* health [*or* fitness] centre [*or* AM -er] **Fitnessraum**RR *m* fitness room **Fitnessstudio**RR *m s.* **Fitnesscenter** **Fitnesstraining**RR *nt* fitness training
Fittich <-[e]s, -e> *m (liter)* wing ▸ WENDUNGEN: **jdn unter die [*o* seine] ~e nehmen** *(hum)* to take sb under one's wing
Fitzel *m o nt,* **Fitzelchen** <-s, -> *nt* DIAL *(Stückchen)* little bit
fix I. *adj* ❶ *(feststehend)* fixed ❷ *(fam: flink)* quick, nippy BRIT *fam;* **~ *sein*** to be quick [*or* BRIT *fam* nippy]; **~ gehen** to not take long [doing [*or* to do] sth]; **~ machen** to hurry up; ***mach aber ~!*** hurry up!, don't take your time about it! ▸ WENDUNGEN: **~ und fertig sein** *(erschöpft)* to be exhausted [*or fam* shattered] [*or* BRIT *sl a.* knackered]; *(am Ende)* to be at the end of one's tether; **jdn ~ und fertig machen** *(fam: zusammenschreien)* to do in sb *sep fam;* *(erschöpfen)* to wear [*or* BRIT *fam* fag] out sb *sep;* **~ und foxi sein** *(sl)* to be worn out [*or* BRIT *fam* shattered]; *s. a.* **Idee II.** *adv* quickly
Fixa *pl von* **Fixum**
fixen *vi (sl)* to fix *sl* [*or* to shoot] *sl*
Fixer(in) <-s, -> *m(f) (sl)* fixer BRIT *sl,* junkie AM
Fixerbesteck *nt* fixing tools *pl* BRIT *sl*
fixieren* *vt* ❶ *(anstarren)* **jdn/etw ~** to fix one's eyes [*or* one's gaze] on sb/sth, to stare [at sb/sth] ❷ PSYCH *(auf jdn/etw völlig ausgerichtet sein)* **auf jdn/etw fixiert sein** to be fixated on sb/sth; **darauf fixiert sein, etw zu tun** to be fixated with doing sth ❸ FOTO **etw ~** to fix sth ❹ *(geh: festlegen)* **etw ~** to fix sth ❺ *(schriftlich niederlegen)* **etw ~** to record sth; ***ich habe die Besprechung auf Montag fixiert*** I've fixed the appointment for Monday ❻ SCHWEIZ *(befestigen)* **etw ~** to fix sth
Fixierung <-, -en> *f* ❶ *(Festlegung)* specification, specifying, recording, setting out *sep* ❷ PSYCH *(Ausrichtung)* fixation; **jds ~ auf jdn/etw** sb's fixation on sb/sth
Fixing <-s, -s> *nt* fixing *no art, no pl*
Fixkosten *pl* fixed costs *pl* **Fixpunkt** *m s.* **Festpunkt** **Fixstern** *m* fixed star
Fixum <-s, Fixa> *nt* basic salary; *(Zuschuss)* fixed allowance
Fjord <-[e]s, -e> *m* fjord, fiord
FKK *kein art Abk von* **Freikörperkultur**
FKK-Anhänger(in) *m(f)* naturist, nudist; **~ sein** to be a naturist [*or* nudist] **FKK-Strand** *m* nudist beach
flach *adj* ❶ *(eben, platt)* flat; *(nicht hoch)* low; *(nicht steil)* gentle; **~ [zu etw *dat*] abfallen** to slope down gently [into [*or* towards] sth]; **sich ~ hinlegen** to lie [down] flat; **~ liegen [*o* schlafen]** to sleep without a pillow ❷ *(nicht tief)* shallow; **~ atmen** to take shallow breaths ❸ *(oberflächlich)* shallow

Flachbau *m* low building **flachbrüstig** *adj* flat-chested **Flachdach** *nt* flat roof; *(Terrasse)* terrace **Flachdruck** *m* TYPO ❶ *kein pl (Verfahren)* planography *no pl spec* ❷ *(Produkt)* planograph *spec*
Fläche <-, -n> *f* ❶ *(flache Außenseite)* surface; *(Würfel~)* face ❷ *(Gebiet)* expanse; *(mit Maßangaben)* area
Flacheisen *nt* ❶ *(flaches Metall)* flat bar, flat *spec* ❷ *(Werkzeug)* flat-bladed chisel
Flächenbrand *m* wildfire; **sich zu einem ~ ausweiten** to spread to a large-scale fire; *(fig)* to spread like wildfire **flächendeckend** *adj* covering the needs *pred;* ***in unterentwickelten Ländern ist keine ~e medizinische Versorgung gewährleistet*** there is no sufficient coverage of medical supplies in undeveloped countries **flächengleich** *adj* equal in area *pred* **Flächeninhalt** *m* [surface] area **Flächenland** *nt large-area land with a low population density* **Flächenmaß** *nt* [unit of] square measure **Flächennutzungsplan** *m* land utilization plan; *(in einer Stadt)* local [*or* AM zoning] plan **Flächenstaat** *m* state
flach|fallen *vi sep irreg sein (fam)* to not come off *fam*
Flachglas *nt* sheet glass *no pl*
Flachheit <-> *f kein pl* flatness *no pl,* planeness *no pl spec*
flächig *adj* ❶ *(breit)* flat ❷ *(ausgedehnt)* extensive
Flachkopfschraube *f* TECH *(Blechschraube)* pan head screw AM *spec;* *(Senkschraube)* countersunk bolt/screw *spec*
Flachland *nt* lowland, plain **flach|legen** *(fam)* **I.** *vt* **jdn ~** to knock out sb *sep,* to floor sb BRIT **II.** *vr* **sich ~** *(sich hinlegen)* to lie down; *(flach hinfallen)* to fall flat [on one's face] **flach|liegen** *vi irreg (fam)* to be laid up [in bed] **Flachmann** *m (fam)* hipflask **Flachmeißel** *m* flat [*or spec* cold] chisel
Flachs <-es> *m kein pl* ❶ *(Pflanze)* flax *no art, no pl* ❷ *(fam: Witzelei)* kidding *no art, no pl fam,* joke; **~ machen** to kid around *fam;* **[jetzt mal ganz] ohne ~** joking aside
flachsblond *adj* flax-coloured [*or* AM -ored], flaxen *liter*
Flachschlitzschraubendreher *m* [slotted] screwdriver
flachsen [-ks-] *vi (fam)* to kid around *fam;* **[mit jdm] ~** to kid sb on *fam*
Flachsinn *m kein pl* shallowness *no pl* **Flachzange** *f* flat[-nosed] pliers *npl*
flackern *vi* to flicker
Fladen <-s, -> *m* ❶ KOCHK round flat dough-cake ❷ *(fam: breiige Masse)* flat blob; *(Kuh~)* cowpat
Fladenbrot *nt* round flat loaf [of bread], ≈ Turkish bread, no art, no pl
Flageolettbohne *f* flageolet bean
Flagge <-, -n> *f* flag; **die englische/französische ~ führen** to fly the English/French flag [*or* BRIT colours] [*or* AM colors]; **die ~ streichen** to strike the flag ▸ WENDUNGEN: **~ zeigen** to nail one's colours [*or* AM -ors] to the mast
flaggen *vi* to fly a flag/flags
Flaggenalphabet *nt* semaphore *no art, no pl* **Flaggenmast** *m* flagpole, flagstaff **Flaggensignal** *nt* flag signal; **ein ~ geben** to give a flag signal
Flaggschiff *nt* flagship
flagrant *adj (geh)* flagrant; *s. a.* **in flagranti**
Flair <-s> [flɛːɐ] *nt o selten m kein pl (geh)* aura
Flak <-, – *o* -s> *f kurz für* **Flugabwehrkanone** ❶ *(Kanone)* anti-aircraft [*or hist* ack-ack] gun ❷ *(Einheit)* anti-aircraft [*or hist* ack-ack] unit
Flakhelfer(in) *m(f)* HIST anti-aircraft auxiliary
Flakon <-s, -s> [fla'kõː] *nt o m (geh)* [small] bottle,

F

flacon *spec*

flambieren* *vt* ■**etw** ~ to flambé[e] sth

Flambierpfanne *f* flaming [*or* flambéing] pan

Flame, Flamin *o* **Flämin** <-n, -n> *m, f* Fleming, Flemish man/woman/boy/girl

Flamingo <-s, -s> [fla'mɪŋgo] *m* flamingo

flämisch *adj* Flemish; **auf** ~ in Flemish

Flämisch *nt dekl wie adj* Flemish; ■**das** ~**e** Flemish; **auf** ~ in Flemish, the Flemish language

Flamme <-, -n> *f* ① (*Feuer*) flame; **in** ~**n aufgehen** to go up in flames; **mit ruhiger/flackernder** ~ **brennen** to burn with a steady/flickering flame; **etw auf großer/kleiner** ~ **kochen** to cook sth on a high/low heat; **in** [**hellen**] ~**n stehen** to be ablaze/in flames ② (*veraltend fam: Geliebte*) flame *dated*

flammend *adj* (*lit*) flaming

Flammenmeer *nt* (*geh*) sea of flames [*or* fire] **Flammentod** *m* (*geh*) ■**der** ~ death by burning; **den** ~ **erleiden** to be burned [*or* burnt] to death; (*auf dem Scheiterhaufen*) to be burned [*or* burnt] at the stake **Flammenwerfer** <-s, -> *m* flamethrower

Flandern <-s> *nt* Flanders + *sing vb*

flandrisch *adj* Flemish

Flanell <-s, -e> *m* flannel

flanieren* *vi haben o sein* to stroll; (*bummeln*) to go for a stroll; **an den Schaufenstern entlang** ~ to go window-shopping

Flanke <-, -n> *f* ① ANAT flank ② AUTO (*selten*) side ③ FBALL cross ④ MIL *einer Stellung* flank; **eine offene** ~ an open flank

flanken *vi* FBALL to centre [*or* AM -er]

Flankenschutz *m* MIL protection on the flank; **jdm** ~ **geben** to give sb added support

flankieren* *vt* ① (*begleiten*) ■**jdn** ~ to flank [*or* accompany] sb ② (*seitlich begrenzen*) ■**etw** ~ to flank sth ③ (*ergänzen*) ■**etw** [**mit etw** *dat*] ~ to support sth [with sth]

Flansch <-[e]s, -e> *m* TECH flange

Flappe <-, -n> *f* DIAL pout; **eine** ~ **ziehen** to pout, to look petulant

flapsig (*fam*) **I.** *adj* cheeky BRIT; **eine** ~**e Bemerkung** an offhand [*or* a flippant] remark **II.** *adv* cheekily BRIT

Fläschchen <-s, -> *nt dim von* **Flasche** [small] bottle

Flasche <-, -n> *f* ① (*Behälter*) bottle; **etw in** ~**n füllen** to bottle sth, to fill sth into bottles; **einem Kind die** ~ **geben** to bottle-feed a child, to give [*or* feed] a child its bottle; **aus der** ~ **trinken** to drink straight from [*or* out of] the bottle; **Bier/Wein auf** ~**n ziehen** to bottle beer/wine ② (*fam: Versager*) dead loss *fam;* (*einfältiger Mensch*) pillock BRIT *pej fam*, dork AM *pej fam* ▶ WENDUNGEN: **zur** ~ **greifen** to take to [*or fam* hit] the bottle

Flaschenbier *nt* bottled beer **Flaschenbürste** *f* bottle-brush **Flaschengärung** *f* fermentation in the bottle, secondary fermentation *spec* **Flaschenhals** *m* ① (*Teil einer Flasche*) bottleneck, neck [of a/the bottle] ② (*fig*) bottleneck **Flaschenkind** *nt* bottle-fed baby **Flaschenkürbis** *m* bottle gourd **Flaschenmilch** *f* bottled milk, milk [sold] in bottles **Flaschennahrung** *f* baby milk, formula AM **Flaschenöffner** *m* bottle-opener **Flaschenpfand** *m* deposit [*or* refund] on a/the bottle **Flaschenpost** *f* message in a bottle **Flaschenregal** *nt* wine rack **Flaschentomate** *f* plum tomato **Flaschenverschluss**[RR] *m* bottle top **flaschenweise** *adv* by the bottle **Flaschenzug** *m* TECH block and tackle [*or* pulley]

Flaschner(in) <-s, -> *m(f)* SÜDD, SCHWEIZ (*Klempner*) plumber

Flashback <-s, -s> ['flæʃbæk] *m* flashback

Flatterbinse *f* BOT soft rush

flatterhaft *adj* (*pej*) fickle *pej*

Flatterhaftigkeit <-> *f kein pl* (*pej*) fickleness *no pl pej*

Flattermann <-männer> *m* (*hum fam*) chicken

flattern *vi* ① *haben* (*mit den Flügeln schlagen*) to flap [*or* flutter] [its wings] ② *haben* (*vom Wind bewegt*) ■[**im Winde**] ~ to flutter [*or* flap] [in the wind]; *lange Haare* to stream [in the wind] ③ *sein* (*durch die Luft getragen*) ■**irgendwohin** ~ to fly [*or* float] [*or* be blown] somewhere ④ *sein* (*fam: zugestellt werden*) ■**jdm** [**irgendwohin**] ~ to land [*or* turn up] [*or* arrive] somewhere; ***heute flatterte eine Rechnung ins Haus*** a bill landed on the mat today ⑤ *haben* AUTO (*hin und her schlagen*) to wobble, to shimmy AM

Flattersatz *m* unjustified text [*or* print *no art, no pl*]

flau *adj* ① (*leicht unwohl*) queasy; **jdm ist** ~ [**im Magen**] sb feels queasy; ***mir wurde ganz ~ im Magen*** I started to feel queasy ② (*träge*) slack; ***heute war das Geschäft sehr*** ~ business was very slack today

Flaum <-[e]s> *m kein pl* down *no art, no pl*

flaumig *adj* downy

Flausch <-[e]s, -e> *m* fleece *no pl*

flauschig *adj* fleecy, soft

Flausen *pl* (*fam*) ① (*Unsinn*) nonsense *nsing;* (*Illusionen*) fancy [*or* crazy] ideas *pl;* ~ **im Kopf haben** to have crazy ideas; **jdm die** ~ **austreiben** to get sb to return to reality, to knock some sense into sb *fam* ② (*Ausflüchte*) excuses *pl;* ***verschone mich mit deinen ~!*** save [*or* spare me] your excuses!

Flaute <-, -n> *f* ① (*Windstille*) calm *no pl;* ■~**n** calm periods *pl* ② (*mangelnde Nachfrage*) lull, period of slackness [*or* reduced activity]

fläzen *vr* (*fam*) ■**sich** [**auf/in etw** *akk*] ~ to sprawl [oneself *fam*] [on/in sth] *a. pej*

Flechte <-, -n> *f* ① BOT lichen ② MED lichen *no pl;* (*Herpes*) herpes *no pl;* (*Ekzem*) eczema *no pl* ③ (*geh*) plait, *esp* AM braid

flechten <flocht, geflochten> *vt* ■**etw** ~ to plait [*or esp* AM braid] sth; **sich/jdm die Haare** [**zu Zöpfen** [*o* **in Zöpfe**]] ~ to plait [*or esp* AM braid] one's/sb's hair; **einen Korb/Kranz/eine Matte** ~ to weave [*or* make] a basket/wreath/mat; ■**etw zu etw** *dat* ~ to plait [*or* weave] sth into sth; **Blumen zu einem Kranz** ~ to weave flowers into a garland; ■**geflochten** woven

Flechtwerk *nt kein pl* wickerwork *no art, no pl*

Fleck <-[e]s, -e *o* -en> *m* ① (*Schmutz~*) stain; ~**en machen** to stain ② (*dunkle Stelle*) mark; (*auf Stirn vom Pferd*) blaze; **ein blauer** ~ a bruise; ~**en haben** to be bruised; *Apfel a.* to be blemished ③ (*Stelle*) spot, place; **sich nicht vom** ~ **rühren** to not move [*or fam* budge] [an inch]; ***rühr dich nicht vom ~, ich bin sofort wieder da!*** stay where you are, I'll be right back! ▶ WENDUNGEN: **einen** ~ **auf der** [**weißen**] **Weste haben** to have blotted one's copybook BRIT; **der blinde** ~ the blind spot; [**mit etw** *dat*] **nicht vom** ~ **kommen** to not get any further [with sth]; **vom** ~ **weg** on the spot; *s. a.* **Herz**

Fleckchen <-s, -> *nt* ① *dim von* **Fleck** mark, stain ② (*Gegend*) **ein schönes** [*o* **herrliches**] ~ **Erde** a nice [*or* lovely] little spot

Flecken <-s, -> *m* ① (*veraltet: Markt~*) small town ② *s.* **Fleck 1, 2**

Fleckenfalter *m* ZOOL fritillary

fleckenlos *adj* spotless

Fleckentferner <-s, -> *m* stain remover

Fleckenwasser *nt* stain remover

Fleckerlteppich *m* SÜDD, ÖSTERR rag rug

Fleckfieber *nt* typhus [fever], fleckfieber *spec*

fleckig *adj* ① (*befleckt*) marked, stained ② (*voller dunkler Stellen*) blemished; ~**e Haut** blotchy skin

fleddern *vt* ❶ (*pej fam: durchwühlen*) ■ **etw** ~ to rummage through sth; ■ **jdn/etw** ~ to harm sb/sth ❷ **eine Leiche** ~ to rob a dead body

Fledermaus *f* ❶ (ZOOL) bat ❷ KOCHK ÖSTERR (*Fleischstück*) round steak

Fledermausärmel *m* batwing sleeve

Fleece <-> *nt kein pl* fleece

Fleet <-[e]s, -e> *nt* NORDD canal

Flegel <-s, -> *m* (*pej: Lümmel*) lout *fam,* yob[bo] BRIT *fam;* (*ungezogenes Kind*) brat *pej fam*

Flegelalter *nt* adolescence *no indef art, no pl;* ■ **im ~ sein** to be [an] adolescent [*or* in one's adolescence]

Flegelei <-, -en> *f* (*pej*) uncouthness *no art, no pl,* uncouth [*or fam* loutish] behaviour [*or* AM -or] *no pl*

flegelhaft *adj* (*pej*) uncouth, loutish *fam*

flegeln *vr* (*fam*) ■ **sich [auf/in etw** *akk*] ~ to sprawl [oneself *fam*] on [*or* [all] over] sth *a. pej*

flehen *vi* (*geh*) ■ **[bei jdm] [um etw** *akk*] ~ to beg [sb] [for sth]

flehentlich **I.** *adj* (*geh*) pleading, imploring **II.** *adv* pleadingly; **jdn ~ bitten, etw zu tun** to implore [*or* entreat] sb to do sth

Fleisch <-[e]s> *nt kein pl* ❶ (*Nahrungsmittel*) meat *no art, no pl;* ~ **fressend** carnivorous, meat-eating *attr* ❷ (*Gewebe, Muskel~*) flesh *no indef art, no pl* ❸ (*Frucht~*) flesh *no indef art, no pl* ▶ WENDUNGEN: **jds eigen[es] ~ und Blut** (*geh*) sb's own flesh and blood; **jdm in ~ und Blut übergehen** to become sb's second nature; **sich** *dat o akk* **[mit etw** *dat*] **ins eigene ~ schneiden** to cut off one's nose to spite one's face, to harm one's own interests; **vom ~[e] fallen** to lose a lot of weight

fleischarm *adj* low-meat *attr,* containing little meat *pred,* with a low meat content *pred;* **[sehr] ~ essen** to eat [very] little meat **Fleischbeschau** *f* ❶ ADMIN meat inspection ❷ (*hum fam*) cattle market *hum o pej,* meat market *hum o pej* **Fleischbeschauer(in)** <-s, -> *m(f)* meat inspector **Fleischblutmagen** *m* blood sausage **Fleischbratling** *m* rissole, burger **Fleischbrühe** *f* ❶ (*Bouillon*) bouillon, beef stock ❷ (*Fond*) stock cube **Fleischdauerware** *f kein pl* preserved meats *pl* **Fleischdünnung** *f* flank

Fleischer(in) <-s, -> *m(f)* butcher

Fleischerbeil *nt* [meat] cleaver

Fleischerei <-, -en> *f* butcher's [shop BRIT]

Fleischermesser *nt* butcher's knife

Fleischesser(in) *m(f)* meat eater **Fleischextrakt** *m* meat extract **fleischfarben** *adj* flesh-coloured [*or* AM -ored] **Fleischfarce** *f* meat filling **Fleischfondue** *nt* meat fondue **fleischfressend** *adj s.* **Fleisch 1** **Fleischfresser** <-s, -> *m* carnivore, meat-eater **Fleischgabel** *f* meat fork **Fleischgelee** *nt* meat jelly **Fleischglace** *nt s.* **Jus** **Fleischhauer(in)** <-s, -> *m(f)* ÖSTERR (*Fleischer*) butcher's [shop BRIT] **Fleischhauerei** <-, -en> *f* ÖSTERR (*Fleischerei*) butcher's [shop BRIT]

fleischig *adj* fleshy

Fleischjus *m s.* **Jus** **Fleischkäse** *m* meatloaf **Fleischklopfer** <-s, -> *m* steak hammer **Fleischkloß** *m* ❶ KOCHK meatball ❷ (*fam: fetter Mensch*) mountain of flesh **Fleischklößchen** *nt* [small] meatball **Fleischknepp** *m* meat ball (*flavoured with herbs*) **Fleischkraut** *nt* BOT winter chicory

fleischlich *adj attr* ❶ (*von Fleisch*) consisting of/containing meat *pred;* ~**e Genüsse** meat delicacies ❷ (*liter: sexuell*) carnal, of the flesh *pred;* ~**e Begierden** carnal desires, desires of the flesh

fleischlos **I.** *adj* vegetarian, meatless **II.** *adv* ~ **kochen** to cook vegetarian

Fleischnockerl *pl* SÜDD meat balls (*poached in pigs' stomach*) **Fleischpastete** *f* meat vol-au-vent [*or* BRIT pasty] **Fleischsaft** *m* meat juices *pl* **Fleischsalat** *m a salad of diced sausage or ham, gherkins and mayonnaise* **Fleischspieß** *m* meat skewer, skewered meat **Fleischstück(chen)** *nt* piece of meat **Fleischtee** *m* beeftea, Bovril® **Fleischthermometer** *nt* meat thermometer **Fleischtomate** *f* beef[steak] tomato **Fleischtopf** *m* meat pan **Fleischvergiftung** *f* food poisoning (*from meat*), meat poisoning BRIT **Fleischvogel** *m* SCHWEIZ (*Roulade*) beef olive **Fleischwaren** *pl* meat produce *nsing* [*or pl* products] **Fleischwolf** *m* mincer BRIT, grinder AM; **etw durch den ~ drehen** to mince [*or* AM grind] sth ▶ WENDUNGEN: **jdn durch den ~ drehen** (*fam*) to put sb through the mill **Fleischwunde** *f* flesh wound **Fleischwurst** *f* ≈ pork sausage

Fleiß <-[e]s> *m kein pl* hard work *no art, no pl,* diligence *no art, no pl,* industriousness *no art, no pl,* application *no art, no pl form* ▶ WENDUNGEN: **mit ~** SÜDD on purpose; **ohne ~ kein Preis** (*prov*) success doesn't come easily; SPORT no pain, no gain!

Fleißarbeit *f* laborious task; **eine [reine] ~** (*pej*) a grind BRIT *fam*

fleißig **I.** *adj* ❶ (*hart arbeitend*) industrious, hard-working ❷ (*Fleiß zeigend*) diligent, painstaking; **eine ~e Leistung** a painstaking effort ❸ (*fam: eifrig*) keen **II.** *adv* ❶ (*arbeitsam*) diligently, industriously ❷ (*fam: unverdrossen*) assiduously

flektieren* **I.** *vt* LING ■ **etw** ~ (*deklinieren*) to decline sth; (*konjugieren*) to conjugate sth *spec* **II.** *vi* to inflect; ■ **schwach/stark** ~ to be [conjugated as] a weak/strong verb

flennen *vi* (*pej fam*) to blubber *pej,* to blub BRIT *pej fam*

fletschen *vt* **die Zähne** ~ to show [*or* bare] one's/its teeth

fleucht (*veraltet poet*) *3. pers sing von* **fliegen** *s.* **kreucht**

Fleurop® <-> ['flɔɪrɔp, 'flø:rɔp, -'rɔp] *f kein pl* Interflora® *no art, no pl*

flexibel *adj* ❶ (*anpassungsfähig*) flexible ❷ (*nicht fest*) flexible ❸ (*elastisch*) pliable

Flexibilisierung <-, -en> *f* **die ~ der Altersgrenze/Arbeitszeit/Ladenschlusszeiten** the transition to a flexible age limit/to flexible opening/working hours

Flexibilität <-> *f kein pl* ❶ (*Anpassungsfähigkeit*) flexibility *no art, no pl* ❷ (*Elastizität*) pliability *no art, no pl*

Flexion <-, -en> *f* (*Deklinieren*) inflection; (*Konjugieren*) conjugation *spec*

Flexionsendung *f* inflectional ending [*or* suffix]

flicht *imper sing und 3. pers sing pres von* **flechten**

flicken *vt* ■ **etw [mit etw** *dat*] ~ to mend sth [with sth]; **einen Fahrradschlauch** ~ to patch [up *sep*] a bicycle tube; *s. a.* **Zeug**

Flicken <-s, -> *m* patch

Flickenteppich *m* rag rug

Flickschuster(in) *m(f)* (*pej fam*) bungler, bungling idiot *pej* **Flickwerk** *nt kein pl* (*pej*) **ein ~ sein** to have been carried out piecemeal **Flickzeug** *nt kein pl* ❶ (*für Fahrräder*) [puncture] repair kit [*or* outfit] ❷ (*Nähzeug*) sewing kit

Flieder <-s, -> *m* lilac

Fliederbusch *m* lilac **fliederfarben** *adj* lilac

Fliege <-, -n> *f* ❶ (*Insekt*) fly ❷ MODE bow tie [*or* dickie [*or* dick[e]y] bow] BRIT *fam* ▶ WENDUNGEN: **zwei ~n mit einer Klappe schlagen** (*fam*) to kill two birds with one stone; **jdn stört die ~ an der Wand** sb is irritated by every little thing; **wie die ~n umfallen** to go down like ninepins BRIT, to drop [off] like flies; **die [*o sl* 'ne] ~ machen** to beat [*or* leg] it *fam;* ***he, mach die ~!*** get lost!, piss off! BRIT *fam!;* **wie die ~n sterben** to fall [*or* drop [off]] like flies

fliegen <flog, geflogen> I. *vi sein* (1) *(mit Flügeln)* to fly (2) *(im Flugzeug)* ■[irgendwohin] ~ to fly [somewhere]; ***wann fliegt die nächste Maschine [nach Paris]?*** when is the next flight [to Paris]? (3) *(sl: hinausgeworfen werden)* ■[aus etw *dat*] ~ to get kicked [*or fam* chucked] out [of sth]; **aus einer Firma ~** to get [*or* be given] the sack [*or fam* the boot] (4) *(fam: schnell fallen)* ■**jdm aus/von etw** *dat* ~ to fall out of/off sb's sth (5) *(fam: fallen)* to fall; **von der Leiter ~** to fall off a ladder; **die Treppe hinunter ~** to go flying down the stairs *fam* (6) *(wehen)* to fly (7) *(eilen)* to fly (8) *(geworfen werden)* to fly, to be flung; ***die Schneebälle flogen wild hin und her*** snowballs were flying about all over the place (9) *(fam)* **auf jdn/etw ~** to go for sb/sth *fam;* **ich kann doch nicht ~!** *(fam)* I can't fly [*or fam* haven't got wings], you know! II. *vt* (1) *haben o sein (steuern)* ■**etw ~** to fly sth (2) *haben (befördern)* ■**jdn/etw irgendwohin ~** to fly sb/sth somewhere (3) *haben o sein (zurücklegen)* ■**etw ~** to fly sth; ***wir sind heute eine weite Strecke geflogen*** we flew a long way today

fliegend *adj attr* mobile; **die ~e Pommesbude** the chippie van Brit *fam,* the roach coach Am; *s. a.* **Fisch, Personal, Start, Untertasse**

Fliegendreck *m* fly spot/spots, fly droppings *npl* **Fliegenfänger** *m* flypaper **Fliegenfenster** *nt* [window with a] fly screen **Fliegengewicht** *nt* (1) *kein pl (Gewichtsklasse)* flyweight *no indef art, no pl* (2) *(Sportler)* flyweight **Fliegengewichtler(in)** <-s, -> *m(f)* flyweight **Fliegengitter** *nt* flyscreen Brit, screen Am **Fliegenklatsche** *f* fly swatter, Brit *a.* fly swat **Fliegenpilz** *m* fly agaric *no indef art, no pl spec*

Flieger[1] <-s, -> *m (sl)* plane, bird *sl*

Flieger(in)[2] <-s, -> *m(f)* (1) *(Pilot)* pilot, airman *masc,* airwoman *fem* (2) *(Dienstgrad)* aircraftman Brit, airman basic Am (3) *(fam: Luftwaffe)* ■**die ~** the air force + *sing/pl vb*

Fliegeralarm *m* air-raid warning **Fliegerangriff** *m* air raid

Fliegerei <-> *f kein pl* flying *no art, no pl*

Fliegerhorst *m* military airfield [*or* Brit *a.* aerodrome]

fliegerisch *adj attr* aeronautical

fliehen <floh, geflohen> I. *vi sein* (1) *(entkommen)* to escape, to flee; **aus dem Gefängnis ~** to escape from prison (2) *(davoneilen)* to flee; **von der Polizei/vor einem Sturm ~** to flee from the police/before a storm II. *vt haben (liter)* ■**etw ~** to shun sth, to flee [*or* get away] from sth; **jds Gegenwart/Nähe ~** to avoid sb

fliehend *adj* receding; **ein ~es Kinn** a receding chin; **eine ~e Stirn** a sloping forehead

Fliehkraft *f kein pl* centrifugal force

Fliese <-, -n> *f* tile; **etw mit ~n auslegen** to tile sth; **~n legen** to lay tiles

fliesen *vt* ■**etw ~** to tile sth; ■**gefliest** tiled

Fliesen(fuß)boden *m* tiled floor **Fliesenleger(in)** <-s, -> *m(f)* tiler

Fließband <-bänder> *nt* assembly [*or* production] line; *(Förderband)* conveyer [belt]; **am ~ arbeiten** [*o fam* **stehen**] to work on a/the production line

Fließbandarbeit *f* work on a production [*or* assembly] line

fließen <floss, geflossen> *vi sein* (1) *(strömen)* to flow; ***es fließt kein Wasser aus dem Hahn*** there's no water coming from the tap; *(sich dahinbewegen)* to flow, to move; Meteo *(einströmen)* to move (2) *(eingehen)* ***aus China ~ die Informationen immer spärlicher*** the flow of information from China is getting minimal ▶ Wendungen: **alles fließt** Philos all is in a state of flux

fließend I. *adj* (1) *(flüssig)* fluent; **eine ~e Rede** a fluent speech; **ein ~es Französisch sprechen** to speak fluent French [*or* French fluently] (2) *(übergangslos)* fluid II. *adv* (1) *(bei Wasser)* **~ warmes und kaltes Wasser** running hot and cold water (2) *(ohne zu stocken)* fluently; **~ Französisch sprechen** to speak fluent French [*or* French fluently]

Fließheck *nt* Auto fastback

flimmerfrei *adj* flicker[-]free **Flimmerkiste** *f (fam)* TV, telly Brit *fam;* ■**die ~** the box Brit *fam,* boob tube Am *fam*

flimmern *vi* (1) *(unruhig leuchten)* to flicker (2) *(flirren)* to shimmer; *s. a.* **Auge**

flink *adj* quick, nippy Brit *fam;* **eine ~e Zunge/ein ~es Mundwerk haben** to have a quick [*or* Brit ready] tongue/mouth

Flinte <-, -n> *f* (1) *(Schrot~)* shotgun (2) *(veraltet: Gewehr)* gun ▶ Wendungen: **die ~ ins Korn werfen** *(fam)* to throw in the towel; **jdn/etw vor die ~ bekommen** *(fam)* to get hold of sb/sth

Flintenweib *nt (a. pej)* gunwoman

Flipchart <-, -s> ['flɪptʃa:t] *f* flipchart

Flipper <-s, -> *m* pinball machine

flippern *vi* to play pinball

flippig *adj (fam)* hip *fam*

flirren *vi* to whirr [*or esp* Am whir]; **~de Luft/Hitze** shimmering air/heat

Flirt <-s, -s> [flœrt, flø:ɐt] *m* flirt[ation]

flirten ['flœrtn, 'flø:ɐtn] *vi* ■[**mit jdm**] ~ to flirt [with sb]

Flittchen <-s, -> *nt (pej fam)* slut *pej,* hussy *a. hum*

Flitter <-s, -> *m* (1) *(Pailletten)* sequins *pl* (2) *kein pl (pej: Tand)* trash *no art, no pl pej fam,* trumpery *no pl*

Flitterwochen *pl* honeymoon *nsing;* **in die ~ fahren** to go on [one's] honeymoon; **in den ~ sein** to be on [one's] honeymoon; **die ~ in Paris verbringen** to [spend one's] honeymoon in Paris

Flitz(e)bogen *m (fam)* bow and arrow[s *pl*] ▶ Wendungen: **gespannt wie ein ~ sein** to be dying with suspense

flitzen *vi sein* (1) *(sich schnell bewegen)* ■[**irgendwohin**] ~ to dash [*or fam* whizz [*or esp* Am whiz]] [somewhere] (2) *(fam: abhauen)* to run off, to leg it *fam* (3) *(fam: nackt laufen)* to streak

Flitzer <-s, -> *m (fam)* snappy [*or* Am sharp] little sportscar *fam*

floaten ['flo:tn] *vi* Ökon to float

Floating <-> ['flo:tɪŋ] *nt kein pl* ■**das ~** [**einer S.** *gen* [*o* **von etw** *dat*]] floating [sth]

flocht *imp von* **flechten**

Flöckchen <-s, -> *nt* (1) *dim von* **Flocke** flake (2) **ein ~ Butter** a knob [*or* Am hunk] of butter

Flocke <-, -n> *f* (1) *(Schnee~)* snowflake (2) *(Staub~)* ball of fluff

Flockenblume *f* Bot knapweed

flockig *adj* fluffy

flog *imp von* **fliegen**

floh *imp von* **fliehen**

Floh <-[e]s, Flöhe> *m* (1) *(Tier)* flea; **Flöhe haben/knacken** to have/squash fleas (2) *pl (sl: Geld)* dough *nsing dated fam,* bread *nsing fam,* dosh Brit *sl* (3) *(fam)* **jdm einen ~ ins Ohr setzen** to put an idea into sb's head; **die Flöhe husten hören** to imagine things

Flohkraut *nt* Bot pennyroyal **Flohkrebs** *m* Zool sand hopper **Flohmarkt** *m* flea market, jumble [*or* Am rummage] sale **Flohzirkus** *m* flea circus

Flokati <-s, -s> *m (griechischer Teppich)* flokati

Flom(en) <-s> *m kein pl* Dial *(Schweineschmalz)* lard *no art, no pl*

Flop <-s, -s> *m (fam)* flop *fam;* **mit etw** *dat* **einen ~ landen** to suffer [*or* land] a flop with sth *fam*

floppen *vi* ÖKON (*fam*) *Projekt, Film, CD* to flop *fam*

Floppy DiskRR, **Floppydisk**RR *f* floppy disk

Flor <-s, -e *o selten* Flöre> *m* ① (*dünnes Gewebe*) gauze ② (*Teppich-/Samt~*) pile

Flora <-, Floren> *f* flora *npl spec*

Florenreich *nt* BOT floral region

Florentiner <-s, -> *m* ① (*Gebäck*) Florentine ② MODE (*Strohhut*) picture hat

Florenz <-> *nt kein pl* Florence

Florett <-[e]s, -e> *nt* foil; (*Sport*) foil-fencing

Florfliege *f* ZOOL lacewing

florieren* *vi* to flourish; ■ ~**d** flourishing

Florist(in) <-en, -en> *m(f)* florist

Floskel <-, -n> *f* set phrase; (*klischeehaft*) cliché; ***eine höfliche/abgedroschene*** ~ a polite but meaningless phrase, a hackneyed phrase *pej*

flossRR, **floß** *imp von* **fließen**

Floß <-es, Flöße> *nt* raft

Flosse <-, -n> *f* ① (*Fisch~*) fin ② (*Schwimm~*) flipper ③ (*sl: Hand*) paw *hum fam,* mitt *pej fam*

Flösselhecht *m* ZOOL bichir

flößen *vt* ① ■ **etw** ~ to raft sth ② (*ein~*) **jdm die Suppe/Medizin in den Mund** ~ to give sb his/her soup/medicine

Flößer(in) <-s, -> *m(f)* raftsman *masc,* raftswoman *fem*

Flöte <-, -n> *f* ① (*Musikinstrument*) pipe; (*Quer~*) flute; (*Block~*) recorder; (*Pan~*) panpipes *npl;* ~ **spielen** [*o* **blasen**] to play the pipe/flute/recorder/panpipes ② (*Kelchglas*) flute [glass] *spec*

flöten **I.** *vi* ① (*Flöte spielen*) to play the flute ② (*trillern*) to whistle ③ (*hum fam: süß sprechen*) to warble, to flute ▶ WENDUNGEN: **etw geht jdm** ~ sb loses sth **II.** *vt* ■ **etw** ~ ① (*mit der Flöte*) to play sth on the flute ② (*pfeifen*) to whistle sth

flöten|gehen *vi irreg sein* (*sl*) *s.* **flöten I 4**

Flötenkessel *m* whistling kettle **Flötenspiel** *nt* piece for the pipe/flute/recorder/panpipes **Flötenspieler(in)** *m(f)* piper; (*Quer~*) flute player, flautist *form;* (*Block~*) recorder player **Flötenton** *m* sound of a/the flute/of flutes; **jdm die Flötentöne beibringen** (*fam*) to tell [*or* teach] sb what's what *fam*

Flötist(in) <-en, -en> *m(f)* flautist *form*

flott **I.** *adj* ① (*zügig*) quick, nippy BRIT *fam;* **eine ~e Fahrt** a fast drive; **ein ~es Tempo** [a] high speed; **eine ~e Bedienung** quick [*or* speedy] service; ***aber ein bisschen ~!*** (*fam*) make it snappy! *fam* ② (*schwungvoll*) lively ③ (*schick*) smart, chic ④ (*verschwenderisch*) fast-living; **ein ~es Leben führen** to live life in the fast lane ⑤ *pred* (*manövrierfähig*) in working order *pred;* **ein Auto wieder ~ machen** (*fam*) to get a car back on the road ⑥ (*flüssig*) racy ⑦ KOCHK **~e Lotte** mouli-légumes, food mill; *s. a.* **Otto, Heinrich** **II.** *adv* ① (*zügig*) fast; (*hurtig a.*) quickly ② (*schick*) smartly, chic

flott|bekommen* *vt irreg* ■ **etw** ~ to get sth working; **ein Schiff** ~ to float off *sep* a ship; **ein Auto** ~ to get a car on the road

Flotte <-, -n> *f* NAUT, LUFT fleet

Flottenstützpunkt *m* naval base **Flottenverband** *m* naval unit

Flottille <-, -n> [flɔ'tɪlə] *f* ① MIL flotilla ② NAUT fleet

flott|kriegen *vt* (*fam*) *s.* **flottbekommen**

flott|machen *vt* ■ **etw** ~ to get sth back in working order; **ein Schiff [wieder]** ~ to [re]float a ship; **ein Auto** ~ to get a car back on the road; **eine Firma [wieder]** ~ to get a company [back] on its feet **flottweg** *adv* (*fam*) non-stop

Flöz <-es, -e> *nt* BERGB seam

Fluch <-[e]s, Flüche> *m* ① (*Schimpfwort*) curse, oath *dated* ② (*Verwünschung*) curse ▶ WENDUNGEN: **das [eben] ist der ~ der bösen Tat** (*prov*) evil begets evil *prov*

fluchbeladen *adj* (*geh*) cursed

fluchen *vi* ① (*schimpfen*) ■ **[auf/über jdn/etw]** ~ to curse [*or* swear] at sb/sth ② (*geh: verwünschen*) ■ **jdn/etw** ~ to curse sb/sth

Flucht1 <-, -en> *f* escape; **jdm glückt die** ~ sb escapes [successfully]; **die ~ vor der Realität/Verantwortung** an escape from reality/responsibility; ■ **die ~ in etw** *akk* refuge in sth; **die ~ in den Selbstbetrug** a resort to self-defiance; **die ~ ergreifen** (*geh*) to take flight, to flee; **auf der ~ erschossen werden** to be shot trying to escape [*or* on the run]; **auf der ~ sein** [*o* **sich auf der ~ befinden**] to be on the run [*or* on the run]; **jdn in die ~ schlagen** to put sb to flight, to chase away sb *sep;* **jdm zur ~ verhelfen** to help sb [to] escape; **auf der ~ vor jdm sein** to be fleeing [*or* on the run] from sb; **in kopfloser/wilder ~** in a stampede; **die ~ nach Ägypten** REL the flight to Egypt; **die ~ nach vorn antreten** to take the bull by the horns

Flucht2 <-, -en> *f* ① (*~linie*) alignment; (*Häuser~*) row ② (*geh: Zimmer~*) suite

fluchtartig **I.** *adj* hasty, hurried **II.** *adv* hastily, hurriedly, in a hurry **Fluchtauto** *nt* getaway car *fam,* escape vehicle

flüchten **I.** *vi sein* to flee, to get away; (*aus der Gefangenschaft, einer Gefahr*) to escape **II.** *vr haben* ① (*Schutz suchen*) ■ **sich [vor etw** *dat*] **irgendwohin** ~ to seek refuge [from sth] somewhere; **sich vor einem Unwetter in eine Scheune** ~ to [seek] shelter from a storm in a barn ② ■ **sich in etw** *akk* ~ to take refuge in sth; **sich in Ausreden** ~ to resort to excuses

Fluchtfahrzeug *nt* getaway car *fam,* escape vehicle **Fluchtgefahr** *f* **bei jdm besteht** ~ sb is always trying [*or* attempting] to escape **Fluchthelfer(in)** *m(f)* accomplice in an/the escape **Fluchthilfe** *f* escape aid

flüchtig **I.** *adj* ① (*geflüchtet*) fugitive *attr;* ■ ~ **sein** to be a fugitive [*or* on the run] [*or* at large] ② (*kurz*) fleeting, brief; **ein ~er Blick** a fleeting glance, a glimpse; **ein ~er Kuss/Gruß** a brief [*or* passing] [*or* perfunctory] kiss/hello ③ (*oberflächlich*) cursory, sketchy; **eine ~e Arbeit** a hurried piece of work; **eine ~e Bekanntschaft** a passing aquaintance ④ (*schnell verdunstend*) volatile **II.** *adv* ① (*kurz*) briefly, perfunctorily ② (*oberflächlich*) cursorily; ~ **arbeiten** to work hastily; **etw ~ erwähnen** to mention sth in passing; **jdn ~ kennen** to have met sb briefly; **etw ~ lesen** to skim through sth *sep*

Flüchtige(r) *f(m) dekl wie adj* fugitive

Flüchtigkeit1 <-> *f kein pl* ① (*Kürze*) briefness *no pl,* brevity *no pl* ② (*Oberflächlichkeit*) cursoriness *no pl,* sketchiness *no pl;* **mit ~ arbeiten** to work hastily [*or* with hastiness] ③ CHEM volatility *no pl*

Flüchtigkeit2 <-, -en> *f* (*Unachtsamkeit*) carelessness *no pl;* ■ **~en** careless mistakes *pl*

Flüchtigkeitsfehler *m* careless mistake; **einen ~ machen** to make a careless mistake, to slip up

Flüchtling <-s, -> *m* refugee

Flüchtlingsausweis *m* refugee's identity card **Flüchtlingscamp** <-s, -s> *nt* refugee camp **Flüchtlingslager** *nt* refugee camp **Flüchtlingsstrom** *m* flood of refugees

Fluchtversuch *m* attempted [*or* attempt to] escape, escape attempt [*or* bid] **Fluchtweg** *m* escape route; (*fig*) means of escape + *sing vb*

fluffig *adj* (*fam*) fluffy

Flug <-[e]s, Flüge> *m* ① (*durch die Luft*) flight ② (*mit einem Flugzeug*) flight; ***ich hoffe, ihr hattet einen angenehmen ~?*** I hope you had a good flight; **einen ~ [nach …] buchen** to book a flight [to …]; ei-

nen ~ stornieren to cancel a booking; **der ~ zum Mond/Mars/zu den Sternen** a/the journey to the moon/to Mars/to the stars ▶WENDUNGEN: **wie im ~[e]** in a flash *fam*

Flugabwehr *f* air defence [*or* AM -se]

Flugabwehrkanone *f* anti-aircraft [*or hist* ack-ack] gun **Flugabwehrrakete** *f* anti-aircraft missile

Flugangst *f* fear of flying **Flugasche** *f* flue ash **Flugaufkommen** *nt kein pl* air traffic **Flugbahn** *f* flight path; (*Kreisbahn*) orbit; *einer Kugel/Rakete* trajectory **Flugbegleiter(in)** *m(f)* steward *masc*, stewardess *fem*, air-hostess *fem* **Flugbenzin** *nt* aviation fuel **Flugbereitschaft** *f* LUFT preparation of plane[s] for take-off **Flugbetrieb** *m kein pl* air traffic *no pl* **Flugbewegung** *f* aircraft movement **Flugblatt** *nt* leaflet, flyer, handbill **Flug(daten)schreiber** *m* flight recorder **Flugdauer** *f* duration of a/the flight, flying time **Flugdrache** *m* ZOOL flying dragon

Flügel <-s, -> *m* ❶ (*zum Fliegen*) wing; **mit den ~n schlagen** to flap its wings; (*größer a.*) to beat its wings; (*Hubschrauber~*) rotor, blade ❷ TECH sail *spec*, vane *spec*; **Ventilator~** blade ❸ (*seitlicher Trakt*) wing, side; *eines Altars* sidepiece; *eines Fensters* casement ❹ ANAT (*Lungen~*) lung ❺ ARCHIT (*seitlicher Teil*) wing ❻ MIL (*seitlicher Truppenteil*) wing; SPORT (*Flanke*) wing ❼ POL (*extreme Gruppierung*) wing ❽ (*Konzert~*) grand piano, grand *fam*; **auf dem ~ spielen** to play the piano; **am ~: ...** at the piano: ... ▶WENDUNGEN: **jdm die ~ beschneiden** [*o* **stutzen**] to clip sb's wings; **die ~ hängen lassen** (*fam*) to lose heart; **jdm ~ verleihen** (*geh*) to lend sb wings

Flügelaltar *m* winged altar **Flügelbohne** *f* goa bean **Flügelerbse** *f* asparagus pea **Flügelfenster** *nt* casement window **Flügelhorn** *nt* flugelhorn **Flügelkämpfe** *pl* factional disputes *pl* **flügellahm** *adj* injured at the wing(s) **Flügelmann** <-männer *o* -leute> *m* ❶ FBALL wing forward ❷ MIL flank man ❸ POL person on the wing of a party **Flügelmutter** <-muttern> *f* butterfly nut **Flügeltür** *f* double door, French door

Flugfeld *nt* airfield **Fluggast** *m* passenger

flügge *adj pred* fledged; ■**[noch nicht] ~ sein** (*fig fam*) to be [not yet] ready to leave the nest

Fluggepäck *nt* luggage **Fluggerät** *nt* flying machine **Fluggesellschaft** *f* airline **Flughafen** *m* airport; **auf dem ~ landen** to land at the airport **Flughöhe** *f* altitude; ***„unsere ~ beträgt derzeit 32000 Fuß"*** "we are currently flying at an altitude of 32,000 feet" **Flughörnchen** *nt* ZOOL flying squirrel **Flughund** *m* flying fox **Flugkapitän(in)** *m(f)* captain **Flugkilometer** *m* air kilometre [*or* AM -er] **Flugkörper** *m* projectile **Fluglärm** *m* aircraft noise **Fluglehrer(in)** *m(f)* flying instructor **Fluglinie** *f* ❶ (*Strecke*) air route ❷ (*Fluggesellschaft*) airline **Fluglotse, -lotsin** *m, f* flight controller, air traffic controller **Flugmuskel** *m* ZOOL pectoralis **Flugnummer** *f* flight number **Flugobjekt** *nt* **unbekanntes ~** unidentified flying object, UFO **Flugpersonal** *nt* aircrew **Flugplan** *m* flight plan **Flugplatz** *m* airfield **Flugraum** *m* air space **Flugroute** *f* flight route

flugs *adv* (*veraltend*) at once, immediately

Flugsand *m* shifting sand **Flugschein** *m* ❶ (*Pilotenschein*) pilot's licence [*or* AM -se] ❷ (*Ticket*) [plane] ticket **Flugschreiber** *m* flight recorder, black box *fam* **Flugschüler(in)** *m(f)* pupil pilot **Flugsicherheit** *f kein pl* air safety **Flugsicherung** *f* flight control, air traffic control **Flugsimulator** *m* flight simulator **Flugsteig** <-s, -e> *m* gate **Flugstunde** *f* ❶ (*Flugzeit von einer Stunde*) hour's flight; **drei ~n entfernt sein** to be three hours away by air ❷ (*Unterricht*) flying lesson; **[bei jdm] ~n nehmen** to take flying lessons [with sb] **flugtauglich** *adj* fit to fly *pred* **Flugticket** *nt* [plane] ticket **Flugverbindung** *f* [flight [*or* air]] connection **Flugverkehr** *m* air traffic **Flugwaffe** *f* SCHWEIZ (*Luftwaffe*) Swiss Air Force **Flugwild** *nt kein pl* feathered game **Flugzeit** *f* flight time **Flugzettel** *m* ÖSTERR leaflet

Flugzeug <-[e]s, -e> *nt* [aero]plane BRIT, [air]plane AM; **einmotoriges/zweimotoriges/dreimotoriges ~** single/twin/three engine[d] [aero]plane; **im ~** in an/the aeroplane; **mit dem ~** by [aero]plane

Flugzeugabsturz *m* plane [*or* BRIT air] crash **Flugzeugbau** *m kein pl* aircraft construction **Flugzeugbesatzung** *f* flight [*or* air] crew **Flugzeugentführer(in)** *m(f)* [aircraft] hijacker **Flugzeugentführung** *f* [aircraft] hijacking **Flugzeughalle** *f* hangar **Flugzeugkatastrophe** *f* air disaster **Flugzeugträger** *m* aircraft carrier **Flugzeugunglück** *nt* plane [*or* BRIT air] crash **Flugzeugwrack** *nt* aircraft wreckage *no pl*

Flugziel *nt* [flight] destination

Fluidum <-s, Fluida> *nt Stadt, Ort* atmosphere; *Person* aura

Fluktuation <-, -en> *f* (*geh*) fluctuation; **die ~ der Mitarbeiter** the turnover of staff

fluktuieren* *vi* (*geh*) to fluctuate; ***die Zahl der Beschäftigten fluktuiert sehr stark*** there is a very high turnover of employees

Flunder <-, -n> *f* (*Fisch*) flounder ▶WENDUNGEN: **platt wie eine ~ sein** (*fam*) to be [completely] flabbergasted *fam*

Flunkerei <-, -en> *f* (*fam*) ❶ *kein pl* (*das Flunkern*) fibbing *fam* ❷ (*kleine Lüge*) fib *fam*

flunkern *vi* (*fam*) to fib *fam*

Fluor <-s> *nt kein pl* fluorine

Fluorchlorkohlenwasserstoff [klo:ɐ] *m* chlorofluorocarbon, CFC

fluoreszieren* *vi* to fluoresce

Fluorid <-[e]s, -e> *nt* fluoride

Flur[1] <-[e]s, -e> *m* corridor; (*Hausflur*) entrance hall

Flur[2] <-, -en> *f* ❶ (*im Bebauungsplan festgelegtes Gebiet*) plot ❷ (*geh: freies Land*) open fields *pl*; **durch Feld, Wald und ~ schweifen** to roam the open countryside ▶WENDUNGEN: **allein auf weiter ~ sein** to be [all] on one's tod BRIT, fam; **mit etw** *dat* **allein auf weiter ~ stehen** to be all on one's own with sth

Flurbereinigung *f* reallocation of agricultural land **Flurbuch** *nt* cadastral survey register **Flurhüter** *m s.* **Feldhüter** **Flurname** *m* plot name **Flurschaden** *m* damage to [fields and] crops

Fluse <-, -n> *f* piece of fluff

Fluss[RR] <-es, Flüsse> *m*, **Fluß** <-sses, Flüsse> *m* ❶ (*Wasserlauf*) river; **den ~ aufwärts/abwärts fahren** to travel upriver/downriver [*or* upstream/downstream]; **jdn/etw über den ~ setzen** to ferry sb/sth across the river; **am ~** next to the river ❷ (*kontinuierlicher Verlauf*) flow; **Verkehrs~** flow of traffic; **sich im ~ befinden** to be in a state of flux; **etw [wieder] in ~ bringen** to get sth going [again]; **[wieder] in ~ kommen, geraten** to get going [again]; **[noch] im ~ sein** (*sich verändern*) to be [still] in a state of flux; (*im Gange sein*) to be in progress

flussab(wärts)[RR] *adv* downriver, downstream **Flussarm**[RR] *m* arm [*or* branch] of a river **flussaufwärts**[RR] *adv* upriver, upstream **Flussbarsch**[RR] *m* ZOOL common [*or* river] perch **Flussbegradigung**[RR] *f* river straightening **Flussbett**[RR] *nt* riverbed **Flussbiegung**[RR] *f* bend in a/the river

Flüsschen[RR] <-s, -> *nt dim von* **Fluss 1.** stream

Flussdelta[RR] *nt* delta **Flussdiagramm**[RR] *nt* flow chart, flow diagram **Flussebene**[RR] *f* flood plain **Flussfisch**[RR] *m* freshwater fish **Flusshecht**[RR] *m*

ZOOL northern pike

flüssig I. *adj* ① (*nicht fest*) liquid; ~**es Glas** molten glass; ~**er Stahl** molten steel; **etw** ~ **machen** to melt sth; ~ **werden** to melt ② (*fließend*) flowing; **ein** ~**er Stil** a flowing [*or* fluid] style; ~**er Verkehr** moving traffic ③ FIN (*fam*) liquid; [**nicht**] ~ **sein** [not] to have a lot of money II. *adv* flowingly; ~ **lesen** to read effortlessly; **etw** ~ **machen** (*fam*) to mobilize sth; ~ **sprechen** to speak fluently; ~ **Französisch sprechen** to speak fluent French

Flüssigei *nt* egg mixture **Flüssiggas** *nt* liquid gas

Flüssigkeit <-, -en> *f* ① (*flüssiger Stoff*) liquid, fluid ② *kein pl* (*fließende Beschaffenheit*) liquidity, liquidness; *Rede, Sprache* fluency

Flüssigkeitsbremse *f* hydraulic brake **Flüssigkeitsmaß** *nt* fluid [*or* liquid] measure **Flüssigkeitsmenge** *f* amount of fluid [*or* liquid]

Flüssigkristall *m* liquid crystal

Flüssigkristallanzeige *f* liquid crystal display, LCD

flüssig|machen *vt* (*fam*) *s.* **flüssig II**

Flusskrebs^RR^ *m* crayfish **Flusslandschaft**^RR^ *f* ① (*Gebiet*) riverside [area] ② (*Bild*) riverside scene **Flusslauf**^RR^ *m* course of a river **Flussmündung**^RR^ *f* river mouth **Flussneunauge**^RR^ *nt* ZOOL lamprey **Flusspferd**^RR^ *nt* hippopotamus **Flussregulierung**^RR^ *f* river control **Flusssand**^RR^ *m* riversand **Flussschiffahrt** *f s.* Flussschifffahrt **Flussschifffahrt**^RR^ *f* river traffic **Flussseeschwalbe**^RR^ *f* ORN common tern **Flussspat**^RR^ *m* fluorite, fluorspar **Flussufer**^RR^ *nt* river bank

flüstern I. *vi* to whisper; **miteinander** ~ to whisper to one another; **sich** ~**d unterhalten** to talk in whispers [to one another]; (*fig poet*) II. *vt* ① (*sehr leise sprechen*) ■**etw** ~ to whisper sth ② (*munkeln, sich erzählen*) ■**man flüstert** [*o* **es wird geflüstert**], **dass ...** it is whispered that ..., rumour [*or* AM -or] [*or* word] has it that ... ▶ WENDUNGEN: **das kann ich dir ~!** (*fam: darauf kannst du dich verlassen*) that's a promise!; (*na und ob!*) you bet!; **jdm** [**et**]**was flüstern** (*fam*) to give sb a good talking-to; ***dem werde ich was ~!*** I'll give him a piece of my mind!

Flüsterpropaganda *f* underground propaganda **Flüsterstimme** *f* whispered voice; **mit** [**leiser**] ~ in a [soft] whisper **Flüsterton** *m* whisper; **im** ~ in whispers **Flüstertüte** *f* (*hum fam*) megaphone

Flut <-, -en> *f* ① (*angestiegener Wasserstand*) high tide; (*ansteigender Wasserstand*) incoming tide; **die** ~ **geht zurück** the tide is going out; **es ist** [*o* **herrscht**] ~ the tide's in; **die** ~ **kommt** [*o* **steigt**] the tide is coming in; **bei** ~ at high tide; *s. a.* **Ebbe** ② *meist pl* (*geh: Wassermassen*) torrent; **sich in die** [**kühlen**] ~**en stürzen** (*hum geh*) to jump in the water ③ (*große Menge*) ■**eine** ~ **von etw** *dat* a flood of sth

fluten I. *vi sein* (*geh*) **über die Dämme/in den Keller** ~ to flood the banks/cellar II. *vt haben* ■**etw** ~ to flood sth

Flutkatastrophe *f* flood disaster **Flutlicht** *nt kein pl* floodlight **Flutlichtanlage** *f* floodlights *pl*; **die** ~ **anschalten** to turn on the floodlights

flutschen I. *vi sein* (*fam: rutschen*) ■[**aus der Hand/ins Wasser**] ~ to slip [out of one's hand/into the water] II. *vi impers haben o sein* (*fam*) to go smoothly

Flutwelle *f* tidal wave

Fly-and-drive^RR^, **fly and drive** [flaɪən'draɪv] *nt* fly-and-drive [holiday]

focht *imp von* **fechten**

Fock <-, -en> *f* NAUT foresail

Fockmast *m* foremast

Föderalismus <-> *m kein pl* federalism *no pl*

föderalistisch *adj* federalist

Föderation <-, -en> *f* federation

fohlen *vi* to foal

Fohlen <-s, -> *nt* foal; (*männlich a.*) colt; (*weiblich a.*) filly

Föhn <-[e]s, -e> *m* ① (*Wind*) föhn [*or* foehn]; **bei** ~ during a föhn wind ② (*Haartrockner*) hair-dryer [*or* drier]

föhnen^RR^ *vt* [**jdm/sich**] **die Haare** ~ to dry [sb's/one's] hair with a hair drier [*or* dryer], to blow-dry [sb's/one's] hair

Föhnfestiger^RR^ *m* setting [*or* styling] lotion [*or* AM gel] **Föhnfrisur**^RR^ *f* blow-dry style

föhnig *adj* ■**es ist** ~ there is a föhn [*or* foehn]

Föhre <-, -n> *f* DIAL pine tree

Fokus <-, -se> *m* focus

Folge <-, -n> *f* ① (*Auswirkung*) consequence; **für die** ~**n aufkommen** to suffer [*or* take] the consequences; **ohne** ~**n bleiben** to have no [negative] consequences; **nicht ohne** ~**n bleiben** not to be without consequences, to have repercussions; **etw zur** ~ **haben** to result in sth; **an den** ~**n einer S.** *gen* **sterben, den** ~**n einer S.** *gen* **erliegen** (*geh*) to die as a result of sth; **böse/unangenehme** ~**n nach sich ziehen** to have nasty/unpleasant consequences; **als** ~ **von etw** *dat* as a consequence/result of sth ② (*Abfolge*) series; *von Bildern, Tönen a.* sequence; **in rascher** ~ in quick succession ③ (*Teil einer TV-/Radio-Serie*) episode; **ein Spielfilm in drei** ~**n** a film in three parts ④ (*geh: einer Aufforderung nachkommen*) **einer S.** *dat* ~ **leisten** to comply with sth; **einer Einladung** ~ **leisten** to accept an invitation; **einer Vorladung** ~ **leisten** to answer a summons ⑤ (*im weiteren*) **in der** [*o* **für die**] ~ subsequently

Folgeerscheinung *f* consequence **Folgekosten** *pl s.* Folgelasten **Folgelasten** *pl* resulting [*or* consequential] costs

folgen *vi* ① *sein* (*nachgehen/-fahren*) ■**jdm/etw** ~ to follow sb/sth; ~ ***Sie mir unauffällig!*** follow me quietly ② *sein* (*als nächstes kommen*) ■[**auf etw/jdn**] ~ to follow [sth/sb]; ***es folgt die Ziehung der Lottozahlen*** the lottery draw will follow; ■**auf etw** *akk* ~ to come after sth; **wie folgt** as follows; ***wir werden wie folgt vorgehen*** we will proceed as follows ③ *haben* (*gehorchen*) ■[**jdm**] ~ to be obedient [to sb]; **einer Anordnung/einem Befehl** ~ to follow [*or* obey] an order ④ *sein* (*verstehen*) ■**jdm** ~ to follow sb; **jdm/einer S.** ~ **können** to be able to follow sb/sth ⑤ *sein* (*sich richten nach*) ■**einer S.** *dat* ~ to follow sth; **jds Kurs/einer Politik** ~ to follow sb's line/pursue a policy; **einem Vorschlag** ~ to act on a suggestion ⑥ *sein* (*hervorgehen*) ■**es folgt, dass ...** it follows that; ■**aus etw folgt, dass ...** the consequences of sth are that...

folgend *adj* following; ***weitere Angaben entnehmen Sie bitte den*** ~***en Erklärungen*** for further information please refer to the following explanations; ■**F~es** the following; ■**im F~en** in the following [speech/text]

folgendermaßen *adv* as follows

folgenlos *adj pred* without consequence; ~ **bleiben** not to have any consequences [*or* repercussions]; **nicht** ~ **bleiben** to have consequences [*or* repercussions]

folgenschwer *adj* serious; **eine** ~**e Entscheidung treffen** to make a momentous decision

folgerichtig *adj* logical

folgern I. *vt* ■**etw** [**aus etw** *dat*] ~ to conclude sth [from sth]; ■[**aus etw** *dat*] ~, **dass ...** to conclude [from sth] that ... II. *vi* to draw a conclusion [*or* conclusions]; **vorschnell** ~ to jump to conclusions

Folgerung <-, -en> *f* conclusion; **eine** ~ **aus etw** *dat* **ziehen** to draw a conclusion from sth

F

Folgesatz *m* consecutive clause **Folgeschaden** *m* consequential loss **Folgezeit** *f* (*Zukunft*) future; (*darauf folgende Zeit*) following period; **für die ~** for the future; **in der ~** (*in der Zukunft*) in [the] future; (*in der darauf folgenden Zeit*) afterwards

folglich *adv* therefore, consequently

folgsam *adj* obedient

Folgsamkeit <-> *f kein pl* obedience *no pl*

Foliant <-en, -en> *m* tome

Folie <-, -n> ['fo:liə] *f* ① (*Plastikfolie*) [plastic] film; (*Metallfolie*) foil; **Kartoffeln/Fisch in der ~** potatoes/fish baked in foil ② (*Projektorfolie*) [projector] slide ③ (*geh: geistiger Hintergrund*) backdrop

Folienschweißgerät [liən] *nt* sealing device

Folio <-s, -s *o* Folien> [*pl* -liən] *nt* folio

Folklore <-> *f kein pl* folklore; (*folkloristische Tänze, Lieder etc.*) folk dance/songs etc.

folkloristisch *adj* folkloristic [*or* folklorist]

Folksänger(in) ['fo:k] *m(f)* folk singer **Folksong** *m* folk song

Follikel <-s, -> *m* follicle

Follikelsprung *m* ovulation

Folter <-, -n> *f* torture; **die reinste ~ sein** (*fig*) to be sheer torture *fig;* [**bei jdm**] **die ~ anwenden** to use torture [on sb] ▶ WENDUNGEN: **jdn auf die ~ spannen** to keep sb on tenterhooks

Folterbank <-bänke> *f* rack

Folterer, Folterin <-s, -> *m, f* torturer

Folterinstrument *nt* instrument of torture **Folterkammer** *f* torture chamber **Folterkeller** *m* torture chamber [in a cellar] **Folterknecht** *m* torturer

foltern **I.** *vt* ■**jdn ~** to torture sb **II.** *vi* to use torture

Folteropfer *nt* victim of torture

Folterung <-, -en> *f* ① *kein pl* (*das Foltern*) torture *no pl* ② (*das Gefoltertwerden*) torture *no pl*

Folterwerkzeug *nt* instrument of torture

Fon *nt* (*fam*) *kurz für* **Telefon** phone

FonRR <-s, -s *o nach Zahlenangabe* -> *nt s.* **Phon**

Fön®, FöhnRR <-[e]s, -e> *m* hair-dryer [*or* drier]

Fond <-s, -s> [fõ:] *m* ① (*Hintergrund*) background ② (*Untergrund bei Stoffen*) base, background ③ (*Fleischsaft*) meat juice ④ AUTO (*geh*) rear compartment

Fonds <-, -> [fõ:] *m* ① FIN (*Geldreserve für bestimmten Zweck*) fund; (*Kapital*) funds *pl* ② (*geh: geistiger Grundstock*) wealth; **ein ~ an Erfahrung** a wealth of experience

Fondsmanager(in) *m(f)* ÖKON, BÖRSE fund manager

Fondue <-s, -s> [fõ'dy:] *nt* fondue

FonemRR <-s, -e> *nt s.* **Phonem**

fönen *vt s.* **föhnen**

FonetikRR <-> *f s.* **Phonetik**

fonetischRR *adj inv s.* **phonetisch**

FonologieRR <-> *f s.* **Phonologie**

fonologischRR *adj s.* **phonologisch**

FonotypistRR**(in)** <-en, -en> *m(f) s.* **Phonotypist**

Fontäne <-, -n> *f* fountain

Fontanelle <-, -n> *f* fontanel[le]

foppen *vt* (*fam*) ■**jdn** [**mit etw** *dat*] **~** to pull sb's leg [about sth] *fam*

Fora *pl von* **Forum**

forcieren* [-'si:-] *vt* (*geh*) ■**etw ~** to push ahead with sth; **den Export/die Produktion ~** to boost exports/production

forciert [-'si:-] *adj* (*geh*) forced

Förde <-, -n> *f* firth

Förderband <-bänder> *nt* conveyor belt

Förderer, Förderin <-s, -> *m, f* sponsor

Fördergelder *pl* ADMIN development funds **Förderklasse** *f* SCH special class **Förderkorb** *m* hoisting cage **Förderkosten** *pl* development costs *pl* **Förderkreis** *m* sponsors' association **Förderkurs(us)** *m* remedial course **Förderland** *nt* (*im Bergbau*) coal producing country; (*für Ölförderung*) oil producing country

förderlich *adj* useful; ■**einer S.** *dat* **~ sein** to be useful [*or* good] for sth

Fördermaschine *f* hoist **Fördermittel** *nt* winding means

fordern **I.** *vt* ① (*verlangen*) ■**etw** [**von jdm**] **~** to demand sth [from sb] ② (*erfordern*) ■**etw** [**von jdm**] **~** to require sth [of [*or* from] sb] ③ (*kosten*) ■**etw ~** to claim sth; ***der Flugzeugabsturz forderte 123 Menschenleben*** the [aero]plane crash claimed 123 lives ④ (*Leistung abverlangen*) ■**jdn/ein Tier ~** to make demands on sb/an animal ⑤ (*herausfordern*) ■**jdn** [**zu etw** *dat*] **~** to challenge sb [to sth]; **jdn zum Duell/Kampf ~** to challenge sb to a duel/fight **II.** *vi* (*verlangen*) to make demands; ■[**von jdm**] **~, dass ...** to demand [of sb] that ...; **mit allem Nachdruck ~, dass ...** to insist that ...

fördern *vt* ① (*unterstützen*) ■**etw ~** to support sth; **den Handel ~** to promote trade; **jds Karriere/Talent ~** to further sb's career/talent; ■**jdn ~** *Gönner, Förderer* to sponsor sb; *Eltern, Verwandte* to support sb ② (*förderlich sein*) ■**etw ~** to help sth along; MED to stimulate; **den Stoffwechsel/die Verdauung ~** to aid the metabolism/digestion ③ (*steigern*) ■**etw ~** to promote sth; **die Konjunktur/den Umsatz ~** to boost the economy/turnover ④ (*aus der Tiefe abbauen*) ■**etw ~** to mine for sth; **Erdöl ~** to drill for oil

fordernd **I.** *adj* overbearing, domineering *fam* **II.** *adv* in a domineering [*or* an overbearing] manner *pred*

Förderprogramm *nt* ÖKON development programme

Förderschacht *m* winding shaft **Förderseil** *nt* winding cable [*or* rope] **Förderstufe** *f* transition stage (*from junior to senior school*) **Förderturm** *m* winding tower

Forderung <-, -en> *f* ① (*nachdrücklicher Wunsch*) demand; **jds ~ erfüllen** to meet sb's demands; **einer ~ nachkommen** to act as requested; **eine ~/~en nach etw** *dat* **erheben** to demand sth; **~en** [**an jdn**] **haben** to demand sth [of sb]; **~en** [**an jdn/etw**] **stellen** to make demands [on sb/sth] ② ÖKON debt claim; **~en** [**an jdn**] **haben** to have claims against sb; **eine ~ einklagen** [*o* **eintreiben**] to sue for a debt ③ (*Erfordernis*) requirement ④ (*hist: Herausforderung zum Duell*) challenge to a duel

Förderung <-, -en> *f* ① (*Unterstützung*) promotion, support ② (*das Fördern*) promotion ③ MED (*Anregung*) stimulation ④ BERGB mining; **die ~ von Erdöl** drilling for oil

Forderungsabtretung *f* JUR assignment of a claim [*or* debt] **forderungsberechtigt** *adj* entitled to assert a claim

Förderungsmaßnahmen *pl* assistance, supportive measures *pl* **Förderungsmittel** *pl* aid *no pl,* funds for financial support **Förderungsprogramm** *nt* aid [*or* financial support] programme [*or* AM -am] **förderungswürdig** *adj* worthy of aid [*or* financial support]

Förderunterricht *m kein pl* special tuition **Förderverein** *m* aid association

Förderwagen *m* mine car

Forelle <-, -n> *f* trout

Forellenbarsch *m* black bass, moss bass AM **Forellenteich** *m* trout pond **Forellenzucht** *f* trout farming

Foren *pl von* **Forum**

forensisch *adj* forensic

Forke <-, -n> *f* NORDD pitch fork

Form <-, -en> *f* ① (*äußere Gestalt*) shape; **etw in ~ bringen** to knock sth into shape; **eine bizarre/ei-**

genwillige ~ haben to have a bizarre/unconventional shape; **seine ~ verlieren** [*o* **aus der ~ geraten**] to lose shape 2 *pl* (*Rundungen*) curves *pl* 3 (*Kunst~*) form 4 (*Substanz, Ausmaße*) ~ **annehmen** to take shape; **allmählich/langsam ~ annehmen** to be slowly/gradually taking shape; **in ~ einer S.** *gen*, **in ~ von etw** *dat* in the form of sth 5 (*Art und Weise*) form; ***welche ~ der Zusammenarbeit schlagen Sie vor?*** what form of co-operation do you suggest?; **in mündlicher/schriftlicher ~** verbally/in writing 6 *pl* (*Manieren*) manners 7 (*fixierte Verhaltensweise*) conventions *pl;* **in aller ~** formally; **sich in aller ~ entschuldigen** to apologize formally, to make a formal apology; **um der ~ zu genügen** for form's sake, as a matter of form; **die ~ wahren** (*geh*) to remain polite; **der ~ wegen** [*o* **halber**] for form's sake, as a matter of form 8 (*Kondition*) form, shape *fam;* **in ~ bleiben/kommen** to stay in form/get into form, to stay in shape/get into shape *fam;* [**nicht**] **in ~ sein** to be out of shape *fam;* **in guter/schlechter ~** in good/bad shape *fam;* ***ich bin heute nicht gut in ~*** I'm not really on form today 9 (*Gussform*) mould, mold AM

formal I. *adj* 1 (*die Gestaltung betreffend*) formal; **der ~e Aufbau eines Gedichts** the formal structure of a poem 2 (*Formsache betreffend*) technical; ***der Antrag wurde aus rein ~en Gründen abgelehnt*** the application was refused for purely technical reasons II. *adv* 1 (*der äußeren Gestaltung nach*) formally 2 (*nach den Vorschriften*) formally, technically

Formaldehyd <-s> *m kein pl* formaldehyde *no pl*

Formalie <-, -n> [-liə] *f meist pl* formality

Formalität <-, -en> *f* 1 (*Formsache*) formality; ***der Rest ist eine reine ~*** the rest is a pure formality 2 (*Vorschrift*) formality; **die/alle ~en erledigen** to complete [*or* go through] the/all the formalities

Format <-[e]s, -e> *nt* 1 (*Größenverhältnis*) format; **im ~ DIN A 4** in A 4 format 2 (*Bedeutung*) distinction; **ein Komponist/eine Komponistin von ~** a composer of distinction 3 (*Niveau*) quality; **ein Politiker/eine Politikerin von ~** a politician of stature; **internationales ~** internatinal standing; [**kein**] **~ haben** to have [no] class

formatieren* *vt* ■**etw ~** to format sth; **eine Diskette/eine Festplatte/einen Text ~** to format a disc/a hard disc/a text

Formatierung *f* formatting

Formation <-, -en> *f* 1 (*Gruppierung*) formation; **geschlossene ~** close formation; **in gestaffelter ~** in staggered formation 2 GEOL formation

formbar *adj* malleable

formbeständig *adj* dimensionally stable

Formblatt *nt* form

Formel <-, -n> *f* 1 (*Kürzel*) formula 2 (*Wortlaut*) wording 3 (*kurz gefasster Ausdruck*) set phrase; **etw auf eine einfache ~ bringen** to reduce sth to a simple formula

Formel-1-Pilot(in) *m(f)* Formula One driver **Formel-1-Rennen** *nt* Formula One racing **Formel-1-Wagen** *m* Formula One racing car

formelhaft I. *adj* stereotyped II. *adv* in a stereotyped manner; **~ klingen** to sound stereotyped

Formelkram *m kein pl* (*pej fam*) stupid formulae [*or* formulas] *pl pej*

formell I. *adj* 1 (*offiziell*) official; **eine ~e Stellungnahme** an official statement 2 (*förmlich*) formal II. *adv* 1 (*offiziell*) officially; **zu etw** *dat* **~ Stellung nehmen** to comment officially on sth 2 *s.* **formal 2**

formen I. *vt* 1 (*modellieren*) ■**etw** [**aus etw** *dat*] **~** to mould [*or* AM mold] sth [from sth]; **hübsch/wohl geformt** beautifully/well formed 2 (*bilden*) ■**etw ~** to form sth; **Sätze ~** to form sentences 3 (*prägen*) ■**jdn/etw ~** to mould [*or* AM mold] sb/sth II. *vr* ■**sich ~** to form

Formenlehre *f* 1 LING morphology 2 MUS musical form **Formenreichtum** *m* variety of forms **Formensinn** *m* sense of form

Formentera *nt* Formentera; *s. a.* **Sylt**

Former(in) <-s, -> *m(f)* TECH moulder, molder AM

Formerei <-, -en> *f* TECH moulding [*or* AM molding] shop

Formfehler *m* 1 (*Verstoß gegen formale Vorschriften*) irregularity; JUR formal defect 2 (*Verstoß gegen Etikette*) breach of etiquette, faux pas **Formgebung** *f* design

formieren* I. *vr* 1 (*sich ordnen*) ■**sich** [**zu etw** *dat*] **~** to form up [into sth] 2 (*sich bilden/zusammentun*) ■**sich ~** to form II. *vt* ■**etw ~** to form sth; **eine Mannschaft ~** SPORT to position the players of a team

Formierung <-, -en> *f* formation

förmlich I. *adj* 1 (*offiziell*) official, formal; **~e Bitte/Entschuldigung** an official/a formal request/apology 2 (*steif, unpersönlich*) formal II. *adv* 1 (*steif, unpersönlich*) formally 2 (*geradezu*) really

Förmlichkeit <-, -en> *f* 1 *kein pl* (*förmliche Art*) formality 2 *meist pl* (*gesellschaftliche Umgangsformen*) formality *usu pl*

formlos *adj* 1 (*gestaltlos*) formless; (*nur die äußere Gestalt betreffend*) shapeless 2 (*zwanglos*) informal; **~e Begrüßung/Zeremonie** informal greeting/ceremony 3 (*ohne Einhaltung der vorgeschriebenen Formalien*) informal; ***schicken Sie uns einfach einen ~en Antrag*** just simply send us an informal application

Formlosigkeit <-> *f kein pl* 1 (*Gestaltlosigkeit*) formlessness; (*nur der äußeren Gestalt*) shapelessness 2 (*Zwanglosigkeit*) informality

Formsache *f* formality; **eine** [**reine**] **~ sein** to be a [mere] formality **formschön** *adj* well-shaped, well-designed **Formschwäche** *f* ■**eine ~ haben** to be in [*or* on] poor form **Formtief** *nt* low; **sich in einem ~ befinden** (*geh*), **ein ~ haben** to experience a low

Formular <-s, -e> *nt* form

formulieren* I. *vt* ■**etw ~** to formulate sth; **...** ***wenn ich es mal so ~ darf*** ... if I might put it like that II. *vi* to express oneself

Formulierung <-, -en> *f* 1 *kein pl* (*das Formulieren*) wording; ***kannst du mir mal bei der ~ dieses Briefes helfen?*** can you help me with the wording of this letter? 2 (*textlicher Ausdruck*) formulation, phraseology; ***welche ~ würden Sie hier wählen?*** what phraseology would you choose here?

Formung <-, -en> *f kein pl* shaping; **~ des Charakters/der Persönlichkeit** moulding [*or* AM molding] [*or* shaping] of the character/personality

formvollendet I. *adj* perfect[ly shaped] II. *adv* perfectly

forsch I. *adj* bold II. *adv* boldly, in a bold manner; **~ daherreden** to waffle confidently; **~ klingen** to sound bold

forschen *vi* 1 (*Forschung betreiben*) to research, to conduct [*or* carry out] research 2 (*suchen*) ■**nach jdm/etw ~** to search for sb/sth; (*versuchen herauszufinden*) to investigate sb/sth

forschend I. *adj* inquiring II. *adv* inquiringly

Forscher(in) <-s, -> *m(f)* 1 (*Wissenschaftler*) researcher 2 (*Forschungsreisender*) explorer

Forscherdrang *m* urge to research **Forscherteam** *nt* research team, team of researchers

Forschheit <-> *f kein pl* boldness *no pl*

Forschung <-, -en> *f* 1 *kein pl* (*die forschende Wissenschaft*) scientific research; **die moderne ~** modern research ❷ (*Untersuchung*) research; ~ **und Lehre** research and teaching; ~**en betreiben** to conduct [*or* carry out] research

Forschungsabteilung *f* research and development department, R & D department **Forschungsanstalt** *f* research institution **Forschungsauftrag** *m* research assignment **Forschungsbereich** *m s.* Forschungsgebiet **Forschungsbericht** *m* research report **Forschungsergebnis** *nt* result of the research; **nach neuesten** ~**sen** according to the latest research **Forschungsgebiet** *nt* area of research **Forschungsgemeinschaft** *f* research council **Forschungsinstitut** *nt* research institute **Forschungslaboratorium** *nt* research laboratory **Forschungsmethode** *f* research method **Forschungsministerium** *nt* Ministry of Research and Development BRIT **Forschungsprogramm** *nt* research programme [*or* AM -am] **Forschungsprojekt** *nt* research project **Forschungsrakete** *f* research rocket **Forschungsreise** *f* expedition **Forschungsreisende(r)** *f(m) dekl wie adj* explorer **Forschungsrichtung** *f* branch of research **Forschungssatellit** *m* research satellite **Forschungsschiff** *nt* research vessel **Forschungssemester** *nt* sabbatical term, sabbatical *fam* **Forschungsstation** *f* research station **Forschungsstätte** *f* research establishment **Forschungsstipendium** *nt* research grant **Forschungsurlaub** *m* sabbatical leave **Forschungsvorhaben** *nt* research project **Forschungszentrum** *nt* research centre [*or* AM -er] **Forschungszweck** *m* purpose of the research **Forschungszweig** *m* branch of research

Forst <-[e]s, -e[n]> *m* [commercial] forest

Forstamt *nt* forestry office, forestry service AM **Forstamtschef(in)** *m(f)* head of a/the local forestry office; ***der Murrhardter*** ~ head of the Murrhardt Forestry Office **Forstbeamte(r)**, **-beamtin** *m, f* forestry official

Förster(in) <-s, -> *m(f)* forester, forest warden

Försterei <-, -en> *f* forest warden's [*or* AM forest ranger's] lodge

Forsthaus *nt* forester's house **Forstrecht** *nt kein pl* forest law **Forstrevier** *nt* forestry district **Forstschaden** *m* forest damage **Forstschädling** *m* forest pest **Forstverwaltung** *f* forest management **Forstwesen** *nt kein pl* forestry *no pl* **Forstwirt(in)** *m(f)* forester **Forstwirtschaft** *f kein pl* forestry *no pl* **Forstwissenschaft** *f* forestry *no pl,* forest science

Forsythie <-, -n> [fɔrˈzyːtsiə] *f* Forsythia

fort *adv* ❶ (*weg*) ***nur ~ von hier!*** (*geh*) let's get away!; (*verreist*) away; ***er wird noch eine Woche ~ sein*** he will be away for another week; ■ ~ **sein** DIAL (*nicht zu Hause*) to be gone ❷ (*weiter*) **und so** ~ and so on; **in einem** ~ constantly; ***gestern hat mein Telefon in einem ~ geklingelt*** my telephone rang nonstop yesterday

Fort <-s, -s> [foːɐ] *nt* fort

fortan *adv* (*geh*) from now on, henceforth *form*

fort|begeben* *vr irreg* (*geh*) ■ **sich** [**von irgendwo**] ~ to depart [from somewhere] *form,* to leave [somewhere] **Fortbestand** *m kein pl* continued existence *no pl,* survival *no pl* **fort|bestehen*** *vi irreg* (*weiterhin bestehen*) to survive; (*andauern*) to continue **fort|bewegen*** I. *vt* ■ **etw** ~ to move sth, to convey sth II. *vr* ■ **sich** ~ to move **Fortbewegung** *f kein pl* movement, locomotion **Fortbewegungsmittel** *nt* means of locomotion

fort|bilden *vt* ■ **sich** ~ to take [*or* go on] [further] education courses, to take [*or* go on] [further] training courses; ■ **jdn** ~ to provide sb with further education, to provide sb with further training

Fortbildung *f kein pl* [further] training [*or* education]

Fortbildungskonzept *nt* further education programme **Fortbildungskurs(us)** *m* [further] training course **Fortbildungsseminar** *nt* further vocational training course

fort|bleiben *vi irreg sein* ■ [**von irgendwo**] ~ to stay away [from sth [*or* somewhere]], to stay out [of sth] **Fortbleiben** <-s> *nt kein pl* absence **Fortdauer** *f* continuation **fort|dauern** *vi* to continue **fortdauernd** I. *adj* continuous II. *adv* continuously, constantly

forte *adv* ❶ MUS forte ❷ PHARM extra

fort|entwickeln* I. *vt* ■ **etw** ~ to develop sth [further] II. *vr* ■ **sich** ~ to develop [further] **Fortentwicklung** *f kein pl* development **fort|fahren** I. *vi* ❶ *sein* (*wegfahren*) to go [*or* drive] [away/off]; ***diesmal fahren wir im Urlaub nicht fort*** we're not going away on holiday this time ❷ *sein o haben* (*weiterreden*) to continue ❸ *sein o haben* (*weitermachen*) ■ ~, **etw zu tun** [*o* **mit etw** *dat* ~] to continue to do [*or* doing] sth, to keep [on] doing sth II. *vt haben* ■ **jdn/etw** ~ to drive sb/sth away **fort|fallen** *vi irreg sein* ■ **etw fällt** [**für jdn**] **fort** sth does not apply [to sb] **fort|fliegen** *vi sein* to fly away **fort|führen** *vt* ❶ (*fortsetzen*) ■ **etw** ~ to continue sth ❷ (*wegführen*) ■ **jdn** ~ to lead sb away **Fortführung** *f* continuation **Fortgang** *m kein pl* ❶ (*weiterer Verlauf*) continuation *no pl;* ***der ~ der Verhandlungen ist noch völlig offen*** it cannot yet be estimated how the negotiations will continue [*or* progress]; **seinen ~ nehmen** (*geh*) to progress ❷ (*Weggang*) departure **fort|geben** *vt irreg s.* **weggeben fort|gehen** *vi sein* to leave, to go away **fortgeschritten** *adj* advanced; **im** ~**en Alter** at an advanced age; *s. a.* **Stunde Fortgeschrittene(r)** *f(m) dekl wie adj* advanced student **Fortgeschrittenenkurs(us)** *m* advanced course **fortgesetzt** *adj* constant **fort|jagen** I. *vt haben* ■ **jdn/ein Tier** ~ to chase sb/an animal away II. *vi sein* to scarper BRIT *sl,* run away **fort|kommen** *vi sein* ❶ (*fam: wegkommen*) ■ [**aus/von etw** *dat*] ~ to get out of/away from sth; ***mach, dass du fortkommst!*** (*fam*) get lost! *fam* ❷ (*abhanden kommen*) to go missing, to get lost ❸ (*beruflich vorankommen*) to get on **Fortkommen** *nt* progress, career [*or* professional] advancement; **jdn an jds ~ hindern** to hinder sb's career [*or* professional] advancement **fort|können** *vi irreg* to be able to go, to be able to leave; ***du kannst jetzt nicht fort, draußen gießt es in Strömen!*** you can't leave now, it's pouring down outside **fort|lassen** *vt irreg* ❶ (*weggehen lassen*) ■ **jdn** ~ to let sb go ❷ (*weg-/auslassen*) ■ **etw** ~ to leave sth out, to omit sth **fort|laufen** *vi irreg sein* to run away; **von zu Hause** ~ to run away from home; ■ **jdm** ~ to go missing; ***uns ist unsere Katze fortgelaufen*** our cat has gone missing; (*verlassen*) to leave sb; ***ihm ist seine Frau fortgelaufen*** his wife has left him **fortlaufend** I. *adj* (*ständig wiederholt*) continual; (*ohne Unterbrechung*) continuous II. *adv* (*ständig*) constantly; (*in Serie*) consecutively **fort|leben** *vi* (*liter*) to live on; ■ **in jdm/etw** ~ to live on in sb/sth **fort|loben** *vt* ■ **jdn** ~ to get rid of sb by praising them **fort|müssen** *vi irreg* ❶ (*weggehen müssen*) to have to go [*or* leave] ❷ (*weggebracht werden müssen*) to have to go **fort|nehmen** *vt irreg* ■ [**jdm**] **etw** ~ to take sth away [from sb]

fort|pflanzen *vr* ■ **sich** ~ ❶ (*sich vermehren*) to reproduce ❷ (*sich verbreiten*) to spread

Fortpflanzung *f kein pl* reproduction *no pl*

fortpflanzungsfähig *adj* able to reproduce *pred;* **im** ~**en Alter sein** to be at an age where reproduction is possible **Fortpflanzungsgeschwindigkeit** *f* PHYS velocity of propagation **Fortpflanzungsmedizin** *f* reproductive medicine **Fortpflanzungsorgan** *nt* (*geh*) reproductive organ **Fortpflanzungstechnologie** *f* reproductive technology **fortpflanzungsunfähig** *adj* incapable of reproduction *pred;* ~**e Männer/Frauen** men who cannot have children/women who cannot conceive

fort|räumen *vt* ■**etw** ~ to clear away sth *sep*

fort|reißen *vt irreg* ■**jdn/etw mit sich** *dat* ~ to sweep away sb/sth *sep;* **sich von seinen Gefühlen ~ lassen** to allow oneself to get swept away by one's emotions **fort|rennen** *vi irreg sein* (*fam*) to run away **Fortsatz** *m* ANAT process **fort|schaffen** *vt* ■**jdn/etw** ~ to get rid of sb/sth **fort|scheren** *vr* (*veraltet fam*) ■**sich** [**von irgendwo**] ~ to clear off [from somewhere]; ***scher dich fort von hier!*** get lost! **fort|schicken** *vt* ■**jdn/etw** ~ to send sb/sth away **fort|schreiben** *vt irreg* ■**etw** ~ ❶ (*fortlaufend ergänzen*) to update sth ❷ (*weiterführen*) to continue sth **Fortschreibung** *f* ❶ (*das Ergänzen*) updating ❷ (*Weiterführung*) continuation **fort|schreiten** *vi irreg sein* to progress **fortschreitend** *adj* progressive

Fortschritt *m* ❶ (*Schritt nach vorn*) step forward; [**gute**] ~**e machen** to make progress *no pl* ❷ (*Verbesserung*) improvement

fortschrittlich I. *adj* progressive II. *adv* progressively; **eine ~ eingestellte Person** a person with a progressive attitude, a forward-thinking person

Fortschrittlichkeit <-> *f kein pl* progressiveness

fortschrittsfeindlich *adj* anti-progressive, opposed to progress *pred* **Fortschrittsglaube** *m* belief in progress **fortschrittsgläubig** *adj* having belief in progress *pred*

fort|setzen I. *vt* ■**etw** ~ to continue [*or sep* carry on] sth II. *vr* (*zeitlich, räumlich*) ■**sich** ~ to continue, to carry on

Fortsetzung <-, -en> *f* ❶ *kein pl* (*das Fortsetzen*) continuation; ***die Zeugen wurden zur ~ der Gerichtsverhandlung in den Saal gerufen*** the witnesses were summoned to the courtroom for the continuation of the proceedings ❷ (*darauf folgender Teil*) **die ~ eines Buches/Films** the sequel to [*or* of] a book/film; **eine ~ einer Fernsehserie/eines Hörspiels** an episode of a television series/radio play; **„~ folgt"** "to be continued"; **ein Roman in drei ~en** a novel in three parts

Fortsetzungsreihe *f* series **Fortsetzungsroman** *m* serialized novel **Fortsetzungsserie** *f* series

fort|treiben *irreg* I. *vt haben* ❶ (*verjagen*) ■**jdn/ein Tier** ~ to chase sb/an animal away ❷ (*an einen anderen Ort treiben*) ■**jdn/etw** ~ to sweep sb/sth away; ***der Sturm hat das Boot fortgetrieben*** the storm swept the boat away II. *vi sein* to drift away

Fortuna <-> *f kein pl* Fortune

Fortüne <-> *f kein pl* (*geh*) [good] fortune [*or* luck]; **~ haben** to be lucky; **keine ~ haben** to be unlucky, to be out of luck

fortwährend I. *adj attr* constant II. *adv* constantly; ***bitte unterbrich mich nicht*** ~ please don't keep interrupting me

fort|wirken *vi* to continue to have an effect

fort|wollen *vi* ■[**aus/von etw** *dat*] ~ to want to leave [sth], to want to go [away from somewhere] **fort|ziehen** *irreg* I. *vt haben* ■**jdn/etw** ~ to pull sb/sth away II. *vi sein* to move [away]

Forum <-s, Foren *o* Fora> *nt* ❶ (*Personenkreis*) audience; **vor einem ~ sprechen** to speak in front of an audience ❷ *pl* (*öffentliche Diskussion*) public discussion ❸ (*Ort für öffentliche Diskussion*) forum ❹ (*Platz in altrömischen Stätten*) forum; **das ~ Romanum** the Forum

Forumsdiskussion *f* forum discussion **Forumsgespräch** *nt* public discussion

fossil *adj attr* fossil

Fossil <-s, -ien> [*pl* -liən] *nt* ❶ (*Versteinerung*) fossil ❷ (*überalterte Person*) dinosaur

Föten *pl von* **Fötus**

Foto <-s, -s> *nt* photograph, photo *fam;* **ein ~ [von jdm/etw] machen** to take a photo [of sb/sth]

Fotoalbum *nt* photo album **Fotoapparat** *m* camera **Fotoarchiv** *nt* photo archives **Fotoartikel** *m* item of photographic equipment **Fotoatelier** *nt* photographic studio

FotobiologieRR *f s.* **Photobiologie** **Fotochemie**RR *f s.* **Photochemie** **fotochemisch**RR *adj s.* **photochemisch** **Fotodesign** *nt* photo design **Fotoecke** *f* mounts *pl* **Fotoelektrizität** *f* photoelectricity **Fotoelement**RR *nt s.* **Photoelement** **Fotofinish** [fɪnɪʃ] *nt* photo finish

fotogen *adj* photogenic

Fotograf(in) <-en, -en> *m(f)* photographer

Fotografie <-, -n> [*pl* -'fiːən] *f* ❶ *kein pl* (*Verfahren*) photography *no pl* ❷ (*Bild*) photograph

fotografieren* I. *vt* ■**jdn/etw** ~ to take a photograph/photographs of sb/sth; **sich [von jdm] ~ lassen** to have one's photograph taken [by sb] II. *vi* to take photographs

fotografisch I. *adj* photographic; **~e Effekte/Tricks** photographic effects/trick photography II. *adv* photographically; **etw ~ abbilden** [*o* **darstellen**] to illustrate sth with photographs

Fotoindustrie *f* photographic industry **Fotokopie** *f* photocopy **fotokopieren*** *vt* (*geh*) ■**etw** ~ to photocopy sth **Fotokopierer** *m* (*fam*) photocopier, copier *fam* **Fotokopiergerät** *nt* photocopier **Fotolabor** *nt* photographic [processing] laboratory **Fotomaterial** *nt* photographic material **Fotomodell** *nt* photographic model **Fotomontage** *f* photo montage

FotonRR <-s, -tonen> *nt s.* **Photon** **Fotopapier** *nt* photographic paper **Fotoreportage** *f* photo report **Fotoreporter(in)** *m(f)* press photographer **Fotosafari** *f* photographic safari **Fotosatz** *m s.* **Filmsatz** **Foto-Shooting** <-s, -s> [-ʃuːtɪŋ] *nt* (*Fototermin*) photo call [*or* shoot] **Fotosynthese** *f* photosynthesis **Fototermin** *m* photo session

Fotothek <-, -en> *f* photographic library **Fotovoltaik**RR <-> *f s.* **Photovoltaik**

Fotozeitschrift *f* photographic magazine

FotozelleRR *f s.* **Photozelle**

Fötus <-[ses], Föten *o* -se> *m* foetus BRIT, fetus AM

Fotze <-, -n> *f* (*vulg*) cunt *vulg*

Foul <-s, -s> [faul] *nt* foul; **ein ~ begehen** to commit a foul

Foulelfmeter ['faul-] *m* penalty

foulen ['faulən] I. *vt* ■**jdn** ~ to foul sb II. *vi* to foul

Foxtrott <-s, -e *o* -s> *m* foxtrot

Foyer <-s, -s> [foa'jeː] *nt* foyer

Fr. *Abk von* **Frau** Mrs, Ms (*feminist address*)

Fracht <-, -en> *f* ❶ (*Ladung*) cargo, freight; (*giftig, gefährlich*) load ❷ (*Beförderungspreis*) carriage, freight[age]

Frachtbrief *m* consignment note

Frachtenbahnhof *m* ÖSTERR (*Güterbahnhof*) goods depot

Frachter <-s, -> *m* cargo boat [*or* ship], freighter

Frachtflugzeug *nt* cargo plane **Frachtgut** *nt* freight **Frachtkosten** *pl* carriage [costs], freight[age] **Frachtluftfahrt** *f* air freight [*or* cargo] transport **Frachtraum** *m Schiff* cargo hold; *Flugzeug* cargo compartment **Frachtschiff** *nt* cargo boat; (*groß*) cargo ship, freighter **Frachtschiffahrt** *f s.* **Fracht-**

fragen

Informationen erfragen	obtaining information
Wie komme ich am besten zum Hauptbahnhof?	**What's the best way** to the station?
Können Sie mir sagen, wie spät es ist?	**Can you tell me what** time it is?
Gibt es hier in der Nähe ein Café?	**Is there** a café **anywhere round here**?
Ist die Wohnung **noch zu haben**?	Is the flat **still available**?
Kennst/Weißt du einen guten Zahnarzt?	**Do you know** a good dentist?
Kennst du dich mit Autos **aus**?	**Do you know anything about** cars?
Weißt du Näheres über diese Geschichte?	**Do you know any more/details about** this story?
um Erlaubnis bitten	asking permission
Darf ich hereinkommen?	**May I come in?**
Störe ich gerade?	**Am I disturbing you?**
nach Meinungen fragen	Asking someone's opinion
Was hältst du von dem neuen Gesetz?	**What do you think of** the new law?
Glaubst du, das ist so richtig?	**Do you think that's right?**
Hältst du das für möglich?	**Do think it's possible?**
Meinst du, sie hat Recht?	**Do you think** she's right?

schifffahrt **Frachtschifffahrt**[RR] *f* freight shipping **Frachtverkehr** *m* goods traffic **Frachtvertrag** *m* contract of carriage

Frack <-[e]s, Fräcke *o* -s> *m* tails *npl;* **einen ~ tragen** to wear tails; **im ~** in tails

Fracksausen <-s> *nt* **~ haben/bekommen** (*fam*) to be/become scared stiff **Frackzwang** *nt kein pl* obligation to wear tails; ***es herrscht*** ~ tails must be worn

Frage <-, -n> *f* ❶ (*zu beantwortende Äußerung*) question; **das ist die [große] ~!** that's the [sixty-four thousand dollar] question; **gute ~!** [that's a] [very] good question!; **eine ~ zu etw** *dat* **haben** to have a question about [*or* concerning] sth; **eine ~/~n [an jdn] haben** to have a question/questions [for sb]; **mit einer ~/mit ~n kommen** to come with a question/questions; **jdm eine ~ stellen** [*o* **eine ~ an jdn stellen**] [*o geh* **richten**] to ask sb a question, to put a question to sb ❷ (*Problem*) question, problem, issue; **das ist eine ~ des Anstandes/des Geldes/der Zeit** this is a question of decency/money/time; **keine ~** no problem; **ohne ~** without doubt; **etw steht** [*o* **ist**] **außer ~ [für jdn]** there is no question [*or* doubt] about sth [as far as sb is concerned]; **die großen ~en unserer Zeit** the great issues of our time; **eine strittige ~** a contentious issue; **ungelöste ~en** unsolved issues; **~en aufwerfen** to prompt [*or* raise] questions ❸ (*Betracht*) **[für jdn/etw] in ~ kommen** to be worthy of consideration [for sb/sth]; ***für diese schwierige Aufgabe kommt nur eine Spezialistin/ein Spezialist in*** ~ only an expert can be considered for this difficult task; **[für jdn/etw] nicht in ~ kommen** to be out of the question [for sb/sth]; **[*das*] *kommt nicht in ~!*** that's [completely] out of the question!; **es steht** [*o* **ist**] **außer ~, dass ...** there is no question [*or* doubt] that ... ▶ WENDUNGEN: **auf eine dumme ~ gibt es [immer] eine dumme Antwort** (*prov*) ask a silly question[, get a silly answer]

Fragebogen *m* questionnaire **Fragefürwort** *nt* LING interrogative pronoun

fragen I. *vi* ❶ (*eine Frage stellen*) to ask; ***da fragst du mich zuviel*** (*fam*) you've got me there *fam;* ***da müssen Sie woanders*** ~ you'll have to ask someone else; ***man wird ja wohl noch ~ dürfen*** (*fam*) I was only asking; **ohne [lange] zu ~** without asking [a lot of] questions; **ohne nach etw** *dat* **zu ~** without bothering about the consequences of sth ❷ (*sich erkundigen*) ■**nach jdm ~** to ask for sb; ***hat während meiner Abwesenheit irgendwer nach mir gefragt?*** did anyone ask for me while I was away?; ■**nach etw** *dat* ~ to enquire [*or* ask] about sth; **nach der Uhrzeit ~** to ask the time; **nach dem Weg ~** to ask for directions; **nach jds Gesundheit ~** to enquire [*or* ask] about [*or* BRIT *a.* after] sb's health; ***dürfte ich Sie wohl nach Ihrem Alter/Beruf ~?*** may I enquire how old you are/what you do for a living?; ■**nicht nach etw** *dat* ~ to not be bothered about sth II. *vr* ■**sich ~, ob/wann/wie ...** to wonder whether/when/how ...; ■**es fragt sich, ob ...** it is doubtful whether ... III. *vt* ■**[jdn] etwas ~** to ask [sb] sth; ■**jdn ~, ob/wann/...** to ask sb whether/when ...

Fragesatz *m* LING interrogative clause **Fragesteller(in)** <-s, -> *m(f)* questioner **Fragestellung** *f* ❶ (*Formulierung*) formulation of a question ❷ (*Problem*) problem **Fragestunde** *f* question time **Fragewort** *nt* LING interrogative particle **Fragezeichen** *nt* question mark; **ein ~ setzen** to write [*or* put] a question mark; **ein [dickes/großes] ~ hinter etw** *akk* **setzen** (*fig*) to call sth into question; **etw ist mit einem [dicken/großen] ~ versehen** (*fig*) a [big] question mark hangs over sth *fig*

fragil *adj* (*geh*) fragile

Fragilität <-> *f kein pl* (*geh*) fragility

fraglich *adj* ❶ (*fragwürdig*) **eine ~e Angelegenheit** a suspect matter ❷ (*unsicher*) doubtful; ***es ist ~, ob sie überhaupt noch kommen wird*** it's doubtful [*or* I doubt] whether she's going to come at all ❸ *attr* (*betreffend*) in question *pred;* **zur ~en Zeit** at the time in question

fraglos *adv* unquestionably, undoubtedly

Fragment <-[e]s, -e> *nt* fragment

fragmentarisch I. *adj* fragmentary II. *adv* in fragments

fragwürdig *adj* (*pej*) dubious, shady *fam*

Fragwürdigkeit <-, -en> *f* (*pej*) dubiousness, dubious nature

Fraktion <-, -en> *f* ❶ POL parliamentary party [*or* BRIT *a.* group], congressional faction AM ❷ (*Sondergruppe*) faction *pej*

Fraktionsausschuss[RR] *m* parliamentary party committee **Fraktionsbeschluss**[RR] *m* resolution adopted by a parliamentary party **Fraktionsbildung** *f* formation of a parliamentary party **Fraktionschef(in)** *m(f)* *s.* **Fraktionsvorsitzende(r)** **Fraktionsführer(in)** *m(f)* floor leader AM; *s.* **Fraktionsvorsitzende(r)** **fraktionslos** *adj* POL independent

Fraktionsmitglied *nt* member of a parliamentary party **Fraktionsordnung** *f* parliamentary party rules **Fraktionssitzung** *f* parliamentary party meeting **Fraktionssprecher(in)** *m(f)* parliamentary party spokesmen **Fraktionsstärke** *f* ❶ (*Größe in Mitgliederzahlen*) party membership ❷ (*zur Parteibildung benötigte Mitgliederzahl*) *numerical strength required to form a parliamentary party* **Fraktionsstatus** *m* parliamentary party status **Fraktionsversammlung** *f s.* **Fraktionssitzung** **Fraktionsvorsitzende(r)** *f(m) dekl wie adj* chairman [*or* leader] of a parliamentary party **Fraktionsvorstand** *m* party executive **Fraktionszwang** *m* three-line whip BRIT (*obligation to vote according to parliamentary party policy*); **Abstimmung ohne ~** free vote

Fraktur <-, -en> *f* ❶ TYPO Gothic type ❷ MED fracture ▸ WENDUNGEN: **mit jdm ~ reden** (*fam*) to talk straight to sb

Franc <-, -s *o bei Zahlenangabe* -> [frɑ̃ː] *m* franc

Franchise <-, -n> [ˈfrɛntʃaɪz] *f* franchise

Franchisenehmer(in) [ˈfrɛntʃaɪz-] *m(f)* ÖKON franchisee

Franchising <-s> [ˈfrɛntʃaɪzɪŋ] *nt kein pl* franchising

Francium <-s> *nt kein pl* francium *no pl*

frank *adv* frank; **~ und frei antworten** to give a frank answer

Franken <-s, -> *m* franc

Frankfurt <-s> *nt* Frankfurt

Frankfurter <-, -> *f* Frankfurter [sausage]

Frankfurter-Kranz-Form *f* savarin tin

frankieren* *vt* ■**etw ~** to stamp sth; (*mit Frankiermaschine*) to frank sth; ***könnten Sie mir bitte diesen Brief ~?*** could you frank this letter for me?; ***„bitte mit 1 DM ~"*** "please put a one mark stamp on this"

Frankiermaschine *f* franking machine

Frankierung <-, -en> *f* ❶ (*das Frankieren*) franking ❷ (*Porto*) postage

franko *adv inv* ÖKON prepaid

Frankokanadier(in) [-diɐ] *m(f)* French-Canadian **frankokanadisch** *adj* French-Canadian **frankophil** *adj* (*geh*) Francophile **Frankophilie** <-> *f kein pl* (*geh*) francophilia **frankophon** *adj* (*geh*) francophone

Frankreich <-s> *nt* France; *s. a.* **Deutschland**

Franse <-, -n> *f* fringe

fransen *vi* to fray

fransig *adj* frayed

Franzbranntwein *m* alcoholic liniment BRIT, rubbing alcohol AM

Franziskaner(in) <-s, -> *m(f)* Franciscan

Franziskanerorden *m* Franciscan Order

Franzose[1] <-n, -n> *m* adjustable spanner

Franzose, Französin[2] <-n, -n> *m, f* Frenchman *masc,* Frenchwoman *fem;* **~ sein** to be French [*or* from France]; ■**die ~n** the French; *s. a.* **Deutsche(r)**

Franzosenkrankheit *f* (*veraltet*) French pox *old*

französisch *adj* ❶ (*Frankreich betreffend*) French; **~es Bett** double bed; *s. a.* **deutsch 1, Revolution** ❷ LING French; **die f~e Schweiz** French Switzerland; *s. a.* **deutsch 2** ❸ (*sl: Oralsex betreffend*) **~er Verkehr** Frenching *sl,* oral sex; **es jdm ~ machen** *Mann* to give sb a blow job *vulg sl; Frau* to go down on sb *vulg sl* ▸ WENDUNGEN: **sich ~ empfehlen** [*o* **verabschieden**] to leave without saying goodbye

Französisch *nt dekl wie adj* ❶ LING French; *s. a.* **Deutsch 1** ❷ (*Fach*) French; *s. a.* **Deutsch 2** ▸ WENDUNGEN: **sich auf ~ empfehlen** [*o* **verabschieden**] to leave without saying goodbye

französischsprachig *adj* French-speaking

frappant *adj* (*geh*) frappant *form,* striking; **eine ~e Wendung nehmen** to take a surprising turn

Frappé <-s, -s> [fʁaˈpeː] *nt s.* **Frappee**

Frappee[RR] <-s, -s> [fʁaˈpeː] *nt* SCHWEIZ milk shake

frappieren* *vt* ❶ (*geh: überraschen*) ■**jdn ~** to amaze sb; (*stärker*) to stun sb ❷ KOCHK to cool sth rapidly with crushed ice

frappierend *adj* ❶ (*verblüffend*) amazing... ❷ *s.* **frappant**

Fräse <-, -n> *f* TECH mortising machine

fräsen *vt* ■**etw ~** to mill sth; **Holz ~** to sink wood

Fräser <-s, -> *m* milling cutter

Fräser(in) <-s, -> *m(f)* milling worker

Fräsmaschine *f s.* **Fräse**

fraß *imp von* **fressen**

Fraß <-es, *selten* -e> *m* ❶ (*pej fam: schlechtes Essen*) muck *fam;* **einem Tier jdn/etw zum ~ vorwerfen** to feed sb/sth to an animal ❷ (*Schaden durch Insekten*) damage by insects

fraternisieren* *vi* (*geh*) ■**mit jdm ~** to fraternize with sb

Fraternisierung <-> *f kein pl* (*geh*) fraternization

Fratz <-es, -e *o* ÖSTERR -en, -en> *m* ❶ (*fam: niedliches Kind*) little sweetie [*or* cutie] ❷ *bes* ÖSTERR, SÜDD (*pej: lästiges Kind*) little brat

Fratze <-, -n> *f* ❶ (*ekelhaft hässliches Gesicht*) grotesque face ❷ (*pej sl: Typ*) [ugly] mug *pej sl* ❸ (*Grimasse*) grimace; **[jdm] eine ~ schneiden** to pull a face [at sb]

frau *pron* one (*feminist alternative to the German masculine form man*); ***das sollte man/~ nicht so ernst nehmen*** it should not be taken so seriously

Frau <-, -en> *f* ❶ (*weiblicher Mensch*) woman; ***sie ist die ~ meines Lebens*** she's the woman of my dreams; **selbst ist die ~!** self-reliance is the thing!; **eine ~ schneller Entschlüsse/der Tat** a woman who is quick to decide/act; **junge ~!** young lady!; **Unsere Liebe ~** REL our Lady; **eine verheiratete ~** a married woman; **eine ~ von Format** a woman of stature; **eine ~ mit Grundsätzen** a woman with principles, a principled woman; **die ~ von heute** today's woman; **eine ~ von Welt** a woman of the world; **jdn zur ~ machen** (*fig*) to take sb's virginity; **zur ~ werden** to become a woman ❷ (*Ehefrau*) wife; ***darf ich vorstellen — meine ~!*** may I introduce my wife; **jds [ehemalige/zukünftige] ~** sb's [ex- [*or* former]/future] wife; **jdn zur ~ haben** to be married to sb; **jdn zur ~ nehmen** to take sb for one's wife; ***willst du meine ~ werden?*** will you be my wife? ❸ (*Anrede*) Mrs, Ms (*feminist version of Mrs*); **~ Doktor** Doctor; **Ihre ~ Gemahlin** (*geh*) your lady wife BRIT *form;* **Ihre ~ Mutter** (*geh*) your mother; **gnädige ~** (*geh*) my dear lady *form;* **die gnädige ~** (*veraltend*) the lady of the house *dated*

Frauchen <-s, -> *nt* (*fam*) *dim von* **Frau** ❶ (*fam: Kosename*) wifie *fam* ❷ (*Haustierbesitzerin*) mistress; ***komm zu ~!*** come to your mistress

Frauenarbeit *f* women's work; **schlecht bezahlte ~** poorly paid jobs for women **Frauenarzt, -ärztin** *m, f* gynaecologist BRIT, gynecologist AM **Frauenbeauftragte(r)** *f(m) dekl wie adj* women's representative (*official responsible for woman's affairs*) **Frauenberatungsstelle** *f* women's advice centre [*or* AM -er] **Frauenberuf** *m* female profession

frauenbewegt *adj inv* feminist **Frauenbewegung** *f kein pl* women's movement *no pl* **Frauenchor** *m* female voice choir **Frauenemanzipation** *f* women's [*or* female] emancipation **Frauenfeind** *m* woman hater, misogynist **frauenfeindlich** *adj* anti-women, misogynist[ic] **Frauenfunk** *m* radio programmes [*or* AM programs] for women **Frauengefängnis** *nt* women's prison **Frauengeschichten** *pl* affairs **Frauengruppe** *f* women's group

Frauenhaar *nt* ❶ (*Haar von Frauen*) woman's hair ❷ (*Moos*) **Goldenes** ~ haircap moss, golden maidenhair **Frauenhand** *f* (*geh*) **von** [**zarter**] ~ by the [delicate] hand of a woman **Frauenhasser** *m s.* **Frauenfeind** **Frauenhaus** *nt* women's refuge **Frauenheilkunde** *f* gynaecology BRIT, gynecology AM **Frauenheld** *m* ladies' man **Frauenkenner** *m* connoisseur of women **Frauenkleidung** *f* women's [*or* ladies'] clothing **Frauenklinik** *f* gynaecological [*or* AM gynecological] clinic **Frauenkloster** *nt* convent **Frauenkrankheit** *f* female disease **Frauenleiden** *nt s.* **Frauenkrankheit** **Frauenministerium** *nt* Ministry for Women's Affairs BRIT **Frauenmörder** *m* murderer of women **Frauenorden** *m* REL women's order **Frauenpolitik** *f kein pl* feminist politics *pl* **frauenpolitisch** *adj inv* feminist **Frauenquote** *f* proportion of women (*working in a certain sector*) **Frauenrechtler(in)** <-s, -> *m(f)* women's rights' activist **Frauenschuh** *m kein pl* lady's slipper **Frauenstimme** *f* ❶ (*Stimme einer Frau*) female voice ❷ (*weibliche Wählerstimme*) woman's vote **Frauentaxi** *nt* women's taxi (*driven by female taxi drivers for women only*) **Frauenüberschuss**RR *m* surplus of women **Frauenverband** *m* women's association **Frauenverein** *m s.* **Frauenverband** **Frauenwahlrecht** *nt* women's suffrage **Frauenzeitschrift** *f* women's magazine **Frauenzimmer** *nt* ❶ (*veraltet: weibliche Person*) woman ❷ (*pej: Frau*) bird

Fräulein <-s, - *o* -s> *nt* (*fam*) ❶ (*veraltend: unverheiratete weibliche Person*) young [unmarried] woman; **ein altes** [*o* **älteres**] ~ an old maid [*or pej* spinster] ❷ (*veraltend: Anrede*) Miss; **mein hochverehrtes** ~ my dear Miss; **Ihr** ~ **Tochter** your daughter; **das** ~ **Braut** the [young] bride; *s. a.* **Frau** ❸ (*veraltend: Verkäuferin*) assistant; (*Kellnerin*) waitress; ~! excuse me!, Miss!; ~, ***bitte zahlen!*** excuse me, I'd/we'd/etc. like to pay, please; **das** ~ **vom Amt** the girl on the switchboard

fraulich *adj* womanly

Fraulichkeit <-> *f kein pl* womanliness

Freak <-s, -s> [fri:k] *m* (*fam*) freak

frech I. *adj* ❶ (*dreist*) cheeky BRIT, fresh AM; ***werd bloß nicht ~!*** don't get cheeky [*or* fresh]!; **eine ~e Lüge** a barefaced lie; *s. a.* **Oskar** ❷ (*kess*) daring; **eine ~e Frisur** a peppy hairstyle II. *adv* ❶ (*dreist*) cheekily BRIT, freshly AM; **jdn ~ anlügen** to tell sb a barefaced lie/barefaced lies; **jdm ~ kommen** to be cheeky [*or* AM fresh] to sb ❷ (*kess*) daringly; ~ **angezogen sein** to be provocatively dressed; ~ **frisiert sein** to have a peppy hairstyle

Frechdachs *m* (*fam*) cheeky [little] monkey BRIT *fam*, cheeky chops + *sing vb* BRIT *fam*

Frechheit <-, -en> *f* ❶ *kein pl* (*Dreistigkeit*) impudence, cheekiness BRIT; (*Unverfrorenheit*) barefacedness; **die ~ haben** [*o* **besitzen**], **etw zu tun** to have the nerve [*or* BRIT cheek] to do sth, to be cheeky enough to do sth BRIT ❷ (*freche Äußerung*) cheeky remark BRIT; (*freche Handlung*) insolent [*or* BRIT *a.* cheeky] behaviour [*or* AM -or]; **sich einige ~en erlauben** to be a bit cheeky BRIT [*or* AM fresh]

freeclimbenRR, **free-climben** [fri:ˈklaɪmən] *vi* SPORT to free-climb

Free-Flyer [fri:ˈflaɪə] *m* SPORT freeflyer

Free-Flying *nt* freeflying (*type of skydiving where the parachute is opened very late in the descent*)

Freesie <-, -n> [-ziə] *f* freesia

Fregatte <-, -n> *f* frigate

frei I. *adj* ❶ (*nicht gefangen, unabhängig*) free; **~er Autor** freelance writer; **~e Kirche** free church; **ein ~er Mann/eine ~e Frau** a free man/woman; [**Recht auf**] **~e Meinungsäußerung** [right to] freedom of speech; **ein ~er Mensch** a free person; **~er Mitarbeiter/~e Mitarbeiterin** freelance[r]; **aus ~em Willen** [*o* **~en Stücken**] of one's own free will; ***es war sein ~er Wille auszuwandern*** he emigrated of his own free will; ~ **und ungebunden** footlose and fancy-free; **sich von etw** *dat* ~ **machen** to free oneself from sth ❷ (*freier Tag*) free; ***nächsten Donnerstag ist ~, da ist Feiertag*** we've got next Thursday off – it's a holiday; **drei Tage/eine Woche ~ haben** to have three days/a week off; **drei Tage/eine Woche ~ machen,** [**sich** *dat*] **drei Tage/eine Woche ~ nehmen** to take three days/a week off, **er hat sich ~ genommen, da seine Tochter krank ist,** he's taken [some] time off because his daughter is ill ❸ (*verfügbar*) available; ***es sind noch Mittel ~ für kulturelle Veranstaltungen*** there are still funds available for cultural events; **sich** [**für jdn/etw**] ~ **machen** to make oneself available [for sb/sth]; ■ ~ [**für jdn**] **sein** to be free [to see/speak to sb] ❹ (*nicht besetzt/belegt*) free; **eine ~e Stelle/Toilette** a vacant position/toilet; **ein ~es Zimmer** a vacant room; ***ist dieser Platz noch ~?*** is this seat [already] taken?; ***haben Sie noch ein Zimmer ~?*** do you still have a room available?; **einen Platz ~ lassen** to keep a seat free; **einen Platz ~ machen** to vacate a seat *form* ❺ (*kostenlos*) free; ***der Eintritt ist*** ~ entrance is free; **„Eintritt ~"** "admission free"; **„Lieferung ~ Haus"** free home delivery ❻ (*ohne etw*) ■ ~ **von etw** *dat* **sein** to be free of sth; ~ **von Konservierungsstoffen** free from preservatives; ~ **von Schuld** blameless ❼ (*ohne Hilfsmittel*) off-the-cuff; **~e Rede/~er Vortrag** impromptu speech/lecture ❽ (*auslassen*) **eine Zeile ~ lassen** to leave a line free ❾ (*offen*) open; **~es Gelände** open country ❿ (*ungezwungen*) free and easy; ***ihre Auffassungen sind mir doch etwas zu*** ~ her views are a little too liberal for me; ***ich bin so*** ~ (*geh*) if I may; ***ich bin so ~ und nehme mir noch ein Stück*** I'll have another piece if I may ⓫ (*unbekleidet*) bare; **sich ~ machen** to get undressed; ***machen Sie bitte ihren Arm*** ~ please roll up your sleeve; ***machen Sie bitte ihren Bauch*** ~ please uncover your stomach ⓬ (*ungefähr*) ~ **nach ...** roughly quoting... II. *adv* ❶ (*unbeeinträchtigt*) freely; ***der Baum sollte jetzt ~ gestellt werden*** a space should be cleared around the tree now; ***das Haus steht ganz*** ~ the house stands completely on its own; ***die Mörderin läuft immer noch ~ herum!*** the murderess is still on the loose!; ~ **atmen** to breathe easy ❷ (*uneingeschränkt*) casually; **sich ~ bewegen können** to be able to move in an uninhibited manner ❸ (*nach eigenem Belieben*) ~ **erfunden** to be completely made up ❹ (*ohne Hilfsmittel*) ~ **sprechen** to speak off-the-cuff; ~ **in der Luft schweben** to hover unsupported in the air ❺ (*nicht gefangen*) ~ **laufend** *Tiere* free-range; ~ **lebend** living in the wild

Freibad *nt* outdoor swimming pool, lido **frei|bekommen*** *vt irreg* ❶ (*fam: nicht arbeiten müssen*) **einen Tag/eine Woche** [**von jdm**] ~ to be given a day/a week off [by sb] ❷ (*befreien*) ■**jdn ~ bekommen** to have sb released **Freiberufler(in)** <-s, -> *m(f)* freelance[r] **freiberuflich** I. *adj* freelance II. *adv* freelance **Freibetrag** *m* allowance **Freibeuter(in)** <-s, -> *m(f)* buccaneer **Freibeuterei** <-> *f kein pl* piracy **Freibier** *nt* free beer **Freibrief** *m* (*Urkunde*) charter ▸WENDUNGEN: **jdm einen ~ für etw** *akk* **ausstellen** to give sb carte blanche to do sth; **etw als einen ~ für etw** *dat* **betrachten** [*o* **ansehen**] to see sth as carte blanche to do sth; **kein ~ für jdn sein** to not give sb carte blanche

Freiburg <-s> *nt* ❶ (*in Deutschland*) Freiburg ❷ (*in der Schweiz*) Fribourg

Freidenker(in) *m(f)* freethinker

Freie(r) *f(m) dekl wie adj* freeman
Freie(s) *nt dekl wie adj* **jdn ins ~ befördern** to throw sb out; **im ~n** in the open air; ***bei schönem Wetter findet die Party im ~ statt*** the party takes place outdoors when the weather is fine; **ins ~** outside
freien *(veraltet)* **I.** *vt* ■ **jdn ~** to marry sb **II.** *vi* ■ **um jdn ~** to court [*or dated* woo] sb; *s. a.* **jung**
Freier <-s, -> *m* ① *(euph: Kunde einer Hure)* punter BRIT, John AM ② *(veraltet: Bewerber)* suitor
Freiersfüße *pl* ▶ WENDUNGEN: **auf ~n wandeln** [*o* **gehen**] *(hum)* to be on the lookout for a wife
Freiexemplar *nt* free copy **Freifahrkarte** *f* free ticket **Freifahrschein** *m s.* **Freifahrkarte** **Freifahrt** *f* free journey **freifinanziert** *adj* privately-financed **Freifrau** *f fem form von* **Freiherr** baroness
Freigabe *f* release; FIN unblocking, unfreezing; **~ des Wechselkurses** floating of the exchange rate; ***die ~ der Preise*** the lifting of price controls
Freigang *m* day-release from imprisonment *(the prisoner may go out to work during the day but has to return for the night)* **Freigänger(in)** <-s, -> *m(f)* prisoner on day-release *(allowed to go out to work during the day but obliged to return at night)* **frei|geben** *irreg* **I.** *vt* ① *(nicht mehr zurückhalten)* ■ **etw ~** to unblock [*or* unfreeze] sth; **Wechselkurs[e] ~** to float the exchange rate[s]; *(zur Verfügung stellen)* to make accessible; ***die Straße wurde wieder freigegeben*** the street was opened up again ② *(Urlaub geben)* ■ **jdm einen Tag/eine Woche etc. ~** to give sb a day/a week etc. off **II.** *vi* ■ **jdm ~** to give sb time off
freigebig *adj* generous
Freigebigkeit <-> *f kein pl* generosity
Freigehege *nt* open-air enclosure **Freigeist** *m s.* **Freidenker** **Freigepäck** *nt* luggage allowance **Freigrenze** *f* exemption limit **Freigut** *nt* duty-free goods **frei|haben** *vi irreg* to have time off, to be off; ***ich habe heute frei*** I've got the day off today **Freihafen** *m* free port **frei|halten** *vt irreg* ① *(nicht versperren)* ■ **etw ~** to keep sth clear; ***„Einfahrt ~“*** "do not obstruct the entrance", " private entrance — no parking" ② *(reservieren)* **[jdm/für jdn] einen Platz ~** to save [*or* reserve] [sb] a seat, to save [*or* reserve] a seat [for sb] ③ *(jds Zeche begleichen)* ■ **jdn ~** to pay for sb; **sich ~ lassen** to have one's bill paid; **sich von jdm ~ lassen** to let sb pay for one **Freihandel** *m* free trade **Freihandelszone** *f* free trade area; **die Europäische ~** European Free Trade Area
freihändig I. *adj* ① *(ohne Hände)* with no hands *pred* ② *(ohne Hilfsmittel)* freehand; **~es Zeichnen** to draw freehand; **~es Schießen** offhand shooting **II.** *adv* ① *(ohne Hände)* without the use of one's hands; **~ Rad fahren** to cycle with no hands ② *(ohne Hilfsmittel)* freehand; **~ zeichnen** to draw freehand; **~ schießen** to shoot offhand
Freiheit <-, -en> *f* ① *kein pl (das Nichtgefangensein)* freedom *no pl,* liberty *no pl form;* **~, Gleichheit, Brüderlichkeit** liberty, equality, fraternity; **jdm/einem Tier die ~ schenken** to free sb/an animal; **in ~ lebende Tiere** animals living in the wild; **in ~ sein** to have escaped ② *([Vor]recht)* liberty, privilege; **sich** *dat* **~en erlauben** to take liberties; **besondere ~en genießen** to enjoy certain liberties; **sich** *dat* **die ~ nehmen** [*o* **herausnehmen**]**, etw zu tun** to take the liberty of doing sth *form* ③ *(nach eigenem Willen handeln können)* freedom *no pl;* **dichterische ~** poetic licence [*or* AM -se]; **sich in seiner persönlichen ~ eingeschränkt fühlen** to feel one's personal freedom is restricted; **alle ~en haben** to be free to do as one pleases; **die ~ haben** [*o geh* **genießen**]**, etw zu tun** to be at liberty to do sth *form*
freiheitlich *adj* liberal; *s. a.* **Grundordnung**

Freiheitsberaubung *f* unlawful detention **Freiheitsdrang** *m* urge to be free, urge for freedom **Freiheitsentzug** *m* imprisonment **Freiheitskampf** *m* struggle for freedom **Freiheitskämpfer(in)** *m(f)* freedom fighter **Freiheitskrieg** *m* HIST war of independence [*or* liberation]; ■ **die ~e** the Wars of Liberation **Freiheitsliebe** *f* love of freedom **freiheitsliebend** *adj* freedom-loving **Freiheitsraum** *m* sphere of freedom [*or* liberty] **Freiheitsstatue** *f* ■ **die [amerikanische] ~** the [American] Statue of Liberty **Freiheitsstrafe** *f* prison sentence
freiheraus *adv* frankly **Freiherr** *m* baron **freiherrlich** *adj attr* baronial **Freikarte** *f* free ticket **frei|kaufen** *vt* ① *(loskaufen)* ■ **jdn ~** to pay for sb's release; **eine Geisel ~** to pay for the release of a hostage; ■ **sich ~** to buy one's freedom ② *(entledigen)* ■ **sich von etw** *dat* **~** to buy one's way out of sth **Freikirche** *f* free church **Freiklettern** *nt* cliff hanging **frei|kommen** *vi irreg sein* ■ **[aus etw** *dat*] **~** to be freed [from sth], to be released [from sth] **Freikörperkultur** *f kein pl* nudism *no pl* **Freikorps** *nt* volunteer corps
Freiland *nt* open land; **auf/im/ins ~** outdoors, in the open
Freilandgemüse *nt* vegetables grown outdoors **Freilandkultur** *f* cultivation of outdoor crops **Freilandmuseum** *nt* open-air museum **Freilandpflanze** *f* plant grown outdoors
frei|lassen *vt irreg* ■ **jdn/ein Tier ~** to free [*or* release] sb/an animal **Freilassung** <-, -en> *f* release **Freilauf** *m Fahrrad* free-wheeling mechanism; *Maschinen* free-running mechanism **freilaufend** *adj s.* **frei II 5** **freilebend** *adj s.* **frei II 5** **frei|legen** *vt* ■ **etw ~** *Grundmauern* to uncover [*or* unearth] sth; **ein Organ ~** to expose organ **Freilegung** <-, -en> *f Grundmauern* uncovering, unearthing; *Organ* exposing **Freileitung** *f* overhead line
freilich *adv* ① *(allerdings)* though, however; ***bei dem Preis kannst du ~ keine Spitzenqualität erwarten*** at that price, though, you can't really expect to get top quality ② *bes* SÜDD *(natürlich)* **[ja] ~!** [but] of course
Freilichtbühne *f* open-air theatre [*or* AM -er] **Freilicht-Disco, Freilicht-Disko** *f* open-air disco **Freilichtkino** *nt* open-air cinema **Freilichtmuseum** *nt* open-air exhibition **Freilichtspiele** *pl* open-air theatre *no pl* **Freilichttheater** *nt s.* **Freilichtbühne**
Freilos *nt* free draw **frei|machen I.** *vt* ■ **etw ~** to stamp sth; *(without stamping)* to frank sth **II.** *vi (fam)* to take time off **III.** *vr (fam)* ■ **sich** *akk* **~** to take time off; ***kannst du dich morgen für ein paar Stunden ~?*** can you take a couple of hours off tomorrow?
Freimaurer *m* Freemason
Freimaurerei <-> *f kein pl* Freemasonry *no pl*
Freimaurerloge *f* Masonic lodge
Freimut *m kein pl* frankness; **mit allem ~** in all frankness
freimütig *adj* frank
Freimütigkeit <-> *f kein pl* frankness
Freiplastik *f* outdoors sculpture **Freiplatz** *m* ① *(kostenloser Platz)* free seat ② *(Stipendium)* scholarship **frei|pressen** *vt* ■ **jdn ~** to secure sb's release by menaces **Freiraum** *m* freedom; **mehr ~ brauchen** to need more freedom; **jdm viel ~ geben** to give sb a lot of freedom; **jdm den ~ nehmen** to invade sb's personal space **freireligiös** *adj* non-denominational **freischaffend** *adj attr* freelance **Freischaffende(r)** *f(m) dekl wie adj* freelance[r] **Freischärler(in)** <-s, -> *m(f)* guerilla **frei|schaufeln** *vt* ■ **etw ~** to shovel sth free **frei|schieben** *vt* KOCHK **Brot ~** *to bake bread loaves freely spaced out to form*

dark crusts along the sides **frei|schießen** *vt irreg* ■**jdn** ~ to free sb in a shootout **frei|schwimmen** *vr irreg* ■**sich** ~ to get one's swimming certificate (*certificate for which one must swim for 15 minutes*) **Freischwimmer(in)** *m(f)* ❶ (*jd mit einem* ~) person who has his/her swimming certificate (*swimming certificate for which one must swim for 15 minutes*) ❷ (*fam: Bescheinigung*) *swimming certificate for which one must swim for 15 minutes;* **den** ~ **haben** to have one's swimming certificate; **den** ~ **machen** to do the test for the swimming certificate **Freischwimmerzeugnis** *nt* swimming certificate **frei|setzen** *vt* ❶ (*entfesseln*) ■[**bei jdm**] **etw** ~ to release sth [in sb] ❷ CHEM ■**etw** ~ to release sth ❸ (*euph: entlassen*) ■**jdn** ~ to make sb redundant, to have to let sb go *euph* **Freisetzung** <-, -en> *f* ❶ (*Entfesselung*) release ❷ CHEM release ❸ (*euph: Entlassung*) redundancy **freisinnig** *adj* (*veraltet*) liberal **frei|sprechen** *vt irreg* ❶ JUR ■**jdn** ~ to acquit sb; ***sie wurde im Urteil in allen Punkten der Anklage freigesprochen*** she was acquitted on all accounts ❷ (*lossprechen*) ■**jdn von etw** *dat* ~ to clear sb of sth ❸ (*zum Gesellen etc. erklären*) ■**jdn** ~ to present sb with his/her skilled trades certificate etc. **Freisprechmikrofon**[RR] *nt,* **Freisprechmikrophon** *nt* TECH wireless headset **Freispruch** *m* acquittal; ~ **beantragen** to apply for an acquittal; **auf** ~ **plädieren** to plead for an acquittal **Freistaat** *m* (*veraltend*) free state; **der** ~ **Bayern** the Free State of Bavaria **Freistatt** *f,* **Freistätte** *f* (*geh*) sanctuary **frei|stehen** *vi irreg* ❶ (*überlassen sein*) ■**jdm steht es frei, etw zu tun** sb is free to do sth; ***wenn du gehen willst, bitte, das steht dir völlig frei*** if you want to go that's completely up to you ❷ (*leer stehen*) to be [*or* stand] empty **frei|stellen** *vt* ❶ (*selbst entscheiden lassen*) ■**jdm etw** ~ to leave sth up to sb ❷ (*euph: entlassen*) ■**jdn** ~ to make sb redundant ❸ (*befreien*) ■**jdn von etw** *dat* ~ to exempt [*or* excuse] sb from sth; **jdn vom Wehrdienst** ~ to exempt sb from military service; ■**jdn** [**für etw** *akk*] ~ to release sb [for sth] **Freistempel** *m* postmark

Freistilringen *nt* freestyle wrestling **Freistilschwimmen** *nt* freestyle [swimming]

Freistoß *m* free kick; **einen** ~ **verhängen, auf** ~ **entscheiden** to award a free kick; **einen** ~ **verwandeln** to put a free kick away; **direkter/indirekter** ~ direct/indirect free kick **Freistück** *nt s.* **Freiexemplar** **Freistunde** *f* SCH free period; **eine** ~/~**n haben** to have a free period/free periods

Freitag <- [e]s, -e> *m* Friday; *s. a.* **Dienstag**

Freitagabend[RR] *m* Friday evening; *s. a.* **Dienstag** **freitagabends**[RR] *adv* [on] Friday evenings

freitägig *adj* on Friday

freitäglich *adj* [regular] Friday *attr*

Freitagmittag[RR] *m* [around] noon on Friday; *s. a.* **Dienstag** **freitagmittags**[RR] *adv* [around] noon on Fridays **Freitagmorgen**[RR] *m* Friday morning; *s. a.* **Dienstag** **freitagmorgens**[RR] *adv* [on] Friday mornings **Freitagnachmittag**[RR] *m* Friday afternoon; *s. a.* **Dienstag** **freitagnachmittags**[RR] *adv* [on] Tuesday afternoons **Freitagnacht**[RR] *f* Friday night; *s. a.* **Dienstag** **freitagnachts**[RR] *adv* [on] Friday nights

freitags *adv* [on] Fridays; ~ **abends/nachts/vormittags** on Friday evenings/nights/mornings

Freitagvormittag[RR] *m* Friday morning; *s. a.* **Dienstag** **freitagvormittags**[RR] *adv* [on] Friday mornings

Freitod *m* (*euph*) suicide; **den** ~ **wählen** to commit suicide **freitragend** *adj* self-supporting **Freitreppe** *f* flight of stairs **Freiübung** *f* SPORT exercise; ~**en machen** to exercise **Freiumschlag** *m* stamped addressed envelope

freiweg *adv* (*fam*) cooly

Freiwild *nt* fair game

freiwillig **I.** *adj* voluntary; ~**er Helfer** voluntary helper; ~**e Versicherung** voluntary insurance; *s. a.* **Feuerwehr** **II.** *adv* voluntarily; **etw** ~ **tun** to do sth voluntarily; **sich** ~ **versichern** to take out voluntary insurance

Freiwillige(r) *f(m) dekl wie adj a.* MIL volunteer; ~**e vor!** volunteers one pace forwards!

Freiwilligkeit <-> *f kein pl* voluntary nature

Freiwurf *m* free throw **Freizeichen** *nt* ringing tone

Freizeit *f* ❶ (*arbeitsfreie Zeit*) free time, leisure [time] ❷ (*Zusammenkommen einer Gruppe*) weekend/holiday course; **auf eine** ~ **gehen** to attend a weekend/holiday course; **eine** ~ **veranstalten** to organize a weekend/holiday course

Freizeitanzug *m s.* **Freizeitkleidung** **Freizeitausgleich** *m* time off in lieu **Freizeitbeschäftigung** *f s.* **Freizeitgestaltung** **Freizeitgestaltung** *f* free-time activities, leisure activities **Freizeithemd** *nt* casual shirt **Freizeitindustrie** *f* leisure industry **Freizeitkleidung** *f* leisure wear **Freizeitpark** *m* amusement park **Freizeitwert** *m* value in terms of leisure

freizügig *adj* ❶ (*großzügig*) liberal, generous ❷ (*moralisch liberal*) liberal, tolerant, permissive; (*offenherzig*) revealing *a. hum;* ~**er Ausschnitt** a revealing[ly low] [*or* daring] neckline ❸ (*frei in der Wahl des Wohnsitzes*) free to move [*or* roam]

Freizügigkeit <-> *f kein pl* ❶ (*großzügige Beschaffenheit*) liberalness, generosity ❷ (*moralisch lockere Einstellung*) liberalness, permissiveness ❸ (*Freiheit in der Wahl des Wohnortes*) freedom of movement

fremd *adj* ❶ (*anderen gehörig*) somebody else's; ***ich schlafe nicht gern in*** ~***en Betten*** I don't like sleeping in strange beds; ~**es Eigentum** somebody else's property, property of another *form; s. a.* **Hilfe, Ohr** ❷ (*fremdländisch*) *Gegend, Länder, Sitten* foreign; *bes* ADMIN alien ❸ (*unbekannt*) strange, unfamiliar, alien; ***ich bin hier*** ~ I'm not from round here [*or* these parts]

fremdartig *adj* (*ungewöhnlich*) strange, outlandish; (*exotisch*) exotic

Fremdartigkeit <-> *f kein pl* (*Ungewöhnlichkeit*) strangeness, outlandishness; (*exotische Art*) exoticism

Fremdbeeinflussung *f* external [*or* outside] influence **Fremdbestäubung** *f* cross-pollination [*or* -fertilization] **fremdbestimmt** *adj* heteronomous *spec*

Fremde <-> *f kein pl* (*geh*) ■**die** ~ foreign [*or* distant] parts *npl;* **in die** ~ **gehen** to go abroad; **in der** ~ **sein** to be abroad [*or* BRIT in foreign parts]

Fremde(r) *f(m) dekl wie adj* stranger; (*Ausländer*) foreigner

Fremdeinwirkung *f* outside [*or* external] influence **Fremdeiweiß** *nt* foreign protein

fremde(l)n *vi* to be shy [*or* frightened] of strangers

fremdenfeindlich *adj* hostile to strangers *pred,* xenophobic; **ein** ~**er Anschlag** a racist [*or* racially-provoked] attack **Fremdenfeindlichkeit** *f* hostility to strangers, xenophobia **Fremdenführer(in)** *m(f)* [tourist] guide **Fremdenlegion** *f kein pl* ■**die** ~ the [French] Foreign Legion; **zur** ~ **gehen** to join the Foreign Legion **Fremdenlegionär** *m* Foreign Legionnaire **Fremdenverkehr** *m* ■[**der**] ~ tourism *no indef art, no pl,* [the] tourist trade **Fremdenverkehrsverein** *m* tourist association **Fremdenzimmer** *nt* ❶ *s.* **Gästezimmer** ❷ (*veraltend: Zimmer in Pension*) room; „~" "vacancies"

Fremdfinanzierung *f* outside [*or spec* debt] financing **Fremdfirma** *f* outside company

fremd|gehen *vi irreg sein* (*fam*) to be unfaithful, to

Begeisterung, Freude

Begeisterung ausdrücken	expressing enthusiasm
Fantastisch!	**Fantastic!**
Toll! *(fam)*/**Wahnsinn!** *(sl)*/**Super!** *(sl)*/**Cool!** *(sl)*/ **Krass!** *(sl)*	**Great!/Amazing!** *(fam)*/**Super!** *(fam)*/**Cool!** *(fam)*/**Wicked!** *(fam)*
Auf diesen Sänger **fahre ich voll ab.** *(sl)*	**I'm really into** this singer.
Ich bin ganz hin und weg. *(fam)*	**I'm completely bowled over.** *(fam)*
Ihre Darbietung **hat mich richtig mitgerissen.**	**I got really carried away by** her performance.
Freude ausdrücken	expressing joy
Wie schön, dass du gekommen bist!	**It's great of** you to come!
Ich bin sehr froh, dass wir uns wieder sehen.	**I'm really glad** to see you again.
Sie haben mir damit **eine große Freude bereitet.**	**You have made me very happy** (by doing that/this).
Ich könnte vor lauter Freude in die Luft springen. *(fam)*	**I could jump for joy.**

two-time sb *fam*

Fremdgen *nt* BIOL (*Gen, welches einem anderen Organismus übertragen worden ist*) heterologous gene

Fremdheit <-, *selten* -en> *f* strangeness, foreignness

Fremdherrschaft *f kein pl* foreign rule [*or* domination] **Fremdkapital** *nt* outside [*or* borrowed] capital **Fremdkörper** *m* ❶ MED foreign body; **einen ~ im Auge haben** to have a foreign body in one's eye ❷ (*fig: jd der sich nicht dazugehörig fühlt*) alien element; **sich als** [*o* **wie ein**] **~ fühlen** to feel out of place **fremdländisch** *adj* foreign, exotic

Fremdling <-s, -e> *m* (*veraltend geh*) stranger

Fremdmittel *pl* FIN borrowed funds [*or* money *nsing*]

Fremdsprache *f* foreign language; **~n studieren/unterrichten** to study/teach [modern] languages

Fremdsprachenkorrespondent(in) *m(f)* bilingual [*or* multilingual] secretary **Fremdsprachenunterricht** *m* language teaching; **~ geben** [*o geh* **erteilen**] to give language classes

fremdsprachig *adj* foreign-language *attr;* **~e Literatur** foreign literature; **~e Texte** foreign-language texts **fremdsprachlich** *adj* foreign-language *attr;* **~er Unterricht** teaching in a foreign language **Fremdwährung** *f* FIN external [*or* foreign] currency **Fremdwort** *nt* borrowed [*or* foreign] word, borrowing; ***Höflichkeit ist für dich wohl ein ~!*** politeness isn't part of your vocabulary!, I see you never went to charm school! *iron* **Fremdwörterbuch** *nt* dictionary of borrowed [*or* foreign] words

frenetisch **I.** *adj* frenetic, frenzied; **~er Beifall** wild applause **II.** *adv* frenetically; **jdn/etw ~ beklatschen** to applaud sb/sth wildly, to give sb/sth wild applause

frequentieren* *vt* (*geh*) ■**etw** [**häufig**] **~** *Kneipe, Local, etc* to [often] frequent sth [*or* patronize]

Frequenz *f* ❶ (*Häufigkeit*) frequency ❷ PHYS frequency ❸ (*Zahl des Puls- o Herzschlags*) [pulse] rate ❹ (*Verkehrsstärke*) volume of traffic

Frequenzmodulation *f* RADIO frequency modulation, FM

Fresko <-s, Fresken> *nt* fresco

Fressalien *pl* (*fam*) grub *no indef art, no pl fam,* nosh *no indef art, no pl fam*

Fresse <-, -n> *f* (*derb*) ❶ (*Mund*) gob BRIT *sl,* trap *sl,* cakehole BRIT *sl* ❷ (*Gesicht*) mug *fam,* phiz[og] BRIT *sl* ▶ WENDUNGEN: **eine große ~ haben** to shoot one's mouth off *sl,* to be a loudmouth *fam;* **die ~ halten** to shut one's gob BRIT *sl* [*or sl* face] [*or sl* mouth]; ***halt die ~!*** shut your face!; **jdm eins** [*o* **was**] **in die ~ hauen, jdm die ~ polieren** to smash sb's face in *fam;* **ach du meine ~!** Jesus [*or hum sl* Jesus H.] Christ!

fressen <fraß, gefressen> **I.** *vi* ❶ (*von Tieren: Nahrung verzehren*) ■[**aus/von etw** *dat*] **~** to eat [*or* feed] [out of/from sth] ❷ (*pej derb: von Menschen: in sich hineinschlingen*) [**gierig**] **~** to guzzle *fam,* to scoff *fam;* **für drei ~** to eat enough for a whole army *fam* ❸ (*fig: langsam zerstören*) ■[**an etw** *dat*] **~** to eat away at sth [*or* into], to attack sth ❹ (*fig geh: an jdm nagen*) ■**in jdm ~** to eat [*or* gnaw] at sb **II.** *vt* ■**etw ~** ❶ (*von Tieren: Nahrung verzehren*) to eat sth (*sich ernähren von*) to feed on sth; **etw leer ~** to lick sth clean; **etw zu ~ bekommen** [*o* **kriegen**] (*pej fam: bei Menschen*) to get [*or* be given] sth to eat ❷ (*pej derb: von Menschen: in sich hineinschlingen*) to scoff [*or* guzzle] sth *fam* ❸ (*fig: verbrauchen*) to gobble up sth *sep fam;* **Benzin/Öl ~** to gobble up *sep* [*or* guzzle] petrol/oil *fam;* [**viel**] **Geld ~** *Anschaffungen, Vorhaben* sth is swallowing [up *sep*] [a lot of] money ▶ WENDUNGEN: **jdn zum F~ gern haben** (*fam*) sb is good enough to eat *fam;* **jdn/etw gefressen haben** (*fam*) to have had one's fill with sb/sth, to have had just about as much as one can take of sb/sth; **endlich hat sie/er... es gefressen!** (*fam*) she/he... got there [*or* it] at last!, at last the penny's dropped! BRIT **jdn ansehen, als ob man ihn/sie ~ will** (*fam*) to look daggers at sb BRIT, to give sb a murderous look; **ich werd' dich schon nicht gleich ~** (*fam*) I'm not going to eat you *fam* **III.** *vr* ❶ (*fig: sich vorarbeiten*) ■**sich in/durch etw** *akk* **~** to work into/through sth ❷ (*fig: langsam zerstören*) ■**sich durch etw** *akk* **~** to eat through sth ❸ (*Nahrung aufnehmen*) **sich satt** [*o* **voll**] **~** to eat one's fill, to gorge oneself; (*Menschen a.*) to stuff oneself

Fressen <-s> *nt kein pl* ❶ (*Tierfutter*) food ❷ (*pej sl: Fraß*) muck *fam,* yuk BRIT *fam;* (*Festessen*) blowout *fam,* nosh-up BRIT *fam* ▶ WENDUNGEN: **ein gefundenes ~ für jdn sein** (*fam*) to be handed to sb on a plate

Fresser(in) <-s, -> *m(f)* (*fig sl*) glutton, greedyguts BRIT, bottomless pit AM *fam;* **ein unnützer ~** an idle mouth to feed

Fresserei <-, -en> *f* (*pej sl*) guzzling *fam,* gluttony

Fressgier[RR] *f* (*pej*) greediness, gluttony **Fresskorb**[RR] *m* (*fam*) food hamper [*or* AM basket]; (*für Picknick*) [picnic] basket [*or* BRIT hamper] **Fressnapf**[RR] *m* [feeding] bowl **Fresspaket**[RR] *nt* (*fam*) food parcel

fresst[RR], **freßt** *imper pl von* **fressen**

Fresswerkzeuge[RR] *pl* (*Organe von Tieren, bes Insekten*) mouthparts **Fresszelle**[RR] *f* MED phagocyte

Frettchen <-s, -> *nt* ferret

Freude <-, -n> *f* ❶ *kein pl* (*freudige Gemütsverfassung*) pleasure, joy, delight; ***was für eine ~, dich wiederzusehen!*** what a pleasure to see you again!;

es ist mir eine ~, Ihnen behilflich sein zu können it gives me [great [*or* real]] pleasure to be of help [to you]; **nur** [*o* **bloß**] **die halbe ~ sein** to be only half the pleasure; **seine helle ~ an etw** *dat* **haben** to get sheer pleasure out of sth; ***sie hatte ihre helle ~ daran*** she got sheer pleasure out of it; **keine reine ~ sein, etw zu tun, aber ...** to be not exactly a pleasure to do sth, but ... *a. iron;* **eine wahre** [*o* **die reinste**] **~ sein, etw zu tun** it is a real joy [*or* pleasure] to do sth; **~ an etw** *dat* **haben** to derive pleasure from sth; **~ am Leben haben** to enjoy life; **keine ~ am Leben haben** to get no joy out of life; **da kommt ~ auf** it's a joy to see [*or* behold]; **jdm eine** [**große**] **~ machen** [*o geh* **bereiten**] to make sb [very] happy, to be a [great] joy to sb; **etw macht jdm ~** sb enjoys [doing] sth; ***das macht mir keine ~*** I don't enjoy it at all; **von ~ erfüllt werden** to be filled with pleasure [*or* joy] [*or* delight]; ■**jds ~ an etw** *dat* the joy [*or* pleasure] sb gets from sth; **aus ~ an der Sache** (*fam*) for the love of it; ■**jds ~ über etw** *akk* sb's joy [*or* delight] at sth; **vor ~** with joy [*or* delight]; **vor ~ in die Luft springen können** to want ot jump for joy; **vor ~ weinen** to weep for [*or* with] joy; **zu unserer großen ~** to our great delight; ***zu meiner*** [***aller***]***größten ~ kann ich Ihnen mitteilen ...*** it gives me the greatest of pleasure to be able to inform you ... ❷ *pl* (*Vergnügungen*) **die ~n des Ehelebens/der Liebe** the pleasures [*or* joys] of married life/of love; **die kleinen ~n** [**des Lebens**] the little pleasures [in life]; **mit ~n** with pleasure; **herrlich und in ~n leben** to live a life of ease [*or* in the lap of luxury]; **etw herrlich und in ~n genießen** to enjoy sth to the full ▸ WENDUNGEN: **Freud und Leid mit jdm teilen** to share one's joys and sorrows with sb; **in Freud und Leid zueinander halten** to stand by each other through thick and thin

Freudenbotschaft *f* (*geh*) good news *no pl, no indef art,* glad tidings *npl liter* **Freudenfest** *nt* [joyful] celebration **Freudenfeuer** *nt* bonfire **Freudengeschrei** *nt* cries of joy, cheering *no indef art, no pl;* **ein ~ erheben** (*geh*) to give a cheer **Freudenhaus** *nt* (*euph veraltend*) brothel **Freudenmädchen** *nt* (*euph veraltend*) prositute, lady of the night *dated* **Freudenschrei** *m* joyful cry, cry of joy; **in ~e ausbrechen** to start cheering [for joy] **Freudensprung** *m* joyful leap; **Freudensprünge/einen ~ machen** to jump for joy **Freudentag** *m* happy [*or* joyful *liter*] day, red-letter day BRIT **Freudentanz** *m* dance of joy; **Freudentänze/einen ~ aufführen** [*o* **vollführen**] to dance with joy; **wilde Freudentänze aufführen** [*o* **vollführen**] to dance with wild abandon **Freudentaumel** *m* ecstasy [of joy], raptures *npl* [*or* euphoria]; **in einen** [**wahren**] **~ verfallen** to become [absolutely] euphoric, to go into raptures [*or* transports of delight] **Freudentränen** *pl* tears of joy; **~ weinen** [*o* **vergießen**] to cry for joy, to shed tears of joy

freudestrahlend I. *adj nicht pred* beaming [with delight], radiant **II.** *adv* joyfully, with great joy

freudig I. *adj* ❶ (*voller Freude*) joyful, happy; **in ~er Erwartung** looking forward to sth with great pleasure, in joyful expectation *form;* **ein ~es Gefühl** a delightful feeling ❷ (*erfreulich*) pleasant, joyful *liter;* **eine ~e Entwicklung** a happy [*or* pleasing] development; *s. a.* **Ereignis II.** *adv* with joy [*or* delight]; **~ erregt** excited; **~ überrascht** pleasantly surprised

freudlos *adj* (*pej*) cheerless, joyless, bleak

freuen I. *vr* ❶ (*voller Freude sein*) ■**sich** [**über etw** *akk*] **~** to be glad [*or* pleased] [about sth]; **sich über ein Geschenk ~** to be pleased with a present; **sich sehr** [**über etw** *akk*] **~** to be delighted [with sth]; ■**sich für jdn ~** to be pleased [*or* glad] for sb['s sake]; ■**sich mit jdm ~** to share sb's happiness; **sich ~, etw tun zu dürfen/können** to be pleased to be able to do sth ❷ (*freudig erwarten*) ■**sich auf jdn ~** to look forward to seeing sb; ■**sich auf etw** *akk* **~** to look forward to [doing] sth ▸ WENDUNGEN: **sich zu früh ~** to get one's hopes up too soon; ***freu dich nicht zu früh!*** don't get your hopes up too soon!, don't count your chickens before they're hatched! *fig* **II.** *vt* ❶ (*erfreuen*) ■**jdn ~** to please sb, to be a cause of pleasure to sb *form* ❷ *impers* ■**es freut mich, dass ...** I'm pleased [*or* glad] that ...; ***es freut mich, dir helfen zu können*** I'm pleased to be able to help you; [***das***] ***freut mich für dich*** I'm pleased [*or* happy] for you, that's great; **freut mich** [**, Ihre Bekanntschaft zu machen**] [I'm] pleased to meet you

Freund(in) <-[e]s, -e> *m(f)* ❶ (*Kamerad*) friend; ***ist das ein ~ von dir?*** is that a friend of yours?; ***du bist mir ja ein schöner ~*** (*iron fam*) a fine friend you are *iron;* ***mein lieber ~!*** (*iron*) my dear fellow! *iron dated;* ***sie sind alte ~e*** they're old friends; **~ und Feind** friend and foe; **jdn zum ~ gewinnen** to gain sb's friendship [*or* sb as a friend]; **mit jdm gut ~ sein** to be good friends with sb; **unter ~en** (*fam*) among friends ❷ (*intimer Bekannter*) boyfriend; (*intime Bekannte*) girlfriend; **jdn zum ~ haben** to be [going out] with sb ❸ (*fig: Anhänger*) lover; **ein ~ der Natur** a nature-lover, a lover of nature; **kein ~ von etw** *dat* **sein** to not be one for sth; **kein ~ von vielen Worten sein** to not be one for talking much, to be a man/woman of few words

Freundchen <-s, -> *nt* (*fam*) my [fine] friend *iron,* sonny [Jim] BRIT *iron;* **~!** watch it, pal! [*or* BRIT mate] *fam*

freundeidgenössisch *adj* SCHWEIZ (*geh*) ≈ [politically] reconciliatory (*what is deemed proper for friends – Freunde – and politically responsible citizens – Eidgenossen – to promote unity between the disparate Swiss cantons*)

Freundeskreis *m* circle of friends; **im engsten ~** with one's closest friends

Freund-Feind-Denken *nt* attitude of "if you're not for us, you're against us"

freundlich I. *adj* ❶ (*liebenswürdig*) kind; ■**~** [**zu jdm**] **sein** to be kind [to sb], to be good to sb; ***das ist sehr ~ von Ihnen*** that's very kind [*or* good] of you; ***würden Sie so ~ sein, mir zu helfen?*** would you be so kind [*or* good] as to help me?; *s. a.* **Gruß** ❷ (*hell, heiter*) pleasant; **ein ~er Himmel** a beckoning sky; **~es Wetter** pleasant [*or* fine] weather; ***bitte recht ~!*** smile please!, say cheese! *fam;* (*ansprechend*) cheerful; **ein ~es Ambiente** a friendly [*or* congenial] atmosphere; **~e Farben** cheerful colours [*or* AM -ors] ❸ (*wohlwollend*) friendly; **eine ~e Einstellung gegenüber etw/jdm haben** to have a friendly [*or* an obliging] attitude towards sb/sth **II.** *adv* in a friendly way, kindly; **jdn ~ behandeln** to treat sb in a friendly [*or* kindly] way, to be friendly to[wards *form*] [*or* kind to] sb

freundlicherweise *adv* kindly; ***er trug uns ~ die Koffer*** he was kind enough to carry our cases [for us]

Freundlichkeit <-, -en> *f* ❶ *kein pl* (*liebenswürdige Art*) friendliness *no pl, no indef art* ❷ (*liebenswürdige Handlung*) kindness; ***danke für die ~!*** thank you for your kindness!; ***würden Sie*** [***wohl***] ***die ~ haben, das zu tun?*** would you be kind [*or* good] enough to do that? *form,* would you be so kind [*or* good] as to do that? *form* ❸ *meist pl* (*freundliche Bemerkung*) kind word [*or* remark]

Freundschaft <-, -en> *f kein pl* friendship; ***da hört die ~ auf!*** (*fam*) friendship doesn't extend that far!; **auf gute ~ trinken** to drink to a lasting friendship; [***prost,***] ***auf gute ~!*** [cheers,] here's to good friends [*or* a lasting friendship]!; **jdm die** [*o* **seine**] **~ anbieten**

to offer sb one's friendship; **jdm die ~ kündigen** to break off [*or liter* sever] one's friendship with sb; **eine ~ pflegen** to cultivate a friendship; **[mit jdm] ~ schließen** to make [*or* become] friends [with sb], to form a friendship [with sb]; **in aller ~** in all friendliness

freundschaftlich I. *adj* friendly; **~e Gefühle** feelings of friendship II. *adv* **jdm ~ auf die Schulter klopfen** to give sb a friendly slap on the back; **jdm ~ gesinnt sein** to be well-disposed towards sb; **mit jdm ~ verbunden sein** to be close friends with sb; **mit jdm ~ verkehren** to be on friendly terms with sb

Freundschaftsbande *pl (geh)* ties [*or* bonds] of friendship **Freundschaftsdienst** *m* favour [*or* AM -or] [*or* good turn] to a friend; **jdm einen ~ erweisen** to do sb a favour [*or* AM -or] [*or* good turn] **Freundschaftspreis** *m* [special] price for a friend; ***ich mache dir einen ~*** seeing as we're friends, I'll let you have it for a special price **Freundschaftsspiel** *nt* friendly match [*or* game], friendly *fam*

Frevel <-s, -> *m (geh)* ❶ *(Verstoß gegen menschliche Ordnung)* heinous crime, outrage; **einen ~ begehen** to commit a heinous crime [*or* an outrage] ❷ REL sacrilege, desecration; **einen ~ begehen** to commit an outrage

frevelhaft *adj (geh: schändlich)* flagrant, outrageous; **~er Leichtsinn** wanton carelessness; **eine ~e Tat** an outrageous [*or* a disgraceful] deed; **~e Verschwendung** wanton extravagance

Frevelhaftigkeit <-> *f kein pl (geh)* ❶ *(schändliche Handlung)* outrageousness, wantonness *liter* ❷ REL sinfulness *no pl, no indef art*

freveln *vi (geh)* ■**[gegen jdn/etw] ~** ❶ *(eine schändliche Tat begehen)* to commit a crime [*or* an outrage] [against sb/sth] ❷ REL to sin [against sb/sth]

Freveltat *f (geh)* ❶ *(schändliche Tat)* outrage, wicked deed; **~en/eine ~ begehen** to commit outrages/an outrage ❷ REL sacrilege; **~en/eine ~ begehen** to commit [a] sacrilege

Frevler(in) <-s, -> *m(f)* REL *(geh)* sinner

frevlerisch *adj (veraltend) s.* **frevelhaft**

Friede <-ns, -n> *m (veraltend)* peace; **~ seiner/ihrer Asche** God rest his/her soul; **~ sei mit euch!** peace be with [*or old* unto] you! ▶ WENDUNGEN: **~, Freude, Eierkuchen** *(hum)* and everybody was happy *hum*

Frieden <-s, -> *m* ❶ *(Gegenteil von Krieg)* peace; **dauerhafter ~** lasting [*or* enduring] peace; **sozialer ~** social harmony; **[mit jdm] ~ schließen** to make peace [with sb]; **im ~** in peacetime, in time[s] of peace, **in ~ leben,** to live in peace ❷ *(Friedensschluss)* peace treaty; **den ~ diktieren** to dictate the peace terms; **über den ~ verhandeln** to hold peace negotiations; **der Westfälische ~** HIST the Peace of Westphalia ❸ *(Harmonie)* peace, tranquillity; **in ~ und Freundschaft** [*o* **Eintracht**] **leben** to live in peace and harmony; **der häusliche ~** domestic harmony; **seinen ~ mit jdm machen** *(geh)* to make one's peace with sb; **~ [zwischen jdm] stiften** to bring about peace [between sb], to reconcile sb ❹ *(Ruhe)* peace [and quiet], peace of mind; **um des lieben ~s willen** *(fam)* for the sake of peace and quiet; **seinen ~ finden** to be at peace; **jdn in ~ lassen** to leave sb in peace; ***lasst mich mit eurem Klatsch in ~!*** spare me your gossip!; **[er/sie] ruhe in ~!** [may he/she] rest in peace, RIP, requiescat in pace *form;* ***ich traue dem ~ nicht*** *(fam)* there's something fishy going on *fam,* I smell a rat *fam*

Friedensaktivist(in) *m(f)* peace campaigner, peacenik *sl* **Friedensbedingungen** *pl* peace terms; **~ aushandeln** to negotiate [the] terms of peace **Friedensbereitschaft** *f* readiness for [*or* openness to] peace **Friedensbewegung** *f* peace movement **Friedensbruch** *m* POL violation of the peace **Friedensdiktat** *nt* dictated peace, peace dictate **Friedensfahne** *f* white flag **Friedensforscher(in)** *m(f)* peace researcher **Friedensinitiative** *f* peace initiative **Friedenskonferenz** *f* peace conference **Friedenskuss**RR *m* REL kiss of peace, pax **Friedensliebe** *f* love of peace **Friedensnobelpreis** *m* Nobel peace prize **Friedensordnung** *f* keeping of the peace **Friedenspfeife** *f* peace pipe, pipe of peace; **mit jdm/miteinander die ~ rauchen** *(hum fam)* to make [one's] peace with sb, to bury the hatchet **Friedenspflicht** *f* ÖKON *obligation of the parties involved in a collective agreement to keep industrial peace;* **die ~ verletzen** to violate the obligation to keep industrial peace **Friedensplan** *m* peace plan **Friedenspolitik** *f* policy of peace; **eine aktive ~ verfolgen** [*o* **betreiben**] to pro-actively pursue a policy of peace **Friedensrichter(in)** *m(f)* ❶ *(Einzelrichter in USA, Großbritannien)* justice of the peace, JP ❷ SCHWEIZ *(Laienrichter)* lay justice **Friedensschluss**RR *m* peace agreement [*or* treaty] **Friedenssicherung** *f* keeping of the peace **Friedensstärke** *f* MIL peacetime strength **frieden(s)stiftend** *adj* peacemaking **Friedenstaube** *f* dove of peace **Friedenstruppen** *pl* peacekeeping force[s *npl*] **Friedensverhandlungen** *pl* peace negotiations **Friedensvertrag** *m* peace treaty; **[mit jdm] einen ~ schließen** to sign a peace treaty [with sb] **Friedensvorschlag** *m* peace proposal, proposal for peace **Friedenswille** *m* desire [*or* wish] for peace **Friedenszeit** *f* period of peace; **in ~en** in peacetime, in times of peace

friedfertig *adj* peaceable, peace-loving

Friedfertigkeit *f kein pl* peaceableness

Friedhof *m* graveyard; *(in Städten)* cemetery; **auf den ~ gehen** to go to [*or* visit] the graveyard [*or* cemetery]; **auf dem ~ [liegen]** [to be buried] in the graveyard [*or* cemetery]

Friedhofskapelle *f* cemetery chapel **Friedhofsruhe** *f (liter)* peace of the graveyard [*or* cemetery]; *(fig)* deathly quiet [*or* silence]

friedlich I. *adj* ❶ *(gewaltlos) Lösung* peaceful; **die ~e Nutzung von Kernenergie** the utilization of nuclear energy for peaceful purposes ❷ *(friedfertig)* peaceable, peace-loving; ***er ist eigentlich ein ganz ~er Mensch*** he's really a very amiable person; *Tier* placid, docile; ***sei doch ~!*** take it easy!, calm down!; ***wirst du wohl ~ sein!*** will you give it a rest!; *s. a.* **Weg** ❸ *(friedvoll, ruhig)* peaceful; **eine ~e Gegend** a peaceful area II. *adv* ❶ *(gewaltlos)* peacefully; **~ demonstrieren** to demonstrate peacefully; **einen Konflikt ~ lösen** to settle a conflict amicably ❷ *(friedvoll, in Ruhe)* **~ sterben** [*o euph* **einschlafen**] to die in peace [*or* peacefully]

friedliebend *adj* peace-loving

Friedrich <-s> *m* Frederick; **~ der Große** Frederick the Great; **seinen ~ Wilhelm unter etw** *akk* **setzen** *(fam)* to put one's signature to [*or* one's John Hancock at the bottom of] sth AM *sl*

frieren <fror, gefroren> I. *vi* ❶ *haben (sich kalt fühlen)* ■**jd friert** [*o* **jdn friert es**] sb is cold; ■**jd friert** [*o* **jdn friert es**] **an etw** *dat* sb's sth is cold; ***mach das Fenster zu, mich friert es am ganzen Körper!*** shut the window, I'm cold all over! [*or* through and through] ❷ *sein (gefrieren)* to freeze II. *vi haben impers* ■**es friert** it's freezing; ***heute nacht hat es gefroren*** it was below zero [*or* freezing] last night

Fries <-es, -e> *m* ARCHIT frieze

frigid(e) *adj* frigid

Frigidität <-> *f kein pl* frigidity

Frikadelle <-, -n> *f* KOCHK rissole BRIT, meatball AM

Frikassee <-s, -s> *nt* fricassee

Frikativ <-s, -e> *m,* **Frikativlaut** *m* LING fricative, spirant

Friktion <-, -en> *f* (*a. fig geh*) friction *no pl*

Frisbee® <-, -s> *nt,* **Frisbee-Scheibe** ['frɪzbi:-] *f* frisbee

frisch **I.** *adj* ① (*noch nicht alt*) fresh; **~e Brötchen** fresh[ly baked] rolls; **~es Obst** fresh[-picked] fruit ② (*neu, rein*) *Handtuch, Wäsche* fresh, clean; **ein ~es Blatt Papier** a new [*or* blank] sheet [of paper]; **sich ~ machen** to freshen up ③ (*noch nicht getrocknet*) *Farbe* wet ④ (*gesund*) *Hautfarbe* fresh, healthy; **~ und munter sein** (*fam*) to be [as] fresh as a daisy ⑤ (*unverbraucht*) *Luft* fresh; **mit ~en Kräften** with fresh [*or* renewed] strength [*or* vigour] [*or* AM -or] ⑥ (*gerade erst entstanden*) *Fleck, Wunde* fresh; ***die Erinnerung ist noch*** ~ the memory is still fresh in my mind ⑦ (*kühl*) *Brise, Wind* fresh, cool; *s. a.* **Luft** **II.** *adv* ① (*gerade erst, neu*) freshly; **die Betten ~ beziehen** to change the beds, to make the beds with fresh sheets; **~ gebacken** freshly-baked; **eine ~ gebackene Ehefrau** (*fig*) a newly married wife; **ein ~ gebackener Lehrer/Rechtsanwalt** (*fig*) a teacher/lawyer straight [*or* fresh] from university; **~ gefallener Schnee** freshly [*or* newly] fallen snow; **~ geschlachtet** freshly slaughtered; *Geflügel* freshly killed; **~ gestrichen** newly painted; ***„~ gestrichen!“*** “wet paint”; **~ gewaschene Hände** clean hands; **ein ~ gewaschenes Hemd** a clean [*or* freshly washed [*or* laundered]] shirt; **Bier ~ vom Fass** beer on tap, beer [straight] from the barrel ② (*immer weiter*) ***immer ~ drauflos!*** keep at it!, don't hold back! ▶ WENDUNGEN: **~ gewagt ist halb gewonnen** (*prov*) a good start is half the battle *prov; s. a.* **Erinnerung**

Frische <-> *f kein pl* ① (*frische Beschaffenheit*) *Backwaren, Obst, etc* freshness ② (*Feuchtigkeit*) *von Farbe* wetness ③ (*Kühle*) *der Luft, des Waldes, etc* freshness, coolness ④ (*Sauberkeit, gutes Gefühl*) freshness, cleanness; **ein Gefühl von ~** a feeling of freshness, a fresh feeling ⑤ (*volle körperliche und geistige Fitness*) health, vigour [*or* AM -or]; **in alter ~** (*fam*) as always; **in geistiger/körperlicher ~** with perfect mental clarity/in perfect physical health; **in voller körperlicher und geistiger ~** in perfect physical and mental health

Frischei *nt* fresh [*or* newly laid] [*or* new-laid] egg **Frischfisch** *m* fresh fish **Frischfleisch** *nt* fresh meat **frischgebacken** *adj s.* **frisch II 1** **Frischgemüse** *nt* fresh vegetables *pl*

Frischhaltebeutel *m* airtight bag **Frischhaltefolie** *f* cling film **Frischhaltepackung** *f* airtight pack; **in einer ~** vacuum-packed

Frischkäse *m* cream cheese

Frischling <-s, -e> *m* JAGD young wild boar (*of less than one year*)

Frischluft *f* fresh air **Frischwasser** *nt* fresh [*or* drinking] water

frischweg *adv* straight out [*or* off] *fam*

Frischwurst *f unsmoked, undried sausage* **Frischzelle** *f* MED live cell **Frischzellentherapie** *f* MED Niehans' therapy *spec*

Friseur(in) <-s, -e> [fri'zø:ɐ] *m(f),* **Friseuse** <-, -n> [fri'zø:zə] *f* ① (*Haarschneider*) hairdresser; (*Herrenfriseur*) barber; **zum ~ gehen** to go to the hairdresser's/barber's ② (*Friseursalon*) hairdresser's, barber's

Friseursalon [fri'zø:ɐzalõ:, -zalɔŋ] *m* hairdresser's, hairdressing salon

Friseuse <-, -n> [fri'zø:zə] *f fem form von* **Friseur 1**

frisieren* *vt* ① (*formend kämmen*) ■**jdn/sich ~** to do sb's/one's hair; [**jdm**] **das Haar** [*o* **die Haare**] [*o* **den Kopf**] ~ to do sb's hair; **elegant frisiert sein** to have an elegant hairstyle [*or* hairdo] *fam;* ***sie ist stets gut frisiert*** her hair is always beautifully done ② (*fig fam: fälschen*) ■**etw ~** to fiddle sth; **einen Bericht/den Beweis ~** to doctor a report/the evidence *fam;* **die Bilanzen ~** to cook the books *fam* ③ AUTO **ein Auto/Mofa ~** to soup up a car/moped *sep;* **den Motor ~** to hot up [*or* AM soup up] an engine *sep*

Frisierkommode *f* dressing table **Frisierspiegel** *m* dressing [table] mirror

Frisör <-s, -e> *m,* **Frisöse** <-, -n> *f fem form von* **Friseur**

friss[RR], **friß** *imper sing von* **fressen**

Frist <-, -en> *f* ① (*festgelegte Zeitspanne*) period; **festgesetzte ~** fixed time; **gesetzliche ~** statutory period; **innerhalb kürzester ~** (*geh*) without delay; **innerhalb einer ~ von zwei Wochen/Monaten** within [a period of] two weeks/months *form;* **eine ~ einhalten** to pay within the stipulated period; **eine ~ verstreichen lassen** to not pay within the stipulated period ② (*Aufschub*) respite, period of grace; (*bei Zahlung*) extension; **jdm eine letzte ~ einräumen** to grant sb a final extension

fristen *vt* **sein Dasein** [*o* **Leben**] **~** to eke out an existence [*or* a living]; **ein kümmerliches Dasein ~** to eke out a miserable existence, to scrape a living

Fristenlösung *f,* **Fristenregelung** *f* JUR *law permitting an abortion within the first three months of pregnancy*

fristgerecht **I.** *adj* (*innerhalb vorgegebener Frist*) within the stipulated period *pred;* **~e Entlassung** instant dismissal; (*pünktlich*) punctual; **nicht ~e Lieferungen** late deliveries **II.** *adv* (*innerhalb vorgegebener Frist*) within the stipulated period; (*pünktlich*) punctually, on time; **etw ~ bearbeiten** to process sth to meet [*or* for] the deadline [*or* on time]

fristlos **I.** *adj* instant, without notice *pred;* **~e Kündigung** instant dismissal **II.** *adv* at a minute's warning, without notice; **jdn ~ entlassen** [*o* **jdm ~ kündigen**] to fire sb on the spot; ***Sie sind ~ entlassen!*** you're fired!

Fristverlängerung *f* extension

Frisur <-, -en> *f* hairstyle, hairdo *fam*

Friteuse <-, -n> [fri'tø:zə] *f s.* **Fritteuse**

fritieren* *vt s.* **frittieren**

Fritten *pl* (*fam*) chips BRIT, fries AM *fam*

Frittenbude *f* (*fam*) chippie BRIT *fam*

Fritteuse[RR] <-, -n> [fri'tø:zə] *f* deep [*or* BRIT *a.* deep-fat] fryer

frittieren*[RR] *vt* ■**etw ~** to [deep-]fry sth

Frittierpalette[RR] *f* frying pallet

Frittüre[RR] <-, -n> *f* ① (*Fritteuse*) deep-fat fryer ② (*heißes Fett*) fat ③ (*im Fett Gebackenes*) fried food

Fritüre <-, -n> *f s.* **Frittüre**

frivol [fri'vo:l] *adj* ① (*anzüglich*) suggestive, lewd, risqué ② (*leichtfertig*) irresponsible, frivolous; **in ~er Weise** irresponsibly, frivolously

Frivolität <-, -en> [-vo-] *f* ① *kein pl* (*anzügliches Verhalten*) lewdness, suggestiveness ② *kein pl* (*anzügliche Bemerkung*) suggestive remark ③ (*Bedenkenlosigkeit*) irresponsibility, frivolousness

Frl. *nt Abk von* **Fräulein** (*veraltend*) Miss

froh *adj* ① (*erfreut*) happy; ■**~ [über etw** *akk* [*o* SÜDD, ÖSTERR, SCHWEIZ **um etw** *akk*]] **sein** to be pleased [with/about sth]; ■**~ [darüber] sein, dass ...** to be pleased [*or* glad] that ...; **~ gelaunt** [*o geh* **gestimmt**] cheerful, joyful *liter* ② (*erfreulich*) pleasing, joyful *liter;* **die F~e Botschaft** the Gospel; **eine ~e Nachricht** good [*or* pleasing] [*or liter* joyful] news ③ (*glücklich*) ***~e Feiertage!*** have a pleasant [*or* nice] holiday!; ***~e Ostern!*** Happy Easter!; ***~e Weihnachten!*** Merry [*or* Happy] Christmas!

Frohbotschaft *f* (*veraltend*) ■ **die** ~ the Gospel **frohgelaunt** *adj s.* **froh 1** **frohgestimmt** *adj* (*geh*) *s.* **froh 1**

fröhlich I. *adj* ❶ (*von heiterem Gemüt*) cheerful, merry; **ein ~er Mensch** a cheerful [*or* happy] person ❷ (*vergnügt*) merry; *Lieder, Musik* cheerful, jolly *dated;* **~es Treiben** merry-making *liter,* merriment, gaiety *dated* ❸ (*glücklich*) *s.* **froh 3** II. *adv* (*fam*) merrily, cheerfully

Fröhlichkeit <-> *f kein pl* cheerfulness, happiness

frohlocken* *vi* (*geh*) ■ [**über etw** *akk*] ~ ❶ (*Schadenfreude empfinden*) to gloat [over sth] ❷ (*jubeln*) to rejoice [over [*or* at] sth] *liter*

Frohnatur *f* (*geh*) ❶ (*fröhliche Wesensart*) cheerful [*or* happy-go-lucky] [*or liter* blithe] nature ❷ (*fröhlicher Mensch*) cheerful [*or* happy] soul **Frohsinn** *m kein pl s.* **Frohnatur 1**

fromm <frömmer *o* -er, frömmste *o* -ste> *adj* ❶ (*gottesfürchtig*) religious, practising [*or* AM -icing], devout; **ein ~er Katholik** a devout Catholic ❷ (*religiös*) religious; *s. a.* **Betrug, Lüge, Wunsch**

Frömmelei <-, -en> *f* (*pej*) false piety, pietism *pej*

frömmeln *vi* (*pej*) to affect piety, to act piously

Frömmigkeit <-> *f kein pl* devoutness, piety

Fron <-, -en> *f* ❶ (*geh*) drudge[ry] ❷ *s.* **Frondienst 2**

Fronarbeit *f* ❶ SCHWEIZ unpaid voluntary work ❷ *s.* **Frondienst 2**

Fronde <-, -n> ['frõ:ndə] *f* (*politische Opposition*) faction

Frondienst *m* ❶ *s.* **Fronarbeit 1** ❷ HIST soccage *no pl, feudal tenure of lands by service fixed and determinate in quality*

fronen *vi* (*geh*) to toil, to drudge

frönen *vi* (*geh*) ■ **einer S.** *dat* ~ to indulge in sth; **seiner [eigenen] Eitelkeit** ~ to indulge one's [own] vanity

Fronleichnam <-[e]s> *m kein pl, meist ohne art* [the Feast of] Corpus Christi

Fronleichnamsfest *nt* ■ **das** ~ the Feast of Corpus Christi **Fronleichnamsprozession** *f* Corpus Christi procession

Front <-, -en> *f* ❶ (*Vorderseite*) *Gebäude* face, front, frontage; **die hintere** [*o* **rückwärtige**] ~ the back [*or* rear] ❷ MIL front; **auf breiter** ~ along a wide front; **die gegnerische** ~ the opposing front; **in vorderster** ~ **stehen** to be in the front line; **jdn/etw an die** ~ **schicken** to send sb/sth to the front [lines] ❸ (*politische Opposition*) front; **eine geschlossene** ~ **bilden** to put up a united front; [**geschlossen**] ~ **gegen jdn/etw machen** to make a [united] stand against sb/sth ❹ METEO (*Wetterlage*) front ❺ SPORT (*Führung*) **in** ~ **liegen/gehen** to be in/go into [*or* take] the lead ▸ WENDUNGEN: **klare ~en schaffen** to clarify the/one's position; **die ~en verhärten sich** [the] attitudes are hardening; **eine [geschlossene]** ~ **bilden** to form a [continuous] front

Frontabschnitt *m* MIL section of the front

frontal I. *adj attr* frontal; **ein ~er Zusammenstoß** a head-on collision II. *adv* frontally; ~ **zusammenstoßen** to collide head-on; **jdn** ~ **angreifen** to make a frontal attack on sb; **etw** ~ **darstellen** to depict sth from the front

Frontalangriff *m* frontal attack **Frontalunterricht** *m* SCH didactic teaching, chalk and talk *fam* **Frontalzusammenstoß** *m* head-on collision

Frontantrieb *m* AUTO front-wheel drive, FWD *spec;* **mit** ~ with front-wheel drive **Frontbericht** *m* report from the front **Fronthaube** *f* AUTO bonnet BRIT, hood AM

Frontispiz <-es, -e> *nt* ARCHIT, TYPO frontispiece

Frontmotor *m* front[-mounted] engine **Frontpassagier(in)** *m(f)* front[-seat] passenger **Frontsitz** *m* AUTO front seat; (*geschrieben a.*) f/seat **Frontsoldat(in)** *m(f)* front-line soldier **Frontspoiler** *m* AUTO front spoiler **Fronturlaub** *m* leave [of absence] [*or spec* furlough] from the front **Frontwand** *f* frontage **Frontwechsel** *m* (*fig*) about-turn, volte-face *liter*

fror *imp von* **frieren**

Frosch <-[e]s, Frösche> *m* ❶ ZOOL frog ❷ (*Feuerwerkskörper*) [fire]cracker, jumping jack ▸ WENDUNGEN: **einen** ~ **im Hals haben** (*fam*) to have a frog in one's throat; **sei kein** ~**!** (*fam*) be a sport!, don't be a spoilsport! [*or fam* party-pooper]

Froschauge *nt* ❶ (*Auge des Frosches*) frog's eye; (*fig: Glupschaugen*) pop-eye ❷ AUTO frogeye *fam,* bugeye AM **Froschbiss**[RR] *m* BOT frogbit **Froschlaich** *m* frogspawn **Froschmann** *m* (*Taucher*) frogman **Froschperspektive** *f* worm's-eye view; **etw aus der** ~ **betrachten** to have a worm's-eye view of sth; **etw aus der** ~ **fotografieren** to photograph sth from a worm's-eye view **Froschschenkel** *m* frog's leg

Frost <-[e]s, Fröste> *m* frost; ***es herrscht strenger*** ~ there's a heavy [*or* hard] frost; **bei eisigem** ~ in heavy frost; ~ **abbekommen** to get [*or* become] frost-bitten; ~ **vertragen können** to be able to stand [the] frost

Frostbeule *f* chilblain

fröst(e)lig *adj* (*fam*) chilly; **sie ist ein ~er Mensch** she's a chilly soul, she feels the cold

frösteln I. *vi* ■ [**vor Kälte**] ~ to shiver [with cold] II. *vt impers* ■ **jdn fröstelt es** sb is shivering; **jdn fröstelt es vor Angst** sb is trembling with fear; **jdn fröstelt es vor Entsetzen** sb is shuddering with horror

frostfrei I. *adj* frost-free, free of [*or* from] frost; ***die Nacht war*** ~ there was no frost overnight II. *adv* **Fundamente** ~ **gründen** to sink foundations to a frost-free depth; **Pflanzen** ~ **halten** to keep plants protected against [*or* from] [the] frost **Frostgefahr** *f* danger of frost; **bei** ~ with frost expected

frostig *adj* (*a. fig geh*) frosty, chilly; **ein ~er Wind** an icy [*or liter* a chill] wind

Frostigkeit <-> *f kein pl* (*a. fig geh*) frostiness, chilliness; (*von Wind*) iciness

frostklar *adj* clear and frosty **Frostschaden** *m* frost damage **Frostschutzmittel** *nt* AUTO antifreeze **Frostwetter** *nt* frost[y weather]

Frottee <-s, -s> *nt o m* (*Stoffart*) terry towelling [*or* AM cloth]

Frotteehandtuch *nt* [terry] towel **Frotteekleid** *nt* towelling [*or* AM toweling] dress

frottieren* *vt* ■ **jdn/sich** [**mit etw** *dat*] ~ to rub down *sep* sb/oneself [with sth]; (*massieren*) to massage sb [with sth]; ■ **etw** [**mit etw** *dat*] ~ to rub sth [with sth]; (*massieren*) to massage sth [with sth]

Frotzelei <-, -en> *f* (*fam*) ❶ *kein pl* (*anzügliches Necken*) [constant] ribbing [*or* teasing] ❷ (*anzügliche Bemerkung*) sniggering [*or* barbed] remark

frotzeln *vi* (*fam*) ■ [**über jdn/etw**] ~ to tease [*or* rib] [sb/sth], to make fun of sb/sth

Frucht <-, Früchte> *f* ❶ (*Teil von Pflanze*) fruit; ■ **Früchte** (*Obst*) fruit *no pl, no indef art;* **kandierte Früchte** candied fruit *no pl, no indef art;* SÜDD, SCHWEIZ (*Getreide*) crops *pl;* ***die*** ~ ***steht gut*** the crops are looking good; **Früchte tragen** to bear [*or* yield] fruit *no pl* ❷ (*fig geh: Ergebnis*) fruit, product; **Früchte tragen** to bear fruit ▸ WENDUNGEN: **verbotene Früchte** forbidden fruit[s *pl*]

Fruchtansatz *m* BOT fruit buds *pl*

fruchtbar *adj* ❶ (*vermehrungsfähig*) fertile, prolific ❷ (*ertragreich*) fertile, fecund *form* ❸ (*künstlerisch produktiv*) prolific, voluminous *form* ❹ (*fig: nutzbringend*) fruitful, productive; **eine ~e Aussprache** a fruitful discussion; **etw für jdn/etw ~ machen** to use sth for the benefit of sb/sth

Fruchtbarkeit <-> *f kein pl* ❶ (*Vermehrungsfähigkeit*) fertility ❷ (*Ertragreichtum*) fertility, fecundity *form*

Fruchtbecher *m* ❶ BOT cup[ule] ❷ (*Eisbecher mit Früchten*) fruit sundae **Fruchtblatt** *nt* BOT (*Bestandteil des Fruchtknotens*) carpel

Früchtchen <-s, -> *nt* (*fam*) good-for-nothing; ***du bist mir ja ein sauberes ~*** (*iron*) you're a [right] one BRIT

Früchtebecher *m s.* **Fruchtbecher 2** **Früchtebrot** *nt* fruit loaf

fruchten *vi meist negiert* ■ **[bei jdm] ~** to be of use [to sb]; **nichts/wenig ~** to be of no/little use [*or* avail]

Früchtetee *m* fruit tea

Fruchtfleisch *nt* [fruit] pulp [*or* flesh] **Fruchtfliege** *f* fruit fly **Fruchtgummi** *nt* (*Bonbon*) fruit gum

fruchtig *adj* fruity; **~ schmecken** to taste fruity

Fruchtjoghurt *m o nt* fruit yogurt **Fruchtkapsel** *f* BOT capsule **Fruchtknoten** *m* BOT ovary **fruchtlos** *adj* (*fig*) fruitless **Fruchtmark** *nt* [concentrated] [fruit] pulp **Fruchtsaft** *m* fruit juice **Fruchtsäure** *f* fruit acid **Fruchtstand** *m* BOT multiple fruit, syncarp *spec* **Fruchtwasser** *nt* MED amniotic fluid, the waters *pl* **Fruchtwasseruntersuchung** *f* MED amniocentesis *spec* **Fruchtzucker** *m* fructose

frugal I. *adj* (*geh*) frugal II. *adv* frugally

früh I. *adj* ❶ (*nicht spät*) early; **~ am** [*o* **am ~en**] **Morgen** early in the morning; **in ~er/~[e]ster Kindheit** in one's early childhood/very early in one's childhood ❷ (*vorzeitig*) early; **ein ~er Tod** an early [*or* untimely] death ❸ (*am Anfang stehend*) *Person* young; **der ~e Goethe** the young Goethe; *Werke* early; **ein ~er Picasso** an early Picasso; **ein Werk des ~en Mozart** an early work by Mozart, a work by the young Mozart II. *adv* early; **Montag ~** Monday morning; **~ genug** in good time; ***daran wirst du dich noch ~ genug gewöhnen müssen*** there's no two ways about it. you'll just have to get used to it; **etw nicht ~ genug tun** to not do sth soon enough; **sich zu ~ freuen, zu ~ jubeln** to crow too soon; ***freu' dich bloß nicht zu ~!*** don't count your chickens before they're hatched *prov;* **von ~ bis spät** from morning till night, from dawn till dusk; *s. a.* **heute, morgen**

Frühantike *f* early classical period **frühauf** *adv* **von ~** from early childhood, from childhood on **Frühaufsteher(in)** <-s, -> *m(f)* early riser [*or hum* bird] **Frühbeet** *nt* cold frame

Frühchen *nt* premature baby

frühchristlich *adj* early Christian **Frühdiagnose** *f* early diagnosis **Frühdienst** *m* early duty; (*in der Fabrik*) morning [*or* early] shift; **~ haben** to be on early duty; (*in der Fabrik*) to do [*or* have] [*or* be on] the morning shift

Frühe <-> *f kein pl* **in aller ~, gleich in der ~** at the crack of dawn, at the break of day; SÜDD, ÖSTERR **in der ~** early in the morning; **um sieben in der ~** at seven in the morning

früher I. *adj* ❶ (*vergangen*) earlier; **in ~en Jahren** [*o* **Zeiten**] in the past, in former times ❷ (*ehemalig*) former, previous; **~e Adresse** previous [*or* last] address, *~e Freundin,* ex[-girlfriend] II. *adv* ❶ (*eher*) earlier; ***~ als 6 Uhr kann ich nicht kommen*** I can't come before [*or* earlier than] 6 o'clock; ***~ geht's nicht*** it can't be done [*or* I/he/she etc. can't make it] any earlier; **~ oder später** sooner or later ❷ (*ehemals*) ***ich habe ihn ~ [mal] gekannt*** I used to know him; ***~ hast du so etwas nie gemacht*** you never used to do that kind of thing [before]; ***~ war das alles anders*** things were different in the old days; **Bekannte von ~** old acquaintances; **Erinnerungen an ~** memories of times gone by [*or* of bygone days *liter*]; **genau wie ~, als ...** exactly as it/he etc. used to [be/do] as ...; **von ~** from former times [*or* days]; ***ich kenne sie von ~*** I've known her for some time

Früherkennung *f* MED early diagnosis [*or* recognition]

frühestens *adv* at the earliest; **~ in drei Wochen** in three weeks at the soonest [*or* earliest]

frühestmöglich *adj attr* earliest possible

Frühgeburt *f* ❶ (*zu frühe Geburt*) premature birth; **eine ~ haben** to give birth prematurely ❷ (*zu früh geborenes Kind*) premature baby; **eine ~ sein** to be premature [*or* born prematurely] **Frühgeschichte** *f* ❶ *kein pl* (*Zeitabschnitt der Geschichte*) early [*or* ancient] history ❷ (*frühe Phase*) early stages *pl* **Frühgotik** *f* early Gothic period **Frühherbst** *m* early autumn [*or* AM fall] **frühherbstlich** *adj* early autumn [*or* AM fall] *attr;* **~e Stimmung** an atmosphere of early autumn

Frühjahr *nt* spring; **im späten/zeitigen ~** in [the] late/early spring

Frühjahrskollektion *f* MODE spring collection **Frühjahrsmüdigkeit** *f* springtime lethargy **Frühjahrsputz** *m* spring-clean[ing]; **[den] ~ machen** to do the spring-cleaning

Frühkapitalismus *m* early capitalism **Frühkartoffel** *f* new potato **frühkindlich** *adj* **~e Entwicklung/Sexualität** development/sexuality in early childhood; **~e Erlebnisse/Traumen** experiences/traumas from early childhood **Frühkultur** *f* early culture

Frühling <-s, -e> *m* spring[time]; ***es wird ~*** spring is coming; **im ~** in [the] spring[time]; **seinen zweiten ~ erleben** (*hum*) to go through one's second adolescence

Frühlingsanfang *m* first day of spring; **bei/nach ~** on/after the first day of spring; **vor ~** before [the] spring **Frühlingsgefühl** *nt meist pl* (*Gefühl der Gelöstheit*) spring feeling ▶ WENDUNGEN: **~ haben** [*o* **bekommen**] (*hum fam*) to be [*or* get] frisky *fam* **frühlingshaft** *adj* springlike **Frühlingsrolle** *f* KOCHK spring [*or* AM egg] roll **Frühlingszeit** *f kein pl* (*geh*) spring[time], springtide *liter*

frühmorgens *adv* early in the morning **Frühnebel** *m* early morning mist [*or* fog] **Frühpension** *f* early retirement; **~ nehmen, in ~ gehen** to take early retirement **frühreif** *adj* precocious; (*körperlich*) [sexually] mature [at an early age *pred*]; **~es Früchtchen** (*pej*) a precocious little thing *pej;* (*Mädchen*) a proper little madam BRIT *pej* **Frührentner(in)** *m(f) person who has retired early;* ***er ist ~*** he has retired early **Frühromantik** *f* early Romanticism **Frühschicht** *f* early [*or* morning] shift; **~ haben** to do [*or* have] [*or* be on] the morning shift **Frühschoppen** *m* morning pint BRIT, eye-opener AM *fam* **Frühsommer** *m* early summer; **im ~** in [the] early summer **frühsommerlich** *adj* early summer *attr;* ***draußen ist es schon so richtig schön ~*** there's already a real feel of early summer in the air **Frühsport** *m* [early] morning workout [*or* exercise]; **~ treiben** [*o* **machen**] to have a[n early] morning workout, to get some [early] morning exercise **Frühstadium** *nt* early stage; **im ~** in the early stages *pl* **Frühstart** *m* SPORT false start; **~ begehen** [*o* **machen**] to jump the gun

Frühstück <-s, -e> *nt* breakfast; ***um 8 Uhr gibt's ~*** breakfast is at 8 o'clock; **zum ~** for breakfast; ***die ganze Familie saß beim ~*** the whole family were having breakfast; ***der Preis versteht sich inklusive ~*** the price includes breakfast; **zweites ~** midmorning snack, elevenses *npl* BRIT *fam;* **das zweite ~ einnehmen** to have [one's] elevenses BRIT *fam*

frühstücken **I.** *vi* to have [one's] breakfast, to breakfast *form;* ***sie ~ immer um 8 Uhr*** they always have breakfast at 8 o'clock **II.** *vt* ■**etw ~** to have sth for breakfast, to breakfast on sth *form*

Frühstücksbrett *nt* wooden board, *on which breakfast is eaten* **Frühstücksbrot** *nt* sandwich, *for one's morning snack* **Frühstücksbüfett** *nt* breakfast buffet **Frühstücksfernsehen** *nt* breakfast television [*or* TV] **Frühstücksfleisch** *nt* luncheon [*or* AM lunch] meat **Frühstückspause** *f* morning [*or* coffee] break; **~ machen** to have a morning [*or* coffee] break **Frühstückszimmer** *nt* breakfast room

Frühwarnsystem *nt* early warning system **Frühzeit** *f* early days; **die ~ einer Kultur** the early period of a culture; **die ~ des Christentums** early Christian times; **die ~ menschlicher Zivilisation** the early days of human civilization **frühzeitig** **I.** *adj* early; *Tod* early, untimely **II.** *adv* ① (*früh genug*) in good time; **möglichst ~** as soon as possible ② (*vorzeitig*) prematurely

Frust <-[e]s> *m kein pl* (*fam*) frustration *no indef art, no pl;* **einen ~haben/bekommen** [*o fam* **kriegen**] to be/become [*or* get] frustrated

frusten *vt* (*fam*) ■**jdn frustet es** sth is frustrating sb; ***das hat mich total gefrustet*** I found that very frustrating

Frustration <-, -en> *f* frustration

frustrieren* *vt* (*fam*) ■**jdn frustriert etw** sth is frustrating sb; ■**~d** frustrating

frustrierend *adj* frustrating

F-Schlüssel ['ɛf-] *m* MUS F [*or* bass] clef

Fuchs, Füchsin <-es, Füchse> *m, f* ① (*Tier*) fox; (*weibliches Tier*) vixen ② (*Fuchspelz*) fox [fur] ③ (*Pferd*) chestnut; (*mit hellerem Schwanz und hellerer Mähne*) sorrel ④ (*fam: schlauer Mensch*) cunning [old] devil [*or* fox] *fam;* **ein alter** [*o* **schlauer**] **~** (*fam*) a cunning [old] devil [*or* fox] *fam,* a sly one ▸ WENDUNGEN: **wo sich Hase und ~ gute Nacht sagen** [*o* **wo sich die Füchse gute Nacht sagen**] (*hum*) at the back of beyond BRIT, out in the sticks [*or* AM boondocks] *fam*

Fuchsbau *m* [fox's] earth

fuchsen [-ks-] *vt* (*fam*) ■**jdn fuchst etw** sth is riling sb *fam,* to piss off sb *sep sl*

Fuchsie <-, -n> ['fʊksiə] *f* fuchsia

Füchsin [-ks-] *f fem form von* **Fuchs** vixen

Fuchsjagd *f* fox-hunt[ing]; **auf die ~ gehen** to go fox-hunting **Fuchspelz** *m* fox [fur] **Fuchsschwanz** *m* ① (*Schwanz des Fuchses*) [fox's] tail [*or* brush] BRIT ② (*Säge*) [straight back] handsaw **Fuchsschwanzgras** *nt* BOT foxtail

fuchsteufelswild *adj* (*fam*) mad as hell *fam,* hopping mad *fam;* **jdn ~ machen** to make sb mad [as hell] *fam,* to piss off sb *sl*

Fuchtel <-, -n> *f* ÖSTERR, SÜDD (*fam*) shrew *pej;* **unter jds ~ stehen** to be [well] under sb's control

fuchteln *vi* (*fam*) ■**mit etw** *dat* **~** to wave sth about [wildly] *fam;* (*drohend*) to brandish sth; [**mit den Händen**] **~** to wave one's hands about [wildly] *fam*

fuchtig *adj* (*fam*) [hopping] mad *fam,* pissed off *sl*

Fuder <-s, -> *nt* ① (*Wagenladung*) cartload; **ein ~ Heu** a [cart]load of hay ② (*Hohlmaß für Wein*) tun [of wine]

fuderweise *adv* (*hum fam*) by the cartload; **~ belegte Brote vertilgen** to polish off tons of sandwiches *fam*

Fuerteventura *nt* Fuerteventura; *s. a.* **Sylt**

Füessli <-, -s> *nt* SCHWEIZ (*Schweinefuß*) pig's trotter

Fuffziger <-s, -> *m* DIAL fifty-pfenning piece; **ein falscher ~ sein** (*pej sl*) to be a real crook *fam,* to be [as] bent as they come BRIT *sl*

Fug *m* **mit ~ und Recht** (*geh*) with complete justification

Fuge[1] <-, -n> *f* join, gap; **aus den ~n geraten** (*fig*) *Menschheit* to go awry *liter; Welt* to be out of joint; **in allen ~n krachen** to creak at the joints [*or* in every joint]

Fuge[2] <-, -n> *f* MUS fugue

fügen **I.** *vt* ① (*geh: anfügen*) ■**etw an etw** *akk* **~** to add sth to sth; ■**etw auf etw** *akk* **~** to lay sth on sth; **Wort an Wort ~** to string words together, to cast a sentence ② (*geh: bewirken*) ■**etw fügt etw** sth ordains sth; ***der Zufall fügte es, dass wir uns wiedersahen*** coincidence had it that we met [*or* saw each other] again **II.** *vr* ① (*sich unterordnen*) to toe the line; ■**sich jdm/einer S. ~** to bow to sb/sth; **sich den Anordnungen ~** to obey instructions ② (*geh: akzeptieren*) ■**sich in etw** *akk* **~** to submit to [*or* accept] sth ③ ([*hinein*]*passen*) ■**sich in etw** *akk* **~** to fit into sth ④ *impers* (*geh: geschehen*) ■**es fügt sich** it so happened; ***sei getrost, es wird sich schon alles ~*** never fear, it'll all work out in the end

fugenlos **I.** *adj* smooth **II.** *adv* without gaps [*or* BRIT joins]/a gap [*or* BRIT a join]

fügsam *adj* (*geh*) obedient; *Kind a.* tractable *form*

Fügung <-, -en> *f* ① (*Bestimmung*) stroke of fate; **eine ~ Gottes/des Schicksals** an act of divine providence/of fate; **eine göttliche ~** divine providence *no indef art, no pl;* **eine glückliche ~** a stroke of luck [*or* good fortune] ② LING (*Wortgruppe*) construction

fühlbar *adj* (*merklich*) perceptible, noticeable, marked

fühlen **I.** *vt* ① (*körperlich spüren, wahrnehmen*) ■**etw ~** to feel sth ② (*seelisch empfinden*) to feel sth; **Achtung/Verachtung für jdn ~** to feel respect/contempt for sb; **Erbarmen/Mitleid mit jdm ~** to feel pity/sympathy for sb; ■**~, dass ...** to feel [that] ... ③ ■**etw ~** to feel sth; **jds Puls ~** to take sb's pulse **II.** *vi* ■**nach etw** *dat* **~** to feel for sth **III.** *vr* ■**sich** [**in einer bestimmten Art**] **~** to feel [in a particular way] ① (*das Empfinden haben*) ***wie ~ Sie sich?*** how are you feeling [*or* do you feel]?; **sich besser/benachteiligt/schuldig/unwohl/verantwortlich ~** to feel better/disadvantaged/guilty/unwell/responsible ② (*sich einschätzen*) ■**sich als jd ~** to regard [*or* consider] oneself as sb; ***wie ~ Sie sich jetzt als Direktorin?*** how do you feel now [that] you're director? *fam* ③ (*stolz sein*) ■**sich** [**wunder wie** [*o* **was**]] **~** to think the world of oneself *fam*

Fühler <-s, -> *m* ① (*Tastorgan*) antenna, feeler; (*von Schnecke*) horn; **die ~ ausstrecken/einziehen** to put out [*or* extend]/retract its horns [*or* AM feelers] ② (*Messfühler*) sensor, probe ▸ WENDUNGEN: **seine** [*o* **die**] **~** [**nach etw** *dat*] **ausstrecken** (*fam*) to put out [one's] feelers [towards sth]

Fühlung <-, -en> *f* contact; **mit jdm in ~ bleiben/stehen** to stay [*or* remain]/be in touch [*or* contact] with sb; **mit jdm ~ aufnehmen** to contact sb, to get in touch with sb

Fühlungnahme <-, -n> *f* [an initial] contact

fuhr *imp von* **fahren**

Fuhre <-, -n> *f* ① (*Wagenladung*) [cart]load; **zwei ~n Stroh** two [cart]loads of straw ② (*Taxifahrt*) fare

führen **I.** *vt* ① (*geleiten*) ■**jdn** [**durch/über etw** *akk*] **~** to take sb [through/across sth]; (*vorangehen*) to lead sb [through/across sth]; **eine alte Dame über die Straße ~** to help an old lady across [*or* over] the road; **jdn durch ein Museum/Schloss ~** to show sb round a museum/castle; ■**jdn zu jdm ~** to take sb to sb; ***was führt Sie zu mir?*** (*geh*) what brings you to me? *form* ② (*leiten*) ■**etw ~** *Betrieb, Geschäft* to run sth; *Armee* to command; *Expedition, Gruppe* to lead, to head ③ (*in bestimmte Richtung lenken*) ■**jdn auf**

etw *akk* ~ to lead sb to sth; ***der Hinweis führte die Polizei auf die Spur des Diebes*** the tip put the police on the trail of the thief; ***das führt uns auf das Thema ...*** that brings [*or* leads] us on[to] the subject ...; **jdn auf Abwege** ~ to lead sb astray ④ (*registriert haben*) **jdn/etw in einem Verzeichnis/auf einer Liste** ~ to have a record of sb/sth in a register/on a list; ***wir** ~ **keinen Schmidt in unserer Kartei*** we have no [record of a] Schmidt on our files ⑤ (*heranbringen, handhaben*) **einen Bogen [über die Saiten]** ~ to wield a bow [across the strings]; **die Kamera [an etw** *akk*] ~ to guide the camera [towards sth]; (*durch Teleobjektiv*) to zoom in [on sth]; **die Kamera ruhig** ~ to operate the camera with a steady hand; **etw zum Mund[e]** ~ to raise sth to one's mouth; **einen Pinsel [über etw** *akk*] ~ to wield a brush [over sth] ⑥ (*entlangführen*) ■**etw durch etw** *akk*/**über etw** *akk* ~ to lay sth through sth/across [*or* over] sth; ***er führte das Satellitenkabel durch die Wand*** he laid [*or* fed] the satellite cable through the wall ⑦ (*geh: steuern*) **ein Kraftfahrzeug/einen Zug** ~ to drive a motor vehicle/a train ⑧ (*geh: einen Titel o. Namen tragen*) ■**etw** ~ to bear sth; ***verheiratete Frauen** ~ **oft ihren Mädchennamen weiter*** married women often retain [*or* still go by] their maiden name; **einen Titel** ~ to bear [*or* hold] a title ⑨ (*geh: haben*) **Gepäck bei [*o* mit] sich** *dat* ~ to be carrying luggage; **seine Papiere/eine Schusswaffe bei [*o* mit] sich** ~ to carry one's papers/a firearm on one's person, to carry around *sep* one's papers/a firearm ⑩ (*im Angebot haben*) ■**etw** ~ to stock [*or spec* carry] sth **II.** *vi* ① (*in Führung liegen*) **mit drei Punkten/einer halben Runde** ~ to have a lead of [*or* to be in the lead by] three points/half a lap ② (*verlaufen*) *Weg, etc* to lead, to go; ***wohin führt dieser Weg?*** where does this path lead [*or* go] to?; ***die Brücke führt über den Rhein*** the bridge crosses [over] [*or* spans] the Rhine; ■**durch etw** *akk*/**über etw** *akk* ~ *Straße, Weg* to lead [*or* go] through/over sth; *Kabel, Pipeline* to run through/over sth; *Spuren* to lead through/across sth ③ (*als Ergebnis haben*) ■**zu etw** *dat* ~ to lead to sth, to result in sth; ■**dazu ~, dass ...** that will lead to ... + *gerund;* ***das führte zu dem Ergebnis, dass er entlassen wurde*** this led to [*or* resulted in] his [*or* him] being dismissed; ***[all] das führt [doch] zu nichts*** (*fam*) that will [all] come to nothing [*or* get you/us etc. nowhere] **III.** *vr* (*geh: sich benehmen*) ■**sich** ~ to conduct oneself *form;* **sich gut/schlecht** ~ to conduct oneself well/badly [*or* to misbehave]

führend *adj* leading *attr;* ***diese Firma ist im Stahlbau** ~* this is one of the leading companies in steel construction; **eine ~e Persönlichkeit/Rolle** a prominent [*or* leading] personality/role; **der ~e Wissenschaftler auf diesem Gebiet** the most prominent scientist in this field

Führer <-s, -> *m* guide[book]; **ein ~ durch Deutschland** a guide to Germany

Führer(in) <-s, -> *m(f)* ① (*Leiter*) leader; (*Oberhaupt einer Bewegung etc.*) head [honcho AM *fam*]; ■**der** ~ HIST (*Hitler*) the Führer [*or* Fuehrer] ② (*Fremdenführer, Bergführer*) guide ③ (*geh: Lenker*) driver; (*von Kran*) operator

Führerausweis *m* SCHWEIZ (*Führerschein*) driving licence BRIT, driver's license AM **Führerflucht** *m* SCHWEIZ (*Fahrerflucht*) a hit-and-run [accident] **Führerhaus** *nt* AUTO [driver's] cab; (*von Kran*) cabin

führerlos **I.** *adj* ① (*ohne Führung*) leaderless, without a leader *pred* ② (*geh: ohne Lenkenden*) driverless, without a driver *pred;* (*auf Schiff*) with no one at the helm **II.** *adv* without a driver; (*auf Schiff*) with no one at the helm

Führerschein *m* driving licence BRIT, driver's license AM; **jdm den ~ entziehen** to take away [*or form* withdraw] sb's driving licence, to disqualify sb from driving; **den [*o* seinen/ihren] ~ machen** (*das Fahren lernen*) to learn to drive; (*die Fahrprüfung ablegen*) to take one's driving test

Führerscheinentzug *m* driving ban, disqualification from driving **Führerscheinprüfung** *f* driving test

Führerstand *m* BAHN [driver's] cab

Fuhrmann <-leute> *m* ① (*Lenkender*) carter; (*Kutscher*) coachman ② ASTRON ■**der** ~ the Charioteer, Auriga **Fuhrpark** *m* fleet [of vehicles]

Führung <-, -en> *f* ① *kein pl* (*Leitung*) leadership; MIL command; **innere** ~ MIL morale; **unter jds** ~ under sb's leadership of, led [*or* headed] by sb; MIL under command of sb, commanded by sb ② *kein pl* (*die Direktion*) management, directors *pl;* MIL commanding officers *pl* ③ (*Besichtigung*) guided tour (**durch** +*akk* of) ④ *kein pl* (*Vorsprung*) lead; (*in einer Liga o. Tabelle*) leading position; **seine ~ ausbauen** to increase one's lead; (*in einer Liga o. Tabelle*) to strengthen [*or* consolidate] one's leading position; **in ~ gehen [*o* die ~ übernehmen]** to go into [*or* take] the lead; **in ~ liegen** to be in the lead [*or* the leading position] ⑤ *kein pl* (*Betragen*) conduct; **bei [*o* wegen] guter** ~ on/for good conduct; **wegen guter ~ vorzeitig entlassen werden** to get a couple of years'/a few months' etc. remission for good conduct ⑥ *kein pl* (*geh: Lenkung*) ***der Führerschein berechtigt zur ~ eines Kraftfahrzeuges der angegebenen Klasse*** to be licensed to drive a motor vehicle of a given class ⑦ TECH (*Schiene*) guide ⑧ *kein pl* (*das fortlaufende Eintragen*) **die ~ der Akten/Bücher** keeping the files/books ⑨ *kein pl* (*das Tragen eines Namens o. Titels*) use; ***die ~ des Doktortitels ist erst nach Erhalt der Urkunde erlaubt*** only after the awarding of the certificate is one permitted to have the title of doctor

Führungsanspruch *m* claim to leadership **Führungsaufgabe** *f* executive duty [*or* function] **Führungselite** *f* POL leadership [*or* governing] elite **Führungsetage** *f* management level **Führungsgremium** *nt* controlling [*or* governing] body **Führungskraft** *f* executive [officer] **Führungsmacht** *f* leading power **Führungsqualitäten** *pl* leadership qualities *pl* **Führungsrolle** *f* leading role; **[in etw** *dat*] **eine ~ spielen** to play a leading role [in sth] **Führungsschicht** *f* the ruling classes *pl* **Führungsschwäche** *f* weak leadership **Führungsspitze** *f* higher echelons *pl;* (*von Unternehmen*) top[-level] management **Führungsstab** *m* MIL operations staff + *sing/pl vb* **Führungsstärke** *f* strong leadership **Führungsstil** *m* style of leadership; (*in einer Firma*) management style **Führungswechsel** *m* change of leadership; (*in einer Firma*) change of management **Führungszeugnis** *nt* good-conduct certificate; **polizeiliches** ~ clearance certificate BRIT

Fuhrunternehmen *nt* haulage business BRIT, hauliers *pl* BRIT, trucking company AM **Fuhrunternehmer(in)** *m(f)* haulage contractor BRIT, haulier BRIT, trucking company AM, trucker AM **Fuhrwerk** *nt* wag[g]on; (*mit Pferden*) horse and cart; (*mit Ochsen*) oxcart **fuhrwerken** *vi* (*fam: ungestüm hantieren*) ■**[mit etw** *dat*] ~ to wave sth about

Fülle <-> *f kein pl* ① (*Körperfülle*) corpulence *form,* portliness *hum* ② (*Intensität*) richness, ful[l]ness BRIT, fullness AM; (*Volumen*) *Haar* volume ③ (*Menge*) wealth, abundance; ■**eine ~ von etw** *dat* a whole host of sth; **in [Hülle und]** ~ in abundance

füllen **I.** *vt* ① (*voll machen*) ■**etw [mit etw** *dat*] ~ to fill sth [with sth]; **halb gefüllt** half-full ② KOCHK (*eine Speise mit Füllung versehen*) ■**etw [mit etw** *dat*] ~

to stuff sth [with sth] 3 (*einfüllen*) ■ **etw in etw** *akk* ~ to put sth into sth, to fill sth with sth; **etw in Flaschen** ~ to bottle sth; **etw in Säcke** ~ to put sth into sacks, to sack sth 4 (*Platz in Anspruch nehmen*) ■ **etw** ~ to fill sth; ***meine Bücher ~ ganze drei Regale*** my books take up the whole of three shelves **II.** *vr* ■ **sich** [**mit etw** *dat*] ~ to fill [up] [with sth]; **sich** [**mit Menschen**] ~ to fill [up] [with people]

Füllen <-s, -> *nt* (*veraltend*) *s.* **Fohlen**

Füller <-s, -> *m* fountain pen; (*mit Tintenpatrone*) cartridge pen

Füllfederhalter *m s.* **Füller**

Füllgewicht *nt* 1 ÖKON net weight 2 (*Fassungsvermögen einer Waschmaschine*) maximum load, capacity **Füllhorn** *nt* cornucopia

füllig *adj* 1 (*von Mensch: rundlich*) plump, corpulent *form*, portly *hum;* **ein ~er Busen/eine ~e Figur** an ample [*or* a generous] bosom/figure 2 (*voluminös*) **eine ~e Frisur** a bouffant hairstyle

Füllsel *nt* filler *no indef art, no pl,* padding *no indef art, no pl*

Füllung <-, -en> *f* 1 KOCHK (*Masse in einer Speise*) stuffing 2 (*ausfüllende Masse*) *von Matrazen, Federbetten* stuffing; (*von Kissen a.*) filling 3 (*Türfüllung*) panel 4 (*Zahnfüllung*) filling

Füllwort <-wörter> *nt* filler [word], expletive *spec*

fulminant *adj* (*geh*) brilliant

Fummel <-s, -> *m* (*sl*) cheap frock, rag *pej*

Fummelei <-, -en> *f* (*fam*) fumbling, fiddling

fummeln *vi* (*fam*) 1 (*hantieren*) ■ [**an/mit etw** *dat*] ~ to fumble [around], to fiddle [about Brit] [*or* fumble [around]] with sth 2 (*Petting betreiben*) to pet, to grope *fam*

Fund <-[e]s, -e> *m* 1 *kein pl* (*geh: das Entdecken*) discovery 2 (*das Gefundene*) find; **einen ~ machen** (*geh*) to make a find

Fundament <-[e]s, -e> *nt* 1 (*tragfähiger Untergrund*) foundation[s *npl*] 2 (*fig: geistige Grundlage*) basis, foundation[s *npl*]; **das ~ für etw** *akk* **sein** to form a basis for sth; **das ~ zu etw** *dat* **legen, das ~ für etw** *akk* **schaffen** to lay the foundations for sth

fundamental **I.** *adj* fundamental **II.** *adv* fundamentally; **sich ~ irren** to make a fundamental error; **sich ~ unterscheiden** to make a fundamental decision

Fundamentalismus <-> *m kein pl* fundamentalism *no indef art, no pl*

Fundamentalist(in) <-en, -en> *m(f)* fundamentalist

fundamentalistisch *adj* fundamentalist

fundamentieren* *vi* to lay the foundations

Fundbüro *nt* lost property office Brit, lost-and-found office Am **Fundgrube** *f* treasure trove

Fundi <-s, -s> *m* POL fundamentalist, hard-liner, *of the Green Party*

fundiert *adj* sound; **gut ~** well founded; **schlecht ~** unsound

fündig *adj* **~ werden** to discover what one is looking for

Fundort *m* ■ **der ~ von etw** *dat* [the place] where sth is/was found **Fundsache** *f* found object; (*in Fundbüro*) piece [*or* item] of lost property; ■ **~n** lost property *no pl, no indef art* **Fundstätte** *f* (*geh*) *s.* **Fundort**

Fundus <-, -> *m* 1 (*geistiger Grundstock*) fund *a. fig;* **einen reichen ~ an Erfahrungen haben** to have a wealth of experience 2 THEAT basic [*or* general] equipment

fünf *adj* five; *s. a.* **acht**[1] ▸ Wendungen: **es ist ~ [Minuten] vor zwölf** it's almost too late, it's high time; **[alle] ~[e] gerade sein lassen** (*fam: etw nicht so genau nehmen*) to turn a blind eye, to look the other way

Fünf <-, -en> *f* 1 (*Zahl*) five 2 (*Karten*) five; *s. a.* **Acht**[1] 4 3 (*Verkehrslinie*) ■ **die ~** the [number] five 4 (*Zeugnisnote*) "unsatisfactory" (*the lowest examination grade signifying a pass in the German school system*), ≈ "F" Brit

fünfbändig *adj* five-volume *attr,* of five volumes *pred* **Fünfeck** *nt* pentagon **fünfeckig** *adj* pentagonal, five-cornered **fünfeinhalb** *adj* 1 (*Bruchzahl*) five and a half; *s. a.* **anderthalb** 2 (*fam: Kurzform für: 5500 DM*) five and a half thousand [*or* grand] [*or* K] [*or* Am G's] *fam*

Fünfer <-s, -> *m* (*fam*) 1 SCH (*Note: mangelhaft*) "unsatisfactory", ≈ "E" Brit 2 (*Lottogewinn*) [score of] 5 correct 3 (*Fünfpfennigstück*) five-pfenning piece

fünferlei *adj inv attr* five [different]; *s. a.* **achterlei**

Fünferpack *m* pack of five, five-pack

fünffach, 5fach **I.** *adj* fivefold; **die ~e Menge/Summe** five times the amount/sum **II.** *adv* fivefold, five times; **~ ausgefertigt** issued in five copies [*or form* quintuplicate]

Fünffache, 5fache *nt dekl wie adj* ■ **das ~** five times as much [*or* that amount]; *s. a.* **Achtfache**

Fünffüßer <-s, -> *m* ZOOL pentapedal **fünffüßig** *adj* (*liter: Versmaß*) pentametrical; **~er Jambus** iambic pentameter **Fünfganggetriebe** *nt* five-speed gearbox [*or* transmission] **Fünfgang-Schaltung** *f* TECH [vehicle] gearbox with five gears

fünfhundert *adj* five hundred; *s. a.* **hundert**

fünfhundertjährig *adj* five hundred-year-old *attr*

fünfjährig, 3-jährig[RR] *adj* 1 (*Alter*) five-year-old *attr,* five years old *pred; s. a.* **achtjährig 1** 2 (*Zeitspanne*) five-year *attr; s. a.* **achtjährig 2** **Fünfjährige(r), 5-Jährige(r)**[RR] *f(m) dekl wie adj* five-year-old **Fünfkampf** *m* pentathlon **fünfköpfig** *adj* five-person *attr; s. a.* **achtköpfig**

Fünfling <-s, -e> *m* quin[tuplet]

fünfmal, 5-mal[RR] *adv* five times; *s. a.* **achtmal** **fünfmalig** *adj* fifth; *s. a.* **achtmalig** **Fünfmarkschein** *m* five-mark note **Fünfmarkstück** *nt* five-mark piece **Fünfmeterbrett** *nt* five-metre [*or* Am -er] diving] board

Fünfprozenthürde *f* POL five-percent hurdle **Fünfprozentklausel** *f* POL five-percent rule [*or* clause]

fünfseitig *adj* five-sided, pentagonal; (*von Brief*) five-page *attr,* of five pages *pred* **fünfspaltig** *adj* five-column *attr,* [extending] over five columns *pred* **fünfstellig** *adj* five-digit *attr;* **ein ~es Einkommen** a five-figure income **fünfstöckig** *adj* five-storey *attr* [*or* Am -story], with five storeys **fünfstündig, 5-stündig**[RR] *adj* five-hour *attr; s. a.* **achtstündig** **fünfstündlich** *adj* every five hours *pred*

fünft *adv* **zu ~ sein** to be a party of five

fünftägig, 5-tägig[RR] *adj* five-day *attr* **fünftausend** *adj* 1 (*Zahl*) five thousand; *s. a.* **tausend 1** 2 (*fam: 5000 DM*) five grand *no pl,* five thou *no pl sl,* five G's [*or* K's] *no pl* Am *sl* **Fünftausender** *m* five-thousand-metre [*or* Am -er] peak [*or* mountain]

fünfte(r, s) *adj* 1 (*nach dem vierten kommend*) fifth; **die ~ Klasse** [*o fam* **die ~**] primary, elementary Am; *s. a.* **achte(r, s) 1** 2 (*Datum*) fifth, 5th; *s. a.* **achte(r, s) 2**

Fünfte(r) *f(m) dekl wie adj* 1 (*Person*) fifth; *s. a.* **Achte(r) 1** 2 (*bei Datumsangabe*) ■ **der ~/am ~en** [*o geschrieben* **der 5./am 5.**] the/on the fifth *spoken,* the 5th *written; s. a.* **Achte(r) 2** 3 (*Namenszusatz*) **Ludwig der ~** *gesprochen* Louis the Fifth; **Ludwig V.** *geschrieben* Louis V

fünfteilig *adj* five-part [*or* -piece] *attr;* **~ sein** to be in five parts, to consist of five pieces

fünftel *adj* fifth

Fünftel <-s, -> *nt o* SCHWEIZ *m* fifth; *s. a.* **Achtel**

fünftens *adv* fifth[ly], in [the] fifth place

fünftürig *adj* five-door; **ein ~es Auto** a five-door car

attr; ~ **sein** to have five doors **Fünfuhrtee** *m* [afternoon] tea **Fünfunddreißigstundenwoche, 35-Stunden-Woche** *f* thirty-five-hour week **fünfwertig** *adj* CHEM pentavalent **fünfwöchig** *adj* five-week; **von ~er Dauer sein** to take [*or* last] five weeks
fünfzehn *adj* fifteen; ~ **Uhr** 3pm, 1500hrs *written,* fifteen hundred hours *spoken; s. a.* **acht**[1] **fünfzehnte(r, s)** *adj* fifteenth; *s. a.* **achte(r, s)** **Fünfzeiler** *m* LITER five-line poem/stanza, pentastich *spec* **fünfzeilig** *adj* LITER five-line *attr,* of five lines *pred*
fünfzig *adj* ❶ (*Zahl*) fifty; *s. a.* **achtzig 1** ❷ (*Stundenkilometer*) thirty [kilometres [*or* AM -meters] an hour]; *s. a.* **achtzig 2**
Fünfzig <-, -en> *f* fifty
fünfziger *adj,* **50er** *adj attr, inv* ■ **die ~ Jahre** the fifties
Fünfziger[1] <-s, -> *m* ❶ (*fam: Fünfzigpfennigstück*) fifty-pfennig piece ❷ (*Wein aus dem Jahrgang -50*) fifties vintage
Fünfziger[2] <-, -> *f* (*fam: Fünfzigpfennigbriefmarke*) fifty-pfennig stamp
Fünfziger(in)[3] <-s, -> *m(f)* person in their fifties, fifty-year-old
Fünfzigerjahre *pl* ■ **die ~** the fifties [*or* '50s]
fünfzigjährig, 50-jährig[RR] *adj attr* ❶ (*Alter*) fifty-year-old *attr,* fifty years old *pred* ❷ (*Zeitspanne*) **~er Frieden** fifty years of peace; **nach ~er Besatzung** after a/the fifty-year occupation **Fünfzigjährige(r), 50-Jährige(r)**[RR] *f(m) dekl wie adj* fifty-year-old **Fünfzigmarkschein** *m* fifty-mark note **Fünfzigpfennigstück** *nt* fifty-pfennig piece
fünfzigste(r, s) *adj* fiftieth; *s. a.* **achte(r, s)**
fungieren* [fʊŋ'giːrən] *vi* ■ **etw fungiert als etw** sth functions as sth; **als Dach ~** to serve [*or* make do] as a roof; **als Mittelsmann ~** to function as a middle man
Fungizid <-s, -e> [fʊŋgi'tsiːt, 'tsiːdə] *nt* fungicide
Funk <-s> *m kein pl* radio; **etw über ~ durchgeben** to announce sth on the radio
Funkamateur(in) [-amatøːɐ] *m(f)* radio ham, amateur radio enthusiast **Funkausstellung** *f* radio and television exhibition
Fünkchen <-s, -> *nt* ❶ *dim von* **Funke** [tiny] spark ❷ (*geringes Maß*) **es besteht ein/kein ~ Hoffnung** there's a glimmer of hope; **es besteht kein ~ Hoffnung** there's not a scrap of hope; **ein/kein ~ Wahrheit** *gen* a grain/not a shred of truth
Funke <-ns, -n> *m,* **Funken** <-s, -> *m* ❶ (*glimmendes Teilchen*) spark *a. fig;* **~n sprühen** to emit [*or sep* send out] sparks, to spark; **~n sprühend** emitting sparks *pred,* sparking; **der zündende ~** (*fig*) the vital [*or* igniting] spark ❷ (*geringes Maß*) scrap; **ein ~ [von] Anstand** a scrap of decency; **ein ~ Hoffnung** a gleam [*or* glimmer] [*or* ray] of hope; **ein/kein ~ Wahrheit** a grain/not a shred of truth ▸ WENDUNGEN: **etw [so] tun, dass die ~n fliegen** (*fam*) to work like mad [*or* crazy] *fam;* **der ~ springt [zwischen zwei Menschen/den beiden] über** (*fam*) something clicked [between two people/the two] *fam*
funkeln *vi* to sparkle; *Sterne a.* to twinkle; *Edelsteine* to glitter, to flash; *Gold* to glitter, to gleam; **vor Freude ~** *Augen* to gleam [*or* sparkle] with joy; **vor Zorn ~** to glitter [*or* flash] with anger
funkelnagelneu *adj* (*fam*) brand-new, spanking-new
funken **I.** *vt* ■ **etw ~** to radio sth; **SOS ~** to send out *sep* [*or* radio] an SOS **II.** *vi* ❶ (*senden*) to radio; **um Hilfe ~** to radio for help ❷ (*Funken sprühen*) to emit [*or sep* send out] sparks, to spark ❸ (*fam: richtig funktionieren*) to work; ***das Radio funkt wieder*** the radio's going again ❹ (*sich verlieben*) to click; ***zwischen den beiden hat's gefunkt*** there's a special chemistry between those two, those two have really clicked **III.** *vi impers* (*fam*) ❶ (*Prügel geben*) to be in for it; ***noch eine Bemerkung und es funkt!*** another remark and you'll be in for it ❷ (*verstehen*) to click; ***endlich hat es bei ihm gefunkt!*** it finally clicked [with him] *fam*
Funken <-s, -> *m s.* **Funke**
Funkenflug *m* flying sparks *pl* **funkensprühend** *adj s.* **Funke 1**
funkentstört *adj* with noise suppression *pred*
Funker(in) <-s, -> *m(f)* radio operator
Funkfeuer *nt* radio beacon **Funkgerät** *nt* ❶ (*Sende- und Empfangsgerät*) RT unit ❷ (*Sprechfunkgerät*) radio set, walkie-talkie **funkgesteuert** *adj* ELEK, TECH radio-controlled **Funkhaus** *nt* studios *pl,* broadcasting centre [*or* AM -er] **Funkkolleg** *nt* educational [*or* BRIT ≈ Open University] radio broadcasts **Funkkontakt** *m* radio contact **Funkpeilung** *f* [radio] direction finding **Funksprechgerät** *nt* walkie-talkie **Funksprechverkehr** *m* radiotelephony **Funkspruch** *m* radio message **Funkstille** *f* radio silence; **bei jdm herrscht ~** (*fig*) sb is [completely] incommunicado; ***und dann herrschte ~*** (*fig*) and then there was silence **Funkstreife** *f* [police] radio patrol **Funkstreifenwagen** *m* (*veraltend*) [police] radio patrol [*or* squad] car **Funktaxi** *nt* radio taxi [*or* cab] **Funktelefon** *nt* cordless [tele]phone
Funktion <-, -en> *f* ❶ *kein pl* (*Zweck, Aufgabe*) function; **eine bestimmte ~ haben** to have a particular function ❷ (*Stellung, Amt*) position; **in ~ treten** *Gremium etc.* to come into operation; *Person* to begin [*or* take up] work; **in jds ~ als etw** in sb's capacity as sth ❸ MATH function ❹ (*Benützbarkeit*) function; **außer/in ~ sein** not to be working [*or* to be out of order] [*or* functioning]/to be working; *Stromkreis* not to be/to be switched on [*or* activated]; **etw außer/in/wieder in ~ setzen** *Stromkreis* to deactivate [*or sep* switch off]/activate [*or sep* switch on]/reactivate sth
funktional *adj s.* **funktionell**
Funktionär(in) <-s, -e> *m(f)* functionary *form,* official; **ein hoher ~** a high-ranking official; **die [politischen] ~e** the [political] machine
funktionell *adj* ❶ MED functional; **eine ~e Störung** a dysfunction *spec* ❷ (*funktionsgerecht*) practical, functional
funktionieren* *vi* ❶ (*betrieben werden, aufgebaut sein*) to work; ***wie funktioniert dieses Gerät?*** how does this device work?; *Maschine a.* to operate, to function ❷ (*reibungslos ablaufen, intakt sein*) to work out; *Organisation* to run smoothly ❸ (*fam: gehorchen*) to obey [without question] ❹ (*fam: möglich sein*) ***wie soll denn das ~?*** how [on earth] is that going to work?
Funktionsbild *nt* job profile **funktionsfähig** *adj* in working order *pred; Anlage* operative; *Maschinen, Schusswafen* in working order; **voll ~** fully operative, in full working order **Funktionsstörung** *f* MED functional disorder, dysfunction *spec* **Funktionstaste** *nt* function key **funktionstüchtig** *adj s.* **funktionsfähig** **Funktionsweise** *f* functioning *no pl;* **die ~ des Gehirns** the functioning of the brain
Funkturm *m* radio tower **Funkverbindung** *f* radio contact; **mit jdm/etw in ~ stehen** [*o* **sein**] to have [*or* be in] radio contact with sb/sth **Funkverkehr** *m* radio communication [*or* traffic] *no art* **Funkwagen** *m* radio car
Funzel <-, -n> *f* (*pej fam*) dim light
für *präp +akk* ❶ (*den Nutzen, Zweck od. die Bestimmung betreffend*) ■ **~ jdn/etw** for sb/sth; ***kann ich sonst noch etwas ~ Sie tun?*** will there be anything else?; ***sind Sie ~ den Gemeinsamen Markt?*** do you support the Common Market?; ~ ***was ist denn***

dieses Werkzeug? DIAL what's this tool [used] for?; ~ *was soll es gut sein?* DIAL what good is that? *fam;* ~ **ganz** SCHWEIZ (*für immer*) for good; ~ **sich [allein]** for oneself; ~ **sich bleiben** to remain by oneself ② (*als jd, in der Funktion als*) for; ~ *ihr Alter ist sie noch erstaunlich rüstig* she's still surprisingly sprightly for her age; ~ **jdn** (*jds Ansicht nach*) in sb's opinion, for sb ③ MED (*gegen*) for; **gut ~ Migräne** good for migraine ④ (*zugunsten*) for, in favour [*or* AM -or] of; *was Sie da sagen, hat manches ~ sich* there's something in what you're saying; ~ **jdn stimmen** to vote for sb ⑤ (*zahlend, in Austausch mit*) for; *er hat es ~ 45 Mark bekommen* he got it for 45 marks ⑥ (*statt*) for, in place of, instead of ⑦ (*als etw*) *ich halte sie ~ intelligent* I think she is intelligent ⑧ *in Kombination mit „was" was ~ ein Blödsinn!* what nonsense!; *was ~ ein Pilz ist das?* what kind [*or* sort] of mushroom is that? ▸ WENDUNGEN: ~ **einmal** SCHWEIZ (*ausnahmsweise*) for once; (*einstweilen*) for the time being

Für <-> *nt* **das ~ und Wider [einer S.** *gen*] the pros and cons [of sth], the reasons for and against [sth]

Furan <-s, -e> *nt* CHEM fur[fur]an

Fürbitte *f* REL *a.* intercession, plea; **[bei jdm] für jdn ~ einlegen** to intercede [*or* plead] [with sb] for [*or* on behalf of] sb

Furche <-, -n> *f* ① (*Ackerfurche*) furrow; **~n ziehen** to plough [*or* AM plow] furrows ② (*Wagenspur*) rut ③ (*Gesichtsfalte*) furrow

furchen *vt* (*geh*) ■**etw ~** ① (*in Falten legen*) *Stirn* to furrow sth ② (*mit Furchen versehen*) to furrow sth

Furcht <-> *f kein pl* fear; **jdm sitzt die ~ im Nacken** sb's frightened out of his/her wits; ~ **[vor jdm/etw] haben** [*o geh* **empfinden**] to be afraid of sb/sth, to fear sb/sth; *hab' keine ~!* don't be afraid!, fear not! *hum; sei ohne ~!* (*geh*) do not fear! *form,* fear not! *hum;* ~ **einflößend** [*o* **erregend**] terrifying; **jdn in ~ versetzen** to frighten sb; **jdm ~ einflößen** to strike fear into sb *form;* **vor ~ zittern** to tremble with fear; **aus ~ vor jdm/etw** for fear of sb/sth

furchtbar I. *adj* terrible, dreadful; **einen ~en Durst/ Hunger haben** to be parched/famished *form* [*or fam* terribly thirsty/hungry]; ~ **aussehen** to look awful [*or* dreadful] II. *adv* ① (*äußerst*) terribly; ~ **kalt/unangenehm** terribly cold/unpleasant ② (*schrecklich*) terribly, horribly; ~ **durstig/hungrig sein** to be terribly thirsty/hungry

furchteinflößend *adj s.* **Furcht**

fürchten I. *vt* ① (*sich ängstigen*) ■**jdn/etw ~** to fear [*or* be afraid of] sb/sth; ■**gefürchtet sein** to be feared; **jdn das F~ lehren** to teach sb the meaning of fear ② (*befürchten*) ■**etw ~** to fear sth; ■**~, dass ...** to fear that ...; ■**zum F~** (*furchtbar*) frightful; **zum F~ aussehen** to look frightful [*or fam* a fright]; *das ist ja zum F~* that's really frightful II. *vr* ■**sich [vor jdm/etw] ~** to be afraid [of sb/sth]; **sich im Dunkeln ~** to be afraid of the dark; *fürchtet euch nicht!* don't be afraid!, fear not! *old* III. *vi* ■**um jdn/etw ~** (*geh*) to fear for sb/sth *form*

fürchterlich *adj s.* **furchtbar**

furchterregend *adj s.* **Furcht**

furchtlos I. *adj* fearless, dauntless *liter;* (*von Mensch a.*) intrepid II. *adv* ~ **kämpfen/einer S.** *dat* ~ **standhalten** to fight/withstand sth fearlessly [*or* without fear]

Furchtlosigkeit <-> *f kein pl* fearlessness

furchtsam *adj* (*geh*) timorous *liter,* fearful

Furchtsamkeit <-, *selten* -en> *f* (*geh*) timorousness *liter,* fearfulness

fürderhin *adv* (*veraltet*) in [the] future, hereafter *form*

füreinander *adv* for each other [*or form* one another]; ~ **einspringen** to help each other [*or* one another] out

Furie <-, -n> ['fu:riə] *f* ① (*pej: wütende Frau*) hellcat, termagant *pej* ② (*mythisches Wesen*) fury; ... **wie von ~n gejagt** [*o* **gehetzt**] ... as if the devil himself were after him/her etc.; *sie gingen wie ~n aufeinander los* they went for each other['s throats] like [wild]cats

Furnier <-s, -e> *nt* veneer

furnieren* *vt* ■**etw ~** to veneer sth; **mit Walnussholz furniert** with [a] walnut veneer

Furore ▸ WENDUNGEN: ~ **machen** [*o* **für ~ sorgen**] (*fam*) to cause a sensation

Fürsorge *f kein pl* ① (*Betreuung*) care ② (*fam: Sozialamt*) welfare services *npl,* welfare *no art fam* ③ (*fam: Sozialhilfe*) social security *no art,* welfare AM; **von der ~ leben** to live on benefits

Fürsorgeamt *nt* SCHWEIZ (*Sozialamt*) welfare services *npl* **Fürsorgepflicht** *f employer's obligation to provide welfare services*

Fürsorger(in) <-s, -> *m(f)* (*veraltet*) *s.* **Sozialarbeiter**

fürsorglich I. *adj* considerate (**zu** +*dat* towards); (*von Mensch a.*) solicitous *form* (**zu** +*dat* of) II. *adv* with [solicitous *form*] care

Fürsorglichkeit <-> *f kein pl* care; (*von Mensch a.*) solicitude *form*

Fürsprache *f* recommendation; **[bei jdm] ~ für jdn einlegen** to recommend sb [to sb], to put in a word for sb [with sb] *fam;* **auf jds ~** on sb's recommendation

Fürsprecher(in) *m(f)* ① (*Interessenvertreter*) advocate ② JUR SCHWEIZ (*Anwalt*) barrister BRIT, attorney AM

Fürst(in) <-en, -en> *m(f)* ① (*Adliger*) prince; ~ **Bismarck** Prince Bismarck; **wie ein ~/die ~en leben** to live like a lord [*or* king]/lords [*or* kings] ② (*Herrscher*) ruler; **der ~ der Finsternis** [*o* **dieser Welt**] (*euph geh: Satan*) the Prince of Darkness *liter;* **geistlicher ~** prince bishop

Fürstengeschlecht *nt,* **Fürstenhaus** *nt* house [*or* dynasty] of princes

Fürstentum *nt* principality; **das ~ Monaco** the principality of Monaco

Fürstin <-, -nen> *f* (*Adlige*) princess; (*Herrscherin*) ruler; *fem form von* **Fürst**

fürstlich I. *adj* ① (*den Fürsten betreffend*) princely; **eine ~e Kutsche/ein ~es Schloss** a prince's coach/ castle; **eure ~e Durchlaucht/Gnaden** Your Highness ② (*fig: prächtig*) lavish; *Gehalt, Trinkgeld* lavish, handsome *form* II. *adv* (*prächtig*) lavishly; **jdn ~ bewirten** to entertain sb lavishly [*or* [right] royally]; ~ **leben/speisen** to live/eat like lords [*or* kings]/a lord [*or* king]

Furt <-, -en> *f* ford

Furunkel <-s, -> *nt o m* MED boil, furuncle *spec*

fürwahr *adv* (*veraltet*) forsooth *old liter,* in truth

Fürwort <-wörter> *nt* LING pronoun; *s. a.* **Pronomen**

Furz <-[e]s, Fürze> *m* (*derb*) fart *fam!;* **einen ~ lassen** to [let off a] fart *fam!*

furzen *vi* (*derb*) to fart *fam!*

Fusel <-s, -> *m* (*pej*) rotgut *sl,* bad liquor, hooch AM *fam*

Fusion <-, -en> *f* ① ÖKON merger, amalgamation ② PHYS fusion

fusionieren* *vi* ÖKON ■**[zu etw** *dat*] ~ to merge [*or* amalgamate] [into sth]; ■**mit etw** *dat* ~ to merge [*or* amalgamate] with sth

Fusionsreaktor *m* PHYS fusion reactor

Fuß <-es, Füße> *m* ① (*Körperteil*) foot; **gut/ schlecht zu ~ sein** to be steady/not so steady on one's feet; *Wanderer* to be a good/poor walker; **trockenen ~es** without getting one's feet wet; **etw ist zu ~ zu erreichen** sth is within walking distance; **an**

den Füßen [o die Füße] frieren SÜDD to freeze one's feet off; zu ~ gehen/kommen to walk, to go/come on foot; den ~ auf festen Boden/die Erde/den Mond setzen to set foot on solid ground/the earth/the moon; den ~ in [o zwischen] die Tür stellen to put [or get] one's foot in the door; über seine [eigenen] Füße stolpern to trip [or fall] over one's own feet; jdm auf die Füße treten to stand on sb's feet; (*fig: jdn beleidigen*) to step on sb's toes; so schnell/weit ihn die [o seine/ihre] Füße trugen as fast/far as his/her legs could carry him; bei ~! (*Befehl für Hunde*) heel! ❷ SÜDD, ÖSTERR (*Bein*) leg ❸ (*Sockel*) base; (*vom Schrank, Berg*) foot; (*Stuhl-, Tischbein*) [chair/table] leg ❹ LITER (*Versfuß*) [metrical] foot ❺ (*Teil eines Strumpfes*) foot ❻ *kein pl* (*Längenmaß*) foot, sie ist sechs ~ *groß*, she's six feet [or foot] tall; ein sechs ~ großer Mann a six-foot man, a six-footer *fam* ❼ KOCHK (*Schwein*) trotter; (*Lamm*) foot ▶ WENDUNGEN: mit einem ~ im Grabe stehen to have one foot in the grave; die Füße unter jds Tisch strecken to have one's feet under sb's table; keinen ~ vor die Tür setzen to not set foot outside; auf eigenen Füßen stehen to stand on one's own two feet; wie eingeschlafene Füße schmecken (*sl*) to taste of nothing; jdn auf dem falschen ~ erwischen to catch sb unprepared; sich auf freiem ~[e] befinden to be free; *Ausbrecher* to be at large; jdn [wieder] auf freien ~ setzen to release sb, to set sb at liberty; auf großem ~[e] leben to live the high life; mit jdm auf gutem ~ stehen to be on good terms with sb; kalte Füße bekommen to get cold feet; auf schwachen [o tönernen] [o wackligen] Füßen stehen to rest on shaky foundations; stehenden ~es (*geh*) forthwith *form;* sich *dat* die Füße wund laufen (*fam*) to run one's legs off *fam;* jdm zu Füßen fallen [o sinken] to go down on one's knees to [or before] sb; [immer wieder] auf die Füße fallen to fall one's feet [again]; [festen] ~ fassen to gain a [firm] foothold; jdm/einer S. auf dem ~e folgen to follow sb/sth closely; (*fig*) to follow hard on sb/sth *fig;* sich auf die Füße getreten fühlen to feel offended; jdm zu Füßen liegen to lie at sb's feet; jdm auf die Füße treten (*fam*) to step [or tread] on sb's toes; jdn/etw mit Füßen treten (*fig*) to trample all over sb, to treat sb/sth with contempt; sich *dat* die Füße vertreten to stretch one's legs; sich jdm zu Füßen werfen to throw oneself at sb's feet, to prostrate oneself before sb

Fußabdruck <-abdrücke> *m* footprint **Fußabstreifer** <-s, -> *m,* **Fußabtreter** <-s, -> *m* footscraper; (*Matte*) doormat **Fußangel** *f* mantrap **Fußbad** *nt* ❶ (*das Baden der Füße*) footbath; ein ~ nehmen to take a footbath, to wash one's feet ❷ (*Wasser zum Baden der Füße*) footbath ❸ (*hum fam: verschütteter Tee o. Kaffee*) tea/coffee spilt in the saucer

Fußball *m* ❶ *kein pl* (*Spiel*) football BRIT, soccer AM; ~ spielen to play football ❷ (*Ball*) football BRIT, soccer ball AM

Fußballer(in) <-s, -> *m(f)* (*fam*) footballer

Fußballfan *m* football fan **Fußballmannschaft** *f* football team **Fußballmeisterschaft** *f* football league championship **Fußballplatz** *m* football pitch BRIT, soccer field AM **Fußballprofi** *m* professional footballer **Fußballrowdy** *m* football hooligan **Fußballspiel** *nt* football match **Fußballspieler(in)** *m(f)* football player **Fußballstadion** *nt* football stadium **Fußballtoto** *m o nt* the [football] pools *npl;* ~ spielen to play the pools **Fußballverein** *m* football club

Fußbank <-bänke> *f* footrest

Fußboden *m* floor

Fußbodenbelag *m* floor covering **Fußbodenheizung** *f* [under]floor heating

Fußbreit <-> *m kein pl* ❶ (*Breite des Fußes*) width of a foot, foot ❷ (*fig: Bisschen*) inch *fig;* keinen ~ weichen to not budge an inch **Fußbremse** *f* footbrake

fusselig *adj* fluffy *attr,* full of fluff *pred;* ein ~er Stoff a fluffy material; *s. a.* Mund

fusseln *vi* to get fuzzy; (*von Wolle a.*) to pill *spec*

fußen *vi* ■auf etw *dat* ~ to rest [or be based] on sth

Fußende *nt* foot [of a/the bed] **Fußfesseln** *pl* shackles

Fußgänger(in) <-s, -> *m(f)* pedestrian

Fußgängerampel *f* pedestrian [or BRIT pelican] crossing **Fußgängerbrücke** *f* footbridge **Fußgängerstreifen** *m* SCHWEIZ, **Fußgängerüberweg** *m* pedestrian crossing **Fußgängerzone** *f* pedestrian precinct

Fußgelenk *nt* ankle **Fußhebel** *m* TECH [foot] pedal **fußhoch** I. *adj* ankle-deep II. *adv* ankle-deep **fußkalt** *adj* ~ sein *Boden* to be cold on one's/the feet; *Wohnung* to have a cold floor **Fußlappen** *m* footcloth **fußläufig** *adj* (*zu Fuß*) on foot **Fußleiste** *f* skirting [board] BRIT, baseboard AM

fusslig[RR], **fußlig** *adj s.* **fusselig**

Fußmarsch *m* ❶ MIL march ❷ (*anstrengender Marsch*) long hike **Fußmatte** *f* doormat **Fußnote** *f* LITER footnote **Fußpfad** *m* footpath **Fußpflege** *f* care of one's/the feet; (*professionell*) pedicure **Fußpfleger(in)** *m(f)* chiropodist **Fußpilz** *m kein pl* athlete's foot **Fußpuder** *m* foot powder **Fußreflexzonenmassage** *f* reflexology massage **Fußschalter** *m* foot[-operated] switch **Fußschweiß** *m* foot sweat; an ~ leiden to suffer from sweaty feet **Fußsohle** *f* sole [of a/the foot] **Fußspitze** *f* toes *pl;* ***passen die Schuhe? — nein, ich stoße mit der ~ an*** do the shoes fit? No, my toes are pressing at the end **Fußspur** *f meist pl* footprints *pl* **Fußstapfen** <-s, -> *m* footprint; in jds ~ treten (*fig*) to follow in sb's footsteps *fig* **Fußstütze** *f* ❶ (*Stütze beim Sitzen*) footrest ❷ (*in Schuhen*) arch support **Fußtritt** *m* kick; einen ~ bekommen [o *fam* kriegen] to get kicked [or a kick]; jdm einen ~ geben [o *geh* versetzen] to give sb a kick, to kick sb **Fußvolk** *nt kein pl* ❶ MIL (*veraltet*) infantry, foot soldiers *pl* ❷ (*pej: bedeutungslose Masse*) ■das ~ the rank and file **Fußweg** *m* ❶ (*Pfad*) footpath ❷ (*beanspruchte Zeit zu Fuß*) ***es sind nur 15 Minuten*** ~ it's only 15 minutes [or a 15-minute] walk

futsch *adj pred* bust *fam;* ~ sein to have had it *fam; verspieltes Geld a.* to be blown *fam*

Futter¹ <-s, -> *nt* ([*tierische*] *Nahrung*) [animal] feed; *von Pferd, Vieh a.* fodder; dem Hund/der Katze ~ geben to feed the dog/cat ▶ WENDUNGEN: gut im ~ sein [o stehen] to be well-fed [or -fattened]

Futter² <-s> *nt kein pl* ❶ (*Innenstoff, Auskleidung*) lining ❷ (*Spannfutter*) chuck

Futteral <-s, -e> *nt* case

Futtergetreide *nt* fodder [or forage] cereal **Futterkrippe** *f* (*Futterbehälter*) manger ▶ WENDUNGEN: an der ~ sitzen (*fam*) to have got it easy

futtern I. *vi* (*hum fam*) to stuff oneself *fam* II. *vt* (*hum fam*) ■etw ~ to scoff sth

füttern¹ *vt* ■jdn [mit etw *dat*] ~ to feed sb [with [or on] sth]; ■ein Tier [mit etw *dat*] ~ [o einem Tier etw ~] to feed an animal on sth, to give an animal sth [to eat]; ***„F~ verboten"*** "do not feed the animals"; Hafer/Klee ~ to feed an animal with [or on] oats/clover

füttern² *vt* (*mit einem Stofffutter versehen*) ■etw [mit etw *dat*] ~ to line sth [with sth]; etw neu ~ to re[-]line sth

Futternapf *m* [feeding] bowl **Futterneid** *m* ❶ ZOOL envy of another animal's food ❷ PSYCH jealousy; ~ haben (*fig*) to be jealous **Futterpflanze** *f* fodder crop, forage plant [*or* crop] **Futtersack** *m* nosebag **Futterstoff** *m* lining [material] **Futtertrog** *m* feeding trough

Fütterung <-, -en> *f* feeding

Futur <-s, -e> *nt* LING future [tense]

futurisch *adj* LING future *attr*

Futurismus <-> *m kein pl* futurism

futuristisch *adj* futurist[ic]

Futurologe, **Futurologin** <-n, -n> *m, f* futurologist

Futurologie <-> *f kein pl* futurology *no pl*

G

G, g <-, – *o fam* -s, -s> *nt* ① (*Buchstabe*) G, g; ~ **wie Gustav** G for [*or* AM as in] George; *s. a.* **A 1** ② MUS G, g; *s. a.* **A 2**

g g; *Abk von* **Gramm** g, gram, gramme BRIT

G-8 *f* ÖKON, POL (*Gemeinschaft führender Industrienationen*) G-8, Group of Eight; **~-Gipfel** G-8 summit; **~-Treffen** meeting of the G-8 members

gab *imp von* **geben**

Gabardine <-s> ['gabardi:n] *m kein pl* gabardine, gaberdine

Gabe <-, -n> *f* ① (*geh: Geschenk*) gift, present; REL offering; **eine milde ~** alms *pl*, a small donation *hum* ② (*Begabung*) gift; ▪**die ~ einer S.** *gen* **haben** to have a gift for sth; **die ~ des Erzählens/der Überredungskunst** the gift of the gab *fam*/of persuasion; **die ~ haben, etw zu tun** to have a [natural] gift of doing sth ③ *kein pl* MED (*das Verabreichen*) administering *no indef art, no pl* ④ SCHWEIZ (*Preis, Gewinn*) prize

Gabel <-, -n> *f* ① (*Essens~*) fork ② (*Heu~, Mist~*) pitchfork ③ (*~deichsel*) shafts *pl;* (*Rad~*) fork ④ TELEK cradle, rest; ***du hast den Hörer nicht richtig auf die ~ gelegt*** you haven't replaced the receiver properly ⑤ JAGD spire

Gabelbissen *m* ① (*mariniertes, zusammengerolltes Stück Heringsfilet*) rollmops ② (*Appetithappen*) canapé **Gabelfrühstück** *nt* mid-morning snack, elevenses + *sing/pl verb* BRIT *fam*

gabeln *vr* ▪**sich ~** to fork; ***hier gabelt sich der Weg*** the path [*or* road] forks here

Gabelstapler <-s, -> *m* fork-lift truck

Gabelung <-, -en> *f* fork

Gabentisch *m table for laying out presents*

Gabun <-s> *nt* Gabun, Gabon; *s. a.* **Deutschland**

Gabuner(in) <-s, -> *m(f)* Gabonese; *s. a.* **Deutsche(r)**

gabunisch *adj* Gabonese; *s. a.* **deutsch**

gackern *vi* ① *Huhn* to cluck ② (*fig fam: unterdrückt lachen, kichern, schwatzen*) to cackle *fig*

Gadolinium <-s> *nt kein pl* CHEM gadolinium *no pl, no art*

gaffen *vi* (*pej*) ▪[**nach jdm/etw**] ~ (*fam*) to gape [*or* BRIT *pej fam* gawp] [at sb/sth], to stare [at sb/sth]; ***was gaffst du so?*** what are you gawping [*or* gaping] at!

Gaffer(in) <-s, -> *m(f)* (*pej*) gaper, gawper BRIT *pej*

Gag <-s, -s> [gɛk] *m* (*fam*) joke, gag; **~s über jdn/etw machen** to do gags about sb/sth; (*Spaß*) stunt, gag

gaga *adj prädikativ, inv* (*pej fam*) gaga *pej fam*

Gage <-, -n> ['ga:ʒə] *f bes* THEAT fee

gähnen *vi* ① (*Müdigkeit, Langeweile*) yawn; ▪**ein G~** a yawn; **das G~ unterdrücken** to stop oneself [from] yawning, to stifle a yawn; **zum G~ [langweilig] sein** to be one big yawn ② (*geh: sich auftun*) to yawn; **ein ~es Loch** a gaping hole

GAL <-> *f kein pl Abk von* **Grün-Alternative-Liste** *electoral pact of green and alternative parties*

Gala <-, -s> *f* ① *kein pl* formal [*or* festive] dress *no pl;* **sich in ~ werfen** [*o fam* **schmeißen**] to get all dressed up [to the nines] *fam*, to put on one's Sunday best *fam* ② *s.* **Galavorstellung**

Galaabend *m* gala evening **Galaanzug** *m kein pl* ① (*festliche Kleidung*) formal [*or* evening] dress ② MIL ceremonial dress **Galadiner** [dine:] *nt* formal dinner **Galaempfang** *m* formal reception

galaktisch *adj* galactic

galant *adj* (*veraltend*) ① (*betont höflich und gefällig gegenüber Damen*) chivalrous *dated* ② (*amourös*) amorous; **ein ~es Abenteuer** an amorous adventure

Galapagosfink *m s.* **Darwinfink**

Galauniform *f* ceremonial [*or* full dress] uniform **Galavorstellung** *f* THEAT gala performance

Galaxie <-, -n> *f* galaxy

Galeere <-, -n> *f* galley

Galeerensklave, -sklavin *m, f* galley slave **Galeerensträfling** *m* galley slave

Galeone <-, -n> *f* HIST galleon

Galerie <-, -n> ['ri:ən] *f* ① ARCHIT gallery ② (*Gemälde~*) art gallery; (*Kunsthandlung*) art dealer's ③ (*a. hum: Menge, Reihe*) collection; ***meine Oma besitzt eine ganze ~ hässlicher Vasen*** my granny has quite a collection of ugly vases ④ (*Geschäftspassage*) arcade ⑤ ÖSTERR, SCHWEIZ (*Tunnel mit fensterartigen Öffnungen*) gallery

Galerist(in) <-en, -en> *m(f)* proprietor of an art dealer's [shop], proprietor of a gallery

Galgen <-s, -> *m* ① (*zum Erhängen*) gallows + *sing vb*, gibbet; **jdn an den ~ bringen** to send sb to the gallows; **jdn am ~ hinrichten** to hang sb [from the gallows] ② FILM (*galgenähnliche Vorrichtung, an der etwas aufgehängt werden kann*) boom

Galgenfrist *f* (*fam*) stay of execution, reprieve; **eine ~ erhalten** to receive a stay of execution; **jdm eine ~** [*o geh* **einräumen**] **geben** to grant sb a reprieve [*or* stay of execution] **Galgenhumor** *m* gallows humour [*or* AM -or] **Galgenvogel** *m* (*pej veraltend*) gallows bird *old*, rogue *dated*

Galicisch *nt decl wie adj* Galician; *s. a.* **Deutsch**

Galicische <-n> *nt* ▪**das ~** Galician, the Galician language; *s. a.* **Deutsche**

Galiläa <-s> *nt kein pl* Galilee

Galionsfigur *f* (*a. fig*) figurehead *a. fig*

Gälisch *nt decl wie adj* Gaelic; *s. a.* **Deutsch**

gälisch *adj* ① (*keltisch*) Gaelic; *s. a.* **deutsch 1** ② LING Gaelic; *s. a.* **deutsch 2**

Gälische <-n> *nt* ▪**das ~** Gaelic, the Gaelic language; *s. a.* **Deutsche**

Galizier <-e, -s> *m*, **Galizierkrebs** *m* freshwater crayfish

Gallapfel *m* oak gall, oak apple, gallnut

Galle <-, -n> *f* ① (*~nblase*) gall-bladder ② (*Eichen~*) *s.* **Gallapfel** ③ (*Gallenflüssigkeit*) bile, gall; **bitter wie ~** as bitter as gall [*or old* wormwood] ▶ WENDUNGEN: **jdm kommt die ~ hoch** sb's blood begins to boil; **jdm läuft die ~ über** sb is seething [*or* livid]; **~ verspritzen** to pour out one's venom

galle(n)bitter *adj* (*äußerst bitter*) as bitter as gall, extremely bitter, caustic; **~er Humor** a caustic sense of humour [*or* AM -or] **Gallenblase** *f* gall bladder **Gallengang** *m* bile duct **Gallengrieß** *m* small gallstones *pl* **Gallenkolik** *f* biliary colic **Gallenleiden** *nt* gall bladder complaint **Gallensäure** *f* bile acid; BOT gallic acid **Gallenstein** *m* gallstone

Gallert <-[e]s, -e> ['galɛt, ga'lɛrt] *nt*, **Gallerte** <-, -n> *f* jelly

gallertartig [ga'lɛrt] *adj* gelatinous

Gallien <-s> [liən] *nt* HIST Gaul
Gallier(in) <-s, -> [liɐ] *m(f)* HIST Gaul
gallig *adj* caustic; **eine ~e Bemerkung** a caustic remark; **~er Humor** a caustic sense of humour [*or* AM -or]
gallisch *adj* Gallic; *s. a.* **deutsch**
Gallium <-s> *nt kein pl* CHEM gallium *no pl*
Gallone <-, -n> *f* gallon
Gallwespe *f* ZOOL gall wasp
Galopp <-s, -s *o* -e> *m* ❶ (*Pferdegangart*) gallop; **in gestrecktem ~** at full gallop; **in ~ fallen** to break into a gallop; **im ~** (*a. fig*) at a gallop, at top [*or* full] speed *fig;* ***sie erledigte die Einkäufe im ~*** she did the shopping at top speed; **langsamer ~** canter ❷ (*Tanz*) galop
galoppieren* *vi haben o sein* to gallop
galt *imp von* **gelten**
galvanisch ['va:] *adj* galvanic
Galvaniseur(in) <-s, -e> *m(f)* electroplater, galvanizer [*or* BRIT *a.* -iser]
galvanisieren* [va] *vt* ■**etw ~** to electroplate sth, to galvanize sth
Gamasche <-, -n> *f* (*veraltet*) gaiter *dated;* **kurze ~** spat; **Wickel~** puttee
Gambe <-, -n> *f* MUS viola da gamba
Gambia <-s> *nt* the Gambia; *s. a.* **Deutschland**
Gambier(in) <-s, -> *m(f)* Gambian; *s. a.* **Deutsche(r)**
gambisch *adj* Gambian; *s. a.* **deutsch**
Gameboy® <-s, -s> ['geɪmbɔɪ] *m* Gameboy®
Gammastrahlen *pl* PHYS, MED gamma rays *pl*
gammelig *adj* (*pej fam*) ❶ (*ungenießbar*) bad, rotten; **ein ~es Stück Käse** a piece of stale cheese ❷ (*unordentlich*) scruffy; **ein ~es Auto** an old banger *fam;* **~e Kleidung** scruffy [*or* grotty] clothes BRIT; **~ herumlaufen** to walk around looking scruffy
gammeln *vi* ❶ (*ungenießbar werden*) to go off, to spoil ❷ (*fam: herumhängen*) to laze [*or fam* loaf] [*or sl* bum] around
Gammler(in) <-s, -> *m(f)* (*veraltend fam*) layabout *fam,* loafer *fam, sl*
Gams <-, -[en]> *f* JAGD ÖSTERR, SÜDD (*Gemse*) chamois
Gamsbart, **Gämsbart**[RR] *m* JAGD, MODE *tuft of chamois hair worn as a hat decoration* **Gamsbock**, **Gämsbock**[RR] *m* chamois buck
Gämse[RR] <-, -n> *f* chamois
Gamsleder *nt* chamois leather
gang *adj* **~ und gäbe sein** to be customary, to be the norm
Gang[1] <-[e]s, Gänge> *m* ❶ *kein pl* (*~art*) walk, gait, way of walking; ***ich erkenne ihn schon am ~*** I recognize him from the way he walks; ***sie beschleunigte ihren ~*** she quickened [*or* speeded up] her pace; ***er verlangsamte seinen ~*** he slowed down; **aufrechter ~** upright carriage; **einen federnden ~ haben** to have a spring in one's step; **einen hinkenden ~ haben** to walk with a limp; **einen schnellen ~ haben** to walk quickly; **einen unsicheren ~ haben** to be unsteady on one's feet ❷ (*Weg*) walk; ***sein erster ~ war der zum Frühstückstisch*** the first thing he did was to go to the breakfast table; ***ich traf sie auf dem ~ zum Arzt*** I bumped into [*or* met] her on the way to the doctor's; (*Besorgung*) errand; **einen ~ machen** [*o* **tun**] to go on an errand; ***ich muss heute in der Stadt einige Gänge erledigen*** I must do [*or* go on] a few errands in town today; ***machst du für mich einen ~ zur Bank?*** could you go to the bank for me?; **einen schweren ~ tun** to do sth difficult ❸ *kein pl* TECH (*Bewegung*) action, operation; **den Motor in ~ halten** to keep the engine running; ***ihre Uhr hat einen gleichmäßigen ~*** her clock operates smoothly; **etw in ~ bringen** [*o* **setzen**] to start [up *sep*] sth, to get sth going, to get sth off the ground [*or* running] *a. fig;* **den Motor wieder in ~ bringen** to get the engine going again; **in ~ kommen** to get off the ground; ***die Vorbereitungen sind endlich in ~ gekommen*** the preparations are finally underway; ***mit diesem Schalter wird die Anlage in ~ gesetzt*** this switch starts up the plant ❹ (*Ablauf*) course; **der ~ der Ereignisse** the course of events; ***er verfolgte den ~ der Geschäfte*** he followed the company's developments; **seinen gewohnten** [*o* **alten**] **~ gehen** to run its usual course; ***alles geht wieder seinen gewohnten ~*** everything is proceeding as normal; **im ~[e]** [*o* **in ~**] **sein** to be underway; *Handlung* [*einer Erzählung/eines Filmes etc.*] development [of a narration's/film's etc. plot] ❺ (*~ in einer Speisenfolge*) course ❻ AUTO gear; (*Fahrrad*) a. speed; **einen ~ einlegen** to engage a gear; ***vorsichtig den ersten ~ einlegen!*** carefully engage first gear!; ***hast du den zweiten ~ drin?*** (*fam*) are you in second gear?; **den ~ herausnehmen** to engage neutral, to put the car into neutral; **in den 2. ~ schalten** to change into 2nd gear; **einen ~ zulegen** (*fig*) to get a move on *fig* ❼ (*eingefriedeter Weg*) passageway; ***rings um das Atrium führte ein überdachter ~*** there was a covered walkway all around the atrium; (*Korridor*) corridor; ***bitte warten Sie draußen auf dem ~*** please wait outside in the corridor; *Theater, Flugzeug, Kirche, Laden, Stadion* aisle; (*Säulen~*) colonnade, passage; (*Bergwerk~*) tunnel, gallery ❽ (*Erz~*) vein ❾ ANAT duct; (*Gehör~*) meatus ▶WENDUNGEN: **den ~ nach Canossa antreten** to eat humble pie *fam;* **in die Gänge kommen** (*fam*) to get going; ***er braucht 6 Tassen Kaffee, um morgens in die Gänge zu kommen*** he needs 6 cups of coffee to get going in the morning; **in [vollem] ~ sein** to be in full swing; **im ~[e] sein gegen jdn** to act against sb's interests; ***es ist etwas im ~e*** something's up *fam*
Gang[2] <-, -s> [gɛŋ] *f* gang
Gangart *f* ❶ (*Art des Gehens*) gait, walk, way of walking; (*bei Pferden*) gait, pace; ***er hat eine etwas schleppende ~*** he drags his feet when he walks; **in eine andere ~ fallen** to change pace; **eine harte ~ anschlagen** (*fig*) to take a tough stance [*or* line] *fig;* **eine schnellere ~ anschlagen** to quicken one's pace, to walk faster ❷ SPORT (*Verhaltensweise*) action
gangbar *adj* ❶ (*begehbar*) passable ❷ (*fig*) practicable; **etw für einen ~en Weg halten** to view sth as a practicable plan of action; **eine ~e Lösung** a practicable solution
Gängelband <-[e]s, *selten* -bänder> *nt* **jdn am ~ führen/haben/halten** (*pej*) to keep sb tied to one's apron strings *pej*
Gängelei <-, -en> *f* (*pej*) ≈ nagging *pej*
gängeln *vt* (*pej*) ■**jdn ~** to treat sb like a child *pej*
gängig *adj* ❶ (*üblich*) common; **ein ~er Brauch** a common custom ❷ (*gut verkäuflich*) in demand, popular; **die ~ste Ausführung** the bestselling model ❸ (*im Umlauf befindlich*) current; **die ~e Währung** the currency in circulation, the local currency
Ganglien [-liən] *pl* ANAT ganglia *pl*
Gangschaltung *f* gears *pl*
Gangster <-s, -> ['gɛŋstɐ] *m* (*pej*) gangster *pej*
Gangsterbande *f* gang [*or* band] of criminals
Gangsterboss[RR] ['gɛŋstɐ-] *m* gangland boss
Gangstermethoden *pl* (*pej*) gangster methods *pl pej*
Gangway <-, -s> ['gɛŋve:] *f* gangway
Ganove <-n, -n> [və] *m* ❶ (*pej fam: Verbrecher*) crook *pej fam* ❷ (*hum fam: listiger Kerl*) sly old devil *hum fam*
Ganovenehre *f* honour [*or* AM -or] among[st] thieves
Ganovensprache *f* thieves' argot *no pl*

Gans <-, Gänse> *f* ❶ (*Tier*) goose; (*Gänsebraten*) roast goose ❷ (*Schimpfwort*) **blöde** [*o* **dumme**] ~ (*pej fam*) silly goose *pej fam*

Gansbraten *m* ÖSTERR (*Gänsebraten*) roast goose

Gänschen <-s, -> ['gɛnsçən] *nt dim von* **Gans** gosling

Gänseblümchen *nt* daisy **Gänsebraten** *m* roast goose **Gänsebräter** *m oval roasting tin for roasting goose* **Gänsebrust** *f* goose breast **Gänseconfit** *nt* goose confit **Gänsefeder** *f* goose feather [*or* quill] **Gänsefuß** *m* BOT goosefoot **Gänsefüßchen** *pl* (*fam*) inverted commas *pl,* quotation marks *pl,* quotes *pl fam* **Gänsegeier** *m* griffon vulture **Gänsehaut** *f kein pl* goose-pimples *pl,* goose flesh *no pl, esp* AM goose bumps *pl;* **eine ~ bekommen** [*o fam* **kriegen**] to go all goose-pimply, to get goose-pimples [*or esp* AM bumps] **Gänsekeule** *f* leg of goose **Gänsekiel** *m* goose-quill **Gänseklein** <-s> *nt kein pl* goose giblets *pl* **Gänseleber** *f* goose liver **Gänseleberpastete** *f* pâté de foie gras **Gänsemarsch** *m kein pl* single file; **im ~** in single file

Gänserich <-s, -e> *m* gander

Gänsesäger *m* ORN goosander, common merganser **Gänseschmalz** *nt* goose dripping **Gänsewein** *m kein pl* (*hum veraltend: Wasser*) Adam's ale *hum dated*

Ganter <-s, -> *m* NORDD (*Gänserich*) gander

ganz I. *adj* ❶ (*vollständig*) all, entire, whole; **die ~e Arbeit** all the work; **die ~e Wahrheit** the whole truth; **die ~e Zeit** all the time, the whole time; ***es regnet schon den ~en Tag*** it's been raining all day; ***man hat mir die ~en 500 Mark geklaut!*** someone has pinched my entire 500 marks!; ***ist das Ihre ~e Auswahl an CDs?*** are those all the CDs you've got?; ***~ Berlin schaute zu, als das letzte Stück Mauer entfernt wurde*** the whole of [*or* all] Berlin looked on as the last piece of the wall was removed; ***diese Verordnung gilt in ~ Bayern*** this regulation applies to the whole of [*or* throughout] Bavaria; ***wir fuhren durch ~ Italien*** we travelled all over Italy; (*pej fam*) all; ***der ~e Schrott wanderte in den Müll*** all that rubbish ended up on the scrap heap; ***das ~e Theater wegen einer Frau*** all that fuss over a woman; *s. a.* **Ganze(s)** ❷ (*unbestimmtes Zahlwort*) **eine ~e Drehung** a complete turn; **eine ~e Menge** quite a lot; **eine ~e Note** a semibreve; **~e Zahl** whole number, integer ❸ (*fam: unbeschädigt*) intact; ***hoffentlich sind unsere guten Gläser noch ~*** I hope our good glasses are still in one piece; **etw wieder ~ machen** to mend sth; **wieder ~ sein** to be mended; ***das Auto ist wieder ~*** the car has been repaired ❹ (*fam: nicht mehr als*) no more than; ***sie verdient ~e 3200 DM im Monat*** she earns all of 3,200 marks a month II. *adv* ❶ (*sehr, wirklich*) really; ***das war ~ lieb von dir*** that was really kind of you; **etwas ~ Dummes** something really stupid; ***das hast du ja ~ toll hinbekommen!*** (*iron*) you've made a really good job of that! *iron;* ***der Kuchen ist dir ~ wunderbar gelungen*** you've made a really good job of this cake; **~ besonders** especially, particularly; ***das war ~ besonders ungeschickt von dir*** that was particularly careless of you!; ***ist das auch ~ bestimmt die Wahrheit?*** are you sure you're telling the whole truth? ❷ (*ziemlich*) quite; ***ich verdiene eigentlich ein ~ gutes Gehalt*** I earn quite a good salary really; ***der Vorschlag ist ~ interessant*** the proposal is quite interesting ❸ (*vollkommen*) completely; ***das Kind war ~ mit Schlamm bedeckt*** the child was completely covered in mud; ***du bist ~ nass*** you're all wet; ***er ist ~ der Vater*** he is just like his father; **~ gewiss** definitely; **~ und gar** completely, utterly; ***das ist ~ und gar etwas anderes*** that is something completely different; **~ und gar nicht** not at all, not in the least; **etw ~ oder gar nicht machen** to do sth properly or not at all; **etw ~ lesen** to read sth from cover to cover; ***ich habe die Zeitschrift noch nicht ~ gelesen*** I haven't finished reading the magazine yet; **~ Recht haben** to be quite [*or* absolutely] right; **~ allein sein** to be all alone; ***~ gleich, was passiert, ich bleibe bei dir*** no matter what happens, I stay with you; ***das ist mir ~ gleich*** it's all the same to me; ***ich muss diesen Wagen haben, ~ gleich, was er kostet!*** I must have this car, no matter what it costs; **~ wie Sie wünschen/meinen** just as you wish/think best ❹ KOCHK **~ durch** well-done ❺ (*extreme räumliche Position ausdrückend*) **~ hinten/vorne** right at the back/front; *s. a.* **gleich**

Ganzaufnahme *f* full-length photograph

Ganze(s) *nt decl wie adj* ❶ (*alles zusammen*) whole; **etw als ~ sehen** to see sth as a whole; ***was macht das ~?*** how much is that all together?; **im ~n** on the whole, all in all; ***das Essen war im ~n gut*** on the whole the meal was good ❷ (*die ganze Angelegenheit*) the whole business; ***das ~ hängt mir zum Halse heraus*** I've had it up to here with everything!; ***das ist nichts ~s und nichts Halbes*** that's neither one thing nor the other ▶ WENDUNGEN: **aufs ~ gehen** (*fam*) to go for broke; **es geht [für jdn] ums ~** everything is at stake [for sb]; **im Großen und G~en** on the whole; **im großen ~n** all in all; **das ~ halt!** MIL company halt!

Gänze <-> *f kein pl* (*geh*) entirety; **in seiner/ihrer ~** in its entirety; **zur ~** completely, entirely

ganzflächig *adj* all over

Ganzheit <-, *selten* -en> *f* (*Einheit*) unity; (*Vollständigkeit*) entirety; **in seiner/ihrer ~** in its entirety; ***man muss das Ökosystem in seiner ~ betrachten*** you have to look at the ecosystem as a whole

ganzheitlich I. *adj* integral *attr;* **eine ~e Betrachtungsweise** an integral way of viewing things II. *adv* all in all; **etw ~ betrachten** to look at sth in its entirety

Ganzheitsmedizin *f kein pl* holistic medicine *no pl* **Ganzheitsmethode** *f kein pl* SCH "look and say" method

ganzjährig *adj* all [the] year round

Ganzkörperbestrahlung *f* whole [*or* total] body irradiation

Ganzleinen *nt* pure linen

gänzlich I. *adj* (*selten*) complete, total II. *adv* completely, totally; **jdm/einer S. ~ zustimmen** to unreservedly agree with sb/to sth

ganzseitig *adj* full-page **ganztägig** I. *adj* all-day; **~e Betreuung** round-the-clock supervision; **eine ~e Stelle** a full-time job II. *adv* all day; ***das Schwimmbad ist ~ geöffnet*** the swimming pool is open all day **Ganztagsschule** *f* full-time day school **Ganzton** *m* MUS whole tone

gar[1] *adj* ❶ KOCHK done, cooked; **etw ~ kochen** to cook [*or* boil] sth [until done]; **etw auf kleiner Flamme ~ kochen** to simmer sth until it's done; **~ sein/werden** to be done [*or* cooked]; **etw ~ schwenken** to sautée sth; **etw ~ ziehen** to poach sth ❷ (*bei Leder*) dressed, tanned

gar[2] *adv* ❶ (*überhaupt*) at all, whatsoever; **~ keine[r]** no one at all [*or* whatsoever]; ***~ keiner hat die Tat beobachtet*** no one whatsoever saw the crime; **~ keinen/keine/keines** none at all [*or* whatsoever]; ***hattest du denn ~ keine Angst?*** weren't you frightened at all?; **~ nicht** not at all; ***er hat sich ~ nicht gefreut*** he wasn't at all pleased; ***wir kommen ~ nicht voran*** we're not making any progress whatsoever; **~ nichts** nothing at all [*or* whatsoever]; ***du hast noch ~ nichts [dazu] gesagt*** you still haven't said

G

anything at all [about it]; ~ **nie** never ever; ~ **niemand** not a soul, nobody [*or* no one] at all [*or* whatsoever]; ~ **mancher** (*liter*) many a person; ~ **manchmal** many a time; *s. a.* **ganz** ② ÖSTERR, SCHWEIZ, SÜDD (*sehr*) really; ***es war ~ so kalt*** it really was so cold; **ein ~ feinfühliger Mensch** a very sensitive person ③ (*geh: etwa*) perhaps, by any chance; ***bin ich dir mit meiner Bemerkung ~ zu nahe getreten?*** did my remark offend you by any chance?; ***hast du eine Wohnung oder ~ ein eigenes Haus?*** have you a flat or even your own house? ④ (*emph: erst*) even worse, even more so, to say nothing of; ***die Suppe schmeckte schon nicht und ~ das Hauptgericht!*** the soup didn't taste nice and the main course was even worse; ***sie ist schon hässlich genug, aber ~ ihr Mann!*** she's ugly enough, to say nothing of her husband!

Garage <-, -n> [ga'ra:ʒə] *f* garage

garagieren* [gara'ʒi:rən] *vt* ÖSTERR ■**etw** ~ to put sth in the garage

Garagist(in) <-en, -en> ['garaʒɪst] *m(f)* SCHWEIZ garage owner

Garant(in) <-en, -en> *m(f)* guarantor

Garantie <-, -n> ['ti:ən] *f* ① ÖKON guarantee, warranty; **jdm ~ auf** [*o* **für**] **etw** *akk* **geben** to guarantee sth for sb; ~ **haben** to be guaranteed; ***unsere Elektrogeräte haben ein Jahr ~*** our electrical appliances are guaranteed for a year [*or* have a year's guarantee]; **die ~ läuft ab** the guarantee expires [*or* runs out]; **auf ~** under guarantee ② (*Sicherheit*) guarantee; **für etw** *akk* ~ **übernehmen** to give a guarantee for sth; **unter ~** (*fam: ganz bestimmt*) absolutely certain

garantieren* I. *vt* (*zusichern*) ■[**jdm**] **etw** ~ to guarantee [sb] sth; ■**jdm ~, dass** to guarantee sb that II. *vi* (*für etw stehen*) ■**für etw** *akk* ~ to guarantee sth; **für die Qualität** ~ to guarantee good quality

garantiert *adv* (*fam*) for sure; ***er hat den Termin ~ vergessen*** I bet he has forgotten the appointment *fam*

Garantieschein *m* guarantee [*or* warranty] [certificate]

Garaus *m* ▶ WENDUNGEN: **jdm den ~ machen** (*fam*) to do sb in *fam*, to bump sb off *fam*; **einer S.** *dat* **den ~ machen** to put an end to [*or* stop] sth

Garbe <-, -n> *f* ① (*Getreidebündel*) sheaf ② MIL **eine ~ abgeben** to fire a short burst

Gardasee *m* Lake Garda

Garde <-, -n> *f* guard; **die königliche ~** the household troops; **die schweizer ~** the Swiss Guard; **bei der ~** in the Guards; **noch von der alten ~ sein** (*fig*) to be one of the old guard *fig*

Gardemaß *nt kein pl eligible height to join the Guards* ▶ WENDUNGEN: ~ **haben** (*fam*) to be as tall as a tree *fam* **Gardeoffizier** *m* Guards officer **Garderegiment** *nt* Guards regiment

Garderobe <-, -n> *f* ① (*Kleiderablage*) hall-stand; (*Aufbewahrungsraum*) cloakroom ② *kein pl* (*geh: Kleidung*) wardrobe ③ THEAT (*Ankleideraum*) dressing-room

Garderobenfrau <-, -frauen> *f fem form von* **Garderobenmann** **Garderobenhaken** *m* coat hook **Garderobenmann, -frau** <-s, -männer> *m, f* cloakroom attendant **Garderobenmarke** *f* cloakroom disc [*or* number] **Garderobenschrank** *m* hall cupboard **Garderobenständer** *m* hat-stand

Garderobier <-s, -s> [gardəro'bie:] *m* THEAT dresser

Garderobiere <-, -n> [gardəro'bie:rə] *f* ① THEAT dresser ② (*veraltend*) *s. a.* **Garderobenfrau**

Gardine <-, -n> *f* net curtain ▶ WENDUNGEN: **hinter schwedischen ~n** (*hum fam*) behind bars *fam*

Gardinenpredigt *f* (*hum fam*) telling-off *fam*; **jdm eine ~ halten** to give sb a telling-off [*or* dressing down] **Gardinenstange** *f* curtain rod

garen I. *vt* ■**etw** ~ to cook sth II. *vi* to cook; **auf kleiner Flamme** ~ to simmer

gären *vi haben o sein* ① (*sich in Gärung befinden*) to ferment ② (*fig*) to seethe; **etw gärt in jdm** sth is making sb seethe; ***die Wut hatte schon lange in ihm gegärt*** he had been seething with fury a long time

Garette <-, -n> *f* SCHWEIZ wheelbarrow

Garflüssigkeit *f* cooking liquids *pl* **Garfolie** *f* baking foil **gar|kochen** *vt s.* **gar¹ 1**

Garn <-[e]s, -e> *nt* ① (*Faden*) thread ② NAUT yarn; **ein ~ spinnen** to spin a yarn *fig* ▶ WENDUNGEN: **jdm ins ~ gehen** to fall [*or* walk] into sb's trap; **jdn ins ~ locken** to lure sb into a trap

Garnele <-, -n> *f* prawn

garni *s.* **Hotel** ~

garnieren* *vt* ■**etw** [**mit etw** *dat*] ~ ① KOCHK (*verzieren*) to garnish sth [with sth] ② (*fig: aufbessern*) to embellish sth with sth

Garnierkamm *m* decorating scraper **Garniermesser** *nt* citrus zester **Garniertülle** *f* piping bag

Garnierung <-, -en> *f* ① *kein pl* (*das Garnieren*) garnishing ② (*Material zur ~*) garnish

Garnison <-, -en> *f* garrison; **in ~ liegen** [*o* **sein**]/**legen** to be garrisoned

Garnison(s)stadt *f* garrison town

Garnitur <-, -en> *f* ① (*Satz*) set; **eine ~ Unterwäsche** a set of underwear; **eine Couch~** a three-piece suite ② (*fam: Klasse, Kategorie*) representative; **die erste ~** the pick of the bunch *fig*; **erste/zweite ~ sein** to be first-rate/second-rate

Garnknäuel *m o nt* ball of thread [*or* yarn] **Garnrolle** *f* cotton reel, spool of cotton

Garotte, Garrotte <-, -n> *f* garrotte

gar|schwenken *vt s.* **gar¹ 1**

garstig *adj* (*veraltend*) ① (*ungezogen*) bad; **ein ~es Kind** a naughty child ② (*abscheulich*) horrible, nasty; **ein ~er Wind** a biting wind

Garten <-s, Gärten> *m* garden; **botanischer/zoologischer ~** botanical/zoological gardens; **im ~ arbeiten** to work in the garden, to do some gardening; **der ~ Eden** the Garden of Eden

Gartenanlage *f* gardens *pl*, park **Gartenarbeit** *f* gardening *no pl* **Gartenarchitekt(in)** *m(f)* landscape gardener [*or* architect] **Gartenbau** *m kein pl* horticulture *no pl* **Gartenblume** *f* garden [*or* cultivated] flower **Gartenerbse** *f* garden pea **Gartenfest** *nt* garden party **Gartengemüse** *nt* garden vegetable **Gartengerät** *nt* gardening implement [*or* tool] **Gartengestaltung** *f* landscaping, garden design **Gartenhag** <-häge> *m* SCHWEIZ (*Garteneinfriedung*) garden hedge [*or* fence] **Gartenhaus** *nt* ① (*kleines Haus im Garten*) summer house; (*Geräteschuppen*) [garden] shed ② (*fam: Hinterhaus mit Garten*) building at the back [*or* rear] **Gartenhecke** *f* garden hedge **Gartenkräuter** *ntpl* pot-herbs **Gartenkresse** *f* garden cress **Gartenlaube** *f* ① (*Geräteschuppen*) [garden] shed; (*kleines Haus im Garten*) summer house ② (*Pergola*) arbour [*or* AM -or], bower **Gartenlokal** *nt* open-air restaurant, beer garden **Gartenmöbel** *pl* garden furniture **Gartenrotschwanz** *m* ORN redstart **Gartensalat** *m* round lettuce **Gartenschau** *f* horticultural [*or* gardening] show **Gartenschere** *f* garden [*or* pruning] shears *npl*, secateurs *npl* BRIT **Gartenschlauch** *m* garden hose **Gartensitzplatz** *m* SCHWEIZ (*Terrasse*) patio **Gartentor** *nt* garden gate **Gartenzaun** *m* ① HORT (*den Garten abgrenzender Zaun*) garden [*or* picket] fence; **eine Unterhaltung über den ~ haben** to have a conversation across the garden fence ② SPORT (*Hindernis beim Pferdesprung*) picket fence ③ INFORM hash [sign] **Gartenzwerg** *m* ① HORT garden gnome ② (*pej: Kleinwüchsiger*) little squirt *pej*

Gärtner(in) <-s, -> *m(f)* ① (*Berufs~*) horticulturist ② (*Freizeit~*) gardener; *s. a.* **Bock:**[1]

Gärtnerei <-, -en> *f* ① (*Gartenfachbetrieb für Setzlinge*) nursery; (*Gartenfachbetrieb für Obst, Gemüse, Schnittblumen*) market garden ② *kein pl* (*fam: Gartenarbeit*) gardening

gärtnerisch **I.** *adj attr* gardening; **eine ~e Ausbildung** horticultural training; **~e Gestaltung** landscaping; **~e Pflege** upkeep of the garden **II.** *adv* in terms of gardening

gärtnern *vi* (*fam*) to do [a bit of] gardening

Gärung <-, -en> *f* fermentation; **in ~ sein** (*a. fig*) to be fermenting, to be in turmoil *fig;* **in ~ übergehen** to start to ferment

gar|ziehen *vt s.* **gar**[1] **1**

Gas <-es, -e> *nt* ① (*luftförmiger Stoff*) gas; **mit ~ kochen** to have gas [for cooking]; **jdn mit ~ vergiften** to gas sb ② (*fam: ~pedal*) accelerator; **~ geben** to accelerate; ***gib' ~!*** put your foot down! *fam;* **[das] ~ wegnehmen** to take one's foot off the accelerator, to decelerate

Gasalarm *m* warning of a gas attack **Gasangriff** *m* gas attack **Gasbehälter** *m* gasometer, gasholder **Gasbrenner** *m* gas burner **Gasentwicklung** *f* generation of gas **Gaserzeugung** *f* gas production **Gasfeuerzeug** *nt* gas lighter **Gasflasche** *f* gas canister, cylinder **gasförmig** *adj* gaseous **Gasgeruch** *m* smell of gas **Gashahn** *m* gas tap; **den ~ aufdrehen** (*euph*) to stick one's head in the [gas] oven *euph* **Gasheizung** *f* gas heater; (*ganzes System*) gas heating **Gasherd** *m* gas cooker **Gashülle** *f* atmosphere **Gaskammer** *f* HIST gas chamber **Gaskocher** *m* camping stove **Gaskrieg** *m* gas warfare **Gaslampe** *f* gas lamp **Gaslaterne** *f* gas [street] lamp **Gasleitung** *f* gas pipe; (*Hauptrohr*) gas main **Gaslicht** *nt* gaslight **Gasmann** *m* (*fam*) gasman *fam* **Gasmaske** *f* gas mask **Gasofen** *m* (*Heizungsofen*) gas-fired furnace; (*Backofen*) gas oven; (*Herd*) gas cooker [*or* stove]

Gasolin <-s> *nt kein pl* petroleum ether

Gasometer <-s, -> *m* (*veraltend*) gasometer

Gaspedal *nt* accelerator [pedal]

Gaspeldorn *m* BOT gorse bush

Gaspistole *f* tear gas gun

GässchenRR, **Gäßchen** <-s, -> *nt dim von* **Gasse** small alley

Gasse <-, -n> *f* ① (*schmale Straße*) alley [*or* alleyway] ② (*Durchgang*) way through; **eine ~ bilden** to clear a path [*or* make way]; SPORT line-out; **sich** *dat* **eine ~ bahnen** to force one's way through ③ (*die Bewohner einer ~*) street ④ ÖSTERR (*Straße*) street; **auf der ~** on the street; **über die ~** to take away

Gassenhauer *m* (*veraltet fam: Lied*) popular song; (*einfach*) ditty; (*Musik*) popular tune

Gassi [**mit einem Hund**] **~ gehen** (*fam*) to take a dog for a walk [*or* BRIT A. *fam* walkies]

Gast <-es, Gäste> *m* ① (*eingeladene Person*) guest; **ein willkommener** [*o* **gern gesehener**] **~ sein** to be a welcome guest; **geladener ~** invited guest; **ungeladener ~** uninvited guest, gatecrasher *fam;* ***betrachten Sie sich als mein ~!*** this one's on me! *fam;* **jdn zu ~ haben** (*geh*) to have sb staying [*or* BRIT round]; **bei jdm zu ~ sein** (*geh*) to be sb's guest[s]; **jdn zu ~[e] laden** [*o* **bitten**] (*geh*) to request the pleasure of sb's company *form;* (*~star*) special guest; **Ehren~** guest of honour [*or* AM -or]; **ein seltener ~** a rare visitor ② (*Besucher einer fremden Umgebung*) **~ in einer Stadt/einem Land sein** to be a visitor to a city/country ③ (*Besucher eines Lokals, Hotels*) customer; ***wir bitten alle Gäste, ihre Zimmer bis spätestens 12 Uhr zu räumen*** all guests are kindly requested to vacate their rooms by midday; **einen ~ bedienen** to serve a customer

Gastarbeiter(in) *m(f)* guest worker **Gastdozent(in)** *m(f)* guest [*or* visiting] lecturer

Gästebuch *nt* visitors' [*or* guest] book **Gästehandtuch** *nt* towel [reserved] for guests **Gästehaus** *nt* guesthouse **Gästeseife** *f* soap [reserved] for guests **Gästetoilette** *f* toilet [reserved] for guests **Gästezimmer** *nt* guestroom, spare room

gastfreundlich *adj* hospitable **Gastfreundschaft** *f* hospitality; ***danke für deine ~!*** thanks for your hospitality [*or* having me] **Gastgeber(in)** <-s, -> *m(f)* host *masc,* hostess *fem* **Gastgeschenk** *nt* present for one's host **Gasthaus** *nt* inn **Gasthof** *m* inn **Gasthörer(in)** *m(f)* SCH observer, auditor AM

gastieren* *vi* to make a guest appearance

Gastkonzert *nt* guest concert **Gastland** *nt* host country

gastlich (*geh*) **I.** *adj* hospitable; **ein ~es Haus** a welcoming place **II.** *adv* hospitably; **jdn ~ empfangen** [*o* **aufnehmen**] to welcome sb into one's home

Gastmannschaft *f* visiting team, visitors *pl*

Gastod *m* death as a result of gas poisoning

Gastprofessor(in) *m(f)* visiting professor **Gastprofessur** *f* SCH guest professorship **Gastrecht** *nt kein pl* right to hospitality; **~ genießen** to be accorded the right to hospitality; **das ~ missbrauchen** to abuse sb's right to hospitality

Gastritis <-, Gastritiden> *f* gastritis

Gastrolle *f* THEAT guest part [*or* role]; **eine ~ geben** [*o* **spielen**] to make a guest appearance

Gastronom(in) <-en, -en> *m(f)* restaurateur, restaurant proprietor

Gastronomie <-,-n> ['mi:ən] *f* ① (*geh: Gaststättengewerbe*) catering trade ② (*geh: Kochkunst*) gastronomy

gastronomisch *adj* gastronomic

Gastspiel *nt* ① THEAT guest performance; **auf ~reise sein** to be on tour; **ein ~ geben** to give a guest performance; (*fig fam: nur kurz angestellt sein*) to be with a company for a brief period ② SPORT (*Auswärtsspiel*) away game [*or* match]

Gaststätte *f* restaurant

Gaststättengewerbe *nt* catering trade

Gaststube *f Bar* lounge; *Restaurant* restaurant

Gasturbine *f* gas turbine

Gastvorlesung *f* SCH guest lecture **Gastwirt(in)** *m(f)* (*Besitzer*) restaurant owner, proprietor; (*Pächter*) restaurant manager; *Kneipe* landlord *masc,* landlady *fem* **Gastwirtschaft** *f s.* **Gaststätte**

Gasuhr *f* (*fam*) *s.* **Gaszähler** **Gasverbrauch** *m* gas consumption **Gasvergiftung** *f* gas poisoning **Gasversorgung** *f* gas supply **Gaswolke** *f* gas cloud **Gaszähler** *m* gas meter

GATT <-> *nt kein pl* ÖKON (*allgemeines Zoll- und Handelsabkommen*) *Akr von* **General Agreement on Tariffs and Trade** GATT

Gatte, Gattin <-n, -n> *m, f* (*geh*) spouse *form*

Gatter <-s, -> *nt* ① (*Holztor*) gate ② (*Holzzaun*) fence ③ (*Rost*) grating, grid ④ JAGD [game] preserve

Gattung <-, -en> *f* ① BIOL genus ② KUNST, LIT category, genre

Gattungsbegriff *m* generic concept **Gattungsname** *m* ① (*Name einer Gattung*) generic name ② LING appellative

Gau <-[e]s, -e> *m o nt* HIST ① (*Bezirk*) district (*administrative district during the Nazi period*) ② (*Landschaftsgebiet und Siedlungsbereich eines germanischen Stammes*) region, area (*a tribal district in Germanic times*)

GAU <-s, -s> *m Akr von* **größter anzunehmender**

Unfall MCA

Gauchheil *m* BOT pimpernel

Gaudi <-> *f o nt kein pl* ÖSTERR, SÜDD (*fam: Spaß*) fun; ***das war eine ~!*** that was such good fun!; **sich** *dat* **eine ~ aus etw** *dat* **machen** to get a kick out of doing sth *fam*

Gaukler(in) <-s, -> *m(f)* ① (*veraltet: Artist, Akrobat, Erzähler*) travelling [*or* AM traveling] entertainer [*or* performer] ② ORN bateleur eagle

Gaul <-[e]s, Gäule> *m* (*pej: minderwertiges Pferd*) nag *pej*, hack *pej;* **Acker~** workhorse ▸ WENDUNGEN: **einem geschenkten ~ sieht** [*o* **schaut**] **man nicht ins Maul** (*prov*) never look a gift-horse in the mouth *prov; s. a.* **Schwanz**

Gauleiter(in) <-s, -> *m(f)* HIST *head of an administrative district during the Nazi period*

Gaullismus <-> [go'lɪsmʊs] *m kein pl* Gaullism *no pl*

Gaullist(in) <-en, -en> [go'lɪst] *m(f)* Gaullist

Gaumen <-s, -> *m* ANAT palate; **harter/weicher ~** hard/soft palate; **einen feinen ~ haben** to have a discerning palate, to enjoy good food; **etw für den** [*o* **seinen**] **verwöhnten ~** a delicacy for the gourmet [*or* connoisseur]

Gaumenfreude *f* (*geh*) culinary delight **Gaumenkitzel** *m* (*fam*) treat for the taste buds *fam* **Gaumenlaut** *m* LING palatal [sound] **Gaumensegel** *nt* soft palate **Gaumenzäpfchen** *nt* uvula

Gauner(in) <-s, -> *m(f)* (*pej*) ① (*Betrüger*) crook *pej*, rogue *pej*, scoundrel *pej* ② (*Schelm*) rogue, picaro *liter* ③ (*fam: gerissener Kerl*) crafty customer

Gaunerei <-, -en> *f* (*pej*) cheating *no pl pej*, swindling *no pl pej*

Gaunersprache *f* thieves' argot

Gazastreifen ['ga:za] *m* Gaza Strip

Gaze <-, -n> ['ga:zə] *f* gauze

Gazelle <-, -n> *f* gazelle; **flink wie eine ~** as light-footed as a gazelle

Geächtete(r) <-n, -n> *f(m) decl wie adj* (*a. fig*) outlaw, outcast *a. fig*

geädert *adj* ANAT, BOT veined

geartet *adj* ① (*veranlagt*) disposed, natured; **gut ~e Kinder** good-natured children ② (*beschaffen*) constituted; ***dieser Fall ist anders ~*** the nature of this problem is different

Geäst <-[e]s> *nt kein pl* boughs *pl*, branches *pl*

geb. *Abk von* **geboren** née

Gebäck <-[e]s, -e> *nt pl selten* (*Plätzchen*) biscuits *pl;* (*Teilchen*) pastries *pl;* (*kleine Kuchen*) cakes *pl*

gebacken *pp von* **backen**[1]

Gebäckzange *f* pastry tongs *npl*

Gebälk <-[e]s, -e> *nt pl selten* (*Balkenwerk*) timberwork *no pl*, beams *pl* ▸ WENDUNGEN: **es knistert im ~** (*fam*) there's trouble brewing [*or* afoot]

geballt I. *adj* ① (*konzentriert*) concentrated; *s. a.* **Ladung** ② (*zur Faust gemacht*) **~e Fäuste** clenched fists II. *adv* in concentration; ***solche Probleme treten immer ~ auf*** these kinds of problems never occur singly

gebannt *adj* (*gespannt*) fascinated, spellbound; **mit ~em Interesse** with fascination; **vor Schreck ~** rigid with fear; **wie ~** as if spellbound

gebar *imp von* **gebären**

Gebärde <-, -n> *f* gesture, gesticulation; **eine drohende/beschwichtigende ~ machen** to make a threatening/soothing [*or* calming] gesture

gebärden* *vr haben* ■**sich ~** to behave

Gebärdensprache *f* LING sign language

Gebaren <-s> *nt kein pl* behaviour [*or* AM -or]; ***du legst ein sonderbares ~ an den Tag*** you are behaving strangely today; **geschäftliches ~** businesslike conduct; **ein weltmännisches ~ haben** to conduct oneself [*or* behave] like a man of the world

gebären <gebiert, gebar, geboren> I. *vt* ① (*zur Welt bringen*) ■**geboren werden** to be born; ***das Kind wurde einen Monat zu früh geboren*** the child was born four weeks premature; ■[**jdm**] **ein Kind ~** (*veraltend*) to bear [sb] a child *dated* ② (*eine natürliche Begabung für etwas haben*) ■**zu etw geboren sein** to be born to sth; ***er ist zum Schauspieler geboren*** he is a born actor; *s. a.* **geboren adj** II. *vi* (*ein Kind zur Welt bringen*) to give birth; ■**eine/die G~de** a woman/the one giving birth, a/the woman in labour [*or* AM -or]

gebärfähig *adj* capable of child-bearing; **im ~en Alter sein** to be of childbearing age

Gebärmutter <-mütter> *f* ANAT uterus, womb

Gebärmutterhals *m* cervix, neck of the uterus [*or* womb] **Gebärmuttermund** *m* mouth of the uterus

gebauchpinselt *adj* (*hum fam*) flattered; **sich ~ fühlen** to feel flattered

Gebäude <-s, -> *nt* ① (*Bauwerk*) building ② (*Gefüge*) structure; **ein ~ von Lügen** a web [*or* BRIT tissue] of lies; **ein ~ von fantastischen Ideen und Wahnvorstellungen** a mental edifice [*or* construct] of fantastic ideas and delusions

Gebäudekomplex *m* building complex **Gebäudereinigung** *f* ① (*das Reinigen*) industrial cleaning ② (*Betrieb*) cleaning contractors *pl* **Gebäudesanierung** *f* building renovation *no indef art, no pl* **Gebäudeteil** *m* part of a building **Gebäudeversicherung** *f* building insurance **Gebäudezustand** *m* condition [*or* state] of a building

Gebäulichkeiten *pl* SÜDD, SCHWEIZ (*Gebäude*) buildings

gebaut *adj* built; ■**gut/stark ~ sein** to be well-built; **so wie jd ~ ist** (*hum fam*) sb like you/him/her

gebefreudig *adj* generous

Gebein <-[e]s, -e> *nt* ① (*Skelett*) skeleton ② (*Knochen*) ■**~e** *pl* bones *pl*, mortal remains *pl form; eines Heiligen* relics *pl* ▸ WENDUNGEN: **der Schreck fuhr ihn ins** [*o* **durchs**] **~** (*veraltet*) his body shook with fear

Gebell(e) <-s> *nt kein pl* (*pej fam*) incessant barking, bellowing

geben <gibt, gab, gegeben> I. *vt* ① (*reichen*) ■**jdm etw ~** to give sb sth, to give sth to sb; ***gibst du mir bitte mal das Brot?*** could you give [*or* hand] me the bread, please? [*or* pass]; ***ich würde alles darum ~, ihn noch einmal zu sehen*** I would give anything to see him again; (*beim Kartenspiel*) to deal; ***du hast mir 3 Joker gegeben*** you've dealt me 3 jokers; ***wer gibt jetzt?*** whose turn is it to deal? ② (*schenken*) to give [as a present] ③ (*mitteilen*) **jdm die** [*o* **seine**] **Telefonnummer ~** to give sb one's telephon number; ■**sich** *dat* **etw** [**von jdm**] **~ lassen** to ask [sb] for sth number; ***er ließ sich die Speisekarte ~*** he asked for the menu ④ ÖKON (*verkaufen*) ■**jdm etw ~** to get sb sth; (*bezahlen*) ■[**jdm**] **etw für etw** *akk* **~** to give [sb] sth for sth; **was darf ich Ihnen ~?** what can I get you?; ***darf ich Ihnen sonst noch was ~?*** can I get you anything else?; ***~ Sie mir bitte fünf Brötchen*** I'd like five bread rolls please; ***ich gebe Ihnen 500 Mark für das Bild*** I'll give you [*or* let you have] 500 Marks for the picture; **Preisnachlass/Skonto ~** to give a reduction/cash discount ⑤ (*spenden*) ■**etw gibt jdm etw** sth gives [sb] sth; **Schutz/Schatten ~** to give [*or* provide] protection/shade ⑥ (*verleihen*) **einen Preis ~** to award a prize; **Titel/Namen ~** to give a title/name; ***diese erfreuliche Nachricht gab ihr neue Zuversicht*** this welcome piece of news gave her new confidence; ***der Gedanke an eine Rettung gab uns immer wieder Kraft*** the thought of being rescued always gave us strength ⑦ TELEK (*telefo-

nisch verbinden) ■**jdm jdn** ~ to put sb through to sb; ~ ***Sie mir bitte Frau Schmidt*** can I speak to Mrs Smith, please ⑧ *(stellen)* ■**jdm etw** ~ to give [*or* set] sb sth; **eine Aufgabe/ein Problem/ein Thema** ~ to set a task/problem/topic ⑨ *(abhalten)* ■**etw** ~ to give sth; ***der Minister wird eine Pressekonferenz*** ~ the minister will give [*or* hold] a press conference ⑩ *(bieten, gewähren, zukommen lassen)* ■**jd gibt [jdm] etw** sb gives [*or* allows] [sb] sth; **jdm einen Namen** ~ to name a person; **jdm ein Interview** ~ to grant sb an interview; **jdm eine Verwarnung** ~ to give sb a warning; SPORT to book sb; ***der Schiedsrichter gab dem Spieler eine Verwarnung wegen Foulspiels*** the referee booked the player for a foul; **einen Freistoß** ~ FBALL to award a free-kick; *s. a.* **Bescheid, Nachricht** ⑪ *(aufführen)* **ein Theaterstück** ~ to put on a play ⑫ *(feiern)* **ein Fest** ~ to give a party ⑬ DIAL *(abgeben, vorübergehend weggehen)* ■**etw/jdn irgendwohin** ~ *akk* to send sth/sb somewhere; **sein Auto in [die] Reparatur** ~ to have one's car repaired; **sein Kind in ein Internat** ~ to send one's child to boarding school; ***dürfen wir während unseres Urlaubs unsere Katze zu euch*** ~**?** can you take our cat while we're away? ⑭ KOCHK *(fam: tun)* ■**etw in/an etw** *akk* ~, ■**etw zu etw** *dat* ~ to add sth to sth; **Wein in die Soße** ~ to add wine to the sauce ⑮ *(ergeben)* ■**etw** ~ to produce sth; ***sieben mal sieben gibt neunundvierzig*** seven times seven equals forty-nine, seven sevens are forty-nine; ***Rotwein gibt Flecken*** red wine stains [*or* leaves stains]; **keinen Sinn** ~ that makes no sense; ***ein Wort gab das andere*** one word led to another ⑯ *(erteilen)* ■**etw** ~ to teach sth; **Nachhilfestunden** ~ to give private tuition; **Unterricht** ~ to teach; **jdm etw zu tun** ~ to give sb sth to do ⑰ *(äußern)* ■**etw von sich** *dat* ~ to utter sth; ***er gab wenig Worte von sich*** he said very little ⑱ *(euph fam: sich erbrechen)* ■**etw [wieder] von sich** *dat* ~ to throw up [sth], to bring up sth *sep* [again] *euph* ▶ WENDUNGEN: **jdm etw zu tun** ~ to give sb sth to do; ***das wird ihm für die nächsten Monate zu tun geben!*** that'll keep him busy for the next few months!; ***das sollte der Firmenleitung zu denken*** ~ that should give the company management something to think about!; **jdm ist etw nicht gegeben** sth is not given to sb; ***nicht allen ist es gegeben, einem solchen Ereignis beizuwohnen*** not everybody gets the opportunity to be present at such an event; ***es war ihm nicht gegeben, seine Heimatstadt wiederzusehen*** he was not destined to see his home town again; **nichts auf etw** *akk* ~ to think nothing of sth; **viel/nicht viel auf etw** *akk* ~ to set great/not much store by sth; ***ich gebe nicht viel auf die Gerüchte*** I don't pay much attention to rumours; **es jdm** ~ *(fam)* to let sb have it *fam;* **gib's ihm!** let him have it! **II.** *vi* ① KARTEN *(austeilen)* to deal; ***jetzt hast du genug gemischt, gib endlich!*** you've shuffled enough now, just deal them! ② SPORT *(Aufschlag haben)* to serve; ***du gibst!*** it's your serve **III.** *vt impers* ① *(gereicht werden)* ■**es gibt etw** there is sth; ***hoffentlich gibt es bald was zu essen!*** I hope there's something to eat soon!; ***was gibt es zum Frühstück?*** what's for breakfast?; ***freitags gibt es bei uns immer Fisch*** we always have fish on Fridays ② *(eintreten)* ■**es gibt etw** there is sth; ***heute gibt es noch Regen*** it'll rain today; ***hat es sonst noch etwas gegeben, als ich weg war?*** has anything else happened while I was away; ***was wird das noch geben?*** where will it all lead to?; ***gleich gibt es was*** *(fam)* there's going to be trouble ③ *(existieren, passieren)* ■**etw/jdn gibt es** there's sth/sb; ***das gibt es nicht!*** *(fam)* no way!, nothing doing!, forget it!; ***das gibt es nicht, dass du einfach meinen Wagen nimmst*** there's no way that you're taking [*or* using] my car; ***ein Bär mit zwei Köpfen? das gibt es nicht!*** a bear with two heads? there's no such thing!; ***das gibt es doch nicht!*** *(fam)* that's unbelievable; ***so was gibt es bei uns nicht!*** that's not on [as far as we're concerned]!; **was gibt es?** *(fam)* what's the matter, what's up *fam;* ***was es nicht alles gibt!*** *(fam)* well, I'll be damned! *fam,* stone me! *sl,* stone the crows BRIT *sl* ▶ WENDUNGEN: **da gibt es nichts!** *(fam)* there are no two ways about it; ***seine Lieder sind einmalig, da gibt es nichts!*** there's no doubt about it, his songs are unique **IV.** *vr* ① *(nachlassen)* ■**etw gibt sich** sth eases [off] [*or* lets up]; **das gibt sich** it will sort itself out; ***die Kopfschmerzen werden sich*** ~ your headache will go off; ***diese Aufsässigkeit wird sich bald von ganz alleine*** ~ this rebelliousness will soon die down of its own accord; *(sich erledigen)* to sort itself out; ***manches gibt sich von selbst wieder*** some things sort themselves out; ***das wird sich schon*** ~ it will all work out [for the best] ② *(sich benehmen, aufführen)* ■**sich als etw** ~ to behave in a certain way; ***sie gab sich sehr überrascht*** she acted very surprised; ***nach außen gab er sich heiter*** outwardly he behaved cheerfully; ***sie gibt sich, wie sie ist*** she doesn't try to be anything she isn't; **sich von der besten Seite** ~ to show one's best side ③ *(sich finden, ergeben)* ■**etw gibt sich** sth arises; ***es wird sich schon noch eine Gelegenheit*** ~ there's sure to be another opportunity

Gebenedeite <-n> *f kein pl* REL ■**die** ~ the Blessed Virgin

Geber(in) <-s, -> *m(f)* ① KARTEN dealer ② TELEK transmitter

Geberlaune *f kein pl* generous mood; **in** ~ **sein** to be in a generous mood [*or* feeling generous]

Gebet <-[e]s, -e> *nt* *(religiöses Ritual)* prayer; **ein** ~ **sprechen** to say a prayer; **sein** ~ **sprechen** [*o* **verrichten**] to say one's prayers; **zum** ~ in prayer; **den Kopf zum** ~ **neigen** to lower one's head in prayer; **das** ~ **des Herrn** *(geh)* the Lord's Prayer ▶ WENDUNGEN: **jdn ins** ~ **nehmen** *(fam)* to give sb a good talking to, to take sb to task

Gebetbuch *nt* ① *(Büchlein mit Gebeten)* prayer book ② *(hum fam: Spielkarten)* pack of [playing] cards ▶ WENDUNGEN: **das falsche** ~ **haben** to belong to the wrong denomination

gebeten *pp von* **bitten**

Gebetsmühle *f* prayer wheel

gebetsmühlenhaft *inv* **I.** *adj* *(pej fam)* constant, continual **II.** *adv* *(pej fam)* constantly, continually

Gebetsteppich *m* prayer mat [*or* rug]

gebeugt **I.** *adj* bowed, stooping; **ein** ~**er Kopf** a bowed head; ~**e Schultern** rounded shoulders **II.** *adv* in a stooping posture; ~ **sitzen** to sit hunched up

gebiert *3. pers pres von* **gebären**

Gebiet <-[e]s, -e> *nt* ① *(Fläche)* area; *(Region)* a. region; *(Staats~)* territory ② *(Fach)* field; ***auf dem ~ der Kernphysik ist er Spezialist*** he's a specialist in the field of nuclear physics

gebieten* *irreg* *(geh)* **I.** *vt* ① *(befehlen)* ■**[jdm] etw** ~ to command [*or* order] [sb] to do sth; **Einhalt** ~ to put an end to [*or* stop] sth ② *(verlangen, erfordern)* ■**etw** ~ to demand sth; **der Anstand/die Situation gebietet es** decency/the situation demands it; ***es ist Vorsicht geboten*** care must be taken **II.** *vi* ① *(herrschen)* ■**über jdn/etw** ~ to have control over sb/sth *liter,* to have dominion over sb/sth ② *(verfügen)* ■**über etw** *akk* ~ to have sth at one's disposal; **über Geldmittel** ~ to have financial resources at one's disposal; **über Wissen** ~ to have knowledge at one's command

Gebieter(in) <-s, -> *m(f)* *(veraltet geh)* lord *form,* master *form; s. a.* **Herr**

gebieterisch (*geh*) **I.** *adj* domineering, peremptory **II.** *adv* domineeringly, in a domineering manner

Gebietsanspruch *m* territorial claim; **einen ~/Gebietsansprüche haben** [*o* **erheben**] [*o* **geltend machen**] to make a territorial claim/ territorial claims **Gebietsreform** *f* local government restructuring

gebietsweise *adv* locally, in places; ~ ***kann es auf einigen Strecken zu Glatteisbildung kommen*** icy roads could develop in some places

gebig *adj* SCHWEIZ ① (*praktisch*) practical ② (*prima*) terrific

Gebilde <-s, -> *nt* ① (*Ding*) thing, object ② (*Form*) shape; (*Struktur*) structure ③ (*Muster*) pattern ④ (*Schöpfung*) creation ⑤ (*Staats~*) entity

gebildet *adj* educated, learned, erudite *form;* **ein ~er Mensch** a refined [*or* cultured] person; **vielseitig ~ sein** to have a broad education; **ein ~es Benehmen** to be well bred

Gebildete(r) *f(m) decl wie adj* educated person

Gebimmel <-s,> *nt kein pl* (*pej fam*) [continual] ringing

Gebinde <-s, -> *nt* (*geh*) bunch; **ein ~ aus Blumen und Zweigen** an arrangement of flowers and twigs; **ein großes ~ Möhren** a large bunch of carrots; (*Blumenkranz*) wreath; (*Getreide~*) sheaf

Gebirge <-s, -> *nt* mountains *pl,* mountain range

gebirgig *adj* mountainous

Gebirgsbach *m* mountain stream **Gebirgsbahn** *f* mountain railway **Gebirgsbewohner(in)** *m(f)* mountain dweller **Gebirgsjäger(in)** *m(f)* MIL ① (*einzelner ~ssoldat*) mountain soldier ② *pl* (*Einheit des Heeres*) mountain troops *npl* **Gebirgskamm** *m* mountain ridge [*or* crest] **Gebirgskette** *f* mountain chain [*or* range] **Gebirgslandschaft** *f* mountainous region **Gebirgsmassiv** *nt* massif **Gebirgsrücken** *m* mountain ridge **Gebirgsstraße** *f* mountain road **Gebirgszug** *m* mountain range

Gebiss[RR] <-es, -e> *nt,* **Gebiß** <-sses, -sse> *nt* ① (*Zähne*) [set of] teeth; **ein gesundes/kräftiges ~ haben** to have healthy/strong teeth ② (*Zahnprothese*) dentures *npl;* **künstliches** [*o fam* **falsches**] ~ false teeth *pl* ③ (*Mundstück am Pferdezaum*) bit

Gebissabdruck[RR] <-abdrücke> *m* dental impression

gebissen *pp von* **beißen**

Gebläse <-s, -> *nt* blower, fan

geblasen *pp von* **blasen**

geblichen *pp von* **bleichen**

geblieben *pp von* **bleiben**

Geblödel <-s> *nt kein pl* (*pej fam*) twaddle *pej,* baloney; *von Komikern* patter

geblumt *adj* ÖSTERR *s.* **geblümt**

geblümt *adj* ① (*mit Blumenmuster*) flowered, floral; **eine ~e Tischdecke** a tablecloth with a floral pattern; **~es Kleid** dress with a floral design ② (*fig: kunstvoll, blumenreich*) flowery; **ein ~er Stil** a flowery style

Geblüt <-[e]s> *nt kein pl* ① (*Abstammung*) descent, lineage; **von edlem ~** of noble blood *form* ② (*Veranlagung*) **etw liegt jdm im ~** sth is in sb's blood

gebogen **I.** *pp von* **biegen** **II.** *adj* bent; **ein ~es Kinn** a pointed chin, **eine ~e Nase,** a hooked [*or* Roman] nose

geboren **I.** *pp von* **gebären** **II.** *adj* ① (*gebürtig*) by birth; **ein ~er Prinz sein** to be a prince by birth, to be born a prince ② (*eine natürliche Begabung haben*) **der ~e Koch sein** to be a born cook

geborgen **I.** *pp von* **bergen** **II.** *adj* safe, secure; **sich ~ fühlen** [*o geh* **wissen**] to feel safe; **bei jdm ~ sein** to be safe and sound with sb

Geborgenheit <-> *f kein pl* security; **häusliche ~** secure place

geborsten *pp von* **bersten**

Gebot <-[e]s, -e> *nt* ① (*Regel, Vorschrift*) regulation, rule; **ein ~ missachten/befolgen** to break [*or* disregard]/obey [*or* observe] a rule ② REL (*moralische Regel o Gesetz*) commandment; **die zehn ~e** the ten commandments; **göttliches ~** divine law; **~ der Menschheit/Vernunft** law of humanity/reason; **das ~ der Nächstenliebe** the commandment to love one's neighbour [*or* AM -or] ③ (*geh: Erfordernis*) requirement; **das ~ der Stunde** the dictates of the moment; **ein ~ der Vernunft** the dictates of reason ④ ÖKON (*Angebot*) bid; ***gibt es ein höheres ~?*** does anyone bid more? ⑤ (*Gesetz*) law; (*Verordnung*) decree ▶ WENDUNGEN: **jdm zu ~[e] stehen** to be at sb's disposal

geboten **I.** ① *pp von* **gebieten** ② *pp von* **bieten** **II.** *adj* (*geh: notwendig*) necessary; (*angebracht*) advisable; **dringend ~** imperative; **bei aller ~en Achtung** with all due respect

Gebotsschild <-[e]s, -er> *nt* mandatory sign

Gebr. *Abk von* **Gebrüder** Bros.

Gebrabbel <-s> *nt kein pl* (*pej fam*) jabbering *pej fam*

gebracht *pp von* **bringen**

gebrannt **I.** *pp von* **brennen** **II.** *adj* burned, burnt; **~e Mandeln** roasted almonds; *s. a.* **Kalk, Kind**

gebraten *pp von* **braten**

Gebratene(s) *nt decl wie adj* fried food

Gebräu <-[e]s, -e> *nt* (*pej*) brew, concoction *pej*

Gebrauch <-[e]s, Gebräuche> *m* ① *kein pl* (*Verwendung*) use; (*Anwendung*) application; **zum äußerlichen/innerlichen ~** to be applied externally/to be taken internally; **falscher ~** improper use, misuse; **etw in** [*o* **im**] **~ haben** to use sth; **außer/in ~ kommen** to become outdated/fashionable; **von etw** *dat* **~ machen** to make use of sth; **etw in ~ nehmen** (*geh*) to start using sth; **vor ~ schütteln** shake well before use; **in** [*o* **im**] **~ sein** to be used; *Auto* to be running; **nach ~** after use; LING usage ② *usu pl* (*Brauch, Gepflogenheit*) custom; **Sitten und Gebräuche** manners and customs

gebrauchen* *vt* ① (*verwenden*) ■ **etw ~** to use sth; **ein gebrauchtes Auto** a used [*or* second-hand] car; **nicht mehr zu ~ sein** to be no longer [of] any use, to be useless; ***das kann ich gut ~*** I can really use that, I can make good use of that; **zu nichts zu ~ sein** to be no use at all; **sich zu etw** *dat* **~ lassen** to let oneself be used for sth ② (*fam: benötigen, brauchen*) ■ **etw/jd könnte etw ~** sth/sb could need sth; ***dein Wagen könnte eine Wäsche ~*** your car could do with a wash again

gebräuchlich *adj* ① (*allgemein üblich*) customary, usual, common; (*in Gebrauch*) in use; LING in general use; ***„okay" ist ein sehr ~er Ausdruck*** "okay" is a very common expression ② (*herkömmlich*) conventional

Gebrauchsanleitung *f* directions [*or* instructions] [for use]; *s. a.* **Gebrauchsanweisung** **Gebrauchsanweisung** *f* ① (*Beipackzettel*) directions [*or* instructions] [for use] ② (*Betriebsanleitung*) operating instructions **Gebrauchsartikel** *m* basic consumer item **gebrauchsfertig** *adj inv* ready for use **Gebrauchsgegenstand** *m* basic commodity **Gebrauchsliteratur** *f literature published for a particular purpose* **Gebrauchswert** *m* utility value

gebraucht *adj* second-hand

Gebrauchtwagen *m* second-hand [*or* used] car

gebrechen* *vi irreg haben* (*geh*) ■ **jdm gebricht es an etw** *dat* sb is lacking sth; **jdm gebricht es an Geld/Mut** sb lacks money/courage

Gebrechen <-s, -> *nt* (*geh*) affliction; **ein körperli-**

ches/geistiges ~ **haben** to have a physical/mental affliction

gebrechlich *adj* frail, infirm

Gebrechlichkeit <-> *f kein pl* frailty, infirmity

gebrochen I. *pp von* **brechen** II. *adj* ❶ (*völlig entmutigt*) broken, crushed; **ein ~er Mann** a broken man; **ein ~es Herz** (*fig*) a broken heart *fig* ❷ (*sehr fehlerhaft*) broken; **in ~em Englisch** in broken English ❸ MATH **~e Zahl** fraction III. *adv* imperfectly; ***sie sprach nur ~ Deutsch*** she only spoke broken German

Gebrüder *pl* (*veraltet*) brothers; **die ~ Grimm** the Brothers Grimm

Gebrüll <-[e]s> *nt kein pl* bellowing; *Esel* braying; *Löwe* roaring; (*pej*) *Kind* bawling; *Mensch* screaming; ***auf ihn mit ~!*** (*fam*) go get him! *fam*

Gebrumm(e) <-[e]s> *nt kein pl* (*fam*) humming; *Flugzeug* droning

gebückt I. *pp von* **bücken** II. *adj* bowed, stooped; **einen ~en Gang haben** to walk with a stoop III. *adv* with bad posture

gebügelt I. *pp von* **bügeln** II. *adj* (*sl: baff*) gobsmacked BRIT *fam*, speechless; *s. a.* **geschniegelt**

Gebühr <-, -en> *f* (*zu zahlender Betrag für eine öffentliche Dienstleistung*) charge; (*Honorar, Beitrag*) fee; *für eine Vermittlung* commission; **~ [be]zahlt Empfänger** postage to be paid by addressee; **ermäßigte ~** reduced charges/fee; **eine ~ erheben** to levy [*or* make] a charge; **eine ~ bezahlen** [*o* **entrichten**] to pay a charge/fee ▶ WENDUNGEN: **nach ~** appropriately, suitably; **über ~** excessively, unduly

gebühren* (*geh*) I. *vi* (*zukommen, zustehen*) ■ **jdm/etw gebührt etw** sb/sth deserves [*or* is due] sth; ***ihm gebührt unsere Anerkennung*** he deserves our recognition II. *vr* ■ **sich [für jdn] ~** to be fitting [*or* proper] [for sb]; **wie es sich gebührt** as is fitting [*or* proper]

Gebührenansage *f* TELEK " advise duration and charge " call **Gebührenanzeiger** *m* call-charge indicator

gebührend I. *adj* (*zustehend*) due, owed; (*angemessen*) appropriate, fitting, suitable; **etw in ~er Weise würdigen** to show suitable appreciation of sth II. *adv* (*angemessen*) appropriately, fittingly, suitably

Gebühreneinheit *f* TELEK [tariff] unit **Gebührenerhöhung** *f* increase in charges [*or* fees] **Gebührenerlass**^RR *m* remission of charges [*or* fees] **Gebührenermäßigung** *f* reduction of charges [*or* fees] **gebührenfrei** *adj, adv* free of charge **Gebührenmarke** *f* revenue stamp **Gebührenordnung** *f* scale of charges [*or* fees], tariff **gebührenpflichtig** I. *adj* subject [*or* liable] to a charge; **~e Verwarnung** fine; **~e Straße** toll road II. *adv* **jdn ~ verwarnen** to fine sb **Gebührenrückerstattung** *f* refund of charges **Gebührenzähler** *m* TELEK meter

gebunden I. *pp von* **binden** II. *adj* fixed, set; **~es Buch** hardcover, BRIT *a.* hardback; **~e Preise** controlled prices; **durch Verpflichtungen ~ sein** to be tied down by duties; **anderweitig ~ sein** to be otherwise engaged; **vertraglich ~ sein** to be bound by contract; **zeitlich ~ sein** to be restricted as regards time

Geburt <-, -en> *f* ❶ (*Entbindung*) birth; **bei der ~** at the birth; **von ~ an** from birth ❷ (*Abstammung*) birth; **von ~ Deutscher sein** to be German by birth; **von niedriger/hoher ~ sein** to be of low/noble birth; **die Gnade der späten ~** *to be lucky not to have been born at a certain time in history, e.g. World War Two* ▶ WENDUNGEN: **das war eine schwere ~!** (*fam*) that took some doing! *fam*

Geburtenanstieg *m* rise in the birth rate; **schlagartiger ~** baby boom **Geburtenbeschränkung** *f* population control **Geburtenkontrolle** *f kein pl* birth control **Geburtenrate** *f* birth rate; **die ~ steigt** the birth rate is up; **die ~ fällt** the birth rate is falling **Geburtenregelung** *f kein pl* birth control **Geburtenrückgang** *m* decline [*or* drop] in the birth rate **geburtenschwach** *adj* with a low birth rate; **ein ~er Jahrgang** a year in which there is a low birth rate **geburtenstark** *adj* with a high birth rate **Geburtenüberschuss**^RR *m* excess of births over deaths **Geburtenzahl** *f* birth rate **Geburtenzuwachs** *f* birth increase

gebürtig *adj* by birth; ***er ist ~er Londoner*** he was born in London, he is a native Londoner; **aus Berlin ~ sein** to have been born in Berlin

Geburtsanzeige *f* birth announcement **Geburtsdatum** *nt* date of birth **Geburtsfehler** *m* congenital defect **Geburtshaus** *nt* birthplace; ***das ~ von Beethoven steht in Bonn*** the house where Beethoven was born is in Bonn **Geburtshelfer(in)** *m(f)* obstetrician **Geburtshelferkröte** *f* ZOOL midwife toad **Geburtshilfe** *f kein pl* obstetrics; **~ leisten** to assist at a birth **Geburtsjahr** *nt* year of birth **Geburtsland** *nt* country of origin **Geburtsort** *m* birthplace, place of birth **Geburtsrate** *f* birth rate **Geburtsrecht** *nt* JUR ■ **das ~** *right of a child born in Germany to claim German nationality irrespective of the parents' nationality* **Geburtsstadt** *f* hometown, native city [*or* town]

Geburtstag *m* birthday; (*Geburtsdatum*) date of birth; **herzlichen Glückwunsch zum ~** happy birthday to you; **[seinen/jds] ~ feiern** to celebrate one's/sb's birthday; **ein runder ~** *the number of years to be celebrated ends in a zero;* **jdm zum/zu jds ~ gratulieren** to wish sb many happy returns [*or* a happy birthday]; **~ haben** to be one's birthday; ***wann hast du ~?*** when is your birthday?; **jdm etw zum ~ schenken** to give sb a present for his/her birthday

Geburtstagsfeier *f* birthday celebration *form* [*or* party] **Geburtstagsgeschenk** *nt* birthday present **Geburtstagskarte** *f* birthday card **Geburtstagskind** *nt* (*hum*) birthday boy/girl **Geburtstagskuchen** *m* birthday cake **Geburtstagsparty** *f* birthday party **Geburtstagstorte** *f* birthday cake

Geburtstermin *m* due date; **den ~ errechnen** [*o* **bestimmen**] to calculate the date of birth **Geburtsurkunde** *f* birth certificate **Geburtsvorbereitung** *f* ante-natal preparation

Gebüsch <-[e]s, -e> *nt* bushes *pl;* (*Unterholz*) undergrowth

Geck <-en, -en> *m* (*pej*) dandy *pej old,* fop *pej old,* toff BRIT *pej sl*

Gecko <-s, -s> *m* gecko

gedacht ❶ *pp von* **denken** ❷ *pp von* **gedenken**

Gedächtnis <-ses, -se> *nt* ❶ (*Informationsspeicherung im Gehirn*) memory; **ein gutes/schlechtes ~ [für etw** *akk*] **haben** to have a good/poor memory [for sth]; **ein kurzes ~ haben** (*fam*) to have a short memory; **sein ~ anstrengen** to make a real effort to remember sth; **etw im ~ behalten** [*o geh* **bewahren**] to remember sth; **jds ~ entfallen** to slip one's mind; **ein ~ wie ein Sieb haben** (*fam*) to have a memory like a sieve *fam;* **etw aus dem ~ hersagen** to recite [*or* quote] sth from memory; **wenn mich mein ~ nicht täuscht** [*o* **trügt**] if my memory serves me right; **sein ~ verlieren** to lose one's memory; **jdn/etw aus dem ~ verlieren** to erase sb/sth from one's memory; **jdm/sich etw ins ~ zurückrufen** to remind sb of sth/to recall sth ❷ (*Andenken, Gedenken*) memory, remembrance; **zum ~ der Toten** in memory [*or* remembrance] of the dead

Gedächtnishilfe *f* aide-mémoire, mnemonic; **jdm eine ~ geben** to jog sb's memory; **als ~** as a reminder

G

Gedächtnislücke *f* gap in one's memory; **eine ~ haben** to not remember anything; MED localized amnesia **Gedächtnisprotokoll** *nt* minutes taken from memory **Gedächtnisschwund** *m* amnesia, loss of memory; **an ~ leiden** (*fam*) to suffer from amnesia, to suffer a loss of memory **Gedächtnisstütze** *f* memory aid **Gedächtnistraining** *nt kein pl* memory training **Gedächtnisverlust** *m kein pl* loss of memory

gedämpft *adj inv* low; **~er Schall/~e Stimme** muffled echo/voice; **~es Licht/~e Farbe** muted [*or* subdued] light/colour [*or* AM -or]; **~er Aufprall** softened impact

Gedanke <-ns, -n> *m* ❶ (*das Gedachte, Überlegung*) thought; **der bloße ~ an jdn/etw** the mere thought of sb/sth; **in ~n vertieft** [*o* **versunken**] [*o geh* **verloren**] deep [*or* sunk] [*or* lost] in thought; **sich mit einem ~n vertraut machen** to get used to an idea; **jdn auf andere ~n bringen** to take sb's mind off sth; **jdn auf einen ~n bringen** to put an idea into sb's head; **einen ~n fassen** to form an idea; ***ich kann keinen vernünftigen ~n fassen*** I just can't think properly; **den ~n fassen, etw zu tun** to form [*or* have] the idea of doing sth; **jds ~n lesen** to read sb's thoughts; **sich** *dat* **über etw** *akk* **~n machen** to be worried about sth; ***mach dir darüber keine ~n*** don't worry [about it]; **sich** *dat* **so seine ~n machen** (*fam*) to begin to wonder; **jdn aus seinen ~n reißen** to interrupt sb's thoughts; **in ~n bei jdm/etw sein** to be in sb's thoughts/to have one's mind on sth; ***in ~n bin ich stets bei dir*** my thoughts are with you; **ganz in ~n sein** to be lost in thought; **mit seinen ~en woanders sein** to have one's mind on sth else; ***wo hast du nur deine ~n?*** whatever are you thinking about?; **etw ganz in ~n tun** to do sth while lost in thought [*or* while one's thoughts are far away]; ***kein ~*** [***daran***]! certainly not!, no way!, out of the question! ❷ (*Einfall, Plan*) idea, plan; **einen ~n in die Tat umsetzen** to put a plan [*or* an idea] into action; **jdm kommt ein ~** the thought occurs to sb, sb has [*or* hits upon] an idea; ***mir kommt da gerade ein ~!*** I've just had an idea!; **der rettende ~** the idea that saves the day; ***plötzlich kam mir der rettende ~*** suddenly I came up with an idea to save the day; **auf einen ~n kommen** to have an idea; **auf dumme ~n kommen** (*fam*) to get up to mischief *fam;* **mit dem Gedanken spielen, etw zu tun** [*o geh* **sich mit dem ~ tragen, etw zu tun**] to toy with the idea of doing sth ❸ (*Begriff*) concept; ***der europäische ~ ist die Idee von einem vereinten Europa*** the European idea is the concept of a united Europe

Gedankenassoziation *f* association of ideas **Gedankenaustausch** *m* exchange of ideas **Gedankenblitz** *m* (*hum fam*) brain wave *fam;* **einen ~ haben** to have a brain wave **Gedankenfreiheit** *f kein pl* freedom of thought *no pl* **Gedankengang** *m* thought process, train of thought; **einem ~ folgen** to follow a train of thought **Gedankengebäude** *nt* (*geh*) edifice of ideas; *einer Philosophie* concepts *pl* **Gedankengut** *nt kein pl* philosophy; **christliches ~** Christian thinking; **braunes ~** (*fig*) National socialist ideas **Gedankenkette** *f* chain of thought **Gedankenklarheit** *f* clarity of thought **gedankenlos** I. *adj* (*unüberlegt*) unconsidered, thoughtless II. *adv* thoughtlessly **Gedankenlosigkeit** <-, -en> *f* ❶ *kein pl* (*Unüberlegtheit*) lack of thought *no pl;* (*Zerstreutheit*) absent-mindedness *no pl* ❷ (*unüberlegte Äußerung*) thoughtlessness *no pl* **Gedankenschritt** *m* logical step **Gedankensprung** *m* jump from one idea to another, mental leap; **einen ~/Gedankensprünge machen** to jump from one idea to another **Gedankenstrich** *m* dash **Gedankenübertragung** *f* telepathy *no indef art,* thought transference **gedankenverloren** (*geh*) I. *adj* lost in thought II. *adv* lost in thought; ***sie rührte ~ ihren Kaffee um*** she stirred her coffee, completely lost in thought **gedankenvoll** I. *adj inv, attr* pensive II. *adv inv* pensively **Gedankenwelt** *f* thought *no pl;* **jds eigene ~** a world of one's own

gedanklich *adj* intellectual; **eine ~e Anstrengung** a mental effort; **die ~e Klarheit** the clarity of thought; **in keinem ~en Zusammenhang stehen** to be disjointed [*or* incoherent]

Gedärm <-[e]s, -e> *nt,* **Gedärme** *pl* intestines *pl,* bowels *pl,* entrails *pl old liter;* **es im ~ haben** to have bowel troubles; ***da drehen sich einem ja die ~e um!*** it's enough to make your stomach turn!

Gedeck <-[e]s, -e> *nt* ❶ (*Tisch~*) cover, place; **die ~e abräumen** to clear the table; **ein ~ auflegen** to lay [*or* set] a place; **eine Tafel mit vier ~en** a table laid for four ❷ (*Menü*) set menu; **das ~ bestellen** to order the set menu ❸ (*obligates Getränk*) drink with a cover charge

gedeckt I. *pp von* **decken** II. *adj* muted; **~e Farben** muted colours [*or* AM -ors]

Gedeih ▸ WENDUNGEN: **auf ~ und Verderb** for better or [for] worse; ***ich bin der Bank auf ~ und Verderb ausgeliefert*** I am completely at the mercy of the bank

gedeihen <gedieh, gediehen> *vi sein* ❶ (*sich gut entwickeln*) to flourish, to thrive ❷ (*vorankommen*) to make headway [*or* progress]

Gedeihen <-s> *nt kein pl* (*geh*) ❶ (*gute Entwicklung*) flourishing, thriving ❷ (*Gelingen*) success; **jdm gutes ~ wünschen** to wish sb every success

gedeihlich *adj* (*geh*) successful; (*vorteilhaft*) advantageous, beneficial

Gedenkausgabe *f* commemorative edition **Gedenkausstellung** *f* commemorative exhibition

gedenken* *vi irreg* ❶ (*geh: ehrend zurückdenken*) ■**jds/einer S.** *gen* **~** to remember [*or* commemorate] sb/sth; (*lobend erwähnen*) to mention sb/sth in glowing terms ❷ (*beabsichtigen*) ■**~, etw zu tun** to intend [*or* propose] to do sth; ***was gedenkst du, jetzt zu tun?*** what are you going to do now?

Gedenken <-s> *nt kein pl* memory, remembrance; **in ~** in memory [*or* remembrance]; **zum** [*o* **im**] **~ an jdn/etw** in memory [*or* remembrance] of sb/sth; **jdn/etw in gutem ~ behalten** to treasure the memory of sb/sth

Gedenkfeier *f* commemorative ceremony **Gedenkgottesdienst** *m* commemorative [*or* memorial] service **Gedenkmarke** *f* commemorative stamp **Gedenkminute** *f* minute's silence **Gedenkmünze** *f* commemorative coin **Gedenkrede** *f* commemorative speech **Gedenkstätte** *f* memorial **Gedenkstein** *m* commemorative [*or* memorial] stone **Gedenkstunde** *f* hour of commemoration **Gedenktafel** *f* commemorative plaque **Gedenktag** *m* day of remembrance

Gedicht <-[e]s, -e> *nt* poem; **ein ~ aufsagen** [*o geh* **vortragen**] to recite a poem; [**jdm**] **ein ~ schreiben** to write [sb] a poem; **~e schreiben** to write poetry; **ein ~ sein** (*fig fam*) to be sheer poetry *fig*

Gedichtband <-bände> *m* volume of poems **Gedichtform** *f* poetic form; **in ~** in verse **Gedichtinterpretation** *f* interpretation of verse [*or* the/a poem] **Gedichtsammlung** *f* collection of poems; (*von mehreren Dichtern*) anthology

gediegen *adj* ❶ (*rein*) pure; **~es Gold** pure gold ❷ (*solide gearbeitet*) solidly constructed, high quality ❸ (*geschmackvoll*) tasteful ❹ (*gründlich, gut*) sound; **~e Kenntnisse haben** to have sound knowledge ❺ (*gut und verlässlich*) **ein ~er Mensch** an upright person ❻ (*fam: lustig*) funny; (*wunderlich*) strange

Gediegenheit <-> *f kein pl* ① (*Solidität*) sound construction ② (*Gründlichkeit*) thoroughness

gedieh *imp von* **gedeihen**

gediehen *pp von* **gedeihen**

gedient I. *pp von* **dienen** II. *adj* having completed one's military service; **ein ~er Soldat** a former soldier

Gedöns <-es> *nt kein pl* NORDD (*fam*) ① (*Krempel*) stuff, things; **lauter ~ kaufen** to buy a load of knickknacks ② (*Aufheben*) **viel ~ [um etw** *akk*] **machen** to make a lot of fuss [about sth]; ***was soll das ganze ~?*** what's all the fuss about?

Gedränge <-s> *nt kein pl* ① (*drängende Menschenmenge*) crowd, crush; ***es herrscht ein ~*** there is a crowd; **im ~ untertauchen** [*o* **verschwinden**] to disappear into the crowd ② (*das Drängen*) jostling; SPORT bunching; ***ein offenes ~*** an open scrum[mage] ▶ WENDUNGEN: [**mit etw** *dat*] **ins ~ geraten** [*o* **kommen**] to get into [*or* a fix] difficulties [with sth]

Gedrängel <-s> *nt kein pl* (*fam*) crush

gedrängt I. *adj* ① (*kurz*) brief, concise, short ② (*voll*) packed II. *adv* ① (*kurz*) briefly, concisely ② (*voll*) packed; **~ voll sein** to be packed full [*or fam* jam-packed]

Gedröhn(e) <-[e]s> *nt kein pl* (*fam*) droning; *Musik, Kanonen* booming

gedroschen *pp von* **dreschen**

gedruckt *adj* (*als Druckwerk*) printed; **wie ~** as if printed ▶ WENDUNGEN: **lügen wie ~** to lie one's head off *fam*

gedrückt *adj* dejected, depressed; **~er Stimmung sein** to be in low spirits [*or* depressed]

Gedrücktheit <-> *f kein pl* dejection, depression

gedrungen I. *pp von* **dringen** II. *adj* stocky, sturdy; **von ~em Wuchs** of stocky build

Gedrungenheit <-> *f kein pl* stockiness, sturdiness

geduckt I. *adj* crouching; **mit ~em Kopf** with his/her head bowed II. *adv* crouching

Gedudel <-s> *nt kein pl* (*pej fam*) [incessant] tootling

Geduld <-> *f kein pl* (*Ausdauer*) patience; **eine engelhafte ~ haben** to have the patience of a saint; **eine große ~ haben** to have great patience; **jds ~ ist erschöpft** sb has lost patience; **sich in ~ fassen** [*o* **üben**] (*geh*) to have patience *form*; ***Sie müssen sich etwas in ~ üben*** you must be patient for a while; ***hab' ~!*** be patient!; **mit jdm/etw ~ haben** to be patient with sb/sth; **keine ~ [zu etw** *dat*] **haben** to have no patience [with sth]; **jdm fehlt die ~** sb's patience is wearing thin; **jdm reißt die ~** (*fam*) sb runs out of patience; **gleich reißt mir die ~** you're trying my patience; **~ üben** [*o* **lernen**] (*geh*) to learn to be patient *form;* **die ~ verlieren** to lose one's patience; **sich mit ~ wappnen** (*geh*) to summon up one's patience; ***~!*** be patient! ▶ WENDUNGEN: **mit ~ und Spucke fängt man eine Mucke** (*prov*) patience and snare catch many a hare *rare*

gedulden* *vr* ■**sich ~** to be patient

geduldig *adj* patient; **~ wie ein Lamm** meek as a lamb

Geduldsfaden *m* ▶ WENDUNGEN: **jdm reißt der ~** (*fam*) sb is at the end of his/her tether **Geduldsprobe** *f* test of one's patience **Geduldsspiel** *nt* puzzle

gedungen *pp von* **dingen**

gedunsen *adj* bloated

gedurft *pp von* **dürfen**

geehrt *adj* honoured [*or* AM -ored]; ***sehr ~e Damen, sehr ~e Herren!*** ladies and gentlemen!; (*Anrede in Briefen*) dear; ***sehr ~e Damen und Herren!*** Dear Sir or Madam

geeignet *adj* (*passend*) suitable; ***jetzt ist nicht der ~e Augenblick, darüber zu sprechen*** it's not the right time to talk about it; ■**für etw** *akk*/**zu etw** *dat* **~ sein** to be suited to sth

Geest <-, -en> *f,* **Geestland** *nt sandy uplands on the German North Sea coast*

Gefahr <-, -en> *f* (*Bedrohung*) danger; **die ~en des Straßenverkehrs/Dschungels** the dangers [*or* perils] [*or* hazards] of the traffic/jungle; **eine ~ abwenden** to avert danger; **sich ~en** [*o* **einer ~**] **aussetzen** to expose oneself to danger; **jdn in ~ bringen** to endanger sb; **eine ~ darstellen** to constitute [*or* pose] a threat; **außer ~ sein** to be out of danger; **in ~ sein** [*o geh* **schweben**] to be in danger; **bei ~** in case of emergency; (*Risiko*) threat, risk; **auf eigene ~** at one's own risk; **sich in ~ begeben** to put oneself at risk; **es besteht die ~ einer S.** *gen* there is a risk of sth; **~ laufen, etw zu tun** to run the risk of doing sth; **auf die ~ hin, etw zu tun** at the risk of doing sth; ***ich werde es tun, auch auf die ~ hin, zu scheitern*** I'll do it even at the risk of failing ▶ WENDUNGEN: **wer sich in ~ begibt, kommt darin um** (*prov*) if you play with fire you get burnt *prov*

gefährden* *vt* ■**sich/jdn/etw ~** to endanger oneself/sb/sth [*or* to jeopardize onself/sb/sth]; **jds Leben ~** to endanger sb's life; **den Erfolg einer S.** *gen* **~** to jeopardize [*or* threaten] the success of sth

gefährdet *adj* endangered; **eine ~e Tierart** an endangered species [of animal]

Gefährdung <-, -en> *f* danger, threat

gefahren *pp von* **fahren**

Gefahrenherd *m* source of danger, danger area **Gefahrenmoment** *nt* potential danger **Gefahrenquelle** *f* source of danger **Gefahrenstelle** *f* danger spot **Gefahrenzone** *f* danger area [*or* zone] **Gefahrenzulage** *f* danger money BRIT, hazardous duty pay AM

Gefahrgut *nt* hazardous [*or* dangerous] material

Gefahrguttransport *m* dangerous goods transport

gefährlich I. *adj* dangerous; **für jdn/etw ~ sein** to be dangerous for sb/sth; **jdm ~ werden** (*eine Gefahr darstellen*) to be a threat to sb; (*fam: erotisch anziehend sein*) to fall for sb; **sich im ~en Alter befinden** (*a. fig, hum*) to be at a dangerous age *fig;* (*risikoreich*) risky; **ein ~er Plan** a risky plan II. *adv* dangerously; **~ aussehen** to look dangerous; **~ leben** to live dangerously

Gefährlichkeit <-> *f kein pl* danger, riskiness *no pl*

gefahrlos *adj* safe, harmless

Gefährt <-[e]s, -e> *nt* (*geh*) vehicle, wagon, carriage *old*

Gefährte, Gefährtin <-n, -n> *m, f* (*geh*) companion; **jds ~ sein** to be sb's companion; **ein treuer ~** a faithful companion; (*Lebens~*) partner [in life]; (*Spiel~*) playmate; **einen neuen ~n finden** to find a new friend

gefahrvoll *adj* (*geh*) dangerous, fraught with danger

gefaket [gefeɪkt] *adj inv* (*sl*) fake

Gefälle <-s, -> *nt* ① (*Neigungsgrad*) gradient; **ein starkes ~** a steep gradient; *Land* slope; *Fluss* drop ② (*fig: Unterschied*) difference; **geistiges ~** difference in intellect; **soziales ~** difference in social class

gefallen[1] <gefiel, gefallen> I. *vi* ■**jdm ~** to please sb; ***gefällt dir mein Kleid?*** do you like my dress?; ■**durch etw** *akk* **~** to be popular as a result of sth; ■**etw könnte jdm ~** sb could fancy sth; ***so ein Sportwagen könnte mir auch ~*** I could fancy a sportscar like that; **du gefällst mir gar nicht** (*fig fam*) you don't look well; ***die Sache gefällt mir nicht*** (*fam*) I don't like the look of that; ***das gefällt mir schon besser!*** (*fam*) that's more like it! *fam;* **der Wunsch zu ~** the desire to please II. *vr* ① (*etw hinnehmen*) ■**sich** *dat* **etw ~ lassen** (*fam*) to put up with sth; (*etw akzeptabel finden*) to be happy with sth; ***das lasse ich mir ~*** there's nothing I like better, that'll do nicely, that's just the ticket ② (*sich mögen*)

■ **sich** *dat* [**in etw** *dat*] ~ to fancy oneself [in sth] ❸ (*sich hervortun*) ■ **sich** *dat* **in etw** *dat* ~ to like to play the part of sth; ***er gefällt sich in der Rolle des Märtyrers*** he likes to play the martyr

gefallen² *pp von* **fallen, gefallen¹**

Gefallen¹ <-s, -> *m* favour [*or* Am -or]; **jdn um einen ~ bitten** to ask sb for a favour, to ask a favour of sb; **jdm einen ~ tun** [*o geh* **erweisen**] to do sb a favour

Gefallen² <-s> *nt kein pl* (*geh*) pleasure; **an etw** *dat* **~ finden** [*o* **haben**] to enjoy sth/doing sth, to derive pleasure from sth/doing sth *form;* **allgemein ~ finden** to go down well; **an jdm/aneinander ~ finden** [*o* **haben**] to become fond of sb/each other; **jdm/etw zu ~ tun** to do sth to please sb; **nach ~** arbitrarily

Gefallene(r) *f(m) decl wie adj* soldier killed in action

Gefallenendenkmal *nt* war memorial

gefällig *adj* ❶ (*hilfsbereit*) helpful, obliging; ■ **jdm ~ sein** to help [*or form* oblige] sb; **sich jdm ~ zeigen** [*o geh* **erweisen**] to show oneself willing to help [*or form* oblige] ❷ (*ansprechend*) pleasant, pleasing; **~e Kleidung** smart clothes; **ein ~es Äußeres** a pleasant appearance ❸ (*gewünscht*) ***Zigarette ~?*** would you care for a cigarette? *form;* **wenn's ~ ist** (*iron*) if you don't mind *iron;* ***wir würden jetzt gerne gehen, wenn's ~ ist*** we would like to go now if you don't mind

Gefälligkeit <-, -en> *f* ❶ (*Gefallen*) favour [*or* Am -or]; **jdm eine ~ erweisen** to do sb a favour ❷ *kein pl* (*Hilfbereitschaft*) helpfulness; **aus ~** out of the kindness of one's heart

gefälligst *adv* (*euph, pej fam*) kindly *euph, pej;* ***sei ~ still!*** kindly be quiet!; ***würden Sie mich ~ ausreden lassen!*** would you kindly let me finish [speaking]!

Gefällstrecke *f* incline

gefangen I. *pp von* **fangen** II. *adj* ❶ (*in Gefangenschaft*) **jdn ~ halten** to hold sb captive [*or* prisoner]; **ein Tier ~ halten** to keep an animal in captivity; **jdn ~ nehmen** MIL to take sb prisoner, to capture sb; JUR (*verhaften*) to arrest sb ❷ (*beeindruckt*) **jdn ~ halten** [*o* **nehmen**] to captivate sb; ***ihre Bücher nehmen mich ganz ~*** I find her books captivating [*or* riveting]

Gefangene(r) *f(m) decl wie adj* captive; (*im Gefängnis*) prisoner; (*im Krieg*) prisoner of war; **~ machen** to take prisoners; **keine ~n machen** (*euph, a. fig*) to take no prisoners [alive] *euph, a. fig*

Gefangenenaustausch *m* exchange of prisoners **Gefangenenbefreiung** *f* JUR aiding and abetting a gaolbreak [*or* Am jailbreak] **Gefangenenlager** *nt* prisoner camp

gefangen|halten *vt irreg s.* **gefangen 1, 2** **Gefangennahme** <-, -n> *f* ❶ MIL (*das Gefangennehmen*) capture ❷ JUR (*Verhaftung*) arrest **gefangen|nehmen** *vt irreg s.* **gefangen 1, 2**

Gefangenschaft <-, *selten* -en> *f* ❶ MIL (*Kriegs~*) captivity; **in ~ geraten** [*o* **kommen**] to be taken prisoner; **in ~ sein** to be held in captivity; **aus der ~ zurückkehren** [*o* **heimkehren**] to return home from captivity ❷ (*im Käfig*) captivity; **in ~ gehalten werden** to be kept in captivity

Gefängnis <-ses, -se> *nt* ❶ (*Haftanstalt*) prison, jail, gaol Brit; **im ~ sein** [*o fam* **sitzen**] to be in prison, to be inside *sl;* **jdn ins ~ bringen** to have sb sent to prison, to get sb sent down *fam;* **ins ~ kommen** to be sent to prison, to go down *sl;* **aus dem ~ ausbrechen** to break out of prison ❷ *kein pl* (*Haftstrafe*) imprisonment *no pl;* **zwei Jahre ~ bekommen** to get two years imprisonment [*or* in prison]; **auf etw** *akk* **steht ~** sth is punishable by imprisonment; ***auf Mord steht lebenslänglich ~*** murder carries a life sentence; **jdn zu zwei Jahren ~ verurteilen** to sentence sb to two years imprisonment [*or* in prison]

Gefängnisaufseher(in) *m(f)* prison officer [*or* warder] Brit, jailer *old,* corrections officer Am **Gefängnisdirektor(in)** *m(f)* prison governor Brit, warden Am **Gefängnisinsasse, -insassin** *m, f* inmate **Gefängnismauer** *f* prison wall **Gefängnisrevolte** *f* prison riot **Gefängnisstrafe** *f* prison sentence; **eine ~ verbüßen** [*o fam* **absitzen**] to spend time in prison, to do time [*or* Brit *fam* porridge]; **jdn zu einer ~ verurteilen** to give sb a prison sentence **Gefängniswärter(in)** *m(f) s.* **Gefängnisaufseher** **Gefängniszelle** *f* prison cell

Gefasel <-s> *nt kein pl* (*pej fam*) drivel *pej,* twaddle *pej*

Gefäß <-es, -e> *nt* ❶ (*kleinerer Behälter*) container, receptacle *form;* **etw in ein ~ füllen** to fill a container with sth ❷ (*Ader*) vessel

Gefäßchirurg(in) *m(f)* vascular surgeon **gefäßerweiternd** MED, PHARM I. *adj* vasodilatory II. *adv* vasodilatory **Gefäßinnenhaut** *f* internal membrane of a vessel **Gefäßkrankheit** *f* vascular disease **Gefäßoperation** *f* vascular operation **Gefäßpflanze** *f* BOT vascular plant **gefäßschädigend** *adj* causing vascular damage **Gefäßsystem** *nt* vascular system

gefasst[RR], **gefaßt** I. *adj* ❶ (*beherrscht*) composed, calm; **einen ~en Eindruck machen** to appear calm and collected ❷ (*eingestellt*) ■ **auf etw** *akk* **~ sein** to be prepared for sth; **sich auf etw** *akk* **~ machen** to prepare oneself for sth; **sich darauf ~ machen, dass** to be prepared [*or* ready] for sth; **sich auf etwas** *akk* **~ machen können** (*fam*) to be in for it *fam* II. *adv* calmly, with composure

Gefasstheit[RR], **Gefaßtheit** <-> *f kein pl* composure, calmness

gefäßverengend MED I. *adj* vasoconstrictive II. *adv* **~ wirken** to have a vasoconstrictive effect **Gefäßverengung** *f* vascular constriction **Gefäßverletzung** *f* vascular injury **Gefäßverschluss**[RR] *m* embolism **Gefäßverstopfung** *f* embolism **Gefäßwand** *f* vascular wall

Gefecht <-[e]s, -e> *nt* (*a. fig*) battle; MIL engagement, encounter; **in schwere ~e verwickelt werden** to be engaged in fierce fighting; **etw ins ~ führen** (*geh*) to bring sth into the argument [*or* equation]; **jdm ein ~ liefern** to engage sb in battle, to do battle with sb; **jdn außer ~ setzen** to put sb out of action; *s. a.* **Eifer, Hitze**

Gefechtsausbildung *f* MIL combat training **gefechtsbereit** *adj* ready for action [*or* battle]; **etw ~ machen** to get sth ready for action **gefechtsklar** *adj* NAUT cleared for action; **ein Schiff ~ machen** to clear a ship for action **Gefechtskopf** *m* MIL warhead **Gefechtspause** *f* MIL lull [*or* break] in [the] fighting **Gefechtsstand** *m* MIL command post

gefeiert *adj* celebrated

gefeit *adj* ■ **gegen etw** *akk* **~ sein** to be immune to sth

gefestigt *adj* ❶ (*etabliert*) **~e Traditionen** established traditions ❷ (*sittlich stark*) staunch, steadfast

Gefiedel <-s> *nt kein pl* (*pej fam*) fiddling *fam,* scraping, sawing *pej*

Gefieder <-s, -> *nt* plumage *no indef art, no pl,* feathers *pl*

gefiedert *adj* ❶ BOT pinnate ❷ (*geh*) feathered; **unsere ~en Freunde** our feathered friends

gefiel *imp von* **gefallen¹**

Gefilde <-s, -> *nt* (*geh*) scenery; **heimatliche ~** (*hum*) home pastures

gefinkelt *adj* ÖSTERR (*schlau*) cunning, crafty, sly

Geflecht <-[e]s, -e> *nt* ❶ (*Flechtwerk*) wickerwork ❷ (*Gewirr*) tangle

gefleckt *adj* spotted; **ein ~es Gefieder** speckled plumage; **eine ~e Haut** blotchy skin

Geflimmer <-s> *nt kein pl* ❶ KINO, TV flickering ❷ (*flimmernde Luft*) shimmering
geflissentlich *adv* (*geh*) deliberately
geflochten *pp von* **flechten**
geflogen *pp von* **fliegen**
geflohen *pp von* **fliehen**
geflossen *pp von* **fließen**
Geflügel <-s> *nt kein pl* ❶ ORN poultry *no indef art, no pl,* fowl *no pl* ❷ KOCHK poultry *no indef art, no pl*
Geflügelbrühe *f* chicken/turkey etc. broth **Geflügelcremesuppe** *f* cream of chicken/turkey etc. soup **Geflügelfleisch** *nt* poultry [meat] **Geflügelhaltung** *f* poultry farming **Geflügelhändler(in)** *m(f)* poulterer, poultry dealer **Geflügelhandlung** *f* poulterer's **Geflügelklein** *nt* giblets *npl* **Geflügelleber** *f* chicken/turkey etc. liver **Geflügelpresse** *f* poultry press **Geflügelsalat** *m* chicken/turkey etc. salad **Geflügelschere** *f* poultry shears *npl*
geflügelt *adj* winged; *s. a.* **Wort**
Geflügelzucht *f* poultry farm[ing]
Geflunker <-s> *nt kein pl* (*pej fam*) fibbing *fam*
Geflüster <-s> *nt kein pl* whispering
gefochten *pp von* **fechten**
Gefolge <-s, -> *nt* retinue, entourage; **etw im ~ haben** to lead to [*or* result in] sth; **im ~ einer S.** *gen* (*geh*) in the wake of sth
Gefolgschaft <-, -en> *f* ❶ (*Anhängerschaft*) followers *pl,* following *no pl* ❷ HIST retinue, entourage ❸ *kein pl* (*veraltend: Treue*) loyalty, allegiance (**gegenüber jdm** to sb); **jdm ~ leisten** to obey sb; **jdm die ~ verweigern** to refuse to obey sb
Gefolgsmann, -frau <-[e]s, -leute> *m, f* follower
gefragt *adj* in demand *pred;* **nicht ~ sein** ***du bist jetzt nicht*** ~ I'm not asking you
gefräßig *adj* ❶ (*fressgierig*) voracious ❷ (*pej: unersättlich*) greedy, gluttonous
Gefräßigkeit <-> *f kein pl* ❶ (*Fressgier*) voracity, voraciousness ❷ (*pej: Unersättlichkeit*) gluttony
Gefreite(r) *f(m) decl wie adj* ❶ MIL *sb holding the second lowest rank in the armed forces,* ≈ lance corporal BRIT, private AM ❷ NAUT able seaman ❸ LUFT leading aircraftman BRIT, airman first class AM
gefressen *pp von* **fressen**
Gefrierbeutel *m* freezer bag
gefrieren* *vi irreg sein* to freeze; *s. a.* **Blut**
Gefrierfach *nt* freezer compartment **Gefrierfleisch** *nt* frozen meat **Gefriergemüse** *nt* frozen vegetables *pl* **gefriergetrocknet** *adj* freeze-dried **Gefrierpunkt** *m* freezing point; **über dem ~** above freezing [*or* BRIT zero]; **um den ~** around freezing [*or* BRIT zero]; **unter dem/den ~** below freezing [*or* BRIT zero] **Gefrierschrank** *m* upright freezer **gefriertrocknen** *vt* ■**etw ~** to freeze-dry sth **Gefriertrocknung** *f* freeze-drying **Gefriertruhe** *f* chest freezer
gefroren *pp von* **frieren, gefrieren**
Gefuchtel <-s> *nt kein pl* (*pej*) gesticulating
Gefüge <-s, -> *nt* (*geh*) structure; ***das wirtschaftliche und soziale ~ eines Staates*** a country's economic and social fabric
gefügig *adj* submissive, compliant; [**sich** *dat*] **jdn ~ machen** to make sb submit [*or* bend] to one's will
Gefühl <-[e]s, -e> *nt* ❶ (*Sinneswahrnehmung*) feeling ❷ (*seelische Empfindung, Instinkt*) feeling; ■**ein ~ einer S.** *gen* a feeling [*or* sense] of sth; **das [...] ~ haben, dass/als ob** to have the [...] feeling that/as though; **das ~ nicht loswerden, dass** to not get rid of the feeling that; ***ich werde das ~ nicht los, dass*** I cannot help feeling that; **mit ~** with feeling [*or* sensitivity], carefully; **mit gemischten ~en** with mixed feelings; **mit widerstrebenden ~en** with [some] reluctance; **jds ~e erwidern** to reciprocate sb's feelings, to return sb's affections; **jds ~e verletzen** to hurt sb's feelings; **~[e] in jdn/etw investieren** (*fam*) to become emotionally involved with sb/sth; **etw im ~ haben** to feel sth instinctively; ***mein ~ täuscht mich nie*** my instinct is never wrong ❸ (*Sinn*) sense; **ein ~ für etw** *akk* [**haben**] [to have] a feeling for [*or* sense of] sth; **ein ~ für Zahlen/Kunst/Musik** a feeling for figures/art/music; **ein ~ für Gerechtigkeit** a sense of justice; ***Tiere haben ein ~ dafür, wer sie mag*** animals can sense who likes them ▶ WENDUNGEN: **das ist ein ~ wie Weihnachten** (*hum fam*) it feels [just] like Christmas; **seinen ~en keinen Zwang antun** (*fam*) to not hide one's feelings; **das höchste der ~e** (*fam*) the maximum, the final offer
gefühllos I. *adj* ❶ (*ohne Sinneswahrnehmung*) numb ❷ (*herzlos*) insensitive, callous II. *adv* insensitively, callously
Gefühllosigkeit <-, -en> *f* ❶ (*Herzlosigkeit*) insensitivity, callousness ❷ (*physischer Zustand*) numbness
Gefühlsanwandlung *f* rush of emotion **Gefühlsausbruch** *m* outburst of emotion, emotional outburst **gefühlsbetont** *adj* emotional **Gefühlsduselei** <-, -en> *f* (*pej fam*) mawkishness, overweening sentimentality **gefühlsecht** *adj* ultrasensitive; **eine Packung Kondome „London ~"** a pack of "London ultrasensitive" condoms **Gefühlshaushalt** *m* emotional balance [*or* equilibrium] **gefühlskalt** *adj* ❶ (*frigide*) frigid ❷ (*eiskalt*) cold, unfeeling **Gefühlskälte** *f* ❶ (*Frigidität*) frigidity ❷ (*Gefühllosigkeit*) coldness, unfeelingness **Gefühlsleben** *nt kein pl* emotional life; **das ~ abstumpfen** to numb one's emotions **gefühlsmäßig** *adv* instinctively, by instinct **Gefühlsmensch** *m* person guided [*or* ruled] by emotion, emotionalist **Gefühlsregung** *f* [stirring of] emotion **Gefühlssache** *f* matter of feel [*or* instinct]
gefühlvoll I. *adj* (*empfindsam*) sensitive II. *adv* expressively, with feeling
gefüllt *adj* ❶ (*mit einer Füllung versehen*) stuffed; **~e Paprikaschoten/Tomaten** stuffed peppers/tomatoes; **~e Kekse** biscuits with a filling; [**mit Kirschgeist, Weinbrand etc.**] **~e Pralinen** liqueur chocolates ❷ (*voll*) full; **eine gut ~e Brieftasche** a well-stuffed wallet
Gefummel <-s> *nt kein pl* (*fam*) ❶ (*lästiges Hantieren*) fiddling, fumbling ❷ (*sexuelle Berührung*) fumbling, groping *fam,* pawing *fam*
gefunden *pp von* **finden**
gefüttert *adj inv* lined
Gegacker <-s> *nt kein pl* cackling
gegangen *pp von* **gehen**
gegeben I. *pp von* **geben** II. *adj* ❶ (*geeignet*) right; *s. a.* **Zeit** ❷ (*vorhanden*) given; **die ~en Tatsachen** the facts at hand; **unter den ~en Umständen** under [*or* in] these circumstances; **in diesem ~en Fall** in this case; **unter Berücksichtigung der ~en Lage** in view of [*or* given] the situation; **etw als ~ voraussetzen** to take sth for granted; *s. a.* **Anlass** ❸ (*das Nächstliegende*) ■**das G~e sein** to be the right thing
gegebenenfalls *adv* if necessary [*or* need be], should the need [*or* occasion] arise; ***vielen Dank für Ihr Angebot, wir kommen ~ wieder darauf zurück*** thank you for your offer, we may possibly come back to you on it [*or* we will get back to you if applicable]
Gegebenheit <-, -en> *f meist pl* (*die Realitäten*) fact; **die wirtschaftlichen/sozialen ~en** the economic/social conditions; **die politischen ~en** the political reality
gegelt *adj inv* MODE *Haare, Frisur* gelled
gegen I. *präp +akk* ❶ (*wider*) against; ***ich brauche***

etwas ~ meine Erkältung I need sth for my cold ② SPORT ■X ~ Y X versus [or against] Y ③ (*ablehnend*) ■ ~ jdn/etw sein to be against [or opposed to] sb/sth ④ (*entgegen*) contrary to; ~ alle Vernunft against all reason ⑤ JUR versus ⑥ (*an*) against; der Regen klatscht ~ die Fenster the rain beats against the windows; ~ die Wand stoßen to run into the wall; ~ die Tür schlagen to hammer on the door ⑦ (*gegenüber*) towards, to ⑧ (*für*) for; ~ Kaution/Quittung against a deposit/receipt ⑨ (*verglichen mit*) compared with [or to], in comparison with ⑩ (*zum … zu*) towards; ~ Morgen/Mittag/Abend towards morning/afternoon/evening **II.** *adv* about, around; *er kommt ~ drei Uhr an* he's arriving around three o'clock

Gegenangebot *nt* counteroffer; jdm ein ~ machen to make sb a counteroffer **Gegenangriff** *m* counterattack **Gegenansicht** *f* opposite [or different] opinion **Gegenantrag** *m* ① (*im Parlament*) countermotion ② JUR counterclaim **Gegenanzeige** *f* MED contraindication **Gegenargument** *nt* counterargument **Gegenbehauptung** *f* counterclaim; eine ~ machen [o aufstellen] to make [or bring] [or enter] a counterclaim **Gegenbeispiel** *nt* counterexample; [jdm] ein ~ bringen to provide [sb with] an example to the contrary **Gegenbesuch** *m* return visit; jdm einen ~ machen to return sb's visit **Gegenbewegung** *f* countermovement **Gegenbeweis** *m* counterevidence; [jdm] den ~ [zu etw *dat*] erbringen [o antreten] to furnish [sb] with [or to offer sb] evidence to the contrary **Gegenbuchung** *f* FIN cross [or contra] entry

Gegend <-, -en> *f* ① (*geographisches Gebiet*) region, area ② (*Wohngegend*) area, neighbourhood BRIT, neighborhood AM, district; die ~ unsicher machen (*fam*) to be on the loose [in the area], to paint the town red *fam* ③ (*fam: Richtung*) direction ④ (*Nähe*) area; in der Münchner ~ [o ~ von München] in the Munich area; in der ~ um etw *akk* (*sl*) in the region of sth, approximately; *in der ~ um Ostern/um den 15.* around about Easter/the 15th ⑤ ANAT region ⑥ (*Gebiet um jdn herum*) in der ~ herumbrüllen to yell one's head off; durch die ~ laufen/fahren (*fam*) to stroll about/drive around; in die ~ (*fam*) anywhere; *heb das Papier auf, das kannst du nicht einfach so in die ~ werfen* pick that paper up, you can't just throw it anywhere

Gegendarstellung *f* ① MEDIA reply; *nach dem Pressegesetz sind wir verpflichtet, eine ~ abzudrucken* according to press law we are obliged to print a reply ② (*gegensätzliche Darstellung*) account [of sth] from an opposing point of view; eine ~ machen to dispute [sth] **Gegendemonstration** *f* counterdemonstration **Gegendienst** *m* favour [or AM -or] in return; jdm einen ~ erweisen to do sb a favour [or AM -or] in return **Gegendruck** *m* TECH counterpressure

gegeneinander *adv* ① (*eine(r, s) gegen den anderen*) against each other [or one another]; etwas ~ haben (*fam*) to have sth against each other; *habt ihr 'was ~?* have you got something against each other?; ~ prallen to collide; ~ stehen to conflict; ~ stehende Aussagen conflicting statements; ~ stoßen to knock against one another, to collide ② (*für den anderen*) for each other [or one another] ③ (*nebeneinander*) etw ~ halten to hold up side by side [or together]

Gegeneinander <-s> *nt kein pl* conflict

gegeneinander|halten *vt irreg s.* gegeneinander 3 **gegeneinander|prallen** *vi sein s.* gegeneinander 1 **gegeneinander|stehen** *vi irreg s.* gegeneinander 1 **gegeneinander|stoßen** *vi irreg sein s.* **gegeneinander 1**

Gegeneinladung *f* return invitation **Gegenerklärung** *f* counter statement, counter declaration **Gegenfahrbahn** *f* oncoming carriageway BRIT; (*Fahrspur*) oncoming lane **Gegenfeuer** *nt* FORST backfire **Gegenforderung** *f* counterdemand, counterclaim **Gegenfrage** *f* counterquestion, question in return; etw mit einer ~ beantworten to answer a question with a[nother] question **Gegengerade** *f* SPORT back straight, backstretch AM **Gegengewalt** *f* counterviolence; Gewalt mit ~ beantworten to meet force with force [or violence with violence] **Gegengewicht** *nt* counterweight, counterbalance **Gegengift** *nt* antidote; ein/kein ~ gegen etw *akk* sein to be an/no antidote to sth **gegen|halten** *vi irreg* ■[mit etw *dat*] ~ to counter [with sth] **Gegenkampagne** *f* rival campaign **Gegenkandidat(in)** *m(f)* rival candidate; jdn als ~en/~in [zu jdm] aufstellen to put sb up [or nominate sb] as a rival candidate [to [or against] sb] **Gegenklage** *f* JUR countercharge **Gegenkönig(in)** *m(f)* HIST rival claimant to the throne **Gegenkultur** *f* counterculture **Gegenkurs** *m* opposite [or reciprocal] course; einen ~ steuern to take an oppposing course of action

gegenläufig *adj* ① TECH opposed, contra-rotating ② (*entgegengesetzt*) eine ~e Entwicklung/Tendenz an opposite [or reverse] development/trend

Gegenleistung *f* payment [or service] in return; eine/keine ~ erwarten to expect something/nothing in return; als ~ für etw *akk* in return for sth **gegen|lenken** *vi* to countersteer, to steer into a skid **gegen|lesen** *vt irreg* to check through; ein Manuskript ~ to check [through] a manuscript **Gegenlicht** *nt* light shining towards the viewer; bei ~ against the light; ein Foto bei ~ aufnehmen to take a backlit [or contre-jour] photo[graph] **Gegenliebe** *f kein pl* mit etw *dat* [bei jdm] keine/wenig ~ finden to find no/little favour [or AM -or] [with sb] for sth; [bei jdm] auf keine/wenig ~ stoßen to meet with no/little approval [from sb] **Gegenmaßnahme** *f* countermeasure **Gegenmehr** <-s> *nt* SCHWEIZ votes against; ohne ~ unanimously **Gegenmeinung** *f* opposite opinion **Gegenmittel** *nt* (*gegen Gift*) antidote; (*gegen Krankheit*) remedy; ■ein ~ gegen etw *akk* an antidote for [or to] [or a remedy for] sth **Gegenoffensive** *f s.* Gegenangriff **Gegenpapst** *m* HIST antipope **Gegenpartei** *f* other [or opposing] side **Gegenpol** *m* opposite pole; ■jds ~ sb's opposite; ■der ~ zu jdm the opposite of sb **Gegenprobe** *f* ① (*Überprüfung*) crosscheck; die ~ zu etw *dat* machen to carry out a crosscheck on sth, to crosscheck sth ② (*bei Abstimmung*) recount using the opposite motion **Gegenreaktion** *f* counterreaction **Gegenrechnung** *f* contra account; [jdm] die/eine ~ [für etw *akk*] aufmachen [o aufstellen] to present the other side of the account [to sb] [or offset that against] **Gegenreformation** *f* HIST Counter-Reformation **Gegenregierung** *f* rival government **Gegenrichtung** *f* opposite direction

Gegensatz *m* ① (*Gegenteil*) opposite; einen [krassen] ~ zu etw *dat* bilden to contrast [starkly] with sth, to be in stark contrast to sth; im scharfen [o schroffen] ~ zu etw *dat* stehen to conflict sharply with sth, to be in sharp conflict with sth; der [genaue] ~ zu jdm sein to be the [exact] opposite of sb; im ~ zu jdm/etw in contrast to [or unlike] sb/sth ② *pl* differences; unüberbrückbare Gegensätze irreconcilable differences ▶ WENDUNGEN: Gegensätze ziehen sich an (*prov*) opposites attract

gegensätzlich **I.** *adj* conflicting, differing; den ~en Standpunkt vertreten to represent the opposite point of view; ~e Menschen/Temperamente diffe-

rent people/temperaments **II.** *adv* differently
Gegensätzlichkeit <-, -en> *f* difference[s]; **bei aller ~** in spite of all [the] differences
Gegenschlag *m* retaliation; **zum ~ ausholen** to prepare to retaliate **Gegenseite** *f* ① (*gegenüberliegende Seite*) other [*or* opposite] side ② (*gegnerische Partei*) other [*or* opposing] side
gegenseitig **I.** *adj* mutual; **in ~er Abhängigkeit stehen** to be mutually dependent; *s. a.* **Einvernehmen** **II.** *adv* mutually; **sich ~ beschuldigen/helfen/unterstützen** to accuse/help/support each other [*or* one another]
Gegenseitigkeit <-> *f kein pl* mutuality; **auf ~ beruhen** to be mutual; **ein Abkommen/Vertrag auf ~** a reciprocal agreement/treaty
Gegensinn <-[e]s> *m kein pl* **im ~** in the opposite direction **Gegenspieler(in)** *m(f)* opposite number **Gegenspionage** *f* counterespionage **Gegensprechanlage** *f* two-way intercom, duplex system
Gegenstand <-[e]s, Gegenstände> *m* ① (*Ding*) object; **Gegenstände des täglichen Bedarfs** objects [*or* articles] of everyday use ② (*Thema*) subject ③ (*Objekt*) ▪ **der ~ einer S.** *gen* the object of sth; **~ der Kritik** target of criticism; **sich zum ~ des Gespötts machen** (*geh*) to make oneself an object of ridicule [*or* a laughing stock]
gegenständlich KUNST **I.** *adj* representational **II.** *adv* representationally
Gegenstandpunkt *m* opposite point of view
gegenstandslos *adj* ① (*unbegründet*) unfounded, groundless ② (*hinfällig*) invalid; ***bitte betrachten Sie dieses Schreiben als ~, falls …*** please disregard this notice if …
gegen|steuern *vi s.* gegenlenken **Gegenstimme** *f* ① (*bei einer Abstimmung*) vote against; ***der Antrag wurde mit 323 Stimmen bei 142 ~n/ohne ~ angenommen*** the motion was carried by 323 votes to 142/unanimously ② (*kritische Meinungsäußerung*) dissenting voice **Gegenstoß** *m* counterattack; **einen ~ führen** to counterattack **Gegenströmung** *f* countercurrent, crosscurrent; (*entgegengesetzte Opposition*) current of opposition **Gegenstück** *nt* companion piece, counterpart; **jds ~ sein** to be sb's opposite **Gegenteil** *nt* opposite; **[mit etw** *dat*] **das [genaue [*o* genau das]] ~ bewirken** to achieve the [exact] opposite [*or* [exactly] the opposite] effect [by sth]; **im ~!** on the contrary!; **ganz im ~!** quite the reverse [*or* opposite]!; **ins ~ umschlagen** to change completely; **sich in sein ~ verkehren** to change to the opposite, to twist right round **gegenteilig** **I.** *adj* opposite; ▪ **etwas/nichts G~es** anything/nothing to the contrary **II.** *adv* to the contrary; **sich ~ entscheiden** to come to a different decision **Gegentreffer** *m* goal against; **einen ~ erzielen** to score; **einen ~ hinnehmen [*o fam* einstecken] müssen** to concede a goal
gegenüber **I.** *präp +dat* ① (*örtlich*) ▪ **jdm/einer S. ~** opposite sb/sth; ***er saß ihr genau/schräg ~*** he sat directly opposite [*or* facing] her/diagonally across from her ② (*in Bezug auf*) ▪ **jdm/einer S. ~** towards sb/sth; ***er ist allem Neuen ~ wenig aufgeschlossen*** he is not very open-minded about anything new ③ (*vor …*) ▪ **jdm ~** in front of sb ④ (*im Vergleich zu*) ▪ **jdm ~** in comparison with [*or* compared to] sb; **jdm ~ im Vorteil sein** to have an advantage over sb **II.** *adv* opposite; **die Leute von ~** the people [from] opposite [*or* from across the road [*or* way]]
Gegenüber <-s, -> *nt* ▪ **jds ~** ① (*Mensch*) person opposite ② (*Terrain*) land opposite; ***wir haben einen freien Ausblick und kein ~*** we have an open view with no buildings opposite
gegenüber|liegen *irreg* **I.** *vi* ▪ **jdm/einer S. ~** to be opposite [*or* face] sb/sth **II.** *vr* ▪ **sich** *dat* **~** to face each other [*or* one another] **gegenüberliegend** *adj attr* opposite; **das ~e Gebäude** the building opposite **gegenüber|sehen** *vr irreg* ▪ **sich jdm/einer S. ~** to be faced with sb/sth; **sich einer Herausforderung/Aufgabe ~** to be confronted with a challenge/task **gegenüber|sitzen** *vi irreg* ▪ **jdm/sich ~** to sit opposite [*or* facing] sb/each other [*or* one another] **gegenüber|stehen** *irreg* **I.** *vi* ① (*zugewandt stehen*) ▪ **jdm ~** to stand opposite [*or* facing] sb; ▪ **sich** *dat* **~** to stand opposite [*or* facing] each other [*or* one another] ② (*eingestellt sein*) ▪ **jdm/einer S. […] ~** to have a […] attitude towards sth **II.** *vr* ① (*konfrontiert sein*) ▪ **sich** *dat* **als etw ~** to face [*or* confront] each other [*or* one another] as sth ② (*widerstreiten*) ▪ **sich** *dat* **~** to be in opposition to each other [*or* one another] **gegenüber|stellen** *vt* ① (*konfrontieren*) ▪ **jdm jdn ~** to confront sb with sb ② (*vergleichen*) ▪ **einer S.** *dat* **etw ~** to compare sth with sth **Gegenüberstellung** *f* ① (*Konfrontation*) confrontation ② (*Vergleich*) comparison **gegenüber|treten** *vi irreg sein* ▪ **jdm ~** to face sb
Gegenunterschrift *f* countersignature **Gegenverkehr** *m* oncoming traffic **Gegenvorschlag** *m* counterproposal; **einen ~ haben/machen** to have/make a counterproposal
Gegenwart <-> *f kein pl* ① (*jetziger Augenblick*) present; **[ganz] in der ~ leben** to live in [*or* for] the present [*or* for the day] ② (*heutiges Zeitalter*) present [time [*or* day]]; **unsere ~** the present day, this day and age; **die Literatur/Kunst/Musik der ~** contemporary literature/art/music ③ LING present [tense] ④ (*Anwesenheit*) presence; **in ~ der/des …** in the presence of the …; **in jds ~** in sb's presence, in the presence of sb
gegenwärtig **I.** *adj* ① *attr* (*derzeitig*) present, current ② (*heutig*) present[-day]; **zur ~en Stunde** at the present time; **der ~e Tag** this day ③ (*geh: erinnerlich*) ▪ **etw ist jdm ~** to remember [*or* recall] sth; ***die Adresse ist mir im Augenblick nicht ~*** I cannot remember [*or* recall] the address at the moment ④ (*präsent*) ▪ **irgendwo/in etw** *dat* **~ sein** to be ever-present somewhere/in sth; ***in diesen steinernen Zeugen ist die ruhmreiche Vergangenheit der Stadt stets ~*** these stones bear constant witness to the town's glorious past **II.** *adv* at present, currently
gegenwartsbezogen *adj* relevant to the present day; **ein ~er Mensch** a person whose life revolves around the present **Gegenwartsform** *f* LING present tense **gegenwartsnah** **I.** *adj* (*geh*) relevant to the present day, topical **II.** *adv* in a way that is relevant to the present [day], topically **Gegenwartssprache** *f* present-day language; **die deutsche ~** modern German
Gegenwehr *f* resistance; **[keine] ~ leisten** to put up [no] resistance **Gegenwert** *m* equivalent; **im ~ von etw** *dat* to the value of sth; ***Dollar im ~ von 1000 DM*** 1000 marks' worth of dollars **Gegenwind** *m* headwind; ***sie hatten starken ~*** they had a strong headwind against them, there was a strong headwind **gegen|zeichnen** *vt* ▪ **etw ~** to countersign sth **Gegenzeuge, -zeugin** *m, f* ① JUR witness for the other side ② (*Zeuge für gegenteilige Meinung*) sb who can witness to the contrary **Gegenzug** *m* ① (*Reaktion*) counter[move]; **im ~ [zu etw** *dat*] as a counter[move] [to sth] ② (*entgegenkommender Zug*) oncoming train; (*gleicher Zug in Gegenrichtung*) corresponding train in the opposite direction
gegessen *pp von* **essen**
geglichen *pp von* **gleichen**
geglitten *pp von* **gleiten**
geglommen *pp von* **glimmen**

G

Gegner(in) <-s, -> *m(f)* ① *(Feind)* enemy; ■ **ein ~/eine ~in einer S.** *gen* an opponent of sth ② *(Gegenspieler)* opponent, adversary, rival ③ JUR adversary, opponent ④ SPORT opponent, opposing team

gegnerisch *adj attr* ① MIL *(feindlich)* opposing, enemy *attr;* **die ~e Übermacht** the enemy's superior numbers ② JUR opposing, of the opposition [*or* opposing party] ③ SPORT opposing; **das ~e Tor** the opponent's goal

Gegnerschaft <-, -en> *f* ① *(feindliche Einstellung)* opposition ② *kein pl (die Gegner)* opponents; ■ **die ~ einer S.** *gen* the opponents of sth

gegolten *pp von* **gelten**

gegoren *pp von* **gären**

gegossen *pp von* **gießen**

gegraben *pp von* **graben**

gegriffen *pp von* **greifen**

Gegröle <-s> *nt kein pl (pej fam)* raucous bawling

Gehabe <-s> *nt kein pl (pej fam: Getue)* fuss; *(Gebaren)* affectation

gehabt *pp von* **haben**

gehackt *adj* KOCHK chopped

Gehackte(s) *nt decl wie adj* mince[d meat] BRIT, ground[meat] AM; **~s vom Schwein/Rind** minced [*or* AM ground] pork/beef

Gehalt¹ <-[e]s, Gehälter> *nt o* ÖSTERR *m* salary, pay *no indef art, no pl*

Gehalt² <-[e]s, -e> *m* ① *(Anteil)* content; ■ **der ~ an etw** *dat* the … content; ***der ~ an Kohlendioxid*** the carbon dioxide content ② *(gedanklicher Inhalt)* content, meaning

gehalten I. *pp von* **halten** II. *adj (geh)* ■ **~ sein, etw zu tun** to be required [*or* obliged] to do sth

gehaltlos *adj* ① *(nährstoffarm)* non-nutricious ② *(oberflächlich)* insubstantial, lacking in substance, shallow, superficial

Gehaltsabrechnung *f* salary statement, pay slip **Gehaltsanspruch** *m meist pl* salary [*or* pay] claim; **Gehaltsansprüche [an jdn] haben** to have salary outstanding [against sb]; **Gehaltsansprüche geltend machen** to negotiate a salary claim **Gehaltsbescheinigung** *f* salary declaration **Gehaltsempfänger(in)** *m(f)* salaried employee, salary earner **Gehaltserhöhung** *f* salary increase, rise in salary, pay rise; **jährliche/regelmäßige ~en** annual/regular increments **Gehaltsforderung** *f* salary [*or* pay] claim **Gehaltsfortzahlung** *f* continued payment of salary *(during illness)* **Gehaltsgruppe** *f* salary bracket **Gehaltskonto** *nt* account into which a salary is paid **Gehaltskürzung** *f* salary cut, cut in salary **Gehaltsstufe** *f* salary bracket **Gehaltsvorrückung** *f* ÖSTERR *(Gehaltserhöhung)* salary increase, rise in salary **Gehaltsvorstellung** *f* salary expectation **Gehaltswunsch** *m* salary requirement **Gehaltszahlung** *f* salary payment **Gehaltszulage** *f* salary bonus

gehaltvoll *adj* ① *(nahrhaft)* nutritious, nourishing ② *(gedankliche Tiefe aufweisend)* thought-provoking, stimulating

Gehämmer <-s> *nt kein pl (pej)* hammering

gehandikapt [gəˈhɛndikɛpt] *adj* handicapped; ■ **durch etw** *akk* **~ sein** to be handicapped by sth

Gehänge <-s, -> *nt* drop earring, ear pendant

gehangen *pp von* **hängen**

Gehängte(r) *f(m) decl wie adj* hanged man/woman

Gehänsel <-s> *nt kein pl (fam)* [constant] teasing

geharnischt *adj* ① *(fig)* strong, sharply-[*or* strongly-]worded; *s. a.* **Abfuhr** ② HIST *(gepanzert)* armour [*or* AM -or] -clad; **~e Ritter** knights in armour

gehässig I. *adj* spiteful II. *adv* spitefully

Gehässigkeit <-, -en> *f* ① *kein pl (Boshaftigkeit)* spite[fulness] ② *(gehässige Bemerkung)* spiteful remark

gehauen *pp von* **hauen**

gehäuft I. *adj* ① *(hoch gefüllt)* heaped ② *(wiederholt)* frequent, repeated II. *adv* in large numbers

Gehäuse <-s, -> *nt* ① *(Schale)* casing; *Kamera a.* body; *Lautsprecher* cabinet ② *(Schneckengehäuse)* shell ③ *(Kerngehäuse)* core

gehbehindert *adj* with a mobility handicap; **leicht/stark ~ sein** to have a slight/severe mobility handicap

Gehege <-s, -> *nt* ① *(im Zoo)* enclosure ② *(Wildgehege)* preserve ▶ WENDUNGEN: **jdm ins ~ kommen** *(fam)* to get in sb's way [*or fam* under sb's feet]

geheiligt *adj* sacred

geheim I. *adj* ① *(verborgen)* secret; **im G~en** in secret, secretly ② *(nicht allen bekannt)* secret; **„Streng ~"** "Top secret" ③ *(nicht geäußert)* secret; **meine ~sten Gedanken/Wünsche** my most secret [*or* innermost] thoughts/desires II. *adv* secretly; **~ abstimmen** to vote by secret ballot; **etw [vor jdm] ~ halten** to keep sth secret [from sb]; **~ gehalten** classified; **~ tun** *(fam)* to be secretive

Geheimabkommen *nt* secret agreement **Geheimagent(in)** *m(f)* secret agent **Geheimbund** *m* secret society **Geheimdienst** *m* secret service BRIT, intelligence service AM **Geheimdienstler(in)** <-s, -> *m(f) (fam)* secret [*or* AM intelligence] service man/woman, spook *fam;* ■ **die ~** the secret service BRIT, the intelligence services AM **Geheimfach** *nt* secret compartment **Geheimgang** *m* secret passage **geheim|halten** *vt irreg s.* **geheim II** **Geheimhaltung** *f* secrecy; **zur ~ verpflichtet werden** to be sworn to secrecy **Geheimkonto** *nt* secret bank account

Geheimnis <-ses, -se> *nt* ① *(Wissen)* secret; **ein/jds ~ bleiben** to remain a/sb's secret; **vor jdm keine ~se haben** to have no secrets from sb; **aus etw** *dat* **ein/kein ~ machen** to make a [big]/no secret of sth; **ein offenes ~** an open secret ② *(Rätsel)* ■ **das ~ einer S.** *gen* the secret of sth; **das ~ des Lebens** the mystery of life; **das ganze ~ sein** *(fam)* to be all there is to it; **jdn in die ~se von etw** *dat* **einweihen** to initiate [*or* let] sb into the secrets of sth

Geheimniskrämer(in) <-s, -> *m(f) (fam) s.* **Geheimnistuer** **Geheimniskrämerei** *f (pej fam)* cloak and daggers *pej,* secretiveness **Geheimnisträger(in)** *m(f)* POL person cleared for classified information **Geheimnistuer(in)** <-s, -> *m(f) (fam)* mystery-monger **Geheimnistuerei** <-, -en> [tuːəˈrai] *f (fam)* secretiveness, secrecy **geheimnisumwittert** *adj (geh)* shrouded in mystery **Geheimnisverrat** *m* divulgence of official secrets **geheimnisvoll** I. *adj* mysterious II. *adv* mysteriously; **~ tun** to act mysteriously [*or* be mysterious]

Geheimnummer *f* ① TELEK ex-directory number ② FIN secret [account] number ③ *(geheime Kombination)* secret combination **Geheimpolizei** *f* secret police **Geheimpolizist(in)** *m(f)* member of the secret police **Geheimrat, -rätin** *m, f* HIST privy councillor [*or* AM councilor] **Geheimratsecken** *pl (hum fam)* receding hairline; ***er hat ~*** he's receding [*or* going bald at the temples] **Geheimrezept** *nt* secret recipe **Geheimsache** *f* classified information **Geheimschrift** *f* code, secret writing *no indef art, no pl* **Geheimsender** *m* secret transmitter **Geheimtinte** *f* invisible ink **Geheimtip** *m* inside tip **geheim|tun** *vi irreg s.* **geheim II** **Geheimtür** *f* secret door **Geheimwaffe** *f* secret weapon **Geheimzahl** *f* FIN secret number [*or* code], PIN number

Geheiß <-es> *nt kein pl (geh)* behest *form,* command; **auf jds ~** at sb's behest [*or* bidding]

geheißen *pp von* **heißen**

gehẹmmt **I.** *adj* inhibited **II.** *adv* **sich ~ benehmen** to be inhibited, to act self-consciously; **~ sprechen** to speak with inhibitions

gehen <gịng, gegạngen> **I.** *vi sein* ① *(sich fortbewegen)* ■ **[irgendwohin] ~** to go [somewhere]; *(zu Fuß)* to walk [somewhere]; **geh schon!** go on!; **~ wir!** let's go!; **~** ***wir oder fahren wir mit dem Auto?*** shall we walk or drive?; ***ich gehe raus, frische Luft schnappen*** I'm going out for some fresh air; ***gehst du heute in die Stadt/auf die Post/zur Bank?*** are you going to town/to the post office/to the bank today?; ***wann geht er nach Paris/ins Ausland?*** when is he going to Paris/abroad?; **in Urlaub ~** to go on holiday [*or* AM vacation]; **auf die andere Straßenseite ~** to cross over to the other side of the street; ***ich gehe eben mal schnell auf den Dachboden*** I'm just going up to the loft quickly; **[im Zimmer] auf und ab ~** to walk up and down [*or* pace] [the room]; ■ **in/an etw** *akk* **~** to go into/to sth; **ans Telefon ~** to answer the telephone; ■ **über etw** *akk* **~** to go over [*or* cross] sth; ■ **zu jdm/etw ~** to go to sb/sth; ***wie lange geht man bis zur Haltestelle/zur Post?*** how far is it to the bus stop/post office?; ***kannst du für mich noch zum Metzger/Bäcker ~?*** can/could you go to the butcher['s]/baker['s] for me?; *s. a.* **Stelzen, Stock, weit** ② *(besuchen)* ■ **zu jdm ~** to go and visit [*or* see] sb; ■ **in etw** *akk* **~** to go to sth; **ins Theater/in die Kirche/Messe/Schule ~** to go to the theatre/to church/mass/school; ■ **zu etw** *dat* **~** to go to sth; **zu einem Vortrag/zu einer Messe/zur Schule ~** to go to a lecture/to a [trade] fair/to school; ■ **an etw** *akk* **~** to go to sth; **an die Uni ~** to go to university; ■ **auf etw** *akk* **~** to go to sth; **aufs Gymnasium/auf einen Lehrgang ~** to go to [a] grammar school/on a course; ■ **etw tun ~** to go to do sth; **schwimmen/tanzen/einkaufen/schlafen ~** to go swimming/dancing/shopping/to bed ③ *(tätig werden)* ■ **in etw** *akk* **~** to go into [*or* enter] sth; **in die Industrie/Politik/Computerbranche ~** to go into industry/politics/computers; **in die Partei/Gewerkschaft ~** to join the party/union; ■ **zu etw** *dat* **~** to join sth; **zum Film/Radio/Theater/zur Oper ~** to go into films/radio/on the stage/become an opera singer; ■ **an etw** *akk* **~** to join sth; **ans Gymnasium/an die Uni ~** to join the grammar school/university [as a teacher/lecturer] ④ *(weggehen)* to go; *(abfahren a.)* to leave; ***ich muss jetzt ~*** I have to be off [*or* must go]; ***wann geht der Zug nach Hamburg?*** when does the train to Hamburg leave?; ***heute geht leider keine Fähre mehr*** there are no more ferries today, I'm afraid; **jdn ~ lassen** *(davongehen lassen)* to let sb go; **von uns gegangen sein** *(euph: gestorben sein)* to have departed from us *euph; s. a.* **Licht, Weg** ⑤ *(blicken)* ■ **auf etw** *akk***/nach etw** *akk* **~** to look onto/towards sth; ***die Fenster ~ auf das Meer/den Strand*** the windows look [out] onto the sea/beach; ***der Balkon ging nach Süden/auf einen Parkplatz*** the balcony faced south/overlooked a car park ⑥ *(führen)* ■ **irgendwohin ~** to go somewhere; ***die Brücke geht über den Fluss*** the bridge crosses the river; ***ist das die Straße, die nach Oberstdorf geht?*** is that the road [*or* way] to Oberstdorf?; ***wohin geht dieser Weg/Geheimgang?*** where does this path/secret passage go [*or* lead [to]]?; ***die Tür geht direkt auf unseren Parkplatz*** the door leads [*or* opens] directly onto our parking space; ■ **von ... bis/über etw** *akk* **~** to go from ... to/via somewhere; ***die nach Biberach ~de Reise*** the trip to Biberach; ***dieser Rundweg geht über die Höhen des Schwarzwaldes*** this circular walk takes in the highest points [*or* peaks] of the Black Forest ⑦ *(ausscheiden)* ■ **[zu jdm] ~** to leave [for sb], to go [to sb]; ***er ist zu Klett gegangen*** he left to go to Klett; **gegangen werden** *(hum fam)* to be given the push [*or fam* the sack] ⑧ *(funktionieren)* to work; ***meine Uhr geht nicht mehr*** my watch has stopped ⑨ *(sich bewegen)* to move; ***ich hörte, wie die Tür ging*** I heard the door [go]; ***diese Schublade geht schwer*** this drawer is stiff; ***vielleicht geht das Schloss wieder, wenn man es ölt*** perhaps the lock will work again if you oil it ⑩ *(gelingen)* ■ **[irgendwie] ~** to go [somehow]; ***wie ist die Prüfung gegangen?*** how was the exam [*or* did the exam go]?; ***zur Zeit geht alles drunter und drüber*** things are a bit chaotic right now; ***versuch's einfach, es geht ganz leicht*** just try it, it's really easy; ***kannst du mir bitte erklären, wie das Spiel geht?*** can you please explain the rules of the game to me?; ***wie soll das denn bloß ~?*** just how is that supposed to work? ⑪ ÖKON *(laufen)* to go; ***das Geschäft geht vor Weihnachten immer gut*** business is always good before Christmas; ***wie ~ die Geschäfte?*** how's business?; ***der Export geht nur noch schleppend*** exports are sluggish; *(sich verkaufen)* to sell; ***diese teuren Zigarren ~ gut/nicht gut*** these expensive cigars sell/don't sell well; ***diese Pralinen ~ bei uns so schnell weg, wie sie reinkommen*** we sell these chocolates as soon as they come in ⑫ *(verlaufen)* ■ **[irgenwie] vor sich ~** to go on [*or* happen] [in a certain way]; ***erkläre mir mal, wie das vor sich ~ soll*** now just tell me how that's going to happen [*or* how it's going to work]; ***das kann auf verschiedene Arten vor sich ~*** it can procede in a variety of ways; ***kannst du mir mal erklären, wie das vor sich geht, wenn man die deutsche Staatsbürgerschaft annehmen will?*** can you explain the procedure for taking up German citizenship to me?; ***was geht hier vor sich?*** *(fam)* what's going on here? ⑬ *(hineinpassen)* ■ **in etw** *akk***/durch etw** *akk* **~** to go into/through sth; ***es ~ über 450 Besucher in das neue Theater*** the new theatre holds over 450 people; ***wie viele Leute ~ in deinen Wagen?*** how many people [can] fit in[to] your car?; *s. a.* **Kopf** ⑭ *(dauern)* to go on; ■ **eine bestimmte Zeit ~** to last a certain time; ***dieser Film geht drei Stunden*** this film goes on for [*or* lasts] three hours; ***der Film geht schon über eine Stunde*** the film has been on for over an hour already [*or* started over an hour ago] ⑮ *(reichen)* to go; ■ **[jdm] bis zu etw** *dat* **~** to reach [sb's] sth; ***das Wasser geht einem bis zur Hüfte*** the water comes up to one's hips; ***der Rock geht ihr bis zum Knie*** the skirt goes down to her knee; ■ **in etw** *akk* **~** to run into sth; **in die Hunderte** [*o* **hunderte**]**/Tausende** [*o* **tausende**] **~** to run into [the] hundreds/thousands ⑯ KOCHK *Teig* to rise ⑰ *(sich kleiden)* ■ **in etw** *dat* **~** to wear sth; *(verkleidet sein)* ■ **als etw ~** to go as sth; *(gekleidet sein)* ■ **mit/ohne etw ~** to go with/without sth; ***bei dem Nieselregen würde ich nicht ohne Schirm ~*** I wouldn't go out in this drizzle without an umbrella; ***sie geht auch im Winter nur mit einer dunklen Brille*** she wears dark glasses even in winter; ***ich gehe besser nicht in Jeans dorthin*** I'd better not go there in jeans ⑱ *(ertönen)* to ring ⑲ *(möglich sein)* ■ **[bei jdm] ~** to be all right [*or fam* OK] [with sb]; ***haben Sie am nächsten Mittwoch Zeit? — nein, das geht [bei mir] nicht*** are you free next Wednesday? — no, that's no good [for me] [*or* I can't manage that]; ***das geht doch nicht!*** that's not on!; ***ich muss mal telefonieren – geht das?*** I have to make a phonecall – would that be alright?; **nichts geht mehr** *(beim Roulette)* no more bets; *(hoffnungslos sein)* there's nothing more to be done ⑳ *(lauten)* to go; ***weißt du noch, wie das Lied ging?*** can you remember how the song went [*or* the words of the song]?; ***wie geht nochmal der Spruch?*** what's that

saying again?, how does the saying go? ㉑ (*anfassen*) ■ **an etw** *akk* ~ to touch sth; ***um ihre Schulden zu bezahlen, musste sie an ihr Erspartes*** ~ she had to raid her savings to pay off her debts; ***wer ist dieses Mal an meinen Computer gegangen?*** who's been messing around with my computer this time? ㉒ (*zufallen*) ■ **an jdn** ~ to go to sb; ***das Erbe/der Punkt ging an sie*** the inheritance/point went to her; ***der Vorsitz ging turnusmäßig an H. Lantermann*** H. Lantermann became chairman in rotation ㉓ (*beeinträchtigen*) ■ **[jdm] an etw** *akk* ~ to damage [sb's] sth; ***das geht [mir] ganz schön an die Nerven*** that really gets on my nerves; ***das geht an die Kraft*** [*o* ***Substanz***] that takes it out of you ㉔ (*fam: angreifen*) ■ **auf etw** *akk* ~ to attack sth; ***das Rauchen geht auf die Lunge*** smoking affects the lungs; ***das Klettern geht ganz schön auf die Pumpe*** climbing really puts a strain on the old ticker ㉕ (*gerichtet sein*) ■ **an jdn** ~ to be addressed to sb; ■ **gegen jdn/etw** ~ to be directed against sb/sth; ***das geht nicht gegen Sie, aber die Vorschriften!*** this isn't aimed at you, it's just the rules!; ***das geht gegen meine Prinzipien/Überzeugung*** that is [*or* goes] against my principles/convictions ㉖ (*fam: liiert sein*) ■ **mit jdm** ~ to go out with sb ㉗ (*urteilen*) ■ **nach etw** *dat* ~ to go by sth; ***der Richter ging in seinem Urteil nach der bisherigen Unbescholtenheit des Angeklagten*** on passing sentence the judge took into account the defendant's lack of previous convictions; ***nach dem, was er sagt, kann man nicht*** ~ you can't go by what he says ㉘ (*überschreiten*) **zu weit** ~ to go too far, to overstep the line; ***das geht zu weit!*** that's just too much! ㉙ (*übersteigen*) **über jds Geduld** ~ to exhaust sb's patience; **über jds Kräfte/Möglichkeiten** ~ to be too much for [*or* beyond] sb; ***das geht einfach über meine finanziellen Möglichkeiten*** I just don't have the finances for that ㉚ (*hum: werden zu*) **unter die Politiker/Künstler/Säufer** ~ to join the ranks of politicians/artists/alcoholics ㉛ (*fam: akzeptabel sein*) to be OK; ***er geht gerade noch, aber seine Frau ist furchtbar*** he's just about OK [*or* tolerable] but his wife is awful; ***wie ist das Hotel? — es geht [so]*** how's the hotel? — it's ok; ***ist das zu klein? — nein, das geht [so]*** is it too small? — no, it's ok like this ㉜ (*Altersangabe*) ■ **auf die …** ~ + *Zahl* to be approaching …; ***er geht auf die dreißig*** he's approaching [*or* coming up for] thirty ▸ WENDUNGEN: **wo jd geht und <u>steht</u>** (*fam*) wherever [*or* no matter where] sb goes [*or* is]; **<u>in</u> sich** *akk* ~ to turn one's gaze inward, to take stock of oneself; ***Mensch, geh in dich!*** for heaven's sake, think again!; ~ **Sie [mir] <u>mit</u> …** (*fam*) spare [me] …; ~ ***Sie [mir] doch mit Ihren Ausreden!*** spare me your excuses, please!; **jdm <u>über</u> alles** ~ to mean more to sb than anything else; ***das Kind geht mir über alles!*** that child means the whole world to me!; **es geht nichts <u>über</u> jdn/etw** nothing beats sb/sth, there's nothing better than [*or* to beat] [*or* like] sb/sth; **[ach] geh, …!** (*fam*) [oh] come on, …!; ***ach geh, das kann doch nicht dein Ernst sein!*** oh come on, you can't be serious!; ***geh, so was kannst du sonst wem erzählen!*** go and tell that to the marines!; **geh!** ÖSTERR, SÜDD get away!; ***geh, was du nicht sagst!*** go on, you're kidding!; *s. a.* **Konto**
II. *vi impers sein* ❶ + *adv* (*sich befinden*) ■ **jdm geht es …** sb feels …; ***wie geht es Ihnen? — danke, mir geht es gut/ausgezeichnet!*** how are you? — thank you, I am well/I'm feeling marvellous!; ***mir ist es schon mal besser gegangen!*** I have felt better!; ***nach der Spritze ging es ihr gleich wieder besser*** she soon felt better again after the injection; **wie geht's denn [so]?** (*fam*) how are things?, how's it going? ❷ + *adv* (*verlaufen*) ■ **irgendwie** ~ to go somehow; ***wie war denn die Prüfung? — ach, es ging ganz gut*** how was the exam? — oh, it went quite well; ***es ging wie geschmiert*** it went like clockwork ❸ (*sich handeln um*) ■ **[bei etw** *dat*] **um etw** *akk* ~ to be about sth; ***um was geht's denn?*** what's it about then?; ***worum geht's denn?*** what's it all about then?; ***in dem Gespräch ging es um die zugesagte Gehaltserhöhung*** the conversation was about the promised increase in salary; ***worum geht es in diesem Film?*** what is this film about?; ***hierbei geht es um meinen guten Ruf*** my reputation is at stake [*or* on the line] here; ***hierbei geht es um Millionen*** we're talking millions here *fam*, there are millions involved here; ***wenn es um mein Glück geht, lasse ich mir von niemandem dreinreden*** when it comes to my happiness I don't let anyone tell me what to do; ***es geht hier um eine wichtige Entscheidung*** there is an important decision to be made here; ***wenn es nur um ein paar Minuten geht, warten wir*** we'll wait if it's just a question [*or* matter] of a few minutes ❹ (*wichtig sein*) ■ **jdm geht es um etw** *akk* sth matters to sb; ***worum geht es dir eigentlich?*** what are you trying to say?; ***es geht mir nur ums Geld/um die Wahrheit*** I'm only interested in the money/truth; ***es geht mir ums Prinzip*** it's a matter [*or* question] of principle; *s. a.* **Leben** ❺ (*ergehen*) ■ **jdm geht es irgendwie** to be somehow with sb; ***mir ist es ähnlich/genauso/nicht anders gegangen*** it was the same [*or* like that]/just the same [*or* just like that]/no different with me, I felt the same/just the same/no different; ***warum soll es dir etwa besser ~ als mir?*** why should you have it better than me?; ***lass es dir/lasst es euch gut ~!*** look after [*or* take care of] yourself! ❻ (*sich machen lassen*) to be all right; ***geht es, dass ihr uns zu Weihnachten besuchen kommt?*** will it be possible for you to visit us at Christmas?; ***das wird kaum ~, wir sind über Weihnachten verreist*** that won't be possible [*or* work], we're away for Christmas; ***ich werde arbeiten, solange es geht*** I shall go on [*or* continue] working as long as possible; ***geht es, oder soll ich dir tragen helfen?*** can you manage, or shall I help you carry it/them; **es geht einfach nicht mehr** it won't do any more ❼ (*führen*) ■ **nach/in etw** *akk* ~ to go [*or* lead] somewhere; ***erst fahren Sie über drei Ampeln, dann geht es rechts ab*** go past three traffic lights then turn right; ***wohin geht's eigentlich im Urlaub?*** just where are you off to on holiday?; ***auf, Leute, es geht wieder nach Hause*** come on people, it's time to go home; ***das nächste Mal geht's in die Berge/an die See*** we're off to [*or* heading for] the mountains/coast next time; ***im Sommer geht es immer in den Süden*** we always go [*or* head] south for the summer; ***gleich geht's ins Wochenende*** soon it'll be the weekend; ***wo geht's hier zum Flughafen?*** how do I get to the airport from here?; ***wo geht es hier raus?*** where is the exit?; *s. a.* **geradeaus** ❽ (*nach jds Kopf~*) ■ **nach jdm** ~ to go by sb; **wenn es nach mir ginge** if it were up to me; ***es kann nicht immer alles nach dir*** ~ you can't always have things your own way ▸ WENDUNGEN: **aber sonst geht's dir <u>gut</u>?** (*iron*) but you're OK otherwise?, are you feeling all right?, are you quite right in the head?; **<u>auf</u> geht's!** let's go!, come on!; **es geht das <u>Gerücht</u>/die <u>Sage</u>, dass …** rumour/legend has it that …; **geht's <u>noch</u>!?** SCHWEIZ (*iron*) are you crazy?!
III. *vt sein* ■ **etw** ~ to walk sth; ***Sie haben aber noch drei Stunden/17 Kilometer zu ~!*** you've still got another three hours/17 kilometres to go!; ***ich gehe immer diesen Weg/diese Straße*** I always walk this way/take this road
IV. *vr haben* ❶ *impers* ■ **sich irgendwo/in etw** *dat* **irgendwie** ~ to walk some-

where/in sth somehow; ***es geht sich schlecht hier*** it's hard going [*or* hard to walk] here; ***in diesen Schuhen geht es sich bequem*** these shoes are very comfortable for walking [*or* to walk in] ② (*sich nicht beherrschen*) **sich ~ lassen** to lose control of oneself [*or* one's self-control]; (*nachlässig sein*) to let oneself go

Gehen <-s> *nt kein pl* ① (*Zu-Fuß-~*) walking ② (*das Weggehen*) going, leaving; ***schon im ~, wandte sie sich noch einmal um*** she turned round once more as she left; **sein frühes/vorzeitiges ~** his early departure ③ SPORT walking

Gehenkte(r) *f(m) decl wie adj s.* **Gehängte(r)**

gehen|lassen* *vr, vt irreg s.* **gehen I 4, IV 2**

Geher(in) <-s, -> *m(f)* SPORT walker

gehetzt *adj* harassed

geheuer *adj* [**jdm**] **nicht** [**ganz**] **~ sein** to seem [a bit] suspicious [to sb]; **jdm ist nicht ganz ~** [**bei etw** *dat*] sb feels a little uneasy [about sth]; **irgendwo ist es jdm nicht** [**ganz**] **~** somewhere gives sb the creeps *fam;* **irgendwo ist es nicht ~** somewhere is eerie [*or* spooky]

Geheul(e) <-[e]s> *nt kein pl* (*pej*) howling

Gehilfe, Gehilfin <-n, -n> *m, f* assistant, helper; **kaufmännischer ~** (*geh*) commercial assistant

Gehilfenbrief *m* commercial assistant diploma **Gehilfenprüfung** *f* commercial assistant examination

Gehilfenschaft <-> *f kein pl* JUR SCHWEIZ (*Beihilfe*) aiding and abetting

Gehirn <-[e]s, -e> *nt* brain ▶ WENDUNGEN: **kein ~ im Kopf haben** (*fam*) to have no sense; **sein ~ anstrengen** (*fam*) to use [*or* rack] [*or esp* AM wrack] one's brains

Gehirnakrobatik *f* (*fam*) mental acrobatics *pl* **gehirnamputiert** *adj* (*hum*) **~ sein** to be off one's head BRIT *fam* [*or* out of one's mind] **Gehirnblutung** *f* brain [*or* cerebral] haemorrhage [*or* AM hemorrhage] **Gehirnchirurgie** *f* brain surgery **Gehirnerschütterung** *f* concussion **Gehirnhautentzündung** *f* meningitis **Gehirnschlag** *m* MED stroke; **einen ~ bekommen** [*o geh* **erleiden**] to have [*or form* suffer] a stroke **Gehirnsubstanz** *f* ANAT brain matter **Gehirntumor** *m* brain tumor **Gehirnwäsche** *f* brainwashing *no indef art, no pl;* **eine ~ mitmachen** to undergo brainwashing, to be brainwashed; **jdn einer ~ unterziehen** to brainwash sb **Gehirnzelle** *f* brain cell

gehoben I. *pp von* **heben** II. *adj* ① LING elevated, refined; **sich ~ ausdrücken** to use elevated language ② (*anspruchsvoll*) sophisticated, refined ③ (*höher*) senior ④ (*froh*) festive; **in ~er Stimmung sein** to be in a festive mood [*or* high spirits]

Gehöft, Gehöft <-[e]s, -e> *nt* farm[stead]

geholfen *pp von* **helfen**

Gehölz <-es, -e> *nt* (*geh*) copse, wood

Gehör <-[e]s, *selten* -e> *nt* ① (*das Hören*) hearing; **oder täuscht mich mein ~?** or do my ears deceive me?; **das ~ verlieren** to go deaf; [**jdn**] **um ~ bitten** to ask [sb] for attention [*or* a hearing]; [**mit etw** *dat*] [**bei jdm**] **~/kein ~ finden** to gain/not to gain a hearing [with sb] [for sth], to meet with [*or* get] a/no response [from sb] [to sth]; **ein gutes/schlechtes ~ haben** to have a good/bad hearing; **jdm zu ~ kommen** to come to sb's ears [*or* attention]; **jdm/einer S. ~/kein ~ schenken** to listen/not to listen to sb/sth, to lend/not to lend an ear to sb/sth; **sich** *dat* [**bei jdm**] [**mit etw** *dat*] **~ verschaffen** to make oneself heard [to sb] [with sth]; **nach dem ~ singen/spielen** to sing/play by ear ② MUS **absolutes ~** absolute [*or fam* perfect] pitch ③ MUS, THEAT (*geh*) **etw zu ~ bringen** to bring sth to the stage, to perform sth

gehorchen* *vi* ① (*gefügig sein*) [**jdm/einer S.**] **~** to obey [sb/sth]; **aufs Wort ~** to obey sb's every word ② (*reagieren*) **jdm ~** to respond to sb

gehören* I. *vi* ① (*jds Eigentum sein*) **jdm ~** to belong to sb, to be sb's; ***ihm ~ mehrere Häuser*** he owns several houses ② (*jdm zugewandt sein*) **jdm/einer S. ~** to belong to sb/sth; ***ihre ganze Liebe gehört ihrem Sohn*** she gives all her love to her son; ***mein Herz gehört einem anderen*** my heart belongs to another *poet* ③ (*den richtigen Platz haben*) **irgendwohin ~** to belong somewhere; ***die Kinder ~ ins Bett*** the children should be in bed; ***wohin ~ die Hemden?*** where do the shirts go? ④ (*angebracht sein*) **irgendwohin ~** to be relevant somewhere; ***dieser Vorschlag gehört nicht zum Thema/hierher*** this suggestion is not to [*or* off] the point/is not relevant here ⑤ (*Mitglied sein*) **zu jdm/einer S. ~** to belong to sb/sth; **zur Familie ~** to be one of the family; ***~ sie wirklich alle zu unserer Verwandtschaft?*** are they really all relatives [*or* relations] of ours [*or* related to us]? ⑥ (*Teil sein von*) **zu etw** *dat* **~** to be part of sth; ***es gehört zu meiner Arbeit/meinen Pflichten*** it is part of my job/one of my duties; ***gehört zu der Hose denn kein Gürtel?*** shouldn't there be a belt with these trousers?; ***zu einem grauen Mantel gehört entweder ein grauer oder ein schwarzer Hut*** with a grey coat one should wear a grey or black hat, a grey or black hat goes with a grey coat ⑦ (*Voraussetzung, nötig sein*) **zu etw** *dat* **~** to be called for with sth; ***zu dieser Arbeit gehört viel Konzentration*** this work calls for [*or* requires] a lot of concentration; **es gehört viel Mut dazu, ...** it takes a lot of courage to ...; **dazu gehört nicht viel** that doesn't take much, that's no big deal *fam;* **dazu gehört** [**schon**] **einiges** [*o* **etwas**] that takes something [*or* some doing]; **dazu gehört** [**schon etwas**] **mehr** there's [a bit] more to it than that! ⑧ DIAL (*muss ... werden*) **... ~** to deserve ...; ***er meint, dass sie ganz einfach wieder zurückgeschickt ~*** he thinks they ought simply to be sent back again II. *vr* **sich ~** to be fitting [*or* proper] [*or* right]; ***das gehört sich auch so*** that's as it should be; **wie es sich gehört** as is right and proper, as one should; **sich** [**einfach/eben**] **nicht ~** to be [simply/just] not good manners; ***das gehört sich einfach nicht*** that's [*or* it's] just [*or* simply] not done

Gehörfehler *m* **ein ~** defective hearing, a hearing defect **Gehörgang** *m* ANAT auditory canal

gehörig I. *adj* ① *attr* (*fam: beträchtlich*) good *attr;* **eine ~e Achtung vor jdm haben** to have a healthy respect for sb; **jdm einen ~en Schrecken einjagen** to give sb a good [*or* BRIT *fam* right] fright; **jdm eine ~e Tracht Prügel verpassen** to give sb a good [*or* sound] thrashing ② *attr* (*entsprechend*) proper ③ (*geh: gehörend*) **zu etw** *akk* **~** belonging to sth; **nicht zur Sache ~ sein** not to be relevant, to be irrelevant; **alle nicht zum Thema ~en Vorschläge** all suggestions not relevant to the topic II. *adv* (*fam*) good and proper *fam,* well and truly; **jdn ~ ausschimpfen** to tell sb off good and proper, to tell sb well and truly off; ***du hast dich ~ getäuscht*** you are very much mistaken

gehörlos *adj* (*geh*) deaf **Gehörlose(r)** *f(m) decl wie adj* (*geh*) deaf person

Gehörlosigkeit <-> *f kein pl* (*geh*) deafness **Gehörnerv** *m* auditory nerve

gehörnt *adj* ① (*mit Geweih*) horned, antlered ② (*veraltend: betrogen*) cuckolded; **ein ~er Ehemann** a cuckold

gehorsam I. *adj* obedient; [**jdm**] **~ sein** to be obedient [to sb] II. *adv* obediently; ***melde ~st, Befehl ausgeführt*** respectfully report, order carried out

Gehorsam <-s> *m kein pl* obedience; **sich** *dat* **~ verschaffen** to gain [*or* win] obedience; **jdm den ~**

G

verweigern to refuse to obey sb
Gehörschaden *m* hearing defect **Gehörsinn** *m* *kein pl* sense of hearing
Gehrock *m* MODE frock coat
Gehrung <-, -en> *f* TECH ❶ (*das Gehren*) mitring [*or* AM -ering] ❷ (*Eckfuge*) mitre [*or* AM -er] [joint]
Gehsteig *m s.* **Bürgersteig**
Gehtnichtmehr *nt kein pl* **bis zum ~** ad nauseam; ***ich habe ihr das bis zum ~ erklärt*** I've explained it to her till I was blue in the face
gehupft *pp von* **hupfen** ▸ WENDUNGEN: **etw ist ~ wie gesprungen** it makes no difference at all [*or* odds]
Gehweg *m* ❶ *s.* **Bürgersteig** ❷ (*Fußweg*) walk
Geier <-s, -> *m* vulture ▸ WENDUNGEN: **weiß der ~!** (*sl*) God [*or* Christ] knows! *sl*
Geifer <-s> *m kein pl* slaver, slobber *esp* AM
geifern *vi* ❶ (*sabbern*) to slaver, to slobber *esp* AM ❷ (*pej: Gehässigkeiten ausstoßen*) ■**[gegen jdn/etw]** ~ to rail [against sb/sth], to rant [*or* rave] [at sb/sth], to revile [*or form* vilify] [sb/sth]
Geige <-, -n> *f* violin, fiddle *fam;* **~ spielen** to play the violin; **etw auf der ~ spielen** to play sth on the violin; **die zweite ~ spielen** to play second violin ▸ WENDUNGEN: **die erste ~ spielen** to call the tune; **die zweite ~ spielen** to play second fiddle
geigen I. *vi* to play the violin, to [play the] fiddle *fam* II. *vt* ■**etw ~** to play sth on the violin [*or fam* fiddle]
Geigenbauer(in) <-s, -> *m(f)* violin-maker **Geigenbogen** *m* violin bow **Geigenkasten** *m* violin case
Geiger(in) <-s, -> *m(f)* violinist; **erster ~** first violin
Geigerzähler *m* Geiger counter
geil I. *adj* ❶ (*lüstern*) lecherous; ■**~ auf jdn sein** to lust after sb, to have the hots for sb; **jdn ~ machen** to make sb horny [*or* BRIT randy] *fam* ❷ (*sl: toll*) wicked *sl*, outstanding *sl* ❸ DIAL (*veraltet: üppig wuchernd*) *Pflanzen* rank, luxuriant II. *adv* ❶ (*lüstern*) lecherously ❷ (*sl*) wicked *sl*
Geilheit <-, -en> *f* lecherousness, lechery
Geisel <-, -n> *f* hostage; **jdn als ~ nehmen** to take sb hostage; **[jdm] ~n/jdn als ~ stellen** to provide [sb with] hostages/sb as a hostage
Geiseldrama *nt* hostage drama [*or* crisis] **Geiselgangster** *m* [terrorist] hostage-taker **Geiselhaft** *f* captivity [as a hostage] **Geiselnahme** <-, -n> *f* hostage-taking **Geiselnehmer(in)** <-s, -> *m(f)* hostage-taker
Geisha <-, -s> ['ge:ʃa, 'gaiʃa] *f* geisha
Geiß <-, -en> *f* ❶ SÜDD, ÖSTERR, SCHWEIZ [nanny-]goat ❷ JAGD [roedeer, chamois or ibex] doe
Geißblatt *nt* honeysuckle, woodbine **Geißbock** *m* SÜDD, ÖSTERR, SCHWEIZ (*Ziegenbock*) billy goat
Geißel <-, -n> *f* ❶ (*Peitsche*) scourge, whip ❷ (*geh: Plage*) scourge ❸ BIOL flagellum
geißeln *vt* ❶ (*mit der Geißel schlagen*) ■**jdn/sich ~** to scourge [*or* flagellate] sb/oneself ❷ (*anprangern*) ■**etw ~** to castigate sth
Geißeltierchen *nt* BIOL flagellate
Geiß(e)lung <-, -en> *f* ❶ (*das Geißeln*) scourging, flagellation ❷ (*Anprangerung*) castigation
Geist <-[e]s, -er> *m* ❶ *kein pl* (*Vernunft*) mind; **der menschliche ~** [*o* **der ~ des Menschen**] the human mind; ***die Rede zeugte nicht von großem ~*** the speech was no testament to a great mind ❷ *kein pl* (*Esprit*) wit; ***er sprühte vor ~*** he was as witty as could be; **ein Mann von ~** a witty man; **~ versprühen** to scintillate; **~ haben** to have esprit ❸ (*Denker*) mind, intellect; **kleine ~er** (*pej*) small-minded people, people of limited intellect ❹ *kein pl* (*Wesen, Sinn, Gesinnung*) spirit; **in kameradschaftlichem ~** in a spirit of camaraderie [*or* comradeship]; ***in diesem Büro herrscht ein kollegialer ~*** there's a spirit of cooperation in this office; **wes ~es Kind jd ist** (*geh*) the kind of person sb is; **der ~ der Zeit** the spirit of the times, age ❺ (*körperloses Wesen*) spirit, ghost; **der ~ der Finsternis** (*geh*) the Prince of Darkness; **der ~ Gottes** the Spirit of God; **der gute ~ des Hauses** (*geh*) the moving [*or* guiding] spirit of the household; **der böse ~** (*geh*) the Evil One; **dienstbarer ~** ministering angel; **gute/böse ~er** good/evil spirits; **der Heilige ~** the Holy Ghost [*or* Spirit] ▸ WENDUNGEN: **der ~ ist willig, aber das Fleisch ist schwach** (*prov*) the spirit is willing, but the flesh is weak; **von allen guten ~ern verlassen sein** (*fam*) to have taken leave of one's senses; **ein unruhiger ~** (*fam*) a restive spirit, a restless creature; **verwandte ~er** kindred spirits; **jdm auf den ~ gehen** (*fam*) to get on sb's nerves; **seinen** [*o* **den**] **~ aufgeben** (*fig fam*) to give up the ghost *a. fig fam;* **seinen ~ aushauchen** (*euph geh*) to breathe one's last; **da** [*o* **hier**] **scheiden sich die ~er** opinions differ here; **etw im ~e vor sich** *dat* **sehen** to see sth in one's mind's eye, to picture sth; **ich bin** [*o geh* **weile**] **im ~e bei euch** I am with you in spirit
Geisterbahn *f* ghost train **Geisterbilder** *pl* TV ghosts, ghost images **Geisterfahrer(in)** *m(f)* (*fam*) *sb driving down a road* [*often a motorway*] *in the wrong direction* **Geisterglaube** *m* belief in the supernatural
geisterhaft I. *adj* ghostly II. *adv* eerily
Geisterhand *f* ▸ WENDUNGEN: **wie von** [*o* **durch**] **~** as if by magic
geistern *vi sein* ❶ (*herumgehen*) ■**durch etw** *akk* **~** to wander through sth like a ghost; ***was geisterst du denn im Dunkeln durchs Haus?*** what are you doing wandering about [*or* round] the house in the dark like a ghost? ❷ (*spuken*) ■**durch etw** *akk* **~** to haunt sth; ***es geistert immer noch durch die Köpfe*** it still haunts people's minds
Geisterseher(in) *m(f)* seer, visionary **Geisterstadt** *f* ghost town **Geisterstunde** *f* witching hour
geistesabwesend I. *adj* absent-minded II. *adv* absent-mindedly **Geistesabwesenheit** *f* absent-mindedness **Geistesblitz** *m* (*fam*) brainwave *fam,* brainstorm AM *fam,* flash of inspiration **Geistesgegenwart** *f* presence of mind **geistesgegenwärtig** I. *adj* quick-witted II. *adv* with great presence of mind **Geistesgeschichte** *f kein pl* intellectual history **geistesgestört** *adj* mentally disturbed [*or* deranged]; **[wohl] ~ sein** (*fam*) to be not quite right in the head *fam* **Geistesgestörte(r)** *f(m) decl wie adj* mentally disturbed person **Geistesgröße** *f(m)* ❶ *kein pl* (*überragende Fähigkeit*) greatness of mind, intellectual genius ❷ (*Genie*) genius, great mind **Geisteshaltung** *f* attitude [of mind] **geisteskrank** *adj* mentally ill; ■**~ sein** to be mentally ill; **[wohl] ~ sein** (*fam*) to be crazy [*or fam* mad] **Geisteskranke(r)** *f(m) decl wie adj* mentally ill person, mental patient; **wie ein ~r/eine ~** (*fam*) like a madman/madwoman *fam* **Geisteskrankheit** *f* mental illness **Geistesstörung** *m* mental disorder **geistesverwandt** *adj* spiritually akin; **~ sein** to be kindred spirits **Geistesverwirrung** *f* mental aberration **Geisteswissenschaften** *pl* arts, humanities **Geisteswissenschaftler(in)** *m(f)* ❶ (*Wissenschaftler*) arts [*or* humanities] scholar ❷ (*Student*) arts [*or* humanities] student **geisteswissenschaftlich** *adj* arts **Geisteszustand** *m* mental condition, state of mind; **jdn auf seinen ~ untersuchen** to examine sb's mental state; ***du solltest dich [mal] auf deinen ~ untersuchen lassen!*** (*fam*) you need your head looking at! *fam!*

Geistheiler(in) *m(f)* spiritual healer
geistig I. *adj* ❶ (*verstandesmäßig*) intellectual, mental ❷ (*nicht leiblich, spirituell*) spiritual II. *adv* ❶ (*verstandesmäßig*) intellectually, mentally; ~ **anspruchslos/anspruchsvoll** intellectually undemanding/demanding, low-brow/high-brow *fam* ❷ MED mentally; ~ **auf der Höhe sein** to be mentally [fighting] fit; ~ **behindert/zurückgeblieben** mentally handicapped/retarded, with learning difficulties
geistig-moralisch *adj* spiritual and moral
geistlich I. *adj* ❶ (*religiös*) religious ❷ (*kirchlich*) ecclesiastical; ~**es Amt** religious office; **der** ~**e Stand** the clergy; ~**er Beistand** spiritual support II. *adv* spiritually
Geistliche(r) *f(m) decl wie adj* clergyman *masc*, minister, priest, woman priest *fem*
Geistlichkeit <-> *f kein pl* clergy
geistlos *adj* ❶ (*dumm*) stupid, witless ❷ (*einfallslos*) inane
Geistlosigkeit <-, -en> *f* ❶ *kein pl* (*geistlose Art*) inanity ❷ (*geistlose Äußerung*) inanity, stupid remark
geistreich *adj* ❶ (*intellektuell anspruchsvoll*) intellectually stimulating ❷ (*voller Esprit*) *Mensch* witty ❸ (*iron: dumm*) bright *iron;* ***das war sehr*** ~ [***von dir***]! that was very bright [of you]! **geisttötend** *adj* (*pej fam*) soul-destroying **geistvoll** *adj* ❶ (*scharfsinnig*) astute, sagacious ❷ (*intellektuell anspruchsvoll*) intellectual[ly stimulating]
Geiz <-es> *m kein pl* meanness BRIT, miserliness
geizen *vi* ❶ (*knauserig sein*) ■ **mit etw** *dat* ~ to be mean [*or* BRIT stingy] with sth ❷ (*zurückhaltend sein*) ■ **mit etw** *dat* ~ to be sparing with sth
Geizhals *m* (*pej*) miser, skinflint *fam*
geizig *adj* mean BRIT, stingy *fam*, tight-fisted *fam*, miserly, cheap AM
Geizkragen *m* (*fam*) *s.* **Geizhals**
Gejammer <-s> *nt kein pl* (*pej fam*) yammering, fam
Gejohle <-s> *nt kein pl* (*pej*) howling; **unter lautem** ~ with loud howls
gekannt *pp von* **kennen**
Gekeife <-s> *nt kein pl* (*pej*) nagging, scolding
Gekicher <-s> *nt kein pl* (*pej fam*) giggling, tittering
Geklapper <-s> *nt kein pl* (*pej fam*) clatter[ing]
gekleidet *adj* (*geh*) dressed; **eine weiß** ~**e Dame** a lady dressed in white; ■ **...** ~ **sein** to be ... dressed
Geklimper <-s> *nt kein pl* (*pej fam*) ❶ (*auf dem Klavier*) plonking *fam* ❷ (*mit Saiteninstrument*) twanging, twanking *fam*
Geklirr(e) <-[e]s> *nt kein pl* clinking
geklommen *pp von* **klimmen**
geklont *adj inv* cloned
geklungen *pp von* **klingen**
Geknatter <-s> *nt kein pl* (*pej*) racket *fam*
geknickt *adj* (*fam*) glum, dejected
gekniffen *pp von* **kneifen**
Geknister <-s> *nt kein pl* ❶ (*Papier*) rustling ❷ (*Feuer*) crackling
gekommen *pp von* **kommen**
gekonnt I. *pp von* **können** II. *adj* masterly, accomplished; **ein** ~**er Schuss** an excellent shot
Gekrächz(e) <-es> *nt kein pl* ❶ (*eines Vogels*) cawing ❷ (*eines Menschen*) croaking
Gekrakel <-s> *nt kein pl* (*pej fam*) ❶ (*krakelige Schrift*) scrawl, scribble ❷ (*lästiges Krakeln*) scrawling, scribbling
Gekreuzigte(r) *f(m) decl wie adj* (*gekreuzigter Mensch*) crucified person; [**Jesus**] **der** ~ [Jesus] the Crucified
Gekritzel <-s> *nt kein pl* (*pej*) ❶ (*Gekritzeltes*) scribble, scrawl ❷ (*lästiges Kritzeln*) scribbling, scrawling
gekrochen *pp von* **kriechen**
Gekröse <-s, -> *nt* ANAT mesentery
gekünstelt I. *adj* (*pej*) artificial; ~**es Lächeln** forced smile; ~**e Sprache**/~**es Benehmen** affected language/behaviour [*or* AM -or] II. *adv* (*pej*) artificially, affectedly
Gel <-s, -e> *nt* gel
Gelaber(e) <-s> *nt kein pl* (*pej fam: andauerndes Reden*) blabbering, rabbiting BRIT *fam;* ***Schluss jetzt mit dem*** ~ stop blabbering [*or* BRIT rabbiting [on]]; (*dummes Gerede*) babbling [*or* babble], blather[ing], prattling [*or* prattle]
Gelächter <-s, -> *nt* laughter; **in** ~ **ausbrechen** to burst into laughter [*or* out laughing]; **jdn dem** [*o geh* **jds**] ~ **preisgeben** to make sb a/the laughing stock
gelackmeiert *adj* (*fam*) ■ ~ [*o* **der/die G~e**] **sein** to be the one who has been conned [*or* duped] [*or* had] *fam*
geladen I. *pp von* **laden**[1], **laden**[2] II. *adj* (*fam*) ■ ~ **sein** [**auf jdn**] to be furious [*or* livid] [with sb]
Gelage <-s, -> *nt* blowout *fam*, binge *fam*
gelagert I. *pp von* **lagern** II. *adj* **in so** ~**en Fällen** in such cases; ***der Fall ist etwas anders*** ~ the case is somewhat different
gelähmt I. *pp von* **lähmen** II. *adj* paralyzed; **ganzseitig/halbseitig** ~ totally paralyzed down one side [*or* hemiplegic]; **spastisch** ~ **sein** to suffer from spastic paralysis
Gelähmte(r) *f(m) decl wie adj* person who is paralyzed, paralytic
Gelände <-s, -> *nt* ❶ (*Land*) ground, terrain; **das** ~ **fällt sanft/steil ab/steigt sanft/steil an** the ground falls [away]/rises gently/steeply; **freies** [*o* **offenes**] ~ open terrain [*or* country] ❷ (*bestimmtes Stück Land*) site; **das** ~ **erkunden** to check out the area [*or* lie of the land]
Geländeaufnahme *f* land survey **Geländefahrt** *f* cross-country [*or* off-road] drive **Geländefahrzeug** *nt* all-terrain vehicle, ATV, off-road vehicle **geländegängig** *adj* suitable for off-road driving **Geländelauf** *m* cross-country run
Geländer <-s, -> *nt* railing[s]; (*Treppengeländer*) banister[s]
Geländereifen *m* cross-country [*or* all-terrain] tyre [*or* AM tire] **Geländerennen** *nt* cross-country race **Geländeritt** *m* cross-country riding **Geländestreifen** *m* strip of land **Geländeübung** *f* MIL field exercise **Geländewagen** *m* all-terrain vehicle, ATV, off-road vehicle
gelang *imp von* **gelingen**
gelangen* *vi sein* ❶ (*hinkommen*) ■ **irgendwohin** ~ to reach somewhere; **ans Ziel/an den Bestimmungsort** ~ to reach one's destination; **in die falschen Hände** ~ to fall into the wrong hands ❷ (*erwerben*) ■ **zu etw** *dat* ~ to achieve [*or* acquire] sth; **zu hohem Ansehen** ~ to attain high standing; **zu hohen Ehren/zu Ruhm und Reichtum** ~ to gain great honour [*or* AM -or] /fame and fortune ❸ (*geh: getan werden*) ■ **zu etw** *dat* ~ to come to sth; **zum Abschluss** ~ to come to an end [*or* reach a conclusion]; **zum Einsatz** ~ to be deployed; **zur Aufführung/Ausführung** ~ to be performed/carried out ❹ SCHWEIZ ■ [**mit etw** *dat*] **an jdn** ~ to turn to [*or* consult] sb [about sth]
gelangweilt I. *adj* bored II. *adv* ~ **dasitzen** to sit there bored; ***er gähnte*** ~ he gave a bored yawn, he yawned with boredom
gelassen I. *pp von* **lassen** II. *adj* calm, composed III. *adv* calmly, with composure
Gelassenheit <-> *f kein pl* calmness, composure
Gelatine <-> [ʒela'tiːnə] *f kein pl* gelatin[e]
gelaufen *pp von* **laufen**
geläufig *adj* common, familiar; ***dieser Ausdruck ist***

Erleichterung, Gelassenheit

Erleichterung ausdrücken	expressing relief
Bin ich froh, dass es so gekommen ist!	I'm so glad it turned out like this!
Mir fällt ein Stein vom Herzen!	That's a weight off my mind!
Ein Glück, dass du gekommen bist!	It's lucky you came!
Gott sei Dank!	Thank God!
Geschafft!	Done it!
Endlich!	At last!
Gelassenheit ausdrücken	expressing composure
Nur keine Panik/Aufregung!	Don't panic/get excited!
Machen Sie sich keine Sorgen.	Don't you worry about a thing.
Keine Angst, das werden wir schon hinkriegen.	Don't worry, we'll manage (it) all right.
Abwarten und Tee trinken. *(fam)*	We'll just have to wait and see (what happens).
Es wird schon werden.	It'll be all right.
Alles halb so schlimm.	It's not as bad as all that.
Ganz ruhig bleiben!	Stay calm!/Keep cool! *(fam)*

mir leider nicht ~ I'm afraid I'm not familiar with this expression

gelaunt *adj pred* ■ **...** ~ **sein** to be in a ... mood

Geläut(e) <-[e]s> *nt kein pl* pealing, chiming

gelb *adj* yellow; ***die Blätter werden*** ~ the leaves are turning yellow; *s. a.* **Post, Seite**

Gelb <-s, – *o* -s> *nt* ❶ *(gelbe Farbe)* yellow; **ein schreiendes/grelles** ~ a loud/garish yellow ❷ *(bei Verkehrsampel)* amber; ***die Ampel stand auf*** ~ the lights were amber

Gelbe(s) *nt decl wie adj* ▸ WENDUNGEN: **nicht das** ~ **vom Ei sein** *(fam)* to be nothing to write home about, to not be exactly the bee's knees BRIT *fam*

Gelber Fluss[RR] *m s.* **Huang-he**

Gelbfieber *nt* yellow fever **Gelbfilter** *m* FOTO yellow filter **gelbgrün** *adj* yellowish-green

gelblich *adj* yellowish, yellowy; **eine ~e Gesichtsfarbe** a sallow complexion

Gelbpflaume *f* hog plum **gelbstichig** *adj* ■~ **werden** to go [rather] yellow **Gelbsucht** *f kein pl* jaundice, icterus **gelbsüchtig** *adj* jaundiced; ■~ **sein** to have jaundice **Gelbwurz(el)** *f kein pl* turmeric

Geld <-[e]s, -er> *nt* ❶ *kein pl (Zahlungsmittel)* money; ***für*** ~ ***ist alles zu haben*** anything can be bought with money; **bares** ~ cash; ***das ist bares*** ~***!*** that's worth hard cash!; **falsches** [*o* **gefälschtes**] ~ counterfeit money; **großes/kleines** ~ notes *pl*/change; ***das ist doch hinausgeworfenes*** ~***!*** that is a waste of money [*or fam* money down the drain]!; ~ **wie Heu haben** *(fam)* to have money to burn [*or fam* stacks of money]; **das große** ~ **verdienen** to earn big money *fam;* **schnelles** ~ *(fam)* easy money *fam;* **etw für teures** ~ **kaufen** to pay a lot [of money] for sth; **nicht mit** ~ **zu bezahlen sein** *(fam)* to be priceless; **ins** ~ **gehen** [*o* **laufen**] *(fam)* to cost a pretty penny *fam;* **nicht für** ~ **zu haben sein** *(fam)* not to be had for money, not to be bought; **hinterm** ~**/hinter jds** ~ **her sein** *(fam)* to be a money-grabber/after sb's money; **nicht mit** ~ **umgehen können** not to be able to handle money, to be hopeless with money *fam;* [**mit etw** *dat*] ~ **machen** *(fam)* to make money [from sth]; **etw zu** ~ **machen** *(fam)* to turn sth into money [*or* cash], to cash on sth; ~ **aufnehmen** to raise money; **um** ~ **spielen** to play for money ❷ *pl (Mittel)* money, funds ▸ WENDUNGEN: **das** ~ **zum Fenster hinauswerfen** *(fam)* to throw money down the drain *fam;* **jdm das** ~ **aus der Tasche ziehen** *(fam)* to squeeze money out of sb; ~ **regiert die Welt** *(prov)* money makes the world go round *prov;* **nicht für** ~ **und gute Worte** *(fam)* not for love or money; ~ **allein macht nicht glücklich** *(prov)* money isn't everything *prov;* **gutes** ~ **dem Schlechten nachwerfen** to throw good money after bad; **in** [*o* **im**] ~ **schwimmen** *(fam)* to be rolling in money [*or* it] *fam;* ~ **stinkt nicht** *(prov)* money has no smell, there's nothing wrong with money, money is not to be sniffed at; **mit** ~ **um sich werfen** [*o fam* **schmeißen**] to throw [*or fam* chuck] one's money about [*or* around]

Geldabwertung *f* currency devaluation **Geldadel** *m kein pl* financial aristocracy, plutocracy **Geldangelegenheit** *f meist pl* financial [*or* money] matter; ■**jds ~en** sb's financial affairs; **in ~en** when it comes to matters of money **Geldanlage** *f* [financial] investment **Geldaristokratie** *f s.* **Geldadel Geldaufwertung** *f* currency revaluation **Geldautomat** *m* cashpoint, cash dispenser, automated teller machine, ATM **Geldbeschaffung** *f* obtaining [of] money **Geldbetrag** *m* sum **Geldbeutel** *m* SÜDD *s.* **Geldbörse Geldbombe** *f* ≈ night-safe box **Geldbörse** *f* ÖSTERR *(sonst geh: Portmonee)* purse, wallet **Geldbriefträger(in)** *m(f) postman who delivers items containing money or COD items* **Geldbuße** *f* JUR fine; **eine hohe/saftige** *fam* ~ a heavy/hefty fine **Geldentwertung** *f* currency depreciation, inflation

Gelder *pl* moneys *pl;* **über die nötigen** ~ **verfügen** to have the necessary means

Gelderwerb *m* acquisition of money; **einem** ~ **nachgehen** to pursue an occupation, to work **Geldforderung** *f* claim [for money], demand for money; ■**eine** ~ **an jdn haben** to have a claim against sb **Geldgeber(in)** <-s, -> *m(f)* [financial] backer, sponsor **Geldgeschäft** *nt* financial transaction **Geldgeschenk** *nt* gift of money, gratuity **Geldgier** *f* avarice **geldgierig** *adj* avaricious, greedy for money **Geldgründe** *pl* ■**aus ~n** for reasons of money, for [*or* because of] the money **Geldgürtel** *m* money belt **Geldhahn** *m* ▸ WENDUNGEN: **jdm/einer S. den** ~ **zudrehen** to cut off sb's/sth's supply of money **Geldheirat** *f (pej)* marriage for money **Geldherrschaft** *f* plutocracy **Geldinstitut** *nt* financial institution **Geldkassette** *f* cash box **Geldknappheit** *f* shortage of money **Geldkurs** *m* FIN buying [*or* bid] price

geldlich *adj* financial

Geldmangel *m* lack [*or* shortage] of money **Geldmarkt** *m* money [*or* financial] market **Geldmenge** *f* ❶ *(Geldsumme)* amount [*or* sum] of money ❷ *(Geldumlauf)* money supply **Geldmittel** *pl* funds *pl* **Geldnot** *f* lack of money, financial straits *npl* [*or* difficulties] *pl* **Geldpolitik** *f* financial [*or* monetary] policy **Geldprämie** *f* [cash] bonus **Geldpreis** *m* cash prize, prize money **Geldquelle** *f* financial source, source of income **Geldrolle** *f* roll of coins **Geldrückgabe** *f* (*an Automaten*) returned [*or* rejected] coins **Geldschein** *m* banknote, bill AM **Geldschrank** *m* safe **Geldschwierigkeiten** *pl* financial straits *npl* [*or* difficulties] *pl* **Geldsegen** *m kein pl* (*emph fam*) welcome sum; (*unerwartet a.*) windfall **Geldsorgen** *pl* money troubles *pl*, financial worries *pl*; ~ **haben** [*o* **in** ~ **sein**] to have money troubles [*or* financial worries] **Geldspende** *f* [monetary] donation [*or* contribution] **Geldspielautomat** *m* slot machine **Geldspritze** *f* injection of money, cash injection **Geldstrafe** *f* fine; **jdn zu einer** ~ **verurteilen** [*o* **jdn mit einer** ~ **belegen**] to fine sb, to impose a fine on sb **Geldstück** *nt* coin **Geldsumme** *f* sum of money **Geldtasche** *f* money bag [*or* pouch] **Geldtransporter** *m* security van BRIT, armored car AM **Geldumlauf** *m* circulation of money, money supply **Geldumtausch** *m* exchange of money, foreign exchange **Geldverdiener(in)** <-s, -> *m(f)* money earner; ***solange ich der einzige ~ in der Familie bin ...*** as long as I'm the only one in the family earning any money ... [*or* the only breadwinner in the family ...] **Geldverkehr** *m kein pl* money transactions *pl* **Geldverlegenheit** *f* financial embarrassment *no pl*; **in ~en sein** to be short of money, to have a cash-flow problem *euph* **Geldverleiher(in)** <-s, -> *m(f)* moneylender **Geldverschwendung** *f* waste of money **Geldwaschanlage** *f* money-laundering operation [*or* outfit] **Geldwäsche** *f* money-laundering **Geldwäscher(in)** <-s, -> *m(f)* money launderer **Geldwechsel** *m* exchange of money, foreign exchange; „~" bureau de change **geldwert** *adj* **~er Vorteil** perk *fam*, perquisite **Geldwert** *m* ① (*Kaufkraft*) value of a currency ② (*eines Gegenstandes*) cash value **Geldzuwendungen** *pl* allowance

geleckt *adj* ▸ WENDUNGEN: **wie ~ aussehen** *Mensch* to be spruced up [*or* BRIT look spruce]; *Zimmer, Boden* to be [*or* look] spick and span

Gelee <-s, -s> [ʒe'le:, ʒə'le:] *m o nt* jelly

Gelege <-s, -> *nt* [clutch of] eggs

gelegen I. *pp von* **liegen** II. *adj* (*passend*) convenient, opportune; **jdm gerade ~ kommen** (*iron*) ***du kommst mir gerade ~*** your timing is brilliant *iron*, you do pick your time *iron*; **jdm ~ kommen** to come at the right time for sb; ***diese Rechnung kommt mir nicht sehr ~*** this bill comes just at the wrong time for me

Gelegenheit <-, -en> *f* ① (*günstiger Moment*) opportunity; **bei der nächsten** [*o* **ersten** [**besten**]] ~ at the first opportunity; **bei nächster** ~ at the next opportunity; **bei passender** ~ at an opportune moment, when the opportunity arises; **jdm die ~ bieten** [*o* **geben**], **etw zu tun** to give sb the opportunity of doing [*or* to do] sth; **die ~ haben, etw zu tun** to have the opportunity of doing [*or* to do] sth; **bei ~** some time ② (*Anlass*) occasion; **bei dieser ~** on this occasion ③ (*günstiges Angebot*) bargain ▸ WENDUNGEN: **~ macht Diebe** (*prov*) opportunity makes a thief; **die ~ beim Schopf[e] ergreifen fassen** [*o fam* **packen**] [*o geh* **ergreifen**] to seize [*or* grab] the opportunity with both hands

Gelegenheitsarbeit *f* casual work **Gelegenheitsarbeiter(in)** *m(f)* casual labourer [*or* AM -orer] **Gelegenheitsdieb(in)** *m(f)* occasional thief **Gelegenheitskauf** *m* bargain [purchase]

gelegentlich I. *adj attr* occasional; **von ~en Ausnahmen abgesehen** apart from the odd exception II. *adv* ① (*manchmal*) occasionally ② (*bei Gelegenheit*) some time; **wenn Sie ~ in der Nachbarschaft sind ...** if you happen to be around here ...

gelehrig I. *adj* quick to learn II. *adv* **sich ~ anstellen** to be quick to learn

Gelehrigkeit <-> *f kein pl* ability to learn quickly

gelehrsam *adj* ① (*geh*) *s.* **gehlehrig** ② (*veraltet*) *s.* **gelehrt**

Gelehrsamkeit <-> *f kein pl* (*geh*) *s.* **Gelehrtheit**

gelehrt *adj* ① (*gebildet*) learned, erudite ② (*wissenschaftlich*) scholarly

Gelehrte(r) *f(m) decl wie adj* scholar; **darüber sind sich die ~n noch nicht einig, darüber streiten sich die ~n noch** (*hum*) the experts cannot agree on that, that's a moot point, the jury's still out on that one *fam*

Gelehrtheit <-> *f kein pl* learning, erudition, scholarship

Geleise <-s, -> *nt* ÖSTERR, SCHWEIZ (*geh: Gleis*) platform

Geleit <-[e]s, -e> *nt* **freies** [*o* **sicheres**] ~ safe-conduct; **jdm das ~ geben** (*geh*) to escort [*or* accompany] sb; **jdm das letzte ~ geben** (*fig geh*) to pay one's last respects to sb

geleiten* *vt* (*geh*) ■**jdn** [**irgendwohin**] ~ to escort [*or* accompany] sb [somewhere]

Geleitschutz *m* MIL escort; **jdm/einer S. ~ geben** to escort sb/sth

Gelenk <-[e]s, -e> *nt* ANAT, TECH joint

Gelenkbus *m* articulated bus **Gelenkentzündung** *f* MED arthritis **Gelenkfahrzeug** *nt* articulated vehicle

gelenkig *adj* agile, supple

Gelenkigkeit <-> *f kein pl* agility, suppleness

Gelenkkopf *m s.* **Gelenkkugel** **Gelenkkugel** *f* ANAT head [of a bone], condyle *spec* **Gelenkpfanne** *f* ANAT socket, glenoid *spec* **Gelenkrheumatismus** *m* MED rheumatic fever, acute [*or* articular] rheumatism **Gelenkschmiere** *f* ANAT synovial fluid, synovia **Gelenkwelle** *f* TECH cardan shaft BRIT

gelernt *adj* skilled *attr*; (*qualifiziert*) trained *attr*

gelesen *pp von* **lesen**

Gelichter <-s> *nt kein pl* (*pej geh*) riff-raff + *pl vb pej*

geliebt *adj* dear; **ihr ~er Mann** her dear [*or form a.* beloved] husband

Geliebte(r) *f(m) decl wie adj* lover, sweetheart

geliefert *adj* (*fam*) ■**~ sein** to have had it *fam*, to be history *fam*

geliehen *pp von* **leihen**

gelieren* [ʒe'li:rən, ʒə'li:rən] *vi* to gel

Gelierzucker *m* gelling sugar

gelind(e) *adj* ① (*geh: mäßig, mild*) mild, light; **ein ~es Klima** a mild [*or* gentle] climate; **ein ~er Regen/Frost** a light rain/frost ② (*fam: heftig*) awful ▸ WENDUNGEN: **~ gesagt** to put [*or* putting] it mildly

gelingen <gelang, gelungen> *vi sein* ■**jdm gelingt es, etw zu tun** sb succeeds in doing sth, sb manages to do sth; ■**jdm gelingt es nicht, etw zu tun** sb fails to do sth; *s. a.* **gelungen**

Gelingen <-s> *nt kein pl* (*geh*) success; *Projekt* successful outcome; **auf gutes ~!** to success!

gelitten *pp von* **leiden**

gell(e) *interj* SÜDD, SCHWEIZ (*gelt?*) right?

gellen *vi* ■[**laut**] ~ to ring [loudly]

gellend I. *adj* piercing, shrill II. *adv* piercingly, shrilly; **~ um Hilfe schreien** to scream for help

geloben* *vt* (*geh*) ■[**jdm**] **etw** ~ to vow [*or* pledge] sth [to sb]; **jdm Gefolgschaft** ~ to swear [*or* pledge] [*or* vow] [one's] allegiance to sb; **ein einsichtigeres Verhalten** ~ to swear to behave more reasonably; ■[**jdm**] **~, etw zu tun** to swear [*or* vow] [to sb] that one will do sth

Gelöbnis <-ses, -se> *nt* ① (*geh*) vow; **ein ~ able-**

gen to take a vow ② MIL vow; **das ~ ablegen** to be sworn in

gelockt *adj* curly; **ein ~es Kind** a curly-haired child

gelogen *pp von* **lügen**

gelöst *adj* relaxed

Gelse <-, -n> *f* ÖSTERR gnat; (*größer*) mosquito

gelt *interj* SÜDD, ÖSTERR, SCHWEIZ (*nicht wahr?*) right?

Gelte <-, -n> *f* SCHWEIZ (*Bütte*) vat, tub

gelten <gilt, galt, gegolten> **I.** *vi* ① (*gültig sein*) ■ [**für jdn**] ~ *Regelung* to be valid [for sb]; *Bestimmungen* to apply [to sb]; *Gesetz* to be in force; *Preis, Gebühr, Satz, Angebot* to be effective; *Geld* to be legal tender; *s. a.* **Wette** ② (*bestimmt sein für*) ■ **jdm/einer S.** ~ to be meant for sb/sth; *Buhrufe* to be aimed at sb/sth; *Frage* to be directed at sb; ***der Applaus gilt dir!*** the applause was for you! ③ (*geh: betreffen*) ■ **jdm/einer S.** ~ to be for sb/sth; ***seine ganze Liebe galt der Kunst*** art was his greatest love ④ (*zutreffen*) ■ **für jdn** ~ to go [*or* hold] for sb; ***das gleiche gilt auch für mich*** the same goes for [*or* is true of] me too ⑤ (*gehalten werden*) ■ **als** [*o selten* **für**] **etw** ~ to be regarded as sth; ***er gilt als absolut zuverlässig*** he is regarded as being reliable ► WENDUNGEN: **etw** ~ **lassen** to accept sth; ***für diesmal werde ich es ausnahmsweise ~ lassen*** I'll let it go this time **II.** *vi impers* (*geh*) ■ **es gilt, etw zu tun** it is necessary to do sth; ***jetzt gilt es zusammenzuhalten*** it is now a matter of sticking together; **es gilt!** you're on!; **jetzt gilt's!** this is it!; **das gilt nicht!** that's not allowed!; **was gilt's?** what shall we bet for?, what do you bet?

geltend *adj attr* (*gültig*) current; (*vorherrschend*) prevailing; ***es ist die ~e Meinung, dass ...*** it's the prevailing opinion that ...; **etw ~ machen** (*geh*) to assert sth; **einen Einwand ~ machen** to raise an objection; **Ansprüche/Forderungen ~ machen** to make claims/demands; **sich ~ machen** to make itself noticeable [*or* felt]

Geltendmachung <-> *f kein pl* (*geh*) enforcement *no pl*

Geltung <-, -en> *f* ① (*Gültigkeit*) validity *no indef art, no pl;* ~ **erlangen/haben** to become/be valid ② (*Ansehen*) prestige *no indef art, no pl;* **etw zur ~ bringen** to show off *sep* sth to [its] advantage; ~ **haben** [*o* **besitzen**] to have influence; [**voll**] **zur ~ kommen** to be shown to [one's/its fullest] advantage; **sich/einer S.** *dat* ~ **verschaffen** to establish one's position/to enforce sth

Geltungsbedürfnis *nt kein pl* need for admiration **geltungsbedürftig** *adj* needing admiration *pred;* (*stärker*) desperate for admiration *pred;* ■ ~ **sein** to need to be admired/to be desperate for admiration **Geltungsbereich** *m Fahrkarte* zone [*or* area] of validity; *Gesetz* scope, purview *form* **Geltungsdauer** *f* [period of] validity **Geltungsdrang** *m kein pl* PSYCH need for recognition **Geltungssucht** *f kein pl* PSYCH craving for recognition [*or* admiration] *no pl* **Geltungstrieb** *m s.* **Geltungsbedürfnis**

Gelübde <-s, -> *nt* (*geh*) vow; **ein/sein ~ ablegen** to take a/one's vow

gelungen **I.** *pp von* **gelingen** **II.** *adj attr* successful; ***das ist doch eine ~e Überraschung, oder?*** wasn't that a great surprise?

Gelüst <-[e]s, -e> *nt,* **Gelüste** <-s, -> *nt* (*geh*) craving; **ein ~** [**auf etw** *akk*/**nach etw** *dat*] **haben** to have a craving [for sth]

gelüsten* *vt impers* (*geh*) ■ **jdn gelüstet es nach etw** *dat* sb craves for sth; (*schwächer*) sb fancies sth BRIT; ■ **jdn gelüstet es, etw zu tun** sb is tempted to do sth

gemach *interj* (*liter*) no rush!, take it easy!

Gemach <-[e]s, Gemächer> *nt* (*liter*) chamber[s *pl*] *old;* **sich in seine Gemächer zurückziehen** (*hum*) to repair to bed *hum old,* to retire to one's chamber[s] *hum old*

gemächlich **I.** *adj* leisurely, unhurried; **ein ~es Leben** a quiet life **II.** *adv* leisurely; ~ ***frühstücken*** to have a leisurely breakfast

Gemahl(in) <-s, -e> *m(f)* (*geh*) spouse *form,* husband *masc,* wife *fem;* ■ **ihr Herr ~/Ihre Frau ~in** your husband/wife

gemahnen* *vt* (*geh*) ① (*denken lassen*) ■ **jdn an etw** *akk* ~ to remind sb of sth ② (*ernst erinnern*) ■ [**jdn**] **an jdn** ~ to [cause sb to] remember sb

Gemälde <-s, -> *nt* painting

Gemäldeausstellung *f* exhibition of paintings **Gemäldegalerie** *f* picture gallery **Gemäldesammlung** *f* art collection, collection of paintings

Gemarkung <-, -en> *f* district

gemasert *adj* grained

gemäß **I.** *präp +dat* in accordance with; ~ ***§ 198*** according to § 198; ~ ***Ihrem Wunsch*** [*o* ***Ihrem Wunsch*** ~] as per your wish **II.** *adj* ■ **jdm/einer S.** ~ appropriate to sb/sth; **einem Anlass ~e/~ere Kleidung** clothes suitable for the occasion; **ein ~es Benehmen** appropriate behaviour [*or* AM -or]; **eine seinen Fähigkeiten ~e Beschäftigung** a job suited to one's abilities; **das einzig G~e** the only fitting thing

gemäßigt *adj* ① METEO **ein ~es Klima** a temperate climate ② (*moderat*) moderate

Gemäuer <-s> *nt kein pl* (*geh*) masonry *no indef art, no pl,* walls *pl;* (*Ruine*) ruins *pl*

Gemecker, Gemeck(e)re <-s> *nt kein pl* (*pej*) ① ([*lästiges*] *Meckern*) bleating[s *pl*] ② (*fam: Nörgelei*) moaning, whining *pej,* whinging *no pl* BRIT *pej fam*

gemein **I.** *adj* ① (*niederträchtig*) mean, nasty; ***das war ~*** [***von dir***]! that was nasty [*or* mean] [of you]! ② (*fam: unfair*) mean; ***das ist ~!*** that's so mean! ③ (*böse*) nasty ④ *attr, kein comp/superl* BOT, ZOOL common ⑤ *pred* (*geh: gemeinsam*) ■ **jdm/einer S.** ~ **sein** to be common to sb/sth; **etw mit jdm/etw ~ haben** to have sth in common with sb/sth ► WENDUNGEN: **sich mit jdm ~ machen** to be in cahoots with sb *fam* **II.** *adv* (*fam*) awfully *fam,* AM *a.* awful *fam,* horribly

Gemeinbesitz *m* common property; **etw in ~ überführen** to place sth in common property

Gemeinde <-, -n> *f* ① (*Kommune*) municipality ② (*fam: ~bewohner*) community + *sing/pl vb* ③ (*Pfarr~*) parish; (*Gläubige a.*) parishioners *pl* ④ (*Anhängerschaft*) following

Gemeindeabgaben *pl* [local [*or* county]] rates *pl* BRIT *hist,* municipal taxes *pl* AM **Gemeindeammann** *m* SCHWEIZ (*Gemeindevorsteher*) community spokesperson [*or masc* spokesman] **Gemeindeamt** *nt* local authority **Gemeindebann** *m* SCHWEIZ (*Gemeindegebiet*) district **Gemeindebau** *m* ÖSTERR council house BRIT, town hall AM **Gemeindebeamte(r), -beamtin** *m, f* local government official [*or* officer] **Gemeindebezirk** *m* [community [*or* municipal]] district, borough BRIT; ÖSTERR district **gemeindeeigen** *adj* local authority *attr* **Gemeindehaus** *nt* REL parish rooms *pl* **Gemeindehelfer(in)** *m(f)* REL parish worker **Gemeindemitglied** *nt* REL parishioner **Gemeindeordnung** *f* by[e-]laws *pl* BRIT, municipal ordinance *no pl* AM **Gemeindepräsident(in)** *m(f)* SCHWEIZ mayor, *fem a.* mayoress BRIT **Gemeinderat[1]** *m* district council **Gemeinderat, -rätin[2]** *m, f* (*~smitglied*) district councillor BRIT, councilman AM **Gemeindesaal** *m* REL church hall **Gemeindeschwester** *f* REL *parish nun operating as visiting nurse to the elderly and sick* **Gemeindesteuer** *f* local tax **Gemeindeversammlung** *f* SCHWEIZ community meeting **Gemeindeverwal-**

tung *f* district council **Gemeindevorstand** *m* ❶ (*Verwaltungsgremium*) aldermen *pl* BRIT *hist* (*elected members of a local government*) ❷ (*Bürgermeister*) mayor **Gemeindevorsteher(in)** *m(f) s.* **Gemeindevorstand 2 Gemeindewahl** *f* local election **Gemeindezentrum** *nt* REL parish rooms *pl*

Gemeineigentum *nt* common property **gemeingefährlich** *adj* (*pej*) constituting a public danger *pred form;* **ein ~er Krimineller** a dangerous criminal; ▪ **~ sein** to be [*or form* constitute] a danger to the public **Gemeingut** *nt kein pl* common heritage [*or* property] *no pl*

Gemeinheit <-, -en> *f* ❶ *kein pl* (*Niedertracht*) meanness *no art, no pl* ❷ (*niederträchtiges Handeln*) meanness *no art, no pl;* ***so eine ~!*** that was a mean thing to do!; (*Bemerkung*) mean remark ❸ (*fam: ärgerlicher Umstand*) nuisance

gemeinhin *adv* generally

Gemeinkosten *pl* overheads *npl* BRIT, overhead AM **Gemeinnutz** *m* ▪ **der ~** the common good ▸ WENDUNGEN: **~ geht vor Eigennutz** (*prov*) service before self *prov* **gemeinnützig** *adj* charitable **Gemeinnützigkeit** <-> *f kein pl* charitable benefit **Gemeinplatz** *m* commonplace

gemeinsam I. *adj* ❶ (*mehreren gehörend*) common; **ein ~es Konto** a joint account; **ein ~er Freund** a mutual friend ❷ (*von mehreren unternommen*) joint *attr;* **eine ~e Wanderung machen** to go on a hike together; ▪ **das G~e** common ground; **etw ~ haben** to have sth in common; **jdm ist etw ~** sb has sth in common II. *adv* jointly, together

Gemeinsamkeit <-, -en> *f* ❶ (*gemeinsame Eigenschaft*) common ground *no art, no pl* ❷ *kein pl* (*Einvernehmen*) agreement *no pl*

Gemeinschaft <-, -en> *f* ❶ POL (*Zusammenschluss*) community; **in ~ mit jdm/etw** together [*or* jointly] with sb/sth; **~ unabhängiger Staaten** Commonwealth of Independent States ❷ *kein pl* (*gegenseitige Verbundenheit*) sense of community *no pl* ▸ WENDUNGEN: **die ~ der Heiligen/Gläubigen** REL the communion of saints/the faithful; **eheliche ~** matrimony *form*

gemeinschaftlich *adj s.* **gemeinsam**

Gemeinschaftsantenne *f* TELEK block [*or* community] aerial BRIT **Gemeinschaftsarbeit** *f* teamwork *no art, no pl;* **in ~** with teamwork **Gemeinschaftserziehung** *f kein pl* co-education, *no art, no pl* **Gemeinschaftsgefühl** *nt kein pl* sense of community *no pl* **Gemeinschaftsgeist** *m kein pl* community spirit *no pl* **Gemeinschaftskunde** *f kein pl* SCH social studies + *sing vb* **Gemeinschaftsleben** *nt kein pl* community life *no pl* **Gemeinschaftspraxis** *f* MED joint practice [*or* AM *a.* -se] **Gemeinschaftsproduktion** *f* ❶ *kein pl* joint production; **eine deutsch-französische ~** a joint Franco-German production ❷ RADIO, TV, FILM co-production *spec* **Gemeinschaftsraum** *m* common room **Gemeinschaftsschule** *f* inter-denominational school **Gemeinschaftsunternehmen** *nt* joint venture **Gemeinschaftszelle** *f* communal cell

Gemeinsinn *m kein pl* public spirit *no pl* **Gemeinsprache** *f* LING standard language **gemeinverständlich** *adj s.* **allgemeinverständlich Gemeinwesen** *nt* community **Gemeinwohl** *nt* ▪ **das ~** the public welfare; **dem ~ dienen** to be in the public interest

Gemenge <-s, -> *nt* ❶ (*Mischung*) mixture; ▪ **ein ~ aus etw** *dat* a mixture of sth ❷ (*Gewühl*) crowd, bustle ❸ (*Durcheinander*) jumble *no pl* ▸ WENDUNGEN: **mit jdm ins ~ kommen** to come to blows with sb

gemessen I. *pp von* **messen** II. *adj* (*geh*) proper; (*würdig langsam*) measured

Gemetzel <-s, -> *nt* massacre, bloodbath

gemieden *pp von* **meiden**

Gemisch <-[e]s, -e> *nt* ❶ (*Mischung*) mixture; ▪ **ein ~ aus etw** *dat* a mixture of sth ❷ *kein pl* (*Durcheinander*) jumble *no pl* ❸ AUTO [air/fuel [*or* A/F]] mixture *spec;* **ein mageres/fettes ~** a lean/rich mixture

gemischt *adj* mixed; *s. a.* **Gesellschaft, Gefühl**

gemischtsprachig *adj* multilingual

Gemischtwarenhandlung *f* (*veraltend*) [grocery and] general shop [*or* AM store]

Gemme <-, -n> *f* cameo

gemocht *pp von* **mögen**

gemolken *pp von* **melken**

gemoppelt *adj* ▸ WENDUNGEN: **doppelt ~** (*fam*) saying the same thing twice over

Gemotze <-s> *nt kein pl* (*fam*) nagging *fam*

Gemsbock *m s.* **Gämsbock**

Gemse <-, -n> *f s.* **Gämse**

Gemunkel <-s> *nt kein pl* rumour [*or* AM -or]; (*dauerndes Mukeln*) gossip

Gemurmel <-s> *nt kein pl* murmuring; (*unverständlich*) mumbling

Gemüse <-s, *selten* -> *nt* vegetables *pl;* ▪ **ein ~** a vegetable; **frisches ~** fresh vegetables *pl* ▸ WENDUNGEN: **junges ~** (*hum fam*) whippersnappers *pl hum dated*

Gemüseaushöhler *m sharp serrated knife for hollowing out cucumbers and courgettes etc.* **Gemüsebanane** *f* cooking banana, plantain **Gemüsebeilage** *f* vegetables *pl* **Gemüsebohne** *f* butter bean **Gemüsefach** *nt* vegetable compartment **Gemüsegarten** *m* vegetable garden, kitchen garden ▸ WENDUNGEN: **quer durch den ~** (*hum fam*) everything but the kitchen sink *hum* **Gemüsehändler(in)** *m(f)* greengrocer BRIT, fruit and vegetable retailer **Gemüsehobel** *m* vegetable grater **Gemüsekarde** *f* cardoon **Gemüsekonserve** *f* canned [*or* BRIT *a.* tinned] vegetables *pl* **Gemüseladen** *m* fruit and vegetable store, greengrocer's BRIT **Gemüsemesser** *nt* vegetable knife **Gemüseplatte** *f* assorted vegetables *pl* **Gemüsesorte** *f* type of vegetable **Gemüsesuppe** *f* vegetable soup [*or* broth] **Gemüsezwiebel** *f* onion

gemusst[RR], **gemußt** *pp von* **müssen**

gemustert *adj* patterned; **grün und braun ~ sein** to have a green and brown pattern

Gemüt <-[e]s, -er> *nt* ❶ (*Seele*) soul ❷ (*Mensch*) soul ❸ (*Emotionen*) feelings *pl;* **ein sonniges ~ haben** (*iron fam*) to be gullible; **jds ~ bewegen** (*geh*) to stir sb's emotions [*or* heart]; **die ~er erregen** [*o* **erhitzen**] to cause a stir; **sich** *dat* **etw zu ~[e] führen** (*hum: etw einnehmen*) to indulge in sth; (*etw beherzigen*) to take sth to heart; **viel ~ haben** [*o* **besitzen**] [*o* **zeigen**] to be sentimental; **jdm aufs ~ schlagen** to get to sb *fam;* **etwas fürs ~** (*hum*) something sentimental [*or* to tug at one's/sb's heartstrings]

gemütlich I. *adj* ❶ (*bequem*) comfortable, comfy *fam,* cosy BRIT, AM *usu* cozy; **es sich/jdm ~ machen** to make oneself/sb comfortable, to get [oneself]/sb cosy *fam* ❷ (*gesellig*) pleasant; (*ungezwungen*) informal II. *adv* ❶ (*gemächlich*) leisurely ❷ (*behaglich*) comfortably

Gemütlichkeit <-> *f kein pl* comfortableness *no art, no pl,* snugness *no art, no pl,* cosiness *no art, no pl* BRIT, coziness *no art, no pl* AM *usu;* (*Ungezwungenheit*) informality *no art, no pl;* **in aller ~** at one's leisure ▸ WENDUNGEN: **da hört doch die ~ auf!** (*fam*) that's going too far!

Gemütsart *f* disposition *form,* nature; **von stiller/**

heiterer/sanfter ~ **sein** to have a quiet/happy/soft disposition [*or* nature] **Gemütsbewegung** *f* [signs *pl* of] emotion **gemütskrank** *adj* emotionally disturbed **Gemütskranke(r)** *f(m)* emotionally disturbed person **Gemütskrankheit** *f* emotional disturbance *no pl* **Gemütslage** *f* mood; **je nach** ~ depending on one's mood, as the mood takes me/him etc. **Gemütsmensch** *m* (*fam*) good-natured person; **du bist vielleicht ein ~!** (*iron*) you're a fine one! BRIT *fam* **Gemütsregung** *f s.* **Gemütsbewegung** **Gemütsruhe** *f* calmness *no pl;* **in aller** ~ (*fam*) in one's own time, leisurely; **deine** ~ **möchte ich haben!** (*iron*) I'd like [to have] your cool! **Gemütsverfassung** *f,* **Gemütszustand** *m s.* **Gemütslage**

gemütvoll *adj* sentimental

gen *präp +akk* (*veraltend*) towards

Gen <-s, -e> *nt* gene

genannt *pp von* **nennen**

genarbt *adj* grained

genas *imp von* **genesen**

genau I. *adj* ❶ (*exakt*) exact; ***haben Sie die ~e Uhrzeit?*** have you got the right [*or* exact] time?; ■**G~es/G~eres** particulars *npl*/further details *pl;* ***man weiß noch nichts G~es*** nobody knows any details as yet ❷ (*gewissenhaft*) meticulous; ■**[in etw** *dat*] ~ **sein** to be meticulous [in sth] II. *adv* ❶ (*exakt*) exactly, precisely; ~**!** (*fam*) exactly!, precisely!, quite!; ~ **in der Mitte** right in the middle; ~ **genommen** strictly speaking; **etw ~er betrachten** to take a closer look at sth; ~ ***das Gegenteil trifft zu*** just [*or* exactly] the opposite is true; **~estens, aufs ~este** [*o* **G~este**] [right] down to the last detail; **etw [nicht]** ~ **wissen** to [not] know sth for certain [*or* sure]; ***so ~ wollte ich es [nun auch wieder] nicht wissen!*** (*iron*) [you can] spare me the details!; **auf den Millimeter** ~ accurate to the millimetre BRIT, dead nuts AM *sl;* **auf die Minute** ~ exactly [*or* dead] on time ❷ (*eben, gerade*) just; ***sie ist ~ die richtige Frau für diesen Job*** she's just the right woman for the job ▶ WENDUNGEN: **es [mit etw** *dat*] **[nicht]** ~ **nehmen** to [not] be very particular [about sth]; **wenn man es** ~ **nimmt** strictly speaking

genaugenommen *adv s.* **genau II 1**

Genauigkeit <-> *f kein pl* exactness, precision; *Daten* accuracy; (*Sorgfalt*) meticulousness

genauso *adv* just [*or* exactly] the same; ***mir geht es ganz*** ~ I feel exactly the same; ~ **frech/kalt/klein etc. wie …** just as cheeky BRIT /cold/small etc. as …; ~ **gut** just as well; ~ **viel** just as much; ~ **wenig** just as little; *s. a.* **ebenso**

Genbank *f* gene bank

Gendarm <-en, -en> [ʒan'darm, ʒã'darm] *m* ÖSTERR (*Polizist*) gendarme

Gendarmerie <-, -n> [ʒandarmə'ri:, ʒãdarmə'ri:, 'ri:ən] *f* ÖSTERR (*Polizeistation*) gendarmerie

Genealoge, Genealogin <-n, -n> *m, f* genealogist

Genealogie <-> ['gi:ən] *f kein pl* genealogy

genealogisch *adj* genealogical

genehm *adj* (*geh*) suitable, acceptable; ■**jdm ~[er] sein** to suit sb [better]; ■**jdm [nicht]** ~ **sein** to [not] be agreeable to sb; **wenn es** ~ **ist** if that is agreeable, if you don't mind

genehmigen* I. *vt* ■**[jdm] etw** ~ to grant [sb] permission for sth, to approve sth; **„genehmigt"** "approved" II. *vr* ■**sich** *dat* **etw** ~ to indulge in sth; **sich** *dat* **etw von seinem Geld** ~ to splash out on sth BRIT, to spend money freely; **sich** *dat* **einen** ~ (*hum fam*) to have a little drink *a. hum*

Genehmigung <-, -en> *f* ❶ (*das Genehmigen*) approval *no art, no pl* ❷ (*Berechtigungsschein*) permit, permission *no indef art, no pl,* authorization *no pl*

Genehmigungspflicht *f* licence [*or* AM -se] requirement **genehmigungspflichtig** *adj* requiring a licence [*or* AM -se] *pred;* ■~ **sein** to need [*or* require] a licence **Genehmigungsverfahren** *nt* authorization process

geneigt *adj* (*geh*) kind, friendly; ■**jdm** ~ **sein** to be well [*or* favourably] [*or* AM favorably] disposed towards sb; ■~ **sein, etw zu tun** to be inclined to do sth; **sich jdm** ~ **zeigen** to show sb kindness

Geneigtheit <-> *f kein pl* (*geh*) ❶ (*Wohlwollen*) goodwill; ■**jds** ~ **jdm gegenüber** sb's goodwill towards sb ❷ (*Bereitwilligkeit*) willingness; ■**jds ~, etw zu tun** sb's willingness to do sth

Genera *pl von* **Genus**

General(in) <-[e]s, -e *o* Generäle> *m(f)* general; **der kommandierende** ~ the general in command

Generalamnestie *f* general amnesty **Generalbevollmächtigte(r)** *f(m) decl wie adj* general agent **Generalbundesanwalt, -anwältin** *m, f* Federal Public Prosecutor BRIT, Chief Federal Prosecutor AM **Generaldirektor(in)** *m(f)* president, director general **Generalinspekteur(in)** *m(f)* MIL inspector general **Generalintendant(in)** *m(f)* THEAT, MUS director

generalisieren* *vi* (*geh*) to generalize

Generalist(in) <-en, -en> *m(f)* generalist

Generalität <-, *selten* -en> *f* MIL generals *pl*

Generalkonsul(in) *m(f)* consul general **Generalkonsulat** *nt* consulate general **Generalleutnant(in)** *m(f)* lieutenant general **Generalmajor(in)** *m(f)* major general BRIT, brigadier general AM **Generalprobe** *f* THEAT dress rehearsal; MUS final rehearsal **Generalsekretär(in)** *m(f)* general secretary; (*höchster Beamter*) Secretary-General **Generalstaatsanwalt, -anwältin** *m, f* ≈ district attorney AM (*chief public prosecutor at a provincial high court*)

Generalstab *m* MIL general staff + *sing/pl vb*

Generalstabskarte *f* ordnance survey map **generalstabsmäßig** *adv* meticulously

Generalstreik *m* general strike **generalüberholen*** *vt nur infin und pp* ■**etw** ~ to completely overhaul sth; ■**generalüberholt werden** to have a complete overhaul; ■**etw** ~ **lassen** to take sth in for a complete overhaul; ■**generalüberholt** completely overhauled **Generalüberholung** <-> *f kein pl* TECH complete overhaul **Generalversammlung** *f* general meeting **Generalvertreter(in)** *m(f)* general representative **Generalvertretung** *f* ÖKON sole [*or* general] agency **Generalvollmacht** *f* general [*or* full] power of attorney

Generation <-, -en> *f* ❶ (*Menschenalter*) generation; **seit ~en** for generations ❷ (*Menschen einer ~*) generation + *sing/pl vb;* **die ältere** ~ the older generation + *sing/pl vb;* **die heranwachsende** ~ the adolescent generation + *sing/pl vb;* **die junge/jüngere** ~ the young/younger generation + *sing/pl vb* ❸ SOZIOL generation ❹ TECH, INFORM generation

Generationenvertrag *m younger generation's commitment to provide for the older generation, i.e. in form of pensions*

Generationskonflikt *m* generation gap **Generationswechsel** *m* ❶ SOZIOL change of generation ❷ BIOL alternation of generations

Generator <-s, -toren> *m* TECH generator

generell I. *adj* general II. *adv* generally; ~ ***kann man sagen, …*** generally one can say, …

generieren* *vt* INFORM ■**etw** ~ to generate sth

Generikum <-s, -ka> *nt* PHARM generic [drug]

generös *adj* (*geh*) generous, munificent *form*

Genese <-, -n> *f* MED genesis *no pl form*

genesen <genas, genesen> *vi sein* (*geh*) ■**[nach/von etw** *dat*] ~ to recover [after/from sth], to convalesce

Genesende(r) *f(m) decl wie adj* convalescent
Genesis <-> *f kein pl* REL ■ **die** ~ [the Book of] Genesis
Genesung <-, *selten* -en> *f (geh)* convalescence *no pl*, recovery *no pl*; **auf dem Wege der** ~ on the road to recovery; **[jdm] baldige** ~ **wünschen** to wish [sb] a speedy recovery
Genetik <-> *f kein pl* genetics + *sing vb*
genetisch *adj* genetic; **~er Code** genetic code; **~er Fingerabdruck** genetic [*or* DNA] fingerprint
Genf <-s> *nt* Geneva
Genfer See *m* Lake Geneva
Genforscher(in) *m(f)* genetic researcher **Genforschung** *f* genetic research
genial *adj* ❶ *(überragend)* brilliant; *(erfinderisch)* ingenious ❷ *(erfindungsreich)* inspired
Genialität <-> *f kein pl* ❶ *(überragende Art)* genius *no pl* ❷ *(Erfindungsreichtum)* ingenuity *no art, no pl*
Genick <-[e]s, -e> *nt* neck; **ein steifes** ~ *(fam)* a stiff neck; **jdm/sich das** ~ **brechen** to break sb's/one's neck ▸ WENDUNGEN: **jdm das** ~ **brechen** *(fig)* to finish sb
GenickschussRR *m* shot in the neck **Genickstarre** *f* stiffness of the neck; ~ **haben** *(fam)* to have a stiff neck; MED [cerebral] meningitis *no pl*
Genie <-s, -s> [ʒeˈniː] *nt* ❶ *(Mensch)* genius; **ein verkanntes** ~ an unrecognized genius ❷ *kein pl (Fähigkeit)* genius *no art, no pl*
Genien [ˈgeːni̯ən] *pl von* **Genius**
genieren* [ʒeˈniːrən] *vr* ■ **sich [vor jdm]** ~ to be embarrassed [*or* shy] [in front of sb]; ~ ***Sie sich nicht!*** don't be shy!; ■ **sich für etw** *akk* ~ to be embarrassed about sth; ■ **sich ~, etw zu tun** to not like doing sth
genießbar *adj (essbar)* edible; *(trinkbar)* drinkable; **nicht** ~ **sein** *(fam)* to be unbearable
genießen <genoss, genossen> *vt* ❶ *(auskosten)* ■ **etw** ~ to enjoy [*or* relish] sth; *(bewusst kosten)* to savour [*or* AM -or] sth ❷ *(essen)* ■ **etw** ~ to eat sth; ■ **nicht zu** ~ **sein** to be inedible; *(trinken)* to drink ❸ *(geh: erfahren)* ■ **etw** ~ to enjoy sth ▸ WENDUNGEN: **nicht zu** ~ **sein** *(fam)* to be unbearable
Genießer(in) <-s, -> *m(f)* gourmet; **ein stiller** ~ sb who knows how to enjoy life in his own quiet way [*or* BRIT on the quiet]; **ein stiller** ~ **sein** to know how to enjoy life on the quiet [*or* in one's quiet way]; **ein stiller** ~ **von etw** *dat* **sein** to know how to enjoy sth in one's quiet way
genießerisch **I.** *adj* appreciative **II.** *adv* with pleasure [*or* relish]
Geniestreich [ʒeˈniː] *m (iron fam)* a stroke of genius *a. iron* **Genietruppe** *f* MIL SCHWEIZ engineer corps
genital **I.** *adj* genital **II.** *adv* ***sie wurde*** ~ ***untersucht*** her genitals were examined
Genitalien *pl* genitals *npl*, genitalia *npl spec*
Genitiv <-s, -e> *m* LING genitive [case]
Genius <-, Genien> [ˈgeːni̯ən] *m* ❶ *(Genie)* genius ❷ *(schöpferischer Geist)* genius
Genmanipulation *f* genetic manipulation
Genom <-s, -e> *nt* genome *spec*
Genomanalyse *f* BIOL, MED genome analysis
genommen *pp von* **nehmen**
genoppt *adj* nubbly; **~es Garn** knopped yarn *spec*
genormt *adj inv* standardized
genossRR, **genoß** *imp von* **genießen**
Genosse, Genossin <-n, -n> *m, f* comrade; **... und ~n** *(pej)* ... and his/her posse *fam* [*or pej* cronies]
genossen *pp von* **genießen**
Genossenschaft <-, -en> *f* cooperative, co-op; **eingetragene** ~ registered cooperative society
Genossenschaft(l)er(in) <-s, -> *m(f)* member of a cooperative
genossenschaftlich **I.** *adj* cooperative **II.** *adv* ~ **organisiert** organized as a cooperative
Genossenschaftsbank <-banken> *f* cooperative [*or* AM mutual savings] bank
Genossin *f fem form von* **Genosse**
genötigt *adj* forced; ■ ~ **sein, etw zu tun** to be forced [*or* obliged] to do sth; **sich** ~ **sehen, etw zu tun** to feel obliged [*or* compelled] to do sth
Genotyp <-s, -en> *m* BIOL genotype
Genozid <-[e]s, -e *o* -ien> [di̯ən] *m o nt (geh)* genocide *no art, no pl*; ■ ~ **an jdm** genocide against sb
Genpool <-s, -e> *m* BIOL gene pool
Genre <-s, -s> [ˈʒãrə] *nt* KUNST, LITER genre *spec*; **nicht jds** ~ **sein** to not be sb's thing
Genrebild [ˈʒãrə] *nt* genre painting **Genremalerei** *f* genre painting *no art, no pl*
Gensonde *f* BIOL, MED DNA probe
Gent <-s> *nt* Ghent
Gentechnik *f* genetic engineering *no art, no pl* **Gentechniker(in)** *m(f)* genetic engineer **gentechnisch** **I.** *adj* **~e Methoden** methods in genetic engineering **II.** *adv* using genetic engineering; **etw** ~ **manipulieren** to genetically manipulate sth, to manipulate sth by means of genetic engineering **Gentechnologie** *f* genetic engineering *no art, no pl* **Gentherapie** *f* BIOL, MED gene therapy **Gentransfer** *m* BIOL, MED gene transfer
Genua <-s> *nt* Genoa
genug *adv* enough; ~ ***jetzt/davon!*** enough of that!; ***es ist noch*** ~ ***Zeit*** there's still enough [*or* sufficient] time; **groß etc.** ~ big etc. enough; ■ ~ **einer S.** *gen* enough of sth; ***ich kann davon einfach nicht*** ~ ***bekommen*** [*o fam* ***kriegen***]***!*** I just can't get enough of it; ~ **haben** to have [got] enough; **[von etw** *dat*] ~ **haben** to have had enough [of sth]; **jetzt ist['s] aber ~!** that's enough!, that does it!; **sich** *dat* **selbst** ~ **sein** to be happy with one's own company; *s. a.* **damit, schlimm, wenig**
Genüge <-> *f kein pl* **einer S.** *dat* ~ **tun** *(geh)* to satisfy [*or* meet [with]] sth; **zur** ~ [quite] enough; *(oft genug)* often enough
genügen* *vi* ❶ *(ausreichen)* ■ **[jdm]** ~ to be enough [*or* sufficient] [for sb]; ■ **für jdn** ~ to be enough for sb ❷ *(gerecht werden)* ■ **einer S.** *dat* ~ to fulfil [*or* AM *usu* -ll] sth
genügend *adv* enough, sufficient
genügsam **I.** *adj (bescheiden)* modest; *(pflegeleicht)* undemanding **II.** *adv* modestly
Genügsamkeit <-> *f kein pl* modesty, simple needs *pl*
Genugtuung <-, *selten* -en> *f* ❶ *(Befriedigung)* satisfaction ❷ *(geh: Wiedergutmachung)* compensation; **für etw** *akk* ~ **leisten** to make amends for sth
genuin *(geh)* **I.** *adj* genuine **II.** *adv* genuinely
Genus <-, Genera> *nt* LING gender *spec*
GenussRR <-es, Genüsse> *m*, **Genuß** <-sses, Genüsse> *m* ❶ *(Köstlichkeit)* [culinary] delight ❷ *kein pl (geh: das Zusichnehmen)* consumption *no art, no pl*; ***der übermäßige*** ~ ***von Tabak ist gesundheitsschädlich*** excessive smoking is damaging to one's health ❸ *(das Genießen)* enjoyment; **in den** ~ **einer S.** *gen* [*o fam* **von etw** *dat*] **kommen** to enjoy sth; *(aus etw Nutzen ziehen a.)* to benefit from sth; **mit** ~ with relish; **etw mit** ~ **tun** to do sth with relish, to relish sth; **ein** ~ **sein, etw zu tun** to be a pleasure doing/to do sth
genüsslichRR, **genüßlich** **I.** *adj* pleasurable **II.** *adv* with relish
GenussmenschRR *m* hedonist **Genussmittel**RR *nt* luxury foods, alcohol and tobacco **Genussschein**RR *m* FIN [profit] participating certificate *spec* **Genusssucht**RR *f kein pl (pej)* hedonism *no art,*

no pl **genusssüchtig**RR *adj* (*pej*) hedonistic

Geobotanik *f* BOT plant geography

Geo-Dreieck, **Geodreieck**® *nt* MATH (*fam*) set square

Geograf(in)RR <-en, -en> *m(f) s.* **Geograph**

GeografieRR <-> *f kein pl s.* **Geographie**

geografischRR *adj s.* **geographisch**

Geograph(in) <-en, -en> *m(f)* geographer

Geographie <-> *f kein pl* geography *no art, no pl*

geographisch *adj* geographic[al]

Geologe, **Geologin** <-n, -n> *m, f* geologist

Geologie <-> *f kein pl* geology *no art, no pl*

geologisch *adj* geological

Geometrie <-> *f kein pl* geometry *no art, no pl*

geometrisch *adj* geometric

Geophysik *f* geophysics *no art, + sing vb* **Geopolitik** *f* geopolitics *no art, + sing vb* **geopolitisch** *adj* geopolitical

geordnet *adj* ① (*in einer bestimmten Weise angeordnet*) arranged; **nach Größe ~ sein** to be ordered [*or* arranged] according to size ② (*in angemessener Weise geregelt*) orderly; **einen ~en Geschäftsablauf sichern** to insure an orderly course of business; **in ~en Verhältnissen leben** to live an orderly life; **ein ~er Rückzug** MIL an orderly retreat

Georgetown <-s> ['dʒɔːdʒtaʊn] *nt* George Town

Georgien <-s> *nt* Georgia; *s. a.* **Deutschland**

Georgier(in) <-s, -> *m(f)* Georgian; *s. a.* **Deutsche(r)**

Georgisch *nt decl wie adj* Georgian; *s. a.* **Deutsch**

georgisch *adj* Georgian; *s. a.* **deutsch**

Georgische <-n> *nt* ■ **das ~** Georgian, the Georgian language; *s. a.* **Deutsche**

geothermisch *adj* geothermal **Geowissenschaft** *f* geoscience *no art, no pl spec* **Geowissenschaftler(in)** *m(f)* geoscientist *spec*

Gepäck <-[e]s> *nt kein pl* luggage *no pl,* baggage *no pl esp* AM

Gepäckabfertigung *f* ① *kein pl* (*Vorgang*) luggage [*or esp* AM baggage] check-in *no pl* ② (*Schalter*) luggage [*or esp* AM baggage] check-in **Gepäckablage** *f* luggage rack **Gepäckannahme** *f* ① *kein pl* (*Vorgang*) checking-in of luggage [*or esp* AM baggage] *no pl* ② (*Schalter*) luggage [*or esp* AM baggage] check-in **Gepäckaufbewahrung** *f* ① (*das Aufbewahren*) looking after left-luggage ② (*Schalter*) left-luggage office BRIT, baggage room AM **Gepäckaufgabe** *f* BAHN ① *kein pl* (*Aufgeben des Reisegepäcks*) handing in of unaccompanies baggage ② (*Schalter*) [in-counter of the] luggage [*or* baggage] office **Gepäckausgabe** *f* ① *kein pl* (*Vorgang*) giving out of left-luggage ② (*Schalter*) luggage reclaim BRIT, baggage pickup AM **Gepäckkarren** *m* luggage trolley BRIT, baggage cart AM **Gepäckkontrolle** *f* luggage [*or* AM *esp* baggage] check [*or* control] **Gepäcknetz** *nt* luggage rack **Gepäckschein** *m* luggage [*or esp* AM baggage] ticket **Gepäckstück** *nt* piece [*or* item] of luggage [*or* AM *esp* baggage] **Gepäckträger**[1] *m* (*am Fahrrad*) carrier **Gepäckträger(in)**[2] *m(f)* porter, baggage handler **Gepäckwagen** *m* luggage van BRIT, baggage car AM

Gepard <-s, -e> *m* cheetah

gepfeffert *adj* (*fam*) ① (*überaus hoch*) steep *fam* ② (*schwierig*) tough

gepfiffen *pp von* **pfeifen**

gepflegt **I.** *adj* ① (*nicht vernachlässigt*) well looked after; **ein ~es Aussehen** a well-groomed appearance; **ein ~er Garten** a well-tended garden; **ein ~er Park** a well-kept park ② (*fam: kultiviert*) civilized; **eine ~e Atmosphäre** a sophisticated atmosphere; **eine ~e Ausdrucksweise/ein ~es Gespräch** a cultured expression/conversation ③ (*erstklassig*) first-rate, excellent; **ein ~es Restaurant** a first-rate Restaurant; **~e Weine** excellent [*or* select] wines **II.** *adv* ① (*kultiviert*) in a civilized way; **sich ~ ausdrücken** to have a cultured way of speaking; **sich ~ unterhalten** to have a civilized conversation ② (*erstklassig*) **~ essen gehen** to go to a first-rate restaurant; **~ wohnen** to live in style

Gepflogenheit <-, -en> *f* (*geh*) habit

gepierct [-pɪəst] *adj* pierced

Geplänkel <-s> *nt kein pl* ① MIL (*veraltend: leichtes Gefecht*) skirmish ② (*harmlose Auseinandersetzung*) squabble *fam*

Geplapper <-s> *nt kein pl* chatter[ing] *no pl,* babblings *npl pej*

Geplärr <-[e]s> *nt*, **Geplärre** <-s> *nt kein pl* (*pej fam*) bawling *no def art, no pl*

Geplätscher <-s> *nt kein pl* splashing *no def art, no pl*

Geplauder <-s> *nt kein pl* chatt[er]ing

Gepolter <-s> *nt kein pl* banging; (*stumpf*) thudding *no pl*

Gepräge <-s> *nt kein pl* (*geh*) character *no pl*

gepriesen *pp von* **preisen**

gepunktet *adj* ① (*aus Punkten bestehend*) dotted ② (*mit Punkten versehen*) spotted, polka-dot *attr*

gequält **I.** *adj* forced **II.** *adv* **~ lachen/seufzen** to give a forced [*or* to force a] smile/sigh

Gequassel <-s> *nt kein pl* (*pej fam*) yacking *fam,* rabbiting BRIT *pej fam*

Gequatsche <-s> *nt kein pl* (*pej sl*) chattering, gabbing *no pl,* fam

gequollen *pp von* **quellen**

gerade **I.** *adj* ① (*nicht krumm, aufrecht*) straight; (*aufrecht*) upright; **etw ~ biegen** to straighten out sth *sep;* **etw ~ halten** to hold [*or* keep] sth straight; **sich ~ halten** to hold oneself [up] straight; **~ sitzen** to sit up straight; ***sitz ~!*** sit up straight!; **~ stehen** to stand up straight ② (*opp: ungerade*) even ③ (*aufrichtig*) honest; **ein ~r Mensch** an upright [*or* honest] person **II.** *adv* (*fam*) ① (*im Augenblick, soeben*) just; ***haben Sie ~ einen Moment Zeit?*** do you have time just now?; ***da du ~ da bist, …*** just while you're here, …; ***ich wollte mich ~ ins Bad begeben, da…*** I was just about to get into the bath when …; ***der Bus ist uns ~ vor der Nase weggefahren!*** we've just missed the bus!; ***da wir ~ von Geld sprechen, …*** talking of money, …; ***über was unterhaltet ihr euch denn da ~?*** what are you talking about just now? ② (*knapp*) just; ***sie verdient ~ so viel, dass sie davon leben kann*** she earns just enough for her to live on; ***sie hat die Prüfung ~ so bestanden*** she only just passed the exam; ***ich kam ~ [noch] rechtzeitig*** I came just in time ③ (*genau*) just; ***~ heute hab' ich an dich gedacht*** I was thinking of you only today; ***es war ~ umgekehrt!*** it was just [*or* exactly] the opposite **III.** *pron* (*ausgerechnet*) ***warum ~ er/ich?*** why him/me of all people?; **~ heute/morgen** today/tomorrow of all days; ***warum ~ jetzt?*** why now of all times?; (*speziell*) ***~ du solltest dafür Verständnis haben*** you of all people should have understanding for that, ***~ du kannst dich beklagen;*** (*iron*) what are you complaining about?; ***~ deswegen*** that's precisely why ▶ WENDUNGEN: **das hat ~ noch gefehlt!** (*iron*) that's all I need!; **so ist es ~ nicht!** that's just the way it isn't!; **nicht ~ billig etc.** not exactly cheap etc.; **~, weil …** especially because …, for the very reason that …

Gerade <-n, -n> *f* ① MATH straight line ② SPORT straight ③ (*beim Boxen*) straight; **eine linke/rechte ~** a straight left/right

geradeaus *adv* straight ahead; **~ fahren** to drive straight on **gerade|biegen** *vt irreg* ■ **etw ~** ① (*in *gerade Form biegen*) *s.* **gerade I 1** ② (*fam: in Ordnung bringen*) to straighten [*or* sort] out sth *sep* **gerade|halten** *vt, vr irreg s.* gerade I 1 **geradeheraus** I. *adj pred* (*fam*) straightforward, frank, plain-spoken II. *adv* (*fam*) frankly

gerädert *adj* (*fam*) ▸ WENDUNGEN: **wie ~ sein, sich wie ~ fühlen** to be [*or* feel] completely [*or* absolutely] exhausted [*or* BRIT whacked] *fam*

gerade|sitzen *vi irreg s.* **gerade I 1**

geradeso *adv s.* **ebenso**

geradesoviel *adv s.* **ebenso 1**

gerade|stehen *vi irreg* ① (*aufrecht stehen*) *s.* **gerade I 1** ② (*einstehen*) ■**für jdn/etw ~** to answer for sb/sth

geradewegs *adv* straight; ~ ***nach Hause*** straight home

geradezu *adv* really, absolutely; ~ **lächerlich etc.** really [*or* absolutely] [*or* nothing short of] ridiculous etc.

geradlinig I. *adj* ① (*in gerader Richtung*) straight ② (*aufrichtig*) straight II. *adv* straight; ~ **verlaufen** to run in a straight line

Geradlinigkeit *f* ① (*Verlaufen in gerader Richtung*) straightness ② (*fig: Aufrichtigkeit*) straightness, straight-laced nature

gerammelt *adv* ~ **voll** (*fam*) jam-packed, chock-a-block BRIT *fam*

Gerangel <-s> *nt kein pl* ① (*Balgerei*) scrapping *no art, no pl;* (*Geschubse*) tussle ② (*Auseinandersetzung*) quarrelling [*or* AM *usu* quarreling] *no art*

Geranie <-, -n> [niə] *f* geranium

gerann *imp von* **gerinnen**

gerannt *pp von* **rennen**

Gerant(in) <-en, -en> *m(f)* SCHWEIZ (*Gastwirt*) restaurant proprietor

Gerassel <-s> *nt kein pl* (*fam*) rattling

Gerät <-[e]s, -e> *nt* ① (*Vorrichtung*) device, gadget; (*Garten~*) tool ② ELEK, TECH piece of equipment, appliance; ■ **~e** equipment *nsing;* (*Fernseh~, Radio~*) set ③ SPORT (*Turn~*) [piece of] apparatus ④ *kein pl* (*Ausrüstung*) equipment *no pl; eines Handwerkers* tools *pl*

geraten[1] <gerät, geriet, geraten> *vi sein* ① (*zufällig gelangen*) ■**irgendwohin ~** to get to somewhere; **in schlechte Gesellschaft/eine Schlägerei/einen Stau ~** to get into bad company/a fight/a traffic jam; **an einen Ort ~** to come to a place ② (*unbeabsichtigt kommen*) ■ [**mit etw** *dat*] **an/in/unter etw** *akk* **~** to get [sth] caught in/under sth; **unter einen Lastwagen ~** to fall under a lorry [*or* AM truck]; **in einen Sturm ~** to get caught in a storm ③ (*sich konfrontiert sehen mit*) ■**in etw** *akk* **~** to get into sth; **in Armut ~** to end up in poverty; **in eine Falle ~** to fall into a trap; **in Gefangenschaft ~** to be taken prisoner; **in Schulden/Schwierigkeiten/eine Situation ~** to get into debt[s]/difficulties/a situation ④ (*erfüllt werden von*) ■**in etw** *akk* **~** to get into sth; **in Furcht/Verlegenheit/Wut ~** to get scared/embarrassed/angry; **in Panik ~** to start to panic ⑤ *Funktionsverb* (*beginnen, etw zu tun*) ■**in etw** *akk* **~** to begin to do sth; **in Bewegung ~** to begin to move; **in Brand ~** to catch fire; **ins Schleudern ~** to get into a skid; **ins Schwärmen/Träumen ~** to fall into a rapture/dream; **ins Stocken ~** to come to a halt; **in Vergessenheit ~** to fall into oblivion ⑥ (*ausfallen*) ***der Pulli ist mir zu groß ~*** my jumper turned out too big; ***das Essay ist zu kurz ~*** the essay turned out too short ⑦ (*gelingen*) ***das Soufflé ist mir ~/mir nicht ~*** my souffle turned/didn't turn out well; ***alle meine Kinder sind gut ~*** all my children turned out well ⑧ (*fam: kennen lernen*) ■**an jdn ~** to come across sb ⑨ (*arten*) ■**nach jdm ~** to take after sb ▸ WENDUNGEN: [**vor etw** *dat*] [**über jdn/etw**] **außer sich ~** to be beside oneself [with sth] [over sb/sth]

geraten[2] I. *pp von* **raten** II. *adj* (*geh*) advisable

Geräteraum *m* equipment room **Geräteschuppen** *m* tool shed **Geräteturnen** *nt* gymnastics + *sing vb* (*on apparatus*); (*Schulübung a.*) apparatus work *no pl*

Geratewohl [gəraːtə'voːl, gə'raːtəvoːl] *nt* ▸ WENDUNGEN: **aufs ~** (*fam: auf gut Glück*) on the off-chance; (*willkürlich*) randomly; ***wir schlugen aufs ~ diesen Weg ein*** we decided to trust our luck and came this way

Gerätschaften *pl* tools *pl,* equipment *sing*

Geratter <-s> *nt kein pl* (*pej fam*) clatter[ing], rattle, rattling

Geräucherte(s) *nt decl wie adj* smoked meat *no pl*

geraum *adj attr* (*geh*) some *attr;* **vor ~er Zeit** some time ago; **seit ~er Zeit** for some time

geräumig *adj* spacious, roomy, capacious *form*

Geräumigkeit <-> *f kein pl* spaciousness, roominess, capaciousness *form*

Geräusch <-[e]s, -e> *nt* sound; (*unerwartet, unangenehm a.*) noise

geräuscharm *adj* quiet, low-noise *spec* **geräuschempfindlich** *adj* sensitive to noise *pred;* TECH sound-sensitive **Geräuschkulisse** *f* ① (*Lärm*) background noise *no pl;* (*verschiedenartig a.*) background noise[s *pl*] ② FILM, RADIO, TV sound effects *pl* **geräuschlos** I. *adj* silent II. *adv* silently, noiselessly **Geräuschminderung** *f* noise reduction **Geräuschpegel** *m* noise level[s *pl*] **geräuschvoll** I. *adj* loud; (*unangenehm a.*) noisy II. *adv* loudly; (*unangenehm a.*) noisily

Geräusper <-s> *nt kein pl* throat-clearing

gerben *vt* ■**etw ~** to tan sth; **eine gegerbte Haut** a tanned hide; *eines Menschen* a weather-beaten skin; ■**das G~** tanning

Gerber(in) <-s, -> *m(f)* tanner

Gerberei <-, -en> *f* tannery

gerecht I. *adj* ① (*rechtgemäß*) just; ■**~** [**gegen jdn**] **sein** to be fair [to sb], to be just; ■**die G~en** the just + *pl vb old* ② (*verdient*) just, fair; **einen ~en Lohn** (*Geld*) a fair wage; (*Anerkennung*) a just reward; ***es ist doch nur ~*** it's only fair [*or* right] [*or* just] ③ (*berechtigt*) just, legitimate; **eine ~e Sache** a just cause; **in ~em Zorn** with righteous anger *form* ④ (*angemessen beurteilen*) ■**jdm/einer S. ~ werden** to do justice to sb/sth ⑤ (*eine Aufgabe erfüllen*) ■**einer S.** *dat* **~ werden** to fulfil [*or* AM *usu* -ll] sth; **den Anforderungen** [*o* **Bedingungen**] **~ werden** to fulfil the demands; **Erwartungen ~ werden** to fulfil/meet/come up to expectations II. *adv* justly, fairly

gerechterweise *adv* justifiably; ~ ***muss gesagt/zugestanden werden, ...*** to be fair, ...

gerechtfertigt *adj* justified

Gerechtigkeit <-> *f kein pl* ① (*das Gerechtsein*) justice *no art, no pl; eines Urteils* justness *no art, no pl* ② (*Unparteilichkeit*) fairness *no art, no pl* ▸ WENDUNGEN: **die ~ nimmt ihren Lauf** justice takes its course; **ausgleichende ~** poetic justice

Gerechtigkeitsgefühl *nt* sense of justice **Gerechtigkeitsliebe** *f* love of justice **gerechtigkeitsliebend** *adj* just; **ein ~er Mensch** a lover of justice **Gerechtigkeitssinn** *m kein pl s.* **Gerechtigkeitsgefühl**

Gerede <-s> *nt kein pl* gossip *no indef art, no pl,* talk *no indef art, no pl;* ***kümmere dich nicht um das ~ der Leute*** don't worry about what [other] people say; **jdn ins ~ bringen** to get sb gossiped [*or* talked] about; **ins ~ kommen** [*o* **geraten**] to get oneself gossiped [*or* talked] about

geregelt *adj* regular; **ein ~es Leben** a well-ordered life

gereichen* *vi* (*geh*) **jdm zur Ehre** ~ to do sb honour [*or* Am -or]; **jdm/einer S. zum Nachteil/Vorteil** ~ to be an advantage to/a drawback for sb/sth; **jdm zum Nutzen/Schaden** ~ to be beneficial/damaging to sb

gereizt I. *adj* (*verärgert*) irritated; (*nervös*) edgy; ***es herrschte eine ~e Stimmung*** there was a strained atmosphere II. *adv* irritably, touchily

Gereiztheit <-> *f kein pl* (*Verärgerung*) irritability, touchiness; *einer Stimmung* strainedness; (*Nervosität*) edginess

Geriater(in) <-s, -> *m(f)* geriatrician

Geriatrie <-> *f kein pl* geriatrics *no art, + sing vb*

geriatrisch *adj* geriatric

Gericht[1] <-[e]s, -e> *nt* (*Speise*) dish

Gericht[2] <-[e]s, -e> *nt* ❶ JUR (*Behörde*) court [of justice]; (*Gebäude*) court [house], law courts *pl;* **jdn/einen Fall vor ~ bringen** to take sb/a case to court; [**mit etw** *dat*] **vor ~ gehen** (*fam*) to take legal action [*or* to go to court] about sth; **vor ~ kommen** to appear in [*or* come to] court, to appear [*or* come] before a/the court; *Fall* to come to court; [**etw**] **vor ~ aussagen** to testify in court; [**wegen etw** *dat*] **vor ~ stehen** to appear in [*or* before a/the] court [for sth]; **jdn/einen Fall vor ~ vertreten** to represent sb/a case in court ❷ JUR (*die Richter*) court, bench ▸ Wendungen: Hohes ~! My Lord! Brit, Your Honor! Am; **das Jüngste ~** REL the last Judg[e]ment, Judg[e]ment Day; **mit jdm ins ~ gehen** to sharply criticize sb; **über jdn/etw ~ halten** to pronounce judg[e]ment on sb/sth; **über jdn zu ~ sitzen** to sit in judgement on sb

gerichtlich I. *adj attr* judicial, court *attr;* **laut ~en Beschlusses** [*o* **~em Beschluss**] according to a/the court decision [*or* decision of a/the court]; **eine ~e Klärung** a court settlement; **ein ~es Nachspiel** a court sequel II. *adv* legally, in court; **Schulden ~ eintreiben** to recover debts through [a/the] court order; **~ belangt werden** to be legally prosecuted; **etw ~ klären** to settle sth in court; **~ gegen jdn vorgehen** to take sb to court, to take legal proceedings [*or* to litigate] against sb

Gerichtsakten *pl* court records *pl* **Gerichtsassessor(in)** *m(f)* (*veraltet: Richter auf Probe*) trainee judge

Gerichtsbarkeit <-, -en> *f* JUR ❶ *kein pl* (*Befugnis zur Rechtsprechung*) jurisdiction ❷ *pl* (*Ausübung der rechtsprechenden Gewalt*) jurisdiction

GerichtsbeschlussRR *m* court decision, decision of a/the court **Gerichtsbezirk** *m* juridical district *form,* judicial circuit Am **Gerichtsferien** *pl* court recess *sing* **Gerichtshof** *m* law court, court of justice, court of law *esp* Am; **der Europäische ~** the European Court of Justice; **der Internationale ~** the International Court of Justice; **der Oberste ~** the High Court of Justice Brit, the Supreme Court [of Justice] Am **Gerichtskasse** *f* taxing master's office Brit (*court office where court fees and fines are paid*); (*Person*) court cashier **Gerichtskosten** *pl* court fees [*or* costs] *pl;* **jdm die ~ auferlegen** (*geh*) to order sb to pay the court fees [*or* costs] **Gerichtsmedizin** *f* forensic medicine, no art, no pl, medical jurisprudence *no art, no pl form* **Gerichtsmediziner(in)** *m(f)* forensic scientist, medical examiner Am **gerichtsmedizinisch** I. *adj* forensic, medicolegal *form* II. *adv* ***die Leiche wurde ~ untersucht*** the body was examined by a forensic scientist **Gerichtsort** *m* town/city with a court; **der zuständige ~** the venue Am *spec* **Gerichtssaal** *m* courtroom **Gerichtsschreiber(in)** *m(f)* clerk [of a/the court], keeper of the records **Gerichtsstand** *m* court of jurisdiction **Gerichtstermin** *m* date of a/the trial **Gerichtsverfahren** *nt* legal [*or* court] proceedings *pl;* **ein ~ gegen jdn einleiten** to take [*or form* institute] legal proceedings against sb **Gerichtsverhandlung** *f* trial; (*zivil*) hearing **Gerichtsvollzieher(in)** <-s, -> *m(f)* bailiff Brit, U.S Marshal Am

gerieben I. *pp von* **reiben** II. *adj* (*fam: gerissen*) cunning, crafty; (*betrügerisch*) tricky

geriet *imp von* **geraten**[1]

gering I. *adj* ❶ (*niedrig*) low; METEO low; **eine ~e Anzahl/Menge** a small number/amount; **von ~em Wert** of little value; **~ gerechnet** at a modest estimate; **nicht das G~ste** nothing at all; **nicht im G~sten** not in the least [*or* slightest] [bit]; ***das stört mich nicht im G~sten*** it doesn't disturb me in the slightest [*or* least] [bit] ❷ (*unerheblich*) slight; **~e Bedeutung** minor significance; **eine ~e Chance** a slim [*or* slight] [*or* small] chance ❸ (*unzulänglich*) poor, low; **eine ~e Lebenserfahrung** little experience in life ▸ Wendungen: **kein G~erer als ...** ..., no less *a. hum,* no less a person than ... *a. hum* II. *adv* ❶ (*schlecht*) poorly; **~ von jdm denken/sprechen** to have a poor opinion/speak badly of sb ❷ (*wenig, kaum*) **jdn/etw ~ achten** [*o* **schätzen**] (*verachten*) to think little of sb/sth, to have a low opinion of sb/to have little regard for sth, to place little/no importance on sth; **etw ~ achten** [*o* **schätzen**] (*missachten*) to disregard sth; (*unterschätzen*) to underestimate sth

gering|achten *vt s.* **gering II 2**

geringelt *adj* ringed; **~e Socken** hooped socks

geringfügig I. *adj* insignificant; **ein ~er Betrag/~es Einkommen** a small amount/income; **ein ~er Unterschied** a slight difference; **~e Verbesserungen** slight improvements; **ein ~es Vergehen/ein ~er Verstoß/eine ~e Verletzung** a minor [*or* trivial] offence/violation/injury II. *adv* slightly **Geringfügigkeit** <-, -en> *f* insignificance *no indef art, no pl,* slightness *no indef art, no pl,* triviality *no indef art, no pl;* **wegen ~ eingestellt werden** JUR to dismiss a case for want of sufficient ground *form* **gering|schätzen** *vt s.* **gering II 2** **geringschätzig** I. *adj* contemptuous; **eine ~e Bemerkung** a disparaging remark II. *adv* contemptuously, disparagingly; **~ über jdn/etw sprechen** to speak disparagingly of sb/sth, to deprecate sth **Geringschätzung** *f kein pl* disparagement *no indef art, no pl,* contempt[uousness] *no indef art, no pl;* (*Ablehnung*) disdain *no indef art, no pl;* **~ für jdn** a low opinion of sb **geringwertig** *adj* inferior; **~e Nahrung** poor [*or* low-value] food

gerinnen <gerann, geronnen> *vi sein* to coagulate; *Blut a.* to clot; *Milch a.* to curdle

Gerinnsel <-s, -> *nt* [blood] clot, coagulum *spec*

Gerinnung <-, *selten* -en> *f* coagulation *no pl; von Blut a.* clotting *no art, no pl; von Milch a.* curdling *no art, no pl*

Gerippe <-s, -> *nt* ❶ (*Skelett*) skeleton ❷ (*innere Struktur*) skeleton, frame ❸ (*Grundplan*) framework

gerippt *adj* MODE ribbed

gerissen I. *pp von* **reißen** II. *adj* (*fam*) crafty, cunning

Gerissenheit <-> *f kein pl* (*fam*) craftiness *no art, no pl,* cunning *no art, no pl*

geritten *pp von* **reiten**

Germ <-s> *m kein pl* ÖSTERR (*Hefe*) yeast

Germane, Germanin <-n, -n> *m, f* HIST Teuton

Germania <-> *f* Germania (*symbol of the former German Reich: a female figure in armour*)

Germanien <-s> [niən] *nt* HIST Germania

Germanin *f fem form von* **Germane**

germanisch *adj* ❶ HIST Teutonic ❷ LING Germanic; ■**G~** [*o* **das G~e**] Germanic, the Germanic language

Germanist(in) <-en, -en> *m(f)* ❶ (*Wissenschaftler*) Germanist ❷ (*Student*) student of German, German student; ■**~ sein** to study German

Germanistik <-> *f kein pl* German [studies *npl*]
germanistisch *adj* German; **eine ~e Fachzeitschrift** a journal on German[ic] studies
Germanium <-s> *nt kein pl* CHEM germanium *no art, no pl spec*
gern(e) <lieber, am liebsten> *adv* ① *(freudig)* with pleasure; **~ gesehen** welcome; **jdn/sich ~ haben** [*o* **mögen**] to be fond of sb/one another; ***ich mag ihn sehr ~*** I like him a lot, I'm very fond of him; **etw ~ tun** to like doing/to do sth, to enjoy doing sth; ***das mache ich doch ~ für dich!*** of course I'll do it for you!; **seine Arbeit ~ machen** to enjoy one's work; **etw ~ essen** to like [eating] sth; ***er sieht das nicht ~*** he doesn't like that; ***ich hätte ~ gewusst, ...*** I would like to know ... ② *(ohne weiteres)* ***das kannst du ~ haben*** you're welcome to [have] it; ***das glaube ich ~!*** I can quite believe that!, I believe that straight away! ③ *(gewöhnlich, oft)* **etw ~ tun** to tend to do sth; ***morgens lässt sie sich ~ viel Zeit*** she likes to leave herself a lot of time in the mornings; **ein ~ gehörtes Lied** a popular song; **ein ~ gelesenes Buch** a popular book ► WENDUNGEN: **aber ~!** of course!, please do!; **~ geschehen!** don't mention it!, my pleasure!; **es ~ haben, wenn ...** to like it when ...; **wie hätten** [*o* **möchten**] **Sie es** [**denn**] **~?** how would you like that?; **ja, ~!** with pleasure!; **du kannst mich mal ~ haben!** *(iron fam)* you can go to hell! *hum* [*or* BRIT *hum fam* go and whistle]; **rasend ~!** *(fam)* I'd simply love to!; *s. a.* **sehen**
Gernegroß <-, -e> *m (hum fam)* somebody who likes to act big, wannabe *pej fam;* ■ **ein ~ sein** to like to act big, to be a wannabe *pej fam*
gerngehört *adj s.* **gern 3** **gerngelesen** *adj s.* **gern 3** **gerngesehen** *adj attr s.* **gern 1**
Geröchel <-s> *nt kein pl* groaning, groans *pl*
gerochen *pp von* **riechen**
Geröll <-[e]s, -e> *nt* scree *no pl spec,* talus AM; *(größer)* boulders *pl*
geronnen[1] *pp von* **rinnen, gerinnen**
geronnen[2] *adj* congealed, coagulated; *(Milchprodukte)* clotted
Gerontologe, Gerontologin <-n, -n> *m, f* MED gerontologist *spec*
Gerontologie <-> *f kein pl* MED gerontology *no art, no pl spec*
Gerste <-, -n> *f* BOT barley *no art, no pl*
Gerstenkorn *nt* ① BOT barleycorn ② MED stye **Gerstensaft** *m kein pl (hum)* beer
Gerte <-, -n> *f* switch; **schlank wie eine ~ sein** to be as thin as a reed
gertenschlank *adj* slim, willowy
Geruch <-[e]s, Gerüche> *m* ① *(Duft)* smell, odour [*or* AM -or]; *einer Blume, eines Parfüms* scent; *(Gestank)* stench ② *kein pl (~ssinn)* sense of smell ► WENDUNGEN: **in dem ~ stehen, etw zu tun** *(geh)* to be rumoured [*or* AM -ored] to be doing sth
geruchlos *adj* odourless [*or* AM -orless]
Geruch(s)belästigung *f* ***das ist eine ~*** the smell is a real nuisance **Geruch(s)empfindung** *f s.* **Geruch[s]sinn** **Geruch(s)nerv** *m s.* **Riechnerv** **Geruch(s)organ** *nt s.* **Riechorgan** **Geruch(s)sinn** *m kein pl* sense of smell **Geruch(s)verschluss**[RR] *m* odour [*or* AM -or] trap, siphon *spec*
Gerücht <-[e]s, -e> *nt* rumour [*or* AM -or]; **etw für ein ~ halten** *(fam)* to have [one's] doubts about sth; **ein ~ in die °Welt setzen** to start a rumour; **es geht das ~, dass ...** there's a rumour [going round] that ...
Gerüchteküche *f* rumour-mongers [*or* AM rumor-] *pl*
gerufen *pp von* **rufen**
geruhen* *vt (geh)* ■ **~, etw zu tun** to deign *a. pej* [*or hum a. form* condescend] to do sth
geruhsam I. *adj* peaceful; **ein ~er Abend am Kamin** a quiet evening in front of the fireplace; **ein ~er Spaziergang** a leisurely walk II. *adv* leisurely, peacefully; **~ essen** to eat in peace [and quiet]
Gerümpel <-s> *nt kein pl (pej)* junk *no indef art, no pl*
Gerundium <-s, -ien> [diən] *nt* LING gerund *spec*
Gerundiv <-s, -e> [-və] *nt,* **Gerundivum** <-s, -diva> *nt* LING gerundive *spec*
gerungen *pp von* **ringen**
Gerüst <-[e]s, -e> *nt* ① BAU scaffold[ing *no pl*] ② *(Grundplan)* framework
Gerüstbau *m* ① *kein pl* BAU erection of scaffolding *no indef art, no pl* ② *(Firma)* scaffolders *pl* **Gerüstbauer(in)** <-s, -> *m(f)* scaffolder **Gerüstbaufirma** *f* scaffolders *pl*
gerüttelt *adj* ► WENDUNGEN: **~ voll** jam-packed, chock-a-block BRIT *fam*
ges, Ges <-, -> *nt* MUS G flat
gesalzen I. *pp von* **salzen** II. *adj (fam: überteuert)* steep *fam*
gesammelt *adj* ① *Werke* collected ② *Aufmerksamkeit, Kraft* collective
gesamt *adj attr* whole, entire; **die ~e Familie** the whole [*or* entire] family + *sing/pl vb;* **die ~en Kosten** the total costs; **die ~e Verwandtschaft** all the relatives
Gesamtansicht *f* general view **Gesamtarbeitsvertrag** *m* SCHWEIZ *(Tarifvertrag)* collective agreement **Gesamtauflage** *f eines Buchs* total edition; *einer Zeitschrift, Zeitung* total circulation **Gesamtausgabe** *f* complete edition **Gesamtbetrag** *m* total [amount] **Gesamtbild** *nt* overall [*or* general] picture **gesamtdeutsch** *adj* all-German; **die ~e Frage** the German Question **Gesamteindruck** *m* overall [*or* general] impression **Gesamtergebnis** *nt* total outcome [*or* result] **gesamteuropäisch** *adj* all-European **gesamtgesellschaftlich** *adv* by society as a whole **Gesamtgewicht** *nt* AUTO laden [*or form* gross vehicle] weight; **zulässiges ~** gross vehicle weight rating *form,* GVWR *form*
Gesamtheit <-> *f kein pl* totality; ■ **die ~ der ...** all the ...; **in seiner ~** as a whole, in its entirety
Gesamthochschule *f* amalgamated university, ≈ polytechnic BRIT *hist* **Gesamtinteresse** *nt* ■ **das ~** the general interest **Gesamtkosten** *pl* total costs **Gesamtkunstwerk** *nt* synthesis of the arts **Gesamtschaden** *m* total damage **Gesamtschule** *f* ≈ comprehensive school; **integrierte ~** ≈ comprehensive school **Gesamtsieger(in)** *m(f)* SPORT overall winner **Gesamtstrafe** *f* JUR overal sentence *(covering individual sentences of several offences, but not exceeding maximum sentence)* **Gesamtsumme** *f* total [amount] **Gesamtübersicht** *f* general survey **Gesamtverbrauch** *m kein pl* total consumption **Gesamtwerk** *nt* complete works *pl* **Gesamtwert** *m* total value; **im ~ von ...** totalling [*or* AM *usu* totaling] ... [in value] **Gesamtwertung** *f* SPORT overall placings *pl;* **in der ~** in the overall placings
gesandt *pp von* **senden**[1]
Gesandte(r) *f(m) decl wie adj,* **Gesandtin** *f* envoy, legate; *(Botschafter)* ambassador; **päpstlicher ~r** nuncio *spec*
Gesandtschaft <-, -en> *f* embassy
Gesang <-[e]s, Gesänge> *m* ① *kein pl (das Singen)* singing *no art, no pl* ② *(Lied)* song; **geistliche Gesänge** religious hymns; **ein Gregorianischer ~** a Gregorian chant ③ LIT book; *eines Gedichts* canto *spec*
Gesangbuch *nt* hymn book
gesanglich *adj* vocal, singing *attr*
Gesangstunde *f* singing lesson; **~n geben/nehmen** to give/take singing lessons **Gesangunter-**

G

richt *m* singing lessons *pl* **Gesangverein** *m* choral society, glee club AM

Gesäß <-es, -e> *nt* seat, bottom, posterior *hum*

Gesäßbacke *f* buttock, cheek, bun AM *fam* **Gesäßmuskel** *m* gluteal [*or* gluteus] muscle *spec* **Gesäßtasche** *f* back pocket

gesättigt *adj* CHEM saturated

Gesäusel <-s> *nt kein pl* ❶ (*anhaltendes Säuseln*) rustling *no pl,* rustle *no pl; des Windes* murmur[ing], whisper[ing], sigh[ing] ❷ (*iron: einschmeichelndes Reden*) sweet talk, no art, no pl *fam*

Geschädigte(r) *f(m) decl wie adj* victim

geschaffen *pp von* **schaffen¹**

Geschäft <-[e]s, -e> *nt* ❶ (*Laden*) shop, AM *usu* store; (*Kaufhaus*) department store; **im ~** in the shop [*or* department store] ❷ (*Gewerbe, Handel*) business, trade; **[mit jdm] ~e machen** to do business [with sb]; (*Handel [mit jdm] betreiben*) to do a deal [with sb], to strike a bargain [with sb]; **mit etw** *dat* **~e machen** to trade in sth; (*Handel mit etw betreiben*) to do a deal in sth; **für jdn die ~e führen** to manage [*or* run] the business for sb; **im ~ sein** to be in business; **mit jdm ins ~ kommen** (*eine einmalige Transaktion*) to do a deal with sb; (*dauerhaftes Geschäft*) to do business with sb; ***wie gehen die ~e?*** how's business?; **das ~ mit der Angst** trading on [people's] fears; **~ ist ~** business is business; **sein ~ verstehen** to know one's onions [*or* AM stuff] *fam* ❸ (*Geschäftsabschluss*) deal, transaction; **ein ~ machen** to do [*or esp* AM make] a deal; **ein gutes ~ machen** to get a good [*or* real] bargain; **für jdn ein/kein ~ sein** to be a good deal/not much of a deal for sb; **[mit jdm] ein ~ abschließen** to complete a transaction [*or* deal] [with sb]; **[mit jdm] ein ~ tätigen** to do a deal [with sb] ❹ DIAL (*Firma*) work; ***ich gehe um 8 Uhr ins ~*** I go to work at 8 o'clock ❺ DIAL (*große, mühsame Arbeit*) job *fam,* job and a half *fam* ❻ (*Angelegenheit*) business, matter ▶ WENDUNGEN: **kleines/großes ~** (*kindersprache*) number one [*or* pee] /number two [*or* big job] [*or* pooh] *vulg* [*or* AM poop] *vulg or childspeak;* **sein ~ verrichten** to do a job BRIT *vulg,* to relieve oneself, to go to the toilet *euph*

geschäftehalber *adv* (*in Geschäften*) on business; (*wegen der Geschäfte*) because of business **Geschäftemacher(in)** *m(f)* (*pej*) profiteer, sb who is out for what he/she can get; ***er ist ein übler ~*** he'd sell his own grandmother **Geschäftemacherei** <-, -en> *f* (*pej*) profit-seeking, profiteering **Geschäftemacherin** <-, -nen> *f fem form von* **Geschäftemacher**

geschäftig **I.** *adj* busy, industrious; **ein ~es Treiben** bustling activity **II.** *adv* busily, industriously

Geschäftigkeit <-> *f kein pl* bustle; ***was herrscht hier für eine ~?*** what's all this hustle and bustle?

geschäftlich **I.** *adj* ❶ (*das Geschäft betreffend*) business *attr;* **etwas G~es besprechen** to discuss business [matters] ❷ (*unpersönlich*) business-like; **ein ~er Ton** a business-like [*or* brisk] tone **II.** *adv* on business; **~ verreist** away on business; ***ich habe ~ hier zu tun*** I'm here on business

Geschäftsablauf *m* course of business **Geschäftsabschluss**RR *m* conclusion of a deal **Geschäftsanteil** *m* share [in a business] **Geschäftsaufgabe** *f* closing [*or* closure] of a/the business/shop **Geschäftsauflösung** *f* closing [*or* closure] of a/the business/shop; ***„Räumungsverkauf wegen ~"*** "closing down sale" **Geschäftsauto** *nt* company car **Geschäftsbedingungen** *pl* terms and conditions of trade *pl* **Geschäftsbereich** *m* ❶ (*Zuständigkeitsbereich*) portfolio ❷ (*Sparte*) division **Geschäftsbericht** *m* company [*or* management] report **Geschäftsbeziehungen** *pl* business connections *pl* **Geschäftsbrief** *m* business letter **Geschäftsbuch** *nt* accounts *pl,* books *pl* **Geschäftseröffnung** *f* opening of a shop [*or* store] **Geschäftsessen** *nt* business lunch/dinner **geschäftsfähig** *adj* legally competent, competent to contract BRIT; **beschränkt/unbeschränkt ~ sein** to have limited/unlimited legal competence **Geschäftsfähigkeit** *f* legal competence, capacity to contract BRIT **Geschäftsfrau** *f fem form von* **Geschäftsmann** businesswoman *fem* **Geschäftsfreund(in)** *m(f)* business associate **geschäftsführend** *adj attr* ❶ (*amtierend*) acting; **eine ~e Regierung** a caretaker government ❷ (*leitend*) **~er Direktor** managing [*or* executive] director **Geschäftsführer(in)** *m(f)* ❶ ADMIN manager ❷ (*in einem Verein*) secretary ❸ POL chairperson **Geschäftsführung** *f s.* **Geschäftsleitung** **Geschäftsgebaren** *nt* business practice **Geschäftsgeheimnis** *nt* business [*or* trade] secret [*or* industrial] **Geschäftshaus** *nt* ❶ (*Gebäude*) office block ❷ (*Firma*) company **Geschäftsidee** *f* ÖKON, MANAG business concept **Geschäftsinhaber(in)** *m(f)* owner, proprietor **Geschäftsinteresse** *nt* business interest **Geschäftsjahr** *nt* financial year **Geschäftskapital** *nt* working capital **Geschäftskosten** *pl* expenses *pl;* **auf ~** on expenses **Geschäftsleben** *nt* business life; **im ~ stehen** to be active in the business world; **sich aus dem ~ zurückziehen** to retire from the business world **Geschäftsleitung** *f* ADMIN ❶ *kein pl* management ❷ (*Personen*) management, executive **Geschäftsleute** *pl von* **Geschäftsmann/-frau** businessmen/-women **Geschäftsliste** *f* SCHWEIZ (*Tagesordnung*) agenda **Geschäftsmann** *m* businessman **Geschäftsordnung** *f* procedural rules [*or* rules of procedure] **Geschäftspartner(in)** *m(f)* business partner **Geschäftsräume** *pl* business premises *pl* **Geschäftsreise** *f* business trip; **auf ~ sein** to be on a business trip **geschäftsschädigend** **I.** *adj* damaging to [the interests of] a/the company [*or* bad for business] **II.** *adv* in a way that may damage [the interests of] a/the company [*or* in a way that may be bad for business] **Geschäftsschädigung** *f* damage to [the interests of] a/the company **Geschäftsschluss**RR *m* ❶ (*Ladenschluss*) closing time ❷ (*Büroschluss*) **nach ~** after work [*or* [business] hours]; ***was machst du heute nach ~?*** what are you doing after work today? **Geschäftssinn** *m* business acumen [*or* sense] **Geschäftssitz** *m* place of business; (*offizieller Sitz*) registered office **Geschäftsstelle** *f* ❶ (*Büro*) office; (*einer Bank, einer Firma*) branch ❷ JUR court office **Geschäftsstraße** *f* shopping street **Geschäftsstrategie** *f* business strategy **Geschäftsstunden** *pl* business hours; **~ eines Büros** office hours; **~ eines Ladens** opening hours **Geschäftsträger(in)** <-s, -> *m(f)* chargé d'affairs **geschäftstüchtig** *adj* business-minded; **eine ~e Frau** a capable [*or* an able] businesswoman **Geschäftsverbindung** *f s.* **Geschäftsbeziehung** **Geschäftsviertel** *nt* business district **Geschäftsvolumen** *nt* volume of business [*or* trade] **Geschäftswagen** *m* company car **Geschäftswert** *m* goodwill **Geschäftszeit** *f* opening [*or* business] hours **Geschäftszentrum** *nt* shopping centre [*or* AM -er] **Geschäftszimmer** *nt* office **Geschäftszweig** *m* branch [of the business]

geschah *imp von* **geschehen**

geschätzt *adj inv* ❶ (*eingeschätzt, vermutet*) estimated ❷ (*sehr geachtet*) valued; **mein ~er Kollege** (*iron fam*) my esteemed [*or* dearest] colleague

Geschaukel <-s> *nt kein pl* rocking; **das ~ eines Busses/einer Kutsche/einer Sraßenbahn** the bumpiness of a bus/a coach/a tram

gescheckt *adj* skewbald; **ein schwarz-weiß ~es Pferd** a piebald horse; **schwarz-weiß ~** black and white spotted

geschehen <geschah, geschehen> *vi sein* ❶ (*stattfinden*) to happen, to occur; ***es muss etwas ~*** something's got to be done; *s. a.* **Unglück, Wille, Wunder** ❷ (*ausgeführt werden*) to be carried out [*or* done]; **ein Mord geschieht** a murder is committed ❸ (*widerfahren*) ■**jdm geschieht etw** sth happens to sb; ***es wird Ihnen nichts ~*** nothing will happen to you; ***das geschieht dir recht!*** it serves you right! ❹ (*verfahren werden*) ■**mit jdm/etw ~** to happen to sb/sth; ***als sie ihn sah, war es um sie ~*** she was lost the moment she set eyes on him; **um etw** *akk* **~ sein** sth is shattered; **nicht wissen, wie einem geschieht** to not know what is happening [to one] [*or* whether one is coming or going]

Geschehen <-s, -> *nt* events *pl;* **der Ort des ~s** the scene [of the event]

Geschehnis <-ses, -se> *nt* (*geh*) event, happening, occurrence

gescheit *adj* clever, quick-witted, bright; **eine ~e Idee** a brilliant [*or* clever] [*or* ingenious] idea; **ein ~er Vorschlag** a pertinent suggestion; ■**etwas/nichts G~es** sth/nothing sensible; ***du bist wohl nicht [recht] ~?*** (*fam*) are you off your head?, fam, have you lost your marbles? *fam;* **sei ~!** be sensible!; **~er sein** (*fam*) to be more sensible; **aus etw** *dat* **nicht ~ werden** to be unable to make head or [*or* nor] tail of sth

Geschenk <-[e]s, -e> *nt* (*Gabe*) present, gift; **jdm ein ~ machen** to give sb a present [*or* gift]; **jdm etw zum ~ machen** to make sb a present [*or* gift] of sth, to give sb sth as a present [*or* gift] ▶ WENDUNGEN: **kleine ~e erhalten die Freundschaft** (*prov*) small gifts help keep a friendship alive; **ein ~ des Himmels sein** to be heaven sent; (*eine Rettung sein*) to be a godsend

Geschenkartikel *m* gift [article] **Geschenkgutschein** *m* gift voucher **Geschenkpackung** *f* gift pack **Geschenkpapier** *nt,* **Geschenkspapier** *nt* ÖSTERR [gift] wrapping paper, gift wrap

Geschichte <-, -n> *f* ❶ *kein pl* (*Historie*) history; **in die ~ eingehen** to go down in [the annals of] history; **Alte/Mittlere/Neue ~** ancient/medieval/modern history; **~ machen** to make history ❷ (*Erzählung*) story; **eine wahre ~** a true story; **eine ~ erzählen** to tell a story; **~n erzählen** (*fam*) to talk nonsense [*or* rubbish]; **mach keine ~n!** don't do anything stupid [*or* silly] !; **mach keine langen ~n!** stop messing [*or* dithering] about [*or* AM around] ! ❸ (*fam: Angelegenheit, Sache*) business; **alte ~n sein** to be old hat [*or* water under the bridge]; **alte ~n wieder aufwärmen** to rake up old stories; **die ganze ~** the whole lot; **schöne ~n!** (*iron*) that's a fine state of affairs! *iron;* **~n mit jdm haben** to have an affair with sb

geschichtlich I. *adj* ❶ (*die Geschichte betreffend*) historical ❷ (*bedeutend*) historic; **ein ~es Ereignis/ein ~er Vorgang** a historic occasion/event II. *adv* historically; **~ bedeutsam** of historic importance

Geschichtsatlas *m* historical atlas **Geschichtsauffassung** *f* conception of history **Geschichtsbewusstsein**^RR *nt* awareness of history **Geschichtsepoche** *f* historical epoch **Geschichtsfälschung** *f* falsification of history **Geschichtsforscher(in)** *m(f)* historical researcher **Geschichtsforschung** *f* historical research **Geschichtskenntnis** *f* knowledge of history **Geschichtsklitterung** *f* historical misrepresentation **geschichtslos** *adj* ❶ (*ohne Geschichte*) with no past, without a history ❷ (*ohne Beziehung zur eigenen historischen Vergangenheit*) with no sense of one's own history **Geschichtsphilosophie** *f* philosophy of history **geschichtsphilosophisch** *adj* **ein ~es Buch** a book on the philosophy of history **Geschichtsschreiber(in)** *m(f)* chronicler **Geschichtsschreibung** *f* historigraphy, writing of history **geschichtsträchtig** *adj* historic; **ein ~er Moment** a historic moment **Geschichtsunterricht** *m* (*das Unterrichten*) history teaching; (*Unterrichtsstunde*) history lesson **Geschichtswissenschaft** *f* [science of] history **Geschichtswissenschaftler(in)** *m(f)* historian **Geschichtszahl** *f* [historical] date

Geschick[1] <-[e]s> *nt kein pl* skill, expertise *no pl*

Geschick[2] <-[e]s, -e> *nt* (*Schicksal*) fate; **ein furchtbares** [*o* **grässliches**] **~** a cruel fate; **ein schlimmes ~** a fate worse than death *usu iron*

Geschicklichkeit <-> *f kein pl* skill, skilfulness [*or* AM skillfulness] *no pl,* expertise *no pl*

geschickt I. *adj* skilled, skilful [*or* AM skillful], expert; ■**mit den Händen ~ sein** to be clever with one's hands; **ein ~es Verhalten** diplomatic behaviour [*or* AM -or] II. *adv* cleverly, adroitly, skilfully

Geschicktheit <-> *f kein pl s.* **Geschick**[1]

geschieden I. *pp von* **scheiden** II. *adj* divorced; **jds ~e Frau/~er Mann** sb's ex-wife/husband

Geschiedene(r) *f(m) decl wie adj* divorcee; **ihr ~r/seine ~** (*fam*) her/his ex *fam*

geschienen *pp von* **scheinen**

Geschimpfe <-[e]s> *nt kein pl* cursing, scolding

Geschirr <-[e]s, -e> *nt* ❶ *kein pl* (*Haushaltsgefäße*) crockery *no pl,* dishes *pl;* **das benutzte ~** the dirty crockery [*or* dishes]; ***feuerfestes ~*** ovenware ❷ (*Service*) [tea/dinner] service; **das gute ~** the best china ❸ (*Riemenzeug*) harness; ■**einem Tier ~ anlegen** to harness an animal, to put the harness on an animal

Geschirrablage *f* dish rack **Geschirraufzug** *m* dumb waiter **Geschirrschrank** *m* china cupboard **Geschirrspülen** *nt* washing-up **Geschirrspüler** <-s, -> *m* (*fam*) *s.* Geschirrspülmaschine **Geschirrspülmaschine** *f* dishwasher **Geschirrspülmittel** *nt* washing-up liquid BRIT, dish soap AM **Geschirrtuch** *nt* teatowel BRIT, drying-up cloth BRIT, dish cloth AM **Geschirrwaschmaschine** *f* SCHWEIZ (*Geschirrspülmaschine*) dishwasher

Geschiss^RR <-es> *nt,* **Geschiß** <-sses> *nt* (*Getue*) fuss; ***er macht um jede Kleinigkeit ein ~*** he makes a huge fuss about the slightest thing

geschissen *pp von* **scheißen**

geschlafen *pp von* **schlafen**

geschlagen *pp von* **schlagen**

Geschlecht <-[e]s, -er> *nt* ❶ *kein pl* BIOL sex, gender; **das andere ~** the other [*or* opposite] sex; **beiderlei ~s** of both sexes; **männlichen/weiblichen ~s** (*geh*) male/female, of the male/female sex *form;* **das schwache/schöne/zarte ~** (*hum*) the weaker/fairer/gentle sex; **das starke ~** (*hum*) the stronger sex *iron* ❷ (*liter: Geschlechtsteile*) sex *liter* ❸ (*Sippe*) family, lineage *form, liter;* ***er stammt aus einem adligen/alten ~*** he comes from a noble/ancient family, he is of noble/ancient lineage; **das menschliche ~** the human race; **zukünftige/spätere/die kommenden ~er** future generations ❹ LING gender

Geschlechterfolge *f* line **Geschlechterkampf** *m* battle of the sexes **Geschlechterkunde** *f* genealogy **Geschlechterrolle** *f* gender role **Geschlechtertrennung** *f* separation [*or* segregation] of the sexes **Geschlechterverhältnis** *nt* SOZIOL sex [*or* gender] ratio

geschlechtlich I. *adj* ❶ (*sexuell*) sexual; **~e Aufklärung** sex education; **~e Lust** lust; **~es Verlangen** sexual desire ❷ BIOL sexual; **~e Entwicklung** sexual development; **~e Reifung** sexual maturation; **~e Fortpflanzung** sexual reproduction II. *adv* sexually;

~ **verkehren** to have sexual intercourse; **sich ~ fortpflanzen** [*o* **vermehren**] to reproduce sexually

Geschlechtsakt *m* sex[ual] act, sexual intercourse *no pl*, coitus *no pl form;* [**mit jdm**] **den ~ vollziehen** (*geh*) to have [*or* enjoy] sexual intercourse [with sb] *hum* **Geschlechtsbestimmung** *f* sex determination **Geschlechtschromosom** *nt* sex chromosome **Geschlechtsdrüse** *f* sex gland **Geschlechtserziehung** *f* sex education **Geschlechtsgenosse, -genossin** *m, f* (*hum*) sb of the same sex [*or* gender] **Geschlechtshormon** *nt* sex hormone **geschlechtskrank** *adj* suffering from a sexually transmitted disease **Geschlechtskranke(r)** *f(m) decl wie adj* sb with a sexually transmitted disease **Geschlechtskrankheit** *f* sexually transmitted disease **Geschlechtsleben** *nt kein pl* sexual habits, form, sex life *fam* **geschlechtslos** *adj* asexual, sexless **Geschlechtslust** *f kein pl* [sexual] lust **Geschlechtsmerkmal** *nt* sex[ual] characteristic **Geschlechtsorgan** *nt* sexual organ; **äußere ~e** external sex [*or* sexual] organs, genitals *npl*, genitalia *npl;* **innere ~e** internal sex [*or* sexual] organs **geschlechtsreif** *adj* sexually mature **Geschlechtsreife** *f* sexual maturity **Geschlechtsteil** *nt* genitals *npl* **Geschlechtstrieb** *m* sex [*or* sexual] drive [*or* urge] **Geschlechtsumwandlung** *f* sex change **Geschlechtsverkehr** *m* sexual intercourse, sex *fam* **Geschlechtswort** *nt* LING article **Geschlechtszelle** *f* sexual cell

geschlichen *pp von* **schleichen**

geschliffen **I.** *pp von* **schleifen**[2] **II.** *adj* polished, faultless; **~e Manieren** faultless [*or* impeccable] manners

geschlossen **I.** *pp von* **schließen** **II.** *adj* ❶ (*gemeinsam*) united; **~e Ablehnung** unanimous rejection ❷ (*zusammenhängend*) thick; **eine ~e Wolkendecke** [*o* **~e Bewölkung**] cloudy skies; **eine ~e Schneedecke** a layer of snow; *s. a.* **Gesellschaft, Ortschaft** ❸ (*opp: offen*) closed; **eine ~e Abteilung** a closed ward ❹ (*abgerundet, in sich eine Einheit bildend*) eine ~ *Persönlichkeit,* a well-rounded character; **ein ~es Bild** a complete picture; **ein ~es Konzept** a [complete] concept **III.** *adv* (*einheitlich*) unanimously; **~ für etw** *akk* **stimmen** to vote unanimously for sth

Geschlossenheit <-> *f kein pl* ❶ (*gemeinsame Haltung*) unity ❷ (*Einheitlichkeit*) uniformity

Geschluchze *nt* sobbing

geschlungen *pp von* **schlingen**[1, 2]

Geschmack <-[e]s, Geschmäcke *o hum fam* Geschmäcker> *m* ❶ *kein pl* (*Aroma*) taste; **einen … ~ haben** (*schmecken*) to have a … taste ❷ *kein pl* (*Geschmackssinn*) sense of taste ❸ (*ästhetisches Empfinden*) taste; **mit ~ eingerichtet** tastefully furnished; **mit sicherem ~** with unerring good taste; **einen guten/keinen guten ~ haben** to have good/bad taste; **etw ist nicht mein/nach meinem ~** sth is not to my taste, sth is not my cup of tea *fam;* **an etw** *dat* **~ finden** [*o* **einer S.** *dat* **~ abgewinnen**] to develop [*or* acquire] a taste for sth; **auf den ~ kommen** to acquire a taste for sth, to grow to like sth; **für meinen ~** for my taste; **etw ist im ~ …** the taste of sth is …; **je nach ~** according to taste; **die Geschmäcker sind verschieden** tastes differ ▸ WENDUNGEN: **über ~ lässt sich** [**nicht**] **streiten** (*prov*) there's no accounting for taste

geschmacklich **I.** *adj* as regards [*or* in terms of] taste; **ein ~er Unterschied** a difference in taste; **eine ~e Veränderung/Verbesserung** a change/an improvement in taste **II.** *adv* as regards [*or* in terms of] taste; **etw ist ~ hervorragend** the taste of sth is excellent; **etw ~ verbessern** to improve the taste of sth

geschmacklos *adj* ❶ KOCHK (*ohne Geschmack*) bland, tasteless ❷ (*taktlos*) tasteless, in bad taste; **ein ~er Mensch** a person lacking in good taste ❸ (*nicht ästhetisch*) in bad taste; ***wie ~!*** how tasteless!

Geschmacklosigkeit <-, -en> *f* ❶ *kein pl* (*Taktlosigkeit*) tastelessness, bad taste *no pl*, lack of good taste *no pl;* **ein Witz von seltener ~** a particularly tasteless joke ❷ (*taktlose Bemerkung*) tasteless remark

Geschmacksfrage *f* **eine ~ sein** to be a matter [*or* question] of taste; **in ~n** in matters of taste **Geschmacksknospe** *f* taste bud **Geschmacksrichtung** *f* flavour [*or* AM -or]; **jds ~ sein** (*fam*) to be sb's cup of tea *fam*, to be just the thing [for sb] *fam;* ***genau meine ~!*** my favourite! **Geschmackssache** *f* **~ sein** to be a matter [*or* question] of taste **Geschmackssinn** *m* sense of taste **Geschmacksurteil** *nt* ▪**sein ~** [**in etw** *dat*] one's taste [in [*or* for] sth] **Geschmacksverirrung** *f* (*pej*) bad taste, eccentric taste *euph;* **unter ~ leiden** (*fam*) to have bad taste [*or* no idea of good taste]

geschmackvoll **I.** *adj* tasteful; **~e Bemerkung** tasteful remark, remark in good taste **II.** *adv* tastefully

Geschmatze <-s> *nt kein pl* slurping, noisy eating

Geschmeide <-s, -> *nt* (*geh*) jewellery *no pl* BRIT, jewelery *no pl* AM

geschmeidig **I.** *adj* ❶ (*schmiegsam*) sleek; **~es Haar/Fell** silky hair/coat; **~e Haut** soft [*or* smooth] skin; **~es Leder** supple leather; **~e Masse/~er Teig/~es Wachs** smooth mass/pastry/wax ❷ (*biegsam*) supple, agile, lithe, lissom ❸ (*anpassungsfähig*) adaptable **II.** *adv* (*biegsam*) supply [*or* supplely], agilely, lithely

Geschmeidigkeit <-> *f kein pl* ❶ (*Schmiegsamkeit*) sleekness; *von Haar/Fell* silkiness; *von Leder* suppleness; *von Haut* smoothness, suppleness ❷ (*Biegsamkeit*) suppleness, agility ❸ (*Anpassungsfähigkeit*) adaptability

Geschmeiß <-es> *nt kein pl* (*pej*) ❶ (*ekliges Ungeziefer*) bugs *pl fam*, vermin *no pl pej* ❷ (*widerliche Menschen*) vermin *no pl*, scum *fam*

Geschmier(e) <-s> *nt kein pl* (*pej fam*) ❶ (*unleserliche Handschrift*) scribble, scrawl ❷ (*kritisierter Artikel*) rubbish *no pl*, trash *no pl*, drivel *no pl* ❸ (*schlechte Malerei*) rubbish *no pl*, mess *no pl*

geschmissen *pp von* **schmeißen**

geschmolzen *pp von* **schmelzen**

Geschmorte <-es> *nt kein pl* (*fam*) braised meat

Geschmunzel <-es> *nt kein pl* smiling; ***der Witz löste allgemeines ~ aus*** the joke caused everyone to smile [*or* raised a smile from everyone]

Geschmus(e) <-es> *nt kein pl* (*fam*) kissing and cuddling *no pl*, canoodling *no pl* BRIT

Geschnatter <-s> *nt kein pl* (*pej fam: lästiges Schnattern*) cackle *no pl*, cackling *no pl;* **~ der Menschen** chatter [*or* chattering] of people

Geschnetzelte(s) *nt decl wie adj thin strips of meat;* **Zür[i]cher ~s** *originating in Zurich, a way of preparing Geschneltzeltes in a sauce*

geschniegelt *adj* **~ und gebügelt** (*pej fam*) [all] dressed-up, dressed to kill *pred*, dressed to the nines *pred*

geschnitten *pp von* **schneiden**

geschnoben (*veraltend*) *pp von* **schnauben**

geschoben *pp von* **schieben**

gescholten *pp von* **schelten**

Geschöpf <-[e]s, -e> *nt* ❶ (*Lebewesen*) creature; **Gottes ~e** God's creatures ❷ (*Person*) creature; **ein dummes ~** a silly [*or* stupid] [little] thing; **ein bezauberndes ~** a fascinating creature ❸ (*Fantasiefigur*) creation; **jds ~ sein** to be sb's creation; (*jdm völlig ergeben sein*) to be sb's slave

geschoren *pp von* **scheren**[1]

Geschoss[RR1] <-es, -e> *nt,* **Geschoß** <-sses, -sse> *nt* storey [*or* AM story], floor; **im ersten ~** on the first [*or* AM second] floor

Geschoss[RR2] <-es, -e> *nt,* **Geschoß** <-sses, -sse> *nt* ① MIL projectile; **~ aus einer Pistole** bullet from a gun; **Hagel von ~en** hail of bullets; (*Granate*) grenade, shell ② (*Wurfgeschoss*) missile

Geschossbahn[RR] *f* trajectory

geschossen *pp von* **schießen**

geschraubt I. *adj* (*pej*) affected, pretentious II. *adv* affectedly, pretentiously, stiltedly

Geschrei <-s> *nt kein pl* ① (*Schreien*) shouting, yelling *no pl;* ***was ist denn da draußen für ein ~?*** what's all that shouting [*or* yelling] [going on] outside?; (*von Verletzten*) screaming; (*schrill*) shrieking ② (*fam: Lamentieren*) fuss *no pl;* [**wegen einer S.** *gen*] **ein** [**großes/riesiges**] **~ machen** [*o geh* **erheben**] to make [*or* kick up] a [big] fuss [*or fam* to start squawking] [*or sl* to bellyache [a lot]] [about sth]; **viel ~ um nichts** a lot of fuss about nothing

geschrieben *pp von* **schreiben**

geschrie(e)n *pp von* **schreien**

geschritten *pp von* **schreiten**

geschunden *pp von* **schinden**

geschüttelt *adj inv* shaken (**von** +*dat* by); ***vom Jugendwahn ~*** gripped in delusions of youth

Geschütz <-es, -e> *nt* gun, piece of artillery; **schweres ~** big gun; **ein ~ auffahren** to bring a gun into position; **schweres** [*o* **grobes**] **~ auffahren** (*a. fig*) to bring up the big guns [*or* the artillery]

Geschützbedienung *f* gun crew **Geschützbettung** *f* gun bed **Geschützdonner** *m* thunder of guns **Geschützfeuer** *nt* gunfire, artillery fire **Geschützrohr** *nt* barrel of a gun, gun-barrel **Geschützstand** *m* gun emplacement

geschützt I. *adj* ① (*abgeschirmt*) sheltered ② (*unter Naturschutz stehend*) protected ③ JUR **gesetzlich ~** protected by law; (*eingetragen*) registered; **urheberrechtlich ~** protected by copyright; **nicht mehr ~ sein** to be in/pass into the public domain II. *adv* in a sheltered place; **~ stehen** to stand in a sheltered place

Geschützturm *m* gun turret

Geschwader <-s, -> *nt* squadron

Geschwafel <-s> *nt kein pl* (*pej fam*) hot air *no pl pej fam,* waffle *no pl* BRIT *pej fam,* twaddle *no pl pej fam;* ***verschone mich bitte mit diesem dummen ~*** spare me this stupid nonsense

Geschwätz <-es> *nt kein pl* (*pej fam*) ① (*dummes Gerede*) waffle *no pl* BRIT *pej fam,* hot air *no pl pej fam,* twaddle *no pl pej fam* ② (*Klatsch*) gossip *no pl*

geschwätzig *adj* (*pej*) ① (*redselig*) talkative, garrulous ② (*Klatsch verbreitend*) gossipy *pej fam;* **ein ~er Mensch** a gossipmonger; **~ wie ein Marktweib sein** to be a real gossip

Geschwätzigkeit <-> *f kein pl* (*pej*) ① (*Redseligkeit*) talkativeness, garrulousness ② (*Neigung zu klatschen*) love of gossip

geschweige *konj* ▪ **~** [**denn**] never mind, let alone; ***ich erwarte von ihm kein Wort des Zuspruches, ~ denn, dass er mich finanziell unterstützt*** I don't expect a word of encouragement from him, never mind [*or* let alone] financial support

geschwiegen *pp von* **schweigen**

geschwind I. *adj* SÜDD (*alt: rasch*) quick, swift, fast; *s. a.* **Schritt** II. *adv* quickly, swiftly, fast; **~!** quickly!, hurry up!

Geschwindigkeit <-, -en> *f* speed; **die ~ erhöhen** to speed up; **die ~ herabsetzen** to slow down; **die ~ steigern/verringern** to increase/decrease speed; **an ~ zunehmen** to increase speed, to go faster; **mit affenartiger ~** (*fam*) at the speed of light, like lightning, at an incredible speed; **mit einer ~ von ...** at a speed of ...; **überhöhte ~** excessive speed; ***er hat wegen überhöhter ~ einen Strafzettel bekommen*** he was fined for exceeding the speed limit

Geschwindigkeitsbegrenzung *f,* **Geschwindigkeitsbeschränkung** *f* speed limit; **die ~ nicht einhalten** to exceed the speed limit **Geschwindigkeitskontrolle** *f* speed [*or* radar] trap **Geschwindigkeitsmesser** *m* tachometer, speedometer **Geschwindigkeitsüberschreitung** *f* exceeding the speed limit

Geschwirr *nt* buzzing

Geschwister *pl* brothers and sisters *pl,* siblings *pl form or spec;* ***wir sind zu Hause drei ~*** there are three children in our family

geschwisterlich I. *adj* brotherly/sisterly II. *adv* like brother and sister; **etw ~ teilen** to divide sth fairly

Geschwisterliebe *f* brotherly/sisterly love [*or* affection] **Geschwisterpaar** *nt* brother and sister

geschwollen I. *pp von* **schwellen** II. *adj* (*pej*) pompous *pej,* high-flown *pej,* inflated *pej* III. *adv* in a pompous [*or* high-flown] [*or* an inflated] way; ***rede doch nicht so ~!*** don't talk in such a pompous way!

geschwommen *pp von* **schwimmen**

geschworen I. *pp von* **schwören** II. *adj attr* sworn *attr;* **ein ~er Feind/Gegner** a sworn enemy/opponent

Geschworene(r) *f(m) decl wie adj,* **Geschworne(r)** *f(m) decl wie adj* ÖSTERR member of the jury, juror; **die ~n** the jury

Geschworenenbank <-bänke> *f* jury box **Geschworenengericht** *nt court with a jury;* **vor ein ~ kommen** to be tried by a jury **Geschworenenliste** *f list of people from which the jurors are taken*

Geschwulst <-, Geschwülste> *f* tumor

geschwunden *pp von* **schwinden**

geschwungen I. *pp von* **schwingen** II. *adj* curved; **~e Augenbrauen** arched eyebrows; **eine ~e Nase** an aquiline nose

Geschwür <-s, -e> *nt* abscess; (*Furunkel*) boil; **Magen~** stomach ulcer

gesegnet *adj* (*geh*) blessed; ▪ **~e(s) ...!** happy [*or* blessed] ...! *form;* **~ Mahlzeit!** enjoy your meal!; **~s Neues Jahr!** Happy New Year!

gesehen *pp von* **sehen**

Geselchte(s) *nt decl wie adj* KOCHK SÜDD, ÖSTERR smoked meat

Geselle, Gesellin <-n, -n> *m, f* ① (*Handwerksgeselle*) journeyman, worker who has completed an apprenticeship ② (*Kerl*) chap BRIT, guy AM

gesellen* *vr* (*geh*) ① (*sich anschließen*) ▪ **sich zu jdm ~** to join sb; ***darf ich mich zu Ihnen ~?*** may [*or* do you mind if] I join you? ② (*hinzukommen*) ▪ **sich zu etw** *dat* **~** to add to sth

Gesellenbrief *m* certificate of completion of an apprenticeship **Gesellenprüfung** *f* examination at the end of an apprenticeship **Gesellenstück** *nt piece of practical work which has to be produced at the end of an apprenticeship*

gesellig I. *adj* sociable, gregarious; **ein ~er Abend** a convivial evening; **ein ~es Beisammensein** [*o* **eine ~e Runde**] a friendly get-together II. *adv* sociably; **~ zusammensitzen** to sit together and chat [*or* talk]

Geselligkeit <-, -en> *f* ① *kein pl* (*geselliges Leben*) **~ lieben** to enjoy company, to be a sociable sort of person ② (*geselliger Anlass*) social gathering, friendly get-together ③ (*gesellige Art*) gregariousness, friendly manner

Gesellin <-, -nen> *f fem form von* **Geselle**

Gesellschaft <-, -en> *f* ① (*Gemeinschaft*) society ② ÖKON company BRIT, corporation AM; **~ mit beschränkter Haftung** limited liability company BRIT, close corporation AM ③ (*Vereinigung*) society, association; ~ **des bürgerlichen Rechts** JUR company constituted under civil law; **die ehrenwerte** ~ (*Mafia*) the Cosa Nostra ④ (*Fest*) party; **eine** ~ **geben** to have [*or* give] [*or* throw] a party; **Schild: geschlossene** ~ sign: private function ⑤ (*Oberschicht*) **jdn in die** ~ **einführen** to introduce sb to society life; **eine Dame der** ~ a high-society lady ⑥ (*Kreis von Menschen*) group of people, crowd, bunch *fam,* lot *fam;* **eine bunte** ~ a mixed crowd; **gemischte** ~ (*pej*) bad crowd; **sich** [**mit etw** *dat*] **in guter** ~ **befinden** to be in good company [with sth]; **in schlechte** ~ **geraten** to get in [*or* fall in] with the wrong crowd, to get into bad company; **in zweifelhafter** ~ in doubtful company; **jdm** ~ **leisten** to join sb; **in** ~ with sb; **in** ~ **von jdm** in the company of sb ⑦ (*Umgang*) company

Gesellschafter(in) <-s, -> *m(f)* ① (*Unterhalter*) interesting [*or* good] company; (*euph: als Begleitung angestellt*) escort; **ein amüsanter/brillanter** ~ an amusing/a brilliant conversationalist ② (*Teilhaber*) shareholder; **stiller** ~ sleeping [*or* AM silent] partner

gesellschaftlich I. *adj* ① (*die Gesellschaft betreffend*) social; **~e Schicht** social class, class of society; **den ~en Aufstieg schaffen** to move up though the social classes; **ein ~er Missstand** a social evil ② (*in besseren Kreisen üblich*) socially acceptable; **~e Umgangsformen** [socially] acceptable manners II. *adv* (*in besseren Kreisen*) **sich** ~ **unmöglich machen** to behave outrageously, to be beyond the pale BRIT

Gesellschaftsabend *m* social evening **Gesellschaftsanzug** *m* formal dress **gesellschaftsfähig** *adj* socially acceptable **gesellschaftsfeindlich** *adj* anti-social **Gesellschaftsform** *f* ① (*Gesellschaftsordnung*) social system, form of society ② ÖKON type of company **Gesellschaftskapital** *nt* corporate [*or* share] capital **Gesellschaftskleidung** *f* formal dress **Gesellschaftskritik** *f* social criticism **Gesellschaftsmodell** *nt* POL, SOZIOL, PHILOS societal model **Gesellschaftsordnung** *f* social order **Gesellschaftspolitik** *f* social policy **gesellschaftspolitisch** *adj* in terms of social policy *pred* **Gesellschaftsschicht** *f* social class **Gesellschaftsspiel** *nt* party game **Gesellschaftstanz** *m* ballroom dance **Gesellschaftsvertrag** *m* ① ÖKON partnership agreement, articles of partnership ② PHILOS social contract **Gesellschaftswissenschaften** *pl* social sciences *pl*

gesessen *pp von* **sitzen**

Gesetz <-es, -e> *nt* ① (*staatliche Vorschrift*) law; **gegen das** ~ **verstoßen** to break the law; **ein** ~ **verabschieden** to pass a law; **zum** ~ **werden** to become law; **das** ~ **beachten/einhalten** to observe/obey the law; **ein** ~ **brechen** to break [*or* violate] the law *form;* **das** ~ **missachten** to take the law into one's own hands; **nach dem** ~ according to the law; **mit dem** ~ **in Konflikt geraten** to fall foul of the law; **kraft ~es** by law ② PHYS law; **Natur~** law of nature; **das** ~ **der Schwerkraft** the law of gravity ③ (*fam: ~buch*) statute book ▶ WENDUNGEN: **das** ~ **des Dschungels** the law of the jungle; **das** ~ **des Handelns** the need to act, the necessity for action; **das** ~ **der Serie** the probability that a recurring event occurs again; **vor dem** ~ **sind alle gleich** we are all equal in the eyes of the law; **jdm oberstes** ~ **sein** to be sb's golden rule; **ein ungeschriebenes** ~ an unwritten law

Gesetzblatt *nt* law gazette **Gesetzbuch** *nt* statute book; **Bürgerliches** ~ Civil Code **Gesetzentwurf** *m* bill, draft legislation

Gesetzesbrecher(in) <-s, -> *m(f)* law-breaker **Gesetzesbruch** *m* (*geh*) violation of a/the law **Gesetzeshüter(in)** *m(f)* (*hum*) long arm *iron* [*or* iron BRIT guardian] of the law **Gesetzesinitiative** *f* legislative initiative **Gesetzeskraft** *f kein pl* force of the law, legal force; ~ **haben** [*o* **erlangen**] to be legal, to have legal force **Gesetzeslücke** *f* judicial loophole **Gesetzesnovelle** *f* amendment [to a/the law] **Gesetzessammlung** *f* legal digest **Gesetzestext** *m* text [*or* wording] of a law **gesetzestreu** *adj inv* law-abiding **Gesetzestreue** *f* law-abidance **Gesetzesvorlage** *f s.* **Gesetzentwurf**

gesetzgebend *adj attr* legislative

Gesetzgeber <-s, -> *m* legislator, law-maker; (*Versammlung*) legislature, legislative body

Gesetzgebung <-, -en> *f* legislation

gesetzlich I. *adj* legal, statutory; **~e Bestimmung** legal requirement; **~er Feiertag** statutory holiday; **~e Regelung** legal regulation; **~e Verplichtung** statutory duty; *s. a.* **Unterhalt, Vertreter, Zahlungsmittel, Zinsen** II. *adv* legally; ~ **verankert sein** to be established in law

Gesetzlichkeit <-> *f kein pl* ① (*Rechtmäßigkeit*) legality ② (*Rechtsordnung*) legal system

gesetzlos *adj* lawless

Gesetzlosigkeit <-> *f kein pl* lawlessness

gesetzmäßig I. *adj* (*gesetzlich*) lawful; (*rechtmäßig*) rightful II. *adv* (*einem Naturgesetz folgend*) according to the law [*or* laws] of nature, according to natural law; (*rechtmäßig*) lawfully, legally

Gesetzmäßigkeit <-, -en> *f* (*Gesetzlichkeit*) legality; (*Rechtmäßigkeit*) legitimacy, lawfulness

gesetzt I. *adj* sober, dignified, staid *pej* II. *konj* (*angenommen, ...*) ■~, ... assuming that ...; (*vorausgesetzt, dass ...*) providing that ...; *s. a.* **Fall**

Gesetztheit <-> *f kein pl* sedateness

gesetzwidrig I. *adj* illegal, unlawful *form* II. *adv* illegally, unlawfully *form*

Gesetzwidrigkeit *f* illegality, unlawfulness *form*

ges. gesch. JUR *Abk von* **gesetzlich geschützt** protected by law; (*eingetragen*) registered

Gesicht[1] <-[e]s, -er> *nt* ① (*Antlitz*) face; **jdm ins** ~ **schauen** to look sb in the face; **jdm ins** ~ **scheinen** to shine in sb's eyes; **mitten im** ~ in the middle of sb's face; ***er ist im*** ~ ***etwas mager geworden*** his face has got rather thin, he's got thin in the face; **jdm ins** ~ **spucken** to spit in sb's face; **das** ~ **verzerren** to contort one's face; **jdm** [**in**] **das** ~ **schlagen** to slap sb's face; **ein anderes** ~ **machen** (*fam*) to put on a different expression; ***mach doch ein anderes*** ~***!*** stop looking like that!; **grün im** ~ **werden** (*fam*) to go green in the face; **ein langes** ~ a long face; **ein langes** ~ **machen** [*o* **ziehen**] to pull a [long] face; **jdn/etw zu** ~ **bekommen** to set eyes on [*or* see] sb/sth; ***diese Unterlagen dürfen nur wenige zu*** ~ ***bekommen*** these papers are [intended] for the eyes of only a few; **jdm** [**...**] **ins** ~ **lachen** to laugh in sb's face; **jdm etw vom** ~ **ablesen** to see sth from sb's expression [*or* the expression [*or* look] on sb's face]; **jdm ins** ~ **lügen** to tell sb a downright [*or* an outright] lie; **ein** ~ **machen** [*o* **ziehen**] (*fam*) to make [*or* pull] a face; ***was machst du denn für ein*** ~***?*** why are you looking like that?; **ein ...** ~ **machen** to look ...; **ein böses/trauriges/enttäuschtes** ~ **machen** to look angry/sad/disappointed; **jdm etw** [**direkt** [*o* **glatt**]] **ins** ~ **sagen** to say sth [straight] to sb's face; **jdm etw am** ~ **ansehen** to read from the expression on sb's face; **das** ~ **verziehen** to make [*or* pull] a face; **jdm das** ~ **zuwenden** to turn to sb, to look at sb; **über das ganze** ~ **strahlen** (*fam*) to be grinning like an idiot *fam,* to beam all over one's face ② (*Erscheinungsbild*) appearance; **die verschiedenen ~er Deutschlands** the different faces of Germany; **ein anderes** ~ **bekommen** to take on a different character ▶ WENDUNGEN: **ein** ~ **wie drei** [*o* **acht**] **Tage Regenwetter machen** (*fam*) to look as miserable as sin; **einer S.** *dat* **ein anderes** ~ **geben** [*o geh* **verleihen**] (*etw anders erscheinen lassen*) to make sth look different, to give sth a different character; **sein wahres ~ zeigen** [*o geh* **enthüllen**] to show one's true colours [*or* oneself in one's true colours], to show one's true character; **jdm wie aus dem ~ geschnitten sein** to be the spitting image of sb; **zwei ~er haben** to be two-faced; **einer S.** *dat* **ins ~ schlagen** to be a slap in the face for sth; **jdm im ~ geschrieben stehen** to be written on [*or* all over] sb's face; **das** [*o* **sein**] **~ verlieren** to lose face; **das** [*o* **sein**] **~ wahren** to keep up appearances, to save face

Gesicht² <-[e]s, -e> *nt* sight; **etw zu ~ bekommen** to have sight of sth *form,* to see sth; ***ich habe diese Unterlagen nie zu ~ bekommen*** I have never had sight of [*or* seen] these papers; **das zweite ~ haben** (*veraltet*) to have second sight

Gesichtsausdruck <-ausdrücke> *m* expression [*or* look] [on sb's face]; **jdn am ~ erkennen** to see from sb's expression [*or* the expression [*or* look] on sb's face] **Gesichtscreme** *f* face cream **Gesichtsfarbe** *f* complexion; (*vorübergehende Farbe*) colour [*or* AM -or]; **eine blasse ~ haben** to look pale; **eine gesunde ~ bekommen** to acquire a healthy colour **Gesichtsfeld** *nt* ❶ (*Blickfeld*) field of vision ❷ MED [circular] visual field [*or* field of vision] **Gesichtshälfte** *f* side [*or* half] of the face **Gesichtskontrolle** *f* (*fam*) *visual check carried out by some bars and discos so that only appropriate guests are allowed in* **Gesichtskreis** *m* ❶ (*Umkreis*) field [*or* range] of vision ❷ (*geistiger Horizont*) horizon, outlook; **ein umfassender ~** a broad outlook, wide horizons **gesichtslos** *adj* characterless, nondescript, faceless **Gesichtsmaske** *f* face mask; (*kosmetisch*) face pack; SPORT (*Schutz für das Gesicht*) face guard **Gesichtsmilch** *f* moisturizing fluid *no pl;* (*zur Reinigung*) cleansing milk *no pl* **Gesichtsplastik** *f* cosmetic surgery **Gesichtspunkt** *m* point of view; **unter diesem ~ betrachtet** seen from this/that point of view **Gesichtsschleier** *m* [lace] veil; (*einer Moslemin a.*) yashmak **Gesichtsschnitt** *m* features *pl;* **ein ovaler ~** an oval face, oval features **Gesichtsverlust** *m* loss of face **Gesichtswahrung** *f kein pl* face-saving **Gesichtswasser** *nt* toner; (*zur Reinigung*) cleansing lotion **Gesichtswinkel** *m* ❶ (*Winkel*) visual angle ❷ (*Gesichtspunkt*) angle, point of view **Gesichtszüge** *pl* [facial] features *pl*

Gesims <-es, -e> *nt* cornice, ledge

Gesinde <-s, -> *nt* (*alt*) servants *pl;* (*vom Bauernhof*) farmhands *pl*

Gesindel <-s> *nt kein pl* (*pej*) riff-raff *no pl pej,* rabble *no pl pej*

gesinnt *adj meist pred* minded; **demokratisch ~** democratically minded; **sozial ~** socially minded, public spirited; (*gesonnen*) ■**jdm ... ~ sein** to feel ... towards sb; **jdm gut** [*o* **freundlich**] **~ sein** to be [*or* feel] well-disposed towards sb; **jdm übel** [*o* **feindlich**] **~ sein** to be [*or* feel] ill-disposed towards sb

Gesinnung <-, -en> *f* ❶ (*Einstellung*) conviction, attitude; **eine miese ~** a cavalier attitude; **wegen seiner ~ verfolgt werden** to be persecuted for one's convictions ❷ (*Charakter*) **seine wahre ~ zeigen** [*o geh* **enthüllen**] to show one's true colours [*or* AM -ors] [*or* oneself in one's true colours]

Gesinnungsgenosse, -genossin *m, f* like-minded person

gesinnungslos *adj* (*pej*) immoral, unprincipled, profligate *form;* ■**sich ~ verhalten** to behave in an unprincipled fashion [*or* immorally]

Gesinnungsschüffelei *f* snooping into people's political views **Gesinnungstäter(in)** *m(f) sb who breaks the law out of moral conviction* **Gesinnungswandel** *m* change of [*or* shift in] attitude **Gesinnungswechsel** *m s.* **Gesinnungswandel**

gesittet I. *adj* well-brought up, well-mannered II. *adv* **sich ~ aufführen** [*o* **benehmen**] to be well-behaved, to behave properly

Gesöff <-[e]s, -e> *nt* (*pej sl*) pigswill, muck *no pl*

gesoffen *pp von* **saufen**

gesogen *pp von* **saugen**

gesondert I. *adj* separate; (*für sich*) individual; ***jeder Gewinner erhält eine ~e Benachrichtigung*** each winner is informed individually; **eine ~e und bevorzugte Behandlung** special, individual treatment *uncountable* II. *adv* separately; (*für sich*) individually

gesonnen I. *pp von* **sinnen** II. *adj* ❶ (*geh: gewillt*) ■ **~ sein, etw zu tun** to feel inclined to do sth; **keineswegs ~ sein, etw zu tun** to have no intention of doing sth, to feel in no way inclined to do sth ❷ (*eingestellt*) *s.* **gesinnt**

gespalten *pp von* **spalten**

Gespann <-[e]s, -e> *nt* ❶ (*Zugtiere*) team [of oxen/horses] ❷ (*Wagen und Zugtier*) horse and carriage [*or* cart] ❸ (*fam: Paar*) pair, couple

gespannt *adj* ❶ (*sehr erwartungsvoll*) expectant; **mit ~er Aufmerksamkeit** with rapt [*or* undivided] attention; **~e Erwartung** great [*or* high] expectations *pl;* ■ **~ sein, ob/was/wie ...** to be anxious [*or* keen] to see [*or* to know] whether/what/how ...; ***ich bin sehr ~, wie er darauf reagiert*** I'm very keen [*or* I'm dying] [*or* I'm all agog] to see [*or* to know] how he reacts; ■ **~ [auf etw** *akk*] **sein** ***ich bin auf seine Reaktion ~*** I wonder what his reaction will be *a. iron; s. a.* **Regenschirm, Flitzebogen** ❷ (*konfliktträchtig*) tense; **eine ~e Lage** a tense [*or* explosive] [*or* volatile] situation

Gespanntheit <-> *f* ❶ (*Erwartung*) curiosity ❷ (*Konfliktträchtigkeit*) tension

Gespenst <-[e]s, -er> *nt* ❶ (*Geist*) ghost, apparition, spook *fam;* **an ~er glauben** to believe in ghosts; **wie ein ~ aussehen** (*fam*) to look like a ghost ❷ (*Gefahr*) spectre [*or* AM -er]; ***das ~ eines neuen Krieges*** the spectre of a new war ▸ WENDUNGEN: **~er sehen** (*fam*) to imagine [*or* see] things

Gespenstergeschichte *f* ghost story

gespensterhaft *adj* ghostly, eerie, unearthly

gespenstisch *adj* ❶ (*bizarr, unheimlich*) uncanny, weird, eerie; (*grausam*) grotesque ❷ *s.* **gespensterhaft**

gespie(e)n *pp von* **speien**

gespielt *adj* feigned, assumed, pretended, sham *pej*

Gespinst <-[e]s, -e> *nt* gossamer; **~ [eines Insekts]** cocoon [of an insect]

gesponnen *pp von* **spinnen**

gespornt *adj s.* **gestiefelt**

Gespött <-[e]s> *nt kein pl* mockery, ridicule; **jdn/sich zum ~ [der Leute] machen** to make sb/oneself a laughing stock; **zum ~ [der Leute] werden** to be/become a laughing stock

Gespräch <-[e]s, -e> *nt* ❶ (*Unterredung*) conversation, chat *fam;* **sich in ein ~ einmischen** to interfere in a conversation; **jdn in ein ~ einwickeln** to engage sb in conversation; **ein ~ mit jdm führen** to have [*or* hold] a conversation with sb, to have a chat with sb *fam;* **das ~ auf etw** *akk* **bringen** to steer a conversation on to [the subject of] sth; **mit jdm ins ~ kommen** to get into conversation with sb; **[mit jdm] im ~ bleiben** to stay [*or* keep] in touch with sb; **ein ~ unterbrechen** to interrupt a conversation; **die Missverständnisse in einem ~ ausräumen** to overcome differences by talking about them; **ein ~ unter Frauen/Männern** a word [*or* chat] from woman to woman/man to man; **im ~ sein** to be under consideration [*or* still being considered]; **ein ~ unter vier Augen** a private conversation [*or fam* chat] ❷ (*Vorstellungsgespräch*) [job] interview ❸ *pl* (*Verhandlungen*) talks *pl;* **~e aufnehmen** to begin [*or* commence] talks *form;* **~e abbrechen** to break off talks; **mit jdm ins ~ kommen** to begin talks [*or* a dialogue] ❹ (*Anruf*) [telephone/phone] call; **ein ~ führen** to make a [telephone/phone] call; ***ein ~ für dich!*** it's for you!, there's a call for you! ❺ (*Gesprächsstoff*) **das ~ der Stadt/des Tages sein** to be the talk of the town/the subject of the day

gesprächig *adj* garrulous, talkative; ***du bist aber heute nicht sehr ~*** you haven't got much to say for yourself today; **jdn ~ machen** to loosen sb up, to make sb more expansive

Gesprächigkeit <-> *f kein pl* garrulousness, talkativeness

Gesprächsbasis *f kein pl* basis for talks [*or* discussions] **gesprächsbereit** *adj* ready to talk; (*bereit zu verhandeln*) ready to begin talks **Gesprächsbereitschaft** *f* (*geh*) readiness to talk, willingness to negotiate **Gesprächsdauer** *f* ❶ (*Dauer einer Unterredung*) dicussion time ❷ (*Dauer eines Telefonates*) length of a [telephone/phone] call **Gesprächseinheit** *f* TELEK unit **Gesprächsfaden** *m* thread of a conversation; **den ~ abreißen lassen** to break off a conversation **Gesprächsfetzen** *m* scrap [*or* snippet] of conversation **Gesprächsgebühr** *f* call charge **Gesprächsgegenstand(in)** *m(f)* topic [*or* subject] of conversation **Gesprächskontakt(in)** *m(f)* contact for talks [*or* discussions] **Gesprächsnotiz** *f* telephone memo **Gesprächspartner(in)** *m(f)* **die ~ bei einer Fernsehdiskussion** the guests in a TV panel discussion; **ein angenehmer ~** a pleasant person to talk to **Gesprächspause** *f* break in a/the conversation **Gesprächsstoff** *m* topics of conversation, things to talk about *fam;* **viel ~** plenty to talk about **Gesprächsteilnehmer(in)** *m(f)* participant in a conversation [*or* discussion] **Gesprächsthema** *nt* conversation topic, subject of discussion **Gesprächstherapie** *f* discussion therapy

gesprächsweise *adj* in conversation

gespreizt *adj s.* **affektiert**

gesprenkelt *adj* mottled; **ein ~es Vogelei** a speckled bird's egg; **~er Stoff** spotted cloth, cloth with spots [*or* dots] on it; **ein [rot, weiß und grün] ~es Kleidungsstück** a [red, white and green] spotted piece of clothing

Gespritzte(r) *m decl wie adj* SÜDD, ÖSTERR spritzer AM (*wine mixed with mineral water*)

gesprochen *pp von* **sprechen**

gesprossen *pp von* **sprießen**

gesprungen *pp von* **springen**

Gespür <-s> *nt kein pl* instinct; **ein ~ für etw** *akk* **entwickeln** to develop a feel for sth; **ein gutes ~ für etw** *akk* **haben** to sense sth by intuition; **ein gutes ~ für Farben** a good feel for colours [*or* AM -ors]

Gestade <-s, -> *nt* (*liter*) shores *pl;* **unbekannte ~** foreign shores

Gestagen <-s, -e> *nt* gestagen, progestogen

Gestalt <-, -en> *f* ❶ (*Mensch*) figure; **eine verdächtige ~** a suspicious character ❷ (*Wuchs*) build; **eine ebenmäßige ~** an evenly proportioned build; **... von ~ sein** [*o* **von einer ... ~ sein**] to be of a ... build ❸ (*Person, Persönlichkeit*) figure, character; **in ~ von jdm** [*o* **in jds ~**] in the form of sb ▶ WENDUNGEN: **sich in seiner wahren ~ zeigen** to show one's true character [*or* true colours] [*or* AM colors]; **[feste] ~ annehmen** to take [definite] shape; **einer S.** *dat* **~ geben** [*o geh* **verleihen**] to give shape and form to sth

gestalten* I. *vt* ■**etw irgendwie ~** ❶ (*einrichten*) to design; **einen Garten/einen Gartenteich/eine Terrasse ~** to lay out [*or* plan] a garden/a garden pond/a terrace; **ein Schaufenster ~** to dress a shop window; **etw neu/anders ~** to redesign sth ❷ (*darbieten, präsentieren*) to arrange; **ein Programm/einen Abend/Unterricht ~** to arrange [*or* organize] a progamme [*or* AM -am] /an evening/lesson [*or* lessons]; **einen Text ~** to formulate a text ❸ (*organisieren*) to arrange, to organize ❹ ARCHIT (*konstruieren*) to build; **eine Terrasse ~** to lay out a terrace; **einen Einrichtungsgegenstand/einen Gebrauchsgegenstand ~** to design a fitting [*or pl* furnishings]/an object of use; **ein Kunstwerk ~** to design a piece of art II. *vr* (*geh*) ■**sich irgendwie ~** to turn out [*or* prove] to be somehow

Gestalter(in) <-s, -> *m(f)* designer

gestalterisch I. *adj* (*Design betreffend*) **eine ~e Frage/ein ~es Problem** a question/problem of design; **eine ~ Begabung/ein ~es Talent** a creative [*or* an artistic] gift/talent II. *adv* (*Design betreffend*) from the point of view of design; **~ einmalig** uniquely designed; **~ gelungen** well-designed; **~ hervorragend** excellently designed; (*schöpferisch*) artistically, creatively

gestaltlos *adj* formless

Gestaltpsychologie <-> *f* Gestalt psychology

Gestaltung <-, -en> *f* ❶ (*das Einrichten*) planning, design; **die ~ eines Gartens** the laying-out of a garden; **die ~ eines Schaufensters** window dressing ❷ (*Darbietung*) arrangement, organization ❸ (*das Organisieren*) organization ❹ ARCHIT building ❺ (*Design*) design

Gestammel <-s> *nt kein pl* stammering and stuttering

gestand *imp von* **gestehen**

gestanden I. *pp von* **stehen, gestehen** II. *adj attr* experienced; **ein ~er Kämpfer/Parlimentarier** a seasoned campaigner/parliamentarian; **ein ~es Mannsbild** an older, more experienced man

geständig *adj* **ein ~er Täter** a culprit who has confessed [*or* admitted his/her crime]; ■**~ sein** to have confessed

Geständnis <-ses, -se> *nt* (*das Zugeben*) admission; (*das Zugeben eines Verbrechens*) confession; **[vor jdm] ein ~ ablegen, jdm ein ~ machen** to admit sth to sb, to confess [sth] [*or hum* to make a confession [about sth]] to sb

Gestänge <-s, -> *nt* (*Gerüst*) bars, struts, rods; (*Gerüst für Kletterpflanzen*) trellis[work]; **das ~ eines Himmelbetts** the posts of a four-poster bed

Gestank <-[e]s> *m kein pl* stench, stink *fam*

Gestapo <-> *f kein pl s.* **Geheime Staatspolizei** Gestapo

gestatten* I. *vt* ❶ (*geh: erlauben*) to allow, to permit *form;* ■**jdm etw ~** to allow [*or form* permit] sb sth; ■**jdm ~, etw zu tun** to allow [*or form* permit] sb to [*or* let sb] do sth; ■**etw ist jdm gestattet** sb is allowed [*or form* permitted] to do sth; ***das Fotografieren ist Unbefugten nicht gestattet*** no photographs are to be made without authorization ❷ (*geh: möglich machen*) ■**etw gestattet jdm etw** sth allows [*or form* permits] sb sth; ■**etw gestattet jdm, etw zu tun** sth allows [*or form* permits] sb to [*or* lets sb] do sth ❸ (*geh: als Höflichkeitsformel*) **jdm eine Frage ~** to allow [*or form* permit] sb to [*or* let sb] ask [*or* put] a question; ***~ Sie mir den Hinweis, dass das Rauchen hier verboten ist*** may I point out that smoking is not allowed here; ■**jdm ~, etw zu tun** to allow sb to do sth II. *vi* (*geh*) to not mind; ***wenn Sie ~, das war mein Platz!*** if you don't mind, that was my seat! III. *vr* (*geh*) ❶ (*sich erlauben*) ■**sich** *dat* **etw ~** to allow oneself sth; **wenn ich mir eine Bemerkung/eine Frage ~ darf** if I may be so bold as to say something/ask a question *form,* if you don't mind me saying/asking *a. hum form;* ■ **sich** *dat* ~, **etw zu tun** to allow [*or* permit] oneself to do sth *form,* to take the liberty of doing sth *form* ❷ (*zu sich nehmen*) ■ **sich** *dat* **etw** ~ to allow oneself sth

Geste <-, -n> ['gɛstə, 'ge:stə] *f* ❶ (*Körperbewegung*) gesture; **eine ablehnende/auffordende** ~ a gesture of refusal/invitation; **eine eindringliche/warnende** ~ an urgent/ a warning gesture ❷ (*Ausdruck von etw*) gesture; **eine** ~ **der Höflichkeit** a mark of politeness

Gesteck <-[e]s, -e> *nt* flower arrangement

gestehen <gestand, gestanden> **I.** *vi* to confess; ■ [**jdm**] ~, **etw getan zu haben** to confess to having done sth [to sb] **II.** *vt* ❶ (*zugeben*) ■ [**jdm**] **etw** ~ to confess [*or* make a confession of] sth [to sb]; **eine Tat** ~ to confess to having done sth, to confess to a deed *liter* ❷ (*offenbaren*) ■ [**jdm**] **etw** ~ to confess sth [to sb]; **jdm seine Gefühle** ~ to reveal [*or* confess] one's feelings to sb; ■ [**jdm**] ~, **dass ...** to confess to sb that ...

Gestehungskosten *pl* production costs

Gestein <-[e]s, -e> *nt* rock

Gesteinskunde *f* petrography **Gesteinsprobe** *f* rock sample **Gesteinsschicht** *f* rock stratum

Gestell <-[e]s, -e> *nt* ❶ (*Bretterregal*) rack, shelves *pl* ❷ (*Rahmen*) frame ❸ (*Unter~*) frame; **das** ~ **eines Theodolites** the tripod of a theodolite ❹ (*Fahr~*) chassis ❺ (*Flugzeug~*) undercarriage, landing gear ❻ (*hum fam: Beine*) legs *pl,* pins *pl*

gestellt *adj* arranged

gestelzt **I.** *pp von* **stelzen** **II.** *adj* stilted **III.** *adv* stiltedly

gestern *adv* (*der Tag vor heute*) yesterday; ~ **vor einer Woche/acht Tagen** a week ago yesterday; ~ **in einer Woche/acht Tagen** a week yesterday; ~ **Abend/Morgen/Nachmittag** yesterday evening/morning/afternoon; ~ **Mittag** yesterday lunchtime ❷ (*von früher*) yesterday's *attr,* of yesteryear *liter,* outdated; **nicht von** ~ **sein** (*fig fam*) to be not born yesterday; *s. a.* **Schnee**

Gestern <-> *nt kein pl* ■ **das** ~ yesterday, the past

gestiefelt *adj* (*Stiefel tragend*) booted, boot-clad *liter;* ■ ~ **sein** to have one's boots on ▸ WENDUNGEN: ~ **und gespornt** (*fam*) ready and waiting, ready to go

gestiegen *pp von* **steigen**

Gestik <-> ['gɛstɪk, 'ge:stɪk] *f kein pl* gestures *pl;* **ausdrucksstarke** ~ expressive body language

Gestikulation *f* gesticulation

gestikulieren* *vi* to gesticulate

gestimmt *adj* **heiter** ~ cheerful, in a cheerful mood [*or* frame of mind]; ***du bist ja heute so froh ~!*** you're happy [*or* in a happy mood [*or* frame of mind]] today!

Gestirn <-[e]s, -e> *nt* (*geh: Himmelskörper*) heavenly body *form;* (*Stern*) star; (*Sternbild*) constellation

gestoben *pp von* **stieben**

gestochen **I.** *pp von* **stechen** **II.** *adj* (*sehr exakt*) exact; **eine** ~**e Handschrift** [extremely] neat handwriting **III.** *adv* ~ **scharf** crystal clear; **wie** ~ **schreiben** to write [extremely] neatly

gestohlen *pp von* **stehlen**

Gestöhn(e) <-s> *nt kein pl* groaning, moaning

gestorben *pp von* **sterben**

gestört *adj* PSYCH ❶ (*beeinträchtigt*) disturbed; **eine** ~**e Ehe** an unhappy [*or fam* a rocky] marriage; **eine** ~**e Familie** a disturbed [*or* problematic] family background; **ein** ~**es Verhältnis** an uneasy [*or* unhappy] relationship; **geistig** ~ **sein** to be mentally unbalanced [*or* disturbed] ❷ (*fam: verrückt*) crazy *fam,* insane *fam,* nuts *fam pred*

gestoßen *pp von* **stoßen**

Gestotter <-s> *nt kein pl* stammering, stuttering

Gesträuch <-[e]s, -e> *nt* bushes *pl*

gestreift **I.** *pp von* **streifen** **II.** *adj* ❶ (*mit Streifen versehen*) striped ❷ (*fam: Kleidung mit Streifen*) striped clothes; **ihr steht** ~ **gut** stripes suit her

gestreng *adj* (*veraltend*) stern, strict

gestresst[RR], **gestreßt** *adj* stressed

gestrichen **I.** *pp von* **streichen** **II.** *adj* level; **ein** ~**er Löffel** a level spoon[ful] **III.** *adv* ~ **voll** full to the brim ▸ WENDUNGEN: **die Nase** ~ **voll haben** to be fed up to the back teeth; **die Hose** ~ **voll haben** to be shaking in one's shoes

gestriegelt *adj* ▸ WENDUNGEN: ~ **und gebügelt** *s.* **geschniegelt**

gestrig *adj attr* yesterday's *attr,* [of] yesterday *pred;* **das** ~**e Gespräch** yesterday's conversation; **unser** ~**es Telefonat** our phone call [of] yesterday; **der** ~**e Abend** yesterday evening; **der** ~**e Tag** yesterday; **die ewig G~en** those who [constantly] live in the past [*or* who refuse to live in the present]

gestritten *pp von* **streiten**

Gestrüpp <-[e]s, -e> *nt* ❶ (*Strauchwerk*) undergrowth ❷ (*undurchsichtiger Wirrwarr*) maze

gestuft **I.** *pp von* **stufen** **II.** *adj* ❶ (*in Stufen*) terraced ❷ (*zeitlich abgestuft*) staggered, phased

Gestümper <-s> *nt* bungling; ~ **auf dem Klavier** plonking away on the piano

gestunken *pp von* **stinken**

Gestüt <-[e]s, -e> *nt* stud farm

Gesuch <-[e]s, -e> *nt* (*veraltend*) request; (*Antrag*) application; [**bei jdm**] **ein** ~ [**auf/um etw** *akk*] **einreichen** to hand in [*or* submit] an application [for sth] [to sb]

gesucht *adj* (*gefragt*) in demand *pred,* much sought-after

Gesülze <-s> *nt kein pl* (*sl*) waffle BRIT *sl,* drivel *sl,* claptrap

Gesumm <-[e]s> *nt kein pl* buzzing, humming

gesund <gesünder, gesündeste> *adj* healthy; **geistig und körperlich** ~ sound in mind and body; ~**e Organe** healthy [*or* sound] organs; ~**e Zähne** healthy [sound] teeth; ~ **und munter** top fit, in fine fettle, in good shape, in the pink BRIT *fam;* **eine** ~**e Firma** a healthy [*or* viable] company; **wirtschaftlich** ~ financially sound; ***Rauchen ist nicht*** ~ smoking is unhealthy; ***sonst bist du ~?*** (*iron fam*) are you feeling OK? *fam,* have you lost your marbles? *sl,* are you off your chump? BRIT *sl;* **bleib** [**schön**] ~**!** take care [of yourself]!, look after yourself!; **jdn** ~ **pflegen** to nurse sb back to health; **jdn** ~ **schreiben** to pass sb as fit; **wieder** ~ **werden** to get well again, to get better

Gesunde(r) *f(m) decl wie adj* healthy person

gesunden* *vi sein* ❶ (*geh: genesen*) to recover, to get better, to regain one's health *form* ❷ (*sich erholen*) to recover, to bounce back

Gesundheit <-> *f kein pl* health; ***was macht die ~?*** how are you?; **sich ausgezeichneter/guter/bester** ~ **erfreuen** to be in excellent/good/the best of health; **eiserne/robuste** ~ good/robust health; **zarte** ~ frail health, schlechte ~, poor [*or* ill] health; ***hoffentlich geht es mit deiner ~ bald wieder besser*** I hope you feel [*or* get] better soon; **bei bester/guter** ~ in the best of/in good health; **eine ...** ~ **haben** to have a ... constitution; **eine eiserne** ~ **haben** to have an iron [*or* rugged] constitution; **eine unerschütterliche** ~ **haben** to have a strong constitution; **auf Ihre** ~**!** your health!; [***ich erhebe das Glas***] ***auf Ihre ~!*** [a toast] to your health!; ~**!** bless you!

gesundheitlich **I.** *adj* **das** ~**e Befinden** the state of health; **ein** ~**es Problem** a health problem; **aus** ~**en Gründen** for health reasons [*or* reasons of health]; **in**

~**er Hinsicht** with regard to [one's] health **II.** *adv* (*hinsichtlich der Gesundheit*) as regards health; ***wie geht es Ihnen ~?*** how are you?
Gesundheitsamt *nt* local public health department [*or* BRIT office] **Gesundheitsapostel** *m* (*iron*) health freak [*or* fanatic] *pej* **Gesundheitsbewusstsein**RR *nt kein pl* health awareness **Gesundheitsdrink** *m* health drink **gesundheitsfördernd** *adj* healthy, good for one's health *pred* **Gesundheitsminister(in)** *m(f)* minister of health BRIT, health minister BRIT, Secretary of Health AM **Gesundheitsministerium** *nt* ministry of health BRIT, health ministry BRIT, Department of Health AM **Gesundheitspflege** *f* hygiene; **öffentliche** ~ public health [care] **Gesundheitsreform** *f* POL [national] health reform **gesundheitsschädlich** *adj* detrimental [*or* damaging] to one's health *pred;* ***Rauchen ist*** ~ smoking damages your health **Gesundheitswelle** *f* wave of health awareness **Gesundheitswesen** *nt* health system [*or* service] **Gesundheitszeugnis** *nt* certificate of health, health certificate **Gesundheitszustand** *m kein pl* state of health; **ein ausgezeichneter/guter** ~ a clean bill of health; **der ~ eines Patienten** a patient's condition
gesund|schrumpfen I. *vt* ■**etw** ~ to slim down sth *sep* [*or* streamline] **II.** *vr* ■**sich** ~ to slim down **gesund|stoßen** *vr irreg* (*sl*) ■**sich** ~ to make some money (*to improve one's financial state or economic condition*)*;* **sich an jdm** ~ to get rich [quick] at sb's expense
Gesundung <-> *f kein pl* recovery
gesungen *pp von* **singen**
gesunken *pp von* **sinken**
getan *pp von* **tun**
Getier <-s> *nt kein pl* animals *pl;* (*Insekten*) creepy crawlies *pl fam*
getigert *adj* striped; **ein ~es Fell** fur striped like a tiger's
Getöse <-s> *nt kein pl* crash [*or* din]; *des Verkehrs* roar[ing], rumble, rumbling, thunder[ing]; *eines Wasserfalls* roar[ing], thunder[ing]; (*anhaltender Lärm*) racket; *einer Menschenmenge* roar[ing]; **mit** ~ loudly, noisily; **eine Tür mit ~ zuschlagen** to slam a door noisily
getragen I. *pp von* **tragen II.** *adj* ❶ (*feierlich*) solemn; **ein ~es Tempo** a stately tempo ❷ (*gebraucht*) second-hand
Getrampel <-s> *nt kein pl* (*fam*) tramping; (*als Beifall*) stamping
Getränk <-[e]s, -e> *nt* drink, beverage *form;* **alkoholische** [*o geh* **geistige**] ~**e** alcoholic drinks; **nichtalkoholische** ~**e** soft [*or* non-alcoholic] drinks
Getränkeabteilung *f* drinks department **Getränkeautomat** *m* drinks dispenser [*or* machine] **Getränkeindustrie** *f* drinks industry **Getränkekarte** *f* list of drinks [*or* beverages]; (*in einem Restaurant*) wine list **Getränkemarkt** *m* off licence [*or* AM -se] **Getränkesteuer** *f alcohol tax*
Getrappel <-s> *nt kein pl* clatter
Getratsch(e) <-[e]s> *nt kein pl* (*pej*) gossip[ing]
getrauen* *vr* (*wagen*) ■**sich ~, etw zu tun** to dare to do sth; (*wagen, etw Unangenehmes zu tun*) to face [up to] doing sth; ■**sich irgendwohin** ~ to venture [*or* dare to go] somewhere
Getreide <-s, -> *nt* cereal; (*geerntet*) grain, corn, cereal
Getreide(an)bau *m kein pl* farming [*or* cultivation] [*or* growing] of cereal **Getreideart** *f* kind [*or* type] of cereal **Getreideernte** *f* grain [*or* corn] harvest **Getreidefeld** *nt* field of corn BRIT, cornfield BRIT, field of grain AM, grain field AM **Getreidehandel** *m* cereal trade **Getreidekaffee** *m* cereal coffee **Getreidekorn** *nt* grain, corn **Getreideland** *nt* ❶ (*Land, in dem viel Getreide angebaut wird*) cereal-producing country ❷ *kein pl* (*Acker*) cereal [*or* corn] land **Getreidemühle** *f* mill [for grinding grain] **Getreideprodukt** *nt* cereal [product] **Getreidesilo** *nt o m* [grain] silo **Getreidespeicher** *m s.* **Getreidesilo** **Getreidevorrat** *m* cereal [*or* grain] supply, supply of cereal [*or* grain] [*or* corn]
getrennt I. *adj* separate; ~**e Haushalte** separate [*or* independent] households **II.** *adv* separately; ~ **leben** [*o* **wohnen**] to live apart [*or* to be separated] [from one another]; ~ **schlafen** to sleep in separate rooms ▶WENDUNGEN: ~ **marschieren, vereint schlagen** united we stand, divided we fall
Getrenntschreibung *f* writing sth as two or more words
getreten *pp von* **treten**
getreu¹ *adj* ❶ (*genau, entsprechend*) exact; **eine ~e Wiedergabe** a true [*or* faithful] reproduction ❷ (*geh: treu*) faithful, loyal; **ein ~er Freund** a true [*or* real] [*or* faithful] [*or* loyal] friend
getreu² *präp* + *dat* (*gemäß*) ■~ **einer S.** *dat* in accordance with sth *form,* according to sth
Getreue(r) *f(m) decl wie adj* (*geh*) faithful [*or* loyal] follower
Getriebe <-s, -> *nt* ❶ TECH transmission, gear[s] *pl;* **automatisches** ~ automatic transmission [*or* gears]; *Uhrwerk* movement, works; **das ~ umschalten** to change gear; ***da stimmt was nicht mit dem ~!*** there's something wrong with the gears!; *s. a.* **Sand** ❷ (*lebhaftes Treiben*) bustle, hustle and bustle, bustling activity
Getriebebremse *f* gear brake
getrieben *pp von* **treiben**
Getriebeöl *nt* gear[box] oil **Getrieberad** *nt* gearwheel **Getriebeschaden** *m* damage to the gear box [*or* transmission]
Getriller *nt* warbling
Getrippel *nt* pitter-patter
getroffen *pp von* **treffen, triefen**
getrogen *pp von* **trügen**
Getrommel <-s> *nt kein pl* drumming
getrost I. *adj* confident, sure, positive; ***sei*** ~ never fear, look on the bright side **II.** *adv* ❶ (*geh: in ruhiger Gewissheit*) ■~ **etw tun** to have no qualms [*or sl* worries] about doing sth ❷ (*ruhig, ohne weiteres*) safely; ***du kannst dich ~ auf ihn verlassen*** take my word for it [*or* believe me], you can rely on him; ~ **behaupten, dass ...** to safely say that ...
getrunken *pp von* **trinken**
Getto <-s, -s> *nt* ghetto
gettoisieren *vt* ■**jdn** ~ to ghettoize
Getue <-s> *nt kein pl* (*pej*) fuss *pej;* **ein ~ machen** to make [*or* kick up] a fuss; **ein vornehmes ~ machen** to give oneself [*or* put on] airs
Getümmel <-s> *nt kein pl* commotion, hubbub; **ein dichtes** ~ a dense mob [*or* crush] [*or* throng] [of people]; **sich ins ~ stürzen** (*hum*) to enter [*or* join] the fray *hum*
Getuschel <-s> *nt kein pl* whispering
geübt *adj* experienced; **ein ~es Auge/Ohr/~er Griff** a practised [*or* trained] eye/ear/touch; **ein ~er Pianist/Sportler/Koch** an accomplished pianist/sportsman/cook; **ein ~er Rhetoriker** a proficient speaker; **in einem Handwerk/einer Kunst ~ sein** to be accomplished in a craft/in an art form
Gevatter *nt* ~ **Tod** the [grim] reaper
Geviert *nt* square; **4 Meter im** ~ 4 metres [*or* AM -ers] square
Gew. *Abk von* **Gewerkschaft**
GEW <-> *f Abk von* **Gewerkschaft Erziehung und Wissenschaft** *trade union representing workers in*

education and science

Gewächs <-es, -e> *nt* ① (*Pflanze*) plant ② (*Weinsorte*) wine ③ (*Geschwulst*) growth, tumor; **ein bösartiges/gutartiges** ~ a malignant/benign growth [*or* tumour] [*or* AM -or]

gewachsen [ks] I. *pp von* **wachsen**[1] II. *adj* (*ebenbürtig*) equal; ■**jdm** ~ **sein** to be sb's equal; **einem Gegner** ~ **sein** to be a match for an opponent; ■**einer S.** *dat* ~ **sein** to be up to [*or* be able to cope with] sth

Gewächshaus *nt* greenhouse, glasshouse; (*Treibhaus*) hothouse

Gewackel <-s> *nt kein pl* (*pej fam*) rocking [backwards and forwards]; *Schwanz* wagging

gewagt *adj* ① (*kühn*) rash, audacious; (*gefährlich*) risky, dangerous ② (*freizügig*) risqué, daring

gewählt I. *adj* elegant, refined, polished II. *adv* in an elegant [*or* in a refined] way

Gewähltheit *f* elegance

gewahr *adj* (*geh: wahrnehmen*) ■**jdn** [*o* **jds**] ~ **werden** to catch sight of [*or* become aware of] sb; ■**etw/einer S.** *dat o geh* **gen** ~ **werden** to become aware of [*or* notice] sth

Gewähr <-> *f kein pl* guarantee; [**jdm**] **die** ~ [**dafür**] **bieten** [*o* **geben**], **dass** to give [sb] a guarantee that, to guarantee [sb] that; **die** ~ **ist gegeben, dass** it is guaranteed that; **die** ~ **haben, dass** to have a guarantee that; ~ **leisten** to guarantee; **keine** ~ **für etw** *akk* **übernehmen** to be unable to guarantee [*or* offer a guarantee for] sth; **„ohne ~"** subject to change; ***die Angaben erfolgen wie immer ohne ~!*** no responsibility can be taken for the correctness of this information

gewahren* *vt* (*liter*) ■**jdn** ~ to catch sight of [*or* become aware of] sb; ■**etw** ~ to become aware of sth

gewähren* *vt* ① (*einräumen*) ■[**jdm**] **etw** ~ to grant [sb] sth; **jdm einen Rabatt** ~ to give sb a discount; **ein Zahlungsziel** ~ to allow a credit period; **jdm einen Versuch** ~ to give sb [*or* let sb have] a go; **jdn** ~ **lassen** (*geh*) to let sb do [*or* allow sb to do] what he/she likes [*or* wants], to give sb free [*or* full] rein *form* ② (*zuteil werden lassen*) ■[**jdm**] **etw** ~ to grant [*or* give] [sb] sth; **Sicherheit** ~ to provide [*or* ensure] security; **Trost** ~ to afford [*or* offer] consolation

gewährleisten* *vt* (*sicherstellen*) ■[**jdm**] **etw** ~ to guarantee [sb] sth; ■**etw** ~ to ensure [*or* guarantee] sth; **Zahlung** ~ to guarantee [sb] payment

Gewährleistung *f* ① (*das Sicherstellen*) guarantee; **zur** ~ **einer Zahlung** as [a] guarantee of payment ② (*Mängelhaftung*) liability for defects; ~ **auf etw** *akk* guarantee against [*or* warranty for] sth

Gewahrsam <-s> *m kein pl* ① (*Verwahrung*) place; **jdm** [*o* **bei jdm**] **etw in** ~ **geben** to give sb sth for safekeeping; **etw in** ~ **nehmen/haben** to take sth into/have sth in safekeeping; **in** ~ **sein, sich in** ~ **befinden** to be in safekeeping ② (*Haft*) custody; **jdn in** ~ **nehmen** to take sb into custody; **in** ~ **sein** to be in custody; **sich in** ~ **befinden** to find oneself [*or* be] in custody

Gewährsmann <-männer *o* -leute> *m* informant, source

Gewährung <-, *selten* -en> *f* granting

Gewalt <-, -en> *f* ① (*Machtbefugnis, Macht*) power; **die oberste** ~ **im Staat** the highest authority [*or* power] in the country; **mit unbeschränkter** ~ **ausgestattet sein** to be vested with unlimited power[s] [*or* authority]; ~ **ausüben** to exercise power [*or* authority]; ~ **über etw** *akk* **ausüben** to exert power over sth, to hold sway [*or* dominion] over sth *liter;* ~ **über Leben und Tod bei jdm haben** to decide whether sb should live or die; **mit aller** ~ (*fam*) with everything in one's power; **etw mit aller** ~ **erreichen** to move heaven and earth [*or* do everything in ones power] [*or* do everything one can] to get sth to happen; **die drei** ~**en** *the executive, legislative and judicial powers;* **die vollziehende/gesetzgebende/richterliche** ~ the executive/legislative/judicial power; **elterliche** ~ parental authority; **höhere** ~ force majeure, act of God, circumstances beyond one's control; **jdn in seine** ~ **bringen** to catch sb; **ein Land/ein Gebiet in seine** ~ **bringen** to bring a country/a region under one's control, to seize power over a country/a region; **jdn in seiner** ~ **haben** to have sb in one's power; ~ **über jdn haben** [*o* **besitzen**] to exercise [complete] power over sb, to have [complete] control over sb; **sich in der** ~ **haben** to have oneself under control; **in jds** ~ **sein** to be in sb's hands [*or* power]; **die** ~ **über etw** *akk* **verlieren** to lose control of sth ② *kein pl* (*gewaltsames Vorgehen*) force; (*Gewalttätigkeit*) violence; **nackte** ~ brute force; **nackte** [*o* **rohe**] ~ [sheer] brute force; **mit sanfter** ~ gently but firmly; **einer S.** *dat* ~ **antun** to force sth; **den Tatsachen/der Wahrheit** ~ **antun** to distort the truth/the facts; **einer Frau** ~ **antun** (*geh*) to violate a woman *euph form;* **sich** *dat* ~ **antun** to force oneself; ~ **anwenden** to use force; **mit** ~ (*heftig*) forcefully, with force; (*gewaltsam*) with force; (*fam: unbedingt*) desperately ③ *kein pl* (*Heftigkeit, Wucht*) vehemence, force; **die** ~ **der Brecher hat die Mauer zerstört** the force [*or* impact] of the waves has destroyed the wall

Gewaltakt *m* act of violence **Gewaltandrohung** *f* threat of violence; ***unter*** ~ by threatening to use force **Gewaltanwendung** *f* use of violence [*or* force] **gewaltbereit** *adj inv* ready for forceful intervention **Gewaltbereitschaft** *f* willingness to use violence [*or* force] **Gewalteinwirkung** *f* effect of violence [*or* force]

Gewaltenteilung *f* separation [*or* independency] of executive, legislative and judicial powers

gewaltfrei *adj inv* violence-free *attr,* free of violence *pred* **Gewaltfreiheit** *f* freedom from violence **Gewaltherrschaft** *f kein pl* tyranny, dictatorship, despotism **Gewaltherrscher(in)** *m(f)* tyrant, dictator, despot

gewaltig I. *adj* ① (*heftig*) enormous, tremendous; **ein** ~**er Orkan** a violent [*or* severe] hurricane; **eine** ~**e Überschwemmung** a raging flood ② (*wuchtig*) powerful; **ein** ~**er Anblick** a tremendous sight; **ein** ~**er Eindruck** a profound [*or* strong] impression; **eine** ~**e Last** a heavy load; (*riesig*) huge, tremendous, massive, colossal; ~**e Bauwerke** monumental structures ③ (*fam: sehr groß*) enormous, tremendous, colossal; **eine** ~**e Hitze** intense [*or* extreme] heat *no pl;* **ein** ~**er Unterschied** a huge [*or* substantial] difference; **eine** ~**e Veränderung** a sweeping change ④ (*geh: mächtig*) powerful, mighty *form* II. *adv* (*fam: sehr*) considerably; **sich** ~ **ändern** to change drastically; **sich** ~ **irren** to be very much mistaken; **sich** ~ **in jdn verknallen** to fall head over heels in love with sb

Gewaltkriminalität *f* violent crime **Gewaltkur** *f* drastic treatment [*or pl* measures]

gewaltlos I. *adj* non-violent, without violence *pred* II. *adv* without violence, peaceably

Gewaltlosigkeit <-> *f kein pl* non-violence

Gewaltmarsch *m* route march, forced march **Gewaltmaßnahme** *f* violent measure **Gewaltmonopol** *nt* monopoly on [the use of] force **Gewaltpotenzial**[RR] *nt* potential for violence

gewaltsam I. *adj* violent; ~**es Aufbrechen** forced opening; **ein** ~**es Ende nehmen** to meet a violent death; ~**e Vertreibung** forcible expulsion II. *adv* by force; **etw** ~ **aufbrechen** to break sth open by force, to force sth open; ~ **vertrieben** to drive out by force [*or* to forcibly drive out]

Gewalttat *f* act of violence **Gewalttäter(in)** *m(f)* violent criminal **gewalttätig** *adj* violent; ■~ **werden** to become [*or* get] violent **Gewalttätigkeit** *f* ❶ (*Gewalttaten*) [acts *pl* of] violence; ***es kam zu ~en*** there were violent incidents ❷ *kein pl* (*Brutalität*) violence **Gewalttour** *f* route march **Gewaltverbrechen** *nt* violent crime [*or* crime of violence] **Gewaltverbrecher(in)** *m(f)* violent criminal **Gewaltverzicht** *m* non-aggression; **ein ~sabkommen** a treaty of non-aggression

Gewand <-[e]s, Gewänder> *nt* (*geh*) robe; **festliche Gewänder** ceremonial robes; *Akademiker* gown; **liturgisches** ~ vestments *pl;* **in neuem** ~ in a new look

gewandet *adj* (*hum geh*) clothed, clad *liter;* **in Seide** ~ clad [*or* clothed] in silk; **ausgefallen** ~ unusually dressed

gewandt **I.** *pp von* **wenden** **II.** *adj* skilful Brit, skillful Am; **ein ~es Auftreten** a confident manner; **eine ~e Bewegung** a deft [*or* agile] movement; **ein ~er Redner** a good [*or* articulate] speaker [*or* an effective] **III.** *adv* skilfully Brit, skillfully Am; **sehr** ~ with great skill; ~ **auftreten** to have a confident manner; **sich** ~ **ausdrücken** to express oneself articulately [*or* skilfully]; **sich** ~ **bewegen** to move agilely

Gewandtheit <-> *f kein pl* skill, skilfulness; **die** ~ **eines Redners** the articulateness [*or* skill] of a speaker; **die** ~ **einer Bewegung** the agility of a movement

gewann *imp von* **gewinnen**

gewärtig *adj pred* (*geh*) prepared; ■**einer S.** *gen* ~ **sein** to be prepared for sth; ■~ **sein, dass etw passiert/jd etw tut** to be prepared for sth to happen/sb to do sth

gewärtigen* *vt* (*geh*) to expect, to anticipate; ■**etw/nichts** [**von jdm**] ~ to expect sth/nothing [from sb]; **etw zu** ~ **haben** to be able to expect sth; **etw** ~ **müssen** to have to expect [*or* reckon with] sth

Gewäsch <-[e]s> *nt kein pl* (*pej fam*) rubbish *fam,* drivel *fam,* claptrap *fam*

gewaschen *pp von* **waschen**

Gewässer <-s, -> *nt* stretch of water; **Verschmutzung der** ~ water pollution; **in internationalen ~n** in international waters; **ein fließendes/stehendes** ~ a stretch of running/standing water; **ein geschlossenes** ~ an enclosed stretch of water

Gewässerkunde *f* hydrography *no pl, no article* **Gewässerschutz** *m* prevention of water pollution *no pl*

Gewebe <-s, -> *nt* ❶ (*Stoff*) cloth, material, fabric ❷ ANAT, BIOL tissue

Gewebeentnahme *f* tissue removal; **eine** ~ **durchführen** to remove a sample of tissue **Gewebekultur** *f* BIOL, MED tissue culture **Gewebeprobe** *f* sample of tissue, tissue sample

Gewebsflüssigkeit *f* tissue fluid, lymph **Gewebstransplantation** *f* tissue graft

Gewehr <-[e]s, -e> *nt* rifle; (*Schrotflinte*) shotgun; MIL ~ **bei Fuß stehen** to stand at order arms; (*fig*) to be ready [*or* at the ready], to be standing by; **präsentiert das ~!** present arms!; ~ **ab!** order arms!; **an die ~e!** to arms!; **das** ~ **über!** shoulder [*or* Brit slope] arms!

Gewehrkolben *m* butt of a rifle [*or* shotgun] **Gewehrlauf** *m* barrel of a rifle [*or* shotgun] **Gewehrmündung** *f* muzzle of a rifle [*or* shotgun] **Gewehrschrank** *m* ≈safe storage for guns etc

Geweih <-[e]s, -e> *nt* antlers *pl,* set of antlers

Gewerbe <-s, -> *nt* [commercial] business, [industrial] business; (*Handwerk, Handel*) trade; ***in welchem ~ sind Sie beschäftigt*** [*o* ***tätig***]***?*** what line of business are you in?; **ein** ~ [**be**]**treiben** [*o* **ausüben**] to be in business/trade; **das älteste** ~ [**der Welt**] (*hum*), **das horizontale** ~ (*hum*) the oldest profession [in the world] *hum*

Gewerbeaufsicht *f state enforcement of laws and regulations regarding working conditions and health and safety at work* **Gewerbeaufsichtsamt** *nt* ≈ health and safety executive (*office with responsibility for enforcing laws regarding working conditions and health and safety at work*) **Gewerbebetrieb** *m* business, business enterprise **Gewerbefläche** *f floor space used for a business* **Gewerbefreiheit** *f freedom of trade* **Gewerbegebiet** *nt* industrial estate **Gewerbelehrer(in)** *m(f)* vocational school teacher **Gewerbeordnung** *f* laws regulating commercial and industrial business **Gewerbeschein** *m* business [*or* trade] licence [*or* Am -se] **Gewerbeschule** *f* vocational school **Gewerbesteuer** *f* trade tax **Gewerbetreibende(r)** *f(m) decl wie adj* business person; (*Handwerker*) tradesperson **Gewerbezweig** *m* branch of business [*or* trade]

gewerblich **I.** *adj* (*handwerkliches Gewerbe*) trade; (*kaufmännisches Gewerbe*) commercial; (*industrielles Gewerbe*) industrial **II.** *adv* ***Wohnräume dürfen nicht ~ genutzt werden*** residential rooms are not to be used for commercial/trade/industrial purposes; ~ **tätig sein** to work

gewerbsmäßig **I.** *adj* professional; **~e Unzucht** prostitution **II.** *adv* professionally, on a commercial basis, for gain

Gewerkschaft <-, -en> *f* [trade] union; **in die** ~ **gehen** to join a/the union; ~ **Erziehung und Wissenschaft** *union representing workers in education and science;* **Gewerkschaft für Handel, Banken und Versicherungen** *union representing workers in commerce, banking and insurance*

Gewerkschaft(l)er(in) <-s, -> *m(f)* trade unionist

gewerkschaftlich **I.** *adj* [trade] union; **~er Organisationsgrad** level[s] of trade union membership **II.** *adv* ~ **organisiert sein** to be a member of [*or* belong to] a [trade] union; ~ **organisierte Beschäftigte** employees who are [trade] union members; ~ **tätig** to work for a/the union

Gewerkschaftsbewegung *f* trade union movement **Gewerkschaftsboss**[RR] *m* (*pej*) trade union boss **Gewerkschaftsbund** *m* federation of trade unions, Trades Union Congress Brit **Gewerkschaftsführer(in)** *m(f)* trade union leader **Gewerkschaftsfunktionär(in)** *m(f)* [trade] union official **Gewerkschaftsmitglied** *nt* [trade] union member, member of a/the [trade] union **Gewerkschaftssekretär(in)** *m(f)* secretary of a/the [trade] union **Gewerkschaftsvorsitzende(r)** *f(m)* trade union chairperson **Gewerkschaftszeitung** *f* [trade] union journal

gewesen **I.** *pp von* **sein**[1] **II.** *adj attr* (*ehemalig*) former *attr*

gewichen *pp von* **weichen**[2]

Gewicht <-[e]s, -e> *nt* ❶ *kein pl* (*Schwere eines Körpers*) weight *no indef art, no pl, + sing vb;* **spezifisches** ~ PHYS specific weight [*or* gravity]; ~ **haben** to be heavy, to weigh a lot; **ein** ~ **von 100 kg haben** to weigh 100 kg; **ein großes** ~ **haben** to weigh a great deal, to be very heavy; **ein geringes** ~ **haben** to weigh little, to be very light; **etw nach** ~ **verkaufen** to sell sth by weight; **an** ~ **verlieren/zunehmen** to lose/put on [*or* gain] weight; **sein** ~ **halten** to stay [*or* remain] the same weight; **zu viel/zu wenig** ~ **auf die Waage bringen** to weigh in too heavy/too light; **unter dem** ~ **einer S.** (*a. fig*) under the weight of sth ❷ *kein pl* (*fig: Wichtigkeit, Bedeutung*) weight; ~ **haben** to carry weight; **sein ganzes** ~ [**für jdn/etw**] **in**

die Waagschale werfen to bring all one's influence to bear [for sb/sth], to put one's full weight [behind sb/sth]; **ins ~ fallen** to count, to make a difference; [**kaum/nicht**] **ins ~ fallen** to [hardly/not] count [*or* make a difference]; **auf etw** *akk* [**großes**] **~ legen, einer S.** *dat* [**großes**] **~ beimessen** to attach [great [*or* much]] significance [*or* importance] [*or* consequence] to sth, to set [great [*or* much]] store by sth; (*hervorheben*) to lay stress on sth; [**nicht**] **von ~** of [no] importance, [in]significant, [un]important, of [no] great consequence *form;* **eine Person von ~** a person who carries a lot of weight ③ (*Metallstück zum Beschweren*) weight

gewichten* *vt* ■**etw ~** to weight sth; **etw anders/neu ~** to re-evaluate sth

Gewichtheben <-s> *nt* SPORT *kein pl* weightlifting *no pl* **Gewichtheber(in)** <-s, -> *m(f)* SPORT weightlifter

gewichtig *adj* ① (*bedeutsam*) weighty, significant ② (*veraltend: schwer u. wuchtig*) heavy, hefty

Gewichtsabnahme *f* loss of weight **Gewichtsklasse** *f* SPORT weight category **Gewichtskontrolle** *f* weight check [*or* control]; **eine regelmäßige ~** a regular weight check **Gewichtsverlust** *m* weight loss, loss of weight **Gewichtszunahme** *f* increase [*or* gain] in weight

Gewichtung <-, -en> *f* evaluation; **eine andere ~** a re-evaluation

gewieft I. *adj* (*fam*) crafty, cunning, wily II. *adv* (*fam*) with cunning

gewiesen *pp von* **weisen**

gewillt *adj* ■**~ sein, etw zu tun** to be willing [*or* inclined] to do sth; (*entschlossen*) determined

Gewimmel <-s> *nt kein pl Insekten* swarm[ing mass]; *Menschen* milling crowd, throng

Gewimmer <-s> *nt kein pl Kranke, Verletzte, etc.* whimpering; (*fig: nervendes Klagen*) whining

Gewinde <-s, -> *nt* TECH [screw *spec*] thread; **ein ~ schneiden** to cut a thread, to tap *spec*

Gewindebohrer *m* TECH [screw-]tap **Gewindegang** *m* TECH thread, turn *spec* **Gewindeschneider** *m* TECH thread cutter, tap *spec*

Gewinn <-[e]s, -e> *m* ① ÖKON profit[s *pl*]; **der ~ vor Steuern** the pretax profit[s *pl*]; **~e abschöpfen** to skim [*or* cream] off profits *sep;* **~ bringend** profitable; **~ aufweisen** to show a profit; **~ bringen** [*o* **abwerfen**] to make a profit; [**mit etw** *dat*] **~e** [*o* **einen ~**] **erzielen** to make a profit [with sth]; **mit ~ rechnen** to look to profit; **etw mit ~ verkaufen** to sell sth at a profit; **eine Firma mit ~ wirtschaften** to manage a company profitably; *s. a.* **gewinnbringend** ② (*Preis*) prize; (*beim Lotto, Wetten*) winnings *npl;* **einen ~ machen** to win a prize; (*beim Lotto/Wetten*) to win; **einen großen ~ machen** to win a lot/a big prize ③ *kein pl* ([*innere*] *Bereicherung, Vorteil*) gain; ***die neue Spielerin ist ein großer ~ für die Mannschaft*** the new player is a valuable addition to the team

Gewinnanteil *m* ÖKON dividend **Gewinnausschüttung** *f* ÖKON division [*or* distribution] of profit[s *pl*] **Gewinnbeteiligung** *f* ÖKON share of the profits **gewinnbringend** *adj* profitable; **äußerst ~** extremely profitable, lucrative; **etw ~ verkaufen** to sell sth at a profit **Gewinnchance** *f* chance of winning; ■**~n** chances of winning; (*beim Wetten*) odds **Gewinneinbußen** *pl* profit losses *pl*

gewinnen <gewann, gewonnen> I. *vt* ① (*als Gewinn erhalten*) ■**etw ~** to win sth ② (*für sich entscheiden*) ■**etw ~** to win sth; **ein Spiel gegen jdn ~** to beat sb in a game ③ (*überzeugen*) ■**jdn** [**für etw** *akk*] **~** to win sb over [to sth]; **jdn als Freund ~** to win [*or* gain] sb as a friend; **jdn als Kunden ~** to win [*or* gain] sb's custom ④ (*erzeugen*) to obtain; **Erz/Kohle/Metall** [**aus etw** *dat*] **~** to extract [*or spec* win] ore/coal/metal [from sth]; **recycelte Stoffe ~** to reclaim [*or* recover] recyclable materials ▶ WENDUNGEN: **wie gewonnen, so zerronnen** (*prov*) easy come, easy go *prov* II. *vi* ① (*Gewinner sein*) ■[**bei/in etw**] **~** to win [at sth] ② (*Gewinn bringen*) to be a winner ③ (*profitieren*) ■[**bei etw** *dat*] **~** to profit [from sth] ④ (*zunehmen*) to gain; **an Einfluss/Gewicht/Selbstsicherheit ~** to gain [in] influence/importance/self-confidence; **an Erfahrung/Weisheit/innerer Reife ~** to gain in experience/wisdom/maturity, to become more experienced/wiser/more mature ⑤ (*besser wirken*) to improve; ***sie gewinnt durch ihre neue Frisur*** her new hairstyle does something for her

gewinnend *adj* captivating, charming, winning *attr*

Gewinner(in) <-s, -> *m(f)* winner; MIL *a.* victor

Gewinnerstraße *f* ■**auf der ~ sein** SPORT (*sl*) to be on the road to [*or* heading for] victory

Gewinnklasse *f* prize category **Gewinnmarge** <-, -n> [-ˈmarʒə] *f* ÖKON profit margin **Gewinnmaximierung** *f* maximization of profit[s *pl*], profit planning **Gewinnnummer**^{RR} *f* winning number **Gewinnspanne** *f* profit margin **Gewinnstreben** *nt kein pl* profit aspirations *pl* **Gewinnsucht** *f* profit-seeking; **aus ~** for motives of [financial/material] gain **gewinnsüchtig** *adj* profit-seeking *attr,* greedy for profit *pred* **gewinnträchtig** *adj* profitable, profit-bearing *attr* **Gewinnummer** *f s.* **Gewinnnummer**

Gewinnung <-> *f kein pl* ① GEOL (*Gewinnen von Bodenschätzen*) extraction ② CHEM ■**die ~ von etw** *dat* **aus etw** *dat* the extraction of sth from sth

Gewinnzahl *f* winning number

Gewinnzone *f* ÖKON break-even point; **in der ~ sein** to break even, to be in the black; **eine Firma wieder in die ~ bringen** to bring back *sep* a company into the black

Gewinsel <-s> *nt kein pl* (*pej*) [constant] whining *pej*

Gewirr <-[e]s> *nt kein pl Drähte, Fäden, etc.* tangle; *sense impressions* maze, confusion; *Stimmen* babble; *Straßen* maze

Gewisper <-s> *nt kein pl* whispering

gewiss^{RR}**, gewiß** I. *adj* ① *attr* (*nicht näher bezeichnet*) certain; **eine ~e Frau Schmidt** a [certain] Ms Schmidt; [**bis**] **zu einem ~en Grad**[**e**] to a certain degree ② (*sicher, ohne Zweifel*) certain, sure *pred;* ■**sich** *dat* **einer S.** *gen* **~ sein** (*geh*) to be certain [*or* sure] of sth II. *adv* (*geh*) certainly, surely; **ganz ~** quite [*or* most] certainly [*or* surely]; [***ja***] ***~!, ~ doch!, aber ~!*** but of course!, *esp* AM sure!

Gewissen <-s> *nt kein pl* conscience; **ein reines ~ haben** to have a clear conscience; **etw ruhigen ~s** [*o* **mit gutem ~**] **tun** to do sth with an easy conscience; **ein schlechtes ~ haben** to have a bad conscience; **schwer auf jds** [*o* **dem**] **~ lasten** to lie heavy [*or* weigh heavily] on sb's conscience; **etw mit seinem ~ ausmachen** to settle sth with one's conscience; [**etw**] **vor seinem ~ verantworten** to answer to one's own conscience [about sth]; **sein ~ erforschen** to examine [*or* search] one's conscience; **sein ~ erleichtern, sich** *dat* **das ~ erleichtern** to ease [*or* lighten] one's conscience; **jdn/etw auf dem ~ haben** to have sb/sth on one's conscience; **kein ~ haben** to have no conscience [*or pl* qualms]; **sich** *dat* **aus etw** *dat* **kein ~ machen** to have no qualms [*or* scruples] where sth is concerned; **sich** *dat* **daraus kein ~ machen, etw zu tun** to have no qualms [*or* scruples] about doing sth; **jdm ins ~ reden** to appeal to sb's conscience ▶ WENDUNGEN: **ein gutes ~ ist ein sanftes Ruhekissen** (*prov*) a clear conscience ensures that one sleeps well

G

at night
gewissenhaft *adj* conscientious
Gewissenhaftigkeit <-> *f kein pl* conscientiousness
gewissenlos **I.** *adj* unscrupulous, unprincipled, without [a] conscience *pred;* ■ ~ **sein** to have no conscience; ~**es Handeln** irresponsible acts *pl* **II.** *adv* without scruple[s *pl*]
Gewissenlosigkeit <-, -en> *f* ❶ *kein pl* (*skrupellose Einstellung*) unscrupulousness ❷ (*skrupellose Handlung*) unscrupulous act, act without scruple[s *pl*]
Gewissensbisse *pl* pangs [*or* qualms] of conscience; [**wegen einer S.** *gen*] ~ **bekommen/haben** to get/have a guilty conscience [about sth]; **sich** *dat* [**wegen einer S.** *gen*] ~ **machen** to blame oneself [for sth]; **ohne** [**die geringsten**] ~ without feeling [the slightest bit] guilty [*or form* [the slightest] compunction] **Gewissensentscheidung** *f* question of conscience, matter for one's conscience to decide **Gewissenserforschung** *f* examination [*or* searching] of [one's] conscience **Gewissensfrage** *f s.* **Gewissensentscheidung** **Gewissensfreiheit** *f* freedom of conscience **Gewissensgründe** *pl* conscientious reasons; **den Wehrdienst aus ~n verweigern** to be a conscientious objector **Gewissenskonflikt** *m* moral [*or* inner] conflict
gewissermaßen *adv* so to speak, as it were
Gewissheit^RR, **Gewißheit** <-, -en> *f selten pl* certainty; ~ **haben** to be certain [*or* sure]; **sich** *dat* ~ [**über etw** *akk*] **verschaffen** to find out for certain [about sth]; ~ [**über etw** *akk*] **erlangen** to attain certainty [*or* certain knowledge] of sth; **jdm die ~ geben, dass ...** to convince sb that ...; [**volle** [*o* **absolute**]] ~ **über etw** *akk* **haben** to be [fully [*or* completely]] certain [*or* sure] about [*or* of] sth; **zur ~ reifen, sich zur ~ verdichten** (*geh*) to become a [*or liter* harden into] certainty; **mit ~** with certainty; **etw mit ~ wissen** to know sth for certain [*or* sure]
Gewitter <-s, -> *nt* thunderstorm; **ein ~ braut sich zusammen** [*o* **zieht herauf**] a storm is brewing [*or* gathering]; ***es liegt ein ~ in der Luft*** there's a thunderstorm gathering; (*Streit*) storm
Gewitterfront *f* storm [*or* thundery] front **Gewitterhimmel** *m* stormy sky, thunderclouds *pl*
gewitt(e)rig **I.** *adj* thundery; ~**e Luft** [*o* **Schwüle**] [thundery and] oppressive air **II.** *adv* ~ **drückend** [*o* **schwül**] [thundery and] oppressive
gewittern* *vi impers* ■ **es gewittert** it's thundering, there's a thunderstorm
Gewitterregen *m,* **Gewitterschauer** *m* thunder[y] shower **Gewitterwolke** *f* thundercloud, cumulonimbus *spec*
gewitzigt *adj pred* wiser [*or* wary] [from experience]; ■ [**durch etw** *akk*] ~ **sein** to have learnt from experience [with sth]
gewitzt *adj* cunning, wily
Gewitztheit <-> *f kein pl* cunning, wiliness
gewoben *pp von* **weben**
gewogen[1] *pp von* **wägen, wiegen**[2]
gewogen[2] *adj* (*geh*) well-disposed, favourably [*or* AM favorably] disposed [*or* inclined]; **ein mir ~er Mensch** a person favourably disposed [*or* inclined] toward[s] me; ■ **jdm/einer S. ~ sein** to be well-disposed [*or* favourably disposed [*or* inclined]] toward[s] sb/sth
Gewogenheit <-> *f kein pl* (*geh*) favourable [*or* AM favorable] attitude; (*persönlicher*) affection; ■ **jds ~** [**jdm gegenüber**] sb's favourable attitude [toward[s] sb], sb's affection [for sb]
gewöhnen* **I.** *vt* ■ **jdn an etw** *akk* ~ to make sb used [*or* accustomed] to [*or* accustom sb to] sth; **ein Tier an sich/etw** *akk* ~ to make an animal get used to one/sth; **ein Haustier an Sauberkeit** ~ to house-train a pet; ■ **an jdn/etw gewöhnt sein,** ■ **jdn/etw gewöhnt sein** (*fam*) to be used [*or* accustomed] to sb/sth **II.** *vr* ■ **sich an jdn/etw** ~ to get [*or* become] used to sb/sth; *Mensch a.* to accustom oneself to sth; ■ **sich daran ~, etw zu tun** to get used to doing sth; *Mensch a* to get accustomed to doing sth
Gewohnheit <-, -en> *f* habit; **die ~ haben, etw zu tun** to have a [*or* have got into the] habit of doing sth; **sich** *dat* **etw zur ~ machen** to make a habit of sth; **sich** *dat* **es** [*o* **es sich** *dat*] **zur ~ machen, etw zu tun** to make a [*or* get into the] habit of doing sth; **jdm zur ~ werden** to become a habit with sb; **aus** [**lauter** [*o* **reiner**]] ~ from [sheer] force of habit
gewohnheitsmäßig **I.** *adj* habitual **II.** *adv* habitually, out of habit **Gewohnheitsmensch** *m* creature of habit **Gewohnheitsrecht** *nt* JUR ❶ (*im Einzelfall*) established [*or* customary] right ❷ (*als Rechtssystem*) common law *no art* **Gewohnheitstier** *nt* creature of habit; **der Mensch ist ein ~** (*hum fam*) we're all creatures of habit **Gewohnheitstrinker(in)** *m(f)* habitual drinker **Gewohnheitsverbrecher(in)** *m(f)* habitual offender [*or* criminal]
gewöhnlich **I.** *adj* ❶ *attr* (*gewohnt, üblich*) usual, customary; **zur ~en Stunde** at the usual hour ❷ (*durchschnittlich, normal*) normal, ordinary, everyday ❸ (*pej: ordinär*) common, common as muck BRIT *pred pej fam,* a dime a dozen AM **II.** *adv* ❶ (*üblicherweise*) usually, normally; **für ~** usually, normally; **wie ~** as [per *fam*] usual ❷ (*pej: ordinär*) common *pred;* **sich ~ ausdrücken** to use common language, to talk common *fam*
gewohnt *adj* usual; **in ~er Umgebung** in familiar surroundings; **zu ~er Stunde/Zeit** at the usual hour/time; ■ **etw ~ sein** to be used to sth; ■ **es ~ sein, etw zu tun** to be used to doing sth; ■ **es ~ sein, dass jd etw tut** to be used to sb['s] doing sth
gewohntermaßen *adv* usually
Gewöhnung <-> *f kein pl* habituation *form;* ■ **jds ~ an etw** *akk* sb's habituation to sth *form;* ***das ist eine Sache der ~, das ist*** [***alles***] ~ it's [all] a question of habit
gewöhnungsbedürftig *adj* requiring getting used to
Gewölbe <-s, -> *nt* ❶ (*gewölbte Decke, a. fig: Firmament*) vault ❷ (*gewölbter Raum*) vault[s *pl*], camera *spec*
gewollt **I.** *adj* (*gekünstelt*) forced, artificial; (*absichtlich*) deliberate **II.** *adv* (*gekünstelt*) artificially; (*absichtlich*) deliberately
gewonnen *pp von* **gewinnen**
geworben *pp von* **werben**
geworden *pp von* **werden**
geworfen *pp von* **werfen**
gewrungen *pp von* **wringen**
Gewühl <-[e]s> *nt kein pl* ❶ (*Gedränge*) throng, crowd, crush; **sich ins ~ stürzen** to throw oneself into the throng ❷ (*pej: andauerndes Kramen*) rooting [*or* rummaging] around
gewunden **I.** *pp von* **winden**[1] **II.** *adj* ❶ (*in Windungen verlaufend*) winding, serpentine *liter* ❷ (*umständlich*) roundabout, tortuous
gewunken DIAL *pp von* **winken**
Gewürm <-[e]s> *nt kein pl* (*pej*) worms *pl*
Gewürz <-es, -e> *nt* spice; (*Gewürzzubereitung*) condiment; (*Kräutersorte*) herb
Gewürzbrot *nt* spiced rye bread (*with coriander and/or caraway seed*) **Gewürzessig** *m* seasoned vinegar; (*mit Kräutern*) herb vinegar **Gewürzfenchel** *m* fennel seed **Gewürzgurke** *f* pickled gherkin **Gewürzhandel** *m* (*hist*) ■ **der ~** the spice trade **Gewürzhering** *m* pickled, spiced herring **Ge-**

würzkörner *pl* spice seeds *pl* **Gewürzkräuter** *pl* herbs *pl* **Gewürzkuchen** *m s.* **Lebkuchen** **Gewürzmischung** *f* mixed spices *pl;* (*Kräutersorte*) mixed herbs *pl* **Gewürznelke** *f* [mother *form*] clove **Gewürzöl** *nt* seasoned oil **Gewürzpaprika** *m* paprika **Gewürzpflanze** *f* spice plant; (*Kräutersorte*) herb **Gewürzplätzchen** *pl* ginger biscuits *pl* **Gewürzprinte** *f* hard ginger bread (*with herbs and sugar crystals*) **Gewürzsalz** *nt* seasoned salt **Gewürzschinken** *m* spiced, cured ham **Gewürzsenf** *m* German mustard **Gewürzständer** *m* spice rack; (*auf dem Tisch*) cruet [set] **Gewürzsträußchen** *nt* bouquet garni

Gewusel <-s> *nt kein pl* DIAL milling mass, crush

gewusstRR, **gewußt** *pp von* **wissen**

Geysir <-s, -e> ['gaizɪr] *m* geyser

gez. *adj Abk von* **gezeichnet**

gezackt *adj* jagged; *Hahnenkamm* toothed; *Blatt* serrated, dentate *spec*

gezahnt, gezähnt *adj* ❶ BOT serrated, dentate *spec* ❷ TECH cogged, toothed ❸ (*perforiert*) perforated

Gezänk, Gezanke <-s> *nt kein pl* (*pej fam*) quarrelling [*or* AM *a.* quarreling] *no pl,* squabbling

gezeichnet *adj* marked; **von etw** *dat* ~ **sein** to be marked by sth

Gezeiten *pl* tide[s *pl*]

Gezeitenkraftwerk *nt* tidal power station [*or* plant] **Gezeitentafel** *f* tide table, table of [the] tides **Gezeitenwechsel** *m* turn of the tide; **beim** ~ at the turn of the tide

Gezerre <-s> *nt kein pl* pulling [and tugging] *no pl* (**um** at)

Gezeter <-s> *nt kein pl* (*pej fam*) rumpus *fam,* racket *fam,* commotion, clamour [*or* AM -or]; **in** ~ **ausbrechen** to set up a clamour, to start a commotion

geziehen *pp von* **zeihen**

gezielt I. *adj* ❶ (*zielgerichtet*) well-directed; **~e Fragen** specific questions ❷ MIL well-aimed; **~e Bombardierung** precision [*or spec* surgical] bombing II. *adv* ❶ (*zielgerichtet*) specifically; **etw** ~ **forschen** to research [the] specific aspects of sth; ~ **fragen** to ask questions with a specific aim in mind; **jdm** ~ **helfen** to offer sb specific aid ❷ MIL ~ **schießen** to shoot with great precision; (*mit Tötungsabsicht*) to shoot to kill [*or* with deadly accuracy]

geziemen* *vr* (*geh*) *impers* (*veraltend*) ■ **es geziemt sich** it is proper [*or form* fitting] [*or form* seemly]; ■ **es geziemt sich [nicht] [für jdn], etw zu tun** it is [not] fitting [for sb] to do sth *form,* it is [not] proper that sb does sth, it [ill] befits sb to do sth *dated form;* **wie es sich geziemt** as is proper; **wie es sich für ein artiges Kind geziemt** as befits a well-behaved child *form*

geziemend *adj* (*geh*) proper, due

geziert I. *adj* (*pej*) affected *pej,* la-di-da *pred fam* II. *adv* affectedly *pej*

gezogen *pp von* **ziehen**

Gezücht <-[e]s, -e> *nt* (*pej*) ❶ (*fam*) riffraff + *pl verb,* rabble + *pl verb* ❷ (*veraltend: widerliche Kriechtiere*) creepy-crawlies *pl fam*

Gezwitscher <-s> *nt kein pl* twittering, chir[rup]ping

gezwungen I. *pp von* **zwingen** II. *adj* (*gekünstelt*) forced; *Atmosphäre* strained; *Benehmen* stiff, unnatural III. *adv* (*gekünstelt*) stiffly, unnaturally; ~ **lachen** to give a forced [*or* force a] laugh; **sich** ~ **benehmen** to behave stiffly [*or* unnaturally]

gezwungenermaßen *adv* of necessity; ■ **etw** ~ **tun** to be forced to do sth, to do sth of necessity

ggf. *adv Abk von* **gegebenenfalls**

Ghana <-s> *nt* Ghana; *s. a.* **Deutschland**

Ghanaer(in) <-s, -> *m(f)* Ghanaian; *s. a.* **Deutsche(r)**

ghanaisch *adj* Ghanaian; *s. a.* **deutsch**

Ghetto <-s, -s> *nt s.* **Getto**

ghettoisieren* *vt s.* **gettoisieren**

Ghettoisierung *f* (*pej*) ghettoization *pej*

Ghostwriter(in) <-s, -> ['go:straitɐ] *m(f)* (*geh*) ghostwriter (+*gen* for)

gib *imper sing von* **geben**

Gibbon <-s, -s> *m* gibbon

Gibraltar *nt* Gibraltar; *s. a.* **Sylt**

Gicht <-> *f kein pl* gout, arthrolithiasis *spec;* **die** ~ **haben** to suffer from gout

Gichtknoten *m* gouty node [*or* knot], tophus *spec* **gichtkrank** *adj* gouty, suffering from gout *pred* **Gichtkranke(r)** *f(m) decl wie adj* gout sufferer

Giebel <-s, -> *m* gable [end]

Giebeldach *nt* gable[d] roof **Giebelfenster** *nt* gable window **Giebelhaus** *nt* gabled house **Giebelseite** *f* gable[d] end **Giebelwand** *f* gable wall [*or* end] **Giebelzimmer** *nt* attic room; (*klein und ungemütlich*) garret *liter*

Gier <-> *f kein pl* greed *no pl* (**nach** for); (*nach Reichtum a.*) avarice *no pl* (**nach** for); (*nach etw Ungewöhnlichem*) craving (**nach** for)

gieren[1] *vi* ■ **nach etw** *dat* ~ to hunger for [*or* crave [for [*or* after]]] sth; **nach Macht/Reichtum** ~ to crave [for] [*or* lust after] power/riches

gieren[2] *vi* NAUT to yaw

gierig I. *adj* greedy; ~ **nach Macht/Reichtum sein** to crave [for] [*or* lust after] power/riches II. *adv* greedily; **etw** ~ **essen** [*o* **verschlingen**] to devour sth greedily, to guzzle [down *sep*] sth *fam;* **etw** ~ **trinken** to gulp down sth *sep*

Giersch <-es> *m kein pl* BOT goutweed *no pl,* ground elder

Gießbach *m* (*geh*) [mountain] torrent

gießen <goss, gegossen> I. *vt* ■ **etw** ~ ❶ (*bewässern*) to water sth ❷ (*schütten*) to pour sth; **ein Glas [nicht] voll** ~ to [not] fill [up *sep*] a glass; **ein Glas halb voll/randvoll** ~ to fill [up *sep*] a glass halfway [*or* to the halfway mark]/to the brim; ■ **etw in etw** *akk* ~ to pour sth in[to] sth; ■ **etw auf/über etw** *akk* ~ to pour sth on/over sth; (*verschütten*) to spill sth on/over sth; **etw [daneben]** ~ to spill sth ❸ TECH to cast sth; **etw [in Barren/Bronze/Wachs]** ~ to cast sth [into bars/in bronze/in wax] II. *vi impers* (*stark regnen*) ■ **es gießt** it's pouring; ***es gießt in Strömen*** it's pouring [down] [with rain] [*or fam* tipping it down]

Gießer(in) <-s, -> *m(f)* TECH caster, founder

Gießerei <-, -en> *f* foundry

Gießereiarbeiter(in) *m(f)* foundry worker **Gießereibetrieb** *m s.* **Gießerei**

Gießerin <-, -nen> *f fem form von* **Gießer**

Gießkanne *f* watering can

Gießkannenprinzip *nt kein pl* the principle of giving everybody an equal share [of sth]; **etw nach dem** ~ **verteilen** (*fam*) to give everybody an equal share of sth; **Subventionen nach dem** ~ **verteilen** to give everyone a slice of the budget

Gift <-[e]s, -e> *nt* ❶ (*giftige Substanz*) poison, toxin *spec;* (*Schlangengift*) venom; **jdm** ~ **geben** to poison sb; **ein schleichendes** ~ a slow[-acting] poison; **[wie]** ~ **für jdn sein** (*fam*) to be very bad [*or liter* poisonous] for sb; ~ **nehmen** to poison oneself; **darauf kannst du** ~ **nehmen** (*fig fam*) you can bet your life [*or* AM *a.* bottom dollar] on that *fig fam* ❷ (*fig: Bosheit*) venom; ~ **und Galle spucken** [*o* **speien**] (*fam*) to vent one's rage [*or* spleen]; **sein** ~ **verspritzen** to be venomous [*or* vitriolic]

Giftampulle *f* poison ampoule [*or* AM *a.* ampul[e]] **Giftbecher** *m* cup of poison **Giftdrüse** *f* venom gland

giften *vi* (*fam*) ■ **[gegen jdn/etw]** ~ to rile [at sb/sth]

G

Giftfracht *f* toxic freight **Giftgas** *nt* poison gas **giftgrün** *adj* bilious [*or* garish] green **gifthaltig** *adj,* **gifthältig** *adj* ÖSTERR poisonous, toxic; **stark** ~ highly poisonous [*or* toxic]

giftig **I.** *adj* ① (*Gift enthaltend*) poisonous; **~e Stoffe/Chemikalien** toxic [*or* poisonous] substances/chemicals ② (*boshaft*) venomous, vitriolic ③ (*grell*) garish, loud *fam,* bilious *liter* **II.** *adv* (*pej: boshaft*) viciously; ~ **antworten** to give a catty [*or* an unkind] reply

Giftküche *f* (*hum: Labor*) devil's workshop; (*pej: Gerüchteküche*) gossipmonger's **Giftmischer(in)** <-s, -> *m(f)* (*pej, a. fig*) preparer of poison **Giftmord** *m* [murder by] poisoning **Giftmörder(in)** *m(f)* poisoner

Giftmüll *m* toxic waste

Giftmüllexport *m* toxic waste export **Giftmüllverbrennungsanlage** *f* toxic waste incineration plant

Giftnudel *f* (*pej fam*) spiteful old devil [*or* BRIT *a.* git] *pej fam* **Giftpfeil** *m* poison[ed] arrow; (*in Blasrohr*) poison[ed] dart **Giftpflanze** *f* poisonous plant **Giftpilz** *m* poisonous fungus, toadstool **Giftproduktion** *f* production of poison **Giftschlange** *f* venomous [*or* poisonous] snake **Giftschrank** *m* ① (*in Apotheken und Krankenhäusern*) poison cupboard [*or* cabinet] ② (*hum veraltet fam*) the hidey-hole for porn [mags *pl*] *fam* **Giftspritze** *f* (*fam*) spiteful old devil [*or* BRIT *a.* git] *fam* **Giftstoff** *m* toxic [*or* poisonous] substance, toxin *spec* **Giftunfall** *m accident causing the release of toxic substances into the environment* **Giftwolke** *f* cloud of toxins **Giftzahn** *m* [poison] fang **Giftzwerg(in)** *m(f)* (*pej fam*) poison[ed] dwarf *pej fam*

Gigahertz *nt* PHYS gigahertz, GHz

Gigant(in) <-en, -en> *m(f)* giant; (*fig a.*) colossus

gigantisch *adj* gigantic, colossal

Gigantomanie <-> *f kein pl* (*geh*) craze for things big

Gigerl <-s, -[n]> *m o nt* SÜDD, ÖSTERR (*fam*) dandy *dated*

Gigolo <-s, -s> ['ʒiːgolo, 'ʒɪgolo] *m* gigolo

Gigot <-s, -s> [ʒi'goː] *nt* KOCHK leg of lamb

gilben *vi sein* (*geh*) to [go [*or* become]] yellow

Gilde <-, -n> *f* guild

gilt *3. pers pres von* **gelten**

Gimmick <-s, -s> *m* gimmick *fam*

Gimpel <-s, -> *m* ① ORN bullfinch ② (*einfältiger Mensch*) dimwit *fam*

Gin <-s, -s> [dʒɪn] *m* gin; ~ **Tonic** gin and tonic

ging *imp von* **gehen**

Gingko <-s,-s> *m* BOT gingko, maidenhair tree

Ginseng <-s, -s> *m* BOT ginseng

Ginster <-s, -> *m* BOT broom

Gipfel <-s, -> *m* ① (*Bergspitze*) peak; (*höchster Punkt*) summit; DIAL (*Wipfel*) treetop ② (*fig: Zenit*) peak; **auf dem ~ der Macht/des Ruhms angelangt sein** to have reached the peak of one's power/fame; (*Höhepunkt*) height; **der ~ der Vollkommenheit sein** to be the epitome of perfection; **der ~ der Frechheit sein** to be the height of cheek; **der ~ der Geschmacklosigkeit/Perversion** the depths [*or* the height] of bad taste/perversion; ***das ist der ~!*** (*fam*) that's the limit, that [really] takes the biscuit [*or* AM cake] *fam* ③ POL summit [conference]

Gipfelkonferenz *f* POL summit conference **Gipfelkreuz** *nt* cross on the summit [of a mountain]

gipfeln *vi* ■**in etw** *dat* ~ to culminate in sth

Gipfelpunkt *m* ① (*höchtes erreichbares Maß*) zenith, high point ② (*höchster Punkt eines Flugkörpers*) maximum altitude **Gipfeltreffen** *nt* POL summit [meeting]

Gips <-es, -e> *m* ① (*Baumaterial*) plaster; (*in Mineralform*) gypsum; (*zum Modellieren*) plaster of Paris ② (*Kurzform für Gipsverband*) [plaster] cast; **den Arm/Fuß in ~ haben** to have one's arm/foot in a [plaster] cast; **einen Arm/Fuß in ~ legen** to put an arm/foot in plaster [*or* in a [plaster] cast]

Gipsabdruck <-abdrücke> *m,* **Gipsabguss**[RR] <-abgüsse> *m* plaster cast **Gipsarm** *m* (*fam*) arm in plaster [*or* a cast] **Gipsbein** *nt* (*fam*) leg in plaster [*or* a cast] **Gipsbüste** *f* plaster [of Paris] bust

gipsen *vt* ■**etw** ~ ① (*mit Gips reparieren*) to plaster sth ② MED to put sth in plaster [*or* a cast]

Gipser(in) <-s, -> *m(f)* plasterer

gipsern *adj attr* (*aus Gips*) plaster

Gipsfigur *f* plaster [of Paris] figure **Gipskorsett** *nt* MED plaster [of Paris] jacket **Gipsverband** *m* MED plaster cast [*or* bandage]; **jdm einen ~ anlegen** to put a [plaster] cast on sb's arm/leg; **den Arm/Fuß im ~ tragen** to have one's arm/foot/etc. in plaster [*or* in a [plaster] cast]

Giraffe <-, -n> *f* giraffe

Girlande <-, -n> *f* garland (**aus** of)

Girlie <-s, -s> ['gɜli] *nt* (*sl*) girlie *sl,* girly *sl*

Girlitz <-es, -e> *m* ORN canary

Giro <-s, -s *o* Giri> ['ʒiːro, 'ʒiːri] *nt* FIN ÖSTERR [bank] assignment [*or* transfer]; **etw per ~ überweisen** to transfer sth

Girokonto ['ʒiːro] *nt* current [*or* AM checking] account

girren *vi* (*a. fig liter: zwitschern*) to coo *a. fig*

Gis <-, -> *nt* MUS G sharp

Gischt <-[e]s, -e> *m pl selten* [sea] spray

Gitarre <-, -n> *f* guitar

Gitarre(n)spiel *nt* guitar-playing **Gitarre(n)spieler(in)** *m(f)* guitarist, guitar-player

Gitarrist(in) <-en, -en> *m(f)* guitarist

Gitter <-s, -> *nt* ① (*Absperrung*) fencing *no pl, no indef art;* (*vor Türen, Fenstern: engmaschig*) grille; (*grobmaschig*) grating; (*parallel laufende Stäbe*) bars *pl;* (*vor dem Kamin*) fireguard; (*für Gewächse*) lattice, trellis; (*am Rohrende*) grid, grating ② (*fig fam*) bars *fam;* **jdn hinter ~ bringen** to put sb behind bars, to lock sb up; **hinter ~ kommen** to land [*or* be put] behind bars; **hinter ~n sitzen** to be behind bars [*or* doing time] ③ MATH grid ④ PHYS, CHEM lattice

Gitterbett *nt* cot BRIT, crib AM **Gitterfenster** *nt* barred window **Gittermast** *m* ELEK [lattice *spec*] pylon **Gitterstab** *m* bar **Gitterzaun** *m* lattice [*or* trellis] fence

givrieren *vt* KOCHK **einen Behälter/ein Glas** ~ *to cool a container/glass with icecubes;* **eine Speise** ~ *to cover a dish with grated, sugared ice;* **eine ausgehöhlte Orange** ~ *to fill a hollowed orange with orange sorbet*

Glace <-, -n> ['glasə] *f* SCHWEIZ ice cream, BRIT *a.* ice

Glaceehandschuh[RR] *m s.* **Glacéhandschuh**

Glacéhandschuh [gla'seː-] *m* kid glove; **jdn/etw mit ~en anfassen** to handle sb/sth with kid gloves [*or* very carefully]

glacieren* [gla'siːrən] *vt* KOCHK ■**etw** ~ to glaze sth; **einen Kuchen** ~ to frost [*or* ice] a cake

Glacis <-, -> [gla'siː, *pl* gla'siːs] *nt* MIL glacis

Gladiator <-s, -toren> *m* gladiator

Gladiole <-, -n> *f* BOT gladiolus

Glamour <-s> ['glɛmɐ] *m o nt kein pl* glamour [*or* AM *a.* -or]

Glamourgirl ['glɛmɐgœrl] *nt* glamour [*or* AM *a.* -or] girl

Glanz <-es> *m kein pl* ① (*das Glänzen*) gleam, shine; *Augen* sparkle, brightness; *Haar* glossiness, sheen; *Lack* gloss; *Perlen, Seide* sheen, lustre [*or* AM -er]; (*heller Schein*) light; **blendender** ~ glare, dazzle

❷ *(herrliche Pracht)* splendour [*or* AM -or]; ***welch ~ in meiner Hütte!*** *(iron)* to what do I owe the honour [of this visit [to my humble abode]]? *iron;* **mit ~ und Gloria** *(iron fam)* in grand style *a. iron;* **ein Examen mit ~ und Gloria bestehen** to pass an exam with flying colours [*or* AM -ors]; **mit ~ und Gloria durch eine Prüfung fallen** *(iron)* to fail an exam miserably

Glanzabzug *m* FOTO gloss[y] print

glänzen *vi* ❶ *(widerscheinen)* to shine; *(von polierter Oberfläche)* to gleam; *Augen* to sparkle; *Nase* to be shiny; *Wasseroberfläche* to glint, to glisten; *(scheinen)* to shine; *Sterne* to twinkle ❷ *(sich hervortun)* to shine; *s. a.* **Abwesenheit**

glänzend **I.** *adj* ❶ *(widerscheinend)* shining; **~e Oberfläche** gleaming [*or* shiny] surface; **~e Augen** sparkling [*or* bright] eyes; **~es Haar** shiny [*or* lustrous] hair; **~es Papier** glossy [*or* shiny] paper; **~e Perlen** bright [*or* lustrous] pearls; **~e Seide** shining [*or* lustrous] silk; **~er See** glittering [*or* glistening] lake ❷ *(blendend, hervorragend)* brilliant; **ein ~es Aussehen** dazzling looks *npl* **II.** *adv (hervorragenderweise)* brilliantly, splendidly; **sich ~ amüsieren** to have a great [*or* marvellous] time [of it]

Glanzleder *nt* patent leather **Glanzleistung** *f* brilliant achievement [*or* performance] *a. iron;* **eine literarische/wissenschaftliche ~** a brilliant literary/scientific achievement **Glanzlicht** *nt* highlight; **einer S.** *dat* **~er/ein ~ aufsetzen** to add highlights/a highlight to sth **glanzlos** *adj* dull, lacklustre [*or* AM -er] **Glanznummer** *f* star attraction, pièce de résistance **Glanzpapier** *nt* glossy paper **glanzvoll** *adj* brilliant; **~e Aufführung/Darstellung** sparkling [*or* brilliant] performance/depiction **Glanzzeit** *f* prime [of life]; ▪**jds ~** sb's heyday [*or* prime]

Glarus <-> *nt* Glarus

Glas <-es, Gläser> *nt* ❶ *(Werkstoff)* glass *no indef art, + sing vb;* **buntes ~** stained glass; ***„Vorsicht ~!"*** "glass — handle with care"; **unter** [*o* **hinter**] **~** under [*or* behind] glass ❷ *(Trinkgefäß)* glass; **zwei ~ Wein** two glasses of wine; **ein ~ über den Durst trinken, zu tief ins ~ schauen** *(fam)* to have one too many [*or fam* one over the eight] ❸ *(Konservenglas)* jar, pot; **ein ~ Honig** a jar [*or* pot] of honey ❹ *kein pl (Maßeinheit)* glass ❺ *(Brillenglas)* lens; *(Fernglas)* binoculars *npl,* [field] glasses *npl;* *(Opernglas)* lorgnette, opera glasses *npl*

Glasaal *m* ZOOL, KOCHK elver, silver eel **Glasauge** *nt* glass eye **Glasbaustein** *m* glass block [*or* brick] **Glasbläser(in)** *m(f)* glassblower **Glasbläserei** *f* glassworks *+ sing/pl verb* **Glasbruch** *m kein pl* [glass] breakage

Gläschen ['glɛːsçən] *nt dim von* **Glas 2** *(Maßeinheit o. Getränk)* nip, drop, tot, dram; ***darauf müssen wir ein ~ trinken*** we must drink to that, that calls for a little drink

Glascontainer [kɔnteːnɐ] *m* bottle bank BRIT, container for depositing bottles for recycling AM

Glasen *pl* NAUT bells *pl*

Glaser(in) <-s, -> *m(f)* glazier

Glaserei *f* glazier's workshop

Glaserin <-, -nen> *f fem form von* **Glaser**

gläsern *adj* ❶ *(aus Glas)* glass *attr,* [made] of glass *pred* ❷ *(fig: seine Einnahmequellen offen legend)* transparent ❸ *(fig: ausdruckslos)* **~e Augen/~er Blick** glassy eyes/gaze

Glasfabrik *f* glassworks *+ sing/pl verb*

Glasfaser *f meist pl* glass fibre [*or* AM -er]; *(als Isolierungsstoff)* fibreglass *no pl* BRIT, fiberglass *no pl* AM

Glasfaserkabel *nt* fibre [*or* AM -er] optic cable **Glasfaserleitung** *f* optical fibre [*or* AM -er] cable

Glasfenster *nt* [glass] window **Glasfiberstab** *m* SPORT glass fibre [*or* AM -er] pole **Glasgeschirr** *nt* glassware **Glashaus** *nt* greenhouse; *(in botanischen Gärten)* glass house ▶ WENDUNGEN: **wer [selbst] im ~ sitzt, soll nicht mit Steinen werfen** *(prov)* people living [*or* who live] in glass houses shouldn't throw stones *prov* **Glashersteller(in)** *m(f)* glass producer [*or* manufacturer] **Glasherstellung** *f* glass production **Glashütte** *f* glassworks *+ sing/pl verb*

glasieren* *vt* ▪**etw ~** ❶ *(Keramik: mit Glasur überziehen)* to glaze [*or spec* enamel] sth ❷ KOCHK *s.* **glacieren**

glasig *adj* ❶ *(ausdruckslos)* glassy ❷ KOCHK transparent

Glasindustrie *f* glass industry **Glaskeramikkochfeld** *nt* ceramic hob **glasklar** **I.** *adj* ❶ *(durchsichtig)* transparent, [as] clear as glass *pred* ❷ *(fig: klar und deutlich)* crystal-clear **II.** *adv (klar und deutlich)* in no uncertain terms **Glaskolben** *m* [glass] flask **Glaskörper** *m* ANAT vitreous body **Glasmalerei** *f* glass painting

Glasnost <-> *f kein pl* POL, HIST glasnost

Glasnudeln *pl* Chinese noodles **Glasplatte** *f* glass top **Glasschale** *f* glass bowl [*or* dish] **Glasscheibe** *f* ❶ *(dünne Glasplatte)* glass sheet, sheet of glass ❷ *(Fensterscheibe)* [glass] pane, pane of glass **Glasscherbe** *f* [glass] shard, shard of glass **Glasschleifer(in)** *m(f)* ❶ *(von eingeschliffenen oder geätzten Ornamenten)* glass cutter ❷ *(optische Zwecke)* glass [*or* lens] grinder **Glasschneider(in)** *m(f)* glass cutter **Glasschrank** *m* vitrine, glass cabinet **Glasschüssel** *f* glass bowl **Glassplitter** *m* glass splinter, splinter of glass **Glastür** *f* glass door

Glasur *f* ❶ *(Keramik~)* glaze, glazing ❷ KOCHK icing, *esp* AM frosting

Glasversicherung *f* [plate-]glass insurance **Glaswolle** *f* glass wool

glatt <-er *o fam* glätter, -este *o fam* glätteste> **I.** *adj* ❶ *(eben) Fläche, Haut* smooth; *Fisch* slippery; **ein ~es Gesicht** an unlined face; **~es Haar** straight hair; **~e See** calm [*or* smooth] [*or* unruffled] sea; **~er Stoff** uncreased fabric; **~ rasiert** clean-shaven; **etw ~ bügeln** to iron [out *sep*] sth, to iron sth smooth; **etw ~ feilen** to file sth smooth; **etw ~ hobeln/schmirgeln** to plane down/sand down sth; **sich die Haare ~ kämmen** to comb one's hair straight; **etw ~ pürieren/rühren** to purée/stir sth until smooth; **etw ~ schleifen** to grind sth smooth; **etw ~ stoßen** TYPO *Papier* to jog [*or sep* knock up] sth; **etw ~ streichen** to smooth out sth *sep;* **Haare ~ streichen** to smooth [*or* pat] down one's hair *sep;* **~ rechts stricken** to knit garter stitch; **etw ~ walzen** to flatten sth; **etw ~ ziehen** to smooth out sth; *Betttuch a.* to straighten [out] sth ❷ *(rutschig) Straße, Weg* slippery, icey ❸ *(problemlos)* smooth; **ein ~er Bruch** MED a clean break; **eine ~e Landung** a smooth landing; **~ aufgehen** *Rechnung* to work out exactly; **~ gehen** [*o* **laufen**] *(fam)* to go smoothly [*or fam* OK] ❹ *attr (fam: eindeutig)* outright, sheer; **eine ~e Lüge** a downright [*or* blatant] [*or* barefaced] lie; **~er Unsinn** sheer [*or* utter] nonsense; **eine ~e Eins/Fünf [schreiben]** SCH [to get] an A/E BRIT [*or* AM an A/F] ❺ *(pej: aalglatt)* slick, smooth **II.** *adv (fam: rundweg)* clearly, plainly; *(ohne Umschweife)* straight out; *leugnen* flatly; **jdm etw ~ ins Gesicht sagen** to say sth [straight] to sb's face; **etw ~ ablehnen** to turn sth down flat; **etw ~ abstreiten** [*o* **leugnen**] to flatly deny sth; **etw ~ [und sauber] vergessen** to clean forget sth

glatt|bügeln *vt s.* **glatt II 1**

Glattbutt *m* ZOOL, KOCHK bonnet fluke, brill

Glätte <-> *f kein pl* ❶ *(Ebenheit)* smoothness; *von Haar* sleekness ❷ *(Rutschigkeit) von Straße, Weg, etc.* slipperiness ❸ *(fig: aalglatte Art)* slickness, smoothness

G

glauben, vermuten

Glauben ausdrücken	**expressing belief**
Ich glaube, dass sie die Prüfung bestehen wird.	**I believe/think** she will pass the exam.
Ich glaube an den Sieg unserer Mannschaft.	**I believe** our team will win.
Ich halte diese Geschichte **für wahr.**	**I think** this story **is true.**
Vermutungen ausdrücken	**expressing assumption**
Ich vermute, sie wird nicht kommen.	**I suspect** she's not going to come.
Ich nehme an, dass er mit seiner neuen Arbeit zufrieden ist.	**I assume/suppose** he's happy with/in his new job.
Ich halte einen Börsenkrach in der nächsten Zeit **für (durchaus) denkbar/möglich.**	**I consider it to be a distinct possibility** that the stockmarket will crash in the near future.
Ich habe da so eine Ahnung.	**I've got a feeling about it.**
Es kommt mir so vor, als würde er uns irgendetwas verheimlichen.	**It feels to me as if** he's keeping something from us.
Ich habe da so den Verdacht, dass sie bei der Abrechnung einen Fehler gemacht hat.	**I suspect/I have a suspicion** she might have made a mistake with the final bill.
Ich habe das Gefühl, dass sie das nicht mehr lange mitmacht.	**I have the feeling** she won't stand it much longer.

Glatteis *nt* [thin sheet of] ice; ***„Vorsicht ~!"*** "danger, black ice" ▸ WENDUNGEN: **aufs ~ geraten, sich auf ~ begeben** to skate on thin ice; **jdn aufs ~ führen** to trip up sb *sep,* to catch sb out

Glatteisgefahr <-> *f kein pl* danger of black ice

glätten I. *vt* ■**etw ~** ❶ (*glatt streichen*) to smooth out sth *sep; sich die Haare ~* to smooth [*or* pat] down one's hair *sep* ❷ (*besänftigen*) to allay sth *form;* **jds Zorn ~** to calm sb's anger; **jds aufgebrachte Stimmung ~** to smooth sb's ruffled feathers **II.** *vr* ■**sich ~** ❶ (*glatt werden*) *Meer, Wellen* to subside, to become calm ❷ (*fig: sich beruhigen*) *Wut, Erregung* to subside, to die down

glatt|feilen *vt s.* **glatt II 1** **glatt|gehen** *vi irreg sein s.* **glatt II 2** **Glatthafer** *m* BOT false oat grass **Glatthai** *m* smooth dogfish **glatt|kämmen** *vt s.* **glatt II 1** **glatt|pürieren** *vt s.* **glatt II 1** **glattrasiert** *adj s.* **glatt II 1** **glatt|rühren** *vt s.* **glatt II 1** **glatt|schleifen** *vt irreg s.* **glatt II 1** **glatt|streichen** *vt irreg s.* **glatt II 1**

glattweg *adv* (*fam*) simply, just like that *fam;* **etw ~ ablehnen** to turn sth down flat [*or* AM *a.* flat out]; **etw ~ abstreiten** [*o* **leugnen**] to flatly deny sth

glatt|ziehen *vt s.* **glatt II 1**

Glatze <-, -n> *f* ❶ (*ohne Haare*) bald head [*or hum* pate]; **eine ~ bekommen/haben** to go/be bald; **sich** *dat* **eine ~ schneiden** [*o fam* **scheren**] **lassen** to have one's head shaved; **mit ~** with a bald head, bald[-headed] ❷ (*pej sl: Skinhead*) skinhead *pej*

Glatzkopf *m* (*fam*) ❶ (*kahler Kopf*) bald head [*or hum* pate] ❷ (*fam: Mann mit Glatze*) bald[-headed] man, baldie *fam,* baldy *fam*

glatzköpfig *adj* bald[-headed]

Glaube <-ns> *m kein pl* ❶ (*Überzeugung*) belief (**an** +*akk* in); (*gefühlsmäßige Gewissheit*) faith (**an** +*akk* in); **der ~ versetzt Berge** [*o* **kann Berge versetzen**] faith can move mountains; **ein blinder/fanatischer/unerschütterlicher ~** an ardent/a fanatical/an unshakeable belief; **ein törichter ~** a false [*or* mistaken] belief; **den festen ~n haben, dass ...** to be of the firm belief [*or* conviction] that ...; **im guten ~n, in gutem ~n** in good faith; **guten ~ns sein, dass ...** to be convinced that ...; **den ~n aufgeben, dass** to give up [*or* stop] believing that ...; **jdn von seinem ~n abbringen** to dissuade sb, to shake sb's faith; **jdn bei** [*o* **in**] **dem ~n [be]lassen, dass ...** to leave sb in the belief [*or* let sb believe] that ...; **[bei jdm] ~n finden** to find credence [with sb]; **in dem ~n leben, dass ...** to live in the belief that ...; **des ~ns** [*o* **in dem ~n**] **sein, dass ...** to believe [*or* be of the opinion] that ...; **jdm/einer S. [keinen] ~n schenken** to [not] believe [*or form* give [no] credence to] sb/sth; **den ~n an jdn/etw verlieren** to lose faith in sb/sth; **jdn in dem ~n wiegen, dass ...** to make sb believe [wrongly] that ...; **sich in dem ~n wiegen, dass ...** to labour [*or* AM -or] under the illusion [*or* believe [wrongly]] that ... ❷ REL [religious] faith [*or* belief]; **der christliche/jüdische/muslimische etc. ~** the Christian/Jewish/Muslim etc. faith; **ein Mensch muslimischen/etc ~ns** a person of the Muslim/etc. faith; **vom ~n abfallen** (*geh*) to renounce one's [*or* lapse from the] faith *form,* to apostatize *spec;* **seinen ~n bekennen** to profess one's faith; **für seinen ~n sterben müssen** to die for one's beliefs; **den ~n verlieren** to lose one's faith

glauben I. *vt* ❶ (*für wahr halten*) ■**[jdm] etw ~** to believe sth [of sb's]; ***das glaubst du doch selbst nicht!*** you don't really believe that, do you! [*or* can't be serious!]; ***ob du es glaubst oder nicht, aber...*** believe it or not, but...; **jdm jedes Wort ~** to believe every word sb says; **kaum** [*o* **nicht**] **zu ~** unbelievable, incredible; **etw nicht ~ wollen** to not want to believe sth; **jdn etw ~ machen wollen** (*fam*) to try to make sb believe sth ❷ (*wähnen*) **sich in der Mehrzahl/im Recht ~** to believe oneself in the majority/to think [that] one is right; **sich allein/unbeobachtet ~** to think [that] one is alone/nobody is watching one; *s. a.* **selig II.** *vi* ❶ (*vertrauen*) ■**jdm ~** to believe sb; **jdm aufs Wort ~** to take sb's word for it; ■**an jdn/etw ~** to believe in sb/sth; **an jds Ehrlichkeit/das Gute im Menschen ~** to believe in sb's honesty/the good in people; **an sich selbst ~** to believe [*or* have faith] in oneself ❷ (*für wirklich halten*) ■**an etw ~** to believe in sth; **an Gott/Gespenster/den Weihnachtsmann/Wunder ~** to believe in God/ghosts/Father Christmas [*or* AM Santa Claus]/miracles ❸ (*gläubig sein*) **fest/unerschütterlich ~** to have a strong/an unshakeable faith ▸ WENDUNGEN: **dran ~ müssen** (*sl: sterben müssen*) to kick the bucket *sl,* to snuff [*or* AM buy] it *sl;* (*weggeworfen werden müssen*) to get chucked out *sl;* (*etw tun müssen*) to be stuck with it *sl;* (*getrunken/gegessen werden müssen*) to have to go [*or hum* be sacrificed]; **wer's glaubt wird selig** a likely story *iron,* only an idiot would buy it

Glauben <-s> *m kein pl s.* **Glaube**

Glaubensbekenntnis *nt* ① (*Religionszugehörigkeit*) profession [of faith] ② *kein pl* (*formelhafte Glaubenslehre*) creed, confession [of faith]; ▪ **das** ~ The Creed **Glaubensfrage** *f* question of faith; **eine reine** ~ purely a question of faith; **in ~n** in questions of faith **Glaubensfreiheit** *f* freedom of worship, religious freedom **Glaubensgemeinschaft** *f* denomination **Glaubenskrieg** *m* religious war **Glaubenskrise** *f* religious crisis **Glaubensrichtung** *f* religious persuasion **Glaubenszweifel** *m meist pl* religious doubt[s *pl*]

glaubhaft I. *adj* believable, credible; **eine ~e Ausrede/Story** a plausible excuse/story; **~e Informationsquellen** sound [*or* reliable] sources of information II. *adv* convincingly

Glaubhaftigkeit <-> *f kein pl* credibility

gläubig *adj* ① (*religiös*) religious ② (*vertrauensvoll*) trusting

Gläubige(r) *f(m) decl wie adj* believer; ▪ **die ~n** the faithful + *pl verb*

Gläubiger(in) <-s, -> *m(f)* ÖKON creditor

Gläubigerbank *f* ÖKON creditor bank

Gläubigerin <-, -nen> *f fem form von* **Gläubiger**

glaublich *adj* credible; **kaum** [*o* **wenig**] ~ **klingen/scheinen/sein** to sound/seem/be scarcely [*or* scarcely sound/seem/be] credible

glaubwürdig *adj* credible

Glaubwürdigkeit *f kein pl* credibility

Glaukom <-s, -e> *nt* MED glaucoma

gleich I. *adj* ① (*in allen Merkmalen übereinstimmend*) same; **der/die/das ~e wie ..** the same ... as you; ***zwei mal zwei* [*ist*] ~ *vier*** two times two is [*or* equals] four; ▪ **der/die/das G~e/die G~en** the same [one/ones]; **~e Dreiecke** congruent triangles; **G~es mit G~em vergelten** to pay like with like, to give tit for tat *sl;* **~e Rechte/Pflichten** equal rights/responsibilities; **in ~er** [*o* **auf die ~e**] **Weise** in the same way; **zur ~en Zeit** at the same time; ~ **alt** the same age; ~ **groß/lang** equal in [*or* the same] size/length; ~ **schwer** equally heavy, the same weight; **mit etw** *dat* ~ **bedeutend sein** to be synonymous with sth; (*so gut wie*) to be tantamount to sth; ~ **bezahlt werden** to be paid the same, to receive the same pay; ~ **gelagert** comparable; ~ **gesinnt** [*o* **denkend**] like-minded, of like minds; ~ **gestimmte Seelen** kindred spirits [*or* souls]; ~ **lautend** identical; ~ **teuer** equally expensive; **ein Gleiches tun** (*iron geh*) to do the same ② (*unverändert*) ▪ **der/die/das G~e** [...] **wie** the same [...] as; ***es ist immer das* [*ewig*] *G~e*** it's always the same [old thing]; [**sich** *dat*] ~ **bleiben** to stay [*or* remain] the same [*or* unchanged]; ~ **bleibend gut** consistent[ly] good; **aufs G~e hinauslaufen** [*o* **hinauskommen**] it comes [*or* boils] down [*or* amounts] to the same thing ③ (*gleichgültig*) ▪ **jdm** ~ **sein** to not care, to be all the same to sb; ▪ **ganz** ~ **wer/was** [...] no matter who/what [...] ▸ WENDUNGEN: **G~ und G~ gesellt sich gern** (*prov*) birds of a feather flock together *prov* II. *adv* ① (*sofort, bald*) just, straightaway, in a minute; ***bis ~!*** see you then! [*or* later!]; (*sofort*) see you in a minute! [*or* moment!]; ***ich komme ~!*** I'm just coming!, I'll be right there!; ***habe ich es nicht ~ gesagt!*** what did I tell you?; ***warum nicht ~ so?*** why didn't you say/do that in the first place?; ~ **danach** [*o* **darauf**] soon afterward[s]; (*sofort*) right away, straight [*or* right] afterward[s]; ~ **jetzt** [right] now; ~ **heute/morgen** [first thing] today/tomorrow; ~ **nach dem Frühstück** right [*or* straight] after breakfast ② (*unmittelbar daneben/danach*) immediately, right; ▪ ~ **als** [*o* **nachdem**] ... as soon as ...; ~ **daneben** right beside [*or* next to] it; ~ **danach** just [*or* immediately] after it ③ (*zugleich*) at once [*or* the same time]; ***sie kaufte sich ~ zwei Paar*** she bought two pairs! III. *pron* ① *in Aussagesätzen* (*emph*) just as well; ***du brauchst deswegen nicht ~ zu weinen*** there's no need to start crying because of that ② *in Fragesätzen* (*noch*) again; ***wie war doch ~ Ihr Name?*** what was your name again? IV. *präp* +*dat* (*geh: wie*) like

gleichalt(e)rig *adj* [of] the same age *pred* **gleichartig** *adj* of the same kind *pred;* (*ähnlich*) similar **gleichauf** *adv* SPORT equal; **sie liegen/sind** ~ (*wertungsgleich*) they're [lying] equal [*or* BRIT *a.* on level pegging]; (*auf gleicher Höhe*) they're neck and neck **gleichbedeutend** *adj s.* **gleich I 1 Gleichbehandlung** *f* equal treatment **gleichberechtigt** *adj* with equal [*or* the same] rights *pred;* ▪ ~ **sein** to have equal rights **Gleichberechtigung** *f kein pl* equality *no pl,* equal rights + *sing/pl verb* **gleichbleiben** *vi, vr irreg sein s.* **gleich I 2 gleichbleibend** *adj, adv s.* **gleich I 2**

gleichen <glich, geglichen> *vt* ▪ **jdm/einer S.** ~ to be [just] like sb/sth; ▪ **sich** *dat* ~ to be alike [*or* similar]

gleichentags *adv* SCHWEIZ on the same day

gleichermaßen, gleicherweise *adv* equally; ▪ ~ ... **und** ... **sein** to be both ... and ...

gleichfalls *adv* likewise, also; ***danke ~!*** thank you, [and] the same to you *a. iron* **gleichfarbig** *adj* [of] the same colour [*or* AM -or] *pred* **gleichförmig** I. *adj* uniform; **~e Struktur** symmetrical structure II. *adv* uniformly; ~ **strukturiert sein** to have a symmetrical structure **gleichgelagert** *adj s.* **gleich I 1 gleichgeschlechtig** *adj* same-sex *attr,* of the same sex *pred;* **~e Zwillinge** same-sex twins; **~e Pflanzen** homogamous plants *spec* **gleichgeschlechtlich** *adj* ① (*homosexuell*) homosexual ② *s.* **gleichgeschlechtig gleichgesinnt** *adj s.* **gleich I 1**

Gleichgewicht *nt kein pl* ① *eines Körpers* balance, equilibrium; **sein** [*o* **das**] ~ **halten** to keep [*or* maintain] one's balance, to maintain one's equilibrium; **im** ~ **sein** to be balanced [*or form* in equilibrium]; **wieder im** ~ **sein, sich wieder im** ~ **befinden** to regain [*or* recover] one's balance, to restore one's equilibrium; **das** ~ **verlieren, aus dem** ~ **kommen** [*o* **geraten**] to lose one's balance ② (*Stabilität, Ausgewogenheit*) balance; **militärisches/politisches** ~ military/political stability; **natürliches** ~ natural balance; ÖKOL balance of nature; **ökologisches** ~ ecological [*or* environmental] balance; **das** ~ **der Kräfte** the balance of power; **ein** ~ **zwischen ... und ... halten** to maintain a proper balance between ... and ... ③ (*innere Ausgeglichenheit*) **das innere** [*o* **seelische**] ~ one's equilibrium [*or* emotional balance]; **im** ~ in equilibrium; **jdn aus dem** ~ **bringen** to throw sb off balance; **aus dem** ~ **geraten, das** ~ **verlieren, aus dem** ~ **kommen** to lose one's equilibrium [*or* balance]

gleichgewichtig *adj* ① (*ausgeglichen*) balanced ② (*gleich schwer*) equal in weight *pred*

Gleichgewichtsorgan *nt* organ of equilibrium, vestibular organ *spec* **Gleichgewichtssinn** *m* sense of balance, vestibular sense *spec* **Gleichgewichtsstörung** *f* impaired balance *no pl,* vestibular disorder *spec*

gleichgültig I. *adj* ① (*uninteressiert*) indifferent (**gegenüber** +*gen* to[wards]), uninterested (**gegenüber** +*gen* to[wards]); (*apathisch*) apathetic (**gegenüber** +*gen* towards); **ein ~es Gesicht machen** to look impassive [*or* disinterested]; **~e Stimme** expressionless [*or* uninterested] voice ② (*unwichtig*) trivial, immaterial; ▪ **etw ist jdm** ~ sb couldn't care [less] about sth; **jdm nicht** ~ **bleiben/sein** to not remain/be unimportant to sb II. *adv* (*uninteressiert*) with indifference [*or* a lack of interest]; (*apathisch*) with apathy, apathetically

Gleichgültigkeit *f kein pl* (*Desinteresse*) indifference; (*Apathie*) apathy; ■**jds ~ gegenüber jdm/etw** [*o* **gegen jdn/etw**] sb's indifference to[wards]/apathy towards sb/sth

Gleichheit <-, -en> *f* ❶ (*Übereinstimmung*) correspondence, similarity ❷ *kein pl* (*gleiche Stellung*) equality

Gleichheitszeichen *nt* MATH equals sign

gleich|kommen *vi irreg sein* ❶ (*Gleiches erreichen*) ■**jdm/einer S. [an etw** *dat*] ~ to equal [*or* match] [*or* be a match for] sb/sth [in sth] ❷ (*gleichbedeutend sein*) ■**einer S.** *dat* ~ to be tantamount [*or* equivalent] [*or* to amount] to sth **gleichlautend** *adj s.* **gleich I 1** **gleich|machen** *vt* ■**etw/alles** ~ to make sth/everything the same **Gleichmacher(in)** *m(f)* (*pej*) egalitarian, leveller *pej*, AM *usu* leveler *pej* **Gleichmacherei** <-, -en> *f* (*pej*) egalitarianism, levelling [*or* AM *usu* leveling] down *pej* **Gleichmacherin** <-, -nen> *f fem form von* **Gleichmacher**

Gleichmaß *nt kein pl* ❶ (*Ebenmaß*) evenness; *von Proportionen* symmetry ❷ (*Regelmäßigkeit*) regularity, monotony *pej*

gleichmäßig **I.** *adj* regular, even; **~e Bewegungen** synchronized [*or* regular] movements; **~er Puls** steady [*or* regular] [*or* even] pulse; **mit ~en Schritten** at a steady pace; **in ~em Tempo** at a steady speed [*or* pace]; **~ atmen** to breathe regularly; **~ schlagen** *Herz, Puls, etc.* to beat steadily [*or* regularly] [*or* evenly] **II.** *adv* ❶ (*in gleicher Stärke/Menge*) evenly, equally; **Farbe ~ auftragen** to apply an even coat of paint [*or* paint evenly] ❷ (*ohne Veränderungen*) consistently

Gleichmäßigkeit *f* evenness, regularity; *von Puls, Herzschlag a.* steadiness; *von Bewegungen* regularity, synchronization; *von Tempo, Schritte* steadiness

Gleichmut *m* composure, serenity, equanimity *form* **gleichmütig** *adj* composed, serene **gleichnamig** *adj* of the same name *pred; Buch* of the same title *pred; s. a.* **Bruch**

Gleichnis <-ses, -se> *nt* allegory; (*aus der Bibel*) parable

gleichrangig *adj inv* equal in rank *pred*, at the same level *pred*

gleichsam *adv* (*geh*) so to speak, as it were; ■**~, als ob ...** [just] as if ...

gleich|schalten *vt* POL (*pej*) ■**etw** ~ to bring [*or* force] sth into line; **eine gleichgeschaltete Presse** a party mouthpiece **Gleichschaltung** *f* POL (*pej*) bringing [*or* forcing] into line; (*unter den Nazis a.*) Gleichschaltung *spec*, elimination of all opposition **Gleichschritt** *m kein pl* MIL marching *no pl* in step; **aus dem ~ kommen** [*o* **geraten**] to fall out of step; **im ~ marschieren** to march in step; **im ~, marsch!** forward, march! **gleich|sehen** *vi irreg* DIAL ❶ (*ähnlich sehen*) ■**jdm/etw** ~ to look like [*or* resemble] sb/sth ❷ (*fam*) ■**jdm** ~ to be typical of [*or* just like] sb **gleichseitig** *adj* equilateral **gleich|setzen** *vt* ■**etw [mit etw** *dat*] ~ to equate sth [with sth] **Gleichstand** *m kein pl* SPORT tie; **den ~ erzielen** [*o* **herstellen**] to draw level BRIT, to tie up the score [*or* game] AM; (*im Fußball*) to score the equalizer [*or* AM tying goal] **gleich|stehen** *vi irreg haben o* SÜDD, ÖSTERR, SCHWEIZ *sein* ■**jdm/etw** ~ to be on a par with sb/sth **gleich|stellen** *vt* ■**jdn jdm** ~ to give sb the same rights as sb **Gleichstellung** *f kein pl* equality (+*gen* of/for) **Gleichstrom** *m* ELEK DC, direct current **Gleichstromaggregat** *nt* ELEK DC system **gleich|tun** *vt impers irreg* ❶ (*imitieren, sich ebenso benehmen*) ■**es jdm** ~ to copy [*or* follow] sb['s example], to follow suit ❷ (*gleichkommen*) ■**es jdm [in etw** *dat*] ~ to match [*or* equal] sb [in [*or* at] sth], to be a match for sb [in [*or* at] sth]

Gleichung <-, -en> *f* MATH equation; **eine ~ auflösen** to solve an equation; **eine ~ n-ten Grades** an equation of the nth degree; **eine ~ mit einer Unbekannten** an equation with one unknown

gleichviel *adv* (*geh: einerlei*) nonetheless, nevertheless, notwithstanding *form;* **~ ob/wie/wie sehr/wohin** no matter whether [*or* if]/how/how much/where **gleichwarm** *adj* homeotherm **gleichwertig** *adj* equal; ■**jdm/etw ~ sein** to be a match for sb/sth; ■**~ sein** to be equally matched; **ein ~er Gegner** an equally [*or* evenly] matched opponent **Gleichwertigkeit** *f kein pl* equal value; *von Gegner, Armee* equivalence **gleichwohl** *adv* (*geh: dennoch*) nonetheless, nevertheless, notwithstanding *form* **gleichzeitig** **I.** *adj* simultaneous, concurrent **II.** *adv* ❶ (*zur gleichen Zeit*) simultaneously, at the same time ❷ (*ebenso, zugleich*) also, at the same time **Gleichzeitigkeit** *f* simultaneity, concurrence **gleich|ziehen** *vi irreg* (*fam*) ■**[mit jdm]** ~ to catch up [*or* draw even [*or* level]] [with sb]

Gleis <-es, -e> *nt* EISENB line, track, rails *pl;* (*einzelne Schiene*) rail; (*Bahnsteig*) platform; **~ ...** platform ..., AM *a.* track ...; **aus dem ~ springen** to jump the rails, to be derailed ▶ WENDUNGEN: **aufs falsche ~ geraten** to stray from the straight and narrow, to go astray; **jdn auf ein totes ~ schieben** to kick sb upstairs, to put sb out of harm's way; **etw auf ein totes ~ schieben** to shelve sth, to file sth away; **jdn [ganz] aus dem ~ bringen** [*o* **werfen**] to throw sb *fam*, to send sb off the rails *fam;* **etw ins [rechte] ~ bringen** to straighten [*or* sort] sth out; **[völlig] aus dem ~ geraten** [*o* **kommen**] to go off the rails [*or* astray]; **aus dem ~ kommen** to go off the rails *fam;* **wieder ins [rechte] ~ kommen** (*ins Lot kommen*) to sort oneself out again; (*auf die richtige Bahn kommen*) to get back on the right track; **[wieder] im ~ sein** to be all right [*or* back to normal] [*or* straightened out] [again]

Gleisanlage *f* track system **Gleisanschluss**[RR] *m* siding **Gleisarbeiten** *pl* line [*or* AM *a.* track] repairs *pl*, work on the line *no pl*

gleißend *adj* glaring, dazzling

Gleitboot *nt* hydroplane

gleiten <glitt, geglitten> *vi* ❶ *sein* (*schweben*) ■**[durch/über etw** *akk o. dat*] ~ to glide [through/over sth]; *Wolke* to sail [through/over sth] ❷ *sein* (*sich leicht dahinbewegen*) ■**[durch/in/über etw** *akk*] **gleiten** to glide [through/into/over sth]; *Schlange a.* to slide [*or* slip] [through/into/over sth] ❸ *sein* (*streichen, huschen*) ■**über etw** *akk* ~ *Augen* to wander [*or* travel] over sth; *Blick* to pass [*or* range] over sth; *Finger* to explore sth; *Hand* to slide over sth; **die Finger/Hand über etw** *akk* **~ lassen** to glide [*or* slide] [*or* run] one's fingers/hand over [*or* across] sth ❹ *sein* (*rutschen*) to slide, to slip; **zu Boden ~** to slip to the floor/ground; **ins Wasser ~** to slip into the water; **etw ins Wasser ~ lassen** to let sth slip into the water; **jdm aus den Fingern/der Hand ~** (*fig a.*) to slip out of sb's fingers/hand; **jdm auf den Boden ~** to fall to the floor [on sb *hum fam*] ❺ *haben* (*fam*) to be on flexitime [*or* flexihours] *fam; s. a.* **Arbeitszeit**

Gleitflug *m* glide; LUFT *a.* power-off glide; **im ~ niedergehen** to glide [*or* plane] down; **im ~ schweben** to glide; **eine Landung im ~ versuchen** LUFT to attempt a landing from a glide **Gleitklausel** *f* ÖKON escalator [*or* rise-and-fall] clause **Gleitkufe** *f* LUFT landing skid **Gleitmittel** *nt* TECH, MED lubricant

Gleitschirm *m* hang-glider

Gleitschirmfliegen *nt* hang-gliding, paragliding **Gleitschirmflieger(in)** *m(f)* [pilot of a] hang-glider [*or* paraglider]

Gleitzeit *f* ADMIN ❶ (*fam*) flexitime, flexihours *pl*

② (*Zeitspanne außerhalb der Fixzeit*) *set periods outside fixed working hours in which an employee may choose to start/end work*
Glencheck <-[s], -s> ['glɛntʃɛk] *m* ([*schottisches*] *Karomuster*) glen check, Scottish check fabric
Gletscher <-s, -> *m* glacier
Gletscherbrand *m* glacier sunburn **Gletscherkunde** *f kein pl* glaciology *no pl* **Gletscherspalte** *f* crevasse
Glibber <-s> *m kein pl* NORDD (*fam*) slime
glibberig *adj* NORDD (*fam*) slimy
glich *imp von* **gleichen**
Glied <-[e]s, -er> *nt* ① (*Körperteil*) limb, member *form*; (*Fingerglied, Zehenglied*) joint; (*Fingerspitze*) fingertip; **seine ~er recken** to stretch [oneself]; **kein ~ mehr rühren können** to not be able to move a muscle; **etw in allen ~ern spüren** to feel sth in one's bones; **an allen ~ern zittern** [*o geh* **beben**] to be trembling in every limb [*or* all over], to be shivering [*or* shaking] all over ② (*euph: Penis*) penis, [male] member *form* ③ (*Ketten~*) link *a. fig* ④ (*Teil*) part, link ⑤ (*Mitglied*) member ⑥ (*Rang*) rank ⑦ (*Generation*) generation
Gliederfüßer <-s, -> *m* ZOOL arthropod
gliedern **I.** *vt* ■**etw** [**in etw** *akk*] ~ (*unterteilen*) to [sub]divide sth [into sth]; (*ordnen*) to organize sth [into sth]; (*einordnen*) to classify sth [under sth]; ■[**in etw** *akk*] **gegliedert sein** to be divided [into sth]; **eine straff gegliederte Hierarchie** a tight hierarchy; **ein wenig** [*o* **schwach**] **gegliedertes Unternehmen** a company with little structure **II.** *vr* ■**sich in etw** *akk* ~ to be [sub]divided into sth
Gliederpuppe *f* jointed doll; (*Marionette*) [string] puppet **Gliederschmerz** *m meist pl* rheumatic pains *pl*
Gliederung <-, -en> *f* ① *kein pl* (*das Gliedern*) structuring *no pl* (**in** +*akk* into), organization (**in** +*akk* into); (*das Unterteilen*) subdivision (**in** +*akk* into); (*nach Eigenschaften a.*) classification ② (*Aufbau*) structure
Gliedmaßen *pl* limbs, arms and legs **Gliedstaat** *m* member [*or* constituent] state
glimmen <glomm *o selten* glimmte, geglommen *o selten* geglimmt> *vi* ① (*schwach glühen*) to glow; *Feuer, Asche a.* to smoulder, AM *usu* to smolder; **~de Asche** embers, hot ashes ② (*schwach vorhanden sein*) ■**in jdm** ~ *Hoffnung, etc.* to glimmer within sb
Glimmer <-s, -> *m* ① GEOL mica ② (*selten: Schimmer*) [faint] gleam [*or* glow]
Glimmstängel[RR], **Glimmstengel** *m* (*hum fam*) cig[gy] *fam*, smoke *fam*, coffin nail *hum sl*, BRIT *a.* fag *fam*
glimpflich **I.** *adj* ① (*ohne schlimmere Folgen*) without serious consequences *pred;* [**weniger**] ~ **sein** to be [more] serious, to have [*or form* entail] [more] serious consequences ② (*mild*) lenient, light, mild **II.** *adv* ① (*ohne schlimmere Folgen*) ~ **davonkommen** to get off lightly; ~/**weniger** ~/~**er abgehen** [*o* **ablaufen**] [*o* **verlaufen**] to pass [off] without/with more/with less serious consequences ② (*mild*) **mit jdm** ~ **umgehen** [*o* **verfahren**] to treat sb leniently [*or* mildly]; **jdn** ~ **bestrafen** to give sb a mild [*or* lenient] sentence
glitschen *vi sein* (*fam*) ■**aus etw** *dat*/**in etw** *akk*/**auf etw** *akk* ~ to slip out of/into/on[to] sth; **jdm aus der Hand** ~ to slip out of sb's hand; **von der Hand** ~ to slip out of sb's hand
glitschig *adj* (*fam*) slippery; **~er Fisch** slithery fish
glitt *imp von* **gleiten**
Glitter <-s> *m kein pl* glitter
glitzern *vi* to sparkle, to glitter; *Stern* to twinkle; ■**das G~** the sparkle [*or* glitter]
Glitzerwelt *f* SOZIOL (*iron*) glitter world
global **I.** *adj* ① (*weltweit*) global, worldwide ② (*umfassend*) **~e Vorstellung**/**~es Wissen** general idea/knowledge **II.** *adv* ① (*weltweit*) ~ **verbreitet** global, worldwide; ~ **vorhanden** found worldwide [*or* throughout the world] ② (*ungefähr*) generally; **sich etw** ~ **vorstellen** to have a general idea about sth
globalisiert *adj inv* globalized; ***die ~e Finanzwelt*** globalized finance
Globalisierung <-> *f* globalization
Globen *pl von* **Globus**
Globetrotter(in) <-s, -> *m(f)* globetrotter
Globus <- *o* -ses, Globen *o* -se> *m* globe
Glöckchen <-s, -> *nt dim von s.* **Glocke** [little] bell
Glocke <-, -n> *f* ① (*Läutewerk*) bell; **die ~n läuten** to ring the bells; (*vor dem Feind*) to ring the tocsin ② (*glockenförmiger Deckel*) [glass] cover ▸ WENDUNGEN: **etw an die große ~ hängen** (*fam*) to shout sth from the rooftops, to broadcast sth loudly; **etw nicht an die große ~ hängen** (*fam*) to keep mum [*or* BRIT *a.* shtumm] about sth *fam*
Glockenbalken *m* [bell] yoke **Glockenblume** *f* bellflower, campanula **glockenförmig** *adj* bell-shaped; BOT *a.* campanulate *spec* **Glockengeläut(e)** *nt kein pl* bells *pl*, peal [*or* ringing] of bells **Glockengießer(in)** *m(f)* bell-founder **Glockenheide** *f* BOT cross-leaved heather **Glockenklang** *m* ringing [*or* pealing] [of bells] **Glockenläuten** *nt s.* **Glockengeläut(e)** **Glockenrock** *m* flared skirt **Glockenschlag** *m* stroke [of a/the bell]; **mit dem ~ kommen/gehen** to arrive/leave dead on time [*or* on the dot]; **auf den** [*o* **mit dem**] ~ on the dot, precisely **Glockenspiel** *nt* ① (*in Kirch- oder Stadttürmen*) carillon ② (*Musikinstrument*) glockenspiel **Glockenstuhl** *m* bell cage [*or* frame] **Glockentierchen** *nt* ZOOL vorticella **Glockenturm** *m* belfry, belltower; (*einzelnes Gebäude*) campanile
glockig *adj s.* **glockenförmig**
Glöckner(in) <-s, -> *m(f)* bellringer; (*Kirchendiener*) sexton; **„Der ~ von Notre-Dame"** "The Hunchback of Notre Dame"
glomm *imp von* **glimmen**
Glorie <-> [-ri̯ə] *f kein pl* (*geh*) glory, splendour [*or* AM -or]
Glorienschein [-i̯ən-] *m s.* **Heiligenschein**
glorifizieren* *vt* ■**jdn/etw** ~ to glorify sb/sth (**als** +*akk* as)
Glorifizierung <-, -en> *f* glorification
Gloriole <-, -n> *f* (*geh*) *s.* **Heiligenschein**
glorios *adj s.* **glorreich 1**
glorreich *adj* ① (*meist iron*) magnificent *a. iron;* **eine ~e Idee** a terrific idea *iron* ② (*großartig, ruhmreich*) glorious
Glossar <-s, -e> *nt* glossary
Glosse <-, -n> *f* ① (*knapper Kommentar*) gloss, commentary; (*polemisch*) ironic comment[ary]; (*schriftlich a.*) lampoon, squib ② *pl* (*fam: spöttische Bemerkung*) snide comments [*or* remarks]; **seine ~n über jdn/etw machen** to make snide comments [*or* remarks] about sb/sth
glossieren* *vt* ■**etw** ~ ① (*kurz kommentieren*) to commentate on sth ② (*spöttische Bemerkungen machen*) to sneer at sth
Glotzauge *nt meist pl* (*fam*) goggle eye *fam;* **~n machen** to stare [goggle-eyed *fam*], to gawk *fam*, BRIT *a.* to gawp *fam;* **mit ~n auf etw** *akk* **starren** (*fam*) to stare at sth [goggle-eyed *fam*], to gawk [*or* BRIT *a.* gawp] at sth *fam*
Glotze <-, -n> *f* (*sl: Fernseher*) one-eyed monster *pej fam*, goggle-box BRIT *fam*, telly BRIT *fam*, boob tube AM *fam;* (*Computerbildschirm*) [computer] screen

glotzen *vi* (*pej fam*) ■ **[auf jdn/etw]** ~ to stare [*or* gape] [*or* BRIT A. *fam* gawp] [at sb/sth]; **in etw** *akk* **[hinein]** ~ to put [*or* stick] one's nose into sth

Glück <-[e]s> *nt kein pl* ① (*günstige Fügung*) luck; (*Fortuna*) fortune; ***ein ~!*** (*fam*) how lucky!, what a stroke of luck!; **ein ~, dass ...** it is/was lucky that ...; **jdm zum Geburtstag ~ wünschen** to wish sb [a] happy birthday; **ein Kind des ~s sein** (*geh*) to have been born under a lucky star; **jdm ~ und Segen wünschen** (*geh*) to wish sb every good fortune; **mehr ~ als Verstand** [*o* **als sonst was**] **haben** (*fam*) to have more luck than sense [*or* brains]; **~bringend** lucky; **großes/seltenes ~** a great/rare stroke of luck; **~ verheißend** auspicious, propitious; **wahres ~ sein, dass ...** to be really lucky [*or* a good thing] that ...; **auf sein ~ bauen** to rely on [*or* trust to] one's good fortune; **jdm ~ bringen** to bring sb luck; **viel ~ [bei/in etw]!** good [*or* the best of] luck [with/in sth]!; **~/kein ~ haben** to be lucky [*or* in luck]/unlucky [*or* to not be in luck]; ***~ gehabt!*** (*fam*) that was lucky! [*or* a close shave!]; **das ~ haben, etw zu tun** to be lucky enough [*or* have the good fortune] to do sth; ***das ist dein ~!*** (*fam*) lucky for you!; **~ bei jdm haben** to be successful with sb; **in sein ~ hineinstolpern** (*fam*) to have the luck of the devil, to be incredibly lucky; **dem ~ ein bisschen nachhelfen** to improve [*or* help] one's/sb's luck; (*mogeln*) to cheat a bit; **sein ~ [bei jdm] probieren** [*o* **versuchen**] to try one's luck [with sb]; **von ~ reden** [*o* **sagen**] **können, dass ...** to count [*or* consider] oneself lucky [*or fam* thank one's lucky stars] that ...; **das ~ ist jdm gewogen** [*o* **hold**] (*geh*) luck was with them, fortune smiled upon [*or form* favoured [*or* AM -ored]] them; **sein ~ verscherzen** to throw away one's good fortune [*or* chance]; **auf sein ~ vertrauen** to trust to one's luck; **noch nichts von seinem ~ wissen** [*o* **ahnen**] (*iron*) to not know what's in store for one [*or* anything about it] yet; **jdm [viel] ~ [bei/zu etw** *dat*] **wünschen** to wish sb [good] luck [with/in sth]; **~ ab!** (*Fliegergruß*) good luck!, happy [*or* safe] landing!; **~ auf!** (*Bergmannsgruß*) good luck!; **zu jds ~** luckily [*or* fortunately] for sb; **zum ~** luckily, fortunately, happily; **zu seinem/ihrem etc. ~** luckily for/her etc. ② (*Freude*) happiness, joy; **jdm ~ [und Zufriedenheit] wünschen** to wish sb joy; **in ~ und Unglück zusammenhalten** to stick together through thick and thin [*or* come rain or come shine]; **echtes/großes ~** true/great happiness; **eheliches/häusliches ~** marital [*or* wedded]/domestic bliss; **junges ~** young love; **kurzes ~** short-lived happiness; **ein stilles ~** bliss, a serene sense of happiness; **das vollkommene ~** perfect bliss; **tiefes ~ empfinden** to feel great [*or* deep] joy; **sein ~ genießen** to enjoy [*or* bask in] one's happiness; **jds ganzes ~ sein** to be sb's [whole] life, to mean the whole world to sb; **nach ~ streben** to pursue happiness ▸ WENDUNGEN: **sein ~ mit Füßen treten** to turn one's back on fortune; **~ und Glas, wie leicht bricht das!** (*prov*) glass and luck, brittle muck *prov;* **~ muss der Mensch** [*o* **man**] **haben!** (*fam*) this must be my/your/our etc. lucky day!, my/your/our etc. luck must be in!; **jeder ist seines ~es Schmied** (*prov*) life is what you make [of] it *prov,* everyone is the architect of his own fortune *prov;* **das war das ~ des Tüchtigen** he/she deserved his/her good luck [*or* fortune], he/she deserved the break *fam;* **~ im Unglück haben** it could have been much worse [for sb], to be quite lucky in [*or* under] the circumstances; **etw auf gut ~ tun** to do sth on the off-chance, to trust to chance; **jdm lacht das ~** fortune smiles on [*or* favours [*or* AM -ors]] sb; **sein ~ machen** to make one's fortune; **man kann niemanden zu seinem ~ zwingen** (*prov*) you can lead a horse to water but you cannot make him drink *prov; s. a.* **Pech**

Glucke <-, -n> *f* ① (*brütende Henne*) sitting [*or* broody] hen ② (*fig: besorgte Mutter*) mother hen

glücken *vi sein* ① (*gelingen*) to be successful [*or* a success]; **nicht ~** to be a failure, to not be successful [*or* a success]; *Plan a.* to miscarry; ■ **jdm glückt etw** sb succeeds in sth; ■ **jdm glückt es, etw zu tun** sb manages to do sth; ■ **geglückt** successful; **eine geglückte Überraschung** a real surprise ② (*vorteilhaft werden*) to turn out well; ■ **etw ist jdm [gut] geglückt** sb's sth has turned out [very] well

gluckenhaft *adj* (*iron fam*) mollycoddling *pej fam*

gluckern *vi* ① (*Geräusch machen*) ■ **[in etw** *dat*] ~ *Wasser* to glug [*or* gurgle] [in sth]; **~d fließen** to gurgle ② (*fließen*) ■ **in etw** *akk* ~ *Wein* to gurgle [*or* glug] into sth

glücklich I. *adj* ① (*vom Glück begünstigt, erfolgreich*) lucky, fortunate; ***ihr G~en!*** lucky you! *a. iron;* **sich ~ schätzen können, dass .../etw getan zu haben** to consider [*or* count] oneself lucky that .../to have done sth ② (*vorteilhaft, erfreulich*) happy, fortunate; **ein ~es Ende** [*o* **~er Ausgang**] a happy ending; **eine ~e Nachricht** [some] good news + *sing vb;* **ein ~er Umstand** a fortunate circumstance; **ein ~er Zufall** a stroke of luck; **ein [wenig] ~er Zeitpunkt** a [not very] happy moment ③ (*froh*) happy; ■ **~ mit jdm/etw sein** to be happy with sb/sth; ■ **~ über jdn/etw sein** to be happy about sb/sth; **wunschlos ~ sein** to be happy beyond all one's wishes; **jdn ~ machen** to make sb happy, to bring sb happiness ▸ WENDUNGEN: **dem G~en schlägt keine Stunde** time stands still for those who are happy II. *adv* ① (*vorteilhaft, erfreulich*) happily; **~ gelingen** to turn out happily [*or* a success] ② (*froh und zufrieden*) happily; **~ [mit jdm] liiert/verheiratet sein** to be happily united [with sb]/married [to sb] ③ (*fam: zu guter Letzt*) after all

glücklicherweise *adv* luckily, fortunately

glücklos *adj* hapless, luckless

Glücksbringer <-s, -> *m* lucky charm

glückselig *adj* blissful[ly happy]; **~es Lächeln** rapturous smile

Glückseligkeit <-, -en> *f* ① *kein pl* (*überglücklicher Zustand*) bliss; **in ~ schwelgen** to float in bliss ② (*beglückendes Ereignis*) blissful occasion

glucksen *vi s.* **gluckern**

Glücksfall *m* stroke of luck; **durch einen ~** by a lucky chance **Glücksgefühl** *nt* ■ **ein ~** [a feeling of] happiness **Glücksgöttin** *f* goddess of luck [*or* fortune], Fortune *no art,* + *sing vb* **Glückskind** *nt* (*fam*) a lucky person; **sie war ein ~** she was born lucky **Glücksklee** *m* four-leaf[ed] clover **Glückspfennig** *m* lucky penny **Glückspilz** *m* (*fam*) lucky devil [*or* BRIT *a.* beggar] *fam* **Glücksrad** *nt* wheel of fortune **Glücksritter** *m* adventurer, soldier of fortune **Glückssache** *f* ■ **etw ist [reine] ~** sth's a matter of [sheer] luck **Glücksschwein(chen)** *nt* good-luck pig (*pig as a symbol of good luck*) **Glücksspiel** *nt* game of chance; ■ **~e** gambling *no pl* **Glücksspieler(in)** *m(f)* gambler **Glückssträhne** *f* lucky streak, run of good luck **Glückstag** *m* lucky [*or* red-letter] day **Glückstreffer** *m* stroke of luck; (*beim Schießen*) lucky shot **Glückszahl** *f* ① (*Zahl, die Glück bringen soll*) lucky number ② (*Lottotreffer*) winning [lottery] number

Glückwunsch *m* congratulations *npl* (**zu** +*dat* on); **jdm seinen ~ zu etw** *dat* **aussprechen** to offer sb one's congratulations on sth; **herzlichen ~!, meinen ~!** congratulations!; **herzlichen ~ zum Geburtstag!** happy birthday, many happy returns [of the day]

Glückwunschkarte *f* greetings [*or* AM greeting] card **Glückwunschtelegramm** *nt* greetings [*or*

AM greeting] telegram

Glucose <-> *f kein pl s.* **Glukose**

Glühbirne *f* [electric] light bulb

glühen *vi* ① (*rot vor Hitze sein*) to glow ② (*sehr heiß sein*) to burn; *Wangen* to glow ③ (*geh*) ■ **vor etw** *dat* ~ to burn with sth; **vor Scham** ~ to be flushed [*or* to burn] with shame

glühend I. *adj* ① (*rot vor Hitze*) glowing; **~de Kohlen** glowing [*or* [red-]hot] coals; **~es Metall** [red-]hot metal ② (*brennend, sehr heiß*) burning; **~e Hitze** blazing heat; **~e Wangen** burning [*or* flushed] cheeks; **~er Hass** (*fig*) burning hatred **II.** *adv* ~ **heiß** scorching [hot]; **jdn ~ lieben** to love sb passionately; **jdn ~ hassen** to have a burning hatred for sb

Glühlampe *f* (*geh*) [electric] light bulb **Glühwein** *m* glühwein, [hot] mulled wine **Glühwürmchen** <-s, -> *nt* glow-worm; (*fliegend*) firefly

Glukagon <-s> *nt* BIOL glucagon *no pl*

Glukose <-> *f kein pl* glucose *no pl*

Glut <-, -en> *f* ① (*glühende Masse*) embers *npl; Tabak* burning ash ② (*geh*) ardour [*or* AM -or] *form*, fervour [*or* AM -or] *form*

Glutamat <-[e]s, -e> *nt* [sodium] glutamate

Glutamin <-s, -e> *nt* glutamine

Glutaminsäure *f* glutam[in]ic acid

glutäugig *adj* (*geh*) fiery-eyed *attr,* with smouldering [*or* fiery] eyes *pred* **Gluthitze** *f* sweltering heat

Glykogen <-s> *nt kein pl* BIOL glycogen *no pl*

Glykol <-s, -e> *nt* glycol

Glyzerin <-s> *nt kein pl* CHEM glycerin[e]

GmbH <-, -s> *f Abk von* **Gesellschaft mit beschränkter Haftung** ≈ Ltd BRIT

Gnade <-, -n> *f* ① (*Gunst*) favour [*or* AM -or]; ~ **vor jds Augen finden** to find favour in sb's eyes [*or* with sb]; **von jds/Gottes ~n** by the grace of sb/God [*or* sb's/God's grace]; ***Euer ~n!*** Your Grace! ② (*Milde, Nachsicht*) mercy; **etw aus ~ und Barmherzigkeit tun** to do sth out of the kindness [*or* goodness] of one's heart [*or* out of Christian charity]; ~ **vor Recht ergehen lassen** to temper justice with mercy; **um ~ bitten** to ask [*or* beg] [*or liter* crave] for mercy; **die ~ haben, etw zu tun** (*iron*) to graciously consent to do sth *iron;* **ohne** ~ without mercy; *~!* mercy!, spare me!

Gnadenakt *m* act of mercy [*or* clemency] **Gnadenbrot** *nt kein pl* charity; **bei jdm das ~ bekommen** to be provided for by sb [in one's old age]; (*beim Pferd*) to have been put out to grass [by sb] **Gnadenfrist** *f* [temporary] reprieve; **jdm eine ~ geben** [*o* **gewähren**] to give sb a [temporary] reprieve **Gnadengesuch** *nt* plea [*or* petition] for clemency; **ein ~ [bei jdm] einreichen** to present a plea [*or* petition] for clemency [to sb], to petition for clemency **gnadenlos I.** *adj* merciless; ■ ~ **[gegen jdn] sein** to be merciless [with sb] **II.** *adv* mercilessly, without mercy **Gnadenschuss**RR *m,* **Gnadenstoß** *m* coup de grâce; **einem Tier den ~ geben** to put an animal out of its misery, to kill an animal out of mercy **Gnadenweg** *m* JUR pardon; **auf dem** ~ by a pardon

gnädig I. *adj* ① (*herablassend*) gracious *a. iron* ② (*Nachsicht zeigend*) merciful; ***Gott sei ihm*** ~ [may] God have mercy on him ③ (*veraltend: verehrt*) **~e Frau** madam, ma'am; **~es Fräulein** madam; (*jünger*) miss; **~er Herr** (*veraltet*) sir; **die ~e Frau/das ~e Fräulein/der ~e Herr** the lady/young lady/master [*or* [young] gentleman]; **meine G~ste** (*hum*) my dear madam, your ladyship *iron* **II.** *adv* ① (*herablassend*) graciously ② (*milde*) leniently; ~ **davonkommen** to get off lightly; **mach es** ~ don't be too hard

Gneis <-es, -e> *m* GEOL gneiss

Gnom <-en, -en> *m* (*pej*) gnome; (*kleiner Mensch*) dwarf, little squirt *pej fam;* (*Giftzwerg*) poison[ed] dwarf *pej fam*

Gnostik <-> *f kein pl* REL gnosticism

Gnostiker(in) <-s, -> *m(f)* REL gnostic

gnostisch *adj* REL gnostic

Gnu <-s, -s> *nt* gnu, wildebeest

Goabohne *f* asparagus pea, winged bean

Goal <-s, -s> [go:l] *nt* FBALL ÖSTERR, SCHWEIZ goal

Goalgetter <-s, -> *m* FBALL ÖSTERR, SCHWEIZ scorer **Goalkeeper** <-, -s> [ki:pɐ] *m,* **Goalmann** *m* FBALL ÖSTERR, SCHWEIZ goalkeeper, goalie *fam*

Gobelin <-s, -s> [gobəˈlɛ̃:] *m* Gobelin [tapestry]

Gockel <-s, -> *m bes* SÜDD cock

Go-go-Tänzerin [ˈgo:go] *f* go-go dancer [*or* girl]

GokartRR, **Go-Kart** <-[s], -s> *m* go-cart [*or* -kart]

Golanhöhen *pl* ■ **die** ~ the Golan Heights

Gold <-[e]s> *nt kein pl* ① (*Edelmetall*) gold *no pl;* **etw mit ~ überziehen** to gold-plate sth, to plate sth with gold; **schwarzes** ~ black gold, crude [oil]; **treu wie ~ sein** to be faithful and loyal; **nicht mit ~ zu bezahlen** [*o* **aufzuwiegen**] **sein** to be worth one's/its weight in gold; **aus** ~ gold; **in** ~ in gold; (*ungemünzt*) in bullion ② SPORT (*sl*) gold, a/the gold medal (**in** +*dat* in); ~ **holen** (*sl*) to fetch gold [*or* a/the gold medal] ▶ WENDUNGEN: **es ist nicht alles ~, was glänzt** (*prov*) all that glitters [*or* glisters] is not gold *prov,* all is not gold that glitters *prov;* ~ **in der Kehle haben** (*fig fam*) to have a golden voice, sb's voice is his/her fortune [*or* a goldmine]; **nicht für alles ~ der Welt** not for all the money in the world

Goldader *f* vein of gold; **eine ergiebige** ~ a rich vein of gold, a bonanza **Goldammer** *f* yellowhammer **Goldamsel** *f* [golden] oriole **Goldarmband** *nt* gold bracelet **Goldbarren** *m* gold ingot **Goldbarsch** *m* redfish **goldbestickt** *adj* embroidered with gold [thread] *pred* **Goldbrasse** *f* ZOOL, KOCHK gilthead **Golddeckung** *f* FIN gold backing [*or* cover]

Golddublee *nt* gold-plated metal

golden I. *adj attr* ① (*aus Gold*) gold[en *liter*] ② (*poet: goldfarben*) golden; *s. a.* **Herz, Hochzeit, Mitte, Wort II.** *adv* like gold

Goldesel *m* ① LIT ass which rained gold coins ② (*fig fam*) bottomless source of money **Goldfaden** *m* gold thread **goldfarben, goldfarbig** *adj* golden, gold-coloured **Goldfasan** *m* golden pheasant **Goldfisch** *m* gold fish **Goldfund** *m* discovery of gold **Goldgehalt** *m* gold content **goldgelb** *adj* golden yellow; KOCHK golden brown **Goldgier** *f* greed for gold **goldgierig** *adj* greedy for gold *pred* **Goldgräber(in)** <-s, -> *m(f)* gold-digger **Goldgräberstimmung** *f kein pl* SOZIOL, ÖKON euporia **Goldgrube** *f* ① (*fig: Fundgrube*) goldmine ② (*liter*) *s.* **Goldmine Goldhähnchen** *nt* ORN goldcrest **goldhaltig** *adj,* **goldhältig** *adj* ÖSTERR gold-bearing, auriferous *spec* **Goldhamster** *m* [golden] hamster

goldig *adj* ① (*fam: allerliebst*) sweet, cute ② *pred* DIAL (*fam: rührend nett*) frightfully nice *a. iron* ③ DIAL (*iron fam*) ***du bist aber ~!*** you're a right one [*or* card][, you are]! BRIT *iron fam,* you're [*or* very] funny! AM *iron fam*

Goldjunge, -mädchen *m, f* (*fam*) ① (*Kind, das man besonders lieb hat*) blue-eyed [*or* golden] boy, mother's little boy/girl ② SPORT gold medallist **Goldklumpen** *m* gold nugget **Goldkrone** *f* gold crown **Goldlack** *m* BOT wallflower, gillyflower **Goldmädchen** *nt* (*fam*) *fem form von* **Goldjunge Goldmakrele** *f* KOCHK, ZOOL dorado, dolphinfish **Goldmark** *f* HIST [German] gold mark **Goldmedaille** *f* SPORT gold [medal] **Goldmedaillengewinner(in)** *m(f)* SPORT gold medallist **Goldmine** *f* gold mine **Goldnessel** *f* BOT yellow archangel **Goldpapier** *nt* gold [*or* gilt] paper **Goldrahmen** *m* gilt frame **Goldrand** *m* gold edge; (*auf Tassen*) gold [*or* gilt] rim; **mit/ohne** ~ with/without a gold edge [*or* gold [*or* gilt] rim] **Goldrausch** *m* gold fever **Goldraute** *f* BOT spiked wormwood **Goldregen** *m* ❶ BOT laburnum, golden rain ❷ (*Feuerwerkskörper*) Roman candle **Goldregenpfeifer** *m* ORN golden plover **Goldreif** *m* (*geh*) gold bracelet **Goldreserve** *f* FIN gold reserves *pl* **goldrichtig** *adj* (*fam*) ❶ (*völlig richtig*) dead right [*or* on] *fam;* **sich ~ verhalten** to behave exactly right ❷ *pred* (*in Ordnung*) all right *fam* **Goldschatz** *m* ❶ (*Schatz aus goldenen Gegenständen*) golden treasure ❷ (*Kosewort*) treasure *fam*

Goldschmied(in) *m(f)* goldsmith

Goldschmiedearbeit *f* worked gold article **Goldschmiedekunst** *f kein pl* goldsmith's art **Goldschmiedekurs** *m* goldsmith[e]ry course

Goldschmiedin <-, -nen> *f fem form von* **Goldschmied**

Goldschnitt *m kein pl* gilt edging **Goldschnitte** *f* KOCHK sweet french toast **Goldstaub** *m* gold dust **Goldstück** *nt* ❶ (*veraltet*) gold coin [*or* piece], piece of gold *old* ❷ *s.* **Goldschatz 2 Golduhr** *f* gold watch **Goldvorkommen** *nt* gold deposit **Goldwaage** *f* gold balance [*or* BRIT scales *pl*] [*or* AM scale]; **[bei jdm] jedes Wort [*o* alles] auf die ~ legen müssen** to have to weigh one's words [with sb], to have to watch what one says [to sb]; ***du darfst [bei ihm] nicht jedes Wort auf die ~ legen*** you should take him with a pinch of salt, you shouldn't take what he says too seriously **Goldwaren** *pl* gold articles **Goldwäscher(in)** <-s, -> *m(f)* gold panner

Golem <-s> *m kein pl* golem

Golf[1] <-[e]s, -e> *m* GEOL gulf; **der ~ von Alaska/Genua/Guinea/Mexiko** the Gulf of Alaska/Genoa/Guinea/Mexico; **der ~ von Bengalen/Biskaya** the Bay of Bengal/Biscay; **der Persische ~, der ~** (*fam*) the [Persian] Gulf

Golf[2] <-s> *nt kein pl* SPORT golf *no pl;* **~ spielen** to [play] golf

Golfball *m* golf ball **Golfclub** *m* golf club

Golfer(in) <-s, -> *m(f)* (*fam*) *s.* **Golfspieler** golfer

Golfkrieg *m* gulf war; ■ **der ~** the Gulf War **Golfkrise** *f* ■ **die ~** the Gulf Crisis

Golfplatz *m* golf course [*or* links] + *sing/pl verb;* **ein ~ mit 18 Löchern** an 18-hole golf course

Golfpolitik *f* Gulf policies *pl*

Golfschläger *m* golf club **Golfspieler(in)** *m(f)* golfer, golf player; **~ sein** to play golf

Golfstaat *m* ■ **die ~en** the Gulf States **Golfstrom** *m* GEOL ■ **der ~** the Gulf Stream

Golftasche *f* golf bag

Golf von Alaska *m* Gulf of Alaska

Golf von Bengalen *m* Bay of Bengal

Golf von Guinea *m* Gulf of Guinea

Golf von Mexiko *m* Gulf of Mexico

Golgatha <-s> *nt* Golgotha

Golgi-Apparat *m* BIOL Golgi apparatus [*or* body]

Goliath <-s, -s> *m* ❶ (*Riese in der Bibel*) Goliath ❷ (*fig fam*) giant, goliath

Gomera *nt* Gomera; *s. a.* **Sylt**

Gonade <-, -n> *f* BIOL gonad

Gondel <-, -n> *f* ❶ (*Boot in Venedig*) gondola ❷ (*Seilbahn~*) [cable-]car ❸ (*Ballon~*) gondola, basket

Gondelbahn *f* SCHWEIZ cable railway

gondeln *vi sein* (*fam*) ■ **[mit etw *dat*] durch etw *akk* ~** (*per Boot reisen*) to go [*or* cruise] [leisurely] through sth [in sth], to cruise around sth

Gondoliere <-, Gondolieri> *m* gondolier

Gong <-s, -s> *m* gong; SPORT bell

gongen I. *vi impers* ***das Essen ist fertig, es hat schon gegongt!*** it's mealtime, the gong has already sounded! II. *vi* to sound the gong

Gongschlag *m* sound [*or* stroke] of the gong

gönnen I. *vt* ❶ (*gern zugestehen*) ■ **jdm etw ~** not to begrudge sb sth; ***ich gönne ihm diesen Erfolg von ganzem Herzen!*** I'm absolutely delighted that he has succeeded ❷ (*iron: es gern sehen*) ■ **es jdm ~, dass** to be pleased [to see] that sb *iron;* ***ich gönne ihm, dass er auch mal reingefallen ist!*** I'm pleased [to see] that he's been taken for a ride for once II. *vr* ■ **sich *dat* etw ~** to allow oneself sth; **sich ein Glas Wein/etwas Kaviar/ein paar Pralinen ~** to treat oneself to [*or* allow oneself] a glass of wine/some caviar/a few chocolates

Gönner(in) <-s, -> *m(f)* patron

gönnerhaft I. *adj* (*pej*) patronizing [*or* BRIT *a.* -ising]; **ein ~es Lächeln** a patronizing smile II. *adv* patronizingly [*or* BRIT *a.* -isingly]; **sich ~ geben, ~ tun** to play the big benefactor

Gönnerin <-, -nen> *f fem form von* **Gönner**

Gönnerlaune *f* generous mood; ***ich gebe heute Champagner aus, ich bin in ~*** the Champagne's on me today, I'm [feeling] in a generous mood [*or fam* feeling flush] **Gönnermiene** *f* (*pej*) patronizing expression [*or* air]; **eine ~ aufsetzen** to put on a patronizing expression [*or* air]; **mit ~** with a patronizing expression [*or* air]

Gonokokkus <-, -kokken> *m meist pl* MED gonococcus

Gonorrhö(e) <-, -en> [gɔnoˈrøː] *f* MED gonorrhoea BRIT, gonorrhea AM

Goodwill <-s> [ˈgʊdwɪl] *m kein pl* ❶ ÖKON (*Firmenwert*) goodwill *no pl* ❷ (*Wohlwollen*) goodwill *no pl*

Goodwilltour [ˈgʊdwɪltuːɐ] *f* goodwill trip

gor *imp von* **gären**

gordisch *adj s.* **Knoten**

Göre <-, -n> *f* (*fam*) [BRIT cheeky] little madam *fam,* brat *pej fam*

Gorilla <-s, -s> *m* ❶ (*Menschenaffe*) gorilla ❷ (*sl: Leibwächter*) heavy *sl*

Gospelsong <-s, -s> *m* gospel song

goss[RR], **goß** *imp von* **gießen**

Gosse <-, -n> *f* (*veraltend: Rinnstein*) gutter ▶ WENDUNGEN: **jdn aus der ~ auflesen [*o* holen]** to drag [*or* pull] sb [up] out of the gutter; **in der ~ aufwachsen** to grow up in the gutter; **in der ~ enden [*o* landen]** to end up in the gutter; **aus der ~ kommen [*o* stammen]** to come from the gutter; **jdn [*o* jds Namen] durch die ~ ziehen** to drag sb's name through the mud

Gote, Gotin <-n, -n> *m, f* Goth

Gotik <-> *f kein pl* ARCHIT, KUNST Gothic period

Gotin <-, -nen> *f fem form von* **Gote**

gotisch *adj* ❶ HIST, LING Gothic ❷ ARCHIT, ART (*die Epoche der Gotik betreffend*) Gothic [style]; *s. a.* **Schrift**

Gotisch *nt* LING Gothic; ■ **das ~e** [the] Gothic [language]

Gott, Göttin <-es, Götter> *m, f* ❶ *no pl* (*das höchste Wesen*) God; ***vor ~ sind alle Menschen gleich*** all men are equal before God; (*christlicher ~*) God; ***~ sei Dank!*** (*a. fig fam*) thank God! *a. fig;* ***~ im Himmel!*** (*emph fam*) heavens above!, goodness gracious!; ***~ sei gepriesen*** God be praised; ***was ~ zusammengefügt hat, soll der Mensch nicht scheiden*** those whom God hath joined together let no man put asunder; **~ der Allmächtige** Almighty God; **~ der Herr** the Lord; **~ [der] Vater[, der Sohn und der Heilige Geist]** God the Father[, Son and Holy Ghost]; **im Namen ~es** in the name of God; **der liebe ~** (*kindersprache*) the good Lord; **bete zu ~, dass ...!** (*a. fig*) pray to God that ...! *a. fig;* **zu ~ beten** to pray to God; **an ~ glauben** to believe in God; **bei ~ schwören** to swear by Almighty God; **so ~ will** (*geh*) God willing; ***~ steh' mir bei!*** (*emph fam*) God help me!; ***~ ist mein Zeuge*** (*geh*) as God is my witness; ~

hab' ihn selig! God rest his soul!; ~ ***sei mit dir/euch!*** (*veraltend*) God be with you! *dated;* ***da sei ~ vor!*** (*emph*) God [*or* Heaven] forbid!; ***vergelt's ~!*** (*veraltend*) God bless you!; ***großer*** [*o* ***gütiger***] [*o* ***gerechter***] ***~!*** good Lord [*or* God]! ❷ (*ein ~*) god ► WENDUNGEN: **wie ~ in Frankreich leben** (*fam*) to live in the lap of luxury; **den lieben ~ einen guten Mann sein lassen** (*fam*) to live for the day [*or* take things as they come]; **~es Mühlen mahlen langsam** (*prov*) the mills of the Lord grind slowly[, but they grind exceeding small] *prov;* **in ~es Namen!** (*fam*) in the name of God; ***halte dich in ~es Namen etwas zurück, wenn du mit ihnen sprichst*** for heaven's [*or* goodness] sake go easy on them when you speak to them; **über ~ und die Welt reden** [*o* **sprechen**], **sich über ~ und die Welt unterhalten** (*fam*) to talk about everything under the sun; **ach du lieber ~!** oh heavens [*or* Lord]!; ***ach du lieber ~, wie siehst du denn aus?*** good heavens, what do you look like?; **~ behüte** [*o* **bewahre**]! God [*or* Heaven] forbid!; **gebe ~, dass** pray [*or* please] God that; **[nackt,] wie ~ ihn/sie geschaffen hat** (*hum fam*) naked as the day he/she was born, in his/her birthday suit *hum fam* [*or* *fam* the altogether]; **gnade dir ~, wenn ..., ... dann gnade dir ~!** woe betide you, if...; **grüß ~!** *bes* SÜDD, ÖSTERR hello!, hallo!, good day [*or* morning] [*or* afternoon] [*or* evening]!; **jds ~ sein** to be sb's god; **~ weiß was/wie viel/wann ...** (*fam*) God knows what/how much/when ...; ***da kann man ~ weiß was finden*** one can find all sorts of [*or* God knows how many] things there; **weiß ~ nicht ...** (*fam*) certainly not ...; ***das ist weiß ~ nicht zu teuer*** that is certainly not too expensive; **das wissen die Götter** (*fam*) Heaven only knows; **ach ~** (*resignierend*) oh God [*or* Lord]!; (*tröstend*) oh dear; **bei ~** (*fam*) by God!; **leider ~es** (*emph*) unfortunately, I'm afraid; ***leider ~es, ja/nein!*** I'm afraid so/not!; **mein ~** (*emph fam*) [my] God!; **o ~** (*entsetzt*) oh God!; (*empört*) my God!; **um ~es willen!** (*emph: o je!*) [oh] my God!; (*bitte*) for God's [*or* Heaven's] sake!

Gotte <-, -n> *f* SCHWEIZ *fem form von* **Götti** godmother

Gotterbarmen *nt* ► WENDUNGEN: **zum ~** (*fam: Mitleid erregend*) pitifully, pathetically; (*pej: fürchterlich*) atrociously, dreadfully, terribly

Götterbild *nt* idol **Götterbote** *m* messenger of the Gods **Götterdämmerung** *f* Götterdämmerung, twilight of the gods **Göttergatte, -gattin** *m, f* (*hum fam*) ■ **jds ~** sb's better half *hum*

gottergeben I. *adj* meek II. *adv* meekly

Götterspeise *f* KOCHK jelly BRIT

Gottesacker *m* (*veraltet*) God's acre *dated no art,* graveyard **Gottesanbeterin** *f* ZOOL praying mantis **Gottesdienst** *m* REL [church] service; **zum ~ gehen** to go to church **Gottesfurcht** *f kein pl* REL fear of God *no pl* **gottesfürchtig** *adj* (*veraltend*) God-fearing *dated* **Gotteshaus** *nt* REL house of God *esp liter, form,* place of worship, church **Gotteslästerer, -lästerin** *m, f* blasphemer **gotteslästerlich** *adj* blasphemous **Gotteslästerung** *f* blasphemy **Gottesmutter** *f kein pl* REL ■ **[Maria,] die ~** [Mary,] Mother of God **Gottessohn** *m kein pl* REL ■ **[Jesus Christus,] der ~** [Jesus Christ,] Son of God **Gottesurteil** *nt* HIST trial by ordeal

gottgewollt *adj inv* REL willed by God, divinely ordained

Gottheit <-, -en> *f* deity

Götti <-s, -> *m* SCHWEIZ (*Pate*) godfather

Göttin <-, -nen> *f fem form von* **Gott** goddess

göttlich *adj* ❶ (*von Gott gegeben*) divine; **~e Gnade/Vorsehung** divine mercy/providence ❷ (*einer Gottheit ähnlich*) divine, godlike ❸ (*fam: extrem gut*) divine *fam*

gottlob *adv* (*veraltend*) thank God [*or* goodness] [*or* heaven[s]]

gottlos *adj* godless **Gottlosigkeit** *f* godlessness **Gottseibeiuns** *m* (*euph veraltend*) ■ **der [leibhaftige] ~** the Evil One [himself], the devil [incarnate]

gottserbärmlich I. *adj* (*emph fam*) dreadful, terrible; **eine ~e Hitze** a dreadful [*or* terrible] heat II. *adv* terribly; ***du zitterst ja ~!*** you're shaking terribly!

Gottvater *m kein pl* God the Father *no pl* **gottverdammt** *adj attr* (*emph sl*) damn[ed] *sl,* goddamn[ed] *esp* AM *fam* **gottverlassen** *adj* (*emph fam*) godforsaken *pej* **Gottvertrauen** *nt kein pl* trust in God *no pl*

Götze <-n, -n> *m* (*pej*) ❶ (*heidnischer Gott*) idol, false god ❷ *s.* **Götzenbild**

Götzenbild *nt* (*pej*) idol, graven image **Götzendiener(in)** *m(f)* (*pej*) idolater, worshipper of idols

Götzzitat *nt* ■ **das ~** *the verbal equivalent of the V-sign vulg*

Gourmand <-s, -s> [gʊrˈmãː] *m* gourmand, glutton

Gourmet <-s, -s> [gʊrˈmeː] *m* gourmet

Gouvernante <-, -n> [guvɛrˈnantə] *f* (*veraltet*) governess *dated*

Gouvernement <-s, -s> [guvɛrnəˈmãː] *nt* HIST province

Gouverneur(in) <-s, -e> [guvɛrˈnøːɐ] *m(f)* ❶ POL (*höchster Verwaltungsbeamter eines Bundesstaats der USA*) governor ❷ HIST (*Befehlshaber einer Provinz eines Reiches*) governor

Grab <-[e]s, Gräber> *nt* (*letzte Ruhestätte*) grave; **ein ~ in fremder Erde finden** (*geh*) to be buried in foreign soil; **sein ~ in den Wellen finden, ein feuchtes** [*o* **nasses**] **~ finden** (*geh*) to go to a watery grave [*or liter* meet a watery end]; **das Heilige ~** REL the Holy Sepulchre [*or* AM *a.* -er] ► WENDUNGEN: **ein Geheimnis mit ins ~ nehmen** to carry a secret [with one] to the grave; **das bringt mich/dich noch ins ~!** (*fam*) it'll be the death of me/you yet!; **du bringst mich noch ins ~!** (*fam*) you'll send me to an early grave!; **sich *dat* sein ~ selbst schaufeln** [*o* **graben**], **sich *dat* sein eigenes ~ schaufeln** [*o* **graben**] to dig one's own grave; **etw mit ins ~ nehmen** to take sth [with one] to the grave; **schweigen können wie ein ~** to be [as] silent as the grave [*or* [be able to] keep quiet]; **jdn zu ~e tragen** (*geh*) to carry [*or* bear] sb to the grave, to bury sb; **jd würde sich im ~[e] umdrehen, wenn ...** (*fam*) sb would turn in their grave if ...; *s. a.* **Hoffnung**

Grabbeigabe *f* ARCHÄOL burial object

Grabbeltisch *m* DIAL (*fam*) counter with cheap goods

graben <grub, gegraben> I. *vi* ❶ (*Erde ausheben*) to dig ❷ (*durch Graben suchen*) ■ **nach etw *dat* ~** to dig for sth II. *vt* ❶ *Grube, Loch etc.* ■ **etw ~** to dig sth; *s. a.* **Grube** ❷ (*geh: versenken*) ■ **etw in etw *akk* ~** to sink sth into sth; ***sie grub mir ihre Fingernägel in den Arm*** she dug her fingernails into my arm III. *vr* ■ **sich in etw *akk* ~** to sink into sth; ***ihre Fingernägel gruben sich in seine Haut*** her nails dug into his skin

Graben <-s, Gräben> *m* ❶ (*ausgehobene, längliche Vertiefung in der Erde*) ditch ❷ MIL (*Schützen~*) trench ❸ HIST (*Festungsgraben*) moat ❹ GEOL rift valley; **der ~ der Marianen** the Marianas Trench

Grabesrand *m* graveside **Grabesruhe** *f,* **Grabesstille** *f* (*geh*) deathly hush [*or* silence] **Grabesstimme** *f* ► WENDUNGEN: **mit ~** (*fam*) in a sepulchral voice

Grabgewölbe *nt* (*Krypta*) crypt, vault, tomb; (*Gruft*) tomb **Grabhügel** *m* ARCHÄOL barrow, grave-mound, tumulus **Grabinschrift** *f* epitaph, inscription on a/the gravestone **Grabkammer** *f* ARCHÄOL burial chamber **Grabkreuz** *nt* cross on a/the grave **Grabmal** <-mäler *o geh* -e> *nt* ❶ (*Grabstätte*) mausoleum ❷ (*Gedenkstätte*) memorial; **das ~ des Unbekannten Soldaten** the tomb of the Unknown Soldier [*or* BRIT Warrior] **Grabmilbe** *f* ZOOL mange mite **Grabplatte** *f* memorial slab **Grabschändung** *f* desecration of a grave/[the] graves; **~ begehen** to desecrate a grave/[the] graves

grabschen *vt, vi s.* **grapschen**

Grabscher, Grapscher <-s, -> *m* SOZIOL (*pej fam*) groper *pej fam*

Grabstätte *f* (*geh*) grave, tomb, sepulchre [*or* AM *a.* -er] *dated* **Grabstein** *m* gravestone, tombstone **Grabstelle** *f* burial plot

Grabung <-, -en> *f* ARCHÄOL excavation

Grabwespe *f* ZOOL sand wasp

Gracht <-, -en> *f* canal (*a navigable canal in Dutch towns*)

Grad <-[e]s, -e> *m* ❶ SCI, MATH degree ❷ GEOG degree ❸ PHYS degree; **... ~ unter Null** [*o* **minus**] [*o* **Kälte**] degree/s below [zero]; **... ~ über Null** [*o* **plus**] [*o* **Wärme**] ... degree/s above zero [*or* freezing]; ***Wasser gefriert bei null ~/kocht bei 100 ~ Celsius*** water freezes at zero/boils at 100 degrees Celsius ❹ SCH degree; **akademischer ~** [university] degree ❺ (*Maß, Stufe*) level; **ersten/zweiten/dritten ~es** MED first-/second-/third-degree; **Verbrennungen ersten ~es** first-degree burns; **eine Tante/ein Onkel etc. ersten ~es** an immediate uncle/aunt etc.; **eine Tante/ein Onkel etc. zweiten/dritten ~es** an aunt/uncle etc. once/twice removed; **bis zu einem gewissen ~[e]** to a certain degree [*or* extent]; **im höchsten/in hohem ~[e]** extremely/to a great [*or* large] extent ▸ WENDUNGEN: **der dritte ~** (*euph*) the third degree *fam;* **um [ein]hundertachtzig ~** (*fam*) complete[ly]; ***die Regierung hat sich in Bezug auf ihre politische Linie um 180 ~ gedreht*** the government has made a u-turn in respect of their policies

grade *adj, adv* (*fam*) *s.* **gerade**

Gradeinteilung *f* MATH, SCI calibration, graduation

Gradient <-en, -en> *m* SCI (*Konzentrationsgefälle*) gradient

Gradmesser <-s, -> *m* gauge, yardstick; **ein ~ für etw** *akk* **sein** a yardstick for sth

graduell *adj* ❶ (*gering*) slight ❷ (*allmählich*) gradual

graduiert *adj* SCH graduate; **ein ~er Betriebswirt** a business management graduate

Graf, Gräfin[1] <-en, -en> *m, f* count, earl BRIT ▸ WENDUNGEN: **~ Rotz** (*fam*) Lord Muck BRIT *hum fam*

Graf[RR2] <-en, -en> *m* SCI *s.* **Graph**

Graffito <-[s], Graffiti> *m o nt* ❶ KUNST graffito ❷ *pl* (*auf Mauerwerk aufgesprüht*) ■ **Graffiti** graffiti

Grafik *f* ❶ *kein pl* KUNST (*grafische Technik*) graphic arts *pl* ❷ KUNST (*grafische Darstellung*) graphic ❸ (*Schaubild*) diagram

Grafiker[RR]**(in)** <-s, -> *m(f)* graphic artist

Grafikkarte[RR] *f* INFORM graphics card

Gräfin <-, -nen> *f fem form von* **Graf** countess

grafisch[RR] *adj, adv s.* **graphisch**

Grafit[RR] <-s, -e> *m* CHEM *s.* **Graphit**

gräflich *adj* count's *attr,* earl's *attr* BRIT, of [*or* belonging to] the count [*or* earl] *pred*

Grafologe[RR], **Grafologin** <-n, -n> *m, f s.* **Graphologe**

Grafologie[RR] <-> [ˈgiːən] *f kein pl s.* **Graphologie**

Grafologin[RR] <-, -nen> *f fem form von* **Graphologin** *s.* **Graphologe**

Grafschaft <-, -en> *f* ❶ HIST count's land, earldom BRIT ❷ (*Verwaltungsbezirk in Großbritannien*) county

Grahambrot *nt* graham bread (*type of wholemeal bread made from unbolted wheat flour*)

Gral <-s> *m kein pl* LIT ■ **der [heilige] ~** the [Holy] Grail

Gralshüter(in) *m(f)* ❶ LIT keeper of the [Holy] Grail ❷ (*Hüter*) guardian **Gralsritter** *m* LIT knight of the [Holy] Grail **Gralssage** *f* LIT legend of the [Holy] Grail

gram *adj pred* (*geh*) ■ **jdm ~ sein** to have a grievance against sb, to bear sb ill-will

Gram <-[e]s> *m kein pl* (*geh*) grief, sorrow

grämen (*geh*) **I.** *vr* ■ **sich [über/um jdn/etw] ~** to grieve [over sb/sth] **II.** *vt* ■ **jdn ~** to worry [*or* trouble] sb

gramerfüllt *adj* (*geh*) sorrowful, grief-stricken

Gramm <-s, -e *o bei Zahlenangaben* -> *nt* gram, BRIT *a.* gramme

Grammatik <-, -en> *f* ❶ (*Teil der Sprachwissenschaft*) grammar ❷ (*Lehrbuch der ~*) grammar [book] ❸ PHILOS, LING (*gesetzmäßige Struktur*) framework

grammatikalisch *adj s.* **grammatisch**

Grammatikregel *f* grammatical rule, rule of grammar

grammatisch *adj* grammatical

Grammofon[RR] <-s, -e> *nt* (*veraltet*) *s.* **Grammophon**

Grammophon <-s, -e> *nt* (*veraltet*) gramaphone *dated,* phonograph *old*

gramvoll *adj s.* **gramerfüllt**

Granat <-[e]s, -e *o* ÖSTERR -en> *m* garnet

Granatapfel *m* BOT pomegranate

Granate <-, -n> *f* MIL shell

Granatsplitter *m* shell splinter **Granatwerfer** <-s, -> *m* MIL mortar

Gran Canaria *nt* Gran Canary; *s. a.* **Sylt**

Grande <-n, -n> *m* grandee

Grandhotel [ˈgrãː] *nt* luxury [*or* five-star] hotel

grandios *adj* magnificent; **ein ~er Erfolg** a brilliant [*or* tremendous] success; **eine ~e Idee** a grandiose [*or* brilliant] idea; **ein ~er Vorschlag** an excellent suggestion

Grand Prix, Grandprix[RR] <- -, – -> [grãˈpriː] *m* SPORT Grand Prix

Grandprix-Stimmung[RR] *f* ***trotz des Dauerregens herrschte weiterhin ~*** even the persistent rain couldn't dampen the crowd's enthusiasm for the Grand Prix

Granit <-s, -e> *m* GEOL granite ▸ WENDUNGEN: **bei jdm [mit etw** *dat*] **auf ~ beißen** (*fam*) to get nowhere with sb [with sth]

Granne <-, -n> *f* BOT awn, beard

granteln *vi* SÜDD (*fam*) to grumble

grantig *adj* (*fam*) grumpy

Granulat <-[e]s, -e> *nt* granules *pl;* **als ~** in granulated form

granulieren* *vt* ■ **etw ~** to granulate sth

Grapefruit <-, -s> [ˈgreːpfruːt] *f* grapefruit

Grapefruitmesser *nt* grapefruit knife

Graph <-en, -en> *m* SCI graph

Graphik <-, -en> *f s.* **Grafik**

Graphiker(in) <-s, -> *m(f) s.* **Grafiker**

Graphikkarte *f* INFORM *s.* **Grafikkarte**

graphisch **I.** *adj* ❶ KUNST graphic ❷ (*schematisch*) diagrammatic **II.** *adv* diagrammatically

Graphit <-s, -e> *m* CHEM graphite

Graphologe, Graphologin <-n, -n> *m, f* graphologist

Graphologie <-> [ˈgiːən] *f kein pl* graphology *no pl*

Graphologin <-, -nen> *f fem form von* **Graphologe**

grapschen **I.** *vr* (*fam*) ❶ (*an sich raffen*) ■ **sich** *dat* etw ~ to grab sth [for oneself] ② *(packen)* ■ **sich** *dat* **jdn** ~ to grab hold of sb **II.** *vi (fam)* ■ **nach etw** *dat* ~ to make a grab for sth

Gras <-es, Gräser> *nt* ① *kein pl (Gesamtheit von Gräsern)* grass ② *meist pl (~pflanze)* grass ▸ WENDUNGEN: **ins ~ beißen** *(sl)* to kick the bucket *sl*, to bite the dust; **das ~ wachsen hören** *(jdm entgeht nicht das Geringste)* to have a sixth sense; *(zu viel in etwas hineindeuten)* to read too much into things; **über etw** *akk* **wächst ~** *(fam)* [the] dust settles on sth; [**wo der hinhaut**], **da wächst kein ~ mehr** *(fam)* he puts the kiss of death on everything he touches

grasbewachsen *adj* grass-covered, grassy **Grasbüschel** *nt* tuft of grass

grasen *vi* to graze

Grasfrosch *m* grass frog **grasgrün** *adj* grass-green **Grashalm** *m* blade of grass **Grashüpfer** <-s, -> *m (fam)* grasshopper **Grasland** *nt kein pl* grassland **Grasmücke** *f* ORN warbler **Grasnarbe** *f* turf **Grasnelke** *f* BOT thrift **Graspflanze** *f* grass, gramin[ac]eous plant

Grass <-> *nt kein pl (sl)* grass *sl*

Grassamen *m* grass seed

grassieren* *vi* ① *(sich verbreiten)* to rage [*or* be rampant] ② *(um sich greifen)* to be rife

grässlichRR, **gräßlich** **I.** *adj* ① *(furchtbar)* horrible, terrible, ein ~*es Verbrechen*, a heinous [*or* horrible] crime; ~**e Verwüstungen** complete [*or* total] [*or* utter] devastation; ~**e Kopfschmerzen haben** to have a splitting headache ② *(fam: widerlich)* horrible, beastly *fam*; ***was für ein ~es Wetter!*** what foul [*or fam* beastly] weather!; **einen ~en Geschmack haben** to have awful taste **II.** *adv (fam)* terribly; **sich ~ langweilen** to be bored stiff [*or* to death] [*or* to tears] *fam*; ~ **müde** dead tired, dog-tired *fam*

GrässlichkeitRR, **Gräßlichkeit** <-, -en> *f* ① *kein pl (grässliche Art)* horribleness, terribleness; **die ~ eines Verbrechens** the heinousness [*or* horrible nature] of a crime ② *(grässliche Tat etc.)* atrocity

Grassteppe *f* [grassy] steppe, savanna[h]

Grat <-[e]s, -e> *m* ① *(oberste Kante)* ridge ② TECH *(scharfkantiger Rand)* burr ③ ARCHIT *(Schnittlinie)* hip

Gräte <-, -n> *f* [fish]bone ▸ WENDUNGEN: **sich** *dat* **die ~n brechen** *(sl)* to break sth; **jdm alle ~n [im Leib] brechen** *(sl)* I'll break every bone in your body!

Gratifikation <-, -en> *f* ÖKON bonus

gratinieren* *vt* KOCHK ■ **etw ~** to brown [the top of] sth; **gratinierte Zwiebelsuppe** onion soup au gratin

Gratinpfanne *f* gratin dish

gratis *adv* free [of charge], gratis

Gratisaktie *f* BÖRSE bonus share [*or* AM stock] **Gratisanzeiger** *m* SCHWEIZ *(Wochenblatt)* free [weekly] advertiser **Gratiskarte** *f* free [*or* complimentary] ticket **Gratisprobe** *f* free sample

Grätsche <-, -n> *f* SPORT straddle-vault; **in die ~ gehen** to [adopt the] straddle [position]

grätschen **I.** *vi sein* SPORT to straddle[-vault]; ■ **das G~ [der Beine]** straddle-vaulting; ■ **über etw** *akk* **~** to straddle-vault over sth **II.** *vt haben* SPORT ■ **etw ~** to straddle sth; **die Beine ~** to straddle one's legs

Grätschsprung *m* SPORT straddle-vault

Gratulant(in) <-en, -en> *m(f)* well-wisher

Gratulation <-, -en> *f* ① *(das Gratulieren)* congratulating ② *(Glückwunsch)* congratulations

gratulieren* *vi (Glück wünschen)* ■ **[jdm] [zu etw** *dat*] ~ to congratulate [sb] [on sth]; **jdm zum Geburtstag ~** to wish sb many happy returns; **[ich] gratuliere** [my] congratulations! ▸ WENDUNGEN: **sich** *dat* **~ können** to be able to congratulate oneself, to be pleased [with oneself]

Gratwanderung *f* tightrope walk *fig*, balancing act

grau *adj* ① *(Farbe)* grey, AM *esp* gray; ■ **~ werden/sein** to go [*or* turn]/be grey; **~ gestreift** grey-striped; **~ meliert** *(leicht ergraut)* greying; MODE *(grau und weiß)* flecked with grey *pred* ② *(trostlos)* dull, drab; **der ~e Alltag** the dullness [*or* drabness] [*or* dull monotony] of everyday life; **die ~e Realität** [*o* **Wirklichkeit**] the grim [*or* harsh] reality; **~ in ~** gloomy, bleak; **alles [nur noch] ~ in ~ sehen/malen** to [just] look on the black side BRIT /paint a gloomy picture of everything ③ *(fam: nicht ganz legal)* grey, AM *esp* gray

Grau <-s, -[s]> *nt* grey [*or* AM *esp* gray] [colour [*or* AM -or]]

grauäugig *adj* grey-eyed **Graubart** *m (fam)* greybeard **graubärtig** *adj* grey-bearded, with a grey beard **graublau** *adj* grey-blue, greyish blue **Graubrot** *nt* DIAL *(Mischbrot) bread made from rye and wheat flour*

Graubünden <-s> *nt* GEOG the Grisons

Graubündner(in) <-s, -> *m(f)* GEOG inhabitant of the Grisons

GräuelRR <-s, -> *m (geh: ~tat)* atrocity; **die ~ des Krieges** the horrors of war ▸ WENDUNGEN: **jdm ist es ein ~, etw zu tun** sb detests [*or* loathes] doing sth; **jdm ein ~ sein** to be detestable [*or* loathsome] [for sb]

GräuelmärchenRR *nt (pej)* horror story **Gräuelpropaganda**RR *f (pej)* atrocity [*or* horror] propaganda *(using horror stories for propaganda purposes)* **Gräueltat**RR *f (pej)* atrocity

grauen[1] *vi (geh: dämmern)* to dawn; ***der Morgen/Tag graut*** morning is breaking/day is breaking [*or* dawning]; ■ **es graut** it's getting light

grauen[2] *vi impers* ■ **jdm vor jdm/etw ~** to be terrified of sb/sth; ■ **es graut jdm vor jdm/etw** sb is terrified of sb/sth

Grauen <-s> *nt kein pl* ① *(Entsetzen)* horror; ■ **jds ~ vor jdm/etw** sb's dread of sb/sth; **~ erregend** terrible ② *(grauenhaftes Ereignis)* horror; ***die ~ des Krieges*** the horrors of war

grauenerregend *adj s.* **Grauen 1**

grauenhaft, **grauenvoll** *adj* ① *(furchtbar)* terrible; **ein ~es Verbrechen** a terrible crime ② *(fam: schlimm)* terrible, dreadful; ***er hat eine ~e Aussprache*** his pronunciation is dreadful [*or* terrible] ③ *s.* **Grauen 1**

grauer Star <-[e]s> *m kein pl* cataract

Graugans *f* ORN greylag [goose] **graugestreift** *adj s.* **grau 1** **graugrün** *adj* grey [*or esp* AM gray] -green, greyish green **grauhaarig** *adj* grey-haired; ■ **~ werden** to go [*or* turn] grey

graulen **I.** *vi impers (fam)* ■ **jdm** [*o* **jdn**] **~ vor jdm/etw** to dread sb/sth; ***mir grault vor morgen*** I'm dreading tomorrow **II.** *vr (fam)* ■ **sich vor jdm/etw ~** to be scared [*or* frightened] [*or* afraid] of sb/sth **III.** *vt* ■ **jdn aus etw** *dat* **~** to drive sb out of sth

gräulich[1] *adj* greyish, grayish *esp* AM

gräulichRR2 *adj s.* **grässlich**

graumeliert *adj attr s.* **grau 1**

Graupe <-, -n> *f meist pl* KOCHK grain of pearl barley

Graupel <-, -n> *f meist pl* METEO soft hail

Graupelschauer *m* METEO sleet shower

Graupensuppe *f* pearl barley soup [*or* broth]

Graureiher *m* ORN grey [*or esp* AM gray] [*or* common] heron

Graus <-es> *m kein pl* ▸ WENDUNGEN: **es ist ein ~ [mit jdm/etw]** sb/sth is terrible; ***es ist wirklich ein ~ mit dir!*** you're really terrible!; **o ~!** *(hum)* oh horror! *hum*

grausam **I.** *adj* ① *(brutal)* cruel ② *(furchtbar)* terrible ③ *(fam: schlimm)* terrible; **eine ~e Hitze** a terrible heat **II.** *adv* cruelly

Grausamkeit <-, -en> *f* ① *kein pl (Brutalität)* cruelty ② *(grausame Tat)* act of cruelty

Grauschimmel *m* grey [*or esp* AM gray] [horse] **Grauschleier** *m* grey tinge
grausen *vi impers s.* **grauen²**
Grausen <-s> *nt kein pl* (*Entsetzen*) horror ▶ WENDUNGEN: **da kann man das große** [*o* **kalte**] ~ **kriegen** (*fam*) it's enough to give you the creeps! *fam;* **jdm kommt das** ~ (*fam*) sb is horrified
grausig *adj s.* **grauenhaft**
grauslich *adj bes* ÖSTERR (*grässlich*) terrible, horrible
Grauspecht *m* ORN grey [*or esp* AM gray] -headed woodpecker **Grauzone** *f* grey area *fig*
Graveur(in) <-s, -e> [gra'vøːɐ] *m(f)* engraver
Gravieranstalt *f* engraving establishment, engraver's **Gravierarbeit** *f* engraving
gravieren* ['viː] *vt* ❶ (*mit einer Gravur versehen*) ■**etw** ~ to engrave sth ❷ (*ein~*) ■**etw in etw** *akk* ~ to engrave sth on sth
gravierend ['viː] *adj* serious; ~**e Unterschiede** considerable [*or* marked] differences
Graviermaschine *f* engraving machine **Graviernadel** *f* engraving needle
Gravierung <-, -en> ['viː] *f* ❶ *kein pl* (*das Gravieren*) engraving ❷ (*Eingraviertes*) engraving
Gravis <-, -> ['graːvɪs] *m* LING grave [accent]
Gravitation <-> [vi] *f kein pl* PHYS gravity, gravitation[al pull]
Gravitationsfeld [vi] *nt* PHYS gravitational field **Gravitationsgesetz** *nt* PHYS law of gravitation
gravitätisch [vi] **I.** *adj* dignified, solemn **II.** *adv* ~ **einhergehen** [*o* **schreiten**] to move [about] with dignity
Gravur <-, -en> [gra'vuːɐ] *f* engraving
Graz <-> *nt* Graz
Grazie¹ <-> ['graːtsiə] *f kein pl* (*geh: Liebreiz*) grace[fulness]
Grazie² <-, -n> *f* ❶ (*hum: schöne junge Frau*) lovely *hum dated sl* ❷ (*eine der drei römischen Göttinnen der Anmut*) Grace; **die drei** ~**n** the Three Graces
grazil *adj* (*geh*) delicate
graziös *adj* (*geh*) graceful
Greencard^RR, **Green Card** <-, -s> ['griːnkaːd] *f* ADMIN green card, Green Card
Greenfee <-s, -s> ['griːnfiː] *nt* SPORT *Golf* green [*or* AM *a.* greens] fee
Greenkeeper <-s, -> ['griːnkiːpəʳ] *m* SPORT greenkeeper, AM *a.* greenskeeper
Greenwicher Zeit ['grenɪdʒ-] *f* ■[**die**] ~ Greenwich Mean Time, GMT
gregorianisch *adj* Gregorian
Greif <-[e]s *o* -en, -e[n]> *m* ■**ein/der** [**Vogel**] ~ a/the griffin [*or* gryphon]
Greifarm *m* TECH claw [*or* grip] arm **Greifbagger** *m* TECH grab dredger [*or* excavator]
greifbar *adj* ❶ *pred* (*verfügbar*) available; **etw** ~ **haben/halten** to have/keep sth to hand ❷ (*konkret*) tangible, concrete; ~**e Vorteile** genuine advantages
greifen <griff, gegriffen> **I.** *vt* (*nehmen, packen*) ■[**sich** *dat*] **etw** ~ to take hold of sth; ***er griff ein Buch*** he took hold of a book ▶ WENDUNGEN: **sich** [**mal**] **jdn** ~ (*fam*) to give sb a good talking-to *fam; s. a.* **nahe II.** *vi* ❶ (*fassen*) ■**vor/hinter/über/unter/neben etw/sich** *akk* ~ to reach in front of/behind/above/under/beside sth/one; ■**in etw** *akk* ~ to reach into sth; ■**jdn bei etw** *dat* ~ to grasp sb's sth; ***sie griff mich bei der Hand*** she took my hand; ***der Fahrlehrer griff ihr ins Steuer*** the driving instructor grabbed the wheel from her; ■**nach etw** *dat* ~ to reach for sth; ***er wollte nach dem Revolver*** ~, ***doch der andere war schneller*** he made a grab for his revolver, but the other person was quicker; ***hätte sie nicht nach seiner Hand gegriffen, wäre sie gestürzt*** if she hadn't grabbed his hand she would have fallen ❷ (*geh: er~*) ■**zu etw** *dat* ~ to reach for sth; ***in den Ferien greift sie gerne mal zum Buch*** during the holidays she occasionally enjoys reading a book ❸ (*einsetzen*) **zu etw** *dat* ~ to resort to sth ❹ (*festen Griff haben*) ■**etw greift** sth grips ❺ (*wirksam werden*) to take effect ▶ WENDUNGEN: **um sich** ~ to spread
Greifer <-s, -> *m* TECH grab[-bucket]
Greiftrupp *m* riot squad **Greifvogel** *m* bird of prey
greinen *vi* (*pej fam*) to whine *pej,* to grizzle *pej*
greis *adj* (*geh*) very aged; **ein** ~**es Paar** a very old couple
Greis(in) <-es, -e> *m(f)* very old man
Greisenalter *nt* extreme old age
greisenhaft *adj* like [that of] a very old man/woman *pred*
Greisin <-, -nen> *f fem form von* **Greis** very old woman
Greiskraut *nt* BOT ragwort
grell **I.** *adj* ❶ (*sehr hell*) dazzling, glaring ❷ (*schrill klingend*) shrill, piercing ❸ (*sehr intensiv*) bright, brilliant ❹ (*Aufsehen erregend*) flashy, loud **II.** *adv* ❶ (*sehr hell*) dazzlingly; ~ **beleuchtet** dazzlingly lit ❷ (*schrill*) ~ **klingen** [*o* **tönen**] to sound shrill [*or* piercing]
grellbeleuchtet *adj attr s.* **grell II 1**
Grellheit *f* ❶ (*blendende Helligkeit*) dazzling brightness, glare ❷ (*Schrillheit*) shrillness ❸ (*große Intensität*) brightness, brilliancy
grellrot **I.** *adj* bright red **II.** *adv* **etw** ~ **anmalen/lackieren/schminken** to paint sth bright red
Gremium <-s, -ien> [miən] *nt* committee
Grenada <-s> *nt* Grenada; *s. a.* **Sylt**
Grenader(in) <-s, -> *m(f)* Grenadian; *s. a.* **Deutsche(r)**
grenadisch *adj* Grenadian; *s. a.* **deutsch**
Grenzbahnhof *m* border [*or* frontier] [railway [*or* train]] station **Grenzbelastung** *f* TECH limit load [*or* stress] **Grenzbereich** *m* ❶ *kein pl* (*Umkreis der Grenze*) border [*or* frontier] area [*or* zone] ❷ (*äußerste Grenze*) fringe range, limit[s] **Grenzbezirk** *m* border [*or* frontier] district
Grenze <-, -n> *f* ❶ (*Landes~*) border, frontier; **die** ~ **zwischen Spanien und Frankreich** the border between Spain and France, the Spanish-French border; **die** ~ **zu einem Land** the border with sth; **an der** ~ on [*or* along] the border [*or* frontier]; **über die** ~ **gehen/fahren** to cross the border [*or* frontier] ❷ ADMIN, JUR (*Trennlinie*) border, boundary; **an der** ~ at the boundary ❸ (*natürliche Abgrenzung*) boundary; ***das Gebirge bildet eine natürliche*** ~ ***zwischen den beiden Ländern*** the mountain range forms a natural boundary between the two countries ❹ (*äußerstes Maß*) limit; **eine zeitliche** ~ a deadline; **die oberste/unterste** ~ the upper/lower limit; **alles hat seine** ~**n** there is a limit [*or* are limits] to everything; **etw kennt keine** ~**n** sth knows no bounds; **seine** ~**n kennen** to know one's limitations; **an** ~**n stoßen** to come up against limiting factors; **die** ~ **des Machbaren/Möglichen/Sittlichen** the bounds of feasibility/possibility/morality; **jdm/einer S. sind** [**keine/enge**] ~**n gesetzt** [no/tight] restrictions are placed on sb/a thing; ***eurer Fantasie sind keine*** ~***n gesetzt*** your imagination knows no bounds ❺ (*gedachte Trennlinie*) boundary, dividing line ▶ WENDUNGEN: **grüne** ~ unguarded border [*or* frontier] area [*or* zone]; **nasse** ~ river forming the/a border [*or* frontier], water border [*or* frontier]; **sich in** ~**n halten** to be limited, to keep within limits
grenzen *vi* ❶ (*angrenzen*) ■**an etw** *akk* ~ to border on sth ❷ (*beinahe sein*) ■**an etw** *akk* ~ to border [*or* verge] on sth *fig;* ***das grenzt ja an Wahnsinn!*** that borders on madness!

grenzenlos I. *adj* ❶ (*unbegrenzt*) endless; **eine ~e Weite** an endless expanse ❷ (*maßlos*) extreme; **~e Dummheit** extreme foolishness, sheer stupidity; **~e Verachtung** utter contempt; **~es Vertrauen** blind [*or* unquestioning] trust II. *adv* extremely

Grenzenlosigkeit <-> *f kein pl* ❶ (*ungeheure Weite*) immensity ❷ (*Maßlosigkeit*) extremeness

Grenzer(in) <-s, -> *m(f)* (*fam*) ❶ (*Zöllner*) customs officer ❷ (*Grenzsoldat*) border [*or* frontier] guard

Grenzfall *m* borderline case **Grenzgänger(in)** <-s, -> *m(f)* regular cross-border commuter; **illegaler ~** illegal border [*or* frontier] crosser **Grenzgebiet** *nt* ❶ POL (*direkt an einer Landesgrenze liegendes Gebiet*) border [*or* frontier] area [*or* zone] ❷ (*marginales Sachgebiet*) adjacent field **Grenzkonflikt** *m* POL border [*or* frontier] conflict **Grenzkontrolle** *f* ❶ (*amtliche Kontrolle an der Grenze*) border [*or* frontier] control ❷ (*~ 1. ausübende Personengruppe*) border [*or* frontier] guards **Grenzland** *nt s.* **Grenzgebiet 1** **Grenzlinie** *f* SPORT line [marking the edge of the playing area] **Grenzmauer** *f* border [*or* frontier] wall **grenznah** *adj* close to the border [*or* frontier] **Grenzposten** *m* border [*or* frontier] guard **Grenzschutz** *m* ❶ (*Sicherung der Landesgrenze*) border [*or* frontier] protection ❷ (*fam: Bundesgrenzschutz*) Federal Border Guard, border [*or* frontier] police **Grenzstein** *m* ADMIN boundary stone **Grenzstreitigkeit** *f meist pl* border [*or* frontier] dispute **Grenzübergang** *m* ADMIN ❶ (*Stelle*) border [*or* frontier] crossing-point ❷ (*Überschreiten einer Grenze*) crossing of the border [*or* frontier] **grenzüberschreitend** *adj attr* JUR, ÖKON **~er Handel** international trade; **~er Verkehr** cross-border [*or* cross-frontier] traffic **Grenzverkehr** *m* [cross-]border [*or* [cross-]frontier] traffic; **kleiner ~** local [cross-]border [*or* [cross-]frontier] traffic **Grenzverlauf** *m* course of the border **Grenzverletzung** *f* border [*or* frontier] violation **Grenzwall** *m* border [*or* frontier] rampart **Grenzwert** *m* ❶ (*äußerster, nicht zu überschreitender Wert*) limiting value ❷ MATH (*Limes*) limit, limiting value **Grenzzwischenfall** *m* border [*or* frontier] incident

Gretchenfrage *f* (*Gewissensfrage*) crucial [*or fam* sixty-four-thousand-dollar] question; **jdm die ~ stellen** to ask sb the crucial [*or fam* sixty-four-thousand-dollar] question, to put the crucial [*or fam* sixty-four-thousand-dollar] question to sb

Greuel <-s, -> *m s.* **Gräuel**

greulich *adj s.* **gräulich[2]**

Greyerzer <-s, -> ['graiɐtsɐ] *m* KOCHK ■ **~ [Käse]** Gruyère [cheese]

Griebe <-, -n> *f meist pl* [bacon] crackling

Griebenschmalz *nt* lard with [bacon] crackling

Grieche, Griechin <-n, -n> *m, f* Greek

Griechenland <-s> *nt* Greece

Griechin <-, -nen> *f fem form von* **Grieche**

griechisch *adj* ❶ (*aus Griechenland*) Greek; **~e Kleidung/Tempel/Vasen** Greek [*or* Grecian] clothing/temples/vases ❷ LING Greek; **auf ~** in Greek

Griechisch *nt decl wie adj* LING Greek; **~ lernen/sprechen/studieren** to learn/speak/study Greek; ■ **das G~e** [the] Greek [language]; **auf ~** in Greek

griechisch-orthodox I. *adj* REL Greek Orthodox II. *adv* REL **~ heiraten** to marry in the Greek Orthodox religion; **ein Kind ~ taufen** to baptize a child in the Greek Orthodox religion **griechisch-römisch** *adj* SPORT Graeco-Roman

grienen *vi* NORDD (*fam: grinsen*) to grin

Griesgram <-[e]s, -e> *m* (*pej*) grouch *pej*

griesgrämig *adj* grumpy, grouchy

Grieß <-es, -e> *m* semolina *no pl*

Grießbrei *m* semolina *no pl* **Grießklößchen** *nt* semolina dumpling **Grießpudding** *m* semolina pudding

griff *imp von* **greifen**

Griff <-[e]s, -e> *m* ❶ (*Zu~*) grip, grasp; **mit festem ~** with a firm grip, firmly; **~ in die [Laden]kasse tun** (*fam*) to put one's hand in the till; **ein rascher/flinker ~ [nach etw** *dat*] a quick/grab [at sth] ❷ (*Hand~*) movement; **mit einem ~** in a flash [*or* the twinkling of an eye]; **mit wenigen ~en** with very little effort ❸ SPORT hold; **einen ~ ansetzen** to apply a hold ❹ (*Öffnungsmechanismus*) *Tür, Fenster, Pistole, Revolver* handle; *Messer, Dolch, Schwert* hilt; (*Gewehr*) butt ▶ WENDUNGEN: **der ~ nach der Macht** the attempt to seize power; **mit jdm/etw einen glücklichen [*o* guten] ~ tun** to make a good [*or* wise] choice with sb/sth; **etw in den ~ bekommen** [*o fam* **kriegen**] to get the hang [*or* knack] of sth *fam;* **jdn/etw im ~ haben** to have sb/sth under control; **~e kloppen** MIL (*fam*) to do rifle drill; **der ~ zu etw** *dat* (*euph: die Verwendung von etw*) to reach for sth; (*die Hinwendung zu etw*) to turn to sth; ***der ~ zur Droge/Flasche*** turning to drugs/the bottle

griffbereit *adj* ready to hand *pred;* **etw ~ haben** to have [*or* keep] sth ready to hand; **~ liegen** to be ready to hand

Griffel <-s, -> *m* ❶ SCH (*Schreibstift für Schiefertafeln*) slate-pencil ❷ BOT style ❸ *meist pl* (*sl: Finger*) finger, mitt *sl*, paw *fam*

Griffelkasten *m* SCH pencil box [*or* case]

griffig *adj* ❶ (*festen Griff ermöglichend*) easy to grip *pred* ❷ (*Widerstand bietend*) non-slip; *Fußboden, Fahrbahn, Profil* non-skid, anti-skid ❸ (*eingängig*) useful, handy; **ein ~er Slogan** a catchy slogan

Griffloch *nt* MUS finger-hole

Grill <-s, -s> *m* ❶ (*Gerät zum Rösten von Nahrungsmitteln*) grill ❷ (*~rost*) barbecue; **vom ~** grilled ❸ AUTO (*Kühler~*) [radiator] grille

Grille <-, -n> *f* cricket ▶ WENDUNGEN: **nichts als ~n im Kopf haben** (*veraltend fam*) to have one's head full of silly ideas

grillen I. *vi* to have a barbecue; ■ **das G~** having a barbecue II. *vt* ■ **etw ~** to grill sth

Grillgericht *nt* grill[ed dish] **Grillhähnchen** *nt* grilled chicken **Grillkohle** *f* barbecue coal, charcoal **Grillpfanne** *f* grilling pan **Grillrestaurant** *nt* grill [room] **Grillwürstchen** *nt* barbecue sausage

Grimasse <-, -n> *f* grimace; **~n schneiden** [*o* **ziehen**] [*o* **machen**] to make [*or* pull] faces

Grimm <-[e]s> *m kein pl* (*veraltend geh*) fury; **voller ~ [auf jdn] sein** to be furious [with sb]

grimmig I. *adj* ❶ (*zornig*) furious; **ein ~es Gesicht** an angry face; **ein ~es Lachen** grim laughter; *s. a.* **Humor** ❷ (*sehr groß, heftig*) severe; *Hunger* ravenous II. *adv* angrily; **~ lächeln** to smile grimly

Grind <-[e]s, -e> *m* ❶ MED (*krustiger Hautausschlag*) impetigo; (*Verkrustung von heilender Wunde*) scab ❷ JAGD SÜDD, SCHWEIZ (*Kopf von Gämse oder Hirsch*) head

grinsen *vi* to grin; **frech ~** to smirk; **höhnisch ~** to sneer; **schadenfroh** [*o* **vor Schadenfreude**] **~** to gloat

Grinsen <-s> *nt kein pl* grin; **freches ~** smirk; **höhnisches ~** sneer

grippal *adj* MED influenzal

Grippe <-, -n> *f* influenza, flu *fam;* **mit ~ im Bett liegen** to be [laid up] in bed with [the] flu; (*fam grippaler Infekt*) flu bug *fam;* **[die/eine] ~ haben** to have [the] flu

Grippeepidemie *f* influenza [*or* flu] epidemic **Grippeschutzimpfung** *f* influenza vaccination **Grippevirus** *nt o m* influenza virus **Grippewelle** *f* wave of influenza [*or fam* flu]

Grips <-es, -e> *m* (*fam*) intelligence *no pl,* brains *pl,* nous *fam no pl;* ~ **haben** to have plenty up top *fam;* **seinen ~ anstrengen** to use one's grey [*or esp* AM gray] matter *fam* [*or pl* brains]

Grislibär[RR], **Grizzlybär** ['grɪsli] *m* grizzly bear

grob <gröber, gröbste> **I.** *adj* ❶ (*nicht fein*) coarse; **~e Hände** coarse [*or* rough] hands; ■**das G~e** the dirty work ❷ (*derb*) coarse, uncouth; **~e Manieren** coarse manners ❸ (*ungefähr*) rough; **eine ~e Erklärung** an approximate explanation; **in ~en Umrissen** [*o* **Zügen**] roughly ❹ (*unhöflich*) rude; ■**~ werden** to become rude [*or* abusive] ❺ (*unsanft, unsensibel*) rough; **ein ~er Mensch** a rough person ❻ (*schlimm*) bad, serious; **eine ~e Lüge** a terrible lie ▶ WENDUNGEN: **aus dem Gröbsten heraus sein** to be over the worst [of it] [*or* able to see the light at the end of the tunnel] **II.** *adv* ❶ (*nicht fein*) coarsely; **~ gemahlen** coarsely ground *pred,* coarse-ground ❷ (*in etwa*) roughly; **~ gemessen** [*o* **gerechnet**] [*o* **geschätzt**] at a rough estimate; **etw ~ erklären** to give a rough explanation of sth [*or* explain sth roughly]; **etw ~ skizzieren** [*o* **umreißen**] to make a rough outline of sth [*or* outline sth roughly]; **etw ~ wiedergeben** to give a rough account of sth ❸ (*unhöflich*) rudely; **jdn ~ zurechtweisen** to rudely reprimand sb ❹ (*unsanft, unsensibel*) roughly; **jdn ~ behandeln** to treat sb roughly ❺ (*schlimm*) **sich ~ täuschen** to be badly mistaken; **jdn ~ belügen** to lie barefaced to sb

grobfas(e)rig *adj* coarse-fibred [*or* AM *usu*-ered]; **~es Holz** coarse-grained wood **grobgemahlen** *adj attr* *s.* **grob II 1**

Grobheit <-, -en> *f* ❶ *kein pl* (*gefühllose Art*) rudeness *no pl* ❷ (*grobe Äußerung*) rude remark ❸ (*unsanfte Art, Behandlung*) roughness

Grobian <-[e]s, -e> *m* (*pej: ungehobelter Mensch*) boor; (*unsanfter Mensch*) rough person

grobknochig *adj* big-boned **grobkörnig** *adj* ❶ (*von grober Körnung*) coarse-grained ❷ FOTO **ein ~er Film** a coarse-grained film

gröblich **I.** *adj* (*geh, form*) gross; **~e Missachtung** willful disregard; **~e Verletzung einer S.** *gen,* **~er Verstoß gegen etw** *akk* brazen [*or* flagrant] violation of sth **II.** *adv* (*geh, form: in grober Weise, heftig*) grossly; **~ missachten** to willfully disregard; **etw ~ verletzen, gegen etw** *akk* **~ verstoßen** to brazenly [*or* flagrantly] violate sth

grobmaschig **I.** *adj* ❶ (*mit weiten Maschen*) wide-meshed ❷ MODE (*grob gestrickt*) loose-knit **II.** *adv* **~ gehäkelt/gestrickt** loose-crocheted/knit **grobschlächtig** *adj* (*pej*) heavily built **Grobstruktur** *f* basic structure

Grog <-s, -s> *m* grog

groggy ['grɔgi] *adj pred* ❶ SPORT (*schwer angeschlagen*) groggy ❷ (*fam: erschöpft*) exhausted, all in BRIT, knackered BRIT *sl*

grölen **I.** *vi* (*pej fam*) to shout [loudly]; ■**~d** raucous[ly]; ■**das G~** the bawling; ***unter lautem G~ zogen die angetrunkenen Fans durch die Straßen*** shouting loudly the drunken fans made their way through the streets **II.** *vt* (*pej fam*) ■**etw ~** to bawl sth

Groll <-[e]s> *m kein pl* (*geh*) resentment, rancour [*or* AM -or] *form;* **[einen] ~ gegen jdn hegen** to bear [*or* harbour [*or* AM -or]] resentment [*or* a grudge] against sb

grollen *vi* (*geh*) ❶ (*zürnen*) ■**[jdm] [wegen etw** *dat*] **~** to be resentful [of sb] [*or* angry [with sb]] [because of sth] ❷ (*dumpf hallen*) to roll [*or* rumble]; ■**das G~** the rumbling

Grönland *nt* Greenland; *s. a.* **Deutschland**

Grönländer(in) <-s, -> *m(f)* Greenlander; *s. a.* **Deutsche(r)**

grönländisch *adj* Greenlandic; *s. a.* **deutsch**

Grönlandsee *f* Greenland Sea

grooven ['gru:vən] *vi* (*sl*) ■**[zu etw** *dat*] **~** to groove [to sth] *sl*

Groppe <-, -n> *f* (*Cottus*) bullhead

Gros <-, -> [gro:] *nt* ■**das ~** the majority

Groschen <-s, -> *m* ❶ ÖSTERR groschen ❷ (*fam: deutsches Zehnpfennigstück*) ten-pfennig piece; **keinen ~** (*fam*) not a penny [*or* AM cent] ▶ WENDUNGEN: **der ~ fällt** [*o* **ist gefallen**] (*hum fam*) the penny has dropped BRIT *fam,* the big light has went on AM; **seine [paar] ~ zusammenhalten** to hang on to one's money; **sich** *dat* **ein paar ~ [dazu]verdienen** to earn [oneself] a bit of [extra] pocket money

Groschenblatt *nt* (*pej*) tabloid, [cheap] rag BRIT *pej fam* **Groschengrab** *nt* (*hum veraltend: Parkuhr, Spielautomat etc.*) penny-eater BRIT *hum fam* **Groschenheft** *nt* (*pej veraltend*) penny dreadful BRIT *dated,* dime novel AM *dated*

groß <größer, größte> **I.** *adj* ❶ (*flächenmäßig, räumlich ausgedehnt*) large, big ❷ (*~es Glas*) large, big; **ein ~es Bier** ≈ a pint [of beer] BRIT, *rare* a large beer; ***nach den drei ~en Bier war ich ziemlich angeheitert*** I felt quite merry *fam* [*or fam* tipsy] after three pints [of beer]; ■**ein G~es** ≈ a pint [of beer] BRIT, *rare* a large beer ❸ (*lang*) long; **ein ~er Mast/Turm/Kirchturm** a high pylon/tower/church steeple ❹ (*das Maß oder Ausmaß betreffend*) great; **in ~en/größeren Formaten/Größen** in large/larger formats/sizes; **mit ~er Geschwindigkeit** at high [*or* great] speed; **im G~ einkaufen** to buy in bulk ❺ (*hoch, hoch gewachsen*) tall; ***du bist ~ geworden*** you've grown; ***er ist 1,78 m ~*** he is 5 foot 10 [*or* 1.78m] [tall]; **ein ~er Baum/eine ~e Vase** a tall tree/vase ❻ (*älter*) big, elder, older; ■**die G~en** (*die Erwachsenen*) the grown-ups; (*ältere Kinder*) the older children; ■**jds G~e/jds G~er** (*fam*) sb's eldest [*or* oldest] [daughter/son]; ***das ist Anita, unsere G~e*** this is Anita, our eldest; ***wenn ich ~ bin*** when I'm grown up; **~ und klein** young and old [alike]; **mit etw** *dat* **~ geworden sein** to have grown up with sth ❼ (*zeitlich ausgedehnt*) long, lengthy; **auf große[r] Fahrt** on a long journey ❽ (*bevölkerungsreich*) large, big; (*zahlreich*) large; **die ~e Masse** most [*or* the majority] of the people; **ein ~er Teil der Bevölkerung** a large part of the population ❾ (*erheblich*) great; **ein ~er Aufstieg** a meteoric rise; **ein ~er Durchbruch/Reinfall** a major breakthrough/disaster; **ein ~er Misserfolg** an abject [*or* a dismal] failure ❿ (*hoch*) large; **ein ~er Betrag** a large amount; **eine ~e Preissteigerung** a massive price rise [*or* increase] ⓫ (*beträchtlich*) great; **~e Angst haben** [*o* **empfinden**] to be terribly afraid [*or* frightened]; **eine ~e Beeinträchtigung** a major impairment; **eine ~e Dummheit** sheer stupidity; **[eine] ~e Enttäuschung** [a] great [*or* deep] [*or* profound] disappointment; **~es Leid** great [*or* deep] [*or* profound] sorrow; **~e Nachfrage** a big demand; **ein ~er Schrecken** a nasty fright; **~e Schwierigkeiten** serious [*or* real] trouble; **~e Wut** unbridled fury; **~er Zorn** deep [*or* profound] anger; ***was für eine ~e Freude!*** how delightful!; ***du redest ganz ~en Unsinn*** you're talking complete rubbish ⓬ (*bedeutend*) great; **ein ~er Konzern/Supermarkt/ein ~es Unternehmen** a leading [*or* major] group/supermarket/company; ■**[etwas/nichts] G~es** [something/nothing] great; ***sie hat in ihrem Leben nichts G~es geleistet*** she never achieved anything great [*or* major] in her life, she did not achieve great things in her life; ***mit diesem Gemälde hat sie etwas G~es geschaffen*** she has created something great [*or* profound] with this painting; *s. a.* **klein** ⓭ (*laut*) loud; ***was ist denn da auf der Stra-***

ße für ein ~er Lärm? what's all that noise in the street?; ***wir bekamen ~en Beifall*** we received loud applause; ***macht doch nicht so einen ~en Lärm!*** don't make so much noise! ⑭ (*in Eigennamen*) ▪ **... der G~e ...** the Great; ***Friedrich der G~e*** Frederick the Great ⑮ (*besonders [gut]*) big; ***im Meckern ist sie ganz ~*** she's quite good at moaning; ***ich bin kein ~er Esser/ Trinker*** I'm not a big eater/drinker; ***ich bin kein ~er Redner*** I'm no [*or* not a] great speaker ▶ WENDUNGEN: **im G~en und Ganzen** [**gesehen**] on the whole, by and large; *s. a.* **Terz, Geld, Masse**
II. *adv* ① (*fam: besonders*) ***was ist da jetzt schon ~ dabei!*** big deal! *fam;* ***er hat sich aber nicht gerade ~ für uns eingesetzt!*** he didn't exactly do very much [*or* put himself out much] for us!; ***was soll man da schon ~ sagen?*** you can't really say very much; ***ich habe mich nie ~ für Politik interessiert*** I've never been particularly interested in politics; ~ **einsteigen** to go in for sth in a big way; ***sie ist ganz ~ in die Politik eingestiegen*** she's gone into politics in a big way; [**mit etw** *dat*] [**ganz**] ~ **rauskommen** to have a real success [*or* big hit] with sth ② MODE **etw größer machen** to let out sth *sep* ③ (*von weitem Ausmaß*) ~ **angelegt** large-scale; **eine ~ angelegte Offensive** a full-scale offensive [*or* attack] ④ (*nicht klein*) ~ **kariert** MODE large-checked *attr* ▶ WENDUNGEN: ~ **und breit** (*fam*) at great length; ~ **machen** (*fam*) to do number two [*or* BRIT a poo] *fam or childspeak;* **etw wird** [**bei jdm**] ~ **geschrieben** (*fam*) to be high on the[/sb's] list of priorities; ***Pünktlichkeit wird bei Hahn & Haehnle ~ geschrieben*** punctuality is high on Hahn & Haehnle's [*or* the Hahn & Haehnle] list of priorities

Großabnehmer *m* bulk buyer [*or* purchaser] **Großaktionär(in)** *m(f)* major shareholder **Großalarm** *m* red alert; ~ **geben** [*o* **auslösen**] to sound a red alert **großangelegt** *adj attr s.* **groß II 3**

großartig I. *adj* ① (*prächtig*) magnificent, splendid ② (*hervorragend*) brilliant, superb; **ein ~es Angebot** a superb offer ③ (*wundervoll*) wonderful ▶ WENDUNGEN: ~ **tun** (*pej fam*) to put on airs [and graces] *pej* **II.** *adv* magnificently, splendidly

Großartigkeit <-> *f kein pl* magnificence, splendour [*or* AM -or]

Großaufnahme *f* FOTO, FILM close-up **Großauftrag** *m* (*von Produkt*) bulk order; (*von Dienstleistung*) major commission, major contract **Großbank** *f* big [*or* major] bank **Großbauer** *m* big [*or* large] farmer **Großbaustelle** *f* large building site **Großbetrieb** *m* (*großer Gewerbe- oder Industriebetrieb*) large enterprise [*or* business]; AGR (*großer landwirtschaftlicher Betrieb*) large [*or* big] farm **Großbildleinwand** *f* MEDIA large-scale video display **Großbrand** *m* large fire [*or* blaze]

Großbritannien <-s> [bri'taniən] *nt* Great Britain; *s. a.* **Deutschland**

großbritannisch *adj* British

Großbuchstabe *m* capital [letter], upper-case letter *spec* **Großbürgertum** *nt kein pl* upper classes *pl* **Großcomputer** *m* mainframe [computer]

Größe <-, -n> *f* ① (*Flächeninhalt oder räumliche Ausdehnung*) size; **in voller ~** in full size ② ÖKON size ③ (*Höhe, Länge*) height ④ MODE (*Format, Maßeinheit*) size; ***ich suche einen Mantel ~ 56*** I'm looking for a size 56 coat ⑤ *kein pl* (*Körper~*) height; **sich zu voller ~ aufrichten** to draw oneself up to one's full height ⑥ MATH, PHYS (*Wert*) quantity; **unbekannte ~** (*a. fig*) unknown quantity *a. fig* ⑦ *kein pl* (*Bevölkerungsreichtum*) population, size ⑧ *kein pl* (*Erheblichkeit*) magnitude; *Problem* seriousness *no pl; Erfolg* extent *no pl* ⑨ *kein pl* (*Bedeutsamkeit*) significance *no pl,* importance *no pl* ⑩ (*bedeutender Mensch*) important figure, leading light BRIT *fam;* ***zu seiner Zeit war er eine der ~n des Showgeschäfts*** in his time he was one of the showbusiness greats ⑪ *kein pl* (*Höhe*) size ⑫ *kein pl* (*Beträchtlichkeit*) strength; *Interesse* a. keenness; *Kummer, Leid, Zorn* depth; *Schmerz* intensity ⑬ ASTRON **erster/zweiter/dritter/etc. ~** first/second/third/etc. magnitude

Großeinkauf *m* bulk purchase **Großeinsatz** *m* large-scale operation **großelterlich** *adj attr* [one's] grandparents', grandparental *form;* ***das ~e Vermögen betrug einst viele Millionen*** the grandparental estate was once worth several million **Großeltern** *pl* grandparents *pl* **Großenkel(in)** *m(f)* great-grandchild, great-grandson

Größenordnung *f* ① (*Dimension*) order of magnitude ② MATH, PHYS (*Zahlenbereich*) order [of magnitude]

großenteils *adv* largely, for the most part

Größenunterschied *m* ① (*Unterschied in der Länge*) difference in length ② (*Unterschied im Wuchs*) difference in height **Größenverhältnis** *nt* ① (*Maßstab*) scale; ***im ~ von 1:100*** on a/the scale of 1:100 ② (*Proportion*) proportions *pl* **Größenwahn(sinn)** *m* (*pej*) megalomania; **an ~ leiden** to suffer from megalomania **größenwahnsinnig** *adj* (*pej*) megalomaniac[al]; ▪ **~ sein** to be a megalomaniac

größer *adj comp von* **groß**

Großereignis *nt* major event

größer(e)nteils *adv s.* **großenteils**

Großfahndung *f* large-scale search, manhunt **Großfamilie** *f* SOZIOL extended family **großflächig** *adj* ① (*sich über eine große Fläche erstreckend*) extensive; **~e Verwüstungen** widespread devastation *sing* ② (*eine große Fläche aufweisend*) large **Großformat** *nt* large format; **im ~** in large format **großformatig** *adj* large-format **Großfürst(in)** *m(f)* HIST Grand Duke **Großgemeinde** *f* ADMIN *municipality made up of several, formerly independent municipalities* **Großgrundbesitz** *m* large estate [holdings], extensive landed property **Großgrundbesitzer(in)** *m(f)* big landowner, owner of a large estate

Großhandel *m* wholesale trade; **etw im ~ kaufen** to buy sth wholesale; **im ~ einkaufen** to buy wholesale

Großhandelskaufmann, -kauffrau *m, f* wholesaler, wholesale trader **Großhandelspreis** *m* wholesale price

Großhändler(in) *m(f)* wholesaler, wholesale trader; **beim ~** at the wholesaler's **Großhandlung** *f* wholesale business [*or* firm] **großherzig** *adj* (*geh*) magnanimous *form,* generous **Großherzigkeit** <-> *f kein pl* (*geh*) magnanimity *form,* generosity **Großherzog(in)** *m(f)* Grand Duke **Großherzogtum** *nt* Grand Duchy **Großhirn** *nt* cerebrum, great brain **Großhirnrinde** *f* cerebral cortex **Großindustrielle(r)** *f(m)* big industrialist, industrial magnate **Großinquisitor** *m* HIST Grand Inquisitor

Grossist(in) <-en, -en> *m(f) s.* **Großhändler**

Großkapitalist *m* big capitalist, tycoon **großkariert** *adj s.* **groß II 4** **Großkatze** *f* big cat **Großkind** *nt* SCHWEIZ (*Enkelkind*) grandchild **Großkopfe(r)te(r)** *m decl wie adj* ÖSTERR, SÜDD (*pej*) bigwig *fam,* big gun [*or* fam] **großkotzig** *adj* (*pej sl*) swanky *pej fam* **Großküche** *f* large kitchen **Großkunde** *m* major customer **Großkundgebung** *f* mass rally [*or* [public] meeting] **Großmacht** *f* POL Great Power **Großmama** *f* (*fam*) *s.* **Großmutter** **Großmarkt** *m* central [*or* wholesale] market **Großmast** *m* NAUT mainmast **Großmaul** *nt* (*pej fam*) bigmouth *pej fam,* loudmouth *pej fam* **groß-**

G

mäulig *adj (pej fam)* big-mouthed *pej fam,* loud-mouthed *pej fam* **großmehrheitlich** *adj* SCHWEIZ *(mit großer Mehrheit)* with a large majority *pred* **Großmeister(in)** *m(f)* grand master **Großmogul** *m* HIST Great [*or* Grand] Mogul **Großmufti** *m* HIST grand mufti **Großmut** *f s.* **Großherzigkeit** **großmütig** *adj s.* **großherzig** **Großmutter** *f* ❶ *(Mutter jds Vaters oder jds Mutter)* grandmother, grandma *fam,* granny *fam;* **jds ~ mütterlicherseits/väterlicherseits** sb's grandmother on one's mother's/father's side; **~ werden** to become a grandmother ❷ *(alte Frau)* grandma ▶ WENDUNGEN: **das kannst du deiner ~ erzählen!** *(fam)* [you can] tell that to the marines *fam* **großmütterlich** *adj attr* ❶ *(der Großmutter gehörend)* [one's] grandmother's *attr* ❷ *(in der Art einer Großmutter)* grandmotherly **Großneffe** *m* great-nephew **Großnichte** *f* great-niece **Großonkel** *m* great-uncle, grand-uncle **Großpapa** *m (fam) s.* **Großvater** **Großrat, -rätin** *m, f* SCHWEIZ *(Mitglied eines schweizerischen Kantonsparlaments)* ≈ Great Councillor [*or* AM *usu* Councilor] *(member of a [Swiss] cantonal [Great Council] parliament)*

Großraum *m* conurbation; **im ~ Berlin** in the Berlin conurbation [*or* area], in Greater Berlin, in Berlin and its environs [*or* the surrounding area]

Großraumbüro *nt* open-plan office **Großraumflugzeug** *nt* wide-bodied [*or* large-capacity] aircraft **großräumig** I. *adj* ❶ *(mit viel Platz, geräumig)* spacious, roomy; **~e Büros** spacious offices ❷ *(große Flächen betreffend)* extensive II. *adv* ***die Polizei empfiehlt, das Gebiet ~ zu umfahren*** the police recommend making a wide detour around the area **Großraumwagen** *m* ❶ EISENB open-plan carriage ❷ TRANSP *(Straßenbahnwagen mit zwei oder drei Gelenken)* articulated tram [carriage] BRIT

Großrechner *m* mainframe [computer] **Großreinemachen** <-s> *nt kein pl (fam)* spring clean **großschreiben** *vt irreg* ■**etw ~** to write sth with a[n initial] capital letter; *s. a.* **groß II 5** **Großschreibung** *f* LING capitalization **Großsegel** *nt* NAUT mainsail **großspurig** *adj (pej)* boastful *pej* **Großstadt** *f* city, large town **Großstadtbevölkerung** *f* city population **Großstädter(in)** *m(f)* city-dweller **großstädtisch** *adj* big-city *attr* **Großstadtmensch** *m* city-dweller **Großtante** *f* great-aunt, grand-aunt **Großtat** *f* great feat, achievement

größte(r, s) *adj superl von* **groß**

großtechnisch *adj* large-scale; **~e Anlage/Produktion/Erzeugung** large scale [*or* industrial] installations/production/manufacture **Großteil** *m* ❶ *(ein großer Teil)* ■**ein ~** a large part ❷ *(der überwiegende Teil)* ■**der ~** the majority; **zum ~** for the most part

größtenteils *adv* for the most part

größtmöglich *adj attr* greatest possible

Großunternehmen *nt s.* **Großbetrieb** **Großvater** *m* grandfather, grandpa *fam;* **~ werden** to become a grandfather **großväterlich** *adj* ❶ *(dem Großvater gehörend)* [one's] grandfather's *attr* ❷ *(in der Art eines Großvaters)* grandfatherly **Großveranstaltung** *f* big event **Großverdiener(in)** *m(f)* big earner **Großwesir** *m* HIST grand vizier

Großwild *nt* big game

Großwildjagd *f* big-game hunting; ■**eine ~** a big-game hunt; **auf ~ gehen** to go big-game hunting

groß|ziehen *vt irreg* ■**ein Kind ~** to bring up *sep* [*or* raise] a child; ■**ein Tier ~** to rear an animal

großzügig I. *adj* ❶ *(generös)* generous, ein *~es Trinkgeld,* a generous [*or* handsome] tip ❷ *(nachsichtig)* lenient ❸ *(in großem Stil)* grand; **ein ~er Plan** a large-scale plan II. *adv* ❶ *(generös)* generously ❷ *(nachsichtig)* leniently ❸ *(weiträumig)* spaciously

Großzügigkeit <-> *f kein pl* ❶ *(Generosität)* generosity ❷ *(Toleranz)* leniency ❸ *(Weiträumigkeit)* spaciousness *no pl; Park, Planung* large scale

grotesk *adj* grotesque

Grotesk <-> *f kein pl* TYPO grotesque, sanserif

Groteske <-, -n> *f* ❶ KUNST grotesquerie ❷ LIT grotesque tale

Grotte <-, -n> *f* grotto

Grottenolm <-s, -e> *m* ZOOL olm

Groupie <-s, -s> ['gru:pi] *nt (sl)* groupie *sl*

grub *imp von* **graben**

Grübchen <-s, -> *nt* dimple

Grube <-, -n> *f* ❶ *(größeres Erdloch)* pit, [large] hole ❷ *(Bergwerk)* pit, mine ▶ WENDUNGEN: **in die ~ fahren** *(veraltet geh)* to give up the ghost; **wer andern eine ~ gräbt, fällt selbst hinein** *(prov)* you can easily fall into your own trap *prov*

Grübelei <-, -en> *f* brooding

grübeln *vi* ■[**über etw** *dat o akk*] **~** to brood [over [*or* about] sth]; ■**das G~** brooding; **ins G~ geraten** [*o* **kommen**] to begin to brood

Grubenarbeiter *m* miner, mineworker **Grubenausbau** *m* support of mine workings **Grubenbau** *m* excavation chamber **Grubenbrand** *m* pit fire **Grubenfeld** *nt* mining field **Grubengas** *nt* firedamp, methane **Grubenholz** *nt* mine [*or* pit] props **Grubenlampe** *f* miner's lamp **Grubenlicht** *nt s.* **Grubenlampe** **Grubenunglück** *nt* pit [*or* mine] disaster

Grübler(in) <-s, -> *m(f)* brooder, broody person

grüblerisch *adj* broody

Gruft <-, Grüfte> *f* ❶ *(Grabgewölbe)* vault, tomb; *(Kirche)* crypt ❷ *(offenes Grab)* grave

Grufti <-s, -s> *m (sl)* old fogy [*or* fogey] *fam,* crumbly BRIT *fam*

grummeln *vi (fam)* ❶ *(brummeln)* to mumble [*or* mutter] ❷ *(leise rollen)* to rumble

grün *adj* ❶ *(die Farbe des Chlorophylls)* green ❷ *(unreif)* green; *Tomaten, Pflaumen* green, immature; **~er Junge** greenhorn; **~e Weihnachten** a snow-free Christmas ❸ POL *(einer ökologisch engagierten Partei zuzuordnend)* green ▶ WENDUNGEN: **jdn ~ und blau schlagen** *(fam)* to beat sb black and blue; **sich ~ und blau ärgern** to be furious; **jdm nicht ~ sein** *(fam)* to dislike [*or* not like] sb; **sich** *dat* **nicht ~ sein** *(fam)* to dislike [*or* not like] each other; *s. a.* **Gesicht**

Grün <-s, – *o fam* -s> *nt* ❶ *(Farbe)* green; **ein grelles/schreiendes ~** a bright/garish green; **~ haben** to be [at [*or* on]] green; ***die Ampel zeigt ~*** the [traffic] lights are [at [*or* on]] green ❷ *(~flächen)* green spaces [*or* areas]; **ein ~ am Golfplatz** a green on a/the golf course ❸ *(grüne Pflanzen)* greenery; **das erste ~ nach dem Winter** the first green shoots of spring ❹ *(Spielfarbe im deutschen Kartenspiel)* spades *npl* ▶ WENDUNGEN: **das ist dasselbe in ~** *(fam)* it's one and the same [thing]

Grünalge *f* BOT green alga [*or* algae] **grün-alternativ** *adj* POL green alternative; **Grün-Alternative-Liste** *electoral pact of green and alternative parties* **Grünanlage** *f* green space [*or* area] **grünäugig** *adj* green-eyed; ■**~ sein** to have green eyes **grünbärtig** *adj* ZOOL green-gilled

Grund <-[e]s, Gründe> *m* ❶ *(Ursache, Veranlassung)* reason; ***jede Naturkatastrophe hat einen ~*** every natural disaster has a cause; ***habt ihr denn einen ~ zum Feiern?*** have you got [a] cause [*or* a reason] to celebrate?; ***der ~ des schlechten Wetters ist ein Tiefdruckgebiet*** the reason for [*or* cause of] the bad weather is an area of low pressure; **keinen/nicht den geringsten ~** no/not the slightest reason; ***eigentlich besteht kein ~ zur Klage*** there is no [real] cause for complaint; ***du hast keinen ~, dich zu beklagen*** you have no reason to complain; **jdm ~ [zu**

etw *dat*] **geben** to give sb reason [*or* cause] [to do sth]; **sehr wohl ~ zu etw** *dat* **haben** to have every [*or* very good] reason [*or* good cause] to do sth; **ohne ~** without reason; ■ **ein/kein ~ zu etw** *dat* [no] reason for sth; (*Beweg~, Motiv*) grounds *pl,* reason; ***Eifersucht ist schon oft der ~ für eine Bluttat gewesen*** jealousy is often the motive for a bloody deed; **~ zu der Annahme haben, dass** to have reason to believe [*or* grounds for believing] that; **Gründe und Gegengründe** pros and cons; **berechtigten/guten/keinen/nicht den geringsten ~ haben, etw zu tun** to have a legitimate/good/no/not the slightest reason for doing sth; ***du hast wirklich keinen ~, dich ihm gegenüber so ablehnend zu verhalten*** you have no real cause to be so stand-offish towards him; **aus dem einfachen ~, weil** for the simple reason that; **aus finanziellen Gründen** for financial reasons; **aus gesundheitlichen Gründen** for reasons of health, on health grounds; **aus gutem ~** with good reason; **aus unerfindlichen Gründen** for some obscure reason; ***sie hat die Gründe für ihre Entscheidung genau dargelegt*** she has detailed the reasons for her decision; **die Gründe für und wider genau abwägen** to closely weigh up the arguments for and against; **aus Gründen einer S.** *gen* for reasons of sth; **aus Gründen der Diplomatie** for reasons of diplomacy; **aus diesem ~[e]** for this reason; **aus welchem ~[e]** for what reason; **auf ~ einer S.** *gen* owing to [*or* because of] sth; *s. a.* **aufgrund** ② *kein pl* (*Erdboden*) ground; **etw bis auf den ~ abtragen** to raze sth to the ground; **ein Schiff auf ~ setzen** to scuttle a ship; **auf ~ laufen** [*o* **geraten**] NAUT to run aground ③ DIAL (*Land, Acker*) land; **~ erwerben** to acquire land; **den ~ bewirtschaften** to cultivate [*or* work] the land; **~ und Boden** land ④ (*veraltend: Erdreich*) soil; ***für solche Pflanzen muss der ~ sehr feucht sein*** the soil must be very moist for plants like these ⑤ (*Boden eines Gewässers*) bed, bottom; ***am ~e des Sees*** on the seabed, at the bottom of the sea; ***ich habe keinen ~ mehr unter den Füßen*** I can't touch the bottom [*or* feel the bottom under my feet] any longer; **steiniger/felsiger ~** a stony/rocky bottom; **auf den ~ sinken** to sink to the bottom ⑥ *kein pl* (*geh: Gefäßboden*) bottom; **sich auf dem ~ des Glases absetzen** to settle to the bottom of the glass; **etw bis auf den ~ auspumpen/austrinken/leeren** to pump sth out/drain/empty sth completely ⑦ *kein pl* (*Unter~*) background; ***ein weißes Kreuz auf rotem ~*** a white cross on a red background ▸ WENDUNGEN: **in ~ und Boden** thoroughly; ***du solltest dich in ~ und Boden schämen!*** you should be thoroughly [*or* completely] ashamed of yourself; **jdn in ~ und Boden reden** to shoot sb's arguments to pieces *fam;* **im ~e jds Herzens** (*geh*) in one's heart of hearts; **einer S.** *dat* **auf den ~ gehen** [*o* **kommen**] to get to the bottom of sth; **den ~ zu etw** *dat* **legen** to lay the foundations *pl* of [*or* for] sth; **auf ~ von etw** *dat* [*o* **einer S.** *gen*] on the strength [*or* basis] of sth; **im ~e [genommen]** basically; **von ~ auf** [*o* **aus**] completely

Grundakkord *m* MUS common chord, basic triad **grundanständig** *adj* thoroughly decent **Grundausbildung** *f* basic training **Grundausstattung** *f* basic equipment **Grundbedingung** *f* basic condition **Grundbegriff** *m meist pl* ① (*elementarer Begriff*) basic [*or* fundamental] notion ② SCH (*Minimalvoraussetzung*) rudiments *npl* **Grundbesitz** *m* landed property **Grundbesitzer(in)** *m(f)* landowner **Grundbuch** *nt* JUR land register **Grundbuchamt** *nt* land registry, land registration office **grundehrlich** *adj* (*emph*) thoroughly honest **Grundeigentümer(in)** *m(f) s.* **Grundbesitzer**

gründen I. *vt* ① (*neu schaffen*) ■ **etw ~** to found sth; **einen Betrieb/eine Firma ~** to establish [*or* set up] a business/firm; **eine Partei ~** to form [*or* establish] a party; **eine Universität ~** to found [*or* establish] a university ② (*fußen lassen*) ■ **etw auf etw** *akk* **~** to base [*or* found] sth on sth; ***worauf gründet er seine Entscheidung?*** what does he base his decision on? II. *vr* ■ **sich auf etw** *akk* **~** to be based [*or* founded] on sth

Gründer(in) <-s, -> *m(f)* founder

Gründerjahre *pl,* **Gründerzeit** *f* HIST *period in the last third of the last century when many industrial firms were established in Germany*

Grunderwerb *m* acquisition [*or* purchase] of land **Grunderwerbsteuer** *f* land transfer tax **grundfalsch** *adj* (*emph*) completely [*or* totally] wrong; *eine ~e Annahme* a completely false assumption **Grundfarbe** *f* ① (*Primärfarbe*) primary colour [*or* AM -or] ② (*als Untergrund aufgetragene Farbe*) ground colour [*or* AM -or] **Grundfesten** *pl* [very] foundations; **etw bis in die ~** [*o* **in seinen ~**] **erschüttern** to shake sth to its [very] foundations; **an den ~ von etw** *dat* **rütteln** to shake the [very] foundations of sth **Grundfläche** *f* area **Grundform** *f* ① (*elementare Form*) basic form ② LING basic form **Grundfreibetrag** *m* FIN basic exemption, tax-free [*or* BRIT personal] allowance **Grundgebühr** *f* FIN basic charge **Grundgedanke** *m* basic idea **Grundgehalt** *nt* basic salary **Grundgesetz** *nt* ① (*Grundprinzip*) basic [*or* fundamental] law; **physikalische/chemische ~e** the fundamental laws of physics/chemistry ② (*deutsche Verfassung*) Basic Law **grundgesetzwidrig** *adj* violating [*or* contrary to] the Basic Law **grundgütig** *adj* kind-hearted **Grundhaltung** *f* basic attitude **Grundherr** *m* HIST lord of the manor

grundieren* *vt* ■ **etw ~** to prime sth

Grundierung <-, -en> *f* ① *kein pl* (*das Grundieren*) priming ② (*erster Anstrich*) primary [*or* priming] coat

Grundkapital *nt* share capital BRIT, stock capital AM **Grundkenntnis** *f meist pl* basic knowledge **Grundkonsens** *m* SOZIOL, POL fundamental concensus **Grundkonzeption** *f* basic [*or* fundamental] conception [*or* idea] **Grundkurs** *m* SCH basic course; (*Einführungskurs*) foundation course **Grundlage** *f* basis, foundation; **als ~ für etw** *akk* **dienen** to serve as a basis for sth; **jeder ~ entbehren** to be completely unfounded [*or* without foundation]; **auf der ~ von etw** *dat* on the basis of sth; **eine gute ~** (*fam*) a good lining for one's stomach

Grundlagenforschung *f* basic research **Grundlast** *f* ELEK base load

grundlegend I. *adj* ① (*wesentlich*) fundamental, basic ② (*die Grundlage bildend*) standard II. *adv* fundamentally; ***das hat sich ~ geändert*** that has fundamentally changed

gründlich I. *adj* ① (*gewissenhaft*) thorough ② (*umfassend*) thorough; **eine ~e Bildung** a broad education II. *adv* ① (*fam: total*) completely; **sich ~ täuschen** to be completely mistaken ② (*gewissenhaft*) thoroughly

Gründlichkeit <-> *f kein pl* thoroughness

Gründling <-s, -e> *m* ZOOL gudgeon

Grundlinie [li:niə] *f* ① MATH ground-line ② SPORT baseline **Grundlinienspiel** *nt* SPORT baseline play **Grundlohn** *m* basic pay [*or* wage] **grundlos** I. *adj* ① (*unbegründet*) groundless, unfounded, *~es Lachen,* laughter for no reason [at all] ② (*ohne festen Boden*) bottomless II. *adv* groundlessly; **~ lachen** to laugh for no reason [at all] **Grundmauer** *f* (*Fundament*) foundation wall; **etw bis auf die ~n niederbrennen** to burn sth to the ground; **etw bis auf die ~n niederreißen/zerstören** to raze sth to the ground **Grundnahrungsmittel** *nt* basic food[stuff] **Gründonnerstag** *m* REL Maundy Thursday **Grundordnung** *f* basic [*or* fundamental] order **Grundpfeiler** *m* ❶ BAU (*tragender Pfeiler*) supporting pillar; *Brücke* supporting pier ❷ (*fig: wesentliches Element*) cornerstone **Grundrechenart** *f* fundamental rule of arithmetic **Grundrecht** *nt* basic [*or* fundamental] right **Grundrente** *f* ❶ (*Mindestrente für Bezieher von Kriegsopferrenten*) basic pension ❷ FIN (*Einkommen aus Eigentum von Grund und Boden*) ground rent **Grundriss**RR *m*, **Grundriß** *m* ❶ BAU ground-plan ❷ (*Abriss*) sketch, outline, summary

Grundsatz *m* principle; **es sich** *dat* **zum ~ machen, etw zu tun** to make it a matter of principle to do sth; **aus ~** on principle

Grundsatzdiskussion *f* debate on [fundamental] principles **Grundsatzentscheidung** *f* decision of general principle **Grundsatzerklärung** *f* POL declaration of principles

grundsätzlich I. *adj* ❶ (*grundlegend*) fundamental; **~e Bedenken/Zweifel** serious [*or* strong] misgivings/doubts ❷ (*prinzipiell*) in principle *pred* II. *adv* ❶ (*völlig*) completely; **~ anderer Meinung sein** to be of a completely different opinion ❷ (*prinzipiell*) in principle ❸ (*kategorisch*) absolutely

Grundsatzpapier *nt* written declaration of principles **Grundsatzurteil** *nt* JUR leading decision

Grundschrift *f* TYPO base type **Grundschuld** *f* FIN, JUR land charge **Grundschule** *f* primary [*or* AM elementary] [*or* AM grade] school **Grundschüler(in)** *m(f)* primary school [*or* AM elementary school] [*or* AM grade school] pupil **Grundschullehrer(in)** *m(f)* primary[-school] teacher BRIT **Grundsicherung** *f* basic [insurance] cover **grundsolid(e)** *adj* very respectable **Grundstein** *m* foundation-stone; [**mit etw** *dat*] **den ~ zu etw** *dat* **legen** to lay the foundations for [*or* of] sth [with sth]; **der ~ zu etw** *dat* **sein** to form the foundations for [*or* of] sth **Grundsteinlegung** *f* laying of the foundation stone **Grundstellung** *f* ❶ SPORT (*Ausgangsstellung für eine Turnübung*) normal position ❷ (*Stellung der Schachfiguren am Spielanfang*) starting positions *pl* **Grundsteuer** *f* FIN [local] property tax, ≈ council tax BRIT **Grundstock** *m* basis, foundation **Grundstoff** *m* ❶ (*Rohstoff*) raw material ❷ CHEM (*Element*) element

Grundstück *nt* ❶ (*Bau~*) plot [of land]; **bebaute ~e** developed plots [*or* sites] ❷ (*Anwesen*) estate, property

Grundstückseigentümer(in) *m(f)* property owner **Grundstücksmakler(in)** *m(f)* estate agent **Grundstückspreis** *m* land price

Grundstudium *nt* basic course **Grundstufe** *f* SCH *years 3 and 4 of primary/elementary school in Germany* **Grundsubstanz** *f* basic substance, base **Grundton** *m* ❶ MUS (*eines Akkords*) root; (*einer Tonleiter*) keynote ❷ (*Grundfarbe*) ground colour [*or* AM -or]

Grundüberzeugung *f* PHIL, SOZIOL fundamental conviction

Gründung <-, -en> *f* ❶ (*das Gründen*) foundation, founding; *Betrieb* establishment, setting up; *Familie* [the] starting; *Schule, Universität* establishment, founding, foundation ❷ BAU (*Fundament*) foundation[s]; *kein pl* (*das Anlegen des Fundaments*) laying of the foundation[s]

Gründungsfeier *f* foundation ceremony **Gründungsjahr** *nt* year of [the] foundation **Gründungsjubiläum** *nt* anniversary of the foundation

grundverkehrt *adj* completely wrong **grundverschieden** *adj* (*emph*) completely different **Grundwasser** *nt* ground water; **auf ~ stoßen** to come across underground water **Grundwasserspiegel** *m* ground-water level, water table **Grundwehrdienst** *m* national service BRIT; **den ~ leisten** to do one's national service **Grundwissen** *nt* basic knowledge **Grundwort** *nt* LING root, etymon *spec* **Grundwortschatz** *m* basic vocabulary **Grundzahl** *f* MATH *s.* **Kardinalzahl Grundzug** *m* ❶ (*wesentliches Merkmal*) essential feature; **etw in seinen Grundzügen darstellen/erläutern** to outline/explain the essentials of sth ❷ *pl* (*Abriss*) the basics [*or* fundamentals]

Grüne(r) *f(m) decl wie adj* POL [member of the] Green [Party]; ***die* ~*n*** the Green Party [*or* Greens]

Grüne(s) *nt decl wie adj* ❶ (*Schmuckreisig*) ■**~s** greenery *sing* ❷ (*Gemüse*) ■**~s** greens ▶ WENDUNGEN: **ins ~ fahren** (*fam*) to drive [*or* take a trip] into the country; **im ~n** in the country

grünen *vi* (*geh*) to become [*or* turn] green; ***ist es nicht schön, dass es wieder grünt und blüht?*** isn't it nice that spring is here again?

Grünfink *m* greenfinch **Grünfläche** *f* green [*or* open] space **Grünfutter** *nt* green fodder *no pl, no indef art*, herbage [*or* soilage] *no pl, no indef art spec* **Grüngürtel** *m* green belt **Grünkern** *m* dried unripe spelt grain *no indef art* **Grünkohl** *m* [curly] kale *no pl, no indef art* **Grünland** *nt kein pl* meadowland, pastureland

grünlich *adj* greenish

Grünling *m s.* **Grünfink**

Grünpflanze *f* non-flowering plant **Grünschenkel** *m* ORN greenshank **Grünschnabel** *m* (*fam*) greenhorn *fam* **Grünspan** *m kein pl* verdigris *no pl*; **~ ansetzen** to become covered with verdigris **Grünspecht** *m* green woodpecker **Grünstreifen** *m* central reservation, median strip AM; (*am Straßenrand*) grass verge

grunzen I. *vi* to grunt; ■**das G~** grunting II. *vt* (*fam*) ■**etw ~** to grunt sth

Grüppchen <-s, -> *nt dim von* **Gruppe** (*bes pej*) small group [*or pej* clique]

Gruppe <-, -n> *f* ❶ (*Anzahl von Personen, Dingen*) group; **in ~n zu sechs** [**Leuten**] in groups of six ❷ (*Zusammenschluss*) group ❸ SPORT group ❹ (*Kategorie*) category, class

Gruppenakkord *m* ÖKON group piecework *no pl, no indef art* **Gruppenarbeit** *f kein pl* teamwork *no pl, no indef art* **Gruppenaufnahme** *f*, **Gruppenbild** *nt* group photograph **Gruppendynamik** *f* PSYCH group dynamics + *sing/pl vb, no art* **Gruppenführer(in)** *m(f)* ❶ (*Leiter*) team [*or* group] leader ❷ HIST (*in der „SS"*) lieutenant-general **Gruppenidentität** *f* SOZIOL group identity **Gruppenleiter(in)** *m(f)* team leader **Gruppenmoral** *f* ❶ (*sittliches Empfinden einer Gruppe*) group morals *pl*, morals of a/the group; **gegen die ~ verstoßen** to contravene group morals ❷ (*innere Haltung*) group morale *no pl, no indef art* **Gruppenreise** *f* group travel *no pl, no art* **Gruppensex** *m* group sex *no pl, no art* **Gruppensieg** *m* first place in the group **Gruppentherapie** *f* ❶ MED group treatment *no pl, no indef art* ❷ PSYCH group therapy *no pl, no indef art* **Gruppenunterricht** *m* group learning *no pl, no art*

gruppenweise *adv* in groups

Gruppenzwang *m* [peer] group pressure *no pl, no indef art*

gruppieren* I. *vt* ■**etw** [**um etw**] **~** to group sth [around sth] II. *vr* ■**sich** [**zu etw**] **~** to be grouped [into sth]

Gruppierung <-, -en> *f* ❶ (*Gruppe 3*) group ❷ *kein pl* (*Aufstellung*) grouping

Gruselfilm *m* horror film **Gruselgeschichte** *f* horror story

grus(e)lig *adj* gruesome, spine-chilling; ~ **zumute werden** to have a creepy feeling
gruseln I. *vt, vi impers* ■ **jdn** [*o* **jdm**] **gruselt es** sb gets the creeps; ■ **das G~** fear; ***nachts in einem unheimlichen Schloss kann man das G~ lernen*** one learns what fear is in an eerie castle at night II. *vr* ■ **sich** [**vor jdm/etw**] ~ to shudder [at the sight of sb/sth]
Gruß <-es, Grüße> *m* ❶ (*Begrüßung/Verabschiedung*) greeting/farewell; MIL salute; **jdm Grüße übermitteln** [*o* **bestellen**] to pass on/give [one's] regards [*or* best wishes] to sb; ***einen*** [***schönen***] ~ ***an Ihre Gattin*** [please] give my [best] regards to your wife; ***liebe Grüße auch an die Kinder*** give my love to the children, too; **jdm seine Grüße entbieten** (*geh*) to present one's compliments to sb *form;* **ohne** ~ without saying hello/goodbye; **zum** ~ as a greeting; ***sie reichten die Hände zum*** ~ they shook hands ❷ ([*Floskeln am*] *Briefschluss*) regards; **mit besten Grüßen** [*o* **bestem Gruß**] Yours sincerely; **mit freundlichen Grüßen** [*o* **freundlichem** ~] Yours sincerely [*or* faithfully]; **mit kollegialen Grüßen** Yours sincerely; **herzliche Grüße** best wishes; ~ **und Kuss** (*fam*) love [and kisses] ▶ WENDUNGEN: **der Deutsche** ~ HIST the Nazi salute; **der Englische** ~ REL the Ave Maria; **viele Grüße aus Davos** (*hum*) they say Davos [in the Alps] is good for coughs *hum;* **viele Grüße vom Getriebe, Gang kommt nach!** (*hum*) greetings from the gearbox, how about using the clutch! *hum;* **Gruß und Kuss, dein Julius** (*hum*) time to close/go, with love from Rose/Joe *hum*
Grußadresse *f,* **Grußbotschaft** *f* message of greetings
grüßen I. *vt* ❶ (*be~*) ■ **jdn** ~ to greet sb; MIL to salute sb; ***sei*** [***mir***] ***gegrüßt!*** (*geh*) greetings! *form;* ***grüß dich!*** (*fam*) hello there! *fam* ❷ (*Grüße übermitteln*) ■ **jdn von jdm** ~ to send sb sb's regards; **jdn** ~ **lassen** to say hello to sb II. *vi* ❶ (*einen Gruß sagen*) to say hello; ~ **lassen** to send one's regards; MIL to salute; ■ **das G~** saluting ❷ (*geh: locken, winken*) to greet; ***die Berge grüßten aus der Ferne*** the mountains greeted us from afar III. *vr* ■ **sich** ~ to say hello to one another
Grußformel *f* salutation
grußlos *adv* without a word of greeting/farewell; ***er ging*** ~ ***an mir vorbei*** he went past me without saying hello
Grußwort <-worte> *nt* welcoming speech; **ein** ~ **an jdn richten** to address a few words of welcome to sb
Grütze <-, -n> *f* groats *npl,* grits *npl* AM; **rote** ~ *red fruit slightly stewed and thickened* ▶ WENDUNGEN: ~ **im Kopf haben** (*fam*) to have a bit of nous *sl*
Guam [guam] *nt* Guam; *s. a.* **Sylt**
Guarkernmehl *nt,* **Guarmehl** *nt* guar gum [flour]
Guatemala <-s> *nt* Guatemala; *s. a.* **Deutschland**
Guatemala-Stadt <-> *nt* Guatemala City
Guatemalteke, Guatemaltekin <-n, -n> *m, f* Guatemalan; *s. a.* **Deutsche(r)**
guatemaltekisch *adj* Guatemalan; *s. a.* **deutsch**
Guave <-, -n> [və] *f* guava
gucken *vi* ❶ (*sehen*) ■ [**in/durch etw** *akk*/**aus etw**] ~ to look [in/through/out of sth]; ***was guckst du so dumm!*** take that silly look off your face!; ***ich habe schon Weihnachtsgeschenke gekauft, aber nicht ~!*** I've already bought the Christmas presents, so no peeping! ❷ (*ragen*) ■ **aus etw** ~ to stick out of sth; ***was guckt denn da aus der Tasche?*** what's that sticking out of your pocket?
Guckloch *nt* peephole
Guerilla¹ <-, -s> [ge'rɪlja] *f* guerilla war
Guerilla² <-[s], -s> *m* guerilla
Guernsey <-[s]> *nt* Guernsey
Gugelhopf *m* SCHWEIZ, **Gugelhopfform** *f* SCHWEIZ, **Gugelhupf** *m* SÜDD, ÖSTERR, **Gugelhupfform** *f* SÜDD, ÖSTERR kugelhopf [tin]
Guillotine <-, -n> [gɪljo'tiːnə, gijo'tiːnə] *f* guillotine; **auf die** ~ **kommen** to go to the guillotine
guillotinieren* [gɪljoti'niːrən, gijoti'niːrən] *vt* ■ **jdn** ~ to guillotine sb
Guinea <-s> [gi'neːa] *nt* Guinea; *s. a.* **Deutschland**
Guinea-Bissau <-s> *nt* Guinea-Bissau; *s. a.* **Deutschland**
Guinea-Bissauer(in) <-s, -> *m(f)* Guinea-Bissauan, Bissau Guinean; *s. a.* **Deutsche(r)**
guinea-bissauisch *adj* Guinea-Bissauan, Bissau Guinean; *s. a.* **deutsch**
Guineer(in) <-s, -> [-gi'neːɐ] *m(f)* Guinean; *s. a.* **Deutsche(r)**
guineisch [gi'neːɪʃ] *adj* Guinean; *s. a.* **deutsch**
Gulasch <-[e]s, -e *o* -s> *nt o m* KOCHK goulash
Gulaschkanone *f* (*sl*) field kitchen **Gulaschsuppe** *f* goulash soup
Gulden <-s, -> *m* guilder; **niederländischer** ~ [the/a] Dutch guilder
gülden *adj* (*poet*) golden
Gülle <-> *f kein pl* liquid manure *no pl, no indef art,* slurry *no pl*
Gully <-s, -s> ['gʊli] *m o nt* drain
gültig *adj* ❶ (*Geltung besitzend*) valid; ***diese Fahrkarte ist zwei Monate*** ~ this ticket is valid for two months; **ein ~er Vertrag** a valid contract; ***der Sommerfahrplan ist ab dem 1.4.*** ~ the summer timetable comes into effect from 1.4. ❷ (*allgemein anerkannt*) universal; **eine ~e Maxime** a universal maxim
Gültigkeit <-> *f kein pl* ❶ (*Geltung*) validity *no pl;* ***der Ausweis besitzt nur noch ein Jahr*** ~ the identity card is only valid for one more year ❷ (*gesetzliche Wirksamkeit*) legal force
Gültigkeitsdauer *f* period of validity
Gummi <-s, -s> *nt o m* ❶ (*Material*) rubber *no pl, no indef art* ❷ (*fam: Radiergummi*) rubber ❸ (*fam: ~band*) elastic [*or* rubber] band ❹ (*~zug*) elastic *no pl, no indef art* ❺ (*fam: Kondom*) rubber *sl*
Gummiband <-bänder> *nt* elastic [*or* rubber] band
Gummibärchen <-s, -> *nt* jelly bear ≈ jelly baby
Gummibaum *m* ❶ (*Kautschukbaum*) rubber tree ❷ (*Zimmerpflanze*) rubber plant
gummieren* *vt* ■ **etw** ~ ❶ (*Klebstoffschicht auftragen*) to gum sth; **gummierte Etiketten/Briefumschläge** gummed labels/envelopes ❷ (*Gummischicht* [*auf Textilien*] *auftragen*) to rubberize sth
Gummierung <-, -en> *f* ❶ *kein pl* (*das Gummieren*) gumming *no pl;* (*von Textilien*) rubberizing *no pl* ❷ (*Klebstoffschicht*) gummed surface; (*Gummischicht*) rubberized surface
Gummiknüppel *m* rubber truncheon **Gummiparagraph** *m* (*fam*) flexible [*or* ambiguous] clause **Gummistiefel** *m* rubber boot, wellington [boot], wellie BRIT *fam* **Gummistrumpf** *m* elastic stocking **Gummizelle** *f* padded cell **Gummizug** *m* elastic *no pl, no indef art;* **einen** ~ **einziehen** to insert a piece of elastic
Gundermann *m* BOT ground ivy
Günsel <-s> *m kein pl* BOT bugle
Gunst <-> *f kein pl* ❶ (*Wohlwollen*) goodwill *no pl, no indef art;* **jds** ~ **besitzen** [*o* **genießen**] to enjoy sb's favour [*or* AM -or]; **in jds** *dat* ~ **stehen** to be in sb's favour; **jdm eine** ~ **erweisen** (*geh*) to do [*or* grant] sb a favour; **sich** *dat* **jds** ~ **verscherzen** to lose sb's favour ❷ (*Vergünstigung*) favour [*or* AM -or]; **zu jds ~en** in sb's favour; ***er schloss eine Lebensversicherung zu ~en seiner Tochter ab*** he took out a

G

life assurance policy for the benefit of his daughter ❸ (*günstige Konstellation*) ■ **die ~ einer S.** *gen* the advantageousness of sth; ***er nutzte die ~ des Augenblicks aus*** he took advantage of the favourable moment

Gunstbeweis *m*, **Gunstbezeigung** *f* mark of favour

günstig **I.** *adj* ❶ (*zeitlich gut gelegen*) convenient; ***Mittwoch ist nicht so*** ~ Wednesday is not so convenient ❷ (*begünstigend*) favourable [*or* AM -orable] ❸ (*preis~*) reasonable **II.** *adv* ❶ (*preis~*) reasonably ❷ (*passend, geeignet*) favourably; **es trifft sich ~, dass** it's a stroke of luck that

günstigstenfalls *adv* at best

Günstling <-s, -e> *m* (*pej*) favourite [*or* AM -orite]

Günstlingswirtschaft *f kein pl* (*pej*) favouritism [*or* AM -oritism] *no pl pej*

Gupf <-[e]s, -e> *m* SÜDD, ÖSTERR, SCHWEIZ (*fam*) peak; (*Kuppe*) rounded hilltop

Guppy <-s, -s> ['gupi] *m* ZOOL guppy

Gurgel <-, -n> *f* throat; **jdm an die ~ gehen** [*o* **springen**] (*fam*) to go for sb's throat ► WENDUNGEN: **sich die ~ ölen** [*o* **schmieren**] (*hum fam*) to wet one's whistle *hum fam*

Gurgelmittel *nt* gargle

gurgeln *vi* ❶ (*den Rachen spülen*) ■ [**mit etw**] ~ to gargle [with sth]; ■ **das G~** gargling ❷ (*von ablaufender Flüssigkeit*) to gurgle; ■ **~d** gurgling

Gürkchen <-s, -> *nt dim von* **Gurke** small [*or* cocktail] gherkin

Gurke <-, -n> *f* ❶ (*Frucht*) cucumber; (*Essig~*) gherkin; **eingelegte** [*o* **saure**] **~n** pickled gherkins ❷ (*Pflanze*) cucumber plant ❸ (*hum fam: Nase*) conk BRIT *hum fam*, hooter BRIT *hum fam* ❹ (*sl: Penis*) knob BRIT *sl*, dick *sl*

Gurkenhobel *m* cucumber slicer **Gurkensalat** *m* cucumber salad

gurren *vi Tauben* to coo; (*fam*) *Mensch* to purr

Gurt <-[e]s, -e> *m* ❶ (*Riemen*) strap ❷ (*Sicherheitsgurt*) seat belt ❸ (*breiter Gürtel*) belt

Gürtel <-s, -> *m* ❶ (*Hosen~*) belt ❷ (*Ring, Zone*) belt ► WENDUNGEN: **den ~ enger schnallen** (*fam*) to tighten one's belt

Gürtellinie [li:niə] *f* waist[line] ► WENDUNGEN: **unter die ~ zielen** to aim below the belt; *s. a.* **Schlag Gürtelreifen** *m* radial[-ply] tyre [*or* AM tire] **Gürtelrose** *f* MED shingles *no art, + sing/pl verb* **Gürtelschnalle** *f* belt buckle **Gürteltier** *nt* armadillo

Gurtmuffel *m* (*fam*) *person who refuses or does not like to wear a seat belt* **Gurtpflicht** *f* compulsory wearing of seat belts

Guru <-s, -s> *m* guru

GUS <-> [gus, ge:ʔu:'ʔɛs] *f Akr von* **Gemeinschaft Unabhängiger Staaten** CIS

Guss[RR] <-es, Güsse> *m*, **Guß** <-sses, Güsse> *m* ❶ (*fam: Regenguss*) downpour ❷ (*Zuckerguss*) icing ❸ *kein pl* TECH (*das Gießen*) casting ❹ *kein pl* (*~eisen*) cast iron; **aus ~** made from cast iron ❺ MED **kalte Güsse** cold affusions ► WENDUNGEN: [**wie**] **aus einem ~** forming a uniform and integrated whole

Gusseisen[RR] *nt* cast iron **gusseisern**[RR] *adj* cast-iron **Gussform**[RR] *f* mould [*or* AM mold]

Gusto <-s, -s> *m* ► WENDUNGEN: **nach eigenem ~** to one's own taste; [**ganz**] **nach ~** (*geh*) [just] as one pleases

gut <besser, beste> **I.** *adj* ❶ (*ausgezeichnet, hervorragend*) good; **eine ~e Ausbildung** a good education; **ein ~es Gedächtnis** a good memory; SCH (*zweitbeste Note*) "B"; **jdn/etw ~ finden** to think sb/sth is good; **jdm geht es ~/nicht ~** sb is well/not well; **lass es dir ~ gehen!** (*fam*) look after yourself! ❷ (*fachlich qualifiziert*) good; ***den Rechtsanwalt kann ich dir empfehlen, der ist*** ~ I can recommend this lawyer to you, he's good ❸ *attr* (*lieb*) good; (*intim*) close, good; ***wir sind ~e Bekannte*** we are close acquaintances ❹ *meist attr* (*untadelig*) good ❺ (*nicht übel, vorteilhaft*) good; **eine ~e Idee** a good idea; **ein ~es Angebot** a good offer; **mit jdm geht es ~** to turn out well for sb; ***das geht auf die Dauer nicht*** ~ it won't turn out well in the long run; ***das kann nicht ~ gehen!*** that just won't work!, it has to go wrong! ❻ (*reichlich*) good; ***bis Mürzwiehlen gehen wir noch eine ~e Stunde*** we've got another good hour's walk until we get to Mürzwiehlen ❼ (*in Wünschen*) good; **lass es dir gut ~** (*fam*) have a great time; ***~e Fahrt/Reise*** have a good trip; ***~e Erholung/Besserung*** get well soon; ***~en Appetit*** enjoy your meal; ***~es Gelingen*** good luck; ***einen ~en Rutsch ins neue Jahr*** happy New Year!; ***ein ~es neues Jahr*** happy New Year!; ***~e Unterhaltung*** enjoy the programme; ***auf ~e Zusammenarbeit!*** here's to our successful co-operation!; ***auf ~e Nachbarschaft!*** here's to us as neighbours! ► WENDUNGEN: **~ beieinander sein** SÜDD to be a bit tubby [*or* chubby] *fam*; **~ und schön** (*fam*) well and good; **das ist ja alles ~ und schön, aber ...** (*fam*) that's all very well, but ...; **du bist ~!** (*iron fam*) you're a fine one! *iron fam*; **jdm wieder ~ sein** to be friends again with sb; **~ draufsein** (*fam*) to be in good spirits; **für etw ~ sein** to be good for sth; **sich für etw zu ~ sein** to be too good for sth; ***manchmal packt der Chef auch mal selbst mit an, dafür ist er sich nicht zu*** ~ sometimes the boss lends a hand too, that's not beneath him; **~ gegen** [*o* **für**] **etw sein** (*fam*) to be good for sth; ***trinke einen heißen Tee mit Rum, der ist ~ gegen Erkältung!*** drink hot tea with rum, it's good for colds; **~ in etw** *dat* **sein** to be good at sth; ***in Mathematik bin ich immer ~ gewesen*** I have always been good at mathematics; **es ist ganz ~, dass** it's good that; **noch/nicht mehr ~ sein** to still be/no longer be any good; **es mit etw ~ sein lassen** to leave sth at that; ***mit dieser Verwarnung will ich es für heute ~ sein lassen!*** having warned you I'll leave it at that for today!; **lass mal ~ sein!** (*fam*) let's drop the subject!; **wer weiß, wozu es ~ ist** perhaps it's for the best; **~ werden** to turn out all right; ***sind die Fotos ~ geworden?*** did the photos turn out all right?; **wieder ~ werden** to be all right; ***sorge dich nicht um die Zukunft, es wird alles wieder*** ~ don't worry about the future, everything will be all right; **also** [*o* **nun**] [*o* **na**] **~!** well, all right then!; **schon ~!** (*fam*) all right!; **~ so sein** to be just as well; **~ so!** that's it!; ***fein gemacht, ~ so!*** well done, that's it!; **und das ist auch ~ so** and a good thing too; **sei so ~ und ...** would you be kind enough to; ***wenn du in die Stadt gehst, sei so ~ und nimm die Post mit*** if you're going into town would you be good enough to take my post?; [**aber**] **sonst geht's dir ~?** (*iron*) you must be mad [*or* AM crazy]! *iron*; **wozu ist das ~?** (*fam*) what's the use of that?; [**wie**] **~, dass** it's a good job that; ***wie ~, dass er das nicht gehört hat!*** it's a good job he didn't hear that!; **~!** (*in Ordnung!*) good!, OK!; **~, ~!** yes, all right! **II.** *adv* ❶ (*nicht schlecht*) well; **~ aussehend** *inv, attr* good-looking; **~ bezahlt** *attr* well-paid; **~ dotiert** *attr* (*geh*) well-paid; **~ gehend** *attr* flourishing, thriving; **~ gelaunt** in a good mood, cheerful; **~ gemeint** *attr* well-meant, well-intentioned; **~ situiert** *attr* well-to-do; **~ unterrichtet** *attr* well-informed; ***du sprichst aber ~ Englisch!*** you really can speak good English; **~ verdienend** *attr* high-income *attr* ❷ (*geschickt*) well ❸ (*reichlich*) good; ***es dauert noch ~ eine Stunde, bis Sie an der Reihe sind*** it'll be a good hour before it's your turn ❹ (*einfach, recht*) easily; ■ **nicht ~** not very well; ***ich kann ihn jetzt nicht ~ im Stich lassen*** I can't very well leave him in the lurch now ⑤ (*leicht, mühelos*) well; ***hast du die Prüfung ~ hinter dich gebracht?*** did you get through the exam all right?; ~ **leserlich** *Schrift* very legible, well-legible BRIT ⑥ (*angenehm*) good; ***hm, wonach riecht das denn so ~ in der Küche?*** hm, what's making the kitchen smell so lovely?; ***schmeckt es dir auch ~?*** do you like it too? ⑦ (*wohltuend sein*) ■ **[jdm] ~ tun** to do [sb] good; ***das hat mir unheimlich ~ getan*** that did me a power [*or* world] of good; ■ **es tut jdm ~, etw zu tun** it does sb good to do sth; ~ **tun** (*fam: sich einordnen*) to fit in ▶ WENDUNGEN: ~ **und gern** easily; **so ~ es geht** as best one can; ***wir haben den Vertrag übersetzt, so ~ es geht*** we translated the contract as best we could; **[das hast du] ~ gemacht!** well done!; **es ~ haben** to be lucky; ***er hat es in seiner Jugend nicht ~ gehabt*** he had a hard time when he was young; **das kann ~ sein** that's quite possible; **du kannst** [*o* **hast**] **~ reden!** (*fam*) it's easy for you to talk!; **mach's ~!** (*fam*) bye!, cheerio! BRIT; **pass ~ auf!** be very careful!; **sich ~ mit jdm stellen** to get into sb's good books; ~ **daran tun, etw zu tun** to do well to do sth; ***du tätest ~ daran, vor dem Examen noch etwas zu lernen*** you would do well to learn something before the exam; *s. a.* **so**

Gut <-[e]s, Güter> *nt* ① (*Landgut*) estate ② (*Ware*) commodity; ■ **Güter** (*Frachtgut*) goods *npl;* **unbewegliche Güter** immovables *npl;* **geistige Güter** intellectual wealth *no pl, no indef art;* **irdische Güter** (*geh*) worldly goods *npl* ③ *kein pl* (*das Gute*) good *no pl, no indef art;* ~ **und Böse** good and evil ▶ WENDUNGEN: **jenseits von ~ und Böse sein** (*iron*) to be past it *fam*

Gutachten <-s, -> *nt* [expert's] report

Gutachter(in) <-s, -> *m(f)* expert

gutartig *adj* ① MED benign ② (*nicht widerspenstig*) good-natured

gutbürgerlich *adj* middle-class; KOCHK home-made; **~e Küche** home-style cooking; ~ **essen [gehen]** to have some good home cooking **Gutdünken** <-s> *nt kein pl* discretion *no pl, no indef art;* **nach [eigenem] ~** at one's own discretion

Gute(r) *f(m) decl wie adj* (*guter Mensch*) ■ **der/die ~** the good man/woman; **mein ~r/meine ~** my dear fellow/my dear *fam;* **die ~n und die Bösen** the good and the bad, the goodies and the baddies BRIT *fam*

Gute(s) *nt decl wie adj* ① (*Positives*) ■ **~s** good; ***man hört viel ~s über ihn*** you hear a lot of good things about him; ■ **etwas ~s** something good; ***ich habe im Schrank etwas ~s für dich*** I've got something nice for you in the cupboard; ■ **etwas/nichts ~s** (*eine gute/keine gute Tat*) something/nothing good; ***er tat in seinem Leben viel ~s*** he did a lot of good in his life; **[auch] sein ~s haben** to have its good points [*or* good side] [too]; ***ein ~s hat die Sache*** there is one good thing about it; **jdm schwant nichts ~s** sb has a nasty feeling about sth; **nichts ~s versprechen** to not sound very promising, to bode ill [*or* no good]; **jdm ~s tun** to be good to sb; ***was kann ich dir denn ~s tun?*** how can I spoil [*or* what can I do for] you?; **sich zum ~n wenden** to take a turn for the better; **alles ~!** all the best!; ***alles ~ und viele Grüße an deine Frau!*** all the best and give my regards to your wife; **das ~ daran** the good thing about it ② (*friedlich*) **im ~n** amicably; ***lass dir's im ~n gesagt sein, dass ich das nicht dulde*** take a bit of friendly advice, I won't put up with it!; **sich im ~n trennen** to part on friendly [*or* good] terms ③ (*gute Charakterzüge*) **das ~ im Menschen** the good in man; **~s tun** to do good ▶ WENDUNGEN: **~s mit Bösem/~m vergelten** (*geh*) to return evil/good for good; **des ~n zuviel sein** to be too much [of a good thing]; ***das ist wirklich des ~n zuviel!*** that's really overdoing things!; **alles hat sein ~s** (*prov*) every cloud has a silver lining *prov;* **im ~n wie im Bösen** (*mit Güte wie mit Strenge*) every way possible; (*in guten und schlechten Zeiten*) through good [times] and bad; ***ich habe es im ~n wie im Bösen versucht, aber sie will einfach keine Vernunft annehmen*** I've tried to do everything I can, but she simply won't see sense

Güte <-> *f kein pl* ① (*milde Einstellung*) kindness; **die ~ haben, zu ...** (*iron geh*) to be so kind as to ... *iron form* ② (*Qualität*) [good] quality ▶ WENDUNGEN: **erster ~** (*fam*) of the first order; **ach du liebe** [*o* **meine**] **~!** (*fam*) oh my goodness! *fam;* **in ~** amicably

Güteklasse *f* grade, class

Gutenachtgeschichte *f* bedtime story **Gutenachtkuß** *m s.* **Gutenachtkuss** **Gutenachtkuss**[RR] *m* goodnight kiss

Güterabfertigung *f* ① *kein pl* (*das Abfertigen von Gütern*) dispatch of goods ② (*Abfertigungsstelle*) goods office, dispatch office **Güterbahnhof** *m* goods [*or* freight] depot **Güterfernverkehr** *m* long-distance haulage *no pl, no art* **Gütergemeinschaft** *f* JUR community of property; **in ~ leben** to have community of property

Guter Heinrich *m* BOT Good King Henry

Güternahverkehr *m* short-distance haulage *no pl, no indef art* **Güterschiff** *nt* cargo ship **Gütertrennung** *f* JUR separation of property; **in ~ leben** to have separation of property **Güterverkehr** *m* goods traffic *no pl, no indef art* **Güterwagen** *m* goods truck [*or* van], freight car [*or* wagon] **Güterzug** *m* goods [*or esp* AM freight] train

Gütesiegel *nt* seal [*or* mark] of quality, kite mark BRIT **Güteverhandlung** *f* JUR conciliation proceedings **Gütezeichen** *nt* mark of quality, kite mark BRIT

gutgläubig *adj* trusting, gullible **Gutgläubigkeit** *f* gullibility *no pl* **gut|haben** *vt irreg* ■ **etw bei jdm ~** to be owed sth by sb; ***du hast ja noch 125 Mark/einen Gefallen bei mir gut*** I still owe you 125 marks/a favour **Guthaben** <-s, -> *nt* credit balance **gut|heißen** *vt irreg* ■ **etw ~** to approve of sth **gutherzig** *adj* (*geh*) kind-hearted

gütig *adj* kind; **würden Sie so ~ sein, zu ...** (*geh*) would you be so kind as to ... *form;* **[danke,] zu ~!** (*iron*) [thank you,] you're too kind! *iron*

gütlich **I.** *adj* amicable **II.** *adv* amicably ▶ WENDUNGEN: **sich an etw** *dat* **~ tun** to help oneself freely to sth

gut|machen *vt* ① (*in Ordnung bringen*) ■ **etw ~** to put sth right; **etw an jdm gutzumachen haben** to have sth to make up to sb for ② (*entgelten*) ■ **etw ~** to repay sth; ***wie kann ich das nur je wieder ~?*** how can I ever repay you? ③ (*wettmachen*) ■ **etw mit etw ~** to make sth up again with sth; ■ **etw bei etw ~** to make sth from sth

Gutmensch *m* (*pej fam*) starry-eyed idealist *usu pej*

gutmütig *adj* good-natured

Gutmütigkeit <-> *f kein pl* good-naturedness *no pl*

Gutsbesitzer(in) *m(f)* landowner

Gutschein *m* coupon, voucher

gut|schreiben *vt irreg* ■ **jdm etw ~** to credit sb with sth

Gutschrift *f* ① *kein pl* (*Vorgang*) crediting *no pl* ② (*Bescheinigung*) credit note ③ (*Anlage zu einer ~ 4*) credit slip ④ (*im Haben gebuchter Betrag*) credit entry [*or* item]

Gutshaus *nt* manor house **Gutsherr(in)** *m(f)* lord/lady of the manor **Gutsherrenart** *f kein pl* (*pej fam*) **nach ~** in the style of lord of the manor; **nach ~ regieren** to rule as one pleases **Gutshof** *m* estate, manor

Gutsverwalter(in) *m(f)* estate manager, steward,

bailiff BRIT

guttural *adj* guttural

gutwillig **I.** *adj* (*entgegenkommend*) willing, obliging **II.** *adv* (*freiwillig*) voluntarily

Guyana <-s> *nt* Guyana; *s. a.* **Deutschland**

Guyaner(in) <-s, -> *m(f)* Guyanese; *s. a.* **Deutsche(r)**

guyanisch *adj* Guyanese; *s. a.* **deutsch**

gymnasial *adj attr* ≈ grammar-school *attr* BRIT, ≈ high-school *attr* AM

Gymnasiallehrer(in) *m(f)*, **Gymnasialprofessor(in)** *m(f)* ÖSTERR ≈ grammar-school [*or* AM ≈ high-school] teacher

Gymnasiast(in) <-en, -en> *m(f)* ≈ grammar-school pupil [*or* ≈ high-school student] AM

Gymnasium <-s, -ien> ['na:ziən] *nt* ≈ grammar school BRIT, ≈ high school AM; **humanistisches/mathematisch-naturwissenschaftliches** ~ ≈ grammar school specializing in humanities/mathematics and natural science

Gymnastik <-> *f* gymnastics + *sing vb*

Gymnastikunterricht *m* gymnastics + *sing vb*

gymnastisch *adj* gymnastic

Gynäkologe, Gynäkologin <-n, -n> *m, f* gynaecologist BRIT, AM gynacelogist

Gynäkologie <-> *f kein pl* gynaecology *no pl, no art* BRIT, AM gynecology *no pl, no art*

Gynäkologin <-, -nen> *f fem form von* **Gynäkologe**

gynäkologisch *adj* gynaecological

H

H, h <-, – *o fam* -s, -s> *nt* ① (*Buchstabe*) H [*or* h]; ~ **wie Heinrich** H for [*or* AM as in] Harry [*or* AM How]; *s. a.* **A 1** ② MUS B; *s. a.* **A 2**

h *Abk von* **hora[e]** hr ① *gesprochen: Uhr* (*Stunde der Uhrzeit*) hrs; ***Abfahrt des Zuges: 9 h 17*** train departure: 9.17 a.m. ② *gesprochen: Stunde* (*Stunde*) h.; ***130 km/h ist auf deutschen Autobahnen empfohlene Richtgeschwindigkeit*** 130 k.p.h. is the recommended speed on German motorways

ha¹ *Abk von* **Hektar** ha

ha² *interj* ① (*triumphierend*) ha!; ~, ***wusste ich's doch!*** ha! I knew it! ② (*überrascht, erstaunt*) oh!; ~, ***guck mal, was ich da entdeckt habe!*** oh! look what I've found here!

hä *interj* SÜDD, ÖSTERR, SCHWEIZ (*fam*) eh

Haag *m* ■**Den** ~ The Hague

Haar <-[e]s, -e> *nt* ① (*einzelnes Körperhaar*) hair ② *sing o pl* (*gesamtes Kopfhaar*) hair *no pl, no indef art;* ***sie hat schönes, blondes*** ~ she's got lovely blonde hair; **graue ~e bekommen** to go grey BRIT, *esp* AM gray; **sich** *dat* **die ~e legen lassen** to have one's hair set; **sich** *dat* **die ~e** [*o* **das** ~] **schneiden lassen** to get [*or* have] one's hair cut; *s. a.* **Schulden** ▸ WENDUNGEN: **die ~e zu Berge stehen** (*fam*) to make one's hair stand on end; **jdm die ~e vom Kopf fressen** (*fam*) to eat sb out of house and home *fam;* **ein ~ in der Suppe finden** (*fam*) to find fault with sth; **~e auf den Zähnen haben** (*fam*) to be a tough customer *fam;* **um kein ~ besser** not a bit better; **sich** *dat* **über etw** *akk* **keine grauen ~e wachsen lassen** not to lose any sleep over sth; **an jdm/etw kein** [*o* **nicht ein**] **gutes ~ lassen** to pick [*or* pull] sb/sth to pieces; **krauses ~, krauser Sinn** frizzy hair, muddled mind; **lange ~e, kurzer Verstand** long hair, stunted mind; **sich** *dat* **die ~e ausraufen** (*fam*) to tear one's hair out; **sich** *dat* [**über etw** *akk*] **in die ~e geraten** [*o fam* **kriegen**] to quarrel [*or* squabble] [about sth]; **jdm kein ~ krümmen** (*fam*) not to touch a hair on sb's head; **~e lassen müssen** (*fam*) not to escape unscathed; **sich** *dat* [**wegen etw**] **in den ~en liegen** (*fam*) to be at loggerheads [about sth]; **sich** *dat* **die ~e raufen** to tear one's hair; **da sträuben sich einem ja die ~e!** (*fam*) it's enough to make your hair stand on end!; **etw an den ~en herbeiziehen** (*fam*) to be far-fetched; **aufs** ~ exactly; ***die Zwillinge gleichen sich aufs*** ~ the twins are as alike as two peas in a pod; **um ein** [*o* **ums**] ~ within a hair's breadth

Haaransatz *m* hairline **Haarausfall** *m* hair loss *no pl* **Haarband** *nt* hairband **Haarbreit** *nt* ▸ WENDUNGEN: **nicht** [**um**] **ein** [*o* **um kein**] ~ not an inch; ***er wollte um kein ~ zurückweichen*** he wouldn't give an inch **Haarbürste** *f* hairbrush **Haarbüschel** *nt* tuft of hair

haaren *vi* to moult BRIT, AM molt; ***haart der Pelzmantel?*** is the fur coat losing it's hair?

Haarentferner <-s, -> *m* hair remover

Haaresbreite *f inv* ▸ WENDUNGEN: [**nur**] **um** ~ [only] by a hair's breadth [*or* a whisker]

Haarfarbe *f* colour [*or* AM -or] of one's hair **Haarfestiger** <-s, -> *m* setting lotion **Haargefäß** *nt* capillary **haargenau** *adj* exact; ***die Beschreibung trifft ~ auf ihn zu*** the description fits him to a T

haarig *adj* ① (*stark behaart*) hairy ② (*fam: heikel, vertrackt*) tricky *fam;* **eine ~e Angelegenheit** a tricky matter ③ (*riskant, gefährlich*) hairy *fam* ④ (*fam: extrem*) tough *fam;* ***das sind aber ~e Preise*** these prices are really steep

Haarklammer *f* hairclip **haarklein** *adv* in minute detail **Haarklemme** *f s.* **Haarklammer** **Haarknoten** *m* bun, knot **Haarlack** *m* hairspray **haarlos** *adj* hairless **Haarnadel** *f* hairpin **Haarnadelkurve** *f* hairpin bend **Haarnetz** *nt* hairnet; **flüssiges** ~ extra-hold hairspray **Haarpflege** *f* hair care; **zur** ~ for the care of one's hair **Haarpracht** *f* splendid head of hair **Haarprobe** *f* hair analysis **Haarreif** *m* Alice band **Haarriß** *m s.* **Haarriss** **Haarriss**[RR] *m* hairline crack **haarscharf** *adv* ① (*ganz knapp*) by a hair's breadth ② (*sehr exakt*) exactly **Haarschleife** *f* bow, hair ribbon **Haarschnitt** *m* ① (*Frisur*) hairstyle, haircut ② (*das Haareschneiden*) haircut **Haarschopf** *m* mop [*or* BRIT shock] of hair **Haarsieb** *nt* extra-fine sieve **Haarspalterei** <-, -en> *f* (*pej*) splitting hairs *no pl, no art* **Haarspange** *f* hair slide **Haarspitze** *f* end of a hair; **gespaltene ~n** split ends **Haarspray** *nt o m* hairspray **Haarstern** *m* ZOOL feather star **Haarsträhne** *f* strand of hair **haarsträubend** *adj* (*pej*) hair-raising **Haarteil** *nt* hairpiece **Haartracht** *f* (*veraltend geh*) hairstyle **Haartrockner** *m* hair dryer **Haarwäsche** *f* hair wash **Haarwaschmittel** *nt* shampoo **Haarwasser** *nt* hair lotion **Haarwild** *nt kein pl* furred game *no pl* **Haarwuchs** *m* growth of hair; **einen ...** ~ **haben** to have a ... head of hair; ***in meiner Jugend hatte ich einen dichteren ~ als heute*** I had a lot more hair in my youth than I have today **Haarwuchsmittel** *nt* hair restorer **Haarwurzel** *f* root of a/the hair

Hab *nt* ~ **und Gut** (*geh*) belongings *npl,* possessions *pl*

Habachtstellung *f* MIL attention *no pl, no indef art;* **in ~ gehen** to stand to attention

Habe <-> *f kein pl* (*geh*) belongings *npl,* possessions *pl;* **bewegliche** ~ movables *pl*

haben <hatte, gehabt> **I.** *vt* ① (*besitzen*) ■**etw/jdn** ~ to have sth/sb; ***wir ~ zwei Autos*** we've got two cars; ***die/wir haben's*** [***ja***] (*fam*) they/we can afford it; (*iron a.*) [well] what's that to them/us!; **wer**

hat, der hat *(fam)* I'd/we'd rather have it than not; ~ ***wir noch etwas Käse?*** have we still got some cheese?; ***er hat eine erwachsene Tochter*** he's got a grown-up daughter; ***sie hatte gestern Geburtstag*** it was her birthday yesterday; **jdm zur Frau/zum Mann ~ wollen** to want to make sb one's wife/husband ② *(erhalten)* ***ich hätte gern eine größere Wohnung*** I'd like a bigger flat; ***könnte ich mal das Salz haben?*** could I have the salt please?; ***ich hätte gern ein Pfund Zucker*** I'd like a pound of sugar, please, can I have a pound of sugar, please; ***ich hätte gern ein Bier*** I'd like a beer, please, can I have a beer, please; ***wie hätten Sie es gern?*** how would you prefer it?; ***woher hast du das?*** where did you get that? ③ *(fam: bekommen)* ■ **etw ~** to have sth; ***wir ~ um zwei eine Besprechung*** we've got a meeting at two; ***ein Glück, wir ~ morgen keine Schule*** that's lucky, there's no school for us tomorrow; ***was hast du diesmal in Französisch?*** what did you get for French this time?; ***in der Schule hat sie immer gute Noten gehabt*** she always got good marks at school; ***wen habt ihr eigentlich in Mathe?*** who have you got for maths? ④ *(aufweisen)* ■ **etw ~** to have sth; ***sie hat eine Narbe am rechten Kinn*** she has a scar on the right-hand side of her chin; ***leider hat der Wagen eine Beule*** unfortunately the car has a dent; ***hat das Haus einen Swimmingpool?*** has the house got a swimming pool?; ***er hat Beziehungen*** he's got connections ⑤ *(zur Verfügung ~)* ■ **etw ~** to have sth; ***hast du heute abend ein Stündchen Zeit für mich?*** could you spare me a little time this evening?; ***ich habe morgen leider keine Zeit*** I'm afraid I don't have time tomorrow ⑥ ÖKON *(führen)* ■ **etw ~** to have sth; ***bedauere, den Artikel ~ wir leider nicht*** sorry, unfortunately we don't have this item; ***das Buch ist noch zu ~*** the book is still available; ***dieser Artikel ist leider nicht mehr zu ~*** this item is unfortunately no longer available ⑦ *in Maßangaben* ■ **etw ~** to have sth; ***ein Meter hat 100 Zentimeter*** there are 100 centimetres in a metre; ***die Kugel hat einen Inhalt von 600 Kubikmeter*** the sphere has a capacity of 600 cubic metres; ***das Grundstück dürfte über 4000 Quadratmeter ~*** the plot should be over 4,000 square metres ⑧ *(von etw erfüllt sein)* ■ **etw ~** to have sth; ***ich habe Fieber/eine Erkältung*** I've got a temperature/a cold; ***ich habe doch noch einige Zweifel*** I've still got a few doubts; ***hast du Lust, mit ins Theater zu kommen?*** do you feel like coming to the theatre with us?; **Durst/Hunger ~** to be thirsty/hungry; **gute/schlechte Laune ~** to be in a good/bad mood; **Angst/Sorgen ~** be afraid/worried; ***hast du was?*** is something [*or* what's] the matter [*or* wrong]?; ***ich hab nichts!*** nothing's the matter!; ***was hat er/sie denn*** [*o* ***bloß***] [*o* ***nur***]***?*** what's up with him/her? *fam*, whatever's [*or fam* what on earth's] the matter with him/her? ⑨ *(herrschen)* to be; ***wie viel Uhr ~ wir bitte?*** what time is it, please?; ***wir ~ heute den 13.*** it's the 13th today; ***in Australien ~ sie jetzt Winter*** it's winter now in Australia; ***morgen sollen wir über 35° C im Schatten ~*** it's supposed to be over 35 in the shade tomorrow; ***in Bayern ~ wir seit Tagen strengen Frost*** we've had a severe frost in Bavaria for days ⑩ *mit adj* ■ **es ... ~** to be ...; ***ihr habt es sicher sehr angenehm in dieser Wohngegend*** it must certainly be very pleasant for you in this residential area; ***so hast du es bequemer*** you'll be more comfortable that way; ***ich habe es etwas kalt im Haus*** my house is a bit cold; **es bei jdm gut ~** to be well off with sb; *s. a.* **leicht, schlecht, schwer** ⑪ *in Infinitivkonstruktion mit zu* *(tun müssen)* ■ **etw zu tun ~** to have to do sth; ***du hast zu tun, was ich sage!*** you're to do what [*or* as] I say!; ***Sie ~ hier keine Fragen zu stellen!*** it's not for you to ask questions here!; ***ich habe noch zu arbeiten*** I've still got work to do; ***als Rekrut ~ Sie sich nicht zu beschweren!*** as a recruit it's not your place to complain! ⑫ *in Infinitivkonstruktion mit Raumangabe* ***im Schlafzimmer hat er ein Bild hängen*** he's got a picture hanging in his bedroom; ***ich habe über 4000 Bücher in den Regalen stehen*** I've got over 4,000 books on the shelves ⑬ DIAL *(geben)* ■ **es hat** there is/are; ***im Sommer hat es dort immer reichlich Obst*** there's always an abundance of fruit there in the summer; ■ **jdm etw ~** to have sth for sb; ***geh zu deinem Opa, der hat dir was*** go and see grandad, he's got something for you ⑭ *mit präp* ■ **etw an sich** *dat* **~** to have sth about one; ***sie hat so etwas an sich, das sie sehr anziehend macht*** she has something about her that makes her very attractive; ***ich weiß nicht, was er an sich hat, dass alle ihn so mögen*** I don't know what it is about him that makes everyone like him so much; **das hat er/sie/es so an sich** *dat* that's [just] the way he/she/it is; ***das hat sie so an sich*** that's just the way she is; ■ **etw an jdm ~** ***jetzt weiß ich, was ich an ihr habe*** now I know how lucky I am to have her; ***an diesen Idioten habe ich doch nichts!*** these idiots are useless to me!; ***an den Kindern habe ich eine große Hilfe*** the children are a great help to me; **es an/in etw** *dat* **~** *(fam: leiden)* to have trouble with sth; ***ich habe es im Rücken!*** I've got trouble with my back; ***er hat es am Herz*** he's got heart trouble; **was hat es damit auf sich?** what's all this about?; **für etw zu haben/nicht zu ~ sein** to be/not to be keen on sth; ***für einen schönen Videoabend bin ich schon immer zu ~ gewesen*** I've always been keen on a nice video evening; ***er ist immer für einen Spaß zu ~*** he's always on for a laugh; **etwas für sich ~** sth to be said for sth; ***keine schlechte Idee, sie hat etwas für sich*** not a bad idea, there's something to be said for it; **jdn/etw gegen sich ~** to have sb/sth against one; ***jetzt hat sie die ganze Firma gegen sich*** now she's got the whole firm against her; **etw/nichts gegen jdn/etw ~** to have sth/nothing against sb/sth; ***hast du was gegen mein neues Kleid?*** have you got something against my new dress?; **es in sich ~** *(fam)* to be tough; ***der Trick hat es in sich!*** the trick's a tough one!; ***der Wein hat es aber in sich!*** the wine has really got some punch!; ***das Essen muss es wohl in sich gehabt ~*** the food must have been really rich; **etwas mit jdm ~** *(euph)* to have something [*or* a thing] going with sb *euph;* ***der Chef hat wohl etwas mit seiner Sekretärin*** there's something [going on] between the boss and his secretary; **es mit etw ~** to have a thing about sth; ■ **etw von jdm ~** to have sth from sb; ***die blauen Augen hat sie vom Vater*** she has her father's blue eyes, she gets her blue eyes from her father; ***er hat etwas von einem Bengel*** [***an sich***] he's a bit of a rascal; ***ihre Skulpturen ~ etwas von Rubin*** her sculpture owe much to Rubin; ***von wem hast du deine schlechten Manieren?*** from whom did you get your bad manners?; **mehr/viel/wenig von jdm/etw ~** to get more/a lot/little from [*or* out of] sb/sth; ***die Kinder ~ bisher wenig von ihrem Vater gehabt*** the children have seen little of their father so far; ■ **etw von etw ~** to get sth out of sth; ***das hast du nun von deiner Kompromisslosigkeit*** that's what comes of being unwilling to compromise; ***das Kleid hat etwas von Eleganz*** the dress has a certain elegance about it; **nichts davon ~** not to gain anything from it; ***warum tut sie das? davon hat sie doch gar nichts!*** why does she do it? she doesn't gain anything from it; **das hast du jetzt davon** [,

dass …] (*fam*) that's what you get for …; ***das hast du jetzt davon!*** now see where it's got you!; ***das hast du nun davon, dass du immer so schnell fährst!*** that's what you get for speeding all the time!; **jdn vor sich** *dat* ~ to deal with sb; ***wissen Sie überhaupt, wen Sie vor sich haben?*** have you any idea whom you are dealing with? ▶ WENDUNGEN: **das nicht ~ können** (*fam*) to not be able to stand that; ***hör auf mit diesen Ausdrücken, ich kann das nicht haben!*** stop using these expressions, I can't stand it!; **noch/nicht mehr zu ~ sein** (*fam*) to be still/no longer available; ***ich habe mich von meiner Freundin getrennt, ich bin jetzt wieder zu ~*** my girlfriend and I have split up, so now I'm available again; **da hast du/haben Sie …** there you are; ***da hast du zehn Mark!*** there you are, there's ten marks!; ***also gut, da ~ Sie das Geld*** right, well there you are, there's the money; **da hast du's/haben wir's!** (*fam*) there you are [*or fam* go]!; ***da ~ wir's, genau wie ich es vorausgesagt hatte!*** there you go! exactly as I predicted!; **ich hab's!** (*fam*) I've got it! *fam;* ***lass mich nachdenken, ja, ich hab's!*** let me think, yes, I've got it!; **wie gehabt!** as usual; ***hat sich was geändert? — nein, es ist alles noch wie gehabt*** has anything changed? — no, it's still just as it was **II.** *vr* (*fam*) ❶ (*sich aufregen*) ■**sich [mit/wegen etw]** ~ to make a fuss [about sth]; ***musst du dich immer so haben?*** must you always make such a fuss? ❷ (*sich streiten*) to argue; ***sie ~ sich mal wieder gehabt*** they have been arguing [*or* fighting] again **III.** *vr impers* (*fam*) (*wieder in Ordnung sein*) ■**es hat sich wieder** it's all right again; ***er gab ihr einen Kuss, und es hatte sich wieder*** he gave her a kiss and it was all right again; ***hat es sich wieder, oder bist du immer noch wütend?*** is everything OK now or are you still furious? ▶ WENDUNGEN: **und damit hat es sich** (*fam*) and that's it! *fam;* ***hier sind noch mal 500 Mark, und damit hat es sich!*** here's another 500 marks, but that's it!; **hat sich was!** (*fam*) you must be joking!; ***Ihr Schirm? hat sich was, das ist meiner!*** your umbrella? don't make me laugh, that's mine! **IV.** *vb aux* ■**etw getan** ~ to have done sth; ***ich habe das nicht getan, das war meine Schwester!*** I didn't do that, it was my sister!; ***hätten Sie das nicht voraussehen können?*** could you not have foreseen that?; ***du hättest den Brief früher schreiben können*** you could have written the letter earlier; ***also, ich hätte das nicht gemacht*** well, I wouldn't have done that; ■**etw getan ~ wollen** to claim to have done sth; ***sie will ihn in einem Laden gesehen ~*** she claims to have seen him in a shop; ***ich will nichts gesagt haben, verstanden?*** I didn't say anything, OK?

Haben <-s> *nt kein pl* credit; **mit etw im ~ sein** to be in credit by sth

Habenichts <-[es], -e> *m* (*fam*) have-not *usu pl,* pauper

Habenseite *f* credit side **Habenzinsen** *pl* credit interest, interest on credit

Habgier *f* (*pej*) greed *no pl,* avarice *no pl*

habgierig *adj* (*pej*) greedy, avaricious

habhaft *adj* (*geh*) ■**jds** *gen* ~ **werden** to catch sb; ■**einer S.** *gen* ~ **werden** get hold of sth

Habicht <-s, -e> *m* ORN hawk

Habichtskraut *nt* BOT hawkweed

habil. *adj Abk von* **habilitatus** *qualified to lecture at a university*

Habilitation <-, -en> *f* habilitation (*qualification as a university lecturer*)

Habilitationsschrift *f postdoctoral thesis relating to qualification as a university lecturer*

habilitieren* **I.** *vr* ■**sich** ~ to qualify as a university lecturer **II.** *vt* ■**jdn** ~ to award sb the qualification of university lecturer

Habit <-s, -e> *nt o m* ❶ (*Ordenskleid*) habit ❷ (*geh: Aufzug*) attire *no pl, no indef art*

Habitat <-s, -e> *nt* habitat

Habsburger(in) <-s, -> *m(f)* Hapsburg

habsburgisch *adj* Hapsburg *attr*

Habseligkeiten *pl* [meagre [*or* AM -er]] belongings *npl* [*or* possessions *pl*] [*or* effects *npl*]

Habsucht *f s.* **Habgier**

habsüchtig *adj s.* **habgierig**

hach *interj* huh

Hachel <-, -n> *f* ÖSTERR (*Küchenhobel*) slicer

hacheln *vt, vi* ÖSTERR (*hobeln*) ■**[etw]** ~ to chop [*or* slice] [sth]

Hachse <-, -n> *f* KOCHK DIAL (*Haxe*) knuckle [of lamb]

Hackbeil *nt* chopper, cleaver **Hackblock** *m s.* **Hackklotz** **Hackbraten** *m* meat loaf **Hackbrett** *nt* ❶ KOCHK chopping board ❷ MUS dulcimer

Hacke[1] <-, -n> *f* ❶ DIAL (*Ferse*) heel; **die ~n zusammenschlagen** [*o* **zusammenklappen**] MIL to click one's heels ❷ DIAL (*Ferse an Socken, Strümpfen*) heel ▶ WENDUNGEN: **sich** *dat* **die ~n [nach etw] ablaufen** (*fam*) to run [*or* walk] one's legs off [*or* wear oneself out] looking for something; **jdm nicht von den ~n gehen** to dog sb; **die ~n voll haben** [*o* **einen im ~n haben**] NORDD (*fam*) to be tanked up *fam;* **sich jdm an die ~n hängen** [*o* **heften**] to stick to sb's heels; **jdm [dicht] auf den ~n sein** [*o* **bleiben**] [*o* **sitzen**] (*fam*) to be [*or* stay] hard on sb's heels

Hacke[2] <-, -n> *f* ❶ (*Gartengerät*) hoe ❷ ÖSTERR (*Axt*) axe

Hackebeil *nt s.* **Hackbeil**

hacken **I.** *vt* ❶ (*zerkleinern*) ■**etw** ~ to chop [up *sep*] sth ❷ (*hackend lockern*) ■**etw** ~ to hoe sth ❸ (*durch Hacken herstellen*) ■**etw [in etw** *akk*] ~ to hack sth [in sth] **II.** *vi* ❶ (*mit dem Schnabel schlagen*) ■**[nach jdm/etw]** ~ to peck [sb/sth] ❷ (*mit der Hacke arbeiten*) ■**[in/zwischen etw]** ~ to hoe [in/between sth] ❸ INFORM (*sl*) ■**auf etw** *dat* ~ to sit at sth hacking away; ***er hackt schon seit Stunden auf seinem Computer*** he's been hacking away on his computer for hours; ■**das H~** hacking

Hacken <-s, -> *m s.* **Hacke**[1] **1**

Hackepeter <-s, -> *m* ❶ NORDD (*Hackfleisch*) mince BRIT, AM ground, minced meat ❷ KOCHK *seasoned lean minced beef, eaten raw,* steak tartare

Hacker(in) <-s, -> *m(f)* INFORM (*sl: Computerpirat*) hacker; (*Computerfan*) computer freak

Hackfleisch *nt* mince, AM ground, minced meat ▶ WENDUNGEN: ~ **aus jdm machen** [*o* **jdn zu ~ machen**] (*sl*) to make mincemeat of sb *fam* **Hackfrucht** *f usu pl* AGR root crop **Hackklotz** *m* chopping block **Hackordnung** *f* (*fig a.*) pecking order

Häcksel <-s> *nt o m kein pl* chaff *no pl, no indef art*

Hacksteak [ste:k, ʃte:k] *nt* hamburger **Hackstock** *m* ÖSTERR (*Hackklotz*) chopping block

Hader <-s> *m kein pl* (*geh*) discord *no pl, no indef art form;* **mit jdm in ~ leben** to live in strife with sb

Haderlump *m* ÖSTERR, SÜDD (*pej*) waster BRIT *pej,* good-for-nothing *pej*

hadern *vi* (*geh*) ■**[mit etw]** ~ to quarrel [with sth]; **mit seinem Schicksal** ~ to rail against one's fate

Hades <-> *m kein pl* Hades *no pl, no art*

Hafen[1] <-s, Häfen> *m* ❶ (*größerer Ankerplatz*) harbour [*or* AM -or], port; ***ein Schiff läuft in den ~ ein/läuft aus dem ~ aus*** a ship enters/leaves port ❷ (*geh: Zufluchtsort*) [safe] haven ▶ WENDUNGEN: **den ~ der Ehe ansteuern** to be looking to get married; **in den ~ der Ehe einlaufen** (*hum fam*) to finally tie the knot *hum fam;* **im ~ der Ehe landen** (*hum fam*) to get married [*or* hitched] [*or* BRIT *hum fam* spliced]

Hafen[2] <-s, Häfen *o* -> *m o nt* DIAL, BES ÖSTERR ① (*größerer Topf*) pan, pot ② (*Nachttopf*) chamber pot, potty BRIT

Häfen <-s, -> *m* ÖSTERR ① *s.* **Hafen**[2] ② (*sl: Gefängnis*) clink *sl*

Hafenamt *nt* port [*or* harbour [*or* AM -or]] authority **Hafenanlagen** *pl* docks *pl* **Hafenarbeiter(in)** *m(f)* docker **Hafenbehörde** *f* harbour [*or* port] authority **Hafeneinfahrt** *f* harbour entrance **Hafenkneipe** *f* (*fam*) dockland [*or* harbour] bar [*or* BRIT pub] **Hafenmeister(in)** *m(f)* harbour-master **Hafenpolizei** *f* dock [*or* port] police + *sing/pl vb* **Hafenrundfahrt** *f* boat-trip round the harbour **Hafenstadt** *f* port **Hafenviertel** *nt* dock area, docklands *pl*

Hafer <-s, -> *m* oats *pl* ▸ WENDUNGEN: **jdn sticht der ~** (*fam*) sb is feeling his oats AM *sl*, sb has the wind up his tail BRIT *fam*

Haferbrei *m* porridge *no pl, no indef art* **Haferflocken** *pl* oat flakes *pl*, rolled oats *pl* **Hafergrütze** *f* groats *npl*, grits *npl* AM **Haferkleie** *f* oat bran *no pl, no indef art* **Haferkorn** *nt* oat grain **Haferkümmel** *m* cumin **Hafermehl** *nt* oatmeal *no pl, no indef art* **Hafersack** *m* nosebag **Haferschleim** *m* gruel *no pl* **Haferwurz** *f* salsify, vegetable oyster

Haff <-[e]s, -s *o* -e> *nt* lagoon

Hafnium <-s> *nt kein pl* CHEM hafnium *no pl, no indef art*

Haft <-> *f kein pl* (*~strafe*) imprisonment *no pl;* (*~zeit*) prison sentence, term of imprisonment; **in ~ sein** [*o* **sich in ~ befinden**] to be in custody [*or* prison]; **aus der ~ entlassen werden** to be released from custody [*or* prison]; **jdn in ~ nehmen** to take sb into custody

Haftanstalt *f* detention centre [*or* AM -er], prison **Haftaussetzung** <-, -en> *f* parole *no pl, no art*

haftbar *adj* ■ **für etw ~ sein** to be liable for sth; **jdn für etw ~ machen** to hold sb [legally] responsible for sth

Haftbefehl *m* [arrest] warrant; **einen ~ gegen jdn ausstellen** to issue a warrant for sb's arrest; **jdn mit ~ suchen** to have a warrant out for sb's arrest **Haftdauer** *f* term of imprisonment

Haftel <-s, -n> *nt* MODE ÖSTERR (*Häkchen und Öse*) hook and eye

Haftelmacher *m* ÖSTERR ▸ WENDUNGEN: **wie ein ~ aufpassen** to watch like a hawk

haften[1] *vi* ① ÖKON ■ [**mit etw**] **~** to be liable [with sth]; ***sie haftet mit ihrem ganzen Vermögen*** she is liable with the whole of her property; **auf Schadenersatz ~** to be liable for compensation ② (*die Haftung übernehmen*) ■ **für jdn/etw ~** to be responsible for sb/sth; ***im Falle von Schäden ~ Eltern für Ihre Kinder*** parents are responsible for their children in cases of damage; **jdm dafür ~, dass** to provide sb with a guarantee that

haften[2] *vi* ① (*festkleben*) ■ [**auf etw** *dat*] **~** to adhere [*or* stick] [to sth] ② (*sich festsetzen*) ■ **an etw** *dat* **~** to cling to sth; ■ [**an/auf etw** *dat*] **~ bleiben** to adhere [*or* stick] [to sth] ③ (*hängen bleiben*) ■ **an jdm ~** to stick to sb ④ (*verinnerlicht werden*) ■ **bei jdm ~** to stick in sb's mind; ■ [**in jdm**] **~ bleiben** to stick [in sb's mind]; ***die Eindrücke des Krieges werden für immer in ihm ~*** the impressions of war will stay with him for ever

haften|bleiben *vi irreg sein s.* **haften**[2] **2, 4**

Haftentlassung *f* release from custody [*or* prison] **Haftentschädigung** *f* compensation for wrongful imprisonment

haftfähig[1] *adj* (*klebend*) adhesive

haftfähig[2] *adj* JUR fit for a custodial sentence

Haftfähigkeit[1] *f von Reifen* roadholding *no pl, no indef art*

Haftfähigkeit[2] *f* JUR fitness for a custodial sentence

Häftling <-s, -e> *m* prisoner

Haftnotiz *f* self-adhesive note

Haftpflicht *f* ① (*Schadenersatzpflicht*) liability ② (*fam: Haftpflichtversicherung*) personal [*or* AM public] liability insurance *no pl, no art;* AUTO third-party insurance *no pl, no art*

haftpflichtig *adj* liable

haftpflichtversichert *adj* ■ **~ sein** to have personal liability insurance; AUTO to have [*or* be covered by] third-party insurance **Haftpflichtversicherung** *f* personal [*or* AM public] liability insurance *no pl, no art;* AUTO third-party insurance *no pl, no art*

Haftrichter(in) *m(f)* magistrate **Haftstrafe** *f* (*veraltend*) *s.* **Freiheitsstrafe** **haftunfähig** *adj* unfit for a custodial sentence

Haftung[1] <-, -en> *f* JUR liability; ***für Garderobe übernehmen wir keine ~*** articles are left at the owner's risk

Haftung[2] <-> *f kein pl* roadholding *no pl, no indef art*

Haftungsbeschränkung *f* JUR limitation of liability

Hafturlaub *m* parole *no pl, no art* **Haftverkürzung** *f* JUR shortened sentence **Haftverschonung** *f* conditional discharge **Haftzeit** *f* term of imprisonment

Hagebutte <-, -n> *f* rose hip

Hagebuttentee *m* rose-hip tea

Hagedorn *m* NORDD (*Weißdorn*) hawthorn

Hagel <-s> *m kein pl* ① METEO hail *no pl, no indef art* ② (*Schauer*) hail; ■ **ein ~ von etw** a hail of sth ③ (*Kanonade*) torrent; ■ **der/ein ~ von etw** the/a stream [*or* torrent] of sth; **~ von Flüchen und Schimpfwörtern** [*o* **Beschimpfungen**] torrent of abuse

Hagelkorn <-körner> *nt* hailstone

hageln I. *vi impers* to hail II. *vt impers* (*fam*) ■ **es hagelt etw** there is a hail of sth

Hagelschaden *m* damage caused by hail **Hagelschauer** *m* hail shower **Hagelschlag** *m* hailstorm **Hagelzucker** *m* white sugar crystals

hager *adj* gaunt, thin; **ein ~es Gesicht** a gaunt face; **~e Arme** thin arms

Hagestolz <-es, -e> *m* (*hum veraltend*) confirmed bachelor

Hagiographie, Hagiografie[RR] <-, -n> [*pl* ˈfi:ən] *f* (*fachspr*) hagiography

haha *interj*, **hahaha** *interj* haha; ha, ha, ha

Häher <-s, -> *m* ORN jay

Hahn[1] <-[e]s, Hähne> *m* ① (*männliches Haushuhn*) cock, rooster AM; (*jünger*) cockerel ② (*Wetterhahn*) weathercock ▸ WENDUNGEN: [**bei jdm**] **~ im Korbe sein** (*fam*) to be the only male in a group of females, to be cock of the walk *fam;* **der gallische ~** the French cockerel; **ein guter ~ wird selten fett** a sexually active man remains fit; **jdm den roten ~ aufs Dach setzen** to set sb's house on fire; **nach etw kräht kein ~ mehr** (*fam*) no one cares two hoots about sth anymore *fam*

Hahn[2] <-[e]s, Hähne *o* -en> *m* ① (*Wasserhahn*) tap, faucet AM ② *pl Hähne* (*Vorrichtung an Schußwaffen*) hammer, cock ▸ WENDUNGEN: [**jdm**] **den ~ zudrehen** to stop sb's money supply

Hähnchen <-s, -> *nt* chicken

Hähnchenbrust *f* chicken breast

Hahnenfuß *m* BOT buttercup **Hahnenfußgewächs** *nt* BOT ranunculus **Hahnenkamm** *m* (*Frisur a.*) cockscomb **Hahnenkampf** *m* cockfight **Hahnenschrei** *m* cockcrow; **beim** [*o* **mit dem**] **ersten ~** at first cockcrow **Hahnentrittmuster** *nt* MODE dog-tooth check

Hahnium <-s> *nt kein pl* CHEM hahnium *no pl, no in-*

H

def art

Hahnrei <-s, -e> *m* (*hum veraltet*) cuckold *dated;* **jdn zum ~ machen** to cuckold sb *dated*

Hai <-[e]s, -e> *m* shark

Haifisch *m s.* **Hai**

Haifischflossensuppe *f* shark-fin soup

Hain <-[e]s, -e> *m* (*poet, geh*) grove; **ein heiliger ~** a sacred grove

Hainbuche *f* BOT hornbeam **Hainsimse** <-, -n> *f* BOT woodrush

Haiti <-s> *nt* Haiti; *s. a.* **Sylt**

Haitianer(in) <-s, -> *m(f)* Haitian; *s. a.* **Deutsche(r)**

haitianisch *adj* Haitian; *s. a.* **deutsch**

haitisch *adj s.* **haitianisch**

Häkchen <-s, -> *nt dim von s.* **Haken** ❶ (*kleiner Haken 1*) [small] hook ❷ (*v-förmiges Zeichen*) tick ❸ LING (*fam*) diacritic ► WENDUNGEN: **was ein ~ werden will, krümmt sich beizeiten** (*prov*) there's nothing like starting young

Häkelarbeit *f* ❶ (*Handarbeit*) crochet[ing] ❷ (*gehäkelter Gegenstand*) [piece of] crochet [work] **Häkelgarn** *nt* crochet thread

hakeln I. *vi* DIAL to finger-wrestle II. *vt* SPORT ■**jdn ~** to hook sb

häkeln I. *vi* to crochet; ■**das H~** crocheting II. *vt* ■**etw ~** to crochet sth

Häkelnadel *f* crochet hook

haken I. *vi* ❶ (*fest~*) to have got caught [*or* stuck]; ***der Schlüssel hakt irgendwie im Schloss*** somehow the key's got stuck in the lock ❷ *impers* (*fam: schwierig sein*) ■**es hakt [bei jdm]** sb is stuck II. *vt* ❶ (*befestigen*) ■**etw an/auf/in etw** *akk* **~** to hook sth to/on[to]/in[to] sth ❷ SPORT to hook

Haken <-s, -> *m* ❶ (*gebogene Halterung*) hook ❷ (*beim Boxen*) hook ❸ (*hakenförmiges Zeichen*) tick ❹ (*fam: hindernde Schwierigkeit*) catch, snag; **einen ~ haben** (*fam*) to have a catch ► WENDUNGEN: **mit/ohne ~ und Ösen** with/with no strings attached; **mit ~ und Ösen** by hook or by crook; **~ schlagen** to change tactics; **ein Hase schlägt einen ~** a hare doubles back [*or* darts sideways]

hakenförmig *adj* hooked, hook-shaped **Hakenkreuz** *nt* swastika **Hakennase** *f* hooked nose, hooknose **Hakenwurm** *m* MED hookworm **Hakenwurmkrankheit** *f* hookworm disease, ancylostomiasis *spec*

Halali <-s, -[s]> *nt* JAGD mort

halb I. *adj* ❶ (*die Hälfte von*) half; ***die ~e Flasche ist leer*** the bottle is half empty ❷ *inv* (*halbe Stunde der Uhrzeit*) ■**~ ...** half past ...; ***es ist genau ~ sieben*** it is exactly half past six; ■**... nach/vor ~ ...** after/before half past; ***es ist erst fünf vor ~*** it's only twenty-five past ❸ *inv, kein art* (*ein Großteil von etw*) ■**~ ...** half of ...; ***~ Deutschland verfolgt die Fußballweltmeisterschaft*** half of Germany is following the World Cup; ■**der/die/das ~e ...** half the ... ❹ (*fam: fast*) ■**eine ~e/ein ~er/ein ~es ...** something of a ...; ***du bist ja ein ~er Elektriker*** you're something of an electrician ❺ (*halbherzig*) half-hearted; *s. a.* **Weg** ❻ KOCHK (*Garstufe*) half-done ► WENDUNGEN: **nichts H~es und nichts Ganzes** (*fam*) neither one thing nor the other II. *adv* ❶ *vor Verb* (*zur Hälfte*) half; ■**nur ~** only half; ***ich habe nur ~ verstanden, was sie sagte*** I only half understood what she said; **etw nur ~ machen** to only half do sth; **~ so ... sein** to be half as ...; ***er ist nicht ~ so schlau wie sein Vorgänger*** he's not nearly as crafty as his predecessor; **~ ..., ~ ...** half..., half...; ***diese Nachricht quittierte sie ~ lachend, ~ weinend*** she took this news half laughing, half crying ❷ *vor adj, adv* (*~wegs*) half; **~ nackt** half-naked; **~ offen** half-open; **~ voll** half-filled, half-full; **~ tot** (*fam*) half-dead; **~ wach** half-awake; ***der Braten ist erst ~ gar*** the roast is only half done; ***die Straße knickt hier ~ rechts ab*** the street forks off to the right here ► WENDUNGEN: **[mit jdm] ~ und ~ [o ~e-~e] machen** (*fam*) to go halves with sb; **das ist ~ so schlimm** it's not as bad as all that; **~ und ~** (*fam*) sort of

Halbaffe *m* ❶ ZOOL prosimian ❷ (*pej sl: blödes Arschloch*) silly arse [*or* AM ass] *pej sl* **Halbbildung** *f* (*pej*) superficial education **halbbitter** *adj Schokolade* plain **Halbblut** *nt kein pl* ❶ (*Mensch*) half-caste ❷ (*Tier*) crossbreed **Halbbruder** *m* half-brother **Halbdunkel** *nt* semi-darkness *no pl* **Halbedelstein** *m* semi-precious stone

halber *präp +gen nachgestellt* (*geh*) ■**der ... ~** for the sake of ...

halberwachsen [ks] *adj attr* adolescent **Halbfabrikat** *nt* ÖKON semi-finished product **halbfertig** *adj attr* half-finished **halbfest** *adj attr* semi-solid **halbfett** I. *adj* ❶ TYPO semibold ❷ KOCHK medium-fat II. *adv* TYPO in semibold **Halbfinale** *nt* semi-final **halbgebildet** *adj attr* half-educated **Halbgeschwister** *pl* half-brother[s] and -sister[s] **Halbgott, -göttin** *m, f* demigod/demigoddess

Halbheiten *pl* (*pej*) half-measures *pl*

halbherzig *adj* half-hearted

Halbherzigkeit *f* half-heartedness *no pl*

halbieren* I. *vt* ❶ (*teilen*) ■**etw ~** to divide sth in half ❷ (*um die Hälfte vermindern*) ■**etw ~** to halve sth II. *vr* (*sich um die Hälfte verringern*) ■**sich ~** to halve

Halbierung <-, -en> *f* halving *no pl, no indef art*

Halbinsel *f* peninsula **Halbjahr** *nt* half-year **halbjährig** *adj attr* ❶ (*ein halbes Jahr dauernd*) six-month *attr;* ***eine ~e Probezeit wurde vereinbart*** a six-month trial period was agreed ❷ (*ein halbes Jahr alt*) six-month-old *attr* **halbjährlich** I. *adj* half-yearly, six-monthly II. *adv* every six months, twice a year **Halbjude, -jüdin** *m, f* half Jew/Jewess; **~ sein** to be half Jewish **Halbkanton** *m* SCHWEIZ demicanton **Halbkreis** *m* semicircle; **im ~** in a semicircle **Halbkugel** *f* hemisphere; **nördliche/südliche ~** northern/southern hemisphere **halblang** *adj* MODE *Mantel, Rock* mid-calf length; *Haar* medium-length ► WENDUNGEN: **[nun] mach mal ~!** (*fam*) cut it out! *fam,* stop exaggerating! **halblaut** I. *adj* quiet II. *adv* in a low voice, quietly **Halblederband** *m* VERLAG half-leather bound [*or* half-bound] edition **Halbleinenband** *m* VERLAG half-linen bound [*or* half-cloth] edition **Halbleiter** *m* ELEK semiconductor **halbmast** *adv* at half-mast; **auf ~** at half-mast **Halbmesser** *m s.* **Radius** **Halbmetall** *nt* CHEM semi-metal **Halbmond** *m* ❶ ASTRON half-moon ❷ (*Figur*) crescent ► WENDUNGEN: **der Rote ~** the Red Crescent **halbmondförmig** *adj* crescent-shaped **halbpart** *adv* **[mit jdm] ~ machen** (*fam*) to go halves [with sb] **Halbpension** *f* half-board *no pl, no art* **Halbschatten** *m* half shade *no pl, no indef art;* ASTRON penumbra **Halbschlaf** *m* light sleep *no pl;* **im ~ sein** to be half asleep **Halbschuh** *m* shoe **Halbschwergewicht** *nt* SPORT ❶ *kein pl* (*Gewichtsklasse*) light-heavyweight *no pl, no art* ❷ (*Sportler*) light-heavyweight **Halbschwergewichtler(in)** *m(f) s.* **Halbschwergewicht 2** **Halbschwester** *f* half-sister **halbseitig** I. *adj* ❶ MEDIA, TYPO (*eine halbe Seite umfassend*) half-page ❷ (*eine Seite betreffend*) on [*or* down] one side; MED hemiplegic; **~e Lähmung** hemiplegia II. *adv* ❶ MEDIA, TYPO in half-page format ❷ MED on [*or* down] one side; **~ gelähmt** hemiplegic **Halbstarke(r)** *f(m) decl wie adj* (*veraltend fam*) [young] hooligan **halbstündig** *adj attr* half-hour *attr,* lasting half an hour; **in ~en Intervallen** at half-hourly intervals **halbstündlich** I. *adj* half-hourly II. *adv* every half-hour **Halbstürmer(in)** *m(f) bes* FBALL attacking midfielder

halbtags *adv* on a part-time basis; ***sie arbeitet wieder ~ im Büro*** she's working half-day at the office again

Halbtagsarbeit *f* ❶ *kein pl (Arbeit an halben Tagen)* part-time work *no pl, no indef art* ❷ *s.* **Halbtagsbeschäftigung** **Halbtagsbeschäftigung** *f* half-day [*or* part-time] job, part-time employment *no pl, no indef art* **Halbtagskraft** *f* part-time workers [*or* employees] *pl*

halbtrocken *adj* **~er Wein** medium dry wine **Halbvokal** *m* semivowel **Halbwahrheit** *f kein pl* half-truth **Halbwaise** *f* child without a father/mother; **~ sein** to be fatherless/motherless

halbwegs *adv* ❶ *(einigermaßen)* partly; ***jetzt geht es mir wieder ~ besser/gut*** I'm feeling a bit better/reasonably well again now ❷ *(nahezu)* almost ❸ *(veraltend: auf halbem Wege)* halfway

Halbwelt *f kein pl* demimonde **Halbwert(s)zeit** *f* PHYS half-life **Halbwissen** *nt (pej)* superficial knowledge *no pl,* smattering [of knowledge]

halbwüchsig *adj* adolescent

Halbwüchsige(r) *f(m) decl wie adj* adolescent

Halbzeit *f* half-time

Halde <-, -n> *f* ❶ *(Müllhalde)* landfill, rubbish tip BRIT ❷ *(Kohlehalde)* coal tip; *(Abraumhalde)* slagheap ❸ *(unverkaufte Ware)* stockpile; **etw auf ~ fertigen** [*o* **produzieren**] to manufacture sth for stock; **etw auf ~ legen** [*o* **lagern**] to stockpile sth ❹ SÜDD *(Hang)* slope

half *imp von* **helfen**

Hälfte <-, -n> *f (der halbe Teil)* half; ***die ~ von dem, was sie sagt, ist frei erfunden*** half of what she says is pure invention; ▪**eine/die ~ der/des ...** half [of] ...; ***wenn nur die ~ von dem, was man liest, stimmt, wäre das ja schon entsetzlich*** if only half of what one reads were true, that would be terrible enough; **die erste/zweite ~ einer S.** *gen* the first/second half of sth; **die kleinere/größere ~** the smaller/larger half; **die vordere/hintere ~** the front/back half; **um die ~** by half, 50%; ***die Inflation ist um die ~ gestiegen*** inflation has increased by half [*or* by 50%]; **zur ~** half, 50%; ***wieso lässt du ein noch zur ~ volles Glas stehen?*** why are you leaving a glass that's half full? ▶ WENDUNGEN: **jds bessere ~** *(hum fam)* sb's better half *hum fam;* ***meine bessere ~ ist zu Hause geblieben*** my better half has stayed at home; [**von etw**] **die ~ abstreichen können** [*o* **müssen**] *(fam)* to disregard half of sth

hälften *vt (selten) s.* **halbieren**

Halfter¹ <-s, -> *m o nt* halter

Halfter² <-s, – *o* -, -n> *nt o f* holster

Hall <-[e]s, -e> *m* ❶ *(dumpfer Schall)* reverberation ❷ *(Widerhall)* echo

Halle <-, -n> *f* ❶ *(Ankunfts~)* hall ❷ *(Werks~)* workshop ❸ *(Ausstellungs-, Messe~)* hall ❹ *(Hangar)* hangar ❺ *(Sport~)* sports hall; **in der ~** indoors, inside ❻ *(großer Saal)* hall ▶ WENDUNGEN: **in diesen heiligen ~n** *(iron)* within these hallowed halls *iron*

halleluja *interj* ❶ REL hallelujah! ❷ *(fam: ein Glück!)* hurray! [*or hum fam* hallelujah!]

hallen *vi* ▪[**durch/über etw** *akk*] **~** to echo [*or* reverberate] [through/across sth]

Hallenbad *nt* indoor swimming pool **Hallenkirche** *f church with nave and side aisles of equal height* **Hallensport** *m kein pl* indoor sport

Hallig <-, -en> *f* small flat island *(esp off Schleswig-Holstein)*

Hallimasch <-[e]s, -e> *m* BOT honey agaric

hallo *interj* ❶ *betont: 'hallo (zur Begrüßung)* hello ❷ *betont: hal'lo (überrascht)* hello

Hallo <-s, -s> *nt* hello

Hallodri <-[s], -[s]> *m* ÖSTERR, SÜDD *(fam)* playboy *fam*

Halluzination <-, -en> *f* hallucination; **~en haben** to have hallucinations; [**wohl**] **an ~en leiden** *(iron fam)* to suffer from hallucinations

halluzinogen *adj* hallucinogenic

Halluzinogen <-s, -e> *nt* hallucinogen

Halm <-[e]s, -e> *m* ❶ *(Stängel)* stalk, stem; ***die Felder stehen hoch im ~*** the corn etc. is almost ready for harvesting ❷ *(Trinkhalm)* straw

Halo <-[s], -s *o* Halonen> *m* PHYS halo

Halogen <-s, -e> *nt* halogen

Halogenbirne *f* halogen bulb **Halogenlampe** *nt* halogen lamp **Halogenleuchte** *f* halogen lamp **Halogenscheinwerfer** *m* AUTO halogen headlamp

Hals <-es, Hälse> *m* ❶ ANAT neck; *von Knochen* collum; *(von Gebärmutter)* cervix; **sich** *dat* **den ~ brechen** *(fam)* to break one's neck; **den ~ recken** to crane one's neck; **einem Tier den ~ umdrehen** to wring an animal's neck; **jdm um den ~ fallen** to fling one's arms around sb's neck; **~-Nasen-Ohren-Arzt** ear, nose and throat specialist ❷ *(Kehle)* throat; **jdm im ~ steckenbleiben** to become stuck in sb's throat; **es im ~ haben** *(fam)* to have a sore throat ❸ KOCHK *vom Kalb, Rind* neck; *vom Lamm a.* scrag ❹ *(Flaschen~)* neck ▶ WENDUNGEN: **~ über Kopf** in a hurry [*or* rush]; **etw in den falschen ~ bekommen** *(fam)* to go down the wrong way *fam;* *(etw missverstehen)* to take sth wrongly; **einen langen ~ machen** *(fam)* to crane one's neck; **aus vollem ~[e]** at the top of one's voice; **den ~ nicht voll [genug] kriegen können** *(fam)* not to be able to get enough of sth; **jdm mit etw vom ~[e] bleiben** *(fam)* not to bother sb with sth; **jdn auf dem** [*o* **am**] **~ haben** *(fam)* to be saddled [*or* BRIT lumbered] with sb *fam;* **etw zum ~e heraushängen** *(fam)* to be sick to death of sth; ***immer Spinat, langsam hängt mir das Zeug zum ~e heraus!*** spinach again! I'm getting sick to death of the stuff!; **jdn** [*o* **jdm**] **den ~ kosten** [*o* **jdm den ~ brechen**] *(fam)* to finish sb; **jdm/sich etw auf den ~ laden** *(fam)* to saddle [*or* BRIT lumber] sb/oneself with sth *fam;* **sich/jdm jdn vom ~ schaffen** *(fam)* to get sb off one's/sb's back; **jdm jdn auf den ~ schicken** [*o* **hetzen**] *(fam)* to get [*or* put] sb onto sb; ***dem hetze ich die Polizei auf den ~!*** I'll get the police onto him!; **sich** *dat* **nach jdm/etw den ~ verrenken** *(fam)* to crane one's neck to see sb/sth; **sich jdm an den ~ werfen** *(pej fam)* to throw oneself at sb; **jdm etw an den ~ wünschen** *(fam)* to wish sth upon sb; **bis über den ~** *(fam)* up to one's ears [*or* neck]; ***ich stecke bis über den ~ in Schulden*** I'm up to my ears in debt

Halsabschneider(in) *m(f) (pej fam)* shark *pej fam* **Halsausschnitt** *m* neckline **Halsband** *nt* ❶ *(für Haustiere)* collar ❷ *(Samtband)* choker **halsbrecherisch** *adj* breakneck *attr* **Halsbund** *m* neckband **Halsbündchen** *nt* neckband **Halsentzündung** *f* sore throat **Halskette** *f* necklace **Halskrause** *f* ❶ MODE, ZOOL ruff ❷ MED surgical collar **Hals-Nasen-Ohren-Arzt, -ärztin** *m, f* ear, nose and throat specialist **Halsschlagader** *f* carotid [artery] **Halsschmerzen** *pl* sore throat **Halsschmuck** *m* neck jewellery BRIT, AM jewelery [*or* adornment]

halsstarrig *adj (pej)* obstinate, stubborn

Halsstarrigkeit <-> *f kein pl (pej)* obstinacy *no pl,* stubbornness *no pl*

Halstuch *nt* scarf, cravat, neckerchief **Hals- und Beinbruch** *interj* good luck!, break a leg! **Halsweh** *nt s.* Halsschmerzen **Halsweite** *f* neck size **Halswirbel** *m* ANAT cervical vertebra

H

halt¹ *interj* MIL halt!

halt² *adv* DIAL (*eben*) just, simply; ***du musst es ~ noch mal machen*** you'll just have to do it again

Halt <-[e]s, -e> *m* ① (*Stütze*) hold; **jdm/einer S. ~ geben** to support sb/sth; **an jdm ~/keinen ~ haben** to have support/no support from sb; **keinen ~ haben** not to be supported; **den ~ verlieren** to lose one's hold [*or* footing] ② (*inneres Gleichgewicht*) stability, security; ***sie ist sein moralischer ~*** she is his moral support ③ (*Stop*) stop; **ohne ~** without stopping; **~ machen** to stop, to pause; **vor nichts ~ machen** to stop at nothing; **vor niemandem ~ machen** to spare nobody

haltbar *adj* ① (*nicht leicht verderblich*) non-perishable; ■ **~ sein** to keep; **nur begrenzt ~** perishable; **etw ~ machen** to preserve sth ② (*widerstandsfähig*) durable, hardwearing; ■ **~ sein** to be durable [*or* hardwearing] ③ (*aufrechtzuerhalten*) tenable

Haltbarkeit <-> *f kein pl* ① (*Lagerfähigkeit*) shelf life ② (*Widerstandsfähigkeit*) durability

Haltbarkeitsdatum *nt* sell-by date

Haltegriff *m* [grab] handle; (*an Badewanne*) bath handle [*or* rail]; (*am Gewehr*) grip; (*Riemen*) [grab] strap

halten <hielt, gehalten> **I.** *vt* ① (*fest~*) ■ **[jdm] jdn/etw ~** to hold sb/sth [for sb] ② (*zum Bleiben veranlassen*) ■ **jdn ~** to stop sb; ■ **jdn irgendwo ~** to keep sb somewhere; ***warum bleibst du noch bei dieser Firma, was hält dich noch da?*** why do you stay with the firm, what's keeping you there? ③ (*in eine bestimmte Position bringen*) ■ **etw irgendwohin/irgendwie ~** to put sth somewhere/in a certain position; ***er hielt den Arm in die Höhe*** he put his hand up ④ (*tragen, stützen*) ■ **etw ~** to hold sth ⑤ (*zurück~*) ■ **etw ~** to hold [*or* retain] sth; ***das Ventil konnte den Überdruck nicht mehr ~*** the valve could no longer contain the excess pressure ⑥ SPORT ■ **etw ~** to save sth; ***der Tormann konnte den Ball nicht ~*** the goalkeeper couldn't stop the ball ⑦ (*angestellt haben*) ■ **[sich** *dat*] **jdn ~** to employ [*or* have] sb; ■ **[sich** *dat*] **etw ~** to keep sth; ***er hält sich ein Privatfluzeug, eine Segeljacht und ein Rennpferd*** he keeps a private aircraft, a yacht and a racehorse ⑧ (*behandeln*) ■ **jdn irgendwie ~** to treat sb in a certain way; ***er hält seine Kinder sehr streng*** he is very strict with his children ⑨ (*weiter innehaben*) ■ **etw ~** to hold on to sth; ***hoffentlich kann ich den Weltrekord noch ~*** hopefully I can still hold on to the world record; *s. a.* **Kurs, Melodie** ⑩ (*verteidigen*) ■ **etw [gegen jdn] ~** to hold sth [in the face of sb]; ***die Verteidiger hielten ihre Stellungen weiterhin*** the defenders continued to hold their positions ⑪ (*in einem Zustand er~*) ■ **etw irgendwie ~** to keep sth in a certain condition; ***die Fußböden hält sie immer peinlich sauber*** she always keeps the floors scrupulously clean; *s. a.* **besetzt** ⑫ (*handhaben*) ■ **es [mit etw] irgendwie ~** to do sth in a certain way; ***wir ~ es ähnlich*** we do things in a similar way ⑬ (*gestalten*) ■ **etw in etw** *dat* **~** to be done in sth; ***das Haus war innen und außen ganz in Weiß gehalten*** the house was completely white inside and out ⑭ (*ab~*) ■ **etw ~** to give sth; ***er hielt eine kurze Rede*** he made a short speech; *s. a.* **Wache** ⑮ (*einhalten, erfüllen*) ■ **etw ~** to keep sth; ***der Film hält nicht, was der Titel verspricht*** the film doesn't live up to its title ▶ WENDUNGEN: **nicht zu ~ sein** not to be able to stop sb; ***wenn sie etwas von Sahnetorte hört, ist sie nicht mehr zu ~*** if she hears cream gateau mentioned there's no holding her!; **das kannst du ~, wie du willst** that's completely up to you; **etwas/nichts/viel davon ~, etw zu tun** to think sth/nothing/a lot of doing sth; **jdn/etw für jdn/etw ~** to take sb/sth for sb/sth; ***ich habe ihn für seinen Bruder gehalten*** I mistook him for his brother; ***das halte ich nicht für möglich*** I don't think that's possible; **es [mehr/lieber/eher] mit jdm/etw ~** to like [*or* prefer] sb/sth; **etw von jdm/etw ~** to think sth of sb/sth; ***vom Sparen hält er scheinbar nicht viel*** he doesn't appear to think much of saving; **wofür ~ Sie mich?** who do you take me for! **II.** *vi* ① (*fest~*) to hold; ***kannst du mal 'n Moment ~?*** can you hold that for a second? ② (*haltbar sein*) to keep [*or* last]; ***wie lange hält der Fisch noch?*** how much longer will the fish keep? ③ (*stehenbleiben, anhalten*) to stop; ***~ Sie bitte an der Ecke!*** stop at the corner, please; **etw zum H~ bringen** to bring sth to a stop [*or* standstill] ④ SPORT to make a save; ***unser Tormann hat heute wieder großartig gehalten*** our goalkeeper made some great saves today ⑤ (*zielen*) ■ **[mit etw] irgendwohin ~** to aim at sth [with sth]; ***Sie müssen mit dem Bogen mehr nach links ~*** you must aim the bow more to the left ▶ WENDUNGEN: **an sich** *akk* **~** to control oneself; ***ich musste an mich ~, um nicht zu lachen*** I had to force myself not to laugh; **auf etw** *akk* **~** to attach a lot of importance to sth; **auf sich** *akk* **~** to take [a] pride in oneself; **zu jdm ~** to stand [*or* stick] by sb; **halt mal, ...** hang [*or* hold] on, ... **III.** *vr* ① (*sich festhalten*) ■ **sich an etw** *dat* **~** to hold on to sth ② (*nicht verderben*) ■ **sich ~** to keep [*or* last]; ***im Kühlschrank hält sich Milch gut drei Tage*** milk keeps for a good three days in the fridge ③ METEO (*konstant bleiben*) ■ **sich ~** to last; ***manchmal kann der Nebel sich bis in die späten Vormittagsstunden ~*** sometimes the fog can last until the late morning ④ (*eine Richtung beibehalten*) ■ **sich irgendwo/nach ... ~** to keep to somewhere/heading towards ...; ***~ Sie sich immer in dieser Richtung*** keep going in this direction ⑤ (*sich richten nach*) ■ **sich an etw** *akk* **~** to keep [*or* stick] to sth; ***ich halte mich immer an die Vorschriften*** I always stick to the rules ⑥ (*haften*) ■ **sich ~** to linger ⑦ (*sich behaupten*) ■ **sich [noch] [mit etw] ~** to prevail [with sth]; ***trotz der hauchdünnen Mehrheit hielt sich die Regierung noch über ein Jahr*** despite its wafer-thin majority the government lasted [*or* kept going for] over a year ⑧ (*eine bestimmte Haltung haben*) ■ **sich irgendwie ~** to carry [*or* hold] oneself in a certain manner; ***es ist nicht leicht, sich im Gleichgewicht zu ~*** it's not easy to keep one's balance ▶ WENDUNGEN: **sich gut gehalten haben** (*fam*) to have worn well *fam;* ***für seine 50 Jahre hat er sich gut gehalten*** he has worn well for a 50-year-old; **sich gut/besser ~** to do well/better; **sich nicht ~ können** not to be able to control oneself; **sich an etw** *akk* **~** (*befolgen*) to keep [*or* stick] to sth; (*bei etw bleiben*) to stay with [*or* stick to] sth; ***ich halte mich lieber an Mineralwasser*** I prefer to stay with mineral water; **sich an jdn ~** (*sich wenden*) to refer to sb; (*sich richten nach*) to stay [*or* stick] with sb; **sich für jdn/etw ~** to think one is sb/sth; ***er hält sich für besonders klug*** he thinks he's really clever

Haltepunkt *m* stop

Halter <-s, -> *m* holder

Halter(in) <-s, -> *m(f)* ① AUTO [registered] keeper BRIT, owner ② (*Tier~*) owner

Halterung <-, -en> *f* mounting, support

Halteschlaufe *f* (*im Bus*) [hanging] strap; (*im Auto a.*) assist strap **Haltestelle** *f* stop **Halteverbot** *nt* ① *kein pl* no stopping; **hier ist ~** this is a no stopping area; **im ~ parken** [*o* **stehen**] [*o* **halten**] to park [*or* wait] [*or* stop] in a no stopping area ② (*Verkehr*) **absolutes** [*o* **uneingeschränktes**] **~** strictly no stopping; **eingeschränktes ~** limited waiting **Halteverbot(s)schild** *nt* "no stopping" sign

haltlos *adj* ① (*labil*) weak; *Mensch* unsteady, unstable ② (*unbegründet*) groundless, unfounded

Haltlosigkeit <-> *f kein pl* ① (*Labilität*) instability ② (*Unbegründetheit*) groundlessness

Haltung[1] <-, -en> *f* ① (*Körperhaltung*) posture; *bes* SPORT (*typische Stellung*) stance, style; ***für schlechte ~ wurden ihr Punkte abgezogen*** she lost marks for poor stance ② (*Einstellung*) attitude ③ *kein pl* (*Verhalten*) manner, behaviour [*or* AM -or], conduct ▶ WENDUNGEN: ~ **bewahren** to keep one's composure; ~ **annehmen** MIL to stand to [*or* at] attention

Haltung[2] <-> *f kein pl* keeping; ***der Mietvertrag untersagt die ~ von Haustieren*** the tenancy agreement forbids the keeping of pets

Haltungsfehler *m* bad posture **Haltungsschaden** *m* damaged posture

Halunke <-n, -n> *m* ① (*pej: Gauner*) scoundrel ② (*hum: Schlingel*) rascal

Hämatom <-s, -e> *nt* haematoma BRIT, AM hematoma

Hamburg <-s> *nt* Hamburg

Hamburger[1] <-s, -> *m* hamburger

Hamburger[2] *adj attr* Hamburg; ***Blankenese ist ein nobler ~ Stadtteil*** Blankenese is a posh Hamburg suburb

Hamburger(in) <-s, -> *m(f)* native of Hamburg

Häme <-> *f kein pl* malice

hämisch I. *adj* malicious, spiteful II. *adv* maliciously

Hämmchen <-s, -> *nt* KOCHK cured knuckle of pork

Hammel <-s, – *o selten* Hämmel> *m* ① (*kastrierter Schafbock*) wether ② *kein pl* (*~fleisch*) mutton ③ (*pej: Dummkopf*) idiot, ass *pej*

Hammelbeine *pl* **jdm die ~ langziehen** (*fam*) to give sb a good telling off [*or* dressing down]; **jdn bei den ~n kriegen** [*o* **nehmen**] (*fam*) to take sb to task **Hammelbraten** *m* roast mutton **Hammelfleisch** *nt* mutton **Hammelkeule** *f* leg of mutton **Hammelsprung** *m* POL division

Hammer <-s, Hämmer> *m* ① (*Werkzeug*) hammer ② SPORT (*Wurfgerät*) hammer ③ ANAT hammer, malleus ④ MUS hammer ⑤ (*sl: schwerer Fehler*) howler, AM *esp* major error, clanger BRIT ⑥ (*Unverschämtheit*) outrageous thing ▶ WENDUNGEN: **zwischen Amboss und ~ geraten** to be under attack from both sides; ~ **und Sichel** hammer and sickle; **du hast einen ~!** (*sl*) you must be round the bend! BRIT *sl*, you must be off your rocker! AM *sl*; **das ist ein ~!** (*sl*) that's fantastic!; **ein ~ sein** (*sl*) to be absurd; ***diese Unterstellung ist ja ein dicker ~!*** this insinuation is really absurd!; **unter den ~ kommen** (*fam*) to come under the hammer *fam*

Hämmerchen <-s, -> *nt dim von* **Hammer** small hammer

Hammerhai *m* ZOOL hammerhead

hämmern I. *vi* ① (*mit dem Hammer arbeiten*) to hammer, to forge; ■**das H~** hammering ② (*wie mit einem Hammer schlagen*) to hammer, to pound ③ (*wie Hammerschläge ertönen*) to make a hammering noise ④ (*fam: auf dem Klavier spielen*) to hammer away at the piano; ■**auf etw ~** *dat* to hammer on sth ⑤ (*rasch pulsieren*) to pound II. *vt* ① (*mit dem Hammer bearbeiten*) ■**etw ~** to hammer sth ② (*wiederholt schlagen*) ■**jdm etw auf etw ~** *akk* to pound a part of sb's body with sth; **jdm** *dat* **etw ins Bewusstsein ~** to hammer [*or* knock] sth into sb's head

Hammerschlag *m* hammer blow **Hammerstiel** *m* shaft [*or* handle] of a hammer **Hammerwerfen** <-s> *nt kein pl* hammer-throwing **Hammerwerfer(in)** <-s, -> *m(f)* hammer-thrower **Hammerzehe** *f* MED hammertoe

Hammondorgel ['hɛmənd] *f* hammond organ

Hämoglobin <-s> *nt kein pl* haemoglobin BRIT, AM hemoglobin

Hämolyse <-, -n> *f* MED (*Auflösung roter Blutkörperchen*) haemolysis BRIT, AM hemolysis

Hämophilie <-, -n> ['liːən] *f* haemophilia BRIT, AM hemophilia

Hämorride <-, -n> *f*, **Hämorrhoide** <-, -n> *f meist pl* haemorrhoids *pl* BRIT, hemorrhoids *pl* AM

Hampelmann <-männer> *m* ① (*Spielzeug*) jumping jack ② (*pej fam: labiler Mensch*) gutless person, spineless creature, puppet; ***ich bin doch nicht dein ~!*** I'm not your puppet!; **jdn zu einem ~ °machen, aus jdm einen ~ °machen** to make sb sb's puppet

hampeln *vi* (*fam*) to fidget

Hamster <-s, -> *m* hamster

Hamsterbacken *pl* (*fam*) chubby cheeks *fam*

Hamsterer, Hamsterin <-s, -> *m, f* (*fam*) hoarder

Hamsterkauf *m* panic-buying; **Hamsterkäufe machen** to panic-buy

hamstern *vt, vi* to hoard; ■[**etw**] ~ to panic-buy [sth]

Hand <-, Hände> *f* ① ANAT hand; **die ~ zur Faust ballen** to clench one's fist; **die Hände in die Seiten stemmen** to put one's hands on one's hips; **eine ~/zwei Hände breit** six inches/a foot wide; ***es ist nur noch etwa eine ~ breit Wein im Fass*** there's only about six inches of wine left in the barrel; **mit der flachen ~** with the flat of one's hand; **Hände hoch!** hands up!; **eine hohle ~ machen** to cup one's hands; **aus der hohlen ~** from one's cupped hands; ***sie tranken an der Quelle aus der hohlen ~*** they drank at the spring from their cupped hands; **linker/rechter ~** on the left/right; ***links liegt der See, der Gutshof liegt rechter ~*** the lake is on the left and the estate on the right; **zur linken/rechten ~** on the left-hand/right-hand side; ***zur linken ~ sehen Sie das Rathaus*** on the left-hand side you can see the town hall; **eine ruhige/sichere ~** a steady hand; **mit sanfter ~** with a gentle hand; ***sie versteht es, ihre Abteilung mit sanfter ~ zu führen*** she knows how to run her department with a calm hand; **jdm die ~ drücken** [*o* **schütteln**] to shake sb's hand; **jdm etw in die ~ drücken** to press sth into sb's hand; **jdm die ~ geben** [*o* *geh* **reichen**] to shake sb's hand; **etw in Händen halten** (*geh*) to have sth in one's hands; ***das ist ein interessantes Buch, das Sie da gerade in Händen halten*** that's an interesting book that you've got there at the moment; **jdn an der** [*o* **bei der**] **~ haben** [*o* **nehmen**] [*o* **fassen**] to take hold of sb's hand; **etw aus der ~ essen** to eat sth out of one's hand; **in die Hände klatschen** to applaud [*or* clap]; **jdm die ~ küssen** to kiss sb's hand; **etw aus der ~ legen** to put down sth *sep*; ***lege jetzt die Zeitung aus der ~, wir frühstücken!*** put the paper down now, we're having breakfast; **jdm die ~ auflegen** to lay one's hand on sb; ***Jesus hat Kranke geheilt, indem er ihnen die ~ auflegte*** Jesus healed the sick by laying his hands on them; **etw in die ~ nehmen** to pick up sth *sep*; ***er nimmt niemals ein Buch in die ~*** he never picks up a book; (*sich darum kümmern*) to attend to sth; ***lass mich die Sache mal in die ~ nehmen*** let me take care of the matter; **jdm etw aus der ~ nehmen** to take sth from [*or* off] sb, to take sth out of sb's hand; ***sie nahm ihrem Kind das Messer aus der ~*** she took the knife away from her child; ***der Fall ist dem Richter aus der ~ genommen worden*** the judge has been relieved of the case; **sich** *dat* **die Hände reiben** to rub one's hands [together]; **jdm die ~ reichen** [*o geh* **bieten**] to give sb one's hand; ***sie reichten sich zur Begrüßung die Hände*** they greeted each other by shaking hands; **jdm etw aus der ~ schlagen** to knock sth out of sb's hand; **Hände weg!** hands off!; **die ~ nicht vor den Augen sehen können** not to be able to see one's hand in front of one's face ❷ *kein pl* SPORT (~*spiel*) handball; ***der Schiedsrichter erkannte auf*** ~ the referee blew for handball ❸ (*Besitz, Obhut*) hands; ***der Besitz gelangte in fremde Hände*** the property passed into foreign hands ❹ POL **die öffentliche** ~ (*der Staat*) [central] government; (*die Gemeinde*) local government; ***das Vorhaben wird durch die öffentliche*** ~ ***finanziert*** the project is being financed by the public sector ▶ WENDUNGEN: **mit seiner Hände Arbeit** with one's own hands; ***die Firma hat er mit seiner Hände Arbeit aufgebaut*** he built the firm up with his own hands; **seine Hände mit Blut beflecken** (*geh*) to have blood on one's hands; **für jdn/etw seine** [*o* **die**] ~ **ins Feuer legen** (*fam*) to vouch for sb/sth; ~ **und Fuß haben** to be purposeful; **weder** ~ **noch Fuß haben** to have no rhyme or reason, to make no sense; ***dieser Plan hat weder*** ~ ***noch Fuß*** there's no rhyme or reason to this plan; **mit Händen und Füßen** (*fam*) tooth and nail; ***gegen diese Pläne werde ich mich mit Händen und Füßen wehren*** I will fight these plans tooth and nail; ~ **aufs Herz!** (*fam*) cross your heart, word of honour [*or* honor] AM; ~ ***aufs Herz, hast du wirklich nichts davon gewusst?*** give me your word of honour, did you really know nothing about it?; **die Hände überm Kopf zusammenschlagen** to throw one's hands up in amazement; ***wenn man sieht, wie sie sich benimmt, kann man nur noch die Hände überm Kopf zusammenschlagen*** when you see how she behaves you can only throw your hands up in amazement [*or* horror]; **von der** ~ **in den Mund leben** to live from hand to mouth; **die Hände in den Schoß legen** to sit back and do nothing; [**bei etw**] **die** [*o* **seine**] **Hände im Spiel haben** to have a hand in sth; ***dieser Geschäftemacher hat überall seine*** ~ ***im Spiel!*** this wheeler dealer has his finger in every pie; **seine Hände in Unschuld waschen** to wash one's hands of a matter; ***ich hatte damit nichts zu tun, ich wasche meine Hände in Unschuld!*** I had nothing to do with it, I wash my hands of the matter; **bei jdm** [**mit etw**] **in besten Händen sein** to be in safe hands with sb [regarding sth]; ***bei ihr sind Sie damit in besten Händen*** you're in safe hands with her as far as that is concerned; **mit der bloßen** ~ with one's bare hands; **aus erster/zweiter** ~ first-hand/second-hand; ***Informationen aus zweiter*** ~ ***sind meist wenig verlässlich*** second-hand information is in most cases unreliable; (*vom ersten/zweiten Eigentümer*) with one/two previous owner[s]; ***er kauft Gebrauchtwagen, aber nur aus erster*** ~ he buys second-hand cars but only with one previous owner; **in festen Händen sein** (*fam*) to be spoken for; ***bei der kannst du nicht mehr landen, die ist schon in festen Händen*** you won't get anywhere with her, she's already spoken for; **fleißige Hände** hard workers; **freie** ~ **haben** [*o* **jdm freie** ~ **lassen**] a free hand [*or* to give sb a free hand]; ***bei der Regelung dieser Angelegenheit will Ihnen unser Konzern freie*** ~ ***lassen*** our company will give you free reign in settling this matter; **von fremder** ~ from a stranger; ***die Unterschrift stammt von fremder*** ~ this is a stranger's signature; **in fremde Hände übergehen** to change hands; **bei etw eine glückliche** ~ **haben** to have the Midas touch with sth; ***sie hat bei all ihren Geschäftsabschlüssen immer eine glückliche*** ~ ***gehabt*** she has always had the Midas touch in all of her business deals; **von langer** ~ well in advance; ***der Bankraub muss von langer*** ~ ***geplant gewesen sein*** the bank robbery must have been planned well in advance; **mit leeren Händen** empty-handed; **eine leitende** [*o* **lenkende**] ~ a guiding hand; **letzte** ~ **an etw legen** *akk* to put the finishing touches to sth; **eine lockere** ~ **haben** (*fam*) to let fly at the slighest provocation *fam;* ***gib ihn ja keine Widerworte, du weißt, er hat eine lockere*** ~***!*** don't contradict him, you know he likes to let fly; **aus** [*o* **von**] **privater** ~ privately; ***haben Sie den Leuchter aus einem Antiquitätengeschäft? — nein, aus privater*** ~ did you get the candelabra from an antique shop? — no, from a private individual; **jds rechte** ~ **sein** to be sb's right-hand man; **mit etw schnell** [*o* **flink**] [*o* **gleich**] **bei der** ~ **sein** (*fam*) to be quick to do sth concerning sth; ***sie ist mit abfälligen Bemerkungen schnell bei der*** ~ she's quick to make disparaging remarks; **eine starke** [*o* **feste**] ~ a firm hand; **jdm etw zu treuen Händen übergeben** to give sth to sb for safekeeping, to entrust sth to sb; **alle Hände voll zu tun haben** to have one's hands full; **mit vollen Händen** excessively, plentifully, lavishly; ***er gab das Geld mit vollen Händen aus*** he spent his money left, right and centre [*or* center] AM; ***sie verteilte das Geld mit vollen Händen unter den Bedürftigen*** she gave generously to the needy; **hinter vorgehaltener** ~ in confidence; ***man erzählt sich hinter vorgehaltener*** ~ ***davon*** people are telling each other about it in confidence; **jdm/einer S. in die** ~ **arbeiten** to play into sb's hands/the hands of sth; **jdm in die Hände** [*o* **in jds Hände**] **fallen** to fall into sb's hands, to come across sth; ***schaut mal, was mir zufällig in die Hände gefallen ist!*** look what I came across by chance; **jdm aus der** ~ **fressen** (*fam*) to eat out of sb's hand; **jdm sind die Hände gebunden, jds Hände sind gebunden** sb's hands are tied; ***ich würde dir gerne helfen, aber meine Hände sind gebunden*** I would like to help you, but my hands are tied; **jdm zur** [*o* **an die**] ~ **gehen** to lend sb a [helping] hand; **durch jds Hände** [*o* ~] **gehen** to pass through sb's hands; **jdm ... von der** ~ **gehen** to be...for sb; ***am Computer gehen einem viele Textarbeiten leicht von der*** ~ working with texts is easy on a computer; [**mit etw**] ~ **in** ~ **gehen** to go hand in hand [with sth]; ***das Ansteigen der Massenarbeitslosigkeit geht mit der Rezession*** ~ ***in*** ~ the rise in mass unemployment goes hand in hand with the recession; **von** ~ **zu** ~ **gehen** to pass from hand to hand; **in jds Hände** *akk* **übergehen** to pass into sb's hands; **jdm etw auf die** ~ **geben** to promise sb sth faithfully; **etw aus der** ~ **geben** to let sth out of one's hands; ***Bücher gebe ich nicht aus der*** ~ I don't lend people books; ***sie musste vorübergehend die Konzernleitung aus der*** ~ ***geben*** she had to relinquish the management of the group temporarily; **mit Händen zu greifen sein** to be as plain as the nose on your face [*or* BRIT as a pikestaff] *fam;* **die** ~ **auf etw halten** *akk* (*fam*) to keep a tight rein on sth; **um jds** ~ **anhalten** (*geh*) to ask for sb's hand in marriage *form;* **die** [*o* **seine** [**schützende**]] ~ **über jdn halten** (*geh*) to protect sb; **die** [*o* **seine**] ~ **hinhalten** [*o* **aufhalten**] (*fam*) to hold out one's hand [for money]; **jdn** [**für etw**] **an der** ~ **haben** (*fam*) to have sb on hand [for sth]; ***für Autoreparaturen habe ich jdn an der*** ~ I've got someone on hand who can fix cars; **etw bei der** [*o* **zur**] ~ **haben** to have sth to hand; ***ich möchte zu gerne wissen, welche Erklärung er diesmal bei der*** ~ ***hat!*** I'd like to know what explanation he's got to hand this time!; **etw in der** ~ **haben** to have sth in one's hands; ***ich habe diese Entscheidung nicht in der*** ~ this decision is not in my hands; **etw gegen jdn in der** ~ **haben** to have sth on sb; ***die Staatsanwaltschaft hat gegen den Konzern nicht genügend Beweise in der*** ~ the state prosecution didn't have sufficient evidence on the company; **jdn** [**fest**] **in der** ~ **haben** to have sb [well] in hand; **in jds Händen sein** to be in sb's hands; ***die Geiseln sind in den***

Händen der Terroristen the hostages are in the hands of the terrorists; ***der Vertrag wird morgen in Ihren Händen sein*** the contract will be in your hands tomorrow; **[bei jdm] in ... Händen sein** to be in...hands [with sb]; ***sie wird bei Ihnen in guten Händen sein*** she will be in good hands with you; ***bei uns ist Ihr Wagen in den richtigen Händen*** your car is in the right hands with us; **zur ~ sein** to be at hand; ***der Brief ist gerade nicht zur Hand*** the letter is not at hand at the moment; **jdn/etw in die ~** [*o* **Hände**] **kriegen** [*o* **bekommen**] to get one's hands on sb/sth; ***als Zollbeamter kriegt man so manche Waffe in die ~*** customs officers come across quite a few weapons in their job; **[bei etw] mit ~ anlegen** to lend a hand [with sth]; **~ an sich legen** *akk* (*geh*) to kill oneself; **[klar] auf der ~ liegen** (*fam*) to be [perfectly] obvious; **in jds ~** *dat* **liegen** [*o* **sein**] (*geh*) to be in sb's hands; ***mein Schicksal liegt in Gottes ~*** my fate lies in God's hands; **jdm [etw] aus der ~ lesen** to read [sth] from sb's hand; ***die Wahrsagerin las ihm aus der ~*** the fortuneteller read his palm; **etw [alleine/selber] in die [eigene] ~ nehmen** to take sth in hand [oneself] [*or* into one's own hands]; ***ich muss die Sache selber in die ~ nehmen*** I'm going to have to take the matter into my own hands; **etw zur ~ nehmen** (*geh*) to pick up sth *sep;* ***nach dem Essen nahm er die Zeitung zur ~*** after the meal he picked up the paper; **sich** [*o geh* **einander**] **die Hände reichen können** to be two of a kind; ***was Schusseligkeit angeht, können die beiden sich die Hände reichen*** when it comes to be clumsy they're two of a kind; **sich die ~ reichen können** great; ***ach, du hältst das auch für das Beste? dann können wir uns ja die Hände reichen, ich nämlich auch!*** oh, you think that's for the best? well, great, so do I!; **keine ~ rühren** not to lift a finger; ***ich arbeite mich halb zu Tode, und er sitzt da und rührt keine ~*** I'm working myself half to death and he just sits there and doesn't lift a finger!; **die ~ ausrutschen** (*fam*) not to be able to resist slapping sb; ***wenn er gar zu frech ist, kann ihr schon mal die ~ ausrutschen*** if he gets too cheeky sometimes she can't resist slapping him; **jdm etw in die ~** [*o* **Hände**] **spielen** to pass sth on to sb; ***der Verräter spielte ihnen diese Unterlagen in die Hände*** the traitor passed these documents on to them; **in die Hände spucken** to roll up one's sleeves *sep;* ***so, jetzt heißt es in die Hände gespuckt und frisch an die Arbeit gegangen!*** okay, let's roll up our sleeves and get cracking!; **jdm unter der ~** [*o* **den Händen**] **wegsterben** to die while under sb's care; ***der Patient starb den Chirurgen unter den Händen weg*** the patient died while under the surgeons' care; **jdn auf Händen tragen** to fulfil [*or* AM fulfill] sb's every wish; **jdm etw in die ~ sprechen** to promise sb sth; **eine ~ wäscht die andere** you scratch my back I'll scratch yours; **sich nicht von der ~ weisen lassen, nicht von der ~ zu weisen sein** not to be able to deny sth; ***dieses Argument hat etwas für sich, es lässt sich nicht von der ~ weisen*** there's something in this argument, there's no denying it; ***die Erklärung klingt plausibel, sie ist also nicht von der ~ zu weisen*** the explanation sounds plausible, there's no getting away from it; **es ist nicht von der ~ zu weisen, dass** there's no getting away from the fact that; ***es ist nicht von der ~ zu weisen, dass die Verhandlungen in einer Sackgasse angelangt sind*** there's no getting away from the fact that the negotiations have reached an impass; **jdm unter den Händen zerrinnen** [*o* **wegschmelzen**] to slip through sb's fingers; **jdm zuckt es in der ~** sb's itching to hit sb; **an ~ einer S.** *gen* with the aid of; ***sie erklärte die Aufgabe an ~ eines Beispiels*** she explained the task with the aid of an example; **[bar] auf die ~** (*fam*) cash in hand; ***das Bestechungsgeld wurde ihm bar auf die ~ gezahlt*** the bribe was paid to him in cash; ***ich will die 10000 Mark aber auf die ~*** I want the 10,000 marks in cash; **aus der ~** offhand; ***aus der ~ weiß ich auch keine Antwort*** I don't know the answer offhand either; ***als Lehrerin muss man in der Lage sein, Schülern etwas aus der ~ erklären zu können*** as a teacher you have to be able to explain something to pupils straight off the bat; **~ in ~** hand in hand; ***sie gingen ~ in ~ spazieren*** they went for a walk hand in hand; **unter der ~** secretly, on the quiet *fam;* **etw unter der ~ erfahren** to hear sth through the grapevine; **von ~** by hand; **ein von ~ geschriebener Lebenslauf** a handwritten curriculum vitae; **von jds ~** (*geh*) at sb's hand *form;* **von jds ~ sterben** to die at sb's hand; **zu jds Händen, zu Händen von jdm** for the attention of sb, attn:; ***„An Fa. Duss & Dümmler GmbH & Co KG, zu Händen von Herrn Weissner"*** Duss & Dümmler GmbH & Co. KG. Attn: Mr. Weissner

Handapparat *m* reference books **Handarbeit** *f* ❶ (*von Hand gefertigter Gegenstand*) handicraft, handiwork; **~ sein** to be handmade, to be made by hand; **in ~** by hand ❷ *kein pl* (*körperliche Arbeit*) manual labour [*or* AM -or] ❸ (*Nähen, Stricken etc*) sewing and knitting; ***neben dem Fernsehen mache ich immer irgendwelche ~en*** I always sew or knit in front of the television; SCH needlework; (*Gegenstand*) needlework **Handarbeiten** *nt kein pl* needlework **Handaufheben** <-s> *nt kein pl* show of hands; **durch ~** by a show of hands; ***abgestimmt wird durch ~*** voting takes place by a show of hands

Handauflegen <-s> *nt,* **Handauflegung** <-> *f kein pl* laying on of hands; **durch ~** by the laying on of hands **Handball** *m o fam nt* SPORT ❶ *kein pl* (*Spiel*) handball; *spielen* to play handball ❷ (*Ball*) handball **Handballen** *m* ball of the thumb **Handballer(in)** <-s, -> *m(f)* (*fam*) *s.* **Handballspieler** **Handballspiel** *nt* SPORT ❶ (*Spiel*) game of handball ❷ *kein pl* (*Sportart*) handball **Handballspieler(in)** *m(f)* handball player **Handbedienung** *f* manual operation; **mit ~** hand-operated **Handbetrieb** *m kein pl* manual operation **Handbewegung** *f* movement of the hand, motion, gesture; **eine ~ machen** to move one's hand **Handbibliothek** *f* reference library **Handbohrer** *m* gimlet **handbreit** I. *adj* a few centimetres [*or* AM -ers] wide II. *adv* a few centimetres [*or* AM -ers]; ***die Tür ließ sich nur ~ öffnen*** the door could only be opened a few centimetres **Handbreit** <-, -> *f* a few centimetres; ***das Wasser im Keller stand zwei ~ hoch*** there was a foot of water in the cellar **Handbremse** *f* handbrake **Handbuch** *nt* handbook, manual, guide, textbook

Händchen <-s, -> *nt dim von* **Hand** little hand; **~ geben** to shake hands; **für etw ein ~ haben** (*fam*) to have a knack for sth *fam;* **~ halten** (*fam*) to hold hands; **~ haltend** holding hands

Handcreme [kreːm] *f* hand cream

Händedruck <-drücke> *m* ❶ *kein pl* (*jds Art, jdm die Hand zu geben*) handshake; ***Sie haben aber einen kräftigen ~!*** you really have a firm handshake ❷ (*Handschlag*) handshake; ***die Gäste wurden jeweils mit ~ begrüßt*** each of the guests was greeted with a handshake ▶ WENDUNGEN: **nur einen warmen ~ bekommen** (*fam*) to get just a pat on the back *fam*

Händeklatschen *nt* applause *no pl,* clapping *no pl*

Handel[1] <-s> *m kein pl* ❶ (*Wirtschaftszweig der Händler*) commerce ❷ (*Warenverkehr*) trade ❸ (*fam: Abmachung, Geschäft*) deal, transaction; ***auf so einen unsicheren ~ würde ich mich nicht ein-***

H

lassen I wouldn't let myself in for such a risky deal ④ (*das Handeln*) dealing, trading; ■**der ~ mit etw** dealing [*or* trading] in sth; ***der ~ mit Drogen ist illegal*** drug trafficking is illegal; [**mit jdm/etw**] **~ treiben** [*o* **betreiben**] to do business [with sb], to trade [in sb/sth] ⑤ (*Laden*) business; **etw in den ~ bringen** to put sth on the market; **im ~ sein** to be on the market; **etw aus dem ~ ziehen** to take sth off the market

Handel^{2} <-s, Händel> *m meist pl* argument, quarrel

handeln I. *vi* ① (*kaufen und verkaufen*) ■**mit/in etw** ~ *dat* to trade with/in sth; ***sie hat einen Laden, in dem sie mit Bioprodukten handelt*** she owns a shop selling natural foods; ***er soll mit Drogen gehandelt haben*** he is supposed to have been trafficking drugs; ■**mit jdm ~** to trade in sb; ***die alten Ägypter haben mit Ländern des gesamten Mittelmeerraumes gehandelt*** the ancient Egyptians traded with countries throughout the Mediterranean area; ***im Orient soll immer noch mit Frauen gehandelt werden*** the Orient is still supposed to trade in women ② (*feilschen*) ■[**um etw**] ~ to haggle [over sth]; ***auf dem Basar wird um den Preis der Ware lange gehandelt*** a lot of haggling goes on at the bazaar over the price of goods; ***es ist immer peinlich, mit einem Verkäufer zu ~*** it's always embarrassing to haggle with a salesman; **mit sich** [**über etw** *akk*] **~ lassen** to be prepared to negotiate [sth]; ***wenn Sie alles nehmen, lasse ich auch noch mit mir über einen Rabatt ~*** if you take everything I'm prepared to negotiate a discount; ***über den Preis lasse ich nicht mit mir ~*** the price is not open to negotiation; ***meine Entscheidung steht, da lasse ich nicht mit mir ~*** my decision stands, I'm not open to any suggestions ③ (*agieren*) to act; ***wir müssen ~, ehe es zu spät ist*** we must act before it is too late; ***er ist ein schnell ~der Mensch*** he is a quick-acting person; ■**irgendwie ~** to act in a certain manner; ***die Regierung hätte entschlossener ~ müssen*** the government should have acted in a more decisive manner; ■**aus etw ~** to act out of sth; ***die Frau handelte aus purer Eifersucht*** the woman acted out of pure jealousy ④ (*geh: sich verhalten*) ■**irgendwie** [**an jdm/gegen jdn**] ~ to act [*or* behave] [towards sb] in a certain manner; ***wie konntest du so übel an ihr ~*** how could you behave so badly towards her; ***sie hat barmherzig gegen ihn gehandelt*** she acted in a compassionate way towards him ⑤ (*befassen*) ■**von** *dat* [*o* **über** *akk*] **etw ~** to be about sth, to deal with sth; ***der Zeitungsartikel handelte von dem Streik*** the newspaper article dealt with the strike; ***ein neues Buch? über was handelt es?*** a new book? what's it about? **II.** *vr impers* ① (*etw Bestimmtes sein*) ■**sich um jdn/etw ~** to be a matter of sth, to concern sb/sth; ***hoffentlich ist Ihnen klar, dass es sich hier um etwas sehr Ernstes handelt*** hopefully you appreciate that something very serious is involved here; ***es handelt sich bei diesen angeblichen UFOs um optische Täuschungen*** these alleged UFOs are simply optical illusions; ***die Polizei vermutet, dass es sich nicht um Selbstmord handelt*** the police suspect that it was not suicide; ***bei den Tätern soll es sich um Angehörige einer Terrorgruppe ~*** the culprits are said to be members of a terrorist group ② (*betreffen*) ■**sich um etw ~** to be about sth, to concern sth; ***worum handelt es sich, bitte?*** what's it about, please?; ***es handelt sich um einige Beobachtungen, die ich gemacht habe*** it's about some observations that I have made; ■**sich darum ~, dass** to be a matter of; ***es handelt sich jetzt darum, dass wir die veranschlagten Kosten reduzieren*** it's a matter now of reducing the estimated costs ③ (*darauf ankommen*) ■**sich darum ~, etw zu tun** to be a question of doing sth; ***es handelt sich einzig und allein darum, über die Runden zu kommen*** it is purely and simply a question of getting by **III.** *vt* ① (*angeboten und verkauft werden*) ■[**für etw**] **gehandelt werden** to be traded [at sth]; ***Silber wird für etwa 216 DM das Kilo gehandelt*** silver is trading at 216 DM a kilo; ***an den Börsen werden Aktien gehandelt*** shares are traded on the stock exchanges ② (*im Gespräch sein*) ■**als jd/für etw gehandelt werden** to be touted as sb for sth; ***er wird schon lange als Nachfolger für Dr. Schlüter gehandelt*** he has been touted for a long time as Mr. Schlüter's successor

Handeln <-s> *nt kein pl* ① (*Feilschen*) haggling ② (*das Handeltreiben*) trading; ■**das ~ mit etw** trading sth; ***das ~ mit Drogen ist verboten*** drug trafficking is against the law ③ (*Verhalten*) behaviour [*or* AM -or] ④ (*das Tätigwerden*) action

Handelsabkommen *nt* trade agreement **Handelsakademie** *f* ÖSTERR (*höhere Handelsschule*) ≈ business school **Handelsartikel** *m s.* **Handelsware** **Handelsattaché** *m* commercial attaché **Handelsbeschränkung** *f* trade restriction **Handelsbeziehungen** *pl* trade relations **Handelsbilanz** *f* ÖKON balance of trade; *aktive ~* balance of trade surplus; *passive ~* balance of trade deficit **Handelsbilanzdefizit** *nt* balance of trade deficit **handelseinig, handelseins** *adj pred* to agree terms, to come to an agreement; ■**mit jdm ~ sein/werden** to agree terms with sb; ■[**sich**] **~ sein/werden** to agree terms [with each other] **Handelsembargo** *nt* ÖKON trade embargo; **ein ~ gegen einen Staat verhängen** to impose a trade embargo on a state **Handelsflotte** *f* TRANSP, ÖKON merchant fleet **Handelsfreiheit** *f kein pl* ① ÖKON (*Möglichkeit, Recht zu uneingeschränktem Handel*) freedom of trade, free trade ② (*selten: Handlungsfreiheit*) freedom of action [*or* to act] **Handelsgesellschaft** *f* ÖKON commercial company, trading company; **offene ~** general partnership **Handelskammer** *f* ÖKON chamber of commerce **Handelsklasse** *f* grade **Handelsmarine** *f kein pl* TRANSP, ÖKON merchant navy [*or* AM marine] **Handelsmarke** *f* trademark, brand **Handelsmission** *f* trade mission **Handelspolitik** *f kein pl* ÖKON, POL trade [*or* commercial] policy **Handelsregister** *nt* Register of Companies [*or* Corporations], Registrar of business names BRIT **Handelsschranke** *f meist pl* trade barrier *usu pl* **Handelsschule** *f* ÖKON business school; **höhere ~** commercial college BRIT **Handelsschüler(in)** *m(f)* student at a business school **Handelsspanne** *f* profit margin **Handelsstraße** *f* HIST trade route **handelsüblich** *adj* standard commercial practice; ***250 Gramm für Konservendosen ist eine ~e Größe*** 250 grammes is a standard size for tinned food **Handelsvertreter(in)** *m(f)* ÖKON commercial agent **Handelsware** *f* commodity, merchandise, [commercial] article; ***ausländische ~n sind ziemlich billig*** foreign goods are fairly cheap **Handelswert** *m* ÖKON market [*or* commercial] value **Handelszweig** *m* ÖKON branch [*or* sector] [of industry]

Händeringen <-s> *nt kein pl* wringing of one's hands

händeringend I. *adj* wringing one's hands **II.** *adv* ① (*die Hände ringend*) ***er flehte ~ um Gnade*** wringing his hands he pleaded for mercy ② (*fam: dringend*) desperately, urgently; ***ich brauche ~ Facharbeiter*** I urgently need skilled workers **Händeschütteln** *nt kein pl* handshaking *no pl, no indef art*

! Tipp Nur in informellen Situationen begrüßt man sich mit einem kurzen, festen Händedruck.

Ansonsten sollte man es möglichst vermeiden, zur Begrüßung oder beim Abschied Hände zu schütteln.

Händetrockner *m* hand drier [*or* dryer] **Händewaschen** *nt kein pl* washing one's hands
Handfeger <-s, -> *m* hand brush **Handfertigkeit** *f* dexterity **handfest** *adj* ❶ (*deftig*) substantial; ■ **etwas H~es** something substantial; ***ich bestelle mir etwas H~eres als einen Salat*** I'm ordering something more substantial than a salad ❷ (*robust*) sturdy; ■ **etwas H~es** something well-built ❸ (*ordentlich*) proper, real; ***die Affäre wuchs sich zu einem ~en Skandal aus*** the affair turned into a full-blown scandal ❹ (*hieb- und stichfest*) well-founded; ***ich hoffe, Sie haben ~e Beweise für Ihre Behauptung*** I hope you've got solid proof for your allegation **Handfeuerlöscher** *m* (hand) fire extinguisher **Handfeuerwaffe** *f* hand-gun, portable firearm **Handfläche** *f* palm of one's hand **handgearbeitet** *adj inv* handmade **Handgeld** *nt* ❶ SPORT (*bei Vertragsabschluss gezahlte Geldsumme an einen Spieler*) signing-on fee [*or* transfer fee] ❷ HIST (*kleine Geldsumme bei Anwerbung eines Landsknechts/Soldaten*) bounty **Handgelenk** *nt* (*Gelenk zwischen Hand und Unterarm*) wrist ▸ WENDUNGEN: **etw aus dem ~ schütteln** (*fam*) to do sth straight off, to do sth effortlessly; **aus dem ~** (*fam*) with the greatest of ease, just like that, off the cuff **handgemacht** *adj* handmade **handgemein** *adj* to come to blows; ■ [**mit jdm**] ~ **werden** to come to blows [with sb]; ■ **miteinander ~ werden** to come to blows with each other **Handgemenge** *nt* fight, scuffle **Handgepäck** *nt* hand luggage **Handgerät** *nt* ❶ (*handwerkliches o.ä. Gerät*) small [hand-held] device ❷ SPORT hand apparatus **handgeschrieben** *adj inv* handwritten **handgestrickt** *adj* ❶ (*von Hand gestrickt*) hand-knitted ❷ (*amateurhaft gemacht*) homespun **Handgranate** *f* hand grenade
handgreiflich *adj* ❶ *Auseinandersetzung, Streit* violent; ■ [**gegen jdn**] ~ **werden** to become violent [towards sb] ❷ (*offensichtlich*) clear
Handgreiflichkeit <-, -en> *f* ❶ (*konkrete Fassbarkeit, Sichtbarkeit, Erkennbarkeit*) obviousness *no pl*, palpability *no pl* ❷ *kein pl* (*Tätlichkeit*) fight *no pl;* ***bei dem Streit kam es zu ~en*** the argument became violent
Handgriff *m* ❶ (*Aktion*) movement; ***das ist mit ein paar ~en wieder in Ordnung gebracht*** that can be repaired with a few simple touches ❷ (*Griff*) handle; (*Tragegriff*) handle ▸ WENDUNGEN: **mit einem ~** with a flick of the wrist; ***das Fenster lässt sich mit einem ~ öffnen*** the window can be opened with a flick of the wrist; **mit ein paar ~en** in no time; ***das haben wir mit ein paar ~en wieder repariert*** we'll have that repaired again in no time
Handhabe *f* tangible evidence; [**gegen jdn**] **eine/keine ~ haben** to have sth/nothing on sb
handhaben *vt* ❶ (*bedienen*) ■ **etw ~** to handle sth; ***die Maschine lässt sich leicht ~*** the machine can be operated easily ❷ (*anwenden*) ■ **etw ~** to apply sth; ***die Vorschriften müssen strenger gehandhabt werden*** the regulations must be applied more strictly ❸ (*verfahren*) ■ **etw irgendwie ~** to manage in a certain way; ***so wurde es hier schon immer gehandhabt*** we've always dealt with it here in this way
Handhabung <-> *f kein pl* ❶ (*Bedienung*) operation ❷ (*Anwendung*) application
Handharmonika *f* accordion
Handikap <-s, -s> *nt*, **Handicap** *nt* ❶ (*Behinderung, Nachteil*) handicap ❷ SPORT handicap
handikapen ['hɛndikɛpn] *vt*, **handicapen** *vt* ■ **jdn ~** to handicap sb
händisch *adj* ÖSTERR (*manuell*) manual
Handkante *f* the side of the [*or* one's] hand **Handkantenschlag** *m* karate chop **Handkäse** *m* DIAL (*small flat round curd cheese formed by hand*) ▸ WENDUNGEN: **Handkäs' mit Musik** (*~, der mit einer Marinade aus Essig, Öl, Zwiebeln und Pfeffer übergossen gegessen wird*) (*hand-formed small round cheese coated in marinade*) **Handkoffer** *m* small suitcase **Handkuss**[RR] *m*, **Handkuß** *m* (*angedeuteter Kuss auf dem Handrücken*) kiss on the hand ▸ WENDUNGEN: **etw mit ~ tun** (*fam*) to do sth with pleasure
Handlanger(in) <-s, -> *m(f)* ❶ (*ungelernter Helfer*) labourer [*or* AM -orer] ❷ (*pej: Erfüllungsgehilfe*) stooge *pej*
Handlangerdienst *m* dirty work; **jdm ~e leisten** to do sb's dirty work
Handlauf *m* handrail
Händler(in) <-s, -> *m(f)* ❶ (*Fachhändler*) dealer ❷ AUTO (*Vertragshändler*) dealer ▸ WENDUNGEN: **fliegender ~** street trader
Handlesekunst *f* ■ [**die**] ~ palmistry *no pl, no art*
handlich *adj* ❶ (*bequem zu handhaben*) easy to handle, manageable ❷ (*leicht lenkbar*) manoeuvrable BRIT, AM maneuverable
Handlichkeit <-> *f kein pl* handiness, manageability; ***dieser Koffer lässt sich dank seiner ~ gut auf allen Reisen mitnehmen*** you can take this suitcase with you on any journey thanks to its convenient size
Handlinie [li:niə] *f* line on the palm of the hand
Handliniendeutung [li:niən] *f* ■ [**die**] ~ *s.* **Handlesekunst**
Handlung <-, -en> *f* ❶ (*Tat, Akt*) act ❷ (*Geschehen*) action, plot, story ❸ *kriegerische* an act of war; *strafbare* criminal offence [*or* AM -se], punishable act; *unzüchtige* indecent act
Handlungsablauf *m* plot **Handlungsbedarf** *m* need for action; **es besteht ~/kein ~** there is a need/no need for action **Handlungsbevollmächtigte(r)** *f(m)* authorized agent, proxy **handlungsfähig** *adj* ❶ (*fähig und in der Lage tätig zu werden*) capable of acting; **eine ~e Mehrheit** a working majority ❷ JUR (*Rechtshandlungen verantwortlich tätigen können*) having the capacity to act on one's own account **Handlungsfähigkeit** *f* ❶ (*Möglichkeit zu handeln*) ability to act ❷ JUR capacity to act on one's own account **Handlungsfreiheit** *f kein pl* freedom of action **Handlungsspielraum** *m* room for manoeuvre BRIT, AM maneuver **handlungsunfähig** *adj* ❶ (*nicht handlungsfähig*) incapable of acting ❷ JUR (*unfähig zu handeln*) not having the capacity to act on one's own account **Handlungsunfähigkeit** *f* ❶ ADMIN, POL inability to act ❷ JUR without the capacity to act on one's own account **Handlungsvollmacht** *f* power of attorney **Handlungsweise** *f* conduct, way of acting
Handmixer *m* hand mixer **Handorgel** *f* SCHWEIZ (*Handharmonika*) accordion **Handpflege** *f* (*Maniküre*) care of the hands, manicure **Handpresse** *f* hand-press **Handpuppe** *f* glove [*or* AM hand] puppet **Handreichung** <-, -en> *f* ❶ (*einem anderen bei einer Arbeit, besonders einer manuellen Tätigkeit, zur Hand gehen*) helping hand, assistance ❷ (*Instruktion, Richtlinien*) recommendation; (*Handout*) handout **Handrücken** *m* back of the [*or* one's] hand **Handrührer** *m s.* Handmixer **Handsatz** *m kein pl* hand composition **Handschelle** *f meist pl* handcuffs *pl;* **jdm ~n anlegen** to handcuff sb; **in ~n** in handcuffs, handcuffed; **~n tragen** to be handcuffed

H

[*or* in handcuffs]; **jdn in ~n abführen** to take sb [*or* lead] away in handcuffs **Handschlag** *m* (*Händedruck*) handshake; **mit** [*o* **durch**] [*o* **per**] ~ with a handshake ▶ WENDUNGEN: **goldener** ~ golden handshake; **einen ~ tun** (*fam*) to lend a hand; **keinen ~ tun** (*fam*) not to lift a finger *fam;* ***er hat im Garten gelegen und keinen ~ getan!*** he lay in the garden and didn't lift a finger! **Handschreiben** *nt* handwritten letter

Handschrift *f* ❶ (*Schrift*) handwriting; **eine bestimmte ~ haben** to have a certain style of handwriting ❷ (*Text*) manuscript ▶ WENDUNGEN: **jds ~ tragen** [*o* **jds ~ verraten**] to bear sb's (trade)mark

Handschriftendeutung *f* ■ [**die**] ~ graphology *no art*

handschriftlich I. *adj* ❶ (*von Hand geschrieben*) handwritten ❷ (*als Handschrift 2 überliefert*) in manuscript form II. *adv* ❶ (*von Hand*) by hand; ***die Korrekturen im Text waren ~ eingefügt worden*** the corrections to the text were entered by hand ❷ (*in Form von Handschriften 2*) in manuscript form

Handschuh *m* glove ▶ WENDUNGEN: **den ~ aufheben** to take up the gauntlet

Handschuhfach *nt,* **Handschuhkasten** *m* glove compartment

Handspiel *nt kein pl* handball **Handstand** *m* handstand; **einen ~ machen** to do a handstand **Handstandüberschlag** *m* handspring; **einen ~ machen** to do a handspring **Handstreich** *m* coup de main; **in einem** [*o* **durch einen**] ~ in a surprise coup **handstreichartig** *adj* coup-style action **Handtasche** *f* handbag, purse AM **Handteller** *m* palm [of one's [*or* the] hand]

Handtuch <-tücher> *nt* towel ▶ WENDUNGEN: **das ~ werfen** [*o sl* **schmeißen**] SPORT to give up, to throw in the towel

Handtuchhalter *m* towel-rack **Handtuchspender** *m* towel dispenser

Handumdrehen *nt* ▶ WENDUNGEN: **im ~** in a jiffy, in no time, in a trice BRIT

handverlesen *adj* ❶ (*mit der Hand gepflückt*) handpicked ❷ (*sorgfältig überprüft*) hand-picked; ***nur ~e Gäste waren zugelassen*** only specially invited guests were admitted

Handvoll <-, -> *f* handful; **eine ~ Freiwilliger** a handful of volunteers **Handwagen** *m* handcart **handwarm** I. *adj* tepid, lukewarm; ***zum Spülen nimmt sie nur ~es Wasser*** she only uses lukewarm water for rinsing II. *adv* ***das darf nur ~ gewaschen werden*** this may only be washed in lukewarm water **Handwaschbecken** *nt* washbasin, sink **Handwäsche** *f* ❶ (*Vorgang*) ***Wäsche waschen von Hand*** to wash sth by hand, hand wash ❷ *kein pl* (*Wäschestücke*) item for hand washing

Handwerk *nt* ❶ (*handwerklicher Beruf*) trade ❷ (*Beschäftigung*) business ❸ *kein pl* (*Berufsstand der Handwerker*) trade ▶ WENDUNGEN: **das ~ nährt seinen Mann** a trade will always provide; **jdm das ~ legen** to put an end to sb's game; **jdm ins ~ pfuschen** to encroach on sb's activities; **sein ~ verstehen** [*o* **beherrschen**] to know one's job [*or* stuff *sl*]

Handwerker(in) <-s, -> *m(f)* tradesman

handwerklich I. *adj* relating to a trade; **eine ~e Ausbildung machen** to undergo training for a skilled trade; **~es Können** craftsmanship II. *adv* concerning craftsmanship

Handwerksberuf *m* skilled trade **Handwerksbetrieb** *m* workshop **Handwerkskammer** *f* Chamber of Handicrafts **Handwerksmeister(in)** *m(f)* ÖKON master craftsman **Handwerkszeug** *nt kein pl* tools of the trade, equipment

Handwurzel *f* carpus, wrist

Handwurzelknochen *m* carpal bone

Handy <-s, -s> ['hɛndi] *nt* TELEK mobile [phone]

Handzeichen *nt* (*Geste*) gesture, sign; **durch ~** by gesturing; ***sie konnten sich nur durch ~ verständigen*** they could only make themselves understood by using their hands **Handzettel** *m* leaflet

hanebüchen *adj* (*veraltend geh*) outrageous

Hanf <-[e]s> *m kein pl* ❶ (*Faser, Pflanze*) hemp ❷ (*Samen*) hempseed

Hänfling <-s, -e> *m* ❶ ORN linnet ❷ (*fam: schwächlicher Mensch*) weakling *pej*

Hang <-[e]s, Hänge> *m* ❶ (*Abhang*) slope; **schräg zum ~ fahren** SKI to ski at an angle to the slope ❷ *kein pl* (*Neigung*) tendency; ■ **jds ~ zu etw** sb's tendency towards sth; **den ~ zu jdm/etw haben** to have a penchant for sb/sth; ***sie hat einen deutlichen ~ zu Übertreibungen*** she has a marked tendency to exaggerate; **den ~ haben, etw zu tun** to be inclined to do sth

Hangar <-s, -s> ['haŋgaːɐ, haŋ'gaːɐ] *m* hangar

Hängebirke *f* BOT white birch, silver birch

Hängegleiter <-s, -> *m* hang-glider

hangeln *vi, vr vi: sein und haben* ■ [**sich**] **irgendwohin ~** to proceed hand over hand; ***er hangelte* [*sich*] *an einem Tau über den Abgrund*** he made his way across an abyss hand over hand along a rope

Hängemappe *f* suspension file **Hängematte** *f* hammock

hängen I. *vi* <hing, gehangen> ❶ (*mit dem oberen Teil angebracht sein*) to hang; ***das Bild hängt nicht gerade*** the picture's not hanging straight; (*herab~*) ■ **an etw** *dat*/**über etw** *dat*/**von etw ~** to hang on sth/over sth/from sth; ***hängt die Wasche noch an der Leine?*** is the washing still hanging on the line?; ***die Spinne hing an einem Faden von der Decke*** the spider hung by a thread from the ceiling; ***die Lampe hing direkt über dem Tisch*** the lamp hung directly above the table; **voller ... hängen** to be full of...; ***warum muss die Wand nur so voller Bilder ~?*** why must there be so many pictures on the wall?; ***der Baum hängt voller Früchte*** the tree is laden with fruit; [**an etw** *dat*] **~ bleiben** (*befestigt bleiben*) to stay on [sth]; ***ob das Gemälde an dem Nagel ~ bleiben wird?*** I wonder if the painting will stay on that nail; (*kleben bleiben*) to stick to sth; ***der Kaugummi blieb an der Wand hängen*** the chewing gum stuck to the wall ❷ (*gehenkt werden*) ■ **~ müssen/sollen** to have to be hanged/sb ought to be hanged; ***Mörder müssen ~!*** murderers must be hanged; ***an den Galgen mit ihm, er muss ~!*** to the gallows with him, he must hang!; ■ **das H~** hanging; ***der Richter verurteilt Verbrecher gerne zum H~*** the judge likes sentencing criminals to hang ❸ (*sich neigen*) ■ **in eine bestimmte Richtung ~** to lean in a certain direction; ***das Bücherregal hängt nach vorne*** the bookshelf is tilting forwards; ***der Wagen hängt nach rechts*** the car leans to the right ❹ (*befestigt sein*) ■ **an etw ~** *dat* to be attached to sth; ***der an dem Wagen ~de Wohnwagen schlingerte bedenklich*** the caravan attached to the car swayed alarmingly ❺ (*fam: angeschlossen, verbunden sein*) ■ **an etw ~** *dat* to be connected to sth; ***der Patient hängt an allen möglichen Apparaturen*** the patient is connected to every conceivable apparatus ❻ (*fam: emotional verbunden sein*) ■ **an jdm/etw ~** to be attached to sb/sth; ***die Schüler hingen sehr an dieser Lehrerin*** the pupils were very attached to this teacher ❼ (*festhängen*) ■ [**mit etw**] **an etw ~** *dat* to be caught [by sth] on sth; ***ich hänge mit dem Pullover an einem Haken!*** my pullover's caught on a hook; [**mit etw**] **an etw** *dat* **~ bleiben** to get caught on sth [by sth]; ***halt, nicht weiter, du bist mit dem***

Pullover an einem Nagel ~ geblieben! wait, stay there! you've got your sweater caught on a nail ⑧ (*fam: sich aufhalten*) ■ **an/vor etw ~** *dat* to remain on/in front of sth; ***musst du stundenlang am Telefon ~!*** must you spend hours on the phone!; ***er hängt den ganzen Tag vorm Fernseher*** he spends all day in front of the television; **~ bleiben** to be kept down; ***bist du irgendwann in einer Klasse ~ geblieben?*** did you ever have to repeat a year of school at some stage? ⑨ (*fam: zu erledigen sein*) **an jdm ~ bleiben** to be down to sb; ***ja, ja, das Putzen bleibt wie üblich an mir ~!*** oh yes, the cleaning's down to me as usual! ⑩ (*sich festsetzen*) **[an jdm] ~ bleiben** to rest on sb; ***der Verdacht blieb an ihm ~*** the suspicion rested on him ⑪ (*fam: in der Erinnerung bleiben*) ■ **[bei jdm] ~ bleiben** to stick [in sb's mind]; ***vom Lateinunterricht ist bei ihm nicht viel ~ geblieben*** not much of the Latin registered in his case; ***ich hoffe, daß es nun ~ bleibt*** I hope that's sunk in now! ▶ WENDUNGEN: **mit H~ und Würgen** (*fam*) by the skin of one's teeth *fam*; ***die Klassenarbeit ist noch ausreichend, aber auch nur mit H~ und Würgen*** your test is satisfactory, but only just; **etw ~ lassen** to dangle sth; ***sie ließ die Beine ins Wasser ~*** she dangled her legs in the water; ***er war müde und ließ den Kopf etwas ~*** he was tired and let his head drop a little; **wo[ran] hängt es denn?** (*fam*) why is that then?; ***woran hängt es denn, dass du in Mathe immer solche Schwierigkeiten hast?*** how come you always have so much trouble in math?; *s. a.* **Kopf II.** *vt* <hängte *o* DIAL hing, gehängt *o* DIAL gehangen> ① (*anbringen*) ■ **etw an/auf etw** *akk* **~** to hang sth on sth; ***wir müssen noch die Bilder an die Wand ~*** we still have to hang the pictures on the wall; ***sie hängt die Hemden immer auf Kleiderbügel*** she always hangs the shirts on clothes-hangers; ***lass bitte die Wäsche nicht auf der Leine hängen!*** please don't leave the washing on the line; ***wir können die Gardinen doch nicht noch länger ~ lassen!*** we simply can't leave the curtains up any longer!; ■ **etw in etw** *akk* **~** to hang sth in sth; ***hast du die Jacke in den Kleiderschrank gehängt?*** have you hung your jacket in the wardrobe [*or* closet]? AM ② (*henken*) ■ **jdn ~** to hang sb; ***die meisten Kriegsverbrecher wurden gehängt*** most of the war criminals were hanged ③ (*hängen lassen*) ■ **etw in etw ~** *akk* to dangle sth in sth; ***er hängte den Schlauch in den Teich*** he dangled the hose in the pond; ***hoffentlich hast du deinen Schal nicht irgendwo ~ lassen*** I hope you haven't left your scarf behind somewhere ④ (*anschließen*) ■ **etw an etw** *akk* **~** to attach sth to sth ⑤ (*im Stich lassen*) ■ **jdn ~ lassen** to leave sb in the lurch, to let sb down **III.** *vr* <hängte *o* DIAL hing, gehängt *o* DIAL gehangen> ① (*sich festsetzen*) ■ **sich an jdn/jdm etw an~** *akk* to hang on to sb/sth; ***das Kind hängte sich ihr an den Arm*** the child hung on to her arm; ***Blutegel hatten sich ihr an Waden und Arme gehängt*** leeches had attached themselves to her calves and arms; ***diese Bettler ~ sich an einen wie die Blutsauger!*** these beggars latch on to you like leeches! ② (*sich gefühlsmäßig binden*) ■ **sich an jdn/etw ~** to become attached to sb/sth ③ (*verfolgen*) ■ **sich an jdn/etw ~** to follow sb/sth ④ (*sl: sich einmischen*) ■ **sich in etw ~** *akk* to meddle in sth; ***~ Sie sich nicht immer in fremder Leuten Angelegenheiten!*** stop meddling in other people's affairs!, I hope that's sunk in now! ⑤ (*sich gehen lassen*) ■ **sich ~ lassen** to let oneself go; ***nach ihrer Heirat begann sie, sich ~ zu lassen*** after her marriage she began to let herself go

Hangen <-s> *nt* ▶ WENDUNGEN: **mit ~ und Bangen** (*geh*) with fear and dread

Hängeohr *nt* lop ear, drooping ears **Hängepartie** *f* ① SCHACH adjourned game ② (*hinausgezögerte Entscheidung*) long drawn out affair

Hänger <-s, -> *m* ① AUTO (*fam: Anhänger*) trailer ② (*sl: Formtief*) downer *sl*; ***ich hab' irgendwie gerade 'nen ~*** somehow I'm on a bit of a downer at the moment

Hängeschrank *m* wall-cupboard **Hängeschultern** *pl* round [*or* drooping] shoulders *pl*

hängig *adj* SCHWEIZ ① JUR *s.* **anhängig** pending ② (*geh: unerledigt*) unresolved

Hanglage *f* hillside location; **in ~** in a hillside location

Hannover <-s> *nt* Hanover

Hannoveraner <-s, -> [vɐ] *m* AGR Hanoverian horse

Hannoveraner(in) <-s, -> [vɐ] *m(f)* Hanoverian

hannoversch *adj attr* Hanoverian

Hanoi <-s> *nt* Hanoi

Hans <- *o* -ens> *m* (*Name*) Hans ▶ WENDUNGEN: **~ im Glück** (*fam*) lucky so-and-so *fam*; **der blanke ~** (*poet*) the North Sea

Hansaplast® <-[e]s> *nt kein pl* [sticking] plaster, Elastoplast®, Band-aid®

Hänschen <-s> ['hɛnsçən] *nt dim von* **Hans** ▶ WENDUNGEN: **was ~ nicht lernt, lernt Hans nimmermehr** (*prov*) you can't teach an old dog new tricks *prov*

Hansdampf <-[e]s, -e> *m* Jack-of-all-trades; **ein ~ in allen Gassen sein** (*fam*) to be a Jack-of-all-trades *fam*

Hanse <-> *f kein pl* HIST Hanseatic league

Hanseat(in) <-en, -en> *m(f)* ① (*fam: Bewohner einer der heutigen drei Hansestädte Bremen, Hamburg und Lübeck*) inhabitant of a Hanseatic city ② HIST (*Kaufmann, der dem Städtebund der Hanse angehörte*) Hanseatic merchant

hanseatisch *adj* Hanseatic

Hansel <-s> *m* DIAL (*pej fam*) twit *pej fam*

Hänsel <-s> *m dim von* **Hans** ▶ WENDUNGEN: **~ und Gretel** Hansel and Gretel

Hänselei <-, -en> *f* [relentless] teasing

hänseln *vt* ■ **jdn [wegen etw] ~** to tease sb [constantly] [about sth]

Hansestadt *f* ① (*Bremen, Hamburg und Lübeck*) Hanseatic city ② HIST (*Stadt, die im Mittelalter dem Städtebund der Hanse angehörte*) city of the Hanseatic league

Hanswurst <-[e]s, -e *o* -würste> *m* (*hum fam*) buffoon, clown

Hantel <-, -n> *f* SPORT (*zwei durch einen Griff verbundene Kugeln oder Scheiben*) dumbbell, barbell

hanteln *vi* SPORT to exercise with dumbbells; ■ **[das] H~** exercising with dumbbells

hantieren* *vi* ① (*sich beschäftigen*) ■ **[mit etw] ~** to be busy [with sth]; ***ich hörte ihn im Keller mit Werkzeug ~*** I heard him using tools in the cellar ② (*herum~*) ■ **[mit etw] an etw ~** *dat* to work on sth [with sth] ③ (*mit etw umgehen*) ■ **das H~** working

hapern *vi impers* (*fam*) ① (*fehlen*) ■ **an etw ~** *dat* to be lacking sth; ***es hapert bei uns etwas an Geld*** we're somewhat short of money ② (*schlecht bestellt sein*) ■ **es hapert [bei jdm] mit etw** sb has a problem with sth; ***leider hapert es bei uns im Augenblick mit der Ersatzteilversorgung*** unfortunately we have a problem at the moment with the supply of spare parts; ■ **es hapert [bei jdm] mit/in etw** *dat* to be weak in sth; ***in Mathe hapert es bei ihr noch etwas*** she's still a bit weak in math

Häppchen <-s, -> *nt dim von* **Happen** morsel, titbit BRIT *fam*, AM tidbit

häppchenweise *adv* (*fam*) in small mouthfuls; (*nach und nach*) bit by bit

Happen <-s, -> *m* (*fam*) (*kleine Mahlzeit*) snack; ***ich***

habe heute noch keinen ~ gegessen I haven't eaten a thing all day! ▶ WENDUNGEN: **ein fetter ~** (*fam*) a good [*or* fine] catch

Happening <-s, -s> ['hɛpənɪŋ] *nt* happening; **ein ~ machen** [*o* **veranstalten**] to stage a happening

happig *adj* ❶ (*fam: hoch*) steep; ***550 Mark für eine Bluse, das ist mir einfach zu ~*** 550 marks for a blouse, that's simply to expensive for me; ■ [**ganz schön**] **~ sein** to be [pretty] steep ❷ (*schwierig*) tough, difficult

happy ['hɛpi] *adj* (*fam*) happy

Happy-End <-s, -s> *nt*, **Happyend** ['hɛpi'ʔɛnt] *nt* ÖSTERR happy ending

Harakiri <-[s], -s> *nt* harakiri; **~ begehen** to commit harakiri

Harass <-es, -e> *m* SCHWEIZ ❶ (*Lattenkiste*) crate ❷ (*Getränkekiste*) crate

Härchen <-s, -> *nt dim von* **Haar** tiny hair

Hardcore(**-Porno**) <-s> ['ha:dkɔ:ɐpɔrno] *m kein pl* hard-core [porn]

Hardcore-Streifen <-s,> *m* hard-core film

Hardcover <-s, -> ['ha:d'kavə] *nt*, **Hard cover** *nt* hardback BRIT, hardcover AM

Hardliner(**in**) <-s, -> ['ha:dlainə] *m(f)* hardliner

Hardtop <-s, -s> ['ha:dtɔp] *nt* AUTO ❶ (*abnehmbares Dach*) hardtop ❷ (*Cabrio mit ~*) Cabriolet [*or esp* AM convertible] with a hardtop

Hardware <-, -s> ['ha:dvɛ:ɐ] *f* INFORM hardware

Harem <-s, -s> *m* ❶ (*abgetrennte Frauenabteilung islamischer Wohnhäuser*) harem ❷ (*große Anzahl von Ehefrauen eines orientalischen Scheichs etc*) harem

Häretiker(**in**) <-s, -> *m(f)* heretic

häretisch *adj* heretical

Harfe <-, -n> *f* harp; [**auf der**] **~ spielen** to play the harp

Harfenist(**in**) <-en, -en> *m(f)* harpist

Harfenspiel *nt kein pl* harp-playing

Harke <-, -n> *f bes* NORDD (*Gerät zur Garten- und Feldarbeit*) rake ▶ WENDUNGEN: **jdm zeigen, was eine ~ ist** (*fam*) to show sb what's what

harken *vt bes* NORDD *Beet* ■ **etw ~** (*mit der Harke bearbeiten*) to rake sth; (*mit der Harke entfernen*) to rake sth [together]; ■ **geharkt** raked

Harlekin <-s, -e> *m* Harlequin

harmlos I. *adj* ❶ (*ungefährlich*) harmless ❷ (*arglos*) innocent; *Frage* innocent; *Mensch* harmless II. *adv* ❶ (*ungefährlich*) harmlessly ❷ (*arglos*) innocently

Harmlosigkeit <-, -en> *f* ❶ *kein pl* (*Ungefährlichkeit*) harmlessness ❷ (*Arglosigkeit*) innocence; **in aller ~** in all innocence

Harmonie <-, -n> ['ni:ən] *f* ❶ (*Zusammenklang mehrerer Töne oder Akkorde*) harmony ❷ (*ausgewogenes Verhältnis*) harmony ❸ (*Einklang*) harmony

harmonieren* *vi* ❶ (*angenehm zusammenklingen*) to harmonize; ■ **sie ~** they harmonize ❷ (*zueinander passen*) ■ [**mit etw**] **~** to go with sth, to match [sth] ❸ (*gut zusammenpassen*) to get on well [with each other], to gel together BRIT *sl;* ■ **sie ~** [**miteinander**] they get on well with each other

harmoniesüchtig *adj* seeking harmony

Harmonika <-, -s *o* Harmoniken> *f* accordion

harmonisch I. *adj* ❶ (*wohlklingend*) harmonious ❷ (*ausgewogen*) harmonious ❸ (*einträchtig*) harmonious; **eine ~e Ehe** a harmonious marriage II. *adv* ❶ MUS harmoniously ❷ (*ausgewogen*) harmoniously ❸ (*einträchtig*) harmoniously

harmonisieren* *vt* ■ **etw ~** to harmonize sth

Harmonisierung <-, -en> *f* harmonization

Harmonium <-s, -ien> [niən] *nt* harmonium

Harn <-[e]s, -e> *m* urine; **~ lassen** (*geh*) to urinate

Harnblase *f* bladder **Harndrang** *m* (*geh*) urge to urinate

harnen *vi* (*veraltend geh*) to urinate

Harnisch <-[e]s, -e> *m* (*Ritterrüstung*) armour [*or* AM -or] ▶ WENDUNGEN: **jdn in ~ bringen** enrage, infuriate, to get sb's back up BRIT; [**wegen etw**] **in ~ sein** to be furious about sth, to be in a fury [about sth]

Harnlassen <-s> *nt kein pl* (*geh*) urination **Harnleiter** *m* ureter **Harnröhre** *f* urethra **Harnsäure** *f* uric acid **Harnstoff** *m* urea **harntreibend** I. *adj* (*geh*) diuretic II. *adv* (*geh*) having a diuretic effect **Harnvergiftung** *f* MED ureamia BRIT, AM uremia **Harnwege** *pl* urinary tract

Harpune <-, -n> *f* harpoon

Harpunier(**in**) <-s, -e> *m(f)* harpooner

harpunieren* *vt* ■ **ein Tier ~** to harpoon an animal

harren *vi* (*geh*) ❶ (*darauf warten*) ■ **jds/einer S.** [*o* **auf jdn/etw**] **~** to await sb/a thing [*or* to wait for sb/a thing] ❷ (*bevorstehen*) ■ **jds** [*o* **auf jdn**] **~** to await sb

Harsch <-[e]s> *m kein pl* compacted snow

harsch *adj* ❶ *inv* (*mit einer Eiskruste überzogen*) hard-frozen, hard-packed ❷ *inv* (*selten: rau, eisig*) biting, cutting, raw ❸ (*geh: unfreundlich, barsch*) harsh

harschig *adj* hard-packed

hart <härter, härteste> I. *adj* ❶ (*opp: weich*) hard; (*straff*) firm; ***ich schlafe auf einer härteren Matratze als du*** I sleep on a firmer mattress than you; ***dein Bett ist mir zu ~*** your bed is too hard for me; ***eine Decke auf dem Fußboden wird ein ~es Nachtlager sein*** a blanket on the floor will be are hard surface to sleep on; KOCHK (*fest im Zustand*) hard; ***diese Früchte haben eine sehr ~e Schale*** these fruits have a very hard skin; *s. a.* **Nuss** ❷ (*heftig*) severe; **ein ~er Aufprall** a severe impact; **ein ~er Ruck** a severe jolt ❸ (*unmelodisch*) harsh; ***er spricht mit einem ~en Akzent*** he has a harsh accent; *s. a.* **Konsonant** ❹ (*vehement*) violent; ***die Konflikte werden immer härter*** the conflicts are becoming increasingly violent ❺ (*drastisch*) strong; *Schnaps* strong; *Drogen* hard; *Pornografie* hard-core ❻ (*brutal*) violent; ***das war der härteste Film, den ich je gesehen habe*** that was the most violent film I have ever seen ❼ (*abgehärtet, robust*) tough; ***Söldner sind ~e Kerle*** mercenaries are tough fellows; ■ **~ werden** to become tough ❽ (*stabil, sicher*) stable; ***sie hat ihre Ersparnisse in ~en Währungen angelegt*** she invested her savings in hard currencies ❾ (*streng, unerbittlich*) hard; ***seine Mutter ist immer eine ~e Frau gewesen*** his mother has always been a hard woman; ***das sind aber ~e Worte!*** those are harsh words!; *Regime* harsh; *Strafe* severe; *Gesetze* harsh; (*intensiv*) severe; *Winter* severe; ■ **~ mit jdm sein** to be hard on sb ❿ (*schwer zu ertragen*) cruel, hard; ***der Tod ihres Mannes war für sie ein ~er Schlag*** the death of her husband was a cruel blow for her; *Zeiten* hard; *Realität* harsh; *die ~e Wahrheit* harsh; ■ **~ für jdn sein, dass** to be hard on sb that; ***es war sehr ~ für sie, dass ihr gekündigt worden war*** it was very hard on her that she had been handed her notice [*or* had been fired] ⓫ (*mühevoll*) hard, tough; **20 Jahre ~er Arbeit** 20 years of hard work; ***die Tarifverhandlungen werden härter als gewohnt werden*** wage negotiations will be tougher than usual ▶ WENDUNGEN: [**in etw** *dat*] **~ bleiben** to remain [*or* stand] firm [about sth]; **~ auf ~ gehen** [*o* **kommen**] to come to the crunch; ***wir werden keinen Deut nachgeben, auch wenn es ~ auf ~ geht*** we're not going to give an inch, even if it comes to the crunch; **~ im Nehmen sein** (*beim Boxen*) to be able to take a lot of punishment; ***dieser Boxer ist wirklich ~ im Nehmen!*** this boxer really can take a lot of punishment; (*mit Schicksalsschlägen, Rückschlägen, Kritik etc gut* *fertig werden*) to be resilient **II.** *adv* ① (*nicht weich*) hard; ~ **gefroren** *attr* frozen hard *pred,* frozen; ***der Boden ist bis in zwei Meter Tiefe ~ gefroren*** the ground is frozen solid to a depth of two metres; ~ **gekocht** *attr* hard-boiled; ***möchtest du ein weiches oder ein ~es Ei?*** would you like a soft-boiled or hard-boiled egg?; ~ **gesotten** hard-bitten; ***ich schlafe lieber ~*** I prefer to sleep on a firm surface ② (*heftig*) ***bei dem Sturz ist er so ~ gefallen, dass er sich das Bein brach*** he had such a severe fall that he broke his leg; ***sie prallte ~ auf die Windschutzscheibe auf*** she hit the windscreen with tremendous force ③ (*rau*) harshly; ***die Sprache klingt in europäischen Ohren ganz ~*** the language sounds quite harsh to a European ear ④ (*streng*) severely; ***du verhältst dich ihr gegenüber zu ~*** you're behaving to harshly towards her ⑤ (*mühevoll*) hard; ***wir werden in Zukunft noch härter arbeiten müssen*** we'll have to work even harder in future ⑥ (*unmittelbar*) close; ■ ~ **an etw** *dat* close to sth; ***das Auto kam ~ an dem steilen Abhang zum Stehen*** the car came to a halt just before the steep slope; *s. a.* **Grenze, Wind** ▶ WENDUNGEN: **jdn ~ anfassen** to treat sb severely; ~ **aneinander geraten** to come to blows, to have a real set-to, to have a fierce argument; ~ **gesotten** hardened; ***er ist ein ~ gesottener Geschäftsmann, der alle Tricks kennt*** he's a hardened businessman who knows all the tricks; ~ **durchgreifen** to take tough [*or* rigorous] action; **jdn ~ ankommen** (*geh*) to be hard for sb; ***auch wenn es mich ~ ankommt, ich muss bei meiner Entscheidung bleiben*** even if I find it hard I must stick by [*or* to] my decision; **jdm ~ zusetzen** to press sb hard; **jdn ~ treffen** to hit sb hard; ***der Tod seiner Frau hat ihn doch ~ getroffen*** the death of his wife has hit him very hard

hartbedrängt *adj attr* hard-pressed

Härte <-, -n> *f* ① (*Härtegrad*) hardness ② *kein pl* (*Wucht*) force ③ *kein pl* (*Robustheit*) robustness ④ *kein pl* (*Stabilität*) stability ⑤ *kein pl* (*Strenge*) severity; (*Unerbittlichkeit*) relentlessness ⑥ (*schwere Erträglichkeit*) cruelty, harshness ⑦ (*Kalkgehalt*) hardness; **die ~ des Wassers** the hardness of the water ▶ WENDUNGEN: **soziale ~n** cases of social hardship; **die ~ sein** (*sl*) to be the absolute limit

Härtefall *m* ① (*bei strenger Anwendung von Vorschriften eintretender Fall von sozialer Belastung*) case of hardship ② (*fam: jd, dessen Situation einen ~ 1 darstellt*) case of hardship **Härtefonds** *m* hardship fund **Härtegrad** *m* degree of hardness **Härteklausel** *f* hardship clause

härten **I.** *vt* (*hart machen*) ■ **etw ~** to harden sth **II.** *vi* (*er~*) to harden

Härter <-s, -> *m* hardener, hardening agent

Härteskala *f* scale of hardness **Härtetest** *m* endurance test; **jdn/etw einem ~ unterziehen** to subject sb/sth to an endurance test

Hartfaserplatte *f* hardboard BRIT, fiberboard AM **Hartgeld** *nt* (*geh*) coins *pl* **Hartgummi** *nt* hard rubber **hartherzig** *adj* hard-hearted **Hartherzigkeit** <-> *f* ① *kein pl* (*Gefühllosigkeit*) hard-heartedness ② (*hartherzige Tat*) hard-hearted deed **Hartholz** *nt* hardwood **Hartkäse** *m* KOCHK hard cheese **hartleibig** *adj* constipated **Hartleibigkeit** <-> *f kein pl* constipation

hartnäckig **I.** *adj* ① (*beharrlich*) persistent ② (*langwierig*) stubborn; ***der Schnupfen ist doch ~er als ich dachte*** the cold is more stubborn than I thought **II.** *adv* (*beharrlich*) persistently

Hartnäckigkeit <-> *f kein pl* ① (*Beharrlichkeit*) persistence ② (*Langwierigkeit*) stubbornness, obstinacy, doggedness

Hartplatz *m* TENNIS hard court **Hartriegel** *m kein pl* BOT dogwood **Hartschalenkoffer** *m* hard-top suitcase

Härtung <-, -en> *f* hardening

Hartweizen *m* durum wheat **Hartwurst** *f* hard sausage

Harz[1] <-es, -e> *nt* resin

Harz[2] <-es> *m* ■ **der ~** the Harz mountains

harzen **I.** *vt* (*mit Harz versetzen*) ■ **etw ~** to resinate sth **II.** *vi* (*Harz absondern*) to tap for [*or* exude] resin

Harzer <-s, -> *m* Harz cheese; *s. a.* **Käse, Roller**

harzig *adj* resinous

Hasard <-s> *nt kein pl* [**mit etw**] ~ **spielen** (*geh*) to gamble [with sth]

Hasardeur(in) <-s, -e> [hazar'døːɐ] *m(f)* (*pej geh*) gambler

Hasardspiel *nt* (*geh*) game of chance, gamble

Hasch <-[s]> *nt kein pl* (*fam*) hash

Haschee <-s, -s> *nt* hash

haschen[1] *vi* (*veraltend geh*) ■ **nach etw ~** ① (*greifen*) to make a grab for sth ② (*streben*) to angle [*or* fish] for sth; **nach Lob ~** to fish for compliments

haschen[2] *vi* (*fam*) to smoke hash

Haschen <-s> *nt kein pl* DIAL (*Fangen*) catch

Häschen <-s, -> ['hɛːsçən] *nt* ① *dim von* **Hase** young hare, bunny, leveret ② (*fam: Kosename*) sweetheart

Häscher <-s, -> *m* (*veraltend geh*) bailiff

Hascherl <-s, -[n]> *nt* ÖSTERR (*fam: bedauernswertes Wesen*) poor soul; **armes ~** poor little thing

Haschisch <-[s]> *nt o m kein pl* hashish, hash *no pl, no indef art*

Hase <-n, -n> *m* ① (*wild lebendes Nagetier*) hare ② KOCHK (*~nbraten*) roast hare ③ DIAL (*Kaninchen*) rabbit ▶ WENDUNGEN: **da liegt der ~ im Pfeffer** (*fam*) there's the rub BRIT, that's the crux of the matter, that's the real cause; **ein alter ~ sein** (*fam*) to be an old hand; **falscher ~** KOCHK meat loaf; **sehen, wie der ~ läuft** [*o* **wissen**] (*fam*) to see [*or* know] which way the wind blows

Hasel <-, -n> *f* hazel

Haselhuhn *nt* ORN hazel [*or* black] grouse **Haselkätzchen** *nt* hazel catkin, lamb's tail **Haselmaus** *f* ZOOL [common] dormouse **Haselnuss**[RR] *f,* **Haselnuß** *f* ① (*Nuss*) hazelnut ② (*Hasel*) hazel **Haselnussöl**[RR] *nt* haselnut oil **Haselstrauch** *m s.* **Hasel**

Hasenbraten *m* roast hare **Hasenfuß** *m* (*fam*) chicken *sl,* coward **Hasenpanier** *nt* ▶ WENDUNGEN: **das ~ ergreifen** (*veraltend fam*) to take to one's heels **Hasenpfeffer** *m* jugged hare BRIT, Hasenpfeffer AM **Hasenscharte** *f* MED harelip

Häsin *f* doe, female hare

Häsling <-s, -e> *m* ZOOL dace

Haspel <-, -n> *f* windlass, winch; *Garn* reel

haspeln **I.** *vt* (*wickeln*) ■ **etw ~** to reel, to wind sth **II.** *vi* (*fam: hastig sprechen*) to gabble

Hass[RR] <-es> *m,* **Haß** <-sses> *m kein pl* hate, hatred, animosity, rancour [*or* AM -or], loathing; **einen ~ auf jdn haben/kriegen** (*fam*) to be/become angry with sb; **aus ~** out of hatred; **sich** *dat* **jds ~ zuziehen, jds ~ auf sich** *akk* **ziehen** to incur sb's wrath

hassen *vt* ① (*voller Hass ablehnen*) ■ **jdn ~** to hate sb ② (*nicht mögen*) ■ **etw ~** to hate sth, to loathe, to detest ③ (*widerwillig sein*) ■ **es ~, etw zu tun** to hate doing sth; *s. a.* **Pest**

hasserfüllt[RR] **I.** *adj* full of hate, filled [*or* seething] with hatred **II.** *adv* full of hate

hässlich[RR], **häßlich** **I.** *adj* ① (*unschön*) ugly, hideous; ***sie wohnten in einer ~en Gegend*** they don't live in a very nice area ② (*gemein*) nasty; ■ ~ **zu jdm sein** to be nasty [*or* mean] to sb; ■ ~ **von jdm sein** to be nasty [*or* mean] of sb ❸ (*unerfreulich*) nasty, ugly, unpleasant **II.** *adv* (*gemein*) nastily

HässlichkeitRR <-, -en> *f* ugliness, nastiness, hideousness

HassliebeRR *f* love-hate relationship **Hasstirade**RR *f* (*pej*) tirade of hate **hassverzerrt**RR *adj* twisted with hatred [*or* hate]

hast *2. pers sing pres von s.* **haben**

Hast <-> *f kein pl* (*Eile*) haste, hurry; **nur keine ~!** there's no rush!; **ohne ~** without rushing; **voller ~** in a great hurry [*or* rush]; ***sie zog sich voller ~ an*** she dressed in a great hurry ▸ WENDUNGEN: **in fliegender ~** in a tearing hurry

haste ▸ WENDUNGEN: **~ was, biste was** (*prov*) wealth brings status; [**was**] **~ was kannste** (*fam*) as quick as possible

hasten *vi sein* (*geh*) ❶ (*hastig sein*) to hurry [*or* rush] ❷ (*eilen*) ■**irgendwohin ~** to hurry [*or* rush] somewhere

hastig I. *adj* hurried, rushed; **nicht so ~!** not so fast! **II.** *adv* (*eilends*) hastily, hurriedly; ***er schlang sein Essen ~ hinunter*** he bolted down his meal

hat *3. pers sing pres von s.* **haben**

hätscheln *vt* ❶ (*liebkosen*) ■**jdn ~** to caress sb, to cuddle sb ❷ (*gut behandeln*) ■**jdn ~** to pamper sb ❸ (*gerne pflegen*) ■**etw ~** to cherish sth; **eine gehätschelte Ideologie** a cherished ideology

hatschi *interj* atishoo, atchoo, AM ahchoo; **~ machen** (*kindersprache*) to sneeze

hatte *imp von s.* **haben**

Hattrick <-s, -s> ['hɛtrɪk] *m* ❶ SPORT (*Dreifachtreffer*) hat trick; (*dreifacher Gewinn*) hat trick ❷ (*Dreifacherfolg*) third success

Hatz <-, -en> *f* ❶ SÜDD, ÖSTERR (*Hetze*) rush; ***immer diese ~!*** this constant rushing around! ❷ (*Hetzjagd*) hunt, chase; **die ~ auf Bären** bear hunting

Haube <-, -n> *f* ❶ (*weibliche Kopfbedeckung*) bonnet ❷ (*Trockenhaube*) hair dryer ❸ (*Motorhaube*) bonnet ❹ ÖSTERR, SÜDD (*Mütze*) cap ❺ ÖSTERR (*Auszeichnung von Restaurants*) star ❻ (*Büschel von Kopffedern*) crest ❼ (*Aufsatz*) covering ▸ WENDUNGEN: **jdn unter die ~ bringen** (*hum fam*) to marry sb off; **unter der ~ sein** (*hum fam*) to be married; **unter die ~ kommen** (*hum fam*) to get married; ***es wird Zeit, dass du unter die ~ kommst*** it's time you got married

Haubenlerche *f* crested lark **Haubenmeise** *f* crested tit [*or esp* AM titmouse] **Haubentaucher** *m* great crested grebe

Haubitze <-, -n> *f* MIL howitzer

Hauch <-[e]s, -e> *m* (*geh, poet*) ❶ (*Atemhauch*) breath ❷ (*Luftzug*) breath of air ❸ (*leichter Duft*) waft, whiff ❹ (*Flair*) aura ❺ (*Andeutung, Anflug*) hint, trace, touch

hauchdünn I. *adj* ❶ (*äußerst dünn*) wafer-thin ❷ (*äußerst knapp*) extremely narrow; *Mehrheit* narrow; *Sieg* an extremely narrow **II.** *adv* extremely thin

hauchen I. *vi* (*sanft blasen*) ■**auf/gegen/in etw ~** *akk* to breathe on/against/into sth **II.** *vt* ❶ (*blasen*) ■**jdm etw in etw ~** *akk* to blow sth into sb's… ❷ (*flüstern*) ■**etw ~** to whisper sth; ■**jdm etw in etw ~** *akk* to whisper sth in sb's…

Hauchlaut *m* PHON aspirate

hauchzart *adj* ❶ (*butterweich*) extremely delicate ❷ MODE (*sehr leicht*) very light

Haudegen *m* old soldier [*or* warhorse]

Haue <-, -n> *f* ❶ SÜDD, SCHWEIZ, ÖSTERR (*Hacke*) hoe ❷ *kein pl* (*fam: Prügel*) thrashing; **~ kriegen** (*fam*) to get a good hiding, to get a thrashing; **es gibt ~** (*fam*) you'll get a good hiding

hauen <haute, gehauen *o* DIAL gehaut> **I.** *vt* ❶ *pret: hieb* (*fam: schlagen*) ■**etw auf etw** *akk*/**gegen etw ~** to hit sth against sth ❷ (*fam: verprügeln*) ■**jdn ~** to hit [*or* clout] sb; ■**sie ~ sich** they are fighting each other; ***bitte hau mich nicht, ich tu' es ja auch nicht wieder!*** don't hit me please, I won't do it again!; ***du blutest ja, hat dich einer von deinen Schulkameraden gehauen?*** you're bleeding, did one of your classmates hit you? ❸ (*meißeln*) ■**etw in etw ~** *akk* to carve sth in sth; ***der Künstler hat diese Statue in Marmor gehauen*** the artist carved this statue in marble; ***um fischen zu können, mussten sie ein Loch ins Eis ~*** in order to fish they had to cut a hole in the ice; ***die Stufen waren von Hand in den harten Fels gehauen worden*** the steps had been hewn by hand in the hard rock ❹ *pret: hieb* (*geh: schlagen*) ■**jdm etw auf etw ~** *akk* to hit sb with sth on sth; ***er haute ihm die Faust auf das Kinn*** he hit [*or* punched] him on the chin with his fist ❺ (*fam: stoßen*) ■**etw an/auf etw ~** *akk* to hit sth on sth; ***au verdammt, ich habe mir das Knie an die Tischkante gehauen!*** ow damn it, I've hit my knee on the edge of the table **II.** *vi* ❶ *pret: hieb* (*fam: schlagen*) ■[**mit etw**] **auf etw** *akk*/**gegen etw ~** to smash sth against sth; ***er nahm die Axt und hieb damit gegen das Türschloss*** he picked up the axe and smashed it against the door lock; ***hau doch nicht so auf die Klaviertasten!*** don't thump the piano keys like that!; ■**jdm** [**mit etw**] **auf/in/gegen/vor etw** *akk* **~** to hit sb on sth/in sth [with sth]; ***sie hieb ihm mit der flachen Hand ins Gesicht*** she slapped his face; ***er hieb ihm mit dem Schlagstock auf den Kopf*** he hit him on the head with the baton ❷ (*fam: prügeln*) ***bitte nicht ~!*** please don't hit me! ❸ *sein* (*fam: stoßen*) ■[**mit etw**] **gegen etw ~** to bang sth against [*or* on] sth; ***er ist mit dem Fuß gegen einen Stein gehauen*** he banged his foot on a rock **III.** *vr* (*fam: sich setzen, legen*) ■**sich auf/in etw ~** *akk* to throw oneself onto/into sth; ***hau dich nicht so aufs Sofa!*** don't throw yourself onto the sofa like that!

Hauer[1] <-s, -> *m* ❶ (*der seitlich hervorstehende Eckzahn des Keilers*) tusk ❷ (*hum: großer Zahn*) fang

Hauer[2] <-s, -> *m* face-worker

Häufchen <-s, -> *nt dim von* **Haufen** small pile [*or* heap] ▸ WENDUNGEN: **ein ~ Elend** (*fam*) a picture of misery; **ein ~ machen** (*koten*) to do one's toilet BRIT, to go to the bathroom AM

häufeln *vt* ❶ (*lose Erde um Hackfrüchte in Reihen wallartig aufhäufen*) ■**etw ~** to hill up sth BRIT ❷ (*aufhäufen*) ■**etw ~** to heap [*or* pile] up sth

Haufen <-s, -> *m* ❶ (*Anhäufung*) heap, pile ❷ (*fam: große Menge*) load, accumulation, mass; *Arbeit* load; ***du erzählst da einen ~ Quatsch!*** what a load of rubbish! ❸ (*Schar*) crowd ❹ (*Gruppe, Gemeinschaft*) crowd, bunch ▸ WENDUNGEN: **einen ~ machen** (*euph*) to do one's business; ***Vorsicht, da hat ein Hund einen ~ gemacht!*** watch out for that dog poop [*or* poo] [*or* doo]; **jdn/ein Tier über den ~ rennen/fahren** (*fam*) to run over sb/an animal *sep;* **jdn/ein Tier über den ~ schießen** [*o* **knallen**] (*fam*) to shoot sb/an animal down; **etw über den ~ werfen** [*o* **schmeißen**] (*fam*) to throw out sth *sep;* [**jdm**] **etw über den ~ werfen** [*o* **schmeißen**] (*fam*) to mess up sth [for sb] *sep;* **auf einem ~** (*fam*) in one place

häufen I. *vt* (*auf~*) ■[**jdm**] **etw auf etw ~** *akk* to pile sth on sth [for sb]; *s. a.* **gehäuft I II.** *vr* ❶ (*zahlreicher werden*) ■**sich ~** to become more frequent, to accumulate, to multiply, to increase; *s. a.* **gehäuft II** ❷ (*sich türmen*) ■**sich** [**irgendwo**] **~** to pile up [somewhere] ❸ (*türmen*) ■**sich** *dat* **etw auf etw ~** *akk* to pile sth on sth

Haufendorf *nt* village that has evolved haphazardly

haufenweise *adv* ❶ (*in Haufen*) in heaps [*or* piles]

❷ (*fam*) in great quantities; **etw ~ haben** [*o* **besitzen**] to have loads [*or* piles] of sth; ***sie besitzt ~ Antiquitäten*** she owns loads of antiques
Haufenwolke *f* cumulus [cloud]
häufig I. *adj* frequent II. *adv* frequently, often
Häufigkeit <-, -en> *f* frequency; **abnehmende/zunehmende ~** decreasing/increasing frequency
Häufigkeitszahl, Häufigkeitsziffer *f* frequency
Häufung <-, -en> *f* increasing number
Haupt <-[e]s, Häupter> *nt* (*geh*) ❶ (*Kopf*) head ❷ (*zentrale Figur*) head ▶ WENDUNGEN: **an ~ und Gliedern** totally, drastically; ***die gesamte Verwaltung dieses Staates ist verfault an ~ und Gliedern*** the entire administration of this state is totally corrupt; **entblößten ~es, mit bloßem ~** bareheaded; **gesenkten/erhobenen ~es** with one's head bowed/raised; **jdn aufs ~ schlagen** to vanquish sb; **zu jds Häupten** at sb's head
Hauptakzent *m* LING (*stärkste Betonung*) main stress ▶ WENDUNGEN: **den ~ auf etw legen** *akk* to place the main emphasis on sth **Hauptaltar** *m* high altar **hauptamtlich** I. *adj* full-time; (*im Hauptberuf ausgeübt*) full-time; ***neben ihrer ~en Tätigkeit als Lehrerin gibt sie noch Unterricht an Volkshochschulen*** in addition to her full-time job as a teacher she teaches at adult education centres II. *adv* on a full-time basis **Hauptangeklagte(r)** *f(m)* main [*or* principal] defendant **Hauptanschluss**RR *m* TELEK main extension **Hauptaufgabe** *f* main duty [*or* task] **Hauptaugenmerk** *f kein pl* **sein ~ auf etw richten** to pay particular attention to sth **Hauptausgang** *m* main exit **Hauptbahnhof** *m* central [*or* main] station **Hauptbelastungszeuge, -zeugin** *m, f* JUR chief witness for the prosecution **Hauptberuf** *m* chief [*or* main] occupation; **im ~** as one's main occupation **hauptberuflich** I. *adj* full-time; (*... im Hauptberuf*) full-time II. *adv s.* **hauptamtlich II** **Hauptbestandteil** *m* main component **Hauptbuch** *nt* ÖKON [general] ledger **Hauptdarsteller(in)** *m(f)* leading man [*or* actor] **Hauptdeck** *nt* main deck **Haupteingang** *m* main entrance **Haupteinnahmequelle** *f* ÖKON main [*or* principal] source of income
Häuptel <-s, -[n]> *nt* KOCHK ÖSTERR head; ***drei ~ Kopfsalat, bitte!*** three heads of lettuce, please
Häuptelsalat *m* ÖSTERR (*Kopfsalat*) lettuce
Haupteslänge *f* ▶ WENDUNGEN: **jdn um ~ überragen** (*geh*) to be a head taller than sb
Hauptfach *nt* SCH ❶ (*Studienfach*) main [*or* principal] subject, major AM; **etw im ~ studieren** to study sth as one's main subject, to major in (Am) ❷ SCH (*wichtigstes Schulfach*) major subject **Hauptfigur** *f* LIT central [*or* main] [*or* principal] character **Hauptfilm** *m* main [*or* feature] film **Hauptgang** *m* ❶ (*Hauptgericht*) main course; **im ~** as a main course ❷ (*zentraler Gang*) main corridor ❸ (*Waschgang*) main wash **Hauptgebäude** *nt* main building **Hauptgefreiter** *m* lance corporal **Hauptgericht** *nt* main course
Hauptgeschäft *nt* main branch **Hauptgeschäftsstelle** *f* ÖKON head office, headquarters *npl* **Hauptgeschäftszeit** *f* peak shopping hours, main business hours **Hauptgewicht** *nt* main emphasis; **das ~ auf etw legen** *akk* to place the main emphasis on sth **Hauptgewinn** *m* first prize **Haupthaar** *nt kein pl* (*geh*) hair [on the head] **Haupthahn** *m* main cock [*or esp* AM tap] **Hauptlast** *f* main load; ***die ~ der Steuererhöhungen werden die mittleren Einkommensgruppen zu tragen haben*** the middle income groups will have to bear the main burden of tax increases
Hauptleute *pl von* **Hauptmann**
Häuptling <-s, -e> *m* chief
Hauptmahlzeit *f* main meal
Hauptmann <-leute> *m* captain
Hauptmenü *nt* INFORM main menu **Hauptmerkmal** *nt* main feature **Hauptmieter(in)** *m(f)* main tenant **Hauptnahrungsmittel** *nt* KOCHK staple food **Hauptnenner** *m* common denominator **Hauptperson** *f* ❶ (*wichtigste Person*) central figure, most important person ❷ (*die tonangebende Person*) centre [*or* AM -er] of attention; (*wichtigste Person*) main person; ***er ist eindeutig die ~ bei diesem Projekt*** he's the main person on this project **Hauptplatine** *f* INFORM motherboard **Hauptportal** *nt* main portal **Hauptpost** *f* (*fam*), **Hauptpostamt** *nt* main post office **Hauptproblem** *nt* main problem **Hauptquartier** *nt* headquarters **Hauptreisezeit** *f* peak travel period **Hauptrolle** *f* (*wichtigste Rolle in einem Film oder Theaterstück*) leading [*or* main] role; [**in etw** *dat*] **die ~ spielen** to play the leading role [in sth] ▶ WENDUNGEN: [**bei etw**] **die ~ spielen** to play a leading part [in sth] **Hauptsache** *f* (*das Wichtigste*) main thing [*or* point]; **in der ~** in the main, mainly, on the whole; **~, ...** the main thing is...; ***~, du bist glücklich!*** the main thing is that you're happy!
hauptsächlich I. *adv* mainly, principally, especially, essentially, above all II. *adj* main, principal, chief, most important, essential; ***in den ~en Punkten sind wir uns einig*** we agree on the main points
Hauptsaison [zɛzõ:, zɛzɔŋ] *f* peak season; **~ haben** to be one's peak season; ***vom 23.4. bis zum 15.9. haben wir ~*** 23/04 – 15/09 is our peak season
Hauptsatz *m* LING main clause **Hauptschalter** *m* main [*or* master] switch **Hauptschiff** *nt* ARCHIT nave **Hauptschlagader** *f* aorta **Hauptschlüssel** *m* master key, passkey **Hauptschulabgänger(in)** *m(f)* SCH *school-leavers/graduates from a Hauptschule* **Hauptschuld** *f kein pl* main blame; ■ **die/jds ~ an etw** *dat* the/sb's principal fault regarding sth **Hauptschuldige(r)** *f(m)* person mainly to blame, person mainly at fault, major offender **Hauptschule** *f* ≈ secondary modern school BRIT, ≈ junior high school AM (*covering years 5 to 9 or the last 5 years of the compulsory nine years at school in Germany or years 5 to 8 in Austria*) **Hauptschüler(in)** *m(f)* ≈ secondary modern school pupil BRIT, ≈ junior-high student AM **Hauptschullehrer(in)** *m(f)* ≈ secondary modern [*or* AM ≈ junior high] school teacher **Hauptseminar** *nt* seminar for advanced students **Hauptsendezeit** *f* TV, RADIO peak viewing time **Hauptsicherung** *f* ELEK, TECH, BAU main fuse **Hauptsitz** *m* headquarters *npl*, head office **Hauptspeicher** *m* INFORM main memory **Hauptstadt** *f* capital [city] **Hauptstraße** *f* main street **Hauptstrecke** *f* main line, main route **Hauptstudium** *nt* SCH main [part of a university] course **Hauptteil** *m* main [*or* major] part **Haupttreffer** *m* jackpot; **den ~ erzielen** to hit the jackpot **Hauptursache** *f* main [*or* chief] [*or* principal] cause **Hauptverhandlung** *f* main hearing **Hauptverkehrsstraße** *f* arterial road, main road [*or* highway] [*or* thoroughfare] **Hauptverkehrszeit** *f* rush hour **Hauptversammlung** *f* general meeting **Hauptverwaltung** *f* ADMIN head office, headquarters *npl* **Hauptwache** *f* main police station **Hauptwäsche** *f* main wash **Hauptwaschgang** *m* main wash **Hauptwaschmittel** *nt* strong-action detergent **Hauptwohnsitz** *m* main place of residence **Hauptwort** *nt* noun **Hauptzeuge, -zeugin** *m, f* chief [*or* principal] witness
hau ruck *interj* heave; ***so, jetzt ziehen wir alle gemeinsam an dem Seil – ~! ~!*** right, let's all pull on the rope together – heave-ho! heave-ho!

H

Hauruck <-s, -s> *nt* heave ho

Hauruckverfahren *nt* any old how; ***die haben das Gebäude im ~ hochgezogen*** they just threw up the building any old how

Haus <-es, Häuser> *nt* ❶ (*Gebäude*) house; ***das Internat bestand aus mehreren Häusern*** the boarding school consisted of several buildings; ***wie geht's zu ~e?*** how are things at home?; **das ~ Gottes** [*o geh* **des Herrn**] the house of God [*or form* the Lord]; **~ und Hof** (*geh*) house and home; **das Weiße ~** the White House; **für jdn ein offenes ~ haben** to keep open house for sb; **jdn nach ~e bringen** to see [*or* take] sb home; ***kannst du mich mit dem Auto nach ~e bringen?*** can you drive me home?; **jdn ans ~ fesseln** to confine sb to the house; ***seit sie krank ist, ist sie ans ~ gefesselt*** since she's been ill she's been confined to the house; **sich** [**irgendwo/bei jdm**] **wie zu ~e fühlen** to feel at home [somewhere/in sb's house]; ***fühlen Sie sich wie zu ~e!*** make yourself at home; **aus dem ~ gehen** to leave the house; **das ~ hüten müssen** to have to stay at home; ***ich muss wegen einer Grippe das ~ hüten*** I have to stay in due to a bout of flu; **außer ~ essen** to eat out; ***am Wochenende essen sie außer ~*** they eat out at weekends; **aus dem ~ sein** to have left home; **irgendwo zu ~**[**e**] **sein** to live [*or* come from] somewhere; ***wo sind Sie eigentlich zu ~e*** tell me, where are you from?; ***der Pandabär ist nur in China zu ~e*** the panda bear can only be found in China; **jdm nicht ins ~ kommen** to not allow sb/sth in the house; ***eine Katze kommt mir nicht ins ~!*** I'm not having a cat in the house!; [**etw**] **ins ~ liefern** to deliver [sth] to the door; ***liefern Sie ins ~?*** do you make home deliveries?; **frei ~ liefern** to deliver free of charge; **jdn ins ~ nehmen** to take sb in[to one's home]; **jdn nach ~e schicken** (*fam*) to send sb packing *fam*, to send sb home; ***ich habe den Vertreter gleich wieder nach ~e geschickt*** I sent the rep packing straight away; ***die Lehrerin schickte den Schüler nach ~e*** the teacher sent the pupil home; **jdm das ~ verbieten** to not allow sb in the house; **~ an ~** next door; ***wir wohnen ~ an ~*** we live next door to each other; **im ~**[**e**] in the house; ***bei der Kälte bleibe ich lieber im ~*** I prefer to stay indoors [*or* inside] when it's cold; **nichts mehr im ~ haben** to have nothing [left] [to eat/drink] in the house; **ins ~** into the house, indoors; ***es wird schon kühl, lass uns ins ~ gehen*** it's getting cool, let's go indoors [*or* inside]; ***meine Klavierlehrerin kommt immer ins ~*** my piano teacher always comes to our house; **nach ~e**, ÖSTERR, SCHWEIZ *a.* **nachhause**RR home; ***komm nicht so spät nach ~e!*** don't come home so late!; ***es ist nicht mehr weit bis nach ~e!*** we're not far from home now!; ***ich muss nach ~e!*** I must [*or* have to] go home!; **von ~ zu ~ gehen/wandern/ziehen** to go/wander/roam from house to house [*or* door to door]; **zu ~e**, ÖSTERR, SCHWEIZ *a.* **zuhause**RR at home; ***seid unbedingt vor Mitternacht wieder zu ~e!*** make sure you're back home before midnight!; ***wir können schon in drei Stunden zu ~e sein*** we can be home in three hours; **bei jdm zu ~e**, ÖSTERR, SCHWEIZ *a.* **zuhause** in sb's home; ***bei euch zu ~e ist es so gemütlich*** there's such a relaxed atmosphere in your home; ***bei uns zu ~e wurde vor dem Essen gebetet*** we always said prayers before a meal in our house ❷ (*Villa, Pension*) house; ***„~ Talblick"*** "Talblick House"; **das erste ~ am Platze** the best hotel in town; **ein gepflegtes** [*o* **gut geführtes**] **~** a well-run restaurant ❸ (*Familie*) household; ***er ist ein alter Freund des ~es*** he's an old friend of the family; **die Dame/der Herr des ~es** the lady/master of the house; **aus bürgerlichem/gutem/schlechtem ~e stammend** from a middle-class/good/bad family; **aus adligem ~e** from a noble family; **aus angesehenem ~e** from a respectable family; **von ~e aus** by birth; ***von ~e aus ist sie musikalisch*** she comes from a musical family ❹ (*Dynastie*) house; ***die Kaiser von Österreich stammten aus dem ~e Habsburg*** the Emperor of Austria came from the House of the Hapsburgs ❺ (*geh: Unternehmen*) firm, company; ***Rauchen ist im ganzen ~ verboten!*** smoking is not allowed anywhere in the company buildings; **das erste ~ am Platze** the best firm in the area; **im ~e sein** to be in; ***Sie können mich jederzeit im Büro erreichen, ich bin den ganzen Tag im ~e*** you can get me at the office any time, I'm in [*or* there] all day ❻ (*geh: Saal, Publikum*) house; **das große/kleine ~** the large/small theatre; **vor vollem** [*o* **ausverkauftem**]**/leerem ~e spielen** to play to a full [*or* packed]/empty house ❼ POL (*Kammer*) House; ***das Gesetz passierte das ~ ohne Gegenstimmen*** the act passed through the House without opposition; **Hohes ~!** (*geh*) honourable members! *form* ❽ ZOOL (*Schnecken~*) house, shell ❾ ASTROL (*Kraftfeld*) house ❿ (*Haushalt*) **ein großes ~ führen** (*geh*) to entertain in style; **jdm das ~ führen** to keep house for sb ▸ WENDUNGEN: **~ und Herd verlassen** (*geh*) to leave one's home and family; [**du**] **altes ~!** (*fam*) old chap *dated;* **das europäische ~** the family of Europe; **sein ~ bestellen** to put [*or* set] one's house in order; **für jdn/niemanden zu ~ sein** to be at home to sb/nobody; **in etw** *dat* **zu ~e sein** to be at home in sth; ***in der Physik bin ich nicht so zu ~e wie Sie!*** I'm not as much at home in physics as you are; **jdm ins ~ schneien** (*fam*) to descend on sb; [**jdm**] **ins ~ stehen** to be in store [for sb]; ***vielleicht steht uns ein großer Lottogewinn ins ~*** perhaps we're in store for a big win on the lottery; **von ~e aus** originally

Hausaltar *m* family altar **Hausangestellte(r)** *f(m)* domestic servant, domestic *esp fem* **Hausanschluss**RR *m* private connection, mains [*or* AM utilities] connection **Hausantenne** *f* outside aerial [*or esp* AM antenna] **Hausanzug** *m* leisure suit **Hausapotheke** *f* medicine cabinet **Hausarbeit** *f* ❶ (*Arbeit im Haushalt*) housework ❷ SCH (*Schulaufgaben*) homework ❸ SCH (*wissenschaftliche Arbeit*) [academic] assignment **Hausarrest** *m* ❶ (*Verbot*) confinement to the house; **~ haben** to be grounded ❷ (*Strafe*) house arrest **Hausarzt, -ärztin** *m, f* family doctor, GP **Hausaufgabe** *f* a piece of homework; ■ **~n** homework *no pl;* **seine ~n machen** (*a. fig*) to do one's homework; **seine ~n nicht gemacht haben** (*a. fig*) not to have done one's homework **Hausaufsatz** *m* homework essay **hausbacken** *adj* plain, unadventurous **Hausbar** *f* ❶ (*eine Bar zu Hause*) home bar ❷ (*Inhalt*) range of drinks at home **Hausbau** *m* building of a/the house **Hausbesetzer(in)** <-s, -> *m(f)* squatter **Hausbesetzerszene** *f* SOZIOL, POL squatting fraternity **Hausbesetzung** *f* squatting **Hausbesitzer(in)** *m(f)* home-owner; (*Vermieter*) landlord **Hausbesorger(in)** <-s, -> *m(f)* ÖSTERR (*Hausmeister*) janitor **Hausbesuch** *m* home visit **Hausbewohner(in)** *m(f)* tenant, occupant of a house **Hausbibliothek** *f* library **Hausboot** *nt* houseboat **Hausbriefkasten** *m* letter-box

Häuschen <-s, -> [ˈhɔɪsçən] *nt* ❶ *dim von* **Haus** little [*or* small] house, cottage ❷ SCHWEIZ (*Kästchen auf kariertem Papier*) square ▸ WENDUNGEN: **jdn** [**ganz**] **aus dem ~ bringen** (*fam*) to drive sb wild with excitement; [**über etw** *akk*] **ganz aus dem ~ geraten** (*fam*) to go completely wild with excitement [about sth]; **ganz aus dem ~ sein** (*fam*) to be beside oneself

Hausdach *nt* roof **Hausdame** *f* housekeeper **Hausdetektiv(in)** *m(f)* store detective **Hausdra-**

chen *m* (*pej fam*) battle-axe *pej fam*, dragon *pej fam* **Hausdurchsuchung** *f* ÖSTERR house search **Hausdurchsuchungsbefehl** *m* JUR, ADMIN ÖSTERR (*Legitimation zu einer Haussuchung*) search-warrant **hauseigen** *adj* belonging to the establishment; ***die Gäste können den ~en Tennisplatz benutzen*** the guests can use the hotel's own tennis court **Hauseigentümer(in)** *m(f)* (*geh*) *s.* **Hausbesitzer** **Hauseinfahrt** *f* drive[way] of a/the house **Hauseingang** *m* entrance [to a/the house]

hausen *vi* ■ **irgendwo ~** ❶ (*pej fam: erbärmlich wohnen*) to live [in poor conditions] somewhere ❷ (*wüten*) to wreak havoc somewhere

Häuserblock *m* block [of houses] **Häuserfront** *f* terrace front **Häusermeer** *nt* (*geh*) sea of houses **Häuserreihe** *f* row of houses **Häuserzeile** *f* line of houses

Hausflur *m* entrance hall **Hausfrau** *f* ❶ (*nicht berufstätige Frau*) housewife ❷ ÖSTERR, SÜDD (*Zimmerwirtin*) landlady **Hausfrauenart** *f* home-made style; ■ **nach ~** in a home-made style **hausfraulich** *adj* housewifely; **~e Aufgaben** a housewife's duties **Hausfreund(in)** *m(f)* ❶ (*Freund der Familie*) friend of the family ❷ *nur m* (*euph fam: Liebhaber der Ehefrau*) man-friend *euph* **Hausfriede(n)** *m* domestic peace; (*zwischen Hausbewohnern*) harmonious relations between tenants **Hausfriedensbruch** *m* trespassing **Hausgebrauch** *m* domestic use; **für den ~** for domestic use; (*fam: für durchschnittliche Ansprüche*) for average requirements **Hausgeburt** *f* home birth **Hausgehilfe, -gehilfin** *m, f* home help **hausgemacht** *adj* ❶ (*im eigenen Haushalt hergestellt*) home-made ❷ (*intern begründet*) created by domestic factors; ***Experten bezeichnen die Inflation als zum Teil ~*** experts ascribe inflation partially to domestic factors **Hausgemeinschaft** *f* household; **mit jdm in ~ leben, in einer ~ mit jdm leben** to live together with sb **Hausgott** *m* household gods *pl*

Haushalt <-[e]s, -e> *m* ❶ (*Hausgemeinschaft*) household ❷ (*~sführung*) housekeeping; **[jdm] den ~ führen** to keep house [for sb] ❸ MED, BIOL (*Kreislauf*) balance ❹ ÖKON (*Etat*) budget

haus|halten, Haus halten[RR] *vi irreg* ❶ (*sparsam wirtschaften*) ■ **[mit etw] ~** to be economical [with sth] ❷ (*dosiert einsetzen*) ■ **mit etw ~** to conserve sth

Haushälter(in) <-s, -> *m(f)* housekeeper

Haushälterin <-, -nen> *f* housekeeper

haushälterisch **I.** *adj* economical, thrifty **II.** *adv* economically

Haushaltsartikel *m* household article [*or* item] **Haushaltsbuch** *nt* housekeeping book **Haushaltsdebatte** *f* budget debate **Haushaltsdefizit** *nt* POL, ÖKON budget[ary] deficit **Haushaltsführung** *f* housekeeping; **doppelte ~** running two households **Haushaltsgeld** *nt* housekeeping money **Haushaltsgerät** *nt* household [*or* domestic] appliance **Haushaltshilfe** *f* home help **Haushaltsjahr** *nt* financial [*or* fiscal] year **Haushaltskasse** *f kein pl* budget account **Haushaltsloch** *nt* budgetary gap **Haushaltsmittel** *nt* ÖKON, ADMIN budget[ary] funds *npl* **Haushaltspackung** *f* family[-size] pack **Haushaltsplan** *m* budget **Haushaltspolitik** *f* budgetary policy **Haushaltsraffinade** *f* granulated sugar **Haushaltsreiniger** *m* CHEM household cleaner **Haushaltswaage** *f* kitchen scales *npl* **Haushaltswaren** *pl* household goods *npl*

Haushaltung *f* ❶ *kein pl* (*Haushaltsführung*) housekeeping *no pl, no indef art* ❷ *kein pl* (*der sparsame Einsatz*) ■ **die ~ mit etw** economizing [*or* BRIT *a.* -ising] with sth ❸ (*geh: Haushalt 1*) household

Hausherr(in) <-en, -en> *m(f)* head of the household; (*der Gastgeber*) host **haushoch** **I.** *adj* ❶ (*euph: sehr hoch*) as high as a house; **haushohe Flammen** gigantic [*or* huge] flames; **haushohe Wellen** mountinous waves ❷ SPORT (*eindeutig*) clear, definite; **eine haushohe Niederlage** a crushing defeat; **ein haushoher Sieg** an overwhelming victory; **ein haushoher Favorit** a hot favourite [*or* AM -orite] **II.** *adv* (*eindeutig*) clearly, definitely; ***die gegnerische Mannschaft wurde ~ geschlagen*** the opposition was decisively defeated

hausieren* *vi* ■ **[mit etw] ~** to hawk [*or* peddle] [sth]; **H~ verboten!** no hawkers!; **mit etw ~ gehen** to peddle sth around; ***sie geht mit allen möglichen Gerüchten ~*** she peddles every rumour possible around

Hausierer(in) <-s, -> *m(f)* hawker, peddler

Hausjacke *f* casual jacket **Hauskapelle** *f* private chapel **Hauskatze** *f* domestic cat **Hauskauf** *m* house-buying *no pl, no indef art,* house purchase **Hauskleid** *nt* house dress **Hauslehrer(in)** *m(f)* private tutor

häuslich *adj* ❶ (*die Hausgemeinschaft betreffend*) domestic; **der ~e Frieden** domestic peace; **~e Pflichten** domestic duties ❷ (*das Zuhause liebend*) homely, home-loving; **sich irgendwo ~ einrichten** to make oneself at home somewhere; **sich irgendwo ~ niederlassen** to settle down somewhere

Häuslichkeit <-> *f kein pl* domesticity *no pl*

Hausmacherart *f* home-made style; **nach ~** home-made-style *attr* **Hausmacherkost** *f kein pl* home cooking *no pl, no indef art*

Hausmacht *f kein pl* ❶ (*fig: Macht*) power base ❷ HIST (*Territorien*) allodium **Hausmann** *m* house-husband **Hausmannskost** *f kein pl* ❶ *s.* **Hausmacherkost** ❷ (*fam: durchschnittliche Leistung*) average performance **Hausmantel** *m* housecoat **Hausmarke** *f* ❶ (*Sekt eines Gastronomiebetriebes*) sparkling house wine ❷ (*bevorzugte Marke*) favourite [*or* AM -orite] brand **Hausmaus** *f* ZOOL house mouse **Hausmeister(in)** *m(f)* caretaker, janitor **Hausmitteilung** *f* ❶ (*firmeninterne Mitteilung*) [internal] memo ❷ (*periodische Druckschrift für Kunden*) company newsletter **Hausmittel** *nt* household remedy **Hausmüll** *m* domestic refuse *no pl, no indef art* **Hausmülltonne** *f* (*geh*) dustbin BRIT, garbage can AM (*for nonrecyclable and nontoxic waste*) **Hausmusik** *f* music within the family circle **Hausmutter** *f* house-mother; (*im Internat*) house-mistress **Hausmütterchen** *nt* (*pej*) little housewife *pej;* (*hum: Mädchen*) little mother *hum* **Hausnummer** *f* house number **Hausordnung** *f* house rules *pl* **Hausputz** *m* clean-out of the house **Hausrat** *m kein pl* household contents *pl* **Hausratte** *f* ZOOL black rat **Hausratversicherung** *f* household contents insurance *no pl* BRIT, home owner's [*or* renter's] insurance AM **Hausrecht** *nt* authority as a householder *no pl* (*to deny sb entry*); **von seinem ~ Gebrauch machen** to ask sb to leave **Hausrotschwanz** *m* ORN black redstart **Haussammlung** *f* door-to-door [*or* house-to-house] collection **Hausschlachtung** *f* on-site domestic slaughtering **Hausschlüssel** *m* front-door key **Hausschuh** *m* slipper **Hausschwamm** *m* dry rot

Hausse <-, -n> ['hoːsə, oːs] *f* BÖRSE bull market; **auf ~ spekulieren** to bull

Haussegen *m* house blessing ▸ WENDUNGEN: **der ~ hängt [bei jdm] schief** (*hum fam*) there is a strained atmosphere [in sb's home] **Haussperling** *m* ORN house sparrow **Hausstand** *m* (*geh*) household; **einen [eigenen] ~ gründen** to set up house [*or* home] [on one's own] **Haussuchung** <-, -en> *f s.* **Haus-**

durchsuchung **Haussuchungsbefehl** *m* search warrant **Haustarif** *m* company wage structure **Haustelefon** *nt* internal telephone **Haustier** *nt* pet, domestic animal *form* **Haustür** *f* front door; **direkt vor der ~** (*fam*) right on one's doorstep **Haustürgeschäft** *nt* door-to-door selling **Haustyrann(in)** *m(f)* (*pej fam*) tyrant at home **Hausvater** *m* house-father **Hausverbot** *nt* ban from entering a premises; **jdm ~ erteilen** to ban sb from entering a premises; **[irgendwo/bei jdm] ~ haben** to be banned [*or* barred] [from somewhere/sb's home] **Hausverwalter(in)** *m(f)* manager of a tenement block **Hausverwaltung** *f* management of a tenement block **Hauswart(in)** <-s, -e> *m(f) s.* **Hausmeister** **Hauswirt(in)** *m(f)* landlord

Hauswirtschaft *f kein pl* domestic science *no pl, no indef art,* home economics + *sing vb* **Hauswirtschafter(in)** <-s, -> *m(f)* housekeeper **hauswirtschaftlich** *adj* domestic **Hauswirtschaftsschule** *f* domestic science college

Hauszelt *nt* frame tent

Haut <-, Häute> *f* ① ANAT skin; **nass bis auf die ~** soaked to the skin; **viel ~ zeigen** (*hum*) to reveal a lot *hum;* (*gegerbtes Fell*) hide ② BOT, HORT (*dünne Schale*) peel, skin ③ (*Außen~*) skin ④ (*erstarrte Schicht*) skin ▶ WENDUNGEN: **mit ~ und Haar[en]** (*fam*) completely, totally; **nur ~ und Knochen sein** (*fam*), **nur noch aus ~ und Knochen bestehen** (*fam*) to be nothing but skin and bone; **[für jdn/etw] seine ~ zu Markte tragen** to risk one's neck [for sb/sth]; **eine ehrliche ~ sein** (*fam*) to be an honest sort; **auf der faulen ~ liegen** (*fam*), **sich auf die faule ~ legen** (*fam*) to laze around [*or* BRIT about]; **mit heiler ~ davonkommen** (*fam*) to escape unscathed; **seine ~ so teuer wie möglich verkaufen** (*fam*) to make things as difficult as possible; **sich nicht wohl in seiner ~ fühlen** (*fam*) not to feel too good; **jdm ist nicht wohl in seiner ~** (*fam*) sb is not feeling too good; **aus der ~ fahren** (*fam*) to hit the roof *fam;* **etw geht [jdm] unter die ~** (*fam*) sth gets under one's skin *fam;* **nicht aus seiner ~ heraus können** (*fam*) a leopard cannot change its spots *prov;* **seine [eigene] ~ retten** (*fam*) to save one's own skin; **jd möchte nicht in jds ~ stecken** sb would not like to be in sb's shoes; ***ich möchte nicht in seiner ~ stecken*** I wouldn't like to be in his shoes; **sich seiner ~ wehren** *gen* (*fam*) to stick up for oneself *fam*

Hautabschürfung *f* graze **Hautatmung** *f* cutaneous respiration *no pl* **Hautausschlag** *m* [skin] rash

Häutchen <-s, -> *nt dim von* **Haut** ① (*dünne Haut*) thin skin; (*schuppend*) flaky skin; (*Nagelhaut*) cuticle ② ORN, ZOOL membrane ③ (*erstarrte Schicht: auf Milch etc.*) skin

Hautcreme *f* skin cream

Haute Couture <- -> [o:tku'ty:ɐ] *f kein pl* haute couture *no pl, no art*

häuten I. *vt* ■**etw ~** to skin sth II. *vr* (*die Haut abstreifen*) ■**sich ~** to shed its skin

hauteng I. *adj* skin-tight II. *adv* skin-tight

Hautevolee <-> *f kein pl* upper crust *no pl, no indef art fam*

Hautfarbe *f* skin colour [*or* AM -or] **hautfarben** *adj* flesh-coloured **hautfreundlich** *adj* kind to the skin **Hautklinik** *f* MED dermatological clinic [*or* hospital] **Hautkontakt** *m* physical contact **Hautkrankheit** *f* MED skin disease, dermatosis *spec,* dermatopathy *spec* **Hautkrebs** *m* MED skin cancer *no pl,* skin [*or* cutaneous] carcinoma *spec* **Hautlotion** *f* skin lotion **hautnah** I. *adj* ① (*sehr eng*) very close ② (*fam: wirklichkeitsnah*) vivid II. *adv* ① (*sehr eng*) very closely ② (*fam: wirklichkeitsnah*) vividly **Hautpflege** *f* skin care *no pl* **Hautpilz** *m* fungal skin disorder **Hautreinigung** *f kein pl* skin cleansing *no pl, no indef art* **Hautreizung** *f* skin irritation **hautschonend** *adj* MED kind to the [*or* one's] skin *pred* **Hauttransplantation** *f* skin-graft **Hauttyp** *m* PHARM, MED skin type

Häutung <-, -en> *f* ① (*das Häuten*) skinning, flaying ② (*das sich Häuten*) shedding of the skin *no pl*

Hautunreinheit *f* MED, PHARM skin blemish **Hautverbrennung** *f* burns to the skin **Hautverpflanzung** *f* skin-graft

Havanna <-, -s> [va] *f,* **Havannazigarre** *f* Havana [cigar]

Havarie <-, -n> [va, 'ri:ən] *f* ① (*Schiffsunglück*) accident ② ÖSTERR (*Autounfall*) [car] accident

havariert *adj* ① NAUT (*verunglückt*) wrecked ② ÖSTERR (*im Autounfall verunglückt*) damaged

Hawaii *nt* Hawaii; *s. a.* **Sylt**

Hawaii <-s> *nt* Hawaii *no pl, no art*

Hawaiigitarre *f* Hawaiian guitar

hawaiisch *adj* Hawaiian

Haxe <-, -n> *f* ① KOCHK SÜDD (*Beinteil von Kalb/Schwein*) leg ② (*fam: Fuß*) foot

Hbf. *Abk von* **Hauptbahnhof**

H-Bombe ['ha:] *f* H-bomb

HBV *f Abk von* **Gewerkschaft für Handel, Banken und Versicherungen** union for commerce, banking and insurance

h.c. *Abk von* **honoris causa** h.c.

HDTV <-s> *nt kein pl Abk von* **High Definition Television** HDTV

he *interj* (*ärgerlicher Ausruf*) oi! BRIT *fam,* hey! AM *fam;* **~, *können Sie nicht besser aufpassen!*** oi! can't you be more careful!; (*erstaunter Ausruf*) cor!; (*Aufmerksamkeit erregend*) hey!

Headhunter(in) <-s, -> ['hedhʌntəʳ] *m(f)* ÖKON headhunter

Hearing <-[s], -s> ['hɪərɪŋ] *nt* hearing

heavy ['hɛvi] *adj pred* (*sl*) unbelievable *sl*

Heavymetal, Heavy Metal <- -> ['hɛvi'mɛtl] *nt kein pl* heavy metal *no pl, no indef art*

Hebamme <-, -n> *f* midwife

Hebebühne *f* hydraulic lift

Hebel <-s, -> *m* ① (*Griff*) lever ② SPORT *s.* **Hebelgriff** ▶ WENDUNGEN: **alle ~ in Bewegung setzen** (*fam*) to move heaven and earth to do sth, to set all wheels in motion to do sth; **den ~ an der richtigen Stelle ansetzen** to set about [*or esp* AM tackle] sth in the right way; **am längeren ~ sitzen** (*fam*) to hold the whip hand; **an vielen ~n sitzen** to occupy several positions of power and influence; **[an etw] den ~ ansetzen** (*fam*) to tackle sth in such a way that ...; **am ~ sitzen** to be in charge [*or* control]

Hebelgriff *m* SPORT lever hold ▶ WENDUNGEN: **[bei jdm] einen ~ ansetzen** to get a lever hold [on sb]

Hebelkraft *f* leverage *no pl*

heben <hob, gehoben> I. *vt* ① (*nach oben bewegen*) ■**etw ~** to lift [*or* raise] sth; **den Kopf ~** to raise [*or* lift] one's head; **den Arm/das Bein ~** to raise one's arm/leg; **50 kg/eine Last ~** to lift 50 Kg/load; ***sie griff zum Fernglas und hob es vom Tisch*** she picked the binoculars up off the table; ***hebt eure Füße!*** pick your feet up! ② (*liften*) ■**jdn/etw [aus/von/auf/in etw] ~** to lift sb/sth [out of/onto/into sth] ③ (*ans Tageslicht befördern*) ■**etw ~** to dig sth up; **ein Wrack ~** to raise a wreck ④ (*verbessern*) ■**etw ~** to improve sth; **jds Stimmung ~** to lift [*or* improve] sb's mood, to cheer sb up *fam;* **ein Niveau ~** to improve [*or* raise] a standard ⑤ SÜDD (*halten*) ■**etw ~** to hold sth; ***kannst du mal schnell das Baby ~*** can you hold the baby for a second? ⑥ (*Alkohol trinken*) **einen ~ gehen** (*fam*) to go for a drink; **einen [auf etw** *akk*] **~** (*fam*) to have a drink [to sth]; ***darauf***

müssen wir einen ~! we'll have to drink to that!; **gern einen** ~ (*fam*) to like to have a drink **II.** *vr* (*sich nach oben bewegen*) ■ **sich** ~ to rise; ***der Vorhang hob sich*** the curtain rose **III.** *vi* ❶ (*Lasten hochhieven*) to lift loads; ***er musste den ganzen Tag schwer*** ~ he had to do a lot of heavy lifting all day ❷ SÜDD (*haltbar sein*) to keep [*or* last]; ***bei dem Wetter hebt die Milch halt nicht*** the milk won't keep in this weather

Heber <-s, -> *m* CHEM pipette

Heber(in) <-s, -> *m(f)* (*fam*) *s.* **Gewicht~**

Hebesatz *m* rate of assessment

Hebräer(in) <-s, -> *m(f)* Hebrew

hebräisch *adj* Hebrew; **auf** ~ in Hebrew

Hebräisch *nt decl wie adj* Hebrew; ■ **das ~e** Hebrew

Hebung <-, -en> *f* ❶ (*das Hinaufbefördern*) raising *no pl* ❷ GEOL elevation *no pl* ❸ (*Verbesserung*) improvement; **eine ~ des Lebensstandards** a rise in the standard of living ❹ LIT (*betonte Silbe im Vers*) accented [*or* stressed] syllable

hecheln *vi* ❶ (*keuchen*) *Hund a.* to pant ❷ (*fam: herziehen*) ■ **über jdn/etw** ~ to pick sb/sth to pieces

Hecht <-[e]s, -e> *m* pike ▸ WENDUNGEN: **der ~ im Karpfenteich sein** (*fam*) to create a stir; **ein toller** ~ (*fam*) an incredible bloke [*or* AM guy], a remarkable fellow

Hechtbarsch *m* pike-perch, AM *usu* walleye

hechten *vi sein* ■ **von etw/in etw** *akk* ~ to dive off/into sth; ■ **über etw** *akk* ~ to do a forward dive over sth; ■ **irgendwohin** ~ to dive full-length somewhere

Hechtrolle *f* dive roll **Hechtsprung** *m* forward dive **Hechtsuppe** *f* ▸ WENDUNGEN: **es zieht wie** ~ (*fam*) there's a terrible draught [*or* AM draft]

Heck <-[e]s, -e *o* -s> *nt* AUTO back, rear; NAUT stern; LUFT tail

Heckantrieb *m* rear-wheel drive *no pl;* **mit** ~ with rear-wheel drive

Hecke <-, -n> *f* hedge

Heckenbraunelle <-, -n> *f* ORN dunnock, house sparrow **Heckenkirsche** *f* BOT honeysuckle **Heckenrose** *f* dogrose **Heckenschere** *f* hedge clippers *npl* **Heckenschütze, -schützin** *m, f* (*pej*) sniper

Heckfenster *nt* AUTO rear window [*or* windscreen] **Heckflosse** *f* AUTO tail fin **Heckhaube** *f* AUTO boot BRIT, trunk AM **Heckklappe** *f* AUTO tailgate **hecklastig** *adj* tail-heavy; **ein ~es Boot** a boat weighed down at the stern

Heckmeck <-s> *m kein pl* (*fam*) fuss *no pl;* **keinen ~ machen** to not make [*or fam* kick up] a fuss

Heckmotor *m* AUTO rear engine

Heckscheibe *f* AUTO rear window [*or* windscreen]

Heckscheibenheizung *f* rear window heater **Heckscheibenwischer** *m* rear windscreen wiper

Heckspoiler *m* rear spoiler **Hecktür** *f* tailgate

heda *interj* (*veraltet*) hey there

Hedgegeschäft ['hedʒ-] *nt* ÖKON hedge transaction

Hedonismus <-> *m kein pl* hedonism *no pl*

hedonistisch *adj* hedonistic

Heer <-[e]s, -e> *nt* ❶ (*Armee*) armed forces *npl;* (*Bodenstreitkräfte*) ground forces *npl;* **stehendes** ~ standing army; **beim** ~ in the armed forces ❷ (*große Anzahl*) army; **ein ~ von Touristen** an army of tourists

Heeresbericht *m* military communiqué **Heer(es)zug** *m* ❶ (*Kolonne*) army on the march ❷ (*Feldzug*) campaign

Heerführer *m* HIST military leader **Heerlager** *nt* army camp; **einem ~ gleichen** to resemble a military camp **Heerscharen** *pl* legions *pl* ▸ WENDUNGEN: **die himmlischen** ~ the heavenly host **Heerstraße** *f* HIST military road

Hefe <-, -n> *f* yeast ▸ WENDUNGEN: **die ~ [des Volkes]** (*pej geh*) the scum [of the earth] *pej*

Hefegebäck *nt kein pl* pastries *pl* (*made from yeast dough*) **Hefekuchen** *m* yeast cake **Hefepilz** *m* yeast fungus **Hefeteig** *m* yeast dough **Hefeteilchen** *nt* pastry (*made with yeast dough*)

Heft[1] <-[e]s, -e> *nt* ❶ (*Schreib~*) exercise book ❷ (*Zeitschrift*) magazine; (*Ausgabe*) issue, number ❸ (*geheftetes Büchlein*) booklet

Heft[2] <-[e]s, -e> *nt* (*Griffstück*) handle, grip ▸ WENDUNGEN: **das ~ in der Hand halten/behalten** (*geh*) to remain in control; **das ~ aus der Hand geben** (*geh*) to hand over control; **jdm das ~ aus der Hand nehmen** (*geh*) to seize control from sb

Heftchen <-s, -> *nt dim von* **Heft**[1] ❶ (*kleinformatiges Schreibheft*) [small] note book, booklet ❷ (*Comic~*) comic

heften I. *vt* ❶ (*befestigen*) ■ **etw an etw** *akk* ~ to pin [*or* stick] sth to sth; ***er heftete einen Zettel an die Haustür*** he stuck a note on the front door; ■ **jdm etw an etw** ~ *akk* to pin sth on sb ❷ (*nähen*) ■ **etw** ~ to tack [up *sep*] sth ❸ (*klammern*) ■ **etw** ~ to staple sth **II.** *vr* ❶ (*sich unverwandt richten*) ■ **sich auf jdn/etw** ~ to fix one's eyes on sb/sth ❷ (*ständig verfolgen*) ■ **sich an jdn** ~ to stay on sb's tail

Hefter <-s, -> *m* ❶ (*Mappe*) [loose-leaf] file ❷ (*Heftmaschine*) stapler

Heftfaden *m,* **Heftgarn** *nt* tacking thread

heftig I. *adj* ❶ (*stark, gewaltig*) violent; **ein ~er Aufprall/Schlag** a violent impact/blow; **~e Kopfschmerzen** an intense [*or* a splitting] headache; **~e Schneefälle** heavy snowfalls; **~e Seitenstiche** a severe stitch in one's side; **ein ~er Sturm** a violent storm; **eine ~e Tracht Prügel** (*fam*) a good thrashing *fam* ❷ (*intensiv*) intense; **~e Auseinandersetzungen** fierce arguments; **nach ~en Kämpfen** after heavy fighting; **eine ~e Sehnsucht/Leidenschaft** an intense longing/passion ❸ (*unbeherrscht*) violent; (*scharf*) vehement; ***ich hatte eine ~ere Reaktion befürchtet*** I had feared a more vehement reaction; ■ **~ werden** to fly into a rage **II.** *adv* violently; ***es schneite*** ~ it snowed heavily; ***die Vorwürfe wurden ~ dementiert*** the accusations were vehemently denied

Heftigkeit <-> *f kein pl* ❶ (*Stärke*) violence *no pl;* ***im Tagesverlauf nahm die ~ des Sturmes noch zu*** the severity of the storm increased during the day ❷ (*Intensität*) intensity; *Diskussion* ferocity; *Widerstand* severity ❸ (*Unbeherrschtheit*) violence; (*Schärfe*) vehemence; ***die ~ seiner Reaktion war überraschend*** the vehemence of his reaction was surprising ❹ (*heftige Äußerung*) fierceness

Heftklammer *f* staple **Heftmaschine** *f* stapler

Heftpflaster *nt* [sticking] plaster **Heftstreifen** *m* subject divider

Heftzwecke *f* drawing-pin

Hegemonie <-, -n> [ˈniːən] *f* hegemony *no pl*

hegen *vt* ❶ JAGD (*sorgsam schützen*) **Wild** ~ to preserve wildlife ❷ HORT (*pflegen*) ■ **etw** ~ to tend sth ❸ (*sorgsam bewahren*) ■ **etw** ~ to look after sth; **jdn hegen und pflegen** to lavish care and attention on sb ❹ (*geh: empfinden, haben*) ■ **etw gegen jdn** ~ to feel sth towards sb; **Zweifel/Bedenken [an etw]** ~ to have doubts/misgivings [about sth]; ***diese Hoffnung habe ich schon lange gehegt*** I've cherished this hope for a long time

Hehl *nt o m* ▸ WENDUNGEN: **kein[en] ~ aus etw machen** to make no secret of sth

Hehler(in) <-s, -> *m(f)* receiver [of stolen goods], fence *sl* ▸ WENDUNGEN: **der ~ ist schlimmer als der Stehler** (*prov*) the fence is worse than the thief

Hehlerei <-, -en> *f* receiving *no pl* stolen goods

H

Hehlerin <-, -nen> *f fem form von* **Hehler**
hehr *adj* (*veraltet geh*) ❶ (*erhaben*) noble; **~e Ideale** noble ideals ❷ (*erhebend*) impressive; **ein ~er Anblick** an impressive sight
hei *interj* wow
Heide <-, -n> *f* ❶ (*Heideland*) heath, moor; **die Lüneburger ~** the Lüneburg Heath ❷ (*Heidekraut*) heather
Heide, Heidin <-n, -n> *m, f* heathen, pagan
Heidehonig *m* heather honey **Heidekraut** *nt* heather **Heideland** *nt* heathland, moorland
Heidelbeere *f* bilberry
Heidelerche *f* ORN woodlark
Heidenangst *f* mortal fear *no pl;* ■ **eine ~ vor jdm/etw haben** to be scared stiff of sb/sth *fam* **Heidenarbeit** *f kein pl* (*fam*) a [*or* one] hell of a job *fam;* ■ **eine ~** a devil of a job
Heidenbekehrung *f* conversion of pagans
Heidengeld *nt kein pl* (*fam*) **ein ~** a packet [*or* heck [*or fam* hell] of a lot of money] **Heidenlärm** *m* awful racket **Heidenschreck** *m* terrible fright **Heidenspaß** *m* (*fam*) terrific fun *no pl;* **einen ~ haben** to have terrific fun
Heidentum *nt kein pl* ■ **das ~** paganism *no pl;* (*die Heiden*) heathens *pl,* pagans *pl*
Heidin <-, -nen> *f fem form von* **Heide**
heidnisch **I.** *adj* heathen, pagan **II.** *adv* in a pagan manner
Heidschnucke <-, -n> *f* German moorland sheep
heikel *adj* ❶ (*schwierig, gefährlich*) delicate, awkward; **eine heikle Angelegenheit** a delicate matter; **eine heikle Frage/Situation** a tricky [*or* delicate] question/situation ❷ DIAL ■ **in etw** *dat* **~ sein** to be particular [*or fam* fussy] about sth
heil **I.** *adj* ❶ (*unverletzt, gesund*) unhurt, uninjured; ■ **noch ~ sein** to not have broken any bones ❷ (*unbeschädigt*) intact; *Tasse* unbroken; ■ **noch/wieder ~ sein** to be still intact/mended again; ***hoffentlich bleiben die Gläser bei dem Umzug ~*** I hope the glasses stay in one piece during the move; **etw ~ machen** (*fam*) to repair sth **II.** *adv* (*unverletzt*) uninjured, unscathed; (*unbeschädigt*) undamaged, intact
Heil **I.** *nt* <-s> *kein pl* welfare *no pl,* well-being; **sein ~ in der Flucht suchen** to seek refuge in flight; **jds seelisches ~** sb's spiritual well-being; **sein ~ in etw suchen** *dat* to seek one's salvation in sth ▶ WENDUNGEN: **sein ~ bei jdm versuchen** (*fam*) to try one's luck with sb **II.** *interj* **~ Hitler!** HIST heil Hitler!; **~!** hail!; **~ dem Kaiser!** hail to the emperor!; **~ dir!** hail to thee! *old*
Heiland <-[e]s, -e> *m* Saviour [*or* AM -or]
Heilanstalt *f* (*veraltet*) ❶ (*Trinker~*) sanatorium ❷ (*Irrenanstalt*) mental hospital **Heilbad** *nt* health spa
heilbar *adj* curable
Heilbarkeit <-> *f kein pl* MED curability
Heilbutt <-s, -e> *m* halibut
heilen **I.** *vi sein* (*gesund werden*) to heal [up] **II.** *vt* ❶ (*gesund machen*) ■ **jdn [von etw] ~** to cure sb [of sth]; ■ **geheilt** cured; ■ **etw ~** to cure sth ❷ (*kurieren*) ■ **von jdm/etw geheilt sein** to have got over sb/sth
Heilerde *f* MED *dried mud used for its therapeutic properties* **Heilerfolg** *m* successful cure **Heilfasten** *nt kein pl* therapeutic fasting *no pl* **heilfroh** *adj pred* (*fam*) jolly [*or* AM really] glad *fam* **Heilgymnastik** *f s.* **Krankengymnastik** **Heilhaut** *f* **eine gute/keine gute ~ haben** to have skin that heals well/badly
heilig *adj* ❶ REL (*geweiht*) holy; **die ~e katholische Kirche** the Holy Catholic Church; **die ~e Kommunion** Holy Communion; ■ **jdm ist etw ~** sth is sacred to sb; ■ **jdm ist nichts ~** nothing is sacred to sb; **bei allem, was jdm ~ ist** by all that is sacred to sb; **jdn ~ sprechen** to canonize sb ❷ (*bei Namen von Heiligen*) saint; **der ~e Mathäus/die ~e Katharina** Saint Mathäus/Saint Katherine; **die H~e Jungfrau** the Blessed Virgin ❸ (*ehrfürchtig*) awed; **etw ~ halten** to keep sth holy ❹ (*fam: groß*) incredible; **ein ~er Zorn** incredible anger; **ein ~en Respekt** healthy respect ▶ WENDUNGEN: **etw ist jds ~e Pflicht** ***es ist deine ~e Pflicht, dich um deine alten Eltern zu kümmern*** it's your solemn duty to look after your old parents; *s. a.* **Ernst**
Heiligabend *m* Christmas Eve
Heilige(r) *f(m) decl wie adj* saint ▶ WENDUNGEN: **ein sonderbarer** [*o* **wunderlicher**] **~r** (*fam*) a funny customer *fam;* **nicht gerade ein(e) ~(r) sein** (*fam*) not to be exactly a saint *fam;* **bei allen ~n!** (*fam*) for heaven's sake! *fam*
heiligen *vt* ❶ (*weihen*) ■ **etw ~** to hallow [*or* sanctify] sth; ■ **geheiligt** hallowed ❷ (*heilig halten*) ■ **etw ~** to keep sth holy
Heiligenbild *nt* picture of a saint **Heiligenbildchen** *nt small picture of a saint printed on paper detailing his/her life with a prayer on the back* **Heiligenschein** *m* halo; **seinen ~ einbüßen** to lose one's aura of respectability; **jdn/sich mit einem ~ umgeben** to paint a saintly picture of sb/oneself **Heiligenverehrung** *f* veneration [*or* no pl] of the saints
Heiligkeit <-> *f kein pl* holiness *no pl;* **Eure/Seine ~** your/his Holiness
Heiligsprechung <-, -en> *f* canonization
Heiligtum <-[e]s, -tümer> *nt* shrine; **jds ~ sein** (*fam*) to be sb's sanctuary
Heilklima *nt* healthy climate **Heilkraft** *f* healing power **heilkräftig** *adj* medicinal **Heilkraut** *nt meist pl* medicinal herb **Heilkunde** *f kein pl* medicine *no pl* **heilkundig** *adj* (*geh*) skilled in the art of healing **Heilkundige(r)** *f(m) decl wie adj* person skilled in the art of healing
heillos **I.** *adj* terrible **II.** *adv* hopelessly
Heilmittel *nt* remedy; **ein ~ gegen etw** a remedy for sth; (*Präparat*) medicine **Heilpflanze** *f* medicinal plant **Heilpraktiker(in)** *m(f)* non-medical practitioner **Heilquelle** *f* medicinal [*or* mineral] spring
heilsam *adj* salutary
Heilsarmee *f kein pl* Salvation Army
Heilstätte *f* (*geh*) sanatorium
Heilung <-, -en> *f* ❶ (*das Kurieren*) curing *no pl* ❷ (*Genesung*) recovery *no pl* ❸ (*das Abheilen*) healing *no pl*
Heilungsprozess[RR] *m* healing process
Heilverfahren *nt* [course of] treatment **Heilwasser** *nt* NATURMED mineral [spring] water; (*mit angeblich heilender Wirkung*) medicinal water
heim *adv* DIAL home; **~ *geht's!*** let's head home!; *s. a.* **Reich**
Heim <-[e]s, -e> *nt* ❶ (*Zuhause*) home ❷ (*Senioren~*) home ❸ ADMIN (*Jugendanstalt*) home ❹ (*Stätte eines Clubs*) club[house] ❺ (*Erholungs~*) convalescent home
Heimabend *m* social evening **Heimarbeit** *f kein indef art* work at home, outwork BRIT; **in ~ angefertigt** manufactured by homeworkers **Heimarbeiter(in)** *m(f)* homeworker
Heimat <-, -en> *f* ❶ (*Gegend, Ort*) native country, home town; (*~land*) home; **jds engere ~** sb's immediate home town; **fern der ~** far from home; **jdm zur zweiten ~ sein/werden** to be/become one's second home ❷ BOT, ZOOL (*Herkunftsland*) natural habitat ❸ (*Zugehörigkeit*) home; **jds geistige ~** sb's spiritual home
Heimatanschrift *f* home address **heimatberech-**

tigt *adj* SCHWEIZ (*mit Bürgerrecht*) having civil rights **Heimatdichter(in)** *m(f)* regional writer [*or* poet] **Heimaterde** *f kein pl* native soil *no pl* **Heimatfilm** *m sentimental film in a regional setting* **Heimatflughafen** *m* regional airport **Heimatgemeinde** *f* native town **Heimathafen** *m* home port **Heimatkunde** *f kein pl* local geography and history **Heimatland** *nt* native country

heimatlich I. *adj* ① (*zur Heimat gehörend*) native; ~**es Brauchtum**/~**e Lieder** local customs/songs ② (*an die Heimat erinnernd*) native II. *adv* of home; ***die Landschaft mutet mich ~ an*** the countryside reminds me of home

Heimatliebe *f* love of one's native country **heimatlos** *adj* homeless; POL stateless **Heimatlose(r)** *f(m) decl wie adj* stateless person; (*durch den Krieg*) displaced person **Heimatmuseum** *nt* museum of local history **Heimatort** *m* home town [*or* village] **Heimatrecht** *nt kein pl* right of domicile *no pl* **Heimatschein** *m* SCHWEIZ certificate of citizenship **Heimatstadt** *f* home town **Heimatverein** *m* local history club **heimatvertrieben** *adj* displaced **Heimatvertriebene(r)** *f(m) decl wie adj* displaced person, expellee

heim|begeben* *vr irreg* (*geh*) ■**sich** ~ to make one's way home **heim|bringen** *vt irreg* DIAL ■**jdn** ~ to see [*or* take] sb home

Heimchen <-s, -> *nt* cricket ▶ WENDUNGEN: ~ **am Herd** (*pej*) little housewife *pej*

Heimcomputer [kɔmpju:tɐ] *f* home computer

heimelig *adj* cosy

heim|fahren *irreg* DIAL I. *vi sein* to drive home II. *vt haben* ■**jdn** ~ to drive sb home **Heimfahrt** *f* journey home, return journey **heim|finden** *vi irreg* DIAL to find one's way home **heim|führen** *vt* (*geh*) ① (*nach Hause geleiten*) ■**jdn** ~ to take sb home ② (*nach Hause ziehen*) ■**jdn** ~ to bring sb home ③ (*veraltet: heiraten*) ■**jdn** [**als jdn**] ~ to take sb as one's wife **heim|gehen** *vi irreg sein* DIAL to go home; **es geht heim** we're going home **Heimindustrie** *f* cottage industry **Heiminsasse, -insassin** *m, f* resident of a home

heimisch *adj* ① (*einheimisch*) indigenous, native; **die ~en Bäche** the local streams; **die ~e Bevölkerung** the native population; **die ~e Tier- und Pflanzenwelt** the indigenous flora and fauna; **etw** [**in etw** *dat*] ~ **machen** to establish sth [in sth]; **sich irgendwo ~ fühlen/sein** to feel/be at home somewhere ② (*bewandert*) ■**in etw** *dat* ~ **sein** to be at home with sth; ***sie ist in diesem Fachgebiet recht ~*** she's really at home in this specialist field

Heimkehr <-> *f kein pl* homecoming *no pl,* return home *no pl*

heim|kehren *vi sein* (*geh*) ■[**aus/von etw**] ~ to return home [from sth]

Heimkehrer(in) <-s, -> *m(f)* homecomer; (*Kriegs~*) repatriated prisoner of war; (*Gastarbeiter*) returnee **Heimkind** *nt* child raised in a home; **als ~ aufwachsen** to grow up in a home **Heimkino** *nt* ① (*Filmvorführung zu Hause*) home movies *pl* ② (*Ausrüstung*) home movie kit **heim|kommen** *vi irreg sein* DIAL to come [*or* return] home **Heimleiter(in)** *m(f)* warden of a home [*or* hostel] **heim|leuchten** *vi* (*fam*) ■**jdm** ~ to give sb a piece of one's mind

heimlich I. *adj* ① (*geheim, verborgen*) secret; **ein ~es Treffen** a secret [*or* clandestine] meeting; [**mit etw**] ~ **tun** (*pej*) to be secretive [about sth] ② (*verstohlen*) furtive; ***sie tauschten ~e Blicke*** they exchanged furtive glances ③ (*inoffiziell*) unofficial II. *adv* ① (*unbemerkt*) secretly ② (*verstohlen*) furtively; ~**, still und leise** (*fam*) on the quiet *fam*

Heimlichkeit <-, -en> *f* ① *kein pl* (*heimliche Art*) secrecy *no pl;* **in aller ~** secretly, in secret ② (*Geheimnis*) secret; ~**en vor jdm haben** to keep something from sb

Heimlichtuer(in) <-s, -> *m(f)* (*pej*) secretive person **Heimlichtuerei** <-, -en> *f* (*pej*) secrecy *no pl,* secretiveness *no pl* **Heimlichtuerin** <-, -nen> *f fem form von* **Heimlichtuer**

heim|müssen *vi irreg* DIAL to have to go home; ***es wird mir zu spät, ich muss jetzt heim*** it's getting late for me, I must go home now **Heimniederlage** *f* SPORT home defeat; ***die Mannschaft erlitt eine ~*** the team suffered a home defeat [*or* were beaten [*or* lost] at home] **Heimreise** *f* homeward journey, journey home **heim|reisen** *vi sein* (*geh*) to travel home **Heimsauna** *f* home sauna **heim|schicken** *vt* DIAL ■**jdn** ~ to send sb home **Heimsieg** *m* SPORT home win [*or* victory] **Heimspiel** *nt* SPORT home game [*or* match] **Heimstatt** *f* (*geh*) home **Heimstätte** *f* ① *pl selten* (*Heimstatt*) home ② (*Siedlung für Vertriebene*) homestead

heim|suchen *vt* ① (*überfallen*) ■**jdn/etw** ~ to strike sb/sth; **von Armut/Dürre heimgesucht** poverty-/drought-stricken ② (*pej fam: besuchen*) ■**jdn** ~ to descend on sb *fam* ③ (*bedrängen*) ■**jdn** ~ to haunt sb; ***sie wurde von grässlichen Albträumen heimgesucht*** she was haunted by hideous nightmares

Heimsuchung <-, -en> *f* affliction

Heimtrainer [trɛ:nɐ] *m* home exercise kit

heim|trauen *vr* DIAL ■**sich** ~ to dare to go home

Heimtücke *f kein pl* ① (*heimtückische Art*) malice *no pl,* treachery ② (*verborgene Gefährlichkeit*) insidiousness *no pl*

heimtückisch I. *adj* ① (*verborgen tückisch*) malicious; **eine ~e Aktion** a malicious operation; **ein ~er Kollege** an insidious colleague ② (*verborgen gefährlich*) insidious; ***Glatteis ist besonders ~*** black ice is particularly treacherous II. *adv* maliciously

Heimvorteil *m kein pl* SPORT home advantage *no pl* **heimwärts** *adv* (*geh*) homeward[s]; ***wir sollten uns langsam ~ begeben*** we should start making our way home **Heimweg** *m* way home; **auf dem ~** on the way home; **sich auf den ~ machen** to set out [*or* head] for home **Heimweh** <-[e]s> *nt kein pl* homesickness, no art, no pl; ~ [**nach jdm/etw**] **haben/bekommen** to be/become homesick [for sb/sth] **heimwehkrank** *adj* homesick

heim|werken *vi meist Inf und 1. Part* to do some DIY [*or* AM work around the house]

Heimwerker(in) *m(f)* DIY-enthusiast BRIT, *esp* AM handyman

heim|wollen *vi* DIAL to want to go home

heim|zahlen *vt* ■**jdm etw** ~ to pay sb back for sth, to get even with sb for sth; ***das werd' ich dir noch ~!*** I'm going to get you for that!

heim|ziehen *irreg* I. *vi sein* (*geh*) to return home II. *vt impers haben* (*geh*) ■**jdn** ~ to make sb want to go home

Heini <-s, -s> *m* (*fam*) fool, idiot

Heinzelmännchen *nt* brownie

Heirat <-, -en> *f* marriage

heiraten I. *vt* ■**jdn** ~ to marry sb; ■**sich** ~ to get married II. *vi* to get married; ***wir wollen nächsten Monat ~*** we want to get married next month; ■**irgendwie** ~ to marry in a certain way; ***sie hat reich geheiratet*** she married into money; „**wir ~**" "we are getting married"; **irgendwohin ~** to end up somewhere as a result of marriage; **in eine reiche Familie ~** to marry into a rich family

Heiraten <-s> *nt kein pl* marriage *no pl,* getting married *no pl*

Heiratsabsichten *pl* marriage plans *pl;* ~ **haben** to intend to get married **Heiratsalter** *nt* JUR minimum age for marriage; **im besten ~ sein** (*fam*) to be at the prime age to marry **Heiratsantrag** *m* [marriage] proposal; **jdm einen ~ machen** to propose to sb **Heiratsanzeige** *f* ① (*Briefkarte*) announcement of a forthcoming marriage ② (*Annonce für Partnersuche*) lonely-hearts advertisement, advertisement for a marriage partner **heiratsfähig** *adj* (*veraltet*) of marriageable age; *s. a.* **Alter** **Heiratskandidat(in)** *m(f)* suitor **Heiratsschwindler(in)** *m(f) person who proposes marriage for fraudulent reasons* **Heiratsurkunde** *f* marriage certificate [*or* AM license] **Heiratsvermittler(in)** *m(f)* marriage broker **Heiratsvermittlung** *f* marriage bureau

heischen *vt* (*geh*) ■**etw ~** to demand sth

heiser I. *adj* ① (*von rauer Stimme*) hoarse ② (*dunkel klingend*) husky, throaty II. *adv* hoarsely, in a hoarse voice

Heiserkeit <-, *selten* -en> *f* hoarseness *no pl*

heiß I. *adj* ① (*sehr warm*) hot; **[jdm] etw ~ machen** to heat [*or* warm] up sth *sep* [for sb]; ■**jdm ~ sein/werden** sb is/gets hot; **ist das ~!** it's so hot!; **~!** (*fam: beim Erraten*) you're getting warm *fam* ② (*heftig*) heated; **eine ~e Debatte** a heated debate; **ein ~er Kampf** a fierce fight ③ (*innig*) fervent; **eine ~e Liebe** a burning love; **ein ~er Wunsch** a fervent wish ④ (*fam: aufreizend*) hot; *Kleid* sexy ⑤ (*fam: gestohlen*) hot *fam* ⑥ (*brisant*) explosive; **ein ~es Thema** an explosive issue ⑦ (*fam: konfliktreich*) hot *fam* ⑧ *attr* (*fam: aussichtsreich*) hot *fam;* ***die Polizei ist auf einer ~en Fährte*** the police are on a hot trail ⑨ (*sl: großartig*) fantastic; (*rasant*) fast ⑩ (*fam: brünstig*) on [*or* AM in] heat ⑪ (*neugierig*) ■**auf etw** *akk* **~ sein** (*fam*) to be dying to know about sth *fam;* **jdn ~ [auf etw** *akk*] **machen** (*fam*) to get sb really interested [in sth] ▶ WENDUNGEN: **was ich nicht weiß, macht mich nicht ~** (*prov*) what the eye does not see, the heart does not grieve over *prov* II. *adv* ① (*sehr warm*) hot; **~ laufen** (*fam*) to overheat ② (*innig*) ardently, fervently; **~ ersehnt** *attr* much longed for; **~ geliebt** dearly beloved; **mein ~ geliebter Mann** my dearly beloved husband ③ (*erbittert*) fiercely; **~ umkämpft** *attr* fiercely contested; **~ umstritten** *attr* hotly disputed; (*Person*) highly controversial ▶ WENDUNGEN: **es geht ~ her** (*fam*) things are getting heated, sparks are beginning to fly; **jdn überläuft es ~ und kalt** sb feels hot and cold all over; **es wird nichts so ~ gegessen, wie es gekocht wird** (*prov*) things are not as bad as they first seem

heißa *interj* (*veraltet*) *s.* **hei**

heißblütig *adj* ① (*impulsiv*) hot-tempered ② (*leidenschaftlich*) ardent, passionate

heißen <hieß, geheißen> I. *vi* ① (*den Namen haben*) to be called; ***wie ~ Sie?*** what's your name?; ***ich heiße Schmitz*** my name is Schmitz; ***wie soll das Baby denn ~?*** what shall we call [*or* will we name] the baby?; ***so heißt der Ort, in dem ich geboren wurde*** that's the name of the place where I was born; ***ich glaube, der Bach heißt Kinsbeke oder so ähnlich*** I think the stream is called Kinsbeke or something like that; ***wie hieß die Straße noch, wo Sie wohnen?*** what did you say was the name of the street where you live?; ■**nach jdm ~** to be named after sb; *s. a.* **wahr** ② (*bedeuten*) ■**etw ~** to mean sth; ***ich kann die Schrift nicht lesen, was soll das ~?*** I can't read the script, what is that meant to read?; ***„ja" heißt auf Japanisch „hai"*** "hai" is Japanese for "yes"; ***was heißt eigentlich „Liebe" auf Russisch?*** tell me, what's the Russian for "love"? ③ (*bedeuten, besagen*) ■**etw ~** to mean sth; ***gut, er will sich darum kümmern, aber was heißt das schon*** good, he wants to take care of it, but that doesn't mean anything; ***heißt das, Sie wollen mehr Geld?*** does that mean you want more money?; **was soll das [denn] ~?** what does that mean?, what's that supposed to mean?; **soll** [*o* **will**] **~:** in other words; **das will nichts/nicht viel ~** that means nothing/doesn't really mean much; **das heißt, ...** that is to say ...; (*vorausgesetzt*) that is, ...; (*sich verbessernd*) or should I say, ..., or what I really mean is, ...; **was es heißt, ...** what it means; ***ich weiß, was es heißt, allein zu sein*** I know what it means to be alone ④ (*lauten*) ■**irgendwie ~** to go somehow; ***du irrst dich, das Sprichwort heißt anders*** you're wrong, the proverb goes something else; ***jetzt fällt mir wieder ein, wie der Spruch heißt*** now I remember how the motto goes ▶ WENDUNGEN: **dann will ich ... ~!** (*fam*) then I'm a Dutchman! II. *vi impers* ① (*zu lesen sein*) ■**irgendwo/in etw/bei jdm heißt es ...** it says somewhere/in sth/in sb's...; ***in ihrem Brief heißt es, dass sie die Prüfung bestanden hat*** it says in her letter that she's passed the exam; ***Auge um Auge, wie es im Alten Testament heißt*** an eye for an eye, as it says in the Old Testament; ***bisher hieß es doch immer, dass wir eine Gehaltserhöhung bekommen sollten*** it has always been said up to now that we were to get a pay rise; ***wie es im Faust heißt*** to quote from Faust; ***in der Firma heißt es, dass Massenentlassungen geplant sind*** there's talk in the company that mass redundancies are planned; **es soll nicht ~, dass** never let it be said that; ***hier hast du hundert Mark, es soll nicht ~, dass ich geizig bin*** here's a hundred marks for you, never let it be said that I'm tight-fisted ② (*als Gerücht kursieren*) ■**es heißt, dass ...** it seems that ..., there is a rumour that ... [*or* AM rumor] ③ (*geh: nötig sein*) ■**es heißt, etw zu tun** I/we/you must do sth; ***nun heißt es handeln*** now is the time for action III. *vt* (*geh*) ① (*nennen*) ■**jdn irgendwie ~** to call sb sth ② (*auffordern*) ■**jdn etw tun ~** to tell sb to do sth; ***sie hieß ihn hereinkommen*** she asked him to come in; *s. a.* **willkommen**

Heißhunger *m* ravenous hunger *no pl;* **einen ~ auf etw haben/verspüren** to have/feel a craving for sth; **mit ~** ravenously **heißhungrig** I. *adj* ravenous II. *adv* ravenously, voraciously

Heißluft *f kein pl* hot air *no pl*

Heißluftdämpfer *m* airo-steamer, combimatic oven **Heißluftgrill** *m* hot air grill **Heißluftheizung** *f* hot-air heating *no pl* **Heißluftherd** *m* fan-assisted [*or esp* AM convection] oven **Heißlufttrockner** *m* hot-air dryer

Heißmangel <-mangeln> *f* heated mangle *esp* AM (*machine with heated rollers used to dry and press sheets and other fabrics*) **Heißsporn** *m* hothead

Heißwasserbereiter <-s, -> *m* water heater **Heißwasserspeicher** *m* hot water tank

heiter *adj* ① (*fröhlich*) cheerful; ***sie ist von Natur aus ein ~er Mensch*** she is a cheerful person by nature ② (*fröhlich stimmend*) amusing ③ METEO (*wolkenlos und hell*) bright; ■**~ werden** to brighten up ▶ WENDUNGEN: **das kann ja ~ werden!** (*iron*) that'll be a hoot! *iron*

Heiterkeit <-> *f kein pl* ① (*heitere Stimmung*) cheerfulness *no pl* ② (*Belustigung*) amusement *no pl;* ***die Bemerkung rief allgemeine ~ hervor*** the remark caused general amusement

Heizanlage *f* BAU, TECH heating system, *esp* AM heater

heizbar *adj* ① (*beheizbar*) heated; **eine ~e Heckscheibe** a heated rear windscreen [*or* AM window] ② (*zu heizen*) able to be heated

Heiz(bett)decke *f* electric blanket

heizen I. *vi* ① (*die Heizung betreiben*) ■**[mit etw] ~** to be heated [by sth]; ***„womit heizt ihr zu Hause?"***

— **„wir ~ mit Gas“** “how is your house heated?” — “it's gas heated” ❷ *(Wärme abgeben)* to give off heat II. *vt* ■**etw** ~ ❶ *(be~)* to heat sth ❷ *(an~)* to stoke sth

Heizer(in) <-s, -> *m(f)* stoker

Heizkessel *m* boiler **Heizkissen** *nt* heating pad **Heizkörper** *m* radiator **Heizkosten** *pl* heating costs *pl* **Heizleistung** *f* TECH heating [*or* calorific] power **Heizlüfter** *m* fan heater **Heizmaterial** *nt* TECH fuel [for heating] **Heizofen** *m* heater **Heizöl** *nt* fuel oil **Heizsonne** *f* electric fire **Heizstrahler** *m* radiant heater

Heizung <-, -en> *f* ❶ *(Zentral~)* heating *no pl* ❷ *(fam: Heizkörper)* radiator

Heizungsanlage *f* heating system **Heizungskeller** *m* boiler room **Heizungsmonteur(in)** *m(f)* heating engineer **Heizungsrohr** *nt* heating pipe

Heizwert *m* calorific value

Hektar <-s, -e *o bei Maßangabe* -> *nt o m* hectare

Hektare <-, -n> *f* SCHWEIZ hectare

Hektik <-> *f kein pl* hectic pace *no pl,* mad rush *fam;* [**eine**] ~ **verbreiten** [*o fam* **machen**] to do sth at a frantic pace; **mit einer** [**solchen**] ~ at [such] a hectic pace, in [such] a mad rush; **nur keine** ~ take it easy

hektisch I. *adj* hectic; **nur mal nicht so ~!** *(fam)* take it easy! II. *adv* frantically; ~ **leben** to lead a hectic life; ***du isst zu ~!*** you're bolting your food down

Hektograf *m s.* **Hektograph**

Hektografie *m s.* **Hektographie**

hektografieren *vt s.* **hektographieren**

Hektogramm *nt* hectogramme [*or* AM -am] **Hektograph**, **Hektograf**[RR] <-en, -en> *m* hectograph **Hektographie**, **Hektografie**[RR] <-, -n> *f* ❶ *kein pl* *(Verfahren)* hectography ❷ *(Vervielfältigung)* hectograph copy **hektographieren***, **hektografieren**[RR] *vt* ■**etw** ~ to hectograph sth **Hektoliter** *m o nt* hectolitre [*or* AM -er] **Hektometer** *m o nt* hectometre [*or* AM -er] **Hektopascal** *nt* hectopascal **Hektowatt UST** *nt* hectowatt

helau *interj form of greeting during the carnival period*

Held(in) <-en, -en> *m(f)* ❶ *(kühner Recke)* hero; **in etw** *dat* **kein** [*o* **nicht gerade ein**] ~ **sein** to be no great shakes at something BRIT, AM to not be very good at something; **den ~en spielen** *(fam)* to play the hero ❷ LIT, FILM *(Hauptperson)* hero, heroine *fem;* **der ~/die ~in des Tages sein** to be the hero/heroine of the hour ▸ WENDUNGEN: **die ~en sind müde** *(hum)* our heros have had enough *hum;* **du bist mir ein** [...] **~!** *(iron fam)* a fine one you are! *iron fam*

Heldendarsteller(in) *m(f)* actor/actress playing an heroic role **Heldendichtung** *f kein pl* epic [*or* heroic] poetry *no pl* **Heldenepos** *nt* heroic epic

heldenhaft *adj* heroic, valiant

Heldenlied *nt* epic [*or* heroic] song **Heldenmut** *m* heroic courage *no pl,* valour *no pl* [*or* AM -or] **heldenmütig** *adj s.* **heldenhaft** **Heldenrolle** *f* part [*or* role] of a hero **Heldensage** *f* heroic saga **Heldentat** *f* heroic deed [*or* feat] **Heldentenor** *m* heroic tenor **Heldentod** *m (euph geh)* death in battle; **den ~ sterben** to die in battle

Heldentum <-s> *nt kein pl* heroism, no indef art, no pl

Heldin <-, -nen> *f fem form von* **Held**

helfen <half, geholfen> *vi* ❶ *(unterstützen)* ■**jdm** [**bei/in etw** *dat*] ~ to help sb [with/in sth]; ***warte mal, ich helfe dir*** wait, I'll help you; ***können/könnten Sie mir mal/bitte ~?*** could/would you help me please/a minute?; ■**jdm aus/in etw** ~ to help sb out of/into sth; ***darf ich Ihnen in den Mantel ~?*** may I help you into your coat?; ■**jdm aus etw** ~ to help sb out of sth; ***er half mir aus der schwierigen Lage*** he helped me out of the difficult situation ❷ *(dienen, nützen)* ■**jdm** ~ to help sb, to be of help to sb; ■**jdm ist mit etw geholfen/nicht geholfen** sth is of help/no help to sb; ***damit ist mir nicht geholfen*** that's not much help to me; **da hilft alles nichts** [*o* **es hilft nichts**], ... there's nothing for it ❸ MED *(heilen)* ■[**jdm**] ~ to help [sb]; ■**jdm ist nicht** [**mehr**] **zu** ~ sb is beyond help; *(ein hoffnungsloser Fall)* sb is a hopeless case ❹ MED *(heilsam sein)* ■[**gegen/bei etw**] ~ to help [relieve sth]; ***Knoblauch soll gegen Arteriosklerose*** ~ garlic is supposed to be good for arteriosclerosis ▸ WENDUNGEN: **ich kann mir nicht ~,** [**aber**] ... I'm sorry, but...; **ich werde dir/euch/... ~, etw zu tun!** *(fam)* I'll teach you to do sth!; **man muss sich** *dat* **nur zu ~ wissen** *(prov)* you just have to be resourceful; **was hilft's?** what can I/we/you do about it?; *s. a.* **wissen**

Helfer(in) <-s, -> *m(f)* ❶ *(unterstützende Person)* helper; *(Komplize)* accomplice; **ein ~ in der Not** a friend in need ❷ *(fam: nützliches Gerät)* aid

Helfershelfer(in) *m(f)* accomplice

Helfersyndrom *nt* helpers' syndrome *no pl* **Helferzelle** *f* MED helper cell

Helgoland *nt* Heligoland *no pl*

Helikopter <-s, -> *m* helicopter

Helium <-s> *nt kein pl* helium *no pl*

hell I. *adj* ❶ *(nicht dunkel)* light; ~ **bleiben** to stay light; **es wird** ~ it's getting light ❷ *(kräftig leuchtend)* bright ❸ *(gering gefärbt)* light-coloured [*or* AM -ored]; **~es Haar/~e Haut** fair hair/skin; **~es Holz** light-coloured wood ❹ *(hoch klingend)* clear; **eine ~e Stimme** a clear, high voice ❺ *(fam: aufgeweckt)* bright; ***du bist ein ~es Köpfchen*** you've got brains ❻ *attr (rein, pur)* sheer, pure; **~e Freude** sheer joy II. *adv* ❶ *(licht)* brightly; ~ **leuchtend** *attr* bright; ***die Fenster des Hauses waren ~ erleuchtet*** the windows of the house were brightly lit ❷ *(hoch)* high and clear

Hellas *nt* Hellas *no pl*

hellauf *adv* extremely; ~ **begeistert** extremely enthusiastic

hellblau *adj* light-blue **hellblond** I. *adj* blonde II. *adv* blonde; ***sind die Haare ~ gefärbt?*** is your hair dyed blonde?

Helle <-> *f kein pl (geh) s.* **Helligkeit**

Helle(s) *nt decl wie adj* ≈ lager; **ein kleines ~s** half a lager

Hellebarde <-, -n> *f* HIST halberd

Hellene, **Hellenin** <-n, -n> *m, f* Hellene, Greek

hellenisch *adj* Hellenic

Hellenismus <-> *m kein pl* Hellenism *no pl*

hellenistisch *adj* Hellenistic

Heller <-s, -> *m* HIST heller ▸ WENDUNGEN: **auf ~ und Pfennig** *(fam)* down to the last penny; **bis auf den letzten** ~ *(fam)* down to the last penny; ***seine Rechnung ist korrekt, bis auf den letzten*** ~ his invoice is correct down to the last penny; **keinen roten** [*o* **lumpigen**] [*o* **nicht einen**] ~ **wert sein** *(fam)* not to be worth tuppence [*or* AM a dime]; **keinen roten** [*o* **lumpigen**] ~ **besitzen** [*o* **haben**] *(fam)* to not have a penny to one's name [*or* two pennies to rub together]

hellgrün *adj* light-green **hellhaarig** *adj* fair-haired **hellhäutig** *adj* fair-skinned **hellhörig** *adj* badly soundproofed ▸ WENDUNGEN: ~ **werden** to prick up one's ears; **jdn ~ machen** to make sb prick up their ears

hellicht *adj inv, attr* **es ist ~er Tag** it's broad daylight; **am ~en Tag** in broad daylight

Helligkeit <-, -en> *f* ❶ *kein pl (helles Licht)* lightness *no pl* ❷ *(Lichtstärke)* brightness *no pl* ❸ ASTRON *(Leuchtkraft)* luminosity *no pl*

Helligkeitsregler *m* brightness control
Hellraumprojektor *m* SCHWEIZ (*Tageslichtprojektor*) overhead projector
hellrot *adj* bright red
hellsehen *vi nur infin* ~ **können** to be clairvoyant, to have second sight; **du kannst wohl ~!** (*fam*) you must be clairvoyant!; **ich kann doch nicht ~!** (*iron fam*) I'm not clairvoyant! *iron fam*
Hellseher(in) *m(f)* clairvoyant
hellseherisch **I.** *adj attr* clairvoyant **II.** *adv* using clairvoyant powers; ***dieser Mann muss ~ begabt sein!*** this man must have the gift of clairvoyance
hellwach *adj* wide-awake
Hellwerden <-s> *nt kein pl* daybreak *no pl*
Helm <-[e]s, -e> *m* helmet
Helmbohne *f* young runner bean **Helmbusch** *m* plume **Helmpflicht** *f* compulsory wearing of a helmet *no pl* **Helmschmuck** *m* crest
Helsinki <-s> ['hɛlzɪŋki] *nt* Helsinki *no pl, no art*
Hemd <-[e]s, -en> *nt* shirt; (*Unter~*) vest; **nass bis aufs ~** soaked to the skin [*or* AM bone], wet through; (*Nacht~*) nightshirt ▸ WENDUNGEN: **das ~ ist jdm näher als der Rock** (*prov*) charity begins at home *prov;* **mach dir nicht [gleich] ins ~!** don't make such a fuss!; **jdn/etw wie das [*o* sein] ~ wechseln** to change sb/sth with monotonous regularity; **jdn bis aufs ~ ausziehen** (*fam*) to have the shirt off sb's back; **sich bis aufs [letzte] ~ ausziehen** (*fam*) to spend every last penny, to give the shirt off one's back [for sth] *fam*
Hemdbluse *f* shirt **Hemdblusenkleid** *nt* shirtdress **Hemdbrust** *f* shirt-front, dickey
Hemdenknopf *m* shirt button **Hemdenmatz** <-es, Hemdenmätze> *m* (*hum fam*) bare bum [*or* AM butt] *hum fam* (*small child dressed only in a vest*) **Hemdenstoff** *m* shirt material *no pl*
Hemdhose *f* (*veraltend*) combinations *npl dated,* coms *npl dated* **Hemdkragen** *m* shirt collar
Hemdsärmel *m* shirt sleeve; **in ~n** (*fam*) in shirt sleeves
hemdsärmelig *adj* (*fam*) casual
Hemisphäre <-, -n> *f* ① (*Erdhalbkugel*) hemisphere; **die nördliche/südliche ~** the northern/southern hemisphere ② (*Gehirnhälfte*) hemisphere; **die linke/rechte ~** the left/right hemisphere
hemmen *vt* ① (*ein Hemmnis sein*) ■**etw ~** to hinder sth ② (*bremsen*) ■**etw ~** to stop sth ③ PSYCH (*inhibieren*) ■**jdn ~** to inhibit sb
Hemmnis <-ses, -se> *nt* obstacle
Hemmschuh *m* ① (*keilförmige Vorrichtung*) chock ② (*fig: Hemmnis*) obstacle **Hemmschwelle** *f* inhibition level; **seine ~ überschreiten** to overcome one's inhibitions
Hemmung <-, -en> *f* ① *kein pl* (*das Hemmen*) obstruction ② *pl* PSYCH inhibitions *pl* ③ (*Bedenken, Skrupel*) inhibition, scruple; **~en haben** to have scruples; ***ich habe ein bisschen ~en, ihr das so ohne weiteres ins Gesicht zu sagen*** I feel a bit awkward about saying it straight to her face; **keine ~en kennen** to have no scruples; **nur keine ~en!** don't hold back!; ***es ist für jeden genug da, nur keine ~en!*** there's enough for everybody there, have as much as you like!
hemmungslos **I.** *adj* ① (*zügellos*) uncontrolled, unrestrained ② (*skrupellos*) unscrupulous **II.** *adv* ① (*zügellos*) unrestrainedly, without restraint ② (*skrupellos*) unscrupulously
Hemmungslosigkeit <-> *f kein pl* ① (*Zügellosigkeit*) lack of restraint ② (*Skrupellosigkeit*) unscrupulousness
Hendl <-s, -[n]> *nt* ÖSTERR (*Brathähnchen*) roast chicken
Hengst <-[e]s, -e> *m* stallion; (*Esel, Kamel*) male
Henkel <-s, -> *m* handle
Henkelglas *nt* glass with a handle **Henkelkorb** *m* basket with a handle **Henkelkrug** *m* jug [with a handle] **Henkelmann** *m* (*fam*) *portable set of stacked containers holding hot food* **Henkeltopf** *m* pot [*or* pan] with [a] handle[s]
henken *vt* (*veraltet*) ■**jd ~** to hang sb
Henker <-s, -> *m* executioner ▸ WENDUNGEN: **scher dich [*o* geh] zum ~!** (*fam*) go to blazes! *dated;* **zum ~!** (*fam*) hang it all! *dated;* **hol's der ~!** (*veraltend*) damn [it]!; **was zum ~ ...** (*fam*) what the devil... *fam*
Henker(s)beil *nt* executioner's axe **Henkersknecht** *m* executioner's assistant **Henkersmahl** *nt,* **Henkersmahlzeit** *f* ① (*vor der Hinrichtung*) last meal [before execution] ② (*hum fam: vor einem großen Ereignis*) final square meal
Henna <- *o* -[s]> *f o nt kein pl* henna *no pl*
Henne <-, -n> *f* hen
Hepatitis <-, Hepatitiden> *f* hepatitis *no pl*
her *adv* ① (*raus*) here, to me; **~ damit!** (*fam*) give it here! *fam;* **immer ~ damit!** (*fam*) keep it/them coming! *fam* ② (*herum*) ■**um jdn ~** all around sb ③ (*von einem Punkt aus*) ■**von etw ~** *räumlich* from sth; **von weit ~** from a long way away [*or* off]; ***wo kommst du so plötzlich her?*** where have you come from so suddenly?; **~ zu mir!** come here!; ■**irgendwo ~ sein** to come [*or* be] from somewhere; ■**von ... ~** *zeitlich* from; ***ich kenne ihn von meiner Studienzeit ~*** I know him from my time at university; **lange/nicht lange/drei Wochen ~ sein** to be long/not so long/three weeks ago; ***unser letztes Treffen ist jetzt genau neun Monate her*** we last met exactly nine months ago; **längere Zeit ~ sein, dass** to be a long time [ago], since; **lang ~ sein, dass** to be long ago, since; **nicht [so] lange ~ sein, dass** to be not such a long [ago], since; ***wie lange ist es her, dass wir uns das letzte Mal gesehen haben?*** how long is it since we last saw each other?, how long ago did we last see each other?, when did we last see each other?; ■**von etw ~** *kausal* as far as sth is concerned [*or* goes]; ***von der Technik ~ ist dieser Wagen Spitzenklasse*** as far as the technology is concerned this car is top class ④ (*verfolgen*) ■**hinter jdm/einem Tier/etw ~ sein** to be after sb/an animal/sth *fam* ⑤ (*haben wollen*) ■**hinter jdm/etw ~ sein** to be after sb/sth *fig fam;* **hinter jdm ~ sein, etw zu tun** to keep on at sb to do sth, to keep an eye on it to see that sth is done ▸ WENDUNGEN: **es ist nicht weit ~ mit jdm/etw** (*fam*) sb/sth is not up to much *fam*
herab *adv* (*geh*) down
herab|blicken *vi* (*geh*) *s.* **herabsehen** **herab|flehen** *vt* (*geh*) ■**auf jdn ~** to call down on sb; ***der Pfarrer flehte den Segen Gottes auf seine Gemeinde herab*** the priest called down God's blessing on his congregation **herab|fließen** *vi irreg sein* ■**[von etw] ~** to flow down [from sth] **herab|hängen** *vi irreg* ■**[von etw] [auf etw *akk*] ~** to hang down [from sth] [on sth] **herab|lassen** *irreg* **I.** *vt* (*geh: herunterlassen*) ■**etw [von etw] ~** to let down [*or* lower] sth [from sth]; ***den Schrank müssen wir aus dem Fenster ~*** we'll have to lower the cupboard from the window **II.** *vr* ■**sich [zu etw] ~** to lower oneself [to sth]; ■**sich [dazu] ~, etw zu tun** to condescend [*or* deign] to do sth **herablassend** **I.** *adj* condescending, patronizing; ■**[zu jdm] ~ sein** to be condescending [*or* patronizing] [towards sb] **II.** *adv* condescendingly, patronizingly
Herablassung <-> *f kein pl* condescension *no pl*
herab|mindern *vt* ■**etw ~** ① (*schlechtmachen*) to belittle [*or* disparage] sth ② (*bagatellisieren*) to trivialize **herab|sehen** *vi irreg* ■**auf jdn/etw ~** ① (*geh:*

heruntersehen) to look down on sb/sth ❷ *(abschätzig betrachten)* to look down on sb/sth **herab|setzen** *vt* ■ **etw** ~ ❶ *(reduzieren)* to reduce sth; **die Geschwindigkeit** ~ to reduce speed; **herabgesetzte Preise** reduced prices ❷ *(herabmindern)* to belittle [*or* disparage] sth **Herabsetzung** <-, -en> *f* ❶ *kein pl (das Herabsetzen)* belittling *no pl,* disparagement *no pl* ❷ *(Kränkung)* slight, snub **herab|steigen** *vi irreg sein (geh)* ■ [**von etw**] ~ to climb down [*or* descend] [from sth] **herab|würdigen I.** *vt* ■ **jdn/etw** ~ to belittle [*or* disparage] sb/sth **II.** *vr* ■ **sich** ~ to degrade [*or* lower] oneself **Herabwürdigung** *f* belittling *no pl,* disparagement *no pl*

Heraldik <-> *f kein pl* heraldry *no pl, no indef art*

heraldisch *adj* heraldic

heran *adv verstärkend* close up to, near; ***wir müssen ganz dicht an die Mauer*** ~ we must go right up to the wall

heran|arbeiten *vr* ■ **sich an jdn/etw** ~ to work one's way towards sb/sth **heran|fahren** *vi irreg sein* ■ [**an etw** *akk*] ~ to drive up [to sth] **heran|führen I.** *vt* ❶ *(hinbringen)* ■ **jdn/etw** [**an jdn/etw**] ~ to bring sb/sth [up to sb/sth]; ***er führte das Heer bis auf eine Meile an den Feind*** he brought the army to within a mile of the enemy ❷ *(einweihen in)* ■ **jdn an etw** *akk* ~ to introduce sb to sth **II.** *vi* ■ **an etw** *akk* ~ to lead to sth; ***der Weg führte fast bis an Haus heran*** the path lead almost up to the house **heran|gehen** *vi irreg sein* ❶ *(zu etw hingehen)* ■ [**an jdn/etw**] ~ to go [up to sb/sth]; ***lass uns lieber nicht zu nahe ~!*** don't let's get too close! ❷ *(in Angriff nehmen)* ■ **an etw** *akk* ~ to tackle sth; ***wir müssen anders an die Sache*** ~ we'll have to tackle the matter differently **heran|kommen** *vi irreg sein* ❶ *(herbeikommen)* ■ [**an jdn/etw**] ~ to come up [to sb/sth], to approach [sb/sth]; *(bis an etw kommen)* to get to sth; ***sie kamen nicht an die Stellungen heran*** they didn't get to the enemy positions ❷ *(herangelangen können)* ■ **an jdn/etw** ~ to reach sb/sth; ***man kommt nur schwer an diese Stelle heran*** it's a difficult spot to reach ❸ *(sich beschaffen können)* ■ **an etw** *akk* ~ to get hold of sth ❹ *(in persönlichen Kontakt kommen)* ■ **an jdn** ~ to get hold of sb; *(näher kommen)* ***man kommt einfach sehr schwer an sie heran*** it's so difficult to really get to know her ❺ *(gleichwertig sein)* ■ [**in etw** *dat*] **an jdn/etw** ~ to be up to the standard of sb/sth [in sth]; ***in Leistung kommt das Modell an das Konkurrenzfahrzeug fast heran*** the model is almost up to the standard of the competition in performance ▸ WENDUNGEN: **alles an sich** ~ <u>**lassen**</u> *(fam)* to cross a bridge when one comes to it; **nichts an sich** ~ <u>**lassen**</u> *(fam)* not to let anything get to one *fam;* ***sie lässt nichts an sich*** ~ she doesn't let anything get to her **heran|machen** *vr (fam)* ■ **sich an jdn** ~ to approach sb **heran|nahen** *vi sein (geh)* to approach **heran|reichen** *vi* ❶ *(gleichkommen)* ■ **an jdn/etw** ~ to measure up to [the standard of] sb/sth ❷ *(bis an etw reichen)* ■ **an etw** ~ to reach [as far as] sth **heran|reifen** *vi sein (geh)* ❶ *(allmählich reifen)* to ripen ❷ *(durch Wachstum werden)* ■ [**zu jdm**] ~ to mature [into sb] ❸ *(sich langsam konkretisieren)* ■ [**zu etw**] ~ to mature [into sth] **heran|rücken I.** *vi sein* ❶ *(sich nähern)* ■ [**an jdn/etw**] ~ to approach [sb/sth] ❷ *(dicht aufrücken)* ■ [**mit etw**] [**an jdn/etw**] ~ to bring [*or* draw] sth [up to sb/sth]; ***sie rückte mit ihrem Stuhl dicht an ihn heran*** she drew her chair right up to him **II.** *vt (an etw rücken)* ■ **etw an jdn/etw** ~ to move sth closer [*or* nearer] to sb/sth **heran|schaffen** *vt* ■ [**jdm**] **jdn/etw** ~ to bring sb/sth [to sb] **heran|schleichen** *vi, vr irreg vi: sein* ■ [**sich**] [**an jdn/etw**] ~ to creep up [to [*or* on] sb/sth] **heran|tasten** *vr* ❶ *(sich tastend nähern)* ■ **sich an jdn/etw** ~ to feel [*or* grope] one's way towards sb/sth ❷ *(sich vorsichtig heranarbeiten)* ■ **sich an etw** *akk* ~ to approach sth cautiously **heran|tragen** *vt irreg* ❶ *(nahe an etw tragen)* ■ **jdn/etw an etw** *akk* ~ to take [*or* bring] sth up to sb/sth ❷ *(geh: vorbringen)* ■ **etw an jdn** ~ to approach sb with sth; ***dieser Wunsch ist schon verschiedentlich an die Regierung herangetragen worden*** the government has been approached with this request on several occasions **heran|treten** *vi irreg sein* ❶ *(in die Nähe treten)* ■ **an jdn/etw** ~ to come [*or* go] up to sb/sth ❷ *(konfrontieren)* ■ **an jdn** ~ to confront sb ❸ *(geh: sich wenden an)* ■ [**mit etw**] **an jdn** ~ to approach sb [with sth]; ***sie ist schon mit dieser Bitte an uns herangetreten*** she has already approached us with this request **heran|wachsen** [ks] *vi irreg sein (geh)* ■ [**zu jdm**] ~ to grow up [into sb]; ***sein Sohn war zu einem gut aussehenden jungen Mann herangewachsen*** his son had grown up into a handsome young man **Heranwachsende** [-ks-] *pl* adolescents *pl* **heran|wagen** *vr* ❶ *(heranzukommen wagen)* ■ **sich an jdn/ein Tier** ~ to dare to come [*or* go] near sb/an animal ❷ *(sich zu beschäftigen wagen)* ■ **sich an etw** *akk* ~ to dare to attempt sth **heran|ziehen** *irreg* **I.** *vt* ❶ *(näher holen)* ■ **jdn/etw** [**an etw** *akk*/**sich/zu sich**] ~ to pull sb/sth [to sth/to oneself] ❷ *(einsetzen)* ■ **jdn/etw** [**zu etw**] ~ to bring sb/sth in [for sth]; ***sie wurde in der Firma zu allen möglichen niedrigen Jobs herangezogen*** she was used to do all the menial jobs possible ❸ *(anführen)* ■ **etw** [**für/zu etw**] ~ to consult sth [for sth]; ***für seine Promotion hat er griechische Zitate herangezogen*** he consulted Greek quotations for his PhD. ❹ *(aufziehen)* ■ **jdn** [**zu etw**] ~ to raise sb [until he/she is/becomes sth]; **ein Tier** [**zu etw**] ~ to read an animal [to be sth]; ■ **etw** [**zu etw**] ~ to grow sth [until it becomes sth]; ***den Baum habe ich mir aus einem kleinen Sämling herangezogen*** I grew the tree from a seedling; ■ [**sich** *dat*] **jdn** ~ to raise sb to be sb **II.** *vi sein* MIL *(näher ziehen)* to advance

herauf I. *adv* ❶ *(in Richtung oben)* ■ **von...** ~ from ... up; ***was, von da unten soll ich den Sack bis oben ~ schleppen?*** what, I'm supposed to drag this sack from down here all the way up there? ❷ *(fam: in Richtung Norden)* up from; **vom Süden** ~ up from the south **II.** *präp +akk* up; ***sie ging die Treppe*** ~ she went up the stairs

herauf|beschwören* *vt irreg* ❶ *(wachrufen)* ■ **etw** [**in jdm**] ~ to evoke [*or* stir up] sth [in sb] ❷ *(herbeiführen)* ■ **etw** ~ to cause [*or* give rise to] sth **herauf|bringen** *vt irreg* ❶ *(nach oben tragen)* ■ **etw** [**zu jdm**] ~ to bring sth up [to sb]; ***vergiss nicht, die Zeitung mit heraufzubringen!*** don't forget to bring the newspaper up with you ❷ *(nach oben mitbringen)* ■ **jdn** [**zu jdm**] ~ to bring sb up [to sb]; ***bring doch deine Freunde mal mit herauf in die Wohnung!*** why don't you bring your friends up to the flat with you **herauf|führen** *vt* ■ **jdn** ~ to show sb up; ***führen Sie die Herren zu mir herauf*** please show the gentlemen up to my office **herauf|kommen** *vi irreg sein* ❶ *(von unten kommen)* ■ [**zu jdm**] ~ to come up [to sb]; ***komm doch später auf einen Kaffee zu mir herauf!*** come up [to my place] for a coffee later, if you like ❷ *(geh: aufziehen)* to approach [*or* gather]; *Nebel* to form **herauf|setzen** *vt* ■ **etw** ~ to put up *sep* [*or* increase] sth **herauf|steigen** *vi irreg sein (geh)* ❶ *(nach oben steigen)* ■ **zu jdm** ~ to climb up to sb; **einen Berg/eine Treppe** ~ to climb [up] a mountain/flight of stairs ❷ *(aufsteigen)* to rise; ***von der Niederung stiegen Nebelschwaden herauf*** veils of mist rose out of the depression **herauf|ziehen** *irreg* **I.** *vt haben* ■ **jdn/etw** [**zu sich**] ~

to pull up *sep* sb/sth [to one] **II.** *vi sein* (*aufziehen*) to approach, to gather

heraus *adv* ❶ (*nach draußen*) out; ■ **aus etw** ~ out of sth; ***sie betrank sich aus einem Gefühl der Einsamkeit*** ~ she got drunk out of a feeling of loneliness; ~ **da!** (*fam*) get out!; ~ **damit!** (*fam mit einer Antwort*) out with it!; (*mit Geld*) give it here!; ~ **mit ihm/ihr!** (*fam*) get him/her out! ❷ (*entfernt sein*) ■ ~ **sein** to have been taken out [*or* removed] ❸ MEDIA (*veröffentlicht sein*) ■ ~ **sein** to be out ❹ (*entschieden sein*) ■ ~ **sein** to have been decided ❺ (*hinter sich haben*) ■ **aus etw** ~ **sein** to leave behind sth *sep;* ***aus dem Alter bin ich schon heraus*** that's all behind me ❻ (*gesagt worden sein*) ■ ~ **sein** to have been said, to be out in the open; **die Wahrheit ist heraus** the truth has come out [*or* is out]

heraus|arbeiten **I.** *vt* ❶ (*plastisch hervorheben*) ■ **etw** [**aus etw**] ~ to carve sth [out of sth] ❷ (*hervorheben*) ■ **etw** [**deutlicher/besser**] ~ to bring out sth *sep* [more clearly/better] **II.** *vr* ■ **sich aus etw** ~ to work one's way out of sth **heraus|bekommen*** *vt irreg* ❶ (*entfernen*) ■ **etw** [**aus etw**] ~ to get sth out [of sth] ❷ (*herausziehen*) ■ **etw** [**aus etw**] ~ to get sth out [of sth], to remove sth [from sth] ❸ (*herausfinden*) ■ **etw** ~ to find out sth *sep* ❹ (*ausgezahlt bekommen*) ■ **etw** ~ to get sth back **heraus|bilden** *vr* ■ **sich** [**aus etw**] ~ to develop [*or* form] [out of sth] **heraus|brechen** **I.** *vt haben* ■ **etw** [**aus etw**] ~ to knock sth out [of sth] **II.** *vi sein* ■ **aus jdm** ~ to errupt from sb **heraus|bringen** *vt irreg* ❶ (*nach draußen bringen*) ■ [**jdm**] **etw** ~ to bring sth out [to sb] ❷ (*auf den Markt bringen*) ■ **etw** ~ to launch sth ❸ (*der Öffentlichkeit vorstellen*) ■ **etw** ~ to publish sth ❹ (*hervorbringen*) ■ **etw** ~ to say [*or* utter] sth; ***sie brachte keinen Ton heraus*** she didn't utter a sound ❺ (*fam: ermitteln*) ■ **etw** ~ *s.* **herausbekommen 3** **heraus|drehen** *vt* ■ **etw** [**aus etw**] ~ to unscrew sth [from sth] **heraus|drücken** *vt* ❶ (*durch Drücken hervorkommen lassen*) ■ **etw aus etw** ~ to squeeze sth out of sth ❷ (*durch Drücken vorwölben*) ■ **etw** ~ to stick out sth *sep* **heraus|fahren** *irreg* **I.** *vi sein* ❶ (*nach draußen fahren*) ■ [**aus etw**] ~ to drive out [of sth] ❷ (*entschlüpfen*) ■ **jdm** ~ to slip out **II.** *vt haben* ❶ (*nach draußen fahren*) ■ **etw** [**aus etw**] ~ to drive sth out [of sth] ❷ (*erzielen*) ■ **etw** ~ to achieve sth **heraus|filtern** *vt* ■ **etw** [**aus etw**] ~ ❶ (*durch Filtern entnehmen*) to filter sth out [of sth] ❷ (*als brauchbar aussondern*) to sift sth out [of sth] **heraus|finden** *irreg* **I.** *vt* ❶ (*dahinterkommen*) ■ **etw** ~ to find out [*or* discover] sth ❷ (*herauslesen*) ■ **etw** [**aus etw**] ~ to find sth [from amongst sth] **II.** *vi* ■ [**aus etw**] ~ to find one's way out [of sth]; ***ich begleite Sie noch zur Tür! — danke, ich finde selbst heraus*** I'll accompany you to the door — thank you, but I can find my own way out **heraus|fischen** **I.** *vt* (*fam*) ■ **etw** [**aus etw**] ~ to fish sth out [of sth] **II.** *vr* (*fam*) ■ **sich** *dat* **etw** [**aus etw**] ~ to pick out sth *sep* [from amongst sth] **heraus|fliegen** *irreg* **I.** *vi sein* ❶ (*nach draußen fliegen*) ■ [**aus etw**] ~ to fly out [of sth] ❷ SPORT (*fam: herausfallen*) ■ [**aus etw**] ~ to be thrown out [of sth] **II.** *vt haben* LUFT (*ausfliegen*) ■ **jdn/etw** [**aus etw**] ~ to fly sb/sth out [of sth]

Herausforderer, **-ford**[**r**]**erin** <-s, -> *m, f* challenger; **sich seinem** ~ **stellen** to take on one's [*or* the] challenger

heraus|fordern **I.** *vt* ❶ SPORT (*zum Kampf fordern*) ■ **jdn** ~ to challenge sb ❷ (*auffordern*) ■ **jdn zu etw** ~ to challenge sb to sth ❸ (*provozieren*) ■ **jdn** [**zu etw**] ~ to provoke sb [into doing sth] ❹ (*heraufbeschwören*) ■ **etw** ~ to invite sth; **Gefahr** ~ to court danger; **Kritik** ~ to invite [*or* provoke] criticism; **Schicksal** ~ to tempt fate **II.** *vi* ■ **zu etw** ~ to invite sth

herausfordernd **I.** *adj* provocative, challenging, inviting **II.** *adv* provocatively

Herausforderung *f* ❶ (*Aufforderung*) challenge ❷ *kein pl* SPORT (*das Herausfordern*) challenge ❸ (*Provokation*) provocation, open defiance ❹ (*Bewährungsprobe*) challenge; **sich einer** ~ **stellen** *dat* to take up [*or* respond to] [*or* accept] a challenge; **die** ~ **annehmen** to accept the challenge, to take up the gauntlet

heraus|führen **I.** *vt* ■ **jdn** [**aus etw**] ~ to lead sb out [of sth] **II.** *vi* ■ [**aus etw**] ~ to lead out [of sth]

Herausgabe <-, -n> *f* ❶ MEDIA (*Veröffentlichung*) publication ❷ (*Rückgabe*) return; *Wechselgeld* to give [back] ❸ ADMIN issue, issuing; *neue Banknoten* to issue; (*von* [*Brief*]*marken*) issue, issuing

heraus|geben *irreg* **I.** *vt* ❶ MEDIA ■ **etw** ~ (*veröffentlichen*) to publish sth; (*editieren*) to edit sth ❷ (*zurückgeben*) ■ **jdn/etw** [**an jdn**] ~ to return [*or sep* hand back] sb/sth [to sb] [*or sep* give back], to surrender sb/sth [to sb] *usu form,* to hand over sb/sth [to sb] *sep;* ■ **jdm etw** ~ to give sb sth [back]; ***Sie haben mir nur 12 statt 22 Mark herausgegeben!*** you've only given me [back] DM 12 instead of 22 ❸ (*herausreichen*) ■ **jdm etw** ~ to pass [*or* hand] out sth to sb, to pass [*or* hand] sb sth out **II.** *vi* ■ [**jdm**] [**auf etw** *akk*] ~ to give [sb] change [out of sth]; ***können Sie mir auf 100 DM ~?*** can you give me change out of DM 100?; **falsch** ~ to give the wrong change [back]

Herausgeber(**in**) <-s, -> *m*(*f*) MEDIA (*Verleger*) publisher; (*editierender Lektor*) editor

heraus|gehen *vi irreg sein* ❶ (*herauskommen*) ■ [**aus/von etw**] ~ to go out [of sth]; ***ich sah ihn um 19 Uhr*** [***aus der Wohnung***] ~ I saw him leave [the flat] at 7pm ❷ (*entfernt werden können*) ■ [**aus etw**] ~ to come out [of sth] ❸ (*herausgezogen werden können*) ■ [**aus etw**] ~ to come out [of sth] ❹ (*lebhaft werden*) ■ **aus sich** ~ to come out of one's shell **heraus|greifen** *vt irreg* ■ [**sich** *dat*] **jdn** [**aus etw**] ~ to pick [*or* single] out *sep* [*or* select] sb [from sth]; ■ [**sich** *dat*] **etw** [**aus etw**] ~ to choose sth [from sth]; ***morgens greife ich mir irgendetwas aus dem Schrank heraus*** in the morning[s] I just grab any old thing out of the wardrobe **heraus|haben** *vt irreg* (*fam*) ❶ (*entfernt haben*) ■ **etw** [**aus etw**] ~ to have got sth out [of sth] ❷ (*gekündigt haben*) ■ **jdn aus etw** ~ to get sb out of sth ❸ (*begriffen haben*) ■ **etw** ~ to get [*or* have] the knack [*or* hang] of sth ❹ (*herausgefunden haben*) ■ **etw** ~ to have solved sth; **ein Geheimnis/einen Namen/die Ursache** ~ to have found out a secret/name/the cause; ■ ~, **wann/wer/wie/warum/wo/wohin ...** to have found out when/who/how/why/where ... **heraus|halten** *irreg* **I.** *vt* ❶ (*nach draußen halten*) ■ **etw** [**aus etw**] ~ to hold [*or* put] sth out [of sth] [*or fam* stick] ❷ (*nicht verwickeln*) ■ **jdn/etw** [**aus etw**] ~ to keep sb/sth out [of sth] ❸ (*fernhalten*) ■ **jdn/ein Tier** [**aus etw**] ~ to keep sb/an animal out [of sth] **II.** *vr* ■ **sich** [**aus etw**] ~ to keep [*or* stay] [*or* sth] out of sth; ***halt du dich*** [***da***] ***mal heraus!*** you [just] keep [*or* stay] out of it [*or* this]! **heraus|hängen** **I.** *vi* ■ [**aus etw**] ~ (*aus dem Inneren von etw nach außen* [*zum Sprechenden*] *hängen*) to hang out [of sth] ▶ WENDUNGEN: **jdm hängt die Zunge schon heraus** sb is completely exhausted **II.** *vt* ■ **etw** [**aus etw**] ~ ❶ (*nach außen hängen*) to hang out sth *sep,* to hang sth out of sth ❷ (*herauskehren, zeigen*) to show off; ***in solchen Situation, hängt sie immer die Akademikerin heraus*** she always shows [*or* likes to show] off about being an academic in such situations ❸ DIAL (*protzen mit etw*) to show off; ***ich denke, er hängt sein Geld zu sehr heraus*** I think he shows his money off too much **he-**

raus|heben *vr irreg* ■ **sich aus etw** ~ *dat Masse, Hintergrund* to stand out from sth **heraus|helfen** *vi irreg* ■ **jdm [aus etw]** ~ ① *(auszusteigen helfen)* to help sb out [of sth]; **jdm aus dem Bus/Zug** ~ to help sb off the bus/train ② *(zu überwinden helfen)* to help sb out [of sth] **heraus|holen** *vt* ① *(nach draußen holen)* ■ **etw [aus etw]** ~ to bring [*or* get] out sth [of sth]; ■ **jdn [aus etw]** ~ to get sb out [of sth] ② *(als Aussage bekommen)* ■ **etw [aus jdm]** ~ to get sth out [of sb]; **eine Information aus jdm** ~ to extract a piece of information from sb ③ *(durch Bemühungen erreichen)* ■ **[bei etw] etw** ~ to get sth [out of sth] ④ SPORT *(durch körperlichen Einsatz erzielen)* ■ **etw** ~ to gain [*or* win] sth; **ein gutes Ergebnis** ~ to achieve a good result; **den dritten Platz** ~ to take third place; **eine gute Zeit** ~ to achieve [*or* record] a good time ⑤ *(fam: an Leistung abgewinnen)* ■ **[aus jdm/etw] etw** ~ to get sth out [of sb/sth] **heraus|hören** *vt* ① *(durch Hinhören wahrnehmen)* ■ **jdn/etw [aus etw]** ~ to hear sb/sth [in sth] ② *(abwägend erkennen)* ■ **etw [aus etw]** ~ to detect sth [in sth] **heraus|kehren** *vt* ■ **jdn/etw** ~ to play sb [*or* to parade] [*or* to act]; **den Chef/väterlichen Freund/reichen Gönner** ~ to play the boss/fatherly friend/rich patron **heraus|kitzeln** *vt (fam)* ■ **etw** ~ to provoke sth

heraus|kommen *vi irreg sein* ① *(nach draußen kommen)* ■ **[aus etw]** ~ to come out [of sth] ② *(nach außen dringen)* ■ **[irgendwo]** ~ to come out [somewhere] ③ *(etw ablegen können)* ■ **aus etw kaum/nicht** ~ to hardly/not have sth off [*or* be out of sth] ④ *(etw verlassen können)* ■ **aus etw** ~ to get out of sth; ***viele Bewohner sind noch nie aus diesem Dorf herausgekommen*** many of the residents have never [even] left [*or* been out of] this village ⑤ *(aufhören können)* ■ **aus etw kaum/nicht** ~ to hardly/not be able to stop doing sth; ***da kommt man aus dem Staunen/der Verwunderung kaum mehr heraus*** one can hardly get over one's astonishment/surprise ⑥ *(fam: überwinden können)* ■ **aus etw** ~ to get out of sth; **aus den Problemen** ~ to solve one's problems; **aus den Schulden** ~ to get out of debt, to settle [*or* to clear] one's debts; **aus Schwierigkeiten/Sorgen** ~ to get over one's difficulties/worries ⑦ *(auf den Markt kommen)* to come out [*or* be launched]; ■ **mit etw** ~ to come out with [*or sep* bring out] [*or* launch] sth; *(erscheinen)* to come out [*or* be published] ⑧ *(bekannt gegeben werden)* to be published; *Gesetz, Verordnung* to enact ⑨ *(bekannt werden)* to come out; ■ **es kam heraus, dass/warum/wer/wo ...** it came out that/why/who/where ... ⑩ *(zur Sprache bringen)* ■ **mit etw** ~ to come out with sth ⑪ *(Resultat haben)* ■ **bei etw** ~ to come of sth; ***und was soll dabei ~?*** and what good will that do? [*or* what good is supposed to come of that?]; **auf eins** [*o* **dasselbe**] ~, **auf das** [*o* **aufs**] **Gleiche** ~ to [all] amount to the same thing ⑫ *(fam: aus der Übung kommen)* ■ **[aus etw]** ~ to get out of practice [in sth], to get rusty ⑬ KARTEN *(die erste Karte ausspielen)* to lead ⑭ *(zur Geltung kommen)* ■ **irgendwie** ~ to show [off] somehow; ***bei Tageslicht kommt das Muster viel besser heraus*** you can see the pattern much better in the daylight ▶ WENDUNGEN: **[mit etw] groß** ~ *(fam)* to be a great success, to have a great success with sth

heraus|kriegen *vt (fam) s. a.* **herausbekommen, rauskriegen** **heraus|kristallisieren*** **I.** *vt* ■ **etw [aus etw]** ~ to extract sth [from sth] **II.** *vr* ■ **sich** ~ to crystallize **heraus|lassen** *vt irreg* ① *(aus etw fortlassen)* ■ **jdn/ein Tier** ~ to let out sb/an animal *sep;* ■ **jdn/ein Tier [aus etw]** ~ to let sb/an animal out [of sth] ② *(fam: weglassen)* ■ **etw [aus etw]** ~ to leave out sth *sep,* to leave sth out [of sth] ③ *(fam: mitteilen)* ■ **etw** ~ to announce sth **heraus|laufen** *irreg* **I.** *vi sein* ① *(nach draußen laufen)* ■ **[aus/durch etw]** ~ to run out [of/through sth] ② *(herausfließen)* ■ **[aus etw]** ~ to run out [of sth] **II.** *vt* SPORT ■ **etw** ~ to gain sth; **den ersten Platz** ~ to take first place, to come first; **einen Sieg** ~ to win a victory; **einen Vorsprung** ~ to build up a lead **heraus|lesen** *vt irreg* ① *(durch Lesen deuten)* ■ **etw aus etw** ~ to read sth into sth ② *(aussondern)* ■ **etw [aus etw]** ~ to pick out sth [from sth] *sep* **heraus|locken** *vt* ① *(nach draußen locken)* ■ **jdn/ein Tier** ~ to lure out sb/an animal *sep;* ■ **jdn/ein Tier aus etw** ~ to lure [*or* to entice] sb/an animal out of sth ② *(entlocken)* ■ **etw aus jdm** ~ to worm sth out of sb **heraus|machen** **I.** *vt (fam)* ■ **etw [aus etw]** ~ to get sth out [of sth] [*or* remove sth [from sth]] [*or* [of [sb's] sth]] **II.** *vr (fam)* ■ **sich irgendwie** ~ to turn out [*or* develop] somehow; ***Ihre Tochter hat sich aber in den letzten Jahren herausgemacht*** your daughter has really blossomed in the last few years **heraus|müssen** *vi irreg (fam)* ① MED *(entfernt werden müssen)* to have to come out [*or* be removed] ② *(gesagt werden müssen)* to have to come out; ***das musste mal heraus!*** I had to get that off my chest! ③ *(nach draußen müssen)* ■ **[aus etw]** ~ to have to get out [of sth]; ***ab und zu muss ich einfach aus der Wohnung heraus*** sometimes I just have to get out of the apartment **herausnehmbar** *adj* removable; ■ **[aus etw]** ~ **sein** to be removable [from sth] **heraus|nehmen** *irreg* **I.** *vt* ① *(entnehmen)* ■ **etw [aus etw]** ~ to take sth out [of sth] ② MED *(fam: operativ entfernen)* ■ **[jdm] etw** ~ to take out *sep* [*or* remove] [sb's] sth; *Zahn* to pull [*or* take out] [*or* extract]; ■ **sich** *dat* **etw** ~ **lassen** to have one's sth taken out [*or* removed] ③ *(aus einer Umgebung entfernen)* ■ **jdn aus etw** ~ to take sb away [*or* remove sb] from sth **II.** *vr* ① *(pej: frech für sich reklamieren)* ■ **sich** *dat* **etw** ~ to take liberties; ***also, sie hat sich in letzter Zeit ja einiges herausgenommen!*** well, she's been taking some real liberties recently!; **sich zuviel** ~ to go too far ② *(sich erlauben)* ■ **sich** *dat* ~, **etw zu tun** to have the nerve to do sth **heraus|pauken** *vt (fam)* ■ **jdn [aus etw]** ~ to bail sb out [of sth] **heraus|picken** *vt* ■ **[sich** *dat*] **etw [aus etw]** ~ to pick sth out [of sth] **heraus|platzen** *vi sein (fam)* ① *(lachen)* to burst out laughing ② *(spontan sagen)* ■ **mit etw** ~ to blurt out sth *sep* **heraus|putzen** *vt* ■ **jdn** ~ to smarten up sb *sep;* ■ **etw** ~ to deck out sth *sep;* ■ **sich** ~ to dress [*or* spruce] oneself up **heraus|ragen** *vi s.* **hervorragen** **heraus|reden** *vr* ■ **sich [mit etw]** ~ to talk one's way out of it [by using sth as an excuse]; ■ **sich auf etw** *akk* ~ to use sth as an excuse **heraus|reißen** *vt irreg* ① *(aus etw reißen)* ■ **etw [aus etw]** ~ to tear out sth *sep,* to tear sth out [of sth]; **einen Baum/eine Wurzel** ~ to pull [*or* root] out a tree/root; **eine Seite [aus einem Buch/einer Zeitung]** ~ to tear [*or* rip] a page out [of a book/newspaper]; **einen Zahn** ~ to pull [*or* extract] a tooth ② *(ablenken)* ■ **jdn aus etw** ~ to tear sb away from sth; **jdn aus seiner Arbeit** ~ to interrupt sb in their work; **jdn aus seiner Konzentration** ~ to disrupt sb's concentation; **jdn aus seiner Meditation/seinen Träumen** ~ to startle sb out of their meditation/dreaming ③ *(fam: aus Bedrängnis befreien)* ■ **jdn** ~ to get sb out of it *fam,* to save sb ④ *(fam: wettmachen)* ■ **etw** ~ to save sth **heraus|rücken** **I.** *vt haben (fam)* ■ **etw [wieder]** ~ to hand over [*or* back] sth *sep;* ***komm, rück das Buch wieder heraus, das gehört mir!*** come on, give me back the book, it belongs to me! **II.** *vi sein (fam)* ■ **mit etw** ~ to come out with sth; *s. a.* **Sprache** **heraus|rutschen** *vi sein* ① *(aus etw rutschen)*

■ [jdm] [**aus etw**] ~ to slip out [of sth] ❷ (*fam: ungewollt entschlüpfen*) ■ **jdm** ~ to let slip out; ***entschuldige, das ist mir nur so herausgerutscht!*** sorry, it just slipped out! **heraus|schälen** I. *vt* ■ **etw** [**aus etw**] ~ ❶ (*aus etw schälen*) to scrape out sth [from sth] *sep* ❷ (*ausschneiden*) to cut out sth [from sth] *sep;* MED to cut away sth [from sth] *sep* II. *vr* ■ **sich** [**aus etw**] ~ to become evident [*or* apparent] [from sth], to crystallize **heraus|schauen** *vi* DIAL ❶ (*zu sehen sein*) ■ [**aus etw**] ~ to be showing [through sth] ❷ (*nach draußen schauen*) ■ [**aus etw**] ~ to look out [of sth] ❸ (*fam: als Gewinn zu erwarten sein*) **etw schaut** [**für jdn**] **dabei heraus** sth is in it [for sb]; ***dabei schaut wenig/nichts heraus*** there's not much/nothing in it **heraus|schlagen** *irreg* I. *vt haben* ❶ (*aus etw schlagen*) ■ **etw** [**aus etw**] ~ to knock sth out [of sth] ❷ (*durch Schlagen entfernen*) ■ **etw** ~ to knock out sth *sep* ❸ (*fam: geschickt erhandeln*) ■ [**bei jd/etw**] **etw** [**für sich**] ~ to make sth [out of sb/sth] [for oneself]; **Erlaubnis/Konzessionen** ~ to get permission/concessions; **Vorteile/Zeit** ~ to gain advantages/time; **möglichst viel** ~ **aus etw** to get the most out of sth II. *vi sein* ■ **aus/zu etw** ~ to leap out of sth **heraus|schleudern** *vt* ❶ (*aus etw schleudern*) ■ **etw** ~ to hurl [*or* fling] out sth *sep;* ■ **etw aus etw** ~ to hurl [*or* fling] sth out of sth; ■ [**aus etw**] **herausgeschleudert werden** to be thrown [*or* catapulted] from [*or* out of] sth; **aus einem Sitz/einer Kanzel herausgeschleudert werden** to be ejected from a seat/cockpit ❷ (*erregt aussprechen*) ■ **etw** ~ to hurl out sth *fig sep* **heraus|schlüpfen** *vi sein* ❶ (*aus etw schlüpfen*) ■ [**aus etw**] ~ to hatch [out of sth] ❷ (*herausrutschen*) ■ **jdm** ~ to [let] slip out *fig* **heraus|schmecken** I. *vt* ■ **etw** [**aus etw**] ~ to be able to taste sth [in sth] II. *vi* to taste; ***das Majoran schmeckt etwas zu stark heraus*** the marjoram tastes a bit too strong [*or* the taste of [the] marjoram is too strong] **heraus|schneiden** *vt irreg* ■ **etw** ~ to cut out sth *sep;* ■ **etw aus etw** ~ to cut sth out [of sth] **heraus|schreiben** *vt irreg* ■ **etw** [**aus etw**] ~ to copy out sth *sep* [from sth] **heraus|schreien** *vt irreg* ■ **etw** ~ to vent [*or* give vent to] sth

heraußen *adv* SÜDD, ÖSTERR (*hier draußen*) out here

heraus|springen *vi irreg sein* ❶ (*aus etw springen*) ■ [**aus etw**] ~ to jump [*or* leap] out [of sth] ❷ (*abbrechen*) ■ [**aus etw**] ~ to chip off [sth] ❸ ELEK (*den Kontakt unterbrechen*) to blow ❹ (*fam*) *s.* **herausschauen 3** **heraus|sprudeln** I. *vi sein* ■ [**aus etw**] ~ to bubble out [of sth] II. *vt haben* ■ **etw** ~ to blurt out sth *sep* **heraus|stehen** *vi irreg* ■ [**aus etw**] ~ to stick out [of sth], to protrude [from sth] **heraus|stellen** I. *vt* ❶ (*nach draußen stellen*) ■ **etw** ~ to put out sth *sep,* to put sth outside ❷ (*hervorheben*) ■ **etw** [**irgendwie**] ~ to emphasize sth [somehow], to point out sth II. *vr* ■ **sich** ~ to come to light, to emerge, to become apparent; **jds Unschuld wird sich** ~ sb's innocence will be proven; **sich als etw** ~ to be shown [*or* proven] to be sth; ■ **es stellte sich heraus, dass ...** it turned out [*or* it was found] [*or* it became apparant] that ...; ***ob Sie im Recht sind, muss sich erst noch*** ~ we must wait and see whether you're right; ***hat sich eigentlich schon herausgestellt, wer der Täter war?*** have they already found out who the culprit was? **heraus|strecken** *vt* ■ **etw** ~ to stick out sth *sep;* ■ **etw aus/zu etw** ~ to stick sth out [of sth] **heraus|streichen** *vt irreg* ❶ (*aus etw tilgen*) ■ **etw** ~ to cross out sth *sep;* ■ **etw aus etw** ~ to delete sth [*or* cross sth out] from sth ❷ (*betonen*) ■ **etw** ~ to stress sth **heraus|stürzen** *vi sein* ■ [**aus etw**] ~ to rush out [of sth] **heraus|suchen** *vt* ■ [**jdm**] **etw** [**aus etw**] ~ to pick out sth *sep* [from sth] [for sb]; ***kannst du mir mal die Textstelle ~, wo ...*** can you find me the place [in the text] where ...; ■ **jdn** ~ to pick out sb *sep,* to choose [*or* select] sb **heraus|treten** *vi irreg sein* ❶ (*nach außen treten*) ■ [**aus etw**] ~ to step out [of sth]; ***jeder, der sich freiwillig meldet, ~!*** any volunteers, step forward! ❷ (*anschwellen*) to stand out **heraus|wagen** *vr* ■ **sich** [**aus etw**] ~ to venture out [of sth], to venture forth [from/into sth] **heraus|winden** *vr irreg* ■ **sich** [**aus etw**] ~ to wriggle [*or* AM wiggle] out [of sth] **heraus|wollen** *vi* ■ [**aus etw**] ~ to want to get out [of sth]; *s. a.* **Sprache**

herb I. *adj* ❶ (*bitter-würzig*) sharp, astringent; *Duft, Parfüm* tangy; *Wein* dry ❷ (*schmerzlich*) bitter; *Erkenntnis* sobering ❸ (*etwas streng*) severe; *Schönheit* austere ❹ (*scharf*) harsh II. *adv* ~ **schmecken** to taste sharp, to have an astringent taste; ~ **duften/riechen** to smell tangy; ***der Wein schmeckt etwas*** ~ this wine tastes somewhat dry

Herbarium <-s, -ien> [riən] *nt* herbarium

herbei *adv* (*geh*) come [over] here [*or old* hither]

herbei|bringen *vt irreg* (*geh*) ■ **jdn/etw** ~ to bring over sb/sth *sep* **herbei|eilen** *vi sein* to rush [*or* hurry] over **herbei|führen** *vt* ■ **etw** ~ ❶ (*bewirken*) to bring about sth *sep* ❷ MED (*verursachen*) to cause sth, to lead to sth **herbei|holen** *vt* (*geh*) ■ **jdn/etw** ~ to fetch sb/sth; ***holen Sie bitte einen Arzt herbei*** please call [*or* fetch] [*or* send for] a doctor **herbei|lassen** *vr irreg* ■ **sich zu etw** ~ to deign [*or* condescend] to do sth; ■ **sich dazu** ~, **etw zu tun** to bring oneself to do sth **herbei|reden** *vt* ■ **etw** ~ to talk sth into happening; **Panik** ~ to create panic; **den Tod** ~ to conjure up death; ***hör auf Probleme herbeizureden*** stop trying to find problems where there are none **herbei|rufen** *vt irreg* (*geh*) ■ **jdn** ~ to call sb [over]; ■ **etw** ~ to call for sth; ***rasch, rufen Sie einen Arzt/die Polizei herbei!*** call a doctor/the police at once! **herbei|schaffen** *vt* (*geh*) ■ **jdn/etw** ~ to bring sb/sth here; ***schnell, wir müssen einen Feuerlöscher*** ~ hurry, we need to get a fire extinguisher **herbei|sehnen** *vt* (*geh*) ■ **jdn/etw** ~ to long for sb/sth **herbei|strömen** *vi sein* to come flocking **herbei|winken** *vt* ■ **jdn** ~ to beckon [*or* motion] over sb *sep;* **ein Taxi** ~ to hail a taxi **herbei|wünschen** *vt* ■ **jdn/etw** ~ to long for sb/sth

her|bekommen* *vt irreg* (*fam*) ■ **etw** ~ to get hold of sth *fam* **her|bemühen*** I. *vr* (*geh*) ■ **sich** ~ to take the trouble to come [here]; ***ich habe mich schließlich extra herbemüht*** after all, I did take the trouble to come here II. *vt* (*geh*) ■ **jdn** ~ to trouble sb to come [here]; ***wir werden den Minister persönlich ~ müssen*** we will have to trouble the minister to come here in person

Herberge <-, -n> *f* ❶ (*Jugend~*) hostel ❷ *kein pl* (*veraltend: Unterkunft*) lodging, shelter *no pl* ❸ (*veraltet: einfaches Gasthaus*) inn

Herbergseltern *pl* [youth] hostel wardens *pl* **Herbergsmutter** *f* female [youth] hostel warden **Herbergsvater** *m* male [youth] hostel warden

her|bestellen* *vt* ■ **jdn** ~ to ask sb to come, to send for sb, to summon sb

her|beten *vt* (*pej*) ■ **etw** ~ to recite sth mechanically, to reel [*or* rattle] sth off

Herbheit <-> *f kein pl* sharpness, tanginess, acerbity; **die** ~ **eines Dufts/Parfüms** the tanginess of a smell/perfume; ***der Wein ist von zu großer*** ~ this wine is too dry

her|bitten *vt irreg* ■ **jdn** ~ to ask sb to come

herbivor *adj* (*Pflanzen fressend*) herbivorous

Herbivore <-s, -en> *m* ZOOL herbivore

Herbizid <-[e]s, -e> *nt* herbicide

her|bringen *vt irreg* ■ **jdn** ~ to bring sb [here]; ■ **jdm etw** ~ to bring sb sth

Herbst <-[e]s, -e> *m* autumn, fall AM; **im ~** in [the] autumn; **der ~ des Lebens** (*liter*) the autumn of [one's] life *liter*

Herbstanfang *m* beginning of autumn **Herbstaster** *f* BOT Michaelmas daisy **Herbstende** *nt* end of autumn **Herbstfarben** *pl* autumn [*or* autumnal] colours [*or* AM -ors] [*or* hues] [*or* tints] *pl* **Herbstferien** *pl* SCH [autumn] half-term holiday[s] BRIT, [fall] midterm vacation AM **Herbstkollektion** *f* MODE autumn collection **Herbstlaub** *nt* autumn leaves *pl*, fall foliage + *sing vb* AM

herbstlich *adj* autumn *attr*, autumnal; ■ **~ sein/werden** to be/become autumnal

Herbstmode *f* autumn fashion **Herbstmonat** *m* autumn month **Herbststurm** *m* autumn storm **Herbsttag** *m* autumn day **Herbstwetter** *nt kein pl* autumn[al] weather *no pl* **Herbstzeitlose** <-n, -n> *f* BOT meadow saffron, autumn crocus

Herd <-[e]s, -e> *m* ❶ (*Küchen~*) cooker, stove, range AM; **am heimischen ~** (*geh*) in the comfort of one's [own] home, by one's own fireside ❷ MED (*Krankheits~*) focus ❸ GEOL (*Zentrum*) focus, epicentre [*or* AM -er] ▸ WENDUNGEN: **eigener ~ ist Goldes wert** (*prov*) there's no place like home *prov*

Herde <-, -n> *f* (*Anzahl von Tieren gleicher Art*) herd; *Schafe* flock ▸ WENDUNGEN: **mit der ~ laufen** (*pej*) to follow the crowd [*or pej* herd]

Herdentier *nt* ❶ (*Tier*) gregarious animal ❷ (*pej: unselbstständiger Mensch*) sheep *pej*, person who follows the crowd [*or pej* herd] **Herdentrieb** *m* (*pej*) herd instinct *pej*

Herdplatte *f* hotplate, [electric] ring, burner, stove top

herein *adv* in [here]; ***„dort ~?" — „nein, diese Tür!"*** "in there?" — "no, it's this door!"; **nur** [*o* **immer**] **~!** come on in!; **~!** come in!

herein|bekommen* *vt irreg* ■ **etw ~** to get in sth *sep* **herein|bitten** *vt irreg* ■ **jdn** [**zu sich**] **~** to ask sb [to come] in[to one's office], to invite sb in[to one's office]; ***darf ich Sie gleich zu mir ~*** would you like to come straight in [*or* into my office] **herein|brechen** *vi irreg sein* ❶ (*gewaltsam zusammenstürzen*) ■ [**über jdn/etw**] **~** to collapse [over sb/sth] ❷ (*hart treffen*) ■ **über jdn/etw ~** *Katastrophe, Krieg, Unglück* to befall [*or* overtake] sb/sth ❸ (*geh: anbrechen*) to fall; ***der Winter bricht herein*** winter is setting in **herein|bringen** *vt irreg* ❶ (*nach drinnen bringen*) ■ **jdn/etw ~** *akk* to bring in sb/sth *sep* ❷ (*fam: wettmachen*) **etw wieder ~** to recoup sth; **Verluste ~** to recoup [*or* make up] losses **herein|dürfen** *vi irreg* (*fam*) to be allowed [to come] in; ***darf ich herein?*** can [*or* may] I come in? **herein|fahren** *irreg* **I.** *vi sein* to drive in **II.** *vt haben* ■ **etw** [**in etw** *akk*] **~** to drive sth in[to sth]; ***er fuhr das Auto in die Garage herein*** he drove the car into the garage **herein|fallen** *vi irreg sein* ❶ (*nach innen fallen*) ■ [**in etw** *akk*] **~** to fall in[to sth] ❷ (*fam: betrogen werden*) ■ [**auf jdn/etw**] **~** to be taken in [by sb/sth]; ■ **mit jdm/etw ~** to be taken for a ride by sb/with sth **herein|führen** *vt* ■ **jdn** [**in etw** *akk*] **~** to lead [*or* bring] sb in[to sth] **herein|holen** *vt* ■ **jdn/etw ~** to bring in sb/sth *sep* **herein|kommen** *vi irreg sein* ■ [**in etw** *akk*] **~** to come in[to sth]; ***wie bist du hier hereingekommen?*** how did you get in here? **herein|kriegen** *vt* (*fam*) *s.* **hereinbekommen** **herein|lassen** *vt irreg* ■ **jdn ~** to let sb in **hereinlaufen** *vi* to run in **herein|legen** *vt* ❶ (*fam: betrügen*) ■ **jdn** [**mit etw**] **~** to cheat [*or* swindle] sb [with sth], to take sb for a ride [with sth] ❷ (*nach drinnen legen*) ■ [**jdm**] **etw ~** to put sth in sth [for sb] **herein|nehmen** *vt irreg* ❶ (*mit hereinbringen*) ■ **etw** [**mit**] **~** to bring sth in; ***nimm den Hund nicht mit ins Haus herein*** don't bring the dog into the house ❷ (*zusätzlich aufnehmen*) ■ **etw** [**in etw** *akk*] [**mit**] **~** to include sth [in sth] **herein|platzen** *vi sein* (*fam*) ■ [**bei jdm**] **~** to burst in [on sb]; ■ **bei etw ~** to burst into sth **hereinpoltern** *vi* to come crashing [*or* clattering] in **herein|regnen** *vi impers sep* ■ **es regnet herein** the rain's coming [*or* getting] in **herein|reiten** *irreg* **I.** *vt haben* (*fam*) ■ **jdn/sich** [**in etw** *akk*] **~** to land sb/oneself in it [*or fam* in the soup] **II.** *vi sein* ■ [**in etw**] **~** to ride in [to sth] **herein|rufen** *vt irreg* ❶ (*nach drinnen holen*) ■ **jdn** [**zu sich**] **~** to call sb in; ***ich rufe mal die Kinder zum Essen herein*** I'll call the children in to [*or* for] dinner ❷ (*zu jdm nach drinnen rufen*) ■ [**jdm**] **etw ~** to call sth in[to sb] **herein|schauen** *vi* ❶ DIAL (*hereinsehen*) to look in ❷ (*fam: besuchen*) ■ [**bei jdm**] **~** to look in [on sb] [*or* drop in], to drop by [sb's place] **herein|schneien** **I.** *vi impers haben* ■ **es schneit herein** the snow's coming in **II.** *vi sein* (*fam*) ❶ (*unverhofft zu Besuch kommen*) to turn up out of the blue [*or* suddenly] [*or* unexpectedly] ❷ (*unverhofft angeliefert werden*) ■ **jdm ~** to be received by sb out of the blue **herein|sehen** *vi irreg* ❶ (*nach drinnen sehen*) ■ [**in etw** *akk*] **~** to look [*or* see] in[to sth] ❷ *s.* **hereinschauen 2** **herein|spazieren*** *vi sein* (*fam*) ■ [**in etw** *akk*] **~** to walk [*or* breeze] in[to sth]; ■ **hereinspaziert!** come right in! **herein|stecken** *vt* ■ **etw** [**in etw** *akk*] **~** to put sth [into sth]; ***schau mal, wer da den Kopf zu uns hereinsteckt!*** look who's popped his/her head through [*or* round] the door! **herein|strömen** *vi sein* ■ [**in etw** *akk*] **~** ❶ (*geströmt kommen*) to pour [*or* flood] in[to sth] ❷ (*in etw gedrängt kommen*) to pour in[to sth/through sth] **hereinstürmen** *vi* to rush [*or* dash] in, to come rushing [*or* dashing] in; ***wütend kam er ins Zimmer hereingestürmt*** he stormed into the room angrily **herein|stürzen** *vi sein* ■ [**in etw** *akk*] **~** to rush [*or* burst] in[to sth] **herein|wagen** *vr* ■ **sich** [**in etw** *akk*] **~** to venture in[to sth], to dare to come in[to sth]; ***hast du dich schon zu ihm hereingewagt?*** have you ventured into his office yet? **herein|wollen** *vi* (*fam*) ■ [**in etw** *akk*/**zu jdm**] **~** to want to come in[to sth/ to sb]

her|fahren *irreg* **I.** *vi sein* ❶ (*gefahren kommen*) to drive [*or* come] here; ***wir sind gestern erst hergefahren*** we only just drove here yesterday ❷ (*fahrend verfolgen*) ■ **hinter jdm/etw ~** to follow sb/sth [by car], to drive behind sb/sth ❸ (*entlangfahren*) ■ **vor jdm/etw ~** to drive [along] in front of sb/sth **II.** *vt haben* ■ **jdn/etw ~** to drive [*or* bring] sb/sth here

Herfahrt *f* journey [*or* trip] here; ***die ~ war ganz schön anstrengend*** it was [*or* I had] a tough journey getting here; **auf** [*o* **während**] **der ~** on the way [*or* journey] here

her|fallen *vi irreg sein* ❶ (*überfallen*) ■ **über jdn ~** to attack sb ❷ (*bestürmen*) ■ [**mit etw**] **über jdn ~** to besiege [*or* pounce upon] sb [with sth] ❸ (*sich hermachen*) ■ **über jdn/etw ~** to attack sb/sth ❹ (*sich stürzen*) ■ **über etw** *akk* **~** to fall upon sth

her|finden *vi irreg* to find one's way here; ***hast du gut hergefunden?*** did you find your way here alright?

Hergang <-[e]s> *m kein pl* course of events; ***schildern Sie mir genau den ~ dieses Unfalls*** tell me exactly what happened in this accident

her|geben *irreg* **I.** *vt* ❶ (*weggeben*) ■ **etw ~** to give away sth *sep*, to part with [*or* relinquish] sth ❷ (*überreichen, aushändigen*) ■ [**jdm**] **etw ~** to hand over sth [to sb] *sep* ❸ (*fam: erbringen*) ■ **etw ~** to say sth *fam*; ***der Artikel gibt eine Fülle an Information her*** the article contains a lot of information ❹ (*lei-*

hen) ■ **etw für etw** ~ to lend sth to sth; **seinen guten Ruf** [*o* **Namen**] **für etw** ~ to stake one's reputation [*or* name] on sth **II.** *vr* ■ **sich zu** [*o* **für**] **etw** ~ to have sth to do with sth

hergebracht *adj s.* **althergebracht**

her|gehen *irreg* **I.** *vi sein* ❶ (*entlanggehen*) ■ [**hinter/neben/vor jdm**] ~ to walk [along] [behind/beside/in front of sb] ❷ (*sich erdreisten*) ■ ~ **und ...** to just go and ...; ***du kannst doch nicht einfach ~ und meine Anweisungen ignorieren!*** you can't just go and ignore my instructions! ❸ SÜDD, ÖSTERR (*herkommen*) to come [here] **II.** *vi impers sein* (*fam*) ❶ (*zugehen*) ***bei der Diskussion ging es heiß her*** it was a heated discussion [*or* sparks flew during the discussion]; ***bei ihren Feten geht es immer toll/lustig her*** her parties are always great fun ❷ (*kritisiert werden*) **es geht scharf über jdn/etw her** sb/sth is being pulled [*or* picked] to pieces *fam*

her|gehören* *vi s.* **hierhergehören**

hergelaufen *adj attr* (*pej*) *s.* **dahergelaufen**

her|haben *vt irreg* (*fam*) ■ **etw irgendwo** ~ to get sth [from] somewhere; ***wo haben Sie das her?*** where did you get that [from]?

her|halten *irreg* **I.** *vt* ■ [**jdm**] **etw** ~ to hold sth out [to sb] **II.** *vi* ■ **als etw** ~ **müssen** to be used [*or* serve] as sth; **als Prellbock** ~ **müssen** to act [*or* be used] as a buffer

her|holen *vt* (*fam*) ■ **jdn/etw** ~ to fetch [*or fam* get hold of] sb/sth; ***wo soll ich denn jetzt um Mitternacht noch Champagner und Kaviar ~?*** where am I supposed to get hold of champagne and caviar at midnight?; *s. a.* **weit**

her|hören *vi* (*fam*) to listen, to pay attention; **alle** [*o* **alles**] **mal ~!** listen everybody!

Hering <-s, -e> *m* ❶ ZOOL, KOCHK (*Fisch*) herring; **mager** [*o* **dünn**] **wie ein** ~ (*fam*) as thin as a rake ❷ (*Zeltpflock*) [tent] peg

Heringshai *m* ZOOL, KOCHK porbeagle, beaumaris shark *esp* BRIT **Heringskönig** *m* KOCHK, ZOOL John Dory **Heringsmöwe** *f* ORN lesser black-headed gull **Heringssalat** *m* herring salad **Heringstopf** *m a dish of pickled herring, cucumber, onion and apple, covered in a fresh cream sauce and traditionally served in a small earthenware pot*

herinnen *adv* SÜDD, ÖSTERR (*drinnen, innen*) in here

her|jagen **I.** *vt haben* ■ **jdn/ein Tier** ~ to drive [*or* chase] sb/an animal [here]; ■ **jdn vor sich** *dat* ~ to drive sb along in front of one **II.** *vi sein* ■ **hinter jdm/einem Tier** ~ to chase after sb/an animal

her|kommen *vi irreg sein* ❶ (*herbeikommen*) to come here; ***kannst du mal ~?*** can you come here a minute?; ***von wo kommst du denn so spät noch her?*** where have you come from at [*or* been until] this late hour? ❷ (*herstammen*) ■ **von irgendwo** ~ to come from somewhere ❸ (*hergenommen werden können*) ■ **irgendwo** ~ to come from somewhere; ***ich weiß beim besten Willen nicht, wo das Ersatzteil so schnell ~ soll*** I honestly don't know where I'm going to get my hands on the spare part so quickly

herkömmlich *adj* traditional, conventional

Herkules <-, -se> *m* Hercules; **ein wahrer** ~ a regular Hercules

Herkulesarbeit *f* herculean task **Herkuleskäfer** *m* ZOOL Hercules beetle

Herkunft <-, *selten* -künfte> *f* ❶ (*Abstammung*) origins *pl*, descent, background; ***ihrer ~ nach ist sie Baskin*** she is of Basque descent [*or* extraction]; **von ... ~ sein** *gen* [to be] of ... origin [*or* stock]; ***er ist von bäuerlicher ~*** he comes from a family of farmers ❷ (*Ursprung*) origin; **von ... ~ sein** (*Ursprung*) to have a[n] ... origin; ***dieses Wort ist von unklarer ~*** this word has an unclear origin

Herkunftsland *nt* ÖKON country of origin

her|laufen *vi irreg sein* ❶ (*entlanglaufen*) ■ **irgendwo** ~ to run along somewhere ❷ (*gelaufen kommen*) ■ **zu jdm** ~ to run over here to sb ❸ (*im Laufe begleiten*) ■ **hinter/neben/vor jdm** ~ to run [along] behind/beside/in front of sb

her|leiten **I.** *vt* ■ **etw aus etw** ~ ❶ (*ableiten*) to derive sth from sth ❷ (*folgern*) to deduce [*or* infer] [*or* conclude] sth from sth **II.** *vr* ■ **sich von etw** ~ to derive [*or* be derived] from sth

her|machen **I.** *vr* (*fam*) ❶ (*energisch beschäftigen*) ■ **sich über etw** *akk* ~ to get stuck into sth *fam;* ***ich will mich doch gleich über den neuen Computer ~!*** I want to get my hands on the new computer right away! ❷ (*Besitz ergreifen*) ■ **sich über etw** *akk* ~ to fall upon sth *fam;* ***er machte sich über die Kekse her, als hätte er seit Tagen nicht gegessen*** he fell upon the cookies as if he hadn't eaten in days ❸ (*herfallen*) ■ **sich über jdn** ~ to attack [*or* fall [up|on] sb **II.** *vt* (*fam*) to be impressive; ***das macht doch nichts/nicht viel her!*** that's not very impressive!, that's not impressive at all!; ***in dem neuen Kleid machst du wirklich viel her*** you look great [*or* really good] in the new dress; **viel von sich** ~ to be full of oneself *pej;* **wenig** [*o* **nichts**] **von sich** ~ to be modest

Hermaphrodit <-en, -en> *m* MED, BIOL hermaphrodite

Hermaphroditismus, **Hermaphrodismus** <-> *m kein pl* BIOL (*Zwittrigkeit*) hermaphroditism

Hermelin[1] <-s, -e> *nt* ZOOL stoat, ermine

Hermelin[2] <-s, -e> *m* MODE ermine

Hermeneutik <-> *f kein pl* hermeneutics + *sing vb*

hermeneutisch *adj* hermeneutic[al]

hermetisch **I.** *adj* (*geh*) hermetic **II.** *adv* hermetically, air-tight; ~ **verschlossen** hermetically sealed; ~ **abgeriegelt** [*o* **abgeschlossen**] [*o* **geschlossen**] completely sealed [*or* shut] [*or* closed off]

her|müssen *vi irreg* (*fam*) to be needed urgently

hernach *adv* DIAL (*danach*) afterwards, after that

her|nehmen *vt irreg* ❶ (*beschaffen*) ■ **etw irgendwo** ~ to get [*or* find] sth somewhere; ***ich weiß nicht, wo ich so viel Geld ~ soll*** I don't know where I'm going to find [*or* get my hands on] that much money ❷ (*aufbringen*) ■ **etw irgendwo** ~ to find sth somewhere ❸ DIAL (*fam: stark fordern, belasten*) ■ **jdn** ~ to overwork sb ❹ DIAL (*fam: mitnehmen*) ■ **jdn** ~ to take it out of sb ❺ DIAL (*sich vornehmen*) ■ [**sich** *dat*] **jdn** ~ to give sb a good talking-to *fam*
▶ WENDUNGEN: **woher nehmen und nicht stehlen?** where on earth am I going to get hold of it?

hernieder *adv* (*liter*) down

Heroin <-s> *nt kein pl* heroin

Heroine <-, -n> *f* THEAT heroine

heroisch **I.** *adj* (*geh*) heroic **II.** *adv* (*geh*) heroically

Herold <-[e]s, -e> *m* ❶ HIST (*Bote eines Fürsten*) herald ❷ (*Vorbote*) ■ **der** ~ **einer S.** *gen* the harbinger of sth

Heros <-, Heroen> *m* ❶ (*geh: Held*) hero ❷ (*Halbgott*) demigod

Herpes <-> *m kein pl* herpes

Herpesvirus [vi:] *nt* herpes virus

her|plappern *vt* (*fam*) ■ **etw** ~ to say sth without thinking, to reel [*or* rattle] off sth *sep*

Herr(in) <-n, -en> *m(f)* ❶ *nur m* (*männliche Anrede: vor Eigennamen*) Mr.; ***die Herren Schmidt und Müller*** Messrs. Schmidt und Müller; **der ~ Botschafter/Professor** the Ambassador/Professor; ~ **Doktor/Kollege ...** Dr./Mr. ...; ***tut mir Leid, der ~ Doktor ist heute nachmittag nicht in der Praxis*** I'm sorry, but the doctor is not in his office this afternoon; ~ **Präsident/Vorsitzender** Mr. President/Chairman; **sehr geehrter ~ ...** Dear Mr. ...; **sehr geehrte ~en!** Dear Sirs; **gnädiger ~** (*veraltend*) Sir; **der ~ wünscht?** what can I do for you, sir?; **der ~** sir; ***hat der ~ schon gewählt?*** is sir ready to order? ❷ (*iron: sarkastisch*) sir *iron;* ***wenn sich der ~ für so etwas zu fein ist*** if this is beneath you, sir; **mein ~** (*geh*) sir *form;* ***bitte, mein ~, nach Ihnen*** after you, sir; **meine ~en** gentlemen; [**aber**] **meine ~en!** gentlemen, please!; **„~en"** "gentlemen", "men", "gents" BRIT ❸ *nur m* (*in Anrede ohne Namen*) **jds ~ Onkel/Vater/Sohn etc** sb's uncle/father/son etc; ***ach, das ist Ihr ~ Onkel auf dem Foto?*** oh, that's your uncle in the picture? ❹ *nur m* (*Tanzpartner, Begleiter*) [gentleman] companion, partner ❺ *nur m* (*geh: Mann*) gentleman; ***wir führen alles für den modebewussten ~n*** we stock everything for the well-dressed man; **ein geistlicher ~** (*geh*) a clergyman ❻ (*Herrscher*) ruler, sovereign; ■ **~** [**in**] **über jdn/etw sein** to be ruler of sb/sth; (*Gebieter*) master, mistress *fem;* **~ über** [**jds**] **Leben und Tod sein** to have the power of life and death [over sb]; **der ~ des Hauses** the master of the house; **~ im eigenen Hause sein** to be master in one's own house; **der gnädige ~** (*veraltet*) the master [of the house]; **der junge ~** (*geh*) the young master; **~ der Lage sein** to be master of the situation, to have the situation under control; **nicht mehr ~ seiner Sinne sein** to no longer be in control of oneself; **sein eigener ~ sein** to be one's own master [*or* boss]; **nicht ~ über jdn werden** to not be able to control [*or* master] sb ❼ (*Besitzer*) master; ***sind Sie der ~ dieses Hundes?*** do you own this dog?, are you the owner of this dog?, does this dog belong to you?, is this your dog? ❽ REL (*Gott*) Lord; ■ **der ~** the Lord God; **der ~ der Heerscharen** the Lord of hosts ▶ WENDUNGEN: **mein ~ und Gebieter** [*o* **Meister**] (*hum*) my lord and master *hum;* **wie der ~, so's Gescherr!** (*prov*) like master, like man! *prov;* **~ des Himmels!** (*emph*) good Lord!; **aus aller ~en Länder**[**n**] from all over the world, from the four corners of the earth; **die ~en der Schöpfung** (*hum*) their lordships *hum;* **jds alter ~** (*hum fam*) sb's old man *sl;* **den großen ~n spielen** [*o* **markieren**] (*fam*) to act like the lord of the manor; **man kann nicht** [*o* **niemand kann**] **zwei ~en dienen** (*prov*) no man can serve two masters *prov;* [**mein**] **~!** sir!

Herrchen <-s, -> *nt* (*fam*) [young] master

Herrenausstatter <-s, -> *m* [gentle]men's outfitters **Herrenbegleitung** *f* (*geh*) **in ~** in the company of [*or* accompanied by] a gentleman, with a male companion **Herrenbekanntschaft** *f* gentleman acquaintance; **eine ~ machen** to make the acquaintance of a gentleman **Herrenbekleidung** *f* menswear **Herrenbesuch** *m* ❶ (*Besucher*) gentleman visitor [*or* caller] ❷ (*Besuch durch einen Herrn*) visit from a gentleman **Herrendoppel** *nt* TENNIS *etc.* men's doubles *pl* **Herreneinzel** *nt* TENNIS men's singles *pl* **Herren**(**fahr**)**rad** *nt* men's bicycle [*or* bike] **Herrenfriseur, -friseuse** *m, f* barber, men's hairdresser **Herrengesellschaft** *f* ❶ (*gesellige Runde von Herren*) all-male [*or* [gentle]men only] party [*or* gathering] ❷ (*Herrenbegleitung*) **in ~** in the company of [*or* accompanied by] a gentleman, with a male companion **Herrenhaus** *nt* manor house **Herrenhemd** *nt* men's shirt **Herrenhose** *f* men's trousers [*or* AM pants] *npl* **Herrenhut** *m* men's hat **herrenlos** *adj* abandoned; *Hund, Katze* stray **Herrenmode** *f* men's fashion **Herrensitz** *m* manor house **Herrentoilette** *f* men's toilet[s] [*or* AM restroom], gents BRIT

Herrgott *m* (*fam*) SÜDD, ÖSTERR (*Gott*) ■ **der/unser ~** God, the Lord [God] ▶ WENDUNGEN: **~ Sakrament!** SÜDD (*fam*), **~ noch mal!** (*fam*), **~!** (*fam*) for God's [*or* Heaven's] sake!

Herrgottsfrüh(**e**) *f* **in aller ~** (*fam*) at the crack of dawn, at an unearthly hour of the morning **Herrgottsschnitzer**(**in**) *m(f)* SÜDD, ÖSTERR (*Holzbildhauer für Kruzifixe*) carver of crucifixes **Herrgottswinkel** *m* SÜDD, ÖSTERR *corner of a room* [*decorated*] *with a crucifix and other devotional objects*

her|richten I. *vt* ❶ (*vorbereiten*) to arrange, to prepare; ■ [**jdm/für jdn**] **etw ~** to get sth ready [for sb]; **den Tisch ~** to set the table ❷ (*in Stand setzen, ausbessern*) ■ **etw ~** to repair [*or* fix] sth II. *vr* DIAL (*sich zurechtmachen*) ■ **sich ~** to get [oneself] ready

Herrin <-, -nen> *f fem form von* **Herr** mistress, lady

herrisch I. *adj* domineering, overbearing; *Ton* imperious, commanding, peremptory II. *adv* imperiously, peremptorily

herrje(**h**), **herrjemine** *interj* goodness gracious!, cripes!

herrlich I. *adj* ❶ (*prächtig*) marvellous, AM marvelous; **eine ~e Aussicht** a beautiful [*or* magnificent] [*or* superb] view; **~er Sonnenschein** glorious sunshine; **~er Urlaub** delightful [*or* wonderful] holiday; (*wunderschön*) magnificent; ***ist das Wetter wieder ~ heute!*** what gorgeous [*or* excellent] weather we're having again today! ❷ (*köstlich*) delicious, exquisite ❸ (*iron*) wonderful *iron;* **das ist ja ~** (*iron*) oh great! *iron* II. *adv* ❶ (*prächtig*) **sich ~ amüsieren** to have a marvellous [*or* AM marvelous] [*or* excellent] time, to have great fun ❷ (*köstlich*) **~ munden** [*o* **schmecken**] to taste delicious

Herrlichkeit <-, -en> *f* ❶ *kein pl* (*Schönheit, Pracht*) magnificence, splendour [*or* AM -or], grandeur; **die ~ der Landschaft** the beauty [*or* magnificence] of the landscape; **die ~ Gottes** REL the glory of God; **ist das die ganze ~?** (*iron*) is that [all there is to] it?; **die ~ wird nicht lange dauern** [*o* **anhalten**] (*fam*) it's too good to last ❷ *meist pl* (*prächtiger Gegenstand*) treasure ❸ (*Köstlichkeit*) delicacy

Herrschaft <-, -en> *f* ❶ *kein pl* (*Macht, Kontrolle*) power, rule, reign; **eine totalitäre ~** totalitarian rule; **sich der ~ bemächtigen** [*o* **die ~ usurpieren**] to seize power; **an die ~ gelangen** [*o* **kommen**] to come to power; **die ~ über etw/sich verlieren** *akk* to lose control of sth/oneself; **unter der ~ der/des ...** under the rule of the ... ❷ *pl* (*Damen und Herren*) ■ **die ~en** ladies and gentlemen; ***guten Abend, meine ~en!*** good evening, ladies and gentlemen!; ***darf ich den ~en sonst noch etwas bringen?*** can I bring sir and madam anything else? ▶ WENDUNGEN: **jds alte ~en** (*hum fam*) sb's old man and old woman *sl,* sb's folks *esp* AM

Herrschaften *pl* ❶ (*Damen und Herren* [*in Gesellschaft*]) ladies and gentlemen *pl;* **alte ~** (*hum fam*) old man and old woman [*or* lady] *fam,* parents *pl* ❷ (*veraltend: Dienstherr von Hausangehörigen und seine Angestellten*) master *no indef art;* (*hum*) lordship, ladyship; ***und wann gedenken die ~ wieder nach Hause zu kommen?*** and when do they [*or* his lord- and ladyship] expect to come home again?

herrschaftlich *adj* grand, elegant

Herrschaftsanspruch *m* claim to power; **der ~ des Thronfolgers** the heir to the throne's claim to the throne **Herrschaftsbereich** *m* territory, jurisdiction

herrschen I. *vi* ❶ (*regieren*) ■ [**über jdn/etw**] **~** to rule [*or* govern] [[over] sb/sth]; ***diese Partei herrscht seit 1918*** this party has been in power since 1918 ❷ (*walten, in Kraft sein*) to hold sway ❸ (*vorhanden sein*) to prevail, to be prevalent; *Ruhe, Stille* to reign; *Hunger, Krankheit, Not* to be rampant [*or* rife], to be raging; ***hoffentlich herrscht hier bald wieder***

Ruhe! we can have a bit of quiet here!; ***seit Tagen herrscht in Mitteleuropa eine drückende Hitze*** there has been an oppressive heatwave in central Europe for [some] days [now]; ***was herrscht hier wieder für eine schreckliche Unordnung!*** what a terrible mess this place is in again! **II.** *vi impers* ■ **es herrscht ...** there is ...; *Bedenken, Zweifel* to prevail; ***es herrscht Stille*** silence reigns; **es herrscht Unklarheit/Uneinigkeit, wann/warum/wer/wie/ob ...** there is [some] doubt/unanimity as to when/why/who/whether

herrschend *adj* ❶ (*regierend*) ruling, dominant ❷ (*Machthaber*) ■ **die H~en** the rulers, those in power ❸ (*in Kraft befindlich*) prevailing ❹ (*obwaltend*) prevailing, prevalent

Herrscher(in) <-s, -> *m(f)* ruler, sovereign, monarch; ■ ~ **über jdn/etw** ruler of sb/sth

Herrschergeschlecht *nt,* **Hrrscherhaus** *nt* [ruling] dynasty

Herrscherin <-, -nen> *f fem form von* **Herrscher**

Herrschsucht *f* thirst [*or* lust] for power; PSYCH domineering nature

herrschsüchtig *adj* domineering

her|rufen *vt irreg* ❶ (*zu jdm rufen*) ■ **jdn/ein Tier [zu sich]** ~ to call [over *sep*] sb/an animal ❷ (*nachrufen*) ■ **etw hinter jdm** ~ to call sth after sb

her|rühren *vi* (*geh*) ■ **von etw** ~ to come from sth; **von einem Albtraum/einer Feindschaft/einem Gegensatz** ~ to stem from a nightmare/animosity/paradox

her|sagen *vt* ■ **etw** ~ to recite sth

her|schauen *vi* DIAL (*hersehen*) ■ **[zu jdm]** ~ to look over [at sb]; ***der Mann schaut schon die ganze Zeit zu uns her!*** that man has been looking over at us the whole time! ▶ WENDUNGEN: **da schau her!** ÖSTERR (*fam: sieh mal an!*) well, I never!

her|schicken *vt* ❶ (*zu jdm schicken*) ■ **jdn/etw [zu jdm]** ~ to send sb/sth [here [*or* over]] [to sb] ❷ (*nachschicken*) ■ **jdn/etw hinter jdm/etw** ~ to send sb/sth after sb/sth

her|sehen *vi irreg* ❶ (*in jds Richtung sehen*) ■ **[zu jdm]** ~ to look this way [*or* over here] [at sb]; ***sieh doch mal gerade her, ich will dir was zeigen!*** look this way [*or* over here], I want to show you something! ❷ (*nachsehen*) ■ **hinter jdm/etw** ~ to follow sb/sth with one's eyes

her|stammen *vi* ❶ (*herkommen*) ■ **irgendwo** ~ to come [*or* be] from somewhere ❷ (*herrühren*) ■ **von etw** ~ to come from sth ❸ (*herkommen*) ■ **von jdm/etw** ~ to come from sb/sth; ***diese Aussage stammt von der Geschäftsleitung*** that statement came from management

her|stellen *vt* ❶ (*erzeugen*) ■ **etw** ~ to produce [*or* manufacture] sth; ***die Schnitzereien sind alle von Hand hergestellt*** the carvings are all made [*or* produced] by hand ❷ (*zustande bringen*) ■ **etw** ~ to establish [*or* make] sth ❸ (*gesundheitlich*) ■ **jdn wieder** ~ to restore sb back to health; ***ich fühle mich noch etwas schlapp, sonst bin ich wieder einigermaßen hergestellt*** I still feel a little run-down, but other than that I feel much better ❹ (*irgendwohin stellen*) ■ **etw [zu jdm/etw]** ~ to put sth here [next to sb/sth]

Hersteller(in) <-s, -> *m(f)* ❶ (*Produzent*) manufacturer, producer ❷ (*Mitarbeiter der Herstellung*) production department employee [*or* worker]

Herstellerfirma *f* manufacturer, manufacturing firm

Herstellerin <-, -nen> *f fem form von* **Hersteller**

Herstellung *f kein pl* ❶ ÖKON (*das Herstellen*) production, manufacturing, making; (*Produktion*) production, manufacture; ***am Design merkt man gleich, dass die Schuhe aus italienischer ~ sind*** you can immediately tell from the design that the[se] shoes are [*or* were] made in Italy ❷ (*Aufbau*) establishing, establishment; **die ~ von Kontakten** establishing [*or* making] contacts; ***seine Reise nach China diente vornehmlich der ~ von Kontakten*** the main purpose of his trip to China was to establish new contacts ❸ (*Produktionsabteilung*) production department

Herstellungskosten *pl* production [*or* manufacturing] costs *pl,* cost of production **Herstellungsland** *nt s.* **Herkunftsland**

her|tragen *vt irreg* ❶ (*herbeitragen*) ■ **jdn/etw [zu jdm]** ~ to carry sth [over] here [to sb] ❷ (*entlangtragen*) ■ **etw hinter/neben/vor jdm** ~ to carry sth [along] behind/beside/in front of sb

her|trauen *vr* ■ **sich [zu jdm]** ~ to dare to come [here] [to sb]; ***er traut sich nicht mehr her*** he doesn't dare come here any more

Hertz <-, -> *nt* hertz

herüben *adv* SÜDD, ÖSTERR (*auf dieser Seite*) over here

herüber *adv* over here; ***die Flussfähre fährt ans andere Ufer hinüber und dann wieder zu uns ~*** the river boat travels over to the other bank and then back over [*or* across] [here] to us

herüber|bitten *vt irreg* ■ **jdn [zu jdm/sich]** ~ to ask sb [to come] over [to sb] **herüber|bringen** *vt irreg* ■ **jdn/etw [zu jdm]** ~ to bring sb/sth over [to sb] **herüber|dürfen** *vi irreg* ■ **[zu jdm]** ~ to be allowed [to come] over [*or* across] [to sb]; ***darf ich zu Ihnen herüber?*** may I come over to you [*or* where you are]? **herüber|fahren** *irreg* **I.** *vi sein* ■ **[zu jdm]** ~ to drive [*or* come] over [*or* across] [to sb] **II.** *vt haben* ■ **jdn/etw** ~ to drive sb/sth over **herüber|geben** *vt irreg* ■ **etw [zu jdm]** ~ to pass [*or* hand] over sth *sep* [to sb] [*or* sth over [here]] **herüber|holen** *vt* ■ **jdn/etw [zu sich]** ~ to bring sb/sth over [to sb], to fetch sb/sth **herüber|kommen** *vi irreg sein* ■ **[zu jdm]** ~ ❶ (*hierher kommen*) to come over [here] [to sb] ❷ (*hierher gelangen*) to get over [*or* across] [to sb] **herüber|lassen** *vt irreg* ■ **jdn/etw** ~ to allow sb/sth [to come] over [*or* across] **herüber|laufen** *vi irreg sein* ■ **[zu jdm]** ~ to run over [here] [to sb] **herüber|reichen** **I.** *vt* (*geh*) *s.* **herübergeben** **II.** *vi* ■ **[irgendwohin]** ~ to extend [*or* reach] over [somewhere] **herüber|retten** *vt s.* **hinüberretten** **herüber|schicken** *vt* ■ **jdn/etw [zu jdm]** ~ to send sb/sth over [here] [to sb] **herüber|schwimmen** *vi irreg sein* ■ **[über etw akk] [zu jdm]** ~ to swim across [sth] [to sb] **herüber|sehen** *vi irreg* ■ **[zu jdm]** ~ to look over [*or* across] [here] [at sb] **herüber|werfen** *vt irreg* ■ **etw [zu jdm]** ~ to throw sth over [*or* across] [here] [to sb] **herüber|wollen** *vi* ■ **[zu jdm]** ~ to want to come over [*or* across] [to sb] **herüber|ziehen** *vt irreg* ■ **jdn/etw [zu sich]** ~ *akk* to pull sb/sth over [here] [to oneself]

herum *adv* ❶ (*um etw im Kreis*) ■ **um etw** ~ [a]round sth ❷ (*überall in jds Nähe*) ■ **um jdn** ~ [all] around sb; ■ **um jdn ~ sein** to be [a]round sb ❸ (*gegen*) ■ **um ... ~** around [*or* about] ...; ***es mögen um 45.000 Zuschauer ~ im Stadion gewesen sein*** there must have been around [*or* about] 45,000 spectators in the stadium; (*um zirka*) [at] about [*or* around]; ***„wieviel Uhr mag es jetzt sein?" — „ich schätze, um 17 Uhr 30 ~"*** "what time is it?" — "I'ld guess that it's about [*or* around] half past five" ❹ (*vorüber sein*) ■ **~ sein** to be over ❺ (*verbreitet worden sein*) ■ **herum** ~ to have got [a]round [*or* about]

herum|albern *vi* (*fam*) to fool [*or* clown] around [*or* about]; ■ **jds H~** sb's fooling around [*or* about] **herum|ärgern** *vr* (*fam*) ■ **sich mit jdm/etw** ~ to keep getting worked up about [*or* annoyed with] sb/sth, to have constant trouble with sb/sth *fam* **he-**

rụm|bekommen* *vt irreg* ■ **jdn [zu etw]** ~ to talk sb round [*or esp* AM around] [to sth] **herụm|blättern** *vi* ■ **in etw** *dat* ~ to leaf through sth **herụm|brüllen** *vi* (*fam*) to shout [*or* scream] one's head off *fam* **herụm|bummeln** *vi* (*fam*) ① *haben* (*trödeln*) to dawdle ② *sein* (*herumspazieren*) ■ **[irgendwo]** ~ to stroll [*or* wander] [a]round [somewhere] **herụm|doktern** *vi* (*fam*) ① (*zu kurieren versuchen*) ■ **an jdm/etw** ~ to try treating [*or* curing] sb/sth ② (*zu reparieren versuchen*) ■ **an etw** *dat* ~ to tinker [*or* fiddle] about with sth **herụm|drehen** I. *vt* ① (*um die Achse drehen*) ■ **etw** ~ to turn sth ② (*wenden*) ■ **jdn/etw** ~ to turn sb/sth over II. *vr* ■ **sich [zu jdm]** ~ to turn [a]round [to sb] **herụm|drücken** I. *vr* (*fam*) ① (*ohne Ziel aufhalten*) ■ **sich irgendwo** ~ to hang [a]round [*or* about] [*or* out] somewhere *fam* ② (*drücken*) ■ **sich um etw** ~ to dodge sth *fig;* ***wir können uns nicht länger um eine Entscheidung ~!*** we can't dodge making a decision any longer! II. *vi* ■ **an etw** *dat* ~ to [try and] squeeze sth **herụm|drucksen** *vi* (*fam*) to hum and haw BRIT, to hem and haw AM **herụm|erzählen*** *vt* (*fam*) ■ **etw** ~ to spread sth [a]round **herụm|fahren** *irreg* I. *vi* ① *sein* (*umherfahren*) ■ **irgendwo** ~ to drive [a]round somewhere; ***ich bin ein bisschen in der Stadt herumgefahren*** I drove [*or* went] [a]round [the] town for a while ② *sein* (*im Kreis darum fahren*) ■ **um jdn/etw** ~ to drive [a]round sb/sth ③ *sein* (*sich rasch umdrehen*) to spin [*or* turn] [a]round quickly ④ *haben o sein* (*ziellos streichen, wischen*) ■ **[mit etw] auf/in etw** *dat* ~ to wipe sth [with sth]; ***er fuhr sich nervös mit den Händen im Haar herum*** he ran his hands nervously through his hair II. *vt haben* ■ **jdn** ~ to drive sb [a]round **herụm|flegeln** *vr* (*fam*) ■ **sich [irgendwo]** ~ to loll [a]round [*or* about] [somewhere] **herụm|fragen** *vi* (*fam*) to ask around, to make inquiries **herụm|fuchteln** *vi* (*fam*) ■ **[mit etw]** ~ to wave sth around [*or* about], to fidget with sth **herụm|führen** I. *vt* ① (*durch die Gegend führen*) ■ **jdn [in etw** *dat*] ~ to show sb [a]round [sth] ② *meist passiv* (*darum herum bauen*) ■ **etw um etw** ~ to build sth [a]round sth II. *vi* ■ **um etw** ~ to go [a]round sth **herụm|fuhrwerken** *vi* (*fam*) ■ **[mit etw]** ~ to fiddle [*or fam* mess] about [*or* around] [with sth] **herụm|fummeln** *vi* (*fam*) ① (*anhaltend hantieren*) ■ **[an etw** *dat*] ~ to fiddle [*or fam* mess] about [*or* around] [with sth] ② (*anfassen*) ■ **an jdm/etw** ~ to fiddle [*or* fumble] about with sb/sth; (*mit sexueller Absicht*) to touch [*or* AM feel] sb up *fam,* to grope sb AM **herụm|geben** *vt irreg* ■ **etw** ~ to pass [*or* hand] sth [a]round, to circulate sth **herụm|gehen** *vi irreg sein* (*fam*) ① (*einen Kreis gehen*) ■ **um jdn/etw** ~ to go [*or* walk] [a]round sb/sth ② (*ziellos umhergehen*) ■ **[in etw** *dat*] ~ to go for a walk [a]round [sth], to wander [*or* walk] around [sth] ③ (*herumgereicht werden*) to be passed [*or* handed] [a]round; ■ **etw ~ lassen** to circulate sth ④ (*weitererzählt werden*) to go [a]round; *s. a.* **Kopf** ⑤ (*vorübergehen*) to pass, to go by **herụm|geistern** *vi sein* (*fam*) ■ **[in etw** *dat*] ~ ① (*ziellos umhergehen*) to wander [a]round [sth] ② *s.* **herumspuken** **herụm|hacken** *vi* (*fam*) ■ **auf jdm** ~ to pick on sb, to get [on] at sb *fam* **herụm|hängen** *vi irreg sein* (*sl*) ① (*ständig zu finden sein*) ■ **irgendwo/in etw** *dat* ~ to hang [a]round [*or* about] [*or* out] in sth/somewhere *fam* ② (*untätig sein*) to lounge [a]round [*or* about], to bum [a]round [*or* about] *fam* **herụm|horchen** *vi* (*fam*) to ask around, to keep one's ears open **herụm|huren** *vi* (*sl*) to sleep around *fam,* to go whoring *dated,* to put it about BRIT *sl;* ***die hurt doch mit jedem herum!*** she sleeps with anybody! **herụm|irren** *vi sein* to wander [a]round [*or* about]

herụm|kommandieren* I. *vt* (*fam*) ■ **jdn** ~ to boss *pej fam* [*or* order] about [*or* around] II. *vi* (*fam*) to give orders **herụm|kommen** *vi irreg sein* (*fam*) ① (*herumfahren können*) ■ **um etw** ~ to get [a]round sth; ***kommen Sie mit Ihrem Gepäckwagen um die Säule herum?*** are you able to get around this pillar with your luggage trolley? ② (*vermeiden können*) ■ **um etw** ~ to get out of sth; ***die Regierung kam um Steuererhöhungen nicht herum*** the government was unable to get [a]round raising taxes; ■ **darum ~, etw zu tun** to get out of doing sth; ***wir kommen um die Tatsache nicht herum, dass er nun mal einfach kompetenter ist*** we can't get [a]round the fact that he is simply more competent ③ (*reisen*) ■ **[irgendwo]** ~ to get around [*or* about] [somewhere], to see a great deal, to do a lot of travel[l]ing; ***in Dänemark bin ich auf meinen Reisen viel herumgekommen*** I saw a lot of Denmark on my travels

herụm|kramen *vi* (*fam*) ■ **in etw** ~ to rummage about [*or* around] in sth **herụm|krebsen** *vi* (*fam*) to struggle [on] **herụm|kriegen** *vt* (*fam*) *s.* **herumbekommen** **herụm|kutschieren*** *vt* (*fam*) ■ **jdn [in etw** *dat*] ~ to drive sb [a]round [in sth] **herụm|laufen** *vi irreg sein* ① (*herumführen*) ■ **um etw** ~ to run [*or* go] [a]round sth ② (*Kreis laufen*) ■ **um etw** ~ to run [a]round sth ③ (*fam: umherlaufen*) to go [a]round [*or* about]; ***um Gottes Willen, wie läufst du denn herum?*** for heaven's sake, what do you look like!; **[noch] frei** ~ to [still] be at large **herụm|liegen** *vi irreg* (*fam*) to lie about [*or* around]; ■ **etw ~ lassen** to leave sth lying about [*or* around] **herụm|lungern** *vi* (*fam*) ■ **irgendwo** ~ to loaf [*or* loiter] [*or* hang] about [*or* around] somewhere *fam* **herụm|machen** I. *vi* (*fam*) ① (*herumtasten*) ■ **an etw** *dat* ~ to fiddle [about [*or* around]] with sth, to monkey with sth ② (*herumnörgeln*) ■ **an etw** ~ to find fault with sth; ■ **an jdm** ~ to nag sb *fam* II. *vt* (*fam*) ■ **etw um etw** ~ to put sth [a]round sth **herụm|nörgeln** *vi* (*pej fam*) ■ **[an jdm]** ~ to nag [[at] sb]; ■ **an etw** ~ to find fault with sth **herụm|quälen** *vr* (*fam*) ① (*sich qualvoll befassen*) ■ **sich mit jdm/etw** ~ to battle against [*or* with] sb/sth, to struggle with sb/sth ② (*qualvoll leiden*) ■ **sich [mit etw]** ~ to be plagued [by sth] **herụm|rätseln** *vi* ■ **[an etw** *dat*] ~ to try to figure out [sth] *fam sep* **herụm|reden** *vi* (*fam*) ① (*ausweichend reden*) ■ **um etw** ~ to talk round [*or* AM around] sth, to dodge the issue, to beat about [*or* AM around] the bush ② (*belangloses Zeug reden*) ■ **[nur]** ~ to waffle on *pej* **herụm|reichen** *vt* ① (*geh*) *s.* **herumgeben** ② (*fam: allen möglichen Leuten vorstellen*) ■ **jdn** ~ to introduce sb to everybody [*or* everyone] **herụm|reisen** *vi sein* to travel about [*or* around] **herụm|reißen** *vt irreg* ■ **etw** ~ to pull sth round [*or esp* AM around] hard **herụm|reiten** *vi irreg sein* ① (*umherreiten*) ■ **[in etw** *dat*] ~ to ride around [*or* about] [[in] sth] ② (*reitend umgehen*) ■ **um etw** ~ to ride [a]round sth ③ (*fam: herumhacken*) ■ **auf jdm** ~ to get at sb *fam;* ■ **auf etw** *dat* ~ (*pej*) to harp on about sth *pej fam,* to keep bringing sth up, to keep going on about sth *fam* **herụm|rennen** *vi irreg sein* ① (*fam: umherrennen*) to run around [*or* about] ② *s.* **herumlaufen 2** **herụm|scharwenzeln*** *vi sein* (*pej fam*) ■ **um jdn** ~ to dance attendance on sb BRIT, to grovel **herụm|schlagen** *irreg* I. *vt* (*geh*) *s.* **herumwickeln** II. *vr* (*fam*) ■ **sich mit jdm/etw** ~ to keep battling against [*or* with] sb/sth, to struggle with sb/sth **herụm|schleppen** *vt* (*fam*) ① (*umherschleppen*) ■ **etw [mit sich]** ~ to lug sth [a]round [*or* about] *fam* ② (*belastet sein*) ■ **etw mit sich** ~ to be worried [*or* troubled] by sth; **eine Krankheit/Infektion/ein Vi-**

H

rus mit sich ~ to go [a]round [*or* about] with an illness/cold/virus **herum|schnüffeln** *vi* ① (*anhaltend schnüffeln*) ■ **[an etw** *dat*] ~ to sniff [a]round [sth] ② (*pej fam: spionierend wühlen*) ■ **[in etw** *dat*] ~ to snoop around [*or* about] [in sth] *pej fam* **herum|schreien** *vi irreg* (*fam*) to scream and shout **herum|sitzen** *vi irreg sein* ① (*fam: untätig dasitzen*) ■ **[nur]** ~ to sit [a]round [*or* about] *fam* ② (*sitzend gruppiert sein*) ■ **um jdn/etw** ~ to sit [a]round sb/sth; ***sie saßen um den Tisch herum*** they sat around the table **herum|sprechen** *vr irreg* ■ **sich [bei jdm/in etw** *dat*] ~ to get [a]round [*or* about] [sth], to reach sb; ■ **es hat sich herumgesprochen, dass/was …** it has got [a]round [*or* about] that/what … **herum|springen** *vi* (*fam*) to jump [*or* leap] around [*or* about] **herum|spuken** *vi* ■ **irgendwo** ~ to go around somewhere; ***mir spukt da wieder so eine Idee im Kopf herum …*** I've got this idea going [*or* floating] around in my head **herum|stehen** *vi irreg sein* ① (*fam: in der Gegend stehen*) to stand [*or* loiter] [a]round [*or* about] ② (*stehend gruppiert sein*) ■ **um jdn/etw** ~ to stand [a]round sb/sth **herum|stöbern** *vi* (*fam*) ① (*wahllos stöbern*) ■ **[in etw** *dat*] ~ to rummage around [*or* about] [in sth] ② *s.* **herumschnüffeln 2** **herum|stochern** *vi* (*fam*) ■ **in etw** *dat* ~ to poke [a]round [*or* about] in sth; ***er stocherte im Essen herum*** he picked at [*or* poked around in] his food **herum|stoßen** *vt irreg* (*fam*) ■ **jdn** ~ to push sb about [*or* [a]round] **herum|streiten** *vr irreg* (*fam*) ■ **sich [mit jdm]** ~ to keep quarrelling [with sb], to wrangle with sb **herum|streunen** *vi sein* (*pej*) to roam around [*or* about] **herum|tanzen** *vi sein* ① (*umhertanzen*) ■ **[in/auf etw** *dat*] ~ to dance [a]round [*or* about] [sth] ② (*im Kreis um jdn/etw tanzen*) ■ **um jdn/etw** ~ to dance [a]round sb/sth; *s. a.* **Nase** **herum|toben** *vi* (*fam*) ① *sein o haben* (*ausgelassen umherlaufen*) ■ **[irgendwo/in/auf etw** *dat*] ~ to romp around [*or* about] [somewhere/sth] ② *haben* (*wüst schimpfen*) to rant and rave **herum|tragen** *vt irreg* ① (*bei sich tragen*) ■ **etw mit sich** ~ to carry [a]round [*or* about] sth *sep* ② (*weitererzählen*) ■ **etw** ~ to spread sth [a]round [*or* about] **herum|trampeln** *vi sein* ① (*fam: umhertrampeln*) ■ **[irgendwo/auf etw** *dat*] ~ to trample around [*or* about] [somewhere/on sth]; *s. a.* **Kopf** ② (*mit Füßen treten*) ■ **auf jdm/etw** ~ to trample on sb/sth; ■ **auf jdm** ~ (*fig*) to walk all over sb *fig;* **auf jds Gefühlen** ~ to trample on sb's feelings **herum|treiben** *vr irreg* ① (*ziellos aufhalten*) ■ **sich irgendwo** ~ to hang [a]round [*or* about] [*or* out] somewhere *fam;* ***wo er sich nur wieder herumtreibt?*** where's he got to now? ② (*müßig die Zeit verbringen*) ■ **sich mit jdm** ~ to hang [a]round [*or* about] [*or* out] with sb *fam*

Herumtreiber(in) <-s, -> *m(f)* (*pej*) ① (*Mensch ohne feste Arbeit, Wohnsitz*) down-and-out, tramp, loafer, vagrant *esp dated* ② (*fam: Streuner*) layabout, good-for-nothing

herum|trödeln *vi* (*fam*) to dawdle around [*or* about] **herum|turnen** *vi sein* (*fam*) ■ **auf/in etw** *dat* ~ to climb around [*or* about] on/in sth **herum|werfen** *irreg* **I.** *vt* ① (*achtlos umherstreuen*) ■ **etw [irgendwo]** ~ to throw sth [a]round [*or* about] [somewhere] ② (*herumreißen*) ■ **etw** ~ to pull sth round [*or esp* AM around] hard; ***schnell den Hebel ~!*** pull down the lever quickly! **II.** *vr* ■ **sich auf/in etw** *dat* ~ to toss and turn on/in sth **herum|wickeln** *vt* ■ **etw [um jdn/etw]** ~ to wrap sth [a]round [sb/sth]; **eine Binde [um jdn]** ~ to wind [*or* wrap] a bandage [a]round [sb]; **Faden/Kordel/Schnur [um etw]** ~ to wind thread/cord/string [a]round [sth] **herum|wieseln** *vi sein* (*fam*) to scurry [a]round [*or* about]; ■ **um jdn** ~ to scurry [a]round sb **herum|wühlen** *vi* ■ **[in etw** *dat*] ~ to rummage [*or* BRIT root] around [*or* about] [in sth]; **in jds Vergangenheit** ~ (*fam*) to dig into sb's past **herum|zeigen** *vt* ■ **etw** ~ to show sth around **herum|ziehen** *irreg* **I.** *vi sein* ① (*von Ort zu Ort ziehen*) ■ **[mit jdm/etw]** ~ to move about [*or* around] [with sb/sth] ② (*um etw ziehen*) ■ **um etw** ~ to go [a]round sth **II.** *vr haben* ■ **sich um etw** ~ to run [a]round sth

herunten *adv* SÜDD, ÖSTERR (*hier unten*) down here

herunter **I.** *adv* ① (*hinab*) down; ***sie liefen den Berg ~ bis zum Fluss*** they ran down the hill to the river; ~ **mit den Waffen/Händen!** drop your weapons/hands!; ~ ***mit dir!*** come [*or* get] down from there at once! ② (*heruntergeklettert sein*) ■ **[von etw]** ~ **sein** to be down [from sth]; ***bist du wohl bald vom Baum herunter!*** get down from that tree, now! ③ (*heruntergelassen sein*) ■ ~ **sein** to be down ④ (*reduziert sein*) ■ ~ **sein** to be down; ***wenn die 16 Kilogramm nur herunter wären*** if only I could lose these 16 kilogrammes **II.** *präp nachgestellt* ■ **etw** *akk* ~ down sth; ***den Berg ~ geht es leichter als hinauf*** it's easier to go down the hill than up it

herunter|bekommen* *vt irreg* ① (*herunterschlucken können*) ■ **etw** ~ to get sth down, to be able to eat sth ② (*abbekommen*) ■ **etw** ~ to get sth off ③ (*heruntertransportieren können*) ■ **etw** ~ to get sth down **herunter|brennen** *vi irreg* ① *haben* (*intensiv herniederscheinen*) ■ **auf jdn/etw** ~ to burn [*or* beat] down on sb/sth ② *sein* (*völlig abbrennen*) to burn down; *Feuer* to burn out **herunter|bringen** *vt irreg* ① (*nach hier unten bringen*) ■ **jdn/etw** ~ to bring down sb/sth *sep* ② (*fam*) *s.* **herunterbekommen 2** to get sth off **herunter|drücken** *vt* ① (*nach unten drücken*) ■ **etw** ~ to press down sth *sep* ② (*auf ein niedrigeres Niveau zwingen*) ■ **etw [auf etw** *akk*] ~ to force down sth *sep* [to sth] **herunter|fahren** *irreg* **I.** *vi sein* ■ **[zu jdm]** ~ to drive [*or* come] down [to sb]; ***wir sind zu meinen Eltern in den Schwarzwald ~*** we drove down to see my parents in the Black Forest; ■ **[irgendwo] heruntergefahren kommen** to drive [*or* come] down [somewhere]; ***in einem höllischen Tempo kam sie die Piste heruntergefahren*** she came skiing down the piste at a hellish speed **II.** *vt haben* ① (*transportieren*) ■ **jdn/etw** ~ to bring [*or* drive] own sb/sth; ***die Seilbahn hat uns heruntergefahren*** we came down on the cable car ② (*drosseln*) ■ **etw** ~ to reduce [*or sep* cut back] sth **herunter|fallen** *vi irreg sein* ■ **[von etw]** ~ to fall off [sth]; ***dass du mir bloß nicht von der Leiter herunterfällst!*** just [be careful that you] don't fall off the ladder!; ***mir ist der Hammer heruntergefallen*** I['ve] dropped the hammer **herunter|geben** *vt irreg* ■ **[jdm] etw** ~ to pass [*or* hand] down sth *sep* [to sb]; ***gib mir den Eimer herunter*** pass [*or* hand] me down the bucket, hand [*or* pass] the bucket down to me **herunter|gehen** *vi irreg sein* ① (*hierher nach unten gehen*) ■ **[etw]** ~ to go down [sth]; **die Treppen** ~ to go down the stairs ② (*aufstehen und weggehen*) ■ **von etw** ~ to get off sth; ***was machst du da auf der Mauer? geh da sofort herunter!*** what are you doing [up there] on the wall? get down [off [*or* from] it] at once! ③ (*sinken*) to drop, to fall, to go down; **die Löhne/Preise gehen [auf etw] herunter** the wages/prices are dropping [*or* falling] [*or* coming down] [to sth] ④ (*Flughöhe verringern*) to descend; **auf 5000 m** ~ to descend to 5000 m ⑤ (*fam: abrücken*) ■ **von etw** ~ to soften sth; ***kommt gar nicht in Frage, von den drei Millionen gehen wir nicht herunter!*** it's out of the question, we won't go any lower than three million! ⑥ (*reduzieren*) to reduce, to lower; **mit der Geschwindigkeit/dem Tempo [auf etw]** ~ to slow down [*or* reduce [one's] speed] [to sth]; ***er ging mit dem Verkaufspreis noch auf DM 10.200 herunter*** he brought the sales price down to DM 10,200

heruntergekommen *adj (pej)* ① *(abgewohnt)* rundown, dilapidated ② *(verwahrlost)* down-at-[the-]heel BRIT, down-and-out

herunter|handeln *vt (fam)* ■ ~ *akk* to knock down sth *sep;* **einen Preis von ... auf ...** ~ to knock down a price from ... to ...; ***ich habe noch DM 20 vom Verkaufspreis ~ können*** I managed to get DM 20 knocked off the sales price **herunter|hängen** *vi irreg* ■ **[von etw/auf etw** *akk***]** ~ to hang down [from sth/over sth], to dangle [from sth/over sth] **herunter|hauen** *vt irreg (fam)* ■ **jdm eine** ~ to slap sb, to give sb a slap **herunter|holen I.** *vt* ① *(fam: abschießen)* **einen Vogel** ~ to shoot [*or* bring] down a bird *sep* ② *(von oben holen)* ■ **etw [von irgendwo]** ~ to fetch down sth [from somewhere] *sep;* **eine Flagge** ~ to take down a flag; ***er hat die Katze vom Baum heruntergeholt*** he rescued the cat from [up] the tree **II.** *vr (vulg) s.* **runterholen herunter|klappen** *vt* ■ **etw** ~ to put down sth *sep;* **einen Sitz** ~ to put [*or* fold] down a seat; **einen Kragen** ~ to turn down a collar; **einen Deckel** ~ to close a lid **herunter|klettern** *vi sein* ■ **[von etw/irgendwohin]** ~ to climb down [from sth/somewhere] **herunter|kommen** *vi irreg sein* ① *(hierher nach unten kommen)* to come [*or fam* get] down; ***ohne Hilfe wird sie den steilen Weg wohl kaum ~*** she will have trouble getting down this steep path on her own ② *(fam: verfallen)* to become run-down [*or* dilapidated] ③ *(fam: verwahrlosen)* to become down-and-out [*or* BRIT down-at-heel]; ***sie sieht völlig heruntergekommen aus*** she looks completely down-and-out ④ *(fam: wegkommen)* ■ **von etw** ~ to get off [*or* give up] sth; **von einer Gewohnheit** ~ to kick a habit *sl;* **vom Rauchen** ~ to quit *fam* [*or* give up] smoking, to kick the habit *sl;* **von einer schlechten Zensur** ~ to improve on a bad mark **herunter|können** *vi irreg* ■ **[von etw]** ~ to be able to get down [[from] sth]; ■ **zu jdm** ~ to be able to come down to sb **herunter|kriegen** *vt (fam)* ■ **etw** ~ *s.* **herunterbekommen herunter|kurbeln** *vt* ■ **etw** ~ to wind down sth *sep* **herunter|lassen** *vt irreg* ① *(abseilen)* ■ **jdn/etw [irgendwo]** ~ to lower [*or* let down] sb/sth [somewhere]; ■ **sich [an etw** *dat***]** ~ to lower oneself [on sth] *sep* ② *(nach unten gleiten lassen)* ■ **etw** ~ to lower sth; *s. a.* **Hose herunter|leiern** *vt (pej fam)* ■ **etw** ~ to drone out sth *sep,* to recite sth monotonously, to rattle [*or* BRIT reel] off sth **herunter|machen** *vt (fam)* ① *(schlechtmachen)* ■ **jdn/etw** ~ to run down sb/sth; ***im Testbericht ist der Wagen sehr heruntergemacht worden*** the car received a terrible [*or* real] slating in the test report, the car was pulled to pieces in the test report ② *(zurechtweisen)* ■ **jdn** ~ to tell sb off, to tear sb off a strip BRIT; ***der Chef machte sie so herunter, dass sie heulend aus dem Büro lief*** she received such a telling off from the boss that she ran from the office in tears **herunter|nehmen** *vt irreg* ■ **etw [von etw]** ~ to take sth off [sth], to remove sth [from sth]; **jdn von der Schule** ~ *(fam)* to take sb out of school [*or* remove sb from] **herunter|putzen** *vt (sl)* ■ **jdn** ~ *s.* **heruntermachen 2 herunter|rasseln** *vt (fam)* ■ **etw** ~ ① *(rasch aufsagen)* to rattle [*or* BRIT reel] off sth *sep* ② *s.* **herunterleiern herunter|reichen I.** *vt (geh)* ■ **[jdm] etw** ~ *s.* **heruntergeben** to pass [*or* hand] down sth [to sb] *sep* **II.** *vi* ■ **[bis zu jdm/etw]** ~ to reach down [to sb/sth] **herunter|reißen** *vt irreg* ① *(abreißen)* ■ **[jdm] etw** ~ to pull off [sb's] sth *sep;* **ein Foto von der Wand** ~ to tear down a photo from the wall ② *(sl: absitzen)* ■ **etw** ~ to get through sth **herunter|schalten** *vi* AUTO to change down; **in den zweiten etc Gang** ~ to change down [*or* AM down shift] into second gear **herunter|schießen** *vt irreg* **einen Vogel** ~ to shoot down a bird *sep* **herunter|schlucken** *vt (fam) s.* **hinunterschlucken herunter|schrauben** *vt* ① *(reduzieren)* ■ **etw** ~ to lower sth ② *s.* **abschrauben herunter|sehen** *vi irreg* ① *(herabsehen)* ■ **[zu jdm]** ~ to look down [at sb] ② *(mustern)* ■ **an jdm** ~ to look sb up and down ③ *(pej) s.* **herabsehen herunter|steigen** *vi irreg sein* ■ **[von etw]** ~ to climb [*or* come] down [from sth]; **von einer Leiter** ~ to come down off a ladder **herunter|stürzen I.** *vi sein (herunterfallen)* ■ **[von etw]** ~ to fall off [sth] **II.** *vt haben* ① *(hierher nach unten stürzen)* ■ **jdn/etw [von etw]** ~ to push sb/sth off [sth] ② *(fam) s.* **hinunterstürzen** to dash [*or* rush] down **III.** *vr haben* ■ **sich [von etw]** ~ to throw oneself off [sth] **herunter|werfen** *vt irreg* ■ **etw [von etw/zu jdm]** ~ to throw down sth [from sth/to sb] *sep* **herunter|wirtschaften** *vt (pej fam)* ■ **etw** ~ to ruin sth; ***die Firma ist durch schlechtes Management bis fast zum Konkurs heruntergewirtschaftet worden*** bad management has brought the firm to the brink of bankruptcy **herunter|wollen** *vi (fam)* ■ **[von etw/zu jdm]** ~ to want to get [*or* come] down [from sth/to sb]

hervor *interj* ■ ~ **mit dir/euch!** *(geh)* out you come!, come on out!

hervor|bringen *vt irreg* ■ **jdn/etw** ~ to produce sb/sth **hervor|gehen** *vi irreg sein* ① *(geh: entstammen)* ■ **aus etw** ~ to come from sth; ***aus der Ehe gingen vier Kinder hervor*** the marriage produced four children; *s. a.* **siegreich, Sieger** ② *(sich ergeben, zu folgern sein)* to follow; **aus etw geht heraus ...** it follows from sth ..., sth proves that ...; **aus etw geht heraus, wann/wer/wie/dass/ob** it is clear from sth when/who/how/that/whether **hervor|gucken** *vi (fam)* ■ **unter etw** *dat* ~ to peep out from [*or* show] under sth; ***dein Unterrock guckt unterm Rock hervor*** your slip is showing under your dress **hervor|heben** *vt irreg* ① *(betonen)* ■ **etw** ~ to emphasize sth, to stress sth; ■ **~, wann/warum/wer/wie/dass/ob ...** to emphasize [*or* stress] when/why/who/how/that/whether ② *(besonders kennzeichnen)* ■ **etw** ~ to make sth stand out; ***die Einträge werden durch Fettdruck hervorgehoben*** the entries stand out in bold type **hervor|holen** *vt* ■ **etw [aus etw]** ~ to take out sth [from sth] *sep* **hervor|kehren** *vt (geh) s.* **herauskehren hervor|kommen** *vi irreg sein* ■ **[aus/hinter etw** *dat***]** ~ to come out [of sth/from behind sth], to emerge [*or* appear] from **hervor|locken** *vt* ■ **ein Tier [irgendwo]** ~ to entice [*or* lure] out *sep* an animal [from somewhere] **hervorlugen** *vi* to look [*or* peep] out **hervor|ragen** *vi* ① *(sich auszeichnen)* ■ **[unter ihnen] [durch etw]** ~ to stand out [among [*or* from] sb] [because of sth] ② *(weit vorragen)* ■ **[aus etw]** ~ to jut out [*or* protrude] [from sth]

hervorragend I. *adj* excellent, outstanding, first-rate **II.** *adv* excellently

hervor|rufen *vt irreg* to evoke; ■ **[bei jdm [*o* jds]] etw** ~ to arouse [*or* stir up] [sb's] sth; **[bei jdm] Bestürzung** ~ to cause consternation [in sb]; **[bei jdm] Unmut** ~ to incur [sb's] displeasure **hervor|sehen** *vi irreg* ■ **[irgendwo]** ~ to peep out [from somewhere]; ***dein Unterrock sieht unterm Rock hervor*** your slip is showing under your dress **hervorspähen** *vi* to look [*or* peep] out **hervor|springen** *vi irreg sein* ① *(mit einem Sprung hervorkommen)* ■ **[hinter etw** *dat***]** ~ to jump [*or* leap] out [from behind sth] ② *s.* **hervorragen 1**

hervorstechend *adj inv* ① *(spitz aus etw herausste-*

hend) protruding; ***sie ist ziemlich dürr und hat ~e Schulterblätter*** she's pretty skinny and has protruding shoulder-blades [*or* shoulder-blades which stick out] ❷ (*sich deutlich, scharf abgegrenzt und abrupt von etw abhebend*) striking

hervor|stoßen *vt irreg* ■**etw** ~ to utter sth **hervor|treten** *vi irreg sein* ❶ (*heraustreten*) ■[**hinter etw** *dat*] ~ to step out [*or* emerge] [from behind sth] ❷ (*erhaben werden*) to stand out; *Wangenknochen, Kinn* to protrude ❸ (*erkennbar werden*) to become evident ❹ (*in Erscheinung treten*) to make a name for oneself, to distinguish oneself **hervor|tun** *vr irreg* (*fam*) ❶ (*sich auszeichnen*) ■**sich** [**mit etw**] ~ to distinguish oneself [with sth] ❷ (*sich wichtig tun*) ■**sich** ~ to show off **hervor|wagen** *vr* ■**sich** ~ to dare to come out, to venture forth **hervor|zaubern** *vt* ■**etw** [**aus etw**] ~ to conjure up *sep* [*or* produce] sth [from sth]; ***es braucht Zeit, so was lässt sich nicht einfach aus dem Ärmel ~!*** it'll take time, I can't just conjure up [*or* produce] something like that from nothing! **hervor|ziehen** *vt irreg* ■**jdn/etw** [**aus etw**] ~ to pull out sb/sth *sep;* ■**jdn/etw** [**hinter/zwischen etw**] ~ to pull sb/sth [from behind/from between sth]

her|wagen *vr* ■**sich** ~ to dare [*or* venture] to come here

Herweg *m* way here; **auf dem** ~ on the way here

Herz <-ens, -en> *nt* ❶ ANAT heart; ***ihr ~ pochte/hämmerte*** her heart was pounding; **am offenen** ~ open-heart; **Chirurgie** [*o* **eine Operation**] **am offenen** ~ open-heart surgery ❷ KOCHK (*Gericht aus einem Tierherzen*) heart; ***zwei Kilo ~ [vom Ochsen] bitte!*** two kilos of [ox] heart, please! ❸ (*Gemüt, Gefühl*) heart; ***du regelst immer alles nur mit dem Verstand, wo bleibt das/dein ~?*** you always listen to the voice of reason, can't you ever let your heart rule [*or* can't you follow your heart]?; ***zeigen Sie mehr Verständnis, mehr ~!*** show more understanding, more sensitivity!; **mit ganzem ~en** wholeheartedly; ***wenn sie ein neues Projekt beginnt, ist sie immer mit ganzem ~en dabei*** when she starts a new project, she always puts her heart and soul into it!; **von ganzem ~en** sincerely; **etw mit ganzem ~en bejahen/unterstützen/zustimmen** to approve of/support/agree with sth whole-heartedly; **an/mit gebrochenem ~en** of/with a broken heart; **von ~en gern!** with pleasure!, I'd love to!; **jdn von ~en gern haben** to love sb dearly; **etw von ~en gern tun** to love doing sth; **ein gutes ~ haben** to have a good heart, to be good-hearted; **ein hartes ~ haben** to have a hard heart, to be hard-hearted; **im Grunde seines ~ens** in his heart of hearts; **leichten ~ens** with a light heart, light-heartedly; **jdm wird leicht ums ~** sb has a load lifted from one's mind; **schweren** [*o* **blutenden**] **~ens** with a heavy heart; **jdm das ~ schwer machen** to sadden sb's heart; **jdm ist das ~ schwer** sb has a heavy heart [*or* is heavy-hearted]; **aus tiefstem ~en** (*geh*) with all one's heart; **traurigen ~ens** with a heavy heart; **ein weiches ~ haben** to have a soft heart; **jdm/sich sein ~ erleichtern** to get sth off one's chest *fam;* **jds ~ erweichen** to soften up sb *sep;* **jdm bis ins ~ gehen** [*o* **jdm zu ~en gehen**] to make sb's heart bleed; **ein ~ für jdn/Tiere haben** to have a love of sb/animals; ***er hat ein ~ für Kinder*** he loves children; **haben Sie doch ein ~!** have a heart!; **hast du denn kein ~?** haven't you got [*or* don't you have] a heart; **jdm ist irgendwie ums ~** to feel somehow; **von ~en kommen** to come from the heart; **ohne ~** without feeling ❹ KOCHK (*innerer Teil*) heart; ***von diesem Salat verwende ich nur die ~en*** I'll only use the heart of this lettuce ❺ (*Zentrum*) heart ❻ (*Schatz*) **mein ~** my dear, my love ❼ (*Nachbildung eines ~ens*) heart ❽ KARTEN hearts *pl;* (*~karte*) heart; ***ich habe ~ ausgespielt, du musst auch ~ bedienen!*** I led with hearts, [so] you have to follow suit [with hearts]! ▶ WENDUNGEN: **das ~ auf dem** [*o* **am**] **rechten Fleck haben** to have one's heart in the right place; **ein ~ aus Gold haben** to have a heart of gold; **jdm schlägt das ~ bis zum Hals** sb's heart is in one's mouth; **jdm rutscht** [*o* **fällt**] **das ~ in die Hose** (*fam*) sb's heart sank into his/her boots BRIT *fam;* **jdm lacht das ~ im Leibe** one's heart jumps for joy; **jdm dreht sich das ~ im Leib um, jdm tut das ~ im Leibe weh** one's heart turns over; **seinem ~en Luft machen** (*fam*) to give vent to one's feelings; **aus einem ~en keine Mördergrube machen** to speak frankly, to not make a secret of one's thoughts; **jdn/etw auf ~ und Nieren prüfen** (*fam*) to examine sb/sth thoroughly; **ein ~ und eine Seele sein** to be the best of friends; **ein ~ aus Stein haben** to have a heart of stone; **seinem ~en einen Stoß geben** to [suddenly] pluck up courage; ***jetzt gib deinem ~en einen Stoß, versöhn dich wieder mit ihm!*** go on, pluck up the courage and make up with him!; **alle ~en** [*o* **die ~en aller**] **im Sturm erobern** to capture everybody's heart; **das ~ auf der Zunge tragen** to speak one's mind; **jdm wird bang ums ~** sb's heart sinks; **jds ~ höher schlagen lassen** to make sb's heart beat faster; **jds ~ schlägt höher** sb's heart beats faster; **alles, was das ~ begehrt** (*geh*) everything one's heart desires; **jdm blutet das ~, jds ~ blutet** (*verspürt großes Mitleid*) sb's heart bleeds [for sb]; (*iron: verspürt da durchaus kein Mitleid*) sb's heart bleeds [for sb] *iron;* **jdm das ~ brechen** (*geh*) to break sb's heart; **etw nicht übers ~ bringen** to not have the heart [*or* be able to bring oneself] to do sth; **jdn an sein ~ drücken** to clasp sb to one's breast; **sich** *dat* [*o* **nehmen**] **ein ~ fassen** to pluck up courage [*or* take one's courage in both hands]; **jds ~ gehört jdm** (*geh*) sb's heart belongs to sb; **jds ~ gehört einer S.** *dat* (*geh*) sth is sb's first love; **jds ~ gewinnen** (*geh*) to win sb's heart; **etw auf dem ~en haben** to have sth on one's mind; **nicht das ~ haben, etw zu tun** to not have the heart to do sth, to not be able to bring oneself to do sth; **sein ~ an jdn/etw hängen** (*geh*) to devote oneself to sb/sth; ***häng dein ~ nicht an ihn, er spielt doch nur mit den Gefühlen der Frauen!*** don't give your heart to him, he only plays with women's feelings!; **jds ~ hängt an etw** *dat* sb is attached to sth; **jds ~ hängt an Geld** sb is preoccupied with money; **jdm etw ans ~ legen** to entrust sb with sth; **jdm ans ~ legen, etw zu tun** to strongly recommend sb to do sth; **jdm liegt etw am ~en** sth concerns [*or* troubles] sb; **sich** *dat* **etw zu ~en nehmen** to take sth to heart; **sich** *dat* **etw vom ~en reden** (*geh*) to get sth off one's chest *fam;* **jdm sein ~ schenken** (*liter*) to give sb one's heart; **jdn in sein ~ schließen** to take sb to one's heart; **jdm sein ~ ausschütten** (*geh*) to pour out one's heart to sb *sep;* **jdm aus dem ~en sprechen** to say just what sb was thinking; **sein ~ sprechen lassen** to listen to one's heart; **jdm ans ~ wachsen** sb grows fond of [*or* becomes attached to] sb; **jdm das ~ zerreißen** (*geh*) to break sb's heart

herzallerliebst *adj* (*geh*) beloved, darling; ***ist dieser süße Säugling nicht ganz einfach ~?*** isn't this sweet little baby simply adorable?; ***das ist mein ~es Spielzeug*** that's my most favourite toy **Herzallerliebste(r)** *f(m) decl wie adj* (*geh*) [my] darling [*or* beloved] **Herzanfall** *m* heart attack; **einen ~ haben** to have a heart attack **Herzass**RR *nt* KARTEN ace of hearts **Herzbeschwerden** *pl* heart trouble; **~ haben** to have heart trouble **Herzbeutel** *m* ANAT heart sac, pericardium *spec* **herzbewegend** *adj s.* herzerweichend **Herzblatt** *nt* ① HORT (*inneres Blatt einer Pflanze*) inner leaf ② (*fam: Schatz*) darling; ***mein ~!*** my darling! **Herzblut** *nt* ▶ WENDUNGEN: **sein ~ für jdn hingeben** (*poet*) to sacrifice [*or* give] one's life-blood [*or* all] for sb; **etw mit [seinem] ~ schreiben** to put one's heart and soul in one's writing *fig* **Herzbube** *m* KARTEN jack [*or* knave] of hearts

Herzchen <-s, -> *nt* (*fam*) darling

Herzchirurg(in) *m(f)* heart [*or* cardiac] surgeon

Herzchirurgie *f* heart [*or* cardiac] surgery

Herzchirurgin <-, -nen> *f fem form von* **Herzchirurg** **Herzdame** *f* KARTEN queen of hearts

her|zeigen *vt* ■ **[jdm] etw ~** to show [sb] sth [*or* sth [to sb]]; ***zeig doch mal her, was du da in der Hand hast!*** let me see what you've got in your hand!; ***zeig mal her!*** let me [*or* let's] see! *fam*

herzen *vt* (*geh*) ■ **jdn ~** to cuddle sb, to embrace, to hug

Herzensangelegenheit *f* ① (*wichtiges Anliegen*) matter close to one's heart; **jdm eine ~ sein** to be a matter very close to one's heart ② (*Liebe betreffende Angelegenheit*) affair of the heart, affaire de coeur **Herzensbedürfnis** *nt* **jdm ein ~ sein** to be a matter very close to one's heart **Herzensbildung** *f kein pl* (*geh*) nobleness of heart *form* **Herzensbrecher(in)** *m(f)* heart-breaker, lady-killer *dated* **herzensgut** *adj* good-hearted, kind-hearted **Herzensgüte** *f kein pl* (*geh*) kind-heartedness, good-heartedness; ***er ist ein Mensch von großer ~*** he's a very kind-hearted [*or* good-hearted] person **Herzenslust** *f kein pl* **nach ~** to one's heart's content **Herzenswunsch** *m* dearest wish, heart's desire

herzerfrischend *adj* refreshing **herzergreifend** *adj* heart-rending **herzerweichend** I. *adj* heart-rending II. *adv* heart-rendingly **Herzerweiterung** *f* MED dila[ta]tion of the heart, cardiectasis *spec* **Herzfehler** *m* heart [*or* cardiac] defect **Herzflattern** *nt kein pl* MED ventricular flutter *usu pl spec* **Herzflimmern** *nt kein pl* ① MED (*Kontraktionsstörungen am Herzmuskel*) fibrillation [of the heart], cardiac fibrillation ② (*Erregung*) heart flutter; ***wenn ich ihn sehe, kriege ich ~*** when I see him my heart flutters **herzförmig** *adj* heart-shaped **Herzgeräusche** *nt pl* heart [*or* cardiac] murmurs *pl*

herzhaft I. *adj* ① (*würzig-kräftig*) tasty, savoury [*or* AM -ory]; **~es Essen** hearty [*or* substantial] meal; **~er Eintopf** hearty stew ② (*kräftig*) hearty; **ein ~er Kuss** a passionate kiss II. *adv* ① (*würzig-kräftig*) **~ schmecken** to be tasty ② (*kräftig*) heartily; **~ gähnen** to yawn loudly; **~ küssen** to kiss passionately

her|ziehen *irreg* I. *vt haben* ① (*heranziehen*) ■ **jdn/etw [zu sich] ~** to pull [*or* draw] sb/sth closer [*or* nearer] ② (*mitschleppen*) ■ **jdn/etw hinter/neben sich** *dat* **~** to pull [*or* drag] sb/sth [along] behind/beside one II. *vi* ① *sein* (*herlaufen*) ■ **hinter/neben/vor jdm ~** to walk along behind/beside/in front of sb ② *sein* (*hierhin ziehen*) to move here ③ *haben* (*fam: sich auslassen*) ■ **über jdn/etw ~** to run sb/sth down, pull sb/sth to pieces

herzig *adj* sweet, dear, lovely, cute AM

Herzinfarkt *m* MED ① (*Verstopfung eines Herzkranzgefäßes*) heart attack, cardiac infarct[ion] *spec;* **einen ~ bekommen/haben** to have/suffer a heart attack ② (*sl: Patient*) heart attack [patient] **Herzinnenhaut** *f* ANAT endocardium **Herzinnenhautentzündung** *f* MED endocarditis **Herzinsuffizienz** *f* MED cardiac insufficiency **Herzjagen** *nt* MED tachycardia **Herzkammer** *f* ANAT ventricle; **linke/rechte ~** left/right ventricle **Herzkirsche** *f* HORT heart-cherry **Herzklappe** *f* heart [*or* cardiac] valve; **künstliche ~** artificial heart [*or* cardiac] valve **Herzklappenfehler** *m* MED valvular [heart] defect **Herzklopfen** *nt kein pl* pounding of the heart, palpitations *pl;* **mit ~** with a pounding heart **Herzkönig** *m* KARTEN king of hearts **herzkrank** *adj* suffering from a heart condition [*or* heart trouble] *pred;* ■ **~ sein** to have a heart condition **Herzkrankheit** *f* heart [*or* cardiac] disease **Herzkranzgefäß** *nt meist pl* ANAT coronary vessel [*or* artery] **Herzkranzgefäßverkalkung** *f* MED sclerosis [*or* hardening] of the arteries **Herz-Kreislauf-Erkrankung** *f* MED cardiovascular disease [*or* complaint] **Herz-Kreislauf-System** *nt* MED cardiovascular system **Herzleiden** *nt* (*geh*) *s.* **Herzkrankheit**

herzlich I. *adj* ① (*warmherzig*) warm; *Begrüßung* warm, friendly, cordial; **ein ~es Lächeln** sunny [*or* cheerful] [*or* happy] smile; **ein ~es Lachen** a hearty laugh; **ein ~es Willkommen** a warm [*or* hearty] welcome ② (*in Grußformeln: aufrichtig*) kind; *s. a.* **Dank, Gruß** II. *adv* ① (*aufrichtig*) warmly, with pleasure; **sich bei jdm ~ bedanken** to thank sb sincerely, to express one's sincere thanks to sb *form;* **jdn ~ Glück wünschen** to sincerely wish sb the best of luck; **jdn ~ gratulieren** to congratulate sb heartily [*or* sincerely] [*or* warmly]; ***... verbleibe ich als Ihr ~/~st grüßender A. Lang*** ... Yours Sincerely,/kind[est] regards, A. Lang ② (*recht*) thoroughly, really *fam;* **~ wenig** precious *fam* little

Herzlichkeit <-> *f kein pl* ① (*herzliches Wesen*) warmth ② (*Aufrichtigkeit*) sincerity, cordiality

herzlos *adj* heartless, unfeeling

Herzlosigkeit <-, -en> *f* heartlessness *no pl*

Herz-Lungen-Maschine *f* MED heart-lung machine **Herzmassage** *f* MED heart [*or* cardiac] massage **Herzmittel** *nt* MED cardiac stimulant **Herzmuschel** *f* ZOOL common cockle, winkle AM **Herzmuskel** *m* ANAT heart [*or* cardiac] muscle, myocardium *spec* **Herzmuskelschwäche** *f* ANAT myocardial insufficiency

Herzog(in) <-s, Herzöge *o selten* -e> *m(f)* duke; **~ *Christian von Braunschweig*** Christian, Duke of Brunswick

herzoglich *adj attr* ducal, of the/a duke *pred*

Herzogtum <-s, -tümer> *nt* duchy, dukedom

Herzpatient(in) *m(f)* heart [*or* cardiac] patient **Herzrasen** *nt kein pl* MED ventricular tachycardia *no pl spec* **Herzrhythmus** *m* heart [*or* cardiac] rhythm **Herzrhythmusstörung** *f* MED deviation of the heart [*or* cardiac] rhythm, ar[r]hythmia *spec;* **~en haben** to suffer from heart rhythm [*or* cardiac] deviations [*or* ar[r]hythmia] **Herzscheidewand** *f* ANAT interventricular septum **Herzschlag** *m* MED ① (*Kontraktion des Herzmuskels*) heartbeat, beating of the heart; **einen ~ lang** (*geh*) for one [*or* a] fleeting moment ② (*Herzstillstand*) cardiac arrest, heart failure **Herzschrittmacher** *m* MED pacemaker **Herzschwäche** *f s.* **Herzinsuffizienz** **Herzspezialist(in)** *m(f)* MED heart specialist, cardialogist **herzstärkend** I. *adj* MED, PHARM stimulating to the heart II. *adv* **~ wirken** to have a stimulatory effect on the heart **Herzstich** *m meist pl* stabbing pain in the chest; MED cardialga *no pl spec,* cardiodynia *no pl spec;* **~e bekommen** [*o* **haben**] to get [*or* have] stabbing pains in the chest **Herzstillstand** *m* MED cardiac arrest **Herzstück** *nt* heart [*or* core] **Herztätigkeit** *f* MED activity of the heart, cardiac activity **Herztod** *m* MED death by heart [*or* cardiac] failure, cardiac death **Herzton** *m meist pl* heart [*or* cardiac] sound *usu pl* **Herztransplantation** *f* MED heart transplant **Herzverfettung** *f* MED fatty degeneration of the heart, cardiomyoliposis *spec* **Herzversagen** *nt kein pl* MED heart [*or* cardiac] failure *no pl* **Herzwand** *f* ANAT heart [*or* cardiac] wall **herzzerreißend** *adj s.* **herzerweichend**

H

Hesse <-, -n> *f* KOCHK [beef] shin
Hesse, Hessin <-n, -n> *m, f* GEOG Hessian
Hessen <-s> *nt* GEOG Hesse
Hessin <-, -nen> *f fem form von* **Hesse**
hessisch *adj* Hessian; ***ihre Aussprache klingt ~*** she speaks with a Hessian accent, she sounds Hessian
Hetero <-s, -s> *m* (*sl*) hetero *fam,* heterosexual
heterogen *adj* (*geh*) heterogeneous
Heterogenität <-> *f kein pl* heterogeneity *no pl*
Heterosexualität <-> *f kein pl* heterosexuality *no pl*
heterosexuell *adj* heterosexual
heterozygot *adj* BIOL heterozygous
Hethiter(in) <-s, -> *m(f)* HIST Hittite
Hetzblatt *nt* MEDIA (*pej*) [political] smearsheet
Hetze <-, -n> *f* ① *kein pl* (*übertriebene Hast*) mad rush ② (*pej: Aufhetzung*) smear campaign; (*gegen Minderheiten*) hate campaign
hetzen **I.** *vi* ① *haben* (*sich abhetzen*) to rush about [*or* around] ② *sein* (*eilen*) ■ **[irgendwohin]** ~ to rush [*or* race] [somewhere] ③ *haben* (*pej: Hass schüren*) ■ **[gegen jdn/etw]** ~ to stir up hatred [against sb/sth]; **gegen eine Regierung** ~ to agitate against a government **II.** *vt haben* ① JAGD (*jagen*) ■ **ein Tier** ~ to hunt an animal ② (*losgehen lassen*) ■ **jdn/einen Hund auf jdn** ~ to sick [*or* set] sb/a dog [up]on sb ③ (*fam: antreiben*) ■ **jdn** ~ to rush [*or* hurry] sb ④ (*vertreiben*) ■ **jdn von etw ~ lassen** to have sb chased off sth **III.** *vr* ■ **sich** ~ to rush [*or* hurry]
Hetzer(in) <-s, -> *m(f)* (*pej*) agitator, rabble-rouser
Hetzerei <-, -en> *f* ① *kein pl* (*ständige Hetze 1*) mad rush, rushing around *fam;* ***immer diese ~ morgens – kannst du nicht eine halbe Stunde früher aufstehen?*** it's always a mad rush every morning – can't you wake up half an hour earlier ② (*ständiges Hetzen*) [continual] stirring up of hatred, malicious agitation
Hetzerin <-, -nen> *f fem form von* **Hetzer**
hetzerisch *adj* inflammatory, virulent, slanderous, incendiary
Hetzjagd *f* ① JAGD (*Wildjagd*) hunt ② (*pej: Hetze 2*) smear campaign; (*auf Minderheiten*) hate campaign; **zur ~ auf jdn blasen** to stir up a hate/smear campaign against sb ③ (*übertriebene Hast*) mad rush **Hetzkampagne** *f* (*pej*) smear campaign, hate campaign
Heu <-[e]s> *nt kein pl* AGR hay; **ins ~ gehen** to harvest the hay; **~ machen** to hay [*or* make hay] ▸ WENDUNGEN: **Geld wie ~ haben** to have heaps of money
Heuballen *m* AGR hay bale **Heuboden** *m* hayloft
Heuchelei <-, -en> *f* (*pej*) ① (*ständiges Heucheln*) hypocrisy ② (*heuchlerische Äußerung*) hypocritical remark
heucheln **I.** *vi* to play the hypocrite, to be hypocritic **II.** *vt* ■ **etw** ~ to feign sth
Heuchler(in) <-s, -> *m(f)* (*pej*) hypocrite
heuchlerisch **I.** *adj* (*pej*) ① (*unaufrichtig*) insincere ② (*geheuchelt*) hypocritical **II.** *adv* (*pej*) hypocritically
heuen *vi* AGR DIAL (*Heu ernten*) to [make] hay; ■ **das H~** haymaking [*or* haying]
heuer *adv* SÜDD, ÖSTERR, SCHWEIZ (*in diesem Jahr*) this year
Heuer <-, -n> *f* NAUT [sailor's] pay [*or pl* wages]
Heuernte *f* AGR ① (*das Einbringen des Heus*) harvesting of [the] hay, hay-harvest, haymaking ② (*Ertrag der ~ 1*) hay crop [*or* harvest] **Heugabel** *f* AGR hay-fork, pitchfork **Heuhaufen** *m* AGR (*angehäuftes Heu*) haystack, hay-rick ▸ WENDUNGEN: **eine Stecknadel im ~ suchen** to look for a needle in a haystack
Heulboje *f* NAUT whistling buoy
heulen *vi* ① (*fam: weinen*) to howl *fam,* to wail, to cry; **vor Enttäuschung** ~ to cry with disappointment; **es ist [einfach/wirklich] zum H~** (*fam*) it's enough to make you cry [*or* weep] ② (*langgezogene Laute produzieren*) to howl; *Motor* to wail; *Motorrad, Flugzeug* to roar; *Sturm* to rage
Heulen <-s> *nt kein pl* ① (*fam: das Weinen*) howling *fam,* wailing, crying, bawling ② (*das Geheul*) howling ▸ WENDUNGEN: **~ und Zähneklappern** weeping and gnashing of teeth
Heuler <-s, -> *m* ZOOL (*junger Seehund*) seal pup ▸ WENDUNGEN: **das ist ja der letzte ~** (*sl*) that's the last [*or* final] straw
Heulsuse <-, -n> *f* (*pej fam*) cry-baby *pej fam* **Heulton** *m* wail[ing sound]
Heurige(r) *m decl wie adj* ÖSTERR ① (*Weinlokal*) wine tavern ② (*Wein der letzten Lese*) new wine, wine of the latest vintage
Heuschnupfen *m* MED hayfever **Heuschober** <-s, -> *m* SÜDD, ÖSTERR, SCHWEIZ (*großer Heuhaufen*) haystack **Heuschrecke** <-, -n> *f* grasshopper, locust **Heuschreckenkrebs** *m* mantis shrimp, squill **Heustadel** <-s, -> *m* SÜDD, ÖSTERR, SCHWEIZ (*Scheune für Heu*) barn
heut *adv* (*fam*) *s.* **heute**
heute *adv* ① (*an diesem Tag*) today; **~ abend** this evening, tonight; **~ Morgen/Nachmittag** this morning/afternoon; **~ Mittag** this lunchtime, today at noon, [at] midday today; **~ Nacht** tonight; **~ früh** [early] this morning; **bis ~** until today; ***er hat die Rechnung leider bis ~ nicht bezahlt*** unfortunately, he still hasn't paid the bill to this day; **ab ~** from today; **~ in/vor acht Tagen** a week [from] today/ago today, BRIT today week; **von ~ auf morgen/nächste Woche** *akk* until tomorrow/next week; ***können wir das Gespräch nicht von ~ auf morgen verschieben?*** could we not postpone the talks until tomorrow?; **von ~ ab** [*o* **an**] from [*or* as of] today; **etw von ~** today's sth; **das Brot/die Post/die Zeitung von ~** today's bread/mail/newspaper ② (*der Gegenwart*) today; ***das Deutschland von ~*** Germany [of] today; **lieber ~ als morgen** (*fam*) sooner today than tomorrow; **von ~ auf morgen** overnight, all of a sudden; ***von ~ auf morgen ändert er seine Meinung*** he changes his mind from one day to the next ③ (*heutzutage*) nowadays, today ▸ WENDUNGEN: **was du ~ kannst besorgen, das verschiebe nicht auf morgen** (*prov*) never put off till tomorrow what you can do today *prov*
Heute <-> *nt kein pl* the present, today; ***viele Menschen leben ganz im H~*** many people live just for today [*or* the present]
heutig *adj attr* ① (*heute stattfindend*) today's; **die ~e Veranstaltung** today's event ② (*von heute*) *Zeitung, Nachrichten* today's; **der ~e Abend** this evening; **der ~e Anlass** this occasion; **der ~e Geburtstag** ***ich gratuliere zu deinem ~en Geburtstag recht herzlich*** congratulations on your birthday; **der ~e Tag** today; **am ~en Tag** today; **bis zum ~en Tag** to date, to this very day ③ (*gegenwärtig*) **die ~e Zeit** nowadays; **der ~e Stand der Technik** today's level of technology ④ (*von heute stammend*) **die ~e Jugend** the youth of today; *s. a.* **Sicht, Tag**
heutzutage *adv* nowadays, these days
Heuwagen *m* hay cart [*or liter* wain]
Hexadezimalsystem *nt* hexadecimal system [*or* notation] **Hexaeder** <-s, -> *nt* hexagon **hexagonal** *adj* hexagonal **Hexameter** *m* hexameter
Hexe <-, -n> *f* ① (*böses Fabelwesen*) witch ② (*pej fam: bösartige Frau*) witch *pej;* (*schlecht gelaunte und zeternde Frau*) virago *pej,* shrew *pej;* **eine alte ~** an old crone [*or* hag] [*or* bag] *pej;* **eine kleine ~** a little minx, sexy little bitch
hexen **I.** *vi* to cast spells, to perform magic; ***ich kann***

doch nicht ~ (*fig fam*) I can't work miracles **II.** *vt* ▪**jdn** ~ to cast a spell on sb; ***weicht von hinnen, oder ich hexe euch die Pest an den Hals!*** go or I will bring the plague down upon you!; ▪**jdn irgendwohin** ~ to magic sb somewhere; ***die Hexe im Märchen hat ihn in die Wüste gehext*** the witch in the fairy tale magicked him to the desert; **wie gehext** like magic

Hexenhäuschen [hɔɪsçən] *nt sort of gingerbread in the shape of a witch's cottage* **Hexenjagd** *f* (*pej*) witch hunt *pej* **Hexenkessel** *m* (*pej*) madhouse *pej* **Hexenmeister** *m* (*veraltend*) *s.* **Zauberer** **Hexenprozess**RR *m* witch trial **Hexenschuss**RR *m kein pl* MED (*fam*) lumbago *no pl* **Hexenverbrennung** *f* burning [at the stake] of a witch/witches; ***Millionen unschuldiger Frauen wurden Opfer der kirchlichen ~en*** millions of innocent women were burnt at the stake by the church **Hexenwahn** *m irrational belief in the evil power of witches*

Hexerei <-, -en> *f* magic, sorcery *pej,* witchcraft *pej*

hg. *Abk von* **herausgegeben** ed.

HG <-, -s> *f Abk von* **Handelsgesellschaft**

Hibiskus <-, Hibisken> *m* hibiscus

hick *interj* (*Geräusch beim Schluckauf*) hic; ~ **machen** to hiccup

Hickhack <-s, -s> *m o nt* (*fam*) bickering, squabbling, wrangling

hie *adv* ▶ WENDUNGEN: ~ **und da** (*stellenweise*) here and there, in places; (*von Zeit zu Zeit*) now and then; ~ **Tradition, da Fortschritt** on the one hand tradition, on the other progress

hieb *imp von* **hauen**

Hieb <-[e]s, -e> *m* ❶ (*Schlag*) blow; (*Peitschen~*) lash [of a whip]; **jdm einen** ~ **versetzen** to deal sb a blow; (*mit einer Peitsche*) to lash sb with a whip; (*mit der Faust*) to punch sb ❷ *pl* (*Prügel*) beating *sing,* hiding *sing;* ***der Vater drohte ihm ~e an*** his father threatened him with a beating; ***noch ein so freches Wort, und es gibt/setzt ~e!*** one more cheeky remark like that and you'll get wallopped *fam* [*or* a beating] [*or* a hiding] ! ❸ DIAL (*veraltend: Schluck Alkohol*) a drop of; ***einen ~ Wein trinken*** to drink a drop of wine ❹ DIAL (*veraltend: leichter Alkoholrausch*) **einen** ~ **haben** to be tipsy ❺ *kein pl* FORST (*Fällen von Bäumen zur Verjüngung*) cut[ting], felling ❻ TECH DIAL (*an Feilen*) cut ▶ WENDUNGEN: **auf den ersten** ~ at the first attempt; **einen** ~ **haben** (*sl*) to be out of one's mind; **der** ~ **saß** the dig [*or* gibe] hit [*or* struck] home; **auf einen** ~ (*fam*) at [*or* in] one go

hieb- und stichfest *adj* conclusive, irrefutable, incontestable; **ein ~es Alibi** a cast iron [*or* watertight] alibi

Hiebwaffe *f* cutting weapon

Hieferscherzel *nt* KOCHK ÖSTERR (*Bürgermeisterstück*) topside, round AM **Hieferschwanzl** *nt* KOCHK ÖSTERR (*Kugel vom Rind*) silverside, round AM

hielt *imp von* **halten**

hier *adv* ❶ (*an diesem Ort*) here; ***sehen Sie mal ~! entdecken Sie an dem Bild nichts Auffälliges?*** have a look at this! can you see anything strange about the picture?; ***wo sind wir denn ~? ich fürchte fast, wir haben uns verlaufen!*** where have we landed? I'm beginning to think we're lost!; ***er müsste doch schon längst wieder ~ sein!*** he should have been back ages ago!; ~ **draußen/drinnen** out/in here; ~ **entlang** this way; ~ **oben/unten** up/down here; ~ **vorn/hinten** here at the front/at the back; **jdn/etw** ~ **behalten** to keep sb/sth here; ~ **bleiben** to stay here; ▪**hiergeblieben!** you stay here!; ~ ***ist/spricht Dr. Dralle*** [this is] Dr. Dralle, Dr. Dralle speaking; **jdn/etw** ~ **lassen** to leave sb/sth here; **nach** ~ here; **von** ~ **ab** from here on, from here on in *fam;* **von** ~ **aus** from here; ~**!** MIL, SCH here!, present! ❷ (*in diesem Land, in dieser Stadt*) here; ▪~ **sein** to be [*or* arrive] here; ***wann soll der Zug ~ sein?*** when is the train due?; ~ **bei uns/in Deutschland** here in this country/Germany; (*in dieser Gegend*) here; **von** ~ **sein** to be from here; **nicht von** ~ **sein** to be a stranger here, to not be from here; **es jdn nach** ~ **verschlagen** to end up [*or* land] here; ***irgendwie scheint es mir, als sei ich früher schon mal ~ gewesen*** somehow I have the feeling that I've been here before ❸ (*da!*) here; ***gib mal die Akten rüber! — ~! — danke!*** pass me the files! — here you are! — thanks! ❹ (*in diesem Moment*) at this point; ~ ***versagte ihm die Stimme*** at this point his voice failed him; ~ **und heute** (*geh*) here and now; **von** ~ **an** from now on, from here on in *fam* ▶ WENDUNGEN: ~ **und da** (*stellenweise*) here and there; (*gelegentlich*) now and then; **ein bisschen** ~ **sein** (*sl*) to be daft [*or* nuts] *fam,* to be off his/her trolley BRIT *sl;* **jdm bis** ~ [**oben**] **stehen** (*fam*) to be sick of [*or* fed up with] sth; **Herr/Frau ...** ~, **Herr/Frau ... da** (*iron*) Mr/Mrs ... this, Mr/Mrs ... that

hieran *adv* ❶ (*an diesem Gegenstand*) on here; ***ich erinnere mich, ~ schon früher mal vorbeigekommen/vorübergegangen zu sein*** I can remember passing this way [*or* being here once] ❷ (*an diesen Gegenstand*) on here; ***Sie können das Gerät ~ anschließen*** you can connect the machine here; **etw** ~ **werfen** to throw sth here ❸ (*an diesem Sachverhalt*) here; ~ ***kann es keinen Zweifel geben*** there can be no doubt of that ❹ (*an dieses Ereignis*) **sich** ~ **erinnern** to remember this; ***ein wundervolles Fest, ~ werde ich mich sicher noch lange erinnern*** a wonderful party, I won't forget it for a long time

Hierarchie <-, -n> [hierar'çiː, 'çiːən] *f* hierarchy

hierarchisch [hie'rarçɪʃ] **I.** *adj* hierarchical **II.** *adv* hierarchical; ***viele Großunternehmen sind streng ~ aufgebaut*** many large companies have a strict hierarchy

hierauf *adv* ❶ (*auf diesem Gegenstand herauf*) [on] here ❷ (*auf diesen Gegenstand obendrauf*) down here, down on this; ***setz dich doch einfach ~*** just sit yourself down on this [*or* here] *fam;* **etw** ~ **stellen** to put sth down here ❸ (*daraufhin*) as a result of this/that, thereupon, whereupon

hieraus *adv* ❶ (*aus diesem Gegenstand*) from [*or* out of] here ❷ (*aus diesem Material*) out of [*or* from] this ❸ (*aus dem Genannten*) from this; ~ **folgt/geht hervor ...** it follows from this ... ❹ (*aus diesem Werk*) from this

hierbei *adv* ❶ (*bei diesem Anlass, währenddessen*) while doing this [*or* that]; ***sei vorsichtig beim Holzhacken, ~ hat sich schon mancher verletzt!*** be careful when you're chopping wood, it's easy to hurt yourself doing it! ❷ (*nahe bei etw*) in the same place; ~ ***[bei den Akten] lag auch das Zeugnis, das ich jetzt suche*** the certificate I was looking for was in the same place ❸ (*dabei*) here; ***das ist also die Vorgehensweise; ~ sind gewisse Punkte besonders zu beachten*** so that's the procedure; particular attention should be paid to certain points here

hierdurch *adv* ❶ (*hier hindurch*) through here ❷ (*dadurch*) in this way; ***das waren meine Vorschläge; ich hoffe, ich konnte Ihnen ~ etwas weiterhelfen*** those were my suggestions; I hope they are of use to you

hierein **I.** *adv* (*in dieses Behältnis hinein*) in/into here **II.** *interj* (*in dieses Gebäude hinein*) in here

hierfür *adv* ❶ (*im Austausch für etw*) [in exchange] for this ❷ (*für diese Sache*) for this; ~ ***interessiere ich mich nicht*** I'm not interested in this

hiergegen *adv* ❶ (*gegen diesen Gegenstand*) against

this; ***er ist ~, gegen diesen Pfeiler, gefahren*** he drove into this pillar ② (*gegen diesen Sachverhalt*) against this; ***diese Behauptung ist falsch, ~ muss ich mich ausdrücklich verwehren*** this allegation is false, I refuse to accept it ③ (*im Vergleich zu diesem*) compared to this; ***wir haben auch einen Weinkeller, aber der ist ~ doch sehr bescheiden*** we have a wine cellar too but it's pretty modest compared to this

hierher *adv* here; ~*!* come here!; **jdn/etw ~ bringen** to bring sb/sth here; **~ gehören** (*hier angestammt sein*) to belong here; (*hier an diese Stelle gehören*) to belong here; (*zum Thema gehören*) to be relevant; **jdn/etw ~ holen** to bring sb/sth here; ***ich habe Sie alle ~ holen lassen, um Ihnen eine erfreuliche Mitteilung zu machen*** I've had you all called here so that I can give you some good news; **~ kommen** to come [over] here; **jdn/etw ~ schaffen** to bring sb/sth here, to get sb/sth here *pej;* ***schaffen Sie mir die Frau ~, die kann was erleben!*** get the woman here, she's in for it now!; **jdn/etw ~ schicken** to send sb/sth here; ■**etw ~ setzen** to put sth here; ■**sich ~ setzen** to sit here; ***setz dich mal ~ zu mir*** come and sit [here] next to me; ■**etw ~ stellen** to put sth here; ***stell doch bitte mal die Leiter ~ an die Wand!*** please stand the ladder here against the wall!; ■**sich ~ stellen** to stand here; ***musste der Laster sich ~ vor meine Einfahrt stellen?*** did the lorry have to park here in front of my drive?; **bis ~** up to here; (*soweit*) so far; **bis ~ und nicht weiter** this far and no further

hierherauf *adv* up here; **bis ~** up here

hierherum *adv* ① (*in diese Richtung*) round [*or esp* AM around] this way ② (*fam: in dieser Gegend*) around here **hierhin** *adv* here; ***setz dich ruhig ~ auf den Sessel!*** you sit [right] here in the armchair!; **~ und dorthin** here and there; **bis ~** up to here [*or* to this point]; **bis ~ und nicht weiter** up to here [*or* this far] and no further **hierhinab** *adv* down here **hierhinauf** *adv* up here **hierhinaus** *adv* ① (*an dieser Stelle hinaus*) out here; ***zum Garten geht es ~*** this is the way to the garden ② (*aus etw hinaus*) from here; ***wo ist der Ausgang? — bitte ~!*** where is the exit? — this way out! **hierhinein** *adv* ① (*an dieser Stelle hinein*) in here; ***wir müssen ~*** we have to go in here ② (*in etw hinein*) in; ***der Umschlag ist zu klein, die Unterlagen passen nicht alle ~*** the envelope is too small, the documents won't all fit in **hierhinter** *adv* behind here **hierhinunter** *adv* ① (*unter diesen Gegenstand*) under here ② (*an dieser Stelle hinunter*) down here; *s.* **hierhinab** **hierin** *adv* ① (*in diesem Raum, Gegenstand*) in here ② (*was das angeht*) in this **hiermit** *adv* ① (*geh: durch dieses Schriftstück*) with this; **~ erkläre ich, dass ...** I hereby declare that ...; **~ wird bescheinigt, dass ...** this is to certify that ... ② (*mit diesem Gegenstand/diesen Gegenständen*) with this/these ③ (*mit dieser Angelegenheit*) with this/these; ***das sind unsere Vorschläge, sind Sie ~ einverstanden?*** those are our proposals, are you in agreement with them? ④ (*somit*) with this; ***~ möchte ich dann auch die Konferenz beenden*** I declare this conference closed *form,* now I would like to bring this conference to a close; **~ ist die Angelegenheit abgeschlossen/erledigt** that is the end of the matter **hiernach** *adv* after this

Hieroglyphe <-, -n> [hiero'gly:fə] *f* ① (*Zeichen der ägyptischen Bilderschrift*) hieroglyph ② *pl* (*hum: schwer entzifferbare Schrift*) hieroglyphics *pl*

Hierro *nt* Hierro; *s. a.* **Sylt**

Hiersein *nt* (*geh*) ■**jds ~** sb's presence, being here; ***ich hatte sie ausdrücklich um ihr ~ gebeten*** I expressly asked her to be here

hierüber *adv* ① (*hier über diese Stelle*) over here ② (*genau über dieser Stelle*) above here ③ (*geh: über diese Angelegenheit*) about this [*or form* this matter] **hierum** *adv* ① (*um diese Angelegenheit*) about this; **~ geht es mir nicht** that's not what I'm worried about ② *s.* **hierherum 1** **hierunter** *adv* ① (*unter diesem Gegenstand*) under here ② (*unter diesen Gegenstand*) under here ③ (*in diese Gruppe*) among it/them; **~ fallen** to fall into this category **hiervon** *adv* ① (*von diesem Gegenstand*) of this/these; ***wenn Sie diesen Teppichboden nehmen wollen, ~ habe ich noch reichlich*** if you would like this carpet, I've still got a lot [of it] ② (*davon*) among them **hiervor** *adv* ① (*vor dieser Stelle*) in front of here ② (*vor diese Stelle*) in front of here ③ *s.* **davor** **hierzu** *adv* ① (*dazu*) with it; ***hmm, Lachs, ~ gehört eigentlich ein trockener Weißwein!*** hmm, salmon, you should really drink dry white wine with it! ② (*zu dieser Kategorie*) **~ gehören** [*o* **zählen**] to belong to [*or* in] this category; **~ gehört** [*o* **zählt**] **...** this includes ... ③ (*zu diesem Punkt*) to this; **sich ~ äußern** to say something/anything about this; ***~ vergleichen Sie bitte die Anmerkung auf Seite 23*** please compare this to the note on page 23 **hierzulande, hie zu Lande** *adv* here in this area, here in these parts, round here [*or esp* AM around] *fam;* (*in diesem Land*) [here] in this country

hiesig *adj attr* ① (*hier heimisch*) local; **~e Freunde/Verwandte** friends/relatives [who live around] here ② (*hier herrschend*) local

Hiesige(r) *f(m) decl wie adj* local

hieß *imp von* **heißen**

hieven *vt* ① (*hochwinden*) ■**etw [irgendwohin] ~** to hoist sth [somewhere]; **den Anker ~** to weigh anchor; **den Anker an Deck ~** to bring the anchor on deck ② (*hum fam: heben*) ■**jdn irgendwohin ~** to heave sb somewhere *fam*

Hi-Fi ['haifi] *f* TECH *kurz für* **Highfidelity** hi-fi

Hi-Fi-Anlage ['haifi] *f* stereo [*or* sound] system *no pl,* hi-fi *no pl* **Hi-Fi-Fan** *m* hi-fi fan **Hi-Fi-Qualität** *f* hi-fi quality **Hi-Fi-Ton** *m* hi-fi sound **Hi-Fi-Turm** *m* hi-fi [*or* sound] system (*placed one on top of the other to form a tower*)

Hifthorn *nt hunting horn made out of a cattle horn*

high [haɪ] *adj pred* (*sl*) ① (*von Drogen berauscht*) high, as high as a kite *fig,* loaded *fam,* stoned *fig sl,* on a trip *fig fam* ② (*euphorisch*) euphoric, ecstatic, high *fig*

High Definition Television *nt* TV, TECH high definition television

Highflyer <-s, -> [haɪ'flaɪəʳ] *m* high flyer

HighheelsRR**, High Heels** [haɪ'hi:lz] *pl* high heels, stilettos

HighlifeRR**, High Life** <-s> [haɪ'laɪf] *nt kein pl* **irgendwo/bei jdm ist** [*o* **herrscht**] **~** (*fam*) somewhere/at sb's place they are living it up *fam* [*or* making merry] [*or fam* whooping it up]; **~ machen** (*fam*) to live it up *fam,* to make merry, to whoop it up *fam*

Highlight <-s, -s> ['haɪlaɪt] *nt* MUS (*geh: Höhepunkt*) highlight

HighsocietyRR**, High Society** <-> ['haɪsə-'saiəti] *f kein pl* high society

HightechRR <-[s]> ['haɪ'tɛk] *nt kein pl,* **High-Tech** <-[s]> *nt kein pl* high-tech *fam*

Hightech-AusrüstungRR ['haɪ'tɛk-] *f* high-tech equipment **Hightech-Gerät**RR ['haɪ'tɛk-] *nt* high-tech device **Hightech-Komponente**RR ['haɪ'tɛk-] *f* high-tech component **Hightech-Produkt**RR ['haɪ'tɛk-] *nt* high-tech product

hihi *interj* hee hee; **~, *reingefallen!*** hee hee, got you!

hijacken ['haidʒɛkn] *vt* (*fam*) ■**ein Flugzeug ~** to hijack a plane

Hijacker(in) <-s, -> ['haidʒɛkɐ] *m(f)* hijacker

hilf *imper sing von* **helfen**

Hilfe <-, -n> *f* ① *kein pl (Beistand, Unterstützung)* help *no pl,* assistance *no pl;* ***lauf und hole ~!*** go and get help!; **jds Gedächtnis zu ~ kommen** to jog sb's memory; **eine ~ für das Gedächtnis sein** to jog the memory; **jdm seine ~ anbieten** to offer sb one's help; **auf jds ~ angewiesen sein** to be dependent on sb's help; **jds ~ bedürfen** *(geh)* to need sb's help; **jdn um ~ bitten** to ask sb for help [*or* assistance]; **jdm eine [wertvolle] ~ sein** to be a [great] help to sb; **jdm zu ~ kommen** to come to sb's assistance; **[jdm] ~ leisten** *(geh)* to help [*or* assist] [sb]; **etw zu ~ nehmen** *gen* to use [*or* make use of] sth; **um ~ rufen** [*o* **schreien**] to call [*or* shout] for help; **jdn zu ~ rufen** to call sb [to help]; **sich ~ suchend umsehen** to look round for help; **sich ~ suchend an jdn/etw wenden, ein ~ suchender Blick** a pleading look; **ein ~ suchender Mensch** a person seeking help, to turn to sb/sth for help; **jdm seine ~ verweigern** to refuse to help sb; **mit jds ~** with sb's help [*or* assistance]; **mit ~ einer S.** *gen* with [the help of] something; **ohne [jds] ~** without [sb's] help; **[zu] ~!** help!; **du bist mir eine schöne ~!** *(iron)* well, you're a great help! *iron;* **ohne fremde ~** without outside help; **erste ~** first aid; **jdm erste ~ leisten** to give sb first aid ② *(Zuschuss)* **finanzielle ~** financial assistance; *(für Notleidende)* relief, aid; **Entwicklungs~** development aid; **wirtschaftliche ~** economic aid ③ *(Hilfsmittel)* aid ④ *(Haushalts~)* help

Hilfeleistung *f (geh)* help, assistance; **zur ~ verpflichtet** to be obliged to help [*or* give [*or form* render] assistance]; **unterlassene ~** JUR failure to render assistance in an emergency **Hilferuf** *m* cry [*or* call] [*or* shout] for help **Hilfeschrei** *m s.* Hilferuf **Hilfestellung** *f* ① *(Unterstützung bei einer Turnübung)* ***ohne ~ springe ich nicht über das Pferd!*** I'm not jumping over that horse without help!; **jdm ~ geben** to give sb a hand ② *(Mensch)* sb to help; **jdm ~ geben** to help sb, to give sb a hand **Hilfesuchende(r)** *f(m) decl wie adj* sb looking for [*or* seeking] help; ***als Pfarrer bin ich stets für ~ da*** as a priest, I'm always available for those seeking help

hilflos I. *adj* ① *(auf Hilfe angewiesen)* helpless ② *(ratlos)* at a loss *pred;* **ein ~er Eindruck** a confused [*or* helpless] [*or* nonplussed] impression; ***ich muss gestehen, ich bin etwas ~*** I must admit I don't know what to do [*or* I'm at a loss] [*or* I'm a bit nonplussed] **II.** *adv* ① *(schutzlos)* helplessly; **jdm/etw ~ ausgeliefert sein** to be at the mercy of sb/sth ② *(ratlos)* helplessly, at a loss; **offensichtlich [sehr] ~** obviously at a [complete] loss

Hilflosigkeit <-> *f kein pl* ① *(völlige Hilfsbedürftigkeit)* helplessness ② *(Ratlosigkeit)* helplessness, bafflement, perplexity; ***ich muss meine ~ eingestehen*** I have to confess I'm baffled [*or* at a loss]

hilfreich *adj* ① *(hilfsbereit)* helpful ② *(nützlich)* helpful, useful; ▪ **es wäre ~, wenn ...** it would be a help if ...

Hilfsaktion *f* aid [*or* relief] programme [*or* AM -am] **Hilfsarbeiter(in)** *m(f) (veraltend)* labourer [*or* AM -orer]; *(in einer Fabrik)* unskilled worker; **Hilfsarbeitskräfte** unskilled labour [*or* AM -or] **hilfsbedürftig** *adj* ① *(auf Hilfe angewiesen)* in need of help *pred* ② FIN *(bedürftig)* needy, in need *pred,* on one's uppers *fam pred* BRIT, to be short of cash *esp* AM **Hilfsbedürftigkeit** *f* need, neediness, hardship, privation **hilfsbereit** *adj* helpful; **sich ~ zeigen** to be willing to help **Hilfsbereitschaft** *f* helpfulness, willingness to help **Hilfsfonds** *m* aid [*or* relief] fund **Hilfskraft** *f* help *no pl;* ***in der Hauptsaison beschäftigen wir mehrere Hilfskräfte*** in the high season we employ several extra staff; **~ im Haus** domestic help; **wissenschaftliche ~** *(Assistent eines Hochschullehrers)* assistant [lecturer] **Hilfsmaßnahme** *f* aid [*or* relief] measure *usu pl* **Hilfsmittel** *nt* ① MED [health] aid ② *pl (Geldmittel zur Unterstützung)* [financial] aid [*or* relief] **Hilfsmotor** *m* auxiliary engine [*or* motor]; **ein Fahrrad mit ~** a motor-assisted bicycle **Hilfsorganisation** *f* aid [*or* relief] organization **Hilfsprogramm** *nt* POL, SOZIOL relief [*or* aid] programme [*or* AM -am] **Hilfsquelle** *f* resource **Hilfstriebwerk** *nt* auxiliary gear **Hilfstrupp** *m* troop of helpers; MIL reserve troop **Hilfsverb** *nt* auxiliary verb **Hilfswerk** *nt* SOZIOL relief organization **hilfswillig** *adj* helpful, willing to help *pred* **Hilfswillige(r)** *f(m) decl wie adj* [willing] helper, person/people willing to help

Himalaja, Himalaja <-s> *m* Himalaya, Himalayas *npl*

Himbeere *f* ① *(Strauch)* raspberry [cane] ② *(Frucht)* raspberry

Himbeergeist *m kein pl schnapps made out of raspberries* **Himbeergelee** *nt* raspberry jelly **Himbeersaft** *m* raspberry juice **Himbeersirup** *m kein pl* KOCHK raspberry syrup *no pl* **Himbeerstrauch** *m s.* **Himbeere 1**

Himmel <-s, *poet* -> *m* ① *(Firmament)* sky; **der ~ klärt sich auf** the sky is brightening up; **der ~ bezieht sich** the sky [*or* it] is clouding over; **der ~ hellt** [*o* **klärt**] **sich auf** the sky is clearing up; **zwischen ~ und Erde** between the earth and sky; **unter freiem ~** under the open sky, outdoors, in the open air; **am ~ stehen** to be [up] in the sky; ***ist das der Polarstern, der da oben am ~ steht?*** is that the pole-star up there [in the sky]?; **am ~** in the sky; **bei wolkenlosem/wolkenverhangenem ~** when the sky is clear/cloudy; **bei klarem/trübem/bedecktem ~** when the sky is clear/dull/overcast; **unter italienischem/südlichem ~** under Italian/southern skies *liter;* **die Sonne steht hoch am ~** the sun is high in the sky; **den Blick gen ~ richten** *(geh)* to raise one's eyes towards the heavens; **der ~ lacht** *(geh)* the sun is shining brightly; **der ~ öffnet seine Schleusen** *(geh)* the heavens open ② *(Himmelreich)* heaven; **den ~ auf Erden haben** *(geh)* to be heaven [*or* paradise] on earth for sb; **der ~ ist** [*o* **sei**] **mein Zeuge** *(veraltend)* as heaven is my witness *old;* **zum ~ auffahren** [*o* **in den ~ fahren**] to ascend into heaven; **in den ~ kommen** to go to heaven; **im ~** in heaven; **dem ~ sei Dank** *(veraltend)* thank heaven/heavens; **jdm hängt der ~ voller Geigen** *(geh)* sb is in paradise [*or* is walking on air] [*or* is [walking] on cloud nine] [*or* is over the moon] ③ *(Baldachin)* canopy ④ AUTO [interior] roof ▶ WENDUNGEN: **~, Arsch und Zwirn!** *(sl)* bloody hell! BRIT *sl,* Christ almighty! *vulg;* **den ~ für eine Bassgeige** [*o* **einen Dudelsack**] **ansehen** DIAL *(fam: völlig betrunken sein)* to be three sails [*or* AM sheets] to the wind; **~ und Erde** KOCHK NORDD *north German dish of fried black pudding and liver sausage, puréed potato and apple;* **~ und Hölle** hopscotch; **~ und Hölle in Bewegung setzen** *(fam)* to move heaven and earth; **~ und Menschen** DIAL hordes of people; **gerechter** [*o* **gütiger**] **~!** good heavens!; **aus °heiterem ~** *(fam)* out of the blue; **[ach] du lieber ~!** *(fam)* [oh] heavens!; **im sieb[en]ten ~ sein** [*o* **sich fühlen wie im siebenten ~**] *(fam)* to be in seventh heaven; **jdn/etw in den ~ heben** *(fam)* to praise sb/sth [up] to the skies; **nicht [einfach] vom ~ fallen** to not fall out of the sky; **zum ~ schreien** sth is scandalous [*or* a scandal]; **es schreit zum ~, wie ...** it's a scandal that ...; **zum ~ stinken** *(fam)* sth stinks to high heaven; **eher**

stürzt der ~ ein, als dass ... ... won't happen in a million years; ***eher stürzt der ~ ein, als dass er das täte*** he wouldn't do that in a million years; [**das**] **weiß der ~!** (*fam*) heaven knows!; **um ~s willen** (*fam*) for heaven's [*or* goodness'] sake; **~ [noch mal]!** (*fam*) for heaven's [*or* goodness'] sake

himmelangst *adj pred* ■ **jdm ist/wird ~** sb is scared to death; (*Angst in einer bestimmten Situation*) sb is shaking in their shoes **Himmelbett** *nt* four-poster [bed] **himmelblau** *adj* sky-blue, azure [blue]; **~e Augen** blue eyes **Himmeldonnerwetter** *interj* ▶ WENDUNGEN: **~ [noch [ein]mal]!** (*sl*) for heaven's sake!, for crying out loud! *sl*

Himmelfahrt *f* ascension into heaven; **Christi ~stag** Ascension Day; *s. a.* **Christus, Mariä**

Himmelfahrtskommando *nt* MIL (*fam*) ❶ (*selbstmörderisches Unternehmen*) suicide [*or* kamikaze] mission [*or* operation] ❷ (*Angehörige eines ~s 1*) suicide [*or* kamikaze] squad **Himmelfahrtsnase** *f* (*hum fam*) turned-up nose **Himmelfahrtstag** *m* Ascension Day; ■ **der ~** Ascension Day

Himmelherrgott *interj* ▶ WENDUNGEN: **~ [noch [ein]mal]!** (*sl*) God in heaven!, [God] give me strength!, for crying out loud! *fam* **himmelhoch** **I.** *adj* sky-high, soaring *pred,* sky-scraping **II.** *adv* **jdm/etw ~ überlegen sein** to be far superior to sb/sth, to be a million times [*or* BRIT miles] better than sb/sth *fam* ▶ WENDUNGEN: **~ jauchzend[, zu Tode betrübt]** on top of the world [*or* over the moon][, down in the dumps]; ***ihre Stimmung schwankt zwischen ~ jauchzend und zu Tode betrübt*** her moods change from being up one minute to down the next, one minute she's as high as a kite, the next she's down in the dumps **Himmelreich** *nt kein pl* REL heaven, paradise, kingdom of God; **ins ~ kommen** [*o* **eingehen**] (*geh*) to go to heaven ▶ WENDUNGEN: **ein ~ für etw** (*fam*) ***ein ~ für einen Schluck Wasser — ich sterbe vor Durst!*** I'd give my right arm [*or* my eye teeth] [*or* anything] for a drink of water! I'm dying of thirst! **himmelschreiend** *adj* ❶ (*unerhört*) downright *attr,* appalling, monstrous; ***das ist ein ~es Unrecht!*** it's just downright wrong! ❷ (*skandalös*) scandalous, appalling; ***die hygienischen Verhältnisse in den Lagern waren ~*** the standard of hygiene in the camps was disgraceful

Himmelskörper *m* heavenly [*or* celestial] body **Himmelsrichtung** *f* direction; **die vier ~en** the four points of the compass; **aus allen ~en** from all directions [*or liter* all four corners of the earth]; **in alle ~en** in all directions; **in alle ~en senden** to send to all four corners of the earth *liter* **Himmelsschlüssel** *m o nt s.* **Schlüsselblume** **Himmelszelt** *nt* (*poet*) dome of the sky *liter,* firmament *liter or dated*

himmelweit **I.** *adj* (*fam*) enormous; **ein ~er Unterschied** a considerable [*or* world of] [*or* vast] difference **II.** *adv* **sich ~ unterscheiden** to be completely different, to differ greatly [*or* considerably]; **~ voneinander entfernt** far apart from one another; **~ voneinander verschieden** to be completely different

himmlisch **I.** *adj* ❶ *attr* (*göttlich*) heavenly, divine; ***ich nehme das als ein ~es Zeichen!*** I take that as a sign from heaven! ❷ (*herrlich*) divine, heavenly; **einfach ~** perfectly divine [*or* heavenly]; ***der Urlaub war [einfach] ~*** the holiday was just heavenly [*or* divine]; *s. a.* **Geduld, Vater II.** *adv* divinely, wonderfully; **~ munden/schmecken** to taste divine [*or* wonderful]

Himmlische(r) *f(m) decl wie adj* ■ **die ~n** the gods

hin *adv* ❶ *räumlich* (*dahin*) ***die Geschäfte schließen gleich, jetzt aber noch schnell ~!*** the shops will close soon, we'll have to get there quick!; ***wie kommen wir dorthin? — mit dem Fahrrad ~ und dann mit dem Dampfer zurück*** how are we going to get there? — there by bicycle and back by steamer; ***wo der so plötzlich ~ ist?*** where's he gone [*or fam* disappeared to] all of a sudden?; **bis/nach ... ~** to [*or* as far as] ...; ***bis zu euch ~ werde ich es heute nicht schaffen*** I won't make it to you [*or* as far as your place] today; ***er hat es bis München ~ geschafft*** he made it as far as [*or* to] Munich; **~ und her laufen** to run to and fro; **nach rechts ~** to the right; **bis zu dieser Stelle ~** up to here; **über etw** *akk* **~** over sth; ***von hier aus gesehen, erstreckt sich die Wüste noch über 200 Kilometer ~*** from here, the desert stretches another 200 kilometres; **zu jdm/etw ~** to sb/sth; ***der Balkon liegt zur Straße ~*** the balcony faces the street ❷ (*einfache Fahrt*) ***eine Fahrkarte nach Bärben-Lohe! — nur ~ oder auch zurück?*** a ticket to Bärben-Lohe! — just a single or a return [ticket]; **~ und zurück** there and back, a return [ticket]; ***was kostet eine Fahrkarte nach Bad Tiefenbleichen ~ und zurück?*** what does a return [ticket] to Bad Tiefenbleichen cost? ❸ *zeitlich* (*sich hinziehend*) ***das ist lange ~*** that's a long time; ***wann fährt der Zug? um 21 Uhr 13? das sind ja noch fast zwei Stunden ~!*** when does the train leave? at 9.13? that's almost another two hours [to wait]!; ***wie lange ist es noch ~ bis zu deiner Prüfung?*** how long [*or* much longer] is it to your exam [*or* before you take your exam] ?; **über etw** *akk* **~** over sth; **über die Jahre ~** over the years; **über eine Woche ~** for a week; ***es ist fraglich, ob sie sich über diese lange Zeit ~ noch daran erinnern wird*** it's doubtful whether she will remember that after all this time; **zu jdm/etw ~** towards sb/sth; ***zum Frühjahr ~ führen die Flüsse oft Hochwasser*** the rivers are often flooded as spring approaches ❹ (*fig*) **auf jds Bitte/Vorschlag ~** at sb's request/suggestion; **auf die Gefahr ~** at the risk of; **auf jds Rat ~** on sb's advice; ***auf das Versprechen ~, die Schuld in drei Wochen zurückzuzahlen, hat sie ihm das Geld geliehen*** she agreed to lend the money when he promised to repay it within three weeks; ■ **auf etw** *akk* **~** (*mit etw als Ziel*) **auf lange Sicht/einen langen Zeitraum ~ etw planen** to make long-term plans; **jdn/etw auf etw ~ prüfen/untersuchen** to test [*or* examine] sth for sth; ***du bist immer müde? vielleicht solltest du dich mal auf Eisenmangel ~ untersuchen lassen*** you're always tired? perhaps you should have tested yourself for iron deficiency ❺ (*fam: kaputt sein*) ■ **~ sein** to have had it *fam,* to be bust *sl;* (*mechanische Geräte*) to be a write-off *fam,* to be kaputt ❻ (*sl: tot sein*) ■ **~ sein** to have kicked the bucket *fam,* to have snuffed it *fam,* to have popped one's clogs *sl* ❼ (*verloren sein*) ■ **~ sein** to be gone [*or* a thing of the past] ❽ (*fasziniert sein*) ■ **[von jdm/etw] ~ sein** to be bowled over [by sb/sth], to be taken [with sb/sth]; ■ **von jdm ~ sein** to be smitten by sb ▶ WENDUNGEN: **das H~ und Her** (*Kommen und Gehen*) to-ing and fro-ing; ***ich wollte im Wartezimmer lesen, aber bei dem ständigen H~ und Her konnte ich mich nicht konzentrieren*** I wanted to read in the waiting room but with all the constant to-ing and fro-ing I couldn't concentrate; (*der ständige Wechsel*) backwards and forwards; **nach einigem/langem H~ und Her** after some/a lot of discussion; **auf Wirkung nach außen ~ bedacht sein** to be concerned about the impression one makes; **still vor sich ~** quietly to one's self; **nicht ~ und nicht her reichen** (*fam*) to be nowhere near [*or* nothing like] enough *fam;* **nach außen ~** outwardly; **nach außen ~ ruhig wirken** to appear calm; **~ oder her** (*fam*) more or less; ***auf einen Tag ~ oder her kommt es nun auch nicht mehr an*** one day [more or less] won't make any difference; ... ~, ... **her** ... or not [*or* no ...]; ***Arbeit ~, Arbeit her, irgendwann musst du auch mal an etwas anderes denken!*** work is all very well, but you've got to think about other things some of the time; **nichts wie** ~ (*fam*) let's go!, what are we/you waiting for!; ~ **ist** ~ (*fam*) what's bust is bust; ~ **und wieder** from time to time, every now and then [*or* again]; **vor sich** ~ **stieren** to stare [vacantly] into space; **vor sich** ~ **trödeln** to wander along [absentmindedly]; **bis dahin noch** [**lange**] ~ there's some/a long time to go until then

hinab *adv* (*geh*) *s.* **hinunter**

hin|arbeiten *vi* ■ **auf etw** *akk* ~ to work [one's way] towards sth; **auf ein Examen** ~ to work for an exam; **gezielt auf etw** ~ to expressly work towards sth; ■ **darauf ~, dass ...** to work with the aim of ...; ***wir sollten darauf ~, dass eine Einigung doch noch möglich wird*** we should work with the aim of making an agreement possible after all

hinauf *adv* up; [**die Treppe**] **~gehen** to go up[stairs]; **den Fluss** ~ up the river, upstream, up [to]; **bis** ~ **zu etw** (*im Rang nach oben bis zu etw*) up to

hinauf|begleiten* *vt* ■ **jdn** ~ to go up [to the top] with sb; **jdn die Treppe** ~ to go upstairs with sb, to accompany sb upstairs; ***schaffst du es alleine die Treppe hoch, oder soll ich dich ~?*** can you manage the stairs alone, or shall I come with you? **hinauf|blicken** *vi* (*geh*) to look up; **hinauf zum Himmel blicken** to look [up] at the sky; **da/dort** ~ to look up there; ■ **an jdm** ~ to look up at sb **hinauf|bringen** *vt irreg* ■ **jdn** ~ to take sb up; ■ [**jdm**] **etw** ~ to take sth up [to sb], to take [sb] sth up **hinauf|fahren** *irreg* **I.** *vi sein* (*nach oben fahren*) ■ [**in etw** *dat*/**mit etw**] ~ to go up [in sth/by sth]; **im Auto zur Burg** ~ to drive up to the castle, to go up by car; **mit dem Aufzug in den 3.Stock** ~ to go up in the lift [*or* AM elevator] up to the third [*or* AM second] floor; **beim** ~ during the ascent, while sb/sth is going up; ■ **irgendwo** ~ to go up somewhere; ***ob der Lastwagen es schafft, auf diese Rampe hinaufzufahren?*** do you think the lorry will manage to get [*or* drive] up this ramp? **II.** *vt haben* ■ **jdn** [**mit etw**] ~ to take sb up [in sth] **hinauf|führen** **I.** *vi* ■ [**auf etw** *akk*/**irgendwo**] ~ to lead [*or* go] up [to sth/somewhere]; **auf den Berg** ~ to lead [*or* go] up the mountain; **aufs Dach** ~ to lead [*or* go] up onto the roof **II.** *vt* (*geh*) ■ **jdn** [**irgendwo**] ~ to take sb [up] somewhere, to accompany sb [somewhere] *form* **hinauf|gehen** *vi irreg sein* ❶ (*nach oben gehen*) ■ [**auf etw** *akk*/**irgendwo**] ~ to go up [to something/somewhere]; **die Treppe** ~ to go up the stairs [*or* upstairs] ❷ (*steigen*) to go up, to increase, to rise ❸ (*hochgehen*) ■ **mit etw** ~ to put sth up; **mit dem Preis** ~ to put the price up, to raise the price **hinauf|klettern** *vi sein* (*nach oben klettern*) ■ [**etw** *akk*/**auf etw** *akk*/**irgendwo**] ~ to climb [up] [sth/onto sth/somewhere]; **an dieser Stelle/hier** ~ to climb up here **hinauf|kommen** *vi irreg sein* ❶ (*nach oben kommen*) ■ [**etw** *akk*/**in etw** *akk*/**zu jdm**] ~ to come up [sth/into sth/to sb] ❷ (*es nach oben schaffen*) ■ [**etw** *akk*] ~ [to manage] to get [*or* go/come] up [sth/to sth]; **die Treppe** ~ to manage [*or* get up] [*or* manage to get up] the stairs **hinauf|laufen** *vi irreg sein* (*nach oben laufen*) ■ [**etw** *akk*/**zu jdm**] ~ to run up [sth/to sb] **hinauf|reichen** **I.** *vi* ❶ (*nach oben reichen*) ■ [**mit etw**] [**bis zu etw**] ~ to reach [up] [to sth] [with sth] ❷ (*sich erstrecken*) ■ [**bis zu etw**] ~ to reach [up to sth] **II.** *vt* (*geh: nach oben angeben*) ■ **jdm etw** [**auf etw** *akk*] ~ to hand [*or* pass] sb up sth [on sth] **hinauf|schauen** *vi* (*geh*) *s.* **hinaufsehen** **hinauf|schrauben** **I.** *vt* (*konstant steigern*) ■ **etw** ~ raise, increase; **Forderungen** ~ to continue to increase demands **II.** *vr* to wind upwards **hinauf|sehen** *vi irreg* ■ [**zu jdm/etw**] ~ to look up [to sb/sth] **hinauf|setzen** *vt* (*erhöhen*) *s.* **heraufsetzen** **hinauf|steigen** *vi irreg sein* ■ [**etw** *akk*/**auf etw** *akk*] ~ to climb [*or* go] up [sth/onto sth] **hinauf|tragen** *vt irreg* ■ [**jdm**] **etw** [**irgendwohin**] ~ to carry [*or* take] sth up [somewhere] [for sb]

hinaus **I.** *interj* (*nach draußen!*) get out **II.** *adv* ❶ (*von hier nach draußen*) out; **hier/da/dort** ~ **bitte!** this/that way out, please!; **da hinten/vorne** ~ out the back/front way!; ***die Hintertür ist verriegelt, also geht's nur da vorne ~*** the back door is locked so we'll have to go out the front [door/way]; ***zum Ausgang die zweite Tür links ~!*** the exit is out through the second door on the left; ■ ~ **sein** to have gone outside; ■ **aus** *dat* **etw** ~ out of sth; ***er trat aus dem Haus ~ in den Garten*** he stepped out of the house into the garden; ■ **durch** [*o* **zu**] ~ out of sth; ***die Katze muss durch das/zum Fenster ~ entwischt sein*** the cat must have got out of the window; **nach hinten/vorne ~ liegen** to be [situated] at the back/front [of a house]; ***das Schlafzimmer geht nach hinten ~*** the bedroom is at the back; **nach hinten/vorne ~ wohnen** to live at the back/front ❷ (*fig*) ■ **über etw** *akk* ~ (*weitergehend als etw*) including sth; ■ **über etw** *akk* ~ **sein** (*hinter sich haben*) to be past sth; **über ein bestimmtes Stadium ~ sein** to have got beyond a particular stage; ■ **über etw** *akk* ~ **sein** (*zu weit gefahren sein*) to have gone past sth; **über etw ~ reichen** to include sth; (*sich über etw erstreckend*) extending beyond sth; **sich über etw ~ hinziehen** to extend [*or fam* drag on] beyond sth; **über das Notwendigste** ~ beyond what is immediately necessary; ***er hat darüber ~ nichts Neues zu sagen*** other than that he has nothing new to say ❸ (*zeitlich*) **auf Jahre** ~ for years to come; ■ **über etw ~ über Mittag** ~ till after midday; **über die Zwanzig** ~ well into the/one's twenties, well over twenty; (*etw übersteigend*) more than sth, well over sth; *s. a.* **darüber**

hinaus|befördern* *vt* (*fam: nach draußen befördern*) ■ **jdn** [**aus etw**] ~ to propel [*or* throw] [*or fam* chuck] sb out of sth/outside; ■ **jdn ~ lassen** to have sb thrown [*or fam* chucked] out **hinaus|begleiten** *vt* ■ **jdn** ~ to see sb out; ***bleiben Sie ruhig sitzen, Sie brauchen mich nicht hinauszubegleiten*** [you] stay where you are [*or* in your seat], you don't have to see me [*or* I can see myself] out **hinaus|beugen** *vr, vt* ■ **sich/etw** [**zu etw**] ~ to lean out [of sth]; ***er beugte den Kopf zum Fenster hinaus*** he stuck the head out of the window **hinaus|blicken** *vi* (*geh*) *s.* **hinaussehen** **hinaus|bringen** *vt irreg* ❶ (*nach draußen begleiten*) ■ **jdn** ~ to see sb out; **jdn zur Tür ~bringen** to see sb to the door; **jdn zum Haus/zur Wohnung ~bringen** to see sb out of the house/the flat ❷ (*nach draußen bringen*) ■ **etw** ~ to take sth out **hinaus|drängen** **I.** *vt haben* (*nach draußen drängen*) ■ **jdn** [**aus etw**] ~ to push [*or* propel] sb out [of sth] **II.** *vi sein* (*nach draußen drängen*) to push [*or* force] one's way out; (*hetzen*) to champ at the bit *fig* **hinaus|dürfen** *vi irreg* ❶ (*nach draußen dürfen*) ■ [**auf etw** *akk*/**in etw** *akk*] ~ to be able/allowed to go outside [to sth/in sth] ❷ (*nach draußen gebracht werden dürfen*) ■ **etw darf** [**auf etw** *akk*] ~ sth can be taken/put outside **hinaus|ekeln** *vt* (*fam*) ■ **jdn** [**aus etw**] ~ to drive sb out [of sth] **hinaus|fahren** *irreg* **I.** *vi sein* ❶ (*nach draußen fahren*) ■ [**aus etw**] ~ to drive out [of sth]; ■ **beim H~** when driving out; ***beim H~ aus der Garage solltest du erst gucken, ob die Straße frei ist*** when you drive out of the garage, you should look first to see if the road is clear ❷ (*irgendwohin fahren*) ■ [**auf etw** *akk*/**zu jdm**/

etw] ~ to drive [out] [to sth/to sb] (3) *(überfahren)* ■**über etw** *akk* ~ to drive over sth **II.** *vt haben (nach draußen fahren)* ■**etw** [**aus etw**] ~ to drive sth out [of sth] **hinaus|finden** *vi irreg* ■[**aus etw**] ~ to find one's way out [of sth]; ***finden Sie alleine hinaus?*** can you find your own way out? **hinaus|fliegen** *vi irreg sein* (1) *(nach draußen fliegen)* ■[**aus etw**] ~ to fly out [of sth] (2) *(fam: hinausfallen)* ■[**aus etw**] ~ to fall out [of sth] (3) *(fam: hinausgeworfen werden)* to be kicked [*or fam* chucked] out **hinaus|führen I.** *vi* (1) *(nach draußen führen)* ■[**aus etw**] ~ to lead out [of sth] (2) *(überschreiten)* ■**über etw** *akk* ~ to go [*or* extend] beyond sth **II.** *vt (hinausgeleiten)* ■**jdn** [**aus etw**] ~ to show sb out [of sth] **hinaus|gehen** *irreg* **I.** *vi sein* (1) *(nach draußen gehen)* ■[**aus etw/auf etw** *akk*] ~ to go out [of sth]; **aus einem Gebäude** ~ to go out of [*or* leave] a building; **auf die Straße** ~ to go out to the road (2) *(führen)* ■**zu etw** ~ to lead [out] to sth (3) *(abgeschickt werden)* ■[**zu jdm**] ~ to be sent off [to sb] (4) *(gerichtet sein)* ■**auf** *akk* [*o* **nach**] **etw** ~ to look out on/onto sth; **nach Osten** ~ to face east (5) *(überschreiten)* ■[**mit etw**] [**weit**] **über etw** *akk* ~ to go [far] beyond sth **II.** *vi impers sein* ***wo geht es auf die Straße hinaus?*** which is the way out [*or* how can I get out] to the road?; ***es geht dort hinaus!*** that's the way out! **hinaus|geleiten*** *vt (geh)* ■**jdn** [**aus/zu etw**] ~ to show sb out [of sth/to sth] **hinaus|gucken** *vi (fam) s.* **hinaussehen hinaus|halten** *vt irreg* ■**jdn/etw** [**zu etw**] ~ to hold sb/sth out [of sth]; **den Kopf zum Fenster** ~ to put [*or fam* stick] one's head out of the window **hinaus|hängen** *vt* ■**etw** [**zu etw/auf etw** *akk*] ~ to hang sth out [of/on sth] **hinaus|jagen I.** *vt haben* ■**jdn/ein Tier** [**aus etw/zu etw/auf etw** *akk*] ~ to chase [*or* drive] sb/an animal out [of/to sth]; ■**jdn** [**aus etw**] ~ **lassen** to have sb removed [*or* chased] [*or* driven] [from sth] **II.** *vi sein* to rush [*or form* hasten] out **hinaus|katapultieren*** *vt* POL *(sl)* ■**jdn** [**aus etw**] ~ to catapult [*or* eject] sb [out of sth] **hinaus|klettern** *vi sein* ■[**aus etw**] ~ to climb out [of sth] **hinaus|kommen** *vi irreg sein* (1) *(nach draußen kommen)* to get out/outside; ■[**zu jdm**] ~ to come out [to sb] (2) *(gelangen)* ■**über etw** *akk* ~ to get beyond sth (3) *(gleichbedeutend mit etw sein)* ■**etw kommt auf etw** *akk* **hinaus** sth amounts to sth; ***das kommt auf dasselbe hinaus*** it's all the same **hinaus|komplimentieren*** *vt* ■**jdn** [**aus etw**] ~ to bow sb out [of sth], to usher out sb *sep* **hinaus|lassen** *vt irreg* ■**jdn/ein Tier** [**aus etw**] ~ to let sb/an animal out [of sth] **hinaus|laufen** *vi irreg sein* (1) *(nach draußen laufen)* ■[**durch etw/auf etw** *akk*] ~ to run out [of/to sth]; ***hiergeblieben, lauf mir ja nicht auf die Straße hinaus!*** stay here, don't run out onto the road! (2) *(gleichbedeutend mit etw sein)* ■**auf etw** *akk* ~ to be [*or* mean] the same as sth, to amount [*or* come to] to the same thing; ***auf was soll das ~?*** what's that supposed to mean?; **auf dasselbe/aufs Gleiche** ~ to be [*or* mean] the same, to come to the same thing, to amount to; ■**darauf ~, etw zu tun** to lead to sth being done **hinaus|lehnen** *vr* ■**sich** [**aus etw**] ~ to lean out [of sth] **hinaus|posaunen*** *vt (fam) s.* **ausposaunen hinaus|ragen** *vi sein* (1) *(nach oben ragen)* to rise; ■**über etw** *akk* ~ to tower over sth (2) *(nach außen ragen)* ■[**auf etw** *akk*] ~ to jut [*or fam* stick] out [onto sth] (3) *(überragen)* ■**über jdn/etw** ~ to stand out over sb/sth; **über ein Zeitalter** ~ to stand out in a time **hinaus|reichen I.** *vt (geh)* ■[**jdm**] **etw** [**durch etw/zu etw**] ~ to pass [*or* hand] out sth *sep* [to sb] [through sth], to pass [*or* hand] [sb] out sth [through sth]; **etw durch das Fenster** ~ to pass [*or* hand] hand sth out of [*or* through] the window **II.** *vi* (1) *(bis nach draußen reichen)* to reach; ■**bis zu etw** ~ to reach [*or* stretch] [as far as] sth (2) *(weiterhin reichen)* ■**über etw** *akk* ~ to be more than sth; ***der Betrag reicht weit über das hinaus, was ich kalkuliert hatte*** the amount is a lot more than what I had calculated; **über einen bestimmten Zeitraum** ~ to last beyond a particular period of time **hinaus|rennen** *vi irreg sein (fam)* to run [*or* rush] out **hinaus|schaffen** *vt (hinausbringen)* ■**jdn/etw** [**aus etw/auf etw** *akk*] ~ to take sb/sth out [of sth]; **eine lästige Person** ~ to get a troublesome person out **hinaus|schauen** *vi (geh) s.* **hinaussehen hinaus|schicken** *vt (nach draußen schicken)* ■**jdn** [**aus etw/auf etw** *akk*/**in etw** *akk*] ~ to send sb out [of/to/into sth] **hinaus|schieben** *vt irreg* (1) *(nach draußen schieben)* ■**etw** [**aus etw/auf etw** *akk*] ~ to push sth out [of/into/onto sth] (2) *(hinausdrängen)* ■**jdn** [**zu etw/auf etw** *akk*] ~ to push [*or* force] sb out [of/into/onto sth] (3) *(auf später verschieben)* ■**etw** [**bis irgendwann**] ~ to postpone sth [*or* put sth off] [until some time] **hinaus|schießen** *vi irreg sein* (1) *(nach draußen schießen)* ■[**aus etw**] ~ to fire [from sth] (2) *(fam: hinausjagen)* ■[**aus etw/auf etw** *akk*] ~ to shoot out [of/onto/into sth]; *s. a.* **Ziel hinaus|schmeißen** *vt irreg (fam)* ■**jdn/etw** [**aus etw/auf etw** *akk*] ~ to throw [*or fam* chuck] sb/sth out [of/into/onto sth]

Hinausschmiss^RR <-sses, -sse> *m s.* **Rausschmiss**^RR

hinaus|schmuggeln *vt* ■**jdn/etw** [**aus etw**] ~ to smuggle sb/sth out [of sth] **hinaus|schreien** *irreg* **I.** *vi* ■[**zu etw**] ~ to scream [out of sth] **II.** *vt (geh: schreiend kundtun)* ■**etw** ~ to cry out *form, liter* **hinaus|schwimmen** *vi irreg sein* ■[**zu etw**] ~ to swim out [to sth] **hinaus|sehen** *vi irreg* ■[**zu etw/auf etw** *akk*/**in etw** *akk*] ~ to look [*or* take a look] out [of/at sth] **hinaus|setzen I.** *vt* (1) *(nach draußen setzen)* ■**jdn/etw** ~ to put sb/sth out (2) *(hinauswerfen)* ■**jdn** ~ to throw [*or fam* chuck] sb out **II.** *vr (sich nach draußen setzen)* ■**sich** [**auf etw** *akk*/**in etw** *akk*] ~ to sit outside [on/in sth] **hinaus|stehlen** *vr irreg (geh)* ■**sich** [**auf etw** *akk*/**in etw** *akk*] ~ to slip [*or liter* steal] [*or pej* sneak] out [to/in sth] **hinaus|steigen** *vi irreg sein (nach draußen steigen)* ■[**durch/zu etw**] ~ to get out [through sth] **hinaus|stellen** *vt* ■[**jdm/einem Tier**] **etw** ~ [**auf etw** *akk*] to put out sth *sep* [in/on sth] [for sb/an animal] **hinaus|strecken** *vt* ■**etw** [**aus/zu etw**] ~ to stretch out sth *sep* [out of sth], to stick sth out [of sth] *fam;* **den Kopf** ~ to put [*or fam* stretch] one's head out **hinaus|stürmen** *vi sein* ■[**aus/zu/auf etw** *akk*] ~ to rush out [of/to sth]; **zur Tür** ~ to rush out of the door; **in Wut** ~ to storm out **hinaus|stürzen I.** *vi sein* (1) *(geh: hinausfallen)* to fall out; **zum Fenster** ~ to fall out of the window (2) *(kopflos hinauseilen)* ■[**aus/zu etw/auf etw** *akk*/**in etw** *akk*] ~ to rush [*or* dash] out [of/to/into sth]; **zur Tür** ~ to rush [*or* dash] out of the door **II.** *vr haben* **sich zum Fenster** ~ to throw oneself out of the window **hinaus|tragen** *vt irreg* (1) *(nach draußen tragen)* ■**jdn/etw** [**aus/zu etw/auf etw** *akk*] ~ to carry sb/sth out [of/to sth]; **jdn/etw zur Tür** ~ to carry sb/sth out of the door (2) *(geh: nach außen verbreiten)* ■**etw** ~ to broadcast sth (3) *(weiter tragen, treiben)* ■**jdn/etw über etw** ~ to carry sb/sth beyond sth; ***der Wagen wurde nach einer Rechtskurve über die Straßenmitte hinausgetragen*** after the right hand bend, the car was carried across the middle of the road **hinaus|treiben** *vt irreg* (1) *(nach draußen treiben)* ■**jdn/ein Tier** [**aus etw**] ~ to drive sb/an animal out [of sth] (2) *(vom Ufer weg treiben)* ***das Kanu wurde langsam hinausgetrieben*** the canoe drifted gently away **hinaus|treten** I. *vi irreg sein* (*geh: nach draußen treten*) ■ [**aus/zu etw/auf etw** *akk*/**in etw** *akk*] ~ to go out [of/into/onto/to sth]; **auf den Hof/in den Garten** ~ to go out into the yard [*or* garden]; **aus/zur Tür** ~ to go out of the door II. *vt* **einen Ball** ~ to kick a ball into touch **hinaus|wachsen** [ks] *vi irreg sein* ❶ (*durch Leistung übertreffen*) ■ **über jdn** ~ to surpass [*or* outstrip] [*or* outshine] sb ❷ (*überwinden*) ■ **über etw** *akk* ~ to rise above sth **hinaus|wagen** *vr* ■ **sich** [**aus/zu etw/auf etw** *akk*/**in etw** *akk*] ~ to venture out[side] [of/to/into sth]; **sich auf den Hof/in den Garten** ~ to venture out into the garden; **sich auf die Straße** ~ to venture out onto the street/road; **sich aus der/zur Tür** ~ to venture out of the door; **sich aus einem Versteck** ~ to venture out of a hiding place; **sich in die Kälte** ~ to venture out into the cold **hinaus|werfen** *vt irreg* ❶ (*nach draußen werfen*) ■ **etw** [**aus etw/auf etw** *akk*] ~ to throw [*or fam* chuck] sth out [of/onto/into sth]; **zur Tür** ~ to throw sth out of the door ❷ (*fam: fristlos kündigen*) ■ **jdn** [**aus etw**] ~ to throw [*or fam* chuck] sb out [of sth]; (*entlassen*) to throw [*or fam* chuck] sb out [of sth], to sack sb [from sth] ▶ WENDUNGEN: **Geld zum Fenster** ~ to throw [*or* chuck] money out of the window [*or* down the drain] **hinaus|wollen** *vi* ❶ (*nach draußen wollen*) ■ [**aus etw/auf etw** *akk*/**in etw** *akk*/**zu jdm**] ~ to want to go out [of/to sth]; **auf den Hof/in den Garten** ~ to want to go out into the yard/garden; **auf die Straße** ~ to want to go out to the street/road; **aus der/zur Tür** ~ to want to go out of the door; *s. a.* **hoch** ❷ (*etw anstreben*) ■ [**mit etw**] **auf etw** *akk* ~ to get [*or* drive] at sth [with sth]; ***Sie haben recht, genau auf diesen Punkt wollte ich ja hinaus*** you're right, that's just what I was getting [*or* driving] at **hinaus|ziehen** *irreg* I. *vt haben* ❶ (*nach draußen ziehen*) ■ **jdn/ein Tier/etw** [**aus etw**] ~ to drag [*or* pull] sb/an animal out [of sth]; **jdn am Rockärmel** ~ to pull sb outside by their sleeve; **jdn sanft** ~ to draw sb outside; **ein Tier/ein Kind mit Gewalt** ~ to haul an animal/a child outside ❷ (*mit sich fort ziehen*) ■ **jdn** [**auf etw** *akk*] ~ to carry sb out [to sth] II. *vi sein* ❶ (*nach draußen abziehen*) to get out; ***öffne die Fenster, damit der Rauch ~ kann!*** open the window so we can get rid of this smoke! ❷ (*nach außerhalb ziehen*) ■ [**auf etw** *akk*/**in etw** *akk*] ~ to go off [to/into sth]; **in die weite Welt** ~ to go out into the wide world; ***wir werden*** [***aufs Land***] ~ we will be moving out [to live in the country] III. *vr haben* (*sich verzögern*) ■ **sich** ~ to be delayed IV. *vt impers haben* ■ **es zieht jdn hinaus** [**in etw** *akk*] sb feels an urge [*or* sb is driven] to go out [in sth]; ***bei dem schönen Wetter zog es sie förmlich hinaus*** the beautiful weather awakened a great urge [*or* desire] in her to go out, the beautiful weather positively drove her outside **hinaus|zögern** I. *vt* (*durch Verzögern hinausschieben*) ■ **etw** ~ to put off sth *sep*, to delay II. *vr* (*sich durch Verzögerung verschieben*) ■ **sich** ~ to be delayed

Hinauszögerung <-, -en> *f* delay

hin|bekommen* *vt irreg s.* **hinkriegen** **hin|bestellen*** *vt* ■ **jdn** [**irgendwo**] ~ to tell sb to go/be somewhere **hin|biegen** *vt irreg* (*fam*) ❶ (*bereinigen*) ■ **etw** ~ to sort out sth *sep;* **ein Problem** ~ to iron out a problem ❷ (*pej: drehen*) ■ **es so ~, dass ...** to manage [*or* BRIT *fam* wangle] [*or fam* work] it [*or* things] so that ... ❸ (*entsprechend beeinflussen*) ■ **jdn** ~ to lick [*or* knock] sb into shape *fam* **hin|blättern** *vt* (*fam: hinzahlen*) ■ **etw** ~ to pay out sth; (*viel Geld bezahlen*) to shell [*or* fork] out sth *fam,* to stump up sth BRIT *fam*

Hinblick *m* ❶ (*angesichts*) **im** [*o* **in**] ~ **auf etw** *akk* in view of [*or* considering] sth ❷ (*in Bezug auf*) with regard to; **im ~ darauf, dass ...** in view of the fact that ...

hin|breiten *vt* (*geh*) ■ **etw** [**vor jdn**] ~ to spread out sth [in front of sth], to display sth [to sb] **hin|bringen** *vt irreg* ❶ (*bringen*) ■ [**jdm**] **etw** ~ to bring/take sth [to sb]; ■ **etw zu jdm ~ lassen** to have sth brought/delivered to sb ❷ (*begleiten*) ■ **jdn** ~ to take sb **hin|denken** *vi irreg* **wo denkst du/wo denken Sie hin!** what an idea!, what are you talking about?

hinderlich I. *adj* (*geh*) ❶ (*behindernd*) cumbersome; ■ [**bei etw**] ~ **sein** to be a hindrance [*or* a nuisance] [with sth/in doing sth], to get in sb's/the way [when doing sth]; ***die Stiefel sind beim schnellen Gehen doch zu ~!*** I can't walk fast in these boots! ❷ (*ein Hindernis darstellend*) ■ **jdm/für etw** ~ **sein** to be an obstacle for sb/sth II. *adv* (*geh: als Hinderungsgrund*) as an obstacle; **sich ~ auswirken** to prove to be an obstacle

hindern *vt* ❶ (*von etw abhalten*) ■ **jdn** [**an etw** *dat*/**etw zu tun**] ~ to stop [*or* prevent] [*or* hinder] sb [from doing sth]; ***machen Sie, was Sie wollen, ich kann Sie nicht ~*** do what you want, I can't stop you ❷ (*stören*) ■ **jdn** [**bei etw**] ~ to be a hindrance to sb [in sth/when sb is doing sth], to hamper [*or* hinder] sb [in sth/when sb is doing sth]

Hindernis <-ses, -se> *nt* ❶ (*Hemmnis*) obstacle, hindrance, stumbling block [*or* stone] *fig;* **ein ~ für etw** an obstacle [*or* a hindrance] to sth; **jdm ~se in den Weg legen** to put obstacles in sb's way; **gesetzliches** ~ legal impediment ❷ (*behindernder Gegenstand*) obstacle ❸ SPORT (*Barriere beim Hindernislauf*) obstacle, jump; (*bei Leichtathletik*) hurdle; (*bei Jagdrennen*) fence; (*bei Hürdenrennen*) hurdle

Hindernislauf *m* hurdle race **Hindernisläufer(in)** *m(f)* steeplechaser **Hindernisrennen** *nt* (*Jagdrennen*) steeplechase; (*Hürdenrennen*) hurdle [race]

Hinderungsgrund *m* reason [why sth cannot happen]

hin|deuten *vi* (*vermuten lassen*) ■ **auf etw** *akk* ~ to suggest [*or* point to] sth; ■ **darauf ~, dass** to point to [*or* suggest] sth, to point to the fact [*or* suggest] that, to be suggestive of sth; ***alles deutet darauf hin, dass es zu einer baldigen Einigung kommen wird*** actually everything points to [*or* suggests] a speedy agreement

Hindi <-> *nt kein pl* LING Hindi; **auf** ~ in Hindi

Hindin <-, -nen> *f* (*liter*) hind

Hindu <-[s], -[s]> *m* Hindu

Hindugöttin *f* Hindu goddess

Hinduismus <-> *m kein pl* Hinduism *no art*

hinduistisch I. *adj* Hindu II. *adv* **ein Kind ~ erziehen** to bring a child up as a Hindu

Hindukalender *m* Hindu calendar

Hindumythologie *f* ■ **die** ~ Hindu mythology

hindurch *adv* ❶ *räumlich* (*ganz durch*) through; **durch etw** ~ through sth; **durch ein Moor** ~ across a moor; *s. a.* **mitten, quer** ❷ *zeitlich* ■ **etw** ~ through [*or* throughout] sth; **all die langen Jahre** ~ through [*or* throughout] all those long years; **das ganze Jahr** ~ throughout the year; **Monate** ~ for months; **die ganze/halbe Nacht** ~ the whole night [*or* all night long]/half the night; **den ganzen Tag** ~ the whole day [through], all day long; **die ganze Zeit** ~ all the [*or* the whole] time

hindurch|gehen *vi irreg sein* ❶ (*durchschreiten*) ■ **irgendwo/durch/unter etw** *dat* ~ to go [*or* walk] [*or* get] through/under sth somewhere; ***ohne Sonderausweis dürfen Sie durch diesen Eingang nicht ~*** you are not allowed to go through [*or* use] this entrance without a special permit ❷ (*durchdringen*) ■ **durch jdn/etw** ~ to go [*or* pass] through sb/sth ❸ (*durch etw passen*) ■ [**durch etw**] ~ to go through

H

[sth]

hin|dürfen *vi irreg* ■ **irgendwo/zu jdm** ~ to be able [*or* allowed] to go somewhere/to sb; ***morgen ist Kirmes, dürfen wir [auch] hin?*** it's the fair tomorrow, can [*or* are we allowed to] [*or form* may] we go?

hin|eilen *vi sein (geh)* ① *(irgendwohin eilen)* ■ [**zu jdm**] ~ to hurry [*or* rush] somewhere [to sb]; ***ich bin sofort hingeeilt*** I hurried over there at once ② *s.* **dahineilen**

hinein *adv* ■ **irgendwo/in etw** *akk* ~ in somewhere/in sth; ***wo geht's entlang? — da/dort/drüben/hier ~, bitte!*** which way? — that way/over there/this way, please!; ~ **mit dir!** *(fam)* in/into [somewhere] with you!; **nur ~!** *(fam)* come on in! *fam; s. a.* **bis II**

hinein|begeben* *vr irreg (geh: sich in etw begeben)* ■ **sich** ~ to go [on] in [*or* inside]; ■ **sich in etw** *akk* ~ to go [on] into [*or* enter] sth **hinein|bekommen*** *vt irreg (fam)* ■ **etw** [**in etw** *akk*] ~ to get sth in, to get sth into sth **hinein|blicken** *vi (geh)* to look in; ■ **durch etw/in etw** *akk* ~ to look through sth/in/into sth, to have [*or* take] a look through sth/at sth; ***da sie keine Vorhänge haben, kann jeder in ihr Wohnzimmer*** ~ since they haven't got any curtains, everyone can look [*or* see] into their living room; **in etw kurz** ~ to have [*or* take] a quick look [*or* to glance] at sth **hinein|bringen** *vt irreg* ① *(hineintragen)* ■ [**jdm**] **etw** [**in etw** *akk*] ~ to bring/take sth in *sep* [sth] [to sb] ② *s.* **hineinbekommen** **hinein|bugsieren*** *vt (fam)* ■ **etw** [**in etw** *akk*] ~ to manoeuvre [*or* AM maneuver] sth [in/into sth] **hinein|denken** *vr irreg* ■ **sich in jdn** ~ to put oneself in sb's position, to try to understand sb/sb's position; ■ **sich in etw** ~ to think one's way into sth **hinein|deuten** *vt* ■ **etw in etw** *akk* ~ to look for sth in sth, to read sth into sth; **allzu viel in etw** ~ to read too much into sth **hinein|drängen** **I.** *vt haben (in etw drängen)* ■ **jdn** [**in etw** *akk*] ~ to push [*or fam* shove] sb [into sth] **II.** *vi sein* ■ [**in etw** *akk*] ~ to push one's way in[to sth] **III.** *vr haben* ■ **sich** [**irgendwo**] ~ to push one's way in [somewhere]; *(sich in eine Menschenschlange drängen)* to push in **hinein|fallen** *vi irreg sein* ■ [**in etw** *akk*] ~ to fall in[to sth] **hinein|finden** *irreg* **I.** *vi* ■ [**in etw** *akk*] ~ to find one's way [in] [into sth]; ***danke, ich finde alleine/selbst hinein!*** thanks, I can find my own way [in]! **II.** *vr* ① *(sich mit etw vertraut machen)* ■ **sich** [**in etw** *akk*] ~ to familiarize oneself [with sth]; ■ **sich in etw** *akk* ~ to make oneself familiar [*or* to get to grips] with sth; *(sich mit einer neuen Situation vertraut machen)* to get used to sth ② *(sich mit etw abfinden)* ■ **sich in etw** *akk* ~ to get used [*or* to become reconciled] to [*or* to come to terms with] sth **hinein|fressen** **I.** *vt irreg* ① *(fam: verschlingen)* ■ **etw in sich** *akk* ~ to gobble sth [up [*or* down]], to devour [*or* BRIT bolt] sth, to wolf sth down, to guzzle [*or* scoff] sth *fam* ② *(unterdrücken)* ■ **etw in sich** *akk* ~ to bottle up *sep* [*or* suppress] [*or* stifle] sth **II.** *vr* ■ **sich in etw** ~ ***die Motten haben sich in den Pullover hineingefressen*** moths have eaten their way into the pullover **hinein|gehen** *vi irreg sein* ① *(etw betreten)* ■ [**in etw** *akk*] ~ to go in[to sth], to enter [sth]; ***geht bitte schon hinein, ich komme gleich nach*** please go on in, I'll follow in a minute ② *(fam: hineinpassen)* ■ **in etw** *akk* ~ to fit into sth; ***wie viel Leute gehen in den Bus hinein?*** how many people does the bus hold? **hinein|geraten*** *vi irreg sein* ■ [**in etw** *akk*] ~ to be drawn in[to sth]; **in eine Demonstration/Schlägerei/Unannehmlichkeit** ~ to get into [*or* to find oneself in] a demonstration/a fight/difficulties **hinein|gießen** *vt irreg* ① *(in etw gießen)* ■ **etw** [**in etw** *akk*] ~ to pour sth [into sth]; **etw in den Abguss** ~ to pour sth down the drain ② *(sl: sich mit etw abfüllen)* ■ **etw in sich** *akk* ~ to pour sth down one's throat, to gulp sth down **hinein|greifen** *vi irreg* ■ [**in etw** *akk*] ~ to put one's hand in[to sth] **hinein|gucken** *vi (fam) s.* **hineinsehen** **hinein|halten** *irreg* **I.** *vt (in etw halten)* ■ **etw** [**in etw** *akk*] ~ to put sth in[to sth]; ***sie hielt ihre Hand in das Badewasser, um zu fühlen, ob es richtig temperiert war*** she tested the temperature of the bathwater with her hand **II.** *vi (fam: in etw feuern)* ■ [**mit etw**] **in etw** *akk* ~ to fire into sth [with sth]; **mitten in die Menge** ~ to fire into the crowd **hinein|interpretieren*** *vt* ■ **etw in etw** *akk* ~ to read sth into sth **hinein|klettern** *vi sein (in etw klettern)* ■ [**durch etw**] [**in etw** *akk*] ~ to climb [*or* get] in[to sth] [through sth] **hinein|knien** *vr (fam)* ■ **sich** [**in etw** *akk*] ~ to get stuck in[to sth], to get on [*or* BRIT *fig fam!* one's finger out] [with sth] **hinein|kommen** *vi irreg sein* ① *(hineingelangen können)* ■ [**in etw** *akk*/**auf etw** *akk*] ~ to get in[to sth] ② *(fam: in etw gehören)* ■ **irgendwo/in etw** *akk* ~ to go [*or* belong] in sth/somewhere; ***die Briefe kommen hier hinein*** the letters go in [*or* belong] here **hinein|komplimentieren*** *vt (höflich hineinbitten)* ■ **jdn** [**in etw** *akk*] ~ to welcome sb in[to sth] **hinein|kriegen** *vt (fam) s.* **hineinbekommen** **hinein|lachen** *vi* ■ **in sich** *akk* ~ to laugh to oneself **hinein|lassen** *vt irreg* ■ **jdn/ein Tier** [**in etw** *akk*] ~ to let sb/an animal in[to sth]; ***die Wachen werden Sie nicht ins Labor*** ~ the guards won't allow [*or* let] you into the laboratory **hinein|laufen** *vi irreg sein* ① *(in etw laufen)* ■ [**in etw** *akk*] ~ to run/walk in[to sth]; **in etw genau** ~ to run/walk straight into sth ② *(hineinfließen)* **etw in sich** *akk* ~ **lassen** *(sl)* to knock back sth; **Bier in sich** ~ **lassen** to swill beer **hinein|legen** **I.** *vt* ① *(in etw legen)* ■ **etw** [**in etw** *akk*] ~ to put sth in[to sth/sth]; **etw wieder** ~ to put sth back ② *(investieren)* ■ **etw in etw** *akk* ~ to put sth in[to sth] ③ *(hineindeuten)* ■ **etw in etw** *akk* ~ to read sth into sth **II.** *vr (sich in etw legen)* ■ **sich** [**in etw** *akk*] ~ to lie down [in sth] **hinein|manövrieren*** *vt* ① *(in etw manövrieren)* ■ **etw** [**in etw** *akk*] ~ to manoeuvre [*or* AM maneuver] sth in[to sth] ② *(durch Ungeschicktheit bringen)* ■ **jdn/sich in etw** *akk* ~ to put sb/oneself in sth [*or* manage to get] **hinein|passen** *vi* ① *(in etw passen)* ■ [**in etw** *akk*] ~ to fit in[to sth], sth fits sb; **mit den Füßen in Schuhe** ~ to get one's feet into shoes, shoes fit [sb] ② *(harmonieren)* ■ **irgendwo/in etw** *akk* ~ to fit in somewhere/with sth **hinein|pfuschen** *vi (fam)* ■ **jdm** [**in etw** *akk*] ~ to meddle [*or* interfere] with sb's sth, to poke [*or* stick] one's nose in sb's sth *fam* **hinein|platzen** *vi sein (fam)* ■ [**in etw** *akk*] ~ to burst in [on sth] **hinein|pressen** *vt* ■ **etw** [**in etw** *akk*] ~ to force sth in[to sth/sth] **hinein|pumpen** *vt* ■ **etw** [**in etw** *akk*] ~ to pump sth in[to sth/sth] **hinein|ragen** *vi sein* ① *(in etw ragen)* ■ **in etw** *akk* ~ to rise up into sth, to project ② *(sich in etw strecken)* to stick out into sth **hinein|reden** **I.** *vi (dreinreden)* ■ **jdm** [**in etw** *akk*] ~ to tell sb what to do [about sth], to interfere in sth **II.** *vr (sich durch Reden in etw versetzen)* **sich in Wut** ~ to talk oneself [*or* work oneself up] into [a state of] fury **hinein|regnen** *vi impers* ■ **es regnet** [**durch etw/in etw** *akk*] **hinein** the rain gets in [sth/through sth] **hinein|reichen** **I.** *vt* ■ [**jdm**] **etw** [**zu etw/durch etw/in etw** *akk*] ~ to pass [sb] sth [through sth/into/in sth]; **etw zum Fenster** ~ to pass sth through the window **II.** *vi* ① *(lang genug ausreichen)* ■ [**bis**] **in etw** *akk* ~ to last [until] through sth; **bis in den Januar** ~ to last into January ② *(sich bis hinein erstrecken)* ■ [**irgendwo/bis in etw** *akk*] ~ to extend [*or* reach] [somewhere/into sth] **hinein|reißen** *vt irreg (fam)* ■ **jdn** [**in etw** *akk*] ~

to drag sb in[to sth] **hinein|reiten** *irreg* **I.** *vi sein* ■[**in etw** *akk*] ~ to ride in[to sth] **II.** *vt haben* (*fam*) ■**jdn** [**in etw** *akk*] ~ to drag sb in[to sth] **hinein|rennen** *vi irreg sein* (*fam*) *s.* **hineinlaufen** **hinein|schaffen** *vt* ■**jdn/etw** [**in etw** *akk*] ~ to get sb/sth in[to sth]; ***schaffen Sie den Verletzten hier hinein!*** bring the injured man in here! **hinein|schauen** *vi* ① (*fam: kurz zu Besuch kommen*) ■[**bei jdm**] ~ to look [*or* drop] in [on sb] ② DIAL (*hineinsehen*) to look into **hinein|schlagen** *vt irreg* ■**etw** [**in etw** *akk*] ~ to knock [*or* drive] sth in[to sth] **hinein|schleichen** *vi, vr irreg vi: sein* ■[**sich**] [**in etw** *akk*] ~ to creep [*or* steal] [*or fam* sneak] in[to sth] **hinein|schlingen** *vt irreg* (*in sich schlingen*) ■**etw in sich** *akk* ~ to devour sth, to scoff sth down, to gobble sth [up [*or* down]] *fam* **hinein|schlittern** *vi sein* (*fam*) ① (*unversehens hineingeraten*) ■**in etw** *akk* ~ to get [oneself] into sth; **in die Arbeitslosigkeit** ~ to become [*or* find oneself] unemployed, to have one's job disappear ② (*schlitternd in etw gleiten*) ■**in etw** *akk* ~ to slide [*or* slither] into sth **hinein|schlüpfen** *vi sein* ① (*sich rasch anziehen*) ■[**in etw** *akk*] ~ to slip sth on, to slip into sth ② (*in etw schlüpfen*) ■[**durch etw/in etw** *akk*] ~ to slip in[to sth/through sth]; **ins Loch/in den Bau** ~ to disappear into the hole/warren **hinein|schmuggeln** **I.** *vt* (*in etw schmuggeln*) ■**etw** [**in etw** *akk*] ~ to smuggle sth in[to sth] **II.** *vr* (*sich in etw schmuggeln*) ■**sich** [**in etw** *akk*] ~ to worm one's way in[to sth], to infiltrate sth **hinein|schreiben** *vt irreg* ■[**jdm**] **etw** [**in etw** *akk*] ~ to write sth [in sth] [for sb] **hinein|schütten** *vt* (*in etw schütten*) ■**etw** [**in etw** *akk*] ~ to pour sth in[to sth] **hinein|sehen** *vi irreg* ■[**in etw** *akk*] ~ to look in[to sth]; **in einen Garten/in ein Zimmer** ~ **können** to be able to look [*or* see] into a garden/a room **hinein|setzen** **I.** *vt* (*in etw setzen*) ■**jdn** [**in etw** *akk*] ~ to put sb in[to sth/sth] **II.** *vr* (*sich in etw setzen*) ■**sich** [**in etw** *akk*] ~ to sit down [in sth]; **sich in ein Fahrzeug** ~ to get in/into a vehicle **hinein|spazieren*** *vi sein* (*fam*) ■[**in etw** *akk*] ~ to walk in[to sth/sth]; **nur hineinspaziert!** just go [on] in! **hinein|spielen** **I.** *vi* (*bei etw zur Geltung kommen*) ■**irgendwo/in etw** *akk* [**mit**] ~ to play a role [somewhere/in sth]; **etw spielt in etw hinein** sth is a contributory factor in sth; ***es spielen noch andere Aspekte in diese Entscheidung hinein*** other factors have also contributed to this decision **II.** *vt* SPORT ■**etw** [**in** *akk*] **etw** ~ **den Ball in den Strafraum** ~ to play the ball into the area **hinein|stecken** *vt* ① (*in etw stecken*) ■**etw** [**zu etw/durch etw/in etw** *akk*] ~ to put sth in[to sth/through sth/sth]; **eine CD/Videokassette** ~ to put on a CD/a video; **einen Füller in die Verschlusskappe** ~ to put the cap back on a [fountain] pen; **eine Injektionsnadel** [**durch etw/in etw**] ~ to stick a needle/an injection needle in[to sth/sth/through sth]; **den Kopf** [**zum Fenster**] ~ to stick [*or* put] one's head in the window; **ein Glied ins Wasser** ~ to stick [*or* put] a limb in[to] the water ② (*in etw investieren*) ■**etw** [**in etw** *akk*] ~ to put sth in[to sth/in sth] **hinein|steigern** *vr* ■**sich in etw** *akk* ~ to get into sth, to allow oneself to be overwhelmed by sth; **sich in Wut/Hysterie** ~ to work oneself [up] into a rage [*or* state of rage]/ into a state of hysteria **hinein|stopfen** *vt* ① (*in etw stopfen*) ■**etw** [**in etw** *akk*] ~ to stuff sth in[to sth/sth] ② (*in sich stopfen*) ■**etw in sich** *akk* ~ to stuff sth down, to gobble sth down [*or* up] **hinein|stoßen** **I.** *vt irreg* ① (*in etw stoßen*) ■**jdn** [**in etw** *akk*] ~ to push [*or fam* shove] sb in[to sth/sth] ② (*in etw schieben*) ■**etw** [**in etw** *akk*] ~ to put sth in[to sth]; **ein Messer in jds Leib** ~ to stab sb [with a knife]; **eine Waffe in die Scheide** ~ to sheath a weapon **II.** *vi sein* **in eine Lücke** ~ to steer smartly into a space; **in ein Gebiet** ~ to penetrate a region **hinein|strömen** *vi sein* ■[**durch etw/in etw** *akk*] ~ to pour in[to sth/sth/through sth] **hinein|stürzen** **I.** *vi sein* ① (*unversehens hineinfallen*) ■[**in etw** *akk*] ~ to fall in[to sth/sth] ② (*nach dort drin eilen*) to rush in[to sth/sth]; **in ein Zimmer** ~ to burst [*or* rush] into a room **II.** *vt haben* (*geh: hineinstoßen* ROM I 1) ■**jdn** [**in etw** *akk*] ~ to push [*or fam* shove] sb in[to sth/sth] **III.** *vr haben* (*sich in etw stürzen*) ■**sich** [**in etw** *akk*] ~ to throw oneself in[to sth/sth]; **sich in eine Menschenmenge** ~ to plunge into a crowd **hinein|tappen** *vi sein* (*fam*) ■[**in etw** *akk*] ~ to tread in sth; **in Pfützen** ~ to walk into/through puddles; **in Pfützen absichtlich** ~ to paddle in puddles; **in eine Falle** ~ to walk right into a trap **hinein|tragen** *vt irreg* ■**jdn/etw** [**in etw** *akk*] ~ to carry sb/sth in[to sth/sth] **hinein|tun** *vt irreg* ■**etw** [**in etw** *akk*] ~ to put sth in[to sth/sth]; **etw wieder** [**in etw**] ~ to put sth back in[to sth/sth]; *s. a.* **Blick** **hinein|versetzen*** *vr* ① (*sich hineindenken*) ■**sich in jdn** ~ to put oneself in sb's place [*or* position] [*or* shoes] ② (*sich hineindenken*) ■**sich in etw** *akk* ~ to acquaint oneself with sth, to familiarize oneself with sth; **sich in jds Lage** ~ to put oneself in sb's place [*or* position] [*or* shoes]; **sich in etw** *akk* **hineinversetzt fühlen** to feel as though [*or* if] one is in sth; **sich in frühere Zeiten/in das Zeitalter der Renaissance hineinversetzt fühlen** to feel one has been transported back in time/to the Renaissance **hinein|wachsen** [ks] *vi irreg sein* ① (*sich durch Wachstum in etw ausdehnen*) ■**in etw** *akk* ~ to grow in[to sth]; **ein in den Zeh hineingewachsener Nagel** an ingrowing toenail ② (*langsam mit etw vertraut werden*) ■**in etw** *akk* ~ to get used to sth **hinein|wagen** *vr* ■**sich** [**in etw** *akk*] ~ to dare to go in[to sth/sth]; ■**sich zu jdm** ~ to have the courage to go and see sb **hinein|wollen** *vi* (*fam*) ■[**in etw** *akk*] ~ to want to go in[to sth/sth], to want to enter [sth] *form* **hinein|ziehen** *irreg* **I.** *vt haben* ■**jdn mit** [**in etw** *akk*] ~ to involve sb [in sth]; ■**jdn mit in etw** ~ to drag sb into sth *fam;* ■**jd wird in etw hineingezogen** sb gets involved in sth, sb gets drawn [*or fam* dragged] into sth **II.** *vi sein* (*in etw dringen*) ■[**in etw** *akk*] ~ to drift [*or* get] in[to sth] **hinein|zwängen** **I.** *vt* (*in etw zwängen*) ■**etw** [**in etw** *akk*] ~ to force sth in[to sth/sth] **II.** *vr* (*sich in etw zwängen*) ■**sich** [**in etw** *akk*] ~ to push [one's way] in[to sth/sth], to squeeze in[to sth/sth]; **sich in ein Kleidungsstück** ~ to force [*or* squeeze] oneself into an item of clothing; ***obwohl der Saal schon überfüllt war, versuchten sich noch viele hineinzuzwängen*** although the hall was already overcrowded a lot of people were still trying to squeeze their way in **hinein|zwingen** *vt irreg* (*in etw zu gehen zwingen*) ■**jdn** [**in etw** *akk*] ~ to force sb to go in[to sth/sth]

hin|fahren *irreg* **I.** *vi sein* ■[**zu jdm/irgendwo**] ~ to go [to see sb/somewhere]; ■**irgendwo** ~ to go [*or* drive] somewhere; ***ich muss sofort zu ihr*** ~**!** I must go and see [*or* drive over to] her at once **II.** *vt haben* (*mit dem Auto hinbringen*) ■**jdn** [**zu jdm/irgendwo**] ~ to drive sb [to sb/somewhere]

Hinfahrt *f* drive, trip; (*lange* ~) journey; ***gute*** ~**!** have a good trip [*or* journey]!; **auf der** ~ on the way, during the drive [*or* trip] [*or* journey]

hin|fallen *vi irreg sein* ① (*zu Boden fallen*) to fall [over] ② (*auf den Boden fallen*) to fall; ■**jdm fällt etw hin** sb drops sth

hinfällig *adj* ① (*gebrechlich*) frail, *form* infirm ② (*ungültig*) invalid; **ein ~es Argument** a spurious argument; **etw** ~ **machen** to make [*or form* render] sth invalid

H

Hinfälligkeit <-> *f kein pl* infirmity *no pl,* frailness *no pl*

hin|finden *vi irreg* (*fam*) ■ [**zu jdm/etw**] ~ to find one's/the way [to sb/sth]; ***finden Sie alleine hin?*** can you find your own way [*or* the way on your own]? **hin|fläzen** *vr,* **hin|flegeln** *vr* (*fam*) ■ **sich** ~ [*o* **hinflegeln**] to flop [*or* plump] [*or* AM plop] down *fam* **hin|fliegen** I. *vi irreg sein* ❶ (*irgendwohin fliegen*) ■ [**zu jdm/irgendwo**] ~ to fly [to see sb/somewhere] ❷ (*fam: hinfallen*) to fall; ■ **jdm fliegt etw hin** sb drops sth II. *vt* ■ **jdn/etw irgendwo** ~ to fly sb/sth somewhere **Hinflug** *m* flight; ***guten ~!*** have a good flight!; **auf dem** ~ on [*or* during] the flight **hin|führen** I. *vt* (*irgendwohin geleiten*) ■ **jdn** [**zu jdm/irgendwo**] ~ to take sb [to sb/somewhere] II. *vi* (*in Richtung auf etw verlaufen*) ■ [**zu etw**] ~ to lead [*or* go] [to sth] ▶ WENDUNGEN: **wo soll das ~?** where will it [all] end?, what will it [all] lead to?

hing *imp von* **hängen**

Hingabe *f kein pl* (*rückhaltlose Widmung*) dedication; (*Widmung zu einem Mensch*) devotion; ***sie spielt die Flöte mit*** ~ she plays the flute with passion [*or* all her soul]

hin|geben *irreg* I. *vt* (*geh*) ■ **etw** ~ to give sth; **einen guten Ruf** ~ to sacrifice one's reputation [*or* one's good name] II. *vr* ❶ (*sich überlassen*) ■ **sich einer S.** *dat* ~ to abandon oneself to sth; *s. a.* **Hoffnung, Illusion** ❷ (*euph geh: den Sexualakt vollziehen*) ■ **sich jdm** ~ to give oneself to sb *euph form*

Hingebung <-> *f kein pl s.* **Hingabe**

hingebungsvoll I. *adj* dedicated; **mit ~em Blick** with a devoted look; **~e Pflege** devoted care II. *adv* with dedication; ~ **lauschen** to listen raptly [*or* with rapt attention]; **jdn ~ pflegen** to care for sb devotedly [*or* selflessly]; **sich einem Menschen ~ widmen** to devote oneself [selflessly] to a person

hingegen *konj* (*geh*) but, however; ***er raucht, seine Frau ~ nicht*** he smokes but his wife doesn't

hingegossen *adj* **wie** ~ (*fam*) draped; **auf etw wie ~ liegen/sitzen** to drape oneself over sth **hin|gehen** *vi irreg sein* ❶ (*dorthin gehen*) to go ❷ (*geh: vergehen*) to pass, to go by, to elapse *form;* ***über eine Entscheidung können noch Monate*** ~ a decision could take months yet ❸ (*angehen*) ■ [**noch**] ~ ***diesmal mag es noch*** ~ this time we'll let it pass [*or* go]; ■ **nicht ~, dass** to not be all right [*or* acceptable] that ▶ WENDUNGEN: [**jdm**] **etw ~ lassen** to let [sb's] sth pass; **jdm etw ~ lassen** to let sb get away with sth; ***du lässt dem Kind zuviel ~!*** you let that child get away with too much! **hin|gehören*** *vi* (*fam*) ■ **irgendwo** ~ to belong [*or* go] somewhere; ■ **jd gehört irgendwo hin** sb belongs somewhere **hin|geraten*** *vi irreg sein* (*an einen bestimmten Ort geraten*) ■ **irgendwo** ~ to land [*or* get] somewhere; ***wo ist meine Tasche ~?*** where has my bag got to?; ***wo bin ich denn hier ~?*** what [on earth] am I doing here?, what's going on here?

hingerissen I. *adj* spellbound; ***er war von der Geschichte*** ~ he was carried away by the story II. *adv* raptly, with rapt attention; ~ **lauschen** to listen spellbound [*or* raptly] [*or* with rapt attention]

hin|gucken *vi* (*fam*) to look

hin|halten *vt irreg* ❶ (*entgegenhalten*) ■ **jdm etw** ~ to hold sth out to sb ❷ (*aufhalten*) ■ **jdn** ~ to hold sb up, to keep sb waiting; ■ **sich von jdm** [**mit etw**] ~ **lassen** to be [*or* to let oneself be] fobbed off by sb [with sth]; **jdn mit faulen Ausreden** ~ to fob sb off with [glib] excuses

Hinhaltetaktik *f* delaying tactics

hin|hauen *irreg* I. *vi* (*fam*) ❶ (*gutgehen*) to work, to be all right; ***Sie halten das Werkzeug falsch, das haut so nicht hin*** you're holding the tool wrong, you won't manage it like that ❷ (*ausreichen*) to be enough ❸ (*zuschlagen*) to lash out, to take a swing; **mit einer Axt** ~ to take a swing with an axe, to swing an axe II. *vr* (*sl*) ❶ (*schlafen*) ■ **sich** [**eine bestimmte Zeit**] ~ to lie down [for a certain length of time], to lie down and have a snooze [*or* BRIT *fam* kip], to turn in *fam,* to hit the sack *fam;* ***er schläft schon, er hat sich vor einer halben Stunde hingehauen*** he's already asleep, he went to bed [*or* turned in] half an hour ago ❷ (*sich hinflegeln*) ■ **sich** ~ to plonk down III. *vt* (*fam: schlampig erledigen*) ■ **etw** ~ to rush through sth; (*ein Schriftstück schlampig erledigen*) to dash off; ■ **hingehauen** rushed through

hin|hören *vi* to listen; **genau** ~ to listen carefully

hin|kauern *vr* ■ **sich** [**irgendwo**] ~ to crouch, to squat; (*ängstlich*) to cower

Hinkebein *nt,* **Hinkefuß** *m* (*fam*) ❶ (*hinkendes Bein*) gammy [*or* AM bum] leg [*or* foot] *fam* ❷ (*Mensch mit einem Hinkefuß*) person who walks with a limp

Hinkelstein *m* standing stone, menhir *form*

hinken *vi* ❶ *haben* (*das Bein nachziehen*) ■ [**auf etw** *dat*/**mit etw**] ~ to limp [with sth]; **mit einem Bein** ~ to have a gammy leg [*or* a limp]; ■ **~d** limping ❷ *sein* (*sich ~d fortbewegen*) ■ **irgendwohin** ~ to limp [*or* hobble] somewhere ❸ *haben* (*nicht ganz zutreffen*) to not work; ***der Vergleich hinkt*** the comparison doesn't work, you can't compare them

hin|knallen I. *vi sein* (*fam*) to fall heavily, to come a cropper BRIT *fam;* (*ohnmächtig hinfallen*) to crash to the ground, to fall heavily on the ground; **der Länge nach** ~ to measure one's length on the ground *liter* II. *vt haben* (*fam*) ■ [**jdm**] **etw** ~ to throw [*or* slam] sth down [in front of sb] **hin|knien** *vi, vr vi: sein* (*niederknien*) ■ [**sich** *akk*] [**auf etw** *akk*/**vor jdn**] ~ to kneel down [on sth/before sb] **hin|kommen** *vi irreg sein* ❶ (*irgendwohin gelangen*) ■ **irgendwo** ~ to get somewhere; ***wie komme ich zu euch hin?*** how do I get to you? ❷ (*verloren gehen*) ■ **irgendwo** ~ to get to, to go; ***ich weiß nicht, wo die Brille hingekommen ist*** I don't know where the glasses have got to [*or* gone] ❸ (*an bestimmten Platz gehören*) ■ **irgendwo** ~ to belong [*or* go] somewhere ❹ (*fam: auskommen*) ■ [**mit etw**] ~ to manage [with sth] ❺ (*fam: stimmen*) to be [about] right ▶ WENDUNGEN: **wo kämen wir denn** [**da**] **hin, wenn ...!** (*fam*) where would we be [*or* finish up] if...!; ***gegessen wird erst, wenn alle am Tisch sitzen! wo kämen wir denn da hin!*** you can start when everybody is at the table! whatever are you thinking of! **hin|kriegen** *vt* (*fam*) ❶ (*richten*) ■ **etw wieder** ~ to mend [*or* fix] sth, to put sth to rights ❷ (*fertig bringen*) ■ **es/etw** ~ to manage it/sth; **etw gut** [*o sl* **toll**] ~ to make a good [*or* great] job of sth; ***es ist schon erstaunlich, was man so alles hinkriegt, wenn man nur will!*** it's amazing what you can do if you try!; ■ **es ~, dass** to manage it/things so that ❸ (*kurieren*) ■ **jdn wieder** ~ to put sb right **hin|langen** *vi* (*fam*) ❶ (*nach etw greifen*) to reach across/over ❷ (*zuschlagen*) to hit [*or* lash] out, to take a swipe ❸ (*sich bedienen*) to help oneself ❹ (*viel Geld verlangen*) ***da haben die aber ganz schön hingelangt!*** that's daylight robbery! ❺ (*ausreichen*) to be enough ❻ (*auskommen*) ■ **mit etw** ~ to manage with sth; (*mit Geld auskommen*) to manage on sth

hinlänglich I. *adj* sufficient, adequate II. *adv* sufficiently, adequately; ~ **bekannt** sufficiently well-known

hin|lassen *vt irreg* ■ **jdn** ~ to let sb [*or* allow sb to] go; (*in die Nähe*) to let sb near [*or* get near], to allow sb near [*or* to get near] **hin|laufen** *vi irreg sein* ❶ (*an eine bestimmte Stelle eilen*) ■ [**irgendwo/zu jdm**] ~

to run [somewhere/to sb] ② DIAL (*fam: zu Fuß gehen*) ■ **irgendwo** ~ to walk somewhere, to go somewhere on foot **hin|legen** I. *vt* ① (*niederlegen*) ■ **jdn/etw** ~ to put sb/sth down, to leave sb/sth ② (*vorlegen*) ■ **jdm etw** ~ to put sth [down] in front of sb ③ (*flach lagern*) ■ **jdn** ~ to lay sb down ④ (*ins Bett bringen*) ■ **jdn** ~ to put sb to bed ⑤ (*fam: bezahlen müssen*) ■ **etw [für etw]** ~ to pay sth [for sth], to shell [*or* fork] out sth [for sth] *fam,* to stump up sth [for sth] BRIT *fam* ⑥ (*fam: eindrucksvoll darbieten*) ■ **etw** ~ to do sth *fam;* **eine brilliante Rede** ~ to make [*or* do] a brilliant speech *fam;* **einen Solonummer** ~ to do a solo [number] II. *vr* ① (*schlafen gehen*) ■ **sich [eine bestimmte Zeit]** ~ to have a lie-down [for a certain length of time] ② (*fam: hinfallen*) ■ **sich** ~ to fall [over], to come a cropper BRIT ▸ WENDUNGEN: **da legst du dich [lang] hin!** (*fam*) ***rate mal was passiert ist! da legst du dich hin!*** guess what's happened! you won't believe your ears [*or* what I'm going to tell you]!; ~! MIL down [on the ground]! **hin|lümmeln** *vr* (*fam*) *s.* **hinflegeln**

hin|machen I. *vt* (*fam: anbringen*) ■ **[jdm] etw** ~ to put [*or fam* stick] sth somewhere [for sb]; **ein Bild/eine Lampe** ~ to put [*or fam* stick] up a picture/a lamp; **irgendwo Farbe** ~ to put [*or fam* stick] paint on somewhere II. *vi* (*fam: Notdurft verrichten*) ■ **[da]** ~ to do a job [there] [*or* one's business] [*or fam* a mess], to have [*or* AM take] a crap [*or vulg* piss]

hin|morden *vt* (*geh*) ■ **jdn** ~ to butcher [*or* slaughter] sb; **viele Menschen** ~ to massacre a lot of people **hin|müssen** *vi irreg* to have to go [somewhere]

Hinnahme <-> *f kein pl* acceptance

hin|nehmen *vt irreg* ① (*ertragen*) ■ **etw [als etw]** ~ to accept [*or* tolerate] [*or* to put up with] [*or* suffer] sth [as sth]; **etw als selbstverständlich** ~ to take sth for granted; **etw** ~ **müssen** to have to accept [*or* put up with] sth; (*einstecken*) **eine Niederlage** ~ to [have to] suffer a defeat; **einen Verlust** ~ to [have to] suffer [*or* sustain] a loss ② (*fam: irgendwohin mitnehmen*) ■ **jdn/etw mit** ~ to take sb/sth [with one]; ***ich fahre jetzt dorthin, soll ich Sie mit ~?*** I'm going there now, shall I take you [*or* would you like to come] [with me]?

hin|neigen I. *vr* ■ **sich [zu jdm]** ~ to lean [over to/towards sb [*or* in sb's direction]] II. *vt* (*in eine bestimmte Richtung neigen*) ■ **etw zu jdm** ~ to incline sth to/towards sb; **den Kopf [zu jdm]** ~ to bend [*or* incline] one's head [towards sb [*or* in sb's direction]]; **den Körper** ~ to lean [over] III. *vi* ■ **zu etw** ~ (*eine Neigung haben zu*) to incline towards sth

hinnen *adv* ▸ WENDUNGEN: **von** ~ **scheiden** (*veraltend geh*) to pass *euph* [*or* move] on; **von** ~ from here; ***wir müssen nun wieder von*** ~ we have to leave here

hin|passen *vi* ① (*sich gut einfügen*) ■ **irgendwo** ~ to go somewhere; ***die Vase würde hier gut/besser*** ~ the vase would look good/better here; ■ **irgendwo** ~, ■ **jd passt irgendwo hin** sb fits in somewhere ② (*Platz haben*) ■ **irgendwo** ~ to go [*or* fit] somewhere **hin|pfeffern** *vt* (*fam*) ① (*hinschleudern*) ■ **[jdm] etw** ~ to fling [*or fam* chuck] sth down [in front of sb] ② (*in scharfer Form äußern*) ■ **[jdm] etw** ~ **einen Artikel** ~ to write [*or* produce] a scathing [*or* withering] article; **jdm eine Kritik** ~ to level biting [*or* harsh] criticism at sb **hin|plumpsen** *vi sein* (*fam*) to plump [*or* AM plop] down, to fall with a thud; ■ **etw** ~ **lassen** to drop sth with a thud [*or* clunk] [*or* thump], to plunk sth down; ■ **sich** ~ **lassen** to plump BRIT down, to plunk [*or* AM plop] oneself down **hin|raffen** *vt s.* **dahinraffen** **hin|reichen** I. *vt* (*geh: angeben*) ■ **jdm etw** ~ to pass [*or* hand] sth to sb II. *vi* (*geh: ausreichen*) to last, to hold out **hinreichend** I. *adj* sufficient; **ein** ~**es Gehalt/Einkommen** an adequate salary/income II. *adv* ① (*genügend*) ~ **lange/oft** long/often enough ② (*zur Genüge*) sufficiently, adequately **Hinreise** *f* trip [*or* journey] [somewhere], outward trip [*or* journey]; (*mit dem Auto*) drive; (*mit dem Schiff*) voyage; **auf der** ~ on the way [*or* trip [*or* journey] [*or* drive] [there]], during the trip [*or* journey] [*or* drive] there; **Hin- und Rückreise** both ways *fam,* [the journey] there and back *fam;* (*Fahrkarte*) return journey **hin|reißen** *vt irreg* ① (*begeistern*) ■ **jdn** ~ to send sb into transports of delight *form,* to enchant [*or* captivate] [*or* enrapture] sb; ■ **[von jdm/etw] hingerissen sein** to be enchanted [*or* captivated] [*or* enraptured] [by sb/sth]; ■ **von jdm hingerissen sein** (*verliebt sein*) to be smitten [*or* infatuated] with sb; **hin- und hergerissen sein** to be unable to decide [*or* unable to make up one's mind]; ***was meinst du? — ich bin ganz hin- und hergerissen*** what do you think? — oh! I don't know [*or* I can't make up my mind] !; *s. a.* **hingerissen** ② (*spontan verleiten*) ■ **jdn zu etw** ~ to drive sb to sth, to provoke sb into sth; **sich zu etw** ~ **lassen** to allow oneself to be [*or* to let oneself be] driven to sth/into doing sth [*or* provoked into doing sth]; **sich** ~ **lassen** to allow oneself to be carried away sth, to let oneself be carried away; **sich dazu** ~ **lassen, etw zu tun** to allow oneself to [*or* to let oneself] be provoked into [*or* be driven to] doing sth **hinreißend** I. *adj* enchanting, captivating; **von** ~**er Schönheit** of striking beauty II. *adv* enchantingly; ~ **aussehen** to look enchanting [*or* captivating] **hin|rennen** *vi irreg sein s.* **hinlaufen 1**

hin|richten *vt* ■ **jdn** ~ to execute sb; **jdn durch den Strang** ~ to put to death by hanging; **jdn durch den elektrischen Stuhl** ~ to execute sb on the electric chair; ■ **hingerichtet werden** to be executed

Hinrichtung *f* execution; **eine** ~ **vollziehen** (*geh*) to carry out an execution

hin|rotzen *vt* (*sl*) ■ **[jdm] etw** ~ to dash sth off [for sb] [in a hurry] BRIT, to do sth [for sb] in a hurry **hin|schaffen** *vt* ■ **etw [zu jdm]** ~ to get sth somewhere/there [to sb]; (*liefern*) to deliver sth [to sb]; ■ **irgendwo hingeschafft werden** to be taken somewhere/there **hin|schauen** *vi* DIAL (*hinsehen*) to look **hin|schicken** *vt* ■ **jdn [zu jdm]** ~ to send sb [to sb]

Hinschied <-s, -e> *m* SCHWEIZ (*geh: Tod*) passing *euph,* demise *form*

hin|schlagen *vi irreg* ① *sein* (*hinfallen*) to fall [flat on one's face *fam*], to collapse ② *haben* (*hinhauen 1*) to strike; **mit einem Gegenstand** ~ to strike out with an object **hin|schleichen** *vi, vr irreg vi: sein* ■ **[sich]** ~ to creep [*or* sneak] over [there]/to somewhere **hin|schleppen** I. *vr* ① (*sich mühselig an einen bestimmten Ort bewegen*) ■ **sich** ~ to drag oneself along; ■ **sich irgendwo/zu jdm** ~ to drag oneself somewhere/to sb ② (*sich hinziehen*) ■ **sich** ~ to drag on II. *vt* ① (*an einen bestimmten Ort schleppen*) ■ **etw [zu jdm]** ~ to drag [*or fam* lug] [*or fam* cart] sth over [to sb]; ■ **etw irgendwo** ~ to drag [*or fam* lug] [*or fam* cart] sth somewhere ② (*fam: mitnehmen*) ■ **jdn mit** ~ to drag [*or fam* cart] sb along **hin|schludern** *vt* (*pej fam*) ■ **etw** ~ to dash sth off; **einen Artikel** ~ to scribble off [*or* scrawl] [*or* BRIT dash] an article **hin|schmeißen** *vt irreg* (*fam*) *s.* **hinwerfen** **hin|schmelzen** *vi irreg sein* (*hum fam*) ■ **[vor etw *dat*]** ~ to [practically] swoon [with sth]; **vor Rührung** ~ to be overcome with emotion; ***wenn er sie nur sieht, schmilzt er schon hin*** when he sees her, he practically swoons **hin|schmieren** *vt* (*fam*) ① (*an eine bestimmte Stelle schmieren*) ■ **[jdm] etw** ~ to smear sth [somewhere]; ***schmier mir bloß diesen***

ganzen Dreck nicht an die Tapete don't [you dare] smear all that dirt on the wallpaper ❷ (*pej: flüchtig malen*) ■ **etw** ~ to daub sth; **eine Parole an eine Wand** ~ to scrawl a slogan on a wall **hin|schreiben** *irreg* **I.** *vt* (*niederschreiben*) ■ **[sich** *dat***] etw** ~ to write [*or* note] sth down **II.** *vi* (*fam: an eine bestimmte Stelle schreiben*) to write [in]; ***vor einer Woche habe ich hingeschrieben, ob sie mir wohl bald zurückschreiben?*** it's a week since I wrote; I wonder if they'll write back soon? **hin|sehen** *vi irreg* to look; ***ich kann/mag gar nicht ~!*** I can't [bear to] look!; **vom bloßen H~** just the sight [of sth]; ***vom bloßen H~ wird mir schon übel!*** just the sight of it makes me feel sick!; **bei genauerem** [*o* **näherem**] **H~** on closer inspection

hin|setzen **I.** *vr* ❶ (*sich niederlassen*) ■ **sich** ~ to sit down; ■ **sich irgendwie** ~ to sit somehow ❷ (*fam: sich bemühen*) ■ **sich** ~ to get down to it, to get one's finger out BRIT *fam!* **II.** *vt* ❶ (*absetzen*) ■ **etw** ~ to put [*or dated* set] sth down ❷ (*niedersetzen*) ■ **jdn** ~ to put [*or* sit] sb down

Hinsicht *f kein pl* **in bestimmter** ~ with regard to …, …-wise *fam;* **in beruflicher** ~ with regard to a career, career-wise *fam;* **in finanzieller** ~ financially, with regard to finances, finance-wise *fam;* **in anderer** ~ in other respects; **in gewisser** ~ in certain respects; **in jeder** ~ in every respect; **in mancher** ~ in some respects; **in sonstiger** ~ in other respects

hinsichtlich *präp +gen* (*geh*) with regard to

hin|sinken *vi irreg sein* (*geh*) to sink down/to the ground *liter* **hinsitzen** *vi irreg sein* SÜDD, SCHWEIZ (*hinsetzen I*) to sit [down]

Hinspiel *nt* first game [*or* leg] (*of a series of two games*)

hinstehen *vi irreg sein* SÜDD, SCHWEIZ (*hinstellen II*) to stand up straight **hin|stellen** **I.** *vt* ❶ (*an einen bestimmten Platz stellen*) ■ **[jdm] etw** ~ to put [*or dated* set] sth [for sb]; **einen Sonnenschirm** ~ to put up a sun umbrella ❷ (*fam: bauen*) ■ **[jdm] etw** ~ to put up sth [for sb] *fam* ❸ (*abstellen*) ■ **etw** ~ to park [*or fam* put] sth ❹ (*charakterisieren*) ■ **etw/jdn als etw/jdn** ~ to make sb out to be sth; **jdn als Beispiel** ~ to hold sb up as an example; ***er versucht, den Betrug als ein Versehen hinzustellen*** he's trying to make his fraud out to be a simple mistake **II.** *vr* ❶ (*sich aufrichten*) ■ **sich** ~ to stand up straight ❷ (*sich an eine bestimmte Stelle stellen*) ■ **sich vor jdn** ~ to plant oneself in front of sb **hin|steuern** *vi sein* ■ **[mit etw] auf etw** *akk* ~ to aim at sth [with sth]; ■ **auf etw** ~ to make [*or* head] for sth; ***worauf steuern Sie eigentlich [mit Ihrer Argumentation] hin?*** what are you getting at [with your argumentation]? **hin|strömen** *vi sein* ■ **[zu etw]** ~ to flock [*or* swarm] somewhere; ***am Sonntag ist Pokalendspiel, da werden Zehntausende ~!*** on Sunday it's the Cup Final, there'll be thousands flocking [*or* swarming] to the game! **hin|stürzen** *vi sein* ❶ (*eilends hinlaufen*) to rush somewhere ❷ (*hinfallen*) to fall [heavily]

hintan|stellen *vt* (*geh*) ■ **etw** ~ to put sth last [*or* at the bottom of the list]

hinten *adv* ❶ (*entfernt*) at the end; ***er sitzt ganz ~ in der vorletzten Reihe*** he's sitting at the back in the last row but one; ~ **im Buch** at the back of the book; **ein Buch von vorn[e] bis ~ lesen** to read a book from cover to cover; ~ **im Garten** at the bottom of the garden; **sich ~ anstellen** to join the back [of a queue [*or* AM line]]; **weit ~ liegen** to be tailed off BRIT; ***das wird weiter ~ erklärt*** that's explained further towards the end ❷ (*auf der abgewandten Seite*) at the back; ***hast du schon bemerkt, dass du ~ [an der Hose/am Hemd] einen Fleck hast?*** have you seen that there's a stain on the back [of your trousers/shirt]?; ~ **ein Geschwür haben** (*euph fam*) to have a boil on one's derrière *euph;* **ein Zimmer nach ~** a room at the back; **nach ~ abgehen** THEAT to leave the stage; **nach ~ ausschlagen** (*Pferd*) to kick out; ~ **ein paar draufkriegen** (*fam*) to get a spanking; **nach ~ durchgehen** TRANSP to go the back; **von ~ kommen** to come from behind; **vorn[e] und ~ nichts haben** (*fam*) to be flat and skinny; **nach ~ wohnen** [*o* **gelegen sein**] to live [*or* be] at the back of the house ▶ WENDUNGEN: ~ **und <u>vorn</u>[e]** (*fam*) left, right and centre [*or* AM -er]; **jdn ~ und <u>vorn</u>[e] bedienen** to wait on sb hand and foot; **weder ~ noch <u>vorn</u>[e]**, ~ **und <u>vorn</u>[e] nicht** (*fam*) no way *fam;* ***das reicht doch ~ und vorne nicht!*** that's nothing like enough!; ***das stimmt doch ~ und vorn[e] nicht/das stimmt weder ~ noch vorn[e]*** that can't [*or* there's no way that can] be right; **nicht mehr wissen, wo ~ und <u>vorn</u>[e] ist** to not know if one's on one's head or one's heels [*or esp* AM if one's coming or going]; **Frau/Herr … ~, Frau/Herr … <u>vorn</u>** (*fam*) it's Mrs/Mr … this, Mrs/Mr … that, it's yes Mrs/Mr … , no Mrs/Mr …, [three bags full, Mrs/Mr …]; ~ **nicht mehr <u>hochkommen</u>** (*fam*) to be [utterly] shattered BRIT *fam* [*or* BRIT *sl* knackered] [*or* BRIT *fam* dead beat] [*or esp* AM exhausted]; **jdm ~ <u>reinkriechen</u>** (*fam*) to crawl *fam* [*or* grovel] to sb, to lick [*or* AM kiss] sb's arse [*or* AM ass] *vulg;* **jdn am liebsten von ~ <u>sehen</u>** (*fam*) to be glad to see the back of sb

hintendran *adv* (*fam*) on the back **hintendrauf** *adv* (*fam*) ❶ (*hinten auf der Ladefläche*) at the back ❷ *s.* **hintendran** ▶ WENDUNGEN: **jdm eins ~ <u>geben</u>** to smack sb's bottom [*or* behind]; **eins [von jdm] ~ <u>kriegen</u>** to be [*or* have one's bottom] smacked [by sb] **hintenherum** *adv* ❶ (*von der hinteren Seite*) round [*or esp* AM around] the back ❷ (*fam: auf Umwegen*) indirectly, in a roundabout way; ***ich habe es ~ erfahren*** a little bird told me *prov* ❸ (*fam: illegal*) through the back door; ***diese Handtücher hat er ~ bekommen*** these towels fell off the back of a lorry *fig fam* **hintennach** *adv* ÖSTERR, SÜDD (*hinterdrein*) behind, at the back of **hintenrum** *adv* (*fam*) *s.* **hintenherum** **hintenüber** *adv* backwards

hinter **I.** *präp* ❶ *+dat räumlich* (*an der Rückseite von etw*) at the back of, behind ❷ *+akk räumlich* (*auf die Rückseite von etw*) behind; **etw fällt/rutscht ~ ein Sofa/einen Schrank** sth falls/slips behind [*or* down the back of] a sofa/a cupboard; **20 km ~ sich haben** to have covered 20 km ❸ *+dat räumlich* (*jenseits von etw*) behind; ~ **diesem Berg/Hügel** on the other side of this mountain/hill; ~ **der Grenze** on the other side of [*or* beyond] the border ❹ *+dat räumlich* (*am Schluss von etw*) after ❺ *+dat zeitlich* (*nach*) after; ~ **jdm an die Reihe kommen** to come after sb; **das Studium ~ sich haben** to have completed one's studies; **5 Minuten hinter der Zeit sein** to be 5 minutes late; **etw ~ sich bringen** to get sth over with ❻ *+akk* (*selten: zeitlich*) ***die Probleme reichten bis ~ den 2. Weltkrieg zurück*** the problems reached back to pre-war days ❼ *+dat* (*in Rangfolge*) ~ **den Erwartungen/Anforderungen zurückbleiben** to not live up to expectations/requirements ❽ *+dat* ~ **etw <u>kommen</u>** to find out about sth; **sich ~ jdn <u>stellen</u>** to back sb up **II.** *adv inv* SÜDD, ÖSTERR (*nach hinten*) ***wenn du ~ in den Garten gehst, bring ein paar Zwiebeln mit!*** when you go out to the garden, can you fetch a few onions? **III.** *pron* (*fam*) *s.* **dahinter, wohinter**

Hinterachse [ks] *f* back [*or esp* AM rear] axle **Hinterausgang** *m* back [*or* rear] exit; (*zu einem privaten Haus*) back door **Hinterbacke** *f meist pl* (*fam*) (*Hälfte eines Gesäßes*) buttock; ■ **~n** buttocks, backside *fam,* bum BRIT *fam,* butt AM ▸ WENDUNGEN: **sich auf die ~n setzen** to get one's finger out BRIT *fam!,* to put one's shoulder to the wheel BRIT, to go all out **Hinterbänkler(in)** <-s, -> *m(f)* POL *(pej)* ≈ backbencher *(insignificant member of parliament)* **Hinterbein** *nt* ZOOL hind [*or fam* back] leg ▸ WENDUNGEN: **sich auf die ~e stellen** [*o* **setzen**] *(fam)* to put up a fight, to take a stand

Hinterbliebene(r) *f(m) decl wie adj* bereaved [family]; ***seine Tochter war die einzige ~*** his daughter was his only survivor; ■ **die/jds ~n** the/sbs surviving dependants

Hinterbliebenenrente *f* surviving dependant's pension

hinter|bringen* *vt irreg (geh: heimlich in Kenntnis setzen)* ■ **jdm etw ~** to tell sb sth confidentially, to whisper sth in sb's ear *fig*

Hinterdeck *nt* NAUT afterdeck

hinterdrein *adv* at the back, behind

hintere(r, s) *adj* ■ **der/die/das ~ ...** the rear ...; **der ~ Teil eines Käses/Schinkens** the back of a cheese/ham; **das ~ Stück eines Käses/Schinkens** the last part of a cheese/ham

hintereinander *adv* ① *räumlich (einer hinter dem anderen)* one behind the other; **~ fahren** to go/drive/ride one behind [*or* after] the other; **~ gehen** to go/walk one behind [*or* after] the other, to walk in single file; **~ stehen** to stand one behind the other; ***die Kunden mussten stundenlang ~*** the customers had to queue for hours ② *zeitlich (aufeinanderfolgend)* one after the other; **drei/mehrere Tage/Wochen/Monate ~** three/several days/weeks/months running [*or* BRIT *fam* on the trot] [*or* in succession], on three/several consecutive *form* days/weeks/months

hintereinanderher *adv* one behind [*or* after] the other

Hintereingang *m* the rear [*or* back] entrance, tradesmen's entrance *old;* *(zu einem privaten Haus)* back door

hinterfotzig *adj* DIAL *(fam)* underhand, devious; **ein ~er Mensch** an underhand [*or* a devious] [*or* a shifty] person; **eine ~e Bemerkung** a snide remark

hinter|fragen* *vt (geh)* ■ **etw ~** to analyze [*or* question] sth

Hinterfuß *m* ZOOL hind [*or fam* back] foot **Hintergaumenlaut** *m* velar [*or* back] consonant **Hintergebäude** *nt building situated behind another;* ***die Pferde werden in dem ~ gehalten*** the horses are housed in the building at the rear [*or fam* out the back] **Hintergedanke** *m* ulterior motive; ***ich kann mir kaum vorstellen, dass sie ohne ~ auf einmal so zuvorkommend ist*** I can't imagine that she can be so obliging without [having] an ulterior motive

hinter|gehen* *vt irreg* ① *(betrügen)* ■ **jdn ~** to deceive sb, to go behind sb's back; *(jdn betrügen um Profit zu machen)* to cheat [*or* double-cross] sb; ***wie er mich hintergangen hat, und ihm habe ich so vertraut!*** I was so taken in [by him] and I really trusted him! ② *(sexuell betrügen)* ■ **jdn** [**mit jdm**] **~** to be unfaithful to sb, to two-time sb *fam*

Hinterglasmalerei *f* KUNST ① *(Bild) pictures painted on the back of glass* ② *kein pl (Technik) technique of making ~ 1*

Hintergrund *m* ① *(hinterer Teil des Blickfeldes)* background; **der ~ einer Bühne/eines Raums/eines Saals** the back of a stage/a room/a hall; **im ~** in the background; **im ~ eines Raums/eines Saals** at the back of a room/a hall; **im ~ bleiben** [*o* **sich halten**] to stay in the background ② *(Bedingungen und Umstände)* ■ **der ~ einer S.** *gen* the background to sth; **der ~ einer Geschichte** the backdrop *liter* [*or liter* setting] [*or* background] to a story; ***der Hexenwahn und der Teufelsglaube bildeten den ~ der Hexenverfolgungen*** fear of witches and belief in the devil led up to [*or* formed the background to] the witch hunts ③ *pl (verborgene Zusammenhänge)* ■ **die Hintergründe einer S.** *gen* the [true] facts [*or* story] about sth; **vor dem ~ einer S.** *gen* in/against the setting of sth, against the backdrop *liter* [*or* background] of sth ▸ WENDUNGEN: **jdn in den ~ drängen** [*o* **spielen**] to push [*or* thrust] sb into [*or* to relegate sb to] the background, to steal the limelight from sb; **im ~ stehen** to remain in the background, to be part of the furniture BRIT *fam;* **in den ~ treten** [*o* **geraten**] [*o* **rücken**] to fade [*or* recede] [*or* retreat] into the background

hintergründig **I.** *adj* enigmatic, mysterious **II.** *adv* enigmatically, mysteriously

Hintergrundmusik <-> *f kein pl* background music *no pl;* FILM soundtrack

hinter|haken *vi (fam)* to question; ***mit dieser Antwort würde ich mich nicht zufriedengeben, da musst du ~*** I wouldn't be satisfied with that answer, you'll have to ask a few probing questions

Hinterhalt *m (pej)* ambush; **in einen ~ geraten** to be ambushed, to be the victim of an ambush; **im ~ liegen** [*o* **lauern**] to lie in wait [*or* ambush]; **jdn in einen ~ locken** to lure sb into an ambush; **aus dem ~ anfallen/angreifen** to attack without warning, to make a surprise attack

hinterhältig **I.** *adj (pej)* underhand, devious, shifty **II.** *adv (pej)* in an underhand [*or* devious] [*or* shifty] manner [*or* way]

Hinterhältigkeit <-, -en> *f (pej)* ① *kein pl (Heimtücke)* underhandedness, deviousness, shiftiness ② *(heimtückische Tat)* underhand [*or* devious] [*or* shifty] act [*or fam* thing to do]

Hinterhand *f* ZOOL hindquarters *npl* ▸ WENDUNGEN: **etw in der ~ haben** to have sth up one's sleeve [*or* in reserve] **Hinterhaus** *nt* back [part] of a building *(also a separate building at the back of another)*

hinterher *adv* ① *räumlich* after; ***da haut einer mit deinem Fahrrad ab, los, ~!*** there's someone stealing your bike, come on, after him!; ■ **jdm ~ sein** to be after sb ② *zeitlich* after that, afterwards; ***~ ist man immer schlauer!*** it's easy to be clever in retrospect [*or* after the event]! ③ *(intensiv suchen)* ■ **hinter etw** *dat* **~ sein** to be after [*or* look for] sth

hinterher|fahren *vi irreg sein* ■ [**jdm/einer S.**] **~** to follow [*or* drive behind] [sb/sth]; ***fahren Sie hinter diesem Taxi hinterher!*** follow that taxi! **hinterher|hecheln** *vi (pej fam)* ■ **jdm/etw ~** to try to catch up with sb/sth *fig* **hinterher|hinken** *vi sein* ① *(hinter jdm/etw herhinken)* ■ **jdm/einer S. ~** to limp after sb/sth ② *(mit Verzögerung nachfolgen)* ■ **einer S.** *dat* **~** to lag behind sth **hinterher|kommen** *vi irreg sein* ① *(folgen)* ■ [**jdm**] **~** to follow [behind] [sb], to come after [sb]; ***nicht so schnell, ich komme nicht hinterher!*** not so fast, I can't keep up! ② *(danach kommen)* to follow, to happen afterwards ③ *(als letzter kommen)* ■ [**noch**] **~** to bring up the rear **hinterher|laufen** *vi irreg sein* ① *(im Lauf folgen)* ■ **jdm ~** to run [*or* chase] after sb ② *(fam: sich eifrig bemühen)* ■ **jdm/einer S. ~** to run [*or* chase] after sb/sth **hinterher|schicken** *vt (nachschicken)* ■ **jdm etw ~** to send sth [on] after sb

Hinterhof *m* courtyard, back yard; *(Garten)* back garden **Hinterindien** *nt* Indochina **Hinterkopf** *m (hinterer Teil des Kopfes)* back of one's/the head ▸ WENDUNGEN: **etw im ~ haben/behalten** *(fam)* to keep [*or* bear] sth in mind; ***ich habe noch im ~, dass wir damals ...*** I can vaguely remember that ... **Hinterlader** <-s, -> *m* breech-loading gun **Hinterland** *nt kein pl* hinterland

hinter|lassen* *vt irreg* ① (*vermachen*) ■**jdm etw** ~ to leave [*or form* bequeath] [*or* will] sb sth ② (*als Hinterbliebene übriglassen*) ■**jdn** ~ to leave sb; ***er hinterlässt eine Frau und drei Kinder*** he leaves a wife and three children, he is survived by a wife and three children ③ (*als Erbschaft übriglassen*) ■**etw** ~ to leave sth ④ (*als literarisches Vermächtnis übriglassen*) ■**etw** ~ to leave sth behind; **die ~e Werke** the posthumous works ⑤ (*hinterlegen*) ■**[jdm] etw** ~ to leave sth [for sb] ⑥ (*nach dem Verlassen zurücklassen*) ■**etw irgendwie** ~ to leave sth somehow; ***wie die Kinder ihr Zimmer ~!*** the way these children leave their room!; **etw in Unordnung** ~ to leave sth in a mess [*or* a muddle] ⑦ (*übriglassen*) ■**[bei jdm] etw** ~ to leave [sb with] sth; **bei jdm einen Eindruck** ~ to make an impression on sb

Hinterlassenschaft <-, -en> *f* ① (*literarisches Vermächtnis*) posthumous works ② (*fam: übriggelassene Dinge*) leftovers *pl* ③ JUR **jds ~ antreten** to inherit sb's estate

Hinterlassung <-> *f kein pl* **ohne ~ einer S.** *gen* (*geh*) without leaving sth; **unter ~ einer S.** *gen* (*geh*) leaving behind sth *sep;* ***er verstarb unter ~ einer Unmenge von unbezahlten Rechnungen*** he died, leaving behind a lot of unpaid bills

Hinterlauf *m* hind [*or* back] leg

hinter|legen* *vt* ■**etw [bei jdm]** ~ to leave sth [with sb]; **einen Betrag/eine Unterschriftsprobe/eine Sicherheitsleistung [bei jdm]** ~ to supply [sb with] an amount/a signature/security

Hinterlegung <-, -en> *f* leaving behind; ***das Gericht setzte im Urteil die ~ einer Summe bei der Gerichtskasse fest*** the court ordered that an amount be deposited with the court cashier; **gegen ~ einer S.** *gen* against a deposit of sth; **jdn gegen ~ einer Kaution auf freien Fuß setzen** to release sb on bail

Hinterlist *f kein pl* ① (*Heimtücke*) deceit *no pl, no art,* deception *no pl, no art,* craftiness *no pl, no art,* duplicity *no pl, no art* ② (*Trick, List*) trick, ploy, ruse

hinterlistig **I.** *adj* deceitful, deceptive, crafty, shifty **II.** *adv* deceitfully, deceptively, craftily, shiftily; **aufs ~ste** in the most deceitful [*or* deceptive] [*or* crafty] [*or* shifty] way [*or* manner]

hinterm = **hinter dem** *s.* **hinter**

Hintermann <-männer> *m* ① (*Mensch hinter jdm in der Reihe*) ■**jds** ~ the person behind sb ② *pl* (*pej fam*) person pulling the strings *pej,* brains [behind the operation]

Hintermannschaft *f* defence [*or* AM -se]

hintern = **hinter den** *s.* **hinter**

Hintern <-s, -> *m* (*fam*) (*Gesäß*) bottom, behind, backside, bum BRIT *sl;* **ein paar auf den ~ bekommen** to have one's bottom smacked; **[von jdm] den ~ voll bekommen** to have one's bottom [*or* behind] [*or* backside] [*or* hide] tanned; **sich auf den ~ setzen** (*fam*) to fall on one's bottom [*or* behind] [*or* backside]; **jdm den ~ versohlen** to tan sb's bottom [*or* behind] [*or* backside] [*or* hide] ▶ WENDUNGEN: **jd kann sich in den ~ beißen** (*sl*) sb can kick themselves; **jdm in den ~ kriechen** (*pej sl*) to grovel [*or fam* suck up] to sb, to lick [*or* AM kiss] sb's arse [*or* AM ass] *vulg;* **sich auf den ~ setzen** (*fam*) to get one's finger out BRIT *fam,* to knuckle down to [*or fam* get stuck into] sth

Hinterpfote *f* ZOOL hind [*or* back] paw **Hinterrad** *nt* rear [*or* back] wheel **Hinterradantrieb** *m* rear-wheel drive

hinterrücks *adv* ① (*von hinten*) from behind ② (*im verborgenen*) behind sb's back

hinters = **hinter das** *s.* **hinter**

Hinterschinken *m* KOCHK ham **Hinterseite** *f* ① (*Rückseite*) back, rear; **an der/zur ~ des Hauses** at/to the back [*or* rear] of the house ② *s.* **Hintern**

Hintersinn *m* hidden [*or* deeper] meaning **hintersinnen*** *vr irreg* SCHWEIZ ① (*grübeln*) ■**sich wo/wann/warum** ~ to rack [*or esp* AM wrack] one's brains where/when/why ② (*sich Gedanken machen*) ■**sich** ~ to think [*or* speculate] [about sth]; ***es hat keinen Wert, sich jetzt zu ~*** there's no point thinking [*or* speculating] about it now **hintersinnig** *adj* with a deeper [*or* profound] meaning; **eine ~e Bemerkung** a profound [*or* subtle] remark, a remark with a deeper meaning; (*Bemerkung mit verschleierter Gemeinheit*) a veiled remark; ***manchmal ist er sehr ~*** sometimes he's very profound; **ein ~er Sinn für Humour** a subtle sense of humour [*or* AM -or]

hinterste(r, s) *adj superl von* **hintere(r, s)** (*entlegenste*) farthest [*or* furthest], deepest *hum,* the wildest parts of *hum* ▶ WENDUNGEN: **das H~ zuvorderst kehren** (*fam*) to turn everything upside down

Hintersteven [vən] *m* ① NORDD (*Gesäß*) behind, bottom *fam* ② *s.* **Achtersteven** **Hinterteil** *nt* (*fam*) *s.* **Hintern 1** **Hintertreffen** *nt kein pl* **[gegenüber jdm] ins ~ geraten** [*o* **kommen**] to fall behind [sb]; **[jdm gegenüber/im Vergleich mit jdm] im ~ sein** [*o* **sich befinden**] to be [*or* find oneself] at a disadvantage [to sb/in comparison to sb]

hinter|treiben* *vt irreg* ■**etw** ~ to thwart [*or* prevent] sth, to oppose sth successfully; **einen Plan** ~ to foil [*or* frustrate] [*or* thwart] a plan

Hintertreppe *f* back stairs [*or* steps] **Hintertupfing(en)** <-s> *nt kein pl* (*fam: Topos für rückständigen Ort*) the back of beyond BRIT, Timbuctoo **Hintertür** *f,* **Hintertürl** <-s, -[n]> *nt* ÖSTERR ① (*hintere Eingangstür*) back entrance; (*zu einem privaten Haus*) back door ② (*fam: Ausweg*) back door, loophole *fig* ▶ WENDUNGEN: **sich** *dat* **[noch] eine Hintertür** [*o* **ein Hintertürchen**] [*o* **ein Hintertürl**] **offenhalten** [*o* **offenlassen**] to leave a back door open, to leave a loophole; **durch die Hintertür** by the back door **Hinterwäldler(in)** <-s, -> *m(f)* (*pej fam*) country bumpkin *pej fam,* yokel *pej fam* **hinterwäldlerisch** *adj* (*pej fam*) country bumpkin, provincial BRIT; **~e Ansichten** country bumpkin [*or* provincial] mentality BRIT; ■**~ sein** to be a country bumpkin [*or* provincial] BRIT

hinter|ziehen* *vt irreg* ■**etw** ~ to evade sth

Hinterziehung *f* evasion

Hinterzimmer *nt* ① (*nach hinten liegendes Zimmer*) back room, room at the back ② ÖKON back office

hin|tragen *vt irreg* ■**jdn/etw [zu jdm/etw]** ~ to carry sb/sth [to sb/sth] **hin|treten** *vi irreg sein* ① (*jdm gegenübertreten*) ■**vor jdn** ~ to go up to sb, to face [*or* confront] sb ② (*sich jdm nähern*) ■**zu jdm** ~ to go/come up to sb ③ (*zutreten*) to kick, to put the boot in *sl* **hin|tun** *vt irreg* (*fam: hinlegen*) ■**[jdm] etw irgendwohin** ~ to put sth somewhere [for sb]; ***wer hat mir diesen Zettel hingetan?*** who's left this note for me?

hinüber *adv* ① (*nach drüben*) across, over; ***bis zu den Hügeln ~ war die Erde kahl und ausgetrocknet*** the earth up to the hills was bare and arid; **eine Mauer/einen Zaun** ~ over a wall/a fence; **~ und herüber** back and forth, backwards and forwards; ■**[zu jdm] ~ sein** (*fam*) to go across [*or* over] [to sb]; ***Mutter ist nur kurz ~ zu Frau Lang*** mother has popped over to Mrs Lang's *fam* ② (*fam: verdorben sein*) ■**~ sein** to be [*or* have gone] off, to be bad ③ (*fam: defekt sein*) ■**~ sein** to have had it; (*ruiniert sein*) to be done for ④ (*fam: ganz hingerissen sein*) ■**~ sein** to be bowled over; **völlig ~ sein** to be completely bowled over ⑤ (*fam: tot sein*) ■**~ sein** to have had it

hinüber|blicken *vi* (*von hier nach drüben blicken*) ■**[zu jdm/etw]** ~ to look [*or* have a look] across [*or* over] [at/to sb/sth] **hinüber|bringen** *vt irreg* ■ **etw** [**zu jdm/etw**] [**über etw** *akk*] ~ to take across [*or* over] sth *sep* [to sb/sth] **hinüber|fahren** *irreg* **I.** *vt haben* ■ **jdn/etw** [**auf etw** *akk*] ~ to drive [*or* take] sb/sth [to sth]; **jdn/etw mit der Fähre** ~ to take sb/sth by ferry **II.** *vi sein* (*nach drüben fahren*) ■ [**nach etw/über etw** *akk*] ~ to drive [*or* go] across [*or* over] [to sth/the sth]; **über die Wolga** ~ to drive [*or* go] across [*or* over] the Volga; **über die Wolga mit einem Boot** ~ to go over [*or* across] [*or* to cross] the Volga by boat **hinüber|führen** **I.** *vt* (*nach drüben geleiten*) ■ **jdn** [**auf etw** *akk*/**in/über etw** *akk*] ~ to take sb across [*or* over] [to sth/sth]; ***wenn Sie meinen Arm nehmen, führe ich Sie gerne auf die andere Straßenseite hinüber*** if you take my arm, I'll be happy to take you to the other side of the road **II.** *vi* (*nach drüben verlaufen*) ■ [**auf etw** *akk*/**über etw** *akk*] ~ to go across [*or* over] [*or* to cross] [to sth/sth]; ***die Brücke führt über das Tal hinüber*** the bridge goes over [*or* across] [*or* the bridge crosses] a valley **hinüber|gehen** *vi irreg sein* (*nach drüben gehen*) ■ [**auf etw** *akk*/**in/über etw** *akk*] ~ to go over [*or* across] [*or* to cross] [to sth/sth]; ***man darf erst bei Grün auf die andere Straßenseite*** ~ you have to wait for the green light before you cross the road **hinüber|helfen** *vi irreg* ■ **jdm** [**auf etw** *akk*/**über etw** *akk*] ~ to help sb over [*or* across] [to sth/sth]; **jdn über die Straße** ~ to help sb over [*or* across] the road **hinüber|kommen** *vi irreg sein* ■ [**zu jdm/auf etw** *akk*/**in etw** *akk*/**über etw** *akk*] ~ to come/go over [*or* across] [to sb/to sth/sth]; **über die Brücke** ~ to come/go over [*or* across] the bridge **hinüber|lassen** *vt irreg* ■ **jdn** [**zu jdm/über etw** *akk*] ~ to let sb go/drive over [*or* across] [*or* to let sb cross] [to sb/sth] **hinüber|reichen** **I.** *vt* (*geh*) ■ [**jdm**] **etw** [**über etw** *akk*] ~ to pass sth across [*or* over] [sth] [to sb] **II.** *vi* ■ [**in etw** *akk*/**über etw** *akk*] ~ to reach over [to sth/sth]; ***der Ast reicht drei Meter in Nachbars Garten hinüber!*** the branch reaches three metres over the neighbours garden! [*or* overhangs the neighbours garden by three metres] **hinüber|retten** **I.** *vt* ① (*nach drüben in Sicherheit bringen*) ■ **etw** [**nach etw/auf etw** *akk*/**über etw** *akk*] ~ to save sth by getting/taking it across [*or* over] [to sth/sth]; **die Habseligkeiten in ein anderes Land** ~ to save one's worldly goods by getting/taking them to another country ② (*erhalten und übernehmen*) ■ **etw** [**in etw** *akk*] ~ to preserve [*or* keep] [*or* maintain] sth [in sth] **II.** *vr* ① (*sich in Sicherheit bringen*) ■ **sich** [**über etw** *akk*] ~ to reach safety [*or* save oneself] [by crossing sth] ② (*sich erhalten und übernommen werden*) ■ **sich** [**in etw** *akk*] ~ to survive [in sth] **hinüber|schwimmen** *vi irreg sein* ■ [**zu etw** *dat*] ~ to swim across [*or* over] [to sth]; ■ **über etw** *akk* ~ to swim over [*or* across] sth

hinüber|steigen *vi irreg sein* ■ [**auf/in/über etw** *akk*] ~ to climb over [onto sth/into sth/sth] **hinüber|werfen** *vt irreg* ■ **etw** [**auf/in etw** *akk*] ~ to throw over sth *sep* [onto/into sth]; ■ [**jdm**] **etw** *akk* **über etw** *akk* ~ to throw sth over sth [to sb]; ***er warf den Kindern den Ball über die Mauer hinüber*** he threw the ball over the wall to the children

hin- und herbewegen* *vt* ■ **etw** ~ to move sth back and forth [*or* to and fro]; ■ **sich** ~ to move back and forth; **sich** *akk* **zur Musik** ~ to rock [*or* move back and forth] to music/the music **hin- und herfahren** *irreg* **I.** *vi sein* to travel back and forth [*or* to and fro] **II.** *vt* ■ **jdn** ~ to drive sb back and forth [*or* to and fro] **Hinundhergerede, Hin-und-Her-Gerede** *nt* (*fam*) aimless chatter, argy-bargy BRIT *fam*

Hin- und Rückfahrt *f* return journey; ***einfache Fahrt oder ~?*** single or return? **Hin- und Rückflug** *m* return flight **Hin- und Rückweg** *m* round trip

hinunter *adv* down; ***die Treppe ~ ist es leichter als umgekehrt*** going down the stairs is easier than going up; ~ ***damit!*** get it down!; (*Bier a.*) get it down your neck! *fam; s. a.* **bis**

hinunter|blicken *vi* (*geh*) to look down; ***vom Turm kann man schön in den Ort*** ~ you get a lovely view of the place looking down from the tower **hinunter|bringen** *vt irreg* ① (*nach unten tragen*) ■ **jdn/etw** ~ to take/bring down sb/sth *sep;* ***kannst du den schweren Sack alleine ~?*** can you bring/take that heavy sack down alone? ② (*fam: hinunterschlucken*) ***ich weiß nicht, ob ich das scheußliche Zeug hinunterbringe*** I don't know if I can get that hideous stuff down **hinunter|fahren** *irreg* **I.** *vi sein* to go down; ***fährt der Fahrstuhl hoch oder hinunter?*** is the lift going up or down? **II.** *vt* ① *haben* ■ **jdn/etw** [**irgendwohin**] ~ to drive [*or* take] down sb/sth *sep* [somewhere]; ***ich kann Sie in die Stadt*** ~ I can drive [*or* take] you down to town ② *sein* ■ **etw** ~ to go down sth; ***diesen Abhang fahre ich nicht hinunter!*** I'm not going down that slope! **hinunter|fallen** *irreg sein* **I.** *vi* ■ **etw fällt** [**jdm**] **hinunter** sth falls down/off; (*aus den Händen*) sb drops sth; **aus dem 8. Stock/von der Fensterbank** ~ to fall from the 8th floor/off the windowsill **II.** *vt* ■ **etw** ~ to fall down sth **hinunter|fließen** *irreg sein* **I.** *vi* ■ [**in etw** *akk*] ~ to flow down [into sth] **II.** *vt* ■ **etw** ~ to flow down sth **hinunter|gehen** *irreg sein* **I.** *vi* ① (*von hier nach unten gehen*) to go down; ***geh mal schnell hinunter und hol mir eine Flasche Wein aus dem Keller*** nip down and get me a bottle of wine from the cellar ② (*die Flughöhe verringern*) ■ [**auf etw** *akk*] ~ to descend [to sth] **II.** *vt* ■ **etw** ~ to go down sth **hinunter|kippen** *vt* (*fam*) ■ **etw** ~ to gulp down sth *sep;* **Schnaps** ~ to knock back schnapps *sep fam* **hinunter|klettern** *sein* **I.** *vi* to climb down **II.** *vt* ■ **etw** ~ to climb down sth **hinunter|lassen** *vt irreg* ① (*nach unten hinablassen*) ■ **jdn/etw** [**auf etw** *akk*/**zu jdm**] ~ to lower sb/sth [onto sth/down to sb] ② (*fam: nach unten gehen lassen*) ■ **jdn** [**in etw** *akk*] ~ to let sb down [[in]to sth] ③ (*fam: auf den Boden lassen*) ■ **jdn** [**auf etw** *akk*] ~ to set down sb *sep* [onto sth] **hinunter|laufen** *irreg sein* **I.** *vi* ■ [**zu jdm/irgendwohin**] ~ to run down [to sb/somewhere] **II.** *vt* ■ **etw** ~ to run down sth; **die Treppe** ~ to run downstairs; *s. a.* **Rücken** **hinunter|reichen** **I.** *vt* ■ **jdm etw** *akk* ~ to hand [*or* pass] down sth *sep* to sb **II.** *vi* ■ [**jdm**] **bis zu etw** *dat* ~ to reach down to sb's sth; ***das Kleid reicht mir bis zu den Knöcheln hinunter*** the dress reaches down to my ankles **hinunter|schalten** *vi* [**in den ersten/zweiten etc. Gang**] ~ *akk* to change [*or* AM shift] down [into first/second etc. gear] **hinunter|schauen** *vi* DIAL *s.* **hinuntersehen** **hinunter|schlingen** *vt irreg* (*fam*) ■ **etw** ~ to devour sth; **Essen** ~ to gobble [*or* BRIT bolt] down food **hinunter|schlucken** *vt* ■ **etw** ~ ① (*ganz schlucken*) to swallow [down *sep*] sth, to swallow sth whole ② (*fam: sich verkneifen*) to suppress [*or* choke back] sth *sep;* **eine Erwiderung** ~ to stifle [*or sep* bite back] a reply **hinunter|schmeißen** *vt irreg* (*fam*) ■ [**jdm**] **etw** *akk* ~ to sling [*or fam* chuck] down *sep* sth [to sb] **hinunter|schütten** *vt* (*fam*) ■ **etw** ~ to gulp down sth *sep* **hinunter|sehen** *vi irreg* ■ [**zu jdm/auf etw** *akk*] ~ to look down [at sb/sth]; ***sieh doch mal hinunter, wer unten gerade bei uns klingelt!*** have a look down and see who's ringing our doorbell **hinunter|spülen** *vt* ① (*nach unten wegspülen*) ■ **etw** ~ to flush down sth *sep* ② (*mit einem Getränk hinunterschlucken*) ■ **etw** [**mit etw** *dat*] ~ to wash down sth *sep* [with sth] ❸ (*fam: verdrängen*) ■ **etw** [**mit etw** *dat*] ~ to ease sth [with sth] **hinunter|stürzen** **I.** *vi sein* ❶ (*heftig hinunterfallen*) ■ [**auf etw** *akk*/ **von etw** *dat*] ~ to fall [down] [onto sth/from/off sth] ❷ (*eilends hinunterlaufen*) to dash [*or* rush] down; ***sie stürzte hinunter, um die Tür aufzumachen*** she rushed down[stairs] to answer the door **II.** *vt* ❶ *sein* (*schnell hinunterlaufen*) ■ **etw** ~ to dash [*or* rush] down sth; **die Treppe** ~ to rush [*or* dash] down[the]stairs ❷ *haben* (*nach unten stürzen*) ■ **jdn** ~ to throw down sb *sep* ❸ *haben* (*fam: in einem Zug hastig schlucken*) ■ **etw** ~ to gulp down sth *sep;* **einen Schaps** ~ to knock back a schnapps *sep fam* **III.** *vr* ■ **sich** ~ to throw oneself down/off; **sich** *akk* **eine Brücke/die Treppe** ~ to throw oneself off a bridge/ down the stairs **hinunter|werfen** *vt irreg* ■ [**jdm**] **etw** *akk* ~ to throw down sth *sep* [to sb]; ***wirf mir den Schlüssel hinunter!*** throw me the key! **hinunter|würgen** *vt* ■ **etw** ~ to choke down sth *sep* **hinunter|ziehen** *irreg* **I.** *vt haben* ■ **jdn/etw** ~ to pull down sb/sth *sep* **II.** *vi sein* ❶ (*nach unten umziehen*) ■ [**in etw** *akk*] ~ to move down [into sth]; ***ich ziehe in eine Einzimmerwohnung im zweiten Stock hinunter*** I'm moving down into a one-room flat on the second floor ❷ (*nach Süden ziehen*) to move [down] south **III.** *vr haben* (*abwärts verlaufen*) ■ **sich** ~ to stretch [*or* extend] down; ***ihre Narbe zieht sich vom Oberschenkel bis zum Knie hinunter*** her scar stretches from the thigh down to the knee

hin|wagen *vr* ■ **sich** [**zu jdm/etw**] ~ to dare [to] go [up to sb/sth]; ■ **sich** *akk* **zu einem Tier** ~ to dare [to] approach [*or* go up to] an animal

hinweg *adv* (*veraltend geh*) ■ ~! away with you!, begone! *liter or old;* ■ ~ **mit jdm/etw** away with sb/ sth; **über jdn/etw** ~ **sein** to have got over sb/sth; **über etw** *akk* ~ **sein** to be over sth; **über lange Jahre** ~ for [many [long]] years

Hinweg *m* way there; ***der ~ wird zehn Stunden dauern*** the journey there will take ten hours; **auf dem** ~ on the way there; ***hoffentlich werden wir auf dem ~ nicht aufgehalten!*** hopefully we won't get held up on our way

hinweg|bringen *vt irreg* ■ **jdn über etw** *akk* ~ to help sb [to] get over sth; **jdn über schwere Zeiten** ~ to help sb [[to] get] through difficult times **hinweg|gehen** *vi irreg sein* ■ **über etw** *akk* ~ to disregard [*or* pass over] sth **hinweg|helfen** *vi irreg* ■ **jdm über etw** *akk* ~ to help sb [to] get over sth; **jdm über schwierige Zeiten** ~ to help sb [[to] get] through difficult times **hinweg|kommen** *vi irreg sein* ■ **über etw** *akk* ~ to get over sth; ■ **darüber** ~, **dass ...** to get over the fact that ... **hinweg|raffen** *vt* (*geh*) ■ **jdn** ~ to carry off sb *sep* **hinweg|sehen** *vi irreg* ❶ (*unbeachtet lassen*) ■ **über etw** *akk* ~ to ignore [*or* overlook] sth; ■ **darüber** ~, **dass jd etw** *akk* [**nicht**] **tut** to ignore [*or* overlook] the fact that sb is[n't] doing sth, to overlook sb's [not] doing sth *form* ❷ (*ignorieren*) ■ **über jdn/etw** ~ to ignore sb/sth, to cut sb ❸ (*darüber sehen*) ■ **über jdn/etw** ~ to see over [*or* past] sb['s head]/sth **hinweg|setzen** *vr* ■ **sich** *akk* **über etw** *akk* ~ to disregard [*or* dismiss] sth **hinweg|täuschen** *vt* ■ **jdn über etw** *akk* ~ to deceive [*or* mislead] sb about sth; ■ **jdn darüber** ~, **dass ...** to blind sb to the fact that ...; ■ **darüber** ~, **dass ...** to hide [*or* obscure] the fact that ...; ■ **sich** *akk* [**nicht**] **darüber** ~ **lassen, dass ...** to [not] be blind to the fact that ... **hinweg|trösten** *vt* ■ **jdn über etw** *akk* ~ to console sb [about sth]

Hinweis <-es, -e> *m* ❶ (*Rat*) advice *no pl, no art,* piece of advice, tip; ***ich erlaube mir den ~, dass ...*** I must point out that ...; ***detaillierte ~e finden Sie in der Gebrauchsanleitung*** you will find detailed information in the operating instructions; **unter** ~ **auf etw** *akk* with reference to sth ❷ (*Anhaltspunkt*) clue, indication; ***für ~e, die zur Ergreifung der Täter führen, ist eine Belohnung in Höhe von 23.000,-- DM ausgesetzt*** there is a reward of 23,000.00 DM for information leading to the arrest of the perpetrators

hin|weisen *irreg* **I.** *vt* ■ **jdn auf etw** *akk* ~ to point out sth *sep* to sb; ■ **jdn darauf** ~, **dass ...** to point out [to sb] that ... **II.** *vi* ■ **auf jdn/etw** ~ to point to sb/ sth; ■ **darauf** ~, **dass ...** to indicate that ...; *s. a.* **Fürwort**

Hinweisschild *nt* sign **Hinweistafel** *f* information board

hin|wenden *irreg* (*geh*) **I.** *vt* ■ **etw zu jdm** ~ to turn sth to[wards] sb **II.** *vr* ■ **sich** *akk* **zu jdm/etw** ~ to turn to[wards] sb/sth

Hinwendung *f* **eine** ~ **zum Besseren** a turn for the better

hin|werfen *irreg* **I.** *vt* ❶ (*zuwerfen*) ■ **jdm/einem Tier etw** *akk* ~ to throw sth to sb/an animal ❷ (*irgendwohin werfen*) ■ [**jdm**] **etw** *akk* ~ to throw down sth [to sb] *sep;* (*fallen lassen*) to drop sth ❸ (*fam: aufgeben*) ■ **etw** ~ to give up sth *sep,* to chuck [in *sep*] sth *fam* ❹ (*flüchtig erwähnen*) ■ **etw** ~ to drop sth *fam;* ***das war nur so hingeworfen*** that was just a casual remark ❺ (*flüchtig zu Papier bringen*) ■ **etw** ~ to dash off sth *sep;* ■ **hingeworfen** hurried **II.** *vr* ■ **sich** [**vor jdn/etw**] ~ to throw oneself down [in front of [*or form* before] sb/sth]

hin|wirken *vi* ■ [**bei jdm**] **auf etw** *akk* ~ to work towards [getting sb to do] sth; ***ich werde darauf ~, dass du eingestellt wirst*** I'll work towards getting you appointed

hin|wollen *vi* (*fam*) ■ [**zu jdm/etw**] ~ to want to go [to sb/sth]

Hinz *m* ▶ Wendungen: ~ **und Kunz** (*pej fam*) every Tom, Dick and Harry [*or* Brit Harriet] *pej;* **von** ~ **zu Kunz** (*pej fam*) to wander around in a fruitless manner, from pillar to post Brit

hin|zählen *vt* ■ **jdm etw** *akk* ~ to count out sth *sep* to sb **hin|zaubern** *vt* (*fam*) ■ [**jdm**] **etw** *akk* ~ to whip [*or* rustle] up sth *sep* [for sb]; **eine Mousse au Chocolat** ~ to conjure up a chocolate mousse

hin|ziehen *irreg* **I.** *vt haben* ❶ (*zu sich ziehen*) ■ **jdn/etw zu sich** ~ to pull [*or* draw] sb/sth towards one; *s. a.* **fühlen** ❷ (*anziehen*) ■ **es zieht jdn zu etw** *dat* **hin** sb is attracted to sth; ***es hatte sie immer nach Köln hingezogen*** she had always been attracted to Cologne ❸ (*hinauszögern*) ■ **etw** ~ to delay sth **II.** *vi sein* ❶ (*sich hinbewegen*) ■ [**zu etw** *dat*] ~ to move [*or* go] [to sth]; ***da zieht sie hin, die Karawane!*** there goes the caravan! ❷ (*umziehen*) ■ **zu jdm/nach etw** ~ to move in with sb/to move to sth; ***du könntest doch zu uns ~*** you could move in with us **III.** *vr* ❶ (*sich verzögern*) ■ **sich** ~ to drag on ❷ (*sich erstrecken*) ■ **sich** *akk* **entlang einer S.** *gen* ~ to extend [*or* stretch] along sth

hin|zielen *vi* ❶ (*zum Ziel haben*) ■ **auf etw** *akk* ~ to aim at sth ❷ (*auf etw gerichtet sein*) ■ **auf etw** *akk* ~ to be aimed at sth, to refer to sth ❸ (*entstehen lassen wollen*) ■ [**mit etw** *dat*] **auf etw** *akk* ~ to aim at sth [using sth]

hinzu *adv* in addition, besides

hinzu|fügen *vt* ❶ (*beilegen*) ■ **etw** [**etw** *dat*] ~ to add sth [to sth], to enclose sth [with sth]; **einen Scheck einem Brief** ~ to enclose a cheque [*or* Am check] in [*or* with] a letter ❷ (*zusätzlich bemerken*) ■ [**einer S.** *dat*] **etw** *akk* ~ to add sth [to sth]; ***das ist meine Meinung, dem habe ich nichts mehr hinzuzufügen!*** that is my opinion, I have nothing further to add to it ❸ (*nachträglich hineingeben*) ■ **etw** ~ to

add sth
Hinzufügung *f* addition; **unter ~ einer S.** *gen* (*geh*) with the addition of sth
hinzu|geben *vt* ① (*zusätzlich geben*) ■ **jdm etw** *akk* ~ to add sth for sb ② (*beigeben*) ■ [**einer S.** *dat*] **etw** *akk* ~ to add sth [to sth] **hinzu|gewinnen** *vt irreg* ■ **jdn** ~ to gain sb **hinzu|kommen** *vi irreg sein* ① (*zusätzlich eintreffen*) to arrive; (*aufkreuzen*) to appear [on the scene]; ***die anderen Gäste kommen dann später hinzu*** the other guests are coming along [*or* arriving] later ② (*sich noch ereignen*) ■ **es kommt** [**noch**] **hinzu, dass ...** there is also the fact that ... ③ (*dazukommen*) ***die Mehrwertsteuer kommt noch hinzu*** that's not including v.a.t.; ***kommt sonst noch etwas hinzu?*** will there be anything else? **hinzu|rechnen** *vt* ■ **etw** [**mit**] ~ to add on sth *sep*, to include sth; ***Bedienung nicht hinzugerechnet*** service not included **hinzu|zählen** *vt* ① (*als dazugehörig ansehen*) ■ **jdn/etw** [**mit**] ~ to include sb/sth ② *s.* **hinzurechnen** **hinzu|ziehen** *vt irreg* ■ **jdn/etw** [**mit**] ~ to consult sb/sth **Hinzuziehung** *f kein pl* consultation; **unter ~ einer Person/einer S.** *gen* by/after consulting a person/sth; ***ich kann mich zu der Angelegenheit nur unter ~ eines Sachverständigen äußern*** I can only comment on the matter after having consulted an expert
Hiobsbotschaft *f* bad news *no pl, no indef art*
hip *adj* (*sl*) hip *sl*
Hip-Hop <-s> *m kein pl* MUS, MODE hip-hop *no pl, no art*
hipp, hipp, hurra *interj* hip, hip, hurrah [*or* hurray]
hippe(r, s) *adj* (*emph sl*) hip *fam*
Hipphipphurra <-s, -s> *nt* cheer; **ein dreifaches ~** [**auf jdn/etw**] three cheers *pl* [for sb/sth]
Hippie <-s, -s> *m* hippie
Hipster <-s, -> ['hɪpstəʳ] *m* (*fam*) ① (*cooler Typ*) hipster *fam*, hip cat *sl* ② MODE hipster ③ (*Hip-Hopper*) hip hopper
Hirn <-[e]s, -e> *nt* ① (*Ge~*) brain; **jds ~ entspringen** [*o* **entstammen**] to be sb's idea ② (*~masse*) brains *pl* ③ KOCHK brains *pl*
Hirnanhangdrüse *f* pituitary [gland] **Hirngefäß** *nt* cerebral blood vessel **Hirngespinst** *nt* fantasy; ■ **~e** figments of the imagination **Hirngewebe** *nt* brain tissue **Hirnhaut** *f* meninx *spec*, meninges *npl spec* **Hirnhautentzündung** *f* meningitis **hirnlos** *adj* (*fam*) brainless **Hirnmasse** *f* cerebral mass *spec* **Hirnrinde** *f* cerebral cortex *spec*
hirnrissig *adj* (*pej fam*) harebrained, half-baked *pej fam*, half-arsed [*or* AM -assed] *fam!*
Hirnstamm *m* ANAT (*ursprünglicher, hinten/unten gelegener Hirnteil*) brainstem **Hirntod** *m* brain death *no pl, no art* **hirntot** *adj* brain dead **Hirntote(r)** *f(m) decl wie adj* brain dead person, brain death *spec sl*; ■ **ein ~r/eine ~ sein** to be brain dead **Hirntumor** *m* brain tumour [*or* AM -or]
hirnverbrannt *adj* (*fam*) *s.* **hinrnrissig**
Hirnwindung *f* convolution [of the brain] *spec*, gyrus *spec*
Hirsch <-es, -e> *m* ① (*Rot~*) deer ② (*Fleisch*) venison *no art, no pl*
Hirschbraten *m* roast venison *no art, no pl* **Hirschfänger** <-s, -> *m* hunting knife **Hirschfütterung** *f* deer feeding *no art, no pl*; „**~ *verboten!***" "don't feed the deer" **Hirschgeweih** *nt* antlers *pl* **Hirschhorn** *nt* horn **Hirschjagd** *f* ① (*Blutsport*) ■ **die ~** deer [*or* stag] hunting ② (*einzelne Jagd*) deer [*or* stag] hunt **Hirschkäfer** *m* stag beetle **Hirschkalb** *nt* [male] fawn **Hirschkuh** *f* hind **Hirschleder** *nt* buckskin *no art, no pl*, deerskin *no art, no pl* **Hirschziegenantilope** *f* ZOOL blackbuck **Hirschzunge** *f* BOT hart's tongue
Hirse <-, -n> *f* millet *no pl, no art*
Hirsebrei *m* millet gruel *no pl* **Hirsekorn** *nt* millet seed
Hirt(in) <-en, -en> *m(f)* herdsman *masc*; (*Schaf~*) shepherd, shepherdess *fem* ▶ WENDUNGEN: **wie der ~[e], so die Herde** (*prov*) like master, like man *prov*
Hirte <-n, -n> *m* ① (*geh*) *s.* **Hirt** ② REL pastor ▶ WENDUNGEN: **der Gute ~** the Good Shepherd
Hirtenbrief *m* REL pastoral letter **Hirtenflöte** *f* shepherd's pipe **Hirtenhund** *m* sheepdog **Hirtenstab** *m* ① (*geh*) *eines Hirten* shepherd's crook ② *eines Bischofs* crosier, crozier **Hirtentäschel** <-s, -> *nt*, **Hirtentäschelkraut** *nt* BOT shepherd's-purse
Hirtin <-, -nen> *f s.* **Hirt** shepherd[ess]
his, His <-, -> *nt* MUS B sharp
Hisbollah <-> *f kein pl* Hezbollah *no pl, + sing/pl vb*
Hispanistik <-> *f kein pl* SCH Spanish [language and literature] *no pl*
hissen *vt* ■ **etw** ~ to hoist [*or* fly] sth
Histamin <-s> *nt kein pl* histamine *no pl, no art*
Histologie <-> *f kein pl* histology *no pl, no art spec*
histologisch *adj* histological *spec*
Histon <-s, -e> *nt* BIOL histone
Historiker(in) <-s, -> *m(f)* historian
Historiographie <-> *f kein pl*, **Historiografie**[RR] <-> *f kein pl* historiography *no pl, no art spec*
historisch **I.** *adj* ① (*die Geschichte betreffend*) historical ② (*geschichtlich bedeutsam*) historic ③ (*geschichtlich belegt*) historical **II.** *adv* historically; **~ belegt sein** to be historically proven [*or* a historical fact]; **etw ~ betrachten** to look at sth from a historical perspective
Hit <-s, -s> *m* (*fam*) ① (*erfolgreicher Schlager*) hit ② (*Umsatzrenner*) roaring success
Hitlergruß *m* HIST Nazi [*or* Hitler] salute **Hitlerjugend** *f* HIST ■ **die ~** the Hitler Youth **Hitlerzeit** *f* HIST Hitler era *no pl, no indef art*
Hitliste *f* charts *npl* **Hitparade** *f* ① (*Musiksendung*) chart show, top of the pops *no indef art* BRIT ② *s.* **Hitliste**
Hitze <-, -n> *f* ① (*große Wärme*) heat *no pl, no indef art*; **bei einer bestimmten ~** KOCHK at a certain oven temperature; **bei starker/mittlerer/mäßiger ~ backen** to bake in a hot/medium/moderate oven ② (*heiße Witterung*) heat *no pl, no indef art*, hot weather *no pl, no indef art*; **eine ~ *ist das!*** (*fam*) it's really hot!; **brütende** [*o* **sengende**] **~** sweltering [*or* scorching] heat; **vor ~ umkommen** (*fam*) to die of the heat ③ ZOOL (*Zeit der Läufigkeit*) heat *no pl, no art* ▶ WENDUNGEN: **in der ~ des Gefecht[e]s** in the heat of the battle; [**leicht**] **in ~ geraten** to [easily] get heated [*or* worked up]
hitzebeständig *adj* heat-resistant **Hitzebeständigkeit** *f* heat resistance **Hitzebläschen** *nt* MED heat spot [*or* blister] **hitzeempfindlich** *adj* heat-sensitive, sensitive to heat *pred* **hitzefrei** *adj pred* SCH ***heute haben wir ~!*** school's out today because of the heat **Hitzeperiode** *f* ① METEO hot spell, spell [*or* period] of hot weather ② BIOL heat *no pl* **Hitzeschild** *m* heat shield **Hitzewallung** *f meist pl* hot flush **Hitzewelle** *f* heat wave
hitzig **I.** *adj* ① (*leicht aufbrausend*) hotheaded, quick-tempered; ■ **~ sein/werden** to be quick-tempered/to flare up; **eine ~e Reaktion** a heated reaction; **ein ~es Temperament** a fiery temperament ② (*leidenschaftlich*) passionate; **eine ~e Debatte** a heated [*or* passionate] debate ▶ WENDUNGEN: **nicht so ~!** don't get so excited! **II.** *adv* passionately
Hitzkopf *m* (*fam*) hothead **hitzköpfig** *adj* (*fam*) hotheaded; ■ **~ sein** to be hotheaded [*or* a hothead]
Hitzschlag *m* heat stroke; (*von der Sonne a.*) sunstroke; **einen ~ bekommen** [*o geh* **erleiden**] [*o fam*

kriegen] to get heat stroke/sunstroke

HIV <-[s]> *nt Abk von* **Human Immunodeficiency Virus** HIV *no pl, no art*

HIV-Fall *m* HIV case **HIV-infiziert** [ha:ʔi:ˈfau] *adj inv* MED HIV positive **HIV-negativ** *adj* HIV-negative **HIV-positiv** *adj* HIV-positive **HIV-Test** *m* HIV test

Hiwi <-s, -s> *m* (*sl*) assistant

hl. *adj Abk von* **heilig**: ***der hl. Petrus*** St[.] Peter

Hl. *Abk von* **Heilige(r)** St[.]

hm *interj* ❶ (*anerkennendes Brummen*) hm; **~, *das schmeckt aber gut*** hm, that really tastes good ❷ (*fragendes Brummen*) er[m] ❸ (*bejahendes Brummen*) hm; ***na, gefällt dir mein neues Kleid? — ~, nicht schlecht!*** well, do you like my new dress? — hm, not bad!

H-Milch [ˈha:] *f* long-life milk

h-Moll [ˈha:] *nt* MUS B minor

HNO *Abk von* **Hals, Nasen, Ohren** ENT

HNO-Arzt, -ärztin [ha:ʔɛnˈʔo:] *m, f* ENT specialist **HNO-Praxis** *f* ENT practice [*or* AM *a.* -se]

hob *imp von* **heben**

Hobby <-s, -s> *nt* hobby; **etw als ~ betreiben** to do sth as [*or* for] a hobby

Hobbyfilmer(in) *m(f)* amateur film-maker **Hobbyfunker(in)** *m(f)* radio ham **Hobbygärtner(in)** *m(f)* amateur gardner **Hobbykeller** *m* hobby room in a cellar **Hobbykoch, -köchin** *m, f* amateur cook **Hobbymaler(in)** *m(f)* amateur artist **Hobbyraum** *m* hobby-room, workroom

Hobel <-s, -> *m* ❶ (*Werkzeug*) plane ❷ (*Küchengerät*) slicer

Hobelbank <-bänke> *f* carpenter's [*or* joiner's] bench

hobeln **I.** *vt* ■**etw ~** ❶ (*mit dem Hobel glätten*) to plane sth ❷ (*mit dem Hobel schneiden*) to slice sth **II.** *vi* ■[**an etw** *dat*] **~** to plane [sth]

Hobelspan *m* ❶ *meist pl* (*Holz, Metall*) [wood] shaving ❷ *pl* KOCHK ÖSTERR (*gebackene Süßspeise*) baked desserts *pl*

hoch <*attr* hohe(r, s), höher, *attr* höchste(r, s)> **I.** *adj* ❶ (*groß an vertikaler Ausdehnung*) high, tall; **ein hoher Turm** a tall [*or* high] tower; **ein hoher Baum/Mensch** a tall tree/person; **eine hohe Decke** a high ceiling; **eine hohe Schneedecke** deep snow; **[gut] 20 Meter ~ sein** to be [a good] 20 metres [*or* AM -ers] tall/high [*or* in height]/deep; *Aufhängung, Dach* to be [a good] 20 metres [*or* AM -ers] off the ground; **ein Mann von hohem Wuchs** (*liter*) a man of tall stature *a. form;* ***ein 125 Meter hoher Turm*** a 125 metre [high] tower ❷ (*beträchtlich*) high, large; **hohe Beträge** large amounts; **hohe Kosten** high costs; **ein hoher Lotteriegewinn** a big lottery win ❸ (*stark gesteigert*) high; **etw einem hohen Druck aussetzen** to expose sth to a high pressure; **hohes Fieber haben** to be running a high temperature ❹ (*erheblich*) extensive, severe; **hohe Verluste** severe losses; **ein hoher Sachschaden** extensive damage to property ❺ (*groß*) great, high; **ein hoher Lebensstandard** a high standard of living; ***du hast aber hohe Ansprüche!*** you're very demanding [*or form* exigent]!; **eine hohe Freude** a great pleasure; ***die Gesundheit ist ein hohes Gut*** health is a precious commodity ❻ (*bedeutend*) great, high; **hohe Ämter/ein hohes Amt bekleiden** to hold high office; **hohes Ansehen** great respect; **ein hoher Feiertag** an important public holiday; **ein hoher Funktionär/eine hohe Funktionärin** a high-level official; **hohe Offiziere** high-ranking officers; **ein hohe Position in der Firma** a senior position in the firm ❼ *pred* **jdm zu ~ sein** (*fam*) to be above sb's head; *s. a.* **Schule, C, Haus, Herrschaft II.** *adv* <höher, am höchsten> ❶ (*nach oben*) ***wie ~ kannst du den Ball werfen?*** how high can you throw the ball?; ***der Berg ragt 5000 Meter ~ empor*** the mountain towers to a height of 5000 metres; **etw ~ halten** (*in die Höhe halten*) to hold up sth *sep;* **~ zum Himmel zeigen** to point up at [*or* to] the sky; **~ gewachsen** tall; **einen Gang ~ schalten** AUTO to shift [up] gears; **[zu] ~ singen** MUS to sing [too] high ❷ (*in einiger Höhe*) **~ *auf dem Berg befindet sich eine Jagdhütte*** there's a hunting lodge high up on the mountain; ***die Sterne stehen ~ am Himmel*** the stars are high up in the sky; ***wir fliegen 4000 Meter ~*** we're flying at a height of 4,000 metres; **~ gelegen** high-lying [*or* -altitude] *attr;* **im ~ gelegenen Gebirgstal** high up in the mountains; **~ oben** high up; ***im Keller steht das Wasser 3 cm ~*** the water's 3 cm deep in the cellar; ***wie ~ steht das Thermometer?*** how high is the temperature?; *s. a.* **Ross** ❸ (*sehr*) highly; **~ angesehen** (*geh*) highly regarded [*or form* esteemed]; **~ beladen** heavily laden; **~ empfindlich** TECH highly sensitive; FOTO high-speed, fast *attr;* **~ entwickelt** (*weit fortgeschritten*) highly developed [*or* evolved]; **eine ~ entwickelte Kultur** a highly developed civilization; (*verfeinert*) sophisticated; **~ geehrt** (*geh*) highly honoured [*or* AM -ored]; **~ *geehrter Herr Präsident!*** dear Mr President!; **~ gelobt** highly praised; **~giftig** highly poisonous; **~ infektiös** highly infectious; **~ industrialisiert** highly industrialized; **~ kompliziert** highly complicated; **~ motiviert** highly motivated; **~ qualifiziert** highly qualified; **~ radioaktiv** highly radioactive [*or* highly thought]; **~ sensibel** highly sensitive; **~ stehend** advanced; **eine ~ stehende Kultur** an advanced civilization; **wirtschaftlich/wissenschaftlich ~ stehend** economically/scientifically advanced; **gesellschaftlich ~ stehende Leute** people of high social standing; ■**jdn [als jdn/etw] ~ achten** to respect sb highly [*or* greatly] [as sb/sth]; ■**~ geachtet** highly [*or* greatly] respected; ■**etw ~ achten** to respect sth highly [*or* greatly]; **jdn/etw ~ einschätzen** to have a high opinion of sb/sth; **~ eingeschätzt werden** to be thought highly [*or* well] of; **jdn/etw zu ~ einschätzen** to overestimate sb/sth ❹ (*äußerst*) extremely, highly, very; **~ begabt** highly gifted [*or* talented]; **~ empfindlich** extremely [*or* very] delicate; **~ favorisiert sein** to be the strong favourite [*or* AM -orite]; **~ qualifiziert** highly qualified; **jdn/etw ~ schätzen** to appreciate sb/sth very much, to value sb/sth highly; ***der Vorschlag ist mir ~ willkommen*** I very much welcome the suggestion; ***wie ~ bist du verschuldet?*** how much [*or* deep] in debt are you? ❺ (*eine hohe Summe umfassend*) highly; **~ besteuert** highly taxed; **~ bezahlt** highly paid, well paid; **~ dotiert** highly remunerated *form;* **eine ~ dotierte Stelle** a highly remunerative position *form;* **~ gewinnen** to win a large amount; **~ rentabel** highly profitable; **~ versichert** heavily insured; **~ verschuldet** deep in debt *pred;* **~ wetten** to bet heavily ❻ MATH (*Bezeichnung der Potenz*) ***2 ~ 4*** 2 to the power of 4 *spec;* ***x ~ 3*** x to the power of 3 *spec,* x cubed *spec* ▶ WENDUNGEN: **zu ~ gegriffen sein** to be an exaggeration; **~ und heilig** (*fam*) faithfully; **~ und heilig schwören, dass …** to swear blind that …; **etw ~ und heilig versprechen** to promise sth faithfully; **jdm etw ~ anrechnen** to give sb great credit for sth; **~ hergehen** (*fam*) to be lively; ***auf ihren Partys geht es immer ~ her*** there's always a lively atmosphere at her parties; **~ hinauswollen** (*fam*) to aim high; **jd ist ~ in den Fünfzigern/Sechzigern etc.** sb's in his/her late fifties/sixties etc.; **wenn es ~ kommt** (*fam*) at the most; **[bei etw] ~ pokern** [*o* **reizen**] (*fam*) to take a big chance [with sth]; **~ stehen** to be high up; ***er stand in der Rangordnung recht ~*** he was very high up in the hierarchy; **~!** get up!; ~, ***ihr Faulpelze!*** [get] up, you lazy so-and-sos!

Hoch[1] <-s, -s> *nt* cheer; ***ein dreifaches ~ dem glücklichen Brautpaar*** three cheers for the happy couple; **ein ~ auf jdn ausbringen** to give sb a cheer

Hoch[2] <-s, -s> *nt* METEO high **Hochachtung** *f* deep respect; **mit vorzüglicher ~** (*veraltend geh*) your obedient servant *dated form;* **jdm seine ~ für etw zollen** to pay tribute to sb for sth; **bei aller ~ vor jdm/etw** with the greatest respect for sb/sth; ***bei aller ~, die ich vor Ihnen habe, ...*** with all due respect to you, ...; **meine ~!** my compliments!, well done! **hochachtungsvoll** *adv* (*geh*) your obedient servant *dated form* **Hochadel** *m* high/higher nobility **hochaktuell** *adj* ① (*äußerst aktuell*) highly topical ② MODE (*topmodern*) highly fashionable, all the rage *pred* **Hochaltar** *m* high altar **Hochamt** *nt* ■ **das ~** High Mass **hochanständig** *adj* very decent; ■ **~ von jdm sein** to be very decent of sb; **etw ~ von jdm finden** to find sth very decent of sb **hoch|arbeiten** *vr* ■ **sich [bis zu etw** *dat*] **~** to work one's way up [to [the position of] sth] **hochauflösend** *adj* INFORM, TV high-resolution *attr;* ■ **~ sein** to have a high resolution **Hochbahn** *f* elevated [*or* overhead] railway [*or* AM railroad], el AM *fam* **Hochbau** *m kein pl* structural engineering *no pl, no art* **hoch|bekommen*** *vt irreg* ■ **etw ~** to [manage to] get [*or* lift] up sth *sep;* ***ich bekomme kaum mehr den Arm hoch*** I can scarcely lift my arm up any more **hochberühmt** *adj* very famous **hochbetagt** *adj* (*geh*) aged; **~ sterben** to die at an advanced age **Hochbetrieb** *m* intense activity *no pl;* ***abends herrscht bei uns immer ~*** we are always very busy in the evenings; **[einen] ~ haben** to be very busy **hoch|binden** *vt irreg* ■ **etw ~** to tie up sth *sep* **hoch|blicken** *vi* (*geh*) *s.* **hochsehen Hochblüte** *f* golden age; **seine ~ haben** [*o* **erleben**] to have its golden age, to be at its zenith **hoch|bocken** *vt* ■ **etw ~** to jack up sth *sep* **hoch|bringen** *vt irreg* (*fam*) ① (*nach oben bringen*) ■ **[jdm] jdn/etw ~** to bring/take up sb/sth *sep* [to sb] ② (*fam: hochheben können*) ■ **etw ~** to manage to lift [up *sep*] sth ③ (*zuversichtlich machen*) ■ **jdn [wieder] ~** to get sb [back] on his/her feet ④ (*sl: Erektion haben*) ***kriegt er denn [k]einen hoch?*** can['t] he get it up? *fam* **Hochburg** *f* stronghold **hochdeutsch** *adj* High [*or* standard] German **Hochdeutsch** *nt* High [*or* standard] German **hoch|drehen** *vt* ① AUTO ■ **etw ~** to rev sth; **den Motor auf 7000 U/min ~** to rev the engine to 7000 rpm ② *s.* **hochkurbeln**

Hochdruck[1] *m kein pl* ① MED high blood pressure *no pl* ② PHYS high pressure ▶ WENDUNGEN: **mit ~ [an etw** *dat*] **arbeiten** to work flat out [on sth] *fam;* **etw mit ~ betreiben** to carry out sth *sep* at a terrific rate

Hochdruck[2] *m* TYPO *kein pl* letterpress [*or* surface] [*or spec* relief] printing *no pl, no art*

Hochdruckgebiet *nt* METEO area of high pressure, high-pressure area

Hochebene *f* plateau **hocherfreut** *adj inv* overjoyed, delighted **hocherhoben** *adj attr* raised high *pred;* **~en Hauptes** with [one's] head held high **hochexplosiv** *adj* highly explosive

hoch|fahren *irreg* **I.** *vi sein* ① (*in ein oberes Stockwerk fahren*) to go up; ***fahren Sie hoch oder nach unten?*** are you going up or down? ② (*nach oben fahren*) ■ **[zu etw** *dat*] **~** to go up [to sth]; **mit der Bergbahn ~** to go up by mountain railway ③ (*sich plötzlich aufrichten*) **aus dem Schlaf ~** to start up from one's sleep, to wake up with a start ④ (*aufbrausen*) to flare up **II.** *vt sein* ■ **etw ~** to go up sth; **etw mit dem Rad ~** to cycle up sth **III.** *vt haben* ① (*nach oben fahren*) ■ **jdn/etw [zu jdm/irgendwohin] ~** to drive [*or* take] up sb/sth *sep* [to sb/somewhere]; ***können Sie uns nach Hamburg ~?*** can you drive us up to Hamburg? ② (*auf volle Leistung bringen*) **die Produktion ~** to raise [*or* increase] production; **einen Computer ~** to boot [up *sep*] a computer *spec;* **einen Computer neu ~** to re-boot a computer

hochfahrend *adj* ① (*geh: überheblich*) arrogant ② *s.* **hochfliegend**

Hochfinanz *f* high finance *no pl, no art* **Hochfläche** *f s.* **Hochebene hoch|fliegen** *vi irreg sein* ① (*in die Höhe fliegen*) to fly up [into the air]; *Vogel a.* to soar [up]; ***einige Wildenten flogen verschreckt hoch*** a few wild ducks flew off in alarm ② (*in die Luft geschleudert werden*) to be hurled upwards [*or* thrown up[wards]] **hochfliegend** *adj* (*geh*) ambitious **Hochform** *f* top [*or* peak] form; **in ~ sein, sich in ~ befinden** to be in top [*or* peak] form; **zur ~ auflaufen** (*fam*) to approach top [*or* peak] form **Hochformat** *nt* portrait [*or* vertical] format; **im ~** in portrait format **Hochfrisur** *f* upswept hairstyle; **eine ~ haben** to wear up one's hair *sep* **Hochgarage** *f s.* **Parkhochhaus**

Hochgebirge *nt* high mountains *pl*

Hochgebirgsformation *f* formation of mountains **Hochgebirgsvegetation** *f* alpine vegetation **Hochgefühl** *nt* elation; **ein ~ haben** to feel elated, to have a feeling of elation **hoch|gehen** *irreg sein* **I.** *vi* ① (*hinaufgehen*) to go up; ***ich gehe wieder hoch in mein Büro*** I'll go up to my office ② (*fam: detonieren*) to go off; ■ **etw ~ lassen** to blow up sth *sep* ③ (*fam: wütend werden*) to blow one's top *fam* ④ (*fam*) *Preise* to go up; *s. a.* **Welle** ⑤ (*fam: enttarnt werden*) to get caught [*or* BRIT *fam* nicked]; ■ **jdn/etw ~ lassen** to bust sb/sth *sl* **II.** *vt* ■ **etw [zu etw** *dat*] **~** to go up sth [to sth] **hochgeistig I.** *adj attr* highly intellectual **II.** *adv* intellectually; ***der Schriftsteller schreibt mir zu ~*** the author writes in a way that is much too intellectual for me **hochgelehrt** *adj* (*geh*) erudite *form,* very learned **Hochgenuss**[RR] *m* real delight; **jdm einen ~ bereiten** to be a real [*or* great] [*or* special] treat for sb; **[jdm] ein ~ sein** to be a real delight [for sb] **hochgeschlossen** *adj* MODE high-necked

Hochgeschwindigkeitsstrasse *f* EISENB high-speed track **Hochgeschwindigkeitszug** *m* high-speed train

hochgestellt *adj attr* high-ranking, important **hochgestochen I.** *adj* (*pej fam*) ① (*geschraubt*) highbrow *pej;* ***dieser Autor schreibt einen sehr ~en Stil*** this author has a very highbrow style ② (*eingebildet*) conceited *pej,* stuck-up *pej fam* **II.** *adv* in a highbrow way [*or* manner]

Hochglanz *m* FOTO high gloss; **etw auf ~ bringen** [*o* **polieren**] to polish sth till it shines; **ein Zimmer auf ~ bringen** to make a room spick and span

Hochglanzfoto *nt* glossy print **Hochglanzlack** *m* glossy varnish **Hochglanzpapier** *nt* high-gloss paper **Hochglanzpolitur** *f* ① (*Poliermittel*) furniture polish ② *einer Oberfläche* mirror polish [*or* finish]

hochgradig I. *adj* extreme **II.** *adv* extremely **hoch|gucken** *vi* (*fam*) *s.* **hochsehen hochhackig** *adj* high-heeled; ■ **~ sein** to have high heels **hoch|halten** *vt irreg* ① (*in die Höhe halten*) ■ **etw ~ halten** to hold up sth *sep* ② (*ehren*) ■ **etw ~** to uphold sth **Hochhaus** *nt* high-rise [*or* multi-storey] [*or* AM multistory] building **hoch|heben** *vt irreg* ① (*in die Höhe heben*) ■ **jdn/etw ~** to lift up sb/sth *sep* ② (*emporstrecken*) ■ **etw ~** to put [*or* hold] up sth *sep,* to raise [*or* lift] sth **hochherrschaftlich** *adj* palatial, grand

hochherzig *adj* (*geh*) generous, magnanimous *form*

Hochherzigkeit <-> *f kein pl* (*geh*) generosity *no pl, no art,* magnanimity *no pl, no art form* **hochintelli-**

gent *adj* highly intelligent **hochinteressant** *adj* most interesting **hoch|jagen** *vt* ❶ (*fam: sprengen*) ■ **etw** ~ to blow up sth *sep* ❷ (*fam: hochdrehen*) ■ **etw** ~ to rev up sth *sep* ❸ (*aufwecken*) ■ **jdn** ~ to get sb up ❹ (*aufscheuchen*) **Vögel** ~ to scare [up *sep*] birds; JAGD to flush out birds *sep* **hoch|jubeln** *vt* (*fam*) ■ **jdn/etw** ~ to hype sb/sth *fam*

hochkant *adv* on end; ~ **stehen** to stand on end; **etw** ~ **stellen** to stand sth on end

hochkantig *adv s.* **achtkantig**

hochkarätig *adj* ❶ (*mit einem hohen Karatgewicht*) high-carat ❷ (*mit einem hohen Feingewicht*) high-carat ❸ (*fam: äußerst qualifiziert*) top-flight, top-notch *fam* **hochklappbar** *adj* folding *attr,* foldable; **ein ~er Sitz** a tip-up seat; ***die Luke ist hydraulisch*** ~ the hatch is folded hydraulically **hoch|klappen** **I.** *vt haben* ■ **etw** ~ to fold up sth *sep;* **mit hochgeklapptem Kragen** with one's collar turned up **II.** *vi sein* to tip up **hoch|klettern** *sein* **I.** *vi* ■ [**an etw** *dat*] ~ to climb up sth **II.** *vt* ■ **etw** ~ to climb up sth **hoch|kommen** *irreg sein* **I.** *vi* ❶ (*fam: nach oben kommen*) to come up ❷ (*hin-, heraufkommen*) ■ [**zu jdm**] ~ to come up [to sb] [*or* in]; ***kommen Sie doch zu mir ins Büro hoch*** come up to my office ❸ (*an die Oberfläche kommen*) ■ [**wieder**] ~ to come up [again]; *Taucher a.* to [re]surface ❹ (*fam: aufstehen können*) ■ [**aus/von etw** *dat*] ~ to get up [out of/from sth] ❺ (*fam*) ■ **es kommt jdm hoch** it makes sb sick; ***wenn ich nur daran denke, kommt es mir schon hoch!*** it makes me sick just thinking about it! ❻ (*in Erscheinung treten*) ■ [**in jdm**] ~ to well up [in sb]; *Betrug* to come to light ▶ WENDUNGEN: **niemanden neben sich** *dat* ~ <u>**lassen**</u> to allow no competition **II.** *vt* ■ **etw** ~ to come up sth **Hochkonjunktur** *f* [economic] boom **hoch|können** *vi irreg* (*fam*) ❶ (*aufstehen können*) ***kannst du alleine hoch, oder soll ich dir helfen?*** can you get up on your own, or should I help you? ❷ (*hochklettern können*) ***ich kann nicht*** [***auf den Baum***] ***hoch*** I can't get up [the tree] **hochkonzentriert** *adj* highly concentrated **hoch|krempeln** *vt* ■ [**sich** *dat*] **etw** *akk* ~ to roll up sth *sep;* **die Hemdsärmel** ~ to roll up one's shirt-sleeves; **mit hochgekrempelten Hosenbeinen** with one's trouser [*or* AM pant] legs rolled up **hoch|kriegen** *vt* (*fam*) *s.* **hochbekommen** **Hochkultur** *f* [very] advanced civilization [*or* culture] **hoch|kurbeln** *vt* ■ **etw** ~ to wind up sth *sep* **Hochland** *nt* highland *usu pl;* **das schottische** ~ the Scottish Highlands *npl* **hoch|leben** *vi* **jd/etw lebe hoch!** three cheers for sb/sth!; **hoch lebe der/die ...!** three cheers for the ...!; ***hoch lebe der Kaiser!*** long live the emperor!; **jdn** ~ **lassen** to give three cheers for sb [*or* sb three cheers] **hoch|legen** *vt* ■ **etw** ~ ❶ (*höher lagern*) to put up sth *sep;* **die Beine** ~ to put up one's feet ❷ (*fam: nach oben legen*) to put sth high up; ■ **etw auf etw** *akk* ~ to put sth [up] on top of sth; ***ich habe die Geschenke auf den Schrank hochgelegt*** I've put the presents up on top of the cupboard

Hochleistung *f* top-class [*or* -rate] [*or* first-class] [*or* -rate] performance

Hochleistungsmotor *m* high-performance engine **Hochleistungssport** *m* top-level sport **Hochleistungssportler(in)** *m(f)* top athlete **Hochleistungstraining** *nt* hard [*or* intensive] training *no pl, no art*

Hochlohnland *nt* country with high wage costs

hochmodern **I.** *adj* ultra-modern; ■ ~ **sein** to be the latest fashion **II.** *adv* in the latest fashion[s]; ~ **eingerichtet** furnished in the latest style **Hochmoor** *nt* [upland] moor **Hochmut** *m* (*pej*) arrogance ▶ WENDUNGEN: ~ **kommt vor dem** <u>**Fall**</u> (*prov*) pride goes [*or* comes] before a fall *prov*

hochmütig *adj* (*pej*) arrogant

Hochmütigkeit <-> *f kein pl s.* **Hochmut**

hochnäsig **I.** *adj* (*pej fam*) conceited *pej,* stuck-up *pej fam,* snooty *fam* **II.** *adv* (*pej fam*) conceitedly *pej,* snootily *fam*

Hochnäsigkeit <-> *f kein pl* (*pej fam*) conceitedness *no pl, no art pej,* snootiness *no pl, no art fam*

Hochnebel *m* METEO [low] stratus *spec* **hoch|nehmen** *vt irreg* ❶ (*abheben*) ■ **etw** ~ to lift [up *sep*] sth ❷ (*nach oben heben*) ■ **jdn/etw** ~ to lift [*or* pick] up sb/sth *sep* ❸ (*fam: auf den Arm nehmen*) ■ **jdn** ~ to have [*or* AM put] sb on *fam* ❹ (*sl: verhaften*) ■ **jdn** ~ to pick up sb *sep* **Hochofen** *m* blast furnace **hoch|päppeln** *vt* (*fam*) ■ **jdn/ein Tier** ~ to feed up sb/an animal *sep* **Hochparterre** *nt* raised ground floor **Hochplateau** *nt s.* **Hochebene**

Hochpreisappartement *nt* apartment in the upper price bracket **Hochpreisauto** *nt* car in the upper price range, upmarket car **Hochpreismarkt** *m* upper price range of a/the market

hochprozentig *adj* ❶ (*Alkohol enthaltend*) high-proof ❷ (*konzentriert*) highly concentrated **hoch|puschen** *vt* (*sl*) ■ **etw** ~ to jack up sth *sep fam* **hoch|ragen** *vi sein o haben* to rise [*or* tower] [up]; ***die Berge ragen 4000 Meter hoch*** the mountains tower to a height of 4000 metres; ■ **~d** towering **hochrangig** <höherrangig, höchstrangig> *adj attr* high-ranking **hoch|rechnen** *vt* ■ **etw** [**bis zu etw** *dat*] ~ to project sth [to sth] **Hochrechnung** *f* projection **Hochregal** *nt* ÖKON high shelf **hoch|reißen** *vt irreg* ■ **etw** ~ to lift sth quickly; ***sie riss blitzschnell die Arme hoch, um den Ball zu fangen*** her arms shot up to catch the ball; LUFT to put sth into a steep climb, to hoick sth *spec fam* **Hochrippe** *f* KOCHK foreribs *pl* **hochrot** *adj* bright red; **mit ~em Gesicht** with a bright red face, with one's face as red as a beetroot [*or* AM beet] **Hochruf** *m* cheer **hoch|rüsten** *vt* ■ **etw** ~ to increase the weaponry of sth; **die Streitkräfte mit etw** ~ to equip the armed forces with sth **Hochrüstung** *f* arms build-up **hoch|rutschen** *vi sein* ❶ *Kleidungsstück* ■ [**jdm**] ~ to ride up; ***dein Hemd ist hochgerutscht*** your shirt has ridden up ❷ (*aufrücken*) to move up **Hochsaison** *f* ❶ (*Zeit stärksten Betriebes*) the busiest time; ***bei heißem Wetter haben die Eisdielen*** ~ the busiest time for ice-cream parlours is during hot weather ❷ (*Hauptsaison*) high [*or* peak] season **hoch|schaukeln** **I.** *vt* ■ **etw** ~ to blow up sth *sep* **II.** *vr* ■ **sich** [**gegenseitig**] ~ to get [each other] worked up **hoch|schießen** *irreg* **I.** *vi sein* to shoot up [into the air] **II.** *vt haben* ■ **etw** ~ to send up sth *sep* **hoch|schlagen** *irreg* **I.** *vt haben* ■ **etw** ~ to turn up sth *sep;* **mit hochgeschlagenem Kragen** with one's collar turned up **II.** *vi sein* to surge; *Flammen* to leap up; ■ **~d** surging/leaping **hoch|schnellen** *vi sein* ■ [**von etw** *dat*] ~ to leap up [from/out of sth]; *Sprungfeder* to pop up [out of sth] **hoch|schrauben** *vt* ■ **etw** ~ ❶ (*immer mehr steigern*) to force up sth *sep* ❷ (*immer größer werden lassen*) to raise sth; **seine Ansprüche** ~ to increase one's demands **hoch|schrecken** **I.** *vt haben* ■ **jdn** ~ to startle sb; (*aus dem Schlaf*) to wake sb rudely **II.** *vi irreg sein* to start up; (*aus dem Schlaf a.*) to awake with a start

Hochschulabschluss[RR] *m* degree; **mit/ohne** ~ with/without a degree **Hochschulabsolvent(in)** <-en, -en> *m(f)* SCH college [*or* university] graduate **Hochschulbildung** *f* university/college education; **mit/ohne** ~ with/without a university/college education

Hochschule *f* ❶ (*Universität*) university ❷ (*Fach~*) college [of higher education]; **pädagogische** ~

teacher training college
Hochschüler(in) *m(f)* student
Hochschulgebäude *nt* university/college building **Hochschullehrer(in)** *m(f)* university/college lecturer **Hochschulprofessor(in)** *m(f)* university/college professor **Hochschulreform** *f* university reform **Hochschulreife** *f entrance requirement for higher education;* **mit/ohne ~** with/without the requirements for further education **Hochschulstudium** *nt* university/college [*or* higher] education; **ein naturwissenschaftliches ~** a university science course; **mit/ohne ~** with/without a university/college [*or* higher] education **Hochschulwesen** *nt kein pl* SCH [system of] higher education, university and college [system] **Hochschulzulassung** *f* SCH entrance requirement
hochschwanger *adj* in an advanced stage of pregnancy *pred,* well advanced in pregnancy *pred*
Hochsee *f kein pl* high sea[s *npl*]; **auf hoher See** on the high seas [*or* the open sea]
Hochseedampfer *m* ocean[going] steamer **Hochseefischerei** *f* deep-sea fishing *no pl, no art* **Hochseeflotte** *f* deep-sea fleet **Hochseeschifffahrt**[RR] *f* deep-sea shipping *no pl, no indef art;* **zur ~ geeignet sein** to be suitable for navigating the high seas **hochseetüchtig** *adj* oceangoing, seagoing; ■ **~ sein** to be suitable for the high seas
hoch|sehen *vi irreg* to look up **Hochseil** *nt* high wire, tightrope **Hochseilakt** *m* high-wire [*or* tightrope] act
Hochsicherheitsgefängnis *nt* high-security prison **Hochsicherheitslabor** *nt* high-security laboratory
Hochsitz *m* JAGD [raised] hide **Hochsommer** *m* high summer *no pl, no art,* height of summer *no pl, no indef art,* midsummer *no pl, no art;* **im ~** in midsummer, at the height of summer **hochsommerlich** **I.** *adj* midsummer-like; **~e Temperaturen** midsummer-like temperatures **II.** *adv* as in midsummer; ***es ist fast ~ warm*** it's almost as hot as in midsummer
Hochspannung *f* ① ELEK high voltage; **„Vorsicht ~!"** "danger — high voltage" ② *kein pl* (*Belastung*) enormous tension; **mit ~** with a great deal of tension
Hochspannungsleitung *f* high-voltage [*or form* high-tension] [transmission] line **Hochspannungsmast** *m* pylon **Hochspannungstransformator** *m* high-voltage transformer
hoch|spielen *vt* ■ **etw ~** to blow up [the importance of] sth; **etw künstlich ~** to blow up sth *sep* out of all proportion **Hochsprache** *f* standard language **hoch|springen** *vi irreg sein* ① (*fam: aufspringen*) ■ **[von etw** *dat*] **~** to jump up [from/out of sth]; ■ **auf etw** *akk* **~** to jump up onto sth ② (*nach oben springen*) ■ **an jdm/etw ~** to jump up at sb/sth ③ *nur infin und pp* SPORT to do the high jump **Hochspringer(in)** *m(f)* high jumper **Hochsprung** *m* high jump
höchst **I.** *adj s.* **höchste(r, s)** **II.** *adv* most, extremely; **höchst erfreut** extremely delighted
Höchstalter *nt* maximum age
Hochstand *m s.* **Hochsitz**
Hochstapelei <-, -en> *f* (*pej*) fraud *no pl, no art*
hoch|stapeln *vi* (*pej*) to practise [*or* AM *usu* -ice] fraud; ***sie stapelt gerne hoch und gibt sich als Managerin aus*** she likes to deceive people and pass herself off as a manager
Hochstapler(in) <-s, -> *m(f)* (*pej*) con man *fam,* confidence trickster [*or* man] BRIT
Höchstbeitrag *m* maximum contribution **Höchstbetrag** *m* maximum amount **Höchstbietende(r)** *f(m) decl wie adj* highest bidder
höchste(r, s) *attr* **I.** *adj superl von* **hoch** ① (*die größte Höhe aufweisend*) highest, tallest; **die ~n Bäume/Menschen** the tallest trees/people; **der ~ Berg** the highest mountain ② (*dem Ausmaß nach bedeutendste*) highest; **die ~n Profite** the biggest profits; **die bisher ~ zu zahlende Entschädigung** the largest amount of compensation payable to date; **aufs ~** extremely, most; **das ~, was ...** the most [that] ...; **zu jds ~n/~r ...** to sb's great ...; ***zu meiner ~n Bestürzung*** to my great consternation; *s. a.* **Wesen** ③ (*gravierendste*) severest, most severe; **die ~n Verluste** the highest [*or* greatest] losses ④ (*dem Rang nach bedeutendste*) highest; **das ~ Amt** the highest office; **von ~m Ansehen** of the highest repute; **der ~ Feiertag** the most important public holiday; **der ~ Offizier** the highest-ranking officer; **die ~n Würdenträger** dignitaries of the highest level ⑤ (*der Qualität nach bedeutendste*) greatest; **die ~n Ansprüche** the most stringent demands; **von ~r Bedeutung sein** to be of the utmost importance; ***die Freiheit ist das ~ Gut*** freedom is the most precious commodity **II.** *adv* <am ~n> ① (*in größter Höhe*) the highest; ***mittags steht die Sonne am ~n*** the sun is highest at midday ② (*in größtem Ausmaß*) the most, most of all; ***er war von den Bewerbern am ~n qualifiziert*** he was the most qualified of the applicants ③ (*die größte Summe umfassend*) the most; **die am ~n versicherten Firmen** the most heavily insured firms
hoch|stecken *vt* ■ **etw ~** to put [*or* pin] [*or* wear] up sth *sep;* **mit hochgesteckten Haaren** with one's hair pinned [*or* worn] up **hoch|steigen** *vi irreg* PSYCH (*fam*) ■ **in jdm ~** *Wut, Angst, Freude* to well up in sb
hoch|stellen *vt* ■ **etw ~** to put up sth *sep*
höchstens *adv* ① (*bestenfalls*) at the most, at best; ***er besucht uns selten, ~ zweimal im Jahr*** he seldom visits us, twice a year at the most ② (*außer*) except **Höchstfall** *m* **im ~** at the most, at best **Höchstform** *f* top form **Höchstgebot** *nt* highest bid **Höchstgeschwindigkeit** *f* ① (*höchste mögliche Geschwindigkeit*) maximum speed; *eines Autos a.* top speed ② (*höchste zulässige Geschwindigkeit*) speed limit **Höchstgrenze** *f* upper limit
hoch|stilisieren *vt* ■ **etw [zu etw** *dat*] **~** to build up sth *sep* [into sth]; ■ **hochstilisiert** souped-up *attr fam,* souped up *pred fam* **Hochstimmung** *f kein pl* high spirits *npl;* **in ~** in high spirits; **in festlicher ~** in a festive mood
Höchstleistung *f* maximum [*or* best] performance *no pl;* **etw auf ~** *akk* **trimmen** to tune sth to maximum performance **Höchstmaß** *nt* maximum amount; **ein ~ an Bequemlichkeit** a maximum amount of comfort; **ein ~ an Verantwortung** a maximum degree of responsibility **Höchstmenge** *f* maximum amount [*or* quantity] **höchstpersönlich** *adv* personally, in person; ***es war die Königin ~*** it was the Queen in person **Höchstpreis** *m* maximum [*or* top] price **höchstrichterlich** *adj* of the supreme court *pred;* **ein ~es Urteil** a ruling of the supreme court **Höchstsatz** *m* maximum rate **Höchststand** *m* ① (*höchstes Niveau*) highest level; **beim ~ der Flut** when the tide is at its highest ② ÖKON (*höchster Stand*) highest level; **absolute Höchststände verzeichnen** to be [at] an all-time high **Höchststeuersatz** *m* maximum tax rate **Höchststrafe** *f* maximum penalty **höchstwahrscheinlich** *adv* most likely [*or* probably] **Höchstwert** *m* maximum value **höchstzulässig** *adj attr* maximum [permissible]; **das ~e Achsgewicht** the maximum [permissible] axle weight
Hochtechnologie *f* high technology **Hochtemperaturreaktor** *m* high temperature reactor **Hochtour** *f* ① SPORT (*Hochgebirgstour*) mountain climbing in a high mountain range [*or* area]; **eine ~ machen** to

go mountain climbing in a high mountain range [*or* area] ② *pl* TECH (*größte Leistungsfähigkeit*) **auf ~en laufen** [*o* **arbeiten**] to operate [*or* work] at full speed [*or fig* run]; (*unter großer Hektik und unter Aufbringen aller Kraftreserven vonstatten gehen*) to be in full swing; ***die Werbekampagne lief auf~*** the election campaign was in full swing ▸WENDUNGEN: **jdn auf ~ bringen** (*fam*) to get sb working flat out; **etw auf ~ bringen** (*fam*) to increase sth to full capacity **hochtourig** [tuːrɪç] **I.** *adj* high-revving **II.** *adv* at high revs **hochtrabend** (*pej*) **I.** *adj* pompous *pej* **II.** *adv* pompously *pej* **hoch|treiben** *vt irreg* ■**etw** ~ to drive up sth *sep;* **Kosten/Löhne/Preise** ~ to force [*or* drive] up costs/wages/prices *sep* **Hoch- und Tiefbau** *m* structural and civil engineering **hochverehrt** *adj attr* highly respected [*or form* esteemed]; ***~er Herr Vorsitzender!*** dear Mr Chairman!; ***meine ~en Damen und Herren!*** ladies and gentlemen! **Hochverrat** *m* high treason *no pl, no art* **hochverzinslich** *adj* yielding [*or* bearing] a high interest rate *pred* **Hochwald** *m* high forest

Hochwasser *nt* ① (*Flut*) high tide ② (*überhoher Wasserstand*) high [level of] water; ~ **führen** [*o* **haben**] to be in flood ③ (*Überschwemmung*) flood

Hochwasserdamm *m* dyke BRIT, AM dike **Hochwassergefahr** *f* danger of flooding *no pl, no indef art* **Hochwasserkatastrophe** *f* flood disaster **Hochwasserschaden** *m* flood damage *no pl, no indef art* **Hochwasserschutz** *m* flood protection *no pl* **Hochwasserstand** *m* METEO high-water level

hoch|werfen *vt irreg* ■[**jdm**] **etw** *akk* ~ to throw up sth *sep* [to sb] **hochwertig** *adj* ① (*von hoher Qualität*) [of *pred*] high quality; **~er Stahl** high-grade steel ② (*von hohem Nährwert*) highly nutritious **Hochwild** *nt* big game *no pl, no art* **hochwillkommen** *adj attr* most [*or* very] welcome **Hochzahl** *f* exponent *spec*

Hochzeit[1] <-, -en> *f* wedding; ~ **feiern** [*o veraltend* **halten**] to have a wedding; ~ **haben** [*o* **machen**] to get married; **diamantene/eiserne/goldene/silberne** ~ diamond/65th/gold/silver wedding anniversary; **grüne** ~ wedding day ▸WENDUNGEN: **man kann nicht auf zwei ~en tanzen** (*prov*) you can't have your cake and eat it; (*an zwei Orten gleichzeitig sein wollen*) you can't be in two places at once

Hochzeit[2] <-, -en> *f* (*geh: Blütezeit*) golden age

Hochzeitsfeier *f* wedding reception **Hochzeitsgast** *m* wedding guest **Hochzeitsgeschenk** *nt* wedding present [*or* gift] **Hochzeitskleid** *nt* ① (*traditionell weißes Kleid, das die Braut bei der Trauung trägt*) wedding [*or* bridal] dress [*or* gown] ② ZOOL nuptial coloration; (*von Vögeln*) nuptial plumage, nuptial display **Hochzeitsnacht** *f* wedding night **Hochzeitsreise** *f* honeymoon *no pl;* **auf ~ sein** to be on [one's] honeymoon **Hochzeitsschuh** *m* wedding shoe **Hochzeitstafel** *f* wedding table **Hochzeitstag** *m* ① (*Tag der Hochzeit*) wedding day ② (*Jahrestag*) wedding anniversary

hoch|ziehen *irreg* **I.** *vt* ■**etw** ~ ① (*nach oben ziehen*) to pull up sth *sep;* ■**sich** *akk* [**an etw** *dat*] ~ to pull oneself up [on sth] ② (*höher ziehen*) to pull up sth *sep; s. a.* **Augenbraue, Nase** ③ LUFT (*steil steigen lassen*) to pull up sth *sep* ④ (*fam: rasch bauen*) to build sth [rapidly] **II.** *vr* (*pej sl: sich an etw aufgeilen*) ■**sich** *akk* **an etw** *dat* ~ to get a kick out of sth

Hochzinsphase *f* period of high interest [rates] **Hochzinspolitik** *f* high interest rate policy, policy of high interest rates [*or* of keeping interest rates high]

Hocke <-, -n> *f* ① (*Körperhaltung*) crouching [*or* squatting] position; **in die ~ gehen** to crouch [*or* squat] [*or* AM hunker] down; **in der ~ sitzen** to crouch, to squat ② SPORT (*Turnübung*) squat vault

hocken **I.** *vi* ① *haben* (*kauern*) ■[**an/vor etw** *dat*] ~ to crouch [*or* squat] [at sth/in front of sth]; ***sie hockte gebückt vor dem Feuer, um sich zu wärmen*** she crouched over the fire to get warm ② *haben* (*fam: sitzen*) ■[**an/auf/vor etw** *dat*] ~ to sit [at/on sth/in front of sth]; ***hock nicht so krumm am Tisch!*** don't slouch at the table! ③ *sein* SPORT (*in der Hocke springen*) ■**über etw** *akk* ~ to squat-vault over sth **II.** *vr* DIAL (*fam: sich setzen*) ■**sich** *akk* [**an etw** *akk*/**zu jdm**] ~ to sit down [at sth/next to sb]; ***hock dich hin, hier ist noch Platz!*** plonk *fam* yourself down, there's room for you here

Hocker <-s, -> *m* ① (*Stuhl ohne Lehne*) stool; (*in einer Kneipe a.*) bar stool ② ARCHÄOL (*Sitzgrab*) seated burial ▸WENDUNGEN: **jdn vom ~ hauen** (*fam*) to bowl sb over *fam*

Höcker <-s, -> *m* ① (*Wulst*) hump ② (*fam: Buckel*) hump ③ (*kleine Wölbung*) bump

Höckerschwan *m* ORN mute swan

Hockey <-s> ['hɔki, 'hɔke] *nt kein pl* hockey *no pl, no art,* field hockey AM *no pl, no art*

Hockeyball *m* hockey ball **Hockeymannschaft** *f* hockey team **Hockeyschläger** ['hɔki, 'hɔke] *m* hockey stick **Hockeyspiel** *nt* game of hockey **Hockeyspieler** *m* hockey player **Hockeystadion** *nt* hockey stadium

Hoden <-s, -> *m* testicle

Hodenkrebs *m kein pl* MED testicular cancer *no pl*

Hodensack *m* MED scrotum

Hof <-[e]s, Höfe> *m* ① (*Innen~*) courtyard; (*Schul~*) schoolyard, playground; **auf dem/den ~** in/into the courtyard/on the playground ② (*Bauern~*) farm ③ HIST (*Fürstensitz*) court; **bei** [*o* **am**] **~e** at court ④ HIST (*~staat*) court ⑤ (*Halo*) halo ▸WENDUNGEN: **jdm den ~ machen** (*veraltend*) to woo sb *dated*

Hofarzt *m* HIST court physician **Hofausfahrt** *f* courtyard exit **Hofball** *m* HIST court ball **Hofeinfahrt** *f* courtyard entrance, entrance to a/the courtyard

hoffen **I.** *vi* ① (*von Hoffnung erfüllt sein*) to hope ② (*erwarten*) ■**~, dass ...** to hope [that] ... ③ (*er~*) ■**auf etw** *akk* ~ to hope for sth ④ (*auf jdn bauen*) ■**auf jdn** ~ to put one's trust in sb; **auf Gott** ~ to trust in God ▸WENDUNGEN: **H~ und Harren macht manchen zum Narren** (*prov*) some people never give up hoping, he who lives in hope dances to an ill tune *prov;* (*als Antwort auf Unmögliches*) [and] pigs might fly *iron* **II.** *vt* ■**etw** ~ to hope for sth; ***ich hoffe es wenigstens*** at least I hope so; **es bleibt zu ~, dass ...** the hope remains that ...; **nichts mehr zu ~ haben** to have no hope left; **das will ich/wollen wir ~** I/let's hope so; *s. a.* **Beste**

Hoffenster *nt* courtyard window

hoffentlich *adv* hopefully; ■**~ nicht** I/we hope not; **~!** let's hope so!

Hoffnung <-, -en> *f* hope (**auf** +*akk* for/of); **seine ~en begraben** to abandon [*or form* relinquish] one's hopes; **es besteht noch ~** [**auf etw** *akk*] there is still hope [of sth]; **zu den besten ~en berechtigen** to give rise to the best hopes; **sich** *akk* **von der ~ auf etw** *akk* **blenden lassen** to be blinded by his/her hope for sth; **jds einzige** [*o* **letzte**] **~ sein** to be sb's only [*or* last] hope; **alle ~ fahrenlassen** to abandon all hope; **sich** *akk* **an eine falsche ~ klammern** to cling to a false hope; **in seinen ~en getäuscht** [*o* **getrogen**] **werden** to have one's hopes dashed; **~ auf etw** *akk* **haben** to have hopes of sth; ***hast du denn noch ~ auf ein Gelingen unserer Pläne?*** do you still have hopes that our plans will succeed?; **sich** *akk* **bestimmten ~en hingeben** to cherish certain hopes; **in der ~, [dass] ...** (*geh*) in the hope [that] ...; ***in der ~, recht bald wieder von Ihnen zu hören,***

... hoping to hear from you again shortly, ...; **seine** [**letzte**] ~ **auf jdn/etw setzen** to pin one's [last] hopes on sb/sth; **sich** *dat* **~en machen** to have hopes; **sich** *dat* **keine ~en machen** to not hold out any hopes; ***machen Sie sich keine großen ~en*** don't hold out any great hopes; **jdm ~ machen** to hold out hope to sb; ***die ersten Informationen machen mir ~*** the initial information gives me reason to hope; **jdm ~ machen, dass ...** to hold out hope to sb that ...; **jdm ~ auf etw** *akk* **machen** to raise sb's hopes of sth; **jdm seine ~[en] nehmen** [*o* **rauben**] to rob sb of his/her hopes; **neue ~ [aus etw] schöpfen** to find fresh hope [in sth], to draw new hope from sth; **die ~ sinken lassen** (*geh*) to lose hope; **sich** *akk* **in trügerischen ~en wiegen** to nurture false hopes; **die ~ verlieren** [*o* **aufgeben**] to lose [*or* give up] hope; **guter ~ sein** (*euph*) to be expecting

Hoffnungsfunke(n) *m s.* **Hoffnungsschimmer**

hoffnungslos **I.** *adj* hopeless; *s. a.* **Fall** **II.** *adv* ❶ (*ohne Hoffnung*) without hope ❷ (*völlig*) hopelessly; ~ **veraltet** hopelessly out of date, antediluvian *hum* ❸ (*fam: ausweglos*) hopelessly; **sich** *akk* ~ **in jdn verlieben** to fall hopelessly [*or* head over heels] in love with sb

Hoffnungslosigkeit <-> *f kein pl* hopelessness *no pl, no art;* (*Verzweiflung*) despair *no pl, no art*

Hoffnungsschimmer *m* (*geh*) glimmer of hope

Hoffnungsträger(in) *m(f)* sb's hope; ***sie ist unsere ~ in*** she's our hope, we've pinned our hopes on her

hoffnungsvoll **I.** *adj* hopeful; **eine ~e Karriere** a promising career **II.** *adv* full of hope

Hofhund *m* watchdog

hofieren* *vt* ▪**jdn ~** to pay court to sb

höfisch *adj* courtly

Hofknicks *m* HIST court [*or* formal] curts[e]y **Hofleben** *nt* HIST court life *no pl, no art*

höflich **I.** *adj* courteous, polite **II.** *adv* courteously, politely; ***wir teilen Ihnen ~[st] mit, ...*** we beg to inform you ... *form*

Höflichkeit <-, -en> *f* ❶ *kein pl* (*höfliche Art*) courtesy *no pl, no art,* courteousness *no pl, no art,* politeness *no pl, no art;* **aus** [**reiner**] ~ out of [pure] courtesy [*or* politeness]; ***ich sage das nicht nur aus ~*** I'm not just saying that to be polite; **mit aller ~** courteously, politely, with the utmost politeness; ***er lehnte dankend und mit aller ~ ab*** expressing his thanks he politely declined ❷ (*höfliche Bemerkung*) compliment

> **! Tipp** Im täglichen Leben ist Höflichkeit von größter Bedeutung. Immer wenn man jemanden ansprechen möchte, sagt man **Excuse me, ...**. Es gilt übrigens als äußerst unhöflich, wenn man versucht, sich irgendwo vorzudrängen. Bevor man in öffentlichen Verkehrsmitteln, z. B. im Bus oder im Zug, das Fenster öffnet, sollte man unbedingt vorher fragen, ob es jemanden stört: **Do you mind if I open the window?**

Höflichkeitsbesuch *m* courtesy visit; **jdm einen ~ abstatten** to pay sb a courtesy visit **Höflichkeitsfloskel** *f* polite phrase

Hoflieferant *m* supplier [*or form* purveyor] to the court

Höfling <-s, -e> *m* ❶ HIST courtier ❷ (*pej: Schmeichler*) sycophant *pej form*

Hofnarr *m* HIST court jester **Hofrat** *m* ÖSTERR *honorary title conferred on a senior civil servant* **Hofstaat** *m kein pl* HIST [royal] court **Hoftor** *nt* courtyard gate

Höhe <-, -n> *f* ❶ (*Ausdehnung nach oben*) height; ***die Wand hat eine ~ von 3 Metern*** the wall is 3 metres high [*or* in height]; **er schätzte die Wand auf eine ~ von 3 Metern** to estimated the wall to be 3 metres [*or* AM -ers] high [*or* in height]; **aus der ~** from above; **auf halber ~** halfway up; **in einer ~ von** at a height of; **in der ~** up there; **in die ~** into the air; **in die ~ sehen** to look up; **in die ~ schießen** to shoot up *fam;* **in schwindelnder ~** at a dizzy[ing] height; **in die ~ wachsen** to grow tall ❷ (*Tiefe*) depth; ***diese Schicht hat eine ~ von 80 Zentimetern*** this layer is 80 centimetres deep ❸ (*vertikale Entfernung*) height; ***der Adler erhob sich in die ~*** the eagle rose into the air; **an ~ gewinnen** LUFT to gain height; **sich** *akk* **in die ~ schwingen** (*geh*) to soar up into the air ❹ (*Gipfel*) summit, top ❺ (*Ausmaß*) amount, level; **die ~ des Drucks** the amount of pressure; **die ~ seines Gehalts** the size of one's salary; **die ~ der Preise** [the] price levels; **die ~ des Schadens** the extent of the damage; ***Schulden in ~ von 45.000 DM*** debts of 45,000 DM; **in die ~ gehen** *Preise* to rise; **etw in die ~ schrauben** to push up sth *sep;* **seine Forderungen in die ~ schrauben** to increase one's demands; **Löhne/Preise in die ~ treiben** to force up wages/prices; **in unbegrenzter ~** of an unlimited amount; ***er hat bei uns Kredit in unbegrenzter ~*** there is no restriction on the amount of credit he has with us ❻ (*Größe*) level; **die ~ seines Lebensstandards** one's standard of living ❼ (*Ton~*) treble ❽ (*Breitenlage*) latitude; **auf der gleichen ~ liegen** to be located in the same latitude ▸ WENDUNGEN: **nicht ganz auf der ~ sein** to be a bit under the weather; **das ist doch die ~!** (*fam*) that's the limit!; **auf der ~ sein** to be in fine form; **die ~n und Tiefen des Lebens** the ups and downs in life; **auf der ~ der Zeit** up-to-date

hohe(r, s) *adj s.* **hoch**

Hoheit <-, -en> *f* ❶ (*Mitglied einer fürstlichen Familie*) member of a/the royal household [*or* family]; **Seine/Ihre Kaiserliche/Königliche ~** His/Your Imperial/Royal Highness ❷ *kein pl* (*oberste Staatsgewalt*) sovereignty *no pl, no art;* **die ~ über etw** *akk* **haben** to have sovereignty over sth

hoheitlich *adj* sovereign *attr*

Hoheitsadler *m* national eagle; **der deutsche ~** the German national eagle **Hoheitsgebiet** *nt* sovereign territory **Hoheitsgewalt** *f* sovereignty *no pl, no art* **Hoheitsgewässer** *pl* territorial waters *npl* **Hoheitsrecht** *nt meist pl* POL sovereign right, rights of sovereignty **hoheitsvoll** *adj* (*geh*) majestic **Hoheitszeichen** *nt* national emblem

Höhenangabe *f* altitude reading; ***Wanderkarten sind immer mit genauen ~n versehen*** maps of trails always indicate the exact height of the land **Höhenangst** *f* fear of heights *no pl* **Höhenflug** *m* ❶ LUFT high-altitude flight ❷ (*Fantasiererei*) flight of fancy; **zu Höhenflügen ansetzen** to have lofty thoughts **Höhenleitwerk** *nt* LUFT tailplane **Höhenlinie** *f* contour [line] **Höhenmesser** *m* LUFT altimeter **Höhenruder** *nt* LUFT elevator **Höhensonne** *f* ❶ (*im Gebirge*) mountain sun ❷ (*UV-Strahler*) sun lamp **Höhenunterschied** *m* difference in altitude **höhenverstellbar** *adj* height-adjustable **Höhenzug** *m* range of hills; (*größer*) mountain range

Hohepriester(in) *m(f)* high priest, high priestess *fem*

Höhepunkt *m* ❶ (*bedeutendster Teil*) high point; *einer Veranstaltung* highlight ❷ (*Gipfel*) height, peak; **auf dem ~ seiner Karriere** at the height of one's career; **der ~ seiner Macht** the peak of one's power; **den/seinen ~ erreichen/überschreiten** to reach/pass the/its critical stage; ***bald hatte die Krise ihren ~ erreicht*** the crisis had soon reached its climax; (*Zenith*) zenith ❸ (*Orgasmus*) climax; **jdn zum ~ brin-**

gen to bring sb to a climax; **zum ~ kommen** to reach a climax

höher **I.** *adj comp von* **hoch** ① (*größer an vertikaler Ausdehnung*) higher, taller; **~e Bäume/Menschen** taller trees/people; **eine ~e Decke** a higher ceiling ② (*dem Ausmaß nach bedeutender*) greater, larger; **ein ~er Druck** a greater pressure; **~e Forderungen** greater demands; **~e Gewinne** higher profits; **~e Preise** higher prices; **eine ~e Strafe** a severer [*or* more severe] fine; **~e Temperaturen** higher temperatures; **~e Verluste** greater losses ③ (*dem Rang nach bedeutender*) higher; **eine ~e Funktionärin** a more senior official; **ein ~er Offizier** a higher-ranking officer; **~ gestellt** more senior ④ (*der Qualität nach bedeutender*) higher; ***die Gesundheit ist ein ~es Gut als der Reichtum*** health is a more precious commodity than wealth ▶ Wendungen: **sich** *akk* **zu H~em berufen fühlen** to feel destined for higher things **II.** *adv comp von* **hoch** ① (*weiter nach oben*) higher/taller; ■**etw ~ schrauben** to increase [*or sep* step up] sth; **seine Anforderungen ~ schrauben** to increase one's demands; **Preise ~ schrauben** to force up prices *sep;* ■**jdn [um etw** *akk*] **~ stufen** to upgrade sb [by sth] ② (*mit gesteigertem Wert*) higher; **sich** *akk* **~ versichern** to increase one's insurance

hohl **I.** *adj* ① (*leer*) hollow ② (*eine Mulde bildend*) hollow; **in der ~en Hand** in the hollow of one's hand; **mit der ~en Hand** with cupped hands; **~e Wangen** sunken cheeks; *s. a.* **Gasse** ③ (*dumpf klingend*) hollow ④ (*pej: nichts sagend*) empty, hollow; **~e Phrasen** empty phrases **II.** *adv* hollow; ***das Fass klingt*** ~ the barrel sounds empty

hohläugig *adj* hollow-[*or* sunken-]eyed

Höhle <-, -n> *f* ① (*Fels~*) cave ② (*Tierbehausung*) cave, lair ③ (*Höhlung*) hollow ④ (*Augen~*) socket, orbit *spec* ▶ Wendungen: **sich** *akk* **in die ~ des Löwen begeben** [*o* **wagen**] to venture into the lion's den

Höhlenbewohner(in) *m(f)* ① (*in Höhlen lebendes Tier*) cave-dwelling animal; ■**ein ~ sein** to live in caves ② *s.* **Höhlenmensch** **Höhlenforscher(in)** *m(f)* cave explorer, speleologist **Höhlenforschung** *f* cave exploration, speleology **Höhlengang** *m* underground passage **Höhlengestein** *nt* cave rock **Höhlenkunde** *f* speleology **Höhlenmalerei** *f* cave painting **Höhlenmensch** *m* cave dweller, caveman *masc,* cavewoman *fem,* troglodyte *spec*

Hohlheit <-> *f kein pl* ① (*pej: Geistlosigkeit*) emptiness *no pl, no art,* hollowness *no pl, no art,* vacuousness *no pl, no art form* ② (*selten: hohle Beschaffenheit*) emptiness *no pl, no art*

Hohlhippe *f* kochk *biscuit made of eggs, flour, almonds, cream, cinamon and sugar* **Hohlkopf** *m* (*pej fam*) blockhead *fam,* airhead Am *fam* **Hohlkörper** *m* hollow body **Hohlkreuz** *nt* med hollow back; **ein ~ haben** to have a hollow back **Hohlmaß** *nt* ① (*Maßeinheit für Rauminhalt*) measure of capacity, cubic measure *spec* ② (*Messgefäß*) dry measure **Hohlraum** *m* cavity, hollow space **Hohlspiegel** *m* concave mirror **Hohlstunde** *f* sch free period **Hohltaube** *f* orn stock dove **Hohltier** *nt* zool coelenterate

Höhlung <-, -en> *f* hollow

hohlwangig *adj* hollow-[*or* sunken-]cheeked; ■**~ sein** to have hollow [*or* sunken] cheeks, to be hollow-[*or* sunken-]cheeked **Hohlweg** *m* narrow pass [*or literally* defile] **Hohlziegel** *m* perforated [*or* air] brick

Hohn <-[e]s> *m kein pl* scorn *no pl, no art,* derision *no pl, no art,* mockery *no pl, no art;* **das ist blanker** [*o* **der rein[st]e**] **~!** (*fam*) this is utterly absurd [*or* sheer [*or* utter] mockery]; **nur ~ und Spott ernten** to receive [*or* get] nothing but scorn and ridicule [*or* but derision]; **jdn mit ~ und Spott überschütten** to heap [*or* pour] scorn on sb; **~ lachen** to laugh scornfully; **jdm ~ sprechen** to mock [at] [*or* deride] sb; **einer S.** *dat* **~ sprechen** (*etw verballhornen*) to make a mockery of sth; (*einen krassen Gegensatz zu etw bilden*) to be contrary to sth; ***dieses Vorgehen spricht dem gesunden Menschenverstand*** ~ this action is contrary to [*or* goes against] all common sense; **jeder Vernunft ~ sprechen** to fly in the face of all reason

höhnen *vi* to sneer; ■**das H~** sneering, jibes *pl,* Am *usu* gibes *pl*

Hohngelächter *nt* scornful [*or* derisive] [*or* sneering] laughter

höhnisch **I.** *adj* scornful, mocking, sneering **II.** *adv* scornfully, mockingly, sneeringly **Hohnlachen** *nt* scornful laughter *no pl;* **unter lautem ~** with loud scornful laughter

hoho *interj* oho

Hokaidokürbis *m* hubbard squash

Hokuspokus <-> *m kein pl* ① (*Zauberformel*) abracadabra; (*vor dem Schluss*) hey presto Brit *fam;* **~ fidibus!** abracadabra!, hey presto! Brit *fam* ② (*fam: fauler Zauber*) hocus-pocus ③ (*fam: Brimborium*) fuss, palaver *fam;* **einen ~ veranstalten** to make [such] a fuss [*or fam* palaver]

hold *adj* ① (*hum: lieb*) dear, beloved, fair *hum* ② (*veraltend geh: anmutig*) sweet ③ (*gewogen*) ■**jdm/etw ~ bleiben/sein** (*geh*) to be kind to sb/sth; ***mir ist Fortuna nie ~!*** [good] fortune never smiles on me!; **meine H~e** (*iron*) [my] dear *a. iron*

Holder <-s, -> *m* schweiz, südd (*Holunder*) elder

Holding <-, -s> *f,* **Holdinggesellschaft** *f* ökon holding company

holen **I.** *vt* ① (*hervor~*) ■**etw [aus/von etw] ~** to get sth [out of/from sth] ② (*herein~*) ■**jdn [irgendwohin] ~** to send sb [somewhere]; ***Sie können den Patienten jetzt holen*** you can send for the patient now; ■**jdn ~ lassen** to fetch sb ③ (*herbeirufen*) ■**jdn/etw ~** to send for sb/sth; **Hilfe ~** to get help ④ sport (*sl: erringen*) ■**etw [für etw] ~** to win sth [for sth]; ***das Team hat ein olympisches Gold für Deutschland geholt*** the team won an olympic gold for Germany ▶ Wendungen: **etwas/nichts bei jdm zu ~ sein** (*fam*) to get something/nothing out of sb; ***bei dem ist nichts mehr zu*** ~ you won't get any more out of him **II.** *vr* (*fam*) ① (*sich nehmen*) ■**sich** *dat* **etw [aus/von etw] ~** to get oneself sth [out of/from sth]; (*selbstverständlich*) to help oneself to sth [out of/from sth] ② (*sich zuziehen*) ■**sich** *dat* **etw [an etw** *dat*/**bei etw] ~** to get [*or* catch] sth [from/in sth]; ***bei dem kalten Wetter holst du dir eine Erkältung*** you'll catch a cold in this chilly weather; ***au verdammt, ich habe mir an dem blöden Gerät einen Schlag geholt!*** ow damn, I've got a shock from this stupid appliance!; *s. a.* **Tod** ③ (*sich einhandeln*) ■**sich** *dat* **etw [von jdm] ~** to get sth; ***er hat sich einen Anschnauzer vom Chef geholt*** he got a rollicking from the boss

holla *interj* **~, *wen haben wir denn da?*** hallo, who have we here?; **~, *nicht so hastig!*** hey, not so fast!

Holland <-s> *nt* ① (*Niederlande*) Holland, the Netherlands *npl; s. a.* **Deutschland** ② (*Provinz der Niederlande*) Holland

Holländer <-s> *m kein pl* Dutch cheese *no pl*

Holländer(in) <-s, -> *m(f)* Dutchman *masc,* Dutchwoman *fem;* ■**die ~** the Dutch + *pl vb;* **~ sein** to be Dutch [*or* a Dutchman/Dutchwoman]; **der Fliegende ~** the Flying Dutchman; *s. a.* **Deutsche(r)**

holländisch *adj* ① (*Holland betreffend*) Dutch; **eine ~e Frau/ein ~er Mann** a Dutchwoman/Dutchman; *s. a.* **deutsch 1** ② ling Dutch; **auf ~** in Dutch; *s. a.*

deutsch 2

Holländisch *nt decl wie adj* Dutch; *s. a.* Deutsch

Hölle <-, *selten* -n> *f* Hell *no pl, no art;* **in die ~ kommen** to go to hell; **in der ~** in hell; **jdn zur ~ jagen** (*pej fam*) to tell sb to go to hell *fam; s. a.* Leben ▸ WENDUNGEN: **die ~ auf Erden** hell on earth; **die grüne ~** (*geh*) the tropical jungle; **jdm die ~ heiß machen** (*fam*) to give sb hell *fam;* **die ~ ist los** (*fam*) all hell has broken loose *fam;* **fahr zur ~!** (*geh*) go to hell [*or* the devil]! *fam;* **die [reinste] ~ sein** (*fam*) to be [sheer [*or* pure]] hell; **zur ~ mit jdm!** (*fam*) to hell with sb! *fam*

Höllenangst *f* (*fam*) awful [*or* terrible] fear; **jdm eine ~ einjagen** to frighten sb to death; **eine ~ haben** to be terribly afraid, to be shitting bricks *fam!* **Höllendurst** *m* (*fam*) raging thirst **Höllenfürst** *m* (*geh*) ■ **der ~** the Prince of Darkness *liter* **Höllengestank** *m* awful stench **Höllenhund** *m* hellhound **Höllenlärm** *m* hell of a noise *no pl, no def art fam,* terrible [*or* hellish] [*or* infernal] racket *no pl* **Höllenmaschine** *f* (*fam*) time bomb **Höllenqual** *f* (*fam*) agony *no pl, no art* **Höllenspektakel** *nt s.* Höllenlärm **Höllenstein** *m* CHEM silver nitrate *no pl, no art*

höllisch I. *adj* ① *attr* infernal; **das ~e Feuer** the fires of hell *pl* ② (*fam: fürchterlich*) dreadful, terrible, hell *pred;* **eine ~e Angst haben** to be scared stiff; **ein ~er Lärm** a terrible racket II. *adv* (*fam*) dreadfully, terribly; **~ brennen/schmerzen** to burn/hurt terribly [*or fam* like hell]

Hollywoodschaukel ['hɔliwʊd] *f* garden swing

Holm <-[e]s, -e> *m* ① SPORT (*Stange*) bar ② (*Rahmen*) side piece; *einer Leiter* upright ③ (*Handlauf*) rail ④ AUTO (*tragende Leiste*) cross-member; LUFT spar ⑤ (*Stiel*) shaft

Holmium <-s> *nt kein pl* CHEM holmium *no pl, no art*

Holocaust <-s> ['ho:lokaust, holo'kaust] *m kein pl* holocaust

Holocaust-Mahnmal *nt* Holocaust memorial

Hologramm <-e> *nt* hologram

Holographie, HolografieRR <-, -n> [*pl* 'fi:ən] *f* holography *no pl, no art*

holp(e)rig *adj* ① (*sehr uneben*) bumpy, uneven ② (*ungleichmäßig*) clumsy, halting; **ein ~es Versmaß** a clumsy metre [*or* AM -er]; **in ~em Deutsch** in halting German

holpern *vi* ① *haben* (*holperig sein*) to bump, to jolt; ***auf der unebenen Straße hat es unterwegs sehr geholpert*** it was a very bumpy journey on the uneven road; **~d über etw** *akk* **fahren** to jolt across/over sth ② *sein* (*sich rüttelnd fortbewegen*) ■ **durch/über etw** *akk* **~** to jolt [along] across/over sth

Holschuld *f debt for collection at the debtor's address*

holterdiepolter *adv* helter-skelter; ***die Blechdose fiel ~ die Treppe hinunter*** the tin can clattered down the stairs; **etw ~ hinunterfahren** to hurtle down sth

Holunder <-s, -> *m* elder

Holunderbeere *f* elderberry **Holunderblüte** *f* elder blossom **Holunderbusch** *m,* **Holunderstrauch** *m* elder bush **Holunderwein** *m* elderberry wine

Holz <-es, Hölzer> *nt* ① *kein pl* (*Substanz der Bäume*) wood *no pl, no art;* **neues ~** fresh wood; **~ verarbeitend** wood-processing *attr;* **~ fällen** to cut down trees *sep;* **~ sägen** to saw wood ② (*~art*) wood *no pl, no art;* **tropische Hölzer** tropical wood ③ *pl* (*Bauhölzer*) timber; **aus ~** wooden; **ein Haus ganz aus ~** a completely wooden house; **massives ~** solid wood ④ SPORT *Golf*wood; ***ein Zweier*** **~** a [number] 2 wood ▸ WENDUNGEN: **[ordentlich] ~ vor der Hütte[n] haben** (*sl*) to have [really] big breasts [*or fam!* knockers]; **aus anderem/aus dem gleichen ~ geschnitzt sein** to be cast in a different/in the same mould [*or* AM mold]; **aus hartem [o härterem] [o grobem] ~ geschnitzt sein** to be a tough character

Holzapfel *m* BOT crab apple **Holzart** *f* type [*or* kind] of wood; **eine tropische ~** a type [*or* kind] of tropical wood **Holzauge** *nt* ▸ WENDUNGEN: **~, sei wachsam** (*fam*) better watch out [*or* be careful] **Holzbank** *f* wooden bench **Holzbau** *m* ① *kein pl* (*das Bauen mit Holz*) construction with timber ② (*Gebäude aus Holz*) wooden building **Holzbearbeitung** *f* wood processing, processing of wood **Holzbein** *nt* wooden leg, peg-leg *dated fam* **Holzbläser(in)** *m(f)* woodwind player **Holzblasinstrument** *nt* woodwind instrument **Holzbock** *m* ① (*Stützgestell*) wooden stand [*or* trestle] ② (*Bockkäfer*) wood [*or* dog] tick ③ (*fam*) *s.* Zecke **Holzbohrer** *m* wood drill

Hölzchen <-s, -> *nt dim von s.* Holz 3 small piece of wood ▸ WENDUNGEN: **vom ~ aufs Stöckchen kommen** (*fam*) to keep digressing

holzen *vi* FBALL (*pej*) to hack; ■ **jdn umholzen** to hack down sb *sep pej;* ***beim Match wurde mächtig geholzt*** it was a dirty match

hölzern I. *adj* ① (*aus Holz*) wooden ② (*steif*) wooden II. *adv* awkwardly, woodenly; **~ tanzen** to have two wooden legs *hum*

Holzfällen <-s> *nt kein pl* tree-felling *no pl, no art,* lumbering *no pl, no art* AM **Holzfäller(in)** <-s, -> *m(f)* woodcutter, lumberjack AM, woodsman *masc* **Holzfällerhemd** *nt* MODE lumberjack shirt **Holzfaser** *f* wood fibre [*or* AM -er] **Holzfaserplatte** *f* fibreboard BRIT, fiberboard AM **Holzfigur** *f* wooden figure **holzfrei** *adj* wood-free **Holzhacken** *nt kein pl* chopping wood *no pl, no art* **Holzhacker(in)** *m(f)* ÖSTERR *s.* Holzfäller **holzhaltig** *adj* woody **Holzhammer** *m* mallet ▸ WENDUNGEN: **etw mit dem ~ abgekriegt haben** (*pej sl*) to be a bit touched *fam;* **jdm etw mit dem ~ beibringen** (*fam*) to hammer sth home to sb **Holzhammermethode** *f* (*fam*) sledgehammer approach **Holzhandel** *m* timber [*or* AM lumber] trade **Holzhaus** *nt* wooden [*or* timber] house

holzig *adj* KOCHK stringy

Holzkitt *m* wood cement **Holzklotz** *m* ① (*Klotz aus Holz*) wooden block, block of wood ② (*Spielzeug*) wooden brick **Holzkohle** *f* charcoal *no pl, no art* **Holzkohlengrill** *m* charcoal grill **Holzkopf** *m* ① (*pej fam: Schwachkopf*) blockhead *fam* ② *einer Spielfigur* wooden head **Holzladung** *f* load [consisting] of wood **Holzpflock** *m* wooden stake; (*kleiner*) [wooden] peg **Holzscheit** *nt* log, piece of [fire]wood **Holzschnitt** *m* ① *kein pl* (*grafisches Verfahren*) wood-engraving *no pl, no art* ② (*Abzug*) woodcut **holzschnittartig** I. *adj* simplistic II. *adv* simplistically **Holzschnitzer(in)** *m(f)* wood carver **Holzschuh** *m* clog, wooden shoe **Holzschutzmittel** *nt* wood preservative **Holzsplitter** *m* splinter [of wood]; (*größer*) sliver of wood **Holzstich** *m s.* Holzschnitt 2 **Holzstoß** *m* pile [*or* stack] of wood **Holzvertäfelung** *f* wood[en] panelling [*or* AM *usu* paneling] **Holzwaren** *pl* wooden articles *pl* **Holzweg** *m* ▸ WENDUNGEN: **auf dem ~ sein** (*fam*) to be on the wrong track, to be barking up the wrong tree *fam* **Holzwolle** *f* wood wool, excelsior *no pl, no art* AM **Holzwurm** *m* woodworm

homerisch *adj* Homeric

Hometrainer [həʊm-] *m* SPORT, MED *s.* **Heimtrainer**

Hommage <-, -n> [ɔ'ma:ʃ] *f* (*geh*) homage *no pl*

Homo <-s, -s> *m* (*veraltend fam*) homo *fam*

homogen *adj* (*geh*) homogen[e]ous

homogenisieren* *vt* ■ **etw ~** to homogenize sth

H

spec
Homogenität *f* (*geh*) homogeneity *no pl*
Homograph, **Homograf**RR <-s, -e> *nt* homograph *spec*
Homonym <-[e]s, -e> *nt* homonym *spec*
homonym *adj inv* LING homonym
Homöopath(in) <-en, -en> *m(f)* hom[o]eopath
Homöopathie <-> *f kein pl* hom[o]eopathy *no pl, no art; s. a.* Facharzt
homöopathisch *adj* hom[o]eopathic
homophob *adj* PSYCH homophobic
Homophon, **Homofon**RR <-s, -e> *nt* homophone *spec*
Homosexualität *f* homosexuality *no pl, no art*
homosexuell *adj* homosexual
Homosexuelle(r) *f(m) decl wie adj* homosexual
Honduraner(in) <-s, -> *m(f)* GEOL Honduran
honduranisch *adj inv* GEOL Honduran
Honduras <-> *nt* GEOG Honduras; *s. a.* **Deutschland**
Hongkong *nt* Hong Kong; *s. a.* **Deutschland**
Honig <-s, -e> *m* honey *no pl, no art;* **türkischer ~** halva[h] *no pl, no art* ▶ WENDUNGEN: **jdm ~ ums Maul** [*o* **um den Bart**] [*o* **Mund**] **schmieren** (*fam*) to butter up sb *sep fam*
Honigbiene *f* honeybee **honigfarben** *adj* honey-coloured [*or* AM -ored] **honiggelb** *adj* honey-yellow **Honiggras** *nt* BOT Yorkshire fog **Honigkuchen** *m* honey cake **Honigkuchenpferd** *nt* simpleton ▶ WENDUNGEN: **wie ein ~ grinsen** (*hum fam*) to grin like a Cheshire cat **Honiglecken** *nt* ▶ WENDUNGEN: **kein ~ sein** (*fam*) to be no picnic, to not be a piece of cake *fam* **Honigmelone** *f* honeydew melon **honigsüß** (*pej*) **I.** *adj* honeyed; **mit ~er Stimme sprechen** to speak with [*or* in] honeyed [*or hum, liter* dulcet] tones **II.** *adv* as sweet as honey [*or* AM pie] *pej;* ***er lächelte ~*** he smiled as sweetly as honey **Honigtau** *m* honeydew **Honigtauhonig** *m* honeydew honey **Honigwabe** *f* honeycomb **Honigwein** *m* mead *no pl, no art*
Honorar <-s, -e> *nt* fee; *eines Autors* royalties *npl;* **gegen ~** on payment of a fee
Honorarprofessor(in) *m(f)* honorary professor
Honoratioren *pl* dignitaries *pl*
honorieren* *vt* ❶ (*würdigen*) ■**etw ~** to appreciate sth; ***sein Chef wusste seine Einsatzbereitschaft zu ~*** his boss appreciated his willingness to become involved ❷ (*bezahlen*) ■**jdm etw** *akk* [**mit etw** *akk*] **~** to pay sb [sth] for sth ❸ ÖKON (*akzeptieren*) ■**etw ~** to honour [*or* AM -or] sth
honorig *adj* (*geh*) honourable [*or* AM -orable]
honoris causa *adv* honorary; **Dr. ~** honorary doctor
Hool <-s, -s> ['hu:l] *m* (*sl: Hooligan*) hooligan
Hooligan <-s, -s> ['hu:ligən] *m* hooligan
Hopfen <-s, -> *m* hop ▶ WENDUNGEN: **bei** [*o* **an**] **jdm ist ~ und Malz verloren** (*fam*) sb is a hopeless case [*or* dead loss]
Hopfenanbau *m* hop-growing *no pl, no art* **Hopfenstange** *f* hop pole ▶ WENDUNGEN: **eine** [**richtige**] **~ sein** (*fam*) to be a [real] beanpole *hum fam* **Hopfenzusatz** *m* addition of hops
hopp (*fam*) **I.** *interj* jump to it!; ***~, auf! wir müssen los!*** get a move on, we must be off! **II.** *adv* ▶ WENDUNGEN: **bei jdm muss alles ~ ~ gehen** everything has to be done in a tearing hurry with sb BRIT *fam;* **mach mal ein bisschen ~!** put a sock in it! *hum fam;* ***mach mal ein bisschen ~, dass wir loskommen!*** put a sock in it, then we can get away!; **~, ~!** look lively!
hoppeln *vi sein* to lollop [along] *fam*
hoppla *interj* ❶ (*o je!*) [wh]oops! *fam* ❷ (*Moment!*) hang on! *fam;* ***~, wer kommt denn da?*** hallo, who's this coming?
hops **I.** *interj* jump! **II.** *adj* (*fam*) ■**~ sein** to be lost
Hops <-es, -e> *m* (*fam*) short jump; (*auf einem Bein*) hop; **mit einem ~** with a hop
hopsala, **hopsasa** *interj* (*kindersprache*) [wh]oops-a-daisy *childspeak*
hopsen *vi sein* (*fam*) ■[**durch etw** *akk*] **~** to skip [through sth]; (*auf einem Bein*) to hop [through sth]; **auf einem Bein ~** to hop on one leg
Hopser <-s, -> *m* (*fam*) jump
hops|gehen *vi irreg sein* (*sl*) ❶ (*umkommen*) to snuff it BRIT, to kick the bucket AM *fam* ❷ (*verlorengehen*) to go missing
hörbar *adj* audible
Hörbrille *f* hearing-aid glasses *npl*
horchen *vi* ❶ (*lauschen*) ■[**an etw** *dat*] **~** to listen [at sth]; (*heimlich a.*) to eavesdrop [at sth] ❷ (*durch Hinhören achten*) ■**horch!** listen!; ■**auf etw** *akk* **~** to listen [out] for sth
Horcher(in) <-s, -> *m(f)* eavesdropper ▶ WENDUNGEN: **der ~ an der Wand hört seine eigne Schand** (*prov*) eavesdroppers always hear ill [*or* never hear any good] of themselves
Horchposten *m* MIL listening-post ▶ WENDUNGEN: **auf ~ sein** (*fam*) to keep one's ear cocked [*or* AM ears open], to be listening out for sth
Horde[1] <-, -n> *f* ❶ (*wilde Schar*) horde ❷ (*wandernder Volksstamm*) horde
Horde[2] <-, -n> *f* HORT rack
hören **I.** *vt* ❶ (*mit dem Gehör vernehmen*) ■**jdn/etw ~** to hear sb/sth; ■**jdn etw tun ~** to hear sb doing sth; ***ich habe dich ja gar nicht kommen ~!*** I didn't hear you coming at all; ■**etw tun ~** to hear sth being done; ***ich habe es sagen ~*** I've heard it said; **sich gern reden ~** to like the sound of one's own voice *iron,* to like to hear oneself talking *iron;* **etw ~ müssen, etw zu ~ bekommen** to [get to] hear about sth; ***was bekomme ich da zu ~?*** what are you telling me!; **nichts gehört haben wollen** (*fam*) to pretend not to have heard anything; ***das ist geheim, ich will nichts gehört haben!*** that's confidential, I'll pretend I didn't hear that!; **etwas nicht gehört haben wollen** to ignore sth; ***das will ich nicht gehört haben!*** I'll ignore that comment; ***sie behauptete,*** [***von***] ***nichts gehört zu haben*** she maintained that she didn't hear anything; **nie gehört!** (*fam*) never heard of him/her/it etc.!; **gehört werden wollen** to want to be heard; **nichts** [**davon**] **~ wollen** to not want to hear anything [about it]; ***ich will nichts davon ~!*** I don't want to hear anything about it; ***~ Sie mich*** [***noch***]?/ ***können Sie mich*** [***noch***] ***~?*** are you [still] able to hear me?; ***ich höre Sie nicht*** [***gut***] I can't understand [*or* hear] [very well] ❷ (*an~*) ■**etw ~** to listen to sth; **einen Vortrag ~** to hear a lecture ❸ RADIO (*empfangen*) ■**etw ~** to get sth; **Radio Luxemburg/ausländische Stationen ~** to tune into Radio Luxemburg/to listen in to foreign stations ❹ (*durch das Gehör feststellen*) ■**etw an etw** *dat* **~** to hear [*or* tell] sth from sth; ***schon an deinem Tonfall kann ich ~, dass du nicht die Wahrheit sagst!*** I can tell from the tone of your voice that you're lying ❺ (*erfahren*) ■**etw** [**über jdn/etw**] **~** to hear sth [about sb/sth]; ***so etwas habe ich ja noch nie gehört!*** I've never heard anything like that before; **..., wie ich höre** I hear ...; **wie man hört, ..., wie zu ~ ist, ...** I/we hear ...; **soviel man hört, ...** word has it ...; ***der neue Nachbar soll Arzt sein, soviel man hört*** our new neighbour is said to be a doctor, by all accounts ▶ WENDUNGEN: **etwas** [**von jdm**] **zu ~ bekommen** [*o fam* **kriegen**] to get a rollicking [from sb] BRIT *fam,* to get chewed out [by sb] BRIT *fam;* **ich kann das nicht mehr ~!** I'm fed up with it!; **etwas/nichts von sich ~n lassen** to get/to not get in touch; ***hat sie in letzter Zeit mal was von sich ~ lassen?*** has she been in

touch recently?; **sich [schon eher] ~ lassen** (*fam*) to sound [*or* be] [a bit] more like it; ***180.000 p.a.? hm, das lässt sich*** ~ 180,000 p.a.? hm, that sounds good; ***das lässt sich schon eher ~!*** that's a bit more like it! **II.** *vi* ① (*zu~*) to listen; ***jetzt hör doch endlich!*** just listen will you!; ***hör mal!***, ~ ***Sie mal!*** listen [up *fam*]! ② (*vernehmen*) ■ **~, was/wie ...** to hear what/how ...; ■ **~, dass jd etw tut** to hear sb doing sth; **gut/schlecht** ~ to have good/poor hearing ③ (*erfahren*) ■ **~, dass ...** to hear [that] ...; ■ **von jdm/etw** ~ to hear of [*or* about] sb/sth ④ (*gehorchen*) to listen; ***ich sagte, herkommen! kannst du nicht ~?*** I said come here! can't you do as you're told? ⑤ (*sich nach jdm/etw richten*) ■ **auf jdn/etw** ~ to listen to sb/sth; ***auf dich hört er!*** he listens to you! ⑥ (*jds Worte befolgen*) ■ **auf etw** *akk* ~ to answer to the name of sth ▶ WENDUNGEN: **du hörst wohl schwer** [*o* **schlecht**]**!** (*fam*) are you deaf or something?; **na hör/~ Sie mal!** (*euph*) now look here!; **wer nicht ~ will, muss fühlen** (*prov*) if he/she/you etc. won't listen, he/she/you must suffer the consequences; **hört, hört!** hear! hear!; **lass von dir/lassen Sie von sich ~!** keep in touch!; **von sich ~ lassen** to be in touch; ***ich lasse jedenfalls von mir*** ~ I'll be in touch anyway; **man höre und staune!** would you believe it!; **Sie werden [noch] von mir ~!** you'll be hearing from me!

Hören <-s> *nt kein pl* ① (*das Vernehmen mit dem Gehör*) hearing *no pl, no art* ② (*das An~*) listening *no pl, no art* ▶ WENDUNGEN: **..., dass jdm ~ und Sehen vergeht** that sb doesn't/won't know what day it is

Hörensagen *nt* hearsay; **vom ~** from hearsay; **etw vom ~ wissen** to get to know sth from hearsay, to have heard sth on [*or* through] the grapevine

Hörer <-s, -> *m* (*Telefon~*) receiver; **den ~ auflegen** to replace the receiver, to hang up [on sb]; **den ~ auf die Gabel knallen** [*o fam* **schmeißen**] to slam down the phone *sep*

Hörer(in) <-s, -> *m(f)* ① (*Zu~*) listener ② (*Student in einer Vorlesung*) student

Hörerbrief *m* listener's letter, letter from a listener

Hörerschaft <-, -en> *f meist sing* audience; (*Radio~*) listeners *pl*, audience, listenership *rare*

Hörfehler *m* hearing defect; ***das habe ich nicht gesagt, das war ein ~!*** I didn't say that, you misheard [me] **Hörfunk** *m* radio **Hörgerät** *nt* hearing aid

hörig *adj* ① (*sexuell abhängig*) sexually dependent; ■ **jdm ~ sein** to be sexually dependent on sb; **sich** *dat* **jdn ~ machen** to make sb sexually dependent on one ② HIST (*an die Scholle gebunden*) in serfdom *pred*

Hörige(r) *f(m) decl wie adj* HIST serf

Hörigkeit <-, *selten* -en> *f* ① (*sexuelle Abhängigkeit*) sexual dependence *no pl* ② *kein pl* HIST (*Rechtsverhältnis Höriger*) bondage *no pl*, serfdom *no pl*

Horizont <-[e]s, -e> *m* horizon; **am ~** on the horizon; **künstlicher ~** LUFT artificial horizon; **ein begrenzter** [*o* **beschränkter**] **~** a limited horizon; **einen begrenzten** [*o* **beschränkten**] **~ haben** to have a limited horizon; **über jds ~** *akk* **gehen** to be beyond sb['s comprehension]

horizontal *adj* horizontal; **das ~e Gewerbe** (*hum fam*) the oldest profession in the world *hum*

Horizontale *f decl wie adj* horizontal [line]; **sich in die ~ begeben** (*hum fam*) to lie down, to have a [bit of a] lie down BRIT *fam*

Hormon <-s, -e> *nt* hormone

hormonal, **hormonell** **I.** *adj* hormone *attr*, hormonal **II.** *adv* hormonally; **~ gesteuert** controlled by hormones

Hormonausschüttung *f* hormone release **Hormonbehandlung** *f* hormone treatment, hormonotherapy *spec* **Hormonhaushalt** *m* hormone [*or* hormonal] balance **Hormonkur** *f* hormone treatment **Hormonpräparat** *nt* MED, PHARM, CHEM hormone preparation **Hormonproduktion** *f* hormone production **Hormonspritze** *f* hormone injection [*or* BRIT *fam* jab] **Hormonsystem** *nt* MED hormonal system

Hörmuschel *f* TELEK earpiece

Horn <-[e]s, Hörner> *nt* ① (*Auswuchs*) horn; **das ~ von Afrika** the Horn of Africa; **das Goldene ~** the Golden Horn ② (*Material aus ~*) horn ③ MUS horn; **ins ~ stoßen** to sound the horn ④ AUTO (*Hupe*) hooter BRIT, horn; (*Martins~*) siren ▶ WENDUNGEN: **sich** *dat* **die Hörner abstoßen** (*fam*) to sow one's wild oats; **jdm Hörner aufsetzen** (*fam*) to cuckold sb *pej dated;* **ins gleiche ~ stoßen** (*fam*) to sing the same tune

Hornbläser(in) *m(f)* MUS horn player **Hornblende** *f* GEOL hornblende *spec* **Hornbrille** *f* horn-rimmed glasses [*or* spectacles] *npl*

Hörnchen <-s, -> *nt* ① *dim von s.* **Horn 1** small [*or* little] horn ② (*Gebäck*) *horn-shaped bread roll of yeast pastry;* (*aus Blätterteig*) croissant

Hörnerklang *m* (*geh*) sound of horns [*or* bugles]

Hörnerv *m* auditory nerve *spec*

Horngestell *nt* spectacle frames [made] of horn; **eine Brille mit ~** horn-rimmed glasses [*or* spectacles] *npl* **Horngriff** *m* horn handle

Hornhaut *f* ① (*des Auges*) cornea ② (*der Haut*) hard skin *no pl, no art,* callus

Hornhautbildung *f* MED callous formation, callosity **Hornhautentzündung** *f* inflammation of the cornea *no pl*, keratitis *no pl, no art spec* **Hornhauthobel** *m* MED callus clipper *usu pl* **Hornhauttransplantation** *f* corneal transplant [*or* grafting] *spec* **Hornhauttrübung** *f* corneal opacity *spec*

Hornhecht *m* ZOOL, KOCHK garfish, needlefish

Hornisse <-, -n> *f* hornet

Hornissennest *nt* hornets' nest **Hornissenschwarm** *m* swarm of hornets **Hornissenstich** *m* sting from a hornet

Hornist(in) <-en, -en> *m(f)* horn player

Hornkamm *m* horn comb **Hornklee** *m* BOT bird's foot trefoil **Hornochs(e)** *m* (*fam*) stupid [*or* blithering] idiot

Horoskop <-s, -e> *nt* horoscope; **jdm das ~ stellen** to cast sb's horoscope; **sich** *dat* **sein ~ erstellen lassen** to have one's horoscope cast

horrend *adj* horrendous; ■ **~ sein, was/wieviel ...** to be horrendous what/how much ...

Hörrohr *nt* ① (*früheres Hörgerät*) ear-trumpet ② (*veraltend*) *s.* **Stethoskop**

Horror <-s> *m kein pl* horror; **einen ~ vor jdm/etw haben** to have a horror of sb/sth

Horrorbild *nt* grisly scene **Horrorerlebnis** *nt* horrific experience **Horrorfilm** *m* horror film [*or* AM *a.* movie] **Horrorroman** *m* horror story **Horrorszene** *f* horrific [*or* horror] scene, scene of horror **Horrortrip** *m* ① (*grässliches Erlebnis*) nightmare ② (*negativer Drogenrausch*) bad trip

Hörsaal *m* ① (*Räumlichkeit*) lecture hall [*or* BRIT theatre] ② *kein pl* (*Zuhörerschaft*) audience; ***der ~ tobte*** the audience went wild

Horsd'Oeuvre <-s, -s> [(h)ɔr'dø:vrə] *nt* hors d'oeuvre

Hörspiel *nt* RADIO ① *kein pl* (*Gattung*) radio drama, drama for radio ② (*Stück*) radio play, play for radio

Horst <-[e]s, -e> *m* ① (*Nest*) nest, eyrie [*or* AM *a.* aerie] ② MIL (*Fliegerhorst*) military airbase [*or* airfield] ③ BOT thicket, shrubbery; (*Gras~, Bambus~*) tuft

Hörsturz *m* sudden deafness, acute hearing loss

Hort <-[e]s, -e> *m* ① (*Kinder~*) crèche BRIT, after

school care center AM (*place for school children to stay after school if parents are at work*) ❷ (*geh: Zufluchtsort*) refuge, shelter; **ein ~ der Bedürftigen** a shelter for the poor and needy [*or* homeless]; **ein ~ des Lasters** a hotbed of vice; **ein ~ des Friedens** a haven of peace, a sanctuary ❸ (*Goldschatz*) hoard, treasure

horten *vt* ■ **etw ~** to hoard sth; **Rohstoffe ~** to stockpile raw materials

Hortensie <-, -n> [-ziə] *f* hortensia, lacecap [hydrangea]

Hörvermögen <-s> *nt kein pl* MED hearing *no pl, no indef art;* ***durch laute Musik kann das ~ geschädigt werden*** one's hearing can be damaged by loud music, loud music can damage one's hearing **Hörweite** *f* hearing range, earshot; **in/außer ~** within/out of hearing range [*or* earshot]

Höschen <-s, -> ['hø:sçən] *nt dim von* Hose ❶ (*fam: Damenslip*) knickers *npl* BRIT, panties *npl* AM; **heiße ~** (*fam*) saucy knickers *npl* BRIT; (*Kinderhose*) [pair of] trousers *npl* [*or* AM pants]; (*Kinderunterhose*) pants *npl;* (*Strampel~*) [pair of] rompers *npl* ❷ ZOOL (*Bienen~*) pollen load

Höschenwindel ['hø:sçən] *f* disposable nappy BRIT, diaper AM

Hose <-, -n> *f* trousers *npl,* pants *npl* AM; (*Unterhose*) [under]pants *npl;* **eine enge ~** [a pair of] tight-fitting trousers; **kurze ~[n]** shorts *npl;* **die ~n voll haben** (*fam*) to have pooed [*or* AM *fam a.* pooped] one's pants ▶ WENDUNGEN: **jdm rutscht das Herz in die ~** (*fam*) his heart was in his mouth; **die ~n [gestrichen] voll haben** (*sl*) to be scared shitless *vulg,* to shit oneself *vulg,* to shit bricks *vulg;* **tote ~** (*sl*) dead boring *fam;* ***die Fete war tote ~*** the party was a washout [*or* dead loss]; **die ~n anhaben** (*fam*) to wear the trousers; **in die ~ gehen** (*sl*) to fail, to be a failure [*or* flop]; ***hoffentlich geht die Prüfung nicht in die ~!*** hopefully I/you, etc. won't make a mess [*or fam* cock-up] of the exam!; **[sich** *dat*] **in die ~[n] machen** (*Angst haben*) to wet oneself *sl,* to shit oneself *vulg;* **sich** *dat* **vor Lachen fast in die ~ machen** to nearly wet oneself laughing; **die ~[n] runterlassen [müssen]** (*fam*) to come clean *fam,* to put one's cards on the table; **jdm die ~n strammziehen** (*fam*) to give sb a [good] hiding *hum;* **die ~n voll kriegen** (*fam*) to get a [good] hiding; *s. a.* **hochkrempeln**

Hosenanzug *m* trouser suit **Hosenaufschlag** *m* turn-up **Hosenband** *nt* kneeband **Hosenbandorden** *m* the Order of the Garter **Hosenbein** *nt* trouser leg **Hosenboden** *m* (*Gesäßteil der Hose*) seat [of trousers] ▶ WENDUNGEN: **den ~ voll kriegen** (*fam*) to get a [good] hiding *hum;* **sich** *akk* **auf den ~ setzen** (*fam*) to buckle down, to pull one's socks up BRIT, to get stuck in BRIT *fam;* **jdm den ~ strammziehen** (*fam*) to give sb a [good] hiding *hum* **Hosenbügel** *m* trouser [*or* AM pants] hanger **Hosenbund** *m* [trouser] waistband **Hosengürtel** *m* [trouser] belt **Hosenklammer** *f* cycle clip **Hosenknopf** *m* [trouser] button **Hosenlatz** *m* ❶ (*Latz*) flap; *von Latzhosen* bib ❷ DIAL (*Hosenschlitz*) flies *npl,* fly **Hosenmatz** <-es, -mätze> *m* (*hum fam*) nipper *fam,* AM little nipper **Hosennaht** *f* [trouser] seam; **die Hände an die ~ legen** to stand to attention, thumbs on trouser seams **Hosenrock** *m* culottes *npl* **Hosenscheißer** *m* (*sl*) ❶ (*hum: kleines Kind*) ankle-biter ❷ (*pej: Feigling*) chicken, scaredy [cat] *pej sl* **Hosenschlitz** *m* flies *npl,* fly; **dein ~** ***ist offen!*** your flies are down! **Hosenspanner** *m s.* Hosenbügel **Hosenstall** *m* (*hum fam*) *s.* Hosenschlitz **Hosentasche** *f* trouser [*or* AM pants] pocket ▶ WENDUNGEN: **etw** *akk* **aus der linken ~ bezahlen** to pay out of one's loose change; **etw** *akk* **wie seine ~ kennen** to know sth like the back of one's hand **Hosenträger** *pl* [a pair of] braces *npl* BRIT *a.,* suspenders *npl* AM **Hosentürchen** *nt* (*hum fam*) *s.* **Hosenschlitz**

hosianna *interj* hosanna

Hospital <-s, -e *o* Hospitäler> *nt* ❶ DIAL hospital ❷ (*veraltet: Pflegeheim*) old people's home

Hospitalismus <-> *m kein pl* ❶ (*psychische o physische Schädigung*) hospitalism, institutionalism ❷ MED *infection picked up during stay in hospital*

Hospitant(in) <-en, -en> *m(f)* ❶ SCH (*Referendar, der jds Unterricht zuhört*) *PGCE student who sits in on sb's classes;* (*Gasthörer*) *student permitted to attend a course who is not enrolled at the university/institute* ❷ POL (*fraktionsloser Abgeordneter als Gast einer Fraktion*) *independent member of parliament who is the guest of a parliamentary party*

hospitieren* *vi* ■ **[bei jdm] ~** to sit in on [sb's] classes

Hospiz <-es, -e> *nt* ❶ (*Sterbeheim*) hospice ❷ (*christlich geführtes Hotel*) *hotel run by religious organization* ❸ (*Pilgerunterkunft in einem Kloster*) hospice, guests' hostel

Hostess <-, -en> *f* ❶ (*im Flugzeug*) stewardess, flight attendant; (*auf dem Flughafen*) airline representative ❷ TOURIST ([*sprachkundige*] *Begleiterin, Betreuerin, Führerin auf Reisen, Messen, in Hotels o. ä.*) [female] tour guide ❸ (*euph: Prostituierte*) hostess *euph*

Hostie <-, -n> ['hɔstiə] *f* REL host

HotdogRR, **Hot Dog** <- -s, – -s> ['hɔt'dɔk] *nt o m* hot dog

Hotel <-s, -s> *nt* hotel

Hotelboy *f* page[-boy] [*or* AM bellboy] [*or* AM bellhop] **Hoteleingang** *m* hotel entrance **Hotelfach** *nt kein pl s.* **Hotelgewerbe** **Hotelfachschule** *f* school of hotel management **Hotelführer** *m* hotel guide **Hotel garni** <--,-s-s> *nt* bed and breakfast [hotel] **Hotelgewerbe** *nt* hotel trade [*or* business] **Hotelhalle** *f* hotel foyer, lobby

Hotelier <-s, -s> [hotɛ'lie:, hotə'lie:] *m* hotelier

Hotelkette *f* chain of hotels **Hotelrezeption** *f* hotel reception [desk] **Hotel- und Gaststättengewerbe** *nt* hotel and restaurant trade **Hotelzimmer** *nt* hotel room

Hotline <-, -s> ['hɔtlain] *f* hotline

hott *interj* gee up! BRIT, giddyap! AM; **einmal hü und einmal ~ sagen** to chop and change BRIT, to hum and haw BRIT *fam,* to be indecisive

House [haʊs] *nt o m* MUS house [music]

Hr. *Abk von* **Herr**

Hrn. *dat und akk Abk von* Herrn *s.* **Herr**

hrsg. *Abk von* **herausgegeben** ed.

Hrsg. *Abk von* **Herausgeber** ed.

hu *interj* (*Ausruf des Schauderns*) ugh; (*Ausruf der Kälte*) brrr

hü *interj s.* **hott**

Huang-he <-s> *m* Huang He [*or* Ho] River, Yellow River

Hub <-[e]s, Hübe> *m* ❶ (*das Heben*) lifting capacity; **das Heben von Lasten** lifting [*or* hoisting] capacity of loads ❷ (*Kolben~*) [piston] stroke

Hub(b)el <-s, -> *m* DIAL (*fam*) bump

hubb(e)lig *adj* DIAL (*fam*) bumpy

Hubble-Teleskop *nt* Hubble telescope

Hubbrücke *f* lifting [*or* lift] bridge

hüben *adv* (*selten: auf dieser Seite*) over here, on this side; **~ wie [*o* und] drüben** both here and there, on both sides

Hubraum *m* cubic capacity

hübsch *adj* ❶ (*Aussehen*) pretty; **ein ~es Mädchen/Kleid** a pretty little girl/dress; **eine ~e Gegend** a lovely area; ***na, ihr zwei [o beiden] H~en?*** (*fam*) well, my two lovelies? *fam;* **sich** *akk* **~ ma-**

chen to get all dressed up; **sich** *akk* ~ **anziehen** (*fam*) to dress smartly; **ein ~es Lied** a pretty [*or* nice] song ❷ (*fam: beträchtlich*) really, pretty; **ein ~es Sümmchen** a pretty penny, a tidy sum; **ein ~es Stück Arbeit** pretty hard work ❸ (*fam: sehr angenehm*) nice and ...; ***fahr ~ langsam*** drive nice and slow[ly]; ***sind die Kinder auch ~ leise gewesen?*** were the children nice and quiet?; ***das wirst du ~ bleiben lassen*** you'll do no such thing; ***immer ~ der Reihe nach!*** everyone must wait his turn! ❹ (*iron fam: unschön*) fine *iron;* ***das ist ja eine ~e Geschichte*** that is a real [*or* fine] mess; ***da hast du dir etwas H~es eingebrockt!*** that's a fine mess [*or* pretty kettle of fish] you've got yourself into!

Hubschrauber <-s, -> *m* helicopter

Hubschraubercockpit *nt* helicopter cockpit **Hubschrauberlandeplatz** *m* heliport, helipad **Hubschrauberlärm** *m* helicopter noise **Hubschrauberrotor** *m* helicoptor blades *pl*

huch *interj* (*Ausruf der Überraschung*) oh!; (*Ausruf bei unangenehmenen Empfindungen*) ugh!

Huchen <-s, -> *m* ZOOL, KOCHK Danube salmon, Huchen

Hucke <-, -n> *f* ▸ WENDUNGEN: **die ~ voll kriegen** to get beaten up, to get done over *fam;* **jdm die ~ vollhauen** to beat sb up *sep,* to give sb a thrashing [*or* hiding] *fam,* to beat the shit *fam!* [*or* living daylights] out of sb; **jdm die ~ voll lügen** to tell sb a pack of lies, to lie one's head off; **sich** *dat* **die ~ voll saufen** to get hammered [*or* plastered]

huckepack *adv* piggy back, pickaback BRIT; **etw/jdn ~ nehmen** [*o* **tragen**] to give sb/sth a piggy back [ride]; **bei** [*o* **mit**] **jdm ~ machen** to have sb give one a piggy back [ride]

Huckepackverfahren *nt* piggy back system; CHEM piggy back process **Huckepackverkehr** *m kein pl* piggy back transport; **im ~** by means of piggy back transport

hudeln *vi bes* SÜDD, ÖSTERR (*fam: schlampen*) to work sloppily [*or* slipshod]; ***nur nicht ~!*** don't rush into things!, take your time!

Hudler(in) <-s, -> *m(f) bes* SÜDD, ÖSTERR (*fam*) sloppy worker

hudlig *adj bes* SÜDD, ÖSTERR (*fam*) sloppy, slipshod

Hudsonbai <-> ['hʌdsᵊnbeɪ] *f* Hudson Bay

Huf <-[e]s, -e> *m* hoof; **einem Pferd die ~e beschlagen** to shoe a horse

Hufeisen *nt* horseshoe

hufeisenförmig *adj* horseshoe[-shaped], in [the shape of] a horseshoe

Hüferscherzel *nt* KOCHK ÖSTERR *s.* **Hieferscherzel**

Hüferschwanzl *nt* KOCHK ÖSTERR *s.* **Hieferschwanzl**

Huflattich <-s, -e> *m* coltsfoot, foalfoot

Hufnagel *m* horseshoe nail **Hufschlag** *m* ❶ (*Geräusch von Pferdehufen beim Gang*) clatter of hooves ❷ (*Stoß mit dem Huf*) kick [by a hoof]; ***der blaue Fleck stammt von einem ~*** the bruise is the result of being kicked by a horse **Hufschmied(in)** *m(f)* blacksmith, farrier **Hufschmiede** *f* blacksmith's [*or* farrier's] workshop, smithy **Hufschmiedin** *f fem form von* **Hufschmied**

Hüftbein *nt* hip bone

Hüfte <-, -n> *f* ❶ (*Körperpartie*) hip; **die Arme in die ~n stemmen** to put one's hands on one's hips, to stand [with] arms akimbo; *Tier* haunch; **mit den ~n wackeln, die ~n wiegen** to wiggle one's hips; **aus der ~ schießen** to shoot from the hip; **bis an die ~en reichen** to come up to the waist; ***wir standen bis an die ~ im Wasser*** we stood waist-deep [*or* up to the waist] in water; *s. a.* **Arm** ❷ *kein pl* KOCHK (*Fleischstück*) topside; (*vom Rind*) top rump; (*Schinkenspeck*) back bacon

Hüftgelenk *nt* hip-joint **Hüftgürtel** *m* girdle **Hüfthalter** *m* girdle **hüfthoch** *adj* reaching to the hips *pred,* waist-high; ***das Wasser ist hier nur ~*** the water is only waist-high [*or* waist-deep] here

Huftier *nt* hoofed animal, ungulate *spec*

Hüftknochen *m s.* **Hüftbein** **Hüftleiden** *nt* hip complaint [*or* trouble] **Hüftsteak** *nt* top rump, topside

Hügel <-s, -> *m* (*größere Anhöhe*) hill; (*kleiner a.*) a hillock; (*Erdhaufen*) mound

hüg(e)lig *adj* hilly; ***eine ~e Landschaft*** rolling [*or* undulating] countryside

Hügelland *nt* hilly land [*or* country]

Hugenotte, Hugenottin <-n, -n> *m, f* Huguenot

huh *interj s.* **hu**

hüh *interj s.* **hü**

Huhn <-[e]s, Hühner> *nt* ❶ (*Haushuhn*) hen, chicken; **Hühner halten** to keep hens; **frei laufende Hühner** free-range chickens [*or* hens] ❷ (*Hühnerfleisch*) chicken; **gekochtes/gebratenes ~** boiled/roast chicken ❸ (*Person*) **dummes ~!** (*pej fam*) [you] silly [*or* stupid] idiot! *pej;* **armes ~** (*fam*) you poor little thing; **ein komisches** [*o* **verrücktes**] [*o* **ulkiges**] **~** (*fam*) a nutcase, a queer fish [*or* bird] BRIT ▸ WENDUNGEN: **mit den Hühnern aufstehen** (*fam*) to get up at the crack of the dawn; **mit den Hühnern zu Bett gehen** (*fam*) to go to bed [nice and] early; **ein blindes ~ findet auch einmal ein Korn** (*prov*) every dog has its day *prov;* **wie ein aufgescheuchtes ~ herumlaufen** to run round like a headless chicken; **da lachen ja die Hühner!** (*fam*) pull the other one, you must be joking!

Hühnchen <-s, -> *nt dim von* **Huhn** ¹ spring chicken AM ▸ WENDUNGEN: **mit jdm ein ~ zu rupfen haben** (*fam*) to have a bone to pick with sb

Hühnchenbrust *f* chicken breast

Hühnerauge *nt* corn ▸ WENDUNGEN: **jdm auf die ~n treten** (*hum fam: an einer empfindlichen Stelle treffen*) to tread on sb's corns [*or* toes], to offend sb; (*jdm die Meinung sagen*) to give sb a talking-to **Hühneraugenpflaster** *nt* corn plaster **Hühnerbouillon** *m* chicken stock, consommé **Hühnerbrühe** *f* chicken broth **Hühnerbrust** *f* ❶ (*Fleisch*) chicken breast ❷ (*hum fam: sehr schmaler Brustkorb*) pigeon's chest [*or* breast]; **eine ~ haben** to be pigeon breasted ❸ MED pigeon breast **Hühnerei** *nt* chicken egg **Hühnerfarm** *f* chicken farm **Hühnerfeder** *f* chicken feather **Hühnerfleisch** *nt* chicken [meat] **Hühnerfond** *m* chicken stock **Hühnerfutter** *nt* chicken feed **Hühnerhabicht** *m* goshawk **Hühnerhof** *m* chicken run **Hühnerkeule** *f* chicken leg **Hühnerklein** <-s> *nt kein pl* chicken giblets and trimmings **Hühnerschenkel** *m* chicken thigh **Hühnerstall** *m* hen [*or* chicken] coop **Hühnersuppe** *f* chicken soup **Hühnertopf** *m* chicken casserole **Hühnerzucht** *f* chicken rearing [*or* farming]

hui *interj* (*lautmalerisch für schnelle Bewegung*) whoosh; **im** [*o* **in einem**] **H~** (*fam*) in a flash [*or* BRIT *fam* trice]; ***im H~ war sie fertig*** she was finished in no time at all; **oben ~, unten pfui** outside swank, inside rank, nice outside but filthy underneath

Huld <-> *f kein pl* (*veraltet: Gunst*) favour [*or* AM -or]; **jdm seine ~ erweisen** to bestow one's favour on sb; (*Güte*) graciousness, grace

huldigen *vi* (*geh*) ❶ (*anhängen*) ■ **einer S.** *dat* **~** to subscribe to sth; *Glauben, Sitte* to embrace sth; *Verein* to be devoted to sth ❷ (*verfallen*) ■ **einer S.** *dat* **~** to indulge in sth; ***er huldigt dem Alkohol*** (*iron*) he is addicted to alcohol ❸ (*veraltend: seine Reverenz erweisen*) ■ **jdm ~** to pay homage to sb, to pay tribute to sb

Huldigung <-, -en> *f* (*veraltet*) homage, tribute; **jdm seine ~ darbringen** to pay homage to sb, to pay tribute to sb, to show one's respect to sb; ***ich möchte dieser Dame meine ~ darbringen*** I would like to pay my addresses to this lady; **jds ~ entgegennehmen** to accept sb's tribute

huldvoll **I.** *adj* (*veraltend geh*) gracious; (*a. iron*) patronizing [*or* BRIT *a.* -ising] **II.** *adv* (*geh*) graciously; **~ tun** (*iron*) to act patronizingly [*or* BRIT *a.* -isingly]

Hülle <-, -n> *f* (*Umhüllung*) cover; *Ausweis* wallet; (*Plattenhülle a.*) sleeve; **jds sterbliche ~** (*geh*) sb's mortal remains *npl form* ▸ WENDUNGEN: **die [letzten] ~n fallen lassen** (*fam*) to strip off one's clothes; **in ~ und Fülle** (*geh*) in abundance [*or* plenty]

hüllen *vt* (*geh*) ■**jdn/etw in etw** *akk* **~** to wrap sb/sth in sth; ***sie hüllte das Kind in eine Decke*** she wrapped the child up in a blanket; ■**in etw** *akk* **gehüllt** shrouded in sth; **in Dunkelheit gehüllt** shrouded in darkness; ■**sich** *akk* **in etw** *akk* **~** to wrap oneself [up] in sth; **sich** *akk* **in Schweigen ~** to maintain one's silence, to keep mum *fam*

hüllenlos *adj* ❶ (*nackt*) naked, in one's birthday suit *hum fam*, starkers BRIT *hum fam*, in the altogether BRIT *fam* ❷ (*unverhüllt, offen*) plain, clear; ***erst nach einer Weile trat sein Charakter ~ zu Tage*** only after a while was his true character revealed

Hüllwort <-wörter> *nt* euphemism

Hülse <-, -n> *f* ❶ BOT pod ❷ (*röhrenförmige Hülle*) capsule; (*Patronenhülle*) case; (*Film-, Zigarrenhülle*) container

Hülsenfrucht *f meist pl* pulse

human *adj* ❶ (*menschenwürdig*) humane; **eine ~e Behandlung** humane treatment; **eine ~ Strafe** lenient punishment ❷ (*nachsichtig*) considerate; **ein ~er Lehrer/Chef** a considerate teacher/boss ❸ (*Menschen betreffend*) human

Humangenetik *f* human genetics + *sing vb* **Humaninsulin** *nt* human insulin

Humanisierung <-> *f kein pl* humanization *no pl*

Humanismus <-> *m kein pl* (*geh*) humanism *no pl;* **sozialistischer ~** socialist humanism

Humanist(in) <-en, -en> *m(f)* ❶ (*Mensch*) humanist ❷ (*veraltend: humanistisch gebildete Person*) humanist, classicist

humanistisch *adj* ❶ (*im Sinne des Humanismus*) humanistic; **der ~e Geist** the spirit of humanism ❷ HIST (*dem Humanismus angehörend*) humanist ❸ (*altsprachlich*) humanistic, classical; **eine ~e Bildung** a classical education; *s. a.* **Gymnasium**

humanitär *adj* humanitarian

Humanität *f kein pl* (*geh*) humanity

Humanitätsduselei <-, -en> *f* (*pej*) sentimentalism

Humanmedizin *f kein pl* human medicine

Humanmediziner(in) *m(f)* doctor of human medicine

Humbug <-s> *m kein pl* (*pej fam*) ❶ (*Unfug*) rubbish *no pl* BRIT, trash *no pl* AM; ***er redet nur ~*** he's talking rubbish ❷ (*Schwindel*) humbug *no pl;* ***Zauberei ist doch nur ~*** magic is a load of humbug [*or* [stuff and] nonsense]

Hummel <-, -n> *f* bumblebee ▸ WENDUNGEN: **~n im** [*o* **unterm**] **Hintern** [*o sl* **Arsch**] **haben** (*fam*) to have ants in one's pants *hum*

Hummer <-s, -> *m* lobster

Hummercocktail [kɔkteːl] *m* lobster cocktail **Hummergabel** *f* lobster fork **Hummerkopf** *m* lobster head **Hummerkrabbe** *f* freshwater [*or* giant river] prawn **Hummerpastete** *f* lobster vol-au-vent **Hummerschere** *f* lobster claw [*or* BRIT *pl* prongs] **Hummerschwanz** *m* lobster tail

Humor¹ <-s, *selten* -e> *m* ❶ (*Laune*) good humour [*or* AM -or], cheerfulness; **einen goldenen ~ haben** to be irrepressibly good-humoured ❷ (*Witz, Wesensart*) [sense of] humour [*or* AM -or]; **etw** *akk* **mit ~ nehmen** [*o* **tragen**] to take sth good-humoredly; **den ~ verlieren** to become bad-tempered [*or* ill-humoured]; **der rheinische ~** the Rhineland brand of humour; ***du hast [vielleicht] ~!*** (*iron*) you're a funny one! *iron;* **[einen Sinn für] ~ haben** to have a sense of humour; **keinen [Sinn für] ~ haben** to not have a sense of humour, to be humourless; **schwarzer ~** black humour ▸ WENDUNGEN: **~ ist, wenn man trotzdem lacht** (*prov*) you've got to laugh

Humor² <-s,-es> *m* MED (*Körperflüssigkeit*) [cardinal] humour [*or* AM -or]

Humoreske <-, -n> *f* ❶ LIT (*kleine humoristische Erzählung*) humorous story [*or* sketch] ❷ MUS (*heiteres Musikstück*) humoresque

Humorist(in) <-en, -en> *m(f)* ❶ (*Komiker*) comedian ❷ (*humoristischer Autor/Künstler*) humorist

humoristisch *adj* ❶ (*humorvoll*) humorous, amusing ❷ (*witzig*) comic; **eine ~e Geschichte/Darbietung** a funny [*or* humorous] story/sketch

humorlos *adj* humourless BRIT, humorless BRIT; **ein ~er Mensch** a cantankerous person, BRIT crosspatch *fam;* ***er hat recht ~ auf den Witz reagiert*** he didn't find the joke at all funny

Humorlosigkeit *f kein pl* humourlessness *no pl,* lack of a sense of humour

humorvoll *adj* humorous; ***er hat eine sehr ~e Art, Geschichten zu erzählen*** he has a very amusing way of telling stories

humpeln *vi* ❶ *haben o sein* (*hinken*) to limp, to hobble ❷ *sein* (*fam: sich hinkend fortbewegen*) ■**irgendwohin ~** to limp somewhere

Humpen <-s, -> *m* tankard; (*Ton~*) stein; **einen ~ Bier trinken** to drink a tankard of beer

Humus *m kein pl* humus

Humusboden *m,* **Humuserde** *f* humus soil

Hund <-[e]s, -e> *m* ❶ (*Tier*) dog; (*Jagd~*) hound; **zur Familie der ~e gehören** to be a canine; **fliegener ~** flying fox; **„[Vorsicht,] bissiger ~!"** "Beware of the dog!"; **„~e müssen draußen bleiben"** "No dogs allowed"; **einen ~ auf jdn hetzen** to set [*or* AM *usu* sick] one's dog on sb; **einen ~ auf jds Spur** [*o* **Fährte**] **setzen** to put a dog on sb's trail; **ein ~ schlägt an** a dog gives a warning bark; **der Große/Kleine ~** ASTROL Canis Major/Canus Minor, the Great Dog/the Little Dog ❷ (*Mensch*) swine, bastard *fam!;* **ein armer ~ sein** (*fam*) to be a poor soul *fam,* to be a poor sod *sl;* **blöder ~!** (*sl*) stupid idiot, dickhead *fam!;* **[du] falscher ~!** (*sl*) [you] dirty rat!; **[du] gemeiner** [*o sl* **räudiger**] **~** dirty [*or* low-down] dog; **krummer ~** (*sl*) rogue, villain; **ein räudiger ~** a mang[e]y dog; **wie einen räudigen ~** like a mad dog; **ein scharfer ~** a viscious dog; (*fam*) tough customer [*or* cookie]; **[du] schlauer** [*o* **gerissener**] **~** (*sl*) sly dog *sl,* crafty devil ▸ WENDUNGEN: **kein ~ nimmt ein Stückchen Brot von ihm** (*fam*) everyone avoids him like the plague; **viele ~e sind des Hasen Tod** (*prov*) as one against many you don't stand a chance; **wie ~ und Katze leben** (*fam*) to be at each other's throats, to fight like cats and dogs; **den Letzten beißen die ~e** the last one [out] has to carry the can BRIT; **mit etw** *dat* **keinen ~ hinterm Ofen hervorlocken können** (*fam*) to not be able to tempt a single soul with sth; **da wird der ~ in der Pfanne verrückt** (*fam*) it's enough to drive a person mad [*or* BRIT sb round the twist]; **bekannt sein wie ein bunter ~** (*fam*) to be known far and wide; **das ist ja ein dicker ~** (*sl*) that is absolutely outrageous; **[ja] zum Junge-~e-Kriegen sein** (*fam*) to be maddening, to be enough to drive one [*or* AM off of the deep end] around the bend; **schlafende**

~**e wecken** (*fam*) to wake sleeping dogs, to stir something up; **schlafende ~e soll man nicht wecken** one should let sleeping dogs lie; **da liegt der ~ begraben** (*fam*) that's the crux of the matter, that's what's behind it; **jdn wie einen ~ behandeln** (*fam*) to treat sb like a dog; **~e, die [viel] bellen, beißen nicht** (*prov*) sb's bark is worse than their bite *fam;* **jdn auf den ~ bringen** (*fam*) to be sb's ruin *fam,* to bring about sb's downfall; **vor die ~e gehen** (*sl*) to go to the dogs; **er ist mit allen ~en gehetzt** (*fam*) he knows all the tricks; **auf den ~ kommen** (*fam*) to go to the dogs

Hündchen <-s, -> *nt dim von* **Hund** (*kleiner Hund*) little dog; (*junger Hund*) puppy

Hundebiss[RR] *m* dog bite **hundeelend** *adj* (*fam*) **sich** *akk* **~ fühlen, jdm ist ~** to feel [BRIT bloody] awful [*or* terrible] [*or* lousy] **Hundefänger(in)** <-s, -> *m(f)* dog-catcher **Hundefell** *nt* dog fur **Hundefloh** *m* dog flea **Hundefutter** *nt* dog food **Hundegebell** *nt* barking **Hundehaftpflichtversicherung** *f* dog owner's liability insurance **Hundehalsband** *nt* dog collar **Hundehalter(in)** *m(f)* (*geh*) dogowner **Hundehaltung** *f* (*geh*) dog-owning, dog-keeping; ***die ~ ist in diesem Haus streng verboten*** dogs are not allowed to be kept in this house, it is forbidden to keep dogs in this house **Hundehütte** *f* [dog] kennel **Hundekälte** *f* (*fam*) bitter cold; ***eine ~ ist das draußen wieder!*** it's bloody cold again outside! *fam* **Hundekorb** *m* dog basket **Hundekuchen** *m* dog biscuit **Hundeleben** *nt* (*pej fam*) a dog's life; **ein ~ führen** to lead a dog's life **Hundeleine** *f* dog lead [*or* leash] **Hundelohn** *m* (*pej fam*) miserly wage[s] **Hundemarke** *f* (*a. fig, hum*) dog tag **hundemüde** *adj pred* (*fam*) dog-tired, dead beat BRIT **Hunderasse** *f* breed of dog

hundert *adj* ① (*Zahl*) [a [*or* one]] hundred; ***die Linie ~ fährt zum Bahnhof*** the No. 100 goes to the station; ***ich wette mit dir ~ zu eins, dass er verliert*** I'll bet you a hundred to one [*or* anything] that he loses; **~ [Jahre alt] sein** to be a hundred [years old]; **mit ~ [Jahren]** at the age of a hundred, at a hundred years of age, as a hundred-year-old; **über ~ sein** to be over [*or* older than] a hundred; **einige ~ Mark** several thousand marks; **einer von ~ Menschen** one in every hundred people; **von eins bis ~ zählen** to count from one to a hundred; **in ~ Jahren** in one undred years [from now] ② (*fam: sehr viele*) hundreds of sth; ***sie macht ~ Dinge gleichzeitig*** she does a hundred [and one] things all at the same time ③ (*fam: Stundenkilometer*) [a] hundred [kilometres [*or* AM -ers] an hour]; *s. a.* **achtzig 2** ④ *pl, auch großgeschrieben* (*viele hundert*) hundreds *pl; s. a.* **Hundert**[1] **2** ▸ WENDUNGEN: **jdn auf ~ bringen** (*fam*) to drive sb up the wall; **auf ~ kommen** (*fam*) to blow one's top; **auf ~ sein** (*fam*) to be hopping mad [*or* livid]; *s. a.* **Sache**

Hundert[1] <-s, -e> *nt* ① (*Einheit von 100*) hundred; **ein halbes ~** fifty; **mehrere ~** several hundred; **[zehn/zwanzig etc] vom ~** [ten/twenty etc] per cent [*or* out of every hundred]; **das ~ vollmachen** to round up to the next hundred ② *pl, auch kleingeschrieben* (*viele hundert*) hundreds *pl;* **einige/viele ~e ...** a few/several hundred ...; **~e von ...** hundreds of ...; ***~e von Fliegen*** [*o* ***~er Fliegen***] hundreds of flies; **einer unter ~en** one in a hundred; ***das kann von ~en nur einer*** only one out of all these hundreds can do that; **in die ~e gehen** (*fam*) *Kosten, Schaden* to run into the hundreds; **zu ~en** in [their] hundreds, by the hundred; **~e und aber ~e** hundreds upon hundreds

Hundert[2] <-, -en> *f* [one [*or* a]] hundred

Hunderter <-s, -> *m* ① (*fam: Banknote zu 100 DM*) hundred mark note; ***es hat mich einen ~ gekostet*** it cost me a hundred marks ② (*100 als Zahlenbestandteil*) hundred

hunderterlei *adj inv* (*fam*) a hundred [different]; ***ich habe ~ zu tun heute*** I've a hundred and one things to do today; *s. a.* **achterlei**

hundertfach, 100fach I. *adj* hundredfold; *s. a.* **achtfach II.** *adv* hundredfold, a hundred times over

Hundertfache, 100fache *nt decl wie adj* a hundred times the amount, the hundredfold *rare; s. a.* **Achtfache**

hundertfünfzigprozentig *adj* (*fam*) fanatical, out-and-out, overzealous; ***er ist ein ~er Tierschützer*** he's a fanatical animal rights activist; **ein H~er/eine H~e sein** to be a fanatic

Hundertfüßer <-s, -> *m* ZOOL centipode **Hundertjahrfeier** *f* centenary [celebrations *pl*] **hundertjährig, 100-jährig**[RR] *adj* ① (*Alter*) hundred-year-old *attr,* one hundred years old *pred; s. a.* **achtjährig 1** ② (*Zeitspanne*) hundred-year *attr; s. a.* **achtjährig 2, Kalender, Krieg Hundertjährige(r), 100-Jährige(r)**[RR] *f(m) decl wie adj* hundred-year-old [person], centenarian

hundertmal, 100-mal[RR] *adv* ① (*Wiederholung*) a hundred times; *s. a.* **achtmal** ② (*fam: sehr viel, sehr oft*) a hundred times; ***ich kann das ~ besser als du*** I can do that a hundred times better than you; ***das habe ich dir schon ~ gesagt*** if I've told you once I've told you a hundred times ③ (*fam: noch so sehr*) even if; ***auch wenn du ~ Recht hast, keiner wird dir glauben*** even if you are right, nobody will believe you

Hundertmarkschein *m* hundred-mark note **Hundertmeterlauf** *m* hundred-metre [*or* AM -er] race [*or* sprint] **hundertprozentig I.** *adj* ① (*100% umfassend*) one hundred percent; (*Alkohol*) pure ② (*fam: typisch*) through and through; ***er ist ein ~er Bayer*** he's a Bavarian through and through, he's a true Bavarian; (*absolut, völlig*) absolute, complete; ***es gibt keine ~e Sicherheit*** there's no such thing as absolute security; ***du hast ~ recht*** you're absolutely right; ***er galt als ~*** he was thought to be totally reliable; **sich** *dat* **~ sicher sein** to be absolutely sure **II.** *adv* (*fam*) absolutely, completely; ***auf sie kannst du dich ~ verlassen*** you can always rely on her completely; ***das weiß ich ~*** I know that for certain, that's a fact **Hundertsatz** *m* (*geh*) *s.* **Prozentsatz**

Hundertschaft <-, -en> *f* a hundred-strong unit

hundertste(r, s) *adj* [one] hundredth; *s. a.* **achte(r, s)**

Hundertste(r, s) *nt* the [one] hundredth ▸ WENDUNGEN: **vom H~n ins Tausendste kommen** (*fam*) to get carried away

Hundertstel <-s, -> *nt o* SCHWEIZ *m* hundredth

hunderttausend *adj* ① (*Zahl*) a [*or* one] hundred thousand; *s. a.* **tausend** ② *auch großgeschrieben* (*ungezählte Mengen*) hundreds of thousands; **H~e von jungen Menschen** [*o* **junger Menschen**] hundreds of thousands of young people

Hundesalon *m* dog parlour [*or* AM -or], grooming salon [*or* parlour] for dogs **Hundescheiße** *f* (*derb*) dog shit **Hundeschlitten** *m* dog sleigh [*or* sled[ge]] **Hundeschnauze** *f* muzzle; **kalt wie eine ~ sein** (*fam*) to be as cold as ice **Hundesohn** *m* (*pej fam*) son of a bitch; LIT cur **Hundesteuer** *f* dog licence [*or esp* AM -se] fee **Hundewetter** *nt* (*fam*) *s.* **Sauwetter Hundezwinger** *m* kennels *npl*

Hündin *f* bitch

hündisch *adj* (*pej*) ① (*unterwürfig*) sycophantic, fawning, grovelling, AM groveling; **mit ~em Gehorsam** with slavish obedience ② (*niederträchtig*) **eine ~e Gemeinheit** despicable meanness

Hündlein <-s, -> *nt* (*selten*) *dim von* **Hund** little dog, doggy

hundsgemein I. *adj* (*fam*) ❶ (*niederträchtig*) low-down, rotten *fam;* **eine ~e Lüge** a malicious lie; ***er kann ~ sein*** he can be really nasty ❷ (*sehr groß*) severe; **eine ~e Kälte** a biting [*or* bitter] cold II. *adv* (*fam*) ***es tut ~ weh*** it hurts like hell *fam* **hundsmiserabel** *adj* (*fam*) ❶ (*niederträchtig*) low-down, rotten; ***er ist ein hundsmiserabler Typ*** he's a nasty piece of work, he's a real bastard *fam!* ❷ (*äußerst schlecht*) awful; **jdm geht es ~, jdm ist ~ [zumute]** sb feels really lousy *sl;* **sich** *akk* **~ fühlen** to feel really lousy **Hundstage** *pl* dog days *pl*

Hüne <-n, -n> *m* (*riesenhafter Mensch*) giant; **ein ~ von Mann** [*o* **Mensch**] (*fam*) a giant of a man

Hünengrab *nt* (*fam*) megalithic tomb

hünenhaft *adj* gigantic, colossal; **von ~er Gestalt** a Titanic [*or* colossal] figure

Hunger <-s> *m kein pl* ❶ (*~gefühl*) hunger; **~ bekommen/haben** to get/be hungry; **keinen richtigen ~ haben** to not really be hungry; **~ auf etw** *akk* **haben** (*Appetit*) to feel like [eating] sth, to fancy [eating] sth; **~ leiden** (*geh*) to starve, to go hungry; **etw macht ~** sth makes sb hungry; ***Holzfällen macht ~!*** woodcutting helps you work up an appetite; **seinen ~ stillen** to satisfy one's hunger; **~ wie ein Wolf** [*o* **Bär**] **haben** (*fam*) to be ravenous[ly hungry]; **guten ~!** DIAL (*fam*) bon appetit!, enjoy your meal!; **vor ~ sterben** [*o fam* **umkommen**] to be starving, to die of hunger; **der ~ treibt es rein** [*o* **hinein**] if you're hungry enough you'll eat anything ❷ (*Hungersnot*) famine; ***es herrschte großer ~*** the area was stricken by famine ❸ (*geh: großes Verlangen*) ■**jds ~ nach etw** sb's thirst for sth; ***ihr ~ nach Wissen war unstillbar*** her thirst for knowledge was insatiable ▶ WENDUNGEN: **~ ist der beste Koch** (*prov*) hunger is the best sauce *prov,* a hungry stomach will eat anything

Hungergefühl *nt* feeling of hunger **Hungerjahr** *nt* year of famine [*or* hunger] **Hungerkur** *f* MED starvation diet **Hungerleider(in)** <-s, -> *m(f)* (*fam*) starving wretch **Hungerlohn** *m* (*pej*) starvation wage *pej,* pittance; **für einen ~ arbeiten** to work for a pittance

hungern I. *vi* ❶ (*Hunger leiden*) to go hungry, to starve; **jdn ~ lassen** to let sb starve; (*fam: fasten*) to fast; ***nach Weihnachten muss ich erst einmal ein paar Wochen ~*** after Christmas I'll have to fast for a few weeks ❷ (*geh: dürsten*) ■**nach etw** *dat* **~** to thirst after [*or* for] sth *fig,* to hunger after [*or* for] sth; ***sie hungerte nach Aufmerksamkeit*** she yearned for attention; ***ihn hungert nach Macht*** he's hungry for power II. *vt impers* (*poet*) ■**es hungert jdn nach etw** *dat* sb hungers [*or* thirsts] after [*or* for] sth; ***es hungerte ihn nach Liebe*** he was hungry for love III. *vr* (*hungernd verbringen*) **sich** *akk* **durch etw** *akk* **~** to starve one's way through sth; **sich** *akk* **gesund ~** to go on a starvation diet; **sich** *akk* **zu Tode ~** to starve oneself to death; *s. a.* **schlank**

Hungersnot *f* famine

Hungerstreik *m* hunger strike; **in den ~ treten** to go on hunger strike **Hungertod** *m kein pl* death by starvation; **den ~ sterben** (*geh*) to starve to death **Hungertuch** *nt* ▶ WENDUNGEN: **am ~ nagen** (*hum fam*) to be starving [*or* on the breadline]

hungrig *adj* ❶ (*Hunger verspürend*) hungry; **~ sein** to be hungry; **ein ~es Kind** a hungry child; **~ ins Bett gehen müssen** to have to go to bed hungry; **~ machen** to work up an appetite; ***allein der Gedanke macht mich ~*** just the thought [of it] makes me feel hungry; **~ nach** [*o* **auf**] **Süßigkeiten sein** to feel like eating sweets, to fancy some sweets ❷ (*geh: verlangend*) hungry; **nach Anerkennung/Erfolg ~ sein** to long [*or* yearn] for recognition/success

Hunne, Hunnin <-n -n> *m, f* Hun

Hunsrück <-s> *m* ■**der ~** the Hunsrück Mountains

Hupe <-, -n> *f* horn; **die ~ betätigen** (*geh*) to sound the [*or* one's] horn; **auf die ~ drücken** to beep [*or* press] the [*or* one's] horn

hupen *vi* to sound the [*or* one's] horn, to beep [*or* hoot] [*or* honk] the [*or* one's] horn; ■**das H~** horn-beeping

hüpfen *vi sein* to hop; *Lamm, Zicklein* to frisk, to gambol; *Ball* to bounce; **vor Freude ~** to jump for joy; ***mein Herz hüpfte vor Freude*** (*liter*) my heart leapt for joy

hupfen *vi sein bes* SÜDD, ÖSTERR *s.* **hüpfen** ▶ WENDUNGEN: **das ist gehupft wie gesprungen** (*fam*) it's six of one and half a dozen of the other

Hüpfer *m,* **Hupfer** <-s, -> *m bes* SÜDD, ÖSTERR hop, skip; **einen ~ machen** to hop; ***mein Herz machte einen ~*** my heart missed a beat

Hupkonzert *nt* (*fam*) cacophony of car horns; **ein ~ veranstalten** (*fig fam*) to honk like mad **Hupsignal** *nt* beep, hoot **Hupton** *m* sound of a horn [*or* BRIT hooter] **Hupzeichen** *nt* **jdm ein ~ geben** [*o* **machen**] to hoot [*or* sound one's horn] at sb

Hurde <-, -n> *f* SCHWEIZ, SÜDD fruit and vegetable rack

Hürde <-, -n> *f* ❶ (*Leichtathletik, Reitsport*) hurdle; **eine ~ nehmen** [*o* **überspringen**] to take [*or* clear] a hurdle; **110 Meter ~n laufen** to run the 110 metres [*or* AM -ers] hurdles ❷ (*tragbare Einzäunung für Tiere*) fold, pen ▶ WENDUNGEN: **eine ~ nehmen** to overcome an obstacle

Hürdenlauf *m* hurdling, hurdles *npl* **Hürdenrennen** *nt* steeplechase

Hure <-, -n> *f* ❶ (*pej: Frau*) whore, loose woman ❷ (*veraltend: Prostituierte*) whore *vulg sl*

huren *vi* (*pej fam*) to whore, to go whoring, to sleep around *fam*

Hurenbock *m* (*pej vulg*) randy goat *dated fam,* randy bugger BRIT *sl, vulg,* horny bastard AM *sl, vulg* **Hurensohn** *m* (*pej vulg*) son of a bitch, bastard

Huronsee ['hjʊərᵊn-] *m* Lake Huron

hurra *interj* hurray [*or* hooray] [*or* hurrah]; **~ schreien** to yell hurray, to cheer

Hurra <-s, -s> *nt* cheer; **ein dreifaches ~ [auf jdn/etw]** three cheers [for sb/sth]

Hurraruf *m* cheer [*or* hooray] [*or* hurrah]

Hurrikan <-s, -e> [harikən] *m* hurricane

hurtig *adj* DIAL (*veraltend*) quick, nimble; **sich** *akk* **~ davonmachen** to make a speedy exit

Husar <-en, -en> *m* hussar

husch *interj* (*fam: los, fort!*) shoo; **~, *weg mit dir!*** shoo, get away with you; (*schnell*) whoosh; **~, *war er schon wieder verschwunden*** and whoosh he'd gone again; **etw geht ~ ~** it's done in a flash [*or fam* jiffy], to be done at the double *dated fam*

huschen *vi sein* to dart, to flit; *Maus* to scurry; *Licht* to flash; ***ein Lächeln huschte über ihr Gesicht*** a smile flitted across her face; ***die Katze huscht von Baum zu Baum*** the cat darts from tree to tree

hüsteln *vi* to cough [slightly]; **nervös ~** to clear one's throat

husten I. *vi* to cough; ***wie lange hustest du schon?*** how long have you had that cough?; **stark ~** to have a bad [*or* nasty] cough; ■**auf etw** *akk* **~** (*fam*) to not give a damn about sth II. *vt* (*auswerfen*) ■**etw** *akk* **~** to cough up sth *sep;* **Schleim/Blut ~** to cough up mucus/blood ▶ WENDUNGEN: **jdm eins** [*o* **was**] **~** (*sl*) sb can get lost, sb can go jump in a lake *sl;* ***dem werde ich eins ~*** he can go jump in a lake

Husten <-s> *m kein pl* cough; **~ stillend** cough-relieving; **~ stillend wirken** to relieve a cough

Hustenanfall *m* coughing fit **Hustenbonbon** *m o nt* cough drop [*or* BRIT sweet] **Hustenmittel** *nt*

cough medicine **Hustenreiz** *m* tickly throat **Hustensaft** *m* cough syrup [*or* mixture] **Hustentee** *m* *herbal tea to relieve cough* **Hustentropfen** *pl* cough mixture

Hut[1] <-[e]s, Hüte> *m* ❶ (*Kopfbedeckung*) hat; **den ~ aufsetzen/abnehmen** to put on/take off one's hat ❷ BOT (*oberer Teil bei Hutpilzen*) cap ▸ WENDUNGEN: **mit dem ~[e] in der Hand kommt man durch das ganze Land** (*prov*) a little politeness goes a long way; **ein alter ~ sein** (*fam*) to be old hat; **vor jdm/etw den ~ abnehmen** [*o* **ziehen**] to take one's hat off to sb/sth; **~ ab [vor jdm]!** (*fam*) hats off to sb!, well done!, I take my hat off [to sb]; **etw** *akk* **unter einen ~ bringen** [*o* **kriegen**] (*fam*) to reconcile sth, to accommodate sth; (*Termine*) to fit in sth; ***man kann nicht alle Menschen unter einen ~ bringen*** you can't please everyone all of the time; **mit jdm/etw nichts/nicht viel am ~ haben** (*fam*) to not have anything in common with/to not[really] go in for sb/sth; **eins auf den ~ kriegen** (*fam*) to get a dressing down [*or* telling off] *fam;* **den** [*o* **seinen**] **~ nehmen müssen** (*fam*) to have to pack one's bags *fig,* to have to step [*or* stand] down, to be dismissed; **etw** *akk* **an den ~ stecken können** (*fam*) to stick [*or* keep] sth *sl;* **da geht einem ja der Hut hoch** it's enough to make you blow your top

Hut[2] <-> *f* (*geh*) protection; **irgendwo/bei jdm in bester** [*o* **sicherer**] **~ sein** to be in safe hands somewhere/with sb; ***ich habe die Diamanten in meiner ~*** I have the diamonds in safe keeping; **auf der ~ [vor jdm/etw] sein** to be on one's guard [against sb/sth]

Hutablage *f* hat shelf [*or* rack]; (*im Auto*) rear parcel shelf **Hutband** *nt* hatband

Hütchen <-s, -> *nt dim von* **Hut** [1] little hat

hüten **I.** *vt* ❶ (*beaufsichtigen*) ■**jdn/etw ~** to look after sb/sth, to mind sb/sth; **Schafe ~** to mind [*or* tend] sheep ❷ (*geh: bewahren*) ■**etw ~** to keep sth; **etw sorgsam ~** to look after sth carefully; **ein Geheimnis ~** to keep [*or* guard] a secret; *s. a.* **Bett, Haus II.** *vr* (*sich in Acht nehmen*) ■**sich** *akk* **vor jdm/etw ~** to be on one's guard against sb/sth; ***hüte dich vor unüberlegten Entscheidungen*** beware of making rash decisions; ■**sich** *akk* **~, etw zu tun** to take care not to do sth; ***ich werde mich [schwer] ~!*** (*fam*) not [bloody] likely! *sl,* I'll do nothing of the kind

Hüter(in) <-s, -> *m(f)* (*geh*) guardian; **~ des Schatzes** custodian of the treasure; **ein ~ des Gesetzes** (*hum*) a custodian of the law; **Vieh~** herdsman

Hutfeder *f* [hat] feather **Hutgeschäft** *nt* ÖKON hat shop; (*für Herren*) hat shop, hatter's; (*für Damen*) hat shop, milliner's **Hutkrempe** *f* brim [of a/the hat] **Hutmacher(in)** *m(f)* hatter, hat maker; *für Damen* milliner **Hutmaterial** *nt* [hat] fabric **Hutnadel** *f* hatpin **Hutschachtel** *f* hatbox

Hutsche <-, -n> *f* SÜDDT, ÖSTERR (*fam*) ❶ (*Schaukel*) swing ❷ (*pej sl: alte Schlampe*) old tart *pej fam,* old floozie [*or* floosie] [*or* floozy] *pej, hum fam*

hutschen **I.** *vi* SÜDD, ÖSTERR (*fam: schaukeln*) to swing **II.** *vr* (*verschwinden, weggehen*) ■**sich** *akk* **~** to disappear; ***hutsch dich!*** get lost!

Hutschnur *f* hat string [*or* cord] ▸ WENDUNGEN: **etw geht jdm über die ~** (*fam*) sth goes too far, sth oversteps the mark; ***das geht mir über die ~!*** now you've/she's, etc. really gone too far! **Hutständer** *m* hatstand

Hütte <-, -n> *f* ❶ (*kleines Haus*) hut; (*ärmliches Häuschen*) shack, humble abode *hum;* **eine ~ bauen** to build a hut; **die ~ der Eingeborenen** the natives' huts ❷ (*Berghütte*) [mountain] hut; (*Holzhütte*) cabin; (*Hundehütte*) kennel; (*Jagdhütte*) hunting lodge ❸ (*industrielle Anlage*) **Eisen~** iron and steel works; **Glas~** glassworks; **Ziegel~** brickworks

Hüttenkäse *m* cottage cheese **Hüttenschuh** *m* slipper-sock

hutz(e)lig *adj* (*fam*) shrivelled [*or* AM *usu* shriveled]; **~es Obst** shrivelled fruit; **ein ~es Gesicht** a wizened [*or* wrinkled] face [*or* wrinkly]

Hyäne <-, -n> *f* ❶ (*hundeähnliches Raubtier*) hy[a]ena ❷ (*pej fam: profitgieriger, skrupelloser Mensch*) unscrupulous rogue

Hyänenhund *m* ZOOL African hunting dog

Hyazinthe <-, -n> *f* hyacinth

hybrid *adj* ❶ (*fachspr: aus verschiedenen Teilen gemischt, zwitterhaft*) hybrid ❷ (*geh: hochmütig*) arrogant

Hybridantrieb *m* hybrid drive

Hybride <-, -n> *f* hybrid

Hybridrechner *m* hybrid computer **Hybridzüchtung** *f* ❶ (*Vorgang der Züchtung*) hybrid breeding *no pl,* hybridizing [*or* BRIT *a.* -ising] ❷ (*Ergebnis der Züchtung*) hybrid

Hybris <-> *f kein pl* (*geh*) hubris *form*

Hydra[1] <-> *f* ❶ (*griechisches Fabelwesen*) Hydra ❷ *kein pl* (*fig: gefährliches Phänomen*) hydra; **die gefährliche ~ des Imperialismus** the treacherous hydra of imperialism ❸ (*Sternbild*) Hydra [the water serpent]

Hydra[2] <-, Hydren> *f* (*Süßwasserpolyp*) hydra

Hydrant <-en, -en> *m* hydrant

Hydraulik <-> *f kein pl* ❶ (*hydraulisches System*) hydraulic system, hydraulics *npl;* **die ~ der Bremse** the brake's hydraulics ❷ (*wissenschaftliche Lehre*) hydraulics + *sing vb*

hydraulisch *adj* hydraulic

Hydrokultur *f* hydroponics + *sing vb spec* **Hydrolyse** <-, -n> *f* hydrolysis **hydrophil** *adj* BIOL, CHEM hydrophilic **hydrophob** *adj* BIOL, CHEM hydrophobic **Hydrotechnik** *f* hydraulic engineering **hydrotechnisch** *adj* hydraulic engineering *attr* **hydrotherapeutisch** *adj* hydrotherapeutic **Hydrotherapie** *f* hydrotherapy, hydrotherapeutics + *sing vb*

Hygiene <-> *f kein pl* hygiene *no pl*

hygienisch *adj* hygienic; **eine ~ Überwachung** hygienic precautions; ***eine ~ Aufbewahrung ist sehr wichtig*** this must be kept in hygienic conditions

Hygrometer <-s, -> *nt* hygrometer

Hymen <-s, -> *nt o m* (*fachspr*) hymen, maidenhead *liter*

Hymne <-, -n> *f* ❶ (*Loblied*) hymn ❷ (*feierliches Gedicht*) literary hymn; **eine ~ auf die Liebe** a literary hymn to love ❸ (*kurz für Nationalhymne*) national anthem; **die ~ spielen** to play the [national] anthem

hyperaktiv *adj* hyperactive

Hyperbel <-, -n> *f* ❶ MATH hyperbola *spec* ❷ LING (*rhetorische Figur*) hyperbole

hyperbolisch *adj* ❶ MATH hyperbolic ❷ LING (*Hyperbeln aufweisend*) hyperbolic[al]; **eine ~e Wendung** a hyperbolic phrase [*or* expression]

hyperkorrekt *adj, adj inv* ❶ (*übertrieben korrekt*) hypercorrect, excessively correct ❷ LING hypercorrect **hypermodern** *adj* (*fam*) ultra-modern **hypersensibel** *adj* hypersensitive

Hypertonie <-, -n> ['ni:ən] *f* MED ❶ (*Bluthochdruck*) hypertension *spec,* high blood pressure ❷ (*gesteigerte Muskelspannung*) hypertonia ❸ (*erhöhte Spannung im Augapfel*) hypertonia

hypertroph *adj* (*fachspr*) ❶ MED (*Hypertrophie aufweisend*) hypertrohpic[al] *spec;* **~es Gewebe** hypertrophic tissue ❷ (*geh: übersteigert, übermäßig*) hypertrophied *liter;* **ein ~es Geltungsbedürfnis** an excessive need to be admired

Hypertrophie <-, -n> ['fi:ən] *f* (*fachspr*) ❶ MED,

BIOL hypertrophy *spec;* ~ **der Muskeln** muscular hypertrophy ② (*geh: Übermaß*) excess; **eine ~ des Selbstbewusstseins** an enormous ego

Hyperventilation *f* MED hyperventilation

Hypnose <-, -n> *f* hypnosis; **in ~ fallen** to fall [*or* go] into a hypnotic trance; **unter ~ stehen** to be under hypnosis; **jdn in ~ versetzen** to hypnotize sb, to put sb under hypnosis; **in ~** under hypnosis; **aus der ~ erwecken** to come out of a hypnotic trance

hypnotisch *adj* hypnotic; **ein ~er Schlaf** a hypnotic trance; **~e Kräfte** hypnotic powers; **die ~e Wirkung von Musik** the hypnotic effect of music

Hypnotiseur(in) <-s, -e> [hypnoti'zø:ɐ] *m(f)* hypnotist

hypnotisierbar *adj* hypnotizable [*or* BRIT *a.* -isable]; ***manche Menschen sind leichter ~ als andere*** some people are easier to hypnotize than others

hypnotisieren* *vt* ■**jdn ~** to hypnotize sb; **wie hypnotisiert** as if hypnotized; **hypnotisiert sein von etw** *dat* (*fig*) to be hypnotized by sth; ***sie war ganz hypnotisiert von seinen Worten*** she was hypnotized [*or* entranced] by his words

Hypochonder <-s, -> *m* hypochondriac

Hypophyse <-, -n> *f* ANAT pituitary gland *spec*

Hypotenuse <-, -n> *f* hypotenuse

Hypothalamus <- , Hypothalami> *m* ANAT hypothalamus

Hypothek <-, -en> *f* ① (*Grundpfandrecht*) mortgage; **die erste/zweite/dritte ~** the first/second/third mortgage; **eine ~ auf seinem Haus haben** to have mortgaged one's house; **eine ~ [auf etw** *akk***] aufnehmen** to take out a mortgage [on sth]; **eine ~ eintragen** to register a mortgage ② (*geh: Belastung*) burden; (*fig a.*) a millstone around one's neck

Hypothekenbank <-banken> *f bank dealing primarily with mortgage business* **Hypothekenbrief** *m* mortgage certificate [*or* deed] **Hypothekengläubiger(in)** *m(f)* mortgagee **Hypothekenschuld** *f* ÖKON mortgage debt **Hypothekenschuldner(in)** *m(f)* mortgagor **Hypothekenzinsen** *pl* mortgage interest

Hypothese <-, -n> *f* hypothesis; **eine ~ aufstellen/widerlegen** to advance/refute a hypothesis

hypothetisch *adj* hypothetical

Hysterie <-, -n> *f* ① MED hysteria ② (*Erregung*) hysteria; ***man spürte eine allgemeine ~*** there was a general air of hysteria

hysterisch *adj* ① MED hysterical; **einen ~en Anfall haben** to have hysterics ② (*nervös*) hysterical

I

I, i <-, – *o fam* -s, -s> *nt* (*Buchstabe*) I, i; ~ **wie Ida** I for Isaac BRIT, I as in Item AM; *s. a.* **A 1** ▸ WENDUNGEN: **das Tüpfelchen auf dem ~** the final touch, the cherry on top

i [i:] *interj* ① (*fam: Ausdruck von Ablehnung, Ekel*) ugh; **~, wie ekelig** ugh, that's horrible ② (*abwertend*) **~ wo!** no way! *fam*

i.A. *Abk von* **im Auftrag** pp

iah *interj* hee-haw

iberisch *adj* Iberian

Ibis <-, -se> *m* ORN ibis

Ibiza *nt* Ibiza; *s. a.* **Sylt**

IC <-s, -s> *m Abk von* **Intercity**

ICE <-s, -s> *m Abk von* **Intercity Express** *a high speed train*

ICE-Zuschlag *m* Intercity Express surcharge

ich <*gen* meiner, *dat* mir, *akk* mich> *pron pers* I, me; ~ **bin/war es** it's/it was me; ***~ bin es, dein Onkel Hans*** it's me, Uncle Hans; ~ **nicht!** not me!; **~, der/die ...** me, who ...; ***~, der immer putzt ...*** me, who always cleans ...; ~ **selbst** I myself; ***nicht einmal ~ selbst könnte die beiden Bilder auseinderhalten*** not even I could tell the difference between the two pictures; *s. a.* **meiner, mir, mich, immer**

Ich <-[s], -s> *nt* ① (*das Selbst*) self ② PSYCH (*Ego*) ego; **jds anderes [*o* zweites] ~** sb's alter ego; **jds besseres ~** sb's better self

ichbezogen *adj* egocentric; *Äußerung* egotistic **Icherzählung** *f* first-person narrative **Ichform** *f* first person form; **in der ~** in the first person

IC-Zuschlag [i:'tse:] *m* Intercity surcharge

ideal **I.** *adj* ideal; **eine ~e Lage** an ideal position; **~e Bedingungen** ideal conditions **II.** *adv* ideally; **~ wohnen** to live in an ideal location

Ideal <-s, -e> *nt* ① (*erstrebenswerte Idee*) ideal; **das künstlerische ~** the artistic ideal; **[noch] ~e haben** to [still] have ideals; **keine ~e mehr haben** to no longer have any ideals ② (*Idealbild*) ideal; **das ~ einer Frau** the ideal woman; **das ~ der Schönheit** the ideal of beauty; **eine ~ an Gerechtigkeit** an ideal vision of justice

Idealbild *nt* ideal **Idealfall** *m* ideal case; **im ~[e]** ideally **Idealfigur** *f* ideal figure **Idealgewicht** *nt* ideal [*or* optimum] weight

idealisieren* *vt* ■**jdn/etw ~** to idealize sb/sth; **ein idealisierendes Bild von etw** *dat* **haben** to have an idealized picture of sth

Idealisierung <-, -en> *f* idealization

Idealismus <-> *m kein pl* idealism

Idealist(in) <-en, -en> *m(f)* idealist

idealistisch *adj* idealistic

Idealmaß *nt* ideal shape **Idealvorstellung** *f* ideal **Idealzustand** *m* ideal situation

Idee <-, -n> *f* ① (*Einfall, Vorstellung*) idea; **eine blendende [*o* glänzende] ~** (*fam*) a bright idea; **eine fixe ~** obsession; **eine ~ haben** (*fig*) to have an idea; ***du hast manchmal ~en!*** the ideas [*or* things] you come up with!; **keine [*o fam* nicht die leiseste [*o* geringste]] ~ haben** to have no idea, to not have the faintest idea; ***hast du eine ~, wo er sein könnte*** do you have any idea where he might be?; **jdn auf eine ~ bringen** to give sb an idea; **eine ~ aufgreifen/übernehmen** to pick up on an idea; ***wer hat Sie denn auf diese ~ gebracht?*** who put this idea into your head?; **jdn auf die ~ bringen, etw** *akk* **zu tun** to give sb the idea of doing sth; **jdn auf andere ~en bringen** to take sb's mind off of sth/it; **auf eine ~ kommen** to get [*or* hit upon] an idea, to come up with an idea; ***wie kommst du denn auf die ~?*** whatever gave you that idea?; **jdm kommt eine ~** sb gets an idea, sb comes up with an idea; ***mir kommt da gerade eine ~*** I've just had an idea; **auf die ~ kommen, etw zu tun** (*fam*) to decide to do sth, to come up with the idea of doing sth ② (*ideale Vorstellung, Leitbild*) ideal; **humanistische ~en** humanistic ideas; **für seine ~ kämpfen** to fight for one's ideals; **die ~ eines vereinten Europas** the idea of a united Europe [*or* European Union] ③ (*ein wenig*) **keine ~ besser sein** (*fam*) to be not one bit better; **eine ~ ...** a touch ..., a tad ... *fam;* ***die Hose ist eine ~ zu eng*** these trousers are a bit too tight

ideell *adj* spiritual; **der ~e Wert zählt** the intrinsic value counts

ideenarm *adj* unimaginative **Ideengehalt** *m* ideal **Ideengut** *nt kein pl* set of ideas **ideenlos** *adj* unimaginative, devoid of ideas **Ideenlosigkeit** <-> *f kein pl* unimaginativeness *no pl,* lack of imagination **ideenreich** *adj* imaginative, full of ideas **Ideenreichtum** *m kein pl* imaginativeness *no pl,* inventiveness *no pl* **Ideenwelt** *f* world of ideas; **die ~ der Antike** the ideas of the ancient world

Iden *pl* Ides + *sing/pl vb;* **die ~ des März** the Ides of March

Identifikation <-, -en> *f* ① PSYCH identification; ■**jds ~ [mit jdm/etw]** sb's identification [with sb/sth] ② *s.* **Identifizierung**

Identifikationsfigur *f* role model

identifizieren* **I.** *vt* ① *(die Identität feststellen)* ■**jdn/etw [als etw** *akk***] ~** to identify sb/sth [as sth]; ***bitte ~ Sie sich*** pleae identify yourself ② *(gleichsetzen)* ■**jdn mit etw** *dat* **~** to identify sb with sth **II.** *vr* ■**sich** *akk* **mit jdm/etw ~** to identify with sb/sth; **sich** *akk* **mit seinem Beruf ~** to be married to one's job; ***ich kann mich nicht mit den Idealen der Partei ~*** I can't relate to the party's ideals

Identifizierung <-, -en> *f* identification

identisch *adj* identical; ■**[mit jdm] ~ sein** to be identical [to sb]; ***die Bilder sind völlig ~*** the pictures are indistinguishable [*or* identical]

Identität <-> *f kein pl* ① *(Echtheit)* identity; **seine ~ suchen/finden** to look for/find one's identity ② *(Übereinstimmung)* identicalness

Identitätskarte *f bes* SCHWEIZ *(Personalausweis)* identity card **Identitätskrise** *f* PSYCH identity crisis **identitätsstiftend** *adj inv* SOZIOL *(geh)* serving identity development **Identitätsverlust** *m kein pl* PSYCH loss of identity *no pl*

Ideologe, Ideologin <-n, -n> *m, f* ① *(Vertreter einer Ideologie)* ideologist, ideologue ② *(veraltend: weltfremder Schwärmer)* hopeless idealist

Ideologie <-, -n> *f* ideology; **demokratische ~** democratic ideology; **politische ~n** political ideology *sing*

ideologiefrei *adj* POL, SOZIOL, PHILOS free of ideologies

Ideologin <-, -nen> *f fem form von* **Ideologe**

ideologisch **I.** *adj* ① *(eine Ideologie betreffend)* ideologic[al]; **~e Vorgaben** ideological premises; **~ gefestigt sein** to be ideologically sound ② *(pej veraltend: weltfremden Theorien anhängend)* idealist **II.** *adv* ideologically

Idiom <-s, -e> *nt* ① *(geh: eigentümlicher Sprachgebrauch einer Gruppe)* idiom; **ein schwer verständliches ~** an almost incomprehensible idiom ② *(Redewendung)* idiom, saying

Idiomatik <-> *f kein pl* ① *(Wissenschaft)* idiomology ② *(Aufstellung von Redewendungen)* glossary of idioms

idiomatisch **I.** *adj* idiomatic **II.** *adv* idiomatically

Idiot(in) <-en, -en> *m(f)* ① *(pej fam: Dummkopf)* idiot, prat BRIT ② MED *(veraltet: Schwachsinniger)* idiot

Idiotenhügel *m (hum fam)* nursery [*or* beginner's] slope **idiotensicher** **I.** *adj (hum fam)* foolproof **II.** *adv (fam)* effortlessly

Idiotie <-, -n> *f* ① *(pej fam: dummes Verhalten)* idiocy ② MED *(veraltet: Schwachsinn)* idiocy

Idiotin <-, -nen> *f fem form von* **Idiot**

idiotisch *adj (fam)* idiotic, stupid; **etw ~ finden** to find sth idiotic; ***wie ~ von mir*** how stupid [*or* idiotic] of me

Idol <-s, -e> *nt* ① *(Vorbild)* idol; **in jdm ein ~ sehen** to see sb as one's idol; **zum ~ werden** to become an idol ② KUNST *(Götzenbild)* idol

Idyll <-s, -e> *nt* idyll; **ein ländliches ~** a rural [*or* pastoral] idyll

Idylle <-, -n> *f* ① LIT *(Darstellung)* idyll ② *(Zustand)* idyll, idyllic situation

idyllisch **I.** *adj* ① *(einem Idyll gemäß)* idyllic; **eine ~e Landschaft** an idyllic countryside ② LIT *(pastoral friedlich)* idyllic **II.** *adv* idyllically

IG <-, -s> *f Abk von* **Industriegewerkschaft**

Igel <-s, -> *m* ① *(Stacheltier)* hedgehog ② *(hum fam: sehr kurzer Haarschnitt)* crew cut

igitt(igitt) *interj* ugh, yuk

Iglu <-s, -s> *m o nt* igloo

Ignorant(in) <-en, -en> *m(f) (pej geh)* ignoramus *hum form;* **künstlerischer ~** sb with no idea about art

Ignoranz <-> *f kein pl (pej geh)* ignorance *no pl*

ignorieren* *vt* ■**jdn/etw ~** to ignore sb/sth; ■**~, dass** to ignore the fact that

IHK <-, -s> *f Abk von* **Industrie- und Handelskammer**

ihm *pron pers dat von* **er, es**[1] ① *(dem Genannten)* him; ***es geht ~ nicht gut*** he doesn't feel very well; *nach Präpositionen* him; ***ich war gestern bei ~*** I was at his place yesterday; ***das ist ein Freund von ~*** he's a friend of his ② *bei Tieren und Dingen (dem genannten Tier oder Ding)* it; *bei Haustieren* him

ihn *pron pers akk von* **er** ① *(den Genannten)* him; ***ich liebe ~*** I love him ② *bei Tieren und Dingen (das genannte Tier oder Ding)* it; *bei Haustieren* him

ihnen *pron pers dat pl von* **sie** them; *nach Präpositionen* them; ***ich war die ganze Zeit bei ~*** I was at their place the whole time

Ihnen *pron pers dat sg o pl von* **Sie** you; ***schönes Wochenende! — ~ auch*** have a nice weekend! — you too [*or* and you]; *nach Präpositionen* you

ihr[1] <*gen* euer, *dat* euch, *akk* euch> *pron pers 2.pers pl nomin von* **sie** you ① *(Anrede an Personen, die man duzt)* **~ *seid herzlich willkommen*** you're very welcome; **~ *Lieben!*** my dears! ② *(veraltet: Anrede an Einzelperson)* thou *hist*

ihr[2] *pron pers dat sing von* **sie** *(der Genannten)* her; ***ich habe ~ vertraut*** I trusted her

ihr[3] *pron poss, adjektivisch* ① *sing* her; **~ Kleid** her dress; **~ letzter Film** her last film ② *pl* their; **Eltern mit ~en Kindern** parents with their children

Ihr *pron poss, adjektivisch* ① *sing* your; **~ *Brief hat mich sehr berührt*** your letter was very touching ② *pl* your; ***wir freuen uns über ~ zahlreiches Erscheinen*** we are pleased to see so many of you here today

ihre(r, s) *pron poss, substantivisch* ① *sing (dieser weiblichen Person)* her; ***das ist nicht seine Aufgabe, sondern ~*** that isn't his task, it's hers; ■**der/die/das ~** hers ② *pl* theirs

Ihre(r, s)[1] *pron poss, substantivisch, auf Sie bezüglich* ① *sing* your; ■**der/die/das ~** yours; ***ich bin ganz/stets der ~*** I am always at your service ② *pl* your; ■**der/die/das ~** yours ③ *sing und pl (Angehörige)* ■**die ~n** your loved ones ④ *sing und pl (Eigentum)* ■**das ~** yours; *(was Ihnen zukommt)* what you deserve; ***Sie haben alle das ~ getan*** they have all done their bit

Ihre(r, s)[2] *pron poss, substantivisch, auf sie sing bezüglich* ① *(Angehörige)* ■**der/[die] ~[n]** her loved one[s]; ***sie dachte immer an die ~n*** she always thought of her family ② *(Eigentum)* ■**das ~** hers ③ *(was ihr zukommt)* ***das ~ besteht darin, sich um die Korrespondenz zu kümmern*** its her job to deal with the correspondence

Ihre(r, s)[3] *pron poss, substantivisch, auf sie pl bezüglich* ① *(Angehörige)* ■**der/[die] ~[n]** their loved ones ② *(Eigentum)* ■**das ~** their things ③ *(was ihnen zukommt)* ***nun müssen die Mitarbeiter das ~ tun*** now the workers have to do their bit

ihrer *pron pers gen von* **sie** ① *sing (geh)* her ② *pl (geh)* them; ***es waren ~ sechs*** there were six of them

Ihrer *pron pers (geh) gen von* **Sie** ① *sing* [of] you ② *pl* you

ihrerseits *adv* ① *sing* for her [*or* its] part ② *pl* for

their part
Ihrerseits *adv sing o pl* (*von Ihrer Seite aus*) for your part
ihresgleichen *pron inv* ❶ *sing* (*Leute wie sie* [*sing f*]) her [own] kind, people like her, her sort, the likes of her *pej;* ***sie pflegt nur Kontakte zu ~*** she only has contact with her own kind ❷ *pl* (*Leute wie sie* [*pl*]) their [own] kind
Ihresgleichen *pron inv* ❶ *sing* (*Leute wie Sie*) people like you; ***Sie umgeben sich nur mit ~*** you are only surrounded by your own sort ❷ *pl* (*pej: Leute wie Sie*) your [own] kind ❸ (*solches Pack wie Sie*) your sort, the likes of you *a pej;* ***ich kenne*** [***Sie und***] ~ I know your kind!
ihrethalben *adv* (*veraltend*) *s.* **ihretwegen**
Ihrethalben *adv* (*veraltend*) *s.* **Ihretwegen**
ihretwegen *adv* ❶ *fem sing* (*wegen ihr*) as far as she is/was concerned; ~ ***brauchen wir uns keine Sorgen zu machen*** we don't need to worry about her ❷ *pl* (*wegen ihnen*) as far as they are/were concerned; ***ich mache mir ~ schon Sorgen*** I'm starting to worry about them
Ihretwegen *adv sing/pl* because of you, for you; ***ich bin nur ~ hiergeblieben*** I've only stayed here for you
ihretwillen *adv* ■**etw** *akk* **um ~ tun** (*ihr zuliebe*) to do sth for her [sake]; (*ihnen zuliebe*) for them, for their sake
Ihretwillen *adv sing und pl* ■**etw** *akk* **um ~ tun** to do sth for you, for your sake; ***das tue ich nur um ~*** I'm only doing it because it's you
ihrige(**r, s**) <-n, -n> *pron poss* (*veraltend geh*) *s.* **ihre**(**r, s**)
Ihrige(**r, s**) <-n, -n> *pron poss* (*veraltend geh*) *s.* **Ihre**(**r, s**)
i. J. *Abk von* **im Jahre**
Ikone <-, -n> *f* icon
Ikonenblick *m expression in the eyes of icons;* ***ein schwermütiger*** ~ melancholy eyes typical of icons
Ilex <-> *m kein pl* BOT holly
illegal *adj* illegal
Illegalität <-, -en> *f* ❶ *kein pl* (*Gesetzwidrigkeit*) illegality; **in der ~ leben** to lead a life of crime ❷ (*illegale Tätigkeit*) something illegal; ***ich beteilige mich nicht an ~en*** I'm not getting involved in anything illegal
illegitim *adj* ❶ (*unrechtmäßig*) unlawful, illegitimate; **eine ~ Thronfolge** an illegitimate line of succession ❷ (*unehelich*) illegitimate; **ein ~es Kind** an illegitimate child ❸ (*nicht berechtigt*) wrongful; **eine ~e Forderung** an unjust demand
illiquid *adj* (*fachspr*) illiquid *spec*
illoyal **I.** *adj* (*geh*) disloyal; **eine ~e Einstellung gegenüber jdm/etw haben** to have a disloyal attitude towards sb/sth **II.** *adv* disloyally; **sich** *akk* **~ gegenüber jdm/etw verhalten** to behave disloyally towards sb/sth
Illoyalität <-, -en> *f pl selten* (*geh*) disloyalty
Illumination <-, -en> *f* ❶ (*Beleuchtung*) illumination *form* ❷ REL (*göttliche Erleuchtung*) enlightenment ❸ KUNST (*Buchmalerei*) illumination
illuminieren* *vt* (*geh*) ❶ (*festlich beleuchten*) ■**etw ~** to illuminate sth *form* ❷ KUNST (*mit Buchmalerei versehen*) to illuminate
Illusion <-, -en> *f* illusion; **kindliche ~en** childish illusions; **~en haben** to have illusions, to delude oneself; **sich** *akk* **einer ~** *dat* **hingeben** to be under an illusion; **sich** *akk* **der ~ hingeben,** [**dass**] to be under the illusion [that]; **sich** *dat* [**über etw** *akk*] **~en machen** to harbour [*or* AM -or] illusions [about sth]; **einer ~ nachjagen** to chase dreams; **sich** *dat* **keine ~en machen** to not have any illusions; **jdm alle ~en nehmen** [*o* **rauben**] to dispel [*or* strip sb of] all of sb's illusions
illusionär *adj* (*geh*) ❶ (*auf Illusionen beruhend*) illusory *form;* ***er hat völlig ~e Vorstellungen vom Leben*** he has totally illusory conceptions of life ❷ KUNST illusionary
illusionslos *adj* without any illusions *pred,* having no illusions *pred*
illusorisch *adj* ❶ (*trügerisch*) illusory ❷ (*zwecklos*) pointless, futile
illuster *adj* (*geh*) illustrious *fam;* **ein illustrer Kreis** an illustrious circle
Illustration <-, -en> *f* ❶ (*Abbildung zu einem Text*) illustration ❷ (*Veranschaulichung*) illustration; **zur ~ von etw** to illustrate sth
illustrativ *adj* (*geh*) ❶ (*als Illustration dienend*) illustrative; **eine ~e Zeichnung** an illustrational drawing ❷ (*anschaulich*) illustrative, illustratory
Illustrator(in) <-s, -toren> *m(f)* illustrator
illustrieren* *vt* ❶ (*bebildern*) ■**etw** [**mit etw** *dat*] **~** to illustrate sth [with sth] ❷ (*geh: veranschaulichen*) ■[**jdm**] **etw ~** to illustrate sth [to/for sb]
Illustrierte <-n, -n> *f* magazine, illustrated *dated*
Illustrierung <-, -en> *f* illustration
Iltis <-ses, -se> *m* ❶ (*Raubtier*) polecat ❷ (*Fell des ~*) polecat [fur], fitch; [**einen**] **~ tragen** to wear [a] polecat fur
im = **in dem** ❶ (*sich dort befindend*) in the; **~ Bett** in bed; **~ Haus** at the house; **~ Januar** in january; **~ Begriff sein, etw zu tun** to be about to do sth; **~ Prinzip** in principle; **~ Bau sein** to be under construction ❷ (*dabei seiend, etw zu tun*) while; **etw ist ~ Kommen** sth is coming; **er ist noch ~ Wachsen** he is still growing; *s. a.* **in** [1]
IM <-s, -s> [iːˈɛm] *m o f Abk von* **inoffizieller Mitarbeiter** [Stasi] collaborator; *Abk von* **Mitarbeiter 2**
Image <-[s], -s> [ˈɪmɪtʃ] *nt* image; **ein gutes/schlechtes ~ haben** to have a good/poor image; **jds ~ aufpolieren** to improve sb's image; **sein ~ pflegen** to be image-conscious
Imagepflege *f kein pl* image-making *no pl;* **~ treiben** to maintain an image **Imageverlust** *m* blow to one's image, loss of face *fam*
imaginär *adj* (*geh*) imaginary
Imagination <-, -en> *f* (*geh*) imagination
Imam <-s, -e> *m* Imam
Imbiss[RR] <-es, -e> *m,* **Imbiß** <-sses, -sse> *m* ❶ (*kleine Mahlzeit*) snack; **einen ~ zu sich nehmen** to have a snack; **einen ~ reichen** to offer a snack ❷ (*fam*) *s.* **Imbissstand**[RR]
Imbisshalle[RR] *f* fast food restaurant **Imbissstand**[RR] *m* fast food stall **Imbissstube**[RR] *f* snack bar, cafe
Imitation <-, -en> *f* imitation
Imitator(in) <-s, -toren> *m(f)* imitator; (*von Personen*) impressionist
imitieren* *vt* ■**etw ~** to imitate sth; ■**jdn ~** to imitate sb; (*im Kabarett*) to impersonate sb; **imitierter Schmuck** imitation jewellery [*or* AM *usu* jewelry]
Imker(in) <-s, -> *m(f)* bee-keeper, apiarist
Imkerei <-, -en> *f* (*Betrieb*) apiary; (*Beruf, Bienenzucht*) beekeeping, apiculture
Imkerin <-, -nen> *f fem form von* **Imker**
immateriell *adj* (*geh*) immaterial
Immatrikulation <-, -en> *f* matriculation; (*an der Universität*) registration
immatrikulieren* **I.** *vt* ❶ (*einschreiben*) ■**jdn ~** to matriculate [*or* register] sb; ■**immatrikuliert sein** to be matriculated *form,* to be registered ❷ SCHWEIZ (*zulassen*) **ein Fahrzeug ~** to register a vehicle **II.** *vr* (*sich einschreiben*) ■**sich** *akk* **~** to matriculate, to register

immens *adj* (*geh*) immense, huge

immer **I.** *adv* ❶ (*ständig, jedes Mal*) always, all the time; ***hier scheint ~ die Sonne*** the sun always shines here [*or* the sun shines all the time here]; ***das wollte ich ~ schon einmal tun*** I've always wanted to do that; **für ~** forever; **~ und ewig** for ever and ever; **wie ~** as usual; **~ weiter** just [you] carry on, go ahead; **~ langsam voran!** take your time!; **~ mit der Ruhe** take it easy; **nur ~ her damit** hand it over; **~, wenn** every time; ***~, wenn ich spazieren gehen will, regnet es*** why does it always rain when I want to go for a walk?; **~ wieder** again and again, over and over [again]; **etw ~ wieder tun** to keep on doing sth ❷ (*zunehmend*) increasingly; **~ häufiger** more and more frequently; **~ mehr** more and more ❸ (*fam: jeweils*) each; **~ am vierten Tag** every fourth day; ***er nahm ~ zwei Stufen auf einmal*** he took two steps at a time **II.** *pron* [**nur**] **~ her damit!** (*fam*) let's have it/them then! *fam*, hand it/them over! *fam*; **~ mal** (*fam*) now and again; **~ noch** still; **~ noch nicht** still not; ***ist er denn ~ noch nicht zurück?*** is he still not back?; **wann/was/wer/wie/wo** [**auch**] **~** whenever/whatever/whoever/however/wherever

immerdar *adv* (*geh*) forever; **jetzt und ~** for now and ever more; ***„~ und in alle Ewigkeit, Amen!"*** "forever and ever, amen" **immerfort** *adv* continually, constantly **immergrün** *adj attr* evergreen **Immergrün** *nt* evergreen, periwinkle; **das große/kleine ~** the periwinkle/lesser periwinkle **immerhin** *adv* ❶ (*wenigstens*) at least ❷ (*schließlich*) after all; ***~ ist er älter als du*** after all he is older than you ❸ (*allerdings, trotz allem*) all the same, at any rate, anyhow; **~!** all the same! **immerwährend** *adj attr* (*geh*) continuous; **ein ~er Kampf** a perpetual battle; *s. a.* **immer**[1], **Kalender** **immerzu** *adv s.* **immerfort**

Immigrant(in) <-en, -en> *m(f)* immigrant

Immigration <-, -en> *f* immigration

immigrieren* *vi sein* to immigrate

Immission <-, -en> *f* immission

immobil *adj* (*geh*) ❶ (*unbeweglich*) immobile; ÖKON (*bei Vermögen*) real, immovable ❷ MIL (*nicht kriegsbereit*) not on a war footing; **~e Truppe/Einheit** troops/unit unable to engage the enemy

Immobilie <-, -n> *f meist pl* real estate *no pl;* ■ **~n** property *no pl;* **eine ~ veräußern** to dispose of a property; **Geld in ~n anlegen** to invest money in property

Immobilienbestand *m* real estate **Immobilienfonds** *m* property fund **Immobilienhändler(in)** *m(f)* property dealer, real estate dealer, realtor AM **Immobilienmakler(in)** *m(f)* estate agent **Immobilienmarkt** *m* ÖKON property market

Immortelle <-, -n> *f* BOT immortelle, everlasting [flower]

immun *adj* ❶ (*gefeit*) ■ [**gegen etw** *akk*] **~ sein** (*a. fig*) to be immune [to sth] ❷ (*vor Strafverfolgung geschützt*) immune

Immunabwehr *f* immune defence [*or* AM -se] [system]

Immunglobulin <-s, -e> *nt* MED, CHEM immunoglobin

immunisieren* *vt* ■ **jdn** [**gegen etw** *akk*] **~** to immunize sb [against sth]

Immunisierung <-, -en> *f* immunization

Immunität <-, *selten* -en> *f* ❶ (*Unempfänglichkeit*) ■ **die/eine/jds ~** [**gegen etw** *akk*] [sb's] immunity [to sth]; **~ gegen Krankheitserreger** immunity to pathogenes ❷ (*Schutz vor Strafverfolgung*) immunity; **jds ~ aufheben** to withdraw sb's immunity; **diplomatische ~ genießen** to have diplomatic immunity

Immunologe, Immunologin <-n, -n> *m, f* immunologist

Immunreaktion *f* MED immune response **Immunschwäche** *f* immunodeficiency *spec* **Immunschwächekrankheit** *f* MED immune deficiency syndrome **Immunsystem** *nt* immune system

Impala <-, -s> *f* ZOOL impala

Imperativ <-s, -e> *m* ❶ LING (*Verb in der Befehlsform*) imperative [form] *spec* ❷ PHILOS (*sittliches Gebot*) **kategorischer ~** categorical imperative

Imperfekt <-s, -e> *nt* imperfect [tense] *spec; s. a.* **Präteritum**

Imperialismus <-, *selten* -lismen> *m* imperialism

Imperialist(in) <-en, -en> *m(f)* (*pej*) imperialist

imperialistisch *adj* (*pej*) imperialist[ic]; **~e Machtpolitik** imperialistic power politics

Imperium <-s, -rien> *nt* ❶ HIST (*Weltreich, Kaiserreich*) empire ❷ (*geh: Machtbereich*) imperium *fig;* **das ~ der großen Konzerne** the imperium of the multinationals

impertinent *adj* (*geh*) impertinent, impudent

Impertinenz <-, -en> *f* (*geh*) ❶ *kein pl* (*Unverschämtheit*) impertinence, impudence ❷ (*selten: unverschämte Äußerung*) impertinent/impudent remark

Impetus <-> *m* (*geh: Schwungkraft*) verve, zest

Impfausweis *f* MED vaccination certificate

impfen *vt* ❶ (*mit Impfstoff spritzen*) ■ **jdn** [**gegen etw** *akk*] **~** to inoculate sb [against] sth, to vaccinate sb [against sth]; ■ **jdn/sich ~ lassen** to have sb/oneself inoculated/vaccinated; **jdm ist geimpft worden** (*fig*) sb has been indoctrinated ❷ BIOL (*Mikroorganismen einbringen*) ■ **etw** [**mit etw** *dat*] **~** to inoculate sth [with sth]

Impfling <-s, -e> *m* (*geh*) *child who is to be or who has just been inoculated*

Impfpass[RR] *m* vaccination card, vaccination certificate **Impfpistole** *f* vaccination gun **Impfschaden** *m* adverse effect of vaccination **Impfstoff** *m* vaccine, serum

Impfung <-, -en> *f* inoculation, vaccination

Implantat <-[e]s, -e> *nt* implant

Implantation <-, -en> *f* MED implantation

implantieren *vt* ■ [**jdm**] **etw ~** to implant sth [into sb]

implizieren* *vt* (*geh*) ■ **etw ~** to imply sth

implizit *adj inv* (*geh*) implicit

implodieren* *vi sein* (*fachspr*) to implode *spec*

Implosion <-, -en> *f* (*fachspr*) implosion *spec*

Imponderabilien <-> *fpl* (*geh*) imponderables *pl*

imponieren* *vi* ■ [**jdm**] **~** to impress [sb]

imponierend *adj* impressive; **eine ~e Leistung** an impressive performance

Imponiergehabe *nt* ❶ ZOOL display pattern ❷ (*fig, pej*) show, exhibitionism *pej;* ***das ist bloßes/reines ~*** that's all show

Import <-[e]s, -e> *m* ❶ *kein pl* (*Einfuhr*) import[ation]; **der ~ von Rohstoffen** raw material imports ❷ (*Importware*) import; **zollpflichtige ~e** dutiable imports

Importabgabe *f* import duty **Importartikel** *m* imported item, imported product **Importbeschränkung** *f* import restriction

Importeur(in) <-s, -e> [ɪmpɔrˈtøːɐ] *m(f)* importer

Importhandel *m* import trade [*or* business]

importieren* *vt* ■ **etw ~** to import sth

Importware *f* imported item, imported product

imposant *adj* imposing, impressive; *Stimme* commanding; **eine ~e Figur** an imposing figure; **~ wirken** to be imposing/impressive

impotent *adj* impotent; **~ sein** to be impotent; **etw macht ~** sth causes impotence; **jdn ~ machen** to render sb impotent

Impotenz <-> *f kein pl* impotence

imprägnieren* *vt* ■**etw** [**mit etw** *dat*] ~ ❶ (*wasserabweisend machen*) to waterproof sth [with sth] ❷ (*behandeln*) to impregnate sth [with sth]

Imprägnierung <-, -en> *f* ❶ (*das Imprägnieren*) impregnation ❷ (*behandelter Zustand*) impregnated finish

Impression <-, -en> *f* (*geh*) impression; ~**en wiedergeben/schildern** to recount/describe impressions

Impressionismus <-> *m* Impressionism

Impressionist(in) <-en, -en> *m(f)* Impressionist

impressionistisch *adj* Impressionist

Impressum <-s, Impressen> *nt* imprint

Improvisation <-, -en> *f* improvisation ❶ (*das Improvisieren*) improvisation ❷ (*Stegreifschöpfung*) improvisation, extemporization; ~**en spielen** to play improvisations; **ein Essen** ~ to make an improvised meal; **eine Rede** ~ to give an improvised speech

improvisieren* I. *vi* to improvise II. *vt* ■**etw** ~ to improvise sth

Impuls <-es, -e> *m* ❶ (*Anstoß, Auftrieb*) stimulus, impetus; **etw** *akk* **aus einem ~ heraus tun** to do sth on impulse ❷ ELEK (*Stromstoß von kurzer Dauer*) pulse ❸ PHYS impulse, momentum

impulsiv *adj* impulsive; **ein ~er Mensch** an impulsive person

imstande *adj pred,* **im Stande** *adj pred* ■**zu etw** *dat* ~ **sein** to be capable of doing sth, to be able to do sth, to be in a position to do sth; ~ **sein, etw zu tun** to be able to do sth; ***er ist sehr wohl ~, sich zu benehmen*** he can behave when he wants to; **sich** *akk* ~ **fühlen, etw zu tun** to feel able to do sth, to feel capable of doing sth; **zu allem ~ sein** (*fam*) to be capable of anything; **zu nichts mehr ~ sein** (*fam*) to be shattered *fam,* to be knackered BRIT *sl;* **jd ist ~ und tut etw** (*iron fam*) you can bet sb will do sth; ***sie ist ~ und glaubt alles, was er sagt*** she is quite capable of believing everything he says

in[1] *präp* ❶ +*dat* (*darin befindlich*) in; ***sie wohnt ~ Berlin*** she lives in Berlin; ***bist du schon mal in New York gewesen?*** have you ever been to New York?; ***ich arbeite seit einem Jahr ~ dieser Firma*** I've been working for this company for a year; ***du siehst ~ diesem Kleid toll aus*** you look great in that dress; ***es stand gestern ~ der Zeitung*** it was in the newspaper yesterday ❷ +*akk* (*hin zu einem Ziel*) into; ***wir fahren ~ die Stadt*** we're going into town; ***er warf die Reste ~ den Mülleimer*** he threw the leftovers in the bin; ~ **die Kirche/Schule gehen** to go to church/school ❸ +*dat* (*innerhalb von*) in; ~ **diesem Sommer** this summer; ~ **diesem Augenblick** at the moment; ~ **diesem Jahr/Monat** this year/month; ~ ***einem Jahr bin ich 18*** in a year I'll be 18 ❹ +*akk* (*bis zu einer Zeit*) until; ***wir haben bis ~ die Nacht getanzt*** we danced until the early hours ❺ +*dat o akk* (*Verweis auf ein Objekt*) at; **es ~ sich haben** to have what it takes; ***der Schnaps hat es ~ sich*** the schnapps packs a punch, that's some schnapps!; **sich ~ jdm täuschen** to be wrong about sb; ***er ist Fachmann ~ seinem Beruf*** he is an expert in his field ❻ (*fachspr: mit*) in; ***er handelt ~ Textilien*** he deals in textiles ❼ +*dat* (*auf eine Art und Weise*) in; ~ **Schwierigkeiten sein** [*o* **stecken**] to be in dificulties; ~ **Wirklichkeit** in reality; ***haben Sie nichts ~ Blau?*** haven't you got anything in blue?; *s. a.* **im, ins**

in[2] *adj* (*fam*) in *fam;* ■~ **sein** to be in; ***diese Musik ist gerade ~*** this kind of music is really in at the moment

inakzeptabel *adj* (*geh*) unnacceptable

Inanspruchnahme <-> *f kein pl* (*geh*) ❶ (*Nutzung*) use, utilization; ***nur durch die ~ eines Kredits kann ich das Projekt verwirklichen*** I can only realise the project if I can get a loan; **auf ~ seiner Rechte verzichten** to waive one's rights; **die ~ von Rechtsbeistand/Vergünstigungen/Sozialhilfe** claims for legal aid/privileges/social security ❷ (*Belastung, Beanspruchung*) demand; **die berufliche ~** the demands of one's job; ***die starke ~ führt zu hohem Verschleiß*** frequent use leads to rapid signs of wear and tear

Inbegriff *m kein pl* epitome, quintessence (+*gen* of); **der ~ von Eleganz** the epitome of elegance; **der ~ des Schreckens** the quintessence of terror; **der ~ von einem Spießer** the epitome of a square

inbegriffen *adj pred* inclusive; ■**in etw** *dat* ~ **sein** to be included in sth; ***die Bedienung ist im Preis ~*** service is included in the price

Inbetriebnahme <-, -n> *f* (*geh*) ❶ (*erstmalige Nutzung*) opening; **die ~ des neuen Supermarkts** the opening of the new supermarket ❷ (*Einschaltung*) operation; **die ~ des Kraftwerks** the commissioning of the power station; **die ~ einer Maschine** bringing a machine into service

Inbrunst <-> *f kein pl* (*geh*) fervour [*or* AM -or], ardour [*or* AM -or]; **mit ~** ardently; **voller ~** full of ardour

inbrünstig *adj* (*geh*) fervent, ardent

Inbusschlüssel *m* Allen key® *spec* **Inbusschraube** *f* Allen screw®

indem *konj* ❶ (*dadurch, dass*) by; ***ich halte mich gesund, ~ ich viel Sport treibe*** I stay healthy by doing lots of sport ❷ (*während*) while, whilst BRIT *form*

Inder(in) <-s, -> *m(f)* Indian; ~ **sein** to be Indian [*or* from India]; ■**die ~** the Indian; *s. a.* **Deutsche(r)**

indes, indessen I. *adv* ❶ (*inzwischen*) in the meantime, meanwhile ❷ (*jedoch*) however; ***einige Tierarten passen sich an, andere sterben ~ aus*** some species adapt but others die out [*or* become extinct] II. *konj* (*geh*) ❶ (*während* [*temporal*]) while ❷ (*wohingegen*) while; ***ich trinke gerne Bier, ~ meine Frau Wein bevorzugt*** I like to drink beer while my wife prefers wine

Index <-[es], -e *o* Indizes> *m* ❶ (*alphabetisches Verzeichnis*) index ❷ (*statistischer Messwert*) index; ***die Miete ist an den ~ der Lebenshaltungs- kosten gekoppelt*** the rent is linked to the cost-of-living index ❸ LING, MATH (*Hochzahl, Tiefzahl*) index ❹ REL index [librorum prohibitorum] [*or* [expurgatorius]]; **etw** *akk* **auf den ~ setzen** to put something on the index; **auf dem ~ stehen** to be on the blacklist

Indianer(in) <-s, -> *m(f)* Indian *esp pej,* Native American

Indianerbohne *f* kidney bean

indianisch *adj* Native American, Indian *esp pej*

Indianisch *nt decl wie adj* Indian; ■**das ~e** [the] Indian [language]

Indien <-s> *nt* India; *s. a.* **Deutschland**

indifferent *adj* (*geh*) indifferent; ■[**einer S.** *dat* **gegenüber**] ~ **sein** to be indifferent [towards sth]

indigniert *adj* (*geh*) indignant

Indigo <-s, -s> *nt o m* indigo

indigoblau *adj* indigo [blue]

Indik <-> *m* Indian Ocean

Indikation <-, -en> *f* ❶ MED (*Heilanzeige*) indication *spec* ❷ JUR (*Grund für einen Schwangerschaftsabbruch*) grounds for the termination of a pregnancy; **ethische/medizinische/soziale ~** ethical/medical/social grounds for the termination of a pregnancy

Indikativ <-s, -e> *m* indicative [mood] *spec*

Indikator <-s, -toren> *m* ❶ (*geh: Anzeichen*) indicator, sign; **ein ~ für etw** *akk* **sein** to be an indicator/

sign of sth ② CHEM (*Substanz*) indicator *spec* ③ TECH indicator

Indio <-s, -s> *m* Indian (*from Central or Latin America*)

indirekt *adj* indirect; **einen ~en Freistoß ausführen** to take an indirect free kick; *s. a.* **Rede**

indisch *adj* ① (*Indien betreffend*) Indian; *s. a.* **deutsch 1** ② LING Indian; *s. a.* **deutsch 2**

Indisch *nt decl wie adj* ① LING Indian; *s. a.* **Deutsch 1** ② (*Fach*) Indian; *s. a.* **Deutsch 2**

Indische <-n> *nt* ■ **das ~** Indian; *s. a.* **Deutsche**

indiskret *adj* indiscreet

Indiskretion <-, -en> *f* ① (*Mangel an Verschwiegenheit*) indiscretion; **eine gezielte ~** a deliberate/intentional indiscretion ② (*Taktlosigkeit*) tactlessness

indiskutabel *adj* (*geh*) unworthy of discussion; **eine indiskutable Forderung** an absurd demand; ***dieser Vorschlag ist einfach ~*** this suggestion is simply not worth discussing

Indium <-s> *nt kein pl* indium *spec*

Individualismus <-> *m kein pl* individualism *no pl*

Individualist(in) <-en, -en> *m(f)* (*geh*) individualist

individualistisch *adj* (*geh*) individualistic

Individualität <-, en> *f* ① (*Besonderheit eines Menschen*) individuality *no pl;* **seine ~ aufgeben** to give up one's individuality; **seine ~ entfalten** to express one's individuality; **seine ~ verlieren** to lose one's individuality ② (*Persönlichkeit*) personality

Individualverkehr *m* private transport

individuell *adj* individual; ***Begabungen sind ~ verschieden*** people's gifts vary; **~e Lösungsansätze** individual ways of solving sth; **eine ~e Behandlung** individual treatment; **etw ~ gestalten** to give sth one's personal touch; **~es Eigentum** private property

Individuum <-s, Individuen> [vi, duən] *nt* (*a. pej geh*) individual; **ein verdächtiges ~** a suspicious individual [*or* character]

Indiz <-es, -ien> [tsiən] *nt* ① JUR (*Verdachtsmoment*) piece of circumstantial evidence ② (*Anzeichen*) ■ **ein ~ für etw** *akk* **sein** to be a sign of sth

Indizes *pl von* **Index**

Indizienbeweis *m* circumstantial evidence *no pl* **Indizienkette** *f* chain of circumstantial evidence **Indizienprozess**^RR *m* trial based on circumstantial evidence **Indizienurteil** *nt verdict based on circumstantial evidence*

indizieren* *vt* ■ **etw ~** ① (*geh: erkennen lassen*) to indicate sth; ***der Erfolg indiziert ihre Kompetenz*** this success is an indication of her competence ② MED (*angezeigt sein lassen*) to indicate sth; ■ [**bei etw** *dat*] **indiziert sein** to be indicated [for sth]; **etw** *akk* **für indiziert halten** MED to consider sth to be indicated ③ REL (*auf den Index setzen*) to put sth on the index [librorum prohibitorum] [*or* [expurgatorius]] ④ (*als moralisch bedenklich verbieten*) to ban sth on moral grounds; ***dieser Film ist indiziert*** this film has been banned on moral grounds

indiziert *adj* censored, placed on the Index *hist*

Indochina *nt* Indo-China

indogermanisch *adj* HIST Indo-European; **der ~e Sprachraum** the Indo-European language area

Indogermanisch *nt decl wie adj* Indo-Germanic, Indo-European; ■ **das ~e** [the] Indo-Germanic [language]

Indoktrination <-, -en> *f* (*pej*) indoctrination

indoktrinieren* *vt haben* (*pej*) ■ **jdn ~** to indoctrinate sb

Indonesien <-s> *nt* Indonesia; *s. a.* **Deutschland**

Indonesier(in) <-s, -> *m(f)* Indonesian; *s. a.* **Deutsche(r)**

indonesisch *adj* Indonesian; *s. a.* **deutsch**

Induktion <-, -en> *f* induction

Induktionsherd *m* MED focus of a pulmonary [*or* lung] disease **Induktionskochfeld** *nt* induction hob

industrialisieren* *vt* ■ **etw ~** to industrialize sth

Industrialisierung <-, -en> *f* industrialization

Industrie <-, -n> *f* industry *no art;* **die britische ~** British industry; **in der ~ sein** [*o* **arbeiten**] to be [*or* work] in industry; **in die ~ gehen** to go into industry; **die chemische/pharmazeutische ~** the chemical/pharmaceutical industry

Industrieabwässer *pl* ÖKOL, ÖKON industrial waste water *no pl, no indef art* [*or* effluent] *no pl, no indef art* **Industrieansiedlung** *f* establishment of industries **Industriebetrieb** *m* industrial plant, company **Industrieerzeugnis** *nt* industrial product, manufactured good **Industriefläche** *f* industrial area **Industriegebiet** *nt* industrial area [*or* region] **Industriegesellschaft** *f* SOZIOL, POL, ÖKON industrial society **Industriegewerkschaft** *f* industrial trade union **Industriehalle** *f* factory **Industriekaufmann, -kauffrau** *m, f* industrial [*or* sales] [*or* purchase] clerk **Industrieland** *nt* POL, ÖKON industrial country **Industrielandschaft** *f* industrial landscape

industriell *adj* industrial; **~e Fertigung** industrial production; **die ~e Revolution** the Industrial Revolution

Industrielle(r) *f(m) decl wie adj* industrialist

Industriemelanismus *m* BIOL industrial melanism **Industriemüll** *m* ÖKOL, ÖKON industrial waste **Industrienorm** <-, -e> *m* industry standard **Industrienation** *f*, **Industriestaat** *m* industrial nation **Industrieprodukt** *nt* industrial product **Industriespionage** *f* industrial espionage **Industriestaat** *m* industrial nation [*or* country] **Industriestadt** *f* industrial town [*or* city] **Industrie- und Handelskammer** *f* Chamber of Commerce **Industrieunternehmen** *nt* industrial enterprise [*or* concern] **Industriewirtschaft** *f* ÖKON industrial economy **Industriezentrum** *nt* ÖKON industrial centre [*or* AM -er] **Industriezweig** *m* branch of industry

ineffektiv *adj* ineffective

ineffizient *adj inv* (*geh*) inefficient

Ineffizienz <-, -en> *f* (*geh*) inefficiency

ineinander *adv* in each other, in one another; **~ liegende Falzbögen** TYPO signatures inset, one into the other; **~ verliebt sein** to be in love with one another; **~ aufgehen** to complement each other perfectly; **~ fließen** to flow into one another, to merge; *Farben, Farbtönen* to run into each other; **~ greifen** to mesh; **etw ~ schieben** to telescope up sth *sep* BRIT, to telescope sth AM; **sich ~ schieben lassen** to be telescopic; **~ übergehen** to merge

infam *adj* (*pej*) ① (*geh: bösartig*) malicious, vicious; **ein ~er Kerl** (*veraltend*) a nasty piece of work; **eine ~e Verleumdung** vicious slander ② (*fam: negative Sachverhalte verstärkend*) disgraceful; **~e Schmerzen** dreadful pain; ***heute ist es aber ~ heiß!*** today it's terribly [*or* awfully] hot

Infamie <-, -n> *f* (*pej geh*) ① *kein pl* (*niederträchtige Art*) maliciousness *no pl,* viciousness *no pl* ② (*Niederträchtigkeit*) infamy

Infanterie <-, -n> *f* infantry

Infanterieausrüstung *f* infantry equipment **Infanteriebataillon** *nt* infantry batallion **Infanteriebewaffnung** *f* infantry weapons *pl* **Infanteriedivision** *f* infantry division **Infanterieregiment** *nt* infantry regiment **Infanteriewaffe** *f* infantry weapon

Infanterist(in) <-en, -en> *m(f)* infantryman

infantil *adj* ❶ (*pej*) infantile *pej*, childish *pej* ❷ (*fachspr*) early; **eine ~e Entwicklungsstufe** an early stage in development

Infarkt <-[e]s, -e> *m* ❶ MED infarction *spec;* **ein ~ in der Lunge** an infarct in the lung ❷ (*Herzinfarkt*) coronary

Infekt <-[e]s, -e> *m* infection; **grippaler ~** influenza

Infektion <-, -en> *f* ❶ (*Ansteckung*) infection; **eine ~ der Nieren** a kidney infection ❷ (*fam: Entzündung*) inflammation; **eine ~ am Finger/Auge** inflammation of the finger/eye

Infektionsbehandlung *f* treatment [of an infection] **Infektionserreger** *m* causal agent of an infection **Infektionsgefahr** *f* risk [*or* danger] of infection **Infektionsherd** *m* focus [*or* seat] of [an] infection **Infektionskrankheit** *f* infectious disease, contagious disease **Infektionsprophylaxe** *f* prophylaxis **Infektionsrate** *f* rate of infection **Infektionsrisiko** *nt* risk of infection

infektiös *adj* infectious, contagious

infernalisch *adj* (*pej geh*) ❶ (*teuflisch, höllisch*) infernal; **ein ~es Gelächter** demonic [*or* evil] laughter; **ein ~er Lärm** a dreadful [*or* awful] noise ❷ (*widerlich*) fetid *form*, foul-smelling; **~ stinken** to be foul-smelling, to stink something terrible *fam*

Inferno <-s> *nt kein pl* (*geh*) ❶ (*entsetzliches Geschehen*) calamity, disaster, cataclysm *liter;* **das ~ des Krieges** the ravages of war ❷ (*entseztlicher Zustand*) predicament; **ein ~ der Gefühle durchmachen** to go through the whole gamut of emotions

infiltrieren* *vt* (*geh*) ■**etw ~** to infiltrate sth

Infinitiv <-s, -e> *m* infinitive *spec*

infizieren* **I.** *vt* ■**jdn [mit etw** *dat*] **~** to infect sb [with sth]; **mit einem Gedanken infiziert sein** to be infected by an idea **II.** *vr* ■**sich** *akk* [**an etw** *dat*/**bei jdm**] **~** to catch an infection [from sth/sb]; ***er hat sich im Urlaub mit Malaria infiziert*** he caught malaria on holiday

in flagranti *adv* (*geh*) in flagrante

Inflation <-, -en> *f* ❶ ÖKON inflation; **eine fortschreitende ~** growing inflation ❷ (*übermäßig häufiges Auftreten*) upsurge, proliferation

inflationär *adj* ❶ (*eine Inflation vorantreibend*) inflationary; **eine ~e Preisentwicklung** an inflationary price increase; **~e Tendenzen** inflationary tendencies ❷ (*übertrieben häufig*) excessive

inflationistisch *adj* inflationary

Inflationsrate *f* ÖKON inflation rate, rate of inflation; **die ~ steigt** the rate of inflation [*or* inflation rate] is rising [*or* increasing]; **die ~ sinkt** the rate of inflation [*or* inflation rate] is falling

inflexibel *adj* inflexible

Info <-s, -s> *f* (*fam*) *kurz für* **Information** info *fam no pl*

Infoabend *m* (*fam*) information evening **Infobroker** <-s, -> *m* ÖKON, INET infobroker **Infobroschüre** *f* (*fam*) information brochure

infolge **I.** *präp +gen* owing to, consequently **II.** *adv* ■**~ von etw** *dat* as a result of sth; ***~ von starken Schneefällen waren die Straßen unpassierbar*** owing to heavy snowfalls the roads were impassable

infolgedessen *adv* consequently, therefore

Infomaterial *nt* (*fam*) information material *no pl*

Informatik <-> *f kein pl* computing science

Informatiker(in) <-s, -> *m(f)* computer specialist

Information <-, -en> *f* ❶ (*Mitteilung, Hinweis*) [a piece of] information *no pl;* **~en liefern/sammeln** to give/collect [*or* gather] information ❷ (*das Informieren*) informing; **zu Ihrer ~** for your information ❸ (*Informationsstand*) information desk; ***melden Sie sich bitte bei der ~*** please report to the information desk

informationell *adj* informational

Informationsaustausch *m* exchange of information **Informationsfluss**RR <-es> *m kein pl* flow of information *no pl* **Informationsflut** *f* flood of information **Informationsgesellschaft** *f* SOZIOL information society **Informationsmaterial** *nt* informative material *no pl* **Informationspolitik** *f* POL policy of disclosure **Informationsquelle** *f* source of information **Informationsstand** *m* ❶ (*Stand*) information stand ❷ *kein pl* (*Kenntnisstand*) the way things stand **Informationssystem** *nt* SCI, MED, INFORM information system **Informationstafel** *f* information board

informativ (*geh*) **I.** *adj* informative; **ein ~es Gespräch** an informative talk **II.** *adv* in an informative manner *pred*

informell *adj* informal

informieren* **I.** *vt* ■**jdn [über etw** *akk*] **~** to inform sb [about/of sth]; **jd ist gut informiert** sb is well-informed **II.** *vr* ■**sich** *akk* [**über etw** *akk*] **~** to find out [about sth], to inform oneself

Informierung <-, *selten* -en> *f* process of informing

Infostand *m* (*fam*) information stand

Infotainment <-s> [-teɪnmənt] *nt kein pl* MEDIA, TV infotainment *no pl*

infrarot *adj* infrared

Infrarotfernbedienung *f* infrared remote control **Infrarotgrill** *m* infrared grill **Infrarotlampe** *f* infrared lamp **Infrarotlicht** *nt kein pl* PHYS, MED infrared light *no pl* **Infrarotstrahler** *m* infrared radiator

Infrastruktur *f* infrastructure

Infusion <-, -en> *f* infusion; **eine ~ bekommen** to receive a transfusion

Ing. *Abk von* **Ingenieur**

Ingenieur(in) <-s, -e> [ɪnʒe'niøːɐ] *m(f)* engineer

Ingenieurbüro [ɪnʒe'niøːɐ] *nt* engineering firm

Ingenieurin <-, -nen> *f fem form von* **Ingenieur**

Ingenieurschule *f* technical college

Ingredienz <-, -en> *f* PHARM, KOCHK ingredient

Ingwer <-s> *m kein pl* ginger

Inh. *Abk von* **Inhaber**

Inhaber(in) <-s, -> *m(f)* ❶ (*Besitzer*) owner ❷ (*Halter*) holder; *Scheck* bearer

inhaftieren* *vt* ■**jdn ~** to take sb into custody, to detain sb; ■**inhaftiert sein** to be in custody

Inhaftierung <-, -en> *f* ❶ (*das Inhaftieren*) arrest, detention ❷ (*Haft*) imprisonment, detention

inhalieren* **I.** *vt* ■**etw ~** to inhale sth **II.** *vi* to inhale

Inhalt <-[e]s, -e> *m* ❶ (*enthaltene Gegenstände*) contents *pl* ❷ (*Sinngehalt*) content ❸ (*wesentliche Bedeutung*) meaning, significance; *Leben* meaning ❹ MATH (*Flächeninhalt*) area; (*Volumen*) volume, capacity ❺ INFORM **aktiver ~** active content

inhaltlich **I.** *adj* in terms of content **II.** *adv* with regard to content

Inhaltsangabe *f* summary; *Buch, Film, Theaterstück* outline, synopsis **inhaltslos** *adj* (*geh*) lacking in content; **~es Leben/~er Satz** meaningless [*or* empty] life/sentence **inhaltsschwer** *adj* (*geh*) significant **Inhaltsverzeichnis** *nt* list [*or* table] of contents, contents *pl*

inhuman *adj* ❶ (*menschenunwürdig*) inhumane; **~e Zustände** inhumane conditions ❷ (*unmenschlich*) inhuman; **~e Grausamkeit** inhuman cruelty; ■**~ sein, etw zu tun** to be inhuman to do sth

Inhumanität <-, -en> *f* ❶ *kein pl* (*inhumanes Wesen*) inhumanity *no pl* ❷ (*inhumane Handlung*) inhumane act

Initiale <-, -n> [ini'tsiaːlə] *f* (*geh*) initial [letter]

initialisieren* *vt* INFORM ■**etw ~** to initialize sth

Initialisierung <-, -en> *f* INFORM initialization

Initiation <-, -en> *f* SOZIOL initiation

Initiationsritus *f* SOZIOL initiation rite

initiativ [initsia'ti:f] *adj* ① (*Initiative besitzend*) with initiative; ■ ~ **sein** to be pro-active; ***Sie sollten nicht passiv, sondern ~ sein*** you should be pro-active rather than passive ② (*Schritte ergreifen*) ■ [**in etw** *dat*] ~ **werden** to take the initiative [in sth]

Initiativbewerbung *f* speculative application [*or* letter]

Initiative <-, -n> [initsia'ti:və] *f* ① (*erster Anstoß*) initiative; **aus eigener** ~ on one's own initiative; [**in etw** *dat*] **die** ~ **ergreifen** to take the initiative [in sth]; **auf jds** *akk* ~ **hin** on sb's initiative ② *kein pl* (*Unternehmungsgeist*) drive, initiative ③ (*Bürgerinitiative*) pressure group ④ SCHWEIZ (*Volksbegehren*) demand for a referendum

Initiator(in) <-s, -toren> [ini'tsia:tɔ:r] *m(f)* (*geh*) ■ **der ~/die ~in einer S.** *gen* the initiator of a thing

initiieren* [initsi'i:rən] *vt* (*geh*) ■ **etw** ~ to initiate sth

Injektion <-, -en> *f* injection; **jdm eine ~ geben** [*o geh* **verabreichen**] to give sb an injection

injizieren* *vt* (*geh*) ■ [**jdm**] **etw** ~ to inject [sb with] sth

Inka <-[s], -s> *m* Inca

Inkarnation <-, -en> *f* incarnation

Inkasso <-s, -s *o* ÖSTERR Inkassi> *nt* FIN collection

Inkaufnahme <-> *f* acceptance; **bei ~ einer S.** *gen* (*geh*) with the acceptance of sth; **ohne ~ einer S.** *gen* (*geh*) without accepting sth; **unter ~ einer S.** *gen* (*geh*) [by] accepting sth

inkl. *präp Abk von* **inklusive** incl.

inklusive [ɪnklu'zi:və] **I.** *präp +gen* inclusive [of]; **die genannten Preise sind** [*o* **verstehen sich**] ~ **Transport und Verpackung** the prices quoted include [*or* are inclusive of] packing and transport **II.** *adv* including; **bis** ~ up to and including; **vom 25. bis zum 28.** ~ from 25th to 28th inclusive

inkognito *adv* (*geh*) incognito

Inkognito <-s, -s> *nt* (*geh*) incognito; **sein ~ lüften** [*o* **preisgeben**] to reveal one's identity

inkompatibel *adj inv* MED, INFORM, JUR, LING incompatible

inkompetent *adj* (*geh*) incompetent; ■ [**in etw** *dat*] ~ **sein** to be incompetent [at [*or* in] sth]; ***er ist in diesen Dingen völlig ~*** he is completely incompetent in these matters

Inkompetenz *f* (*geh*) incompetence

inkongruent ['ɪnkɔngruɛnt, ɪnkɔŋgru'ɛnt] *adj* MATH incongruent

inkonsequent *adj* (*geh*) inconsistent

Inkonsequenz *f* (*geh*) inconsistency

inkonsistent *adj inv* (*geh*) inconsistent

Inkonsistenz <-> *f kein pl* inconsistency

Inkontinenz <-,-en> *f* MED incontinence *no pl, no art*

inkorrekt *adj* (*geh*) incorrect

In-Kraft-TretenRR <-s> *nt kein pl*, **Inkrafttreten** <-s> *nt kein pl* coming into effect [*or* force]; ■ **das ~ einer S.** *gen* the coming into effect [*or* force] of sth; ***das ~ der neuen Vorschrift wurde für den 1.1. beschlossen*** 1st Jan[uary] has been decided as the date on which the new regulation comes into force

Inkubationszeit *f* incubation period

Inland *nt kein pl* ① (*das eigene Land*) home; **für das ~ bestimmte Waren** goods for the domestic market ② (*Binnenland*) inland, interior; ***an der Küste ist der Winter milder als weiter im ~*** the winter is milder on the coast than further inland

Inlandflug *m* domestic [*or* internal] flight

inländisch *adj* domestic, home; **~e Industrie/Produkte** home industry/products

Inlandsgespräch *nt* TELEK inland call **Inlandsmarkt** *m* ÖKON home [*or* domestic] market **Inlandspreis** *m* domestic market price **Inlandsware** *f* domestic commodity

Inlaut *m* LING medial sound

Inlett <-[e]s, -e> *nt* MODE tick[ing]

inlinen ['ɪnlaɪnən] *vi* to go inlining, to blade

inmitten I. *präp +gen* (*geh*) in the middle [*or* midst] of **II.** *adv* (*geh*) in the midst of; ■ ~ **von etw** in the midst of sth; ***das Haus lag ~ von Feldern und blühenden Wiesen*** the house was surrounded by fields and meadows in bloom

in natura *adv* ① (*in Wirklichkeit*) in real life; ***du siehst ~ ganz anders aus*** you look quite different in real life [*or* in the flesh] ② (*geh: in Naturalien*) in kind; **jdn ~ bezahlen** to pay sb in kind; (*hum mit Koseeinheiten*) to offer one's services as payment *euph*

inne|haben *vt irreg* (*geh*) ■ **etw** ~ to hold sth

inne|halten *vi irreg* (*geh*) ■ [**in etw** *dat*] ~ to pause, to stop [doing sth] for a moment; ***er hielt in seinem Vortrag inne*** he paused in the middle of his lecture

innen *adv* ① (*im Inneren*) on the inside; ***das Haus ist ~ ganz mit Holz verkleidet*** the interior of the house has wood panelling throughout; ~ **und außen** on the inside and outside; **nach** ~ indoors, inside; ***die Tür geht nach ~ auf*** the door opens inwards; **von** ~ from the inside; ***ein Computer von ~ ist recht verwirrend*** the inside of a computer is extremely confusing ② (*auf der Innenseite*) on the inside ③ *bes* ÖSTERR (*drinnen*) inside

Innenarchitekt(in) *m(f)* interior designer **Innenarchitektur** *f* interior design **Innenausstattung** *f* ① (*Gestaltung eines Innenraums*) interior decor *no pl; Auto* interior fittings *npl* [*or no pl* trim] ② MODE *Jacke* inside **Innenbahn** *f* SPORT inside lane **Innenbeleuchtung** *f* interior lighting **Innendienst** *m* office work; ~ **haben** to work in an office; **im ~** [**sein**] [to work] in an office **Inneneinrichtung** *f* ① (*das Einrichten*) interior furnishing *no pl* ② (*die Einrichtung*) interior fittings *pl* **Innenhof** *m* inner courtyard **Innenkurve** *f* inside bend **Innenleben** *nt kein pl* ① (*fam: Seelenleben*) inner feelings *pl* ② (*fam: innere Struktur*) inner workings *pl*; ***das ~ eines Computers ist für Laien unverständlich*** the inner workings of a computer are incomprehensible to a layperson **Innenminister(in)** *m(f)* Minister [*or* AM Secretary] of the Interior, BRIT *a.* Home Secretary **Innenministerium** *nt* Ministry [*or* AM Department] of the Interior, BRIT *a.* Home Office **Innenohr** *nt* ANAT inner ear **Innenpolitik** *f* home affairs *pl* BRIT, domestic policy AM **innenpolitisch I.** *adj* concerning home affairs [*or* AM domestic policy] **II.** *adv* with regard to home affairs [*or* AM domestic policy]; ***die Regierung hat ~ versagt*** the government has failed on the issue of home affairs **Innenraum** *m* ① ARCHIT interior ② AUTO (*Fahrgastraum*) interior **Innenseite** *f* ① (*die innere Seite*) inside ② ANAT inside **Innenskelett** *nt* BIOL endoskeleton **Innenstadt** *f* city/town centre [*or* AM -er] **Innentasche** *f* inside pocket **Innentemperatur** *f* inside temperature

innerbetrieblich I. *adj* in-house; **~e Angelegenheit/~er Konflikt** internal matter/conflict **II.** *adv* internally **innerdeutsch** *adj* German domestic; **eine ~e Angelegenheit** an internal German matter **innerdienstlich** *adj* internal; **~e Angelegenheiten** internal office matters

innere(r, s) *adj* ① *räumlich* (*das innen Gelegene betreffend*) inner; ***die ~n Wände wurden komplett entfernt*** the inner walls were completely removed ② MED, ANAT internal; *s. a.* **Abteilung, Station** ③ (*innewohnend*) internal; *eines Konzerns* internal structure ④ POL internal ⑤ PSYCH inner; **~e Span-**

nung/Ruhe inner tension/calm

Innere(s) *nt decl wie adj* ① (*innerer Teil*) inside ② GEOL centre [*or* AM -er], middle ③ PSYCH heart; **sein ganzes ~s ausbreiten** to bare one's soul; **in jds** *dat* **~n** in sb's soul; ***tief in seinem ~n war ihm klar, dass es nur so funktionieren konnte*** deep down he knew that it could only work in this way

Innereien *pl* KOCHK innards *npl*

innerhalb I. *präp +gen* ① (*in einem begrenzten Bereich*) inside, within; ~ ***der Wohnung war es sehr dunkel*** it was very dark inside the flat ② (*binnen eines gewissen Zeitraums*) within; ~ **einer Minute** within a minute II. *adv* ■ ~ **von etw** ① (*in einem begrenzten Bereich*) within sth ② (*binnen eines gewissen Zeitraums*) within sth; ***ich brauche diese Auskunft ~ von drei Tagen*** I need this information within three days

innerlich I. *adj* ① MED internal ② PSYCH inner II. *adv* ① (*im Inneren des Körpers*) internally; **etw ~ verabreichen** to administer sth internally ② PSYCH inwardly; ~ ***war er sehr aufgewühlt*** he was in inner turmoil

innerorts *adv* SCHWEIZ in a built-up area **innerparteilich** *adj* within the party

innerste(r, s) *adj superl von* **innere(r, s)** ① GEOL (*am weitesten innen befindlich*) *Stadtbezirk, Landesteil, etc* innermost ② PSYCH (*jds tiefes Inneres betreffend*) innermost; ***entspricht diese Äußerung deiner ~n Überzeugung?*** does this statement represent your innermost conviction?

Innerste(s) *nt decl wie adj* core being; ***tief in ihrem ~n wusste sie, dass er recht hatte*** deep down inside she knew he was right

innert *präp +gen o dat* ÖSTERR, SCHWEIZ ■ ~ **eines gewissen Zeitraums** within a certain period of time; ~ **eines Jahres**, ~ **einem Jahr** within a year

inne|wohnen *vi* ■ **jdm/einer S.** ~ to be inherent in sb/a thing

innig I. *adj* ① (*tief empfunden*) deep, heartfelt; **unser ~er Dank** our heartfelt thanks; ***er verspürte für sie eine ~e Zuneigung*** he felt deep affection for her; **aufs I~ste** most sincerely ② (*sehr eng*) intimate; **eine ~e Beziehung** (*fig*) an intimate relationship II. *adv* deeply, intimately; **jdn ~ lieben** to love sb deeply

Innigkeit <-> *f kein pl* sincerity, warmth

inniglich *adv* (*geh*) deeply, sincerely; **jdm ~ verbunden sein** to be deeply attached to sb; **jdn treu und ~ lieben** to love sb truly and deeply

Innovation <-, -en> [inova'tsio:n] *f* innovation

innovativ [inova'ti:f] I. *adj* innovative II. *adv* innovatively

Innsbruck <-s> *nt* Innsbruck

Innung <-, -en> *f* ÖKON guild ▶ WENDUNGEN: **die ganze ~ blamieren** (*hum fam*) to let the whole side [*or* AM everyone] down *fam*

Innungsbetrieb *m business belonging to a guild*

inoffiziell [-tsiɛl] *adj* unofficial

inoperabel *adj* MED inoperable

inopportun *adj* (*geh*) inopportune, ill-timed; **es für ~ halten, etw zu tun** to consider it inappropriate to do sth

in petto *adv* **etw [gegen jdn] ~ haben** (*fam*) to have sth up one's sleeve [for sb] *fam*

in puncto *adv* (*fam*) concerning, with regard to; ■ ~ **einer S.** *gen* concerning [*or* with regard to] sth, in so far as sth is concerned

Input <-s, -s> *m* ① INFORM (*eingegebenes Material*) input ② (*Anregung*) stimulus; (*Einsatz*) commitment; ***in unserer Beziehung ist mein ~ wesentlich größer als der seine*** I bring considerably more to the relationship than he does

Inquisition <-> *f kein pl* HIST Inquisition *no pl*

Inquisitor <-s, -toren> *m* HIST inquisitor

inquisitorisch I. *adj* (*geh*) inquisitorial *form* II. *adv* (*geh*) in an inquisitorial manner *form*

ins = **in das** *s.* **in**

Insasse, Insassin <-n, -n> *m, f* ① (*Fahrgast*) passenger ② (*Heimbewohner*) resident ③ (*Bewohner einer Heilanstalt*) patient, resident ④ (*Gefängnis- o Lager~*) inmate

Insassenversicherung *f* passenger insurance

Insassin <-, -nen> *f fem form von* **Insasse**

insbesondere *adv* especially, in particular, particularly

Inschrift *f* inscription

Insekt <-[e]s, -en> *nt* insect

Insektenauge *nt* insect eye **Insektenbefall** *m* infestation of insects **Insektenbein** *nt* insect leg **Insektenbekämpfung** *f* insect control **Insektenbestäubung** *f* BOT insect pollination **Insektenflügel** *m* insect wing **Insektenfresser** <-s, -> *m* insect-eater **Insektengift** *nt* insecticide **Insektenkunde** *f* entomology **Insektenplage** *f* plague of insects **Insektenpulver** *nt* insect powder **Insektenspray** *nt* insect spray **Insektenstaat** *m* BIOL insect society **Insektenstich** *m* insect sting; *Mücke, Moskitor etc.* insect sting **Insektenvertilgungsmittel** *nt* insecticide

Insektizid <-s, -e> *nt* insecticide

Insel <-, -n> *f* island; **Langerhansche ~n** islets of Langerhans

Inselbewohner(in) *m(f)* inhabitant of an island, islander; ~ **sein** to be an islander

Inselchen <-s, -> *nt dim von* **Insel** small island, islet

Inselflughafen *m* island airport **Inselgrün** *nt* SPORT *Golf* island green **Inselgruppe** *f* archipelago, group of islands **Inseljugend** *f* ■ **die ~** the youth [*or* young people] + *pl vb* of an/the island **Inselküste** *f* island coast **Inselstrand** *m* island beach **Inselwelt** *f* islands *pl*

Inserat <-[e]s, -e> *nt* advertisement, ad[vert] *fam*

Inserent(in) <-en, -en> *m(f)* advertiser

inserieren* I. *vi* (*annoncieren*) ■ **[in etw** *dat*] ~ to advertise [in sth]; ***sie inserierte in der Tageszeitung*** she placed an advert in the newspaper II. *vt* (*etw annoncieren*) ■ **etw [in etw** *dat*] ~ to advertise sth [in sth]; ***inseriere doch mal dein Auto in der Zeitung!*** why don't you advertise your car in the newspaper!

insgeheim *adv* in secret, secretly

insgesamt *adv* ① (*alles zusammen*) altogether ② (*im Großen und Ganzen*) all in all, on the whole

Insider(in) <-s, -> ['ɪnsaɪdə] *m(f)* ① (*Eingeweihter*) insider; ***der Witz war nur für ~ verständlich*** the joke could only be understood by those in the know ② BÖRSE insider

Insidergeschäft ['ɪnsaɪdə-] *nt* BÖRSE insider trading

Insiderin <, -nen> *f fem form von* **Insider**

Insignien [ɪn'zɪgniən] *pl* insignia *pl*

insistieren* *vi* (*geh*) ■ **[auf etw** *dat*] ~ to insist [on sth]; ■ **darauf ~, dass** to insist that

Inskription <-, -en> *f* SCH ÖSTERR enrolment BRIT, enrollment AM

insofern I. *adv* in this respect; ~ **... als** inasmuch as, in that II. *konj* ÖSTERR (*vorausgesetzt, dass*) if; ~ ***sie Zeit hat, hilft sie dir bestimmt*** if she's got time, she'll undoubtedly help you; ~ **als** in so far [*or* as much] as

insolvent ['ɪnzɔlvɛnt, ɪnzɔl'vɛnt] *adj* insolvent

Insolvenz <-, -en> ['ɪnzɔlvɛnts, ɪnzɔl'vɛnts] *f* insolvency

insoweit I. *adv* in this respect; ~ ***sind wir uns einig geworden*** we've reached agreement in this respect

II. *konj bes* ÖSTERR ~ **als** if

in spe *adj* (*fam*) future, to be; **der/die/jds ...** ~ the/sb's ... to be; ***das ist meine Braut*** ~ this is my future bride [*or* bride to be]

Inspekteur(in) <-s, -e> [ɪnspɛk'tøːɐ] *m(f)* MIL Chief of Staff

Inspektion <-, -en> *f* ❶ (*technische Wartung*) service ❷ (*Überprüfung*) inspection

Inspektor, Inspektorin <-s, -toren> *m, f* ❶ ADMIN (*unterste Rangstufe des gehobenen Dienstes*) executive officer; *Kriminalpolizei Kriminalpolizei, angesagt* inspector ❷ (*Prüfer*) supervisor

Inspiration <-, -en> *f* (*geh*) inspiration

inspirieren* *vt* **jdn [zu etw]** ~ to inspire sb [to do sth]; **sich von etw [zu etw]** ~ **lassen** to get one's inspiration from sth [to do sth]

Inspizient(in) <-en, -en> *m(f)* stage manager

inspizieren* *vt* (*geh*) **etw** ~ to inspect sth

instabil *adj* (*geh*) unstable

Instabilität <-, *selten* -en> *f* (*geh*) instability

Installateur(in) <-s, -e> [ɪnstala'tøːɐ] *m(f)* (*Elektroinstallateur*) electrician; (*Klempner*) plumber

Installation <-, -en> *f* ❶ *kein pl* (*das Installieren*) installation; (*installierte Leitungen od. Anlage*) installations *pl* ❷ SCHWEIZ (*Amtseinsetzung*) installation

installieren* *vt* ❶ TECH (*einbauen*) **[jdm] etw** ~ to install sth [for sb]; **sich** *dat* **etw** ~ **lassen** to have sth installed ❷ INFORM (*einprogrammieren*) **[jdm] etw [auf etw** *akk*] ~ to load sth [for sb] [onto sth]; ***der Computer wird von uns mit fertig installierter Software geliefert*** the computer is supplied by us with software already loaded

instand *adj*, **in Stand** *adj* in working order; **etw** ~ **halten** to keep sth in good condition; **ein Haus** ~ **besetzen** (*fam*) *illegally to occupy and renovate a house that is scheduled for demolition;* **etw** ~ **setzen** to repair sth

Instandhaltung *f* (*geh*) maintenance

Instandhaltungskosten *pl* maintenance costs *pl*

inständig I. *adj Bitte, etc* urgent II. *adv* urgently; ~ **um etw bitten** to beg for sth

Instandsetzung <-, -en> *f* (*geh*) repair

Instantkaffee *m* KOCHK instant coffee

Instanz <-, -en> *f* ❶ ADMIN authority ❷ (*Stufe eines Gerichtsverfahrens*) instance; **in erster/zweiter/oberster/letzter** ~, **in der ersten/zweiten/obersten/letzten** ~ trial court/appellate court/supreme court of appeal/court of last instance

Instanzenweg <-[e]s, -e> *m meist sing* official channels *pl;* JUR stages of appeal; **den** ~ **durchlaufen** [*o* **nehmen**] to go through the official channels

Instinkt <-[e]s, -e> *m* (*unbewusster Antrieb*) instinct; (*Gefühl der Gewissheit*) instinct, gut feeling *fam;* [**mit etw**] [**den richtigen**] ~ **beweisen** to show one's instincts [are correct] [about sth]

Instinkthandlung *f* BIOL instinct

instinktiv *adj* instinctive; **ein ~es Gefühl** an instinctive feeling, instinctive; **die ~en Verhaltensweise von Tieren** the instinctive behaviour [*or* AM -or] of animals

Institut <-[e]s, -e> *nt* ❶ (*öffentliche Anstalt*) institute ❷ (*geh: Internat*) boarding-school

Institution <-, -en> *f* institution; **die** ~ **der Ehe/Familie/etc.** the institution of marriage/of the family/etc.; **religiöse/wissenschaftliche** ~ religious/scientific institution; **zu einer** [*o* **zur**] ~ **werden** (*fig*) to become an institution *fig*

institutionell *adj inv* (*geh*) institutional

Institutsangehörige(r) *f(m) decl wie adj* member of the institute **Institutsanschrift** *f* institute address **Institutsbibliothek** *f* institute library **Institutsdirektor(in)** *m(f)* director of the institute **Institutsverwaltung** *f* administration of the institute

instruieren* *vt* ❶ (*in Kenntnis setzen*) **jdn [über etw** *akk*] ~ to advise sb [about sth]; **[über etw** *akk*] **instruiert sein** to be informed [about sth] ❷ (*Anweisungen geben*) **jdn ~[, etw zu tun]** to instruct sb [to do sth]

Instruktion <-, -en> *f* (*Anweisung*) instruction; (*Anleitung*) instruction[s] *usu pl;* **laut** ~ according to instructions

Instrument <-[e]s, -e> *nt* ❶ MUS instrument; (*Gerät für wissenschaftliche Zwecke*) instrument ❷ (*a. fig geh: Werkzeug*) tool; **sich zum** ~ **einer S.** *gen* **machen** (*fig geh*) to become the instrument of sth

instrumental I. *adj* instrumental; **~e Musik** instrumental music II. *adv* instrumentally

Instrumentalbegleitung *f* instrumental accompaniment; **mit/ohne** ~ with/without instrumental accompaniment

instrumentalisieren* *vt* (*geh*) **etw/jdn** ~ to instrumentalize sth/sb [*or* BRIT *a.* -ise]

instrumentalisieren* *vt* (*geh*) **etw** ~ ❶ MUS to arrange [for instruments] ❷ (*fig: als Mittel zum Zweck benutzen*) to exploit sth

Instrumentalmusik *f* instrumental music **Instrumentalstück** *nt* MUS instrumental piece

Instrumentarium <-, -rien> [-riən] *nt* (*geh*) ❶ (*Gesamtheit der Ausrüstung*) instruments *pl*, apparatus, equipment; (*medical equipment*) equipment ❷ MUS range of instruments ❸ (*Gesamtheit von Mittel o Möglichkeiten*) range [*or* series] of measures

instrumentatorisch *adj attr, inv* MUS instrumental

Instrumentenflug *m* LUFT instrument flight

Insuffizienz <-, -en> *f* MED (*geh*) insufficiency

Insulaner(in) <-s, -> *m(f)* islander

Insulin <-s> *nt kein pl* insulin *no pl*

Insulinpräparat *nt* insulin preparation **Insulinspritze** *f* insulin injection

inszenieren* *vt* **etw** ~ ❶ (*dramaturgisch gestalten*) **etw** ~ to stage sth ❷ (*pej*) to stage-manage [*or* engineer] sth

Inszenierung <-, -en> *f* ❶ FILM, MUS, THEAT production ❷ (*pej: Bewerkstelligung*) stage-managing, engineering

intakt *adj* ❶ (*unversehrt*) intact ❷ (*voll funktionsfähig*) in working order; ~ **sein** to be one hundred percent

Intarsia <-, -> *f*, **Intarsie** <-, -n> [-ziə] *f meist pl* (*Einlegearbeit in Holz*) wood inlay [work], marquetry, intarsia

integer I. *adj* (*geh*) of integrity; ~ **sein** to have integrity II. *adv* (*geh*) with integrity; **sich** ~ **verhalten** to behave with integrity

integral *adj attr* MATH integral

Integral <-s, -e> *nt* MATH integral

Integralrechnung *f kein pl* MATH integral calculus

Integration <-, -en> *f* ❶ SOZIOL integration; **jds** ~ **[in etw** *akk*] sb's integration [into sth] ❷ (*Verbindung zu einer Einheit*) integration; **die** ~ **von etw [zu etw]** the integration of sth [into sth]; ***die wirtschaftliche ~ Osteuropas zu einer einheitlichen Gemeinschaft wird sich schwer gestalten*** the economic integration of Eastern Europe into a single community will prove difficult

Integrationsfigur *f* (*geh*) unifying figure

integrieren* I. *vt* (*eingliedern*) **jdn/etw [in etw** *akk*] ~ to integrate sb/sth [into sth] II. *vr* (*sich einfügen*) **sich [in etw** *akk*] ~ to become integrated [into sth]

Integrierung <-, -en> *f s.* **Integration**

Integrität <-> *f kein pl* (*geh*) ❶ (*untadeliger Charakter*) integrity ❷ POL, JUR (*Unverletzlichkeit*) integrity

Intellekt <-[e]s> *m kein pl* intellect
intellektuell *adj* intellectual; **eine ~e Diskussion** an intellectual discussion
Intellektuelle(r) *f(m) decl wie adj* intellectual
intelligent *adj* ❶ (*mit Verstand begabt*) intelligent; (*strategisch klug*) clever, smart; ■ **~ [von jdm] sein [, etw zu tun]** to be clever [of sb] [to do sth]; ***das war nicht gerade sehr ~ von dir!*** that wasn't exactly very clever of you! ❷ INFORM intelligent; **eine ~e Bombe** an intelligent bomb
Intelligenz <-, -en> *f* ❶ *kein pl* (*Verstand*) intelligence *no pl* ❷ *kein pl* (*Gesamtheit der Intellektuellen*) intelligentsia *no pl* ❸ (*vernunftbegabtes Lebewesen*) intelligence; ***ständig suchen Radioteleskope nach Signalen außerirdischer ~ ab*** radio telescopes are constantly searching for signals from an extraterrestrial intelligence ❹ INFORM **künstliche ~** artificial intelligence, AI
Intelligenzbestie [-stiə] *f* (*fam*) brainbox *fam*
Intelligenzija <-> *f kein pl* Russian intelligentsia + *sing vb*
Intelligenzquotient [-kvotsiɛnt] *m* intelligence quotient **Intelligenztest** *m* intelligence test; **einen ~ machen** to sit an intelligence test; **jdn einem ~ unterziehen** to subject sb to an intelligence test
Intendant(in) <-en, -en> *m(f)* THEAT artistic director, theatre-manager [*or* AM theater-]; RADIO, TV director-general
Intendanz <-, -en> *f* ❶ THEAT directorship; RADIO, TV director-generalship ❷ THEAT (*Büro des Intendanten*) director's office; RADIO, TV director-general's office
intendieren* *vt* (*geh: beabsichtigen*) ■ **etw ~** to intend sth
Intensität <-, *selten* -en> *f* ❶ (*Stärke, Eindringlichkeit*) intensity, intenseness ❷ PHYS intensity
intensiv I. *adj* ❶ (*gründlich*) intensive ❷ (*eindringlich, durchdringend*) intense, strong; **~er Duft** strong fragrance; **~er Schmerz** strong pain II. *adv* ❶ (*gründlich*) intensively; **~ bemüht sein, etw zu tun** to make intense efforts to do sth ❷ (*eindringlich, durchdringend*) strongly, intensely; ***die Suppe schmeckt ~ nach Curry*** the soup has a strong taste of curry
Intensivbehandlung *f* MED intensive care treatment
intensivieren* [-ˈviː-] *vt* ■ **etw ~** to intensify sth
Intensivierung <-, *selten* -en> [-ˈviː-] *f* intensification
Intensivkurs *m* intensive course **Intensivstation** *f* MED intensive care unit
Intention <-, -en> *f* (*geh*) intent, intention; **jds ~ geht dahin, dass...** it is sb's intention that...
intentional *adj* (*geh: zweckbestimmt*) intentional
interaktiv *adj* interactive
Intercity <-s, -s> *m*, **Intercityzug**[RR] [ɪntɐˈsɪti] *m* inter-city [train]
Intercityexpress[RR] *m*, **Intercity-Express** *m* EISENB inter-city express
interdisziplinär *adj* interdisciplinary
interessant I. *adj* ❶ (*Interesse erweckend*) interesting; ■ **[für jdn] ~ sein** to be interesting [for sb]; ***gibt es in der Zeitung von heute irgendwas I~es?*** is there anything interesting in today's paper?; **sich [bei jdm] ~ machen** to attract [sb's] attention; ***sie will sich nur bei ihm ~ machen*** she's only trying to attract his attention; **wie ~!** how interesting! ❷ ÖKON **~es Angebot/Gehalt** attractive offer/salary II. *adv* interestingly; ***der Vorschlag hört sich ~ an*** the proposal sounds interesting; ***das liest sich äußerst ~*** that's extremely interesting to read
interessanterweise *adv* interestingly enough
Interesse <-s, -n> *nt* ❶ *kein pl* (*Aufmerksamkeit*) interest; **~ [an jdm/etw [*o* für jdn/etw]] haben** to have an interest [in sb/sth]; ***wir haben ~ an Ihrem Angebot*** we are interested in your offer; ***bedauere, ich habe kein ~!*** sorry, I'm not interested!; **~ daran haben, etw zu tun** to be interested in doing sth; ***hätten Sie ~ daran, für uns tätig zu werden?*** would you be interested in working for us? ❷ *pl* (*Neigungen*) interests *pl*; **aus ~** out of interest; **mit ~** with interest; ***sie lauschte dem Redner mit großem ~*** she listened to the speaker with great interest ❸ *pl* (*Belange*) interests *pl* ❹ (*Nutzen*) interest; **[für jdn] von ~ sein** to be of interest [to sb]; **in jds [*o* sein] *dat* ~ liegen** to be in sb's interest; **in jds *dat* ~ liegen, etw zu tun** to be in sb's interest to do sth; **im ~ einer S.** *gen* in the interest of sth; ***im ~ des Friedens sollte weltweit abgerüstet werden*** in the interest of peace there shoulld be global disarmament; **in jds *dat* ~** in sb's interest
interesselos *adj* indifferent; **jd ist [völlig] ~** sb is [completely] indifferent
Interessengebiet *nt* area of interest **Interessengemeinschaft** *f* community of interests, syndicate **Interessenkonflikt** *m* conflict of interests **Interessensphäre** *f* sphere of influence
Interessent(in) <-en, -en> *m(f)* ❶ (*an einer Teilnahme Interessierter*) interested party ❷ ÖKON (*an einem Kauf Interessierter*) potential buyer [*or* purchaser]
Interessenverband *m* POL, SOZIOL interest [*or* pressure] group **Interessenvertretung** *f* ❶ POL, SOZIOL interest group ❷ *kein pl* JUR representation of interests
interessieren* I. *vt* ❶ (*jds Interesse hervorrufen*) ■ **jdn ~** to interest sb; ***dein Vorschlag interessiert mich sehr*** your suggestion interests me greatly; ***das hat Sie nicht zu ~!*** that's no concern of yours! ❷ (*jds Interesse auf etw lenken*) ■ **jdn für etw ~** to interest sb in sth II. *vr* (*mit Interesse verfolgen*) ■ **sich für jdn/etw ~** to be interested in sb/sth
interessiert I. *adj* ❶ (*Interesse zeigend*) interested; ■ **[irgendwie] ~ sein** to be interested [in sth] [in a certain way]; ***sie ist politisch ~*** she is interested in politics ❷ (*mit ernsthaften Absichten*) ■ **an jdm/etw ~ sein** to be interested in sb/sth; ■ **daran ~ sein, etw zu tun** to be interested in doing sth; ***ich bin sehr daran ~, mehr darüber zu erfahren!*** I'm very interested in learning more about it! II. *adv* with interest
Interface <-, -s> [ˈɪntɐfeɪs] *nt* INFORM interface
Interfacedesign [-dɪˈzaɪn] *nt* INFORM interface design
Interferenz <-, -en> *f* PHYS interference *no pl*
Interferon <-s, -e> *nt* BIOL interferon
Interieur <-s, -s *o* -e> [ɛ̃teˈrjøːɐ] *nt* (*geh*) interior
Interim <-s, -s> *nt* (*geh*) interim
Interimslösung *f* (*geh*) interim solution **Interimsregierung** *f* (*geh: Übergangsregierung*) interim government
Interjektion <-, -en> *f* LING interjection
interkontinental *adj* GEOG intercontinental
Interkontinentalrakete *f* MIL intercontinental ballistic missile
Intermezzo <-s, -s *o* -mezzi> *nt* ❶ MUS intermezzo ❷ (*geh*) incident
intern I. *adj* (*im eigenen Bereich liegend*) internal; (*innenpolitisch*) domestic, internal II. *adv* internally; **etw ~ regeln [*o* klären]** to resolve sth internally
Interna *pl* (*geh*) internal matters *pl*
Internat <-[e]s, -e> *nt* boarding-school
international I. *adj* international II. *adv* internationally
Internationale <-, -n> *f* ■ **„die ~"** "the Internationale"; **die sozialistische ~** the Internationale
internationalisieren* *vt* ■ **etw ~** ❶ (*geh*) to internationalize sth ❷ JUR to internationalize sth; ■ **internationalisiert werden** to become internationalized

Internationalisierung *f kein pl* SOZIOL internationalization [*or* BRIT *a.* -isation]
Internatsleiter(in) *m(f)* principal of a boarding-school
Internaut(in) <-en, -en> *m(f)* INET (*euph*) internaut *euph*
Internet <-s, -s> *nt* INFORM, TELEK Internet; **im ~ surfen** to surf the Internet [*or fam* net]
Internetagentur *f* INET Internet agency **Internetauftritt** *m* INET *presentation of a firm through an Internet website* **Internetdienst** *m* internet sevice **Internet-Kontaktbörse** *f* INET Internet personal ads
internieren* *vt* ■**jdn ~** ① (*in staatlichen Gewahrsam nehmen*) to intern sb ② MED to isolate sb, to put sb into isolation
Internierte(r) *f(m) decl wie adj* internee
Internierung <-, -en> *f* ① (*Einsperrung*) internment ② MED isolation
Internierungslager *nt* internment camp
Internist(in) <-en, -en> *m(f)* MED internist
Internverbindung *f* TELEK internal connection
interparlamentarisch *adj* interparliamentary
interplanetarisch *adj* interplanetary
Interpol <-> *f* Interpol
Interpret(in) <-en, -en> *m(f)* MUS, THEAT (*geh*) interpreter
Interpretation <-, -en> *f* LIT, MUS, THEAT (*inhaltliche Erläuterung*) interpretation
interpretieren* *vt* ① LIT, MUS ■[**jdm**] **etw ~** to interpret sth [for sb]; ***diesen Satz kann man unterschiedlich ~*** this sentence can be interpreted in different ways ② (*geh: auslegen*) ■**etw irgendwie ~** to interpret sth in a certain way
Interpunktion <-, -en> *f* LING punctuation
Interpunktionsregel *f* punctuation rule **Interpunktionszeichen** *nt* punctuation mark
Interrailkarte[RR] ['ɪntəre:l-] *f*, **Interrail-Karte** *f* inter-rail ticket
Interregio <-s, -s> *m* regional city stopper (*train that travels between regional centres*)
Interregnum <-s, -regnen *o* -regna> *nt* interregnum
interreligiös *adj* interreligious
Interrogativpronomen *nt* LING interrogative pronoun **Interrogativsatz** *m* interrogative sentence
interstellar [-stɛ-] *adj* ASTRON interstellar
Intervall <-s, -e> [-'val] *nt* (*geh*) interval
Intervallschaltung [-'val-] *f* AUTO intermittent wiper control
intervenieren* [-ve-] *vi* ① (*geh: protestierend einschreiten*) ■[**bei jdm**] [**für jdn**] **~** to intervene [on sb's behalf] [with sb] ② POL ■**irgendwo** *dat* **~** to intervene somewhere
Intervention <-, -en> [-vɛ-] *f* ① (*geh*) intervention ② POL (*das aktive Intervenieren*) intervention; **militärische ~** military intervention
Interview <-s, -s> ['ɪntɐvju:, ɪntɐ'vju:] *nt* interview; [**jdm**] **ein ~/~s geben** [*o geh* **gewähren**] to give [*or* grant] [sb] an interview/interviews
interviewen* [ɪntɐ'vju:ən, 'ɪntɐvju:ən] *vt* ① (*durch ein Interview befragen*) ■**jdn** [**zu etw**] **~** to interview sb [about sth]; ■**sich** [**von jdm**] **~ lassen** to give [sb] an interview ② (*hum fam: befragen*) ■**jdn ~** [**ob/wann/wo etc.**] to consult sb about [whether/when/where etc.]
Interviewer(in) <-s, -> [ɪntɐ'vju:ɐ, 'ɪntɐvju:ɐ] *m(f)* interviewer
Intifada <-> *f kein pl* intifada; ■**die ~** the intifada
intim *adj* ① (*innig*) intimate; **~er Freund/Bekannter** close friend/acquaintance ② (*persönlich*) intimate; **~e Einzelheiten** intimate details ③ (*geh: vertraut*) intimate; **aus ~er Kenntnis** from intimate knowledge ④ (*sexuell liiert*) ■**mit jdm ~ sein/miteinander ~ sein** to have intimate relations with sb [*or* to be intimate with sb]/to be intimate with each other; ■[**mit jdm**] **~ werden** to become intimate [with sb] ⑤ (*geh: tief innerlich*) intimate; **~e Gefühle** intimate feelings ⑥ (*geh: gemütlich*) intimate; ***ich kenne ein kleines, sehr ~es Lokal*** I know a small, very intimate [*or* cosy] pub
Intima <-, Intimae> *f fem form von* **Intimus**
Intimbereich *m* ① (*euph: Bereich der Geschlechtsorgane*) private parts *pl euph* ② *s.* **Intimsphäre Intimfeind(in)** *m(f)* (*geh*) devil one knows **Intimhygiene** *f* (*euph*) feminine hygiene
Intimität <-, -en> *f* (*geh*) ① *kein pl* (*Vertrautheit*) intimacy *no pl* ② *pl* (*private Angelegenheit*) intimate affairs *pl* ③ *usu pl* (*sexuelle Handlung o Äußerung*) intimacy ④ *kein pl* (*gemütliche Atmosphäre*) *Kneipe, Lokal etc.* intimacy
Intimkontakt *m* intimate contact **Intimlotion** *f* feminine hygiene lotion **Intimsphäre** *f* (*geh*) private life **Intimspray** *nt* feminine deodorant spray
Intimus, Intima <-, Intimi> *m, f* (*hum geh*) confidant *liter*
Intimverkehr *m kein pl* (*euph*) intimate relations *pl euph;* [**mit jdm**] **~ haben** to have intimate relations [with sb]
intolerant **I.** *adj* (*geh*) intolerant **II.** *adv* intolerantly
Intoleranz *f* (*geh*) intolerance
Intonation <-, -en> *f* LING, MUS intonation
intonieren* *vt* ■**etw ~** MUS to begin singing sth
intransitiv *adj* LING intransitive
intravenös [-ve-] *adj* intravenous
intrazellulär *adj* BIOL, MED intracellular
In-Treff *m* (*fam*) fashionable [*or* trendy] pub [*or* AM bar]
intrigant *adj* (*pej geh*) scheming; ■**~ sein** to be a schemer *pej*
Intrigant(in) <-en, -en> *m(f)* (*pej geh*) schemer *pej*
Intrige <-, -n> *f* (*pej geh*) conspiracy, intrigue; **eine ~ einfädeln, eine ~ spinnen** to conspire, to intrigue, to hatch a plot
intrigieren* *vi* (*pej geh*) ■[**gegen jdn**] **~** to intrigue [*or* scheme] [against sb]
Intron <-s, -s> *nt* BIOL intron
introvertiert [-vɛ-] *adj* introverted
Intuition <-, -en> *f* intuition
intuitiv *adj* intuitive
intus *adj* ① *Alkohol, Essen* **etw ~ haben** (*fam: zu sich genommen haben*) to have had sth; **einen** [*o* **einiges**] **~ haben** (*fam: leicht betrunken sein*) to have had a few ② (*verstanden haben*) to have got sth into one's head; ***hast du es jetzt endlich ~?*** have you finally got that into your head now?
Invalide, Invalidin <-n, -n> [-va-] *m, f* invalid; ■**~ sein** to be an invalid
Invalidität <-> [-va-] *f kein pl* disability
invariabel [-va-] *adj* invariable
Invasion <-, -en> [-va-] *f* ① MIL, POL (*kriegerischer Einfall*) invasion ② (*hum fam*) invasion *hum fam*
Invasor, Invasorin <-s, -soren> [-va-] *m, f meist pl* (*geh*) invader
Inventar <-s, -e> [-vɛn-] *nt* ① FIN (*bilanziertes Firmenvermögen*) inventory; **das ~ erstellen** [*o* **aufstellen**] to draw up an inventory [*or* a list of assets and liabilities]; **lebendes ~** *Vieh* livestock; **totes ~** *Gegenstände, Mobiliar* fixtures and fittings ② JUR (*Verzeichnis des Nachlasses*) inventory ▶ WENDUNGEN: [**schon**] **zum ~ gehören** (*fam*) to be part of the furniture *hum fam*
Inventur <-, -en> [-vɛn-] *f* stocktaking; **~ machen** to stocktake, to do the stocktaking

Inversionswetterlage [-vɛr-] *f* inverted atmospheric conditions *pl*
Invertzucker *m* inverted sugar
investieren* [-vɛsˈtiː-] *vt* ❶ FIN (*anlegen*) ■**etw** [**in etw** *akk*] ~ to invest sth [in sth] ❷ (*fig fam: aufwenden*) ■**etw** [**in jdn/etw**] ~ to invest sth [in sb/sth]; ***er hat so viel Zeit in dieses Projekt investiert*** he has invested so much time in this project
Investition <-, -en> [-vɛst-] *f* FIN investment; **eine ~/~en vornehmen** [*o* **tätigen**] to invest; (*Geldausgabe*) investment
Investitionsanleihe [-vɛst-] *f* investment loan **Investitionsanreiz** *m* ÖKON incentive to invest, investment incentive **Investitionsbedarf** *m* capital expenditure requirements *pl* **Investitionsbereitschaft** *f* willingness to invest **investitionsfreudig** *adj* eager to invest **Investitionsgüter** *pl* capital equipment *no pl* **Investitionskosten** *pl* investment costs *pl* **Investitionsprogramm** *nt* investment programme [*or* AM -am]
Investment <-s, -s> *nt* (*Geldanlage*) investment; (*Geldanlage in Investmentfonds*) investing in investment funds
Investmentberater(in) *m(f)* ÖKON, BÖRSE investment adviser **Investmentfonds** [-ˈvɛst-] *m* investment fund **Investmentgesellschaft** *f* investment trust **Investmentpapier** *nt* investment fund certificate **Investmenttrust** *m* investment trust **Investmentzertifikat** *nt* investment fund certificate
Investor(in) <-s, -en> *m(f)* ÖKON investor
in vitro *adv* MED, BIOL in vitro
In-vitro-Fertilisation <-, -en> [-ˈviː-] *f* MED, BIOL in vitro fertilization, I.V.F.
involvieren* *vt* (*geh*) ■**etw** ~ to involve sth
inwendig **I.** *adv* inside; **jdn/etw in- und auswendig kennen** (*fam*) to know sb/sth inside out *fam* **II.** *adj* (*selten*) inside; ***der Mantel besitzt drei ~e Taschen*** the coat has three inside pockets
inwiefern *adv Interrogativpronomen* how, in what way; ***„Sie haben mich da falsch verstanden" — „~?"*** "you've misunderstood me" — "in what way?"
inwieweit *adv* how far, to what extent; ***Sie können selbst entscheiden, ~ Sie meinem Rat folgen wollen*** you can decide yourself how far you're going to follow my advice
Inzahlungnahme <-, -n> *f* ■**die ~ einer S.** *gen* the acceptance of a thing in part exchange [*or* payment]
Inzest <-[e]s, -e> *m* (*geh*) incest *no pl*
Inzucht *f* inbreeding ▶ WENDUNGEN: **verfluchte ~!** (*derb sl*) sod [*or* AM damn] it!, the hell with it AM *fam!*, BRIT *a.* bugger! *vulg*
inzwischen *adv* ❶ (*in der Zwischenzeit*) in the meantime, meanwhile; ***so, da bin ich wieder, waren ~ irgendwelche Anrufe?*** right, I'm back, have there been any calls in the meantime? ❷ (*mittlerweile*) in the meantime, since then; ***ich hoffe, du hast dich ~ wieder erholt*** I hope you've recovered in the meantime
IOK <-s> *nt kein pl Abk von* **Internationales Olympisches Komitee** IOC
Ion <-s, -en> *nt* PHYS, CHEM ion
Ionenbindung *f* CHEM ionic bond
Ionisation <-, -en> *f* PHYS, CHEM ionization
ionisch *adj* ❶ ARCHIT, KUNST ionic ❷ MUS Ionian
Ionisches Meer *nt* Ionian Sea
Ionosphäre *f kein pl* PHYS, CHEM ionosphere
I-Punkt [ˈiː-] *m* (*I-Tüpfelchen*) dot on the "i" ▶ WENDUNGEN: **bis auf den ~** down to the last detail
IQ <-[s], -[s]> *m Abk von* **Intelligenzquotient** IQ
i.R. *Abk von* **im Ruhestand** ret. (*retired*), BRIT *a.* retd. (*retired*)

Irak <-s> *m* ■[**der**] ~ Iraq; *s. a.* **Deutschland**
Iraker(in) <-s, -> *m(f) s.* **Iraki**
Iraki <-s, -s> *m fem form gleich* Iraqi; ~ **sein** to be [an] Iraqi; *s. a.* **Deutsche(r)**
irakisch *adj* Iraqi; *s. a.* **deutsch**
Iran <-s> *m* ■**der** ~ Iran; *s. a.* **Deutschland**
Iraner(in) <-s, -> *m(f)* Iranian; ~ **sein** to be [an] Iranian; *s. a.* **Deutsche(r)**
iranisch *adj* ❶ (*den Iran betreffend*) Iranian; *s. a.* **deutsch 1** ❷ LING Iranian; **auf I~** in Iranian; *s. a.* **deutsch 2**
Iranisch *nt decl wie adj* Iranian; ■**das ~e** Iranian; *s. a.* **Deutsch**
irden *adj* (*veraltend: aus Ton*) earthenware
irdisch *adj* earthly
Ire, Irin <-n, -n> *m, f* Irishman *masc,* Irishwoman *fem;* ■**die ~n** the Irish; [**ein**] ~ **sein** to be Irish
irgend *adv* at all; **wenn ~ möglich** if at all possible; ***wenn ich ~ kann, werde ich Sie am Bahnhof abholen*** if I possibly can, I'll pick you up at the station; **~jemand/etw anderer/anderes** sb else/sth else; ***gib das ~jemand anderem*** give that to somebody else; ~ **etwas** something; ***haben wir noch ~etwas zu essen im Kühlschrank?*** have we still got something to eat in the fridge?; ***gibt es ~etwas Neues zu berichten?*** is there anything new to report?; **~jemand** somebody, someone, anybody *after a negative,* anyone *after a negative;* ***hallo, ist dort ~jemand?*** hallo, is anybody there?; **nicht** [**einfach**] **~jemand/etwas** not just anybody/anything; ***wissen Sie überhaupt, mit wem Sie es zu tun haben? schließlich bin ich Direktor und nicht ~jemand!*** do you know who you're dealing with? I'm the director, not just anybody!; ~ **so ein/e ...** some ... or other; ***„wer war am Apparat?" — „ach, wieder ~ so ein Spinner!"*** "who was that on the 'phone?" — "oh, some lunatic or other again"
irgendein, irgendeine(r, s), irgendeins *pron indef* ❶ *adjektivisch* (*was auch immer für ein*) some; ***haben Sie noch irgendeinen Wunsch?*** would you like anything else?; **nicht irgendein/e ...** *adjektivisch* not any [old] ...; ***ich will nicht irgendein Buch, sondern diesen Roman*** I don't just want any old book, I want this novel ❷ *substantivisch* (*ein Beliebiger*) any [old] one; ***welchen Wagen hätten Sie denn gern? — ach, geben Sie mir ~en, Hauptsache er fährt*** which car would you like then? — oh, [just] give me any old one, so long as it goes; **nicht irgendeine[r, s]** *substantivisch* not just anybody; ***ich werde doch nicht irgendeinen einstellen*** I'm not going to appoint just anybody
irgendeinmal *adv* sometime, some time or other; ***kommt doch ~ wieder vorbei!*** drop in again some time or other!
irgendwann *adv* sometime, some time or other; ***ich hoffe doch, wir sehen uns ~ einmal wieder?*** I hope we'll see each other again some time or other
irgendwas *pron indef* (*fam*) anything, something; ***hast du schon ~ Neues über diese Angelegenheit erfahren?*** have you learned anything new about this matter?; ***was soll ich ihr nur sagen, wenn sie mich fragt? — ach, erzähle ihr ~!*** what should I tell her if she asks me? — oh, tell her anything!
irgendwelche(r, s) *pron indef* ❶ (*welche auch immer*) any, some; ***brauchst du noch irgendwelche Sachen aus der Stadt?*** do you need any bits and pieces from town? ❷ (*irgendein, beliebig*) some; *substantivisch* anything; ***was für ein Rasierwasser soll ich dir mitbringen? — egal, irgendwelches!*** what sort of aftershave shall I get you? — it doesn't matter, anything!
irgendwer *pron indef* (*fam*) anybody, somebody; ***hat***

da nicht eben ~ gerufen? didn't somebody or other just call out?; ***hallo! aufmachen! hört mich denn nicht ~?*** hallo! open up! can no one hear me?; **nicht [einfach]** ~ not just anybody; ***ich bin nicht ~, ich habe Beziehungen!*** I'm not just anybody, I have connections!

irgendwie *adv* somehow [or other]; ~ ***kommt mir das komisch vor*** somehow or other I find that funny; ***Sie kommen mir ~ bekannt vor, haben wir uns früher schon mal getroffen?*** I seem to know you somehow, have we met before?

irgendwo *adv* ① (*wo auch immer*) somewhere [or other]; ~ ***muss der verdammte Schlüsselbund doch sein!*** the damned key ring must be somewhere [or other]! ② (*in irgendeiner Weise*) somehow [or other]; ~ ***versteh ich das nicht*** somehow I don't understand [that]

irgendwoher *adv* (*woher auch immer*) from somewhere [or other]; ***ich kenne Sie doch ~!*** I know you from somewhwere or other; **von** ~ from somewhere [or other]; ***woher dieses Brummen nur kommt, von ~ muss es doch kommen!*** where's this humming coming from, it must be coming from somewhere or other

irgendwohin *adv* (*wohin auch immer*) somewhere [or other]; ***die Brille habe ich ~ gelegt*** I've put my glasses down somewhere [or other] ▸ WENDUNGEN: ~ **müssen** (*euph fam*) to have to spend a penny [*or* pay a visit] BRIT *euph fam,* to have to go AM *euph fam*

Iridium <-s> *nt kein pl* CHEM iridium *no pl*

Irin <-, -nen> *f fem form von* **Ire** Irishwoman

Iris[1] <-, -> *f* BOT iris

Iris[2] <-, - *o* Iriden> *f* ANAT iris

Irisch *nt decl wie adj* Irish; *s. a.* **Deutsch**

irisch *adj* ① (*Irland betreffend*) Irish; *s. a.* **deutsch 1** ② LING Irish; *s. a.* **deutsch 2**

Irisch *nt decl wie adj* Irish; *s. a.* **Deutsch**

Irische <-n> *nt* ■**das** ~ Irish, the Irish language; *s. a.* **Deutsche**

Irland *nt* Ireland, Eire; *s. a.* **Deutschland**

Ironie <-, *selten* -n> [-iːən] *f* ① (*gegenteilige Bedeutung einer Äußerung*) irony; ***ich sage das ganz ohne jede ~*** I'm not being at all ironic when I say that ② (*Paradoxie*) irony; ■**die ~ einer S.** *gen* the irony of sth; ***es war eine der vielen ~n des Lebens*** it was one of life's many ironies

ironisch **I.** *adj* ironic[al]; ■**das I~e** [the] irony; ***das I~e in seinem Unterton war ihr keineswegs entgangen*** she did not fail to notice the ironical undertone in his voice; ***irgendwie hatte diese Äußerung etwas I~es*** somehow this statement had an ironical flavour about it **II.** *adv* ironically; ~ **lächeln** to give an ironic smile

irr *adj s.* **irre**

irr(e) **I.** *adj* ① (*verrückt*) crazy, insane, mad; ***der Kerl muss ~[e] sein!*** the bloke must be mad!; **jdn für ~[e] erklären** (*fam*) to call sb mad; **jdn für ~[e] halten** (*fam*) to think sb is mad ② (*verstört*) crazy; ***so ein Blödsinn! du redest ~es Zeug!*** what nonsense! this is just crazy talk!; **jdn [noch] ganz ~ machen** (*fam*) to drive sb crazy *fam;* ***dieser Partylärm macht mich noch ganz ~*** the noise from this party is driving me crazy [*or* mad] ③ (*sl: toll*) fantastic, terrific ▸ WENDUNGEN: **an jdm/etw ~ werden** (*geh*) to lose one's faith in sb/sth **II.** *adv* ① (*verrückt, verstört*) insanely, in a crazy way; ***was fällt dir ein, mitten in der Nacht so ~e rumzubrüllen!*** all this crazy yelling in the middle of the night, what [the hell] do you think you're doing!; **~[e] reden** (*geh*) to say crazy things; ***hör nicht auf ihn, der redet ~!*** don't listen to him, he comes out with all this crazy talk!; **wie ~** (*fam*) like crazy [*or* mad]; ***ich musste arbeiten wie ~*** I had to work like mad ② (*sl: ausgeflippt*) wild, crazy, wacky *sl,* way-out *sl;* (*toll*) fantastically *fam,* terrifically *fam* ③ (*sl: äußerst*) incredibly; ***der Witz ist ja ~e komisch!*** the joke is incredibly funny!

irrational *adj* (*geh*) irrational

Irre <-> *f* **jdn in die ~ führen** to mislead sb, to lead sb up the garden path, to take sb for a ride; ***da geht es doch nie und nimmer nach Bremen, du führst uns in die ~!*** that's never the way to Bremen, you're taking us for a ride!; **in die ~ gehen** to go wrong; ***halt, die andere Richtung, Sie gehen sonst in die ~!*** stop, the other direction, otherwise you'll be going wrong!

Irre(r) *f(m) decl wie adj* (*irrer Mensch*) lunatic, madman ▸ WENDUNGEN: **armer ~r** (*fam*) poor fool; ***du armer ~r, der Kerl hat dich reingelegt!*** you poor fool, the bloke's taken you for a ride!

irreal *adj* (*geh*) unreal; ***die Vorstellung, es würde sich irgendwie schon alles fügen, ist einfach ~*** this idea that everything is going to work out somehow is simply unrealistic

irre|führen *vt* ■**jdn ~** to mislead sb; ■**sich von jdm/etw ~ lassen** to be misled by sb/sth

irreführend *adj* misleading

Irreführung *f* deception; ***die bewusst mehrdeutige Erklärung stellt eine vorsätzliche ~ der Delegierten dar*** the intentionally ambiguous statement represents a deliberate attempt to mislead the delegates

irre|gehen *vi irreg sein* (*geh*) ① (*sich irren*) ■**~, wenn** to be mistaken, if; ***gehe ich irre in der Annahme, dass Sie mein Angebot ablehnen?*** am I mistaken in assuming that you're declining my offer? ② (*selten*) to go astray

irregulär *adj* (*geh*) irregular; **~e Methode** irregular method

irre|leiten *vt* (*geh*) ■**jdn ~** ① (*falsch leiten*) to misdirect sb; ***hier geht es ja gar nicht nach Ochsenhausen, man hat uns irregeleitet!*** this isn't the way to Ochsenhausen, we've been wrongly directed! ② (*schlecht beeinflussen*) to lead sb astray; ***durch Propaganda sind viele schlecht unterrichtete Menschen irregeleitet worden*** many people who are ill-informed have been led astray by propaganda; ■**irregeleitet** misguided; ***die irregeleiteten Sektenmitglieder setzten sich für verlogene Werte ein*** the misguided members of the sect supported dishonest values

irrelevant [-va-] *adj* (*geh*) irrelevant; ■**~ [für etw] sein** to be irrelevant [for [*or* to] sth]; ***zusätzliche Einwände sind für die Urteilsfindung des Gerichts ~*** additional objections are irrelevant to the verdict of the court

Irrelevanz [-va-] *f* (*geh*) irrelevance

irre|machen *vt* ■**jdn ~** to confuse sb; ■**sich [durch jdn/etw] nicht ~ lassen** not to be put off [by sb/sth]

irren[1] *vi sein* ■**durch/über etw** *akk* ~ to wander through/across sth

irren[2] **I.** *vi* (*geh*) (*sich täuschen*) to be mistaken [*or* wrong] ▸ WENDUNGEN: **I~ ist menschlich** (*prov*) to err is human *prov* **II.** *vr* (*sich täuschen*) ■**sich ~** to be mistaken [*or* wrong]; ***da irrst du dich*** you're wrong there; ***ich irre mich bestimmt nicht, ich weiß, was ich gesehen habe*** I'm definitely not wrong, I know what I saw; ■**sich in jdm/etw ~** to be mistaken [*or* wrong] about sb/sth; ***so kann man sich in jdm ~!*** it shows you how wrong you can be about someone!; **wenn ich mich nicht irre, ...** if I am not mistaken ...

Irrenanstalt *f* (*pej veraltend*) lunatic asylum, funny farm *pej sl,* loony bin *pej sl;* ***der Kerl spinnt ja, der gehört in die ~!*** the bloke's crackers, he should be locked up! **Irrenhaus** *nt* (*veraltet o pej*) (*pej*) lunatic asylum, funny farm *pej sl*, loony bin *pej sl*; **wie im ~** (*fam*) like a madhouse *fam*; ***schreit nicht alle durcheinander, das ist ja hier wie im ~!*** don't all start shouting at once, it's like a madhouse in here! ▶ WENDUNGEN: **[bald] reif fürs ~ sein** (*fam*) to be cracking up *fam*, to need putting away *sl*

irreparabel I. *adj* (*geh*) irreparable; **~e körperliche/nervliche/seelische Schäden** irreparable physical/nerve/psychological damage; **irreparabler Maschinenschaden** engine damage beyond repair II. *adv* (*geh*) irreparably

irre|reden *vi* (*geh*) to rant, to rave; ***Blödsinn! rede nicht so irre!*** rubbish! stop ranting [on] like that!

Irr(e)sein *nt* insanity

irreversibel [-vɛr-] *adj* (*fachspr*) irreversible

Irrfahrt *f* wandering; ***warum kommt ihr erst so spät? — es war eine lange ~, bis wir zu eurem Haus gelangten*** why are you so late? — we've been all around the houses trying to get to your place; ***Odysseus erreichte Ithaka erst nach zehnjähriger ~*** Odysseus reached Ithaka after having wandered for ten years **Irrgang** *m meist pl* twists and turns *pl* **Irrgarten** *m* labyrinth, maze **Irrglaube(n)** *m* ❶ (*irrige Ansicht*) mistaken belief ❷ (*veraltend: falscher religiöser Glaube*) heresy, heretical belief **irrgläubig** *adj* heretical; ■**die I~en** the heretics

irrig *adj* (*geh*) incorrect, wrong

Irritation <-, -en> *f* (*geh*) ❶ MED irritation ❷ (*das Erregtsein, Verärgerung*) irritation *no pl* ❸ (*selten: auf jdn/etw ausgeübter Reiz*) irritation *no pl*

irritieren* *vt* ■**jdn ~** ❶ (*verwirren*) to confuse sb ❷ (*stören*) to annoy sb; ***lassen Sie sich von seinen Fragen nicht ~*** don't let his questions annoy you

Irrläufer *m* misdirected item; ***das ist hier ein ~, die Mappe ist für Abteilung A 13*** this file's for department A 13, it's been misdirected **Irrlehre** *f* false doctrine, heresy **Irrlicht** *nt* jack-o'-lantern, will-o'-the wisp

Irrsinn *m kein pl* ❶ (*veraltet: psychische Krankheit*) insanity, madness *no pl* ❷ (*fam: Unsinn*) lunacy, madness *no pl*; ***es wäre kompletter ~, ohne finanzielle Sicherheiten eine Luxusvilla bauen zu wollen*** it would be complete lunacy to try and build a luxury villa without financial security

irrsinnig I. *adj* ❶ (*veraltet: psychisch krank*) insane, mad; **wie ein I~er/eine I~e** (*fam*) like a madman/madwoman; ***wir haben gearbeitet wie die I~en, um rechzeitig fertig zu werden*** we worked like crazy to get finished in time; ***er lief wie ein I~er, hat den Zug aber trotzdem verpasst*** he ran like crazy, but still missed the train ❷ (*fam: völlig wirr, absurd*) crazy, mad; ***wer ist denn auf diese ~e Idee gekommen?*** who thought up this crazy idea?; ***völliger Quatsch, der Vorschlag ist ganz einfach ~*** utter rubbish, the suggestion is quite simply crazy; ■**~ sein/werden** to be/go crazy [*or* mad]; ***ich werde noch völlig ~ in diesem Haushalt!*** I'll go completely crazy in this household! ❸ (*fam: stark, intensiv*) terrific, tremendous; **~ Hitze/Kälte** incredible heat/cold; *Kälte* incredible; ***um diese Zeit ist immer ein ~er Verkehr*** there's always an incredible amount of traffic around this time; ***ich habe ~e Kopfschmerzen*** I've got a terrible headache II. *adv* (*fam: äußerst*) terrifically, tremendously; ***draußen ist es wieder ~ heiß*** it's terrifically hot outside again; ***mit meinem dünnen Hemd habe ich ~ gefroren*** I was terribly cold with my thin shirt on; ***der Zahn tut ~ weh*** the tooth is hurting terribly; **wie ~** (*fam*) like crazy [*or* mad]; ***das schmerzt wie ~!*** it's hurting like mad!

Irrsinnshitze *f* (*fam*) incredible heat **Irrsinnskälte** *f* (*fam*) incredible cold; ***was ist das heute wieder für eine ~!*** what incredible cold again today! **Irrsinnstat** *f* (*fam*) act of lunacy [*or* madness], insanity

Irrtum <-[e]s, -tümer> *m* ❶ (*irrige Annahme*) error, mistake; **[schwer] im ~ sein** [*o* **sich [schwer] im ~ befinden**] to be [badly] mistaken; **~!** (*fam*) wrong! *fam*, you're wrong there! ❷ (*fehlerhafte Handlung*) error, mistake; **einen ~ begehen** to make a mistake; ***diese Akte ist durch einen ~ auf meinem Tisch gelandet*** this file has landed on my desk by mistake; **~ vorbehalten!** ÖKON errors and omissions excepted!

irrtümlich I. *adj attr* (*versehentlich*) erroneous, mistaken; ***ich muss meine Meinung als ~ korrigieren*** I'll have to alter my mistaken belief II. *adv* erroneously, mistakenly; ***ich habe Sie ~ für jemand anders gehalten*** I mistakenly took you for somebody else

irrtümlicherweise *adv* erroneously, mistakenly, in error, by mistake; ***ich bin ~ zu früh von der Autobahn abgefahren*** I turned off the motorway too early by mistake

Irrweg *m* wrong track; ***für manche Studenten erweist sich das Studium als ~*** some students find that study is not the right course for them; ***diese Vorgehensweise ist ein ~*** we're not on the right track with this procedure; **auf einem ~ sein** [*o* **sich auf einem ~ befinden**] to be on the wrong track

Irrwisch <-es, -e> *m* (*fam*) little rascal

irrwitzig *adj* ridiculous, absurd

ISBN <-, -s> *f Abk von* **Internationale Standardbuchnummer** ISBN

Ischias <-> *m o nt kein pl* sciatica *no pl*; **~ haben** to suffer from sciatica

Ischiasnerv *m* sciatic nerve

ISDN <-s> *nt kein pl Abk von* **Integrated Services Digital Network** ISDN

ISDN-AnschlussRR [iːʔɛsdeː'ʔɛn-] *m* INFORM, TELEK ISDN connection

Islam <-s> *m kein pl* Islam; ■**der ~** Islam *no pl*

islamisch *adj* Islamic

islamisieren* *vt* GEOL, REL ■**jdn/etw ~** to Islamize sb/sth

Islamisierung *f* GEOL, REL Islamization

Islamist(in) <-en, -en> *m(f)* Islamist

islamistisch *adj* Islamist *attr*

Island *nt* Iceland; *s. a.* **Deutschland**

Isländer(in) <-s, -> *m(f)* Icelander; **~ sein** to be an Icelander; *s. a.* **Deutsche(r)**

Isländisch *nt decl wie adj* Icelandic; *s. a.* **Deutsch**

isländisch *adj* ❶ (*Island betreffend*) Icelandic; *s. a.* **deutsch 1** ❷ LING Icelandic; **auf I~** in Icelandic; *s. a.* **deutsch 2**

Isländisch *nt decl wie adj* LING Icelandic; ■**das ~e** Icelandic; *s. a.* **Deutsch**

Isobare <-, -n> *f* PHYS isobar

Isolation <-, -en> *f* ❶ (*das Abdichten*) insulation; ***nach der Verlegung der Heizungsrohre erfolgt deren ~*** after the heating pipes have been laid they are insulated; (*isolierende Schicht*) insulation ❷ (*das Isolieren*) *Patienten, Häftlingen, etc.* isolation ❸ (*Abgeschlossenheit*) isolation; **~ von der Außenwelt** isolation from the outside world

Isolationismus <-> *m kein pl* POL isolationism

Isolationshaft *f* solitary confinement; **jdn in ~ halten** to keep sb in solitary confinement

Isolator <-s, -toren> *m* TECH, PHYS insulator

Isolierband <-bänder> *nt* insulating tape

isolieren* I. *vt* ❶ TECH (*mit Isoliermaterial versehen*) ■**etw [gegen etw] ~** to insulate sth [against sth] ❷ JUR, MED (*[von anderen] absondern*) ■**jdn [von jdm/etw] ~** to isolate sb [from sb/sth]; ***die Virusträger wurden von den anderen Patienten isoliert*** the carriers of the virus were isolated from the other patients II. *vr* (*sich absondern*) ■**sich [von jdm/etw] ~** to isolate oneself [from sb/sth]; ***warum isolierst du***

dich von der Außenwelt? why do you cut yourself off from the outside world?

Isolierflasche *f* insulated [*or* thermos] flask **Isolierkanne** *f* thermos flask **Isoliermaterial** *nt* insulating material **Isolierschicht** *f* insulating layer **Isolierstation** *f* isolation ward

isoliert **I.** *adj* (*aus dem Zusammenhang gegriffen*) isolated; ***eine ~e Betrachtungsweise von Problemen verleitet rasch zu Fehlschlüssen*** an isolated way of looking at problems quickly leads to wrong conclusions **II.** *adv* ❶ (*abgeschlossen, abgesondert*) isolated; ***so weit draußen auf dem Land wohnt ihr doch völlig ~!*** you're completely isolated so far out in the country! ❷ (*aus dem Zusammenhang gegriffen*) in an isolated way; ***diese Erscheinung darf man nicht ~ betrachten*** you shouldn't look at this phenomenon in an isolated way

Isolierung <-, -en> *f s.* **Isolation**

Isomatte *f* insulating underlay

Isometrie <-> *f kein pl* ❶ BOT isometrics ❷ MED isometry

isometrisch *adj* isometric

isotonisch *adj inv* CHEM isotonic

Isotop <-s, -e> *nt* PHYS isotope

Israel <-s> ['ɪːsraeːl] *nt* Israel; *s. a.* **Deutschland**

Israeli <-[s], -[s]> *m*, **Israeli** <-s, -[s]> *f* Israeli; *s. a.* **Deutsche(r)**

israelisch *adj* Israeli; *s. a.* **deutsch**

isstRR, **ißt** *3. pers sing pres von* **essen**

ist *3. pers sing pres von* **sein**1

IstbestandRR *m*, **Ist-Bestand** *m* ÖKON actual stock

Isthmus <-, Isthmen> *m* GEOL (*Landenge*) isthmus

IststärkeRR *f*, **Ist-Stärke** *f* MIL actual [*or* effective] strength

Italien <-s> [-iən] *nt* Italy; *s. a.* **Deutschland**

Italiener(in) <-s, -> *m(f)* Italian; ~ **sein** to be [an] Italian; ▪**die** ~ the Italian; *s. a.* **Deutsche(r)**

italienisch *adj* ❶ (*Italien betreffend*) Italian; *s. a.* **deutsch 1** ❷ LING Italian; *s. a.* **deutsch 2**

Italienisch *nt decl wie adj* ❶ LING Italian; *s. a.* **Deutsch 1** ❷ (*Fach*) Italian; *s. a.* **Deutsch 2**

Italienische <-n> *nt* ▪**das** ~ Italian; *s. a.* **Deutsche**

Italowestern *m* spaghetti western

IT-Branche [aɪ'tiː'brɑ̃ːʃə] *f* ÖKON IT sector

I-Tüpfelchen <-s, -> ['iː-] *nt* finishing touch; ***ein Kronleuchter über dem Esstisch, das wäre das ~!*** a chandelier over the dining room table, that would be the finishing touch! ▸ WENDUNGEN: **bis aufs ~** down to the last detail

i.V. *Abk von* **in Vertretung** p.p.

IVF *f* MED *Abk von* **In-vitro-Fertilization** IVF; *Abk von* **Befruchtung**

Ivorer(in) <-s, -> *m(f)* Ivorian; *s. a.* **Deutsche(r)**

ivorisch *adj* Ivorian; *s. a.* **deutsch**

Iwan <-s> *m kein pl* (*meist pej veraltend fam*) ▪**der** ~ the Russkies *pl*

IWF <-> *m kein pl Abk von* **Internationaler Währungsfonds** IMF

J

J, j <-, - *o fam* -s, -s> *nt* J, j; ~ **wie Julius** J for Jack BRIT, J as in Jig AM; *s. a.* **A 1**

ja *pron* ❶ (*bestätigend: so ist es*) yes; ***ist da wer? — ~, ich bin's*** is someone there? — yes, it's me; **~, bitte?** yes, hallo?; ***ist dort Prof. Schlüter am Apparat? — ~ bitte?*** is that Prof. Schlüter speaking? — yes, hallo?; ***einen Moment mal! — ~, bitte? — Sie haben da was fallen gelassen!*** just a moment! — yes, what is it? — you've dropped something!; **das sag' ich ~!** (*fam*) that's exactly what I say!; ***das sag' ich ~ die ganze Zeit!*** that's exactly what I've been saying the whole time!; **zu etw ~ sagen** to say yes to sth, to agree to sth; **aber ~!** yes, of course!; ***kommt ihr zu der Party von Wilhelm? — aber ~!*** are you coming to Wilhelm's party? — yes, of course! ❷ (*fragend: so? tatsächlich?*) really?; ***„ich habe die Nase voll, ich kündige!" — "~ "?*** "I've had a bellyful, I'm handing in my notice" — "really?"; ***ach ~?*** really?; ***ich wandre aus — ach ~?*** I'm emigrating — really? ❸ (*warnend: bloß*) make sure; ***kommen Sie ~ pünktlich!*** make sure you arrive on time!; ***sei ~ vorsichtig mit dem Messer!*** do be careful with the knife!; ***geh ~ nicht dahin!*** don't go there whatever you do! ❹ (*abschwächend, einschränkend: schließlich*) after all; ***weine nicht, es ist ~ alles nur halb so schlimm!*** don't cry, after all it's not that bad; ***ich kann es ~ mal versuchen*** I can try it of course; ***das ist ~ richtig, doch sollten wir trotzdem vorsichtiger sein*** that's certainly true, but we should be more careful anyhow ❺ (*revidierend, steigend: und zwar*) in fact; ***ich muss das anerkennen, ~ mehr noch, es loben*** I have to recognize that, even praise it in fact ❻ (*anerkennend, triumphierend: doch*) of course; ***du bist ~ ein richtiges Schlitzohr!*** you really are a crafty devil!; ***siehst du, ich habe es ~ immer gesagt!*** what did I tell you? I've always said that, you know; ***es musste ~ mal so kommen!*** it just had to turn out like that!; ***auf Sie haben wir ~ die ganze Zeit gewartet*** we've been waiting for you the whole time, you know; ***wo steckt nur der verfluchte Schlüssel? ach, da ist er ~!*** where's the damned key? oh, that's where it's got to! ❼ (*bekräftigend: allerdings*) admittedly, certainly, to be sure; ***ach ~!*** oh yes!; ***„so war das doch damals, erinnerst du dich?" — „ach ~!"*** "that's how it was in those days, do you remember?" — "oh yes!"; ***was Sie mir da berichten, ist ~ kaum zu glauben!*** what you're telling me certainly is scarcely believable!; ***Ihr Mann ist bei einem Flugzeugabsturz ums Leben gekommen? das ist ~ entsetzlich!*** your husband died in a plane crash? why, that's just terrible!; ***ich verstehe das ~, aber trotzdem finde ich's nicht gut*** I understand that admittedly, even so, I don't think it's good; ***das ist ~ die Höhe!*** that's the absolute limit!; ***es ist ~ immer dasselbe*** it's always the same, you know ❽ (*na*) well; ***~, wenn das so ist, komme ich natürlich mit!*** well, if that's the case, I'll surely come with you!; ***~, was du nicht sagst, kaum zu glauben!*** well, you don't say! it's scarcely believable! ❾ (*als Satzabschluss: nicht wahr?*) isn't it?; ***es bleibt doch bei unserer Abmachung, ~?*** our agreement does stand though, doesn't it?; ***aber du hältst zu mir, wenn es brenzlig wird, ~?*** but you'll stand by me when things get hot, won't you? ❿ (*ratlos: nur*) ***ich weiß ~ nicht, wie ich es ihm beibringen soll*** I'm sure I don't know how I'm going to get him to understand that ⓫ (*beschwichtigend*) ***„he, wo bleibst du denn nur so lange?" — „ich komm ~ schon!"*** "hey, where have you been all this time?" — "all right! all right! I'm coming!"; ***~ doch!*** yes, all right! ▸ WENDUNGEN: **~ und amen** [*o* **J~ und Amen**] **zu etw sagen** (*fam*) to give sth one's blessing; ***wenn die Geschäftsleitung ~ und amen zu dem Plan sagt, können wir loslegen*** if the management gives it's blessing to the plan, we can get going; **nun ~** well; ***„wie schmeckt das Essen?" — „nun ~, eigentlich gar nicht so übel"*** "how's the food?„ — "well, not bad at all really„; **wenn ~** [*o* **falls**] **~** if so; ***hoffentlich trifft das nicht zu, falls ~, werden wir noch einige Probleme bekommen*** hopefully that won't apply, if it does we'll have a few more problems; **~! ~!** go on! go on!; **~, ~, *gib's ihm!*** go on! go on! let him have it!

Ja <-s, -[s]> *nt* yes; POL O DIAL aye; **mit ~ stimmen** to vote yes

Jacht <-, -en> *f* yacht

Jachtklub *m* yacht club

Jäckchen <-s, -> *nt dim von* **Jacke** small jacket

Jacke <-, -n> *f* (*Stoffjacke*) jacket; (*Strickjacke*) cardigan ▸ WENDUNGEN: **das ist ~ wie Hose** (*fam*) it makes no odds [either way], it's six of one and half a dozen of the other

Jackenärmel *m* jacket sleeve **Jackenfutter** *nt* jacket lining **Jackenknopf** *m* jacket button **Jackentasche** *f* jacket pocket

Jacketkrone ['dʒɛkɪt-] *f* MED jacket crown

Jackett <-s, -s> [ʒa'kɛt] *nt* jacket

Jackpot <-s, -s> *m* ① KARTEN stake [money] ② (*besonders hohe Gewinnquote bei Lotto, Toto, TV-Gewinnspielen*) jackpot

Jade <-> *m o f kein pl* jade

Jagd <-, -en> *f* ① (*das Jagen*) hunting; ■ **die ~ auf ein Tier** hunting an animal; **auf die ~ [nach einem Tier] gehen** to go out hunting [an animal]; **hohe/niedere ~** big/small game hunting; **in wilder ~** in headlong flight [*or* a mad rush]; **zur ~ [auf ein Tier] blasen** to sound the horn for the start of the hunt; **auf der ~ sein** to be [out] hunting; **~ auf jdn/etw machen** (*pej*) to hunt for sb/sth *pej* ② (*Jagdrevier*) preserve, BRIT *a.* shoot ③ (*Verfolgung*) hunt; ■ **die ~ auf jdn** the hunt for sb ④ (*pej: wildes Streben*) pursuit; ■ **die ~ nach etw** the pursuit of sth; **die ~ nach Erfolg** the pursuit of success; **die ~ nach Gold** the quest for gold

Jagdaufseher(in) *m(f)* game warden **Jagdbomber** *m* MIL fighter-bomber **Jagdflieger(in)** *m(f)* MIL fighter pilot **Jagdflinte** *f* shotgun **Jagdflugzeug** *nt* MIL fighter plane [*or* aircraft] **Jagdgeschwader** *nt* MIL fighter squadron **Jagdgesellschaft** *f* hunting [*or* shooting] party **Jagdgewehr** *nt* hunting rifle **Jagdglück** *nt* good fortune [during the hunt]; ***ich hatte heute kein ~!*** I was out of luck today during the hunt **Jagdgründe** *pl* hunting grounds *pl* ▸ WENDUNGEN: **in die ewigen ~ eingehen** (*euph geh*) to go to the happy hunting-grounds *euph* **Jagdhaus** *nt* hunting lodge **Jagdhorn** *nt* hunting horn **Jagdhund** *m* hound, hunting dog **Jagdkleidung** *f* hunting attire **Jagdmesser** *nt* hunting knife **Jagdrevier** *nt* preserve, BRIT *a.* shoot **Jagdschein** *m* (*Berechtigung zur Jagd*) hunting licence [*or* AM -se]; **den ~ haben** to have a hunting licence; **den ~ machen** to prepare for a hunting licence exam ▸ WENDUNGEN: **einen ~ haben** (*hum sl*) to be certified **Jagdschloss**RR *nt* hunting lodge **Jagdzeit** *f* hunting [*or* shooting] season

jagen I. *vt haben* ① (*auf der Jagd verfolgen*) ■ **ein Tier ~** to hunt an animal ② (*hetzen*) ■ **jdn ~** to pursue sb ③ (*fam: antreiben, vertreiben*) ■ **jdn aus etw** *dat*/**in etw** *akk* **~** to drive sb out of/into sth; ***los, aufstehen, oder muss ich euch erst aus dem Bett ~?*** come on, up! or do I have to chase you out of bed?; **etw jagd das andere** [*o* **nächste**] one thing comes after another; ***bei mir jagt im Augenblick ein Unglück das nächste*** I'm suffering one misfortune after another at the moment ④ (*fam:* [*in einen Körperteil*] *stoßen*) ■ **jdm etw durch/in etw** *akk* **~** to stick sth through/in sb's sth; ***jeden Tag kriegte ich eine Spritze in den Hintern gejagt*** I got a syringe stuck in my backside everyday; ■ **sich** *dat* **etw in etw** *akk* **~** to jab sth into one's sth *fam* ▸ WENDUNGEN: **jdn mit etw ~ können** (*fam*) to not be able to abide [*or* stand] sth; ***ich esse nie Hamburger, damit könnte man mich ~*** I never eat hamburgers, I wouldn't touch them with a barge pole *fam* II. *vi* ① *haben* (*auf die Jagd gehen*) to hunt, to go hunting ② *sein* (*rasen*) ■ **aus etw** *dat*/**durch etw** *akk*/**in etw** *akk* **~** to race [*or* tear] out of sth/through sth/into sth; ***er kam plötzlich aus dem Haus gejagt*** he suddenly came racing out of the house

Jäger <-s, -> *m* MIL, LUFT fighter [plane]

Jäger(in) <-s, -> *m(f)* hunter

Jägerlatein *nt* (*fam*) hunter's jargon

Jaguar <-s, -e> *m* jaguar

jäh I. *adj* (*geh*) ① (*abrupt, unvorhergesehen*) abrupt; **~e Bewegung** sudden movement ② (*steil*) sheer, steep II. *adv* (*geh*) ① (*abrupt, unvorhergesehen*) abruptly, suddenly ② (*steil*) steeply; ***der Abhang fiel ~ ab*** the slope fell steeply away

jählings *adv* (*geh*) ① (*abrupt*) suddenly ② (*steil*) steeply

Jahr <-[e]s, -e> *nt* ① (*Zeitraum von 12 Monaten*) year; **die 20er-/30er-~e etc.** the twenties/thirties etc. + *sing/pl vb;* **anderthalb ~e** a year and a half; **ein dreiviertel ~** nine months; **ein halbes ~** six months, half a year; **das ganze ~ über** throughout the whole year; **ein viertel ~** three months; **letztes** [*o* **im letzten**] **~** last year; **nächstes** [*o* **im nächsten**] **~** next year; **das neue ~** the new year; ***alles Gute zu Weihnachten und viel Glück im neuen ~!*** merry Christmas and a happy new year; **~ für** [*o* **um**] **~** year after year; **noch früh im ~ sein** to be at the beginning of the year; **im ~e ...** in [the year] ...; **... im** [*o* **pro**] **~** ... a year; ***ich gehe zweimal im ~ zum Arzt*** I go to the doctor's twice a year; **in diesem/im nächsten ~** this/next year; **in einem ~/in ... ~en** in a year/in ... years; **mit den ~en** as the years go by, over the years; **mit ... ~en** at ... [years of age]; **nach einem ~** after a year; **nach ~en** for years; **vor einem ~** a year ago; **vor [...] ~en** [...] years ago; **alle ... ~e** every ... years; ***alle hundert ~e ändert sich das Klima*** the climate changes every hundred years; **alle ~e wieder** every year; **der/die/das ... des ~es** the ... of the year; ***dieser Bestseller wurde zum Buch des ~es gekürt*** this bestseller was chosen as book of the year; **soziales ~** *year spent by young people doing work in the area of social services;* **auf ~e hinaus** for years to come ② (*Lebensjahre*) ... [years old]; **... ~e jung sein** (*hum*) ... years young *hum;* ***sie ist 80 ~e jung*** she's 80 years young ▸ WENDUNGEN: **im ~e des Heils** (*veraltet*) in the year of grace *old;* **im ~e des Herrn** anno domini, in the year of our Lord; **nach/seit ~ und Tag** (*geh*) after/for many years; **in den besten ~en [sein]** [to be] in one's prime; **das verflixte siebte ~** (*fam*) the seven-year itch; **in die ~e kommen** (*euph fam*) to be getting on [in years]

jahraus *adv* **jahrein, ~** year in, year out

Jahrbuch *nt* yearbook

Jährchen <-s, -> *nt* (*hum fam*) *dim von* **Jahr** year

jahrelang I. *adj attr* lasting for years; ***das Ergebnis war die Frucht ~er Forschungen*** the result was the fruits of years of research II. *adv* for years; ***ich hoffe, es dauert nicht ~, bis ich an die Reihe komme*** I hope it won't take years before it's my turn

jähren *vr* (*geh*) ■ **sich ~** to be the anniversary of; ***im Juni jährt sich sein Hochzeitstag*** it'll be his wedding anniversary in June

Jahresabonnement *nt* annual subscription **Jahresabschluss**RR *m* annual [*or* year-end] accounts; **[jdm] den ~ machen** [*o* **erstellen**] to produce annual [*or* year-end] accounts [for sb] **Jahresanfang** *m,* **Jahresbeginn** *m* beginning of the year; **bei/nach/vor ~** at/after/before the beginning of the year **Jahresausstoß** *m* annual output **Jahresbeitrag** *m* annual subscription **Jahresbericht** *m* annual report **Jahresbestzeit** *f* SPORT fastest time for the year

Jahresbilanz *f* ÖKON, BÖRSE annual balance sheet **Jahresdurchschnitt** *m* annual [*or* yearly] average **Jahreseinkommen** *nt* annual income **Jahresende** *nt* end of the year, year's end; **es ist ~, wir haben ~** it's the end of the year; **bis zum/vor ~** by/before the end of the year **Jahresetat** *m* ÖKON annual budget **Jahresfrist** *f* **nach ~** after a period of one year; **vor** [*o geh* **binnen**] **~** within a period of one year, before the year is out **Jahresgebühr** *f* annual fee **Jahresgehalt** *nt* annual salary **Jahreskarte** *f* ① (*ein Jahr gültige Eintrittskarte*) annual membership card, [annual] season ticket ② TRANSP (*ein Jahr gültige Fahrkarte*) [annual] season ticket **Jahresproduktion** *f* annual production **Jahresring** *m* BOT annual ring **Jahrestag** *m* anniversary **Jahresurlaub** *m* annual holiday [*or* leave]; **seinen ~ nehmen** to take one's annual holiday [*or* leave]; **seinen ~ [bei jdm] einreichen** to apply [to sb] for one's annual holiday [*or* leave] **Jahresvertrag** *m* one-year contract **Jahreswagen** *m car which can be bought by company employees at a discount and resold after one year* **Jahreswechsel** *m* turn of the year; **zum ~** at the turn of the year **Jahreszahl** *f* year **Jahreszeit** *f* season **Jahreszeitraum** *m* whole year

Jahrgang <-gänge> *m* ① (*Personen eines Geburtsjahrs*) age-group; (*Gesamtheit der Schüler eines Schuljahres*) [school] year; **~ ... sein** to have been born in ...; ***ich bin ~ 1962*** I was born in 1962; **jds ~ sein** to be born in the same year as sb; **ein ~ sein** to be born in the same year; ***wir sind ein ~, beide 1974*** we were born in the same year, both 1974 ② (*in einem Jahr veröffentlichte Ausgaben einer Publikation*) year ③ (*Erntejahr*) vintage, year; (*Herstellungsjahr*) year

Jahrhundert <-s, -e> *nt* century; **~e, über ~e** for centuries

jahrhundertealt *adj* centuries-old *pred;* ▪ **~ werden** to live to be centuries-old; ***Eichen werden ~*** oaks live to be centuries-old **jahrhundertelang** I. *adj* [lasting] for centuries *pred;* ***es hat einer ~en Entwicklung bedurft*** centuries of development were required II. *adv* for centuries **Jahrhundertwechsel** *m* turn of the century **Jahrhundertwende** *f* turn of the century

jährlich *adj* annual, yearly

Jahrmarkt *m* [fun]fair

Jahrmarktsbude *f* fairground booth [*or* stall]

Jahrmillionen *pl* millions of years; **in/vor ~** in millions of years/millions of years ago

Jahrtausend <-s, -e> *nt* millennium; **das kommende ~** the coming millennium; ▪ **~e** thousands of years; ***die menschliche Zivilisation existiert erst seit wenigen ~en*** human civilization has only existed for a few thousand years

jahrtausendelang I. *adj* thousands of years of; ***nach einer ~en Entwicklung hat diese Kultur ihre höchste Blüte erreicht*** after thousands of years of development this civilization reached its highest peak II. *adv* for millennia, for thousands of years

Jahrtausendwende *f* turn of the millennium

Jahrzehnt <-[e]s, -e> *nt* decade

jahrzehntelang I. *adj* decades of *attr;* ***durch diesen Vertrag wurde der Konflikt nach ~er Dauer beendet*** decades of conflict were ended by this treaty II. *adv* for decades

Jähzorn *m* outburst of anger [*or* temper], violent outburst; **im ~** in an outburst of temper [*or* rage]

jähzornig *adj* violent-tempered, irascible *form*

Jakob <-s> *m* Jacob ▸ WENDUNGEN: **ein billiger ~** (*fam*) a cheap-jack; **das ist [auch] nicht der wahre ~** (*fam*) that's no great shakes *fam*

Jakobiner(in) <-s, -> *m(f)* HIST Jacobin

Jakobinermütze *f* HIST liberty cap

Jakobskraut *nt* tansy ragwort **Jakobsleiter** *f* NAUT rope ladder **Jakobsmuschel** *f* ZOOL scallop shell

Jalousie <-, -n> [ʒalu'ziː, -'ziːən] *f* venetian blind

Jamaika <-s> *nt* Jamaica; *s. a.* **Sylt**

Jamaikaner(in) <-s, -> *m(f)* Jamaican; *s. a.* **Deutsche(r)**

jamaikanisch *adj* Jamaican; *s. a.* **deutsch**

Jamaikapfeffer *m* allspice, pimento **Jamaikarum** *m* Jamaican rum

Jamaiker(in) <-s, -> *m(f) s.* **Jamaikaner**

Jambus <-, Jamben> *m* LIT iambus

Jammer <-s> *m kein pl* ① (*Kummer*) misery, sorrow; **es ist ein ~, dass/wie** (*fam*) it is a terrible shame that/how; (*skandalös*) disgraceful; ***es ist ein ~, wie wenig Zeit wir haben*** it's deplorable how little time we have ② (*das Wehklagen*) wailing, lamentation *form;* **in wilden ~ ausbrechen** to begin to sob uncontrollably, to burst into uncontrollable sobbing

Jammerbild *nt* (*geh*) picture of misery, wretched [*or* pitiful] sight **Jammergeschrei** *nt* (*geh*) wailing, lamentation *form* **Jammergestalt** *f* ① (*jämmerliche Gestalt*) pitiful figure ② *s.* **Jammerlappen** **Jammerlappen** *m* (*pej sl*) sissy *pej,* scaredy-cat *pej fam,* BRIT *a.* cowardy-custard *pej fam,* BRIT *a.* big [*or* great] girl's blouse *pej sl*

jämmerlich I. *adj attr* ① (*beklagenswert*) pitiful, wretched; ***das Haus war in einem ~en Zustand*** the house was in a wretched state ② (*kummervoll*) sorrowful ③ (*fam: äußerst dürftig*) pathetic; **eine ~e Ausrede** a pathetic excuse ④ (*pej fam: verächtlich*) miserable II. *adv* ① (*elend*) miserably, pitifully ② (*fam: erbärmlich*) terribly, awfully

jammern I. *vi* ① (*lamentieren*) ▪ **[über etw** *akk*/**wegen etw** *dat*] **~** (*a. pej*) to whine [about sth] *pej;* ***warum musst du wegen jeder Kleinigkeit immer so ~!*** why do you have to moan about every little thing!; ▪ **das J~** moaning, wailing; ***lass das J~*** stop moaning ② (*wimmernd verlangen*) ▪ **nach jdm/etw ~** to beg [*or* moan] [*or* plead] for sb/sth II. *vt* (*geh: dauern*) ▪ **jdn ~** to distress sb; ***so etwas kann einen wirklich ~*** something like that can be really distressing

jammerschade *adj* (*fam*) ▪ **~ [sein], dass/wenn/wie** to be a terrible pity that/if/how; ***es ist ~, wie er seinen Garten verwildern lässt*** it's a terrible pity how he's letting his garden go to rack and ruin; ▪ **es ist ~ um jdn** it is an awful pity about sb **jammervoll** *adj* (*geh*) *s.* **jämmerlich 4**

Jangtsekiang <-s> ['jaŋtsəki̯aŋ] *m* Yangtze River

Janker <-s, -> *m* SÜDD, ÖSTERR ① (*dicke Strickjacke*) thick cardigan ② (*Trachtenjacke*) mountain jacket

Jänner <-s, -> *m* ÖSTERR January

Januar <-[s], -e> *m* January; *s. a.* **Februar**

Japan <-s> *nt* Japan; *s. a.* **Deutschland**

Japaner(in) <-s, -> *m(f)* Japanese; ▪ **die ~** the Japanese; **~ sein** to be Japanese; *s. a.* **Deutsche(r)**

japanisch *adj* ① (*Japan betreffend*) Japanese; *s. a.* **deutsch 1** ② LING Japanese; *s. a.* **deutsch 2**

Japanisch *nt decl wie adj* LING Japanese; *s. a.* **Deutsch 1**

Japanisches Meer *nt* Sea of Japan

Japankohl *m s.* **Chinakohl**

Japanologie <-> *f kein pl* Japanese [linguistic] studies

japsen *vi* (*fam*) ▪ **[nach etw] ~** to gasp [for sth]; ***er tauchte aus dem Wasser und japste nach Luft*** he surfaced gasping for air

Jargon <-s, -s> [ʒar'gõː, ʒar'gɔŋ] *m* ① (*Sondersprache von Gruppen*) jargon ② (*saloppe Sprache*) slang

Jasager(in) <-s, -> *m(f)* (*pej*) yes-man *pej;* **ein ~**

sein to be a [little] yes-man; **eine ~in sein** to be a [little] yes-girl

Jasmin <-s, -e> *m* jasmine; **echter ~** jasmine; **falscher ~** mock orange

Jaspis <-[ses], -se> *m* jasper

Jastimme *f* yes-vote; ***es gab 23 ~en und 17 Neinstimmen*** there were 23 votes in favour and 17 against

jäten **I.** *vt* ■**etw ~** ① (*aushacken*) to hoe sth; ***von Hand Unkraut zu ~ ist eine mühselige Angelegenheit*** pulling up weeds by hand is an arduous affair ② (*von Unkraut befreien*) to weed sth; ***die Beete müssen in regelmäßigen Abständen gejätet werden*** the flower-beds must be weeded at regular intervals **II.** *vi* to weed, to do the weeding

Jauche <-, -n> *f* liquid manure

jauchen **I.** *vt* (*mit Jauche düngen*) ■**etw ~** to manure sth **II.** *vi* to spread manure

Jauche(n)grube *f* liquid manure pit

jauchzen *vi* (*geh*) to rejoice *liter,* to shout with glee

Jauchzer <-s, -> *m* jubilant cheer

jaulen *vi* to howl

Jaunde <-s> [jaʔ'ʊndə] *nt* Yaoundé

Jause <-, -n> *f* ÖSTERR (*Imbiss*) snack; **zur ~ einladen** (*Nachmittagskaffee*) to invite sb for coffee

jausen *vi* ÖSTERR (*einen Imbiss einnehmen*) to have a snack

jawohl *adv* yes; ***„stimmt das auch wirklich?" — „~, ganz sicher!"*** "is that really right?„ — "yes, absolutely!„

jawoll *interj* MIL (*a. hum*) yes, sir!, yes, sir?

Jawort *nt* **jdm das ~ geben** to say yes to sb's marriage proposal, to consent to marry sb; (*bei Trauung*) to say I do

Jazz <-> [dʒɛs, jats] *m kein pl* jazz *no pl*

Jazzfestival *nt* jazz festival **Jazzgymnastik** *f* ≈ jazz dance *no pl*

jazzig *adj inv* MUS jazzy; (*pej fam*) jazz-like

Jazzkeller [dʒɛs-, jats-] *m* [cellar] jazz club **Jazztrompeter** *m* jazz trumpeter

je **I.** *adv* ① (*jemals*) ever ② (*jeweils*) each, every; ***die Mietshäuser haben ~ sechs Wohnungen*** the tenement blocks each have six flats **II.** *präp* +*akk* (*pro*) per; **~ *verkauftes Stück erhält er 50 Mark Provision*** he gets 50 marks commission per item sold **III.** *konj* **~ ... desto** the more ... the more; **~ *öfter du übst, desto besser kannst du dann spielen*** the more you practice the better you will be able to play; **~ nach ...** according to ..., depending on ...; **~ *nach Belieben liefern wir sofort oder zum gewünschten Termin*** we'll deliver straight away or at the required time, just as you wish; **~ nachdem!** it [all] depends!; ***hast du morgen für mich Zeit? — ~ nachdem!*** can you spare me a bit of time tomorrow? — it depends!; **~ nachdem, wann/wie/ob ...** depending on when/how/whether ...; **~ *nachdem, wie lange die Konferenz dauert, bin ich um 19 Uhr zu Hause oder später*** I'll be back home at 7 p.m. or later depending on how long the conference lasts; *s. a.* **seit**

Jeans <-, -> [dʒi:nz] *f meist pl* jeans *npl*

Jeanshemd *nt* denim shirt **Jeansjacke** [dʒi:nz-] *f* denim jacket **Jeansrock** *m* denim skirt

Jeck <-en, -en> *m* DIAL carnival jester

jede(r, s) *pron indef* ① *attr* (*alle einzelnen*) each, every; ***sie saß ~ Woche 60 Stunden am Computer*** she sat 60 hours each week in front of the computer ② *attr* (*jegliche*) any; ***es wäre abwegig, zu glauben, man könne das Ziel ohne ~ Anstrengung erreichen*** it would be a mistake to believe that the objective could be achieved without any effort ③ *attr* (*in einem/einer beliebigen*) any; ***Sie können mich zu ~r Zeit anrufen*** you can call me at any time ④ *substantivisch* everybody, everyone; ***von mir aus kannst du ~n fragen, du wirst immer das Gleiche hören*** as far as I'm concerned you can ask anyone, you'll get the same answer; ■**~r der** [*o* **~ von den**]**/meiner/seiner/etc.** each of the/my/his/her/etc.; ***ich kann doch nicht ~n meiner Angestellten rund um die Uhr kontrollieren!*** I can't supervise each one of my employees round the clock!; **ein ~r/eine ~** each one; ***das weiß doch ein ~r!*** everbody knows that!; DIAL (*jeweils der/die einzelne*) each [one]; **~r gegen ~n** dog-eat-dog; **~e[r, s] zweite/dritte/...** one in two/three ...

jedenfalls *adv* ① (*immerhin*) anyhow, in any case, nevertheless; **~ *weiß ich davon!*** I know about it anyway! ② (*auf jeden Fall*) anyhow, at any rate; ***egal, was du als Entschuldigung vorbringst, es war ~ nicht richtig von dir*** it doesn't matter what excuse you've got, in any event it was wrong of you

jedermann *pron indef substantivisch* everybody, everyone; (*jeder* [*beliebige*]) anyone, anybody; ***das kann doch*** **~** anyone can do that; *s. a.* **Frau, Herr**

jederzeit *adv* ① (*zu jeder beliebigen Zeit*) at any time; ***ihr seid uns ~ willkommen*** you're welcome at any time ② (*jeden Augenblick*) at any minute [*or* moment]; ***wir erwarten ihn*** **~** we're expecting him at any moment

jedesmal *adv* every [*or* each] time; ***es ist doch ~ das Gleiche*** it's the same every time; **~, wenn** whenever, each [*or* every] time that

jedoch *konj, adv* however

jedwede(r, s) *pron indef* (*veraltend*) each, every

Jeep® <-s, -s> [dʒi:p] *m* jeep; (*fam: irgendein Geländewagen*) jeep

jegliche(r, s) *pron indef* any

jeher *adv* **seit** [*o* **von**] **~** (*geh*) always; ***das ist von ~ nicht anders gewesen*** that has always been the same

jein *adv* (*hum*) yes and no

Jelängerjelieber <-s, -> *nt* BOT honeysuckle

jemals *adv* ever; ***hast du ihn ~ anders erlebt?*** have you ever known him to be any different?

jemand *pron indef* somebody, someone; (*bei Fragen, Negation, etc.*) anybody, anyone; ***da ist ~ für dich an der Tür*** there's somebody at the door for you; ***ist da ~?*** is anyone there?; **~ andere**[**r, s**] [*o* **anders**] somebody [*or* someone] else

Jemen <-s> *m* ■**der ~** Yemen; *s. a.* **Deutschland**

Jemenit(in) <-en, -en> *m(f)* Yemeni; *s. a.* **Deutsche(r)**

jemenitisch *adj* Yemeni; *s. a.* **deutsch**

jene(r, s) *pron dem* (*geh*) ① (*der/die/das Bewusste*) that *sing,* those *pl* ② (*der/die/das dort*) that, those *pl*

jenseits **I.** *präp* +*gen* (*auf der anderen Seite*) ■**~ einer S.** *gen* on the other side of sth; **~ *der Alpen beginnt Norditalien*** Northern Italy begins on the other side of the Alps; **~ der zwanzig/dreißig/etc.** on the other side of twenty/thirty/etc. **II.** *adv* (*über ... hinaus*) ■**~ von etw** beyond sth; *s. a.* **gut**

Jenseits <-> *nt kein pl* hereafter, next world; ■**das/ein ~** the/a hereafter [*or* next world], the beyond; **jdn/ein Tier ins ~ befördern** (*euph fam*) to dispatch sb/an animal *euph*

Jeremias <-> *m* REL Jeremiah

Jerewan <-s> *nt s.* **Eriwan**

Jersey <-[s], -s> ['dʒø:ɐzi, 'dʒœrzi] *m* MODE jersey

Jerusalem <-s> [je-] *nt* Jerusalem

Jesses *interj* (*fam*) good Lord!, Jesus! *fam!*

Jesuit <-en, -en> *m* Jesuit

Jesuitenorden *m* Jesuit Order **Jesuitenschule** *f* Jesuit school

Jesus <*gen/dat* Jesu, *akk* Jesum> *m* REL Jesus; ~

Christus Jesus Christ ▶ WENDUNGEN: ~ **Maria** [**und Josef**]! DIAL (*fam*) holy mother of God! *fam!*; **bin ich ~?, ich bin doch nicht ~!** (*fam*) I'm not the fount of all knowledge!; ***was soll ich nicht noch alles tun, bin ich ~?*** the things I have to do, I'm not a miracle worker!

Jesuskind *nt* ■ **das** ~ the Christ Child, the Infant Jesus **Jesuslatschen** *pl* (*fam*) Jesus sandals *pl fam*

Jet <-[s], -s> [dʒɛt] *m* LUFT (*fam*) jet

JetlagRR <-s, -s> ['dʒɛtlɛg] *m*, **Jet-Lag** <-s, -s> *m* jet lag

Jeton <-s, -s> [ʒə'tõ] *m* chip

JetsetRR, **Jet-Set** <-s, *selten* -s> ['dʒɛtsɛt] *m* (*fam*) jet-set *fam*

jetten ['dʒɛtn] *vi sein* (*fam*) ■ **irgendwohin** ~ to jet off somewhere *fam*

jetzig *adj attr* current, present; ***die ~e Situation ist kritisch*** the current situation is critical

jetzt *adv* ① (*zur Zeit*) now; ***es ist ~ genau 13 Uhr*** it's now exactly 1 p.m.; ~ **gleich** right now, straight away; ~ **oder nie!** [it's] now or never!; **von ~ auf nachher** momentarily, instantly; ~ **noch?** now?; ~ **schon?** already?; ***beeil dich, wir müssen los! — ~ schon?*** hurry up, we must be off! — what, already?; **bis** ~ so far, up till now; ***ich habe bis ~ gewartet*** I've been waiting up till now; **für** ~ for now, for the present; ***für ~ wollen wir erst mal Schluss machen!*** let's call it a day for now! ② (*verstärkend: nun*) now; ***habe ich ~ den Brief eingeworfen oder nicht?*** now, have I posted the letter or not?; ***hast du es ~ endlich kapiert?*** has it finally registered now?; ***wer ist das ~ schon wieder?*** who on earth is that now? ③ (*heute*) now[adays], these days; ***wo sich früher die alte Schule befand, steht ~ ein Kaufhaus*** there's a department store now where the old school used to be; ***das Verfahren ist auch ~ noch das gleiche wie vor fünf Jahren*** the procedure these days is exactly the same as it was five years ago; ***das ist ~ nicht mehr der Fall*** that's no longer the case [now]

Jetzt <-> *nt kein pl* (*geh*) present; ■ **das** ~ the present, the moment

jeweilig *adj attr* current, prevailing; ***es gibt Geschichtswerke, in denen zu jeder Epoche Bilder der ~en Mode gezeigt werden*** there are historical works showing pictures of the prevailing fashions for each epoch

jeweils *adv* ① (*jedesmal*) each [*or* every] time; ***die Miete ist ~ monatlich im Voraus fällig*** the rent is due each month in advance; ***die ~ Betroffenen können gegen die Bescheide Einspruch einlegen*** each of the persons concerned can lodge an objection to the decisions taken ② (*immer zusammengenommen*) each; ***die Schulklassen haben ~ einen Klassensprecher zu wählen*** the classes must each elect a class spokesperson; ~ ***drei Pfadfinder mussten sich einen Teller Eintopf teilen*** in each instance three scouts had to share one plate of stew ③ (*zur entsprechenden Zeit*) at the time; ***historische Uniformen wurden aus den ~ existierenden Staaten ausgestellt*** historical uniforms were exhibited from the states existing at the time

Jg. *Abk von* **Jahrgang** year

Jh. *Abk von* **Jahrhundert** century

JH *Abk von* **Jugendherberge** YH

jiddisch *adj* Yiddish; **auf J~** in Yiddish

Jiddisch *nt decl wie adj* Yiddish; ■ **das ~e** Yiddish

Jiu-Jitsu <-s> ['dʒi:u'dʒɪtsu] *nt kein pl* j[i]u-jitsu

Job <-s, -s> [dʒɔp] *m* (*fam*) job; ([*vorübergehende*] *Beschäftigung*) job, work *no pl*

jobben ['dʒɔbn] *vi* (*fam*) ■ [**irgendwo**] ~ to do casual work [somewhere]; ***in den Schulferien jobbe ich immer etwas*** I always do some sort of casual work in the school holidays

Jobbörse *f* ÖKON [graduate] job fair **Jobsharing**RR <-[s]> [-ʃɛ:rɪŋ] *nt kein pl*, **Job-sharing** <-[s]> *nt kein pl* ÖKON jobsharing *no pl, no art* **Jobsuche** *f kein pl* ÖKON (*fam*) job-hunting *no pl, no art*, job-seeking *no pl, no art*; **auf ~ sein** to be looking for a job **Jobvermittlung** *f* ÖKON employment agency

Joch <-[e]s, -e> *nt* ① (*Teil des Geschirrs von Zugtieren*) yoke ② ARCHIT bay ③ GEOL col, pass ▶ WENDUNGEN: **jds/das ~ einer S. abwerfen** [*o* **abschütteln**] *gen* (*liter*) to shake [*or* throw] off the yoke of sb/of sth *liter*; **sich jds** *dat* ~ **beugen** (*liter*) to submit to the yoke of sb *liter*

Jochbein *nt* ANAT cheek-bone

Jockei, Jockey <-s, -s> ['dʒɔke, 'dʒɔki] *m* jockey

Jockeymütze *f* jockey cap

Jod <-s> *nt kein pl* iodine

jodeln *vi* to yodel

jodhaltig *adj inv* iodic, containing iodine *pred*

Jodler <-s, -> *m* yodel; ***er beendete das Liedchen mit einem ~*** he finished the short song with a yodel

Jodler(in) <-s, -> *m(f)* yodeller

Jodmangel *m kein pl* MED iodine deficiency *no pl* **Jodsalz** *nt kein pl* CHEM iodate; KOCHK, MED, PHARM iodized salt **Jodtinktur** *f* tincture of iodine

Joga <-[s]> *m o nt kein pl* yoga *no pl*

joggen ['dʒɔgn] *vi* ① *haben* (*als Jogger laufen*) to jog; ***ich halte mich fit, indem ich regelmäßig jogge*** I keep fit by jogging regularly ② *sein* ■ **irgendwohin** ~ to jog somewhere

Jogger(in) <-s, -> ['dʒɔgɐ] *m(f)* jogger

Jogging <-s> ['dʒɔgɪŋ] *nt kein pl* jogging *no pl*

Jogginganzug ['dʒɔgɪŋ-] *m* tracksuit **Jogginghose** *f* tracksuit bottoms *pl* **Joggingschuh** *m* trainer BRIT, running shoe AM; ***meine ~e sind aus leichtem Material*** my trainers are made of a light material

Joghurt <-[s], -[s]> *m o nt*, **Jogurt** <-[s], -[s]> *m o nt* yog[h]urt, yoghourt

Joghurtgerät *nt*, **Jogurtgerät** *nt* yoghurt maker

Jogi <-s, -s> *m* yogi

Johanna <-> *f* Joanna; [**die heilige**] ~ **von Orléans** HIST Joan of Arc

Johannes <-> *m* John; ~ **der Täufer** John the Baptist

Johannesevangelium *nt* Gospel according to St. John

Johannisbeere *f* currant; **rote/schwarze** ~ redcurrant/blackcurrant **Johannisbrotbaum** *m* BOT carob, locust tree **Johanniskäfer** *m* (*fam*) glowworm **Johanniskraut** *nt* BOT St. John's wort

johlen *vi* to yell

Joint <-s, -s> [dʒɔɪnt] *m* (*sl: Haschzigarette*) joint *sl*

JointventureRR <-s, -s> [dʒɔɪnt'vɛntʃə] *nt*, **Joint-venture** <-s, -s> *nt* ÖKON joint venture

Jo-Jo <-s, -s> *nt* yo-yo

Jo-Jo-Effekt *m* (*erneute Gewichtszunahme nach Diät*) yo-yo effect

Joker <-s, -> ['jo:kɐ, 'dʒo:kɐ] *m* KARTEN joker

Jolle <-, -n> *f* NAUT ① (*Beiboot*) jolly [boat] ② (*kleines Segelboot mit Schwert*) small sailing yacht

Jongleur(in) <-s, -e> [ʒɔŋ'lø:ɐ] *m(f)* juggler

jonglieren* [ʒɔŋ'li:rən] *vi* ① (*werfen und auffangen*) ■ [**mit etw**] ~ to juggle [with sth] ② (*geh: spielerisch umgehen*) ■ **mit etw** ~ to juggle with sth

Joppe <-, -n> *f* DIAL jacket

Jordan <-s> *m* Jordan ▶ WENDUNGEN: **über den ~ gehen** (*euph fam*) to pass away *euph*; **jdn über den ~ gehen lassen** to have sb bumped off *fam*

Jordanien <-s> *nt* GEOG Jordan

Jordanier(in) <-s, -> *m(f)* GEOG Jordanian

jordanisch *adj inv* GEOG Jordanian

J

Josef, Joseph <-s> *m* Joseph
Jot <-, -> *nt* J, j
Jota <-[s], -s> *nt* iota ▸ WENDUNGEN: **kein** [*o* **nicht ein**] ~ (*geh*) not one iota [*or* a jot]; ***er ist nicht ein ~ anders als sein Bruder*** there's not a jot of difference between him and his brother
Joule <-[s], -> [ʒuːl] *nt* PHYS joule
Jour fixe <- -, -s -s> [ʒuːɐ̯ˈfɪks] *m* (*geh*) regular meeting
Journaille <-> [ʒʊrˈnaljə] *f kein pl* (*pej geh*) gutter [*or* yellow] press *pej*
Journal <-s, -e> [ʒʊrˈnaːl] *nt* ❶ (*Tagebuch*) daybook, journal ❷ (*geh: Zeitschrift*) magazine, periodical, journal *form*
Journalismus <-> [ʒʊrnaˈlɪsmʊs] *m kein pl* ❶ (*Pressewesen*) press ❷ (*journalistische Berichterstattung*) journalism *no pl*
Journalist(in) <-en, -en> [ʒʊrnaˈlɪst] *m(f)* journalist
Journalistik <-> [ʒʊrnaˈlɪstɪk] *f kein pl* journalism *no pl*
Journalistin <-, -nen> *f fem form von* **Journalist**
journalistisch [ʒʊrnaˈlɪstɪʃ] **I.** *adj* (*das Pressewesen betreffend*) journalistic **II.** *adv* journalistically; ***ich habe bisher freiberuflich ~ gearbeitet*** I've worked up till now as a freelance journalist
jovial [joviˈaːl] *adj* (*geh*) jovial; ■ ~ [**zu jdm**] **sein** to be jovial [towards sb]
Jovialität <-> [joviali'tɛːt] *f kein pl* (*geh*) joviality
Joystick <-s, -s> [ˈdʒɔɪstɪk] *m* joy-stick
jr. *adj Abk von* **junior** jnr., jr.
Jubel <-s> *m kein pl* (*Jubelrufe*) cheering *no pl* ▸ WENDUNGEN: **~, Trubel, Heiterkeit** (*fam*) laughter and merriment
Jubelgeschrei *nt* cry of jubilation *liter*, shouting and cheering **Jubelhochzeit** *f* (*fam*) [silver, golden etc.] wedding anniversary **Jubeljahr** *nt* (*Jubiläumsjahr*) jubilee ▸ WENDUNGEN: **nur alle ~e [einmal]** (*fam*) once in a blue moon *fam*
jubeln *vi* ■ [**über etw** *akk*] ~ to celebrate [sth]; ***„juhu! ich habe gewonnen!" jubelte sie freudestrahlend*** "yippee, I've won", she cheered, beaming with joy; **eine ~e Menge** a cheering crowd
Jubelruf *m* cheer; **unter ~en** accompanied by cheers
Jubilar(in) <-s, -e> *m(f) person celebrating an anniversary*
Jubiläum <-s, Jubiläen> *nt* anniversary
Jubiläumsessen *nt* anniversary dinner **Jubiläumsgast** *m* guest invited to the anniversary **Jubiläumskuchen** *m* anniversary cake
jubilieren* *vi* (*geh*) ■ [**über etw** *akk*] ~ ❶ (*jubeln*) to celebrate [sth]; ***wenn meine Bewerbung erfolgreich ist, besteht Anlass zu ~*** if my application is successful, there'll be cause for celebration ❷ (*frohlocken*) to rejoice *liter*
juchhe, juchheißa, juchhu *interj* (*fam*) hooray!, yippee!, hurrah!
Juchten <-s> *nt o m kein pl* ❶ (*wasserdichtes Leder*) Russia leather ❷ (*Parfümduft*) Russian leather
juchzen *vi* (*fam*) to shout with joy; ■ **das J~** joyous shouts
jucken **I.** *vi* (*Juckreiz erzeugen*) to itch **II.** *vi impers* to itch; ***zeig mir mal genau, wo es juckt!*** show me where it's itching! **III.** *vt impers* ❶ (*zum Kratzen reizen*) ■ **es juckt jdn [irgendwo]** sb has an itch [somewhere]; ***mich juckt's am Rücken*** my back's itching; ***genau da, da juckt es mich immer!*** right there, I always get an itch there! ❷ (*fam: reizen*) ■ **jdn juckt es, etw zu tun** sb's itching to do sth; ***es juckte sie schon, ihn zu korrigieren*** she was itching to correct him **IV.** *vt* ❶ (*kratzen*) ■ **jdn** ~ to make sb itch; ***das Unterhemd juckt mich*** the vest makes me itch ❷ (*reuen*) ■ **jdn juckt etw** sb regrets sth; ■ **jdn juckt es, etw getan zu haben** sb regrets having done sth; ***hinterher hat es ihn gehörig gejuckt, nichts gesagt zu haben*** afterwards he really regretted having said nothing [*or* not having said anything] ❸ *meist verneint* (*fam: kümmern*) ■ **jdn juckt etw [nicht]** sth is of [no] concern to sb; ***das juckt mich doch nicht*** I couldn't care less *fam*; ***die Firma will nach Leipzig umziehen! — na und, wen juckt das?*** the company intends to move to Leipzig! — so what, who cares about that? **V.** *vr* (*fam: sich kratzen*) ■ **sich [an etw** *dat*] ~ to scratch [one's sth]; ***ich muss mich immer so am Kopf ~*** I keep on having to scratch my head
Jucken <-s> *nt kein pl* itching *no pl*
Juckpulver [-fɐ, -vɐ] *nt* itching powder **Juckreiz** *m* itch[ing *no pl*]
Judas <-, -se> *m* ❶ REL Judas ❷ (*pej geh: Verräter*) Judas *pej*
Judaslohn *m* (*pej geh*) thirty pieces of silver
Jude, Jüdin <-n, -n> *m, f* Jew *masc*, Jewess *fem*; ■ **die ~n** the Jews; **der Ewige** ~ (*geh*) the Wandering Jew; **~ sein** to be a Jew/Jewess, to be Jewish
Judenhass[RR] *m* anti-Semitism **Judenstern** *m* HIST star of David
Judentum <-s> *nt kein pl* ❶ (*Gesamtheit der Juden*) Jewry *no pl*, Jews *pl* ❷ (*jüdische Wesensart*) Jewishness
Judenverfolgung *f* HIST persecution of [the] Jews **Judenvernichtung** *f kein pl* POL, SOZIOL, REL extermination of the Jews; (*im 3. Reich*) Holocaust *no pl*
Jüdin <-, -nen> *f fem form von* **Jude** Jewess
jüdisch *adj* Jewish
Judo <-s> *nt kein pl* judo *no pl*
Judoka <-s, -s> *m* judoist
Jugend <-> *f kein pl* ❶ (*Jugendzeit*) youth *no pl*; **frühe/früheste** ~ early/earliest youth; **in jds** *dat* ~ in sb's youth; ***in meiner ~ kostete ein Brötchen sechs Pfennige*** when I was young a roll cost six Pfennigs; **von ~ an** [*o* **auf**] from one's youth; ***wir haben schon von ~ auf immer zusammen gespielt*** we have always played together right from our youth ❷ (*Jungsein*) youthfulness ❸ (*junge Menschen*) ■ **die** ~ young people *pl*; **die europäische** ~ the youth [*or* young people] of Europe; **die ~ von heute, die heutige** ~ young people [*or* the youth of] today; **die reifere** ~ (*hum*) the young at heart *hum*; ***auch die reifere ~ war zugegen*** the older age-group were also present; **die studentische** ~ young students; **die weibliche/männliche** ~ (*geh*) young women/men *pl*
Jugendalkoholismus *m kein pl* youth alcoholism *no pl* **Jugendarbeitslosigkeit** *f kein pl* youth unemployment *no pl* **Jugendaustausch** *m kein pl* SOZIOL student exchange programme [*or* AM -am] [*or* BRIT .A scheme] **Jugendbewegung** *f* HIST ■ **die** ~ the German Youth Movement **Jugendbild** *nt* photograph of sb as a young person **Jugendbildnis** *nt* KUNST portrait of a young person **Jugendbuch** *nt* book for young readers **jugendfrei** *adj* (*veraltend*) *Film* U-cert[ificate] BRIT, [rated] G AM **Jugendfreund(in)** *m(f)* childhood friend **jugendgefährdend** *adj* morally damaging to juveniles **Jugendgericht** *nt* juvenile court **Jugendgruppe** *f* youth group **Jugendhelfer(in)** *m(f)* youth worker **Jugendherberge** *f* youth hostel **Jugendherbergswerk** *nt* **Deutsches** ~ *German youth hostelling association* **Jugendhilfe** *f kein pl* JUR *organization offering support and various services such as counselling to young people* **Jugendjahre** *pl* youth *sing*; ■ **jds** ~ sb's youth **Jugendkriminalität** *f kein pl* juvenile delinquency *no pl* **Jugendkult** *m kein pl*

youth cult *no pl*

jugendlich I. *adj* ❶ (*jung*) young ❷ (*durch jds Jugend bedingt*) youthful; ~**er Leichtsinn** youthful carelessness ❸ (*jung wirkend*) youthful II. *adv* youthfully

Jugendliche(r) *f(m) decl wie adj* young person

Jugendlichkeit <-> *f kein pl* ❶ (*jugendliches Alter*) youth *no pl* ❷ (*jugendliches Erscheinungsbild*) youthfulness *no pl*

Jugendliebe *f* childhood sweetheart **Jugendmannschaft** *f* youth team **Jugendpflege** *f* (*veraltend*) youth welfare **Jugendrichter(in)** *m(f)* magistrate in a juvenile court **Jugendschutz** *m kein pl* JUR protection of children and young persons **Jugendsekte** *f* youth sect **Jugendstil** *m* KUNST, ARCHIT Art Nouveau **Jugendstrafanstalt** *f* JUR (*geh*) youth detention centre [*or* AM -er] **Jugendstrafe** *f* JUR sentence for young offenders **Jugendstraftäter(in)** *m(f)* JUR, SOZIOL young offender **Jugendsünde** *f* youthful misdeed **Jugendtorheit** *f* youthful folly **Jugendtraum** *m* childhood dream **Jugendwahn** *m kein pl* SOZIOL (*pej fam*) delusions *pl* of youth **Jugendwohnheim** *nt* hostel for young workers **Jugendzeit** *f kein pl* youth *no pl* **Jugendzentrum** *nt* youth centre [*or* AM -er]

Jugoslawe, Jugoslawin <-n, -n> *m, f* Yugoslav

Jugoslawien <-s> [-viən] *nt* Yugoslavia

Jugoslawin <-, -nen> *f fem form von* **Jugoslawe**

jugoslawisch *adj* Yugoslav[ian]

Julei <-s, -s> *m bes* COM (*Juli*) July; *s. a.* **Februar**

Juli[1] <-[s], -s> *m* July; *s. a.* **Februar**

Juli[2] <-s, -s> *m* POL *kurz für* **Jungliberale(r)**

Jumbo(jet)RR <-s, -s> [-dʒɛt] *m*, **Jumbo(-Jet)** <-s, -s> *m* jumbo [jet]

jun. *adj Abk von* **junior**

jung <jünger, jüngste> I. *adj* ❶ (*noch nicht älter*) young; ▪**jünger [als jd] sein** to be younger [than sb]; ~ **und alt** young and old alike; *s. a.* **Jahr** ❷ (*jung wirkend*) youthful; ***das hält ~!*** it keeps you young! ❸ (*später geboren*) young; ▪**der/die Jüngere/der/die Jüngste** the younger/youngest ❹ (*erst kurz existierend*) new II. *adv* (*in jungen Jahren*) young; ~ **heiraten/sterben** to marry/die young; **von ~ auf** since one's youth, from an early age ▸ WENDUNGEN: ~ **gefreit, nie gereut** (*prov*) he who marries young won't regret it

Jungbrunnen *m* ❶ (*revitalisierender Umstand*) tonic; ***der Urlaub war ein wahrer ~*** the holiday was a real tonic ❷ LIT fountain of youth

Junge <-n, -n> *m* ❶ (*männliches Kind*) boy ❷ (*Laufbursche*) errand boy ❸ (*fam*) ▪**Jungs,** ▪**Jungens** *pl* (*veraltend fam: Leute*) lads *pl* BRIT, chaps *pl* BRIT, guys *pl* AM ▸ WENDUNGEN: **alter** ~ (*fam*) old chap [*or* AM fellow], BRIT *a.* [old] mate; **dummer** ~ wet behind the ears; **wie ein dummer** ~ like a child [*or* an idiot]; **ein schwerer** ~ (*fam*) big-time crook; **mein** ~**!** (*fam*) my dear boy!; ~, ~**!** (*fam*) boy oh boy! *fam*

Junge(s) *nt decl wie adj* ❶ ZOOL (*Jungtier*) young ❷ ORN (*Jungvogel*) young

Jungengesicht *nt* boyish face

jungenhaft *adj* boyish

jünger *adj* ❶ *comp von* **jung** younger ❷ (*noch nicht allzu alt*) youngish ❸ (*wenig zurückliegend*) recent

Jünger(in) <-s, -> *m(f)* ❶ REL (*Schüler Jesu*) disciple ❷ (*Anhänger*) disciple

Jüngere(r) *f(m) decl wie adj* ❶ (*jüngerer Mensch*) younger person ❷ (*Junior*) junior; ***Breughel der ~*** Breughel junior [*or esp* BRIT the junior]

Jüngerin <-, -nen> *f fem form von* **Jünger**

Jungfer <-, -n> *f* (*veraltet*) mistress *hist;* **eine alte** ~ (*pej*) an old maid *pej*

Jungfernfahrt *f* NAUT maiden voyage **Jungfernflug** *m* LUFT maiden flight **Jungfernhäutchen** *nt* ANAT hymen **Jungferninseln** *pl* **die amerikanischen/britischen** ~ the US/British Virgin Islands; *s. a.* **Falklandinseln Jungfernrede** *f* POL maiden speech

Jungfrau *f* ❶ (*Frau vor ihrem ersten Koitus*) virgin; **die ~ Maria** the Virgin Mary; **die ~ von Orléans** Joan of Arc, the Maid of Orleans; **die Heilige** ~ the Holy [*or* Blessed] Virgin; **die Eiserne** ~ HIST the Iron Maiden ❷ ASTROL (*Tierkreiszeichen*) Virgo; ▪~ **sein** to be a Virgo ▸ WENDUNGEN: **[zu etw kommen] wie die ~ zum Kind[e]** (*hum fam*) to fall into sb's lap; ***zu dem Job kam sie wie die ~ zum Kinde*** the job just fell into her lap

jungfräulich *adj* (*geh*) ❶ (*Zustand*) virgin ❷ (*noch unberührt*) virgin; ~**er Schnee** virgin snow

Jungfräulichkeit <-> *f kein pl* (*geh*) ❶ (*Zustand*) virginity *no pl* ❷ (*Unberührtheit*) virginity *no pl,* purity *no pl*

Junggeselle, -gesellin *m, f* bachelor; **ein eingefleischter ~ sein** to be a confirmed bachelor

Junggesellenbude *f* (*fam*) bachelor pad *fam* **Junggesellendasein** *nt* bachelor existence **Junggesellenleben** *nt* bachelor life **Junggesellenwohnung** *f* bachelor flat **Junggesellenzeit** *f kein pl* bachelor days *pl*

Junggesellin <-, -nen> *f fem form von* **Junggeselle** a single woman

Jungliberale(r) *f(m) decl wie adj* POL Young Liberal

Jüngling <-s, -e> *m* (*geh*) (*junger Mann*) youth ▸ WENDUNGEN: **[auch] kein ~ mehr sein** to be no spring chicken anymore

Jungmasthähnchen *nt* young poulard[e] **Jungsozialist(in)** *m(f)* POL Young Socialist

jüngst *adv* (*geh*) recently

jüngste(r, s) *adj* ❶ *superl von* **jung** youngest; **[auch] nicht mehr der/die Jüngste sein** (*hum*) to be no spring chicken anymore [either] ❷ (*nicht lange zurückliegend*) [most] recent ❸ (*neueste*) latest; *s. a.* **Gericht, Tag**

Jungsteinzeit *f* Neolithic period, New Stone Age

jüngstens *adv* (*veraltend geh*) *s.* **jüngst**

Jungtier *nt* ZOOL young animal **Jungverheiratete(r)** *f(m) decl wie adj* newly-wed; ▪**die ~n** the newly-weds **Jungvermählte(r)** *f(m) decl wie adj* (*geh*) *s.* **Jungverheiratete Jungvieh** *nt* young cattle + *pl vb* **Jungwähler(in)** *m(f)* young voter **Jungwild** *nt* young game

Juni <-[s], -s> *m* June; *s. a.* **Februar**

junior *adj* (*geh*) junior

Junior, Juniorin <-s, -en> *m, f* ❶ ÖKON (*~chef*) son *masc*/daughter *fem* of the boss ❷ (*fam: Sohn*) junior ❸ *pl* SPORT (*junge Sportler zwischen 18 und 23*) juniors *npl*

Juniorchef(in) *m(f)* ÖKON boss' [*or* owner's] son *masc*/daughter *fem*

Juniorenausweis *m* EISENB young persons' railcard BRIT

Juniorin <-, -nen> *f fem form von* **Junior**

Juniorpartner(in) *m(f)* junior partner **Juniorpass**RR *m* EISENB young person's railcard BRIT

Junk-Bond <-s, -s> ['dʒaŋk] *m* FIN (*Risikoanleihe*) junk bond

JunkfoodRR <-s> ['dʒaŋkfu:d] *nt kein pl,* **Junkfood** <-s> *nt kein pl* junk food *no pl*

Junkie <-s, -s> ['dʒaŋki] *m* (*sl*) junkie *sl*

Junktim <-s, -s> *nt* POL package deal; **zwischen Dingen besteht ein** ~ different things are dependent upon [*or* go hand-in-hand with] each other

Juno <-s, -s> *m bes* COM June; *s. a.* **Julei**

Junta <-, Junten> ['xʊnta, 'jʊnta] *f* POL junta

Jupe <-s, -s> [ʒy:p] *m* SCHWEIZ (*Rock*) skirt

K

Jupiter <-s> *m* Jupiter
jur. *adj Abk von* **juristisch**
Jura¹ *kein art* SCH law
Jura² <-s> *m* GEOL Jurassic [period/system]
Jura³ <-s> *nt kein pl* GEOG ❶ (*Gebirge in der Ostschweiz*) Jura Mountains *pl* ❷ (*schweizer Kanton*) Jura
Jurastudium *nt* law studies *pl*
Jurisdiktion <-, *selten* -en> *f* (*geh*) jurisdiction
Jurisprudenz <-> *f kein pl* (*geh*) jurisprudence *no pl*
Jurist(in) <-en, -en> *m(f)* ❶ JUR (*Akademiker*) jurist ❷ SCH (*fam: Jurastudent*) law student
Juristendeutsch *nt,* **Juristensprache** *f kein pl* legal jargon
Juristerei <-> *f kein pl* JUR law *no pl,* legal practice *no pl;* (*Studium der Rechtswissenschaft*) law *no pl*
Juristin <-, -nen> *f fem form von* **Jurist**
juristisch I. *adj* ❶ SCH (*Jura betreffend*) legal; **~es Studium** law studies; **die ~e Fakultät** Faculty of Law ❷ JUR (*die Rechtsprechung betreffend*) law *attr;* **ein ~es Problem** a juridicial problem; *s. a.* **Person II.** *adv* JUR **~ argumentiert/betrachtet** argued/seen from a legal point of view
Juror, Jurorin <-s, Juroren> *m, f meist pl* juror, member of the jury
Jury <-, -s> [ʒyˈriː, ˈʒyːri, ˈdʒuːri] *f* jury
Jus¹ <-> *nt kein art* ÖSTERR (*Jura*¹) law
Jus² <-> [ʒyː] *f o m o nt kein pl* ❶ SCHWEIZ (*Fruchtsaft*) fruit juice ❷ (*Bratensaft*) [meat] juices *pl*
Juso <-s, -s> *m kurz für* **Jungsozialist**
just *adv* ❶ (*veraltet: eben gerade*) just; ***da fällt mir ~ ein*** I've just remembered ❷ (*liter: genau*) exactly; ***~ in dem Moment*** at that very [*or* just at that] moment
justierbar *adj* TECH adjustable; **elektrisch ~e Sitze** electrically adjustable [*or* power-adjusted] seats
justieren* *vt* ■**etw ~** to adjust sth
Justierung <-, -en> *f* ❶ (*das Justieren*) adjustment ❷ (*Einstellmechanismus*) adjustment
Justitia <-s> [jʊsˈtiːtsia] *f kein pl* ❶ (*geh: das personifizierte Recht*) the law ❷ (*römische Göttin der Gerechtigkeit*) Justice
Justitiar(in) <-s, -e> *m(f) s.* **Justiziar**
Justiz <-> *f kein pl* JUR ❶ (*Gerichtsbarkeit*) justice *no pl* ❷ (*~behörden*) legal authorities *pl*
Justizapparat *m kein pl* JUR, POL (*pej fam*) judicial machinery **Justizbeamte(r)** *f(m) decl wie adj* JUR, ADMIN judicial officer **Justizbehörde** *f* legal authority **Justizgebäude** *nt* JUR, ADMIN court-house
Justiziar(in)RR <-s, -e> [jʊstiˈtsiaːɐ] *m(f)* ❶ (*für Rechtliches zuständiger Angestellter*) in-house lawyer ❷ HIST (*Gerichtsherr in der Patrimonialgerichtsbarkeit*) lord of the manor **Justizirrtum** *m* miscarriage of justice **Justizminister(in)** *m(f)* Minister of Justice BRIT, Attorney General AM **Justizministerium** *nt* Ministry of Justice BRIT, Department of Justice AM, Justice Department AM **Justizmord** *m* judicial murder **Justizvollzugsanstalt** *f* (*geh*) place of detention
Jute <-> *f kein pl* ❶ BOT (*~ liefernde Pflanze*) jute ❷ MODE (*Bastfaser aus ~*) jute
Juvenilhormon *nt* ZOOL juvenile hormone
Juwel¹ <-s, -en> *m o nt* ❶ (*Schmuckstein*) gem[stone], jewel ❷ *pl* (*Schmuck*) jewellery *no pl,* jewelry *no pl*
Juwel² <-s, -e> *nt* ❶ (*geschätzte Person oder Sache*) gem; **ein ~ von einer Köchin sein** to be a gem of a cook ❷ (*prachtvoller Ort*) gem, jewel; ***der Schwarzwald ist ein Juwel unter den deutschen Landschaften*** the Black Forest is one of the jewels of the German countryside ❸ (*kostbares Exemplar*) gem, jewel; ***das Juwel der Sammlung*** the jewel [*or* gem] of the collection
Juwelier(in) <-s, -e> *m(f)* ❶ (*Besitzer eines ~geschäftes*) jeweller BRIT, jeweler AM ❷ (*Juweliergeschäft*) jeweller's BRIT, jeweler's AM
Juweliergeschäft *nt* jeweller's [*or* AM jeweler's] [shop [*or* AM *usu* store]]
Juwelierin <-, -nen> *f fem form von* **Juwelier**
Jux <-es, -e> *m* (*fam: Scherz*) joke; **aus [lauter] ~ und Tollerei** (*fam*) out of sheer fun; **sich** *dat* **einen ~ aus etw machen** to make a joke out of sth; **aus ~** as [*or* BRIT *a.* for] a joke
juxen *vi* (*fam*) to joke
jwd [jɔtveːˈdeː] *adv* (*hum fam*) *Abk von* **ganz weit draußen** in the middle of nowhere *fam,* miles from anywhere *fam*

K

K, k <-, – *o fam* -s, -s> *nt* K, k; **~ wie Kaufmann** K for [*or* AM as in] King; *s. a.* **A 1**
Kabarett <-s, -e *o* -s> *nt* ❶ *kein pl* (*Kleinkunst*) cabaret ❷ (*Kleinkunstbühne*) cabaret ❸ (*Ensemble*) cabaret ensemble
Kabarettist(in) <-en, -en> *m(f)* cabaret artist
kabarettistisch *adj* cabaret
Kabäuschen <-s, -> *nt* DIAL (*fam*) hut, cabin
kabbeln *vr* (*fam*) to squabble, to bicker; ■**sie ~ sich** they're squabbling [*or* bickering]
Kabel <-s, -> *nt* ❶ ELEK (*Elektroleitung*) wire ❷ TELEK, TV (*Leitung*) cable ❸ NAUT (*starkes Tau*) rope ❹ BAU (*Drahtseil*) cable
KabelanschlussRR *m* TV cable connection **Kabelbaum** *m* cable harness **Kabelfernsehen** *nt* TV cable TV
Kabeljau <-s, -e *o* -s> *m* ZOOL, KOCHK cod
Kabelkanal *m* TV, RADIO cable channel **Kabelnetz** *nt* TV cable network **Kabelrolle** *f* TECH cable drum **Kabeltrommel** *f* ELEK cable drum
Kabine <-, -n> *f* ❶ (*Umkleidekabine*) changing room ❷ TELEK booth ❸ NAUT (*Passagierunterkunft*) cabin ❹ TRANSP (*Gondel*) cable-car
Kabinett¹ <-s, -e> *nt* ❶ POL (*Kollegium der Minister*) cabinet ❷ KUNST (*kleiner Raum im Museum*) gallery
Kabinett² <-s, -e> *m* KOCHK *special quality German wine*
KabinettsbeschlussRR *m* POL Cabinet decision **Kabinettssitzung** *f* POL Cabinet meeting
Kabinettstück *nt* masterstroke
Kabinettsumbildung *f* cabinet reshuffle
Kabinettwein *m s.* **Kabinett**²
Kabrio <-[s], -s> *nt* AUTO convertible
Kabriolett <-s, -s> *nt* ÖSTERR, SÜDD (*geh: Kabrio*) convertible
Kabuff <-s, -e *o* -s> *nt* (*fam*) boxroom BRIT, cubbyhole AM
Kachel <-, -n> *f* tile
kacheln *vt* to tile; ■**etw ~** to tile sth
Kachelofen *m* tiled stove
Kacke <-> *f kein pl* ❶ (*derb: menschliche Exkremente*) shit *vulg,* crap *vulg* ❷ (*sl: Hundekot*) dog shit *vulg* ▶ WENDUNGEN: **dann ist die ~ am Dampfen** (*sl*) then the shit will really hit the fan *vulg*
kacken *vi* (*vulg*) to shit *vulg,* to crap *vulg*
Kacker <-s, -> *m* (*pej sl*) shithead *vulg*
Kadaver <-s, -> [-vɐ] *m* carcass
Kadavergehorsam *m* (*pej*) blind obedience
Kadenz <-, -en> *f* MUS cadenza
Kader <-s, -> *m* ❶ MIL (*Kerntruppe des Heers*) cadre ❷ SPORT squad ❸ (*Spezialistentruppe*) group of spe-

cialists ④ (*Angehöriger einer Spezialistentruppe*) specialist
Kadett <-en, -en> *m* MIL cadet
Kadi <-s, -s> *m* (*islamischer Richter*) Kadi, cadi ▸ WENDUNGEN: **jdn vor den ~ bringen** [*o* **schleppen**] (*fam*) to take sb to court
Kadmium <-s> *nt kein pl* cadmium
Käfer <-s, -> *m* ① ZOOL (*Insekt*) beetle ② AUTO (*fam: Volkswagen*) beetle ▸ WENDUNGEN: **ein flotter** [*o* **hübscher**] **~** (*veraltend sl*) a nice bit of skirt BRIT *fam*, a hot chick AM *fam*
Kaff <-s, -s *o* -e> *nt* (*pej fam*) dump *fam*, hole *fam*
Kaffee <-s, -s> *m* ① (*Getränk*) coffee; **~ und Kuchen** coffee and cake; **~ mit Milch** white coffee; **koffeinfreier ~** decaffeinated coffee; **schwarzer ~** black coffee; **den/seinen ~ schwarz trinken** to drink one's coffee black; [**jdm einen**] **~ machen** to make [sb a] coffee; **~ trinken** to have [*or* drink] [a] coffee ② *kein pl* BOT (*Strauch*) coffee ③ (*~einladung*) coffee ▸ WENDUNGEN: **kalter ~ sein** (*pej fam*) to be old hat
Kaffeebaum *m* BOT coffee tree **Kaffeebohne** *f* coffee bean **kaffeebraun** *adj* coffee-coloured [*or* AM -ored] **Kaffee-Ersatz** *m* coffee substitute **Kaffee-Extrakt** *m* coffee essence **Kaffeefahrt** *f* promotional trip **Kaffeefilter** *m* ① (*Vorrichtung*) coffee filter ② (*fam: Filterpapier*) filter paper **Kaffeegeschirr** *nt s.* Kaffeeservice **Kaffeehaus** *nt* ÖSTERR coffeehouse **Kaffeekanne** *f* coffeepot **Kaffeeklatsch** *m kein pl* (*fam*) coffee morning BRIT, coffee klat[s]ch AM, kaffeeklatsch AM **Kaffeekränzchen** <-, -s> *nt* (*hum veraltend*) ≈ coffee morning BRIT; (*die Gruppe, die sich trifft*) ≈ coffee morning circle [*or* group] [of friends] **Kaffeelöffel** *m* coffee spoon **Kaffeemaschine** *f* coffee machine **Kaffeemühle** *f* coffee grinder **Kaffeepause** *f* coffee break; **~ machen** to have a coffee break **Kaffeesatz** *m* coffee grounds *npl*; **aus dem ~ wahrsagen** to read the coffee grounds **Kaffeeservice** *nt* coffee set **Kaffeesieb** *nt* coffee sieve **Kaffeestrauch** *m* coffee tree **Kaffeetasse** *f* coffee cup **Kaffeewasser** *nt* hot water for coffee; **~ aufsetzen** to put the kettle on for coffee
Kaffer <-n, -n> *m* (*pej*) nigger *pej*
Kaffernbüffel *m* ZOOL African buffalo
Käfig <-s, -e> *m* ① (*Vogelbauer*) [bird]cage ② (*vergittertes Gehege*) cage; **faradayscher ~** PHYS Faraday cage ▸ WENDUNGEN: **im goldenen ~ sitzen** to sit in a gilded cage
Käfighaltung *f* caging
Kaftan <-s, -e> *m* caftan
kahl I. *adj* ① (*ohne Kopfhaar*) bald; ■ **~ sein/werden** to be/become bald; **~ geschoren** shorn, shaven ② (*leer*) bare; **~e Wände** bare walls ③ (*ohne Blätter*) bare ④ (*ohne Bewuchs*) barren, bleak II. *adv* **etw ~ fressen** to strip sth bare; **jdn ~ scheren** to shave sb's head
Kahlheit <-> *f kein pl* ① (*Kahlköpfigkeit*) baldness *no pl* ② (*Blattlosigkeit*) bareness *no pl* ③ (*kahle Beschaffenheit*) bleakness *no pl*, barrenness *no pl*
Kahlkopf *m* ① (*kahler Kopf*) bald head ② (*fam: Glatzkopf*) baldy *fam*
kahlköpfig *adj* bald-headed, bald
Kahlköpfigkeit <-> *f kein pl* baldness *no pl*
Kahlschlag *m* ① FORST (*abgeholzte Fläche*) clearing ② *kein pl* (*das Abholzen*) deforestation ③ (*fam: völliger Abriss*) demolition
Kahn <-[e]s, Kähne> *m* ① NAUT (*flaches Boot*) small boat; (*Schleppkahn*) barge; (*fam: alter Dampfer*) old tub ② *pl* (*fam: große Schuhe*) clodhoppers *pl fam*
Kahnfahrt *f* trip in a rowing-boat; (*durch Stoßen*) trip in a punt; **eine ~ machen** to go boating; (*durch Stoßen*) to go punting
Kai <-s, -e *o* -s> *m* quai
Kaiman <-s, -e> *m* ZOOL cayman
Kaimaninseln *pl* ■ **die ~** the Cayman Islands *pl*; *s. a.* Falklandinseln
Kainsmal *nt* mark of Cain
Kairo <-s> *nt* Cairo
Kaiser(in) <-s, -> *m(f)* (*Herrscher eines Reiches*) emperor *masc*, empress *fem*; **der letzte deutsche ~** the last German Emperor; **zum ~ gekrönt werden** to be crowned emperor ▸ WENDUNGEN: **sich um des ~s Bart streiten** to split hairs; **wo nichts ist, hat der ~ sein Recht verloren** (*prov*) you can't get blood out of a stone *prov*; **dem ~ geben, was des ~s ist** to render unto Caesar that which is Caesar's
Kaiseradler *m* ORN imperial eagle **Kaisergranat** *m* ZOOL, KOCHK Dublin Bay prawn, scampi **Kaiserkrone** *f* ① (*Krone des Kaisers*) imperial crown ② BOT crown imperial
kaiserlich I. *adj* ① (*dem Kaiser gehörend*) imperial ② (*das Kaiserreich betreffend*) imperial ③ (*einem Kaiser angemessen vornehm oder reichlich*) **ein ~es Frühstück** a breakfast fit for a king II. *adv* (*dem Kaiser treu*) imperialistic, monarchistic
kaiserlich-königlich *adj* imperial and royal (*referring to the Austro-Hungarian Empire*)
Kaiserpfalz *f* HIST imperial palace **Kaiserpinguin** *m* ORN emperor penguin **Kaiserreich** *nt* HIST empire **Kaiserschmarr(e)n** *m* KOCHK ÖSTERR, SÜDD shredded pancake **Kaiserschnitt** *m* MED Caesarean [section] **Kaiserschote** *f* KOCHK sugar-snap pea
Kaisertum <-[e]s, -tümer> *nt* empire
Kajak <-s, -s> *m o nt* NAUT, SPORT Kayak
Kajalstift *m* MODE, PHARM eyeliner pencil
Kajüte <-, -n> *f* NAUT cabin
Kakadu <-s, -s> *m* ORN cockatoo
Kakao <-s, -s> *m* ① (*Getränk*) cocoa, chocolate milk; (*heiss*) hot chocolate; (*Pulver*) cocoa [powder] ② BOT cocoa palm ▸ WENDUNGEN: **jdn/etw durch den ~ ziehen** (*fam*) to take the mickey out [*or* AM make fun] of sb/sth
Kakaobohne *f* cocoa bean **Kakaobutter** *f kein pl* cocoa butter *no pl* **Kakaopulver** *nt* cocoa powder
Kakerlake <-, -n> *f* cockroach
Kaki <-, -s> *f* khaki
Kakipflaume *f* BOT, KOCHK Japanese persimon, kaki, date plum
Kaktee <-, -n> *f*, **Kaktus** <-, Kakteen *o fam* -se> *m* cactus
Kalamität <-, -en> *f meist pl* (*geh*) ① (*Schwierigkeiten*) predicament; **sich** *akk* **in einer ~ befinden** to be in a predicament ② (*Unglück*) calamity; **jdn in ~en bringen** to get sb into deep trouble; **in ~en kommen** to get into deep trouble
Kalaschnikow <-, -s> *f* Kalashnikov
Kalauer <-s, -> *m* corny joke
Kalb <-[e]s, Kälber> *nt* ① ZOOL (*junges Rind*) calf; **das Goldene ~** the golden calf ② ZOOL (*Junges*) calf; (*Rehwild*) fawn ③ (*~fleisch*) veal ▸ WENDUNGEN: **wie ein abgestochenes ~ glotzen** (*sl*) to look goggle-eyed at sth
kalben *vi* ① (*ein Kalb gebären*) to calve ② GEOG (*kleinere Stücke abbrechen lassen*) to calve
Kalbfisch *m s.* Heringshai **Kalbfleisch** *nt* veal
Kalbsbeuschel *nt* KOCHK DIAL veal lights *npl* **Kalbsblankett** *nt* KOCHK veal ragout **Kalbsfarce** *nt* veal stuffing (*bound with egg and cream*) **Kalbsfond** *m* veal stock **Kalbsfrikandeau** *nt* veal flank **Kalbsfrikassee** *nt* veal fricassée **Kalbsfuß** *m* calf's foot **Kalbsgekröse** *nt* calf's mesentery **Kalbsgrenadin** *nt* KOCHK lardened veal chump **Kalbshachse** [-ks-], **Kalbshaxe** *f* knuckle of veal **Kalbskarree** *nt* veal loin **Kalbskäse** *m meat loaf of finely-ground veal* **Kalbsleder** *nt* calfskin **Kalbslunge** *f* calf's

lights *npl* **Kalbsnuss**[RR] *f* flank of veal **Kalbsschnitzel** *nt* veal cutlet **Kalbsstelze** *f* KOCHK ÖSTERR (*Kalbshachse*) veal knuckle

Kaldaune <-, -n> *f meist pl* DIAL entrails *npl*

Kaleidoskop <-s, -e> *nt* kaleidoscope

kalendarisch *adj* calendrical

Kalender <-s, -> *m* calendar; **der gregorianische ~** the Gregorian Calender; **der julianische ~** the Julian Calendar

Kalenderjahr *nt* calendar year

Kalesche <-, -n> *f* HIST barouche

Kali <-s, -s> *nt* potash *no pl*

Kaliber <-s, -> *nt* ❶ TECH (*Laufdurchmesser*) calibre [*or* AM -er] ❷ TECH (*Geschoßdurchmesser*) calibre [*or* AM -er] ❸ (*pej fam: Sorte*) calibre [*or* AM -er]; **ein Politiker von unzureichendem ~** a politician of insufficient calibre

Kalif <-en, -en> *m* HIST caliph

Kalifat <-[e]s, -e> *nt* HIST ❶ (*Amt eines Kalifen*) caliphate ❷ (*Herrschaftsbereich*) caliphate

Kalium <-s> *nt kein pl* potassium *no pl*

Kalk <-[e]s, -e> *m* ❶ BAU (*~milch*) whitewash *no pl;* **gebrannter ~** quicklime *no pl,* slaked lime *no pl* ❷ (*Kalziumkarbonat*) lime *no pl* ❸ MED (*Kalzium*) calcium *no pl*

Kalkablagerung *f* ❶ CHEM (*Ablagerung von Kalkstein*) [lime]scale *no pl, no indef art,* [deposit of] calcium carbonate *no pl form* ❷ MED (*Ablagerung von Kalksalzen im Körpergewebe*) calcification *no pl,* calcific deposit **Kalkbildung** <-> *f kein pl* CHEM build-up of [lime]scale *no pl,* calcification *no pl* **Kalkboden** *m* lime soil

kalken *vt* ■**etw ~** ❶ (*tünchen*) to whitewash sth ❷ AGR, FORST (*düngen*) to lime sth

kalkhaltig *adj* chalky; (*Wasser*) hard

Kalkmangel *m kein pl* ❶ MED (*Mangel an Kalzium*) calcium deficiency *no pl* ❷ AGR, FORST, HORT (*Mangel an Kalk*) lime deficiency *no pl* **Kalkstein** *m* limestone

Kalkül <-s, -e> *m o nt* calculation; **etw [mit] ins ~ ziehen** to take sth into consideration; **ins ~ ziehen, dass ...** to consider, that ...

Kalkulation <-, -en> *f* ❶ ÖKON (*Kostenberechnung*) costing ❷ (*Schätzung*) calculation; **falsche ~** miscalculation; **nach jds ~** according to sb's calculations

kalkulierbar *adj inv* calculable

kalkulieren* I. *vi* ❶ ÖKON (*veranschlagen*) ■[**mit etw** *dat*] **~** to calculate [with sth] ❷ (*fam: schätzen*) ■**~, [dass] ...** to calculate, [that] ... II. *vt* ÖKON (*veranschlagen*) ■**etw ~** to calculate sth

Kalkutta <-s> *nt* Calcutta

Kalligrafie, **Kalligraphie** <-> *f kein pl* calligraphy *no pl*

Kalmar <-s, Kalmare> *m* ZOOL squid

Kalmare *f* calamaris, squid

Kalme <-, -n> *f* METEO calm

kalmieren* *vt* (*geh*) ■**jdn ~** to appease *pej form*

Kalorie <-, -n> *f* calorie

kalorienarm I. *adj* low-calorie II. *adv* low-calorie **Kalorienbedarf** *m kein pl* MED calorific requirement **Kalorienbombe** *f* (*fam*) **eine echte ~** *a food or drink packed with calories* **Kaloriengehalt** *m* calorie content **kalorienreduziert** *adj* reduced-calorie **kalorienreich** I. *adj* high-calorie II. *adv* **~ essen** to eat foods high in calories

kalt <kälter, kälteste> I. *adj* ❶ (*nicht warm*) cold; ■**etwas K~es** something cold; ■**im K~en** in the cold; ***mir ist*** **~** I'm cold ❷ (*fam: ohne Nebenkosten*) not including heating and other costs; *s. a.* **Krieg** II. *adv* ❶ (*mit kaltem Wasser*) with cold water; **~ duschen** to have a cold shower; **sich** *akk* **~ waschen** to wash in cold water ❷ (*in einem ungeheizten Raum*) in an unheated room; **~ schlafen** to sleep in an unheated room ❸ (*ohne Aufwärmen*) cold; **etw ~ essen** to eat sth cold ❹ (*an einen kühlen Ort*) in a cool place; **etw ~ stellen** to chill sth ❺ (*ungerührt*) **~ lächelnd** (*pej*) cool and calculating *pej;* **~ bleiben** to remain unmoved [*or* cold]; **jdn ~ lassen** to leave sb cold ▶ WENDUNGEN: **jdn ~ erwischen** (*fam*) to catch sb out; **jdn ~ machen** to do sb in; **jdn ~ stellen** to put sb out of the running, to sideline sb; **die Konkurrenz ~ stellen** to sideline the competion; **jdn überläuft es ~** cold shivers run down sb's back

Kaltblut *nt kein pl* carthorse

Kaltblüter <-s, -> *m* cold-blooded animal

kaltblütig I. *adj* ❶ (*emotionslos*) cold ❷ (*skrupellos*) cold-blooded II. *adv* ❶ (*ungerührt*) coolheaded, coolly ❷ (*skrupellos*) unscrupulously; **jdn ~ ermorden** to kill sb cold-bloodedly

Kaltblütigkeit <-> *f kein pl* ❶ (*Emotionslosigkeit*) coolness *no pl,* cool-headedness *no pl* ❷ (*Skrupellosigkeit*) unscrupulousness *no pl;* (*Mörder*) cold-bloodedness *no pl*

Kälte <-> *f kein pl* ❶ (*niedrige Temperatur*) cold *no pl,* coldness *no pl;* **vor ~** with cold; **arktische** [*o* **polare**] [*o* **sibirische**] **~** arctic cold, polar conditions, Siberian temperatures; **zehn Grad ~** ten below [zero] ❷ METEO (*~welle*) cold spell

Kältebehandlung *f* MED frigotherapy *no pl,* cry[m]otherapy *no pl* **kältebeständig** *adj* ❶ (*unempfindlich gegen Kälteeinwirkung*) cold-resistant ❷ (*nicht gefrierend*) non-freezing **Kältebrücke** *f* ARCHIT cold spot **Kälteeinbruch** *m* cold spell **kälteempfindlich** *adj* sensitive to cold *pred* **Kältegrad** *m* ❶ (*Grad der Kälte*) degree of coldness ❷ (*fam: Minusgrad*) degrees *pl* below zero **Kälteperiode** *f* METEO spell of cold weather **Kältetechnik** *f* refrigeration technology **Kältewelle** *f* cold spell

kaltgepresst *adj Öl* cold pressed, virgin **kaltherzig** *adj* cold-hearted **Kaltluft** *f* cold air **Kaltluftfront** *f* METEO cold front **Kaltmiete** *f* rent exclusive of heating costs **Kaltschale** *f cold fruit compote* **kaltschnäuzig** I. *adj* (*fam*) cold, callous II. *adv* (*fam*) callously, coldly **Kaltschnäuzigkeit** *f kein pl* (*fam*) callousness *no pl,* coldness *no pl* **Kaltstart** *m* AUTO cold start

Kalvinismus <-> [-vi-] *m kein pl* REL Calvinism *no pl*

Kalvinist(in) <-en, -en> *m(f)* REL Calvinist

kalvinistisch *adj* REL calvinist[ic]

Kalzium <-s> *nt kein pl* calcium *no pl*

Kalziummangel <-s> *m kein pl* MED calcium deficiency *no pl,* calcipenia *no pl, no indef art spec*

kam *imp von* **kommen**

Kambium <-s, Kambien> *nt* BOT cambium

Kambodscha <-s> *nt* Cambodia; *s. a.* **Deutschland**

Kambodschaner(in) <-s, -> *m(f)* Cambodian; *s. a.* **Deutsche(r)**

kambodschanisch *adj* Cambodian; *s. a.* **deutsch**

Kambrium <-s> *nt kein pl* GEOL (*Erdzeitalter*) cambian *no pl*

Kamcorder <-s, -> *m s.* **Camcorder**

Kamee <-, -n> *f* cameo

Kamel <-[e]s, -e> *nt* ❶ ZOOL camel ❷ (*pej fam: Dummkopf*) idiot

Kamelhaar *nt kein pl* camel hair

Kamelhaarmantel *m* camel hair coat

Kamelie <-, -n> [-liə] *f* BOT camellia

Kamellen *pl* carnival sweets ▶ WENDUNGEN: **das sind alte** [*o* **olle**] **~** (*fam*) that's old hat

Kamera <-, -s> *f* camera; **vor die ~[s] treten** to make oneself available to the reporters; **vor der ~** on television; **jdn vor die ~ bringen** to bring sb in front of the camera

Kameraauge *nt* FILM, FOTO (*fam*) lens
Kamerad(in) <-en, -en> *m(f)* comrade; (*veraltend: Klassenkamerad*) classmate, friend; (*Vereinskamerad*) friend
Kameradschaft <-, -en> *f* camaraderie *no pl;* **aus ~** out of camaraderie
kameradschaftlich **I.** *adj* ① (*in der Art von Kameraden*) comradely ② (*rein freundschaftlich*) friendly, platonic **II.** *adv* on a friendly basis
Kameradschaftsgeist *m kein pl* spirit of comradeship *no pl,* esprit de corps *no pl*
Kamerafahrt *f* FILM tracking shot
Kamerafrau *f fem form von* **Kameramann** camerawoman *fem* **Kameraführung** *f* FILM, TV camera work **Kameramann, -frau** *m, f* cameraman **kamerascheu** *adj* camera-shy
Kamerun, Kamerun <-s> *nt* GEOL Cameroon
Kameruner(in) <-s, -> *m(f)* Cameroonian; *s. a.* **Deutsche(r)**
kamerunisch *adj* Cameroonian; *s. a.* **deutsch**
Kamikaze <-, -> *m* Kamikaze
Kamille <-, -n> *f* camomile
Kamillentee *m* camomile tea
Kamin <-s, -e> *m o* DIAL *nt* ① (*offene Feuerstelle*) fireplace ② (*Schornstein*) chimney ③ GEOL (*Felsspalt*) chimney ▶ WENDUNGEN: **etw in den ~ schreiben** to write sth off
Kaminbesteck *nt* fireside companion set **Kaminfeger(in)** <-s, -> *m(f)* DIAL, **Kaminkehrer(in)** <-s, -> *m(f)* DIAL (*Schornsteinfeger*) chimney sweep **Kaminfeuer** *nt* open fire; **ein ~ machen** to light the fireplace **Kaminsims** *m o nt* mantelpiece
Kamm <-[e]s, Kämme> *m* ① (*Frisier~*) comb ② ORN, ZOOL comb; (*Pferdenacken*) crest ③ KOCHK (*Nackenstück*) neck; (*von Schweinefleisch*) spare rib ④ (*Bergrücken*) ridge ⑤ (*Wellenkamm*) crest ▶ WENDUNGEN: **alle/alles über einen ~ scheren** to lump everyone/everything together; **jdm schwillt der ~** (*fam*) sb is getting big-headed
kämmen *vt* ① (*Kamm oder Bürste benutzen*) ■ **[jdm] etw ~** to comb [sb's] sth; ■ **sich** *akk* **~** to comb one's hair ② (*aus~*) ■ **[jdm] etw aus etw** *dat* **~** to comb sth out of [sb's] sth; ***ich kämme dir das Stroh aus den Haaren*** I'll comb the straw out of your hair
Kammer <-, -n> *f* ① (*kleiner Raum*) small room, BRIT *a.* boxroom ② POL (*parlamentarische Instanz*) chamber, house ③ JUR (*Richtergremium*) chamber ④ ADMIN (*Berufsvertretung*) professional association ⑤ ANAT (*Herzkammer*) ventricle
Kammerchor *m* MUS chamber choir
Kämmerer <-s, -> *m* ADMIN treasurer
Kammergericht *nt* JUR Supreme Court **Kammerjäger(in)** *m(f)* pest controller **Kammerkonzert** *nt* MUS chamber concert
Kämmerlein <-s, -> *nt dim von* **Kammer 1** (*poet*) chamber ▶ WENDUNGEN: **im stillen ~** in private
Kammermusik *f* chamber music **Kammerorchester** *nt* chamber orchestra **Kammersänger(in)** *m(f) title awarded to a singer of outstanding ability* **Kammerschauspieler(in)** *m(f) title awarded to an actor of outstanding ability* **Kammerton** *m kein pl* concert pitch *no pl* **Kammerzofe** *f* HIST chambermaid
Kammgarn *nt* worsted **Kammmolch**^RR *m* ZOOL crested newt **Kammmuschel**^RR *f* ZOOL, KOCHK deep sea [*or* bay] scallop **Kammolch** *m* ZOOL *s.* **Kammmolch** **Kammuschel** *f s.* **Kammmuschel**
Kampagne <-, -n> [kam'panjə] *f* campaign; **eine ~ für/gegen jdn/etw führen** to run a campaign for/against sb/sth
Kämpe <-n, -n> *m* (*hum*) campaigner; **alter ~** old soldier [*or* campaigner]
Kampf <-[e]s, Kämpfe> *m* ① MIL (*Gefecht*) battle; **den ~ aufnehmen** to go into battle; **den ~ [o die Kämpfe] einstellen** (*geh*) to cease fighting; **im ~ fallen** to fall in battle, to be killed in action; **zum ~ kommen** a fight breaks out, clashes occur; **sich** *akk* **[jdm] zum ~ stellen** to be prepared to go into battle; **in den ~ [gegen jdn/etw] ziehen** to take up arms [against sb/sth]; (*eine Herausforderung annehmen*) to accept a challenge ② SPORT fight; **den ~ abbrechen** to stop the fight; **einen ~ kämpfen** to put up a fight ③ (*Auseinandersetzung*) fight; (*innere Auseinandersetzung*) struggle; **innere Kämpfe** inner struggles; **der ~ der Geschlechter** the battle of the sexes; **ein ~ auf Leben und Tod** a life and death struggle ④ (*das Ringen*) **der ~ für [o um]/gegen etw** *akk* the fight [*or* struggle] for/against sth; **der ~ ums Dasein** the struggle for existence; **den ~ aufgeben** to give up the struggle ▶ WENDUNGEN: **jdm/einer S. den ~ ansagen** to declare war on sb/sth; **auf in den ~!** (*hum fam*) let's get cracking!
Kampfabstimmung *f* POL crucial vote **Kampfansage** *f* declaraton of war; ■ **eine ~ an jdn/etw** a declaration of war against sb/sth **Kampfbahn** *f* sports stadium [*or* arena] **kampfbereit** *adj* ready for battle; **sich** *akk* **~ machen** to prepare oneself for battle **Kampfbomber** *m* fighter bomber **Kampfeinsatz** *f* ① MIL [military] action *no pl, no indef art* ② SPORT (*Kampfgeist*) commitment *no pl*
kämpfen **I.** *vi* ① MIL ■ **[für/gegen jdn/etw] ~** to fight [for/against sb/sth]; **bis auf den letzten Mann ~** to fight to the last man ② SPORT ■ **[gegen jdn] ~** to fight [against sb], to contend [with sb]; ■ **um etw** *akk* **~** to fight for sth ③ (*sich angestrengt einsetzen*) ■ **für/gegen etw** *akk* **~** to fight for/against sth ④ (*ringen*) ■ **mit sich/etw** *dat* **~** to struggle with oneself/sth; **mit einem Problem ~** to struggle with a problem; *s. a.* **Träne** **II.** *vr* ■ **sich** *akk* **durch etw** *akk* **~** to struggle through sth
Kampfer <-s> *m kein pl* camphor *no pl*
Kämpfer(in) <-s, -> *m(f)* ① MIL (*Krieger*) fighter, warrior ② SPORT fighter, contender ③ (*engagierter Streiter*) **ein ~ für/gegen etw** *akk* a fighter for/against sth; **ein echter ~** a real fighter; **ein großer ~/eine große ~in** a great fighter; **kein großer ~/keine große ~in sein** to not be a great fighter
kämpferisch **I.** *adj* ① SPORT (*einsatzfreudig*) attacking ② (*Kampfgeist aufweisend*) aggressive ③ MIL (*den Kampf betreffend*) fighting **II.** *adv* MIL aggressively
Kämpfernatur *f* fighter; ***er ist eine ~*** he is a fighter [by nature] [*or* has a fighting nature]
kampffähig *adj pred* fit to fight [*or* for active service] **Kampffisch** *m* ZOOL fighting fish **Kampfflugzeug** *nt* combat aircraft **Kampfgas** *nt* poison gas **Kampfgeist** *m kein pl* fighting spirit *no pl* **Kampfgewicht** *nt* SPORT fighting weight **Kampfgruppe** *f* MIL ① (*Einsatzgruppe*) task force ② HIST (*Brigade der Waffen-SS*) combat group **Kampfhandlung** *f meist pl* MIL fighting *no pl, no indef art,* clash, hostilities *pl;* **die ~en einstellen** to cease hostilities, to stop fighting **Kampfhubschrauber** *m* combat helicopter **Kampfhund** *m* fighting dog **Kampfkraft** *f kein pl* military strength **Kampfläufer** *m* ORN ruff **kampflos** **I.** *adj* peaceful **II.** *adv* peacefully, without conflict **kampflustig** *adj* belligerent **Kampfmaßnahme** *f* offensive measure **Kampfmittel** *pl* weapons *pl* **Kampfmontur** <-, -en> *f* ADMIN, MIL (*fam*) combat gear **Kampfplatz** *m* SPORT stadium, arena **Kampfpreis** *m* ÖKON cut-throat price **Kampfrichter(in)** *m(f)* referee **Kampfsatellit** *m* military satellite **Kampfsport** *m kein pl* martial arts *pl* **Kampfsportart** *f* martial art **Kampfstärke** *f*

MIL combat strength **Kampfstoff** *m* MIL warfare agent **Kampftruppe** *f* ❶ MIL fighting unit ❷ (*kampfbereite Gruppe von Personen*) fighting unit **kampfunfähig** *adj* unable to fight; MIL unfit for battle [*or* active service]; **jdn/etw ~ machen** MIL (*a. fig*) to put sb/sth out of action; **jdn ~ schießen** to cripple sb **Kampfwagen** *m* MIL (*geh*) combat vehicle; HIST chariot

kampieren* *vi* ■**irgendwo ~** ❶ (*sich lagern*) to camp [out] somewhere ❷ (*fam: vorübergehend wohnen*) to doss [*or* AM crash [out]] [down] somewhere *fam*

Kanada <-s> *nt* Canada; *s. a.* **Deutschland**

Kanadagans *f* ORN Canada goose

Kanadier <-s, -> [-diɐ] *m* SPORT Canadian canoe

Kanadier(in) <-s, -> [-diɐ] *m(f)* Canadian; *s. a.* **Deutsche(r)**

kanadisch *adj* ❶ (*Kanada betreffend*) Canadian; *s. a.* **deutsch 1** ❷ LING Canadian; *s. a.* **deutsch 2**

Kanaille <-, -n> [ka'naljə] *f* (*pej*) scoundrel *pej*

Kanake <-n, -n> *m* ❶ GEOG (*Südseeinsulaner*) Kanaka ❷ (*pej sl: exotischer Asylant*) dago *pej sl* ❸ (*pej sl: türkischer Arbeitnehmer*) Turkish immigrant worker

Kanal <-s, Kanäle> *m* ❶ NAUT, TRANSP (*Binnenschifffahrtsweg*) canal ❷ (*Abwasserkanal*) sewer ❸ *kein pl* GEOG (*Ärmelkanal*) ■**der ~** the [English] Channel ❹ RADIO, TV, TELEK (*Frequenzbereich*) channel; **einen anderen ~ wählen** to change channels ❺ *pl* (*Wege*) channel; **dunkle Kanäle** dubious channels; **etw in die richtigen Kanäle leiten** to lead sth [*or* have sth go] through the proper channels ▶ WENDUNGEN: **den ~ voll haben** (*sl: betrunken sein*) to be tanked up; (*es satt haben*) to have had enough [*or* it up to here]

Kanalarbeiter(in) *m(f)* ❶ (*Arbeiter für das Abwassernetz*) sewerage worker ❷ POL (*sl: im Hintergrund Agierender*) member of the back-room staff

Kanalinseln *pl* ■**die ~** the Channel Islands *pl; s. a.* **Falklandinseln**

Kanalisation <-, -en> *f* ❶ (*Abwassernetz*) sewerage system, sewers *pl* ❷ *kein pl* (*geh: das Kanalisieren*) canalization *no pl, no indef art*

kanalisieren* *vt* ■**etw ~** ❶ (*schiffbar machen*) to canalize sth ❷ (*mit einer Kanalisation versehen*) to lay sewers *pl*, to install a sewerage system ❸ (*geh: in Bahnen lenken*) to channel sth

Kanaltunnel *m* ■**der ~** the Channel Tunnel

Kanapee <-s, -s> *nt* ❶ (*hum: Sofa*) couch, settee, sofa ❷ KOCHK (*belegtes Schnittchen*) canapé

Kanaren *pl s.* **Kanarische Inseln**

Kanarienvogel [-riən-] *m* canary

Kanarische Inseln *pl* ■**die ~** the Canary Islands *pl; s. a.* **Falklandinseln**

Kandare <-, -n> *f* (*Gebissstange*) bit ▶ WENDUNGEN: **[bei] jdm die ~ anziehen** to draw in the rein on sb; **jdn [fest] an der ~ haben** to have sb [firmly] under one's thumb; **jdn an die ~ nehmen** to keep a tight rein on sb

Kandelaber <-s, -> *m* candelabra

Kandidat(in) <-en, -en> *m(f)* ❶ (*Bewerber*) candidate, applicant; **jdn als ~en [für etw** *akk*] **aufstellen** POL to nominate sb [for sth], to put sb forward as a candidate ❷ SCH (*Student*) candidate

Kandidatur <-, -en> *f* application; **seine ~ anmelden/zurückziehen** to forward/withdraw one's application

kandidieren* *vi* POL ■**[für etw** *akk*] **~** to stand [*or* run] [for sth]

kandieren *vt* KOCHK ■**etw ~** to gláce [*or* candy] sth; **Obst ~** to crystallize fruit

kandiert *adj* candied

Kandis <-> *m*, **Kandiszucker** *m kein pl* rock candy *no pl*

Känguru[RR] <-s, -s> *nt*, **Känguruh** <-s, -s> *nt* kangaroo

Kaninchen <-s, -> *nt* rabbit

Kaninchenbau <-baue> *m* burrow **Kaninchenstall** *m* rabbit hutch

Kanister <-s, -> *m* ❶ (*Behälter*) canister, can ❷ AUTO (*Reservekanister*) canister

Kannbestimmung[RR] *f*, **Kann-Bestimmung** *f* JUR discretionary provision

Kännchen <-s, -> *nt dim von* **Kanne** ❶ (*kleine Kanne*) jug ❷ (*im Café*) pot; **ein ~ Kaffee** a pot of coffee

Kanne <-, -n> *f* ❶ (*Behälter mit Tülle*) pot ❷ HORT (*Gießkanne*) watering can ▶ WENDUNGEN: **volle ~ gegen etw** *akk* **fahren** (*fam*) to crash into sth; **die ~ vollhaben** (*fam*) to be plastered *fam*

kannelieren *vt* KOCHK **Gemüse ~** *to peel vegetables decoratively using a canelle knife*

Kanneliermesser *nt* canelle knife

Kannibale <-n, -n> *m* cannibal

Kannibalismus <-> *m kein pl* cannibalism *no pl*

kannte *imp von* **kennen**

Kanon <-s, -s> *m* canon

Kanonade <-, -n> *f* ❶ HIST (*Beschuss durch Kanonen*) barrage ❷ (*Flut*) tirade; **eine [wahre] ~ von etw** *dat* a [real] tirade of sth

Kanone <-, -n> *f* ❶ HIST (*Geschütz*) cannon; **~n auffahren** HIST to bring up the big guns ❷ (*sl: Pistole*) rod *sl* ▶ WENDUNGEN: **mit ~n auf Spatzen schießen** (*fam*) to take a sledgehammer to crack a nut; **unter aller ~ sein** (*fam*) to be lousy [*or* dreadful]

Kanonenboot *nt* gunboat **Kanonendonner** *m* rumbling of guns **Kanonenfutter** *nt* (*sl*) cannon fodder **Kanonenkugel** *f* HIST cannonball **Kanonenofen** *m* cylindrical iron stove **Kanonenrohr** *nt* HIST gun barrel ▶ WENDUNGEN: **[ach du] heiliges ~!** (*veraltend fam*) good grief! *fam*

Kanonier <-s, -e> *m* MIL artilleryman, gunner

Kanoniker <-s, -> *m*, **Kanonikus** <-, Kanoniker> *m* REL canon

Kanonisation <-, -en> *f* REL canonization

kanonisch *adj* REL canonical

kanonisieren* *vt* REL ■**jdn ~** to canonize sb

Kanossa <-s> *nt* (*geh*) **nach ~ gehen** to eat humble pie *fam*

Kanossagang <-gänge> *m*, **Canossagang** <-gänge> *m* (*geh*) humble pie; **einen ~ antreten** to eat humble pie

Kantate <-, -n> *f* MUS cantata

Kante <-, -n> *f* ❶ (*Rand*) edge ❷ MODE (*Rand*) border ▶ WENDUNGEN: **etw auf der hohen ~ haben** (*fam*) to have sth put away; **etw [für etw** *akk*] **auf die hohe ~ legen** (*fam*) to put sth away [for a rainy day]

Kanten <-s, -> *m* NORDD crust

Kanthaken *m* ▶ WENDUNGEN: **jdn beim ~ nehmen** [*o* **kriegen**] (*veraltend fam*) to haul sb over the coals *fam* **Kantholz** *nt* squared timber

kantig *adj* ❶ (*Kanten besitzend*) squared ❷ (*markant*) angular

Kantine <-, -n> *f* canteen

Kanton <-s, -e> *m* ADMIN canton

kantonal *adj* cantonal

Kantonist <-en, -en> *m* ▶ WENDUNGEN: **ein unsicherer ~ sein** to be unreliable

Kantor, Kantorin <-s, -toren> *m, f* ❶ (*Organist*) choirmaster ❷ REL (*Vorsänger*) cantor

Kantorei <-, -en> *f* [church] choir

Kantorin <-, -nen> *f fem form von* **Kantor**

Kanu <-s, -s> *nt* canoe

Kanüle <-, -n> *f* cannula

Kanute, Kanutin <-n, -n> *m, f* SPORT canoeist

Kanzel <-, -n> *f* ❶ REL pulpit ❷ LUFT (*veraltend:*

Cockpit) cockpit

kanzerogen *adj* carcinogenic

Kanzlei <-, -en> *f* ① (*Büro*) office ② HIST (*Behörde*) chancellery

Kanzler(in) <-s, -> *m(f)* ① POL (*Regierungschef*) chancellor; **der Eiserne** ~ the Iron Chancellor ② POL (*Verwaltungschef einer Auslandsvertretung*) chief secretary ③ SCH (*Verwaltungschef*) vice-chancellor

Kanzleramt *nt* POL Chancellory **Kanzlerbonus** *m advantage of being the incumbent chancellor during elections*

Kanzlerin <-, -nen> *f fem form von* **Kanzler**

Kanzlerkandidat(in) *m(f)* POL candidate for the position of chancellor

Kaolin <-s, -e> *m o nt* kaolin *no pl*

Kap <-s, -s> *nt* (*Landspitze*) cape; ~ **der Guten Hoffnung** Cape of Good Hope; ~ **Hoorn** Cape Horn

Kapaun <-s, -e> *m* ZOOL, KOCHK capon

Kapazität <-, -en> *f* ① *kein pl* (*Fassungsvermögen*) capacity ② *kein pl* ÖKON (*Produktionsvermögen*) [production] capacity ③ ÖKON (*Produktionsanlagen*) capacity ④ INFORM capacity ⑤ *kein pl* (*geh: Begriffsvermögen*) mental capacity ⑥ (*kompetente Person*) expert

Kapelle¹ <-, -n> *f* chapel

Kapelle² <-, -n> *f* MUS band, orchestra

Kapellmeister(in) *m(f)* MUS ① (*Orchesterdirigent*) conductor ② (*Leiter einer Kapelle²*) director of music; (*Tanzkapelle*) band leader

Kaper <-, -n> *f* caper

kapern *vt* ① (*fam: sich angeln*) ■[**sich** *dat*] **jdn** ~ to hook [oneself] sb ② HIST ■**etw** ~ to capture [*or* seize] sth

Kaperschiff *nt* HIST privateer

kapieren* I. *vi* (*fam*) to get *fam;* ■~, **dass/was/wie/wo ...** to understand that/what/how/where ...; **kapiert?** understood?, got it? II. *vt* (*fam: begreifen*) ■**etw** ~ to get [*or* understand] sth

Kapillargefäß *nt* ANAT capillary

kapital *adj* ① JAGD (*gewaltig*) royal ② (*veraltend: groß*) major; **ein ~er Irrtum** a real howler; **ein ~er Spaß** great fun; *s. a.* **Bock**

Kapital <-s, -e *o* -ien> [-liən] *nt* ① *kein pl* FIN (*Geldvermögen*) capital; ~ **aufnehmen** FIN to take up credit; ~ **auflösen** to unlock capital; ~ **aus etw** *dat* **schlagen** (*pej*) to cash in on sth; **totes** ~ (*geh*) dead assets, unproductive capital ② ÖKON (*Gesellschaftskapital*) capital

Kapitalabfluss^RR *m* capital outflow **Kapitalabwanderung** *f kein pl* ÖKON exodus of capital **Kapitalanlage** *f* FIN capital investment **Kapitalanleger(in)** *m(f)* FIN investor **Kapitaldecke** *f* capital resources *pl* **Kapitalertragsteuer** *f* capital gains tax **Kapitalflucht** *f* flight of capital **Kapitalgesellschaft** *f* joint-stock company

kapitalisieren* *vt* ■**etw** ~ to make capital out of sth; **Profit** ~ to realize profits

Kapitalismus <-> *m kein pl* capitalism

Kapitalist(in) <-en, -en> *m(f)* capitalist

kapitalistisch *adj* capitalist

kapitalkräftig *adj* financially strong **Kapitalmarkt** *m* money market

Kapitalverbrechen *nt* JUR capital offence

Kapitän(in) <-s, -e> *m(f)* captain; ~ **zur See** MIL captain

Kapitänleutnant *m* MIL lieutenant-commander

Kapitänspatent *nt* master's certificate

Kapitel <-s, -> *nt* ① (*Abschnitt*) chapter ② (*Angelegenheit*) chapter of events, story; **ein anderes** ~ **sein** to be another story; **ein** ~ **für sich sein** to be a story in itself; ***dieses ~ wäre nun erledigt*** that's the end of that then ③ REL (*Domkapitel*) chapter

Kapitell <-s, -e> *nt* ARCHIT capital

Kapitulation <-, -en> *f* ① MIL (*das Kapitulieren*) capitulation, surrender; **bedingungslose** ~ unconditional surrender ② (*Resignation*) ■**eine** ~ **vor jdm/etw** capitulating to sb/sth

kapitulieren* *vi* ① MIL (*sich ergeben*) ■[**vor jdm/etw**] ~ to capitulate [*or* surrender] [to sb/sth] ② (*fam: aufgeben*) ■[**vor etw** *dat*] ~ to give up [in the face of sth]; **vor Terroristen/jds Forderungen** ~ to give in to terrorists/sb's demands

Kaplan <-s, Kapläne> *m* REL chaplain

Kapo <-s, -s> *m* ① MIL (*sl: Unteroffizier*) sarge *sl* ② (*beaufsichtigender Häftling*) overseer, gaffer *sl*

Kapok <-s> *m kein pl* (*Pflanzenfaser*) kapok *no pl*

Kaposi-Sarkom <-s, -e> *nt* MED Kaposi's sarcoma

Kappe <-, -n> *f* ① (*Mütze*) cap ② (*Verschluss*) top; *eines Autoreifens* hubcap ③ (*Schuhaufsatz: vorne*) toecap; (*hinten*) heel ▶ WENDUNGEN: **auf jds** ~ **gehen** (*fam*) to be sb's responsibility; (*die Bezahlung übernehmen*) to be on sb *fam;* ***das Essen geht auf meine ~!*** the meal's on me!; **etw [jdm gegenüber] auf seine** ~ **nehmen** (*fam*) to take responsibility [*or* the blame] for sth

kappen *vt* ① (*durchtrennen*) ■**etw** ~ to cut sth; **jdm das Telefon** ~ to cut sb's phone off ② (*fam: beschneiden*) ■[**jdm**] **etw** [**um etw** *akk*] ~ to cut back [sb's] sth [by sth]; ***dem Unternehmen wurden vom Ministerium die Zuschüsse gekappt*** the ministry cut back the company's subsidies

Kappes <-> *m kein pl* DIAL ① (*Weißkohl*) cabbage ② (*sl: Unsinn*) rubbish BRIT, nonsense AM

Kapphahn *m* ZOOL, KOCHK *s.* **Kapaun**

Käppi <-s, -s> *nt* cap

Kapriole <-, -n> *f* ① (*ausgelassener Streich*) capriole, caper ② (*Luftsprung*) caper

kapriziös *adj* (*geh*) capricious

Kapsel <-, -n> *f* ① PHARM, BOT, RAUM capsule ② (*kleiner Behälter*) small container

Kapstadt <-s> *nt* Cape Town

kaputt *adj* (*fam*) ① (*defekt*) broken ② (*beschädigt*) damaged; (*Kleidung: zerrissen*) torn; ■~ **sein** to be damaged, to have had it *fam* ③ (*erschöpft*) shattered, knackered *sl;* **total** ~ **sein** to be completely shattered [*or* knackered] *sl* ④ (*ruiniert*) ruined, in ruins; *s. a.* **Typ** ⑤ MED (*schwer geschädigt*) damaged; (*verletzt*) injured; (*gebrochen*) broken

kaputt|fahren *vt irreg* (*fam*) ■[**jdm**] **etw** ~ to smash [into] [sb's] sth *fam;* **ein Auto** ~ to write off a car **kaputt|gehen** *vi irreg sein* (*fam*) ① (*defekt werden*) ■[**von etw** *dat*] ~ to break down [as a result of sth]; ***pass' auf! das geht*** [***davon***] ***kaputt!*** careful! it'll break! ② (*beschädigt werden*) to become damaged ③ (*ruiniert werden*) ■[**an etw** *dat*] ~ to be ruined [*or* go bust] [because of sth]; (*Ehe, Partnerschaft*) to break up [because of sth] ④ (*eingehen: Blume, Pflanze*) ■[**jdm**] [**an etw** *dat*] ~ to die [off] [as a result of sth] ⑤ (*sl: sich erschöpfen*) ■[**bei etw** *dat*] ~ to be worn out [from sth]; ***bei dieser Schufterei geht man ja kaputt!*** this work does you in! **kaputt|kriegen** *vt* (*fam: ruinieren können*) ■**etw** ~ (*Spielzeug, Gerät*) to break sth; (*Kleidungsstück, Möbelstück*) to ruin sth; (*Geschirr*) to smash sth; **nicht kaputtzukriegen sein** to last forever **kaputt|lachen** *vr* (*fam*) ■**sich** *akk* ~ to die laughing *fam;* **du lachst dich kaputt!** what a laugh! **kaputt|machen** I. *vt* (*fam*) ① (*zerstören*) ■[**jdm**] **etw** ~ (*Gerät, Auto*) to break [sb's] sth; (*Kleidungsstück, Möbelstück*) to ruin [sb's] sth; (*Geschirr*) to smash [sb's] sth ② (*ruinieren*) ■**etw/jdn** ~ to ruin sth/sb ③ (*erschöpfen*) ■**jdn** ~ to wear sb out II. *vr* (*fam: sich verschleißen*) ■**sich** *akk* [**mit etw** *dat*] ~ to wear oneself out [*or sl* knacker oneself] [with sth], to slog oneself into the ground *fam* **kaputt|schlagen** *vt irreg* (*fam*) ■[**jdm**] **etw** ~ to

smash [sb's] sth
Kapuze <-, -n> *f* hood; (*Kutte*) cowl
Kapuziner <-s, -> *m* ❶ REL (*Mönch*) Capucin [monk] ❷ ÖSTERR (*Milchkaffee*) milk coffee
Kapuzineraffe *m* ZOOL capuchin **Kapuzinerkresse** *f* BOT, KOCHK nasturium
Kap Verde <-s> *nt,* **Kapverden** *pl* SCHWEIZ, BRD (*fam*), **Kapverdischen Inseln** *pl* Cape Verde [Islands]; *s. a.* **Sylt, Falklandinseln**
Kapverdier(in) <-s, -> *m(f)* Cape Verdean; *s. a.* **Deutsche(r)**
kapverdisch *adj* Cape Verdean; *s. a.* **deutsch**
Kar <-[e]s, -e> *nt* (*Mulde zwischen Bergen im Gebirge*) col
Karabiner <-s, -> *m* ❶ (*Gewehr*) carbine ❷ ÖSTERR (*~haken*) karabiner, snap link
Karacho <-s> *nt kein pl* **mit ~** (*fam*) full tilt; ***sie fuhr mit ~ gegen die Hauswand*** she drove smack into the wall
Karaffe <-, -n> *f* decanter, carafe
Karambolage <-, -n> [karambo'la:ʒə] *f* AUTO (*fam*) pile-up *fam*
Karambole <-, -n> *f* BOT, KOCHK star fruit, carambola
KaramellRR <-s> *m kein pl,* **Karamel** <-s> *m kein pl* caramel
Karamelle <-, -n> *f* caramel toffee
Karaoke <-[s]> *nt kein pl* MUS karaoke *no pl*
Karasee *f* Kara Sea
Karat <-[e]s, -e *o* -> *nt* carat
Karate <-[s]> *nt kein pl* SPORT karate *no pl*
Karausche <-, -n> *f* ZOOL, KOCHK crucian carp
Karavelle <-, -n> *f* HIST, NAUT caravel
Karawane <-, -n> *f* caravan
Karbid <-[e]s, -e> *nt* CHEM ❶ *kein pl* (*stechend riechende Masse*) carbide *no pl* ❷ (*Kohlenstoffverbindung*) carbide
Karbol <-s> *nt kein pl* carbolic acid *no pl*
Karbon <-s> *nt kein pl* GEOL [the] Carboniferous *no pl*
Karbonat <-[e]s, -e> *nt* carbonate
Karbunkel <-s, -> *m* MED carbuncle
Kardamom <-s> *m o nt kein pl* cardamon *no pl*
Kardangelenk *nt* TECH universal joint **Kardantunnel** *m* TECH transmission tunnel **Kardanwelle** *f* TECH propeller shaft
Kardinal <-s, Kardinäle> *m* REL, ORN cardinal
Kardinalfehler *m* cardinal error **Kardinalfrage** *f* (*geh*) essential question **Kardinaltugend** *f* REL, PHILOS cardinal virtue **Kardinalzahl** *f* cardinal number
Kardiogramm <-gramme> *nt* cardiogram
Kardiologe, Kardiologin <-n, -n> *m, f* MED cardiologist
Kardiologie <-> *f kein pl* ❶ (*Wissenschaft*) cardiology *no pl* ❷ (*sl: Station*) cardiology [ward]
Kardiologin <-, -nen> *f* MED *fem form von* **Kardiologe**
Kardone <-, -n> *f* ZOOL, KOCHK cardoon
Karenztag *m* day of unpaid sick leave **Karenzzeit** *f* ❶ (*Wartezeit*) waiting period ❷ ÖSTERR (*Mutterschaftsurlaub*) maternity leave
Karfiol <-s> *m kein pl* SÜDD, ÖSTERR (*Blumenkohl*) cauliflower
Karfreitag *m* Good Friday
Karfunkel <-s, -> *m,* **Karfunkelstein** *m* LIT carbuncle
karg **I.** *adj* ❶ (*unfruchtbar*) barren ❷ (*dürftig*) sparse; (*Einkommen, Mahl*) meagre [*or* AM -er] ❸ (*geh: geizig*) sparing, stingy *fam,* tight-fisted; ■**~ mit etw** *dat* **sein** to be sparing with [*or* in] sth; ***er ist ~ mit seinem Lob*** he is sparing in his praise **II.** *adv* ❶ (*dürftig*) sparsely ❷ (*knapp*) **~ bemessen** stingy with sth; ***die Portionen sind ~ bemessen*** they're stingy with the helpings

Kargheit <-> *f kein pl* ❶ (*Unfruchtbarkeit*) barrenness *no pl* ❷ (*Dürftigkeit*) sparseness *no pl; Essen, Mahl* meagreness [*or* AM -erness] *no pl*
kärglich *adj* ❶ (*ärmlich*) shabby, meagre [*or* AM -er]; **~e Kleidung** cheap clothing; **ein ~es Leben führen** to live a life of poverty ❷ (*sehr dürftig*) meagre [*or* AM -er], sparse; **~e Mahlzeit** frugal meal; **der ~e Rest** the last [pathetic] scrap; **ein ~er Lohn** pittance
Karibik <-> *f* ■**die ~** the Caribbean
Karibische Inseln *pl* ■**die ~n ~** the Caribbean Islands
Karibisches Meer *nt* Caribbean Sea
Karibu <-s, -s> *nt* ZOOL caribou
kariert **I.** *adj* ❶ (*mit Karos gemustert*) checked ❷ (*quadratisch eingeteilt*) squared **II.** *adv* (*veraltend fam*) **~ reden** to talk rubbish [*or* AM nonsense]; **~ gucken** to look puzzled
Karies <-> [-rie:s] *f kein pl* tooth decay *no pl,* caries *no pl spec*
Karikatur <-, -en> *f* (*a. pej*) caricature; ■**eine ~ einer S.** *gen* a caricature of sth
Karikaturist(in) <-en, -en> *m(f)* cartoonist
karikieren* *vt* ■**jdn/etw ~** to caricature sb/sth
kariös *adj* MED decayed, carious *spec*
karitativ **I.** *adj* charitable **II.** *adv* charitably
Karkasse <-, -n> *f* AUTO casing
Karl <-s> *m* Charles; **~ der Große** Charlemagne
Karmeliter(in) <-s, -> *m(f)* REL Carmelite
Karmesin <-s> *nt kein pl* crimson
karmesinrot, karminrot *adj* crimson
Karneval <-s, -e *o* -s> [-val] *m* carnival
Karnevalskostüm *nt* carnival costume **Karnevalssitzung** *f* carnival session **Karnevalsverein** *m* carnival society **Karnevalszeit** *f* carneval period **Karnevalszug** *m* carnival procession
Karnickel <-s, -> *nt* (*fam*) bunny [rabbit]; **sich** *akk* **wie die ~ vermehren** (*pej fam*) to breed like rabbits
Kärnten <-s> *nt* Carinthia
Karo <-s, -s> *nt* ❶ (*Raute*) check ❷ *kein pl* KARTEN (*Spielfarbe*) diamonds *pl*
Karolinger(in) <-s, -> *m(f)* HIST Carolingian
karolingisch *adj* HIST Carolingian
Karomuster *nt* checked pattern
Karosse <-, -n> *f* ❶ (*Prunkkutsche*) state coach ❷ (*veraltend fam: große Limousine*) limo *fam* ❸ *s.* **Karosserie**
Karosserie <-, -n> [*pl* -'ri:ən] *f* AUTO bodywork
Karosseriebauer(in) *m(f),* **Karossier(in)** <-s, -> *m(f)* body maker, BRIT *a.* coachbuilder
Karosseriebetrieb *m* coachworks *pl,* coach bodybuilder
Karotin <-s, -e> *nt* carotene, carotin
Karotte <-, -n> *f* carrot
Karpaten *pl* ■**die ~** the Carpathian Mountains *pl*
Karpfen <-s, -> *m* ZOOL, KOCHK carp
Karpfenmilch *f* KOCHK soft roe of carp **Karpfenteich** *m* carp pond; *s. a.* **Hecht**
Karre <-, -n> *f* ❶ (*fam: Auto*) old banger [*or* AM clunker] *fam* ❷ *s.* **Karren**
Karree <-s, -s> *nt* ❶ (*Geviert*) square; **im ~** in a square ❷ (*Häuserblock*) block; **ums ~** (*fam*) around the block ❸ ÖSTERR (*Rippenstück*) loin
karren *vt* ❶ (*fam: fahren*) to cart, to drive; ■**jdn irgendwohin ~** to cart [*or* drive] sb somewhere ❷ (*mit der Schubkarre bringen*) ■**etw** *akk* **irgendwohin ~** to cart sth somewhere
Karren <-s, -> *m* ❶ (*Schubkarre*) wheelbarrow ❷ (*offener Pferdewagen*) cart ▶ WENDUNGEN: **den ~ in den Dreck fahren** (*pej fam*) to mess things up; **der ~ steckt im Dreck** (*pej fam*) things are in a real mess; **den ~ [für jdn] aus dem Dreck ziehen** (*fam*) to get [sb] out of a mess; **der ~ ist total verfahren**

(*fam*) things are in a real mess; **jdm an den ~ fahren** [*o* **pinkeln**] (*fam*), **jdm an den ~ pissen** (*sl*) to come down hard on sb; **den ~ [einfach] laufen lassen** (*fam*) to let things slide *fam;* **jdn vor seinen ~ spannen** to use sb for one's own purposes; **sich** *akk* **nicht vor jds ~ spannen lassen** to not allow onself to be used by sb

Karriere <-, -n> *f* career; **~ machen** to make a career [for oneself]

karrierebewusstRR *adj* career-minded [*or* -oriented] **Karrierefrau** *f* career woman **Karriereknick** *m* setback in one's career **Karrieremacher(in)** *m(f)*, **Karrierist(in)** <-en, -en> *m(f)* (*pej*) careerist

Karsamstag *m* Easter Saturday

Karst <-[e]s, -e> *m* GEOL karst

karstig *adj* karstic

Karte <-, -n> *f* ❶ (*Ansichts~*) [post]card; (*Eintritts~*) ticket; (*Fahr~*) ticket; (*Kartei~*) index card; (*Telefon~*) phonecard; (*Visiten~*) [business] card; INFORM (*Grafik~, Sound~*) card; **die gelbe/rote ~** FBALL the yellow/red card; **die grüne ~** AUTO international car insurance card; **statt ~n** *announcement in the press instead of sending out individual announcements* ❷ (*Auto-/Landkarte*) map; **nach der ~** according to the map; NAUT (*Seekarte*) chart; HIST (*Geschichtskarte*) historical map ❸ (*Speisekarte*) menu ❹ (*Spielkarte*) card; **~n spielen** to play cards; **eine ~ aufspielen** [*o* **ausspielen**] to play a card; **die ~n mischen** to shuffle the cards; **jdm die ~n legen** to tell sb's fortune from the cards ▶ WENDUNGEN: **auf die falsche/~ setzen** to back the wrong horse; **auf die richtige ~ setzen** to back the winner, to back the right horse; **gute/schlechte ~n haben** (*bei etw*) to have a good/bad chance of winning, to have good/bad prospects; (*bei jdm*) to be in sb's good/bad books; **mit offenen ~n spielen** to play with one's cards on the table; **mit verdeckten ~n spielen** to play with one's cards close to one's chest; **seine ~n aufdecken** to show one's cards; **jdm in die ~n sehen** [*o* **schauen**] (*fam*) to look at sb's cards; **sich** *dat* **nicht in die ~n sehen** [*o* **schauen**] **lassen** (*fam*) to play with one's cards close to one's chest; **alles auf eine ~ setzen** to stake everything on one chance [*or* card]

Kartei <-, -en> *f* card index; **eine ~ [über jdn/etw] führen** to maintain a card index [on sb/sth]; **eine ~ [zu etw** *dat*] **anlegen** to start an index card [on sth]

Karteikarte *f* index card **Karteikasten** *m* card index box **Karteileiche** *f* (*hum*) inactive member **Karteischrank** *m* filing cabinet

Kartell <-s, -e> *nt* ÖKON cartel; **ein ~ bilden** to form a cartel

Kartellamt *nt* monopolies [*or* AM antitrust] commission **Kartellgesetz** *nt* JUR monopolies [*or* AM antitrust] law

Kartenbesitzer(in) *m(f)* card holder **Kartenhaus** *nt* ❶ (*Figur aus Spielkarten*) house of cards; **wie ein ~ zusammenstürzen, wie ein ~ in sich zusammenfallen** to collapse like a house of cards ❷ NAUT (*Raum für Seekarten*) chart room **Karteninhaber(in)** *m(f)* ticketholder **Kartenkunststück** *nt* card trick **Kartenlegen** <-s> *nt* fortune telling using cards **Kartenleger(in)** <-s, -> *m(f)* fortuneteller [who uses cards] **Kartenlesegerät** *nt* INFORM card reader **Kartenorganisation** *f* credit card company **Kartenspiel** *nt* ❶ (*ein Spiel mit Karten*) game of cards ❷ (*Satz Karten*) pack of cards **Kartentelefon** *nt* cardphone **Kartenvorverkauf** *m* advance ticket sale **Kartenvorverkaufsstelle** *f* THEAT, SPORT, MUS [advance] ticket [*or* booking] office **Kartenwerk** *nt* map book

Kartoffel <-, -n> *f* potato; **neue ~n** new potatoes ▶ WENDUNGEN: **jdn/etw wie eine heiße ~ fallen lassen** (*fam*) to drop sb/sth like a hot potato

Kartoffelacker *m* potato field **Kartoffelausstecher** *m* Parisienne-potato cutter **Kartoffelbrei** *m kein pl* mashed potatoes *pl* **Kartoffelchips** *pl* [potato] crisps [*or* AM chips] *pl* **Kartoffelernte** *f* potato harvest **Kartoffelhobel** *m* potato slicer **Kartoffelkäfer** *m* Colorado beetle **Kartoffelklöße** *f pl* potato dumplings **Kartoffelknolle** *f* potato tuber **Kartoffelkraut** *nt* potato foliage **Kartoffelmesser** *nt* potato peeling knife **Kartoffelpresse** *f* potato press **Kartoffelpuffer** <-s, -> *m* potato fritter **Kartoffelpüree** *nt s.* **Kartoffelbrei Kartoffelsack** *m* potato sack **Kartoffelsalat** *m* potato salad **Kartoffelschale** *f* potato peel **Kartoffelstampfer** *m* potato masher **Kartoffelstärke** *f* potato starch **Kartoffelsuppe** *f* potato soup

Kartograf(in), Kartograph(in) <-en, -en> *m(f)* cartographer

Kartografie, Kartographie <-> *f kein pl* cartography

Kartografin, Kartographin <-, -nen> *f fem form von* **Kartograf**

kartografisch, kartographisch *adj* cartographical

kartographieren* *vt* GEOG map

Karton <-s, -s> [kar'tɔŋ, kar'to:n] *m* ❶ (*Schachtel*) carton, cardboard box ❷ (*Pappe*) cardboard, card

Kartonage <-, -n> *f* cardboard packaging

kartoniert *adj* paperback; **~e Bücher** paperbacks *pl*

Kartusche <-, -n> *f* ❶ TECH (*Behälter*) cartouche ❷ (*Tonerpatrone*) cartridge ❸ KUNST (*Zierornament*) cartouche ❹ MIL (*Geschosshülse*) cartridge

Karussell <-s, -s *o* -e> *nt* merry-go-round, carousel; **[mit dem] ~ fahren** to ride [*or* go] on the merry-go-round ▶ WENDUNGEN: **mit jdm ~ fahren** to give sb hell

Karwendel Gebirge <-s> *nt* Karwendel Mountains

Karwoche *f* REL Holy Week

Karyatide <-, -n> *f* ARCHIT caryatid

Karyogramm <-s, -e> *nt* BIOL, MED karyogram

Karzer <-s, -> *m* HIST ❶ (*Zelle*) detention cell ❷ *kein pl* (*veraltet: Strafe*) detention

karzinogen I. *adj* MED carcinogenic **II.** *adv* MED carinogenically

Karzinom <-s, -e> *nt* MED carcinoma, malignant growth

Kasache, Kasachin <-n, -n> *m, f* Kazak[h]stani; *s. a.* **Deutsche(r)**

kasachisch *adj* Kazak[h]; *s. a.* **deutsch**

Kasachisch *nt decl wie adj* Kazakh; *s. a.* **Deutsch**

Kasachische <-n> *nt* ■ **das ~** Kazakh, the Kazakh language; *s. a.* **Deutsche**

Kasachstan <-s> *nt* Kazakhstan; *s. a.* **Deutschland**

Kaschemme <-, -n> *f* (*pej fam*) dive *pej fam*

kaschieren* *vt* ❶ (*überdecken*) ■ **etw ~** to conceal sth ❷ (*überziehen*) ■ **etw [mit etw** *dat*] **~** to laminate sth [with sth]

Kaschmir1 <-s> *nt* GEOG Kashmir

Kaschmir2 <-s, -e> *m* cashmere

Käse <-s, -> *m* ❶ (*Lebensmittel*) cheese; **Harzer ~** Harz cheese; **weißer ~** DIAL quark (*low-fat curd cheese*); **mit ~ überbacken** au gratin ❷ (*pej fam: Quatsch*) rubbish BRIT, nonsense AM ▶ WENDUNGEN: **~ schließt den Magen** cheese rounds off a meal nicely

Käseblatt *nt* (*pej fam*) local rag **Käsebrot** *nt* cheese sandwich **Käsefondue** *nt* cheese fondue **Käsegebäck** *nt* cheese savouries [*or* AM -ories] *pl* **Käsegeruch** *m* smell of cheese, cheesy smell **Käseglocke** *f* cheese cover **Käseharfe** *f* cheese wire **Käseherstellung** *f* cheese production

Kasein <-s, -e> *nt* casein

Käsekohl *m* (*selten: Blumenkohl*) cauliflour **Käsekuchen** *m* cheesecake **Käselaib** *m* cheese loaf

Kasematte <-, -n> *f* HIST casemate
Käserei <-, -en> *f* cheese dairy
Käserinde *f* cheese rind
Kaserne <-, -n> *f* MIL barracks *pl*
Kasernenhof *m* MIL barrack square
kasernieren* *vt* ❶ MIL (*in Kasernen unterbringen*) ■**jdn** ~ to quarter sb in barracks ❷ (*in Gemeinschaftsunterkünften unterbringen*) ■**jdn** ~ to house sb in mass accommodation
Käsescheibe *f* slice of cheese **Käseschnitte** *f s.* Käsebrot **Käsetheke** *f* cheese counter **Käsewasser** *nt* whey **käseweiß** *adj* (*fam*), **käsig** *adj* (*fam*) white, pasty, pale
Kasino <-s, -s> *nt* ❶ (*Spielkasino*) casino ❷ (*Speiseraum: für Offiziere*) [officers'] mess; (*in einem Betrieb*) cafeteria
Kaskade <-, -n> *f* ❶ (*künstlicher Wasserfall*) cascade, waterfall ❷ (*fig geh: Flut*) cascade
Kaskoversicherung *f* AUTO fully comprehensive insurance
Kasper <-s, -> *m*, **Kasperl** <-s, -[n]> *m o nt* ÖSTERR, SÜDD, **Kasperle** <-s, -> *m o nt* SÜDD ❶ (*Holzfigur*) Punch ❷ (*hum fam: albernes Kind*) clown
Kasper-Hauser-Versuch *m* BIOL, PSYCH Kasper-Hauser-experiment
Kasperletheater *nt* Punch and Judy show
Kaspisches Meer *nt* Caspian Sea
Kassa <-, Kassen> *f bes* ÖSTERR (*Kasse 1*) cash desk, till
Kassandraruf *m* (*geh*) prophecy of doom
Kasse <-, -n> *f* ❶ (*Zahlstelle*) cash desk, till; (*Supermarkt*) check-out; **netto** ~ net cash; **gegen** ~ for cash; *s. a.* **Loch** ❷ (*Kartenverkauf*) ticket office ❸ (*Registrierkasse*) cash register, till; **jdn** [**für etw** *akk*] **zur** ~ **bitten** to ask sb to pay [for sth]; ~ **machen** to cash up BRIT; (*sl*) to close out a register AM; (*fig*) to earn a packet; **die** ~ **stimmt** (*fam*) the money's ok *fam;* **die** ~**n klingeln** (*fam*) the tills are ringing ❹ (*fam: Sparbank*) savings bank; **gut/schlecht bei** ~ **sein** (*fam*) to be well/badly off; **knapp/nicht bei** ~ **sein** to be short of cash/hard up ❺ ADMIN (*Krankenkasse*) health insurance fund ❻ (*Stahlkiste zur Geldaufbewahrung*) cash box; **gemeinsame/getrennte** ~ **machen** to have joint/separate housekeeping
Kasseler <-s, -> *nt smoked pork loin*
Kassenarzt, -ärztin *m, f* MED National Health doctor (*who treats non-privately insured patients*) **Kassenautomat** *m* automatic cash register [*or* till] **Kassenbeleg** *m s.* Kassenbon **Kassenbestand** *m* cash balance **Kassenbon** *m* [sales] receipt **Kassenerfolg** *m s.* Kassenschlager **Kassengestell** *nt* (*fam*) ≈ National Health glasses [*or fam* specs] (*spectacles frame paid for by the German equivalent of the National Health Service*) **Kassenknüller** <-s, -> *m* (*emph fam: CD*) smash hit; (*Film*) box office hit **Kassenleistung** *f* MED, ÖKON health insurance benefits *pl* **Kassenpatient(in)** *m(f)* MED National Health [*or* AM Medicaid] patient **Kassenschlager** *m* (*fam*) ❶ (*erfolgreicher Film*) box-office hit ❷ ÖKON (*Verkaufsschlager*) best-seller **Kassenstunden** *pl* cash desk opening hours BRIT, business hours AM **Kassensturz** *m* cashing-up BRIT, closing out a [cash] register/the [cash] registers AM; **einen** ~ **machen** [*o geh* **vornehmen**] to cash up BRIT, to close out a [cash] register/the [cash] registers AM; ~ **machen** (*fam*) to check one's finances **Kassenwart(in)** <-s, -e> *m(f)* treasurer **Kassenzettel** *m s.* **Kassenbon**
Kasserolle <-, -n> *f* casserole
Kassette <-, -n> *f* ❶ (*Videokassette*) video tape [*or* cassette]; (*Musikkassette*) [cassette] tape, cassette; (*Filmkassette*) [camera] film; **etw** *akk* **auf** ~ **haben** to have sth on cassette/tape/video; [**jdm/sich**] **etw** *akk* **auf** ~ **aufnehmen** to record [*or fam* tape] [sb/oneself] sth on cassette/video ❷ (*Kästchen*) case ❸ (*Schutzkarton*) box; (*für bibliophile Blätter*) set; (*für Bücher*) library case ❹ ARCHIT panel, coffer
Kassettendeck *nt* cassette [*or fam* tape] deck **Kassettendecke** *f* ARCHIT coffered ceiling **Kassettenradio** *nt* radio cassette player **Kassettenrekorder**[RR] *m*, **Kassettenrecorder** *m* cassette [*or fam* tape] recorder
Kassiber <-s, -> *m* (*veraltend sl*) secret message
Kassier(in) <-s, -e> *m(f)* SÜDD, ÖSTERR, SCHWEIZ (*Kassierer*) cashier
kassieren* **I.** *vt* ❶ FIN (*einziehen*) ■**etw** [**bei jdm**] ~ to collect sth [from sb] ❷ (*fam: einstreichen*) ■**etw** ~ to pick up sth *fam;* ***sie kassierte den ersten Preis*** she picked up first prize ❸ (*fam: einbehalten*) ■**etw** ~ to confiscate sth, to take sth away ❹ (*fam: einstecken müssen*) ■**etw** ~ **müssen** to have to take [*or* swallow] sth *fam* ❺ JUR ■**etw** ~ to quash sth; **ein Urteil** ~ to quash a verdict **II.** *vi* ❶ (*abrechnen*) ■[**bei jdm**] ~ to settle the bill [with sb]; ***darf ich schon*** [***bei Ihnen***] ~***?*** would you mind settling the bill now? ❷ (*sl: verdienen*) to clean up *sl;* **gut** [*o* **ganz schön**] ~ to clean up nicely
Kassierer(in) <-s, -> *m(f)* ❶ (*in Geschäft*) cashier; (*Bankkassierer*) clerk, teller ❷ *s.* **Kassenwart**
Kassolette *f* KOCHK cassolette (*small casserole*)
Kastagnette <-, -n> [kastanˈjɛtə] *f* castanet
Kastanie <-, -n> [-niə] *f* BOT ❶ (*Rosskastanie*) [horse]chestnut; (*Esskastanie*) chestnut ❷ (*Frucht der Rosskastanie*) [horse]chestnut, conker *fam;* (*Marone*) chestnut ▶WENDUNGEN: [**für jdn**] **die** ~**n aus dem Feuer holen** (*fam*) to pull sb's chestnuts out of the fire
Kastanienbaum *m s.* **Kastanie 1** **kastanienbraun** *adj* maroon
Kästchen <-s, -> *nt dim von* **Kasten** ❶ (*kleiner Kasten*) little box, case ❷ (*Karo*) square, rectangle; **im** ~ **ankreuzen** to put a cross in the box
Kaste <-, -n> *f* caste
kasteien* *vr* (*veraltend*) ■**sich** *akk* ~ ❶ (*geh: auf Genüsse verzichten*) to deny oneself, to abstain ❷ (*büßen*) to castigate oneself
Kasteiung <-, -en> *f* (*veraltend*) castigation, self-denial
Kastell <-s, -e> *nt* HIST ❶ (*Burg*) castle ❷ (*befestigtes Lager*) fort
Kastellan <-s, -e> *m* ❶ ADMIN (*Aufsichtsbeamter*) steward ❷ HIST (*Burgwart*) castellan
Kasten <-s, Kästen> *m* ❶ (*kantiger Behälter*) box ❷ (*offene Kiste*) crate, case; **ein** ~ **Bier** a crate of beer ❸ ÖSTERR, SCHWEIZ (*Schrank*) cupboard ❹ (*fam: Briefkasten*) letterbox BRIT, mailbox AM ❺ SPORT (*Turngerät*) vaulting horse ❻ (*fam: großes Gebäude*) barrack ❼ (*Schaukasten*) showcase ❽ (*unförmiges Fahrzeug*) tank ▶WENDUNGEN: **etwas/viel/nichts auf dem** ~ **haben** (*fam*) to be/not be on the ball *fam*
Kastenbrot *nt* sandwich loaf, pan bread **Kastenform** *f* ❶ (*die Form eines Kastens*) box-like shape ❷ (*Backform*) baking tin
Kastengeist *m kein pl* SOZIOL (*pej*) caste spirit
Kastenreibe *f* KOCHK box grater **Kastenwagen** *m* AUTO [box] van, truck
Kastenwesen *nt* REL caste system
Kastilien <-s> *nt* Castile
Kastorzucker *m* KOCHK castor [*or* caster] sugar
Kastrat <-en, -en> *m* eunoch; MUS castrato
Kastration <-, -en> *f* castration
kastrieren* *vt* ■**ein Tier** ~ to castrate an animal; ■**jdn/sich selbst** ~ to castrate sb/oneself
Kasuar <-s, -e> *m* ORN cassowary

Kasuistik <-> *f kein pl* ① (*geh: Haarspalterei*) casuistry ② MED (*Fallstudien*) case studies *pl*

kasuistisch *adj* (*geh*) casuistic

Kasus <-, -> *m* LING case

Kat <-s, -s> *m kurz für* **Katalysator** cat

Katabolismus <-> *m kein pl* BIOL catabolism *no pl*

Katafalk <-s, -e> *m* catafalque

Katakombe <-, -n> *f* catacomb

Katalanisch *nt decl wie adj* Catalan; *s. a.* **Deutsch**

Katalanische <-n> *nt* ■ **das** ~ Catalan, the Catalan language; *s. a.* **Deutsche**

Katalog <-[e]s, -e> *m* catalogue [*or* AM -og]

katalogisieren* *vt* ■ **etw** ~ to catalogue [*or* AM -og] sth

Katalogisierung <-, -en> *f* cataloguing [*or* AM -oging]

Katalysator <-s, -toren> *m* ① AUTO (*Abgaskatalysator*) catalytic converter, cat; **geregelter** ~ AUTO regulated catalytic converter ② CHEM (*Reaktionen auslösender Stoff*) catalyst

Katalysatorauto *nt* car with catalytic converter

Katalyse <-, -n> [-ly:zə] *f* CHEM catalysis

katalytisch *adj* CHEM catalytic

Katamaran <-s, -e> *m* NAUT catamaran

Katapult <-[e]s, -e> *nt o m* catapult

katapultieren* I. *vt* ■ **jdn/etw irgendwohin** ~ (*a. fam*) to catapult sb/sth somewhere II. *vr* ■ **sich** *akk* **irgendwohin** ~ ① (*sich schleudern*) to eject oneself somewhere; **sich** *akk* **aus einem Flugzeug** ~ to eject from an aircraft ② (*fam: sich rasch versetzen*) to catapult oneself somewhere

Katar <-s> *nt* Qatar; *s. a.* **Deutschland**

Katarakt <-[e]s, -e> *m* GEOG, MED cataract

Katarer(in) <-s, -> *m(f)* Qatari; *s. a.* **Deutsche(r)**

katarisch *adj* Qatari; *s. a.* **deutsch**

Katarrh, Katarr <-s, -e> *m* MED catarrh

Kataster <-s, -> *m o nt* land register

Katasteramt *nt* land registry

katastrophal I. *adj* (*pej*) ① (*verheerend*) catastrophic, devastating ② (*fam: furchtbar*) dreadful, awful II. *adv* (*pej*) ① (*verheerend*) catastrophically, devastatingly ② (*furchtbar*) awfully, dreadfully

Katastrophe <-, -n> *f* catastrophe, disaster; **eine** ~ **sein** (*fam*) to be a disaster

Katastrophenabwehr *f* disaster prevention **Katastrophenalarm** *m* emergency alert **Katastropheneinsatz** *m* emergency aid operation; **für den** ~ for use in emergency aid operations **Katastrophengebiet** *nt* disaster area **Katastrophenhilfe** *f kein pl* POL aid for disaster victims; ~ **leisten** to provide aid for disaster victims **Katastrophenopfer** *nt* disaster victim, victim of a disaster **Katastrophenschutz** *m* ① (*Schutz gegen Katastrophen*) disaster control ② (*Organisation*) disaster control organization **Katastrophenstimmung** *f* hysteria *no pl*

Kate <-, -n> *f* NORDD cottage, croft

Katechismus <-, Katechismen> *m* REL catechism

Kategorie <-, -n> [*pl* -'ri:ən] *f* ① (*Gattung*) category; **unter eine** ~ **fallen** to belong to a certain category ② (*Gruppe*) sort; ***er gehört nicht zu dieser ~ von Menschen*** he is not that sort of person

kategorisch I. *adj* (*emph*) categorical II. *adv* (*emph*) categorically

Kater[1] <-s, -> *m* tomcat; **der Gestiefelte** ~ LIT Puss-in-Boots ► WENDUNGEN: **wie ein verliebter** ~ like an amorous tomcat

Kater[2] <-s, -> *m* hangover; **einen** ~ **bekommen** to get a hangover; **einen** ~ **haben** to have a hangover

Katerfrühstück <-[e]s> *nt kein pl* KOCHK breakfast [[which is] supposed] to cure a hangover

Katerstimmung *f* (*fam*) morning-after feeling

kath. *adj Abk von* **katholisch**

Katheder <-s, -> *m o nt* ① (*veraltend: Podium*) podium ② (*veraltet: Lehrerpult*) lectern

Kathedrale <-, -n> *f* cathedral

Katheter <-s, -> *m* MED catheter

Kathode <-, -n> *f* PHYS cathode

Katholik(in) <-en, -en> *m(f)* [Roman] Catholic

katholisch I. *adj* Roman Catholic; ■ ~ **sein** to be [Roman] Catholic II. *adv* Catholic; ***sie wuchs streng ~ auf*** she had a strict Catholic upbringing

Katholizismus <-> *m kein pl* Catholicism *no pl*

Katmandu <-s> *nt* Kathmandu

Katz <-> *f kein pl* SÜDD (*Katze*) cat ► WENDUNGEN: ~ **und Maus mit jdm spielen** (*fam*) to play cat and mouse with sb; **für die** ~ **sein** (*fam*) to be a waste of time [*or* all for nothing]

katzbuckeln *vi* (*pej fam*) ■ [**vor jdm**] ~ to grovel [before sb]; ■ **das K~** grovelling

Kätzchen <-s, -> *nt* ① *dim von* **Katze** kitten ② BOT (*Blütenstand*) catkin

Katze <-, -n> *f* ① ZOOL (*Hauskatze*) cat; **siamesische** ~ Siamese cat ② ZOOL (*weibliche* ~) [female] cat ③ ZOOL (*Raubkatze*) cat ► WENDUNGEN: **wie die** ~ **um den heißen Brei herumschleichen** to beat about [*or* AM *a.* around] the bush; **wenn die** ~ **aus dem Haus ist, tanzen die Mäuse** (*prov*) when the cat's away, the mice come out to play *prov;* **die** ~ **lässt das Mausen nicht** (*prov*) a leopard never changes its spots *prov;* **die** ~ **aus dem Sack lassen** (*fam*) to let the cat out of the bag; **die** ~ **im Sack kaufen** to buy a pig in a poke *prov; s. a.* **Kater**

Katzenauge *nt* ① (*veraltend fam: Rückstrahler*) reflector ② BERGB (*schillernder Halbedelstein*) cat's-eye ③ ZOOL (*Auge einer Katze*) a cat's eye **katzenfreundlich** *adj* (*pej veraltend fam*) overfriendly, nice as pie *fam*

katzenhaft *adj* cat-like, feline

Katzenhai *m* ZOOL sandy dogfish **Katzenjammer** *m* (*fam*) ① (*jämmerliche Stimmung*) the blues + *sing vb* ② (*veraltend: Kater*[2]) hangover **Katzenmusik** *f kein pl* (*pej fam*) racket, din, caterwauling **Katzenschreisyndrom** *nt* MED (*lethaler Erbfehler*) cri-du-chat-syndrome **Katzensprung** *m* (*fam*) a stone's throw; [**nur**] **einen** ~ **entfernt sein** to be [only] a stone's throw away **Katzenstreu** *f* cat litter **Katzenwäsche** *f* (*hum fam*) cat's lick *fam* **Katzenwels** *m* ZOOL, KOCHK catfish, bullhead **Katzenzunge** *f* ① (*Schokoladenspezialität*) langue de chat ② ZOOL cat's tongue

Katz- und Maus-Spiel *nt* cat-and-mouse game

Kauderwelsch <-[s]> *nt kein pl* (*pej*) ① (*Sprachgemisch*) a hotchpotch [*or* AM *usu* hodgepodge] (*of different languages*) ② (*Fachsprache*) jargon

kauen I. *vt* ■ **etw** ~ to chew sth; *s. a.* **Nagel** II. *vi* (*mit den Zähnen bearbeiten*) ■ [**an etw** *dat*] ~ to chew [on sth]; **an den Fingernägeln** ~ to chew [*or* bite] one's nails ► WENDUNGEN: **gut gekaut ist halb verdaut** (*prov*) you should chew your food well for better digestion; **an etw** *dat* **zu** ~ **haben** to have sth to chew on [*or* over], to have some food for thought

kauern I. *vi sein* ■ **irgendwo** ~ to be huddled [up] somewhere; ***sie kauerten rund um das Feuer*** they were huddled around the fire II. *vr haben* ■ **sich** *akk* **in etw** *akk*/**hinter etw** *akk* ~ to crouch in/behind sth

Kauf <-[e]s, Käufe> *m* ① (*das Kaufen*) buying *no pl*, purchasing *no pl form;* ***ich würde Ihnen vom ~ dieses Anzugs abraten*** I would advise you against buying [*or* not to buy] this suit; ***so, jetzt ist der ~ perfekt!*** right, that's the purchase concluded!; **etw zum** ~ **anbieten** to offer sth for sale; **zum** ~ **stehen** to be [up] for sale; **einen** ~ **tätigen** (*geh*) to conclude [*or* effect] a purchase *form* ② (*Ware*) buy, purchase *form;* ***der Computer war ein sehr guter*** ~ the computer was a very good buy ► WENDUNGEN: **etw in ~ nehmen** to put up with [*or* accept] sth; **ein Risiko in ~ nehmen** to accept a risk; **in ~ nehmen, dass ...** to accept that ...

Kaufbereitschaft <-> *f kein pl* ÖKON disposition to buy

kaufen I. *vt* ❶ (*ein~*) ■ [**jdm/sich**] **etw** ~ *dat* to buy [sb/oneself] sth, to buy [*or form* purchase] sth [for sb/oneself]; ***er hat sich ein neues Auto gekauft*** he['s] bought [himself] a new car; ■ **das K~ von etw** [the] buying [of] sth; ***ich fange mit dem ~ der Geschenke immer viel zu spät an*** I always start buying the presents much too late ❷ (*pej: bestechen*) ■ **jdn** ~ to buy [off *sep*] [*or* bribe] sb ► WENDUNGEN: **gekauft ist gekauft!** a deal is a deal; **dafür kann ich mir nichts ~!** (*iron*) a [*fam* fat] lot of use that is to me!; **den/die kaufe ich mir/werde ich mir kaufen!** I'll tell him/her what's what! II. *vi* to shop; ***auf dem Markt kauft man billiger*** it costs less to shop at the market, shopping at the market is cheaper; ■ **das K~** [the] shopping III. *vr* (*fam*) ■ **sich** *dat* **jdn** ~ to give sb a piece of one's mind

Käufer(in) <-s, -> *m(f)* buyer, purchaser *form;* ***ein solches Buch wird zu wenige ~ finden*** a book like this won't sell very well

Kauffrau *f fem form von* **Kaufmann** **Kaufhaus** *nt* department store **Kaufhausdetektiv(in)** *m(f)* ÖKON store detective **Kaufkraft** *f* ÖKON ❶ (*Wert*) purchasing [*or* buying] power ❷ (*Finanzkraft*) spending power **kaufkräftig** *adj* with money to spend *pred;* ***Studenten und Auszubildende sind nicht sehr*** ~ Students and trainees haven't got much money to spend **Kaufladen** *m* ❶ (*Spielzeug*) [child's] toy shop [*or* AM *usu* store] ❷ (*veraltend: Laden*) [corner [*or* small]] shop [*or* AM *usu* store], small grocer's shop **Kaufleute** *pl s.* **Kaufmann**

käuflich I. *adj* ❶ (*zu kaufen*) for sale *pred* ❷ (*pej: bestechlich*) bribable, corruptible, venal *form;* ■ ~ **sein** to be easily bought; ***ich bin nicht ~!*** I can't be bought! II. *adv* (*geh*) ~ **erwerben** to purchase *form* [*or* buy]

Käuflichkeit <-> *f kein pl* (*pej*) corruptibility, venality *form*

Kauflust *f* inclination [*or* desire] to buy **kauflustig** *adj* eager [*or* keen] to buy *pred* **Kauflustige(r)** *f(m) decl wie adj* prospective [*or* would-be] buyer

Kaufmann, -frau <-leute> *m, f* ❶ (*Geschäftsmann*) businessman; **gelernter ~/gelernte Kauffrau** *person with qualifications in business or commerce;* **ehrliche Kaufleute** honest businessmen ❷ (*veraltend: Einzelhandelskaufmann*) grocer, [corner [*or* small]] shopkeeper

kaufmännisch I. *adj* commercial, business *attr;* ***der ~e Leiter ist für den Vertrieb zuständig*** the commercial director is responsible for sales; ■ **das K~e** commerce, business; ***leider bin ich mit dem K~en weniger vertraut*** unfortunately, I'm not very well up on the business side of things II. *adv* comercially; ~ **tätig sein** to be in business

Kaufpreis *m* purchase price **Kaufrausch** *m kein pl* spending spree **Kaufsumme** *f* amount [of purchase] **Kaufvertrag** *m* contract [*or* bill] of sale **Kaufzwang** *m* **kein ~** no obligation [to buy]; **ohne ~** without obligation [to buy]

Kaugummi *m* chewing gum; **~ kauen** to chew gum

Kaukasus <-> *m* Caucasus

Kaulkopf *m* ZOOL, KOCHK bullhead, miller's thumb

Kaulquappe <-, -n> *f* tadpole

kaum I. *adv* ❶ (*gerade* [*erst*]) hardly, scarcely; ***sie war ~ aus der Tür, da fingen sie schon an zu lästern*** she had hardly [*or* scarcely] gone out the door before they started making nasty remarks about her, no sooner was she out the door than they started making nasty remarks about her ❷ (*höchstwahrscheinlich nicht*) hardly, scarcely; [**wohl**] **~!** certainly not!, I don't think so!; *s. a.* **wohl** ❸ (*fast nicht*) hardly, scarcely; ***ich habe euch dieses Jahr ~ gesehen*** I've scarcely seen you this year; ***das ist ja wohl ~ anzunehmen!*** you'd scarcely credit it!; ~ **jemals** [*o* **je**] hardly ever; ~ **noch/mehr** hardly [*or* scarcely] ... any more; ***seit vier Tagen hat er ~ etwas gegessen*** he has hardly [*or* scarcely] eaten anything for four days [now]; ***wir haben ~ noch Zeit*** we've hardly [*or* scarcely] got any time left; ***wir hatten ~ noch damit gerechnet!*** we scarcely expected that!; ~ **eine[r]** [*o* **jemand**] [*o* **wer**] hardly [*or* scarcely] anyone [*or* anybody]; ~ **eine Rolle spielen** to be scarcely of any importance; *s. a.* **glauben II.** *konj* ■ ~ **dass** no sooner ... than; ~ ***dass sie sich kennen gelernt hatten, heirateten sie auch schon*** no sooner had they met than they were married, they had hardly [*or* scarcely] met before they were married

Kaumuskel *m* masticatory muscle, muscle of mastication; **seine ~n anstrengen** (*hum fam*) to get chomping *hum fam*

kausal I. *adj* ❶ (*geh: ursächlich*) causal; **ein ~er Zusammenhang** a causal connection ❷ LING (*begründend*) causal II. *adv* (*geh*) causally

Kausalität <-, -en> *f* (*geh*) causality

Kausalzusammenhang *m* (*geh*) causal connection

Kautabak *m* chewing tobacco

Kaution <-, -en> *f* ❶ JUR (*Sicherheitsleistung*) bail; **eine ~ stellen** to stand [*or* put up] bail; **gegen ~** on bail ❷ (*Mietkaution*) deposit

Kautschuk <-s, -e> *m* [india] rubber, caoutchouc

Kauz <-es, Käuze> *m* ❶ (*Eulenvogel*) [tawny] owl ❷ (*Sonderling*) [odd [*or* strange]] character

kauzig *adj* odd, strange

Kavalier <-s, -e> *m* gentleman ► WENDUNGEN: **der ~ genießt und schweigt** a gentleman does not boast about his conquests

Kavaliersdelikt *nt* trifling [*or* trivial] [*or* minor] [*or* petty] offence [*or* AM -se]

Kavalierspitz *m* KOCHK clod

Kavalier(s)start *m* AUTO racing start

Kavallerie <-, -n> [*pl* -'riːən] *f* HIST, MIL cavalry

Kavallerieangriff *m* cavalry charge **Kavallerieeinheit** *f* cavalry unit **Kavallerieoffizier** *m* cavalry officer

Kaviar <-s, -e> *m* caviar[e]; **deutscher ~** lumpfish roe

KB *nt Abk von* **Kilobyte** kbyte

kcal *f Abk von* **Kilokalorie** kcal

Kebab <-[s], -[s]> *m* KOCHK kebab

keck *adj* ❶ (*vorlaut*) cheeky, saucy ❷ (*provokant*) bold

Keckheit <-, -en> *f* cheek[iness], sauciness

Kefir <-s> *m kein pl* kefir

Kegel <-s, -> *m* ❶ (*Spielfigur*) skittle, pin, ninepin, tenpin; ~ **spielen** to play skittles, to go [tenpin/ninepin] bowling; ***kommt ihr mit ~ spielen?*** are you coming bowling? [*or* for a game of skittles?] ❷ MATH cone ❸ GEOG (*kegelförmige Erhebung*) cone; **der ~ des Berges** the mountain peak ❹ (*Strahl*) beam [of light]; *s. a.* **Kind**

Kegelbahn *f* ❶ (*Anlage*) [ninepin/tenpin] bowling alley, skittle alley ❷ (*einzelne Bahn*) [bowling] lane **Kegelbruder** *m* (*fam*) fellow skittle [*or* bowling] club member **kegelförmig** *adj* conical, cone-shaped **Kegelkugel** *f* bowl, skittle [*or* bowling] ball

kegeln *vi* to play skittles, to go [ninepin/tenpin] bowling, to bowl; ***hast du schon mal gekegelt?*** have you ever played skittles [*or* been bowling] [*or* bowled] [before]?; ■ das K~ game of skittles, [ninepin/tenpin] bowling

Kegelschnitt *m* MATH conic section **Kegelstumpf** *m* MATH frustum [of a cone]

Kegler(in) <-s, -> *m(f)* skittle player, [ninepin/tenpin] bowler

Kehle <-, -n> *f* ① (*Kehlkopf*) throat; **in die falsche ~ geraten** to go down the wrong way; **etw in die falsche ~ bekommen** (*fam*) to have sth go down the wrong way; **eine raue ~ haben** to be hoarse, to have a hoarse voice ② ANAT (*Gurgel*) throat; **in der ~ stecken bleiben** to stick [*or* get stuck] in one's throat; **jdm die ~ zudrücken** to throttle sb; **jdm/einem Tier an die ~ springen** to leap at [*or* go for] sb's/an animal's throat; **aus voller ~** at the top of one's voice ▶ WENDUNGEN: **sich** *dat* **die ~ aus dem Hals schreien** (*fam*) to scream one's head off; **es geht jdm an die ~** sb's life is at stake; **jdm an die ~ springen können** (*fam*) to want to leap at [*or* go for] sb's throat; **jdm die ~ zusammenschnüren** to make sb freeze with fear

kehlig *adj* guttural; **ein ~es Lachen/eine ~e Stimme** a guttural [*or* throaty] laugh/voice

Kehlkopf *m* larynx

Kehlkopfentzündung *f* MED laryngitis *no pl, no indef art* **Kehlkopfkatarrh** *m* laryngeal catarrh **Kehlkopfkrebs** *m* cancer of the larynx, laryngeal cancer

Kehraus <-> *m kein pl* SÜDD last dance (*after Carneval celebrations on shrove tuesday*) ▶ WENDUNGEN: **[den] ~ feiern** to have a farewell celebration

Kehrbesen *m* SÜDD (*Besen*) broom **Kehrblech** *nt* SÜDD (*Handschaufel*) small shovel

Kehre <-, -n> *f* hairpin bend

kehren¹ I. *vt* ① (*wenden*) ■ **etw irgendwohin ~** to turn sth somewhere; ***kehre die Innenseite nach außen*** turn it inside out; **in sich** *akk* **gekehrt** pensive, lost in thought; ***er ist ein stiller, in sich gekehrter Mensch*** he is a quiet, introverted person; *s. a.* **Rücken** ② (*veraltend: kümmern*) ■ **jdn ~** to matter to sb II. *vr* ① (*sich wenden*) ■ **sich gegen jdn ~** (*geh*) to turn against sb; ■ **sich zu etw ~** to turn out [in] a certain way; ***du wirst sehen, es wird sich alles zum Guten ~*** you'll see, everything will turn out for the best ② (*sich kümmern*) ■ **sich an etw ~** *dat* to take notice of [*or* care about] sth; ***am Geschwätz der Leute habe ich mich noch nie groß gekehrt*** I've never really taken much notice of [*or* cared much about] people's gossiping

kehren² *vt, vi bes* SÜDD (*fegen*) ■ **[etw] ~** to sweep [sth]

Kehricht <-s> *m o nt kein pl* ① (*geh: zusammengefegter Dreck*) sweepings *npl*, rubbish BRIT, garbage AM ② SCHWEIZ (*Müll*) refuse, AM *usu* garbage ▶ WENDUNGEN: **jdn einen feuchten ~ angehen** (*sl*) not to be any of sb's [damned [*or* BRIT *a.* bloody]] business *fam*; ***das geht Sie einen feuchten ~ an!*** that's none of your [damned [*or* bloody]] business!, mind your own [damned [*or* bloody]] business!

Kehrmaschine *f* ① (*Straßenkehrmaschine*) road-sweeper xx, street-sweeper ② (*Teppichkehrmaschine*) carpet-sweeper

Kehrreim *m* LIT refrain

Kehrschaufel *f* dustpan

Kehrseite *f* ① (*veraltend: Rückseite*) back ② (*Schattenseite*) downside, drawback; ***alles hat seine ~*** there's a downside to everything, everything has its drawbacks ③ (*hum: Rücken, Gesäß*) back; **jdm die ~ zuwenden** to turn one's back on sb ▶ WENDUNGEN: **die ~ der Medaille** the other side of the coin

kehrt *interj* MIL **~ *marsch!*** about turn [*or* AM face], forward march!

kehrt|machen *vi* ① (*den Rückweg antreten*) to turn [round [*or* AM around] and go] back; ***wenn ein Gewitter kommt, müssen wir sofort ~!*** if there is a storm, we'll have to turn around and go straight back ② MIL (*eine Kehrtwendung machen*) to about-turn [*or* AM -face] **Kehrtwende** *f* about-face **Kehrtwendung** *f* ① MIL (*Drehung um sich selbst*) about-turn [*or* -face] AM ② (*scharfer Positionswechsel*) about-turn [*or* AM -face] *fig*, U-turn *fig fam*

Kehrwoche *f* SÜDD ≈ cleaning week (*a week in which it is a resident's turn to keep clean the commumal areas in and around a block of flats*); **die ~ machen** to carry out cleaning duties for a week

keifen *vi* (*pej*) to nag; ***musst du immer gleich so ~?*** must you keep nagging all the time like that?; ■ **das K~** nagging; ■ **~d** nagging

Keil <-[e]s, -e> *m* ① AUTO (*Unterlegkeil*) chock ② TECH, FORST wedge; **einen ~ in etw treiben** *akk* to drive a wedge into sth ③ (*Zwickel*) gusset ▶ WENDUNGEN: **einen ~ zwischen sie treiben** to drive a wedge between them

Keile *pl* DIAL (*fam: Prügel*) thrashing *sing*, hiding *sing fam*; **~ bekommen** [*o* **kriegen**] [*o* **beziehen**] to get [*or* be given] a [good] thrashing [*or* hiding] *fam*

keilen I. *vt* FORST ■ **etw ~** to split sth with a wedge II. *vr* DIAL (*fam: sich prügeln*) ■ **sie ~ sich** they are scrapping *sl* [*or* fighting] III. *vi* to kick

Keiler <-s, -> *m* JAGD wild boar

Keilerei <-, -en> *f* (*fam*) scrap *sl*, fight, BRIT *a.* punch-up

keilförmig *adj* wedge-shaped; **~e Schriftzeichen** cuneiform characters **Keilhose** *f* ski pants *npl* **Keilkissen** *nt* wedge-shaped bolster **Keilriemen** *m* AUTO V-belt **Keilschrift** *f* HIST cuneiform script

Keim <-[e]s, -e> *m* ① BOT (*Trieb*) shoot ② (*befruchtete Eizelle*) embryo ③ (*Erreger*) germ, pathogen *spec* ④ (*fig: Ausgangspunkt*) seed *usu pl*; ***der kleinste ~ der Hoffnung*** the faintest flicker [*or* glimmer] [*or* ray] of hope; **den ~ zu etw legen** to sow the seeds of sth ⑤ PHYS (*Ausgangspunkt für einen Prozess*) nucleus ▶ WENDUNGEN: **etw im ~[e] ersticken** to nip sth in the bud

Keimbahn *f* BIOL germ line **Keimbahntherapie** *f* MED germ line gene therapy **Keimblatt** *nt* BOT seed-leaf, cotyledon *spec* **Keimdrüse** *f* ANAT gonad

keimen *vi* ① BOT (*Keime bilden*) to germinate; ***die alten Kartoffeln/Zwiebeln fangen an zu ~*** the old potatoes/onions are beginning to sprout/ put out shoots; ■ **das K~** [the] germination; ***diese chemische Behandlung soll die Kartoffeln am K~ hindern*** this chemical treatment is supposed to prevent the potatoes [from] sprouting ② (*geh: zu entstehen beginnen*) to stir; ***diese Bemerkung ließ bei ihr einen ersten, leisen Verdacht ~*** this comment aroused a first sneaking [*or* slight] suspicion in her

keimfrei *adj* sterile, sterilized; **eine ~e Infusionslösung** a sterile infusion solution; **eine ~e Umgebung** a sterile [*or* germ-free] environment; **etw ~ machen** to sterilize sth

Keimling <-s, -e> *m* ① (*keimende Pflanze*) shoot ② (*Embryo*) embryo

Keimsaat *m* germinating seed **keimtötend** *adj* germicidal

Keimung <-, -en> *f* BIOL, BOT germination

Keimzelle *f* ① BIOL germ cell, gamete ② (*geh: Ausgangspunkt*) nucleus; ***sie verstanden sich als ~ der Revolution*** they viewed themselves as a seedbed for revolution

kein I. *pron indef, attr* ① ([*verneint ein Substantiv*] *nicht* [*irgend*]*ein, niemand*) no; ***er sagte ~ Wort*** he didn't say a word; **auf ~en Fall** [*o* **unter ~en Umständen**] no way, under no circumstances; ***darauf***

K

lasse ich mich auf ~en Fall ein! there's no way I'm [*or* under no circumstances am I] going to get involved in that!; **in ~ster Weise** in no way; **~ anderer/~e andere/anderes** no other; ***gibt es ~en anderen Zug?*** isn't there another train?; **~ anderer/~e andere als …** none other than …; *s. a.* **einzig** 2 ([*bezieht sich auf ein Singularetantum, meist auf ein Abstraktum oder einen Sammelbegriff*] *nichts davon, nichts an*) not … any; ***ich habe jetzt wirklich ~e Zeit [für Sie]!*** I really haven't got any time [for you] now!; ***ich habe heute einfach ~e Lust, ins Kino zu gehen*** I just don't fancy going to the cinema today 3 ([*kehrt das zugehörige Adj ins Gegenteil*]) not; ***das ist ~ dummer Gedanke*** that's not a [*or* no] bad idea; ***das ist ~ großer Unterschied*** that's not much of a difference 4 (*fam:* [*vor Zahlwörtern*] *nicht ganz,* [*noch*] *nicht einmal*) not, less than; ***die Reparatur dauert ~e 5 Minuten*** it won't take 5 minutes to repair; ***er wartete ~e drei Minuten*** he waited [for] less than three minutes **II.** *pron indef, substantivisch* 1 (*niemand, nichts aus einer nicht ausdrücklich bestimmten Menge: von Personen*) nobody, no one; (*von Gegenständen*) none; ***~er sagte etwas*** nobody [*or* no-one] said a thing; **mir kann ~er!** (*fam*) noboby [*or* no-one] can touch me!; ***will ~r von euch mitkommen?*** don't any of you want to come along?; ***die Vorstellung war zu Ende, aber ~r klatschte*** the performance was over, but no one [*or* nobody] clapped; **~[r, s] von beiden** neither [of them]; ***ich habe es noch ~r von beiden gesagt*** I've told neither [*or* I haven't told either] of them yet 2 ([*durch hervorhebende Umstellung aus eigentlichem attributiven Gebrauch verselbständigt*] [*überhaupt*] *nicht*) any; ***ich gehe zu der Verabredung, aber Lust hab' ich ~e*** I'm going to keep the appointment, but I don't feel like going; ***Lust habe ich schon, aber Zeit habe ich ~*** I'd like to, it's just that I don't have the time

keinerlei *adj attr inv* no … at all [*or* what[so]ever]; ***er scheint ~ Interesse daran zu haben*** he appears to have no interest what[so]ever in it, he doesn't appear to have any interest at all in it

keinerseits *adv* 1 (*selten: von niemandem*) from any side [*or* anybody] 2 (*bei niemandem*) on any [*or* either] side, anybody

keinesfalls *adv* on no account, under no circumstances

keineswegs *adv* not at all, by no means

keinmal *adv* not once, never [once]; ***ich habe ~ gewonnen*** not once have I ever won

keins *pron s.* **keine(r, s)**

Keks <-es, -e> *m o nt* (*selten*) 1 *kein pl* (*Dauergebäck*) biscuit BRIT, cookie AM 2 (*Stück ~*) biscuit BRIT, cookie AM ► WENDUNGEN: **jdm auf den ~ gehen** (*sl*) to get on sb's nerves [*or* BRIT *fam a.* up sb's nose]

Kelch <-[e]s, -e> *m* 1 (*Sektkelch*) [champagne] glass 2 REL (*Messkelch*) chalice, [communion-]cup 3 BOT (*Blütenkelch*) calyx ► WENDUNGEN: **den [bitteren] ~ bis zur Neige leeren [müssen]** (*geh*) [to have] to drain the [bitter] cup of sorrow to the dregs; **der [*o* dieser] ~ geht an jdm vorüber** sb is spared the [*or* this] ordeal; ***dieser ~ ist Gott sei Dank an mir vorübergegangen*** I've been spared this ordeal, thank God!

Kelchblatt *nt* BOT (*äußere grüne Blätter einer Blüte*) sepal **kelchförmig** *adj* cup-shaped; **~e Blüten** cup-shaped [*or spec* calyciform] flowers **Kelchglas** *nt s.* **Kelch 1**

Kelle <-, -n> *f* 1 (*Schöpflöffel*) ladle 2 BAU (*Maurerkelle*) trowel 3 (*Signalstab*) signalling [*or* AM signaling] disc

Keller <-s, -> *m* cellar

Kellerassel *f* woodlouse

Kellerei <-, -en> *f* wine producer's, winery

Kellerfenster *nt* cellar window **Kellergeschoss**RR *nt* basement **Kellergewölbe** *nt* [underground [*or* cellar]] vault **Kellerkind** *nt* (*fam*) slum kid **Kellerlokal** *nt* cellar bar **Kellermeister(in)** *m(f)* [wine] cellarman **Kellerspeicher** *m* INFORM last-in-first-out memory, push-down store **Kellertür** *f* cellar door

Kellner(in) <-s, -> *m(f)* waiter

kellnern *vi* (*fam*) to work as a waiter [*or* waitress]

Kelte, Keltin <-n, -n> *m, f* HIST Celt

Kelter <-, -n> *f* winepress

keltern *vt* ■**etw ~** to press sth; ■**das K~** [the] pressing

Kelterobst *nt* fruit for juicing

Keltin <-, -nen> *f fem form von* **Kelte**

keltisch *adj* Celtic

Kemenate <-, -n> *f* 1 HIST (*Frauengemächer*) ladies' heated apartment[s] [in a medieval castle] 2 (*hum fam: Damenzimmer*) boudoir

Kenia <-s> *nt* Kenya; *s. a.* **Deutschland**

Keniabohne *f* Kenia bean

Kenianer(in) <-s, -> *m(f)* Kenyan; *s. a.* **Deutsche(r)**

kenianisch *adj* Kenyan; *s. a.* **deutsch**

kennen <kannte, gekannt> *vt* 1 (*jdm bekannt sein*) ■**jdn/etw ~** to know sb/sth; ***ich kenne ihn noch von unserer gemeinsamen Studienzeit*** I know him from our time at college together; ***kennst du das Buch/diesen Film?*** have you read this book/seen this film?; ***ich kenne das Gefühl*** I know the feeling; **jdn als jdn ~** to know sb as sb; ***ich kannte ihn nicht als Liedermacher*** I didn't know he was a songwriter; **das ~ wir [schon]** (*iron*) we've heard all that before; ***immer die gleichen Ausreden, das ~ wir schon!*** always the same old excuses, we've heard them all before!; **du kennst dich doch!** you know what you're like!; **kein[e] … ~** to know no …; **kennst du mich noch?** do you remember me?; **jdn ~ lernen** to meet sb, to make sb's acquaintance *form;* **sich ~ lernen** to meet; **jdn als jdn ~ lernen** to come to know sb as sb; ***ich habe ihn als einen sehr eigensinnigen Menschen ~ gelernt*** I have come to know him as a very stubborn person; **wie ich ihn/sie kenne …** if I know him/her …; **jdn so [noch] gar nicht ~** to have never seen sb like this [before]; ***so kenne ich dich gar nicht*** I've never seen you like this; ■**sich ~** to know one another [*or* each other] 2 (*vertraut sein*) ■**etw ~** to be familiar with sth; ***die Leute dort ~ keinen Schnee*** the people there have no experience of snow; **jdn/etw ~ lernen** to get to know [*or* become acquainted with] sb/sth; **sich ~ lernen** (*miteinander vertraut werden*) to get to know one another [*or* each other] 3 (*gut verstehen*) ■**etw ~** to know sth 4 (*wissen*) ■**etw ~** to know sth; ***~ Sie hier ein gutes Restaurant?*** do you know [of] a good restaurant here? ► WENDUNGEN: **sich nicht mehr vor etw ~** *dat* to be beside oneself with sth; ***er kannte sich kaum noch vor Wut*** he was almost beside himself with rage; **jdn nicht mehr ~** to have nothing more to do with sb; **jdn nicht mehr ~ wollen** to not want anything more to do with sb; **jdn noch ~ lernen** (*fam*) to have sb to reckon with; ***sofort das Geld zurück, sonst lernst du mich noch ~!*** give me the money back right now or you'll have me to reckon with!

Kenner(in) <-s, -> *m(f)* expert, authority; ■**ein ~ einer S.** *gen* an expert [*or* authority] on a thing; ■**ein ~ von etw** an expert on [*or* in] [*or* authority on] sth; ***was gute Weine angeht, ist er ein absoluter ~*** as far as good wine is concerned, he's an absolute connoisseur; **da zeigt sich der [wahre] ~** you can tell who the [real] expert is [*or* who's the [real] expert]

Kennerblick *m* expert eye; **mit ~** with an expert eye

kennerhaft, **kennerisch** I. *adj* discerning II. *adv* discerningly

Kennerin <-, -nen> *f fem form von* **Kenner**

Kennermiene *f* air of expertise; **mit ~** with the air of an expert

kenntlich *adj* ■ **[an etw** *dat*] **~ sein** to be recognizable [*or* BRIT *a.* -isable] by sth; **etw [durch etw] [als etw] ~ machen** to identify [*or* mark] sth [as sth] [with [*or* by [means of]] sth], to label sth [as sth] [with sth]

Kenntnis <-ses, -se> *f* ① *kein pl* (*Vertrautheit*) knowledge; **sich jds ~ entziehen** (*geh*) sb has no knowledge of [*or* doesn't know anything about] sth; **~ von etw erhalten** (*geh*) to learn [*or* be informed] of [*or* about] sth; **von etw ~ haben** (*geh*) to have knowledge of [*or* know about] sth; **etw zur ~ nehmen** to take note of sth; **zur ~ nehmen, dass** to note that; **jdn von etw in ~ setzen** (*geh*) to inform [*or* notify] sb of sth; **jdn davon in ~ setzen, dass** (*geh*) to inform sb that; **ohne ~ einer S.** *gen* without knowing sth; ***ohne ~ der familiären Situation können wir nicht viel tun*** we can't do much without knowing about the family situation ② *pl* (*Wissen*) knowledge *no pl;* ***Sie sollten Ihre ~se vertiefen*** you should broaden your knowledge; **[gründliche] ~se in etw haben** to have a [thorough] knowledge of sth; **über ~se [in etw] verfügen** (*geh*) to be knowledgeable [*or* know] [about sth]; **von etw ~ haben** (*geh*) to have knowledge of [*or* know about] sth

Kenntnisnahme <-> *f kein pl* (*geh*) **nach ~** after perusal; **zur ~** for sb's attention

kenntnisreich I. *adj* (*geh*) knowledgeable, well-informed II. *adv* (*geh*) knowledgeably

Kennwort <-wörter> *nt* ① (*Codewort*) code name ② (*Losungswort*) password **Kennzahl** *f* ① TELEK (*Ortsnetzkennzahl*) dialling [*or* AM area] code ② (*charakteristischer Zahlenwert*) index

Kennzeichen *nt* ① (*Autokennzeichen*) number plate BRIT, registration number BRIT, license plate AM; **amtliches ~** (*geh*) license plate, BRIT *a.* registration number ② (*Merkmal*) mark; ***in Pässen wird auch nach besonderen oder unveränderlichen ~ gefragt*** there is a section in passports for distinguishing marks [*or* features] ③ (*Markierung*) insignia *npl;* ***der Wanderweg ist durchgängig mit diesem ~ markiert*** the ramblers' footpath is marked with this sign along the whole route

kennzeichnen I. *vt* ① (*markieren*) ■ **etw [als etw] ~** to mark [*or* label] sth [as sth]; ■ **etw/ein Tier [durch/mit etw] ~** to mark sth [with [*or* by [means of]] sth] [*or* label sth [with sth]]/tag an animal [with sth]; ***Pakete mit Gläsern müssen als „zerbrechlich" gekennzeichnet werden*** packages containing glasses must be marked "fragile" ② (*charakterisieren*) ■ **jdn als jdn/etw ~** to characterize [*or* describe] sb as sb/sth; ■ **durch etw gekennzeichnet sein** to be characterized by sth II. *vr* ■ **sich durch etw ~** to be characterized by sth; ***ihre Kunstwerke ~ sich durch Präzision*** precision is a hallmark of her works of art

kennzeichnend *adj* typical, characteristic; **ein ~es Charakteristikum** a typical charateristic; **ein ~es Merkmal** a distinguishing mark [*or* feature]; ■ **~ für jdn/etw sein** to be typical [*or* characteristic] of sb/sth

Kennziffer *f* ÖKON box number

kentern *vi sein* to capsize; **etw zum K~ bringen** to capsize sth

Keramik <-, -en> *f* ① *kein pl* (*Töpferwaren*) ceramics *npl,* pottery *no indef art* ② (*Kunstgegenstand*) ceramic, piece of pottery ③ *kein pl* (*gebrannter Ton*) fired [*or* baked] clay

keramisch *adj* ceramic, pottery *attr*

Keratin <-s, -e> *nt* BIOL keratin

Kerbe <-, -n> *f* (*Einkerbung*) notch ▸ WENDUNGEN: **in die gleiche [*o* dieselbe] ~ hauen [*o* schlagen]** (*fam*) to take the same line

Kerbel <-s> *m kein pl* chervil

kerben *vt* ■ **etw ~** *akk* to carve sth

Kerbholz *nt* ▸ WENDUNGEN: **etw auf dem ~ haben** (*fam*) to have blotted one's copybook *fam* [*or* committed a few dirty deeds in the past]

Kerbtier *nt* insect

Kerker <-s, -> *m* ① HIST (*Verlies*) dungeon ② (*Strafe*) imprisonment *no pl* ③ ÖSTERR (*Zuchthaus*) prison, jail, BRIT *a.* gaol

Kerkermeister *m* HIST jailer, BRIT *a.* gaoler

Kerl <-s, -e *o* -s> *m* (*fam*) ① (*Bursche*) fellow *fam,* BRIT *a.* chap *fam,* BRIT *a.* bloke *fam* ② (*Mensch*) person; ***er ist ein anständiger/toller ~*** he's a decent/terrific bloke [*or* fellow] *fam* ③ (*Freund*) guy *fam,* fellow *fam,* BRIT *a.* bloke *fam;* ***ihr ~ gefällt mir nicht*** I don't like her fellow [*or* bloke]

Kern <-[e]s, -e> *m* ① BOT, HORT *Kernobst* pip; *Steinobst* stone; ***in ihr steckt ein guter ~*** (*fig*) she's good at heart; **einen wahren ~ haben** (*fig*) to contain a core of truth ② (*Nusskern*) kernel ③ (*Atomkern*) nucleus ④ (*Zellkern*) nucleus ⑤ (*der zentrale Punkt*) heart, crux; **der ~ eines Problems** the crux of a problem; **zum ~ eines Problems kommen** to get to the heart of a problem; ***kommen wir zum ~ der Sache!*** let's get to the point! ⑥ (*zentraler Teil*) centre [*or* AM -er]; (*Familie*) nucleus; (*wichtigster Teil*) core, nucleus ▸ WENDUNGEN: **der harte ~** the hard core

Kernarbeitszeit *f* core work time [*or* working hours] **Kernbeißer** <-s, -> *m* ORN hawfinch **Kernbestand** *m* core [constituents *pl*] **Kernbrennstoff** *m* nuclear fuel **Kernenergie** *f* nuclear [*or* atomic] energy **Kernexplosion** *f* nuclear explosion **Kernfach** *nt* SCH core subject **Kernfamilie** *f* nuclear family **Kernforschung** *f* nuclear research **Kernforschungszentrum** *nt* nuclear research centre [*or* AM -er] **Kernfrage** *f* central issue, crucial question **Kernfrucht** *f* pome [fruit], pomaceous [*or* hard pip] [*or* seed] fruit **Kernfusion** *f* nuclear fusion **Kerngedanke** *m* central idea **Kerngehäuse** *nt* BOT, HORT core

kerngesund *adj* fit as a fiddle *pred,* fighting fit *pred*

Kernholz *nt* FORST heartwood **Kernhülle** *f* BIOL nuclear membrane

kernig *adj* ① (*markig*) robust; ***der Auspuff dieses Sportwagens hat einen satten, ~en Klang*** this sports car's exhaust makes a lovely, powerful noise ② (*urwüchsig*) earthy; ***die haben ~e Sprüche drauf*** they come out with some earthy language ③ (*voller Obstkerne*) full of pips *pred*

Kernkraft *f* nuclear power

Kernkraftbefürworter(in) *m(f)* advocate [*or* supporter] of nuclear power **Kernkraftgegner(in)** *m(f)* opponent of nuclear power **Kernkraftwerk** *nt* nuclear power plant [*or* station]

Kernland *nt* heartland **kernlos** *adj* pipless; **~e Trauben** seedless grapes **Kernobst** *nt* pome [fruit], pomaceous [*or* hard pip] [*or* seed] fruit **Kernphysik** *f* nuclear physics + *sing vb, no art* **Kernphysiker(in)** *m(f)* nuclear physicist **Kernproblem** *nt* central problem **Kernpunkt** *m s.* Kern 5 **Kernreaktion** *f* nuclear reaction **Kernreaktor** *m* nuclear reactor **Kernschatten** *m* ASTRON umbra, total shadow **Kernschmelze** *f* core meltdown, meltdown of the core **Kernseife** *f* washing [*or* hard] soap **Kernspaltung** *f* PHYS nuclear fission *no pl, no indef art* **Kernspintomograf**, **Kernspintomograph** *m* magnetic resonance imaging scanner, MRI **Kernstück** *nt* crucial [*or* central] part [*or* element] **Kern-**

technik *f* nuclear engineering **Kerntechnologie** *f* PHYS nuclear technology **Kernteilung** *f* BIOL nuclear division **Kernverschmelzung** *f* ❶ PHYS *s.* **Kernfusion** ❷ BIOL cell union, karyogamy *spec* **Kernversuchsanlage** *f* nuclear test site

Kernwaffe *f meist pl* MIL, PHYS nuclear [*or* atomic] weapon

kernwaffenfrei *adj* nuclear-free **Kernwaffenversuch** *m* nuclear [*or* atomic] weapons test

Kernzeit *f* core work time [*or* working hours]

Kerosin <-s, -e> *nt* kerosene

Kerze <-, -n> *f* ❶ (*Wachskerze*) candle; (*elektrische Kerze*) electric Christmas-tree light ❷ AUTO (*Zündkerze*) spark [*or* BRIT *a.* sparking] plug ❸ SPORT (*Bodenübung*) shoulder stand; **eine ~ machen** to do a shoulder stand ❹ BOT (*Blütenstand*) candle, thyrus *spec*

Kerzenbeleuchtung *f s.* **Kerzenlicht** **Kerzendocht** *m* [candle]wick **kerzengerade** **I.** *adj* erect **II.** *adv* as straight as a die **Kerzenhalter** *m* candleholder **Kerzenleuchter** *m* candlestick; **ein fünfarmiger ~** a candelabrum with five branches **Kerzenlicht** *nt kein pl* candlelight; **bei ~** by candlelight **Kerzenschlüssel** *m* AUTO [spark [*or* BRIT *a.* sparking]] plug spanner **Kerzenständer** *m* candlestick, candelabrum

Kescher <-s, -> *m* fishing-net

kess^RR^, **keß** **I.** *adj* ❶ (*frech und pfiffig*) cheeky, cocky; **eine kesse Antwort** a cheeky answer; **kesse Sprüche** cheeky language ❷ (*hübsch*) pert ❸ (*flott*) pert, jaunty; **eine kesse Hose** a natty pair of trousers **II.** *adv* cheekily

Kessel <-s, -> *m* ❶ (*Wasserkessel*) kettle; ***sie setzte den ~ auf*** she put the kettle on ❷ (*großer Kochtopf*) pot ❸ (*Heizkessel*) boiler ❹ GEOG (*Mulde*) basin, basin-shaped valley ❺ MIL (*Einschlussring*) encircled area

Kesselflicker(in) <-s, -> *m(f)* tinker **Kesselhaus** *nt* boiler house **Kesselpauke** *f* kettledrum **Kesselstein** *m kein pl* scale, fur **Kesseltreiben** *nt* witch-hunt

Kessheit^RR^ <-, -en> *f*, **Keßheit** <-, -en> *f* cheek[iness], sauciness

Ketchup <-[s], -s> *m o nt s.* **Ketschup**

Ketsch <-, -en> *f* NAUT ketch

Ketschup^RR^ <-[s], -s> [ˈkɛtʃap] *m o nt* ketchup

Kette <-, -n> *f* ❶ (*Gliederkette*) chain; **einen Hund an die ~ legen** to chain up a dog *sep*, to put a dog on a chain; **jdn an die ~ legen** (*fig*) to keep sb on a tight [*or* short] leash *fig;* **jdn in ~n legen** to put sb in chains, to clap sb in irons; **in ~n liegen** (*geh*) to be in chains; **seine ~n zerreißen** [*o* **sprengen**] (*fig geh*) to throw off [*or* break] one's chains [*or* shackles] [*or* fetters]; (*Fahrradkette*) [bicycle] chain; (*Schmuckkette*) necklace ❷ (*ununterbrochene Reihe*) line; ***viele tausende Demonstranten hatten eine ~ gebildet*** several thousand demonstrators had formed a human chain; (*Reihe von Gleichartigem*) *Blumen* row; *Bergen* chain; **eine ~ von Beweisen/Indizien** a body of evidence; **eine ~ von Ereignissen** a chain of events; **eine ~ von Unglücksfällen** a series [*or* chapter] of accidents ❸ ÖKON chain; ***dieses Restaurant gehört zu einer ~*** this restaurant is part of a chain ❹ (*in Längsrichtung verlaufende Fäden*) warp

ketten *vt* ❶ (*mit einer Kette befestigen*) ▪**jdn/ein Tier an etw ~** *akk* to chain sb/an animal to sth ❷ (*fest binden*) ▪**jdn an sich ~** *akk* to bind [*or* tie] sb to oneself *fig;* ▪**jdn an jdn ~** to bind [*or* tie] sb to sb *fig*

Kettenbrief *m* chain letter **Kettenfahrzeug** *nt* tracked vehicle, Caterpillar® [*vehicle*] **Kettenglied** *nt* link **Kettenhemd** *nt* HIST coat of chain mail **Kettenhund** *m* [chained-up] guard dog [*or* watchdog] **Kettenkarussell** *nt* merry-go-round **Kettenrauchen** *nt* chain-smoking **Kettenraucher(in)** *m(f)* chain-smoker **Kettenreaktion** *f* ❶ NUKL chain reaction ❷ (*aufeinander folgende Ereignisse*) chain reaction *fig* **Kettenschaltung** *f* dérailleur gear **Kettenschutz** *m* chain guard

Ketzer(in) <-s, -> *m(f)* ❶ REL (*Häretiker*) heretic ❷ (*geh: Abweichler*) heretic *fig*

Ketzerei <-, -en> *f* ❶ REL (*Häresie*) heresy ❷ (*geh: Abweichlertum*) heresy *fig*

Ketzerin <-, -nen> *f fem form von* **Ketzer**

ketzerisch *adj* ❶ REL (*häretisch*) heretical, heterodox *form* ❷ (*geh: abweichlerisch*) heretical *fig*, heterodox *fig form*

keuchen *vi* ❶ *haben* (*schwer atmen*) to puff [*or* pant] ❷ *sein* (*sich schwer atmend fortbewegen*) ▪**irgendwohin ~** to puff [*or* pant] somewhere

Keuchhusten *m* whooping cough *no art*, pertussis *spec*

Keule <-, -n> *f* ❶ (*Waffe*) club, cudgel; **chemische ~** (*fig, euph*) Chemical Mace® ❷ SPORT Indian club ❸ KOCHK (*Schenkel*) leg

Keulenschlag *m* blow with a club [*or* cudgel] ▸ WENDUNGEN: **jdn wie ein ~ treffen** to hit sb like a thunderbolt

keusch *adj* chaste

Keuschheit <-> *f kein pl* chastity, chasteness; **~ geloben** to take a vow of chastity

Keuschheitsgelübde *nt* vow of chastity; **das ~ ablegen** to take a vow of chastity **Keuschheitsgürtel** *m* HIST chastity belt

Keyboard <-s, -s> [ˈkiːbɔːd] *nt* keyboard

Kfor [ˈkaːfoːɐ] *f Akr von* **Kosovo-Friedenstruppe** Kfor (*NATO peacekeeping force in Kosovo*)

Kfz <-[s], -[s]> *nt Abk von* **Kraftfahrzeug**

Kfz-Brief *m* [vehicle] registration document, BRIT *a.* log-book **Kfz-Mechaniker(in)** *m(f)* motor [*or* AM car] mechanic **Kfz-Versicherung** *f* motor [vehicle] insurance BRIT, motor vehicle [*or* car] insurance AM **Kfz-Werkstatt** *f* motor vehicle workshop **Kfz-Zubehör** *nt* motor vehicle accessories

kg *Abk von* **Kilogramm** kg

KG <-, -s> *f Abk von* **Kommanditgesellschaft**

kgl. *adj Abk von* **königlich**

K-Gruppe *f* POL Communist splinter group

Khaki^1^ <-s> *m kein pl* khaki

Khaki^2^ <-s> *nt kein pl* (*Farbe*) khaki

khakifarben *adj* khaki[-coloured [*or* AM -ored]]

Khart(o)um, Khartoum <-s> *nt* Khartoum

Khmer *nt decl wie adj* Khmer, Cambodian; *s. a.* **Deutsch**

kHz *Abk von* **Kilohertz** kHz

KI *f* INFORM *Abk von* **Künstliche Intelligenz** AI

Kibbuz <-, Kibbuzim *o* -e> *m* GEOG kibbutz

Kichererbse *f* chick-pea

kichern *vi* to giggle; ▪**das K~** [the] giggling

Kick *m* ❶ SPORT kick ❷ (*fam: Nervenkitzel*) kick

kicken FBALL **I.** *vi* (*fam*) to play football; [**für einen Verein**] **~** to play [football] [for a club] **II.** *vt* (*fam*) **den Ball ~** to kick the ball

Kicker(in) *m(f)* FBALL (*fam*) football [*or* AM soccer] player

Kickstarter *m* TECH kick-start[er]

Kid <-s, -s> *nt* (*sl*) kid *fam*, youngster *fam*

kidnappen [ˈkɪtnɛpn] *vt* ▪**jdn ~** to kidnap sb

Kidnapper(in) <-s, -> [ˈkɪtnɛpɐ] *m(f)* kidnapper

Kidnapping <-s, -s> [ˈkɪtnɛpɪŋ] *nt* kidnapping

kiebig *adj* DIAL ❶ (*frech*) cheeky, saucy, fresh *fam* ❷ (*aufgebracht*) ▪**~ sein/werden** to be/get annoyed

Kiebitz <-es, -e> *m* lapwing, pe[e]wit

Kiebitzeier *pl* lapwing eggs *pl*

Kiefer¹ <-, -n> *f* ① (*Baum*) pine [tree] ② *kein pl* (*Holz*) pine[wood]

Kiefer² <-s, -> *m* ANAT jaw[-bone]

Kieferbruch *m* MED fracture of the jaw, jaw fracture **Kieferchirurg(in)** *m(f)* oral surgeon **Kieferchirurgie** *f* oral surgery **Kieferchirurgin** *f fem form von* Kieferchirurg **Kiefergelenk** *nt* ANAT, MED [temporo]mandibular joint *spec* **Kieferhöhle** *f* ANAT maxillary sinus **Kieferhöhlenentzündung** *f* maxillary sinusitis, antritis *spec*

Kiefernast *m* pine[-tree] branch **Kiefernholz** *nt* pine[wood] **Kiefernkreuzschnabel** *m* ORN parrot crossbill **Kiefernnadel** *f* pine needle **Kiefernrinde** *f* bark of the pine [tree], pine[-tree] bark **Kiefernstamm** *f* pine[-tree] trunk **Kiefernwald** *m* pine wood **Kiefernzapfen** *m* pine cone **Kiefernzweig** *m* pine[-tree] twig

Kieferorthopäde, -din <-n, -n> *m, f* MED orthodontist

kieken *vi* NORDD (*gucken*) to look

Kieker <-s, -> *m* ▶ WENDUNGEN: **jdn auf dem ~ haben** (*fam: sich jdn herausgepickt haben, um auf ihm herumhacken zu können*) to have it in for sb *fam;* (*jdn seit längerem mit Misstrauen beobachten*) to have one's eye on sb; (*an jdm sehr interessiert sein*) to have one's eye on sb

kieksen *vi* to squeak

Kiel <-[e]s, -e> *m* ① (*Schiffskiel*) keel ② (*Federkiel*) quill ▶ WENDUNGEN: **ein Schiff auf ~ legen** NAUT to lay down [the keel of] a ship *sep*

kielholen *vt* ■ **gekielholt werden** ① NAUT to be careened ② HIST to be keel-hauled **kieloben** *adv* bottom [*or* keel] up **Kielraum** *m* bilge **Kielwasser** *nt* wake, wash; **in jds ~ segeln** [*o* **schwimmen**] (*fig*) to follow in sb's wake *fig*

Kieme <-, -n> *f* gill

Kiemenschnecke *f* ZOOL whelk

Kien <-[e]s> *m,* **Kienspan** *m kein pl* pine[wood] spill

Kiepe <-, -n> *f* NORDD pannier, dosser

Kies <-es, -e> *m* ① (*kleines Geröll*) gravel *no pl* ② *kein pl* (*sl: Geld*) dough *sl no indef art,* bread *sl no indef art,* BRIT *a.* dosh *sl no indef art*

Kiesel <-s, -> *m s.* **Kieselstein**

Kieselsäure *f* CHEM silicic acid **Kieselstein** *m* pebble **Kieselstrand** *m* shingle [*or* pebble] beach

Kiesgrube *f* gravel pit **Kiesweg** *m* gravel path

Kie(t)z <-es, -e> *m* ① (*Berliner Stadtviertel*) neighbourhood BRIT, neighborhood AM, area of town ② (*sl: Strich*) red-light district; **auf dem ~** (*sl*) in the neighbourhood [*or* AM neighborhood]

Kiew <-s> ['ki:ɛf] *nt* Kiev

kiffen *vi* (*sl*) to smoke pot *fam* [*or fam* dope] [*or sl* grass]

Kiffer(in) <-s, -> *m(f)* (*sl*) pot-smoker *fam,* pot-head *fam,* dope-head *fam*

kikeriki *interj* cock-a-doodle-doo

killen *vt* (*sl*) ■ **jdn ~** to bump off [*or* do in] sb *sep sl,* to kill sb

Killer(in) <-s, -> *m(f)* (*sl*) hit man

Killerinstinkt *m* (*sl*) killer instinct **Killerzelle** *f* MED (*Zellen des Immunsystems, die Fremdsubstanzen unschädlich macht*) T cytotoxic cell

Kilo <-s, -[s]> *nt* (*fam*) *s.* **Kilogramm** kilo

Kilobyte ['ki:lobait] *nt* kilobyte **Kilogramm** *nt* kilogramme [*or* AM -am] **Kilohertz** *nt* PHYS kilohertz, kilocycle [per second] **Kilojoule** ['ki:lodʒu:l] *nt* kilojoule **Kilokalorie** *f* PHYS kilocalorie

Kilometer *m* ① (*1000 Meter*) kilometre [*or* AM -er]; **bei ~ …** SPORT after … kilometres; ***bei ~ 15 gab es den ersten Getränkestand*** the first drinks stand came after 15 kilometres ② (*fam: Stundenkilometer*) … [kilometres [*or* AM -ers] per hour]; ***auf dieser Strecke herrscht eine Geschwindigkeitsbeschränkung von 70 ~n*** there's a speed limit of 70 [kilometres per hour] on this stretch [of road]

Kilometergeld *nt* FIN mil[e]age [allowance] **kilometerlang** I. *adj* stretching for miles *pred;* **eine ~e Autoschlange/Fahrzeugschlange/ein ~er Stau** a line of cars/vehicles/a traffic jam stretching [back] [*or* BRIT *a.* tailback stretching] for miles; **ein ~er Strand** a beach stretching for miles [and miles] II. *adv* for miles [and miles], for miles on end **Kilometerpauschale** *f* FIN [tax] mil[e]age allowance **Kilometerstand** *m* mil[e]age [reading]; **bei ~ …** with a mil[e]age reading of …, with … on the clock, after … kilometres [*or* AM -ers] [*or* miles]; ***bei ~ 25.000 haben Sie die nächste Inspektion!*** your next service is due at [*or* after] 25,000 kilometres! **Kilometerstein** *m* milestone **kilometerweit** I. *adj* for miles [and miles] *pred;* ***sie machen gerne ~e Wanderungen*** they like taking walks which last for many miles [*or* walking for miles] II. *adv* for miles [and miles]; ***von der Bergkuppe kann man ~ sehen*** you can see for kilometres [*or* miles] from the top of the mountain **Kilometerzähler** *m* milometer, odometer, mil[e]age counter [*or* indicator]

Kilowatt *nt* kilowatt

Kilowattstunde *f* kilowatt-hour

Kimme <-, -n> *f* back [*or* rear] sight; **über ~ und Korn zielen** to aim over notch and bead sight [*or* open sights]

Kind <-[e]s, -er> *nt* ① (*Nachkomme*) child; ***ihre ~er sind drei und vier Jahre alt*** her children are three and four years old; **~er Gottes** (*fig*) God's children; **ein ~ in die Welt setzen** [*o geh* **zur Welt bringen**] to bring a child into the world; ***das ist nichts für kleine ~er*** that's not for your young eyes/ears; [***du bist aber ein***] ***kluges ~!*** (*iron*) oh, aren't you clever! *iron;* **jds leibliches ~** sb's own child; **ein uneheliches** [*o* **nicht eheliches**] **~** an illegitimate child, a bastard, a child born out of wedlock; **bei jdm ist ein ~ unterwegs** sb is expecting [a baby] [*or* pregnant]; **ein ~ [von jdm] bekommen** [*o* **erwarten**] [*o* **kriegen**] to be expecting a baby [*or* pregnant] [by sb], to be with child *form,* to be pregnant with sb's child; ***wir bekommen ein ~!*** we're going to have a baby!; **jdm ein ~ machen** (*sl*) to put sb in the club *fam* [*or* BRIT *sl* up the duff], to put a bun in sb's oven *hum sl,* to get sb in the family way *fam,* to knock sb up *sl;* **sich** *dat* **ein ~ wegmachen lassen** (*sl*) to get rid of a baby *euph;* ***das weiß doch jedes ~!*** (*fam*) any child [*or* five-year-old] knows [*or* could tell you] that; **von ~ auf** [*o* **an**] from childhood [*or* an early age]; **aber ~!** child, child!; ***das ~ im Manne (fig) he's a boy at heart*;** **jdn an ~es Statt annehmen** JUR to adopt sb; **ein ~ des Todes sein** (*fig veraltend geh*) to be as good as dead; **ein großes ~ sein** to be a big baby; **noch ein halbes ~ sein** to be still almost a child; **sich wie ein ~ freuen** to be as pleased as Punch; **kein ~ mehr sein** not to be a child any more ② *pl* (*fam: Leute*) folks *pl;* **~er, ~er!** (*fam*) dear oh dear!, goodness me! ▶ WENDUNGEN: **das ~ mit dem Bade ausschütten** to throw out the baby with the bathwater; **jdm ein ~ in den Bauch reden** (*fam*) to talk the hind legs off a donkey; ***reden Sie mir kein ~ in den Bauch, ich kaufe Ihnen sowieso nichts ab*** I'm not going to buy anything off you, however much you try and soft-soap me; **mit ~ und Kegel** (*hum fam*) with the whole family; **aus ~ern werden Leute** (*prov*) children grow up [all too] quickly; **das ~ muss einen Namen haben** it must be called something; **das ~ beim [rechten] Namen nennen** to call a spade a spade; **~er und Narren** [*o* **Betrunkene**] **sagen die Wahr-**

heit (*prov*) children and fools speak the truth *prov;* **kleine ~er kleine Sorgen, große ~er große Sorgen** (*prov*) children when they are little make parents fools, when great, mad [*or* they are great they make them mad] *prov;* **kein ~ von Traurigkeit sein** (*hum*) to be sb who enjoys life; ***ich bin kein ~ von Traurigkeit*** I [like [*or* know how] to] enjoy life; **ein ~ seiner Zeit sein** to be a child of one's time; [**ein**] **gebranntes ~ scheut das Feuer** once bitten, twice shy *prov;* ***was Glücksspiele angeht, bin ich ein gebranntes ~!*** I've learned my lesson as far as games of chance are concerned; **bei jdm lieb ~ sein** (*fam*) to be sb's favourite [*or* blue-eyed boy] [*or* girl]; **sich bei jdm lieb ~ machen** (*fam*) to [try and] get on the right side of sb [*or* in sb's good books]; **wie sag' ich's meinem ~e?** (*hum*) I don't know how to put it, how should I put it?; ***ich kann ihm nicht helfen, aber wie sag' ich's meinem ~e?*** I can't help him, but how am I going to tell him?; **wir werden das ~ schon schaukeln** (*fam*) we'll manage to sort it [*or* everything] out

Kindbett *nt* (*veraltend*) *s.* **Wochenbett**

Kindbettfieber *nt s.* **Wochenbettfieber**

Kindchen <-s, -> *nt dim von* **Kind** ❶ (*Baby*) baby ❷ (*mein liebes Kind*) my dear child, little one

Kindchenschema *nt* PSYCH baby schema

Kinderarbeit *f* child labour [*or* AM -or] **Kinderarzt, -ärztin** *m, f* paediatrician BRIT, pediatrician AM **Kinderaugen** *pl* children's [*or* child's] eyes; [**vor Erstaunen**] **~ bekommen** [*o* **machen**] to be wide-eyed [with astonishment] **Kinderbekleidung** *f* children's wear **Kinderbett** *nt* cot **Kinderbild** *nt* childhood photograph **Kinderbuch** *nt* children's book **Kinderbüro** *nt* children's advice centre [*or* AM -er]

Kinderchen *pl dim von s.* **Kind** kiddie

Kinderchor [-koːɐ] *m* children's choir **Kinderdorf** *nt* children's village **Kinderehe** *f* child marriage

Kinderei <-, -en> *f* childishness *no pl, no indef art*

Kindererziehung *f* bringing up [*or* raising] [*or* rearing] children **Kinderfahrkarte** *f* child's ticket **Kinderfahrrad** *nt* child's bicycle [*or fam* bike] **kinderfeindlich I.** *adj* anti-children; **eine ~e Architektur/Planung** architecture/planning which does not cater for children [*or* take children into account] **II.** *adv* with little thought [*or* regard] [*or* without regard] for children **Kinderfeindlichkeit** *f* anti-children attitude; **die ~ von Architektur/Gesellschaft** the failure of architecture/society to cater for children [*or* take children into account] **Kinderfest** *nt* children's party **Kinderfilm** *m* children's film **Kinderfreibetrag** *m* child [*or* children's] allowance **Kinderfreund(in)** *m(f)* sb who loves chlidren; **ein ~ sein** to be [very] fond of children **kinderfreundlich I.** *adj* child-orientated [*or* AM -oriented] [*or* -friendly]; **~e Architektur** architecture which caters for children [*or* takes children into account] **II.** *adv* with children in mind **Kindergarten** *m* kindergarten, nursery school **Kindergärtner(in)** *m(f)* kindergarten [*or* nursery-school] teacher **Kindergeburtstag** *m* child's birthday **Kindergeld** *nt* child benefit, family allowance *dated* **Kindergesicht** *nt* ❶ (*Gesicht eines Kindes*) child's face; ***beim Fest sah man nur frohe/glückliche ~er*** one could see only happy children's faces at the party ❷ (*kindliches Gesicht*) childlike face **Kindergottesdienst** *m* children's service **Kinderheilkunde** *f* paediatrics BRIT *no art, + sing vb,* pediatrics AM *no art, + sing vb* **Kinderheim** *nt* children's home **Kinderhort** *m* day-nursery, BRIT *a.* crèche **Kinderklinik** *f* MED children's [*or* paediatric [*or* AM pediatric]] clinic **Kinderkrankenhaus** *nt s.* **Kinderklinik** **Kinderkrankheit** *f* ❶ (*Krankheit*) childhood disease [*or* illness] ❷ *meist pl* (*fig: Anfangsprobleme*) teething troubles *pl fig* **Kinderkriegen** <-s> *nt kein pl* (*fam*) (*das Gebären*) giving birth *no art,* having children *no art* ▶ WENDUNGEN: **zum ~ sein** to be enough to drive one up the wall [*or* round [*or* AM around] the bend] *fam* **Kinderkrippe** *f* day-nursery, BRIT *a.* crèche **Kinderladen** *m* anti-authoritarian kindergarten [*or* nursery school] **Kinderlähmung** *f* polio, poliomyelitis *spec,* infant[ile] paralysis *dated* **kinderleicht I.** *adj* very [*or* BRIT *a. fam* dead] easy; ■ **~ sein** to be child's play *fam* **II.** *adv* very easily; **etw ist ~ zu bedienen/montieren** sth is very [*or* BRIT *a. fam* dead] easy to operate/assemble

Kinderlein *pl s.* **Kinderchen**

kinderlieb *adj* fond of children *pred* **Kinderliebe** *f* love of children **Kinderlied** *nt* nursery rhyme

kinderlos *adj* childless

Kinderlosigkeit <-> *f kein pl* childlessness

Kindermädchen *f* nanny, nursemaid **Kindermärchen** *nt* (*fam*) fairy story, fairy-tale **Kindermode** *f* children's fashion **Kindermord** *m* (*Mord an einem Kind*) child murder, infanticide; **einen ~ begehen** to murder a child, to commit child murder [*or* infanticide] **Kindermörder(in)** *m(f)* child murderer **Kindermund** *m* (*Mund eines Kindes*) child's mouth ▶ WENDUNGEN: **~ tut Wahrheit kund** (*prov*) out of the mouths of babes and sucklings *prov,* children are never shy about telling the truth **Kindernarr, -närrin** *m, f* sb who loves children **Kinderpornographie, Kinderpornografie**RR *f* child pornography **Kinderprogramm** *nt* TV, RADIO children's programme [*or* AM -am] **Kinderprostitution** *f* JUR child prostitution **Kinderpsychologie** *f* child psychology **kinderreich** *adj* with many children *pred;* **eine ~e Familie** a large family **Kinderreichtum** *m kein pl* abundance of children **Kinderreim** *m* nursery rhyme **Kinderschänder(in)** <-s, -> *m(f)* JUR, SOZIOL child molestor [*or* abuser] **Kinderschar** *f* crowd of children **Kinderschreck** *m kein pl* (*pej*) bog[e]yman **Kinderschuh** *m* (*Schuh für Kinder*) child's shoe; **den ~en entwachsen sein** (*geh*) to have grown up [*or* become an adult]; **noch in den ~en stecken** (*fig*) to be still in its infancy; ***dieses Verfahren steckt noch in den ~en*** this process is still in its infancy **Kindersegen** *m* (*bes hum*) large number of children **Kindersicherung** *f* AUTO child[proof] safety catch **Kindersitz** *m* ❶ AUTO (*Rücksitzaufsatz*) child safety seat ❷ (*Fahrradaufsatz*) child-carrier seat **Kinderspiel** *nt* children's game; [**für jdn**] **ein ~ sein** (*fig*) to be child's play [to sb] **Kinderspielplatz** *m* [children's] playground **Kinderspielzeug** *nt* [children's [*or* child's]] toy **Kindersprache** *f* child [*or* children's] language **Kindersterblichkeit** *f* infant mortality **Kinderstimme** *f* child's voice **Kinderstube** *f* DIAL (*Kinderzimmer*) children's room, nursery ▶ WENDUNGEN: **eine/keine gute ~ gehabt haben** to have been well/badly brought up [*or* had a good/bad upbringing] **Kindertagesstätte** *f s.* **Kinderhort** **Kinderteller** *m* child [*or* children's] portion **Kindervers** *m s.* **Kinderreim** **Kinderwagen** *m* pram BRIT, pushchair BRIT, perambulator BRIT *dated,* baby carriage AM **Kinderzahl** *f* number of children **Kinderzimmer** *nt* children's room **Kinderzuschlag** *m* FIN [additional] child benefit [*or dated* family allowance]

Kindesalter *nt* **seit frühestem ~** from a very early age; **im ~ sein** to be a child; **sich noch im ~ befinden** (*geh*) to be still a child **Kindesbeine** *pl* **von ~n an** from childhood [*or* an early age] **Kindesentführung** *f* kidnapping [*or* abduction] of a child, child abduction **Kindeskind** *nt* (*alt: Enkelkind*) grandchild ▶ WENDUNGEN: **Kind und ~er** [all] sb's [*or* one's] children and grandchildren **Kindesmissbrauch**RR *m*

JUR child abuse *no pl* [*or* molestation] *no pl* **Kindesmisshandlung**[RR] *f* child abuse **Kindesmord** *m* child murder, murder of a child, infanticide, murder of one's own child [*or* children] **Kindesmörder(in)** *m(f)* child-murderer

kindgemäß **I.** *adj* suitable for children *pred* **II.** *adv* suitably for children

kindhaft *adj* childlike

Kindheit <-> *f kein pl* childhood; **von ~ an** from childhood [*or* an early age]

Kindheitserinnerung *f* childhood memory *usu pl*

kindisch *adj* (*pej*) childish *pej*; **~es Benehmen/Verhalten** childish [*or* infantile] behaviour [*or* AM -or]

kindlich **I.** *adj* childlike; **ein ~es Gesicht** a childlike face [*or* baby-faced]; **eine ~e Verhaltensweise** a childlike way of behaving **II.** *adv* **~ scheinen/wirken** to appear/seem childlike; **sich ~ verhalten** to behave in a childlike way

Kindskopf *m* (*fam*) big kid; ***ihr seid vielleicht Kindsköpfe!*** you really are childish! **Kind(s)taufe** *f* christening **Kindstod** *m* infant death; **plötzlicher ~** sudden infant death syndrome

Kinemathek <-, -en> *f* film library [*or* archive]

Kinetik <-> *f kein pl* kinetics + *sing vb, no art*

kinetisch *adj* kinetic

King <-s> *m* **der ~ sein** (*sl*) to be [the] top dog *fam*

Kinkerlitzchen *pl* (*fam*) trifles *pl*, trivialities *pl*

Kinn <-[e]s, -e> *nt* chin; **ein eckiges/kantiges ~** a square chin; **ein energisches ~** a strong [*or* firm] chin; **ein spitzes ~** a pointed chin; **ein vorspringendes ~** a prominent [*or* projecting] chin

Kinnbart *m* goatee [beard] **Kinnhaken** *m* hook to the chin **Kinnlade** *f* jaw[-bone], mandible *spec*; ***vor Verblüffung klappte ihm die ~ hinunter*** his jaw dropped [open] in amazement **Kinnriemen** *m* chin-strap

Kino <-s, -s> *nt* cinema, AM *usu* [movie] theater; (*Filmvorführung*) film; **im ~ kommen** [*o* **spielen**] to be on [*or* AM playing] at the cinema [*or* AM *a.* movies *npl*] [*or* AM *usu* [movie] theater]

Kinobesuch *m* visit to the cinema [*or* AM *usu* movie theater] **Kinobesucher(in)** *m(f)* cinema-goer **Kinofilm** *m* cinema film BRIT, movie AM **Kinogänger(in)** <-s, -> *m(f)* cinema-goer **Kinokarte** *f* [cinema] ticket **Kinokasse** *f* cinema box-office **Kinoprogramm** *nt* cinema [*or* film] guide **Kinovorhang** *m* [cinema [*or* AM *usu* movie theater]] curtain **Kinowerbung** *f* cinema advertising

Kiosk <-[e]s, -e> *m* kiosk

Kipfe(r)l <-s, -[n]> *nt* KOCHK ÖSTERR (*Hörnchen*) croissant

Kippe <-, -n> *f* ❶ (*fam: Deponie*) tip BRIT, dump AM ❷ (*fam: Zigarettenstummel*) dog-[*or* fag-]end BRIT *sl*, cigarette end [*or* AM butt]; (*Zigarette*) fag BRIT *sl*, snout BRIT *sl*, cigarette AM ▸ WENDUNGEN: **auf der ~ stehen** (*fam*) to hang in the balance; [**in etw** *dat*] **auf der ~ stehen** (*fam*) to be on the borderline [in sth]; ***sie steht in mehreren Fächern auf der ~*** she's on the borderline [*or* a borderline case] in several subjects; **auf der ~ stehen, ob ...** (*fam*) it's touch and go whether ...

kippen **I.** *vt haben* ❶ (*schütten*) ▪**etw irgendwohin ~** to tip sth somewhere ❷ (*schräg stellen*) ▪**etw ~** to tilt [*or* tip [up *sep*]] sth; **ein Fenster ~** to tilt a window; **„bitte nicht ~"** "please do not tilt" ❸ (*scheitern lassen*) ▪**jdn/etw ~** to topple sb/to halt sth; **einen Artikel/eine Reportage ~** to pull an article/a report; **eine Gesetzesvorlage ~** to vote down a bill; **ein Urteil ~** to overturn a judgement ▸ WENDUNGEN: [**gerne**] **einen/ein paar kippen** (*fam*) to like a drink [or two] **II.** *vi sein* ❶ (*aus dem Schrägstand umfallen*) to tip [*or* topple] over; ▪[**von etw**] **~** to fall [off sth]; ***er kippte ganz plötzlich nach vorne/vom Sessel*** he suddenly toppled forwards/fell off his chair ❷ (*zurückgehen*) to fall, to go down; ***hoffentlich kippt das Wetter nicht*** hopefully the weather won't change for the worse ❸ (*nicht mehr funktionieren*) *Ökosystem* to collapse ▸ WENDUNGEN: **aus den Latschen ~** to fall through the floor

Kippfenster *nt* laterally pivoted window **Kipplore** *f* BERGB tipper wagon BRIT, dumper [*or* AM dump] truck **Kippschalter** *m* ELEK toggle [*or* tumbler] switch

Kirche <-, -n> *f* ❶ (*Gebäude, Gottesdienst*) church ❷ (*bestimmte Glaubensgemeinschaft*) Church, religion; **die Bekennende ~** HIST the Confessional [*or* Confessing] Church (*in Germany under National Socialism*); **die evangelische ~** the Protestant Church; **die katholische ~** the Catholic Church; **aus der ~ austreten** to leave the Church ❸ (*Institution*) Church ▸ WENDUNGEN: **die ~ im Dorf lassen** (*fam*) to not get carried away; **die ~ ums Dorf tragen** to do things in a roundabout way

Kirchenälteste(r) *f(m)* *decl wie adj* [church-]elder **Kirchenasyl** *nt* REL religious asylum *no pl* **Kirchenaustritt** *m* secession from [*or* leaving [of]] the Church **Kirchenbank** *f* [church] pew **Kirchenbann** *m* REL excommunication **Kirchenbuch** *nt* parish register **Kirchenchor** *m* church choir **kirchenfeindlich** *adj* REL anticlerical **Kirchenfenster** *nt* church window **Kirchengemeinde** *f* parish **Kirchengeschichte** *f* ❶ REL (*Geschichte der christlichen Kirche*) church [*or* ecclesiastical] history ❷ HIST history of the church **Kirchenglocke** *f* church bell **Kirchenkuppel** *f* cathedral['s] dome, dome of a/the cathedral **Kirchenlicht** *nt* ▸ WENDUNGEN: **kein** [**großes**] **~ sein, nicht gerade ein großes ~ sein** (*fam*) to be not very bright [*or fam* a bit dim] **Kirchenlied** *nt* hymn **Kirchenmaus** *f* ▸ WENDUNGEN: **arm wie eine ~ sein** (*fam*) to be as poor as a church mouse *fam* **Kirchenmusik** *f* church [*or* sacred] music **Kirchenpfleger** *m* church warden **Kirchenportal** *nt* church portal **Kirchenrecht** *nt* canon [*or* ecclesiastical] law **Kirchenschiff** *nt* ARCHIT (*Längsschiff*) nave; (*Querschiff*) transept **Kirchenstaat** *m* HIST Papal States *pl* **Kirchensteuer** *f* church tax **Kirchentag** *m* Church congress **Kirchenvater** *m* Church Father **Kirchenvolk** *nt kein pl* REL, SOZIOL church members *pl* **Kirchenvorstand** *m* parochial church council

Kirchgang <-gänge> *m* church-going, going to church; **der sonntägliche ~** going to church on Sunday[s] **Kirchgänger(in)** <-s, -> *m(f)* church-goer

Kirchhof *m* (*veraltend*) church graveyard

kirchlich **I.** *adj* REL ❶ (*von der Kirche ausgehend*) church *attr*, ecclesiastical; **ein ~er Dispens** an ecclesiastical dispensation, a dispensation from the church; **ein ~er Feiertag** a religious holiday; **auf ~e Missbilligung treffen** to meet with ecclesiastical disapproval [*or* the disapproval of the church] ❷ (*nach den Riten der Kirche*) church *attr*; **ein ~es Begräbnis** a church burial **II.** *adv* **~ bestattet werden** to have a church funeral [*or* Christian burial]; **sich ~ trauen lassen/~ heiraten** to get married in church [*or* have a church wedding]

Kirchspiel *nt* REL, ADMIN (*veraltend*) parish

Kirchturm *m* [church] steeple, church tower

Kirchturmpolitik *f* (*pej*) parish-pump politics + *sing vb* **Kirchturmspitze** *f* church spire

Kirchweih <-, -en> *f*, **Kirchweihe** *f* (*ländlicher Jahrmarkt*) [country] fair

Kirgise, **Kirgisin** <-n, -n> *m, f* Kyrgyz[stani], Kirghiz; *s. a.* **Deutsche(r)**

Kirgisisch *nt decl wie adj* Kyrgyz, Kirghiz; *s. a.* **Deutsch**

K

kirgisisch *adj* Kyrgyz[stani]; *s. a.* **deutsch**
Kirgisische <-n> *nt* ■**das** ~ Kyrgyz, the Kyrgyz language; *s. a.* **Deutsche**
Kirgisistan <-s> *nt* Kyrgyzstan, Kirghizia; *s. a.* **Deutschland**
Kiribati <-s> *nt* Kiribati; *s. a.* **Sylt**
Kiribatier(in) <-s, -> *m(f)* I-Kiribati; *s. a.* **Deutsche(r)**
kiribatisch *adj* I-Kiribati; *s. a.* **deutsch**
Kirmes <-, -sen> *f* DIAL (*Kirchweih*) fair (*held on the anniversary of the consecration of a church*)
kirre *adj pred* (*fam*) **jdn ~ machen** to bring sb to heel; (*verrückt machen*) to drive sb mad [*or* up the wall] *fam;* **~ werden** to get [*or* become] confused
Kirsch <-[e]s, -> *m* DIAL (*Kirschwasser*) kirsch
Kirschbaum *m* ① (*Baum*) cherry tree ② *kein pl* (*Holz*) cherry[-wood] *no pl* **Kirschblüte** *f* cherry blossom
Kirsche <-, -n> *f* ① (*Frucht des Kirschbaums*) cherry ② (*Kirschbaum 1*) cherry tree ③ *kein pl* (*Kirschholz*) cherry[-wood] *no pl* ▶ WENDUNGEN: **mit jdm ist nicht gut ~n essen** (*fam*) it's best not to tangle with sb
Kirschentkerner <-s, -> *m* cherry-stoner **Kirschgeschmack** *m* cherry flavour [*or* AM -or] **Kirschkern** *m* cherry stone **Kirschlikör** *m* cherry brandy [*or* liqueur] **Kirschmarmelade** *f* cherry jam **kirschrot** *adj* cherry[-red] **Kirschstängel**[RR] *m* cherry stalk **Kirschtomate** *f* cherry tomato **Kirschtorte** *f* cherry gateau [*or* AM cake]; **Schwarzwälder ~** Black Forest gateau **Kirschwasser** *nt* kirsch **Kirschzweig** *m* cherry-tree twig
Kissen <-s, -> *nt* (*Kopfkissen*) pillow; (*Zierkissen*) cushion
Kissenbezug *m* (*Kopfkissenbezug*) pillowcase, pillowslip; (*Zierkissenbezug*) cushion cover **Kissenschlacht** *f* (*fam*) pillow-fight
Kiste <-, -n> *f* ① (*hölzerner Behälter*) box, crate; **eine ~ Wein/Champagner** a case of wine/champagne; **eine ~ Zigarren** a box of cigars ② (*sl: Auto*) crate *fam,* [old] banger [*or* AM clunker] *fam;* (*Flugzeug*) old crate *fam;* (*Boot*) old tub *fam* ③ (*Fernseher*) the box *fam;* (*Computer*) computer ④ (*Bett*) sack; ***ab in die ~!*** hit the sack! ▶ WENDUNGEN: **eine faule ~** a fishy business; **fertig ist die ~!** (*fam*) that's it! [*or* that], BRIT *a.* Bob's your uncle! *fam;* **eine tolle ~** a big spree; **in die ~ springen** [*o* **hüpfen**] (*sl*) to kick the bucket *fam,* BRIT *a.* to snuff it *sl,* BRIT *a.* to peg out *sl*
kistenweise *adv* ① (*viele Kisten umfassend*) several cases [*or* boxes] of; **~ Champagner** several cases of champagne ② (*in Kisten verpackt*) by the case [*or* box]
Kisuaheli, Kiswahili *nt decl wie adj* Swahili
Kitsch <-es> *m kein pl* kitsch
kitschig I. *adj* kitschy II. *adv* kitschily
Kitt <-[e]s, -e> *m* putty
Kittchen <-s, -> *nt* (*fam*) jail, clink *sl,* stir *sl,* BRIT *a.* nick *sl*
Kittel <-s, -> *m* ① (*Arbeitskittel*) overall; **der ~ eines Arztes/Laboranten** a doctor's/lab technician's white coat ② SÜDD (*Jacke*) jacket
Kittelschürze *f* overall
kitten *vt* ① (*ver~*) ■**etw [mit etw] ~** to fill sth [with sth] ② (*mit Kitt kleben*) ■**etw ~** to stick sth together with cement; ■**etw [an etw** *akk*] **~** to cement sth [to sth] ③ (*in Ordnung bringen*) ■**etw [wieder] ~** to patch up sth *sep* [again] *fig*
Kitz <-es, -e> *nt* kid
Kitzel <-s, -> *m* ① (*Juckreiz*) tickling feeling ② (*Lust auf Verbotenes*) thrill
kitz(e)lig *adj* ① (*gegen Kitzeln empfindlich*) ticklish; ■**[irgendwo/an etw** *dat*] **~ sein** to be ticklish [somewhere/on sth] ② (*heikel*) ticklish; **eine ~e Angelegenheit** a delicate matter
kitzeln I. *vt* ① (*einen Juckreiz hervorrufen*) ■**jdn [irgendwo/an etw** *dat*] **~** to tickle sb [somewhere/on sth] ② (*reizen*) ■**jdn ~** to titillate sb ③ (*die Sinne reizen*) ■**etw ~** to arouse sth II. *vi* ■**[irgendwo/an etw** *dat*] **~** to tickle [somewhere]; ***hör auf, das kitzelt!*** stop it, it [*or* that] tickles! III. *vt impers* ① (*jucken*) ■**es kitzelt jdn [irgendwo]** sth is tickling somewhere ② (*reizen*) ■**es kitzelt jdn[, etw zu tun]** ***es kitzelt mich sehr, da mitzumachen*** I'm really itching to join in
Kitzeln <-s> *nt kein pl* tickling
Kitzler <-s, -> *m* ANAT clitoris
kitzlig *adj s.* **kitzelig**
Kiwi <-, -s> *f* kiwi [fruit]
KKW <-s, -s> *nt Abk von* **Kernkraftwerk**
Klabautermann <-männer> *m* (*guter Geist*) protective spirit (*watching over a ship*); (*Kobold*) ship's kobold
klack *interj* (*Geräusch zweier aufeinandertreffender harter Gegenstände*) clack; **~ machen** to go clack; (*platschendes Geräusch*) splosh
klacken *vi* (*fam*) to click, to clack; ***die Billardkugel stieß ~d gegen die andere*** the billiard balls hit each other with a clack
klacks *interj* splat
Klacks <-es, -e> *m* (*fam*) ① (*platschendes Geräusch*) splat, splosh ② (*kleines bisschen*) dab, blob ▶ WENDUNGEN: **[für jdn] ein ~ sein** (*einfach*) to be a piece a cake [for sb]; (*wenig*) to be nothing [to sb]
Kladde <-, -n> *f* NORDD (*Notizbuch*) rough book BRIT, notebook AM
klaffen *vi* to yawn, to gape; ***vor ihm klaffte eine Gletscherspalte*** a crevasse yawned in front of him; **der Schnitt/die Wunde klaffte** the cut/wound gaped [open]
kläffen *vi* to yap *pej;* ■**das K~** [the] yapping
klaffend *adj* ① (*gähnend*) yawning, gaping ② (*auseinander ~*) gaping
Kläffer <-s, -> *m* (*pej fam*) yapper *pej*
Klaffmuschel *f* soft-shelled [*or* sand] clam
Klafter <-s, – *o veraltet selten* -, -n> *m o nt o veraltet selten f* ① (*Maß für Holz*) cord ② (*altes Längenmaß*) fathom
Klage <-, -n> *f* ① (*geh: Ausdruck von Trauer*) lament[ation] *form;* ■**~ um jdn/etw** lamentations for sb/sth ② (*Beschwerde*) complaint; **ein berechtigter Grund zur ~** reasonable grounds for complaint; **dass mir keine ~n kommen!** (*fam*) don't let me hear any complaints [about you]! ③ JUR [legal] action, suit; **[über jdn/etw] ~n vorbringen** to make complaints [*or* complain] [about sb/sth]; **[bei jdm] über jdn/etw ~ führen** to make [*or* lodge] a complaint [with sb] [*or* complain [to sb]] about sb/sth; **eine ~ [gegen jdn] einreichen** to institute [legal] proceedings [against sb], to bring [*or* enter] [*or* file] an action [against sb], to take legal action [against sb]; **eine ~ [gegen jdn] anstrengen** to file a suit [*or* bring an action] [against sb]; **eine ~ abweisen** to dismiss a suit [*or* an action]; **eine ~ auf etw** *akk* an action for sth; **eine ~ auf Schadenersatz** a claim for compensation
Klagegeschrei *nt* wailing; **ein [lautes/jämmerliches] ~ anstimmen** to start [a loud/pitiful] wailing [*or* wailing [loudly/pitifully]] **Klagelaut** *m* plaintive cry; **... ~e von sich geben** to give [*or* utter] ... plaintive cries **Klagelied** *nt* **ein ~ [über jdn/etw] anstimmen/singen** to start to moan [about sb/sth] **Klagemauer** *f* REL ■**die ~** the Wailing Wall
klagen I. *vi* ① (*jammern*) ■**[über etw** *akk*] **~** to moan [*or* grumble] [*or* complain] [about sth]; ***sie klagt regelmäßig über Kopfschmerzen*** she regularly complains of having headaches ② (*geh: trauern*)

▪ **um jdn/etw** ~ to mourn [for [*or* over]] sb/for [*or* over] sth; ▪ **über etw** ~ to mourn sth ③ (*sich beklagen*) ▪ **[bei jdm] über jdn/etw** ~ *akk* to complain about sb/sth [to sb]; **nicht** ~ **können** (*fam*) to not be able to complain; ***ich kann nicht*** ~ I can't complain, BRIT *a.* [I] musn't grumble; **ohne zu** ~ without complaining [*or* complaint] ④ JUR (*prozessieren*) ▪ **[gegen jdn]** ~ to take legal [*or* bring an] action [*or* institute legal proceedings] [against sb], to sue [sb]; ▪ **auf etw** ~ *akk* to sue for sth **II.** *vt* ① (*Bedrückendes erzählen*) ▪ **jdm etw** ~ to pour out one's sth to sb ② ÖSTERR ▪ **jdn** ~ (*verklagen*) to take legal [*or* bring an] action [*or* institute legal proceedings] against [*or* sue] sb

klagend *adj* ① (*jammernd*) moaning, grumbling, complaining ② JUR (*den Kläger darstellend*) **die** ~**e Partei/der** ~**e Teil** the plaintiff

Kläger(in) <-s, -> *m(f)* JUR (*jd, der klagt*) plaintiff ▸ WENDUNGEN: **wo kein** ~ **ist, ist auch kein Richter** (*prov*) without complaint, there is no redress

Klageschrift *f* JUR statement of claim, plaint **Klageweg** *m* JUR **den** ~ **beschreiten** (*geh*) to institute legal proceedings, to take legal action; **auf dem** *geh* ~**[e]** by instituting [*or* taking] legal proceedings, by way of legal action **Klageweib** *nt* [professional] mourner

kläglich **I.** *adj* ① (*Mitleid erregend*) pathetic, pitiful; **ein** ~**er Anblick** a pitiful sight ② (*miserabel*) **eine** ~**e Darbietung** a wretched [*or* pathetic] performance; ~**es Verhalten** despicable behaviour [*or* AM -or] ③ (*dürftig*) pathetic; **ein** ~**er Rest** a few pathetic remains [*or* remnants] ④ (*jammervoll*) pitiful **II.** *adv* pitifully; ~ **durchfallen/scheitern/versagen** (*pej*) to fail miserably; ~ **zu Tode kommen** to die a wretched death

Kläglichkeit <-, *selten* -en> *f* (*pej*) pitifulness, patheticness *rare*

klaglos *adv* uncomplainingly, without complaint [*or* complaining]

Klamauk <-s> *m kein pl* (*pej fam*) ① (*Alberei*) tomfoolery; ~ **machen** to fool [*or* mess] around [*or* about], to lark about; (*lärmen*) to make a racket [*or* din] [*or* BRIT *a.* row], to kick up a racket ② (*Getöse*) racket, din, BRIT *a.* row ③ (*übertriebene Komik*) slapstick

klamm *adj* ① (*steif vor Kälte*) numb ② (*nass und kalt*) dank ③ (*sl: knapp bei Kasse*) ▪ ~ **sein** to be hard up [*or fam* [a bit] strapped [for cash]]

Klamm <-, -en> *f* GEOG ravine, [deep] gorge

Klammer <-, -n> *f* ① (*Wäscheklammer*) [clothes-]peg; (*Heftklammer*) staple; (*Haarklammer*) [hair-]grip; MED (*Wundklammer*) clip ② (*Zahnklammer*) brace ③ (*einschließendes Textsymbol*) bracket; **eckige/runde/spitze** ~ square/round/pointed brackets; **geschweifte** ~**n** braces; ~ **auf/zu** open/close brackets; **in** ~**n** in brackets

Klammergriff *m* (*fig*) [tight] grip *fig*

klammern **I.** *vt* ① (*zusammenheften*) ▪ **etw [an etw** *akk*] ~ to staple sth [to sth] ② MED (*mit einer Klammer schließen*) ▪ **etw** ~ to close sth with clips **II.** *vr* ① (*sich hängen an*) ▪ **sich an jdn/etw** ~ to cling to sb/sth ② (*sich festhalten an*) ▪ **sich an jdn/etw** ~ (*fig*) to cling to sb/sth *fig* **III.** *vi* SPORT to clinch

klammheimlich **I.** *adj* (*fam*) clandestine, on the quiet *pred fam* **II.** *adv* (*fam*) on the quiet *fam;* ▪ **sich** ~ **fortstehlen/davonmachen** to slip away [unseen [*or* silently]]

Klamotten *pl* ① (*fam: Kleidung*) clothes *npl,* BRIT *a.* clobber *nsing sl* ② (*alte Sachen*) stuff

Klamottenkiste *f* ▸ WENDUNGEN: **aus der** ~ (*fam*) out of the ark *fam*

Klampfe <-, -n> *f* (*veraltend fam*) guitar

klamüsern *vt* (*fam*) **etw auseinander** ~ to explain sth [to oneself] in simple terms

klang *imp von* **klingen**

Klang <-[e]s, Klänge> *m* ① (*Ton*) sound, tone ② *pl* (*harmonische Klangfolgen*) sounds ③ *s. a.* **Name**

Klangeffekt *m* sound effect **Klangfarbe** *f* MUS tone [*or* harmonic] colour [*or* AM -or], timbre **Klangfolge** *f* sequence of tones

klanglich **I.** *adj* tonal **II.** *adv* tonally; **sich** ~ **unterscheiden** to be different in tone

klanglos *adj* toneless **Klangregler** *m* tone control **klangvoll** *adj* ① (*volltönend*) sonorous; **eine** ~**e Melodie** a tuneful melody; **eine** ~**e Sprache** a melodious language; **eine** ~**e Stimme** a melodious [*or* sonorous] voice ② (*wohltönend*) fine-sounding

Klappbett *nt* folding bed

Klappe <-, -n> *f* ① (*klappbarer Deckel*) flap ② MODE (*Verschluss einer Tasche*) flap ③ (*sl: Mund*) mouth, trap *sl,* BRIT *a.* gob *sl;* **die** [*o* **seine**] ~ **halten** (*sl*) to shut one's mouth [*or sl* trap] [*or* BRIT *a. sl* gob]; ***halt die*** ~***!*** shut your trap! [*or* gob] [*or* mouth]; **die** ~ **aufreißen** (*sl*) to talk big, to brag, to boast; **eine große** ~ **haben**, **die [ganz] große** ~ **schwingen** (*sl*) to have a big mouth *fam* ④ MUS key; **die** ~**n einer Trompete** a trumpet's valves, the valves on a trumpet ⑤ (*sl: Schwulentreffpunkt*) gay bar [*or* club] ▸ WENDUNGEN: **bei jdm geht eine** [*o* **die**] [*o fam* **fällt die**] ~ **runter** sb clams up *fam*

klappen **I.** *vt haben* ▪ **etw irgendwohin** ~ to fold sth somewhere; **einen Deckel/eine Klappe nach oben/unten** ~ to lift up [*or* raise]/lower a lid/flap **II.** *vi* ① *haben* (*fam: funktionieren*) ▪ **[irgendwie]** ~ to work out [somehow]; ***alles hat geklappt*** everything went as planned [*or* [off] all right]; [***ein bisschen Glück und***] ***es könnte*** ~ it might work [with a bit of luck], we might succeed [with a bit of luck] ② *sein* (*schnappen*) ▪ **irgendwohin** ~ to fold somewhere; ▪ **an/gegen etw** ~ to bang against sth; ▪ **jdm an/vor/gegen/auf etw** ~ to hit sb on sth

Klappentext *m* TYPO blurb

Klapper <-, -n> *f* rattle

klapperdürr *adj* (*fam*) [as] thin as a rake *pred* **Klappergestell** *nt* (*hum fam: sehr dünner Mensch*) bag of bones; (*altes, klappriges Fahrzeug*) boneshaker *fam*

klapp(e)rig *adj* (*fam*) ① (*gebrechlich*) infirm, frail ② (*instabil und wacklig*) rickety

Klapperkiste *f* (*pej: Auto*) boneshaker *fam;* (*altes Gerät o.Ä*) pile [*or* heap] of junk *fam*

klappern *vi* ① (*hin- und herschlagen*) to clatter, to rattle ② (*ein* ~*des Geräusch erzeugen*) ▪ **mit etw** ~ to rattle sth; ***sie klapperte vor Kälte mit den Zähnen*** her teeth chattered with [the] cold ③ (*klappernd 1 fahren*) to clatter [*or* rattle] along

Klapperschlange *f* rattlesnake **Klapperstorch** *m* (*kindersprache*) stork; **[immer noch] an den** ~ **glauben** to [still] believe that babies are brought by the stork [*or* found under the gooseberry bush]

Klappfahrrad *nt* folding bicycle **Klappmesser** *nt* flick-knife

klapprig *adj s.* **klapperig**

Klappsitz *m* folding [*or* tip-up] seat **Klappstuhl** *m* folding chair, camp-chair **Klapptisch** *m* folding table **Klappverdeck** *nt* AUTO folding [*or* convertible] [*or* collapsible] top

Klaps <-es, -e> *m* (*leichter Schlag*) slap, smack ▸ WENDUNGEN: **einen** ~ **haben** (*sl*) to have a screw loose *fam*

Klapsmühle *f* (*sl*) loony-bin *sl,* nuthouse *sl,* funny farm *sl*

klar **I.** *adj* ① (*ungetrübt*) clear; **eine** ~**e Flüssigkeit** a clear [*or* colourless [*or* AM -orless]] liquid; **ein** ~**er Schnaps** a [colourless [*or* white]] schnap[p]s, a colourless spirit; **eine** ~**e Nacht** a clear night; *s. a.* **Brühe** ② (*deutlich zu sehen*) clear; ~**e Konturen** clear contours ③ (*unmissverständlich*) clear; **eine** ~**e Ant-**

wort a straight answer; **eine ~e Frage** a direct question ❹ *(eindeutig)* clear; **ein ~es Ergebnis** a clear-cut result; **ein ~er Nachteil/Vorteil** a clear [*or* decided] advantage/disadvantage; **~er Fall** *(fam)* sure thing *fam;* **~ wie Kloßbrühe** *(fam)* as plain as the nose on your face *fam* ❺ *(deutlich vernehmbar)* clear; **ein ~er Empfang** clear reception ❻ *(bewusst)* ■ **jdm ~ sein/werden** to be/become clear to sb; ■ **sich** *dat* **über etw** *akk* **im K~en sein** to realize sth, to be aware of sth; ■ **sich** *dat* **darüber im K~en sein, dass …** to realize [*or* be aware of the fact] that; ■ **jdm ~ sein, dass …** to be clear to sb that …; ■ **jdm ~ sein** to be clear to sb; ■ **[jdm] ~ werden** to become clear [to sb]; ■ **sich** *dat* **über etw** *akk* **~ werden** to get sth clear in one's mind; **alles ~?** *(fam)* is everything clear? ❼ *(selbstverständlich)* of course; **na ~!** *(fam)* of course!; ***aber ~ doch!*** of course [you/they etc. can]! ❽ *(bereit)* ready; **~ zur Landung** ready [*or* cleared] for landing; **~ Schiff machen** *(fig a.)* to clear the decks **II.** *adv* ❶ *(deutlich)* clearly; **~ hervortreten/zu Tage treten** to become clear; **~ im Nachteil/Vorteil sein** to be at a clear disadvantage/advantage; **jdm etw ~ sagen/zu verstehen geben** to have a clear picture [of sth], to make sth clear to sb; **~ und deutlich** clearly and unambiguously ❷ *(eindeutig)* soundly; **jdn ~ besiegen** to defeat sb soundly, to enjoy a clear victory over sb; **etw ~ beurteilen [können]** to [be able to] make a sound judgement of sth; **etw ~ erkennen** to see sth clearly ❸ *(ungetrübt)* clearly; **~ denkend** clear-thinking; **~ sehen** to see clearly; **in etw** *dat* **~ sehen** to have understood sth

Kläranlage *f* sewage-works

Klarapfel *m* HORT early season dessert apple

Klare(r) *m decl wie adj (fam)* [colourless [*or* AM -orless] [*or* white]] schnap[p]s, colourless spirit

klären I. *vt* ❶ *(auf~)* ■ **etw ~** to clear up sth *sep;* **eine Frage ~** to settle a question; **ein Problem ~** to resolve [*or* settle] [*or* solve] a problem; **eine Sachlage ~** to clarify a situation; **den Tatbestand ~** to determine the facts [of the matter] ❷ *(reinigen) Abwässer, Luft* ■ **geklärt werden** to be treated ❸ KOCHK ■ **etw ~** to clarify [*or* settle] sth **II.** *vr* ❶ *(sich auf~)* ■ **sich ~** to be cleared up; ***das Problem wird sich*** *schon eventuell* **[*von selber*]** **~** the problem will probably resolve [*or* settle] itself [of its own accord] ❷ *(sauber werden)* ■ **sich [wieder]** *Wasser* **~** to become clear [again]

klar|gehen *vi irreg sein (fam)* to go OK *fam;* **[*alles*] *geht klar!*** everything's OK!

Klarheit <-, -en> *f* ❶ *(Deutlichkeit)* clarity; **über etw** *akk* **besteht ~** sth is clear; **über etw ~ gewinnen** to become clear about sth; **~ [über etw** *akk***] haben** to be clear [about sth]; **sich** *dat* **~ [über etw** *akk***] verschaffen** to find out the facts [about sth]; **in aller ~** quite clearly; **jdm etw in aller ~ sagen/zu verstehen geben** to make sth perfectly clear [*or sep* spell out sth] to sb ❷ *(Reinheit)* clearness

Klarinette <-, -n> *f* clarinet

Klarinettist(in) <-en, -en> *m(f)* clarinettist

klar|kochen *vt* KOCHK **eine Suppe/Sauce ~** *to cook a soup/sauce until all residue can be skimmed off the surface*

klar|kommen *vi irreg sein (fam)* ❶ *(bewältigen)* ■ **[mit etw] ~** to manage [sth], to cope [with sth]; ***kommst du klar?*** can you cope? [*or* manage] ❷ *(zurechtkommen)* ■ **mit jdm ~** to cope with sb

Klarlack *m* clear varnish

klar|machen *vt* ■ **jdm etw ~** to make sth clear to sb; ■ **jdm ~, dass/wie/wo …** to make it clear to sb that/how/where …; ■ **sich** *dat* **etw ~** to get sth clear in one's mind; ■ **sich** *dat* **~, dass/wie/wo …** to realize that/how/where …

Klarname *m* real name

Klärschlamm *m* sludge

Klarsichtfolie [-liə] *f* transparent film **Klarsichthülle** *f* transparent folder [*or* file]

klarsichtig *adj* clear-sighted

Klarsichtpackung *f* transparent [*or* see-through] pack

klar|spülen *vt, vi* ■ **[etw] ~** to rinse [sth]

klar|stellen *vt* ■ **etw ~** to clear up sth *sep;* ■ **~, dass** to make [it] clear that

Klarstellung *f* clarification

Klartext *m* clear [*or* plain] text, text in clear; **mit jdm ~ reden** [*o* **sprechen**] *(fam)* to give sb a piece of one's mind [*or* [real] talking-to]; **im ~** *(fam)* in plain [*or* simple] English

Klärung <-, -en> *f* ❶ *(Aufklärung)* clarification; *Frage* settling; *Problem* resolving, settling, solving; *Tatbestand* determining ❷ *(Reinigung)* treatment; *Abwässer*

Klärungsbedarf *m kein pl (geh)* need for clarification; **~ haben** to seek clarification *form*

klasse *adj inv (fam)* great *fam,* wicked *fam;* ***das war wirklich ~ von ihm*** that was really good of him

Klasse <-, -n> *f* ❶ *(Schulklasse)* class, BRIT *a.* form; **eine ~ wiederholen/überspringen** to repeat/skip a year; *(Klassenraum)* classroom ❷ SOZIOL *(Gesellschaftsgruppe)* class; **die herrschende ~** the ruling classes *pl;* **zur ~ der Arbeiter gehören** to belong to the [*or* to be] working class ❸ *(Güte~)* class; **Champignons der ~ III** class III mushrooms; **ein Wagen der gehobenen ~** a top-of-the-range car; **ein Spieler der besten ~** a first-class player ❹ BIOL category ❺ POL *(Rangstufe)* rank, class; **das Bundesverdienstkreuz erster ~** the Order of Merit of the Federal Republic of Germany first-class ❻ *(Wagenklasse, Schiffsklasse)* class; ***wir fahren immer erster ~*** we always travel first-class ❼ SPORT league; *Boxen* division, class ❽ *(Fahrzeuggruppe)* class; **der Führerschein ~ III** a class III driving licence [*or* AM -se] ❾ MED *(Pflegeklasse)* class ❿ *(Lotteriegruppe)* class ▶ WENDUNGEN: **erster ~** first-class [*or* -rate]; **[ganz] große ~! [sein]** *(fam)* [that's] [just] great! *fam*

Klassefrau *f (euph fam)* [real] looker *fam,* stunner *fam* **Klassemann** *m (euph fam)* [real] looker *fam,* good-looking guy *fam*

Klassement <-s, -s> [klasəˈmãː] *nt* SPORT list of rankings, rankings *pl,* ranking list

Klassenarbeit *f* [written] class test **Klassenausflug** *m* class outing **Klassenbeste(r)** *f(m) decl wie adj* SCH top pupil in the class **Klassenbewusstsein**[RR] *nt kein pl* SOZIOL class-consciousness *no pl* **Klassenbuch** *nt* SCH [class] register **Klassenfahrt** *f* class outing **Klassenkamerad(in)** *m(f)* classmate **Klassenkampf** *m* POL, SOZIOL *(Kampf zwischen den gegensätzlichen Klassen [der herrschenden bzw. ausbeutenden und der unterdrückten bzw. ausgebeuteten Klasse] um die Entscheidungsgewalt in der Gesellschaft)* class struggle ▶ WENDUNGEN: **das ist Aufreizung zum ~!** *(prov, hum fam)* that's well [*or* BRIT *a. fam* bang] out of order **Klassenlehrer(in)** *m(f)* class [*or* BRIT *a.* form] teacher, BRIT *a.* form master *masc* [*or fem* mistress]

klassenlos *adj* SOZIOL classless; **ein ~es Krankenhaus** a single-class hospital

Klassenlos *nt* ≈ lottery ticket *(a ticket for the Klassenlotterie)* **Klassenlotterie** *f* ≈ lottery *(a lottery in which there are draws on a number of different days and for which tickets can be bought for each individual draw);* **in der ~ spielen** ≈ to play the lottery *(to take part in the Klassenlotterie)* **Klassenraum** *m s.* **Klassenzimmer** **Klassensprecher(in)** *m(f)* SCH class spokesman **Klassenstärke** *f* SCH size of a [*or* the] class [*or* the classes] **Klassentreffen** *nt* SCH

class reunion **Klassentür** *f* classroom door
klassenweise *adv* (*nach Schulklassen*) in classes; (*Klassenraum um Klassenraum*) class[room] by class[room]
Klassenziel *nt* required standard [for a class]; **das ~ erreichen** (*geh*) to reach the required standard **Klassenzimmer** *nt* classroom
Klasseweib *nt* (*euph fam*) [real] looker *fam*, stunner *fam*
Klassifikation <-, -en> *f s.* **Klassifizierung**
klassifizierbar *adj* classifiable; ■ **nicht ~ sein** to be unclassifiable
klassifizieren* *vt* ■ **etw [nach etw] ~** to classify sth [according to sth]; ■ **etw [als etw] ~** to classify sth [as sth]
Klassifizierung <-, -en> *f* classification
Klassik <-> *f kein pl* ① (*kulturelle Epoche*) classical age [*or* period] ② (*die antike ~*) Classical Antiquity ③ (*fam: klassische Musik*) classical music
Klassiker(in) <-s, -> *m(f)* ① (*klassischer Schriftsteller*) classical writer ② (*klassischer Komponist*) classical composer ③ (*maßgebliche Autorität*) leading authority ④ (*zeitloses Werk*) classic; ***dieses Buch ist ein echter ~*** this book is a real classic
klassisch *adj* ① (*die antike Klassik betreffend*) classical ② KUNST, ARCHIT, LITER, MUS (*aus der Klassik 1 stammend*) classical ③ (*ideal*) classic
Klassizismus <-, -smen> *m* ARCHIT classicism
klassizistich *adj* ARCHIT, KUNST classical
klatsch *interj* smack!; **~ machen** to make a smacking noise
Klatsch <-[e]s, -e> *m* ① *kein pl* (*pej fam: Gerede*) gossip, tittle-tattle; **~ und Tratsch** gossip ② (*klatschender Aufprall*) smack
Klatschbase *f* (*pej fam*) gossip[-monger]
Klatsche <-, -n> *f* (*fam*) ① (*Fliegenklappe*) fly-swat [*or* -swatter] ② DIAL (*fam: Petze*) tell-tale *fam*
klatschen I. *vi* ① *haben* (*applaudieren*) to clap, to applaud ② *haben* (*einen Klaps geben*) ■ **[jdm] [irgendwohin] ~** to smack [*or* slap] [sb] [somewhere]; **jdm/sich auf die Hände/Hand ~** to smack sb/oneself on the hands/hand; **jdm eine ~** to slap sb across the face ③ *sein* (*mit einem Platsch auftreffen*) ■ **auf/in etw ~** to land with a splat on/in sth; ■ **gegen etw ~** to smack into sth *fam*; ***die Regentropfen klatschten ihr ins Gesicht*** the raindrops beat against her face ④ *haben* (*pej fam: tratschen*) ■ **[mit jdm] [über jdn/etw] ~** to gossip [about sb/sth] [to sb]; DIAL (*petzen*) to tell tales **II.** *vi impers haben* to smack; ***wenn du das nochmal machst, klatscht es!*** if you do that again, you'll get a slap **III.** *vt haben* ① (*~d schlagen*) ■ **etw ~** to beat out sth *sep* ② (*sl: werfen*) ■ **etw irgendwohin ~** to chuck sth somewhere *fam* ③ (*verprügeln*) ■ **jdn ~** to slap sb
Klatschen <-s> *nt kein pl* ① (*Applaus*) applause ② (*fam: das Tratschen*) gossiping, tittle-tattling *fam*
Klatscherei <-, -en> *f* (*pej fam*) ① (*ständiges Applaudieren*) constant applause [*or* clapping] *no indef art, no pl* ② (*Tratscherei*) gossiping *no indef art, no pl*, gossip-mongering *no indef art, no pl*
klatschhaft *adj* (*pej fam*) gossipy; ■ **~ sein** to be fond of [a] gossip, to like a good gossip
Klatschhaftigkeit <-> *f kein pl* (*pej*) fondness for gossip
Klatschmaul *nt* (*pej fam*) ① (*Mund*) big mouth [*or* BRIT *fam!* gob] ② (*klatschfreudiger Mensch*) gossip[-monger]; (*bösartig a.*) scandalmonger *pej*
Klatschmohn *m* [corn [*or* field]] poppy
klatschnass^RR *adj* (*fam*) soaking [*or* dripping] [*or fam* sopping] wet; ■ **~ sein/werden** to be/get soaked; **bis auf die Haut ~ werden** to get soaked to the skin
Klatschpresse *f kein pl* (*fam*) MEDIA gossip press; ■ **die ~** the gossip columns *pl*
Klatschspalte *f* (*pej fam*) gossip column[s *pl*] **Klatschsucht** *f kein pl* (*pej*) gossip-mongering **klatschsüchtig** *adj* (*pej*) extremely gossipy; ■ **~ sein** to be a compulsive gossip[-monger] **Klatschtante** *f*, **Klatschweib** *nt s.* **Klatschbase**
klauben *vt* SÜDD, ÖSTERR, SCHWEIZ ① (*pflücken*) ■ **etw [von etw] ~** to pick sth [from sth] ② (*sammeln*) ■ **etw [in etw** *akk*] **~** to collect sth [in sth]; **Holz/Pilze ~** to gather wood/mushrooms; **Kartoffeln ~** to dig potatoes ③ (*auslesen*) ■ **etw aus/von etw ~** to pick sth out of/from sth; **etw vom Boden ~** to pick up sth *sep* [off the floor]
Klaue <-, -n> *f* ① (*Krallen*) claw; (*Vogel~ a.*) talon ② (*pej sl: Hand*) paw *hum fam*, mitt *fam!* ③ (*pej sl: Handschrift*) scrawl ▸ WENDUNGEN: **die ~n des Todes** (*geh*) the jaws of death; **jdn in seinen ~n haben** to have sb in one's clutches; **in jds ~n sein** [*o* **sich** *dat* **befinden**] to be in sb's clutches
klauen (*fam*) **I.** *vt* ■ **[jdm] etw ~** to pinch [*or* BRIT *a.* nick] sth [from sb] *fam* **II.** *vi* to pinch [*or* BRIT *a.* nick] things *fam*; ■ **das K~** thieving, stealing, pinching [*or* BRIT *a.* nicking] things *fam*
Klause <-, -n> *f* ① (*Einsiedelei*) hermitage ② (*hum: kleines Zimmer*) den, retreat
Klausel <-, -n> *f* ① (*Inhaltsbestandteil eines Vertrags*) clause ② (*Bedingung*) condition ③ (*Vorbehalt*) proviso
Klausner(in) <-s, -> *m(f)* (*veraltet*) *s.* **Einsiedler**
Klaustrophobie <-, -n> *f* claustrophobia *no indef art, no pl spec*
Klausur <-, -en> *f* ① SCH [written] exam [*or* paper]; **etw in ~ schreiben** to write [*or* take] sth under exam[ination *form*] conditions; **eine ~ korrigieren** [*o* **verbessern**] to mark BRIT [*or* grade] exam papers ② REL cloister, enclosure; **in ~ gehen** to retreat (from the world) ③ POL private session, closed-door meeting
Klausurtagung *f* POL closed[-door] meeting
Klaviatur <-, -en> [-vi-] *f* ① MUS keyboard ② (*geh: Sortiment*) range; **die ganze ~ der Tricks** the whole gamut of tricks
Klavichord <-[e]s, -e> *nt* clavichord
Klavier <-s, -e> *nt* piano; **~ spielen** to play the piano; **ein hervorragendes ~ spielen** (*sl*) to be great on [the] piano; **jdn am** [*o* **auf dem**] **~ begleiten** to accompany sb on the piano; **etw auf dem ~ improvisieren/vortragen** to extemporize/perform sth on the piano; **das ~ stimmen** to tune the piano
Klavierbauer *m* piano maker **Klavierbegleitung** *f* piano accompaniment **Klavierdeckel** *m* piano lid **Klavierhersteller** *m* piano maker [*or* manufacturer] **Klavierhocker** *m* piano stool **Klavierkonzert** *nt* ① (*Musikstück*) piano concerto ② (*Veranstaltung*) piano recital **Klavierlehrer(in)** *m(f)* piano teacher **Klaviersonate** *f* piano sonata **Klavierspiel** *nt* piano playing **Klavierspieler(in)** *m(f)* pianist, piano player **Klavierstimmer(in)** <-s, -> *m(f)* piano tuner **Klavierunterricht** *m kein pl* piano lessons *pl*
Klebeband <-bänder> *nt* adhesive [*or* BRIT *a.* sticky] tape **Klebebindung** *f* TYPO adhesive [*or* perfect] binding; **in ~** perfect bound
kleben I. *vi* ① (*klebrig sein*) to be sticky ② (*festhaften*) ■ **[an etw** *dat*] **~** to stick [to sth]; **an der Tür ~** to stick on the door; **[an jdm/etw/in etw** *dat*] **~ bleiben** to stick [to sb/sth/in sth] ③ (*festhalten*) ■ **an etw** *dat* **~** to stick to sth; **an alten Überlieferungen und Bräuchen ~** to cling to old traditions and customs; **an jdm ~ bleiben** to remain with [*or* rest on] sb ④ (*fam: hängen bleiben*) ***die ganze Hausarbeit bleibt immer an mir ~*** I am always lumbered with

all the housework BRIT *fam* ⑤ SCH (*fam: sitzen bleiben*) [**in etw** *dat*] ~ **bleiben** to stay down [a year], to have to repeat a year ⑥ (*veraltet fam: Beitragsmarken auf~*) to pay stamps **II.** *vt* ① (*mit Klebstoff reparieren*) ■ **etw** ~ to glue sth; ■ **sich irgendwie** ~ **lassen** to stick together somehow; ***es lässt sich schlecht*** ~ it's not easy to glue, it doesn't stick together well ② (*mit Klebstreifen zusammenfügen*) ■ **etw** ~ to stick together sth *sep;* **Film** ~ to splice film ③ (*durch K~ befestigen*) ■ **etw irgendwohin** ~ to stick sth somewhere; **Tapete an eine Wand** ~ to paste paper on[to] a wall ▶ WENDUNGEN: **jdm eine** ~ (*fam*) to clock [*or* clout] sb one *fam*

Kleber <-s, -> *m* ① (*fam*) glue *no indef art, no pl* ② SCHWEIZ (*Auf~*) sticker

Kleberstärke *f* KOCHK gluten starch

Klebestift *m* Prittstick® BRIT, UHU® AM

Klebfläche *f* adhesive surface, sticky side **Klebreis** *m* glutinous rice

klebrig *adj* sticky; **~e Farbe** tacky paint; (*klebfähig*) adhesive; ■ [**von etw**] ~ **sein** to be sticky [with sth]

Klebrigkeit <-> *f kein pl* stickiness *no indef art, no pl; Farbe* tackiness; (*Klebfähigkeit*) adhesiveness

Klebstoff *m* adhesive; (*Leim*) glue *no indef art, no pl* **Klebstreifen** *m* ① (*selbstklebender Streifen*) adhesive [*or* BRIT *a.* sticky] tape ② (*Klebefläche*) gummed strip

Kleckerbetrag *m meist pl* peanuts *pl fam*

Kleckerei <-, -en> *f* (*pej fam*) mess

kleckern **I.** *vt* ■ **etw irgendwohin** ~ to spill sth somewhere **II.** *vi* ① *haben* (*tropfen lassen*) to make a mess; ■ **das K~** making a mess; ***kannst du das ~ nicht lassen?*** can't you stop making a mess? ② *haben* (*tropfen*) to drip, to splash; *volles Gefäß* to spill; **gekleckert kommen** to come spilling out ③ *sein* (*tropfen*) ■ [**jdm**] **irgendwohin** ~ to spill [*or* splash] somewhere ④ *sein* (*in geringen Mengen kommen*) to come in dribs and drabs; *s. a.* **klotzen**

kleckerweise *adv* in dribs and drabs

Klecks <-es, -e> *m* ① (*großer Fleck*) stain ② (*kleine Menge*) blob; **ein** ~ **Senf** a dab of mustard

klecksen **I.** *vi* ① *haben* (*Kleckse verursachen*) ■ [**mit etw**] ~ to make a mess [with sth] ② *haben* (*tropfen*) to blot, to make blots; *Farbe* to drip ③ *sein* (*tropfen*) ■ [**jdm**] **irgendwohin** ~ to spill somewhere **II.** *vt haben* ■ [**jdm**] **etw auf etw** ~ to splatter sth on [sb's] sth

Klee <-s> *m kein pl* clover *no indef art, no pl* ▶ WENDUNGEN: **jdn/etw über den grünen** ~ **loben** (*fam*) to praise sb/sth to the skies

Kleeblatt *nt* ① BOT cloverleaf; **vierblättriges** ~ four-leaf [*or* -leaved] clover ② (*Autobahnkreuz*) cloverleaf ③ (*Trio*) threesome, trio **Kleehonig** *m* clover honey *no indef art, no pl*

Kleiber <-s, -> *m* ORN nuthatch

Kleid <-[e]s, -er> *nt* ① (*Damen~*) dress ② *pl* (*Bekleidungsstücke*) clothes *npl,* clothing *no indef art, no pl;* **jdm/sich die ~er vom Leibe reißen** to rip [*or* tear] the clothes off sb/oneself ▶ WENDUNGEN: **~er machen Leute** (*prov*) fine feathers make fine birds *prov;* **nicht aus den ~ern kommen** to not go to bed

Kleidchen <-s, -> *nt dim von* **Kleid** little dress

kleiden *vt* ① (*anziehen*) **sich gut/schlecht** ~ to dress well/badly; **sich schick** ~ to dress up; ■ [**in etw** *akk*] **gekleidet sein** to be dressed [in sth] ② (*jdm stehen*) ■ **jdn** ~ to suit [*or* look good on] sb ③ (*geh: durch etw zum Ausdruck bringen*) ■ **etw in etw** *akk* ~ to express [*or form* couch] sth in sth ④ (*veraltend geh: Kleidung geben*) ■ **jdn** ~ to clothe sb

Kleiderbügel *m* coat-[*or* clothes-]hanger **Kleiderbürste** *f* clothes brush **Kleiderhaken** *m* coat-hook, BRIT *a.* coat peg **Kleiderkammer** *f* MIL uniform [*or* clothing] store **Kleiderkasten** *m* ÖSTERR, SCHWEIZ (*Kleiderschrank*) wardrobe **Kleidermotte** *f* clothes moth **Kleiderordnung** *f* dress code **Kleidersack** *m* ① MIL kitbag ② ([*Plastik*]*sack für Kleidung*) old clothes sack **Kleiderschrank** *m* ① (*Schrank*) wardrobe; **ein begehbarer** ~ a walk-in wardrobe ② (*fam: Breitschultriger*) great hulk [of a man]; ■ **ein** ~ **sein** to be a great hulk [of a man], to be built like a brick outhouse [*or fam!* shithouse] **Kleiderständer** *m* coat-stand

kleidsam *adj* (*geh*) becoming, flattering

Kleidung <-, *selten* -en> *f* clothes *npl,* clothing *no indef art, no pl*

Kleidungsstück *nt* article of clothing, garment; ■ **~e** clothes, togs *fam*

Kleie <-, -n> *f* bran *no indef art, no pl*

klein **I.** *adj* ① (*von geringer Größe*) little, small; ***haben Sie es nicht ~er?*** haven't you got anything smaller?; **im ~en Format** in a small format; **im K~en** on a small scale; **ein ~[es] bisschen, ein ~ wenig** a little bit; **bis ins K~ste** [right] down to the smallest detail, in minute detail; **ein richtiges K~ Amsterdam/Venedig** a real little [*or* a miniature] Amsterdam/Venice; **der ~e Peter/die ~e Anna** little Peter/Anna; **etw ~ hacken** to chop up sth *sep;* ~ **gehackte Zwiebeln** finely chopped onions; [**jdm**] **etw ~ machen** (*fam*) to chop [*or* cut] up sth *sep* [for sb]; [**jdm**] **etw ~ schneiden** to cut up sth *sep* [into small pieces] [for sb]; ■ **kleingeschnitten** finely chopped; *s. a.* **Bier, Buchstabe, Finger, Terz, Zeh** ② (*Kleidung*) small; ***haben Sie das gleiche Modell auch in ~er?*** do you have the same style but in a size smaller?; ■ **jdm zu ~ sein** to be too small for sb; **etw ~er machen** to make sth smaller, to take in/up sth *sep* ③ (*jung*) small; (*~wüchsig a.*) short; **von ~ auf** from childhood [*or* an early age]; **sich ~ machen** to make oneself small, to curl [oneself] up ④ (*kurz*) short; **ein ~er Vorsprung** a short [*or* small] start ⑤ (*kurz dauernd*) short; **eine ~e Pause machen** to have a short [*or* little] break ⑥ (*gering*) small; **ein ~es Gehalt** a small [*or* low] salary ⑦ (*geringfügig*) small; **die ~ste Bewegung** the slightest movement; **eine ~e Übelkeit** a slight feeling of nausea; **ein ~er Verstoß** a minor violation ⑧ (*pej: unbedeutend*) minor; (*ungeachtet*) lowly; **ein ~er Ganove** a petty [*or* small-time] crook; **die ~en Leute** ordinary people; **etw ~ schreiben** to set little [*or* to not set much] store by sth; [**ganz**] ~ **geschrieben werden** to count for [very] little ▶ WENDUNGEN: **~, aber fein** small but sweet, quality rather than quantity *a. hum;* **die K~en** [*o* **~en Gauner**] **hängt man, die Großen lässt man laufen** (*prov*) the small fry get caught, while the big fish get away; **im K~en wie im Großen** in little things as well as in big ones; **~, aber oho** (*fam*) small but eminently capable [*or* he/she packs a powerful punch]; ~ **machen** (*kindersprache*) to do [*or* have] a wee[-wee] *childspeak;* **sich ~ machen** to belittle oneself; *s. a.* **Fakultas, Latinum, Graecum, Verhältnisse** **II.** *adv* ① (*in ~er Schrift*) ~ **gedruckt** *attr* in small print *pred;* **etw ~ schreiben** to write sth with small initial letters/a small initial letter ② (*auf ~e Stufe*) on low, on a low heat; **etw ~/~er drehen/stellen** to turn down sth *sep*/to turn sth lower ③ (*wechseln*) [**jdm**] **etw ~ machen** to change sth [for sb]; ***können Sie mir wohl den Hunderter ~ machen?*** can you give me change for a hundred? ④ (*erniedrigen*) **jdn ~ machen** to make sb look small ▶ WENDUNGEN: ~ **anfangen** (*fam: seine Karriere ganz unten beginnen*) to start at the bottom; (*mit ganz wenig beginnen*) to start off in a small way; ~ **beigeben** to give in [quietly]

Kleinaktionär(in) *m(f)* small [*or* minor] shareholder **Kleinanleger(in)** *m(f)* small investor **Kleinanzeige** *f* classified advertisement [*or* ad], small ad *fam;*

(*Kaufgesuch a.*) want ad *fam;* **„~n“** “small ads”, “classified section” **Kleinarbeit** *f kein pl* detailed work; **in mühevoller ~** with painstaking [*or* rigorous] attention to detail **Kleinasien** <-s> *nt* Asia Minor **Kleinbahn** *f* narrow-gauge [*or* light] railway **Kleinbauer, -bäuerin** *m, f* small farmer, smallholder **klein|bekommen*** *vt irreg s.* **kleinkriegen** **Kleinbetrieb** *m* small business; **ein handwerklicher/industrieller ~** a small workshop/factory **Kleinbildkamera** *f* 35 mm [*or* miniature] camera **Kleinbuchstabe** *m* small letter, lower-case [letter] **Kleinbürger(in)** *m(f)* ① (*pej: Spießbürger*) petit [*or* BRIT *a.* petty] bourgeois *pej* ② (*Angehöriger des unteren Mittelstandes*) lower middle-class person **kleinbürgerlich** *adj* ① (*pej: spießbürgerlich*) petit [*or* BRIT *a.* petty] bourgeois *pej* ② (*den unteren Mittelstand betreffend*) lower middle-class **Kleinbürgertum** *nt kein pl* lower middle class, petite [*or* petty] bourgeoisie *no pl, + sing/pl vb* **Kleinbus** *m* minibus **Kleindelikt** *nt* JUR petty offence [*or* AM -se]

Kleine(r) *f(m) decl wie adj* ① (*kleiner Junge*) little boy [*or* one]; (*kleines Mädchen*) little girl [*or* one]; **eine hübsche** [*o* **nette**] **~** a little beauty, a pretty little thing; **die lieben ~n** (*iron*) the dear [*or* sweet] little things ② (*Jüngster*) ■**jds ~/~r** sb's youngest [*or* sb's little one] ③ (*Liebling*) love

Kleine(s) *nt decl wie adj* ① (*kleines Kind*) little one; **etwas ~s bekommen** (*fam*) to have a little one [*or* *fam* bundle] ② (*fam: liebe kleine Frau*) ■**~s** darling, *esp* AM baby

Kleinfamilie [-liə] *f* nuclear family **Kleinformat** *nt* small format; **im ~** small-format **Kleingarten** *m* garden plot; (*zum Mieten*) allotment BRIT **Kleingärtner(in)** *m(f)* garden plot holder; (*Mieter*) allotment holder BRIT **Kleingebäck** *nt* small pastries *pl;* (*Kekse*) biscuits *pl* BRIT, cookies *pl* AM **Kleingedruckte(s)** *nt decl wie adj* (*in kleiner Schrift Gedrucktes*) small print *no indef art, no pl;* **etwas ~s** something in small print ► WENDUNGEN: **das ~** the small print, *(details of a contract)* **Kleingeist** *m* (*pej*) small-[*or* narrow-]minded person *pej;* ■**ein ~ sein** to be small-[*or* narrow-]minded *pej* **kleingeistig** *adj* (*pej*) small-[*or* narrow-]minded *pej,* petty[-minded]; ■**~ sein** to be small-[*or* narrow-]minded *pej* **Kleingeld** *nt* [small [*or* loose]] change *no indef art, no pl;* **das nötige ~ haben/nicht haben** (*fam*) to have/lack the wherewithal **kleingewachsen** *adj* short, small; **eine ~e Pflanze** a small plant **Kleingewerbetreibende(r)** *f(m) decl wie adj* ÖKON small businessman **Kleingruppe** *f* small group

Kleinheit <-> *f kein pl* small size, smallness *no indef art, no pl*

Kleinhirn *nt* cerebellum *spec* **Kleinholz** *nt kein pl* chopped wood *no indef art, no pl,* firewood *no indef art, no pl,* kindling *no indef art, no pl;* **~ machen** to chop [fire]wood; **aus etw ~ machen, etw zu ~ machen** (*hum fam*) to make matchwood of sth, to smash sth to matchwood; (*durch Sturm*) to reduce sth to matchwood ► WENDUNGEN: **~ aus jdm machen, jdn zu ~ machen** (*fam*) to make mincemeat [out] of sb *fam*

Kleinigkeit <-, -en> *f* ① (*Bagatelle*) small matter [*or* point]; ***es ist nur eine ~, ein Kratzer, nicht mehr*** it's only a trifle, no more than a scratch; **[für jdn] eine/keine ~ sein** to be a/no simple matter [for sb]; **wegen** [*o* **bei**] **jeder** [*o* **der geringsten**] **~** at every opportunity, for the slightest reason; **sich mit ~en abgeben** to concern oneself with small matters; **sich an ~en** *dat* **stoßen** to take exception to small matters ② (*Einzelheit*) minor detail; ***muss ich mich um jede ~ kümmern?*** do I have to do every little thing myself? ③ (*ein wenig*) ■**eine ~** a little [bit]; **eine ~ zu hoch/tief** a little [*or* touch] too high/low; **eine ~ essen** to have a bite to eat, to eat a little something; **sich eine ~ nebenher verdienen** to earn a little bit on the side; **etw um eine ~ verschieben** to move sth a little bit ④ (*kleiner Artikel*) little something *no def art, no pl;* **ein paar ~en** a few little things ► WENDUNGEN: **[jdn] eine ~ kosten** (*iron*) to cost [sb] a pretty penny [*or* *fam* a tidy sum]; **die ~ von etw** (*iron*) the small matter of sth *iron*

Kleinigkeitskrämer(in) *m(f)* (*pej*) pedant *pej,* stickler for detail *fam*

Kleinigkeitskrämerei *f* (*pej*) pernicketiness *pej,* AM *usu* persnicketiness *pej,* pedantry *pej*

Kleinkaliber *nt* small bore; **ein Schuss mit ~** a shot from a small bore **Kleinkalibergewehr** *nt* small-bore rifle **kleinkalibrig** *adj* small-bore *attr* **Kleinkamera** *f s.* **Kleinbildkamera** **kleinkariert** **I.** *adj* ① (*mit kleinen Karos*) ■**klein kariert** finely checked [*or* BRIT *a.* chequered] [*or* AM *a.* checkered] ② (*fam: engstirnig*) narrow-minded, small-minded, petty-minded *pej* **II.** *adv* narrow-mindedly *pej,* in a narrow-minded way *pej;* **~ denken** to have narrow-minded opinions [*or* views] *pej* **Kleinkind** *nt* small child, toddler, infant, rug rat AM *fam* **Kleinkleckersdorf** *nt kein pl* (*hum fam*) back of beyond; ***er lebt in ~*** he lives at the back of beyond [*or* *pej fam* out in the sticks] [*or* AM *fam* in the boonies] **Kleinklima** *nt* microclimate **Kleinkram** *m* (*fam*) ① (*Zeug*) odds and ends *fam* [*or* BRIT *fam!* sods] *npl* ② (*Trivialitäten*) trivialities *pl* ③ (*kleinere Arbeiten*) little [*or* odd] jobs *pl* **Kleinkredit** *m* personal [*or* short-term] [*or* small] loan **Kleinkrieg** *m* ① (*Guerillakrieg*) guerilla warfare *no indef art, no pl,* guerilla war; **jdm einen ~ liefern** to engage sb in a guerilla war [*or* in guerilla warfare] ② (*dauernde Streitereien*) running battle; **einen [regelrechten] ~ mit jdm führen** to have [*or* carry on] a [real [*or* veritable]] running battle with sb

klein|kriegen *vt* (*fam*) ① (*zerkleinern*) ■**etw ~** to chop up sth *sep;* **Fleisch ~** to cut up meat *sep* ② (*kaputtmachen*) ■**etw ~** to smash [*or* break] sth ③ (*gefügig machen*) ■**jdn ~** to bring sb into line, to make sb toe the line **Kleinkriminalität** *f kein pl* small-time [*or* petty] crime **Kleinkriminelle(r)** *f(m) decl wie adj* petty [*or* small-time] criminal **Kleinkunst** *f kein pl* cabaret *no indef art, no pl* **Kleinkunstbühne** *f* cabaret *no indef art, no pl*

kleinlaut **I.** *adj* sheepish; (*gefügig*) subdued **II.** *adv* sheepishly; **~ fragen** to ask meekly; **etw ~ gestehen** to admit sth shamefacedly

Kleinlebewesen *nt* microorganism; (*Milbe*) mite

kleinlich *adj* (*pej*) ① (*knauserig*) mean, stingy *pej fam,* tight[-fisted] *pej fam* ② (*engstirnig*) petty[-minded] *pej,* small-[*or* narrow-]minded *pej;* ***sei doch nicht so ~!*** don't be so petty! *pej*

Kleinlichkeit <-, -en> *f* (*pej*) ① *kein pl* (*Knauserigkeit*) meanness *no indef art, no pl,* stinginess *no indef art, no pl pej fam* ② (*Engstirnigkeit*) pettiness *no indef art, no pl pej,* small-mindedness *no indef art, no pl pej,* narrow-mindedness *no indef art, no pl pej*

Kleinmöbel *pl* small pieces [*or* smaller items] of furniture

Kleinmut *m* (*geh*) faint-heartedness *no indef art, no pl,* timidity *no indef art, no pl*

kleinmütig *adj* (*geh: zaghaft*) faint-hearted; (*furchtsam*) timorous; (*scheu*) timid

Kleinod <-[e]s, -odien *o* -e> [*pl* -diən] *nt* ① *pl* -ode (*geh: Kostbarkeit*) jewel, gem; **jds ~ sein** to be sb's treasure [*or* pride and joy] ② *pl* -odien (*veraltend: Schmuckstück*) jewel, gem

Kleinrechner *m* microcomputer, micro *fam;* (*größer*) minicomputer **klein|reden** *vt* ■**etw ~** *Problem, Gefahr, Schuld* to play down sth *sep* **Kleinschreibung**

f use of small initial letters **Kleinspecht** *m* ORN lesser spotted woodpecker **Kleinstaat** *m* small state, ministate **Kleinstadt** *f* small town **Kleinstädter(in)** *m(f)* small-town dweller; ■ ~/~**in sein** to live in a small town **kleinstädtisch** *adj* ❶ (*einer Kleinstadt entsprechend*) small-town *attr* ❷ (*pej: provinziell*) provincial *pej*
kleinstmöglich *adj* smallest possible
Kleintier *nt* small [domestic] animal **Kleinvieh** *nt* small farm animals *pl*, small livestock + *pl vb* ▸ WENDUNGEN: ~ **macht auch Mist** (*prov*) many a mickle makes a muckle *prov*, every little helps **Kleinwagen** *m* small car, runabout, runaround **Kleinwohnung** *f* small flat BRIT, flatlet BRIT, efficiency [*or* small] apartment AM **kleinwüchsig** *adj* (*geh*) small, of small stature *pred*; ■ ~ **sein** to be small [in stature]
Kleister <-s, -> *m* paste
kleistern *vt* ■ **etw an etw** *akk* ~ to paste sth onto sth
Klementine <-, -n> *f* clementine
Klemmappe *f getrennt: Klemm-mappe s.* **Klemmmappe** **Klemmbrett** *nt* clipboard
Klemme <-, -n> *f* ❶ (*Haarklammer*) [hair] clip ❷ ELEK terminal; (*Batterie a.*) clip ❸ (*fam: schwierige Lage*) fix *fam*, jam *fam*; **jdm aus der** ~ **helfen** to help sb out of a fix [*or* jam] *fam*; **in der** ~ **sitzen** [*o* **sein**] [*o* **stecken**] [*o* **sich in der** ~ **befinden**] (*fam*) to be in a fix [*or* jam] *fam*
klemmen I. *vt* ❶ (*zwängen*) ■ **etw irgendwohin** ~ to stick [*or* wedge] sth somewhere ❷ (*fam: stehlen*) ■ **jdm etw** ~ to pinch [*or* BRIT *a.* nick] sth from sb *fam* II. *vr* ❶ (*sich quetschen*) ■ **sich** ~ to get squashed [*or* trapped]; ■ **sich** *dat* **etw** [**in/zwischen etw** *dat*] ~ to catch [*or* trap] one's sth [in/between sth], to get one's sth caught [*or* trapped] [in/between sth] ❷ (*fam: etw zu erreichen suchen*) ■ **sich hinter jdn** ~ to get on to sb ❸ (*fam: Druck machen*) ■ **sich hinter etw** *akk* ~ to get stuck in[to sth] BRIT *fam*; ***ich werde mich mal hinter die Sache*** ~ I'll get onto it [*or* the job] III. *vi* ❶ (*blockieren*) to stick, to jam ❷ (*angeheftet sein*) ■ **irgendwo** ~ to be stuck somewhere ▸ WENDUNGEN: **es klemmt** (*fam: die Zeit fehlt*) time is [really] tight; (*das Geld fehlt*) money is [really] tight
KlemmmappeRR *f* clip file, spring binder [*or* folder]
Klempner(in) <-s, -> *m(f)* plumber
Klempnerei <-, -en> *f* ❶ (*Handwerk*) plumbing ❷ (*Werkstatt*) plumber's workshop
Klempnerin <-, -nen> *f fem form von* **Klempner**
Klempnerladen *m* (*hum fam*) chestful of medals
klempnern *vi* to do [a spot of BRIT] plumbing
Klempnerwerkstatt *f* plumber's workshop
Klepper <-s, -> *m* (*pej*) [old] nag *pej*
Kleptomane, Kleptomanin <-n, -n> *m, f* kleptomaniac
Kleptomanie <-> *f kein pl* kleptomania *no indef art, no pl*
Kleptomanin <-, -nen> *f fem form von* **Kleptomane**
klerikal *adj* (*pej geh*) clerical, churchy *pej fam*
Kleriker <-s, -> *m* cleric
Klerus <-> *m kein pl* clergy *no indef art, no pl*
Klettband <-bänder> *nt* Velcro®
Klette <-, -n> *f* ❶ (*Pflanze*) burdock; (*Blütenkopf*) bur[r]; **wie** [**die**] ~**n zusammenhalten** (*fam*) to stick together [like glue], to be inseparable; **an jdm wie eine** ~ **hängen** (*fam*) to cling to sb like a limpet [*or esp pej* leech] ❷ (*pej fam: zu anhänglicher Mensch*) nuisance, pest
Kletterer, Kletterin <-s, -> *m, f* climber
Klettergerüst *nt* climbing frame
Kletterin <-, -nen> *f fem form von* **Kletterer**
klettern *vi* ❶ *sein* (*klimmen*) ■ [**auf etw** *akk o dat*] ~ to climb [[on] sth]; (*mühsam*) to clamber [up [*or* on] sth]; **auf einen Baum** ~ to climb a tree; **aufs Dach** ~ to climb onto the roof ❷ *sein o haben* SPORT to climb; ~ **gehen** to go climbing; **in eine/einer Wand** ~ to climb a face/on a face; ■ **das K~** climbing; **frei** ~ to free-climb ❸ *sein* (*fam*) ■ **aus einem/in ein Auto** ~ to climb out of/into a car ❹ *sein* (*fam: steigen*) ■ [**auf etw** *akk*] ~ *Zeiger* to climb [to sth]
Kletterpartie *f* ❶ (*Bergsteigen*) difficult climb; **die reinste** ~ **sein** (*fam*) to be a real climbing expedition *fam* ❷ (*fam: anstrengende Wanderung*) climbing trip [*or* outing] **Kletterpflanze** *f* climbing plant, climber **Kletterstange** *f* climbing pole
KlettverschlussRR *m* Velcro® [fastener]
Klick <-s, -s> *m* INFORM click
klicken *vi* ❶ (*metallisch federn*) to click; ***man hörte es*** ~ there was an audible click; ■ ~**d** with a click; ■ **das K~** clicking; ■ **das K~ von etw** the click[ing] of sth ❷ (*ein K~ verursachen*) ■ **mit etw** ~ to click sth, to make a clicking noise with sth ❸ INFORM to click; **mit der Maus** ~ to click with the mouse; ■ **auf etw** *akk* ~ to click on sth
Klicker <-s, -> *m* NORDD marble; (*Spiel*) marbles + *sing vb*
klickern *vi* NORDD to play marbles
Klient(in) <-en, -en> *m(f)* client
Klientel <-, -en> [kliɛnˈteːl] *f* clientele + *sing/pl vb*, clients *pl*
Klientin <-, -nen> *f fem form von* **Klient**
Kliesche *f* ZOOL, KOCHK sand dab
Kliff <-[e]s, -e> *nt* cliff
Klima <-s, -s *o* Klimata> *nt* ❶ METEO climate ❷ (*geh: Stimmung*) **ein entspanntes/angespanntes** ~ a relaxed/tense atmosphere; **das politische/wirtschaftliche** ~ the political/economic climate
Klimaanlage *f* air-conditioning *no indef art, no pl* [system]; **mit** ~ [**versehen**] air-conditioned, fitted with air-conditioning
Klimakterium <-s> *nt kein pl* menopause *no indef art, no pl*, climacteric *no indef art, no pl spec*
klimatisch I. *adj attr* climatic II. *adv* climatically
klimatisieren* *vt* ■ **etw** ~ to air-condition sth; ■ **klimatisiert** air-conditioned
klimatisiert *adj inv* air-conditioned
Klimatologie <-> *f kein pl* climatology *no art, no pl*
Klimaumschwung *m* [drastic] change in climate **Klimaveränderung** *f* change in climate **Klimawechsel** *m* change of/in climate; ***ein*** ~ ***täte Ihnen sicher gut!*** a change of climate would undoubtedly do you good!; **den** ~ **überstehen** to get over the change in climate
Klimax <-> *f kein pl* (*geh*) climax
Klimbim <-s> *m kein pl* (*fam*) (*Krempel*) junk *no indef art, no pl*, odds and ends [*or* BRIT *fam* sods] *npl* ▸ WENDUNGEN: **einen** ~ [**um etw**] **machen** to make a fuss [about sth]
klimmen <klomm *o* klimmte, geklommen *o* geklimmt> *vi sein* (*geh*) ■ **irgendwohin** ~ to clamber [*or* scramble] up somewhere
Klimmzug *m* ❶ SPORT pull-up; **Klimmzüge machen** to do pull-ups ❷ *meist pl* (*Verrenkung*) contortions *pl*; [**geistige**] **Klimmzüge machen** to do [*or* perform] mental acrobatics
Klimperkasten *m* (*fam*) piano
klimpern *vi* ❶ (*Töne erzeugen*) ■ **auf etw** *dat* ~ to plonk [*or* AM *usu* plunk] away on sth *fam*; **auf einer Gitarre** ~ to plunk away on [*or* twang] a guitar ❷ (*klirren*) *Münzen* to jingle, to chink; (*Schlüssel*) to jangle ❸ (*erklingen lassen*) ■ **mit etw** ~ to jingle [*or* chink] [with] sth; **mit seinen Schlüsseln** ~ to jangle one's keys
kling *interj* ting, ding, clink; ~ **machen** to clink
Klinge <-, -n> *f* ❶ (*Schneide*) blade; (*Schwert*)

sword; **miteinander die ~n kreuzen** to fence, to fight; **mit jdm die ~[n] kreuzen** to fence with [*or* fight [with]] sb ② (*Rasier~*) [razor] blade; **die ~ wechseln** to change the blade ▸ WENDUNGEN: **eine scharfe ~ führen** (*geh*) to be a trenchant [*or* dangerous] opponent; **mit jdm die ~n kreuzen** to cross swords with sb; **jdn über die ~ springen lassen** (*veraltend: jdn töten*) to put sb to death *form* [*or liter* to the sword], to dispatch sb *hum form;* (*jdn zugrunde richten*) to ruin sb

Klingel <-, -n> *f* bell

Klingelbeutel *m* REL collection [*or spec* offertory] bag

Klingelknopf *m* bell-push, -button

klingeln I. *vi* ① (*läuten*) ■[**an etw** *dat*] ~ to ring [sth]; **an der Tür** ~ to ring the doorbell; ■**das K~** ring; **etw ~ lassen** to let sth ring ② (*durch Klingeln herbeirufen*) ■[**nach**] **jdm** ~ to ring for sb; *s. a.* **Bett** II. *vi impers* ***hör mal, hat es da nicht eben geklingelt?*** listen, wasn't that the phone/doorbell just then? ▸ WENDUNGEN: **hat es jetzt endlich geklingelt?** (*fam*) has the penny finally dropped? BRIT *fam*

Klingelzeichen *nt* ring; **auf das/ein/jds ~ hin** at the/a ring of the bell, at sb's ring

klingen <klang, geklungen> *vi* ① (*er~*) *Glas* to clink; **die Gläser ~ lassen** to clink glasses [in a toast]; *Glocke* to ring; **dumpf/hell ~** to have a dull/clear ring ② (*tönen*) to sound; ***die Wand klang hohl*** the wall sounded [*or* rang] hollow [*or* made a hollow sound] ③ (*sich anhören*) to sound; ***das klingt gut/interessant/vielversprechend*** that sounds good/interesting/promising

Klinik <-, -en> *f* clinic, specialist hospital

Klinikalltag *m* routine hospital practice, routine [work] at a/the clinic

Klinikum <-s, Klinika *o* Kliniken> *nt* ① (*Universitätskrankenhaus*) university hospital ② (*Hauptteil der medizinischen Ausbildung*) clinical training *no indef art, no pl*

klinisch I. *adj* clinical II. *adv* clinically; **~ tot** clinically dead

Klinke <-, -n> *f* [door-]handle ▸ WENDUNGEN: **sich die ~ in die Hand geben** to come in a never-ending stream; ***die Bewerber gaben sich die ~ in die Hand*** there was an endless coming and going of applicants; **~n putzen** (*fam*) to go [*or* sell] from door to door

Klinkenputzer(in) <-s, -> *m(f)* (*fam*) door-to-door salesman, hawker; (*Hausierer*) peddler, AM *a.* pedlar

Klinker <-s, -> *m* clinker [brick]

Klipp <-s, -s> *m* ① MODE clip-on [ear-ring] ② (*Klemme*) *am Kugelschreiber* clip

klipp *adv* ▸ WENDUNGEN: **~ und klar** quite clearly [*or* frankly]; **etw ~ und klar zum Ausdruck bringen** to express sth quite clearly [*or* in no uncertain terms]

Klippe <-, -n> *f* (*Fels~*) cliff; (*im Meer*) [coastal] rock; **tückische ~n** treacherous rocks ▸ WENDUNGEN: **die** [*o* **alle**] **~n** [**erfolgreich**] **umschiffen** to negotiate [all] the obstacles [successfully]

Klippfisch *m* salted dried cod

Klips *m s.* **Klipp 1**

klirren *vi* ① (*vibrieren*) *Gläser* to tinkle; *Fensterscheiben* to rattle; *Lautsprecher, Mikrophon* to crackle; ■**das K~** the tinkling/rattling/crackling [noise [*or* sound]]; ■**das K~ einer S.** *gen* [*o* **von etw**] the tinkling/rattling/crackling of sth ② (*metallisch ertönen*) *Ketten, Sporen* to jangle; (*Waffen*) to clash; ■**~d** jangling/clashing, clashing; ■**das K~** [**von etw**] the jangling/clashing [of sth]

klirrend I. *adj* **~er Frost** severe frost; **~e Kälte** biting [*or* piercing] cold II. *adv* bitterly; **~ kalt** bitterly cold

Klischee <-s, -s> *nt* ① TYPO plate, block ② (*pej: eingefahrene Vorstellung*) cliché, stereotype *pej* ③ (*pej geh: Leerformel*) cliché

klischeehaft *adj* (*pej geh*) clichéd, stereotyped *pej,* stereotypical *pej;* **eine ~e Rede** a cliché-ridden speech

Klischeevorstellung *f s.* **Klischee 2**

Klistier <-s, -e> *nt* enema *spec*

Klistierspritze *f* enema syringe *hist or spec*

Klitoris <-, – *o* Klitorides> *f* clitoris

Klitsche <-, -n> *f* (*pej fam*) small-time outfit

klitschnass[RR] *adj* (*fam*) *s.* **klatschnass**

klitzeklein *adj* (*fam*) teen[s]y [ween[s]y] *fam,* itsy-bitsy *hum,* AM *a.* itty-bitty *hum*

Klivie <-, -n> *f* BOT clivia *spec*

Klo <-s, -s> *nt* (*fam*) loo BRIT *fam,* john AM *fam;* **aufs ~ gehen/rennen** to go/run [*or* dash] to the loo

Kloake <-, -n> *f* (*pej*) sewer, cloaca, cesspool *a. fig*

Kloakentier *nt* ZOOL monotreme

Klobecken *nt* (*fam*) toilet [*or* lavatory] bowl [*or* pan]

Kloben <-s, -> *m* (*Holzklotz*) log

klobig *adj* hefty, bulky; **~e Hände** massive hands

Klobrille *f* (*fam*) toilet [*or sl* bog] seat **Klobürste** *f* (*fam*) toilet [*or* BRIT *fam a.* loo] brush **Klodeckel** *m* (*fam*) toilet lid **Klomann, -frau** *m, f* (*fam*) toilet attendant

klomm *imp von* **klimmen**

Klon <-s, -e> *m* clone

klonen *vt* ■**jdn/etw ~** to clone sb/sth

klönen *vi* (*fam*) ■[**mit jdm**] ~ to [have a] chat [*or* natter] [with sb] BRIT *fam*

Klontechnologie *f* BIOL clone technology

Klopapier *nt* (*fam*) toilet paper

klopfen I. *vi* ① (*pochen*) ■[**mit etw**] [**an/auf etw** *akk*/**gegen etw**] ~ to knock [at/on/against sth] [with sth] ② ORN *Specht* ■[**gegen etw**] ~ to hammer [against sth] ③ (*mit der flachen Hand*) ■**jdm auf etw** *akk* ~ to pat sb on sth; (*mit dem Finger*) to tap sb on sth; **jdm auf die Knöchel** ~ to rap sb [*or* give sb a rap] on [*or* across] the knuckles II. *vi impers* ■**es klopft** [**an etw** *dat*/**gegen etw**] there is a knock [at/against sth]; ***es klopft!*** there's somebody [*or* somebody is] knocking at the door!; ■**das K~** knocking III. *vt* ① (*schlagen*) ■**etw** ~ to beat [*or* hit] sth; **den Teppich** ~ to beat the carpet; ■[**jdm/sich**] **etw aus/von etw** ~ to knock sth out of/off sth [for sb]; **den Staub aus dem Teppich** ~ to beat the dust out of the carpet ② KOCHK **ein Steak** ~ to beat [*or* tenderize] a steak; *s. a.* **Takt**

Klopfer <-s, -> *m* (*Teppich~*) carpet beater; (*Tür~*) [door-]knocker; (*Fleisch~*) [meat] mallet

Klopfzeichen *nt* knock

Kloppe *f* ▸ WENDUNGEN: [**von jdm**] ~ **kriegen** NORDD to get [*or* be given] a walloping [*or hum* a hiding] [from sb] *fam*

Klöppel <-s, -> *m* ① (*Glocken~*) clapper ② (*Spitzen~*) bobbin ③ (*Taktstock*) [drum]stick

klöppeln *vt* ■**etw** ~ to make [*or* work] sth in pillow [*or* bobbin] lace; ■**geklöppelt** pillow-lace *attr;* **geklöppelte Spitze** pillow [*or* bobbin] lace

Klöppelspitze *f* pillow [*or* bobbin] lace

kloppen I. *vt* NORDD (*fam*) ■**etw** ~ to hit sth; **Steine/einen Teppich** ~ to break stones/beat a carpet II. *vr* NORDD (*fam*) ■**sich** [**mit jdm**] ~ to fight [*or* scrap] [with sb]

Klopperei <-, -en> *f* NORDD (*fam*) fight; (*schneller a.*) scrap; (*mit mehreren Personen a.*) brawl

Klöppler(in) <-s, -> *m(f)* [pillow [*or* bobbin]] lace maker

Klops <-es, -e> *m* ① (*Fleischkloß*) meatball; **Königsberger ~e** Königsberg meatballs (*meatballs in a caper sauce*) ② (*fam: Schnitzer*) howler, boob BRIT *fam;* **sich** *dat* **einen ~ leisten** to make a real howler

Klosett <-s, -e *o* -s> *nt* (*veraltend*) *s.* **Toilette** privy *old*

Klospülung *f* (*fam*) flush; **die ~ betätigen** to flush the toilet [*or* BRIT *fam a.* loo]

Kloß <-es, Klöße> *m* KOCHK dumpling ▶ WENDUNGEN: **einen ~ im Hals haben** (*fam*) to have a lump in one's throat

Kloßbrühe *f* ▶ WENDUNGEN: **klar wie ~ sein** (*fam*) to be as clear as day [*or* crystal-clear]

Kloster <-s, Klöster> *nt* (*Mönchs~*) monastery; (*Nonnen~*) convent, nunnery *dated;* **ins ~ gehen** to enter a monastery/convent, to become a monk/nun

Klosterbibliothek *f* monastery/convent library **Klosterbruder** *m* (*veraltet*) *s.* **Mönch** **Klosterfrau** *f* (*veraltet*) *s.* **Nonne** **Klostergarten** *m* monastery/convent garden **Klosterkapelle** *f* monastery/convent chapel **Klosterkirche** *f* monastery/convent church

klösterlich *adj* ❶ (*einem Kloster entsprechend*) monastic/conventual; **~e Einsamkeit** cloistered seclusion ❷ (*dem Kloster gehörend*) monastery/convent *attr,* of a/the monastery/convent *pred*

Klosterpforte *f* monastery/convent gate [*or* door] **Klosterschule** *f* monastery [*or* monastic]/convent school

Klöten *pl* NORDD (*sl*) balls *npl fam!*

Klotz <-es, Klötze> *m* ❶ (*Holz~*) block [of wood] ❷ (*pej fam: großes hässliches Gebäude*) monstrosity ▶ WENDUNGEN: **sich** *dat* **[mit jdm/etw] einen ~ ans Bein binden** (*fam*) to tie a millstone round one's neck [by getting involved with sb/by doing sth] *fig;* **[jdm [*o* für jdn]] ein ~ am Bein sein** (*fam*) to be a millstone round sb's neck, to be a heavy burden [for sb]; **auf einen groben ~ gehört ein grober Keil** (*prov*) rudeness must be met with rudeness *prov;* **wie ein ~ schlafen** (*fam*) to sleep like a log *fam*

Klötzchen <-s, -> *nt dim von* **Klotz 1** ❶ (*kleiner Holzklotz*) small block [*or* piece] of wood ❷ (*Baukl otz*) building brick

klotzen (*sl*) **I.** *vi* ❶ (*hart arbeiten*) to slog [away] *fam;* (*schnell arbeiten*) to work like hell *fam* [*or fam!* stink] ❷ (*Mittel massiv einsetzen*) ■ **[bei etw] ~** to splurge [out] on sth *fam,* to splash [*or* BRIT *fam* push the boat] out [on sth] ▶ WENDUNGEN: **~, nicht kleckern** to think big, to do things in a big way **II.** *vt* ■ **[jdm] etw irgendwohin ~** to stick [*or* shove] sth up somewhere *fam*

klotzig (*sl*) **I.** *adj* ❶ (*ungefüge*) large and ugly; **ein ~es Hochhaus** an ugly great high-rise [*or* skyscraper]; ■ **~ sein** to be bulky ❷ (*aufwändig*) extravagant **II.** *adv* ❶ (*überreichlich*) extremely; **~ reich sein** to be rolling in it *fam;* **~ [viel Geld] verdienen** to be raking it in ❷ (*aufwändig*) lavishly, extravagantly

Klub <-s, -s> *m* ❶ (*Verein*) club; **die Mitgliedschaft im ~** membership of the club, club membership ❷ (*fam: Klubgebäude/-raum*) club; **im/in seinem ~** at the/one's club

Klubbeitrag *m* club subscription [*or* membership [fee]] **Klubhaus** *nt* club-house **Klubjacke** *f* blazer **Klubkasse** *f* club [bank] account **Klubmitglied** *nt* club member **Klubsessel** *m* club chair **Klubvorstand** *m* club committee

Kluft[1] <-, Klüfte> *f* ❶ GEOG cleft, [deep] fissure ❷ (*scharfer Gegensatz*) gulf; **tiefe ~** deep rift ❸ KOCHK shank

Kluft[2] <-, -en> *f* DIAL (*hum*) uniform, garb *no pl liter*

Kluftschale *f* KOCHK [beef] topside **Kluftsteak** *nt* KOCHK sirloin steak

klug <klüger, klügste> **I.** *adj* ❶ (*vernünftig*) wise; (*intelligent*) intelligent; (*schlau*) clever; (*scharfsinnig*) shrewd, astute; **eine ~e Entscheidung** a prudent decision; **~er Rat** sound advice; ***es wäre klüger, …*** it would be more sensible …; **ein ganz K~er** (*iron*) a real clever clogs + *sing vb* [*or* dick] BRIT *pej fam;* **[wieder] so ~ gewesen sein** (*iron*) to have been so bright [again]; **da soll einer draus ~ werden** I can't make head [n]or tail of it; ***ich werde einfach nicht ~ aus ihm/daraus*** I simply don't know what to make of him/it, I simply can't make [*or* BRIT *fam* suss] him/it out ❷ (*iron: dumm*) clever *iron,* bright *iron;* **genauso ~ wie zuvor [*o* vorher] sein** to be none the wiser ▶ WENDUNGEN: **aus Schaden wird man ~** you learn from your mistakes; **hinterher [*o* im nachhinein] ist man immer klüger** it's easy to be wise after the event; **der Klügere gibt nach** (*prov*) discretion is the better part of valour *prov* **II.** *adv* ❶ (*intelligent*) cleverly, intelligently ❷ (*iron*) cleverly *iron;* **~ reden** to talk as if one knows it all, to talk big, to pontificate *pej*

klugerweise *adv* [very] cleverly [*or* wisely]

Klugheit <-, -en> *f* ❶ *kein pl* cleverness; (*Intelligenz*) intelligence; (*Vernunft*) wisdom; (*Scharfsinn*) astuteness, shrewdness; (*Überlegtheit*) prudence ❷ (*iron*) clever remark/remarks *iron*

Klugredner(in) *m(f)* (*fam*) know-all, wise guy *pej fam,* clever dick [*or* + *sing vb* clogs] BRIT *pej fam* **klug|scheißen** *vi irreg* (*sl*) to be a smart-ass [*or* BRIT *a.* -arse] *fam* **Klugscheißer(in)** <-s, -> *m(f)* (*sl*) smart-ass [*or* BRIT *a.* -arse] *fam*

Klump *m* ▶ WENDUNGEN: **etw zu [*o* in] ~ fahren** (*fam*) to drive sth into the ground, to write off sth *sep,* to smash up sth *sep;* **jdn zu ~ hauen** (*fam*) to beat sb to a pulp *fam*

Klumpatsch <-s> *m kein pl* (*fam*) junk *no indef art, no pl,* shit *no indef art, no pl pej fam!*

Klümpchen <-s, -> *nt dim von* **Klumpen** ❶ (*kleiner Klumpen*) little lump ❷ NORDD (*Bonbon*) sweetie BRIT *fam*

klumpen *vi* to go [*or* become] lumpy; *Salz* to cake

Klumpen <-s, -> *m* lump; **ein ~ Erde** a lump [*or* clod] of earth; **~ bilden** to go lumpy

Klumpfuß *m* club foot

klumpfüßig *adj* club-footed; ■ **~ sein** to be club-footed [*or* have a club foot]

klumpig *adj* lumpy; ■ **~ sein/werden** to be/go [*or* get] [*or* become] lumpy

Klüngel <-s, -> *m* NORDD (*pej fam*) old boys' network BRIT; (*zwischen Verwandten*) nepotistic web *pej*

Klüngelei <-, -en> *f* SOZIOL (*pej*) cronyism

Klunker <-s, -> *m* (*sl: Edelstein*) rock AM *sl*

km *m Abk von* **Kilometer** km

km/h *m Abk von* **Kilometer pro Stunde** kmph, km/h

knabbern **I.** *vi* ■ **an etw** *dat* **~** ❶ (*knabbernd verzehren*) to nibble [at] sth ❷ (*etw geistig/emotional verarbeiten*) to chew on sth, to mull sth over; **[noch] an etw** *dat* **zu ~ haben** (*fam*) to have sth to chew on [*or* over] *fam* **II.** *vt* ■ **etw ~** to nibble sth; **etwas zum K~** something to nibble; **nichts zu ~ haben** (*fam*) to have nothing to eat

Knabe <-n, -n> *m* (*veraltend geh*) boy, lad; **na, alter ~!** (*fam*) well, old boy [*or* BRIT *dated fam* chap]!

Knabenchor *m* (*veraltend geh*) boys' choir

knabenhaft *adj* boyish

Knabeninternat *nt* (*veraltend geh*) boys' boarding school **Knabenkraut** *nt* [wild] orchid, orchis *spec* **Knabenschule** *f* (*veraltend geh*) boys' school **Knabenstimme** *f* boy's voice, treble

knack *interj* crack

Knack <-[e]s, -e> *m* crack; **~ machen** to [go] crack

Knäckebrot *nt* crispbread *no indef art, no pl*

knacken **I.** *vt* ❶ (*aufbrechen*) ■ **etw [mit etw] ~** to crack sth [with sth] ❷ (*fam: dechiffrieren*) **einen Kode ~** to crack a code ❸ (*fam: in etw eindringen*) ■ **etw ~** to break into sth; **den Safe ~** to crack [open] the safe ❹ MIL (*sl: zerstören*) ■ **etw ~** to knock out sth *sep* ❺ (*sl*) ■ **etw ~** to do away with sth; **Vorurteile ~**

to eliminate [*or sep* break down] prejudice **II.** *vi* ❶ (*Knacklaut von sich geben*) to crack; *Diele, Knie* to creak; *Zweige* to snap; ***es knackt hier immer im Gebälk*** the beams are always creaking here ❷ (*Knackgeräusche machen*) ■ **mit etw** ~ to crack sth; **mit den Fingern** ~ to crack one's fingers [*or* knuckles] ❸ (*fam: schlafen*) to sleep; **eine Runde** ~ to have forty winks [*or* BRIT *a.* a kip] ▸ WENDUNGEN: **[noch] an etw** *dat* **zu** ~ **haben** (*fam*) to have sth to think about [*or fam* chew on [*or* over]] **III.** *vi impers* ■ **es knackt** there's a crackling noise; ***in Dachstühlen knackt es oft*** roof trusses often creak

Knacker <-s, -> *m* DIAL (*fam*) ❶ (*pej*) guy *fam,* bloke BRIT *fam;* **ein alter** ~ an old codger *pej, hum* [*or* feller] *fam;* **ein blöder** ~ a stupid [*or* silly] so-and-so; **ein komischer** ~ a strange character ❷ *s.* **Knackwurst**

Knackerbse *f* sugar-snap pea

Knacki <-s, -s> *m* (*sl*) ex-con *sl,* old lag BRIT *fam*

knackig **I.** *adj* ❶ (*knusprig*) crunchy, crisp[y] ❷ (*fam: drall*) well-formed, sexy ❸ (*fam: zünftig*) real; **ein ~er Typ** a natural type [*or* person] **II.** *adv* (*fam*) really; ***sie kam ~ braun aus dem Urlaub wieder*** she came back from holiday really brown; ~ **rangehen** to get really stuck in *fam,* to really go for it *fam*

Knacklaut *m* ❶ (*knackendes Geräusch*) crack[ing noise], creak ❷ LING glottal stop **Knackpunkt** *m* (*fam*) crucial point; ***und da ist der*** ~ and there's the crunch *fam*

knacks *interj s.* **knack**

Knacks <-es, -e> *m* ❶ (*knackender Laut*) crack ❷ (*Sprung*) crack; **einen** ~ **haben** (*fam*) to have a problem; *Ehe* to be in difficulties; *Freundschaft* to be suffering; **etw** *dat* **einen** ~ **geben** to damage sth ❸ (*fam: seelischer Schaden*) psychological problem; **einen** ~ **bekommen** (*fam*) to suffer a minor breakdown; **einen** ~ **haben** (*fam*) to have a screw loose *hum* [*or* be a bit whacky [*or* AM *usu* wacky]] *fam*

Knackwurst *f* knackwurst *spec,* knockwurst *spec* (*sausage which is heated in water and whose tight skin makes a cracking noise when bitten*)

Knäkente *f* ZOOL, KOCHK sarcelle duck

Knall <-[e]s, -e> *m* ❶ (*Laut*) bang; *Korken* pop; *Tür* bang, slam ❷ (*fam: Krach*) trouble *no indef art, no pl* ▸ WENDUNGEN: ~ **auf** [*o* **und**] **Fall** (*fam*) all of a sudden; **jdn** ~ **auf** [*o* **und**] **Fall entlassen** to dismiss sb on the spot [*or* without warning]; **einen** ~ **haben** (*sl*) to be crazy [*or fam* off one's rocker] [*or fam* crackers]

Knallbonbon [-bɔŋbɔŋ, -bõbõ:] *nt* cracker, AM *usu* bonbon **knallbunt** *adj* gaudy **Knalleffekt** *m* (*fam*) surprising twist; ■ **einen** ~ **haben** to come as a bombshell

knallen **I.** *vi* ❶ *haben* (*stoßartig ertönen*) to bang; *Auspuff* to misfire, to backfire; *Feuerwerkskörper* to [go] bang; *Korken* to [go] pop; *Schuss* to ring out; (*laut zuschlagen*) to bang, to slam ❷ *haben* ■ **mit etw** ~ to bang sth; **mit der Peitsche** ~ to crack the whip; **mit der Tür** ~ to slam [*or* bang] the door [shut]; ■ **etw** ~ **lassen** to bang sth; **die Sektflaschen** ~ **lassen** to make the sekt bottles pop ❸ *sein* (*fam: hart auftreffen*) ■ **auf/gegen/vor etw** *akk* ~ to bang on/against sth; ***der Ball knallte gegen die Latte*** the ball slammed against the crossbar ▸ WENDUNGEN: **die Korken** ~ **lassen** to pop the corks, to celebrate; *s. a.* **Sonne** **II.** *vi impers haben* ■ **es knallt** there's a bang; **..., sonst knallt's!, ..., oder/und es knallt!** (*fam: oder/und es gibt eine Ohrfeige!*) ... or/and you'll get a good clout! *fam;* (*oder/und ich schieße!*) ... or/and I'll shoot! **III.** *vt* ❶ (*zuschlagen*) ■ **etw** ~ to bang [*or* slam] sth ❷ (*hart werfen*) ■ **etw irgendwohin** ~ to slam sth somewhere; ***er knallte den Ball gegen den Pfosten*** he slammed [*or* hammered] the ball against the post ❸ (*fam: schlagen*) ■ **jdm eine** ~ (*fam*) to clout sb, to give sb a clout *fam*

knalleng *adj* (*fam*) skin-tight

Knaller <-s, -> *m* (*fam*) ❶ (*Knallkörper*) firecracker, BRIT *a.* banger ❷ (*Sensation*) sensation, smash *fam*

Knallerbse *f* cap bomb, toy torpedo AM

Knallerei <-, -en> *f* (*fam: Schießerei*) shooting *no indef art, no pl;* (*Feuerwerk*) banging [of fireworks]

Knallfrosch *m* jumping jack **Knallgas** *nt* oxyhydrogen *no indef art, no pl spec* **knallhart** (*fam*) **I.** *adj* ❶ (*rücksichtslos*) really tough, [as] hard as nails *pred* ❷ (*sehr kraftvoll*) really hard; **ein ~er Schuss/Schlag** a fierce shot/crashing blow **II.** *adv* quite brutally; **etw** ~ **sagen** to say sth straight out [*or* without pulling any punches]; ~ **verhandeln** to negotiate really hard, to drive a hard bargain **knallheiß** *adj* (*fam*) boiling [hot], baking *fam*

knallig *adj* (*fam*) gaudy, loud *pej*

Knallkopf *m* (*fam*), **Knallkopp** *m* (*fam*) idiot, jerk *pej fam!,* pillock BRIT *pej fam* **Knallkörper** *m* firecracker **knallrot** *adj* (*fam*) bright red; ■ ~ **[im Gesicht] sein/werden** to be/become [*or* turn] bright red [in the face]

knapp **I.** *adj* ❶ (*gering*) meagre [*or* AM -er], low; **~e Vorräte** meagre [*or* scarce] supplies; **~e Stellen** scarce jobs; **~es Geld** tight money; ■ ~ **sein/werden** to be scarce [*or* in short supply]/to become scarce; ■ **[mit etw]** ~ **sein** to be short [of sth]; **..., aber/und das nicht zu ~!** (*fam*) ..., and how!, ..., good and proper! BRIT *fam; s. a.* **Kasse** ❷ (*eng* [*sitzend*]) tight[-fitting]; ■ **jdm zu** ~ **sein** to be too tight for sb ❸ (*noch genügend*) just enough; **eine ~e Mehrheit** a narrow [*or* bare] [*or* very small] majority; **ein ~er Sieg** a narrow victory; **ein ~es Ergebnis** a close result ❹ (*nicht ganz*) almost; **in einer ~en Stunde** in just under an hour; ■ **[jdm] zu** ~ **sein** to be too tight [for sb] ❺ (*gerafft*) concise, succinct; **in wenigen ~en Worten** in a few brief words; ***er gab ihr nur eine ~e Antwort*** he replied tersely **II.** *adv* ❶ (*mäßig*) sparingly; ~ **bemessen sein** to be not very generous; ***seine Zeit ist ~ bemessen*** his time is limited [*or* restricted], he only has a limited amount of time; **jdn [mit etw]** ~ **halten** to keep sb short [of sth] ❷ (*nicht ganz*) almost; ~ **eine Stunde** almost [*or* just under] [*or* not quite] an hour ❸ (*haarscharf*) narrowly; ***die Wahl ist denkbar ~ ausgefallen*** the election turned out to be extremely close; ~ **gewinnen/verlieren** to win/lose narrowly [*or* by a narrow margin]; ***wir haben [nur] ~ verloren*** we [only] just lost

Knappe <-n, -n> *m* ❶ BERGB [qualified] miner ❷ HIST squire

Knappheit <-> *f kein pl* ❶ (*Versorgungsengpass*) shortage *no pl,* scarcity *no pl* ❷ (*Beschränktheit*) shortage *no pl;* **die** ~ **der öffentlichen Gelder/finanziellen Mittel** the shortage [*or* lack] of public money/finance; **bei der** ~ **der zur Verfügung stehenden Zeit...** with [*or* because of] the limited amount of time available ...

Knappschaft <-> *f kein pl* BERGB miners' guild

knapsen *vi* (*fam*) ❶ (*knauserig sein*) to watch the pennies, to scrimp and save; ■ **mit etw** ~ to scrimp on sth ❷ (*mit etw schwer fertig werden*) ■ **an etw** *dat* ~ to have difficulty getting over sth

Knarre <-, -n> *f* (*sl*) gun, shooter, rod AM *sl*

knarren *vi* to creak; ■ **das K~** creaking

Knast <-[e]s, Knäste> *m* (*sl*) prison; ■ **im** ~ in the slammer *sl* [*or fam* clink] [*or* AM *fam* can]; **im** ~ **sitzen** to do [*or* serve] time; ~ **schieben** (*fam*) to do [*or* serve] time

Knatsch <-es> *m kein pl* (*fam*) trouble; **ständiger** ~ **mit seinen Eltern** constant disagreements with one's parents; **es** [*o* **das**] **gibt** ~ there's going to be [*or* that means [*or* spells]] trouble; ***das könnte ~ geben*** there

K

could be trouble

knatschig *adj* (*fam: quengelig*) whingy BRIT *pej fam;* (*brummig*) grumpy, crotchety *fam*

knattern *vi* to clatter; *Motorrad* to roar; *Maschinengewehr* to rattle, to clatter; *Schüsse* to rattle out; ■ **~d** roaring/clattering; ■ **das K~** the roar/clatter/rattle

Knäuel <-s, -> *m o nt* ball; **ein ~ von Menschen** a knot of people

Knäuelgras *nt* BOT common cocksfoot

Knauf <-[e]s, Knäufe> *m* (*Messer-/Schwert~*) pommel; (*Tür~*) knob; *Spazierstock* knob; *Schläger* butt [end]

Knauser(in) <-s, -> *m(f)* (*pej fam*) scrooge *pej,* skinflint *pej fam*

knauserig *adj* (*pej fam*) stingy *pej fam,* tight[-fisted] *pej fam*

Knauserin <-, -nen> *f fem form von* **Knauser**

knausern *vi* (*pej fam*) ■ **[mit etw]** ~ to be stingy [*or* tight-fisted] [with sth] [*or* tight with sth] *pej fam*

Knaus-Ogino-Methode *f kein pl* MED rhythm [*or* Knaus-Ogino] method *no indef art, no pl*

knautschen I. *vi* to crease, to get creased **II.** *vt* ■ **etw** ~ to crumple sth

knautschig *adj* (*fam*) crumpled; ■ **~ sein** to be crumpled [up] [*or* all creased [*or fam* crumply]]

Knautschleder *nt* patterned [patent [*or* wet-look]] leather **Knautschzone** *f* AUTO crumple zone

Knebel <-s, -> *m* gag

Knebelbart *m* (*am Kinn*) Vandyke beard; (*an der Oberlippe*) handlebar moustache

knebeln *vt* ❶ (*mit einem Knebel versehen*) ■ **jdn** ~ to gag sb ❷ (*geh: mundtot machen*) ■ **jdn/etw** ~ to gag [*or* muzzle] sb/sth

Kneb(e)lung <-, -en> *f* ❶ *kein pl* (*das Knebeln*) gagging *no indef art, no pl* ❷ (*Knebel*) gag ❸ (*geh: Unterdrückung der Berichterstattung*) gagging *no indef art, no pl,* muzzling *no indef art, no pl*

Knebelvertrag *m* (*pej*) gagging [*or* oppressive] contract

Knecht <-[e]s, -e> *m* ❶ (*veraltend: Landarbeiter*) farmhand ❷ (*pej: Diener*) servant, slave; (*Trabant*) minion *a. pej* ► WENDUNGEN: ~ **Ruprecht** *helper to St Nicholas*

knechten *vt* (*pej geh*) ■ **jdn** ~ to enslave sb, to reduce sb to servitude *form;* ■ **geknechtet** enslaved; **ein geknechtetes Volk** an oppressed people

knechtisch *adj* (*pej geh*) slavish, servile *pej;* ■ **[jdm]** ~ **sein** to be slavish [*or a. pej* servile] [to sb]

Knechtschaft <-, *selten* -en> *f* (*pej*) slavery, servitude *form,* bondage *liter;* **die Babylonische ~** HIST Babylonian captivity

Knechtung <-, -en> *f* (*pej geh*) enslavement *no pl;* ■ **~ durch jdn** enslavement [*or form* subjugation] by sb

kneifen <kniff, gekniffen> **I.** *vt* ■ **jdn** ~ to pinch sb; ■ **jdn** [*o* **jdm**] **in etw** *akk* ~ to pinch sb's sth **II.** *vi* ❶ (*zwicken*) to pinch ❷ (*fam: zurückscheuen*) ■ **[vor etw** *dat*] ~ to chicken out [of sth] *pej fam,* to duck [out of] sth *fam;* ■ **vor jdm** ~ to shy away from [*or* to avoid] sb **III.** *vi impers* ■ **es kneift [jdn] [irgendwo]** it hurts [*or* pinches] [sb] [somewhere]

Kneifer <-s, -> *m* pince-nez

Kneifzange *f* (*Zangenart*) pincers *npl;* **mit einer ~** with [a pair of] pincers ► WENDUNGEN: **etw nicht mit der ~ anfassen** (*fam*) to not touch sth with a barge [*or* AM *a.* ten-foot] pole

Kneipe <-, -n> *f* (*fam*) pub BRIT, boozer BRIT *fam,* AM *usu* bar

Kneipenbummel *m* pub crawl BRIT *fam,* bar hop AM **Kneipenmobiliar** *nt* pub [*or* AM *usu* bar] furnishings *pl* **Kneipentische** *mpl* pub [*or* AM *usu* bar] tables *pl* **Kneipenwirt(in)** *m(f)* barkeeper, [pub] landlord *masc/*landlady *fem* BRIT, publican BRIT

Kneipier <-s, -s> [knaiˈpie:] *m* (*hum fam*) *s.* **Kneipenwirt**

kneippen *vi* (*fam*) to take [*or* undergo] a Kneipp cure

Kneippkur *f* MED Kneipp['s] cure, kneippism *no art, no pl spec* (*predominantly hydropathic treatment combined with compresses, diet and exercise*)

Knesset(h) <-> *f kein pl* (*israelisches Parlament*) Knesset

knetbar *adj* workable; **~er Teig** kneadable dough; **schlecht ~** difficult to work with/knead

Knete <-> *f kein pl* ❶ (*sl: Geld*) dough *dated sl,* dosh BRIT *sl* ❷ (*fam*) *s.* **Knetgummi**

kneten I. *vt* ❶ (*durchwalken*) ■ **etw** ~ to knead [*or* work] sth ❷ (*durch K~ formen*) ■ **[sich** *dat*] **etw** ~ to model [*or* form fashion] sth; **etw aus Lehm ~** to model [*or* form fashion] sth out of clay; ■ **das K~** modelling [*or* AM -l-] ❸ (*massieren*) ■ **[jdm] etw** ~ to knead sb's sth **II.** *vi* to play with Plasticine® [*or* AM Play-Doh®]

Knetgummi *m o nt,* **Knetmasse** *f* Plasticine®, Play-Doh® AM

Knick <-[e]s, -e *o* -s> *m* ❶ (*abknickende Stelle*) [sharp] bend; (*im Schlauch/Draht*) kink; **einen ~ machen** to bend [sharply] ❷ (*Kniff*) crease ► WENDUNGEN: **einen ~ im Auge** [*o* **in der Linse**] [*o* **in der Optik**] **haben** (*sl*) to have sth wrong with one's eyes; ***du hast wohl einen ~ in der Optik!*** can't you see straight?, are you blind?

knicken I. *vt haben* ❶ (*falten*) ■ **etw** ~ to fold [*or* crease] sth; **„nicht ~!"** "[please] do not bend [*or* fold]!" ❷ (*ein~*) ■ **etw** ~ to snap sth ❸ (*schwächen*) **jds Stolz ~** to humble sb['s pride] **II.** *vi sein* to snap/crease

Knicker <-s, -> *m* DIAL ❶ (*Geizhals*) scrooge *pej,* skinflint *pej fam* ❷ (*Murmel*) marble; (*Murmelspiel*) marbles + *sing vb*

Knickerbocker *pl* knickerbockers *npl,* AM *a.* knickers *npl*

knick(e)rig *adj* DIAL (*knauserig*) mean, stingy *pej fam,* tight[-fisted] *pej fam*

Knick(e)rigkeit <-> *f kein pl* DIAL (*Knauserigkeit*) meanness *no indef art, no pl,* stinginess *no indef art, no pl pej fam*

Knicks <-es, -e> *m* curts[e]y, bob; **[vor jdm] einen ~ machen** to make a curts[e]y [*or* bob] [to sb]

knicksen *vi* ■ **[vor jdm]** ~ to [bob [*or* drop] a] curts[e]y [to sb], to bob [a curts[e]y] to sb

Knie <-s, -> *nt* ❶ (*Körperteil*) knee; **auf ~n** on one's knees, on bended knee[s]; **jdn auf ~n bitten** to go down on bended knee[s] to [*or* and beg] sb; **jdm auf ~n danken** to go down on one's knees and thank sb; **die ~ [vor jdm/etw] beugen** (*geh*) to go down on one's knees/one knee [before sb *form*]; **[vor jdm] auf die ~ fallen** (*geh*) to fall [*or* go down] on one's knees [before sb *form*]; **in die ~ gehen** to sink to [*or* down on] one's knees; **jdn übers ~ legen** (*fam*) to put sb across [*or* over] one's knee; **vor jdm auf den ~n liegen** (*geh*) to kneel [*or* be one one's knees] before sb *form;* **in die ~ sacken** to sag at the knees; **sich vor jdm auf die ~ werfen** (*geh*) to throw oneself on one's knees in front of [*or form* before] sb; **jdm zittern die ~** sb's knees are shaking; (*aus Angst*) sb's knees are knocking; **jdn in die ~ zwingen** (*geh*) to force sb to his/her knees *a. fig* ❷ (*Kniebereich einer Hose*) knee ❸ (*Biegung*) bend ❹ (*eines Rohres*) elbow ► WENDUNGEN: **weiche ~ bekommen** (*fam*) to go weak at the knees; **etw übers ~ brechen** (*fam*) to rush into sth; **in die ~ gehen** to submit, to give in

Kniebeuge *f* knee-bend; **in die ~ gehen** to bend one's knees; **~n machen** to do [some] knee-bends **Kniebundhose** *f* [knee] breeches [*or* AM britches]

npl **Kniefall** *m (geh)* genuflection *form;* **einen ~ vor jdm tun** [*o* **machen**] to go down on one's knees before sb *form,* to kneel before sb *form* **kniefällig** *adv (veraltend)* on bended knee[s], on one's knees **kniefrei** *adj* above-the-knee *attr,* [worn] above the knee *pred* **Kniegelenk** *nt* knee joint **kniehoch** I. *adj* knee-high; **kniehoher Schnee/kniehohes Wasser** knee-deep snow/water II. *adv* up to the/one's knees; ***der Schnee liegt*** ~ the snow was knee-deep **Kniehose** *f* [knee] breeches [*or* AM britches] *npl* **Kniekehle** *f* back [*or* hollow] of the knee, popliteal space *spec* **knielang** *adj* knee-length

knien [kni:n, 'kni:ən] I. *vi* ■ **[auf etw** *akk***/vor jdm/etw]** ~ to kneel [on sth/in front of [*or form* before] sb/sth]; **im K~** on one's knees, kneeling [down] II. *vr* ① *(auf die Knie gehen)* ■ **sich auf etw** *akk* ~ to kneel [down] on sth; ■ **sich hinter/neben/vor jdn/etw** ~ to kneel down behind/next to/in front of [*or form* before] sb/sth ② *(fam: sich intensiv beschäftigen)* ■ **sich in etw** *akk* ~ to get down to sth, to get stuck in[to sth] BRIT *fam*

Knies <-> *m kein pl* DIAL *(Knatsch)* argument, quarrel, *esp* BRIT row; *(schwächer)* tiff *fam*

Kniescheibe *f* kneecap, patella *spec;* **jdm die ~[n] durchschießen** to kneecap sb **Kniesehnenreflex** *m* MED knee jerk **Kniestrumpf** *m* knee-length sock **knietief** *adj* knee-deep

kniff *imp von* **kneifen**

Kniff <-[e]s, -e> *m* ① *(Kunstgriff)* trick ② *(Falte)* fold; *(unabsichtlich a.)* crease ③ *(Zwicken)* pinch

kniff(e)lig *adj (fam)* tricky, fiddly *fam*

Knigge <-[s], -> *m* book [*or* guide] on etiquette, etiquette manual

Knilch <-s, -e> *m (pej sl: Scheißkerl)* bastard *fam!,* bugger BRIT *fam!; (Niete)* plonker BRIT *fam*

knipsen I. *vt* ① *(fam: fotografieren)* ■ **jdn/etw** ~ to take a photo of sb/sth *fam; Radarfalle* to flash [*or* get] sb *fam* ② *(durch Lochen entwerten)* **eine Fahrkarte** ~ to punch [*or* clip] a ticket II. *vi (fam)* to take photos *fam; (willkürlich)* to snap away *fam*

Knirps <-es, -e> *m* ① *(fam: kleiner Junge)* little fellow [*or* fellow] *fam,* little squirt *pej* ② *(® Faltschirm)* folding [*or* telescopic] umbrella

knirschen *vi* to crunch; *Getriebe* to grind; *s. a.* **Zahn**

knistern I. *vi* ① *(rascheln) Feuer* to crackle; *Papier* to rustle; ■ **das K~ des Feuers/von Papier** the crackle [*or* crackling] of the fire/rustle [*or* rustling] of paper ② *(~de Geräusche verursachen)* ■ **mit etw** ~ to rustle sth II. *vi impers* ① *(Geräusch verursachen)* ■ **es knistert irgendwo** there is a crackling/rustling somewhere ② *(kriseln)* ■ **es knistert** there is trouble brewing ③ *(Spannung aufweisen)* ■ **es knistert [zwischen Menschen]** there is a feeling of tension [*or* suspense] [between people]

Knittelvers *m* rhyming couplets *pl* [of four-stress lines]

knitterarm *adj* crease-resistant **knitterfrei** *adj* non-crease **knitterfreudig** *adj* prone to creasing

knittern I. *vi* to crease, to crumple II. *vt* ■ **etw** ~ to crease [*or* crumple] sth

Knobelbecher *m* ① *(Würfelbecher)* [dice] shaker [*or* cup] ② *(sl: Soldatenstiefel)* army boot

knobeln *vi* ① *(würfeln)* ■ **[um etw]** ~ to play dice [for [*or* to decide] sth] ② *(nachgrübeln)* ■ **[an etw** *dat***]** ~ to puzzle [over sth]

Knoblauch <-[e]s> *m kein pl* garlic *no indef art, no pl*

Knoblauchpresse *f* garlic press **Knoblauchzehe** *f* clove of garlic

Knöchel <-s, -> *m* ① *(Fuß~)* ankle; **bis zu den ~n** up to the ankles; **bis über die** ~ to above the [*or* one's] ankles [*or* one's]; **kräftige** ~ fetlocks *hum fam* ② *(Finger~)* knuckle

Knöchelbruch *m (Fuß~)* broken ankle; *(Finger~)* broken knuckle **knöchellang** *adj* ankle-length **knöcheltief** I. *adj* ankle-deep II. *adv* ankle-deep

Knochen <-s, -> *m* ① *(Teil des Skeletts)* bone; **jdm alle ~ brechen** *(sl)* to break every bone in sb's body; **sich** *dat* **[bei etw] den ~ brechen** to break a bone [*or* one's leg/arm etc.] [doing sth]; **brich dir nicht die ~!** *(fam)* don't break anything! ② KOCHK bone ③ *pl (Gliedmaßen)* bones *pl,* limbs *pl* ▶ WENDUNGEN: **jdm steckt** [*o* **sitzt**] **etw in den** ~ *(fam)* sb is full of sth; ***der Schreck sitzt mir jetzt noch in den/allen ~!*** I'm still scared stiff even now!; **bis auf die** ~ *(fam)* to the bone, utterly; **bis auf die ~ abgemagert sein** to be all [*or* just] skin and bone[s]; **bis auf die ~ nass werden** to get soaked to the skin

Knochenarbeit *f (fam)* backbreaking work *no indef art, no pl,* BRIT *a.* hard graft *no indef art, no pl* **Knochenbau** *m kein pl* bone structure **Knochenbruch** *m* fracture **Knochenfisch** *m* bony fish **Knochengerüst** *nt* skeleton **knochenhart** *(fam)* I. *adj* ① *(sehr hart)* rock-hard *fam* ② *(anstrengend)* extremely hard [*or* strenuous] ③ *(unnachgiebig)* pigheaded *pej;* **eine ~e Forderung** a tough demand II. *adv* ~ **arbeiten** to work extremely hard, to graft away BRIT **Knochenhaut** *f* ANAT periosteum *spec* **Knochenmann** *m kein pl (liter)* ■ **der** ~ Death **Knochenmark** *nt* bone marrow *no indef art, no pl* **Knochenmehl** *nt* bone meal *no indef art, no pl* **Knochenschinken** *m* ham on the bone **knochentrocken** *adj (fam)* ① *(völlig trocken)* bone dry; ■ ~ **sein** to be bone dry [*or* as dry as a bone] ② *(Humor, Bemerkung)* very dry [*or* wry]; **ein ~er Vortrag** a very dry [*or* dull] lecture

knöchern *adj* ① *(beinern)* bone *attr,* of bone *pred; (knochenhaltig)* osseous *spec* ② *(knochig)* bony

knochig *adj* bony

knock-out, knockout *adj* KO *fam;* ■ ~ **sein** to be knocked out

Knock-out, Knockout <-[s], -s> [nɔk'ʔaut] *m* knockout, KO *fam*

Knödel <-s, -> *m* SÜDD, ÖSTERR dumpling

Knöllchen <-s, -> *nt (fam)* [parking] ticket

Knolle <-, -n> *f* ① BOT nodule, tubercule *spec; Kartoffel* tuber; *Krokus* corm *spec* ② *(fam: rundliche Verdickung)* large round lump [*or* growth] ③ *(hum: Nase)* bulbous nose, conk BRIT *hum fam*

Knollen <-s, -> *m* DIAL *s.* **Knolle**

Knollenblätterpilz *m* amanita *no indef art, no pl spec;* **gelber/grüner/weißer** ~ false death cap/death cap [*or* angel] [*or no indef art, no pl* deadly amanita]/destroying angel **Knollengemüse** *nt kein pl* tuber vegetables **Knollennase** *f (fam)* bulbous nose, conk BRIT *hum fam* **Knollenziest** *m* BOT, KOCHK artichoke betony

knollig *adj* bulbous; **~er Auswuchs** knobbly [*or* AM knobby] outgrowth

Knopf <-[e]s, Knöpfe> *m* ① *(an Kleidungsstück etc)* button ② *(Drucktaste)* [push]button ③ *(Akkordeon)* button ④ SCHWEIZ, SÜDD *(Knoten)* knot ▶ WENDUNGEN: **sich** *dat* **an den Knöpfen abzählen können, dass...** *(fam)* to be easy to work out that [*or* plain to see [that]] ...

Knopfdruck *m kein pl* push of a button; **auf** ~ at the push of a button

knöpfen *vt* ■ **etw auf etw** ~ *akk* to button sth [on]to sth; ■ **etw in etw** *akk***/aus etw** ~ to button sth into sth/to unbutton sth from sth; **zum K~** that [*or* which] buttons up

Knopfloch *nt* buttonhole; **eine Blume im ~ tragen** to wear a flower in one's buttonhole, *esp* BRIT to wear a buttonhole ② *(fam)* **ihm/ihr guckt die Neugier**

aus allen Knopflöchern he's/she's simply burning with curiosity; **aus allen Knopflöchern platzen** to be bursting at the seams; **aus allen Knopflöchern schwitzen** to sweat like a pig; **aus allen Knopflöchern stinken** to stink to high heaven, to reek from every pore **Knopfzelle** *f* round cell battery

Knorpel <-s, -> *m* cartilage *no indef art, no pl;* KOCHK gristle *no indef art, no pl*

Knorpelfisch *m* cartilaginous fish

knorpelig *adj* ANAT cartilaginous *spec;* KOCHK gristly

Knorren <-s, -> *m* burl, gnarl *liter*

knorrig *adj* ① (*mit Knollen versehen*) gnarled ② (*eigenwillig*) gruff

Knospe <-, -n> *f* ① (*Teil einer Pflanze*) bud; **~n ansetzen** [*o* **treiben**] to bud, to put forth buds *form* ② (*Anfang*) **die zarte ~ ihrer Liebe** the tender bud[ding] of their love

knospen *vi* to bud

Knötchen <-s, -> *nt dim von* **Knoten** ① KOCHK little lump ② MED nodule, small lump

knoten *vt* ■**etw** ~ to knot sth, to tie a knot in sth, to tie sth into a knot; **jdm/sich die Krawatte** ~ to tie sb/one's tie

Knoten <-s, -> *m* ① (*Verschlingung*) knot; ■[**sich/jdm**] **einen ~ in etw** *akk* **machen** to tie a knot in one's/sb's sth ② MED (*kugelige Verdickung*) lump, node *spec* ③ (*Haar~*) bun, knot ④ (*Ast~*) knot, burl ⑤ NAUT knot ▶ WENDUNGEN: **der gordische ~** HIST the Gordian knot; **den gordischen ~ durchhauen** [*o* **durchschlagen**] [*o* **durchtrennen**] to cut [*or* untie] the Gordian knot; **der ~ ist** [**bei jdm**] **geplatzt, gerissen** (*fam*) the penny [has] dropped *fam,* sb has suddenly caught on [*or* sorted sth out]; **der ~ schürzt sich** LIT the plot thickens

Knotenpunkt *m* AUTO, EISENB junction

Knöterich <-s, -e> *m* knotgrass *no indef art, no pl,* polygonum *spec*

knotig *adj* ① (*Knoten aufweisend*) knotted, knotty; ■**~ sein** to be full of knots ② (*knorrig*) gnarled ③ MED nodular

Know-how <-s> [noʊˈhaʊ] *nt kein pl* know-how *no indef art, no pl fam*

Knubbel <-s, -> *m* DIAL lump

knuddeln *vt* ① (*fam: umarmen, drücken und küssen*) ■**jdn** ~ to hug and kiss sb ② DIAL (*zerknüllen*) ■**etw** ~ to crumple [*or* scrunch] sth up; *s. a.* **knudeln**

Knuff <-[e]s, Knüffe> *m* (*fam*) nudge, push; (*mit dem Finger/Ellenbogen*) poke; (*sanfter: mit dem Ellenbogen*) nudge

knuffen *vt* (*fam*) **jdn** [**in die Rippen/Seite etc.**] ~ to nudge sb [*or* give sb a nudge [*or* push]] [in the ribs/side etc.]

knülle *adj* NORDD (*fam*) ■**~ sein** to be pie-eyed *fam* [*or sl* sloshed]

knüllen **I.** *vt* ■**etw** ~ to crumple [up *sep*] sth, to crease sth **II.** *vi* to crumple, to crease

Knüller <-s, -> *m* (*fam*) sensation; (*Nachricht*) scoop

knüpfen **I.** *vt* ① (*verknoten*) ■**etw** ~ to tie sth; **ein Netz** ~ to mesh a net; **einen Teppich** ~ to knot [*or* make] a carpet ② (*hineinknoten*) ■[**sich** *dat*] **etw in etw** *akk* ~ to tie [*or* knot] sth in[to] [one's] sth ③ (*gedanklich verbinden*) ■**etw an etw** *akk* ~ to tie [*or* knot] sth to sth; **eine Bedingung an etw** *akk* ~ to attach a condition to sth; **Hoffnungen an etw** *akk* ~ to pin hopes on sth **II.** *vr* ■**sich an etw** *akk* ~ to be linked [*or* connected] with sth

Knüppel <-s, -> *m* cudgel, club; (*Polizei~*) truncheon BRIT, nightstick AM ▶ WENDUNGEN: **jdm** [**einen**] **~ zwischen die Beine werfen** (*fam*) to put a spoke in sb's wheel *fam,* to throw a spanner in the works, to throw a monkey wrench in sth AM

Knüppeldamm *m* corduroy [*or* log] road **knüppeldick** *adv* (*fam*) excessively; **~ auftragen** to lay it on thick *fam;* ***wenn's mal losgeht, dann kommt's auch gleich*** ~ it never rains but it pours *prov* **knüppelhart** *adj* (*fam*) *s.* **knochenhart**

knüppeln **I.** *vt* ■**jdn** ~ to beat sb [with a club [*or* cudgel]/truncheon] **II.** *vi* to club [*or* cudgel] away; (*Polizei*) to use one's truncheon/nightstick; *Fußballspieler* to foul

Knüppelschaltung *f* floor[-mounted] gear change, stick [*or* floor] shift AM

knurren **I.** *vi* to growl; (*wütend*) to snarl; *s. a.* **Magen** **II.** *vt* ■**etw** ~ to growl sth

Knurren <-s> *nt kein pl* growl[ing *no pl*]; (*wütend*) snarl[ing *no pl*]

Knurrhahn *m* ZOOL gurnard

knurrig *adj* grumpy

Knusperhäuschen *nt* LIT gingerbread house

knusp(e)rig *adj* ① (*mit einer Kruste*) crisp[y] ② (*kross*) crusty; **ein ~es Gebäck** a crunchy pastry ③ (*jung, frisch*) scrumptious *hum*

knuspern *vi* ■**an etw** *dat* ~ to nibble [at] sth; (*geräuschvoll*) to crunch away at sth; **etwas zum K~** something to nibble

Knust <-[e]s, -e *o* Knüste> *m* NORDD [end] crust [of a loaf]

Knute <-, -n> *f* lash, knout *hist;* **jds ~ zu spüren bekommen** to feel sb's lash; **jdn mit der ~ schlagen** to lash sb ▶ WENDUNGEN: **jdn unter seine ~ bringen** to get sb in one's clutches; **unter jds ~** *dat* **leben/stehen** to live/be under sb's heel [*or* yoke]

knutschen (*fam*) **I.** *vt* ■**jdn** ~ to kiss [*or fam* smooch with] sb; ■**sich** ~ to smooch *fam,* to pet *fam,* to canoodle *hum dated* **II.** *vi* ■[**mit jdm**] ~ to smooch [*or* pet] [with sb] *fam;* ■**~d** smooching

Knutscherei <-, -en> *f* (*fam*) smooching *fam,* petting *fam,* canoodling *hum dated fam*

Knutschfleck *m* (*fam*) love bite

Knüttel <-s, -> *m* (*veraltend*) *s.* **Knüppel**

Knüttelvers *m s.* **Knittelvers**

k. o. *adj Abk von* **knock-out** ① (*bewusstlos geschlagen*) ■**~ sein** to have been KO'd, to be knocked out [*or* unconscious]; **~ gehen** to be knocked out [*or* unconscious]; **jdn ~ schlagen** to knock out sb *sep* ② (*fam: völlig ermattet*) ■[**völlig**] **~ sein** to be [totally] knackered BRIT *fam,* to be [totally] exhausted AM; **sich ~ fühlen** to feel knackered [*or* AM exhausted] *fam*

K. o. <-[s], -s> *m Abk von* **Knockout** knockout, KO *fam;* **ein technischer ~** a technical knockout; **durch ~** by a knockout

Koala <-s, -s> *m,* **Koalabär** *m* koala [bear]

koalieren* *vi* ■[**mit jdm/etw**] ~ to form a coalition [with sb/sth]

Koalition <-, -en> *f* coalition; **eine große/kleine ~** a grand/little coalition

Koalitionsgespräch *nt* coalition talks *npl* **Koalitionspartei** *f* POL coalition party **Koalitionspartner** *m* coalition partner **Koalitionsregierung** *f* coalition government **Koalitionsvereinbarung** *f* agreement on a/the coalition

koaxial *adj* coaxial

Kobalt <-s> *nt kein pl* cobalt *no art, no pl*

kobaltblau *adj* cobalt blue

Koben <-s, -> *m* sty, pen

Koblenz <-> *nt* Koblenz, Coblenz

Kobold <-[e]s, -e> *m* imp, goblin, kobold

Kobra <-, -s> *f* cobra

Koch, Köchin <-s, Köche> *m, f* cook; (*Küchenchef*) chef; **~ lernen** to be a trainee chef ▶ WENDUNGEN: **zu viele Köche verderben den Brei** (*prov*) too many cooks spoil the broth *prov*

Kochbuch *nt* cook[ery]book **Kochecke** *f* kitchenette, cooking [*or* kitchen] area

köcheln *vi* ❶ (*leicht sieden*) to simmer ❷ (*hum: kochen*) to cook

Köchelverzeichnis *nt kein pl* MUS Köchel [*or* K] catalogue [*or* AM *usu* -og] [*or* index] *spec*

kochen I. *vi* ❶ (*Speisen zubereiten*) to cook; ***dort kocht man sehr scharf/pikant*** the food there is very hot/spicy ❷ (*brodeln*) to boil; **etw zum K~ bringen** to bring sth to the boil; **~d heiß** boiling hot; **eine ~d heiße Suppe** a piping hot soup ❸ (*in Aufruhr befinden*) to seethe; **vor Wut** *dat* ~ to seethe [*or* boil] with rage; *s. a.* **Volksseele** II. *vt* ❶ (*heiß zubereiten*) ■**[jdm/sich] etw** ~ to cook [sb/oneself] sth; **Suppe/Kaffee** ~ to make [some] soup/coffee ❷ (*als Kochwäsche waschen*) ■**etw** ~ to boil sth

Kocher <-s, -> *m* [small] stove, cooker

Köcher <-s, -> *m* ❶ (*Pfeil~*) quiver ❷ (*für Fernglas*) case

Köcherfliege *f* ZOOL caddis fly

Kochfeld *nt* ceramic hob

kochfest *adj* suitable for washing at 90° *pred*

Kochgelegenheit *f* cooking facilities *pl* **Kochgeschirr** *nt bes* MIL mess tin **Kochherd** *m* (*veraltend*) *s.* **Herd**

Köchin <-, -nen> *f fem form von* **Koch**

Kochkäse *m soft cheese made from quark, salt and spices* **Kochkunst** *f* ❶ *kein pl* (*Gastronomie*) culinary art *no pl,* art of cooking *no pl* ❷ *pl* (*Fähigkeit, gut zu kochen*) culinary skill[s *pl*] **Kochkurs(us)** *m* cookery course **Kochlöffel** *m* [wooden] cooking spoon, wooden spoon **Kochmesser** *nt* cook's knife **Kochnische** *f* kitchenette **Kochplatte** *f* ❶ (*Herdplatte*) hotplate ❷ (*transportable Herdplatte*) small [electric] stove **Kochrezept** *nt* recipe **Kochsalat** *m* chinese leaf **Kochsalz** *nt kein pl* common [*or* cooking] salt *no indef art, no pl;* CHEM sodium chloride *no indef art, no pl spec* **Kochtopf** *m* [cooking] pot; (*mit Stiel*) saucepan **Kochwäsche** *f* washing that can be boiled

kodd(e)rig *adj* NORDD (*fam: unverschämt*) impertinent, impudent, insolent; ■**jdm ist** ~ **[zumute]** (*unwohl*) sb feels sick [*or* queasy]

Kode <-s, -s> [koːt] *m* code

Kodein <-s> *nt kein pl* codeine *no indef art, no pl*

Köder <-s, -> *m* bait; (*Lockvogel*) lure; **einen** ~ **auslegen** to put down bait; **einen** ~ **anbeißen** to take the bait

ködern *vt* ❶ (*verlocken*) ■**jdn [mit etw]** ~ to lure sb [with sth]; **jdn [mit etw] zu** ~ **versuchen** to woo sb [with sth]; **sich von jdm/etw** ~ **lassen** to be tempted by sb/sth ❷ (*anlocken*) ■**Fische** ~ to lure fish

Köderwurm *m* ZOOL lugworm

Kodex <- *o* -es, -e *o* Kodizes> *m* ❶ *kein pl* (*Verhaltens~*) [moral] code ❷ HIST (*Handschrift*) codex

Kodiakbär *m* ZOOL kodiak bear

kodieren* *vt* ■**etw** ~ to [en]code sth

Koedukation <-, -en> [ˈkoːʔedukaʦi̯oːn] *f* co-education *no indef art, no pl*

Koenzym *nt* BIOL coenzyme

Koevolution *f* BIOL coevolution

Koexistenz *f kein pl* coexistence *no indef art, no pl;* **friedliche** ~ peaceful coexistence

Koffein <-s> *nt kein pl* caffeine *no indef art, no pl*

koffeinfrei *adj* decaffeinated, decaf *fam*

koffeinhaltig *adj inv* containing caffeine *pred*

Koffer <-s, -> *m* ❶ (*Reise~*) [suit]case; ■**die** ~ *pl* the luggage [*or esp* AM baggage] + *sing vb;* **den/die** ~ **packen** to pack [one's bags] ❷ (*Tragebehälter*) [carrying] case ▶ WENDUNGEN: **aus dem** ~ **leben** to live out of a suitcase; **die** ~ **packen** to pack one's bags [and leave]

Kofferanhänger *m* luggage tag [*or* label]

Köfferchen <-s, -> *nt dim von* **Koffer**

Kofferfarbe *f* suitcase colour [*or* AM -or] **Koffergriff** *m* suitcase handle **Koffergröße** *f* suitcase size **Kofferhersteller** *m* suitcase manufacturer **Kofferkuli** *m* [luggage] trolley [*or* AM cart] **Kofferradio** *nt* portable radio **Kofferraum** *m* AUTO ❶ AUTO boot BRIT, trunk AM ❷ (*Volumen*) luggage space **Kofferschreibmaschine** *f* portable [typewriter]

Kogge <-, -n> *f* HIST, NAUT cog *spec*

Kognak <-s, -s *o* -e> [ˈkɔnjak] *m* brandy

Kognakschwenker <-s, -> *m* balloon glass, brandy glass [*or* AM snifter]

kognitiv *adj* PSYCH, SCH cognitive *attr form or spec*

kohärent *adj inv* ❶ (*geh: zusammenhängend*) coherent ❷ PHYS coherent

Kohärenz <-> *f kein pl* ❶ (*geh: Zusammenhang*) coherence *no pl* ❷ PHYS coherence *no pl,* coherency *no pl*

Kohäsion <-> *f kein pl* PHYS cohesion *no indef art, no pl,* cohesiveness *no indef art, no pl*

Kohl <-[e]s, -e> *m* ❶ (*Gemüse*) cabbage ❷ (*fam: Quatsch*) nonsense *no indef art, no pl,* rubbish *no indef art, no pl,* codswallop *no indef art, no pl* BRIT *sl;* ***das ist doch alles ~!*** that's all nonsense [*or* rubbish] [*or* BRIT *sl* a load of codswallop]; ~ **reden** to talk rubbish [*or* nonsense] [*or fam!* shit] ❸ (*fam*) **das macht den** ~ **auch nicht fett** that doesn't help a lot, that's not much help; **den [alten]** ~ **aufwärmen** to bring up the old story again

Kohldampf *m* ▶ WENDUNGEN: ~ **haben** [*o* **schieben**] (*fam*) to be starving [*or* famished] *fam;* ~ **schieben müssen** to have to go hungry

Kohle <-, -n> *f* ❶ (*Brennstoff*) coal *no indef art, no pl;* ~ **führend** coal-bearing ❷ TECH (*Aktiv~*) carbon *no indef art, no pl* ❸ KUNST charcoal *no indef art, no pl* ❹ (*sl: Geld*) dosh BRIT *fam,* dough *dated fam* ▶ WENDUNGEN: **feurige ~n auf jds Haupt sammeln** (*geh*) to heap coals of fire on sb's head; **wie auf [glühenden] ~n sitzen** to be like a cat on a hot tin roof [*or* BRIT *dated* on hot bricks], to be on tenterhooks

Kohlehydrat <-[e]s, -e> *nt,* **Kohlenhydrat** *nt* carbohydrate **Kohlekraftwerk** *nt* coal-fired power station

kohlen *vi* (*fam*) to fib *fam,* to tell fibs *fam*

Kohlenbergbau *m* coal-mining *no indef art, no pl* **Kohlenbergwerk** *nt* coal mine, colliery, pit **Kohlendioxid** *nt kein pl* carbon dioxide *no indef art, no pl* **Kohleneimer** *m* [coal] scuttle **Kohlenförderung** *f* coal-mining *no indef art, no pl,* extraction *no pl* of coal **Kohlenhalde** *f* coal pile [*or* heap], pile of coal **Kohlenkasten** *m* coal box **Kohlenlieferung** *f* coal delivery; (*an ein Kraftwerk*) coal supply **Kohlenmonoxid** *nt kein pl* carbon monoxide *no indef art, no pl* **Kohlenofen** *m* [coal-burning] stove **Kohlenpott** *m* (*fam*) ■**der** ~ the Ruhr [area] **kohlensauer** *adj* carbonic *spec;* **kohlensaures Natron/Kalzium** sodium/calcium carbonate *spec* **Kohlensäure** *f* carbonic acid *no indef art, no pl;* **mit** ~ carbonated, fizzy; **ohne** ~ still *attr* **kohlensäurehaltig** *adj* carbonated **Kohlenstaub** *m* coal dust **Kohlenstoff** *m* carbon *no indef art, no pl* **Kohlenwasserstoff** *m* hydrocarbon; **chlorierte ~e** chlorinated hydrocarbons *spec,* organochlorines *spec* **Kohlenzange** *f* coal [*or* fire] tongs *npl*

Kohlepapier *nt* carbon paper **Kohlepfennig** *m kein pl* ÖKON *surcharge imposed in 1974 on electricity consumers in Germany to subsidize domestic coal production*

Köhler(in) <-s, -> *m(f)* charcoal burner

Köhler *m* ZOOL, KOCHK coalfish, coaley, saithe

Kohlestift *m* KUNST charcoal stick **Kohletablette** *f* PHARM, MED charcoal tablet **Kohlezeichnung** *f* charcoal drawing

Kohlkopf *m* [head of] cabbage **Kohlmeise** *f* great titmouse
kohl(pech)rabenschwarz *adj* jet-black; ~**es Haar** jet-black [*or liter* raven] hair
Kohlrabi <-[s], -[s]> *m* kohlrabi *no indef art, no pl*
Kohlroulade [-rula:də] *f* stuffed cabbage **Kohlrübe** *f s.* **Steckrübe**
kohlschwarz *adj s.* **kohlpechrabenschwarz**
Kohlweißling <-s, -e> *m* (*Schmetterlingsart*) cabbage white [butterfly]
Kohorte <-, -n> *f* cohort
koitieren* [koi'ti:rən] *vi* (*geh*) ■[**mit jdm**] ~ to engage in sexual intercourse [*or* coitus] [with sb] *form;* ■~**d** copulating
Koitus <-, – *o* -se> *m* (*geh*) coitus *no art, no pl form* [*or* coition] *no art, no pl spec;* ~ **a tergo** sex doggy-style [*or* with rear-entry position]; ~ **interruptus** coitus interruptus; ~ **per anum** anal sex
Koje <-, -n> *f* ❶ NAUT berth, bunk ❷ (*fam: Bett*) bed; **sich in die ~ hauen** to hit the sack [*or* hay] ❸ (*Messestand*) stand, booth
Kojote <-n, -n> *m* coyote, prairie wolf
Kokain <-s> *nt kein pl* cocaine *no indef art, no pl,* coke *no indef art, no pl fam*
kokainsüchtig *adj* addicted to cocaine [*or fam* coke] *pred*
Kokainsüchtige(r) *f(m) decl wie adj* cocaine addict; ■**ein ~r/eine ~ sein** to be a cocaine addict [*or* addicted to cocaine] [*or fam* coke]
Kokarde <-, -n> *f* (*an Uniformmützen*) cockade; (*an Militärflugzeugen*) insignia, markings *npl*
kokeln *vi* (*fam*) to play with fire; **mit Kerzen/Streichhölzern** ~ to play with [lighted] candles/matches
Kokerei <-, -en> *f* coking plant
kokett *adj* flirtatious, *esp liter* coquettish
Koketterie <-, -n> [*pl* -ri:ən] *f* ❶ *kein pl* (*Verhalten*) flirtatiousness *no indef art, no pl,* coquetry *no indef art, no pl esp liter,* coquettishness *no indef art, no pl esp liter* ❷ (*Bemerkung*) coquettish [*or* flirtatious] remark, *esp liter* coquetry
kokettieren* *vi* ❶ (*flirten*) ■[**mit jdm**] ~ to flirt [*or* play the coquette] [with sb] ❷ (*geh: liebäugeln*) ■**mit etw** ~ to flirt [*or* toy] with sth; **mit dem Gedanken/einem Plan** ~ to toy with the idea/a plan ❸ (*scherzhaft entschuldigen*) ■**mit etw** ~ to make much play with sth, to play up[on] sth
Kokolores <-> *m kein pl* (*fam*) ❶ (*Quatsch*) nonsense *no indef art, no pl,* rubbish *no indef art, no pl* ❷ (*Umstände*) fuss *no pl,* palaver *no pl fam*
Kokon <-s, -s> [ko'kõ:] *m* cocoon
Kokosbutter *f* coconut butter **Kokoscreme** *f* coconut creme **Kokosfaser** *f* coconut fibre [*or* AM -er] **Kokosfett** *nt* coconut butter *no indef art, no pl* **Kokosflocken** *pl* desiccated coconut **Kokosmilch** *f* coconut milk *no indef art, no pl* **Kokosnuss**[RR] *f* coconut **Kokosöl** *nt* coconut oil *no indef art, no pl* **Kokospalme** *f* coconut palm [*or* tree] **Kokosraspeln** *pl* desiccated coconut
Koks[1] <-es, -e> *m* ❶ (*Brennstoff*) coke *no indef art, no pl* ❷ *kein pl* (*sl: Geld*) dosh BRIT *fam,* dough *dated fam*
Koks[2] <-es> *m o nt kein pl* (*sl: Kokain*) coke *fam;* ~ **schnupfen** to snort coke *fam*
koksen *vi* (*sl*) to snort [*or* take] coke *fam*
Kokser(in) <-s, -> *m(f)* (*sl*) cocaine [*or fam* coke] addict, snowbird AM *sl*
Kola <-, -> *f* (*fam*) cola
Kolben <-s, -> *m* ❶ AUTO piston ❷ (*Gewehr~*) butt ❸ (*einer Spritze etc.*) plunger ❹ CHEM retort ❺ BOT spadix *spec;* (*Mais~*) cob ❻ (*sl: Nase*) bulbous nose, conk BRIT *hum fam*
Kolbenente *f* ORN red-crested pochard **Kolbenfresser** <-s, -> *m* (*fam*) piston seizure; **den/einen ~ haben** to have piston seizure, a seized[-up] piston
Kolchizin <-s> *nt kein pl* BIOL colchicine
Kolchose <-, -n> [-ço-] *f* HIST kolk[h]oz, kolkhos (*Soviet collective farm*)
Kolibakterien *pl* coli[form bacteria] *pl spec*
Kolibri <-s, -s> *m* hummingbird
Kolik <-, -en> *f* colic *no indef art, no pl;* **eine ~ [*o* ~en] haben** to have colic
Kolkrabe *m* raven
kollabieren* *vi sein* ❶ MED to collapse ❷ PHYS to collapse ❸ (*geh: zusammenbrechen*) to collapse
Kollaborateur(in) <-s, -e> [kɔlabora'tøːɐ] *m(f)* POL (*pej*) collaborator *pej*
Kollaboration <-, -en> *f* POL (*pej*) collaboration *no indef art, no pl pej* (**mit** with)
kollaborieren* *vi* POL (*pej*) ■[**mit jdm**] ~ to collaborate [with sb] *pej*
Kollagen <-s, -e> *nt* BIOL collagen
Kollaps <-es, -e> *m* ❶ MED (*Kreislauf~*) collapse; **einen ~ erleiden** (*geh*) to collapse ❷ PHYS collapse ❸ (*geh: Zusammenbruch*) collapse
Kolleg <-s, -s *o* -ien> *nt* ❶ SCH (*Schule des zweiten Bildungsweges*) college ❷ REL theological college ❸ (*veraltend: Vorlesung*) lecture
Kollege, Kollegin <-n, -n> *m, f* colleague; (*Arbeiter*) workmate *fam;* **der ~ kommt gleich!** (*im Restaurant*) somebody will be with you in a moment!
Kollegenrabatt *m* trade discount
kollegial **I.** *adj* considerate and friendly (*towards one's colleagues*) **II.** *adv* in a considerate and friendly way; ~ **eingestellt sein** to be considerate and friendly [*or* a good colleague]
Kollegialität <-> *f kein pl* cooperativeness *no pl,* friendly cooperation *no pl*
Kollegin <-, -nen> *f fem form von* **Kollege**
Kollegium <-s, -gien> [*pl* -giən] *nt* group [of colleagues]; (*Lehrkörper*) [teaching] staff + *sing/pl vb;* **ein ~ von Ärzten** a team of doctors + *sing/pl vb*
Kollegmappe *f* document case, portfolio
Kollekte <-, -n> *f* REL ❶ (*Sammlung während der Messe*) collection, offering, offertory *spec* ❷ (*gesammelter Betrag*) collection, offertory [money]
Kollektion <-, -en> *f* collection
kollektiv *adj* (*geh*) collective
Kollektiv <-s, -e *o* -s, -s> *nt* ❶ SOZIOL collective ❷ ÖKON (*Gruppe, Team*) collective, co-operative ❸ POL, ÖKON (*Arbeits- und Produktionsgemeinschaft*) collective ❹ MATH population ❺ PHYS statistical ensemble [*or* population]
Kollektivarbeit *f* (*geh*) collective work *no indef art, no pl,* joint effort **Kollektivbewusstsein**[RR] *nt kein pl* SOZIOL collective consciousness *no pl;* **das ~ stärken** to raise the collective consciousness
kollektivieren* [-'vi:-] *vt* HIST ■**etw** ~ to collectivize sth *spec*
Kollektivschuld *f kein pl* collective guilt *no pl*
Koller <-s, -> *m* (*fam*) rage; **einen [*o* seinen] ~ bekommen** to fly [*or* get] into a rage/one of one's rages; **einen [*o* seinen] ~ haben** to be in a rage, to throw a wobbly BRIT *fam*
kollern[1] **I.** *vi* to gobble **II.** *vi impers* ■**es kollert irgendwo** it is rumbling somewhere
kollern[2] *vi sein* DIAL ■**irgendwohin** ~ to roll somewhere
kollidieren* *vi* (*geh*) ❶ *sein* (*zusammenstoßen*) ■**mit jdm/etw** ~ to collide with sb/sth ❷ *sein o haben* (*unvereinbar sein*) ■**mit etw** ~ to clash with sth ❸ *sein o haben* (*nicht im Einklang stehen*) ■[**miteinander**] ~ to conflict, to clash, to be in conflict [with each other]

Kollier <-s, -s> [kɔ'lieː] *nt* necklace

Kollision <-, -en> *f* (*geh*) collision

Kollisionskurs *m* collision course; **mit jdm/etw auf ~ gehen** to be heading for a confrontation with sb/sth; **auf ~ steuern** to be on a collision course; (*fig*) to be heading for trouble

Kolloid <-s, -e> *nt* CHEM colloid *spec*

Kollokation <-, -en> *f* ① LING (*inhaltliche Kombinierbarkeit*) collocation ② LING (*Inhalte einer lexikalischen Einheit*) collocation ③ (*veraltet: Anordnung der Reihenfolge*) collocation

Kolloquium <-s, -ien> [*pl* -kviən] *nt* ① (*wissenschaftliches Gespräch*) colloquium *form* ② ÖSTERR (*kleinere Prüfung*) test ③ (*Symposium*) symposium *form*

Köln *nt* Cologne

Kölnischwasser *nt*, **Kölnisch Wasser** *nt* [eau de] cologne *no indef art, no pl*

Kolofonium <-s> *nt s.* **Kolophonium**

kolonial *adj* colonial

Kolonialbesitz *m* colonial possessions *pl*, colony/colonies; **~ sein** [*o* **sich in ~ befinden**] to be a colony **Kolonialherrschaft** *f* colonial rule *no art, no pl*

Kolonialismus <-> *m kein pl* colonialism *no indef art, no pl*

Kolonialmacht *f* colonial power **Kolonialreich** *nt* colonial empire **Kolonialstil** *m kein pl* colonial [style] **Kolonialzeit** *f* colonial times *pl*, colonial era [*or* past]

Kolonie <-, -n> [*pl* -'niːən] *f* ① (*Besitz einer Kolonialmacht*) colony ② (*Personengruppe*) colony, community ③ BOT, ZOOL colony

Kolonisation <-, -en> *f* colonization, settlement

kolonisieren* *vt* ① (*zur Kolonie machen*) ■**etw ~** to colonize sth ② (*bevölkern*) ■**etw ~** to settle in sth ③ (*veraltet: urbar machen*) ■**etw ~** to reclaim sth; **einen Wald ~** to clear and cultivate a forest

Kolonnade <-, -n> *f* colonnade

Kolonne <-, -n> *f* ① AUTO queue [*or* line] [of traffic]; ■**von Polizei** convoy; **in ~ fahren** to drive in a [long] line of traffic ② (*lange Reihe von Menschen*) column ③ (*eingeteilte Arbeitsgruppe*) gang, team ④ (*senkrechte Zahlenreihe*) column ▸ WENDUNGEN: **die fünfte ~** POL the fifth column

Kolonnenspringer(in) *m(f)* (*fam*) queue-jumper (*in traffic*) BRIT *pej* **Kolonnenverkehr** *m* [long] line[s *pl*] of traffic

Kolophonium <-s> *nt kein pl* rosin *no indef art, no pl*, colophony *no indef art, no pl spec*

Koloratur <-, -en> *f* MUS coloratura *spec*, colorature *spec*

kolorieren* *vt* ■**etw ~** to colour [*or* AM -or] sth

Kolorit <-[e]s, -e> *nt* ① KUNST (*Farbgebung*) colouring [*or* AM -or-] *no pl* ② MUS [tone] colour [*or* AM -or] ③ (*geh: besondere Atmosphäre*) atmosphere, colour [*or* AM -or]

Koloss[RR] <-es, -e> *m*, **Koloß** <-sses, -sse> *m* ① (*fam: riesiger Mensch*) colossus; **der ~ von Rhodos** HIST the Colossus of Rhodes ② (*gewaltiges Gebilde*) huge object, colossal thing

kolossal I. *adj* ① (*riesig*) colossal, enormous ② (*fam: gewaltig*) huge, colossal; **eine ~e Dummheit begehen** to do something incredibly stupid; **sich in einem ~en Irrtum befinden** to be massively mistaken II. *adv* (*fam: gewaltig*) tremendously, enormously; **sich ~ verschätzen** to make a huge miscalculation

Kolossalfilm *m* epic film, [film] epic **Kolossalgemälde** *nt* huge painting

Kolostrum <-s> *nt kein pl* (*erste Muttermilch*) colostrum

Kolportage <-, -n> [kɔlpɔr'taːʒə] *f* (*pej*) [sensationalist] trash *no indef art, no pl pej*, cheap sensationalism *no indef art, no pl pej*

kolportieren* *vt* (*geh*) ■**etw ~** to spread [*or* circulate] sth

Kölsch <-, -> *nt* Kölsch (*top-fermented pale beer brewed in Cologne*) *no art, no pl spec*

Kolumbianer(in) <-s, -> *m(f)* Colombian; *s. a.* **Deutsche(r)**

kolumbianisch *adj* Colombian; *s. a.* **deutsch**

Kolumbien <-s> [-biən] *nt* Colombia *no art, no pl*

Kolumbier(in) <-s, -> *m(f) s.* **Kolumbianer**

Kolumbus <-> *m* HIST Columbus; *s. a.* **Ei**

Kolumne <-, -n> *f* ① (*Druckspalte*) column ② (*regelmäßiger Beitrag*) column

Kolumnentitel *m* running head[line] [*or* title]

Kolumnist(in) <-en, -en> *m(f)* columnist

Koma <-s, -s *o* -ta> *nt* coma; **im ~ liegen** to lie [*or* be] in a coma

Kombattant(in) <-en, -en> *m(f)* combatant

Kombi <-s, -s> *m* (*fam*) estate [car] BRIT, station wagon AM

Kombinat <-[e]s, -e> *nt* HIST combine + *sing/pl vb*, collective + *sing/pl vb*

Kombination <-, -en> *f* ① (*Zusammenstellung*) combination ② (*Zahlen~*) combination ③ (*Schlussfolgerung*) deduction, conclusion ④ MODE (*Zusammenstellung von Kleidungsstücken*) combination[s *pl*]; (*Overall*) flying suit, jumpsuit; **nordische ~** SKI Nordic combination

Kombinationsgabe *f kein pl* powers *pl* of deduction [*or* reasoning] **Kombinationsschloss**[RR] *nt* combination lock

kombinatorisch *adj* deductive

kombinieren* I. *vt* ■**etw [mit etw] ~** to combine sth [with sth] II. *vi* to deduce; **gut ~ können** to be good at deducing [*or* deduction]; **falsch/richtig ~** to come to the wrong/right conclusion

Kombiwagen *m s.* **Kombi** **Kombizange** *f* combination pliers *npl*; **eine ~** a pair of combination pliers

Kombüse <-, -n> *f* NAUT galley

Komet <-en, -en> *m* comet

kometenhaft *adj* meteoric

Komfort <-s> [kɔm'foːɐ] *m kein pl* comfort *no indef art, no pl*; **ein Hotel mit durchschnittlichem ~** a hotel of average standard; **ohne jeglichen/jeden ~** without any luxury features [*or* extras] [*or* BRIT *fam* mod cons]; ***dieses Luxusappartement bietet allen nur erdenklichen ~*** this luxury apartment has every conceivable amenity [*or* [modern] convenience]

komfortabel I. *adj* ① (*großzügig ausgestattet*) luxurious ② (*bequem*) comfortable ③ (*beruhigend*) comfortable II. *adv* luxurious

Komfortbett *nt* comfortable [*or* luxury] bed **Komfortlimousine** *f* luxury limousine **Komfortmöbel** *f* comfortable [*or* luxury] furniture *no indef art, no pl* **Komfortwohnung** *f* luxury flat [*or* AM apartment]

Komik <-> *f kein pl* comic

Komiker(in) <-s, -> *m(f)* comedian, comedienne, comic; **Sie ~** you comedian, you!, you clown!

komisch I. *adj* ① (*zum Lachen reizend*) funny, amusing, comical; **das K~e daran** the funny thing [about it]; (*das Sonderbare an etw*) the funny [*or* strange] [*or* weird] thing [about it] ② (*sonderbar*) funny, strange, weird; **~, *dass er noch nicht da ist*** strange [*or* funny], that he's not here yet?; ■**[so] ~ sein/werden** to be/become [sort of] strange/weird; **[so] ~ [zumute] sein/werden** (*fam*) to feel/start to feel funny; **[schon] ~, dass** funny that II. *adv* (*eigenartig*) strangely; ***dein Parfüm riecht aber ~*** your perfume smells funny; **sich** *akk* **~ fühlen** to feel funny; **jdm ~ vorkommen** (*eigenartig*) to seem funny/strange to sb; (*suspekt*) to seem fishy/funny

komischerweise *adv* (*fam*) funnily [*or* strangely] enough

Komitee <-s, -s> *nt* committee; **Nationales Olympisches** ~ National Olympic Committee

Komma <-s, -s *o* -ta> *nt* ① (*Satzzeichen*) comma ② MATH [decimal] point

Kommandant(in) <-en, -en> *m(f)* ① (*Militär*) commanding officer ② (*einer Stadt*) commandant ③ (*Marine*) captain

Kommandantur <-, -en> *f* headquarters + *sing/pl vb*

Kommandeur(in) <-s, -e> [kɔman'døːɐ] *m(f)* commander

kommandieren* **I.** *vt* ① (*befehligen*) ■ **etw** ~ to command sth, to have command over [*or* be in command of] sth ② (*befehlen*) ■ **jdn wohin** ~ to order sb somewhere **II.** *vi* ① (*befehlen*) to be in command ② (*fam: Anweisungen erteilen*) ■ **[gern]** ~ [to like] to give [the] orders

Kommanditgesellschaft *f* limited partnership

Kommanditist(in) <-en, -en> *m(f)* limited partner

Kommando <-s, -s> *nt* ① (*Befehl*) command, order; **auf** ~ on command; **auf** ~ **gehorchen** to obey orders ② *kein pl* (*Befehlsgewalt*) command; **das** ~ **[über jdn/etw] haben** [*o* **führen**] to be in command [of sb/sth] ③ (*abkommandierte Gruppe*) commando ④ (*Militärdienststelle*) command

Kommandobrücke *f* bridge **Kommandokapsel** *f* command module **Kommandostab** *m* command [staff] **Kommandostelle** *f* command post

kommen <kam, gekommen> **I.** *vi sein* ① (*eintreffen*) to come, to arrive; ***ich bin gerade ge~*** I just arrived [*or* got here]; ***ich komme schon!*** I'm coming!; ***sie ~ morgen aus Berlin*** they're arriving [*or* coming] from Berlin tomorrow; ***der Zug kommt aus Paris*** the train is coming from Paris; ***da kommt Anne/der Bus*** there's Anne/the bus; ***der Bus müsste jeden Augenblick ~*** the bus is due any minute; ***ich komme um vier und hole Sie ab*** I'll come and fetch you at four; ***der Wind kommt von Osten/von der See*** the wind is blowing [*or* coming] from the East/off the sea; ***sie kam in Begleitung ihres Mannes*** she was accompanied by her husband; ***ich bin ge~, um zu helfen*** I've come [*or* I'm here] to help; ***du kommst wie gerufen!*** you've come just at the right momemt!; ***wann soll das Baby ~?*** when's the baby due?; ***das Baby kam am 1. Mai*** the baby arrived [*or* was born] on the 1 May; ***zur Zeit ~ laufend Anfragen zur neuen Software*** we keep receiving queeries about the new software at the moment; ***seine Antwort kam zögernd*** his answer was hesitant, he answered hesitantly; ***jede Hilfe kam zu spät*** help came [*or* arrived] too late; **früh/pünktlich/rechtzeitig/spät** ~ to arrive early/on time [*or* punctually]/in time/late; **als Erster/Letzter** ~ to be the first/last to arrive, to arrive first/last; **angereist** ~ to arrive; **angefahren/angeflogen/angerannt** ~ to arrive by car/by plane/at a run; ***sie kamen gestern aus Rom angefahren/angeflogen*** they drove up/flew in from Rome yesterday; **mit dem Auto/Fahrrad** ~ to come by car/bike, to drive/cycle; **zu Fuß** ~ to come on foot, to walk ② (*gelangen*) ■ **irgendwohin** ~ to get [*or* reach] somewhere; ***kommt man hier zum Bahnhof?*** is this the way to the station?; ***wie komme ich von hier zum Bahnhof?*** how do I get to the station from here?; ***zu Fuß kommt man am schnellsten dahin*** the quickest way [to get] there is to walk; ***sie kommt kaum noch aus dem Haus*** she hardly gets out of the house these days; **nach Hause** ~ to come [*or* get] home; **unter's Messer** ~ (*hum*) to have an operation; **[sicher] ans Ufer** ~ to [safely] reach the bank; **ans Ziel** ~ to reach the finishing [*or* AM finish] line ③ (*sich begeben*) to come; ***kommst du mit uns ins Kino?*** are you coming to the cinema with us?; ***meine Kollegin kommt sofort zu Ihnen*** my colleague will be with you [*or* be along] immediately; **nach London/England** ~ to come to London/England; **nach draußen/oben/unten** ~ to come outside/upstairs/downstairs ④ (*passieren*) ■ **durch/über etw** *akk/* **einen Ort** ~ to pass [*or* come] through sth/a place ⑤ (*teilnehmen*) ■ **zu etw** ~ *Kongress, Party, Training* to come to [*or form* attend] sth ⑥ (*besuchen*) ■ **zu jdm** ~ to visit sb, to come and see [*or* visit] sb; ***ich komme gerne einmal zu Ihnen*** I'd be delighted to visit you sometime; ***komm doch mal, ich würde mich sehr freuen!*** [come and] stop by sometime, I'd love to see you! ⑦ (*herstammen*) ■ **irgendwoher** ~ to come [*or* be] [*or* hail] from somewhere; ***sie kommt aus New York/Australien*** she's [*or* she comes] [*or* she hails] from New York/Australia, she's a New Yorker/an Australian ⑧ (*folgen, an der Reihe sein*) to come; ***wer kommt [jetzt]?*** whose turn [*or* go] is it?; ■ **nach etw** ~ to come after [*or* follow] sth; ***die Schule kommt kurz nach der Kreuzung*** the school is just after the crossroads; ■ **nach/vor jdm** ~ to come after/before sb; **an die Reihe** ~ to be sb's turn [*or* go]; ***ich komme zuerst [an die Reihe]*** I'm first, it's my turn [*or* go] first; **zuerst** [*o* **als Erster**]/**als Nächster/zuletzt** [*o* **als Letzter**] ~ to come first/next/last; **noch** ~ to be still [*or* yet] to come; ***da wird noch mehr Ärger ~*** there'll be more trouble yet; ***das Schlimmste kommt noch*** the worst is yet to come ⑨ (*untergebracht werden*) **ins Gefängnis/Krankenhaus** ~ to go to prison/into hospital; **vor Gericht** ~ *Fall* to come to court; *Mensch* to come [*or* appear] before the court; **in die Schule/Lehre** ~ to start school/an apprenticeship ⑩ (*erlangen*) ■ **zu etw** ~ to achieve sth; ***wie komme ich zu dieser Ehre?*** (*iron, hum*) to what do I owe this honour?; **zu der Erkenntnis ~, dass ...** to realize [*or* come to the realization] that ...; **zu Geld** ~ to come into money; **zu Kräften** ~ to gain strength; **zu Ruhm** ~ to achieve [*or* win] fame; **zu sich** ~ to come to, to regain consciousness; **[wieder] zu sich selbst** ~ to get out of one's head, to come back to [*or* find] oneself again; ■ **an jdn/etw** ~ to get hold of sb/sth; ***wie bist du an das viele Geld ge~?*** how did you get hold of [*or* come by] all that money?; *s. a.* **Besinnung, Ruhe** ⑪ (*verlieren*) ■ **um etw** ~ to lose sth; **ums Leben** ~ to lose one's life, to be killed, to die ⑫ (*erreichen*) to reach; **auf den 2. Platz** ~ to reach 2nd place, to come [in] 2nd ⑬ (*gebracht werden*) to come; ***kam Post für mich?*** was there any post for me? ⑭ (*veranlassen, dass jd kommt*) **den Arzt/Klempner/ein Taxi ~ lassen** to send for [*or* call] the doctor/plumber/a taxi ⑮ (*hingehören*) to go, to belong; ***die Tasse kommt dahin*** the cup belongs there ⑯ (*herannahen*) to approach; (*eintreten, geschehen*) to come about, to happen; ***heute kommt noch ein Gewitter*** there'll be a thunderstorm today; ***der Winter kommt mit Riesenschritten*** winter is fast approaching; ***der Termin kommt etwas ungelegen*** the meeting comes at a somewhat inconvenient time; ***das habe ich schon lange ~ sehen!*** I saw that coming a long time ago; ***das kam doch anders als erwartet*** it/that turned out [*or* happened] differently than expected; ***es kam eins zum anderen*** one thing led to another; ***und so kam es, dass ...*** and that's why/how ..., and that's how it came about [*or* happened] that ...; ***wie kommt es, dass ...?*** how is it that...?, how come...?; ***es musste ja so ~*** it/that was bound to happen; ***es hätte viel schlimmer ~ können*** it could have been much worse; **es zu etw ~ lassen** *zum Streit* to let it come to sth; **so weit ~, dass ...** to get to the stage [*or* point] where …; ***so weit kommt es noch!*** (*iron fam*) that'll be the day! *fam;* ***komme, was da wolle*** come what may; ***was auch immer ~ mag*** whatever happens; ***wie's kommt so kommt's*** whatever happens happens; ■**zu etw** ~ to happen; **zum Prozess** ~ to come to trial; **[wieder] im K~ sein** to be[come] fashionable again (17) (*in Erscheinung treten*) *Pflanzen* to come on [*or* along]; ***die ersten*** *Tomaten* ***~ schon*** the first tomatoes are appearing (18) (*jdn erfassen*) ■**über jdn** ~ *Gefühl* to come over sb; ***eine gewaltige Traurigkeit kam über mich*** I was overcome by a tremendous sadness; ***es kam einfach so über mich*** it just came over me (19) (*sich bei jdm zeigen*) **jdm ~ die Tränen** sb is overcome by tears, sb starts to cry; **jdm ~ Zweifel, ob …** sb is beset [*or* overcome] by doubts [*or* sb doubts] whether … (20) (*in einen Zustand geraten*) ■**in etw** ~ to get into sth; ***wir kamen plötzlich ins Schleudern*** we suddenly started to skid; **in Fahrt** [*o* **Schwung**] ~ to get going; **in Gefahr/Not** ~ to get into danger/difficulty; **in Sicherheit** ~ to get to safety; **in Verlegenheit** ~ to get [*or* become] embarrassed; *s. a.* **Stillstand** (21) (*sich verhalten*) to be; ***so lasse ich mir nicht ~!*** I won't have [*or* stand for] that!; ***so kommst du mir nicht!*** don't you take that line with me!; **jdm frech** ~ to be cheeky to sb (22) (*fam: jdn belästigen*) ■**jdm mit etw** ~ to start telling sb about sth; ***komm' mir nicht schon wieder damit!*** don't give me [*or* start] that again!; ***da kann*** [*o* ***könnte***] ***ja jeder ~*** (*fam*) anyone could say that; ***der soll nur ~!*** (*fam*) just let him try! (23) (*seinen Grund haben*) to come from; **wie kommt es, dass …** how come …, how is it that [that] …; **daher kommt es, dass …** that's why …; **das kommt davon!** (*fam*) it's your own fault!; **das kommt davon, dass/weil …** that's because …; **das kommt davon, wenn …** that's what happens when … (24) (*sich an etw erinnern*) ■**auf etw** *akk* ~ to remember sth, to recall sth; ***ich komme beim besten Willen nicht darauf*** I just can't seem to remember [*or* recall] it (25) (*einfallen*) ■**jdm** ~ to think of, to occur; **jdm kommt der Gedanke, dass …** it occurs to sb that …; ***na, das kommt dir aber früh!*** (*iron*) why didn't that occur to you sooner? (26) (*sich verschaffen*) ■**an etw** *akk* ~ to get hold of sth; ***wie bist du an das Geld ge~?*** where did you get the money? (27) (*etw herausfinden*) ■**hinter etw** *akk* ~ *Pläne* to find out sth *sep,* to get to the bottom of sth; **hinter ein Geheimnis** ~ to uncover [*or sep* find out] a secret; **dahinter ~, dass/was/wer/wie …** (*fam*) to find out that/what/who/how …; ***wie kommst du darauf?*** what gives you that idea?, what makes you think that?; *s. a.* **Schlich, Spur** (28) FILM, RADIO, TV (*gesendet werden*) to be on; ***was kommt heute im Fernsehen?*** what's on [television] tonight?; ***als Nächstes ~ die Nachrichten*** the news is [on] next (29) (*Zeit für etw finden*) ■**zu etw** ~ to get around to doing sth; ***ich komme zu nichts mehr!*** I don't have time for anything else! (30) (*entfallen*) ■**auf jdn/etw** *akk* ~ to be allotted to sb/sth; ***auf jeden Studenten kamen drei Studentinnen*** for every male student there were three female students, the ratio of female to male students was 3:1 (31) (*fam: ähnlich sein*) ■**nach jdm** ~ to take after sb (32) (*fam: kosten*) to cost; ***die Reparatur kam sehr teuer*** the repairs cost a lot [of money]; ■**auf etw** ~ *akk* to come to sth (33) (*überfahren werden*) **unter ein Auto/einen Lastwagen** ~ to be knocked down by a car/lorry [*or* AM truck]; **unter die Räder** ~ to get knocked [*or* run] down [*or* run over] (34) (*ansprechen*) **auf etw** *akk* **zu sprechen** ~ to get [a]round to [talking about] sth; ***jetzt, wo wir auf das Thema Gehaltserhöhung zu sprechen ~, …*** now that we're on [*or* we've got round to] the subject of payrises …; ***ich werde gleich darauf ~*** I'll come [*or* get] to that in a moment; **auf einen Punkt/eine Angelegenheit** ~ to broach [*or* get onto] a point/matter (35) (*reichen*) ■**an etw** *akk* ~ to reach sth (36) (*sl: Orgasmus haben*) to come *fam* (37) (*fam: eine Aufforderung verstärkend*) ***komm, sei nicht so enttäuscht*** come on, don't be so disappointed; ***komm, lass uns gehen!*** come on [*or* hurry up], let's go!; ***komm, komm, werd nicht frech!*** now now, don't get cheeky!; ***ach komm!*** (*fam*) come on! ▶ WENDUNGEN: **erstens kommt es anders und zweitens als man denkt** (*prov*) things never turn out the way you expect; **zu kurz** ~ to come off badly, to get a raw deal; **komm' ich heut' nicht, komm' ich morgen** (*prov*) you'll see me when you see me; **wer zuerst kommt, mahlt zuerst** (*prov*) first come, first served; **auf jdn/etw nichts ~ lassen** (*fam*) to not hear a [bad] word said against sb; *s. a.* **achtzig, halten, nahe, Zeit** **II.** *vi impers sein* (1) (*sich einfinden*) ■**es kommt jd** sb is coming; ***es kommt jetzt der berühmte Magier Obrikanus!*** and now the famous magician, Obrikanus!; ***es scheint keiner mehr zu ~*** nobody else seems to be coming (2) (*beginnen*) ■**es kommt etw** sth is coming; ***es kommt auch mal wieder schöneres Wetter*** the weather will turn nice again (3) (*sl: Orgasmus haben*); ■**es kommt jdm** (*veraltet*) sb comes **III.** *vt sein* (*fam: kosten*) ■**jdn etw** ~ to cost sb sth; ***die Reparatur kam mich sehr teuer*** I paid a lot [of money] for the repairs, the repairs cost a lot [of money]

kommend *adj* (1) (*nächste*) coming, next; ***wir treffen uns ~en Mittwoch um 20 Uhr*** we're meeting next Wednesday at 8 p.m. (2) (*künftig*) future; **in den ~en Jahren** in years to come (3) (*sich demnächst durchsetzend*) of the future *pred*

Kommensalismus <-> *m kein pl* BIOL commensalism

Kommentar <-s, -e> *m* (1) (*Stellungnahme*) opinion, statement; ***was du davon hältst, interessiert mich nicht, ich habe dich nicht um deinen ~ gebeten!*** I'm not interested in what you think, I didn't ask [for] your opinion!; ~ **überflüssig!** there's nothing else to say!, need I say more?; **einen ~ [zu etw** *dat*] **abgeben** to comment [on] sth; **jeden [weiteren] ~ ablehnen** to refuse to make any [further] comment; **kein ~!** no comment! (2) (*kommentierendes Werk*) commentary

kommentarlos **I.** *adj inv* without comment *pred* **II.** *adv inv* **etw ~ zur Kenntnis nehmen** to note [*or* take note of] sth without comment

Kommentator(in) <-s, -toren> *m(f)* commentator

kommentieren* *vt* (1) (*Stellung nehmen*) ■**etw** ~ to comment [*or* give one's opinion] on sth; **etw kritisch** ~ to criticize sth (2) (*erläutern*) ■**etw** ~ to furnish sth with a commentary, to annotate sth; ■**kommentiert** with a commentary *pred,* annotated

Kommentkampf *m* BIOL ritualized fight

Kommers <-es, -e> *m* (1) (*Feier*) *festive reception held on the occasion of a special event* (2) ÖSTERR *meeting of extreme right-wing students' associations*

Kommerz *m* (*pej*) commerce

Kommerzfernsehen *nt* commercial television

kommerzialisieren *vt* (1) ÖKON (*Dinge wirtschaftlichen Interessen unterordnen*) ■**etw** ~ to commercialize sth (2) ÖKON (*öffentliche Schulden umwandeln*) **eine öffentliche Schuld** ~ to convert a public debt into a private one

Kommerzialisierung *f* commercialization

Kommerzialrat *m* ÖSTERR (*Kommerzienrat*) *honorary title for a businessman*

kommerziell **I.** *adj* commercial **II.** *adv* commercially; ~ **denken** to be business-minded

Kommerzienrat [-tsiən-] *m* HIST *honorary title for a*

businessman
Kommilitone, **Kommilitonin** <-n, -n> *m, f* fellow student
KommissRR <-es> *m*, **Kommiß** <-sses> *m kein pl* (*fam*) the army; **beim ~ sein** to be in the army
Kommissar(in) <-s, -e> *m(f)* ❶ (*Polizeikommissar*) inspector ❷ *kein pl* (*Dienstgrad*) superintendent ❸ (*bevollmächtigter Beamter*) commissioner ❹ (*EU-Kommissar*) Commissioner
Kommissär(in) <-s, -e> *m(f)* ÖSTERR, SCHWEIZ *s.* **Kommissar 1**
Kommissariat <-[e]s, -e> *nt* ❶ (*Amtszimmer des Kommissars*) commissioner's office ❷ ÖSTERR (*Polizeidienststelle*) police station
Kommissarin <-, -nen> *f fem form von* **Kommissar**
Kommissärin <-, -nen> *f fem form von* **Kommissär**
kommissarisch I. *adj* temporary II. *adv* temporarily
KommissbrotRR *nt a rectangular rye bread with a coarse texture*
Kommission <-, -en> *f* ❶ (*Gremium*) committee ❷ (*Untersuchungsausschuss*) commission, committee ❸ (*EU-Kommission*) Commission ❹ (*Auftrag*) commission; **etw in ~ geben** to commission sb to sell sth; **jdm etw** *akk* **in ~ geben** to give sth to sb for sale on commission; **etw in ~ haben** to be commissioned to sell sth; **etw [für jdn] in ~ nehmen** to take on the task of selling sth on commission [for sb]
Kommissionär(in) <-s, -e> *m(f)* wholesale bookseller
kommissionieren* *vt* ADMIN ÖSTERR ■**etw ~** to approve and accept sth
Kommissionsbasis *f* **auf ~** on commission **Kommissionsgeschäft** *nt* commission business
Kommode <-, -n> *f* chest of drawers
kommunal *adj* local, municipal; ***die Müllabfuhr ist eine der ~en Aufgaben*** refuse collection is one of the local authority's tasks; *s. a.* **Ebene**
Kommunalabgaben *pl* local rates [and taxes] **Kommunalbehörde** *f* local authorities *pl* **Kommunalpolitik** *f* ❶ (*Politik der Kommunalbehörde*) municipal [*or* council] policy ❷ (*politisches Handeln*) local [government] politics *pl* **Kommunalverwaltung** *f* local government **Kommunalwahl** *f* local [government] elections *pl*
Kommunarde, **Kommunardin** <-n, -n> *m, f* Communard
Kommune <-, -n> *f* ❶ (*Gemeinde*) municipality, local authority ❷ HIST **die Pariser ~** the Paris Commune ❸ (*Wohngemeinschaft*) commune
Kommunikation <-, -en> *f* communication
Kommunikationsmittel *nt* means of communication + *sing vb* **Kommunikationsmöglichkeit** *f* way of communicating **Kommunikationssatellit** *m* communications satellite **Kommunikationswissen** *nt kein pl* knowledge of communications + *sing vb* **Kommunikationswissenschaften** *pl* communications theory + *sing vb*
kommunikativ *adj* communicative
Kommunion <-, -en> *f* (*Sakrament der katholischen Kirche*) Holy Communion; **zur ~ gehen** to attend Holy Communion; (*Erstkommunion*) first Communion
Kommunionbank <-bänke> *f* communion rail **Kommunionkind** *nt* communicant
Kommuniqué, **Kommunikee** <-s, -s> [kɔmyniˈkeː] *nt* communiqué
Kommunismus <-> *m kein pl* communism
Kommunist(in) <-en, -en> *m(f)* communist
kommunistisch *adj* communist; **Deutsche K~e Partei** [*o* **DKP**] German Communist Party

kommunizieren* *vi* ❶ (*geh: sich verständigen*) ■**mit jdm ~** to communicate with sb ❷ REL (*geh: zur Kommunion gehen*) to receive/take Holy Communion
Komödiant(in) <-en, -en> *m(f)* ❶ (*pej: jd, der sich verstellt*) play-actor ❷ (*veraltend: Schauspieler*) actor
Komödie <-, -n> [-diə] *f* ❶ (*Bühnenstück*) comedy ❷ (*Verstellung*) play-acting *pej*; **~ spielen** to play-act; **jdm eine ~ vorspielen** to play-act to sb
Komodowaran *m* ZOOL komodo dragon
Komoren *pl* ■**die ~** the Comoros *npl*, the Comoro Islands *pl*; *s. a.* **Falklandinseln**
Komorer(in) <-s, -> *m(f)* Comoran; *s. a.* **Deutsche(r)**
komorisch *adj* Comoran; *s. a.* **deutsch**
Kompagnon <-s, -s> [kɔmpanˈjõː, ˈkɔmpanjõ, ˈkɔmpanjɔŋ] *m* partner
kompakt *adj* ❶ (*klein in den Ausmaßen*) compact ❷ (*solide*) compact, dense ❸ (*Mensch*) stocky
Kompaktgerät *nt* compact device **Kompaktkamera** *f* compact camera **Kompaktkurs** *m* crash [*or* intensive] course **Kompaktpuder** *m* MODE, PHARM pressed powder
Kompanie <-, -n> [*pl* -ˈniːən] *f* company
Kompaniechef(in) [-ʃɛf] *m(f)* company commander
Komparativ <-s, -e> *m* comparative
Komparse, **Komparsin** <-n, -n> *m, f* extra
KompassRR <-es, -e> *m*, **Kompaß** <-sses, -sse> *m* compass; **nach dem ~** by the compass
KompassnadelRR *f* compass needle
kompatibel *adj* compatible; ■**[mit etw** *dat*] **~ sein** to be compatible [with sth]
Kompatibilität <-, -en> *f* compatibility *no pl*
Kompendium <-s, -dien> [*pl* -diən] *nt* compendium
Kompensation <-, -en> *f* compensation *no pl*
Kompensationsgeschäft <-es,-e> *nt* barter
kompensieren* *vt* ❶ (*entschädigen*) ■**etw [durch etw** *akk*] **~** to compensate for sth [with sth] ❷ (*ausgleichen*) ■**etw ~** to compensate for sth
kompetent I. *adj* ❶ (*sachverständig*) competent; ■**[für etw** *akk*] **~ sein** to be competent [at/in sth] ❷ (*zuständig*) responsible II. *adv* competently
Kompetenz <-, -en> *f* ❶ (*Befähigung*) competence ❷ (*Befugnis*) responsibility; ***das liegt außerhalb meiner ~*** that's outside my responsibility
Kompetenzbereich *m* area of responsibility, jurisdiction **Kompetenzgerangel** *nt* quarrel about responsibilities [*or* jurisdiction] **Kompetenzstreitigkeiten** *pl* dispute over responsibilities [*or* jurisdiction] **Kompetenzüberschreitung** *f* exceeding of one's area of responsibility [*or* jurisdiction]
kompilieren* *vt* (*geh*) ■**etw [aus etw** *dat*] **~** to compile sth [from sth]
Komplementär <-s, -e> *m* ÖKON unlimited partner
Komplementärfarbe *f* complementary colour [*or* AM -or]
komplett I. *adj* ❶ (*vollständig*) complete ❷ (*fam: völlig*) complete, total II. *adv* ❶ (*vollständig*) fully ❷ (*insgesamt*) completely ❸ (*fam: völlig*) completely, totally
komplettieren* *vt* (*geh*) ■**etw ~** to complete sth
Komplettlösung *f* ideal [*or* perfect] solution
komplex I. *adj* (*geh*) complex, complicated II. *adv* (*geh*) complexly, in a complicated manner *pred*; **~ aufgebaut sein** to have a complex structure
Komplex <-es, -e> *m* ❶ (*Gesamtheit von Gebäuden*) complex ❷ (*Gesamtheit*) complex ❸ PSYCH complex; **~e [wegen etw] haben** to have a complex [about sth]
Komplexauge *nt* BIOL (*Augenform der Insekten*) compound eye

Komplexität <-> *f kein pl (geh)* complexity
Komplikation <-, -en> *f* complication; **ohne ~en** without any complications, smoothly
Kompliment <-[e]s, -e> *nt* compliment; **jdm ein ~** [*o* **~e**] **machen** to pay sb a compliment [*or* compliments]; **jdm ein ~** [*o* **~e**] **wegen etw** *dat* **machen** to compliment sb on sth; **mit ~en um sich** *akk* **werfen** to throw compliments around; [**mein**] **~!** my compliments
Komplize, Komplizin <-n, -n> *m, f* accomplice
komplizieren* I. *vt (geh)* ■ **etw ~** to complicate sth II. *vr* ■ **sich ~** to become complicated
kompliziert I. *adj* complicated II. *adv* in a complicated manner *pred*
Kompliziertheit <-> *f kein pl* complexity, complicated nature
Komplizin <-, -nen> *f fem form von* **Komplize**
Komplott <-[e]s, -e> *nt* plot; **ein ~ schmieden** to hatch a plot
Komponente <-, -n> *f* ❶ *(Bestandteil)* component ❷ *(Gesichtspunkt)* aspect
komponieren* I. *vt* ❶ *(musikalisch erstellen)* ■ **etw ~** to compose sth ❷ *(geh: zusammenstellen)* ■ **etw** [**aus etw** *dat*] **~** to create sth [from sth] II. *vi* to compose; ■ **das K~** composition, composing
Komponist(in) <-en, -en> *m(f)* composer
Komposita *pl von* **Kompositum**
Komposition <-, -en> *f* ❶ *(komponiertes Musikstück)* composition ❷ *(geh: Zusammenstellung)* creation ❸ *(zusammengestelltes Kleidungsstück)* creation
Kompositum <-s, Komposita> *nt* compound
Kompost <-[e]s, -e> *m* compost *no pl*
Komposthaufen *m* compost heap
Kompostieranlage *f* ÖKOL compost[ing] plant
kompostierbar *adj inv* ÖKOL degradable
kompostieren* *vt* ■ **etw ~** to compost sth
Kompostierung <-> *f kein pl* ÖKOL composting *no pl*
Kompott <-[e]s, -e> *nt* compote
Kompresse <-, -n> *f* compress
Kompression <-, -en> *f* compression
Kompressor <-s, -pressoren> *m* compressor
komprimieren* *vt* ■ **etw ~** to compress [*or* condense] sth; ■ **komprimiert** compressed
Komprimierung <-, -en> *f* compression *no pl; eines Textes* condensing *no pl*
Kompromiss^RR <-es, -e> *m*, **Kompromiß** <-sses, -sse> *m* compromise; **fauler ~** false compromise; [**mit jdm**] **einen ~ schließen** to come to a compromise [with sb]
kompromissbereit^RR *adj* willing to compromise *pred;* **eine ~e Haltung** a willingness to compromise; ■ [**in etw** *dat*] **~ sein** to be willing to compromise [on sth] **Kompromissbereitschaft**^RR *f* willingness to compromise **kompromisslos**^RR *adj* ❶ *(zu keinem Kompromiss bereit)* uncompromising ❷ *(uneingeschränkt)* unqualified, unconditional **Kompromisslösung**^RR *f* compromise **Kompromissvorschlag**^RR *m* compromise proposal [*or* suggestion]
kompromittieren* *vt* ■ **jdn ~** to compromise sb; ■ **sich ~** to compromise oneself, to put oneself in a compromising position
kompromittierend *adj* compromising
Kondensat <-[e]s, -e> *nt* condensation *no pl,* condensate *spec*
Kondensation <-, -en> *f* condensation *no pl*
Kondensator <-s, -toren> *m* condenser; ELEK *a.* capacitor
kondensieren* I. *vi haben o sein* ■ [**an etw** *dat*] **~** to condense [on sth] II. *vt haben* ■ **etw ~** to condense sth
Kondensmilch *f* condensed milk **Kondensstreifen** *m* condensation [*or* vapour [*or* AM -or]] trail **Kondenswasser** *nt kein pl* condensation
Kondition <-, -en> *f* ❶ *(Leistungsfähigkeit)* [physical] fitness [*or* condition]; **~/keine ~ haben** to be/not be fit; **seine ~ halten** to keep fit ❷ *pl (Bedingungen)* conditions
Konditionalsatz *m* conditional clause
Konditionierung <-, -en> *f* BIOL, PSYCH *(Verknüpfung eines Reizes mit einer neuen, d. h. gelernten Reaktion)* conditioning
Konditionsschwäche *f* poor level of fitness **Konditionstraining** *nt* fitness training *no pl*
Konditor(in) <-s, -toren> *m(f)* confectioner
Konditorei <-, -en> *f* confectioner's, cake shop
Konditorin <-, -nen> *f fem form von* **Konditor**
Kondolenzbesuch *m (geh)* visit of condolence; [**bei jdm**] **einen ~ machen** to pay [sb] a visit of condolence **Kondolenzbrief** *m* letter of condolence **Kondolenzschreiben** *nt* letter of condolence
kondolieren* *vi (geh)* ■ [**jdm**] **~** to pay one's condolences [to sb]
Kondom <-s, -e> *m o nt* condom
Kondor <-s, -e> *m* condor
Kondukteur(in) <-s, -e> *m(f)* SCHWEIZ *(Schaffner)* conductor
Konen *pl von* **Konus**
Konfekt <-[e]s, -e> *nt* confectionery
Konfektion <-, *selten* -en> *f* ready-made clothing *no pl*
Konfektionsgröße *f* MODE size
Konferenz <-, -en> *f* ❶ *(Besprechung)* meeting, conference; **eine ~ anberaumen** to arrange a meeting ❷ *(Komitee)* committee ❸ *(Lehrerkonferenz)* staff meeting
Konferenzort *m* conference location [*or* venue] **Konferenzschaltung** *f* TELEK conference circuit **Konferenzteilnehmer(in)** *m(f)* conference participant **Konferenzzimmer** *nt* conference room
konferieren* *vi (geh)* ■ **mit jdm** [**über etw** *akk*] **~** to confer with sb [about sth]
Konfession <-, -en> *f* denomination
konfessionell I. *adj* denominational II. *adv* denominationally
konfessionslos *adj* ■ **~** *sein* not belonging to any denomination
Konfessionsschule *f s.* **Bekenntnisschule**
Konfetti <-s> *nt kein pl* confetti
Konfirmand(in) <-en, -en> *m(f)* confirmand
Konfirmandenunterricht *m* confirmation lessons [*or* classes] *pl*
Konfirmandin <-, -nen> *f fem form von* **Konfirmand**
Konfirmation <-, -en> *f* confirmation
konfirmieren* *vt* ■ **jdn ~** to confirm sb
Konfiserie <-, -n> *f* SCHWEIZ ❶ *(Konditorei)* confectioner's, cake shop ❷ *(Konfekt)* confectionery *no pl*
konfiszieren* *vt* ■ **etw ~** to confiscate sth
Konfitüre <-, -n> *f* preserve
Konflikt <-s, -e> *m* ❶ *(Auseinandersetzung)* conflict; **bewaffneter ~** armed conflict; **~ verhütend** which prevent conflict; **mit etw** *dat* **in ~ geraten** to come into conflict with sth; **mit dem Gesetz in ~ geraten** to clash with the law ❷ *(innerer Zwiespalt)* [inner] conflict; **sich** *akk* **in einem ~ befinden** to be in a state of inner conflict
Konfliktherd *m* area of conflict, political hot spot **Konfliktstoff** *m* cause of conflict
Konföderation <-, -en> *f* confederation
konform *adj* concurrent, corresponding; **mit jdm** [**in etw** *dat*] **~ gehen** to agree with sb [on sth]
Konformismus <-> *m kein pl (pej geh)* conformity
Konformist(in) <-en, -en> *m(f) (pej geh)* confor-

mist

konformistisch *adj* (*pej geh*) conformist

Konfrontation <-, -en> *f* confrontation

Konfrontationskurs *m* confrontational course; **auf ~ [mit jdm] gehen** to adopt a confrontational course [towards sb]

konfrontieren* *vt* ■**jdn mit jdm/etw ~** to confront sb with sb/sth; ■**mit etw** *dat* **konfrontiert sein** to be confronted with sth

konfus I. *adj* confused, muddled; **jdn [ganz] ~ machen** to [completely] confuse sb II. *adv* confusedly; **~ klingen** to sound confused

Konfuzius <-> *m* Confucius

Konglomerat <-[e]s, -e> *nt* conglomeration; ■**ein ~ aus** [*o* **von**] **etw** *dat* a conglomeration of sth

Kongo <-s> *m* Congo, Zaire River

Kongo <-s> *m* ① (*Fluss*) Congo ② (*Staat*) the Congo

Kongolese(in) <-n, -n> *m(f)* Congolese; *s. a.* **Deutsche(r)**

kongolesisch *adj* Congolese; *s. a.* **deutsch**

Kongregation <-en> *f* congregation

Kongress[RR] <-es, -e> *m*, **Kongreß** <-sses, -sse> *m* ① (*Fachtagung*) congress; **der Wiener ~** the Congress of Vienna ② (*Parlament der USA*) ■**der ~** Congress *no art*

Kongressbüro[RR] *nt* congress office **Kongresshalle**[RR] *f* conference hall **Kongressmitglied**[RR] *nt* Congressman, Congresswoman **Kongressplanung**[RR] *f* congress planning *no pl* **Kongressstätte**[RR] *f* congress centre [*or* AM -er] **Kongressteilnehmer**[RR] *m* congress participant **Kongresswahl**[RR] *f* Congressional election

kongruent *adj* congruent

Kongruenz <-en> *f* ① (*geh*) identity, concurrence ② MATH congruence ③ LING agreement

kongruieren *vi* ① (*geh*) to coincide ② MATH to be congruent ③ LING to agree

K.-o.-Niederlage *f* knock-out defeat

Konifere <-, -n> *f* conifer

Koniferenhonig *m* honeydew honey

König <-s, -e> *m* king; **des ~s Rock** the King's uniform; **der ~ der Tiere/Lüfte** the king of beasts/birds; **die Heiligen Drei ~e** the three Wise Men ▶ WENDUNGEN: **der Kunde ist ~** the customer is always right

Königin <-, -nen> *f fem form von* **König** ① (*Herrscherin eines Königreiches*) queen ② (*Bienen~*) queen[-bee] ③ BOT ■**die ~ der Nacht** Queen of the Night

Königinmutter *f* queen-mother

königlich I. *adj* ① (*dem König gehörend*) royal ② (*großzügig*) generous, handsome II. *adv* ① (*fam: köstlich*) enormously; ■**sich** *akk* **~ amüsieren** to have a whale of a time ② (*großzügig*) generously, handsomely

Königreich *nt* kingdom; **das Vereinigte ~** the United Kingdom

Königsfisch *m* ZOOL, KOCHK Jerusalem haddock, kingfish, moonfish **Königskerze** *f* BOT mullein **Königskrone** *f* crown **Königskuchenform** *f* [12 – 14 inch] loaf tin **Königspaar** *nt* royal couple **Königssohn** *m* (*liter*) prince **Königstiger** *m* Bengal tiger **Königstochter** *f* (*liter*) princess **königstreu** *adj* loyal to the king *pred*, royalist **Königsweg** *m* ideal solution

Königtum <-, -tmer> *nt* ① *kein pl* (*Monarchie*) monarchy ② (*veraltend*) *s.* **Königreich**

konisch I. *adj* conical II. *adv* conically

Konjugation <-, -en> *f* ① LING conjugation ② BIOL (*Zusammenlagerung von Bakterienzellen*) bacterial conjugation

konjugieren* *vt* ■**etw ~** to conjugate sth

Konjunktion <-, -en> *f* conjunction

Konjunktionalsatz *m* LING conjunctional clause

Konjunktiv <-s, -e> *m* LING conjunctive

Konjunktur <-, -en> *f* economy, economic situation, state of the economy; **steigende/rückläufige ~** [economic] boom/slump; **~ haben** to be in great demand [*or* selling [very] well]

Konjunkturabschwung *m* ÖKON economic downturn [*or* downswing], [economic] recession **Konjunkturaufschwung** *m* ÖKON economic upturn [*or* upswing], [economic] recovery **Konjunkturbarometer** *nt* ÖKON ① (*Darstellung der wirtschaftlichen Entwicklung*) graph of leading economic indicators ② (*Anhaltspunkt der wirtschaftlichen Entwicklung*) economic [*or* business] barometer, economic indicator **Konjunkturbelebung** *f kein pl* ÖKON economic upturn [*or* upswing], [economic] recovery **Konjunktureinbruch** *m* ÖKON [economic] slump, steep downturn [in the economy]

konjunkturell *adj* economic; **die ~e Lage** the state of the economy

Konjunkturflaute *f* [economic] slump **Konjunkturlage** *f* ÖKON economic situation, state of the economy **Konjunkturpolitik** *f* economic policy **Konjunkturrückgang** *m* ÖKON economic downturn [*or* downswing], [economic] recession **Konjunkturschwankung** *f meist pl* ÖKON fluctuation in [the level of] economic activity

konkav I. *adj* concave II. *adv* concavely

Konklave <-s, -n> [-və] *nt* conclave

Konkordanz <-, -en> *f* concordance

Konkordat <-[e]s, -e> *nt* concordat

konkret I. *adj* ① (*klar umrissen*) concrete, definite, specific; **~e Ergebnisse** tangible results ② (*eindeutig*) concrete II. *adv* definitely, specifically; ***das kann ich Ihnen noch nicht ~ sagen*** I can't tell you for definite yet

konkretisieren* *vt* (*geh*) ■**etw ~** to clearly define sth

Konkubinat <-[e]s, -e> *nt* concubinage; [**mit jdm**] **im ~ leben** to live in concubinage [with sb]

Konkubine <-, -n> *f* (*geh*) concubine

Konkurrent(in) <-en, -en> *m(f)* ① (*Mitbewerber*) competitor ② (*Rivale*) competitor, rival

Konkurrenz <-, -en> *f* ① (*Konkurrenzunternehmen*) competitor; **zur ~ gehen** to go over to the competitor; **mit jdm in ~ stehen** [*o* **liegen**] to be in competition with sb ② *kein pl* (*Konkurrenten*) competition; **keine ~ [für jdn] sein** to be no competition [for sb]; **die ~ schläft nicht** (*fam*) my/your, etc. rivals never rest ③ (*sportliche Disziplin*) competition, contest ④ *kein pl* (*Wettbewerb*) competition; **jdm ~ machen** to compete against sb; **außer ~** unofficially

Konkurrenzdenken *nt* competitive thinking *no pl* **Konkurrenzdruck** *m* pressure of competition; **unter ~ stehen** to face pressure of competition **konkurrenzfähig** *adj* competitive

konkurrenzieren* *vt, vi* ÖSTERR, SCHWEIZ ■**jdn** [*o* **jdm**]/**etw** [*o* **einer S.**] **~** to compete against sb/sth

Konkurrenzkampf *m* competition; (*zwischen Menschen*) rivalry **konkurrenzlos** I. *adj* ■**~ sein** to have no competition II. *adv* incomparably; ***mit unseren Preisen sind wir ~ billig*** nobody can match our cheap prices **Konkurrenzneid** *m* jealousy [towards one's rival[s]] *no pl* **Konkurrenzprodukt** *nt* ÖKON competing [*or* rival] product **Konkurrenzunternehmen** *nt* ÖKON competitor, rival company **Konkurrenzverbot** *nt* ban on competition

konkurrieren* *vi* ① (*in Wettbewerb treten*) ■**mit jdm/etw ~** to compete with sb/sth ② (*geh: sich gleichzeitig bewerben*) ■[**mit jdm**] **um etw ~** to compete [against sb] for sth

Konkurs <-es, -e> *m* (1) (*Zahlungsunfähigkeit*) bankruptcy; ~ **machen** (*fam*) to go bankrupt; **vor dem ~ stehen** to be about to go bancrupt (2) (*Verfahren*) bankruptcy proceedings *pl;* [**über etw** *akk*] **den ~ eröffnen** to open bankruptcy proceedings [concerning sth]; ~ **anmelden** to declare oneself bankrupt, to file a bankruptcy petition

Konkursmasse *f* bankrupt's estate **Konkursverfahren** *nt* bankruptcy proceedings *pl* **Konkursverschleppung** *f* JUR, ÖKON [criminal] delay in filing bankruptcy petition **Konkursverwalter(in)** *m(f)* official receiver

können I. *vt* <konnte, gekonnt> (*beherrschen*) ▪**etw** ~ to know sth; ***kannst du eigentlich Schach?*** can you/do you know how to play chess?; **eine Sprache** ~ to know [*or* speak] a language; [**et**]**was/nichts** ~ (*fam*) to be good/useless; ***man merkt, du kannst was*** it's obvious you know your stuff; (*Fähigkeiten haben*) to be able/not be able to do sth; [**et**]**was/nichts für etw/dafür** ~ (*verantwortlich sein*) to be able/not be able to do anything about sth/it; **etw nie/nicht etw tun** ~ to never/not be able to do sth; **... was jd kann** as best sb can; ***sie liefen, was sie nur konnten*** they ran as quickly as they could ▸ WENDUNGEN: **du kannst mich** [**mal**] (*euph sl*) get lost! *fam,* [go and] take a running jump! BRIT *fam,* kiss my ass! AM *sl* II. *vi* <konnte, gekonnt> to be able; ***ich würde ja gerne kommen, aber ich kann leider nicht*** I would love to come but I can't; **nicht mehr** ~ (*erschöpft sein*) to not be able to go on; (*überfordert sein*) to have had enough; (*satt sein*) to not be able to eat any more, to have had enough, to be full [up]; **noch** ~ (*weitermachen* ~) to be able to carry on; (*weiteressen* ~) to be able to eat more; **wie konntest du nur!** how could you?!; ***da*** ~ ***Sie nichts*** [***da***]***für*** it's not your fault ▸ WENDUNGEN: [**erst einmal**] ~ **vor Lachen** I would if [*or* I wish] I could, [that's] easier said than done; **mit jdm** [**gut**] ~ to get on [well] with sb; **mir kann keiner** nobody can touch me III. *vb aux* <konnte, können> *modal* (1) (*vermögen*) ▪**etw tun** ~ to be able to do sth (2) (*als Fertigkeit haben*) ▪**etw tun** ~ to be able to do sth (3) (*dürfen*) ▪**jd kann etw tun** sb can do sth; ***kann ich das Foto sehen?*** can/may I see the photo? (4) (*möglicherweise sein*) ▪**jd kann etw tun** sb could do sth; ▪**etw tun** ~ to be able to do sth; ***solche Dinge können eben manchmal passieren*** these things [can] happen sometimes; **sein ~, dass** to be possible that; [**schon**] **sein** ~ (*fam*) to be possible; [***ja,***] ***kann sein*** [yes,] that's possible [*or* possibly]; **nicht sein** ~ to not be possible; **könnte es nicht sein, dass ...?** could it not be that ...?

Können <-s> *nt kein pl* ability, skill; **spielerisches/schauspielerisches** ~ sportsmanship/acting ability [*or* skill]

Könner(in) <-s, -> *m(f)* skilled person; **ein ~ sein** to be skilled

konnte *imp von* **können**

Konrektor(in) *m(f)* deputy headmaster

Konsekutivsatz *m* consecutive clause

Konsens <-es, -e> *m* (*geh*) (1) (*Übereinstimmung*) consensus *no pl;* **einen** ~ [**in etw** *dat*] **erreichen** [*o* **erzielen**] to reach a consensus [on sth] (2) (*Einwilligung*) approval; **seinen** ~ [**zu etw** *dat*] **geben** to give one's approval [to sth]; **mit/ohne jds** ~ with/without sb's approval

konsequent I. *adj* (1) (*folgerichtig*) consistent; ▪[**bei/in etw** *dat*] ~ **sein** to be consistent [in sth] (2) (*unbeirrbar*) resolute, steadfast II. *adv* (1) (*folgerichtig*) consistently, logically (2) (*entschlossen*) resolutely

Konsequenz <-, -en> *f* (1) (*Folge*) consequence; **in letzter** ~ in the final analysis; ~**en** [**für jdn**] **haben** to have consequences [for sb]; **die ~en tragen** to take the consequences; [**aus etw** *dat*] **die ~en ziehen** to take the necessary action [*or* appropriate measures] [as a result of sth] (2) *kein pl* (*Folgerichtigkeit*) consistency (3) *kein pl* (*Unbeirrbarkeit*) resoluteness, steadfastness

konservativ [kɔnzɛrva'tiːf, 'kɔn-] I. *adj* (1) (*politisch rechts liegend*) conservative (2) (*die ~ Partei*) Conservative (3) (*geh: zurückhaltend*) conservative II. *adv* ~ **wählen** to vote Conservative; ~ **eingestellt sein** to have a conservative attitude

Konservative(r) *f(m) decl wie adj* (1) (*Anhänger einer konservativen Partei*) conservative (2) (*die konservative Partei*) ▪**die ~n** the Conservatives

Konservator(in) <-s, -toren> [-'vaː-] *m(f)* curator

Konservatorium <-s, -rien> [-va-, *pl* -riən] *nt* conservatoire, conservatorium

Konserve <-, -n> [-və] *f* (1) (*haltbar abgefülltes Lebensmittel*) preserved food *no pl,* tinned [*or* AM canned] food *no pl* (2) *meist pl* MED (*Blutkonserve*) banked blood *no pl*

Konservenbüchse [-vən-] *f,* **Konservendose** *f* tin BRIT, can AM

konservieren* [-'viː-] *vt* (1) (*haltbar machen*) ▪**etw** [**in etw** *dat*] ~ to preserve sth [in sth] (2) (*geh: erhalten*) ▪**etw** ~ to preserve sth

Konservierung <-, -en> [-'viː-] *f* (1) (*das Konservieren*) preserving *no pl* (2) (*die Erhaltung*) preservation *no pl*

Konservierungsmittel *nt* CHEM preservative

Konsistenz <-> *f kein pl* (*geh*) consistency

Konsole <-, -n> *f* (1) (*Bord*) shelf (2) (*Vorsprung*) console (3) (*Bediener~*) console

konsolidieren* I. *vt* (*geh*) ▪**etw** ~ to consolidate sth II. *vr* (*geh*) ▪**sich** ~ to consolidate

Konsolidierung <-, -en> *f* consolidation *no pl*

Konsolidierungsmittel *nt* (*geh*) means of consolidation

Konsonant <-en, -en> *m* consonant

Konsorten *pl* (*pej fam*) **... und** ~ ... and co.

Konsortium <-s, -ien> [kɔn'zɔrtsiʊm, *pl* -tsiən] *nt* ÖKON consortium, syndicate; **ein ~ bilden** [*o* **gründen**], **sich** *akk* **zu einem ~ zusammenschließen** to form a consortium [*or* syndicate], to organize a consortium

Konspiration <-, -en> *f* (*geh*) conspiracy

konspirativ *adj* (*geh*) conspiratorial

konspirieren* *vi* (*geh*) ▪[**mit jdm**] [**gegen jdn**] ~ to conspire [with sb] [against sb]

konstant I. *adj* constant II. *adv* constantly

Konstante <-[n], -n> *f* constant

Konstantinopel <-s> *nt* Constantinople

Konstanz <-> *nt* Constance

konstatieren* *vt* (*geh*) ▪**etw** ~ to establish sth

Konstellation <-, -en> *f* (1) (*geh: Kombination*) constellation *form* (2) ASTROL, ASTRON constellation

konsternieren* *vt* (*geh*) ▪**jdn** ~ to consternate sb; ▪**konsterniert** consternated

konstituieren* I. *vt* (*geh: gründen*) ▪**etw** ~ to constitute, to form; ▪~**d** constituent II. *vr* (*geh*) ▪**sich** ~ *akk* to be set up, to be constituted; ▪**sich als etw** ~ to form sth

Konstitution <-, -en> *f* constitution

konstitutionell *adj inv* constitutional; ~**e Monarchie** constitutional monarchy

konstruieren* *vt* (1) (*planerisch erstellen*) ▪**etw** ~ to design sth (2) (*zeichnen*) ▪**etw** ~ to draw sth (3) (*pej geh: gezwungener Gedankenaufbau*) ▪**etw** ~ to fabricate sth, to make sth up

Konstrukteur(in) <-s, -e> [kɔnstrʊk'tøːɐ] *m(f)* designer

Konstruktion <-, -en> *f* ❶ (*planerische Erstellung*) design ❷ (*Aufbau*) construction
Konstruktionsbüro *nt* design office **Konstruktionsfehler** *m* ❶ (*Fehler im Entwurf*) design fault ❷ (*herstellungsbedingter Fehler*) construction [*or* manufacture] fault
konstruktiv I. *adj* ❶ (*geh: förderlich*) constructive ❷ (*entwurfsbedingt*) design II. *adv* constructively
Konsul <-s, -n> *m* (*Beamter der römischen Republik*) consul
Konsul, Konsulin <-s, -n> *m, f* (*Leiter(in) eines Konsulats*) consul
konsularisch *adj* consular
Konsulat <-[e]s, -e> *nt* ❶ (*Amt des Konsuls*) consulate ❷ (*Amtszeit eines Konsuls*) consulship
Konsulin <-, -nen> *f fem form von* **Konsul**
Konsultation <-, -en> *f* (*geh*) consultation
konsultieren* *vt* (*geh*) ❶ (*um Rat fragen*) ■**jdn** [**wegen etw** *dat*] ~ to consult sb [about sth] ❷ (*hinzuziehen*) ■**etw** ~ to consult sth
Konsum <-s> *m kein pl* consumption
Konsumartikel *m* consumer good
Konsument(in) <-en, -en> *m(f)* consumer
Konsumentenleben *nt* consumer life
Konsumgenossenschaft *f* cooperative society **Konsumgesellschaft** *f* consumer society **Konsumgut** *nt meist pl* consumer good
konsumieren* *vt* (*geh*) ❶ (*verbrauchen*) ■**etw** ~ to consume sth ❷ (*in sich aufnehmen*) ■**etw** ~ to consume sth
konsumorientiert *adj inv* ÖKON consumer-orientated [*or* AM -oriented] **Konsumrausch** *m* frenzy of consumerism **Konsumtempel** *m* ÖKON (*pej fam*) shrine to consumerism **Konsumterror** *m* SOZIOL (*pej*) pressure to consume *no pl* **Konsumverhalten** *nt* ÖKON consumer behaviour [*or* AM -or] *no pl, no indef art,* consumer habits *pl* **Konsumzwang** *m* pressure to consume, no pl
Kontakt <-[e]s, -e> *m* ❶ (*Verbindung*) contact; **sexuelle** [*o euph* **intime**] **~e** sexual contact; **mit jdm ~ bekommen, ~ zu jdm finden** to establish contact with sb; [**mit jdm**] **in ~ bleiben,** [**mit jdm**] **~ halten** to stay in contact [*or* touch] with sb; **~ zu jdm haben** to be in contact with sb; **keinen ~ mehr** [**zu jdm**] **haben** to no longer be in contact [with sb], to have lost contact [with sb]; **mit jdm in ~ kommen** to come into contact with sb; **mit jdm ~ aufnehmen** to get in contact with sb; **den ~** [**zu jdm**] **herstellen** to establish [*or* set up] contact [with sb]; [**mit jdm**] **in ~ stehen** to be in contact [with sb]; **den ~ mit jdm suchen** to attempt to establish [*or* set up] contact with sb ❷ (*Berührung*) contact ❸ ELEK contact, point
Kontaktadresse *f* contact address **Kontaktanzeige** *f* lonely hearts advertisement BRIT, personal [ad] AM **kontaktarm** *adj* ■**~ sein** to have little contact with other people **Kontaktarmut** *f kein pl* (*geh*) lack of [human] contact **Kontaktbildschirm** *m* touch screen **Kontaktbörse** *f* personals section **kontaktfreudig** *adj* ■**~ sein** to enjoy contact with other people, to be sociable **Kontaktgrill** *m* griddle **Kontaktlinse** *f* contact lens **Kontaktlinsenpflegemittel** *nt* contact lens solution **Kontaktmann** *m* contact [person] **Kontaktperson** *f* contact [person]
Kontamination <-, -en> *f* contamination *no pl*
kontaminieren* *vt* ■**etw** ~ to contaminate sth
Konten *pl von* **Konto**
Kontenbewegung *f s.* **Kontobewegung**
Konteradmiral *m* NAUT rear-admiral
Konterfei <-s, -s *o* -e> *nt* (*hum*) picture
konterkarieren *vt* (*geh*) ■**etw** ~ to impede sth
kontern I. *vt* ■**etw** ~ to counter sth II. *vi* to counter
Konterrevolution [-vo-] *f* counter-revolution
Kontext <-[e]s, -e> *m* ❶ (*umgebender Text*) context ❷ (*geh: Zusammenhang*) context
Kontinent <-[e]s, -e> *m* continent
kontinental *adj* continental
Kontinentaleuropa *nt* Continental Europe **Kontinentalklima** *nt* continental climate **Kontinentalsockel** *m* continental terrace **Kontinentalsperre** *f kein pl* ■**die ~** the Continental System
Kontingent <-[e]s, -e> *nt* ❶ (*Truppenkontingent*) contingent ❷ (*Teil einer Menge*) quota
kontingentieren* *vt* ■**etw** ~ to fix a quota for sth
kontinuierlich I. *adj* (*geh*) constant, continuous II. *adv* (*geh*) constantly, continuously
Konto <-s, Konten *o* Konti> *nt* account; **auf jds ~ gehen** (*fam: etw zu verantworten haben*) to be sb's fault; (*für etw aufkommen*) to be on sb; ***das Bier geht auf mein ~!*** the beer's on me!; **etw auf sein ~ verbuchen können** to put sth down to one's [own] efforts; **auf jds ~** into sb's account
Kontoauszug *m* bank statement; (*kurzer ~*) mini-statement **Kontobewegung** *f* account transaction **Kontoeröffnung** *f* opening of an account **kontoführend** *adj* which manages an account *pred* **Kontoführung** *f* keeping [of] an account, account management *no pl* **Kontoführungsgebühr** *f* account management charge **Kontoinhaber(in)** *m(f)* account holder **Kontonummer** *f* account number **Kontostand** *m* account balance
kontra *adv* against; ***er ist dazu ~ eingestellt*** he is against it
Kontra <-s, -s> *nt* double; ■**~ sagen** to double; **jdm ~ geben** (*fam*) to contradict
Kontrabass[RR] *m* double bass
Kontrahent(in) <-en, -en> *m(f)* (*geh*) opponent, adversary
kontrahieren* *vi, vr* ■[**sich**] ~ to contract
Kontraindikation *f* contra-indication
Kontrakt <-[e]s, -e> *m* contract
Kontraktion <-, -en> *f* contraction
kontraproduktiv *adj* (*geh*) counterproductive
Kontrapunkt *m* counterpoint
konträr *adj* (*geh*) contrary
Kontrast <-[e]s, -e> *m* ❶ (*Gegensatz*) contrast; **im** [*o* **in**] **~ zu etw** *dat* **stehen** to contrast with sth ❷ (*Helligkeitsunterschied*) contrast *no pl*
Kontrastbrei *m* radiopaque material *no pl spec* **Kontrastfarbe** *f* contrasting colour [*or* AM -or]
kontrastieren* *vi* (*geh*) ■[**mit/zu etw** *dat*] ~ to contrast [with sth]
Kontrastmittel *nt* contrast medium **Kontrastprogramm** *nt* alternative programme [*or* AM -am]
Kontrazeption <-> *f kein pl* (*geh*) contraception
Kontrollabschnitt *m* tab, stub **Kontrollampe** *f s.* **Kontrolllampe**
Kontrolle <-, -n> *f* ❶ (*Überprüfung*) check, inspection; **die ~n an einem Flughafen** checks at an airport; **eine ~ durchführen** to conduct an inspection ❷ (*passive Überwachung*) monitoring ❸ (*aktive Überwachung*) supervision; **etw unter ~ bringen** to bring sth under control; **jdn/etw unter ~ haben** [*o* **halten**] (*Gewalt über jdn/etw haben*) to have sb/sth under control; (*jdn/etw überwachen*) to have sb/sth monitored; **die ~ über etw** *akk* **verlieren** (*Gewalt*) to lose control of sth; **die ~ über sich** *akk* **verlieren** to lose control of oneself ❹ (*Kontrollstelle*) checkpoint
Kontrolleur(in) <-s, -e> [kɔntrɔ'løːɐ] *m(f)* inspector
Kontrollfunktion *f* supervisory [*or* monitoring] function **Kontrollgang** *m* patrol
kontrollierbar *adj* ❶ (*beherrschbar*) controllable

② (*überprüfbar*) checkable, verifiable
kontrollieren* *vt* ① (*überprüfen*) ■ **jdn/etw** ~ to check sb/sth; ■ **etw auf etw** *akk* ~ to check sth for sth; ***haben Sie Ihre Wertsachen auf Vollständigkeit kontrolliert?*** have you checked your valuables to make sure they're all there? ② (*überwachen*) ■ **jdn/etw** ~ to monitor sb/sth; ■ **jdn/etw** [**auf etw** *akk*] ~ to check sb/sth [for sth] ③ (*beherrschen*) ■ **etw** ~ to control sth
Kontrolliste *f s.* Kontrollliste **Kontrolllampe**RR *f* indicator light; **rote** ~ red warning light
KontrolllisteRR *f* checklist **Kontrollorgan** *nt* POL controlling body **Kontrollpunkt** *m* checkpoint **Kontrollstelle** *f* checkpoint **Kontrollturm** *m* control tower **Kontrollzentrum** *nt* control centre [*or* AM -er]
kontrovers [-'vɛrs] I. *adj* (*geh*) ① (*gegensätzlich*) conflicting, opposing ② (*umstritten*) controversial II. *adv* (*geh*) in an argumentative manner *pred*
Kontroverse <-, -n> [-'vɛrzə] *f* (*geh*) conflict; **eine** ~ **austragen** to resolve a conflict
Kontur <-, -en> *f meist pl* contour; ~ **gewinnen** (*geh*) to take shape; **an** ~ **verlieren** (*geh*) to become less clear
Konus <-, -se *o* Konen> *m* cone
Konvektomat <-s, -e> *m* convector oven
Konvent <-[e]s, -e> [-'vɛnt] *m* ① (*Zusammenkunft*) convention, meeting ② (*Klostergemeinschaft*) convent; (*Mönchs~*) monastery
Konvention <-, -en> [-vɛn-] *f* ① *meist pl* (*Verhaltensnormen*) convention; **sich** *akk* **über alle/gängige ~en hinwegsetzen** to ignore all/the normal conventions ② (*Übereinkunft*) convention; **die Genfer** ~ the Geneva Convention; **die Haager ~en** the Hague Conventions
Konventionalstrafe *f* fixed penalty
konventionell [-vɛn-] I. *adj* ① (*geh: dem Durchschnitt entsprechend*) conventional ② MIL conventional II. *adv* ① (*geh: in althergebrachter Weise*) conventionally ② MIL conventionally
Konvergenz <-, -en> [-vɛr-] *f* BIOL convergence
Konversation <-, -en> [-vɛr-] *f* (*geh*) conversation; ~ **machen** to make conversation
Konversationslexikon [-vɛr-] *nt* (*veraltend*) encyclop[a]edia
konvertibel, **konvertierbar** [-vɛr-] *adj* convertible
Konvertierbarkeit <-> *f kein pl* convertibility
konvertieren* [-vɛr-] *vi haben o sein* ■ [**zu etw** *dat*] ~ to convert [to sth]
Konvertit(in) <-en, -en> [-vɛr-] *m(f)* convert
konvex [-'vɛks] I. *adj* convex II. *adv* convexly
Konvoi <-s, -s> ['kɔnvɔy, kɔn'vɔy] *m* convoy; **im** ~ **fahren** to travel in [*or* as a] convoy
Konvolut <-[e]s, -e> *nt* (*geh*) bundle
Konvulsion <-, -en> [-vʊl-] *f meist pl* convulsion
konzedieren* I. *vt* (*geh*) ■ [**jdm**] **etw** *akk* ~ to concede sth [to sb], to admit sth II. *vi* (*geh: zugestehen*) ■ [**jdm**] **~, dass** to concede [*or* admit] [to sb] that
Konzentrat <-[e]s, -e> *nt* concentrate
Konzentration <-, -en> *f* ① *kein pl* (*angestrengtes Nachdenken*) concentration ② (*Zusammenballung*) concentration ③ *kein pl* (*Bündelung*) ■ **die** ~ **einer S.** *gen* **auf etw** *akk* the concentration of sth on sth ④ (*Stärke*) concentration
Konzentrationsfähigkeit *f kein pl* ability to concentrate **Konzentrationsgradient** *m* BIOL, CHEM concentration gradient **Konzentrationslager** *nt* concentration camp **Konzentrationsmangel** *m kein pl* lack of concentration **Konzentrationsschwäche** *f* loss of concentration *no pl* **Konzentrationsstörung** *f* PSYCH, MED weak [*or* poor] concentration; **an ~en leiden** to suffer from weak [*or* poor] concentration
konzentrieren* I. *vr* ■ **sich** *akk* [**auf etw** *akk*] ~ to concentrate [on sth] II. *vt* ① (*bündeln*) ■ **etw** [**auf etw** *akk*] ~ to concentrate sth [on sth] ② (*massieren*) ■ **etw** ~ to concentrate sth
konzentriert I. *adj* ① (*angestrengt*) concentrated ② (*eingedickt*) concentrated ③ CHEM concentrated II. *adv* in a concentrated manner
konzentrisch I. *adj* concentric II. *adv* concentrically
Konzept <-[e]s, -e> *nt* ① (*Entwurf*) draft; **als** [*o* **im**] ~ in draft [form] ② (*Plan*) plan; **jdn aus dem** ~ **bringen** to put sb off; **aus dem** ~ **geraten** [*o* **kommen**] to lose one's train of thought; **jdm nicht ins** ~ **passen** to not fit in with sb's plans; **jdm das** ~ **verderben** (*fam*) to foil sb's plan
Konzeption <-, -en> *f* (*geh*) concept
konzeptionslos I. *adj* (*geh*) without basis *pred*, unmethodical II. *adv* unmethodically
Konzeptionslosigkeit *f* lack of [any] underlying structure [*or* plan]
Konzeptpapier *nt* draft paper
Konzern <-s, -e> *m* group
Konzert <-[e]s, -e> *nt* MUS ① (*Komposition*) concerto ② (*musikalische Aufführung*) concert
Konzertabend *m* concert **Konzertagentur** *f* concert agency **Konzertbesucher(in)** *m(f)* concertgoer **Konzertflügel** *m* concert grand
konzertiert *adj* (*geh*) concerted
Konzertina <-, -s> *f* concertina
Konzertmeister(in) *m(f)* concert master **Konzertpianist(in)** *m(f)* concert pianist **Konzertsaal** *m* concert hall **Konzertsänger(in)** *m(f)* concert singer
Konzession <-, -en> *f* ① (*geh: Zugeständnis*) concession; ■ **eine** ~ **an etw** *akk* a concession to sth; ■ [**jdm**] [**in etw** *dat*] **~en machen** to make concessions [to sb] [in sth] ② (*Gewerbeerlaubnis*) concession
Konzessionär(in) <-s, -e> *m(f)* concessionaire
konzessionsbereit *adj* (*geh*) willing to make concessions
Konzessionsbereitschaft *f kein pl* (*geh*) willingness to make concessions
Konzessivsatz *m* concessive clause
Konzil <-s, -e *o* -ien> *nt* ① (*Versammlung höherer Kleriker*) [ecclesiastical] council ② (*Hochschulgremium*) council
konziliant I. *adj* (*geh*) complaisant *form*, obliging II. *adv* (*geh*) complaisantly *form*, obligingly; ***er ist heute ~ gestimmt*** he's in an obliging mood today
Konzilianz *f* complaisance
konzipieren* *vt* ■ **etw** [**als etw** *akk*] ~ to plan sth [as sth]
Koog <-es, Köge> *m* NORDD (*Polder*) polder
Kooperation <-, -en> [koʔopera'tsi̯oːn] *f* cooperation *no indef art, no pl*
kooperativ *adj* (*geh*) co-operative
kooperieren* [koʔope'riːrən] *vi* ■ [**mit jdm**] ~ to cooperate [with sb]
Koordinate <-, -en> [koʔɔrdi'naːtə] *f* ① (*geometrische Angabe*) coordinate ② *meist pl* (*geografische Angabe*) coordinate
Koordinatenachse [-aksə] *f* coordinate axis **Koordinatensystem** *nt* coordinate system
Koordination <-, -en> *f* (*geh*) coordination
Koordinator(in) <-s, -toren> [koʔɔr-] *m(f)* (*geh*) coordinator
koordinieren* [koʔɔr-] *vt* (*geh*) ■ **etw** ~ to coordinate sth
Kopeke <-, -n> *f* kopeck, copeck
Kopenhagen <-s> *nt* Copenhagen
Kopf <-[e]s, Köpfe> *m* ① (*Haupt*) head; **von** ~ **bis**

Fuß from head to toe [*or* toe]; **den ~ in die Hände stützen** to rest one's head in one's hands; **den ~ in den Nacken werfen** to throw one's head back; **mit besoffenem ~** (*sl*) in a sozzled state, drunk out of one; **mit bloßem ~** bareheaded; **einen dicken** [*o* **schweren**] **~ haben** (*fam*) to have a sore head *fam*, to have a hangover *fam;* **einen heißen ~ haben** to have a hot forehead, to have a temperature; **einen roten ~ bekommen** to go red in the face; **einen [halben] ~ größer/kleiner als jd sein** to be [half a] head taller/smaller than sb; **~ an ~** shoulder to shoulder; (*beim Pferderennen*) neck and neck; **~ bei ~** jam-packed; **bis über den ~** above one's head; (*fig: ganz tief*) up to one's neck; **~ runter!** duck!; **[mit dem] ~ voraus** [*o* **voran**] headfirst, headlong AM, AUS; **~ weg!** (*fam*) out the way! *fam;* **jdm den ~ abschlagen** to behead sb, to cut off sb's head; **jdm brummt der ~** (*fam*) sb's head is thumping *fam;* **den ~ einziehen** to lower one's head; **sich** [*o* **schlagen**] **an den ~ fassen** *dat* (*fam*) to shake one's head; **jds ~ fordern** to demand sb be beheaded; ***wir fordern seinen Kopf!*** off with his head!; (*fig*) to demand sb's resignation; **den ~ hängen lassen** (*a. fig*) to hang one's head; **jdn den ~ kosten** to cost sb his/her head; (*fig*) to cost sb his/her job; **mit dem ~ nicken** to nod one's head; **den ~ schütteln** to shake one's head; **jdm schwindelt der ~, jds ~ schwindelt** sb's head is spinning; **den ~ sinken lassen** to lower one's head; **jdm auf den ~ spucken können** (*fam*) to be head and shoulders above sb *fam*, to be miles taller than sb; **auf dem ~ stehen** to stand on one's head; **jdm über den ~ wachsen** to grow taller than sb; (*fig*) to be too much for sb; **sich** *dat* **den ~ waschen** to wash one's hair; **die Köpfe zusammenstecken** (*fam*) to huddle together; **sich den ~ zuschütten** [*o* **zuziehen**] (*fam*) to get tanked up *fam* ❷ (*oberer Teil*) head; (*Briefkopf*) letterhead, head; (*vom Plattenspieler*) head, pick-up; **~ oder Zahl?** (*bei Münzen*) heads or tails?; **ein ~ Salat/Kohl** a head of lettuce/cabbage; **auf dem ~ stehen** to be upside down; **die Köpfe hängen lassen** *Blumen* to droop ❸ (*Gedanken*) head, mind; **etw will jdm nicht aus dem ~** sb can't get sth out of his/her head; **sich** *dat* **etw durch den ~ gehen lassen** to consider sth, to mull sth over; **im ~** in one's head; **etw im ~ haben** [*o* **behalten**] to have made a mental note of sth; ***die Einzelheiten kann ich nicht alle im ~ behalten*** I can't remember all the details; **etw im ~ haben** (*fam: sich mit etw beschäftigen*) to think about sth; **anderes** [*o* **andere Dinge**] **im ~ haben** to have other things to worry about; **nichts als** [*o* **nur**] **Fußball/Arbeit im ~ haben** to think of nothing but football/work; **in den ~ kommen, dass** to remember that; ***mir ist neulich in den Kopf gekommen, dass ...*** it crossed my mind the other day, that ...; **es will jdm nicht in den Kopf, wie/warum/dass** (*fam*) to not be able to understand how/why/that; ***will das dir denn nicht in den Kopf?*** can't you get that into your head?; **den ~ voll [mit etw] haben** (*fam*) to be preoccupied [with sth]; ***ich habe den Kopf voll genug!*** I've got enough on my mind; **etw im ~ rechnen** to calculate sth in one's head; **jdm durch den ~ schwirren** (*fam: gehen*) to buzz around sb's head; **in den Köpfen spuken** to haunt one's/their, etc. thoughts; **sich** *dat* **[über etw** *akk*] **den ~ zerbrechen** (*fam*) to rack one's brains [over sth] ❹ (*Verstand, Intellekt*) mind; ***du bist ein kluger Kopf!*** you are a clever boy/girl!; ***du hast wohl was am Kopf!*** (*sl*) you're not quite right in the head!; **ein heller** [*o* **kluger**] [*o* **schlauer**] **~ sein** (*fam*) to have a good [*or* clever] head on one's shoulders; **einen klaren ~ behalten** to keep a clear head; **einen kühlen ~ bewahren** [*o* **behalten**] to keep a cool head; **nicht ganz richtig** [*o* **klar**] **im ~ sein** (*fam*) to be not quite right in the head *fam;* **über jds ~ hinweg sein** to be over sb's head; **etw im ~ nicht aushalten** (*sl*) to not be able to bear sth; **dafür muss man's im ~ haben** you need brains for that/to do that *fam;* **etw geht jdm nicht in den ~** [*o* **etw will jdm nicht in den ~ gehen**] sb just can't understand sth; **jdm schwirrt der ~** (*fam*) sb's head is buzzing *fig;* **kaum wissen, wo jdm der ~ steht** (*fam*) to not know whether one is coming or going; **den ~ verlieren** (*fam*) to lose one's head; **jdm den ~ zurechtsetzen** [*o* **zurechtrücken**] (*fam*) to make sb see sense ❺ (*Wille*) mind; **seinen eigenen ~ haben** (*fam*) to have a mind of one's own; **seinen ~ durchsetzen** to get one's way; **nach jds ~ gehen** to go [*or* be] the way sb wants; **sich** *dat* **etw aus dem ~ schlagen** to get sth out of one's head; **sich** *dat* **in den ~ setzen, etw zu tun** to get it into one's head to do sth ❻ (*Person*) head, person; ■**der ~ einer S.** *gen* the person behind sth; **eine Summe/Belohnung auf jds ~** *akk* **aussetzen** to put a price on sb's head; ***auf den ~ dieses Mörders waren 500$ Belohnung ausgesetzt*** a reward of $500 had been offered for the murderer's capture; **pro ~** per head, per capita *form* ▸ WENDUNGEN: **[bei etw] ~ und Kragen riskieren** (*fam*) to risk life and limb [doing sth]; **den ~ in den Sand stecken** to bury one's head in the sand; **den ~ aus der Schlinge ziehen** to dodge danger; **mit dem ~ durch die Wand [rennen] wollen** (*fam*) to be determined to get one's way; **sich** *dat* **die Köpfe heiß reden** (*fam*) to talk oneself into a frenzy; **den ~ hoch tragen** to keep one's head held high; **~ hoch!** [keep your] chin up!; **jdn einen ~ kürzer machen** (*sl*) to chop sb's head off; **den ~ oben behalten** to keep one's chin up, to not loose heart; ***halt' den ~ oben, Junge*** chin up, kid; **jdm nicht [gleich] den ~ abreißen** (*fam*) to not bite sb's head off *fam;* **nicht auf den ~ gefallen sein** (*fam*) to not have been born yesterday *fam;* **wie vor den ~ geschlagen sein** (*fam*) to be dumbstruck; **etw auf den ~ hauen** (*fam*) to spend all of sth; **jdm auf dem ~ herumtanzen** (*fam*) to do as one likes with sb; **den ~ [für jdn/etw] hinhalten** (*fam*) to put one's head on the line; **jdm raucht der ~** (*fam*) sb's head is spinning; **sich um seinen ~ reden** to talk oneself straight into a prison cell/one's grave; **Köpfe werden rollen** heads will roll; **jdm in den ~ steigen, jdm zu Kopf[e] steigen** to go to sb's head; **und wenn du dich auf den ~ stellst, ..., du kannst dich auf den ~ stellen, ...** (*fam*) you can talk until you're blue in the face... *fam;* **etw auf den ~ stellen** (*etw gründlich durchsuchen*) to turn sth upside down [*or* inside out]; (*etw ins Gegenteil verkehren*) to turn sth on its head; **jdn vor den ~ stoßen** to offend sb; **jdm den ~ verdrehen** (*fam*) to turn sb's head; **jd vergisst noch mal seinen ~** (*fam*) sb would forget his/her head if it wasn't screwed on *fam;* **jdm den ~ waschen** to give sb a telling-off; **seinen ~ darauf wetten, dass** (*fam*) to bet one's bottom dollar that; **jdm etw an den ~ werfen** [*o fam* **schmeißen**] to chuck [*or* sling] sth at sb; **jdm Beleidigungen and den ~ werfen** to hurl insults at sb; **jdm etw auf den ~ zusagen** to tell sb sth to his/her face

Kopf-an-Kopf-Rennen *nt* (*a. fig*) neck-and-neck race **Kopfarbeit** *f* brain-work **Kopfbahnhof** *m* EISENB *station where trains cannot pass through but must enter and exit via the same direction* **Kopfball** *m* header **Kopfbedeckung** *f* headgear *no indef art, no pl;* **ohne ~** bareheaded

Köpfchen <-s, -> *nt dim von* **Kopf** (*kleiner Kopf*) [little] head ▸ WENDUNGEN: **~ haben** (*fam*) to have brains; **~, ~!** (*fam*) very clever!

köpfen I. *vt* ❶ (*fam: enthaupten*) ■**jdn ~** to behead sb; *s. a.* Flasche ② (*die Triebe beschneiden*) ▪ **etw** ~ to prune sth **II.** *vi* to head the ball

Kopfende *nt* head **Kopffreiheit** *f* AUTO headroom **Kopffüßer** <-s, -> *m* cuttlefish **Kopfgeburt** *f* (*pej fam*) unrealistic proposal **Kopfgeld** *nt* head money *no pl,* bounty **Kopfgeldjäger(in)** *m(f)* bounty hunter **Kopfhaar** *nt* ① *kein pl* (*Haupthaar*) hair ② (*einzelnes Haar*) hair **Kopfhaut** *f* scalp **Kopfhörer** *m* headphones *pl* **Kopfjäger(in)** *m(f)* headhunter **Kopfkissen** *nt* pillow **Kopfkissenbezug** *m* pillowcase **kopflastig** *adj* ① (*vorn zu stark beladen*) nose-heavy; (*oben zu stark beladen*) top-heavy ② (*zu viel Leitungspersonal aufweisend*) top-heavy ③ (*zu intellektuell*) overly intellectual **Kopflaus** *f* head louse **kopflos** **I.** *adj* ① (*ganz verwirrt*) bewildered, confused; ▪ ~ **sein/werden** to be/become hysterical; **jdn** ~ **machen** to confuse sb ② (*enthauptet*) headless, beheaded **II.** *adv* in a bewildered [*or* confused] manner **Kopflosigkeit** <-> *f kein pl* hysterical confusion **Kopfmensch** *m* PSYCH (*fam*) cerebral person **Kopfnicken** *nt kein pl* nod [of the head] **Kopfrechnen** *nt* mental arithmetic *no pl* **Kopfsalat** *m* lettuce **kopfscheu** *adj* ▸ WENDUNGEN: **jdn** ~ **machen** (*fam*) to confuse sb; ~ **werden** (*fam*) to get confused **Kopfschmerz** *m meist pl* headache; **jdm** ~**en bereiten** [*o fam* **machen**] to give sb headaches [*or* a headache]; ~**en haben** to have a headache; **sich** *dat* **über/um etw** *akk*/**wegen etw** *akk* ~**en/keine** ~**en machen** *dat* to worry/not worry about sth **Kopfschmerztablette** *f* headache tablet **Kopfschuppen** *pl* MED dandruff *no pl, no indef art* **Kopfschuss**[RR] *m* shot in the head **Kopfschütteln** *nt kein pl* shake of the head **kopfschüttelnd** **I.** *adj* shaking his/her, etc. head *pred* **II.** *adv* with a shake of the head **Kopfsprung** *m* header; **einen** ~ **machen** to take a header [*or* [head] dive] **Kopfstand** *m* headstand; **einen** ~ **machen** to do a headstand, to stand on one's head

Kopfstein *m* cobblestone **Kopfsteinpflaster** *nt* cobblestones *pl,* cobbled surface **Kopfstimme** *f* MUS head-voice, falsetto **Kopfstütze** *f* headrest **Kopftuch** *nt* headscarf **kopfüber** *adv* head first **Kopfverband** *m* head dressing **Kopfverletzung** *f* head injury **Kopfweh** *nt s.* Kopfschmerz **Kopfwunde** *f s.* Kopfverletzung **Kopfzerbrechen** *nt* ▸ WENDUNGEN: **jdm** ~ **bereiten** [*o* **machen**] to cause sb quite a headache; **sich** *dat* **über jdn/etw** ~ **machen** to worry about sb/sth

Kopie <-, -n> [*pl* -ˈpiːən] *f* ① (*Nachbildung*) copy, replica ② (*Fotokopie*) photocopy; **eine** ~ [**von etw** *dat*] **machen** to make a photocopy [of sth] ③ (*Durchschrift*) [carbon] copy ④ (*Abschrift*) copy ⑤ (*Abzug eines Fotos*) copy, print ⑥ (*Doppel eines Films*) copy, print

kopieren* *vt* ① (*foto~*) ▪ **etw** ~ to photocopy sth; (*pausen*) to trace sth ② FOTO, FILM (*Abzüge machen*) ▪ **etw** ~ to print sth ③ (*Doppel herstellen*) ▪ **etw** ~ to copy sth ④ (*nachbilden*) ▪ **etw** ~ to copy [*or* replicate] sth ⑤ (*nachahmen*) ▪ **jdn/etw** ~ to imitate [*or* copy] sb/sth; **oft kopiert, nie erreicht** often imitated but never equalled [*or* AM *a.* duplicated]

Kopierer <-s, -> *m* (*fam*) *s.* **Kopiergerät**

Kopiergerät *nt* [photo]copier **Kopierpapier** *nt* [photo]copy paper *no pl* **Kopierschutz** *m* copy protection *no pl* **Kopierstift** *m* indelible pencil

Kopilot(in) *m(f)* co-pilot

Koppel[1] <-s, – *o* ÖSTERR -, -n> *nt o* ÖSTERR *f* belt

Koppel[2] <-, -n> *f* pasture

koppeln *vt* ① (*anschließen*) ▪ **etw an etw** *akk* ~ to connect sth to sth ② (*miteinander verbinden*) ▪ **etw** [**an etw** *akk*] ~ to couple sth [onto sth] ③ (*mit etw verknüpfen*) ▪ **etw an etw** *akk* ~ to make sth dependent on sth; ▪ **etw mit etw** *dat* ~ to link sth with sth

Koppelschloss[RR] *nt* belt buckle

Kopp(e)lung <-, -en> *f* ① (*das Anschließen*) connection ② RAUM (*Verbindung*) docking

Kopp(e)lungsmanöver [-vɐ] *nt* RAUM docking manoeuvre [*or* AM maneuver]; **ein** ~ **durchführen** to carry out a docking manoeuvre

Köpper <-s, -> *m* DIAL (*fam*) header; **einen** ~ **machen** to take a header

Kopplung <-, -en> *f s.* **Koppelung**

Kopplungsgruppe *f* BIOL linkage group

Kopra <-> *f kein pl* copra

Koproduktion *f* co-production; **in** ~ **mit etw** *dat* in cooperation with sth

Koproduzent(in) *m(f)* co-producer

Kopte, Koptin <-n, -n> *m, f* Copt

koptisch *adj* Coptic

Kopulation <-, -en> *f* copulation

kopulieren* *vi* to copulate

kor *imp von* **küren**

Koralle <-, -n> *f* coral

Korallenbank <-bänke> *f* coral reef **Koralleninsel** *f* coral island **Korallenkette** *f* coral necklace **Korallenriff** *nt* coral reef **Korallensee** *f* Coral Sea

Koran <-s> *m kein pl* Koran

Koranschule *f* Koran[ic] school

Korb <-[e]s, Körbe> *m* ① (*Behälter aus Geflecht*) basket; **ein** ~ **Äpfel** a basket[ful] of apples ② (*Papierkorb*) wastepaper basket, bin ③ (*Ring mit Netz*) basketball; **einen** ~ **erzielen** [*o* **schießen**] to score a goal ④ *kein pl* (*Weidengeflecht*) wicker ⑤ (*fam: Abfuhr*) rejection; [**bei/von jdm**] **einen** ~ **bekommen,** **sich** *dat* [**bei/von jdm**] **einen** ~ **holen** (*fam*) to be rejected [by sb]; **jdm einen** ~ **geben** (*fam*) to reject sb, to turn sb down

Korbball *m kein pl* korfball **Korbblüt(l)er** <-s, -> *m* composite

Körbchen <-s, -> *nt* ① *dim von* **Korb 1** (*kleiner Korb*) small basket ② MODE (*bei Büstenhaltern*) cup

Korbflasche *f* demijohn **Korbmacher(in)** *m(f)* basket-maker **Korbmöbel** *nt* piece of basketwork [*or* wickerwork] furniture

Kord <-[e]s, -e> *m s.* **Cord**

Kordel <-, -n> *f* cord

Kordilleren [kɔrdɪlˈjeːrən] *pl* ▪ **die** ~ the Cordillera [Central, Occidental and Oriental]

Kordon <-s, -s *o* ÖSTERR -e> *m* cordon

Korea *nt* Korea

Koreaner(in) *m(f)* Korean

Koreanisch *nt decl wie adj* Korean; *s. a.* **Deutsch**

koreanisch *adj inv* Korean

Koreanische <-n> *nt* ▪ **das** ~ Korean, the Korean language; *s. a.* **Deutsche**

Koreferent(in) *m(f) s.* **Korreferent**

Koriander <-s, -> *m* coriander *no pl*

Korinth *nt* Corinth

Korinthe <-, -n> *f* current

Korinthenkacker(in) <-s, -> *m(f)* (*pej sl*) hair-splitter *pej fam,* nitpicker *pej fam*

Korinther(in) *m(f)* Corinthian

korinthisch *adj* ① (*zu Korinth*) Corinthian ② KUNST Corinthian

Kork <-[e]s, -e> *m* ① (*Material aus Korkeichenrinde*) cork *no pl;* **aus** ~ cork *attr,* made of cork *pred* ② DIAL (*Korken*) cork

Korkeiche *f* cork-oak

Korken <-s, -> *m* cork; ~ **haben** to be corked

Korkengeld *nt* (*veraltend*) corkage **Korkenzieher** <-s, -> *m* corkscrew **Korkenzieherlocken** *pl* corkscrew curls **Korkfußboden** *m* cork floor

korkig I. *adj* corked II. *adv* ***der Wein schmeckt*** ~ the wine tastes corked

Korkplatte *f* cork panel **Korktapete** *f* cork panelling [*or* AM paneling] *no pl* **Korkuntersetzer** *m* cork coaster

Kormoran <-s, -e> *m* cormorant

Korn[1] <-[e]s, Körner *o* -e> *nt* ① (*Samenkorn*) grain ② (*hartes Teilchen*) grain ③ (*Getreide*) corn *no pl*, grain *no pl* ④ *kein pl* FOTO (*Feinstruktur*) grain

Korn[2] <-[e]s, – *o* -s> *m* (*Kornbranntwein*) corn brandy, schnapps

Korn[3] <-[e]s, -e> *nt* front sight; **etw aufs ~ nehmen** to draw a bead on sth; (*fig fam*) to attack [*or* hit out at] sth; **jdn aufs ~ nehmen** (*fig fam*) to have it in for sb *fam*, to start keeping tabs on sb *fam*

Kornähre *f* ear of corn **Kornblume** *f* cornflower **kornblumenblau** *adj* cornflower blue **Kornbranntwein** *m* (*geh*) corn brandy

Körnchen <-s, -> *nt dim von* **Korn**[1] grain; **ein ~ Wahrheit** a grain of truth

Körnerfutter *nt* grain feed *no pl*

Kornett <-s, -e *o* -s> *nt* cornet

Kornfeld *nt* cornfield **Kornhalm** *m* stalk

körnig *adj* ① (*aus Körnchen bestehend*) granular ② (*nicht weich*) grainy ③ (*eine rauhe Oberfläche habend*) granular

Kornkammer *f* (*geh*) granary **Kornsilo** *m* grain silo

Körnung <-, -en> *f* ① (*körnige Oberfläche*) grain ② FOTO (*körnige Struktur*) granularity

Kornweihe *f* ORN hen harrier

Korona <-, Koronen> *f* ① TECH corona ② (*Strahlenkranz der Sonne*) corona ③ (*geh: Schar*) bunch, crowd

Koronargefäß *nt* coronary vessel **Koronarinsuffienz** *f* coronary failure **Koronarsklerose** *f* coronary arteriosclerosis *spec*

Körper <-s, -> *m* ① (*Leib*) body; ~ **und Geist** body and mind; **am ganzen** ~ all over ② (*Organismus*) body ③ (*Leiche*) body, corpse ④ (*Gebilde*) body, object ⑤ (*Stoffdichte*) body; ***der Wein hat*** ~ the wine has a good body, it is a full-bodied wine

Körperbau *m kein pl* physique **Körperbeherrschung** *f kein pl* body control **körperbehindert** *adj* (*geh*) physically disabled [*or* handicapped] **Körperbehinderte(r)** *f(m) decl wie adj* (*geh*) physically disabled [*or* handicapped] person **körperbetont** *adj* clinging, emphasizing [*or* BRIT *a.* -ising] one's contours *pred* **körpereigen** *adj inv, attributiv* MED endogenic, body's own, in-built **Körperertüchtigung** *f* (*geh*) physical training **Körpergefühl** *nt* MED, PSYCH perception of one's own body **körpergerecht** *adj* shaped to fit the contours of the body *pred* **Körpergeruch** *m* body odour [*or* AM -or], B.O. **Körpergewicht** *nt* weight **Körpergröße** *f* size **Körperhaltung** *f* posture **Körperkontakt** *m* body contact **Körperkraft** *f* strength **Körperlänge** *f s.* **Körpergröße**

körperlich I. *adj* ① (*den Leib betreffend*) physical ② (*geh: stofflich*) material, corporeal *form* II. *adv* ① (*mit Hilfe der Muskeln*) physically; ~ **arbeiten** to do physical work ② (*an Körperkraft*) physically

körperlos *adj* immaterial, incorporeal *form*

Körperlotion *f* PHARM, MED body lotion **Körperöffnung** *f* orifice [of the body] **Körperpflege** *f* personal hygiene

Körperschaft <-, -en> *f* corporation

Körperschaftsteuer *f* corporation tax

Körpersprache *f* body language **Körperteil** *m* part of the body **Körpertemperatur** *f* body temperature **Körperverletzung** *f* bodily harm *no indef art, no pl;* **fahrlässige** ~ bodily injury caused by negligence; **schwere** ~ grievous bodily harm **Körperwärme** *f* body heat [*or* warmth] *no pl*

Korpora *pl von* **Korpus**[2]

Korporation <-, -en> *f* ① (*Studentenverbindung*) association, club, AM *a.* fraternity ② (*geh*) *s.* **Körperschaft**

korporiert *adj* (*einer Studentenverbindung angehörend*) ■~ **sein** to be a member of an association/a club

Korps <-, -> [koːɐ] *nt* ① MIL, POL corps; **diplomatisches** ~ diplomatic corps ② (*schlagende Studentenverbindung*) duelling [*or* AM dueling] association

Korpsgeist *m kein pl* (*geh*) community spirit

Korpsstudent *m* member of a student [duelling [*or* AM dueling]] association

korpulent *adj* (*geh*) corpulent

Korpulenz <-> *f kein pl* (*geh*) corpulence

Korpus[1] <-, -se> *m* ① *kein pl* (*tragende Basis*) base ② (*hum fam: Körper*) body ③ *kein pl* (*der Gekreuzigte*) crucifix

Korpus[2] <-, Korpora> *nt* ① (*Sammlung von Textmaterialien*) corpus ② *kein pl* (*Klangkörper*) body

Korreferat *nt* ① (*weiteres Referat*) follow-up [*or* BRIT *a.* supplementary] paper ② (*weitere Begutachtung*) second assessment

Korreferent(in) *m(f)* ① (*weiterer Redner*) co-speaker ② (*zweiter Gutachter*) co-marker

korrekt I. *adj* ① (*richtig*) correct ② (*vorschriftsmäßig auftretend*) upright, upstanding; ■[**in etw** *dat*] ~ **sein** to be correct [in sth] ③ (*vorschriftsmäßig*) correct, punctilious II. *adv* ① (*richtig*) correctly ② (*vorschriftsmäßig*) correctly, uprightly, punctiliously

korrekterweise *adv* properly speaking

Korrektheit <-> *f kein pl* ① (*Richtigkeit*) correctness ② (*vorschriftsmäßiges Auftreten*) correctness ③ (*vorschriftsmäßige Art*) correctness, punctiliousness

Korrektor, Korrektorin <-s, -toren> *m, f* ① (*Korrektur lesen*) proof-reader ② (*korrigierender Prüfer*) marker

Korrektur <-, -en> *f* ① (*geh: das Korrigieren*) correction; [**etw**] ~ **lesen** to proof-read [sth] ② (*geh: Veränderung*) adjustment ③ (*Korrekturfahne*) galley [proof] *spec*

Korrekturband <-bänder> *nt* correction ribbon **Korrekturfahne** *f* galley [proof] *spec* **Korrekturflüssigkeit** *f* correction fluid **Korrekturtaste** *f* correction key **Korrekturzeichen** *nt* proofreaders' mark

Korrelat <-[e]s, -e> *nt* SCI (*geh: ergänzende Entsprechung*) correlate

Korrespondent(in) <-en, -en> *m(f)* ① (*Reporter*) correspondent ② (*Handelskorrespondent*) correspondence clerk

Korrespondenz <-, -en> *f* correspondence *no pl*

korrespondieren* *vi* ① (*in Briefwechsel stehen*) ■[**mit jdm**] ~ to correspond [with sb] ② (*geh: entsprechen*) ■**mit etw** *dat* ~ to correspond to [*or* with] sth

Korridor <-s, -e> *m* corridor; **der** [**Polnische**] ~ HIST the Polish Corridor

korrigierbar *adj* correctable, correctible

korrigieren* *vt* ① SCH, MEDIA (*berichtigen*) ■**etw** ~ to correct sth; **eine Klassenarbeit/einen Aufsatz** ~ to mark a test/an essay; **ein Manuskript** ~ to proofread a manuscript; ■**korrigiert** corrected; *Aufsatz, Arbeit* marked; **etw nach oben/unten** ~ to adjust sth upwards/downwards; *Aufsatz, Arbeit* to mark sth up/down ② MED (*ausgleichen*) ■**etw** ~ to correct sth ③ (*verändern*) ■**etw** ~ to alter [*or* change] sth ④ (*verbessern*) ■**jdn** ~ to correct sb

korrodieren* *vi sein* to corrode; ■**korrodiert** corroded

Korrosion <-, -en> *f* ① (*das Korrodieren*) corrosion ② GEOL (*Zersetzung*) corrosion

korrosionsbeständig *adj* non-corrosive; ■ ~ **sein** to be non-corrosive **Korrosionsschutz** *m* corrosion prevention

korrumpieren* *vt* (*pej geh*) ■ **jdn** ~ to corrupt sb

korrupt *adj* (*pej*) ① (*bestechlich*) corrupt ② (*moralisch verkommen*) corrupt

Korruption <-, -en> *f* (*pej*) corruption

Korruptionssumpf *m* POL (*pej fam*) circle of corruption

Korse, Korsin <-n, -n> *m, f* GEOG Corsican; ~ **sein** to be [a] Corsican

Korsett <-s, -s *o* -e> *nt* ① MODE, MED corset ② (*fig*) straitjacket

Korsika <-s> *nt kein pl* Corsica

Korsin <-, -nen> *f fem form von* **Korse**

korsisch *adj* Corsican

Korso <-s, -s> *m* ① (*Umzug*) procession, parade ② (*selten: Prachtstraße*) boulevard

Kortison <-s, -e> *nt* MED cortisone

Kortisonbehandlung *f* MED cortisone treatment *no pl*, treatment with cortisone *no pl*

Korvette <-, -n> *f* NAUT corvette

Korvettenkapitän *m* NAUT lieutenant commander

Koryphäe <-, -n> *f* (*geh: Spezialist*) leading authority

Kosak(in) <-en, -en> *m(f)* Cossack

Kosakenmütze *f* cossack hat

Kosakin <-, -nen> *f fem form von* **Kosake**

koscher I. *adj* ① REL kosher ② (*fam: einwandfrei*) kosher *fam* ▶ WENDUNGEN: **nicht [ganz]** ~ **sein** to be not [quite] kosher [*or* on the level] II. *adv* REL according to kosher requirements

K.-o.-Schlag *m* knockout blow

Koseform *f* LING affectionate form (*of a name*)

kosen I. *vi* (*veraltend liter*) ■ **mit jdm** ~ to canoodle with sb II. *vt* (*veraltend geh*) ■ **jdn** ~ to caress sb

Kosename *m* pet name **Kosewort** *nt* ① (*Kosename*) pet name ② (*zärtliche Worte*) term of endearment, sweet nothing *fam*

K.-o.-Sieg *m* knockout victory

Kosinus <-, -u *o* -se> *m* MATH cosine

Kosmetik <-> *f kein pl* ① (*Schönheitspflege*) cosmetics *pl* ② (*pej geh*) ***diese Maßnahmen sind reine*** ~ these measures are purely cosmetic

Kosmetiker(in) <-s, -> *m(f)* cosmetician, beautician

Kosmetikkoffer *m* vanity case

Kosmetikum <-s, -metika> *nt* cosmetic

kosmetisch I. *adj* ① (*die Schönheitspflege betreffend*) cosmetic ② (*pej geh*) cosmetic II. *adv* cosmetically

kosmisch *adj* ① (*den Kosmos betreffend*) cosmic ② (*im Kosmos vorhanden*) cosmic ③ (*geh: umfassend*) cosmic

Kosmonaut(in) <-en, -en> *m(f)* cosmonaut

Kosmopolit(in) <-en, -en> *m(f)* (*geh*) cosmopolitan

kosmopolitisch *adj* (*geh*) cosmopolitan

Kosmos <-> *m kein pl* ■ **der** ~ the cosmos

Kosovare, Kosovarin <-n, -n> *m, f* Kosovan

kosovarisch *adj* (*aus dem Kosovo stammend*) Kosovan

Kosovo <-s> ['kɔsɔvɔ] *m* ■ **[der]** ~ Kosovo

Kosovo-Abkommen *nt* Kosovo peace agreement **Kosovo-Albaner(in)** *m(f)* Kosovo-Albanian, Kosovo Albanian **kosovo-albanisch** *adj* Kosovo-Albanian **Kosovo-Flüchtling** *m* Kosovo [*or* Kosovan] refugee, refugee from Kosovo **Kosovo-Friedenstruppe** *f* peace troops in Kosovo **Kosovo-Krieg** *m* ■ **der** ~ the Kosovo war, the war in Kosovo **Kosovo-Krise** *f* POL ■ **die** ~ the Kosovo crisis

Kost <-> *f kein pl* food; **jdn in** ~ **geben** to board sb out; **jdn in** ~ **nehmen** to board sb, to take sb as a boarder; **[freie]** ~ **und Logis** [free] board and lodging; **geistige** ~ intellectual fare; **leichte** ~ light fare; **reichliche** ~ plentiful diet; **schmale** ~ meagre [*or* AM -er] fare

kostbar *adj* ① (*wertvoll*) valuable; ■ **jdm** ~ **sein** to mean a lot [*or* the world] to sb ② (*unentbehrlich*) precious; ■ **[jdm] zu** ~ **sein** to be too precious ▶ WENDUNGEN: **sich** ~ **machen** (*fam: selten kommen*) to stay away

Kostbarkeit <-, -en> *f* ① (*wertvoller Gegenstand*) treasure, precious object ② (*Erlesenheit*) preciousness

kosten[1] I. *vt* ① (*als Preis haben*) ■ **etw** ~ to cost sth ② (*als Preis erfordern*) ■ **jdn etw** ~ to cost sb sth; ***der Computer hat mich 1000 Mark gekostet*** the computer cost me 1000 marks; **sich** *dat* **etw etwas** ~ **lassen** (*fam*) to be prepared to spend a lot on sth *fam* ③ (*erfordern*) ■ **jdn etw** ~ to take [up] sb's sth; ***das kann uns viel Zeit*** ~ it could take us a [good] while ④ (*rauben*) ■ **jdn etw** ~ to cost sb sth ▶ WENDUNGEN: **koste es, was es wolle** whatever the cost II. *vi* to cost

kosten[2] I. *vt* (*geh*) ■ **etw** ~ ① (*probieren*) to taste [*or* try] sth ② (*aus~*) to make the most of [*or* to enjoy] sth II. *vi* (*geh*) ■ **[von etw]** ~ to have a taste [of sth], to taste [*or* try] [sth]

Kosten *pl* costs *pl*, expenses *pl*; ~ **sparend** *adjektivisch* economical; *adverbial* economically; ~ **treibend** cost-increasing; **auf seine** ~ **kommen** to get one's money's worth, to enjoy oneself; **die** ~ **tragen** [*o* **übernehmen**] to bear the costs; **auf** ~ **von jdm/etw** [*o* **einer S.** *gen*] at the expense of sb/sth

Kostenaufwand *m* expense; **mit [einem] bestimmtem** ~ at a certain expense; **mit einem** ~ **von etw** at a cost of sth **Kostenbeteiligung** *f* ÖKON cost sharing *no pl*, [assuming [*or* assumption of] *no pl* a] share of the costs **kostenbewusst**[RR] *adj* cost-conscious **Kostendämpfung** *f* curb on expenditure **kostendeckend** I. *adj* cost-effective II. *adv* cost-effectively, to cover one's costs **Kosteneinsparung** *f* ÖKON cost saving **Kostenerstattung** *f* reimbursement of expenses **Kostenexplosion** *f* (*fam*) costs explosion **Kostenfaktor** *m* cost factor **kostenfrei** *adj* JUR cost-free, free of cost **Kostengrund** *m* financial reason **kostengünstig** *adj* economical, less expensive, lower-cost, favourably [*or* AM -orably] priced **kostenintensiv** *adj* cost-intensive **Kostenkalkulation** *f* calculation of costs, cost-calculation **kostenlos** I. *adj* ■ ~ **sein** to be free [of charge] II. *adv* free [of charge] **kostenneutral** *adj* self-financing **Kosten-Nutzen-Rechnung** *f* cost-benefit calculation

kostenpflichtig I. *adj* liable to costs; ■ ~ **sein** to bear a charge, to be liable to costs; *s. a.* **Verwarnung** II. *adv* at cost; ***Fahrzeuge werden*** ~ ***abgeschleppt*** vehicles will be towed away at owner's expense

Kostenplanung *f* ÖKON cost planning **Kostenpunkt** *m* cost item; ~**?** (*fam*) how much? **Kostenrahmen** *m* ÖKON budget **Kostenrechnung** *f* ÖKON cost accounting, costing **Kostenrückerstattung** *f* ÖKON reimbursement of costs, refund of expenses **Kostenselbstbeteiligung** *f* own cost-contribution **Kostensteigerung** *f* ÖKON increase in cost[s], cost increase *no pl* **Kostenstelle** *f* cost centre [*or* AM -er] **Kostenträger** *m* cost bearer **Kostenübernahme** *f* agreement to cover costs **Kostenvoranschlag** *m* estimate, quotation; **sich** *dat* **einen** ~ **[von jdm] machen lassen, [von jdm] einen** ~ **einholen** to get [*or* obtain] an estimate [from sb]; **jdm einen** ~ **machen** to give sb an estimate **Kos-**

K

tenwirksamkeit *f* ÖKON cost-effectiveness *no pl*
Kostgeld *nt* board
köstlich **I.** *adj* ❶ (*herrlich*) delicious, exquisite ❷ (*fam: amüsant*) priceless **II.** *adv* ❶ (*herrlich*) deliciously, exquisitely ❷ (*in amüsanter Weise*) **sich ~ amüsieren** to have a wonderful time
Köstlichkeit <-, -en> *f* ❶ *kein pl* (*geh: herrliche Art*) exquisiteness ❷ (*Delikatesse*) delicacy
Kostprobe *f* ❶ (*etwas zum Probieren*) taste ❷ (*Vorgeschmack, Beispiel*) taste, sample; ***eine ~ seines Könnens*** a sample of his skill
kostspielig *adj* costly, expensive
Kostüm <-s, -e> *nt* ❶ MODE suit ❷ HIST costume ❸ THEAT costume
Kostümball *m* fancy-dress [*or* costume] ball **Kostümbildner(in)** <-s, -> *m(f)* costume designer
kostümieren* *vt* ■**sich [als etw] ~** ❶ (*sich verkleiden*) to dress up [as sth] ❷ (*pej fam: sich unpassend anziehen*) ***wie hast du dich denn kostümiert!*** why on earth have you rigged yourself out like that!
Kostümprobe *f* THEAT dress rehearsal
Kostumstellung *f* change of diet
Kostümverleih *m* costume hire [*or* AM rental]
Kostverächter(in) <-s, -> *m(f)* ▶ WENDUNGEN: **kein ~/keine ~in sein** (*hum*) to enjoy one's food; (*etwas für Sex übrig haben*) to relish the opposite sex
Kot <-[e]s> *m kein pl* ❶ (*geh*) excrement, faeces BRIT *form*, feces AM *form* ❷ (*veraltend: aufgeweichte Erde*) mud ▶ WENDUNGEN: **etw/jdn mit ~ bewerfen** to sling mud at sth/sb; **etw in [*o* durch] den ~ ziehen** to drag sth through the mire
Kotangens *m* MATH cotangent
Kotau <-s, -s> *m* ▶ WENDUNGEN: **einen ~ [vor jdm] machen** (*pej geh*) to kowtow [to sb]
Kotelett <-s, -s *o selten* -e> [kotə'lɛt, kɔt'lɛt] *nt* KOCHK chop, cutlet
Koteletten *pl* MODE sideburns *npl*, side-whiskers *npl old*, BRIT *a.* sideboards *npl*
Köter <-s, -> *m* (*pej*) mutt
Kotflügel *m* AUTO wing
Kotzbrocken *m* (*pej sl*) slimy git BRIT *sl*, slimeball AM *sl*
Kotze <-> *f kein pl* (*vulg*) puke *sl;* **die ~ kriegen** it makes you want to puke
kotzen *vi* (*vulg: sich erbrechen*) to puke; **das ist zum K~** (*sl*) it makes you sick *sl;* ***das finde ich zum K~*** it makes me sick ▶ WENDUNGEN: **da kann man das [kalte] K~ kriegen** (*sl*) it makes you want to puke *sl*
kotzübel *adj* (*fam*) ■**jdm ~ sein/werden** sb feels like they're going to puke *sl*
KP <-, -s> *f Abk von* **Kommunistische Partei** Communist Party
KPD <-> *f kein pl Abk von* **Kommunistische Partei Deutschlands** German Communist Party
KPdSU <-> *f kein pl* (*hist*) *Abk von* **Kommunistische Partei der Sowjetunion** Communist Party of the Soviet Union
Krabbe <-, -n> *f* ❶ ZOOL (*Taschenkrebs*) crab ❷ KOCHK (*Garnele*) prawn ❸ (*fam: kleines Mädchen*) sweet little girl *fam*
krabbeln **I.** *vi sein* (*sich mit den Beinen fortbewegen*) to crawl **II.** *vt* (*fam: kitzeln*) to crawl
Krach <-[e]s, Kräche *o* -s> *m* ❶ *kein pl* (*Lärm*) noise, racket *fam;* **~ machen** to make a noise [*or fam* racket] ❷ (*lauter Schlag*) bang ❸ *pl Kräche* (*fam: Streit*) quarrel, BRIT *a.* row; **~ [mit jdm] haben** (*fam*) to have a row [with sb] *fam;* **mit jdm ~ kriegen** (*fam*) to get into trouble with sb ❹ (*fam: wirtschaftlicher Zusammenbruch*) crash ▶ WENDUNGEN: **~ machen [*o* schlagen]** (*fam*) to make a fuss *fam*
krachen **I.** *vi* ❶ *haben* (*laut hallen*) to crash; *Ast* to creak; *Schuss* to ring out ❷ *sein* (*fam: prallen*) to crash *fam;* ■**auf etw** *akk*/**gegen/in etw** *akk*/**vor etw** *akk* **~** to crash onto/against/into/in front of sth **II.** *vi impers haben* ❶ (*ein Krachen verursachen*) ■**es kracht** there is a crashing noise ❷ (*fam: Unfall verursachen*) ***auf der Kreuzung hat es gekracht*** there's been a crash on the intersection ❸ (*fam: Börsenkrach geben*) ***der Betrieb kracht*** the company is going bankrupt ▶ WENDUNGEN: **dass es nur so kracht** (*fam*) with a vengeance *fam;* **sonst kracht's!, und es kracht!** (*fam*) or/and there'll be trouble *fam* **III.** *vr* (*fam*) to have a row BRIT *fam* [*or* AM an argument]; ■**sie ~ sich** they're having a row; ■**sich mit jdm ~** to have a row with sb
krachend *adv* with a crash [*or* bang], crashing
Kracher <-s, -> *m* banger BRIT, firecracker AM; **alter ~** old codger
Krachmacher(in) *m(f)* (*pej fam*) noisy character
Krachsalat *m* iceberg lettuce
krächzen **I.** *vi* ❶ ORN to caw; ■**~d** cawing ❷ (*fam: heiser sprechen*) to croak *fam* ❸ (*sich geräuschvoll räuspern*) to clear one's throat noisily **II.** *vt* (*fam*) ■**etw ~** to croak sth
Krächzen <-s> *nt kein pl* ❶ ORN (*einer Krähe, Rabe*) cawing ❷ (*fam: heiseres Sprechen*) croaking
Kräcker <-s, -> *m* cracker
kraft *präp +gen* (*geh*) ■**~ einer S.** by virtue of sth *form*
Kraft <-, Kräfte> *f* ❶ ([*körperliche*] *Stärke*) strength; **wieder zu Kräften kommen** to regain one's strength; **seine Kräfte [mit jdm] messen** to try [*or* pit] one's strength [against sb]; **nicht wissen wohin mit seiner ~** (*fam*) to be brimming with energy; **wieder bei Kräften sein** to have got one's strength back; **über jds Kräfte gehen** *akk* to be more than sb can cope with; **seine Kräfte sammeln** to gather one's strength; **die ~ aufbringen, etw zu tun** to find the strength to do sth; **mit seinen Kräften Haus halten müssen** to have to conserve one's strength ❷ (*Geltung*) power; **außer ~ sein** to be no longer in force; **in ~ sein** to be in force; **etw außer ~ setzen** to cancel sth; **in ~ treten** to come into force [*or* effect] ❸ (*Potenzial*) potential, power, strength; **mit aller ~** with all one's strength; **mit letzter ~** with one's last ounce of strength; **die treibende ~** the driving force; **mit vereinten Kräften** with combined efforts, in a combined effort; (*Truppen*) to gather one's troops; **in jds Kräften stehen** to be within sb's powers; ***ich will Ihnen gerne behilflich sein, so weit es in meinen Kräften steht*** I will do everything within my power to help you ❹ PHYS (*Energie*) power; **aus eigener ~** by oneself; **mit frischer ~** with renewed energy; **halbe/volle ~ voraus!** NAUT half/full speed ahead!; **magnetische Kräfte** magnetic attraction *sing* ❺ *meist pl* (*Einfluss ausübende Gruppe*) force ❻ (*Arbeitskraft*) employee, worker ▶ WENDUNGEN: **vor ~ nicht mehr laufen können** (*hum fam*) to be too muscle-bound to move; **nach [besten] Kräften** as much as possible, to the best of one's ability
Kraftakt *m* act of strength **Kraftanstrengung** *f* exertion **Kraftausdruck** *m* swear word; **Kraftausdrücke** strong language; **mit Kraftausdrücken um sich werfen** to swear continuously **Kraftbrühe** *f* beef stock
Kräfteverhältnis *nt* POL balance of power **Kräfteverschleiß** *m* loss of energy
Kraftfahrer(in) *m(f)* (*geh*) ❶ TRANSP (*Führer eines Kraftfahrzeuges*) motorist *form*, driver ❷ (*Lkw-Fahrer*) driver
Kraftfahrzeug *nt* AUTO (*geh*) motor vehicle *form*
Kraftfahrzeugbrief *m s.* **Fahrzeugbrief** **Kraftfahrzeughaftpflichtversicherung** *f* (*geh*) third-party car insurance **Kraftfahrzeugkasko-**

versicherung *f* AUTO (*geh*) vehicle third party fire and theft insurance **Kraftfahrzeugmechaniker(in)** *m(f)* vehicle mechanic **Kraftfahrzeugpapiere** *pl* (*geh*) vehicle registration papers **Kraftfahrzeugschein** *m s.* Fahrzeugschein **Kraftfahrzeugsteuer** *f* vehicle tax

Kraftfeld *nt* PHYS force field **Kraftfutter** *nt* AGR concentrated feed stuff

kräftig **I.** *adj* ❶ (*physisch stark*) strong, powerful ❷ (*stark ausgeformt*) strong; ■ **~ werden** to become strong ❸ (*wuchtig*) firm, powerful ❹ (*intensiv*) strong ❺ KOCHK (*nahrhaft*) nourishing; **eine ~e Suppe** a nourishing soup ❻ (*ausgeprägt*) strong; *Haarwuchs* healthy ❼ (*drastisch*) strong; **eine ~e Sprache führen** to use strong language ❽ (*groß*) large, substantial **II.** *adv* ❶ (*angestrengt*) hard, vigorously; **etw ~ rühren** to give sth a good stir; **~ niesen** to sneeze violently ❷ METEO (*stark*) heavily ❸ (*deutlich*) substantially ❹ (*sehr*) very; **~ jdm die Meinung sagen** to strongly express one's opinion

kräftigen *vt* (*geh*) ❶ (*die Gesundheit festigen*) ■ **jdn/etw ~** to build up sb's/sth's strength; ■ **gekräftigt** envigorated ❷ (*stärken*) ■ **jdn/etw ~** to strengthen [*or* fortify] sb/sth

Kräftigung <-, -en> *f* (*geh*) ❶ (*gesundheitliche Festigung*) strengthening, invigoration ❷ (*das Stärken*) strengthening, fortification

Kräftigungsmittel *nt* tonic

Kraftlackel <-s, -> *m* SÜDD, ÖSTERR (*pej sl: Kraftprotz*) musclehead *pej*, muscle-bound arsehole [*or* AM asshole] *sl;* (*Flucher*) foul-[*or* mealy-]mouthed idiot; ■ **ein ~ sein** (*ein Kraftprotz sein*) to have more muscles than brains; (*fluchen*) to use unnecessary foul language

Kraftlinien [-li:niən] *pl* PHYS lines of force

kraftlos **I.** *adj* weak **II.** *adv* feebly

Kraftlosigkeit <-> *f kein pl* weakness **Kraftmeierei** <-, -en> *f* (*pej fam*) swagger **Kraftprobe** *f* test of strength **Kraftprotz** <-es, -e> *m* (*fam*) muscle man *fam* **Kraftrad** *nt* (*geh*) motorcycle **Kraftsport** *m* power sport **Kraftstoff** *m* (*geh*) fuel **Kraftstoffgemisch** *nt* fuel mixture **kraftstrotzend** *adj* (*geh*) exuding vitality [*or* vigour] [*or* AM -or] **Krafttraining** *nt* SPORT strength training **kraftvoll** **I.** *adj* (*geh*) ❶ (*stark*) strong ❷ (*sonor*) powerful **II.** *adv* powerfully, forcefully; **~ zubeißen** to take a hearty bite **Kraftwagen** *m* (*geh*) motor vehicle **Kraftwerk** *nt* power station **Kraftwerksbetreiber** *m* company running a power station

Kragen <-s, - *o* Krägen> *m* SÜDD, SCHWEIZ MODE collar; **den ~ nach oben schlagen** [*o* **stülpen**] to turn up one's collar; **jdn am** [*o fam* **beim**] **~ packen** to collar sb, to take sb by the scruff of his neck *fam* ► WENDUNGEN: **jdm geht es an den ~** (*fam*) sb is in for it *fam;* **etw kostet jdn den ~** (*fam*) sth is sb's downfall; **jdm platzt der ~** (*fam*) sb blows their top *fam; **jetzt platzt mir aber der ~!*** (*fam*) that's it, I've had enough!; **dem könnte ich den ~ umdrehen!** I could wring his neck!

Kragenbär *m* ZOOL Asian black bear **Kragenknopf** *m* collar button **Kragenspiegel** *m* MIL collar patch **Kragenweite** *f* MODE collar size ► WENDUNGEN: [**genau**] **jds ~ sein** (*fam*) to be [just] sb's cup of tea *fam*

Krähe <-, -n> *f* ORN crow ► WENDUNGEN: **eine ~ hackt der anderen kein Auge aus** (*prov*) birds of a feather flock together *prov*

krähen *vi* ❶ ORN to crow ❷ (*fam*) to squeal *fam*

Krähenfüße *pl* crow's feet **Krähenscharbe** <-, -n> *f* ORN shag

Krakau <-s> *nt* Cracow

Krakauer <-, -> *f polish garlic sausage*

Krake <-n, -n> *m* ❶ ZOOL octopus ❷ (*sagenhaftes Meerungeheuer*) kraken

krakeelen* *vi* (*pej fam*) to make a racket *fam;* ■ **~d** noisy; ■ **das K~** rowdyness

Krakeeler(in) <-s, -> *m(f)* (*pej fam*) rowdy *fam*

Krakel <-s, -> *m* (*pej fam*) scrawl, scribble

krakelig **I.** *adj* scrawly **II.** *adv* scrawly

Kral <-s, -e> *m* kraal SA

Kralle <-, -n> *f* ❶ ORN, ZOOL claw ❷ *pl selten* (*fam: Parkkralle*) wheel clamp ► WENDUNGEN: **bar auf die ~** (*sl*) cash in hand *fam;* **jdn in seine ~n bekommen** [*o fam* **kriegen**] to get one's claws into sb *fam;* **jdn in seinen ~n haben** (*fam*) to have sb in one's clutches *fam;* **jdn/etw nicht aus den ~n lassen** (*fam*) to not let sb/sth out of one's clutches *fam;* [**jdm**] **die ~n zeigen** (*fam*) to show [sb] one's claws *fam*

krallen **I.** *vr* ❶ (*sich fest~*) ■ **sich an jdn/etw ~** to cling onto [*or* claw at] sb/sth ❷ (*fest zupacken*) ■ **sich in etw** *akk*/**um etw ~** to cling onto/around sth **II.** *vt* ❶ (*fest bohren*) ■ **etw in etw ~** *akk* to dig sth into sth ❷ (*sl: klauen*) ■ [**sich** *dat*] **etw ~** to pinch sth *fam* ❸ (*sl: sich kaufen*) ■ **sich** *dat* **jdn ~** to get sb between one's fingers

Kram <-[e]s> *m kein pl* (*fam*) ❶ (*Krempel*) junk ❷ (*Angelegenheit*) affairs *pl,* things *pl fam;* **den ~ satt haben** to be fed up with the whole thing; **mach doch deinen ~ allein!** [why don't you] do it [*or* sort it out by] yourself!; **den ganzen ~ hinschmeißen** to pack the whole thing in; **jdm in den ~ passen** to suit sb fine; **jdm nicht in den ~ passen** to be a real nuisance to sb

kramen **I.** *vi* ❶ (*fam*) ■ [**in etw** *dat*] [**nach etw**] **~** to rummage around [in sth] [for sth]; ***er kramte in der Schublade nach alten Fotos*** he rummaged around in the drawer for old photos ❷ SCHWEIZ (*Kleinhandel betreiben*) to hawk **II.** *vt* ■ **etw aus etw ~** to fish sth out of sth

Krämer(in) <-s, -> *m(f)* ❶ DIAL (*veraltet*) grocer's, general store ❷ (*pej: kleinlicher Mensch*) *s.* **Krämerseele**

Krämerseele *f* ► WENDUNGEN: **eine ~ sein** (*pej*) to be petty-minded

Kramladen *m* (*pej fam*) ❶ (*Trödelladen*) junk shop ❷ (*pej: Ramschladen*) crummy little shop

Krampe <-, -n> *f* staple

Krampen <-s, -> *m* ÖSTERR (*Spitzhacke*) pickaxe

Krampf <-[e]s, Krämpfe> *m* ❶ MED (*Muskelkrampf*) cramp; **einen ~ bekommen** to get a cramp; **einen ~ haben** to have a cramp ❷ MED (*Kolik*) cramp; **sich in Krämpfen winden** to double up in cramps; *Epilektiker* to double up in convulsions ► WENDUNGEN: **einen ~ drehen** (*sl*) to pull off a scam; [**ein**] **~ sein** (*fam*) to be a pain in the neck

Krampfader *f* varicose vein

krampfen **I.** *vt* ❶ (*geh*) ■ **etw um etw ~** to clench sth around sth ❷ DIAL ■ **etw ~** to get one's hands on **II.** *vr* (*geh*) ■ **sich um etw ~** to clench sth

krampfhaft **I.** *adj* ❶ (*angestrengt*) frantic, desperate ❷ MED convulsive **II.** *adv* frantically, desperately

krampflindernd, **krampflösend** *adj* antispasmodic; ■ **~ sein** to relieve cramp, to have antispasmodic properties *spec*

Kran <-[e]s, Kräne *o* -e> *m* ❶ TECH (*Vorrichtung zum Heben*) crane ❷ DIAL (*Wasserhahn*) tap

Kranführer(in) *m(f)* crane operator

krängen *vi* NAUT to heel over

Kranich <-s, -e> *m* ORN crane

krank <kränker, kränkste> *adj* ❶ MED (*nicht gesund*) ill, sick; **ein ~es Bein/Herz** a bad leg/heart ❷ (*leidend*) ■ **~ vor etw sein** *dat* to be sick with sth ❸ FORST, HORT (*leidend*) ■ **~ sein** to be diseased ❹ ÖKON (*wirtschaftlich nicht gesund*) ailing ❺ JAGD wounded ► WENDUNGEN: **du bist wohl ~!, bist du ~?**

(*iron fam*) are you out of your mind? *fam;* **jdn** [**mit etw**] ~ **machen** (*fam*) to get on sb's nerves [with sth]

Kranke(r) *f(m) decl wie adj* sick person, patient, invalid; **ein eingebildeter ~r** a hypochondriac; **ein unheilbar ~r** a terminally ill person

kränkeln *vi* ❶ (*nicht ganz gesund sein*) to be unwell [*or* sickly] [*or* in poor health] ❷ ÖKON (*marode*) to be ailing

kranken *vi* (*pej*) ■**an etw** ~ *dat* to suffer from sth

kränken *vt* ■**jdn** [**mit etw**] ~ to hurt sb's feelings [with sth]; ■**gekränkt sein** to feel hurt; ■**es kränkt jdn, dass** it hurts sb['s feelings], that; ■**~d** hurtful

Krankenanstalten *pl* (*veraltend geh*) hospital, clinic **Krankenbericht** *m* medical report **Krankenbesuch** *m* [patient] visit, sick call; **einen** ~ [**bei jdm**] **machen** to go on a sick call [to sb] **Krankenbett** *nt* ❶ MED (*Krankenhausbett*) hospital bed ❷ (*geh: Krankenlager*) sickbed **Krankengeld** *nt* sick pay **Krankengeschichte** *f* medical history **Krankengymnast(in)** <-en, -en> *m(f)* physiotherapist **Krankengymnastik** *f* physiotherapy

Krankenhaus *nt* hospital, clinic; **ins** ~ **kommen/müssen** to go/have to go into hospital [*or* AM the hospital]; [**mit etw**] **im** ~ **liegen** to be in [*or* AM in the] hospital [with sth]

Krankenhausaufenthalt *m* hospital stay **Krankenhauskosten** *pl* hospital costs [*or* charges] *pl* **krankenhausreif** *adj* requiring hospital treatment; ■~ **sein** to require hospital treatment; **jdn** ~ **schlagen** to put sb into [*or* AM into the] hospital

Krankenkasse *f* health insurance company; **in einer** ~ **sein** to have health insurance **Krankenlager** *nt* (*geh*) sickbed; **ans** ~ **gefesselt sein** to be confined to bed **Krankenpflege** *f* nursing **Krankenpfleger(in)** *m(f)* [male] nurse **Krankensalbung** *f* REL anointing of the sick **Krankenschein** *m* health insurance voucher; **auf** ~ under health insurance cover **Krankenschwester** *f* nurse **Krankenstand** *m kein pl* ❶ ÖKON number of persons on sick leave ❷ ÖSTERR **im** ~ **sein** to be on sick leave **Krankentransport** *m* ambulance service **Krankenversichertenkarte** *f* health insurance card **Krankenversicherung** *f* health insurance; **gesetzliche/private** ~ national/private health insurance **Krankenwagen** *m* ambulance **Krankenzimmer** *nt* ❶ MED (*Krankenhauszimmer*) hospital room ❷ (*Zimmer für erkrankte Insassen*) sickbay ❸ (*geh: Zimmer mit einem Kranken*) sickroom

krank|feiern *vi* (*fam*) to skive off work BRIT *fam,* to call in sick AM *fam;* ■**das K~** skiving BRIT, calling in sick AM

krankhaft I. *adj* ❶ MED (*durch eine Erkrankung bedingt*) morbid; ■~ **sein** to show signs of disease, to be morbid ❷ (*unnormal*) morbid, sick, pathological; ■~ **sein** to be morbid [*or* chronic] II. *adv* morbidly

Krankheit <-, -en> *f* ❶ MED (*Erkrankung*) illness; **eine akute/chronische** ~ an acute/chronic illness; **Alzheimer** ~ Alzheimer's disease; **englische** ~ (*veraltend*) rickets *pl;* **parkinsonsche** ~ Parkinson's disease; **wegen** ~ due to illness ❷ (*Zeit einer Erkrankung*) illness ❸ FORST, HORT disease ▸WENDUNGEN: **eine** ~ **sein** (*fam*) to be unbearable [*or* an impossible situation]; **es ist eine** ~ **mit jdm** (*fam*) sb is impossible [*or* unbearable]

Krankheitsbild *nt* symptoms *pl* **Krankheitserreger** *m* pathogen **Krankheitsstand** *m kein pl* (*selten*) ❶ (*Krankheitsstadium*) stage of an/the illness ❷ (*Stand, Situation des Krankseins*) disease levels *pl,* levels *pl* of disease **Krankheitsverlauf** *m kein pl* MED course of a disease *no pl,* pathogenesis *no pl spec,* pathogeny *no pl spec*

krank|lachen *vr* (*fam*) ■**sich** [**über etw/jdn**] ~ to almost die laughing [about sb/sth]

kränklich *adj* sickly, in poor health

krank|machen *vi* (*fam*) *s.* **krankfeiern**

krank|melden *vr* ■**sich** [**bei jdm**] ~ to report sick [to sb], to call in sick **Krankmeldung** *f* notification of sickness **krank|schreiben** *vt* ■**jdn** ~ MED to give sb a sick note (*excusing them from work*)

Kränkung <-, -en> *f* insult; **jdm eine** ~ **zufügen** to insult [*or* offend] sb

Kranz <-es, Kränze> *m* ❶ (*Ring aus Pflanzen*) wreath ❷ (*geh*) ring, circle ❸ KOCHK DIAL (*Hefekranz*) ring (*of white sweet bread*)

Kränzchen <-s, -> *nt* ❶ *dim von* **Kranz 1** wreath, garland ❷ (*regelmäßige weibliche Runde*) coffee circle BRIT, coffee klat[s]ch AM

Kranzgefäß *nt* ANAT *s.* **Herzkranzgefäß** **Kranzniederlegung** *f* (*geh*) wreath laying

Krapfen <-s, -> *m* ❶ KOCHK fritter ❷ DIAL (*fritiertes Hefegebäck*) ≈ doughnut BRIT, ≈ donut AM

Krasnojarsk <-s> *nt* Krasnoyarsk

krass[RR], **kraß** I. *adj* ❶ (*auffallend*) glaring, obvious; **ein krasser Gegensatz** a stark contrast; **ein krasser Fall** an extreme case ❷ (*unerhört*) blatant, gross ❸ (*extrem*) complete, rank II. *adv* crassly

Krater <-s, -> *m* crater

Kraterlandschaft *f* crater[ed] landscape **Kratersee** *m* crater lake

Kratzbürste *f* (*pej fam*) prickly person *fam*

kratzbürstig *adj* (*pej fam*) prickly *fam*

Krätze <-> *f kein pl* MED scabies

kratzen I. *vt* ❶ (*mit den Nägeln ritzen*) ■**jdn/etw** ~ to scratch sb/sth ❷ (*jucken*) ■**sich** [**irgendwo**] ~ to scratch oneself [somewhere] ❸ (*ab~*) ■**etw von etw** ~ to scratch sth off sth ❹ (*fam: kümmern*) ■**jdn** ~ to bother sb; ***das kratzt mich nicht*** I couldn't care less about that ❺ (*in Fasern auflösen*) **Wolle** ~ to card wool II. *vi* ❶ (*jucken*) ■[**irgendwo**] ~ to scratch [somewhere]; ***das Unterhemd kratzt so sehr*** the vest is terribly scratchy ❷ (*scharren*) to scratch; ■**mit etw über etw** ~ *akk* to scratch over sth with sth ❸ (*mit den Nägeln ritzen*) to scratch ❹ (*beeinträchtigen*) ■**an etw** ~ *dat* to scratch away at sth; **an jds Ehre** ~ to impugn sb's honour [*or* AM -or]; **an jds Stellung** ~ to undermine sb's position ❺ (*spielen*) **auf der Geige** ~ to scrape away on a violin III. *vt impers* ***es kratzt mich im Hals*** my throat feels rough

Kratzer <-s, -> *m* scratch

Krätzmilbe *f* ZOOL itch mite

Kratzwunde *f* scratch wound

Kraul <-[s]> *nt kein pl* SPORT crawl

kraulen[1] I. *vi haben o sein* to swim [*or* do] the crawl; ■**das K~** the crawl II. *vt haben o sein* ■**etw** ~ to swim sth using the crawl

kraulen[2] *vt* ■**jdn** [**irgendwo**] ~ to scratch sb lightly [somewhere]; **jdm das Kinn** ~ to chuck sb under the skin; **einen Hund zwischen den Ohren** ~ to tickle a dog between its ears

kraus *adj* ❶ (*stark gelockt*) crinkly, frizzy; *s. a.* **Stirn** ❷ (*zerknittert*) crumpled, wrinkled ❸ (*pej: verworren*) muddled

Krause <-, -n> *f* ❶ MODE (*gefältelter Saum*) ruffle; (*gekräuselter Kragen*) ruffled collar ❷ (*fam: künstliche Wellung*) frizzy perm

kräuseln I. *vt* ❶ MODE (*mit künstlichen Locken versehen*) ■**etw** ~ to crimp sth; ■**gekräuselt** frizzy ❷ (*leicht wellig machen*) ■**etw** ~ to ruffle sth II. *vr* ❶ (*leicht kraus werden*) ■**sich** ~ to frizz ❷ (*leichte Wellen schlagen*) ■**sich** ~ to ruffle

kraushaarig *adj* ■~ **sein** to have frizzy hair **Krauskopf** *m* (*fam*) ❶ (*krause Frisur*) frizzy hairstyle ❷ (*Mensch mit krausen Haaren*) frizzy head **Kraussalat** *m* curly lettuce

Kraut <-[e]s, Kräuter> *nt* ❶ BOT herb ❷ *kein pl* HORT (*grüne Teile von Pflanzen*) foliage, herbage; **ins ~ schießen** to go to seed ❸ *kein pl* KOCHK DIAL (*Kohl*) cabbage; (*Sauerkraut*) pickled cabbage ❹ (*pej fam: primitiver Tabak*) tobacco ❺ *kein pl* DIAL (*Sirup*) syrup ▸ WENDUNGEN: **wie ~ und Rüben durcheinanderliegen** (*fam*) to lie about all over the place *fam;* **gegen etw ist kein ~ gewachsen** (*fam*) there's no remedy for sth; **ins ~ schießen** (*fam*) to get out of control

Kräuterbutter *f* herb butter **Kräuterkäse** *m* herb cheese **Kräuterlikör** *m* herb liqueur **Kräuteröl** *nt* herbal oil **Kräuterpille** *f* (*fam*) [natural] herbal pill **Kräutersträußchen** *nt* bouquet garni **Kräutertee** *m* herbal tea

Krautkopf *m* SÜDD, ÖSTERR (*Kohlkopf*) head of cabbage **Krautsalat** *m* coleslaw (*without carrot*)

Krawall <-s, -e> *m* ❶ (*Tumult*) riot; **~ schlagen** to kick up a row [*or* AM an argument] ❷ *kein pl* (*fam: Lärm*) racket; **~ machen** (*pej fam*) to make a racket

Krawallmacher(in) *m(f)* (*pej fam*) hooligan

Krawatte <-, -n> *f* ❶ MODE tie ❷ SPORT headlock ❸ MED (*Gips~*) plaster collar ▸ WENDUNGEN: **sich einen hinter die ~ gießen** (*fam*) to down a pint; **jdm die ~ zuziehen** (*erwürgen*) to throttle sb; (*erhängen*) to string sb up

Krawattenfutter *nt* lining of a tie **Krawattenknoten** *m* tie knot **Krawattenmode** *f* tie fashion **Krawattenmuster** *nt* pattern on a tie **Krawattennadel** *f* tiepin **Krawattenträger(in)** *m(f)* **~ sein** to wear ties

kraxeln *vi sein* SÜDD, ÖSTERR ■**[auf etw** *akk*] **~** to clamber [onto sth]

Kreation <-, -en> *f* MODE creation

kreativ I. *adj* creative II. *adv* (*geh*) creatively

Kreativdirektor(in) *m(f)* creative director

Kreativität <-> *f kein pl* (*geh*) creativity, creativeness

Kreativurlaub *m holiday with emphasis on creative pursuits*

Kreatur <-, -en> *f* ❶ (*Geschöpf*) creature; **alle ~** (*geh*) all creatures *pl* ❷ (*pej: willenloses Werkzeug*) minion ▸ WENDUNGEN: **die stumme ~** (*geh*) dumb creatures *pl*

Krebs[1] <-es, -e> *m* ❶ ZOOL crayfish, crawfish ❷ *kein pl* KOCHK (*Krebsfleisch*) crab; **rot wie ein ~** red as a lobster ❸ *kein pl* ASTROL Cancer; **[ein] ~ sein** to be [a] Cancer

Krebs[2] <-es, -e> *m* ❶ MED (*Tumor*) cancer; **~ erregend** carcinogenic; **~ erregend wirken** to cause cancer; **~ haben, an ~ leiden** *dat* to have [*or* suffer from] cancer ❷ HORT canker

krebsen *vi* (*fam*) ❶ (*Krebse fangen*) to catch crayfish ❷ (*nicht gut abschneiden*) to struggle; ■**vor sich hin ~** to languish ❸ (*mühsam leben*) ■**[irgendwo] ~** to struggle [somewhere]; **mit etw ~ gehen** DIAL to try to turn sth to one's advantage

Krebserreger *m* MED carcinogen **Krebsforschung** *f kein pl* MED, SCH cancer research *no pl* **Krebsfrüherkennung** *f kein pl* MED early cancer diagnosis

Krebsgang *m kein pl* regression ▸ WENDUNGEN: **den ~ gehen** (*geh*) to go backwards

Krebsgeschwulst *f* cancerous tumour [*or* AM -or] **Krebsgeschwür** *nt* MED cancerous ulcer **krebskrank** *adj* suffering from cancer; ■**~ sein** to suffer from [*or* have] cancer **Krebskranke(r)** *f(m) decl wie adj* person suffering from cancer, cancer victim **Krebspatient(in)** *m(f)* cancer patient **Krebsrisikofaktor** *m* MED cancer risk factor

krebsrot *adj* red as a lobster

Krebsvorsorge *f kein pl* MED, ADMIN precautions *pl* against cancer **Krebsvorsorgeuntersuchung** *f* cancer check-up **Krebszelle** *f* cancer cell

Kredenz <-, -en> *f* (*veraltet*) sideboard

kredenzen* *vt* (*geh*) ■**jdm etw ~** to pour sb sth

Kredit[1] <-[e]s, -e> *m* credit; (*Darlehen*) loan; **jdm ~ geben** [*o* **gewähren**] to give [*or* offer] sb credit; **[bei jdm] ~ haben** to be given credit [*or* considered financially trustworthy] by sb; **[für etw] einen ~ [bei jdm] aufnehmen** to take out a loan [for sth] [with sb]; **auf ~** on credit ▸ WENDUNGEN: **[seinen] ~ verspielen** to lose one's good repute [*or* standing]

Kredit[2] <-s, -s> *nt* credit

Kreditgeber(in) *m(f)* creditor **Kredithai** *m* (*fam*) loanshark **Kreditinstitut** *nt* bank **Kreditkarte** *f* credit card; **mit ~ bezahlen** to pay by [*or* have sth put on one's] credit card **Kreditlaufzeit** *f* ÖKON term [*or* duration] of a [*or* the] loan **Kreditlinie** *f s.* **Kreditrahmen** **Kreditnehmer(in)** <-s, -> *m(f)* borrower **Kreditrahmen** *m* credit limit **kreditwürdig** *adj* creditworthy

Kredo <-s, -s> *nt* REL ❶ (*Apostolisches Glaubensbekenntnis*) creed, credo ❷ (*Teil der Messe*) credo

Kreide <-, -n> *f* ❶ (*weicher Kalkstein*) chalk ❷ (*zum Schreiben und Malen*) chalk ❸ GEOL (*Kreidezeit*) Cretaceous [period] ▸ WENDUNGEN: **in die ~ geraten** to fall into debt; **auf ~ leben** to live on tick [*or* AM credit]; **[bei jdm] [tief] in der ~ stehen** (*fam*) to owe sb [a lot of] money, to be [deep] in debt to sb

kreidebleich *adj* ■**~ sein/werden** to be/become as white as chalk [*or* a sheet] **Kreidefelsen** *m* chalk cliff **Kreideformation** *f* GEOL Cretaceous formation **kreideweiß** *adj s.* **kreidebleich** **Kreidezeichnung** *f* chalk drawing

kreieren* *vt* KUNST, MODE ■**etw ~** to create sth

Kreis[1] <-es, -e> *m* ❶ MATH circle; **einen ~ beschreiben** [*o* **schlagen**] [*o* **ziehen**] to draw a circle; **einen ~ um jdn bilden** to form a circle around [*or* encircle] sb; **sich im ~[e] drehen** [*o* **bewegen**] to turn round in a circle, to move in circles; **im ~ gehen** to go round in circles; **den ~ um etw schließen** to close the circle around sth; **im ~** in a circle; **ein Vogel zieht seine ~e** (*geh*) a bird is circling ❷ (*Gruppe*) circle ❸ *pl* (*gesellschaftliche Gruppierung*) circles *pl;* **aus den besten ~en** from the best circles; **in den besten ~en vorkommen** to happen in the best of circles; **im engen** [*o* **kleinen**]**/engeren/engsten ~e** in a small/smaller/very small circle; ***die Hochzeit fand im engsten Kreise statt*** only close friends and family were invited to the wedding; **im ~e seiner Familie** in the bosom of his family ❹ (*umgrenzter Bereich*) range, scope ▸ WENDUNGEN: **ein magischer ~** a magic circle; **weite ~e** wide sections; **jdm dreht sich alles im ~e** everything is going round and round in sb's head, sb's head is spinning; **den ~ schließen** to close the circle; **der ~ schließt sich** the wheel turns [*or* we've come] full circle; **störe meine ~e nicht!** (*hum*) leave me in peace!; **~e ziehen** to have repercussions

Kreis[2] <-es, -e> *m* ADMIN district

Kreisabschnitt *m* segment **Kreisausschnitt** *m* sector **Kreisbahn** *f* orbit **Kreisbogen** *m* arc

kreischen *vi* ❶ ORN (*hell krächzen*) to squawk ❷ (*hysterisch schreien*) to squeal, to shriek ❸ (*quietschen*) to screech

Kreisel <-s, -> *m* ❶ (*Spielzeug*) spinning top; **den ~ schlagen** to spin the top ❷ TRANSP (*fam*) roundabout

Kreiselkompass[RR] *m* gyroscopic compass

kreiseln *vi* ❶ *sein o haben* (*sich drehen*) ■**[irgendwohin] ~** to spin around [somewhere] ❷ *haben* (*einen Kreisel ~*) to spin a top

kreisen *vi* ❶ *sein o haben* ASTRON, RAUM (*sich in einer Kreisbahn bewegen*) ■**um etw ~** to orbit [*or* revolve around] sth ❷ *sein o haben* LUFT, ORN (*Kreise ziehen*)

K

■ [**über etw** *dat*] ~ to circle [over sth] ③ *sein o haben* (*in einem Kreislauf befindlich sein*) ■ [**in etw** *dat*] ~ to circulate [through sth] ④ *haben o sein* (*sich ständig drehen*) ■ **um jdn/etw** ~ to revolve around sb/sth ⑤ *haben* (*herumgereicht werden*) to go [*or* be passed] around

Kreisfläche *f* area of a circle **kreisförmig** I. *adj* circular; ■ ~ **sein** to be circular, to form a circle II. *adv* in a circle

kreisfrei *adj* ADMIN ■ ~ **sein** *to be independent from a district administration*

Kreisinhalt *m s.* **Kreisfläche** **Kreisinsel** *f* TRANSP *central traffic-free area on roundabout* **Kreiskolbenmotor** *m* AUTO rotary piston engine

Kreiskrankenhaus *nt* district hospital

Kreislauf *m* ① MED (*Blutkreislauf*) circulation ② (*Zirkulation*) cycle

Kreislaufkollaps *m* circulatory collapse; **einen ~ bekommen** [*o geh* **erleiden**] to have [*or* suffer from] a circulatory collapse **Kreislaufmittel** *nt* cardiac stimulant **Kreislaufstillstand** *m kein pl* MED circulatory arrest *no pl* **Kreislaufstörungen** *pl* circulatory disorder, circulation [*or* circulatory] problems *pl;* ~ **haben** [*o* **an ~ leiden**] to have [*or* suffer from] circulatory problems

kreisrund *adj* ■ ~ **sein** to be perfectly circular **Kreissäge** *f* circular saw

kreißen *vi* MED (*veraltend*) to be in labour [*or* AM -or]; *s. a.* **Berg**

Kreißsaal *m* delivery room

Kreisstadt *f* district principal town **Kreistag** *m* district assembly

Kreisumfang *m* circumference **Kreisumlage** *f* FIN county rates *pl* BRIT *hist* (*communities' contribution to the local authority's budget*) **Kreisverband** *m* POL *local branch of a political party, made up of memebers from one particular Kreis or administrative district* **Kreisverkehr** *m* roundabout

Kreiswehrersatzamt *nt* district [army] recruiting office

Krematorium <-s, -rien> [*pl* -'to:riən] *nt* crematorium

Kreme[RR] <-, -s> *f s.* **Creme**

kremig I. *adj* KOCHK creamy II. *adv* **etw ~ schlagen/rühren** to whip/stir sth until creamy, to cream sth

Kreml <-s> *m* ■ **der ~** the Kremlin

Krempe <-, -n> *f* MODE brim

Krempel <-s> *m kein pl* (*pej fam*) ① (*ungeordnete Sachen*) mess *fam,* stuff *fam;* ***überall liegt irgendwelcher ~ herum*** there's stuff lying around all over the place ② (*Ramsch*) junk ▶ WENDUNGEN: **er kann seinen ~ allein machen** he can [damn well *fam*] do it himself; **den ganzen ~ hinwerfen** to chuck it all in *fam*

Kren <-s> *m kein pl* BOT, KOCHK SÜDD, ÖSTERR horseradish

krepieren* *vi sein* ① (*sl: zugrunde gehen*) to croak *sl;* ■ **jdm ~** to die on sb *fam* ② MIL (*zerplatzen*) to go off, to explode

Krepp[1] <-s, -e *o* -s> *m* crepe

Krepp[RR2] <-s, -e *o* -s> *m* KOCHK crêpe

Krepppapier[RR] *nt* crepe paper **Kreppsohle** *f* crepe sole

Kresse <-, -en> *f* cress

Kreta *nt* Crete; *s. a.* **Sylt**

Krethi und Plethi *pl mit Verb im Singular oder Plural* (*geh*) every Tom, Dick and Harry *fam*

Kretin <-s, -s> [kre'tɛ̃:] *m* ① (*pej geh: Dummkopf*) cretin ② MED cretin

Kretinismus <-> *m kein pl* cretinism

kreucht *vi* ▶ WENDUNGEN: **alles, was da ~ und fleucht** (*hum*) all creatures great and small

kreuz ▶ WENDUNGEN: ~ **und quer** hither and thither *form,* all over the place *fam,* all over, in all directions; ***wir sind ~ und quer durch Boston gelaufen*** we walked all over [*or* around] Boston

Kreuz <-es, -e> *nt* ① REL (*Folterbalken*) cross; **jdn ans ~ schlagen** to nail sb to the cross, to crucify sb ② (*Symbol*) crucifix; **das Eiserne ~** the Iron Cross; **das Rote ~** the Red Cross; **das ~ nehmen** to embark on a crusade ③ (*Zeichen in Form eines Kreuzes*) cross; **ein ~ schlagen** [*o* **machen**] to cross oneself, to make the sign of the cross; **über[s] ~** crosswise ④ ANAT (*Teil des Rückens*) lower back; **es im ~ haben** (*fam*) to have back trouble; **eine Frau aufs ~ legen** (*sl*) to lay a woman ⑤ TRANSP (*fam*) intersection ⑥ *kein pl* KARTEN clubs *pl* ⑦ MUS sharp ▶ WENDUNGEN: **das ~ des Südens** the Southern Cross; **fast** [*o* **beinahe**] **aufs ~ fallen** to be flabbergasted; **zu ~e kriechen** to eat humble pie *fam;* **jdn aufs ~ legen** (*fam*) to fool sb; **mit jdm über ~ liegen** to be on bad terms [*or* at daggers drawn] with sb; **drei ~e machen** (*fam*) to be so relieved; **sein ~ auf sich nehmen** *akk* (*geh*) to take up one's cross; **ein ~ hinter jdm schlagen** [*o* **machen**] (*fam*) to be glad when sb has left, to bid sb good riddance; **ein ~ mit jdm/etw sein** (*fam*) to be a constant bother with sb/sth *fam;* ***es ist ein Kreuz mit ihm*** he's a real plaghet; **sein ~ [geduldig] tragen** (*geh*) to bear one's cross

Kreuzass[RR] *nt* KARTEN ace of clubs **Kreuzband** *nt* ANAT cruciate ligament **Kreuzbein** *nt* ANAT sacrum **Kreuzblütler** <-s, -> *m* BOT crucerifous plant **Kreuzdorn** *m* BOT buckthorn

kreuzen I. *vt haben* ① BIOL (*durch Paarung kombinieren*) ■ **etw** [**mit etw**] ~ to cross sth [with sth] ② TRANSP (*queren*) ■ **etw ~** to cross sth ③ (*verschränken*) ■ **etw ~** to cross sth; **die Beine/Arme ~** to cross one's legs/arms ④ (*sich überschneiden*) ■ **etw ~** to cross sth II. *vr haben* ■ **sie kreuzen sich** ① (*sich entgegenstehen*) to oppose, to clash; *s. a.* **Weg** ② (*sich begegnen*) to cross; ***ihre Wege kreuzten sich*** their paths crossed ③ (*sich überschneiden*) to cross, to intersect; ***unsere Briefe kreuzten sich*** our letters crossed III. *vi haben o sein* ① NAUT (*Zickzackkurs steuern*) to tack ② (*sich hin- und herbewegen*) to cruise; ***Flugzeuge kreuzten über dem Gebiet*** planes cruised over the area

Kreuzer <-s, -> *m* ① NAUT (*gepanzertes Kriegsschiff*) cruiser ② HIST (*kleine Scheidemünze*) kreutzer

Kreuzestod *m* (*geh*) [death by] crucifixion; **den ~ erleiden** to die on the cross

Kreuzfahrer(in) *m(f)* HIST crusader **Kreuzfahrt** *f* cruise; **eine ~ machen** to go on a cruise **Kreuzfeuer** *nt* crossfire ▶ WENDUNGEN: [**von allen Seiten**] **ins ~** [**der Kritik**] **geraten** to come under fire [from all sides]; **im ~** [**der Kritik**] **stehen** to be under fire **kreuzfidel** *adj* (*fam*) ■ ~ **sein** happy as a pig in muck *fam* **kreuzförmig** I. *adj* cross-shaped II. *adv* in the shape of a cross **Kreuzgang** *m* cloister **Kreuzgewölbe** *nt* cross vault

kreuzigen *vt* ■ **jdn ~** to crucify sb

Kreuzigung <-, -en> *f* HIST crucifixion

Kreuzkümmel *m* cumin **Kreuzotter** *f* ZOOL adder, viper **Kreuzritter** *m* HIST ① (*Ritter als Kreuzfahrer*) crusader ② (*Deutschordensritter*) knight of the Teutonic Order **Kreuzschlitzschraube** *f* Phillips screw **Kreuzschlitzschraubendreher** *m* Phillips screwdriver® **Kreuzschlüssel** *m* wheel brace **Kreuzschmerzen** *pl* backache, lower back pain; ~ **haben** [*o* **bekommen**] [*o fam* **kriegen**] to have [*or* get] backache [*or* lower back pain] **Kreuzschnabel** *m* ORN crossbill **Kreuzspinne** *f* cross spider **Kreuzstich** *m* cross-stitch

Kreuzung <-, -en> *f* ① TRANSP (*Straßenkreuzung*)

crossroad *meist pl* ② *kein pl* BIOL (*das Kreuzen*) cross-breeding ③ ZOOL, BIOL (*Bastard*) mongrel

Kreuzungsexperiment *nt* BIOL cross

kreuzungsfrei I. *adj* TRANSP without [*or* free of] crossroads II. *adv* TRANSP without [*or* free of] crossroads

Kreuzverhör *nt* JUR cross-examination; **jdn ins ~ nehmen, jdn einem ~ unterziehen** to cross-examine sb **Kreuzweg** *m* ① TRANSP (*Wegkreuzung*) crossroad ② KUNST, REL (*Darstellung der Passion*) way of the Cross; **den ~ beten** to do the stations of the Cross ▶ WENDUNGEN: **am ~ stehen** to be at the crossroads

kreuzweise *adv* crosswise ▶ WENDUNGEN: **du kannst mich/leck mich ~!** (*derb*) fuck off! *fam!*, get stuffed! BRIT *sl*

Kreuzworträtsel *nt* crossword [puzzle]; **[ein] ~ lösen** [*o* **machen**] to solve [*or fam* do] a crossword **Kreuzzeichen** *nt* the sign of the cross **Kreuzzug** *m* ① HIST crusade; **einen ~ machen** [*o* **unternehmen**] to make [*or* go on] a crusade ② (*geh: fanatische Kampagne*) crusade

Krevette <-, -n> [-ˈvɛ-] *f* shrimp

kribb(e)lig *adj* (*fam*) ① (*unruhig*) edgy *fam;* **jdn [ganz] ~ machen** to make sb [very] nervous [*or fam* edgy] ② (*prickelnd*) tingly *fam*

kribbeln I. *vi* ① *haben* (*jucken*) ■**[jdm** [*o* **jdn**]**] irgendwo kribbeln** to be itching somewhere; ***mir kribbelt es am Rücken*** my back is itching ② *haben* (*prickeln*) ■**[jdm** [*o* **jdn**]**] irgendwo kribbeln** to be tingly somewhere; ***das kribbelt so schön auf der Haut*** it's so nice and tingly on the skin ③ *sein* (*krabbeln*) to crawl; **~ und krabbeln** to scurry, to swarm around II. *vi impers haben* ■**[von etw] ~** to be swarming [with sth]; *s. a.* **Finger**

Krickente *f* ORN green-winged teal

kriechen <kroch, gekrochen> *vi* ① *sein* (*sich auf dem Bauch vorwärts bewegen*) ■**[irgendwohin] ~** to crawl [somewhere]; **nicht mehr ~ können** to be on one's last legs ② *sein* (*sehr langsam vergehen*) to creep by ③ *sein* AUTO (*langsam fahren*) to creep [*or* crawl] [along] ④ *sein o haben* (*pej: unterwürfig sein*) ■**[vor jdm] ~** to grovel [before sb], to crawl [*or* go crawling] [to sb]

Kriecher(in) <-s, -> *m(f)* (*pej fam*) bootlicker *fam*, groveller, lickspittle

kriecherisch *adj* (*pej fam*) grovelling, bootlicking, servile

Kriechspur *f* TRANSP crawler [*or* AM slow] lane **Kriechtier** *nt* ZOOL reptile

Krieg <-[e]s, -e> *m* ① MIL war; **ein atomarer/konventioneller ~** a nuclear/conventional war; **ein heiliger Krieg** a holy war; **der Dreißigjährige ~** the Thirty Years' War; **der Hundertjährige ~** the Hundred Year War; **der Siebenjährige ~** the Seven Year War; **sich im ~ [mit jdm] befinden, im ~ [mit jdm] sein** MIL to be at war [with sb]; **jdm/einem Land den ~ erklären** to declare war on sb/a country; **~ [gegen jdn/mit jdm] führen** to wage war [on sb]; **~führend** warring, belligerent; **aus dem ~ heimkehren** to come home from the war; **für den ~ rüsten** to arm for war; **~ sein, ~ haben** to be [*or* have a] war; **in den ~ ziehen** to go to [*or* enter into] war ② (*Art der Kriegsführung*) warfare ▶ WENDUNGEN: **häuslicher ~** domestic strife; **der kalte ~** the Cold War; **jdm/einer S. den ~ ansagen** to declare war on sb/sth

kriegen[1] I. *vt* (*fam*) ① (*bekommen*) ■**etw [von jdm] ~** to get sth [from sb]; ***ich nehme diesen Ring, was ~ Sie dafür*** [***von mir***]? I'll take this ring, what do you want for it [*or* what do I owe you for it]?; ***ich kriege noch 20 DM von dir*** you still owe me 20 marks; ***das Buch ist nirgends zu ~*** you can't get that book anywhere; ■**etw getan kriegen** to get sth done; ***hast du die Arbeit auch bezahlt gekriegt?*** did you get paid for the work?; ***er hat das Auto ausgeliehen gekriegt*** he got to borrow the car, he got the loan of the car; **den Schrank in den Aufzug ~** to get the cupboard into the lift [*or* AM elevator]; **etw zu sehen ~** to get to see sth ② TRANSP (*noch erreichen*) ■**etw ~** to catch sth; **den Zug ~** to catch the train ③ (*erwischen*) ■**jdn ~** to catch [*or* get a hold of] sb ④ MED (*befallen werden*) **eine Krankheit ~** to get [*or* catch] [*or* come down with] an illness ⑤ MED (*verabreicht bekommen*) **eine Spritze/ein Präparat ~** to get an injection/medication ⑥ (*zur Welt bringen*) **ein Kind ~** to have a baby; ***sie kriegt ein Kind*** she's going to have a baby ⑦ (*bedacht werden*) **Prügel/eine Ohrfeige ~** to get a hiding [*or* slap] in the face, to get a clip round the ears [*or* AM on the ear] ⑧ (*dazu veranlassen*) ■**jdn dazu ~, etw zu tun** to get sb to do sth ⑨ (*es schaffen*) ■**etw gemacht ~** to get sth done, to manage to do sth; ***ich kriege das schon geregelt*** I'll get it sorted; ***den Satz kriegt er bestimmt nicht übersetzt*** he won't manage to translate that sentence ▶ WENDUNGEN: **es mit jdm zu tun ~** to be in trouble with sb; **es nicht über sich ~, etw zu tun** to not be able to bring oneself to do sth; **zu viel ~** ***ich krieg' zu viel!*** that's really too much! II. *vr* (*fam*) ■**sie ~ sich** they get it together *fam*

kriegen[2] *vi* (*Krieg führen*) to make war

Krieger(in) <-s, -> *m(f)* warrior ▶ WENDUNGEN: **ein müder ~ sein** (*hum fam*) to have nothing left in one

Kriegerdenkmal *nt* war [veteran] memorial

kriegerisch I. *adj* ① (*kämpferisch*) warring, belligerent ② (*militärisch*) military; **eine ~e Auseinandersetzung** a military conflict; ***im Verlauf der ~en Ereignisse*** during the fighting II. *adv* belligerently

Kriegerwitwe *f* (*veraltend*) war widow

Kriegführung *f s.* **Kriegsführung**

Kriegsanleihe *f* HIST war loan **Kriegsausbruch** *m* outbreak of war **Kriegsbeginn** *m* start of the war **Kriegsbeil** *nt* tomahawk ▶ WENDUNGEN: **das ~ ausgraben** to start a fight; **das ~ begraben** to bury the hatchet **Kriegsbemalung** *f* HIST war paint ▶ WENDUNGEN: **in [voller] ~** (*hum fam: sehr stark geschminkt*) in [full] war paint *fam;* (*mit Orden behangen*) decorated like a Christmas tree *fam* **Kriegsbereitschaft** *f kein pl* readiness for war *no pl* **Kriegsberichterstatter(in)** *m(f)* war correspondent **kriegsbeschädigt** *adj* war-disabled **Kriegsbeschädigte(r)** *f(m) decl wie adj* war-disabled person **Kriegsdauer** *f* duration of the war

Kriegsdienst *m* (*veraltend*) military service; **den ~ verweigern** to be a conscientious objector

Kriegsdienstverweigerer <-s, -> *m* conscientious objector **Kriegsdienstverweigerung** *f* conscientious objection

Kriegsende *nt* end of the war **Kriegserklärung** *f* declaration of war **Kriegsfilm** *m* war film **Kriegsfolge** *f* consequence of war **Kriegsführung** *f* warfare; (*Art*) conduct of war; **psychologische ~** psychological warfare **Kriegsfuß** *m* ▶ WENDUNGEN: **mit jdm auf ~ stehen** (*fam*) to be at loggerheads with sb; **mit etw auf ~ stehen** to be no good with sth **Kriegsgebiet** *nt* war zone **Kriegsgefahr** *f* MIL, POL ① *kein pl* (*Gefahr des Ausbruchs eines Krieges*) danger of war [breaking out] *no pl* ② (*Gefahr während eines Krieges*) danger of war **Kriegsgefangene(r)** *f(m) decl wie adj* prisoner of war, POW **Kriegsgefangenschaft** *f* captivity; **in ~ geraten** to become a prisoner of war; **in ~ sein** [*o geh* **sich befinden**] to be [held] in captivity [*or* a prisoner of war] **Kriegsgegner(in)** *m(f)* ① POL (*Pazifist*) pacifist ② MIL (*Feind*) enemy **Kriegsgerät** *nt* military equipment **Kriegsgericht** *nt* court martial; **jdn vor ein** [*o fam* **vors**] **~ stellen** to court-martial sb

Kriegsgewinnler *m* (*pej*) war-profiteer **Kriegsgott, -göttin** *m, f* god of war *masc,* goddess of war *fem* **Kriegsgräberfürsorge** *f* War Graves Commission **Kriegsgräuel**[RR], **Kriegsgreuel** *pl* (*geh*) war atrocities **Kriegsjahr** *nt* year of the war, war year **Kriegskamerad** *m* (*veraltend*) wartime comrade **Kriegskasse** *f* POL (*fam*) war chest **Kriegslist** *f* stratagem **kriegslüstern** *adj* (*pej*) war-hungry; ■ ~ **sein** to be hungry for war **Kriegsopfer** *nt* (*geh*) victim of war **Kriegspfad** *m* ▶ WENDUNGEN: **auf dem** ~ **sein** to be on the warpath **Kriegsrat** *m kein pl* ▶ WENDUNGEN: ~ **halten** (*hum*) to hold a council of war, to put one's heads together **Kriegsrecht** *nt kein pl* martial law *sing;* **das** ~ **verhängen** to impose martial law **Kriegsregion** *f* war zone **Kriegsreporter(in)** *m(f)* war correspondent [*or* reporter] **Kriegsschaden** *m* war damage **Kriegsschauplatz** *m* war arena, theatre [*or* AM -er] of war [*or* operations] **Kriegsschiff** *nt* war ship **Kriegsspiel** *nt* ❶ (*einen Krieg simulierendes Spiel*) war game ❷ MIL (*militärisches Planspiel*) war game **Kriegsspielzeug** *nt* war toy **Kriegsstärke** *f* war establishment **Kriegsteilnehmer(in)** *m(f)* ❶ (*aktiv im Krieg*) combatant ❷ (*Staat*) belligerent country ❸ (*Veteran*) war veteran **kriegstraumatisiert** *adj* traumatized by war **Kriegstreiber(in)** *m(f)* POL (*pej*) warmonger *pej* **Kriegsverbrechen** *nt* war crime **Kriegsverbrecher(in)** *m(f)* war criminal **Kriegsverletzte(r)** *m* wounded soldier **Kriegsverletzung** *f* war wound **kriegsversehrt** *adj s.* **kriegsbeschädigt** **Kriegsveteran** *m* MIL war veteran **Kriegszeit** *f* wartime; **in ~en** in times of war **Kriegszerstörung** *f* war destruction **Kriegszustand** *m* state of war; **sich im** ~ [**mit etw**] **befinden** to be at war [with sth]

Krill <-[e]s, -e> *m* ZOOL krill

Krimi <-s, -s> *m* (*fam*) ❶ (*Kriminalroman*) detective novel, murder mystery ❷ TV (*Kriminalfilm*) thriller

Kriminalbeamte(r), -beamtin *m, f* (*geh*) detective, BRIT *a.* CID officer **Kriminaldirektor(in)** *m(f)* JUR chief-inspector of the Kriminalpolizei **Kriminalfilm** *m* thriller **Kriminalgeschichte** *f* criminal history

kriminalisieren* *vt* ❶ (*als kriminell hinstellen*) ■ **etw** ~ to criminalize sth ❷ (*zum Kriminellen machen*) ■ **jdn** ~ to criminalize sb

Kriminalist(in) <-en, -en> *m(f)* ❶ (*Mitglied der Kriminalpolizei*) detective ❷ (*Experte für Verbrechen*) criminologist

Kriminalistik <-> *f kein pl* criminology

kriminalistisch **I.** *adj* criminological, detective-like **II.** *adv* ~ **begabt sein** to be a good detective

Kriminalität <-> *f kein pl* ❶ (*Straffälligkeit*) criminality ❷ (*Rate der Straffälligkeit*) crime rate

Kriminalkommissar(in) *m(f)* detective superintendent BRIT **Kriminalpolizei** *f* ❶ (*Abteilung für Verbrechensbekämpfung*) Criminal Investigation Department BRIT, CID BRIT, plainclothes police AM ❷ (*Beamte der* ~) CID officers *pl* BRIT, plainclothes police officers *pl* AM **Kriminalpolizist(in)** *m(f)* CID [*or* AM plainclothes police] officer **Kriminalroman** *m* detective novel **Kriminalstatistik** *f* crime statistics *npl* [*or* figures *pl*]

kriminell *adj* ❶ (*verbrecherisch*) criminal; ■ ~ **werden** to turn to crime, to become criminal [*or* delinquent] ❷ (*fam: gefährlich*) criminal, outrageous *hum fam*

Kriminelle(r) *f(m) decl wie adj* criminal

Kriminologie <-> *f kein pl* criminology

Krimkrieg *m* HIST the Crimean War

Krimskrams <-es> *m kein pl* (*fam*) junk

Kringel <-s, -> *m* ❶ KOCHK (*ringförmiges Gebäck*) ring-shaped biscuit [*or* AM cookie], ring ❷ (*Schnörkel, kleiner, nicht exakt gezeichneter Kreis, kleiner Ring*) squiggle, [round] doodle; ***beim Telefonieren malt er immer*** ~ he always [draws] doodles when he's on the phone

kringeln *vr* ❶ (*sich umbiegen*) ■ **sich** ~ to curl [up] ❷ (*fam*) ■ **sich** [**vor Lachen**] ~ to kill oneself [laughing]; ■ **zum** ~ hilarious

Krinoline <-, -n> *f* HIST, MODE crinoline

Kripo <-, -s> *f* (*fam*) *kurz für* **Kriminalpolizei** ❶ (*Institution Kriminalpolizei*) ■ **die** ~ the CID [*or* AM plainclothes police] ❷ (*Beamte der Kriminalpolizei*) CID [*or* AM plainclothes police] officers

Krippe <-, -n> *f* ❶ (*Futterkrippe*) hayrack, manger ❷ REL (*Weihnachtskrippe*) crib, manger ❸ (*Kinderkrippe*) crèche BRIT, day nursery AM ▶ WENDUNGEN: **an der** ~ **sitzen** to have one's snout in the trough *pej*

Krippenspiel *nt* REL nativity play **Krippentod** *m* MED cot [*or* AM crib] death

Krise <-, -n> *f* ❶ (*schwierige Situation*) crisis ❷ MED crisis

kriseln *vi impers* (*fam*) **es kriselt** there's a crisis looming *fam*

krisenanfällig *adj Unternehmen, Regierung* crisis-prone **krisenfest** *adj* stable, crisis-proof **Krisengebiet** *nt* crisis zone **Krisenherd** *m* trouble spot **Krisenhilfe** *f* crisis aid **Krisenintervention** *f* crisis intervention **Krisenmanagement** *nt* crisis management **Krisenstab** *m kein pl* action [*or* crisis] committee **Krisenzeit** *f* period of crisis

Kristall[1] <-s, -e> *m* crystal; **~e bilden** to form crystals

Kristall[2] <-s> *nt kein pl* ❶ (*Kristallglas*) crystal ❷ (*Gegenstände aus* ~ *1*) crystal

kristallen *adj* crystal

Kristalleuchter *m s.* **Kristallleuchter** **Kristallgitter** *nt* crystal lattice **Kristallglas** *nt* ❶ *kein pl* (*hochwertiges Glas*) crystal glass ❷ (*kristallenes Trinkglas*) crystal glass

kristallin *adj* crystalline

Kristallisation <-, -en> *f* crystallization

Kristallisationspunkt *m* ❶ CHEM crystallization point ❷ (*fig*) focal point

kristallisieren* **I.** *vi* ■ [**zu etw**] ~ to crystallize [into sth] **II.** *vr* ■ **sich** [**zu etw**] ~ to crystallize [into sth]

kristallklar *adj* crystal-clear **Kristallleuchter**[RR] *m* crystal chandelier **Kristallnacht** *f kein pl* HIST ■ **die** ~ "Crystal night"; *s.* **Reichskristallnacht** **Kristallvase** *f* crystal vase **Kristallzucker** *m* refined sugar

Kriterium <-s, -rien> [*pl* -ˈteːri̯ən] *nt* (*geh*) criterion; [**bei etw**] **bestimmte Kriterien anlegen** to apply certain criteria [to sth]

Kritik <-, -en> *f* ❶ *kein pl* (*Tadel*) ■ ~ [**an jdm/etw**] criticism [of sb/sth]; **sich der** ~ **stellen** to make oneself available to answer criticism; **an jdm/etw** ~ **üben** (*geh*) to criticize sb/sth; **ohne jede** ~ uncritically ❷ (*Beurteilung*) critique; **gute/schlechte ~en bekommen** [*o* **haben**] to receive [*or* have] good reviews ❸ MEDIA (*Rezension*) review ▶ WENDUNGEN: **unter aller** ~ **sein** (*pej fam*) to be beneath contempt

Kritiker(in) <-s, -> *m(f)* ❶ (*jd, der jdn/etw kritisiert*) critic ❷ MEDIA (*Rezensent*) critic

Kritikfähigkeit *f kein pl* ability to be critical

kritiklos **I.** *adj* uncritical **II.** *adv* uncritically

kritisch **I.** *adj* ❶ (*kritisierend*) critical ❷ (*bedenklich*) critical; ■ [**für jdn**] ~ **werden** to become critical [for sb] **II.** *adv* critically

kritisieren* **I.** *vt* ■ **jdn/etw** ~ to criticize sb/sth; **an jdm/etw etwas zu** ~ **haben** [*o* **finden**] to have [*or* find] sth to criticize about sb/sth **II.** *vi* to criticize

Kritzelei <-, -en> *f* (*pej fam*) ❶ *kein pl* (*das Krit-

Geringschätzung, Kritik

Geringschätzung/Missfallen ausdrücken	expressing disdain/displeasure
Ich halte nicht viel von dieser Theorie.	**I don't think much of** this theory.
Davon halte ich gar/überhaupt nichts.	**I don't think much of that at all./I'm not in the least impressed by that.**
Komm mir bloß nicht mit Psychologie! *(fam)*	**Don't give me any of that** psychology **nonsense!**
(Es tut mir Leid, aber) **ich habe für** diese Typen **nichts übrig.** *(fam)*	(I'm sorry but) **I've got no time for** these sorts of people.
Ich kann mit moderner Kunst **nichts anfangen.** *(fam)*	Modern art **doesn't do a thing for me** *(fam)*/**is not my cup of tea.**
kritisieren, negativ bewerten	**criticizing, evaluating negatively**
Das gefällt mir gar nicht.	**I don't like this at all.**
Das sieht aber nicht gut aus.	**This doesn't look good.**
Das hätte man aber besser machen können.	**That could have been done better.**
Dagegen lässt sich einiges sagen.	**Several things can be said about that.**
Da habe ich so meine Bedenken.	**I have my doubts about that.**
missbilligen	**disapproving**
Das kann ich nicht gutheißen.	**I cannot approve of that.**
Das finde ich gar nicht gut von dir.	**That wasn't at all nice of you.**
Da bin ich absolut dagegen.	**I'm utterly opposed to/against it.**

zeln) scribbling ② (*Gekritzel*) scribble

kritzeln **I.** *vi* to scribble **II.** *vt* ■**etw** ~ to scribble sth; ***er hatte mir eine Nachricht auf einen Notizzettel gekritzelt*** he had scribbled a note for me on his notepad

Kroate, Kroatin <-n, -n> *m, f* Croat; *s. a.* **Deutsche(r)**

Kroatien <-s> [-tsiən] *nt* Croatia; *s. a.* **Deutschland**

kroatisch *adj* Croatian; *s. a.* **deutsch 1, 2**

kroch *imp von* **kriechen**

Krokant <-s> *m kein pl* KOCHK ① (*Masse*) chopped and caramelized nuts ② (*gefüllte Praline*) [praline filled with] cracknell

Krokette <-, -n> *f* croquette

Kroko <-s> *nt kein pl* (*fam*) croc *fam*

Krokodil <-s, -e> *nt* crocodile

Krokodilleder *nt* crocodile leather

Krokodilstränen *pl* (*fam*) crocodile tears *pl;* ~ **weinen** [*o* **vergießen**] to cry [*or* shed] crocodile tears

Krokus <-, – *o* -se> *m* BOT crocus

Krone <-, -n> *f* ① (*Kopfschmuck eines Herrschers*) crown ② (*das Herrscherhaus*) ■**die** [...] ~ the [...] crown ③ BOT (*Baumkrone*) top ④ MED (*Zahnkrone*) crown, cap ⑤ (*Währungseinheit: in Skandinavien*) krone; (*in der Tschechei*) crown ⑥ (*Einstellknopf einer Uhr*) winder ▶ WENDUNGEN: **die** ~ **des Ganzen** on top of everything else; **die** ~ **der Schöpfung** (*hum*) the crowning glory of creation; **etw fährt jdm in die** ~ sth gets on sb's nerves; **einen in der** ~ **haben** (*fam*) to have had one too many *fam;* **die** ~ **sein** (*fam*) to beat everything; **einer S.** *dat* **die** ~ **aufsetzen** (*fam*) to crown [*or* top] sth

krönen *vt* ① (*durch die Krone inthronisieren*) ■**jdn** [**zu etw**] ~ to crown sb [sth] ② ARCHIT (*überspannen*) ■**etw** ~ to crown [*or* cap] sth ③ (*geh: Höhepunkt sein*) ■**etw** ~ to crown sth; ***seine Rede krönte den Abend*** his speech was the highlight of the evening; ***der köstliche Nachtisch krönte das Menü*** the delicious dessert was the crowning glory of the meal

Kronenbraten *m* KOCHK crown roast **Kron(en)korken** *m* crown cap **Kronenreibe** *f* abrading grater

Kronfleisch *nt* KOCHK boiled beef skirt **Kronleuchter** *m* chandelier **Kronprinz, -prinzessin** *m, f* ① (*Thronfolger*) crown prince *masc,* crown princess *fem* ② (*fig*) heir apparent

Kronsbeere *f* NORDD (*Preiselbeere*) cranberry

Krönung <-, -en> *f* ① (*Höhepunkt*) high point ② (*das Krönen*) coronation

Kronzeuge, -zeugin *m, f* JUR ~ **sein** to give King's/Queen's evidence; [**in etw** *dat*] **als** ~ **auftreten** to turn King's/Queen's evidence [in sth]

Kronzeugenregelung *f* JUR law governing the practice of King's/Queen's evidence

Kropf <-[e]s, Kröpfe> *m* ① MED (*Schilddrüsenvergrößerung*) goitre [*or* AM -er] ② ORN (*vom Vogel*) crop ▶ WENDUNGEN: **so unnötig** [*o* **überflüssig**] **wie ein** ~ **sein** (*fam*) to be totally unnecessary [*or* superfluous], to be as much as a hole in the head

Kropfband *nt* MED goitre [*or* AM -er] band

Kroppzeug *nt kein pl* NORDD (*pej sl*) scum *pej*

kross[RR], **kroß** **I.** *adj* KOCHK crusty **II.** *adv* KOCHK crustily

Krösus <-, -se> *m* (*reicher Mensch*) Croesus ▶ WENDUNGEN: **doch kein** ~ **sein** (*fam*) to not be made of money *fam*

Kröte <-, -n> *f* ① ZOOL toad ② *pl* (*sl: Geld*) pennies *pl* ③ (*fam*) brat, fam; (*pej: Miststück*) bugger BRIT *masc pej fam,* asshole AM *masc pej fam,* bitch *fem pej fam* ▶ WENDUNGEN: **eine** ~ **schlucken müssen** to have to swallow a bitter pill

Krücke <-, -n> *f* ① (*Stock für Gehbehinderte*) crutch; **an ~n gehen** *dat* to walk on crutches ② (*sl: Nichtskönner*) washout ③ (*fam: untaugliches Gerät*) piece [*or fam* heap] of junk

Krückstock *m* walking stick

Krug[1] <-[e]s, Krüge> *m* (*Gefäß zur Aufbewahrung*) jug; (*Trinkgefäß*) tankard, mug ▶ WENDUNGEN: **der** ~ **geht so lange zum Brunnen, bis er bricht** (*prov*) what goes around comes around *prov*

Krug[2] <-es, Krüge> *m* NORDD inn, pub

Krüllbohne *f* flageolet bean

Krume <-, -n> *f* ① (*geh: Krümel*) crumb ② AGR (*Ackerkrume*) topsoil

Krümel <-s, -> *m* ① (*Brösel*) crumb; ~ [**auf etw** *akk*] **machen** to make crumbs [on sth] ② DIAL (*fam*) tiny tot *fam*

krümelig *adj* crumbly

krümeln *vi* ① (*Krümel machen*) to make crumbs ② (*leicht zerbröseln*) to crumble; ■ **~d** crumbly

krumm **I.** *adj* ① (*verbogen*) bent, crooked; ~ **und**

schief askew ② (*gebogen*) *Nase* hooked; *Rücken* hunched, crooked; *Beine* bandy ③ (*pej fam: unehrlich*) crooked, bent; **ein ~es Ding drehen** to pull off sth crooked; **es auf die ~e Tour versuchen** to try to fiddle sth ④ (*nicht rund*) odd **II.** *adv* (*gebogen*) **etw ~ biegen** to bend sth; **~ gehen** to walk with a stoop; **~ sitzen/stehen** to slouch; **etw ~ machen** to bend sth; **[jdm] etw ~ nehmen** (*fam*) to take offence [*or* AM -se] at sth [sb said or did]; **es jdm ~ nehmen, dass ...** (*fam*) to hold it against sb, that ...; **sich ~ legen** (*fam*) to skimp and save *fam* ▸ WENDUNGEN: **sich ~ und schief lachen** (*fam*) to split one's sides laughing; *s. a.* **Finger**

krummbeinig *adj* bow-[*or* bandy-]legged

krümmen I. *vt* ① (*biegen*) ■**etw ~** to bend sth; **den Rücken ~** to arch one's back; **die Schultern ~** to slouch one's shoulders ② MATH, PHYS ■**gekrümmt** curved **II.** *vr* ① (*eine Biegung machen*) ■**sich ~** *Fluss* to wind; *Straße* to bend ② (*sich beugen*) ■**sich ~** to bend ③ (*sich winden*) ■**sich ~** to writhe; **sich vor Schmerzen ~** to writhe in pain ④ (*fam: sich krumm und schief lachen*) ■**sich [vor Lachen] ~** to double up [with laughter]

krumm|lachen *vr* (*fam*) ■**sich [über etw** *akk*] ~ to laugh one's head off [at sth] **krummnasig** *adj* (*pej*) ■**~ sein** to have a crooked nose **Krummsäbel** *m* scimitar **Krummstab** *m* REL crozier

Krümmung <-, -en> *f* ① (*Biegung*) bend; *Weg* turn ② ANAT, MED (*gekrümmte Form*) curvature ③ MATH, PHYS curvature

Kruppe <-, -n> *f* ZOOL croup, crupper

Krüppel <-s, -> *m* cripple; **jdn zum ~ schlagen/schießen** to cripple sb

krüpp(e)lig *adj* deformed, crippled

Kruspelspitz *m* KOCHK ÖSTERR (*Fleischstück aus der Rinderschulter*) *tough beef cut from below the shoulder, used for boiling*

Kruste <-, -n> *f* crust; (*Bratenkruste*) crackling

krustig *adj* ① (*Verkrustungen aufweisend*) encrusted ② MED (*eine Kruste habend*) encrusted

Kruzifix <-es, -e> *nt* REL (*Kreuz mit Korpus*) crucifix; **~!** (*veraltet fam*) swounds! *dated fam*

Kruzitürken *interj* (*sl*) bloody hell! BRIT *fam,* damn it! AM *fam*

Krypta <-, Krypten> *f* crypt

kryptisch *adj* cryptic

Krypton <-s> *nt kein pl* krypton

KSZE <-> *f kein pl Abk von* **Konferenz über Sicherheit und Zusammenarbeit in Europa** CSCE, Conference on Security and Cooperation in Europe

Kuba <-s> *nt* Cuba; *s. a.* **Sylt**

Kubaner(in) <-s, -> *m(f)* Cuban; *s. a.* **Deutsche(r)**

kubanisch *adj* Cuban; *s. a.* **deutsch**

Kübel <-s, -> *m* ① (*großer Eimer*) bucket, pail ② HORT (*Pflanzkübel*) container ③ (*Ersatz-WC im Gefängnis*) toilet bucket, crapper *sl* ▸ WENDUNGEN: **[wie] aus/in/mit ~n regnen** [*o* **gießen**] [*o* **schütten**] to rain [in] buckets

Kuben *pl von* **Kubus**

Kubikmeter *m o nt* cubic metre [*or* AM -er] **Kubikwurzel** *f* cube root **Kubikzahl** *f* cube number

kubisch *adj* (*geh*) cubic

Kubismus <-> *m kein pl* cubism

Kubist(in) <-en, -en> *m(f)* cubist

kubistisch *adj* cubist

Kubus <-, Kuben *o* -> *m* (*geh*) cube

Küche <-, -n> *f* ① (*Raum für das Kochen*) kitchen ② (*Gesamtheit der Küchenmöbel*) kitchen ③ KOCHK (*Art des Kochens*) cuisine; **gutbürgerliche ~** home-style cooking; **warme/kalte ~** hot/cold food ④ (*Küchenpersonal*) kitchen staff

Kuchen <-s, -> *m* cake; **backe, backe ~** (*Kinderreim*) pat a cake, pat a cake ...

Küchenabfälle *pl* kitchen scraps *pl* **Küchenbeleuchtung** *f* kitchen lighting

Kuchenblech *nt* baking sheet

Küchenbulle *m* MIL (*sl*) cookhouse wallah *sl* **Küchenchef(in)** *m(f)* chef **Küchenfenster** *nt* kitchen window

Kuchenform *f* baking tin

Küchenfußboden *m* kitchen floor

Kuchengabel *f* pastry fork

Küchengerät *nt* kitchen utensil **Küchenhandtuch** *nt* hand towel **Küchenkrepp** *m* kitchen roll **Küchenmaschine** *f* food processor **Küchenmesser** *nt* kitchen knife

Kuchenmesser *nt* cake knife **Kuchenpalette** *f* cake pallet

Küchenpersonal *nt* kitchen staff **Küchenregal** *nt* kitchen shelf **Küchenreiniger** *m* kitchen cleaner **Küchenrolle** *f* kitchen roll **Küchenschabe** *f* cockroach **Küchenschelle** *f* BOT pasqueflower **Küchenschere** *f* kitchen knife **Küchenschrank** *m* kitchen cupboard **Küchenschublade** *f* kitchen drawer **Küchensieb** *nt* sieve

Kuchenteig *m* cake mixture

Küchentisch *m* kitchen table **Küchentür** *f* kitchen door **Küchenwaage** *f* kitchen scales *pl*

Küchlein[1] <-s, -> *nt* DIAL (*veraltend: Küken*) chick

Küchlein[2] <-s, -> *nt* DIAL little cake

Kücken <-s, -> *nt* ÖSTERR (*Küken*) chick

kucken *vi* NORDD (*fam*) *s.* **gucken**

kuckuck *interj* ① (*Ruf des Kuckucks*) cuckoo ② (*fam: hallo*) cuckoo

Kuckuck <-s, -e> *m* ① ORN cuckoo ② (*fam: Pfandsiegel*) bailiff's seal ▸ WENDUNGEN: **ein ~ unter Nachtigallen** an amateur among professionals; **geh** [*o* **scher dich**] **zum ~!** (*euph fam*) go to hell! *fam,* clear off! *fam,* beat it! *fam;* **hol's der ~!** (*euph fam*) botheration! BRIT *fam,* damn! AM *fam;* **der ~ soll dich holen!** (*fam*) get lost! *fam;* **bei jdm ist der ~ los** everything is topsy-turvy with sb; **[das] weiß der ~!** (*euph fam*) God only knows! *fam;* **jdn zum ~ wünschen** to wish sb would get lost; **zum ~ [noch mal]!** (*euph fam*) damn it! *fam*

Kuckucksei *nt* ① ORN (*das Ei eines Kuckucks*) cuckoo's egg ② (*fam*) unpleasant surprise ③ (*fam: Pflegekind*) another man's child in one's family **Kuckucksuhr** *f* cuckoo clock

Kuddelmuddel <-s> *m o nt kein pl* (*fam*) muddle *fam;* (*Unordnung*) mess; (*Verwirrung*) confusion

Kudu <-s, -s> *m* ZOOL kudu

Kufe <-, -n> *f* ① (*Schiene*) *Schlitten* runner; *Schlittschuh* blade ② LUFT skid

Küfer(in) <-s, -> *m(f)* ① SÜDD (*Böttcher*) cooper ② (*Weinküfer*) cellarman

Kugel <-, -n> *f* ① MATH sphere ② SPORT ball; (*Kegelkugel*) bowl; **die ~ rollt** (*bei Roulette*) the roulette wheels are spinning; (*beim Kegeln*) the ball is rolling ③ (*Geschoss*) bullet; **sich** *dat* **eine ~ durch den Kopf jagen** [*o* **schießen**] to shoot a bullet through one's head, to blow one's brains out *sl* ④ HIST (*Kanonenkugel*) canonball ⑤ KOCHK rump; (*Eis~*) scoop ▸ WENDUNGEN: **eine ruhige ~ schieben** (*fam*) to have a cushy time *sl,* BRIT *a.* to be on a cushy number *sl;* ***bei ihrem Job schiebt sie eine ruhige ~*** her job is a cushy number

Kugelausstecher *m* butter scoop (*for scooping little balls from butter, fruit or avocados*) **Kugelblitz** *m* METEO ball lightning

Kügelchen <-s, -> *nt dim von* **Kugel** small ball

Kugelfang *m* ① (*Vorrichtung*) bullet screen ② (*Person*) person acting as a bullet screen **kugelförmig** *adj* spherical **Kugelgelenk** *nt* ① ANAT ball-and-socket joint ② TECH ball-and-socket joint **Kugelhagel** *m* hail of bullets

kugelig *adj s.* **kugelförmig**

Kugelkopf *m* TECH golf ball **Kugelkopfschreibmaschine** *f* golf ball typewriter **Kugellager** *nt* ball bearing

kugeln *vi sein* (*rollen, fallen*) ■ **irgendwohin** ~ to roll somewhere ▶ WENDUNGEN: **zum K~ sein** (*fam*) to be hilarious [*or* a scream]

kugelrund *adj* ① (*kugelförmig*) ■ ~ **sein** to be round as a ball ② (*fam: feist und rundlich*) tubby *fam* **Kugelschreiber** *m* ballpoint, Biro® BRIT, Bic® AM **Kugelschreibermine** *f* ballpoint refill **kugelsicher** *adj* bullet-proof **Kugelstoßen** <-s> *nt kein pl* SPORT shot put **Kugelstoßer(in)** <-s, -> *m(f)* shot-putter

Kuh <-, Kühe> *f* ① ZOOL cow ② (*weibliches Tier*) cow ③ (*pej fam: Frau*) bitch *fam*, cow BRIT *pej fam;* **blöde** [*o* **dumme**] ~ stupid [*or* silly] cow BRIT *pej fam* ▶ WENDUNGEN: **die ~ ist vom Eis** (*fam*) that's settled; ***die ~ ist noch lange nicht vom Eis*** it's not over by a long shot; **wie die ~ vorm Berg** [*o* **neuen Scheunentor**] *fam* **dastehen** to be completely baffled *fam;* **heilige** ~ sacred cow; **melkende** ~ milk cow

Kuhdorf *nt* (*pej fam*) one-horse town *fam* **Kuherbse** *f* black-eye bean **Kuhfladen** *m* cow-pat BRIT, cow patty AM **Kuhglocke** *f* cow bell **Kuhhandel** *m* (*pej fam*) horse trade *pej fam* **Kuhhaut** *f* (*Fell eines Rindes*) cowhide ▶ WENDUNGEN: **das geht auf keine** ~ (*sl*) that's going too far *fam* **Kuhherde** *f* herd of cows **Kuhhirt(e)**, **-hirtin** *m, f* cowherd, cowboy, cowgirl **Kuhhorn** *nt* cow's horn

kühl I. *adj* ① (*recht kalt*) cool, chilly; ***draußen wird es ~*** it's getting chilly outside; *s. a.* **Grund, Kopf** ② (*reserviert*) cool II. *adv* ① (*recht kalt*) **etw ~ lagern** to store sth in a cool place; **etw ~ servieren** KOCHK to serve sth cool [*or* chilled]; **etw ~ stellen** KOCHK to leave sth in a cool place ② (*reserviert*) coolly

Kühlbox *f* cooler

Kuhle <-, -n> *f* hollow

Kühle <-> *f kein pl* (*geh*) ① (*kühle Beschaffenheit*) cool ② (*Reserviertheit*) coolness

kühlen I. *vt* ■ **etw** ~ to cool [*or* chill] sth; ■ **gekühlt** coolled, chilled ▶ WENDUNGEN: **sein Mütchen an jdm** ~ to take it out on sb II. *vi* to cool

Kühler <-s, -> *m* ① AUTO bonnet; **jdm vor den ~ rennen** [*o* **laufen**] (*fam*) to run into sb's car ② (*Sektkühler*) ice bucket

Kühlerfigur *f* AUTO bonnet mascot **Kühlerhaube** *f* AUTO *s.* **Motorhaube**

Kühlhaus *nt* refrigerated storage building **Kühlkreislauf** *m* TECH cooler circuit **Kühlmittel** *nt* coolant, cooling agent **Kühlraum** *m* refrigerated storage room **Kühlrippe** *f* AUTO cooling fin **Kühlschiff** *nt* refrigerator ship **Kühlschrank** *m* refrigerator, fridge *fam* **Kühltasche** *f* cool bag **Kühltruhe** *f* freezer chest **Kühlturm** *m* TECH cooling tower

Kühlung <-, -en> *f* ① (*Abkühlung*) cooling ② (*geh: Erfrischung*) cooling; **zur** ~ to cool down

Kühlwagen *m* ① EISENB (*Waggon mit Kühlanlage*) refrigerator [*or* cold-storage] wagon, Brit [*or* AM car] ② AUTO (*Lkw mit Kühlaggregat*) refrigerator [*or* cold-storage] truck **Kühlwasser** *nt kein pl* coolant

Kuhmilch *f* cow's milk **Kuhmist** *m* cow dung

kühn I. *adj* ① (*wagemutig*) brave ② (*gewagt*) bold II. *adv* **eine ~ geschwungene Nase** an aquiline nose

Kühnheit <-, -en> *f* ① *kein pl* (*Wagemut*) bravery ② *kein pl* (*Gewagtheit*) boldness ③ (*Dreistigkeit*) audacity

Kuhstall *m* cowshed

kujonieren* *vt* (*geh*) ■ **jdn** ~ to harrass [*or* bully] sb

k.u.k. ÖSTERR *Abk von* **kaiserlich und königlich** imperial and royal

Küken <-s, -> *nt* ① ORN (*junges Huhn*) chick ② (*fam: junges Mädchen*) young goose *fam* ③ (*fam: Nesthäkchen*) baby of the family ④ (*fam: unerfahrener Mensch*) baby

Ku-Klux-Klan <-> *m kein pl* Ku Klux Klan

Kukuruz <-[es]> *m kein pl* ÖSTERR (*Mais*) [sweet] corn

kulant *adj* ÖKON obliging, accomodating; ***es war ~ von ihm, die Arbeitskosten nicht zu berechnen*** it was obliging of him/on his part not to charge anything for labour

Kulanz <-> *f kein pl* ÖKON willingness to oblige, accomodating behaviour [*or* AM -or]; **auf** [*o* **aus**] ~ at the firm's expense

Kuli[1] <-s, -s> *m* (*fam*) Biro® BRIT, Bic® AM

Kuli[2] <-s, -s> *m* ① (*chinesischer Lohnarbeiter*) coolie ② (*fam: Knecht*) slave, BRIT *a.* dogsbody

kulinarisch *adj* culinary

Kulisse <-, -n> *f* ① THEAT (*verschiebbare Bühnendekoration*) scenery ② (*Hintergrund*) backdrop ▶ WENDUNGEN: **hinter die ~n blicken** [*o* **schauen**] to look behind the scenes; **nur ~ sein** (*pej fam*) to be merely a facade

Kullenmesser *nt* smoked salmon knife

Kulleraugen *pl* (*fam*) big wide eyes *pl*

kullern *vi sein* (*fam*) ■ **irgendwohin** ~ to roll somewhere

kulminieren* *vi* (*geh*) ■ **in etw ~** *dat* to culminate in sth

Kult <-[e]s, -e> *m* cult; **einen ~ mit jdm/etw treiben** to make a cult out of sb/sth; **der christliche** ~ Christian worship

Kultbild *nt* religious image **Kultbuch** *nt* cult book **Kultfigur** *f* MUS, FILM, MEDIA cult figure **Kultfilm** *m* cult film **Kulthandlung** *f* REL ritual act

kultig *adj* (*sl*) cult; **~e Fernsehserie** cult TV series

kultisch *adj* REL ritual

kultivieren* [-'vi:-] *vt* ① (*geh: bewusst pflegen*) to cultivate, to keep up ② AGR (*urbar machen*) ■ **etw** ~ to cultivate sth ③ (*geh*) ■ **etw** ~ to cultivate sth

kultiviert [-'vi:ɐt] I. *adj* ① (*gepflegt*) cultivated, refined; ■ ~ **sein** to be refined [*or* sophisticated] ② (*von feiner Bildung*) ■ ~ **sein** to be cultured II. *adv* ① (*gepflegt*) sophisticatedly ② (*zivilisiert*) in a refined manner

Kultivierung <-, -en> [-'vi:-] *f* AGR ① (*die Urbarmachung*) cultivation ② AGR (*geh: der Anbau*) cultivation

Kultobjekt *nt* cult object **Kultstätte** *f* REL place of ritual worship **Kultstatus** *m kein pl* cult status; ~ **erreichen/genießen** to gain/enjoy cult status

Kultur <-, -en> *f* ① (*Zivilisation*) civilization, culture ② *kein pl* (*Zivilisationsniveau*) culture; ***die Bewohner hatten eine hohe ~ erreicht*** the inhabitants had developed a high degree of civilization; **die politische** ~ the political culture; **~/keine ~ haben** to be/not be cultured ③ FORST, HORT (*angebauter Bestand*) plantation ④ BIOL (*auf Nährböden gezüchtete Mikroorganismen*) culture ⑤ *kein pl* BIOL (*das Kultivieren*) cultivation

Kulturabkommen *nt* cultural agreement **Kulturamt** *nt* [local] cultural affairs office; ***das ~ Ettlingen*** the Ettlingen Cultural Affairs Office **Kulturattaché** *m* cultural attaché **Kulturaustausch** *m* cultural exchange **Kulturbanause** *m* (*pej fam*) philistine *fam* **Kulturbetrieb** *m* cultural activity **Kulturbeutel** *m* toilet [*or* AM toiletries] bag **Kulturdenkmal** *nt* cultural monument

kulturell I. *adj* cultural II. *adv* culturally

Kulturfestival *nt* cultural festival **Kulturfilm** *m* documentary [film] **Kulturgeschichte** *f kein pl* cultural history, history of civilization **kulturgeschichtlich** I. *adj* historico-cultural, relating to history of civilization II. *adv* ~ **interessant** [*o* **bedeutsam**] interesting [*or* significant] in terms of cultural history, interesting [*or* significant] from a [*or* AM *usu* an] historico-cultural point of view **Kulturgut** *nt* cultural asset **kulturhistorisch** *adj s.* **kulturgeschichtlich** **Kulturhoheit** *f kein pl* ADMIN control over the domain of education and culture **Kulturkampf** *m kein pl* HIST ■**der** ~ the Kulturkampf (*conflict between Prussian state and RC church 1871–87*) **Kulturkreis** *m* cultural environment **kulturkritisch** *adj* SOZIOL, PHILOS (*geh*) critical of contemporary culture **Kulturlandschaft** *f* ❶ (*vom Menschen veränderte Naturlandschaft*) artificial landscape ❷ (*fig*) cultural scene **Kulturleben** *nt kein pl* cultural life **kulturlos** *adj* (*pej*) ■~ **sein** to be uncultured [*or* BRIT *a. fam* yobbish] **Kulturpessimismus** *m kein pl* (*geh*) cultural pessimism **Kulturpflanze** *f* cultivated plant **Kulturpolitik** *f kein pl* cultural and educational policy **kulturpolitisch** I. *adj* of cultural and educational policy; **eine ~e Angelegenheit** a matter of cultural and educational policy; **der ~e Ausschuss des Landtags** the cultural and educational policy committee of the regional parliament II. *adv* with regard to cultural and educational policy; ***von der Opposition kamen ~ bedeutsame Vorschläge*** important proposals regarding cultural and educational policy came from the opposition **Kulturprogramm** *nt* ❶ MEDIA (*Programm kultureller und künstlerischer Darbietungen*) cultural programme [*or* AM -am] *no pl* ❷ TV, RADIO (*Programm, das aus kulturellen Beiträgen besteht*) cultural programme [*or* AM -am] **Kulturrevolution** *f* POL cultural revolution **Kulturschaffende(r)** *f(m) decl wie adj* creative artist **Kulturschale** *f* Petri dish **Kulturschande** *f* (*pej fam*) ignominy for a civilized nation *pej* **Kulturschock** *m* culture shock **Kulturstufe** *f* level of civilization **Kulturvolk** *nt* civilized nation **Kulturzentrum** *nt* ❶ (*Mittelpunkt, wichtiger Ort des kulturellen Lebens*) cultural centre [*or* AM -er], centre of cultural life ❷ (*größere Anlage mit verschiedenen kulturellen Einrichtungen*) arts centre [*or* AM -er]

Kultusgemeinde *f* religious community **Kultusminister(in)** *m(f)* Minister of Education and the Arts BRIT, Secretary of Education and Cultural Affairs AM **Kultusministerium** *nt* Ministry of Education and the Arts BRIT, Department of Education and Cultural Affairs AM

Kumarin <-s> *nt kein pl* CHEM coumarin

Kümmel <-s, -> *m* ❶ (*Pflanze*) caraway ❷ *kein pl* (*Gewürz*) caraway [seed] ❸ (*fam: Schnaps*) kümmel

Kummer <-s> *m kein pl* ❶ (*Betrübtheit*) grief ❷ (*Unannehmlichkeiten*) problem, trouble; ***gibt es irgendwelchen ~?*** are there any problems?; **wenn das dein einziger ~ ist** (*fam*) if that's your only problem; [**an**] ~ **gewöhnt sein** (*fam*) to be used to trouble; ~ **haben** to have worries; ***ich sehe doch, dass du ~ hast*** I can see that you're worried about something; **jdm ~ machen** [*o* **bereiten**] to cause sb trouble [*or* worry]; ***irgend etwas muss ihr wohl ~ bereiten*** she must be worried about something or other

Kummerkastenonkel, -tante *m, f* MEDIA (*fam*) agony aunt BRIT, dear Abby columnist AM

kümmerlich I. *adj* ❶ (*pej: armselig*) miserable, poor; **eine ~e Mahlzeit** a paltry meal; (*dürftig*) meagre [*or* AM -er]; **von einer ~en Rente leben** to live on a meagre pension ❷ (*miserabel*) pitiful; ***mit dieser ~en Leistung kann sie die Prüfung nicht bestehen*** she won't pass the exam with this pitiful effort; **ein ~er Aufsatz** an extremely pathetic essay ❸ (*unterentwickelt*) puny; **ein ~er Baum** a stunted tree II. *adv* (*notdürftig*) in a miserable way; ***sie leben sehr ~ von der Arbeitslosenunterstützung*** they scrape an existence on unemployment benefit; ***Sozialhilfeempfänger müssen sich sehr ~ ernähren*** people on benefits must live on a very meagre diet

Kümmerling <-s, -e> *m* (*pej fam*) weakling

kümmern I. *vt* ■**etw/jd kümmert jdn** sth/sb concerns sb; ***was kümmert mich das?*** what concern is that of mine?; ***es hat ihn noch nie gekümmert, was andere von ihm dachten*** it never worried him what other people thought of him; ***das traurige Kind kümmert mich*** I feel sorry for the sad child II. *vi* (*schlecht gedeihen*) to become stunted III. *vr* ❶ (*sich jds annehmen*) ■**sich um jdn ~** to look after sb; **sich um seine Gäste ~** to look after one's guests ❷ (*etw besorgen*) ■**sich um etw ~** to take care of sth; ***wenn du die Hausarbeit machst, kümmere ich mich um den Garten*** if you do the housework I'll see to the garden; ***ich kann mich nicht um alles ~!*** I can't take care of everything!; ■**sich darum ~, dass** to see to it that; ***ich habe mich noch nie darum gekümmert, was andere von mir denken*** I've never cared what other people think of me; ***kümmere dich um deine eigenen Angelegenheiten*** mind your own business

Kummerspeck *m* (*hum fam*) excess weight due to emotional problems; ~ **ansetzen** to put on weight due to emotional problems **kummervoll** *adj* (*geh*) sorrowful, woeful *form,* woebegone *liter;* ***dein Gesicht ist so ~*** you look so sad

Kumpan(in) <-s, -e> *m(f)* (*pej fam*) pal *fam,* mate BRIT *fam,* buddy AM *fam*

Kumpel <-s, -> *m* ❶ (*Bergmann*) miner ❷ (*fam: Kamerad*) friend, pal, mate BRIT *fam,* buddy AM *fam;* ***Veronika ist ein toller ~*** Veronika is a fantastic friend

Kumulation <-, -en> *f* accumulation

kumulieren* I. *vr* (*sich anhäufen*) ■**sich ~** to accumulate II. *vt* ■**etw ~** to amass sth

Kumulierung <-, -en> *f* accumulation

Kumuluswolke *f* METEO cumulus [cloud]

kündbar *adj* ❶ (*sich kündigen lassend*) terminable; *Arbeitsvertrag* subject to termination [*or* notice]; ■[**irgendwie**] ~ **sein** to be terminable in a certain way; ***Angestellte sind nur unter Einhaltung bestimmter Fristen ~*** employees can only be dismissed after a certain period of notice; ***ältere Mitarbeiter sind nicht mehr ~*** older employees can no longer be dismissed ❷ JUR (*Möglichkeit der Kündigung enthaltend*) subject to notice; ***bei der Police handelt es sich um einen nach fünf Jahren ~en Vertrag*** the policy involves a contract that is subject to five years notice; ***das Abonnement ist nur mit Dreimonatsfrist ~*** the subscription can only be terminated with three months notice

Kunde <-, *selten* -en> *f kein pl* (*veraltend geh*) news + *sing vb,* tidings *npl;* **jdm eine betrübliche/erfreuliche ~ bringen** to have some bad/good news for sb; **von etw ~ erhalten** to receive news about sth; **von etw ~ geben** [*o* **ablegen**] to bear witness to sth

Kunde, Kundin <-n, -n> *m, f* ❶ (*Käufer*) customer; (*für Dienstleistungen*) client ❷ (*pej fam: Kerl*) customer *pej fam;* **ein ganz übler ~ sein** to be a real nasty customer

künden I. *vt* ❶ (*geh: ver~*) ■**etw ~** to presage sth *form* ❷ SCHWEIZ (*kündigen*) to resign II. *vi* (*geh: Zeugnis von etw ablegen*) ■**von etw ~** to bear witness to sth

Kundenberater(in) *m(f)* customer consultant **Kundenberatung** *f* customer advisory service

Kundendienst *m* ❶ *kein pl* (*Service*) after-sales [*or* customer] service ❷ (*Stelle für Service*) customer sup-

port office
Kundendienstabteilung *f* customer service department **Kundendienstmitarbeiter(in)** *m(f)* customer service employee **Kundendienstnetz** *nt* customer service [*or* support] network
Kundenfang *m kein pl* (*pej*) touting for customers *pej;* **auf ~ gehen** to go out touting for customers *pej* **Kundenkarte** *f* ÖKON store card **Kundenkartei** *f* customer file **Kundenkreis** *m* customers *pl;* (*bei Dienstleistungen*) clients *pl,* clientele **Kundennummer** *f* customer account number **Kundenstock** *m* ÖSTERR customers *pl* **Kundenzeitschrift** *f* customer magazine
kund|geben *vt irreg* (*geh*) ■ **[jdm] etw ~** to make sth known [*or* announce sth] [to sb]; **den Behörden eine Demonstration ~** to announce a demonstration to the authorities
Kundgebung <-, -en> *f* POL rally, demonstration
kundig *adj* ① (*geh: sach~*) knowledgeable, well-informed; ***sie ist ~er als ihr Vorgänger*** she's better informed than her predecessor; **sich in einer S./auf einem Gebiet ~ machen** to inform oneself about sth/a subject ② (*veraltend geh: etw beherrschen*) ■ **einer S.** *gen* **~ sein** to be an adept at sth
kündigen I. *vt* ① (*Arbeitsverhältnis vorschriftsmäßig beenden*) ■ **etw ~** to hand in one's notice, to quit; **seine Arbeit/seinen Job/seine Stelle ~** to hand in one's notice ② (*die Aufhebung von etw anzeigen*) to cancel, to terminate; ■ **[jdm] etw ~** to give [sb] notice of cancellation with regards to sth; ***Zeitschriftenabonnements können nur mit einer Frist von drei Monaten gekündigt werden*** magazine subscriptions can only be cancelled by giving three months notice; **etw unter Einhaltung der Frist ~** to cancel sth by observing the period of notice; ***ich habe der Vermieterin die Wohnung gekündigt*** I've given the landlady notice that I'm vacating [the flat] ③ FIN ■ **[jdm] etw ~** to give [sb] notice of withdrawal of sth; ***ich habe erst mal 4000 Mark von meinem Sparbuch gekündigt*** I've given notice to withdraw 4,000 marks from my savings book; **jdm den Kredit ~** to discontinue sb's credit ④ (*die Entlassung ankündigen*) ■ **jdn ~** to dismiss [*or* lay off] sb *sep;* **jdn fristlos ~** to dismiss sb instantly; ***laut Vertrag kann man sie nur mit einer Frist von sechs Monaten ~*** according to the contract she has to be given six months notice II. *vi* ① (*das Ausscheiden ankündigen*) ■ **[jdm] ~** to hand in one's notice [to sb]; ***sie hat ihrem Arbeitgeber gekündigt*** she handed in her notice to her employer; ■ **bei jdm ~** to give sb one's notice ② (*die Entlassung ankündigen*) ■ **jdm ~** to give sb his/her notice, to lay off sb *sep* ③ JUR ■ **jdm ~** to give sb notice to quit; ***die Vermieterin hat mir gekündigt*** the landlady gave me notice to quit; ***denke daran, dass du dem Vermieter mit Dreimonatsfrist ~ musst*** don't forget you have to give the landlord three months notice
Kündigung <-, -en> *f* ① (*das Kündigen*) cancelling ② JUR cancellation; ***die ~ der Versicherung ist erst nach einem Jahr möglich*** you can only cancel the insurance after a year ③ FIN notice of withdrawal; ***der Betrag kann erst nach erfolgter ~ abgehoben werden*** the amount can only be withdrawn after having given prior notice; ***wenn sich die Ertragslage eines Unternehmens verschlechtert, kann es zur ~ des Kredites durch die Bank kommen*** if the profitability of a firm deteriorates the bank may withdraw credit ④ (*Beendigung des Arbeitsverhältnisses durch den Arbeitnehmer*) handing in [*or* giving] one's notice; ***was hat dein Chef zu deiner ~ gesagt?*** what did your boss say about your handing in your notice?; (*durch den Arbeitgeber*) dismissal; ***die ~ eines älteren Arbeitnehmers ist kaum noch möglich*** it is almost impossible to dismiss older employees any more; ***mit seiner ~ rechnen*** to expect to be fired
Kündigungsfrist *f* period of notice **Kündigungsgrund** *m* grounds [*or* reason] for giving notice; ***ohne ~ kann keinem Beschäftigten gekündigt werden*** no employee can be given notice without reason **Kündigungsschutz** *m* protection against unfair dismissal
Kundin <-, -nen> *f fem form von* **Kunde**
Kundschaft <-, -en> *f* ① (*Kundenkreis*) customers *pl;* (*bei Dienstleistungen*) clientele ② (*Kunden*) customers *pl,* clients *pl,* clientele
Kundschafter(in) <-s, -> *m(f)* MIL (*veraltend*) scout
kund|tun *vt irreg* (*veraltend geh*) ■ **[jdm] etw ~** to make sth known [to sb]
künftig I. *adj* ① (*zu~*) future, prospective; **jds ~e Ehefrau/~er Ehemann** sb's future wife/husband ② (*kommend*) future, to come; **~e Generationen** generations to come II. *adv* (*in Zukunft*) in [*or* AM in the] future; **etw ~ vermeiden** to avoid sth in future
Kungelei <-, -en> *f* (*pej fam*) wheeling and dealing *pej fam;* **geheime ~** secret wheeling and dealing
kungeln *vi* (*pej fam*) ■ **mit jdm [um etw] ~** to strike a bargain with sb [about sth]
Kunst <-, Künste> *f* ① KUNST art; **abstrakte ~** abstract art; **die bildende ~** graphic art; **die schönen Künste** the fine arts ② *kein pl* (*Schulfach*) art ③ (*Fertigkeit*) art, skill; ***das ist eine ~ für sich*** that's an art in itself; **die schwarze ~** black magic; **eine brotlose ~ sein** (*fam*) to be unprofitable; ***das Dichten ist eine brotlose ~*** there's no money in poetry; **mit seiner ~ am Ende sein** to be at a total loss; **seine ~ an etw versuchen** *dat* to try one's hand at sth ▸ WENDUNGEN: **das ist** [*o* **darin besteht**] **die ganze ~** that's all there is to it; **was macht die ~?** (*fam*) how's it going?, BRIT *a.* how are tricks?; **keine ~ sein** (*fam*) to be easy [*or* simple] [*or* nothing]
Kunstakademie *f* academy of arts, art college **Kunstausstellung** *f* art exhibit[ion] **Kunstbanause** *m* (*pej*) philistine *pej* **Kunstdruck** *m* art print[ing] **Kunstdünger** *m* artificial fertilizer [*or* manure] **Kunsterzieher(in)** *m(f)* (*geh*) art teacher **Kunsterziehung** *f* (*geh*) art **Kunstfaser** *f* synthetic fibre [*or* AM -er] **Kunstfehler** *m* malpractice, professional error **kunstfertig** I. *adj* (*geh*) skilful BRIT, skillful AM, expert II. *adv* skilfully BRIT, skillfully AM **Kunstfertigkeit** *f* (*geh*) skill, skilfulness BRIT, skillfullness AM, craftsmanship **Kunstfilm** *m* artistic film; (*als Teil einer Reihe a.*) genre film **Kunstflug** *m* aerobatics + *sing vb* **Kunstfreund(in)** *m(f)* art lover **Kunstgalerie** *f* art gallery **Kunstgattung** *f* KUNST genre **Kunstgegenstand** *m* objet d'art **kunstgerecht** *adj* skilful BRIT, skillful AM, expert; ***sie legte ihm einen ~en Kopfverband an*** she expertly bandaged his head **Kunstgeschichte** *f* ① *kein pl* (*Geschichte der Kunst*) history of art, art history ② (*Werk über ~*) work on the history of art **Kunstgewerbe** *nt kein pl* ① (*Wirtschaftszweig*) arts and crafts ② (*kunstgewerbliche Gegenstände*) crafts **kunstgewerblich** *adj* craft; **~e Erzeugnisse** craft products, crafts **Kunstgriff** *m* trick, dodge **Kunsthandel** *m* art trade **Kunsthändler(in)** *m(f)* art dealer **Kunsthandwerk** *nt kein pl* KUNST, ÖKON craft[work] *no pl* **Kunstharz** *nt* synthetic resin **Kunstherz** *nt* artificial heart **Kunsthistoriker(in)** *m(f)* KUNST, HIST, SCH art historian **kunsthistorisch** I. *adj* art-historical; **ein ~es Werk** an art-historical work II. *adv* as far as the history of art is concerned; ***diese Veröffentlichung ist ~ von großem Interesse*** this publication is of great interest as far as the history of art is concerned; ***sie ist ~ interessiert***

she is interested in art history **Kunsthonig** *m* artificial honey **Kunstkenner(in)** *m(f)* art connoisseur **Kunstkritiker(in)** *m(f)* art critic **Kunstleder** *nt* imitation leather **Kunstledersessel** *m* imitation [*or* artificial] leather armchair **Kunstlehrer(in)** *m(f)* art teacher

Künstler(in) <-s, -> *m(f)* ❶ (*bildender* ~) [visual] artist, artiste; **freischaffender** ~ free-lance artist ❷ (*Könner*) genius, wizard

künstlerisch *adj* artistic; **eine ~e Begabung** an artistic talent

Künstlerkolonie *f* colony of artists **Künstlername** *m* pseudonym; *Schauspieler* stage name **Künstlerpech** *nt kein pl* (*hum fam*) hard luck *no pl*

künstlich I. *adj* ❶ (*industriell hergestellt*) artificial, synthetic; **~e Wimpern/Zähne** false lashes/teeth; ***ist der Rubin echt oder ~?*** is that an imitation ruby or a genuine one? ❷ (*nicht natürlich*) artificial ❸ MED (*nicht natürlich erfolgend*) artificial; **~e Befruchtung** artificial insemination ❹ (*fam: aufgesetzt*) feigned, false, faked, spurious; **~ Erregung** feigned excitement; ■ **~ sein** to be affected [*or* feigned]; ***ob ihre Erregung echt oder nur ~ ist?*** I wonder if she's really excited or just putting it on II. *adv* ❶ (*fam: beabsichtigt*) affectedly; ***rege dich doch nicht ~ auf, so schlimm ist es nicht!*** stop making out you're upset, it's not that bad!, stop getting all worked up about nothing! ❷ (*industriell*) artificially, synthetically ❸ (*mit Hilfe von Apparaten*) artificially

Kunstlicht *nt* artificial light **Kunstliebhaber(in)** *m(f)* KUNST art lover **Kunstlied** *nt* art song **Kunstmaler(in)** *m(f)* (*geh*) artist, painter **Kunstnebel** *m* dry ice *no pl* **Kunstpause** *f* deliberate [*or* dramatic] pause, pause for effect; **eine ~ machen** to pause deliberately **Kunstprodukt** *nt* artificial product **Kunstrichtung** *f* KUNST trend in art **Kunstsammlung** *f* art collection **Kunstschätze** *pl* art treasures *pl* **Kunstschnee** *m* artificial [*or* synthetic] snow **kunstsinnig** *adj* (*geh*) appreciative of art; ■ **~ sein** to be appreciative of art **Kunstsprache** *f* artificial language

Kunststoff *m* synthetic material, plastic

Kunststofffolie[RR] *f*, **Kunststoffolie** *f* plastic foil **Kunststoffgehäuse** *nt* plastic housing **Kunststoffpanzer** *m* SPORT plastic protector **Kunststoffrasen** *m* synthetic lawn

Kunststück *nt* ❶ (*artistische Leistung*) trick ❷ (*schwierige Leistung*) feat; **kein ~ sein** to not be anything special; ***das ist doch kein ~!*** there's nothing to it!, it's a piece of cake! [*or* BRIT *a.* doddle!]; **~!** (*iron*) so what! **Kunsttischler(in)** *m(f)* cabinet-maker **Kunstunterricht** *m* art lesson[s] **Kunstverstand** *m* appreciation of art **kunstverständig** *adj* appreciative of art; ***ich sehe, dass Sie ein ~er Mensch sind*** I see you're a person who appreciates art **kunstvoll** I. *adj* ornate, elaborate, artistic II. *adv* ornately **Kunstwerk** *nt* work of art **Kunstwissenschaft** *f* aesthetics + *sing vb*, AM *a.* esthetics + *sing vb* **Kunstwort** *nt* invented [*or* coined] word

kunterbunt I. *adj* ❶ (*vielfältig*) varied ❷ (*sehr bunt*) multi-coloured [*or* AM -colored] ❸ (*wahllos gemischt*) motley; **eine ~es Durcheinander** a jumble II. *adv* (*ungeordnet*) **~ durcheinander** completetly jumbled up

Kupfer <-s, -> *nt* ❶ *kein pl* CHEM copper *no pl* ❷ (*Kupferstich*) copperplate engraving [*or* print]; **etw in ~ stechen** to engrave [*or* etch] sth on copper

Kupferdach *nt* copper roof **Kupferdraht** *m* copper wire

kupferhaltig *adj inv* GEOL, CHEM containing copper *pred*, cupriferous *spec*; ***die Lösung ist ~*** the [*or* this] solution contains copper, this is a cupriferous *spec* solution

Kupferkabel *nt* copper cable **Kupfermünze** *f* copper coin

kupfern *adj* copper

Kupferrohr *nt* copper pipe **Kupferschmied(in)** *m(f)* coppersmith **Kupferstecher(in)** <-s, -> *m(f)* copperplate engraver **Kupferstich** *m* copperplate engraving [*or* print]

Kupon <-s, -s> [ku'põ:] *m s.* **Coupon**

Kuppe <-, -n> *f* ❶ (*Bergkuppe*) [rounded] hilltop ❷ (*Straßenwölbung*) hump, crest ❸ (*Fingerkuppe*) tip

Kuppel <-, -n> *f* dome, cupola

Kuppeldach *nt* domed roof

Kuppelei <-, -en> *f* JUR procuration

kuppeln[1] *vi* AUTO to operate the clutch

kuppeln[2] *vt* ■ **etw an etw ~** *akk* to couple sth to sth

Kuppler(in) <-s, -> *m(f)* (*pej*) matchmaker

Kupplung <-, -en> *f* ❶ AUTO clutch; **die ~ kommen lassen** to let the clutch out, to release the clutch; **die ~ schleifen lassen** to let the clutch slip; **die ~ treten** [*o* **durchtreten**] to depress [*or sep* push down] the clutch; **die ~ ganz durchtreten** to depress the clutch fully, to push down the clutch all the way ❷ (*Anhängevorrichtung*) coupling

Kupplungsbelag *m* clutch lining **Kupplungspedal** *nt* clutch pedal **Kupplungsscheibe** *nt* clutch plate **Kupplungsseil** *nt* clutch cable

Kur <-, -en> *f* ❶ (*Heilverfahren*) course of treatment; **in** [*o* **zur**] **~ fahren** to go to a health resort; **zur ~ sein** to stay at a health resort; **eine ~ machen, sich einer ~ unterziehen** to undergo a course of treatment; **jdn zur ~ schicken** to send sb to a health resort ❷ (*Haarkur*) conditioner

Kür <-, -en> *f* SPORT free style [*or* section]; **eine ~ laufen/tanzen/turnen** to complete the free section

Kurantrag *m* application for a course of treatment **Kurarzt, -ärztin** *m, f* doctor at a health resort [*or* spa]

Kurator(in) <-s, -toren> *m(f)* ❶ (*Treuhänder*) trustee ❷ (*Museum*) curator ❸ SCH (*Justitiar*) registrar ❹ (*veraltet: Vormund*) guardian

Kuratorium <-s, -rien> [*pl* -riən] *nt* committee

Kuraufenthalt *m* stay at a health resort

Kurbel <-, -n> *f* crank; *altes Automobil* starting handle

kurbeln I. *vi* (*die Kurbel drehen*) to wind, to crank II. *vt* (*mit der Kurbel bewegen*) ■ **etw ~** to wind sth; ***kurble bitte die Markise über die Terrasse*** wind the awning down over the terrace, please

Kurbelwelle *f* crankshaft

Kürbis <-ses, -se> *m* ❶ BOT pumpkin ❷ (*sl: Kopf*) nut *sl*

Kürbiskern *m* pumpkin seed **Kürbiskernöl** *nt* pumpkin seed oil

Kurdauer *f* duration of the course of treatment **Kurdirektor(in)** *m(f)* manager of a health resort

Kurdisch *nt decl wie adj* Kurdish; *s. a.* **Deutsch**

kurdisch *adj* Kurdish; *s. a.* **deutsch**

Kurdische <-n> *nt* ■ **das ~** Kurdish, the Kurdish language; *s. a.* **Deutsche**

kuren *vi* (*fam*) to go on a health cure

küren <kürte *o selten* kor, gekürt> *vt* (*geh*) ■ **jdn [zu etw] ~** to elect sb to [*or* choose sb for] sth; ***sie wurde von der Jury zur besten Eisläuferin gekürt*** she was chosen by the judges as the best ice-skater

Kurfürst *m* HIST elector

Kurfürstentum *nt* HIST electorate

Kurgast *m* visitor to a health resort **Kurhaus** *nt* assembly rooms [at a health resort]

Kurie <-, -n> ['ku:riə] *f* REL Curia

Kurienkardinal *m* REL cardinal of the Roman curia

Kurier <-s, -e> *m* ❶ (*Bote*) courier, messenger ❷ (*Schnelllieferant*) courier ❸ (*Überbringer*) courier; ***er hat für die Mafia den ~ gemacht und Drogen geschmuggelt*** he was a drugs runner for the Mafia

Kurierdienst *m* (*Dienstleistung*) courier service; (*Firma*) courier firm

kurieren* *vt* ❶ (*heilen*) ■ **jdn [von etw] ~** to cure sb [of sth] ❷ (*fam: befreien*) ■ **jdn von jdm/etw ~** to cure sb of sb/sth; ***dieser Schock hat sie von ihren Fantastereien kuriert*** this shock cured her of her fantasies; ■ **[von jdm/etw] kuriert sein** to have got over [*or* be cured of] [sb/sth]; ***ich bin von ihm kuriert*** I've got over him

kurios I. *adj* (*geh*) curious, odd, strange, funny II. *adv* (*geh*) curiously, oddly; ***warum bist du so ~ gekleidet?*** why are you dressed so oddly?

Kuriosität <-, -en> *f* (*geh*) ❶ (*Merkwürdigkeit*) oddity, peculiarity ❷ (*merkwürdiger Gegenstand*) curiosity

Kuriosum <-s, Kuriosa> *nt s.* **Kuriosität 1**

Kurkonzert *nt* concert at a health resort

Kurkuma *nt* BOT curcuma

Kurkuma *f kein pl* turmeric

Kurmittel *nt* health resort treatment **Kurort** *m* health resort, spa **Kurpark** *m* gardens of a health resort **Kurpfuscher(in)** *m(f)* (*pej fam*) quack *pej fam* **Kurpfuscherei** *f kein pl* (*pej fam*) quackery *pej fam* **Kurpfuscherin** <-, -nen> *f fem form von* **Kurpfuscher**

Kurs[1] <-es, -e> *m* ❶ LUFT, NAUT (*Richtung*) course; **jdn/etw vom ~ abbringen** to put sb/sth off course; ***der Sturm hat uns um drei Grad vom ~ abgebracht*** the storm has put us off course by three degrees; **vom ~ abkommen** to deviate from one's/its course; **den/seinen ~ beibehalten** [*o* **halten**] to maintain [one's] course; **auf bestimmten ~ gehen** to set a certain course; ***wenn wir auf südsüdöstlichen ~ gehen, müssten wir die Insel in drei Tagen erreichen*** if we set a sou'-sou'-easterly course we should reach the island in three days; **~ auf etw haben** *akk* to be heading for sth; **~ auf etw nehmen** *akk* to set course for sth; **einen [bestimmten] ~ steuern** to steer a certain course; ***es war nicht mehr feststellbar, welchen ~ das Schiff steuerte*** it was no longer possible to determine which course the ship was steering; **den ~ wechseln** to change course ❷ (*Zielsetzung*) course; **jdn vom ~ abbringen** to throw sb off course; **den/seinen ~ beibehalten** to maintain [one's] course; **jdn auf ~ bringen** to bring sb into line; ***ihre Kollegen werden sie schon auf ~ bringen*** their colleagues will bring them into line; **einen bestimmten ~ einschlagen** to take a certain course; (*politische Linie*) policy, course; **harter/weicher ~** hard/soft line ❸ (*Wechselkurs*) exchange rate; ***der ~ Dollar zu Mark steht im Moment bei eins zu 1,75*** the exchange rate between the dollar and the mark is currently 1.75; **zu einem bestimmten ~** at a certain rate; ***Schwarzhändler tauschen dir die Mark zu einem günstigen ~*** you'll get a favourable rate for your marks on the black market; **etw außer ~ setzen** to take sth out of circulation; ***Zahlungsmittel, die außer ~ gesetzt wurden, sind nicht länger gültig*** currency taken out of circulation is no longer valid ❹ BÖRSE (*Marktpreis*) price; ***die Maßnahmen der Bundesbank haben die ~e einiger Aktien gestärkt*** measures taken by the Bundesbank have strengthened the price of some shares; **hoch im ~ [bei jdm] stehen** (*a. fig*) to be very popular [with sb] *a. fig*, to be at a high rate; ***antike Vasen stehen derzeit hoch im ~*** antique vases are currently very popular; **im ~ fallen** to fall [*or* drop] in price; ***die Aktien der Schlüter AG sind letztens etwas im ~ gefallen*** Schlüter AG shares have fallen somewhat recently

Kurs[2] <-es, -e> *m* (*Lehrgang*) course, class; **einen ~ [in etw** *dat*] **besuchen** to attend a course [in sth]

Kursabweichung *f* course deviation **Kursänderung** *f* change in course **Kursanstieg** *m* rise in [market] prices

Kursbeginn *m* commencement of a course; ***~ ist der 01.04.*** the course starts on 01/04

Kursbeibehaltung *f* staying on course; ***bei schlechtem Wetter ist die ~ schwierig*** maintaining course is difficult in bad weather; ***der Autopilot sorgt für die ständige ~*** the autopilot keeps the course constant **Kursbuch** *nt* [railway] timetable

Kurschatten *m* (*hum fam*) romance at a health resort

Kürschner(in) <-s, -> *m(f)* furrier

Kursdauer *f* course duration

Kurse *pl von* **Kursus**

Kurseinbruch *f* ÖKON slump [*or* sharp [*or* sudden] fall] in prices; ***der Dollar erlitt einen ~*** the value of the dollar slumped [*or* fell sharply]

Kursende *nt* end of a course

kursieren* *vi* ❶ (*umgehen*) ■ **[unter jdm] ~** to circulate [*or* go around] [among people]; ***da ~ vielleicht Gerüchte unter den Studenten!*** rumours are really circulating among the students! ❷ (*umlaufen*) ■ **[irgendwo] ~** to be in circulation [somewhere]; ***seit einiger Zeit ~ in der Stadt falsche Hundertmarkscheine*** forged one hundred mark notes have been in circulation in the town for some time

kursiv I. *adj* italic; ■ **~ sein** to be in italics II. *adv* in italics

Kursive <-, -n> [-və] *f*, **Kursivschrift** *f* italics

Kurskorrektur *f* course correction

Kursleiter(in) *m(f)* course director

Kursnotierung *f* ÖKON quoted price, [price] quotation

kursorisch I. *adj* (*geh*) cursory II. *adv* (*geh*) cursorily

Kursrückgang *m* BÖRSE fall [*or* decline] in prices [*or* the exchange rate]; ***der ~ hat verheerende Wirkung auf die Wirtschaft des armen Landes*** the fall in the exchange rate had a devastating effect on the economy of the poor country **Kursschwankung** *f* ÖKON price fluctuation **Kurssteigerung** *f* BÖRSE rise [*or* increase] in prices [*or* the exchange rate]; ***durch die ~ wurde er noch reicher als zuvor*** thanks to the rise in the exchange rate [*or* prices], he was even richer than before

Kurstadt *f* spa town

Kursteilnehmer(in) *m(f)* course participant, participant in a course

Kursus <-, Kurse> *m* (*geh*) *s.* **Kurs**[2]

Kursverlust *m* BÖRSE price loss, loss on the exchange **Kurswagen** *m* EISENB through coach

Kurtaxe *f* health resort tax on visitors

Kurtisane <-, -n> *f* HIST courtesan

Kurtschatovium <-s> *nt kein pl* CHEM kurtschatovium

Kurve <-, -n> [-və] *f* ❶ TRANSP bend; **aus der ~ fliegen** (*fam*) to leave the road on the bend; **sich in die ~ legen** to lean into the bend; **eine ~ machen** to bend; ***die Straße macht eine scharfe ~*** the road bends sharply; **die ~ schneiden** to cut the corner ❷ (*gekrümmte Linie*) curve; ***die Temperatur wird in einer ~ aufgezeichnet*** the temperature is recorded in a curve ❸ *pl* (*fam: Körperrundung*) curves *pl*; ***du darfst nicht nur auf ihre ~n schauen, sie hat doch auch andere Qualitäten*** you shouldn't just look at her curves, she has other qualities too ▶ WENDUNGEN: **die ~ kratzen** (*fam*) to clear off; **die ~ kriegen** (*fam*) to get around to doing sth

K

kurven [-vən] *vi sein* (*fam*) ❶ (*sich in einer gekrümmten Linie bewegen*) to turn; ***der Radfahrer kam plötzlich um die Ecke gekurvt*** the cyclist suddenly turned the corner; ***was kurvt der Flieger so niedrig über der Gegend?*** why is the pilot circling so low over the area? ❷ (*ziellos fahren*) ■**durch etw** ~ to drive around sth; ***wir sind ein paar Wochen durch Spanien gekurvt*** we drove around Spain for a few weeks

Kurvenlineal [-vən-] *nt* curve template **kurvenreich** [-vən-] *adj* ❶ (*viele Kurven aufweisend*) winding, full of bends, curvy; ■~ **sein** to be winding; ***im Gebirge sind Straßen ~er*** there are more bends in mountain roads ❷ (*hum fam: weibliche Formen habend*) shapely

Kurverwaltung *f* administrative authority of a health resort

kurvig *adj s.* **kurvenreich 1**

kurz <kürzer, kürzeste> **I.** *adj* ❶ (*räumlich von geringer Länge*) short; ■[**zu**] ~ **sein** to be [too] short; ***das Kleid ist doch ein wenig*** ~ the dress is a little short; *s. a.* **Hose** ❷ (*zeitlich von geringer Länge*) brief, short; ***ein ~er Blick reichte*** a brief glance was sufficient; ***die Pause von fünf Minuten war mir einfach zu*** ~ the five minute break was simply too short for me; *s. a.* **Gedächtnis** ❸ (*knapp*) brief; ***bitte etwas kürzer*** please be a little briefer; ***der Artikel war zwar ~, aber dafür um so prägnanter*** although the article was short, it was all the more succinct for it; ~ **und bündig** brief and succinct; *s. a.* **Wort** ❹ (*nicht lang betont*) short; **~e Silben** short syllables ▸WENDUNGEN: [**in etw** *dat*] **den Kürzeren ziehen** (*fam*) to come off worst **II.** *adv* ❶ (*räumlich*) short; ***unsere Artillerie schießt zu ~!*** our artillery is falling short!; ~ **geschnitten** *attr* cut short *pred;* ***mit ~ geschnittenen Haaren brauche ich nicht stundenlang vor dem Spiegel zu stehen*** with my hair cut short I don't need to spend hours in front of the mirror; ***das ~ geschnittene Haar steht dir besser*** short hair suits you better; [**jdm**] **etw kürzer machen** MODE to shorten sth [for sb]; ***können Sie mir die Hose etwas kürzer machen?*** can you shorten my trousers for me? ❷ (*zeitlich*) for a short time; **etw** ~ **braten** to flash-fry sth; **sich** ~ **fassen, es** ~ **machen** to be brief; **jdn** ~ **sprechen** to have a quick word with sb; **bis vor ~em** up until a short while ago; ***bis vor ~em hatte ich noch eine gute Meinung von ihr*** I still had a good opinion of her up until a short while ago; **seit ~em** for a short while, lately; ***wir sind erst seit ~em verlobt*** we've only been engaged for a short while; ***seit ~em kommt er sehr früh von der Arbeit*** lately he's been coming home very early from work; **vor ~em** a short while [*or* time] ago; ~ **bevor** just before; ~ **gesagt** in a word; ~ **nachdem** shortly after; **über** ~ **oder lang** sooner or later ❸ (*wenig*) shortly; ***die Konferenz wird ~ vor Pfingsten stattfinden*** the conference will take place shortly before Whitsun; **jdn** ~ **halten** to keep sb short; ~ **treten** (*fam*) to go easy *fam,* to mark time ▸WENDUNGEN: ~ **angebunden sein** (*fam*) to be abrupt [*or* curt] [*or* short-spoken]; ***was bist du denn immer so ~ angebunden mit mir?*** why are you always so abrupt with me?; ~ **entschlossen** without a moment's hesitation; ***wenn es um Entscheidungen geht, ist sie immer ~ entschlossen*** when decisions have to be made there's never any hesitation on her part; ~ **und gut** in a word; ~ ***und gut, ich bin pleite*** in a word, I'm broke; **etw** ~ **und klein hauen** [*o* **schlagen**] (*fam*) to smash sth to pieces; ~ **und schmerzlos** (*fam*) quick and painlessly, simply and plainly *fam;* ***du bringst es ihr am besten ~ und schmerzlos bei, dass du ihr Geld verloren hast*** you had best tell her straight out that you've lost her money; [**bei etw**] **zu** ~ **kommen** to lose out [with sth]; **Angst haben, zu** ~ **zu kommen** to be afraid one will miss out

Kurzarbeit *f kein pl* short-time work **kurz|arbeiten** *vi* to work short-time **Kurzarbeiter(in)** *m(f)* short-time worker **kurzärm(e)lig** *adj* short-sleeved **kurzatmig** *adj* short-winded; ■~ **sein** to be short of breath **Kurzbrief** *m* brief memo

Kurze(r) *m decl wie adj* (*fam*) ❶ (*Schnaps*) schnapps ❷ (*Kurzschluss*) short-circuit

Kürze <-, *selten* -n> *f* ❶ *kein pl* (*kurze räumliche Länge*) shortness ❷ *kein pl* (*kurze Dauer*) shortness; ***in der ~ der zur Verfügung stehenden Zeit sind die Arbeiten nicht zu erledigen*** the work cannot be completed in the short time available; **in** ~ shortly, soon, in the near future ❸ *kein pl* (*Knappheit*) brevity, shortness; **in aller** ~ very briefly ❹ LIT (*kurze Silbe*) short syllable ▸WENDUNGEN: **in der** ~ **liegt die Würze** (*prov*) brevity is the soul of wit *prov*

Kürzel <-s, -> *nt* ❶ (*stenografisches* ~) shorthand symbol ❷ (*Kurzwort*) abbreviation

kürzen *vt* ❶ (*in der Länge verringern*) ■**etw** [**um etw**] ~ to shorten sth [by sth]; ***können Sie mir die Hose um einen Zentimeter ~?*** can you shorten these trousers for me by a centimetre? ❷ (*im Umfang verringern*) ■**etw** ~ to shorten sth; ***ich habe meinen Artikel um die Hälfte gekürzt*** I've shortened my article by fifty percent; ***das Buch wurde vom Verlag auf lediglich 150 Seiten gekürzt*** the publishers shortened the book to a mere 150 pages; **eine gekürzte Fassung eines Buches** the abridged edition of a book ❸ (*verringern*) ■**etw** [**um/auf etw** *akk*] ~ to cut [*or* reduce] [*or* slash] sth [by/to sth]; ***die Opposition verlangt, den Etat um drei Prozent auf 289 Millionen DM zu*** ~ the opposition is demanding that the budget be cut by three percent to 289 million marks ❹ MATH **einen Bruch** ~ to reduce a fraction

kurzerhand *adv* there and then, without further ado; **jdn** ~ **entlassen** to dismiss somebody on the spot

Kurzfassung *f* abridged version; **in** ~ in an abridged version; ***in den Kurznachrichten werden die Meldungen des Tages noch einmal in ~ gebracht*** in news bulletins the day's news is broadcast again in brief; ***also, jetzt noch mal ganz ruhig und in ~, was ist passiert?*** okay, just calm down and tell me briefly what happened **Kurzfilm** *m* short film **Kurzform** *f* shortened form **kurzfristig** **I.** *adj* ❶ (*innerhalb kurzer Zeit erfolgend*) at short notice; ***bei ~er Bestellung des Artikels können wir Ihnen Lieferung bis zum 31. zusagen*** if the item is ordered quickly we can promise delivery by the 31st; **jds ~e Anreise** sb's sudden arrival; ***die ~e Programmänderung bitten wir zu entschuldigen*** we apologize for the programme alteration that occurred at such short notice; ***Ihre Zusage war zu*** ~ you didn't give enough notice for your consent ❷ (*für kurze Zeit geltend*) short-term, of short duration; ***ich kann mir nur einen ~en Urlaub genehmigen*** I can only permit myself a short holiday; **die ~e Wettervorhersage** the short-range weather forecast **II.** *adv* ❶ (*innerhalb kurzer Zeit*) within a short [period of] time; ***wegen unvorhergesehener Probleme mussten wir den Plan ~ ändern*** because of unforeseen problems we had to change the plan at short notice; ***jdn etw ~ wissen lassen*** to let sb know without delay ❷ (*für kurze Zeit*) briefly, for a short time; ***wir unterbrechen unser Programm ~ für eine wichtige Durchsage*** we are briefly interrupting our programme for an important announcement; ~ **gesehen** viewed in the short term **Kurzgeschichte** *f* short story **kurzhaarig** *adj* short-haired; **eine ~e Frisur** a short haircut

kurzlebig *adj* ❶ (*nicht lange lebend*) short-lived, ephemeral; ***ich möchte keine ~en Bäume im Garten*** I don't like trees in the garden that only live for a short time; ▪ **~ sein** to be short-lived ❷ MODE (*nur vorübergehend modisch*) short-lived; ***diese engen Hosen haben sich als ~ herausgestellt*** these narrow trousers have proved to be short-lived ❸ ÖKON (*nicht lange haltend*) non-durable, perishable; ▪ **~ sein** to be non-durable; ***Konsumgüter werden immer ~er*** consumer goods are becoming less and less durable ❹ NUKL (*nur kurze Zeit existierend*) having a short life; **~e Teilchen** particles that have a short life
kürzlich *adv* recently, not long ago
Kurzmeldung *f* newsflash **Kurznachrichten** *pl* news in brief + *sing vb,* summary of the news **Kurzparker(in)** <-s, -> *m(f)* short-term parking; ***die Parkplätze sind für ~ bestimmt*** the parking spaces are for short-term parking; **nur für ~** short-term parking only
kurz|schließen *irreg* **I.** *vt* (*unter Umgehung verbinden*) ▪ **etw ~** to short-circuit sth **II.** *vr* (*sich in Verbindung setzen*) ▪ **sich mit jdm ~** to get in touch with sb
Kurzschluss^RR^ *m* ❶ ELEK short-circuit; **einen ~ haben** to short-circuit ❷ PSYCH (*Affekthandlung*) panic, moment of madness, rash action
Kurzschlussreaktion^RR^ *f* knee-jerk reaction
Kurzschrift *f* shorthand, stenography **kurzsichtig I.** *adj* ❶ (*an Kurzsichtigkeit leidend*) short [*or esp* AM near]-sighted ❷ (*einen begrenzten Horizont habend*) short-sighted, myopic **II.** *adv* (*beschränkt*) in a short-sighted manner; ***du denkst zu ~*** you're too short-sighted in your thinking **Kurzsichtigkeit** <-, -en> *f* ❶ (*Art der Fehlsichtigkeit*) short-sightedness, myopia ❷ (*beschränkte Art*) short-sightedness
Kurzstreckenflug *m* LUFT short-haul flight **Kurzstreckenläufer(in)** *m(f)* sprinter **Kurzstreckenrakete** *f* short-range missile
kurzum *adv* in a word, in short, to cut a long story short
Kürzung <-, -en> *f* ❶ (*das Kürzen*) abridgement, shortening; ***nach einer ~ um 15 bis 20 Prozent können wir diesen Artikel veröffentlichen*** we will be able to publish this aricle once it has been shortened by 15 to 20 percent ❷ FIN (*Verringerung*) cut, reduction, curtailment; ***eine ~ des Etats ist leider nicht zu vermeiden*** unfortunately a budget cut is unavoidable
Kurzurlaub *m* short holiday **Kurzwaren** *pl* haberdashery BRIT, dry goods AM, notions AM **Kurzwarengeschäft** *nt* ÖKON haberdashery [shop] BRIT, dry goods store AM
Kurzweil *f* pastime, diversion, amusement; **aus** [*o* **zur**] **~** for amusement; **etw aus** [*o* **zur**] **~ machen** to pass the time idly with sth
Kurzwelle *f* short wave **Kurzwellensender** *m* short-wave transmitter **Kurzwort** *nt* abbreviation, abbreviated word, contraction **Kurzzeitgedächtnis** *m* short-term memory
kusch *interj* ❶ (*an Hund: brav!*) [lie] down! ❷ ÖSTERR (*an Menschen: still!*) [be] quiet!
kuschelig *adj* (*fam*) cosy BRIT, cozy AM, snug
kuscheln I. *vr* (*fam: sich schmiegen*) ▪ **sich an jdn ~** to cuddle [*or* snuggle] up to sb; ▪ **sich in etw ~** *akk* to snuggle up in sth **II.** *vi* (*schmusen*) ▪ [**mit jdm**] **~** to cuddle up to [sb]
Kuscheltier *nt* cuddly toy
kuschen *vi* ▪ [**bei jdm**] **~** to knuckle under [to sb], to obey [sb]
Kusine <-, -n> *f fem form von* **Cousin** cousin
Kuss^RR^ <-es, Küsse> *m,* **Kuß** <-sses, Küsse> *m* kiss; **jdm einen ~ geben** to give sb a kiss
Küsschen^RR^ <-s, -> *nt* brief kiss, peck; **gib ~!** give us a kiss!
kussecht^RR^ *adj inv* MODE kiss-proof
küssen I. *vt* ▪ **jdn/etw** [**auf etw** *akk*] **~** to kiss sb/sth [on sth]; ▪ **sich ~** to kiss each other; ▪ **jdm etw ~** to kiss sb's sth; ***er küsste ihr die Hand*** he kissed her hand; **beim K~** when kissing; *s. a.* **Hand II.** *vi* to kiss; ***ich küsse so gerne*** I like kissing so much
Kusshand^RR^ *f* ▸ WENDUNGEN: **jdm eine ~/Kusshände zuwerfen** to blow sb a kiss/kisses; **mit ~** (*fam*) gladly, with the greatest of pleasure
Küste <-, -n> *f* ❶ (*Meeresufer*) coast, shore ❷ (*Gegend in Meeresnähe*) coast
Küstenbefestigung *f* sea defences [*or* AM -ses] *pl* **Küstenbereich** *m* coastal region **Küstenbewohner(in)** *m(f)* coastal inhabitant, inhabitant of the coastal region, coastal dweller **Küstenfischerei** *f* inshore fishing **Küstengebiet** *nt* coastal area [*or* region] **Küstengewässer** *pl* coastal waters *pl* **Küstenhafen** *m* seaport **Küstenort** *m* coastal town **Küstenseeschwalbe** *f* ORN Arctic tern **Küstenstreifen** *m* GEOL stretch of coast, coastal strip **Küstenwacht** *f* coastguard
Küster(in) <-s, -> *m(f)* sexton, verger
Kustode, Kustodin <-n, -n> *m, f,* **Kustos** <-, Kustoden> *m* curator
Kutikula <-, -s> *f* BIOL cuticle
Kutschbock *m* coach-box
Kutsche <-, -n> *f* carriage, coach
Kutscher(in) <-s, -> *m(f)* coachman, coachdriver
kutschieren* **I.** *vi sein* (*fam: gemütlich fahren*) ▪ **irgendwohin ~** to go for a drive somewhere; ***lass uns doch ein wenig durch die schöne Landschaft ~*** let's go for a drive in the lovely countryside for a bit **II.** *vt haben* (*fam: fahren*) ▪ **jdn irgendwohin ~** to give sb a lift somewhere *fam;* ***steig ein, ich kutschiere dich zum Bahnhof*** jump in, I'll give you a lift to the station
Kutte <-, -n> *f* REL habit
Kuttel <-, -n> *f meist pl* tripe *sing*
Kutter <-s, -> *m* NAUT cutter
Kuvert <-s, -s *o* -[e]s, -e> [ku'veːɐ, ku'vɛːɐ] *nt* envelope
Kuvertüre <-, -n> [-vɛr-] *f* chocolate coating
Kuwait <-s> [ku'vait, 'kuːvait] *nt* Kuwait
Kuwaiter(in) *m(f)* Kuwaiti; *s. a.* **Deutsche(r)**
kuwaitisch *adj inv* GEOL Kuwaiti
kW <-, -> *nt Abk von* **Kilowatt** kW
kWh <-, -> *f Abk von* **Kilowattstunde** kWh
Kybernetik <-> *f kein pl* cybernetics + *sing vb*
kybernetisch *adj* cybernetic
Kykladen *pl* ▪ **die ~** the Cyclades
Kyrillisch *nt kein pl* Cyrillic; ▪ **in ~** in Cyrillic
kyrillisch *adj* Cyrillic
KZ <-s, -s> *nt Abk von* **Konzentrationslager**
KZ-Gedenkstätte *f* HIST, POL memorial for the victims of the Nazi concentration camps **KZ-Häftling** *m* concentration camp prisoner

L

L, l <-, - *o fam* -s, -s> *nt* L, l; **~ wie Ludwig** L for Lucy BRIT, L as in Love AM; *s. a.* **A 1**
l *Abk von* **Liter** l
Lab <-[e]s, -e> *nt* rennet, rennin
labb(e)rig *adj* DIAL (*fam*) ❶ (*fade*) watery; **eine ~e Suppe** a watery soup ❷ (*schlaff*) sloppy; **ein ~er Pullover** a sloppy pullover
Label <-s, -> ['leːbl] *nt* ❶ (*Preisetikett*) label, price

tag ❷ (*Etikett*) label ❸ MUS label

Labello® <-s, -s> *m* PHARM Lypsyl® BRIT, Chap Stick® AM

laben **I.** *vt* (*geh: erquicken*) ■ **jdn** ~ to refresh [*or* revive] sb **II.** *vr* (*geh: sich gütlich tun*) ■ **sich** [**an etw** *dat*] ~ to feast [on sth]

labern **I.** *vi* (*pej fam*) ■ [**über etw** *akk*] ~ to prattle on [about sth] **II.** *vt* (*pej fam*) ■ **etw** ~ to talk sth; ***was labert die da für einen Unsinn?*** what nonsense is she talking there?

labial *adj* ❶ (*die Lippen betreffend*) labial ❷ LING (*mit den Lippen gebildet*) labial

Labial <-s, -e> *m*, **Labiallaut** *m* LING labial

labil *adj* ❶ MED (*instabil*) *Gesundheit, Kreislauf etc.* poor ❷ (*psychisch nicht gefestigt*) unstable ❸ (*geh: instabil*) unstable; **eine** ~ **Lage** an unstable situation

Labilität <-, *selten* -en> *f* ❶ MED (*Instabilität*) frailty ❷ PSYCH (*labile Veranlagung*) instability ❸ (*geh: Instabilität*) instability

Labkraut *nt* BOT bedstraw

Labor <-s, -s *o* -e> *nt* laboratory, lab

Laborant(in) <-en, -en> *m(f)* laboratory technician [*or* assistant]

Laboratorium <-s, -rien> *nt* (*geh*) *s.* **Labor**

Laborbefund *m* SCI [laboratory] test results

laborieren* *vi* (*geh*) ■ **an etw** ~ *dat* to be plagued by sth

Laborversuch *m* SCI laboratory experiment [*or* test]

Labquark *m* rennet curd

Labradorsee *f* Labrador Sea

Labyrinth <-[e]s, -e> *nt* labyrinth, maze

Labyrinthversuch *m* BIOL, PSYCH maze [*or* labyrinth] experiment

Lache[1] <-, -n> *f* puddle

Lache[2] <-, -n> *f* (*pej fam*) laugh[ter]

lächeln *vi* ❶ (*freundlich lächeln*) to smile ❷ (*sich lustig machen*) ■ [**über jdn/etw**] ~ to grin [*or* smirk] [at sb/sth]

Lächeln <-s> *nt kein pl* smile; **ein müdes** ~ a weary smile

lachen *vi* ❶ (*auf~*) to laugh; ■ **über etw** *akk* ~ to laugh at sth; **breit** ~ to roar with laughter; **jdn zum L~ bringen, jdn** ~ **machen** (*geh*) to make sb laugh; **jdm ist nicht zum L~ [zumute]** sb is not in a laughing mood; **zum L~ sein** (*pej fam*) to be laughable *pej;* ***so ein Unsinn, das ist doch zum L~*** what nonsense, that's ridiculous; **lach du nur!** (*fam*) you can laugh! *fam;* ***das wäre doch gelacht*** (*fam*) it would be ridiculous ❷ (*aus~*) ■ **über jdn/etw** ~ to laugh at sb/sth; ***da gibt es gar nichts zu*** ~ it's no laughing matter; ***was gibt es denn da zu ~?*** what's there to laugh about?; ***dass ich nicht lache!*** don't make me laugh! ▶ WENDUNGEN: **gut** ~ **haben** to be all right for sb to laugh; **jd hat nichts zu** ~ sb's life is no bed of roses; **wer zuletzt lacht, lacht am besten** (*prov*) he who laughs last, laughs longest *prov;* [**bei jdm**] **nichts zu** ~ **haben** (*fam*) to have a hard time of it [with sb]; *s. a.* **Ast**

Lachen <-s> *nt kein pl* ❶ (*Gelächter*) laughter; ***er brach in lautes ~ aus*** he burst out laughing; **jdm wird das** ~ [**schon**] **noch vergehen** (*fam*) sb will be laughing on the other side of their face; **sich** *dat* **das** ~ **verkneifen** to stifle one's laughter; **vor** ~ with laughter; ***ich bin vor ~ bald geplatzt*** I nearly split my sides with laughter ❷ (*Lache*) laugh; **ein breites** ~ a guffaw

Lacher(in) <-s, -> *m(f)* laugher; **die** ~ **auf seiner Seite haben** to score by getting the laughs

lächerlich **I.** *adj* ❶ (*albern*) absurd, ridiculous; ■ ~ **sein/werden** to be/become absurd [*or* ridiculous]; **jdn/sich** ~ **machen** to make a fool of sb/oneself; **etw ins L~e ziehen** to ridicule [*or* make fun of] sth ❷ (*geringfügig*) trivial, trifling; **ein ~er Preis** a ridiculously low price **II.** *adv* (*sehr*) ridiculously

Lächerlichkeit <-, -en> *f* ❶ *kein pl* (*Albernheit*) absurdity, ridiculousness, farce ❷ (*Geringfügigkeit*) triviality, trifle ▶ WENDUNGEN: **jdn/etw der** ~ **preisgeben** (*geh*) to make sb/sth look ridiculous [*or* sb the laughing stock]

Lachfalten *pl* laughter-lines *pl* **Lachgas** *nt* laughing gas

lachhaft *adj* laughable, ridiculous; ■ ~ **sein** to be laughable [*or* ridiculous]

Lachkrampf *m* ❶ MED paroxysm [*or* violent fit] of laughter ❷ (*Lachanfall*) **einen** ~ **bekommen** to go into fits of laughter **Lachmöwe** *f* black-headed gull

Lachs <-es, -e> *m* salmon

lachsfarben *adj*, **lachsfarbig** *adj* salmon pink **Lachsforelle** *f* sea trout **Lachsmesser** *nt* smoked salmon knife **Lachsmousse** *nt* salmon mousse **Lachsröllchen** *pl* salmon roulades **Lachsschinken** *m cured and rolled filet of pork*

Lack <-[e]s, -e> *m* ❶ (*Lackierung*) paint[work] ❷ (*Lackfarbe*) gloss paint, lacquer; (*transparent*) varnish ▶ WENDUNGEN: **der** ~ **ist ab** (*sl*) he/she is getting on a bit; **und fertig ist der ~!** (*sl*) and that's the end of it!

Lackaffe *m* (*pej fam*) dandy *pej*

Lackel <-s, -> *m* SÜDD, ÖSTERR (*fam: Tölpel*) oaf

lacken *vt s.* **lackieren**

Lackfarbe *f* gloss paint **Lackgürtel** *m* patent leather belt

lackieren* *vt* ❶ (*mit Lack versehen*) ■ **etw** ~ to paint [*or* lacquer] sth; (*Holz mit transparentem Lack versehen*) to varnish; ***Warnhinweis: frisch lackiert!*** warning notice: wet paint! ❷ (*mit Nagellack versehen*) ■ **jdm/sich etw** ~ to paint sb's/one's sth; **sich/jdm die Fingernägel** ~ to paint one's/sb's fingernails ▶ WENDUNGEN: **der/die Lackierte sein** (*fam*) to be the dupe [*or* sucker] *sl*

Lackierer(in) <-s, -> *m(f)* painter, varnisher

Lackiererei <-, -en> *f* paint shop

Lackiererin <-, -nen> *f fem form von* **Lackierer**

Lackierung <-, -en> *f* ❶ (*das Lackieren*) painting ❷ (*aufgetragener Lack*) paintwork

Lackleder <-s> *nt inv* MODE patent leather *no pl, no indef art*

Lackmus <-> *nt o m kein pl* litmus *no pl, no indef art*

Lackmuspapier *nt* litmus paper

Lackschaden *m* damage to the paintwork **Lackschuh** *m* patent leather shoe **Lackstiefel** *m* patent leather boot

Lade <-, -n> *f* (*fam*) drawer

Ladebaum *m* NAUT derrick **Ladefläche** *f* AUTO loading space **Ladegewicht** *nt* [carrying] capacity **Ladegut** *nt* load **Ladehemmung** *f Feuerwaffe* jam, stoppage; ~ **haben** to be jammed ▶ WENDUNGEN: ~ **haben** (*fam*) to have a mental block **Ladekante** *f* AUTO [boot] sill [*or* AM trunk]; (*als Testkriterium a.*) liftover height **Ladeklappe** *f* LUFT cargo door **Ladeluke** *f* NAUT cargo [*or* loading] hatch

laden[1] <lädt, lud, geladen> **I.** *vt* ❶ (*packen*) ■ **etw auf etw** *akk*/**in etw** *akk* ~ to load sth on[to] sth/in[to] sth; ***die Kisten müssen alle auf den Lkw geladen werden*** all the crates must be loaded onto the lorry; **etw ins Auto** ~ to load sth into the car; ■ **etw aus etw** ~ to unload sth from sth; ***die Container werden aus dem Schiff direkt auf die Waggons geladen*** the containers are unloaded from the ship straight onto the goods wagons; ■ **jdn/etw auf etw** ~ *akk* to load sb sth on[to] sth; ■ **etw geladen haben** to be loaded with sth; **zuviel geladen haben** to be overloaded ❷ (*sich aufbürden*) ■ **etw auf sich** ~ *akk* to saddle oneself with sth; **Schulden auf sich** ~

to saddle onself with debts ③ (*mit Munition versehen*) ■ **etw** [**mit etw**] ~ to load sth [with sth] ④ INFORM ■ **etw** ~ to load sth ⑤ ELEK (*mit Strom versehen*) ■ **etw** [**mit etw**] ~ to charge sth [with sth], to electrify sth **II.** *vi* ① (*mit Munition versehen*) to load; **selbsttätig** ~ to be self-loading ② ELEK (*auf~*) to charge ▸ WENDUNGEN: **geladen haben** DIAL (*sl*) to be tanked up *sl;* ***der hat aber geladen! wie der schwankt!*** he's well tanked up [*or* loaded], look at him swaying!; **geladen sein** (*fam*) to be hopping mad

laden² <lädt, lud, geladen> *vt* ① (*geh: ein~*) ■ **jdn** [**zu etw**] ~ to invite [*or* ask] sb [to sth]; **geladene Gäste** invited guests ② JUR (*geh: vor~*) ■ **jdn** [**als etw**] [**zu etw**] ~ to summon sb [to sth] [as sth]; ***er wurde als Zeuge zur Verhandlung geladen*** he was summoned to the hearing as a witness

Laden¹ <-s, Läden> *m* ① (*Geschäft*) shop, AM *usu* store ② (*fam: Betrieb*) business; **der** ~ **läuft** (*fam*) business is going well; [**jdm**] **den** ~ **zumachen** [*o fam* **dichtmachen**] to close down the[/sb's] business ▸ WENDUNGEN: **den** [**ganzen**] ~ **hinschmeißen** (*fam*) to chuck the whole thing in; **den** ~ **schmeißen** (*sl*) to run the [whole] show *sl;* ***notfalls können wir den ~ alleine schmeißen*** if need be, we can run the show on our own

Laden² <-s, Läden *o* -> *m* shutter

Ladenbeleuchtung *f* shop [*or* AM *usu* store] lighting **Ladenbesitzer(in)** *m(f)* shop owner, shopkeeper **Ladendieb(in)** *m(f)* shoplifter **Ladendiebstahl** *m* shoplifting **Ladenhüter** *m* (*pej*) slow-moving line, shelf warmer *pej* **Ladenkasse** *f* till, cash register **Ladenkette** *f* chain of shops **Ladenpreis** *m* retail [*or* selling] price **Ladenregal** *nt* shop shelf

LadenschlussRR *m kein pl* closing time; ***wann ist am Samstag bei Ihnen ~?*** when do you close on Saturdays?; **bei/nach/vor** ~ at/after/before closing time

LadenschlussgesetzRR *nt* Hours of Trading Act **Ladenschlusszeit**RR *f* closing time

Ladentisch *m* (*Verkaufstheke*) shop [*or* AM *usu* store] counter; **über den ~/die ~e gehen** (*fam*) to be sold ▸ WENDUNGEN: **unter dem** ~ (*fam*) under the counter *fam* **Ladentochter** *f* SCHWEIZ (*Verkäuferin*) sales [*or* shop] assistant, sales associate AM, salesclerk AM, salesperson AM **Ladentür** *f* shop door

Laderampe *f* loading ramp **Laderaum** *m* LUFT, NAUT hold, cargo space

lädieren* *vt* ■ [**jdm**] **etw** ~ to damage [sb's] sth; **lädiert sein** (*hum*) to be [*or* look] the worse for wear *hum*

Ladung¹ <-, -en> *f* ① (*Fracht*) load, freight; *Schiff, Flugzeug* cargo ② (*fam: größere Menge*) load; ***ihr fiel eine ~ Schnee auf den Kopf*** a load of snow fell on her head ③ (*bestimmte Menge von Munition o Sprengstoff*) charge; **eine** ~ **Dynamit** a charge of dynamite ④ ELEK, NUKL charge; **negative/positive ~en** negative/positive charge

Ladung² <-, -en> *f* JUR summons + *sing vb,* citation, subpoena

Lafette <-, -n> *f* gun carriage [*or* mount]

Laffe <-n, -n> *m* (*veraltend*) *s.* **Lackaffe**

lag *imp von* **liegen**

Lage <-, -n> *f* ① (*landschaftliche Position*) location, situation; **in bestimmter** ~ in a certain location ② (*Liegeposition*) position ③ (*Situation*) situation; **die** ~ **peilen** [*o* **sondieren**] (*fam*) to see how the land lies; **zu etw in der ~ sein, in der ~ sein, etw zu tun** to be in a position to do sth; **sich in der ~ sehen, etw zu tun** to be in a position to do sth; **sich in jds ~ versetzen** *akk* to put oneself in sb's position; **jdn in die ~ versetzen, etw zu tun** to enable sb to do sth; **sich in die ~ versetzen, etw zu tun** to put oneself in a position to do sth ④ (*Schicht*) layer ⑤ AGR (*Wein~*) location ⑥ (*fam: Runde*) round; **eine ~ Bier ausgeben** to buy a round of beer; **eine ~ schmeißen** (*sl*) to buy a round, to get a round in *sl*

Lagebericht *m* status report **Lagebesprechung** *f* discussion regarding the situation **Lagebild** *nt* situational description **Lageplan** *m* ① (*Katasterplan*) survey map ② (*Skizze der Lage von etw*) map of the area

Lager <-s, -> *nt* ① (*Waren~*) warehouse, storehouse, depot; **etw am** [*o* **auf**] ~ **haben** to have sth in stock; **am** [*o* **auf**] ~ **sein** to be in stock ② (*vorübergehende Unterkunft*) camp ③ (*euph: Konzentrations~*) concentration camp ④ (*ideologische Gruppierung*) camp; ***sie standen politisch in ganz unterschiedlichen ~n*** they were in completely different political camps ⑤ TECH (*Lagerung*) bearing ⑥ (*geh: Bett*) ***die Erkrankung hatte sie für mehrere Wochen an ihr ~ gefesselt*** the illness confined her to bed for several weeks ▸ WENDUNGEN: **etw auf ~ haben** (*fam*) to have sth at the ready *fam;* ***er hat immer einen Witz auf ~*** he always has a joke at the ready [*or* up his sleeve]

Lagerfeuer *nt* campfire **Lagergebühr** *f* storage charge **Lagerhalle** *f* warehouse **Lagerhaus** *nt* warehouse

Lagerist(in) <-en, -en> *m(f)* (*geh*) *s.* **Lagerverwalter**

lagern I. *vt* ① (*aufbewahren*) ■ **etw irgendwie/irgendwo** ~ to store sth in a certain way/somewhere ② MED (*hinlegen*) ■ **jdn/etw irgendwie** ~ to lay sb/sth in a certain way; **die Beine hoch** ~ to lie with one's legs up **II.** *vi* ① (*aufbewahrt werden*) ■ **irgendwo/irgendwie** ~ to be stored somewhere/in a certain way; **dunkel/kühl** ~ to be stored in the dark/a cold place ② (*liegen*) ■ **auf etw** ~ *dat* to lie on sth ③ (*sich niederlassen*) ■ **irgendwo** ~ to camp somewhere; *s. a.* **gelagert III.** *vr* (*geh: sich niederlassen*) ■ **sich irgendwo** ~ to settle down somewhere

Lagerraum *m* ① (*Raum*) storeroom ② (*Fläche*) storage space **Lagerstatt** *f* (*veraltend geh*) bed

Lagerung <-, -en> *f* ① (*das Lagern*) warehousing, storage ② TECH (*Lager 5*) bearing

Lagerverwalter(in) *m(f)* storekeeper, store supervisor

Lago Maggiore *m* Lake Maggiore

Lagune <-, -n> *f* lagoon

lahm *adj* ① (*gelähmt*) *Arm, Bein* lame; ■ [**in/auf etw** *dat*] ~ **sein** to be lame [in sth]; ***der Mann war auf dem rechten Bein ~*** the man's right leg was lame ② (*fam: steif*) stiff; **einen ~en Rücken von etw bekommen** to have got a stiff back from doing sth ③ (*fam: ohne Schwung arbeitend*) sluggish; ***sei nicht so ~, streng dich mal ein bisschen an!*** don't be so sluggish, make a bit of an effort! ④ (*fam: schwach*) lame; *Erklärung* feeble ⑤ (*zum Stillstand bringen*) **etw ~ legen** to paralyse [*or* AM -ze] sth, to bring sth to a standstill

Lahmarsch *m* (*derb*) lazybones, slowcoach BRIT, slowpoke AM

lahmarschig *adj* (*sl*) bloody idle BRIT *sl,* extremely slow AM

Lahme(r) *f(m) dekl wie adj* (*veraltend*) cripple, lame person

lahmen *vi* (*lahm sein*) ■ [**auf etw** *dat*] ~ to be [*or* go] lame [in sth], to walk with a limp; ***der Hund lahmt auf einem Bein*** the dog's lame in one leg

lähmen *vt* ① MED (*außer Funktion setzen*) ■ **jdn/etw** ~ to paralyse [*or* AM -ze] sb/sth; ***durch den Unfall ist ihr linkes Bein gelähmt worden*** her left leg is paralyzed as a result of the accident; **wie gelähmt sein** as if paralysed [*or* AM -zed]; ***vor Schreck war sie wie gelähmt*** it was as if she were paralyzed with fear; *s. a.* **gelähmt** ② (*zum Stillstand bringen*) ■ **etw** ~ to para-

L

lyse [*or* AM -ze] sth; ***der Streik hatte den öffentlichen Nahverkehr gelähmt*** the strike had paralyzed local public transport
Lahmlegung <-, -en> *f* paralysis
Lähmung <-, -en> *f* paralysis; **eine halbseitige** ~ paralysis on one side
Laib <-[e]s, -e> *m bes* SÜDD loaf; *Käse* block
Laibach <-s> *nt* Ljubljana
Laich <-[e]s, -e> *m* spawn
laichen *vi* to spawn
Laie, Laiin <-n, -n> *m, f* ❶ (*kein Experte*) layman ❷ REL (*nicht zum Klerus gehörender Christ*) lay person ▶ WENDUNGEN: **da staunt der** ~, **und der Fachmann wundert sich** (*fam*) it's unbelievable
laienhaft *adj* unprofessional, amateurish
Laienprediger(in) *m(f)* lay preacher
Laiin <-, -nen> *f fem form von* **Laie**
Laisser-faire <-> [lɛse'fɛːr] *nt kein pl* (*geh*) laissez-faire
laizistisch *adj inv* POL laical
Lakai <-en, -en> *m* ❶ (*pej geh: willfähriger Mensch*) lackey *pej* ❷ HIST (*livrierter Diener*) footman
Lake <-, -n> *f* brine
Laken <-s, -> *nt* sheet
lakonisch *adj* laconic
Lakritze <-, -n> *f*, **Lakritz** <-es, -e> *m* DIAL liquorice BRIT, licorice AM
Laktose <-> *f kein pl* lactose
lallen I. *vi* to slur **II.** *vt* ■**etw** ~ to slur sth
Lama[1] <-s, -s> *nt* ZOOL llama
Lama[2] <-[s], -s> *m* REL lama
Lamaismus <-> *m kein pl* lamaism
Lamäng <-> *f kein pl* ■**aus der** ~ (*hum fam*) off the top of one's head *fam*
Lambada <-s> *m kein pl* lambada *no pl, no art*
Lambdasonde *f* AUTO lambda probe
Lamé <-s, -s> *m* lamé
Lamelle <-, -n> *f* ❶ (*dünne Platte*) slat ❷ (*Segment*) rib; **die ~n eines Heizkörpers** the ribs of a radiator ❸ BOT (*Rippe*) lamella
lamentieren* *vi* (*geh*) ■[**wegen etw/über etw** *akk*] ~ to complain [*or* moan] [about sth], to lament [sth]
Lamento <-s, -s> *nt* (*geh*) moan, lament *liter, form;* [**wegen etw**] **ein** ~ **anstimmen** [*o* **erheben**] to kick up a stink [about sth] *fam*
Lametta <-s> *nt kein pl* ❶ (*Weihnachtsbaumschmuck*) tinsel ❷ (*hum fam: Orden*) gongs *pl* BRIT *fam*
laminieren* *vt* ■**etw** ~ to laminate sth
Lamm <-[e]s, Lämmer> *nt* ❶ (*junges Schaf*) lamb; **geduldig/sanft wie ein** ~ as patient/gentle as a lamb; **sich wie ein** ~ **zur Schlachtbank führen lassen** (*geh*) to be led like a lamb to the slaughter; **das** ~ **Gottes** the Lamb of God ❷ *kein pl* (*Fleisch*) lamb ❸ *kein pl* (*Lammfell*) lambskin ▶ WENDUNGEN: **ein unschuldiges** ~ a little innocent
Lammbraten *m* roast lamb **Lammfell** *nt* lambskin **Lammfleisch** *nt* lamb **lammfromm** *adj* as meek as a lamb; **eine ~e Miene** an expression as meek as a lamb **Lammwolle** *f* lambswool
Lampe <-, -n> *f* lamp, light
Lampenfassung *f* light socket **Lampenfieber** *nt* stage fright; ~ **haben** to have stage fright **Lampenfuß** *m* lampstand **Lampenschirm** *m* lampshade
Lampion <-s, -s> [-pi̯ɔŋ] *m* Chinese lantern
lancieren* [lã'siːrən] *vt* (*geh*) ❶ (*publik werden lassen*) ■**etw** ~ *Nachricht* to leak [*or sep* put out] sth ❷ (*auf den Markt bringen*) ■**etw** ~ to launch sth ❸ (*platzieren*) ■**jdn** ~ to place sb; ***einflussreiche Freunde haben sie in diesen Posten lanciert*** influential friends placed her in this job
Land <-[e]s, Länder> *nt* ❶ (*Staat*) country, state, nation; **aus aller Herren Länder[n]** from all corners of the earth; ~ **und Leute** the country and its people; **and[e]re Länder, andere Sitten** every country has its own customs; **das** ~ **der unbegrenzten Möglichkeiten** the land of opportunity; **das** ~ **der aufgehenden Sonne** the land of the rising sun; **das** ~ **der Verheißung, das Gelobte** ~ the promised land; **das Heilige** ~ the Holy Land; **durch die ~e ziehen** (*geh*) to travel around; **außer ~es** abroad, out of the country; **bei jdm zu** ~ where sb comes from, in sb's country ❷ (*Bundes~*) federal state ❸ NAUT land; ~ ***in Sicht!*** land ahoy!; ~ ***unter!*** NORDD land under water!; **zu ~e und zu Wasser** on land and at sea; **an** ~ **gehen,** ~ **sehen** to sight land, to go ashore; **jdn an** ~ **setzen** to put sb ashore; **jdn/etw an** ~ **spülen** to wash sb/sth ashore; **jdn/etw an** ~ **ziehen** to pull sb/sth ashore; **an** ~ *akk* ashore ❹ *kein pl* (*Gelände*) land, property; **das** ~ **bestellen** to till the soil ❺ *kein pl* (*ländliche Gegend*) country; **auf dem flachen** [*o* **platten**] ~[**e**] on the plains; **aufs Land ziehen** to move to the country; **auf dem** ~[**e**] in the country ▶ WENDUNGEN: **das** ~, **wo Milch und Honig fließt** the land of milk and honey; **bleibe im ~e und nähre dich redlich** (*prov*) enjoy the trappings of home; [**wieder**] ~ **sehen** (*fam*) to get things sorted [again]; ***endlich sehe ich wieder*** ~ I'm finally getting things sorted again; **etw an** ~ **ziehen** (*fam*) to land sth *fam;* **ins** ~ **ziehen** [*o* **gehen**] (*geh*) to pass; ***die Jahre zogen ins*** ~ the years went by
Landadel *m* [landed] gentry **Landammann** *m* SCHWEIZ *most senior official in a Swiss canton* **Landarbeit** *f kein pl* argricultural work *no pl, no indef art* **Landarbeiter(in)** *m(f)* agricultural worker, farm hand **Landarzt, -ärztin** *m, f* country doctor **Landbesitz** *m* landed property, real estate; ~ **haben** to own landed property [*or* real estate] **Landbevölkerung** *f* rural population
Landebahn *f* landing strip, runway **Landeerlaubnis** *f* landing permission, permission to land **Landefähre** *f* landing module
landeinwärts *adv* inland
Landeklappe *f* [landing] flap
landen I. *vi sein* ❶ (*niedergehen*) *Flugzeug, Raumschiff, Vogel* to land; ■[**auf etw** *dat*/**in einer Stadt**] ~ to land [on sth/in a city]; **auf dem Mond** ~ to land on the moon ❷ NAUT (*ankommen*) ■**irgendwo** ~ to land somewhere; ***das Schiff ist auf einer Sandbank gelandet*** the ship ran aground on a sandbank ❸ (*fam: hingelangen o enden*) ■**irgendwo** ~ to end up somewhere; ***die Beschwerde ist in einer ganz anderen Abteilung gelandet*** the complaint ended up in a completely different department ❹ TELEK (*fam: verbunden werden*) ■**bei jdm** ~ to get through to sb ❺ (*fam: Eindruck machen*) ■**bei jdm** ~ to make an impression on sb; ***mit deinen Schmeicheleien kannst du bei mir nicht*** ~ your flattery won't get you very far with me **II.** *vt haben* ❶ LUFT, RAUM (*niedergehen lassen*) ■**etw** ~ to land sth; **einen Hubschrauber** ~ to land a helicopter ❷ LUFT, MIL (*aus der Luft absetzen*) ■**jdn** ~ to land sb; ***es gelang ihnen, Verstärkungen hinter den feindlichen Linien zu*** ~ reinforcements were successfully landed behind enemy lines
Landenge *f* isthmus
Landepiste *f* landing strip **Landeplatz** *m* ❶ (*kleiner Flugplatz*) airstrip ❷ (*Landungsplatz*) landing place, mooring point ❸ NAUT (*Werft*) quay, wharf, pier
Ländereien *pl* estates *pl,* landed property
Länderfinanzausgleich *m* financial equalization among the federal states

Landesbank *f* regional bank **Landesbehörde** *f* regional authorities *pl* **Landesebene** *f* regional state level; ■ **auf ~** at regional state level **landeseigen** *adj* owned by a federal state, state-owned **Landesfarben** *pl* ❶ (*eines Staates*) national colours [*or* AM -ors] ❷ (*eines Bundeslandes*) regional state colours [*or* AM -ors] **Landesgebiet** *nt* national territory **Landesgrenze** *f* ❶ (*Staatsgrenze*) national border, frontier ❷ (*Grenze eines Bundeslandes*) federal state boundary **Landeshauptmann** *m* ÖSTERR *head of a provincial government* **Landeshauptstadt** *f* state capital **Landesinnere(s)** *nt dekl wie adj* interior **Landeskirche** *f* regional [*or* national] church **Landeskunde** *f kein pl* regional studies *pl* **landeskundig** *adj* knowledgeable about the country **landeskundlich** *adj relating to the geography, history and institutions of a country* **Landesliste** *f regional list of candidates for election to the Federal Parliament* **Landesmeister(in)** *m(f)* national champion **Landesministerium** *nt* state ministry **Landesrat, -rätin** *m, f* ÖSTERR member of the government of a province **Landesrecht** *nt* regional state law **Landesregierung** *f* state government **Landessprache** *f* national [*or* native] language **Landesstraßenbauamt** *nt* regional state road construction authority **Landesteil** *m* area, region **Landestracht** *f* national costume [*or* dress] **landesüblich** *adj* customary **Landesverrat** *m* treason **Landesverteidigung** *f* national [*or* BRIT *a.* home] defence [*or* AM -se] **Landeswehr** *f* national defence [*or* AM -se] force **landesweit** *adv, adj inv* nationwide

Landeverbot *nt* refusal of permission to land; **~ haben** to be refused landing permission [*or* permission to land]

Landfahrer(in) *m(f)* (*geh*) vagrant **Landflucht** *f* migration to the cities, rural exodus **Landflüchtige(r)** *f(m) dekl wie Adj* SOZIOL one who migrates to the cities **Landfrau** *f fem form von* Landmann **Landfriedensbruch** *m* breach of the public peace **Landfunk** *m* farming programme BRIT [on the radio] [*or* AM -am] **Landgang** <-gänge> *m* NAUT shore leave **Landgericht** *nt* district court **landgestützt** *adj* land-based **Landgewinnung** *f* land reclamation, reclamation of land **Landgut** *nt* estate **Landhaus** *nt* country house, cottage **Landjäger** *m small seasoned flat sausage* **Landkarte** *f* map **Landkreis** *m* administrative [*or* rural] district **Landkrieg** *m* land warfare

landläufig *adj* generally accepted, popular; **nach ~er Ansicht** according to popular opinion; **eine ~e Meinung** a generally accepted view

Landleben *nt* country life

Ländler <-s, -> *m* ÖSTERR *country dance*

ländlich *adj* country, rural, rustic; **eine ~e Idylle** a pastoral idyll

Landluft *f* ❶ (*Luft auf dem Land*) country air ❷ (*iron: nach Jauche stinkende Luft*) smell of the country, fresh country air *iron, hum* **Landmann, -frau** <-männer> *m, f* farmer **Landmaschine** *f* agricultural machinery, farm equipment **Landplage** *f* (*pej*) plague *pej*, pest, [public] nuisance; ***die Wespen sind eine echte*** ~ there's a real plague of wasps **Landpraxis** *f* MED country practice **Landrat** *m* SCHWEIZ (*Parlament eines Kantons*) parliament of a canton **Landrat, -rätin** *m, f* ❶ *administrative head of a Landkreis* ❷ SCHWEIZ parliament of a canton **Landratte** *f* (*hum fam*) landlubber *hum dated fam* **Landregen** *m* steady rain **Landrücken** *m* ridge of land

Landschaft <-, -en> *f* ❶ (*Gegend*) countryside, scenery ❷ (*Situation*) landscape, situation, scene; **die politische ~** the political landscape ❸ (*Gemälde einer ~*) landscape

landschaftlich I. *adj* ❶ (*die Landschaft betreffend*) scenic ❷ LING (*regional*) regional II. *adv* ❶ (*geographisch*) scenically; ***diese Gegend ist ~ sehr abwechslungsreich*** this area is very varied in terms of scenery ❷ LING (*regional*) regionally [different]; ***die Bezeichnung dieses Gegenstandes ist ~ verschieden*** the name of this object varies from region to region

Landschaftsgärtner(in) *m(f)* landscape gardener, landscaper **Landschaftsmaler(in)** *m(f)* landscape painter **Landschaftsschutzgebiet** *nt* nature reserve, conservation area

Landsitz *m* country estate

Landsknecht *m* HIST lansquenet **Landsmann, -männin** <-leute> *m, f* compatriot, fellow countryman/countrywoman; ■ **ein ~ [von jdm] sein** to be a compatriot [*or* fellow countryman/countrywoman] [of sb]

Landstraße *f* secondary [*or* country] [*or* BRIT *a.* B] road **Landstreicher(in)** <-s, -> *m(f)* tramp, vagabond, vagrant **Landstreicherei** <-> *f kein pl* vagrancy **Landstreicherin** <-, -nen> *f fem form von* Landstreicher **Landstreitkräfte** *pl* land [*or* ground] forces *pl* **Landstrich** *m* area, region **Landtag** *m* federal state parliament

Landung <-, -en> *f* ❶ (*das Landen*) landing; **vor der ~** before landing ❷ *bes* MIL (*das Niedersetzen*) landing

Landungsboot *nt* landing craft **Landungsbrücke** *f* jetty, landing stage, pier **Landungssteg** *m* landing stage **Landungstruppen** *pl* land assault forces *pl*

Landurlaub *m* shore leave **Landweg** *m* ❶ (*der Weg über das Festland*) overland route ❷ (*Weg auf dem Lande*) country road; **auf dem ~** by the overland route **Landwehr** *f* ❶ MIL (*veraltend*) militia *old* ❷ GEOG, HIST (*Grenzbefestigung*) border fortifications *pl* **Landwein** *m* ordinary wine from the locality **Landwind** *m* inland breeze **Landwirt(in)** *m(f)* (*geh*) farmer

Landwirtschaft *f* ❶ *kein pl* (*bäuerliche Tätigkeit*) agriculture, farming; **~ betreiben** to farm ❷ (*landwirtschaftlicher Betrieb*) farm; ***zu Hause betrieb die Familie eine kleine*** ~ the family had a farm at home

landwirtschaftlich I. *adj* agricultural; **~er Betrieb** farms II. *adv* agriculturally; **~ geprägt** characterized by agriculture

Landwirtschaftsausstellung *f* agricultural show **Landwirtschaftskammer** *f* Chamber of Agriculture **Landwirtschaftsverband** *m* Agricultural Association **Landwirtschaftswissenschaft** *f* agricultural science

Landzunge *f* spit [of land], headland

lang <länger, längste> I. *adj* ❶ (*räumlich ausgedehnt*) long; ***seine Haare sind jetzt länger als früher*** he has longer hair than he used to; ***die Schraube ist 4,5 Zentimeter*** ~ the screw is 4.5 centimetres long [*or* in length]; **etwas ~ sein** to be a little bit too long; **[jdm] etw länger machen** MODE to make sth longer [for sb] ❷ (*zeitlich ausgedehnt*) long; **eine ~e Zeit brauchen** to take a long time; ***wohnen Sie schon seit längerem hier?*** have you been living here long?; **noch ~[e]** for a long time; ***bleibst du noch ~ in Stuttgart?*** are you staying in Stuttgart for long?; **noch ~[e] nicht** not by any means [*or* a long shot]; **schon ~[e]** for a long time; ***ich weiß das schon*** ~ I've known that for a long time; **seit ~em/längerem** for a long time/lengthy period; **wie ~[e]?** how long? ❸ (*fam: groß gewachsen*) tall II. *adv* ❶ (*eine lange Dauer*) long; ***diese fürchterliche Kälte kann man nicht ~ aushalten*** you can't stand this terrible cold for long; ***die Verhandlungen ziehen***

sich schon ~e hin negotiations have been dragging on for a long time; ***wir können hier nicht länger bleiben*** we can't stay here any longer; ***dauert das noch viel länger?*** is this going to last much longer?; **des L~en und Breiten** (*geh*), ~ **und breit** at length, in great detail; ~ **ersehnt** longed-for, long-hoped-for, long-desired; ~ **gehegt** (*geh*) long-cherished *form;* ~ **haftend** *Lippenstift* long-lasting; *Maskara* long-wearing; **es nicht mehr** ~[**e**] **machen** (*sl*) to not last much longer; ~ **auf sich warten lassen** to keep people waiting; ***wo bist du denn so ~e geblieben?*** where have you been all this time?; ***da*** [*o* ***darauf***] ***kannst du*** ~[***e***] ***warten!*** (*iron*) you can whistle for it *iron* ② (*für die Dauer von etw*) ■ **einen bestimmte Zeit** ~ for a certain period of time; ***sie hielt einen Moment*** ~ ***inne*** she paused for a moment; ***wir haben sieben Monate*** ~ ***nichts mehr von dir gehört*** we haven't heard anything from you for seven months! ③ (*der Länge nach*) ~ **gestreckt** long, extended; ~ **gezogen** prolonged; ~ **hinschlagen** to fall flat on one's face ▶ WENDUNGEN: **was ~e währt, wird endlich gut** (*prov*) the wait is worth it; **je länger, je lieber** the longer, the better; ~[**e**] **nicht so ...** not nearly as; ***der Film war*** ~ ***nicht so spannend wie erhofft*** the film was nowhere near as exciting as people had expected

langärm(e)lig *adj* long-sleeved **langarmig** *adj* long-armed **langatmig** *adj* (*pej*) long-winded *pej* **Langatmigkeit** <-> *f kein pl* (*pej*) long-windedness *pej* **langbeinig** *adj* long-legged

lange *adv s.* **lang II 1**

Länge <-, -n> *f* ① (*räumliche Ausdehnung*) length; **in die** ~ **wachsen** to shoot up; **auf eine** ~ **von etw** for sth; ***die Autobahn war auf eine*** ~ ***von 45 Kilometern blockiert*** the motorway was blocked for 45 kilometres; **der** ~ **nach** lengthways, lengthwise; (*in ganzer* ~) flat on one's face; ***die Frau fiel der*** ~ ***nach hin*** the woman fell flat on her face; ***das Regal stürzte der*** ~ ***nach zu Boden*** the shelf fell flat on the floor; **von bestimmter** ~ of a certain length; ***ich benötige Pfähle von drei Metern*** ~ I need posts three metres in length ② (*zeitliche Ausdehnung*) length, duration; **in voller** ~ in its entirety; **etw in die** ~ **ziehen** to drag out sth *sep;* ***er zog das Gespräch in die*** ~ he dragged the conversation out; **sich in die** ~ **ziehen** to drag on; ***die Verhandlungen zogen sich in die*** ~ the negotiations dragged on ③ (*fam: Größe*) height; ***was hast du eigentlich für eine*** ~***?*** how tall are you? ④ SPORT (*Strecke einer Boots~*) length ⑤ FILM, LIT, MEDIA (*langatmige Stelle*) long-drawn-out passage [*or* scene] ⑥ (*Abstand vom Nullmeridian*) longitude; ***die Insel liegt 38° östlicher*** ~ the longitudinal position of the island is 38° east ⑦ POET (*lange Silbe*) long syllable

langen **I.** *vi* (*fam*) ① ([*aus*]*reichen*) ■ [**jdm**] **langen** to be enough [*or* sufficient] [for sb], to suffice ② (*sich erstrecken*) ■ **bis zu etw/über etw** ~ *akk* to reach sth/over sth; ***der Vorhang langt bis ganz zum Boden*** the curtain reaches right down to the floor ③ (*fassen*) ■ [**mit etw**] **an etw** *akk* ~ to reach for sth [with sth]; ■ [**mit etw**] **irgendwohin** ~ to reach somewhere [with sth]; ***lange bloß nicht mit der Hand an die Herdplatte*** make sure you don't touch the hotplate with your hand; ***ich kann mit der Hand bis ganz unter den Schrank*** ~ I can reach right under the cupboard with my hand ④ DIAL (*auskommen*) ■ **mit etw** ~ to get by [*or* manage] on sth; ***mit dem Brot*** ~ ***wir bis morgen*** the bread will last us until tomorrow ⑤ *impers* (*fam*) ■ **etw langt** [**jdm**] it is enough [for sb], sb is be fed up with sth; ***jetzt langt's aber!*** I've just about had enough! **II.** *vt* (*fam*) (*reichen*) ■ **jdm etw** ~ to hand [*or* pass] sb sth ▶ WENDUNGEN: **jdm eine** ~ (*fam*) to give sb a clip round the ear [*or* AM on the ears]

Längengrad *m* degree of longitude **Längenmaß** *nt* unit of length, linear measure **Langensee** *m s.* **Lago Maggiore**

länger *adj, adv s.* **lang, lange**

längerfristig **I.** *adj* fairly long-term **II.** *adv* on a fairly long-term basis

Langeweile <*gen* – *o* Langerweile, *dat* Langenweile> *f kein pl* boredom *no pl,* tedium, ennui; ~ **haben** to be bored; **aus** [**lauter**] ~ out of [sheer] boredom; **vor** [**lauter**] ~ of [sheer] boredom; **die** ~ **vertreiben** to while away time [*or* the hours], to kill time

langfädig *adj* SCHWEIZ (*langatmig*) long-winded *pej*

Langfinger *m* (*hum*) pickpocket **Langformat** *nt* long format; **im** ~ in long format **langfristig** **I.** *adj* long-term **II.** *adv* on a long-term basis

lang|gehen *vi irreg sein* (*fam*) (*entlanggehen*) ■ **irgendwo** ~ to go along somewhere ▶ WENDUNGEN: **merken, wo's langgeht** to notice how things are; **jdm sagen, wo's langgeht** to tell sb from where the wind is blowing

langhaarig *adj* (*lange Haare habend*) long-haired; **eine ~e Hunderasse** a long-haired dog breed **Langhaarige(r)** *f(m)* *dekl wie adj* long-haired person

langjährig *adj* (*viele Jahre bestehend*) of many years' standing; ***sie ist meine ~e Freundin*** she has been my girl-friend for many years; **~e Erfahrung** many years of experience; **eine ~e Freundschaft** long-standing friendship; **~e Mitarbeiter** employees of many years' standing

Langkornreis *m* long grain rice **Langlauf** *m kein pl* cross-country skiing *no pl* **Langläufer(in)** *m(f)* cross-country skier **Langlaufski** *m* cross-country ski

langlebig *adj* ① (*lange lebend*) long-lived ② (*lange Zeit zu gebrauchen*) durable, long-lasting ③ (*hartnäckig*) persistent

Langlebigkeit <-> *f kein pl* ① (*Anlage für langes Leben*) longevity ② (*lange Gebrauchsfähigkeit*) durability ③ (*Hartnäckigkeit*) persistence

lang|legen *vr* (*fam*) ■ **sich** [**auf etw** *dat*] ~ ① (*hinfallen*) to fall flat on one's face [on sth] ② (*sich niederlegen*) to lie down [on sth]

länglich *adj* elongated, oblong, longish

lang|liegen *vi irreg* (*fam*) to have a lie down *fam* [*or* AM short rest]

langmähnig *adj* (*fam*) long-haired

Langmut <-> *f kein pl* (*geh*) forbearance *form*

langmütig **I.** *adj* (*geh*) forbearing, patient **II.** *adv* patiently

längs **I.** *präp +gen* ■ ~ **einer S.** *gen* along sth, alongside [of] sth **II.** *adv* (*der Länge nach*) lengthways, lengthwise; ~ **gestreift** with vertical stripes

Längsachse *f* longitudinal axis

langsam **I.** *adj* ① (*nicht schnell*) slow ② (*allmählich*) gradual **II.** *adv* ① (*nicht schnell*) slowly; **immer** [**schön**] ~**!**, ~**,** ~**!** (*fam*) take it easy!, not so fast! ② (*fam: allmählich*) gradually; ***es ist*** ~ ***an der Zeit, dass wir uns auf den Weg machen*** it's about time we were thinking of going ▶ WENDUNGEN: ~**, aber sicher** slowly but surely

Langsamkeit <-> *f kein pl* slowness

Langschläfer(in) *m(f)* late riser; ~ **sein** to be a late riser

Langspielplatte *f* long-playing record, LP

Längsrichtung *f* longitudinal direction; ■ **in** ~ lengthways, lengthwise **Längsschnitt** *m* longitudinal section **Längsseite** *f* ① (*die längere Seite von etw*) long side ② NAUT (*Flanke*) broadside

längsseits **I.** *präp +gen* NAUT ■ ~ [**einer S.** *gen*] alongside [a thing] **II.** *adv* ■ ~ **an etw** *dat* alongside sth; ***der Lastkahn ankerte*** ~ ***am Kai*** the barge anchored alongside the quay

Längsstreifen *pl* vertical stripes *pl*

längst *adv* ① (*lange*) long since, for a long time; ***die Familie ist schon ~ umgezogen*** the family moved a long time ago ② (*bei weitem*) ■ **~ nicht** not by a long way [*or* long shot]; ***das ist ~ nicht alles*** that's not everything by a long shot, that's just the tip of the iceberg; ***diese Informationen reichen uns ~ nicht*** this information is by no means sufficient

längste(r, s) *adj, adv superl von* **lang**

längstens *adv* ① (*höchstens*) at the most, at the longest ② (*spätestens*) at the latest

langstielig *adj* long-handled [*or* -stemmed]; **~e Gläser/Rosen** long-stemmed glasses/roses

Langstreckenflug *m* long-haul flight

Langstreckenflugzeug *nt* long-haul aircraft **Langstreckenlauf** *m* long-distance race [*or* run] **Langstreckenläufer(in)** *m(f)* long-distance runner **Langstreckenrakete** *f* long-range missile

Languste <-, -n> *f* crayfish

langweilen I. *vt* ■ **jdn ~** to bore sb; ***langweile ich Sie?*** am I boring you?; ***der Film langweilte mich*** the film bored me II. *vi* (*pej*) to be boring *pej* III. *vr* ■ **sich** *akk* **~** to be bored; ***bei dem Vortrag/in dem Film habe ich mich schrecklich gelangweilt*** I was terribly bored during the lecture/film; *s. a.* **gelangweilt**

Langweiler(in) <-s, -> *m(f)* (*pej fam*) ① (*jd, der langweilt*) bore ② (*langsamer Mensch*) slowcoach BRIT, slowpoke AM

langweilig I. *adj* boring, dull II. *adv* boringly

Langwelle *f* long wave

langwierig *adj* lengthy, long-drawn-out

Langwierigkeit <-, *selten* -en> *f* lengthiness, long duration

Langzeitarbeitslose(r) *f(m) dekl wie adj* long-term unemployed person; ■ **die ~n** the long-term unemployed **Langzeit-EKG** *nt* MED long-term ECG **Langzeitgedächtnis** *nt* long-term memory **Langzeitmaßnahme** *f* long-term measure **Langzeitpatient(in)** *m(f)* long-term patient **Langzeitprogramm** *nt* long-term programme [*or* AM -am]

Lanolin <-s> *nt kein pl* CHEM lanolin

Lanthan <-s> *nt kein pl* CHEM lanthanum

Lanzarote *nt* Lanzarote; *s. a.* **Sylt**

Lanze <-, -n> *f* HIST lance, spear ▶ WENDUNGEN: **für jdn/etw eine ~ brechen** (*geh*) to go to bat for sb, to stand up for sb/sth

Lanzette <-, -n> *f* MED lancet

Laos <-> *nt* Laos; *s. a.* **Deutschland**

Laote, Laotin <-n, -n> *m, f* Laotian; *s. a.* **Deutsche(r)**

laotisch *adj* Lao[tian]; *s. a.* **deutsch**

La Palma *nt* La Palma; *s. a.* **Sylt**

lapidar *adj* (*geh*) terse

Lapislazuli <-, -> *m* lapis lazuli

Lappalie <-, -n> *f* petty affair, trifle, bagatelle

Lappen <-s, -> *m* ① (*Stück Stoff*) cloth, rag ② (*sl: Banknote*) note; *pl* (*Moneten*) dough *no pl, no indef art* ▶ WENDUNGEN: **jdm durch die ~ gehen** (*fam*) to slip through sb's fingers

läppern *vr impers* (*fam*) ■ **sich ~** to mount [*or* add] up

läppisch I. *adj* ① (*fam: lächerlich*) ridiculous; **ein ~er Betrag** a ridiculous sum ② (*pej: albern*) silly, foolish II. *adv* (*pej*) in a silly manner

Lapsus <-, -> *m* (*geh*) mistake, slip; **jdm unterläuft ein ~** sb makes a mistake; **~ Linguae** (*Versprecher*) slip of the tongue

Laptewsee *f* Laptev Sea

Laptop <-s, -s> ['lɛptɔp] *m* laptop

Lärche <-, -n> *f* larch

large [larʒ] *adj* SCHWEIZ (*generös*) generous

Largo <-s, -s *o* Larghi> *nt* MUS largo

Larifari <-s> *nt kein pl* (*pej fam*) nonsense *no pl pej*, BRIT *a.* rubbish *no pl pej*

Lärm <-[e]s> *m kein pl* noise, racket; **~ machen** to make a noise ▶ WENDUNGEN: **viel ~ um nichts [machen]** [to make] a lot of fuss about nothing

Lärmart *f* type of noise **lärmbeeinträchtigt** *adj* disturbed by noise **Lärmbeeinträchtigung** *f* noise disturbance **Lärmbekämpfung** *f* noise abatement **Lärmbelästigung** *f* noise pollution **Lärmbelastung** *f* noise pollution **lärmdämpfend** *adj* noise-reducing **lärmempfindlich** *adj* sensitive to noise

lärmen *vi* to make noise [*or* a racket], to be noisy

Lärmentstehung *f* generation of noise **lärmgeplagt** *adj* plagued with noise **lärmgeschädigt** *adj* suffering physical impairment as a result of noise **Lärmpegel** *m* noise level **Lärmquelle** *f* source of a/the noise **Lärmschädigung** *f* noise induced injury

Lärmschutz *m* protection against noise

Lärmschutzwall *m* noise protection embankment **Lärmschutzwand** *f* noise barrier

Lärmstärke *f* intensity of noise **Lärmursache** *f* cause of a noise **Lärmverhinderung** *f* noise prevention

Larve <-, -n> *f* ① (*Insekten~*) larva, grub ② (*veraltet: Maske*) mask ③ (*veraltet: nichtssagendes Gesicht*) empty face

las *imp von* **lesen**

Lasagne <-, -> [la'zanjə] *f* lasagne, AM *a.* lasagna

lasch I. *adj* (*fam*) ① (*schlaff*) feeble, limp; **ein ~er Händedruck** a limp handshake ② (*nachsichtig*) lax, slack ③ KOCHK (*fade*) insipid II. *adv* (*fam: schlaff*) limply

Lasche <-, -n> *f* flap; *Kleidung* loop

Laschheit <-, -en> *f* laxity; *Händedruck* limpness

Laser <-s, -> ['le:zɐ, 'leɪzə] *m* laser

Laserchirurgie *f* laser surgery **Laserdrucker** *m* laser printer **Laserimpuls** *m* laser pulse **Laserintensität** *f* laser intensity **Laserlichtshow** *f* laser show **Laserskalpell** *nt* laser scalpel **Laserstrahl** *m* laser beam

lasieren* *vt* ■ **etw ~** to varnish [*or* glaze] sth

Läsion <-, -en> *f* MED lesion

lass[RR], **laß** *imper sing von* **lassen**

lassen <lässt, ließ, gelassen> I. *vt* ① (*unter~*) ■ **etw ~** to stop sth, to refrain from doing sth; ***ich hatte Ihnen das doch ausdrücklich aufgetragen, warum haben Sie es dann gelassen?*** I expressly instructed you to do that, why didn't you do it?; ***wirst du das wohl ~!*** will you stop that!; ***lass das, ich mag das nicht!*** stop it, I don't like it!; ***wenn du keine Lust dazu hast, dann ~ wir es eben*** if you don't feel like it we won't bother; ***wenn du keine Lust dazu hast, dann lass es doch*** if you don't feel like it, then don't do it; **es/etw nicht ~ können** not to be able to stop it/sth ② (*zurück~*) ■ **jdn/etw irgendwo ~** to leave sb/sth somewhere; **etw hinter sich** *akk* **~** to leave sth behind one ③ (*über~, behalten ~*) ■ **jdm etw ~** to let sb have sth; ***man ließ ihm nur eine winzige Rente*** they only let him have a small pension ④ (*gehen ~*) ■ **jdn/ein Tier irgendwohin ~** to let sb/an animal go somewhere; ***lass den Hund nicht nach draußen*** don't let the dog go outside; ***mit 13 lasse ich meine Tochter nicht in die Disko*** I wouldn't let my daughter go to a disco at 13 ⑤ (*in einem Zustand ~*) ■ **etw irgendwie ~** to leave sth somehow; ***ich möchte den Garten heute nicht schon wieder ungespritzt ~*** I don't want to leave the garden unwatered again today; **jdn ohne Auf-**

sicht ~ to leave sb unsupervised; **es dabei** ~ to leave sth at that; ~ **wir's dabei** let's leave it at that; **etw ~, wie es ist** to leave sth as it is ❻ (*fam: los~*) ■**jdn/etw** ~ to let sb/sth go; ***lass mich, ich will nicht, dass du mich vor aller Augen umarmst!*** let me go, I don't want you putting your arms around me in front of everybody! ❼ (*in Ruhe* ~) ■**jdn** ~ to leave sb alone ❽ (*gewähren* ~) ■**jdn** ~ to let sb; ***Mama, ich möchte so gerne auf die Party gehen, lässt du mich?*** Mum, I really want to go to the party, will you let me? ❾ (*hinein~*) ■**etw in etw** ~ to let sth into sth; ***kannst du mir das Wasser schon mal in die Wanne ~?*** can you run a bath for me?; **frische Luft ins Zimmer** ~ to let a bit of fresh air into the room ❿ (*hinaus~*) ■**etw aus etw** ~ to let sth escape from somewhere; ***sie haben mir die Luft aus den Reifen gelassen!*** they've let my tyres down! ⓫ (*zugestehen*) **das/eines muss jd jdm** ~ sb must give sb that/one thing; ***eines muss man ihm ~, er versteht sein Handwerk*** you've got to give him one thing, he knows his job ▸ WENDUNGEN: **alles unter sich** ~ *dat* (*euph veraltend*) to mess the bed; **einen** ~ (*fam*) to let one rip *fam* **II.** *vb aux* <lässt, ließ, ~> *modal* ❶ (*veran~*) ■**jdn etw tun** ~ to have sb do sth; **jdn kommen** ~ to send for sb; ***sie wollen alle ihre Kinder studieren*** ~ they want all of their children to study; ***wir sollten den Arzt kommen*** ~ we ought to send for the doctor; ~ ***Sie Herrn Braun hereinkommen*** send Mr. Braun in; ***der Chef hat es nicht gerne, wenn man ihn warten lässt*** the boss doesn't like to be kept waiting; ■**etw machen** ~ to have sth done; **etw reparieren** ~ to have sth repaired; ***wir ~ uns zur Zeit ein Haus bauen*** we're currently having a house built; ***die beiden werden sich wohl scheiden*** ~ the two will probably get a divorce; ***er lässt ihr regelmäßig eine Kiste Champagner schicken*** he has a crate of Champagne regularly sent to her; ***ich muss mir einen Zahn ziehen*** ~ I must have a tooth pulled; ***ich lasse mir die Haare schneiden*** I'm having my hair cut ❷ (*zu~*) ■**jdn etw tun** ~ to let sb do sth; ***lass sie gehen!*** let her go!; ***lass mich doch bitte ausreden!*** let me finish speaking, please!; ■**sich** *dat* **etw geschehen** ~ to let sth be done to one, to allow sth to be done to one; ***ich lasse mich nicht länger von dir belügen!*** I won't be lied to by you any longer!; ***wie konnten Sie sich nur so hinters Licht führen ~!*** how could you allow yourself to be led up the garden path like that!; ***ich lasse mich nicht belügen!*** I won't be lied to!; ***er lässt sich nicht so leicht betrügen*** he won't be taken in so easily; ***du solltest dich nicht so behandeln*** ~ you shouldn't allow yourself to be treated like that; ***das lasse ich nicht mit mir machen*** I won't stand for it!; **viel mit sich machen** ~ to put up with a lot ❸ (*be~*) ■**etw geschehen** ~ to let sth happen; ***das Wasser sollte man eine Minute kochen*** ~ the water should be allowed to boil for a minute; ***man sollte die Maschinen nicht zu lange laufen*** ~ the machine shouldn't be allowed to run too long; ■**sich** *dat* **etw geschehen** ~ to let sth happen to one; ***er lässt sich zur Zeit einen Bart wachsen*** he's growing a beard at the moment ❹ (*Möglichkeit ausdrückend*) ■**sich tun** ~ to be able to be done; ***das lässt sich machen!*** that can be done!; ***dieser Witz lässt sich nicht ins Deutsche übersetzen*** this joke cannot be translated into German; ***der Text lässt sich nur schwer übersetzen*** the text can only be translated with difficulty; ***dass sie daran beteiligt war, wird sich nicht leicht beweisen*** ~ it will not be easy to prove that she was involved ❺ *als Imperativ* ■**lass uns/lasst uns etw tun** let's do sth; ***lass uns jetzt lieber gehen*** let's go now; ***lasset uns beten*** let us pray; ***lass uns das nie wieder erleben!*** don't ever let's go through that again!; ***lass dich hier nie wieder blicken!*** don't ever show your face around here again!; ~ ***Sie sich das gesagt sein, so etwas dulde ich nicht*** let me tell you that I won't tolerate anything like that; ***lass dich bloß nicht von ihm ärgern*** just don't let him annoy you; ■**lass dir/~ Sie sich ...** let...; ***lass dir darüber keine grauen Haare wachsen*** don't get any grey hairs over it **III.** *vi* <lässt, ließ, gelassen> (*ab~*) ■**von jdm/etw** ~ to leave [*or* part from] sb/sth; ***sie ist so verliebt, sie kann einfach nicht von ihm*** ~ she is so in love, she simply can't part from him; **vom Alkohol** ~ to give up alcohol; ***wenn du nur von diesen fetten Sachen ~ würdest!*** if only you would leave these fatty things alone!; ~ ***Sie mal!*** that's all right!; ***soll ich das gleich bezahlen? — ach, ~ Sie mal, das reicht auch nächste Woche noch*** shall I pay it right now? — oh, that's all right, next week will do

lässig **I.** *adj* ❶ (*ungezwungen*) casual; **~e Kleidung** causual clothes ❷ (*fam: leicht*) ***die Fragen waren total ~!*** the questions were dead easy! **II.** *adv* ❶ (*ungezwungen*) casually; ***du musst das ~er sehen*** you must take a more casual view ❷ (*fam: mit Leichtigkeit*) no problem *fam;* ***das schaffen wir ~!*** we'll manage that easily!

Lässigkeit <-> *f kein pl* casualness *no pl*

Lasso <-s, -s> *m o nt* lasso

lasst[RR], **laßt** *imper pl von* **lassen**

Last <-, -en> *f* ❶ (*zu tragender Gegenstand*) load ❷ (*schweres Gewicht*) weight; ***das Brett biegt sich unter der ~ der Bücher*** the shelf is bending under the weight of the books ❸ (*Bürde*) burden; **jd hat seine ~ mit jdm/etw** sb/sth is a burden on sb; ***mit dir hat man so seine ~!*** you're a real burden on a person! ❹ *pl* (*finanzielle Belastung*) burden; **zu jds ~en gehen** to be charged to sb; ***die zusätzlichen Kosten gehen zu Ihren ~en*** you will have to pay the additional costs ▸ WENDUNGEN: **jdm zur ~ fallen** to become a burden on sb; **jdm etw** *akk* **zur ~ legen** to accuse sb of sth; **jdm zur ~ legen, etw getan zu haben** to accuse sb of doing sth

lasten *vi* ❶ (*als Last liegen auf*) ■**auf etw** *dat* ~ to rest on sth ❷ (*eine Bürde sein*) ■**auf jdm** ~ to rest with sb; ***diese Verantwortung lastet auf mir*** the responsibility rests with me ❸ (*finanziell belasten*) ■**auf etw** *dat* ~ to encumber sth; ***auf dem Haus ~ Schulden*** the house is encumbered with debts ❹ (*stark belasten*) ■**auf etw** *dat* ~ to weigh heavily on sth; ***die Folgen des Krieges ~ schwer auf dem Land*** the consequences of the war weigh heavily on the country

Lastenaufzug *m* goods lift BRIT, freight elevator AM

lastend *adj* (*geh*) oppressive

Laster[1] <-s, -> *m* (*fam: Lastwagen*) lorry BRIT, truck AM

Laster[2] <-s, -> *nt* (*schlechte Gewohnheit*) vice

Lästerei <-, -en> *f* (*fam*) derisive *form* [*or fam* nasty] remarks *pl*

Lästerer, Lästerin <-s, -> *m, f* detractor *form,* knocker *sl*

lasterhaft *adj* (*geh*) depraved

Lasterhaftigkeit <-> *f kein pl* (*geh*) depravity

Lasterhöhle *f* (*pej fam*) den of vice [*or* iniquity]

Lästerin <-, -nen> *f fem form von* **Lästerer**

Lästermaul *nt* (*pej fam*) *s.* **Lästerer 1**

lästern *vi* ■[**über jdn/etw**] ~ to make derisive [*or* disparaging] remarks [about sb/sth]

Lastesel *m* ❶ (*Tier*) pack mule ❷ (*fam: jd, der sich Lasten aufbürden lässt*) packhorse

lästig *adj* ❶ (*unangenehm*) *Husten, Kopfschmerzen etc.* annoying, irritating, pesky *fam* ❷ (*störend*) annoying; ***dass wir jetzt auch noch warten müssen ist wirklich ~!*** the fact that we have to wait as well is really annoying; ■**jdm ~ sein/werden** to find/begin to find annoying; ***wird dir der Gipsverband nicht ~?*** don't you find the plaster cast a nuisance? ③ (*nervend, aufdringlich*) *Mensch* annoying; ***du wirst mir allmählich ~!*** you're beginning to become a nuisance!; **jdm ~ sein/fallen** (*geh*) to annoy sb, to become a nuisance to sb

Lästigkeit <-> *f kein pl* tiresomeness *no pl*, troublesomeness *no pl*

Lastkahn *m* barge **Lastkraftwagen** *m* (*geh*) *s.* **Lastwagen**

Last-Minute-Flug [la:st'mɪnɪt-] *m* last-minute flight **Last-Minute-Tarif** [la:st'mɪnɪt-] *m* last-minute price **Last-Minute-Urlaub** [la:st'mɪnɪt-] *m* last-minute holiday

Lastschrift *f* (*Abbuchung*) debit entry; (*Mitteilung über Abbuchung*) debit advice **Lasttier** *nt* pack animal **Lastwagen** *m* lorry BRIT, truck AM **Lastwagenfahrer(in)** *m(f)* lorry driver **Lastzug** *m* lorry with trailer

Lasur <-, -en> *f* [clear] varnish

lasziv I. *adj* (*geh*) ① (*sexuell herausfordernd*) lascivious, wanton *hum*, sexy ② (*anstößig*) rude, offensive II. *adv* (*geh*) lasciviously, wantonly *hum*, sexily

Laszivität <-> [-vi-] *f kein pl* (*geh*) ① (*laszive Art*) lasciviousness, wantonness *hum*, sexiness ② (*Anstössigkeit*) rudeness, offensiveness

Latein <-s> *nt* Latin ▸ WENDUNGEN: **mit seinem ~ am Ende sein** to be at one's wits' end

Lateinamerika *nt* Latin America

lateinamerikanisch *adj* Latin American

lateinisch *adj* Latin; **auf L~** in Latin

Lateinisch *nt dekl wie adj* Latin; ■**das ~e** Latin, the Latin language

latent I. *adj* (*geh*) latent II. *adv* (*geh*) latently

Latenzzeit *f s.* **Inkubationszeit**

Laterne <-, -n> *f* ① (*Straßen~*) streetlamp ② (*Lichtquelle mit Schutzgehäuse*) lantern ③ (*Lampion*) Chinese lantern

Laternenpfahl *m* lamppost

Latex <-, Latizes> *m* latex

Latinum <-s> *nt kein pl* ■**das ~** (*the examination proving*) *knowledge of Latin;* **das ~ haben** to have one's Latinum certificate; **das kleine/große ~** *Latinum certificate awarded after three or six years of study*

Latrine <-, -n> *f* latrine

Latrinenparole *f* (*pej fam*) wild rumour [*or* AM -or]

Latsche <-, -n> *f s.* **Latschenkiefer**

latschen *vi sein* (*fam*) ① (*schwerfällig gehen*) to trudge, to traipse; ***latsch nicht durch alle Pfützen!*** don't traipse through all the puddles!; (*lässig gehen*) to wander; ***wir sind 'ne Weile durch die Stadt gelatscht*** we wandered through the town for a bit; (*unbedacht gehen*) to clump; ***er ist mit seinen dreckigen Schuhen über den Teppich gelatscht*** he clumped across the carpet in his dirty shoes ② DIAL (*eine Ohrfeige geben*) ■**jdm eine ~** to give sb a smack round the head BRIT, to slap sb in the face AM

Latschen <-s, -> *m* (*fam*) ① (*ausgetretener Hausschuh*) worn-out slipper ② (*pej: ausgetretener Schuh*) worn-out shoe ▸ WENDUNGEN: **aus den ~ kippen** (*fam*) to keel over *fam;* (*sehr überrascht sein*) to be bowled over

Latschenkiefer *f* mountain pine

Latte <-, -n> *f* ① (*kantiges Brett*) slat ② SPORT bar ③ (*Tor~*) crossbar ④ (*sl: erigierter Penis*) stiffy BRIT *sl*, woody AM *sl* ▸ WENDUNGEN: **eine ganze ~ von etw** *dat* (*fam*) a heap of sth *fam*, a load of sth *fam;* **eine lange ~** (*fam*) beanpole *hum fam*

Lattenrost *m* slatted frame; (*auf dem Boden*) duckboards *pl* **Lattenzaun** *m* paling, picket fence

Lattich <-s, -e> *m* lettuce

Latz <-es, Lätze *o* ÖSTERR -e> *m* ① (*Hosen~*) flap ② (*Tuch zum Vorbinden*) bib ▸ WENDUNGEN: **jdm eins** [*o* **einen**] **vor den ~ knallen** [*o* **ballern**] (*sl*) to thump [*or fam* wallop] sb

Lätzchen <-s, -> *nt dim von* **Latz** bib

Latzhose *f* dungarees *npl*

lau *adj* ① (*mild*) mild ② (*lauwarm*) lukewarm; (*mäßig*) moderate ③ (*halbherzig*) lukewarm, half-hearted ▸ WENDUNGEN: **für ~** DIAL (*fam*) for nothing [*or* free]

Laub <-[e]s> *nt kein pl* foliage *no pl, no indef art;* **~ tragend** deciduous

Laubbaum *m* deciduous tree

Laube <-, -n> *f* ① (*Häuschen*) arbour [*or* AM -or] ② ZOOL, KOCHK bleak, alburn ▸ WENDUNGEN: **und fertig ist die ~!** (*fam*) and Bob's your uncle! [*or* AM that's that!] *fam*

Laubenkolonie *f* (*veraltend*) colony of arbours [*or* AM -ors]

Laubfrosch *m* tree frog **Laubheuschrecke** *f* ZOOL bush cricket **Laubhölzer** *pl* deciduous trees **Laubhüttenfest** *nt* Feast of Tabernacles [*or* Ingathering], Sukkoth **Laubmoos** *nt* BOT moss **Laubsäge** *f* fretsaw **Laubsänger** *m* ORN warbler **Laubwald** *m* deciduous forest

Lauch <-[e]s, -e> *m* ① BOT allium ② (*Porree*) leek

Lauchzwiebel *f* spring onion

Laudatio <-, Laudationes> *f* (*geh*) laudatory speech *form*, eulogy *form;* **die ~ [auf jdn] halten** to make a speech in sb's honour [*or* AM -or]

Lauer <-> *f* **sich** *akk* **auf die ~ legen** to lie in ambush; **auf der ~ liegen** [*o* **sein**] to lie in wait

lauern *vi* ① (*in einem Versteck warten*) to lie in wait; ■**auf etw** *akk* **~** to lie in wait for sth; ■**darauf ~, dass ...** to lie in wait for ...; ***auf so einer Reise ~ alle möglichen Gefahren*** there are all kinds of dangers lurking on a journey like this; ■**~d** lurking; ***die Löwen umkreisten ~d die Herde*** the lions lurked around the herd ② (*fam: angespannt warten*) ■**auf jdn ~** to wait impatiently for sb; ■**auf etw** *akk* **~** to wait in anticipation for sth; ■**darauf ~, dass ...** to wait in anticipation for ...; ***die anderen lauerten nur darauf, dass sie einen Fehler machte*** the others were just waiting for her to make a mistake

Lauf <-[e]s, Läufe> *m* ① *kein pl* (*das Laufen*) run ② SPORT (*Durchgang*) round; (*Rennen*) heat ③ *kein pl* (*Gang*) *Maschine* operation; ***der Motor hat einen unruhigen ~*** the engine is not running smoothly ④ *kein pl* GEOG (*Ver~, Bahn*) course; **der obere/untere ~ eines Flusses** the upper/lower course of a river; **der Lauf dieses Sterns** the track [*or* path] of this star ⑤ (*Ver~, Entwicklung*) course; **das ist der ~ der Dinge** that's the way things go; **der ~ der Welt** the way of the world; **seinen ~ nehmen** to take its course; ***die Ereignisse nehmen ihren ~*** events take their course; **im ~e einer Sache** *gen* in the course of [*or* during] sth; ***im ~e der Jahrhunderte*** over the centuries ⑥ (*Gewehr~*) barrel; **ein Tier vor den ~ bekommen** to have an animal in one's sights ⑦ JAGD (*Bein*) leg ▸ WENDUNGEN: **einer S.** *dat* **freien** [*o* **ihren**] **~ lassen** to give free rein to sth; ***lasst eurer Fantasie freien ~*** let your imagination run wild; ***man sollte den Dingen ihren ~ lassen*** one should let things take their course

Laufbahn *f* career **Laufband** *nt* SPORT treadmill

Laufbursche *m* ① (*veraltend: Bote*) errand boy ② (*pej: Lakai*) flunk[e]y

laufen <läuft, lief, gelaufen> I. *vi sein* ① (*rennen*) to run; ***sie lief in den Garten*** she ran into the garden ② (*fam: gehen*) to go; ***seit dem Unfall läuft er mit***

Krücken since the accident he gets around on crutches; ***sie läuft ständig zum Arzt*** she's always going to the doctor's; ***mir sind Kühe vors Auto gelaufen*** cows ran in front of my car ❸ (*zu Fuß gehen*) to walk; ***fahrt ihr mal! Ich laufe lieber*** you go by car, I'd rather walk; ***kann sie schon ~?*** has she started walking already?; ■ **das L~** walking; ***beim L~ tut mir die Hüfte so weh*** my hip hurts so much when I walk; ***sie musste das L~ wieder lernen*** she had to learn [how] to walk again ❹ (*gehend an etw stoßen*) to walk into sth; ***ich bin an einen Pfosten gelaufen*** I walked into a post ❺ (*fließen*) to run; ***das Blut lief ihm übers Gesicht*** the blood ran down his face; ***lass bitte schon einmal Wasser in die Badewanne*** ~ start filling the bath please; ***mir läuft die Nase*** my nose is running; **jdm eiskalt über den Rücken** ~ (*fig*) a chill runs up sb's spine ❻ SPORT to run; ***er läuft für ...*** he runs for ...; ***wie bist du gelaufen?*** how did you run? ❼ (*funktionieren*) to work; *Getriebe, Maschine, Motor* to run; (*eingeschaltet sein*) to be on; (*sich gleitend bewegen*) to run; ***täglich*** ~ ***6.000 Stück vom Band*** 6,000 units a day come off the line; ***die Miniatureisenbahn läuft auf winzigen Schienen*** the miniature railway runs on tiny rails ❽ FILM, THEAT (*gezeigt werden*) to be on ❾ (*in Bearbeitung sein*) to go [on]; ***der Prozess läuft nun schon zwei Jahre*** the trial has been going on for two years now ❿ (*gültig sein*) to run, to last; ***mein Vertrag läuft bis Ende Juli*** my contract runs until the end of July ⓫ (*ver~*) to flow, to run; ***ab hier ~ die Kabel alle unterirdisch*** all of the cables run underground from here on ⓬ (*seinen Gang gehen*) to go; ***„was macht das Geschäft?" — „es könnte besser ~"*** "how's business?" — "could be better"; ***wie läuft es?*** how's it going?; ***läuft etwas zwischen euch?*** is there anything going on between you? ⓭ (*geführt werden*) **auf jds Namen** ~ to be issued in sb's name; **unter einer bestimmten Bezeichnung** ~ to be called sth; ***diese Einnahmen ~ unter „Diverses*** [*o* ***Sonstiges***]***"*** this income comes under the category of "miscellaneous" ⓮ (*gut verkäuflich sein*) to sell well; ***das neue Produkt läuft gut/ nicht so gut*** the new product is selling well/not selling well ⓯ (*fahren*) to run; **auf Grund** ~ to run aground ▶ WENDUNGEN: **die Sache ist gelaufen** it's too late now, it's pointless to do anything about it now; **das läuft bei mir nicht!** that's not on with me!, I'm not having that!; **das läuft so nicht!** that's not on! **II.** *vt haben o sein* ❶ SPORT ■ **etw** ~ to run sth; **einen Rekord** ~ to set a record ❷ (*zurücklegen*) ■ **etw** [**in etw** *dat*] ~ to run sth [in sth]; ***er will den Marathon in drei Stunden*** ~ he wants to run the marathon in three hours ❸ (*fahren*) **Rollschuh/Schlittschuh/Ski** ~ to go rollerskating/ice-skating/skiing, to rollerskate/ice-skate/ski **III.** *vr impers haben* ***mit diesen Schuhen wird es sich besser*** ~ walking will be easier in these shoes; ***auf dem Teppichboden läuft es sich weicher als auf dem Fliesen*** a carpet is softer to walk on than tiles

laufend I. *adj attr* ❶ (*geh: derzeitig*) current ❷ (*ständig*) constant ▶ WENDUNGEN: **jdn** [**über etw** *akk*] **auf dem L~en halten** to keep sb up-to-date [about [*or* on] sth] [*or* informed [about sth]]; **mit etw** *dat* **auf dem L~en sein** to be up-to-date with sth; **auf dem L~en sein** [*o* **bleiben**] to be [*or* keep] up-to-date **II.** *adv* (*fam*) constantly, continually

Läufer <-s, -> *m* ❶ SCHACH bishop ❷ (*Teppich*) runner

Läufer(in) <-s, -> *m(f)* runner

Lauferei <-, -en> *f* (*pej fam*) running around

Läuferin <-, -nen> *f fem form von* **Läufer**

Lauffeuer *nt* ▶ WENDUNGEN: **sich** *akk* **wie ein ~ verbreiten** to spread like wildfire **Laufgitter** *nt s.* Laufstall **Laufhonig** *m* liquid honey

läufig *adj* on heat

Laufkäfer *m* ZOOL grand beetle **Laufkundschaft** *f kein pl* passing trade *no pl,* occasional customers *pl* **Laufmasche** *f* ladder **Laufpass**[RR] *m kein pl* ▶ WENDUNGEN: **jdm den ~ geben** (*fam*) to give sb their marching orders *fam* **Laufplanke** *f* gangplank, gangway **Laufschritt** *m* **im** ~ at a run; MIL at [*or* on] the double; ***sie verließ das Haus im*** ~ she left the house at a run; **im ~, marsch!** (*langsamer werden*) quick [*or* AM quick-time], march!; (*schneller werden*) double-time, march **Laufstall** *m* playpen **Laufsteg** *m* catwalk **Laufvogel** *f* BIOL flightless bird, ratite **Laufwerk** *nt Maschine* drive mechanism; *Uhr* clockwork; *Computer* disc drive **Laufzeit** *f* term **Laufzettel** *m* control slip

Lauge <-, -n> *f* ❶ (*Seifen~*) soapy water ❷ (*wässrige Lösung einer Base*) lye ❸ (*veraltend: Salz~*) salt solution

Laugenbrezen *f* SÜDD pretzel **Laugensemmel** *nt* SÜDD pretzel roll **Laugenstange** *f* SÜDD pretzel stick

Lauheit <-> *f kein pl* (*geh*) ❶ (*Milde*) mildness *no pl* ❷ (*Halbherzigkeit*) lukewarmness *no pl,* half-heartedness *no pl*

Laune <-, -n> *f* ❶ (*Stimmung*) mood; **blendende/gute ~ haben** [*o geh* [**bei**] **blendender/guter ~ sein**] to be in a wonderful/good mood; **miese/schlechte ~ haben** [*o geh* [**bei**] **mieser/schlechter ~ sein**] to be in a foul/bad mood; **jdn bei** [**guter**] **~ halten** (*fam*) to keep sb happy; [**je**] **nach** [**Lust und**] **~** depending on how one feels; (*wechselnde Stimmung a.*) temper; **seine ~n an jdm auslassen** to take one's temper out on sb; ***deine ~n sind unerträglich!*** your moods are unbearable! ❷ (*abwegige Idee*) whim; ***das war eine ~ der Natur*** that was a whim of nature; **aus einer ~ heraus** on a whim

launenhaft *adj* ❶ (*kapriziös*) moody ❷ (*wechselhaft*) *Wetter* changeable, unsettled

Launenhaftigkeit <-> *f kein pl* ❶ (*kapriziöse Art*) moodiness *no pl* ❷ (*Wechselhaftigkeit*) *Wetter* changeability, unsettled nature

launisch *adj s.* **launenhaft**

Laus <-, Läuse> *f* ❶ (*Blut saugendes Insekt*) louse; **Läuse haben** to have lice ❷ (*Blatt~*) aphid ▶ WENDUNGEN: **jdm ist eine ~ über die Leber gelaufen** (*fam*) sb got out of the wrong side of bed *fam;* **jdm/sich eine ~ in den Pelz setzen** (*fam*) to land sb/oneself in it

Lausanne <-s> [lo'zan] *nt* Lausanne

Lausbub *m* SÜDD (*fam*) rascal

Lauschangriff *m* bugging

lauschen *vi* ❶ (*heimlich zuhören*) to eavesdrop ❷ (*geh: zuhören*) to listen

Lauscher <-s, -> *m* JAGD ear; **sperr dein ~ auf!** (*fig fam*) listen up! *fam*

Lauscher(in) <-s, -> *m(f)* eavesdropper ▶ WENDUNGEN: **der ~ an der Wand hört seine eigene Schand** (*prov*) eavesdroppers seldom hear good of themselves

lauschig *adj* (*veraltend*) ❶ (*gemütlich*) cosy BRIT, cozy AM, snug ❷ (*einsam*) secluded

Lausebengel *m* (*veraltend fam*) *s.* **Lausbub** **Lausejunge** *m* (*fam*) rascal

Läusemittel *nt* PHARM lousicide

lausen *vt* ■ **jdn/ein Tier** ~ to delouse sb/an animal; ■ **sich** *akk* ~ to delouse oneself

lausig I. *adj* (*pej fam*) ❶ (*entsetzlich*) *Arbeit, Zeiten etc.* awful ❷ (*geringfügig*) lousy, measly; ***wegen dieser ~en paar Mark!*** all for these measly few marks! **II.** *adv* (*pej fam*) ❶ (*entsetzlich*) terribly; ***es ist ~ kalt!*** it's terribly cold ❷ (*lumpig*) lousily, badly; ***als Lehrer wird man ~ bezahlt*** a teacher's pay is lousy

laut[1] **I.** *adj* ❶ (*weithin hörbar*) loud; **etw ~/~er stel-**

len to turn up sth *sep; musst du immer gleich ~ werden?* do you always have to blow your top right away?; ~e **Farben** (*fig*) loud colours [*or* AM -ors] *fig* ❷ (*voller Lärm*) noisy; ***ist es dir hier zu ~?*** is it too noisy for you here? ▶ WENDUNGEN: **etw ~ werden lassen** to make sth known; ~ **werden** to become public knowledge **II.** *adv* (*weithin hörbar*) loudly; ***kannst du das ~er sagen?*** can you speak up?; ~ **denken** to think out loud; ***sag das nicht ~!*** don't let anyone hear you say that!

laut[2] *präp +gen o dat* according to; **laut Zeitungsberichten/den letzten Meldungen ...** according to newspaper reports/latest reports ...

Laut <-[e]s, -e> *m* ❶ (*Ton*) noise; **keinen ~ von sich geben** to make no noise, to not make a sound ❷ *pl* (*Sprachfetzen*) tone ▶ WENDUNGEN: ~ **geben** JAGD to bark

Laute <-, -n> *f* lute

lauten *vi* ❶ (*zum Inhalt haben*) to read, to go; ***wie lautet der letzte Absatz?*** how does the final paragraph go?; ***die Anklage lautete auf Erpressung*** the charge is blackmail ❷ (*ausgestellt sein*) ■**auf jdn/jds Namen** ~ to be in sb's name

läuten **I.** *vi* ❶ (*klingend erschallen*) *Klingel, Telefon* to ring; *Glocke a.* to chime, to peal; (*feierlich*) to toll, to knell ❷ (*durch Klingeln herbeirufen*) ■**nach jdm** ~ to ring for sb ▶ WENDUNGEN: **ich habe davon ~ gehört** [*o* **hören**], **dass ...** I have heard rumors that ... **II.** *vi impers* ❶ DIAL (*Glocken ertönen*) ■**es läutet** the bell is/bells are ringing ❷ *impers* (*die Türklingel/Schulglocke ertönt*) the bell is ringing; ***es hat geläutet*** the bell rang, there was a ring at the door; ***es läutet sechs Uhr*** the clock's striking six

Lautenist(in) <-en, -en> *m(f)*, **Lautenspieler(in)** *m(f)* lutenist, lute player

lauter[1] *adj inv* just, nothing but; ***das sind ~ Lügen*** that's nothing but lies; **vor ~ ...** because of ...; ***vor lauter Arbeit ...*** because of all the work I've got ...

lauter[2] *adj* ❶ (*geh: aufrichtig*) sincere ❷ (*veraltend liter: rein*) pure; *s.* **Wahrheit**

Lauterkeit <-> *f kein pl* (*geh*) sincerity *no pl*

läutern *vt* (*geh*) ■**jdn/etw** ~ to reform sb/sth

Läuterung <-, -en> *f* (*geh*) reformation

Läutewerk *nt* signal bell

lauthals *adv* at the top of one's voice *pred*

Lautlehre *f kein pl* phonetics + *sing vb*

lautlich **I.** *adj* phonetic **II.** *adv* phonetically

lautlos **I.** *adj* noiseless, silent **II.** *adv* noiselessly, silently

Lautlosigkeit <-> *f kein pl* noiselessness *no pl*, silence

Lautmalerei *f* onomatopoeia **lautmalerisch** *adj inv* LING onomatopoeic **Lautschrift** *f* phonetic alphabet

Lautsprecher *m* loudspeaker; **über ~** by loudspeaker

Lautsprecherbox *f* speaker **Lautsprecherdurchsage** *f* loudspeaker announcement; ***die Information wurde mittels ~n weitergegeben*** the information was passed on over the loudspeaker[s] [*or* in loudspeaker announcements] **Lautsprecherkabel** *f* speaker cable **Lautsprecherwagen** *m* car with a loudspeaker on top

lautstark **I.** *adj* loud; **ein ~er Protest/Widerspruch** a strong protest **II.** *adv* loudly, strongly

Lautstärke *f* ❶ (*Schallpegel*) volume; **bei voller ~** at full volume; **etw** *akk* **auf volle ~ stellen** to turn sth up to full volume [*or* right [*or* AM all the way] up]; **die ~ regeln** to adjust the volume ❷ (*laute Art*) loudness; ***~ allein wird dich nicht ans Ziel bringen*** you won't get anywhere by just shouting

Lautstärkeregler *m* volume control

Lautverschiebung *f* LING consonant shift; **die erste/zweite ~** the first/second consonant shift

lauwarm *adj* lukewarm

Lava <-, Laven> ['la:va, 'la:vən] *f* lava

Lavabo <-[s], -s> ['lavabo] *nt* SCHWEIZ (*Waschbecken*) washbasin

Lavalampe *f* lava lamp

Lavendel <-s, -> [-'vɛn-] *m* lavender

Lavendelhonig *m* lavender honey **Lavendelöl** <-[e]s> *nt kein pl* lavender oil *no pl, no indef art*

lavieren* [-'vi:-] **I.** *vi* (*geh*) to manoeuvre BRIT, to maneuver AM **II.** *vr* ■**sich** *akk* **aus etw** *dat* ~ to worm one's way out of sth; ***wie er sich wohl aus dieser prekären Lage ~ wird?*** I wonder how he's going to get out of this precarious situation

Lawine <-, -n> *f* ❶ (*Schneemasse*) avalanche ❷ (*sehr große Anzahl*) *Anrufe, Briefe* avalanche, deluge; **eine ~ ins Rollen bringen/auslösen** to start an avalanche; **eine ~ von Protesten lostreten** to unleash a storm of protest

lawinenartig **I.** *adj* like an avalanche **II.** *adv* like an avalanche; ***die Zahl der Beschwerden schwoll ~ an*** the number of complaints snowballed

Lawinengefahr *f kein pl* risk of avalanches

Lawrencium <-s> [lo'rɛntsiʊm] *nt kein pl* lawrencium *no pl, no indef art spec*

lax *adj* lax

Laxheit <-> *f kein pl* laxity, laxness

Lay-out[RR], **Layout** <-s, -s> [leɪ'aʊt] *nt* layout

Layouter(in) <-s, -> ['le:ʔautɐ, le:'ʔautɐ] *m(f)* layout man

Lazarett <-[e]s, -e> *nt* military hospital

LCD-Anzeige *f* LCD display **LCD-Bildschirm** *m* LCD screen **LCD-Monitor** *m* LCD monitor **LCD-Spiel** *nt* LCD game

LCR *m Abk von* **Least-Cost-Router** LCR

leasen ['li:zn] *vt* ■**etw ~** to lease sth

Leasing <-s, -s> ['li:zɪŋ] *nt* leasing

Leasingberater(in) *m(f)* leasing consultant **Leasingfahrzeug** *nt* leased vehicle **Leasingfirma** *f* leasing company **Leasingkunde, -kundin** *m, f* lessee **Leasingrate** *f* lease instalment [*or* AM installment] **Leasingvertrag** *m* lease agreement

Least-Cost-Router ['li:stkɔstru:tə] *m* TELEK least cost router

Lebedame *f* (*pej*) *fem form von* **Lebemann** courtesan **Lebehoch** <-[s], -[s]> *nt* cheer **Lebemann** *m* (*pej*) playboy, man-about-town, bon viveur

leben **I.** *vi* ❶ (*lebendig sein*) to live; ***Gott sei Dank, er lebt [noch]*** Thank God, he's [still] alive; **lang [*o* es] lebe der/die/das ...!** long live the ...!; **von etw nicht ~ und nicht sterben können** not to be able to live on sth ❷ (*ein bestimmtes Leben führen*) to live; **christlich ~** to lead a Christian life; **getrennt ~** to live apart; **vegetarisch ~** to be vegetarian; ***jeder Mensch will glücklich und zufrieden ~*** everyone wants to have [*or* lead] a happy and satisfied life ❸ (*seinen Lebensunterhalt bestreiten*) ■**von etw ~** to make one's living doing sth; ***wovon lebt der überhaupt?*** however does he make his living?, whatever does he do for a living?; **vom Schreiben ~** to make a living as a writer ❹ (*wohnen*) to live; **im Ausland/in der Stadt ~** to live abroad/in town ❺ (*da sein*) ■**[für jdn/etw] ~** to live [for sb/sth]; ***sie lebte nur für ihre Kinder/ihren Beruf*** she only lived for her children/job; **mit etw ~ können/müssen** to be able to/have to live with sth; **~ und ~ lassen** to live and let live; **man lebt [so]** (*fam*) so, so *fam* ▶ WENDUNGEN: **leb[e] wohl!** farewell!; **hoch soll er/sie leben!** for he/she's a jolly good fellow! **II.** *vt* ❶ (*verbringen*) ■**etw ~** to live sth; ***ich lebe doch nicht das Leben anderer Leute!*** I have my own life to lead! ❷ (*verwirklichen*)

L

to live; **seine Ideale/seinen Glauben ~** to live according to one's ideals/beliefs **III.** *vi impers* ***wie lebt es sich denn als Millionär?*** what's it like living the life of a millionaire?, what's life as a millionaire like?; ***lebt es sich hier besser als dort?*** is life better here than there?, is it better living here than there?

Leben <-s, -> *nt* ❶ (*Lebendigsein*) life; **jdn [künstlich] am ~ erhalten** to keep sb alive [artificially]; **jdn vom ~ zum Tode befördern** (*geh*) to put sb to death *form;* **etw mit dem [*o* seinem] ~ bezahlen** (*geh*) to pay for sth with one's life; **jdn ums ~ bringen** (*geh*) to take sb's life; **sein ~ aushauchen** (*geh*) to breathe one's last *liter;* **am ~ sein [*o* bleiben]** to be [*or* remain] alive; **mit dem ~ davonkommen** to escape with one's life; **[bei etw/während einer S.] ums ~ kommen** to die [in sth/during sth], to lose one's life [in sth/during sth]; **jdn das ~ kosten** (*geh*) to cost sb his/her life; **sein ~ [für jdn/etw] lassen** (*geh*) to give one's life [for sb/sth]; **jdn am ~ lassen** to let sb live; **um sein ~ laufen [*o* rennen]** to run for one's life; **sich** *dat* **das ~ nehmen** (*euph*) to take one's life *euph;* **seinem ~ ein Ende setzen** (*euph*) to take one's life *euph;* **jdm das [*o* jds] ~ retten** to save sb's life; **aus dem ~ scheiden** (*geh*) to depart this world *form;* **jdm das ~ schenken** (*geh: jdn gebären*) to give birth to sb; (*jdn am Leben lassen*) to let sb live; **mit seinem ~ spielen** to put one's life at risk; **[bei/während etw] das [*o* sein] ~ verlieren** to lose one's life [in/during sth] ❷ (*Existieren*) life; **das/sein ~ hinter sich haben** to have one's life behind one, to have had one's innings *fam;* **das/sein ~ vor sich haben** to have one's [whole] life before one; **ein [*o* jds] ~ lang** one's [*or* sb's] whole life; **das tägliche ~** everyday life; **das ~ zu zweit** life as a couple; **sein ~ genießen/verpfuschen** to enjoy/ruin one's life; **ein geruhsames/hektisches ~ führen** to lead a quiet/hectic life; **am ~ hängen** to love life; **sich seines ~s freuen** to enjoy [one's] life; **jdm/sich das ~ schwer machen** to make life difficult for sb/oneself; **das ~ geht weiter** life goes on; **ein ~ in etw** *dat* a life of sth; **zeit jds ~s** for the rest of one's life; **das/ein ~ nach dem Tod[e]** life after death; **das ewige ~** eternal life; **das süße ~** the life of Riley *fam;* **so ist das ~ [eben]** that's life, such is life; **sich [mit etw] durchs ~ schlagen** to struggle to make a living [doing sth]; **wie das ~ so spielt** (*fam*) as is the way of the world; **nie im ~ [*o* im ~ nicht]** never ❸ (*Geschehen, Aktivität*) life; **etw zum/zu neuem ~ erwecken** to bring sth back to life, to revive sth; **etw ins ~ rufen** to found sth, to establish sth; **das öffentliche ~** public life; **eine Figur [*o* Person] des öffentlichen ~s** a public figure ❹ (*~sinhalt*) life; ■**jds ~ sein** to be sb's life; ***ihr Garten war ihr ~*** her garden was her life ▶ WENDUNGEN: **jds ~ hängt an einem dünnen [*o* seidenen] Faden** sb's life is hanging by a thread; **jdm das ~ zur Hölle machen** to make sb's life hell; **[bei etw] sein ~ aufs Spiel setzen** to risk one's life [doing sth]; **jds ~ steht auf dem Spiel** sb's life is at risk; **es geht um ~ und Tod** it's a matter of life and death; **wie das blühende ~ aussehen** to look in the pink *hum;* **seines ~s nicht mehr froh werden** to have a rotten life; **etw für sein/ihr ~ gern tun** to love doing sth; **wenn jdm sein ~ lieb ist** if sb's life means sth to them; **das nackte ~ retten [*o* mit dem nackten ~ davonkommen]** to barely escape with one's life; **seines ~s nicht mehr sicher sein** (*fam*) to fear for one's life; **jdm nach dem ~ trachten** to be out to kill sb

lebend **I.** *adj* ❶ (*nicht tot*) living; ■**die L~en** the living; **nicht mehr unter den L~en weilen** (*geh*) to no longer be with us *form;* **eine ~e Sprache** a living language; **die in Berlin ~e Autorin** the author living in Berlin ❷ (*belebt*) living ▶ WENDUNGEN: **es von den L~en nehmen** to make people pay through the nose **II.** *adv* alive; **~ gebärend** ZOOL live-bearing, bearing live young, viviparous; **etw ~ überstehen** to get through sth alive, to survive sth

Lebendgewicht *nt kein pl* (*fachspr*) live-weight

lebendig **I.** *adj* ❶ (*lebend*) living; ■**~ sein** to be alive ❷ (*anschaulich, lebhaft*) vivid; **~ werden/wirken** to come to life/appear lifelike; **ein ~es Kind** a lively child ❸ (*noch praktiziert*) alive *pred;* **wieder ~ werden** to come alive again ▶ WENDUNGEN: **es von den L~en nehmen** (*hum fam*) to be daylight robbery *hum fam; s. a.* **Leib II.** *adv* ❶ (*lebend*) alive ❷ (*lebhaft*) **etw ~ gestalten/schildern** to organize sth in a lively way/give a lively description of sth

Lebendigkeit <-> *f kein pl* vividness *no pl*

Lebensabend *m* (*geh*) twilight years *pl* **Lebensabschnitt** *m* chapter in one's life **Lebensalter** *nt* age **Lebensarbeitszeit** *f* ÖKON working life **Lebensart** *f kein pl* manners *pl;* **keine ~ haben** to have no manners; *s. a.* **Lebensweise** **Lebensaufgabe** *f* lifelong task; **sich** *dat* **etw** *akk* **zur ~ machen** to make sth one's life's work **Lebensbaum** *m* ❶ BOT arbor vitae ❷ REL, KUNST tree of life **Lebensbedingungen** *pl* living conditions **lebensbedrohend** *adj inv* life-threatening **Lebensdauer** *f* ❶ (*Dauer des Lebens*) lifespan ❷ (*Dauer der Funktionsfähigkeit*) [working] life **Lebenselixier** *nt* elixir of life **Lebensende** *nt kein pl* death; **bis ans/an jds ~** until one's/sb's death; ***als sie ihr ~ nahen fühlte, ...*** when she felt her life was drawing to a close ... **Lebenserfahrung** *f* experience of life **Lebenserinnerungen** *pl* memoires **Lebenserwartung** *f* life expectancy **lebensfähig** *adj* ❶ MED (*fähig, zu überleben*) capable of surviving; **[nicht] ~ sein** (*fig*) [not] to be viable ❷ BIOL (*in der Lage zu existieren*) viable, capable of living *pred* **Lebensfähigkeit** *f kein pl* viability *no pl,* ability to live *no pl* **Lebensform** *f* ❶ (*Lebensweise*) way of life ❷ (*Organisation von biol. Leben*) life-form **Lebensfreude** *f kein pl* joie de vivre *no pl form,* love of life *no pl* **lebensfroh** *adj* full of the joys of life [*or* joie de vivre] *pred* **Lebensgefahr** *f* **es besteht ~** there is a risk of death; **jd ist [*o* schwebt] [*o* befindet sich] [*o* gerät] in ~** sb's life is in danger; **jd ist [*o* befindet sich] außer ~** sb's life is no longer in danger; **mit ~ verbunden sein** to entail risk of death; **unter ~** *dat* at the risk of one's life; **~!** danger! **lebensgefährlich** **I.** *adj* extremely dangerous; (*Krankheiten*) life-threatening **II.** *adv* ❶ (*in das Leben bedrohender Weise*) critically ❷ (*fam: sehr gefährlich*) dangerously, hazardously **Lebensgefährte, -gefährtin** *m, f* (*geh*) partner **Lebensgefühl** *nt kein pl* awareness of life *no pl* **Lebensgeister** *pl* **jds ~ sind erwacht** sb's spirits are revived; **jds ~ erwecken [*o* wecken]** to liven sb up **Lebensgemeinschaft** *f* ❶ (*das dauernde Zusammenleben*) long-term relationship ❷ BIOL (*Biozönose*) biocoenosis BRIT, biocenosis AM **Lebensgenuss**[RR] *m* enjoyment of life **Lebensgeschichte** *f* life story **Lebensgewohnheiten** *pl* habits **lebensgroß** *adj* life-size[d] **Lebensgröße** *f* real size; ■**~ haben** to be life-size[d]; **eine Büste in ~** a life-sized bust; **in [voller] ~** (*hum fam*) in person [*or fam* the flesh], as large as life *hum fam* **Lebenshaltung** *f kein pl* standard of living; ***die ~ wird immer teurer*** the cost of living is ever increasing **Lebenshaltungskosten** *pl* cost of living *no pl, no indef art* **lebenshungrig** *adj* with a zest for life *attr;* ■**~ sein** to have a zest for life **Lebensinhalt** *m* purpose in life; ***ist das dein einziger ~?*** does your whole life revolve around that?; **etw** *akk* **zu seinem ~ machen** to dedicate one's life's to sth **Lebensjahr** *nt* year [of one's life]; **nach/vor dem vollendeten ... ~** (*geh*) after/

before sb's ... birthday; **im** [*o* **in jds**] **...** ~ ***bereits im 14.~ verlor sie ihre Eltern*** she lost her parents when she was only fourteen **Lebenskampf** *m kein pl* struggle for survival **Lebenskraft** *f kein pl* vitality **Lebenskünstler(in)** *m(f)* **ein richtiger** ~ a person who knows how to make the best of life **Lebenslage** *f* situation [in life]; **in allen ~n** in any situation

lebenslang I. *adj* ❶ (*das ganze Leben dauernd*) lifelong ❷ JUR (*lebenslänglich*) life *attr,* for life *pred* II. *adv* (*das ganze Leben*) all one's [*or* one's whole] life

lebenslänglich I. *adj* JUR life *attr,* lifelong, for life *pred;* **„~" bekommen** (*fam*) to get "life"; **„~" [für jdn] fordern** [*o* **verlangen**] to demand "life" for sb [*or* that sb gets "life"] II. *adv* all one's life

Lebenslängliche(r) *f(m) dekl wie adj* lifer *fam*

Lebenslauf *m* ❶ (*schriftliche Lebensbeschreibung*) curriculum vitae BRIT, resumé AM ❷ (*Lebensgeschichte*) life story **Lebenslinie** *f* life line **Lebenslüge** *f* sham existence; **eine ~ leben** to live a lie **Lebenslust** *f s.* Lebensfreude **lebenslustig** *adj s.* lebensfroh **Lebensmitte** *f kein pl* middle age *no pl, no indef art*

Lebensmittel *nt meist pl* food

Lebensmittelabteilung *f* food department **Lebensmittelallergie** *f* MED food allergy **Lebensmittelbestrahlung** *f* food irradiation **Lebensmittelchemie** *f* food chemistry **Lebensmittelfarbe** *f* food colouring [*or* AM coloring] **Lebensmittelgeschäft** *nt* grocer's, grocery shop [*or* AM *usu* store] **Lebensmittelhändler(in)** *m(f)* ÖKON grocer **Lebensmittelkarte** *f* food ration card **Lebensmittelvergiftung** *f* food poisoning **Lebensmittelversorgung** *f* food supply **Lebensmittelvorrat** *m* food stock, provisions *npl* **Lebensmittelzusatz** *m* food additive **Lebensmotto** *nt* ■**sein** ~ one's motto in life

lebensmüde *adj* weary of life *pred;* ***bist du ~?, du bist wohl ~!*** (*hum fam*) are you tired of living? **Lebensmüde(r)** *f(m) dekl wie adj* person who is weary of life **Lebensmut** *m kein pl* courage to face life *no pl,* optimism *no pl* **Lebensnerv** *m* vital lifeline **lebensnotwendig** *adj s.* lebenswichtig **Lebenspartner(in)** *m(f) s.* Lebensgefährte **Lebensqualität** *f kein pl* quality of life **Lebensraum** *m* ❶ *kein pl* (*Entfaltungsmöglichkeiten*) living space; HIST Lebensraum ❷ (*Biotop*) biotope, habitat **Lebensretter(in)** *m(f)* ❶ (*zur Rettung Ausgebildeter*) rescuer ❷ (*jd, der jds Leben rettet*) life-saver; ***mein ~!*** you saved my life! **Lebenssituation** *f* life situation **Lebensstandard** *m kein pl* standard of living **Lebensstellung** *f* job for life **Lebensstil** *m* lifestyle **lebenstüchtig** *adj* able to cope with life *attr* **Lebensunterhalt** *m kein pl* subsistence; ***das deckt noch nicht einmal meinen*** ~ that doesn't even cover my basic needs; **für jds ~ aufkommen** [*o* **sorgen**] to provide for [*or* keep] sb; **mit .../als ... seinen ~ verdienen** to earn one's keep by .../as ... **lebensuntüchtig** *adj inv* unable to cope with life *pred* **Lebensverhältnisse** *pl* SOZIOL, BIOL living conditions *pl* **Lebensversicherung** *f* ❶ (*Versicherungpolice*) life insurance [*or* BRIT *a.* assurance] ❷ (*Gesellschaft*) life insurance [*or* BRIT *a.* assurance] company **Lebenswandel** *m kein pl* way of life; **einen einwandfreien/lockeren ~ führen** to lead an irreproachable/dissolute life **Lebensweg** *m* (*geh*) journey through life *form* **Lebensweise** *f* lifestyle; **sitzende** ~ sedentary way of life **Lebensweisheit** *f* ❶ (*weise Lebenserfahrung*) wordly wisdom ❷ (*weise Lebensbeobachtung*) maxim **Lebenswerk** *nt* life['s] work **lebenswert** *adj* worth living *pred;* **jdm ist das Leben nicht mehr** ~ life is not worth living for sb anymore **lebenswichtig** *adj* vital, essential, essential to life *pred* **Lebenswille** *m kein pl* will to live **Lebenszeichen** *nt* (*a. fig*) sign of life; **kein ~ [mehr] von sich geben** to show no sign of life [any longer]; ***ich habe schon lange kein ~ mehr von ihm bekommen*** I've not had any sign of life from him for a long time **Lebenszeit** *f* lifetime; **auf** ~ for life; **auf ~ im Gefängnis sitzen** to serve a life sentence; ***eine Rente wird meist auf ~ gezahlt*** pensions are usually paid until the pensioner's death **Lebensziel** *nt* goal [*or* aim] in life **Lebenszweck** *m* purpose in life

Leber <-, -n> *f* ❶ (*Organ*) liver; **es an** [*o* **mit**] **der ~ haben** (*fam*) to have a liver problem ❷ *kein pl* FOOD liver ▸ WENDUNGEN: **frei** [*o* **frisch**] **von der ~ weg reden** (*fam*) to speak frankly; **sich** *dat* **etw** *akk* **von der ~ reden** (*fam*) to get sth off one's chest *fam; s. a.* Laus

Leberblümchen *nt* liverwort, hepatica **Leberegel** *m* ZOOL fluke **Leberentzündung** *f* MED hepatitis *no pl, no art,* inflammation of the liver **Lebererkrankung** *f* liver disease **Leberfleck** *m* liver spot **Leberfunktionsstörung** *f* MED liver disorder **Lebergefäß** *nt* hepatic vessel **Leberkäs(e)** *m kein pl meatloaf made out of finely-ground liver and other meat* **Leberknödel** *m* liver dumpling **leberkrank** *adj* having liver disease *pred* **Leberkranke(r)** *f(m) dekl wie adj* person suffering from liver disease **Leberkrebs** *m kein pl* MED cancer of the liver *no pl, no art,* hepatic cancer *no pl, no art spec* **Leberlappen** *m* lobe of the liver **Leberleiden** *nt* liver complaint **Lebermoos** *nt* BOT liverwort **Leberpastete** *f* liver pâté **Lebertran** *m* cod-liver oil **Leberwert** *m meist pl* MED liver function reading **Leberwurst** *f* liver sausage ▸ WENDUNGEN: **die beleidigte ~ spielen** (*fam*) to get all in a huff *fam* **Leberzelle** *f* liver cell **Leberzirrhose** *f* cirrhosis of the liver *no pl, no art,* hepatic cirrhosis *no pl, no art spec*

Lebewesen *nt* living thing; **menschliches** ~ human being

Lebewohl <-[e]s, -s *o geh* -e> *nt* (*geh*) farewell *form;* **jdm ~ sagen** to say farewell to sb

lebhaft I. *adj* ❶ (*temperamentvoll*) lively, vivacious ❷ (*angeregt*) lively; **eine ~e Auseinandersetzung** a lively debate; **~er Beifall** thunderous applause; **eine ~e Fantasie** an active imagination; *s. a.* **Interesse** ❸ (*belebt*) lively; **~er Verkehr** brisk traffic ❹ (*anschaulich*) vivid ❺ (*kräftig*) vivid II. *adv* ❶ (*anschaulich*) vividly ❷ (*sehr stark*) intensely

Lebhaftigkeit <-> *f kein pl* ❶ (*temperamentvolle Art*) liveliness, vivacity, vivaciousness ❷ (*Anschaulichkeit*) vividness

Lebkuchen *m* gingerbread

leblos *adj* (*geh*) lifeless

Lebtag *m* **jds ~ [lang]** (*fam*) for the rest of sb's days; ***daran würde sie sich ihr ~ erinnern*** she would remember that for the rest of her days; **jds ~ nicht** (*fam*) never, never in all sb's life; ***das hätte ich mein ~ nicht gedacht*** never in all my life would I have thought that **Lebzeiten** *pl* **zu jds** ~ (*Zeit*) in sb's day; (*Leben*) in sb's lifetime

lechzen *vi* (*geh*) ■**nach etw** *dat* ~ ❶ (*vor Durst verlangen*) to long for sth ❷ (*dringend verlangen*) to crave sth

Lecithin <-s> *nt kein pl s.* **Lezithin**

leck *adj* leaky

Leck <-[e]s, -s> *nt* leak

lecken[1] *vi* to leak

lecken[2] I. *vi* ■**[jdm an etw** *dat*] ~ to lick [sb's sth]; ■**an jdm/etw** ~ to lick sb/sth; ***willst du mal [an meinem Eis] ~?*** do you want a lick [of my ice cream]? II. *vt* (*mit der Zunge aufnehmen*) ■**etw [aus/von etw** *dat*] ~ to lick sth [out of/off [of] sth]; ***die Hündin***

L

leckte ihre Jungen the bitch licked her young; ■**sich** *akk* ~ to lick oneself; ■**sich** *dat* **etw** [**von etw** *dat*] ~ to lick [sth off] one's sth; ***sie leckte sich das Eis von der Hand*** she licked the ice-cream off her hand ▶ WENDUNGEN: **leck mich doch** [**mal**]**!**, **leckt mich doch** [**alle**] [**mal**]**!** (*derb*) go to hell! *pej*

lecker I. *adj* delicious, scrumptious, tasty; ■**etwas L~es** sth delicious II. *adv* deliciously, scrumptiously, tastily; ***den Braten hast du wirklich ~ zubereitet*** your roast is really delicious

Leckerbissen *m* delicacy, titbit

Leckerei <-, -en> *f* ❶ KOCHK *s.* **Leckerbissen** ❷ *kein pl* (*pej fam: das Lecken*) licking

Leckermaul *nt* (*fam*) ■**ein ~ sein** to be sweet-toothed, to have a sweet tooth; (*Feinschmecker*) to be a gourmet

leck|schlagen *vi irreg sein* to be holed; ■**leckgeschlagen** holed

Leder <-s, -> *nt* ❶ (*gegerbte Tierhaut*) leather; **zäh wie ~** tough as old boots *fam;* **etw** *akk* **in ~ binden** to bind sth in leather ❷ (*Ledertuch*) shammy *fam,* chamois, shammy [*or* chamois] leather ❸ (*fam: Fußball*) leather *fam,* football ▶ WENDUNGEN: **jdm ans ~ wollen/gehen** (*fam*) to have it in for sb/to lay into sb *fam;* [**gegen jdn/etw**] **vom ~ ziehen** (*fam*) to rant and rave [about sb/sth] *fam*

Lederband *m* ❶ <-bänder> (*ledernes Band*) leather strap ❷ <-bände> (*in Leder gebundenes Buch*) leather-bound book **Lederfett** *nt* dubbin *no pl, no art* **Ledergarnitur** *f* leather suite **Lederhose** *f* ❶ (*lederne Trachtenhose*) lederhosen *npl* ❷ (*Bundhose aus Leder*) leather trousers *npl* **Lederjacke** *f* leather jacket **Lederkombi** *f* SPORT leather overall[s *pl*]

ledern[1] *adj* ❶ (*aus Leder gefertigt*) leather ❷ (*zäh*) leathery

ledern[2] *vt* (*ab~*) ■**etw ~** to buff sth with a shammy [*or* chamois] leather

Ledernacken *pl* leathernecks *sl* **Lederschildkröte** *f* ZOOL leatherback [turtle] **Ledersofa** *nt* leather sofa [*or* settee] **Ledersohle** *f* MODE leather sole **Ledertuch** *nt* shammy [*or* chamois] leather, shammy *fam,* chamois **Lederwaren** *pl* leather goods

ledig *adj* ❶ (*unverheiratet*) single, unmarried ❷ (*frei* [*von etw*]) ■**einer S.** *gen* **~ sein** to be free of sth

Ledige(r) *f(m) dekl wie adj* single [*or* unmarried] person

lediglich *adv* (*geh*) merely, simply

Lee <-> *f kein pl* lee; **nach ~** leeward *no pl*

leer I. *adj* ❶ (*ohne Inhalt*) empty; **etw ~ machen** to empty sth ❷ (*menschenleer*) empty; **ein ~er Saal** an empty hall; ***das Haus steht schon lange ~*** the house has been empty for a long time ❸ (*nicht bedruckt*) blank; **etw ~ lassen** to leave sth blank ❹ (*ausdruckslos*) blank, vacant; ***seine Augen waren ~*** he had a vacant look in his eyes; **sich** *akk* **~ fühlen** to have an empty feeling, to feel empty inside; **~e Versprechungen/Worte** (*pej*) empty promises/words *pej* ▶ WENDUNGEN: **ins L~e** into thin air; **ins L~e gehen/laufen** to be to no avail, to come to nothing II. *adv* **den Teller ~ essen** to finish one's meal; **das Glas/die Tasse ~ trinken** to finish one's drink; **wie ~ gefegt sein** to be deserted; **~ laufen** to run dry; **~ stehend** empty, vacant ▶ WENDUNGEN: [**bei etw** *dat*] **~ ausgehen** to go away empty-handed; **jdn ~ laufen lassen** SPORT to sell sb a dummy, to send sb in the wrong direction

Leere <-> *f kein pl* emptiness *no pl;* **gähnende ~** a gaping void; (*leerer Raum*) vacuum

leeren I. *vt* ❶ (*entleeren*) ■**etw ~** to empty sth; ***sie leerte ihre Tasse nur halb*** she only drank half a cup ❷ DIAL, ÖSSTER (*aus~*) ■**etw in etw** *akk* **~** to empty sth into sth II. *vr* ■**sich** *akk* ~ to empty; ***der Saal leerte sich*** the hall emptied

Leerformel *f* (*pej geh*) empty phrase **Leergewicht** *nt* empty weight; **das ~ eines Fahrzeugs** the kerb [*or* AM curb] weight of a vehicle **Leergut** *nt kein pl* empties *pl fam* **Leerlauf** *m* ❶ (*Gangeinstellung*) neutral gear; **im ~** in neutral; ***jetzt in den ~ schalten!*** change into neutral now! ❷ (*unproduktive Phase*) unproductiveness *no pl* **Leerschlag** *m* TYPO hitting [of] the space-bar *no pl* **Leertaste** *f* space-bar

Leerung <-, -en> *f* emptying *no pl; Post* collection; **Briefkästen mit stündlicher ~** post boxes with hourly collections

Leerzeichen *nt* TYPO blank, blank space [*or* character] **Leerzeile** *f* TYPO blank line

Lefze <-, -n> *f meist pl* ZOOL lip

legal I. *adj* legal II. *adv* legally

legalisieren* *vt* ■**etw ~** to legalize sth

Legalität <-> *f kein pl* legality; [**etwas**] **außerhalb der ~** (*euph*) [slightly] outside the law

Legasthenie <-, -n> *f* dyslexia *no pl, no art*

Legastheniker(in) <-s, -> *m(f)* dyslexic

legasthenisch *adj* dyslexic

Legat[1] <-[e]s, -e> *nt* JUR legacy, bequest

Legat[2] <-en, -en> *m* REL legate

Legebatterie *f* (*pej*) laying battery

legen I. *vt* ❶ (*hin~*) ■**jdn/etw irgendwohin ~** to put sb/sth somewhere; ***man legte sie zu ihrem Mann ins Grab*** she was was laid to rest beside her husband; **sich ein Schal um den Hals ~** to wrap a scarf around one's neck; **seinen Arm um jdn ~** to put one's arm around sb; ***sie legte ihren Sohn an die Brust*** she breast-fed her son; ***sie haben sie auf die Intensivstation gelegt*** they've taken her to intensive care; ***legst du die Kleine schlafen?*** will you put the little one to bed?; **die Betonung auf ein Wort ~** to stress a word; ■**jdn ~** SPORT to bring down sb *sep* ❷ (*in Form bringen*) ■**etw ~** to fold sth; **ein Stück Stoff ~** to fold a piece of material; **die Stirn in Falten ~** to frown; **sich** *dat* **die Haare ~ lassen** to have one's hair set ❸ (*produzieren*) ■[**etw**] **~** to lay [sth]; **Eier ~** to lay eggs ❹ FOOD (*einlegen*) ■**etw in etw ~** to preserve sth in sth ❺ (*lagern*) **etw in den Kühlschrank ~** to put sth in the fridge; **etw beiseite ~** to put sth aside ❻ (*ver~*) **einen Teppich/Rohre/Kabel ~** to lay a carpet/pipes/cables; **Kartoffeln ~** to plant potatoes II. *vr* ❶ (*hin~*) ■**sich ~** to lie down; **sich ins Bett/in die Sonne/auf den Rücken ~** to go to bed/lay down in the sun/lie on one's back; ***„leg dich!"*** "lie!"; ***der Motorradfahrer legte sich in die Kurve*** the motorcyclist leaned into the bend ❷ (*sich niederlassen*) ■**sich auf etw** *akk* **~** to settle on sth; ***dichter Bodennebel legte sich auf die Straße*** thick fog formed in the street; (*schädigen*) to settle in sth; **sich auf die Nieren/Bronchien/Schleimhäute ~** to settle in one's kidneys/bronchial tubes/mucous membrane ❸ (*nachlassen*) ■**sich ~** *Aufregung, Empörung, Sturm, Begeisterung* to subside; *Nebel* to lift

legendär *adj* legendary

Legende <-, -n> *f* ❶ (*fromme Sage*) legend ❷ (*Lügenmärchen*) myth ❸ (*Erläuterung verwendeter Zeichen*) legend, key

leger [leˈʒeːɐ, leˈʒɛːɐ] I. *adj* ❶ (*bequem*) casual, loose-fitting ❷ (*ungezwungen*) casual II. *adv* ❶ (*bequem*) casually; ***sie zieht sich gerne ~ an*** she likes to dress casually ❷ (*lässig*) casually

Leggings [ˈlɛgɪŋs] *pl* leggings

legieren* *vt* ■**etw** [**mit etw** *dat*] **~** ❶ (*zu einer Legierung verbinden*) to alloy sth [and sth] ❷ (*verdicken*) to thicken sth [with sth]

Legierung <-, -en> *f* ❶ (*Mischung von Metallen*) alloy ② *kein pl* (*das Legieren*) alloying

Legion <-, -en> *f* ① HIST legion; **die ~** the legion of volunteers ② (*riesige Mengen*) **eine ~ von etw** *dat* legions of sth

Legionär <-s, -e> *m* legionary, legionnaire

Legionärskrankheit *f* legionnaires' disease

Legislative <-n, -n> [-'tiːvə] *f* legislature, legislative power

Legislaturperiode *f* legislative period

legitim *adj* (*geh*) legitimate

Legitimation <-, -en> *f* (*geh*) ① (*abstrakte Berechtigung*) authorization ② (*Ausweis*) permit, pass ③ JUR (*Ehelichkeitserklärung*) legitimation

legitimieren* I. *vt* (*geh*) ① (*berechtigen*) ■**jdn [zu etw** *dat*] **~** to authorize sb to do sth; **zu Kontrollen legitimiert sein** to be authorized to carry out checks; ■**[dazu] legitimiert sein, etw zu tun** to be authorized [*or* entitled] to do sth ② (*für gesetzmäßig erklären*) ■**[durch jdn/etw] legitimiert werden** to be legitimized [by sb/sth]; ■**etw ~** to legitimize sth ③ (*für ehelich erklären*) to legitimate; **ein Kind ~** to legitimate a child **II.** *vr* (*geh*) ■**sich** *akk* **[jdm gegenüber] [als jd/etw] ~** to identify oneself [to sb] [as sb/sth]

Legitimität <-> *f kein pl* (*geh*) legitimacy *no pl*

Lego® <-s, -s> *nt* Lego *no pl*

Legobaukasten® *m* Lego kit **Legostein®** *m* Lego brick

Leguan <-s, -e> *m* iguana

Lehen <-s, -> *nt* fief; **jdm etw zu ~ geben** to grant sb sth in fief

Lehm <-[e]s, -e> *m* clay

Lehmboden *m* clay soil **Lehmhütte** *f* clay hut

lehmig *adj* (*aus Lehm bestehend*) clay; (*voller Lehm*) clayey, claylike; **ein ~er Weg** a muddy path

Lehmziegel *m* clay brick

Lehne <-, -n> *f* ① (*Arm~*) armrest ② (*Rücken~*) back

lehnen I. *vt* (*an~*) ■**etw an/gegen etw** *akk* **~** to lean sth against sth **II.** *vi* (*schräg angelehnt sein*) ■**an etw** *dat* **~** to lean against sth **III.** *vr* (*sich beugen*) ■**sich** *akk* **an jdn/etw ~** to lean on sb/sth; ■**sich** *akk* **über etw** *akk* **~** to lean over sth; ■**sich** *akk* **gegen etw ~** to lean against sth; **sich** *akk* **aus dem Fenster ~** to lean out of the window

Lehnsherr(in) *m(f)* feudal lord **Lehnsmann** <-männer *o* -leute> *m* vassal

Lehnstuhl *m* armchair

Lehnübersetzung *f* loan translation, calque *spec* **Lehnwort** <-wörter> *nt* loan word

Lehramt *nt* (*geh*) ■**das ~** the post of teacher; (*Studiengang*) teacher-training course; **das höhere/öffentliche ~** the post of grammar school/state school teacher

Lehramtsanwärter(in) *m(f)* SCH, ADMIN trainee teacher (*newly qualified teacher waiting for his/her first permanent teaching post*) **Lehramtskandidat(in)** *m(f)* (*geh*) candidate for a teaching post **Lehramtsstudium** *nt* SCH, ADMIN teacher training

Lehrauftrag *m* teaching assignment; **einen ~ [für etw** *akk*] **haben** to have a teaching assignment [for sth] **Lehrbeauftragte(r)** *f(m)* *dekl wie adj* temporary lecturer **Lehrbefähigung** *f* teaching qualification **Lehrbehelf** *m* ÖSTERR (*Lehrmittel*) teaching aid **Lehrberuf** *m* teaching profession **Lehrbuch** *nt* textbook

Lehre[1] <-, -n> *f* ① ([*handwerkliche*] *Ausbildung*) apprenticeship, traineeship; **[bei jdm] in die ~ gehen** to serve one's apprenticeship [with [*or* under] sb], to be trained [by sb]; **bei jdm [noch] in die ~ gehen können** to be [still] able to learn a thing or two from sb; **jdn in die ~ nehmen** (*fig*) to bring up sb *sep* strictly; **eine ~ [als etw] machen** to serve an apprenticeship [*or* train] [as a/an sth] ② (*Erfahrung, aus der man lernt*) lesson; **jdm eine ~ sein** to teach sb a lesson; ***das soll dir eine ~ sein!*** let that be a lesson to you!; **sich** *dat* **etw eine ~ sein lassen** to let sth be a lesson to one; **jdm eine ~ erteilen** to teach sb a lesson; **sich** *dat* **etw eine ~ sein lassen** to learn from sth; **eine ~ aus etw ziehen** to learn a lesson from sth; (*Ratschlag*) [piece of] advice *no pl* ③ (*ideologisches System*) doctrine ④ (*Theorie*) theory

Lehre[2] <-, -n> *f* ga[u]ge

lehren *vt* ① (*unterrichten*) ■**etw ~** to teach sth; (*an der Uni*) to lecture in sth ② (*beispielhaft zeigen*) ■**jdn [etw** *akk*] **~** to teach sb [sth]; ***wer hat dich zeichnen gelehrt?*** who taught you to draw?; ***das lehrte ihn das Fürchten*** that put the fear of God into him!; ■**jdn ~, etw zu tun** to teach sb to do sth; ***das hat mich gelehrt, besser aufzupassen*** that taught me to pay more attention; ***ich werde dich ~, zu stehlen!*** (*iron*) I'll teach you to steal! *iron* ③ (*zeigen*) ■**jdn ~, dass ...** to teach [*or* show] sb that ...; ***die Erfahrung hat uns gelehrt, dass ...*** experience has taught [*or* shown] us that ...

Lehrer(in) <-s, -> *m(f)* ① (*an der Schule*) teacher; **~ am Gymnasium/an Grund- und Hauptschulen** grammar school/primary school/comprehensive school teacher; **jdn als ~ haben** to have sb as a teacher ② (*Lehrmeister*) teacher

Lehrerkollegium *nt* teaching staff + *sing/pl vb* **Lehrerkonferenz** *f* school staff meeting **Lehrermangel** *m* shortage of teachers

Lehrerschaft <-, *selten* -en> *f* (*geh*) teachers *pl*

Lehrerüberschuss[RR] *m* surplus of teachers **Lehrerzimmer** *nt* staffroom

Lehrfach *nt* subject **Lehrfilm** *m* educational film **Lehrgang** <-gänge> *m* course; **auf einem ~ sein, sich auf einem ~ befinden** to be on a course **Lehrgeld** *nt* (*Bezahlung einer Lehre*) apprenticeship fee ▶ WENDUNGEN: **sich** *dat* **sein ~ zurückgeben lassen** (*fam*) to obviously not have learnt a thing at school/college, etc.; **[für etw** *akk*] **~ zahlen [müssen]** to [have to] learn the hard way **Lehrherr** *m* (*veraltend*) master **Lehrjahr** *nt* (*Jahr einer Lehre*) year as an apprentice [*or* a trainee] ▶ WENDUNGEN: **~e sind keine Herrenjahre** (*prov*) an apprentice is not his own master **Lehrjunge** *m* (*veraltet*) *s.* **Auszubildender** **Lehrkörper** *m* teaching staff + *sing/pl vb* **Lehrkraft** *f* (*geh*) teacher

Lehrling <-s, -e> *m* (*veraltend*) *s.* **Auszubildende(r)**

Lehrmädchen *nt* (*veraltet*) *fem form von* **Auszubildende** **Lehrmeinung** *f* (*geh*) expert opinion **Lehrmeister(in)** *m(f)* teacher; KUNST (*Vorbild*) master **Lehrmittel** *nt* (*fachspr*) teaching aid **Lehrmittelfreiheit** *f kein pl* SCH free provision of teaching aids **Lehrobjekt** *nt* SCH teaching aid **Lehrplan** *m* syllabus **Lehrprobe** *f* assessed teaching practice *no pl;* **[in etw** *dat*] **eine ~ halten** to give an assessed lesson [in sth]

lehrreich *adj* instructive

Lehrsatz *m* theorem **Lehrstelle** *f* apprenticeship, traineeship **Lehrstoff** *m* (*fachspr*) syllabus [content] **Lehrstuhl** *m* (*geh*) chair **Lehrwerk** *nt* (*geh*) textbook **Lehrwerkstatt** *nt* training workshop **Lehrzeit** *f* (*veraltend*) *s.* **Lehre**[1] **1**

Leib <-[e]s, -er> *m* ① (*Körper*) body; **etw** *akk* **am eigenen ~e erfahren** [*o* **[ver]spüren**] [*o* **zu spüren bekommen**] to experience sth first hand; **am ganzen ~e zittern** [*o* **beben**] (*geh*) to shake [*or* quiver] all over, to be all in a quiver; **am ganzen ~e frieren** to be frozen all over [*or* from head to foot]; **bei lebendigem ~e** alive; **jdm [mit etw** *dat*] **vom ~e bleiben** (*fam*) not to bother sb [with sth]; **jdm jdn vom ~e**

halten to keep sb away from sb; **sich** *dat* **jdn vom ~e halten/schaffen** to keep sb at arm's length/get sb off one's back; **jdm etw vom ~e halten** (*fig*) to not bother sb with sth; **sich** *dat* **etw** *akk* **vom ~e halten** (*fig*) to avoid sth; **etw** *akk* **auf dem ~e tragen** (*geh*) to wear sth ② (*geh*) stomach ▶ WENDUNGEN: **der ~ des Herrn** the body of Christ; **mit ~ und Seele** whole-heartedly; ***sie ist mit ~ und Seele bei der Sache*** she is fully focused on the task; **jdm wie auf den ~ [zu]geschnitten sein** to suit sb down to the ground; **jdm wie auf den ~ geschrieben sein** to be tailor-made for sb; **einer S.** *dat* **zu ~e rücken** [*o* **gehen**] (*fam*) to tackle sth

Leibarzt, -ärztin *m, f* personal physician *form*

Leibchen <-s, -> *nt* ① ÖSTERR (*Herrenunterhemd*) vest ② (*veraltet: Mieder für Kinder*) bodice

leibeigen *adj* HIST adscript, enslaved

Leibeigene(r) *f(m) dekl wie adj* HIST serf

Leibeigenschaft <-> *f kein pl* HIST ■**die ~** serfdom

leiben *vi* ▶ WENDUNGEN: **wie jd leibt und lebt** through and through

Leibesfrucht *f* (*geh*) foetus BRIT, fetus AM **Leibeskraft** *f* **aus** [*o* **nach**] **Leibeskräften** with all one's might **Leibesübungen** *pl* (*veraltend*) physical education *no pl*, P.E. **Leibesvisitation** *f* (*geh*) body search; **sich** *akk* **einer ~** *gen* **unterziehen müssen** (*geh*) to have to undergo a body search; **jdn einer ~ unterziehen** [*o* **eine ~ bei jdm vornehmen**] (*geh*) to subject sb to a body search

Leibgarde *f* bodyguard **Leibgardist** <-en, -en> *m* [member of] the bodyguard **Leibgericht** *nt* favourite [*or* AM favorite] meal

leibhaftig I. *adj* ① (*echt*) ■**ein ~er/eine ~e ...** a real ...; ***ich habe einen ~en Wolf im Wald gesehen!*** I saw a real live wolf in the forest! ② (*verkörpert*) ■**der/die ~e ...** ... personified; ***sie ist die ~e Sanftmut*** she is gentleness personified ▶ WENDUNGEN: **der L~e** (*euph*) the devil incarnate II. *adv* in person *pred*

Leibkoch, -köchin *m, f* personal chef

leiblich *adj* ① (*körperlich*) physical ② (*blutsverwandt*) natural; **jds ~e Verwandten** sb's blood relations

Leibrente *f* life annuity **Leibspeise** *f s.* **Leibgericht** **Leibwache** *f* bodyguard *no pl* **Leibwächter(in)** *m(f)* bodyguard **Leibwäsche** *f* (*veraltend*) *s.* **Unterwäsche**

Leiche <-, -n> *f* (*toter Körper*) corpse; **aussehen wie eine wandelnde ~** (*fam*) to look deathly pale [*or* as white as a sheet] ▶ WENDUNGEN: **eine ~ im Keller haben** (*fam*) to have a skeleton in the closet; **über ~n gehen** (*pej fam*) to stop at nothing; **nur über meine ~!** (*fam*) over my dead body!

Leichenbeschauer(in) <-s, -> *m(f) doctor who carries out post-mortems* **Leichenbittermiene** *f kein pl* (*iron*) doleful expression [*or* look]; **mit ~** with a doleful expression [*or* look] **leichenblass**[RR] *adj* deathly pale **Leichenblässe** *f* deathly paleness *no pl* **Leichenfledderei** <-, -en> *f* stealing from the dead *no pl* **Leichenfledderer, -fledderin** <-s, -> *m, f* sb who steals from the dead **Leichenhalle** *f* mortuary **Leichenhaus** *nt* mortuary, morgue **Leichenschändung** *f* ① (*grober Unfug mit einer Leiche*) desecration of a corpse *no pl* ② (*sexuelle Handlungen an Leichen*) necrophilia, necrophilism *no pl, no art* **Leichenschauhaus** *nt* mortuary, *esp* AM morgue **Leichenschmaus** *m* wake **Leichenstarre** *f s.* **Totenstarre** **Leichenwagen** *m* ① (*Wagen, der Särge befördert*) hearse ② (*Kutsche, die Särge befördert*) funeral carriage **Leichenzug** *m* (*geh*) funeral procession

Leichnam <-s, -e> *m* (*geh*) corpse

leicht I. *adj* ① (*geringes Gewicht habend*) light; ■**jd/etw ist ... ~er [als jd/etw]** sb/sth is ... lighter [than sb/sth]; **~ wie eine Feder sein** to be as light as a feather ② (*eine dünne Konsistenz habend*) light ③ (*einfach*) easy, simple; **jdm ein Leichtes sein** (*geh*) to be easy for sb; **jdm ein Leichtes sein, etw zu tun** to be easy for sb to do sth; **nichts ~er als das!** no problem; *s. a.* **Hand** ④ METEO (*schwach*) light; **eine ~e Brandung** low surf; **ein ~er Donner** distant thunder; **eine ~e Strömung** a weak current; **~er Regen/Schneefall** light rain/a light fall of snow ⑤ (*sacht*) light, slight; **ein ~er Schlag** a gentle slap; ***er hat einen sehr ~en Akzent*** he has a very slight accent ⑥ (*nicht schlimm*) minor; **ein ~er Eingriff** a minor operation; **eine ~e Verbrennung** minor burns; *s. a.* **Schlaf** ⑦ (*nicht belastend*) light; **eine ~e Zigarette/ein ~er Tabak** a mild cigarette/tobacco; **eine ~e Nachspeise** a light dessert ⑧ (*einfach verständlich*) easy; **~e Lektüre** light reading; *s. a.* **Muse** ⑨ (*unbeschwert*) ■**jdm ist ~er** sb is [*or* feels] relieved, sb feels better; **jdm ist ~ zumute** [*o* **ums Herz**] [*o* **jd fühlt sich ~**] sb is light-hearted; **~en Herzens/Schrittes** with a light heart/sprightly step ⑩ (*nicht massiv*) lightweight; **~ gebaut** having a lightweight construction II. *adv* ① (*mit nicht schwerem Stoff*) lightly; **~ bekleidet** dressed in light clothing ② (*einfach*) easily; **sich ~ tun** to be easy to do; ***das ist ~er gesagt als getan*** that's easier said than done; **es [im Leben] ~ haben** to have it easy [in life], to have an easy time of it; **etw geht [ganz] ~** sth is [quite] easy; **es nicht ~ haben** to not have it easy, to have a hard time of it; **es nicht ~ mit jdm haben** to have one's work cut out with sb; **es jdm ~ machen** to make it easy for sb; **es sich** *dat* **~ machen** to make it easy for oneself; **es fällt jdm ~, etw zu tun** it's easy for sb to do sth; **etw fällt jdm ~** sth is easy for sb ③ METEO (*schwach*) lightly ④ (*nur wenig, etwas*) lightly; **etw ~ salzen** to salt sth lightly; **~ humpeln** to have a slight limp; **~ verärgert sein** to be slightly annoyed ⑤ (*schnell*) easily; ***das sagst du so ~!*** that's easy for you to say!; **etw ~ glauben** to believe sth readily; ***der Inhalt ist ~ zerbrechlich*** the contents are easy to break [*or* very delicate] ⑥ (*problemlos*) easily; **etw ~ schaffen/begreifen** to manage/grasp sth easily; *s. a.* **möglich** ⑦ (*unbeschwert*) **etw ~ nehmen** to take sth lightly ▶ WENDUNGEN: **~ reden haben** [*o* **können**] to be easy for sb to talk; ***du hast ja ~ reden*** it's easy [*or* all right] for you to talk

Leichtathlet(in) *m(f)* athlete BRIT, track and field athlete AM

Leichtathletik *f* athletics BRIT + *sing vb, no art*, track and field AM + *sing vb, no art*

Leichtathletin *f fem form von* **Leichtathlet**

leichtathletisch I. *adj* athletic[s] BRIT, track and field AM; **ein ~er Wettbewerb** an athletics [*or* AM a track and field] competition II. *adv* **sich** *akk* **~ betätigen** to do athletics [*or* AM track and field [events]]

Leichtbauweise *f* lightweight construction; **in ~** made of lightweight materials; **ein in ~ errichtetes Haus** a house constructed using lightweight materials

Leichte <-s, -> *m* NORDD lighter **leichtfertig** I. *adj* thoughtless II. *adv* thoughtlessly **Leichtfertigkeit** *f kein pl* thoughtlessness *no pl, no indef art* **Leichtfuß** *m* (*hum fam*) careless person **Leichtgewicht** *nt* ① *kein pl* (*Gewichtsklasse*) lightweight category ② (*Sportler*) lightweight ③ (*bedeutungsloser Mensch*) lightweight **Leichtgewichtler(in)** <-s, -> *m(f) s.* **Leichtgewicht 2** **leichtgläubig** *adj* gullible **Leichtgläubigkeit** *f kein pl* gullibility *no pl, no indef art*

Leichtheit <-> *f kein pl* ① (*geringes Gewicht*) lightness *no pl, no indef art* ② (*selten*) *s.* **Leichtigkeit**

1

leichthin *adv* ① (*ohne langes Nachdenken*) unthinkingly, lightly ② (*so nebenbei*) easily

Leichtigkeit <-> *f* ① *kein pl* (*Einfachkeit*) simplicity *no pl, no indef art;* **mit ~** effortlessly, easily ② (*Leichtheit*) lightness *no pl, no indef art*

leichtlebig *adj* happy-go-lucky **Leichtlohngruppe** *f* low wage group **Leichtmatrose** *m* ordinary seaman **Leichtmetall** *nt* light metal **Leichtöl** *nt* light [crude] oil, light crude

Leichtsinn *m kein pl* carelessness *no pl, no indef art,* imprudence *no pl, no indef art form;* **in jds jugendlichem ~** (*fam*) in sb's naivety; **aus [purem] ~** out of [pure] imprudence; **so [*o* was für] ein ~!** how imprudent!

leichtsinnig I. *adj* careless, imprudent *form;* **so ~ sein, etw zu tun** to be as careless/imprudent as to do sth; **~ [von jdm] sein, etw zu tun** to be careless/imprudent [of sb] to do sth II. *adv* carelessly, imprudently *form*

Leichtsinnigkeit <-> *f kein pl s.* **Leichtsinn**

Leichtverletzte(r) *f(m) dekl wie adj* slightly injured person, person with a minor injury **Leichtverwundete(r)** *f(m) dekl wie adj* slightly wounded soldier

Leichtwasserreaktor *m* light water reactor

leid *adj pred* ① (*etw bedauern*) **jdm tut etw ~** sb is sorry about sth; **es tut jdm ~, dass ...** sb is sorry that ...; ***es tut mir/uns ~, aber ...*** I'm/we're sorry, but ...; **tut mir ~!** [I'm] sorry!; **etw wird jdm noch ~ tun** sb will be sorry [*or* regret sth] ② (*bedauern*) **jd tut jdm ~** sb feels sorry for sb; ***der kann einem ~ tun*** (*iron*) you can't help feeling sorry for him; **es tut jdm ~ um jdn/ein Tier** sb feels sorry for sb/an animal ③ (*überdrüssig*) **jdn/etw ~ sein/werden** to have had enough of/grown tired of sb/sth; **es ~ sein, etw tun zu müssen** to have had enough [*or* be tired] of having to do sth

Leid <-[e]s> *nt kein pl* distress, sorrow; **jdm sein ~ klagen** to tell sb one's troubles ▶ WENDUNGEN: **geteiltes ~ ist halbes ~** (*prov*) a sorrow shared is a sorrow halved *prov*

Leideform *f* passive

leiden <litt, gelitten> I. *vi* ① (*Schmerzen ertragen*) to suffer ② (*an einem Leiden erkrankt sein*) ■ **an etw** *dat* **~** to suffer from sth ③ (*seelischen Schmerz empfinden*) to suffer; ■ **unter jdm ~** to suffer because of sb; ■ **unter etw** *dat* **~** to suffer from sth; ■ **darunter ~, dass ...** to suffer as a result of ... ④ (*in Mitleidenschaft gezogen werden*) *Beziehung, Gesundheit* to suffer; *Möbelstück, Stoff* to get damaged; *Farbe* to fade II. *vt* ① (*erdulden*) ■ **etw ~** to suffer [*or* endure] sth ② (*geh: nicht dulden*) ■ **etw nicht ~** not to tolerate sth; ■ **jd wird es nicht ~, dass jd etw tut** sb will not tolerate sb's doing sth ▶ WENDUNGEN: **jdn/etw [gut]/nicht [gut] ~ können** [*o* **mögen**] to like/not like sb/sth; *s. a.* **wohl**

Leiden[1] <-s, -> *nt* ① (*chronische Krankheit*) complaint, ailment ② *pl* (*leidvolle Erlebnisse*) suffering *no pl, no indef art* ▶ WENDUNGEN: **aussehen wie das ~ Christi** (*fam*) to look like hell *fam*

Leiden[2] <-s> *nt* Leiden, Leyden

leidend *adj* ① (*geplagt*) pitiful, mournful ② (*geh: chronisch krank*) ■ **~ sein** to be ill

Leidenschaft <-, -en> *f* ① (*Emotion*) emotion ② (*intensive Vorliebe*) ■ **eine/jds ~ für jdn/etw** a/sb's passion for sb/sth; **jd ist etw aus ~** sb is passionate about being sth; ***ich bin Briefmarkensammler aus ~*** I'm a passionate stamp collector; **mit [großer/wahrer] ~** passionately ③ *kein pl* (*starke Zuneigung*) passion; ***sie spürte seine ~*** she felt his passion

leidenschaftlich I. *adj* ① (*feurig*) passionate ② (*begeistert*) passionate ③ (*emotional*) passionate, emotional II. *adv* ① (*feurig*) passionately ② (*sehr intensiv*) passionately ③ (*besonders*) ■ **etw ~ gern tun** to be passionate about sth; ***ich esse ~ gern Himbeereis*** I adore raspberry ice-cream

Leidenschaftlichkeit <-> *f kein pl* ① (*Feurigkeit*) passion ② (*große innere Anteilnahme*) emotion

leidenschaftslos I. *adj* dispassionate II. *adv* dispassionately

Leidensdruck *m kein pl* psychological stress **Leidensgefährte, -gefährtin** *m, f,* **Leidensgenosse, -genossin** *m, f* fellow-sufferer **Leidensgeschichte** *f* story of suffering; **die ~ [Christi]** the Passion [of Christ] **Leidensmiene** *f* dejected expression; **mit ~** with a dejected expression **Leidensweg** *m* (*geh*) period of suffering; **der ~ Christi** Christ's way of the Cross

leider *adv* unfortunately; **~ ja!** unfortunately yes; **~ nein!** [*o* **nicht**] no, unfortunately, unfortunately not; ***das kann ich dir ~ nicht sagen*** unfortunately, I can't help you there; ***ich habe das ~ vergessen*** I'm sorry, I forgot about it; ***das ist ~ so*** that's just the way it is

leidig *adj attr* (*pej*) tedious, irksome; ***immmer das ~e Geld!*** it always comes down to money!

leidlich I. *adj attr* reasonable, fair, passable II. *adv* more or less; **~ davonkommen** to get away more or less unscathed; ***„wie geht's?" „danke, ~!"*** (*fam*) "how are you?" "so, so" *fam*

Leidtragende(r) *f(m) dekl wie adj,* **Leid Tragende(r)** *f(m) dekl wie adj* ① (*Betroffene*) ■ **der/die ~** the one to suffer ② (*selten: Hinterbliebende eines Verstorbenen*) bereaved

leidvoll *adj* (*geh*) sorrowful *liter* **Leidwesen** *nt kein pl* ■ **zu jds ~** much to sb's regret

Leier <-, -n> *f* ① MUS lyre ② (*Kithara*) cithara ③ (*Sternbild*) ■ **die ~** Lyra ▶ WENDUNGEN: **[es ist] [immer] dieselbe** [*o* **die alte**] [*o* **die gleiche**] **~** (*pej fam*) [it's] [always] the same old story

Leierkasten *m* (*fam*) *s.* **Drehorgel**

Leierkastenmann, -frau <-männer> *m, f* (*fam*) *s.* **Drehorgelspieler**

Leiharbeit *f kein pl* subcontracted employment *no pl* **Leiharbeiter(in)** *m(f)* subcontracted worker **Leihbücherei** *f* lending library

leihen <lieh, geliehen> *vt* ① (*aus~*) ■ **jdm etw ~** to lend sb sth; ■ **geliehen** borrowed ② (*borgen*) ■ **sich** *dat* **etw** *akk* **[von jdm] ~** to borrow sth [from sb]

Leihgabe *f* loan **Leihgebühr** *f* hire charge BRIT, rental fee AM; (*Buch*) lending fee **Leihhaus** *nt* pawn shop, pawnbroker's **Leihmutter** *f* surrogate mother **Leihschein** *m* ① (*Formular für entliehenes Buch*) lending form ② (*Pfandquittung*) pawn ticket **Leihstimme** *f* (*fam*) floating voter's vote **Leihwagen** *m* hire [*or* AM rental] car

leihweise *adv* on loan; ■ **jdm etw** *akk* **~ überlassen** (*geh*) to give sb sth on loan

Leim <-[e]s, -e> *m* (*zäher Klebstoff*) glue, adhesive ▶ WENDUNGEN: **jdn auf den ~ führen** to take sb in; **jdm auf den ~ gehen** [*o* **kriechen**] (*fam*) to fall for sb's tricks; **aus dem ~ gehen** (*fam*) to fall apart

leimen *vt* ① (*mit Leim zusammenfügen*) ■ **etw ~** to glue sth together ② (*fam: hereinlegen*) ■ **jdn ~** to con sb, to take sb for a ride; **der/die Geleimte** the dupe

Leimkraut *nt* BOT campion, catchfly

Lein <-[e]s, -e> *m* flax

Leine <-, -n> *f* ① (*dünnes Seil*) rope ② (*Wäsche~*) [washing [*or* AM laundry]] line; **etw** *akk* **auf die ~ hängen** to hang sth on the line; **etw** *akk* **von der ~ nehmen** to take sth off the line ③ (*Hunde~*) lead, leash; **ein Tier an die ~ nehmen** to put an animal on a lead; **ein Tier an der ~ führen** to keep an animal on a lead; **jdn an die ~ legen** (*fig*) to get sb under one's thumb *fig;* **jdn an der ~ halten** (*fig*) to keep a tight rein on sb *fig* ▸ WENDUNGEN: ~ **ziehen** (*sl*) to scarper BRIT, to beat it AM; ***zieh ~!*** (*sl*) take a hike! *fam,* BRIT *a.* piss off! *fam!*

leinen *adj* linen

Leinen <-s, -> *nt* linen; **aus ~** made of linen; **in ~** linen-bound

Leinenband <-bände> *m* linen-bound volume **Leinenbeutel** *m* linen bag **Leinenjacke** *f* linen jacket **Leinentasche** *f* linen bag **Leinenweber(in)** *m(f)* linen weaver

Leinkraut *nt* BOT toadflax **Leinöl** *nt* linseed oil **Leinsamen** *m* linseed

Leintuch <-tücher> *nt* SÜDD, ÖSTERR, SCHWEIZ (*Laken*) sheet **Leinwand** *f* ❶ (*Projektionswand*) screen ❷ *kein pl* (*Gewebe aus Flachsfasern*) canvas ❸ (*Gewebestück für Gemälde*) canvas

Leipzig <-s> *nt* Leipzig

leise **I.** *adj* ❶ (*nicht laut*) quiet; **etw ~ stellen** to turn down sth *sep* ❷ (*gering*) slight; ***es fiel ~r Regen*** it was raining slightly; **eine ~ Ahnung/ein ~r Verdacht** a vague idea/suspicion; **nicht im L~sten** not at all **II.** *adv* ❶ (*nicht laut*) quietly ❷ (*kaum merklich*) slightly; ***der Regen fiel ~*** it was raining gently

Leiste <-, -n> *f* ❶ (*schmale Latte*) strip; **eine ~ aus etw** *dat* a strip of sth ❷ (*Übergang zum Oberschenkel*) groin

leisten **I.** *vt* ❶ (*an Arbeitsleistung erbringen*) **ganze Arbeit ~** to do a good job; **viel/nicht viel ~** to get/not get a lot done, to be/not be very productive; ***für heute haben wir genug geleistet*** we've done enough for today; ***ich habe heute nicht viel geleistet*** I haven't been very productive today; ***ich hatte gehofft, sie würde mehr ~*** I had hoped she would do a better job; **etw Anerkennenswertes/Bewundernswertes/Besonderes/ Erstaunliches ~** to accomplish sth commendable/admirable/special/amazing ❷ TECH, PHYS (*an Energie erbringen*) ■**etw ~** to produce sth, to generate sth ❸ *Funktionsverb* **Hilfe ~** to render assistance *form;* **eine Anzahlung ~** to make a down payment; **gute Dienste ~** to serve sb well; **Gehorsam/Widerstand ~** to obey/offer resistance; **Zivildienst/Wehrdienst ~** to do one's community/military service; **einen Eid ~** to swear an oath; **eine Unterschrift ~** to sign sth **II.** *vr* ❶ (*sich gönnen*) ■**sich** *dat* **etw ~** to treat oneself to sth ❷ (*sich herausnehmen*) ■**sich** *dat* **etw ~** to permit oneself sth; ***wenn Sie sich noch einmal nur das geringste Zuspätkommen ~, …*** if you dare to be late again …; ***da hast du dir ja was geleistet!*** you've really outdone yourself [this time]!; (*tragen können*) to carry sth off; ***tolles Kleid — sie kann es sich ~, bei der Figur!*** great dress — she can certainly carry it off with a figure like that! ❸ (*finanziell in der Lage sein*) ■**sich** *dat* **etw/jdn ~** to allow oneself the luxury of sth/sb; ***heute leiste ich mir mal ein richtig gutes Essen*** I'll treat myself today to a really good meal; **sich** *dat* **etw/jdn ~ können** to be able to afford sth/sb; **es sich** *dat* **~ können, etw zu tun** to be able to afford to do sth

Leisten <-s, -> *m* (*Schuh~*) last ▸ WENDUNGEN: **alles über einen ~ schlagen** (*fam*) to measure everything by the same yardstick

Leistenbruch *m* hernia **Leistengegend** *f* groin, inguinal region *spec*

Leistung <-, -en> *f* ❶ *kein pl* (*das Leisten 1*) performance; **nach ~** performance-based, based on performance *pred* ❷ (*geleistetes Ergebnis*) accomplishment; **eine hervorragende/sportliche ~** an outstanding piece of work/athletic achievement; **schulische ~en** results [*or* performance] at school; ***ihre ~en lassen zu wünschen übrig*** her work leaves a lot to be desired; **reife ~!** (*fam*) not bad! *fam* ❸ TECH, PHYS power; (*Produktivität*) *Fabrik* output, production capacity ❹ FIN (*Entrichtung*) payment; **soziale ~en** fringe benefits; ***sie bezieht seit Jahren staatliche ~en*** she has been receving state benefits for years ❺ (*Dienst~*) service

Leistungsabfall *m* reduction in productivity **Leistungsbaustein** *m* element of performance **Leistungsbereitschaft** *f kein pl* commitment **leistungsbezogen** *adj inv* performance-orientated [*or* AM -oriented] **Leistungsbilanz** *f* balance of [current] transactions [*or* goods and services] [*or* payments on current account] **Leistungsdruck** *m kein pl* pressure to perform **leistungsfähig** *adj* ❶ (*zu hoher Arbeitsleistung fähig*) efficient ❷ (*zu hoher Produktionsleistung fähig*) productive ❸ (*zur Abgabe großer Energie fähig*) powerful ❹ FIN competitive **Leistungsfähigkeit** *f kein pl* ❶ (*Arbeitsleistung*) performance ❷ (*Produktionsleistung*) productivity ❸ (*Abgabe von Energie*) power ❹ FIN competitiveness **Leistungsgesellschaft** *f* SOZIOL meritocracy, achievement-orientated society **Leistungskontrolle** *f* productivity [*or* efficiency] [*or* performance] check; ***Klassenarbeiten dienen der ~*** [written] schoolwork are a form of performance assessment; **zur ~** [in order] to check productivity [*or* efficiency] [*or* to assess performance] **Leistungskraft** *f kein pl* capability *usu pl;* **jds berufliche/schulische ~** sb's performance at work/in school **Leistungskurs** *m* SCH advanced course (*course which seeks to impart additional knowledge to a basic course using a style similar to university teaching*) **Leistungsminderung** *f* reduction in payments **Leistungsnachweis** *m* SCH evidence of academic achievement **leistungsorientiert** [-oriɛntiːɐt] *adj* performance-orientated [*or* AM -oriented] **Leistungsprinzip** *nt kein pl* performance [*or* achievement] principle **Leistungsprüfung** *f* ❶ SCH achievement test ❷ SPORT trial ❸ AGR, TECH performance test **leistungsschwach** *adj* weak; **eine ~e Maschine/ein ~er Motor** a low-performance [*or* -power] machine/engine **Leistungssport** *m* competitive sport *no art* **leistungsstark** *adj* ❶ (*große Produktionskapazität besitzend*) [highly-]efficient [*or* productive] *attr,* [highly] efficient [*or* productive] *pred* ❷ AUTO, ELEK, TECH [very] powerful; **ein ~er Motor** a high-performance [*or* [very] powerful] engine **Leistungssteigerung** *f* increase in performance **Leistungsträger(in)** *m(f)* SPORT, ÖKON go-to guy *fam* **Leistungsvermögen** *nt kein pl* capability *usu pl*

Leitartikel *m* MEDIA leading article, leader, editorial **Leitartikler(in)** <-s, -> *m(f)* MEDIA leader-[*or* editorial-]writer **Leitbild** *nt* [role] model **Leitbündel** *nt* BOT vascular bundle

leiten **I.** *vt* ❶ (*verantwortlich sein*) ■**etw ~** to run [*or* be in charge of] sth; **eine Abteilung ~** to be head of [*or* run] a department; **eine Firma ~** to run [*or* manage] a company; **ein Labor/eine Redaktion ~** to be head [*or* in charge] of a laboratory/an editorial office; **eine Schule ~** to be head [*or* headmaster] [*or* head teacher] of [*or* at] a school ❷ (*den Vorsitz führen*) ■**etw ~** to lead [*or* head] sth; **eine Sitzung ~** to chair a meeting ❸ TECH (*transportieren, strömen lassen*) ■**etw ~** to conduct sth; ***das Erdöl wird in Pipelines quer durchs Land geleitet*** the oil is piped across country ❹ TRANSP (*lenken*) ■**etw wohin ~** to route [*or* divert] sth somewhere; ***der Zug wurde auf ein Nebengleis geleitet*** the train was diverted to a siding ❺ (*führen*) ■**jdn [wohin] ~** to lead [*or* guide] sb [somewhere]; ■**sich** *akk* **durch etw** *akk* **~ lassen** to [let oneself] be guided by sth; ■**sich** *akk* **von etw**

dat ~ **lassen** to [let oneself] be governed by sth **II.** *vi* PHYS to conduct; **gut/schlecht** ~ to be a good/bad conductor
leitend I. *adj* ① (*führend*) leading ② (*in hoher Position*) managerial; **~er Angestellter** executive; **~er Redakteur** editor-in-chief ③ PHYS conductive **II.** *adv* ~ **tätig sein** to hold a managerial position
Leiter¹ <-, -n> *f* ① (*Sprossen~*) ladder ② (*Steh~*) step-ladder
Leiter² <-s, -> *m* PHYS conductor
Leiter(in) <-s, -> *m(f)* ① (*leitend Tätiger*) head; ~ **einer Firma/eines Geschäfts sein** to be [the] manager [*or fam* boss] [*or* [at the] head] of a company/business, to head a company/business; ~ **einer Schule** head[master] [of a school], head teacher [at a school]; **kaufmännischer/technischer** ~ commercial manager [*or* sales director]/technical director ② (*Sprecher*) leader, head; ~ **einer Delegation** head of a delegation; ~ **einer Diskussion/Gesprächsrunde** person chairing a discussion/round of talks
Leiterplatte *f* ELEK, INFORM printed circuit board
Leitersprosse *f* rung [of a/the ladder], step [on a/the ladder] **Leiterstück** *nt* **abgedecktes** ~ KOCHK toprib, thick ribs *pl* **Leiterwagen** *m* AGR [hand]cart
Leitfaden *m* MEDIA manual, [introductory] guide, introduction, compendium
leitfähig *adj* PHYS conductive
Leitfähigkeit *f* PHYS conductivity
Leitgedanke *m* central idea [*or* theme] **Leithammel** *m* (*fam*) bellwether *fig* **Leitmotiv** *nt* ① (*Grundgedanke*) central [*or* dominant] theme ② MUS, LITER leitmotif, leitmotiv **Leitplanke** *f* crash barrier **Leitsatz** *m* guiding principle **Leittier** *nt* ZOOL leader [of a/the herd]
Leitung <-, -en> *f* ① *kein pl* (*Führung*) management, leadership; ***sie wurde mit der ~ der Abteilung betraut*** she was put in charge of the department; ▪ **die** ~ **einer S. übernehmen** to take over the leadership of sth; (*Vorsitz*) chairing; **die** ~ **einer Sitzung/Diskussion haben** to chair a meeting/discussion; ▪ **unter der** ~ **von jdm** MUS [to be] conducted by sb ② (*leitendes Gremium*) management ③ TECH (*Rohr*) pipe ④ ELEK (*Kabel*) cable ⑤ TELEK line; ***die ~ ist gestört*** it's a bad line; **in der** ~ **sein** (*fam*) to be on the line ▶ WENDUNGEN: **eine lange** ~ **haben** (*hum fam*) to be slow on the uptake; **auf der** ~ **stehen** (*fam*) to be slow to catch on *fam*
Leitungsdraht *m* ELEK [electric [*or* conducting]] wire **Leitungsmast** *m* ELEK [electricity] pylon **Leitungsnetz** *nt* ① (*System von Stromkabeln, Rohrleitungen*) system of mains, supply network, mains *npl* BRIT ② (*System von Telefonkabeln*) [telephone] network **Leitungsrohr** *nt* pipe **Leitungswasser** *nt* tap water
Leitwährung *f* FIN leading [*or* key] currency **Leitwerk** *nt* LUFT tail unit, tailplane; *einer Rakete* control surfaces *pl* **Leitwolf** *m* (*fig*) leader **Leitzins** *m* FIN [central bank] discount rate, prime rate
Lektion <-, -en> *f* ① SCH (*Kapitel*) chapter; (*Stunde*) lesson ② (*geh: Lehre*) lesson; **jdm eine** ~ **erteilen** to teach sb a lesson
Lektor, -torin <-s, -toren> *m, f* ① (*in einem Verlag*) editor ② (*an der Universität*) foreign language assistant
Lektorat <-[e]s, -e> *nt* ① (*Verlagsabteilung*) editorial office ② (*Lehrauftrag*) post as [a] foreign language assistant
Lektorin <-, -nen> *f fem form von* **Lektor**
Lektüre <-, -n> *f* ① *kein pl* (*das Lesen*) reading *no pl, no indef art;* ***dieses Buch wird zur ~ sehr empfohlen*** this book is recommended as a [very] good read ② (*Lesestoff*) reading matter *no pl, no indef art*
Lemma <-s, -ta> *nt* LING lemma, headword
Lemming <-s, -e> *m* ZOOL lemming; **wie die ~e** like lemmings
Lemure <-n, -n> *m* ZOOL lemur
Lende <-, -n> *f* ① ANAT loin ② KOCHK loin, sirloin
Lendenbraten *m* KOCHK roast loin **Lendenschnitte** *f* KOCHK filet steak **Lendenschurz** *m* loincloth **Lendenstück** *nt* KOCHK piece of loin, tenderloin **Lendenwirbel** *m* ANAT lumbar vertebra
Lengfisch *m* ZOOL, KOCHK ling, buffalo cod
lenkbar *adj* steerable; **gut** ~ **sein** [*o* **leicht**] to be easy to steer
lenken I. *vt* ① (*steuern*) ▪ **etw** ~ to steer sth; ***so, jetzt lenke das Auto nach rechts*** right, now turn [the car] off to the right ② (*dirigieren*) ▪ **jdn** ~ to direct [*or* guide] sb ③ (*beeinflussen*) ▪ **jdn/etw** ~ to control sb/sth; **die staatlich gelenkte Presse** the state-controlled press ④ (*geh: wenden*) ▪ **etw wohin** ~ to direct sth somewhere; **seinen Blick auf jdn/etw** ~ to turn one's gaze on sb/sth ⑤ (*richten*) ▪ **etw auf etw** *akk* ~ to direct sth to sth; **jds Aufmerksamkeit auf etw lenken** to draw sb's attention to sth; ***geschickt lenkte sie das Gespräch/die Unterhaltung auf ein weniger heikles Thema*** she cleverly steered the conversation round to a less controversial subject **II.** *vi* to drive ▶ WENDUNGEN: **der Mensch denkt, Gott lenkt** (*prov*) man proposes, God disposes *prov*
Lenker <-s, -> *m* handlebars *pl*
Lenker(in) <-s, -> *m(f)* (*geh*) driver
Lenkkonsole *f* AUTO steering wheel console
Lenkrad *nt* steering-wheel; **jdm ins** ~ **greifen** to grab the steering-wheel from sb
Lenkradschaltung *f* AUTO steering-column [gear]change [*or* AM gearshift] **Lenkradschloss**^RR *nt* steering[-wheel] lock **Lenkradsperre** *f* steering lock
Lenkstange *f* (*geh*) handlebars *pl*
Lenkung <-, -en> *f* ① AUTO steering *no pl, no indef art* ② *kein pl* (*Beeinflussung*) controlling *no pl, no indef art*
Lenz <-es, -e> *m* ① (*liter: Frühling*) spring[time], springtide *poet* ② *pl* (*hum: Lebensjahre*) years *pl*, summers *pl poet* ▶ WENDUNGEN: **sich** *dat* **einen faulen** [*o* **lauen**] [*o* **schönen**] ~ **machen** (*fam*) to take it easy, BRIT *a.* to swing the lead *sl*
lenzen *vt* NAUT ▪ **etw** ~ to pump out sth *sep*
Lenzpumpe *f* NAUT bilge-pump
Leopard <-en, -en> *m* ZOOL leopard
Lepra <-> *f kein pl* MED leprosy *no pl, no art*
lepros, leprös *adj* MED leprous; ▪ **L~e[r]** leper
Lerche <-, -n> *f* ORN lark
lernbar *adj* learnable; **leicht/schwer** ~ easy/difficult to learn
lernbegierig *adj* eager to learn *pred* **lernbehindert** *adj* with learning difficulties [*or* special needs] *pred;* ▪ ~ **sein** to have learning difficulties [*or* special needs] **Lerneifer** *m* eagerness to learn **lerneifrig** *adj* eager to learn *pred*
lernen I. *vt* ① (*sich als Kenntnis aneignen*) ▪ **etw [bei/von jdm]** ~ to learn sth [from sb]; ▪ **etw zu tun** ~ to learn [how] to do sth; **von jdm noch [etwas]** ~ **können** to be able to learn a thing or two from sb; ***von ihr können wir alle noch etwas*** ~ we could all learn a thing or two from her, she could teach us all a thing or two; **jd lernt's nie** [*o* **wird es nie** ~] sb'll never learn; ***manche lernen's eben nie!*** some people will never learn! ② (*im Gedächtnis speichern*) ▪ **etw** ~ to learn sth [by heart] ③ (*fam: eine Ausbildung machen*) ▪ **etw** ~ to train as [*or* to be] sth, to learn the trade of sth; ***ich habe Kfz-Mechaniker gelernt*** I trained as a car mechanic; ***was haben Sie***

denn gelernt? which trade did you learn?; *s. a.* **gelernt** ▶ WENDUNGEN: **gelernt ist [eben] gelernt** once learned, never forgotten; **etw will gelernt sein** sth takes [a lot of] practice [*or* has to be learned] **II.** *vi* ❶ (*Kenntnisse erwerben*) ■ **[für etw]** ~ to study [*or* work] [for sth]; **exemplarisches L~** learning by example ❷ (*beim Lernen unterstützen*) ■ **mit jdm** ~ to help sb with their [school]work ❸ (*eine Ausbildung machen*) ■ **[bei jdm]** ~ to train [at sb's], to be apprenticed to sb; ***er hat bei verschiedenen Firmen gelernt*** he's been an apprentice with several companies; ***sie lernt noch*** she's still an apprentice

Lerner(in) <-s, -> *m(f)* LING learner

Lernerwörterbuch *nt* SCH, VERLAG learner's dictionary

lernfähig *adj* ■ ~ **sein** to be capable of learning [*or* able to learn] **Lernfähigkeit** *f kein pl* PSYCH, SOZIOL, SCH learning ability **Lernfahrausweis** *m* SCHWEIZ (*Führerschein für Fahrschüler*) provisional [driving] licence [*or* AM -se] **Lernmittel** *nt meist pl* SCH learning aid **Lernmittelfreiheit** *f kein pl* SCH free provision of learning aids (*schoolbooks and equipment*) **Lernprogramm** *nt* INFORM learning program **Lernprozess**[RR] *m* learning process **Lernschwester** *f* student nurse **Lernsoftware** *f* INFORM, SCH educational software **Lernziel** *nt* SCH [educational] goal [*or* aim]

Lesart *f* ❶ (*Variante*) version ❷ (*abweichende Darstellung*) version

lesbar *adj* ❶ (*~e Handschrift*) legible ❷ (*verständlich*) clear, comprehensible

Lesbe <-, -n> *f* (*fam*), **Lesbierin** <-, -nen> *f* lesbian, dyke *pej sl*

lesbisch **I.** *adj* lesbian; ■ ~ **sein** to be a lesbian **II.** *adv* ~ **veranlagt sein** to have lesbian tendencies

Lese <-, -n> *f* AGR harvest

Lesebrille *f* reading-glasses *npl* **Lesebuch** *nt* SCH reader **Leseecke** *f* reading corner **Lesegerät** *nt* INFORM reader **Lesekopf** *m* INFORM read[ing] head **Leselampe** *f* ❶ (*Schreibtischlampe*) reading lamp ❷ (*Klemmleuchte*) [clip-on] reading lamp

lesen[1] <liest, las, gelesen> **I.** *vt* ❶ (*durch~*) ■ **etw** ~ to read sth; *s. a.* **Korrektur, Messe, Noten** ❷ (*korrigieren*) ■ **etw** ~ to proofread [*or* read through [and correct]] sth ❸ (*leserlich sein*) **einfach/kaum/nicht/schwer zu ~ sein** to be easy/almost impossible/impossible/difficult to read ❹ INFORM ■ **etw [in etw** *akk*] ~ to read sth [into sth] ❺ (*entnehmen*) ■ **etw aus etw** *dat* ~ to see sth in sth; *s. a.* **Gedanken II.** *vi* ❶ (*als Lektüre*) to read; ■ **an etw** *dat* ~ to read sth; ■ **[das] L~** reading ❷ SCH (*eine Vorlesung halten*) ■ **über jdn/etw** ~ to lecture on sb/sth **III.** *vr* **etw liest sich leicht** sth is easy to read [*or* easy-going]; **etw liest sich nicht leicht** sth is quite difficult to read [*or* heavy-going]

lesen[2] <liest, las, gelesen> *vt* ❶ (*sammeln*) ■ **etw** ~ to pick sth; **Ähren** ~ to glean [[ears of] corn] ❷ (*auf~*) ■ **etw von etw** *dat* ~ to pick sth off sth; **etw vom Boden** ~ to pick sth up *sep* off [*or* from] the floor

lesenswert *adj* worth reading *pred;* **ein ~es Buch** a book [which [*or* that] is] worth reading, a good read *fam*

Leser(in) <-s, -> *m(f)* reader

Leseratte *f* (*hum fam*) bookworm

Leserbrief *m* reader's letter; **‚~e'** 'letters to the editor'

Leserin <-, -nen> *f fem form von* **Leser**

leserlich *adj* legible; **gut/kaum/schwer ~ sein** to be easy/almost impossible/difficult to read

Leserlichkeit <-> *f kein pl* legibility *no pl, no indef art*

Leserschaft <-, *selten* -en> *f* (*geh*) readership

Lesesaal *m* reading room **Lesestift** *m* INFORM wand, magnetic wand reader **Lesestoff** *m* reading matter *no pl, no indef art* **Lesezeichen** *nt* bookmark[er] **Lesezirkel** *m* magazine subscription service (*company which loans magazines to readers*)

Lesother(in) <-s, -> *m(f)* Mosotho *sing,* Basotho *pl; s. a.* **Deutsche(r)**

lesothisch *adj* Basotho; *s. a.* **deutsch**

Lesotho <-s> *nt* Lesotho; *s. a.* **Deutschland**

Lesung <-, -en> *f* ❶ MEDIA (*Dichter~*) reading ❷ POL (*Beratung*) reading ❸ REL lesson; **die ~ halten** to read the lesson

Lethargie <-> *f kein pl* lethargy *no pl, no indef art*

lethargisch *adj* lethargic

Lette, Lettin <-n, -n> *m, f* Latvian, Lett

Letter <-, -n> *f* ❶ (*Druckbuchstabe*) letter ❷ TYPO (*Drucktype*) type

Lettin <-, -nen> *f fem form von* **Lette**

lettisch *adj* Latvian, Lettish; **auf L~** in Latvian [*or* Lettish]

Lettland *nt* Latvia

Letzeburgesch *nt dekl wie adj* (*fachspr*) *s.* **Luxemburgisch**

Letzeburgesche <-n> *nt* (*fachspr*) *s.* **Luxemburgische**

Letzt *f* ▶ WENDUNGEN: **zu guter ~** finally, in the end

letzte(r, s) *adj* ❶ (*den Schluss bezeichnend*) last; ***in der Klasse saß sie in der ~n Reihe*** she sat in the back row in class, the classroom; **der L~ des Monats** the last [day] of the month; **als ~[r]** last; **als L~[r] kommen/gehen/fertig sein** to arrive/leave/finish last, to be the last to arrive/leave/finish ❷ (*das zuletzt Mögliche bezeichnend*) last; **der ~e Versuch** the final [*or* last] attempt; ■ **jd ist der L~, die/der ...** sb is the last person that ...; ***diese Klatschbase wäre die L~, der ich mich anvertrauen würde*** that old gossip is the last person I would confide in; ■ **etw ist das L~, was ...** sth is the last thing that ... ❸ SPORT (*den Schluss einnehmend*) last; ***sie ging als ~ Läuferin durchs Ziel*** she was the last runner to finish [the race]; ■ **L~ werden** to finish [in] last [place] ❹ TRANSP (*späteste*) last ❺ (*restlich*) last ❻ (*vorige*) last; **es ist das ~ Mal, dass ...** this is the last time that ...; **beim ~n Mal** last time; **zum ~n Mal** the last time; ***den ganzen ~n Monat war ich auf Dienstreise*** I was away on a business trip for the whole of last month; **im ~n Jahr** last year ❼ (*an ~r Stelle erwähnt*) last ❽ (*neueste*) latest; *s. a.* **Schrei** ❾ (*fam: schlechteste*) absolute, out-and-out; ***das ist doch der ~ Kerl!*** what an absolute [*or sl* out-and-out] sleazeball!, what an absolute cad! *pej dated* ▶ WENDUNGEN: **die L~n werden die Ersten [und die Ersten werden die L~n] sein** (*prov*) the last shall be first [and the first shall be last] *prov;* **den L~n beißen die Hunde** (*prov*) [the] devil take the hindmost *prov;* **bis ins L~** right down to the last detail; *s. a.* **Hund**

Letzte(s) *nt dekl wie adj* (*letzte Bemerkung*) ■ **ein ~s** one last thing ▶ WENDUNGEN: **sein ~s [her]geben** to give one's all; **das ist ja wohl das ~!** (*fam*) that really is the limit! [*or* that really takes the biscuit] [*or* AM cake] *fam*

letztendlich *adv* in the end, when all's said and done, at the end of the day

letztens *adv* recently; **erst ~** just the other day; **... und ~** ... and lastly [*or* finally]; **drittens und ~** thirdly and lastly [*or* finally]

letztere(r, s) *adj* (*geh*) latter; ***L~s würde zutreffen*** the latter would apply; ***könnten Sie das L~ wohl noch einmal wiederholen?*** could you just repeat the last thing you said please?

letztgenannt *adj* last-mentioned *attr;* **die letztgenannte Person** the last-named person **letztjährig**

adj attr last year's

letztlich *adv* in the end

letztmöglich *adj attr* latest possible

Leuchtboje *f* NAUT light-buoy **Leuchtdiode** *f* light-emitting diode, LED

Leuchte <-, -n> *f* (*Stehlampe*) standard lamp ▸ WENDUNGEN: [**bei/in etw** *dat*] **eine ~ sein** (*fam*) to be brilliant [*or* a genius] [at sth]; **nicht gerade eine ~ sein, wirklich keine ~ sein** (*fam*) to not be all that [*or* at all] bright, to not [exactly] be a genius

leuchten *vi* ❶ (*Licht ausstrahlen*) to shine; ***die Abendsonne stand rot ~d am Horizont*** the evening sun glowed red on the horizon ❷ (*Licht reflektieren*) to glow ❸ (*auf~*) ■**vor etw** *dat* ~ to light up with sth; ***die Kinder hatten vor Freude ~de Augen*** the children's eyes were sparkling [*or* lit up] with joy ❹ (*strahlen*) shine; ***leuchte mit der Lampe mal hier in die Ecke*** can you shine the light here in the corner

leuchtend *adj* ❶ (*strahlend*) bright ❷ (*herrlich*) shining *fig;* **~e Farben** glowing colours [*or* AM -ors]

Leuchter <-s, -> *m* candlestick; (*mehrarmig*) candelabra, candelabrum

Leuchtfarbe *f* luminous [*or* fluorescent] paint **Leuchtfeuer** *nt* LUFT, NAUT beacon, signal light; (*auf der Landebahn*) runway lights **Leuchtkäfer** *m* ZOOL glow-worm **Leuchtkraft** *f kein pl* ❶ ELEK brightness *no pl,* luminosity *no pl,* luminous power *no pl* ❷ ASTRON luminosity *no pl* **Leuchtkugel** *f* flare **Leuchtpistole** *f* flare pistol [*or* gun] **Leuchtrakete** *f* [rocket] flare, signal rocket **Leuchtreklame** *f* neon sign **Leuchtschrift** *f* neon letters *pl* **Leuchtspurmunition** *f* MIL tracer ammunition [*or* bullets] **Leuchtstift** *m* highlighter **Leuchtstoffröhre** *f* TECH fluorescent tube [*or* lamp] **Leuchtturm** *m* lighthouse **Leuchtzifferblatt** *nt* luminous dial

leugnen I. *vt* ■**etw** ~ to deny sth; ■**~, etw** *akk* **getan zu haben** to deny having done sth; **es ist nicht zu ~, dass …** there is no denying the fact that …, it cannot be denied that …; **etw lässt sich nicht** ~ sth cannot be denied II. *vi* to deny it; ■**jds L~** sb's denial

Leugnung <-, -en> *f* denial

Leukämie <-, -n> [-'miːən] *f* MED leukaemia BRIT, leukemia AM

leukämisch *adj* MED leukaemic BRIT, leukemic AM, suffering from leukaemia [*or* AM leukemia] *pred*

Leukoplast® <-[e]s, -e> *nt* sticking plaster BRIT, Band-Aid® AM

Leukozyt <-en, -en> *m meist pl* ANAT leucocyte

Leumund *m kein pl* reputation

Leumundszeugnis *nt* [character] reference

Leute *pl* ❶ (*Menschen*) people *npl;* **alle/keine/kaum** ~ everybody/nobody/hardly anybody; **unter ~ gehen** to get out and about [a bit] ❷ (*fam: Kameraden, Kollegen*) people *npl,* folks *npl fam* ❸ (*Mitarbeiter*) workers *pl;* ***die Leute von der Feuerwehr/Müllabfuhr*** the firemen/dustbin men ❹ MIL, NAUT men *pl* ❺ (*fam: Eltern*) ■**jds** ~ sb's parents [*or fam* folks] *pl* ▸ WENDUNGEN: **die kleinen ~, kleine ~** (*einfache Menschen*) [the] ordinary people; (*hum fam: die Kinder*) the little ones; **etw unter die ~ bringen** (*fam*) to spread sth around; **ein Gerücht unter die ~ bringen** to spread [*or* circulate] a rumour [*or* AM -or]

Leuteschinder(in) <-s, -> *m(f)* (*pej fam*) slave-driver *fig*

Leutnant <-s, -s *o* -e> *m* MIL second lieutenant; **~ zur See** NAUT sub-lieutenant BRIT, ensign AM

leutselig *adj* affable

Leutseligkeit *f kein pl* affability *no pl, no indef art*

Level <-s, -s> ['lɛvl] *m* (*geh*) level

Leviten [-'viː-] *pl* ▸ WENDUNGEN: **jdm die ~ lesen** (*fam*) to read sb the Riot Act

Levkoje <-, -n> *f* HORT stock

Lex <-, Leges> *f* POL ■**die ~ …** the … Act

Lexem <-s, -e> *nt* LING lexeme

lexikalisch *adj* LING lexical

Lexikograph(in), **Lexikograf**RR**(in)** <-en, -en> *m(f)* LING lexicographer

Lexikographie, **Lexikografie**RR <-> *f kein pl* LING lexicography *no pl, no indef art*

Lexikographin, **Lexikografin**RR <-, -nen> *f fem form von* **Lexikograph**

lexikographisch, **lexikografisch**RR I. *adj* LING lexicographical II. *adv* LING lexicographically; **~ tätig sein** to work as a lexicographer

Lexikologe, -login <-n, -n> *m, f* LING lexicologist

Lexikologie <-> *f kein pl* LING lexicology *no pl, no indef art*

Lexikologin <-, -nen> *f fem form von* **Lexikologe**

Lexikon <-s, Lexika> *nt* ❶ (*Nachschlagewerk*) encyclopaedia BRIT, encyclopedia AM ❷ LING (*Wortschatz*) lexicon

Lezithin, **Lecithin** <-s> *nt kein pl* lecithin

Liaison <-, -s> [liɛ'zõː] *f* (*geh*) ❶ (*Verhältnis*) liaison; **eine ~ [mit jdm] haben** to have a liaison [with sb] ❷ (*Person*) lover

Liane <-, -n> *f* BOT liana, liane

Libanese, **Libanesin** <-n, -n> *m, f* Lebanese; *s. a.* **Deutsche(r)**

libanesisch *adj* Lebanese; *s. a.* **deutsch**

Libanon <-[s]> *m* GEOG ❶ (*Land*) ■**der ~** the Lebanon ❷ (*Gebirge*) the Lebanon Mountains *pl*

Libelle <-, -n> *f* ❶ ZOOL dragonfly ❷ TECH (*Teil eines Messinstruments*) bubble tube; (*bei einer Wasserwaage*) spirit level ❸ MODE [type of] hair slide

libellieren *vt* TECH ■**etw** ~ to check [*or* measure] sth with a/the spirit level

liberal I. *adj* ❶ POL liberal; **die ~e Partei** the Liberal Party; **~e Politik** liberal policies; **ein ~er Politiker** a Liberal [politician] ❷ (*tolerant*) liberal II. *adv* liberally; **~ eingestellt/gestaltet sein** to be liberally minded/have a liberal structure

Liberale(r) *f(m) dekl wie adj* POL Liberal

liberalisieren* *vt* ■**etw** ~ to liberalize sth

Liberalisierung <-, -en> *f* liberalization

Liberalismus <-> *m kein pl* POL liberalism

Liberia <-s> *nt* Liberia

Liberianer(in) <-s, -> *m(f)* Liberian; *s. a.* **Deutsche(r)**

liberianisch *adj* Liberian; *s. a.* **deutsch**

Liberier(in) <-s, -> *m(f) s.* **Liberianer**

Libero <-s, -s> *m* FBALL sweeper, libero *rare, spec*

Libido <-> *f kein pl* PSYCH libido

Librettist(in) <-en, -en> *m(f)* MUS librettist

Libretto <-s, -s *o* Libretti> *nt* MUS libretto

Libyen <-s> *nt* Libya

Libyer(in) <-s, -> *m(f)* Libyan; *s. a.* **Deutsche(r)**

libysch *adj* Libyan; *s. a.* **deutsch**

lic. *m(f)* SCHWEIZ *Abk von* **Lizenziat(in)** licentiate

licht *adj* ❶ (*hell*) light ❷ (*spärlich*) sparse, thin; ***an der Stirn ist sein Haar schon*** ~ he already has a receding hairline ❸ ARCHIT, BAU **~e Höhe/Weite** headroom/clear width [*or* span]

Licht <-[e]s, -er> *nt* ❶ *kein pl* (*Helligkeit*) light *no pl,* brightness ❷ (*veraltend: Kerze*) candle ❸ ELEK light; **elektrisches** ~ electric light[s] [*or* lighting]; ***das ~ brennt*** the light is [*or* lights are] on; **das ~ brennen lassen** to leave the light[s] on; **das ~ ausschalten** [*o fam* **ausknipsen**] to turn out [*or* switch off] the light *sep;* **etw gegen das ~ halten** to hold sth up to the light; [**jdm**] **~ machen** to turn [*or* switch] [*or* put] on the light *sep* [for sb]; **jdm im ~ stehen** to stand in sb's light ▸ WENDUNGEN: **~ am Ende des Tunnels** light at the end of the tunnel; **das ~ der Erkenntnis**

(*geh*) the light of knowledge; **das ~ [der Öffentlichkeit] scheuen** to shun publicity; **wo ~ ist, ist auch Schatten** (*prov*) every light has its shadow *prov,* there's no joy without sorrow *prov;* **sein ~ unter den Scheffel stellen** to hide one's light under a bushel; **das ~ der Welt erblicken** (*geh*) to [first] see the light of day; **etw erscheint in einem anderen ~** sth appears in a different light; **etw lässt etw** *akk* **in einem anderen ~ erscheinen** sth shows sth in a different light; **das ewige ~** REL the Sanctuary Lamp; **etw ins falsche ~ rücken** to show sth in a false light; **kein großes ~ sein** (*fam*) to be no great genius; **grünes ~ [für etw** *akk*] **geben** to give the go-ahead [*or* green light] [for sth]; **im günstigen ~, in einem günstigeren ~** in a [more] favourable [*or* AM favorable] light; **etw ins rechte ~ rücken** to show sth in its correct light; **etw in rosigem ~ sehen** to see sth through rose-coloured [*or* AM -ored] spectacles; **bei ~ besehen** [*o* **betrachtet**] on closer consideration; **~ in etw** *akk* **bringen** to shed [some] light on sth; **etw ans ~ bringen** to bring sth to light; **jdn hinters ~ führen** to pull the wool over sb's eyes [*or* take sb in] [*or* hoodwink sb]; **[jdm] aus dem ~ gehen** to move [*or* get] out of the/sb's light; **mir geht ein ~ auf** (*fam*) now I see, it's suddenly dawned on me; **ans ~ kommen** to come to light; **es werde ~! und es ward ~** REL let there be light: and there was light; **etw wirft ein bestimmtes ~ auf jdn** sth shows sb in a certain light

lichtbeständig *adj s. a.* **lichtecht** **Lichtbild** *nt* (*veraltend*) ❶ (*geh: Passbild*) passport photograph ❷ (*Dia*) slide **Lichtblick** *m* bright spot, ray of hope **Lichtbrechung** *f* refraction of light **lichtdurchlässig** *adj* translucent, pervious to light, light-transmissive **lichtecht** *adj* non-fading **Lichteffekt** *m* lighting effect **lichtempfindlich** *adj* sensitive to light *pred;* FOTO photosensitive

lichten I. *vt* FORST, HORT ■**etw ~** to thin out sth *sep; s. a.* **Anker II.** *vr* ■**sich ~** ❶ (*dünner werden*) to [grow] thin ❷ (*spärlicher werden*) to go down ❸ (*klarer werden*) to be cleared up; ***die Angelegenheit lichtet sich immer mehr*** this matter is becoming ever more clear

Lichterbaum *m* (*geh*) Christmas tree **Lichterglanz** *m* (*geh*) blaze of lights **Lichterkette** *f* chain of lights **lichterloh** *adv* **~ brennen** to be ablaze **Lichtermeer** *nt* (*geh*) sea of lights

Lichtgeschwindigkeit *f kein pl* ■**die ~** the speed of light; **mit ~** at the speed of light **Lichthof** *m* ❶ ARCHIT inner court, courtyard, quadrangle ❷ ASTRON halo ❸ TECH halation **Lichthupe** *f* AUTO flash of the headlights **Lichtjahr** *nt* ❶ ASTRON light year ❷ *pl* (*fam: sehr weit/lange*) light years *pl fam* **Lichtkegel** *m* cone [*or* beam] of light **Lichtmangel** *m kein pl* lack of light *no pl;* **aus ~** as a result of a lack of light **Lichtmaschine** *f* AUTO alternator, dynamo, generator **Lichtmast** *m* TRANSP lamppost, lamp-standard **Lichtnelke** *f* BOT campion, catchfly **Lichtquelle** *f* light source, source of light **Lichtreaktion** *f* BIOL light reaction **Lichtreklame** *f s.* **Leuchtreklame** **Lichtschacht** *m* ARCHIT light-well **Lichtschalter** *m* light switch **Lichtschein** *m* gleam of light **lichtscheu** *adj* ❶ BOT, ZOOL **eine ~e Pflanze** a shade-loving plant; **ein ~es Tier** an animal that shuns the light ❷ (*fig*) **~es Gesindel** shady characters *pl fig* **Lichtschranke** *f* light [*or* photoelectric] barrier [*or* beam]

Lichtschutzfaktor *m* [sun] protection factor

Lichtspielhaus *nt* FILM (*veraltend*) cinema, picture-house [*or* -palace] [*or* -theatre] *dated*

lichtstark *adj* ❶ PHYS light-intense ❷ FOTO **ein ~es Objektiv** a fast [*or* high-speed] lens **Lichtstärke** *f* ❶ PHYS light [*or* luminous] intensity ❷ FOTO *Objektiv* speed **Lichtstrahl** *m* beam [*or* ray] of light **lichtundurchlässig** *adj* opaque, impervious to light, light-proof

Lichtung <-, -en> *f* FORST clearing, glade

Lichtverhältnisse *pl* lighting conditions *pl*

Lid <-[e]s, -er> *nt* ANAT [eye]lid

Lidschatten *m* eye shadow **Lidstift** *m* eyeliner **Lidstrich** *m* **einen ~ ziehen** to apply eyeliner

lieb *adj* ❶ (*liebenswürdig*) kind, nice; ***das war nicht gerade ~ von dir!*** that wasn't very kind [*or* nice] of you!; ■**~ zu jdm sein** to be nice to sb; **sei/seien Sie so ~ und ...** would you be so good [*or* kind] as to ...; *s. a.* **Gruß** ❷ (*artig*) good; ***sei jetzt ~/sei ein ~es Kind!*** be a good boy/girl! ❸ (*niedlich*) sweet, cute, lovable ❹ (*geschätzt*) dear, beloved; ***L~er Karl, L~e Amelie!*** (*als Anrede in Briefen*) Dear Karl and Amelie,; ***meine L~e/mein L~er*** my dear girl/man [*or* fellow] [*or* chap] [*or* boy]; **[*mein*] *L~es*** [my] love, darling; **[aber] meine L~e/mein L~er!** (*iron*) [but] my dear!; **[ach] du ~er Gott/~e Güte/~er Himmel/~e Zeit/~es bisschen!** (*fam*) good heavens [*or* Lord]! *fam,* goodness gracious [*or* me]!; **jdn/ein Tier ~ haben** to love [*or* be fond of] sb/an animal; **jdn/etw ~ gewinnen** to grow fond of sb/sth; **~ geworden** of which one has grown very fond *pred;* ***man muss ihn einfach ~ haben*** it's impossible not to like him ❺ (*angenehm*) welcome, pleasant; ***solche ~e Gäste haben wir lange nicht gehabt*** it's a long time since we had such pleasant guests; ■**etw/jd ist jdm ~** sb welcomes [*or* appreciates] sth/sb, sb is grateful for sth; ***das wäre mir gar nicht/weniger ~*** I'd [much] rather you didn't [do it]; **am ~sten** best [*or* most] [of all]; ***ich mag Vollmilchschokolade am ~sten*** my favourite is milk chocolate; ***am ~sten hätte ich ja abgelehnt*** I would have liked to have said [*or* preferred to say] no; *s. a.* **lieber**

liebäugeln *vi* ■**mit etw** *dat* **~** to have one's eye on sth; ■**damit ~, etw** *akk* **zu tun** to toy [*or* flirt] with the idea of doing sth

Liebchen <-s, -> *nt* (*veraltend*) my darling [*or* sweet], sweetheart

Liebe <-, -n> *f* ❶ (*Gefühl starker Zuneigung*) love; ■**jds ~ zu jdm** sb's love for sb; **aus ~ zu jdm** out of love for sb; ***ich werde aus ~ heiraten*** I'm going to marry for love; ***er war blind vor ~*** he was blind with love ❷ *kein pl* (*Leidenschaft*) ■**die/jds ~ zu etw** *dat* the/sb's love of sth; **aus ~ zu etw** *dat* for the love of sth ❸ (*Mensch*) love; **meine große ~** [*o* **die ~ meines Lebens**] the love of my life; **eine alte ~** an old flame ❹ (*Sex*) making love; **gut in der ~ sein** (*fam*) to be good in bed *fam* [*or* at making love]; **käufliche ~** (*geh*) prostitution, venal love; **platonische ~** platonic love; **~ [mit jdm] machen** (*fam*) to make love [to [*or* with] sb] ▶ WENDUNGEN: **~ auf den ersten Blick** love at first sight; **~ geht durch den Magen** (*prov*) the way to a man's heart is through his stomach *prov;* **alte ~ rostet nicht** (*prov*) old love does not rust *prov,* old love [*or* an old flame] never dies *prov;* **~ macht blind** (*prov*) love is blind *prov;* **in ~, dein(e)** ... [with] all my love, ...; **mit [viel] ~** with loving care

liebebedürftig *adj* in need of love [*or* affection] *pred,* needing a lot of affection *pred*

Liebelei <-, -en> *f* (*fam*) flirtation

lieben I. *vt* ❶ (*Liebe entgegenbringen*) ■**jdn ~** to love sb; ■**sich ~** to love each other [*or* one another]; **jdn/etw ~ lernen** to come [*or* learn] to love sb/sth; ■**sich ~ lernen** to come [*or* learn] to love each other [*or* one another]; *s. a.* **geliebt** ❷ (*gerne mögen*) ■**etw ~** to love sth; **es nicht ~, wenn jd etw** *akk* **tut/wenn etw** *gen* **geschieht** to not like it when sb does sth/when sth happens ❸ (*euph: Geschlechtsverkehr miteinander haben*) ■**jdn ~** to make love to sb; ■**sich ~** to make love ▶ WENDUNGEN: **was sich liebt,**

das neckt sich (*prov*) lovers like to tease each other **II.** *vi* to be in love

liebend **I.** *adj* loving **II.** *adv* ~ **gern** with great pleasure; ***ich würde ja ~ gerne bleiben, aber ich muss gehen*** I'd love to stay [here], but I've got to go; ***„willst du mich nicht begleiten?" — „aber ~ gern"*** "would you like to come with me?" — "I'd love to"

Liebende(r) *f(m) dekl wie adj* lover

liebenswert *adj* likeable, lovable

liebenswürdig *adj* kind, friendly; ■ ~ **von jdm sein** to be kind of sb; **wären Sie wohl so ~ und ...?** would you be so kind as to ...?

liebenswürdigerweise *adv* kindly; ***ob Sie mich wohl ~ vorlassen würden?*** would you be so kind as to let me go first?

Liebenswürdigkeit <-, -en> *f* kindness; **würden Sie die ~ haben[, das zu tun [*o* und das tun]]?** (*geh*) would you be so kind [as as to do sth]? *form;* **die ~ in Person** kindness personified; ***du bist heute wieder von einer ~!*** (*iron*) you're in a pleasant mood again today! *iron*

lieber **I.** *adj comp von* **lieb:** ■ **jdm ~ sein** to be preferable to sb; ***mir wäre es ~, wenn Sie nichts darüber verlauten ließen*** I would prefer it if [*or* I would rather [*or* sooner]] you didn't tell anybody about this; ***was ist Ihnen ~, das Theater oder das Kino?*** would you prefer to go to the theatre or the cinema? **II.** *adv* ❶ *comp von* **gern** rather, sooner; **etw ~ mögen** to prefer sth; ***ich würde ~ in der Karibik als an der Ostsee Urlaub machen*** I would rather [*or* sooner] take a holiday in the Caribbean than on the Baltic ❷ (*besser*) better; ***darüber schweige ich ~*** I think it best to [*or* I'd better] remain silent; ***wir sollten ~ gehen*** we'd better [*or* we should] be going; ***das hätten Sie ~ nicht gesagt*** you shouldn't have said that; ***das möchte ich dir ~ nicht sagen*** I'd rather not tell you that; ***ich wüsste nicht, was ich ~ täte!*** there's nothing I'd rather do, I'd love to; **nichts ~ als das** I'd love to

Liebesabenteuer *nt* amorous adventure, romance **Liebesaffäre** *f* love affair **Liebesakt** *m* (*geh*) act of love **Liebesapfel** *m* (*veraltet*) tomato **Liebesbande** *pl* ▸ WENDUNGEN: **[zarte] ~ knüpfen** (*geh*) to tie tender bonds of love *form* **Liebesbeziehung** *f* loving [*or* romantic] relationship, love affair **Liebesbrief** *m* love letter **Liebesdienst** *m* (*geh*) favour [*or* AM -or]; **jdm einen ~ erweisen** to do sb a favour [*or* kindness] **Liebeserklärung** *f* declaration of love; **jdm eine ~ machen** to make a declaration of [*or* declare] one's love to sb **Liebesfilm** *m* romantic film **Liebesgedicht** *nt* love-poem **Liebesgeschichte** *f* ❶ LITER love story ❷ (*fam: Liebesaffäre*) love affair **Liebesgott, -göttin** *m, f* god/goddess of love **Liebesheirat** *f* love match **Liebeskummer** *m* lovesickness *no pl;* ~ **haben** to be lovesick; **aus ~** out of [*or* for] lovesickness **Liebesleben** *nt* love life **Liebeslied** *nt* love song **Liebesmüh(e)** *f* ▸ WENDUNGEN: **vergebliche [*o* verlorene] ~ sein** to be a waste of effort [*or* time] **Liebesnest** *nt* (*fam*) love nest **Liebespaar** *nt* lovers *pl* **Liebesroman** *m* romantic novel **Liebesspiel** *nt* love play **Liebesszene** *f* love scene **liebestoll** *adj* love-crazed; ■ ~ **sein/werden** to be/become love-crazed **Liebestrank** *m* love potion **Liebesverhältnis** *nt s.* **Liebesbeziehung** **Liebeszauber** *m* love spell

liebevoll **I.** *adj* loving; **ein ~er Kuss** an affectionate kiss; **ein ~er Mensch** a loving [*or* an affectionate] person **II.** *adv* ❶ (*zärtlich*) affectionately ❷ (*mit besonderer Sorgfalt*) lovingly; ~ **dekorieren/verpacken/zubereiten** to decorate/wrap up/prepare lovingly [*or* with loving care]

Liebhaber(in) <-s, -> *m(f)* ❶ (*Partner*) lover ❷ (*Freund*) enthusiast

Liebhaberei <-, -en> *f* hobby

Liebhaberin <-, -nen> *f fem form von* **Liebhaber**

Liebhaberpreis *m* collector's price **Liebhaberstück** *nt* collector's piece [*or* item] **Liebhaberwert** *m kein pl* collector's value *no pl*

liebkosen* *vt* (*geh*) ■ **jdn ~** to caress sb

Liebkosung <-, -en> *f* (*geh*) caress

lieblich **I.** *adj* ❶ (*angenehm süß*) sweet; **~er Wein** soft [*or* medium sweet] wine ❷ (*erhebend*) lovely, delightful, charming; **~e Töne** melodious sounds **II.** *adv* ~ **duften/schmecken** to smell/taste sweet

Lieblichkeit <-> *f kein pl* sweetness *no pl*

Liebling <-s, -e> *m* ❶ (*Geliebte(r)*) darling ❷ (*Favorit*) favourite [*or* AM favorite]

Lieblingsbeschäftigung *f* favourite [*or* AM favorite] hobby [*or* pastime] **Lieblingsgericht** *nt* favourite dish **Lieblingsplatte** *f* favourite record **Lieblingstreffpunkt** *m* preferred [*or* favourite] [*or* AM favorite] rendezvous **Lieblingswein** *m* favourite wine

lieblos **I.** *adj* ❶ (*keine liebevolle Zuwendung gebend*) unloving ❷ (*Nachlässigkeit zeigend*) unfeeling **II.** *adv* any old how *fam;* ***gehen Sie nicht so ~ mit dem teuren Geschirr um!*** be a bit more careful with that expensive crockery!

Lieblosigkeit <-, -en> *f* ❶ *kein pl* (*Mangel an liebevoller Zuwendung*) lack of loving [*or* feeling] [*or* care] *no pl* ❷ (*Verhalten*) unkind [*or* unfeeling] act

Liebreiz *m kein pl* (*geh*) charm

Liebschaft <-, -en> *f* (*veraltend*) *s.* **Liebesaffäre**

Liebste(r) *f(m) dekl wie adj* ■ **jds ~** sb's sweetheart

Liebstöckel <-s, -> *m o nt* BOT lovage

Liechtenstein <-s> *nt* Liechtenstein

Liechtensteiner(in) <-s, -> *m(f)* Liechtensteiner

liechtensteinisch *adj* Liechtenstein

Lied <-[e]s, -er> *nt* song ▸ WENDUNGEN: **es ist immer das alte [*o* gleiche] ~** (*fam*) it's always the same old story; **ein ~ von etw** *dat* **singen können/zu singen wissen** to be able to tell sb a thing or two about sth

Liederabend *m* song recital evening **Liederbuch** *nt* songbook

liederlich *adj* (*veraltend o pej*) slovenly

Liedermacher(in) *m(f)* singer-songwriter (*about topical subjects*)

lief *imp von* **laufen**

Lieferabkommen *nt* ÖKON delivery [*or* supply] contract

Lieferant(in) <-en, -en> *m(f)* ❶ (*Firma*) supplier ❷ (*Auslieferer*) deliveryman *masc,* deliverywoman *fem*

Lieferanteneingang *m* goods [*or* AM delivery] [*or* AM receiving] entrance; (*in einem Wohnhaus*) tradesmen's entrance BRIT, side [*or* back] door AM

Lieferantin <-, -nen> *f fem form von* **Lieferant**

lieferbar *adj* ❶ (*erhältlich*) available, in stock; ***dieser Artikel ist derzeit nicht ~*** this item is not available [*or* in stock] at the moment ❷ (*zustellbar*) ■ ~ **sein** to be able to be supplied [*or* delivered]; ***Ihre Bestellung ist leider erst später ~*** we won't be able to meet your order until a later date

Lieferbedingungen *pl* terms [*or* conditions] of delivery **Lieferfirma** *f* ❶ (*Lieferant*) supplier ❷ (*Auslieferer*) delivery firm **Lieferfrist** *f* delivery [*or* lead] time, delivery deadline

liefern **I.** *vt* ❶ (*aus~*) ■ **[jdm] etw** *akk* ~ to deliver sth [to sb], to supply [sb with] sth; ■ **etw an jdn/etw ~** to deliver sth to sb/sth ❷ (*erbringen*) ■ **[jdm] etw** *akk* ~ to provide sth [for sb] ❸ (*erzeugen*) ■ **etw ~** to yield sth; ***viele Rohstoffe werden aus dem Ausland ge-***

liefert many raw materials are imported from abroad ❹ SPORT (*zur Schau stellen*) ■**jdm etw** *akk* ~ to put on sth for sb; ***die Boxer lieferten dem Publikum einen spannenden Kampf*** the boxers put on an exciting bout for the crowd **II.** *vi* to deliver; *s. a.* **geliefert**

Lieferschein *m* delivery note BRIT, packing slip AM **Lieferschwierigkeiten** *f* difficulties in [making a] delivery **Lieferstopp** *m* ÖKON suspension of deliveries **Liefertermin** *m* delivery date

Lieferung <-, -en> *f* ❶ (*das Liefern*) delivery; **bei/vor** ~ on/prior to delivery; ***zahlbar bei ~/innerhalb von zehn Tagen nach*** ~ payable on delivery/within 10 days of delivery ❷ (*gelieferte Ware*) consignment ❸ VERLAG (*vorab ausgelieferter Teil*) instalment BRIT, installment AM

Liefervertrag *m* supply contract, contract of sale **Lieferwagen** *m* delivery van; (*offen*) pickup truck **Lieferzeit** *f s.* **Lieferfrist**

Liege <-, -n> *f* ❶ (*Bett ohne Fuß-/Kopfteil*) daybed ❷ (*Liegestuhl*) [sun-]lounger

liegen <lag, gelegen> *vi haben o* SÜDD *sein* ❶ (*sich in horizontaler Lage befinden*) ■**irgendwo** ~ to lie somewhere; ***ich liege noch im Bett*** I'm still [lying] in bed; ***hast du irgendwo meinen Schlüsselbund ~ gesehen?*** have you seen my keyring lying [around] anywhere?; ***deine Brille müsste eigentlich auf dem Schreibtisch*** ~ your glasses should be [lying] on the desk; ■**irgendwie** ~ to lie in a certain manner; ***Herzkranke müssen hoch/höher*** ~ people with heart problems should lie with their heads raised; ***auf Latexmatratzen liegt man weich/weicher*** latex matresses are soft/softer for lying on; ***in diesem Liegestuhl liegt man am bequemsten*** this is the most comfortable lounger to lie in; ■**das L~** lying; ~ **bleiben** (*nicht aufstehen*) to stay in bed; (*nicht mehr aufstehen*) to remain lying [down]; **etw** ~ **lassen** to leave sth [there] ❷ (*sich abgesetzt haben*) ■**irgendwo** ~ to lie somewhere; ***hier in den Bergen liegt oft bis Mitte April noch Schnee*** here in the mountains the snow often lies on the ground until mid-April; ***auf den Autos liegt weißer Reif*** there is a white [covering of] frost on the cars; ***bei euch liegt aber viel Staub*** it's very dusty [in] here; ***über allen Möbeln lag eine dicke Staubschicht*** there was a thick layer of dust over all the furniture ❸ (*lagern*) ■**irgendwo** ~ to lie [*or* hang] somewhere; [**irgendwo**] ~ **bleiben** (*nicht weggenommen werden*) to be left [somewhere]; ***Hände weg, das Buch bleibt [da] liegen!*** hands off, the [*or* that] book's going nowhere!; ~ **bleiben** (*nicht verkauft werden*) to remain unsold; **etw** ~ **lassen** to leave sth [undone] ❹ (*vergessen*) **irgendwo** ~ **bleiben** to be [*or* get] left behind somewhere; ***mein Hut muss in dem Restaurant ~ geblieben sein*** I must have left my hat in the restaurant; **etw** ~ **lassen** to leave sth behind; ***verflixt, ich muss meinen Schirm in der U-Bahn ~ gelassen haben!*** damn, I must have left my umbrella [behind] on the underground! ❺ GEOG (*geografisch gelegen sein*) ■**irgendwo** ~ to be somewhere ❻ (*eine bestimmte Lage haben*) ■**irgendwie** ~ to be [situated [*or* located]] [*or* to lie] in a certain manner; ***ihr Haus liegt an einem romantischen See*** their house is situated by a romantic lake; ■**gelegen** situated; **eine bildhübsch/ruhig/verkehrsgünstig gelegene Villa** a villa in a picturesque/quiet/easily accessible location; ■**irgendwohin** ~ to face somewhere; ***diese Wohnung ~ nach vorn zur Straße [hinaus]*** this flat faces [out onto] the street ❼ (*begraben sein*) ■**irgendwo** ~ to be [*or* lie] buried somewhere ❽ NAUT (*festgemacht haben*) ■**irgendwo** ~ to be [moored] somewhere ❾ AUTO (*nicht weiterfahren können*) ~ **bleiben** to break down [*or* have a breakdown] ❿ SPORT (*einen bestimmten Rang haben*) ■**irgendwo** ~ to be [*or* lie] somewhere; ***wie ~ unsere Schwimmer eigentlich im Wettbewerb?*** how are our swimmers doing in the competition?; ***die Mannschaft liegt jetzt auf dem zweiten Tabellenplatz*** the team is now second in the division ⓫ (*angeordnet sein*) to lie, to stay; **gut** ~ to stay in place [well]; **richtig/nicht richtig** ~ to be/not be in the right place; *Haar* to stay in place ⓬ (*angesiedelt sein*) ■**bei/um etw** ~ to cost sth; ***der Preis dürfte [irgendwo] bei 4500 DM*** ~ the price is likely to be [around] DM 4,500; ■**irgendwo** ~ to cost sth; ***damit ~ Sie um 185.000 DM höher*** that would put the price up by DM 185,000; ***damit ~ Sie schnell bei 1,3 Millionen DM Baukosten*** that would soon push the building costs up to DM 1.3 million; ■**zwischen ... und ...** ~ to cost between ... and ..., to be priced at between ... and ... ⓭ MODE (*eine bestimmte Breite haben*) ■**irgendwie** ~ to be a certain size; ***wie breit liegt dieser Seidenstoff?*** how wide is this silk material? ⓮ (*verursacht sein*) ■**an jdm/etw** ~ to be caused by sb/sth; ***woran mag es nur ~, dass mir immer alles misslingt?*** why is it that everything I do goes wrong? ⓯ (*wichtig sein*) ■**irgend etwas an jdm/etw** ~ to attach a certain importance to sb/sth; ***du weißt doch, wie sehr mir daran liegt*** you know how important it is to me; ■**jdm ist etwas/nichts/viel an jdm/etw gelegen** sb/sth means sth/nothing/a lot to sb; ***an diesem uninteressanten Stellenangebot war mir nichts gelegen*** I didn't bother [even] considering this unappealing job offer ⓰ *meist verneint* (*zusagen*) ■**jdm** ~ sb likes sth; (*entspricht nicht jds Begabung*) sb is good at sth; ***körperliche Arbeit liegt ihr nicht/weniger*** she's not really cut out for physical work ⓱ (*lasten*) ■**auf jdm** ~ to weigh down [up]on sb ⓲ (*abhängig sein*) ■**bei jdm** ~ to be up to sb; ■**in jds etw** *dat* ~ to be in sb's sth; ***das liegt leider nicht in meiner Hand/Macht*** unfortunately that is out of my hands/not within my power ⓳ (*begründet sein*) ■**irgendwo** ~ to lie somewhere ⓴ (*nicht ausgeführt werden*) ~ **bleiben** to be left undone ▶ WENDUNGEN: **an mir/uns soll es nicht ~!** don't let me/us stop you!; **nichts liegt** [*o* **läge**] **mir ferner, als ...** nothing could be further from my mind than to ...; *s. a.* **Ding**

liegend **I.** *adj* reclining, recumbent *form* **II.** *adv* ❶ (*flach*) **etw** ~ **aufbewahren/lagern** to store sth flat/on its side ❷ (*im Liegen*) in a lying position, whilst lying down

Liegenschaft <-, -en> *f meist pl* ADMIN real estate, real [*or* landed] property

Liegenschaftsamt *nt* ADMIN, JUR land office

Liegeplatz *m* NAUT berth, moorings *pl* **Liegesitz** *m* reclining seat **Liegestuhl** *m* (*Liege*) [sun-]lounger; (*Stuhl*) deckchair **Liegestütz** <-es, -e> *m* SPORT press- [*or* AM push-] up; **~e machen** to do press-ups **Liegewagen** *m* BAHN couchette [*or* car] coach **Liegewiese** *f* lawn for sunbathing **Liegezeit** *f* NAUT lay days *pl*

lieh *imp von* **leihen**

Lieschen <-s, -> ['li:sçən] *nt dim von* **Elisabeth** ≈ Lizzie ▶ WENDUNGEN: ~ **Müller** (*fam*) the average woman in the street; **Fleißiges** ~ BOT busy Lizzie

Liesen <-s, -> *nt* lard

ließ *imp von* **lassen**

liest *3. pers pres von* **lesen**

Lift <-[e]s, -e *o* -s> *m* ❶ (*Aufzug*) lift BRIT, elevator AM ❷ (*Ski~*) [ski] lift

Liftboy <-s, -s> ['lɪftbɔy] *m* TOURIST liftboy BRIT, elevator boy AM

liften *vt* MED ■**etw** ~ to lift [*or* tighten] sth; **sich** *dat* **das Gesicht** ~ **lassen** to have a facelift

Liga <-, Ligen> *f* ❶ (*Vereinigung*) league ❷ SPORT

(*Spielklasse*) league, division ❸ *kein pl* HIST ■ **die ~** the [Catholic] League

Ligatur <-, -en> *f* MUS, MED, TYPO ligature

LightproduktRR *nt,* **Light-Produkt** *nt* low-fat [*or* -calorie] product

Liguster <-s, -> *m* BOT privet

liieren* *vr* ❶ (*geh: ein Liebesverhältnis eingehen*) ■ **sich ~** to become close friends with each other [*or* one another] *euph;* ■ **[mit jdm] liiert sein** to have a relationship [with sb] ❷ ÖKON (*sich zusammenschliessen*) ■ **sich** *akk* **[zu etw** *dat*] ~ to join forces with each other [*or* one another] [to establish sth]

Likör <-s, -e> *m* liqueur

lila *adj inv* purple, lilac

Lila <-s, – *o fam* -s> *nt* (*fam*) purple, lilac

Lilie <-, -n> ['li:liə] *f* BOT lily

Liliputaner(in) <-s, -> *m(f)* dwarf, midget

Limabohne *f* Lima bean

Limes <-, -> *m* ❶ MATH (*Grenzwert*) limit ❷ *kein pl* HIST (*römischer Grenzwall*) ■ **der ~** the limes

Limettensaft *m* lime juice

Limit <-s, -s *o* -e> *nt* ❶ FIN, BÖRSE (*Höchstgebot*) limit, ceiling ❷ (*höchster Einsatz*) limit ❸ (*Beschränkung*) limit; **jdm ein ~ setzen** to set sb a limit

limitieren* *vt* KUNST, MEDIA ■ **etw ~** to limit sth; **limitierte Auflage** limited edition

Limo <-, -s> *f* (*fam*) lemonade

Limonade <-, -n> *f* lemonade

Limone <-, -n> *f* BOT lime

Limousine <-, -n> [limu'zi:nə] *f* AUTO saloon [car] BRIT, sedan AM; (*größerer Luxuswagen*) limousine, limo *fam*

lind *adj* (*geh*) mild, balmy

Linde <-, -n> *f* ❶ BOT lime [*or* linden] [tree] ❷ (*Holz*) lime[wood]; **aus ~** made [out] of limewood

Lindenblütenhonig *m* lime blossom honey **Lindenblütentee** *m* lime blossom tea

lindern *vt* ❶ MED (*mildern*) ■ **etw ~** to alleviate [*or* relieve] [*or* ease] sth; *Husten, Sonnenbrand etc* to soothe ❷ (*erträglicher machen*) ■ **etw ~** to alleviate [*or* relieve] sth

Linderung <-> *f kein pl* ❶ MED (*Milderung*) alleviation *no pl,* relief *no pl,* easing *no pl;* ***diese Salbe dient der ~ eines Sonnenbrandes/von lästigem Juckreiz*** this ointment is [good] for soothing sunburn/relieving irritating itches ❷ (*das Lindern*) alleviation *no pl,* relief *no pl;* **jdm ~ verschaffen** to bring sb relief

lindgrün I. *adj* lime-green *attr,* lime green *pred* **II.** *adv* **etw ~ lackieren/streichen** to paint sth lime green

Lindwurm *m* lindworm (*type of wingless dragon*)

Lineal <-s, -e> *nt* ruler

linear *adj* linear; **~e Abschreibung** FIN straight-line depreciation; **~e Gleichung** MATH linear equation

Linguist(in) <-en, -en> *m(f)* linguist

Linguistik <-> *f kein pl* linguistics + *sing vb, no art*

Linguistin <-, -nen> *f fem form von* **Linguist**

linguistisch *adj* linguistic

Linie <-, -n> ['li:niə] *f* ❶ (*längerer Strich*) line; **eine geschlängelte/gestrichelte ~** a wavy/broken line; **eine ~ ziehen** to draw a line ❷ SPORT, TRANSP (*lang gezogene Markierung*) line ❸ TRANSP (*Verkehrsverbindung*) route; **eine Bus-/U-Bahn~** a bus/underground line [*or* route]; ***nehmen Sie am besten die ~ 19*** you'd best take the [*or* a] number 19 ❹ *pl* MIL (*Frontstellung*) line; **die feindlichen ~n durchbrechen** to break through [the] enemy lines ❺ POL *a.* (*allgemeine Richtung*) line; **eine gemeinsame ~** a common line [*or* policy]; **eine klare ~** a clear line; **auf der gleichen ~ liegen** to follow the same line, to be along the same lines ❻ (*Verwandtschaftszweig*) line; **in bestimmter ~** in a certain line; ***er behauptet, dass er in direkter ~ von Karl dem Großen abstammt*** he claims that he is descended in a direct line from [*or* is a direct descendant of] Charlemagne ❼ NAUT (*Äquator*) line; **die ~ passieren** [*o* **kreuzen**] to cross the line ▸ WENDUNGEN: **in erster/zweiter ~** first and foremost/secondarily; ***die Kosten sind erst in zweiter ~ maßgebend/wichtig*** the costs are only of secondary importance; **auf der ganzen ~** all along the line; **die schlanke ~** (*fam*) one's figure; ***danke, keine Sahne, ich achte sehr auf meine [schlanke] ~*** no cream thanks, I'm watching [*or* trying to watch] my figure; **in vorderster ~ stehen** to be in the front line

Linienblatt ['li:niən-] *nt* line guide [sheet] **Linienbus** *m* regular [service] bus **Linienflug** *m* scheduled flight **Liniengrafik** *f* TYPO, INFORM line graphics **Linienmaschine** *f* scheduled plane [*or* aircraft] **Linienrichter** *m* SPORT (*beim Fußball*) referee's assistant, linesman *dated;* (*beim Tennis*) line-judge; (*beim Rugby*) touch-judge **linientreu** *adj* POL (*pej*) loyal to the party line *pred* **Linienverkehr** *m* regular services *pl;* LUFT scheduled [*or* regular] services *pl*

linieren*, **liniieren*** *vt* ■ **etw ~** to rule [*or* rule [*or* draw] lines on] sth

liniert *adj inv* TYPO lined, ruled

Linierung, Liniierung <-, -en> *f* [ruled] lines *pl*

link *adj* (*sl*) shady *fam,* underhand; **ein ~er Hund/Kerl/Typ** a shady character [*or* customer]

Linke <-n, -n> *f* ❶ (*linke Hand*) left hand ❷ BOXEN (*linke Gerade*) left ❸ POL ■ **die ~** the left ▸ WENDUNGEN: **zu jds ~n, zur ~n von jdm** (*geh*) to sb's left, on sb's left[-hand side], to the left of sb

linke(r, s) *adj attr* ❶ (*opp: rechte(r, s)*) left, die **~e** *Fahrbahn/Spur,* the left-hand lane; *s. a.* **Masche** ❷ MODE (*innen, hinten*) *Stoff* the wrong side; *Wäsche* inside out ❸ POL left-wing, leftist *esp pej;* **der ~e Flügel** the left wing; *s. a.* **Hand**

Linke(r) *f(m) dekl wie adj* POL left-winger, lefty *esp pej fam,* leftist *esp pej*

linken *vt* (*sl*) ■ **jdn ~** to take sb for a ride *fam*

linkisch *adj* clumsy, awkward

links I. *adv* ❶ (*auf der linken Seite*) on the left; **sich ~ halten** to keep to the left; ***bei Straßen ohne Gehweg sollten Fußgänger in Deutschland ~ gehen*** on roads without a pavement pedestrians in Germany should walk on [*or* keep to] the left; ***dritte Tür ~*** [the] third door on the left; ■ **~ hinter/neben/von/vor …** to the left behind/directly to the left of/to the left of/to the left in front of …; **~ oben/unten** in the top/bottom left-hand corner; **nach ~** [to the] left; **nach ~ rechts/links gehen** to turn right/left; ***schau mal nach ~*** look to the [*or* your] left; **von ~** from the left; **von ~ nach rechts** from [the] left to [the] right ❷ (*verkehrt herum*) inside out; ***du hast ja die Socken ~ herum an!*** you've got your socks on inside out!; ***den Stoff* [von] *~ bügeln*** to iron the fabric on the reverse side; **auf ~** inside out ❸ TRANSP (*nach ~*) **~ abbiegen** to turn [off to the] left, to take a left turn; **~ einbiegen/sich ~ einordnen** to move [*or* get] into [*or* take] the left-hand lane; (*auf der linken Seite*) on the left; **~ bleiben/sich ~ halten** to keep to the left ❹ MODE **eine [Masche] ~, drei [Maschen] rechts** purl one, knit three; **~ stricken** to purl ❺ POL **~ eingestellt sein** to have left-wing tendencies [*or* leanings]; **~ [von jdm/etw] stehen** [*o* **sein**] to be left-wing [*or* on the left], to be to the left of sb/sth ❻ MIL ***die Augen ~!*** eyes left!; **~ *um!*** left about turn! ▸ WENDUNGEN: **weder ~ noch rechts schauen** to not [let oneself] be distracted; **jdn ~ liegen lassen** (*fam*) to ignore sb; **mit ~** (*fam*) easily, with no trouble **II.** *präp* +*gen* ■ **~ einer S.** to the left of sth; **~ eines Flusses** on the left bank of a river

Linksabbieger(in) <-s, -> *m(f)* TRANSP driver [*or* motorist] turning [off] left **Linksabbiegerspur** *f* TRANSP left-hand turn[ing]-off lane **Linksaußen** <-, -> *m* ❶ FBALL left wing, outside left ❷ POL (*fam*) extreme left-winger **linksbündig** *adj* TYPO left-justified *attr,* left justified *pred* **Linksdrall** *m* ❶ (*links drehender Drall*) swerve to the left ❷ POL (*fam*) left-wing tendency; **einen ~ haben** to lean to the left, to have left-wing tendencies [*or* leanings] **Linksextremist(in)** *m(f)* POL left-wing extremist **linksextremistisch** *adj inv* POL left-wing extremist **linksgerichtet** *adj* POL left-wing orientated [*or* AM oriented] **Linksgewinde** *nt* TECH left-hand[ed] thread **Linkshänder(in)** <-s, -> *m(f)* left-hander, left-handed person **linkshändig** I. *adj* left-handed II. *adv* with one's left hand **linksherum** *adv* ❶ (*nach links*) to the [*or* one's] left ❷ (*mit linker Drehrichtung*) anticlockwise BRIT, counter-clockwise AM **Linksintellektuelle(r)** *f(m) dekl wie adj* left-wing intellectual **Linkskurve** *f* left-hand bend; **eine ~ machen** to bend to the left **linkslastig** *adj* ❶ AUTO, NAUT down at the left *pred* ❷ POL (*pej*) left-wing, leftist *esp pej* **linksorientiert** *adj* POL left-wing, orientated [*or* AM oriented] towards the left **linksradikal** I. *adj* POL radical left-wing *attr* II. *adv* radically left-wing **Linksradikale(r)** *f(m) dekl wie adj* POL left-wing radical **linksrheinisch** *adj* on the left bank of the Rhine *pred* **Linksruck** <-es, -e> *m kein pl* POL [sharp] swing to the left **linksrum** *adv* (*fam*) *s.* **linksherum** **linksseitig** *adj* on the left side *pred;* **~ gelähmt sein** to be paralysed [*or* AM -yzed] on [*or* down] the left side **linksum** *adv* **~ kehrt!** MIL to the left! **Linksverkehr** *m* TRANSP driving on the left *no pl, no art*

Linnen <-s, -> *nt* (*veraltend geh*) linen

Linoleum <-s> *nt kein pl* linoleum, BRIT *a.* lino *fam no pl*

Linolschnitt *m* KUNST ❶ *kein pl* (*Technik*) linocut *no pl, no indef art* ❷ (*Produkt*) linocut

Linse <-, -n> *f* ❶ *meist pl* BOT, KOCHK lentil; **rote ~n** red lentils ❷ ANAT, PHYS lens

linsen *vi* (*fam*) to peep [*or* peek]

Linsenbohne *f* mung bean

Linz <-> *nt* Linz

Lipgloss[RR], **Lipgloß** <-, -> *nt* MODE, PHARM lip gloss

Lipid <-s, -e> *nt* BIOL lipid

Lippe <-, -n> *f* ANAT lip; **die ~n schminken/anmalen** to put on lipstick *sep*/paint one's lips; **jdm etw** *akk* **von den ~n ablesen** to read sth from sb's lips ▸ WENDUNGEN: **eine dicke** [*o* **große**] **~ riskieren** (*sl*) to brag, to boast; **etw nicht über die ~n bringen** to not be able to bring oneself to say sth; **an jds ~n hängen** to hang on sb's every word; **nicht über jds ~n kommen** to not pass sb's lips

Lippenbalsam *m* PHARM lip balm, BRIT *a.* lipsalve **Lippenbekenntnis** *nt* lip-service; **ein ~ ablegen** to pay lip-service **Lippenblütler** <-s, -> *m* BOT labiate **Lippenlaut** *m* LING labial **Lippenpflege** *f kein pl* ❶ MED (*Pflege der Lippen*) care of one's lips ❷ PHARM (*Mittel zur Pflege der Lippen*) lip-care product, product for protecting one's lips **Lippenpflegestift** *m* lip balm, BRIT *a.* lipsalve **Lippenpomade** *f* PHARM lip balm, chapstick, BRIT *a.* lipsalve, BRIT *a.* Lypsyl® **Lippenstift** *m* lipstick; **kussechter ~** kiss-proof lipstick

Lippfisch *m* ZOOL, KOCHK wrasse

liquid *adj s.* **liquide**

liquid(e) *adj* FIN ❶ (*geh: solvent*) solvent; ***ich bin im Moment nicht ~*** I'm out of funds at the moment ❷ (*verfügbar*) **~es Vermögen** liquid assets *pl*

Liquida <-, Liquidä *o* Liquiden> *f* LING liquid

Liquidation <-, -en> *f* ❶ (*geh: Honorarrechnung*) bill [of costs [*or* fees]], note of fees ❷ ÖKON (*Auflösung*) liquidation *no indef art*

Liquidator *m* ÖKON liquidator

liquidieren* *vt* ❶ (*euph: umbringen*) ■ **jdn ~** to liquidate sb ❷ ÖKON (*auflösen*) ■ **etw ~** to liquidate sth ❸ (*geh: in Rechnung stellen*) ■ **etw ~** to charge sth

Liquidierung <-, -en> *f* ❶ (*euph: das Umbringen*) liquidation ❷ ÖKON (*Auflösung*) liquidation

Liquidität <-> *f kein pl* ÖKON liquidity *no pl, no indef art,* [financial] solvency *no pl, no indef art,* ability to pay *no pl, no indef art*

Lira <-, Lire> *f* lira

lispeln I. *vi* to lisp II. *vt* ■ **etw ~** to whisper sth

Lissabon <-s> *nt* Lisbon

List <-, -en> *f* (*Täuschung*) trick, ruse; **eine ~ anwenden** to use a little cunning; **zu einer ~ greifen** to resort to a trick [*or* ruse] ▸ WENDUNGEN: **mit ~ und Tücke** (*fam*) with cunning and trickery

Liste <-, -n> *f* ❶ (*schriftliche Aufstellung, Aneinanderreihung*) list ❷ (*Namens~*) list [of names], roll; **eine ~ der Besucher** a visitors' book ❸ POL (*Wahl~*) list [of candidates] ▸ WENDUNGEN: **die schwarze ~** (*fam*) the blacklist; **auf der schwarzen ~ stehen** to be on the blacklist; **auf die schwarze ~ kommen** to be put on the blacklist [*or* blacklisted]

Listenplatz *m* POL place on the party list [of candidates] **Listenpreis** *m* ÖKON list price

listig *adj* cunning, crafty

listigerweise *adv* cunningly, craftily

Litanei <-, -en> *f* ❶ REL litany ❷ (*pej fam: monotone Aufzählung*) litany, catalogue [*or* AM -og]

Litauen <-s> *nt* Lithuania

Litauer(in) <-s, -> *m(f)* Lithuanian

Litauisch *nt dekl wie adj* Lithuanian; *s. a.* **Deutsch**

litauisch *adj* ❶ (*Litauen betreffend*) Lithuanian ❷ LING Lithuanian; **auf L~** in Lithuanian

Litauische <-n> *nt* ■ **das ~** Lithuanian, the Lithuanian language; *s. a.* **Deutsche**

Liter <-s, -> *m o nt* litre [*or* AM -er]

literarisch I. *adj* literary II. *adv* ❶ (*Literatur betreffend*) **~ gebildet/informiert sein** to be well-read; **~ interessiert sein** to be interested in literature ❷ (*als Literatur*) **etw ~ adaptieren/umarbeiten** to rewrite sth; **etw ~ verwenden** to use [in one's writing]

Literat(in) <-en, -en> *m(f)* (*geh*) literary figure, writer; ■ **die ~en** the literati *npl*

Literatur <-, -en> *f* ❶ LITER literature *no pl, no indef art;* **die schöne** [*o* **schöngeistige**] **~** [the] belles-lettres *npl, + sing/pl vb* ❷ *kein pl* VERLAG (*Veröffentlichungen*) literature *no pl, no indef art*

Literaturagent(in) *m(f)* LIT, VERLAG literary agent **Literaturangabe** *f* bibliographical reference **Literaturbeilage** *f* literary supplement **Literaturdenkmal** *nt* literary monument **Literaturgattung** *f* literary genre **Literaturgeschichte** *f* ❶ *kein pl* (*Geschichte*) literary history *no pl, no indef art,* history of literature *no pl, no indef art* ❷ (*Werk*) literary history **literaturgeschichtlich** *adj* relating to literary history [*or* the history of literature] *pred;* **~ bedeutsam/interessant** important in the field of/interesting from the point of view of literary history **Literaturhinweis** *m* bibliographical reference **Literaturkritik** *f* literary criticism **Literaturkritiker(in)** *m(f)* literary critic **Literaturpreis** *m* literary prize [*or* award] **Literaturverzeichnis** *nt* bibliography **Literaturwissenschaft** *f* literary studies *pl,* study of literature; **vergleichende ~ studieren** to study comparative literature **Literaturwissenschaftler(in)** *m(f)* literary specialist **Literaturzeitschrift** *f* literary journal [*or* review]

Literflasche *f* litre [*or* AM -er] bottle **Litermaß** *nt* litre measure **literweise** *adv* by the litre

loben

loben, positiv bewerten	praising, evaluating positively
Ausgezeichnet!/Hervorragend!	Excellent!/Outstanding!
Das hast du gut gemacht.	You did (that) very well.
Das hast du prima hingekriegt. *(fam)*	You've made a great job of that.
Das lässt sich (aber) sehen! *(fam)*	That's (really) something to be proud of!
Daran kann man sich ein Beispiel nehmen.	That's an example worth following.
Das hätte ich nicht besser machen können.	I couldn't have done better myself.
Wertschätzung ausdrücken	expressing high regard
Ich finde es super, wie er sich um die Kinder kümmert.	**I think it's great** how he looks after the children.
Ich schätze Ihren Einsatz **(sehr).**	**I (really) appreciate** your dedication.
Ich weiß Ihre Arbeit **sehr zu schätzen.**	**I very much appreciate** your work.
Ich möchte ihren guten Rat **nicht missen.**	**I wouldn't like to be without** your good advice.
Ich finde die Vorlesungen dieses Professors **sehr gut.**	**I think** this professor's lectures **are very good.**
Ich wüsste nicht, was wir ohne Ihre Hilfe **tun sollten.**	**I don't know what we would do without** your help.

LitfasssäuleRR *f,* **Litfaßsäule** *f* advertising pillar [*or* BRIT *a.* column]

Lithium <-s> *nt kein pl* CHEM lithium *no pl, no indef art*

Lithographie <-, -n> *f,* **Lithografie**RR <-, -n> [-'fiːən] *f* ① *kein pl* (*Technik*) lithography *no pl, no art* ② (*Druck*) lithograph

lithographisch *adj,* **lithografisch**RR *adj* lithographic

litt *imp von* **leiden**

Liturgie <-, -n> [-'giːən] *f* REL liturgy

liturgisch *adj* REL liturgical

Litze <-, -n> *f* ① MODE braid ② ELEK litz [*or* Litz] wire

live [laif] *adj pred* RADIO, TV live

LivealbumRR *n,* **Live-Album** *n* MUS live album **Liveaufnahme**RR *f,* **Live-Aufnahme** *f* MUS live recording **Liveband** *f* live band; ***eine Party mit ~s*** a party with live music [*or* bands] **Livesendung**RR *f,* **Live-Sendung** *f* RADIO, TV live broadcast [*or* programme [*or* AM -am]]

Livree <-, -n> [li'vreː, -eːən] *f* MODE livery

livriert [li'vriːɐt] *adj* MODE liveried

Lizentiat <-[e]s, -e> *nt s.* **Lizenziat**

Lizentiat(in) <-en, -en> *m(f) s.* **Lizenziat**

Lizenz <-, -en> *f* ① JUR (*Genehmigung*) licence [*or* AM -se]; **in ~** under licence ② SPORT (*Erlaubnis*) licence [*or* AM -se]

Lizenzausgabe *f* VERLAG licensed edition, edition published under licence [*or* AM -se] **Lizenzgeber(in)** <-s, -> *m(f)* licenser **Lizenzgebühr** *f* licence fee; VERLAG royalty

LizenziatRR**(in)** <-en, -en> *m(f)* SCH ① (*Inhaber des ~s*) licentiate ② SCHWEIZ licentiate

Lizenznehmer(in) <-s, -> *m(f)* licensee **Lizenzspieler(in)** *m(f)* SPORT licensed professional

Lkw, LKW <-[s], -[s]> *m Abk von* **Lastkraftwagen** HGV BRIT

Lkw-Fahrer(in) *m(f)* lorry [*or* AM truck] driver, haulier BRIT, trucker AM **Lkw-Führerschein** *m* HGV driver's licence BRIT, commercial driver's license [*or* CDL] AM **Lkw-Motor** *m* lorry [*or* AM truck] engine

Lob <-[e]s, *selten* -e> *nt* praise *no pl, no indef art;* ***ihm gebührt großes/höchstes ~*** he deserves the highest praise; **~ für etw bekommen** [*o* **erhalten**] to be praised for sth; **des ~es voll [über jdn/etw] sein** to be full of praise [for sb/sth]; **jdm ~ spenden** [*o geh* **zollen**] to praise [*or form* bestow praise on] sb; **~ verdienen** to deserve praise

Lobby <-, -s *o* Lobbies> ['lɔbi] *f* lobby

loben I. *vt* ① (*anerkennend beurteilen*) ■ **jdn/etw ~** to praise sb/sth; ■ **sich ~** to praise oneself ② (*lobenswert sein*) ■ **zu ~ sein** to be praiseworthy [*or* worthy of praise] ③ (*etw mehr schätzen*) ■ **sich** *dat* **etw** *akk* **~** to prefer sth; ***da lobe ich mir die guten alten Zeiten*** give me the good old days [any time] ④ (*sehr gefallen*) ■ **sich** *dat* **jdn/etw ~** to like to see sb/sth; ***solches Engagement lob' ich mir*** that's the sort of commitment I like [to see] II. *vi* to praise

lobend I. *adj* laudatory; **~e Worte** words of praise, laudatory words II. *adv* **sich** *akk* **über jdn/etw ~ äußern** to praise [*or* commend] sb/sth

lobenswert *adj* praiseworthy, laudable, commendable; KOCHK very good

Lobeshymne *f* (*überschwengliches Lob*) eulogy ▶ WENDUNGEN: **~n** [*o* **eine ~**] **auf jdn/etw anstimmen/singen** to [begin to] praise sb/sth to the skies

Lobgesang *m* REL hymn [of praise], song of praise **Lobhudelei** <-, -en> *f* (*pej*) fulsome [*or* gushing] praise *no pl, no art pej* **lobhudeln** *vi* (*pej*) ■ **[jdm] ~** to give fulsome praise, to praise sb fulsomely; ■ **~d** gushing

löblich *adj* (*geh*) laudable, commendable

Loblied *nt* ▶ WENDUNGEN: **ein ~ auf jdn/etw singen** to sing sb's praises/the praises of sth **lobpreisen** <*pp* lob[ge]priesen> *vt* REL (*liter*) ■ **jdn ~** to praise sb **Lobrede** *f* eulogy; **eine ~ auf jdn halten** to eulogize sb

Location <-, -s> [lɔ'keɪʃən] *f* location

Loch <-[e]s, Löcher> *nt* ① (*offene Stelle*) hole; **ein ~ im Reifen** a puncture; **ein ~ im Zahn** a hole [*or* cavity] in one's [*or* the] tooth; **ein gähnendes ~** (*geh*) a yawning [*or* gaping] hole; **ein ~ in etw** *akk* **[hinein]fressen** to eat a hole into sth ② SPORT (*Billard~*) pocket; (*Golf~*) hole ③ (*fam: elende Wohnung*) hole *fam* ▶ WENDUNGEN: **jdm ein ~** [*o* **Löcher**] **in den Bauch fragen** (*fam*) to drive sb up the wall with [[all] one's] questions; **Löcher** [*o* **ein ~**] **in die Luft schießen** (*fam*) to miss the target; **Löcher in die Luft starren** (*fam*) to stare [*or* gaze] into space; **auf dem letzten ~ pfeifen** (*sl: finanziell am Ende sein*) to be broke *fam* [*or* BRIT *sl a.* skint]; (*völlig erschöpft sein*) to be on one's/its last legs; **schwarzes ~** ASTRON black hole; **ein großes ~ in jds Geldbeutel/Ersparnisse reißen** (*fam*) to make a big hole in sb's pocket/a big hole [*or fam* dent] in sb's savings; **saufen wie ein ~** (*fam*) to drink like a fish *fam;* **mit etw** *dat* **ein ~ stopfen** to plug the gap [in sth] with sth

lochen *vt* ■**etw** ~ ① (*mit dem Locher stanzen*) to punch holes in ② TRANSP (*veraltend: mit der Lochzange entwerten*) ■**etw** ~ to punch [*or* clip] sth

Locher <-s, -> *m* [hole] punch[er]

löcherig *adj* full of holes *pred,* holey; ■[**ganz**] ~ **sein** to be full of holes

löchern *vt* (*fam*) ■**jdn** ~ to pester sb

Lochkarte *f* INFORM punch card

Lochung <-, -en> *f* ① *kein pl* (*das Lochen*) punching holes in ② (*gelochte Stelle*) perforation

Lochzange *f* [ticket] punch

Locke <-, -n> *f* curl; ~**n haben** to have curly hair; **sich** *dat* ~**n machen lassen, sich** *dat* **das Haar in** ~**n legen lassen** to have one's hair set [*or* curled]

locken[1] **I.** *vt* ■**etw** ~ to curl sth; **sich** *dat* **das Haar** ~ **lassen** to have one's hair set [*or* curled]; *s. a.* **gelockt II.** *vr* ■**sich** ~ to curl; ***nach der Wäsche ~ sich die Haare von allein*** hair tends to go curly after washing

locken[2] *vt* ① (*an~*) ■**etw** ~ to lure sth; **ein Tier in einen Käfig** ~ to lure [*or* entice] an animal into a cage ② (*ver~*) ■**jdn** ~ to tempt sb; ***Ihr Vorschlag könnte mich schon*** ~ I'm [very] tempted by your offer, your offer is very tempting ③ (*ziehen*) ■**jdn** ~ *impers* sb is lured; ***mich lockt es jedes Jahr in die Karibik*** every year I feel the lure of the Caribbean

lockend *adj* tempting; ■**etw ist für jdn** ~ sth is tempting for sb

Lockenkopf *m* ① (*lockiges Haar*) curly hair *no pl, no indef art* ② (*Mensch mit ~*) curly-headed person, curlyhead *fam* **Lockenpracht** *f* magnificent head of curls **Lockenstab** *m* curling tongs *npl* [*or* AM iron] **Lockenwickler** <-s, -> *m* [hair] curler [*or* roller]; **die Haare auf** ~ **drehen** to put one's hair in curlers [*or* rollers]

locker **I.** *adj* ① (*nicht stramm*) loose ② (*nicht fest*) loose, loose-packed *attr,* loosely packed *pred* ③ KOCHK (*luftig*) light ④ (*nicht gespannt*) slack; ~**e Muskeln** relaxed muscles; **ein** ~**es Mundwerk haben** (*fig fam*) to have a big mouth *fig fam* ⑤ (*leger, unverkrampft*) relaxed, laid-back *attr fam,* laid back *pred fam;* **einen** ~**en Lebenswandel führen** (*pej*) to lead a loose life *pej* ⑥ (*oberflächlich*) casual **II.** *adv* ① (*nicht stramm*) loosely; ~ **gebunden** loosely tied; ~ **sitzen** to be loose ② (*oberflächlich*) casually; ***ich kenne ihn nur*** ~ I only know him in passing ③ (*sl: ohne Schwierigkeiten*) just like that *fam* ► WENDUNGEN: ~ **vom Hocker** (*fam*) without any problems, no problem! *fam;* **bei jdm ist eine Schraube** ~ (*sl*) sb has a screw loose *fam;* [**bei**] **jdm sitzt etw** *gen* ~ (*sl*) sb is quick on the draw with sth; ***bei ihm sitzt das Messer*** ~ he's always quick to pull a knife [on somebody]!

locker-flockig **I.** *adj* (*sl*) laid-back *attr fam,* laid back *pred fam* **II.** *adv* (*sl: unbekümmert*) laid back *fam;* (*spielend leicht*) without any trouble, no sweat *fam*

Lockerheit <-> *f kein pl* ① (*lockere Beschaffenheit*) looseness ② (*bei einem Seil*) slackness ③ KOCHK lightness

locker|lassen *vi irreg* (*fam*) ■**nicht** ~ to not give [*or fam* let] up **locker|machen** *vt* (*fam*) ■**etw** [**für jdn/etw**] ~ to shell [*or* fork] out sth [for sb/sth] *fam;* ***ob du bei Mutter noch 50 Mark Taschengeld für mich ~ könntest?*** do you think you could get Mum to up *fam* my pocket money by another 50 marks?

lockern **I.** *vt* ① (*locker machen*) ■**etw** ~ to loosen sth; **den Griff** ~ to relax [*or* loosen] one's grip; **die Zügel** ~ to slacken the reins ② (*entspannen*) ■**etw** ~ to loosen up sth *sep* ③ (*weniger streng gestalten*) ■**etw** ~ to relax sth **II.** *vr* ■**sich** ~ ① (*locker werden*) *Backstein, Schraube, Zahn* to work loose; *Bremsen* to become loose [*or* soft]; *Bewölkung, Nebel* to lift ② SPORT (*die Muskulatur entspannen*) to loosen [*or* limber] up ③ (*sich entkrampfen*) to become more relaxed; ***die Verkrampfung lockerte sich zusehends*** the tension eased visibly

Lockerung <-, -en> *f* ① SPORT (*Entspannung*) loosening [*or* limbering] up ② (*Entkrampfung*) relaxation

Lockerungsübung *f* loosening-[*or* limbering-]up exercise

lockig *adj* ① (*gelockt*) curly ② (*lockiges Haar besitzend*) curly-headed

Lockmittel *nt* lure; ***ein hohes Gehalt ist immer ein gutes*** ~ a high salary is always a good enticement **Lockruf** *m* ORN call **Lockvogel** *m* ① JAGD decoy [bird] ② (*pej: Köder*) decoy

Loddel <-s, -> *m* (*sl*) pimp, BRIT *a.* ponce *pej sl*

Loden <-s, -> *m* MODE loden

Lodenmantel *m* MODE loden coat

lodern *vi* ① *haben* (*emporschlagen*) to blaze [up]; ***im Kamin loderte ein Feuer*** a fire was blazing in the grate; ■ ~**d** blazing; *s. a.* **Auge** ② *sein* (*schlagen*) ***die Flammen sind zum Himmel gelodert*** the flames reached up [in]to the sky

Löffel <-s, -> *m* ① (*als Besteck*) spoon ② KOCHK (*Maßeinheit*) a spoonful [of] ③ JAGD ear ► WENDUNGEN: **mit einem goldenen/silbernen** ~ **im Mund geboren sein** to be born with a silver spoon in one's mouth; **den** ~ **abgeben/wegwerfen** (*sl*) to kick the bucket *sl;* **seine** ~ **aufsperren** (*sl*) to pin back one's ears [*or* BRIT *sl* lugholes]; **jdn über den** ~ **balbieren** (*fam*) to take sb for a ride *fam;* **ein paar hinter die** ~ **bekommen** [*o* **kriegen**] (*fam*) to get a clip round [*or* AM on] the ears; **jdm ein paar hinter die** ~ **geben** (*fam*) to give sb a clip round [*or* AM on] the ears; **sich** *dat* **etw** *akk* **hinter die** ~ **schreiben** to get sth into one's head

Löffelente *f* ORN shoveler

löffeln *vt* ① (*essen*) ■**etw** ~ to eat sth with a spoon, to spoon up sth *sep* ② (*schöpfen*) ■**etw** [**in etw** *akk*] ~ to spoon sth [into sth] ► WENDUNGEN: **jdm eine** ~ (*fam*) to slap sb

Löffelstiel *m* spoon handle

löffelweise *adv* by the spoonful

Löffler *m* ORN spoonbill

log[1] [lɔk] *m Abk von* **Logarithmus** log

log[2] *imp von* **lügen**

Log <-s, -e> *nt* NAUT log

Logarithmentafel *f* MATH log[arithm] table

Logarithmus <-, -rithmen> *m* MATH logarithm

Logbuch *nt* NAUT log[book]

Logdatei[RR] *f,* **Log-Datei** *f* INFORM log file

Loge <-, -n> ['lo:ʒə] *f* ① FILM, THEAT box, loge ② (*Pförtner~*) lodge ③ (*Geheimgesellschaft von Freimaurern*) lodge

Logenbruder *m* lodge brother, freemason **Logenmeister** *m* master of a/the lodge **Logenplatz** *m* FILM, THEAT seat in a box [*or* loge] **Logensitzung** *f* lodge meeting

logieren* [lo'ʒi:rən] *vi* to stay; **bei jdm** ~ to stay at sb's place

Logik <-> *f kein pl* ① (*Folgerichtigkeit*) logic *no pl, no indef art;* ***das ist vielleicht eine ~!*** (*iron*) that's an interesting type of logic! *iron* ② PHILOS logic *no pl, no art*

Logis <-> [lo'ʒi:] *nt kein pl* ① (*Unterkunft*) lodgings *pl,* rooms *pl;* **Kost und** ~ board and lodging; **bei jdm in** ~ **wohnen** to lodge with sb ② NAUT crew's quarters *pl,* forecastle [*or* fo'c'sle]

logisch *adj* ① (*in sich stimmig*) logical ② (*fam: selbstverständlich*) natural; [**na,**[**ist doch**]] ~**!** of course!

logischerweise *adv* naturally [*or* understandably] [enough]

Logistik <-> *f kein pl* MIL, ÖKON logistics *npl*
logistisch *adj inv, attr* logistic[al]
logo *interj* (*sl*) of course, you bet *fam*
Logo <-s, -s> *nt* logo
Logopäde, -pädin <-n, -n> *m, f* speech therapist, logopaedist BRIT, logopedist AM
Logopädie <-> *f kein pl* speech therapy *no art*
Logopädin <-, -nen> *f fem form von* **Logopäde**
Lohe[1] <-, -n> *f* (*geh: emporlodernde Flamme[n]*) raging flames *pl*
Lohe[2] <-, -n> *f* (*Gerber~*) tanbark
Lohgerber(in) *m(f)* tanner
Lohn <-[e]s, Löhne> *m* ❶ (*Arbeitsentgelt*) wage[s *pl*], pay *no pl, no indef art* ❷ *kein pl* (*Belohnung*) reward; **jds gerechter** [*o* **verdienter**] ~ sb's just deserts; ***dafür wird er schon noch seinen ~ erhalten!*** he will get his comeuppance for this [one day]!; **als** [*o* **zum**] ~ **für etw** *akk* as a reward for sth
Lohnabrechnung *f* payroll [*or* wage[s]] accounting, pay-[*or* wage-]slip, wages slip **Lohnausfall** *m* ÖKON loss of earnings **Lohnausgleich** *m* pay compensation; **bei vollem** ~ at full [*or* without loss of] pay, without pay cuts **Lohnbuchhalter(in)** *m(f)* payroll [*or* wages] clerk **Lohnbuchhaltung** *f* ❶ *kein pl* (*Berechnung des Lohns*) payroll [*or* wage[s]] accounting ❷ (*Lohnbüro*) payroll [*or* wages] office, payroll department **Lohnbüro** *nt* payroll [*or* wages] office, payroll department **Lohnempfänger(in)** *m(f)* (*geh*) wage-earner
lohnen I. *vr* ❶ (*sich bezahlt machen*) ■**sich** *akk* [**für jdn**] ~ to be worthwhile [*or* worth it] [for sb]; ***unsere Mühe hat sich gelohnt*** it was worth the effort [*or* trouble], our efforts were worth it [*or* worthwhile] ❷ (*es wert sein*) ■**sich** ~ to be worth seeing [*or* going to see]; ■**sich** *akk* ~, **etw** *akk* **zu tun** to be worth doing sth II. *vt* ❶ (*rechtfertigen*) ■**etw** ~ to be worth sth; ***der große Aufwand lohnt das Ergebnis kaum/nicht*** the result was hardly/wasn't worth all that expense ❷ (*be~*) ■**jdm etw** *akk* ~ to reward sb for sth; ***sie hat mir meine Hilfe mit Undank gelohnt*** she repaid my help with ingratitude III. *vi impers* to be worth it; ■~, **etw** *akk* **zu tun** to be worth[while] doing sth
löhnen I. *vi* (*fam*) to pay [*or sl* cough] up II. *vt* (*fam*) ■**etw** [**für etw** *akk*] ~ to pay sth [*or* shell [*or* fork] out sth *fam*] [for sth]
lohnend *adj* (*einträglich*) rewarding, lucrative, profitable; (*nutzbringend*) worthwhile; (*sehens-/hörenswert*) worth seeing/hearing
lohnenswert *adj* worthwhile, rewarding; ■~ **sein, etw** *akk* **zu tun** to be worthwhile doing sth
Lohnerhöhung *f* wage [*or* pay] increase [*or* rise] **Lohnforderung** *f* wage demand [*or* claim] **Lohnfortzahlung** *f* continued payment of wages **Lohngefälle** *nt* ÖKON wage differential **Lohngruppe** *f* wage group [*or* bracket] **Lohnkosten** *pl* wage [*or* labour] [*or* AM labor] costs *pl* **Lohnkürzung** *f* ÖKON wage cut **Lohnliste** *f* payroll [register [*or* sheet]]; **auf jds** ~ **stehen** to be on sb's payroll; (*von jdm bezahlt werden*) to be in sb's pay **Lohnnebenkosten** *pl* incidental labour [*or* AM -or] [*or* wage] costs *pl*, ancillary wage costs *pl* **Lohnpfändung** *f* attachment [*or* garnishment] of wages [*or* earnings] **Lohn-Preis-Spirale** *f* wage-price spiral
Lohnsteuer *f* income tax [on wages and salaries]
Lohnsteuerjahresausgleich *m* annual adjustment of income tax **Lohnsteuerkarte** *f card showing income tax and social security contributions paid by an employee in any one year*
Lohnstopp *m* wages freeze **Lohnstückkosten** *pl* unit labour [*or* AM -or] costs *pl*
Loipe <-, -n> *f* SKI cross-country course, loipe
Lok <-, -s> *f* (*fam*) *kurz für* **Lokomotive**
lokal *adj* local; **jdn** ~ **betäuben** to give sb a local anaesthetic [*or* AM anesthetic]
Lokal <-s, -e> *nt* ❶ (*Gaststätte*) pub BRIT, bar AM; (*Restaurant*) restaurant ❷ (*Vereins~*) [club] meeting place
Lokalanästhesie *f* MED local anaesthetic [*or* AM anesthetic]; **in** ~ under local anaesthetic **Lokalaugenschein** *m* JUR ÖSTERR (*Lokaltermin*) visit to the scene of the crime **Lokalblatt** *nt* MEDIA local paper
Lokale(s) *nt dekl wie adj* local news + *sing vb, no indef art*
Lokalfernsehen <-s, -> *nt* MEDIA local television
Lokalisation <-, -en> *f* (*geh*) location
lokalisieren* *vt* ❶ (*örtlich bestimmen*) ■**etw** ~ to locate sth; ■**etw lässt sich** *akk* ~ sth can be located ❷ (*eingrenzen*) ■**etw** [**auf etw** *akk*] ~ to localize sth [in[*or* to] sth], to limit sth [to sth]; **den Konflikt** ~ to contain the conflict
Lokalität <-, -en> *f* ❶ (*Örtlichkeit*) locality; ***wir brauchen jemanden, der sich mit der ~/den ~en genau auskennt*** we need someone who knows the area like the back of his hand ❷ (*hum fam: Lokal*) pub BRIT, bar AM
Lokalkolorit *nt* local colour [*or* AM -or] **Lokalmatador** *m* (*hum*) local hero [*or* favourite] [*or* AM favorite] **Lokalnachrichten** *pl* MEDIA local news + *sing vb, no indef art* **Lokalpatriotismus** *m* local patriotism *no pl, no indef art* **Lokalteil** *m* MEDIA local section **Lokaltermin** *m* JUR visit to the scene of the crime **Lokalverbot** *nt* ~ **bekommen/haben** to get/be banned [*or* barred] from a pub [*or* AM bar]; **jdm** ~ **erteilen** to ban [*or* bar] sb from a/the pub [*or* AM bar] **Lokalzeitung** *f* local newspaper
Lokführer(in) *m(f)* (*fam*) engine [*or* train] driver BRIT, engineer AM
Lokomotive <-, -n> [-və] *f* locomotive, [railway] engine
Lokomotivführer(in) *m(f)* engine [*or* train] driver BRIT, engineer AM
Lokuste <-, -n> *f* ZOOL locust
Lolita <-, -s> *f* Lolita *liter*
Lolli <-s, -s> *m* (*fam*) lollipop, BRIT *a.* lolly *fam*
Lombardsatz *m* FIN Lombard rate, rate for loans on securities
London <-s> *nt* London
Londoner *adj attr* London; ***im ~ Hyde-Park*** in London's Hyde Park
Londoner(in) <-s, -> *m(f)* Londoner
Longdrink ['lɔŋdrɪŋk] *m* long drink
Look <-s, -s> [lʊk] *m* MODE look
Looping <-s, -s> ['lu:pɪŋ] *m o nt* LUFT loop, looping the loop; **einen** ~ **machen** to loop the loop
Lorbeer <-s, -en> *m* ❶ (*Baum*) laurel [*or* bay] [tree] ❷ (*Gewürz*) bay leaf ❸ (*geh: Kranz*) laurel wreath ▶ WENDUNGEN: **sich** *akk* **auf seinen ~en ausruhen** (*fam*) to rest on one's laurels; **mit etw** *dat* **keine ~en ernten können** to not win any laurels for sth
Lorbeerbaum *m* laurel [*or* bay] [tree] **Lorbeerblatt** *nt* ❶ (*Blatt des Lorbeers*) laurel [*or* bay] leaf ❷ (*Gewürz*) bay leaf **Lorbeerkranz** *m* laurel wreath
Lore <-, -n> *f* BERGB tipper [*or* tipping] wagon BRIT, dump truck AM
los I. *adj pred* ❶ (*von etwas getrennt*) ■~ **sein** to have come off; *s. a.* **Hund** ❷ (*fam: losgeworden*) ■**jdn** ~ **sein** to be rid [*or fam* shot] of sb; ■**etw** ~ **sein** to be rid [*or fam* shot] of sth, to have got rid [*or fam* shot] of sth; (*ging einer S. verlustig*) to have lost [*or fam* blown] sth; ***er ist sein ganzes Geld los*** he's lost all his money [*or fam* cleaned out] ▶ WENDUNGEN: **irgendwo ist etwas/viel/nichts** ~ (*fam*) sth/a lot/nothing is going on [*or* happening] somewhere; ***wo ist***

hier etwas** ~?* where can I find some action around here?; ***da ist immer viel ~ there's always a lot going on there, that's where the action always is *fam;* **...** **[dann] ist etwas** ~! (*fam*) there'll be hell to pay!; **mit jdm ist etwas** ~ (*fam*) sth's up [*or* the matter] with sb; **mit jdm ist nichts** ~ (*fam: jd fühlt sich nicht gut*) sb isn't up to much [any more]; (*jd ist langweilig*) sb is a dead loss *fam;* **was ist** ~**?** (*fam*) what's up? [*or* wrong] [*or* the matter]; **was ist denn hier/da** ~**?** (*fam*) what's going on here/there?; *s. a.* **Mundwerk** **II.** *adv* ① (*fortgegangen*) ■**jd ist** ~ sb has gone [*or* left]; ***Ihre Frau ist schon seit/vor fünf Minuten*** ~ your wife left [*or* went] five minutes ago ② (*gelöst*) ■**etw ist** ~ sth is [*or* has come] loose; ***noch ein paar Umdrehungen, dann ist die Schraube*** ~**!** a couple more turns and the screw will be off! ▶ WENDUNGEN: ~**!** (*mach!*) come on!; (*voran!*) get moving!; ~**, *verschwinde, du frecher Köter!*** go on, get out of here, you cheeky devil!; *s. a.* **Achtung, Platz, nichts**

Los <-es, -e> *nt* ① (*Lotterie~*) [lottery] ticket; (*Kirmes~*) [tombola [*or* AM raffle]] ticket ② (*für Zufallsentscheidung*) lot; **durch das** ~ by drawing lots; **das** ~ **entscheidet** [*o* **wird gezogen**] to be decided by drawing lots; **das** ~ **fällt auf jdn** it falls to sb ③ *kein pl* (*geh: Schicksal*) lot *no pl;* **jds** ~ **teilen, das gleiche** ~ **erfahren** (*geh*) to share the same lot [*or* fate] [as sb] ▶ WENDUNGEN: **das große** ~ the jackpot, first prize; **jd hat mit jdm/etw das große** ~ **gewonnen** [*o* **gezogen**] sb has hit the jackpot [*or* struck it lucky] with sb/sth

los|bellen *vi* to start barking, to bark **los|binden** *vt irreg* ■**etw/ein Tier [von etw** *dat*] ~ to untie sth/an animal [from sth] **los|brechen** *irreg* **I.** *vt haben* ■**etw [von etw** *dat*] ~ to break off sth [from sth] [*or* sth off [sth]] **II.** *vi sein* ① (*abbrechen*) ■**[von etw** *dat*] ~ to break off [sth] ② (*plötzlich beginnen*) to break out; ***gleich wird das Gewitter/Unwetter*** ~ the storm is about to break **los|bröckeln** *vi sein* ■**[von etw** *dat*] ~ to crumble away [from sth] [*or* off [sth]]

Löscharbeit *f meist pl* fire-fighting *no pl,* fire-fighting operations *pl*

löschbar *adj* ① (*zu löschen*) *Feuer, Flammen* extinguishable ② (*zu tilgen*) *Daten, Text etc* can be deleted [*or* removed] *pred*

Löschblatt *nt* sheet [*or* piece] of blotting-paper

löschen[1] **I.** *vt* ① (*auslöschen*) ■**etw** ~ *Feuer, Flammen* to extinguish [*or sep* put out] sth [with sth]; **das Licht** ~ to switch [*or* turn] off [*or* out] the light[s] *sep,* to put out the light[s] *sep; s. a.* **Durst, Kalk** ② (*tilgen*) ■**etw** ~ to delete [*or* remove] sth; **ein Bankkonto** ~ to close a bank account; **eine Firma aus dem Handelsregister** ~ to remove [*or sep* strike off] a firm from the register of companies ③ (*eine Aufzeichnung entfernen*) ■**etw** ~ to erase sth ④ INFORM ■**etw** ~ to delete sth ⑤ (*aufsaugen*) ■**etw [mit etw** *dat*] ~ to blot sth [with sth] **II.** *vi* to extinguish [*or sep* put out] a/the fire

löschen[2] NAUT **I.** *vt* ■**etw** ~ to unload sth **II.** *vi* to unload

Löschfahrzeug *nt* fire engine **Löschflugzeug** *nt* firefighting plane **Löschmannschaft** *f* firefighting team **Löschpapier** *nt* blotting paper

Löschung[1] <-, -en> *f* cancellation, removal; *Schulden* paying off, repayment; *Eintragungen* deletion; *Firmen* striking off; *Computerdaten* erasing, deletion; *Bankkonto* closing

Löschung[2] <-, -en> *f* (*das Ausladen*) unloading *no pl*

Löschzug *m* fire engine

lose *adj* ① (*locker, unverbunden*) loose; **ein** ~**r Knopf** a loose button; **ein** ~**s Seil** a slack rope; **eine** ~**e Verbindung** a loose connection ② (*unverpackt, einzeln*) loose; ~ **Ware** items sold loose; ~ **Manuskriptseiten** loose pages of a manuscript; **sein Geld** ~ **in der Tasche haben** to have loose change in one's pocket ③ (*hum: frech*) cheeky, lippy; **ein** ~**s Mundwerk haben** to be cheeky, to have a big mouth ④ (*veraltend: unmoralisch*) loose; **ein** ~**s Mädchen** a loose woman

Loseblattausgabe *f* loose-leaf book[let]

Lösegeld *nt* ransom

Lösegeldforderung *f* ransom demand

los|eisen **I.** *vt* (*fam*) ① (*mit Mühe freimachen*) ■**jdn [von jdm/etw]** ~ to tear sb away [from sb/sth]; ***es ist schwer, die Kinder vom Fernseher loszueisen*** it is difficult to tear the children away from the TV ② (*etw beschaffen*) ■**bei jdm etw** ~ to wangle sth [out of sb] *fam;* ***ich konnte bei meiner Mutter etwas Geld*** ~ I was able to get [*or* prise] some money out of my mother **II.** *vr* (*fam*) ■**sich [von etw]** ~ to tear oneself away [from sth]

Lösemittel *nt s.* **Lösungsmittel**

losen *vi* ■**[um etw]** ~ to draw [*or* cast] lots [for sth]; ■~ **wer etw tut/tun soll/ist** to draw [*or* cast] lots to see who does/must do/is sth

lösen **I.** *vt* ① (*ab~*) ■**etw [von etw]** ~ to remove sth [from sth]; **das Fleisch vom Knochen** ~ to take the meat off the bone; **den Schmutz** ~ to remove the dirt; **etw aus dem Zusammenhang** ~ (*fig*) to take sth out of context ② (*aufbinden*) ■**etw** ~ to untie sth; **die Fesseln/den Knoten** ~ to undo the shackles/the knot ③ (*Arretierung aufheben*) **die Bremse** ~ to release the brake ④ (*entspannen*) **eine Schraube/einen Verband** ~ to loosen a screw/bandage; ***Alkohol löst die Zunge*** (*fig*) alcohol loosens the tongue; **die Hemmungen** ~ to relieve inhibitions ⑤ (*klären*) ■**etw** ~ to solve sth; **einen Konflikt/eine Schwierigkeit** ~ to resolve a conflict/difficulty; **ein Problem/Rätsel** ~ to solve a problem/mystery; **einen Mordfall** ~ to solve a murder ⑥ (*aufheben, annullieren*) ■**etw** ~ to break off sth; **den Bund der Ehe** ~ (*geh*) to dissolve a marriage; **eine Verbindung** ~ to sever a connection; **eine Verlobung** ~ to break off an engagement; **einen Vertrag** ~ to cancel a contract ⑦ (*zergehen lassen*) ■**etw in etw** *dat* ~ to dissolve sth in sth; ■**[in etw** *dat*] **gelöst** dissolved [in sth]; **im Wasser gelöste Brausetabletten** effervescent tablets ⑧ (*geh: den Abzug betätigen*) to press the trigger; **einen Schuss** ~ to fire [a shot] ⑨ (*ein Ticket kaufen*) ■**etw [an etw** *dat*] ~ to buy sth [at sth]; **eine Fahrkarte** ~ to buy a ticket [for public transport] **II.** *vr* ① (*sich ab~*) ■**sich [von etw]** ~ to come off [of sth]; ***die Tapete löst sich von der Wand*** the wallpaper is coming off the wall; ***eine Lawine löste sich*** an avalanche started ② (*sich freimachen, trennen*) ■**sich von jdm** ~ to free oneself of sb; **sich von seinen Eltern/altmodischen Ansichten** ~ to break away from one's parents/old-fashioned views; ■**sich aus etw** ~ to free oneself from sth; **sich aus einer Umarmung** ~ to free oneself from an embrace ③ (*sich aufklären*) ■**sich** ~ to be solved; ***das Rätsel löste sich von ganz alleine*** the mystery solved itself ④ (*sich auf~*) ■**sich [in etw** *dat*] ~ to dissolve [in sth] ⑤ (*sich lockern*) to loosen; ***der Knoten lässt sich nicht*** ~ I can't undo this knot; ***langsam löste sich die Spannung*** (*fig*) the tension faded away; *s. a.* **gelöst**

Loser <-s, -> ['lu:zɐ] *m* (*sl: Versager*) loser

los|fahren *vi irreg sein* ① (*abfahren*) ■**[von etw]** ~ to leave [somewhere], to set [*or* drive] off ② (*auf etw zufahren*) ■**auf jdn/etw** ~ to drive towards sb/sth ③ (*fam: wütend auf jdn zugehen*) ■**auf jdn** ~ to attack sb *fam,* to lay into sb *fam;* **auf seinen Gegner** ~ (*aufbrausen*) ■**jmd fährt los** sb flares up **los|gehen** *irreg* **I.** *vi sein* ① (*weggehen*) ■**[von etw]** ~ to leave sth ② (*auf ein Ziel losgehen*) ■**auf etw** ~ to set off for/towards sth ❸ (*fam: beginnen*) ■ **etw geht los** sth starts; ***das Konzert geht erst in einer Stunde los*** the concert will only start in an hour ❹ (*fam: sich lösen*) ■ **etw geht los** to loosen; ***der Knopf ist mir losgegangen*** my button has fallen off ❺ (*angreifen*) ■ **[mit etw] auf jdn** ~ to attack [*or* lay into] sb [with sth]; ***die Gegner gingen wütend aufeinander los*** the opponents laid into each other furiously ❻ (*sich lösen*) *Schusswaffen* to go off **II.** *vi impers sein* (*fam: beginnen*) to start; ■ **es geht [mit etw] los** sth starts; ***jetzt geht es erst richtig los*** it's really going to start now; ***gleich wird es wieder losgehen mit der Schreierei*** here we go again with the shouting; **jetzt geht's los** (*fam*) here we go, it's starting; (*beim Rennen*) they're off

los|haben *vt irreg haben* (*fam*) ■ **[auf/in etw** *dat*] **etwas/einiges/nichts/viel** ~ to be quite competent/incompetent/very competent [in/at sth]; ***in Sachen Computer hat er viel los*** he's pretty good with computers

los|heulen *vi* (*fam*) *Menschen* to burst into tears [*or* out crying]; *Tiere* to howl **los|husten** *vi infin* to start coughing [*or* to cough]

los|kaufen *vt* ■ **jdn** ~ to ransom sb; **eine Geisel** ~ to ransom a hostage **los|ketten** *vt haben* ■ **etw von etw** ~ to unchain sth from sth

los|kichern *vi infin* to start giggling [*or* to giggle]

los|kommen *vi irreg sein* (*fam*) ❶ (*wegkommen*) ■ **[irgendwo/aus etw]** ~ to get away [from somewhere]; ***wann bist du denn zu Hause losgekommen?*** so when did you [manage to] leave home? ❷ (*sich befreien*) ■ **von jdm** ~ to free oneself of sb; ***sie musste zuerst von ihrem Freund*** ~ she had to get away from her boyfriend; ■ **von etw** ~ to quit sth; **von Schulden** ~ to get out of debt; **von einem Gedanken** ~ to get sth out of one's head; **von einer Sucht** ~ to overcome an addiction

los|kratzen *vt haben* ■ **etw [von etw]** ~ to scrape sth off [sth] **los|kriegen** *vt* (*fam*) ❶ (*lösen können*) ■ **etw [von etw]** ~ to get sth off [of sth]; ***ich kann den Deckel nicht*** ~ I can't get the lid off ❷ (*loswerden*) ■ **jdn/etw** ~ to get rid of sb/sth ❸ (*verkaufen können*) ■ **etw** ~ to flog sth *fam*

los|lachen *vi* to burst into laughter [*or* out laughing]

los|lassen *vt irreg* ❶ (*nicht mehr festhalten*) ■ **jdn/etw** ~ to let sb/sth go; ***du musst den Knopf nach dem Sprechen*** ~ you have to release the button after speaking; ***lass mich los!*** let me go! ❷ (*beschäftigt halten*) ■ **etw lässt jdn nicht los** sb can't get sth out of his/her head; ***der Gedanke lässt mich nicht mehr los*** I can't get the thought out of my mind; ***das Buch lässt mich nicht mehr los*** I can't put this book down ❸ (*fam: auf den Hals hetzen*) ■ **etw/jdn auf etw/jdn** ~ to let sth/sb loose [*or* set sth/sb] on sth/sb; **die Hunde** ~ to let [*or* set] the dogs loose ❹ (*pej fam: Unqualifizierte sich betätigen lassen*) ■ **jdn auf jdn** ~ to let sb loose [*or* unleash sb] on sb ❺ (*fam: von sich geben*) ■ **etw** ~ to voice sth; **einen Fluch** ~ to curse; **eine Schimpfkanonade** ~ to launch into a barrage of abuse; **einen Witz** ~ to come out with a joke

los|laufen *vi irreg sein* to start running **los|legen** *vi* (*fam*) ■ **[mit etw]** ~ to start [doing sth]; ***leg los!*** spill the beans, go ahead, come on, tell me all about it

löslich *adj* soluble; ■ **etw ist [in etw** *dat*] ~ sth dissolves [in sth]

los|lösen I. *vt* (*ablösen*) ■ **etw [von etw]** ~ to remove sth [from sth], to take sth off [of sth] **II.** *vr* ❶ (*sich ablösen*) ■ **sich [von etw]** ~ to come off [of sth] ❷ (*sich freimachen*) ■ **sich von jdm** ~ to free oneself of sb

los|machen I. *vt* (*losbinden*) ■ **jdn/ein Tier [von etw]** ~ to untie [*or* free] sb/an animal [from sth]; **ein Tier von einer Kette** ~ to unchain an animal; **die Leinen** ~ to unmoor; ***er machte sich von allen Zwängen los*** he let his hair down *fam;* **einen/etw losmachen** (*sl*) to party; ***heute machen wir richtig einen los*** today we're going to really paint the town red **II.** *vi* ❶ NAUT (*ablegen*) ■ **[von etw]** ~ to cast off ❷ (*fam: sich beeilen*) to get a move on, to step on it

los|müssen *vi irreg* (*fam*) to have to leave [*or* go]; ***jetzt müssen wir aber wirklich los*** it's really time we were going

Losnummer *f* ticket number

los|platzen *vi sein* (*fam*) ❶ (*plötzlich loslachen*) to burst out laughing [*or* into laughter] ❷ (*plötzlich etw sagen*) ■ **[mit etw]** ~ to burst out [with sth] **los|rasen** *vi sein* (*fam: plötzlich schnell loslaufen/-fahren*) to race [*or* speed] off

los|reißen *irreg haben* **I.** *vt* ■ **etw/jdn [von etw/jdm]** ~ to tear sth off [of sth]; ***wir wollten das Kind nicht von seiner Familie*** ~ we didn't want to tear the child away from his family; ***der Sturm hat das Dach losgerissen*** the storm tore the roof off; **die Augen von etw/jdm nicht** ~ **können** to not be able to take one's eyes off sth/sb **II.** *vr* ❶ (*sich energisch lösen*) ■ **sich [von jdm/etw]** ~ to tear oneself away [from sb/sth]; ***der Hund hat sich von der Leine losgerissen*** the dog snapped its lead ❷ (*fam: aufhören*) ■ **sich [von etw]** ~ to tear oneself away [from sth]

los|rennen *vi irreg sein* (*fam*) *s.* **loslaufen**

Löss[RR] <-es, -e> *m,* **Löß** <Lösses *o* Lößes, Lösse *o* Löße> *m* loess *no pl*

los|sagen *vr* (*geh*) ■ **sich von jdm/etw** ~ to renounce sb/sth; **sich von einer Sekte** ~ to break with a sect

los|schicken *vt* ■ **jdn/etw [zu jdm]** ~ to send sb/sth [to sb]

los|schießen *vi irreg* (*fam*) ❶ *haben* (*anfangen zu schießen*) to start shooting ❷ *sein* (*schnell losrennen*) to shoot [*or* race] off; ***er schoss los wie eine Rakete*** he tore away like a shot ❸ (*auf jdn zustürzen*) ■ **auf jdn/etw** ~ to pounce on sb/sth; ***wie ein Pfeil schoss der Vogel auf uns los*** the bird tore towards us as fast as an arrow ❹ *haben* (*erzählen*) to spout forth; ***na, schieß mal/schon los!*** come on, tell me/us! etc., come on, out with it! **los|schimpfen** *vi infin* to start moaning [*or* grumbling], to start to moan [*or* grumble]

los|schlagen *irreg haben* **I.** *vt* ❶ (*abschlagen*) ■ **etw [von etw]** ~ to knock sth off [of sth]; **den Putz** ~ to knock the plaster off ❷ (*fam: billig verkaufen*) ■ **etw** ~ to flog sth *fam* **II.** *vi* ❶ (*plötzlich angreifen*) to strike ❷ (*einschlagen*) ■ **auf jdn** ~ to let fly at sb; **aufeinander** ~ to fly at each other

losschneiden *vt haben* ■ **jdn/etw von etw** ~ to cut sb/sth free from sth **los|schrauben** *vt* ■ **etw [von etw]** ~ to loosen [*or* unscrew] sth [from sth]

los|steuern *vi sein* ■ **auf jdn/etw** ~ to head [*or* make] straight for sb/sth

los|stürzen *vi sein* (*fam*) ❶ (*plötzlich losrennen/davonrennen*) to race [*or* rush] off ❷ (*sich auf jdn/etw stürzen*) to pounce on sb/sth

los|treten *vt irreg* (*a. fam*) ■ **etw** ~ to trigger [off] sth; **einen Stein** ~ to set a stone in motion; **eine Lawine** ~ to trigger [off] an avalanche; **einen Streit** ~ (*fam*) to trigger [off] an argument

Lostrommel *f* lottery drum

Losung[1] <-, -en> *f* ❶ (*Wahlspruch*) slogan ❷ (*Kennwort*) password; **die** ~ **kennen/nennen** to know/give the password

Losung[2] <-, -en> *f* JAGD fumet [*or* fewmet] *spec*

Losung[3] <-, -en> *f* (*fachspr: Tageseinnahme eines Kaufhauses*) daily cash receipts

Lösung <-, -en> *f* ❶ (*das Lösen*) solution; **die ~ eines Falles/Problems** the solution of/to a case/problem ❷ (*Aufhebung*) cancellation; **die ~ einer Beziehung/Verlobung** the breaking off of a relationship/engagement; **die ~ einer Ehe** dissolution of a marriage ❸ (*das Sichlösen*) breaking away; **die ~ von altmodischen Vorstellungen** breaking away from old-fashioned ideas ❹ CHEM (*das [Sich]auflösen*) dissolving; **die ~ von Salz in Wasser** dissolving salt in water; (*Flüssigkeit*) solution; **eine gesättigte ~** a saturated solution

Lösungsansatz *m* possible solution

Lösungsmittel *nt* solvent

lösungsmittelfrei *adj inv* CHEM solvent-free, free from solvents *pred*

Losungswort <-wörter> *nt s.* **Losung²**

Losverkäufer(in) *m(f)* lottery ticket seller

los|werden *vt irreg sein* ❶ (*sich entledigen*) ■**jdn/etw ~** to get rid of sb/sth; **eine Erkältung/ungebetene Gäste ~** to get rid of a cold/unwanted guests ❷ (*aussprechen*) ■**etw ~** to tell sth ❸ (*fam: ausgeben*) ■**etw ~** to shell out sth *fam* ❹ (*fam: verkaufen*) ■**etw ~** to flog sth

los|wollen *vi irreg haben* (*fam*) to want to be off [*or* leave] **los|ziehen** *vi irreg sein* (*fam*) ❶ (*losgehen, starten*) to set off; **gemeinsam ~** to set off together ❷ (*pej: herziehen*) **über jdn ~** to pull sb to pieces

Lot <-[e]s, -e> *nt* ❶ (*Senkblei*) plumb line; (*mit Senkblei gemessene Senkrechte*) perpendicular; **im ~ sein** to be plumb; **außer ~ sein** to be out of plumb; **etw ins [rechte] ~ bringen** to put sth right, to sort sth out; **jdn/etw aus dem ~ bringen** to put sb off, to put sth out of kilter; **[wieder] ins ~ kommen** (*fig*) to be back to normal; **aus dem/nicht im ~ sein** BAU (*fig*) to be out of sorts [*or* in a bad way] [*or* AM in poor health]; ***seine Gesundheit ist nicht im ~*** he's in a bad way/in poor health; **im ~ sein** (*fig*) to be alright [*or* all right] ❷ NAUT (*Lotleine*) sounding line, lead-line ❸ MATH perpendicular; **das ~ auf eine Gerade fällen** to drop a perpendicular ❹ *pl unverändert* (*veraltet: Gewichtseinheit*) *weight betw. 15.5g and 16.6g* ❺ (*Material zum Löten*) plumb ▶ WENDUNGEN: **Freunde in der Not gehen hundert auf ein ~** (*prov*) friends in adversity are few and far between

loten *vt* ❶ (*senkrechte Lage bestimmen*) to plumb ❷ NAUT to take soundings

löten *vt* to solder; ■**etw [an etw** *akk*] **~** to solder sth to sth

Lothringen <-s> *nt* Lorraine

Lotion <-, -en> *f* lotion

Lötkolben *m* soldering iron **Lötlampe** *f* blowtorch, BRIT *a.* blowlamp, soldering torch [*or* BRIT *a.* lamp] **Lötmetall** *nt* soldering metal

Lotos <-, -> *m* lotus

Lotossitz *m kein pl* lotus position

lotrecht *adj* (*geh: senkrecht*) perpendicular, vertical, plumb; **etw ~ aufstellen** to stand [*or* position] sth vertically [*or* perpendicularly]

Lotrechte *f s.* **Senkrechte**

Lotse, Lotsin <-n, -n> *m, f* pilot, guide

lotsen *vt* ❶ (*als Lotse dirigieren*) ■**jdn/etw ~** to pilot [*or* guide] sb/sth ❷ (*fam: führen*) ■**jdn irgendwohin ~** to take sb somewhere; **jdn über die Straße ~** to guide sb across the road

Lotsenboot *nt* pilot boat **Lotsendienst** *m* pilotage, piloting **Lotsenfisch** *m* ZOOL pilotfish

Lotsin <-, -nen> *f fem form von* **Lotse**

Lötstelle *f* soldered joint, joint to be soldered

Lotte <-, -n> *f* angler-fish

Lotterbett *nt* (*veraltend o hum*) bed of sloth

Lotterie <-, -n> [-'ri:ən] *f* lottery; **in der ~ spielen** to play the lottery

Lotteriegesellschaft *f* lottery company **Lotteriegewinn** *m* lottery win **Lotterielos** *nt* lottery ticket **Lotteriespiel** *nt* lottery

Lotterleben *nt kein pl* (*pej fam: liederliche Lebensweise*) slovenly lifestyle; **ein ~ führen** to lead a dissolute life

Lotto <-s, -s> *nt* ❶ (*Zahlen~*) [national] lottery, lotto; **~ spielen** to play the [national] lottery; **sechs Richtige im ~ haben** to have six correct numbers in the lottery; ***du hast wohl im ~ gewonnen*** (*fam*) you must have won the lottery ❷ (*Spiel*) lotto

Lottoannahmestelle *f place to buy and hand in lottery coupons* **Lottogewinn** *m* lottery win **Lottoschein** *m* lottery ticket **Lottozahlen** *pl* winning lottery numbers

Lotus <-, -> *m s.* **Lotos**

Lötzinn *m* fine solder

Löwe *m* ❶ (*Raubtierart*) lion; *s. a.* **Löwin** ❷ ASTROL (*Tierkreiszeichen*) Leo; **im Zeichen des ~n geboren werden** to be born under Leo; **[ein] ~ sein** to be a Leo

Löwenanteil *m* (*fam*) lion's share *no pl, no indef art* **Löwenbändiger(in)** <-s, -> *m(f)* lion tamer **Löwenmähne** *f* ❶ (*fam: langes, buschiges Haar*) mane ❷ (*Haar eines Löwen*) lion's mane **Löwenmaul** *nt kein pl,* **Löwenmäulchen** <-s, -> *nt* snapdragon **Löwenzahn** *m kein pl* dandelion

Löwin *f* lioness; *s. a.* **Löwe**

loyal [loa'ja:l] *adj* (*geh*) loyal; **~e Truppen** loyal troops; **jdm gegenüber ~ sein** to be loyal [to sb]

Loyalität <-, *selten* -en> [loajali'tɛ:t] *f* loyalty; **die ~ gegenüber dem Staat** loyalty to the state

LP <-, -s> [ɛl'pe:, ɛl'pi:] *f Abk von* **Langspielplatte** LP

LP-Box *f* boxed LP set

LSD <-[s]> *nt Abk von* **Lysergsäurediäthylamid** LSD

lt. *präp kurz für* **laut²** according to

Luchs <-es, -e> *m* ❶ (*Raubtier*) lynx; **aufpassen wie ein ~** (*fam*) to watch like a hawk *fam* ❷ (*Luchsfell*) lynx; **ein Mantel aus ~** a lynx fur coat

Luchsaugen *pl* ❶ ZOOL lynx's eyes ❷ (*fam: sehr gute Augen*) eyes like a hawk *fam*

Lucianer(in) <-s, -> *m(f)* St Lucian; *s. a.* **Deutsche(r)**

lucianisch *adj* St Lucian; *s. a.* **deutsch**

Lücke <-, -n> *f* ❶ (*Zwischenraum*) gap, hole; **Zahn~** a gap between two teeth; **eine ~ im Zaun** a gap in the fence; **eine ~ füllen** [*o* **schließen**] to fill a gap; **[mit etw] in eine [vorhandene] ~ stoßen** (*fig*) to fill a gap on the market [with sth] ❷ (*Unvollständigkeit*) gap; **eine Lücke in einem Gesetz** a loophole in a law; ***mein Wissen weist noch große ~n auf*** I still have large gaps in my knowledge; **der Mut zur ~** to risk leaving gaps in one's knowledge; **irgendwo klafft eine ~** there is a gap somewhere; **eine ~ [in etw** *akk*] **reißen** to leave a gap [*or* void] in sth

Lückenbüßer(in) <-s, -> *m(f)* (*fam*) stopgap; **der ~ sein** to be a stopgap; **den ~ spielen** to be used as a stopgap

lückenhaft **I.** *adj* ❶ (*leere Stellen aufweisend*) full of gaps; **ein ~es Gebiss** teeth full of gaps ❷ (*unvollständig*) fragmentary; **~es Wissen** incomplete knowledge; **ein ~er Bericht** a sketchy report; **eine ~e Sammlung** an incomplete collection; **eine ~e Erinnerung haben** to have a vague/sketchy memory; ■**~ sein/werden** to be/become fragmentary **II.** *adv* (*unvollständig*) fragmentarily; **einen Fragebogen ~ ausfüllen** to fill in a questionnaire leaving gaps; ***an den Abend erinnere ich mich nur sehr ~*** my memory of that evening is only very vague [*or* sketchy]

lückenlos *adj* ❶ (*ohne Lücke*) comprehensive; **ein**

~**es Gebiss** perfect teeth without any gaps ② (*vollständig*) complete; **ein ~es Alibi** a solid [*or* castiron] Alibi; **~e Kenntnisse** thorough knowledge; **ein ~er Lebenslauf** a complete CV [*or* curriculum vitae] [*or* AM resumé]; **eine ~e Sammlung** a complete collection; **etw ~ beweisen/nachweisen** to prove sth conclusively; **sich an etw ~ erinnern** to remember everything about sth

Lückentest *m* cloze test

lud *imp von* **laden**[1, 2]

Lude <-n, -n> *m* (*pej sl*) pimp *pej sl*

Luder <-s, -> *nt* (*pej fam: durchtriebene Frau*) crafty bitch *pej fam!;* (*kokette Frau*) hussy *pej;* **ein freches/dummes ~** a cheeky/stupid brat [*or* person]

Lues <-> *f kein pl* lues

Luft <-, *liter* Lüfte> *f* ① *kein pl* (*Atem~*) air *no pl;* **frische ~** fresh air; **verbrauchte ~** stale air; **die ~ anhalten** to hold one's breath; **jdm die ~ abdrücken** (*a. fig fam*) to strangle sb, to ruin sb *fig;* **keine ~ mehr bekommen** [*o fam* **kriegen**] to not be able to breathe; **wieder ~ bekommen** [*o fam* **kriegen**] (*wieder atmen können*) to be able to breathe again; (*wieder durchatmen können*) to be able to breathe freely again; **an die [frische] ~ gehen** (*fam*) to get [*or* grab] some fresh air; **[tief] ~ holen** to take a deep breath; **~ an etw** *akk* **kommen lassen** let the air get to sth; **nach ~ ringen** to struggle for breath; **[frische] ~ schnappen** (*fam*) to get [*or* grab] some [fresh] air; **nach ~ schnappen** to inhale, to gasp for breath; (*wirtschaftlich in einer schlechten Lage sein*) to struggle to keep one's head above water; **von ~ und Liebe leben** (*hum fam*) to live off fresh air alone; **nicht von ~ [und Liebe] leben können** to not to be able to live off fresh air alone; ■ **irgendwo ist** *fam* **dicke ~** there is a tense [*or* bad] atmosphere somewhere, trouble is brewing; **die ~ ist rein** (*fam*) the coast is clear *fam;* **gesiebte ~ atmen** (*hum fam*) to be behind bars; **sich in ~ auflösen** to vanish into thin air; **jdn wie ~ behandeln** to cold-shoulder sb [*or* to give sb the cold shoulder]; **jdm bleibt [vor Erstaunen] die ~ weg** sb is flabbergasted; **jdm bleibt vor Schmerzen die Luft weg** to be overcome by [*or* with] pain; **nun halt mal die ~ an!** (*fam*) put a sock in it! *fam;* **die ~ rauslassen** (*fam*) to calm down, to cool it *fam;* **jdm geht die ~ aus** (*fam*) sb is running out of steam; **jdm die ~ zum Atmen nehmen** (*a. fig fam*) to cut off sb's air supply, to totally dominate sb *fig;* **aus etw ist die ~ raus** (*fig*) sth has fallen flat [*or* run out of steam]; **~ für jdn sein** (*fam*) to not exist as far as sb is concerned; ***er ist ~ für mich*** (*fam*) I totally ignore him; **die ~ ist zum Schneiden** (*fam*) the air is stale as anything, there's a terrible fug; **jdn an die [frische] ~ setzen** [*o* **befördern**] (*euph fam: jdn hinauswerfen*) to throw sb out, to show sb the door, to send sb packing; (*jdn fristlos entlassen*) to sack sb ② *pl geh* (*Raum über dem Erdboden*) air; ***langsam erhob sich der Ballon in die ~*** the balloon rose slowly into the air *no pl;* **linde** [*o* **laue**] **~̈e** (*geh*) gentle [*or* soft] [*or* light] breeze; **in die ~ fliegen** (*fam*) to explode; **etw ist aus der ~ gegriffen** (*fig*) sth is completely made up [*or* a total fabrication]; **in die ~ gehen** (*fam*) to hit the roof, to explode; **[völlig] in der ~ hängen** (*fam*) to be [left] in the dark; **es liegt etwas in der ~** there's sth in the air; **ein Vogel schwingt sich in die ~̈e** (*geh*) a bird takes to the skies; **etw in die ~ sprengen** [*o* **jagen**] (*fam*) to blow up sth *sep;* **[vor etw** *dat*] **in die ~ springen** to jump [for joy]; **in die ~ starren** [*o* **gucken** *fam*] to stare into space ③ *kein pl* (*Platz, Spielraum*) space *no pl,* leeway, elbow room; ***jeder Künstler braucht ~ zur freien Entfaltung*** every artist needs space to develop freely; **~ schaffen** [*o* **machen**] **für etw** to make space [*or* room] for sth; **in etw ist noch ~ drin** (*fam*) to still have leeway in sth; **sich** *dat* **~ machen** (*fig*) to give vent to one's feelings; **einer S.** *dat* **~ machen** (*fig*) to give free rein to sth ▸ WENDUNGEN: **jdn/etw in der ~ zerreißen** (*sehr wütend auf jdn sein*) to [want to] make mincemeat of sb/sth; (*jdn scharf kritisieren*) to tear sb to pieces

Luftabwehr *f* air defence [*or* AM -se] **Luftangriff** *m* air raid; ■ **ein ~ auf etw** *akk* an air raid on sth **Luftaufklärung** *f kein pl* aerial reconnaissance **Luftaufnahme** *f* aerial photograph **Luftballon** *m* balloon **Luftbefeuchter** *m* TECH humidifier **Luftbelastung** *f s.* Luftverschmutzung **Luftblase** *f* bubble, air pocket; **wie eine ~ zerplatzen** (*fam*) to burst like a bubble **Luftbrücke** *f* air bridge

Lüftchen <-s, -> *nt dim von* Luft (*schwacher Wind*) breeze; **es regt** [*o* **rührt**] **sich kein ~** there is not a single breath of wind

luftdicht *adj* **eine ~e Verpackung** an airtight container; ■ **~ sein** to be airtight [*or spec* hermetic]; **etw ~ verpacken** to seal sth hermetically **Luftdruck** *m kein pl* air [*or* atmospheric] pressure *no pl; Druckwelle* blast **luftdurchlässig** *adj* permeable to air

lüften I. *vt* ① (*mit Frischluft versorgen*) ■ **etw ~** to air [*or* ventilate] sth; **die Betten/ein Zimmer ~** to air the beds/a room ② (*geh: kurz anheben*) ■ **etw ~** to raise sth; **den Hut zum Gruß ~** to raise one's hat in greeting ③ (*preisgeben*) ■ **etw ~** to reveal [*or* disclose] sth; **seine Anonymität ~** to give up one's anonymity; **ein Geheimnis ~** to disclose a secret II. *vi* (*Luft hereinlassen*) to let some air in

Luftfahrt *f kein pl* (*geh*) aviation

Luftfahrtgesellschaft *f* (*geh*) airline **Luftfahrtindustrie** *f* (*geh*) aviation industry

Luftfahrzeug *nt* (*geh*) aircraft **Luftfeuchtigkeit** *f* humidity *no pl, no indef art* **Luftfilter** *nt o m* air filter **Luftfracht** *f* ① (*Frachtgut*) air freight [*or* cargo] ② (*Frachtgebühr*) air freight [*or* cargo] charge **luftgekühlt** *adj* air-cooled **luftgetrocknet** *adj* air-dried **Luftgewehr** *nt* airgun, air rifle **Lufthauch** *m* (*geh*) breath of air **Lufthoheit** *f kein pl* air sovereignty

luftig *adj* ① (*gut belüftet*) airy, well ventilated; **ein ~es Plätzchen** a breezy spot ② (*dünn und luftdurchlässig*) airy; **ein ~es Kleid** a light dress ③ (*hoch gelegen*) dizzy; **in ~er Höhe** at a dizzy height

Luftikus <-[ses], -se> *m* (*pej veraltend fam: sprunghafter Mensch*) happy-go-lucky character **Luftkampf** *m* aerial combat **Luftkissen** *nt* air cushion **Luftkissenboot** *nt,* **Luftkissenfahrzeug** *nt* hovercraft **Luftkorridor** *m* air corridor **Luftkrieg** *m* aerial warfare **Luftkühlung** *f* air-cooling **Luftkurort** *m health resort with particularly good air* **Luftlandetruppe** *f* airborne troops *npl* **luftleer** *adj pred* vacuous; **ein ~er Raum** a vacuum **Luftlinie** *f* as the crow flies; ***100 Kilometer ~*** 100 kilometres as the crow flies **Luftloch** *nt* ① (*Loch zur Belüftung*) air hole ② (*fam: Veränderung der Luftströmung*) air pocket **Luftmasche** *f* chain stitch **Luftmassen** *pl* air masses **Luftmatratze** *f* airbed, inflatable mattress **Luftpirat(in)** *m(f)* [aircraft] hijacker **Luftpiraterie** *f* [aircraft] hijacking **Luftpiratin** *f fem form von* **Luftpirat**

Luftpost *f* airmail; **per** [*o* **mit**] **~** by airmail

Luftpostleichtbrief *m* aerogramme [*or* AM -am] **Luftpostpapier** *nt* airmail paper

Luftpumpe *f* pump; *Fahrrad* bicycle pump **Luftraum** *m* airspace **Luftreinhaltung** *f* maintenance of ambient quality **Luftröhre** *f* windpipe, trachea *spec* **Luftröhrenschnitt** *m* tracheotomy **Luftsack** *m* ① ZOOL air sac ② AUTO *s.* Airbag **Luftschacht** *m* air [*or* ventilation] shaft **Luftschicht** *f* air [*or* atmospheric]layer **Luftschiff** *nt* airship **Luft-**

schlacht *f* air [*or* aerial] battle **Luftschlange** *f* [paper] streamer **Luftschlitz** *m* air vent **Luftschloss**RR *nt meist pl* castle in the air ▸ WENDUNGEN: **Luftschlösser bauen** to build castles in the air
Luftschutz *m* air raid defences [*or* AM -ses] *pl*
Luftschutzbunker *m* air raid bunker **Luftschutzkeller** *m cellar used as an air raid shelter* **Luftschutzübung** *f* air raid drill
Luftsieg *m* aerial victory **Luftspiegelung** *f* mirage **Luftsprung** *m* jump; **einen ~/Luftsprünge machen** [*o* **vollführen**] to jump in the air **Luftstreitkräfte** *pl* (*geh*) air force + *sing vb* **Luftstrom** *m* airstream, stream of air **Luftströmung** *f* airstream, air current **Luftstützpunkt** *m* airbase **Luftüberwachung** *f* aerial surveillance *no pl, no indef art*
Lüftung <-, -en> *f* ❶ (*das Lüften*) airing, ventilation ❷ (*Ventilationsanlage*) ventilation system
Lüftungsklappe *f* ventilation flap **Lüftungsrohr** *nt* ventilation pipe
Luftveränderung *f* change of climate **Luftverkehr** *m* air traffic *no pl, no indef art* **Luftverschmutzung** *f* air pollution *no pl, no indef art* **Luftwaffe** *f* air force + *sing vb* **Luftweg** *m* ❶ *kein pl* (*Flugweg*) airway; **den ~ wählen** to choose to send sth by air; **auf dem ~** by air ❷ *pl* (*Atemwege*) respiratory tract *no pl, no indef art* **Luftwiderstand** *m kein pl* drag, air resistance **Luftzufuhr** *f kein pl* air supply **Luftzug** *m* breeze; (*durch das Fenster*) draught BRIT, draft AM
Lug ▸ WENDUNGEN: **~ und Trug** (*geh*) a pack of lies
Lüge <-, -n> *f* lie; **eine fromme ~** a fib [*or* white lie]; **eine faustdicke ~** a bare-faced lie [*or fam* whopping great lie]; **das ist alles ~** it's all lies; **jdm ~n auftischen** (*fam*) to tell sb lies ▸ WENDUNGEN: **~n haben kurze Beine** (*prov*) the truth will out; **jdn ~n strafen** (*geh*) to prove sb wrong, to give the lie to sb *form;* **etw ~n strafen** (*geh*) to prove sth [to be] false, to give the lie to sth *form*
lugen *vi* DIAL ❶ (*spähen*) to peek; ■**irgendwoher/irgendwohin ~** to peek from somewhere/somewhere; **aus dem Fenster ~** to peek out of the window ❷ (*hervorsehen*) ■**durch/aus etw ~** to peek [*or* poke] through/out of sth
lügen <log, gelogen> **I.** *vt* (*selten*) ■**etw ~** to make up sth *sep* ▸ WENDUNGEN: **das Blaue vom Himmel herunter~** to charm the birds out of the trees **II.** *vi* to lie; **etw ist gelogen** sth is a lie; **das ist alles gelogen** that's a total lie; **ich müsste ~ [, wenn ...]** I would be lying [if ...] ▸ WENDUNGEN: **~ wie gedruckt** to lie one's head off; **wer einmal lügt, dem glaubt man nicht[, und wenn er auch die Wahrheit spricht]** (*prov*) a liar is never believed, even when he's telling the truth
Lügenbold <-[e]s, -e> *m* (*hum fam*) incorrigible liar **Lügendetektor** *m* lie detector **Lügengeschichte** *f* made-up [*or* fabricated] story, concoction
lügenhaft *adj* (*pej*) ❶ (*erlogen*) mendacious, made-up, fabricated ❷ (*selten: zum Lügen neigend*) disreputable
Lügenmärchen *nt s.* **Lügengeschichte**
Lügner(in) <-s, -> *m(f)* (*pej*) liar
lügnerisch *adj* (*pej: voller Lügen*) mendacious; **~e Nachrichten** discreditable news; (*zum Lügen neigend*) disreputable
lugolsche LösungRR *f,* **Lugolsche Lösung** *f* BIOL potassium iodide solution
Lukasevangelium [-va-] *nt kein pl* the Gospel according to [St] Luke
Luke <-, -n> *f* ❶ *bes* NAUT (*verschließbarer Einstieg*) hatch; **die ~n dichtmachen** to secure the hatches ❷ (*Dach~*) skylight; (*Keller~*) trapdoor
lukrativ *adj* (*geh*) lucrative
lukullisch *adj* (*geh*) delectable, exquisite; **ein ~es Menü** an epicurean set menu; **~ schlemmen/speisen** to feast on/eat delectable [*or* exquisite] food
Lulatsch <-[e]s, -e> *m* lanky person; **langer ~** (*hum fam*) beanpole *hum fam*
Lumme <-, -n> *f* guillemot
Lümmel <-s, -> *m* ❶ (*pej: Flegel*) lout *fam,* BRIT *a.* yob *fam* ❷ (*fam: Bursche, Kerl*) little fellow *fam,* BRIT *a.* [little] chappie *dated fam* ❸ (*sl: Penis*) willy BRIT *sl,* weenie AM *sl*
Lümmelei <-, -en> *f* (*pej fam*) loutish [*or* BRIT *a.* yobbish] behaviour [*or* AM -or] *no pl fam*
lümmelhaft *adj* (*pej*) loutish *fam,* BRIT *a.* yobbish *fam*
lümmeln *vr haben* (*pej fam: sich nachlässig hinsetzen*) ■**sich irgendwohin ~** to throw oneself onto sth; ■**sich auf etw ~** to lie [*or* lounge] around [*or* about] somewhere
Lummer <-s, -> *m* KOCHK [pork] loin
Lummerbraten *m* roast pork loin **Lummerkotelett** *nt* loin chop
Lump <-en, -en> *m* ❶ (*pej*) rat, scoundrel *dated* ❷ (*hum: unerzogenes Kind*) rascal
lumpen *vt haben* to go out on the tiles BRIT *fam,* to live it up AM *fam* ▸ WENDUNGEN: **sich nicht ~ lassen** (*fam*) to do things in style, to splash out BRIT, to splurge AM
Lumpen <-s, -> *m* ❶ *pl* (*pej: zerschlissene Kleidung*) rags *pl;* **in ~ herumlaufen** to walk around dressed in rags [*or* shabbily] ❷ DIAL (*Putzlappen*) rag, duster ❸ (*Stofffetzen*) rags
Lumpenhändler(in) *m(f)* (*veraltend*) *s.* **Altwarenhändler** **Lumpenpack** *nt* (*veraltend o pej*) riff-raff *no pl, no indef art pej* **Lumpensammler(in)** *m(f)* rag-and-bone man BRIT, ragman AM
lumpig *adj* (*pej*) ❶ *attr* (*pej fam: kümmerlich*) miserable, meagre [*or* AM -er]; ***mit ~en hundert Mark wollte er mich abspeisen*** he wanted to fob me off with a paltry one hundred marks ❷ (*pej: gemein*) mean ❸ (*selten: zerlumpt*) shabby
Lunch <-[e]s *o* -, -[e]s *o* -e> [lanʃ] *m* lunch
Lüneburger Heide *f* Lüneburg Heath
Lunge <-, -n> *f* ❶ (*Atemorgan*) lungs *pl;* **eine schwache/starke ~ haben** to have weak/strong lungs; **jmd hat es auf der ~** (*fam*) sb has lung problems [*or* trouble]; **[etw] auf ~ rauchen** to inhale [sth]; **aus voller ~ [singen/schreien]** [to sing/shout] at the top of one's voice; **eiserne ~** (*fachspr*) iron lung ❷ KOCHK lights *pl* ▸ WENDUNGEN: **sich die ~ aus dem Leib schreien** [*o* **Hals**] (*fam*) to shout oneself hoarse; **die grüne ~ [einer Stadt]** (*fam*) the lung [of a town] *fam*
Lungenbläschen [-blɛːsçən] *nt* pulmonary alveolus **Lungenembolie** *f* pulmonary embolism **Lungenemphysem** *nt* pulmonary emphysema **Lungenentzündung** *f* pneumonia *no pl, no art;* **eine ~ haben** to have pneumonia **Lungenfisch** *m* ZOOL lungfish **Lungenflügel** *m* lung **Lungenheilstätte** *f* lung clinic **lungenkrank** *adj* suffering from a lung complaint *pred;* ■**~ sein** to suffer from a lung complaint **Lungenkranke(r)** *f(m) dekl wie adj* person suffering from a lung complaint **Lungenkrankheit** *f* lung disease **Lungenkrebs** *m kein pl* lung cancer **Lungenlappen** *m* lobe of the lung **Lungenödem** *nt* pulmonary oedema [*or* AM edema] **Lungenoperation** *f* lung operation **Lungenschnecke** *f* ZOOL lung-bearing-snail **Lungenzug** *m* puff, drag *sl;* **einen ~ [*o* Lungenzüge] machen** to inhale, to take drags *sl*
lungern *vi haben* (*selten fam*) ■**irgendwo ~** to hang around somewhere
Lunte <-, -n> *f* ❶ (*Zündschnur*) fuse, match; **die ~**

ans Pulverfass legen (*fig*) to set a match to the powder keg *fig*, to spark off a conflict ② JAGD (*Schwanz eines Fuchses o Marders*) brush ▸ WENDUNGEN: ~ **riechen** (*fam*) to smell a rat

Lupe <-, -n> *f* magnifying glass ▸ WENDUNGEN: **jdn/etw unter die ~ nehmen** (*fam*) to examine sb/sth with a fine-tooth comb *fam;* **jdn/etw mit der ~ suchen können** (*fam*) people/things like that are few and far between

lupenrein *adj* ① (*bei Edelsteinen*) flawless ② (*mustergültig*) exemplary; **ein ~er Gentleman** a perfect gentleman

lupfen *vt* SÜDD, ÖSTERR, SCHWEIZ, **lüpfen** *vt haben* ■ **etw ~** (*heben*) to pick up sth *sep;* **den Hut ~** to raise one's hat; (*lüften*) to air; **die Decke ~** to air the blanket

Lupine <-, -n> *f* lupin[e]

Lurch <-[e]s, -e> *m* amphibian

Lusche <-, -n> *f* ① (*sl: wertlose Spielkarte*) low card; (*schwacher Mensch, Niete*) weakling, waste of space ② DIAL (*liederliche Person*) mucky beggar BRIT *fam*, rake AM

Lust <-, Lüste> *f* ① *kein pl* (*freudiger Drang*) desire; **[große/keine] ~ auf etw haben** to really/not feel like doing sth; **~ zu etw haben** to feel like [*or* fancy] doing sth; ***haben/hätten Sie ~ dazu?*** would you want to do that?, do you feel like doing that?; **[noch] ~ haben, etw zu tun** (*fam*) to [still] feel like doing sth; ***behalt das Buch, solange du ~ hast*** keep the book as long as you want; **große [*o* nicht geringe] [*o* nicht übel] ~ haben, etw zu tun** to have a right mind to do [*or* AM really feel like doing] sth; **seine ~ auf etw** *dat* **befriedigen/zügeln** to satisfy/curb one's desire to do sth; ***das kannst du machen, wie du ~ hast!*** (*fam*) do it however you want!; **nach ~ und Laune** (*fam*) as the mood takes you BRIT, BRIT *a.* just as you fancy, depending on how you feel AM ② (*Freude*) joy ③ (*sexuelle Begierde*) desire; **weltliche Lüste** material desires; **fleischliche Lüste** desires of the flesh; **seine ~ befriedigen [*o* stillen]/zügeln** to satisfy/suppress one's desires; **etw mit ~ und Liebe tun** to put one's all into sth; **es ist eine ~, etw zu tun** it's a pleasure to do sth; **da vergeht einem jegliche [*o* alle] [*o* jede] [*o* die ganze] ~** it really puts a damper on things, it's enough to make one lose interest in sth; **jdm die [*o* jede] ~ an etw** *dat* **nehmen** to put sb off sth; **~ an etw empfinden** to enjoy doing sth; **die ~ an etw verlieren** to lose interest in sth

Lustbarkeit <-, -en> *f* (*veraltend geh*) welcome distraction

Luster <-s, -> *m* ÖSTERR, **Lüster** <-s, -> *m* ① (*veraltend: Kronleuchter*) chandelier ② (*glänzender Überzug*) lustre [*or* AM -er] ③ (*Stoff*) lustre [*or* AM -er]

Lüsterklemme *f* ELEK luster terminal, porcelain insulator

lüstern *adj* (*geh*) ① (*sexuell begierig*) lustful, lascivious ② (*begierig*) ■ **~ auf etw sein** *akk* to crave sth; **nach Erfolg ~ sein** to crave success

Lüsternheit <-> *f kein pl* (*geh*) lustfulness, lust, lasciviousness

Lustgefühl *nt* feeling of pleasure *no pl* **Lustgewinn** *m kein pl* attainment of pleasure **Lustgreis** *m* (*pej fam*) dirty old man *hum, pej*

lustig *adj* ① (*fröhlich*) cheerful, jolly; **ein ~er Abend** a fun evening; **ein ~es Gesicht machen** to make a funny face; **~e Farben** cheerful colours [*or* AM -ors]; **du bist/Sie sind [vielleicht] ~!** (*iron fam*) what do you think you're playing at?, you're really amusing *iron;* **das ist ja ~!** (*iron*) that [really] takes the biscuit! [*or* AM cake!]; **sich über jdn/etw ~ machen** to make fun [*or* BRIT *a.* take the mick[ey] out] of sb [*or* *fam!* take the piss out]; **solange/wie/wozu jd ~ ist** (*fam*) as long as/whenever sb wants; ***er kam und ging wie er ~ war*** he came and went as he pleased ② (*fam: unbekümmert*) happily, merrily

Lustigkeit <-> *f kein pl* cheerfulness, funniness

Lustknabe *m* (*veraltend*) catamite

Lüstling <-, -e> *m* (*pej veraltend*) debauchee, lech *fam*

lustlos *adj* ① (*antriebslos*) listless; **~ schauen/arbeiten** to look listless/work listlessly; **~ im Essen herumstochern** to pick at one's food ② BÖRSE (*ohne Kauflust*) sluggish, dull; **Tendenz ~** trade is slack

Lustmangel <-s, *inv*> *m* lack of sexual drive **Lustmolch** *m* (*meist hum fam*) *s.* **Lüstling** **Lustmord** *m* sexually motivated murder; **einen ~ begehen** to commit a sexually motivated murder **Lustmörder(in)** *m(f)* sexually motivated murderer **Lustobjekt** *nt* sex object **Lustprinzip** *nt kein pl* **etw nach dem ~ machen** to do sth as one pleases [*or* for the pleasure of it] **Lustschloss**^RR *nt* summer residence **Lustspiel** *nt* comedy

lustvoll *adj* (*geh: mit Lust*) full of relish, passionate; **ein ~er Schrei** a passionate cry; **~ in etw beißen** to bite into sth with relish; **~ stöhnen** to groan contentedly

lustwandeln* *vi sein o haben* (*veraltend geh*) to take [*or* go for] a stroll

Lutetium <-s> *nt kein pl* lutetium

Lutheraner(in) <-s, -> *m(f)* Lutheran

Lutherbibel *f* Lutheran [*or* Luther's translation of the] Bible

lutherisch *adj* Lutheran

lutschen **I.** *vt* ■ **etw ~** to suck [on] sth; **ein Bonbon ~** to suck a sweet [*or* AM on a piece of candy] **II.** *vi* ■ **[an etw** *dat*] **~** to suck [sth]; **am Daumen ~** to suck one's thumb

Lutscher <-s, -> *m* ① (*Bonbon am Stiel*) lollipop, BRIT *a.* lolly *fam* ② (*fam: Schnuller*) dummy

Lutschtablette *f* lozenge

lütt *adj* NORDD (*fam*) tiny

Lüttich <-s> *nt* Liège

Luv <-s> *f o nt kein pl* NAUT ■ **in/nach ~** windward; ■ **von ~** from [the] windward [side]

Luxation <-, -en> *f* (*fachspr*) luxation *spec*, dislocation

Luxemburg <-s> *nt* Luxembourg

Luxemburger(in) <-s, -> *m(f)* Luxembourger

Luxemburgisch *nt dekl wie adj* Luxemburgian; *s. a.* **Deutsch**

luxemburgisch *adj* Luxembourgian

Luxemburgische <-n> *nt* ■ **das ~** Luxemburgish, the Luxemburgish language; *s. a.* **Deutsche**

luxuriös *adj* luxurious; **eine ~e Villa/Wohnung** a luxury villa/flat; **~ leben** to live in [the lap of] luxury

Luxus <-> *m kein pl* luxury; **etw ist purer [*o* reiner] ~** sth is pure extravagance; **im ~ leben** to live in luxury; ***wir leisten uns den ~ eines zweiten Autos*** we're splashing out on a second car, we're treating ourselves to the luxury of a second car

Luxusartikel *m* luxury item **Luxusausführung** *f* de luxe model **Luxusausgabe** *f* de luxe edition **Luxusdampfer** *m* luxury cruiser **Luxusgeschöpf** *nt* (*meist pej*) *woman who wants to live a life of luxury* **Luxushotel** *nt* luxury hotel **Luxuslimousine** *f* luxury limousine **Luxusliner** *m* luxury liner **Luxusvilla** *f* luxury villa **Luxuswohnung** *f* luxury flat

Luzern <-s> *nt* Lucerne

Luzerne <-, -n> *f* BOT lucerne

Luzifer <-s> *m* Lucifer

Lymphdrainage ['lʏmfdrɛˈnaːʒə] *f* MED lymphatic drainage **Lymphdrüse** *f* (*veraltet*) *s.* **Lymphknoten** lymph[atic] gland

Lymphe <-, -n> *f* ① (*Gewebsflüssigkeit*) lymph ② (*Impfstoff gegen Pocken*) lymph

Lymphknoten *m* lymph node

Lymphozyt <-en, -en> *m usu pl* lymphocyte

Lymphsystem *nt* ANAT lymphatic system

lynchen *vt* (*a hum*) ■**jdn** ~ to lynch sb; ***meine Frau wird mich ~, wenn ich zu spät komme*** my wife will kill me if I'm late

Lynchjustiz *f* Lynch law; **an jdm ~ üben** to apply the lynch law to sb **Lynchmord** *m* lynching

Lyon <-s> [ljõ] *nt* Lyons

Lyoner <-, -> *f*, **Lyoner Wurst** <-, -> *f* [pork] sausage from Lyon

Lyrik <-> *f kein pl* lyric [poetry]

Lyriker(in) <-s, -> *m(f)* poet

lyrisch *adj* ① (*zur Lyrik gehörend*) lyric; **~e Dichtung** lyric poetry ② (*dichterisch, stimmungsvoll*) poetic, lyrical; **~ werden** to become lyrical

M

M, m <-, – *o fam* -s, -s> *nt* M, m; **~ wie Martha** M for Mary BRIT, M as in Mike AM; *s. a.* **A 1**

m [ɛm] *m kurz für* **Meter** m

MA. *Abk von* **Mittelalter** Middle Ages *npl*

M.A. *m Abk von* **Master of Arts** MA

Mäander <-s, -> *m* ① (*Flusswindung*) meander ② KUNST meander

Maat <-[e]s, -e[n]> *m* ① (*hist: Gehilfe auf Segelschiffen*) [ship's] mate ② (*Unteroffizier bei der Bundesmarine*) petty officer

Mach <-[s], -> *nt* Mach

Machart *f* style, make, design; ***die ~ des Kostüms gefällt mir*** I like the cut of the suit; **das ist meine ~** (*fam*) that is my style!

machbar *adj* possible, feasible; **etw für ~ halten** to consider sth feasible

Mache <-> *f* (*sl*) ① (*pej: Vortäuschung, unechtes Gehabe*) sham; ***seine Wichtigtuerei ist reine ~*** his pompous behaviour is pure show ② (*Form*) **die ~ eines Theaterstückes** the production of a play ► WENDUNGEN: **etw/jdn in der ~ haben** to be working on sth/sb; **jdn in die ~ nehmen** (*sich jdn vornehmen*) to give sb a dressing-down [*or* an earful] [*or* a talking-to]; (*jdn verprügeln*) to do over [*or* beat up] sb *sep;* **in der ~ sein** to be in hand; ***das Abendessen ist schon in der ~*** dinner's on the go

machen **I.** *vt* ① (*tun, unternehmen*) ■**etw ~** to do sth; ***lass uns etwas ~!*** let's do sth!; ***genauso werden wir es ~*** that's how we'll do it; **da kann man nichts ~** nothing can be done; **mit mir kann man es ja ~** (*fam*) the things I put up with; **gut gemacht!** well done!; **mach's gut** take care, all the best; **wie man's macht, ist es verkehrt** [*o* **falsch**] (*fam*) you [just] can't win; ***was möchten/würden Sie gern ~?*** what would you like to do?; **~, was man will** to do as one pleases [*or* wants]; **so etwas macht man nicht** that's [*or* it's] bad manners; **was machst du da?** what on earth are you doing there?, what are you up to?; ***was macht denn deine Frau?*** (*fig*) how's your wife?; ***und was ~ Sie so?*** (*fam*) and what are you doing nowadays?; ***mach nur/ruhig!*** go ahead! ② (*erzeugen, verursachen*) ■**etw ~** to make sth; **einen Eindruck ~** to make an impression; **einen Fleck in etw machen** to stain sth; **Lärm ~** to make a noise; **Musik ~** to play some music; **einen Schmollmund ~** (*fam*) to pout; **ein dummes Gesicht ~** (*fam*) to make [*or* pull] a silly face; ***das macht überhaupt keine Mühe*** that's no trouble at all; **jdm Angst ~** to frighten sb; **jdm Sorgen ~** to make sb worried, to give sb cause for concern; **sich Sorgen ~** to worry; **jdm Hoffnung/Mut/Kopfschmerzen ~** to give sb hope/courage/a headache; **jdm eine Freude machen** to make sb happy; **jdm Appetit/Durst/Hunger ~** to make sb peckish/thirsty/hungry; **sich Mühe/Umstände ~** to go to a lot of trouble [*or* effort] ③ (*durchführen*) ■**etw ~** to do sth; **eine Aktion ~** to promote sth; **eine Arbeit ~** to do a job [*or* task]; **eine Reise ~** to go on a journey; **einen Besuch ~** to [pay sb a] visit; **einen Spaziergang ~** to go for a walk; **eine Sause mit jdm ~** (*fam*) to go on a pub crawl *esp* BRIT [*or* AM bar hopping] with sb; **das ist zu ~** that's possible; **da ist nichts zu ~** nothing can be done, that's not possible; **nichts zu ~!** nothing doing!; **[da] nichts ~ können** to not be able to do anything; **das lässt sich ~** sth might be possible; **wird gemacht!** no problem, shall [*or* will] do!, I'll get that done; **er wird das schon ~** (*erledigen*) he'll do it; (*in Ordnung bringen*) to sort sth out; **wie machst du/wie ~ Sie das nur?** how [on earth] do you do it?; **etw nicht unter etw** *dat* **~** (*fam*) to not do sth for less than sth ④ (*veranstalten*) ■**etw ~** to organize sth; **eine Party ~** to give [*or* throw] a party ⑤ (*herstellen*) ■**etw ~** to make sth; **Fotos ~** to take photos; **ein Gedicht ~** to make up a poem; **Kaffee ~** to make coffee; **ein Schiff aus Papier ~** to make a ship out of paper; **aus etw gemacht sein** to be made of sth; **jdm/sich etw ~ lassen** to have sth made for sb/[for oneself]; **sich ein Kleid ~ lassen** to have a dress made [for oneself]; **sich die Haare ~ lassen** (*fam*) to have one's hair done; **für etw wie gemacht sein** (*fam*) to be made for sth ⑥ (*zubereiten*) ■**[jdm] etw ~** to make [sb] sth, to make sth [for sb]; **ein Essen ~** to make [*or* cook] a meal; **einen Drink ~** to make a drink ⑦ (*bilden, darstellen*) ■**etw ~** to make sth; ***die Straße macht da eine scharfe Kurve*** the road bends sharply there ⑧ (*fam: instand setzen*) ■**[jdm] etw ~** to mend [*or* repair] sth for sb; ***bis wann können sie den Wagen ~?*** how soon can they repair the car?; ■**etw ~ lassen** to get [*or* have] sth mended/repaired; ***wir müssen unbedingt den Fernseher ~ lassen*** we must really get the TV repaired ⑨ (*fam: erlangen, verdienen*) ■**etw ~** to do [*or* win] sth; **Punkte/Tore ~** to score points/goals; ***wir ~ jetzt dreimal soviel Umsatz*** we have now tripled our turnover; **einen Gewinn/Verlust ~** to make a profit/loss; **ein Geschäft ~** to make a deal; **ein Vermögen ~** to make a fortune ⑩ (*absolvieren*) ■**etw ~** to do sth; **das Abitur ~** to do A-levels BRIT; **einen Kurs ~** to take a course; **eine Ausbildung ~** to do an apprenticeship, to train to be sth ⑪ MATH (*fam: ergeben*) ■**etw macht etw** *akk* sth makes sth; ***drei mal drei macht neun*** three times three makes nine ⑫ (*fam: kosten*) ***das macht zehn Mark*** that's [*or* that'll be] ten marks [please]; ***was macht das zusammen?*** what does that come to? ⑬ *mit adj* (*werden lassen*) **jdn berühmt/reich/schön ~** to make sb famous/rich/beautiful; ■**jdn zu etw ~** to make sb sth; ***mein Vater hat mich zu seinem Nachfolger gemacht*** my father has made [*or* named] me his successor; **jdn zu seinem Verbündeten ~** to make sb one's ally; ■**sich zu etw ~** to make oneself sth; **sich zum Anführer ~** to make oneself the leader ⑭ (*bes Kindersprache: einen bestimmten Laut produzieren*) ***der Hund macht „ wau wau “*** the dog goes " woof woof " *usu childspeak* ⑮ (*fam: imitieren*) ■**etw ~** to do sth ⑯ (*bewirken*) ■**das macht etw** that's because of sth; ***das macht die frische Luft, dass wir so hungrig sind*** it's the fresh air that makes us so hungry; ■**jdn etw tun ~** to make sb do sth; ***der Wein wird dich das vergessen ~*** the wine will help you forget ⑰ (*fam: ausmachen*)

▪ **jdm/etw etwas/nichts** ~ to harm/not harm sb/sth; **macht nichts!** no matter! [*or* problem!]; **macht das was?** does it matter?; **was macht das schon?** what does it matter?; ***das macht [doch] nichts!*** nevermind!, no harm done! ⑱ (*fam: vorgeben, etw/jdn zu sein*) ▪ **etw [für jdn]** ~ to act as sth [for sb] ⑲ (*euph fam: Geschlechtsverkehr haben*) ▪ **es mit jdm** ~ to do it [with sb] *euph fam;* ▪ **es jdm** ~ (*sl*) to do it to sb **II.** *vt impers* ① *mit adj* (*werden lassen*) ▪ **es macht jdn ...** it makes sb ... ② (*aus~*) ▪ **es macht etwas/nichts/viel** it matters/doesn't matter/matters a lot; ▪ **es macht jdm etwas/nichts/viel** sb minds/doesn't mind/minds a lot ③ (*fam: Geräusch ~*) ▪ **es macht etw** it goes sth; ***es macht „piep", wenn du einen Fehler machst*** it goes "peep" [*or* it peeps] when you make a mistake; *s. a.* **lang III.** *vi* ① (*bewirken*) ▪ **~, dass etw geschieht** to ensure that sth happens; ***wie hast du es gemacht, dass die Kinder so artig sind?*** how did you get the children to be so well-behaved? ② (*werden lassen*) ▪ **etw macht irgendwie** sth makes you sth; **Liebe macht blind** (*fig*) love makes you blind ③ (*euph fam: Notdurft verrichten*) to wee, to poo; ***da hat mir ein Vogel aufs Auto gemacht!*** a bird has pooed on my car! ④ (*aussehen lassen*) to make sb appear sth; ***Querstreifen ~ dick*** horizontal stripes make you look fat ⑤ (*fam: sich beeilen*) **mach/~ Sie [schon]!** (*fam*) get a move on! *fam* ⑥ (*sl: sich stellen*) ▪ **auf etw** ~ *akk* to pretend to be sth, to act the sth; ***sie macht immer auf vornehme Dame*** she always acts the elegant lady ⑦ (*fam: mit etw handeln*) ▪ **in etw** ~ *dat* to be in the ... business; ***ich mache jetzt in Versicherungen*** I'm in [the] insurance [business] ⑧ (*gewähren*) **jdn [mal/nur]** ~ **lassen** to leave sb to it; ***lass mich mal ~, ich bringe das schon wieder in Ordnung!*** leave it to me, I'll put it right! **IV.** *vr* ① (*fam: sich entwickeln*) ▪ **sich [irgendwie]** ~ to come along [in a certain way] ② (*viel leisten*) ▪ **sich** ~ to do well for oneself; ***die neue Sekretärin macht sich gut*** the new secretary is doing well ③ (*passen*) to go with sth; ***das Bild macht sich gut an der Wand*** the picture looks good on the wall ④ (*sich begeben*) ▪ **sich an etw** *akk* ~ to get on with sth; **sich an die Arbeit** ~ to get down to work; **sich an ein Manuskript** ~ to start working on a manuscript ⑤ (*gewinnen*) ▪ **sich** *dat* **etw** ~ to make sth; **sich Freunde/Feinde** ~ to make friends/enemies ⑥ *mit adj* (*werden*) **sich [bei jdm] verhasst** ~ to incur [sb's] hatred; **sich verständlich** ~ to make oneself understood; **sich wichtig** ~ to be full of one's own importance ⑦ (*gelegen sein*) **sich** *dat* **etwas/viel/wenig/nichts aus jdm/etw** ~ to care/care a lot/not care much/at all for sb/sth; (*sich nicht über etw ärgern*) to not get upset about sth [*or* let sth bother oneself]; **mach dir/~Sie sich nichts d[a]raus!** don't worry about it! [*or* let it get you down!]

Machenschaften <-, en> *pl usu pl* (*pej*) intrigues *pl,* machinations *npl;* **dunkle ~en** sinister wheeling and dealing

Macher(in) <-s, -> *m(f)* (*fam*) man of action, doer

Machete <-, -n> *f* machete

Macho <-s, -s> ['matʃo] *m* (*fam*) macho *fam*

Macht <-, Mächte> *f* ① *kein pl* (*Befugnis*) power; **seine ~ gebrauchen/missbrauchen** to exercise [*or* wield]/abuse one's power; **die ~ haben, etw zu tun** to have the power to do sth; **etw liegt [*o* steht] in jds ~** sth is within sb's power ② *kein pl* (*Herrschaft*) rule; **seine ~ behaupten** to maintain one's hold on power; **an der ~ bleiben** to remain in power; **die ~ ergreifen [*o* die ~ an sich reißen]** to seize power; **nach der ~ greifen** to attempt to seize power; **an der ~ sein** to be in power; **an die ~ kommen [*o* gelangen]** to gain [*or* come to] power; **sich an die ~ putschen** to seize power by force; **die ~ übernehmen** to assume [*or* take over] power ③ (*beherrschender Einfluss*) power; **die ~ der Gewohnheit** the force of habit; **~ über jdn haben** to have power over sb; **eine ... ~ auf jdn ausüben** to have a ... power over sb; **eine geistige ~** mental powers; **die ~ der Finsternis** (*liter*) the powers of darkness *liter;* **aus eigener ~** under one's own steam; **mit aller ~** with all one's strength [*or* might]; **mit ~** with vigour [*or* AM -or]; ***ich werde alles tun, was in meiner ~ steht*** I'll do everything in my power ④ (*mächtiger Staat*) power; **verbündete Mächte** allied powers; **Krieg führende Mächte** warring powers ⑤ *kein pl* (*Kraft, Gewalt*) force, power ▸ WENDUNGEN: **~ geht vor Recht** (*prov*) might is right, power is a law unto itself

Machtantritt *m kein pl* POL coming into power

Machtbefugnis *f* authority, powers *pl;* **~ haben** to have authority; **seine ~/~se überschreiten** to exceed one's powers; **etw überschreitet jds ~** this exceeds sb's authority **Machtbereich** *m* sphere of influence **Machtblock** *m* power bloc **Machtergreifung** *f* seizure of power *no pl;* **die ~ Hitlers** Hitler's rise to power **Machterhalt** *m kein pl* retention of power *no pl* **Machtfülle** *f* power **Machthaber(in)** <-s, -> *m(f)* ruler, dictator **Machthunger** *m* (*pej*) thirst for [*or* hunger after] power **machthungrig** *adj* (*pej*) power-thirsty, hungry for power

mächtig *adj* ① (*einflussreich*) powerful, influential; ▪ **die M~en** the most powerful people; **ein ~es Imperium** a mighty empire ② (*gewaltig, beeindruckend*) powerful, mighty *attr;* **ein ~er Baum** a mighty tree; **ein ~es Gewitter** a violent storm; **mit ~er Stimme** in a powerful voice ③ (*sättigend, schwer*) heavy ④ (*fam: sehr stark, enorm*) extreme; **~ stark** extremely strong; **sich ~ beeilen** to hurry like mad *fam;* **~en Durst/Hunger haben** to have a terrific thirst/hunger; **einen ~en Schlag bekommen** to receive a powerful blow; ***wir haben ~es Glück gehabt*** we had tremendous [*or* terrific] luck ⑤ (*geh: kundig*) ▪ **einer S.** *gen* **~ sein** to be knowledgeable about sth; ***er ist der deutschen Sprache nicht ~*** he does not have a good command of the German language; **seiner selbst nicht ~ sein** (*geh*) to have taken leave of one's senses ⑥ BERGB (*dick*) thick, massive

Mächtigkeit <-> *f* ① *kein pl* (*großer Einfluss*) power ② *kein pl* (*mächtige Beschaffenheit*) strength, force, might ③ *bes* BERGB (*Dicke*) thickness ④ MATH potency

Machtinstinkt *m* (*fam*) power instinct, instinct for power **Machtkampf** *m* power struggle

machtlos *adj* (*ohnmächtig, hilflos*) powerless, helpless; ▪ **~ gegen etw sein** to be powerless against sth; **jdm/etw ~ gegenüberstehen** to be powerless against sb/sth

Machtlosigkeit <-> *f kein pl* powerlessness, helplessness

Machtmissbrauch[RR] *m* abuse of power **Machtmittel** *nt* instrument of power **Machtpolitik** *f* power politics *npl* **Machtprobe** *f* trial of strength **Machtstellung** *f* position of power **Machtstreben** *nt* aspiration to power **Machtübernahme** *f s.* Machtergreifung **machtvoll** *adj* (*mächtig*) powerful, mighty; (*Stärke zeigend*) powerful **Machtvollkommenheit** *f* absolute power; **in [*o* aus] eigener ~** on one's own authority **Machtwechsel** *m* change of government **Machtwort** *nt* authoritative intervention; **ein ~ sprechen** to exercise one's authority

Machwerk *nt* (*pej*) pathetic effort *pej;* **ein übles ~** a poor piece of workmanship

M

Machzahl[RR] *f,* **Mach-Zahl** *f* Mach number

Macke <-, -n> *f* (*fam*) ① (*Schadstelle*) defect; **eine ~ im Lack** a dent in the paintwork ② (*sl: Tick, Eigenart*) quirk, foible; **eine ~ haben** (*sl*) to be off one's rocker, to have a screw loose *fam*

Macker <-s, -> *m* (*sl*) ① (*Typ*) guy, BRIT *a.* bloke ② (*Freund*) fellow, man, bloke BRIT ③ (*Anführer*) boss; **der große ~ sein** to be the big boss; **den ~ machen** [*o* **spielen**] to act [*or* play] the tough guy ④ NORDD (*Arbeitskollege*) colleague

Madagaskar <-s> *nt* Madagascar; *s. a.* **Deutschland**

Madagasse, Madagassin <-n, -n> *m, f* Malagasy; *s. a.* **Deutsche(r)**

Madagassisch *nt dekl wie adj* Malagasy; *s. a.* **Deutsch**

madagassisch *adj* Malagasy, Madagascan; *s. a.* **deutsch**

Madagassische <-n> *nt* ■ **das ~** Malagasy, the Malagasy language; *s. a.* **Deutsche**

Madame <-, Mesdames> [ma'dam, meː'dam] *f* (*geh*) Madame

Mädchen <-s, -> *nt* ① (*weibliches Wesen*) girl; **ein ~ bekommen** to have a [baby] girl; **ein leichtes ~** (*veraltend*) a tart; **ein spätes ~** (*veraltend o euph*) an old maid *dated or hum* ② (*veraltend: Freundin*) girlfriend ③ (*veraltend: Haushaltshilfe*) maid; **~ für alles** (*fam*) girl/man Friday, BRIT *a.* dogsbody

Mädchenbuch *nt* girls' book **Mädchengymnasium** *nt* girls' grammar school

mädchenhaft *adj* girlish; **ein ~es Gesicht haben** to have a girlish face; **sich ~ benehmen** to behave like a little girl

Mädchenhandel *m kein pl* white slave traffic **Mädchenhändler(in)** *m(f)* white slaver **Mädchenkleidung** *f* girls' clothes [*or* clothing] *no pl* **Mädchenname** *m* ① (*Geburtsname einer Ehefrau*) maiden name ② (*Vorname*) girl's name **Mädchenpensionat** *nt* girls' boarding school **Mädchenschuhe** *m pl* girls' shoes

Made <-, -n> *f* maggot ▸ WENDUNGEN: **wie die ~[n] im Speck leben** (*fam*) to live [*or* lead] the life of Riley *fam,* to live [*or* be] in clover

Madeira[1] [-'deː-] *nt* Madeira; *s. a.* **Sylt**

Madeira[2] <-s, -s> [ma'deːra] *m,* **Madeirawein** *m* Madeira

Mädel <-s, -[s]> *nt,* **Mad(e)l** <-s, -n> *nt* SÜDD, ÖSTERR girl

Madenhacker *m* ORN oxpecker

Mädesüß <-s> *nt kein pl* BOT meadow sweet

madig *adj* maggoty, worm-eaten; **jdn/etw ~ machen** (*fig fam*) to belittle sb/sth, to run sb down; **jdm etw ~ machen** (*fig fam*) to spoil sth [for sb]

Madonna <-, Madonnen> *f* ① (*Gottesmutter Maria*) Madonna ② (*Darstellung der Gottesmutter*) Madonna

Madrid <-s> *nt* Madrid

Madrigal <-s, -e> *nt* madrigal

Maestro <-s, -s *o* Maestri> [ma'ɛːstro] *m* ① (*berühmter Musiker*) maestro ② (*veraltend: Musiklehrer*) music teacher

Mafia <-, s> *f* ① (*Geheimorganisation*) the Mafia ② (*fig: verschworene Gruppe*) mafia; **eine ~ von Industriellen** the industrialists' mafia

Mafia-Boss[RR], **Mafia-Boß** *m* Mafia boss

mafios *adj* (*pej*) mafia-like; **~e Methoden** mafia-like methods

Mafioso <-[s], -si> *m* (*Mitglied einer Mafia-Gruppe*) Mafioso

Magazin[1] <-s, -e> *nt* ① (*Patronenbehälter*) magazine; (*Behälter für Dias*) feeder ② (*Lager*) storeroom; (*von Sprengstoff, Waffen*) magazine; (*von Bibliothek*) stockroom; **etw im ~ aufbewahren** to keep sth in the storeroom

Magazin[2] <-s, -e> *nt* ① (*bebilderte Zeitschrift*) magazine, journal; **ein literarisches ~** a literary journal ② (*Fernsehsendung*) magazine programme [*or* AM -am]

Magaziner(in) <-s, -> *m(f)* SCHWEIZ, **Magazineur(in)** <-s, -e> [magaʦi'nøːɐ] *m(f)* ÖSTERR *s.* **Lagerverwalter**

Magd <-, Mägde> *f* ① (*veraltend: Gehilfin für Haus-/Landarbeit*) farmgirl ② (*Jungfrau, Mädchen*) maid[en]; **eine holde ~** a fair [*or* sweet] maid ▸ WENDUNGEN: **die ~ des Herrn** the Virgin Mary

Magen <-s, Mägen *o* -> *m* stomach, tummy *usu childspeak;* **ein voller ~** a full stomach; **mit leerem ~** with an empty stomach; **auf nüchternen ~** on an empty stomach; **jdm den ~ auspumpen** to pump out sb's stomach; **etw liegt jdm schwer im ~** (*fam*), **das Essen liegt jdm schwer im ~** the food lies heavy on sb's stomach; (*fig: jdm sehr zu schaffen machen*) sth weighs heavily on [*or* troubles] sb; **einen nervösen/verstimmten ~ haben** to have a knot of nervousness in one's/an upset stomach; **mit leerem ~ zu Bett gehen** to go to bed hungry; **etwas/nichts im ~ haben** to have eaten/not have eaten sth; **jdm knurrt der ~** (*fam*) sb's stomach rumbles; **sich** *dat* **[mit etw] den ~ verderben** [*o fam* **verkorksen**] to give oneself an upset stomach [by eating/drinking sth]; **sich den ~ vollschlagen** to stuff one's face ▸ WENDUNGEN: **jdm hängt der ~ in den Kniekehlen** (*fam*) to be dying of hunger [*or* ravenous]; **jdm dreht** *fam* **sich der ~ um** sb's stomach turns; **etw schlägt jdm auf den ~** (*fam*) sth gets to sb

Magenausgang *m* pylorus **Magenbeschwerden** *pl* stomach trouble, indigestion **Magenbitter** <-s, -> *m* bitters *npl* **Magenblutung** *f* gastric haemorrhage [*or* AM hemorrhage] **Magen-Darm-Katarr**[RR] *m* gastroenteritis *no pl, no art* **Magen-Darm-Trakt** *m* gastrointestinal tract **Magendrücken** <-s, -> *nt feeling of discomfort in the stomach* **Magendurchbruch** *m* MED perforation of the stomach **Mageneingang** *m* cardia **magenfreundlich** *adj* gentle on the stomach **Magengegend** *f* gastric region; ■ **in der ~** around the stomach **Magengeschwür** *nt* stomach [*or* peptic] ulcer **Magengrube** *f* pit of the stomach, epigastrium *spec* **Magenknurren** *nt* stomach rumble **Magenkrampf** *m meist pl* gastric disorder **magenkrank** *adj* suffering from a stomach disorder *pred* **Magenkranke(r)** *f(m) dekl wie adj* person suffering from a stomach disorder **Magenkrankheit** *f* stomach disorder **Magenkrebs** *m* cancer of the stomach, gastric cancer **Magennerven** *pl* **schwache [*o* keine] ~ haben** to have a weak stomach **Magenoperation** *f* operation of the stomach **Magenresektion** *f* gastric resection **Magensaft** *m* gastric juice **Magensäure** *f* hydrochloric acid **Magenschleimhaut** *f* stomach lining *no pl,* gastric mucous membrane *no pl spec* **Magenschleimhautentzündung** *f* gastritis **Magenschmerzen** *pl* stomach ache [*or pl* pains] **Magenspiegelung** *f* gastrocopy **Magenverstimmung** *f* upset stomach, stomach upset

mager *adj* ① (*dünn*) thin, skinny *pej* ② (*fettarm*) low-fat; **~es Fleisch** lean meat; **~e Kost** low-fat food; **~ essen/kochen** to eat/cook low-fat foods ③ (*wenig ertragreich*) poor, practically infertile [*or* barren]; **~e Ernte** (*fig*) a poor harvest; **~er Boden** infertile ground; ***das ist aber eine ~e Ausbeute*** those are poor [*or* lean] pickings; (*dürftig*) feeble; **~e Jahre** barren years

Magerjoghurt *m o nt* low-fat yoghurt **Magerkäse** *m* low-fat cheese

Magerkeit <-> *f kein pl* ① (*dünne Beschaffenheit*) thinness *no pl,* skinniness *no pl pej* ② (*fettarme Beschaffenheit*) sth low in fat ③ (*Dürftigkeit*) meagreness BRIT, meagerness AM

Magermilch *f kein pl* low-fat [*or* skimmed] [*or* skim] milk **Magermotor** *m* lean-mix engine **Magerquark** *m kein pl* low-fat quark [*or* curd cheese] **Magersucht** *f kein pl* anorexia **magersüchtig** *adj inv* MED anorexic

Magie <-> *f* ① (*Zauberei*) magic; **ein Meister der** ~ a master magician; **schwarze** ~ black magic ② (*geheime Anziehungskraft*) magic; ▪**die** ~ **einer S.** *gen* the magic of sth

Magier(in) <-s, -> ['ma:giɐ] *m(f)* magician

magisch *adj* ① (*Zauberei betreffend*) magic; ~**e Kräfte** magic powers; **ein** ~**er Trank** a magic potion; **der** ~**e Zirkel** the magic circle ② (*rätselhaft, unerklärlich*) magical; **eine** ~**e Anziehungskraft haben** to have magical powers of attraction; **eine** ~**e Musik** enchanting music

Magister, Magistra <-s, -> *m, f* ① *kein pl* (*Universitätsgrad* [~ *Artium*]) Master's degree, Master's *fam,* Master of Arts; **den** ~ **haben/machen** to hold/work on [*or* do] a Master's [degree] ② (*Inhaber des Universitätsgrades*) Master ③ ÖSTERR (*Apotheker*) pharmacist; ~ [**pharmaciae**] Master of Pharmacy ④ (*veraltet: Lehrer*) [school]master *dated*

Magisterarbeit *f* SCH Master's [degree] thesis [*or* dissertation]

Magistrat[1] <-[e]s, -e> *m* ① (*Stadtverwaltung*) municipal [*or* city/town] council, municipal [*or* city/town] authorities *pl* ② (*hist*) alderman

Magistrat[2] <-en, -en> *m* SCHWEIZ federal councillor [*or* AM councilor]

Magma <-s, Magmen> *nt* magma

magna cum laude magna cum laude; ***sie bestand die Prüfung*** ~ she passed the exam with distinction

Magnat <-en, -en> *m* magnate

Magnesia <-> *f kein pl* magnesia

Magnesium <-s, *kein pl*> *nt* magnesium

Magnet <-[e]s *o* -en, -e[n]> *m* ① (*magnetisches Metallstück*) magnet ② (*fig: Anziehungspunkt*) magnet; ***unser Stadtfest ist immer ein*** ~ ***für viele Menschen*** our city festival always attracts a lot of people

Magnetbahn *f s.* **Magnetschwebebahn** **Magnetfeld** *nt* magnetic field

magnetisch *adj* magnetic; **eine** ~**e Anziehungskraft auf jdn ausüben** [*o* **haben**] to be/have a magnetic attraction for sb

magnetisieren* *vt* ① (*magnetisch machen*) ▪**etw** ~ to magnetize sth ② (*mit Magnetismus* [2] *behandeln*) ▪**jdn** ~ to mesmerize sb

Magnetismus <-> *m kein pl* ① PHYS magnetism ② (*Mesmerismus*) mesmerism, magnetism

Magnetkarte *f* plastic card [with a magnetic strip] **Magnetkern** *m* magnet core **Magnetnadel** *f* magnetic needle **Magnetosphäre** <-> *f kein pl* magnetosphere **Magnetpol** *m* magnetic pole **Magnetschalter** *m* starter solenoid, solenoid starter switch *spec* **Magnetschwebebahn** *f* magnetic railway **Magnetspule** *f* magnet coil **Magnetstreifen** *m* magnetic strip

Magnolie <-, -n> [-liə] *f* Magnolia

mäh *interj* baa

Mahagoni <-s> *nt kein pl* mahogany

Mahagonibaum *m* mahogany tree **mahagonifarben** *adj* mahogany **Mahagonischrank** *m* mahogany cupboard

Maharadscha <-s, -s> *m* maharaja[h]

Maharani <-, -s> *f* maharani, maharanee

Mähbinder <-s, -> *m* binder

Mahd[1] <-, -en> *f* DIAL (*das Mähen*) mowing; (*gemähtes Gras*) mown grass, [new-mown] hay

Mahd[2] <-[e]s, Mähder> *nt* ÖSTERR, SCHWEIZ (*Bergwiese*) high pasture

Mähdrescher <-s, -> *m* combine harvester

mähen[1] *vt* (*abschneiden*) ▪**etw** ~ to mow sth; **das Gras** ~ to mow the grass [*or* lawn]; (*ernten*) to reap; **ein Feld** ~ to harvest a field; ▪**das M**~ the mowing

mähen[2] *vi* (*fam*) *Schaf* to bleat, to baa *fam*

Mahl <-[e]s, -e *o* Mähler> *nt pl selten* (*geh*) ① (*Speise*) repast *form,* meal; **ein** ~ **zu sich nehmen** to have a meal ② (*Einnahme einer Mahlzeit*) meal; (*Fest*~) feast, banquet; **beim** ~[**e**] **sitzen** to be at [the] table

mahlen <mahlte, gemahlen> **I.** *vt* (*in einer Mühle zerreiben*) ▪**etw** [**zu etw**] ~ to grind sth [into sth]; **Getreide** ~ to grind grain; (*durch Zerreiben herstellen*) to grind; **Mehl** ~ to grind flour; ▪**gemahlen** ground; **gemahlener Kaffee** ground coffee **II.** *vi* to chew carefully; **die Kiefer/Zähne** ~ to grind [*or* gnash] one's teeth ▸ WENDUNGEN: **wer zuerst kommt, mahlt zuerst** (*prov*) the early bird catches the worm *prov*

Mahlgut <-es> *nt kein pl* (*geh*) grist

mählich *adj* (*poet*) *s.* **allmählich**

Mahlstein *m s.* **Mühlstein** **Mahlstrom** *m s.* **Malstrom** **Mahlzahn** *m* molar [tooth], mill tooth

Mahlzeit *f* ① (*Essen*) meal; **eine kleine** ~ a snack; **eine** ~ **zubereiten/zu sich nehmen** to prepare/have a meal ② (*Einnahme von Essen*) meal; **sich an die** ~**en halten** to eat meals at regular times; **gesegnete** *geh* ~! bon appetit!, enjoy your meal!; ~! DIAL (*fam*) ≈ [good] afternoon!, *greeting used during the lunch break in some parts of Germany* ▸ WENDUNGEN: **na dann prost** ~! (*fam*) well that's just brilliant [*or* wonderful] *iron fam*

Mähmaschine *f* (*für Gras*) mower; (*für Getreide*) harvester, reaper

Mahnbescheid *m,* **Mahnbrief** *m* reminder, writ for payment

Mähne <-, -n> *f* mane; **eine lange** ~ (*fig*) a long mane

mahnen **I.** *vt* ① (*nachdrücklich erinnern*) ▪**jdn** [**an etw** [*o* **wg etw**]] ~ to warn sb [of sth], to admonish sb *form;* ***sie hat uns wegen der Gefahren gemahnt*** she warned us of the dangers; ▪**das M**~ warning, admonishing *form* ② (*an eine Rechnung erinnern*) ▪**jdn** ~ to remind sb ③ (*dringend auffordern*) ▪**jdn zu etw** ~ to urge sb to be/do sth; **jdn zur Geduld/Eile/Vorsicht** ~ to urge sb to be patient/to hurry/to be careful; ***die Dunkelheit mahnte die Wanderer zur Eile*** (*fig*) the darkness urged them to hurry up; ▪**jdn** ~, **etw zu tun** to urge sb to do sth **II.** *vi* (*geh*) ① (*gemahnen, erinnern*) ▪**an etw** ~ to be a reminder of sth ② (*veranlassen*) to cause; ***der Wetterumschwung mahnte zur Eile*** a change in the weather made us/him/her etc hurry; ▪**zu etw** ~ to urge sb to do sth

mahnend **I.** *adj* (*ein Mahnen ausdrückend*) warning *attr,* admonitory *form;* ~**e Vorzeichen** foreboding premonition **II.** *adv* (*in* ~*er Weise*) warningly, admonishingly; ~ **den Zeigefinger erheben** to raise one's index finger in warning

Mahngebühr *f* ADMIN dunning charge

Mahnmal <-[e]s, -e *o selten* -mäler> *nt* memorial

Mahnschreiben *nt* (*geh*) *s.* **Mahnbrief**

Mahnung <-, -en> *f* ① (*mahnende -ußerung*) warning, admonition *form,* admonishment *form;* **eine** ~ **zur Vorsicht beherzigen/missachten** to take to heart/ignore a warning to be careful ② (*geh: warnende Erinnerung*) reminder; ***ich hoffe, das war ihm eine*** ~ I hope that taught him a lesson ③ (*Mahnbrief*)

M

reminder, demand [for payment]
Mahnwache *f group of demonstrators quietly drawing attention to sth;* **eine ~ halten** to stage a quiet demonstration
Mähre <-, -n> *f* (*veraltend o pej*) jade
Mai <-[e]s *o* - *o poet* -en, -e> *m pl selten* May AM; **der Erste ~** May Day; *s. a.* **Februar** ▶ WENDUNGEN: **im ~ seines Lebens stehen** to be in the springtime of life; **wie einst im ~** just like in the good old days *hum*
Maibaum *m* ≈ maypole **Maiblume** *f* mayflower **Maibowle** *f white wine, champagne and woodruff punch*
Maid <-, -en> *f* (*veraltet*) maiden *old*
Maifeiertag *m* (*geh*) May Day **Maifisch** *m* ZOOL, KOCHK allice [*or* allis] shad, alewife **Maiglöckchen** *nt* lily of the valley **Maikäfer** *m* ladybird BRIT, ladybug AM **Maikönigin** *f* May queen **Maikundgebung** *f* May Day rally
Mail <-, -s> [meɪl] *f o* DIAL *nt* INET (*fam*) e-mail, email
Mailbox <-, -en> [-bɔks] *f* INFORM mailbox
mailen ['meɪlən] *vt* ■**etw ~** INET (*fam*) to [e-]mail, to email
Mailing <-[s]> ['mɛɪlɪŋ] *nt kein pl* ❶ ÖKON mailshot ❷ INFORM e-mail *no pl,* electronic mail *no pl*
Mailorder <-> ['meɪlɔːdə] *f kein pl* ÖKON mail order
Main <-, -[e]s> *m* the River Main, the Main river
Mainstream <-s> ['meɪnstriːm] *m kein pl* (*Geschmack der Gesellschaftsmehrheit*) the mainstream; **~-Kultur** mainstream culture
Mainz <-> *nt* Mainz
Mais <-es, -e> *m* ❶ (*Anbaupflanze*) maize *no pl* BRIT, corn *no pl* AM ❷ (*Maisfrucht*) sweet corn
Maisanbau *m* cultivation of maize [*or* AM corn] *no pl* **Maisbrot** *nt* corn bread
Maische <-, -n> *f* (*fachspr*) ❶ (*gekelterte Trauben*) must ❷ (*bei Bier-/Spiritusherstellung*) mash
Maisfeld *nt* maize field BRIT, cornfield AM **maisgelb** *adj* bright yellow **Maiskeimöl** *nt kein pl* cornseed [*or* maize germ] oil **Maiskolben** *m* corncob **Maiskorn** *nt* grain of maize [*or* AM corn] **Maismehl** *nt* cornflour BRIT, cornstarch AM **Maisstärke** *f* maize [*or* AM corn] starch **Maisstaude** *f* maize [*or* AM corn] bush
Majestät <-, -en> *f* ❶ (*Titel*) Majesty; **Kaiserliche/Königliche ~** Imperial/Royal Majesty; **Seine/Ihre/Eure** [*o* **Euer**] **~** His/Her/Your Majesty ❷ *kein pl* (*geh: Erhabenheit, Würde*) majesty; **die ~ der Alpen** the majesty of the Alps; **etw strahlt ~ aus** sth has majesty
majestätisch **I.** *adj* majestic **II.** *adv* majestically
Majo <-, -s> *f kurz für* **Mayonnaise** (*sl*) mayo *fam*
MajonäseRR <-, -n> *f* mayonnaise, mayo *fam*
Major(in) <-s, -e> *m(f)* major
Majoran <-s, -e> *m* marjoram
majorisieren* *vt* (*geh: überstimmen und beherrschen*) ■**jdn ~** to outvote sb
Majorität <-, -en> *f* (*geh: Mehrheit*) majority *no pl;* **die ~ haben** to have a majority, to be in the majority
MajoritätsbeschlussRR *m* (*Mehrheitsbeschluss*) majority decision **Majoritätsprinzip** *nt* (*Mehrheitsprinzip*) principle of majority rule **Majoritätswahl** *f* (*Mehrheitswahl*) majority vote
Majorz <-es> *m kein pl* POL SCHWEIZ *s.* **Majoritätswahl**
makaber *adj* macabre
Makake <-n, -n> *m* ZOOL macaque
Makedonien <-s> *nt s.* **Mazedonien**
Makedonier(in) <-s, -> *m(f) s.* **Mazedonier**
Makedonisch *nt dekl wie adj* Macedonian; *s. a.* **Deutsch**
makedonisch *adj* Macedonian; *s. a.* **deutsch**
Makedonische <-n> *nt* ■**das ~** Macedonian, the Macedonian language; *s. a.* **Deutsche**
Makel <-s, -> *m* ❶ (*Schandfleck*) blemish, stigma; **ein ~ auf jds** [**blütenreiner**] **Weste** to blot one's copybook; **an jdm haftet ein ~** a black mark against sb's name; **jdm haftet ein ~ an** (*geh*) sb's reputation is tarnished ❷ (*Fehler*) flaw; **ohne ~** flawless; **an jmd ist kein ~** sb's behaviour [*or* AM -or] is beyond reproach
Mäkelei <-, -en> *f* (*pej*) ❶ *kein pl* (*Nörgelei*) moaning *no pl,* whing[e]ing *no pl* BRIT *fam,* whining *no pl* AM *fam* ❷ (*mäkelnde -ußerung*) moan
makellos *adj* ❶ (*untadelig*) unblemished, untainted, untarnished; **einen ~en Ruf haben** to have an unblemished [*or* untarnished] reputation; **ein ~es Zeugnis** an impeccable report ❷ (*fehlerlos*) perfect; **eine ~e Aussprache/Haut/Figur haben** to have perfect pronunciation/skin/a perfect figure; (*vollkommen*) completely; **etw ist ~ rein** sth is absolutely pure
Makellosigkeit <-> *f kein pl* ❶ (*Untadeligkeit*) impeccability *no pl* ❷ (*Fehlerlosigkeit*) perfection, flawlessness *no pl*
makeln **I.** *vt* ■**etw ~** to deal in sth; **er makelt Häuser** he is an agent for houses **II.** *vi* to act as a broker
mäkeln *vi* (*pej fam*) to moan [*or fam* whinge] [about sth]; ***sie hatte immer etwas zu ~*** she always had sth to carp at
Make-up <-s, -s> [meːk'ʔap] *nt* make-up *no pl;* **ein tadelloses/scheußliches ~ tragen** to wear perfect/awful make-up
Makkaroni *pl* macaroni
Makler(in) <-s, -> *m(f)* broker; (*Immobilien~*) estate agent BRIT, realtor AM
Mäkler(in) <-s, -> *m(f)* (*pej fam*) moaner, whinger BRIT *fam,* whiner AM *fam*
Maklergebühr *f* brok[er]age *no pl;* (*für Immobilien*) agent's commission [*or* fee]
Makrele <-, -n> *f* mackerel
makrobiotisch *adj* macrobiotic; **~e Kost** macrobiotic food; ■**sich ~ ernähren** to eat macrobiotic food, to stick to a macrobiotic diet **makrokephal** *adj* MED *s.* **makrozephal** **makrokosmisch** *adj* macrocosmic **Makrokosmos** *m* macrocosm **Makromolekül** *nt* BIOL macromolecule **makromolekular** *adj* macromolecular
Makrone <-, -n> *f* KOCHK macaroon
Makrostruktur *f* (*fachspr*) macrostructure **makrozephal** *adj* MED macrocephalic, macrocephalous **Makrozephalie** *f* MED macrocephaly *no pl*
Makulatur <-, -en> *f* waste paper; **Akten als ~ einstampfen** to pulp files to waste paper ▶ WENDUNGEN: **~ reden** (*fam*) to talk nonsense [*or* BRIT *fam* rubbish]
makulieren* *vt* ■**etw ~** to pulp sth
mal¹ *adv* ❶ MATH multiplied by, times; ***drei mal drei ergibt neun*** three times three is nine ❷ (*eben so*) **gerade ~** (*fam*) only; ***sie war gerade ~ zwölf, als sie das Elternhaus verlassen musste*** she had just turned twelve when she had to leave her parents' home
mal² *adv* (*fam*) *kurz für* **einmal**
Mal¹ <-[e]s, -e *o* nach Zahlwörtern: -> *nt* (*Zeitpunkt*) time; **ein anderes ~** another time; **einige/etliche ~e** sometimes/very often; **ein/kein einziges ~** once/not once; **das erste ~** the first time; ***einmal ist immer das erste ~*** there's always a first time; **beim ersten/zweiten/letzten/... ~** the first/second/last/ ... time; **zum ersten/letzten ~** for the first/last time; **das letzte ~** the last time; **ein letztes ~** (*geh*) one last time; **mehrere ~e** several times; **das nächste ~** [the] next time; **nächstes ~** next time; **bis zum nächsten ~!** see you [around]!; **das soundsovielte** [*o* **x-te**] **~** (*fam*) the millionth time; **voriges ~**

last time; **das vorige** ~ [the] last time, on a number of occasions; **zum wiederholten** ~[**e**] over and over again, repeatedly; **das wie vielte** ~? how many times? [*or* often?]; [**für**] **dieses** ~ this time; ***dieses ~ werde ich ein Auge zudrücken*** this time I'll turn a blind eye; ~ **für** ~ again and again; **von** ~ **zu** ~ increasingly; ***er wird von ~ zu ~ besser*** he gets better every time [I see him]; [**nur**] **das** [*o* **dieses**] **eine** ~! just this once; **das eine oder andere** ~ from time to time, now and again; **ein für alle** ~**e** (*fig*) once and for all; **mit einem** ~[**e**] (*fig*) all of a sudden

Mal² <-[e]s, -e *o* Mäler> *nt* mark ① *pl -e* (*Hautverfärbung*) mark; (*Mutter~*) birthmark ② *pl Mäler* (*geh: Denkmal*) memorial, monument; **ein** ~ **errichten** to erect a monument ③ *pl -e* SPORT (*Feldmarkierung*) mark

malad(**e**) *adj* (*selten fam*) sick, ill, unwell; **sich** ~ **fühlen** to feel ill

Malaiisch *nt dekl wie adj* Malay[an]; *s. a.* **Deutsch**

Malaiische <-n> *nt* ■**das** ~ Malay[an], the Malay[an] language; *s. a.* **Deutsche**

Malaise [ma'lɛzə] *f* (*geh: unbefriedigende Situation*) malaise

Malaria <-> *f kein pl* malaria; ~ **bekommen** to come down with malaria

Malawi <-s> *nt* Malawi; *s. a.* **Deutschland**

Malawier(**in**) <-s, -> *m*(*f*) Malawian; *s. a.* **Deutsche**

malawisch *adj* Malawian; *s. a.* **deutsch**

Malaysia <-s> *nt* Malaysia; *s. a.* **Deutschland**

Malaysier(**in**) <-s, -> *m*(*f*) Malaysian; *s. a.* **Deutsche**(**r**)

malaysisch *adj* Malayan; *s. a.* **deutsch**

Malbuch *nt* colouring [*or* AM coloring] book

Malediven <-> *pl* ■**die** ~ the Maldives *npl,* the Maldive Islands *pl; s. a.* **Falklandinseln**

Malediver(**in**) <-s, -> *m*(*f*) Maldivian; *s. a.* **Deutsche**(**r**)

maledivisch *adj* Maldivian; *s. a.* **deutsch**

malen **I.** *vt* ① (*ein Bild herstellen*) to paint; **ein Bild/Porträt** ~ to paint a picture/portrait; **Schilder** ~ to paint signs; **einen Hintergrund** ~ to paint a background; (*künstlerisch darstellen*) paint; ■**jdn/etw** ~ to paint sb/sth; **eine Landschaft** ~ to paint a landscape; **jdn in Öl** ~ to paint sb in oils; ■**sich** ~ **lassen** to have one's portrait painted; **die Zukunft rosig** ~ (*fig*) to paint a rosy picture of the future; **etw schwarz** ~ (*fig*) to paint a black picture of sth *fig,* to be pessimistic about sth; **Figuren schwarz und weiß** ~ (*fig*) to interpret figures as black or white [*or* good or evil] ② DIAL (*anstreichen*) to paint; ■**etw** ~ to paint sth; **die Wände** ~ to paint the walls ③ (*schminken*) to paint; **sich die Nägel/Lippen** ~ to paint one's nails/lips **II.** *vi* to paint; ***in meiner Freizeit male ich*** I paint in my free time; ***wo haben Sie das M~ gelernt?*** where did you learn to paint? **III.** *vr* (*geh: widerspiegeln*) ■**etw malt sich auf etw** *dat* to suffuse sth; ***auf ihrem Gesicht malte sich das blanke Entsetzen*** total horror was mirrored on her face

Maler(**in**) <-s, -> *m*(*f*) ① (*Künstler*) painter, artist ② (*Anstreicher*) painter

Malerei <-, -en> *f* ① *kein pl* (*das Malen als Gattung*) painting; **moderne/zeitgenössische** ~ modern/contemporary painting; **sich mit der** ~ **beschäftigen** to be interested in painting[s] ② *meist pl* (*gemaltes Werk*) paintings *pl,* picture; **die** ~**en eines Meisters** the work of a master painter

Malerfarbe *f* paint

malerisch *adj* ① (*pittoresk*) picturesque; **ein** ~**er Anblick** a picturesque view; ~ **gelegen sein** to be located in a picturesque place ② (*die Malerei betreffend*) artistic; **eine** ~**e Interpretation/Sichtweise** an artistic interpretation/impression; **ein** ~**es Genie** an artistic genius

Malheur <-s, -s *o* -e> [ma'løːɐ] *nt* mishap; **das ist doch kein** ~! it's not the end of the world!; **jdm passiert ein** [**kleines**] ~ sb has a [slight] mishap

Mali <-s> *nt* Mali; *s. a.* **Deutschland**

Malier(**in**) <-s, -> *m*(*f*) Malian; *s. a.* **Deutsche**(**r**)

maligne *adj* MED (*bösartig*) malignant

malisch *adj* Malian; *s. a.* **deutsch**

maliziös *adj* (*geh*) malicious

Malkasten *m* paint box

Mallorca [-'jɔrka] *nt* Mallorca; *s. a.* **Sylt**

mal|nehmen *vt irreg* (*fam*) ■**etw mit etw** ~ to multiply sth by sth; ■**das M~** multiplication *no pl; s. a.* **multiplizieren**

Maloche <-> *f kein pl* (*sl*) [hard] work

malochen* *vi* (*sl*) to slog [*or* slave] away; **auf dem Bau** ~ to slave away on the building site

Malstift *m* crayon

Malstrom *m* (*liter*) maelstrom

Malta *nt* Malta; *s. a.* **Sylt**

Maltechnik *f* [painting] technique

Malteser <-s, -> *m* ① (*Bewohner Maltas*) Maltese + *sing/pl vb* ② (*Angehöriger des Malteserordens*) Knight of Malta

Malteserorden *m* the Order of the Knights of Malta

Maltesisch *nt dekl wie adj* Maltese; *s. a.* **Deutsch**

maltesisch *adj inv* GEOL Maltese

Maltesische <-n> *nt* ■**das** ~ Maltese, the Maltese language; *s. a.* **Deutsche**

Maltose *f* maltose

malträtieren* *vt* (*geh*) ■**jdn** ~ to abuse [*or* maltreat] sb

Malus <-ses, – *o* -se> *m* ① (*Prämienzuschlag bei Versicherungen*) extra premium ② (*ausgleichender Punktnachteil*) minus point, handicap

Malve <-, -n> [-və] *f* BOT malva, mallow, hollyhock

malvenfarben *adj,* **malvenfarbig** [-vən-] *adj* mauve

Malvinen *pl s.* **Falklandinseln**

Malz <-es> *nt kein pl* malt

Malzbier *nt* malt beer **Malzbonbon** *nt o m* malt sweet [*or* AM candy] [*or* lozenge] **Malzessig** *m* malt vinegar **Malzkaffee** *m* malted coffee substitute **Malzzucker** *m* malt sugar

Mama <-, -s> *f* (*fam*), **Mama** <-, -s> *f* (*veraltend geh*) mummy *fam,* mam[m]a *old,* mum; ***grüßen Sie Ihre Frau*** ~ my regards to your dear mother

Mamba <-, -s> *f* ZOOL mamba

Mami <-, -s> *f* (*fam*) *s.* **Mama**

Mammographie, **Mammografie** <-, -n> [-'fiːən] *f* mammography

Mammon <-s> *m kein pl* (*pej o hum*) mammon *form or pej,* money; **der schnöde** ~ the rotten money, filthy lucre

Mammut <-s, -s *o* -e> *nt* mammoth

Mammutbaum *m* sequoia, giant redwood **Mammutsitzung** *f* marathon session **Mammuttournee** *f* marathon tour **Mammutveranstaltung** *f* huge [*or* mammoth] event **Mammutverfahren** *nt* mammoth trial

mampfen (*sl*) **I.** *vt* ■**etw** ~ to munch sth; **einen Schokoriegel** ~ to munch a bar of chocolate **II.** *vi* to munch

Man [mæn] *nt* Isle of Man; *s. a.* **Sylt**

man¹ <*dat* einem, *akk* einen> *pron indef* ① (*irgendjemand*) they, one *form,* you; ■~ **tut etw** they/one does [*or* you do] sth; ***das hat ~ mir gesagt*** that's what I was told/they told me; ~ ***hätte uns schon viel früher davon informieren müssen*** we should have been informed much sooner ② (*die Leute*) people, they; **das trägt** ~ **heute so** that's the way it's worn today; **so etwas tut** ~ **nicht** that just isn't done

❸ (*ich*) ~ ***tut, was ~ kann*** you do what you can; ~ ***versteht sein eigenes Wort nicht*** I can't hear myself think

man² *adv* NORDD (*fam: nur [als Bekräftigung]*) just; **lass' ~ gut sein** just leave it alone

Management <-s, -s> ['mɛnɛdʒmənt] *nt* ❶ (*Führung und Organisation eines Großunternehmens*) management + *sing/pl vb* ❷ (*Gruppe der Führungskräfte*) management; **das mittlere ~** the middle management; **dem ~ angehören** to be a member of the board

managen ['mɛnɛdʒn] *vt* ■ **etw/jd ~** to manage sth/sb ❶ (*bewältigen*) to manage; **etw gut ~** to manage sth well; **eine Aufgabe ~** to manage to complete a task; (*organisieren*) to organize ❷ (*eine Persönlichkeit betreuen*) to manage

Manager(in) <-s, -> ['mɛnɛdʒɐ] *m(f)* manager

Managerkrankheit ['mɛnɛdʒɐ-] *f kein pl* (*fam*) stress-related illness; ■ **an der ~ leiden** to suffer from stress

manch *pron indef, inv* ❶ *mit ein[e] + Substantiv* (*einige/viele*) many a, many; ***so ~ ein Kind hat Probleme in der Schule*** many children have problems at school ❷ *mit substantiviertem Adjektiv* (*viel*) many ... things; ~ **anderer** many others; ~ **eine(r)** (*einige*) many ❸ *mit Adjektiv und Substantiv im Singular* (*viele*) many a, many; ~ ***großes Unrecht wird nie geahndet*** many a wrong goes/many wrongs go unpunished

manche(r, s) *pron indef* ❶ *adjektivisch, mit Plural* (*einige*) many, some; ~ ***Menschen sind einfach klüger als andere*** some people are simply cleverer than others ❷ *adjektivisch, mit Singular* a lot of, many a; ~***s Los ist schwer zu ertragen*** many lots are difficult to endure ❸ *adjektivisch, mit substantiviertem Adjektiv* many [*or* a lot of] ... things, quite a few; ~**es Gute** much good ❹ *substantivisch* (*einige[s], viel[es]*) many + *pl vb;* ***ich habe viele Freunde, aber ~ sehe ich nur selten*** I have a lot of friends, but some [of them] I only see rarely; ~ **Menschen** many people; (*bei Dingen*) many [things]; **in ~m** (*in einigem*) in many respects, in much [*or* many] of; ***in ~em sieht man keinen Sinn*** some things make no sense ❺ *substantivisch* (*viele/einige Dinge*) ■ ~**s** much/many, a lot of; ***es gibt ~s zwischen Himmel und Erde, was man sich nicht erklären kann*** there are many things between heaven and earth that cannot be explained ❻ *substantivisch* (*nicht wenige*) ■ ~**r, der/~, die** many people [*or* a person] who; ~ ***von meinen Schulfreunden sind heute schon tot*** many of my school friends have already passed away ❼ *substantivisch* ■ ~**s, was** much [*or* a lot] of what; ***ich habe schon ~s bereut, was ich im Leben gesagt habe*** I have come to regret a lot of the things I've said during my lifetime

mancherlei ❶ *inv, adjektivisch* (*dieses und jenes*) all sorts of, various; ~ **Ursachen** all sorts of causes ❷ *substantivisch* (*Verschiedenes*) many things, various; ***ich könnte ~ über ihn sagen*** I could say a lot of things about him

mancherorten *adv,* **mancherorts** *adv* (*geh*) here and there; ~ ***leben die Menschen noch wie vor hundert Jahren*** in some places, people still live as they used to one hundred years ago

manchmal *adv* ❶ (*gelegentlich*) sometimes ❷ SCHWEIZ (*oft*) often

Mandant(in) <-en, -en> *m(f)* (*fachspr*) client

Mandarin <-s, -e> *m* mandarin

Mandarine <-, -n> *f* (*hist*) mandarin

Mandat <-[e]s, -e> *nt* ❶ (*Abgeordnetensitz*) seat; **ein ~ gewinnen** to win a seat; **sein ~ niederlegen** to resign [*or* give up] one's seat ❷ (*Auftrag eines Juristen*) mandate; **ein ~ übernehmen** to take over a mandate; (*Auftrag eines Abgeordneten*) mandate; **ein politisches ~** a political mandate

Mandel¹ <-, -n> *f* almond; **gebrannte ~n** sugared, roasted almonds; **bittere/süße ~n** bitter/sweet almonds

Mandel² <-, -n> *f meist pl* ANAT tonsils *pl;* **entzündete ~n** inflamed tonsils; **die ~n herausbekommen** (*fam*) to have one's tonsils removed

Mandelaugen *pl* (*geh*) almond-shaped eyes **mandeläugig** *adj* (*geh*) almond-eyed **Mandelbaum** *m* almond tree

Mandelentzündung *f* tonsilitis *no art, no pl;* **eine ~ haben** to have tonsilitis

mandelförmig *adj* almond-shaped **Mandelkern** *m* s. **Mandel¹** **Mandelkleie** *f* almond bran **Mandelöl** *nt* almond oil

Mandeloperation *f* MED tonsillectomy

Mandoline <-, -n> *f* mandolin[e]

Mandrill <-s, -e> *m* mandrill

Mandschurei <-> *f* Manchuria

Manege <-, -n> [ma'ne:ʒə] *f* ring, arena; ~ **frei!** clear the ring!

Mangan <-s> *nt kein pl* manganese *no pl*

Mangel¹ <-s, Mängel> *m* ❶ (*Fehler*) defect, flaw; **technische Mängel** technical defects; **einen ~ beheben** [*o* **beseitigen**]/**erkennen** to eradicate/recognize flaws; **mit Mängeln behaftet sein** to be full of flaws ❷ *kein pl* (*Knappheit*) lack, shortage; **es besteht** [*o* **herrscht**] ~ **an etw** *dat* there is a lack of sth; **ein ~ an Vitamin C** vitamin C deficiency; **einen ~ an Zuversicht haben** to have little confidence; **keinen ~ leiden** to not want for anything; **wegen ~s** [*o* **aus ~**] **an Beweisen** *dat* due to a/the lack of evidence

Mangel² <-, -n> *f* mangle ▶ WENDUNGEN: **jdn durch die ~ drehen** [*o* **jdn in der ~ haben**] [*o* **jdn in die ~ nehmen**] (*fam*) to grill sb *fam*, to give sb a grilling *fam*

Mangelberuf *m* understaffed profession **Mangelerscheinung** *f* deficiency symptom

mängelfrei *adj* flawless

mangelhaft *adj* ❶ (*unzureichend*) insufficient, inadequate; ~**e Informationen** insufficient information; **eine ~e Leistung** a poor performance; ~**e Kenntisse** limited knowledge *no pl* ❷ (*zweitschlechteste Schulnote*) poor ❸ (*Mängel aufweisend*) faulty; **eine ~e Software** faulty software

Mangelkrankheit *f* deficiency disease

mangeln¹ *vi* ❶ *impers* (*ungenügend vorhanden sein*) ■ **es mangelt an etw** there is a shortage of sth; ***es mangelt vor allem an Lebensmitteln*** above all there is a food shortage; ■ **es mangelt [jdm] an etw** *dat* sb does not have enough of sth; **es jdm an nichts** *dat* ~ **lassen** to make sure sb doesn't want for anything; ■ **es mangelt jdm an etw** *dat* sb lacks [*or* does not have] sth; ***dir mangelt es an der nötigen Reife*** you do not have the necessary maturity [*or* are too immature] ❷ (*nicht vorhanden sein*) ■ **etw mangelt jdm** sb lacks [*or* does not have] sth; **jdm mangelt der Ernst** sb is not serious enough

mangeln² *vt* (*mit der Mangel² glätten*) ■ **etw ~** to press sth, to put sth through the mangle

mangelnd *adj* inadequate, insufficient; ***sein größtes Problem ist sein ~es Selbstvertrauen*** his main problem is his lack of self-confidence

mangels *präp mit gen* (*geh*) ■ ~ **einer S.** *gen* due to the lack of sth; ~ **Beweise[n]** due to the lack of evidence; ~ **Geldes** due to insufficient funds

Mangelware *f* scarce commodity; ~ **sein** to be a rare commodity

Mango <-, -gonen *o* -s> ['maŋgo] *f* mango

Mangobaum ['maŋgo-] *m* mango tree

Mangold <-[e]s, -e> ['maŋgɔlt] *m* Swiss chard

Mangrove <-, -n> [maŋ'gro:və] *f* mangrove

Manie <-, -n> [-'ni:ən] *f* ❶ (*geh: Besessenheit*) obsession; ***sie hat eine regelrechte Computer~*** she's really obsessed with computers ❷ PSYCH mania

Manier <-, -en> *f* ❶ *kein pl* (*geh: Art und Weise*) manner, style; **nach deutscher ~** the way the Germans do it; **nach bewährter ~** following a tried and tested method; **in der ~ Brechts** à la Brecht ❷ *pl* (*Umgangsformen*) manners; **gute/schlechte ~en haben** to have good/bad manners; **jdm ~en beibringen** to teach sb some manners; **wo sind denn deine ~en!** (*fam*) where are your manners?!

manieriert *adj* (*pej geh*) affected; **ein ~er Stil** an affected style

Manierismus <-> *m kein pl* mannerism *no art*

manierlich *adj* (*veraltend*) presentable, respectable; **~es Benehmen** respectable behaviour [*or* AM -or]; (*bei Kindern*) well-behaved; **sich ~ benehmen** to behave properly; **~ essen** to eat properly

Manifest <-[e]s, -e> *nt* ❶ (*öffentlich dargelegtes Programm*) manifesto; **das Kommunistische ~** the Communist Manifesto; **ein ~ verfassen** to draw up a manifesto ❷ NAUT manifest

Manifestant(in) <-en, -en> *m(f)* ÖSTERR, SCHWEIZ demonstrator

Manifestation <-, -en> *f* ❶ PSYCH, MED manifestation *form* ❷ (*öffentliche Bekundung, offensichtlicher Beweis*) demonstration

manifestieren* *vr* (*geh*) ❶ (*zu Tage treten*) ■ **sich in etw** *dat* **~** to become manifest [*or* apparent] in sth, to manifest itself in sth *form* ❷ MED, PSYCH (*auftreten*) ■ **sich in jdm ~** *Beschwerden, Symptome, etc.* to become manifest in sb

Maniküre[1] <-> *f kein pl* manicure; **~ machen** to do a manicure

Maniküre[2] <-, -n> *f* manicurist

maniküren* *vt* ■ **jdn/etw ~** to manicure sb's hands/nails/[sb's] sth, to give somebody's hands/nails/sth a manicure

Maniok <-s, -s> *m* BOT, AGR manioc, cassava

Manipulation <-, -en> *f* (*geh*) ❶ (*bewusste Beeinflussung*) manipulation *esp pej* ❷ *meist pl* (*pej: Machenschaften*) manipulation[s *pl*] *esp pej*; (*Trick*) manoeuvre BRIT, maneuver AM

manipulierbar *adj* (*geh*) manipulable *a. pej*; **~er Mensch** malleable [*or pej* manipulable] person; **leicht/schwer ~ sein** to be easily manipulated [*or* easy to manipulate]/difficult to manipulate *a. pej*

Manipulierbarkeit <-> *f kein pl* manipulability *no pl a. pej; Mensch a.* malleability

manipulieren* **I.** *vt* ■ **jdn/etw ~** to manipulate sb/sth; **jdn geschickt ~** to handle sb skillfully **II.** *vi* ■ **an etw** *dat* **~** to tamper with sth; *Wahlergebnisse* to rig sth

Manipulierung <-, -en> *f s.* **Manipulation 1**

manisch *adj* manic; PSYCH maniac[al], manic

manisch-depressiv *adj* MED, PSYCH manic-depressive

Manko <-s, -s> *nt* ❶ (*Nachteil*) shortcoming; **ein [entscheidendes/grosses] ~ haben** [*o geh* **aufweisen**] to have a crucial/significant [*or* serious] shortcoming ❷ FIN (*Fehlbetrag*) deficit; **~ machen** (*fam*) to make a loss

Mann <-[e]s, Männer *o* Leute> *m* ❶ (*erwachsener männlicher Mensch*) man; ■ **Männer** men; (*im Gegensatz zu den Frauen a.*) males; **ein feiner ~** a [perfect] gentleman; **ein ~ schneller Entschlüsse/der Tat/weniger Worte** a man of quick decisions/of action/of few words; **ein ~ mit Ideen/festen Überzeugungen** a man with ideas/firm convictions; **ein ~ von Format/Welt** a man of high calibre [*or* AM -er]/of the world; **der ~ auf der Straße** the man in the street, Joe Bloggs BRIT, John Doe AM; **ein ~ des Todes sein** (*fam*) to be dead meat *fam!* [*or* a dead man]; **ein ~ aus dem Volk[e]** a man of the [common] people; **ein ~ von Wort** (*geh*) a man of his word; **der böse ~** the bogeyman [*or* bogyman] [*or* AM *a.* boogeyman]; **ein ganzer ~** a real [*or* every inch a] man; **den ganzen ~ erfordern** to need a [real] man; (*im Allgemeinen*) to be not for the faint-hearted; **jd ist ein gemachter ~** sb has got it made *fam;* **~s genug sein, etw zu tun** to be man enough to do sth; **junger ~!** young man!; **der kleine** [*o* **gemeine**] **~** the common [*or* ordinary] man, the man in the street, Joe Bloggs BRIT, John Doe AM; **der kleine ~** (*euph fam: Penis*) Johnson *sl,* BRIT *a.* John Thomas *sl;* **der böse** [*o veraltend* **schwarze**] **~** (*Kinderschreck*) the bogeyman [*or* bogyman] [*or* AM *a.* boogeyman]; (*Kaminfeger*) chimney sweep; **den starken ~ markieren** [*o* **spielen**] (*derb*) to come [on] [*or* AM play] the strongman; **den wilden ~ spielen** [*o* **machen**] (*fam*) to rave like a madman *fam;* **auf den ~ dressiert** *Hund* trained to attack people *pred;* **der ~ jds Lebens sein** to be sb's ideal man; **der ~ im Mond** the man in the moon; **ein ~, ein Wort** an honest man's word is as good as his bond *prov;* ***ein ~, ein Wort, und so tat er es auch*** and, as good as his word, he did [do] it; **den toten ~ machen** (*beim Schwimmen*) to float [on one's back] ❷ (*Ehemann*) ■ **jds ~** sb's husband [*or fam* man] [*or fam* hubby]; **~ und Frau werden** (*geh*) to become husband [*or dated* man] and wife; **jds zukünftiger ~** sb's future husband; **eine Frau an den ~ bringen** (*fam*) to marry off a woman *sep fam or a. pej,* to find a woman a husband; **jdn zum ~ haben** to be sb's husband; **jds ~ werden** to become sb's husband ❸ (*Person*) man; ***sie kamen mit acht ~ an*** eight [of them] arrived; **ein ~ vom Fach** an expert; **der richtige ~ am richtigen Ort** the right man for the job; **ein ~ der Praxis** a practised [*or* AM -iced] [*or* an old] hand; [**genau**] **jds ~ sein** to be [just] sb's man; **seinen/ihren ~ stehen** to hold one's own; **~ für ~** every single one; **~ gegen ~** man against man; **pro ~** per head; **selbst ist der ~!** there's nothing like doing things [*or* it] yourself; **wie ein ~** as a [*or* one] man; NAUT (*Besatzungsmitglied a.*) hand; **~ über Bord!** man overboard!; **alle ~ an Bord!** all aboard!; **alle ~ an Deck!** all hands on deck!; **alle ~ an die Taue!** all hands heave to!; **mit ~ und Maus untergehen** (*fam*) to go down with all hands ❹ (*fam: in Ausrufen*) **~ Gottes!** God [Almighty]!; [**mein**] **lieber ~!** (*herrje!*) my God! *fam;* (*pass bloß auf!*) please!; **o ~!** oh hell! *fam;* **~, o ~!** dear[ie] me! *fam,* oh boy! *fam;* **~!** (*bewundernd*) wow! *fam;* (*herausfordernd*) hey! *fam* ▸ WENDUNGEN: **der kluge ~ baut vor** (*prov*) the wise man takes precautions; **einen kleinen ~ im Ohr haben** (*veraltend o hum fam*) to have bats in one's belfry *dated fam,* to be crazy *fam;* **etw an den ~ bringen** (*fam*) to get rid of sth; (*fig fam*) perhaps you can get your parents to listen to this story!; *s. a.* **Mannen**

Männchen <-s, -> *nt* ❶ *dim von* **Mann** little man *a. pej;* **~ machen** *Hund, dressiertes Tier* to stand up on its/their hind legs, to [sit up and] beg ❷ (*Strichmännchen*) [match]stick man [*or* figure]; **~ malen** to draw [match]stick men [*or* figures]; (*fig*) to doodle ❸ (*männliches Tier*) male; *Vogel a.* cock

Manndeckung *f kein pl* SPORT man-to-man marking [*or* AM defense]

Mannen *pl* ❶ HIST men ❷ (*tüchtige Mitarbeiter*) men, troops *fam,* BRIT *a.* lads *fam*

Mannequin <-s, -s> ['manəkɛ̃, manə'kɛ̃:] *nt nur fem* [fashion] model

Männer *pl von* **Mann**

Männerbekanntschaft *f meist pl* boyfriend, male [*or* man] friend, male acquaintance *euph* **Männer-**

beruf *m* male profession **Männerbewegung** *f* ■ **die** ~ the men's movement **Männerbündelei** <-, -en> *f* (*pej fam*) male intrigue[s *pl*] **Männerchor** *m* male-voice [*or* men's] choir **Männerdomäne** *f* male preserve **männerdominiert** *adj* male-dominated **Männerfang** *m* **auf** ~ [**aus**]**gehen/sein** (*fam*) to go/be looking for a man **Männergeschichten** *pl* ■ **jds** ~ sb's affairs with men **Männergesellschaft** *f* ❶ SOZIOL (*vom männlichen Geschlecht dominiertes Gesellschaftssystem*) male-dominated society ❷ (*Gesellschaft von, Zusammensein mit Männern*) predominantly male company *no pl*; **in** ~ in the company of men [*or* male company] **Männerhand** *f* ■ **eine** ~ a man's hand **Männerhass**RR *m* hatred of men, misandry *spec* **Männerkleider** *pl* men's clothing *no pl* **Männerleiden** *nt* illness/complaint afflicting men **Männermannschaft** *f* SPORT men's team **männermordend** *adj* (*hum fam*) man-eating *hum* **Männerorden** *m* REL male [*or* men's] order **Männersache** *f* man's affair [*or* business]; (*Fachgebiet*) male preserve; (*Arbeit*) man's job **Männerstimme** *f* (*männliche Stimme*) man's [*or* male] voice; **eine raue** ~ a gruff male voice; MUS male voice **Männertreu** <-, -> *f* BOT speedwell, veronica **Männerüberschuss**RR *m* surplus of men

Mannesalter *nt* ■ **das** ~ manhood *no art;* **im besten** ~ **sein** to be in one's prime [*or* in the prime of [one's] life [*or* manhood]]

mannhaft I. *adj* brave, valiant; ~**er Widerstand** stout resistance II. *adv* bravely, valiantly; ~ **Widerstand leisten** to put up [a] stout resistance

Mannhaftigkeit <-> *f kein pl* valour [*or* AM -or]

mannigfach *adj attr* (*geh*) multifarious *form,* manifold *liter*

mannigfaltig *adj* (*geh*) *s.* **vielfältig**

Mannigfaltigkeit <-> *f kein pl* (*geh*) *s.* **Vielfältigkeit**

Männlein <-s, -> *nt dim von* **Mann** little man, midget, man[n]ikin; ~ **und Weiblein** (*hum fam*) boys and girls *hum*

männlich *adj* ❶ (*des Mannes*) male; **die** ~**en Drüsen** the glands of the male; **ein** ~**er Vorname** a man's/boy's name ❷ (*für den Mann typisch*) male; **ein** ~**er Duft/eine** ~**e Erscheinung** a masculine scent/appearance ❸ (*mannhaft*) manly ❹ (*maskulin*) masculine; **eine** ~**e Frau** a masculine [*or pej* mannish] woman ❺ LING, LIT masculine ❻ *Tier, Pflanze* male; **das** ~**e Tier** the male [animal]; ~**e Pflanzen** male [*or spec* staminate] plants

Männlichkeit <-> *f kein pl* manliness *no pl,* masculinity *no pl*

Männlichkeitsritual *nt* SOZIOL manhood ritual; **sich** *akk* **einem** ~ **unterziehen** to undergo a manhood ritual, to prove one's manhood

Mannsbild *nt* SÜDD, ÖSTERR (*fam*) he-man; **ein gestandenes** ~ **sein** to be a fine figure of a man

Mannschaft <-, -en> *f* ❶ SPORT team ❷ (*Schiffs- o Flugzeugbesatzung*) crew ❸ (*Gruppe von Mitarbeitern*) staff + *sing/pl vb;* **vor versammelter** ~ in front of the staff; (*vor aller Augen*) in front of everyone ❹ *pl* MIL enlisted men

Mannschaftsgeist *m kein pl* team spirit *no pl* **Mannschaftskampf** *m* team sport **Mannschaftsraum** *m* crew's quarters *pl* **Mannschaftssport** *m* team sport **Mannschaftswagen** *m der Polizei* police van; MIL troop [*or* personnel] carrier; (*beim Radrennen*) team car **Mannschaftswertung** *f* team holdings *pl* **Mannschaftswettbewerb** *m* team competition **Mannschaftszeitfahren** *nt* team time trials *pl*

mannshoch *adj* [as] tall as a man *pred,* ≈ six-foot *attr,* ≈ six feet [*or* foot] high/deep *pred* **mannstoll** *adj* (*pej*) man-crazy *fam,* nymphomaniac

Mannweib *nt* (*pej*) masculine [*or pej* mannish] woman

Manometer1 <-s, -> *nt* TECH pressure gauge

Manometer2 *interj* (*fam*) boy oh boy! *fam,* BRIT *a.* Gordon Bennett! *hum fam*

Manöver <-s, -> [-vɐ] *nt* ❶ MIL manoeuvre BRIT, maneuver AM; **ins** ~ **gehen** [*o* **ziehen**] to go on manoeuvres ❷ (*das Manövrieren* (*eines Fahrzeugs*)) manoeuvre BRIT, maneuver AM; ***das war vielleicht ein*** ~***!*** that took some manoeuvring! ❸ (*pej: Winkelzug*) trick, manoeuvre BRIT, maneuver AM

Manöverkritik [-vɐ-] *f* ❶ MIL critique of a manoeuvre [*or* AM maneuver] ❷ (*abschließende Besprechung*) inquest, post-mortem *fig fam* **Manöverschaden** *m* MIL damage caused by military manoeuvres [*or* AM maneuvers]

manövrieren* [-'vri:-] I. *vi* ❶ (*hin und her lenken*) ■ [**mit etw**] ~ to manoeuvre [*or* AM maneuver] [sth], to handle sth; **mit etw geschickt** ~ to handle [*or* manoeuvre] [*or* AM maneuver] sth skilfully ❷ (*meist pej: lavieren*) [**geschickt/vorsichtig**] ~ to manoeuvre [*or* AM maneuver] [cleverly [*or* skilfully] [*or* AM skillfully]/carefully] II. *vt* ■ **etw** [**aus etw** *dat*/**durch/um/in etw** *akk*] ~ to manoeuvre [*or* AM maneuver] sth [out of/through/around/into sth]

manövrierfähig [-'vri:r-] *adj* manoeuvrable BRIT, maneuverable AM **manövrierunfähig** *adj* not manoeuvrable [*or* AM maneuverable], disabled

Mansarde <-, -n> *f* ❶ (*Dachzimmer*) mansard ❷ (*Spitzboden*) attic; ■ **auf der** ~ in the attic

Manschette <-, -n> *f* ❶ (*Ärmelaufschlag*) [shirt] cuff ❷ MED collar; *Blutdruckmesser* cuff ❸ (*Dichtungsring*) collar, packing *no pl* ▸ WENDUNGEN: ~**n haben** (*veraltend fam*) to be scared stupid [*or fam* stiff]; **jd hat** ~**n vor jdm/etw** (*veraltend fam*) sb/the thought of sth scares the living daylights out of sb *fam,* BRIT *a.* sb/sth puts the wind up sb *fam*

Manschettenknopf *m* cuff link

Mantel <-s, Mäntel> *m* ❶ (*Kleidungsstück*) coat; (*weit geschnitten*) cloak; (*Wintermantel*) overcoat, greatcoat ❷ TECH sheath, covering; (*Geschossmantel*) jacket, casing ❸ AUTO outer tyre [*or* AM tire], casing ▸ WENDUNGEN: **den** ~ **des Schweigens über etw** *akk* **breiten** (*geh*) to keep sth under wraps

Mäntelchen <-s, -> *nt dim von* **Mantel** little [*or* small] coat, BRIT *a.* coatee ▸ WENDUNGEN: **sein** ~ **nach dem Wind**[**e**] **drehen** [*o* **hängen**] [*o* **kehren**] to trim one's sails to the wind, to swim with the tide; **einer Sache** *dat* **ein** ~ **umhängen** to cover [*or pej* hush] up sth *sep,* to gloss over sth

Mantelfutter *nt* [coat] lining **Mantelknopf** *m* coat button **Mantelkragen** *m* [coat] collar **Mantelmöwe** *f* ORN great black-backed gull **Mantelstoff** *m* coat fabric, coating *spec,* overcoating *spec* **Manteltarifvertrag** *m* ÖKON, POL skeleton wage agreement **Manteltier** *nt* ZOOL tunicate

Manual <-s, -e> *nt* MUS manual

manuell I. *adj* manual II. *adv* manually, by hand

Manufaktur <-, -en> *f* ❶ (*geh*) factory; (*kleiner*) workshop ❷ ÖKON (*hist*) manufactory *hist*

Manuskript <-[e]s, -e> *nt* manuscript; (*geschrieben a.*) MS

Maoismus <-> *m kein pl* POL Maoism

Maori *nt* Maori; *s. a.* **Deutsch**

Mappe <-, -n> *f* ❶ (*Schnellhefter*) folder, file ❷ (*Aktenmappe*) briefcase ❸ (*Federmäppchen*) pencil case

Mär <-, -en> *f* (*hum*) fairytale, BRIT *a.* fairy story

Marabu <-s, -s> *m* ORN marabou

Maräne <-, -n> *f* ZOOL whitefish

Maräne <-, -n> *f* ZOOL, KOCHK pollan, freshwater herring

Marathon[1] <-s, -s> *m* SPORT marathon
Marathon[2] <-s, -s> *nt* (*fig*) marathon
Marathonlauf *m* marathon **Marathonläufer(in)** *m(f)* marathon runner **Marathonsitzung** *f* marathon session **Marathonveranstaltung** *f* marathon event
Märchen <-s, -> *nt* ❶ (*überlieferte Erzählung*) fairytale; ■ **in ~/im ~** in the fairytales; **„~ aus Tausendundeiner Nacht“** “Tales from the Arabian Nights” ❷ (*Lügengeschichte*) tall [*or* BRIT *a.* fairy] story, fairytale, cock-and-bull story; **erzähl [mir] keine ~!** don't tell me any fairy stories!
Märchenbuch *nt* book of fairytales **Märchenerzähler(in)** *m(f)* teller of fairytales, storyteller **Märchenfilm** *m* film [*or* AM *a.* movie] of a fairytale, fairytale film [*or* AM *a.* movie] **Märchengestalt** *f* figure [*or* character] from a fairytale
märchenhaft I. *adj* fantastic, fabulous, fairy-tale *attr* II. *adv* fantastically, fabulously
Märchenland *nt kein pl* ■ **das ~** fairyland, dreamland, wonderland **Märchenmotiv** *nt* subject of fairytale **Märchenoper** *f* fairytale opera **Märchenprinz, -prinzessin** *m, f* fairy prince *masc,* Prince Charming *masc hum fam,* fairy princess *fem*
Marder <-s, -> *m* marten
Margarine <-, -en> *f* margarine, BRIT *a.* marge *fam*
Marge <-, -n> ['marʒə] *f* ÖKON margin [of profit]
Margerite <-, -n> *f* BOT marguerite, daisy
marginal (*geh*) I. *adj* marginal II. *adv* marginally; **jdn ~ interessieren** to be of marginal interest to sb
Marginalie <-, -n> [-'naːliə] *f meist pl* LIT (*Anmerkung zu einer Handschrift*) marginal note, side-notes *pl spec,* marginalia *pl spec*
marginalisieren* *vt* SOZIOL (*geh*) ■ **jdn ~** to marginalize sb [*or* BRIT *a.* -ise]
Maria <-[s] *geh o* Mariä, -s> *f* ❶ (*Mutter Gottes*) Mary; **Mariä Empfängnis** the Immaculate Conception; **Mariä Geburt** [the] Nativity of Mary; **Mariä Heimsuchung** the visitation of Mary; **Mariä Himmelfahrt** Assumption; **Mariä Verkündigung** the Annunciation, Annunciation [*or esp* BRIT Lady] Day; **die Heilige ~** Holy Mary ❷ (*Bildnis, Statue*) ■ **eine ~ [sein]** [to be] a painting/statue of the Virgin Mary
Marienbild *nt* picture of the Virgin Mary **Marienkäfer** *m* ZOOL ladybird BRIT, ladybug AM **Marienkapelle** *f* ■ **die ~** the Lady Chapel **Marienkult** *m* ■ **der ~** the cult of the Virgin Mary, Mariolatry *spec* **Marienstatue** *f* statue of the Virgin Mary **Marienverehrung** *f* ■ **die ~** the adoration [*or* veneration] of the Virgin Mary, hyperdulia *spec*
Marihuana <-s> [marihu'aːna] *nt kein pl* marijuana *no pl,* marihuana *no pl*
Marille <-, -n> *f* ÖSTERR apricot
Marinade <-, -n> *f* ❶ (*Soße zum Einlegen*) marinade ❷ (*marinierter Fisch*) marinated [*or* marinaded]/pickled fish
Marinadenöl *nt* marinading oil
Marine <-, -n> *f* NAUT, MIL navy; ■ **bei der ~** in the navy
Marineattaché [-ata'ʃeː] *m* naval attaché **marineblau** *adj* navy blue **Marineflieger(in)** *m(f)* naval pilot **Marineoffizier** *m* naval officer **Marinestützpunkt** *m* naval base **Marineuniform** *f* navy uniform
marinieren* *vt* ■ **etw ~** to marinate [*or* marinade] sth; **marinierte Heringe** pickled herrings
Marionette <-, -n> *f* marionette, puppet *a. fig*
Marionettenbühne *f* puppet show **Marionettenschnur** *f* [puppet] string **Marionettenspieler(in)** *m(f)* puppeteer **Marionettentheater** *nt* puppet theatre [*or* AM -er]
maritim *adj* maritime

Mark[1] <-, – *o hum* Märker> *f* mark; **Deutsche ~** German mark, deutschmark; **28 ~ 30** 28 marks thirty [pfennigs]; ***das ist keine müde ~ wert*** it isn't worth a penny; **jede [müde] ~ umdrehen** [*o* **mit jeder [müden] ~ rechnen] müssen** (*fam*) to think twice before spending anything; **die** [*o* **eine**] **schnelle ~ [machen]** (*fam*) to [make] a fast [*or* quick] [*or* an easy] buck *fam;* ***sie lieben schnelle Autos und die schnelle Mark*** they love fast cars and nice little earners *fam*
Mark[2] <-[e]s> *nt kein pl* ❶ (*Knochenmark*) marrow; **etw geht jdm durch ~ und Bein** (*hum fam*) sth goes right through sb, sth sets sb's teeth on edge; **jdn bis aufs ~ aussaugen** to bleed sb dry [*or fam* white]; **bis ins ~** (*fig*) to the core [*or* quick]; **jdm bis ins ~ dringen** [*o* **gehen**] to cut sb to the quick ❷ (*Fruchtfleisch*) pulp
Mark[3] <-, -en> *f* borderland, march *spec;* **die ~ Brandenburg** the Mark Brandenburg, the Brandenburg Marches
markant *adj* ❶ (*hervorstechend*) prominent; **~e Gesichtszüge** [finely] chiselled [*or* AM -eled] features ❷ (*ausgeprägt*) bold; **~er Stil** bold style ❸ (*auffallend*) striking
markdurchdringend *adj* (*geh*) bloodcurdling; ***dieser schrille Pfeifton ist wirklich ~!*** this shrill whistle really goes right through you [*or* sets your teeth on edge]
Marke <-, -n> *f* ❶ (*fam*) stamp; **eine ~ zu 60 Pfennig** a 60-pfennig stamp ❷ (*Warensorte bestimmten Namens*) brand; ***das ist ~ Eigenbau*** (*hum*) I made it myself ❸ (*Dienstmarke*) badge ❹ (*Essensmarke*) voucher ❺ SPORT mark; **die ~ von 7 Meter** the 7-metre [*or* AM -er] mark ▶ WENDUNGEN: **eine komische ~ [sein]** (*fam*) [to be] a strange [*or pej* weird] one
Markenartikel *m* ÖKON proprietary [*or* branded] article **Markenartikler(in)** *m(f)* ÖKON ❶ (*Vertreter von Markenartikeln*) branded [*or* proprietary] article [*or* good] salesman/saleswoman ❷ (*Hersteller von Markenartikeln*) branded [*or* proprietary] article [*or* good] manufacturer **Markenbutter** *f* best quality butter **Markeneinführung** *f* ÖKON brand launch **Markenfabrikat** *nt* ÖKON proprietary [*or* branded] article **Markenname** *m* ÖKON brand [*or* proprietary] name **Markenphilosophie** *f* ÖKON brand philosophy **Markenware** *f* brand, branded [*or* proprietary] article [*or* good] **Markenzeichen** *nt* trademark *a. fig*
Marker *m* ❶ LING, BIOL marker ❷ (*Stift zum Markieren von Text*) marker [pen]
Markerbse *f* marrow fat pea
markerschütternd *adj inv* heart-rending
Marketender(in) <-s, -> *m(f)* HIST sutler *masc spec,* vivandière *fem spec*
Marketenderin <-, -nen> *f* HIST *fem form von* **Marketender** vivandière *spec*
Marketing <-s> *nt kein pl* marketing *no pl, no indef art;* **eine neue Strategie des ~s** a new marketing strategy
Marketingfachmann, -fachfrau *m, f* marketing expert [*or* specialist] **Marketingfirma** *f* marketing company **Marketingkampagne** *f* marketing campaign **Marketingleiter(in)** *m(f)* marketing director [*or* manager]
Markgraf, -gräfin <-en, -en> *m, f* HIST margrave
markieren* I. *vt* ❶ (*kennzeichnen*) ■ **etw [als etw] ~** to mark sth [as sth]; **etw als falsch/richtig ~** to mark sth wrong/right; **etw durch Unterstreichen ~** to underline [*or* underscore] sth ❷ (*fam*) ■ **etw ~** to play sth; **den Dummen/die Dumme ~** to play the idiot, BRIT *a.* to act daft *fam* II. *vi* (*fam*) ■ **~/nur ~** to put it on/to be just putting it on *fam*

M

Markierung <-, -en> *f* ① *kein pl* (*das Kennzeichnen*) marking; ■ **die ~ von etw** *dat*/**einer S.** *gen* marking sth ② (*Kennzeichnung*) marking[s *pl*]

Markierungslinie *f* [marking] line **Markierungspfeil** *m* arrow **Markierungszeichen** *nt* sign

markig *adj* vigorous; **ein ~er Spruch** a pithy saying

märkisch *adj* of/from the Mark Brandenburg *pred*

Markise <-, -n> *f* awning

Markknochen *m* marrow bone

Markstein *m* milestone

Markstück *nt* mark, [one-]mark piece

Markt <-[e]s, Märkte> *m* ① (*Wochenmarkt*) market; **auf den/zum ~ gehen** to go to [the] market; **~ abhalten** to hold [*or* have] a market ② (*Marktplatz*) marketplace, market square; ■ **am ~** in the marketplace, on the market square; **am ~ wohnen** to live on the marketplace [*or* market square]; **auf dem ~** on the market; **auf den ~ gehen** to go onto the market ③ ÖKON, FIN market; **auf dem** [*o* **am**] **~** on the market; ■ **der ~ für etw** the sth market, the market for sth; **der Gemeinsame ~** [**der EU**] the Common Market; **der graue ~** the grey [*or* AM gray] market; **der schwarze ~** the black market; **etw auf den ~ bringen** to put sth on [*or* introduce sth into] the market; **auf den ~ gebracht werden** to come on[to] the market; **etw vom ~ nehmen** to take sth off [*or* out of] the market; **einen ~ mit Billigprodukten überschwemmen** to dump cheap products on the market; **etw auf den ~ werfen** to throw sth on the market

Marktanalyse *f* ÖKON market analysis **Marktanteil** *m* ÖKON market share, share of the market **marktbeherrschend** *adj* dominating [*or* controlling] the market *pred;* **jds ~e Stellung** sb's domination on [*or* control of] the market; **~ sein** to dominate [*or* control] the market **Marktbericht** *m* market report **Marktbrunnen** *m* market[place] fountain **Marktbude** *f* market stall **Markteinführung** *f* ÖKON [market] launch, introduction on the market **marktfähig** *adj inv* ÖKON marketable **Marktforschung** *f kein pl* market research *no pl* **Marktfrau** *f* market woman, [woman] stallholder **Marktführer** *m* ÖKON market leader **Marktführerschaft** *f* ÖKON market leadership *no pl* **Markthalle** *f* [covered] [*or* indoor] market **Marktkapazität** *f* market capacity, capacity of the market **Marktkorb** *m* market basket **Marktlage** *f* market position [*or* situation], state of the market **Marktlücke** *f* gap in the market; [**mit etw**] **in eine ~ stoßen** to fill a gap in the market [with sth] **Marktnische** *f* [market] niche **Marktplatz** *m* marketplace, market square; ■ **auf dem ~** in the marketplace, on the market square **Marktpotenzial**[RR] *nt,* **Marktpotential** *nt* ÖKON market potential **Marktreife** *f* ÖKON market maturity **Marktschreier(in)** <-s, -> *m(f)* HIST market crier **Marktschwäche** *f* weakness in the market, market weakness **Marktsegment** *nt* ÖKON market segment **Marktsituation** *f* market position [*or* situation], state of the market **Marktstand** *m* [market] stall [*or* stand] **Marktstellung** *f kein pl* ÖKON market position **Marktstudie** *f* ÖKON market study **Markttag** *m* ÖKON market day **Markttest** *m* ÖKON market [*or* acceptance] test **Marktuntersuchung** *f* market survey [*or* study], research *no pl, no indef art* **Marktvolumen** *nt* market volume, size of a/the market **Marktweib** *nt* (*pej*) *s.* Marktfrau **Marktwert** *m* market value

Marktwirtschaft *f kein pl* ■ **die ~** market economy; **die freie ~** the free market economy; **die soziale ~** social market economy

marktwirtschaftlich **I.** *adj attr* of market economy *pred;* **die ~e Ordnung** the free enterprise system **II.** *adv* **~ ausgerichtet** aligned along free market lines *pred*

Markusevangelium [-evaŋge:-] *nt* ■ **das ~** St[.] Mark's Gospel, the Gospel according to St[.] Mark

Marmelade <-, -n> *f* jam; (*aus Zitrusfrüchten*) marmalade

Marmeladenbrot *nt* jam sandwich [*or* BRIT *a.* butty] **Marmeladenglas** *nt* jam jar **Marmeladenhersteller(in)** *m(f)* maker of jam/marmalade

Marmor <-s, -e> *m* marble

Marmorbad *nt* marble bath **Marmorblock** *m* marble block **Marmorbrunnen** *m* marble fountain **Marmorbüste** *f* marble bust **Marmorfassade** *f* marble façade [*or* facade] **Marmorfliese** *f* marble tile **Marmorfußboden** *m* marble floor

marmoriert *adj* marbled

Marmorkuchen *m* marble cake

marmorn *adj* (*aus Marmor*) marble; **~e Blässe/~es Antlitz** marbled [*or* marbly] pallor/face

Marmorskulptur *f* marble sculpture

marode *adj* ① (*veraltend fam*) washed-out *fam,* deadbeat *fam,* ailing *attr,* moribund *form* ② (*moralisch verdorben*) brazen, shameless, rotten; **ein ~er Haufen** a brazen [*or* shameless] [*or* rotten] lot [*or* bunch] [*or* crowd] ③ MIL (*veraltend*) unable to march

Marodeur <-s, -e> *m* MIL (*geh*) marauder

marodieren* *vi* MIL (*geh*) to maraud

Marokkaner(in) <-s, -> *m(f)* Moroccan

marokkanisch *adj* Moroccan; (*das Land betreffend a.*) of/from Morocco

Marokko <-s> *nt* Morocco

Marone[1] <-, -n> *f,* **Maroni** <-, -> *f* SÜDD, ÖSTERR [sweet [*or* edible]] chestnut

Marone[2] <-, -n> *f,* **Maronenpilz** *m* cep[e], chestnut boletus, boletus badius *spec*

Marotte <-, -n> *f* quirk; [**so**] **seine/ihre ~n haben** he/she has his/her little quirks

Mars <-> *m kein pl* ■ **der ~** Mars

Marsatmosphäre *f* ■ **die ~** the atmosphere of Mars, the Martian atmosphere *spec*

marsch *interj* (*fam*) be off with you!; (*zu Kindern*) scoot! *fam;* **~, *ab mit euch ins Bett!*** get into bed, chop chop! [*or* at the double] *fam*

Marsch[1] <-[e]s, Märsche> *m* ① (*Fußmarsch*) march ② (*Wanderung*) hike; **jdn** [**zu jdm/zu etw/nach etw**] **in ~ setzen** to dispatch sb [to sb/sth] *form;* **sich in ~ setzen** to move off ③ (*Marschmusik*) march ► WENDUNGEN: **jdm den ~ blasen** (*fig fam*) to haul [*or* drag] sb over the coals

Marsch[2] <-, -en> *f* marsh[land], fen

Marschall <-s, Marschälle> *m* [field] marshal

Marschallstab *m* [field] marshal's baton

Marschbefehl *m* order to march, marching orders *pl* **Marschflugkörper** *m* cruise missile **Marschgepäck** *nt* pack

marschieren* *vi sein* ① MIL ■ [**aus etw/durch etw/nach etw/in etw** *akk*] **~** to march [out of/through/to/into sth]; **2/3/etc. km zu ~ haben** to have a 2/3/etc.-km march ahead of one ② (*stramm zu Fuß gehen*) to go [*or* walk] at a brisk pace ③ KOCHK to be under preparation

Marschland *nt* marsh[land], fen[s *pl*]

Marschlied *nt* marching song **Marschmusik** *f* marching music, military marches *pl* **Marschrichtung** *f* direction [*or* route] of march, route **Marschroute** *f* direction [*or* route] of march, route; (*Vorgehensweise*) line of approach **Marschverpflegung** *f* field rations *pl*

Marshaller(in) <-s, -> *m(f)* Marshallese; *s. a.* **Deutsche(r)**

Marshallinseln *pl,* **Marshall-Inseln** *pl* SCHWEIZ Marshall Islands *pl; s. a.* **Falklandinseln**

marshallisch *adj* Marshallese; *s. a.* **deutsch**

Marshallplan *m kein pl* HIST ■ **der ~** the Marshall Plan

Marsmensch *m* Martian; ***sie hat mich angeschaut, als wäre ich ein*** ~ she looked at me as if I had come from Mars
Marssegel *nt* NAUT topsail
Marter <-, -n> *f* ① (*geh*) torture *no pl;* **unter der** ~ under torture ② (*fig: Qual*) torment *no art;* **eine einzige** ~ sheer torment
Marterl <-s, -n> *nt* SÜDD, ÖSTERR *roadside shrine with a niche for a crucifix or saint's image*
martern *vt* (*geh*) ■**jdn** ~ to torture sb; ■**sich** [**mit etw**] ~ (*fig*) to torment oneself [with sth]
Marterpfahl *m* HIST stake
martialisch [mar'tsia:lɪʃ] *adj* (*geh*) martial, warlike *form*
Martin-Horn®, **Martinshorn**® *nt* [police/fire] siren; **mit** ~ **fahren** to drive with the siren blaring [*or* going]
Martinique [marti'nik] *nt* Martinique; *s. a.* **Sylt**
Märtyrer(in) <-s, -> *m(f)* (*geh o a. fig*) martyr; **als** ~ **sterben** to die a martyr, to be martyrized *spec;* **jdn zum** ~ **machen** to make a martyr of sb, to martyrize sb *spec*
Märtyrertod *m* martyr's death; **den** ~ **sterben** to die a martyr['s death]
Martyrium <-, -rien> *nt* ① (*Leidensweg*) martyrdom ② (*fig geh*) agonizing ordeal
Marxismus <-> *m kein pl* ■**der** ~ Marxism *no pl*
Marxismus-Leninismus <-> *m kein pl* ■**der** ~ Marxism-Leninism *no pl*
Marxist(in) <-en, -en> *m(f)* Marxist
marxistisch *adj* Marxist
März <-[es] *o liter* -en, -e> *m* March; *s. a.* **Februar**
Märzen <-[s], -> *nt,* **März(en)bier** *nt a strong, dark beer*
März(en)becher *m* BOT snowflake
Marzipan <-s, -e> *nt o m* marzipan
Marzipanbrot *nt* marzipan bar [*or* loaf] **Marzipanfüllung** *f* marzipan filling **Marzipanriegel** *m* marzipan bar
Masche <-, -n> *f* ① (*Schlaufe*) stitch; *Netz* hole; ■~**n** stitches *pl,* stitching; *Netz* mesh; **ein Netz mit engen** ~**n** a net with a fine mesh, a fine-meshed net ② (*Strickmasche*) stitch; **eine linke und eine rechte** ~ **stricken** to knit one [plain], purl one; **eine** ~ **fallen lassen** to drop a stitch; **eine** ~ **aufnehmen** to pick up a stitch ③ SÜDD, ÖSTERR, SCHWEIZ (*Schleife*) bow ④ (*fam*) trick; (*um etwas zu umgehen*) dodge *fam;* **die** ~ **raushaben** (*fam*) to know how to do it ▶ WENDUNGEN: **durch die** ~**n des Gesetzes schlüpfen** to slip through a loophole in the law; **jdm durch die** ~**n schlüpfen** to slip through sb's net
Maschendraht *m* wire netting
Maschendrahtzaun *m* wire-netting fence
Maschine <-, -n> *f* ① (*Automat*) machine; ■~**n** *pl* machinery *nsing* ② (*Flugzeug*) plane ③ (*Motor*) engine ④ (*Motorrad*) bike *fam;* **eine schwere** ~ a heavy machine, AM *a.* a hog *sl* ⑤ (*Rennrad*) racing bike *fam* ⑥ (*Schreibmaschine*) typewriter; ~ **schreiben** to type ⑦ (*Waschmaschine*) washing machine ⑧ (*menschlicher Roboter*) robot, machine
maschinell **I.** *adj* machine *attr* **II.** *adv* by machine
Maschinenbau *m kein pl,* **Maschinbau** *m kein pl* ÖSTERR ① (*Konstruktion von Maschinen*) machine construction ② SCH mechanical engineering **Maschinenelement** *nt,* **Maschinelement** *nt* ÖSTERR machine component [*or* part] [*or spec* element] **Maschinenfuß** *m* machine base **maschinengeschrieben** *adj,* **maschingeschrieben** *adj* ÖSTERR typewritten, typed **Maschinengewehr** *nt* machine gun, MG *spec;* **im Feuer der** ~**e** in machine-gun fire **Maschinengewehrfeuer** *nt* machine-gun fire **maschinenlesbar** *adj* machine-readable **Maschinenöl** *nt* machine[ry] oil **Maschinenpistole** *f* submachine gun **Maschinenraum** *m a.* NAUT engine room **Maschinenschaden** *m,* **Maschinschaden** *m* ÖSTERR engine failure [*or* trouble] **Maschinenschlosser(in)** *m(f)* [machine] fitter **Maschinenschrift** *f,* **Maschinschrift** *f* ÖSTERR in type[script], typewriting; **in** ~ in type[script], typewritten [*or* typed] sth; **etw ist in** ~ **verfasst** sth has been typed [*or* typewritten] **Maschinenteil** *nt* machine part
Maschinerie <-, -n> *f* ① (*Mechanismus*) piece of machinery; (*Bühnenmaschinerie*) stage machinery ② (*pej fig geh*) machinery *no indef art*
Maschinist(in) <-en, -en> *m(f)* ① NAUT [ship's] engineer ② (*Arbeiter an einer Maschine*) machinist
Maser <-, -n> *f meist pl* (*Holzmusterung*) vein
Masern *pl* ■**die** ~ the measles, rubella *no pl spec;* **die** ~ **haben** to have [got] the measles
Maserung <-, -en> *f* grain
Maskat <-s> *nt* Muscat
Maske <-, -n> *f* ① (*a. fig*) mask; **die** ~ **abnehmen** to take off [*or a. fig* drop] one's mask; **die** ~ **fallen lassen** (*fig*) to throw off one's mask; **jdm die** ~ **herunterreißen** [*o* **die** ~ **vom Gesicht reißen**] (*fig*) to unmask sb; **hinter der** ~ **von etw** behind the image [*or* facade] of sth ② (*Reinigungsmaske*) [face] mask ③ (*Schutzmaske*) [protective] mask; (*gegen Gasangriffe*) gas mask ④ THEAT make-up *no indef art*
Maskenball *m* masked ball, masque[rade] **Maskenbildner(in)** *m(f)* make-up artist
maskenhaft *adj* mask-like
Maskenverleih *m* fancy-dress [*or* costume] hire [*or* AM rental]
Maskerade <-, -n> *f* ① (*Verkleidung*) [fancy-dress] costume ② (*pej geh*) pretence [*or* AM -se]
maskieren* *vt* ① (*unkenntlich machen*) ■**etw** ~ to disguise sth; ■**sich** [**mit etw**] ~ to put on a [certain] mask [*or* disguise] ② (*verkleiden*) ■**jdn** [**als etw/ein Tier**] ~ to dress [up *sep*] sb [as sth/an animal]; ■**sich** [**als etw/ein Tier**] ~ to dress up [as sth/an animal] ③ (*verdecken*) ■**etw** [**mit etw**] ~ to disguise [*or* mask] sth [with sth]
maskiert *adj* masked
Maskierte(r) *f(m) dekl wie adj* masked man *masc,* masked woman *fem*
Maskierung <-, -en> *f* ① *kein pl* (*das Verkleiden*) dressing up ② (*Verkleidung*) mask
Maskottchen <-s, -> *nt* [lucky] mascot
maskulin *adj* ① LING masculine; (*geschrieben a.*) masc[.] ② (*das Männliche betonend*) masculine ③ (*unweiblich*) masculine, mannish *a. pej*
Maskulinum <-s, Maskulina> *nt* masculine noun
Masochismus <-> *m kein pl* masochism *no pl*
Masochist(in) <-en, -en> *m(f)* masochist
masochistisch *adj* masochistic
maß *imp von* **messen**
Maß[1] <-es, -e> *nt* ① (*Masseinheit*) measure, system of measurement ② (*Bandmaß*) tape measure ③ (*Hohlmaß*) measuring jug BRIT [*or* AM cup]; **mit zweierlei** [*o* **verschiedenem**] ~ **messen** (*a. fig*) to operate a double standard *a. fig* ④ *pl* (*gemessene Größe*) measurements, dimensions; ***die*** ~***e des Zimmers sind 5 m mal 7 m*** the room measures 5 m by 7 m; ~ **nehmen** to measure up ⑤ *pl* (*zum Anfertigen von Kleidung*) measurements; *von Frauen a.* vital statistics; **jds** ~**e** [*o* **bei jdm** ~**e**] **nehmen** to measure sb, to take sb's measurements/vital statistics; **Anzüge nach** ~ suits made to measure [*or* AM order], made-to-measure [*or* BRIT *form* bespoke] suits ⑥ (*Ausmaß*) extent, degree, proportion; **ein bestimmtes** ~ **an etw** [*o* **gewisses**] a certain degree of sth; ***der Kraftstoffverbrauch steigt in dem*** ~***e, wie die Geschwin-***

M

digkeit steigt fuel consumption increases in proportion to the speed; ***in dem ~e, wie man sie reizt, steigert sich auch ihr Zorn*** the more you annoy her, the more angry she gets; **in besonderem ~[e]** especially; **in geringem ~[e]** to a small extent; **in nicht geringem ~[e]** to no small measure; **in gewissem/höherem ~[e]** to a certain/greater degree [*or* extent]; **in gleichem ~[e]** to the same degree; **in großem ~[e]** to a great extent; **in höchstem ~[e]** extremely; **in hohem ~[e]** to a high degree; **in reichem ~[e]** liberally, generously; **in reichem ~e vorhanden sein** to be in abundance; **in solchem ~[e]** to such an extent; **in vollem ~e** completely; **in welchem ~[e] ...?** to what extent ...?; **in zunehmendem ~e** increasingly; **in [*o* mit] ~en** in moderation; **in [*o* mit] ~en essen** to eat with moderation; **über alle [*o* die] ~en** (*geh*) beyond all measure; **weder ~ noch Ziel kennen** to know no bounds; **ohne ~ und Ziel** immoderately; **~ halten** to practise [*or* AM -ice] moderation; **im Essen/Trinken ~ halten** to eat/drink with moderation; **beim Rauchen ~ halten** to smoke in moderation, to be a moderate smoker ▸ WENDUNGEN: **das ~ aller Dinge** the measure of all things; **das ~ ist voll** that's enough of that, enough is enough, that's the limit; **das ~ läuft über, das bringt das ~ zum Überlaufen** sb's patience is at an end; **[und] um das ~ voll zu machen, ...** [and] to cap it all, ...; **ein gerüttelt ~ an etw** *dat* [*o dat* **von etw**] (*geh*) a fair amount of sth; **ein gerüttelt ~ an Dreistigkeit brauchen** to need more than one's fair share of audacity

Maß² <-, -> *f* SÜDD litre [*or* AM liter] [tankard] of beer; **eine ~ Bier** a litre of beer

Massage <-, -n> [ma'sa:ʒə] *f* massage; **~n nehmen** to have massage treatment [*or* a massage]

Massagegerät *nt* vibrator **Massageinstitut** *nt* massage parlour [*or* AM -or] **Massageöl** *nt* massage oil **Massagesalon** *m* (*veraltend: Massageinstitut*) massage parlour [*or* AM -or]; (*euph: Bordell*) massage parlour **Massagestab** *m* ❶ (*Massagegerät*) vibrator ❷ (*euph: Dildo*) dildo

Massaker <-s, -> *nt* massacre

massakrieren* *vt* ■**jdn ~** to massacre sb

Maßanzug *m* made-to-measure [*or* BRIT *form a.* bespoke] suit **Maßarbeit** *f* ❶ (*Fertigung nach Maß*) ■**etw in ~** sth made to measure; **~ sein** (*a. fig fam*) to be a neat bit of work ❷ (*Kleidungsstück nach Maß*) made-to-measure [*or* BRIT *form* bespoke] dress/suit/etc.; ■**~ sein** to be made to measure **Maßband** *nt s.* **Messband, Bandmaß**

Masse <-, -n> *f* ❶ (*breiiges Material*) mass; **eine klebrige/träge ~** a sticky/viscous mass ❷ (*Backteig*) mixture ❸ (*große Anzahl*) crowd; *Besucher* host; **~n von Tauben** hundreds/thousands etc. [*or fam* loads] of pigeons; **in ~n** in droves, in their [*or* AM by the] hundreds/thousands etc.; **eine [ganze] ~ [etw]** (*fam*) a lot [*or* great deal] [of sth]; **mangels ~** ÖKON for lack of assets ❹ (*Mehrheit*) majority; **die breite [*o* große] [*o* überwiegende] ~** the majority ❺ PHYS mass

Maßeinheit *f* unit of measurement

Massenandrang *m* crush [of people] **Massenarbeitslosigkeit** *f* mass unemployment *no art* **Massenartikel** *m* mass-produced article **Massenauflauf** *m* crowds *pl* of people **Massenbeförderungsmittel** *nt* means of mass transportation **Massenbewegung** *f* SOZIOL mass movement **Massenblatt** *nt* (*Zeitung*) mass-circulation newspaper; (*Zeitschrift*) mass magazine **Massendemonstration** *f* mass demonstration **Massenentlassung** *f meist pl* mass redundancies [*or* AM layoffs] *pl* **Massenerschießung** *f* mass executions *pl* **Massenfabrikation** *f*, **Massenfertigung** *f s.* Massenproduktion **Massenflucht** *rare f* mass exodus **Massengrab** *nt* mass grave

massenhaft I. *adj* on a huge [*or* massive] scale; **das ~e Auftreten [*o* Erscheinen] von etw** the appearance of a huge number of sth; **die ~e Hinrichtung von Personen** the mass executions of people II. *adv* (*fam*) in their [*or* AM by the] hundreds [*or* thousands] etc., in droves; **~ sterben** to drop [off] like flies *fam*

Massenhysterie *f* mass hysteria **Massenkarambolage** *f* multiple [car] crash, pile-up *fam* **Massenkriminalität** *f* ■**die ~** mass criminality **Massenkundgebung** *f* mass rally **Massenmedien** *pl* mass media + *sing/pl vb* **Massenmord** *m* mass murder **Massenmörder(in)** *m(f)* mass murderer, serial killer **Massenproduktion** *f* mass production; **in ~ hergestellt** mass-produced **Massensterben** *nt* mass of [*or* wide-spread] deaths *pl* **Massentierhaltung** *f* ■**[die] ~** intensive livestock farming **Massentourismus** *m kein pl* mass tourism *no pl* **Massenunterkunft** *f* collective accommodation *no pl form* **Massenverhaftung** *f* mass arrests *pl* **Massenversammlung** *f* mass meeting **Massenware** *f* mass-produced article

massenweise *adj s.* **massenhaft**

Masseur(in) <-s, -e> [ma'søːɐ] *m(f)* masseur *masc*, masseuse *fem*

Masseuse <-, -n> [ma'søːzə] *f* ❶ (*euph: Prostituierte*) masseuse *euph* ❷ (*veraltend*) *fem form von* **Masseur**

Maßgabe <-, -n> *f* (*geh*) ■**mit der ~, dass ...** on [the] condition [*or* with [*or* subject to] the proviso] that ... *form*; **nach ~** (*geh*) in accordance with, according to

maßgebend, **maßgeblich** *adj* ❶ (*ausschlaggebend*) decisive; **die ~en Hintermänner von etw/einer S.** *gen* the men behind sth; **~e Kreise** influential circles; **~e Persönlichkeiten** people in authority [*or* power] ❷ (*besondere Bedeutung besitzend*) significant; ■**[für jdn] nicht ~ sein** to not weigh [*or* signify], to not weigh with sb

maßgerecht *adj* exactly the right size *pred*

maßgeschneidert *adj* ❶ (*nach Maß gefertigt*) made-to-measure, *form* bespoke *attr* ❷ (*fig: perfekt zurechtgelegt*) perfect; **eine ~e Ausrede** a perfect excuse

massieren*[1] I. *vt* ■**jdn ~** to massage sb; ■**jdm/sich etw ~** to massage sb's/one's sth; ■**M~** massage; ■**sich [von jdm] ~ lassen** to be given [a] massage [by sb]; **sich** *dat* **[von jdm] am ganzen Körper ~ lassen** to be given a full-body massage [by sb]; ■**sich** *dat* **etw [von jdm] ~ lassen** to have one's sth massaged [by sb] II. *vi* to give a massage

massieren*[2] *vt* ■**etw [irgendwo] ~ Truppen ~** to mass [*or* concentrate] troops

massig I. *adj* massive, huge II. *adv* (*fam*) loads *fam*, masses *fam*, stacks *fam*

mäßig I. *adj* ❶ (*maßvoll*) moderate; **~er Preis** reasonable [*or* moderate] price ❷ (*leidlich*) mediocre, indifferent, so-so *pred fam;* **~er Applaus** moderate applause; **~e Gesundheit** middling [*or* indifferent] health ❸ (*gering*) moderate II. *adv* ❶ (*in Maßen*) with moderation; **~ rauchen** to smoke in moderation, to be a moderate smoker; **~, aber regelmäßig** in moderation, but regularly ❷ (*gering*) **~ ausfallen** to turn out moderately [*or* to be moderate] ❸ (*leidlich*) indifferently

mäßigen I. *vt* ■**etw ~** to curb [*or* check] [*or* restrain] sth; **seine Stimme ~** to lower one's voice II. *vr* ❶ (*maßvoller werden*) ■**sich ~** to restrain [*or* control] oneself ❷ (*zurückhaltender werden*) ■**sich [in seinen Ausdrücken/Worten] ~** to tone down [one's language]

Massigkeit <-> *f kein pl* massiveness *no pl*, hugeness *no pl;* (*Übergewicht*) bulk

Mäßigkeit <-> *f kein pl* moderation *no pl,* restraint

Mäßigung <-> *f kein pl* 1 (*Zurückhaltung*) restraint 2 (*maßvolle Verhaltensweise*) moderation *no pl,* restraint

massiv *adj* 1 (*solide*) solid *attr;* ~ **Gold/~es Silber sein** to be solid gold/silver 2 (*wuchtig*) solid, massive 3 (*drastisch, heftig*) serious, severe; **~e Kritik** heavy criticism; ■ **~/~er werden** *Mensch* to get [*or* turn] nasty

Massiv <-s, -e> *nt* GEOL massif *spec;* **das ~ des Himalayas** the Himalayan massif

Maßkrug *m* beer mug, litre [*or* AM -er] tankard; (*aus Stein a.*) stein

maßlos I. *adj* extreme; ■ **~ [in etw** *dat*] **sein** to be immoderate [in sth] II. *adv* 1 (*äußerst*) extremely 2 (*unerhört*) hugely, grossly

Maßlosigkeit <-> *f kein pl* extremeness; ■ **[jds] ~ in etw** *dat* [sb's] lack of moderation in sth

Maßnahme <-, -n> *f* measure; **[geeignete/wirksame] ~n ergreifen** [*o* **treffen**], **um etw zu tun** to take [suitable/effective] measures [*or* steps] to do sth; **~n gegen etw ergreifen** to take measures [*or* to act] against sth

Maßregel *f meist pl* rule; **~n treffen** to lay down rules

maßregeln *vt* ■ **jdn ~** to reprimand [*or form* reprove] sb; (*bestrafen*) to discipline sb

Maßschneider(in) *m(f)* custom [*or* BRIT *form* bespoke] tailor

Maßstab *m* 1 (*Größenverhältnis*) scale; **im ~ 1:250000** on a scale of 1:250000; **etw im ~ 1:50000 darstellen** to show [*or form* depict] sth on a scale of 1:50000 2 (*Kriterium*) criterion; **für jdn als ~ dienen** to serve as a model for sb; **etw ist für jdn ein/kein ~** sb takes/doesn't take sth as his/her yardstick; **einen hohen/strengen ~** [*o* **hohe/strenge Maßstäbe**] **[an etw** *akk*] **anlegen** to apply a high/strict standard [*or* high/strict standards] [to sth]; **sich** *dat* **jdn/etw zum ~ nehmen** to take sb/sth as a yardstick; **Maßstäbe setzen** to set standards

maßstäblich *adj s.* **maßstab(s)gerecht**

maßstab(s)gerecht, **maßstab(s)getreu** I. *adj* true to scale, to scale *pred;* **eine ~e Karte** an accurate scale map II. *adv* [true] to scale

maßvoll I. *adj* 1 (*ausgewogen*) moderate; **~es Verhalten** moderation 2 (*zurückhaltend*) ■ **[in etw** *dat*] **~ sein** to be moderate, to moderate sth II. *adv* moderately, with moderation; **~ urteilen** to pass [a] moderate judgement

Mast¹ <-[e]s, -en *o* -e> *m* 1 NAUT mast 2 (*Stange*) pole, mast 3 ELEK pylon; TELEK pole

Mast² <-, -en> *f* 1 *kein pl* (*das Mästen*) fattening 2 FORST harvest

Mastdarm *m* ANAT rectum

mästen I. *vt* ■ **ein Tier [mit etw] ~** to fatten an animal [with sth]; ■ **jdn ~** (*hum fam*) to fatten [up *sep*] sb II. *vr* (*fam*) ■ **sich ~** to stuff *fam* [*or pej* gorge] oneself [silly [*or* stupid]]

Mästerei <-, -en> *f* [calf/pig/poultry etc.] fattening unit

Mastgans *f* fattened goose **Mastkalb** *nt* fattened calf

Mastkorb *m* crow's nest

Mastschwein *nt* fattened pig

Masturbation <-, -en> *f* (*geh*) masturbation

masturbieren* (*geh*) I. *vi* to masturbate II. *vt* ■ **jdn ~** to masturbate sb

Mastvieh *nt* fattened livestock + *pl vb*

Matador <-s, -e> *m* matador

Matchball ['mɛtʃ-] *m* TENNIS match point **Matchbeutel** *m*, **Matchsack** *m* duffel [*or* kit] bag

Mate <-> *m kein pl* (*Teesorte*) maté, Paraguay tea

Material <-s, -ien> *nt* 1 (*Rohstoff*) substance; (*in der Herstellung*) material 2 (*Ausrüstungsgegenstände*) equipment *no pl, no indef art,* materials *pl* 3 JUR evidence *no pl, no indef art;* **belastendes ~** incriminating evidence 4 FIN material *no pl, no indef art* 5 SCH material *no pl, no indef art,* information *no pl, no indef art*

Materialanforderung *f* ÖKON, TECH materials *npl* requisition **Materialaufwand** *f kein pl* ÖKON, TECH cost of materials, material costs *pl* **Materialbedarf** *m kein pl* ÖKON, TECH material requirements *pl* **Materialbestellung** *f* order for material[s]; ■ **bei der ~** when ordering materials **Materialermüdung** *f* material fatigue **Materialfehler** *m* material defect, defect in the material

Materialisation <-, -en> *f* materialization

materialisieren* *vr* ■ **sich ~** to materialize

Materialismus <-> *m kein pl* ■ **[der] ~** materialism *no pl a. pej*

Materialist(in) <-en, -en> *m(f)* materialist *a. pej*

materialistisch *adj* materialist[ic] *a. pej*

Materialkosten *pl* cost of materials + *sing vb,* material costs *pl* **Materiallager** *nt* ÖKON stores *npl* **Materialmenge** *f* material quantity, quantity [*or* amount] of material **Materialprüfung** *f* ÖKON materials *npl* test **Materialsammlung** *f* collection of material[s]; **mit der ~ beginnen** to start collecting [*or* gathering] [the] material[s] **Materialverbrauch** *m* materials *npl* consumed **Materialwirtschaft** *f kein pl* ÖKON materials *npl* management

Materie <-, -n> [ma'te:riə] *f* 1 *kein pl* PHYS, CHEM matter *no pl* 2 *kein pl* (*stoffliche Substanz*) substance; (*in der Herstellung verwendet*) materials *pl* 3 (*zu behandelndes Thema*) subject, matter; **die ~ beherrschen** to know one's stuff *fam,* to know what one is talking about

materiell I. *adj* 1 (*wirtschaftlich orientiert*) financial, pecuniary *form;* (*Güter betreffend*) material; **~e Bedürfnisse** material needs; **ein ~er Vorteil** a material [*or* financial] [*or form* pecuniary] benefit; **~ abgesichert [sein]** [to be] financially secure 2 (*pej: materialistisch*) materialist[ic] *a. pej* 3 (*stofflich*) material, physical II. *adv* (*pej: materialistisch*) materialistically *a. pej;* **~ eingestellt sein** to be materialistic

Mathe <-> *f kein pl* (*fam*) maths + *sing vb* BRIT *fam,* math AM *fam*

Mathematik <-> *f kein pl* ■ **[die] ~** mathematics + *sing vb,* maths + *sing vb* BRIT *fam,* math AM *fam*
▸ WENDUNGEN: **für jdn höhere ~ sein** to be beyond [*or fam* all Greek to] sb

Mathematikarbeit *f*, **Mathearbeit** *f* (*fam*) test in mathematics, maths test *fam* **Mathematikbuch** *nt*, **Mathebuch** *nt* (*fam*) book on mathematics, mathematics [*or fam* maths] book

Mathematiker(in) <-s, -> *m(f)* mathematician; **ein guter/schlechter ~ sein** to be good/bad at maths [*or* sums]

Mathematikprüfung *f*, **Matheprüfung** *f* (*fam*) mathematics [*or fam* maths] exam[ination] **Mathematikstunde** *f*, **Mathestunde** *f* (*fam*) mathematics [*or fam* maths] lesson

mathematisch *adj* mathematical; **eine ~e Aufgabe** a mathematics [*or fam* maths] exercise

Matinee <-, -n> *f* morning performance; (*Konzert a.*) morning concert

Matjes <-, ->, **Matjeshering** *m* pickled [white] herring, matjes *spec*

Matratze <-, -n> *f* mattress

Mätresse <-, -n> *f* mistress, paramour *liter*

matriarchalisch *adj* matriarchal

Matriarchat <-[e]s, -e> *nt* matriarchy, matriarchate

spec

Matrikel <-, -n> *f* ① SCH matriculation register ② ADMIN ÖSTERR register

Matrikelnummer *f* SCH registration [*or* matriculation] number

Matrix <-, Matrizen *o* Matrizes> *f* BIOL, MATH matrix

Matrixdrucker *m* INFORM dot-matrix [printer]

Matrize <-, -n> *f* stencil; **etw auf ~** *akk* **schreiben** to stencil sth

Matrone <-, -n> *f* matron

matronenhaft *adj* matronly

Matrose <-n, -n> *m* ① (*Seemann der Handelsmarine*) sailor, mariner *liter* ② *kein pl* (*Dienstgrad*) ordinary seaman, [ordinary] rating BRIT, seaman recruit AM

Matrosenanzug *m* sailor suit **Matrosenhemd** *nt* sailor['s] shirt **Matrosenmütze** *f* sailor['s] cap

Matsch <-[e]s> *m kein pl* ① (*Schneematsch*) slush; (*schlammige Erde*) mud, sludge ② (*breiige Masse*) mush, sludge; **zu ~ werden** to go mushy

matschig *adj* (*fam*) ① (*schlammig*) muddy, sludgy; **~er Schnee** slush[y] snow ② (*breiig*) mushy, gooey *fam*

Matschwetter *nt* (*fam*) muddy [*or* sludgy] weather [*or pl* conditions]; (*mit Schneematsch*) slush weather [*or pl* conditions]

matt I. *adj* ① (*schwach, kraftlos*) weary, tired ② (*nicht kraeftig*) weak; **~er Händedruck** weak [*or* limp] handshake; **~es Lächeln/~e Stimme** faint [*or* weak] smile/voice ③ (*glanzlos*) matt[e] BRIT, mat[te] AM; **~e Politur** matt polish; (*unerwünscht*) dull; **~e Augen** lustreless [*or* AM lusterless] [*or* dull] eyes ④ (*trübe*) **~ Licht** dim [*or* pale] light ⑤ (*nicht durchscheinend*) **~e Glühbirnen** opal [*or* pearl] bulbs ⑥ (*schwach*) **~e Farben** pale colours [*or* AM -ors] ⑦ (*lahm, nicht überzeugend*) **~e Ausrede/Entschuldigung** lame [*or* feeble] excuse; **~er Witz** feeble [*or* lame] joke ⑧ (*schachmatt*) [check]mate; ■ **~ sein** to be [check]mated; **jdn ~ setzen** to mate sb; (*a. fig*) to checkmate sb; **~!** check and mate! II. *adv* ① (*schwach*) weakly, dimly ② (*ohne Nachdruck*) lamely, feebly

Matt <-s, -s> *nt* [check]mate

mattblau *adj* pale blue

Matte[1] <-, -n> *f* mat; (*Fußmatte*) doormat; [**bei jdm**] **auf der ~ stehen** (*fig fam*) to turn up at sb's doorstep; ***morgen früh stehen Sie bei mir auf der ~*** you must be at my place tomorrow morning; **jdn auf die ~ legen** SPORT (*fam*) to throw sb

Matte[2] <-, -n> *f* SCHWEIZ, ÖSTERR (*Bergwiese*) alpine meadow

Matterhorn *nt* ■ **das ~** the Matterhorn

Mattglas *nt* frosted [*or* ground] glass

Matthäi *m gen von* **Matthäus** St Matthew's Day ▶ WENDUNGEN: **bei jdm ist ~ am letzten** (*fam*) sb is washed-up [*or fam* has had it]

Matthäusevangelium [-evaŋge:-] *nt* ■ **das ~** St[.] Matthew's Gospel, the Gospel according to St[.] Matthew

Mattheit <-> *f kein pl* (*geh*) ① (*Glanzlosigkeit*) dullness ② *s.* **Mattigkeit**

Mattigkeit <-> *f kein pl* weariness, tiredness

Mattscheibe *f* ① (*Scheibe aus Mattglas*) frosted glass pane ② (*fam: Bildschirm*) screen; (*Fernseher*) telly BRIT *fam*, tube AM *fam* ▶ WENDUNGEN: **~ haben** (*sl*) to have [*or* get] a mental blank

Matura <-> *f kein pl* SCHWEIZ, ÖSTERR (*Abitur*) ≈ A-Levels *pl* BRIT, high-school diploma AM

Maturand(in) <-en, -en> *m(f)* SCHWEIZ, **Maturant(in)** <-en, -en> *m(f)* ÖSTERR (*Abiturient*) *person who is just about to sit/has got his/her Abitur*

maturieren* *vi* ÖSTERR to take one's school-leaving exam[ination *form*], to graduate [from high school] AM

Maturität <-> *f kein pl* SCHWEIZ matriculation exam[ination *form*]

Mätzchen <-s, -> *nt meist pl* (*fam*) ① (*Kniffe, Tricks*) trick, knack; ***lass endlich die ~!*** stop fooling [*or* BRIT *fam!* buggering] about!; **mach keine ~!** none of your tricks!; (*bedrohlicher*) don't try anything funny! ② (*Albernheiten*) antics; ***Kinder, lasst die ~!*** kids, [that's] enough of your monkey-business!

Matze <-, -n> *f*, **Matzen** <-s, -> *m* (*ungesäuertes Fladenbrot*) matzo[h], Passover bread

mau *adj prädikativ* (*sl*) *Stimmung* lousy

Mauer <-, -n> *f* ① (*Wand aus Steinen*) wall; **die Chinesische** [*o* **Große**] **~** the Great Wall of China; **innerhalb der** [*o* **in den**] **~n** HIST within the city walls ② (*fig geh: Wand*) **eine ~ des Schweigens** [**durchbrechen**] [to break] a wall of silence ③ (*torsichernde Spielerkette*) line up

Mauerassel *f* ZOOL woodlouse **Mauerblümchen** *nt* (*fam*) wallflower *fam*

mauern I. *vi* ① (*mit Steinen und Mörtel arbeiten*) ■ [**an etw** *dat*] **~** to build [sth], to lay bricks for sth ② (*fam*) to stall, to play for time ③ SPORT (*Torverteidigung*) to play defensively ④ KARTEN (*sl*) to hold back II. *vt* ■ **etw** [**aus etw**] **~** to build sth [of sth]; ■ **das M~** [**einer S.** *gen*] building [sth]

Maueröffnung *f* ① POL opening of the [Berlin] Wall ② (*Mauerspalt*) opening in a/the wall **Mauerpfeffer** *m* BOT wall pepper, common stonecrop **Mauerschütze** *m* HIST marksman on the Berlin Wall **Mauersegler** *m* ORN swift **Mauerstein** *m* [building [*or* house]] brick **Mauerwerk** *nt kein pl* ① (*die Mauern*) walls *pl* ② (*Steinmauer*) stonework

Maul <-[e]s, Mäuler> *nt* ① (*Rachen eines Tieres*) mouth; *Raubtier* jaws *pl* ② (*derb: Mund*) trap *fam!*, BRIT *a.* gob *fam!*; **das ~ aufsperren** to stare flabbergasted [*or* BRIT *a.* gobsmacked] *fam*; [**hungrige**] **Mäuler stopfen** to feed [*or* fill] [hungry] mouths ③ (*derb: Mundwerk*) **ein freches ~** a sharp tongue; **ein gottloses** [*o* **ungewaschenes**] **~** an evil [*or* a wicked] [*or* a malicious] tongue; **jdm übers ~ fahren** to cut sb short *fam*; **ein großes ~ haben** to have a big mouth, BRIT *a.* to be all mouth [and trousers] *fam*; **das** [*o* **sein**] **~ halten** to keep one's mouth [*or* BRIT *a.* gob] shut *fam!*; **halt's ~!, ~ halten!** shut your face! [*or* mouth] [*or* trap] [*or* BRIT *a.* gob] *fam!*, shut it! *fam!*; **jdm das ~ stopfen** to shut sb up ▶ WENDUNGEN: **sich** *dat* **das ~ verbrennen** (*fam*) to talk oneself [*or fam* let one's mouth get one] into trouble; **sich** *dat* **das ~** [**über jdn/etw**] **zerreißen** (*fam*) to gossip [about sb/sth] *pej*, to bad-mouth [*or* badmouth] sb/sth AM *sl*; **das ~** [**zu**] **weit aufreißen** [*o* **voll nehmen**] to be too cocksure *fam*; **jdm ums ~ gehen** to soft-soap [*or sep* butter up] sb *fam*

Maulaffen *pl* ▶ WENDUNGEN: **~ feilhalten** (*veraltend fam*) to stand around gaping [*or* BRIT *pej a.* gawping]

Maulbeerbaum *m* mulberry [tree] **Maulbeere** *f* mulberry

maulen *vi* (*fam*) ■ [**über etw** *akk*] **~** to moan [*or fam pej* gripe] [about sth]

Maulesel *m* mule, hinny **maulfaul** *adj* (*fam*) uncommunicative **Maulheld(in)** *m(f)* (*pej*) big-[*or fam* loud-]mouth **Maulkorb** *m* muzzle; **einen ~ tragen** to be muzzled; **jdm einen ~ anlegen** (*fig fam*) to muzzle sb **Maulsperre** *f* **die ~ kriegen** (*fam*) to be open-mouthed; ***ich krieg' die ~!*** I'm flabbergasted! [*or* BRIT *fam a.* gobsmacked] **Maultaschen** *pl* KOCHK SÜDD *pasta squares filled with meat or cheese and served in a clear soup* **Maultier** *nt s.* **Maulesel** **Maul- und Klauenseuche** *f* ■ **die ~** foot-and-mouth disease

Maulwurf <-[e]s, -würfe> *m* (*a. fig*) mole

Maulwurfsgang *m* tunnel (*dug by a mole*) **Maulwurfshügel** *m* molehill **Maulwurfsklaue** *f* claw of a/the mole

maunzen *vi* SÜDD (*kläglich miauen*) to mew pitifully

Maure, Maurin <-n, -n> *m, f* Moor

Maurer(in) <-s, -> *m(f)* bricklayer, BRIT *a.* brickie *fam* ▶ WENDUNGEN: **pünktlich wie die ~** (*hum*) earlier than need be

Maurerarbeit *f* masonry *no pl,* brickwork *no pl* **Maurerhandwerk** *nt* ■ **das ~** bricklaying *no pl*

Maurerin <-, -nen> *f fem form von* **Maurer**

Maurerkelle *f* [bricklayer's [*or* BRIT *fam a.* brickie's]] trowel

Mauretanien <-s> *nt kein pl* GEOL Mauritania *no pl*

Mauretanier(in) <-s, -> *m(f)* HIST Mauritanian; *s. a.* **Deutsche(r)**

mauretanisch *adj* Mauritanian; *s. a.* **deutsch**

Maurin <-, -nen> *f fem form von* **Maure**

maurisch *adj* Moorish

Mauritier(in) <-s, -> *m(f)* Mauritian; *s. a.* **Deutsche(r)**

mauritisch *adj* Mauritian; *s. a.* **deutsch**

Mauritius <-> *nt* Mauritius; *s. a.* **Sylt**

Maus <-, Mäuse> *f* ① (*Tier*) mouse; **weiße Mäuse sehen** (*fam*) to see pink elephants *fam* ② INFORM mouse ③ KOCHK thick flank ④ (*nettes Mädchen oder Junge*) [sweet [*or* cute]] little thing ⑤ (*unattraktive Person*) **eine graue ~** (*fam*) a mouse *fam* ⑥ *pl* (*sl: Geld*) dough *sing sl,* dosh *sing* BRIT *sl* ▶ WENDUNGEN: **da beißt die ~ keinen Faden ab** (*prov fam*) it can't be helped, what must be, must be *prov*

Mauschelei <-, -en> *f* (*pej fam*) fiddle *fam,* bent deal *pej fam*

mauscheln *vi* (*pej fam*) to fiddle *fam*

Mäuschen <-s, -> ['mɔysçən] *nt dim von* **Maus 1** little mouse; ***da möchte ich gerne ~ spielen*** (*fam*) I'd like to be a fly on his/her etc. wall

mäuschenstill *adj* dead quiet; **~ sein** *Mensch* to be [as] quiet as a mouse

Mäusebussard *m* [common] buzzard

Mausefalle *f* mousetrap; **eine ~ aufstellen** to set [*or* put down] a mousetrap **Mauseloch** *nt* mousehole; **jd möchte sich in ein ~ verkriechen** (*fam*) sb would have liked the ground to open up and swallow him/her **Mauseöhrchen** *pl* lamb's lettuce *no pl*

Mauser <-> *f kein pl* ORN moult BRIT, molt AM; **in der ~ sein** to be moulting [*or* AM molting]

Mäuserich <-s, -e> *m* (*fam*) male mouse

mausern *vr* ① ORN (*das Federkleid wechseln*) ■ **sich ~** to moult BRIT, to molt AM ② (*fig fam: sich vorteilhaft verändern*) ■ **sich [zu etw] ~** to blossom out [to sth]

mausetot *adj* (*fam*) ■ **~ sein** to be stone-dead [*or hum fam* deader than dead]

mausgrau *adj* mouse-coloured [*or* AM -colored], mouse[y]-grey [*or* AM -gray]

mausig *adj* ■ **sich ~ machen** (*fam*) to get uppity *fam* [*or* BRIT *fam a.* stroppy] [*or sl* bolshie]

Mausklick *m* INFORM click of [*or* clicking [of]] the/a mouse **Mauskursor** *m* INFORM mouse pointer

Mausoleum <-s, Mausoleen> *nt* mausoleum

Mauspad <-s, -s> [-pɛt] *m* INFORM mouse pad **Maussteuerung** *f* INFORM mouse control *no art;* **mit ~ bedient** mouse-controlled

Maut <-, -en> *f* SÜDD, ÖSTERR toll [charge]; **eine ~ erheben** to levy a toll

Mautgebühr *f s.* **Maut** **Mautstelle** *f* tollgate **Mautstraße** *f* toll road, AM *a.* turnpike, AM *a.* pike *fam*

maxi *adj pred* MODE maxi; **~ tragen** (*fam*) to wear a maxi

Maxima *pl von* **Maximum**

maximal **I.** *adj* maximum *attr;* (*höchste a.*) highest *attr;* **die ~e Geschwindigkeit** the maximum speed; *Fahrzeug* the top speed **II.** *adv* at maximum [*or* most]; **das ~ zulässige Gesamtgewicht** the maximum [*or* greatest] permissible weight; *Fahrzeug* the gross vehicle weight rating [*or* GVWR] *form;* **~ 25.000 Mark** 25,000 marks tops *fam* [*or* at most]; **bis zu ~ 1000 Metern** up/down to a maximum of 1000 metres [*or* AM -ers]

Maximalalter *nt* maximum age **Maximalbreite** *f* maximum width **Maximalforderung** *f* ■ **die/seine ~[en]** the/one's maximum [*or* highest] demand[s] **Maximalgeschwindigkeit** *f* maximum speed; *Fahrzeug* top speed **Maximalgewicht** *nt* maximum weight **Maximalhöhe** *f* maximum height **Maximalpreis** *m* maximum [*or* highest] price **Maximalstrafe** *f* maximum sentence **Maximaltiefe** *f* maximum depth **Maximalverbrauch** *m* maximum [fuel] consumption

Maxime <-, -n> *f* (*geh*) maxim

maximieren* *vt* ■ **etw ~** to maximize sth

Maximierung <-, -en> *f* maximization

Maximum <-s, Maxima> *nt* ① (*höchstmöglicher Wert*) maximum [value] ② (*Höchstmaß*) ■ **ein ~ an etw** *dat* a maximum of sth ③ MATH maximum

Maxipackung *f* maxi pack **Maxisingle** *f* (*veraltend*) maxi-single, EP

Mayonnaise <-, -n> [majɔ'nɛːzə] *f s.* **Majonäse**

Mazedonien <-s> *nt* Macedonia; *s. a.* **Deutschland**

Mazedonier(in) <-s, -> *m(f)* Macedonian; *s. a.* **Deutsche(r)**

Mazedonisch *nt dekl wie adj s.* **Makedonisch**

mazedonisch *adj* Macedonian; *s. a.* **deutsch**

Mazedonische <-n> *nt s.* **Makedonische**

Mäzen <-s, -e> *m* Maecenas *liter,* patron [of art or literature]

MB [ɛm'beː] *nt* INFORM *Abk von* **Megabyte** MB

MBA *m Abk von* **Master of Business Administration** MBA

M-Bahn *f s.* **Magnetschwebebahn**

MdB, M.d.B. <-s, -s> [ɛmdeː'beː] *m Abk von* **Mitglied des Bundestages** Member of the "Bundestag", BRIT *a.* ≈ MP

MdL, M.d.L. <-s, -s> *m Abk von* **Mitglied des Landtages** *Member of the federal state parliament*

m.E. *Abk von* **meines Erachtens** in my opinion

Mechanik <-, -en> *f* ① *kein pl* PHYS ■ **die ~** mechanics + *sing vb* ② *kein pl* TECH ■ **die ~** mechanics + *sing vb* ③ TECH (*selten: Mechanismus*) mechanism

Mechaniker(in) <-s, -> *m(f)* mechanic

mechanisch **I.** *adj* (*a. fig*) mechanical **II.** *adv* mechanically; **etw ~ aufsagen** to reel off sth *sep*

Mechanismus <-, -nismen> *m* mechanism

meck *interj* (*sound made by goat*), meh BRIT, baaah AM

Meckerei <-, -en> *f* (*pej fam: dauerndes Nörgeln*) moaning, bellyaching *fam,* griping *pej fam*

Meckerfritze, Meckerliese <-n, -n> *m, f* (*pej fam: ewiger Nörgler*) bellyacher *fam,* BRIT moaning minnie *fam*

meckern *vi* ① (*der Ziege*) to bleat ② (*fig fam*) ■ **[über jdn/etw] ~** to bellyache *fam* [*or fam o pej* gripe] [about sb/sth]

Mecklenburg-Vorpommern <-s> *nt* Mecklenburg-West Pomerania

med. *adj Abk von* **medizinisch: Dr. ~ Birgit Jentsch** Birgit Jentsch, MD [*or* M.D.]

Medaille <-, -n> [me'daljə] *f* ① (*Gedenkmünze*) medallion ② (*Auszeichnung*) medal ③ (*runder Orden*) medal, gong BRIT *fam*

Medaillengewinner(in) [me'daljən-] *m(f)* SPORT medallist BRIT, medalist AM, medal winner **Medaillenregen** *m* SPORT inundation of medals **Medail-**

M

lenspiegel *m* SPORT medals table **Medaillenvergabe** *f* SPORT medal awarding ceremony

Medaillon <-s, -s> [medal'jõ:] *nt* ① (*Schmuckkapsel*) locket ② (*ovales Bild*) medallion ③ KOCHK médaillon

Medien ['me:diən] *pl* ① *pl von* **Medium 1, 2** ② (*Informationsträger*) ■**die** ~ the media + *sing/pl vb;* **für Aufsehen in den ~ sorgen** to cause a press sensation; **akustische/optische** ~ acoustic/visual media; **die gedruckten** ~ the press *no indef art,* + *sing/pl vb*

Medienaufseher(in) *m(f)* MEDIA, ADMIN media censor **Medienberater(in)** *m(f)* press adviser **Medienbereich** *m* world of [the] media; **im ~ arbeiten** to work for the media/press **Medienberichterstattung** *f* MEDIA press [*or* media] coverage **Medienereignis** *nt* MEDIA media event **Medienforschung** *f* MEDIA, SCH media research *no pl* **Medienkonzentration** *f* MEDIA concentration of ownership in the media **Medienkonzern** *m* MEDIA, ÖKON media group **Medienlandschaft** ['me:diən-] *f* media landscape [*or* scene] **Medienliebling** *m* MEDIA, SOZIOL (*fam*) media favourite **Medienpolitik** *f* [mass] media policy **Medienrummel** *m* (*fam*) media excitement **Medienspektakel** *nt* MEDIA media spectacle **Medienverbund** *m* ① (*Verbindung mehrerer Unterrichtsmedien*) multimedia system; **etw im ~ lernen** to learn sth using the multimedia system ② (*Verbund von Rundfunkinstituten, Verlagshäusern etc.*) media grid **medienwirksam** *adj* well-covered by the media

Medikament <-[e]s, -e> *nt* medicine

Medikamentenabhängigkeit *f* drug addiction **Medikamentenmissbrauch**[RR] *m* ■[**der**] ~ drug abuse **Medikamentensucht** *f* MED, PSYCH drug addiction **Medikamentenverordnung** *f* MED [drug] prescription

medikamentös **I.** *adj* medicinal; **eine/die ~e Behandlung** medication **II.** *adv* **jdn/etw ~ behandeln** to give sb medication/to treat sth with medication

Medikus <-, Medizi *o* -se> *m* (*hum fam*) doc *fam,* quack

Meditation <-, -en> *f* meditation (**über** +*akk* on)

mediterran *adj inv* GEOL Mediterranean

meditieren* *vi* ① (*Entspannung üben*) to meditate; ■**das M~** meditation ② (*geh: nachsinnen*) ■[**über etw** *akk*] ~ to meditate [on sth]

Medium <-s, -dien> [-diən] *nt* ① (*Verbindungsperson zu Geistern*) medium ② (*geh*) *Buch, Film, etc.* medium ③ PHYS medium

Medizin <-, -en> *f* ① *kein pl* (*Heilkunde*) ■[**die**] ~ medicine; **innere** ~ [internal] medicine ② (*fam: Medikament*) medicine; **seine ~ einnehmen** to take one's medicine ▶ WENDUNGEN: **für jdn eine heilsame ~ sein** (*geh*) to have taught sb a lesson

Mediziner(in) <-s, -> *m(f)* ① (*Arzt*) doctor, physician *form;* **der Jargon der** ~ medical jargon ② (*Medizinstudent*) medic *fam*

medizinisch **I.** *adj* ① (*ärztlich*) medical ② (*heilkundlich*) **die ~e Fakultät** the school [*or esp* BRIT faculty] [*or* AM *a.* department] of medicine; **das ~e Gebiet/Studium** the field/study of medicine; **eine ~e Prüfung** an exam[ination *form*] in medicine ③ (*heilend*) medicinal, curative; **~es Shampoo** medicated shampoo **II.** *adv* ① (*ärztlich*) medically; **jdn ~ beraten/behandeln** to give sb medical advice/treatment ② (*heilkundlich*) medically; **~ ausgebildet werden** to receive medical training; **sich ~ auskennen** to know [one's] medicine well ③ (*heilend*) medicinally

Medizinmann <-männer> *m* (*indianisch*) medicine man; (*afrikanisch*) witchdoctor, shaman; (*fam*) doc *fam,* quack

Meer <-[e]s, -e> *nt* ① (*Ozean*) sea; (*Weltmeer*) ocean; **die sieben ~e** the seven seas; **auf dem [weiten] ~** [[far] out] to sea, on the high seas; **der Grund des ~es** the seabed, the bottom of the sea, Davy Jones['s locker] *a. hum;* **das Rote/Schwarze/Tote ~** the Red/Black/Dead Sea; **ans ~ fahren** to go the sea[side]; **am ~** by the sea; **jenseits des ~es** across the sea ② (*fig geh*) sea

Meeraal *m* ZOOL, KOCHK conger eel **Meerbarbe** *f* red mullet **Meerbrasse** *f* sea bream **Meerbusen** *m* (*veraltend*) gulf, bay; **der Bottnische** [*o* **Finnische**] ~ the Gulf of Bothnia **Meerdattel** *f* date shell **Meerenge** *f* strait[s *pl*]

Meeresalge *f* ■**die ~n** seaweed *no pl,* + *sing vb,* marine algae *spec* **Meeresarm** *m* inlet, arm of the sea; (*in Norwegen*) fjord **Meeresbiologie** *f* marine biology **Meeresboden** *m s.* **Meeresgrund** **Meeresfauna** *f* marine fauna *no pl,* + *sing/pl vb spec* **Meeresflora** *f* marine flora *no pl,* + *sing/pl vb spec* **Meeresforschung** *f* ■**die** ~ oceanography **Meeresfrüchte** *pl* seafood *no pl,* + *sing vb* **Meeresgetier** *nt* (*oft hum*) sea creatures *pl,* marine fauna + *sing/pl vb spec* **Meeresgrund** *m kein pl* ■**der** ~ the seabed, the bottom of the sea, Davy Jones['s locker] *a. hum;* **auf dem ~** on the seabed, at the bottom of the sea, in Davy Jones's locker *a. hum* **Meereshöhe** *f s.* **Meeresspiegel** **Meeresklima** *nt* maritime climate **Meereskunde** *f kein pl s.* **Meeresforschung** **meereskundlich** *adj* oceanographic[al]; **das ~e Institut/Studium** the institute/study of oceanography **Meeressäugetier** *nt* sea [*or spec* marine] mammal **Meeresspiegel** *m* sea level; [**zehn Meter**] **über/unter dem ~** [ten metres [*or* AM -ers]] above/below sea level **Meeresstraße** *f* strait[s *pl*] **Meeresströmung** *f* ocean current; (*aufgrund Temperaturunterschiede*) convection current *spec* **Meerestiefe** *f* depth [of the sea [*or* ocean]] **Meeresverschmutzung** *f* ÖKOL pollution of the sea, sea [*or* maritime] pollution *no pl*

Meerforelle *f* migratory [*or* AM sea] trout **Meergott** *m* sea god; **der griechische ~** the Greek god of the sea **Meerjungfrau** *f* mermaid **Meerkatze** *f* ZOOL long-tailed monkey, guenon *spec* **Meerkohl** *m* sea kale **Meerohr** *f* abalone, ormer

Meerrettich *m* BOT, KOCHK ① (*Pflanze o Wurzel*) horseradish ② *kein pl* (*Soße*) horseradish [sauce]

Meerrettichsoße *f* horseradish sauce

Meersalz *nt* sea salt *no pl,* + *sing vb* **Meerschaumpfeife** *f* meerschaum [pipe] **Meerschweinchen** *nt* ZOOL guinea pig, cavy *spec* **Meerspinne** *f* spider crab **Meerungeheuer** *nt* sea monster

Meerwasser *nt* sea water

Meerwasserentsalzung *f* desalination of sea water *spec* **Meerwasserentsalzungsanlage** *f* desalination plant *spec*

Meeting <-s, -s> ['mi:tɪŋ] *nt* meeting

Megabit *nt* INFORM megabit **Megabyte** [mega'bait, 'me:gabait] *nt* INFORM megabyte; (*geschrieben a.*) M[b] **Mega-Erfolg** *m* MEDIA smash hit **Megahertz** *nt* PHYS megahertz **Megahit** *m* smash [hit]

Megalith <-en, -en> *m* megalith

megaloman *adj* (*geh*) megalomaniac[al]

Megalomanie <-, -n> *f* (*geh*) ■**die** ~ megalomania

Megaphon, Megafon[RR] <-s, -e> *nt* megaphone

Megastadt *f* megalopolis *spec* **Megastar** *m* megastar *fam* **Megatonne** *f* megaton **Megawatt** *nt* megawatt; (*geschrieben a.*) MW

Mehl <-[e]s, -e> *nt* ① (*gemahlenes Korn*) flour; **etw mit [feinem] ~ bestäuben** to dredge [*or* powder] sth with flour ② (*pulverisierte Substanz*) powder; **etw zu ~ verarbeiten** to pulverize sth

mehlen *vt* KOCHK ■**etw** ~ to flour sth

mehlig *adj* ① (*trockenes Fruchtfleisch aufweisend*) mealy, floury ② (*mit Mehl bestäubt*) floury ③ (*fein zerrieben*) powdery

Mehlkäfer *m* meal beattle **Mehlsack** *m* flour bag ▶ WENDUNGEN: **wie ein ~ schlafen** (*fam*) to sleep like a log **Mehlschwalbe** *f* ORN house martin **Mehlschwitze** *f* KOCHK roux **Mehlspeise** *f* ① (*mit Mehl bereitetes Gericht*) flummery ② ÖSTERR (*fam: Süßspeise*) dessert, BRIT *a.* sweet **Mehltau** *m kein pl* BOT mildew

mehr **I.** *pron indef, inv comp von* **viel** more; ***möchten Sie noch etwas ~ Kaffee?*** would you like some more coffee?; ***~ möchte ich dazu nicht sagen*** I wish to say no more on the matter; ■ **~ von etw** more of sth; **immer ~, ~ und ~** more and more **II.** *adv* ① (*eher*) more; ***dieser Fall ist ~ etwas für Spezialisten*** this is more [of] a case [the] for specialists; **~ wie etw aussehen** to look rather like sth ② (*in höherem Maße*) ■ **etw ~ tun** to do sth more; **~ schwimmen** to swim more, to do more swimming; **immer ~** more and more; **~ oder weniger** [*o geh* **minder**] more or less; **mit ~ oder weniger Erfolg** with modest success; **mit ~ oder weniger Zuversicht** with half-hearted confidence; **nicht ~ sein** (*euph: verstorben sein*) to be no more *hum;* ***unser Großvater ist nicht ~*** our grandfather is no longer with us; ■ **~ ... als ...** more ... than ...; ***es war keiner ~ da*** there was nobody left, everybody had gone; **nicht ~** not any [*or* no] longer [*or* more]; ***sie kommen schon lange nicht ~*** they haven't been coming for a long time [now]; **nichts ~ als das** there's nothing I'd rather do; **nie ~** never again; ***das mache ich nie ~*** I shall never do that [ever] again, I won't ever do that again; **niemand ~** nobody else; **nur ~** (*geh*) only; ***jetzt ist es nur ~ ein Jahr, dass ...*** only a year has passed since ...

Mehr <-[s]> *nt kein pl* ① (*zusätzlicher Aufwand*) ■ **ein ~ an etw** *dat* an additional sth; **mit einem [kleinem] ~ an Mühe** with a [little] bit more effort ② POL SCHWEIZ majority

Mehrarbeit *f* overtime, extra time [*or* work] [*or* hours] **Mehraufwand** *m* additional expenditure **mehrbändig** *adj* multi[-]volume *attr form,* in [*or* comprising] several volumes *pred* **Mehrbedarf** *m* greater need (**an** +*dat* of/for) **mehrdeutig** *adj* ambiguous, equivocal *form* **Mehrdeutigkeit** <-> *f kein pl* ambiguity, equivocalness *form* **mehrdimensional** *adj* multidimensional **Mehreinnahme** *f* additional revenue *no pl*

mehren (*geh*) **I.** *vt* ■ **etw ~** to increase [*or form* augment] sth; **sein Ansehen ~** to enhance one's reputation **II.** *vr* ■ **etw mehrt sich** the number of sth increases; *s. a.* **fruchtbar**

mehrere *pron indef* ① *adjektivisch* (*einige*) several *attr,* a number of *attr* ② *substantivisch* (*einige*) ■ **~ [von jdm/etw]** several [of sb/sth]; **~ davon** several [of them]; **von ~n** by/from several persons; ***wir fahren immer zu ~n*** there are always several of us to a car ③ *adjektivisch* (*mehr als eine*) various

mehreres *pron substantivisch* several [*or* a number of] things/items etc. *pl*

mehrerlei *pron indef, inv* (*geh*) ① *substantivisch* several [*or* a number of] things/items etc. *pl* ② *adjektivisch* various, several kinds of *attr*

mehrfach **I.** *adj* ① (*vielfach*) numerous; **eine ~e Medaillengewinnerin** a winner of numerous medals; **ein ~er Meister im Hochsprung** several-times champion in the pole vault; **ein ~er Millionär** a multimillionaire ② (*wiederholt*) repeated **II.** *adv* many [*or* several] times; *s. a.* **vorbestraft**

Mehrfache(s) *nt dekl wie adj* ■ **das ~** [*o* **ein ~s**] **[von etw]** several times the amount/number [of sth]; ***ich verdiene jetzt das ~ von dem, was ich früher hatte*** I'm now earning several times as much as I used to; ■ **das ~/ein ~s an etw** *dat* several times sth; **das ~ an Arbeit/Soldaten** *dat* several times the work/the number of soldiers; **um das ~** [*o* **ein ~s**] **so groß/schnell etc. wie etw** several times as large/fast etc. as sth

Mehrfachsteckdose *f* multiple socket **Mehrfachstecker** *f* TECH multiple [*or* multicontact] plug

Mehrfamilienhaus [-liən-] *nt* multiple[-family] dwelling **mehrfarbig** *adj* multicoloured [*or* AM -ored], polychromatic *form* **Mehrgewicht** *nt* additional [*or* excess] weight

Mehrheit <-, -en> *f* ① *kein pl* (*die meisten*) ■ **die ~ einer S.** *gen* the majority of sth; **in der ~ sein** to be in the majority; **die schweigende ~** the silent majority ② POL majority + *sing/pl vb;* **3/4 ~** 75 percent of the vote; **mit fünf Stimmen ~** with a majority of five [*or form* five-vote margin]; **eine knappe ~** a narrow [*or* shoestring] majority; **die absolute/einfache** [*o* **relative**]**/qualifizierte ~** an absolute/a simple [*or* relative]/a qualified majority; **die ~ gewinnen** [*o geh* **erringen**]**/verlieren** to win [*or* gain] a majority/lose one's majority; **die ~ haben** [*o* **besitzen**] to have a majority

mehrheitlich *adv* **~ entscheiden** to reach a majority decision; **von jdm ~ vertreten werden** to be represented by the majority of sb; ***wir sind ~ dafür*** the majority of us are for it

Mehrheitsbeschluss[RR] *m* POL majority decision **mehrheitsfähig** *adj inv* POL capable of securing a majority *pred;* ***die Partei war nicht ~*** the party was unable to secure a majority **Mehrheitspartei** *f* majority party **Mehrheitswahlrecht** *nt kein pl* majority vote [*or* BRIT *a.* first past the post] system

mehrjährig *adj attr* several years of *attr,* of several years *pred;* **~e Pflanzen** perennials

Mehrkosten *pl* additional [*or* excess] costs *pl*

Mehrling <-s, -e> *m* MED, BIOL child born as part of a multiple birth

mehrmalig *adj attr* repeated

mehrmals *adv* repeatedly, several times

Mehrparteiensystem *nt* multiparty [*or* multiple party] system **Mehrplatzsystem** *nt* INFORM shared logic system **mehrseitig** *adj* of several pages *pred* **mehrsilbig** *adj* polysyllabic *spec;* **ein ~es Wort** a polysyllable *spec* **mehrsprachig** **I.** *adj* multilingual, polyglot *form* **II.** *adv* **~ aufwachsen** to grow up multilingual [*or* speaking several languages]; **~ ausgebildet/geführt [sein]** [to be] trained/conducted in several languages **Mehrsprachigkeit** <-> *f kein pl* multilingualism, ability to speak several languages **mehrstimmig** MUS **I.** *adj* polyphonic, for [*or* in]/of several voices *pred;* **~er Gesang** part singing, song for several parts **II.** *adv* **~ singen/spielen** to sing/play in harmony **mehrstöckig** **I.** *adj* multistorey BRIT, multistory AM **II.** *adv* **~ bauen** to put up multistorey [*or* AM multistory] buildings; **etw ~ planen** to plan sth with several/many storeys [*or* AM storys] **Mehrstufenrakete** *f* multistage rocket **mehrstündig** *adj* of [*or* lasting] several hours *pred;* ■ **~ sein** to last several hours; **~e Abwesenheit** an absence of several hours, several hours' absence; **nach ~er Dauer** after several hours; **nach einem ~en Gespräch** after talks of [*or* lasting] several hours, after several hours of [*or* hours'] talking **mehrtägig** *adj* lasting several days *pred;* ■ **~ sein** to last several days; **~e Abwesenheit** an absence of several days, several days' absence; **in ~en Gesprächen** in talks lasting several days, in several days of talking **Mehrvölkerstaat** *m* multiracial [*or* multinational] state

Mehrwegflasche *f* returnable bottle, re-usable

bottle [on which a returnable [*or* refundable] deposit is paid] **Mehrwegverpackung** *f* ÖKON, ÖKOL re-usable [foodstuff] packaging

Mehrwertsteuer *f* value-added tax, VAT

mehrwöchig *adj* lasting several weeks *pred;* ■ ~ **sein** to last several weeks; ~**e Abwesenheit** an absence of several weeks, several weeks' absence; **nach** ~**er Dauer** after several weeks; **nach einem** ~**en Gespräch** after talks of [*or* lasting] several weeks, after several weeks of [*or* weeks'] talking **Mehrzahl** *f kein pl* ❶ (*Mehrheit*) majority; ■ **die** ~ **der Personen** the majority of the persons *form,* most of the people; ■ **die** ~ **einer S.** *gen* most of sth; **in der** ~ **sein** to be in the majority ❷ LING plural [form] **mehrzeilig** *adj* of [*or form* comprising] several lines *pred;* ■ ~ **sein** to comprise several lines *form* **Mehrzweckhalle** *f* multipurpose hall

meiden <mied, gemieden> *vt* (*geh*) ❶ (*aus dem Wege gehen*) ■ **jdn** ~ to avoid [*or* steer clear of] sb ❷ (*sich von etw fernhalten*) ■ **etw** ~ to avoid sth; **Alkohol** ~ to avoid [*or* abstain from] [*or form* eschew] alcohol

Meile <-, -n> *f* mile; **die sündige** ~ (*hum*) ≈ red-light district; HIST (*4,8 km*) league ▶ WENDUNGEN: **etw drei** ~**en gegen den Wind riechen können** (*fam*) to be able to smell sth a mile off

Meilenstein *m* (*a. fig*) milestone **meilenweit** *adv* for miles [and miles *fam*]; ~ **entfernt** miles [and miles *fam*] away

Meiler <-s, -> *m* ❶ (*Kohlenmeiler*) charcoal kiln [*or* pile] [*or* stack] ❷ (*Atomreaktor*) [nuclear] reactor, [atomic] pile

mein **I.** *pron poss adjektivisch* ❶ (*das [zu] mir gehörende*) my; **was** ~ **ist, ist auch dein** (*geh*) what's mine is yours; **M**~ **und Dein verwechseln** [*o* **nicht unterscheiden können**] (*euph*) to take what doesn't belong to one *a. euph* ❷ (*von mir üblicherweise konsumiert*) my; ***ich rauche am Tag schon so*** ~***e 20 Zigaretten*** I smoke my 20 cigarettes a day ❸ (*in Höflichkeitsfloskeln*) my; ~**e Damen und Herren!** Ladies and Gentlemen!; **bitte hier entlang,** ~ **Herr/** ~**e Dame/**~**e Herrschaften!** if you would come this way, Sir/Madam/ladies and gentlemen **II.** *pron pers gen von* **ich** (*veraltet poet*) of me

meine(r, s) *pron, poss, substantivisch* (*geh*) ❶ (*mir Gehörendes*) ■ [*geh* **der/die/das**] **M**~ mine ❷ (*Angehörige*) ■ **die M**~**n** my people [*or* family] ❸ (*das mir Zukommende*) ■ **das M**~ my share; ***ich tue das M***~ I'll do my bit ❹ (*das mir Gehörige*) what is mine; ***es ist alles das M***~ it's all mine

Meineid *m* JUR perjury *no art, no pl;* **einen** ~ **leisten** [*o* **ablegen**] [*o* **schwören**] to commit perjury, to perjure oneself *form*

meineidig *adj* perjured; **ein** ~**er Mensch** a perjurer; ■ ~ **werden** to commit perjury, to perjure oneself *form*

meinen **I.** *vi* ❶ (*denken, annehmen*) ■ ~[**, dass**] to think [*or fam* reckon] [that]; **ich würde/man möchte** ~**, ...** I/one [*or* you] would think ...; ~ **Sie?** [do] you think so? [*or fam* reckon [so]] ❷ (*sagen*) to say; ***ich meinte nur so*** (*fam*) it was just a thought, I was only saying! *fam;* ■ **zu jdm** ~**,** [**dass**] ... to tell [*or* say to] sb that ...; ***wenn Sie*** ~***!*** if you wish; ***wie*** ~ ***Sie?*** [I] beg your pardon?; [***ganz***] ***wie Sie*** ~***!*** [just] as you wish; (*drohend a.*) have it your way **II.** *vt* ❶ (*der Ansicht sein*) ■ ~**,** [**dass**] ... to think [that] ...; ***ich meine das genauso, wie ich es gesagt habe*** I mean exactly what I said; ***das sollte man*** ~ one would have thought ❷ (*über etw denken*) ***und was*** ~ ***Sie dazu?*** and what do you say? [*or* think], and what's your view [of it]? [*or* opinion [on it]] ❸ (*sagen wollen*) ■ **etw** [**mit etw**] ~ to mean [*or* imply] sth [by sth]; ***was meinen Sie*** [***damit***]? what do you mean [*or* are you implying] [by that]?; **das will ich** [**auch/doch**] ~**!** I should think so too! ❹ (*ansprechen*) ■ **jdn** [**mit etw**] ~ to mean sb [with sth]; ***damit bist du gemeint*** that [*or* he/she etc.] means you; ***ich meine den da hinten*** I'm talking about him at the back ❺ (*beabsichtigen*) to mean, to intend; **es ehrlich** ~ to honestly mean sth; **es ehrlich mit jdm** ~ to be honest with sb; ***ich meine es ernst*** I'm serious [about it]; **es gut** ~ to mean well; **es gut mit jdm** ~ to do one's best for sb; **es nicht böse** ~ to mean no harm; ***so war es nicht gemeint*** it wasn't meant like that; **es** ~**, wie man es sagt** to mean what one says; **etw wortwörtlich** ~ to mean sth literally ❻ (*sich für jdn darstellen*) to mean, to intend; ***heute hat es die Sonne gut mit uns gemeint*** the sun has done its best for us today

meiner *pron pers gen von* **ich** (*geh*) ***gedenke*** ~ remember me; ***spotte nicht*** ~ do not mock me *liter*

meinerseits *adv* as far as I'm concerned, for my part; **alle Einwände** ~ all objections on my part; **ganz** ~ the pleasure is/was [all] mine

meines *pron s.* **meine(r, s)**

meinesgleichen *pron inv* ❶ (*Leute meines Standes*) my own kind, [my] equals *pl* ❷ (*jd wie ich*) people such as I [*or* me], people like me [*or* myself]

meinethalben *adv* (*geh*), **meinetwegen** *adv* ❶ (*wegen mir*) because [*or* on account] of me, on my account; (*mir zuliebe*) for my sake ❷ (*von mir aus*) as far as I'm concerned; ~*!* if you like! ❸ (*beispielsweise*) for example [*or* instance] **meinetwillen** *adv* **um** ~ for my sake

meinige *pron poss* (*veraltend geh*) *s.* **meine(r, s)**

meins *pron poss* ■ ~ **sein** to be mine

Meinung <-, -en> *f* opinion; (*Anschauung a.*) view; **geteilte** ~**en** differing opinions [*or* views]; **geteilter** ~ **sein** to have differing opinions [*or* views]; ***was diesen Punkt angeht, gehen die*** ~***en auseinander*** opinions differ on this point; **ähnlicher/anderer** ~ **sein** to be of a similar/different opinion; **bestimmte** ~**en zu etw haben** to have certain opinions [*or* views] on sth; **eine eigene** ~ **haben** to have an opinion of one's own; [**nicht**] **der gleichen** ~ **sein** to [not] share the same opinion [*or* view]; **die öffentliche** ~ public opinion [*or* sentiment], the vox populi *liter;* **dieser** ~ **sein** to be of [*or* share] this opinion [*or* view]; **einer** ~ **sein** to share the same opinion [*or* view], to think the same, to be of the same [*or* of one] mind; **jds** ~ [**zu etw**] **kennen** to know sb's opinion [on sth] [*or* view [of [*or* on] sth]], to know what sb says [on sth]/thinks [of sth]; ■ **nach jds** ~, ■ **jds** ~ **nach** in sb's opinion [*or* view], in the opinion [*or* view] of sb, to sb's way of thinking; **seine** ~ **ändern** to change one's mind [*or* opinion]; **seine** ~ **beibehalten, bei seiner** ~ **bleiben** to stick to [*or form* persist in] one's opinion; **der** ~ **sein, dass ...** to be of the opinion [*or* take the view] that ...; **jdm die** ~ **sagen** (*fam*) to give sb a piece of one's mind *fam;* **jds** ~ **sein** to be [just] what sb thinks; ***genau meine*** ~*!* exactly what I thought!

Meinungsäußerung *f* ❶ (*das Äußern einer Ansicht*) expression of an opinion [*or* a view]/opinions [*or* views] *pl;* ■ **bei seiner** ~ in expressing one's opinions [*or* views] ❷ (*vorgebrachte Ansicht*) opinion, view; **die freie** ~ free[dom of] speech **Meinungsaustausch** *m* exchange of views [*or* ideas] (**zu** on); **in einem** ~ **miteinander/mit jdm stehen** to exchange views [*or* ideas] [with one another/sb] **Meinungsbildung** *f* ■ **die** ~ the formation of opinion **Meinungsforscher(in)** *m(f)* [opinion] pollster, public opinion analyst *form* **Meinungsforschung** *f kein pl* ■ **die** ~ [public] opinion polling [*or* research] **Meinungsforschungsinstitut** *nt* opinion research institute **Meinungsfreiheit** *f kein pl* ■ **die** ~

Meinungen/Ansichten

Meinungen/Ansichten ausdrücken	**expressing opinions/views**
Ich finde/meine/denke, sie sollte sich für Ihr Verhalten entschuldigen.	**I think** she should apologize for her behaviour.
Er war **meiner Meinung nach** ein begnadeter Künstler.	He was **in my opinion** a highly gifted artist.
Ich bin der Meinung/Ansicht, dass jeder ein Mindesteinkommen erhalten sollte.	**I believe/am of the opinion/take the view that** everyone should receive a minimum income.
Eine Anschaffung weiterer Maschinen ist **meines Erachtens** nicht sinnvoll.	The purchase of more machinery is, **in my opinion**, not a sensible option.
Meinungen erfragen, um Beurteilung bitten	**asking for opinions and assessments**
Was ist Ihre Meinung?	**What's your opinion?**
Was meinen Sie dazu?	**What do you think (about it)?**
Wie sollten wir **Ihrer Meinung nach** vorgehen?	How do **you think** we should proceed?
Was hältst du von der neuen Regierung?	**What do you think/make of** the new government?
Findest du das Spiel langweilig?	**Do you find** this game boring?
Denkst du, so kann ich gehen?	**Do you think** I can go like this?
Was sagst du zu ihrem neuen Freund?	**What do you think of** her new boyfriend?
Wie gefällt dir meine neue Haarfarbe?	**How do you like** my new hair colour?
Kannst du mit dieser Theorie **etwas anfangen?**	**Does** this theory **mean anything to you?**
Wie lautet Ihr Urteil über unser neues Produkt?	**What's your opinion of** our new product?
Wie urteilen Sie darüber?	**What's your opinion of it?**

free[dom of] speech; **die journalistische ~ unterdrücken** to gag the press **Meinungsführer(in)** *m(f)* opinion leader **Meinungsumfrage** *f* [public] opinion poll; **eine ~ abhalten** [*o* **machen**] to take [*or form* conduct] a public opinion [*or* an opinion] poll [*or* a poll] **Meinungsverschiedenheit** *f* ❶ (*Unterschiedlichkeit von Ansichten*) difference [*or form* divergence] of opinion; **eine erhebliche ~** a clash of opinion ❷ (*Auseinandersetzung*) argument, difference of opinion *hum;* **eine kleine ~** a slight difference of opinion *hum fam;* **eine ~ haben** to have an argument [*or hum* a difference of opinion]; **eine kleine ~ haben** to have a [slight] tiff *fam*

Meiose <-, -n> *f* BIOL meiosis

meiotisch *adj* BIOL meiotic

Meise <-, -n> *f* ORN tit ► WENDUNGEN: **eine ~ haben** (*sl*) to have a screw loose *hum fam*

Meisel *m* KOCHK ÖSTERR *beef cut from the shoulder-blade*

Meißel <-s, -> *m* chisel

meißeln I. *vi* ■ [**an etw** *dat*] **~** to chisel [at sth] II. *vt* ❶ (*mit dem Meißel herstellen*) ■ **etw ~** to chisel sth ❷ (*mit dem Meißel einschlagen*) ■ **etw in etw** *akk* **~** to chisel sth into sth; ■ [**sich** *dat*] **etw in etw** *akk* **~ lassen** to have sth chiselled [*or* AM -eled] into sth

meist *adv* ❶ *s.* **meistens** ❷ *superl von* **viel**: **~ inszeniert** most-staged

meistbietend *adj inv, attr* ÖKON highest-bidding *attr,* bidding highest *pred*

Meistbietende(r) <-n, -n> *dekl wie adj f(m)* ÖKON highest bidder

meiste(r, s) *pron indef superl von* **viel** ❶ *adjektivisch,* + *nsing* most; **der ~ Luxus ist überflüssig** most luxury is superfluous; **das ~ Geld** the most money; (*als Anteil*) most of the money; **die ~ Zeit** [the] most time; (*adverbial*) most of the time; **nicht das ~ an Intelligenz haben** to be two bricks shy of a load *hum fam* ❷ *adjektivisch,* + *nsing* most; **die ~n Menschen/Probleme** most people/problems; **die ~n dieser/meiner Beispiele** most of these/my examples ❸ *substantivisch* ■ **die ~n** (*Menschen*) most people; (*Dinge*) most of them; **die ~n von uns** most of us ❹ *substantivisch* ■ **das ~** (*zählbares*) most of them; (*nicht zählbares*) most of it; (*als Anteil*) the most; ■ **das ~ von dem, was ...** most of what ... ❺ (*adverbial: vor allem*) ■ **am ~n** [the] most; ***was mich am ~n gefreut hat, ...*** what pleased me [the] most ...

meistens *adv* mostly, more often than not; (*zum größten Teil*) for the most part; ■ **etw ~ machen** to mostly [*or* more often than not] do sth

meistenteils *adv* (*geh*) *s.* **meistens**

Meister(in) <-s, -> *m(f)* ❶ (*Handwerksmeister*) master [craftsman]; (*Betriebsmeister*) foreman, gaffer BRIT *fam;* (*als Anrede*) boss *fam,* guv BRIT *sl;* ■ **~/~in Müller** (*veraltend: als Anrede*) Master/Mistress Müller *dated;* **seinen ~** [**in etw** *dat*] **machen** to take one's master[craftman]'s diploma [*or* certificate] [in sth]; **~ Lampe** (*Märchenfigur*) Master Hare ❷ SPORT (*Titelträger*) champion; (*führende Mannschaft*) champions *pl* ❸ (*großer Künstler*) master; **alter ~** old master ❹ (*Lehrer*) [school]master *dated* ► WENDUNGEN: **seinen ~ finden** to meet one's match; **es ist noch kein ~ vom Himmel gefallen** (*prov*) no one is born a master; (*am Anfang eines Unternehmens*) it is the first step that is always difficult *prov;* **im Lügen ~ sein** to be a past master at lying

Meisterbrief *m* master[craftman]'s diploma [*or* certificate]

meisterhaft I. *adj* masterly; (*geschickt*) masterful II. *adv* in a masterly manner [*or* fashion]; (*geschickt*) masterfully, in a masterful manner [*or* fashion]

Meisterhand *f* ■ **die ~** the hand [*or* touch] of a/the master; **von ~** by a master hand

Meisterin <-, -nen> *f fem form von* **Meister**

Meisterleistung *f* ❶ (*hervorragende Leistung*) masterly performance; **eine architektonische/musikalische ~** a masterly performance of architecture/music; **nicht gerade** [*o* **eben**] **eine ~** nothing to write home about *fam* ❷ (*iron: miserable Leistung*) brilliant achievement *iron*

meisterlich *adj* (*geh*) *s.* **meisterhaft**

meistern *vt* ■ **etw ~** to master sth; **Schwierigkeiten ~** to overcome [*or* master] difficulties

Meisterprüfung *f* examination for the master[craftman]'s diploma [*or* certificate]

Meisterschaft <-, -en> *f* ① SPORT (*Wettkampf zur Ermittlung des Meisters*) championship; (*Veranstaltung*) championships *pl* ② *kein pl* (*Können*) mastery; **vollendete** ~ accomplished mastery; **es [in etw *dat*] zu wahrer** [*o* **echter**] ~ **bringen** to become really proficient [at sth] [*or* expert [in sth]], to achieve real mastery [in sth] [*or* proficiency [at sth]]; (*iron*) *Dieb* to get it/sth down to a fine art; **es [in etw *dat*] zu einiger** ~ **bringen** to start becoming [*or* to become] proficient [at sth], to start becoming [*or* to become] expert [in sth], to achieve some proficiency [at sth]

Meisterschütze, -schützin *m, f* marksman, crack shot **Meisterstück** *nt* ① (*Werkstück*) *work done to qualify as a master craftsman* ② (*Meisterwerk*) masterpiece ③ (*iron: schlechte Leistung*) brilliant achievement *iron* **Meistertitel** *m* ① (*Titel eines Handwerksmeisters*) title of master craftsman ② SPORT (*Titel eines Champions*) championship title

Meisterung <-> *f kein pl* mastering *no pl; Schwierigkeiten a.* overcoming *no pl*

Meisterwerk *nt* masterpiece; ■ **ein architektonisches/musikalisches** ~ a masterpiece of architecture/music, an architectural/a musical masterpiece

meistgefragt *adj attr* most popular, most in demand *pred* **meistgenannt** *adj attr* most frequently mentioned **meistgesucht** *adj attr* most wanted **meistverkauft** *adj attr* best-selling; **das ~e Buch des Monats** the best-seller of the month **meistverlangt** *adj attr* in highest demand *pred*

Mekka <-s> *nt* (*a. fig*) Mecca

Melancholie <-, -n> [melaŋkoliː, -ˈliːən] *f* ■ [**die/eine**] ~ melancholy; **in** ~ **verfallen** [*o* **versinken**] to get melancholy [*or fam* the blues]

Melancholiker(in) <-s, -> [melaŋˈkoːlikɐ] *m(f)* melancholic *form*, melancholy [*or form* melancholic] person

melancholisch [melaŋˈkoːlɪʃ] *adj* melancholy, melancholic *form;* **ein ~er Mensch** a melancholy [*or form* melancholic] person, a melancholic *form;* **etw macht jd** ~ sth makes sb melancholy [*or form* melancholic], to give sb the blues *fam*

Melange <-, -n> [meˈlãːʒə] *f* ÖSTERR coffee with milk, BRIT *a.* white coffee

Melanin <-n, -e> *nt* MED melanin

Melanismus <-> *m* MED melanism

Melanom <-[e]s, -e> *nt* MED melanoma *spec;* **ein bösartiges** [*o fachspr* **malignes**] ~ a malignant melanoma *spec*

Melasse <-, -n> *f* molasses

Melde <-, -n> *f* BOT purslane, oracle

Meldeamt *nt* (*fam*) registration office; ■ **auf dem** ~ at the registration office **Meldebehörde** *f* (*geh*) *s.* **Einwohnermeldeamt** **Meldefrist** *f* period [*or* time] for registering, registration period

melden I. *vt* ① (*anzeigen*) ■ [**jdm**] **etw** ~ to report sth [to sb]; **etw im Personalbüro** ~ to report sth to the personnel office; **etw schriftlich** ~ to notify sth in writing ② (*berichten*) ■ **etw [über etw]** ~ *akk* RADIO, TV to report sth [about sth]; **wie [soeben/gerade] gemeldet wird** according to reports [just [coming] in] ③ (*denunzieren*) ■ **jdn [bei jdm]** ~ to report sb [to sb] ④ (*an~*) ■ **jdn [bei jdm]** ~ to announce sb [to sb]; ***wen darf ich ~?*** who[m] shall I say [is here]?, what name shall I say?; ~ ***Sie mich bitte bei Ihrem Chef!*** please tell your boss [that] I'm here! ▶ WENDUNGEN: [**bei jdm/irgendwo**] **nichts zu** ~ **haben** (*fam*) to have no say [with sb/somewhere] II. *vr* ① SCH (*auf sich aufmerksam machen*) ■ **sich** ~ to put one's hand up ② (*sich zur Verfügung stellen*) ■ **sich zu etw** ~ to report for sth; **sich zu etw freiwillig** ~ to volunteer for sth; **sich zur Nachtschicht** ~ to sign up [*or* volunteer] for the night shift; **sich zu der Tätigkeit im Ausland** ~ to apply for the job abroad ③ TELEK (*antworten*) ■ **sich [unter etw]** ~ *dat* to answer [on/with sth]; ***es meldet sich keiner*** [***unter dieser Nummer***] there's no answer [*or* reply] [on this number]; ***sie meldet sich nie unter ihrem wahren Namen*** she never answers with her real name ④ (*auf sich aufmerksam machen*) ■ **sich [bei jdm]** ~ to get in touch [with sb]; ***wenn ich Sie brauchen sollte, melde ich mich*** [***bei Ihnen***] if I need you, I'll let you know

Meldepflicht *f* obligation to report sth; ***gewisse Infektionskrankheiten unterliegen der*** [***amtlichen***] ~ certain infectious diseases must be notified to the authorities; **polizeiliche** ~ obligation to register with the police, compulsory registration [with the police]

meldepflichtig *adj* notifiable **Meldeschein** *m* registration form **Meldestelle** *f* ADMIN registration office **Meldezettel** *m* ① (*im Hotel*) registration card [*or* form] ② ÖSTERR (*Meldeschein*) registration form

Meldung <-, -en> *f* ① (*Nachricht*) piece of news; **kurze ~en vom Tage** the day's news headlines; **~en vom Sport** RADIO, TV sports news + *sing vb* ② (*offizielle Mitteilung*) report; [**jdm**] [**eine**] ~ **machen** [*o* **erstatten**] MIL to [make a] report [to sb] ③ SPORT (*An~*) entry ④ *kein pl* (*das Denunzieren*) report; **jdn zur** ~ **von etw** *dat* **anhalten** to encourage sb to report sth; **durch** ~ by reporting

meliert *adj* ① (*Haar*) streaked with grey [*or* AM *a.* gray] *pred,* greying, AM *a.* graying ② (*Gewebe, Wolle*) flecked, mottled

Melisse <-, -n> *f* BOT [lemon] balm

Melissengeist *m kein pl* [lemon] balm spirit *no pl*

melken <mẹlkte *o veraltend* mọlk, gemọlken *o selten* gemẹlkt> I. *vt* ① (*zur Abgabe von Milch bringen*) ■ **ein Tier** ~ to milk an animal ② (*durch Melken gewinnen*) ■ **etw** ~ to obtain sth by milking; **frisch gemolkene Milch** milk fresh from the cow [or goat] ③ (*fam: finanziell ausnutzen*) ■ **jdn** ~ to milk [*or fam* fleece] sb *pej* II. *vi* to milk; **beim M~ sein** to be doing the milking

Melker(in) <-s, -> *m(f)* milker *masc,* milkmaid *fem,* dairyman *masc,* dairymaid *fem*

Melkmaschine *f* milking machine

Melodie <-, -n> [-ˈdiːən] *f* melody, tune

Melodienfolge *f* musical medley **Melodienreigen** *m* medley [of tunes] **Melodiensammlung** *f* collection of melodies [*or* tunes]

Melodik <-> *f kein pl* MUS ① (*musikalische Eigenart*) melodic characteristic ② (*Lehre von der Melodie*) melodics + *sing vb,* theory of melody

melodiös *adj* (*geh*) *s.* **melodisch**

melodisch I. *adj* (*geh*) melodic, tuneful II. *adv* melodically, tunefully

Melodram <-s, -en>, **Melodrama** *nt* melodrama

melodramatisch I. *adj* melodramatic II. *adv* melodramatically

Melone <-, -n> *f* ① (*Frucht*) melon ② (*fam: Hut*) bowler [hat], AM *a.* derby

Membran <-, -e *o* -en> *f,* **Membrane** <-, – *o* -n> *f* ① TECH, PHYS diaphragm ② ANAT membrane

Memo <-s, -s> *nt* (*fam*) memo *fam*

Memoiren [meˈmoaːrən] *pl* memoirs

Memorandum <-s, Memorạnden *o* Memorạnda> *nt* memorandum

Menage <-, -n> [meˈnaːʒə] *f* ① (*Gewürzständer*) cruet ② ÖSTERR (*Truppenverpflegung*) rations *pl*

Mendelevium <-s> *nt kein pl* CHEM mendelevium *no pl*

Menetekel <-s, -> *nt* (*geh*) warning sign, portent

Menge <-, -n> *f* ① (*bestimmtes Maß*) ■ **eine bestimmte** ~ [**einer S.** *gen*] a certain amount [*or* quantity] [of sth]; **eine gewisse** ~ **enthalten** to contain a certain amount [*or* quantity]; **eine große ~ Kies/Wasser** a large amount of gravel/water; **in ausreichender** [*o* **genügender**] **~** in sufficient quantities ② (*viel*) ■ **eine ~ [einer S.** *gen*] a large amount [of sth]; **eine ~ Geld** a lot of money; **eine ~ zu sehen** a lot to see; **eine ganze ~** [**einer S.** *gen*] quite a lot [of sth]; **eine ganze ~ Geld/Glück** a large amount [*or* great deal] of money/luck; **in rauen** [*o* **großen**] **~n** in huge [*or* vast] quantities, by the ton; **in ~n** plenty of; **Eissorten in ~n** any amount of different sorts of ice cream; **jede ~ einer S.** *gen* loads [*or* masses] [*or* tons] of sth *fam;* ■ **eine ~ an etw** *dat* a lot of sth ③ (*fam: viele*) ■ **eine ~ einer S.** *gen* lots of sth *fam* ④ (*Menschen~*) crowd ⑤ MATH set

mengen I. *vt* (*geh*) ■ **etw in etw** *akk*/**unter etw** ~ *akk* to mix sth into/with sth II. *vr* (*geh*) ■ **sich** *akk* **unter die Leute ~** to mingle [with the people]

Mengenlehre *f* MATH set theory *no pl, no art* **mengenmäßig** *adv* quantitatively, as far as quantity is concerned **Mengenrabatt** *m* bulk [*or* quantity] discount

Menhir <-s, -e> *m* menhir, standing stone

Meniskus <-, Menisken> *m* ANAT meniscus **Meniskusverletzung** *f* ANAT, MED injury to a meniscus

Menjoubärtchen ['mɛnʒu-] *nt* pencil moustache

Mennige <-> *f kein pl* minium *no pl,* red lead *no pl*

Menopause *f kein pl* menopause *no pl*

Menorca *nt* Minorca, Menorca; *s. a.* **Sylt**

Mensa <-, Mensen> *f* SCH refectory, canteen

Mensch[1] <-en, -en> *m* ① (*menschliches Lebewesen*) ■ **der ~** man *no pl, no art;* ■ **die ~en** man *sing, no art,* human beings *pl;* **~ und Tier** man and beast; **ein anderer ~ werden** to become a different person [*or* man/woman]; **ein neuer ~ werden** to become a new man/woman [*or* person]; **das konnte kein ~ ahnen!** no one cold have foreseen that!; **~ bleiben** (*fam*) to stay human; **auch nur ein ~ sein** to be only human; **kein ~ mehr sein** (*unmenschlich*) to be no longer human; (*fam: völlig erschöpft*) to be all in; **als ~** as a person; **kein ~** no one, nobody; ***es war kein ~ da*** there was no one [*or* not a soul] there ② (*Person*) person, man/woman; **~en** people; ***sie sollte mehr unter ~en gehen*** she should mix with people [*or* socialize] [*or* get out] more; [**viel**] **unter ~en kommen** to get out [a lot], to meet [a lot of] people ③ (*die Menschheit*) ■ **die ~en** mankind *sing, no art,* man *sing, no art;* **alle ~en** everyone, everybody; **so sind die ~en** that's how people are, that's human nature ④ (*pej fam: Kerl*) character, so-and-so ▶ WENDUNGEN: **~ Meier!** (*sl*) wow! *fam,* gosh! *fam,* good grief! *fam;* **hat der ~ Töne!** (*fam*) can you believe it! *fam;* **des ~en Wille ist sein Himmelreich** (*prov*) you have to follow your own nose *prov;* **wie der erste** [*o* **letzte**] **~** (*fam*) very awkwardly [*or* clumsily]; **sich wie die ersten/letzten ~en benehmen** to behave like cavemen [*or* neanderthals]; **wie der letzte ~ aussehen** to look ridiculous; **nur ein halber ~ sein** (*fam*) to feel incomplete; ***ohne dich bin ich nur ein halber ~*** I'm lost without you; ***wenn sie nicht genügend geschlafen hat, ist sie nur ein halber ~*** if she hasn't had enough sleep, she's not herself [*or* only half there]; **von ~ zu ~** man to man/woman to woman; **~!** (*fam*) wow! *fam,* cor! *sl;* **~, *war das anstrengend/eine Anstrengung*** boy, was that exhausting/an effort; (*vorwurfsvoll*) for goodness' sake!; **~, *verschwinde!*** hey, clear off!; **~, *das habe ich ganz vergessen!*** blast, I completely forgot!

Mensch[2] <-[e]s, -er> *nt* SÜDD (*pej fam*) female *pej,* madam *pej,* slut *pej*

Mensch ärgere dich nicht <- - - -> *nt kein pl* (*Spiel*) ludo BRIT, Parcheesi® AM

menscheln *vi unpers* ■ **es menschelt** there are people around *unpers*

Menschenaffe *m* [anthropoid] ape **menschenähnlich** I. *adj* manlike, like a human being/human beings *pred;* **nichts M~es** nothing human II. *adv* like human beings **Menschenalter** *nt* generation **Menschenansammlung** *f* gathering [of people]; **die ~en vor den Läden** the crowds in front of the shops **menschenarm** *adj* sparsely populated **Menschenauflauf** *m* crowd [of people]; ***es kam zu einem ~*** a crowd gathered **Menschenfeind(in)** *m(f)* misanthropist **menschenfeindlich** *adj* ① (*misanthropisch*) misanthropic ② GEOG hostile [to man], inhospitable **Menschenfleisch** *nt kein pl* human flesh *no pl* **Menschenfresser(in)** <-s, -> *m(f)* (*fam*) ① (*Kannibale*) cannibal ② (*menschenfressendes Raubtier*) man-eater **Menschenfreund(in)** *m(f)* philanthropist **menschenfreundlich** *adj* philanthropic **Menschenfreundlichkeit** *f kein pl* philanthropy *no pl;* **aus reiner ~** out of the sheer goodness of one's heart **Menschenführung** *f kein pl* leadership *no pl,* man management *no pl* **Menschengedenken** *nt kein pl* **seit ~** as long as anyone can remember; ***diese alten Eiben stehen hier schon seit ~*** these old yew trees have been here from time immemorial **Menschengestalt** *f* human form; **etw/jd in ~** sth/sb in human form; **Satan in ~** the devil incarnate; **ein Teufel in ~** a devil in disguise **Menschenhand** *f kein pl* human hand; **von ~** by the hand of man, by human hand **Menschenhandel** *m kein pl* slave trade *no pl,* trade [*or* traffic] in human beings **Menschenhass**[RR] *m kein pl* misanthropy *no pl* **Menschenkenner(in)** *m(f)* judge of character [*or* human nature]; **kein/kein guter ~ sein** to be no/a poor [*or* not a good] judge of character **Menschenkenntnis** *f kein pl* ability to judge character, knowledge of human nature; **keine/keine gute ~ haben** to be no/a poor [*or* not a good] judge of character **Menschenkette** *f* human chain **Menschenleben** *nt* ① (*Todesopfer*) [human] life; ***der Unfall forderte drei ~*** the accident claimed three lives; **die Verluste an ~** the loss of life; **~ sind** [**nicht**] **zu beklagen** there has been [no] loss of life ② (*Lebenszeit*) lifetime; **ein ganzes ~ lang** a [whole] lifetime **menschenleer** *adj* ① (*unbesiedelt*) uninhabited ② (*unbelebt*) deserted **Menschenliebe** *f* **aus reiner ~** out of the sheer goodness of one's heart **Menschenmasse** *f* (*pej*) crowd [of people], mass of people **Menschenmenge** *f* crowd [of people] **menschenmöglich** *adj* humanly possible; **das ist doch nicht ~!** (*fam*) [but] that's impossible!, that can't be true!; **das M~e tun** to do all that is humanly possible **Menschenopfer** *nt* ① REL human sacrifice ② (*geh: Menschenleben 1*) [human] life **Menschenraub** *m kein pl* kidnapping, abduction

Menschenrecht *nt meist pl* JUR human right *usu pl;* **die ~e schützen** to protect [*or* safeguard] human rights; **einen Staat wegen Verletzung der ~e anklagen** to accuse a state of violating [*or* a violation of] human rights; **die Achtung vor den ~n** respect of [*or* respecting] human rights **Menschenrechtler(in)** <-s, -> *m(f)* human rights activist **Menschenrechtserklärung** *f* JUR declaration of human rights, human rights declaration **Menschenrechtskommission** *m* JUR Human Rights Convention **Menschenrechtsverletzung** *f* violation [*or* infringement] of human rights

menschenscheu *adj* afraid of people **Menschenscheu** *f* fear of people **Menschenschlag** *m kein pl* (*fam*) kind of people, breed [of people] *fam* **Menschenseele** *f* human soul; **keine ~** not a [living] soul

Menschenskind *interj* (*fam*) ① (*Herr des Him-

mels!) good heavens, heavens above, good grief ② (*Mensch Meier!*) wow *fam*, gosh *fam*

menschenunmöglich *adj* ① (*völlig unmöglich*) utterly impossible, not humanly possible ② (*das Unmögliche*) ■ **das M~e** the impossible **menschenunwürdig** I. *adj* inhumane; (*Behausung*) unfit for human habitation II. *adv* in an inhumane way, inhumanely; ~ **hausen** to live in conditions unfit for human beings **menschenverachtend** *adj* inhuman; (*Bemerkung*) contemptuous **Menschenverächter(in)** *m(f)* misanthrope, misanthropist **Menschenverachtung** *f kein pl* contempt for other people **Menschenverstand** *m kein pl* human intelligence [*or* intellect] *no pl;* **gesunder** ~ common sense **Menschenwürde** *f kein pl* human dignity *no pl, no art* **menschenwürdig** I. *adj* humane; (*Unterkunft*) fit for human habitation; **ein ~es Leben** a decent [*or* dignified] life II. *adv* humanely; ~ **leben/wohnen** to live in conditions fit for human beings

Menschheit <-> *f kein pl* ■ **die** ~ mankind *no pl, no def art,* humanity *no pl, no art;* **das Schicksal der [ganzen/gesamten]** ~ the fate of [the whole of] mankind [*or* the [whole] human race]

Menschheitsgeschichte *f kein pl* history of mankind [*or* of the human race]

menschlich I. *adj* ① (*einem Menschen gehörend*) human; **das ~e Leben** human life ② (*durch Menschen erfolgend*) human; **~e Schwäche** human weakness; **~es Versagen** human error; ■ ~ **sein** to be [only] human; *s. a.* **irren** ③ (*human*) humane; (*Vorgesetzter*) understanding, sympathetic ④ (*fam: zivilisiert*) civilized, refined II. *adv* ① (*human*) humanely ② (*fam: zivilisiert*) civilized; **wieder ~ aussehen** to look presentable again

Menschlichkeit <-> *f kein pl* humanity *no pl, no art;* **aus reiner** ~ for purely humanitarian reasons

Mensen *pl von* **Mensa**

Menstruation <-, -en> *f* menstruation *no pl, no art*

Menstruationsschmerzen *pl* MED menstrual pains *pl,* menalgia *no pl spec* **Menstruationsstörungen** *pl* MED menstrual disorder, paramenia *no pl spec* **Menstruationszyklus** *f* menstrual cycle

menstruieren* *vi* to menstruate

mental I. *adj* mental II. *adv* mentally

Mentalität <-, -en> *f* mentality

Menthol <-s, -e> *nt* menthol

Mentholzigarette *f* menthol cigarette

Mentor, -torin <-s, -toren> *m, f* ① SCH tutor, supervisor ② (*geh: erfahrener Förderer*) mentor

Menu <-s, -s> *nt* (*geh*), **Menü** <-s, -s> *nt* ① (*Mahlzeit*) set meal [*or* menu], table d'hôte *spec;* (*Speisenfolge*) menu ② INFORM menu

Menübesteck *nt* place setting

Menuett <-s, -e> *nt* (*Tanz, Musik*) minuet

menügesteuert *adj inv* INFORM menu-driven **Menüleiste** *f* INFORM menu bar **Menüzeile** *f* INFORM menu bar

Merchandising <-s> ['mœːtʃəndaizɪŋ] *nt kein pl* ÖKON merchandizing *no pl*

merci *interj* (*hum*) merci *rare*

Mergel <-s, -> *m* GEOL marl

Meridian <-s, -e> *m* meridian

Merinowolle *f* merino wool

Meristem <-s, -e> *nt* BOT meristim

Merkantilismus <-> *m kein pl* HIST ■ **der** ~ mercantilism *no pl,* the mercantile system

merkbar I. *adj* ① (*wahrnehmbar*) noticeable; **ein deutlich ~es Beben** a clearly perceptible tremor; **ein kaum ~es Summen/Pfeifen** a scarcely audible hum[ming]/whistle[whistling] ② (*zu behalten*) memorable, rememberable; **ein leicht ~er Name** an easily remembered name; **leicht/ohne weiteres ~ sein** to be easy to remember; **nicht/schwer ~ sein** to be very difficult/hard to remember II. *adv* noticeably

Merkblatt *nt* explanatory leaflet

merken I. *vt* ① (*spüren*) ■ **etw** ~ to feel sth; ***es war kaum zu*** ~ it was scarcely noticeable ② (*wahrnehmen*) ■ **etw [von etw** *dat*] ~ to notice sth [of sth]; ***ich habe nichts davon gemerkt*** I didn't notice a thing [*or* anything]; **das merkt jeder/keiner!** everyone/no one will notice!; **das ist zu** ~ that's obvious, one [*or* you] can tell; **bis das einer merkt!** (*fam*) it'll be ages before anyone realizes!; **du merkst auch alles!** (*iron*) how observant of you!, nothing escapes you, does it?; **jdn etw ~ lassen** to let sb feel [*or* see] sth ③ (*behalten*) ■ **leicht/schwer zu ~ sein** to be easy/difficult to remember; **merke: ...** NB: ..., note: ... II. *vi* ① (*spüren*) ■ **~, dass/wie** to notice [*or* feel] that/how ② (*wahrnehmen*) ■ **~, dass etw geschieht** to notice that sth is happening III. *vr* ① (*im Gedächtnis behalten*) ■ **sich** *dat* **etw** ~ to remember sth; **das werde ich mir ~!** (*fam*) I'll remember [*or* I won't forget] that!; **merk dir das!/merken Sie sich das!** [just] remember that! ② (*im Auge behalten*) ■ **sich** *dat* **jdn/etw** ~ to remember [*or* make [*or* keep] a [mental] note of] sb/sth

merklich I. *adj* noticeable II. *adv* noticeably

Merkmal <-s, -e> *nt* characteristic, feature; **besondere ~e: ...** (*Eintrag im Pass*) distinguishing marks; (*Kennzeichen*) distinguishing features

Merkur <-s> *m* ASTRON ■ **der** ~ Mercury

Merkvers *m* SCH mnemonic [verse [*or* rhyme]], jingle

merkwürdig I. *adj* strange, odd, curious; **zu ~!** how strange! II. *adv* strangely, oddly; ***hier riecht es so*** ~ there's a very strange smell here

merkwürdigerweise *adv* strangely [*or* oddly] [*or* curiously] enough

Merkwürdigkeit <-, -en> *f* ① *kein pl* (*Seltsamkeit*) strangeness *no pl,* oddness *no pl* ② *meist pl* (*selten: Kuriosität*) curiosity

Merlan <-s, -e> *m* ZOOL whiting

Merlin <-s, -e> *m* ORN merlin

meschugge *adj* (*veraltend fam*) ■ **~ sein/werden** to be/go crazy [*or* mad] [*or fam* nuts] [*or* meshuga]

Meskalin <-s> *nt kein pl* mescalin[e] *no pl*

Mesner <-s, -> *m* DIAL (*Küster*) sexton, verger

Mesopotamien <-s> *nt* HIST Mesopotamia

messbar[RR] *adj,* **meßbar** *adj* measurable; ■ **gut/schwer ~ sein** to be easy/difficult to measure

Messbecher[RR] *m* measuring cup [*or* BRIT *a.* jug]

Messbuch[RR] *nt* REL missal, mass-book

Messdaten[RR] *pl* TECH measuring data + *sing vb*

Messdiener[RR]**(in)** *m(f)* REL server

Messe[1] <-, -n> *f* ① (*Gottesdienst*) mass *no pl;* **in die/zur ~ gehen** to go to mass; **schwarze ~** Black Mass; **für jdn eine ~ lesen lassen** to have a mass said for sb; **die ~ lesen** [*o* **halten**] to say mass ② (*liturgische Komposition*) mass

Messe[2] <-, -n> *f* (*Ausstellung*) [trade] fair; **auf der ~** at the fair

Messe[3] <-, -n> *f* NAUT, MIL mess

Messeausweis *m* ÖKON [trade] fair [*or* [exhibition]] pass **Messebesucher(in)** *m(f)* visitor to a/the [trade] fair **Messegebäude** *nt* [trade] fair [*or* exhibition] building **Messegelände** *nt* exhibition centre [*or* AM -er] **Messehalle** *f* exhibition hall **Messekatalog** *m* trade fair [*or* exhibition] catalogue [*or* AM -og]

messen <misst, maß, gemessen> I. *vt* ① (*Ausmaß oder Größe ermitteln*) ■ **etw** ~ to measure sth; ■ **jds Blutdruck/Temperatur** ~ to take sb's blood pressure/temperature ② (*als Größe haben*) ■ **etw** ~ *akk* to measure sth ③ (*beurteilen nach*) ■ **etw an**

etw ~ *dat* to judge sth by sth; ▪ **gemessen an etw** *dat* judging [*or* going] by sth; **seinen Verstand an jdm/etw** ~ *dat* to pit one's wits against sb/sth **II.** *vr* (*geh*) ▪ **sich** *akk* **[in etw** *dat*] **mit jdm** ~ to compete with [*or* against] sb [in sth]; **sich** *akk* **mit jdm/etw** ~ **können** to be able to match [*or* be a match for] sb/sth; *s. a.* **gemessen**

Messeneuheit *f* ÖKON new product [[on show] at a [trade] fair]

Messer <-s, -> *nt* knife; **mit ~ und Gabel essen** to eat with a knife and fork ▶ WENDUNGEN: **auf ~s Schneide stehen** to hang in the balance, to be balanced on a knife-edge; **es steht auf ~s Schneide, ob ...** it's touch and go whether ...; **unters ~ kommen** MED (*fam*) to go under the knife; **[jdm] ins [offene] ~ laufen** to play right into sb's hands, to walk straight into the trap; **jdn [jdm] ans ~ liefern** to betray [*or* *fam* tell on] [*or* BRIT *sl* shop] sb [to sb]; **bis aufs ~** to the bitter end

Messerblock *m* knife block **Messergriff** *m* knife handle **Messerklinge** *f* knife blade **Messermuschel** *f* ZOOL razor shell [*or* clam] **Messerrücken** *m* back of a/the knife **messerscharf I.** *adj* razor-sharp *a. fig* **II.** *adv* very astutely **Messerscheide** *f* knife sheath **Messerschleifer(in)** *m(f)* knife grinder **Messerschmied(in)** *m(f)* knifesmith **Messerspitze** *f* knife point; **eine ~/zwei ~n [voll] [einer S.** *gen*] KOCHK a pinch/two pinches [of sth]; **eine ~ Muskat** a pinch of nutmeg **Messerstecher(in)** <-s, -> *m(f)* (*pej*) knife [wo]man, knifer *fam* **Messerstecherei** <-, -en> *f* knife fight **Messerstecherin** <-, -nen> *f fem form von* **Messerstecher** **Messerstich** *m* knife thrust; (*Wunde*) knife [*or* stab] wound **Messerwerfer(in)** <-s, -> *m(f)* knife thrower

Messestadt *f* [town with an] exhibition centre [*or* AM -er] **Messestand** *m* stand [at a/the trade fair], exhibition stand

MessgerätRR *nt* measuring instrument, gauge, AM *a.* gage

MessgewandRR *nt* REL chasuble

Messias <-> *m* REL ▪ **der ~** the Messiah

Messing <-s> *nt kein pl* brass *no pl*

Messinggehäuse *nt* brass case [*or* casing] **Messinggriff** *m* brass handle **Messingklinke** *f* brass [door] handle

MessinstrumentRR *nt* measuring instrument **Messstab**RR *m* measuring rod **Messtechnik**RR *f* measurement technology **Messtischblatt**RR *nt* large-scale map [1:25000], BRIT *a.* ≈ Ordnance Survey map

Messung <-, -en> *f* ❶ (*das Messen*) measuring *no pl*, measurement *no pl* ❷ (*Messwert*) measurement, reading

MessweinRR *m* REL Communion wine

MesswertRR *m* measurement, reading

Mestize, Mestizin <-n, -n> *m, f* mestizo *masc*, mestiza *fem*

Met <-[e]s> *m kein pl* mead *no pl*

Metabolismus <-> *m kein pl* BIOL metabolism

Metall <-s, -e> *nt* metal; **~ verarbeitend** metal-working; **die ~ verarbeitende Industrie** the metal-working industry

Metallarbeiter(in) *m(f)* metalworker **Metalldose** *f* metal tin

Metallegierung *f s.* **Metalllegierung**

metallen *adj* metal

Metaller(in) <-s, -> *m(f)* (*fam*) metalworker **Metallgerüst** *nt* metal scaffolding *no pl* **Metallhärte** *f* hardness of a/the metal

metallic *adj inv* metallic

Metalliclackierung *f* metallic finish

Metallindustrie *f* metalworking industry

metallisch I. *adj* ❶ (*aus Metall bestehend*) metal ❷ (*metallartig*) metallic **II.** *adv* like metal, metallically

MetalllegierungRR *f* metal alloy

Metallsäge *f* hacksaw

Metallurge, -urgin <-en, -en> *m, f* metallurgist

Metallurgie <-> *f kein pl* metallurgy *no pl, no art*

Metallurgin <-, -nen> *f fem form von* **Metallurge**

metallurgisch I. *adj* metallurgical **II.** *adv* metallurgically **Metallwaren** *pl* metalware *sing, no indef art*, hardware *sing, no indef art*

Metamorphose <-, -n> *f* (*geh*) metamorphosis

Metapher <-, -n> *f* metaphor

Metaphorik <-> *f kein pl* (*Stilkunde*) use of metaphor; (*die verwendeten Metaphern*) imagery *no pl*, metaphors *pl*

metaphorisch *adj* metaphoric[al]

Metaphysik *f* metaphysics *no art, + sing vb*

metaphysisch *adj* metaphysical

Metasprache *f* LING metalanguage

Metastase <-, -n> *f* MED metastasis; (*Tochtergeschwulst*) metastatic growth

Meteor <-s, -e> *m* meteor

Meteorit <-en, -en> *m* meteorite

Meteorologe, -login <-n, -n> *m, f* meteorologist; (*im Fernsehen*) weather forecaster, weatherman *masc*, weathergirl *fem*

Meteorologie <-> *f kein pl* meteorology *no pl*

Meteorologin <-, -nen> *f fem form von* **Meteorologe**

meteorologisch *adj* meteorological; **ein ~es Studium** a course in meteorology

Meter <-s, -> *m o nt* metre [*or* AM -er]; **etw in ~ umrechnen** to convert sth into metres; **in ~n** in metres; ***wieviel ist das in ~n?*** how much is that in metres?; **in ~n verkauft werden** to be sold in metres [*or* by the metre]; **etw** *akk* **nach ~n messen** to measure sth by the metre [*or* in metres]; **der laufende ~** per metre

meterdick *adj* ❶ (*einen Meter dick*) a/one metre [*or* AM -er] thick *pred* ❷ (*mehrere Meter dick*) [several] metres [*or* AM -ers] thick *pred* **meterhoch** *adj* ❶ (*einen Meter hoch*) a/one metre high *pred;* (*Schnee*) a/one metre deep *pred* ❷ (*mehrere Meter hoch*) [several] metres high *pred;* (*Schnee*) [several] metres deep *pred* **meterlang** *adj* ❶ (*einen Meter lang*) a/one metre long *pred;* ▪ **etw/ein Tier ist/wird ~** sth/an animal is/grows a metre long ❷ (*mehrere Meter lang*) [several] metres long *pred* **Metermaß** *nt* ❶ (*Bandmaß*) tape measure ❷ (*Zollstock*) metre rule **Meterware** *f* piece goods *pl* **meterweise** *adv* by the metre **meterweit I.** *adj* ❶ (*einen Meter breit*) a/one metre wide *pred;* (*lang*) a/one metre long *pred* ❷ (*viele Meter weit*) metres wide *pred;* (*lang*) metres long *pred;* ***Kängurus sind zu ~en Sprüngen fähig*** kangaroos are capable of jumping several metres **II.** *adv* a long way; ***du hast ~ danebengeschossen*** you missed by miles

Methadon <-s> *nt kein pl* methadone *no pl*

Methan <-s>, **Methangas** *nt kein pl* methane [gas] *no pl*

Methode <-, -n> *f* ❶ (*bestimmtes Verfahren*) method; **mit ~** methodically; **etw hat ~** (*fam*) sth is carefully planned ❷ *pl* (*Vorgehensweise*) methods *pl;* ***es gibt da ~n!*** there are ways!; **was sind denn das für ~n?** what sort of way is that to behave? [*or* sort of behaviour [*or* AM -or] is that]

Methodik <-, -en> *f* methodology *no pl*

methodisch I. *adj* ❶ (*nach bestimmten Methoden erfolgend*) methodical ❷ (*in einer Methode begründet*) methodological **II.** *adv* methodically

Methodist(in) <-en, -en> *m(f)* Methodist

methodistisch *adj* Methodist

Methusalem <-s> *m kein pl* Methusalah *no def art* ► WENDUNGEN: **alt wie ~** as old as Methusalah

Methylalkohol *m kein pl* methyl alcohol *no pl,* methanol *no pl*

Metier <-s, -s> [me'tie:] *nt* métier, profession; **sein ~ beherrschen, sich** *akk* **auf sein ~ verstehen** to be good at [*or* know] one's job

Metrik <-, -en> *f* ① LITER (*Verslehre*) metrics *no indef art, + sing vb;* (*Verskunst*) metric verse composition ② *kein pl* MUS (*Taktlehre*) study of rhythm and tempo

metrisch *adj* ① SCI (*auf dem Meter aufbauend*) metric ② LITER (*das Versmaß betreffend*) metrical

Metro <-, -s> *f* metro *no pl,* BRIT *a.* underground *no pl, esp* AM subway *no pl;* **mit der ~ fahren** to go [*or* travel] by [*or* take the] metro

Metronom <-s, -e> *nt* metronome

Metropole <-, -n> *f* ① (*Hauptstadt*) capital, metropolis ② (*städtisches Zentrum*) metropolis

Mett <-[e]s> *nt kein pl* KOCHK DIAL (*Schweinegehacktes*) minced pork *no pl*

Mette <-, -n> *f* REL ① (*Frühmesse*) early [morning] mass ② (*Abendmesse*) midnight mass

Mettwurst *f* smoked beef/pork sausage

Metzelei <-, -en> *f* butchery *no indef art, no pl,* slaughter *no pl*

Metzger(in) <-s, -> *m(f)* DIAL (*Fleischer*) butcher; **beim ~** at the butcher's; **vom ~** from the butcher['s]

Metzgerei <-, -en> *f* DIAL (*Fleischerei*) butcher's [shop] BRIT, butcher shop AM; **aus der ~** from the butcher's

Metzgerin <-, -nen> *f fem form von* **Metzger**

Meuchelmord *m* insidious murder **Meuchelmörder(in)** *m(f)* insidious murderer, treacherous assassin

Meute <-, -n> *f* ① (*pej: Gruppe*) pack, mob ② JAGD pack [of hounds]

Meuterei <-, -en> *f* mutiny

Meuterer <-s, -> *m* mutineer

meutern *vi* ① (*sich auflehnen*) ■ **[gegen jdn/etw] ~** to mutiny [against sb/sth]; ■ **~d** mutinous ② (*fam: meckern*) to moan

Mexikaner(in) <-s, -> *m(f)* Mexican; *s. a.* **Deutsche(r)**

mexikanisch *adj* Mexican; *s. a.* **deutsch**

Mexiko <-s> *nt* Mexico

Mexiko-Stadt <-> *nt* Mexico City

MEZ *Abk von* **mitteleuropäische Zeit** CET

Mezzosopran *m* mezzo soprano

MG <-[s], -[s]> [ɛm'ge:] *nt Abk von* **Maschinengewehr** MG

MHz *Abk von* **Megahertz** MHz

miau *interj* meow, miaou, miaow

miauen* *vi* to meow [*or* miaou]

mich I. *pron pers akk von* **ich** me **II.** *pron reflexiv* myself; ***ich will ~ da ganz raushalten*** I want to keep right out of it; ***ich fühle ~ nicht so gut*** I don't feel very well

Michel <-s> *m* DIAL *simple naive person;* **der deutsche ~** *the symbolic figure of Germany,* ≈ John Bull

mick(e)rig *adj* (*pej fam*) ① (*sehr gering*) measly *fam,* paltry ② (*klein und schwächlich*) puny ③ (*zurückgeblieben*) stunted

Mickymaus ['mɪki-] *f* Mickey Mouse *no art*

Mickymausheft ['mɪki-] *nt* Mickey Mouse comic

Microfaser *f* microfibre [*or* AM -fiber]

midi *adj pred* midi; **~ tragen** to wear a midi [skirt/coat/etc]

Midlifecrisis[RR], **Midlife-Crisis**[RR], **Midlife-crisis** <-> ['midlaif'kraisis] *f kein pl* midlife crisis

mied *imp von* **meiden**

Mieder <-s, -> *nt* ① (*Oberteil eines Trachtenkleides*) bodice ② (*Korsage*) girdle; HIST stomacher

Miederhöschen [-hø:sçən] *nt* panty girdle **Miederwaren** *pl* corsetry *sing*

Mief <-s> *m kein pl* (*fam*) fug *no pl*

miefen *vi* (*fam*) to pong BRIT *fam,* to stink AM; ***was mieft denn hier so?*** what's that awful pong?; ■ **es mieft [irgendwo]** there's a an awful smell [*or* BRIT pong] [somewhere]

Miene <-, -n> *f* expression, mien *liter;* ***seine ~ verhieß nichts Gutes*** the expression on his face did not bode well; **mit bestimmter ~** with a certain expression; ***mit freundlicher ~ begrüßte sie ihre Gäste*** she welcomed her guests with a friendly smile; **eine frohe/ärgerliche/böse/traurige/wichtige ~ machen** to look happy/annoyed/angry/sad/important; **~ machen, etw zu tun** to make as if to do sth ► WENDUNGEN: **gute ~ zum bösen Spiel machen** to grin and bear it; **ohne eine ~ zu verziehen** without turning a hair

Mienenspiel *nt kein pl* facial expressions *pl*

mies *adj* (*fam*) lousy *fam,* rotten *fam;* **~e zehn Mark** a miserable [*or* lousy] ten marks; **~e Laune haben** to be in a foul mood; **etw/jdn ~ machen** to run down sth/sb *sep;* **[jdm] etw ~ machen** to louse sth up [*or* spoil sth] [for sb] *fam;* **jdm den Ausflug ~ machen** to spoil sb's trip

Miese *pl* **[mit etw** *dat*] **in den ~en sein** (*fam*) to be [so much] in the red *fam;* **in die ~n kommen** (*fam*) to go [*or* get] into the red *fam;* **~ machen** (*fam*) to make a loss

Miesepeter <-s, -> *m* (*pej fam*) misery[-guts] BRIT *fam,* sourpuss AM *fam*

miesepet(e)rig *adj* (*pej fam*) miserable, grumpy *fam*

Miesmacher *m* (*pej fam*) killjoy *pej*

Miesmacherei <-, -en> *f* (*pej fam*) fault-finding *no pl,* carping *no pl*

Miesmuschel *f* [common [*or* blue]] mussel

Mietdauer *f* rental period, tenancy [period], BRIT *a.* let

Miete[1] <-, -n> *f* rent; **überhöhte ~** exorbitant rent, rack-rent *fam;* **zur ~ wohnen** to live in rented accommodation [*or* AM accomodations] ► WENDUNGEN: **die halbe ~** (*fam*) half the battle; **die halbe ~ haben** to be half way there

Miete[2] <-, -n> *f* AGR pit, BRIT *a.* clamp

mieten *vt* ■ **etw ~** to rent sth; (*Boot, Wagen a.*) to rent sth [*or* BRIT *a.* hire]; (*Haus, Wohnung, Büro a.*) to lease sth

Mieter(in) <-s, -> *m(f)* tenant; (*Boot, Wagen a.*) hirer BRIT, renter AM; (*Haus, Büro a.*) leaseholder, lessee

Mieterhöhung *f* rent increase

Mieterin <-, -nen> *f fem form von* **Mieter**

Mieterschutz *m kein pl* rent control, tenant protection *no pl* **Mieterschutzgesetz** *nt kein pl* ≈ Landlord and Tenant Act **Mieterverein** *m* tenants association

mietfrei I. *adj* rent-free **II.** *adv* rent-free **Mietgebühr** *f* rental charge **Mietpartei** *f* (*geh*) tenant **Mietrecht** *nt kein pl* rent law, law of landlord and tenant

Mietshaus *nt* tenement, block of rented flats BRIT, apartment house AM **Mietskaserne** *f* (*pej*) tenement block [*or* AM house]

Mietspiegel *m* rent table **Mietvertrag** *m* tenancy agreement, lease; (*Wagen etc*) rental agreement **Mietwagen** *m* hire[d] [*or* AM rental] car **Mietwohnung** *f* rented flat [*or* AM *a.* apartment] **Mietwucher** *m* charging an exorbitant rent **Mietzins** *m* SÜDD, ÖSTERR, SCHWEIZ (*geh*) rent

Mieze <-, -n> *f* ① (*fam: Katze*) puss[y] *fam* ② (*veraltend sl: Mädchen*) chick *sl,* BRIT *a.* bird *fam*

Miezekatze *f* (*kindersprache*) pussy-cat *fam*

Migräne <-, -n> *f* migraine; **~ bekommen** to get migraines [*or* a migraine]; ***ich habe ~*** I've got a migraine

Mikado <-s, -s> *nt* pick-up sticks + *sing vb,* jack-straw, pick-a-sticks + *sing vb* BRIT, spillikins + *sing vb*
Mikro <-s, -s> *nt* (*fam*) *kurz für* **Mikrofon** mike *fam*
Mikrobe <-, -n> *f* microbe
Mikrochip <-s, -s> [-tʃɪp] *m* microchip **Mikrocomputer** *m* microcomputer **Mikroelektronik** *f* microelectronics *no art,* + *sing vb* **Mikrofarad** *nt* microfarad **Mikrofaser** *f s.* **Microfaser** **Mikrofiche** <-s, -s> [-fiʃ] *m o nt* microfiche; **auf ~s gespeichert** stored on microfiche
Mikrofon <-s, -e> *nt* microphone
Mikrogramm *nt* microgram **Mikrokassette** *f* ELEK microcassette **Mikroklima** *nt* BIOL, GEO microclimate **Mikrokosmos** *m* ❶ (*Kleinlebewesen*) microcosm ❷ BIOL world of microbiology ❸ PHYS world of microphysics **Mikrometer** *nt* micrometre [*or* AM -er]
Mikron <-s, -> *nt* (*veraltend*) micron *dated; s.* **Mikrometer**
Mikronesien <-s> *nt* Micronesia; *s. a.* **Deutschland**
Mikronesier(in) <-s, -> *m(f)* Micronesian; *s. a.* **Deutsche(r)**
mikronesisch *adj* Micronesian; *s. a.* **deutsch**
Mikroorganismus *m* microorganism
Mikrophon <-s, -e> *nt s.* **Mikrofon**
Mikroprozessor *m* microprocessor
Mikroskop <-s, -e> *nt* microscope
mikroskopieren* *vi, vt* SCI ■**(etw)** ~ to put [sth] under a microscope
mikroskopisch I. *adj* microscopic; **von ~er Kleinheit sein** to be microscopically small II. *adv* microscopically; **etw ~ untersuchen** to examine sth under the microscope
Mikrostudie *f* SCI (*geh*) microstudy
Mikrotom <-s, -e> *nt* BIOL microtome
Mikrowelle *f* ❶ PHYS microwave ❷ (*fam: Mikrowellenherd*) microwave
Mikrowellenherd *m* microwave oven
Milan <-s, -e> ['mi:lan, mi'la:n] *m* ORN kite; **Roter/Schwarzer ~** red/black kite
Milbe <-, -n> *f* ZOOL mite
Milch <-> *f kein pl* ❶ (*Nahrungsmittel*) milk *no pl;* **dicke ~** curds *pl;* **ein Tier gibt ~** an animal yields [*or* produces] milk ❷ (*Fischsamen*) milt
Milchbar *f* milk bar **Milchbecher** *m* milk mug **Milchdrüse** *f* mammary gland **Milcheiweiß** *nt* lactoprotein **Milchflasche** *f* ❶ (*Flasche für Flaschenmilch*) milk bottle ❷ (*Flasche für Babykost*) baby's bottle **Milchfrau** *f fem form von* **Milchmann** **Milchglas** *nt* ❶ (*weißliches Glas*) frosted [*or* milk] glass ❷ (*Glas für Milch*) milk glass
milchig *adj* milky
Milchkaffee *m* milky coffee **Milchkanne** *f* [milk] churn; (*kleiner*) milk can **Milchkuh** *f* ❶ AGR dairy [*or* milch] cow, milker ❷ (*fam: jd, den man finanziell ausnutzen kann*) milch cow *fam,* meal ticket *fam* ❸ ÖKON cash cow **Milchlamm** *nt* milk lamb **Milchmädchenrechnung** *f* (*fam*) naive fallacy [*or* miscalculation] **Milchmann, -frau** *m, f* (*fam*) milkman *masc,* milkwoman *fem* **Milchmenge** *f* milk yield **Milchmixgetränk** *nt* (*geh*) flavoured [*or* AM -ored] milk drink
Milchner <-s, -> *m* ZOOL milter
Milchproduktion *f kein pl* milk production *no pl* **Milchpulver** *nt* powdered milk *no pl* **Milchreis** *m* ❶ (*Gericht*) rice pudding ❷ (*Reis*) pudding rice **Milchsäure** *f* BIOL, CHEM lactic acid *no pl* **Milchsäurebakterium** *nt* BIOL lactic acid bacterium **Milchschäumer** *m* milk frother **Milchshake** <-s, -s> [-ʃe:k] *m* milk shake **Milchstraße** *f* ■**die ~** the Milky Way **Milchtopf** *m* milk jug **Milchtüte** *f* milk carton **Milchzahn** *m* milk tooth **Milchzucker** *m* lactose *no pl*
mild I. *adj* ❶ METEO mild; ***bei ~er Witterung*** if the weather is mild ❷ (*nachsichtig*) lenient ❸ (*nicht würzig*) mild; **ein ~er Kognak** a smooth cognac; **~e Nahrung** bland food ❹ (*hautneutral*) mild, gentle II. *adv* ❶ (*nachsichtig*) leniently; ***das Urteil fiel ~e aus*** the judgement [*or* sentence] was lenient; **jdn ~er stimmen** to encourage sb to be more lenient; **~e ausgedrückt** [*o* **gesagt**] [*o* **gesprochen**] to put it mildly; ***und das ist noch ~e gesprochen!*** and that's putting it mildly! ❷ (*nicht würzig*) mild
Milde <-> *f kein pl* ❶ (*Nachsichtigkeit*) leniency *no pl,* clemency *no pl;* **~ walten lassen** (*geh*) to be lenient ❷ (*nicht würziger Geschmack*) mildness *no pl;* (*Kognak*) smoothness *no pl* ❸ METEO mildness *no pl*
mildern I. *vt* ■**etw ~** ❶ (*abschwächen*) to moderate sth; **das Strafmaß ~** to reduce the sentence; **~de Umstände** mitigating [*or* extenuating] circumstances ❷ (*weniger schlimm machen*) to alleviate sth; **jds Leid ~** to ease sb's sorrow [*or* suffering] ❸ KOCHK to make sth milder [*or* less sharp] II. *vr* METEO ■**sich** *akk* ~ to become milder
Milderung <-> *f kein pl* ❶ METEO increase in temperature; ***eine ~ des kalten Wetters ist schon spürbar*** it's already possible to feel the weather warming up ❷ (*das Mildern*) alleviation *no pl;* **die ~ der Armut/des Leids** the alleviation of poverty/suffering; **eine ~ des Strafmaßes** a reduction in [*or* of the] sentence; **die ~ eines Urteils** the moderation of a judgement
mildtätig *adj* (*geh*) charitable; ■**~ sein** to be charitable, to perform charitable deeds
Milieu <-s, -s> [mi'liø:] *nt* ❶ SOZIOL (*Umfeld*) milieu, environment ❷ BIOL (*Umgebung*) environment ❸ (*sl: die Prostitutionsszene*) ■**das ~** the world of prostitutes and pimps
militant *adj* militant
Militanz <-> *f kein pl* (*geh*) militancy *no pl*
Militär[1] <-s> *nt kein pl* ❶ (*Armeeangehörige*) soldiers *pl* ❷ (*Armee*) armed forces *pl,* military *no pl, no indef art;* **zum ~ müssen** to have to join up; **beim ~ sein** to be in the forces *pl;* **zum ~ gehen** to join up; **da geht es zu wie beim ~** the place is run like an army camp
Militär[2] <-s, -s> *m* (*veraltend geh*) [senior] officer
Militärarzt, -ärztin *m, f* medical officer **Militärdienst** *m kein pl* military service *no pl* **Militärdiktatur** *f* military dictatorship **Militärflugplatz** *m* military airfield **Militärgefängnis** *nt* military prison **Militärgericht** *nt* military tribunal [*or* court], court martial; **vor ein ~ gestellt werden** to be court-martialled **Militärintervention** *f* military intervention
militärisch I. *adj* military; **mit ~en Mitteln** by military means; **für ~es Vorgehen sein** to be in favour [*or* AM -or] of military action; *s. a.* **Ehre** II. *adv* in a military fashion; **~ grüßen** to salute; **sich** *akk* **~ straff halten** to hold oneself erect like a soldier, to have a military bearing; **etw ~ lösen** to resolve sth by military force
militarisieren* *vt* ■**etw ~** to militarize sth; ■**militarisiert** militarized
Militarismus <-> *m kein pl* (*pej*) militarism *no pl*
Militarist <-en, -en> *m* (*pej*) militarist
militaristisch *adj* (*pej*) militaristic
Militärkrankenhaus *nt* military hospital **Militärzeit** *f* time in the [armed] forces, army days *pl*
Mill. *Abk von* **Million(en)** m
Mille <-, -> *f* (*sl*) grand *sl;* **zehn ~** ten grand
Millennium <-s, -ien> [-niən] *nt* (*geh*) millennium
Millenniums-Mutter *f mother having given birth on the first day of the new millennium;* ***sie ist eine ~***

she gave birth on the first day of the new millennium

Milliampère *nt* milliampere

Milliardär(in) <-s, -e> *m(f)* billionaire

Milliarde <-, -n> *f* billion

Milliardenbetrag *m* amount of a billion [*or* several billions]

milliardste(r, s) *adj* billionth; **der ~ Teil eines Kilometers** the billionth part of a kilometre [*or* AM -er]

milliardstel *adj* billionth; **ein ~ Kilogramm** a billionth of a kilogram

Milliardstel <-s, -> *nt* billionth

Milligramm *nt* milligram

Millimeter <-s, -> *m o nt* millimetre [*or* AM -er]

Millimeterpapier *nt* paper ruled in millimetre [*or* AM -er] squares, graph paper

Million <-, -en> *f* million; **drei ~en Einwohner** three million inhabitants; **~en und Abermillionen** millions upon millions; **~en Mal** a million times

Millionär(in) <-s, -e> *m(f)* millionaire *masc*, millionairess *fem;* **mehrfacher/vielfacher ~** multimillionaire; **es zum ~ bringen** to make a million

Millionenauflage *f* [more than a] million copies **Millionenauftrag** *m* contract worth millions **Millionenerbe, -erbin** *m, f* heir [*or fem* heiress] to millions

millionenfach **I.** *adj* millionfold **II.** *adv* a million times

Millionengeschäft *nt* deal worth millions **Millionengewinn** *m* ❶ (*Ertrag*) profit of millions; **~e machen** to make profits running into millions ❷ (*Lotto etc*) prize of a million **Millionenschaden** *m* damage running into [*or* amounting to] millions **millionenschwer** *adj* (*fam*) worth millions *pred;* **~e Gewinne machen** to make millions in profit, to profit by the million **Millionenstadt** *f* town with over a million inhabitants

millionste(r, s) *adj* millionth; **die ~ Besucherin der Ausstellung** the millionth visitor to the exhibition

millionstel *adj* millionth; **wenige ~ Gramm** a few millionths of a gram

Millionstel <-s, -> *nt* millionth; **in einer Verdünnung von einem ~ noch wahrnehmbar sein** to be still traceable when diluted by one part per million

Millivolt *nt* millivolt **Milliwatt** *nt* milliwatt

Milz <-, -en> *f* spleen

Milzbrand *m kein pl* anthrax *no pl*

Mime <-n, -n> *m* (*iron*) actor

mimen **I.** *vt* (*fam*) ❶ (*vorgeben*) ■ **etw ~** to fake sth; **Interesse ~** to pretend interest; (*Interesse haben*) to be interested; ■ **gemimt sein** to be put on ❷ (*nachahmen*) ■ **jdn ~** to play [*or* act] sb; ***mime hier nicht den Ahnungslosen!*** don't play [*or* act] the innocent! **II.** *vi* to pretend

Mimese <-, -n> *f* BIOL mimesis *no pl*

Mimik <-> *f kein pl* [gestures and] facial expression

Mimikry <-> *f kein pl* ZOOL mimicry *no pl*

mimisch **I.** *adj* mimic; **seine starke ~e Ausdruckskraft** the expressive power of his gestures and facial movements **II.** *adv* by means of [gestures and] facial expressions

Mimose <-, -n> *f* ❶ BOT mimosa ❷ (*fig: sehr empfindlicher Mensch*) sensitive plant *fam;* **empfindlich sein wie eine ~** to be a sensitive plant

mimosenhaft *adj* (*pej fam*) extremely sensitive

min., Min. *f Abk von* **Minute(n)** min.

Minarett <-s, -e *o* -s> *nt* minaret

minder *adv* less; **kaum/nicht ~** scarcely/no less

minderbemittelt *adj* (*geh*) less well-off; **geistig ~** (*pej sl*) mentally deficient *pej*

Minderbemittelte *pl dekl wie adj* less well-off people; **die ~n** the less well-off; **geistig ~** people who are not very bright

mindere(r, s) *adj attr* lesser; **von ~r Güte/Qualität sein** to be of inferior quality

Mindereinnahme *f* decrease in revenue

Minderheit <-, -en> *f* ❶ *kein pl* (*kleinerer Teil einer Gruppe*) minority; **in der ~ sein** to be in the/a minority ❷ (*zahlenmäßig unterlegene Volksgruppe*) minority; **nationale ~en** national minorities

Minderheitenschutz *m* protection of minorities

Minderheitsregierung *f* minority government

minderjährig *adj* underage; ■ **~ sein** to be underage [*or* a minor]

Minderjährige(r) *f(m) dekl wie adj* minor, underage person

Minderjährigkeit <-> *f kein pl* minority *no pl*

mindern *vt* (*geh*) ■ **etw [um etw** *akk*] **~** to reduce sth [by sth]

Minderung <-, -en> *f* FIN (*geh*) reduction

Minderwert *m kein pl* lower value

minderwertig *adj* inferior; **~e Materialien** low-[*or* poor-]quality materials

Minderwertigkeit <-> *f kein pl* inferiority *no pl*, low [*or* poor] quality *no pl*

Minderwertigkeitsgefühl *nt* feeling of inferiority; **~e haben** to feel inferior **Minderwertigkeitskomplex** *m* inferiority complex

Minderzahl *f kein pl* minority; **in der ~ sein** to be in the minority

Mindestabstand *m* minimum distance **Mindestalter** *nt* minimum age **Mindestbetrag** *nt* minimum amount

mindeste(r, s) *adj attr* ■ **der/die/das ~** the slightest [*or* least]; ***ich hatte [doch] nicht die ~ Ahnung!*** I didn't have the slightest [*or* faintest] idea!; ■ **das M~** the least; **das wäre das M~ gewesen** that's the least he/she/you etc could have done; **zum M~n** at least; **nicht der/die/das M~ [an etw** *dat*] not the slightest bit [of sth]; **nicht das M~ an Geduld** not the slightest trace of patience; **nicht die M~ Höflichkeit** not the faintest hint of politeness; **nicht im M~n** not in the least

Mindesteinkommen *nt* minimum income

mindestens *adv* at least

Mindestgebot *nt* lowest [*or* minimum] bid, reserve [*or* knockdown] price **Mindestgehalt** *nt* minimum [*or* basic] salary **Mindestgeschwindigkeit** *f* minimum speed *no pl* **Mindestgröße** *f* minimum size [*or* height] **Mindesthöhe** *f* minimum height **Mindestlohn** *m* minimum wage **Mindestmaß** *nt* minimum; **unsere Ausgaben auf ein absolutes ~ beschränken** to keep [*or* limit] our expenses to an absolute minimum; **ein ~ an etw** *dat* a minimum amount of sth **Mindeststrafe** *f* minimum punishment [*or* penalty] [*or* sentence]

Mine <-, -n> *f* ❶ (*für einen Bleistift*) lead *no pl;* (*für einen Filz-, Kugelschreiber*) refill ❷ (*Sprengkörper*) mine; **auf eine ~ laufen** to strike [*or* hit] a mine ❸ (*Bergwerk*) mine; **in die ~n geschickt werden** to be sent down the mines

Minenfeld *nt* MIL, NAUT minefield **Minenleger** <-s, -> *m* minelayer **Minensuchboot** *nt* minesweeper

Mineral <-s, -e *o* -ien> [-liən] *nt* mineral

Mineralbad *nt* spa

mineralisch *adj* mineral

Mineraloge, -login <-n, -n> *m, f* mineralogist

Mineralogie <-> *f kein pl* mineralogy *no pl, no art*

Mineralogin <-, -nen> *f fem form von* **Mineraloge**

mineralogisch *adj* mineralogical

Mineralöl *nt* mineral oil

Mineralölgesellschaft *f* oil company **Mineralölsteuer** *f* tax on oil

Mineralquelle *f* mineral spring **Mineralsalz** *nt*

mineral salt *no pl* **Mineralwasser** *nt* mineral water
mini *adj inv* MODE mini; ~ **tragen** to wear a miniskirt
Mini <-s, -s> *m* MODE (*fam*) mini[skirt]
Miniatur <-, -en> *f* miniature
Miniaturausgabe *f* miniature version; (*Buch*) miniature edition **Miniaturbild** *nt* miniature **Miniaturbuch** *nt* minibook, miniature edition **Miniaturformat** *nt* miniature format; ~ **haben** to be in miniature; **im** ~ in miniature; **ein Bildschirm im** ~ a miniature screen **Miniaturgemälde** *nt* miniature
Miniaturisierung *f* miniaturization *no pl*
Miniaturmalerei <-, -en> *f* miniature painting
Miniausgabe *f* mini edition **Minibar** *f* minibar **Minibikini** *m* minibikini **Minibrötchen** *nt* small roll **Mini-Eisberg** *m* mini-iceberg lettuce **Miniflasche** *f* minibottle **Minigolf** *nt kein pl* minigolf *no pl*, BRIT *a.* crazy golf *no pl*
Minima *pl von* **Minimum**
minimal **I.** *adj* minimal, very small **II.** *adv* minimally, by a very small amount; ***sie unterscheiden sich nur*** ~ the difference between them is only minimal
Minimalforderung *f* minimum [*or* basic] demand **Minimalgehalt** *nt* basic salary **Minimalprogramm** *nt* basic programme [*or* AM -am]
minimieren* *vt* (*geh*) ■**etw** ~ to minimize sth
Minimierung <-, -en> *f* (*geh*) minimization *no pl*
Minimum <-s, Minima> *nt* minimum; **ein** ~ **an etw** *dat* a minimum of sth; **ein** ~ **an Respekt** a modicum of respect
Minipille *f* minipill **Minirock** *m* miniskirt
Minister(in) <-s, -> *m(f)* POL minister, BRIT *a.* Secretary of State; ~ **für Landwirtschaft/Verteidigung** Secretary of State for Agriculture/Defence BRIT, Secretary of Agriculture/Defense AM, Agriculture/Defence Minister BRIT, Agriculture/Defense Secretary AM; ~ **des Äußeren/Inneren** (*geh*) Minister for Foreign/Internal Affairs BRIT, Secretary of State for Foreign/Home Affairs BRIT, Foreign/Home Secretary BRIT, Secretary of State/Secretary of the Interior AM; ~ **ohne Geschäftsbereich** minister without portfolio
Ministerialbeamter, **-beamtin** *m, f* ministry official **Ministerialdirektor**, **-direktorin** *m, f* head of a ministry department BRIT, Permanent Secretary BRIT, undersecretary AM
ministeriell *adj attr* ministerial
Ministerin <-, -nen> *f fem form von* **Minister**
Ministerium <-s, -rien> [-riən] *nt* POL ministry, department; **das** ~ **des Äußeren** the Foreign Ministry, the Foreign Office BRIT, the State Department AM
Ministerpräsident(in) *m(f)* minister-president (*leader of a German state*) **Ministerrat** *m kein pl* ■**der** ~ the [EU] Council of Ministers
Ministrant(in) <-en, -en> *m(f)* REL (*geh*) server
ministrieren* *vi* REL (*geh*) to serve, to act as server
Minna <-> *f* ▸ WENDUNGEN: **die grüne** ~ (*veraltend fam*) the Black Maria *dated*, AM *a.* patrol [*or sl* paddy] wagon; **jdn zur** ~ **machen** (*fam*) to bawl sb out [*or* give sb a bawling-out] *fam*, BRIT *a.* to tear sb off a strip *fam*
Minne <-> *f kein pl* LIT, HIST courtly love *no pl*
Minnelied *nt* LIT, HIST minnelied **Minnesang** <-[e]s> *m kein pl* LIT, HIST minnesong **Minnesänger** *m* LIT, HIST minnesinger
Minorität <-, -en> *f* (*geh*) *s.* **Minderheit**
Minuend <-en, -en> *m* MATH minuend
minus **I.** *präp* +*gen* ■ ~ **einer S.** less sth; **2.000 DM** ~ **5 % Rabatt** 2,000 DM less 5 % discount **II.** *konj* MATH minus **III.** *adv* ❶ METEO minus, below zero; ~ **15° C** minus 15° C; **15° C** ~ 15° C below zero ❷ ELEK negative ❸ ÖKON ~ **machen** (*fam*) to make a loss
Minus <-, -> *nt* ❶ (*Fehlbetrag*) deficit; [**mit etw** *dat*] **im** ~ **stehen** to be [a certain amount] in the red; ***wir stehen momentan mit 4567 DM im*** ~ we are 4,567 DM overdrawn [*or* in the red] at the moment ❷ (*Manko*) bad [*or* minus] point, shortcoming ❸ (*Minuszeichen*) minus [sign]
Minuspol *m* ❶ ELEK negative terminal ❷ PHYS negative pole **Minuspunkt** *m* ❶ (*Strafpunkt*) penalty point ❷ (*Manko*) minus point; **ein** ~ **für jdn sein** to count [*or* be a point] against sb **Minustemperatur** *f* temperature below freezing [*or* zero] **Minuszeichen** *nt* minus sign
Minute <-, -n> *f* ❶ (*Zeiteinheit*) minute; **in letzter** ~ at the last minute [*or* moment]; **in ein paar** ~**n** in a couple of minutes; **pünktlich auf die** ~ punctual to the minute; **auf die** ~ on the dot ❷ (*Augenblick*) minute, moment ▸ WENDUNGEN: **es ist fünf** ~**n vor zwölf** we've reached crisis point; ***das war aber wirklich fünf*** ~***n vor zwölf!*** that was really the eleventh hour!
minutenlang **I.** *adj attr* lasting [for] several minutes *pred*; **nach einer** ~**en Unterbrechung** after a break of several minutes **II.** *adv* for several minutes **Minutenzeiger** *m* minute hand
minutiös, **minuziös** **I.** *adj* (*geh*) meticulously exact [*or* detailed] **II.** *adv* (*geh*) meticulously
Minze <-, -n> *f* BOT mint *no pl*
mir *pron pers dat von* **ich** ❶ to me; ***gib es*** ~ ***sofort zurück!*** give it back [to me] immediately!; ***hast du*** ~ ***irgend etwas verschwiegen?*** have you been hiding anything from me?; **und das** ~**!** why me [of all people]!; **dass du/ihr** ~ **...!** (*fam*) make sure you ...; ***aber dass ihr*** ~ ***keine Dummheiten macht!*** but be sure not to do anything stupid! ❷ *nach Präpositionen* me; **bei** ~ with me, at my house; **eine alte Bekannte von** ~ an old acquaintance of mine; ***komm mit zu*** ~ come back to my place; **von** ~ **aus!** (*fam*) I don't mind!, if you like!, as far as I'm concerned [you can]! ▸ WENDUNGEN: ~ **nichts, dir nichts** (*fam*) just like that, without so much as a by your leave *dated*
Mirabelle <-, -n> *f* ❶ (*Baum*) mirabelle [tree] ❷ (*Frucht*) mirabelle
Misanthrop(in) <-en, -en> *m(f)* (*geh*) misanthrope, misanthropist
Mischarbeitsplatz *m* INFORM mixed workstation **Mischbatterie** *f* mixer tap [*or* AM faucet] **Mischblütenhonig** *m* mixed blossom honey **Mischbrot** *nt* bread made from rye and wheat flour
mischen **I.** *vt* ❶ (*durch~*) ■**etw** [**mit etw** *dat*] ~ to mix sth [with sth] ❷ (*hinein~*) ■[**jdm/einem Tier**] **etw unter etw** *akk*/**in etw** *akk* ~ to mix sth [for sb/an animal] in with sth ❸ (*mixen*) ■**etw** [**aus etw** *dat*] ~ to mix sth [from [*or* out of] sth] ❹ KARTEN ■**etw** ~ to shuffle sth; *s. a.* **gemischt** **II.** *vr* ❶ (*sich mengen*) **sich** *akk* **unter Leute** ~ to mix [*or* mingle] [with people] ❷ (*sich ein~*) ■**sich** *akk* **in etw** ~ to interfere [*or* meddle] in sth; **sich** *akk* **in ein Gespräch** ~ to butt into a conversation **III.** *vi* KARTEN to shuffle
mischerbig *adj* hybrid **Mischform** *f* mixture (**aus** +*dat* of) **Mischkonzern** *m* ÖKON conglomerate, diversified group
Mischling <-s, -e> *m* ❶ (*Mensch*) person of mixed parentage, half-caste *pej*, half-breed *pej* ❷ ZOOL half-breed, hybrid; ***dieser Hund ist ein*** ~ this dog is a mongrel
Mischmasch <-[e]s, -e> *m* (*fam*) mishmash *no pl*, hotchpotch, hodgepodge **Mischmaschine** *f* [cement] mixer **Mischpult** *nt* FILM, RADIO, TV mixing desk **Mischtrommel** *f* mixing drum
Mischung <-, -en> *f* ❶ *kein pl* (*das Mischen*) mixing *no pl*; (*Kaffee, Tee, Tabak*) blending *no pl* ❷ (*Mixtur*) mixture; (*Kaffee, Tee, Tabak*) blend; (*Pralinen*) assortment ❸ (*Zusammenstellung*) mixture, combination

M

Mischungsverhältnis *nt* ratio [*or* proportions] [of a mixture]

Mischwald *m* mixed forest [*or* woodland]

miserabel I. *adj* (*pej*) ❶ (*beklagenswert*) dreadful, awful, lousy; **eine ~e Arbeit/Leistung** a pathetic [*or* miserable] piece of work/performance ❷ (*gemein*) nasty, vile II. *adv* (*pej*) dreadfully, awfully; **sich** [*o akk* **aufführen**] **~ benehmen** (*fam*) to behave abominably; **~ schlafen** to sleep really badly; ***das Bier schmeckt*** ~ the beer tastes awful

Misere <-, -n> *f* (*geh*) dreadful state; **eine finanzielle ~** a dreadful financial state; **die jetzige politische ~** the wretched state of current politics; **eine soziale ~** serious social difficulties [*or* plight]; **mit jdm/etw ist es eine ~** sb/sth is a disaster; [**tief**] **in der ~ stecken** to be in [deep] trouble [*or* a [real] mess]

Mispel <-, -n> *f* BOT medlar

MissRR <-> *f kein pl*, **Miß** <-> *f kein pl* Miss; **die ~ Germany/World** Miss Germany/World

missachtenRR* *vt*, **mißachten*** *vt* ❶ (*ignorieren*) ■**etw ~** to disregard [*or* ignore] sth; **eine Bestimmung/Vorschrift ~** to flout a regulation ❷ (*geringschätzen*) ■**jdn ~** to disparage [*or* be disdainful of] sb; **einen Konkurrenten ~** to underestimate a rival; ■**etw ~** to disdain sth

MissachtungRR *f*, **Mißachtung** *f* ❶ (*Ignorierung*) disregard *no pl;* **eine Folge der ~ meines Ratschlags** a result of ignoring [*or* disregarding] my advice; **bei ~ dieser Vorschriften** if these regulations are flouted ❷ (*Geringschätzung*) disdain *no pl;* **seine ~ anderer Menschen** his disdain of [*or* for] other people; **~ des Gerichts** contempt of court

missbehagenRR* *vi*, **mißbehagen** *vi* (*geh*) ■**jdm ~** to displease sb, to not be to sb's liking; ■**etw missbehagt jdm** [**an etw** *dat*] sth makes sb uneasy [*or* unhappy] [about sth]; ■**es missbehagt jdm, etw zu tun** sb is not happy doing sth

MissbehagenRR <-s> *nt kein pl*, **Mißbehagen** <-s> *nt kein pl* (*geh*) ❶ (*Unbehagen*) uneasiness *no pl*, feeling of unease; ***die ganze Sache ruft bei mir ziemliches ~ hervor*** I am rather uneasy about the whole thing, the whole thing makes me [feel] rather uneasy ❷ (*Missfallen*) displeasure *no pl;* **zu jds ~** to sb's annoyance [*or* chagrin]

MissbildungRR <-, -en> *f*, **Mißbildung** <-, -en> *f* deformity; **angeborene ~** congenital malformation

missbilligenRR* *vt*, **mißbilligen** *vt* ■**etw ~** to disapprove of sth

missbilligendRR I. *adj* disapproving II. *adv* disapprovingly

MissbilligungRR <-, *selten* -en> *f* disapproval *no pl*

MissbrauchRR *m*, **Mißbrauch** *m* abuse, misuse; **der ~ der Notbremse** improper use of the emergency brake; **~ mit etw** *dat* **treiben** (*geh*) to abuse [*or* misuse] sth

missbrauchenRR* *vt* ❶ (*missbräuchlich anwenden*) ■**etw ~** to abuse [*or* misuse] sth; **einen Feuerlöscher ~** to make improper use of a fire extinguisher ❷ (*für üble Zwecke ausnutzen*) ■**etw ~** to take advantage of sth; **jds Vertrauen ~** to abuse sb's trust ❸ (*für üble Zwecke benutzen*) ■**jdn ~** to [mis]use sb; **jdn sexuell ~** to sexually abuse sb

missbräuchlichRR *adj* (*geh*) improper

missdeutenRR* *vt*, **mißdeuten** *vt* ■**etw** [**als etw** *akk*] **~** to misinterpret sth [as sth]

MissdeutungRR *f* misinterpretation

missen *vt* ■**jdn/etw nicht ~ möchten/wollen** (*geh*) not to like/want to do without sb/sth; ■**etw ~ müssen** (*geh*) to have to do [*or* go] without sth

MisserfolgRR *m*, **Mißerfolg** *m* failure, flop *fam*

MissernteRR *f*, **Mißernte** *f* crop failure

Missetat *f* ❶ (*hum: Streich*) prank ❷ (*veraltend geh: Freveltat*) misdeed *form*, misdemeanour [*or* AM -or]

Missetäter(in) *m(f)* ❶ (*hum: jd, der etw angestellt hat*) culprit ❷ (*veraltend geh: Übeltäter*) miscreant *form*, wrongdoer

missfallenRR* *vi*, **mißfallen** *vi irreg* to arouse displeasure; **jdm missfällt etw** [**an jdm**] sb dislikes sth [about sb]; **es missfällt jdm, dass/wie ...** sb dislikes the way ...

MissfallenRR <-s> *nt kein pl* displeasure *no pl;* **jd/etw erregt jds ~** sb/sth incurs sb's displeasure

MissfallenskundgebungRR *f* expression [*or* demonstration] of displeasure

missgebildetRR, **mißgebildet** I. *adj* malformed, deformed II. *adv* deformed; **~ geboren werden** to be born with deformities

MissgeburtRR *f*, **Mißgeburt** *f* MED (*pej*) monster, seriously deformed foetus [*or* AM fetus]

missgelauntRR *adj*, **mißgelaunt** *adj* (*geh*) ill-humoured [*or* -tempered] *form*

MissgeschickRR *nt*, **Mißgeschick** *nt* mishap; ***jedem kann mal ein ~ passieren/unterlaufen*** anyone can have a mishap [*or* an accident]; **vom ~ verfolgt werden** to be dogged by misfortune [*or* bad luck]

missglückenRR* *vi*, **mißglücken** *vi sein* ■**etw missglückt** [**jdm**] sth fails [*or* is a failure] [*or* backfires on sb]

missgönnenRR* *vt*, **mißgönnen** *vt* ■**jdm etw ~** to begrudge sb sth; **jdm seinen Erfolg ~** to resent sb's success; ■**jdm ~, dass** to begrudge sb the fact that

MissgriffRR *m*, **Mißgriff** *m* mistake, error of judgement

MissgunstRR *f kein pl*, **Mißgunst** *f kein pl* resentment *no pl*, envy *no pl*

missgünstigRR I. *adj* resentful, envious II. *adv* resentfully, enviously

misshandelnRR* *vt*, **mißhandeln** *vt* ❶ (*malträtieren*) ■**jdn/ein Tier ~** to ill-treat [*or* maltreat] [*or* mistreat] sb/an animal ❷ (*hum: übel zusetzen*) ■**etw ~** to mistreat [*or* abuse] sth

MisshandlungRR *f* ill-treatment *no indef art, no pl*, maltreatment *no indef art, no pl*, mistreatment *no indef art, no pl*

Mission <-, -en> *f* ❶ (*geh: Sendung*) mission; **in einer bestimmten ~** on a particular mission; **in geheimer/göttlicher ~** on a secret/divine mission ❷ POL mission, legation ❸ *kein pl* REL mission; **in die ~ gehen/in der ~ tätig sein** to become a missionary/do missionary work; **Innere ~** REL Home Mission ❹ (*Missionsstation*) mission

Missionar(in) <-s, -e> *m(f)*, **Missionär(in)** <-s, -e> *m(f)* ÖSTERR missionary

missionarisch I. *adj* (*geh*) missionary; **mit ~em Eifer** with missionary zeal II. *adv* as a missionary; **~ tätig sein** to work as a missionary

Missionsschule *f* mission school

MissklangRR *m*, **Mißklang** *m* ❶ MUS discord *no indef art, no pl*, dissonance *no indef art, no pl* ❷ (*Unstimmigkeit*) discord *no indef art, no pl;* **ein ~** a note of discord, a discordant note

MisskreditRR *m kein pl*, **Mißkredit** *m kein pl* **jdn/etw** [**bei jdm**] **in ~ bringen** to bring sb/sth into discredit [with sb], to bring discredit on sb/sth; **in ~ geraten** to become discredited

misslangRR *imp von* **misslingen**

misslaunigRR *adj*, **mißlaunig** *adj s.* **missgelaunt**

misslichRR *adj*, **mißlich** *adj* (*geh*) awkward, difficult; **~er Vorfall** unfortunate incident

missliebigRR *adj*, **mißliebig** *adj* unpopular; ■[**bei jdm**] **~ sein** to be unpopular [with sb]; **sich** *akk* [**bei jdm**] **~ machen** to make oneself unpopular [with sb]

misslingenRR <misslang, misslungen> *vi*, **mißlingen** <mißlang, mißlungen> *vi sein* to fail, to be a failure, to be unsuccessful; ■ **es misslingt jdm, etw zu tun** sb fails [in their [*or* an] attempt] to do sth; **eine misslungene Ehe** a failed [*or* an unsuccessful] marriage; **ein misslungener Kuchen** a botched-up cake; ***leider ist mir der Kuchen misslungen*** unfortunately my cake didn't turn out well

MisslingenRR <-s> *nt kein pl* failure

MissmanagementRR [-mɛnɛdʒmənt] *nt*, **Mißmanagement** *nt* mismanagement *no pl*

MissmutRR *m kein pl*, **Mißmut** *m kein pl* moroseness *no pl*; ***voller ~ machte er sich an die Arbeit*** grudgingly he set to work

missmutigRR *adj* morose, sullen; ***mach doch kein so ~es Gesicht*** don't look so morose; **in so ~er Stimmung** in such a bad mood

missratenRR* *vi*, **mißraten** *vi irreg sein* ❶ (*geh: schlecht erzogen sein*) to go wrong, to turn out badly ❷ (*geh: nicht gelingen*) ■ **etw missrät [jdm]** sth goes wrong; ***der Kuchen ist mir leider etwas ~*** my cake unfortunately went a bit wrong

MissstandRR *m*, **Mißstand** *m* deplorable state of affairs *no pl*; **Missstände in der Verwaltung** a number of administrative irregularities; **soziale Missstände** social evils

MissstimmungRR *f kein pl*, **Mißstimmung** *f kein pl* ill humour [*or* AM -or] *no indef art, no pl*; ***unter den Teilnehmern herrschte ~*** there was discord [*or* a bad atmosphere] among the participants

misstRR *3. pers pres von* **messen**

MisstonRR *m*, **Mißton** *m* ❶ MUS discordant [*or* wrong] note ❷ *s.* **Missklang 2**

misstrauenRR* *vi*, **mißtrauen** *vi* ■ **jdm/einer S. [in etw** *dat*] ~ to mistrust [*or* distrust] sb/sth [with regard to sth]

MisstrauenRR <-s> *nt kein pl* mistrust *no pl*, distrust *no pl*; **jdm ~ entgegenbringen, ~ gegen jdn hegen** (*geh*) to mistrust sb; **jdm ein gesundes ~ entgegenbringen** to show sb a healthy [measure of] mistrust; **einer Unternehmung ein gesundes ~ entgegenbringen** to approach a venture with a healthy [measure of] mistrust; **jdm das ~ aussprechen** POL to pass a vote of no confidence in sb

MisstrauensantragRR *m* POL motion of no confidence; **einen ~ einbringen** to table a motion of no confidence **Misstrauensvotum**RR *nt* vote of no confidence

misstrauischRR I. *adj* mistrustful, distrustful; (*argwöhnisch*) suspicious; ■ **[jdm/einer S. gegenüber] ~ sein** to be mistrustful [*or* suspicious] [of sb/sth] II. *adv* mistrustfully, distrustfully; (*argwöhnisch*) suspiciously; ***warum schaust du [mich] so ~ [an]?*** why are you looking [at me] so mistrustful[ly]?

MissvergnügenRR *nt*, **Mißvergnügen** *nt* (*geh*) *s.* **Missfallen**

MissverhältnisRR *nt*, **Mißverhältnis** *nt* disproportion *no pl*; **im ~ zu etw** *dat* **stehen** to be disproportionate to sth; ***der riesige Schreibtisch steht in einem gewissen ~ zu der winzigen Schreibtischlampe*** there is a certain imbalance between the huge desk and the tiny lamp

missverständlichRR, **mißverständlich** I. *adj* unclear; (*Ausdruck, Formulierung*) that could be misunderstood; ■ **[zu] ~ sein** to be [too] liable to be misunderstood [*or* to misunderstanding] II. *adv* unclearly, in a way that could be misunderstood

MissverständnisRR <-ses, -se> *nt*, **Mißverständnis** <-ses, -se> *nt* ❶ (*irrige Annahme*) misunderstanding *no pl* ❷ *meist pl* (*Meinungsverschiedenheit*) misunderstanding, disagreement

mißverstehenRR* *vt irreg* ■ **jdn/etw ~** to misunderstand sb/sth; ***Sie haben das missverstanden*** you've misunderstood

MisswahlRR, **Mißwahl** *f* beauty contest [*or* pageant]

MisswirtschaftRR *f*, **Mißwirtschaft** *f* (*pej*) mismanagement *no pl*, maladministration *no pl form*

Mist <-es> *m kein pl* ❶ (*Stalldünger*) manure *no pl*, dung *no pl*, muck *no pl* ❷ (*fam: Quatsch*) nonsense *no pl*, BRIT *a.* rubbish *no pl* ❸ (*fam: Schund*) junk *no pl*, trash *no pl*, BRIT *a.* rubbish *no pl* ▸ WENDUNGEN: ~ **bauen** [*o* **machen**] (*fam*) to screw up *fam*; ***da hast du ganz schön ~ gemacht!*** you have really screwed up [*or* boobed] there!; **etw ist auf jds ~ gewachsen** (*fam*) sth came out of sb's head; ***das ist nicht auf seinem ~ gewachsen*** that wasn't his own doing, he didn't do that off his own bat; **mach keinen ~!** (*fam*) don't mess [*or sl* piss] around! [*or* BRIT *a.* about]; **~!, so ein ~!** (*fam*) damn! *fam*, BRIT *a.* blast!; (*fam*) BRIT *a.* what a blasted nuisance! *fam*; **verdammter ~!** (*fam*) damn it! *fam*, BRIT *a.* damn and blast! *sl*, BRIT *a.* bloody hell! *sl*, BRIT *a.* sod it! *sl*

Mistel <-, -n> *f* mistletoe *no pl*

Misteldrossel *f* ORN mistle trush

Mistgabel *f* pitchfork **Misthaufen** *m* manure [*or* dung] [*or* muck] heap **Mistkäfer** *m* dung beetle **Miststück** *nt* ❶ (*fam*) bastard *masc fam*, BRIT *a.* [cheeky] bugger *masc fam*, cheeky bitch BRIT *fem fam*, bitch AM *fem fam*, little shit *fam* ❷ (*pej fam: Mann*) rotten bastard *pej sl*, lousy [piece of] shit *pej sl*; (*Frau*) lousy bitch *pej sl* **Mistvieh** *nt* (*pej fam*) [god] damned [*or* BRIT *a.* bloody] animal *pej sl* **Mistwetter** *nt kein pl* (*pej fam*) lousy weather *no pl, no indef art pej fam*

mit I. *präp +dat* ❶ (*unter Beigabe von etw*) with; ***trinkst du den Espresso ~ oder ohne Zucker?*** do you take your espresso with or without sugar?; ***isst du das Ei immer ~ so viel Salz und Pfeffer?*** do you always put so much salt and pepper on your egg?; **Champagner ~ Kaviar** champagne and caviar ❷ (*mittels*) with; ***~ bequemen Schuhen läuft man besser*** it's easier to walk in comfortable shoes; **~ Kugelschreiber geschrieben** written in biro [*or* ballpoint] ❸ (*per*) by; **mit der Bahn/dem Bus/Fahrrad/der Post** by train/bus/bicycle/post ❹ (*unter Aufwendung von etw*) with; **~ all meiner Liebe** with all my love; **~ etwas mehr Mühe** with a little more effort ❺ *zeitlich* at; **~ 18 [Jahren]** at [the age of] 18; **~ seinem Durchfahren des Zieles** when he crossed the line; ***~ dem dritten Ton des Zeitzeichens ist es genau 7 Uhr*** at the third stroke the time will be exactly 7 o'clock ❻ *bei Maß-, Mengenangaben* with; **~ einem Kilometerstand von 24567 km** with 24,567 km on the clock; **~ drei Zehntelsekunden Vorsprung** with three tenths of a second advantage; ***das Spiel endete ~ 1:1 unentschieden*** the game ended in a 1–1 draw; ***der Zug lief ~ zehn Minuten Verspätung ein*** the train arrived ten minutes late; ***er war ~ über 400 Mark im Soll*** he was over 400 marks in debt; **sich ~ 500000 DM versichern** to insure oneself for 500,000 DM ❼ (*einschließlich*) ■ **~ jdm [zusammen]** [together] with sb, including sb; ***~ Axel und Hans waren wir sechs Personen*** there were six of us including [*or* with] Axel and Hans ❽ (*fam: und dazu*) ■ **jd ~ jds ...** sb and sb's ...; **du ~ deiner ewigen Prahlerei** you and your constant boasting ❾ (*was jdn/etw angeht*) with; ***~ meiner Gesundheit steht es nicht zum Besten*** I am not in the best of health; **~ jdm/etw rechnen** to reckon on [*or* with] sb/sth II. *adv* too, as well; **~ dabei sein** to be there too; ***sie gehört ~ zu den führenden Experten auf diesem Gebiet*** she is one of the leading experts in this field; ***er war ~ einer der***

ersten, die diese neue Technologie angewendet haben he was one of the first to use this new technology

Mitangeklagte(r) *f(m) dekl wie adj* co-defendant

Mitarbeit *f* ❶ (*Arbeit an etw*) collaboration; ▪**jds ~ an etw** *dat*/**bei etw** *dat* sb's [collaborative] work on sth; **unter ~ von jdm** in collaboration with sb; **sich** *akk* **für die ~ bei jdm bewerben** to apply to work with sb ❷ SCH (*Beteiligung*) participation *no pl* ❸ (*Unterstützung*) ▪**jds ~ [bei etw** *dat*] sb's assistance [in sth]; ***er bot der Polizei seine ~ an*** he offered to cooperate with the police

mit|arbeiten *vi* ❶ (*als Mitarbeiter tätig sein*) ▪**an etw** *dat*/**in etw** *dat*/**bei jdm ~** to collaborate on sth/with sb; **wenn Sie bei uns ~ wollen** if you want to come and work with us; ***wie lange arbeiten Sie jetzt eigentlich schon bei uns mit?*** how long have you been working with us now? ❷ SCH (*sich beteiligen*) ▪**[in etw** *dat*] **~** to participate [in sth]; ***er arbeitet in der Schule/ im Unterricht immer aktiv mit*** he always takes an active part in school/the lessons ❸ (*fam: mit den anderen arbeiten*) to work too; ***meine Frau braucht nicht mitzuarbeiten*** my wife doesn't need to work [as well]

Mitarbeiter(in) *m(f)* ❶ (*Mitglied der Belegschaft*) employee, member of staff; **neue ~ einstellen** to take on new staff; **freier ~** freelance; **als freier ~ arbeiten** to work as a freelance ❷ (*hist: Mitarbeiter beim Staatssicherheitsdienst der ehem. DDR*) **inofizieller ~** unofficial collaborator ❸ (*Kollege*) colleague ❹ (*Koautor*) contributor; ***an dem Artikel haben insgesamt vier ~ mitgewirkt*** altogether four people collaborated on this article

Mitarbeitergespräch *n* staff meeting **Mitarbeiterin** <-, -nen> *f fem form von* **Mitarbeiter Mitarbeiterparkplatz** *m* staff carpark

Mitbegründer(in) *m(f)* co-founder

mit|bekommen* *vt irreg* ❶ (*mitgegeben bekommen*) ▪**etw [von jdm] ~** to be given sth [by sb], to get sth [from sb] ❷ (*vermittelt bekommen*) ▪**[irgendwo] etw ~** to get [*or* be given] sth [somewhere]; **eine solide Ausbildung ~** to get [*or* receive] a solid [*or* sound] training; **eine gute Erziehung ~** to receive [*or* get] [*or* have] a good education ❸ (*wahrnehmen*) ▪**etw ~** to be aware of sth; **die neuesten Nachrichten ~** to get [*or* hear] the latest news; **vom Unterricht weniger ~** to get less out of the lessons ❹ (*verstehen*) ▪**etw [von etw** *dat*] **~** to understand sth [about sth]; ***bei dem Lärm konnte man kaum etwas [von der Ansprache] ~*** with that noise you could hardly hear anything [of the speech]; ***hast du etwas davon ~?*** did you catch any of it? ❺ (*fam: vererbt bekommen*) ▪**etw von jdm ~** to get sth from sb; ***die Locken hatte er offensichtlich von seinem Vater ~*** he obviously got his curls from his father

mit|benutzen* *vt*, **mit|benützen*** *vt* SÜDD ▪**etw ~** to share sth

Mitbenutzung *f* use

mit|bestimmen* **I.** *vi* ❶ (*maßgeblich mitwirken*) ▪**[bei etw** *dat*] **~** to have a say [in sth] ❷ (*mit ausschlaggebend sein*) ▪**[bei etw** *dat*] **~** to have an influence [on sth]; ▪**~d** influential; **ein ~er Faktor** a contributing factor; **bei/für etw** *akk* **~d sein** to have an influence on sth **II.** *vt* ▪**etw ~** to have an influence on sth

Mitbestimmung *f* ❶ (*das Mitbestimmen*) ▪**jds ~ bei etw** *dat* sb's participation in sth; **das Recht zur ~ bei …** the right to participate in … ❷ (*Mitentscheidung*) participation in decision-making, co-determination *no pl;* **betriebliche ~** worker participation; **paritätische ~** equal representation

Mitbestimmungsrecht *nt* right of co-determination

Mitbewerber(in) *m(f)* ❶ (*ein weiterer Bewerber*) fellow applicant; **über 900 ~innen und ~** over 900 other applicants ❷ (*Konkurrent*) competitor

Mitbewohner(in) *m(f)* fellow occupant; (*in WG*) flatmate BRIT, housemate AM, roommate AM

mit|bringen *vt irreg* ❶ (*als mitgeführten Gegenstand bringen*) ▪**[jdm] etw ~** to bring [sb] sth; ***kann ich dir etw [aus der Stadt] ~?*** can I bring you anything back [from town]? ❷ (*als Begleitung bringen*) ▪**jdn ~** to bring sb [with one]; ***hast du denn niemanden mitgebracht?*** didn't you bring anyone with you? ❸ (*einbringen*) ▪**etw [für etw** *akk*] **~** to have [*or* possess] sth [for sth]; ***sie bringt alle nötigen Voraussetzungen für die Stelle mit*** she meets [*or* satisfies] all the necessary requirements for the post

Mitbringsel <-s, -> *nt* small [*or* little] present

Mitbürger(in) *m(f)* fellow citizen; **ältere ~** senior citizens

mit|denken *vi irreg* ▪**[bei etw** *dat*/**in etw** *dat*] **~** to follow [sth]; **bei seiner Argumentation/Erklärung ~** to follow his argument/explanation; **bei politischen Entscheidungen/in der Politik ~** to understand political decisions/politics; ***danke fürs M~*** thanks for thinking of it too [*or* being on the ball]; ***du denkst ja mit!*** good thinking!

mit|dürfen *vi irreg* ▪**[mit jdm] ~** to be allowed to come [*or* go] along [with sb] too; ***darf ich auch mit?*** can I come [too]?

Miteigentum *nt kein pl* co-ownership *no pl,* joint ownership *no pl*

Miteigentümer(in) *m(f)* co-owner, joint owner

miteinander *adv* ❶ (*jeder mit dem anderen*) with each other [*or* one another]; **~ reden** to talk to each other [*or* one another]; **~ verfeindet sein** to be enemies; **~ verheiratet sein** to be married to each other [*or* one another]; **~ verschwägert/verwandt sein** to be related to each other [*or* one another] ❷ (*zusammen*) together; **alle ~** all together

Miteinander <-s> *nt kein pl* cooperation *no pl,* working and living together

mit|empfinden* *irreg* **I.** *vt* (*geh*) ▪**etw ~** to feel sth too; ***ich kann Ihre Trauer gut ~*** I know well the grief you are feeling **II.** *vi* (*geh*) ▪**[mit jdm] ~** to sympathize [with sb], to feel for sb **mitentscheiden*** *vi, vt irreg* ▪**(etw) ~** to have a say [in sth] **Miterbe, -erbin** *m, f* joint heir [*or* beneficiary] **mit|essen** *irreg* **I.** *vt* ▪**etw [mit jdm] ~** to have sth [to eat] [with sb]; ***setz dich doch, iss einen Teller Suppe [mit uns] mit!*** sit down and have a bowl of soup with us! **II.** *vi irreg* ▪**[bei jdm] ~** to eat [*or* have [*or* share] a meal] [with sb]

Mitesser <-s, -> *m* blackhead

mit|fahren *vi irreg sein* ▪**[mit jdm] ~** to go [*or* get a lift] [with sb]; ***darf ich [bei Ihnen] ~?*** can I have a lift?, can you give me a lift?; ▪**jdn ~ lassen** to give sb a lift

Mitfahrer(in) *m(f)* fellow passenger

Mitfahrgelegenheit *f* lift **Mitfahrzentrale** *f* lift-arranging [*or* AM ride-sharing] agency

mit|fühlen **I.** *vt* ▪**[jdm] etw ~** to feel sth [with sb]; ***ich kann lebhaft ~, wie dir zu Mute sein muss*** I can well imagine how you must feel **II.** *vi* ▪**[mit jdm] ~** to sympathize [with sb], to feel for sb

mitfühlend *adj* sympathetic; **~e Worte** sympathetic [*or* compassionate] words

mit|führen *vt* ▪**etw [mit sich** *dat*] **~** ❶ (*geh: bei sich haben*) to carry [*or* have] sth [with one]; ***führen Sie [bei sich/ im Auto] zu verzollende Artikel mit?*** do you have anything to declare [with you/in the car]? ❷ (*transportieren*) to carry sth along

mit|geben *vt irreg* ❶ (*auf den Weg geben*) ▪**jdm**

etw [für jdn] ~ to give sb sth [for sb]; ***ich gebe dir einen Apfel für unterwegs mit*** I'll give you an apple to take with you ❷ (*als Begleitung geben*) ■ **jdm jdn** ~ to send sb along with [*or* get sb to accompany] sb ❸ (*für etw versehen*) ■ **jdm etw** ~ to give sb [*or* provide sb with] sth

Mitgefangene(r) *f(m) dekl wie adj* fellow prisoner

Mitgefühl *nt kein pl* sympathy *no pl;* [**mit jdm**] ~ **empfinden** to feel [*or* have] sympathy [for sb]

mit|gehen *vi irreg sein* ❶ (*begleiten*) ■ [**mit jdm**] ~ to go too [*or* with sb]; ***will noch jemand*** [***mit mir***] ~***?*** does anyone want to go with me? [*or* come [with me]] ❷ (*sich mitreißen lassen*) ■ [**mit jdm/bei etw** *dat*] ~ to respond [to sb/sth] ❸ (*stehlen*) **etw ~ lassen** (*sl*) to walk off with [*or fam* pinch] sth

Mitgift <-, -en> *f* dowry

Mitglied *nt* member; ***Zutritt nur für ~er*** members only; **als ~ der Gewerkschaft** as a trade union member [*or* trade unionist]; **ordentliches ~** full member; **passives ~** non-active member; **~ einer S.** *gen* **sein** to be a member of sth; **~ des Vorstandes sein** to sit [*or* have a seat] on the board

Mitgliederversammlung *f* general meeting

Mitgliedsausweis *m* membership card **Mitgliedsbeitrag** *m* membership subscription [*or* fee]

Mitgliedschaft <-, -en> *f* membership; **die ~ in einer Partei beantragen** to apply for membership of [*or* AM in] a party

Mitgliedsland *nt* POL member country [*or* state] **Mitgliedsstaat** *m* member state

mit|grölen *vi* (*fam*) to bawl along [to a/the song]; ***sie grölten alle mit*** they all bawled together [*or* in unison]

mit|haben *vt irreg* ■ **etw** ~ to have got sth [with one]; ***haben wir genug Geld mit?*** have we got enough money [with us]?

Mithäftling *m* fellow prisoner

mit|halten *vi irreg* (*fam*) ■ [**bei etw** *dat*] ~ to keep up [with sth]; **bei dem Konkurrenzkampf** ~ to keep pace with the competition; **bei einer Diskussion** ~ to hold one's own in a discussion; **eine Argumentation/Theorie** ~ to follow an argument/a theory; ***ich konnte*** [***bei der Auktion***] ***nicht mehr*** ~ I couldn't stay in the bidding any longer; ***ich halte mit*** count me in

mit|helfen *vi irreg* ❶ (*sich helfend beteiligen*) ■ [**jdm**] [**bei etw** *dat*/**in etw** *dat*] ~ to help [sb] [with/in sth]; **im Haushalt/in der Küche/beim Putzen** ~ to help [out] with the housework/in the kitchen/with the cleaning ❷ (*dazu beitragen*) ■ **~, dass etw geschieht** to contribute to sth happening

Mitherausgeber(in) *m(f)* co-editor, joint editor; (*Verlag*) co-publisher

Mithilfe *f kein pl* help *no pl,* assistance *no pl;* **unter jds** ~ with sb's help; **unter ~ von jdm** with the aid [*or* assistance] of sb

mithin *adv* (*geh*) therefore, consequently

mit|hören **I.** *vt* ■ **etw** ~ to listen to sth; **ein Gespräch** ~ to listen in on a conversation; ***wir haben alles mitgehört*** we heard everything **II.** *vi* to listen in; (*zufällig*) to overhear; ***Feind hört mit!*** careless talk costs lives!

Mitinhaber(in) *m(f)* co-owner, joint owner; (*von Firma, Geschäft a.*) coproprietor

mit|kämpfen *vi* ■ [**bei etw** *dat*/**in etw** *dat*] ~ to fight [at/in sth]; **in der Schlacht bei Waterloo** ~ to take part in [*or* fight at] the Battle of Waterloo; **bei dem Sturmangriff auf die Burg** ~ to take part in the assault on the castle; **im Ersten Weltkrieg** ~ to fight in the First World War

mit|klingen *vi irreg* ■ [**in etw** *dat*] ~ to sound [in sth]; ***klingt in deinen Worten Enttäuschung/Verbitterung mit?*** is there a note of disappointment/bitterness in your words?

mit|kommen *vi irreg sein* ❶ (*begleiten*) ■ [**mit jdm**] ~ to come [with sb]; ***kommst du mit?*** are you coming with me/us/too?; ***kommt doch mit uns mit*** do come with us ❷ (*Schritt halten können*) ■ [**mit jdm**] ~ to keep up [with sb] ❸ (*mitgeschickt werden*) ■ [**mit etw** *dat*] ~ to come [*or* arrive] [with sth]; **mit der Post** ~ to come with the post [*or* AM mail]; ***das zweite Paket kommt vielleicht mit der zweiten Lieferung mit*** the second parcel may come in/with the second post ❹ SCH (*fam: mithalten können*) ■ [**in etw** *dat*] ~ to be equal [*or* up] to sth; **in der Schule gut/schlecht** ~ to get on well/badly at school ❺ (*verstehen*) **da komme ich nicht mit** (*fam*) it's beyond me *fam;* ***ich komme da nicht mit*** I don't get it

mit|können *vi irreg* (*fam*) ❶ (*begleiten dürfen*) ■ [**mit jdm**] [**irgendwohin**] ~ to be able to come/go [somewhere] [with sb]; ***sie kann ruhig mit*** she is welcome to come too ❷ (*fam: verstehen*) ■ **bei etw** *dat* **noch/nicht mehr** ~ to still/no longer be able to follow sth

mit|kriegen *vt* (*fam*) *s.* **mitbekommen**

mit|laufen *vi irreg sein* ❶ (*zusammen mit anderen laufen*) ■ [**bei etw** *dat*] ~ to run [in sth]; ***beim Marathonlauf sind über 500 Leute mitgelaufen*** over 500 people took part in the marathon ❷ (*sich gleichzeitig bewegen*) to run; ***das Band läuft mit*** the tape is running

Mitläufer(in) *m(f)* POL (*pej*) fellow traveller [*or* AM *a.* traveler], sympathizer

Mitlaut *m* consonant

Mitleid *nt kein pl* sympathy *no pl,* pity; ***ich brauche dein ~ nicht*** I don't need your sympathy; ■ **jds** ~ [**mit jdm**] sb's sympathy [for sb]; ~ [**mit jdm/einem Tier**] **haben** [*o geh* **empfinden**] to have [*or* feel] sympathy [*or* feel pity [*or* compassion]] [for sb/an animal]; ~ **erregend** *Anblick* pitiful; ~ **schinden** (*fam*) to fish for sympathy; **aus** ~ out of pity; ***er ließ den Frosch aus ~ frei*** he took pity on the frog and set it free

Mitleidenschaft *f kein pl* **etw zieht jdn in ~** (*geh*) sth affects sb; ***der Sturz hat sie ganz schön in ~ gezogen*** the fall has taken a lot out of her; **etw zieht etw** *akk* **in ~** (*geh*) sth has a detrimental affect on sth

mitleidig **I.** *adj* ❶ (*mitfühlend*) sympathetic, compassionate ❷ (*iron: verächtlich*) pitying **II.** *adv* ❶ (*voller Mitgefühl*) sympathetically, compassionately ❷ (*iron: verächtlich*) pityingly

mitleid(s)los **I.** *adj* pitiless, heartless **II.** *adv* pitilessly, without pity

Mitleid(s)losigkeit <-> *f kein pl* pitilessness *no pl*

mitleid(s)voll *adj* (*geh*) *s.* **mitleidig 1**

mit|lesen **I.** *vt irreg* ■ **etw** ~ ❶ (*ebenfalls lesen*) to read sth too ❷ (*etw zusammen mit jdm lesen*) to read sth with sb **II.** *vi* to read too [*or* at the same time]

mit|machen **I.** *vi* ❶ (*teilnehmen*) ■ [**bei etw** *dat*] ~ to take part [in sth], to join in [sth]; **bei einem Ausflug/Kurs** ~ to go on a trip/do a course ❷ (*fam: gut funktionieren*) to be up to it; **wenn das Wetter mitmacht** if the weather cooperates [*or* is good enough]; **solange meine Beine** ~ as long as my legs hold out; **wenn das Herz mitmacht** if his/her heart can take it **II.** *vt* ❶ (*fam: etw hinnehmen*) ■ **etw** ~ to go along with sth; ***lange mache ich das nicht mehr mit*** I won't put up with [*or* stand for] it much longer ❷ (*sich beteiligen*) ■ **etw** ~ to join [*or* take part] in sth; **den Ausflug/die Wanderung** ~ to go on the trip/walk ❸ (*erleiden*) ■ **viel/einiges** ~ to go through a lot/quite a lot

Mitmensch *m* fellow man [*or* human being]

mit|mischen *vi* (*fam*) ■ **bei etw** *dat*/**in etw** *dat* ~ to be involved in sth

M

mit|müssen *vi irreg* to have to come/go too

Mitnahme <-> *f kein pl* (*geh*) taking [away] with one; ***diese Prospekte liegen hier zur kostenlosen ~ aus*** you can take these brochures with you free of charge; **unter ~ einer S.** *gen* taking/having taken sth with one

mit|nehmen *vt irreg* ① (*zur Begleitung nehmen*) ■**jdn/ein Tier [irgendwohin]** ~ to take sb/an animal with one [somewhere] ② (*mit sich nehmen*) ■**etw [irgendwohin]** ~ to take sth with one [somewhere]; **etw ist zum M~** sth is free [to be taken with one]; ***sind die Probefläschchen zum M~?*** can I take one of these sample bottles?; **zum ~** to take away; ***zum hier Essen oder zum M~?*** to eat here or [to] take away? ③ (*transportieren*) ■**jdn [in etw** *dat*] ~ take sb with one [in sth]; ***könnten Sie mich [im Auto] ~?*** could you give me a lift [in your car]? ④ (*erschöpfen*) to take it out of one; ***ihr seht mitgenommen aus*** you look worn out ⑤ (*in Mitleidenschaft ziehen*) ■**etw** ~ to take its toll on sth; ***das Fahren auf den buckligen Strecken hat die Stoßdämpfer sehr mitgenommen*** the bumpy roads have really taken their toll on [*or* worn out] the shock absorbers ⑥ (*fam: erleben*) ■**etw** ~ to see [*or* visit] sth; **die Sehenswürdigkeiten ~** to take in the sights

mitnichten *adv* (*geh*) not at all, by no means

Mitochondrium <-s, Mitochondrien> *nt* BIOL mitochondrion

Mitose <-, -n> *f* BIOL mitosis

mitotisch *adj* mitotic

Mitpatient(in) *m(f)* fellow patient

Mitra <-, Mitren> *f* REL mitre

mit|rechnen I. *vt* ■**etw** ~ to include sth [in a calculation] II. *vi* to count too

mit|reden *vi* ① (*beteiligt sein wollen*) ■**[bei etw** *dat*] ~ to have a say [in sth] ② (*sich kompetent beteiligen*) ■~ **können** to be competent to talk about sth; **bei einer Diskussion ~ können** to be able to join in a discussion; ***da können Sie nicht ~*** you wouldn't know anything about that; *s. a.* **Wörtchen**

mitreisen *vi sein* ■**[mit jdm] [irgendwohin]** ~ to travel [somewhere] [with sb]

Mitreisende(r) *f(m) dekl wie adj* fellow passenger

mit|reißen *vt irreg* ① (*mit sich reißen*) ■**jdn/etw** ~ to sweep [*or* carry] sb/sth away ② (*begeistern*) ■**jdn** ~ to get sb going; ***die Musik riss die Fans förmlich mit*** the fans got quite carried away by the music

mitreißend *adj* rousing; *Spiel* thrilling, exciting

mitsamt *präp +gen* ■~ **einer S.** *gen* together [*or* complete] with sth

mit|schleifen *vt* ■**jdn/etw** ~ to drag sb/sth along

mit|schleppen *vt* (*fam*) ■**jdn/etw [mit sich** *dat*] ~ to lug [*or* hump] [*or* cart] sb/sth [with one] *fam*

mit|schneiden *vt irreg* ■**etw [auf etw]** ~ *dat a.* TELEK to record [*or* tape] sth [on sth]

Mitschnitt *m* ① (*das Mitschneiden*) recording, taping ② (*Aufnahme*) recording, tape; **einen ~ von etw machen** to make a recording of [*or* tape] sth

mit|schreiben *irreg* I. *vt* ■**etw** ~ to write [*or* take] down sth *sep* II. *vi* to take notes

Mitschuld *f* ■**jds ~ [an etw** *dat*] sb's share of the blame [*or* responsibility] [for sth]; JUR sb's complicity [in sth]; **die ~ [an etw] eingestehen/von sich weisen** to admit/deny one's share of the blame [*or* that one was partly responsible [*or* to blame]] [for sth]; **eine ~ [an etw** *dat*] **tragen** to share the blame [*or* responsibility] [for sth], to be partly responsible [*or* to blame] [for sth]

mitschuldig *adj* ■**der/die [an etw** *dat*] **~e …** the … who is partly responsible [*or* to blame] [for sth]; ■~ **[an etw** *dat*] **sein** to be partly responsible [*or* to blame] [for sth]; JUR to be guilty of complicity [in sth]; **sich ~ machen** *dat* to incur part of the blame [*or* responsibility]; JUR to become guilty of complicity as a result of one's actions

Mitschuldige(r) *f(m) dekl wie adj* sb who is partly to blame [*or* responsible]; JUR accomplice

Mitschüler(in) *m(f)* SCH (*Klassenkamerad*) classmate; (*Schulkamerad*) school-friend

mit|schwingen *vi irreg* ① MUS (*gleichzeitig schwingen*) to resonate [as well [*or* too]] ② (*geh: auch anklingen*) ***als er sprach, schwang ein ärgerlicher Unterton mit*** there was a note of annoyance in his voice as he spoke

mit|singen *irreg* I. *vi* to sing along, to join in; ■**in etw** *dat*/**bei etw** ~ to sing in sth; ***ich habe früher in einem Kirchenchor mitgesungen*** I used to be member of a church choir II. *vt* MUS ■**etw** ~ to join in [singing] sth

mit|spielen *vi* ① SPORT (*mit anderen spielen*) ■**[in/bei** *dat* **etw]** ~ to play [in/for sth]; ***er spielt in der anderen Mannschaft mit*** he's playing for [*or* he's on] the other team; **in einem Orchester ~** to play in an orchestra ② FILM, THEAT ■**[bei/in etw]** ~ *dat* to be [*or* act] in sth ③ (*bei Kinderspielen*) to play ④ (*fam: mitmachen*) to go along with it; ***wenn die Geschäftsleitung mitspielt, …*** if the management agrees to it, …; ***das Wetter spielte nicht mit*** the weather wasn't kind to us ⑤ (*beteiligt sein*) ■**[bei etw]** ~ to play a part [in sth] ⑥ (*umgehen*) ***er spielte ihm übel mit*** he treated him badly

Mitspieler(in) *m(f)* ① SPORT (*Mannschaftskamerad*) team-mate BRIT, teammate AM ② THEAT (*zusammen auftretender Schauspieler*) fellow actor, member of the cast ③ (*jd, der mitspielt*) other player; ***ich suche noch eine ~in für ein Schachspiel*** I'm looking for someone to play chess with ④ LING actant

Mitsprache *f* say *no def art;* **ein Recht auf ~ haben** to be entitled to have a say

Mitspracherecht *nt kein pl* right to have a [*or* one's] say; **ein ~ bei etw haben** to have a say in sth; **jdm ein ~ [bei etw] einräumen** [*o* **gewähren**] to grant sb a say [in sth]

mit|sprechen *irreg* I. *vt* ■**etw** ~ to join in [saying] sth; **das Tischgebet ~** to join in saying grace II. *vi* ■**[bei/in etw]** ~ *dat* to have a [*or* one's] say [in sth]

Mitstreiter(in) <-s, -> *m(f)* (*geh*) comrade-in-arms

Mittag[1] <-[e]s, -e> *m* (*zwölf Uhr*) midday, noon; (*Essenszeit*) lunchtime; ***wir haben gleich ~*** it's coming up to [*or* almost] midday [*or* lunchtime], it'll soon be midday; ■**gegen ~** around [*or* about] midday [*or* noon]; ■**über ~** at lunchtime[s]; ■**des ~s** (*geh*) at noon [*or* midday]; **zu ~ essen** to have [*or* eat] lunch; **etw zu ~ essen** to have [*or* eat] sth for lunch; **~ haben** [*o* **machen**] (*fam*) to have [*or* take] [*or* be on] one's lunch break; ***in aller Regel machen wir eine halbe Stunde ~*** we usually have a half-hour lunch break [*or* half an hour [off] for lunch]

Mittag[2] <-s> *nt kein pl* DIAL (*fam: ~essen*) lunch

Mittagessen *nt* lunch

mittäglich *adj attr* ① (*zur Mittagszeit stattfindend*) midday, lunchtime ② (*für den Mittag typisch*) midday

mittags *adv* at midday [*or* lunchtime]

Mittagshitze *f* midday heat **Mittagsmahl** *nt* (*veraltend geh*), **Mittagsmahlzeit** *f* (*geh*) luncheon *form*, midday meal **Mittagspause** *f* lunch break [*or* hour]; **~ haben/machen** to have [*or* be on]/take one's lunch break [*or* hour] **Mittagsruhe** *f kein pl* ≈ siesta; **~ halten** to rest after lunch **Mittagsschlaf** *m* midday [*or* after-lunch] sleep [*or* nap]; **einen ~ machen** [*o* **halten**] to have [*or* take] a midday [*or* an after-lunch] sleep [*or* nap] **Mittagssonne** *f* midday sun **Mittagsstunde** *f* (*geh*) midday, noon; ■**in der ~** at midday [*or* noon]; ■**um die** [*o* **zur**] **~** around [*or* about] noon [*or* midday] **Mittagstisch** *m* ① (*zum Mittagessen gedeckter Tisch*) lunch table ② (*im Restaurant*) lunch menu; **einen ~ halten** to serve lunch **Mittagszeit** *f kein pl* lunchtime, lunch hour; ■ **in** [*o* **während**] **der ~** at lunchtime, during the lunch break; ■ **um die ~** around lunchtime

Mittäter(in) *m(f)* accomplice

Mittäterschaft <-> *f kein pl* complicity; ■ **~ an etw** *dat* complicity in sth

Mittdreißiger(in) <-s, -> *m(f)* sb in their mid-thirties

Mitte <-, -n> *f* ① (*Punkt in der Hälfte von etwas*) midpoint ② (*Mittelpunkt*) centre [*or* AM -er]; ■ **in der ~ einer S.** *gen* in the centre [*or* middle] of a thing; **in der ~ der Wand** in the centre of the wall; **in der ~ einer großen Menschenmenge** in the middle of a large crowd of people; ■ **in der ~ zwischen ...** halfway [*or* midway] between ...; **jdn in die ~ nehmen** to take hold of sb between one; **aus unserer/ihrer ~** from our/their midst; **in unserer/ihrer ~** in our/their midst, among us/them [*or form* our/their number] ③ ■ **die ~** POL (*politische Gruppierung*) the centre [*or* AM -er]; **die linke/rechte ~** the centre-left/centre-right, left-of-centre/right-of-centre; **in der ~ stehen** to be in the centre ④ (*zur Hälfte.*) middle; **~ Januar/Februar/...** mid-January/February/...; **~ des Jahres/Monats** in the middle of the year/month; **~ [der] ... sein** to be in one's mid- ...; ***ich hätte sie auf ~ dreißig geschätzt*** I would have said that she's in her mid-thirties ▸ WENDUNGEN: **die goldene ~** the golden mean, a happy medium; **ab durch die ~!** (*fam*) come on, let's get out of here! [*or sl* beat it]

mit|teilen **I.** *vt* ■ **jdm etw ~** to tell sb [*or form* inform sb of] sth; ■ **jdm ~, dass** to tell [*or form* inform] sb that **II.** *vr* ① (*sich erklären*) ■ **sich [jdm] ~** to communicate [with sb] ② (*geh: sich übertragen*) ■ **sich jdm ~** to communicate itself to sb

mitteilsam *adj* talkative

Mitteilung *f* ① (*Benachrichtigung*) notification; **eine amtliche ~** [*o* **offizielle**] an official communication [*or* communique]; **eine ~ bekommen** [*o* **erhalten**] to be notified; **eine ~ bekommen, dass** to be notified [*or* informed] that; **über etw** *akk* **~ bekommen/erhalten** to be notified [*or* informed] of [*or* about] sth; **jdm [eine] ~ [von etw] machen** (*geh*) to notify [*or* inform] sb [of sth], to report [sth] to sb; **nach ~ der/des ...** according to the ... ② (*Bekanntgabe*) announcement; **eine ~ machen** to make an announcement

Mitteilungsbedürfnis *nt kein pl* need to talk [to other people] **mitteilungsfreudig** *adj* fond of talking; ***Telefone sind sehr ~*** telephones are chat-happy *fam*

mittel *adj* **~ durchgebraten** KOCHK half-done

Mittel <-s, -> *nt* ① PHARM (*Präparat*) drug, remedy; (*Lotion*) ointment, lotion; **ein ~ gegen etw** a cure [*or* remedy] for sth; **ein ~ gegen Schmerzen** a pain-reliever ② (*Putz~*) cleaning agent; (*Flecken~*) stain remover ③ (*Methode*) method, means *sing*, way *usu pl*; **ein ~ haben, [um] etw zu tun** to have ways [*or* means] of doing sth; ***wir haben ~, um ihn zum Reden zu bringen*** we have ways of making him talk; ***es gibt ein ~, das herauszufinden*** there are ways of finding that out; **~ und Wege finden** to find ways and means; **ein ~ zum Zweck sein** to be a means to an end; **als letztes** [*o* **äußerstes**] **~** as a last resort; **jdm ist jedes ~ recht** sb will go to any length[s] [*or* stop at nothing]; **kein ~ unversucht lassen** to leave no stone unturned, to try everything; **mit allen ~n** by every means ④ *pl* FIN (*Geld~*) funds, [financial] means [*or* resources]; ***zum Glück verfüge ich dazu noch über genügende ~*** thankfully, I've got enough funds left to cover that ⑤ (*Mittelwert*) average; **im ~** on average; **etw im ~ erreichen** to average [at] sth; **arithmetisches/geometrisches ~** arithmetic/geometric mean

Mittelachse [-aksə] *f* ARCHIT, MATH central axis; AUTO central axle

mittelalt *adj* medium-matured

Mittelalter *nt kein pl* HIST ■ **das ~** the Middle Ages *npl*; ■ **das finstere** [*o* **finsterste**] **~** the Dark Ages *npl*

mittelalterlich *adj* HIST medieval

Mittelamerika *nt* Central America

mittelamerikanisch *adj* Central American

mittelbar **I.** *adj* indirect; **~er Schaden** consequential damage **II.** *adv* indirectly

Mittelbau <-bauten> *m* ① ARCHIT (*mittlerer Trakt*) central [*or* main] part [*or* block] ② *kein pl* SCH (*Assistenten und Räte*) non-professorial teaching staff **Mittelbetrieb** *m* medium-sized business [*or* enterprise] **Mittelbrust** *f* KOCHK brisket **Mitteldeck** *nt* middle deck **mitteldeutsch** *adj* LING Middle [*or* Central] German **Mitteldeutschland** *nt* (*veraltend*) Central Germany (*roughly between the rivers Elbe and Oder*) **Mittelding** *nt* (*fam*) ■ **ein ~** sth in between; ***eine Chaiselongue ist ein ~ zwischen Sofa und Ruhesessel*** a chaise longue is something between a sofa and an armchair **Mittelengland** *nt* the Midlands *npl* **Mittelenglisch** *nt* LING Middle English **Mitteleuropa** *nt* Central Europe **Mitteleuropäer(in)** *m(f)* Central European **mitteleuropäisch** *adj* Central European **Mittelfeld** *nt kein pl* SPORT ① (*Spielfeld*) midfield ② (*Teilnehmer*) pack **Mittelfeldspieler(in)** *m(f)* midfielder, midfield player **Mittelfinger** *m* middle finger **Mittelfinnland** *nt* Central Finland **Mittelfrankreich** *nt* Central France **mittelfristig** **I.** *adj* medium-term *attr* **II.** *adv* **~ anlegen** to make medium-term investments; **~ planen** to plan for the medium term **Mittelgang** *nt* centre [*or* central] aisle **Mittelgebirge** *nt* low mountain range **Mittelgewicht** *nt* SPORT ① *kein pl* (*mittlere Gewichtsklasse*) middleweight ② (*fam*) *s.* **Mittelgewichtler** **Mittelgewichtler(in)** <-s, -> *m(f)* middleweight **mittelgroß** *adj* of medium height *pred* **mittelgut** *adj* average **Mittelhirn** *nt* ANAT midbrain **Mittelhochdeutsch** *nt* LING Middle High German; ■ **das ~e** Middle High German

Mittelklasse *f* ① ÖKON (*mittlere Warenkategorie*) middle range, medium quality; **ein Wagen der ~** a mid-range car, a car in the medium [*or* middle] range ② SOZIOL middle class

Mittelklasseeinkommen *nt* SOZIOL middle class income **Mittelklassewagen** *m* AUTO mid-range [*or* middle-of-the-range] car **Mittelklassewohngegend** *f* SOZIOL middle class area [*or* district]

Mittelkornreis *m* medium grain rice **Mittellinie** *f* ① TRANSP (*Linie auf der Straßenmitte*) centre [*or* white] line; **durchgezogene/unterbrochene ~** continuous/broken centre [*or* white] line ② SPORT (*Linie des Mittelfeldes*) halfway line **mittellos** *adj* destitute, penniless **Mittellosigkeit** <-> *f kein pl* poverty *no pl* **Mittelmaß** *nt kein pl* ① (*meist pej: mittlere Leistung, Qualität*) mediocrity *no art* ② (*Durchschnitt*) average; **ein gesundes ~** a happy medium; **ein gutes ~** a good average

mittelmäßig **I.** *adj* average; **eine ~e Arbeit/Leistung** an average [*or pej* mediocre] work/performance **II.** *adv* **~ begabt sein** to [only] have mediocre talent[s], to be mediocre; **~ spielen** to have an indifferent game; ***er spielte nur ~*** his performance was mediocre

Mittelmäßigkeit <-> *f kein pl* mediocrity

Mittelmeer *nt* ■ **das ~** the Mediterranean [Sea]

Mittelmeeranrainer *m* the countries bordering the Mediterranean **Mittelmeerklima** *nt* Mediterranean climate **Mittelmeerland** *nt* Mediterranean country **Mittelmeerraum** *m* ■**der** ~ the Mediterranean [region]

Mittelohr *nt* ANAT middle ear

Mittelohrentzündung *f* inflammation of the middle ear, middle ear inflammation

mittelprächtig **I.** *adj* (*iron fam*) great *iron fam* **II.** *adv* (*fam*) not particularly good; **sich** ~ **fühlen** to not feel particularly good

Mittelpunkt *m* ① MATH (*Punkt in der Mitte*) midpoint; (*Zentrum*) centre [*or* AM -er] ② (*zentrale Figur*) centre [*or* AM -er] of attention; **im** ~ **sein** [*o* **stehen**] to be the centre of attention; **im** ~ **des öffentlichen Interesses stehen** to be the focus of public attention

Mittelpunktschule *f* SCH school situated in the centre [*or* AM -er] of a catchment area

mittels *präp +gen o dat* (*geh*) by means of

Mittelsäger <-s, -> *m* ORN red-breasted merganser **Mittelscheitel** *m* centre parting **Mittelschicht** *f* SOZIOL *s.* **Mittelklasse 2** **Mittelschiff** *nt* ARCHIT nave **Mittelschule** *f* ① (*Schultyp*) ≈ secondary school ② SCHWEIZ (*höhere Schule*) secondary school; **neue** ~ ÖSTERR [new] secondary school **mittelschwer** *adj* relatively [*or* moderately] heavy; **ein ~es Auto** a medium-weight car; **eine ~e Übung** [*o* **Aufgabe**] a relatively [*or* moderately] difficult exercise

Mittelsmann <-männer *o* -leute> *m* intermediary, go-between, middleman

Mittelstadt *f* medium-sized town **Mittelstand** *m* ① ÖKON ■**der** ~ medium-sized companies [*or* firms] [*or* businesses] ② SOZIOL middle class **mittelständisch** *adj* medium-sized; **~e Betriebe/Firmen** medium-sized companies/firms **Mittelsteinzeit** *f kein pl* ARCHÄOL Mesolithic period

Mittelstreckenflugzeug *nt* LUFT medium-haul [*or* -range] aircraft **Mittelstreckenrakete** *f* MIL medium-range missile

Mittelstreifen *m* TRANSP central reservation **Mittelstück** *nt* middle [*or* centre BRIT] part [*or* piece] **Mittelstufe** *f* SCH ≈ middle school **Mittelstürmer(in)** *m(f)* SPORT centre-forward, striker **Mittelweg** *m* middle course; **der goldene** ~ the golden mean, a happy medium **Mittelwelle** *f* RADIO medium wave **Mittelwellensender** *m* medium-wave transmitter **Mittelwert** *m* mean [*or* average] [value]; **der arithmetische** ~ the arithmetic mean

mitten *adv* ① (*direkt*) ■~ **aus etw** from the midst of sth ② (*fam: gerade*) ■~ **bei etw** [right] in the middle of doing sth; ***sie kamen, als ich noch ~ beim Kochen war*** I was still in the middle of cooking when they arrived; ■~ **in etw** *dat* [right] in the middle of sth ③ (*genau*) ■~ **in/vor etw** *akk* right into/on [the middle of] sth; ~ **entzweibrechen** to break in half [*or* two] ④ (*geradewegs*) ■~ **durch etw** right [*or* straight] through [the middle of] sth; ~ **hindurch** straight through ⑤ (*inmitten von*) ■~ **unter Menschen** *dat* in the midst of [*or* among] people; ***wie schön, dass ich wieder ~ unter euch sein darf*** how pleasant it is to be in your midst [*or* among you] again; ~ **unter Dingen** [right] in the middle [*or* midst] of things

mittendrin *adv* (*fam*) ① (*genau in etw*) right [*or fam* slap-bang] in the middle [of it]; ■~ **in etw** *dat* right [*or fam* slap-bang] in the middle of sth ② (*direkt bei etw*) right in the middle of [doing] sth **mittendrunter** *adv* (*fam*) in the middle of it/them **mittendurch** *adv* right [*or* straight] through the middle

Mitternacht *f kein pl* midnight *no art*

mitternächtlich *adj attr* midnight *attr*

Mitternachtssonne *f* ■**die** ~ the midnight sun

Mittfünfziger(in) <-s, -> *m(f)* a person in their mid-fifties

mittlere(r, s) *adj attr* ① (*in der Mitte von zweien*) ■**der/die/das** ~ the middle one [*or* one in the middle] ② (*durchschnittlich*) average *attr or pred;* **zu ~n Preisen essen** to eat [out] at reasonable prices ③ (*ein Mittelmaß darstellend*) medium-sized; **eine ~e Katastrophe/ein ~er Unfall** quite a substantial disaster/a fairly serious accident ④ (*den Mittelwert bildend*) average ⑤ (*in einer Hierarchie*) middle; **~s Management** middle management; **eine ~e Position** a middle-ranking position; **ein Auto der ~n Klasse** a middle of the range car

Mittlerrolle *f* mediatory role, role of [the] mediator

mittlerweile *adv* (*unterdessen*) in the mean time, meantime, meanwhile; (*seit dem*) since then; (*bis zu diesem Zeitpunkt*) by now

mit|tragen *vt irreg* ■**etw** ~ *Entscheidung, Vorhaben* to take part in sth

Mittsechziger(in) <-s, -> *m(f)* a person in their mid-sixties **Mittsiebziger(in)** <-s, -> *m(f)* a person in their mid-seventies **Mittsommer** *m* midsummer **Mittsommernacht** *f* midsummer['s] night

Mittvierziger(in) <-s, -> *m(f)* a person in their mid-forties

Mittwoch <-s, -e> *m* Wednesday; *s. a.* **Freitag**

Mittwochabend[RR] *m* Wednesday evening; *s. a.* **Dienstag** **mittwochabends**[RR] *adv* [on] Wednesday evenings **Mittwochmittag**[RR] *m* [around] noon on Wednesday; *s. a.* **Dienstag** **mittwochmittags**[RR] *adv* [around] noon on Tuesdays **Mittwochmorgen**[RR] *m* Wednesday morning; *s. a.* **Dienstag** **mittwochmorgens**[RR] *adv* [on] Wednesday mornings **Mittwochnachmittag**[RR] *m* Wednesday afternoon; *s. a.* **Dienstag**

mittwochnachmittags[RR] *adv* [on] Wednesday afternoons **mittwochnachts**[RR] *adv* [on] Wednesday nights

mittwochs *adv* [on] Wednesdays; ~ **abends/nachmittags/vormittags** [on] Wednesday evenings/afternoons/mornings

Mittwochvormittag[RR] *m* Wednesday morning; *s. a.* **Dienstag** **mittwochvormittags**[RR] *adv* [on] Wednesday mornings

mitunter *adv* now and then, from time to time

mitverantwortlich *adj* jointly responsible *pred;* ■[**für etw**] ~ **sein** to be jointly responsible [for sth]

Mitverantwortung *f* share of the responsibility; ~ [**für etw**] **haben/tragen** to have/bear a share of the responsibility [for sth]

mit|verdienen* *vi* to go out to work as well

Mitverfasser(in) *m(f)* *s.* **Mitautor**

Mitverschulden *nt* partial blame; ***ihr konnte kein ~ nachgewiesen werden*** it wasn't possible to prove that she was partially to blame; **jdn trifft ein** ~ [**an etw** *dat*] sb is partially [*or* partly] to blame [for sth]

mit|versichern* *vt* ■**jdn** ~ to include sb in one's insurance, to co-insure sb; ■**etw** ~ to include sth in one's insurance

mit|wirken *vi* ① (*gestaltend beteiligt sein*) ■[**bei/an etw**] ~ *dat* to collaborate [on sth], to be involved [in sth]; ■**jds M~** sb's collaboration [*or* cooperation] ② FILM, THEAT (*geh: mitspielen*) ■[**in etw**] ~ *dat* to appear [in sth]; **in einem Theaterstück** ~ to appear [*or* perform] in a play ③ (*eine Rolle spielen*) ■[**bei etw**] ~ to play a part [*or* role] [in sth]

Mitwirkende(r) *f(m)* *dekl wie adj* ① (*mitwirkender Mensch*) participant, collaborator; **politisch ~r** active participant in political life ② FILM, THEAT (*geh: Mitspieler*) actor; **die ~n** the cast + *sing/pl vb*

Mitwirkung *f kein pl* collaboration, cooperation; **mit/ohne jds** ~ with/without sb's collaboration [*or* cooperation]; **unter** ~ **von jdm** in collaboration with sb

Mitwisser(in) <-s, -> *m(f)* somebody in the know; ~ [einer S. *gen*] **sein** to be in the know [about sth]; **jdn zum** ~ [**einer S.** *gen*] **machen** to let sb in [on sth] **Mitwochnacht**[RR] *m* Wedneday night, Dienstag

Mitwohnzentrale *f* flat [*or* AM apartment] share agency

mit|wollen *vi* to want to come too [*or* with sb]; ***so, wir gehen jetzt einkaufen, willst du nicht auch mit?*** right, we're going shopping, do you want to come as well?

mit|zählen I. *vi* ① (*jeweils addieren*) to count ② (*berücksichtigt werden*) to count **II.** *vt* ■**jdn/etw** ~ to include sb/sth; ***das macht 63 Teilnehmer, dich und mich nicht mitgezählt*** that makes 63 participants, not including [*or* counting] you and I

mit|ziehen *vi irreg* ① *sein* (*in einer Menge mitgehen*) ■[**in etw**] ~ *dat* to tag along [with sth] ② *haben* (*fam: mitmachen*) to go along with it; ■**bei etw** ~ to go along with sth

Mix <-, -e> *m* combination, mix *fam*

Mixbecher *m* [cocktail-]shaker

mixen *vt* ■**etw** [**mit etw**] ~ to mix sth [with sth]

Mixer <-s, -> *m* ELEK blender, mixer

Mixer(in) <-s, -> *m(f)* cocktail waiter, barman

Mixgetränk *nt* mixed drink, cocktail **Mixstab** *m* hand-held blender

Mixtur <-, -en> *f* PHARM mixture

mm *m o nt Abk von* **Millimeter** mm

Mob <-s> *m kein pl* (*pej*) mob

Mobbing <-s> *nt kein pl* PSYCH mobbing *no pl*

Möbel <-s, -> *nt* ① *sing* piece [*or* item] of furniture ② *pl* furniture

Möbelfabrik *f* furniture factory **Möbelgeschäft** *f* furniture shop [*or* store] **Möbelhändler(in)** *m(f)* furniture dealer, dealer in furniture **Möbelpacker(in)** *m(f)* removal man BRIT, [furniture] remover BRIT, mover AM **Möbelschreiner(in)** *m(f) s.* **Möbeltischler** **Möbelspedition** *f* [furniture] removal firm BRIT, moving company AM **Möbelstoff** *m* upholstery [*or* upholstering] fabric **Möbelstück** *nt* piece [*or* item] of furniture **Möbeltischler(in)** *m(f)* cabinetmaker **Möbelverkäufer(in)** *m(f)* furniture salesman **Möbelwagen** *m* removal [*or* AM moving] van

mobil *adj* ① (*beweglich*) mobile; ~**er Besitz**/~**e Habe** movable possessions; ~**es Vermögen** movables; **jdn/etw** ~ **machen** to mobilize sb/sth ② (*fam: munter*) lively, sprightly

Mobile <-s, -s> *nt* mobile

Mobilfunk *m* TELEK mobile communications *pl* **Mobilfunkgerät** *nt* TELEK cellular [tele]phone

Mobiliar <-s> *nt kein pl* furnishings *npl*

mobilisieren* *vt* ① (*aktivieren*) ■**jdn** ~ to mobilize sb ② (*verfügbar machen*) ■**etw** ~ to make sth available; ***es gelang ihm, die letzten Kräfte zu*** ~ he managed to summon up his last reserves of strength ③ MIL (*in den Kriegszustand versetzen*) ■**jdn** ~ to mobilize sb

Mobilität <-> *f kein pl* mobility

Mobilmachung <-, -en> *f* MIL mobilization; **die** [**allgemeine**] ~ **ausrufen/beschließen** to order/decide to order a [general [*or* full]] mobilization

Mobiltelefon *nt* mobile [*or* cellular] [tele]phone

möblieren* *vt* ■**etw** ~ to furnish sth; **etw neu** ~ to refurnish sth; **ein möbliertes Zimmer** a bedsit[ter] [*or* AM furnished room]; **möbliert wohnen** to live in furnished accommodation [*or* AM accomodations]

mochte *imp von* **mögen**

Möchtegernmanager(in) *m(f)* (*iron*) would-be manager **Möchtegernrennfahrer(in)** *m(f)* (*iron*) would-be [motor] racing driver [*or* AM race car driver] **Möchtegernsänger(in)** *m(f)* (*iron*) would-be singer **Möchtegernschauspieler(in)** *m(f)* (*iron*) would-be actor

modal *adj* LING modal

Modalität <-, -en> *f* ① *meist pl* (*geh: Art und Weise*) provision[s *pl*], condition[s *pl*] ② PHILOS modality *no pl* ③ LING modality *no pl*

Modalsatz *m* LING adverbial phrase [*or* clause] **Modalverb** *nt* LING modal verb

Mode <-, -n> *f* ① MODE fashion; **große** [*o* **groß in**] ~ **sein** to be very fashionable [*or fam* all the rage] [*or fam* really trendy] [*or* in]; **mit der** ~ **gehen** to [like to] follow fashion, to keep up with the latest fashions; **aus der** ~ **kommen** to go out of fashion; **in** ~ **kommen** to come into fashion; **nach der** ~ according to the [latest] fashion ② *pl* MODE (*modische Kleidungsstücke*) fashionwear *sing*, fashions *pl* ③ *pl* (*Sitten*) practices *pl*; ***was sind denn das für ~n!*** what sort of behaviour is that!

Modeartikel *m* in thing, fashionable [*or* trendy] item **Modearzt, -ärztin** *m, f* fashionable doctor **Modeaufnahme** *f* fashion photo[graph] **modebewusst**[RR] *adj* fashion-conscious **Modeboutique** *f* [fashion] boutique **Modeerscheinung** *f* passing [*or* fleeting] fashion **Modefarbe** *f* fashionable [*or* in] colour [*or* AM -or] **Modefotograf(in)** *m(f)* fashion photographer **Modegag** *m* fashion gimmick **Modehersteller(in)** *m(f)* fashion designer **Modekrankheit** *f* fashionable complaint [*or* illness]

Model <-s, -s> *nt* model

Modell <-s, -e> *nt* ① (*verkleinerte Ausgabe*) model; (*Ausführung*) model; MODE (*Kleidungsstück*) model ② (*Mannequin*) model; KUNST (*Akt~*) nude model; [**jdm** [*o* **für jdn**]] ~ **sitzen/stehen** to model [*or* sit] for sb ③ (*geh: Vorbild*) model

Modellauto *nt* model car **Modellcharakter** *m* something which can act as a model **Modelleisenbahn** *f* model railway, train set *fam* **Modellflugzeug** *nt* model aeroplane [*or* AM airplane] [*or* aircraft]

modellieren* *vt* ① (*plastisch formen*) ■**etw** ~ to model [*or* shape] [*or* work] sth ② (*als Abbild formen*) ■**jdn/etw** [**in etw** *dat*] ~ to make a model of sb/sth [in [*or* out of] sth], to model sb/sth in sth

Modelliermasse *f* modelling [*or* AM *a.* modeling] material

Modellkleid *nt* MODE model dress **Modellprojekt** *nt* pilot scheme [*or* AM project] **Modellversuch** *m* (*geh*) pilot scheme [*or* AM experiment]; TECH model test [*or* experiment]

modeln ['mɔdl̩n] *vi* MODE, MEDIA to [work as a] model

Modem <-s, -s> *nt o m* INFORM modem

Modemacher(in) <-s, -> *m(f)* MODE fashion designer

Modenschau *f* fashion show

Modepüppchen *nt*, **Modepuppe** *f* (*pej fam*) fashion freak [*or* victim]

Moder <-s> *m kein pl* (*geh*) mould, mildew

Moderation <-, -en> *f* RADIO, TV presentation

Moderator, -torin <-s, -toren> *m, f* RADIO, TV presenter

moderieren* *vt* RADIO, TV ■**etw** ~ to present sth

mod(e)rig *adj* musty; ~ **riechen** to smell musty, to have a musty smell

modern[1] *vi sein o haben* to decay, to go mouldy

modern[2] **I.** *adj* ① (*zeitgemäß*) modern; ~**e Technik** modern [*or* up-to-date] technology; ~**ste Technik** state-of-the-art [*or* the most up-to-date] technology ② (*an neueren Vorstellungen orientiert*) progressive, modern ③ (*modisch*) fashionable, trendy; ■ ~ **sein/werden** to be fashionable/come into fashion ④ (*zur Neuzeit gehörend*) modern; ~**e Diktaturen/Politik**/~**es Völkerrecht** present-day [*or* today's] dictators/policies/international law, dictators/policies/international law of today **II.** *adv* ① (*zeitgemäß*) in a modern manner [*or* style] ② (*modisch*) fashionably, trendily ③ (*fortschrittlich*) progressively; ~ **eingestellte Eltern/Lehrer** parents/teachers with progressive [*or* modern] ideas

Moderne <-> *f kein pl* ■ **die** ~ the modern age

modernisieren* *vt* ■ **etw** ~ to modernize sth

Modernisierung <-, -en> *f* modernization *no pl*

Modernisierungsverlierer(in) *m(f)* SOZIOL loser to modernization

Modeschmuck *m* costume [*or* fashion] jewelry **Modeschöpfer(in)** *m(f)* fashion designer, couturier *masc*, couturière *fem* **Modetrend** *m* fashion trend **Modewort** *nt* in [*or* vogue] word, buzzword **Modezeichner(in)** *m(f)* fashion designer **Modezeitschrift** *f* fashion magazine

Modi *pl von* **Modus**

Modifikation <-, -en> *f* (*geh*) modification

modifizieren* *vt* (*geh*) ■ **etw** ~ to modify sth

modisch **I.** *adj* fashionable, trendy **II.** *adv* fashionably, trendily

Modist(in) <-en, -en> *m(f)* milliner, hat maker

modrig *adj s.* **moderig**

Modul <-s, -e> *nt* module

Modulation <-, -en> *f* modulation

modulieren* *vt* ■ **etw** ~ to modulate sth

Modus <-, Modi> *m* LING (*geh*) modus vivendi

Mofa <-s, -s> *nt* moped

Mogadischu <-s> *nt* Mogadishu

Mogelei <-, -en> *f* (*pej*) cheating *no pl*

mogeln *vi* (*fam*) ■ [**bei etw**] ~ to cheat [at sth]

Mogelpackung *f* ① ÖKON (*irreführend verpackte Ware*) deceptive packaging ② (*fig: Augenwischerei*) eyewash

mögen **I.** *modal vb* <mochte, hat ... mögen> + *inf* ① (*wollen*) ■ **etw tun** ~ to want to do sth; ***ich mag dich nicht mehr sehen!*** I don't want to see you any more!; ***ich möchte jetzt einfach Urlaub machen können*** I wish I could [*or* I'd like to be able to] just take off on holiday now; ~ [*o* ***möchten***] ***Sie noch ein Glas Bier trinken?*** would you like another beer?; ***ich mag dich nicht gerne allein lassen*** I don't like to leave you alone [*or* leaving you alone]; ***Stefan hat noch nie Fisch essen*** ~ Stefan has never liked fish ② (*den Wunsch haben*) ■ **etw tun** ~ to want to do sth; ***ich möchte gerne kommen*** I'd like to come; ***hier möchte ich gerne leben*** I'd really like to live here; ***man möchte meinen, es wäre schon Winter*** you'd think that it was already winter; ***das möchte ich sehen!*** I'd like to see that! ③ (*drückt eine Vermutung aus*) [***es***] ***mag sein, dass sie Recht hat*** it may be that she's right; ***sie mag sogar Recht haben*** she may be right; ***hm, das mag schon stimmen*** hmm, that might [well] be true; ***das mag schon sein, aber trotzdem!*** that's as may be, but still!; ***kommst du? — mag sein*** (*eventuell*) are you coming? — maybe [*or* possibly]; (*wahrscheinlich*) are you coming? — probably; ***was mag das wohl bedeuten?*** what's that supposed to mean?, I wonder what that means?; ***was immer kommen mag, bleiben wir zusammen*** whatever happens we'll stay together; ***was immer er auch behaupten/sagen mag, ...*** whatever he may claim/say, ...; ***so gemein wie es auch klingen mag, ist es die Wahrheit*** however cruel this may sound, it is the truth; ***er mag das zwar behaupten, aber deswegen stimmt es noch lange nicht*** just because he says that, [it] doesn't necessarily mean that it's true; ***es mag so sein, wie er behauptet*** it may well [*or* might] be as he says; ***jetzt mag sie denken, dass wir sie nicht sehen wollen*** she probably thinks [that] we don't want to see her now; ***das mag noch angehen*** it might be all right; ***er sieht immer noch sehr gut aus, mag er auch inzwischen Mittfünfziger sein*** he's still very handsome, even if he's in his mid-fifties now; ***nun, er mag so um die 40 sein*** well, he must be [*or* I'd say he's] about 40; ***wie sie aussieht, mag sie Managerin sein*** she must be [*or* may well be] a manager from the look of her; ***es mochten so um die zwanzig Personen gewesen sein*** there must have been around twenty people there; ***wie dem auch sein mag*** be that as it may ④ (*sollen*) ■ **jd möge etw tun** sb should do sth; ***bestellen Sie ihm bitte, er möchte mich morgen anrufen*** please tell him to ring me tomorrow; ***sagen Sie ihr, sie möchte zu mir kommen*** could you tell her to come and see me; ***Sie möchten gleich mal zur Chefin kommen*** you're to go and see the boss right away, the boss has asked to see you right away; ***diese Warnung mag genügen*** let this warning be enough, this warning should suffice; ***möge das stimmen*** let's hope it's true; ***möge Gott das verhüten!*** God forbid!; ***wenn sie mir das doch nur verzeihen möge!*** if she could only forgive me this! ⑤ (*drückt Einräumung aus*) ■ **etw tun** ~ to be allowed [*or* able] to do sth; ***du magst tun, was du willst*** you may do as you please [*or* can]; ***mag sie von mir aus gehen*** she can go as far as I'm concerned; ***mag kommen, was da will, wir sind vorbereitet*** come what may, we are prepared ⑥ DIAL, BES SCHWEIZ (*können*) ***es mochte nichts helfen*** it [just] didn't help **II.** *vt* <mochte, gemocht> ① (*gern haben*) ■ **jdn** ~ to like sb; (*lieben*) to love sb; **die beiden ~ sich/~ einander nicht** the two of them like/don't like each other ② (*eine Vorliebe haben*) ■ **jdn/etw** ~ to like sb/sth; ***welchen Maler magst du am liebsten?*** who is your favourite painter?, which painter do you like best?; ***am liebsten mag ich Eintopf*** I like stew best, stew is my favourite [meal] ③ (*haben wollen*) ■ **etw** ~ to want sth; ***ich möchte ein Stück Kuchen*** I'd like a slice of cake; ***ich möchte im Augenblick nichts mehr*** I don't want anything else for the moment; ***möchten Sie noch etwas Kaffee/ein Glas Wein?*** would you like [*or* do you want] some more coffee/another glass of wine?; ***was möchten Sie bitte?*** what would you like?, what can I get for you? ④ (*sich wünschen*) ***ich möchte, dass du dich sofort bei ihr entschuldigst*** I would like [*or* want] you to apologize to her at once; ***ich möchte nicht, dass das bekannt wird*** I don't want this to get out; ***ich möchte gern, dass er mir öfters schreibt*** I wish he would write [to me] more often **III.** *vi* ① (*wollen*) to want [*or* like] to; ***es ist noch Nachtisch da, magst du noch?*** there is [still] some dessert left, would you like [to have] some more?; ***es ist doch keine Frage, ob ich mag, ich muss es eben tun*** it's not a question of whether I want to do it [or not], I have to [do it] [*or* it has to be done]; **nicht so recht** ~ to not [really] feel like it; ***„gehst du mit ins Kino?" — „nein, ich mag nicht so recht"*** "are you coming to the cinema?" — "no, I don't really feel like it"; ***lass uns morgen weitermachen, ich mag nicht mehr*** let's carry on tomorrow, I don't feel like doing anymore today; ***„iss doch bitte auf" — „ich mag aber nicht mehr"*** "come on, finish up" — "but I don't want any more"; ***wenn du magst, machen wir jetzt eine Pause*** we could take a break now if you like ② (*fam: gehen/fahren wollen*) ■ **irgendwohin** ~ to want to go somewhere; ***ich mag*** [*o* ***möchte***] ***nach Hause*** I want to go home; ***möchtest du auch ins Kino?*** do you want to go to the cinema too?

Mogler(in) <-s, -> *m(f)* (*fam*) cheat

möglich *adj* ① *attr* (*denkbar*) possible; **alles M~e** everything possible; ***er ließ sich alles M~e einfallen, um sie zu überreden*** he tried everything imaginable to persuade her; **das einzig M~e** the only option [open to us etc] [*or* thing we etc can do]; **etw für ~ halten** to believe in sth; **es für ~ halten, dass ...** to think it possible that ...; **sein M~stes tun** to do everything in one's power [*or* utmost]; **alle ~en** all kinds [*or* sorts] of; **schon ~** (*fam*) maybe, possibly; ***das ist schon*** ~ that may well be ❷ *attr* (*potenziell*) potential ❸ *pred* (*durchführbar*) possible; ***ist denn so was ~?*** (*fam*) is this really possible?; ■**es ist ~, dass ...** it is possible that ...; ■**jdm ist es ~, etw zu tun** sb is able to [*or* can] [*or* it is possible for sb to] do sth; ***komm doch mit, wenn es dir ~ ist*** come with us, if you're able to; [**jdm**] **etw ~ machen** to make sth possible [for sb]; **es ~ machen, etw zu tun** to make it possible to do sth; **falls** [*o* **wenn**] [**irgend**] ~ if [at all] possible; [***das ist doch***] ***nicht ~!*** [that's] impossible!, I don't believe it!; **so ... wie ~** as ... as possible; ***komme so schnell wie*** ~ come as quickly as possible

möglicherweise *adv* possibly; ***es handelt sich ~ um ein Missverständnis*** it's possible [that] there has been a misunderstanding, there's possibly been a misunderstanding; ***kann es ~ sein, dass ...?*** is it [*or* could it be] possible that ...?

Möglichkeit <-, -en> *f* ❶ (*Gelegenheit*) opportunity; **jdm die ~ geben, etw zu tun** to give sb the opportunity [*or* the [*or* a] chance] to do sth; **die ~ haben, etw zu tun** to have an opportunity to do sth ❷ (*mögliches Verfahren*) possibility ❸ *kein pl* (*Realisierbarkeit*) possibility; **nach ~** if possible; **politische/diplomatische ~en** political/diplomatic means ❹ *pl* (*Mittel*) ■**jds ~en** sb's [financial] means [*or* resources] ► WENDUNGEN: **ist denn das die ~?, ist es die ~!** (*fam*) I don't believe it!, whatever [*or* AM what] next!

möglichst *adv* ❶ (*so ... wie möglich*) as ... as possible; **~ bald/früh/weit** as soon/early/far as possible ❷ (*wenn irgend möglich*) if possible

Mohammedaner(in) <-s, -> *m(f)* REL (*veraltend*) *s.* **Moslem**

mohammedanisch *adj* REL (*veraltend*) *s.* **islamisch**

MohärRR <-s, -e> *m*, **Mohair** <-s, -e> [mo'hɛːɐ] *m* mohair

MohärpulloverRR [mo'hɛːɐ-] *m* mohair sweater **Mohärschal**RR *m* mohair scarf

Mohn <-[e]s, -e> *m* poppy; (*~samen*) poppy seed

Mohnanbau *m* cultivation of poppies **Mohnblüte** *f* poppy flower **Mohnbrötchen** *nt* poppy-seed roll **Mohnernte** *f* poppy harvest **Mohngebäck** *nt* poppy-seed pastry **Mohnhörnchen** *nt* poppy-seed croissant **Mohnkuchen** *m* poppy-seed cake **Mohnöl** *nt* poppy-seed oil

Mohr(in) <-en, -en> *m(f)* (*veraltet: Neger*) negro ► WENDUNGEN: **der ~ hat seine Schuldigkeit getan, der ~ kann gehen** (*prov*) once one has served one's purpose one is simply discarded

Möhre <-, -n> *f* carrot

Möhrensaft *m* carrot juice **Möhrensalat** *m* carrot salad

Mohrrübe *f* BOT NORDD (*Möhre*) carrot

Moiré <-s, -s> [moa're:] *m o nt* MODE moiré

Mokassin <-s, -s> *m* moccasin

Mokick <-s, -s> *nt* kick-start moped

mokieren* *vr* (*geh*) ■**sich über jdn/etw ~** to mock sb/sth

Mokka <-s, -s> *m* mocha; (*Kaffee a.*) mocha coffee

Mokkabohne *f* mocha bean **Mokkalöffel** *m* demitasse spoon **Mokkatasse** *f* demitasse

Mol <-s, -e> *nt* CHEM (*Konzentrationsmaß von Lösungen*) mole

molar *adj* CHEM molar

Molarität <-> *f kein pl* CHEM (*Grad der Konzentration in Mol*) molarity

Molch <-[e]s, -e> *m* newt

Moldauer(in) <-s, -> *m(f)* Moldavian; *s. a.* **Deutsche(r)**

Moldauisch *nt dekl wie adj* Moldovan; *s. a.* **Deutsch**

moldauisch *adj* Moldavian; *s. a.* **deutsch**

Moldauische <-n> *nt* ■**das ~** Moldovan, the Moldovan language; *s. a.* **Deutsche**

Moldawien <-s> *nt s.* **Moldova**

Moldova <-s> *nt* Moldova, Moldavia; *s. a.* **Deutschland**

Mole <-, -n> *f* NAUT mole

Molekül <-s, -e> *nt* molecule

molekular *adj* molecular

Molekularbiologie *f* molecular biology **Molekulardesign** *nt* PHYS molecular design *no pl* **Molekulargenetik** *f* molecular genetics

molk *imp von* **melken**

Molke <-> *f kein pl* whey

Molkerei <-, -en> *f* dairy

Molkereibutter *f* dairy butter **Molkereiprodukt** *nt* dairy product

Moll <-, -> *nt* MUS minor [key]; **f-~** F minor

mollig *adj* (*fam*) ❶ (*rundlich*) plump; *Kind, Baby* chubby ❷ (*behaglich*) cosy BRIT, cozy AM ❸ (*angenehm warm*) snug

Moloch <-s, -e> *m* Moloch *fig*

Molotowcocktail ['mɔːlotɔfkɔkteːl] *m* Molotov cocktail

Molybdän <-s> *nt kein pl* CHEM molybdenum

Moment1 <-[e]s, -e> *m* ❶ (*geh: Augenblick*) moment; ■**im ... ~** at the ... moment; **im ersten ~** at first; **im falschen/richtigen ~** at the wrong/right moment; **im letzten ~** at the last moment [*or* minute]; **im nächsten ~** the next moment; **in einem unbeobachteten ~** when no one was looking; **im ~** at the moment; **in dem ~, wo** just [at the moment] when; **in diesem** [*o* **im gleichen**] [*o* **im selben**] **~** at the same moment; **einen** [**kleinen**] **~!** just a moment! [*or* minute!] [*or* second!]; **jeden ~** [at] any moment; **~ mal!** just [*or* [just] hang on] a moment! [*or* minute!] [*or* second!] ❷ (*kurze Zeitspanne*) **einen/keinen ~** a moment/not for a moment; ***sie ließ einen ~ vergehen, ehe sie antwortete*** she paused for a moment before answering; **keinen ~ zögern** to not hesitate for a [single] moment [*or* second]

Moment2 <-[e]s, -e> *nt* ❶ (*geh: Umstand*) factor, consideration ❷ PHYS (*Kraftwirkung*) moment

momentan I. *adj* ❶ (*derzeitig*) present *attr*, current *attr* ❷ (*vorübergehend*) momentary II. *adv* ❶ (*derzeit*) at present [*or* the moment] ❷ (*vorübergehend*) momentarily, for a moment

Momentaufnahme *f* instant photograph

Monaco <-s> *nt* Monaco

Monarch(in) <-en, -en> *m(f)* monarch

Monarchfalter *m* ZOOL monarch butterfly

Monarchie <-, -n> [-'çiːən] *f* monarchy

Monarchin <-, -nen> *f fem form von* **Monarch**

Monarchist(in) <-en, -en> *m(f)* monarchist

monarchistisch *adj* monarchistic[al]

Monat <-[e]s, -e> *m* month; [***im***] ***kommenden/vorigen*** ~ next/last month; **im vierten/siebten etc ~ sein** to be four/seven etc months pregnant; **auf ~e hinaus** for months to come; **im ~** a [*or* per] month; ***sie verdient DM 3,500 im*** ~ she earns DM 3.500 a [*or* per] month; **einmal/zweimal etc im ~** once/twice etc a month; **von ~ zu ~** from month to [*or* by the] month

monatelang I. *adj attr* lasting for months *pred*; ***nach ~er Abwesenheit*** after being absent for several months II. *adv* for months

monatlich I. *adj* monthly II. *adv* monthly, every month

M

Monatsanfang *m* beginning of the month; **am/zum** ~ at the beginning of the month **Monatsblutung** *f* ANAT *s.* **Menstruation** **Monatseinkommen** *nt* monthly income **Monatsende** *nt* end of the month; **am/zum** ~ at the end of the month **Monatserste(r)** *m dekl wie adj* first of the month **Monatsfrist** *f* **innerhalb** [*o geh* **binnen**] ~ within a month **Monatsgehalt** *nt* monthly salary **Monatshälfte** *f* half of the month **Monatskarte** *f* ❶ TRANSP (*Fahrkarte*) monthly season ticket ❷ (*Berechtigungskarte*) monthly pass **Monatslohn** *m* ÖKON monthly wage[s *pl*] **Monatsmitte** *f* middle of the month **Monatsname** *m* name of the month **Monatsrate** *f* monthly instalment [*or* AM installment] **Monatsschrift** *f* MEDIA monthly [magazine [*or* journal]]

monat(s)weise **I.** *adj* monthly **II.** *adv* monthly, every [*or* by the] month

Mönch <-[e]s, -e> *m* monk; **wie ein ~ leben** to live like a monk

Mönchsgeier *m* ORN black vulture **Mönchsgrasmücke** *f* ORN blackcap **Mönchskloster** *nt* monastery **Mönchskutte** *f* monk's habit [*or* cowl] **Mönchsorden** *m* monastic order **Mönchszelle** *f* monastic [*or* monk's] cell

Mond <-[e]s, -e> *m* ❶ *kein pl* ASTRON ■ **der** ~ the moon; **der ~ nimmt ab/zu** the moon is waning/waxing ❷ ASTRON (*Satellit*) moon, [natural] satellite ▸ WENDUNGEN: **auf** [*o* **hinter**] **dem ~ leben** (*fam*) to be a bit behind the times [*or* out of touch]; ***du lebst wohl auf dem ~!*** (*fam*) where have you been?; **jd möchte** [*o* **würde**] **jdn auf den ~ schießen** (*fam*) sb would gladly be [*or* get] shot [*or* AM rid] of sb

mondän *adj* (*geh*) fashionable, chic

Mondaufgang *m* moonrise **Mondbohne** *f s.* **Limabohne**

Mondenschein *m* moonlight; **im** ~ (*geh*) in the moonlight

Mondfähre *f s.* **Mondlandefähre** **Mondfinsternis** *f* lunar eclipse, eclipse of the moon **Mondfisch** *m* ZOOL sunfish **Mondgesicht** *nt* (*fam*) moonface **Mondgestein** *nt* lunar rock **Mondgöttin** *f* moon goddess, goddess of the moon **Mondjahr** *nt* lunar year **Mondkrater** *m* lunar crater **Mond(lande)fähre** *f* RAUM lunar module **Mondlandschaft** *f* ❶ (*Kraterlandschaft*) lunar landscape ❷ KUNST moonlit landscape, landscape by moonlight **Mondlandung** *f* moon [*or* lunar] landing, landing on the moon **Mondlicht** *nt* moonlight **mondlos** *adj* (*geh*) moonless **Mondmobil** <-s, -e> *nt* RAUM moon buggy [*or* rover] **Mondoberfläche** *f* surface of the moon, lunar surface **Mondphase** *f* ASTRON phase of the moon, lunar phase **Mondpreis** *m meist pl* misleading price, astronomical price **Mondschein** *m* moonlight *no pl* ▸ WENDUNGEN: **jd kann jdm mal im ~ begegnen!** (*sl*) sb can go to hell *fam* [*or* BRIT *sl* get stuffed] **Mondscheintarif** *m* TELEK ❶ (*Tarif für Telefongespräche von 21 bis 2 Uhr an Werktagen und für solche von 21 bis 5 Uhr an Sonn- und Feiertagen*) cheap rate ❷ (*hist:* [*bis 1980*] *Tarif, der abends und nachts stark verbilligte Telefongespräche über beliebige Entfernungen innerhalb der Bundesrepublik Deutschland ermöglichte*) cheap rate **Mondsichel** *f* (*geh*) crescent moon **Mondsonde** *f* RAUM lunar probe **Mondstein** *m* GEOL moonstone, adularia **mondsüchtig** *adj* MED sleep-walking *attr,* somnambulant *spec;* ■ ~ **sein** to be a sleepwalker [*or spec* somnambulist] **Mondumlaufbahn** *f* lunar orbit **Monduntergang** *m* ASTRON moonset

Monegasse, -gassin <-n, -n> *m, f* GEOG Monegasque, Monacan

monetär *adj* monetary

Moneten *pl* (*sl*) bread *no pl, no indef art sl,* dough *no pl, no indef art sl,* BRIT *a.* dosh *no pl, no indef art sl,* BRIT *a.* readies *pl sl*

Mongole, Mongolin <-n, -n> [mɔŋ'go:lə] *m, f* ❶ (*Bewohner der Mongolei*) Mongol, Mongolian ❷ *pl* HIST ■ **die ~n** the Mongols

Mongolei <-> [mɔŋgo'lai] *f* ■ **die** ~ Mongolia; ■ **die Innere/Äußere** ~ Inner/Outer Mongolia

mongolid [mɔŋgo'li:t] *adj* Mongoloid

Mongolin <-, -nen> *f fem form von* **Mongole**

Mongolisch *nt dekl wie adj* Mongolian; *s. a.* **Deutsch**

mongolisch [mɔŋ'go:lɪʃ] *adj* GEOG Mongolian; HIST Mongol

Mongolische <-n> *nt* ■ **das** ~ Mongolian, the Mongolian language; *s. a.* **Deutsche**

Mongolismus <-> [mɔŋgo'lɪsmʊs] *m kein pl* MED mongolism

mongoloid [mɔŋgolo'i:t] *adj* MED mongoloid

monieren* *vt* ■ **etw** ~ to find fault with [*or* criticize] sth; ■ ~, **dass ...** to complain that ...

Monitor <-s, -toren *o* -e> *m* monitor

mono *adj inv* RADIO, TECH *kurz für* **monophon** mono

monochrom [mono'kro:m] *adj* monochrome

monogam *adj* monogamous

Monogamie <-> *f kein pl* monogamy

Monogramm <-s, -e> *nt* monogram

Monographie <-, -n> *f,* **Monografie**[RR] <-, -n> [-'fi:ən] *f* monograph

monokausal *adj* monocausal

Monokel <-s, -> *nt* monocle

monoklonal *adj* monoclonal

Monokultur *f* AGR, FORST monoculture

Monolith <-en, -e[n]> *m* monolith

Monolog <-[e]s, -e> *m* monologue, soliloquy *form;* **einen ~ führen** [*o* **halten**] to hold a monologue; **innerer** ~ LIT interior monologue; **einen ~ sprechen** THEAT to utter a soliloquy, to recite a monologue

Monomanie <-, -n> *f* PSYCH monomania

monophon *adj* RADIO, TECH monophonic

Monopol <-s, -e> *nt* monopoly; ■ **ein/jds ~ auf etw** *akk* a/sb's monopoly on sth; **ein ~ auf etw haben** *akk* to have [*or* hold] a monopoly on sth

monopolisieren* *vt* ÖKON ■ **etw** ~ to monopolize sth

Monopolkommission *f* Monopolies and Mergers Commission BRIT, Securities and Exchange Commission AM **Monopolstellung** *f* ÖKON monopoly

Monopoly® <-s> [-poli] *nt kein pl* ❶ (*Spiel*) Monopoly® ❷ (*Poker um viel Geld*) [huge] gamble

Monotheismus <-> [-te'ɪs-] *m kein pl* REL monotheism

monotheistisch *adj inv* REL (*geh*) monotheistic

monoton **I.** *adj* ❶ (*eintönig*) monotonous ❷ (*ohne Abwechslung*) monotonous, humdrum **II.** *adv* monotonously; ~ **klingen** to sound monotonous; ~ **sprechen** to speak monotonously [*or* in a monotonous voice]

Monotonie <-, -n> [-'ni:ən] *f* (*geh*) ❶ (*Gleichmäßigkeit*) monotony ❷ (*Eintönigkeit*) monotony, humdrumness

Monoxid <-[e]s, -e> *nt* CHEM monoxide

Monster <-s, -> *nt* (*fam*) monster

Monsterbau *m* (*pej*) massive [*or fam* monster [of a]] building **Monsterfilm** *m* mammoth film production, screen epic

Monstranz <-, -en> *f* REL monstrance

Monstren *pl von* **Monstrum**

monströs *adj* (*geh*) ❶ (*riesig groß*) massive, monster *fam;* **ein ~es Bauwerk** a massive [*or fam* monster [of a]] building ❷ (*grässlich*) monstrous ❸ (*ungeheuerlich*) monstrous, horrifying

Monstrosität <-, -en> *f* ❶ *kein pl* (*geh: Ungeheuer-*

lichkeit) monstrosity, atrocity ② (*ungeheures Gebilde*) monstrosity ③ MED (*missgebildeter Fötus*) monstrosity, teras *spec*, teratism *spec*
Monstrum <-s, Monstren> *nt* ① (*grässliches Wesen*) monster ② (*fam: gigantisches Objekt*) hulking great thing
Monsun <-s, -e> *m* monsoon
Monsunregen *m* monsoon rain
Montag <-s, -e> *m* Monday; *s. a.* **Freitag** ▸ WENDUNGEN: **blauer** ~ (*fam*) an unofficial Monday off work, BRIT *a.* a sickie on [a] Monday *sl;* ~ **blau machen** (*fam*) to call in sick on [a] Monday, to take an unofficial day [*or* BRIT *sl* skive] off work on [a] Monday, to take a sickie on [a] Monday BRIT *sl*
Montagabend[RR] *m* Monday evening; *s. a.* **Dienstag** **montagabends**[RR] *adv* [on] Monday evenings
Montage <-, -n> [mɔn'taːʒə] *f* ① TECH (*das Montieren*) assembly; **auf** ~ **sein** *dat* to be away on a job ② FOTO (*Foto~*) montage
Montageband <-bänder> [mɔn'taːʒə-] *nt* assembly line **Montagehalle** *f* assembly shop **Montagewerk** *nt* assembly plant
montägig *adj* on Monday
montäglich *adj* regular Monday *attr;* ***wir treffen uns zu unserer ~en Weinrunde*** we meet at our regular Monday wine session
Montagmittag[RR] *m* [around] noon on Monday; *s. a.* **Dienstag** **montagmittags**[RR] *adv* [around] noon on Mondays **Montagmorgen**[RR] *m* Monday morning; *s. a.* **Dienstag** **montagmorgens**[RR] *adv* [on] Monday mornings **Montagnachmittag**[RR] *m* Monday afternoon; *s. a.* **Dienstag** **montagnachmittags**[RR] *adv* [on] Monday afternoons **Montagnacht**[RR] *f* Monday night; *s. a.* **Dienstag** **montagnachts**[RR] *adv* [on] Monday nights
montags *adv* [on] Mondays; ~ **abends/nachmittags/nachts** [on] Monday evenings/afternoons/mornings
Montagvormittag[RR] *m* Monday morning; *s. a.* **Dienstag** **montagvormittags**[RR] *adv* [on] Monday mornings
Montanindustrie *f* coal and steel industry **Montanunion** *f* ▪**die** ~ the European Coal and Steel Community
Monteur(in) <-s, -e> [mɔn'tøːɐ] *m(f)* ① TECH (*Heizungs~*) mechanic, fitter ② ELEK (*Elektro~*) electrician
Monteuranzug [mɔn'tøːɐ-] *m* overalls *pl,* BRIT *a.* overall, BRIT *a.* boiler suit
Monteurin <-, -nen> *f fem form von* **Monteur**
montieren* *vt* ① TECH (*zusammenbauen*) ▪**etw** [**aus etw**] ~ to assemble sth [from sth] ② TECH (*anbringen*) ▪**etw** [**an/auf etw**] ~ *akk* to fit sth [to sth]; **eine Antenne** ~ to put up [*or* mount] an aerial; **ein Gerät** ~ to install an appliance ③ KOCHK ▪**etw** ~ to beat [*or* cream] sth
Montur <-, -en> *f* work clothes *npl*
Monument <-[e]s, -e> *nt* ① (*Denkmal*) monument, memorial ② (*Kulturdenkmal*) monument
monumental *adj* monumental, massive; **ein ~es Gemälde** a monumental painting
Monumentalbau <-bauten> *m* monumental [*or* massive] building **Monumentalgemälde** *nt* monumental painting
Moonboots ['muːnbuːts] *pl* moon boots *pl*
Moor <-[e]s, -e> *nt* marsh[land], bog, swamp
Moorbad *nt* ① (*medizinisches Bad*) mudbath ② (*Kurort*) health clinic [with mudbaths] **Moorerde** *f kein pl* peaty [*or* bog] soil **Moorhuhn** *nt* grouse
moorig *adj* marshy, boggy, swampy
Moorleiche *f* ARCHÄOL body preserved in marshland [*or* a marsh] [*or* a bog] **Moorschneehuhn** *nt* ORN ptarmigan; (*Schottisches* ~) red grouse
Moos[1] <-es, -e> *nt* moss; **mit ~ bedeckt/überzogen** overgrown with moss
Moos[2] <-es> *nt kein pl* (*sl*) bread *no indef art fam,* dough *no indef art fam,* BRIT *a.* dosh *no indef art sl*
Moos[3] <-es, Möser> *nt* SCHWEIZ, ÖSTERR (*Moor*) marsh[land]
moosig *adj* mossy, moss-covered
Moosrose *f,* **Moosröschen** [-røːsçən] *nt* moss-rose
Mop <-s, -s> *m s.* **Mopp**
Moped <-s, -s> *nt* moped
Mopedfahrer(in) *m(f)* moped rider
Mopp[RR] <-s, -s> *m* mop
Mops <-es, Möpse> *m* ① ZOOL (*Hunderasse*) pug[-dog] ② (*fam: Dickerchen*) podge BRIT *fam,* pudge AM *fam,* podgy [*or* AM pudgy] [*or* tubby] *fam* little thing ③ *pl* (*sl: Brüste*) boobs *pl sl,* tits *pl vulg*
mopsen *vt* DIAL (*fam: klauen*) ▪[**jdm**] **etw** ~ to pinch [*or* BRIT *a.* nick] [sb's] sth *fam*
Moral <-> *f kein pl* ① (*ethische Grundsätze*) morals *pl;* **eine doppelte ~ haben** to have double standards; **keine ~ haben** to have no morals; [**jdm**] ~ **predigen** to moralize to sb; **gegen die** [**geltende** [*o* **herrschende**]] ~ **verstoßen** to offend against [the prevailing] moral standards ② (*nützliche Lehre*) moral; **die ~ von der Geschichte** the moral of the story ③ (*Disziplin*) morale
Moralapostel *m s.* **Moralprediger**
moralinsauer *adj* (*pej*) holier-than-thou *pej,* self-righteous *pej*
moralisch **I.** *adj* ① (*sittlich*) moral ② (*tugendhaft*) virtuous ▸ WENDUNGEN: **einen/seinen M~en haben** (*fam*) to be down in the dumps, to have the blues *fam;* **den M~en kriegen** (*fam*) to get down in the dumps [*or* the blues] *fam* **II.** *adv* morally; ~ **verpflichtet sein** to be duty-bound
moralisieren* *vi* to moralize
Moralist(in) <-en, -en> *m(f)* moralist
moralistisch *adj* moralistic
Moralprediger(in) *m(f)* (*pej*) moralizer [*or* BRIT *a.* -iser] **Moralpredigt** *f* [moralizing] lecture, homily, sermon; **~en halten** to moralize; **jdm eine ~ halten** to deliver a [moralizing] lecture [*or* homily] [*or* sermon] to sb **Moraltheologie** *f* ECCL moral theology *no indef art* **Moralvorstellung** *f* ideas *pl* on morality
Moräne <-, -n> *f* GEOL moraine
Morast <-[e]s, -e *o* Moräste> *m* ① (*sumpfiges Gelände*) morass, bog, marsh[land], swamp ② *kein pl* (*Schlamm*) mud *no indef art*
morastig *adj* marshy, muddy
Moratorium <-s, -torien> [-'toːriən] *nt* moratorium
morbid *adj* (*geh*) degenerate; **einen ~en Charme haben** to have a [certain] morbid charm
Morchel <-, -n> *f* BOT morel
Mord <-[e]s, -e> *m* murder; **geplanter ~** premeditated murder, murder with malice aforethought *form;* **ein heimtückischer/kaltblütiger ~** a brutal [*or* vicious]/cold-blooded murder; **der perfekte ~** the perfect murder; **ein politisch motivierter ~** a politically-motivated murder [*or* killing]; **versuchter ~** JUR attempted murder; **jdn wegen ~es anklagen** to charge sb with murder; **einen ~ [an jdm] begehen** to commit a murder, to murder sb; **jdn wegen ~es vor Gericht stellen** to try sb for murder; **vorsätzlicher ~** wilful [*or* AM willful] murder; ▪[**jds**] ~ **an jdm** [sb's] murder of sb, murder of sb [by sb] ▸ WENDUNGEN: **dann gibt es ~ und Totschlag** (*fam*) there'll be hell to pay *fam,* all hell will be let loose *fam;* **das ist ja ~!** (*fam*) it's [sheer] murder! *fig fam*
Mordanklage *f* JUR murder charge, charge of murder;

M

~ **[gegen jdn] erheben** to charge sb with murder; **unter ~ stehen** to be charged with murder [*or* on a murder charge] [*or* on a charge of murder] **Mordanschlag** *m* attempt on sb's life; POL *a.* assassination attempt; **einem ~ entgehen** to survive an assassination attempt; **einen ~ auf jdn verüben** to make an attempt on sb's life **Morddrohung** *f* death [*or* murder] threat; **eine ~ erhalten** to receive a death [*or* murder] threat [*or* threat on one's life]

morden **I.** *vi* to murder, to kill **II.** *vt* (*geh: er~*) ■**jdn ~** to slay *liter* [*or* murder] sb

Mörder(in) <-s, -> *m(f)* murderer, killer; (*eines Präsidenten*) assassin; **zum ~ werden** to become a murderer [*or* killer]

mörderisch **I.** *adj* ❶ (*fam: schrecklich*) murderous *fam*, terrible *fam*, dreadful *fam* ❷ (*fam: gewaltig*) terrible; **~er Schmerz** great [*or* terrible] pain; ***er hat ein ~es Tempo drauf*** he's driving at [a] breakneck speed ❸ (*Morde begehend*) murderous **II.** *adv* (*fam*) ❶ (*äußerst*) murderously *fam*, terribly *fam*, dreadfully *fam* ❷ (*furchtbar*) dreadfully *fam;* **~ bluten** to bleed uncontrollably; **~ fluchen** to curse like blazes *fam;* **~ stinken** to stink to high heaven; **~ weh tun** to hurt like hell *fam*

Mordfall *m* murder case **Mordinstrument** *nt* ❶ (*fam: großes, unhandliches Gerät*) really [*or* BRIT bloody] great [big] thing *fam* ❷ *s.* **Mordwaffe** **Mordkommission** *f* murder squad

Mordsbrocken <-s, -> *f* (*fam*) whopping great thing *fam* **Mordsding** *nt* (*fam*) [real] whopper *fam* **Mordsdurst** *nt* terrible [*or fam* [one] hell of a] thirst; **einen solchen ~ haben** to be so thirsty **Mordsglück** *nt* incredibly good luck; **ein ~ haben** to be incredibly lucky, to have the luck of the devil **Mordshunger** *m* ravenous hunger; **einen ~ haben** to be incredibly hungry [*or* famished] **Mordskerl** *m* (*fam*) ❶ (*toller Kerl*) great guy [*or* BRIT *a.* bloke] *fam* ❷ (*starker Mann*) massive [*or* enormous] guy [*or* BRIT *a.* bloke] *fam;* ***er ist wirklich ein ~!*** he's built like a brick outhouse! *fam* **Mordskrach** *m* terrible din [*or* racket]; **einen ~ haben** to have a big argument [*or fam* massive row] **Mordslärm** *m* a hell of a noise [*or* racket] *fam* **mordsmäßig** **I.** *adj* (*fam*) terrible *fam;* **ein ~er Appetit/Hunger** a ravenous hunger; **ein ~er Durst** a terrible [*or fam* a [*or* one] hell of a] thirst; **~er Schmerz** great [*or* terrible] pain; ***ich habe einen ~en Hunger*** I'm terribly hungry, I'm ravenous [*or* famished] **II.** *adv* (*fam*) ❶ + *vb* (*höllisch*) terribly *fam;* **~ bluten** to bleed uncontrollably; **~ fluchen** to curse like blazes *fam;* **~ schmerzen** [*o* **weh tun**] to hurt like hell *fam* ❷ + *adj, pp* (*mörderisch*) murderously *fam*, terribly *fam*, dreadfully *fam* **Mordssauerei** *f* [downright [*or* absolute]] disgrace, [complete [*or* real]] scandal **Mordsschrecken** *m* terrible [*or* [*or* fam] [one] hell of a] fright **Mordsspaß** *m* (*fam*) **einen ~ haben** to have a whale of a time **Mordswut** *f* (*fam*) terrible [*or fam* [one] hell of a] rage; **eine ~ im Bauch haben** to be in a terrible [*or* a [*or* one] hell of a] rage

Mordtat *f* (*geh*) murderous deed, murder **Mordverdacht** *m* suspicion of murder; **in ~ geraten** to become a murder suspect; **unter ~ stehen** *dat* to be suspected [*or* under suspicion] of murder; **unter ~** under suspicion of murder **Mordwaffe** *f* murder weapon

Morelle <-, -n> *f* HORT morello

morgen *adv* (*am nächsten Tag*) tomorrow; **~ in acht Tagen** [*o* **einer Woche**] a week from tomorrow, BRIT *a.* a week tomorrow, BRIT *a.* tomorrow week; **~ Früh/Mittag/Nachmittag/Abend** tomorrow morning/lunchtime/afternoon/evening; **bis ~ [Früh/Mittag/Nachmittag/Abend]!** until [*or* see you] tomorrow [morning/lunchtime/afternoon/evening] ▶ WENDUNGEN: **~, ~, nur nicht heute[, sagen alle faulen Leute]** (*prov*) never do today what you can put off until tomorrow *hum;* **~ ist auch [noch] ein Tag!** tomorrow is another [*or* a new] day

Morgen <-s, -> *m* ❶ (*Tagesanfang*) morning; **den ganzen ~ [über]** all [*or* the whole] morning; **guten ~!** good morning!; **~!** (*fam*) morning! *fam;* **[jdm] guten ~ sagen** to say good morning [to sb], to wish sb good morning; ***ich wollte euch schnell guten ~ sagen*** I just wanted to say a quick hello to you; **bis in den hellen ~ schlafen** to sleep [in] [*or* BRIT *a.* lie in] for most of the morning; **am nächsten ~** the next [*or* following] morning; **der ~ dämmert** [*o* **bricht an**] [*o geh* **graut**] dawn [*or* day] is breaking; **zu ~ essen** SCHWEIZ (*frühstücken*) to have breakfast; **~ sein/werden** to be/get [*or* grow] light; **am ~, des ~s** (*geh*) in the morning; **bis in den [frühen] ~ hinein** into the early hours; **~ für ~** every [single] morning; **gegen ~** towards morning; **eines ~s** one morning ❷ (*liter: lichte Zukunft*) morning, [new] dawn ❸ (*2500 m^2*) ≈ acre (*land measure with regional variations in size from 0.6 to 0.9 acres*)

Morgenausgabe *f* MEDIA morning edition **Morgendämmerung** *f s.* **Morgengrauen**

morgendlich *adj* ❶ (*morgens üblich*) morning *attr;* **die ~e Kühle/Stille** the cool/quiet of [the] [early] morning ❷ (*morgens stattfindend*) in the morning *pred;* **der ~e Berufsverkehr** [*o* **die ~e Rushhour**] the morning rush-hour [traffic], rush-hour [traffic] in the morning

Morgenessen *nt* SCHWEIZ (*Frühstück*) breakfast **Morgengabe** *f* HIST morning gift **Morgengrauen** <-s, -> *nt* daybreak, dawn; **im/beim ~** at the crack of dawn [*or* first light] **Morgenland** *nt kein pl* (*veraltet*) ■**das ~** the East [*or* Orient] **Morgenluft** *f* [early] morning air ▶ WENDUNGEN: **~ wittern** (*fam*) to see one's chance **Morgenmantel** *m* MODE (*veraltend*) *s.* **Morgenrock** **Morgenmuffel** <-s, -> *m* (*fam*) morning grumpiness *fam*, grumpiness in the mornings *fam;* **ein [großer] ~ sein** to be [very] grumpy in the mornings **Morgenrock** *m* dressing gown **Morgenrot** *nt kein pl* red sky [in the morning] **Morgenröte** *f* (*poet*) *s.* **Morgenrot**

morgens *adv* in the morning; **von ~ bis abends** from morning to [*or* till] night; **~ und abends** all day long

Morgensonne *f* morning sun; **~ haben** to get [*or* catch] the morning sun **Morgenstern** *m* ❶ *kein pl* METEO (*der auffallend hell leuchtende Planet Venus am Morgenhimmel vor Sonnenaufgang*) morning star ❷ HIST, MIL (*im Mittelalter verwendete Schlagwaffe, meist in Gestalt einer Keule, deren oberes kugeliges Ende mit eisernen Stacheln besetzt ist*) morning star, morgenstern, spiked mace ❸ BOT DIAL (*veraltend: Narzisse*) narcissus **Morgenstunde** *f meist pl* morning hour; ***wer ist denn zu dieser frühen ~ an der Tür?*** who is [that] [*or* can [that] be] at the door at this early hour of the morning?; **während der ersten ~n** very early in the morning; **bis in die [frühen] ~n feiern** to celebrate into the early hours [of the morning] ▶ WENDUNGEN: **Morgenstund[e] hat Gold im Mund[e]** (*prov*) the early bird catches the worm *prov*

morgig *adj attr* tomorrow's; **die ~e Rede/der ~e Termin** the speech/appointment tomorrow; *s. a.* **Tag**

Moritat <-, -en> *f* street ballad

Morlock <-s, Morlocken> *m* MYTH *mythical mischevious gnome who generally frequented large towns*

Mormone, Mormonin <-n, -n> *m, f* REL Mormon

Morphem <-s, -e> *nt* LING morpheme

Morphin <-s> *nt kein pl* CHEM morphine

Morphinist(in) <-en, -en> *m(f)* (*geh*) morphine ad-

dict
Morphium <-s> *nt kein pl* CHEM morphine
morphiumsüchtig *adj* addicted to morphine *pred*
Morphiumsüchtige(r) *f(m) dekl wie adj* morphine addict
Morphologie <-> *f kein pl* LING morphology
morphologisch *adj* LING morphological
morsch *adj* rotten; ~**es Holz** rotting wood; ~**e Knochen** decomposing [*or* decaying] bones
Morschheit <-> *f kein pl* rottenness
Morsealphabet *nt* Morse [code [*or* alphabet]] **Morseapparat** *m* Morse telegraph
morsen **I.** *vi* to signal [*or* send a message] in Morse [code]; ■**das M~** signalling [*or* AM *a.* signaling] [*or* sending a message] in Morse [code]; **das ~ lernen** to learn how to signal [*or* send a message] in Morse [code] **II.** *vt* ■**etw morsen** to send sth in Morse [code]
Mörser <-s, -> *m* mortar
Morsezeichen *nt* Morse signal
Mortadella <-> *f kein pl* KOCHK mortadella
Mortalität <-> *f kein pl* (*geh*) mortality [rate]
Mörtel <-s, -> *m* mortar
Mosaik <-s, -e[n]> *nt* ❶ ART, BAU (*Belag aus farbigen Steinchen*) mosaic ❷ (*Puzzle*) jigsaw [puzzle] *fig*
Mosaikfußboden *m* mosaic [*or* tessellated] floor **Mosaikornament** *nt* mosaic ornament **Mosaikstein** *m* tessera
mosaisch *adj* REL Jewish
Mosambik <-s> *nt* Mozambique; *s. a.* **Deutschland**
Mosambikaner(in) <-s, -> *m(f)* Mozambican; *s. a.* **Deutsche(r)**
mosambikanisch *adj* Mozambican; *s. a.* **deutsch**
Mosambiker(in) <-s, -> *m(f) s.* **Mosambikaner**
Moschee <-, -n> *f* mosque
Moschus <-> *m kein pl* musk
Moschushirsch *m* ZOOL (*Moschus*) musk deer **Moschusochse** *m* ZOOL musk ox
Möse <-, -n> *f* (*vulg*) cunt *vulg*
Mosel[1] <-> *f* GEOG ■**die ~** the Moselle
Mosel[2] <-s, -> *m* (*fam*), **Moselwein** *m* Moselle [wine]
mosern *vi* DIAL (*fam: nörgeln*) ■[**über etw**] ~ *akk* to gripe [about sth] *fam*
Moses <- *o liter* Mosis> *m* BIBL Moses ▶ WENDUNGEN: **bin ich ~?** (*hum fam*) don't ask me! *fam*
Moskau <-s> *nt* Moscow
Moskauer(in) <-s, -> *m(f)* Muscovite
Moskito <-s, -s> *m* mosquito
Moskitonetz *nt* mosquito net
Moslem, **Moslime** <-s, -s> *m, f* Muslim, Moslem
moslemisch *adj attr* Muslim, Moslem
Most <-[e]s> *m kein pl* ❶ (*naturtrüber Fruchtsaft*) fruit juice ❷ SÜDD, SCHWEIZ (*Obstwein*) cider ❸ (*Traubensaft zur Weinbereitung*) must
Mostrich <-s> *m kein pl* KOCHK DIAL (*Senf*) mustard
Motel <-s, -s> *nt* motel
Motette <-, -n> *f* MUS motet
Motion <-, -en> *f* SCHWEIZ (*Antrag im Parlament*) motion
Motiv <-s, -e> *nt* ❶ (*Beweggrund*) motive ❷ LITER (*Leit~*) leitmotif, motif, theme ❸ MUS (*Tonfolge*) motif, motive
Motivation <-, -en> [-va-] *f* (*geh*) motivation
motivieren* [-'vi: -] *vt* (*geh*) ❶ (*durch Anregungen veranlassen*) ■**jdn** [**zu etw**] ~ to motivate sb [to do sth] ❷ (*begründen*) ■[**jdm gegenüber**] **etw** ~ to justify sth [to sb]; [**jdm gegenüber**] **seine Abwesenheit/sein Verhalten** ~ to account for one's absence/behaviour [*or* AM -or] [to sb]; [**jdm gegenüber**] **einen Sinneswandel** ~ to give [sb one's] reasons for a [*or* one's] change of mind
Motivierung <-, -en> [-'vi:-] *f* (*geh*) motivation
MotocrossRR <-, -e> *nt*, **Moto-Cross** <-, -e> *nt* motocross
Motocrossrennen *nt* (*Sportdisziplin*) motocross [racing]; (*Rennen*) motocross race
Motor <-s, -toren> *m* ❶ (*Verbrennungs~*) engine ❷ (*Elektro~*) motor ❸ *kein pl* (*geh: treibende Kraft*) ■**der ~ einer S.** *gen* the driving force behind sth
Motorantrieb *m* motor drive; **mit ~** motor-driven *attr* **Motorblock** *m* AUTO engine block **Motorboot** *nt* motor boat
Motorengeräusch *nt* sound of an engine [*or* engines] **Motorenlärm** *m* engine noise
Motorfahrzeugsteuer *f* SCHWEIZ (*Kraftfahrzeugsteuer*) motor vehicle [*or* BRIT *a.* road] tax **Motorhaube** *f* bonnet BRIT, hood AM
Motorik <-> *f kein pl* PHYSIOL motoricity, motor activity
motorisch *adj* ANAT motor *attr*
motorisieren* **I.** *vt* ■**etw ~** to motorize sth, to fit sth with an engine **II.** *vr* (*fam*) ■**sich ~** to get some wheels *fam*, to buy a car [*or* motorbike] [*or* moped] [*or* scooter]
motorisiert *adj* with a car [*or* cars] *pred;* **eine ~e Gesellschaft** a car-oriented [*or fam* car-loving] society; ■ **~ sein** to have wheels *fam*, to have [*or* own] a car [*or* motorbike] [*or* moped] [*or* scooter]
Motorisierung <-, -en> *f* AUTO [fitting with an] engine; ***dieser Wagen hat eine schwache ~*** this car does not have [*or* is not fitted with] a very powerful engine
Motorjacht *f* motor yacht **Motorleistung** *f* AUTO engine power [*or* performance], power [*or* engine] output
Motorrad ['motorat, mo'to:rat] *nt* motorcycle, motorbike *fam;* **~ fahren** to ride a motorcycle [*or* motorbike]
Motorradbrille *f* [motorcycle] goggles **Motorradfahrer(in)** *m(f)* motorcyclist **Motorradhandschuh** *m* motorcycle glove **Motorradhelm** *m* [motorcycle] crash helmet **Motorradrennen** *nt* SPORT motorcycle racing; **~ fahren** to take part in a motorcycle race **Motorradstiefel** *f* motorcycle boot **Motorradzubehör** *nt* motorcycle accessories
Motorraum *m* AUTO engine compartment [*or* bay] **Motorroller** *m* [motor] scooter **Motorsäge** *f* power saw **Motorschaden** *m* engine breakdown [*or* failure] **Motorsport** *m* motor sport *no art* **Motorsportfan** [-fɛn] *m* fan of motor racing, motor-racing fan
Motte <-, -n> *f* moth ▶ WENDUNGEN: **du kriegst die ~n!** (*sl*) well I'll be blowed! [*or* AM damned] *fam*, BRIT *a.* [well] blow me! *fam*, AM *a.* for God's sake!
Mottenbohne *f* moth bean **mottenfest** *adj* moth-proof **Mottengift** *nt* moth poison **Mottenkiste** *f* ▶ WENDUNGEN: **etw aus der ~ [hervor]holen** (*fam*) to dig out sth *sep* **Mottenkugel** *f* mothball **Mottenpulver** *nt* CHEM moth powder
Motto <-s, -s> *nt* motto; **etw steht unter dem ~ ...** sth has as its motto ... [*or* ... as its motto], the motto of sth is ...; **nach dem ~: ...** as if to say ...
Motto-Party, **Mottoparty** *f* [special] theme party; ***heute Abend steigt eine ~ „Beach & Fun"*** there's going to be a "Beach & Fun" party this evening
motzen *vi* (*sl*) to grouse, to bellyache *sl*, to moan *fam;* ***was gibt es da zu ~?*** what is there to bellyache about?
Mountainbike <-s, -s> ['mauntənbaik] *nt* mountain bike
Mountainbiker(in) <-s, -> *m(f)* mountain biker
moussieren* [mʊ'si:rən] *vi* to effervesce
Möwe <-, -n> *f* [sea]gull
MP <-, -s> [ɛm'pi:] *f Abk von* **Maschinenpistole**

M

MP3-Player <-s, -> [ɛmpeːˈdrajˌpleɪə] *m* ELEK MP3 Player

MS *f Abk von* **Multiple Sklerose** MS

MS-krank *adj* suffering from MS *pred*

MTA <-s, -s> *m,* **MTA** <-, -s> *f Abk von* **medizinisch-technische(r) Assistent(in)** MTA

Mücke <-, -n> *f* mosquito, gnat, midge ▶ WENDUNGEN: **aus einer ~ einen Elefanten machen** (*fam*) to make a mountain out of a molehill

Muckefuck <-s> *m kein pl* (*fam*) coffee substitute, ersatz coffee

mucken **I.** *vi* (*fam*) to complain; **ohne zu ~** without complaining **II.** *vr* DIAL (*sich regen*) ■**sich ~** to move, to stir

Mucken *pl* (*fam*) [bad] manners *npl;* **seine ~ haben** to have one's [little] moods; **etw hat [seine] ~** sth is acting [*or* BRIT *a.* playing] up; **jdm die ~ austreiben** to sort sb out BRIT *fam,* to reprimand [*or* deal with] sb AM

Mückenstich *m* mosquito [*or* gnat] [*or* midge] bite

Mucks <-es, -e> *m* (*fam*) sound; **einen ~ sagen** to make a sound; ***sagst du nur einen ~, gibt's was hinter die Löffel!*** one word from you and I'll give you a clip round the ear!; ***und dass mir keiner einen ~ sagt!*** I don't want to hear a peep out of anyone!; **keinen ~ sagen** to not say a word; **ohne einen ~** without a murmur [*or* word [of protest]]

mucksen *vr* (*fam*) ■**sich ~** to move, to stir; ■**sich nicht ~** to not move [a muscle]

mucksmäuschenstill [-mɔysçən-] **I.** *adj* (*fam*) completely quiet; ***das Kind war ~*** the child was as quiet as a mouse; **~ sein** to not make a sound **II.** *adv* completely quiet, without making a sound; ***verhaltet euch ~!*** don't make a sound!

müde **I.** *adj* ❶ (*schlafbedürftig*) tired; **~e Arme/Beine/***geh* **~es Haupt** weary arms/legs/head; ■**[von etw] ~ sein/werden** to be/become tired [as a result of sth]; ***von zu viel Bier in der Mittagspause wird man ~*** drinking too much beer during your lunch-hour makes you feel tired! [*or* sleepy] ❷ (*gelangweilt*) weary, tired ❸ (*überdrüssig*) ■**einer S.** *gen* **~ sein/werden** to be/grow tired of sth; ■**nicht ~ werden, etw zu tun** to never tire of doing sth; *s. a.* **Mark** **II.** *adv* ❶ (*erschöpft*) **sich ~ kämpfen/laufen/reden** to fight/walk/speak until one is exhausted ❷ (*gelangweilt*) wearily, tiredly

Müdigkeit <-> *f kein pl* tiredness; **[nur] keine ~ vorschützen!** (*fam*) don't try and tell me [*or* pretend] you're tired!; **vor ~** *dat* from exhaustion; ***mir fallen schon vor ~ die Augen zu*** I'm so tired I can hardly keep my eyes open

Mudschaheddin <-s, -> *m* Mujahidin, Mujahed[d]in, Mujahideen

Müesli <-s, -s> *nt* muesli

Muff[1] <-s> *m kein pl* musty smell

Muff[2] <-[e]s, -e> *m* MODE muff

Muffe <-, -n> *f* TECH sleeve ▶ WENDUNGEN: **jdm geht die ~** (*sl*) sb is scared stiff *fam* [*or vulg* shitless]; **~ haben** (*sl*) to be scared shitless [*or sl* shit-scared]

Muffel <-s, -> *m* (*fam*) grouch, grump *fam*

muff(e)lig *adj* (*fam*) grouchy, grumpy *fam*

Muffelwild *nt kein pl* moufflon

Muffensausen <-> *nt kein pl* ▶ WENDUNGEN: **~ haben/kriegen** (*fam*) to be/get scared stiff *fam*

muffig **I.** *adj* ❶ (*dumpf*) musty ❷ (*schlecht gelaunt*) grumpy **II.** *adv* ❶ (*dumpf*) musty; **~ riechen** to smell musty; ***es riecht im Keller seltsam ~*** there's a strange musty smell in the cellar ❷ (*lustlos*) listlessly

mufflig *adj s.* **muffelig**

Mufflon <-s, -s> *m* ZOOL moufflon

muh *interj* moo

Mühe <-, -n> *f* trouble; **sich** *dat* **alle erdenkliche ~ geben** to make every [imaginable] effort, to go to the greatest lengths [possible]; **[für jdn] eine geringe ~ sein** to be no bother [for sb]; **[für jdn] eine große ~ sein** to be a lot of trouble [*or fam* a big deal] [for sb]; **verlorene ~ sein** to be a waste of effort [*or* time]; **der ~ wert** *gen* **sein** [*o* **lohnen**] to be worth the trouble [*or* effort] [*or* it]; **sich** *dat* **[große] ~ geben** [*o* **machen**][**, etw zu tun**] to take [great] pains [*or* make a[n] [great] [*or* the] effort] [to do sth]; **sich** *dat* **keine ~ geben** [*o* **machen**] [**, etw zu tun**] to make no effort [to do sth]; ***Sie brauchen sich keine ~ zu geben, mich vom Gegenteil zu überzeugen!*** there's no point trying to convince me otherwise!; ***er hat sich gar nicht erst ~ gegeben, es zu verleugnen*** he didn't even bother trying to deny it; ***geben Sie sich keine ~, ich weiß bereits alles!*** save your breath, I already know everything; **~ haben, etw zu tun** to have trouble [*or* difficulty] doing [*or* find it difficult to do] sth; **mit jdm seine ~ haben** to have [a lot of] trouble [*or* a hard time] with sb; **[jdn] [einige/viel] ~ kosten** to be [quite/very] hard work [*or* quite an effort/a real effort] [for sb]; **etw lohnt die ~** sth is worth the trouble [*or* effort] [*or* it]; **die ~ lohnt sich** it is worth the trouble [*or* effort] [*or* it]; **[jdm] ~ machen** to give [sb] [some] trouble; **sich** *dat* **die ~ machen, etw zu tun** to take [*or* go to] the trouble [*or* make the effort] to do sth; ***machen Sie sich keine ~!*** [please] don't go to any trouble!; **sich** *dat* **die ~ schenken** [*o* **sparen**] to save oneself the trouble; **mit ~ verbunden sein** to take a lot of effort; **viel/einige/ziemliche ~ auf etw verwenden** *akk* to put a lot/a fair amount/quite a lot of effort into sth; **[nur] mit ~** with [great] difficulty; **ohne ~** without any trouble; ***nicht ohne ~ erledigten wir die Aufgabe*** not without difficulty [*or* trouble] did we complete the task; ***ich könnte dir ohne ~ drei solche Typen nennen*** I could name you three people off the top of my head; **mit ~ und Not** (*fam*) only just

mühelos **I.** *adj* easy **II.** *adv* easily, effortlessly; ***diesen Plan wird man nicht ganz ~ bewerkstelligen können*** it will take a fair amount of effort to put this plan into practice

Mühelosigkeit <-> *f kein pl* ease, effortlessness

muhen *vi Kuh* to moo

mühen *vr* (*geh*) ❶ (*sich be~*) ■**sich ~, etw zu tun** to strive to do sth ❷ (*sich ab~*) ■**sich mit jdm/etw ~** to struggle with sb/sth

mühevoll *adj* (*geh*) *s.* **mühsam**

Mühle <-, -n> *f* ❶ (*Wasser~*) mill ❷ (*fam: Kaffee~*) grinder; (*Getreide~*) mill ❸ (*~spiel*) ≈ nine men's morris *no pl,* ≈ merels *npl,* BRIT *a.* ≈ ninepenny *no pl;* (*Figur aus drei Spielsteinen*) mill, ≈ merel ❹ (*veraltend sl: Flugzeug*) crate *fam* ❺ (*pej: Räderwerk*) wheels *pl* ▶ WENDUNGEN: **die ~en einer S.** *gen* **mahlen langsam** the wheels of sth turn very slowly

Mühlenflügel <-s, -> *m* sail-arm

Mühlrad <-s, -räder> *nt* mill-wheel **Mühlstein** *m* millstone

Mühsal <-, -e> *f* (*geh*) tribulation, hard toil

mühsam **I.** *adj* arduous, laborious; ***mit der Zeit wird das Treppensteigen für alte Leute zu ~*** with time, climbing stairs becomes too strenuous for old people; ■**es ist [für jdn] ~, etw zu tun** it is difficult [*or* hard] [for sb] to do sth **II.** *adv* laboriously; ***das Haus habe ich mir in langen Jahren ~ erarbeiten müssen*** it took years of hard work to be able to afford this house; **~ verdientes Geld** hard-earned money

mühselig *adj* (*geh*) *s.* **mühsam**

Mukoviszidose <-> [mukovɪstsiˈdoːzə] *f kein pl* MED cystic fibrosis, mucoviscidosis

Mulatte, Mulattin <-n, -n> *m, f* mulatto *masc,* mulatta *fem,* mulattress *fem*

Mulde <-, -n> *f* ❶ (*Bodenvertiefung*) hollow ❷ NORDD (*großer Trog*) skip

Muli <-s, -[s]> *nt o m* ZOOL mule
Mull <-[e]s, -e> *m* MED gauze
Müll <-[e]s> *m kein pl* refuse *form,* rubbish, *esp* AM garbage; **„~ abladen verboten"** "no tipping [*or* dumping [of rubbish]]"; **in den ~ kommen** to belong in the [dust]bin BRIT [*or* AM garbage [can]]; **etw in den ~ werfen** to throw out sth *sep,* to throw sth in the [dust]bin [*or* AM garbage [can]]
Müllabfuhr <-, -en> *f* ❶ (*das Abfahren des Mülls*) refuse *form* [*or esp* AM garbage] collection ❷ (*Referat der Stadtreinigung*) refuse *form* [*or esp* AM garbage] collection [service]; ***bei uns kommt nur alle 14 Tage einmal die ~*** the dustmen only come every fortnight where we live ❸ (*fam: Müllwagen*) ■**die ~** the dustcart BRIT, the garbage truck AM
Mullah <-s, -s> *m* mullah
Müllaufbereitung *f* ÖKOL waste treatment *no pl* **Müllberg** *m* mountain of rubbish [*or esp* AM garbage] **Müllbeseitigung** *f kein pl* ÖKOL waste [*or form* refuse] [*or* rubbish] [*or esp* AM garbage] collection **Müllbeutel** *m* rubbish [*or esp* AM garbage] sack [*or* bag], BRIT *a.* [dust]bin liner [*or* bag]
Mullbinde *f* MED gauze bandage
Müllcontainer *m* waste [*or form* refuse] [*or* rubbish] [*or esp* AM garbage] container **Mülldeponie** *f* waste disposal site, refuse *form* [*or esp* AM garbage] dump **Mülleimer** *m* dustbin BRIT, bin BRIT *fam,* garbage can AM
Müller(in) <-s, -> *m(f)* miller
Müllerinart[RR] *f,* **Müllerin-Art** *f* KOCHK [**nach**] ~ à la meunière
Müllfahrer(in) *m(f)* driver of a dustcart [*or* AM garbage truck], dustcart [*or* AM garbage truck] driver **Müllhalde** *f* waste [*or form* refuse] [*or esp* AM garbage] disposal site, refuse *form* [*or* rubbish] [*or esp* AM garbage] dump **Müllhaufen** *m* heap of rubbish [*or esp* AM garbage], rubbish [*or esp* AM garbage] heap **Müllkippe** *f* refuse *form* [*or esp* AM garbage] dump, *esp* BRIT rubbish tip **Müllkompostierung** *f* refuse *form* [*or esp* AM garbage] composting **Müllagerung**[RR] *f,* **Müllagerung** *f* storage of refuse *form* [*or esp* AM garbage], refuse *form* [*or esp* AM garbage] storage **Müllmann** *m* (*fam*) dustman BRIT, garbage man AM, BRIT *a.* dustbin [*or fam* bin] man **Müllmenge** *f* amount of refuse *form* [*or esp* AM garbage] **Müllrecycling** *nt* recycling of refuse *form* [*or esp* AM garbage] **Müllsack** *m* [large] refuse sack BRIT *form,* [large] garbage bag AM **Müllschlucker** <-s, -> *m* refuse *form* [*or* rubbish] [*or esp* AM garbage] chute **Müllsortieranlage** *f* refuse [*or* waste] seperation plant **Mülltonne** *f* dustbin BRIT, garbage can AM **Mülltourismus** *m* dumping [of] [one's] refuse *form* [*or* rubbish] [*or esp* AM garbage] in outlying areas **Mülltrennung** *f kein pl* ÖKOL separation of waste [*or form* refuse] [*or* rubbish] [*or esp* AM garbage] **Müllverbrennung** *f* refuse *form* [*or esp* AM garbage] incineration **Müllverbrennungsanlage** *f* refuse *form* [*or esp* AM garbage] incineration [*or* combustion] plant **Müllvermeidung** *f* avoidance of generating [*or* creating] refuse *form* [*or esp* AM garbage] **Müllwagen** *m* refuse *form* [*or esp* AM garbage] collection vehicle, BRIT *a.* dustcart, *esp* AM garbage truck
Mullwindel *f* muslin nappy [*or* AM diaper]
mulmig *adj* (*fam*) ❶ (*unbehaglich*) uneasy, uncomfortable; **jdm ist ~ zumute** sb has an uneasy [*or* uncomfortable] feeling, sb has butterflies in their stomach ❷ (*brenzlig*) dicey *fam,* precarious; **es wird ~** it's getting dicey *fam*
Multi <-s, -s> *m* (*fam*) multinational [company]
multidimensional *adj* multidimensional **multifaktoriell** *adj inv* (*geh*) multifactorial **multifunktional** *adj* multifunctional, multi-functional **multikulti** *adj* (*fam*) multicultural **multikulturell** *adj* multicultural **multilateral** *adj* multilateral **multilingual** *adj* multilingual
Multimedia <-[s]> *nt kein pl* INFORM, MEDIA multimedia *no pl*
Multimedia-Agentur *f* MEDIA, INFORM multi-media agency **Multimediacomputer** *m* multimedia computer [system]
multimedial *adj* multi-media *attr*
Multimediapräsentation *f* multimedia presentation **Multimediaprodukt** *nt* multimedia product **Multimediazeitalter** *nt* multimedia age
Multimillionär(in) *m(f)* multimillionaire **multinational** *adj* multinational
Multiple Sklerose <-n -> *f kein pl* MED multiple sclerosis
Multiplikand <-en, -en> *m* MATH multiplicand
Multiplikation <-, -en> *f* MATH multiplication
Multiplikationszeichen *nt* MATH multiplication sign
Multiplikator <-s, -toren> *m* ❶ MATH multiplier ❷ (*geh*) disseminator *form*
Multiplikatoreneffekt *m* MATH, ÖKON multiplier effect
multiplizieren* **I.** *vt* ■**etw** [**mit etw**] ~ to multiply sth [by sth] **II.** *vr* (*geh*) ■**sich** ~ to multiply *fig*
Multitalent *nt* versatile person, all-rounder, all-round talent
Multivitaminpräparat *nt* PHARM, MED multivitamin preparation
multizentrisch *adj inv* multicentric
Mumie <-, -n> ['mu:miə] *f* mummy
mumifizieren* *vt* ■**etw** ~ to mummify sth
Mumifizierung <-, -en> *f* mummification
Mumm <-s> *m kein pl* guts *npl fam,* BRIT *a.* bottle *sl;* ***hast du denn keinen ~ in den Knochen?*** don't be such a chicken!
mummeln[1] *vt* NORDD (*murmeln*) ■**etw** [**vor sich hin**] ~ to mumble sth [to oneself]
mummeln[2] *vt* NORDD (*fam: einhüllen*) ■**jdn in etw** ~ *akk* to wrap [up *sep*] sb in sth; ■**sich in etw** ~ *akk* to wrap oneself [up] in sth
mümmeln *vi* ■[**an etw**] ~ *dat* to nibble [at sth]
Mumpitz <-es> *m kein pl* (*veraltend fam*) nonsense, claptrap, rubbish
Mumps <-> *m o fam f kein pl* MED [the] mumps + *sing/pl vb*
München <-s> *nt* Munich
Münch(e)ner *adj attr* Munich *attr,* of Munich *after n;* **die ~ Altstadt** Munich's old town; *s. a.* **Abkommen**
Münch(e)ner(in) <-s, -> *m(f)* inhabitant of Munich; ***meine Frau ist ~in*** my wife's from Munich
Münchhausen <-s, -[s]> *m* (*veraltend geh*) Munchhausen
Mund <-[e]s, Münder> *m* ❶ ANAT mouth; **etw in den ~ nehmen** to put sth in one's mouth; **ein Glas an den ~ setzen** to put a glass to one's mouth; **mit vollem ~e** with one's mouth full ❷ ZOOL (*Maul*) mouth ▸ WENDUNGEN: **~ und Nase aufsperren** (*fam*) to gape in astonishment; **aus berufenem ~e** from an authoritative source; **sich** *dat* **den ~ fusselig reden** to talk till one is blue in the face; **einen großen ~ haben** to have a big mouth, to be all talk [*or* mouth] [*or* BRIT *fam* all mouth and trousers]; **den ~ [zu] voll nehmen** (*fam*) to talk [too] big; **den ~ aufmachen** [*o* **auftun**] to speak up; **den ~ aufreißen** (*sl*) to talk big; **jdm über den ~ fahren** (*fam*) to cut sb short; [**jd ist**] **nicht auf den ~ gefallen** (*fam*) [sb is] never at a loss for words; **etw geht von ~ zu ~** sth is passed on from mouth to mouth [*or* person to person]; **halt den ~!** (*fam*) shut up! *fam,* shut your mouth! [*or* face!] [*or* BRIT *sl* gob!]; **den/seinen ~ nicht halten können**

M

(*fam*) to not be able to keep one's mouth [*or fam* trap] shut; **aus jds ~e kommen** that sb says; ***du musst auch nicht alles glauben, was aus seinem ~e kommt!*** you don't have to believe everything [that] he says!; **jdm etw in den ~ legen** to put [the] words into sb's mouth; **etw nicht in den ~ nehmen** to not use such a sth; ***musst du immer so entsetzliche Flüche in den ~ nehmen?*** do you always have to use such terrible language?; **jdm nach dem ~[e] reden** to say what sb wants [*or* tell sb what they want] to hear; **jdm den ~ stopfen** (*fam*) to shut sb up; **jdm den ~ verbieten** to tell sb to be quiet [*or fam* shut up]; **etw ist in aller ~e** sth is the talk of the town, everybody's talking about sth; **wie aus einem ~e** with one voice, all at once [*or* together]; *s. a.* **Wort**

Mundart *f* LING dialect

Mundartautor(in) *m(f)* dialect writer **Mundartdichter** *m* dialect poet **Mundartdichtung** *f* dialect poetry **Mundartgedicht** *nt* dialect poem

mundartlich **I.** *adj* LING dialectal **II.** *adv* ~ **anwenden/gebrauchen** to use dialectally [*or* in dialect]

Mundartwörterbuch <-(e)s, -bücher> *nt* dialect dictionary

Munddusche *f* water toothpick

Mündel <-s, -> *nt o m* JUR ward

mündelsicher **I.** *adj* FIN gilt-edged **II.** *adv* ~ **anlegen** to invest in gilt-edged securities

munden *vi* (*geh*) ■ [**jdm**] ~ to taste good [to sb]; ***nun, wie mundet Ihnen der Wein?*** well, how do you like the wine?; ***der kleine Snack hat gut gemundet*** that was a very tasty little snack; ■ **sich** *dat* **etw ~ lassen** to enjoy [eating] sth; ***greift gerne zu und lasst es euch ~!*** tuck in and enjoy your meal!

münden *vi sein o haben* ❶ (*hineinfließen*) ■ **in etw** ~ *akk* to flow into sth; ***der Fluss mündet schließlich im Meer*** eventually the river flows into the sea ❷ (*auf etw hinlaufen*) ■ **auf/in etw** ~ *akk* to lead into sth; ***dieser Feldweg mündet nach drei Kilometern auf die Straße nach Giengen*** this path meets [*or* joins] the road to Giengen after three kilometres ❸ (*darauf zuführen*) ■ **in etw** ~ *akk* to lead to sth

mundfaul *adj* (*fam*) uncommunicative; ***sei doch nicht so ~!*** come on, speak up!; ***was hat er gesagt, sei nicht so ~!*** what did he say, come on, spill the beans! **mundgerecht** **I.** *adj* bite-sized *attr* **II.** *adv* ~ **zubereiten/zuschneiden** to prepare in/cut into bite-sized pieces **Mundgeruch** *m* bad breath *no indef art*, halitosis *no indef art*; ~ **haben** to have bad breath [*or* halitosis] **Mundharmonika** *f* mouth organ, harmonica **Mundhöhle** *f* ANAT oral cavity

mündig *adj* ❶ (*urteilsfähig*) responsible, mature ❷ (*volljährig*) ■ ~ **sein/werden** to be/come of age, to have attained/attain [*or* reached/reach] one's majority; **jdn für ~ erklären** JUR to declare sb of age

mündlich **I.** *adj* oral; **eine ~e Prüfung** an oral examination; **eine ~e Abmachung/Übereinkunft/Vereinbarung** a verbal agreement; **eine ~e Besprechung** a public meeting; ***diese Tradition ist durch ~e Überlieferung auf uns übergegangen*** this tradition has been passed [down [*or* on]] to us by word of mouth; ■ **das M~e** (*fam*) the oral *fam*, the oral examination; **eine ~e Verhandlung** JUR a[n oral] hearing [*or* trial], oral proceedings *pl* **II.** *adv* orally; **etw ~ abmachen/vereinbaren** to agree sth [*or* AM to sth] verbally; ~ **besprechen** to discuss something in a meeting; ***viele alte Volkslieder sind uns nur ~ überliefert worden*** many old folk songs have only been passed [down [*or* on]] to us by word of mouth; ***bitte informieren Sie mich ~, wenn sich etwas ändern sollte*** please let me know if anything should [*or* were to] change; ***der Fall wird ~ verhandelt*** the case will [now] be heard

Mundpropaganda *f* word of mouth; **durch ~** by word of mouth **Mundraub** *m* ❶ JUR (*hist: Diebstahl oder Unterschlagung von wenigen Nahrungsmitteln oder Verbrauchsgegenständen von geringem Wert*) petty theft [*or* larceny] [of food] ❷ (*Diebstahl oder Unterschlagung von wenigen Nahrungsmitteln oder Verbrauchsgegenständen von geringem Wert zur Deckung des Grundbedarfs*) petty theft [*or* larceny] [of food] **Mundschenk** <-en, -en> *m* HIST cupbearer **Mundschleimhaut** *f* MED mucous membrane of the mouth [*or* oral cavity], oral mucosa *no pl spec* **Mundschutz** *m* MED [surgical] mask **Mundstück** *nt a.* MUS mouthpiece **mundtot** *adj* **jdn ~ machen** (*fam*) to silence sb

Mündung <-, -en> *f* ❶ GEOG mouth ❷ (*vordere Öffnung*) muzzle

Mündungsfeuer *nt* muzzle flash

Mundvoll <-, -> *m* mouthful **Mundwasser** *nt* mouthwash **Mundwerk** *nt* **ein freches/loses** [*o* **lockeres**]/**unverschämtes ~ haben** (*fam*) to be cheeky/have a loose tongue/be foul-mouthed *fam* **Mundwerkzeuge** *pl* ZOOL mouth parts **Mundwinkel** *m* corner of one's mouth **Mund-zu-Mund-Beatmung** *f* mouth-to-mouth resuscitation, kiss of life

Munition <-> *f kein pl* ammunition; MIL munitions *npl;* **scharfe ~** live ammunition

Munitionslager *nt* MIL ammunition [*or* munitions] store [*or* depot]

munkeln *vt* ■ **etw ~** to rumour [*or* AM -or] sth; ***allerlei/einiges/Verschiedenes wird gemunkelt*** there are all kinds of/a few/a number of different rumours [circulating [*or fam* flying about]]; ***gemunkelt wurde das ja schon lange*** that has been rumoured [*or* the rumour] for some time [now]; **man munkelt** [*o* **es wird gemunkelt**], **dass** it's rumoured [*or* AM -ored] [*or* there's a rumour] that; *s. a.* **dunkel**

Münster <-s, -> *nt* cathedral, *esp* BRIT minster

munter *adj* ❶ (*aufgeweckt*) bright, sharp, quick-witted ❷ (*heiter*) lively; **ein ~er Gesang/~es Lied** a cheerful [*or* jolly] song ❸ (*wach*) ■ ~ **sein/werden** to be awake/wake up; **jdn wieder ~ machen** to wake up sb again *sep*

Munterkeit <-> *f kein pl* brightness, sharpness, quick-wittedness

Muntermacher <-s, -> *m* stimulant; (*Getränk bes.*) pick-me-up

Münzautomat *m* [coin-operated] vending-machine [*or* slot-machine]

Münze <-, -n> *f* ❶ (*Geldstück*) coin ❷ (*Prägeanstalt*) mint ▶ WENDUNGEN: **etw für bare ~ nehmen** to take sth at face value; **jdm etw mit gleicher ~ heimzahlen** to pay sb back in their own [*or* the same] coin for sth; **in klingender ~** (*geh*) in [hard] cash; **etw in klingende ~ umsetzen** to turn sth into hard cash

münzen *vt* ■ **auf jdn/etw gemünzt sein** to be aimed at [*or* meant for] sb/sth

Münzfernsprecher *m* (*geh*) pay phone **Münzgeld** *nt kein pl* ÖKON coins *pl* **Münzsammlung** *f* coin [*or form* numismatic] collection **Münzschlitz** *m* [coin] slot, slot [for coins] **Münztankstelle** *f* coin-operated filling [*or* petrol] [*or* AM gas[oline]] station

Muräne <-, -n> *f* moray [eel]

mürb(e) *adj* ❶ (*zart*) tender; **~es Gebäck** shortbread; **Fleisch ~ machen** to tenderize meat ❷ (*brüchig*) worn-out ▶ WENDUNGEN: **jdn ~ machen** to wear sb down

Mürbeteig *m* short[-crust] pastry

Murks <-es> *m kein pl* (*fam*) botched job, botch-up; ~ **machen** to do a botched job [*or* botch-up]

murksen *vi* (*fam*) to do a botched job

Murmel <-, -n> *f* marble

murmeln I. *vi* to mutter, to murmur; **das M~** [the] muttering [*or* murmuring] II. *vt* **etw ~** to mutter [*or* murmur] sth

Murmeltier *nt* (*Nagetierart*) marmot ▶ WENDUNGEN: **wie ein ~ schlafen** to sleep like a log [*or* top]

murren *vi* **[über etw]** ~ *akk* to grumble [about sth]; ***lass das M~!*** stop [your] grumbling!; **keinen Grund zum M~ haben** to have no reason to grumble; **ohne M~** [*o* **ohne zu ~**] without grumbling; **[nur] unter M~** [only] under protest

mürrisch I. *adj* grumpy, surly II. *adv* grumpily, surlily, in a grumpy [*or* surly] manner

Mus <-es, -e> *nt o m* KOCHK purée ▶ WENDUNGEN: **jdn zu ~ schlagen** (*sl*) to beat sb to a pulp *fam* [*or* sb's brains out]

Muschel <-, -n> *f* ❶ (*Molluske*) mussel ❷ (*~schale*) [sea] shell ❸ KOCHK mussel ❹ TELEK (*Hörmuschel*) earpiece; (*Sprechmuschel*) mouthpiece

Muschelart *f* type [*or spec* species] of mussel **Muschelgeschmack** *m* taste of [a] mussel **Muschelschale** *f* mussel shell

Muschi <-, -s> *f* (*sl*) pussy *vulg*

Muse <-, -n> *f* MYTH Muse ▶ WENDUNGEN: **die leichte ~** light entertainment; **von der ~ geküsst werden, die ~ küsst jdn** to be inspired [by the Muse]

Museum <-s, Museen> *nt* museum

museumsreif *adj* (*hum*) ancient *fam;* **~ sein** to be a museum piece *hum*

Musical <-s, -s> ['mju:zikl] *nt* musical

Musik <-, -en> *f* music *no art, no pl;* ***die ~ Mozarts/des Mittelalters*** Mozart's/Medieval music; **geistliche/klassische/moderne ~** religious/classical/modern music; **~ hören/studieren** to listen to/study music; **~ machen** to play some music; ***macht doch ein bisschen ~*** play us [a little] something; (*Radio/Kassette, etc.*) put some music on; ***mach bitte die ~ leiser*** please turn down the music; **~ in jds Ohren sein** to be music to sb's ears; *s. a.* **Blut**

Musikakademie <-, n> *f* academy of music, musical academy

Musikalienhandlung [-liən-] *f* music shop [*or* AM *usu* store]

musikalisch I. *adj* musical II. *adv* musically; **~ arbeiten** to work in music; **jdn ~ ausbilden** to give sb musical training [*or* training in music]; **~ begabt sein** to be musically gifted [*or* a gifted musician]

Musikant(in) <-en, -en> *m(f)* musician

Musikantenknochen *m* (*fam*) funny [*or* AM *a.* crazy] bone *fam*

Musikbegleitung *f* musical accompaniment; **unter ~** accompanied by music, to the accompaniment of music, with [musical] accompaniment **Musikbox** *f* jukebox; **die ~ anwerfen** to put a song on the jukebox

Musiker(in) <-s, -> *m(f)* musician

Musikgeschichte *f* ❶ (*Entwicklung*) history of music; ***diese Oper wird in die ~ eingehen*** this opera will go down in musical history ❷ (*Buch über ~*) history of music *no def art* **Musikgruppe** *f* band, group **Musikhochschule** *f* musical academy, college of music **Musikinstrument** *nt* [musical] instrument; **ein ~ spielen** to play an [*or* a musical] instrument **Musikkapelle** *f* band **Musikkassette** *f* [music *form*] cassette [tape], tape **Musiklehrer(in)** *m(f)* music teacher **Musiklexikon** *nt* encyclopaedia [*or* AM encyclopedia] [*or* dictionary] of music **Musikliebhaber(in)** *m(f)* music lover **Musikschule** *f* music school, school of music **Musikstück** *nt* piece of music **Musikstudium** *nt* course of study [*or* degree] in music **Musiktheater** *nt kein pl* music theatre [*or* AM -er] **Musikunterricht** *m* music lessons *pl;* SCH music *no art, no pl*

Musikus <-, Musizi> *m* (*hum*) musician

Musikwissenschaftler(in) *m(f)* musicologist **Musikzimmer** *nt* music room

musisch I. *adj* ❶ (*künstlerisch begabt*) artistic; ***für einen ~en Mann wie ihn*** for a man of the arts like him ❷ (*die Künste betreffend*) in/of the [fine] arts *pred; s. a.* **Gymnasium** II. *adv* artistically; **~ begabt** talented in the arts

Musizi *pl von* **Musikus**

musizieren* *vi* to play a musical instrument/musical instruments; ***wir ~ regelmäßig einmal in der Woche*** we play regularly once a week; **das M~** playing musical instruments; ***das M~ ist nicht jedermanns Sache*** not everybody can play a musical instrument

Muskat <-[e]s, -e> *m* nutmeg *no art, no pl*

Muskatblüte *f* mace

Muskateller <-s, -> *m* muscatel *no art, no pl*

MuskatnussRR *f* nutmeg *no art, no pl* **Muskatreibe** *f* nutmeg grater

Muskel <-s, -n> *m* muscle; **~n haben** to be muscular [*or fam* muscly], to have muscles; **seine ~n spielen lassen** to flex one's muscles

Muskelfaser *f* muscle fibre [*or* AM -er] **Muskelkater** *m kein pl* muscle ache, aching muscles *pl;* **~ bekommen/haben** to get/have muscle ache **Muskelkraft** *f* muscular [*or* physical] strength *no art, no pl* **Muskelkrampf** *m* muscle cramp, AM *a.* charley horse *fam* **Muskelmann** *m* (*fam*) body builder **Muskelpaket** *nt* (*fam*) muscleman **Muskelprotz** <-es, -e> *m* (*fam*) muscleman **Muskelriss**RR *m* torn muscle **Muskelschwäche** *f kein pl* MED muscle weakness *no pl,* myasthenia *no pl spec* **Muskelschwund** *m kein pl* muscular wasting [*or* atrophy] *no art, no pl*

Musketier <-s, -e> *m* musketeer; **„Die drei ~e"** "The Three Musketeers"

Muskulatur <-, -en> *f* muscular system, musculature *no indef art, no pl*

muskulös I. *adj* muscular, muscly *fam* II. *adv* **~ gebaut sein** to have muscular build, to be muscly *fam*

Müsli <-[s], -s> *nt* muesli

Muslim, Muslime <-, -e> *m, f* Muslim, Moslem

MussRR <-> *nt kein pl,* **Muß** <-> *nt kein pl* must *fam;* **[k]ein ~ sein** to [not] be a must

MussbestimmungRR *f* fixed [*or form* mandatory] regulation

Muße <-> *f kein pl* leisure *no art, no pl;* **die ~ für etw finden** to find the time [and leisure] for sth; **sich ~ gönnen** to allow oneself some [time for] leisure; **etw mit ~ tun** to do sth with leisure [*or* leisurely] [*or* in a leisurely way]

MusseheRR *f* shotgun wedding [*or* marriage] *dated fam;* ***sie gingen eine ~ ein*** it was a shotgun wedding *dated fam*

müssen I. *vb aux* <musste, müssen> *modal* ❶ (*gezwungen sein, etw zu tun*) **etw tun ~** to have to do sth; ***du musst mich unbedingt anrufen*** you must phone me; ***du musst endlich damit aufhören*** you really must stop that; ***wir werden das Ganze noch einmal schreiben ~*** we'll have to write the whole lot again; ***muss ich mir das gefallen lassen?*** do I have to put up with that?; ***du musst jetzt gehen*** you have to leave now; ***muss ich [das wirklich tun]?*** do I [really] have to [do it]? ❷ (*notwendig sein*) **etw [nicht] sein/tun ~** to [not] need to be/do sth; ***warum muss es heute regnen?*** why does it have to rain today?; **muss das [denn] sein?** is that really necessary?; ***du willst wieder in die Politik? muss das sein?*** you want to get back into politics? do you have to?; **das muss sein** it is necessary; **wenn es [denn/unbedingt] sein muss** if it's really necessary; ***das***

M

muss nicht unbedingt stimmen that needn't be true; ***muss ich das tun?*** must I?, have I got to? ③ *verneinend* (*brauchen*) ■**etw nicht tun** ~ to not have to do sth; ***du musst das nicht tun*** you don't have to do that ④ (*eigentlich sollen*) ■**jd/etw müsste etw tun** sb/sth should do sth; ***ich hätte es ahnen ~!*** I should have known!; ■**man müsste ...** one should ...; ■**man müsste ... sein** *optativisch* if only one could be ...; ***ach, man müsste noch mal Schüler sein*** oh, to be a schoolboy again! ⑤ (*eine Wahrscheinlichkeit ausdrückend*) ***es müsste jetzt acht Uhr sein*** it must be eight o'clock now; ***es müsste bald ein Gewitter geben*** there should be a thunderstorm soon; ***das muss wohl stimmen*** that must be true **II.** *vi* <musste, gemusst> ① (*gezwungen sein, sich zu begeben*) ■[**irgendwohin**] ~ to have to go [somewhere] ② (*notwendigerweise gebracht werden*) ■**irgendwohin** ~ to have to get somewhere; ***der Koffer hier muss zum Bahnhof*** this suitcase has to get [*or* be taken] to the station; ***dieser Brief muss heute noch zur Post*** this letter has to be posted today ③ (*nicht umhin können*) to have to; ***muss ich das denn wirklich tun? — ja, du musst!*** do I really have to do that? — yes, you do! ▸ WENDUNGEN: [**mal**] ~ (*euph fam*) to have to go to the loo [*or* AM john] *fam;* ***ich muss mal!*** I need the loo!

Mußestunde *f* hour of leisure

MussheiratRR *f* (*fam*) *s.* **Mussehe**

müßig (*geh*) **I.** *adj* futile, pointless, superfluous; ■**es ist ~, etw zu tun** it is pointless [*or* futile] doing/to do sth **II.** *adv* ① (*untätig*) idly ② (*gemächlich*) with leisure; ~ **gehen** to saunter along

Müßiggang *m kein pl* (*geh*) idleness *no art, no pl,* indolence *no art, no pl;* **sich dem ~ hingeben** to lead an idle life [*or* a life of indolence]; ~ **ist aller Laster Anfang** (*prov*) the devil finds work for idle hands *prov*

mussteRR, **mußte** *imp von* **müssen**

Muster <-s, -> *nt* ① (*Waren~*) sample ② MODE pattern ③ (*Vorlage*) pattern; [**jdm**] **als ~ dienen** to serve [sb] as a model; **nach antikem ~ modelled** [*or* AM *a.* modeled] on an antique style ④ (*Vorbild*) ■**ein ~ an etw** *dat* **sein** to be a paragon of sth; **ein ~ an Vollkommenheit** *dat* **sein** to be the pink of perfection

Musterbeispiel *nt* prime [*or* classic] example; ■**ein ~ für etw** a classic [*or* prime] example for [*or* of] sth **Musterbetrieb** *m* model business/company **Musterehe** *f* perfect marriage **Musterexemplar** *nt* ① (*vorbildlich*) fine specimen; ***er ist ein ~ von Mitarbeiter*** he is a model colleague ② (*Warenmuster*) sample; (*zur Ausstellung*) display model **mustergültig** *adj* (*geh*) *s.* **musterhaft**

musterhaft I. *adj* exemplary, perfect; **ein ~er Schüler** an exemplary student; **ein ~es Beispiel** a perfect example **II.** *adv* exemplary; ***Sie haben sich ~ verhalten*** your behaviour was exemplary

Musterklage *f* JUR class-action lawsuit **Musterknabe** *m* (*iron*) goody-goody *pej,* paragon of virtue/good behaviour [*or* AM -or] etc. **Musterkoffer** *m* sample[s] case **Musterkollektion** *f* sample collection, collection of models

mustern *vt* ■**jdn ~** ① (*eingehend betrachten*) to scrutinize sb ② MIL to give sb his/her medical

MusterprozessRR *m* JUR exemplary [*or* test] case **Musterschüler(in)** *m(f)* model pupil **Mustersendung** *f* sample package, selection of samples

Musterung <-, -en> *f* ① MIL *von Truppen* inspection, review; *von Wehrdienstpflichtigen* medical [examination] [for military service] ② (*das eingehende Betrachten*) scrutiny *no art, no pl*

Musterungsbescheid *f* MIL, ADMIN summons [*or* order] to attend one's medical examination

Mut <-[e]s> *m kein pl* ① (*Courage*) courage *no art, no pl;* ***es gehört viel ~ dazu, das zu tun*** it takes a lot of courage to do that; ***mir fehlt der ~, das zu tun*** I don't have the courage to do that; **mit dem ~ der Verzweiflung** with the courage born of desperation; **sich** *dat* **~ antrinken** to have a drink to give oneself Dutch courage; **~/keinen ~ haben** to have/not have any courage; **den ~ haben, etw zu tun** to have the courage to do sth ② (*Zuversicht*) heart *no art, no pl;* **mit frischem ~** with fresh heart [*or* cheer]; **frohen** [*o* **guten**] **~es sein** to be in high spirits; **jdm den ~ nehmen** to make sb lose heart, to discourage sb; **nur ~!** take heart!; **den ~ sinken lassen, den ~ verlieren** to lose heart; [**wieder**] **~ bekommen** [*o* **fassen**] [*o* *geh* **schöpfen**] to take [*or* gain] heart; **jdm** [**wieder**] **~ machen** to encourage sb, to give sb [fresh] heart

mutagen *adj* mutagenic

Mutagen <-s, -e> *nt* BIOL mutagen

Mutagenese <-, -n> *f* BIOL mutagenesis

Mutante <-, -n> *f* BIOL mutant

Mutation <-, -en> *f* ① (*Missbildung*) mutation ② SCHWEIZ (*Änderungen im Personal*) change of personnel

Mutationsrate *f* BIOL mutation rate

Mütchen <-s> *nt kein pl* **sein ~ an jdm kühlen** (*fam*) to take it out [*or* vent one's anger] on sb

mutieren* *vi* (*fam*) ■**zu etw/jdm ~** to mutate into sth/sb

mutig I. *adj* brave, courageous, plucky *fam;* **dem M~en gehört die Welt** (*prov*) fortune favours [*or* AM -ors] the brave *prov* **II.** *adv* courageously, bravely, pluckily *fam*

mutlos *adj* discouraged, disheartened, despondent, dejected; **jdn ~ machen** to discourage sb, to make sb lose heart

Mutlosigkeit <-> *f kein pl* discouragement *no art, no pl,* disheartenment *no art, no pl,* despondency *no art, no pl,* dejection *no art, no pl*

mutmaßen I. *vi* to conjecture; ***es wurde viel über seine Vergangenheit/sein Verhalten gemutmaßt*** there was a lot of conjecture as to his past/the reason for his conduct; ■**~, dass ...** to conjecture that ...; ■**~, ob/wann/wer/wie ...** to conjecture as to whether/when/who/how ...; ***wir können nur ~, wie das geschehen konnte*** we can only conjecture as to how it happened **II.** *vt* ■**etw ~** to suspect sth

mutmaßlich I. *adj attr* presumed, suspected; **der ~e Attentäter** the suspected assassin; **der ~e Grund/die ~e Ursache** the presumed reason/cause; **der ~e Täter** the suspect; **der ~e Vater** the presumed [*or* *form* putative] father **II.** *adv* presumably; ***das Verbrechen wurde ~ von einer Terrororganisation verübt*** it is presumed that the crime was carried out by a terrorist organization

Mutmaßung <-, -en> *f* conjecture; ***wir sind vorerst auf ~en angewiesen*** we can only conjecture at this point

Mutprobe *f* test of courage; ***das ist eine ~*** it's to test your courage; **eine ~ bestehen** to prove one's [*or* pass a test of] courage

Mutter1 <-, Mütter> *f* mother, BRIT *a.* mater *hum;* **eine werdende ~** (*geh*) an expectant mother; **~ werden** to be having [*or* expecting] a baby, to be pregnant

Mutter2 <-, -n> *f* TECH nut

Mutterbindung *f* PSYCH mother fixation **Mutterboden** *m* topsoil *no indef art, no pl*

Mütterchen <-s, -> *nt* little old lady

Mutterfreuden *pl* **~ dat entgegensehen** (*geh*) to be expecting [a baby] [*or* a happy event]; **~ genießen** to experience the joys of motherhood

Müttergenesungsheim *nt nursing home for financially disadvantaged single mothers*

Muttergesellschaft *f* ÖKON parent company **Muttergottes** <-> *f kein pl* ❶ (*Maria, die Gottesmutter*) Mother of God *no indef art, no pl* ❷ (*Abbild der Gottesmutter*) Madonna **Mutterinstinkt** *m* BIOL maternal instinct **Mutterkomplex** *m* PSYCH mother complex **Mutterkorn** *nt* BOT ergot *no art, no pl spec* **Mutterkuchen** *m* ANAT placenta **Mutterkümmel** *m* cumin **Mutterland** *nt* mother country **Mutterleib** *m* womb; **im** ~ in the/one's womb

Mütterlein <-s, -> *nt* (*poet*) *s.* **Mütterchen**

mütterlich I. *adj* ❶ (*von jds Mutter*) maternal; ***sie wohnte im ~en Hause*** she lived in her mother's house; ***in ihrer ~en Linie*** on her mother's [*or spec* the distaff] side ❷ (*umsorgend*) motherly; (*wie eine Mutter wirkend*) maternal; **ein ~er Typ sein** to be the maternal type II. *adv* motherly; **jdn ~ umsorgen** to care for sb in a motherly way, to bemother [*or pej fam* mollycoddle] sb

mütterlicherseits *adv* on one's mother's [*or spec* the distaff] side; ***meine Oma ~*** my maternal grandmother

Mütterlichkeit <-> *f kein pl* motherliness *no art, no pl*

Mutterliebe *f* motherly love *no art, no pl*

mutterlos I. *adj* motherless II. *adv* motherless, without a mother

Muttermal *nt* birthmark; (*kleiner*) mole

Muttermilch *f* mother's milk *no art, no pl* ▶ WENDUNGEN: **etw [schon] mit der ~ einsaugen** to learn sth from the cradle **Muttermund** *m* ANAT cervix *spec*

Mutternschlüssel *m* spanner BRIT, wrench AM

MutterpassRR *m* MED (*vom Arzt ausgestellter Ausweis für werdende Mütter mit Angaben über Blutgruppe, Rhesusfaktor etc., in dem der Verlauf der Schwangerschaft protokolliert wird*) *s.* **Mütterpass** **Mutterrolle** *f* role of a mother

Mutterschaft <-> *f kein pl* (*geh*) motherhood *no art, no pl*

Mutterschaftsgeld *nt* maternity grant **Mutterschaftshilfe** *f* maternity benefit **Mutterschaftsurlaub** *m* maternity leave *no art, no pl*

Mutterschutz *m* JUR *legal protection of working mothers* **Mutterschutzgesetz** *nt* Maternity Protection Act (*laws protecting working mothers-to-be and nursing mothers*)

mutterseelenallein I. *adj pred* all alone *pred* II. *adv* all on one's own [*or* BRIT *fam* tod]

Muttersöhnchen <-s, -> *nt* (*pej fam*) mummy's [*or* AM mama's] boy *fam*, milksop *pej* **Muttersprache** *f* mother tongue, native language [*or* tongue] **Muttersprachler(in)** <-s, -> *m(f)* native speaker **muttersprachlich** *adj* native-speaker *attr;* **aus ~er Sicht** from the point of view of the native speaker **Mutterstelle** *f* **bei** [*o* **an**] **jdm ~ vertreten** (*veraltend o selten*) to be [like] a mother to sb, to take a mother's place [for sb] **Muttertag** *m* Mother's Day *no art* **Muttertier** *nt* ZOOL mother [animal]; *von Vieh a.* dam *spec*

Mutti <-, -s> *f* (*fam*) mum[my *childspeak*] BRIT *fam*, mom[my *childspeak*] AM *fam*

Mutwille <-ns> *m kein pl* (*Übermut*) mischief *no art, no pl;* (*Bosart*) malice *no art, no pl;* **aus [bloßem** [*o* **lauter**] [*o* **reinem**]] **~n** out of [pure] mischief/malice

mutwillig I. *adj* mischievous; (*böswillig*) malicious II. *adv* deliberately

Mütze <-, -n> *f* cap; **[von jdm] was** [*o* **eins**] **auf die ~ kriegen** (*fam*) to get a good talking-to [*or* BRIT *fam!* a right bollocking] [from sb]; (*gehauen werden*) to get smacked [by sb]

MwSt., MWST. *f Abk von* **Mehrwertsteuer** VAT, Vat

Myanmar <-s> *nt* Myanmar, Burma *hist; s. a.* Deutschland

Myanmare, Myanmarin <-n, -n> *m, f* Burman; *s. a.* **Deutsche(r)**

myanmarisch *adj* Burman; *s. a.* **deutsch**

Myoglobin <-s, -e> *nt* MED (*Sauerstoff speicherner Eiweißstoff des Muskels*) myoglobin

Myom <-s, -e> *nt* MED myoma *spec*

Myosin <-s> *nt kein pl* BIOL myosin

Myriade <-, -n> *f meist pl* myriad *no def art*

MyrreRR <-, -n> *f*, **Myrrhe** <-, -n> ['mʏrə] *f* myrrh *no art, no pl*

Myrte <-, -n> *f* myrtle

mysteriös *adj* mysterious

Mysterium <-s, -ien> *nt* (*geh*) mystery

Mystik <-> *f kein pl* mysticism *no art, no pl*

Mystiker(in) <-s, -> *m(f)* mystic

mystisch ['mʏstɪʃ] *adj* ❶ (*geh*) mysterious ❷ REL mystic[al]

mythisch *adj* (*geh*) mythical

Mythologie <-> *f kein pl* mythology *no art, no pl*

mythologisch *adj* mythological

Mythos, Mythus <-, Mythen> *m* ❶ (*sagenhafte Überlieferung*) myth ❷ (*Legende*) legend

Myzel <-s, Myzelien> *nt* BOT (*Pilzfaden*) mycelium *no pl*

N

N, n <-, - *o fam* -s, -s> *nt* N, n; **~ wie Nordpol** N for Nelly BRIT, N as in Nan AM; *s. a.* **A 1**

N *Abk von* **Norden**

'n *art indef* (*fam*) ❶ *s.* **ein** ❷ *s.* **einen**

na *interj* (*fam*) ❶ (*zweifelnder Ausruf*) well; **~ gut** [*o* **schön**] [*o* **meinetwegen**] all right, ok[ay] *fam;* **~ ja** well; **~ *ja, weil du es bist!*** well, ok[ay], for you *fam* ❷ (*Ausruf der Entrüstung*) well; **~, ~!** now, now! ❸ (*Ausruf der Anerkennung*) well; **~ also!** [*o* **bitte**] [well,] there you go [then]; **~ so was!** well I never [did]! ▶ WENDUNGEN: **~, du?** how's it going?; **~ und ob!** you bet! *fam;* **~ und?** so what?; *s. a.* **warten**

Nabe <-, -n> *f* TECH hub

Nabel <-s, -> *m* navel, belly [*or* BRIT *a.* tummy] button *fam;* **der ~ der Welt** the hub [*or* centre [*or* AM -er]] of the universe

Nabelbruch *m* MED umbilical hernia **Nabelschau** *f* ▶ WENDUNGEN: **~ betreiben** (*fam*) to be bound up in oneself, to indulge in self-contemplation **Nabelschnur** *f* (*a. fig*) umbilical cord

nach I. *präp* + *dat* ❶ (*räumlich: bis hin zu*) ■ **~ etw** to sth; ***der Weg führt direkt ~ ...*** this is the way to ...; *s. a.* **außen, da, dort, hier, hinten, innen, links, oben, rechts, unten, vorn** ❷ (*räumlich: hinter*) ■ **~ jdm/etw** behind sb/sth; ***du stehst ~ mir auf der Liste*** you're [*or* you come] after me on the list; *s. a.* **stehen** ❸ (*zeitlich: im Anschluss an*) ■ **~ jdm/etw** after sb/sth; **[bitte] ~ Ihnen!** after you!; **~ wie vor** still; ***ich halte ~ wie vor an meiner Überzeugung fest*** I remain convinced ❹ (*gemäß*) ■ **~ etw** according to sth; **~ *Artikel 23/den geltenden Vorschriften*** under article 23/present regulations; ■ **jds ... ~** judging by sb's ...; **~ allem** [*o* **dem**], **was ...** from what ...; **~ *allem, was ich gehört habe*** from what I've heard; **~ *dem, was wir jetzt wissen*** as far as we know; *s. a.* **Art** ❺ (*in Anlehnung an*) ■ **~ etw** after sth; ***diese Wandlampe ist ~ einer Fackel geformt*** this lamp was shaped after a torch; **~ *einer Erzählung von Edgar A. Poe*** after [*or* based on] a story by Edgar A Poe; *s. a.* **Gedächtnis** II. *adv* ***ihm ~!*** after him!; (*an einen Hund a.*) sic 'im! *fam;* ***los, mir ~!***

let's go, follow me!; ~ **und** ~ gradually, little by little

nach|äffen *vt* (*pej*) ■**jdn** ~ (*zur Belustigung*) to mimic [*or* BRIT take off] sb; (*dilettantisch*) to ape sb; ■**etw** ~ to mimic [*or* copy]/ape sth; **einer Mode** ~ to follow a fashion craze

nach|ahmen *vt* ❶ (*imitieren*) ■**jdn/etw** ~ to imitate sb/sth ❷ (*kopieren*) ■**etw** ~ to copy sth

nachahmenswert *adj* exemplary

Nachahmer(in) <-s, -> *m(f)* ❶ (*Imitator*) imitator ❷ (*Kopist*) copyist

Nachahmung <-, -en> *f* ❶ *kein pl* (*Imitation*) imitation ❷ (*Kopie*) copy

Nachahmungstrieb *m* PSYCH imitative instinct

nach|arbeiten *vt* ■**etw** ~ ❶ (*aufholen*) to make up for [*or sep* make up] sth ❷ (*nachträglich bearbeiten*) to touch up sth *sep*

Nachbar(in) <-n *o* -s, -n> *m(f)* ❶ (*jd, der in jds Nähe wohnt*) neighbour [*or* AM -or]; (*in einer Nachbarwohnung a.*) next-door neighbour; **die** ~**n** the neighbours, next door + *sing/pl vb*; ***~s Garten/Hund*** next door's [*or* the neighbours'] garden/dog ❷ (*nebenan Sitzender*) ***sie wandte sich ihrer ~ in [am Tisch] zu*** she turned to the woman [sitting] next to her [at the table]; ***wir sind während der Fahrt ~n*** we will be sitting next to each other on the journey ❸ (*benachbartes Land*) neighbour [*or* AM -or]; ***unsere ~n im Osten*** our neighbours in the East ▶ WENDUNGEN: **scharf** [*o* **geil**] **wie ~s Lumpi sein** (*sl*) to be a randy old goat *pej fam*

Nachbargarten *m* next door's [*or* the neighbours'] garden **Nachbarhaus** *nt* house next door **Nachbarland** *nt* neighbouring [*or* AM neighboring] country

nachbarlich *adj* ❶ (*benachbart*) neighbouring [*or* AM neighboring] *attr;* ***aus dem ~en Garten*** from next door's [*or* the neighbours'] garden ❷ (*unter Nachbarn üblich*) neighbourly [*or* AM neighborly]; **gute/freundliche ~e Beziehungen** good/friendly relations with the neighbours

Nachbarschaft <-, -en> *f* ❶ (*nähere Umgebung*) neighbourhood [*or* AM neighborhood]; ■**in der/jds** ~ in the/sb's neighbourhood ❷ (*die Nachbarn*) neighbours [*or* AM -ors] *pl;* ***es hat sich in der ~ bereits herumgesprochen*** it's gone around the whole neighbourhood; [**eine**] **gute** ~ **halten** [*o* **pflegen**] to keep up good neighbourly [*or* AM neighborly] relations

Nachbarschaftsgericht *nt* JUR *neighbourhood court* **Nachbarschaftshilfe** *f* *association of neighbours that provides help with shopping, cleaning, gardening, etc. to those less able in the neighbourhood*

Nachbarsfrau *f* neighbour's [*or* AM -or's] wife, woman next door **Nachbarskind** *nt* child next door **Nachbarsleute** *pl* neighbours [*or* AM -ors] *pl,* people next door

Nachbarwohnung *m* next door *no art, no pl,* flat [*or* apartment] next door **Nachbarzaun** *m* neighbour's [*or* AM -or's] fence

Nachbau <-[e]s, -ten> *m* ARCHIT, TECH replica, reproduction

nach|bauen *vt* ■**etw** ~ to build a copy of sth

nach|bearbeiten* *vt* ■**etw** ~ to finish off sth *sep*

Nachbeben *nt* GEOL aftershock

nach|behandeln* *vt* ❶ (*im Anschluss behandeln*) ■**etw** [**mit etw**] ~ to give sth follow-up treatment [with sth] ❷ MED ■**jdn/etw** ~ to give sb/sth follow-up treatment

Nachbehandlung *f* ❶ (*zusätzliche Behandlung*) follow-up treatment *no pl* ❷ MED follow-up treatment *no pl*

nach|bereiten* *vt* ■**etw** ~ to go through [*or* over] sth again

nach|bessern I. *vt* ■**etw** ~ to retouch sth; **ein Produkt** ~ to make improvements to a product; **einen Vertrag** ~ to amend a contract II. *vi* to make improvements

nach|bestellen* *vt* ■**etw** ~ to reorder [*or* order some more of] sth

Nachbestellung *f* (*weitere Bestellung*) repeat order; (*nachträgliche Bestellung*) late order

nach|beten *vt* (*pej fam*) ■[**jdm**] **etw** ~ to parrot sth [sb says] *pej,* BRIT *a.* to repeat sth [sb says] parrot-fashion

nach|bilden *vt* ■**etw** [**einer S.** *dat*] ~ to reproduce sth [from sth], to model sth on sth; **etw aus dem Gedächtnis** ~ to copy sth from memory

Nachbildung *f* reproduction; (*exakt*) copy

nach|blicken *vi* (*geh*) ■**jdm/etw** ~ to follow sb/sth with one's eyes, to watch sb/sth

Nachblutung *f* secondary haemorrhage [*or* AM hemorrhage] [*or no art, no pl* bleeding]

nach|bohren I. *vt* **ein Loch** ~ to re-drill [*or sep* drill out] a hole II. *vi* (*fam*) ■[**bei jdm**] ~ to probe [sb on a/the matter]

Nachbrust *f* KOCHK brisket

nachdatieren* *vt* ❶ (*auf einen Brief, ein Schriftstück o.ä. ein früheres, zurückliegendes Datum schreiben*) ■**etw** ~ to backdate [*or* predate] [*or* antedate] sth ❷ (*selten: [auf einen Brief, ein Schriftstück o.ä.] nachträglich das richtige Datum schreiben*) ■**etw** ~ to backdate sth

nachdem *konj* ❶ *temporal* after; ***eine Minute ~ du angerufen hattest, ...*** one minute after you [had] called, ... ❷ *kausal* (*da*) since, seeing that; ~ ***wir uns also einig sind, ...*** since [*or* seeing that] we agree, ...

nach|denken *vi irreg* ❶ (*überlegen*) ■[**über etw** *akk*] ~ to think [about sth]; ***denk doch mal nach!*** think about it!; (*mahnend*) use your head [*or* brain][, will you]! ❷ (*sich Gedanken machen*) ■[**über jdn/etw**] ~ to think [about sb/sth]; **laut** ~ to think out loud

Nachdenken *nt* thought *no art, no pl,* reflection *no art, no pl,* thinking *no art, no pl;* ***bitte störe mich jetzt nicht beim ~!*** please don't disturb me while I'm thinking!; **zum** ~ **kommen** to find time to think

nachdenklich *adj* ❶ (*etwas überlegend*) pensive, thoughtful ❷ (*zum Nachdenken neigend*) pensive, thoughtful; **jdn** ~ **machen** [*o geh* **stimmen**] to set sb thinking, to make sb think; ~ **gestimmt sein** to be in a thoughtful [*or* pensive] mood ❸ (*viel nachdenkend*) thoughtful, pensive

Nachdenklichkeit <-> *f kein pl* pensiveness *no art, no pl,* thoughfulness *no art, no pl*

nach|dichten *vt* ■**etw** ~ to give a free rendering of sth

Nachdichtung *f* free rendering

nach|drängen *vi sein* ■[**jdm**] ~ to push [sb] from behind; *Menge a.* to throng after sb

Nachdruck[1] *m kein pl* stress *no pl,* emphasis *no pl;* [**besonderen**] ~ **auf etw** *akk* **legen** to place [special] emphasis on sth; [**besonderen**] ~ **darauf legen, dass ...** to place [special] emphasis on the fact [*or* stress [*or* emphasize] [particularly]] that ...; **mit** [**allem**] ~ with vigour [*or* AM -or]; **etw mit** ~ **sagen** to say sth emphatically; **etw mit** ~ **verweigern** to flatly refuse sth

Nachdruck[2] <-[e]s, -e> *m* VERLAG ❶ (*nachgedrucktes Werk*) reprint ❷ *kein pl* (*das Nachdrucken*) reprinting *no art, no pl;* **der** ~ [***des Artikels***] ***ist nur mit Genehmigung des Verlages gestattet*** no part of this article may be reproduced without the prior permission of the publisher

nach|drucken *vt* VERLAG ❶ (*abermals drucken*) ■**etw** [**unverändert**] ~ to reprint sth ❷ (*abdrucken*)

■ **etw** ~ to reproduce sth
nachdrücklich **I.** *adj* insistent; **eine ~e Warnung** a firm warning **II.** *adv* insistently, firmly
Nachdrücklichkeit <-> *f kein pl* insistence *no art, no pl,* firmness *no art, no pl;* **in aller ~** strongly
nach|dunkeln *vi sein* to darken
Nachdurst *m* (*nach übermäßigem Alkoholgenuss*) dehydration; **~ haben** to be dehydrated
nach|eifern *vi* (*geh*) ■ **jdm [in etw** *dat*] ~ to emulate sb [in sth]
nacheinander *adv* one after another [*or* the other]; **kurz/schnell ~** in quick/rapid succession
nach|empfinden* *vt irreg* ① (*mitfühlen*) ■ **[jdm] etw ~ können** to be able to sympathize with sb's sth; ***ich kann Ihnen Ihre Erregung lebhaft ~*** I can understand how irritated you must have been; ■ **jdm ~ können, dass/wie er/sie ...** to be able to understand that/how sb ...; ***vielleicht kannst du mir jetzt ~, wie ich mich fühle*** perhaps now you can understand how I feel ② KUNST, LIT (*nach einer Anregung gestalten*) ■ **jdm/einer S. etw ~** to adapt sth from sb/sth
Nachen <-s, -> *m* (*liter*) barque *poet*
nach|erzählen* *vt* ■ **etw ~** to retell sth
Nacherzählung *f* SCH account; (*geschrieben a.*) written account (*of something heard/read*)
Nachf. *Abk von* **Nachfolger**
Nachfahr(in) <-en *o* -s, -en> *m(f)* (*geh*) *s.* **Nachkomme**
nach|fahren *vi irreg sein* ① (*hinterherfahren*) ■ **jdm ~** to follow sb ② (*im nachhinein folgen*) ■ **jdm [irgendwohin] ~** to follow sb on [somewhere]
nach|fassen **I.** *vi* ① (*fam: nachbohren*) ■ **[bei jdm/in etw** *dat*] ~ to probe sb/into sth, to probe [*or* dig] a little deeper [into sb/sth] ② SPORT (*noch einmal zugreifen*) to regain one's grip ③ (*Nachschlag holen*) to have a second helping **II.** *vt* ■ **etw ~** to have a second helping of sth
nach|feiern *vt* ■ **etw ~** to celebrate sth later
Nachfolge *f kein pl* succession; ■ **die/jds ~ [in etw** *dat*] the/sb's succession [in sth]; **jds ~ antreten** to succeed sb
Nachfolgekandidat(in) *m(f)* candidate for succession **Nachfolgemodell** *nt* replacement [model]
nach|folgen *vi sein* (*geh*) ① (*Nachfolger werden*) ■ **jdm [in etw** *dat*] ~ to succeed sb [in sth]; **jdm im Amt ~** to succeed sb in office ② (*folgen*) ■ **jdm/etw ~** to follow sb/sth
nachfolgend *adj* (*geh*) following; ■ **~es,** ■ **das N~e** the following; **im N~en** in the following
Nachfolgeorganisation *f* successor organization **Nachfolgepartei** *f* successor party
Nachfolger(in) <-s, -> *m(f)* successor
nach|fordern *vt* ■ **etw ~** to put in *sep* an additional [*or* another] demand for sth
Nachforderung *f* additional [*or* subsequent] demand; **~en erheben** [*o* **geltend machen**] to make an additional demand/additional demands
nach|forschen *vi* ■ **[in etw** *dat*] ~ to [try and] find out [more] [about sth], to make [further] enquiries [*or* inquiries] [about sth]; ***nachdem man in der Sache weiter nachgeforscht hatte, ...*** after further enquiries had been made into the matter, ...; ■ **~, ob/wann/wie/wo ...** to find out whether/when/how/where ...
Nachforschung *f* enquiry, inquiry; (*polizeilich*) investigation; **[in etw** *dat*] **~en anstellen** [*o* **betreiben**] to make enquiries/carry out investigations [into sth]
Nachfrage *f* ① ÖKON demand (**nach** +*dat* for sth); **eine große/größere/steigende ~** a great/greater/growing demand; *s. a.* **Angebot** ② (*Erkundigung*) enquiry, inquiry; ***danke der ~!*** nice of you to ask!
nach|fragen *vi* ■ **[bei jdm] ~** to ask [sb], to enquire, to inquire
Nachfragerückgang *m* ÖKON fall [*or* drop] [*or* decline] in demand
Nachfrist *f* extended deadline, extension; **jdm eine ~ setzen** to extend sb's deadline
nach|fühlen *vt* ■ **[jdm] etw ~** to understand how sb feels, to sympathize with sb; ***ich fühle dir das wohl nach*** I know how you must feel; ■ **jdm ~ können, dass/wie er/sie ...** to be able to understand that/how sb ...; ***er wird mir sicher ~ können, dass/wie ich ...*** he'll surely be able to understand that/how I ...
nach|füllen **I.** *vt* ① (*noch einmal füllen*) ■ **[jdm] etw ~** to refill sth [for sb]/sb's sth ② *s.* **nachgießen II.** *vi* ■ **[jdm] ~** to top up [*or* AM off] sb *sep fam;* ***darf ich Ihnen noch ~?*** can I top you up? *fam,* would you like a top-up?
Nachfüllpack <-s, -s> *m* ÖKON *s.* **Nachfüllpackung**
nach|geben *irreg* **I.** *vi* ① (*einlenken*) ■ **[jdm/etw] ~** to give way [*or* in] [to sb/sth] ② (*zurückweichen*) to give way ③ *Aktien* to drop, to fall **II.** *vt* ■ **jdm etw ~** to give sb some more [*or* another helping] of sth
Nachgeborenen *pl dekl wie adj* SOZIOL (*geh*) future generations *pl*
Nachgebühr *f* excess postage *no pl*
Nachgeburt *f* ① (*ausgestoßene Plazenta*) afterbirth *no pl* ② *kein pl* (*Vorgang der Ausstoßung*) expulsion of the afterbirth
nach|gehen *vi irreg sein* ① (*hinterhergehen*) ■ **jdm ~** to follow [*or* go after] sb ② *Uhr* to be slow; ***meine Uhr geht zehn Minuten nach*** my watch is ten minutes slow ③ (*zu ergründen suchen*) ■ **einer S.** *dat* ~ to look into [*or* investigate] sth ④ (*form: ausüben*) ■ **einer S.** *dat* ~ to practise [*or* AM -ice] sth; **seinen eigenen Interessen ~** to pursue one's own interests
nachgelassen *adj* LIT left behind unpublished *pred;* (*posthum veröffentlicht*) posthumously published *pred form*
nachgemacht *adj inv* imitation; **~es Geld** counterfeit money; ■ **~ sein** to be imitation [*or* a counterfeit]
nachgeordnet *adj* (*form*) subordinate
nachgerade *adv* (*geh*) ① (*beinahe*) practically, virtually ② (*nach wie vor*) still
Nachgeschmack *m* aftertaste; **einen bitteren/süßen ~ haben** to have a bitter/sweet aftertaste; **[bei jdm] einen bitteren** [*o* **unangenehmen**] [*o* **üblen**] **~ hinterlassen** to leave a nasty taste [in sb's mouth]
nachgewiesenermaßen *adv inv* as has been proved [*or* shown]; ***der Fahrer, der den Unfall verursachte, war ~ volltrunken*** as has been proved [*or* shown], the driver who caused the accident was blind drunk
nachgiebig *adj* ① (*leicht nachgebend*) soft, accommodating, compliant *form;* ■ **[jdm gegenüber] [zu] ~ sein** to be [too] soft [on sb] ② (*auf Druck nachgebend*) pliable, yielding *attr;* ***diese Matratze ist überall sehr ~*** this mattress gives all over
Nachgiebigkeit <-> *f kein pl* ① *von Wesenart* softness *no art, no pl,* accommodating nature ② *von Konsistenz* pliability *no art, no pl,* softness *no art, no pl*
nach|gießen *irreg* **I.** *vt* ■ **[jdm] etw ~** to give sb some more of sth, to top up [*or* AM off] *sep* sb's glass [*or fam* sb] **II.** *vi* ■ **[jdm] ~** to top up [*or* AM off] sb *sep fam;* ***darf ich ~?*** would you like some more?
nach|grübeln *vi* ■ **[über etw** *akk*] ~ to think [about sth], to ponder [on sth] *form;* ■ **das N~** thinking, pondering *form;* ***N~ wäre nur verschenkte Zeit*** don't waste your time thinking about [*or form* pondering on] it

N

nach|gucken *vi* (*fam*) ■[**in etw** *dat*] ~ to [take a] look [in sth]
nach|haken *vi* (*fam*) ■[**bei jdm**] [**mit etw**] ~ to probe sb with sth, to dig deeper [with sth]
Nachhall *m* echo
nachhaltig **I.** *adj* lasting, sustained; ~**e Entwicklung** sustainable development **II.** *adv* **jdn ~ beeindrucken/beeinflussen** to leave a lasting impression/have a lasting influence on sb; **sich ~ verbessern** to make a lasting improvement
Nachhaltigkeit <-> *f kein pl* ❶ (*längere Zeit anhaltende Wirkung*) lastingness *no pl;* ***manchmal ist ein Glas zuviel von großer*** ~ sometimes one glass too many can have a very long-lasting [after-]effect ❷ FORST (*dauernde Nutzung einer Fläche zur Holzproduktion*) sustentation *no pl*
nach|hängen *vi irreg* ❶ (*sich überlassen*) ■**einer S.** *dat* ~ to lose oneself in [*or* abandon oneself to] sth ❷ (*anhaften*) ■**jdm hängt etw nach** sth is attached to sb; ***ihm hängt der Geruch nach, dass …*** there's a rumour attached to him that …
Nachhauseweg *m* way home; **auf dem/jds** ~ on the/sb's way home
nach|helfen *vi irreg* ❶ (*zusätzlich beeinflussen*) ■**einer S.** *dat* ~ to help along sth *sep;* ■**mit etw** ~ to help things along [*or* give a helping hand] with sth; ~, **dass etw passiert** to help make sth happen ❷ (*auf die Sprünge helfen*) ■**jdm/etw** ~ to give sb/sth a helping hand
nachher *adv* ❶ (*danach*) afterwards ❷ (*irgendwann später*) later; ***bis ~!*** see you later! ❸ (*fam: womöglich*) possibly; ~ ***behauptet er noch, dass …*** he might just claim [that] …
Nachhilfe *f* extra help *no art, no pl,* private tuition [*or* AM *usu* tutoring] [*or* coaching] *no art, no pl;* [**von jdm**] ~ [**in etw** *dat*] **bekommen** to receive [*or* get] private tuition [from sb] [in sth]; [**jdm**] ~ [**in etw** *dat*] **geben** to give [sb] private tuition [in sth]
Nachhilfelehrer(in) *m(f)* private tutor **Nachhilfestunde** *f* private lesson [*or* coaching *no art, no pl*]; [**von jdm**] ~**n** [**in etw** *dat*] **bekommen** to receive [*or* get] private lessons [from sb] [in sth]; [**jdm**] ~**n** [**in etw** *dat*] **geben** to give [sb] private lessons [in sth] **Nachhilfeunterricht** *m* private coaching [*or* tuition] [*or* AM *usu* tutoring] *no art, no pl*
nachhinein *adv* **im N~** looking back, in retrospect; (*nachträglich*) afterwards
nach|hinken *vi sein* (*fam*) ■[**hinter jdm/etw**] ~ to lag behind [sb/sth]
Nachholbedarf *m* additional requirements *pl;* ■**der/jds ~ an etw** *dat* the/sb's additional requirements of sth; **jds ~ [an etw** *dat*] **gedeckt sein** to have had one's fill [of sb's sth]; **einen [großen] ~ [an/auf etw** *dat*] **haben** to have a lot to catch up on [in the way of sth]
nach|holen *vt* ❶ (*aufholen*) ■**etw** ~ to make up for sth ❷ (*nachkommen lassen*) ■**jdn** ~ to let sb [*or* get sb to] join one
Nachhut <-, -en> *f* MIL rearguard BRIT, rear guard AM; **bei der** ~ in the rearguard
nach|jagen *vi sein* ❶ (*zu erreichen trachten*) ■**einer S.** *dat* ~ to pursue [*or* chase after] sth ❷ (*eilends hinterherlaufen*) ■**jdm** ~ to chase after sb
nach|kaufen *vt* ■**etw** ~ to buy sth later [*or* at a later date]; ***alle Teile können jederzeit nachgekauft werden*** all parts are available for purchase at all times
Nachklang *m* ongoing sound; (*Echo*) echo
nachklassisch *adj* post-classical
nach|klingen *vi irreg sein* ❶ (*weiterklingen*) to go on sounding, to linger ❷ (*als Eindruck zurückbleiben*) ■**in jdm** ~ to linger [*or* stay] with sb
Nachkomme <-n, -n> *m* descendant
nach|kommen *vi irreg sein* ❶ (*danach folgen*) to follow on; ■**jdn ~ lassen** to let sb join one later; **sein Gepäck ~ lassen** to have [*or* get] one's luggage sent on ❷ (*Schritt halten*) to keep up ❸ (*mithalten*) ■[**mit etw**] ~ to keep up [with sth] ❹ (*erfüllen*) ■**einer S.** *dat* ~ to fulfil [*or* AM *usu* -ll] sth; **einer Anordnung/Pflicht** ~ to carry out an order/a duty *sep;* **einer Forderung** ~ to meet [with] a demand ❺ (*als Konsequenz folgen*) to follow as a consequence ❻ SCHWEIZ (*verstehen*) to follow, to get it; ■~, **was …** to understand [*or* get] what …
Nachkommenschaft <-, -en> *f* (*geh*) descendants *pl;* **seine zahlreiche** ~ one's numerous progeny + *sing/pl vb form*
Nachkömmling <-s, -e> *m* (*Nachzügler*) latecomer, late arrival; (*Kind*) afterthought *hum;* (*Nachkomme*) descendant
nach|kontrollieren* *vt* ■**etw** [**auf etw** *akk*] ~ to check over sth *sep* [for sth]; ■~, **ob/wann/wie …** to check whether/when/how …
nach|korrigieren* *vt* ■**etw** ~ to re-correct sth; **einen Aufsatz** ~ to go over an essay again
Nachkriegsdeutschland *nt* POL (*hist*) post-war Germany **Nachkriegsgeneration** *f* post-war generation **Nachkriegszeit** *f* post-war period
Nachkur *f* MED after-treatment *no pl,* follow-up cure
nach|laden *irreg* **I.** *vt* ■**etw** ~ to reload sth; ■**das N~** [**einer S.** *gen* [*o* **von etw**]] reloading [sth] **II.** *vi* to reload
Nachlass^RR <-es, -e *o* -lässe> *m,* **Nachlaß** <-lasses, -lasse *o* -lässe> *m* ❶ (*hinterlassene Werke*) unpublished works *npl* ❷ (*hinterlassener Besitz*) estate; **den ~ eröffnen** to read the will; **den ~ ordnen/verwalten** to organize/administer the estate ❸ (*Preis~*) reduction, discount; ■**ein ~ [von etw] [auf etw** *akk*] a discount [*or* reduction] [of sth] [on sth]
nach|lassen *irreg* **I.** *vi* ❶ (*schwächer werden*) to decrease, to diminish; ***sobald die Kälte etwas nachlässt, …*** as soon as it gets a little warmer …; *Druck, Schmerz* to ease off [*or* up]; *Gehör, Sehkraft* to deteriorate; *Interesse* to flag, to wane; *Nachfrage* to drop [off], to fall; *Sturm* to die down, to abate ❷ (*in der Leistung schlechter werden*) to deteriorate in one's performance, to be slacking off; ***mit der Zeit ließ er [in seiner Leistung] nach*** as time went on his performance deteriorated ❸ (*aufhören*) ■~, **etw zu tun** to stop doing sth; **nicht ~!** keep it up! **II.** *vt* ■[**jdm**] **etw [von etw]** ~ to knock sth off [sth] [for sb] *fam;* [**jdm**] **10% vom Preis** ~ to give [sb] a 10% rebate [*or* discount]
nachlässig **I.** *adj* ❶ (*unsorgfältig*) careless; **eine ~e Person** a careless [*or* negligent] person; ~**e Arbeit** slipshod work *pej;* ■**etw ist/wird** ~ sth is slack/slacking ❷ (*schlampig*) careless, sloppy *pej* **II.** *adv* ❶ (*unsorgfältig*) carelessly, negligently ❷ (*schlampig*) carelessly, sloppily *pej*
Nachlässigkeit <-, -en> *f* ❶ *kein pl* (*nachlässige Art*) carelessness *no art, no pl* ❷ (*nachlässige Handlung*) negligence *no art, no pl;* **eine grobe** ~ [an instance of] gross negligence
Nachlassverwalter^RR(in) *m(f)* JUR estate executor [*or* administrator]
nach|laufen *vi irreg sein* ❶ (*hinterherlaufen*) ■**jdm** ~ to run after sb ❷ (*umwerben*) ■**jdm** ~ to run after sb ❸ (*zu erreichen trachten*) ■**einer S.** *dat* ~ to run after [*or* chase [after]] sth
nach|legen **I.** *vt* ❶ (*zusätzlich auflegen*) **Holz/Kohle/Scheite** ~ to put some more wood/coal/logs on [the fire] ❷ (*zusätzlich auf den Teller geben*) ■[**jdm/sich**] **etw** ~ to give [*or* get] [sb/oneself] a second helping [of sth] **II.** *vi* (*fam*) to do/say more; ***„damit ist***

aber nicht alles gesagt," legte er nach "I haven't yet had the last word on this," he added

Nachlese *f* ① AGR second harvest ② MEDIA, TV (*ausgewählter Nachtrag*) ■ **eine ~ aus etw** selected postscripts from sth

nach|lesen *vt irreg* ■ **etw [irgendwo] ~** to read up on sth [somewhere]

nach|liefern *vt* ■ **[jdm] etw ~** ① (*später liefern*) to deliver sth [to sb] at a later date ② (*später abgeben*) to hand in sth *sep* [to sb] at a later date

Nachlieferung *f* ① (*nachträgliche Lieferung*) delivery ② (*nachträglich gelieferter Artikel*) delivery

Nachlösegebühr *f* TRANSP excess fare

nach|lösen I. *vt* **eine Fahrkarte/einen Zuschlag ~** to buy a ticket/a supplement on the train II. *vi* ■ **[bei jdm] ~** to pay [sb] on the train

nach|machen *vt* ① (*imitieren*) ■ **jdn/etw ~** to imitate sb/sth, to impersonate sb ② (*nachahmen*) ■ **jdm etw ~** to copy sth from sb; ***das soll mir erst mal einer ~!/ macht mir bestimmt keiner nach!*** I'd like to see anyone else do that! ③ (*fälschen*) ■ **etw ~** to forge sth; **Geld ~** to forge [*or* counterfeit] money ④ (*fam: nachträglich anfertigen*) ■ **etw ~** to make up sth *sep*

nach|messen *irreg* I. *vt* ■ **etw [mit etw] ~** to measure sth again [with sth] II. *vi* ■ **[mit etw] ~** to check [with sth]; ■ **das N~** checking; ***der Fehler ist mir erst beim N~ aufgefallen*** I only noticed the mistake whilst checking through

Nachmieter(in) *m(f)* next tenant *no indef art;* ■ **jds ~** the tenant after sb; ***sie ist meine ~in*** she moved in when/after I moved out

Nachmittag *m* afternoon; **am/bis zum [frühen/späten] ~** in the/until the [early/late] afternoon; ***im Laufe des ~s*** during [the course of] the afternoon

nachmittäglich *adj attr* afternoon *attr;* ***die ~ stattfindenden Seminare*** the afternoon seminars

nachmittags *adv* ① (*am Nachmittag*) in the afternoon ② (*jeden Nachmittag*) in the afternoons

Nachmittagsschläfchen *nt* afternoon nap **Nachmittagsunterricht** *m* afternoon lessons *pl* **Nachmittagsvorstellung** *f* afternoon showing, matinée [performance]

Nachnahme <-, -n> *f* cash [*or* AM *a.* collect] *no art, no pl* on delivery [*or* COD] *no art, no pl;* **etw als [*o* per] ~ schicken [*o* senden]** to send sth COD

Nachnahmegebühr *f* COD charge **Nachnahmesendung** *f* (*form*) registered COD consignment *form,* COD parcel

Nachname *m* surname, family [*or* BRIT *a.* second] [*or* AM *a.* last] name; ***wie hießen Sie mit ~n?*** what's your surname?

nach|plappern *vt* (*fam*) ■ **[jdm] etw ~** to parrot sth [sb says] *pej,* BRIT *a.* to repeat sth [sb says] parrot-fashion

Nachporto *nt s.* **Nachgebühr**

nachprüfbar *adj* verifiable; ■ **etw ist ~** sth is verifiable [*or* can be verified [*or* checked]]

Nachprüfbarkeit <-> *f kein pl* verifiability *no art, no pl*

nach|prüfen I. *vt* ① (*etw überprüfen*) ■ **etw ~** to verify [*or* check up on] sth ② SCH (*nachträglich prüfen*) ■ **jdn ~** to examine sb at a later date; (*nochmals prüfen*) to re-examine sb II. *vi* ■ **~, ob/wann/wie ...** to verify [*or* check] whether/when/how ...

Nachprüfung *f* ① (*das Nachprüfen*) verification; ■ **die/eine ~ [einer S.** *gen*] the/a verification [of sth], verifying [sth]; ***die ~ der Daten dauert eine Weile*** it will take some time to verify the data ② SCH (*nachträgliche Prüfung*) resit BRIT, re-examination AM

nach|rechnen I. *vi* to check again; ***wir müssen noch einmal ~*** we'll have to do our sums again *hum;* ■ **~, dass/ob ...** to check that/whether ... II. *vt* ■ **etw [noch einmal] ~** to check sth [again]

Nachrede *f* JUR **üble ~** defamation [of character] *form,* slander; **üble ~ [über jdn] verbreiten** to spread slander [about sb]

nach|reichen *vt* ■ **[jdm] etw ~** to hand sth [to sb] later

nach|reisen *vi sein* ■ **jdm [irgendwohin] ~** to join [*or* follow] sb [somewhere]

nach|reiten *vi irreg sein* ■ **jdm/etw ~** to ride after sb/sth

Nachricht <-, -en> *f* ① MEDIA news *no indef art,* + *sing vb;* ■ **eine ~** a news item; ■ **die ~en** the news + *sing vb* ② (*Mitteilung*) news *no indef art,* + *sing vb;* ■ **eine ~** some news + *sing vb,* a piece of news; **jdm ~ geben** to let sb know; ***geben Sie uns bitte ~, wenn ...*** please let us know when ...

Nachrichtenagentur *f* news agency **Nachrichtenangebot** *nt* INET range of news services and stories **Nachrichtendienst** *m* ① (*Geheimdienst*) intelligence *no art, no pl* [service] ② *s.* **Nachrichtenagentur** **Nachrichtenkanal** *m* news channel **Nachrichtenmagazin** *nt* news magazine **Nachrichtensatellit** *m* TELEK communications satellite **Nachrichtensendung** *f* MEDIA news broadcast, newscast **Nachrichtensperre** *f* news embargo [*or* blackout]; **eine ~ verhängen** to order a news embargo; (*als feindlicher Akt*) to gag the press **Nachrichtensprecher(in)** *m(f)* newscaster, BRIT *a.* newsreader **Nachrichtentechnik** *f* telecommunications + *sing vb*

nach|rücken *vi sein* ① (*jds Posten übernehmen*) to succeed sb; POL *a.* to move up; **auf einen Posten ~** to succeed to a post ② MIL (*folgen*) ■ **[jdm] ~** to advance [on sb]

Nachrücker(in) <-s, -> *m(f)* POL successor

Nachruf *m* obituary, obit *fam*

nach|rufen *vt irreg* ■ **jdm etw ~** to shout sth after sb; ■ **[jdm] ~, [dass] ...** to shout [to sb] that ...

Nachruhm *m* posthumous fame *no art, no pl form,* fame after death *no art, no pl*

nach|rüsten I. *vt* ■ **etw [mit etw] ~** to update [*or* [re]fit] sth [with sth]; ***Sie können ihr Auto mit einem Katalysator ~*** you can [re]fit your car with a catalytic converter; **einen Computer ~** to upgrade a computer II. *vi* MIL to deploy new arms

Nachrüstung *f kein pl* ① TECH modernization, refit, installation ② MIL (*nachträgliche Aufrüstung*) deployment of new arms

nach|sagen *vt* ① (*von jdm behaupten*) ■ **jdm etw ~** to say sth of sb; ***es wird ihr nachgesagt, dass sie eine bösartige Intrigantin sei*** they say [*or* it's said] that she is a nasty schemer; ***ich lasse mir von dieser Frau nicht ~, dass ich lüge*** I'm not having that woman say I'm a liar ② (*nachsprechen*) ■ **[jdm] etw ~** to repeat sth [sb said]

Nachsaison [-zɛzõ:, -zɛzɔŋ] *f* off-season

nach|salzen I. *vt* ■ **etw ~** to add more salt to sth II. *vi* to add more salt

Nachsatz *m* afterthought; (*Nachschrift*) postscript

nach|sausen *vi sein* ■ **jdm/etw ~** to rush after sb/sth

nach|schauen I. *vt* ■ **etw [in etw** *dat*] **~** to look up sth *sep* [in sth] II. *vi* ① (*nachschlagen*) ■ **[in etw** *dat*] **~** to [have [*or* take] a] look [in sth]; ■ **~, ob/wie ...** to [have a] look [*or* look up] whether/how ... ② (*nachsehen*) ■ **~[, ob ...]** to [have a] look [and see] [*or fam* have a look-see] [whether ...]

nach|schenken (*geh*) I. *vt* ■ **[jdm] etw ~** to top up [*or* AM off] *sep* sb's glass [*or fam* sb] II. *vi* ■ **[jdm] ~** to top up [*or* AM off] sb *sep fam;* ***darf ich ~?*** may I top you up? *fam* [*or* give you a refill]

nach|schicken *vt* ① (*nachsenden*) ■[jdm] **etw** ~ to forward [*or sep* send on] sth [to sb], to forward sth [to sb] ② (*hinterdrein schicken*) ■**jdm jdn** ~ to send sb after sb

nach|schieben *vt irreg* (*sl*) ■**etw** ~ to follow up with sth; **eine Begründung/Erklärung** ~ to provide a reason/an explanation afterwards; **nachgeschobene Gründe** rationalizations

nach|schießen *vt irreg* FIN (*fam*) ■**etw** ~ to give sth additionally; *Geld* to pump additional cash into sth

Nachschlag *m von Essen* second helping

nach|schlagen *irreg* **I.** *vt* ■**etw** [**in etw** *dat*] ~ to look up sth *sep* [in sth] **II.** *vi* ① *haben* (*nachlesen*) ■[**in etw** *dat*] ~ to look it up [in sth], to consult sth ② *sein* (*geh: jdm ähneln*) ■**jdm** ~ to take after sb

Nachschlagewerk *nt* reference book [*or* work]

nach|schleichen *vi irreg sein* ■**jdm** ~ to creep [*or* sneak] after sb

nach|schleifen *vt irreg* **ein Messer** ~ to [re]sharpen [*or* [re]grind] a knife

nach|schleudern *vt* ■**jdm etw** ~ to fling [*or* hurl] sth after sb

Nachschlüssel *m* duplicate key

nach|schmeißen *vt irreg* (*fam*) ■**jdm etw** ~ to throw [*or* fling] sth after sb; **nachgeschmissen sein** to be a real bargain

nach|schnüffeln *vi* (*fam*) to poke [*or pej* sniff] around *fam;* ■**jdm** ~ to spy on sb; ■**in etw** *dat* ~ to poke [*or pej* sniff] around in sth *fam*

Nachschrift <-, -en> *f* ① (*Protokoll*) transcript ② (*Nachsatz*) *Brief* postscript, PS

Nachschub <-[e]s, Nachschübe> *m pl rare* ① MIL (*neues Material*) [new] supplies *npl,* reinforcements *npl;* ■**der/jds** ~ **an etw** *dat* the/sb's supplies of sth; **beim** ~ **sein** to be in the supply troop ② (*fam: zusätzlich erbetene Verpflegung*) second helpings *pl*

Nachschubeinheit <-, -en> *f* MIL supply unit

nach|schwatzen, nach|schwätzen *vt* SÜDD, ÖSTERR (*fam*) ■[**jdm**] **etw** ~ to parrot sth [sb says/said]

nach|sehen *irreg* **I.** *vi* ① (*mit den Blicken folgen*) ■**jdm/etw** ~ to follow sb/sth with one's eyes, to watch sb/sth; (*mit Bewunderung/Sehnsucht a.*) to gaze after sb/sth ② (*nachschlagen*) ■[**in etw** *dat*] ~ to look it up [in sth], to consult sth ③ (*hingehen und prüfen*) ■[**irgendwo**] ~ to [have [*or* take] a] look [somewhere]; ■~, **ob/wo ...** to [have a] look whether/where ... **II.** *vt* ① (*nachschlagen*) ■**etw** [**in etw** *dat*] ~ to look up sth *sep* [in sth] ② (*kontrollieren*) ■**etw** ~ to check sth; **etw auf Fehler hin** ~ to check sth for defects/errors ③ (*geh: verzeihen*) ■**jdm etw** ~ to forgive sb for sth

Nachsehen <-s,> *nt kein pl* [**bei/in etw** *dat*] **das** ~ **haben** to be left standing [in sth]; (*leer ausgehen*) to be left empty-handed [in sth]; (*keine Chance haben*) to not get anywhere [*or* a look-in]

Nachsendeantrag *f* application to have one's mail forwarded

nach|senden *vt irreg* ■**jdm etw** ~ to forward [*or sep* send on] sth to sb; ■**sich** *dat* **etw** ~ **lassen** to have sth forwarded to one['s new address]

nach|setzen *vi* (*geh*) ■**jdm** ~ to pursue sb

Nachsicht <-> *f kein pl* leniency *no art, no pl;* [**mehr**] ~ **üben** (*geh*) to be [more] lenient, to show [more] leniency; **mit** [**mehr**] ~ with [more] leniency; **etw mit** ~ **betrachten** to view sth leniently; **ohne** ~ without mercy

nachsichtig **I.** *adj* lenient; (*verzeihend*) merciful; ■[**mit jdm**] ~ **sein** to be lenient [with sb] **II.** *adv* leniently/mercifully

Nachsilbe *f* suffix

nach|singen *vt irreg* ■[**jdm**] **etw** ~ to sing sth after [sb]

nach|sinnen *vi irreg* ■[**über etw** *akk*] ~ to ponder [over sth]

nach|sitzen *vi irreg* SCH ■~ **müssen** to have detention; ■**jdn** ~ **lassen** to give sb detention

Nachsommer *m* Indian summer

Nachsorge *f* aftercare *no pl*

Nachsorgeklinik *f* aftercare clinic

Nachspann <-s, -e> *m* FILM, TV credits *npl*

Nachspeise *f* dessert, BRIT *a.* sweet; ■**als** ~ for dessert

Nachspiel *nt* ① THEAT epilogue; MUS closing section ② (*nach Sex*) cuddling after sex ③ (*unangenehme Folgen*) consequences *pl,* repercussions *pl;* **ein** ~ **haben** to have consequences [*or* repercussions]

nach|spielen **I.** *vt* ■**etw** ~ to play sth **II.** *vi* ① (*akkompagnieren*) ■**jdm** [**auf etw** *dat*] ~ to follow sb [on sth] ② SPORT to play extra time [*or* AM overtime]; ~ **lassen** to allow extra time

nach|spionieren* *vi* (*fam*) ■**jdm** ~ to spy on sb

nach|sprechen *irreg* **I.** *vt* ■[**jdm**] **etw** ~ to repeat sth [after sb] **II.** *vi* ■**jdm** ~ to repeat after sb

nach|spülen *vi* (*fam*) ■[**mit etw**] ~ to wash it down [with sth] *fam;* **zum N~** to wash [*or* for washing] it down *fam*

nach|spüren *vi* ① (*erkundend nachgehen*) ■**einer S.** *dat* ~ to look into sth; **einer Fährte** ~ to follow a trail ② (*veraltend geh: auf der Jagd verfolgen*) ■**jdm** ~ to track [*or* hunt] down sb *sep;* **einem Tier** ~ to track an animal

nächst *präp* +*dat* (*geh*) ■~ **jdm** (*örtlich am nächsten*) beside [*or* next to] sb; (*außer*) apart [*or esp* AM aside] from sb

nächstbeste(r, s) *adj attr* ■**der/die/das** ~ **...** the first ... one/sb sees

nächste(r, s) *adj superl von* **nah(e)** ① *räumlich* (*zuerst folgend*) next; **im ~n Haus** next door; **beim ~n Halt** at the next stop; (*nächstgelegen*) nearest; **am ~n** closest, nearest ② (*nächststehend*) close; ~ **Angehörige** close relatives ③ *temporal* (*darauffolgend*) next; **beim ~n Aufenthalt** on the next visit; ~ **Ostern/~es Jahr** next Easter/year; **bis zum ~n Mal!** till the next time!; **am ~n Tag** the next day; **in den ~n Tagen** in the next few days; **in der ~n Woche** next week; **als N~s** next; **der N~, bitte!** next please!

Nächste(r) *f(m) dekl wie adj* neighbour [*or* AM -or]; ■**jds ~r** sb's neighbour; **jeder ist sich selbst der** ~ (*prov*) it's every man for himself[, and the Devil take the hindmost] *prov*

Nächste(s) *nt dekl wie adj* ■**das ~, was ...** the first thing [that] ...

nach|stehen *vi irreg* **jdm an Intelligenz/Kraft etc.** *dat* **nicht** ~ to be every bit as intelligent/strong as sb; ■**jdm in nichts** *dat* ~ to be sb's equal in every way

nachstehend **I.** *adj attr* following *attr;* ■**das N~e,** ■**~es** the following; **im N~en** below, in the following; ***im N~en „Kunde" genannt*** here[in]after referred to as "Customer" *form* **II.** *adv* in the following, below; ***die Einzelheiten habe ich ~ erläutert*** I have explained the details as follows

nach|steigen *vi irreg sein* ■**jdm** ~ ① (*hinterhersteigen*) to climb after sb ② (*fam: umwerben*) to chase [after] sb

nach|stellen **I.** *vt* ① LING ■[**einer S.** *dat*] **nachgestellt werden** to be put after [sth]; ***im Französischen wird das Adjektiv*** [***dem Substantiv***] ***nachgestellt*** in French the adjective is placed after the noun; ■**nachgestellt** postpositive *spec* ② TECH ■**etw** ~ (*neu einstellen*) to adjust sth; (*wieder einstellen*) to readjust sth; (*korrigieren*) to correct sth; **eine Uhr** [**um etw**] ~ to put back a clock *sep* [by sth] ③ (*nachspielen*) ■**etw** ~ to reconstruct sth **II.** *vi* ■**jdm** ~

❶ (*geh: verfolgen*) to follow sb ❷ (*umwerben*) to pester sb

Nachstellungen *pl* ❶ (*Belästigung*) unwelcome advances *npl*, pestering *no art, no pl* ❷ (*Verfolgungen*) pursuit

Nächstenliebe *f* compassion *no art, no pl*; ~ **üben** (*geh*) to love one's neighbour [*or* AM -or] [as oneself]

nächstens *adv* ❶ (*bald*) [some time] soon ❷ (*das nächste Mal*) [the] next time ❸ (*fam: womöglich*) next, before long; ~ ***wird noch behauptet, ich habe das Gegenteil gesagt*** next [*or* before long] they'll be claiming I said the opposite

nächstgelegen *adj attr* nearest **nächsthöher** *adj attr* next highest **nächstliegend** *adj attr* most plausible; ▪ **das N~e** the most plausible thing [to do] **nächstmöglich** *adj attr* ❶ *zeitlich* next possible *attr*; **bei der ~en Gelegenheit** at the next opportunity ❷ *räumlich* next possible *attr*

nach|suchen *vi* ❶ (*durch Suchen nachsehen*) ▪ [**in etw** *dat*] ~ to look [in sth] ❷ (*form: beantragen*) ▪ [**bei jdm**] **um etw** ~ to request sth [of sb] [*or* sb for sth], to apply [to sb] for sth

Nacht <-, Nächte> *f* night; ▪ ~ **sein/werden** to be/get dark; **ganze Nächte** for nights [on end]; **bis weit in die** ~ far into the night; ***ich habe gestern bis weit in die ~ gearbeitet*** I worked late last night; **bei** ~ at night; **in der** ~ at night; **über** ~ overnight; **über** ~ **bleiben** to stay the night; **des ~s** (*geh*) at night; **diese/letzte** [*o* **vorige**] ~ tonight/last night; **eines ~s** one night; **bei** ~ **sind alle Katzen grau** (*fam*) all cats are grey [*or* AM *a.* gray] at night; **bei** ~ **und Nebel** (*fam*) at dead of night; **sich** *dat* **die** ~ **um die Ohren schlagen** (*fam*) to make a night of it; **die** ~ **zum Tage machen** to stay up all night; **gute** ~! good night!; **jdm gute** ~ **sagen** to say good night to sb; [**na,**] **dann gute** ~! (*iron fam*) well, that's just great! *iron fam*; **hässlich wie die** ~ **sein** (*fam*) to be as ugly as sin *fam*; **zur** ~ **essen** SÜDD, ÖSTERR to have supper [*or* dinner]

nachtaktiv *adj inv* ZOOL *Tier* nocturnal *fachspr* **Nachtarbeit** *m* nightwork *no art, no pl*; (*Nachtschicht a.*) night shift **nachtblind** *adj* nightblind, suffering from night blindness *pred*; ▪ ~ **sein** to be nightblind, to suffer from night blindness **Nachtcreme** *f* night cream **Nachtdienst** *m* night duty *no art, no pl*, night shift

Nachteil <-[e]s, -e> *m* disadvantage, drawback; **jdm ~e bringen** to be disadvantageous to sb; **jdm zum** ~ **gereichen** (*geh*) to be disadvantageous to sb; **durch etw ~e haben** to lose out by sth; **soziale/berufliche ~e haben** to lose out socially/in one's career; [**jdm gegenüber**] **im** ~ **sein** [*o geh* **sich befinden**] to be at a disadvantage [with sb]; **sich zu seinem** ~ **verändern** to change for the worse; **es soll nicht Ihr** ~ **sein** you won't lose [anything] by it

nachteilig I. *adj* disadvantageous, unfavourable [*or* AM unfavorable]; ▪ [**für jdn**] ~ **sein** to be disadvantageous [for sb]; ▪ **etwas/nichts N~es** something/nothing unfavourable II. *adv* advantageously, unfavourably [*or* AM unfavorably]

nächtelang *adv* for nights on end

Nachtessen *nt* SÜDD, ÖSTERR, SCHWEIZ (*Abendessen*) supper, evening meal **Nachteule** *f* (*fam*) *s.* **Nachtmensch** **Nachtfahrverbot** *nt* ban on night driving **Nachtfalter** *m* ZOOL moth **Nachtflug** *m* night flight, *esp* AM red-eye [flight] *fam* **Nachtflugverbot** *nt* ban on night flying **Nachtfrost** *m* night frost **Nachthemd** *nt* MODE nightdress, nightie *fam*, AM *a.* nightgown; (*Herren~*) night shirt **Nachthimmel** *m* night sky

Nachtigall <-, -en> *f* nightingale; ~, **ick hör' dir trapsen** DIAL (*hum sl*) I see what you're after [*or fam* driving at]

nächtigen *vi* (*geh*) ▪ [**bei jdm**] ~ to stay the night [with sb]

Nächtigungsplus *nt* TOURIST *increase in the number of overnight stays made by tourists*

Nachtisch *m* dessert, BRIT *a.* sweet; **als** [*o* **zum**] ~ for dessert [*or* BRIT *fam* afters], as a sweet

Nachtkerze *f* BOT evening primrose **Nachtklub** *m s.* **Nachtlokal** **Nachtlager** *nt* (*geh*) place to sleep [for the night]; [**irgendwo**] **sein** ~ **aufschlagen** to bed down [somewhere] for the night **Nachtleben** *nt* nightlife *no indef art, no pl*

nächtlich *adj attr* nightly; **ein ~er Besucher** a night visitor

Nachtlokal *nt* nightclub, nightspot *fam* **Nachtmahl** *nt* ÖSTERR (*Abendessen*) supper, evening meal **Nachtmensch** *m* night person [*or fam* owl] **Nachtportier** *m* night porter **Nachtprogramm** *nt* late-night programme [*or* AM -am] **Nachtquartier** *nt s.* **Nachtlager**

Nachtrag <-[e]s, -träge> *m* ❶ *eines Briefs* postscript, PS ❷ *pl* (*Ergänzungen*) supplement

nach|tragen *vt irreg* ❶ (*nachträglich ergänzen*) ▪ **etw** [**zu etw**] ~ to add sth [to sth]; ▪ [**noch**] ~, **dass ...** to add that ... ❷ (*nicht verzeihen können*) ▪ **jdm etw** [**nicht**] ~ to [not] hold sth against sb [*or* a grudge against sb for sth]; ▪ **jdm ~, dass ...** to hold it against sb that ... ❸ (*hinterhertragen*) ▪ **jdm etw** ~ to carry sth after sb

nachtragend *adj* unforgiving, begrudging

nachträglich I. *adj* later; (*verspätet*) belated II. *adv* later/belatedly

Nachtragsband <-bände> *m* supplement **Nachtragshaushalt** *m* POL supplementary budget

nach|trauern *vi* ▪ **jdm/etw** ~ to mourn after sb/sth

Nachtruhe *f* night's rest [*or* sleep] *no pl*

nachts *adv* at night; **montags** ~ [on] Monday nights

Nachtschatten *m* BOT nightshade **Nachtschattengewächs** *nt* solanum *spec* **Nachtschicht** *f* night shift; ~ **haben** to be on night shift [*or fam* nights] **Nachtschwalbe** *f* ORN nightjar **Nachtschwärmer**[1] *m* ZOOL *s.* **Nachtfalter** **Nachtschwärmer(in)**[2] *m(f)* (*veraltend*) night owl *fam* **Nachtschwester** *f* night nurse **Nachtseite** *f* dark[er] side (+*gen*/**von** +*dat* of) **Nachtsichtgerät** *nt* night vision aid, nightviewer **Nachtspeicherofen** *m* storage heater **Nachtstrom** *m* off-peak electricity *no art, no pl*

nachtsüber *adv* at [*or* by] night

Nachttarif *m* off-peak rate; *von Verkehrsmittel* night fares *pl* **Nachttier** *nt* nocturnal animal **Nachttisch** *m* bedside table **Nachttischlampe** *f* bedside lamp **Nachttopf** *m* chamber pot

nach|tun *vt irreg* ▪ **es jdm** ~ to copy [*or* emulate] sb

Nacht-und-Nebel-Aktion *f* cloak-and-dagger [*or* hush-hush night-time] operation; **in einer** ~ in a cloak-and-dagger operation **Nachtvogel** *m* night [*or* nocturnal] bird **Nachtvorstellung** *f* THEAT late-night performance; FILM late-night film [*or* picture] **Nachtwache** *f* night duty *no art, no pl*; **bei jdm** ~ **halten** to sit with sb through the night **Nachtwächter(in)** *m(f)* ❶ (*Aufsicht*) night guard ❷ HIST (*städtischer Wächter*) [night] watch **Nachtzeit** *f* (*geh*) night-time *no indef art, no pl*; **zur** ~ at night-time **Nachtzug** *m* night train **Nachtzuschlag** *m* night supplement [*or form* hour premium]

Nachuntersuchung *f* MED follow-up [*or* further] examination

nach|versichern* *vt* ▪ **jdn** ~ to revise sb's insurance; ▪ **sich** ~ to additionally insure oneself

nachvollziehbar *adj* comprehensible; ▪ [**für jdn**] ~ **sein** to be comprehensible [to sb]; ▪ **für jdn** ~ **sein,**

N

dass/warum/wie … sb can understand [*or* it is understandable to sb] that/why/how …; ***es ist für mich nicht ganz ~, wie …*** I don't quite comprehend [*or* understand] how …

nach|vollziehen* *vt irreg* ■**etw** ~ to understand [*or* comprehend] sth

nach|wachsen *vi irreg sein* ① (*erneut wachsen*) to grow back; ■**~d** regrowing ② (*neu aufwachsen*) to grow in place

Nachwahl *f* POL by-election

Nachwehen *pl* ① (*nach der Entbindung*) afterpains *npl* ② (*geh: üble Folgen*) painful aftermath

nach|weinen *vi* ■**jdm/etw** ~ to mourn after [*or* shed a tear for] sb/sth

Nachweis <-es, -e> *m* ① (*Beweis des Behaupteten*) proof *no art, no pl;* **ein/der ~ seiner Identität/Mitgliedschaft/seines Wohnorts** proof of one's identity/membership/address; **[jdm] den ~ einer S.** *gen* **erbringen** [*o* **führen**] [*o* **liefern**] to deliver proof of sth [to sb], to provide [sb with] evidence of sth; **als** [*o* **zum**] **~ einer S.** *gen* as proof of sth ② (*Beweis*) proof *no art, no pl,* evidence *no art, no pl* ③ ÖKOL (*das Aufzeigen*) evidence *no art, no pl*

nachweisbar I. *adj* ① (*beweisbar*) provable; ■**es ist ~, dass/warum/wie …** it can be proved that/why/how … ② ÖKOL (*nachzuweisen*) evident; ■**[irgendwo/in etw** *dat*] **~ sein** to be evident [somewhere/in sth] **II.** *adv* provably

nach|weisen *vt irreg* ① (*den Nachweis erbringen*) ■**[jdm] etw ~** to establish proof of sth [to sb]; ■**jdm ~, dass …** to give sb proof that … ② (*beweisen*) ■**jdm etw ~** to prove sth to sb; ■**jdm ~, dass …** to prove to sb that … ③ ÖKOL (*die Existenz aufzeigen*) ■**etw [in etw** *dat*] **~** to detect sth [in sth] ④ (*darüber informieren*) ■**jdm etw ~** to give sb information about [*or* on] sth

nachweislich I. *adj* provable **II.** *adv* provably, evidently

Nachwelt *f kein pl* ■**die ~** posterity

nach|werfen *vt irreg* ① (*hinterherwerfen*) ■**jdm etw ~** to throw sth after sb ② (*zusätzlich einwerfen*) ■**etw ~** to throw in more of/another sth *sep* ▶ WENDUNGEN: **nachgeworfen sein** (*fam*) to be dirt cheap

nach|wiegen *irreg* **I.** *vt* ■**etw ~** to weigh sth **II.** *vi* to weigh [it/them] [again]

nach|winken *vi* ■**jdm ~** to wave after sb

nach|wirken *vi* ① (*verlängert wirken*) to continue to have an effect ② (*als Eindruck anhalten*) ■**[in jdm] ~** to continue to have an effect [on sb]

Nachwirkung *f* after-effect; (*fig*) consequence

Nachwort <-worte> *nt* epilogue [*or* AM *a.* -og]

Nachwuchs *m kein pl* ① (*fam: Kinder*) offspring *hum* ② (*junge Fachkräfte*) young professionals *pl*

Nachwuchsarbeit *f* SPORT work developing young talent **Nachwuchsautor(in)** *m(f)* up-and-coming young writer **Nachwuchswissenschaftler(in)** *m(f)* up-and-coming young scientist

nach|zahlen I. *vt* ① (*etw nachträglich entrichten*) ■**etw ~** to pay sth extra; **Steuern ~** to pay extra tax ② (*etw nachträglich bezahlen*) ■**jdm etw ~** to pay sb sth at a later date **II.** *vi* to pay extra

nach|zählen I. *vt* ■**etw ~** to check sth **II.** *vi* to check; ■**~, ob/wieviel …** to check whether/how much …

Nachzahlung *f* ① (*nachträglich*) back payment ② (*zusätzlich*) additional payment

nach|zeichnen *vt* ■**etw ~** to copy sth

nach|ziehen *irreg* **I.** *vt* ■**etw ~** ① (*nachträglich anziehen*) to tighten up sth *sep* ② (*hinter sich herziehen*) to pull [*or* drag] sth behind one ③ (*zusätzlich nachzeichnen*) to go over sth; ■**[sich** *dat*] **etw ~** to pencil over [*or* in] sth *sep* **II.** *vi sein* ■**[mit etw] ~** to follow [with sth]

Nachzug *m* joining one's family [in their country of immigration]; ***der ~ ausländischer Familien ist gesetzlich geregelt*** the immigration of foreign dependants is regulated by law

Nachzügler(in) <-s, -> *m(f)* latecomer, late arrival

Nackedei <-[e]s, -e *o* -s> *m* (*hum fam*) naked child, little bare monkey *fam*

Nacken <-s, -> *m* ① ANAT neck ② (*Schweine~*) neck of pork; (*Lamm~*) scrag ③ (*fam*) **jdn im ~ haben** to have sb on one's tail; **jdm im ~ sitzen** to breathe down sb's neck *pej*

nackend *adj* (*fam*) *s.* **nackt**

Nackenhaar *nt meist pl* hair[s *pl*] on the back of one's neck; **jdm sträuben sich die ~e** (*fam*) it makes sb's hair stand on end **Nackenrolle** *f* bolster **Nackenschlag** *m* hard knock **Nackenstütze** *f* ① (*Stütze für den Nacken*) headrest ② MED (*Stützvorrichtung für den Nacken*) surgical collar

nackert *adj* ÖSTERR (*fam*) *s.* **nackt**

nackig *adj* (*fam*) *s.* **nackt**

nackt I. *adj* ① (*unbekleidet*) naked, nude ② (*bloß*) bare ③ (*kahl*) bare ④ (*unverblümt*) naked; **die ~en Tatsachen** the bare facts; **die ~e Wahrheit** the naked [*or* plain] truth; *s. a.* **Leben II.** *adv* naked, in the nude

Nacktaufnahme *f* nude shot **Nacktbaden** <-s> *nt kein pl* nude bathing *no art, no pl* **Nacktbadestrand** *m* nudist beach

Nackte(r) *f(m) dekl wie adj* naked person

Nacktheit <-> *f kein pl* nudity *no art, no pl,* nakedness *no art, no pl*

Nacktmodell *nt* nude model **Nacktsamer** <-s, -> *m* BOT gymnosperm

Nadel[1] <-, -n> *f* ① (*Näh~*) needle; **eine ~ einfädeln** to thread a needle ② (*Zeiger*) needle ③ (*sl*) **an der ~ hängen** to be hooked on heroin; **von der ~ wegkommen** to kick the habit

Nadel[2] <-, -n> *f* BOT needle

Nadelbaum *m* conifer

Nadelbrief *m* packet of needles **Nadeldrucker** *m* dot-matrix printer *spec*

Nadelgehölz *nt* conifers *pl* **Nadelholz** *nt* ① *kein pl* pine *no art, no pl* ② BOT *s.* **Nadelgehölz**

Nadelkissen *nt* pincushion

nadeln *vi* to shed [its needles]

Nadelöhr *nt* ① (*Teil einer Nadel*) eye of a/the needle; *s. a.* **Kamel** ② (*fig*) narrow passage **Nadelspitze** *f* point of a/the needle **Nadelstich** *m* ① (*Nähen*) stitch ② (*Pieksen*) prick, sting; **jdm einen ~ versetzen** to prick [*or* sting] sb [with a needle] **Nadelstreifen** *pl* pinstripes *pl* **Nadelstreifenanzug** *m* pinstripe [suit]

Nadelwald *m* coniferous forest

Nadir <-s> *m kein pl* ASTRON nadir *no pl spec*

Nagel[1] <-s, Nägel> *m* (*Metallstift*) nail; **[mit etw] den ~ auf den Kopf treffen** (*fam*) to hit the nail on the head; **¨~ mit Köpfen machen** (*fam*) to do the job [*or* thing] properly; **ein ~ zu jds Sarg sein** (*fam*) to be a nail in sb's coffin; **etw an den ~ hängen** (*fam*) to chuck [in *sep*] sth *fam*

Nagel[2] <-s, Nägel> *m* (*Finger~*) nail; **jdm brennt es unter den ¨~n[, etw zu tun]** (*fam*) sb is dying [*or* *fam* itching] to [do sth]; **sich** *dat* **etw unter den ~ reißen** (*sl*) to pinch [*or* BRIT *a.* nick] sth *fam*

Nagelbett *nt* bed of a/the nail

Nagelbrett *nt* bed of nails

Nagelfeile *f* nail file **Nagelhaut** *f* cuticle **Nagellack** *m* nail polish [*or* BRIT *a.* varnish] [*or* AM *a.* enamel] **Nagellackentferner** *m* nail polish [*or* BRIT *a.* varnish] [*or* AM *a.* enamel] remover

nageln I. *vt* ① (*mit Nägeln befestigen*) ■**etw [an/auf/vor etw** *akk*] **~** to nail sth [to/[on]to/in front of sth]; ■ **jdn an etw** *akk* ~ to nail sb [on]to sth; **jdn an ein Kreuz** ~ to nail sb to a cross, to crucify sb ② (*mit Nägeln versehen*) ■ **etw** ~ to hobnail sth; **genagelte Schuhe** hobnail[[ed] boot]s **II.** *vi* to hammer nails

nagelneu *adj* (*fam*) brand-new

Nagelpflege *f kein pl* nail care *no pl, no indef art,* care of [one's [*or* the]] nails **Nagelprobe** *f* acid test **Nagelreiniger** *m* nail cleaner **Nagelschere** *f* nail scissors *npl*

Nagelschuh *m* hobnail[[ed] boot]

nagen **I.** *vi* ① (*mit den Nagezähnen beißen*) ■ [**an etw** *dat*] ~ to gnaw [at sth], to nibble at sth; **an einem Bleistift** ~ to chew on a pencil ② (*schmerzlich wühlen*) ■ **an jdm** ~ to nag [at] sb **II.** *vt* ① (*ab~*) ■ **etw von etw** ~ to gnaw sth off sth ② (*durch N~ herstellen*) ■ **etw durch/in etw** *akk* ~ to gnaw sth through/in sth

nagend *adj* nagging; ~**er Hunger** gnawing hunger

Nager <-s, -> *m,* **Nagetier** *nt* rodent

nah *adj* **von** [*o* **aus**] ~ **und fern** from near and far

Nahaufnahme *f* FOTO close-up; **eine** ~ [**von jdm/etw**] **machen** to do a close-up [of sb/sth]

nahe <näher, nächste> **I.** *adj* ① *räumlich* nearby, close [by] *pred;* **von ~m** from close up ② *zeitlich* near, approaching, nigh *old;* ***Weihnachten ist*** ~ it's nearly Christmas ③ (*eng*) close; ■ **jdm ~ sein** to be close to sb **II.** *adv* ① *räumlich* nearby, close [by [*or* to]]; ■ ~ **an etw** *dat*/**bei etw** close [*or* near] to sth; **jdm/etw zu ~ kommen** to get too close to sb/sth; ~ **beieinander** close together; ~ **stehend** close; ~ **stehende Verwandte** close relatives ② *zeitlich* close; ~ **bevorstehen** to be just around the corner ③ (*fast*) ■ ~ **an etw** *dat* almost sth ④ (*eng*) closely; ~ **befreundet sein** to be close friends; **einer S.** *dat* ~ **kommen** to come close to sth; **sich/einander ~ kommen** to become close; **jdm/einer S. ~ stehen** to have close relations to sb/sth; **sich ~ stehen** to be close; ~ **mit jdm verwandt sein** to be a close relative of sb ▶ WENDUNGEN: **jdm etw ~ bringen** to bring sth home to sb; **jdn jdm/etw ~ bringen** to bring sb close to sb/sth; ■ **jdm ~ °gehen** to upset sb; **jdm etw ~ legen** to suggest sth to sb; **jdm ~ legen, etw zu tun** to advise sb to do sth; **etw ~ legen** to suggest sth; ~ **liegen** to suggest itself; ***die Vermutung liegt ~, dass ...*** it seems reasonable to suppose that ...; ~ **liegend** natural; ~ **liegend sein** to seem to suggest itself, to be obvious; **das N~liegende, etwas N~es** the obvious thing to do; **aus ~ liegenden Gründen** for obvious reasons; ~ **daran sein, etw zu tun** to be close to doing sth; **jdm zu ~ treten** to offend sb **III.** *präp* +*dat* ■ ~ **einer S.** near to sth

Nähe <-> *f kein pl* ① (*geringe Entfernung*) proximity *no pl form;* **aus der** ~ from close up; **in der** ~ near; ***bleibe bitte in der*** ~ please don't go too far away ② (*Anwesenheit*) ■ **jds** ~ sb's closeness; **jds ~ brauchen** to need sb [to be] close [to one]; **in jds** ~ close to sb ③ (*naher Zeitpunkt*) closeness *no pl*

nahebei *adv* nearby, close [by [*or* to]]

nahen (*geh*) **I.** *vi sein* ① (*herankommen*) to approach ② (*näher rücken*) to approach, to draw near **II.** *vr* (*veraltend*) ① (*näherkommen*) ■ **sich [jdm]** ~ to approach sb; ***sie hörten Schritte sich*** ~ they heard footsteps approaching ② (*herantreten*) ■ **sich jdm [mit etw]** ~ to approach sb [with sth]

nähen **I.** *vt* ① (*zusammen~*) ■ **etw** ~ to sew sth ② (*durch N~ befestigen*) ■ **etw auf etw** *akk* ~ to sew sth onto sth ③ MED ■ **etw** ~ to stitch [*or spec* suture] sth; ■ **jdn** ~ to stitch up sb *sep* **II.** *vi* ■ [**an etw** *dat*] [**für jdn**] ~ to sew [sth] [for sb]; ■ **das N~ [einer S.** *gen* [*o* **von etw**]] sewing [sth]; ***das N~ lernte sie von ihrer Großmutter*** she learned to sew from her grandmother

näher **I.** *adj comp von* **nahe** ① (*in geringerer Entfernung*) nearer, closer; ■ ~ **sein** to be closer [*or* nearer] ② (*kürzer bevorstehend*) closer, sooner *pred;* ***in der ~en Zukunft*** in the near future ③ (*detaillierter*) further *attr,* more precise; ***die ~en Umstände sind leider nicht bekannt*** the precise circumstances are not known ④ (*enger*) closer; ***meine ~en Verwandten*** my immediate [*or* close] relatives **II.** *adv comp von* **nahe** ① (*in geringeren Abstand*) closer, nearer; **kommen Sie ~!** come closer!; **treten Sie [bitte]** ~ [please] approach [*or* draw closer] ② (*eingehender*) more closely, in more detail; ~ **ausführen/besprechen/erklären** to set out/discuss/explain in more detail; **etw ~ untersuchen** to examine sth more closely; **etw ~ ansehen** to have a closer look at sth; **sich ~ mit etw befassen** [*o* **beschäftigen**] to go into sth more closely [*or* in greater detail]; **jdm etw ~ bringen** to bring sth home to sb ③ (*enger*) closer; **jdn/eine Sache ~ kennen** to know sb/sth well; **jdn/eine Sache ~ kennen lernen** to get to know sb/sth better; **jdm/einer S. ~ stehen** to be closer to sb/sth; **sich ~ stehen** to be closer; **einer S.** *dat* ~ **treten** to give sth [further] consideration; **mit etw ~ vertraut sein** to know more about sth ▶ WENDUNGEN: **einer S.** *dat* [**schon**] ~ **kommen** to be nearer the mark; **jdm ~ kommen** to get closer to sb; **sich ~ kommen** to become closer; ~ **liegen** to make more sense, to be more obvious; ~ **liegen, etw zu tun** it makes more sense to do sth; **das Näherliegende** the obvious thing to do

Näher(in) <-s, -> *m(f)* sewer *masc,* seamstress *fem*

Nähere(s) *nt dekl wie adj* details; ***~s/das ~ entnehmen Sie bitte meinem Bericht*** you will find further details/the details in my report

Naherholungsgebiet *nt* local [*or* nearby] holiday area [*or* spot]

Näherin <-, -nen> *f fem form von* **Näher** seamstress

nähern *vr* ① (*näher herankommen*) ■ **sich [jdm/einer S.]** ~ to get [*or* draw] closer [*or* nearer] [to sb/sth], to approach [sb/sth] ② (*geh: einen Zeitpunkt erreichen*) ■ **sich einer S.** ~ *dat* to get close [*or* draw near] to sth; ***ich nähere mich langsam einem Punkt, wo/an dem ...*** I'm slowly coming to a point, where ...; ***unser Urlaub nähert sich seinem Ende*** our holiday is drawing [*or* coming] to an end

Näherungswert *m* MATH approximate value, approximation

nahezu *adv* almost, virtually

Nähfaden *m* thread, cotton **Nähgarn** *nt* cotton

Nahkampf *m* MIL close combat

Nähkästchen <-s, -> *nt* sewing box ▶ WENDUNGEN: **aus dem ~ plaudern** (*fam*) to give out private gossip **Nähkorb** *m* sewing basket

nahm *imp von* **nehmen**

Nähmaschine *f* sewing machine **Nähnadel** *f* [sewing] needle

Nahost *m* the Middle East; **aus/in** ~ from/in the Middle East

nahöstlich *adj* Middle Eastern

Nährboden *m* ① BIOL culture medium ② (*Boden*) breeding ground **Nährcreme** *f* MED, PHARM skin-food

nähren **I.** *vt* ① (*füttern*) ■ **jdn** ~ to feed sb ② (*aufrechterhalten*) to nourish; ■ **Befürchtungen/Erwartungen/Hoffnungen** ~ to nourish fears/expectations/hopes **II.** *vi* to be nourishing

nahrhaft *adj* nourishing, nutritious; ■ ~ **sein** to be nourishing [*or* nutritious]

Nährlösung *f* ① BIOL nutrient solution ② MED nutrient solution **Nährmittel** *pl* KOCHK cereal products *pl*

Nährstoff *m* nutrient

nährstoffarm *adj* low in nutrients *pred* **nährstoffreich** *adj* rich in nutrients *pred*

Nahrung <-> *f kein pl* food; **flüssige/feste** ~ liquids/solids *pl* ▸ WENDUNGEN: **[durch etw] [neue]** ~ **erhalten** [*o* **bekommen**] to receive new fuel [from sth]; **einer S.** *dat* **[neue]** ~ **geben** to add fuel to the fire

Nahrungsaufnahme *f kein pl* (*form*) ingestion of food *form*, eating **Nahrungsbiotop** *nt* BIOL food biotope **Nahrungskette** *f* food chain **Nahrungsmangel** *m* food shortage; **aus** ~ due to food shortage

Nahrungsmittel *nt* food

Nahrungsmittelallergie *f* MED food allergy **Nahrungsmittelindustrie** *f* ÖKON food[stuffs *npl*] industry **Nahrungsmittelvergiftung** *f* MED *s.* **Lebensmittelvergiftung**

Nahrungssuche *f* search for food **Nahrungsvakuole** *f* BIOL digestive vacuole

Nährwert *m* BIOL, KOCHK nutritional value ▸ WENDUNGEN: **das hat doch keinen [geistigen** [*o* **sittlichen**]] ~ (*sl*) it's completely pointless

Naht <-, Nähte> *f* ❶ (*bei Kleidung*) seam ❷ MED suture *spec* ▸ WENDUNGEN: **aus allen** [*o* **den**] **Nähten platzen** (*fam*) to be bursting at the seams

Nähtisch *m* sewing table

nahtlos I. *adj* ❶ (*lückenlos*) smooth ❷ MODE seamless **II.** *adv* smoothly

Nahtstelle *f* ❶ TECH join ❷ (*Verbindung*) link; **die** ~ **zwischen Ost und West** the place where East meets West

Nahverkehr *m* TRANSP local traffic; **der öffentliche** ~ local public transport; **der private** ~ local private traffic; **im** ~ in local traffic, operating locally

Nahverkehrsabgabe *f* local transport contribution [*or* AM transportation tax] **Nahverkehrsmittel** *ntpl* means of local public transport **Nahverkehrszug** *m* local train

Nähzeug *nt* sewing kit

Nahziel *nt* immediate objective

naiv *adj* naive; ■~ **sein** to be naive

Naive(r) *f(m) dekl wie adj* **den ~n/die ~ spielen** to play dumb

Naivität <-> [naivi'tɛːt] *f kein pl* naivety

Naivling <-s, -e> *m* (*fam*) simpleton *fam*

Name <-ns, -n> *m* ❶ (*Personenname*) name; **wie war doch [gleich/noch] der/sein/Ihr ~?** what was the/his/your name?; **auf jds ~n** *akk* in sb's name; **in jds ~n** on behalf of sb; **im ~n unserer Firma** on behalf of our company; **im ~n des Gesetzes** in the name of the law; **im ~n des Volkes** in the name of the people; **mit ~n** by name; ***er ist mir nur mit ~n bekannt*** I only know him by name; **[nur] dem/jds ~n nach** judging by the/sb's name; **[nur] dem ~n nach** going [only] by the name; (*nur vom ~n*) only by name; **unter dem ~n** under [*or* by] the name of; **Ihr ~?** your [*or* the] name? ❷ (*Benennung*) name ❸ (*Ruf*) name, reputation; **seinen ~n zu etw hergeben** to lend one's name to sth; **sich** *dat* **einen ~n als etw machen** to make a name for oneself as sth; **sich** *dat* **[mit etw] einen ~n machen** to make a name for oneself [with sth] ▸ WENDUNGEN: **mein ~ ist Hase[, ich weiß von nichts]** I don't know anything about anything; **~n sind Schall und Rauch** what's in a name?; **etw beim [rechten] ~ nennen** (*fam*) to call a spade a spade

Namengebung <-, -en> *f s.* **Namen(s)gebung Namengedächtnis** *nt* ■**jds** ~ sb's memory for names; **ein gutes/schlechtes ~ haben** to have a good/bad memory for names

namenlos I. *adj* ❶ (*anonym*) nameless, anonymous; **ein ~er Helfer/Spender** an anonymous [*or* unnamed] helper/donor ❷ (*geh: unbeschreiblich*) unspeakable, inexpressible ❸ (*keine Marke aufweisend*) no-name *attr*, generic **II.** *adv* (*geh*) terribly

namens I. *adv* by the name of, called **II.** *präp +gen* (*form*) in the name of

Namen(s)änderung *f* change of name **Namen(s)liste** *f* list of names **Namensnennung** *f* naming the author **Namenspatenschaft** *f* ❶ (*Weitergeben eines Namens*) act of lending one's name to sth ❷ ZOOL **eine ~ übernehmen** to have a new species named after one **Namen(s)schild** *nt* nameplate; (*an Kleidung*) name badge **Namenstag** *m* REL Saint's day; ~ **haben** to have one's Saint's day **Namen(s)verzeichnis** *nt s.* **Namen(s)liste Namensvetter** *m* namesake **Namen(s)zeichen** *nt* initials *pl* **Namen(s)zug** *m* (*geh*) signature

namentlich I. *adj* by name; **~e Abstimmung** roll call vote; **~er Aufruf** roll call **II.** *adv* ❶ (*mit Namen*) by name ❷ (*insbesondere*) in particular, especially, particularly

namhaft *adj* ❶ (*beträchtlich*) considerable, substantial ❷ (*berühmt*) famous, well-known ❸ (*benennen, auffinden*) ■**jdn ~ machen** (*form*) to identify sb

Namibia <-s> *nt* Namibia; *s. a.* **Deutschland**

Namibier(in) <-s, -> *m(f)* Namibian; *s. a.* **Deutsche(r)**

namibisch *adj* Namibian; *s. a.* **deutsch**

nämlich *adv* ❶ (*und zwar*) namely ❷ (*denn*) because; ***entschuldigen Sie mich bitte, ich erwarte ~ noch einen anderen Anruf*** please excuse me, [but] you see, I'm expecting another call

Nandu <-s, -s> *m* ORN rhea

nannte *imp von* **nennen**

Nanogramm *nt* nanogram **Nanometer** *nt o m* nanometer

nanu *interj* what's this?

Napalm <-s> *nt kein pl* napalm

Napalmbombe *f* MIL napalm bomb

Napf <-[e]s, Näpfe> *m* bowl

Napfkuchen *m* KOCHK poundcake **Napfkuchenform** *f* ring mould **Napfschnecke** *f* ZOOL limpet

Napola <-, -s> *f* HIST *Akr von* **nationalsozialistische Erziehungsanstalt** Napola *spec* (*National Socialist boarding school*)

napoleonisch *adj* HIST Napoleonic

Nappa <-[s], -s> *nt* napa leather

Nappaleder *nt* napa leather

nappieren *vt* KOCHK ■**etw** ~ to coat sth

Narbe <-, -n> *f* ❶ (*vernarbte Wunde*) scar ❷ BOT stigma

narbig *adj* scarred

Narkose <-, -n> *f* MED anaesthesia BRIT, anesthesia AM; **jdm eine ~ geben** to put sb under anaesthetic [*or* AM anesthetic]; **in der ~ liegen** to be under anaesthetic; **ohne ~** without anaesthetic

Narkosearzt, -ärztin <-es, -ärzte> *m, f* MED anaesthetist BRIT, anesthetist AM

Narkotikum <-s, -kotika> *nt* MED narcotic

narkotisch *adj* MED narcotic

narkotisieren* *vt* to drug; ■**jdn/etw** ~ to drug sb/sth

Narr, Närrin <-en, -en> *m, f* ❶ (*Dummkopf*) fool ❷ HIST (*Hof~*) court jester ▸ WENDUNGEN: **einen ~en an jdm gefressen haben** (*fam*) to dote on sb; **jdn zum ~en halten** to make a fool of sb; **sich zum ~en machen** to make a fool of oneself

narren *vt* (*veraltend geh*) ❶ (*zum Narren halten*) ■**jdn** ~ to make a fool of sb ❷ (*täuschen*) ■**jdn** ~ to fool sb

Narrenfreiheit *f* ▸ WENDUNGEN: ~ **haben** [*o* **genießen**] to have the freedom to do whatever one wants **Narrenhaus** *nt* madhouse; **hier geht es [ja] zu wie im** ~ it's like a madhouse in here **Narrenkappe** *f* ❶ (*Karnevalsmütze*) *cap worn by carnival office-bearers* ❷ HIST fool's [*or* jester's] cap **narrensicher**

adj foolproof
Närrin <-, -nen> *f fem form von* **Narr**
närrisch *adj* ① (*karnevalistisch*) relating to carnival; **die ~e Zeit [des Jahres]** *the time of year leading up to and including carnival* ② (*veraltend: verrückt*) mad; **wie ~** (*geh*) like mad ③ (*fam: versessen*) ■ **[ganz] ~ auf jdn/etw sein** to be mad about sb/sth
Narwal *m* ZOOL narwhal
Narzisse <-, -n> *f* BOT narcissus
NarzissmusRR <-> *m kein pl,* **Narzißmus** <-> *m kein pl* PSYCH narcissism
narzisstischRR *adj,* **narzißtisch** *adj* PSYCH narcissistic
NASA <-> *f kein pl Akr von* **National Aeronautics and Space Administration** NASA
nasal *adj* nasal
Nasal <-s, -e> *m,* **Nasallaut** *m* LING nasal [sound]
naschen I. *vi* to eat sweet things [secretly [*or* [on the sly]]], BRIT *a.* to pinch a bit; ■ **an etw ~** *dat* to pinch from [*or* AM nibble at] sth; ■ **das Naschen** eating [*or* BRIT *a.* pinching] sweet things [secretly [*or* [on the sly]]]; ***habe ich dich wieder beim Naschen erwischt?*** did I catch you eating sweets again?; **etwas zum Naschen** something sweet II. *vt* (*verspeisen*) ■ **etw ~** to nibble sth
Näschen <-s, -> *nt dim von* **Nase** little nose
Nascherei <-, -en> *f* ① *kein pl* (*ständiges Naschen*) [constant] snacking ② (*Süßigkeit*) sweets and biscuits BRIT, candy AM
naschhaft *adj* fond of sweet things
Naschhaftigkeit <-> *f kein pl* fondness for snacking [on sweet things] between meals
Naschkatze *f* (*fam*) person with a sweet tooth
Nase <-, -n> *f* ① ANAT nose; **jds ~ läuft** sb has a runny nose; **sich** *dat* **die ~ putzen** to blow one's nose; **durch die ~ reden** to talk through the nose ② LUFT (*Bug*) nose ▶ WENDUNGEN: **sich** *dat* **eine blutige ~ holen** (*fam*) to get [*or* be given] a bloody nose; **sich an seine eigene ~ fassen** (*fam*) to blame oneself; ***fass dich an deine eigene ~!*** you can talk!; **sich** *dat* **eine goldene ~ verdienen** to earn a fortune; **die richtige ~ für etw haben** (*fam*) to have a nose for sth; **die ~ voll haben** (*fam*) to be fed up *fam,* to have had enough; **die ~ von jdm/etw voll haben** (*fam*) to be fed up with [*or* have had enough of] sb/sth; **jdm etw auf die ~ binden** (*fam*) to tell sb sth; **jdm auf die ~ binden, dass** (*fam*) to tell sb that; **jdm gerade etw auf die ~ binden** (*iron*) as if one would tell sb sth; ***das werde ich dir gerade auf die ~ binden!*** as if I'd tell you about it!; **jdn mit der ~ draufstoßen** (*fam*) to spell it out to sb; ***muss ich dich erst mit der ~ draufstoßen, bevor du es merkst?*** do I have to spell it out to you before you notice?; **auf die ~ fliegen** (*fam*) to fall flat on one's face; **jds ~ gefällt jdm nicht** (*fam*) sb doesn't like sb's face; **jdm eins auf die ~ geben** (*fam*) to punch sb on the nose; **die ~ vorn haben** to be one step ahead; **jdm etw unter die ~ halten** (*fam*) to shove sth right under sb's nose *fam,* to rub sb's nose in sth *fam;* **jdn [mit etw] an der ~ herumführen** (*fam*) to lead sb on; **jdm auf der ~ herumtanzen** (*fam*) to walk all over sb; **jdm etw unter die ~ reiben** (*fam*) to rub sb's face [*or* nose] in it; **jdm unter die ~ reiben, dass ...** to rub in the fact that sb ...; **jdm jdn vor die ~ setzen** (*fam*) to put sb above sb; **seine ~ in alles hineinstecken** (*fam*) to stick one's nose into everything *fam;* **jdm etw vor der ~ wegschnappen** (*fam*) to take sth from right under one's nose; **jdm etw aus der ~ ziehen** (*fam*) to get sth out of sb; **[immer] der ~ nach** (*fam*) follow your nose *fam;* **vor jds ~** *dat* (*fam*) right in front of sb's nose; **pro ~** (*hum fam*) per head
naselang ▶ WENDUNGEN: **alle ~** (*fam*) again and again
näseln *vi* to talk through one's nose
näselnd I. *adj* nasal II. *adv* (*mit ~der Stimme*) talking through one's nose
Nasenaffe *m* (*Nasalis larvatus*) proboscis monkey **Nasenbär** *m* ZOOL coati **Nasenbein** *nt* nasal bone **Nasenbluten** <-s> *nt kein pl* nose bleed; **~ bekommen** to get a nosebleed; **~ haben** to have a nosebleed, sb's nose is bleeding **Nasenflügel** *m* side of the nose **Nasenhöhle** *f* nasal cavity **Nasenlänge** *f* ▶ WENDUNGEN: **jdm eine ~ voraus sein** to be a hair's breadth in front of sb; **mit einer ~** by a nose **Nasenloch** *nt* nostril **Nasenrücken** *m* bridge of the nose **Nasenscheidewand** *f* nasal septum *spec* **Nasenschleimhaut** *f* mucous membrane of the nose **Nasenspitze** *f* ANAT nosetip, tip of the nose ▶ WENDUNGEN: **jdm etw an der ~ ansehen** to be able to tell sth from sb's face; **jdm an der ~ ansehen, dass ...** to be able to tell from sb's face, that ... **Nasenspray** *m o nt* nasal spray **Nasenstüber** *m* bump on the nose; **jdm einen ~ versetzen** to give sb a bop on the nose *fam* **Nasentropfen** *pl* nose drops
Naserümpfen <-s> *nt kein pl* screwing up one's nose; **mit ~** turning up one's nose
naserümpfend *adv* screwing up one's nose
naseweis *adj* (*fragend*) nosey *fam;* (*vorwitzig*) forward; *Kind esp* precocious
Naseweis <-es, -e> *m* cheeky monkey BRIT *fam;* (*Besserwisser*) know-all *esp* BRIT *fam,* wise guy AM *fam*
nasführen* *vt* (*veraltend*) ■ **jdn ~** to lead sb on *fam;* ■ **der Genasführte sein** to be the dupe
Nashorn *nt* ZOOL rhinoceros, rhino
Nashornvogel *m* ORN hornbill
NassRR <-es> *nt kein pl,* **Naß** <Nasses> *nt kein pl* (*liter o hum*) ① (*Feuchte*) water ② (*Getränk*) a drink, sth to drink
nassRR <-er *o* nässer, -este *o* nässeste> *adj,* **naß** <nasser *o* nässer, nasseste *o* nässeste> *adj* wet; ■ **~ sein/werden** to be/become wet; ■ **es ist/wird ~** it is/is getting wet; **sich ~ machen** (*fam*) to get oneself wet, wet ▶ WENDUNGEN: **nun mach dich bloß nicht ~!** (*sl*) don't wet your pants! *sl*
Nassauer(in) <-s, -> *m(f)* (*pej fam*) scrounger, sponger
nassauern *vi* (*fam*) to scrounge, to sponge; ■ **[bei jdm] ~** to scrounge [*or* sponge] [off sb]
Nässe <-> *f kein pl* wetness; **vor ~ triefen** [*o* **tropfen**] to be dripping wet
nässen I. *vi* to weep II. *vt* ■ **etw ~** to wet sth; **das Bett nässen** to wet the bed
nassforschRR I. *adj* (*fam*) brash II. *adv* in a brash way, brashly **nassgeschwitzt**RR *adj* soaked with sweat *pred* **nasskalt**RR *adj* cold and damp; ■ **~ sein** to be cold and damp **Nassrasur**RR *f* ■ **die ~** wet shaving; ■ **eine ~** a wet shave **Nasszelle**RR *f* wet cell
Nastuch *nt* SÜDD, SCHWEIZ (*Taschentuch*) handkerchief
Natel® <-s, -s> *nt* SCHWEIZ (*Handy*) *Akr von* mobile phone BRIT, cellphone AM
Nation <-, -en> *f* nation; **die Vereinten ~en** the United Nations
national I. *adj* ① (*die Nation betreffend*) national ② (*patriotisch*) nationalist II. *adv* nationalistic
nationalbewusstRR *adj* nationalist; ■ **~ sein** to be nationalist **Nationalbewusstsein**RR *nt* nationalistic views *pl* **Nationalelf** <-, en> *f* the national [football [*or* AM soccer]] team; ***die deutsche ~elf*** the German national team **Nationalfarben** *pl* national colours [*or* AM -ors] *pl* **Nationalfeiertag** *m* national holiday **Nationalflagge** *f* national flag **Nationalgetränk** *nt* national drink **National-**

N

held(in) *m(f)* national hero **Nationalhymne** *f* national anthem
nationalisieren* *vt* ■**etw** ~ to nationalize sth
Nationalisierung <-, -en> *f* nationalization
Nationalismus <-> *m kein pl* POL nationalism
Nationalist(in) <-en, -en> *m(f)* POL nationalist
nationalistisch I. *adj* POL nationalist[ic] II. *adv* nationalist[ic]; ~ **eingestellt sein** to be nationalist[ic]
Nationalität <-, -en> *f* ① (*Staatsangehörigkeit*) nationality ② (*Volkszugehörigkeit*) ethnic origin
Nationalitätenkonflikt *m* nationality conflict **Nationalitätenstaat** *m* multinational state
Nationalitätskennzeichen *nt* TRANSP, ADMIN nationality plate
Nationalmannschaft *f* national team **Nationalmuseum** *nt* national museum **Nationalpark** *m* national park **Nationalrat** *m kein pl* SCHWEIZ National Council; ÖSTERR National Assembly **Nationalrat, -rätin** *m, f* SCHWEIZ Member of the National Council; ÖSTERR Deputy to the National Assembly **Nationalsozialismus** *m* HIST National Socialism **Nationalsozialist(in)** *m(f)* HIST Nazi, National Socialist **nationalsozialistisch** *adj* HIST Nazi, National Socialist **Nationalspieler(in)** *m(f)* national player **Nationalsport** *m* national sport **Nationalstaat** *m* POL nation-state **Nationalstolz** *m* national pride **Nationalversammlung** *f* (*in Frankreich*) National Assembly ▸ WENDUNGEN: **die Frankfurter** ~ HIST the federal assembly of 1848/49 in Frankfurt
NATO, Nato <-> ['na:to] *f kein pl Akr von* **North Atlantic Treaty Organization**: ■**die** ~ NATO
Natodoppelbeschluss^RR^ *m,* **Nato-Doppelbeschluß** *m* NATO twin-track policy [*or* dual-track [*or* two-track] decision] **Natodraht** *m* MIL razor [*or* concertina] wire **Natostreitkräfte** *fpl* NATO troops *pl*
Natrium <-s> *nt kein pl* CHEM sodium
natriumarm *adj* CHEM, KOCHK low in sodium *pred*
Natron <-s> *nt kein pl* sodium carbonate
Natronlauge *f* caustic soda, sodium hydroxide
Natter <-, -n> *f* ZOOL adder, viper
natur *adj pred not covered in bread crumbs; **ich hätte gern ein Schnitzel*** ~ I'd like an escalope of pork without breadcrumbs; ~ **sein** to be natural
Natur <-, -en> *f* ① *kein pl* BIOL nature, Nature ② *kein pl* (*Landschaft*) countryside; **die freie** ~ the open countryside ③ (*geh: Art*) nature; ***die* ~ *dieser Sache*** the nature of this matter; **in der** ~ **von etw liegen** to be in the nature of sth; ***das liegt in der* ~ *der Sache*** it's in the nature of things ④ (*Mensch*) type ⑤ (*Wesensart*) nature; ***sie hat eine empfindsame*** ~ she has a sensitive nature; **jdm zur zweiten** ~ **werden** to become second nature to sb; **gegen jds** ~ **gehen** to go against sb's nature; **von** ~ **aus** by nature
Naturalien [-liən] *pl* natural produce; **in** ~ in kind
Naturalismus <-> *m kein pl* KUNST naturalism
Naturalist(in) <-en, -en> *m(f)* KUNST naturalist
naturalistisch *adj* ① (*geh: wirklichkeitsgetreu*) naturalistic ② KUNST naturalist
Naturapostel *m* nature fiend **naturbelassen** *adj* natural; *Wald, Land* wild **Naturbursche** *m* nature-boy *fam* **Naturdenkmal** *nt* natural monument
Naturell <-s, -e> *nt* (*geh*) temperament, nature
Naturereignis *nt* natural phenomenon **Naturerscheinung** *f* natural phenomenon **Naturfarbe** *f* ① (*natürlicher Farbstoff*) natural dye ② (*ursprüngliche Farbe*) natural colour [*or* AM -or] **naturfarben** *adj* natural-coloured [*or* AM -ored] **Naturfaser** *f* natural fibre [*or* AM -er] **Naturforscher(in)** *m(f)* natural scientist **Naturforschung** *f* natural science **Naturfreund(in)** *m(f)* nature lover **naturgemäß** I. *adj* natural II. *adv* ① (*natürlich*) naturally ② (*der Natur entsprechend*) in accordance with nature **Naturgeschichte** *f s.* **Naturkunde** **Naturgesetz** *nt* law of nature **naturgetreu** I. *adj* lifelike, true to life II. *adv* lifelike, true to life **Naturhaushalt** *m kein pl* BIOL, ÖKOL natural balance *no pl* **Naturheilkunde** *f* MED natural healing **Naturheilmittel** *nt* NATURMED natural medicine **Naturheilverfahren** *nt* MED natural remedy **Naturkatastrophe** *f* natural disaster **Naturkosmetik** *f* PHARM natural cosmetic **Naturkost** *f kein pl* natural food *no pl,* natural foodstuffs *npl* **Naturkostladen** *m* natural food[stuffs *npl*] shop **Naturkunde** *f* SCH (*veraltet*) natural history **Naturkundemuseum** *nt* museum of natural history **naturkundlich** *adj* SCH (*veraltet*) natural history *attr* **Naturlandschaft** *f* natural landscape **Naturlehrpfad** *m* nature trail
natürlich I. *adj* ① (*original*) natural ② (*angeboren*) natural, innate ③ GEOG, GEOL natural ④ (*ungekünstelt*) natural; ■~ **sein** to be natural ⑤ (*menschlich*) natural; ■**es ist** [**nur**] ~, **dass/wenn ...** it's only natural, that/if ... ⑥ (*opp: künstlich*) natural II. *adv* ① (*selbstverständlich*) naturally, of course; ~**!** of course!, naturally!, sure!, certainly! ② (*in der Natur*) naturally
natürlicherweise *adv* naturally, of course
Natürlichkeit <-> *f kein pl* naturalness
naturnah *adj* [semi-]natural
Naturpark *m* national park **Naturprodukt** *nt* natural product **Naturrecht** *nt* PHILOS natural right **naturrein** *adj* naturally pure **Naturschauspiel** *nt* spectacle of nature
Naturschutz *m* [nature] conservation; **unter** ~ **stehen** to be under conservation, to be listed as an endangered species; **etw unter** ~ **stellen** to put sth under conservation, to legally protect endangered species
Naturschutzbehörde *f* ÖKOL, POL [nature] conservation authority **Naturschutzgebiet** *nt* nature reserve
Naturstein *m* natural stone **Naturstoff** *m* natural substance **Naturtalent** *nt* natural talent **naturverbunden** *adj* nature-loving; ■~ **sein** to be nature-loving **Naturverbundenheit** *f kein pl* love of nature *no pl* **Naturvolk** *nt* primitive people **Naturwissenschaft** *f* ① (*Wissenschaft*) natural sciences *pl* ② (*Fach der* ~) natural science **Naturwissenschaftler(in)** *m(f)* natural scientist **naturwissenschaftlich** *adj* natural-scientific **Naturwunder** *nt* miracle of nature **Naturzustand** *m kein pl* natural state
Nauru <-s> *nt* Nauru; *s. a.* **Sylt**
Nauruer(in) <-s, -> *m(f)* Nauruan; *s. a.* **Deutsche(r)**
nauruisch *adj* Nauruan; *s. a.* **deutsch**
Nautik <-> *f kein pl* ① (*Schifffahrtskunde*) nautical science ② (*Navigation*) navigation
nautisch *adj* nautical
Navigation <-> [-vi-] *f kein pl* navigation
Navigationsfehler *m* navigational error **Navigationsinstrument** *nt* navigation[al] instrument **Navigationskarte** *f* navigation[al] chart **Navigationsoffizier(in)** *m(f)* navigation officer **Navigationsraum** *m* chartroom
Navigator, -torin <-s, -toren> [-vi-] *m, f* navigator, navigation officer
navigieren* [-vi-] I. *vi* to navigate; ■[**nach etw**] ~ to navigate [according to sth] II. *vt* to navigate; ■**etw** [**durch/in etw** *akk*] ~ to navigate sth [through/into sth]
Nazi <-s, -s> *m* HIST Nazi
Nazismus <-> *m kein pl* HIST Nazism
nazistisch *adj* Nazi
Nazizeit *f* Nazi period
NB *Abk von* **notabene** NB

n.Br. *Abk von* **nördlicher Breite** N; *s. a.* **Breite 5**
NC <-> *m Abk von* **Numerus clausus**
n. Chr. *Abk von* **nach Christus** AD
ne *adv (fam)* no
'ne *art indef (fam) kurz für* **eine** a
Neandertaler <-s, -> *m* Neanderthal man
Neapel <-s> *nt* Naples
Neapolitaner <-s, -> *m* ① *(Einwohner von Neapel)* Napolitan ② KOCHK ÖSTERR waffle
Nebel <-s, -> *m* ① METEO fog, mist; **bei ~** in foggy/misty conditions ② ASTRON nebula
Nebelauflösung *f* lifting of [the] fog **Nebelbank** *f* fog bank, bank of fog
nebelhaft *adj* ① METEO foggy ② *(verschwommen)* foggy, dim
Nebelhorn *nt* foghorn
neb(e)lig *adj* foggy
Nebelkanone *f* dry ice generator **Nebelkrähe** *f* ORN hooded crow **Nebelscheinwerfer** *m* AUTO foglight [*or* -lamp] **Nebelschlussleuchte**[RR] *f* AUTO rear fog-light **Nebelschwaden** *m meist pl* METEO wafts of mist *pl* **Nebelwand** *f* wall of fog
neben *präp* ① *+akk (an der Seite)* ■ **~ jdn/etw** beside [*or* next to] sb/sth ② *+dat* ■ **~ jdm/einer S.** beside [*or* next to] sb/sth ③ *+dat (außer)* ■ **~ einer S.** *dat* besides sth, apart [*or* aside] from sth ④ *+dat (verglichen mit)* ■ **~ jdm/einer S.** compared with [*or* to]
nebenamtlich I. *adj* secondary, additional II. *adv* additionally
nebenan *adv (unmittelbar daneben)* next-door; **von ~** from next-door
Nebenanschluss[RR] *m* TELEK *s.* **Nebenstelle** **Nebenarbeit** *f* ① *(nebenher ausgeführte Arbeit)* extra work ② *s.* **Nebenbeschäftigung** **Nebenarm** *m* GEOG branch **Nebenausgabe** *f meist pl* additional expenses *pl* **Nebenausgang** *m* side exit **Nebenbedeutung** *f* LING secondary meaning [*or* connotation]
nebenbei *adv* ① *(neben der Arbeit)* on the side ② *(beiläufig)* incidentally; **~ [bemerkt** [*o* **gesagt**]] by the way, incidentally
Nebenberuf *m* side [*or* second] job, sideline; **im ~** as a second job [*or* sideline] **Nebenberufler(in)** <-s, -> *m(f)* ÖKON sb who has a job on the side **nebenberuflich** I. *adj* **eine ~e Tätigkeit** a second job II. *adv* as a second [*or* side] job, as a sideline **Nebenbeschäftigung** *f* second job, sidejob, sideline **Nebenbuhler(in)** <-s, -> *m(f)* rival **Nebendarstellerin** *f* FILM supporting actress **Nebeneffekt** *m* side effect
nebeneinander *adv* ① *(Seite an Seite)* side by side, alongside [each other]; **etw ~ halten** to hold sth side by side; **jdn/etw ~ legen** to lay [*or* place] sb/sth next to each other [*or* side by side]; **~ liegen** to lie side by side; **jdn/etw ~ setzen** to put [*or* place] sb/sth next to each other [*or* side by side]; **sich ~ setzen** to sit [down] next to each other; **~ sitzen** to sit side by side [*or* next to each other]; **stehen** to stand side by side; **jdn/etw ~ stellen** to put [*or* place] sb/sth next to each other [*or* side by side] ② *(zugleich)* simultaneously, at the same time
Nebeneinander <-s> *nt kein pl* juxtaposition
nebeneinanderher *adv* side by side, alongside each other [*or* one another]
Nebeneingang *m* side entrance **Nebeneinkünfte, Nebeneinnahmen** *pl* FIN additional income **Nebenerscheinung** *f s.* **Nebeneffekt** **Nebenerwerb** *m (form) s.* **Nebenberuf** **Nebenfach** *nt* SCH subsidiary [subject] **Nebenfluss**[RR] *m* tributary **Nebengebäude** *nt* ① *(untergeordneter Bau)* outbuilding ② *(benachbartes Gebäude)* neighbouring [*or* AM neighboring] [*or* adjacent] building **Nebengeräusch** *nt* [background] noise **Nebengleis** *nt* siding **Nebenhandlung** *f* LIT sub-plot
nebenher *adv* on the side, in addition
nebenher|fahren *vi irreg* to drive alongside **nebenher|gehen** *vi irreg* to walk alongside [*or* beside] **nebenher|laufen** *vi irreg* to run alongside
nebenhin *adv* in passing, by the way; ***diese Bemerkung ließ er nur so ~ fallen*** he just dropped that comment in passing [*or* casually]
Nebenhöhle *f* ANAT sinus **Nebenhöhlenentzündung** *f* MED sinus infection, sinusitis **Nebenjob** *m (fam) s.* **Nebenbeschäftigung** **Nebenkläger(in)** *m(f)* JUR joint plaintif **Nebenkosten** *pl* ① *(zusätzliche Kosten)* additional costs *pl* ② *(Betriebskosten)* running costs *pl* **Nebenniere** *f* ANAT suprarenal gland, adrenal body **Nebenprodukt** *nt* CHEM byproduct **Nebenraum** *m* ① *(Raum nebenan)* next room ② *(kleiner, nicht als Wohnraum genutzter Raum)* storage room **Nebenrolle** *f* ① FILM, THEAT minor part, supporting role ② *(nebensächlicher Stellenwert)* **[für jdn] nur eine ~ spielen** to be a minor concern [to sb] **Nebensache** *f* triviality, trivial matter; **~ sein** to be beside the point, to be irrelevant
nebensächlich *adj* trivial, irrelevant; ■ **~ sein** to be trivial [*or* irrelevant], to be beside the point; ■ **N~es,** ■ **das N~e** trivialities *pl,* less important matters *pl*
Nebensächlichkeit <-, -en> *f* triviality
Nebensaison *f* off-season **Nebensatz** *m* LING subordinate clause ► WENDUNGEN: **im ~** by the by, in passing, incidentally **nebenstehend** *adj* opposite; ***~er Zeichnung können die architektonischen Details entnommen werden*** architectural details are shown in the illustration opposite [*or* on the opposite page] **Nebenstelle** *f* ① TELEK extension ② *(Filiale)* branch **Nebenstraße** *f* side street **Nebenstrecke** *f* BAHN local [*or* branch] line **Nebentisch** *m* next [*or* adjacent] table **Nebenverdienst** *m* additional income **Nebenwirkung** *f* PHARM side effect **Nebenzimmer** *nt* next room **Nebenzweck** *m* additional purpose
neblig *adj s.* **neb(e)lig**
nebst *präp +dat (veraltend)* together with
nebulös I. *adj (geh)* nebulous *form* II. *adv* vaguely
Necessaire <-s, -s> [nesɛˈsɛːɐ̯] *nt* ① *(Kulturbeutel)* vanity bag ② *(Nagel~)* manicure set ③ *(Nähzeug)* sewing kit
necken *vt* ■ **jdn ~** to tease sb; ■ **sich ~** to tease each other; *s. a.* **lieben**
neckisch *adj* ① *(schelmisch)* mischievous ② *(fam: kess)* saucy *fam,* coquettish
nee *adv (fam)* no
Neffe <-n, -n> *m* nephew
Negation <-, -en> *f* negation
negativ I. *adj* negative II. *adv* negatively
Negativ <-s, -e> *nt* FOTO negative
Negativbeispiel <-(e)s, -e> *nt* bad [*or* negative] example
Negativfilm *m* FOTO negative film
Neger(in) <-s, -> *m(f) (pej: Schwarzer)* negro, nigger *pej* ► WENDUNGEN: **schwarz wie ein ~** *(hum)* brown as a berry; **angeben wie zehn nackte ~** *(sl)* to shoot one's big mouth off *sl*
Negerkuss[RR] *m* KOCHK chocolate marshmallow **Negersklave, -sklavin** *m, f* negro [*or* black] slave
negieren* *vt* ① *(geh: leugnen)* ■ **etw ~** to deny sth; ■ **~, [dass]** ... to deny that ... ② LING ■ **etw ~** to negate sth
negrid *adj* negro
negroid *adj* negroid
nehmen <nahm, genommen> *vt* ① *(ergreifen)* ■ **etw ~** to take sth; ■ **[sich** *dat*] **etw ~** to take sth; ***~ Sie sich doch ruhig noch etwas Kaffee/Wein!***

[do] help yourself to more coffee/wine! ❷ (*wegnehmen*) ■ [**jdm**] **etw** ~ to take sth [away] [from sb] ❸ (*verwenden*) ■ **etw** [**für/in etw** *akk*] ~ to take sth [for/in sth]; ***nimm nicht soviel Pfeffer/Salz*** don't use so much pepper/salt; ***ich nehme immer nur ganz wenig Milch/Zucker in den Kaffee*** I only take a little milk/sugar in my coffee; ■ **etw von etw** ~ to use sth from sth; ***davon braucht man nur ganz wenig zu*** ~ you only need to use a small amount; ■ **etw als etw** ~ to use sth as sth ❹ (*annehmen*) ■ **etw** ~ to accept [*or* take] sth ❺ (*verlangen*) ■ **etw** [**für etw** *akk*] ~ to ask sth [for sth]; ~ ***Sie sonst noch was?*** would you like anything else?; ***was nimmst du dafür?*** what do you want for it? ❻ (*wählen*) ■ **jdn** [**als jdn**] ~ to take sb [as sb]; ■ **etw** ~ to take sth ❼ (*mieten*) ■ **sich** *dat* **etw** ~ to take sth ❽ (*engagieren*) ■ **sich** *dat* **jdn** ~ to get sb ❾ TRANSP (*benutzen*) ■ **etw** ~ to take sth; ***heute nehme ich lieber den Bus*** I'll take the bus today; **jdm die Aussicht/Sicht** ~ (*versperren*) to block sb's view ❿ (*einnehmen*) ■ **etw** ~ to take sth; **etw zu sich** ~ (*geh*) to have [*or form* partake of] sth; **man nehme ...** take ...; ***hast du heute auch deine Tabletten genommen?*** did you take your tablets today? ⓫ MED (*beseitigen*) **Beschwerden/Schmerz** ~ to take away symptoms/pain ⓬ (*vergehen lassen*) **jdm Angst/Furcht/Bedenken** ~ to take away [*or* ease] sb's fear/doubts; **jdm Freude/Glück/Hoffnung/Spaß** ~ to take away sb's [*or* to rob [*or* deprive] sb of their] joy/happiness/hope/fun ⓭ (*überwinden*) ■ **etw** ~ to overcome sth ⓮ MIL (*erobern*) ■ **etw** ~ to take sth ▶ WENDUNGEN: **jdn** ~, **wie er ist** to take sb as he is; **etw nehmen, wie es kommt** to take sth as it comes; **sich** *dat* **etw nicht** ~ **lassen** to not be robbed of sth; **es sich** *dat* **nicht** ~ **lassen, etw zu tun** to insist on doing sth; **woher** ~ **und nicht stehlen?** (*fam*) where on earth is one going to get that from?; **jdn zu** ~ **wissen, wissen, wie er jdn** ~ **muss** to know how to take sb; **etw an sich** ~ *akk*, **etw auf sich** ~ *akk* to take sth upon oneself; **jdn zu sich** ~ to take sb in; **sie** ~ **sich** *dat* **nichts** (*fam*) they're both the same [*or* as good/bad as each other]; *s. a.* **wie**

Neid <-[e]s> *m kein pl* jealousy (**auf** +*akk* of), envy (**auf** +*akk* of); ***nur kein ~!*** don't be jealous!; **purer** ~ pure [*or* plain] jealousy; [**jds**] ~ **erregen** to make sb jealous [*or* envious], to arouse sb's [*or* cause] jealousy, to arouse [*or* stir up] sb's envy; **jdm schaut der** ~ **aus den Augen** envy is written all over sb's face; **vor** ~ (*fam*) with envy; **blass** [*o* **gelb**] [*o* **grün**] **vor** ~ green [*or* pale] with envy; **vor** ~ **erblassen** (*form*), **vor** ~ **platzen können** to go green with envy ▶ WENDUNGEN: **das ist der** ~ **der Besitzlosen** (*fam*) that's just sour grapes *fam;* **das muss jdm der** ~ **lassen** (*fam*) you've got to hand it to sb, you have to say that much for sb *fam*

neiden *vt* ■ **jdm etw** ~ to envy sb [for] sth

Neider(in) <-s, -> *m(f)* jealous [*or* envious] person

neiderfüllt I. *adj* (*geh*) filled with [*or* full of] envy [*or* jealousy], jealous, envious II. *adv* jealously, enviously

Neiderin <-, -nen> *f fem form von* **Neider**

Neidhammel *m* (*fam*) jealous [*or* envious] person; ***du alter ~!*** you're just jealous!

neidisch, **neidig** SÜDD, ÖSTERR I. *adj* jealous, envious; ■ ~ **sein/werden** to be/become jealous [*or* envious]; ■ **auf jdn** ~ **sein/werden** to be/become jealous [*or* envious] of sb, to envy sb II. *adv* jealously, enviously, with envy [*or* jealousy]

neidlos I. *adj* unbegrudging II. *adv* unbegrudgingly

Neige <-, -n> *f* (*Flüssigkeitsrest*) remains; **bis zur** ~ to the dregs; **etw bis zur** ~ **leeren** to drain sth to the dregs ▶ WENDUNGEN: **bis zur bitteren** ~ until the bitter end; **zur** ~ **gehen** (*geh*) to draw to an end; ***unsere Vorräte gehen zur*** ~ our provisions are fast becoming exhausted; **etw bis zur** ~ **auskosten** to savour [*or* AM -or] sth to the full

neigen I. *vr* ❶ (*sich beugen*) ■ **sich zu jdm** ~ to lean over to sb; **sich nach hinten/vorne/rechts/links/zur Seite** ~ to lean backwards/forwards/to the right/left/side ❷ (*schräg abfallen*) ■ **etw neigt sich** sth slopes [*or* inclines] ❸ (*geh: sich niederbeugen*) to bow down; ***die Tannenzweige neigten sich*** [***tief***] ***zur Erde*** the pine branches bowed [low] to the ground ❹ (*kippen*) ■ **sich** ~ to tilt II. *vt* ❶ (*beugen*) ■ **etw** ~ to bend sth; ***den Oberkörper leicht nach vorne geneigt*** his/her torso [*or* upper body] slightly bent forwards ❷ (*geh: kippen*) ■ **etw** ~ to tilt sth III. *vi* ❶ (*anfällig für etw sein*) ■ **zu etw** ~ to be prone [*or* susceptible] to sth ❷ (*tendieren*) ■ **zu etw** ~ to tend [*or* have a tendency] to sth; ***du neigst zu Übertreibungen*** you tend to exaggerate; ■ **dazu** ~, **etw zu tun** to be inclined [*or* tend] [*or* have a tendency] to do sth; ***ich neige zu der Ansicht, dass ...*** I tend [*or* lean] towards the view that ...

Neigezug *m* TRANSP tilting train

Neigung <-, -en> *f* ❶ (*Vorliebe*) leaning; **eine** ~ **verspüren, etw zu tun** to feel an inclination to do sth ❷ (*Zuneigung*) affection; **aus** ~ with affection ❸ (*Tendenz*) tendency; ***du hast eine ~ zur Ungeduld*** to have a tendency to be impatient ❹ (*Gefälle*) slope

Neigungswinkel *m* TECH angle of inclination

nein *adv* ❶ (*Negation*) no; [**zu etw**] **N~ sagen** to say no [to sth]; **nicht N~ sagen** to not say no; **o ~!** certainly not! ❷ (*sogar*) no; ***wahnsinnig schwül, ~ unerträglich heiß*** incredibly humid, no, unbearably hot ❸ *fragend* will you/they/he/she/it; ***du wirst dem Kerl doch nicht helfen, ~?*** you won't help this guy, will you? ❹ (*ach*) well; ***~, wen haben wir denn da?*** well, who have we got here then? ▶ WENDUNGEN: **~, so was!** oh no!

Nein <-s> *nt kein pl* no

Neinsager(in) <-s, -> *m(f)* person who always says no **Neinstimme** *f* POL no[-vote]

Nekrolog <-[e]s, -e> *m* (*geh*) obituary

Nektar <-s, -e> *m* nectar

Nektarie <-, -n> *f* BOT nectary

Nektarine <-, -n> *f* nectarine

Nelke *f* <-, -n> ❶ BOT carnation ❷ KOCHK clove

Nelkenwurz <-> *f kein pl* BOT avens

'nem *art indef dat* (*fam*) *kurz für* **einem** a; *s. a.* **ein**[2] II 1

Nematode <-n, -n> *m* ZOOL nematode

'nen *art indef* (*fam*) *kurz für* **einen** a

nennen <nannte, genannt> I. *vt* ❶ (*benennen*) ■ **jdn/etw** ~ to name [*or* call] sb/sth; ■ **genannt** known as ❷ (*anreden*) to call; ***Freunde dürfen mich Johnny*** ~ friends may call me Johnny ❸ (*bezeichnen*) ■ **etw** ~ to call sth; **wie nennt man das?** what do you call that? [*or* is that called?] ❹ (*mitteilen*) ■ [**jdm**] **jdn/etw** ~ to name sb/sth [to sb]; ***ich nenne Ihnen einige Namen*** I'll give you a few names; ***können Sie mir einen guten Anwalt ~?*** can you give me the name of a good lawyer?; ■ **genannt** referred to; ***das genannte Restaurant ...*** the restaurant mentioned ... ▶ WENDUNGEN: **das nenne ich ...** I call that ...; ***das nenne ich aber mal ein leckeres Mittagessen!*** [now] that's what I call a delicious lunch! II. *vr* (*heißen*) ■ **sich** ~ to call oneself ▶ WENDUNGEN: **und so was nennt sich ...!** (*fam*) and they call that a ...!; ***du bist gemein! und so was nennt sich Freundin!*** you're mean! and you call yourself a friend!

nennenswert *adj* considerable, not inconsiderable; **nicht** ~ not worth mentioning; ■ **etwas/nichts Nen-**

nenswertes sth/nothing worth mentioning; ***ist irgend etwas Nennenswertes vorgefallen?*** did anything worth mentioning happen?

Nenner <-s, -> *m* MATH denominator; **der kleinste gemeinsame** ~ the lowest common denominator ▸ WENDUNGEN: **etw auf einen [gemeinsamen]** ~ **bringen** to reduce sth to the common denominator; **einen [gemeinsamen]** ~ **finden** to find common ground

Nennung <-, -en> *f* naming

Nennwert *m* FIN, BÖRSE nominal [*or* face] value; **über/unter dem** ~ above/below nominal [*or* face] value; **zum** ~ at nominal [*or* face] value

Neodym <-s> *nt kein pl* CHEM neodymium

Neofaschismus <-> *m kein pl* POL neo-fascism, no pl

Neofaschist <-en, -en> *m* POL neofascist

neofaschistisch *adj* POL neofascist

neogotisch *adj* ARCHIT neogothic

Neoklassizismus *m* ARCHIT neoclassicism

neoklassizistisch *adj* ARCHIT neoclassicist

Neologismus <-, -gismen> *m* LING neologism

Neon <-s> *nt kein pl* neon

Neonazi <-s, -s> *m* POL *kurz für* **Neonazist** neo-nazi

Neonazist <-en, -en> *m* POL neo-nazi

neonazistisch *adj* POL neo-nazi

Neonlicht *nt* neon light **Neonreklame** *f* ÖKON neon sign **Neonröhre** *f* neon strip [*or* tube], strip light **Neonwerbung** *f* neon sign

Neopren <-s> *nt kein pl* CHEM neoprene

Neoprenanzug *m* wet suit

Neopterin <-s, -e> *nt* MED neopterin

Nepal, Nepal <-s> *nt* Nepal; *s. a.* **Deutschland**

Nepal <-s> *nt* Nepal

Nepalese, Nepalesin <-n, -n> *m, f,* **Nepaler(in)** <-s, -> *m(f)* Nepalese, Nepali; *s. a.* **Deutsche(r)**

nepalesisch *adj* Nepalese, Nepali; *s. a.* **deutsch**

nepalisch *adj s.* **nepalesisch**

Nepotismus <-> *m kein pl (geh)* nepotism

Nepp <-s> *m kein pl (fam)* rip-off *fam;* ***das ist ja der reinste ~!*** that's a complete rip-off!

neppen *vt (fam)* ▪ **jdn** ~ to rip sb off *fam;* ***da bist du aber ganz schön geneppt worden!*** they must have seen you coming!

Nepplokal *nt (fam)* clipjoint

Neptun <-s> *m* neptune; ▪ **der** ~ neptune

Neptunium <-s> *nt kein pl* neptunium

'ner *art indef (fam) kurz für* **einer** a

Nerv <-s *o* -en, -en> *m* ❶ ANAT nerve ❷ BOT vein ▸ WENDUNGEN: **~en wie Drahtseile haben** *(fam)* to have nerves of steel; **gute/schlechte** [*o* **schwache**] **~en haben** to have strong/bad [*or* weak] nerves; **die ~en behalten** to keep calm; **jds ~en gehen [mit] jdm durch** sb loses their cool; ***entschuldigen Sie, meine ~en sind wohl etwas mit mir durchgegangen*** I'm sorry, I must have lost my cool; **jdm auf die ~en gehen** [*o* **fallen**] *(fam)* to get on sb's nerves; **auf die ~en gehen** *(fam)* to be a strain on the nerves; **den ~ haben, etw zu tun** *(fam)* to have the nerve to do sth; **[vielleicht] ~en haben!** *(fam)* to have a nerve!; ***du hast vielleicht ~en!*** you've got a nerve!; **jdm den [letzten] ~ rauben** [*o* **töten**] *(fam)* to shatter [*or* break] sb's nerve; **die ~en verlieren** to lose control [*or* one's cool]; **~en zeigen** to show nerves

nerven I. *vt (fam)* ▪ **jdn [mit etw]** ~ to get on sb's nerves [*or fam* bug sb] [with sth]; ▪ **genervt** stressed [out], worked up II. *vi (sl)* to get on one's nerves, to annoy [*or fam* bug] sb

Nervenanspannung *f* nervous tension **Nervenarzt, -ärztin** *m, f* neurologist **nervenaufreibend** *adj* nerve-racking [*or esp* AM -wracking]; ▪ ~ **sein** to be nerve-racking **Nervenbelastung** *f* nervous strain **nervenberuhigend** I. *adj* PHARM sedative, calming II. *adv* calming **Nervenbündel** *nt (fam)* bundle of nerves *fam* **Nervengas** *nt* MIL nerve gas **Nervengift** *nt* CHEM neurotoxin **Nervenheilanstalt** *f* MED, PSYCH *(veraltend)* mental *dated* [*or* psychiatric] hospital **Nervenheilkunde** *f* MED neurology **Nervenkitzel** <-s, -> *m (fam)* thrill **Nervenklinik** *f* MED *(fam)* psychiatric clinic **Nervenkostüm** *nt (fam)* nerves *pl;* **ein starkes/schwaches ~ haben** to have strong/weak nerves **Nervenkraft** *f* nervous strength **nervenkrank** *adj* MED mentally ill [*or* disturbed]; ▪ ~ **sein** to be mentally ill [*or* disturbed] **Nervenkrieg** *m* war of nerves **Nervenleiden** *nt* MED nervous condition **Nervennahrung** *f* food for the nerves **Nervenprobe** *f* trial of nerves **Nervensache** *f* [**eine/reine**] ~ **sein** *(fam)* to be all a question of nerves **Nervensäge** *f (fam)* pain in the neck *fam* **Nervenschmerz** *m meist pl* MED neuralgic pain, neuralgia *no pl* **nervenschwach** *adj* with weak nerves *pred,* neurasthenic *spec;* ~ **sein** to have weak nerves [*or spec* be neurasthenic] **nervenstark** *adj* with strong nerves *pred;* ~ **sein** to have strong nerves **Nervenstrang** *m* ANAT nerve cord **Nervensystem** *nt* ANAT nervous system **Nervenzentrum** *nt* nerve centre [*or* AM -er] **Nervenzusammenbruch** *m* nervous breakdown; **einen ~ haben** [*o geh* **erleiden**] to have [*or* suffer] a nervous breakdown

nervig ['nɛrfɪç] *adj* ❶ *(sl: nervenaufreibend)* irritating; ▪ ~ **sein** to be irritating ❷ *(veraltend geh)* sinewy, wiry

nervlich I. *adj* nervous *attr* II. *adv* ❶ *(psychisch)* **jd ist ~ erschöpft/belastet** sb's nerves are at a breaking point/strained ❷ *(in der psychischen Verfassung)* ~ **bedingt** nervous

nervös [nɛr'vøːs] I. *adj* ❶ *(psychisch erregt)* nervous, jumpy *fam;* ▪ ~ **sein/werden** to be/become nervous; **jdn ~ machen** to make sb nervous ❷ MED nervous II. *adv (nervlich)* nervous; ~ **bedingt** nervous in origin

Nervosität <-> [-vo-] *f kein pl* nervousness

nervtötend *adj (fam)* nerve-racking [*or esp* AM -wracking] *fam;* ▪ ~ **sein** to be nerve-racking

Nerz <-es, -e> *m* ❶ ZOOL mink ❷ MODE mink

Nessel[1] <-, -n> *f* BOT nettle ▸ WENDUNGEN: **sich [mit etw] in die ~n setzen** *(fam)* to put one's foot in it

Nessel[2] <-s, -> *m* MODE untreated cotton

Nesselfieber *nt* MED nettle-rash **Nesselsucht** *f kein pl* MED nettle-rash, hives *npl* **Nesseltier** *nt* ZOOL coelenterate

Nesseltuch *nt* muslim [cloth]

Nessessär <-s, -s> *nt* ❶ *(Kulturbeutel)* vanity bag ❷ *(Nagel~)* manicure set ❸ *(Nähzeug)* sewing kit

Nest <-[e]s, -er> *nt* ❶ ORN nest ❷ *(Brutstätte)* nest ❸ *(fam: Kaff)* dump *fam,* hole *fam* ▸ WENDUNGEN: **das eigene** [*o* **sein eigenes**] ~ **beschmutzen** to foul one's own nest; **sich ins gemachte ~ setzen** *(fam)* to marry well, to have got it made

nesteln *vi (herumzupfen)* to fiddle, to fumble; ▪ **an etw** ~ *dat* to fiddle around with sth

Nesthäkchen <-s, -> *nt (fam)* baby of the family; ▪ **jds** ~ the baby of the family **Nesthocker(in)** *m(f)* ❶ BIOL nidicolous bird ❷ *(fig)* stay-at-home

Nestor, -torin <-s, -toren> *m, f (geh)* doyen *masc,* doyenne *fem*

Nestwärme *f* warmth and security

nett *adj* ❶ *(liebenswert)* nice; ▪ ~ **[zu jdm] sein** to be nice [to sb]; ▪ **etwas/nichts Nettes** sth/sth not very nice; **sei so ~ und ...** would you mind ...; ***wenn Sie so ~ sind/ sein würden*** if you don't mind; **so ~ sein und ...** to be so kind as to ...; ***er war so nett und hat mich nach Hause gebracht*** he was so kind as [*or* kind enough] to take me home ❷ *(angenehm)*

N

nice, pleasant (3) (*beträchtlich*) nice; **ein ~s Stück** a fair walk; ***von hier ist es noch ein ganz ~es Stück zu laufen*** it's still a fair walk from here; **ein ~s Sümmchen** a tidy sum [of money]; ***sie hat sich ein ~es Sümmchen gespart*** she's saved herself a nice little sum (4) (*iron fam: unerfreulich*) nice; ***das sind ja ~e Aussichten!*** what a nice prospect!; ■ **etwas Nettes** something nice

netterweise *adv* kindly; ***er hat mich ~ nach Hause gebracht*** he was so kind as [*or* kind enough] to take me home

Nettigkeit <-, -en> *f* (1) *kein pl* (*Liebenswürdigkeit*) kindness (2) (*liebenswürdige Bemerkung*) kind [*or* nice] words [*or* things] *pl* (3) *pl* (*iron fam: boshafte Bemerkung*) insult

netto *adv* net

Nettoeinkommen *nt* net income **Nettogewicht** *nt* net weight **Nettokreditaufnahme** *f* net credit **Nettolohn** *m* net salary [*or* wage], take-home pay **Nettopreis** *m* ÖKON net price

Netz <-es, -e> *nt* (1) (*Fischnetz*) net (2) (*Einkaufs~*) string bag; (*Gepäck~*) [luggage] rack; (*Haar~*) hair net (3) SPORT net; **ins ~ gehen** to go into the net; *Tennisball* to hit the net (4) (*Schutz~*) safety net (5) (*Spinnen~*) web (6) ELEK, TELEK (*Leitungssystem*) network; (*Strom*) [national] grid [*or* AM power supply system]; **ans ~ gehen** to be connected to the grid; **etw vom ~ nehmen** to cut sth off from the grid (7) *kein pl* INET ■ **das ~** the Net, the Internet (8) (*Rohrnetz*) network [of pipes] (9) TRANSP system (10) (*Ring*) network ▶ WENDUNGEN: **ohne ~ und doppelten Boden** without a safety net; **das soziale ~** the social net; **jdm ins ~ gehen** to fall into sb's trap; **jdm durchs ~ gehen** to give sb the slip

Netzanschluss[RR] *m* (1) TECH (*Anschluss an das Stromnetz*) mains *npl* [*or* AM power] supply (2) TELEK (*Anschluss an ein Kommunikationsnetz*) telephone line connection **Netzball** *m* TENNIS netball **Netzbürger(in)** *m(f)* INET, SOZIOL (*euph*) netizen *euph*, citizen of the net *euph* **Netzgerät** *nt* mains receiver BRIT, power supply unit AM **Netzhaut** *f* retina **Netzhautentzündung** *f* MED retinitis **Netzhemd** *nt* MODE string vest **Netzkarte** *f* BAHN zone card **Netzknoten** *m* (1) INFORM network node (2) TECH network junction point (3) BIOL network junction **Netzmagen** *m* BIOL (*Teil des Wiederkäuermagens*) reticulum **Netzmelone** *f* cantaloup melon **Netzspannung** *m* line [*or* supply] [*or* BRIT mains] voltage **Netzstecker** *m* mains *npl* [*or* AM power] plug **Netzstrumpf** *m* fishnet stocking **Netzteil** *nt* ELEK mains adapter BRIT, power supply unit AM **Netzteilnehmer(in)** *m(f)* INFORM, TELEK network user **Netzwerk** *nt* (1) (*engverbundenes System*) network (2) INFORM network, system **Netzzugang** *m* INET connection to the Internet

neu I. *adj* (1) (*gerade produziert/erworben/vorhanden*) new; ***das ist die ~e/~este Mode!*** it's the new/latest fashion!; ■ **~ sein** to be new; ■ **etwas Neues** something new; ***auf der Fachmesse gab es nichts Neues*** there was nothing new at the trade fair; ■ **der/die Neue** the newcomer; **ein ~eres System** a more up to date system; ■ **das Neue** [**an etw** *dat*] the new thing [about sth]; ■ **das Neueste** the latest [thing]; ■ **jdm ~ sein** to be news to sb, to be a new one on sb *fam;* ***was gibt's Neues?*** (*fam*) what's new?; ***weißt du schon das Neu[e]ste?*** have you heard the latest?; **seit ~[e]stem** [since] recently; ***seit ~estem können wir Ihnen auch die Bestellung per Kreditkarte anbieten*** we are now able to take your orders by credit card; **das Neu[e]ste vom Neuen** the very latest [thing]; **von ~em** all over again, from the beginning, from scratch; *s. a.* **Tag** (2) (*frisch*) fresh; ***du solltest mal ein ~es Hemd anziehen*** you should put on a fresh shirt (3) (*abermalig*) new; **einen ~en Anfang machen** to make a fresh start; **einen ~en Anlauf nehmen** to have another go; **einen ~en Versuch machen** to have another try (4) MEDIA (*gerade zugänglich*) latest; **die ~esten Nachrichten** the latest news ▶ WENDUNGEN: **auf ein N~es!** here's to a fresh start!; (*Neujahr*) here's to the New Year!; **aufs N~e** (*geh*) afresh, anew II. *adv* (1) (*von vorn*) **~ bearbeitet** MEDIA revised; **~ beginnen** to make a fresh start, to start again from scratch; **~ anfangen** to start all over again; **sich ~ einkleiden** to buy oneself a new set of clothes; **etw ~ einrichten** to refurbish sth; **etw ~ gestalten** to redesign, to provide a new layout; ***der ~ gestaltete Marktplatz*** the newly laid-out market square; **etw ~ anschaffen** to buy sth new (2) (*zusätzlich*) anew; ***die Firma will 33 Mitarbeiter ~ einstellen*** the firm wants to employ 33 new employees; ***wir wollen das Haus [ganz] ~ bauen*** we want to build the house anew [*or* rebuild the house] (3) (*erneut*) again; **~ eröffnet** re-opened; ***frei werdende Stellen sollen nicht mehr ~ besetzt werden*** positions [to be] vacated should not be refilled; ***ich muss meine Kartei ~ ordnen*** I must re-sort my card index (4) (*seit kurzem da*) **~ entwickelt** newly-developed; **~ eröffnet** newly opened; (*erneut eröffnet*) re-opened; **~ geboren** newly born; **~ geschaffen** newly created; **~ schaffen**, **~ vermählt** (*geh*) newly married [*or* wed] ▶ WENDUNGEN: **wie ~ geboren** like a new man/woman

Neuanfang *m* fresh start **Neuankömmling** <-, -e> *m* newcomer **Neuanschaffung** *f* (1) (*Anschaffung von etw Neuem*) new acquisition [*or* purchase]; **~en machen** to make new acquisitions [*or* purchases], to buy new items (2) (*neu Angeschafftes*) recent acquisition **neuapostolisch** *adj* REL New Apostolic

neuartig *adj* (1) (*von neuer Art*) new (2) (*nach neuer Methode*) new type of; ***dieses Wörterbuch ist ganz ~*** this is a completely new type of dictionary

Neuartigkeit <-> *f kein pl* novelty

Neuauflage *f* MEDIA (1) *kein pl* new edition (2) *s.* **reprint** **Neuausgabe** *f* MEDIA *s.* **Neuauflage2**

Neubau <-bauten> *m* ARCHIT (1) *kein pl* (*die neue Errichtung*) [new] building (2) (*neu erbautes Gebäude*) new building [*or* house]

Neubaugebiet *nt* development area; (*schon bebaut*) area of new housing **Neubausiedlung** *f* new housing estate **Neubauwohnung** *f* newly-built flat [*or* AM *a.* apartment] **Neubearbeitung** *f* (1) MEDIA (*erneutes Bearbeiten*) revision (2) MEDIA (*revidierte Fassung*) revised edition (3) MUS, THEAT new version **Neubeginn** *m* new beginning **Neubesetzung** *m* replacement; **~ einer Rolle** THEAT recasting of a role **Neubewertung** *f* re-assessment **Neubildung** *f* (1) (*Umbildung*) reshuffle (2) LING neologism (3) MED neoplasm **Neu-Delhi** <-s> *nt* New Delhi **Neueinsteiger** *m* ÖKON (*Neuling*) newcomer **Neuemission** *f* BÖRSE new issue

Neuenburg <-s> *nt* Neuchâtel

Neuengland *nt* New England **Neuentdeckung** *f* (1) (*erneute Entdeckung*) rediscovery (2) (*entdecktes Talent*) new discovery **Neuentwicklung** *f* (1) *kein pl* (*Entwicklung neuartiger Dinge*) new development (2) (*etwas gerade erst Entwickeltes*) new development

neuerdings *adv* recently; ***es gibt ~ Bestrebungen, ...*** there have recently been attempts ...

Neuerer <-s, -> *m* reformer

neuerlich I. *adj* further II. *adv* (*selten*) again **Neueröffnung** *f* (1) (*neue Eröffnung*) new opening (2) (*Wiedereröffnung*) re-opening **Neuerscheinung** *f* MEDIA new [*or* recent] publication

Neuerung <-, -en> *f* reform

neu(e)stens *adv* (*selten*) *s.* **neuerdings**

Neufassung *f* revised version **Neufundland** *nt* Newfoundland **Neufundländer** <-s, -> *m* ZOOL Newfoundland [dog] **Neugeborene(s)** *nt dekl wie adj* newborn

Neugier(de) <-> *f kein pl* curiosity, inquisitiveness, nosiness *pej fam;* **aus ~** out of curiosity; **mit [o voller] ~** full of curiosity

neugierig **I.** *adj* ① (*auf Informationen erpicht*) curious, inquisitive, nos[e]y *pej fam;* ■ **~ sein/werden** to be/become curious [*or* inquisitive]; ***sei nicht so ~!*** don't be so nosey! ② (*gespannt*) ■ **~ sein, ob/wie ...** to be curious to know, whether/how ...; **jdn ~ machen** to make sb curious; **da bin ich aber ~!** this should be interesting! **II.** *adv* curiously, inquisitively, nosily

Neugierige(r) *f(m) dekl wie adj* curious person, BRIT *a.* Nos[e]y Parker *pej fam,* AM *a.* rubberneck *sl*

Neugliederung *f* restructuring, reorganization **Neugotik** *f* ARCHIT, KUNST neo-Gothic **Neugründung** *f* ① (*erstmalige Gründung*) new establishment ② (*neu gegründeter Ort*) new establishment; (*neu gegründete Institution*) new foundation

Neuheit <-, -en> *f* ① (*Neusein*) novelty ② ÖKON innovation

neuhochdeutsch *adj* LING New High German; ■ **das Neuhochdeutsche** New High German

Neuigkeit <-, -en> *f* news

Neuinszenierung *f* THEAT new production

Neujahr *nt kein pl* (*der erste Januar*) New Year ▶ WENDUNGEN: **Prost ~!** here's to the [*or* happy] New Year!

Neujahrsabend *m* New Year's Eve; (*in Schottland*) Hogmanay **Neujahrsempfang** *m* reception on New Year's Eve **Neujahrsfest** *nt* New Year's celebrations *pl* **Neujahrstag** *m* New Year's Day

Neuland *nt kein pl* AGR uncultivated land, virgin territory ▶ WENDUNGEN: **[mit etw] [...] ~ betreten** to enter unknown territory; **~ [für jdn] sein** to be unknown territory [for sb]

neulich *adv* recently, the other day; ***erinnert ihr euch noch an ~ abends/morgens/sonntags?*** do you remember the other evening/morning/Sunday?; **von ~** from the other day

Neuling <-s, -e> *m* beginner

neumodisch **I.** *adj* ① (*sehr modern*) fashionable ② (*pej: unverständlich neu*) new-fangled **II.** *adv* fashionably

Neumond *m kein pl* new moon; **bei ~** at new moon

neun *adj* nine; *s. a.* **acht**[1] ▶ WENDUNGEN: **alle ~e werfen** to get a strike; **alle ~[e]!** strike!

Neun <-, -en> *f* ① (*Zahl*) nine ② KARTEN nine; *s. a.* **Acht**[1] **4** ③ (*Verkehrslinie*) ■ **die ~** the [number] nine ▶ WENDUNGEN: **ach du grüne ~e!** (*fam*) good heavens!

Neunauge *nt* ZOOL lamprey **neuneinhalb** *adj* nine and a half; *s. a.* **anderthalb**

neunerlei *adj inv attr* nine [different]; *s. a.* **achterlei**

neunfach, 9fach **I.** *adj* **die ~e Menge nehmen** to take nine times the amount **II.** *adv* nine times, ninefold

Neunfache, 9fache *nt dekl wie adj* **das ~ verdienen** to earn nine times the/that amount; *s. a.* **Achtfache**

neunhundert *adj* nine hundred; *s. a.* **hundert** **neunhundertjährig** *adj* nine hundred-year-old *attr;* **das ~e Bestehen von etw feiern** to celebrate the nine hundredth anniversary of sth **neunjährig, 9-jährig**[RR] *adj* ① (*Alter*) nine-year-old *attr,* nine years old *pred; s. a.* **achtjährig 1** ② (*Zeitspanne*) nine-year *attr; s. a.* **achtjährig 2** **Neunjährige(r), 9-Jährige(r)**[RR] *f(m) dekl wie adj* nine-year-old **neunköpfig** *adj* nine-person *attr; s. a.* **achtköpfig** **Neun-Loch-Golfanlage** *f* nine-hole golf course

neunmal *adv* nine times; *s. a.* **achtmal**

neunmalig *adj* repeated nine times; *s. a.* **achtmalig**

neunmalklug *adj* (*iron fam*) smart-aleck *attr fam*

Neunmalkluge(r) *f(m) dekl wie adj* (*iron fam*) smart-aleck *fam*

neunstöckig *adj inv* nine-storey *attr* [*or* AM -story], with nine storeys **neunstündig, 9-stündig**[RR] *adj* nine-hour *attr; s. a.* **achtstündig**

neunt *adj* **zu ~ sein** ***wir waren zu dritt*** there were three of us

neuntausend *adj* ① (*Zahl*) nine thousand [*or fam* K]; *s. a.* **tausend 1** ② (*fam: 9000 DM*) nine grand *no pl,* nine thou *no pl sl,* nine G's [*or* K's] *no pl* AM *sl*

neunte(r, s) *adj* ① (*nach dem achten kommend*) ninth; **die ~ Klasse** [*o fam* **die ~**] fourth year [*or* AM grade] (*secondary school*), BRIT *a.* S4; *s. a.* **achte(r, s) 1** ② (*Datum*) ninth, 9th; *s. a.* **achte(r, s) 2**

Neunte(r) *f(m) dekl wie adj* ① (*Person*) ninth; *s. a.* **Achte(r) 1** ② (*bei Datumsangaben*) ■ **der ~/am ~,** ■ *geschrieben* **der 9./am 9.** the ninth/on the ninth *spoken,* the 9th/on the 9th *written; s. a.* **Achte(r) 2** ③ (*als Namenszusatz*) **Ludwig der ~,** *geschrieben* **Ludwig IX.** Ludwig the Ninth *spoken,* Ludwig IX *written; s. a.* **Achte(r) 2**

Neuntel <-s, -> *nt o* SCHWEIZ *m* ninth; *s. a.* **Achtel**

neuntens *adv* ninthly

Neuntöter <-s, -> *m* ORN red-backed shrike

neunzehn *adj* nineteen; *s. a.* **acht**[1]

neunzehnte(r, s) *adj* nineteenth; *s. a.* **achte(r, s)**

Neunzehntel *nt* nineteenth

neunzig *adj* ① (*Zahl*) ninety; *s. a.* **achtzig 1** ② (*fam: Stundenkilometer*) ninety [kilometres BRIT [*or* AM -meters] an hour]; *s. a.* **achtzig 2**

Neunzig *f* ninety

neunziger, 90er *adj attr inv* **die N~er** [*o* **die ~er Jahre**] the nineties *pl*

Neunziger[1] <-s, -> *m* 1990

Neunziger[2] *pl* ■ **in den ~n sein** to be in one's nineties

Neunziger(in) <-s, -> *m(f)* ① (*Mensch in den Neunzigern*) nonagenerian ② *s.* **Neunzigjährige(r)**

Neunzigerjahre *pl* ■ **die ~** the nineties *pl*

neunzigjährig, 90-jährig[RR] *adj attr* ① (*Alter*) ninety-year-old *attr,* ninety years old *pred* ② (*Zeitspanne*) ninety-year *attr*

Neunzigjährige(r) *f(m) dekl wie adj* ninety-year-old

neunzigste(r, s) *adj* ninetieth; *s. a.* **achte(r, s)**

Neuordnung *f* reform **Neuorientierung** *f* (*geh*) reorientation **Neuphilologe, -philologin** *m, f s.* **Neusprachler** **Neuphilologie** *f* modern languages + *sing/pl* **Neuphilologin** <-, -nen> *f fem form von* **Neuphilologe** **Neuprägung** *f* ① (*Münze*) new mintage ② LING new coinage

Neuralgie <-, -n> *f* neuralgia

neuralgisch *adj* ① MED neuralgic ② (*geh: störungsanfällig*) **ein ~er Punkt** a trouble spot

Neurasthenie <-, n> *f* neurasthenia

Neurastheniker(in) <-s, -> *m(f)* neurasthenic

neurasthenisch *adj* MED neurasthenic

Neureg(e)lung *f* revision; *Verkehr, Ampelphasen* new scheme **neureich** *adj* nouveau riche **Neureiche(r)** *f(m) dekl wie adj* nouveau riche

Neurit <-en, -en> *m* BIOL (*Hauptteil der Nervenzelle*) neurite

Neuritis <-, Neuritiden> *f* neuritis

Neurobiologe, -biologin *m, f* neurobiologist **Neurobiologie** *f kein pl* neurobiology **Neurobiologin** *f fem form von* **Neurobiologe** **Neurochirurg(in)**

m(f) neurosurgeon **Neurochirurgie** *f* neurosurgery **Neurochirurgin** *f fem form von* **Neurochirurg** **Neurocomputer** *m* INFORM neurocomputer **Neurodermitis** *f* neurodermatitis **Neuroleptikum** <-s, -tika> *nt* neuroleptic

Neurologe, -login <-en, -en> *m, f* neurologist

Neurologie <-, -n> *f* MED ① *kein pl* neurology ② (*fam: neurologische Abteilung*) neurology

Neurologin <-, -nen> *f fem form von* **Neurologe**

neurologisch *adj* neurological

Neuron <-s, -ronen> *nt* neuron

Neurose <-, -n> *f* PSYCH neurosis

Neurotiker(in) <-s, -> *m(f)* neurotic

neurotisch *adj* PSYCH ① (*an einer Neurose leidend*) neurotic; ■ **~ sein/werden** to be/become neurotic ② (*durch eine Neurose bedingt*) neurotic

Neurotransmitter <-s, -> *m* neurotransmitter

Neuschnee *m* fresh snow

Neuseeland *nt* New Zealand

neuseeländisch *adj* New Zealand *attr*, from New Zealand *pred*

Neusilber *nt* nickel silver

Neusprachler(in) <-s, -> *m(f)* modern linguist

neusprachlich **I.** *adj* modern language *attr* **II.** *adv* modern language; *~e* ***Gymnasien*** *grammar schools specializing in modern languages*

neustens *adv s.* **neu(e)stens**

Neustrukturierung *f* reform, restructuring **Neutöner(in)** <-s, -> *m(f)* MUS exponent of the New Music

neutral **I.** *adj* ① POL neutral ② (*unparteiisch*) neutral; ■ **jd ist/bleibt ~** sb is/remains neutral ③ (*zurückhaltend*) neutral ④ CHEM (*weder alkalisch noch sauer*) neutral **II.** *adv* ① (*unparteiisch*) neutral ② CHEM neutral

Neutralisation <-, -en> *f s.* **Neutralisierung**

neutralisieren* *vt* ① POL ■ **etw ~** to neutralize sth ② (*geh: in der Wirkung aufheben*) **Einfluss/Gift/Wirkung ~** to neutralize the influence/poison/effect ③ CHEM ■ **etw ~** to neutralize sth

Neutralisierung <-, -en> *f* ① POL neutralization ② (*geh*) neutralization ③ CHEM neutralization

Neutralismus <-> *m kein pl* POL neutralism

Neutralität <-> *f kein pl* ① POL neutrality ② (*geh: Unparteilichkeit*) neutrality

Neutrino <-s, -s> *nt* neutrino

Neutron <-s, -tronen> *nt* neutron

Neutronenbombe *f* neutron bomb **Neutronenwaffe** *f* neutron weapon

Neutrum <-s, Neutra *o* Neutren> *nt* ① LING (*sächliches Wort*) neuter ② (*geh*) MED ■ **ein ~** a neuter **Neuvermählte(r)** *f(m) dekl wie adj* (*geh*) newlywed **Neuverschuldung** *f* ÖKON new borrowing [*or* debt] **Neuwahl** *f* POL re-election **Neuwert** *m* original value; **zum ~** at original value **neuwertig** *adj* as new; ■ **~ sein** to be as good as new **Neuzeit** *f kein pl* ■ **die ~** modern times *pl*, the modern age [*or* era] **neuzeitlich** **I.** *adj* ① (*der Neuzeit zugehörig*) of modern times, of the modern age [*or* era] *pred* ② (*modern*) modern **II.** *adv* (*modern*) modern **Neuzugang** *m* new entry **Neuzulassung** *f* (*form*) [first] registration

Newage[RR] <- -> ['nju:'e:dʒ] *nt kein pl*, **New Age** <- -> *nt kein pl* new age

Newcomer <-s, -> ['nju:kamɐ] *m* newcomer

Niacin *nt kein pl* niacin

Nicaragua <-s> *nt* Nicaragua; *s. a.* **Deutschland**

Nicaraguaner(in) <-s, -> *m(f)* Nicaraguan; *s. a.* **Deutsche(r)**

nicaraguanisch *adj* Nicaraguan; *s. a.* **deutsch**

nicht **I.** *adv* ① (*Verneinung*) not; ***ich weiß ~*** I don't know; ***ich bin es ~ gewesen*** it wasn't me; ***nein, danke, ich rauche ~*** no thank you, I don't smoke; ■ **~ ... sein** to not be ...; ***das war aber ~ lieb/nett von dir!*** that wasn't very nice of you; ***heute ist es ~ so kalt/warm wie gestern*** it's not as cold/warm today as yesterday; **etw ~ Zutreffendes** sth incorrect [*or* untrue]; ***~ Zutreffendes [bitte] streichen!*** [please] delete as applicable [*or* appropriate]; **~ amtlich** unofficial; **~ deutsch** non-German; **~ eheliches Kind** illegitimate child; **~ euklidische Geometrie** MATH non-Euclidean geometry; **~ leitend** PHYS non-conducting; **~ linear** MATH nonlinear; **~ öffentlich** *attr* not open to the public *pred;* **~ rostend** non-rusting; **~ [ein]mal** not even; **~ mehr** [*o* **länger**] not any longer; **~ mehr als** no more than; **~ mehr und ~ weniger als** no more and no less than; **... ~!** not ...!; ***jedes andere Hemd, aber das bitte ~*** any other shirt, just not that one; **bitte ~!** please don't!; **~ doch!** stop it!, don't!; **~ eine[r]** not one; **was ... ~** the things ...; ***was man sich heute ~ alles bieten lassen muss!*** the things one has to put up with these days!; **~!** don't!, stop it! ② (*verneinende Aufforderung*) do not, don't; ***halt, ~ weiterfahren!*** stop, do not proceed any further! **II.** *pron* ① *in Fragen* (*stimmt's?*) isn't that right; ***sie schuldet dir doch noch Geld, ~?*** she still owes you money, doesn't she? ② *in Fragen* (*wohl*) not; ***kannst du mir ~ 1000 Mark leihen?*** could you not lend me 1000 Marks?

Nichtachtung *f* disregard; **jdn mit ~ strafen** to send sb to Coventry, to ostracize sb **Nichtanerkennung** *f* POL non-recognition *no pl* **Nichtangriffspakt** *m* POL non-aggression pact **Nichtbeachtung** *f* non-observance **Nichtbefolgung** *f* (*form*) non-observance; **bei ~ einer S.** *gen* upon non-observance of sth

Nichte <-, -n> *f* niece **Nichteinmischung** *f* POL non-intervention **Nichtgefallen** *nt* **bei ~** ÖKON if not satisfied

nichtig *adj* ① JUR (*ungültig*) invalid, void; **etw für ~ erklären** JUR to declare sth invalid [*or* [null and] void]; **eine Ehe für ~ erklären** to annul a marriage ② (*geh: belanglos*) trivial

Nichtigkeit <-, -en> *f* ① *kein pl* JUR (*Ungültigkeit*) invalidity, voidness, annulity ② *meist pl* (*geh*) triviality

Nichtigkeitsklage *f* JUR nullity suit **Nichtleiter** *m* PHYS non-conductor **Nichtmetall** *nt* nonmetal

Nichtraucher(in) *m(f)* ① (*nicht rauchender Mensch*) non-smoker; ■ **~ sein** to be a non-smoker, to not smoke ② BAHN (*fam: Nichtraucherabteil*) non-[*or* no-]smoking section [*or* compartment]; **„~"** no smoking

Nichtraucherabteil *nt* BAHN non-smoking section [*or* compartment]

Nichtraucherin <-, -nen> *f fem form von* **Nichtraucher**

Nichtraucherzone *f* non-smoking zone [*or* area]

nichts *pron indef, inv* ① (*nicht etwas*) not anything; ***es ist ~*** it's nothing; **~ als ...** (*nur*) nothing but; **~ mehr** not anything [*or* nothing] more; **~ wie ...** (*fam*) let's get ...; ***~ wie raus!*** let's get out!; **~ ahnend** *adjektivisch* unsuspecting; *adverbial* unsuspectingly; **~ sagend** empty, meaningless; **~ sagend sein** to be meaningless; ***man kann gar ~ sehen*** one can't see anything; ***damit will ich ~ zu tun haben*** I don't want anything to do with it; ***das geht Sie ~ an!*** that's none of your business! ② *vor substantiviertem adj* nothing; **~ anderes [als ...]** nothing [*or* not anything] other than ...; ***hoffentlich ist es ~ Ernstes*** I hope it's nothing serious ▸ WENDUNGEN: **das war wohl ~** (*sl*) oh well, that wasn't much of a hit; **für [*o* um] ~** for nothing; **für ~ und wieder ~** (*fam*) for nothing [at all] *fam;* **~ da!** (*fam*) no chance! *fam;* **wie ~** (*fam*) at the wink of an eye

Nichts <-, -e> *nt* ① *kein pl* PHILOS (*Nichtsein*) ■ **das/**

ein ~ nothingness ② (*leerer Raum*) void ③ (*Nullmenge*) nothing; **aus dem** ~ out of nothing; ***er hat die Firma aus dem ~ aufgebaut*** he built the firm up out of nothing; **aus dem** ~ **auftauchen** to show up from out of nowhere ④ (*unbedeutender Mensch*) ■**ein** ~ a nonentity [*or* nobody] ▸ WENDUNGEN: **vor dem** ~ **stehen** to be left with nothing

Nichtschwimmer(in) *m(f)* non-swimmer; ~ **sein** to be a non-swimmer; *s. a.* **Nichtschwimmerbecken**

Nichtschwimmerbecken *nt* non-swimmer's pool

Nichtschwimmerin <-, -nen> *f fem form von* **Nichtschwimmer**

nichtsdestotrotz *adv* nonetheless ▸ WENDUNGEN: **aber** ~**, ...** but nevertheless, ...

nichtsdestoweniger *adv* notwithstanding *form,* nevertheless, nonetheless

Nichtsesshafte(r)RR *f(m) dekl wie adj* (*form*) person with [*or* of] no fixed abode, homeless person

Nichtskönner(in) *m(f)* (*pej*) useless person **Nichtsnutz** <-es, -e> *m* (*pej*) good-for-nothing **nichtsnutzig** *adj* (*pej*) useless, good-for-nothing, hopeless **Nichtstuer(in)** <-s, -> [-tu:ɐ] *m(f)* (*pej*) idler, loafer **Nichtstun** *nt* ① (*das Faulenzen*) idleness ② (*Untätigkeit*) inactivity

Nichtveranlagungsbescheinigung *f* FIN non-assessment note **Nichtwähler(in)** *m(f)* POL non-voter **Nichtweiterverbreitung** *f* non-proliferation **Nichtwissen** *nt* ignorance; **etw mit** ~ **bestreiten** JUR to plead ignorance **Nichtzustandekommen** *nt* (*form*) non-realization; **bei** ~ **einer S.** *gen* in the case of non-realization of sth

Nickel <-s> *nt kein pl* nickel

Nickelallergie *f kein pl* MED nickel allergy **Nickelbrille** *f* metal-rimmed glasses *pl*

nicken *vi* ① (*mit dem Kopf nicken*) to nod; ■**...** ~ to nod ...; **zufrieden** ~ to nod with content; ■**das N~** nod ② (*fam: schlafen*) to nod [off], to snooze, to doze

Nickerchen <-s> *nt kein pl* (*fam*) nap *fam,* snooze *fam,* forty winks *fam;* **ein** ~ **machen** [*o* **halten**] to take [*or* have] a nap [*or* snooze], to nap

Nidwalden <-s> *nt* Nidwalden

nie *adv* ① (*zu keinem Zeitpunkt*) never; ~ **mehr** [*o* **wieder**] never again; **einmal und** ~ **wieder** once and never again; ~ **im Leben** not ever; ***das hätte ich ~ im Leben gedacht*** I never would have thought so; ~ **und nimmer** never ever; *s. a.* **noch** ② (*bestimmt nicht*) never

nieder *adv* down; ~ **mit ...!** down with ...!; *s. a.* **niedere(r, s)**

Nieder|bayern <-s> *m kein pl* Lower Bavaria

nieder|beugen *vr* ■**sich [zu jdm/etw]** ~ to bend down [to sb/sth] **nieder|brennen** *irreg* **I.** *vi sein* to burn down **II.** *vt haben* ■**etw** ~ to burn down sth *sep* **nieder|bringen** *vt irreg* BERGB ■**etw** ~ to bore sth; **einen Schacht** ~ to sink a shaft **nieder|brüllen** *vt* (*fam*) ■**jdn** ~ to shout down sb *sep* **nieder|bügeln** *vt* (*sl*) ■**jdn/etw** ~ to steamroller sb/sth *fam*

niederdeutsch *adj* Low German

Niederdeutsch(e) *nt* Low German

Nieder|deutschland <-s> *m kein pl* Northern Germany

nieder|drücken *vt* (*geh*) ① (*herunterdrücken*) ■**etw** ~ to press [*or* push] down sth *sep* ② (*deprimieren*) ■**jdn** ~ to depress sb, to make sb feel down; ■**~d** depressing

niedere(r, s) *adj attr* ① (*unbedeutend*) low; **der ~e Adel** the lesser nobility; **das ~e Volk** the common people; **von ~r Herkunft** [*o* **Geburt**] **sein** to be of humble origin; ~ **Arbeiten verrichten müssen** (*geh*) to have to do menial jobs ② *bes* SÜDD (*niedrig*) low ③ BIOL (*untere*) lower ④ (*primitiv*) primitive, base; ~ **Beweggründe** base motives

nieder|fallen *vi irreg* to fall down

nieder|frequent *adj* low-frequency

Niederfrequenz *f* low frequency

Niedergang <-[e]s, -gänge> *m* ① *kein pl* (*Verfall*) decline, fall ② NAUT (*schmale Stiege auf einem Schiff*) companionway

niedergedrückt *adj s.* **niedergeschlagen**

nieder|gehen *vi irreg sein* ① (*fallen*) *Regen* to fall; (*sich entladen*) *Gewitter* to break; ***gestern ist ein schweres Unwetter auf die Stadt niedergegangen*** a heavy storm brake over the city yesterday; ■**auf jdn** ~ (*fig*) to rain down on sb ② (*landen*) *Flugzeug* to touch down ③ *Lawine* to descend ④ (*zu Boden stürzen*) *Boxer* to go down ⑤ (*sich senken*) *Vorhang* to fall

niedergelassen *adj* SCHWEIZ resident

niedergeschlagen *adj* downcast, depressed

Niedergeschlagenheit <-> *f kein pl* depression, despondency

nieder|halten *vt irreg* ① (*am Boden halten*) ■**etw [mit etw]** ~ to restrain sth [with sth] ② (*fig*) **ein Volk** ~ to oppress a nation; **einen Widerstand/seine Angst** ~ to suppress an uprising/one's fear **nieder|knien** **I.** *vi sein* to kneel [down] **II.** *vr haben* ■**sich [vor jdm/etw]** ~ to kneel [down] [before sb/sth] **nieder|knüppeln** *vt* to club to the ground

Niederkunft <-, -künfte> *f* (*veraltet*) delivery

Niederlage *f* defeat; **[bei etw] eine** ~ **erleiden** [*o* **einstecken**] [*o* **hinnehmen**] **müssen** to suffer a defeat [in sth]; **jdm eine** ~ **beibringen** [*o* **bereiten**] to inflict a defeat on [*or* defeat] sb

Niederlande *pl* ■**die** ~ the Netherlands

Niederländer(in) <-s, -> *m(f)* Dutchman *masc,* Dutchwoman *fem*

niederländisch *adj* ① (*zu den Niederlanden gehörend*) Dutch ② (*die niederländische Sprache*) Dutch; **auf N~** in Dutch

Niederländisch *nt dekl wie adj* Dutch; ■**das ~e** Dutch

nieder|lassen **I.** *vr irreg* ① (*ansiedeln*) ■**sich irgendwo** ~ to settle down somewhere ② (*beruflich etablieren*) ■**sich irgendwo [als etw]** ~ to establish oneself [*or* set up] [as sth] somewhere; **niedergelassener Arzt** *registered doctor with their own practice* ③ (*geh: hinsetzen*) ■**sich [auf etw** *dat*] ~ to sit down somewhere; *Vogel* to settle on sth **II.** *vt* (*veraltend*) ■**etw** ~ to lower [*or sep* let down] sth

Niederlassung <-, -en> *f* ① *kein pl* (*berufliche Etablierung*) establishment, setting up; ***er hat die Genehmigung zur ~ als Arzt erhalten*** he has been granted permission to set up as a doctor ② (*Zweigstelle*) branch

Niederlassungsbewilligung *f* SCHWEIZ residence permit

nieder|legen **I.** *vt* ① (*hinlegen*) ■**etw** ~ to put down sth *sep* ② (*aufgeben*) ■**etw** ~ to give up sth *sep;* **sein Amt/sein Mandat/den Vorsitz** ~ to resign one's office/one's seat/one's chairmanship; **die Arbeit** ~ to stop work, BRIT *a.* to down tools ③ (*geh: schlafen legen*) **ein Kind** ~ to put a child to bed ④ (*geh: schriftlich fixieren*) ■**etw irgendwo** ~ to put sth down [in writing] somewhere; **seinen letzten Willen** ~ to draw up one's will; ■**~, dass/was/wie ...** to put down in writing that/what/how ... **II.** *vr* (*sich hinlegen*) ■**sich** ~ to lie down ▸ WENDUNGEN: **da legst' di' nieder!** SÜDD (*fam*) I'll be blowed! [*or* AM damned!]

Niederlegung <-, -en> *f* ① (*das Hinlegen*) laying ② *einer Aufgabe* resignation (+*gen* from); ***die Belegschaft drohte mit sofortiger ~ der Arbeit*** the workforce threatened to stop work immediately ③ (*schriftliche Fixierung*) writing down; ***ein Testament bedarf der ~ in schriftlicher Form*** a will

N

must be drawn up in writing ❹ (*Deponierung*) submission

nieder|machen *vt* (*fam*) ❶ ([*eine größere Anzahl von wehrlosen Menschen*] *kaltblütig töten*) ■**jdn/etw** ~ to butcher [*or* massacre] [*or* slaughter] sb/sth ❷ (*heruntermachen, verächtlich behandeln*) ■**jdn/etw** ~ to run sb/sth down *fam;* ■**etw** ~ to take [*or* pick] [*or* pull] to pieces *fam;* **jdn verbal** ~ to put sb down *fam* **nieder|mähen** *vt* ■**jdn** ~ to mow down sb *sep* **nieder|metzeln** *vt* ■**jdn** ~ to massacre sb

Niederösterreich *nt* Lower Austria

nieder|prasseln *vi* to pelt [*or* rain] down **nieder|prügeln** *vt* ■**jdn** ~ to beat up sb *sep* **nieder|reißen** *vt irreg* ■**etw** ~ to pull [*or* tear] down sth *sep;* **ein Gebäude** ~ to knock [*or* pull] down a building

Niedersachsen <-s> [-ks-] *nt* Lower Saxony

nieder|schießen *irreg* **I.** *vt haben* ■**jdn** ~ to shoot down sb *sep* **II.** *vi sein* (*niederstoßen*) ***der Vogel schoss auf die Beute nieder*** the bird swooped down on its prey

Niederschlag *m* ❶ METEO (*Regen*) rainfall *no pl,* snowfall *no pl,* hail *no pl;* ***für morgen werden starke Niederschläge erwartet*** heavy rain/snow/hail is expected tomorrow; **radioaktiver** ~ fallout ❷ CHEM (*Bodensatz*) sediment, precipitate *spec* ❸ (*beim Boxen*) knockdown blow ❹ (*schriftlich fixierter Ausdruck*) **seinen** ~ **in etw** *dat* **finden** (*geh*) to find expression in sth *form;* ***seine Kindheitserlebnisse fanden ihren*** ~ ***in dem jüngst veröffentlichten Roman*** his childhood memories are reflected in his recently published novel

nieder|schlagen *irreg* **I.** *vt* ❶ (*zu Boden schlagen*) ■**jdn** ~ to knock sb down, to floor sb ❷ (*unterdrücken*) ■**etw** ~ to put down sth *sep,* to crush sth; **einen Streik** ~ to break up a strike; **Unruhen** ~ to suppress unrest ❸ (*geh: senken*) **die Augen/den Blick** ~ to lower one's eyes/one's gaze ❹ JUR (*einstellen*) **das Verfahren** ~ to quash the proceedings; (*erlassen*) **eine Gebühr** ~ to abate [*or* cancel] a fee; **einen Verdacht** ~ (*selten*) to allay [*or* dispel] a suspicion **II.** *vr* ❶ (*kondensieren*) ■**sich** [**an etw** *dat*] ~ to condense [on sth] ❷ CHEM (*ausfällen*) ■**sich** ~ to precipitate *spec,* to sediment ❸ (*zum Ausdruck kommen*) ■**sich in etw** *dat* ~ to find expression in sth

niederschlagsarm *adj* of low rainfall *pred;* **ein** ~**es Gebiet** an area with low rainfall; ***der Winter ist manchmal sehr*** ~ there is sometimes very low precipitation in winter **Niederschlagsmenge** *f* rainfall *no pl,* precipitation *no pl* **niederschlagsreich** *adj* rainy, of high rainfall *pred;* **ein** ~**es Gebiet** an area which gets a lot of rain/snow; ***der Sommer ist in diesem Jahre nicht sehr*** ~ ***gewesen*** there was not much rainfall this summer

Niederschlagung <-, -en> *f* ❶ JUR *eines Verfahrens* quashing, abolition; (*Erlassung*) *Strafe* remission; (*Entkräftung*) *Verdacht* quashing ❷ (*Unterdrückung*) putting down, crushing, suppression; ***bei der*** ~ ***der Revolte gab es viele Tote*** many died when the revolt was crushed

niederschmetternd *adj* deeply distressing; **ein** ~**es Wahlergebnis** a crushing electoral defeat

nieder|schreiben *vt irreg* ■**etw** ~ to write down sth *sep*

nieder|schreien *vt irreg s.* **niederbrüllen**

Niederschrift *f* ❶ (*Protokoll*) report, record ❷ *kein pl* (*das Niederschreiben*) writing down

nieder|setzen **I.** *vt* (*geh*) ■**etw** [**irgendwo**] ~ to put sth down [somewhere] **II.** *vr* (*geh: sich hinsetzen*) ■**sich** ~ to sit down

nieder|sinken *vi irreg sein* (*geh*) to drop down, to collapse

nieder|stechen *vt irreg* ■**jdn** ~ to stab sb to the ground

nieder|stimmen *vt* ■**jdn/etw** ~ to vote sb/sth down

nieder|stoßen *irreg* **I.** *vt haben* ❶ (*zu Boden stossen*) ■**jdn** ~ to push [*or* knock] sb down ❷ (*niederstechen*) **jdn** [**mit einem Messer**] ~ to stab somebody to the ground [with a knife] **II.** *vi sein* ***der Vogel stieß auf die Beute nieder*** the bird swooped down on its prey

nieder|strecken **I.** *vt* ■**jdn** ~ to lay sb low, to fell sb **II.** *vr* ■**sich** ~ to stretch out, to lie down

nieder|stürzen *vi sein* (*geh*) to crash to the ground

Niedertarif *m* ÖKON low tariff

Niedertracht <-> *f kein pl* ❶ (*Gesinnung*) nastiness, malice, vileness ❷ (*Tat*) mean [*or* despicable] act

niederträchtig **I.** *adj* (*pej*) ❶ (*Übel wollend*) contemptible; **eine** ~**e Person** a contemptible [*or* despicable] [*or* vile] person; **eine** ~**e Einstellung/Lüge** a despicable attitude/lie ❷ (*fam: stark*) *Kälte* extreme; *Schmerz a.* excrutiating **II.** *adv* dreadfully; ~ **weh tun** to hurt like hell

Niederträchtigkeit <-, -en> *f* ❶ (*niederträchtige Tat*) despicable act, dirty trick ❷ *kein pl s.* **Niedertracht**

nieder|treten *vt* ❶ (*zu Boden treten*) ■**etw** ~ to trample down sth ❷ (*geh: abtreten*) ■**etw** ~ to wear down sth *sep* [by treading]

Niederung <-, -en> *f* ❶ (*Senke*) lowland; (*Mündungsgebiet*) flats *pl* ❷ (*fig*) **die** ~**en der Gesellschaft** *gen* society's lower depths; **die** ~**en des Lebens** life's humdrum routine

nieder|werfen *irreg* **I.** *vr* ■**sich** [**vor jdm**] ~ to throw oneself down [before/in front of sb] **II.** *vt* (*geh*) ❶ (*niederschlagen*) ■**etw** ~ to put down sth *sep,* to crush sth; **einen Aufstand** ~ to crush a revolt ❷ (*besiegen*) ■**etw** ~ to overcome sth; **den Feind** ~ to conquer [*or* overcome] the enemy ❸ (*bettlägerig machen*) ■**jdn** ~ to lay sb low, to lay sb up ❹ (*erschüttern*) to upset sb badly, to shatter sb *fam*

Niederwild *nt* small game

niedlich **I.** *adj* cute, sweet, pretty, nice **II.** *adv* nicely, sweetly

niedrig **I.** *adj* ❶ (*nicht hoch*) low; **eine** ~**e Decke/Stirn/**~**e Absätze** a low ceiling/forehead/low heels; ~**es Gras** short [*or* low] grass ❷ (*gering*) low; **ein** ~**er Betrag/**~**es Trinkgeld** a small amount/tip ❸ (*gemein*) low, base; **von** ~**er Herkunft** [*o* **Geburt**] **sein** to be of humble [*or* lowly] origin ❹ (*dem untersten Rang zugehörig*) lowly, humble **II.** *adv* ❶ (*in geringer Höhe*) low ❷ (*gering*) low

Niedrigkeit <-> *f kein pl* ❶ *Löhne, Einkommen* low level ❷ (*geringe Höhe*) lowness; ***die*** ~ ***der Decken wirkte bedrückend*** the lowness of the ceilings was oppressive ❸ (*fig*) vileness

Niedriglohn *m* low wage **Niedriglohnland** *nt* low-wage country **Niedrigpreis** *m* low price

niedrigprozentig *adj* low-percentage

Niedrigwasser *nt kein pl* METEO ❶ (*Ebbe*) low tide [*or* water] ❷ (*niedriger Wasserstand von Flüssen*) low level; ***nach drei Monaten ohne Regen führen die Flüsse*** ~ after three months without any rain the level of the rivers is low

niemals *adv* (*emph*) never; *s. a.* **noch**

niemand *pron indef* (*keiner*) nobody, no one; ***ist denn da*** ~*?* isn't there anyone there?; ■~**es** nobody's, no one's; ***ich will*** ~***en sehen*** I don't want to see anybody; ***das weiß*** ~ ***besser als du*** no one knows better than you; ***sie ist gerade für*** ~***en zu sprechen*** she's not free to speak to anyone just now; ***sie hat mit*** ~ ***anders gesprochen*** she didn't speak to anyone else, she spoke to no one else; ***zu*** ~***em ein***

Sterbenswörtchen, verstanden? not a single word to anyone, understood?

Niemand <-s, -e> *m* (*pej*) nobody *pej;* ***er ist ein ~*** he is a nobody

Niemandsland *nt kein pl* no man's land

Niere <-, -n> *f* ❶ (*Organ*) kidney; **künstliche ~** kidney machine; ***sie hat es an den ~n*** she has kidney problems ❷ *meist pl* (*Fleisch*) kidney *usu pl;* **saure ~n** kidneys in sour sauce ▸ WENDUNGEN: **etw geht jdm an die Nieren** (*fam: etw nimmt jdn mit*) to get to sb *fam*

Nierenbecken *nt* renal pelvis **Nierenbeckenentzündung** *f* pyelitis *spec*

Nierenbeschwerden *pl* kidney complaint **Nierenbraten** *m* loin roast

nierenförmig *adj* kidney-shaped

Nierengurt *m* kidney belt **Nierenkolik** *f* renal colic *no pl;* **eine ~** [*o* **~en**] **haben** to suffer from renal colic

nierenkrank *adj* suffering from a kidney complaint *pred* **Nierenkranke(r)** *f(m) dekl wie adj* person suffering from a kidney complaint **Nierenkrankheit** *f* kidney disorder [*or* disease]

Nierenleiden *nt* MED kidney [*or* renal] disease **Nierenmark** *nt* ANAT medulla **Nierenrinde** *f* ANAT cortex **Nierenschale** *f* kidney dish **Nierenstein** *m* kidney stone, renal calculus *spec* **Nierensteinzertrümmerer** <-s, -> *m* lithotripter *spec,* lithotrite *spec* **Nierentasche** *f* bum bag **Nierentisch** *m* kidney-shaped table **Nierentransplantation** *f* kidney transplant **Nierenversagen** *nt kein pl* MED kidney [*or* renal] failure *no pl* **Nierenwärmer** <-s, -> *m* kidney warmer

Nierstück *nt* KOCHK SCHWEIZ (*Rinderlende*) loin cut

nieseln *vi impers* ■ **es nieselt** it's drizzling

Nieselregen *m* drizzle *no pl*

niesen *vi* to sneeze

Niesen <-s> *nt kein pl* sneezing

Niespulver [-fɐ, -vɐ] *nt* sneezing powder

Nießbrauch <-[e]s> *m kein pl* JUR usufruct

Niete[1] <-, -n> *f* ❶ (*Nichttreffer*) blank, losing ticket; **eine ~ ziehen** to draw a blank ❷ (*fam: Versager*) loser *fam,* dead loss *fam*

Niete[2] <-, -n> *f* rivet

nieten *vt* ■ **etw ~** to rivet sth

niet- und nagelfest *adj* ▸ WENDUNGEN: **alles, was nicht ~ ist** (*fam*) everything that's not nailed down

Niger <-s> *nt* Niger; *s. a.* **Deutschland**

Nigeria <-s> *nt* Nigeria; *s. a.* **Deutschland**

Nigerianer(in) <-s, -> *m(f)* Nigerian; *s. a.* **Deutsche(r)**

nigerianisch *adj* Nigerian; *s. a.* **deutsch**

Nigrer(in) <-s, -> *m(f)* Nigerien; *s. a.* **Deutsche(r)**

nigrisch *adj* Nigerien; *s. a.* **deutsch**

Nihilismus <-> *m kein pl* nihilism

Nihilist(in) <-en, -en> *m(f)* nihilist

nihilistisch *adj* nihilistic

Nikaraguaner(in) <-s, -> *m(f) s.* **Nicaraguaner**

Nikolaus <-, -e *o* -läuse> *m* ❶ (*verkleidete Gestalt*) St. Nicholas (*figure who brings children presents on 6th December*) ❷ (*Schokoladenfigur*) chocolate St. Nicholas ❸ *kein pl* (*Nikolaustag*) St. Nicholas' Day; **der Heilige ~** St. Nicholas

Nikosia, Nikosia <-s> *nt* Nicosia

Nikotin <-s> *nt kein pl* nicotine

nikotinarm *adj* low-nicotine *pred* **Nikotingehalt** *m* nicotine content **nikotinhaltig** *adj* nicotinic **nikotinsüchtig** *adj* addicted to nicotine

Nikotinvergiftung *f* nicotine poisoning

Nil <-s> *m* ■ **der ~** the Nile; **der Blaue ~** the Blue Nile; **der Weiße ~** the White Nile

Nilpferd *nt* hippopotamus

Nimbus <-, -se> *m* ❶ *kein pl* (*geh: Aura*) aura ❷ (*Heiligenschein*) nimbus, aura

nimmer *adv* ❶ (*veraltend geh: niemals*) never ❷ SÜDD, ÖSTERR (*nicht mehr*) no longer

nimmermehr *adv* (*veraltend geh*) never again, never *dated*

nimmermüde *adj attr* tireless

Nimmersatt <-[e]s, -e> *m* ❶ (*fam*) glutton *fam,* BRIT *a.* greedy-guts *fam* ❷ ORN wood ibis

Nimmerwiedersehen *nt* **auf ~** (*fam*) never to be seen again; ***wenn ich jetzt gehe, dann auf ~*** if I go now it will be forever; **auf ~!** (*fam*) farewell!

nimmt *3. pers präs von* **nehmen**

Niobium <-s> *nt kein pl* niobium

Nippel <-s, -> *m* ❶ (*Schmiernippel*) nipple ❷ (*Brustwarze*) nipple

nippen *vi* to sip, to have [*or* take] a sip; ■ **an etw** *dat* **~** to sip [*or* have a sip] from sth; ■ **von etw ~** to sip at [*or* have a sip of] sth

Nippes *pl* [k]nick-[k]nacks *pl*

nirgends *adv* nowhere; ***ich konnte ihn ~ finden*** I couldn't find him/it anywhere

nirgendwo *adv s.* **nirgends**

nirgendwohin *adv* nowhere

Nirwana <-[s]> *nt kein pl* nirvana

Nische <-, -n> *f* ❶ (*Einbuchtung einer Wand*) niche, recess ❷ (*abgegrenztes, geschütztes Gebiet*) niche

Nisse <-, -n> *f* nit

nisten *vi* to nest

Nistkasten *m* nesting box **Nistplatz** *m* ORN nesting place

Nitrat <-[e]s, -e> *nt* nitrate **Nitratgehalt** *m* nitrate content **Nitratkonzentration** *f* nitrate concentration **Nitratmenge** *f* nitrate level

nitratverschmutzt *adj* nitrate-contaminated

Nitrit <-s> *nt kein pl* CHEM nitrite

Nitroglyzerin *nt kein pl* nitroglycerine **Nitrogruppe** *f* nitro-group **Nitrolack** *m* nitrocellulose lacquer **Nitrosamin** <-s, -e> *nt* CHEM nitrosamine

Niue <-s> [ni'u:eɪ] *nt* Niue; *s. a.* **Sylt**

Niveau <-s, -s> [ni'vo:] *nt* ❶ (*Anspruch*) quality, calibre [*or* AM -er]; **~ haben** to have class; **kein ~ haben** to be lowbrow [*or* primitive]; ***der Film/die Unterhaltung hatte wenig ~*** the film/conversation was not very intellectually stimulating; **mit ~** of high intellect *pred,* intellectually stimulating; ***sie ist eine sehr gebildete Frau mit ~*** she is a well-educated woman of high intellect; ***es war ein Gespräch mit ~*** it was an intellectually stimulating conversation; **etw ist unter jds ~** *dat* sth is beneath sb *fig;* ***unterhalte dich doch nicht mit solchen Proleten, das ist doch unter deinem ~*** don't talk to such peasants — it's beneath you; **unter ~** below par; ***er blieb mit diesem Buch unter seinem [üblichen] ~*** this book was below par, this book wasn't up to his usual standard ❷ (*Stand*) level ❸ (*Höhe einer Fläche*) level

niveaulos [ni'vo:-] *adj* primitive

niveauvoll *adj* intellectually stimulating

nivellieren* [-ve-] *vt* ■ **etw ~** ❶ (*geh: einander angleichen*) to even out sth *sep* ❷ (*planieren*) to level sth [off/out]

Nivellierung <-, -en> [-ve-] *f* (*geh*) evening out

nix *pron indef* (*fam*) *s.* **nichts**

Nixe <-, -n> *f* mermaid

Nizza <-s> *nt* Nice

NN *Abk von* **Normalnull** mean sea level

nobel I. *adj* ❶ (*edel*) noble, honourable [*or* AM -orable] ❷ (*luxuriös*) luxurious, plush[y] *fam* ❸ (*großzügig*) generous; **ein nobles Geschenk** a lavish gift; ■ **~ sein** to be generous; ***was, 20% Trinkgeld hat er gegeben? ~, ~!*** what, he gave a tip of 20%? very generous! II. *adv* ❶ (*edel*) nobly, honourably [*or* AM

-orably] ❷ (*großzügig*) generously

Nobelherberge *f* (*fam*) luxury hotel, de luxe hotel

Nobelium <-s> *nt kein pl* nobelium

Nobelpreis *m* Nobel prize

Nobelpreisträger(in) *m(f)* Nobel prize winner

Nobody <-s, -s> ['noʊbədɪ] *m* nobody

noch I. *adv* ❶ (*bis jetzt*) still; ***er ist ~ da*** he's still here; ***ein ~ ungelöstes Problem*** an as yet unsolved problem; ***ich rauche kaum ~*** I hardly smoke any more; ■ **~ immer [nicht]** still [not]; ***wir wissen ~ immer nicht mehr*** we still don't know anything else; ■ **~ nicht** not yet, still not; ***halt, warte, tu das ~ nicht!*** stop, wait, don't do it yet!; ■ **~ nichts** nothing yet; ***zum Glück ist ~ nichts davon an die Öffentlichkeit gedrungen*** luckily, none of this has yet become public knowledge; ***bisher habe ich ~ nichts Definitives erfahren*** I haven't heard anything more definite yet; ■ **~ nie** [*o* **niemals**] never; ***die Sonne schien und die Luft war klar wie ~ nie*** the sun was shining and the sky was clearer than ever before; ■ **~ niemand** [*o* **keiner**] nobody yet; ***bisher ist ~ niemand gekommen*** nobody has arrived yet; ■ **~ heute** [*o* **heute ~**] still today, even now [*or* today]; ***~ heute gibt es Leute, die alte Bräuche pflegen*** even today some people maintain their old customs [*or* traditions]; *s. a.* **eben, erst, nur** ❷ (*irgendwann*) some time, some day; ***vielleicht kann man den Karton ~ mal brauchen, ich hebe ihn jedenfalls auf*** I'll hang on to the box, it might come in handy some time; ***keine Angst, du kriegst ihn ~!*** don't worry, you'll still get him! ❸ (*nicht später als*) by the end of; ***das Projekt dürfte ~ in diesem Jahr abgeschlossen sein*** the project should be finished by the end of the year; ***~ in diesen Tagen werden wir erfahren, was beschlossen wurde*** we will find out what was decided in the next few days; ***~ gestern habe ich davon nicht das Geringste gewusst*** even yesterday I didn't have the slightest idea of it; **~ heute** [*o* **heute ~**] today; ***noch ~ räumst du dein Zimmer auf!*** you will tidy up your room today! ❹ (*bevor etw anderes geschieht*) ***„ich muss auf die Toilette!" — „kannst du ~ ein bisschen aushalten?"*** "I have to go to the toilet!" "can you hang on a bit longer?"; ***auch wenn es nicht leicht fällt, ~ müssen wir schweigen*** even though it might not be easy, we have to keep quiet for now; ***bleib ~ ein wenig*** stay a bit longer ❺ (*drückt etw aus, das nicht mehr möglich ist*) **~ als Junge** (*veraltet*) ***~ als Junge wollte er Fälscher werden*** even as a boy he wanted to become a forger ❻ (*womöglich sogar*) ***wir kommen ~ zu spät*** we're going to be late [*or* end up being late] ❼ (*obendrein*) in addition; ***bist du satt oder möchtest du ~ etwas essen?*** are you full or would you like something more to eat?; ***mein Geld ist alle, hast du ~ etwas?*** I don't have any money left, do you have any?; ***möchten Sie ~ eine Tasse Kaffee?*** would you like another cup of coffee?; ***~ ein Bier bitte!*** can I/we have another beer please!; ***hat er dir ~ etwas berichtet?*** did he tell you anything else?; ***das ist nicht alles, diese Kisten kommen ~ dazu*** that's not everything, there are these crates too; ***er ist dumm und ~ dazu frech*** he's thick and cheeky into his bargain; ■ **~ eine(r, s)** another; ***haben Sie ~ einen Wunsch?*** [can I get you] anything else?; ***lass die Tür bitte auf, da kommt ~ einer*** leave the door open please, there's somebody else coming ❽ *vor Komparativ* (*mehr als*) even [more], still; ***~ höhere Gebäude verträgt dieser Untergrund nicht*** this foundation can't support buildings that are higher; ***seinen Vorschlag finde ich sogar ~ etwas besser*** I think his suggestion is even slightly better still; ***geht bitte ~ etwas langsamer, wir kommen sonst nicht mit*** please walk a bit more slowly, we can't keep up otherwise; ***das neue Modell beschleunigt ~ schneller als sein Vorgänger*** the accelaration on the new model is even quicker than its predecessor, the new model accelerates quicker still than its predecessor; ***ach, ich soll Ihnen die Leitung übergeben? das ist ja ~ schöner!*** oh, so you want me to hand over the management to you? that's even better! ❾ *in Verbindung mit so* ■ **... ~ so** however ...; ***er kommt damit nicht durch, mag er auch ~ so lügen*** he won't get away with it, however much he lies; ***der Wein mag ~ so gut schmecken, er ist einfach zu teuer*** however good the wine may taste, it's simply too expensive; ***du kannst ~ so bitten, ...*** you can beg as much as you like ... ❿ *einschränkend* (*so eben*) just about; ***das ist ~ zu tolerieren, aber auch nur gerade ~*** that's just about tolerable but only just ▶ WENDUNGEN: **~ und ~** [*o* **nöcher**] heaps, dozens; ***ich habe diese undankbare Frau ~ und ~ mit Geschenken überhäuft!*** I showered this ungrateful women with heaps of gifts; ***er hat Geld ~ und nöcher*** he has oodles [and oodles] of money II. *konj* ■ **weder ... ~** neither ... nor; ***er kann weder lesen ~ schreiben*** he can neither read nor write; ■ **nicht ... ~** neither ... nor; ***nicht er ~ seine Frau haben eine Arbeit*** neither he nor his wife are in work III. *pron* ❶ (*verstärkend*) ***siehst du — auf Astrid kann man sich ~ verlassen!*** you see — you can always rely on Astrid ! ❷ (*drückt Erregung aus*) ***die wird sich ~ wundern!*** she's in for a [bit of a] shock! ❸ (*drückt Empörung, Erstaunen aus*) ***hat der sie eigentlich ~ alle?*** is he round the twist or what?; ***sag mal, was soll der Quatsch, bist du ~ normal?*** what is this nonsense, are you quite right in the head? ❹ (*doch*) ■ **~ gleich** ***wie hieß er ~ gleich?*** what was his name again?

nochmalig *adj attr* further

nochmals *adv* again

Nockenwelle *f* camshaft

NOK <-s, -s> *nt Abk von* **Nationales Olympisches Komitee** National Olympic Committee

nölen *vi* NORDD (*fam*) to dawdle *fam*

nolens volens ['noːlɛns'voːlɛns] *adv* (*geh*) nolens volens, willy-nilly, like it or not

Nomade, Nomadin <-n, -n> *m, f* nomad **Nomadendasein** *nt* nomadic existence, nomadism **Nomadenleben** *nt* nomadic life **Nomadenvolk** *nt* nomadic people

Nomadin <-, -nen> *f fem form von* **Nomade**

Nomen <-s, Nomina> *nt* LING noun ▶ WENDUNGEN: **n~ est omen** (*geh*) the name says it all

Nomenklatur <-, -en> *f* SCI nomenclature, vocabulary

Nomenklatura <-> *f kein pl* ❶ (*Verzeichnis*) nomenklatura ❷ (*in der UDSSR*) politically privileged class

Nomina *nt pl von* **Nomen**

nominal I. *adj* nominal II. *adv* nominally

Nominalphrase *f* nominal phrase **Nominalsatz** *m* nominal clause **Nominalstil** *m* nominal style

Nominalwert *m* nominal [*or* face] value **Nominalzins** *m* nominal interest

Nominativ <-[e]s, -e> *m* nominative

nominell I. *adj* ❶ (*geh: nach außen hin*) nominal ❷ *s.* **nominal** II. *adv* nominally; ***~ ist er noch Präsident*** he is still president but in name only

nominieren* *vt* ■ **jdn [für etw] ~** to nominate sb [for sth]

Nominierung <-, -en> *f* (*geh*) ❶ (*das Nominieren [Bestimmen, Benennnen]*) nomination ❷ (*das Nominiertwerden*) nomination

Nonchalance <-> [nõʃa'lãːs] *f kein pl* (*geh*) nonchalance

nonchalant [nõʃa'lã:] **I.** *adj* (*geh*) nonchalant **II.** *adv* (*geh*) nonchalantly
Nonkonformismus <-> *m kein pl* (*geh*) nonconformism *no pl*
Nonkonformist(in) <-en, -en> *m(f)* (*geh*) nonconformist
nonkonformistisch *adj* (*geh*) nonconformist
Nonne <-, -n> *f* nun
Nonnenkloster *nt* convent [of nuns]
Nonplusultra <-s> *nt kein pl* (*geh*) ■ **das** ~ the ultimate
Nonsens <-[es]> *m kein pl* nonsense
nonstop [-ʃt-, -st-] *adv* non-stop
Nonstopflug *m* non-stop flight
Noppe <-, -n> *f* [k]nub
Nord <-[e]s, -e> *m* ① *kein art, kein pl bes* NAUT north; **aus** [*o* **von**] ~ from the north; **aus** ~ **und Süd** from [the] north and south ② *pl selten* NAUT (*Nordwind*) north wind
Nordafrika *nt* North Africa
Nordamerika *nt* North America
Nordatlantikpakt *m* (*form*) ■ **der** ~ the North Atlantic Treaty Organization, NATO
norddeutsch *adj* North German
Norddeutschland *nt* North Germany
Norden <-s> *m kein pl, kein indef art* ① (*Himmelsrichtung*) north; **im** ~ in the north; **aus Richtung** ~ from the north; **in Richtung** ~ northwards, to[wards] the north; **nach** [*o geh* **gen**] ~ to the north, northwards; **nach** ~ **blicken** [*o* **gehen**] [*o* **liegen**] *Zimmer, Fenster* to look [*or* face] north; ***wir möchten ein Zimmer nach ~ haben*** we would like a north-facing room [*or* a room that faces the north]; **nach** ~ **zeigen** *Kompass* to point north; *Person* to point to the north; **von** [*o* **aus**] ~ from the north; ***der Wind kommt von*** ~ the wind is blowing from the north [*or* from a northerly direction]; **von** ~ **nach Süden** from north to south ② (*nördliche Gegend*) north; ***er wohnt im ~/im ~ der Stadt/im ~ von Hamburg/im ~ Deutschlands*** he lives in the north/in the northern part of town/in the northern part of Hamburg/in North[ern] Germany; **aus dem** ~ **kommen** [*o* **stammen**] to come [*or* be] [*or* hail] from the north [*or* from up north]; **in den** ~ to[wards] the north; ***wir fahren dieses Jahr in den*** ~ we're going up north on holiday this year; **im hohen** ~ in the far north
Nordeuropa <-s> *nt kein pl* GEOL, POL northern Europe *no pl*
Nordfriesland *nt* North Friesland, Nordfriesland
Nordhalbkugel *f* northern hemisphere
Nordirland *nt* Northern Ireland
nordisch *adj* nordic; *s. a.* **Kombination**
Norditalien [-liən] *nt* Northern Italy **Nordkap** *nt* ■ **das** ~ the North Cape
Nordkorea *nt* North Korea; *s. a.* **Deutschland**
Nordkoreaner(in) <-s, -> *m(f)* North Korean
nordkoreanisch *adj* North Korean
Nordküste *f* north coast **Nordlage** *f* north-facing location
nördlich **I.** *adj* ① (*in ~er Himmelsrichtung befindlich*) northern; **der ~e Himmel/die ~e Halbkugel/die ~e Grenze** the northern skies/hemisphere/border; *s. a.* **Breite, Wendekreis** ② (*im Norden liegend*) northern; ***das Elendsviertel liegt im ~en Teil der Stadt*** the slums are in the north [*or* northern part] of town; **weiter** ~ **liegen** to lie [*or* be situated] further [to the] north ③ (*von/nach Norden*) northwards, northerly; **ein ~er Wind** a northerly wind; **aus ~er Richtung kommen** [*o* **wehen**] to blow from the north [*or* a northerly direction]; **in ~e Richtung** in a northerly direction, to the north, northwards; ***wir fuhren in eine ~e Richtung*** we drove north [*or* northwards] [*or* in a northerly direction]; **~en Kurs steuern** to take [*or* steer] a northerly course ④ (*den skandinavischen Raum betreffend*) nordic **II.** *adv* ■ ~ **von ...** north of ... **III.** *präp* +*gen* ■ ~ **einer S.** [to the] north of sth; ~ **der Alpen/der Stadt** north of [*or* to the north of] the Alps/the town
Nordlicht *nt* ① (*Polarlicht*) ■ **das** ~ the Northern Lights *pl*, aurora borealis *sing* ② (*fam: Mensch aus Norddeutschland*) North German **Nordmeer** *nt* Arctic Ocean
Nordosten *m kein pl, kein indef art* ① (*Himmelsrichtung*) northeast; **nach** [*o geh* **gen**] ~ to[wards] the northeast, northeastwards; *s. a.* **Norden 1** ② (*nordöstliche Gegend*) northeast; *s. a.* **Norden 2** **nordöstlich** **I.** *adj* ① (*in ~er Himmelsrichtung befindlich*) northeastern ② (*im Nordosten liegend*) northeastern; *s. a.* **nördlich 2** ③ (*von/nach Nordosten*) northeastwards, northeasterly; *s. a.* **nördlich 3** **II.** *adv* ■ ~ **von ...** northeast of ... **III.** *präp* +*gen* ■ ~ **einer S.** northeast of sth; *s. a.* **nördlich III**
Nord-Ostsee-Kanal *m* ■ **der** ~ the Kiel Canal
nordostwärts *adv* northeastwards, to the northeast, in a northeasterly direction
Nordpol *m kein pl* ■ **der** ~ the North Pole
Nordpolargebiet *nt* ■ **das** ~ the arctic region **Nordpolarmeer** *nt* ■ **das** ~ the Arctic Ocean
Nordrhein-Westfalen *nt* North Rhine-Westphalia
Nordsee *f* ■ **die** ~ the North Sea; **an der** ~ on the North Sea coast; **an die** ~ to the North Sea coast
Nordseeinsel *f* North Sea island **Nordseeküste** *f* North Sea coast
Nordseite *f* north side
Nord-Süd-Dialog *m* North-South dialogue [*or* AM -og] **Nord-Süd-Gefälle** *nt* North-South divide **Nord-Süd-Konflikt** *m* North-South conflict, conflict between North and South **Nord-Süd-Problem** *nt* problem of the North-South divide
Nord-Süd-Verkehr *m* traffic between the North and the South
Nordwand *f* ① (*die nördliche Wand*) northern wall ② (*der nördliche Steilhang*) northern face
nordwärts *adv* northwards, to the north, in a northerly direction
Nordwesten *m kein pl, kein indef art* ① (*Himmelsrichtung*) northwest; **nach** [*o geh* **gen**] ~ to[wards] the northwest [*or* northwestwards]; *s. a.* **Norden 1** ② (*nordwestliche Gegend*) northwest; *s. a.* **Norden 2** **nordwestlich** **I.** *adj* ① (*in ~er Himelsrichtung befindlich*) northwestern ② (*im Nordwesten liegend*) northwestern; *s. a.* **nördlich 2** ③ (*von/nach Nordwesten*) northwestwards, northwesterly; *s. a.* **nördlich 3** **II.** *adv* ■ ~ **von ...** northwest of ... **III.** *präp* +*gen* ■ ~ **einer S.** [to the] northwest of sth; *s. a.* **nördlich III** **Nordwind** *m* north wind
Nörgelei <-, -en> *f* ① (*nörgelnde Äußerung*) moaning ② (*dauerndes Nörgeln*) nagging
nörgeln *vi* ■ [**über etw** *akk*] ~ to moan [about sth]
Nörgler(in) <-s, -> *m(f)* moaner, grumbler
Norm <-, -en> *f* ① (*festgelegte Größe*) standard, yardstick ② (*verbindliche Regel*) norm ③ (*Durchschnitt*) ■ **die** ~ the norm ④ (*festgesetzte Arbeitsleistung*) quota
normal **I.** *adj* ① (*üblich*) normal; **unter ~en Umständen** under normal circumstances ② (*geistig gesund*) normal, sane; **nicht ganz** ~ **sein** to be not quite normal ③ *meist verneint* (*fam: zurechnungsfähig*) right in the head *fam*; ***du bist wohl nicht ~!*** you're out of your mind!; **bist du noch ~?** are you crazy? **II.** *adv* ① (*üblich*) normally ② (*fam: normalerweise*) normally, usually
Normalbenzin *nt* low-octane petrol [*or* AM gas[oline]] **Normalbürger(in)** *m(f)* SOZIOL average citizen

normalerweise *adv* normally, usually
Normalfall *m* normal case; **der ~/nicht der ~ sein** to be/not be usual; **im ~** normally, usually
Normalgewicht *nt* normal weight
normalisieren* **I.** *vt* ■**etw ~** to normalize sth **II.** *vr* ■**sich ~** to normalize, to return to normal
Normalisierung <-, -en> *f* normalization
Normalität <-> *f kein pl* normality; ***die ~ kehrte im Büroalltag wieder ein*** life in the office returned to normality
Normalmaß *nt kein pl* ❶ (*übliches Ausmaß*) normal level ❷ (*übliche Größe*) normal size **Normalnull** *nt kein pl* sea level; **über/unter ~** above/below sea level **Normalverbraucher(in)** *m(f)* average consumer; **Otto ~** (*fam*) the man in the street [*or* average person] **Normalzustand** *m kein pl* normal state
Normandie <-> *f* ■**die ~** Normandy
Normanne, -mannin <-n, -n> *m, f* Norman
normannisch *adj* Norman
Normblatt *nt* standard sheet
normen *vt* ■**etw ~** to standardize sth
normieren* *vt* (*geh*) ■**etw ~** to standardize sth
Normierung <-, -en> *f* (*geh*) ❶ (*das Normieren* [*Normen, Vereinheitlichen*]) standardization *no pl* ❷ (*das Normiertsein*) standardization *no pl*
Normung <-, -en> *f* standardization
Norwegen <-s> *nt* Norway
Norweger(in) <-s, -> *m(f)* Norwegian
norwegisch *adj* ❶ (*in Norwegen gelegen*) Norwegian ❷ (*Sprache*) Norwegian
Norwegisch *nt dekl wie adj* ■**das ~e** [the] Norwegian [language]
Nostalgie <-> *f kein pl* (*geh*) nostalgia
nostalgisch *adj* (*geh*) nostalgic
not *adj* (*geh*) [**jdm**] **N~ tun** to be necessary [for sb]; ***ein bisschen Selbstbescheidung täte uns allen N~*** we could all do with a bit of modesty; ***bitte bemühen Sie sich nicht, das tut doch nicht N~!*** please don't go to any trouble, there's really no need!
Not <-, Nöte> *f* ❶ *kein pl* (*Armut*) poverty; **~ leidend** (*Entbehrungen erduldend*) destitute; FIN dishonoured *pred;* **eine ~ leidende Wirtschaft** an ailing economy; **~ leiden** (*veraltend*) to live in poverty; **es herrscht bittere ~** there is abject poverty; **aus ~** out of poverty ❷ (*Bedrängnis*) distress, desperation; **jdm in der ~ beistehen** to support sb at a difficult time; **in ~ geraten** to get into difficulties [*or* dire straits]; **jdm in der Stunde der ~ helfen** to help sb in her/his hour of need; **jdm seine ~ klagen** to pour out one's troubles to sb; **in ~** [*o* **Nöten**] **sein** to be in difficulties [*or* dire straits]; **in seiner/ihrer ~** in his/her distress [*or* desperation]; ***in seiner ~ wusste er sich nicht anders zu helfen*** he couldn't see what else he could do ❸ *pl* (*Problem*) **in Ängsten und Nöten schweben** to be hot and bothered; **die Nöte des Alltags** humdrum problems; **die Nöte des kleinen Mannes** the average person's problems; **in 1000 Nöten sein** to be up to one's hips in alligators ❹ (*Mühe*) **seine** [**liebe**] **~ haben mit jdm/etw** to have one's work cut out with sb/sth; **seine liebe ~ haben, etw zu tun** to have one's work cut out doing sth; **mit knapper ~** just; ***es gelang ihr, den Zug mit knapper ~ noch zu erreichen*** she just managed to catch the train; **ohne ~** (*ohne weiteres*) without having to ❺ *kein pl* (*veraltend: Notwendigkeit*) necessity; ***damit hat es keine ~*** it isn't urgent; **ohne ~** without difficulty; ***ohne ~ sollte man nicht zu so drastischen Maßnahmen greifen*** if there is no need, one shouldn't resort to such drastic measures; ***im Deutschen werden oft ohne ~ Anglizismen für die Bezeichnung neuer Gegenstände verwendet*** in German, anglicisms are aften used for describing new articles when there is actually no need [to use foreign words]; **der ~ gehorchend** out of necessity; **tun, was die ~ gebietet** to do what has to be done ▶ WENDUNGEN: **in der ~ schmeckt jedes Brot** (*prov*) hunger is the best cook; **~ bricht Eisen** [*o* **~ kennt kein Gebot**] (*prov*) necessity knows no law; **wenn die ~ am größten, ist Gottes Hilf' am nächsten** (*prov*) man's extremity is God's opportunity; [**da/jetzt/bei ihm ist**] **Holland in ~** [*o* **Nöten**] (*prov: es steht schlimm*) things are looking grim, now we are in for it; **wenn ~ am Mann ist** in times of need; ***das sind mir gute Freunde, wenn ~ am Mann ist, haben sie sich alle verdünnisiert!*** that's what I call good friends — when I/you really needed them they all cleared off!; ***eigentlich wollte ich morgen zum Angeln gehen; aber wenn wirklich ~ am Mann ist ...*** actually, I wanted to go fishing tomorrow but if you're really stuck ...; **in der ~ frisst der Teufel Fliegen** (*prov*) beggars can't be choosers; **in ~ und Tod zusammenhalten** to stick together through thick and thin; **aus der ~ eine Tugend machen** to make a virtue out of necessity; **~ lehrt beten** (*prov*) in our hour of need we all turn to God; **~ macht erfinderisch** (*prov*) necessity is the mother of invention; **zur ~** if need[s] be, at a pinch
Notar(in) <-s, -e> *m(f)* notary
Notariat <-[e]s, -e> *nt* ❶ (*Kanzlei*) notary's office ❷ *kein pl* (*Amt*) notaryship
notariell **I.** *adj* notarial **II.** *adv* notarially
Notarin <-, -nen> *f fem form von* **Notar**
Notarzt, -ärztin *m, f* ❶ (*Arzt für Notfälle*) casualty [*or* AM emergency] doctor (*who treats patients at the scene of an accident*) ❷ (*Arzt im Notdienst*) doctor on call
Notarztwagen *m* emergency doctor's car
Notaufnahmelager *nt* emergency accommodation centre [*or* AM -er] **Notausgang** *m* emergency exit **Notbehelf** *m* stopgap [measure] **Notbeleuchtung** *f* emergency lighting **Notbremse** *f* emergency brake; **die ~ ziehen** [*o* **betätigen**] to pull the emergency brake ▶ WENDUNGEN: **die ~ ziehen** [*o* **betätigen**] to put the brakes on sth **Notbremsung** *f* emergency stop **Notdienst** *m* duty; ***welche Apotheke/welcher Arzt hat am Wochenende ~?*** which chemist's/doctor is on duty at the weekend?; ***in der Samstagsausgabe stehen Angaben zum ärztlichen ~ fürs Wochenende*** the Saturday issue gives details of which doctors are on call at the weekend
Notdurft *f* **seine ~ verrichten** (*geh*) to relieve oneself *dated or hum*
notdürftig **I.** *adj* makeshift, stopgap; ***da jeder ein paar Brocken der Sprache des anderen beherrschte, war immerhin eine ~e Verständigung möglich*** as each of them had a smattering of the other's language, some sort of communication was possible **II.** *adv* in a makeshift manner *pred*
Note <-, -n> *f* ❶ (*musikalisches Zeichen*) note; (*Notentext*) music, notes *pl;* **ganze/halbe ~** semibreve/minim; **~n lesen** to read music; **nach ~n** at sight; [**wie**] **nach ~n** thoroughly, with a vengeance ❷ (*Zensur*) mark, grade; (*Punkt*) point ❸ JUR (*förmliche Mitteilung*) note; **eine diplomatische ~** note ❹ FIN (*Banknote*) [bank]note ❺ *kein pl* (*Duftnote*) fragrance ❻ *kein pl* (*Eigenart*) special character, stamp
Notebook <-s, -s> ['noutbʊk] *nt* INFORM notebook
Notenaustausch *m* exchange of notes **Notenbank** *f* bank of issue, issuing bank **Notenblatt** *nt* sheet of music **Notenheft** *nt* ❶ (*mit Noten*) music book ❷ (*Übungsheft*) manuscript book **Notenlinie** *f* line of a stave; ***Notenpapier ist mit ~n bedrucktes Papier*** manuscript paper is paper printed with

staves **Notenpapier** *nt* manuscript paper **Notenschlüssel** *m* clef **Notenständer** *m* music stand

Notepad-Computer *m* notepad [computer]

Notfall *m* ① (*plötzliche Zwangslage*) emergency; **im ~** if needs be [*or* necessary] ② (*schnelle Hilfe erfordernde Erkrankung*) emergency

notfalls *adv* if needs be

Notfallstation *f* SCHWEIZ casualty

notgedrungen *adv* willy-nilly, of necessity

Notgemeinschaft *f* association for mutual assistance founded in an emergency [*or* to remedy a bad state of affairs] **Notgroschen** *m* savings for a rainy day; **sich** *dat* **einen ~ zurücklegen** to save up for a rainy day

notieren* I. *vt* ① (*aufschreiben*) ■[**sich** *dat*] **etw ~** to write [*or* note] down sth ② ÖKON (*vormerken*) ■**etw ~** to place sth in advance; ***darf ich also Ihre Bestellung für März ~?*** so, can I place an advance order for March for you? ③ BÖRSE (*ermitteln*) ■[**mit etw**] **notiert werden** to be quoted [at sth] II. *vi* ① (*schreiben*) to write down; ***einen Moment, ich hole mir einen Schreiber, so, jetzt kann ich ~*** just a minute, I'll get a pen; right, now I can write it down ② BÖRSE (*ermitteln*) ■[**mit etw**] **~** to be quoted; **die Aktie notiert mit 70 DM** the share is quoted at 70 marks

Notierung <-, -en> *f* ① BÖRSE quotation ② ÖKON advance placing

nötig I. *adj* ① (*erforderlich*) necessary; **der ~ste Bedarf** the bare essentials [*or* necessities]; ■**~ sein** to be necessary; ■**~ sein, etw zu tun** to be necessary to do sth; ■**das N~e** what is necessary; ■**alles N~e** everything necessary; ■**das N~ste** the essentials *pl;* **etw ~ machen** to necessitate sth, to demand sth; **falls** [*o* **wenn**] **~** if necessary; **etw** [**bitter**] **~ haben** to be in [urgent] need of sth; ***das Haus hat einen Anstrich bitter ~*** the house is in dire need of a coat of paint; **etw nicht ~ haben** to have no reason to do sth; ***ach, ich soll mich bei ihm entschuldigen? das habe ich wirklich nicht ~*** oh, so I should aoplogize? I don't need to lie really no reason to; ***das war die Wahrheit, solche Lügen habe ich nicht ~*** that's the truth — I've no reason to tell such lies; **es nicht ~ haben, etw zu tun** to not need to do sth; ***wir haben es nicht ~, uns so von ihm unter Druck setzen zu lassen*** we don't have to put up with him pressurizing us like this; ***er hat es nicht ~, sich anzustrengen*** he doesn't need to try hard; **es ~ haben, etw zu tun** to need to do sth; ***gerade du hast es ~, dich mit der Grammatik noch einmal zu beschäftigen*** you of all people should study grammar again ② (*geboten*) ***mit der ~en Sorgfalt wäre das nicht passiert*** with the necessary care it wouldn't have happened ► WENDUNGEN: **es gerade ~ haben, etw zu tun** (*iron*) to be a one to do sth; ***der hat es gerade ~, von Treue zu reden ...*** he's a one to tell us about faithfulness ... II. *adv* urgently; ***was ich jetzt am ~sten brauche, ist ein warmes Bett*** what I need most now is a warm bed ► WENDUNGEN: **ganz/mal ~ müssen** (*fam*) to really need to go the loo BRIT *fam* [*or* AM *sl* john], to be bursting *fam*

nötigen *vt* ■**jdn** [**zu etw**] **~** to force [*or* coerce] sb [into sth]; (*durch Zureden*) to urge, to entreat *form;* ■**jdn dazu ~, etw zu tun** to force sb to do [*or* coerce sb into doing] sth; **sich genötigt sehen, etw zu tun** to be obliged [*or* forced] to do sth; ***er sah sich genötigt umzudisponieren*** he was obliged to change his plans

nötigenfalls *adv* (*form*) if necessary

Nötigung <-, -en> *f* ① (*Zwang*) compulsion, coercion ② (*geh: das Zureden*) entreaty; ***die gut gemeinten, aber lästigen ~en des Gastgebers, noch mehr zu trinken*** the host's well-intended but tiresome entreaties that we drink some more

Notiz <-, -en> *f* ① (*Vermerk*) note; **sich** *dat* **eine ~** [**von etw**] **machen** to make a note [of sth]; **sich** *dat* **~en machen** to make [*or* take] notes ② MEDIA (*kurze Zeitungsmeldung*) short report, short article ► WENDUNGEN: [**keine**] **~** [**von jdm/etw**] **nehmen** to take [no] notice [of sb/sth]

Notizblock <-blöcke> *m* notepad **Notizbuch** *nt* notebook **Notizzettel** *m* page of a notebook; ***neben dem Telefon lag ein Stapel ~ mit Adressen*** scraps of paper with addresses were piled up beside the phone

Notlage *f* desperate situation, difficulties *pl;* **sich in einer ~ befinden** to be in a desperate situation; **jdn in eine ~ bringen** to get sb into difficulties; **in eine ~ geraten** to get into difficulties; **jds ~ ausnützen** to take advantage of sb's predicament

notlanden <notlandete, notgelandet> *vi sein* to make an emergency landing

Notlandung *f* emergency landing

Notlösung *f* stopgap [solution] **Notlüge** *f* white lie

notorisch I. *adj* (*geh*) notorious; (*allbekannt*) well-known; **ein ~er Lügner** a notorious liar II. *adv* (*geh*) notoriously; ***er ist ~ pleite*** it's common knowledge that he's broke

Notreserve *f* emergency reserve

Notruf *m* ① (*Anruf auf einer Notrufnummer*) emergency call ② (*eines Tieres*) distress call ③ *s.* **Notrufnummer**

Notrufnummer *f* emergency number **Notrufsäule** *f* emergency telephone

Notrutsche *f* escape slide

notschlachten <notschlachtete, notgeschlachtet> *vt* ■**ein Tier ~** to slaughter an animal out of necessity

Notsignal *nt* emergency signal **Notsituation** *f* emergency **Notsitz** *m* spare foldaway seat

Notstand *m* ① (*Notlage*) desperate situation, difficulties *pl* ② (*politische Gefahrensituation*) state of emergency; **den ~ ausrufen** to declare a state of emergency; **äußerer ~** emergency caused by an outside threat; **innerer ~** national emergency

Notstandsgebiet *nt* disaster area **Notstandsgesetze** *pl* emergency laws **Notstandskomitee** *nt* emergency committee **Notstandsverfassung** *f* emergency constitution

Notstromaggregat *nt* emergency generator **Notunterkunft** *f* emergency accommodation

Notwehr <-> *f kein pl* self-defence *no pl;* **aus** [*o* **in**] **~** in self-defence

notwendig I. *adj* ① (*erforderlich*) necessary; ■**das N~e** the essentials *pl;* ■**alles N~e** everything necessary; ■**das N~ste** the bare essentials *pl* ② (*geboten*) ■**der/die ~e ...** the necessary ... II. *adv* necessarily; **etw ~ brauchen** to absolutely need sth

notwendigerweise *adv* necessarily; ***diese Leibesvisitationen müssen ~ durchgeführt werden*** it is necessary to conduct these body searches

Notwendigkeit, Notwedigkeit <-, -en> *f* ① *kein pl* (*Erforderlichkeit*) necessity ② (*Erfordernis*) necessity

Notzucht <-> *f kein pl s.* **Vergewaltigung**

notzüchtigen <notzüchtigte, genotzüchtigt> *vt* ■**jdn ~** *s.* **vergewaltigen**

Nougat <-s, -s> ['nu:gat] *m o nt s.* **Nugat**

Nova[1] <-, Novä> ['no:va, -vɛ] *f* nova

Nova[2] *nt pl von* **Novum**

Novelle <-, -n> [-'vɛ-] *f* ① (*Erzählung*) short novel ② (*novelliertes Gesetz*) amended law, amendment

novellieren* [-vɛ-] *vt bes* ÖSTERR (*geh*) ■**etw ~** to amend sth

N

November <-s, -> [-'vɛ-] *m* November; *s. a.* **Februar**

Novität <-, -en> [-vi-] *f* ❶ (*neuer Artikel*) new article ❷ (*neues Buch*) new book

Novize, Novizin <-n, -n> [-'vi:-] *m, f* novice, acolyte

Noviziat <-[e]s, -e> [-vi-] *nt* novitiate

Novizin <-, -nen> *f fem form von* **Novize**

Novum <-s, Nova> [-vʊm-, -va] *nt* (*geh*) ■**ein** ~ new factor [*or* phenomenon], novelty

Nowosibirsk <-s> *nt* Novosibirsk

Nr. *Abk von* **Nummer** no.

NS¹ *Abk von* **Nachschrift** PS

NS² *Abk von* **Nationalsozialismus** National Socialism

NS-Bonze *m* Nazi bigwig **NS-Staat** *m* National Socialist [*or* Nazi] state **NS-Zeit** *f* [period of] National Socialism [*or* Nazism]

N.T. *nt Abk von* **Neues Testament** NT

Nu *m* **im** ~ in a flash [*or fam* sec]; ***ich bin im ~ zurück*** I'll be back in a sec

Nuance <-, -n> [nʏ'ã:sə] *f* nuance; **eine ~ zu ...** a shade; ***der Boden ist eine ~ zu weich für dieses Pferd*** the going is a shade on the soft side for this horse

nuancieren* *vt* (*geh*) ❶ (*kaum merklich abwandeln, sehr fein graduell abstufen*) ■**etw** ~ to give sth subtle nuances, to nuance sth *rare* ❷ (*in all seinen Feinheiten, feinen Unterschieden erfassen, darstellen*) ■**etw** ~ to give sth subtle nuances, to nuance sth *rare*

nüchtern *adj* ❶ (*mit leerem Magen*) empty-stomached; ■~ **sein** with an empty stomach; *s. a.* **Magen** ❷ (*nicht betrunken*) sober ❸ (*realitätsbewusst*) sober, down-to-earth; **eine ~e Einschätzung** a level-headed assessment ❹ (*bloß*) sober, bare, plain, austere

Nüchternheit <-> *f kein pl* ❶ (*Realitätsbewusstsein*) soberness, rationality ❷ (*nicht alkoholisierter Zustand*) soberness, sobriety

Nuckel <-s, -> *m* (*fam*) dummy

nuckeln *vi* (*fam: saugen*) ■[**an etw** *dat*] ~ to suck [on sth]

Nudel <-, -n> *f* ❶ *meist pl* pasta + *sing vb, no indef art;* (*in Suppe*) noodle *usu pl* ❷ (*Teigröllchen zum Mästen von Gänsen*) fattening ball ❸ *meist pl* DIAL (*krapfenähnliches Gebäck*) pastry ❹ (*fam: Frau*) roly-poly; **dicke** ~ fat one; **giftige** ~ nasty one; **ulkige** ~ funny one

Nudelbrett *nt* pastry board **Nudelholz** *nt* rolling pin **Nudelmaschine** *f* pasta machine **Nudelsuppe** *f* noodle soup **Nudelteig** *m* pasta dough

Nudismus <-> *m kein pl* (*geh*) nudism

Nudist(in) <-en, -en> *m(f)* (*geh*) nudist

Nugat[RR] <-s, -s> *m o nt* nougat

nuklear I. *adj attr* nuclear II. *adv* with nuclear weapons *pred;* ~ **ausgerüstet/bewaffnet sein** to be equipped/armed with nuclear weapons

Nuklearmacht *f* nuclear power **Nuklearmedizin** *f* nuclear medicine **Nukleartest** *m* MIL, POL nuclear [*or* atomic] test

Nukleinsäure *f* nucleic acid

Nukleotid <-s, -e> *m* BIOL (*Grundbaustein der DNA*) nucleotide

null *adj* ❶ (*Zahl*) zero, nought; **gleich ~ sein** to be zero; (*0° C*) zero; *s. a.* **acht¹** ❷ SPORT (*kein*) no; ~ **Punkte** no points; ~ **zu** ~ (*0:0*) nil nil [*or* AM *usu* zero zero]; ~ **zu drei** nil three ❸ TENNIS love; **40 zu** ~ 40-love ▸ WENDUNGEN: **jds Hoffnung/Mut sinkt unter** ~ sb loses all hope [*or* courage]; **in** [*o* **im**] ~ **Komma nichts** (*fam*) in [*or* quick as] a flash; **die Stunde** ~ zero hour; ~ **und nichtig sein** to be null and void; **etw für ~ und nichtig erklären** to declare sth null and void; ~ **für ~ aufgehen** (*sich als richtig erweisen*) to turn out right; **gleich ~ sein** (*so gut wie nicht vorhanden*) to be nil

Null¹ <-, -en> *f* ❶ (*Zahl*) zero, null ❷ (*fam: Versager*) nothing ▸ WENDUNGEN: [**noch einmal**] **bei ~ anfangen** (*fam*) to start [again] from scratch

Null² <-[s],-s> *m o nt* KARTEN null[o]; ~ **Hand** null[o] hand; ~ **ouvert** open null[o]

nullachtfünfzehn *adv* (*fam*) run-of-the-mill

Nullachtfünfzehn-Auto *nt* run-of-the-mill car

Null-Bock-Jugend *f* (*sl*) disenchanted youth, don't-give-a-damn young wasters *pl*, slackers *pl*

Nulldiät *f* starvation diet **Nulllösung**[RR] *f*, **Nullösung** *f* zero option **Nullpunkt** *m kein pl* freezing point; **auf den ~ absinken** to drop down to freezing point ▸ WENDUNGEN: **auf den ~ sinken** [*o* **ankommen**] to reach rock bottom **Nullrunde** *f round of wage negotiations where demand for a wage rise is dropped* **Nullserie** *f* pilot lot **Nullstellung** *f kein pl* zero position **Nulltarif** *m kein pl* ■**zum** ~ for free; ***der ~ wurde auf allen Strecken eingeführt*** free travel was introduced on all routes **Nullwachstum** *nt* zero growth

Numeri *pl von* **Numerus**

numerieren* *vt s.* **nummerieren**

Numerierung <-, -en> *f s.* **Nummerierung**

numerisch *adj* numeric[al]

Numerus <-, Numeri> *m* number

Numerus clausus <-> *m* numerus clausus

Numismatik <-> *f kein pl* numismatology

Nummer <-, -n> *f* ❶ (*Zahl*) number; **laufende** ~ serial number ❷ (*Telefonnummer*) number; ***z.Z. bin ich unter der ~ ... zu erreichen*** at the moment I can be reached under ... ❸ MEDIA (*Ausgabe*) issue ❹ (*Größe*) size ❺ (*Autonummer*) registration number ❻ (*fam: Typ*) character; ***mit Ulrike wird es nie langweilig, sie ist eine total ulkige*** ~ it's never boring with Ulrike around, she's a real bag of laughs ❼ (*derb: Koitus*) fuck *vulg*, BRIT *a.* shag *fam!;* **eine schnelle** ~ a quickie; **eine ~ [mit jdm] machen** [*o* **schieben**] (*sl*) to have it off BRIT *sl* [*or* AM get it on] [with sb] ❽ (*Darbietung*) **eine glanzvolle** ~ a great act ❾ (*fam: Musikstück*) ***auf der CD sind ein paar gute ~n*** there are a few good tracks on the CD ▸ WENDUNGEN: **eine ~ aufs Parkett legen** to trip the light fantastic; **auf ~ Sicher gehen** (*fam*) to play it safe; **auf ~ Sicher sein** [*o* **sitzen**] (*sl*) to be behind bars; [**nur**] **eine ~ abziehen** (*fam: schauspielern*) to put on an act; **etw ist für jdn ein paar ~n zu groß** sth is out of sb's range, sb would be biting off more than he can chew with sth; **eine große** [*o* **dicke**] ~ **bei jdm haben** (*fam*) to be really well in with sb; [**nur**] **eine ~ sein** to be [no more than] a number; **die ~ eins** (*fam*) the number one

nummerieren[RR]* *vt* ■**etw** ~ to number sth

Nummerierung[RR] <-, -en> *f* ❶ *kein pl* (*das Nummerieren*) numbering ❷ (*Eintrag einer Zahl*) numbering; ***die Blätter haben keine*** ~ the sheets are not numbered

Nummernkonto *nt* numbered account **Nummernschild** *nt* number [*or* AM license] plate

nun I. *adv* ❶ (*jetzt*) now ❷ (*na ja*) well; ***was hältst du von ihm? — ~, ich weiß nicht*** what do you think of him? — well, I don't know ❸ (*allerdings*) but; ***ich will ~ mal nicht im Norden Urlaub machen!*** but I just don't want to go on holiday in the north! ❹ (*etwa*) well; ***hat sich die Mühe ~ gelohnt?*** well, was it worth the trouble? ❺ *in Fragesätzen* (*denn*) then; ***war es ~ wirklich schlimm mit der Prüfung?*** so, was the exam really so bad then?; ***ob es ~ auch sein kann, dass einfach eine Verwechslung vorliegt?*** could it be then that there is simply some mistake? ❻ (*gar*) really; ***wenn sie sich ~ wirklich etwas angetan hat?*** what if she has really done sth to herself? ❼ (*eben*) just; ***Mathematik***

liegt ihr ~ mal nicht maths just isn't her thing ▶ WENDUNGEN: ~ **gut** [*o* **schön**] alright, all right; **von ~ an** from now on; ~ **denn** [*o* **wohl** *geh*] so; ~ **ja** well; ~ **ja** [*o* **gut**], **aber ...** well yes, but ...; **es ist ~ [ein]mal so** that's the way it is; ***was hilft's, hier wird ~ mal so verfahren*** what can you do? that's the way things are done around here; **was ~?** what now?; **~, ~!** now, now! **II.** *konj* (*veraltend geh: jetzt da*) now that; ~ ***der Vorhang gefallen war, konnte der Intendant erleichtert aufatmen*** now that the curtain was down, the director was able to heave a sigh of relief

nunmehr *adv* (*geh*) now

'nunter *adv* DIAL *s.* **hinunter**

Nuntius <-, -tien> *m* REL nuncio

nur *adv* ❶ (*lediglich*) only; ~ **noch** [*o geh* **mehr**] only; ***es hätte ~ noch ein Wort gefehlt und ich wäre explodiert*** just one more word and I would have exploded ❷ (*bloß*) just; ***da kann man doch ~ lachen!*** what a bloody laugh! *fam;* ***mach' ~ ja nicht mich für die Folgen verantwortlich!*** just don't, whatever you do, blame me for the consequences!; ***wie konnte ich das ~ vergessen!*** how on earth could I forget that! ❸ (*ja*) ■ ~ **niemand/nicht** not a soul/not at all; ***lass das ~ niemanden wissen!*** don't you [dare] tell anyone! ❹ (*ruhig*) just; ***schlag ~ zu, wirst schon sehen, was du davon hast!*** go on, hit me, you'll soon see what you'll get out of it! ❺ (*aber*) the only thing is ...; ***du kannst gerne einen Whisky haben, ~ habe ich kein Eis*** you're welcome to have a Whisky, the only thing is I don't have any ice; ***das Buch ist sehr gut – ~, es ist wahrscheinlich zu schwer*** the book is very good – but [*or* though] it's probably too heavy-going ▶ WENDUNGEN: ~ **Mut** cheer up; ~ **her damit!** (*fam: gib/gebt es ruhig!*) give it here!; ~ **noch** ***als ich ihn zur Rede stellte, wurde er ~ noch frecher*** when I took him to task he got even cheekier; ~ **so** ***gerade als ich aus dem Haus wollte, regnete es ~ so*** just as I wanted to go out it was really pouring down; **dass es ~ so ...** + *vb* (*in hohem Maß, in großer Menge*) so much that it ...; ***ich werde dir so eine scheuern, dass es ~ so staubt!*** I'm going to give you such a clout that it will raise the dust!; ~ **zu!** come on then; **warum/was/wer/wie ... ~?** just why/what/who/how ...; ***warum musstest du das ~ tun?*** just why did you have to do that?; ***was in aller Welt hast du dir ~ dabei gedacht?*** just what on earth did you thin you were doing?; ***es schellt jemand an der Tür? wer kann das ~ sein?*** somebody's ringing the doorbell? who on earth can it be?; **wenn ... ~ ...** if only ...; ***das Wetter ist schön, wenn es ~ so bliebe!*** the weather is glorious, if only it would stay like this!; *s. a.* **nicht**

Nürnberg <-s> *nt* Nuremberg; *s. a.* **Trichter**

nuscheln I. *vi* (*fam*) to mumble **II.** *vt* (*fam*) ■ **etw ~** to mumble sth

Nuss[RR] <-, Nüsse> *f*, **Nuß** <-, Nüsse> *f* ❶ (*Haselnuss*) hazelnut; (*Walnuss*) walnut; **Nüsse knacken** to crack nuts ❷ (*Nusseis*) hazelnut [ice cream] ❸ KOCHK (*Fleischstück aus der Keule*) eye ❹ (*fam: Kopf*) nut *fam* ▶ WENDUNGEN: **dumme ~** (*fam*) stupid twit, silly cow BRIT *fam!;* **eine harte ~** (*fam*) a tough nut to carck; **jdm eine harte ~ zu knacken geben** (*fam*) to give sb a tough [*or* hard] nut to crack, to give sb a difficult task; **eine harte ~ zu knacken haben** to have a tough [*or* hard] nut to crack; **eine taube ~** a dead loss *fam;* **jdm eins auf die ~ geben** (*fam*) to knock sb on the head

Nussbaum[RR] *m* ❶ (*Walnussbaum*) walnut tree ❷ *kein pl* (*Walnussholz*) walnut

Nüsschen[RR] <-s, -> *nt* KOCHK loin [*or* filet] of lamb

Nussfrucht[RR] *f* BOT nut **Nussknacker**[RR] *m* nutcracker

Nussschale[RR] *f* ❶ (*Schale einer Nuss*) [nut]shell ❷ (*winziges Boot*) cockleshell

Nüster <-, -n> *f* ❶ ZOOL (*Nasenöffnung*) nostril ❷ *pl* (*geh: Nasenlöcher*) nostrils

Nut <-, -en> *f* (*fachspr*), **Nute** <-, -n> *f* groove; ~ **und Feder** groove and tongue

Nutria[1] <-, -s> *f* coypa, nutria

Nutria[2] <-s, -s> *m* ❶ (*Pelz der ~*) nutria ❷ (*Pelzmantel*) nutria coat

Nutte <-, -n> *f* (*sl*) whore

nutzbar *adj* usable; ■ [**für/zu etw**] ~ **sein** to be usable [for sth]; **etw ~ machen** to exploit sth

nutzbringend I. *adj* gainful, profitable **II.** *adv* gainfully, profitably

nütze *adj pred*, **nutz** *adj pred* SÜDD, ÖSTERR ■ **zu etw ~ sein** to be useful; ***ich habe es doch bereits zweimal versucht, wozu soll ein dritter Versuch ~ sein?*** but I've already tried twice, what use is a third try?; ■ **zu nichts ~ sein** to be good for nothing; ***alles verbockst du, zu nichts bist du ~!*** you muck up everything, you good-for-nothing!

Nutzeffekt *m* useful effect; ***und was ist nun der ~ deiner ständigen Vorhaltungen?*** and what have you achieved with your constant reproaches?

nutzen, nützen I. *vi* (*von Nutzen sein*) ■ [**jdm**] [**etwas**] **nutzen** [*o* **nützen**] to be of use [to sb]; ***und was soll das ~, wenn ich mich ein drittes Mal darum bemühe?*** and what's the use in me giving it a third go?; ***drohe ihm, das nützt immer!*** threaten him, that always helps!; ***schön, dass meine Ermahnungen doch etwas genutzt/genützt haben*** good; my warnings weren't a complete waste of time; ■ [**jdm**] **nichts nutzen** [*o* **nützen**] to not do [sb] any good, to be no use [to sb]; ***du kannst sie ja fragen, aber das wird*** [***dir***] ***nichts ~*** you can ask her but it won't do [you] any good; ***ich will Geld sehen, ein Schuldschein nützt mir nichts*** I want to see money — an IOU is no good to me **II.** *vt* ❶ (*in Gebrauch nehmen*) ■ **etw nutzen** [*o* **nützen**] to use sth; ***er hat zwar einen Kabelanschluss, nützt ihn aber kaum*** he does have cable TV but he hardly watches it ❷ (*ausnutzen*) ■ **etw nutzen** [*o* **nützen**] to exploit [*or* take advantage of] sth; **eine günstige Gelegenheit ~** to seize an opportunity; **die Gunst der Stunde ~** to make use of an opportune moment

Nutzen <-s> *m kein pl* advantage, benefit; ***welchen ~ versprichst du dir davon?*** what do you hope to gain from it?; [**jdm**] **~ bringen** to be of advantage [*or* benefit] [to sb]; ***mir ist nicht klar, welchen ~ es bringen soll, wenn wir auf seine Vorschläge eingehen*** I don't see what the advantage would be in accepting his proposal; **jdm zum ~ gereichen** (*geh*) to be to sb's advantage; **von etw irgendeinen ~ haben** to gain [*or* derive benefit] from sth; ***welchen ~ soll ich davon haben, euch zu helfen*** what am I going to get out of helping you?; [**jdm**] **von ~ sein** to be of use [to sb]; ***das wäre von ~*** that would be helpful; **von geringem ~ sein** to not be much use; **von großem ~ sein** to be a lot of use; **aus etw** [**seinen**] **~ ziehen** to derive benefit from sth; **zum ~ der/des ...** to the benefit of the ...

Nutzfahrzeug *nt* utility vehicle **Nutzfläche** *f* utilizable space of land **Nutzgarten** *m* kitchen garden **Nutzholz** *nt* timber *no pl* **Nutzlast** *f* TRANSP live weight, payload

nützlich *adj* ❶ (*nutzbringend*) useful; ■ [**jdm**] ~ **sein/werden** to be useful [to sb]; ■ **N~es** sth useful; ***er leistet viel N~es*** his work is very useful; **das N~e mit dem Angenehmen verbinden** to combine business with pleasure; ***der Vorschlag enthält nichts N~es*** the proposal doesn't include anything of any

N

use; **sich ~ machen** to make oneself useful ② (*hilfreich*) helpful; ■ **[jdm] ~ sein** to be helpful [to sb]
Nützlichkeit <-> *f kein pl* advantage, utility
nutzlos **I.** *adj* futile, useless; ■ **~ sein, etw zu tun** to be futile to do sth; ***der Versuch wäre ~*** it would be a waste of time trying **II.** *adv* in vain *pred*
Nutzlosigkeit <-> *f kein pl* futility, uselessness
Nutznießer(in) <-s, -> *m(f)* beneficiary
Nutznießung <-, -en> *f* JUR *s.* **Nießbrauch**
Nutzpflanze *f* AGR, BOT [economically] useful plant
Nutzung <-, -en> *f* use
Nutzungsdauer *f* useful life **Nutzungsrecht** *nt* right of use, usufruct *spec*
n.u.Z. *Abk von* **nach unserer Zeitrechnung** AD
NW *Abk von* **Nordwesten**
Nyasasee *m* Lake Nyasa, Lake Malawi
Nylon® <-[s]> ['nailɔn] *nt kein pl* nylon
Nylonstrumpf ['nailɔn-] *m* nylon stocking
Nymphe <-, -n> *f* nymph
Nymphensittich *m* ZOOL cockatiel
nymphoman *adj* nymphomaniac
Nymphomanie <-> *f kein pl* nymphomania
Nymphomanin <-, -nen> *f* nymphomaniac

O

O, o <-, – *o fam* -s, -s> *nt* O, o; **~ wie Otto** O for Oliver BRIT, O as in Oboe AM; *s. a.* **A 1**
o *interj* oh
O *Abk von* **Osten**
Oase <-, -n> *f* oasis
ob **I.** *konj* ① (*inwiefern, indirekte Frage*) whether; ***~ er morgen kommt?*** I wonder whether he'll come tomorrow?; ***ich weiß nicht, ~ sie mitkommt*** I don't know whether she'll come too ② ■ **~ ..., ~ ...** whether ... or ...; (*sei es, dass ...*) whether ...; ***~ reich, ~ arm, jeder muss sterben*** rich or poor, everyone must die ③ (*bei Wiederholung einer Frage*) I/he/she etc. said ... ④ (*selbst wenn*) ■ **~ ... auch** (*veraltend*) even if ⑤ (*sei es dass*) ***sie muss mitgehen, ~ es ihr passt oder nicht*** she has to go whether she likes it or not; *s. a.* **als, und II.** *präp* ① *+gen* (*veraltend geh: wegen*) on account of ② *+gen* (*in Ortsnamen*) on; ***Rothenburg ~ der Tauber*** Rothenburg on the Tauber ③ *+dat* SCHWEIZ (*veraltet: über*) above
o.B. [o:'be:] *Abk von* **ohne Befund**
OB <-s, -s> [o:'be:] *m Abk von* **Oberbürgermeister**
Obacht <-> *f kein pl bes* SÜDD care; **~ geben** to be careful; **auf etw** *akk* **~ geben** to pay attention to sth; ***gib auf das, was du sagst, besser ~*** be more careful about what you say; **auf jdn/etw ~ geben** to look after sb/sth; **~!** watch out!
Obdach <-[e]s> *nt kein pl* (*geh*) shelter; **jdm ~ geben** [*o* **gewähren**] to give sb shelter; **kein ~ haben** to have nowhere to live, to be homeless
obdachlos *adj* homeless; ***durch das Erdbeben wurden viele Menschen ~*** many people lost their homes through the earthquake **Obdachlose(r)** *f(m) dekl wie adj* homeless person
Obdachlosenasyl *nt,* **Obdachlosenheim** *nt* refuge for homeless persons
Obdachlosigkeit <-> *f kein pl* homelessness
Obduktion <-, -en> *f* post-mortem [examination]
obduzieren* *vt* ■ **jdn ~** to perform a post-mortem on sb; ■ **obduziert werden** to undergo a post-mortem; ■ **das Obduzieren** post-mortem
O-Beine *pl* bandy [*or* bow] legs *pl*
o-beinig *adj* bandy-[*or* bow-]legged
Obelisk <-en, -en> *m* obelisk
oben *adv* ① (*in der Höhe*) top; ***ich möchte die Flasche ~ links/rechts*** I'd like the bottle on the top left; ■ **~ auf etw** *dat o akk* on top of sth; **dort ~** up there; **ganz ~** right at the top, at the very top; ***die Singdrossel sitzt ganz ~ auf dem Baum*** the song-thrush is sitting right at the top of the tree; **hier ~** up here; **hoch ~** high; **bis ~ [hin]** up to the top; **nach ~ zu** [*o* **hin**] further up; **nach ~** up; **von ~** (*vom oberen Teil*) from above ② (*im oberen Stockwerk*) upstairs; **nach ~** upstairs; **von ~** from upstairs ③ (*fam: auf höherer Ebene*) among/by, etc. the powers that be; ***wir haben keine Ahnung von dem, was ~ geschieht*** we have no idea what happens among the powers that be; ***solche Dinge werden ~ entschieden*** these things are decided by the powers that be; ***ich gebe Ihren Antrag dann weiter, die ~ sollen sich damit beschäftigen*** I'll pass your application on, the powers that be can deal with it; **sich ~ halten** to stay at the top; **nach ~** to the powers that be, to the top *fam;* **von ~** from the powers that be, from the top *fam;* **nach ~ buckeln, nach unten treten** *to be servile to those higher in the hierarchy and arrogant to those lower; s. a.* **Norden** ④ (*vorher*) above; **~ erwähnt** above-mentioned; **~ genannt** above-mentioned *attrib,* mentioned above *pred;* **siehe ~** see above; *s. a.* **weiter** ⑤ (*auf der Oberseite*) ***der Stoff ist ~ glänzend, unten matt*** the upper part of the material is shiny, the lower part matt ▸ WENDUNGEN: **jdn von ~ herab ansehen** to look down on sb; **etw nach ~ aufrunden** to round sth up; **jdn von ~ herab behandeln** to behave in a superior manner toward sb; **mal ~, mal unten sein** sometimes up, sometimes down; **jdm bis [hier] ~ stehen** to have it up to here; **nicht mehr wissen, wo ~ und unten ist** to not know whether you are coming or going; **[hier] ~!** this way up!; **~ ohne** (*fam*) topless; **von ~ bis unten** from top to bottom
obenan *adv* first; ***sein Name steht ~ auf der Liste*** his name is at the top of the list **obenauf** *adv* ① DIAL (*obendrauf*) on top ② ■ **~ sein** (*guter Laune*) to be chirpy [*or* in good form]; (*im Vorteil*) to be in a strong position **obendrauf** *adv* (*fam*) on top; ***sie setzte sich auf den Koffer ~*** she sat on top of the suitcase ▸ WENDUNGEN: **eins ~ kriegen** (*fam*) to get a smack in the face [*or* BRIT *fam* gob] [*or* on the mouth] **obendrein** *adv* on top, as well; ***das alles ist ja schon schlimm genug, aber die Sache soll nun ~ auch noch vertuscht werden*** that's all bad enough but, on top of that, now they want to keep the whole business quiet **obenherum** *adv* (*fam*) ① (*um die Brüste herum*) in the boobs *fam* ② (*im Bereich des Oberteils*) in the bust **obenhin** *adv* in passing, fleetingly **Oben-ohne-Bedienung** *f* topless service **obenrum** *adv* (*fam*) *s.* **obenherum**
Ober <-s, -> *m* [head] waiter; **~, *bitte zahlen!*** the bill please, waiter!
Oberarm *m* upper arm **Oberarzt, -ärztin** *m, f* senior physician [*or* consultant] **Oberaufsicht** *f* supervision **Oberbefehl** *m kein pl* supreme command; **den ~ [über etw** *akk*] **haben** to be in supreme command [of sth] **Oberbefehlshaber(in)** *m(f)* commander-in-chief **Oberbegriff** *m* generic term **Oberbekleidung** *f* outer clothing
oberblöd *adj* (*emph fam*) ridiculous, idiotic
Oberbürgermeister(in) *m(f)* mayor, BRIT *a.* ≈ Lord Mayor **Oberdeck** *nt* upper deck **oberdeutsch** *adj* LING Southern German (*concerning the German dialects spoken in Southern Germany, Austria and Switzerland*) **Oberdeutschland** *nt* Southern Germany

obere(r, s) *adj attr* ① (*oben befindlich*) top, upper ② (*rangmäßig höher*) higher ③ (*vorhergehend*) previous ④ (*höher gelegen*) upper

Obere *pl* (*fam*) ■ **die ~n** the powers that be *fam,* those in authority

Oberer See *m* Lake Superior

oberfaul *adj* (*fam*) incredibly lazy

Oberfeldwebel *m* ① (*Heer*) ≈ staff sergeant ② (*Marine*) ≈ chief petty officer BRIT, ≈ petty officer first class AM ③ (*Luftwaffe*) ≈ flight sergeant BRIT, ≈ technical sergeant AM

Oberfläche *f* ① (*äußere Fläche*) surface ② (*obere Fläche*) surface; **auf** [*o* **an**] **der ~** on the surface; **an die ~ kommen** (*auftauchen*) to surface; (*zu Tage kommen*) to surface, to come to light

Oberflächenspannung *f* SCI surface tension

oberflächlich I. *adj* ① (*äußerlich*) superficial ② (*flüchtig*) superficial; ***sie arbeitet rasch, ist aber leider etwas zu ~*** she works quickly but, unfortunately, she's a little slapdash ③ (*seicht*) superficially II. *adv* ① (*an der Oberfläche*) superficially ② (*flüchtig*) in a slapdash manner *pred* ③ (*allgemein*) superficially

Oberflächlichkeit <-> *f kein pl* (*Seichtheit*) superficiality

Oberförster *m* chief [*or* head] forester

obergärig *adj* top-fermented

ObergeschossRR *nt* top floor **Obergrenze** *f* upper limit, maximum

oberhalb I. *präp +gen* ■ **~ einer S.** above sth II. *adv* above

Oberhand *f kein pl* upper hand; **die ~ behalten** to retain the upper hand; **die ~ [über jdn] gewinnen** [*o* **bekommen**] to gain the upper hand; **die ~ haben** to have the upper hand **Oberhaupt** *nt* head **Oberhemd** *nt* shirt **Oberherrschaft** *f kein pl* sovereignty, supremacy, supreme authority; ■ **die ~ über jdn/etw** sovereignty over sb/sth **Oberhirte** *m* prelate **Oberhoheit** *f kein pl s.* **Oberherrschaft**

Oberin *f* ① (*Oberschwester*) matron ② (*Äbtissin*) Mother Superior

Oberinspektor(in) *m(f)* chief inspector

oberirdisch I. *adj* overhead, above ground [*or* surface]; **~e Leitung** overhead line II. *adv* overground **Oberitalien** *nt* Northern Italy **Oberkellner(in)** *m(f)* head waiter **Oberkiefer** *m* upper jaw **Oberklasse** *f* ① *pl* (*veraltend: obere Schulklasse*) ≈ sixth form [*or* AM grade] ② (*Oberschicht*) upper class **Oberkleidung** *f* (*selten*) outer clothing **Oberkommandierende(r)** *f(m) dekl wie adj* commander-in-chief **Oberkommando** *nt* MIL ① (*Oberbefehl*) ■ **das ~ [über jdn/etw]** supreme command [over sb/sth] ② (*Befehlsstab*) supreme command **Oberkörper** *m* torso; **mit bloßem** [*o* **freiem**] [*o* **nacktem**] **~** topless; **den ~ freimachen** to take off one's top **Oberlandesgericht** *nt intermediate or regional court of appeals* **Oberlauf** *m* upper course **Oberleder** *nt* (*von Schuhen*) [leather] uppers *pl* **Oberleitung** *f* ① (*Führung*) overall management ② (*Fahrdraht*) overhead cable[s *pl*] (*on trolleybuses and trams/streetcars*) **Oberleutnant** *m* ① (*im Heer*) lieutenant BRIT, first lieutenant AM ② (*bei der Luftwaffe*) flying officer BRIT, first lieutenant AM **Oberlicht** *nt* ① (*oberer Fensterteil*) transom ② (*Fenster über einer Tür*) fanlight, AM *usu* transom [window] **Oberliga** *f* third [highest regional] division **Oberlippe** *f* upper lip **Oberösterreich** *nt* Upper Austria **Oberpostdirektion** *f* regional post office administration **Oberpriester(in)** *m(f)* high priest *masc,* high priestess *fem*

oberrheinisch *adj* Upper Rhine; *s. a.* **Tiefebene**

Obers <-> *nt kein pl* ÖSTERR (*Sahne*) whipping cream

Oberschale *f* KOCHK (*Rind*) topside; (*Schwein*) gammon slipper

Oberschenkel *m* thigh **Oberschenkelhalsbruch** *m* femoral neck fracture **Oberschenkelknochen** *m* thighbone, femur *spec* **Oberschenkelmuskulatur** *f* femoral musculature

Oberschicht *f* ① (*in der Gesellschaft*) upper class ② GEOL upper stratum

oberschlau *adj* (*iron fam*) really clever *iron* **Oberschulrat, -rätin** *m, f* school inspector BRIT **Oberschwester** *f* matron **Oberseite** *f* top

Oberst <-en *o* -s, -e[n]> *m* MIL ① (*im Heer*) colonel ② (*in der Luftwaffe*) group captain BRIT, colonel AM

Oberstaatsanwalt, -anwältin *m, f* senior public prosecutor BRIT, director of public prosecutions BRIT, attorney general AM

oberste(r, s) *adj* ① (*ganz oben befindlich*) top, uppermost ② (*rangmäßig am höchsten*) highest; *s. a.* **Gerichtshof** ▶ WENDUNGEN: **das O~ zuunterst kehren** (*veraltend*) to turn everything upside down

Oberstimme *f* top part, soprano, treble

Oberstleutnant *m* ① (*im Heer*) lieutenant colonel ② (*bei der Luftwaffe*) wing commander BRIT, lieutenant colonel AM

Oberstübchen *nt* ▶ WENDUNGEN: **nicht ganz richtig im ~ sein** (*veraltend fam*) to be not quite right in the head, to have a screw loose **Oberstudiendirektor(in)** [-diən-] *m(f)* headmaster **Oberstudienrat, -rätin** [-diən-] *m, f senior teacher at a secondary school, one rank above "Studienrat"* **Oberstufe** *f* ≈ sixth form [*or* AM grade] **Oberteil** *nt o m* ① (*Aufsatz*) top part ② (*oberes Teil*) top **Oberwasser** *nt kein pl* (*Schleuse*) headbay ▶ WENDUNGEN: **~ bekommen** [*o* **kriegen**] (*fam*) to get an advantage [*or* the upper hand]; [**wieder**] **~ haben** to get the upper hand, to be on top [*or fam* top dog] **Oberweite** *f* bust size [*or* measurement]

Obfrau *f s.* **Obmann**

obgleich *konj* although

Obhut <-> *f kein pl* (*geh*) care, charge; **sich** *dat* **unter jds ~ befinden** [*o* **unter jds ~ stehen**] to be in sb's care [*or* charge]

obige(r, s) *adj attr* ① (*oben genannt*) above-mentioned ② (*zuvor abgedruckt*) above

Objekt <-[e]s, -e> *nt* ① (*Gegenstand*) object ② (*Immobilie*) [piece of] property ③ (*Kunstgegenstand*) objet d'art ④ (*Gegenteil von Subjekt*) object

objektiv I. *adj* objective; **eine ~e Entscheidung** an objective decision II. *adv* objectively

Objektiv <-s, -e> *nt* lens, objective

Objektivität <-> [-vi-] *f kein pl* objectivity

Objektschutz *m* protection of property **Objektträger** *m* microscope slide

Oblate <-, -n> *f* wafer

obliegen* ['ɔpli:gn, ɔp'li:gn] *vi irreg, impers haben o sein* ① (*form: verantwortlich sein*) ■ **jdm ~** to be sb's responsibility; ■ **es obliegt jdm, etw zu tun** it is sb's responsibility to do sth ② (*veraltet: sich beschäftigen*) **einer Aufgabe ~** to apply oneself to a task

Obliegenheit <-, -en> *f* (*form*) responsibility, duty

obligat *adj* ① (*unerlässlich*) indispensable ② (*iron: unvermeidlich*) inevitable *iron*

Obligation <-, -en> *f* bond

obligatorisch *adj* (*geh*) compulsory, obligatory

Obmann, -männin *o* **-frau** <-männer *o* -leute> *m, f* chairman *masc,* chairwoman *fem*

Oboe <-, -n> *f* oboe

Oboist(in) <-en, -en> *m(f)* oboist

Obolus <-, -se> *m* (*geh*) contribution, offering *iron*

Obrigkeit <-, -en> *f* (*Verwaltung*) ■ **die ~** the authorities

obrigkeitlich *adj* (*veraltend*) official, governmental

Obrigkeitsstaat *m* authoritarian state
obschon *konj* (*geh*) *s.* **obgleich**
Observatorium <-, -torien> [-va-, -'to:riən] *nt* observatory
observieren* [-'vi:-] *vt* (*form*) ■**jdn** ~ to observe sb, to keep somebody under surveillance; ■**jdn** ~ **lassen** to have sb observed, to have sb kept under surveillance
obsiegen* *vi* ① (*gewinnen*) to win ② (*geh: die Oberhand behalten*) to triumph
obskur *adj* (*geh*) ① (*unbekannt*) obscure ② (*verdächtig*) suspicious, dubious
obsolet *adj* (*geh*) obsolete
Obst <-[e]s> *nt kein pl* fruit
Obstbau *m kein pl* fruit growing **Obstbaum** *m* fruit tree **Obsternte** *f* ① *kein pl* (*das Ernten von Obst, Früchten*) gathering [*or* picking] of the fruit, fruit-gathering [*or* -picking] *no pl, no indef art;* ***für die ~ beschäftigt der Bauer viele Aushilfskräfte*** for the picking of the fruit [*or* fruit-picking] [*or* fruit-gathering] the farmer hires a lot of extra help ② (*geerntetes Obst*) fruit crop [*or* harvest] **Obstessig** *m* fruit vinegar **Obstgarten** *m* orchard
Obstipation <-, -en> *f* MED obstipation, [severe] constipation; **an ~ leiden** to suffer from obstipation [*or* [severe] constipation]
Obstkuchen *m* fruit flan [*or* cake] **Obstkuchenform** *f* flan [*or* AM pie] tin [*or* AM *usu* pan]
Obstler <-s, -> *m* fruit liquor
Obstmesser *nt* fruit knife
Obstruktion <-, -en> *f* (*geh*) obstruction; ~ **betreiben** to be obstructive
Obstsaft *m* fruit juice **Obstschnaps** *m* fruit schnaps **Obsttag** *m day on which one only eats fruit, generally as part of a diet;* **einen ~ einlegen** to have a fruit and veg day **Obsttorte** *f* fruit flan **Obstwasser** *nt* fruit schnaps
obszön *adj* ① (*unanständig*) obscene; ~**e Witze** dirty [*or* obscene] jokes ② (*Entrüstung verursachend*) obscene; ***wie kannst du nur so etwas O~es von dir geben!*** how could you say something so obscene!
Obszönität <-, -en> *f* ① *kein pl* (*obszöne Art*) obscenity ② (*obszöne Bemerkung*) obscenity
Obus *m* trolley bus
Obwalden <-s> *nt* Obwalden
obwalten* *vi* (*form*) to prevail
obwohl *konj* although; ~ ***er müde war, tat er ihr den Gefallen*** although he was tired he did her the favour
obzwar *konj* (*selten*) *s.* **obwohl**
Occasion <-, -en> [ɔka'zio:n] *f* SCHWEIZ (*Gebrauchtwagen*) second-hand car; (*gebrauchtes Gerät*) second-hand article
Ochotskisches Meer *nt* Sea of Okhotsk
Ochse <-n, -n> ['ɔksə] *m* ① (*kastriertes Rind*) ox ② (*fam: Dummkopf*) fool, idiot ▸ WENDUNGEN: **dastehen wie der ~ vorm Scheunentor** [*o* **Berg**] (*fam*) to stand there like an idiot [*or* BRIT a lemon]
Ochsenfrosch *m* ZOOL bullfrog **Ochsenkarren** *m* ox-cart **Ochsenschwanz** *m* oxtail **Ochsenschwanzsuppe** *f* oxtail soup **Ochsentour** *f* (*fam*) hard slog *fam* **Ochsenziemer** <-s, -> *m* [short] whip
Ocker <-s, -> *m o nt* ochre, AM *a.* ocher
ockerbraun *adj,* **ockergelb** *adj* ochre, AM *a.* ocher
Ode <-, -n> *f* ode
öde *adj* ① (*verlassen*) desolate, deserted ② (*fade*) dull, dreary ③ (*unfruchtbar*) bleak, waste
Öde <-, -n> *f* (*geh*) ① *kein pl* (*Verlassenheit*) desolation, solitude ② (*unwirtliches Land*) wasteland, desert *fig* ③ (*Leere*) dreariness, tedium
Odem <-s> *m kein pl* (*poet*) breath
Ödem <-[e], -e> *nt* oedema BRIT, edema AM

oder *konj* ① (*eines oder anderes*) or; ~ **aber** or else; ~ **auch** or [even]; ~ **auch nicht** or [maybe [*or* perhaps]] not ② (*stimmt's?*) ***der Film hat dir auch gut gefallen, ~?*** you liked the film too, didn't you?; ***soviel ich weiß, schuldete er dir noch Geld, ~?*** as far as I know he still owes you money, doesn't he?; ***du traust mir doch, ~ [etwa] nicht?*** you do trust me, don't you?; *s. a.* **entweder**
Oder <-> *f* GEOG ■**die ~** the Oder
Odermennig <-s> *m* BOT agrimony
Oder-Neiße-Linie *f* POL ■**die ~** the Oder-Neisse Line
Ödipuskomplex *m* PSYCH Oedipus complex *no pl*
Ödland *nt kein pl* uncultivated land *no indef art, no pl,* wasteland *no pl*
Odyssee <-, -n> *f* (*geh*) odyssey
Oeuvre <-, -s> *nt* (*geh*) body of work, oeuvre *form,* work[s *pl*]
Öfchen <-s, -> *nt dim von* **Ofen**
Ofen <-s, Öfen> *m* ① (*Heiz~*) heater; (*Kohle-, Kachel-, Öl~*) stove; (*elektrischer ~, Gas~*) heater, fire ② (*Back~*) oven; **den ~ heizen** to heat the oven ③ TECH furnace; (*Brenn~*) kiln; (*Müllverbrennungs~*) incinerator ④ DIAL (*Herd*) cooker ⑤ (*sl: Pkw, Motorrad*) wheels *fam;* **ein heißer ~** (*fam: Motorrad*) fast bike *fam;* (*Auto*) fast set of wheels *fam* ▸ WENDUNGEN: **ein heißer ~** (*sl: besonders attraktive Frau*) red-hot number *fam;* **immer hinter dem ~ hocken** [*o* **am warmen ~ sitzen**] (*fam*) to always sit around at home, to be a real stay-at-home; **jdn hinter dem ~ hervorlocken** (*fam*) to tempt sb; **jetzt ist der ~ aus** (*sl*) that does it, that's it, it's all over
Ofenbank <-bänke> *f* bench around a/the stove **ofenfrisch** *adj* oven-fresh, freshly baked, fresh from the oven *pred* **Ofenheizung** *f* stove heating *no art, no pl,* heating by stoves **Ofensetzer(in)** <-s, -> *m(f)* stove builder [*or* fitter] **Ofentür** *f* stove door
Off <-s> [ɔf] *nt kein pl* MEDIA **aus dem ~** offstage
offen I. *adj* ① (*nicht geschlossen*) open; **mit ~em Hemd/Kragen** wearing open-necked shirt; ***dein Hosenschlitz ist ~*** your flies are undone [*or* open] ② (*geöffnet*) open; **mit** [*o* **bei**] **~em Fenster** with the window open ③ (*unerledigt*) open; **eine ~e Frage** an open [*or* unanswered] question; **ein ~er Punkt** a moot point; **ein ~es Problem** an unsettled problem; **eine ~e Rechnung** an unsettled [*or* unpaid] [*or* outstanding] bill; **bei jdm noch etw ~ haben** to be owed sth by sb ④ (*unentschieden*) wide open, uncertain; ■**[noch] ~ sein** to be [still] wide open; **etw ~ lassen** to leave sth open ⑤ (*freimütig*) open, frank, candid; ■**~ [zu jdm] sein** to be open [*or* frank] [*or* honest] [with sb] ⑥ (*deutlich auftretend*) open, overt ⑦ (*frei*) ■**für jdn ~ sein** to be open to sb ⑧ (*frei zugänglich*) open; ***ein ~er Ausblick*** an open outlook; ***~es Gelände*** open terrain ⑨ (*nicht beschränkt, frei*) open; ***ein ~es Gefängnis*** an open prison; ***eine ~e Gesellschaft/Grenze*** an open society/border; ***~e Software*** accessible software; ***ab wann ist die Jagd auf Niederwild wieder ~?*** when does the open season on small game start? ⑩ (*nicht abgepackt*) loose; ***~er Wein*** wine by the glass/carafe ⑪ LING open ⑫ ■**~ haben** *Laden, Geschäft* to be open II. *adv* openly, frankly, candidly; **~ gestanden** [*o* **gesagt**] to be [perfectly] honest [*or* frank]
offenbar I. *adj* obvious; ■**~ sein/werden, dass ...** to be/become obvious [*or* clear] that ... II. *adv* obviously, clearly
offenbaren* <*pp* offenbart *o* geoffenbart> I. *vt* ① (*geh: enthüllen*) ■**jdm etw ~** to reveal sth to sb ② (*mitteilen*) ■**jdm ~, dass ...** to inform sb that ... II. *vr* ① (*sich anvertrauen*) ■**sich** *akk* **jdm ~** to confide in sb ② (*erweisen*) ■**sich** *akk* **als etw** *gen* **~** to

show [*or* reveal] oneself to be sth (3) (*Liebe erklären*) ■ **sich** *akk* **jdm** ~ to reveal one's feelings to sb

Offenbarung <-, -en> *f* revelation; **die** ~ [**des Johannes**] [the book of] Revelations + *sing vb*

Offenbarungseid *m* (1) JUR oath of disclosure [*or* AM *a.* manifestation]; **den** ~ **leisten** to swear an oath of disclosure (2) (*Geständnis, nichts zu wissen*) admission of bankruptcy; **ein politischer/intellektueller** ~ an admission [*or* a confession] of political/intellectual bankruptcy; **den** ~ **leisten** to admit [*or* confess] one's incompetence

Offenheit <-> *f kein pl* openness *no art, no pl,* frankness *no art, no pl,* candour [*or* AM -or] *no art, no pl;* **in** [*o* **mit**] **aller** ~ quite frankly [*or* candidly]

offenherzig *adj* (1) (*freimütig*) open, frank, candid (2) (*hum fam: tief ausgeschnitten*) revealing, low-cut

Offenherzigkeit <-> *f kein pl* openness *no art, no pl,* frankness *no art, no pl,* candour [*or* AM -or] *no art, no pl*

offenkundig *adj* obvious, clear; ■ ~ **sein, dass ...** to be obvious [*or* evident] that ...

offensichtlich **I.** *adj* obvious, evident; ***ein ~er Irrtum/eine ~e Lüge*** a blatant error/lie; ■ ~ **sein/werden**[**, dass ...**] to be/become evident [*or* obvious] [that ...] **II.** *adv* obviously, evidently

offensiv **I.** *adj* (*geh*) offensive; ~**es Verhalten/eine** ~**e Art** aggressive behaviour [*or* AM -or]/an aggressive manner; ***in der Drogenfrage sollte die Regierung endlich ~[er] werden*** it's time the government went on the offensive against drugs **II.** *adv* (*geh*) offensively, aggressively; **gegen Umweltsünder** ~[**er**] **vorgehen** to take [more] vigorous action against polluters

Offensive <-, -en> [-və] *f* offensive; **in die** ~ **gehen** to go on [*or* take] the offensive

öffentlich **I.** *adj* public; *s. a.* **Hand** **II.** *adv* publicly, in public

Öffentlichkeit <-> *f kein pl* ■ **die** ~ (1) (*Allgemeinheit*) the [general] public + *sing/pl vb;* **in** [*o* **vor**] **aller** ~ in public; **etw an die** ~ **bringen** to bring sth to public attention, to make sth public; **die** ~ **scheuen** to shun publicity; **mit etw** *dat* **an** [*o* **vor**] **die** ~ **treten** to go public with sth; **etw der** ~ **übergeben** (*form: etw eröffnen*) to open sth officially; (*etw veröffentlichen*) to publish sth; *s. a.* **Ausschluss** (2) JUR the admittance of the general public; ***der Verteidiger bestand auf der ~ der Verhandlung*** the defence counsel insisted on a public trial

Öffentlichkeitsarbeit *f* public relations [*or* PR] work *no art, no pl* **öffentlichkeitswirksam** *adj* ■ ~ **sein** to be good [*or* effective [as]] publicity

öffentlich-rechtlich *adj attr* under public law *pred;* **eine** ~**e Anstalt** a public institution, a body corporate *spec;* **eine** ~**e Rundfunkanstalt** public service broadcasting; **ein** ~**er Vertrag** contract under public law

offerieren* *vt* (*form*) (1) (*zum Verkauf anbieten*) ■ [**jdm**] **etw** ~ to offer [sb] sth (2) (*kredenzen*) ■ **jdm etw** ~ (*geh*) to offer sb sth

Offerte <-, -n> *f* offer

Office <-, -s> [ˈɔfɪs] *nt* (1) SCHWEIZ (*Betriebsküche*) [food] store[s *pl*] (2) (*selten: Büro*) office

offiziell **I.** *adj* (1) (*amtlich*) *Delegation, Mitteilung, Nachricht* official; **in** ~**er Mission** [**nach ...**] **reisen** to be on an official mission [to ...]; ~/**noch nicht** ~ **sein** *Wahlergebnisse* to be/not yet be official, to have been/have not yet been announced officially; ***von ~er Seite verlautet*** according to official sources; ~ ***heißt es, ...*** official sources state ..., the official statement is ... (2) (*förmlich*) *Empfang, Feier* formal, stiff **II.** *adv* officially; **jdn** ~ **einladen** to give sb an official invitation

Offizier(**in**) <-s, -e> *m(f)* MIL officer; ~ **werden** to become an officer, to gain a commission

Offiziersanwärter(**in**) *m(f)* officer cadet **Offizierskasino** *nt* officers' mess **Offizierskorps** *nt* officer corps; ■ **das** ~ the officer corps, officers *pl* **Offizierslaufbahn** *f* career as an officer *no pl,* officer's career *no pl, no def art* **Offiziersmesse** *f* officers' mess; NAUT wardroom **Offiziersrang** *m* officer's rank, rank of an officer

offiziös *adj* (*geh*) semi-official

Offlinebetrieb^RR <-[e]s> [ˈɔːflain-] *m kein pl,* **Off-line-Betrieb** <-[e]s> *m kein pl* INFORM off-line operation *no pl*

öffnen **I.** *vt* ■ **etw** ~ to open sth; **„hier ~"** "open here [*or* this end]"; ***die Tür quietscht immer beim Ö~*** the door always squeaks when you open it **II.** *vi* ■ [**jdm**] ~ to open the door [for sb] **III.** *vr* (1) (*aufgehen*) ■ **sich** ~ to open (2) (*weiter werden*) ■ **sich** ~ to open out (3) (*sich* [*innerlich*] *zuwenden*) ■ **sich** *akk* [**jdm/etw**] ~ to open up [*or* become receptive] [to sb/sth]

Öffner <-s, -> *m* (1) (*Dosen~*) can [*or* BRIT *a.* tin] opener; (*Flaschen~*) bottle opener (2) (*Tür~*) door opener

Öffnung <-, -en> *f* (1) (*offene Stelle*) opening (2) *kein pl* (*geh: das Öffnen*) opening; ***ohne den Code zu wissen, ist eine ~ des Safes nicht möglich*** it is not possible to open the safe without knowing the code (3) *kein pl* POL opening up; ***eine vorsichtige ~ zur Demokratie*** a cautious opening up to democracy

Öffnungskurs *m* POL course of openness [*or* opening up] **Öffnungspolitik** *f* POL policy of openness [*or* opening up] **Öffnungszeiten** *pl* hours *pl* of business, BRIT *a.* opening times [*or* hours] *pl;* ***Supermärkte haben meist durchgehende ~*** supermarkets are usually open all day; *einer öffentlichen Anstalt* opening times *pl*

Offroad-Skating <-s> [ɔfroʊdˈskeɪtɪŋ] *nt kein pl* SPORT offroad skating

Offsetdruck <-drucke> [ˈɔfsɛt-] *m* offset [printing] *no art, no pl spec*

oft <öfter> *adv* often; **des Öftereren** frequently, on many occasions, quite often; ~ **genug** often enough; *s. a.* **je, so, wie**

öfter(**s**) *adv* [every] once in a while [*or* now and then], on occasion; ***ist dir das schon ~ passiert?*** has that happened to you often?; *s. a.* **Neue**(**s**)

oftmals *adv* (*geh*) *s.* **oft**

Ogen-Melone *f* ogen melon

oh *interj* oh

Oheim <-s, -e> *m* (*veraltet*) *s.* **Onkel**

OHG [oːhaːˈgeː] *f Abk von* **Offene Handelsgesellschaft**

ohne **I.** *präp* +*akk* (1) (*nicht versehen mit*) ■ ~ **etw** without sth; ~ ***Geld*** without any money; ***wir sind noch ~ weitere Informationen*** we still don't have any more information; ***sei ~ Furcht!*** don't be afraid!; ~ **Schutz** unprotected (2) (*nicht eingerechnet*) ■ ~ **etw** excluding [*or* not including] [*or* not counting] sth; ***der Preis versteht sich ~ Mehrwertsteuer*** the price does not include VAT (3) (*nicht mit jdm*) ■ ~ **jdn** without sb; ~ **Kinder/Nachwuchs** childless/without offspring; ~ **Erben sterben** to die heirless; ~ **mich!** count me out! (4) (*fam*) **nicht** ~ **sein** to be quite something; [**gar**] **nicht** ~ **sein** to be not quite that easy; *s. a.* **weitere**(**s**) **II.** *konj* ■ ~ **etw zu tun** without doing sth; ■ ~ **dass etw geschieht** without sth happening; ■ ~ **dass jd etw tut** without sb['s *form*] doing sth

ohnedies *adv s.* **ohnehin** **ohnegleichen** *adj inv* (1) (*unnachahmlich*) unparalleled; **eine Leistung** ~ an unparalleled performance *form;* **mit einer Unverschämtheit** ~ with unprecedented [*or form* unparalleled] impertinence (2) (*außergewöhnlich*) [quite] exceptional **ohnehin** *adv* anyhow, anyway[s AM *a.*

fam]

Ohnmacht <-, -en> *f* ❶ (*Bewusstseinszustand*) faint *no pl;* **aus der ~ erwachen** to come round [*or* to], to recover consciousness; **in ~ fallen** to faint, to pass out, to swoon *dated liter* ❷ (*geh: Machtlosigkeit*) powerlessness *no art, no pl,* impotence *no art, no pl* ▶ WENDUNGEN: **von einer ~ in die andere fallen** (*fam*) to have one fit another after another *fam*

ohnmächtig I. *adj* ❶ (*bewusstlos*) unconscious; ■ **~ sein** to be unconscious, to have fainted [*or* passed out]; ■ **~ werden** to faint, to pass out ❷ (*geh: machtlos*) powerless, impotent; ■ **gegenüber etw** *dat* **~ sein** to be powerless to stop/in the face of sth ❸ *attr* (*hilflos*) helpless; **~*e Wut*** helpless [*or* impotent] rage II. *adv* helplessly; **~ *zusehen*** to watch [*or* look on] helplessly [*or* powerlessly]

Ohnmächtige(r) *f(m) dekl wie adj* ❶ (*bewusstloser Mensch*) unconscious person ❷ (*machtloser Mensch*) helpless person; ***die ~n*** the powerless + *pl vb*

Ohnmachtsanfall *m* fainting fit; **einen ~ bekommen** to faint, to have a fainting fit

oho *interj* oho; **~, *so geht das nicht!*** oh no, that's not on!

Öhr <-[e]s, -e> *nt* eye

Ohr <-[e]s, -en> *nt* ear; **rote ~en bekommen** to go red; **auf einem ~ taub sein** to be deaf in one ear; **die ~en anlegen** *Hund, Hase* to put its ears back; **in jds ~ flüstern** to whisper in sb's ear; **die ~en zuhalten** to put one's hands over one's ears ▶ WENDUNGEN: **die ~en auf Durchzug stellen** to not listen [to sb]; **von einem ~ zum andern strahlen** to grin from ear to ear; **es faustdick hinter den ~en haben** to be a crafty [*or* sly] one; **noch feucht** [*o* **nicht trocken**] **hinter den ~en sein** to be still wet behind the ears; **nicht für fremde ~en** [**bestimmt**] **sein** to be not [meant] for other ears; **ganz ~ sein** (*hum fam*) to be all ears; **mit halbem ~** with half an ear; ***mit halbem ~ hinhören*** to listen with half an ear, to half-listen; **lange ~en machen** (*fam*) to prick up one's ears; **bei jdm auf offene ~en stoßen** to fall on sympathetic ears [with sb]; ***bei ihr fällt man immer auf offene ~en*** she always has a sympathetic ear; **jdn um ein offenes ~ bitten** to ask sb to listen to one; **ein offenes ~ für jdn/etw haben** to be willing to listen to sb/sth; **ein scharfes** [*o* **feines**] **~ haben** to have a sharp [*or* keen] sense of hearing, to have a good ear; **auf dem ~ taub sein** (*fam*) to be deaf to that sort of thing; **tauben ~en predigen** to preach to deaf ears; **bis über die** [*o* **beide**] **~en verliebt sein** to be head over heels in love; **das ist nichts für zarte ~en** that is not for tender [*or* sensitive] ears; **die ~en anlegen** (*fam*) to put one's ears back, to get stuck in BRIT *fam;* **eins hinter die ~en bekommen** to get a clip round [*or* on] the ear, to get a thick ear; **ein aufmerksames/geneigtes/offenes ~ finden** to find a ready/willing/sympathetic listener [*or* a sympathetic ear]; **jdm eins** [*o* **ein paar**] **hinter die ~en geben** (*fam*) to give sb a clip round the ear [*or* a thick ear]; **ins ~ gehen** to be catchy; **etw noch im ~ haben** to be still able to hear sth; ***ich habe seine Worte noch deutlich im ~*** I can still clearly hear his words, his words are still ringing in my ears; **viel** [*o* **jede Menge**] **um die ~en haben** (*fam*) to have a lot [*or* a great deal] on one's plate *fam;* **die ~en hängen lassen** (*fam*) to let it get one down, to get downhearted; **jdn übers ~ hauen** (*fam*) to take sb for a ride *fam,* to pull a fast one on sb *fam;* **jdm etw um die ~en hauen** [*o* **schlagen**] (*fam*) to hit [*or* beat] sb round [*or* over] the head with sth, throw something [back] at sb; **jdm klingen die ~en** sb's ears are burning; **jdm zu ~en kommen** to come to sb's ears [*or* attention]; **jdm die ~en lang ziehen** (*fam*) to give sb a good talking to; **sich aufs ~ legen** [*o* **hauen**] (*fam*) to put one's head down, to have a kip BRIT *fam;* **jdm sein ~ leihen** to lend sb one's ear; **jdm** [**mit etw**] **in den ~en liegen** to go [*or* keep] on at sb [about sth], to badger [*or* pester] sb [with sth]; **mach** [*o* **sperr**] **die ~en auf!** (*fam*) wash [*or* clean] your ears out! *fam;* **mit den ~en schlackern** (*fam*) to be struck speechless, to be gobsmacked BRIT *sl;* **sich** *dat* **etw hinter die ~en schreiben** (*fam*) to get sth into one's head, to etch sth indelibly in one's mind; **auf den ~en sitzen** (*fam*) to close one's ears; ***sag mal, sitzt du auf deinen ~en, oder was ist los?*** hey, have you gone deaf or something?; **die ~en spitzen** to prick up one's ears; **seinen ~en nicht trauen** to not believe one's ears; [**vor etw** *dat*] **die ~en verschließen** to turn a deaf ear [to sth]; **jdm die ~en volljammern** (*fam*) to keep [going] on [*or* moaning] at sb; **für jds ~en** to sb's ears; ***für deutsche/englische ~en klingt das komisch*** that sounds odd to a German/to an English person

ohrenbetäubend I. *adj* deafening, ear-splitting II. *adv* deafeningly **Ohrenklappe** *f* earflap **Ohrenkneifer** *m* ZOOL earwig **Ohrenqualle** *f* ZOOL common jellyfish **Ohrensausen** <-s> *nt kein pl* buzzing [*or* ringing] in the [*or* one's] ears, tinnitus *no art, no pl spec* **Ohrenschmalz** *nt kein pl* earwax *no art, no pl* **Ohrenschmaus** *m kein pl* (*fam*) treat [*or* feast] for the ear[s] **Ohrenschmerzen** *pl* earache; **~ haben** to have earache **Ohrenschützer** *m meist pl* earmuff *usu pl* **Ohrensessel** *m* wing chair **Ohrenzeuge, -zeugin** *m, f* (*veraltend form*) witness (*to something heard*)

Ohrfeige <-, -n> *f* box on [*or* clip on [*or* BRIT *a.* round]] the ears, slap on [*or* BRIT *a.* round] the face; **eine ~ bekommen** [*o fam* **kriegen**] to get a box on the ears [*or* a slap round the face]; **jdm eine ~ geben** [*o* **verpassen**] to give sb a box on the ears [*or* a slap round the face]

ohrfeigen *vt* ■ **jdn ~** to box sb's ears, to slap [*or* hit] sb [round [*or* AM in] the face]; ***ich könnte mich*** [***selbst***] ***~, dass ich das nicht gemerkt habe*** (*fam*) I could kick myself for not noticing that

Ohrfeigengesicht *nt* (*fam*) ugly mug *fam*

Ohrläppchen <-s, -> *nt* earlobe **Ohrmuschel** *f* [outer *form*] ear, auricle *spec*

Ohropax® <-> *nt kein pl* earplugs *pl*

Ohrring *m* earring **Ohrstecker** *m* earstud, stud earring **Ohrwurm** *m* ❶ (*fam*) catchy tune ❷ ZOOL earwig

oje, ojemine *interj* (*veraltend*) oh dear

Okapi <-s, -s> *nt* ZOOL okapi

okay I. *adv* (*fam*) OK *fam,* okay *fam* II. *adj inv, präd* OK *fam,* okay *fam;* ***Ihr Termin geht ~!*** there'll be no problem with your appointment

okkult *adj* occult; ■ **das O~e** the occult

Okkultismus <-> *m kein pl* occultism *no art, no pl*

Okkupation <-, -en> *f* occupation

okkupieren* *vt* ■ **etw ~** ❶ MIL to occupy sth ❷ (*geh: belegen*) to occupy sth; ***die besten Plätze ~*** to occupy [*or* take] [*or* have] the best seats

Ökobank *f kein pl German bank that finances environmentally and socially sound companies or projects* **Ökobauer** *m* organic [*or* ecologically-minded] farmer **Ökogütesiegel**[RR] *nt,* **Öko-Gütesiegel** *nt* ÖKOL, ÖKON official ecological seal of approval **Ökoladen** *m* health food [*or* BRIT *a.* wholefood] shop [*or* AM *usu* store]

Ökologe, -login <-n, -n> *m, f* ecologist

Ökologie <-> *f kein pl* ecology *no art, no pl*

Ökologiebewegung *f* environmental movement

Ökologin <-, -nen> *f fem form von* **Ökologe**

ökologisch I. *adj* ecological, environmental *attr* II. *adv* ecologically

Ökonom(in) <-en, -en> *m(f)* (*geh*) economist **Ökonometrie** <-> *f kein pl* ÖKON, MATH, SCH econometrics + *sing vb*
Ökonomie <-, -en> [-'miːən] *f* ❶ *kein pl* (*Wirtschaftlichkeit*) economy ❷ (*Wirtschaft*) economy *no indef art, no pl* ❸ (*Wirtschaftswissenschaft*) economics + *sing vb*
Ökonomin <-, -nen> *f fem form von* **Ökonom**
ökonomisch I. *adj* ❶ (*die Wirtschaft betreffend*) economic; ***in ~er Hinsicht*** economically ❷ (*sparsam*) economical **II.** *adv* economically
Ökonomisierung <-> *f kein pl* SOZIOL, ÖKON economization [*or* BRIT *a.* -isation]
Ökopartei *f* ecology party, Green Party **Ökopax** <-en, -e> *m* (*sl*) environmental pacifist **ÖkosteuerRR** *f*, **Öko-Steuer** *f* ÖKOL, ÖKON ❶ (*umweltschädigende Güter betreffende Abgabe*) environmental [*or* ecological] tax, eco-tax *fam* (*tax which punishes* [*perpetrators of*] *environmental damage or products which damage the environment*) ❷ (*Steuervergünstigung für umweltfreundliche Güter*) environmentally [*or* ecologically] friendly tax, eco-tax *fam* (*tax which rewards the purchase of environmentally friendly products*) **Ökosystem** *nt* ecosystem
Oktaeder <-s, -> *nt* octahedron *spec*
Oktanzahl *f* octane [number [*or* rating]]; ***Benzin mit hoher*** ~ high-octane petrol
Oktave <-, -n> [-və] *f* octave
Oktett <-s, -e> *nt* octet + *sing/pl vb*
Oktober <-s, -> *m* October; *s. a.* **Februar**
Oktoberfest *nt* ■**das** ~ the Octoberfest **Oktoberrevolution** *f* ■**die** ~ the October Revolution
oktroyieren* *vt* (*geh*) ■**jdm etw** ~ *Meinung, Entscheidung, Glaube* to force sth on sb
oktroyieren* *vt* (*geh*) ■**jdm etw** *akk* ~ to force [*or* impose] sth on sb
Okular <-s, -e> *nt* eyepiece, ocular *spec*
Ökumene <-> *f kein pl* ecumenical Christianity *no art, no pl form*
ökumenisch *adj* ecumenical *form*
Okzident <-s> *m kein pl* (*geh*) ■**der** ~ the Occident *form o poet*
Öl <-[e]s, -e> *nt* ❶ (*fette Flüssigkeit*) oil; **ätherische ~e** essential oils ❷ TECH (*Erd~*) oil; (*Heiz~*) fuel [*or* heating] oil; (*Schmier~*) lubricating oil; **nach ~ bohren** to drill for oil; ~ **wechseln** to change the oil ❸ (*Sonnen~*) sun oil, sunscreen ❹ *kein pl* (*~farben*) oil-based paints *pl*; **in ~ malen** to paint in oils ▶ WENDUNGEN: ~ **ins** [*o* **aufs**] **Feuer gießen** [*o* **schütten**] to add fuel to the fire [*or* flames]; ~ **auf die Wogen gießen** to pour oil on troubled waters; ~ **auf** [*o* **in**] **die/jds** *akk* **Wunde gießen** to pour balsam onto sb's wounds; **das geht jdm runter wie ~** (*fam*) that's music to sb's ears, sb laps sth up
Ölbaum *m* olive tree **Ölberg** *m* ■**der** ~ the Mount of Olives **Ölbild** *nt s.* **Ölgemälde** **Ölbohrung** *f* drilling for oil, oil drilling
Oldtimer <-s, -> ['oʊldtaimɐ] *m* ❶ (*altes wertvolles Auto*) vintage car, BRIT *a.* veteran [car], AM *a.* old-timer; (*historisches Flugzeug*) vintage aeroplane [*or* AM airplane], BRIT *a.* veteran [plane] ❷ SPORT veteran, old-timer
Oleander <-s, -> *m* oleander
ölen *vt* ■**etw** ~ to oil sth ▶ WENDUNGEN: **wie geölt** (*fam*) like clockwork; *s. a.* **Blitz**
Ölexporteur *m* ÖKON oil exporter **Ölexportland** *nt* oil-exporting country **Ölfarbe** *f* ❶ (*ölhaltige Farbe*) oil-based paint ❷ KUNST oil paint [*or* colour] [*or* AM -or]; ■**~n** oils; **mit ~n malen** to paint in oils **Ölfeld** *nt* oilfield **Ölfilm** *m* film of oil **Ölfleck** *m* oil spot **Ölförderländer** *pl* oil-producing countries *pl* **Ölförderung** *f* ÖKON oil production *no pl* **Ölgemälde** *nt* oil painting **Ölgewinnung** *f kein pl* ÖKON ❶ (*Gewinnung von Öl*) oil extraction *no pl* ❷ (*Gewinnung, Förderung von Erdöl*) oil production *no pl* **Ölgötze** *m* (*pej sl*) **dastehen wie ein ~/wie die ~n** (*sl*) to stand there like a [stuffed] dummy [*or* tailor's dummy] **Ölheizung** *f* oil-fired [central] heating
ölig *adj* ❶ (*voller Öl*) oily; (*fettig*) greasy ❷ (*pej*) oily, slimy *pej*
Oligarchie <-, -n> *f* (*geh*) oligarchy
oliv *adj inv* olive-green, olive *attr*
Olive <-, -n> [-və] *f* olive
Olivenbaum [-vən-] *m* olive tree **Olivenhain** *m* olive grove **Olivenöl** *nt* olive oil
olivgrün *adj* olive-green, olive *attr*
Ölklumpen *m* tar ball (*from coagulated oil*) **Ölkrise** *f* oil crisis
oll *adj* NORDD old ▶ WENDUNGEN: **je ~er, desto doller** (*fam*) there's no fox like an old fox, the older they get, the crazier they become
Olle(r) *f(m) dekl wie adj* ■**seine ~/ihr ~r** NORDD (*fam: Ehepartner*) his old lady/her old man *fam*
Ölmalerei *f* oil painting *no art, no pl* **ÖlmessstabRR** *m* AUTO dipstick **Ölmühle** *f* oil mill **Ölmulti** *m* oil conglomerate **Ölofen** *m* oil heater [*or* stove] **Ölpalme** *f* (*Olea europaea*) olive tree **Ölpapier** *nt* oil[ed] paper **Ölpest** *f* oil pollution *no art, no pl* **Ölplattform** *f* oilrig, oil platform **Ölquelle** *f* oil well **Ölraffinerie** *f* ÖKON oil refinery **ölreich** *adj* oil-rich, rich in oil *pred* **Ölsaat** *m* oil seed **Ölsardine** *f* sardine [in oil] ▶ WENDUNGEN: **wie die ~n** (*fam*) like sardines **Ölscheich** *m* (*pej*) oil sheikh **Ölschinken** *m* KUNST (*pej: großes Ölgemälde*) large pretentious oil painting **Ölstand** *m kein pl* oil level; **den ~ überprüfen** to check the oil **Ölstandsanzeiger** *m* oil level [*or* pressure] gauge [*or* AM *a.* gage] **Öltanker** *m* ÖKON, NAUT, TRANSP oil tanker **Ölteppich** *m* oil slick
Ölung <-, -en> *f* oiling *no art, no pl;* **die Letzte ~** REL extreme unction
Ölverbrauch *m* oil consumption *no indef art, no pl* **Ölvorkommen** *nt* oil deposit **Ölwanne** *f* AUTO sump, AM *a.* oil pan **Ölwechsel** *m* AUTO oil change; **einen ~ machen** to change the oil **Ölwehr** <-, -en> *f* ❶ *section of the fire brigade reponsible for dealing with oil spillages* ❷ TECH (*Ölkammer*) oil weir *spec*
Olymp <-s> *m* ■**der** ~ Mount Olympus
Olympiade <-, -n> *f* Olympic Games *pl*, Olympics *npl*; ***auf der letzten*** ~ at the last Olympics
Olympiamannschaft *f* SPORT Olympic team **Olympiasieger(in)** *m(f)* Olympic champion **Olympiastadion** *nt* Olympic stadium **Olympiastützpunkt** *m* SPORT Olympic team's training camp
Olympionike, -kin <-n, -n> *m, f* SPORT Olympic athlete
olympisch *adj* SPORT Olympic *attr;* **~es Gold gewinnen** to win a gold medal at the Olympics; **Internationales/Nationales ~es Kommittee** International/National Olympic Committee
Ölzeug *nt* oilskins *pl* **Ölzweig** *m* olive branch; **jdm den ~ entgegenstrecken** to hold out [*or* extend] [*or* offer] the olive branch to sb
Oma <-, -s> *f* ❶ (*fam*) gran[ny] *fam*, grandma *fam* ❷ (*pej sl*) granny *fam*, old bag *pej fam*
Oman <-s> *nt* Oman; *s. a.* **Deutschland**
Omaner(in) <-s, -> *m(f)* Omani; *s. a.* **Deutsche(r)**
omanisch *adj* Omani; *s. a.* **deutsch**
Ombudsfrau *f fem form von* **Ombudsmann** ombudswoman
Ombudsmann, -frau *m, f* ombudsman *masc*, ombudswoman *fem*
OmegatierRR *nt*, **Omega-Tier** *nt* BIOL (*rangnied-*

O

rigstes Tier einer Gruppe) omega animal
Omelett <-[e]s, -e *o* -s> *nt*, **Omelette** <-, -n> *f* SÜDD, SCHWEIZ, ÖSTERR omelette
Omelettpfanne *f* omelette pan
Omen <-s, – *o* Omina> *nt* (*geh*) omen; *s. a.* **Nomen**
ominös *adj* (*geh*) ominous, sinister
Omnibus *m* bus, omnibus *dated*
Omnibushaltestelle *f* TRANSP bus stop **Omnibuslinie** *m* (*veraltend*) bus route
omnivor *adj* omnivorous
Omnivor <-s, -en> *m* BIOL (*Allesfresser*) omnivore
OmU *Abk von* **Original**[**fassung**] **mit Untertiteln**
Onager <-s, -> *m* ZOOL onager
Onanie <-> *f kein pl* masturbation *no art, no pl*, onanism *no art, no pl spec*
onanieren* *vi* to masturbate
One-Man-Show ['wanmɛnʃoː] *f* one-man show
Onkel <-s, -> *m* ❶ (*Verwandter*) uncle ❷ (*Kindersprache: erwachsener Mann*) uncle; ***ein lieber/böser*** ~ a nice/nasty man ▸ WENDUNGEN: **der dicke** [*o* **große**] ~ (*fam*) one's/sb's big toe; **der reiche** ~ **aus Amerika** (*veraltend fam*) a rich uncle; **über den** [**großen**] ~ **gehen** [*o* **latschen**] (*fam*) to walk pigeon-toed
Onkologe, **-login** <-n, -n> *m, f* oncologist
Onkologie <-> *f kein pl* oncology *no art, no pl*
Onkologin <-, -nen> *f fem form von* **Onkologe**
onkologisch *adj* oncological
online ['ɔnlain] *adj* online; ~ **arbeiten** to work online
Onlinebanking *nt* online banking **Onlinebetrieb** *m kein pl* online operation *no pl* **Onlinebibliothek** *f* online library **Onlinebusiness** *nt* online business **Onlinedienst** *m* online service **Onlinegebühr** *f meist pl* online charge[s] **Onlineinformation** *f* online information *no indef art, no pl* **Onlinekatalog** *m* online catalogue, AM -log **Onlinerecht** *nt* INET, JUR internet law **Onlineredakteur**(**in**) *m(f)* online editor **Onlineservice** *m* online service **Onlineshop** <-s, -s> [-ʃɔp] *m* online shop
Ontogenese <-> *f kein pl* BIOL ontogeny *no pl*
Onyx <-[es], -e> *m* onyx *no art, no pl*
OP <-s, -s> *m* MED *Abk von* **Operationssaal** OR *no art* AM; ***er wartet schon im*** ~ he's already waiting in OR
Opa <-s, -s> *m* ❶ (*fam*) grand[d]ad *fam*, grandpa *fam* ❷ (*pej sl*) grandpa *fam*, old man [*or pej hum fam* codger]
Opal <-s, -e> *m* opal
OPEC <-> ['oːpɛk] *f kein pl Akr von* **Organization of Petroleum Exporting Countries** OPEC
OPEC-Länder *pl* ■**die** ~ the OPEC countries *pl*
Oper <-, -n> *f* MUS ❶ (*Musikstück*) opera ❷ *kein pl* (*Musikgattung*) opera *no art, no pl;* **die komische** ~ comic opera ❸ (*Opernhaus*) opera [house]; (*Ensemble*) opera; **in die** ~ **gehen** to go to the opera; **an die** [*o* **zur**] ~ **gehen** to become an opera singer ▸ WENDUNGEN: ~**n erzählen** [*o* **reden**] [*o* **quatschen**] (*fam*) to go [*or* BRIT *fam* waffle] on [forever]
Operateur <-s, -e> *m* MED surgeon
Operation <-, -en> *f* operation
Operationssaal *m* operating theatre [*or* AM room], OR *no art* AM **Operationsschwester** *f* theatre sister BRIT, operating room nurse AM
operativ **I.** *adj* ❶ MED operative, surgical; ~**er Eingriff** surgery ❷ MIL operational, strategic **II.** *adv* ❶ MED surgically ❷ MIL strategically
Operator, **Operatorin** <-, -en> *m, f* INFORM [computer] operator
Operette <-, -en> *f* operetta
operieren* **I.** *vt* MED ■**jdn** ~ to operate on sb; ■**jdn an etw** *dat* ~ to operate on sb's sth; ***ich bin schon zweimal an der Prostata operiert worden*** I have already had two prostate operations; ■**operiert werden** to be operated on; ■**etw** ~ to operate on sth; ***der Blinddarm muss sofort operiert werden*** the appendix must be operated on immediately [*or* needs immediate surgery]; ■**sich** *dat* **etw** ~ **lassen** *akk* to have sth operated on; ■**sich** *akk* [**an etw** *dat*] ~ **lassen** to have an operation [on sth] **II.** *vi* ❶ MED to operate, to do an/the operation; ■**an jdm** ~ to operate on sb ❷ MIL to operate ❸ (*geh: vorgehen*) to operate, to act; ***vorsichtig*** ~ to proceed cautiously
Opernarie *f* [operatic] aria **Opernball** *m* opera ball **Opernglas** *nt* opera glasses *npl* **Opernhaus** *nt* opera house **Opernkomponist**(**in**) *m(f)* composer of operas, opera composer **Opernsänger**(**in**) *m(f)* opera singer
Operon <-s, -s> *nt* BIOL (*funktionelle Einheit der DNA*) operon
Opfer <-s, -> *nt* ❶ (*verzichtende Hingabe*) sacrifice; ~ **bringen** to make sacrifices ❷ REL sacrifice; **als** ~ as a sacrifice [*or* an offering]; **jdm jdn/etw zum** ~ **bringen** (*geh*) to sacrifice sb/sth to sb ❸ (*geschädigte Person*) victim; **jdm/etw zum** ~ **fallen** to fall victim to sb/sth
opferbereit *adj* ready [*or* prepared] to make sacrifices *pred* **Opferbereitschaft** *f kein pl* readiness [*or* willingness] to make sacrifices **opferfreudig** *adj* ❶ (*gerne spendend*) willing [*or* prepared] to give [*or* donate] *pred* ❷ (*opferwillig*) willing to make sacrifices *pred* **Opfergabe** *f* [sacrificial] offering **Opferlamm** *nt* sacrificial lamb **Opfermut** *m* (*geh*) self-sacrifice *no art, no pl*
opfern **I.** *vt* ❶ (*als Opfer darbringen*) ■[**jdm**] **jdn** ~ to sacrifice sb [to sb]; ■[**jdm**] **etw** *akk* ~ to offer up sth [to sb]; ■**Geopferte**(**r**) sacrificial victim ❷ (*spenden*) ■[**jdm/etw**] **etw** *akk* ~ to donate sth [to sb/sth] ❸ (*aufgeben*) ■**jdn** ~ to sacrifice sb **II.** *vi* ❶ (*ein Opfer darbringen*) to [make a] sacrifice; ■**jdm** ~ to offer sacrifice to sb ❷ (*geh: spenden*) to give, to donate; ■**für jdn/etw** ~ to make a donation to sb/sth **III.** *vr* ■**sich** ~ to sacrifice oneself, to give up one's life; (*fig fam*) to be a martyr; ***wer opfert sich, die Reste aufzuessen?*** who's going to volunteer to polish off the rest?
Opferstätte *f* sacrificial altar **Opferstock** *m* REL offertory box *spec* **Opfertier** *nt* sacrificial animal **Opfertod** *m* (*geh*) self-sacrifice, death
Opferung <-, -en> *f* sacrifice
Opferwille *m* willingness to make sacrifices, spirit of sacrifice **opferwillig** *adj* willing [*or* prepared] to make sacrifices *pred* **Opferwillige**(**r**) *f(m) dekl wie adj* person willing to make sacrifices
Opiat <-[e]s, -e> *nt* opiate
Opinionleader <-s, -> [ə'pɪnjənliːdə] *m* SOZIOL (*Meinungsbildner mit Vorbildcharakter*) opinion shaper
Opium <-s> *nt kein pl* opium *no art, no pl*
Opiumhöhle *f* opium den **Opiumraucher**(**in**) *m(f)* opium smoker
Opossum <-s, -s> *nt* ZOOL opossum
Opponent(**in**) <-en, -en> *m(f)* (*geh*) opponent
opponieren* *vi* (*geh*) to take the opposite view; ■**gegen jdn/etw** ~ to oppose sb/sth
opportun *adj* (*geh*) opportune *form;* ***das gilt als nicht*** ~ that is considered inappropriate [*or form* inopportune]
Opportunismus <-> *m kein pl* (*geh*) opportunism *no art, no pl*
Opportunist(**in**) <-en, -en> *m(f)* opportunist
opportunistisch **I.** *adj* opportunist[ic] **II.** *adv* opportunistically

Opposition <-, -en> *f* ❶ POL ■ **die** ~ the Opposition ❷ (*geh: Widersetzlichkeit*) contrariness; **aus** ~ out of contrariness, just to be contrary; ~ **gegen jdn machen** to oppose sb; (*jdm Ärger bereiten*) to make trouble for sb; **in** ~ **zu jdm/etw stehen** to be opposed to sb/sth

oppositionell *adj* ❶ (*geh: gegnerisch*) opposed, opposing *attr; **seine Haltung ist entschieden*** ~ his attitude is decidedly hostile; ***aus ~en Kreisen*** from [the] opposition circles ❷ POL opposition *attr*

Oppositionelle(r) *f(m) dekl wie adj* political opponent

Oppositionsbündnis *nt* POL opposition [coalition] **Oppositionsführer(in)** *m(f)* ■ **der ~/die ~in** the Leader of the Opposition **Oppositionspartei** *f* POL opposition party, opposition *no pl, no indef art* **Oppositionspolitiker(in)** *m(f)* POL member of the opposition [party [*or* coalition]]

optieren* *vi* POL ■ **für etw** *akk* ~ to opt for sth

Optik <-, -en> *f* ❶ PHYS ■ **die** ~ optics + *sing vb* ❷ FOTO lens [system] ❸ *kein pl* (*Eindruck*) appearance *no art, no pl;* **wegen der** ~ for visual effect ❹ *kein pl* ÖKON look, appearance; *s. a.* **Knick**

Optiker(in) <-s, -> *m(f)* [ophthalmic] optician BRIT, *esp* AM optometrist

optimal I. *adj* (*geh*) optimal, optimum *attr;* ■ **das O~e** the optimum II. *adv* (*geh*) in the best possible way; ***jdn ~ beraten*** to give sb the best possible advice

optimieren* *vt* (*geh*) ■ **etw** ~ to optimize sth

Optimierung <-, -en> *f* ❶ MATH optimization ❷ (*optimale Festlegung von Eigenschaften*) optimization

Optimismus <-> *m kein pl* optimism *no art, no pl; **vorsichtiger/gesunder*** ~ cautious/healthy optimism

Optimist(in) <-en, -en> *m(f)* optimist

optimistisch I. *adj* optimistic II. *adv* optimistically; ***jdn ~ stimmen*** to make sb [feel] optimistic

Optimum <-s, Optima> *nt* (*geh*) optimum *no pl*

Option <-, -en> *f* ❶ BÖRSE, FIN option; **eine** ~ **auf etw** *akk* **erwerben** to purchase an option on sth ❷ (*das Optieren*) ■ **die** ~ [**von etw** *dat*] opting [for sth] ❸ (*geh: Möglichkeit*) option

Optionsanleihe *f* option[al] bond **Optionsgeschäft** *nt* ÖKON order plus option

optisch I. *adj* ❶ PHYS optical ❷ (*geh*) visual II. *adv* optically, visually

Optoelektronik *f* optoelectronics + *sing vb*

opulent I. *adj* (*geh*) opulent; **ein ~es Mahl** a sumptuous meal II. *adv* (*geh*) opulently

Opus <-, Opera> *nt* ❶ (*künstlerisches Werk*) work, oeuvre; MUS opus ❷ (*hum: Erzeugnis*) opus *form or hum*

Orakel <-s, -> *nt* oracle; **das** ~ **von Delphi** the Delphic oracle; **das** ~ **befragen** to consult the oracle ▶ WENDUNGEN: **in ~n sprechen** to speak [*or* talk] in riddles

orakeln* *vi* (*geh*) to speak in riddles; ■ **von etw** *dat* ~ to make oracular prophecies about sth

oral I. *adj* oral; ***nicht zur ~en Einnahme bestimmt*** not to be taken orally; ***~er Verkehr*** oral sex II. *adv* orally

Oralsex *m* oral sex

orange [o'rã:ʒə, o'raŋʒə] *adj inv* orange

Orange[1] <-, -n> [o'rã:ʒə, o'raŋʒə] *f* (*Frucht*) orange

Orange[2] <-, – *o fam* -s> [o'rã:ʒə, o'raŋʒə] *nt* (*fam*) orange

Orangeade <-, -n> [orã'ʒa:də, oraŋ'ʒa:də] *f* orangeade

Orangeat <-[e]s, -e> [orã'ʒa:t, oraŋ'ʒa:t] *nt* candied orange peel

Orangenbaum [o'rã:ʒən-, o'raŋʒən-] *m* BOT orange tree **Orangenblütenhonig** *m* orange blossom honey **orange(n)farben**, **orange(n)farbig** *adj* orange[-coloured [*or* AM -ored]] **Orangenhaut** *f kein pl* MED orange-peel skin *no pl* **Orangenmarmelade** *f* orange marmalade **Orangensaft** *m* orange juice **Orangenschale** *f* orange peel

Orang-Utan <-s, -s> *m* orang-utan BRIT, orangutan AM

Oratorium <-s, -torien> [-riən] *nt* oratorio

Orbit <-s, -s> *m* orbit; **im** ~ in orbit

Orchester <-s, -> [ɔr'kɛstɐ, ɔr'çɛstɐ] *nt* MUS orchestra

Orchestergraben *m* MUS orchestra pit

Orchidee <-, -n> *f* orchid

Orden <-s, -> *m* ❶ (*Ehrenzeichen*) decoration, medal, BRIT *a.* gong *fam;* **jdm einen** ~ [**für etw** *akk*] **verleihen** to decorate sb [*or* award sb a medal] [for sth] ❷ (*Gemeinschaft*) [holy] order; **einem** ~ **beitreten** to join a holy order, to become a monk/nun

Ordensbruder *m* monk **Ordensregel** *f* rule of an/the order **Ordensschwester** *f* nun **Ordenstracht** *f* REL habit

ordentlich I. *adj* ❶ (*aufgeräumt*) tidy; ***hinterlasst bitte das Spielzimmer in ~em Zustand!*** please leave the playroom neat and tidy! ❷ (*Ordnung liebend*) orderly; ***ein ~er Staatsbürger*** a respectable citizen; ***er ist nicht gerade einer der ~sten Menschen*** he is not exactly one of the tidiest people ❸ (*fam: tüchtig*) proper; ***eine ~e Portion*** a decent portion; ***eine ~e Tracht Prügel*** a [real] good hiding *hum* ❹ (*annehmbar*) decent, reasonable ❺ (*ordnungsgemäß*) proper; **ein ~es Gericht** a court of law; **ein ~es Mitglied** a full member; **ein ~er Professor** a full professor II. *adv* ❶ (*säuberlich*) neatly, tidily ❷ (*gesittet*) properly, respectably ❸ (*fam: tüchtig*) properly; ~ **essen** to eat well; ***greift/langt ~ zu!*** tuck in! *fam* ❹ (*diszipliniert*) properly; ~ **zu arbeiten beginnen** to get down to work; ~ **studieren** to study seriously ❺ (*annehmbar*) [really] well; ***ich habe ~er gegessen*** I have eaten better

Order <-, -s *o* -n> *f* ❶ ÖKON (*Auftrag*) order ❷ (*geh: Anweisung*) order; **sich** *akk* **an eine ~/[seine] ~n halten** to obey an order/[one's] orders; **jdm** ~ **erteilen** to order [*or* instruct] sb

ordern I. *vt* (*anfordern*) ■ **etw** ~ to order sth II. *vi* (*bestellen*) to order

Ordinalzahl *f* ordinal [number]

ordinär I. *adj* ❶ (*vulgär*) vulgar, crude ❷ (*alltäglich*) ordinary; **ganz** ~ perfectly ordinary II. *adv* crudely, vulgarly

Ordinariat <-[e]s, -e> *nt* SCH chair; **das Bischöfliche** ~ REL the bishop's palace

Ordinarius <-, Ordinarien> [-riən] *m* professor

Ordinate <-, -n> *f* MATH ordinate *spec*

Ordinatenachse [-aksə] *f* Y-axis, axis of the ordinate *spec*

ordnen I. *vt* ■ **etw** ~ ❶ (*sortieren*) to arrange [*or* order] sth; **etw neu** ~ to rearrange [*or* reorganize] sth ❷ (*in Ordnung bringen*) to put sth in order, to sort [*or* straighten] sth out II. *vr* ■ **sich** ~ to get clearer [*or* sorted out] [*or* more organized]

Ordner <-s, -> *m* file

Ordner(in) <-s, -> *m(f)* steward, marshal

Ordnung <-, -en> *f* ❶ *kein pl* (*das Sortieren*) ■ **die** ~ **von etw** arranging [*or* ordering] sth ❷ (*Aufgeräumtheit*) order *no art, no pl; **überall herrscht eine wunderbare*** ~ everywhere is wonderfully neat and tidy; ***hier*** [***bei uns***] ***herrscht*** ~ we like things tidy [*or* a little order] here; **etw in** ~ **bringen** to tidy [*or* clear] sth up, to sort sth out; ***ich muss*** [***bei Ihnen***] ***meine ~ haben*** I like to keep to a routine; ~ **halten** to keep things tidy [*or* in order]; [**jdm**] **etw in** ~ **halten** to keep sth tidy [*or* in order] [for sb]; ~ **schaffen** to

O

tidy things up, to sort things out ③ *kein pl* (*ordentliches Verhalten*) order *no art, no pl;* ***Sie müssen für mehr ~ in Ihrer Klasse sorgen*** you must keep your class in better order [*or* keep more order [*or* discipline] in your class]; ***das nennst du ~?*** you call that tidy?; **die öffentliche ~** public order; **sehr auf ~ halten** to set great store by tidiness; **jdn zur ~ anhalten** to urge sb to be tidy [*or* to encourage tidy habits in sb]; **~ muss sein!** we must have order!; **jdn zur ~ rufen** to call sb to order ④ (*Gesetzmäßigkeit*) structure, order *no pl* ⑤ (*Vorschrift*) rules *pl;* **der ~ halber** as a matter of form ⑥ BIOL (*Rang*) order; ASTRON magnitude *spec* ► WENDUNGEN: **~ ist das halbe Leben** (*prov*) muddle makes trouble, tidiness [*or* a tidy mind] is half the battle *prov;* **es ist alles in bester** [*o* **schönster**] **~** everything's fine, things couldn't be better; **etw in ~ bringen** (*etw reparieren*) to fix sth; **es** [**ganz**] **in ~ finden, dass ...** to think [*or* find] it [quite] right that ...; **es nicht in ~ finden, dass ...** to not think it's right that ...; **geht in ~!** (*fam*) that's all right [*or fam* OK]; **es ist mit jdm/etw nicht in ~** there's something wrong with sb/sth; [**wieder**] **in ~ kommen** ([*wieder*] *gut gehen*) to turn out all right [*or fam* OK]; (*wieder funktionieren*) to start working [again]; **in ~ sein** (*fam*) to be all right [*or fam* OK]; **nicht in ~ sein** (*nicht funktionieren*) to be not working properly; (*sich nicht gehören*) to be not right; (*nicht stimmen*) to be not right; ***da ist etwas nicht in ~*** there's something wrong there; ***irgendetwas ist nicht in ~*** something's wrong; [**das ist**] **in ~!** (*fam*) [that's] all right [*or fam* OK]!

Ordnungsamt *nt* regulatory agency [*or form* body] (*municipal authority responsible for registration, licensing, and regulating public events*) **Ordnungsgeld** *nt* fine **ordnungsgemäß** I. *adj* according to the rules *pred,* in accordance with the regulations *pred;* **auf den ~en Ablauf einer S.** *gen* **achten** to ensure sth runs smoothly II. *adv* in accordance with the regulations **ordnungshalber** *adv* as a matter of form **Ordnungshüter(in)** *m(f)* (*hum*) custodian of the law *hum* **Ordnungsliebe** *f kein pl* love of [*or* liking for] [good] order **ordnungsliebend** *adj* tidy-minded **Ordnungsruf** *m* call to order; [**von jdm**] **einen ~ bekommen** [*o* **erhalten**] to be called to order [by sb] **Ordnungssinn** *m kein pl* sense of order **Ordnungsstrafe** *f* fine; **jdn mit einer ~ belegen** to fine sb **ordnungswidrig** I. *adj* illegal; ***~es Verhalten*** irregular behaviour [*or* AM -or] II. *adv* illegally, in contravention of the regulations *form* **Ordnungswidrigkeit** *f* infringement [of the regulations/law] **Ordnungszahl** *f s.* **Ordinalzahl**

Oregano <-s> *m kein pl* KOCHK *s.* **Origano**

Organ <-s, -e> *nt* ① ANAT organ; **innere ~e** inner organs; **ein ~ spenden** to donate an organ ② (*fam: Stimme*) voice; **lautes/schrilles ~** loud/piercing voice ③ *pl selten* (*form: offizielle Zeitschrift*) organ ④ (*form: offizielle Einrichtung*) organ; **das ausführende ~** the executive, the executive body; **ein beratendes ~** an advisory body; **das rechtssprechende ~** the judiciary, the judicial power; (*beauftragte Person*) authorized agent ► WENDUNGEN: **kein ~ für etw haben** *akk* (*fam*) to have no feeling for sth

Organelle <-, -n> *f* BIOL (*Funktionseinheit innerhalb von Zellen*) organelle

Organhandel <-s> *m kein pl* MED [illegal] trade in [body] organs

Organigramm <-s, -e> *nt s.* **Organisationsplan**

Organisation <-, -en> *f* organization

Organisationskomitee *nt* organizing committee **Organisationsplan** *m* organization chart, organigram *spec* **Organisationstalent** *nt* ① *kein pl* (*Eigenschaft*) talent [*or* flair] for organization [*or* organizing] ② (*Mensch*) person with a talent for organization [*or* organizing]; **ein wahres ~ sein** to have a real talent [*or* flair] for organizing

Organisator, -torin <-s, -toren> *m, f* organizer [*or* BRIT *a.* -iser]

organisatorisch I. *adj* organizational [*or* BRIT *a.* -isational]; **eine ~e Höchstleistung** a feat [*or* masterpiece] of supreme organization; **ein ~es Talent sein** to have a talent [*or* gift] for organizing; ■**das O~e** organizational matters *pl* II. *adv* organizationally; **rein ~ betrachtet** from a purely organizational standpoint

organisch I. *adj* ① MED organic, physical ② (*geh: natürlich*) organic ③ CHEM organic; **~e Chemie** organic chemistry II. *adv* ① MED physically, organically ② (*geh: einheitlich*) organically; **sich** *akk* **~ in etw** *akk* **einfügen** to form an organic part of sth

organisieren* I. *vt* ■**etw ~** ① (*systematisch vorbereiten*) to organize sth ② (*sl: unrechtmäßig beschaffen*) to get hold of sth II. *vi* to organize; ***er kann ausgezeichnet ~*** he's an excellent organizer III. *vr* ■**sich ~** to organize

organisiert *adj* organized; **~es Verbrechen** organized crime; **~e Maßnahmen** coordinated measures

Organismus <-, -nismen> *m* organism

Organist(in) <-en, -en> *m(f)* organist

Organklage *f* JUR action against a public body **Organspende** *f* MED organ donation **Organspender(in)** *m(f)* MED organ donor **Organtransplantation** *f,* **Organverpflanzung** *f* MED organ transplant[ation]

Orgasmus <-, Orgasmen> *m* orgasm; **einen ~ bekommen/haben** to have an orgasm, to achieve [*or* reach] orgasm

Orgel <-, -n> *f* MUS organ; **~ *spielen*** to play the organ

Orgelpfeife *f* MUS organ pipe ► WENDUNGEN: **wie die ~n dastehen** (*hum fam*) to stand in a row from [the] tallest to [the] shortest

orgiastisch *adj* (*geh*) orgiastic *form*

Orgie <-, -n> ['ɔrgiə] *f* orgy; **~n feiern** to have orgies

Orient <-s> ['o:riɛnt, o'riɛnt] *m kein pl* ■**der ~** the Orient *form or dated;* **vom ~ zum Okzident** (*geh*) from east to west; **der Vordere ~** the Middle [*or* Near] East

Orientale, -talin <-n, -n> *m, f* Oriental

orientalisch [oriɛn'ta:lɪʃ] *adj* oriental

Orientalist(in) <-en, -en> [oriɛnta'lɪst] *m(f)* orientalist

Orientalistik [oriɛnta'lɪstɪk] *f* oriental studies *npl*

Orientalistin <-, -nen> *f fem form von* **Orientalist**

orientieren* [oriɛn'ti:rən] I. *vr* ① (*sich informieren*) ■**sich** *akk* [**über jdn/etw**] **~** to inform oneself [about sb/sth]; ***bitte ~ Sie sich anhand der Unterlagen selbst: Sie werden sehen, dass ich recht habe*** please look at these documents yourself: you'll see that I am right ② (*sich zurechtfinden*) ■**sich** *akk* [**an etw** *dat*] **~** to get one's bearings [by sth]; ***in der Dunkelheit können sich viele Leute schlecht ~*** many people have difficulty getting their bearings in the dark; ***nach was soll ich mich eigentlich ~, wenn ein Inhaltsverzeichnis fehlt?*** how am I supposed to find my way around without an index? ③ (*sich einstellen*) ■**sich** *akk* **an etw** *dat* **~** to adapt oneself to [*or* orientate [*or* AM orient] oneself towards] sth II. *vt* (*geh*) ① (*informieren*) ■**jdn** [**über etw** *akk*] **~** to inform sb [*or* put sb in the picture] [about sth]; ■**über jdn/etw orientiert sein** to be informed about sb/sth ② (*ausgerichtet sein*) ***ich bin eher links/rechts/liberal orientiert*** I tend [*or* lean] more to the left/right/I am more liberally orientated

Orientierung <-, -en> [oriɛn'ti:rʊŋ] *f* ① (*das Zu-*

rechtfinden) orientation; **die ~ verlieren** to lose one's bearings ② (*geh: Unterrichtung*) information; **zur/zu jds ~** (*geh*) for [sb's] information ③ (*geh: Ausrichtung*) ■ **die/jds ~ an etw** *dat* the/sb's orientation towards sth

Orientierungshilfe *f* aid to orientation, guideline; ***die Querverweise sind als ~ gedacht*** the references are meant to help you find your way **orientierungslos** *adj* disoriented **Orientierungspunkt** [oriɛn'tiːrʊŋs-] *m* point of reference **Orientierungssinn** *m kein pl* sense of direction

original I. *adj* ① (*echt*) genuine ② (*ursprünglich*) original II. *adv* in the original [condition]; ***Umtauschartikel müssen noch ~ verpackt sein*** goods for exchange must still be in their original packaging

Original <-s, -e> *nt* ① (*Urversion*) original; **im ~** in the original ② (*Mensch*) original, character

Originalausgabe *f* original [*or* first] edition **Originalfassung** *f* original [version]; ***in der englischen ~*** in the original English version **originalgetreu** I. *adj* true to the original *pred* II. *adv* in a manner true to the original; ***er kann die Stimmen von Politikern ~ imitieren*** he can do a very faithful imitation of politicians' voices

Originalität <-> *f kein pl* ① (*Echtheit*) authenticity *no art, no pl*, genuineness *no art, no pl* ② (*Ursprünglichkeit*) naturalness *no art, no pl* ③ (*Einfallsreichtum*) originality *no art, no pl*

Originalton *m* ① FILM original soundtrack ② (*wörtliches Zitat*) direct quote, one's/sb's own words

originär *adj* (*geh*) original

originell *adj* original

Orka <-, -s> *m* ZOOL orca, killer whale

Orkan <-[e]s, -e> *m* hurricane; **wie ein ~** like a hurricane

orkanartig *adj* hurricane-force *attr*

Orkanstärke *f* hurricane force *no art, no pl*

Ornament <-[e]s, -e> *nt* ornament, decoration

ornamental I. *adj* ornamental, decorative II. *adv* ornamentally, decoratively

Ornat <-[e]s, -e> *m* regalia + *sing/pl vb;* **in vollem ~** in full regalia; (*veraltend fam*) dressed [*or* done] up to the nines *fam*

Ornithologe, -login <-n, -n> *m, f* ornithologist

Ort[1] <-[e]s, -e> *m* ① (*Stelle*) place; **der ~ der Handlung** the scene of the action; ***der ~ der Handlung von Macbeth ist das schottische Hochland*** in Macbeth the action is set in the Scottish highlands; **an einem dritten ~** on neutral territory [*or* ground]; **am angegebenen ~** in the place quoted [*or* cited], loc cit *spec* ② (*~schaft*) place; ***sie zogen in einen kleinen ~ auf dem Land*** they moved to a quiet spot in the country; ***im Zentrum des ~es*** in the centre of the village [*or* [the] town]; **am ~** in the place/the village/[the] town; **von ~ zu ~** from place to place; **ohne ~ und Jahr** without any place or date of publication ▶ WENDUNGEN: **an ~ und Stelle** on the spot, there and then; **höheren ~es** (*form*) higher up

Ort[2] *nt* **vor ~** on the spot, in situ *form;* BERGB at the [coal] face

Örtchen <-s, -> *nt* ▶ WENDUNGEN: **das [stille] ~** (*euph fam*) the smallest room BRIT *fam*, the john AM *fam;* ***ich muss mal schnell aufs ~*** I just have to pay a quick visit

orten *vt* ① (*ausfindig machen*) ■ **etw ~** to locate [*or* get a fix on] sth ② (*ausmachen*) ■ **etw ~** to sight [*or* spot] sth ③ (*fam: sehen*) ■ **jdn ~** to spot sb

orthodox I. *adj* ① REL Orthodox; ■ **~ sein** to be an Orthodox Christian/to be Orthodox [Christians] ② (*geh: strenggläubig*) orthodox, strict ③ (*fig: gewohnt*) **nicht gerade ~ sein** to be somewhat [*or* a little] unorthodox II. *adv* REL according to Orthodox ritual; **~ heiraten** to have an Orthodox wedding

Orthographie, Orthografie[RR] <-, -en> [*pl* -'fiːən] *f* spelling, orthography *no art, no pl spec*

orthographisch, orthografisch[RR] I. *adj* orthographic[al] *spec;* **ein ~er Fehler** a spelling mistake II. *adv* orthographically *spec;* **~ richtig schreiben** to spell correctly

Orthopäde, -pädin <-n, -n> *m, f* orthopaedist BRIT, orthopedist AM

orthopädisch *adj* orthopaedic BRIT, orthopedic AM

örtlich I. *adj* ① (*lokal*) local ② METEO localized II. *adv* locally; **~ *verschieden sein/variieren*** to vary from place to place; ***ein ~ begrenzter Konflikt*** a limited local conflict; **jdn ~ betäuben** to give sb a local anaesthetic [*or* AM anesthetic]

Örtlichkeit <-, -en> *f* ① (*Gegend*) locality, area, place; **mit den ~en [gut] vertraut sein** to be [very] familiar with the area, to know the area [well]; **sich** *akk* **mit der ~ [*o* den ~en] vertraut machen** to get to know the area ② (*euph fam*) ■ **die ~[en]** the rest room

Ortsangabe *f* ① (*Standortangabe*) [name of] location; (*in Anschrift*) [name of the] town/city ② (*Erscheinungsort*) **ohne ~** with no [indication of] place of publication, no place of publication indicated **ortsansässig** *adj* local; ■ **~ sein** to live locally **Ortsansässige(r)** *f(m) dekl wie adj* local [resident] **Ortsausgang** *m* end of a [*or* the] village [*or* town] **ortsbekannt** *adj inv* locally known; **~ *unter dem Namen „Danger"*** known locally as "Danger"

Ortschaft <-, -en> *f* village/[small] town; **eine geschlossene ~** a built-up [*or* restricted] area

Ortseingang *m* start of a [*or* the] village [*or* town] **ortsfremd** *adj* non-local; ■ **~ sein** to be a stranger; **~e Besucher** visitors to [the] town/the village **Ortsfremde(r)** *f(m) dekl wie adj* stranger **Ortsgespräch** *nt* TELEK local call **Ortsgruppe** *f* local branch [*or* group] **Ortskenntnisse** *pl* local knowledge; **[gute] ~ haben** to know the place [*or* one's way around] [well] **Ortskrankenkasse** *f* *public organizations providing statutory health insurance to individuals living within a particular area* **ortskundig** *adj* ■ **~ sein** to know one's way around [*or* the place well]; **sich** *akk* **~ machen** to get to know the place **Ortskundige(r)** *f(m) dekl wie adj* person who knows his/her way around [*or* the place well] **Ortsname** *m* place name, name of a/the place **Ortsnetz** *nt* ① TELEK local exchange network ② ELEK local grid **Ortsnetzkennzahl** *f* TELEK (*form*) dialling [*or* AM area] code **Ortsschild** *nt* place name sign **Ortssinn** *m kein pl* sense of direction **Ortstarif** *m* TELEK local [call] rate **Ortsteil** *m* part of a [*or* the] village [*or* town] **ortsüblich** *adj* local; **eine ~e Gepflogenheit** a local custom; **ein ~es Entgelt** a standard local fee; ■ **~ sein** to be customary **Ortsverkehr** *m* ① (*Straßenverkehr*) local traffic *no art, no pl;* ***Busse werden hauptsächlich im ~ eingesetzt*** buses are mainly used [*or* put [*or* laid] on] for local traffic ② TELEK local telephone service; **Gebühren im ~** charges for local calls **Ortswechsel** *m* change of one's place of residence **Ortszeit** *f* local time

Ortung <-, -en> *f* ① *kein pl* (*das Orten*) ■ **die ~ [von etw** *dat*] locating [sth] ② (*geortetes Objekt*) signal; (*auf Anzeige a.*) reading

Oryx-Antilope *f* ZOOL oryx

Öse <-, -n> *f* eye[let]

OSI <-> *f kein pl Akr von* **Open Systems Interconnection** OSI *no art, no pl spec*

Oslo <-s> *nt* Oslo *no pl, no art*

Osmane, -manin <-n, -n> *m, f* Ottoman *hist*

osmanisch *adj* Ottoman *hist*

Osmium <-s> *nt kein pl* osmium *no pl, no art spec*

Osmose <-, -n> *f* osmosis *no pl, no art spec*
Ossi <-, -s> *m o f (fam)* Easterner, East German
Ost <-[e]s, -e> *m* ❶ *kein pl, kein art bes* NAUT east; **der Konflikt zwischen ~ und West** POL the conflict between East and West; *s. a.* **Nord 1** ❷ *pl selten* NAUT (*Ostwind*) east wind ❸ (*veraltet sl: Ostmark*) East German Mark
Ostafrika *nt* East Africa *no pl, no art*
Ostalgie <-> *f kein pl* SOZIOL, POL (*iron*) *nostalgia for the socio-political infrastructure of the former GDR* **Ostasien** *nt* East[ern] Asia *no pl, no art* **Ostberlin** *nt* HIST East Berlin *no pl, no art hist* **Ostblock** *m* HIST Eastern bloc *no pl, no indef art hist* **Ostblockland** *nt*, **Ostblockstaat** *m* HIST Eastern bloc country [*or* state] *hist* **Ostchinesisches Meer** *nt* East China Sea **ostdeutsch** *adj* East German **Ostdeutschland** *nt* East[ern] Germany *no pl, no art*
Osten <-s> *m kein pl, no indef art* ❶ (*Himmelsrichtung*) ***die Sonne geht im ~ auf*** the sun rises in the east; **der Ferne ~** the Far East; **der Mittlere ~** *area stretching from Iran to Myanmar;* **der Nahe ~** the Near [*or* Middle] East; *s. a.* **Norden 1** ❷ (*östliche Gegend*) east; *s. a.* **Norden 2** ❸ (*ehemalige DDR*) ■**der ~** former East Germany; **aus dem ~ kommen** [*o* **stammen**] to come from the East [*or* former East Germany] ❹ POL ■**der ~** the East; (*Osteuropa*) Eastern Europe
ostentativ (*geh*) **I.** *adj* ostentatious **II.** *adv* ostentatiously
Osteoporose <-, -n> *f* osteoporosis *no pl, no art*
Osterei *nt* Easter egg **Osterfest** *nt* ■**das ~** Easter **Osterfeuer** *nt* Easter bonfire **Osterglocke** *f* ❶ BOT daffodil ❷ REL Easter [church] bell **Osterhase** *m* Easter bunny **Osterinsel** *f* ■**die ~** Easter Island, Rapa Nui **Osterlamm** *nt* paschal lamb *spec*
österlich **I.** *adj* Easter *attr* **II.** *adv* like Easter
Ostermontag *m* Easter Monday **Ostermorgen** *m* Easter [Sunday] morning
Ostern <-, -> *nt* Easter; ***seid ihr ~ zu Hause?*** are you at home for Easter?; **frohe** [*o* **fröhliche**] **~!** Happy Easter!; **zu** [*o* **über**] **~** at [*or* over] Easter; **zu ~** at [*or* for] Easter
Österreich <-s> *nt* Austria; *s. a.* **Deutschland**
Österreicher(in) <-s, -> *m(f)* Austrian; *s. a.* **Deutsche(r)**
österreichisch *adj* Austrian; ■**das Ö~e** Austrian; *s. a.* **deutsch**
Ostersonntag *m* Easter Sunday **Osterwoche** *f* Easter week (*week before Easter*)
Osteuropa *nt* East[ern] Europe **osteuropäisch** *adj* East[ern] European **Ostfriesland** *nt* East Friesland, Ostfriesland **Ostgote, -gotin** *m, f* HIST Ostrogoth *spec* **Ostkirche** *f* ■**die ~** the Eastern [*or* Orthodox] Church **Ostküste** *f* east coast
östlich **I.** *adj* ❶ (*in ~er Himmelsrichtung befindlich*) eastern; *s. a.* **nördlich I 1** ❷ (*im Osten liegend*) eastern; *s. a.* **nördlich I 2** ❸ (*von/nach Osten*) eastwards, easterly; *s. a.* **nördlich I 3** ❹ (*den osteuropäischen und asiatischen Raum betreffend*) eastern **II.** *adv* ■**~ von ...** east of ... **III.** *präp +gen* ■**~ einer S.** [to the] east of sth; *s. a.* **nördlich III**
Ostpolitik *f* ■**die ~** Ostpolitik *hist* (*German foreign policy towards former Eastern Europe and Asia*) **Ostpreußen** *nt* East Prussia **ostpreußisch** *adj* East Prussian
Östrogen <-s, -e> *nt* oestrogen BRIT, estrogen AM *no pl, no art*
Ostrom *nt* HIST the Eastern [Roman] [*or* Byzantine] Empire *hist*
Östrus <-> *m kein pl* ZOOL oestrus BRIT, estrus AM
Ostsee *f* ■**die ~** the Baltic [Sea] **Ostsibirische See** *f* East Siberian Sea **Ostverträge** *pl* POL treaties *pl* with the Eastern bloc countries **ostwärts** *adv* eastwards, to the east **Ostwind** *m* east [*or* easterly] wind
OSZE *f Abk von* **Organisation für Sicherheit und Zusammenarbeit in Europa** OSCE *hist*
Oszillograph <-en, -en> *m*, **Oszillograf**[RR] <-en, -en> *m* oscillograph *spec*
Oszilloskop <-s, -e> *nt* oscilloscope, scope *spec fam*
O-Ton *m (fam) s.* **Originalton**
Ottawa <-s> *nt* Ottawa
Otter[1] <-, -n> *f* (*Schlangenart*) adder, viper
Otter[2] <-s, -> *m* (*Fisch~*) otter
Ottomotor *m* spark ignition [*or* SI] engine *spec*
ÖTV <-> *f kein pl Abk von* **Gewerkschaft Öffentliche Dienste, Transport und Verkehr** ≈ TGWU BRIT, ≈ TWU AM
Ötztal *nt* Ötztal
out [aut] *adj* (*fam*) ■**~ sein** to be out *fam*, to be out of favour [*or* AM -or]/fashion
outen ['autən] *vt* ■**sich/jdn ~** to out oneself/sb
Outfit <-s, -s> ['autfɪt] *nt* (*sl*) outfit
Outing <-s, -s> ['autɪŋ] *nt* (*fam*) coming out *fam*
Outsourcing <-> ['autsɔːsɪŋ] *nt kein pl* ÖKON, INFORM outsourcing *no pl*
Ouvertüre <-, -n> [uver'tyːrə] *f* overture
oval [o'vaːl] *adj* oval
Oval <-s, -e> [o'vaːl] *nt* oval
Ovation <-, -en> [-va-] *f* (*geh*) ovation; **jdm ~en darbringen** to give sb an ovation; **stehende ~en** standing ovations
Overall <-s, -s> ['oːvərɔːl] *m* (*für schmutzige Arbeit*) overalls *npl*, BRIT *a.* overall; (*bei kaltem Wetter*) jumpsuit
Overheadfolie ['oːvəhɛdfoːliə] *f* [overhead] transparency **Overheadprojektor** ['oːvəhɛd-] *m* overhead projector
Overkill <-> *m kein pl* overkill *no pl, no art pej*
ÖVP <-> [øːfau'peː] *f* POL *Abk von* **Österreichische Volkspartei**
Ovulation <-, -en> [-vu-] *f* BIOL ovulation *no pl, no art*
Ovulationshemmer <-s, -> *m* MED anovulant, ovulation inhibitor *form*
Oxid <-[e]s, -e> *nt* oxide
Oxidation <-, -en> *f* oxidation *no art, no pl*
oxidieren* **I.** *vi sein o haben* to oxidize **II.** *vt* ■**etw ~** to oxidize sth
Ozean <-s, -e> *m* ocean; **der Atlantische/Pazifische** [*o* **Stille**] **~** the Atlantic/Pacific Ocean
Ozeandampfer *m* ocean liner
Ozeanien *nt* Oceania
Ozeanographie <-> *f kein pl*, **Ozeanografie**[RR] <-> *f kein pl* oceanography *no pl, no art*
Ozelot <-s, -e> *m* ❶ ZOOL ocelot *spec* ❷ MODE ocelot coat *spec*
Ozon <-s> *nt o m kein pl* ozone *no pl, no art*
Ozonalarm *m kein pl* METEO, ÖKOL, ADMIN ozone warning **Ozonanstieg** *m* increase [*or* rise] in ozone levels; ***ein ~ von 10 ppm*** a 10 ppm increase [*or* rise] in ozone levels **ozonarm** *adj* ÖKOL low-ozone *attr*, ozone-deficient, characterized by low ozone levels *pred* **Ozonbekämpfung** *f kein pl* METEO, ÖKOL, CHEM measure to cut [*or* reduce] ozone levels [in the air] **Ozonbelastung** *f* METEO, ÖKOL, CHEM ozone build-up [in the lower atmosphere] *no pl* **Ozongehalt** *m* CHEM ozone concentration *no pl* **Ozonkiller** *m* (*fam*) METEO, ÖKOL, CHEM substance [*or* product] which contributes to the destruction of [*or* destroys] the ozone layer **Ozonloch** *nt* ■**das ~** the ozone hole, the hole in the ozone layer **Ozonschicht** *f kein pl* ■**die ~** the ozone layer, the ozonosphere *spec*

Ozonschild *m* ozone shield *spec*
Ozon-Vorläufersubstanz *f* CHEM substance contributing to ozone formation; ■ eine ~ sein to contribute to ozone formation

P

P, p <-, – *o fam* -s, -s> *nt* P, p; ~ **wie Paula** P for [*or* AM as in] Peter; *s. a.* **A 1**
paar *adj inv* ■ **ein ~ …** a few …; **ein ~ Mal** a few [*or* a couple of] times; **alle ~ Tage/Wochen** every few days/weeks ▸ WENDUNGEN: **du kriegst [gleich] ein ~!** (*fam*) you'll get a smack[ing *fam*]!
Paar <-s, -e> *nt* ① (*Mann und Frau*) couple; **ein ~ werden** (*geh*) to become man and wife *form* ② (*zwei zusammengehörende Dinge*) pair; ***ein ~ Würstchen*** a couple of sausages; ***ein ~ neue Socken*** a pair of new socks ③ (*Gespann*) **ein ungleiches ~** an unlikely pair, an odd couple
paaren I. *vr* ① (*kopulieren*) ■ **sich ~** to mate ② (*sich verbinden*) ■ **sich** *akk* **mit etw** *dat* ~ to be coupled with sth II. *vt* ① (*zur Kopulation zusammenbringen*) ■ **etw** ~ to mate [*or* pair] sth ② SPORT ■ **jdn** ~ to match sb
Paarhufer <-s, -> *m* ZOOL even-hoofed ungulate
paarig I. *adj* paired II. *adv* in pairs; BOT *a.* binate *spec;* ~ **angeordnet** arranged in pairs
Paarlauf *m* pair-skating, pairs + *sing vb*
Paarreim *m* rhyming couplet
Paarung <-, -en> *f* mating; **zur ~ bereit sein** to be ready to mate
Paarungszeit *f* mating season
paarweise *adv* in pairs [*or* twos]
Pacht <-, -en> *f* ① (*Entgelt*) rent[al] *no indef art, no pl* ② (*Nutzungsvertrag*) lease; **etw in ~ haben** *dat* to have sth on lease [*or form* leasehold]
pachten *vt* ■ **etw [von jdm]** ~ to lease sth [from sb] ▸ WENDUNGEN: **etw für sich** *akk* **gepachtet haben** (*fam*) to have got a monopoly on sth; *s. a.* **Weisheit**
Pächter(in) <-s, -> *m(f)* tenant, leaseholder, lessee *spec*
Pachtvertrag *m* lease **Pachtzins** *m* rent[al] *no indef art, no pl*
Pack¹ <-[e]s, -e *o* Päcke> *m* (*Stapel*) pile, stack; (*zusammengeschnürt*) bundle, pack
Pack² <-s> *nt kein pl* (*pej: Pöbel*) rabble *pej,* riff-raff + *pl vb pej* ▸ WENDUNGEN: ~ **schlägt sich** *akk,* ~ **verträgt sich** *akk* (*prov*) one minute the rabble are at each other's throats, the next they're the best of friends, rabble like that are at each other's throats one minute and friends again the next
Packager(in) <-s, -> ['pɛkɪtʃə] *m(f)* TOURIST sb [who goes [*or* is]] on a package holiday [*or* tour]
Päckchen <-s, -> *nt* ① (*Postversand*) small parcel, package ② (*Packung*) packet, pack ③ (*kleiner Packen*) pack, bundle ▸ WENDUNGEN: **jeder hat sein ~ zu tragen** we all have our cross to bear
Packeis *nt* pack ice *no art, no pl*
packeln *vi* ÖSTERR (*fam*) *s.* **paktieren 2**
packen I. *vt* ① (*ergreifen*) ■ **jdn/etw** ~ to grab [hold of] sb/sth, to seize sb/sth; ***wenn ich dich packe/zu ~ kriege …*** when I get hold of you …; ■ **jdn/etw bei/an etw** *dat* ~ to grab [*or* seize] sb/sth by sth; **jdn an** [*o* **bei**] **dem Kragen** ~ to grab sb by the collar ② (*voll ~*) ■ **etw** ~ to pack sth; **ein Paket** ~ to make up *sep* a parcel ③ (*verstauen*) ■ **etw [in etw** *akk*] ~ to pack sth [in[to] sth]; **etw in den Koffer** ~ to pack [*or* put] sth in the suitcase; **etw in den Safe** ~ to put sth [away] in the safe; **Gepäck in den Kofferraum** ~ to stow [*or* put] luggage in the boot ④ (*überkommen*) ■ **jdn** ~ to seize sb; ***von Abenteuerlust gepackt*** seized by a thirst for adventure; ***da packte mich nur noch der Ekel*** I was seized by revulsion; ***mich packt auf einmal ein unwiderstehliches Verlangen nach Island zu fliegen*** I suddenly have an irresistible urge to fly to Iceland ⑤ (*sl: bewältigen*) ■ **etw** ~ to manage sth; **eine Prüfing** ~ to pass an exam; ***das Examen ist leicht zu*** ~ the exam is easy [*or* BRIT *fam!* a piece of piss] ⑥ (*erreichen*) ■ **etw** ~ to catch sth; ***beeilt euch, sonst ~ wir es nicht mehr!*** hurry up, otherwise we won't make it! ⑦ (*sl: kapieren*) ■ **etw** ~ to get sth *fam* ▸ WENDUNGEN: **jdn bei der Ehre** ~ to appeal to sb's sense of honour; **es hat jdn [ganz schön] gepackt** (*fam*) sb has it bad *fam;* ***ihn hat es ganz schön gepackt, er ist über beide Ohren verliebt*** he's got it bad, he's head over heels in love II. *vr* (*fam*) ■ **sich** ~ to clear off, to beat it *fam*
Packen <-s, -> *m* stack; (*unordentlich a.*) pile; (*zusammengeschnürt*) bundle
packend *adj* absorbing; **ein packendes Buch/packender Film** a thrilling book/film
Packer(in) <-s, -> *m(f)* ① (*im Versand*) packer ② (*bei einer Möbelspedition*) [furniture] packer [*or* BRIT *a.* remover], removal [*or* moving] man, AM *a.* mover
Packerei <-> *f kein pl* (*fam*) [tiresome] packing *no indef art, no pl*
Packerin <-, -nen> *f fem form von* **Packer**
Packesel *m* (*Lasttier*) pack mule; (*fig*) packhorse **Packpapier** *nt* wrapping [*or* brown] paper *no art, no pl* **Packsattel** *m* packsaddle
Packung <-, -en> *f* ① (*Schachtel*) pack[et]; **eine ~ Pralinen** a box of chocolates; **eine neue ~ anbrechen** to start [on] a new packet ② MED pack, compress; **eine feuchte** ~ a poultice, a fomentation; (*Kosmetik*) a beauty pack ③ (*Niederlage*) **eine ~ bekommen** to get a thrashing [*or fam* hammering]
Packungsbeilage *f* PHARM *information leaflet included in medicine packets*
Pädagoge, -gogin <-n, -n> *m, f* ① (*Lehrer*) teacher, pedagogue *old* ② (*Erziehungswissenschaftler*) education[al]ist
Pädagogik <-> *f kein pl* [theory of] education *no art, no pl,* educational theory *no art, no pl,* pedagogy *no art, no pl spec*
Pädagogin <-, -nen> *f fem form von* **Pädagoge**
pädagogisch I. *adj* educational *attr,* pedagogic[al] *spec;* ~**e Fähigkeiten** teaching ability II. *adv* educationally, pedagogically *spec;* ~ **falsch sein** to be wrong from an educational point of view; *s. a.* **Hochschule**
Paddel <-s, -> *nt* paddle
Paddelboot *nt* canoe
paddeln *vi sein o haben* ① (*das Paddel bewegen*) to paddle ② (*mit dem Paddelboot fahren*) to paddle, to canoe
Paddler(in) <-s, -> *m(f)* canoeist
Päderast <-en, -en> *m* PSYCH pederast, BRIT *a.* paederast
Paellapfanne *f* paella pan
paffen I. *vi* (*fam: rauchen*) to puff away; (*nicht inhalieren*) to puff II. *vt* (*fam*) ■ **etw** ~ to puff away at sth
Page <-n, -n> ['pa:ʒə] *m* ① (*Hoteldiener*) page [boy], bellboy, AM *a.* bellhop ② HIST page
Pagenkopf ['pa:ʒən-] *m* bob, pageboy [hairstyle [*or* cut]]
Pager <-s, -> ['peɪdʒɐ] *m* pager
paginieren* *vt* ■ **etw** ~ to paginate sth *spec*
Pagode <-, -n> *f* pagoda
pah *interj* pah, huh
Paillette <-, -n> [pai'jɛtə] *f* sequin, spangle, paillette

spec

Paket <-[e]s, -e> *nt* ① (*Sendung*) parcel ② (*umhüllter Packen*) package ③ (*Packung*) packet ④ (*Gesamtheit*) package ⑤ (*Stapel*) pile, stack

Paketannahme *f* ① (*Paketschalter*) parcels counter ② *kein pl* acceptance of parcels; ***„~ nur von 10 bis 12 Uhr"*** "parcels accepted only between 10 and 12 o'clock" **Paketausgabe** *f* parcels office [*or* counter] **Paketbeförderung** *f* parcel handling *no art, no pl;* ***diese Firma ist spezialisiert auf ~*** this firm specializes in handling parcels **Paketkarte** *f* [parcel *form*] dispatch form **Paketpost** *f* parcel post *no art, no pl* **Paketschalter** *m* parcels counter **Paketzustellung** *f* parcel delivery

Pakistan <-s> *nt* Pakistan; *s. a.* **Deutschland**

Pakistaner(in) <-s, -> *m(f),* **Pakistani** <-[s], -[s]> *m* Pakistani, Paki *pej fam!; s. a.* **Deutsche(r)**

Pakistani <-s, -s> *m s.* **Pakistaner**

pakistanisch *adj* Pakistani; *s. a.* **deutsch**

Pakt <-[e]s, -e> *m* pact, agreement; **der Warschauer ~** the Warsaw Pact

paktieren* *vi* ■**mit jdm ~** to make a pact [*or* deal] [*or* do a deal] with sb

Paläoanthropologie *f* palaeoanthropology BRIT *no pl, no art spec,* paleoanthropology AM *no pl, no art spec* **Paläophytikum** *nt* ■**das ~** the Palaeophytic [*or* AM Paleophytic] [Period]

Palast <-[e]s, Paläste> *m* palace

Palästina <-s> *nt* Palestine; *s. a.* **Deutschland**

Palästinenser(in) <-s, -> *m(f)* Palestinian; *s. a.* **Deutsche(r)**

Palatschinken <-, -n> *f* ÖSTERR stuffed pancake

Palau <-s> *nt* Palau; *s. a.* **Sylt**

Palauer(in) <-s, -> *m(f)* Palauen; *s. a.* **Deutsche(r)**

palauisch *adj* Palauen; *s. a.* **deutsch**

Palaver <-s, -> *nt* (*fam*) palaver *no pl fam*

palavern* [-vεn] *vi* (*fam*) to palaver

Palbohne *f* fresh green bean kernel **Palerbse** *f* yellow pea

Palette <-, -n> *f* ① (*Stapelplatte*) pallet, platform ② KUNST palette ③ (*geh: reiche Vielfalt*) range

paletti *adv* ▶ WENDUNGEN: **alles ~** (*sl*) everything's OK [*or* cool] *fam*

palettieren* *vt* ÖKON, TECH ■**etw ~** to palletize sth; *s. a.* **palettisieren**

Palisade <-, -n> *f* pale, stake, palisade

Palisadenzaun *m* palisade, stockade

Palisander <-s, -> *m,* **Palisanderholz** *nt* rosewood *no art, no pl*

Palladium <-s> *nt kein pl* palladium *no art, no pl*

Palme <-, -n> *f* palm [tree] ▶ WENDUNGEN: **jdn [mit etw *dat*] auf die ~ bringen** (*fam*) to drive sb up the wall [*or* make sb's blood boil] [with sth] *fam*

Palmfett *nt* palm butter [*or* oil] **Palmherzen** *pl* palm hearts *pl* **Palmkohl** *m* palm kale

Palmsonntag *m* Palm Sunday

Palmtop <-s, -s> *nt* INFORM palmtop

Palmwedel *m* palm frond [*or* leaf]

Pamp <-[e]s> *m kein pl* DIAL (*fam*) *s.* **Pampe**

Pampasgras *nt* pampas grass *no pl, no art*

Pampe <-> *f kein pl* DIAL (*pej fam*) mush *pej fam;* (*klebrig a.*) goo *fam*

Pampelmuse <-, -n> *f* grapefruit

Pamphlet <-[e]s, -e> *nt* (*pej geh*) ① (*Schmähwerk*) lampoon ② (*Druck*) defamatory [*or* polemical] pamphlet *form*

pampig *adj* (*fam*) ① (*frech*) stroppy BRIT *fam,* ill-tempered AM ② (*zäh breiig*) mushy *fam;* (*klebrig a.*) gooey, fam

Pan <-s> *m* LIT Pan *no pl, no art*

Panade <-, -n> *f* KOCHK breadcrumb coating, panada *spec*

Panama¹ <-s> *nt* Panama; *s. a.* **Deutschland**

Panama² <-s, -s> *m* (*Hut*) Panama [hat]

Panamaer(in) <-s, -> *m(f)* Panamanian; *s. a.* **Deutsche(r)**

Panamaer(in) <-s, -s> *m(f)* GEOL, POL Panamanian; *s. a.* **Deutsche(r)**

panamaisch *adj* Panamanian; *s. a.* **deutsch**

Panamakanal <-s> *m* ■**der ~** the Panama Canal

Panda <-s, -s> *m* [giant] panda

Paneel <-s, -e> *nt* (*form*) ① (*Einzelteil*) panel ② (*Täfelung*) panelling *no pl, no indef art,* AM *a.* paneling *no pl, no indef art*

Panflöte *f* panpipes *npl*

panieren* *vt* KOCHK ■**etw ~** to bread sth (*to coat sth in seasoned, whisked egg and breadcrumbs*)

Paniermehl *nt* breadcrumbs *pl*

Panik <-, -en> *f* panic *no pl;* **nur keine ~!** (*fam*) don't panic!; **von ~ ergriffen sein/werden** to be/become panic-stricken; **zu einer ~ führen** to lead to panic; **ein Gefühl der ~** a feeling of panic; **in ~ geraten** to [get in[to] a] panic

panikartig *adj inv* panic-stricken **Panikkäufe** *pl* panic buying *no pl* **Panikmache** <-> *f kein pl* (*pej fam*) scaremongering *no pl, no art pej,* panicmongering *no pl, no art pej*

panisch **I.** *adj attr* panic-stricken; **in ~er Erregung** panic-stricken **II.** *adv* in panic; **sich *akk* ~ fürchten** to be terrified

Pankreas <-, Pankreaten> *nt* pancreas

Panne <-, -n> *f* ① AUTO, TECH breakdown; **eine ~ haben** to have a breakdown, to breakdown ② (*Missgeschick*) mishap, slip-up; ***mir ist da eine kleine ~ passiert*** I've had a slight mishap

Pannendienst <-es, -e> *m* TECH breakdown [*or* AM towing] service **Pannenkoffer** *m* AUTO emergency toolkit

Panorama <-s, Panoramen> *nt* panorama

Panoramabus *m* panorama coach, coach with panoramic windows **Panoramaspiegel** *m* AUTO panoramic mirror

panschen **I.** *vt* ■**etw ~** to adulterate [*or sep* water down] sth **II.** *vi* ① (*mit Wasser verdünnen*) to adulterate [*or sep* water down] a[n alcoholic] drink ② (*fam: planschen*) to splash about

Panscher(in) <-s, -> *m(f)* (*pej fam*) adulterator

Pansen <-s, -> *m* ① ZOOL rumen *spec* ② NORDD (*fam: Magen*) belly *fam*

Panslawismus <-> *m kein pl* ■**der ~** Pan-Slavism

panslawistisch *adj* Pan-Slavic

Panter[RR] <-s, -> *m* panther

Pantheismus <-> *m kein pl* pantheism *no art, no pl*

pantheistisch *adj* pantheistic

Panther <-s, -> *m s.* **Panter**

Pantine <-, -n> *f* NORDD *s.* **Pantoffel**

Pantoffel <-s, -n> *m* [backless] slipper ▶ WENDUNGEN: **unter den ~ geraten** [*o* **kommen**] (*fam*) to become henpecked [*or* a henpecked husband]; **den ~ schwingen** to be the one wearing the trousers; **unter dem ~ stehen** (*fam*) to be under sb's thumb

Pantoffelheld *m* (*fam*) henpecked husband **Pantoffeltierchen** *nt* BIOL slipper animalcule *spec*

Pantomime <-, -n> *f* mime *no pl, no art*

Pantomime, -mimin <-n, -n> *m, f* mime [artist]

pantomimisch **I.** *adj* mimed, in mime *pred* **II.** *adv* in mime; **etw ~ darstellen** to present sth in mime, to mime sth

pantschen *vt, vi s.* **panschen**

Panzer¹ <-s, -> *m* MIL tank

Panzer² <-s, -> *m* ① (*Schutzhülle*) shell; *einer Schildkröte, eines Krebses a.* carapace *spec; eines Krokodils* bony plate; *eines Nashorn, Sauriers* armour [*or* AM -or] *no pl, no indef art* ② (*Panzerung*) armour-

[*or* AM -or-] plating *no pl, no indef art,* armour-plate *no pl, no indef art; eines Reaktors* shield ③ HIST breastplate, cuirass *spec*

Panzerabwehr *f* anti-tank defence [*or* AM -se] **Panzerdivision** *f* tank [*or* armoured [*or* AM -ored]] division **Panzerfaust** *f* bazooka **Panzerglas** *nt* bullet-proof glass **Panzerkreuzer** *m* NAUT [armoured [*or* AM -ored]] cruiser

panzern *vt* ■**etw** ~ to armour [*or* AM -or]-plate sth; ■**gepanzert** armour [*or* AM -or]-plated

Panzerschrank *m* safe

Panzerspähwagen *m* armoured [*or* AM -ored] scout car **Panzersperre** *f* MIL tank trap, anti-tank obstacle

Panzerung <-, -en> *f* ① *(gepanzertes Gehäuse)* armour [*or* AM -or]-plating *no pl, no indef art; eines Reaktors* shield ② ZOOL shell; *einer Schildkröte, eines Krebses a.* carapace *spec; eines Alligators, Gürteltiers* bony [*or* horny] plate; *eines Nashorns, Sauriers* armour [*or* AM -or] *no pl, no indef art*

Papa <-s, -s> *m* *(fam)* dad[dy *esp childspeak*] *fam, esp* AM pop *fam*

Papagei <-s, -en> *m* parrot; **wie ein** ~ like a parrot, parrot-fashion; **etw wie ein** ~ **nachplappern** to parrot sth *pej*

Papageitaucher *m* ORN puffin

Papaya <-, -s> [pa'pa:ja] *f* papaya, pawpaw

Paperback <-s, -s> *nt* VERLAG, LIT paperback

Papeterie <-, -n> [-ri:ən] *f* SCHWEIZ *(Schreibwarengeschäft)* stationery shop [*or* AM *usu* store], stationer's

Papi <-s, -s> *m* *(fam)* daddy *esp childspeak fam*

Papier <-s, -e> *nt* ① *kein pl (Material)* paper *no pl, no art;* **ein gutes/teures** ~ good quality/expensive paper; ~ **verarbeitend** paper-processing *attr;* **etw zu** ~ **bringen** to put down sth *sep* in writing ② *(Schriftstück)* paper, document ③ *(Ausweise)* ■~**e** [identity] papers *pl* ④ *(Arbeits~e)* ■~**e** cards *pl,* employment papers *pl* ⑤ FIN *(Wert~)* security ▶ WENDUNGEN: ~ **ist geduldig** you can say what you like on paper; **nur auf dem** ~ [**be**]**stehen** [*o* **existieren**] to exist only on paper

Papierbackförmchen *pl* paper muffin cases [*or* AM cups] *pl* **Papiereinzug** *m* paper feed **Papierfabrik** *f* paper mill **Papierformat** *nt* TYPO ① *(Papiergröße)* paper size ② *(Druckbereich)* page orientation **Papiergeld** *nt* paper money *no pl, no art* **Papierkorb** *m* [waste]paper basket [*or* BRIT *a.* bin], *esp* AM wastebasket **Papierkram** *m* *(fam)* [tiresome] paperwork *no pl, no indef art* **Papierkrieg** *m* *(fam: Schreibtischarbeit)* [tiresome] paperwork *no pl, no indef art; (Korrespondenz)* tiresome exchange of letters **Papierschere** *f* paper scissors *npl* **Papierserviette** *f* paper napkin [*or esp* BRIT serviette] **Papierstau** *m* INFORM, TECH paper jam **Papiertaschentuch** *nt* paper handkerchief [*or fam* hanky] [*or fam* hankie], tissue **Papiertiger** *m* *(fam)* paper tiger **Papiertüte** *f* paper bag **Papiervorschub** *m* TYPO paper feed[er]

papp *interj* ▶ WENDUNGEN: **nicht mehr** ~ **sagen können** *(fam)* to be full to bursting *fam*

Pappbecher *m* paper cup **Pappdeckel** *m* cardboard *no pl, no art*

Pappe <-, -n> *f* cardboard *no art, no pl* ▶ WENDUNGEN: **nicht von** ~ **sein** *(fam)* to be not [half *fam*] bad

Pappel <-, -n> *f* poplar

päppeln *vt (fam)* ■**jdn/etw** ~ to nourish [*or sep* feed up] sb/sth

pappen I. *vt (fam)* ■**etw an** [*o* **auf**] **etw** *akk* ~ to stick sth on[to] sth II. *vi (fam)* to stick; *(klebrig sein)* to be sticky

Pappenheimer *pl* ▶ WENDUNGEN: **seine** ~ **kennen** *(fam)* to know what to expect from that lot *fam* **Pappenstiel** *m* *(fam)* ▶ WENDUNGEN: **keinen** ~ **wert sein** to be not worth a thing [*or dated* fig] *fam;* **kein** ~ **sein** to not be chickenfeed *fam;* **für einen** ~ for a song [*or* next to nothing] *fam*

papperlapapp *interj (veraltend fam)* poppycock *dated fam,* rubbish, [stuff and *dated*] nonsense

pappig *adj (fam)* ① *(klebrig)* sticky ② *(breiig)* mushy *fam*

Pappkamerad *m* MIL *(sl)* cutout [*or* silhouette] target **Pappkarton** *m* ① *(Pappschachtel)* cardboard box ② *(Pappe)* cardboard *no pl, no art* **PappmascheeRR**, **Pappmaché** <-s, -s> [-ma'ʃe:] *nt* papier-mâché *no pl, no art* **Pappsack** *m* SÜDD *(pej sl)* dirty bastard *sl,* AM *a.* scuzz[ball] *fam* **Pappschachtel** *f* cardboard box

Pappschnee *m* wet [*or* sticky] snow *no pl, no art*

Pappteller *m* paper plate

Paprika <-s, -[s]> *m* ① *kein pl (Strauch)* paprika *no pl,* capsicum *spec* ② *(Schote)* pepper, capsicum *spec* ③ *kein pl (Gewürz)* paprika *no pl, no art*

Paprikaschote *f* capsicum, AM *a.* pepper, pimento, AM *usu* pimiento; **gelbe/grüne/rote** ~ yellow/green/red pepper; **gefüllte** ~**n** stuffed peppers

paprizieren *vt* KOCHK **eine Speise** ~ to season a dish heavily with paprika

Paps[1] <-> *m kein pl (fam)* dad *fam, esp* AM pop[s] *fam*

Paps[2] <-> *m kein pl (fam: Brei)* mush *pej fam*

Papst <-[e]s, Päpste> *m* pope ▶ WENDUNGEN: **päpstlicher sein als der** ~ to be holier [*or* more Catholic] than the Pope

päpstlich *adj* papal *a. pej,* pontifical *form*

Papua-Neuguinea <-s> *nt* Papua New Guinea; *s. a.* **Deutschland**

Papua-Neuguineer(in) <-s, -> [-gi'ne:ɐ] *m(f)* Papua New Guinean; *s. a.* **Deutsche(r)**

papua-neuguineisch *adj* Papua New Guinean; *s. a.* **deutsch**

papuanisch *adj s.* **papua-neuguineisch**

Papyrus <-, Papyri> *m* ① *(Schreibmaterial)* papyrus *no art, no pl* ② *(gerollter ~)* papyrus scroll

Papyrusrolle *f s.* **Papyrus** 2

Parabel <-, -n> *f* ① LIT parable ② MATH parabolic curve, parabola *spec*

Parabolantenne *f* parabolic aerial, satellite dish

parabolisch I. *adj* ① LIT parabolic[al] *spec;* **eine** ~**e Erzählung** a parable ② MATH parabolic II. *adv* LIT parabolically *spec*

Parabolspiegel *m* parabolic mirror

Parade <-, -n> *f* ① MIL parade, review; **die** ~ **abnehmen** to take the salute ② SPORT *(Fechten)* parry; *(beim Ballspiel)* block, save; *(beim Reiten)* check, [half-]halt ▶ WENDUNGEN: **jdm in die** ~ **fahren** *(geh: jds Pläne durchkreuzen)* to foil sb's plans, to spike sb's guns *fam; (jdn rüde unterbrechen)* to cut short sb *sep*

Paradebeispiel *nt* perfect [*or* prime] example **Parademarsch** *m* goosestep march, goosestep *no pl* **Paradepferd** *nt* *(fam: Renommierstück)* showpiece; *(Person)* star **Paradestück** *nt* showpiece

Paradies <-es, -e> *nt* paradise *no def art;* ***hier ist es das reinste*** ~ it's sheer heaven [*or* absolute paradise] here ▶ WENDUNGEN: **das** ~ **auf Erden** heaven on earth; **nicht gerade das** ~ **auf Erden** not exactly Shangri-La; **ein** ~ **für jdn sein** to be a paradise for sb; ***ein*** ~ ***für Kinder/Wanderer*** a children's/walkers' paradise; *s. a.* **Vertreibung**

paradiesisch I. *adj* heavenly II. *adv* **sich** *akk* ~ **wohl fühlen** to feel [*or* be] blissfully happy; ~ **leer/ruhig sein** to be blissfully empty/quiet; ~ **schön sein** to be [like] paradise

Paradiesvogel *m* bird of paradise; *(fig)* flamboyant [*or* dazzling] personality

Paradigma <-s, -ta *o* Paradigmen> *nt* ① *(geh: Beispiel, Muster)* paradigm ② LING paradigm

Paradigmenwechsel *m* SOZIOL, PHILOS, POL *(geh)*

paradigm shift *form*
paradox I. *adj* (*geh*) paradoxical *form;* ■~ **sein** to be paradoxical [*or* a paradox] II. *adv* (*geh*) paradoxically
Paradox <-es, -e> *nt,* **Paradoxon** <-s, Paradoxa> *nt* (*geh*) paradox
paradoxerweise *adv* paradoxically
Paraffin <-s, -e> *nt* paraffin
Paraglider(in) <-s, -> ['paraglaidɐ] *m(f)* paraglider
Paragliding <-s> ['paraglaidɪŋ] *nt kein pl* paragliding
Paragraph <-en, -en> *m,* **Paragraf**RR <-en, -en> *m* JUR paragraph, section
Paragraphendschungel *m* (*pej*) officialese *no pl,* jungle of regulations **Paragraphenreiter(in)** *m(f)* (*pej fam*) pedant, stickler **Paragraphenzeichen** *nt* paragraph marker
Paraguay <-s> *nt* Paraguay; *s. a.* **Deutschland**
Paraguayer(in) <-s, -> *m(f)* Paraguayan; *s. a.* **Deutsche(r)**
paraguayisch *adj* Paraguayan; *s. a.* **deutsch**
parallel I. *adj* parallel; ■~ **zu etw** parallel to sth II. *adv* parallel
Parallelcomputer [kɔmpjuːtɐ] *m* parallel computer
Parallele <-, -n> *f* ❶ MATH parallel [line] ❷ (*Entsprechung*) parallel; **eine** ~ [*o* ~**n**] [**zu etw**] **ziehen** to draw a parallel [*or* parallels] [with sth]
Parallelfall *m* parallel [case]
Parallelität <-, -en> *f* ❶ *kein pl* MATH parallelism ❷ (*geh: Entsprechung*) parallelism
Parallelklasse *f* parallel class
Parallelogramm <-s, -e> *nt* parallelogram
Parallelschwung *m* SKI parallel turn **Parallelstraße** *f* parallel street
Paralyse <-, -n> *f* paralysis
paralysieren* *vt* ■**jdn/etw** ~ to paralyse [*or* AM -lyze] sb/sth
Parameter <-s, -> *m* parameter
Paramilitär *nt* MIL paramilitary
paramilitärisch *adj* paramilitary
Paranoia <-> *f kein pl* paranoia
paranoid *adj* paranoid
paranoisch *adj* paranoiac
ParanussRR *f* Brazil nut
Paraphe <-, -n> *f* JUR initials *pl*
paraphieren* *vt* JUR ■**etw** ~ to initial sth
Paraphierung <-, -en> *f* JUR initialling, AM *a.* initialing
Paraphrase *f* paraphrase
paraphrasieren* *vt* ❶ (*umschreiben*) ■**etw** ~ to paraphrase sth ❷ (*sinngemäß übertragen*) ■**etw** ~ to paraphrase sth ❸ MUS ■**etw** ~ to paraphrase sth
Parapsychologie *f* parapsychology
Parasit <-en, -en> *m* parasite
parasitär I. *adj* parasitic II. *adv* parasitically
Parasitenbefall <-[e]s> *m kein pl* parasitic infestation
Parasitismus <-> *m kein pl* BIOL parasitism
Parasol <-s, -e> *m* BOT parasol
Parasympathikus <-> *m kein pl* MED parasympathetic [nervous] system
parat *adj* (*geh*) ready; **etw** ~ **haben** [*o* **halten**] to have sth ready [*or* handy]; [**sich** *dat*] **etw** ~ **legen** to lay sth out ready
Pärchen <-s, -> *nt* ❶ (*Liebespaar*) couple ❷ (*zwei verbundene Teile*) pair
Parcours <-, -> [par'kuːɐ] *m* show-jumping course
Pardon <-s> [par'dõː] I. *m o nt kein pl* pardon; **jdn um** ~ **bitten** to beg sb's pardon; **keinen** ~ **geben** to show no mercy; **kein** ~ **kennen** (*fam*) to know no mercy, to be ruthless II. *interj* ❶ (*entschuldigen Sie*) sorry ❷ (*wie bitte?*) pardon, sorry, beg pardon *sl*

Parenchym <-s, -e> *nt* BIOL parenchym
Parenthese <-, -n> *f* parenthesis; **etw in** ~ **setzen** to put sth in parentheses
par excellence [parɛksɛ'lãːs] *adv* (*geh*) par excellence
Parfüm <-s, -e *o* -s> *nt* perfume
Parfümerie <-, -en> ['riːən] *f* perfumery
parfümieren* *vt* ❶ (*Parfüm auftragen*) ■**jdn/etw** ~ to perfume sb/sth; ■**sich** ~ to use [*or sep* put on] perfume; ***du solltest dich etwas zurückhaltender*** ~ you shouldn't put so much perfume on ❷ (*mit Duftstoffen versetzen*) ■**etw** [**mit etw**] ~ to perfume sth [with sth]
Parfümzerstäuber *m* perfume atomizer [*or* BRIT *a.* -iser]
parieren*1 *vi* (*geh*) to obey, to do as one is told; *s. a.* **Wort**
parieren*2 *vt* ❶ (*geh*) ■**etw** ~ to parry sth; (*beim Fußball*) to deflect sth ❷ KOCHK **Fleisch/Fisch/Geflügel** ~ to prepare meat/fish/poultry for cooking
Paris <-> *nt* Paris
Pariser1 *adj attr* ❶ (*in Paris befindlich*) in Paris; ~ **Flughafen** Paris airport ❷ (*aus Paris stammend*) Parisian
Pariser2 <-s, -> *m* (*sl*) French letter *dated fam*
Pariser(in) <-s, -> *m(f)* Parisian
Pariserbrot *nt* SCHWEIZ French bread, baguette
Pariserin <-, -nen> *f fem form von* **Pariser**
Parität <-, -en> *f* FIN parity, par of exchange
paritätisch I. *adj* (*geh*) equal, balanced; *s. a.* **Mitbestimmung, Wohlfahrtsverband** II. *adv* (*geh*) equally, in balance
Park <-s, -s> *m* park
Parka <-[s], -s> *m* parka
Park-and-ride-System ['paːkɛnd'raid] *nt* park-and-ride system
Parkausweis *m* ❶ (*Parkticket*) ≈ pay-and-display [parking] ticket ❷ (*länger gültige Parkberechtigung*) parking permit
Parkbank *f* park bench
Parkdeck *nt* parking level
parken I. *vi* to park II. *vt* ■**etw** [**irgendwo**] ~ to park sth [somewhere]
Parkett <-s, -e> *nt* ❶ (*Holzfußboden*) parquet [flooring] ❷ (*Tanzfläche*) dance floor ❸ THEAT stalls *npl* ▶ WENDUNGEN: **auf internationalem** ~ in international circles; *s. a.* **Nummer**
Parkett(fuß)boden *m* parquet flooring
Parkgebühr *f* parking fee **Parkhaus** *nt* multi-storey [*or* AM -story] car park [*or* AM parking lot]
parkieren* *vt, vi* TRANSP SCHWEIZ *s.* **parken**
Parkingmeter *m* SCHWEIZ parking meter
parkinsonsche KrankheitRR *f,* **Parkinsonsche Krankheit** *f* MED Parkinson's disease
Parkkralle *f* wheel clamp **Parklandschaft** *f* parkland **Parkleitsystem** *nt* TRANSP sytem guiding parkers to free spots **Parkleuchte** *f* parking light **Parklücke** *f* parking space
Parkometer <-s, -> *nt s.* **Parkuhr**
Parkplatz *m* ❶ (*Parkbereich*) car park BRIT, parking lot AM ❷ (*Parklücke*) parking space **Parkscheibe** *f* parking disc (*a plastic dial with a clockface that drivers place in the windscreen to show the time from when the car has been parked*) **Parkschein** *m* car park [*or* AM parking lot] ticket **Parkscheinautomat** *m* car park [*or* AM parking lot] ticket machine **Parkstudium** *nt* (*fam*) interim course of study (*taken while waiting for a place for desired course*) **Parksünder(in)** *m(f)* parking offender, illegal parker **Parkuhr** *f* parking meter **Parkverbot** *nt* ❶ (*Verbot zu parken*) parking ban ❷ (*Parkverbotszone*) no-parking zone; **im** ~ **parken/halten/stehen**

to park/stop/be in a no-parking zone **Parkverbot(s)schild** *nt* no-parking sign **Parkwächter(in)** *m(f)* car park [*or* AM parking lot] attendant **Parkzeit** *f* parking time

Parlament <-[e]s, -e> *nt* parliament

Parlamentarier(in) <-s, -> ['taːriɐ] *m(f)* parliamentarian, member of parliament

parlamentarisch *adj* parliamentary; *s. a.* **Demokratie, Staatssekretär**

ParlamentsausschussRR *m* parliamentary committee **Parlamentsbeschluss**RR *m* parliamentary decision [*or* vote] **Parlamentsdebatte** *f* POL parliamentary debate **Parlamentsgebäude** *nt* parliament building **Parlamentsmitglied** *nt* member of parliament **Parlamentspräsident(in)** *m(f)* Speaker [of the House] **Parlamentssitzung** *f* sitting [*or* session] of parliament **Parlamentswahl** *f* POL parliamentary election

Parmesan(käse) <-s> *m kein pl* Parmesan [cheese] **Parmesanreibe** *f* parmesan grater

Parodie <-, -n> ['diːən] *f* parody

parodieren* *vt* ■**jdn/etw** ~ to parody sb/sth

Parodist(in) <-en, -en> *m(f)* parodist

parodistisch *adj* parodistic; **ein ~er Auftritt/Sketch/eine ~e Sendung** a parody; **eine ~e Imitation** an impersonation

Parodontose <-, -n> *f* MED shrinking gums, parodontosis *spec*, periodontosis *spec*

Parole <-, -n> *f* ① MIL (*Kennwort*) password ② (*Leitspruch*) slogan ③ (*angebliche Meldung*) rumour [*or* AM -or]

Paroli *nt* ► WENDUNGEN: **jdm/einer S. ~ bieten** (*geh*) to defy sb/to counter a thing

Part <-s, -e> *m* ① (*Anteil*) share ② THEAT part ③ MUS part

Partei <-, -en> *f* ① POL party; **in die ~ gehen** to join [*or* become a member of] the party; **über den ~en stehen** to be impartial ② JUR party; **die streitenden/vertragsschließenden ~en** the contending/contracting parties; **~ sein** to be biased; **jds ~ ergreifen, für jdn ~ ergreifen** [*o* **nehmen**] to side with sb, to take sb's side; **gegen jdn ~ ergreifen** [*o* **nehmen**] to side [*or* take sides] against sb ③ (*Mietpartei*) tenant, party *form*

Parteiabzeichen *nt* party badge **Parteibonze** *m* party bigwig **Parteibuch** *nt* POL party membership book; **das falsche/richtige ~ haben** (*fam*) to belong to the wrong/right party **Parteichef(in)** *m(f)* party leader

Parteienfinanzierung *f* party financing **Parteienlandschaft** *f kein pl* POL political constellation

Parteifreund(in) *m(f)* fellow party member **Parteiführung** *f* ① (*Leitung einer Partei*) **die ~ innehaben** to exercise the party leadership, to be [the] party leader; **die ~ übernehmen** to assume [*or* take on] [*or* take over] the party leadership, to become [the] party leader ② (*leitendes Gremium*) party leadership *no pl* **Parteifunktionär(in)** *m(f)* POL party official **Parteigänger(in)** <-s, -> *m(f)* party supporter [*or* follower] **parteiintern** I. *adj* internal party *attr* II. *adv* within the party

parteiisch I. *adj* biased II. *adv* in a biased way; **~ eingestellt sein** to be biased

ParteikongressRR *m* party congress

parteilich *adj* ① (*eine Partei betreffend*) party ② (*selten*) *s.* **parteiisch**

Parteilichkeit <-> *f kein pl* partiality, bias

Parteilinie [liːniə] *f* party line **parteilos** *adj* independent; ■**~ sein** not to be attached to [*or* aligned with] any party **Parteilose(r)** *f(m) dekl wie adj* independent **Parteimitglied** *nt* party member **Parteinahme** <-, -n> *f* partisanship **Parteiorgan** *nt* party organ **Parteipolitik** *f* party politics + *sing vb* **parteipolitisch** I. *adj* party-political *attr* II. *adv* from a party political point of view **Parteipräsidium** *m* party executive [committee] **Parteiprogramm** *nt* [party] manifesto **Parteisoldat(in)** *m(f)* POL party loyalist **Parteispende** *f* party donation **Parteispendenaffäre** *f* party donations scandal **Parteitag** *m* ① (*Parteikonferenz*) party conference ② (*Beschlussorgan*) party executive **parteiübergreifend** *adj inv* POL non-partisan, cross-party **Parteivorsitzende(r)** *m dekl wie adj* party chairman *masc* [*or fem* -woman], chairman *masc* [*or fem* -woman] of the/a party **Parteivorstand** *m* party executive **Parteizentrale** *f* party headquarters *npl* **Parteizugehörigkeit** *f* party membership

parterre [par'tɛr] *adv* on the ground floor

Parterre <-s, -s> [par'tɛrə] *nt* ground floor

Parterrewohnung *f* ground-floor flat [*or* AM *a.* apartment]

Parthenogenese <-> *f kein pl* parthenogenesis

parthenogenetisch *adj* BIOL parthenogentic

Partie <-, -n> ['tiːən] *f* ① (*Köperbereich*) area ② SPORT game; **eine ~ Schach/Tennis/Squash** a game of chess/tennis/squash ③ (*Posten*) lot ► WENDUNGEN: **eine gute ~ [für jdn] sein** to be a good catch [for sb]; **eine gute ~ machen** to marry well; **mit von der ~ sein** to be in on it [*or* game]

partiell I. *adj* (*geh*) partial II. *adv* (*geh*) partially

Partikel <-, -n> *f* ① NUKL particle ② LING particle

Partisan(in) <-s *o* -en, -en> *m(f)* partisan

Partisanenkrieg *m* guerilla war

Partisanin <-, -nen> *f fem form von* **Partisan**

partitiv *adj* LING partitive

Partitur <-, -en> *f* MUS score

Partizip <-s, -ien> ['ziːpiən] *nt* LING participle

Partizipialkonstruktion *f* LING participial construction **Partizipialsatz** *m* LING participial clause

partizipieren* *vi* (*geh*) ■**an etw ~** to participate in sth

Partner(in) <-s, -> *m(f)* partner

Partnerlook <-s> [lʊk] *m kein pl* MODE **im ~ gehen, ~ tragen** to wear [matching] his-and-hers outfits [*or* clothes]

Partnerschaft <-, -en> *f* partnership; **in einer ~ leben** to live with somebody; (*Städte~*) twinning

partnerschaftlich I. *adj* based on a partnership; **~es Verhältnis** partnership; **~es Zusammenleben/~e Zusammenarbeit** living/working together as partners II. *adv* as partners

Partnerstadt *f* twin town **Partnertausch** *m* exchange of partners **Partnervermittlung** *f* dating agency, marriage bureau **Partnerwahl** *rare f* choice of partner

partout [par'tuː] *adv* (*geh*) **etw ~ tun wollen** to insist on doing sth; ***er wollte ~ nicht mitkommen*** he really did not want to come at all

Party <-, -s> ['paːɐti] *f* party; **eine ~ geben** to throw [*or* have] a party

Partydress *m* (*fam*) party clothes *pl* [*or fam* gear] **Partyservice** ['paːɐtisœrvɪs] *m* party catering service, [outside] caterers **Partywütige(r)** *dekl wie adj f(m)* party animal; (*bei Technoparty a.*) raver

Parzelle <-, -n> *f* plot [*or* parcel] [of land]

parzellieren* *vt* ■**etw ~** to parcel sth out

Pascha <-s, -s> *m* ① *nachgestellt* HIST pasha ② (*pej*) **wie ein ~** like Lord Muck *pej*

Paspel <-, -n> *f* piping *no pl*

PassRR1 <-es, Pässe> *m*, **Paß** <Passes, Pässe> *m* passport

PassRR2 <-es, Pässe> *m*, **Paß** <Passes, Pässe> *m* GEOG pass

PassRR3 <-es, Pässe> *m*, **Paß** <Passes, Pässe>

m SPORT pass

passabel *adj* (*geh*) reasonable, ok *fam;* ~ **aussehen** to be reasonably good-looking

Passage <-, -n> [pa'sa:ʒə] *f* ❶ (*Textstück*) passage ❷ (*Ladenstraße*) arcade ❸ NAUT passage

Passagier <-s, -e> [pasa'ʒi:ɐ] *m* passenger; **ein blinder** ~ a stowaway

Passagierdampfer [pasa'ʒi:ɐ] *m* passenger steamer **Passagierflugzeug** *nt* passenger aircraft **Passagierliste** *f* passenger list **Passagierschiff** *nt* NAUT passenger ship

Passant(in) <-en, -en> *m(f)* passer-by

Passat(wind) <-s, -e> *m* trade wind

Passbild[RR] *nt* passport photo[graph]

passé, passee[RR] *adj inv, präd* passé

passen[1] *vi* ❶ MODE (*jds Maßen entsprechen*) ■[**jdm**] ~ to fit [sb] ❷ (*harmonieren*) ■**zu jdm** ~ to suit sb; ■**zu etw** ~ to match sth, to go well with sth; ■[**irgendwohin**] ~ to go well [somewhere]; ***so ein riesiger Tisch passt nicht in diese Ecke*** a huge table like that doesn't look right in this corner; ***es passt in unsere politische Landschaft, dass Politiker käuflich sind*** it's typical of our political landscape that politicians can be bought; ***sie passt einfach nicht in unser Team*** she simply doesn't fit in with this team; **gut zueinander** ~ to go well together, to be well matched [*or* suited to each other]; ***das passt zu dir!*** that's typical of you! ❸ (*gelegen sein*) ■**jdm** ~ to suit sb, to be convenient for sb; ***der Termin passt mir zeitlich leider gar nicht*** that date isn't at all convenient for me; ***würde Ihnen der Dienstag besser ~?*** would the Tuesday be better for you?; ■**jdm ~, dass/wenn ...** to be convenient [*or fam* ok] for sb, that/if ...; ***passt es Ihnen, wenn wir uns morgen treffen?*** would it be ok to meet up tomorrow?; ***das würde mir besser ~*** that would be better [*or* more convenient] for me; **jdm nicht** ~ not to suit [*or* be convenient for] sb; **das könnte dir so ~!** (*iron fam*) you'd like that wouldn't you! *iron fam* ❹ (*unangenehm sein*) not to like, not to think much of; ***der Mann passt mir gar nicht*** I don't like that man at all; ***ihr passt dieser Ton/seine Art nicht*** she doesn't like that tone of voice/his attitude; ■**jdm passt es nicht, dass/wie** not to like sb .../how; ***es passt ihm nicht, dass wir ab und zu mal lachen*** he doesn't like us laughing now and then; ■**jdm passt etw nicht an jdm** sb does not like sth about sb; ***diese vorlaute Art passt mir nicht an dir*** I don't like your loud-mouthed ways; ***passt dir an mir was nicht?*** is there something bugging you about me?; ■**jdm nicht** [**als jd**] ~ to not fancy [sb as sb]; ***er passt mir nicht als neuer Chef*** I don't fancy him as my new boss; ***die neue Lehrerin passte ihren Kollegen nicht*** the new teacher wasn't liked by her colleagues

passen[2] *vi* ❶ (*überfragt sein*) ■[**bei etw**] ~ **müssen** to have to pass [on sth] ❷ KARTEN to pass

passend **I.** *adj* ❶ (*den Maßen entsprechend*) fitting; **ein ~er Anzug/Schlüssel** a suit/key that fits ❷ (*abgestimmt*) matching; ■**etwas zu etw Passendes** sth to go with [*or* match] sth; ***das passt nicht dazu*** that doesn't go with it; ■**etwas Passendes** sth suitable ❸ (*genehm*) suitable, convenient ❹ (*richtig*) suitable; (*angemessen*) appropriate, right, proper; **eine ~e Bemerkung** a fitting [*or* appropriate] comment; **die ~en Worte** the right [*or* appropriate] words; **die ~en Worte finden** to know the right thing to say; ***wir haben für jeden Anlass das ~e Geschenk*** we have the right present for every occasion ❺ (*abgezählt*) exact; **es ~ haben** to have it exactly [*or* the right money] **II.** *adv* ❶ MODE (*den Maßen entsprechend*) to fit ❷ (*abgezählt*) exactly; ***bitte halten Sie den Fahrpreis beim Einsteigen ~ bereit!*** please have the exact fare ready!

passenderweise *adv* appropriately enough

Passepartout <-s, -s> [paspar'tu:] *nt* passe-partout

Passform[RR] *f* fit

Passfoto[RR] *nt s.* **Passbild**

Passgang[RR] *m* amble

passierbar *adj* negotiable, navigable; ***der Kanal war nur für kleine Schiffe ~*** the canal was only navigable for small ships

passieren* **I.** *vi sein* ❶ (*sich ereignen*) to happen; ***ist was passiert?*** has something happened?; ***wie konnte das nur ~?*** how could that happen?; ***... sonst passiert was!*** (*fam*) ... or there'll be trouble! *fam;* ***so etwas passiert eben*** things like that do happen sometimes; ■**~, dass ...** to happen that ... ❷ (*unterlaufen*) ■**jdm** ~ to happen to sb; ***das kann doch jedem mal ~*** that can happen to anyone ❸ (*zustoßen*) to happen; ■**jdm ist etwas/nichts passiert** sth/nothing has happened to sb ❹ (*durchgehen*) to pass; ■**jdn ~ lassen** to let sb pass [*or* go through] **II.** *vt haben* ❶ (*überqueren*) ■**etw** ~ to cross sth ❷ KOCHK ■**etw** [**durch etw**] ~ to strain sth [through sth]

Passiermühle *f* mouli-legumes, food mill **Passierschein** *m* pass, permit **Passiertuch** *nt* muslin bag

Passion <-, -en> *f* ❶ (*geh: Leidenschaft*) passion; **etw aus ~ tun** to have a passion for sth ❷ REL (*Leidensgeschichte Jesu*) ■**die** ~ Passion

passioniert *adj* (*geh*) passionate

Passionsblume *f* passion flower **Passionsfrucht** *f* passion fruit **Passionsspiel** *nt* REL Passion play

passiv **I.** *adj* passive; **~er Raucher/~es Rauchen** passive smoker/smoking **II.** *adv* passively

Passiv <-s, -e> *nt* LING passive

Passiva [va] *pl* ÖKON liabilities *pl*

Passivgeschäft *nt* ÖKON deposit business

Passivität <-> [vi] *f kein pl* (*geh*) passiveness, passivity

Passivposten *m* ÖKON debit item **Passivrauchen** *nt* passive smoking **Passivseite** *f* ÖKON liabilities side

Passkontrolle[RR] *f* ❶ (*das Kontrollieren des Passes*) passport control; **„~"** "your passports please!" ❷ (*Kontrollstelle*) passport control point **Passstelle**[RR] *f* passport office **Passstraße**[RR] *f* pass

Passus <-, -> *m* (*geh*) passage

Passwort[RR] <-es, -wörter> *nt* password

Paste <-, -n> *f* paste

Pastell <-s, -e> *nt* KUNST ❶ *kein pl* (*Malen mit Pastellfarbe*) pastel [drawing]; **in ~ arbeiten** to work in pastels ❷ (*Pastellgemälde*) pastel [drawing]

Pastellfarbe *f* ❶ (*Pastellton*) pastel colour [*or* AM -or] ❷ (*Malfarbe*) pastel **pastellfarben** **I.** *adj* pastel[-coloured [*or* AM -ored]] **II.** *adv* in pastels [*or* pastel-colours] [*or* AM -ors] **Pastellmalerei** *f* KUNST ❶ *kein pl* (*Pastell*) pastel drawing ❷ (*Bild in Pastellfarben*) pastel drawing **Pastellton** *m* pastel shade

Pastete <-, -n> *f* paté

pasteurisieren* [pastøri'zi:rən] *vt* ■**etw** ~ to pasteurize sth

Pastille <-, -n> *f* pastille

Pastinak(e) <-, -n> *m* parsnip

Pastor, Pastorin <-en, -toren> *m, f* NORDD *s.* **Pfarrer**

Patagonien <-s> *nt* Patagonia

Patchwork <-s, -s> ['pɛtʃwœrk] *nt* patchwork

Patchworkdecke ['pɛtʃwœrk] *f* patchwork quilt

Pate <-n, -n> *m* (*sl*) godfather

Pate, Patin <-n, -n> *m, f* REL godfather, godmother, godparent ▶ WENDUNGEN: **bei etw ~ stehen** (*geh*) to be the force behind sth; (*Dichtung, Kunstwerk*) to be the inspiration for sth

Patenkind *nt* godchild **Patenonkel** *m* godfather

Patenschaft <-, -en> *f* ① REL godparenthood ② (*Fürsorgepflicht*) sponsorship

Patensohn *m* godson **Patenstadt** *f s.* **Partnerstadt**

patent *adj* ① (*sehr brauchbar*) ingenious, clever ② (*fam: tüchtig*) top-notch *fam*

Patent <-[e]s, -e> *nt* ① (*amtlicher Schutz*) patent; **ein ~ auf etw haben** *akk* to have a patent on sth; **etw als** [*o* **zum**] **~ anmelden, ein ~ auf etw** *akk* **anmelden** to apply for a patent on sth ② (*Ernennungsurkunde*) commission ③ SCHWEIZ (*staatliche Erlaubnis*) permit, licence [*or* AM -se]

Patentamt *nt* Patent Office

Patentante *f* godmother

Patentanwalt, -anwältin *m, f* patent agent

patentierbar *adj* patentable

patentieren* *vt* ▪[**jdm**] **etw ~** to patent sth [for sb]; ▪**sich** *dat* **etw ~ lassen** to have sth patented

Patentlösung *f s.* **Patentrezept**

Patentochter *f* goddaughter

Patentrecht *nt* JUR ① (*gesetzliche Regelungen*) patent law ② (*Recht auf ein Patent*) patent right **Patentrezept** *nt* easy solution, patent remedy **Patentrolle** *f* Patent Rolls *pl* **Patentverletzung** *f* ADMIN patent infringement, infringement of a patent **Patentverschluss**RR *m* swing stopper

Pater <-s, – *o* Patres> *m* REL Father

pathetisch I. *adj* (*geh*) emotional, impassioned; **~e Szene/Formulierung** dramatic scene/wording; **~e Rede** emotive [*or* emotional] speech II. *adv* (*geh*) dramatically, impassionately

Pathologe, Pathologin <-n, -n> *m, f* pathologist

Pathologie <-, -n> [ˈgiːən] *f* ① *kein pl* (*Krankheitslehre*) pathology ② (*pathologische Abteilung*) pathology

Pathologin <-, -nen> *f fem form von* **Pathologe**

pathologisch I. *adj* ① (*die Pathologie betreffend*) pathological ② (*krankhaft*) pathological II. *adv* pathologically

Pathos <-> *nt kein pl* emotiveness, emotionalism; **mit ~** with great feeling

Patience <-, -n> [paˈsi̯ãːs] *f* KARTEN patience; **~n legen** to play patience

Patient(in) <-en, -en> [paˈtsi̯ɛnt] *m(f)* patient; **stationärer ~** in-patient; **bei jdm ~ sein, ~ von jdm sein** to be sb's patient

Patin <-, -nen> *f fem form von* **Pate**

Patina <-> *f kein pl* patina

Patisserie <-, -n> [riːən] *f* SCHWEIZ ① (*Konditorei*) patisserie ② (*Café*) café ③ (*Gebäck*) pastry

Patna *m kein pl* patna rice

Patres *pl von* **Pater**

Patriarch <-en, -en> *m* ① REL patriarch ② (*geh: autoritärer Familienvater*) patriarch

patriarchalisch *adj* ① (*auf dem Patriarchat beruhend*) patriarchal ② (*geh: autoritär*) patriarchal

Patriarchat <-[e]s, -e> *nt* REL, SOZIOL patriarchy

Patriot(in) <-en, -en> *m(f)* patriot

patriotisch I. *adj* patriotic II. *adv* patriotically

Patriotismus <-> *m kein pl* patriotism

Patrizier(in) <-s, -> [paˈtriːtsi̯ɐ] *m(f)* HIST ① (*römischer Adeliger*) patrician ② (*angesehener Bürger*) patrician

Patron(in) <-s, -e> *m(f)* ① REL patron saint ② (*Schirmherr*) patron ③ (*pej: Typ*) old devil *pej fam* ④ SCHWEIZ (*Arbeitgeber*) employer

Patrone <-, -n> *f* ① JAGD, MIL cartridge ② (*Tintenpatrone*) [ink] cartridge ③ FOTO cartridge ④ MIL **bis zur letzten ~** to the bitter end

Patronenfüller *m* cartridge pen **Patronengurt** *m* ammunition belt **Patronenhülse** *f* cartridge case

Patronin <-, -nen> *f fem form von* **Patron**

Patrouille <-, -n> [paˈtrʊljə] *f* MIL patrol; **auf ~ gehen** to patrol

Patrouillenführer *m* patrol leader **Patrouillengang** *m* patrol

patrouillieren* [patrʊlˈjiːrən, patrʊˈliːrən] *vi* to patrol

patsch *interj* splash

Patsche <-, -n> *f* (*fam*) ① (*Fliegenklatsche*) swat ② (*Hand*) paw *fam*, mitt *fam* ► WENDUNGEN: **jdm aus der ~ helfen, jdn aus der ~ ziehen** to get sb out of a jam [*or* tight spot]; **in der ~ sitzen** [*o* **stecken**] to be in a jam [*or* tight spot]

patschen *vi* ① *haben* (*klatschend schlagen*) ▪[**mit etw**] **~** to slap [with sth]; (*im Wasser*) to [go] splash [with sth] ② *sein* (*sich klatschend fortbewegen*) to go splashing through

Patschhändchen *nt* (*fam*) [tiny] hand

patschnassRR *adj* (*fam*) soaking wet *fam*

patt *adj pred* SCHACH ▪**~ sein** to reach stalemate

Patt <-s, -s> *nt* stalemate

patzen *vi* (*fam*) to slip [*or* mess] up, to boob *fam*

Patzer <-s, -> *m* ① (*fam: Fehler*) slip-up ② ÖSTERR (*Klecks*) blob

patzig *adj* (*fam*) snotty *fam*

Pauke <-, -n> *f* MUS kettledrum ► WENDUNGEN: **mit ~n und Trompeten durchfallen** (*fam*) to fail miserably [*or* dismally] [*or* spectacularly]; **jdn mit ~n und Trompeten begrüßen** [*o* **empfangen**] to give sb the red-carpet treatment, to roll out the red carpet for sb; **auf die ~ hauen** (*fam: angeben*) to blow one's own trumpet *fam;* (*ausgelassen feiern*) to paint the town red *fam*, BRIT *a.* to go on the razzle *fam*

pauken I. *vi* (*fam*) ▪[**mit jdm**] **~** to cram [with sb], BRIT *a.* to [help sb] swot up II. *vt* (*fam*) ▪**etw** [**mit jdm**] **~** to cram for [*or* BRIT *a.* swot up on] sth [with sb]

Paukenhöhle *f* ANAT tympanic cavity **Paukenschlag** *m* MUS (*Schlag auf die Pauke*) beat of a kettledrum ► WENDUNGEN: **mit einem ~** sensationally, spectacularly

Pauker(in) <-s, -> *m(f)* (*fam*) teacher

Paukerei <-> *f kein pl* (*fam*) cramming *fam*, BRIT *a.* swotting *fam*

Paukerin <-, -nen> *f fem form von* **Pauker**

Paukist(in) <-en, -en> *m(f)* timpanist

Pausbacken *pl* chubby cheeks *pl*

pausbäckig *adj* chubby-cheeked

pauschal I. *adj* ① (*undifferenziert*) sweeping, general, wholesale ② FIN flat-rate *attr;* all-inclusive II. *adv* ① (*allgemein*) **etw ~ beurteilen** to make a wholesale judgement about sth ② FIN at a flat rate; **~ bezahlen** to pay in a lump sum

Pauschalbetrag *m* lump sum

Pauschale <-, -n> *f* flat rate

Pauschalhonorar *nt* lump sum fee

pauschalieren* *vt* ▪**etw ~** to estimate sth at a flat rate

Pauschalpreis *m* ÖKON all-inclusive [*or* BRIT *a.* -in] price **Pauschalreise** *f* package holiday [*or* tour] **Pauschaltourist(in)** *m(f)* TOURIST package holiday tourist **Pauschalurlaub** *m* package holiday [*or* tour] **Pauschalurteil** *nt* sweeping statement

Pause1 <-, -n> *f* ① (*Unterbrechung*) break, AM *a.* recess; **die große/kleine ~** SCH long [mid-morning]/short break; [**eine**] **~ machen** to have a break; **„~!"** "time out!" ② (*Sprechpause*) pause ③ MUS rest

Pause2 <-, -n> *f* tracing

Pausenhalle *f* SCH break hall (*open hall where pupils can gather during break when it rains*)

pausenlos I. *adj attr* ceaseless, continuous, non-stop II. *adv* ceaselessly, continuously, non-stop

Pausenzeichen *nt* ① RADIO, TV call sign ② MUS rest

pausieren* *vi* (*geh*) to take [*or* have] a break, to break

Pauspapier *nt* ① (*durchsichtiges Papier*) tracing paper ② (*Kohlepapier*) carbon paper

Pavian <-s, -e> [vi] *m* baboon

Pavillon <-s, -s> ['pavɪljɔŋ, 'pavɪljõ, pavɪl'jõ:] *m* ARCHIT ① (*Gartenhaus*) pavilion ② (*provisorischer Bau*) Portakabin® BRIT

Pay-TV <-s, -s> ['peɪti:vi:] *nt* Pay-TV

Pazifik <-s> *m* ■ **der** ~ the Pacific

Pazifismus <-> *m kein pl* ■ **der** ~ pacifism

Pazifist(in) <-en, -en> *m(f)* pacifist

pazifistisch *adj* pacifist

PC <-s, -s> [pe:'t͜se:] *m Abk von* **Personal Computer** PC

PCB <-, -s> [pe:t͜se:'be:] *nt Abk von* **polychloriertes Biphenyl** PCB

PDS <-> *f kein pl* POL *Abk von* **Partei des Demokratischen Sozialismus**

Pech <-[e]s, -e> *nt* ① (*fam: unglückliche Fügung*) bad luck; [**bei etw**] ~ **haben** (*fam*) to be unlucky [in [*or* with] sth], to have bad [*or fam* tough] luck [in sth]; **bei jdm** [**mit etw**] ~ **haben** to be out of [*or* not have any] luck with sb [regarding sth]; ~ ***gehabt!*** (*fam*) tough! *fam;* ***so ein ~!*** (*fam*), ***was für ein ~!*** (*fam*) just my/our etc luck *fam;* ***das ist ~!*** hard [*or* bad] luck!, [that's] too bad! ② (*Rückstand bei Destillation von Erdöl*) pitch ▸ WENDUNGEN: ~ **an den Hosen haben** (*sl*) to [simply] not know when it's time to leave; **zusammenhalten wie ~ und Schwefel** (*fam*) to be as thick as thieves *fam*

pechschwarz *adj* (*fam*) pitch black; ~**es Haar** jet-black hair **Pechsträhne** *f* (*fam*) run [*or* streak] of bad luck; **eine ~ haben** to have a run [*or* streak] of bad luck, BRIT *a.* to go through an unlucky patch **Pechvogel** *m* (*fam*) unlucky person, walking disaster *hum fam*

Pedal <-s, -e> *nt* pedal; [**ziemlich**] **in die ~e treten** to pedal [hard]

pedalen* *vi* SCHWEIZ to pedal

Pedant(in) <-en, -en> *m(f)* pedant

Pedanterie <-, -n> *f* ① *kein pl* (*pedantisches Wesen*) pedantry ② (*pedantische Handlung*) pedantry

Pedantin <-, -nen> *f fem form von* **Pedant**

pedantisch I. *adj* pedantic II. *adv* pedantically

Peddigrohr *nt* cane

Pediküre <-, -n> *f* ① *kein pl* (*Fußpflege*) pedicure ② (*Fußpflegerin*) chiropodist

Peeling <-s, -s> ['pi:lɪŋ] *nt* exfoliation

Peepshow[RR] <-, -s> ['pi:pʃo:] *f,* **Peep-Show** <-, -s> *f* peep show

Peergroup <-, -s> ['pi:ɐ̯gru:p] *f* SOZIOL, PSYCH peer group

Pegel <-s, -> *m* ① (*Messlatte*) water level gauge [*or* AM *a.* gage] ② *s.* **Pegelstand**

Pegelstand *m* water level

peilen I. *vt* NAUT ■ **etw ~** to get a bearing on sth II. *vi* (*fam*) to peek; *s. a.* **Daumen, Lage**

Peilsender *m* RADIO DF transmitter *spec*

Peilung <-, -en> *f* NAUT ① (*Bestimmung des Standorts*) bearing ② *kein pl* (*Messung der Wassertiefe*) sounding, plumbing

Pein <-> *f kein pl* (*veraltend geh*) agony

peinigen *vt* ① (*zermürben*) ■ **jdn ~** to torment sb ② (*jdm zusetzen*) ■ **jdn ~** to torture sb; *s. a.* **Blut**

Peiniger(in) <-s, -> *m(f)* (*geh*) torturer, tormentor

Peinigung <-, -en> *f* (*geh*) torture, agony

peinlich I. *adj* ① (*unangenehm*) embarrassing; **eine ~e Frage/Situation** [*o* **Lage**] an awkward question/situation; ■ **jdm ~ sein** to be embarrassed; ***es war ihr sehr ~*** she was very embarrassed about it; ■ **jdm ~ sein, dass/wenn …** to feel awkward that/when …; ■ **etwas Peinliches** sth awful ② (*äußerst*) painstaking, diligent; **~e Genauigkeit** meticulous precision; **~e Sauberkeit** scrupulous cleanliness II. *adv* ① (*unangenehm*) **jdn ~ berühren** to be awkward for sb; **auf jd ~ wirken** to be embarrassing for sb ② (*gewissenhaft*) painstakingly; **~ befolgen** to follow diligently ③ (*äußerst*) meticulously, thoroughly

Peinlichkeit <-, -en> *f* ① *kein pl* (*peinliche Art*) awkwardness, embarrassment ② (*Genauigkeit*) scrupulousness, meticulousness

Peitsche <-, -n> *f* whip

peitschen I. *vt haben* ■ **jdn/etw ~** to whip sb/sth II. *vi sein* ■ **gegen etw ~** to lash against sth; **Regen peitscht an** [*o* **gegen**] **etw** rain is lashing against sth; **Wellen peitschen an** [*o* **gegen**] **etw** the waves are beating against sth

Peitschenhieb *m* stroke [*or* lash] [of the whip] **Peitschenknall** *m* crack of a/the whip **Peitschenschlag** *m s.* **Peitschenhieb**

pejorativ I. *adj* pejorative II. *adv* pejoratively

Pekari <-, -s> *nt* ZOOL peccary

Pekinese <-n, -n> *m* ZOOL pekinese

Peking <-s> *nt* Beijing

Pelikan <-s, -e> *m* pelican

Pelle <-, -n> *f* (*fam: Haut*) skin ▸ WENDUNGEN: **jdm nicht von der ~ gehen** (*sl*) to not stop pestering sb *fam;* **jdm auf der ~ sitzen** (*sl*) to be on sb's back *fam;* **jdm auf die ~ rücken** (*fam: sich dicht herandrängen*) to crowd sb; (*jdn bedrängen*) to badger [*or* pester] sb

pellen I. *vt* (*fam*) ■ **etw ~** to skin sth; **Obst/Kartoffeln ~** to peel fruit/potatoes; *s. a.* **Ei** II. *vr* (*fam*) ■ **sich ~** to peel

Pellkartoffeln *pl* potatoes boiled in their jackets

Pelz <-es, -e> *m* ① (*Fell*) fur ② *kein pl* MODE (*Material*) fur; (*Pelzmantel*) fur [coat] ▸ WENDUNGEN: **jdm/einem Tier eins auf den ~ brennen** (*fam*) to singe sb's/an animal's hide, to pump sb/an animal full of lead *sl;* **jdm auf den ~ rücken** (*fam*) to crowd sb

Pelzbesatz *m* fur trimming **pelzbesetzt** *adj* fur-trimmed **pelzgefüttert** *adj* fur-lined **Pelzhandel** *m* fur trade

pelzig *adj* ① (*belegt*) furry ② (*mit Härchen versehen*) furry

Pelzimitat *nt* fake [*or* imitation] fur **Pelzkragen** *m* fur collar **Pelzmantel** *m* fur coat **Pelzmütze** *f* fur hat **Pelztier** *nt* animal valued for its fur **Pelztierfarm** *f* fur farm

Penalty <-s, -s> *m* ① (*Strafstoß*) penalty ② SCHWEIZ (*Elfmeter*) penalty

Pendant <-s, -s> [pã'dã:] *nt* (*geh*) counterpart; ■ ~ [**zu etw**] the counterpart [to sth]

Pendel <-s, -> *nt* pendulum; **das ~ schlägt** [**nach der einen/anderen Seite**] **aus** the pendulum swings [in the one/other direction]

Pendeldienst *m* shuttle service

pendeln *vi* ① *haben* (*schwingen*) ■ [**hin und her**] ~ to swing [to and fro] ② *sein* TRANSP (*hin- und herfahren*) to commute

Pendelschäler *m* swivel-bladed potato peeler **Pendeltür** *f s.* **Schwingtür** **Pendeluhr** *f* pendulum clock **Pendelverkehr** *m* ① (*Nahverkehrsdienst*) shuttle service ② (*Berufsverkehr*) commuter traffic

pendent *adj* SCHWEIZ (*form: anhängig*) pending

Pendenz <-, -en> *f* SCHWEIZ (*form*) pending matter

Pendler(in) <-s, -> *m(f)* commuter

Penes *pl von* **Penis**

penetrant I. *adj* ① (*durchdringend*) penetrating; **~er Geruch** a pungent smell ② (*aufdringlich*) overbearing, insistent; ***sei doch nicht so ~, ich gehe ja mit!*** stop pestering me, I'm coming! II. *adv* pungently, penetratingly

peng *interj* (*Schussgeräusch*) bang

penibel *adj* (*geh Ordnung*) meticulous; (*Mensch*) fastidious; ■ **jd ist [in etw** *dat*] ~ sb is fastidious [*or fam* pernickety] [about sth]

Penis <-, -se *o* Penes> *m* penis

Penizillin <-s, -e> *nt* penicillin

Penne <-, -n> *f* SCH (*sl*) school; **auf die ~ gehen** to go to school

pennen *vi* (*fam*) ① (*schlafen*) to kip BRIT *fam*, to sleep AM; ***du kannst auch bei mir*** ~ you can kip over at mine ② (*nicht aufpassen*) to sleep; ■ **gepennt haben** to have been sleeping ③ (*sl: Beischlaf haben*) ■ **mit jdm** ~ to go to bed with sb

Penner(in) <-s, -> *m(f)* (*pej fam*) ① (*Stadtstreicher*) tramp, bum *fam* ② (*langsamer Mensch*) slowcoach BRIT *fam*, slowpoke AM *fam*

Pensa, **Pensen** *pl von* **Pensum**

Pension <-, -en> [pã'zio:n, paŋ'zio:n, pɛn'zio:n] *f* ① TOURIST guest house ② (*Ruhegehalt*) pension; **in ~ gehen** to go into retirement; **in ~ sein** to be in retirement [*or* retired] ③ *kein pl* TOURIST (*Verpflegung*) **mit ~** with full board

Pensionär(in) <-s, -e> [pãzio'nɛ:ɐ, paŋzio'nɛ:ɐ, pɛnzio'nɛ:ɐ] *m(f)* ① (*Ruhestandsbeamter*) pensioner, retired person ② SCHWEIZ *s.* **Pensionsgast**

pensionieren* [pãzio'ni:rən, paŋzio'ni:rən, pɛnzio'ni:rən,] *vt* ■ **pensioniert werden** to be pensioned off; **vorzeitig pensioniert werden** to be given early retirement; ■ **sich ~ lassen** to retire

pensioniert [pãzio'ni:ɐt, paŋzio'ni:ɐt, pɛnzio'ni:ɐt] *adj* retired

Pensionierung <-, -en> [pãzio'ni:rʊŋ, paŋzio'ni:rʊŋ,] *f* retirement

Pensionsalter [pã'zio:ns, paŋ'zio:s, pɛn'zio:ns] *nt* retirement age **Pensionsanspruch** *m* right to a pension **pensionsberechtigt** *adj* entitled to a pension **Pensionspreis** *m* TOURIST cost of board **pensionsreif** *adj* (*fam*) ready for retirement

Pensum <-s, Pensa *o* Pensen> *nt* (*geh*) work quota

Penthouse <-, -s> ['pɛnthaus] *nt* penthouse

Pep <-[s]> *m kein pl* verve, pep *fam*, oomph *fam*, pizzazz *fam;* ~ **haben** (*fam*) to have verve [*or* pizzazz]; **mit ...** ~ (*fam*) with ... pizzazz [*or* pep]

Peperoni *pl* KOCHK ① (*scharfe Paprikas*) chillies *pl* ② SCHWEIZ (*Gemüsepaprika*) peppers *pl*

peppig *adj* (*fam*) peppy *fam*, racy *fam*, upbeat

Pepsin <-s, -e> *nt* pepsin

Peptid <-s, -e> *nt* BIOL, CHEM peptide

per *präp* ① (*durch*) by; ~ **Post/Bahn** by post [*or* AM mail]/train ② (*pro*) per ▸ WENDUNGEN: ~ **pedes** (*hum*) on foot, BRIT *a.* on shank's pony *hum;* ~ **se** (*geh*) per se; **mit jdm ~ du/Sie sein** (*fam*) to address sb with "du"/"Sie", to be on familiar/unfamiliar terms with sb

Perestroika <-> *f kein pl* POL perestroika

perfekt I. *adj* ① (*vollkommen*) perfect ② *pred* (*abgemacht*) ■ ~ **sein** to be settled; **etw ~ machen** to settle sth II. *adv* perfectly

Perfekt <-s, -e> *nt* LING ① (*vollendete Zeitform*) perfect [tense] ② (*Verbform im ~*) perfect

Perfektion <-> *f kein pl* (*geh*) perfection; ■ **mit ~** to perfection; **in höchster ~** to the highest perfection

perfektionieren* *vt* (*geh*) ■ **etw ~** to perfect sth

Perfektionismus <-> *m kein pl* (*geh*) perfectionism

Perfektionist(in) <-en, -en> *m(f)* perfectionist

perfide I. *adj* (*geh*) perfidious *liter* II. *adv* (*geh*) perfidiously

Perforation <-, -en> *f* ① (*Lochung*) perforation ② (*Trennlinie*) perforated line ③ MED perforation

perforieren* *vt* ■ **etw ~** to perforate sth

Performance <-> [pə'fɔ:məns] *f kein pl* (*sl*) performance, manner

Pergament <-[e]s, -e> *nt* parchment

Pergamentband <-bände> *m* vellum-bound book **Pergamentpapier** *nt* greaseproof paper **Pergamentrolle** *f* scroll

Pergola <-, Pergolen> *f* pergola

Periode <-, -n> *f* ① (*Zeitabschnitt*) period ② BIOL period ③ MATH repetend

Periodensystem *nt* CHEM periodic table

periodisch I. *adj* periodic[al], regular II. *adv* periodically, regularly; *s. a.* **Dezimalzahl**

peripher I. *adj* ① (*geh: oberflächlich*) peripheral ② ANAT, MED peripheral II. *adv* (*geh*) peripherally, on the periphery

Peripherie <-, -n> ['ri:ən] *f* ① (*Randzone*) periphery, outskirts *pl* ② MATH (*Begrenzungslinie*) periphery ③ INFORM (*Peripheriegeräte*) peripheral [device]

Periskop <-s, -e> *nt* periscope

Perlbohne *f* Boston bean, pearl haricot, pea bean

Perle <-, -n> *f* ① (*Schmuckperle*) pearl ② (*Kügelchen*) bead ③ (*fig*) gem; ***unsere Haushälterin ist eine echte*** ~ our housekeeper is a true gem ④ (*Tropfen*) bead, droplet ⑤ (*Luftbläschen*) bubble ▸ WENDUNGEN: ~**n vor die Säue werfen** (*prov*) to cast pearls before swine *prov*

perlen *vi* ① (*sprudeln*) to fizz ② (*geh: in Tropfen stehen*) ■ **auf etw** ~ *dat* to form beads [*or* droplets] on sth ③ (*geh: in Tropfen rinnen*) ■ **von etw** ~ to trickle [*or* roll] from sth

Perlenkette *f* pearl necklace **Perlentaucher(in)** *m(f)* pearl diver

Perlgerste *f* pearl barley **Perlhuhn** *nt* guinea fowl **Perlmuschel** *f* pearl oyster

Perlmutt <-s> *nt kein pl* mother-of-pearl

Perlon® <-s> *nt kein pl* [type of] nylon

Perlonstrumpf <-[e]s, -strümpfe> *m* nylon stocking; ■ **Perlonstrümpfe** nylons *npl*, nylon stockings *pl*

Perltang *m* BOT carragheen **Perlzwiebel** *f* pearl onion

Perm <-s> *kein pl nt* GEOL Permian

permanent I. *adj* (*geh*) permanent II. *adv* (*geh*) permanently

Permanenz <-> *f* (*geh*) permanence; **in ~** constantly, continuously

Permeabilität <-> *f kein pl* SCI permeability

Perpetuum mobile <- -, – -[s]> *nt* perpetual motion machine

perplex *adj* dumbfounded, thunderstruck

Perron <-s, -s> ['pɛrõ:] *m* SCHWEIZ, ÖSTERR (*Bahnsteig*) platform

Persenning <-, -e[n]> *f* ① NAUT tarpaulin ② *kein pl* MODE (*Segeltuch*) canvas

Perser(in) <-s, -> *m(f)* HIST Persian

Perser <-s, -> *m* (*fam*) Persian [rug]

Perser(in) <-s, -> *m(f)* GEOG Persian

Perserteppich *m* Persian rug

Persianer <-s, -> *m* ① (*Fell*) Persian lamb ② MODE (*Mantel aus ~ 1*) Persian lamb coat

Persien <-s> ['pɛrziən] *nt* HIST *s.* **Iran** Persia

Persiflage <-, -n> [pɛrzi'fla:ʒə] *f* (*geh*) satire

persiflieren* *vt* (*geh*) ■ **jdn/etw ~** to satirize sb/sth

Persilschein *m* ① (*hum fam*) denazification certificate ② (*fig*) clean bill of health

Persisch *nt dekl wie adj* Persian; *s. a.* **Deutsch**

persisch *adj* Persian

Persische <-n> *nt* ■ **das ~** Persian, the Persian language; *s. a.* **Deutsche**

Persischer Golf *m* Persian Gulf

Person <-, -en> *f* ① *meist pl* (*Mensch*) person; **juristische ~** JUR legal entity, juristic person; **natürliche ~** JUR natural person; **jd als ~** sb as a person; **ich/du**

etc für meine/deine etc ~ I/you [*or* as for] myself/yourself; **... in** ~ personified; **in** ~ personally; **in einer** ~ rolled into one; **pro** ~ per person; **zur** ~ JUR concerning a person's identity ❷ (*pej: Subjekt*) character ❸ LIT, THEAT (*Handelnde*) character ❹ *kein pl* LING (*grammatische Form*) person

personal *adj inv* (*geh*) personal

Personal <-s> *nt kein pl* ❶ (*Gesamtheit der Mitarbeiter*) personnel, staff ❷ (*Hausangestellte*) staff

Personalabbau *m* downsizing *no pl, no indef art,* reduction in staff[ing levels] [*or* personnel], personnel [*or* staff] cuts *pl* **Personalabteilung** *f* personnel [*or* human resources] department **Personalakte** *f* personal file **Personalausweis** *m* identity card **Personalbestand** *m* number of staff [*or* personnel] **Personalbüro** *nt* ÖKON personnel office **Personalchef(in)** *m(f)* personnel manager, head of personnel **Personalcomputer** *m* personal computer **Personaleinsparung** *f* staff [*or* personnel] reduction, staff cuts *pl*

Personalien ['na:liən] *pl* particulars *npl*

Personalkosten *pl* personnel costs *npl* **Personalplanung** *f* ÖKON personnel planning *no pl, no indef art* **Personalpolitik** *f* staff policy **Personalpronomen** *nt* LING personal pronoun **Personalrat** *m* staff council [of a public authority] **Personalrat, -rätin** *m, f* staff council representative [of a public authority] **Personalunion** *f* ❶ (*Halter von zwei Ämtern*) **in** ~ (*geh*) at the same time; ***er ist Parteisprecher und Präsident in*** ~ he's both party speaker and president ❷ HIST personal union **Personalvermittlung** *f* ÖKON employment agency **Personalwesen** *nt* ÖKON personnel matters *pl*

personell I. *adj* personnel *attr,* staff *attr* II. *adv* as regards personnel; ~ **aufstocken** to increase staff [*or* personnel]; **sich** ~ **aus etw zusammensetzen** to be staffed in a certain way

Personenaufzug *m* (*form*) passenger lift BRIT, AM elevator **Personenbeförderung** *f* carriage [*or* conveyance] of passengers **Personenbeschreibung** *f* personal description **personenbezogen** *adj* personal **Personengedächtnis** *nt* memory for faces; **ein gutes/schlechtes** ~ **haben** to have a good/bad memory for faces **Personengesellschaft** *f* ÖKON partnership **Personenkraftwagen** *m* (*geh*) motorcar *form* **Personenkreis** *m* group of people **Personenkult** *m* personality cult; **einen** ~ **mit jdm treiben** to build up a personality cult around sb **Personenschaden** *m* personal injury **Personenschutz** *m* personal security **Personenverkehr** *m* passenger transport **Personenwaage** *f* (*form*) scales *npl* (*for weighing persons*) **Personenwagen** *m* (*form*) private car **Personenzug** *m* (*veraltend*) slow [*or* stopping] train

Personifikation <-, -en> *f* (*geh*) personification

personifizieren* *vt* ■**etw** ~ to personify sth

Personifizierung <-, -en> *f* (*geh*) personification

persönlich I. *adj* ❶ (*eigen*) personal ❷ (*jdn selbst betreffend*) personal ❸ (*zwischenmenschlich*) personal ❹ (*intim*) friendly; ***ich möchte ein ~es Wort an Sie richten*** I would like to address you directly ❺ (*gegen jdn gerichtet*) personal ❻ (*als Privatperson*) personal ❼ (*anzüglich*) ■~ **werden** to get personal; *s. a.* **Fürwort** II. *adv* ❶ (*selbst*) personally; ~ **erscheinen/auftreten** to appear/perform in person ❷ (*privat*) personally; ~ **befreundet sein** to be personal friends

Persönlichkeit <-, -en> *f* ❶ *kein pl* (*individuelle Eigenart*) personality ❷ (*markanter Mensch*) character ❸ (*Prominenter*) celebrity, personality

Perspektive <-, -n> [pɛrspɛk'ti:və] *f* ❶ ARCHIT, KUNST (*räumliche Darstellung*) perspective ❷ (*Blickwinkel*) perspective ❸ (*geh: Betrachtungsweise*) perspective, angle, point of view ❹ (*geh: Aussichten*) prospect *usu pl*

perspektivisch [pɛrspɛk'ti:vɪʃ] I. *adj* perspective *attr* II. *adv* in perspective

Perspektivlosigkeit <-> *f kein pl* hopelessness *no pl*

Peru <-s> *nt* Peru

Peruaner(in) <-s, -> *m(f)* Peruvian; *s. a.* **Deutsche(r)**

peruanisch *adj* Peruvian; *s. a.* **deutsch**

Perücke <-, -n> *f* wig

pervers [pɛr'vɛrs] I. *adj* ❶ PSYCH perverted; ■~ **sein** to be perveted [*or* a pervert] ❷ (*sl: unnormal*) perverse, abnormal II. *adv* PSYCH ~ **veranlagt sein** to have a perverted disposition

Perversion <-, -en> [vɛr] *f* perversion

Perversität <-, -en> [vɛr] *f* (*geh*) perversity

pervertieren* [vɛr] I. *vt haben* (*geh*) ■**etw** ~ to warp [*or* pervert] sth II. *vi sein* (*geh*) ■[**zu etw**] ~ to become perverted [into sth]

Pesete <-, -ten> *f* ÖKON *s.* **Peseta**

Pessar <-s, -e> *nt* diaphragm, cap

Pessimismus <-> *m kein pl* pessimism

Pessimist(in) <-en, -en> *m(f)* pessimist

pessimistisch I. *adj* pessimistic II. *adv* pessimistically

Pest <-> *f kein pl* MED Pest; ■**die** ~ the plague ► WENDUNGEN: **jdm die** ~ **an den Hals wünschen** (*fam*) to wish sb would drop dead *fam;* **wie die** ~ **stinken** (*fam*) to stink to high heaven *fam;* **jdn wie die** ~ **fürchten/hassen** (*fam*) to be terribly afraid of sb/to hate sb's guts *fam*

pestartig *adj* pestilential, vile **Pestbeule** *f* plague spot **Pestgestank** *m* foul [*or* vile] stench

Pestizid <-s, -e> *nt* pesticide

Peter <-s> *m* ► WENDUNGEN: **jdm den schwarzen** ~ **zuschieben** [*o* **zuspielen**] to leave sb holding the baby BRIT [*or* AM bag] *fam*

Peterle <-[s]> *nt kein pl* ❶ BOT, KOCHK DIAL (*Petersilie*) parsley *no pl; s. a.* **Petersilie** ❷ *dim von* **Peter**

Petermännchen *nt* greater weaver fish, stingfish

Petersfisch *m* haddock

Petersilie <-, -n> [liə] *f* parsley

Petersilienöl *nt* parsley oil

PET-Flasche ['pet] *f* PET [plastic] bottle

Petitesse <-, -n> [pəti:'tɛs] *f* (*geh*) triviality

Petition <-, -en> *f* petition

Petitionsrecht *nt* right to petition

Petrischale *f* Petri dish

Petrochemie [petroçe'mi:, 'pe:troçemi:] *f* petrochemistry

Petroleum <-s> *nt kein pl* paraffin, kerosene

Petroleumlampe *f* paraffin lamp

Petting <-s, -s> *nt* petting

petto *adv* ► WENDUNGEN: **etw in** ~ **haben** (*fam*) to have sth up one's sleeve *fam*

Petunie <-, -n> [pe'tu:niə] *f* petunia

Petze <-, -n> *f* (*pej fam*) telltale; (*fam*) BRIT *a.* grass *sl*

petzen I. *vt* (*pej fam*) ■[**jdm**] **etw** ~ to tell [sb] about sth, BRIT *a.* to grass sth [to sb] II. *vi* (*pej fam*) to tell, BRIT *a.* to grass

Petzer(in) <-s, -> *m(f)* (*pej fam*) telltale *fam,* BRIT *a.* grass *sl*

Pf *m Abk von* **Pfennig**

Pfad <-[e]s, -e> *m* (*schmaler Weg*) path ► WENDUNGEN: **auf dem ~[e] der Tugend wandeln** (*geh*) to follow the path of virtue; **jdn auf den** ~ **der Tugend zurückführen** (*geh*) to lead sb back onto the path of virtue; **ein dorniger** ~ (*geh*) arduous endeavour [*or* AM -or] *form*

pfaden *vt* SCHWEIZ ❶ (*von Schnee räumen*) ■**etw** ~

to clear sth of snow ② (*einen Pfad bahnen*) ■ **gepfadet sein** to have paths
Pfadfinder(in) <-s, -> *m(f)* [boy] scout; (*Mädchen*) [girl] guide
Pfaffe <-n, -n> *m* (*pej*) cleric *pej*
Pfaffenkümmel *m* cumin
Pfahl <-[e]s, Pfähle> *m* ① (*Zaunpfahl*) post ② (*angespitzter Rundbalken*) stake
Pfahlbau <-bauten> *m* structure on stilts
pfählen *vt* ① HORT (*durch Pfähle stützen*) ■ **etw** ~ to stake sth ② HIST (*aufspießen*) ■ **jdn** ~ to impale sb
Pfahlwurm *m* ZOOL ship worm **Pfahlwurzel** *f* taproot
Pfalz <-, -en> *f* ① GEOG palatinate; ■ **die** ~ the palatinate; **Rheinland-**~ the Rhineland-Palatinate ② HIST palace
Pfand <-[e]s, Pfänder> *nt* ① (*Sicherheit für Leergut*) deposit ② (*Sicherheit*) security, deposit ③ (*geh: Symbol, Beweis*) pledge; ***nimm diesen Ring als ~ meiner immerwährenden Liebe!*** take this ring as a pledge of my everlasting love!
pfändbar *adj* JUR distrainable *form*, attachable *form*
Pfandbrief *m* FIN mortgage bond
pfänden *vt* JUR ① (*beschlagnahmen*) ■ [**jdm**] **etw** ~ to impound [*or* seize] [sb's] sth; ■ **das P~** seizing of possessions ② (*Pfandsiegel anbringen*) ■ **jdn** ~ to seize some of sb's possessions; ■ **jdn** ~ **lassen** to get the bailiffs onto sb
Pfänderspiel *nt* game of forfeits
Pfandflasche *f* returnable bottle **Pfandleihe** <-, -en> *f* pawnbroker's, pawnshop **Pfandleiher(in)** <-s, -> *m(f)* pawnbroker **Pfandrecht** *nt* JUR ■ **ein/jds** ~ **an etw** *dat* a/sb's right of distraint upon sth *form*; **das** ~ **an etw haben** to have the right to have sth impounded [*or* seized] **Pfandschein** *m* pawn ticket **Pfandsiegel** *nt* JUR *official seal on impounded items*
Pfändung <-, -en> *f* distraint *form*, seizure
Pfanne <-, -n> *f* ① KOCHK [frying] pan ② SCHWEIZ (*Topf*) pot ③ BAU (*Dachziegel*) pantile ▶ WENDUNGEN: **jdn in die** ~ **hauen** (*sl*) to do the dirty BRIT *sl* [*or* AM play a mean trick] on sb; *s. a.* **Ei**
Pfannenwender *m* slotted turner, fish slice
Pfannkuchen *m* pancake
Pfarramt *nt* rectory, vicarage
Pfarrei <-, -en> *f* REL ① (*Gemeinde*) parish ② *s.* **Pfarramt**
Pfarrer(in) <-s, -> *m(f)* priest
Pfarrgemeinde *f s.* **Pfarrei 1** **Pfarrhaus** *nt* (*katholisch*) presbytery; (*anglikanisch*) rectory, vicarage **Pfarrkirche** *f* parish church
Pfau <-[e]s *o* -en, -en> *m* ORN peacock ▶ WENDUNGEN: **ein eitler** ~ **sein** (*geh*) to be vain as a peacock
Pfauenauge *nt* peacock butterfly **Pfauenfeder** *f* peacock feather **Pfauenrad** *nt* peacock's fan
Pfeffer <-s, -> *m* KOCHK pepper; **grüner** ~ green pepper ▶ WENDUNGEN: **hingehen** [*o* **bleiben**], **wo der** ~ **wächst** (*fam*) to go to hell *fam*
Pfefferfenchel *m* fennel seed
pfeff(e)rig *adj* peppery
Pfefferkorn *nt* peppercorn **Pfefferkuchen** *m* gingerbread **Pfefferkümmel** *m* cumin
Pfefferminz <-es, -[e]> *nt* peppermint
Pfefferminzbonbon *nt* peppermint
Pfefferminze *f kein pl* peppermint
Pfefferminzgeschmack *m* peppermint flavour [*or* AM -or]; **ein Bonbon mit** ~ a peppermint-flavoured [*or* AM -ored] sweet **Pfefferminzöl** *nt* peppermint oil **Pfefferminzpastille** *f* mint pastille **Pfefferminztee** *m* peppermint tea
Pfeffermühle *f* pepper mill
pfeffern *vt* ① KOCHK ■ **etw** ~ to season sth with pepper, to pepper sth ② (*fam: schleudern*) ■ **etw irgendwohin** ~ to fling sth somewhere ▶ WENDUNGEN: **jdm eine** ~ (*sl*) to give sb a smack in the face *fam*; *s. a.* **gepfeffert**
Pfefferstrauch *m* pepper [plant] **Pfefferstreuer** <-s, -> *m* pepper pot
pfeffrig *adj s.* **pfefferig**
Pfeife <-, -n> *f* ① (*Tabakspfeife*) pipe; ~ **rauchen** to smoke a pipe; **sich eine** ~ **stopfen/anzünden** to fill/light a pipe ② (*Trillerpfeife*) whistle ③ (*Musikinstrument*) pipe; **die** ~ **blasen** to play the pipe ④ (*sl: Nichtskönner*) loser *sl* ▶ WENDUNGEN: **jdn/etw in der** ~ **rauchen können** (*fam*) to forget sb/sth; **nach jds** ~ **tanzen** to dance to sb's tune
pfeifen <pfiff, gepfiffen> **I.** *vi* ① (*Pfeiftöne erzeugen*) to whistle ② (*fam: verzichten*) ■ **auf etw** ~ *akk* not to give a damn about sth; ***ich pfeife auf euer Mitleid!*** I don't need your sympathy! **II.** *vt* ① (*Töne erzeugen*) whistle; ■ [**jdm**] **etw** ~ to whistle sth [to sb]; **eine Melodie** ~ to whistle a melody ② SPORT give, award, referee; ■ **etw** ~ **ein Spiel** ~ to referee a game; **einen Elfmeter** ~ to award a penalty
Pfeifenbesteck *nt* pipe tools *pl* **Pfeifenkopf** *m* bowl [of a pipe] **Pfeifenraucher(in)** *m(f)* pipe smoker; ~ **sein** to smoke a pipe **Pfeifenreiniger** *m* pipe-cleaner **Pfeifenständer** *m* pipe stand [*or* rack] **Pfeifenstopfer** <-s, -> *m* tamper **Pfeifentabak** *m* pipe tobacco
Pfeifente *f* ORN wigeon
Pfeifer(in) <-s, -> *m(f)* ① (*Pfeifender*) whistler ② MUS piper, fifer
Pfeifkessel *m s.* **Flötenkessel** **Pfeifkonzert** *nt* chorus [*or* hail] of catcalls [*or* whistles]; **ein** ~ **veranstalten** to unleash a chorus of catcalls **Pfeifton** *m* whistle
Pfeil <-s, -e> *m* ① SPORT arrow; ~ **und Bogen** bow and arrow; *s. a.* **Amor** ② (*Richtungspfeil*) arrow ▶ WENDUNGEN: **alle ~e verschossen haben** to have run out of arguments; **wie ein** ~ like a shot
Pfeiler <-s, -> *m* ① ARCHIT pillar ② BAU pylon
Pfeilgift *nt* arrow poison **Pfeilschwanz** *m* ZOOL king [*or* horseshoe] crab **Pfeilspitze** *f* arrowhead **Pfeilwurm** *m* ZOOL arrow worm **Pfeilwurzmehl** *nt* arrowroot
Pfennig <-s, -e *o meist nach Zahlenangabe* -> *m* pfennig; **keinen** ~ [**Geld**] **haben** not to have a penny, to be penniless; **keinen** ~ **wert sein** to be worth nothing; **keinen** ~ not a penny; (*Pfennigstück*) pfennig piece ▶ WENDUNGEN: **wer den** ~ **nicht ehrt, ist des Talers nicht wert** (*prov*) take care of the pennies and the pounds will look after themselves *prov*; **nicht für fünf** ~ (*fam*) not an ounce; ***er hat nicht für fünf ~ Anstand*** he hasn't an ounce of decency; **jeden** ~ **umdrehen** (*fam*) to think twice about every penny one spends; **mit dem** [*o* **jedem**] ~ **rechnen müssen** to have to count every penny
Pfennigabsatz *m* MODE (*fam*) stiletto heel **Pfennigbetrag** *m* a few pfennigs; ***das sind doch nur Pfennigbeträge*** that's just chickenfeed **Pfennigfuchser(in)** <-s, -> [ks] *m(f)* (*fam*) miser, stinge *fam* **Pfennigstück** *nt* pfennig piece
Pferch <-es, -e> *m* pen
pferchen *vt* ■ **jdn/Tiere in etw** ~ *akk* to cram [*or* pack] sb/animals into sth
Pferd <-[e]s, -e> *nt* ① (*Tier*) horse; **arbeiten** [*o fam* **schuften**] **wie ein** ~ to work like a horse *fam*; **zu ~e** (*geh*) on horseback ② SCHACH (*Springer*) knight ▶ WENDUNGEN: **das** ~ **beim** [*o* **am**] **Schwanz**[**e**] **aufzäumen** (*fam*) to put the cart before the horse *fam*; **jds bestes** ~ **im Stall** (*fam*) sb's best man; **aufs falsche/richtige** ~ **setzen** (*fam*) to back the wrong/right horse; **immer langsam** [*o* **sachte**] **mit den jun-**

P

gen ~en! (*fam*) hold your horses! *fam;* **die ~e scheu machen** (*fam*) to put people off *fam;* **ein Trojanisches ~** (*geh*) a Trojan horse; **keine zehn ~e** (*fam*) wild horses; ***keine zehn ~e könnten mich je dazu bringen*** wild horses couldn't make me do that; **jdm gehen die ~e durch** (*fam*) sb blows their top *fam;* **das hält ja kein ~ aus** (*fam*) that's more than anyone would put up with; **mit jdm ~e stehlen können** (*fam*) sb is game for anything *fam;* **ich glaub mich tritt ein ~!** (*fam*) well I'll be blowed! [*or* AM *fam* damned!]; **auf die ~e!** get moving! *fam*

Pferdeapfel *m meist pl* horse droppings *npl* **Pferdebahn** *f* horse-drawn tram [*or* AM streetcar] **Pferdebesitzer(in)** *m(f)* horse-owner **Pferdebohne** *f* broad bean **Pferdedieb(in)** *m(f)* horse thief **Pferdefleisch** *nt* horsemeat **Pferdefuß** *m* ① LIT (*Huf*) cloven hoof ② (*Haken*) catch; ***das Angebot klingt günstig, wo ist der ~?*** the offer sounds great, where's the catch? **Pferdegebiss**^RR *nt* (*fam*) teeth like a horse **Pferdekutsche** *f* horse and carriage **Pferdemähne** *f* horse's mane **Pferderennbahn** *f* race course [*or* track] **Pferderennen** *nt* horse-racing **Pferderücken** *m* horseback **Pferdeschlitten** *m* horse-drawn sleigh **Pferdeschwanz** *m* ① (*vom Pferd*) horse's tail ② (*Frisur*) ponytail **Pferdestall** *m* stable **Pferdestärke** *f* (*veraltend*) horsepower **Pferdezucht** *f* horse breeding **Pferdezüchter(in)** *m(f)* horse breeder

pfiff *imp von* **pfeifen**

Pfiff <-s, -e> *m* ① (*Pfeifton*) whistle ② (*fam: Reiz*) pizzazz, flair

Pfifferling <-[e]s, -e> *m* BOT, KOCHK chanterelle ▸WENDUNGEN: **keinen ~ wert sein** to not be worth a thing; **keinen** [*o* **nicht einen**] **~** (*fam*) not a penny *fam*

pfiffig I. *adj* sharp, smart II. *adv* sharply, smartly

Pfiffigkeit <-> *f kein pl* sharpness

Pfingsten <-, -> *nt meist ohne Artikel* Whitsun, Whit Sunday; (*Pfingstwochenende*) Whitsuntide; **an** [*o* **zu**] [*o* **über**] **~** at Whitsun

Pfingstferien *pl* Whitsun holidays [*or* AM vacation] **Pfingstfest** *nt* (*geh*) *s.* **Pfingsten** **Pfingstmontag** *m* Whit Monday **Pfingstrose** *f* peony **Pfingstsonntag** *m* Whit Sunday, Pentecost *spec* **Pfingsttag** *m* Whitsun, Whit Sunday **Pfingstwoche** *f* Whit week

Pfirsich <-s, -e> *m* BOT, KOCHK peach

Pfirsichanbau *m* peach cultivation **Pfirsichbaum** *m* peach tree **Pfirsichernte** *f* peach harvest **Pfirsichhaut** *f* peach skin **Pfirsichplantage** *f* peach plantation **Pfirsichsaft** *f* peach juice

Pflanze <-, -n> *f* plant; **~n fressend** herbivorous; **Fleisch fressende ~** carnivorous plant

pflanzen I. *vt* ■**etw ~** to plant sth II. *vr* (*fam*) ■**sich irgendwohin ~** to plonk [*or* AM *a.* plunk] oneself somewhere *fam*

Pflanzenfaser *f* plant fibre [*or* AM -er] **Pflanzenfett** *nt* vegetable fat **Pflanzenfresser** *m* herbivore **Pflanzengesellschaft** *f* plant society **Pflanzenreich** *nt kein pl* plant kingdom *no pl* **Pflanzenschutz** *m* AGR, CHEM pest control; **biologischer ~** biological pest control **Pflanzenschutzmittel** *nt* pesticide **Pflanzensoziologie** *f* phytosociology **Pflanzenwelt** *f* flora, plant life

Pflanzer(in) <-s, -> *m(f)* planter

pflanzlich I. *adj attr* ① (*vegetarisch*) vegetarian ② (*aus Pflanzen gewonnen*) vegetable, plant-based II. *adv* **sich ~ ernähren** to eat a vegetarian diet

Pflanzung <-, -en> *f* ① *kein pl* (*das Pflanzen*) planting ② AGR *s.* **Plantage**

Pflaster <-s, -> *nt* ① MED plaster ② BAU road [*or* paved] surface ▸WENDUNGEN: **ein gefährliches** [*o* **heißes**] **~** (*fam*) a dangerous place; **ein teures ~** (*fam*) an expensive town [*or* area]

Pflasterer(in) <-s, -> *m(f)* road worker

Pflastermaler(in) *m(f)* pavement artist

pflastern I. *vt* ■**etw** [**mit etw**] **~** to surface sth [with sth]; **etw mit Steinplatten ~** to pave sth with flagstones II. *vi* to pave

Pflasterstein ['pflastɐ] *m* paving stone

Pflasterung <-, -en> *f* BAU ① *kein pl* (*das Pflastern*) paving ② (*gepflasterte Fläche*) paving

Pflaume <-, -n> *f* ① KOCHK plum ② BOT, HORT plum tree ③ (*fam: Pfeife*) twat *pej fam*

Pflaumenbaum *m* plum tree **Pflaumenkern** *m* plum stone **Pflaumenkompott** *nt* stewed plums *pl* **Pflaumenkuchen** *m* plum tart **Pflaumenmarmelade** *f* plum jam **Pflaumenschale** *f* plum skin **Pflaumenschnaps** *m* plum schnapps **Pflaumenstängel**^RR *m* plum stem

Pflege <-> *f kein pl* ① (*kosmetische Behandlung*) care, grooming ② MED care, nursing; **jdn/ein Tier** [**bei jdm**] **in ~ geben** to have sb/an animal looked after [by sb]; **jdn/ein Tier** [**von jdm**] **in ~ nehmen** to look after [sb's] sb/animal ③ HORT care, attention ④ (*geh: Kultivierung*) cultivation, fostering

Pflegeanweisung *f* care instructions *pl* **pflegebedürftig** *adj* ① (*der Fürsorge bedürfend*) in need of care *pred;* ■**~ sein** to be in need of [permanent] care, to need looking after [*or* permanent care] ② (*Versorgung erfordernd*) ■**~ sein** to need looking after, to be in need of care; ***die Instrumente sind sehr ~*** the instruments need a lot of looking after [*or* a lot of care and attention] [*or* need to be carefully looked after] **Pflegeeltern** *pl* foster parents *pl* **Pflegefall** *m* nursing case, sb who needs constant [*or* permanent] nursing care; **jd ist ein ~** sb needs constant nursing care **Pflegegeld** *nt* care allowance **Pflegeheim** *nt* nursing home **Pflegehelfer(in)** *m(f)* nursing auxiliary **Pflegekind** *nt* foster child **Pflegekosten** *pl* nursing fees *pl* **Pflegekraft** *f* carer, nurse **pflegeleicht** *adj* easy-care *attr,* that doesn't need much care [*or* looking after] *pred;* **ein ~es Tier/~er Mensch** an animal that/a person who is easy to cope with [*or* look after] **Pflegelinie** *f* skin-care range **Pflegemittel** *nt* ① (*Kosmetika*) cosmetic product ② (*Reinigungsmittel*) cleaning product **Pflegemutter** *f* foster mother

pflegen I. *vt* ① (*umsorgen*) ■**jdn ~** to care for [*or* look after] [*or* nurse] sb ② (*gärtnerisch versorgen*) ■**etw ~** to tend sth ③ (*schützend behandeln*) ■**etw** [**mit etw**] **~** to look after sth [with sth] ④ (*kosmetisch behandeln*) ■**etw** [**mit etw**] **~** to treat sth [with sth] ⑤ (*gewöhnlich tun*) ■**etw zu tun ~** to usually do [*or* be in the habit of doing] sth; ***um diese Zeit pflege ich noch im Bett zu liegen*** I'm usually still in bed at this time; ***wie man zu sagen pflegt*** as they say ⑥ (*geh: kultivieren*) ■**etw ~** to cultivate sth; **eine Freundschaft/eine Kunst ~** to cultivate a friendship/an art; **Beziehungen/eine Kooperation ~** to foster relations/a cooperation; **ein Hobby ~** to keep up a hobby *sep* II. *vr* ■**sich ~** ① (*Körperpflege betreiben*) to take care of one's appearance; ■**sich mit etw ~** to treat oneself [with sth]; ***ich pflege mich regelmäßig mit Körperlotion*** I use body lotion regularly ② (*sich schonen*) to take it [*or* things] easy *fam;* ***du solltest dich mehr ~!*** you should take things easier!

Pflegenotstand *m* shortage of nursing staff **Pflegepersonal** *nt* nursing staff + *pl vb*

Pfleger(in) <-s, -> *m(f)* [male] nurse *masc,* nurse *fem*

Pflegereihe *f* skin-care range

pflegerisch I. *adj* nursing *attr;* **~e Öle** balsamic oils II. *adv* as a nurse

Pflegesatz *m* hospital charges *pl,* daily rate [*or* charge] for a hospital bed **Pflegeshampoo** *nt* PHARM cosmetic shampoo **Pflegesohn** *m* foster son **Pflegespülung** *f* PHARM cosmetic conditioner **Pflegetochter** *f* foster daughter **Pflegevater** *m* foster father **Pflegeversicherung** *f* private nursing insurance

pfleglich I. *adj* careful; ***ich bitte um ~e Behandlung!*** please handle with care II. *adv* carefully, with care

Pflegling <-s, -e> *m* sb/sth being cared for; *child* charge; *baby* nursling

Pflegschaft <-, -en> *f* JUR guardianship

Pflicht <-, -en> *f* ① (*Verpflichtung*) duty, responsibility; ■ **jds ~/~en als jd** sb's duty [*or* responsibility]/duties [*or* responsibilities] as sb; **jds verdammte ~ und Schuldigkeit sein, etw zu tun** (*sl*) sb damn [*or* BRIT *a.* bloody] well ought to do sth *sl;* **sich** *dat* **zur ~ machen, etw zu tun** to make it one's duty [*or* take it upon oneself] to do sth; **die ~ haben, etw zu tun** to have the duty to do sth; **eheliche ~en** conjugal duties; **jdn [durch etw] in die ~ nehmen** (*geh*) to remind sb of his duty [through sth], to insist on sb discharging his responsibility; **die ~ ruft** duty calls; **nur seine ~ tun** to only do one's duty; *s. a.* **Recht** ② SPORT compulsory section [*or* exercise]

Pflichtbesuch *m* ① SCH compulsory attendance ② (*moralisch*) obligatory visit **pflichtbewusst**[RR] *adj* conscientious; ■ **~ sein** to be conscientious, to have a sense of duty **Pflichtbewusstsein**[RR] *nt* sense of duty *no pl* **Pflichteinlage** *f* FIN compulsory contribution of capital (*e.g. in a partnership*)

Pflichtenheft *nt* ① (*Auflistung der zu erfüllenden Aufgaben; Leistungsverzeichnis*) duties record book ② (*Beschreibung des Aufgabenfelds*) job description

Pflichterfüllung *f kein pl* fulfilment [*or* AM *a.* fulfillment] [*or* performance] of one's duty **Pflichtexemplar** *nt* VERLAG deposit copy **Pflichtfach** *nt* compulsory subject **Pflichtgefühl** *nt kein pl s.* **Pflichtbewusstsein** **pflichtgemäß** I. *adj* dutiful II. *adv* dutifully, in accordance with one's duty **Pflichtlektüre** *f* compulsory [*or* required] reading *no pl, no indef art* **Pflichtschule** *f* (*form*) compulsory school **Pflichtteil** *m o nt* JUR statutory [minimum] portion (*of an inheritance*) **Pflichtübung** *f* SPORT *s.* **Pflicht 2** **Pflichtverletzung** *f* breach of duty **pflichtversichert** *adj* compulsorily insured **Pflichtversicherte(r)** *f(m) dekl wie adj* compulsorily insured person **Pflichtversicherung** *f* compulsory insurance *no pl, no art* **Pflichtverteidiger(in)** *m(f)* JUR court-appointed defence [*or* AM -se] counsel

Pflock <-[e]s, Pflöcke> *m* stake; (*Zelt~*) peg

pflücken *vt* ■ **etw ~** to pick sth

Pflücker(in) <-s, -> *m(f)* picker

Pflug <-es, Pflüge> *m* plough, *esp* AM plow; **unter den ~ kommen/unter dem ~ sein** (*geh*) to come/be under the plough *form;* **etw unter den ~ nehmen** (*geh*) to put sth to the plough *form*

pflügen I. *vi* to plough, *esp* AM to plow II. *vt* ■ **etw ~** to plough [*or esp* AM plow] sth

Pflüger <-s, -> *m* (*veraltend*) ploughman, *esp* AM plowman

Pflugschar <-, -en> *f* ploughshare, *esp* AM plowshare

Pflümli <-, -s> *nt* SCHWEIZ plum schnapps

Pfortader *f* ANAT portal vein

Pforte <-, -n> *f* ① (*Tor, bewachter Eingang*) gate ② GEOG gap; **die Burgundische ~** the Belford Gap ▸ WENDUNGEN: **seine ~n schließen** (*geh*) to close one's doors for good [*or* down]

Pförtner <-s, -> *m* ANAT pylorus

Pförtner(in) <-s, -> *m(f)* porter BRIT, doorman AM; *Wohnblock* doorkeeper; *Tor* gatekeeper

Pförtnerloge [lo:ʒə] *f* doorkeeper's [*or* gatekeeper's] office, BRIT *a.* porter's lodge

Pfosten <-s, -> *m* ① (*Pfahl*) post ② (*Stützpfosten*) post; *Tür, Fenster* jamb ③ SPORT post, upright

Pfötchen <-s, -> *nt dim von* **Pfote** [little] paw; [**gib**] **~!** [give me a] paw!

Pfote <-, -n> *f* ① (*von Tieren*) paw ② KOCHK [pig's] trotter ③ (*fam*) paw *fam,* mitt *sl;* **sich** *dat* **die ~n [an etw** *dat*] **verbrennen** (*fam*) to burn one's fingers [on/with sth] *fam*

Pfriem <-[e]s, -e> *m* awl

Pfropf <-[e]s, -e *o* Pröpfe> *m* MED clot

pfropfen[1] *vt* ① (*hineindrücken*) ■ **etw in etw** *akk* **~** to shove [*or* BRIT *a.* bung] sth into sth *fam* ② (*hineinzwängen*) ■ **etw in etw** *akk* **~** to cram sth into sth

pfropfen[2] *vt* HORT ■ **etw ~** to graft sth

Pfropfen <-s, -> *m* stopper, plug

Pfropfung <-, -en> *f* HORT grafting

Pfründe <-, -n> *f* sinecure

Pfuhl <-s, -e> *m* (*veraltend*) [stagnant] pond

pfui *interj* tut tut; (*Ekel*) ugh, yuck; **~, schäme dich!** tut tut, shame on you!; *s. a.* **Teufel, Deibel**

Pfund <-[e]s, -e *o nach Zahlenangabe* -> *nt* ① (*500 Gramm*) pound ② (*Währungseinheit*) pound; **in ~** in pounds ▸ WENDUNGEN: **mit seinem ~e wuchern** (*geh*) to make the most of one's talent

pfundig *adj* (*fam*) great *fam,* fantastic *fam*

Pfundsangebot *nt* DIAL (*fam*) great offer *fam*

Pfundskerl *m* DIAL (*fam*) great guy [*or* BRIT *a.* bloke] *fam*

Pfusch <-[e]s> *m kein pl* (*fam*) sloppy job, botch-up, bodge [*or* AM botch] [job] *fam*

Pfuscharbeit *f* (*fam*) *s.* **Pfusch**

pfuschen *vi* ① (*mogeln*) ■ **[bei etw] ~** to cheat [at/in sth] ② (*schlampen*) to botch [up], BRIT *a.* to bodge *fam,* to be sloppy; *s. a.* **Handwerk**

Pfuscher(in) <-s, -> *m(f)* (*fam*) ① SCH cheat ② (*pfuschender Handwerker*) botcher, BRIT *a.* bodger *fam,* cowboy *fam*

Pfütze <-, -n> *f* puddle

PH <-, -s> [pe:'ha:] *f Abk von* **Pädagogische Hochschule** teacher training college

Phage <-n, -n> *m* BIOL phage

Phagozytose <-> *f kein pl* BIOL phagocytosis

phagozytotisch *adj* MED phagocytic

Phallen, Phalli *pl von* **Phallus**

phallisch *adj* (*geh*) phallic

Phallus <-, -se *o* Phalli *o* Phallen> *m* (*geh*) phallus

Phänomen <-s, -e> *nt* ① (*Erscheinung*) phenomenon ② (*außergewöhnlicher Mensch*) phenomenon; ***du bist ja ein ~!*** you're phenomenal!

phänomenal *adj* phenomenal

Phänotyp *m* BIOL phenotype

Phantasie <-, -n> ['zi:ən] *f s.* **Fantasie**[1]

phantasiebegabt *adj* (*geh*) *s.* **fantasievoll** **Phantasiegebilde** *nt s.* **Fantasiegebilde** **phantasielos** *adj s.* **fantasielos** **Phantasielosigkeit** <-> *f s.* **Fantasielosigkeit** **Phantasiepreis** *nt s.* **Fantasiepreis**

phantasieren* *s.* **fantasieren**

phantasievoll *adj s.* **fantasievoll**

Phantast(in) <-en, -en> *m(f) s.* **Fantast**

Phantasterei <-, -en> *f s.* **Fantasterei**

Phantastin <-, -nen> *f fem form von* **Fantast**

phantastisch *adj, adv s.* **fantastisch**

Phantom <-s, -e> *nt* phantom

Phantombild *nt* identikit® [*picture*] BRIT, composite sketch AM

Pharao, Pharaonin <-s, Pharaonen> *m, f* Pharaoh

Pharaonendynastie *f* Pharaonic dynasty, dynasty of

the Pharaohs **Pharaonengrab** *nt* Pharaonic tomb, tomb of a Pharaoh
Pharaonin <-, -nen> *f fem form von* **Pharaon**
Pharisäer <-s, -> *m* ① HIST Pharisee ② (*geh*) hypocrite ③ (*Getränk*) coffee with rum
Pharmahersteller *m* drug manufacturer **Pharmaindustrie** *f* pharmaceutical industry
Pharmakologe, **-login** <-n, -n> *m, f* pharmacologist
Pharmakologie <-> *f kein pl* pharmacology *no pl, no art*
Pharmakologin <-, -nen> *f fem form von* **Pharmakologe**
pharmakologisch *adj* pharmacological
Pharmakonzern *m* pharmaceutical company **Pharmareferent(in)** *m(f)* pharmaceutical representative
Pharmazeut(in) <-en, -en> *m(f)* pharmacist
pharmazeutisch *adj* pharmaceutical
Pharmazie <-> *f kein pl* pharmaceutics + *sing vb, no art*, pharmacy *no pl, no art*
Phase <-, -n> *f* ① (*geh: Abschnitt*) phase ② ELEK phase
Phenol <-s, -e> *nt* phenol
Phenylketonurie <-e> *f kein pl* MED phenylketonuria
Pheromon <-s, -e> *nt* BIOL pheromone
Philanthrop(in) <-en, -en> *m(f)* (*geh*) philanthropist
Philatelist(in) <-en, -en> *m(f)* (*form*) philatelist
Philharmonie <-, -n> ['ni:ən] *f* ① (*Institution*) Philharmonia, Philharmonic [orchestra] ② (*Gebäude*) Philharmonic hall
Philharmoniker(in) <-s, -> *m(f)* member of a/the philharmonic orchestra; ***die*** ~ the Philharmonic [Orchestra]
philharmonisch *adj* philharmonic
Philippiner(in) <-s, -> *m(f)* Filipino; *s. a.* **Deutsche(r)**
philippinisch *adj* Philippine, Filipino; *s. a.* **deutsch**
Philister <-s, -> *m* ① HIST Philistine ② (*geh: Spießer*) philistine
Philologe, **-login** <-n, -n> *m, f* philologist
Philologie <-, -n> ['gi:ən] *f* philology *no pl, no art*
Philologin <-, -nen> *f fem form von* **Philologe**
philologisch *adj* philological
Philosoph(in) <-en, -en> *m(f)* philosopher
Philosophie <-, -n> ['fi:ən] *f* philosophy
philosophieren* *vi* (*geh*) ■[**über etw** *akk*] ~ to philosophize [about sth]
Philosophin <-, -nen> *f fem form von* **Philosoph**
philosophisch *adj* philosophical
Phiole <-, -n> *f* phial, vial
Phlegma <-s> *nt kein pl* (*geh*) apathy *no pl*, torpidity *no pl form*
phlegmatisch *adj* (*geh*) apathetic, phlegmatic, torpid *form*
Phlox <-es, -e> *m* HORT phlox
Phobie <-, -n> ['bi:ən] *f* phobia; ■**jds ~ vor etw/einem Tier** sb's phobia about sth/an animal
Phon <-s, -s *o nach Zahlenangabe* -> *nt* phon
Phonem <-s, -e> *nt* phoneme
Phonetik <-> *f kein pl* phonetics + *sing vb*
phonetisch *adj* phonetic
Phönix <-[es], -e> *m* HIST, LIT phoenix ▸ WENDUNGEN: **wie ein ~ aus der Asche** [**auf**]**steigen** (*geh*) to rise like a phoenix from the ashes
Phönizier(in) <-s, -> *m(f)* Phoenician
phönizisch *adj* Phoenician
Phonologie <-> *f kein pl* phonology *no pl*
phonologisch *adj* phonological
Phonotypist(in) <-en, -en> *m(f)* audio typist
Phosphat <-[e]s, -e> *nt* phosphate
phosphatfrei *adj inv* CHEM phosphate-free, [which is [*or* are]] free of phosphates *pred* **phosphathaltig** *adj inv* CHEM which contains phosphates *pred*, phosphatic *spec*
Phospholipid *nt* BIOL phospholipid
Phosphor <-s> *m kein pl* phosphorus *no pl, no indef art*
phosphoreszieren* *vi* to phosphoresce, to be phosphorescent
Photo <-s, -s> *nt s.* **Foto**
Photobiologie *f* photobiology **Photochemie** *f* photochemistry **photochemisch** *adj* photochemical **Photoelektrizität** *f s.* Fotoelektrizität **Photoelement** *nt* photoconductor
Photon <-s, -tonen> *nt* photon
Photophosphorylierung <-, -en> *f* BIOL photophosphorylation **Photosynthese** *f s.* Fotosynthese **Photovoltaik** <-> *f kein pl* photovoltaic conversion
Photozelle *f* photoelectric cell, photocell
Phrase <-, -n> *f* ① (*pej: sinnentleerte Redensart*) empty [*or* hollow] phrase; ~**n dreschen** (*pej fam*) to churn out hollow phrases ② (*Ausdruck*) phrase
Phraseologie <-, -n> ['gi:ən] *f* phraseology
phraseologisch *adj* phraseological
pH-Wert [pe'ha:] *m* pH-value
Phylogenese <-, -n> *f* BIOL phylogeny
Physik <-> *f kein pl* physics + *sing vb, no art*
physikalisch *adj* MED, PHYS physical; ~**e Gesetze** physical laws, laws of physics; ~**e Experimente** physics experiments
Physiker(in) <-s, -> *m(f)* physicist
Physiklehrer(in) *m(f)* physics teacher **Physiknote** *f* physics mark **Physiksaal** *m* physics lab[oratory]
Physikum <-s, -ka> *nt* SCH *intermediate examination for medical students*
Physiognomie <-, -n> ['mi:ən] *f* (*geh*) physiognomy
Physiologe, **-login** <-n, -n> *m, f* physiologist
Physiologie <-> *f kein pl* physiology
Physiologin <-, -nen> *f fem form von* **Physiologe**
physiologisch *adj* physiological
physisch *adj* physical
Phytoplankton *nt* phytoplankton
Pi <-[s], -s> *nt* LING, MATH pi
Pianino <-s, -s> *nt* pianino, cottage piano
Pianist(in) <-en, -en> *m(f)* pianist
Piano <-s, -s> *nt* (*geh*) piano
Pianobar *f* piano bar
picheln **I.** *vi* DIAL (*fam*) to booze *fam* **II.** *vt* ▸ WENDUNGEN: **einen** ~ DIAL (*fam*) to knock 'em back; (*fam*) to have a drink [*or* BRIT *a. sl* bevvy] [or two]
Picke <-, -n> *f* icepick
Pickel <-s, -> *m* ① (*Hautunreinheit*) pimple, BRIT *a.* spot, AM zit ② (*Spitzhacke*) pickaxe; (*Eispickel*) icepick
Pickelhaube *f* HIST spiked helmet
pick(e)lig *adj* spotty BRIT, pimply AM
picken **I.** *vi* ① ORN ■[**nach jdm/etw**] ~ to peck [at sb/sth] ② (*heraussuchen*) ■**etw aus etw** ~ to pick sth out of sth **II.** *vt* ■**etw** ~ to pick sth
Picknick <-s, -s *o* -e> *nt* picnic; ~ **machen** to have a picnic
picknicken *vi* to [have a] picnic
Picknickkoffer *m* picnic hamper
picobello *adv* (*fam*) spotlessly, immaculately, spick and span *fam*; ***ihre Küche ist stets ~ aufgeräumt*** her kitchen is always spick and span
Pictogramm *nt* pictogram
Piefe <-s, -s> *m* insignificant boaster, pompous fellow
Pieform ['paj-] *f* pie dish
pieken *vi* NORDD *Nadel* to prick; *Mücke* to bite

piekfein *adj* (*fam*) posh *fam*
piep *interj* peep, tweet[-tweet], cheep[-cheep]; ~ **machen** to peep; **nicht mehr ~ sagen können** (*fam*) to not be able to utter another peep
Piep <-s> *m* ▶ WENDUNGEN: **einen ~ haben** (*fam*) to be out of [*or* BRIT *a.* off] one's head *fam,* to have a screw loose *fam;* **keinen ~ sagen** (*fam*) to not make a sound *fam;* **keinen ~ mehr sagen** (*fam*) to have had it *fam,* to be a goner *fam*
piepe, piepegal *adj pred* (*fam*) ■ [**jdm**] ~ **sein** to be all the same [to sb]; ***mir ist das ~!*** it's all the same to me!, I couldn't care less!
piepen *vi* ❶ (*leise Pfeiftöne erzeugen*) to peep; (*Maus*) to squeak ❷ (*hohe Töne erzeugen*) *Gerät* to bleep ❸ (*fam*) **bei jdm piept es** sb is off their head *fam;* **zum P~ sein** (*fam*) to be a scream *fam*
Pieper <-s, -> *m* ORN pipit
piepsen I. *vi* ❶ *s.* **piepen** ❷ (*mit hoher Stimme sprechen/singen*) to speak/sing in a high delicate voice, to pipe II. *vt* ■ **etw** ~ to say/sing sth in a high delicate voice
Piepser <-s, -> *m* (*fam*) bleeper
piepsig *adj* (*fam*) ❶ (*hoch und leise*) ~**e Stimme** squeaky voice ❷ (*klein und zart, winzig*) tiny
Pier¹ <-s, -s *o* -e> *m* pier, jetty
Pier² <-[e]s, -e> *m* lugworm
piercen *vt* ■ **sich** *akk* ~ **lassen** to get a piercing
Piercing <-[s]> *nt kein pl* MODE piercing *no pl, no art*
piesacken *vt* (*fam*) ■ **jdn** ~ to pester sb
pieseln *vi* (*fam*) *Regen* to drizzle; *Urin* to pee *fam*
Pietät <-> [pie'tɛ:t] *f kein pl* (*geh: Ehrfurcht*) reverence *no pl;* (*Achtung*) respect *no pl;* (*Frömmigkeit*) piety *no pl*
pietätlos [pie'tɛ:t] *adj* (*geh*) irreverent, disrespectful, impious
Pietätlosigkeit <-, -en> [pie'tɛ:t] *f* (*geh*) ❶ *kein pl* (*pietätlose Einstellung*) irreverence *no pl,* lack of respect *no pl,* impiety *no pl* ❷ (*pietätlose Bemerkung*) irreverence, impiety
pietätvoll [pie'tɛ:t] *adj* (*geh*) reverent, respectful
Pietismus <-> [pie'tɪsmʊs] *m* REL, HIST ■ **der** ~ Pietism
Pietist(in) <-en, -en> [pie'tɪst] *m(f)* REL, HIST Pietist
pietistisch [pie'tɪstɪʃ] *adj* REL, HIST pietistic
Pigment <-s, -e> *nt* pigment
Pigmentfleck *m* pigmentation mark
Pigmentierung <-, -en> *f* MED pigmentation
Pigmentzelle *f* BIOL pigment cell
Pik¹ *m* (*Bergspitze*) peak ▶ WENDUNGEN: **einen ~ auf jdn haben** (*fam*) to harbour [*or* AM -or] a grudge against sb
Pik² <-s, -> *nt* KARTEN ❶ (*Farbe*) spades *pl* ❷ (*Karte*) spade
pikant I. *adj* ❶ KOCHK piquant, spicy ❷ (*frivol*) racy, risqué II. *adv* piquantly, spicily
Pike <-, -n> *f* HIST pike ▶ WENDUNGEN: **von der ~ auf dienen** to rise from the ranks; **von der ~ auf lernen** to start at the bottom; **sich von der ~ auf hocharbeiten** to work one's way up
Pikee <-s, -s> *m* MODE piqué
piken I. *vt* (*fam*) ■ **jdn** [**mit etw**] ~ to prick sb [with sth] II. *vi* (*fam*) to prickle
pikiert I. *adj* (*geh*) peeved, indignant, piqued; ■ [**über etw** *akk*] ~ **sein** to be peeved [*or* piqued] [*or* indignant] [about sth] II. *adv* (*geh*) peevishly, indignantly
Pikkolo¹ <-s, -s> *m* ❶ (*Kellner*) trainee waiter ❷ (*fam*) mini bottle (*of champagne o sparkling wine*)
Pikkolo² <-s, -s> *nt* MUS piccolo
Pikkoloflasche *f* mini bottle (*of champagne/sekt/sparkling wine*)
Pikkoloflöte *f* MUS piccolo [flute]
piksen I. *vt* (*fam*) ■ **jdn** ~ to prick sb II. *vi* (*fam*) to prick
Piksieben *f* KARTEN seven of spades ▶ WENDUNGEN: **wie ~ dastehen** (*fam*) to look completely bewildered, to stand [there] dumbfounded
Piktogramm <-s, -e> *nt* pictogram
Pilger(in) <-s, -> *m(f)* pilgrim
Pilgerfahrt *f* pilgrimage **Pilgerhut** *m* pilgrim's hat
Pilgerin <-, -nen> *f fem form von* **Pilger**
Pilgermuschel *f* deep sea scallop
pilgern *vi sein* ■ **irendwohin** ~ ❶ (*fam*) to wend one's way somewhere ❷ REL (*veraltend: wallfahren*) to make [*or* go on] a pilgrimage to somewhere
Pille <-, -n> *f* pill; ■ **die ~** (*Antibabypille*) the pill; **die ~ nehmen** to be on the pill; **die ~ danach** the morning-after pill; **die ~ für den Mann** the male pill ▶ WENDUNGEN: **eine bittere ~ [für jdn] sein** (*fam*) to be a bitter pill [for sb] to swallow; **eine bittere ~ schlucken müssen** (*fam*) to have to swallow a bitter pill; **jdm eine bittere ~ versüßen** (*fam*) to sweeten the pill for sb
Pillendreher *m* ZOOL dung beetle, Egyptian sacred scarab
Pilot <-en, -en> *m* MODE moleskin [twill]
Pilot(in) <-en, -en> *m(f)* ❶ LUFT pilot ❷ SPORT (*sl*) racing driver
Pilotabschluss^RR *m* ÖKON, POL pilot agreement **Pilotballon** *m* METEO pilot balloon **Pilotfilm** *m* pilot film
Pilotin <-, -nen> *f fem form von* **Pilot**
Pilotprojekt *nt* pilot scheme [*or* project] **Pilotstudie** *f* pilot study **Pilotversuch** *m* pilot project [*or* BRIT *a.* scheme]
Pils <-, -> *nt* pils, pilsner
Pilz <-es, -e> *m* ❶ BOT fungus; (*Speise~*) mushroom; **in die ~e gehen** (*fam*) to go mushroom-picking [*or* mushrooming] ❷ MED fungal skin infection ▶ WENDUNGEN: **wie ~e aus dem Boden** [*o* **aus der Erde**] **schießen** to mushroom, to spring up like mushrooms
Pilzerkrankung *f* fungal disease **Pilzfreund(in)** *m(f)* mushroom-lover **Pilzgericht** *nt* mushroom dish **Pilzgift** *nt* mycotoxin *spec* **Pilzkopf** *m,* **Pilzkopffrisur** *f* (*veraltend fam*) Beatle [hair]cut **Pilzkunde** *f* ❶ BOT mycology ❷ (*Buch über Pilze*) mushroom guide **Pilzsammler(in)** *m(f)* mushroom picker **Pilzvergiftung** *f* fungus poisoning *no art*
Pilzzucht *f* mushroom culture
Piment <-s> *m kein pl* allspice, pimento
Pimentbeere *f* pimento berry
Pimmel <-s, -> *m* (*fam*) willie BRIT *fam,* weenie AM *fam*
Pimpf <-[e]s, -e> *m* ❶ (*fam*) squirt *fam* ❷ HIST (*jüngster Angehöriger der Jugendbewegung*) youngest member of the [German] Youth Movement [early 1900s]; (*Mitglied des Jungvolks* [*NS*]) member of the junior section of the Hitler Youth [10–14 yr olds]
pingelig *adj* (*fam*) fussy, finicky *fam,* pernickety *fam,* AM *a.* persnickety *fam*
Pingpong <-s, -s> *nt* ping-pong
Pinguin <-s, -e> *m* penguin
Pinie <-, -n> [niə] *f* BOT stone pine
pink *adj* pink
Pinke, Pinkepinke <-> *f kein pl* (*fam*) dough *no pl sl,* BRIT *a.* dosh *no pl fam*
Pinkel¹ <-s, -> *m* **ein feiner** [*o* **vornehmer**] ~ (*fam*) dandy, BRIT *a.* a nob [*or* toff] *fam*
Pinkel² <-, -n> *f* KOCHK NORDD *spicy, smoked fatty pork/beef sausage* (*eaten with curly kale*)
pinkeln *vi* ❶ (*fam: urinieren*) to pee *fam,* to piddle *fam;* ■ **irgendwohin** ~ to pee somewhere ❷ *impers* (*leicht regnen*) ***es pinkelt schon wieder*** it's drizzling [*or* spitting] again
Pinkelpause *f* (*fam*) pee stop *fam,* stop [*or* break] for

P

a pee *fam*

Pinne <-, -n> *f* ❶ NAUT tiller; **die ~ in die Hand nehmen** to pick up the tiller; **die ~ loslassen** to let go of the tiller ❷ (*spitzer Stift, auf dem die Magnetnadel des Kompasses ruht*) centre [*or* AM -er] pin ❸ (*keilförmiges Ende eines Hammerkopfes*) peen, pein, hammer edge ❹ NORDD (*kleiner Nagel, Reißzwecke*) tack

Pinnwand *f* pinboard

Pinscher <-s, -> *m* ❶ (*Hund*) pinscher ❷ (*pej fam*) pipsqueak *pej fam*

Pinsel <-s, -> *m* ❶ (*Mal~*) brush ❷ (*pej fam*) twit *fam,* idiot *pej fam* ❸ JAGD tuft ❹ (*derb: Penis*) dick *fam!* ▶ WENDUNGEN: **auf den ~ drücken** [*o* **treten**] (*sl*) to step on it [*or* the gas] *fam*

pinseln I. *vt* ❶ (*streichen*) ■**etw ~** to paint sth ❷ (*mit dem Pinsel auftragen*) ■**etw irgendwohin ~** to daub sth somewhere ❸ MED ■**etw ~** to paint sth ❹ (*fam: schreiben*) to pen II. *vi* (*fam*) to paint

Pinselschwein *nt* ZOOL river hog

Pinte <-, -n> *f* (*fam*) pub BRIT, bar AM

Pin-up-Girl <-s, -s> [pɪnˈapgœɐl] *nt* pin-up [girl]

Pinzette <-, -n> *f* tweezers *npl*

Pionier(in) <-s, -e> *m(f)* ❶ (*geh: Wegbereiter*) pioneer ❷ MIL sapper, engineer

Pioniergeist *m kein pl* SOZIOL pioneering spirit **Pionierzeit** *f* pioneering time [*or* period] [*or* era]

Pipeline <-, -s> [ˈpaiplain] *f* pipeline

Pipette <-, -n> *f* pipette

Pipi <-s, -s> *nt* (*Kindersprache*) wee BRIT, wee-wee AM; **~ machen** to have [*or* do] a wee[-wee]

Pipifax <-> *nt* (*fam*) nonsense

Piranha <-[s], -s> [piˈranja] *m* piranha

Pirat(in) <-en, -en> *m(f)* ❶ NAUT pirate ❷ (*Luftpirat*) hijacker

Piratenflagge *f* pirate['s] flag **Piratenkapitän** *m* pirate captain **Piratenschatz** *m* pirate treasure **Piratensender** *m* pirate station

Piraterie <-, -n> [ˈriːən] *f* piracy *no pl, no art*

Piratin <-, -nen> *f fem form von* **Pirat**

Pirol <-s, -e> *m* ORN oriole

Pirouette <-n, -n> [piˈruɛtə] *f* pirouette

Pirsch <-> *f kein pl* JAGD **auf die ~ gehen** to go stalking; **auf der ~ sein** [*o* **sich befinden**] to be stalking

pirschen I. *vi* JAGD ■[**auf Wild** *akk*] **~** to stalk [game] II. *vr* ■**sich irgendwohin ~** to creep [*or* steal] somewhere

Pisse <-> *f kein pl* (*derb*) piss *fam!*

pissen *vi* ❶ (*derb: urinieren*) to piss *fam!;* ■**irgendwohin ~** to piss somewhere ❷ *impers* (*sl: stark regnen*) ***es pisst schon wieder*** it's pissing down again *fam!*

Pissoir <-s, -s *o* -e> [pɪˈsoaːɐ] *nt* urinal

Pistazie <-, -n> [pɪsˈtaːtsiə] *f* ❶ (*Baum*) pistachio tree ❷ (*Kern*) pistachio

Piste <-, -n> *f* ❶ (*Ski~*) piste, ski run ❷ (*Rennstrecke*) track ❸ (*unbefestigter Weg*) track ❹ (*Rollbahn*) runway

Pistill <-s, -e> *nt* MED, KOCHK pestle

Pistole <-, -n> *f* pistol, gun ▶ WENDUNGEN: **jdm die ~ auf die Brust setzen** to hold a gun to sb's head; **wie aus der ~ geschossen** (*fam*) like a shot *fam*

Pistolengriff *m* pistol butt **Pistolenlauf** *m* gun [*or* pistol] barrel **Pistolenmagazin** *nt* pistol magazine **Pistolentasche** *f* gun [*or* pistol] holster

pitsch(e)nassRR, **pitschepatschenass** *adj* (*fam*) soaking wet

pittoresk *adj* (*geh*) picturesque

Pizza <-, -s> *f* pizza

Pizzapalette *f* pizza board

Pjöngjang <-s> *nt* Pyongyang

Pkw <-s, -s> [ˈpeːkaːveː, peːkaːˈveː] *m Abk von* **Personenkraftwagen**

Placebo <-s, -s> [-ts-] *nt* MED, PSYCH placebo

Placeboeffekt *m* placebo effect

placken *vr* (*fam*) ■**sich ~** to slave away *fam*

Placken <-s, -> *m* ❶ (*Flicken*) patch ❷ (*fladenförmiges Stück*) flake ❸ (*Fleck*) spot

Plackerei <-, -en> *f* (*fam*) slavery *no pl,* grind *no pl*

plädieren* *vi* ❶ JUR ■**auf etw** *akk* **~** to plead sth; **auf schuldig/unschuldig ~** to plead guilty/not guilty ❷ (*geh*) ■**für etw ~** to plead for sth; ■**dafür ~, dass ...** to plead, that ...

Plädoyer <-s, -s> [plɛdoaˈjeː] *nt* ❶ JUR [counsel's] summing-up BRIT, summation AM; **ein ~ halten** to give a summing-up, to sum up ❷ (*geh*) plea; ■**ein ~ für/gegen etw** a plea for/against sth

Plage <-, -n> *f* plague, nuisance

Plagegeist *m* (*pej fam*) nuisance, pest

plagen I. *vt* ❶ (*behelligen*) ■**jdn** [**mit etw**] **~** to pester [*or* torment] sb [with sth] ❷ (*quälen*) ■**jdn ~** to bother [*or* trouble] sb; ■**geplagt** troubled II. *vr* ❶ (*sich abrackern*) ■**sich** [**mit etw**] **~** to slave away [over sth] ❷ (*sich herumplagen*) ■**sich** [**mit etw**] **~** to be bothered [*or* troubled] [by sth]; ***mit diesem Husten plage ich mich schon eine Woche*** I've been bothered by this cough for a week now

Plagiat <-[e]s, -e> *nt* ❶ (*Textstelle*) plagiarism ❷ (*Aneignung*) plagiarism *no pl, no art*

Plagiator, -torin <-s, -toren> *m, f* (*geh*) plagiarist

plagiieren* I. *vt* (*geh*) ■**etw ~** to plagiarize sth II. *vi* (*geh*) to plagiarize

Plakat <-[e]s, -e> *nt* poster

Plakatfarbe *f* poster paint

plakativ *adj* ❶ (*wie ein Plakat wirkend*) poster-like *attr,* like a poster *pred* ❷ (*grell, bunt*) **~ Farben** striking [*or* bold] colours [*or* AM -ors] ❸ (*betont auffällig, einprägsam*) pithy

Plakatkunst *f* poster art *no pl, no art* **Plakatmaler(in)** *m(f)* poster artist **Plakatsäule** *f* advertising column [*or* pillar] **Plakatwand** *f* [advertising] hoarding BRIT, billboard AM **Plakatwerbung** *f* poster advertising

Plakette <-, -n> *f* ❶ (*Abzeichen*) badge ❷ (*Aufkleber*) sticker ❸ KUNST plaque

Plan <-[e]s, Pläne> *m* ❶ (*geplantes Vorgehen*) plan; **nach ~ laufen** [*o* **verlaufen**] to go according to plan ❷ *meist pl* (*Absicht*) plan; **jds Pläne durchkreuzen** to thwart sb's plans; **einen ~ fassen** to [make a] plan; **den ~ fassen, etw zu tun** to plan to do [*or* form the intention of doing] sth; **Pläne machen** [*o* **schmieden**] to make plans; **auf dem ~ stehen** to be planned [*or* on the agenda] ❸ (*zeichnerische Darstellung*) plan, blueprint ❹ GEOG, TRANSP map ▶ WENDUNGEN: **jdn auf den ~ bringen/rufen** to bring sb on to the scene; **auf dem ~ erscheinen, auf den ~ treten** to appear/arrive on the scene

Plane <-, -n> *f* tarpaulin, tarp *esp* AM *fam*

planen *vt* ■**etw ~** to plan sth; ***für heute abend habe ich bisher noch nichts geplant*** I haven't got anything planned yet for tonight; ■**~, etw zu tun** to be planning to do sth

Planer(in) <-s, -> *m(f)* planner

planerisch I. *adj* planning II. *adv* in terms of planning; **etw ~ ausarbeiten** to devise plans for sth; **etw ~ durchdenken** to think through [*or* over] the planning for sth

Planet <-en, -en> *m* planet; **der blaue ~** (*geh*) the blue planet, Earth

planetarisch *adj* planetary

Planetarium <-s, -tarien> [ˈtaːriən] *nt* planetarium

Planetoid <-en, -en> *m* planetoid

planieren* *vt* ■**etw ~** to level sth [off], to grade sth

Planierraupe *f* bulldozer

Planke <-, -n> *f* plank

Plänkelei <-, -en> *f* MIL, HIST (*a. fig*) skirmish[ing] *a. fig*

plänkeln *vi* MIL, HIST (*a. fig*) to skirmish *a. fig*

Plankton <-s> *nt kein pl* plankton

planlos *adj* ① (*ziellos*) aimless ② (*ohne System*) unmethodical, unsystematic

Planlosigkeit <-> *f kein pl* lack of planning *no pl,* aimlessness *no pl*

planmäßig **I.** *adj* ① TRANSP scheduled ② (*systematisch*) systematic **II.** *adv* ① TRANSP as scheduled, according to schedule ② (*systematisch*) systematically

Planmäßigkeit <-> *f kein pl* methodicalness *no pl*

Planquadrat *nt* grid square

Planschbecken *nt* paddling [*or* AM kiddie] pool

planschen *vi* ■[**irgendwo**] ~ to splash about [somewhere]

Planstelle *f* post

Plantage <-, -n> [plan'taːʒə] *f* plantation

Planung <-, -en> *f* ① (*das Planen*) planning; **in der ~ befindlich** in [*or* at] the planning stage; **in der ~ sein** [*o* **sich befinden**] to be in [*or* at] the planning stage ② (*Plan*) plan

Planungsabteilung *f* planning department **Planungsbüro** *nt* planning office **Planungskommission** *f* planning commission

Planwagen *m* covered wagon

Plappermaul *nt* (*bes pej fam*) chatterbox *esp pej fam*

plappern **I.** *vi* to chatter **II.** *vt* (*undeutlich reden*) ■**etw** ~ to babble sth

plärren *vi* (*fam*) ① (*heulen*) to bawl, to howl ② (*blechern ertönen*) to blare [out]

Plasma <-s, Plasmen> *nt* MED, PHYS plasma *no pl, no indef art*

Plasmabildschirm *m* plasma screen, gas plasma display

Plasmid <-s, -e> *m* BIOL plasmid

Plasmolyse <-> *f kein pl* BOT plasmolysis *no pl*

Plastik[1] <-s> *nt kein pl* plastic; **aus ~** plastic

Plastik[2] <-, -en> *f* ① (*Kunstwerk*) sculpture ② *kein pl* (*Bildhauerkunst*) sculpture *no pl, no art,* plastic art *no pl, no art* ③ MED plastic surgery *no pl, no indef art*

Plastikbombe *f* plastic bomb **Plastikeimer** *m* plastic bucket **Plastikflasche** *f* plastic bottle **Plastikfolie** *f* plastic film **Plastikgehäuse** *nt* plastic shell [*or* casing] **Plastikgeld** *nt* (*fam*) plastic money **Plastikhülle** *f* plastic cover **Plastikmüll** *m* plastic waste **Plastiksack** *m* plastic sack; (*schwarzer ~*) black sack **Plastiksprengstoff** *m* plastic explosive **Plastiktüte** *f* plastic bag; (*Einkaufstüte*) shopping [*or* BRIT *a.* carrier] bag

Plastilin <-s, -e> *nt* plasticine® *no pl, no indef art*

plastisch **I.** *adj* ① (*formbar*) plastic, malleable, workable ② (*räumlich*) three-dimensional ③ (*anschaulich*) vivid ④ MED plastic **II.** *adv* ① (*räumlich*) three-dimensional; ~ **hervortreten/wirken** to stand out ② (*anschaulich*) vividly

Platane <-, -n> *f* plane tree

Plateau <-s, -s> [pla'toː] *nt* plateau

Plateausohle *f* MODE platform sole

Platin <-s> *nt kein pl* platinum *no pl, no indef art*

platinblond *adj* platinum blond[e]

Platine <-, -n> *f* ① TECH circuit board ② INFORM board, card

Platinschmuck *m* platinum jewellery *no pl, no indef art*

Platitüde <-, -n> *f* (*geh*) platitude

platonisch *adj* (*geh*) platonic

platsch *interj* splash; ~ **machen** to splash

platschen **I.** *vi sein* (*fam*) to splash; ■**~d** with a splash; ■**irgendwohin** ~ to splash somewhere; **ins Wasser ~** to [go] splash into the water **II.** *vi impers haben* (*fam*) to pour, BRIT *a.* to bucket down *fam*

plätschern *vi* ① *haben* (*Geräusch verursachen*) *Brunnen* to splash; *Bach* to splash, to babble, to burble; *Regen* to patter; ■**das P~** splashing, burbling, babbling, patter ② (*planschen*) to splash about ③ *sein* (*platschend fließen*) to burble along

platt **I.** *adj* ① (*flach*) flat; **einen P~en haben** (*fam*) to have a flat [tyre [*or* AM tire]] [*or* a puncture]; *s. a.* **Land** ② (*geistlos*) flat, dull, boring ③ (*fam: verblüfft*) ■~ **sein[, dass/als]** to be flabbergasted [that/when] *fam* ④ (*ruiniert*) **jdn/etw ~ machen** (*sl*) to destroy [*or* ruin] sb/sth **II.** *adv* flat; ~ **drücken/pressen/rollen/walzen** to flatten; **jdn ~ fahren** (*sl*) to flatten sb

Platt <-[s]> *nt kein pl* LING (*fam*) Low German; **auf ~** in Low German

Plättchen <-s, -> *nt* ① (*dünne Metallplatte*) metal chip ② (*kleiner, flacher Gegenstand*) thin plate ③ MED platelet ④ (*Schneekristall*) plate crystal ⑤ BOT lamella ⑥ MUS plectrum

plattdeutsch *adj* LING Low German

Plattdeutsch *nt dekl wie adj* Low German; ■**das P~e** Low German

Platte <-, -n> *f* ① (*Steinplatte*) slab ② (*Metalltafel*) sheet, plate ③ (*Schallplatte*) record ④ (*Servierteller*) platter, dish; (*Gericht*) platter; **kalte ~** cold platter, cold collation ⑤ (*Kochplatte*) hotplate, BRIT *a.* hob ⑥ INFORM disk, plate, platter ⑦ (*fam*) bald head [*or* pate]; **eine ~ haben** to be bald ► WENDUNGEN: **die alte ~ auflegen** (*fam*) to play the same old record, to talk about the same old thing; **eine neue ~ auflegen** (*fam*) to change the record; **die ~ schon kennen** (*fam*) to have heard that one before; **putz die ~!** (*fam*) clear off! [*or* AM out!] *fam,* BRIT *a.* hop it! *fam*

Platteisen *nt* DIAL iron

plätteln *vt* ■**etw** ~ (*mit Platten auslegen*) to pave sth; (*mit Fließen auslegen*) to tile sth

plätten *vt* DIAL ■**etw** ~ to iron [*or* press] sth

Plattenbau <-s, -bauten> *m* BAU building made from prefabricated slabs **Plattencover** <-[s], -> *nt* MUS record sleeve **Plattenfirma** *f* MUS, ÖKON record company **Plattenlabel** *nt* MUS ① (*Schallplattenetikett*) record label ② (*Schallplattenfirma*) record label **Plattenlaufwerk** *nt* INFORM disk drive **Plattenleger(in)** <-s, -> *m(f)* *s.* **Fliesenleger** **Plattensammlung** *f* record collection **Plattensee** *m* Lake Balaton **Plattenspieler** *m* record player **Plattenteller** *m* turntable **Plattenwechsler** <-s, -> [ks] *m* autochanger, record changer **Plattenweg** *m* paved path

Platterbse *f* BOT [wild] pea, vetchling **Plattfisch** *m* flatfish **Plattform** *f* ① (*begehbare Fläche*) platform ② (*geh*) basis; **eine gemeinsame ~ finden** to find common ground ③ INFORM platform **Plattfuß** *m* ① MED flat foot; **Plattfüße haben** to have flat feet ② (*Reifenpanne*) flat *fam*

Plattheit <-, -en> *f* ① *kein pl* (*Ebenheit*) flatness *no pl* ② *s.* **Platitüde**

plattieren* *vt* ① TECH ■**etw** ~ to plate sth ② KOCHK **Fleisch ~** to flatten meat (*to tenderize it*)

Plattwurm *m* MED flatworm

Platz <-es, Plätze> *m* ① ARCHIT (*umgrenzte Fläche*) square; **der Rote ~** Red Square ② (*Sitzplatz*) seat; ***hältst du mir einen ~ frei?*** can you keep a seat for me?; ***behalten Sie doch*** [***bitte***] ***~!*** (*form*) please remain seated! *form;* ~ **nehmen** (*geh*) to take a seat ③ (*freier Raum*) space, room; ~ **sparend** space-saving, attr; ~ **sparend sein** to save space, compactly; ~ **für jdn/etw bieten** to have room for sb/sth; ~ **brauchen** to need room [*or* space]; [**jdm/einer S.**] ~ **machen** to make room [*or* way] [for sb/sth]; ~ [**für**

jdn/etw] **schaffen** to make room [for sb/sth] ❹ *(üblicher Aufbewahrungsort)* place; **irgendwo einen festen ~ haben** to have a proper place somewhere ❺ SPORT *(Rang)* place; ***die Mannschaft liegt jetzt auf ~ drei*** the team is now in third place; **seinen ~ behaupten** to maintain [*or* hold] one's place; *(Sportplatz)* playing field; **jdn vom ~ stellen** to send sb off ❻ *(Möglichkeit an etw teilzunehmen) Kindergarten, Kurs, Krankenhaus, Reise* place ❼ *(Ort)* place, locality; **das beste Hotel am ~e** the best hotel in the place [*or* in town] ▶ WENDUNGEN: **ein ~ an der Sonne** a place in the sun; [**irgendwo**] **fehl am ~**[**e**] **sein** to be out of place [*or* inappropriate] [somewhere]; ***ich komme mir hier völlig fehl am ~e vor*** I feel totally out of place here; ***Mitleid ist hier völlig fehl am ~e*** this is not the place for sympathy; **in etw** *dat* **keinen ~ haben** to have no place for sth; ***in ihrer Planung hatten Rücklagen keinen ~*** your planning made no allowances for reserves; **jdn auf die ~e verweisen** SPORT to beat sb; **auf die ~e, fertig, los!** on your marks, get set, go!; **~ da!** *(fam)* out of the way!, make way there!; **~!** *Hund* sit!

Platzangst *f* ❶ *(fam)* claustrophobia; **~ bekommen** to become [*or* get] claustrophobic ❷ *(Agoraphobie)* agoraphobia **Platzanweiser(in)** <-s, -> *m(f)* usher *masc,* usherette *fem*

Plätzchen <-s, -> *nt* ❶ *dim von* **Platz** spot, little place ❷ KOCHK biscuit BRIT, cookie AM

platzen *vi sein* ❶ *(zerplatzen)* to burst ❷ *(aufplatzen)* to split ❸ *(scheitern)* to fall through; ***das Fest ist geplatzt*** the party is off; ■**etw ~ lassen** to call sth off, to let sth fall through ❹ *(sich nicht mehr halten können)* to be bursting; **vor Ärger/Neid/Wut/Neugier** *dat* **~** to be bursting with anger/envy/rage/curiosity

Platzerlaubnis *f (golf)* golfing permit **Platzherren** *pl* SPORT home team

platzieren[RR]* **I.** *vt* ❶ FIN ■**etw irgendwo ~** to place [*or* put] sth somewhere; **sein Geld in Aktien ~** to put one's money into shares ❷ *(geh)* ■**jdn/etw irgendwo ~** to place [*or* put] [*or* position] sb/sth somewhere ❸ MEDIA *(setzen)* ■**etw irgendwo ~** to place sth somewhere; **eine Anzeige ~** to place an advert [*or* AM advertisement] **II.** *vr* ❶ *(geh)* ■**sich irgendwo ~** to take a seat somewhere *form* ❷ SPORT ■**sich ~** to be placed; *(Tennis)* to be seeded

Platzierung[RR] <-, -en> *f* ❶ FIN placing ❷ SPORT place, position; **eine ~ unter den ersten zehn** a place [*or* position] in the top ten

Platzkarte *f* BAHN seat reservation, reserved seat ticket **Platzkonzert** *nt* open-air concert **Platzmangel** *m* lack of room [*or* space] **Platzmeister** *m* POL chief usher **Platzmiete** *f* ❶ THEAT season ticket [cost] ❷ SPORT ground [*or* AM field] [*or* court] hire BRIT [*or* AM rental] charge **Platzpatrone** *f* blank [cartridge] **Platzregen** *m* METEO cloudburst **Platzreservierung** *f* reservation [of a seat]; ***ohne vorherige ~ kriegt man dort wahrscheinlich keinen Tisch*** you probably won't get a table there without booking [one] [*or* reserving one] beforehand [*or* a reservation] **Platzteller** *m* underplate **Platzverweis** *m* SPORT sending-off BRIT, ejection AM **Platzwart(in)** <-s, -e> *m(f)* SPORT groundsman *masc,* groundskeeper

Platzwunde *f* laceration, lacerated wound

Plauderei <-, -en> *f* chat

Plauderer, Plauderin <-s, -> *m, f* ❶ *(Gesprächspartner, Redner)* conversationalist ❷ *(Klatschbase)* gossip

plaudern *vi* ❶ *(sich gemütlich unterhalten)* ■[**mit jdm/über etw** *akk*] **~** to [have a] chat [with sb/about sth] ❷ *(fam: ausplaudern)* to gossip

Plauderstündchen *nt* [little] chat **Plaudertasche** *f (fam)* chatterbox *fam* **Plauderton** *m kein pl* chatty tone

Plausch <-[e]s, -e> *m (fam)* chat

plauschen *vi (fam)* ■[**mit jdm**] **~** to [have a] chat [with sb]

plausibel *adj* plausible; **jdm etw ~ machen** to explain sth [*or* make sth clear] to sb

Plausibilität <-, -en> *f* plausibility

Plausibilitätskontrolle *f* INFORM plausibility test

Play-back[RR], **Playback** <-, -s> ['ple:bɛk] *nt* ❶ *(aufgenommene Musikbegleitung)* backing track ❷ *(komplette Film- o Gesangsaufnahme)* miming track ❸ *kein pl* MUS, TV, TECH recording ❹ *kein pl (getrennte Aufnahme voon Orchester und Gesang)* double-tracking *no pl* **Playboy** <-s, -s> ['ple:bɔy] *m* playboy **Playgirl** <-s, -s> ['ple:gœɐl] *nt* playgirl

Plazenta <-, -s *o* Plazenten> *f* placenta

Plazet <-s, -s> *nt (geh)* approval; **sein ~** [**zu etw**] **geben** to give one's approval [for sth], to approve sth; **jds ~ haben** to have sb's approval

plazieren* *vt, vr s.* **platzieren**

Plazierung <-, -en> *f s.* **Platzierung**

Plebejer(in) <-s, -> *m(f)* plebeian, pleb *fam*

Plebiszit <-[e]s, -e> *nt (geh)* plebiscite

Plebs <-es> *m kein pl (pej geh)* plebs *pl pej*

pleite *adj (fam)* broke *fam;* ■**~ sein** to be broke; **~ gehen** to go bust *fam*

Pleite <-, -n> *f (fam)* ❶ *(Bankrott)* collapse, bankruptcy; **~ machen** to go bust *fam,* to go bankrupt ❷ *(Reinfall)* flop *fam;* [**mit jdm/etw**] **eine ~ erleben** to suffer a flop [with sb/sth]

Pleitegeier *m (fam)* threat [*or* spectre [*or* AM -er]] of bankruptcy; **über jdm/etw schwebt der ~** the vultures are hovering above sb/sth

Pleitier <-s, -s> [-'ti̯e:] *m* ÖKON *(Bankrotteur)* bankrupt

plempern *vi (fam)* ❶ *(verspritzen)* to spill sth ❷ *(Zeit verschwenden)* to waste time

plemplem *adj (sl)* ■**~ sein** to be nuts *sl*

Plena *pl von* **Plenum**

Plenarsaal *m* chamber **Plenarversammlung** *f* plenary session

Plenum <-s, Plena> *nt* plenum

Pleonasmus <-, -nasmen> *m* pleonasm

Pleuelstange *f* TECH connecting rod

Plinse <-, -n> *f* KOCHK DIAL ❶ *(Pfannkuchen) yeast pancake filled with stewed fruit* ❷ *(Kartoffelpuffer)* potato [pan]cake [*or* fritter]

Plissee <-s, -s> *nt* pleats *pl,* pleating *no pl*

PLO <-> *f kein pl Abk von* **Palestine Liberation Organization** PLO

PLO-Chef [-ʃɛf] *m* PLO-leader

Plombe <-, -n> *f* ❶ MED filling ❷ *(Bleisiegel)* lead seal

plombieren* *vt* ❶ MED to fill; [**jdm**] **einen Zahn ~** to fill a [/sb's] tooth ❷ *(amtlich versiegeln)* ■**etw ~** to give sth a lead seal, to seal sth

Plot <-s, -s> *m o nt* LIT, INFORM plot

Plötze <-, -n> *f* ZOOL roach

plötzlich **I.** *adj* sudden **II.** *adv* suddenly, all of a sudden; [**...**] **~ kommen** *(fam)* to come suddenly; ***das kommt alles etwas/so ~*** it's all happening rather/so suddenly; **aber etwas ~!** *(fam)* [and] hurry up! [*or* jump to it]

Pluderhose *f* pantaloons *npl,* Turkish trousers *npl,* harem pants *npl;* HIST trunk hose

plump **I.** *adj* ❶ *(massig)* plump ❷ *(schwerfällig)* ungainly, awkward ❸ *(dummdreist)* obvious, crass; **ein ~er Annäherungsversuch** a very obvious advance; **eine ~e Lüge** a crass [*or* blatant] lie **II.** *adv* ❶ *(schwerfällig)* clumsily, awkwardly ❷ *(dumm-*

dreist) crassly, obviously
plumps *interj* thud, bump, plop; (*ins Wasser*) plop, splash; ~ **machen** to thud, to go bump, to make a plop/splash
Plumps <-es, -e> *m* (*fam*) thud, bump, plop; (*ins Wasser*) plop, splash
plumpsen *vi sein* (*fam*) ❶ (*dumpf fallen*) ■ **irgendwohin** ~ to thud somewhere; ***der Sack plumpste auf den Boden*** the sack thudded onto the floor; ■ **etw irgendwohin ~ lassen** to let sth fall somewhere with a thud ❷ (*fallen*) to fall; **aus/von etw** ~ to fall out of/off sth; ■ **sich irgendwohin ~ lassen** to plump [oneself] [*or* flop] down somewhere; **sich ~ lassen** to plump [oneself] [*or* flop] down
Plumpsklo(sett) *nt* (*fam*) earth closet BRIT, outhouse AM
Plunder <-s> *m kein pl* junk *no pl, no indef art*
Plünderer, Plünderin <-s, -> *m, f* looter, plunderer
Plundergebäck *nt* Danish pastries *pl*
plündern I. *vt* ❶ (*ausrauben*) ■ **etw** ~ to plunder [*or* loot] sth; ■ **das P~** plunder[ing], looting, pillage, pillaging ❷ (*leeren*) ■ **etw** ~ to raid sth *fam;* **den Kühlschrank** ~ to raid the fridge II. *vi* to plunder
Plünderung <-, -en> *f* plunder[ing] *no pl, no indef art,* looting *no pl, no indef art,* pillage *no pl, no indef art*
Plural <-s, -e> *m* plural
Pluralismus <-> *m kein pl* (*geh*) pluralism *no pl*
pluralistisch *adj* (*geh*) pluralistic
plus I. *präp +gen* plus II. *adv* ❶ (*über 0°*) plus; ***die Temperaturen liegen bei ~ drei Grad C*** temperatures will be around three degrees C ❷ MATH plus ❸ ELEK plus, positive III. *konj* MATH plus; **~/minus X** plus or minus X
Plus <-, -> *nt* ❶ (*Pluszeichen*) plus ❷ ÖKON surplus; [**mit etw**] **im ~ sein** to be in the black [with sth]; [**bei etw**] **ein ~ machen** to make a profit [in sth] ❸ (*Pluspunkt*) plus, [plus] point, advantage
Plüsch <-[e]s, -e> *m* plush
Plüschtier *nt* [furry] soft-toy
Pluspol *m* positive pole **Pluspunkt** *m* ❶ (*Positivum*) bonus; ***durch seine Höflichkeit sammelte er [reichlich] ~e*** his politeness earned him [quite a few] brownie-points ❷ (*Wertungseinheit*) point
Plusquamperfekt <-s, -e> *nt kein pl* pluperfect, past perfect
plustern I. *vt* ■ **etw** ~ to fluff up sth *sep* II. *vr* ■ **sich** ~ to fluff oneself up
Pluszeichen *nt* plus sign
Pluto <-s> *m* Pluto
Plutonium <-s> *nt kein pl* plutonium *no pl*
PLZ <-> *f Abk von* **Postleitzahl**
Pneu <-s, -s> [pnøː] *m bes* SCHWEIZ tyre BRIT, tire AM
pneumatisch *adj* pneumatic
Pneumokokkus <-, -i *o* -en> *m* MED (*Erreger der Lungenentzündung*) pneumococcus
Po <-s, -s> *m* (*fam*) bottom, BRIT *a.* bum *fam*
Pöbel <-s> *m kein pl* (*pej*) mob *pej,* rabble *pej*
Pöbelei <-, -en> *f* (*fam*) ❶ *kein pl* (*das Pöbeln*) loutishness *no pl* ❷ (*ausfallende Bemerkung*) swearing *no pl, no indef art*
pöbelhaft *adj* loutish, BRIT *a.* yobbish
pöbeln *vi* (*ausfallend reden*) to swear; (*sich ausfallend benehmen*) to behave yobbishly [*or* AM loutishly]
pochen *vi* ❶ (*anklopfen*) ■ [**gegen/auf etw** *akk*] ~ to knock [against/on sth] ❷ (*klopfen*) *Herz, Blut* to pound ❸ (*bestehen*) ■ **auf etw** *akk* ~ to insist on sth
pochieren* [pɔˈʃiːrən] *vt* KOCHK ■ **etw** ~ to poach sth
Pocke <-, -n> *f* pock
Pocken *pl* smallpox *no art*
Pockennarbe *f* pockmark **pockennarbig** *adj* pockmarked **Pocken(schutz)impfung** *f* smallpox vaccination
Pocketkamera [ˈpɔkɪt] *f* pocket camera
Podest <-[e]s, -e> *nt o m* rostrum
Podium <-s, Podien> [diən] *nt* ❶ (*Bühne*) platform, stage, rostrum ❷ (*trittartige Erhöhung*) podium, rostrum
Podiumsdiskussion *f,* **Podiumsgespräch** *nt* panel discussion
Poesie <-> [poeˈziː] *f kein pl* poetry *no pl*
Poesiealbum [poeˈziː] *nt* poetry album (*made up of verses or sayings contributed by friends*)
Poet(in) <-en, -en> *m(f)* poet *masc o fem,* poetess *fem*
Poetik <-, -en> *f* poetics + *sing vb*
Poetin <-, -nen> *f fem form von* **Poet**
poetisch *adj* poetic[al]; *s. a.* **Ader**
pofen *vi* (*fam*) ❶ (*schlafen*) to kip BRIT *fam,* to sleep AM ❷ (*unaufmerksam sein*) to doze
Pogrom <-s, -e> *nt o m* pogrom
Pointe <-, -n> [ˈpoɛ̃ːtə] *f Erzählung* point; *Witz* punch line
pointiert [poɛ̃ˈtiːɐt] *adj* (*geh*) pointed, trenchant
Pokal <-s, -e> *m* ❶ (*Trinkbecher*) goblet ❷ SPORT cup
Pokalendspiel *nt* SPORT cup final **Pokalinhaber(in)** *m(f)* SPORT cup-holder **Pokalsieger** *m* SPORT cup-winners *pl* **Pokalspiel** *nt* SPORT cup tie [*or* AM game] [*or* AM match] **Pokalwettbewerb** *m* SPORT cup competition
Pökelfisch *m* pickled [*or* salt[ed]] fish **Pökelfleisch** *nt* salt[ed] [*or* preserved] meat **Pökellake** *f* brine *no pl*
pökeln *vt Fleisch* to salt, to preserve; *Fisch* to pickle, to salt
Poker <-s> *nt kein pl* poker
Pokergesicht *nt,* **Pokermiene** *f* poker face
pokern *vi* ❶ KARTEN to play poker; ■ [**um etw**] ~ to gamble [for sth] ❷ (*viel riskieren*) to stake a lot, to play for high stakes
Pol <-s, -e> *m* GEOG, ELEK, PHYS pole ▸ WENDUNGEN: **der ruhende** ~ the calming influence
polar *adj* polar
Polareis *nt* polar ice **Polarfuchs** *m* arctic fox
polarisieren* I. *vr* (*geh*) ■ **sich** ~ to polarize, to become polarized BRIT II. *vt* PHYS ■ **etw** ~ to polarize sth
Polarisierung <-, -en> *f* polarization
Polarkreis *m* polar circle; **nördlicher/südlicher** ~ Arctic/Antarctic circle **Polarlicht** *nt* METEO *s.* **Nordlicht** **Polarmeer** *nt* polar sea **Polarmöwe** *f* ORN Iceland gull **Polarstern** *m* Pole Star **Polarzone** *f* Frigid Zone, polar region
Polder <-s, -> *m* polder
Pole, Polin <-n, -n> *m, f* Pole; *s. a.* **Deutsche(r)**
Polemik <-, -en> *f* (*geh*) ❶ *kein pl* (*polemischer Gehalt*) polemic ❷ (*scharfe Attacke*) polemics + *sing vb*
polemisch I. *adj* (*geh*) polemical II. *adv* (*geh*) **sich ~ äußern** to voice a polemic
polemisieren* *vi* (*geh*) to polem[ic]ize; ■ [**gegen jdn/etw**] ~ to inveigh [against sb/sth]; ***in dem Artikel wurde scharf polemisiert*** the article was of a sharply polemic nature
Polen <-s> *nt* Poland; *s. a.* **Deutschland** ▸ WENDUNGEN: **noch ist ~ nicht verloren** (*prov*) all is not yet lost
Police <-, -n> [poˈliːsə] *f* policy
Polier(in) <-s, -e> *m(f)* [site] foreman *masc* [*or fem* forewoman]
polieren* *vt* ❶ (*glänzend reiben*) ■ **etw** ~ to polish sth ❷ (*sl: malträtieren*) **jdm die Fresse/Schnauze/das Maul ~** (*sl*) to smash sb's face in *sl*

P

Poliermittel *nt* polish **Poliertuch** *nt* polishing cloth **Polierwachs** *nt* wax polish
Poliklinik *f* outpatients' clinic
Polin <-, -nen> *f fem form von* **Pole**
Polio <-> *f kein pl* polio *no pl*
Politbüro *nt* politburo
Politesse <-, -n> *f* [female] traffic warden BRIT, meter maid AM
Politik <-, -en> *f* ❶ *kein pl* (*die politische Welt*) politics + *sing vb, no art;* **in die ~ gehen** to go into politics ❷ (*politischer Standpunkt*) politics + *sing vb, no art;* ■ **die/eine ~ einer S.** *gen* the politics of sth ❸ (*Strategie*) policy; **eine bestimmte ~ betreiben** [*o* **verfolgen**] to pursue a certain [*or* particular] policy; **eine ~ der kleinen Schritte** a step-by-step [*or* gradualist] policy
Politika *pl von* **Politikum**
Politiker(in) <-s, -> *m(f)* politician
Politikum <-s, Politika> *nt* (*geh Sache*) political issue; (*Ereignis*) political event
Politikverdrossenheit *f kein pl* political apathy *no pl* **Politikwissenschaft** *f s.* **Politologie**
politisch I. *adj* ❶ POL political ❷ (*geh*) politic II. *adv* ❶ POL politically ❷ (*klug*) politicly, judiciously
Politische(r) *f(m) dekl wie adj* political prisoner
politisieren* I. *vi* (*geh*) to talk politics, to politicize II. *vt* (*geh: etw ~*) to politicize sth; ■ **jdn ~** to make sb politically aware III. *vr* ■ **sich ~** to become politicized
Politologe, -login <-n, -n> *m, f* political scientist
Politologie <-> *f kein pl* political science *no pl, no art*
Politologin <-, -nen> *f fem form von* **Politologe**
Politur <-, -en> *f* ❶ (*Poliermittel*) polish ❷ (*glänzende Schicht*) polish, shine
Polizei <-, -en> *f* ❶ (*Institution*) ■ **die ~** the police + *sing/pl vb;* **zur ~ gehen** to go to the police; **bei der ~ sein** to be in the police [force] ❷ (*Polizisten*) police + *sing/pl vb* ❸ *kein pl* (*Dienstgebäude*) police station ▶ WENDUNGEN: **dümmer als die ~ erlaubt** (*hum fam*) as thick as two short planks *fam*
Polizeiangaben *pl* details released by the police; **nach** [*o* **laut**] **~ ...** according to details released by the police ... **Polizeiaufgebot** *nt* police presence *no pl* **Polizeibeamte(r)** *f(m) dekl wie adj,* **Polizeibeamtin** <-, -nen> *f* police officer **Polizeibehörde** *f* police authority [*or* AM department] **Polizeibuße** *f* SCHWEIZ [police] fine **Polizeichef(in)** *m(f)* chief of police [*or* BRIT *a.* constable] **Polizeidienst** *m* police service **Polizeidirektion** *f* police authority **Polizeieinsatz** *m* police operation **Polizeifunk** *m* police radio **Polizeigebäude** *nt* police building **Polizeigriff** *m* arm [*or* wrist] lock [*or* hold]; **jdn im ~ abführen** to frogmarch sb away **Polizeihund** *m* police dog
polizeilich I. *adj attr* police *attr; s. a.* **Führungszeugnis, Kennzeichen** II. *adv* by the police; **~ gemeldet sein** to be registered with the police
Polizeiposten *nt* SCHWEIZ *s.* **Polizeirevier** **Polizeipräsidium** *nt* police headquarters + *sing/pl verb* **Polizeirevier** *nt,* **Polizeiposten** *nt* SCHWEIZ ❶ (*Dienststelle*) police station ❷ (*Bezirk*) [police] district [*or* AM precinct] **Polizeischutz** *m* police protection; **unter ~ stehen** to be under police protection; **jdn unter ~ stellen** to place sb under police protection **Polizeistaat** *m* police state **Polizeistreife** *f* police patrol **Polizeistunde** *f* closing time
Polizist(in) <-en, -en> *m(f)* policeman *masc,* policewoman *fem,* police officer
Polizze <-, -n> *f* ÖSTERR (*Police*) policy
Polka <-, -s> *f* polka
Pollack <-s, -en> *m* pollack, dover hake
Pollen <-s, -> *m* pollen
Pollenallergie *f* MED pollen allergy, allergy to pollen
Pollenflug *m kein pl* BOT, MED pollen dispersal *no pl*
Pollenflugkalender *m* BOT, MED, NATURMED pollen dispersal calendar **Pollenflugvorhersage** *f* pollen count forecast
Pollenkorn *nt* BOT pollen grain **Pollenwarndienst** *m* MED, MEDIA, NATURMED pollen [level] warning service
Poller <-s, -> *m* bollard; *Schiffsdeck a.* bitt *spec*
Pollution <-, -en> *f* BIOL (*geh*) [nocturnal] emission
Polnisch *nt dekl wie adj* Polish; *s. a.* **Deutsch**
polnisch *adj* ❶ (*Polen betreffend*) Polish; *s. a.* **deutsch 1** ❷ LING Polish; *s. a.* **deutsch 2**
Polnische <-n> *nt* ■ **das ~** Polish, the Polish language; *s. a.* **Deutsche**
Polo <-s, -s> *nt* polo
Polohemd *nt* polo shirt
Polonäse <-, -n> *f,* **Polonaise** <-, -n> *f* polonaise
Polonium <-s> *nt kein pl* polonium *no pl*
Polster <-s, -> *nt o* ÖSTERR *m* ❶ (*Polsterung*) upholstery *no pl, no indef art* ❷ MODE pad, padding ❸ BOT cushion plant ❹ FIN reserves *pl,* cushion ❺ ÖSTERR (*Kissen*) cushion
Polsterer, Polsterin <-s, -> *m, f* upholsterer
Polstergarnitur *f* suite **Polstermaterial** *nt* padding *no pl, no indef art;* (*dicker*) cushioning *no pl, no indef art* **Polstermöbel** *nt meist pl* upholstered furniture *no pl*
polstern *vt* ❶ (*mit Polster versehen*) ■ **etw ~** to upholster sth; **eine Tür ~** to pad a door; ■ **gepolstert** upholstered, padded; **gut gepolstert sein** to be well padded ❷ (*fam: genügend Finanzen haben*) **gut gepolstert sein** to be comfortably off [*or* AM well-off]
Polstersessel *m* [upholstered] armchair
Polsterung <-, -en> *f* ❶ (*Polster*) upholstery *no pl, no indef art* ❷ *kein pl* (*das Polstern*) upholstering *no pl, no indef art*
Polterabend *m party at the house of the bride's parents on the eve of a wedding, at which crockery is smashed to bring good luck* **Poltergeist** *m* poltergeist
poltern *vi* ❶ *haben* (*rumpeln*) to crash, to bang, to make a racket; ***da poltert es an der Tür*** there's a banging on the door; ■ **das P~** banging [*or* crashing] [noise] ❷ *sein* (*krachend fallen*) ■ **irgendwohin ~** to go crashing somewhere; ***der Schrank polterte die Treppe hinunter*** the wardrobe went crashing down the stairs ❸ *sein* (*lärmend gehen*) ■ **irgendwohin ~** to stump [*or* AM stomp] [*or* clump] somewhere
Polyester <-s, -> *m* polyester
polygam *adj* polygamous
Polygamie <-> *f kein pl* polygamy *no pl*
polyglott *adj* (*geh*) ❶ (*viele Sprachen sprechend*) polyglot ❷ (*mehrsprachig*) multilingual
Polyp <-en, -en> *m* ❶ ZOOL polyp ❷ MED polyp; **~en in der Nase haben** to suffer from adenoids
polyploid *adj* polyploid
Polyploidie <-> *f kein pl* BIOL polyploidy
Polyurethan <-s, -e> *meist pl nt* CHEM polyurethane *no pl*
Pomeranze <-, -n> *f* KOCHK Seville [*or* bitter] orange
Pommes ['pɔməs] *pl* (*fam*), **Pommes frites** [pɔm'frɪt] *pl* French fries *pl,* BRIT *a.* chips *pl*
Pommes-frites-Schneider *m* potato chipper BRIT, French fry slicer AM
Pomp <-[e]s> *m kein pl* pomp *no pl*
pompös I. *adj* grandiose II. *adv* grandiosely, in a grandiose style
Poncho <-s, -s> ['pɔntʃo] *m* poncho
Pontifex <-, -fizes> [*pl* -tse:s] *m* REL pontiff
Pontifikat <-s, -e> *nt* REL pontificate, papacy
Pontius *m* ▶ WENDUNGEN: **von ~ zu Pilatus laufen** (*fam*) to run from pillar to post

Pontonbrücke [pɔn'tõ:, 'pɔntõ] *f* pontoon bridge
Pony[1] <-s, -s> ['pɔni] *nt* pony
Pony[2] <-s, -s> ['pɔni] *m* fringe BRIT, bangs *npl* AM
Pool <-s, -s> [pu:l] *m* pool
Poolbillard ['pu:lbɪljart] *nt* pool
Pop <-s> *m kein pl* pop
Popanz <-es, -e> *m* ① (*Hanswurst*) clown, puppet ② (*Buhmann*) bogeyman
Pop-Art[RR] *f*, **Pop-art** *f* pop art
Popballade *f* pop ballad
Popcorn <-s> *nt kein pl* popcorn *no pl, no indef art*
Pope <-n, -n> *m* priest
Popel <-s, -> *m* (*fam*) ① (*Stück Nasenschleim*) bogey BRIT *fam*, booger AM *fam* ② (*Durchschnittsbürger*) pleb *fam*, nobody
pop(e)lig *adj* (*fam*) ① (*lausig*) lousy ② (*gewöhnlich*) crummy
Popelin <-s, -e> *m*, **Popeline** <-, -> *f* poplin
popeln *vi* (*fam*) to pick one's nose
Popfarbe *f* brilliant colour [*or* AM -or] **Popgruppe** *f* pop group
poplig *adj s.* **popelig**
Popmusik *f* pop music
Popmusikmarkt *m* pop music market
Popo <-s, -s> *m* (*fam*) bottom, BRIT *a.* bum *fam*
Popper <-s, -> *m* (*fam*) preppy *fam*
poppig *adj* (*fam*) trendy
Popstar *m* pop star
populär *adj* popular; ▪ [**bei jdm**] ~ **sein** to be popular [with sb]
Popularität <-> *f kein pl* popularity *no pl*
populärwissenschaftlich I. *adj* popular scientific; ~**e Literatur** popular literature II. *adv* in popular scientific terms
Population <-, -en> *f* population
Populismus <-> *m kein pl* populism *no pl*
Populist(in) <-en, -en> *m(f)* populist
populistisch *adj* populist
Pore <-, -n> *f* pore; **aus allen** ~**n** from every pore
porig *adj* porous, poriferous
Porno <-s, -s> *m* (*fam*) porn *fam*
Pornofilm *m* (*fam*) porn[o] film [*or fam* movie], skin flick *fam*
Pornographie <-> *f*, **Pornografie**[RR] <-> *f kein pl* pornography *no pl, no indef art*
pornographisch *adj*, **pornografisch**[RR] *adj* pornographic
Pornoheft *nt* (*fam*) porn[o] mag[azine] *fam*
porös *adj* porous
Porosität <-> *f kein pl* porosity
Porree <-s, -s> *m* leek
Pörschkohl *m* savoy cabbage
Portable <-s, -s> ['pɔrtəbl] *m* TV, INFORM portable
Portal <-s, -e> *nt* ① (*große Tür*) portal ② INET homepage, portal
Portemonnaie <-s, -s> [pɔrtmɔ'ne:, pɔrtmɔ'nɛ:] *nt* purse
Portfolio *nt* BÖRSE portfolio
Porti *pl von* **Porto**
Portier <-s, -s> [pɔr'tie:] *m* porter BRIT, doorman AM
Portion <-, -en> *f* ① KOCHK portion ② (*fam*) portion, helping *fam* ③ (*fam: Anteil*) amount ▸ WENDUNGEN: **eine halbe** ~ (*fam*) a puny [*or fam* weedy] specimen, a half-pint *fam*
Porto <-s, -s *o* Porti> *nt* postage *no pl, no indef art*
Portoausgabe *f* postage expenses *pl* **portofrei** *adj inv* post- [*or* AM postage-] free [*or* -paid], postage-prepaid **Portokasse** *f* petty cash (*for postage*) **portopflichtig** *adj inv* liable [*or* subject] to postage *pred*
Porträt <-s, -s> [pɔr'trɛ:] *nt* portrait
Porträtaufnahme [pɔr'trɛ:] *f* portrait photograph
porträtieren* *vt* ① (*als Porträt darstellen*) ▪ **jdn** ~ to paint/take a portrait of sb ② (*künstlerisch wiedergeben*) to portray; ▪ **jdn als jdn** ~ to portray sb as sb
Porträtist(in) <-en, -en> *m(f)* (*form*) portrait artist, portraitist
Porträtmaler(in) [pɔr'trɛ:] *m(f)* portrait painter
Portugal <-s> *nt* Portugal; *s. a.* **Deutschland**
Portugiese, -giesin <-n, -n> *m, f* Portuguese; *s. a.* **Deutsche(r)**
portugiesisch *adj* ① (*Portugal betreffend*) Portuguese; *s. a.* **deutsch 1** ② LING Portuguese; *s. a.* **deutsch 2**
Portugiesisch *nt dekl wie adj* ① LING Portuguese; *s. a.* **Deutsch 1** ② (*Fach*) Portuguese; *s. a.* **Deutsch 2**
Portulak <-s> *m kein pl* BOT purslane
Portwein *m* port
Porzellan <-s, -e> *nt* ① (*Material*) porcelain *no pl, no indef art*, china *no pl, no indef art* ② *kein pl* (*Geschirr*) china *no pl, no indef art* ▸ WENDUNGEN: ~ **zerschlagen** (*fam*) to cause a lot of trouble [*or* bother] [*or* damage]
Porzellanfigur *f* porcelain figure **Porzellangeschirr** *nt* china *no pl, no indef art*
Posaune <-, -n> *f* trombone; ~ **blasen** [*o* **spielen**] to play the trombone
posaunen* I. *vi* (*fam*) ① (*Posaune blasen*) to play the trombone ② (*tönen*) ▪ **von etw** ~ to yell [*or* shout] sth out II. *vt* (*fam*) to yell; ▪ **etw irgendwohin** ~ to yell [*or* shout] sth out somewhere; **etw in alle Welt** ~ to trumpet sth forth, to broadcast sth to the whole world
Posaunenbläser(in) *m(f)* trombone player, trombonist
Posaunist(in) <-en, -en> *m(f)* (*form*) trombonist, trombone player
Pose <-, -n> *f* pose; [**bei jdm**] **nur** ~ **sein** sb is only posing [*or* putting it on]; **eine bestimmte** ~ **einnehmen** to take up a certain pose
posieren* *vi* (*geh*) ▪ [**als jd**] ~ to pose [as sb]
Position <-, -en> *f* ① (*geh: Stellung*) position; **sich jdm gegenüber in schwacher/starker** ~ **befinden** to be in weak/strong position with regard to sb ② (*geh: berufliche Stellung*) position ③ (*Standpunkt*) position; **eine** ~ **beziehen** to take up a position, to take a stand ④ BÖRSE, LUFT, NAUT position ⑤ ÖKON (*Posten*) item
positionieren* *vr* POL (*geh*) to take a stand
Positionslicht *nt* navigation light **Positionspapier** *nt* POL policy paper [*or* document]
positiv I. *adj* ① (*zustimmend*) positive; ▪ ~ [**für jdn**] **sein** to be good news [for sb] ② (*geh*) concrete, definite ③ MATH positive, plus ④ PHYS, ELEK positive II. *adv* positively; **etw** ~ **beeinflussen** to have a positive influence on sth; **etw** ~ **bewerten** to judge sth favourably [*or* AM favorably]; **einer Sache** ~ **gegenüberstehen** to take a positive view of a matter; **sich** ~ **verändern** to change for the better
Positiv[1] <-s, -e> *nt* ① FOTO positive ② MUS positive [organ]
Positiv[2] <-s, -e> *m* LING positive
Positur <-, -en> *f* posture; **sich** [**vor jdm/etw**] **in** ~ **setzen/stellen** to take up/adopt [*or* assume] a posture [*or* pose] [in front of sb/sth]
Posse <-, -n> *f* THEAT farce
Possen <-s, -> *m meist pl* (*veraltend*) trick, prank, tomfoolery *no pl dated*; **mit jdm** ~ **treiben** to play tricks on sb; ~ **reißen** to fool [*or* lark] about, to play tricks
Possessivpronomen *nt*, **Possessivum** <-s, Possessiva> [vʊm] *nt* possessive pronoun
Post <-> *f kein pl* ① (*Institution*) postal service, Post Office; **etw mit der/durch die/per** ~ **schicken** to

send sth by post [*or* AM mail]; (*Dienststelle*) post office; ***die ~ befindet sich am Ende dieser Straße rechts*** the post office is at the end of the street on the right; **auf die/zur ~ gehen** to go to the post office; **etw zur ~ bringen** to take sth to the post office ② (*Briefsendungen*) mail *no pl, indef art rare, esp* BRIT post *no pl, indef art rare;* **gelbe ~** postal service; **mit gleicher/getrennter ~** by the same post/under separate cover; ***heute ist keine ~ für dich da*** there's no post [*or* mail] for you today; **auf [die] ~ warten** to wait for [the] post [to arrive]; **von jdm viel ~ bekommen** to get [*or* receive] a lot of letters from sb; **elektronische ~** electronic mail, e-mail ▸ WENDUNGEN: **[und] ab geht die ~!** (*fam*) off we go!

postalisch I. *adj* postal; ***die Ware wird Ihnen auf ~em Weg zugestellt*** the goods will be sent by post II. *adv* by post [*or* AM mail]

Postamt *nt* post office **Postanweisung** *f* ① (*Überweisungsträger*) postal [*or* AM money] order ② (*angewiesener Betrag*) *money paid in at a post office and delivered to the addressee* **Postauto** *nt* postal [*or* post office] van **Postbank** *f* Post Office Giro Bank BRIT, postal bank AM **Postbarscheck** *m* Post Office Giro cheque BRIT, postal check AM **Postbeamte(r)**, **-beamtin** *m, f* post office official **Postbedienstete(r)** *f(m)* postal worker **Postbote**, **-botin** *m, f* postman *masc,* AM *usu* mailman *masc,* postwoman BRIT *fem,* female mail carrier AM

Pöstchen <-s, -> *nt dim von* **Posten** (*iron fam*) little job [*or* number] *iron, hum fam*

Postdienst *m* postal service

Posten <-s, -> *m* ① (*zugewiesene Position*) post, position ② (*Anstellung*) position, post, job ③ (*Wache*) guard; **irgendwo ~ beziehen** to take up position [*or* position oneself] somewhere; **~ stehen** to stand guard ④ ÖKON (*Position*) item; (*Menge*) lot, quantity ⑤ JAGD buckshot ▸ WENDUNGEN: **auf verlorenem ~ kämpfen** [*o* **stehen**] to be fighting a lost cause [*or* losing battle]; **[noch] auf dem ~ sein** (*fam: fit sein*) to be [still] in good shape; (*wachsam sein*) to be on one's toes *fam;* **nicht ganz auf dem ~ sein** (*fam*) to be a bit under the weather [*or* off-colour [*or* AM -or]] *fam*

Poster <-s, -[s]> ['po:stɐ, 'pɔstɐ] *nt* poster

Postfach *nt* ① (*Schließfach*) post-office [*or* PO] box ② (*offenes Fach*) pigeonhole

Postfachanlage *f* post-office box service **Postfachmiete** *f* rent of a post-office box **Postfachnummer** *f* post-office [*or* PO] box number

postfeministisch *adj inv* SOZIOL post-feminist

Postgebühr *f* postal charge [*or* rate] **Postgeheimnis** *nt* JUR postal secrecy, confidentiality of the post [*or* AM mail] **Postgewerkschaft** *f* Deutsche ~ *union of German postal workers* **Postgirokonto** *nt* giro [*or* National Girobank] [*or* AM postal checking] account

posthum *adj* (*geh*) posthumous

postieren* *vt* ■**jdn/sich irgendwo ~** to position [*or* station] sb/oneself somewhere

Postkarte *f* postcard **Postkasten** *m* DIAL (*Briefkasten*) postbox BRIT, letterbox BRIT, pillar box BRIT, mailbox AM **Postkutsche** *f* HIST stagecoach **postlagernd** *adj* poste restante BRIT, general delivery AM **Postleitzahl** *f* postcode BRIT, zip code AM

Postler(in) <-s, -> *m(f)* (*fam*) post office worker

Postlle <-, -n> *f* MEDIA, VERLAG (*pej*) *newspaper* rag *pej; magazine* mag *pej*

postmodern *adj* postmodern

Postpaket *nt* parcel, [postal] packet **Postsack** *m* mailbag, BRIT *a.* postbag **Postschalter** *m* post office counter **Postsendung** *f* postal [*or* AM mail] item

Postskript <-[e]s, -e> *nt,* **Postskriptum** <-s, -ta> *nt* (*geh*) postscript, PS

postsowjetisch *adj* post-soviet [*or* -communist]

Postsparbuch *nt* Post Office savings [account] book **Postsparkasse** *f* Post Office Giro [*or* National Savings] [*or* AM postal savings] bank **Poststempel** *m* ① (*Abdruck*) postmark ② (*Gerät*) postmark stamp[er]

postulieren* *vt* (*geh*) ■**etw ~** to postulate sth

Postweg *m* (*veraltet*) post road **postwendend** *adv* by return [of post] [*or* AM mail] **Postwertzeichen** *nt* (*form*) postage stamp *form* **Postwesen** *nt kein pl* Post Office, postal service **Postwurfsendung** *f* mailshot, direct mail advertizing, unaddressed mailing **postzugelassen** *adj* authorized by the Post Office **Postzustellung** *f* postal delivery

Pot <-s> *nt kein pl* (*sl*) pot *dated sl*

potent *adj* ① (*sexuell fähig*) potent ② (*zahlungskräftig*) affluent

Potentat(in) <-en, -en> *m(f)* (*geh*) potentate

Potential <-s, -e> [potɛn'tsia:l] *nt s.* **Potenzial**

potentiell [potɛn'tsiɛl] *adj s.* **potenziell**

Potenz <-, -en> *f* ① MED (*Zeugungsfähigkeit*) potency ② (*geh: Möglichkeiten*) potential ③ (*Leistungsfähigkeit*) strength, power ④ MATH **zweite/dritte ~** square/cube; **etw in eine bestimmte ~ erheben** to raise sth to the power of ... ⑤ (*Grad*) **Blödsinn in höchster ~** utter nonsense; **in höchster ~** (*geh*) to the highest degree, of the highest order

Potenzial[RR] <-s, -e> [potɛn'tsia:l] *nt* ① (*geh: Möglichkeiten*) potential ② PHYS potential

potenziell[RR] [potɛn'tsiɛl] *adj* (*geh*) potential

potenzieren* *vt* ① (*geh*) ■**etw ~** to multiply [*or* increase] sth ② MATH to raise to the power; **6 mit 4 potenziert** 6 to the power [of] 4

Potpourri <-s, -s> ['pɔtpʊri] *nt* potpourri, medley

Pott <-[e]s, Pötte> *m* (*fam*) ① (*Topf*) pot ② (*a. pej: Schiff*) ship, tub *pej o hum fam*

Pottasche *f* potash *no pl, no indef art*

potthässlich[RR] *adj* (*fam*) [as] ugly as sin *pred,* plug-ugly *fam*

Pottwal *m* sperm whale

potz *interj* ▸ WENDUNGEN: **~ Blitz!** (*veraltet*) goodness gracious! *old*

Poulet <-s, -s> ['pule:] *nt* SCHWEIZ chicken

poussieren I. *vi* (*veraltend fam*) ■**mit jdm ~** to flirt with sb II. *vt* (*veraltend*) ■**jdn ~** to curry favour [*or* AM -or] with [*or sep fam* butter up] sb

Power <-> ['pauɐ] *f kein pl* (*sl*) power *no pl, no indef art*

powern ['pauɐn] *vi* (*sl*) ① (*sich voll einsetzen*) to give it all one's got *fam* ② (*fördern*) to promote heavily

PR <-> *f kein pl s.* **Public Relations** PR

Präambel <-, -n> *f* preamble

PR-Abteilung *f* PR department

Pracht <-> *f kein pl* splendour [*or* AM -or] *no pl,* magnificence *no pl;* **in seiner/ihrer/etc. vollen** [*o* **ganzen**] **~** in all his/her/etc. splendour; **eine wahre ~ sein** (*fam*) to be [really] marvellous [*or fam* great]; **eine wahre ~ sein, etw zu tun** to be marvellous [*or* fantastic] to do sth; **dass es eine ~ ist** (*fam*) it's magnificent to see; ***die Rosen blühten, dass es eine ~ war*** it was magnificent to see the roses blooming

Prachtausgabe *f* luxury [*or* de luxe] edition **Prachtbau** *m* magnificent building **Prachtexemplar** *nt* fine [*or* magnificent] specimen; **wahre ~e von Kindern** really splendid children

prächtig *adj* ① (*prunkvoll*) splendid, magnificent ② (*großartig*) splendid, marvellous

Prachtkerl *m* (*fam*) great guy [*or* BRIT *a.* bloke] *fam,* fine specimen of a man; **ein ~ von einem Kind!** a terrific kid! *fam* **Prachtstück** *nt s.* **Prachtexemplar**

prachtvoll *adj* (*geh*) *s.* **prächtig** **Prachtweib** *nt* (*fam*) fine specimen of a woman

prädestinieren* *vt* (*geh*) to predestine; ■ **jdn zu etw ~** to predestine sb to sth; **für etw wie prädestiniert sein** to be predestined [*or* made] [*or* just right] for sth

Prädikat <-[e]s, -e> *nt* ❶ LING predicate ❷ SCH grade ❸ (*Auszeichnung*) rating ❹ (*Weinqualität*) title; ***Weine mit ~*** quality wines

Prädikatsnomen *nt* LING predicative noun, complement **Prädikatswein** *m* top quality wine

Präferenz <-, -en> *f* ❶ (*geh*) preference ❷ (*Vergünstigung*) privilege

Präfix <-es, -e> *nt* LING prefix

Prag <-s> *nt* Prague

prägen *vt* ❶ (*durch Prägung herstellen*) ■ **etw ~** to mint sth; **Münzen ~** to mint [*or* strike] coins; **eine Medaille ~** to strike a medallion ❷ (*mit einer Prägung versehen*) to emboss sth; **geprägtes Briefpapier** embossed writing paper; **einen Bucheinband [blind] ~** to emboss [*or* [*spec* blind-]tool] a book cover; ■ **etw auf/in etw** *akk* **~** to stamp [*or form* impress] sth on[to]/into sth; **sich etw ins Gedächtnis ~** (*fig*) to commit sth to memory, to engrave sth on one's mind ❸ (*fig: formen*) ■ **jdn ~** to leave its/their mark [on sb]; **jdn für alle Zeiten ~** to leave its/their indelible mark [on sb] ❹ ZOOL **ein Tier auf etw/jdn ~** to imprint sth/sb on an animal ❺ (*schöpfen*) ■ **etw ~** to coin sth; **ein Modewort ~** to coin an "in" expression *sl*

Pragmatiker(in) <-s, -> *m(f)* pragmatist

pragmatisch I. *adj* pragmatic II. *adv* pragmatically; **~ eingestellt sein** to be pragmatic

Pragmatismus <-> *m kein pl* pragmatism *no pl*

prägnant I. *adj* (*geh*) succinct, concise; **~e Sätze** concise sentences II. *adv* **~ antworten** to give a succinct [*or* concise] answer; **sich ~ ausdrücken** to be succinct [*or* concise]; **etw ~ beschreiben/darstellen** to give a succinct [*or* concise] description/account of sth

Prägnanz <-> *f kein pl* (*geh*) conciseness *no pl*, succinctness *no pl*

Prägung <-> *f* ❶ (*Einprägen von Münzen*) minting, striking ❷ (*mit Muster versehen*) embossing; *Einband, Leder a.* tooling, incuse *spec;* (*Eingeprägtes*) embossing; *Einband, Leder a.* tooling ❸ BIOL, ZOOL imprinting ❹ LING coinage

prähistorisch *adj* prehistoric

prahlen *vi* ■ **[mit etw] ~** to boast [*or fam* brag] [about sth] *pej;* ■ **damit ~, dass …** to boast [*or fam* brag] that … *pej*

Prahler(in) <-s, -> *m(f)* (*pej*) boaster

Prahlerei <-, -en> *f* (*pej*) ❶ *kein pl* (*Angeberei*) boasting, bragging *pej fam* ❷ (*prahlerische Äußerung*) boast, boasting *no pl*, bragging *no pl pej fam*

Prahlerin <-, -nen> *f fem form von* **Prahler**

prahlerisch *adj* boastful, bragging *attr*

Prahlhans <-es, -hänse> *m* (*fam*) show-off *fam*, braggart *dated*

Praktik <-, -en> *f meist pl* practice, procedure; **undurchsichtige ~en** shady practices

Praktika *pl von* **Praktikum**

praktikabel *adj* practicable, feasible *form*

Praktikant(in) <-en, -en> *m(f)* [on-the-job AM] trainee, intern AM (*student or trainee working at a trade or occupation to gain work experience*)

Praktiker(in) <-s, -> *m(f)* ❶ (*Mensch mit praktischer Erfahrung*) practical person [*or masc* man] [*or fem* woman]; SCI practitioner; **ein [reiner] ~ sein** to be a [purely] practical person ❷ (*fam: praktischer Arzt*) general practitioner, GP, family doctor

Praktikum <-s, Praktika> *nt* work placement, period of practical training, internship AM

praktisch I. *adj* ❶ (*wirklichkeitsbezogen*) practical; **~e Ausbildung** practical [*or* in-job] [*or* AM on-the-job] training; **~er Arzt** GP, family doctor ❷ (*zweckmäßig*) practical; **ein ~es Gerät** a practical [*or* handy] device; **ein ~es Beispiel** a concrete example ❸ (*geschickt im Umgang mit Problemen*) practical[-minded], down-to-earth; **eine ~e Denkweise** practical thinking; **ein ~er Mensch** a practical person; **~ veranlagt sein** to be practical II. *adv* ❶ (*so gut wie, im Grunde*) practically, virtually, basically; (*wirklich*) in practice ❷ (*wirklichkeitsbezogen*) **~ arbeiten** to do practical work; **eine Erfindung ~ erproben** to test an invention in real scenarios; **etw ~ umsetzen** to put sth into practice

praktizieren* I. *vt* ❶ (*in die Praxis umsetzen*) ■ **etw ~** to put sth into practice; **seinen Glauben ~** to practise [*or* AM -ice] one's religion; **ein Verfahren ~** to follow a practised [*or* set] procedure ❷ (*fam: gelangen lassen*) ■ **etw in etw** *akk* **~** to slip sth into sth; (*von Zauberer*) to conjure sth into sth II. *vi* to practise [*or* AM *usu* -ice]; **~der Arzt** practising doctor

Prälat <-en, -en> *m* REL prelate

Praline <-, -n> *f*, **Praliné** <-s, -s> *nt*, **Pralinee** <-s, -s> *nt* ÖSTERR, SCHWEIZ chocolate [cream]

Pralinenförmchen *pl* chocolate mould [*or* AM mold]

pralinieren *vt* KOCHK ■ **etw ~** to caramelize sth

prall *adj* ❶ (*sehr voll*) **~e Brüste/Hüften** well-rounded [*or hum* ample] breasts/hips; **eine ~ gefüllte Brieftasche** a bulging wallet; **ein ~er Euter** a swollen udder; **~e Segel** billowing [*or* full] sails; **~e Tomaten** firm tomatoes; **ein ~er Fußball/Luftballon** a hard football/balloon; **~e Schenkel/Waden** sturdy [*or* [big] strong] thighs/calves; **das ~e Leben** living life to the full; **etw ~ aufblasen** to inflate sth to bursting point; **etw ~ füllen** to fill sth to bursting ❷ (*ungehindert scheinend*) blazing; **in der ~en Sonne** in the blazing sun

prallen *vi sein* ❶ (*heftig auftreffen*) to crash; *Ball* to bounce; **[mit dem Wagen] gegen/vor etw ~** to crash [one's car] into sth; **mit dem Kopf gegen etw ~** to bang [*or* hit] one's head on [*or* against] sth ❷ (*ungehindert scheinen*) to blaze

Prallsack *m s.* **Airbag**

prallvoll *adj* (*form*) bulging, full to bursting, tightly packed; **ein ~er Kofferraum** a tightly packed boot [*or* AM trunk]

Prämie <-, -n> ['prɛːmiə] *f* ❶ (*zusätzliche Vergütung*) bonus, extra pay ❷ (*Versicherungsbeitrag*) [insurance] premium ❸ FIN [government] premium ❹ (*zusätzlicher Gewinn im Lotto*) extra dividend [*or* prize money]; **~n ausschütten** to distribute prizes

Prämiensparen *nt* premium-aided savings scheme [*or* AM plan] **Prämienzahlung** *f* [insurance] premium payment, payment of [insurance] premiums

prämieren* *vt* ■ **jdn/etw [mit etw] ~** to award sb/sth sth, to give [*or* grant] sb/sth an award [of sth]; **jdn/etw mit DM 50.000 ~** to award sb/sth a/the prize of DM 50,000; **ein prämierter Film/Regisseur** an award-winning film/director

Prämierung <-, -en> *f* granting of awards (+*gen* to); **die ~ eines Films** an award given to a film

Prämisse <-, -n> *f* (*geh*) ❶ (*Voraussetzung*) premise, condition, prerequisite *form;* **unabdingbare ~n** mandatory requirements; **unter diesen ~n** under these conditions; **unter der ~, dass …** on condition that … ❷ PHILOS premise, premiss

pränatal *adj* MED prenatal

prangen *vi* (*geh*) ❶ (*auffällig angebracht sein*) to be emblazoned, to be prominently displayed; ***der Titel prangte in großen Buchstaben auf dem Einband*** the title was emblazoned in big letters on the cover ❷ (*in voller Schönheit erstrahlen*) to be resplendent;

an seiner Brust prangte der neue Orden the new decoration hung resplendently on his chest

Pranger <-s, -> *m* HIST pillory; **an den ~ kommen** (*fig*) to be pilloried; **am ~ stehen** (*fig*) to be in the pillory; **jdn/etw an den ~ stellen** (*fig*) to severely criticize sb/sth

Pranke <-, -n> *f* paw; (*hum a.*) mitt *sl*

Prankenhieb *m* swipe [*or* blow] from a paw

Präparat <-[e]s, -e> *nt* ❶ (*Arzneimittel*) preparation, medicament, medication ❷ BIOL, MED (*präpariertes Objekt*) specimen; (*für Mikroskop*) slide [preparation]

präparieren* I. *vt* ■**etw ~** ❶ BIOL, MED (*konservieren*) to preserve sth; **ein Organ in Formalin ~** to preserve an organ in formalin; (*sezieren*) to dissect sth ❷ (*geh: vorbereiten*) to prepare sth; **eine Leinwand ~** to prepare a canvas II. *vr* (*geh*) ■**sich [für etw] ~** to prepare [oneself] [for sth], to do one's preparation [for sth]

Präposition <-, -en> *f* preposition

Prärie <-, -n> ['ri:ən] *f* prairie

Präriehund *m* ZOOL prarie dog **Präriewolf** *m* coyote, prairie wolf

Präsens <-, Präsentia *o* Präsenzien> [tsiən] *nt* ❶ (*Zeitform*) present tense ❷ (*Verb im Präsens 1*) present

präsent *adj* (*geh*) present; **etw ~ haben** to remember [*or* recall] sth; **etw ist jdm ~** sb can remember [*or* recall] sth; ***der Name ist mir nicht ~*** the name escapes me

Präsent <-[e]s, -e> *nt* (*geh*) present, gift

Präsentation <-, -en> *f* presentation *no pl*

präsentieren* I. *vt* ■**[jdm] etw ~** to present [sb with] sth; ■**jdn/sich [jdm] ~** to present sb/oneself [to sb]; **sich als der Chef ~** to introduce oneself as the boss ▶ WENDUNGEN: **sich von seiner besten Seite ~** to present one's best side; *s. a.* **Gewehr** II. *vi* MIL to present arms

Präsentierteller *m* salver ▶ WENDUNGEN: **auf dem ~ sitzen** (*fam*) to be exposed to all and sundry *fam*

Präsenz <-> *f kein pl* (*geh*) presence ▶ WENDUNGEN: **~ zeigen** to make one's presence felt

Präsenzbibliothek *f* (*geh*) reference library

Praseodym <-s> *nt kein pl* CHEM praseodymeum

Präser <-s, -> *m* (*sl*) *kurz für* **Präservativ** johnny BRIT *sl*, rubber AM *sl*

Präservativ [va] *nt* condom, [contraceptive] sheath BRIT *form*

Präsident(in) <-en, -en> *m(f)* ❶ (*Staatsoberhaupt*) president; **Herr ~/Frau ~** Mister/Madam President ❷ (*Vorsitzende(r)*) president, chair[man/woman/person]

Präsidentschaft <-, -en> *f* ❶ (*Amtszeit*) presidency, presidential term ❷ (*Amt des Präsidenten*) presidency, office of president

Präsidentschaftskandidat(in) *m(f)* presidential candidate, candidate for the presidency **Präsidentschaftswahl** *f* presidential elections *pl*

Präsidium <-s, -Präsidien> [diən] *nt* ❶ (*Vorstand, Vorsitz*) chairmanship; (*Führungsgruppe*) committee; **im ~ sitzen** to be on the committee ❷ (*Polizeihauptstelle*) [police] headquarters + *sing/pl vb*

prasseln *vi* ❶ *haben o sein* (*mit trommelndem Geräusch auf etw prallen*) ■**gegen/auf etw ~** to drum against/on sth; (*stärker*) to beat against/on sth; **~der Beifall** (*fig*) thunderous [*or* deafening] applause ❷ *haben* (*geräuschvoll brennen*) to crackle

prassen *vi* to live it up; (*schlemmen*) to pig out *fam*

Prasser(in) <-s, -> *m(f)* spendthrift, big spender; (*bei Essen*) glutton

Prätendent(in) <-en, -en> *m(f)* (*geh*) pretender (**auf** + *akk* to)

Pratze <-, -n> *f* SÜDD (*fam: Pranke*) paw

präventiv [vɛn] *adj* prevent[at]ive, prophylactic *spec*; **~e Maßnahmen ergreifen** to take preventative measures; **ein Medikament ~ einnehmen** to take medicine as a prophylactic

Präventivangriff *m* MIL pre-emptive strike **Präventivmaßnahme** *f* preventive [*or spec* prophylactic] measure **Präventivschlag** *m* MIL pre-emptive strike

Praxis <-, Praxen> *f* ❶ (*Arztpraxis*) practice, surgery BRIT, doctor's office AM; (*Anwaltsbüro*) office, practice ❷ *kein pl* (*praktische Erfahrung*) [practical] experience; **langjährige ~** many years of experience ❸ *kein pl* (*praktische Anwendung*) practice *no art*; **in der ~** in practice; **etw in die ~ umsetzen** to put sth into practice; *s. a.* **Mann**

Praxisbezug *m* practical orientation **praxisfremd** *adj* impracticable

Präzedenzfall *m* (*geh*) judicial precedent *form*, test case; **einen ~ schaffen** to set a precedent

präzis(e) *adj* (*geh*) precise; **eine ~e Beschreibung** an accurate [*or* exact] description; **eine ~e Uhr** an accurate clock; **sich ~ ausdrücken** to express oneself precisely

präzisieren* *vt* (*geh*) ■**etw ~** to state sth more precisely

Präzision <-> *f kein pl* (*geh*) precision

Präzisionsarbeit *f* precision work **Präzisionsinstrument** *nt* precision instrument **Präzisionswerkzeug** *nt* precision tool[s *pl*]

PR-Chef *m* PR manager, head of PR

predigen I. *vt* ❶ (*verkünden*) to preach; **das Evangelium ~** to preach the gospel ❷ (*empfehlen, ans Herz legen*) to preach; ■**[jdm] etw ~** to lecture sb on sth; **Toleranz ~** to preach [*or* call for] tolerance; *s. a.* **Ohr** II. *vi* ❶ (*eine Predigt halten*) to preach; ■**gegen etw ~** to preach against sth ❷ (*fam: mahnend vorhalten*) to tell; ***ich habe immer wieder gepredigt, dass sie keinen Alkohol trinken sollte*** I have told her again and again that she shouldn't drink alcohol

Prediger(in) <-s, -> *m(f)* preacher *masc*, [woman] preacher *fem* ▶ WENDUNGEN: **ein ~ in der Wüste** (*fig*) a voice [crying] in the wilderness

Predigt <-, -en> *f* (*a. fam*) sermon; **eine ~ [gegen/über etw] halten** to deliver [*or* preach] a sermon [on [*or* about] sth]

Preis <-es, -e> *m* ❶ (*Kaufpreis*) price (**für** of); **~e auszeichnen** to put a price tag on sth; **die ~e verderben** to distort prices; **einen hohen ~ für etw zahlen** to pay through the nose for sth *fam*; (*fig*) to pay a high price for sth; **[weit] unter[m] ~** at cut-prices/a cut-price; **zum ~ von ...** for ...; **zum erniedrigten ~** at cut-prices [*or* AM *esp* cut-rate prices], at a cut-price [*or* AM *esp* cut-rate price]; **zum halben ~** at half-price; **zum überteuerten ~** at inflated prices, at an inflated price; **jdm einen guten ~ machen** to give sb a good price; **hoch im ~ stehen** to fetch a good [*or* high] price; **das ist ein stolzer ~** that's a lot of money; ***Schönheit hat ihren ~*** (*fig*) beauty demands a price ❷ (*Gewinnprämie*) prize; **der erste/zweite ~** [the] first/second prize; **einen ~ auf etw** *akk* **aussetzen** to put out a reward on sth; **einen ~ auf jds Kopf aussetzen** to put a price on sb's head; **der große ~ von Frankreich** the French Grand Prix; **der ~ der Nationen** Prix des Nations ❸ *kein pl* (*geh: Lob*) praise ▶ WENDUNGEN: **um jeden ~** at all costs, cost what it may; **nicht um jeden ~**, **um keinen ~** not at any price

Preisabrede *f* price agreement, price-fixing *no pl*

Preisabschlag *m* discount; **jdm einen ~ gewähren** to give sb a discount (**von** of) **Preisabsprache**

f ÖKON price-fixing agreement **Preisanstieg** *m* ÖKON rise [*or* increase] in prices, price increase [*or* rise] **Preisausschreiben** *nt* competition [to win a prize] [*or* contest] **Preisauszeichnung** *f* pricing **preisbewusst**RR *adj* ÖKON price-conscious **Preisbindung** *f* [resale *form*] price fixing

Preiselbeere *f* [mountain *spec*] cranberry

Preisempfehlung *f* recommended price; [**unverbindliche**] ~ RRP, recommended retail price

preisen <pries, gepriesen> *vt* (*geh*) ■**jdn/etw** ~ to praise [*or* extol] [*or form* laud] sb/sth; **sich glücklich** ~ [**können**] to [be able to] count [*or* consider] oneself lucky

Preisentwicklung *f* price trend **Preisermäßigung** *f* price reduction **Preisexplosion** *f* price explosion **Preisfrage** *f* ① (*Quizfrage*) [prize] question, the big [*or* sixty-four thousand dollar] question; ***ob ich mir das leisten kann, ist noch die*** ~ the big question is whether I can afford that ② (*vom Preis abhängende Entscheidung*) question of price

Preisgabe *f kein pl* (*geh*) ① (*Enthüllung*) betrayal, divulgence; **die** ~ **eines Geheimnisses** giving away [*or* divulgence of] a secret ② (*das Ausliefern, Aussetzen*) abandonment ③ (*Aufgabe*) relinquishment *form;* (*Gebiet*) surrender; **zur** ~ **einer S.** *gen/***von etw gezwungen werden** to be forced to surrender [*or form* relinquish] [*or* into surrendering] [*or form* relinquishing] sth; ***die Ehe bedeutet nicht die*** ~ ***meiner Selbstständigkeit*** getting married does not mean surrendering [*or* giving up] my independence

preis|geben *vt irreg* (*geh*) ① (*aufgeben*) ■**etw** ~ to relinquish sth *form;* **seine Freiheit** ~ to relinquish *form* [*or* give up] one's freedom; **eine Gebiet** ~ to surrender [*or* relinquish] a tract of land ② (*verraten*) ■[**jdm**] **etw** ~ to betray [*or* divulge] [*or* reveal] sth [to sb]; **ein Geheimnis** ~ to divulge [*or* give away] a secret ③ (*überlassen*) ■**jdn/etw einer S.** *dat* ~ to expose sb/sth to sth; **jdn der Lächerlichkeit** ~ to expose sb [*or* hold sb up] to ridicule; **jdn dem Elend/Hungertod** ~ to condemn sb to a life of misery/to starvation; **die Haut der Sonne** ~ to expose one's skin to the sun; ***das Denkmal war sehr lange den Einflüssen der Umwelt preisgegeben*** the memorial was exposed to the elements for a long time

preisgekrönt *adj* award-winning *attr* **Preisgeld** <-[e]s, -er> *nt* prize money *no pl* **preisgünstig** *adj* inexpensive, good value *attr;* **ein** ~**es Angebot** a reasonable offer; **etw** ~ **bekommen** to obtain sth at a low [*or* good] price; ***am*** ~***sten kauft man in Supermärkten*** you can find the best prices in supermarkets **Preiskalkulation** *f* pricing, calculation of prices **Preiskampf** *m* price war **Preisklasse** *f* price range [*or* category]; **die untere/mittlere/gehobene** ~ the lower/mid/upper price range [*or* category]; **ein Auto der mittleren** ~ a medium-priced car **Preislage** *f* price range [*or* bracket]; **in jeder** ~ a price to suit every pocket **Preis-Leistungs-Verhältnis**, **Preis-Leistungsverhältnis** *nt kein pl* cost effectiveness, price-performance ratio

preislich *adj attr* price, in price; **ein** ~**er Unterschied** a difference in price; ~**e Vorstellungen haben** to have an idea of [the] price; ~ **niedrig[er]e/vergleichbare Artikel** low[er]-/comparably priced articles; ~ **unterschiedlich sein** to differ in [the] price; ***der Kauf war*** ~ ***sehr günstig*** the purchase was a bargain

Preisliste *f* price list **Preis-Lohn-Spirale** *f* price-wage spiral **Preisnachlass**RR *m* price reduction, discount **Preisniveau** *nt* price level **Preispolitik** *f* pricing policy **Preisrätsel** *nt* puzzle competition **Preisrichter(in)** *m(f)* judge [in a competition] **Preisrückgang** *m* fall [*or* drop] [*or* fallback] in prices **Preisschild** *nt* price tag [*or* ticket] **Preisschlager** *m* (*fam*) unbeatable bargain **Preissenkung** *f* fall [*or* reduction] in prices **Preisstabilität** *f* stability of prices **Preissteigerung** *f* price increase **Preisstopp** *m* price freeze **Preistafel** *f* price list **Preisträger(in)** *m(f)* prizewinner; *Auszeichnung* award winner **Preistreiber(in)** <-s, -> *m(f)* (*pej*) *sb who deliberately forces up prices;* (*Wucherer*) profiteer *pej* **Preistreiberei** <-, -en> *f* (*pej*) forcing up of prices; (*Wucher*) profiteering *pej* **Preistreiberin** <-, -nen> *f fem form von* **Preistreiber** **Preisüberwachung** *f* price controls *pl,* price administration AM *form* **Preisunterschied** *m* ÖKON difference in price, price difference **Preisverfall** *m* drop-off [*or* deterioration *form*] in prices; **drastischer** ~ price collapse **Preisvergleich** *m* price comparison, comparison of prices; ~**e machen** to shop around **Preisverleihung** *f* presentation [of awards/prizes] **Preisverzeichnis** *nt* price list **Preisvorteil** *m* price advantage

preiswert *adj s.* **preisgünstig**

Preiswucher *f* profiteering

prekär *adj* (*geh*) precarious

Prellbock *m* BAHN buffer, buffer-stop, bumping post AM ▶ WENDUNGEN: **der** ~ **sein** to be the scapegoat [*or* AM *fam a.* fallguy]

prellen **I.** *vt* ① (*betrügen*) ■**jdn** [**um etw**] ~ to swindle [*or* cheat] sb [out of sth]; **jdn um seinen Gewinn** ~ to cheat sb out of his winnings; **die Zeche** ~ (*fam*) to avoid paying the bill ② SPORT **den Ball** ~ to bounce the ball; **einen Prellball** ~ to smash the ball **II.** *vr* ■**sich** [**an etw** *dat*] ~ to bruise oneself; **sich am Arm** ~ to bruise one's arm; ■**sich** *dat* **etw** ~ to bruise one's sth; **sich das Knie** ~ to bruise one's knee

Prellung <-, -en> *f* contusion *spec* (**an** +*dat* to), bruise (**an** +*dat* on); ~**en erleiden** to suffer contusions *spec,* to suffer bruising [*or* bruises]

Premier <-s, -s> [prəˈmie:, preˈmie:] *m kurz für* **Premierminister**

Premiere <-, -n> *f* première, opening night; ~ **haben** to première; ***der Film hatte in London*** ~ the film premièred in London

Premierminister(in) [prəˈmie:, preˈmie:] *m(f)* prime minister

preschen *vi sein* (*fam*) to dash, to tear [along]; *Pferd* to gallop, to race; [**mit dem Wagen**] **über die Autobahn** ~ to tear down the motorway

Presse[1] <-> *f kein pl* ■**die** ~ the press; **eine gute/schlechte** ~ **haben** to have [a] good/bad press

Presse[2] <-, -n> *f* press; (*Fruchtpresse*) juice extractor

Presseagentur *f* press [*or* news] agency; **Deutsche Presse-Agentur** *leading German press agency* **Presseamt** *nt* press office **Presseausweis** *m* press card [*or* AM ID] **Pressebericht** *m* press report **Presseberichterstatter(in)** *m(f)* press correspondent **Pressebüro** *nt s.* **Presseagentur** **Pressedienst** *m* news agency service **Presseempfang** *m* press reception **Presseerklärung** *f* press release, statement to the press **Pressefotograf(in)** *m(f)* press photographer **Pressefreiheit** *f kein pl* freedom of the press **Pressegeheimnis** *nt* privilege of journalists (*not to disclose their sources*) **Presseinformation** *f* press release **Pressekampagne** *f* press campaign **Pressekarte** *f* press card [*or* pass] **Pressekommentar** *m* press commentary **Pressekonferenz** *f* press conference [*or* briefing] **Pressekorrespondent(in)** *m(f)* press correspondent **Pressemeldung** *f* press report **Pressemitteilung** *f* MEDIA press release

pressen **I.** *vt* ① (*durch Druck glätten*) ■**etw** ~ to press sth; **Blumen** ~ to press flowers ② (*drücken*)

P

■ **jdn/etw an/auf/gegen etw** ~ to press sb/sth on/against [sb's] sth; **Obst durch ein Sieb** ~ to press fruit through a sieve; **etw mit gepresster Stimme sagen** (*fig*) to say sth in a strained voice; ***er presste mich ganz fest an sich*** he hugged me tightly ❸ (*auspressen*) **Obst** ~ to press [*or* squeeze] fruit; **Saft aus etw** ~ to press [*or* squeeze] the juice out of sth ❹ (*herstellen*) ■ **etw** ~ to press sth; **Plastikteile** ~ to mould pieces of plastic; **Wein** ~ to press wine; **Schallplatten** ~ to press records ❺ (*zwingen*) ■ **jdn zu etw** ~ to force sb to do [*or* into doing] sth; **Seeleute [gewaltsam] zum Dienst** ~ to press [*or* press-gang] sailors into service, to shanghai sailors ❻ (*veraltet: unterdrücken*) ■ **jdn** ~ to repress sb **II.** *vi* (*bei der Geburt*) to push; (*bei Verstopfung*) to strain oneself

Presseorgan *nt* (*Zeitung*) newspaper; (*Zeitschrift*) journal, magazine **Presserecht** *nt* press law[s *pl*] **Pressereferent(in)** *m(f)* press [*or* public relations] officer **Presserummel** *m kein pl* MEDIA (*fam*) feeding-frenzy in the press **Presseschau** *f* press review **Pressespiegel** *m* MEDIA press review **Pressesprecher(in)** *m(f)* press officer, [official] spokes[wo]man, spokesperson **Pressestimme** *f* press commentary **Pressezensur** *f* censorship of the press **Pressezentrum** *nt* press centre

PressglasRR *nt*, **Preßglas** *nt* pressed [*or* moulded] glass **Presshonig**RR *m*, **Preßhonig** *m* pressed honey

pressieren* **I.** *vi* SÜDD, ÖSTERR, SCHWEIZ (*dringlich sein*) to be pressing [*or* urgent]; ***die Angelegenheit pressiert sehr*** the matter is pressing; (*es eilig haben*) to be in a hurry; **beim Essen** ~ to bolt [down *sep*] one's food **II.** *vi impers* SÜDD, ÖSTERR, SCHWEIZ ■ **es pressiert [jdm]** it's urgent, sb is in a hurry; ***es pressiert nicht*** there's no hurry, it's not urgent

Pression <-, -en> *f meist pl* SOZIOL, POL (*geh*) pressure

PressluftRR *f kein pl*, **Preßluft** *f kein pl* compressed air; **mit** ~ **betrieben** pneumatic

PressluftbohrerRR *m* pneumatic drill, jackhammer AM **Presslufthammer**RR *m* pneumatic [*or* [compressed-]air] hammer

Prestige <-s> [prɛsˈtiːʒə] *nt kein pl* (*geh*) prestige

Prestigedenken [prɛsˈtiːʒə] *nt kein pl* preoccupation with one's prestige **Prestigefrage** *f* question [*or* matter] of prestige **Prestigegewinn** *m kein pl* gain in prestige **Prestigegrund** *m* ■ **Prestigegründe** reasons of prestige **Prestigeobjekt** *nt* object of prestige **Prestigeverlust** *m kein pl* loss of prestige

Pretiosen [preˈtsioːzn] *pl s.* **Preziosen**

Pretoria <-s> *nt* Pretoria

Preuße, **Preußin** <-n, -n> *m, f* Prussian ▶ WENDUNGEN: **so schnell schießen die ~n nicht** (*fam*) things don't happen [quite] that fast

Preußen <-s> *nt kein pl* Prussia

Preußin <-, -nen> *f fem form von* **Preuße**

preußisch *adj* Prussian

PreziosenRR [preˈtsioːzn] *pl* (*geh*) valuables

prickeln *vi* ❶ (*kribbeln*) to tingle, to prickle; **ein P~ in den Beinen** pins and needles in one's legs ❷ (*perlen*) *Champagner* to sparkle, to bubble ❸ (*fam: erregen, reizen*) to thrill; **der prickelnde Reiz des Verbotenen** the thrill of doing sth you know is wrong

prickelnd *adj Gefühl* tingling; *Humor* piquant; *Champagner* sparkling, bubbly *fam*; **ein ~er Reiz** a thrill

Priel <-[e]s, -e> *m* slough, narrow channel (*in North Sea shallows*)

Priem <-[e]s, -e> *m* quid [*or* plug] of tobacco

priemen *vi* to chew tobacco

pries *imp von* **preisen**

Priester(in) <-s, -> *m(f)* priest; **jdn zum** ~ **weihen** to ordain sb [as a] priest; **[heidnische] ~in** [heathen] priestess; **Hoher** ~ high priest

priesterlich *adj* priestly; **~es Gewand** clerical [*or spec* sacerdotal vestment] vestment; **ein ~er Segen** a priest's blessing; **die ~en Weihen** a priest's ordination

Priesterseminar *nt* seminary (*for Roman Catholic priests*) **Priesterweihe** *f* ordination [to the priesthood]

prima *adj inv* ❶ (*fam: gut, großartig*) great *fam*; ***es läuft alles*** ~ everything is going really well [*or fam* just great]; **ein** ~ **Kerl** a great guy *fam*, a brick *hum*; ***du hast uns ~ geholfen*** you have been a great help *fam* ❷ ÖKON (*veraltend*) first class; ~ **Ware** first class product; ~ **Qualität** top [*or* best] quality

Primaballerina *f* prima ballerina **Primadonna** <-, -donnen> *f* prima donna *a. pej*

primär **I.** *adj* (*geh*) ❶ (*vorrangig*) primary, prime *attr*; **~es Ziel** the primary goal [*or* aim]; ***die Kritik richtet sich ~ gegen die Politiker*** criticism is mainly directed at the politicians ❷ (*anfänglich*) initial; **~e Schwierigkeiten** initial difficulties, teething troubles **II.** *adv* (*geh*) primarily, chiefly; **etw interessiert jdn [nicht]** ~ sb is [not] primarily [*or* chief] concerned with sth

Primärenergie *f* primary [source of] energy **Primärkreislauf** *m* primary [coolant] circuit **Primärliteratur** *f* primary literature, [primary] sources *pl*

Primarschule *f* SCHWEIZ (*Grundschule*) primary [*or* AM grammar] school

Primat1 <-en, -en> *m* primate

Primat2 <-[e]s, -e> *m o nt* (*geh*) primacy, priority (**vor** +*dat* over); **den** ~ **haben** to have primacy

Primel <-, -n> *f* primrose; **wie eine** ~ **eingehen** (*sl*) to go to pot, to fade away

Primetime <-, -s> [ˈpraɪmtaɪm] *f* TV, RADIO prime time

Primi *pl von* **Primus**

primitiv *adj* ❶ (*urtümlich*) primitive; **~e Kulturen/Menschen** primitive cultures/people; **primitive Kunst** primitive art ❷ (*elementar*) basic; **~e Bedürfnisse** basic needs ❸ (*a. pej: simpel*) primitive *pej*, crude; **eine ~e Hütte** a primitive [*or liter* rude] hut; **~e Werkzeuge** primitive tools ❹ (*pej: geistig tiefstehend*) primitive; **ein ~er Kerl** a lout, a yob[bo] BRIT *fam*

Primitive(r) [-və-] *f(m) dekl wie adj* primitive person

Primitivität <-, -en> [-vi-] *f* ❶ *kein pl* (*Einfachheit, primitive Beschaffenheit*) primitiveness, simplicity ❷ (*pej: Mangel an Bildung*) primitiveness ❸ (*pej: primitive Bemerkung, Vorstellung, Handlung*) crudity, primitive [*or* crude] remark

Primitivling <-s, -e> *m* (*pej fam*) peasant *pej fam*

Primus <-, -se *o* Primi> *m* (*veraltend*) top of the class [*or* form], top [*or* star] pupil

Primzahl *f* prime [number]

Printanzeige *f* [newpaper/magazine] advertisement; **doppelseitige** ~ [double page] spread **Printmedien** *pl* [print] media

Prinz, **-zessin** <-en, -en> *m, f* prince *masc* [*or* princess] *fem*

PrinzessbohneRR *f*, **Prinzeßbohne** *f* Lima bean

Prinzip <-s, -ien> *nt* principle; (*Gesetzmäßigkeit*) principle; (*in den Wissenschaften a.*) law; **ein politisches** ~ a political principle; **sich** *dat* **etw zum** ~ **machen** to make sth one's principle; **an seinen ~ien festhalten** to stick to one's principles; **ein Mann von ~ien sein** to be a man of principle; **aus** ~ on principle; **im** ~ in principle; **nach einem [einfachen] Prinzip funktionieren** to function according to a [simple] principle; **das** ~ **Hoffnung/Verantwortung** [the principle of] hope/responsibility

prinzipiell **I.** *adj* **~e Erwägungen** fundamental considerations; **eine ~e Möglichkeit** a fundamental possibility; ~**e Unterschiede** fundamental differences **II.** *adv* (*aus Prinzip*) on [*or* as a matter of] principle; **etw ~ ablehnen** to refuse [*or* reject] sth on principle; (*im Prinzip*) in principle; ***eine andere Interpretation ist ~ auch möglich*** in principle a different interpretation is also possible

Prinzipienfrage [piən] *f* matter [*or* question] of principle; [**für jdn**] **eine ~ sein** to be a matter [*or* question] of principle [to sb] **Prinzipienreiter(in)** *m(f)* (*pej*) stickler for [one's] principles **prinzipientreu** *adj* PSYCH true to one's principles **Prinzipientreue** *f* PSYCH adherence to one's principles

Prinzregent *m* prince regent

Prior(in) <-s, Prioren> *m(f)* ❶ (*Klostervorsteher bei bestimmten Orden*) prior ❷ (*Stellvertreter des Abtes*) [claustral [*or spec* cloistral]] prior

Priorität <-, -en> *f* ❶ (*geh*) priority, precedence; ~ [**vor etw** *dat*] **haben** [*o* **genießen**] to have priority [over sth], to take precedence [over sth]; ~**en setzen** [*o* **festlegen**] to set [one's] priorities; ***dem Umweltschutz muss absolute ~ eingeräumt werden*** environmental protection must be given top priority ❷ BÖRSE priority bond, first debenture

Prioritätenliste *f* list of priorities; **ganz oben auf der ~ stehen** to be the first of one's priorities, to be at the top of one's list

Prise <-, -n> *f* ❶ (*kleine Menge*) pinch; **eine ~ Salz** a pinch of salt; **eine ~ Sarkasmus** (*fig*) a touch [*or* hint] of sarcasm; **eine ~ nehmen** to have a pinch of snuff ❷ NAUT prize

Prisma <-s, Prismen> *nt* prism

Pritsche <-, -n> *f* ❶ (*primitive Liege*) plank bed ❷ (*offene Ladefläche*) platform ❸ (*fig sl: sexuell leicht zu haben*) easy lay *sl*

Pritschenwagen *m* platform lorry [*or* truck] BRIT, flatbed [truck] AM

privat [-va:t] **I.** *adj* ❶ (*jdm persönlich gehörend*) private; ~**es Eigentum** private property ❷ (*persönlich*) personal; ~**e Angelegenheiten** private affairs; ***er hat all Autos von ~ gekauft*** he bought all the cars from private individuals; ***ich möchte nur an ~ verkaufen*** I only want to sell to private individuals ❸ (*nicht öffentlich*) private; **eine ~e Schule** a private [*or* BRIT *a.* public] school; **eine ~e Vorstellung** a private [*or* AM closed] performance **II.** *adv* ❶ (*nicht geschäftlich*) privately; **jdn ~ sprechen** to speak to sb in private [*or* privately]; ~ ***können Sie mich unter dieser Nummer erreichen*** you can reach me at home under this number; ***sie ist an dem Wohl ihrer Mitarbeiter auch ~ interessiert*** she is also interested in the welfare of her staff outside of office hours ❷ FIN, MED ~ **behandelt werden** to have private treatment; ~ **liegen** to be in a private ward; **sich ~ versichern** to take out a private insurance; **etw ~ finanzieren** to finance sth out of one's own savings

Privatangelegenheit *f* private matter; ***das ist meine ~*** that's my [own] affair [*or* business], that's a private matter **Privatanschluss**[RR] *m* private line [*or* number] **Privatanschrift** *f* private [*or* home] address **Privataudienz** *f* private [*or* AM closed] audience **Privatbank** *f* private [*or* commercial] bank **Privatbesitz** *m* private property [*or* ownership]; **in ~** privately owned [*or* in private ownership]; ***dieses Bild ist eine Leihgabe aus ~*** this picture is a loan from a private collection **Privatdetektiv(in)** *m(f)* private detective, private investigator [*or fam* eye] **Privatdozent(in)** *m(f) title of a lecturer who is not a professor and not a civil servant at a university* **Privateigentum** *nt* private property; **etw in ~ überführen** to privatize sth, to denationalize sth **Privatfernsehen** *nt* (*form*) commercial [*or* privately-owned] television *no art* **Privatgespräch** *nt* private conversation; (*am Telefon*) private [*or* AM personal] call **Privatgrundstück** *nt* private property [*or* premises *npl*] **Privathand** *f kein pl* **aus** [*o* **von**] ~ privately; ***er hat das Auto aus/von ~ gekauft*** he bought the car privately [*or* in a private deal] [*or* from a private seller]; **in ~** in private hands [*or* ownership] **Privatinitiative** *f* private initiative [*or* enterprise] **Privatinteresse** *nt* personal interest

privatisieren* [va] *vt* ■**etw ~** to privatize sth, to denationalize sth

Privatisierung <-, -en> *f* ÖKON privatization *no pl*

Privatklinik ['va:t] *f* private clinic [*or* hospital], nursing home BRIT **Privatkonto** *nt* ÖKON private account **Privatkunde, -kundin** *m, f* ÖKON private customer **Privatleben** *nt kein pl* private life; **sich ins ~ zurückziehen** to retire into private life **Privatlehrer(in)** *m(f)* private tutor **Privatmann** <-leute> *m* private citizen [*or* individual] **Privatpatient(in)** *m(f)* private patient **Privatperson** *f* private person; **als ~** as a private individual; MIL civilian, unauthorized person **Privatsache** *f s.* **Privatangelegenheit Privatschule** *f* private [*or* BRIT independent] school **Privatsphäre** *f kein pl* **die ~ verletzen** to invade [*or* violate] sb's privacy; **die ~ schützen** to protect sb's privacy **Privatunternehmen** *nt* ÖKON private enterprise **Privatvergnügen** *nt* private pleasure [*or* amusement]; **jds ~ sein** (*fam*) to be sb's [own] business [*or* affair]; **zu jds ~** (*fam*) for sb's [own] pleasure [*or* amusement] *a. iron* **Privatvermögen** *nt* private [*or* personal] property [*or* assets] *pl* **Privatversicherung** *f* private insurance **Privatwagen** *m* private car **Privatweg** *m* private way [*or* road] **Privatwirtschaft** *f* ■**die ~** the private sector **privatwirtschaftlich** *adj inv* ÖKON private-sector

Privileg <-[e]s, -ien> [vi, giən] *nt* (*geh*) privilege, prerogative *form*

privilegieren* [vi] *vt* (*geh*) ■**jdn ~** to grant privileges to sb

privilegiert [vi] *adj* (*geh*) privileged

PR-Maßnahme *f* PR measure

pro **I.** *präp* per; ~ **Jahr** per [*or* a] year, per annum *form;* ~ **Minute/Sekunde** per [*or* a] minute/second; ~ **Kopf** [**und Nase**] (*fam*) a head; ~ **Person** per person; ~ **Stück** each, apiece; ***ich gebe Ihnen 5 DM ~ Stück*** I will give you 5 marks a head **II.** *adv* ~ [**eingestellt**] **sein** to be for [*or* in favour of] sth; ***sind Sie ~ oder kontra?*** or you for or against [*or* pro or anti] it?

Pro <-> *nt kein pl* [**das**] ~ **und** [**das**] **Kontra** (*geh*) the pros and cons *pl;* ***wir müssen das ~ und Kontra gegeneinander abwägen*** we have to weigh up the pros and the cons

Proband(in) <-en, -en> *m(f)* ❶ (*Versuchsperson*) test person, guinea pig ❷ (*auf Bewährung Verurteilter*) offender on probation

probat *adj* (*geh*) proven, effective; **eine ~es Mittel** a tried and tested method; ■ **~ sein, etw zu tun** to be advisable [from experience] to do sth; ***es ist ~, regelmäßig Obst zu essen*** it is advisable to eat fruit regularly

Probe <-, -n> *f* ❶ (*Warenprobe, Testmenge*) sample; **eine ~ Urin/des Wassers** a urine/water sample; ~**n** [**von etw**] **ziehen** [*o* **nehmen**], ~**n** [**aus etw**] **ziehen** [*o* **nehmen**] to take samples [from sth]; (*Beispiel*) example; **eine ~ seines Könnens geben** to show what one can do ❷ MUS, THEAT rehearsal ❸ (*Prüfung*) test **die ~ aufs Exempel machen** to put it to the test **ein Auto ~ fahren** to take a car for a test drive, to test drive a car; ■ [**mit etw**] **~ fahren** to go for a test drive [in sth]; ***mit dem Wagen bin ich schon ~ gefahren*** I have already been for a test drive in that car; ~ **laufen** SPORT to go for a practice run, to have a trial [run]; TECH to do a test [*or* trial] run; **jdn auf die ~**

stellen to put sb to the test, to try sb; **etw auf die/eine harte ~ stellen** to put sth to the test; **jds Geduld auf eine harte ~ stellen** to sorely try sb's patience; **auf ~** on probation; **zur ~** for a trial, to try out

Probeabzug *m* proof **Probealarm** *m* practice alarm, fire drill **Probeangebot** *nt* ÖKON trial offer **Probebühne** *f* rehearsal stage **Probeexemplar** *nt* specimen [copy [*or* issue]] **Probefahrt** *f* test drive; **eine ~ machen** [*o* **unternehmen** *geh*] to go for a test drive **Probejahr** *nt* probationary year, year of probation **Probelauf** *m* trial [*or* test] run **Probelehrer(in)** *m(f)* ÖSTERR probationer

proben I. *vt* ■**etw** [**mit jdm**] ~ to rehearse sth [with sb]; **eine Szene ~** to rehearse a scene; *s. a.* **Aufstand, Ernstfall** II. *vi* ■[**mit jdm**] [**für etw**] ~ to rehearse [with sb] [for sth]; ***der Komponist probte persönlich mit den Musikern*** the composer came in person to rehearse with the musicians

Probesendung *f* sample[s *pl*] sent on approval **Probespiel** *nt* ❶ MUS prepared piece (*to be performed by sb at an audition*) ❷ SPORT *friendly match to test ability and compatibility of players*

probeweise *adv* on a trial basis; ***singen Sie uns ~ etwas vor!*** try singing sth for us; ***nehmen Sie ~ dieses Waschmittel*** try this washing powder, give this washing powder a try; *mit Verbalsubstantiven a attr* trial *attr;* **die ~ Verlängerung der Öffnungszeiten** extension of the opening hours on a trial basis; ***die Leitung will in dieser Abteilung die ~ Sonntagsarbeit einführen*** the management wants to introduce Sunday hours on a trial basis in this department

Probezeit *f* probationary [*or* trial] period

probieren* I. *vt* ❶ (*kosten*) ■**etw** ~ to try [*or* taste] [*or* sample] sth ❷ (*versuchen*) ■**es** [**mit etw**] ~ to try [*or* to have a go [*or* try] at] it [with sth]; ***ich habe es schon mit vielen Diäten probiert*** I have already tried many diets; ■**~, etw zu tun** to try to do sth; ***ich werde ~, sie zu übernehmen*** I will try to persuade her; ■**etw** ~ to try sth out; **ein neues Medikament ~** to try out a new medicine ❸ (*anprobieren*) ■**etw** ~ to try on sth *sep* ❹ THEAT to rehearse; **ein Stück ~** to rehearse a play II. *vi* ❶ (*kosten*) ■[**von etw**] ~ to try some [*or* have a taste] [of sth]; ***willst du nicht wenigstens einmal ~*** won't you at least try it once ❷ (*versuchen*) ■**~, ob/was/wie ...** to try and see whether/what/how ...; ***ich werde ~, ob ich das alleine schaffe*** I'll see if I can do it alone ▶ WENDUNGEN: **P~ geht über Studieren** (*prov*) the proof of the pudding is in the eating *prov* III. *vr* (*fam*) **sich als Dozent/Schreiner ~** to work as a lecturer/carpenter for a short time

Problem <-s, -e> *nt* ❶ (*Schwierigkeit*) problem; **es gibt** [**mit jdm/etw**] **~e** I/we/they etc. are having problems [with sb/sth], sth is having problems; [**mit jdm/etw**] **ein ~/Probleme haben** to have a problem/be having problems [with sb/sth]; **vor ~en/einem ~ stehen** to be faced [*or* confronted] with problems/a problem; [**für jdn**] **zum ~ werden** to become a problem [for sb] ❷ (*geh: schwierige Aufgabe*) problem; **ein schwieriges ~** a difficult problem, a hard [*or* tough] nut to crack; **ein ungelöstes ~** an un[re]solved problem; **~e wälzen** to turn over problems in one's mind; [**nicht**] **jds ~ sein** to [not] be sb's business; **kein ~!** (*fam*) no problem!

Problematik <-> *f kein pl* (*geh*) problematic nature, difficulty (+*gen* of), problems *pl* (+*gen* with); **die ~ erkennen** to recognize the problems; **auf eine ~ hinweisen** to point out difficulties; **von einer besonderen ~ sein** to be of a particularly problematic nature, to have [its/their [own]] particular problems

problematisch *adj* problematic[al], difficult, complicated; **ein ~es Kind** a difficult child

problematisieren* *vt* SCI (*geh*) ■**etw** ~ expound [*or* discuss] the problems of sth

Problembereich *m* problem area **Problemfall** *m* (*geh*) problem; (*Mensch*) problem case

problemlos I. *adj* problem-free, trouble-free, unproblematic *attr* II. *adv* without any problems [*or* difficulty]; **etw ~ meistern** to master sth easily; **nicht ganz ~** not quite without [its/their] problems [*or* difficulties]; **~ ablaufen** to run smoothly

ProductplacementRR <-s, -s> ['prɔdakt 'ple:smənt] *nt*, **Product Placement** <-s, -s> *nt* *selten pl* product placement *no art*

Produkt <-[e]s, -e> *nt* product; MATH product; **landwirtschaftliche ~e** agricultural products [*or* produce]; **~ der Einbildung/Phantasie** (*fig*) figment of the imagination

Produktanalyse *f* ÖKON product analysis **Produktentwicklung** *f kein pl* ÖKON product development *no pl* **Produktgestaltung** *f kein pl* ÖKON product design **Produktgruppe** *f* ÖKON product group [*or* line] **Produkthaftung** *f* product [*or* producer's] liability

Produktion <-, -en> *f* production

Produktionsabteilung *f* ÖKON production department **Produktionsanlage** *f meist pl* ÖKON production [*or* manufacturing] facility *usu pl* [*or* plant *no pl*] **Produktionsausfall** *m* shortfall in production, loss of output [*or* production] **Produktionsbeginn** *m* start [*or* onset] of production **Produktionsfehler** *m* ÖKON production fault [*or* defect] **Produktionsfluss**RR *m* flow of production **Produktionsgang** *m* production process **Produktionsgüter** *pl* ÖKON producer [*or* industrial] goods *npl* **Produktionshalle** *f* production hall **Produktionskapazität** *f* production capacity **Produktionskosten** *pl* production costs **Produktionsleistung** *f kein pl* ÖKON manufacturing efficiency **Produktionsmethode** *f* production method **Produktionsstandard** *m* ÖKON production standard **Produktionsstätte** *f* [production] site, production [*or* manufacturing] facilities *pl* **Produktionssteigerung** *f* rise [*or* increase] in production **Produktionsstockung** *f* ÖKON [production] stoppage **Produktionsverlagerung** *f* diversion of production **Produktionszweig** *m* ÖKON branch [*or* line] of production

produktiv *adj* (*geh*) productive; **~ zusammenarbeiten** to work together productively; **ein ~er Autor** a productive [*or* prolific] author; **~e Kritik** productive criticism

Produktivität <-> [vi] *f kein pl* productivity, productive capacity

Produktivitätszuwachs *m* ÖKON increase in productivity, productivity increase

Produktlinie [li:niə] *f* ÖKON product line **Produktmanagement** *nt kein pl* ÖKON product management *no pl* **Produktpalette** *f* ÖKON product range **Produktwerbung** *f* ÖKON product advertizing

Produzent(in) <-en, -en> *m(f)* producer

produzieren* I. *vt* ❶ (*herstellen*) ■**etw** ~ to produce sth; (*bes viel*) to turn out sth; **einen Film ~** to produce a film ❷ (*hervorbringen*) ■**etw** ~ to produce sth; ***wer hat denn das produziert?*** (*fam o fig*) who's responsible for that?; **eine Entschuldigung ~** to come up with an excuse; **Lärm ~** to make noise; **Unsinn ~** to talk rubbish [*or* nonsense] II. *vi* to produce; **billig ~** to produce goods cheaply, to have low production costs III. *vr* (*pej fam*) ■**sich** [**vor jdm**] ~ to show off [in front of sb]

profan *adj* (*geh*) ❶ (*alltäglich*) mundane, prosaic *form;* **ganz ~e Probleme haben** to have very mundane problems ❷ (*weltlich*) secular, profane *form;* **~e Bauwerke/Kunst** secular buildings/art

Professionalität <-> *f kein pl* professionalism *no pl*
professionell *adj* professional
Professor, -sorin <-s, -soren> *m, f* ❶ *kein pl* (*Titel*) professor ❷ (*Träger des Professorentitels*) **Herr ~/Frau ~in** Professor; **außerordentlicher ~** extraordinary [*or* AM associate] professor; **ordentlicher ~** [full AM] professor; **~ sein** to be a professor; ***sie ist Professorin für Physik in München*** she is a professor of physics in Munich ❸ ÖSTERR (*Gymnasiallehrer*) master *masc*, mistress *fem*
professoral *adj* ❶ (*den Professor betreffend*) professorial; **die ~e Würde** professorial dignity ❷ (*pej: belehrend*) lecturing *attr pej*, know-[it-]all *pej fam attr;* ***am meisten stört mich seine ~e Art*** what gets me most is the way he thinks he knows it all
Professorin <-, -nen> *f fem form von* **Professor**
Professur <-, -en> *f* [professor's [*or* professorial]] chair (**für** in/of); **eine ~ für Chemie haben** [*o* **innehaben** *geh*] to hold the chair in chemistry
Profi <-s, -s> *m* (*fam*) pro *fam*
Profil <-s, -e> *nt* ❶ (*Einkerbungen zur besseren Haftung*) *Reifen, Schuhsohlen* tread ❷ (*seitliche Ansicht*) profile; **jdn im ~ fotografieren** to photograph sb in profile ❸ (*geh: Ausstrahlung*) image; **~ haben** [*o* **besitzen** *geh*] to have an image [*or* a distinctive [*or* personal] image]; **an ~ gewinnen** to improve one's image; ***die Polizei konnte ein ziemlich gutes ~ des Täters erstellen*** the police were able to give a fairly accurate profile of the criminal; **~ zeigen** to take a stand
profilieren* **I.** *vt* ■ **etw ~** to put a tread on sth; **Bleche ~** to contour sheets of metal **II.** *vr* ■ **sich [in etw *dat*] [als jd] ~** to create an image for oneself [as sb] [in sth]; **sich politisch ~** to make one's mark as a politician; ***sie hat sich als Künstlerin profiliert*** she distinguished herself as an artist
profiliert *adj* (*geh*) **ein ~er Fachmann/Politiker** an expert/a politician who has made his mark; ■ **~/~er sein** to have made one's mark/more of a mark
Profilierung <-> *f kein pl* (*geh*) making one's mark *no art;* ***durch seine ~ als Politiker hat er viel Ansehen bekommen*** by making his mark as a politician he has gained prestige
Profilsohle *f* sole with a tread, treaded sole
Profisportler(in) *m(f)* professional sportsman, pro *fam*
Profit <-[e]s, -e> *m* profit; **~ bringende Geschäfte** profitable deals; ***wo ist dabei für mich der ~?*** what do I get out of it?; **von etw [keinen] ~ haben** [not] to profit from sth; **[bei/mit etw] ~ machen** to make a profit [with sth]; **aus etw ~ schlagen** [*o* **ziehen**] to make a profit from [*or* out of] sth, to reap the benefits from sth *fig;* **mit ~ arbeiten** to work profitably; **etw mit ~ verkaufen** to sell sth at a profit
profitabel *adj* (*geh*) profitable; (*stärker*) lucrative
Profitgier <-> *f kein pl* (*pej*) money-grubbing *no pl*, greed for profit *no pl*
profitieren* *vi* (*geh*) **[bei/von etw] [mehr] ~** to make [*or* gain] [more of] a profit [from sth]; **viel ~** to make a large profit; ***davon habe ich kaum profitiert*** I didn't make much of a profit there; **von jdm/etw [mehr] ~** (*fig*) to profit [more] from [*or* by] sb/sth; ***dabei kann ich nur ~*** I only stand to gain from it, I can't lose
pro forma *adv* (*geh*) pro forma *form*, as a matter of form, for appearances' sake; **etw ~ unterschreiben** to sign sth as a matter of form; **~ heiraten** to marry pro forma
Pro-forma-Rechnung *f* pro forma [invoice]
profund *adj* profound, deep
Progesteron <-s> *nt kein pl* BIOL progesterone *no pl*
Prognose <-, -n> *f* ❶ (*geh: Vorhersage*) prediction, prognosis *form; Wetter* forecast; **[jdm] eine ~ stellen** to give [sb] a prediction [*or* prognosis], to make a prediction [*or* prognosis]; **eine ~ wagen** to venture a prediction ❷ MED prognosis (**für** +*akk* for)
prognostizieren* *vt* (*geh*) ■ **etw ~** to predict [*or form* to prognosticate sth] sth; ***die Ärzte ~ eine rasche Genesung*** to doctors predict a speedy recovery
Programm <-s, -e> *nt* ❶ (*geplanter Ablauf*) programme [*or* AM -am]; (*Tagesordnung*) agenda; (*Zeitplan*) schedule; **ein volles ~ haben** to have a full day/week etc. ahead of one; **auf dem [*o* jds] ~ stehen** to be on the [*or* sb's] programme/agenda/schedule; ***was steht für heute auf dem ~?*** what's the programme/agenda/schedule for today?; **nach ~** as planned, to plan ❷ RADIO, TV (*Sender*) channel; ***ich empfange 30 ~e*** I can get 30 channels ❸ (*festgelegte Darbietungen*) programme [*or* AM -am], bill; **im ~** in the programme, on the bill; ***das Kino hat viele neue Filme im ~*** the cinema has many new films on the bill ❹ (*Programmheft*) programme [*or* AM -am] ❺ (*Konzeption*) programme [*or* AM am]; *Politiker* platform; *Partei* programme ❻ (*Sortiment*) product range, range of products; **etw im ~ haben** to have [*or* stock] sth in the range; **etw ins ~ [auf]nehmen** to include sth in the collection ❼ INFORM [computer] program (**für** +*akk* for)
Programmaufsicht *f kein pl* television watchdog **Programmbeginn** *m* start of the daily programmes [*or* AM programs] **Programmentwicklung** *f* INFORM program development **Programmfehler** *m* INFORM programme [*or* AM -am] error [*or* bug] **programmgemäß** **I.** *adj* [as *pred*] planned **II.** *adv* [according] to plan; **~ verlaufen** to run according to plan
programmierbar *adj inv* INFORM programmable
programmieren* *vt* ❶ INFORM ■ **etw ~** to program sth ❷ (*von vornherein festgelegt*) ■ **programmiert sein** to be preprogrammed [*or* AM -amed]
Programmierer(in) <-s, -> *m(f)* programmer [*or* AM -amer]
Programmierfehler *m* INFORM programming [*or* AM -aming] error **Programmiersprache** *f* programming [*or* AM -aming] language, high-level language *spec*
Programmierung <-, -en> *f* ❶ INFORM programming [*or* AM -aming] *no pl* ❷ (*vorherige Festlegung auf etw*) setting *no pl;* (*eines Videorecorders*) programming [*or* AM -aming] *no pl*, setting *no pl;* (*eines Menschens*) conditioning *no pl*
Programmkatalog *m* catalogue of products **Programmkino** *nt* arts [*or* AM repertory] cinema **Programmplanung** *f* programme [*or* AM -am] planning **Programmpunkt** *m* item on the agenda; (*Show*) act **Programmschluss**[RR] *m* close down **Programmumfang** *m* range of products (+*gen* for) **Programmvorschau** *f* trailer **Programmzeitschrift** *f* programme [*or* AM -am] guide; (*von Fernsehen a.*) TV [*or* television] guide
Progression <-, -en> *f* ❶ (*geh*) progression ❷ FIN [tax] progression
progressiv *adj* (*geh*) progressive; **ein ~e Politik verfolgen** to follow a progressive policy; **~ eingestellt sein** to hold progressive views; **~ ansteigend** to increase progressively
Projekt <-[e]s, -e> *nt* project
Projektanalyse *f* project analysis **Projektbereich** *m* ADMIN scope of a project **Projektfinanzierung** *f* project financing *no pl* **Projektgruppe** *f* project team
Projektil <-s, -e> *nt* (*form*) projectile
Projektingenieur(in) <-s, -in> *m(f)* ÖKON project engineer
Projektion <-, -en> *f* ❶ *kein pl* (*das Projizieren*)

projection ❷ (*projiziertes Bild*) projection, projected image

Projektleiter(in) <-s, -> *m(f)* project leader [*or* manager] **Projektmanagement** <-s> *nt kein pl* ÖKON project management

Projektor <-s, -toren> *m* projector

Projektrealisierung *f* launching of a/the project

projizieren* *vt* ❶ FOTO ■ **etw auf etw** *akk* ~ to project sth on[to] sth; **einen Film auf die Leinwand** ~ to project a film onto a screen ❷ (*geh*) ■ **etw auf jdn/etw** ~ to project sth onto sb/sth; **seine Ängste auf die Mitmenschen** ~ to infect others with one's fears; **seinen Hass auf andere** ~ to project one's hate onto others

Prokaryo(n)t <-s, -en> *m* BIOL prokaryote

prokaryo(n)tisch *adj* prokaryotic

Proklamation <-, -en> *f* (*geh*) proclamation *liter*

proklamieren* *vt* (*geh*) ■ **etw** ~ to proclaim sth *liter;* **den Ausnahmezustand** ~ to proclaim [*or* declare] a state of emergency

Pro-Kopf-Einkommen *nt* income per person, per capita income *form* **Pro-Kopf-Verbrauch** *m* per capita consumption *form*

Prokura <-, Prokuren> *f* (*form*) procuration *form;* **jdm** ~ **erteilen** to give sb procuration, to confer procuration [up]on sb *form;* ~ **haben** to have the general power of attorney

Prokurist(in) <-en, -en> *m(f)* authorized signatory (*of a company*)

Prolet <-en, -en> *m* ❶ (*veraltend fam*) proletarian ❷ (*pej*) prole *fam,* pleb *pej fam*

Proletariat <-[e]s, -e> *nt* (*veraltend*) ■ **das** ~ the proletariat; **das akademische** ~ (*fig*) the intellectual proletariat

Proletarier(in) <-s, -> ['taːriɐ] *m(f)* (*veraltend*) proletarian

proletarisch *adj* (*veraltend*) proletarian

Prolo <-s, -s> *m* (*pej sl*) pleb *pej fam*

Prolog <-[e]s, -e> *m* ❶ (*Vorrede, Vorspiel*) prologue [*or* AM *a.* prolog]; **den** ~ **sprechen** to speak the prologue ❷ SPORT *preliminary speed trial to decide starting positions*

Prolongation <-, -en> *f* ❶ ÖKON (*Verlängerung einer Zahlungsfrist; Hinausschieben eines Fälligkeitstermins*) ~ **beantragen** to ask for [*or* request] an extension; ~ **erwirken** to get [*or* receive] an extension; **jdm** ~ **gewähren** to grant sb an extension ❷ ÖSTERR (*geh: Verlängerung*) extended run; ***er bat um eine ~ für die Abgabe seiner Doktorarbeit*** he asked for an extension to the deadline for handing in his doctorate thesis

Prolongationswechsel *m* ÖKON continuation [*or* renewal] bill

prolongieren* [prolɔŋ'giːrən] *vt* FIN to extend, to prolong; ■ **[jdm] etw** ~ to extend sth to sb; **[jdm] den Kredit** ~ to extend sb's credit; **[jdm] den Wechsel** ~ to extend sb's allowance

Promenade <-, -n> *f* promenade

Promenadendeck *nt* promenade [deck] **Promenadenmischung** *f* (*hum fam*) mongrel, crossbreed, mutt AM

Promethium *nt kein pl* promethium

Promi <-s, -s> *m* (*sl*) *kurz für* **Prominente(r)** VIP

Promille <-[s], -> *nt* ❶ (*Tausendstel*) per mill[e]; **nach** ~ in per mill[e] ❷ *pl* (*fam: Alkoholpegel*) alcohol level; ***0,5*** ~ 50 millilitres alcohol level; **ohne** ~ **fahren** to be sober when driving

Promillegrenze *f* legal [alcohol] limit

prominent *adj* prominent; **eine ~e Persönlichkeit** a prominent figure; ■ ~ **sein** to be a prominent figure

Prominente(r) *f(m) dekl wie adj* prominent figure, VIP; (*Politiker*) star politician

Prominenz <-, -en> *f* ❶ *kein pl* (*Gesamtheit der Prominenten*) prominent figures *pl;* **die** ~ **aus Film und Fernsehen** the stars of film and TV ❷ (*geh: das Prominentsein*) fame; ***seine ~ schützt ihn nicht vor einer Verurteilung*** his fame does not protect him from being convicted ❸ *pl* (*Persönlichkeiten*) prominent figures; **sich mit** ~ **umgeben** to mix with the stars

promisk *adj* promiscuous

Promiskuität <-> *f kein pl* (*geh*) promiscuity, promiscuousness

promoten* [prə'moʊtən] *vt* ÖKON ■ **etw/jdn** ~ to promote sth/sb

Promotion[1] <-, -en> *f* ❶ (*Verleihung des Doktorgrads*) doctorate, PhD ❷ SCHWEIZ (*Versetzung*) *moving up* [*into the next class*] ❸ ÖSTERR (*offizielle Feier mit Verleihung der Doktorwürde*) *ceremony at which one receives one's doctorate*

Promotion[2] <-> *f* promotion; ■ **für etw** ~ **machen** to do a promotion for sth

promovieren* ['viː] **I.** *vt* ■ **jdn** ~ ❶ (*den Doktortitel verleihen*) to award sb a doctorate [*or* a PhD], to confer a doctorate [*or* a PhD] on sb; ■ **[zu etw] promoviert werden** to be awarded a doctorate [*or* PhD] [in sth] ❷ (*veraltend geh: fördern*) to support **II.** *vi* ❶ (*eine Dissertation schreiben*) ■ **über etw/jdn** ~ to do a doctorate [*or* doctor's degree] [*or* PhD] in sth/the works of sb ❷ (*den Doktorgrad erwerben*) ■ **[zu/in etw]** ~ to obtain [*or* get] [*or form* attain] a doctorate [*or* PhD] [in sth]; **zum Dr. rer. hort.** ~ to obtain [*or* get] [*or form* attain] a [*or* the title of] Dr rer. hort.; ■ **bei jdm** ~ to obtain [*or* get] [*or form* attain] a doctorate [*or* PhD] under sb

prompt *adj* ❶ (*unverzüglich, sofort*) prompt; **eine ~e Antwort** a prompt [*or* an immediate] answer; ~ **antworten** to answer promptly [*or* like a shot] ❷ (*meist iron fam: erwartungsgemäß*) of course; ***er ist ~ auf den Trick hereingefallen*** naturally he fell for the trick; ***als ich eine Zigarette angezündet hatte, kam ~ der Bus*** just when I had lit my cigarette the bus arrived

Promptheit <-> *f kein pl* promptness, promptitude *form; Antwort a.* readiness

Pronomen <-s, – *o* Pronomina> *nt* pronoun

pronominal *adj* pronominal

Propaganda <-> *f kein pl* ❶ (*manipulierende Verbreitung von Ideen*) propaganda *a. pej;* **kommunistische** ~ communist propaganda; **mit etw** ~ **machen** to make propaganda out of sth *a. pej* ❷ (*Werbung*) publicity; **mit etw** ~ **machen** to make publicity with sth, to make sth public, to spread sth around; ~ **für etw machen** to advertise sth; ***er macht ~ für sein neues Stück*** he is publicizing his new play

Propagandaapparat *m* (*pej*) propaganda machine [*or* apparatus] *a. pej* **Propagandafeldzug** *m* (*pej*) propaganda campaign *a. pej*

Propagandist(in) <-en, -en> *m(f)* ❶ (*pej: jmd, der Propaganda betreibt*) propagandist *a. pej* ❷ (*Werbefachmann*) demonstrator

propagandistisch *adj* ❶ (*die Propaganda 1 betreffend*) propagandist[ic] *a. pej;* **~e Reden schwingen** (*fam*) to make propagandist speeches; **etw** ~ **ausnutzen/verwerten** to use sth as propaganda *a. pej* ❷ ÖKON (*Werbung betreffend*) ***wir wollen das neue Produkt ~ in das Bewusstsein der Menschen bringen*** using demonstrations we want to make people aware of the new product

propagieren* *vt* (*geh*) ■ **etw** ~ to propagate sth; ***die meisten Politiker ~ eine gemeinsame Währung*** most politicians are supporting a single currency

Propan <-s> *nt kein pl* propane

Propangas *nt kein pl* propane [gas]

Propeller <-s, -> *m* ❶ (*Luftschraube*) propeller, prop *fam,* airscrew *form* ❷ (*Schiffsschraube*) screw, propeller
Propellerflugzeug *nt* propeller-driven [*or form* airscrew-driven] plane
proper *adj* (*fam*) trim, neat; **ein ~er junger Mann** a dapper *dated* [*or* neat] young man; **ein ~es Zimmer** a [neat and] tidy room; ***er hat die Arbeit ~ gemacht*** he has worked neatly
Prophage *m* BIOL prophage, temperate phage
Prophet(in) <-en, -en> *m(f)* prophet *masc,* prophetess *fem;* ***ich bin [doch] kein ~!*** (*fam*) I can't tell the future!; ***man muss kein ~ sein, um das vorauszusehen*** (*fam*) you don't have to be a mind reader to predict that ▶ WENDUNGEN: **wenn der Berg nicht zum ~en kommt, muss der ~ wohl zum Berg[e] kommen** if the mountain won't come to Muhammad the Muhammad must go to the mountain; **der ~ gilt nichts in seinem Vaterland** (*prov*) a prophet is without honour in his own country *prov*
prophetisch *adj* (*geh*) prophetic; **~es Wissen besitzen** to be prophetic about sth; **~ gemeint sein** to be meant as a prophecy; **sich ~ äußern** to make prophecies/a prophecy
prophezeien* *vt* ■**etw ~** to prophesy sth; ***die Experten ~ einen heißen Sommer*** the experts predict a hot summer; **jdm ein langes Leben ~** to prophesy that sb will enjoy a long life; ■**jdm ~, dass er/sie etw tut** to predict [*or form* presage] that sb will do sth
Prophezeiung <-, -en> *f* prophecy
Prophylaktikum <-s, -laktika> *nt* MED prophylactic (**gegen** against)
prophylaktisch *adj* ❶ MED prophylactic; **ein ~es Medikament** a prophylactic [medicine]; **etw ~ anwenden/einnehmen** to apply/take sth as a prophylactic measure ❷ (*geh: zur Sicherheit*) preventative, preventive; **~e Maßnahmen** preventative [*or* preventive] measures; **etw ~ machen/vornehmen** to do sth as a preventive [*or form* prophylactic] measure
Prophylaxe <-, -n> *f* MED prophylaxis *spec;* **ein Medikament zur ~ [gegen etw] nehmen** to take medicine as a prophylactic measure [against sth]
Proportion <-, -en> *f* (*geh*) proportion; ***sie hat beachtliche ~en*** (*hum*) she is pretty curvaceous *fam*
proportional *adj* (*geh*) proportional, proportionate, in proportion (**zu** to); ***die Heizkosten steigen ~ zur Größe der Wohnung*** the heating costs increase in proportion to the size of the flat; **umgekehrt ~** in inverse proportion
Proportionalschrift *f* proportional spacing
Proporz <-es, -e> *m* ❶ POL proportional representation *no art;* **konfessioneller ~** *proportional representation based on denominations;* **Ämter im [*o* nach dem] [*o* vergeben] ~ besetzen** to fill/award posts on the basis of proportional representation ❷ ÖSTERR, SCHWEIZ (*Verhältniswahl*) proportional representation
proppe(n)voll *adj* (*fam*) jam-packed *fam,* full to bursting *pred;* ■**~ sein** to be jam-packed *fam* [*or* full to bursting]
Propst, Pröpstin <-[e]s, Pröpste> *m, f* provost
Prosa <-> *f kein pl* prose
prosaisch *adj* ❶ (*meist fig geh: nüchtern*) matter-of-fact, prosaic *form;* (*langweilig*) dull; **ein ~er Mensch** a matter-of-fact [*or* dull] person ❷ (*aus Prosa bestehend*) prose *attr,* in prose *pred;* **die ~e Zusammenfassung eines Gedichtes** a prose summary of a poem
Proselytenmacherei <-> *f kein pl* REL, SOZIOL, POL (*pej geh*) proselytizing [*or* BRIT *a.* -ising] *pej form*
Proseminar *nt* introductory seminar (*for first- and second-year students*)
prosit *interj* (*fam*) *s.* **prost**
Prosit <-s, -s> *nt* (*fam*) toast; **ein ~ auf jdn ausbringen** to toast [*or* drink to] sb, to drink to sb's health; **ein ~ der Gemütlichkeit** here's to a great evening; **~ Neujahr!** Happy New Year
Prospekt <-[e]s, -e> *m* ❶ (*Werbebroschüre*) brochure, pamphlet; (*Werbezettel*) leaflet ❷ THEAT backdrop, backcloth ❸ ÖKON prospectus
Prospektmaterial *nt* MEDIA brochure *usu pl,* pamphlet *usu pl,* literature *no pl;* ***bitte schicken Sie mir ~ zu ihren Produkten*** could you please send me some brochures [*or* pamphlets] [*or* literature] on your products
prost *interj* cheers; [***na***] ***dann*** [***mal***] ***~!*** (*iron*) [well] cheers to that, I say! *iron;* [***na dann***] ***~ Mahlzeit!*** (*iron fam*) we are going to have our work cut out!
Prostata <-, Prostatae> *f* prostate gland, prostata *spec*
Prostatakrebs <-es> *m kein pl* MED cancer [*or* no pl] of the prostate
prosten *vi* ❶ (*prost rufen*) to say cheers ❷ (*ein Prost ausbringen*) ■**auf jdn/etw ~** to toast [*or* drink to] sb/sth
prostituieren* *vr* ■**sich ~** to prostitute oneself
Prostituierte(r) *f(m) dekl wie adj* (*form*) prostitute
Prostitution <-> *f kein pl* (*form*) prostitution
Protactinium <-s> *nt kein pl* protactinium
Protagonist(in) <-en, -en> *m(f)* (*geh*) ❶ (*zentrale Gestalt*) protagonist; **der ~ eines Stückes** the protagonist of a play ❷ (*Vorkämpfer*) champion, protagonist; **ein ~ im Kampf gegen die Sklaverei** a champion in the fight against slavery
Protegé <-s, -s> [prote'ʒeː] *m* (*geh*) protégé
protegieren* [prote'ʒiːrən] *vt* (*geh*) ■**jdn ~** to promote [*or* further] sb; **einen Künstler ~** to patronize an artist; ***sie wird vom Chef protegiert*** she's the boss's protégé
Protein <-s, -e> *nt* protein
Proteinbiosynthese *f* BIOL protein synthesis
Protektion <-, -en> *f* (*geh*) patronage; **jds ~ genießen** to enjoy sb's patronage
Protektionismus <-> *m kein pl* protectionism
Protektorat <-[e]s, -e> *nt* ❶ (*Schutzherrschaft über einen Staat*) protectorate; (*Staat unter Schutzherrschaft*) protectorate ❷ (*geh: Schirmherrschaft*) patronage; **unter jds ~/dem ~ von jdm** under sb's patronage [*or* the patronage [*or* auspices] of sb]
Protest <-[e]s, -e> *m* ❶ (*Missfallensbekundung*) protest; ■**jds ~ gegen etw** sb's protest against sth; **aus ~** in [*or* as a] protest; **unter ~** under protest; **unter lautem ~** protesting loudly; **stummer ~** silent protest; **~ einlegen** [*o* **erheben**] to protest, to make a protest ❷ ÖKON to protest; **einen Wechsel zu ~ gehen lassen** to protest a bill; **den ~ auf den Wechsel setzen** to protest a bill
Protestaktion *f* protest [activities *pl*]
Protestant(in) <-en, -en> *m(f)* Protestant
protestantisch *adj* Protestant; **die ~en Kirchen** the Protestant churches; **~ beerdigt werden** to be given a Protestant funeral; **~ denken** to think along Protestant lines; **[streng] ~ erziehen** to have a [strict] Protestant upbringing; **~ heiraten** to marry in a Protestant church
Protestantismus <-> *m kein pl* ■**der ~** Protestantism
Protestbewegung *f* protest movement
protestieren* *vi* ■**[gegen etw] ~** to protest [*or* make a protest] [against [*or* about] sth]; ■**dagegen ~, dass jd/etw etw tut** to protest against [*or* about] sb['s]/sth['s] doing sth; ***er protestierte lautstark gegen seine Verurteilung*** he protested loudly against his conviction

Protestkundgebung *f* [protest] rally **Protestmarsch** *m* protest march **Protestnote** *f* letter [*or* note] of protest **Protestversammlung** *f* SOZIOL, POL protest meeting **Protestwähler(in)** *m(f)* protest voter

Prothese <-, -n> *f* artificial limb, prosthesis *spec;* (*Gebiss*) false teeth *pl*, dentures *npl*, set of dentures *form*, prosthesis *spec;* ***die ~ herausnehmen/reinigen*** to take out/clean one's dentures [*or* false teeth]

Protokoll <-s, -e> *nt* ❶ (*Niederschrift*) record[s *pl*]; (*bei Gericht a.*) transcript; (*von Sitzung*) minutes *npl;* **ein ~ anfertigen** to prepare a transcript [*or* the minutes] [*or* a report]; [**das**] **~ führen** (*bei einer Prüfung*) to write a report; (*bei Gericht*) to keep a record [*or* make a transcript] of the proceedings; (*bei einer Sitzung*) to take [*or* keep] the minutes; **etw** [**bei jdm**] **zu ~ geben** to have sb put sth on record, to have sth put on record; (*bei der Polizei*) to make a statement [in sb's presence], to have sb make a report of sth, to have a report made of sth; **zu ~ gegeben werden** to be put on record; **etw zu ~ nehmen** to put sth on record; (*von einem Polizisten*) to take down [a statement]; (*bei Gericht*) to enter [an objection/statement] on record *sep* ❷ DIAL (*Strafmandat*) ticket ❸ *kein pl* (*diplomatisches Zeremoniell*) ■ **das ~** the protocol; **gegen das ~ verstoßen** to break with protocol

Protokollant(in) <-en, -en> *m(f)* (*form*) *s.* **Protokollführer**

protokollarisch *adj* ❶ (*im Protokoll fixiert*) recorded, on record *pred;* (*von Sitzung*) minuted, entered in the minutes *pred;* **~e Aufzeichnungen** recordings; **eine ~e Aussage** a statement taken down in evidence; **etw ~ festhalten** to take sth down in the minutes, to enter sth on record ❷ (*dem Protokoll 3 entsprechend*) ceremonial, according to protocol

Protokollführer(in) *m(f)* secretary; (*bei Gericht*) clerk [of the court]

protokollieren* I. *vt* ■ **etw ~** to record sth; *Polizist* to take down sth *sep;* (*bei einer Sitzung*) to enter [*or* record] sth in the minutes, to minute sth II. *vi* to keep the record[s]/the minutes

Proton <-s, Protonen> *nt* proton

Protoplasma *nt kein pl* protoplasm

Prototyp *m* ❶ (*erstes Modell*) prototype ❷ (*geh: Inbegriff*) archetype; **der ~ einer Karrierefrau** the archetype of a [*or* an] archetyp[ic]al] career woman ❸ (*Urform*) prototype; **der ~ des christlichen Sakralbaus** the prototype of the sacred christian building

Protz <-es *o* -en, -e[n]> *m* (*fam*) ❶ (*jmd, der protzt*) show-off, poser *fam* ❷ *kein pl* (*Protzerei*) pomp, swank *fam*

protzen *vi* (*fam*) ■ [**mit etw**] **~** to show [sth] off, to flaunt sth *a. pej;* ***sie protzte mit ihrem Reichtum*** she flaunted her riches

Protzerei <-, -en> *f* (*fam*) ❶ *kein pl* (*ständiges Protzen*) showing off ❷ (*protzige Äußerung, Handlung*) pretentious [*or fam* posey] remark/action

protzig *adj* (*fam*) swanky *fam*, showy *fam*, posey *fam;* **ein ~es Auto** a fancy car; **sich ~ mit Schmuck behängen** to drip with fancy jewellery *pej fam;* **etw ~ zur Schau tragen** to flaunt sth

Provenienz <-, -en> [ve] *f* (*geh*) origin, provenance *form*

Proviant <-s, *selten* -e> [-vi-] *m* provisions; MIL supplies; **~ für eine Reise mitnehmen** to take some food on a journey

Provinz <-, -en> [-'vɪnts] *f* ❶ (*Verwaltungsgebiet*) province ❷ *kein pl* (*kulturell rückständige Gegend*) provinces *pl a. pej;* **in der ~ leben** to live [out] in the sticks *fam;* **die hinterste** [*o* **finsterste**] **~** the backwater[s *pl*] [*or pej fam* sticks] *npl;* ***das ist doch hinterste ~!*** (*fam*) that's really going back to the Stone Age!

Provinzfürst *m* (*fig*) lord of the manor *fam*

provinziell [-vɪn-] *adj* provincial *a. pej*, backwater *attr pej;* **~e Ansichten** parochial views; ***in München galt er als ~er Außenseiter*** in Munich he was regarded as a country bumpkin

Provinzstadt *f* provincial town, one-horse [*or* hick] town *pej* AM *fam* **Provinztheater** *nt* provincial theatre

Provision <-, -en> [vi] *f* commission; **auf** [*o* **gegen**] **~ arbeiten** [*o* **tätig sein**] to work [*or* be employed] on a commission basis

Provisionsbasis [-vi-] *f* commission basis; **auf ~** on a commission basis

provisorisch [-vi-] I. *adj* (*vorläufig*) provisional, temporary; **eine ~e Regierung** a provisional [*or* caretaker] government; (*notdürftig*) makeshift, temporary; **eine ~e Unterkunft** temporary accommodation II. *adv* temporarily, for the time being; ***das können wir ~ so lassen*** we can leave it like that for the time being; **etw ~ herrichten** to make makeshift repairs

Provisorium <-s, -rien> [vi, riən] *nt* (*geh*) provisional [*or* temporary] arrangement [*or* solution]

Provitamin *nt* BIOL provitamin

provokant [-vo-] *adj* (*geh*) provocative; **eine ~e Äußerung** a provocative remark; **etw bewusst ~ formulieren** to word sth as a deliberate provocation

Provokateur(in) <-s, -e> [provoka'tøːɐ] *m(f)* (*geh*) [agent] provocateur

Provokation <-, -en> [vo] *f* (*geh*) provocation

provokativ [vo] *adj* (*geh*) *s.* **provokant**

provozieren* [-vo-] I. *vt* ❶ (*herausfordern*) ■ **jdn** [**zu etw**] **~** to provoke sb [into [doing] sth]; ***ich lasse mich von ihm nicht ~*** I won't be provoked by him, I won't let him provoke me ❷ (*bewirken*) ■ **etw ~** to provoke sth; **einen Streit ~** to cause an argument; ***durch deine kritischen Fragen hast du eine Diskussion provoziert*** your critical questions have sparked off a debate II. *vi* to provoke; ***er möchte mit seinem Äußeren nur ~*** he just wants to get a reaction with his appearance

provozierend [-vo-] *adj* (*geh*) *s.* **provokant**

Prozedur <-, -en> *f* (*geh*) procedure; **eine furchtbare ~** an ordeal; **eine langwierige ~** a lengthy business

Prozent <-[e]s, -e> *nt* ❶ (*Hundertstel*) percent *no pl*, per cent *no pl* ❷ (*Alkoholgehalt*) alcohol content; ***wie viel ~ hat dieser Whisky?*** how much alcohol does this whisk[e]y have [*or* contain]? ❸ *pl* (*Rabatt*) discount, rebate; [**bei jdm**]/[**auf etw** *akk*] **~e bekommen** (*fam*) to get [*or* receive] a discount [*or* rebate] [from sb]/[on sth]; [**jdm**] [**auf etw** *akk*] **~e geben** (*fam*) to give sb a discount [*or* rebate] [on sth]

Prozentpunkt *m* percentage, point **Prozentrechnung** *f* percentage calculation **Prozentsatz** *m* percentage

prozentual *adj* (*geh*) percentage *attr;* **~er Anteil/~e Beteiligung** percentage (**an** +*dat* of); **etw ~ ausdrücken** to express sth as a percentage [*or* in per[cent]]; **am Gewinn/Geschäft ~ beteiligt sein** to receive a percentage of the profit/percentage [share] in the business; ***unsere Partei hat ~ die meisten Stimmen dazugewonnen*** in terms of the percentage our party has gained the most votes

Prozess[RR] <-es, -e> *m*, **Prozeß** <-sses, -sse> *m* ❶ (*Gerichtsverfahren*) [court] case, [law]suit; (*Strafverfahren*) trial; **einen ~** [**gegen jdn**] **führen** to take sb to court, to bring [*or form* conduct] [*or* AM file] a [law]suit [against sb]; **jdm den ~ machen** to take sb to court; [**mit jdm/etw**] **kurzen ~ machen** (*fig fam*) to make short work of sb/sth [*or* short shrift of sth] ❷ (*geh: Vorgang*) process; **ein chemischer ~** a

chemical process
ProzessakteRR *f* case file[s *pl*] [*or* record[s *pl*]] **Prozessbevollmächtigte(r)RR** *m* counsel, attorney of record AM **ProzessgegnerRR** *m* adversary, opposing party **ProzesshandlungRR** *f* step in the proceedings
prozessieren* *vi* ▪ [gegen jdn] ~ to go to law [*or* to litigate] [with sb]; ▪ mit jdm ~ to bring a lawsuit against sb
Prozession <-, -en> *f* procession
ProzesskostenRR *pl* court [*or* legal] costs **ProzesskostenhilfeRR** *f* legal aid
Prozessor <-s, -soren> *m* processor
ProzessordnungRR *f* legal procedure, code [*or pl* rules] of procedure **ProzessvollmachtRR** *f* JUR ❶ *kein pl* (*Vollmacht*) power of attorney ❷ (*Formular*) letter of attorney
prüde *adj* (*oft pej*) prudish, straitlaced *pej;* **eine ~e Frau** a prudish woman; **ein ~s Zeitalter** a prudish age
Prüderie <-> *f kein pl* prudishness, prudery
prüfen I. *vt* ❶ (*examinieren*) ▪ **jdn** [**in etw** *dat*] ~ to examine sb [in sth]; **ein geprüfter Arzthelfer** a qualified doctor's assistant; **jdn im Hauptfach/Nebenfach** ~ to examine sb on his main/minor subject ❷ (*überprüfen, untersuchen*) ▪ **etw** [**auf etw** *akk*] ~ to check sth [for sth], to examine sth [for sth]; **ein Angebot** ~ to check [out] an offer; **die Funktionstüchtigkeit** ~ to check that sth works; **jds Gesundheitszustand** ~ to give sb a checkup; **ein Material** ~ to test a material; *s. a.* **ewig** ❸ (*testen*) ▪ **etw** ~ to test sth; **Essen/Wein** ~ to taste [*or* sample] food/wine; ▪ **~, ob/wie ...** to check whether/how ...; ***könntest du bitte ~, ob das Wasser warm genug ist*** could you please check whether the water is warm enough; ▪ **jdn** ~ to scrutinize sb; **jdn** [**durchdringend**] **mit den Augen** ~ to scrutinize sb carefully [*or* closely]; **jdn mit prüfenden Blicken ansehen** to scrutinize sb ❹ (*auf Richtigkeit/Echtheit kontrollieren*) ▪ **etw** [**auf etw** *akk*] ~ to study sth, to examine [sth of] sth; **die Angaben auf Korrektheit** *akk* ~ to examine the correctness of the details; **die Pässe** ~ to examine the passports; **eine Urkunde** ~ to verify a certificate ❺ (*geh: übel mitnehmen*) **jdn** [**hart/schwer**] ~ to [sorely] try [*or* afflict] sb; **eine leidvoll geprüfte Mutter** a sorely tried [*or* afflicted] mother ▸ WENDUNGEN: **drum prüfe, wer sich ewig bindet ...** (*prov*) marry in haste, repent at leisure *prov* **II.** *vi* SCH ▪ [**in einem Fach**] ~ *dat* to examine pupils/students [in a subject]; [**in etw** *dat*] **streng** ~ to set a hard examination [in sth], to be a hard examiner [in sth]; ***prüft dieser Professor in Biologie?*** is this professor an examiner for Biology? **III.** *vr* (*geh*) ▪ **sich** ~ to examine oneself, to search one's conscience [*or liter* heart]; ▪ **du musst dich ~, ob ...** you must decide [*or liter* enquire of yourself] whether ...; ***ich muss mich ~, ob ich das durchstehen kann*** I must decide whether I can get through that
Prüfer(in) <-s, -> *m(f)* ❶ (*Examinator*) examiner ❷ (*Prüfingenieur*) inspector ❸ (*Betriebsprüfer*) auditor
Prüfgerät *nt* testing apparatus [*or* instrument]
Prüfling <-s, -e> *m* [examination] candidate, examinee *form*
Prüfstand *m* test stand [*or* bed]; **auf dem ~ sein** [*o* **stehen**] to be in the process of being tested; (*fig*) to be under the microscope **Prüfstein** *m* (*geh*) touchstone; **ein ~ [für etw] sein** to be a touchstone for [*or* of] sth; ***die Aufgabe ist ein ~ für seine Belastbarkeit*** the task is a measure of his resilience **Prüfstempel** *m* ADMIN, ÖKON stamp of certification
Prüfung <-, -en> *f* ❶ (*Examen*) exam[ination]; (*für den Führerschein*) test; **schriftliche/mündliche ~ [in etw** *dat*] written/oral exam[ination] [*or* viva voce] [in sth]; **eine ~ [nicht] bestehen** to [not] pass [an exam[ination]]; **durch eine ~ fallen** to fail [an exam[ination]], to flunk an exam[ination] AM *fam;* **jdn durch eine ~ fallen lassen** to fail sb [in an exam[ination]]; **in eine ~ gehen** to go and take an exam[ination]; **eine ~ [in etw** *dat*] **machen, eine ~ [in etw** *akk*] **ablegen** to take an exam[ination] [in sth] ❷ (*Überprüfung*) checking; (*Untersuchung a.*) examination; *Wasserqualität* test; **etw einer gründlichen ~ unterziehen** to give sth a thorough check [*or* going-over]; **etw hält einer ~ stand** sth stands up to [the rigours of] a test; **nach nochmaliger ~** after repeated tests [*or* checks] ❸ (*geh: Heimsuchung*) trial, ordeal; ▪ **~en** trials [and tribulations]
Prüfungsanforderung *f* examination requirement **Prüfungsangst** *f* exam nerves *npl* **Prüfungsarbeit** *f* examination, exam[ination] paper **Prüfungsaufgabe** *f* exam[ination] question, question in an [*or* the] exam[ination] **Prüfungsergebnis** *nt* exam[ination] results *pl* **Prüfungsfach** *nt* exam[ination] subject **Prüfungsfrage** *f* exam[ination] question **Prüfungsgebühr** *f* examination fee **Prüfungskommission** *f* board of examiners, examining board [*or* body] **Prüfungsordnung** *f* exam[ination] regulations **Prüfungstermin** *m* date of an/the exam[ination] **Prüfungsunterlagen** *pl documents required on entering for an examination*
Prügel¹ *pl* beating *no pl,* thrashing *no pl;* **jdm eine Tracht ~ verabreichen** to give sb a [good] hiding; **~ austeilen** to hand out a beating [*or* thrashing]; [**von jdm**] **~ bekommen** [*o* **beziehen**] to get a beating [*or* thrashing] [from sb]; **~ einstecken müssen** to have to endure [*or* put up with] a beating
Prügel² <-s, -> *m* DIAL cudgel, club, bludgeon *form*
Prügelei <-, -en> *f* (*fam*) fight, punch-up *fam;* **eine wilde ~** a brawl
Prügelknabe *m* whipping boy, scapegoat; **den ~n für etw/jdn abgeben** [*o* **spielen**] (*fig*) to be the scapegoat for sth/sb
prügeln I. *vt* ▪ **jdn** ~ to thrash [*or* beat] sb; **jdn windelweich** ~ (*fam*) to beat the living daylights out of sb *fam* **II.** *vi* to beat [*or* hit]; SCH to use corporal punishment; **~de Ehemänner** abusive [*or* wife-beating] husbands **III.** *vr* ▪ **sich** ~ to fight; ▪ **sich [mit jdm]** ~ to fight [sb], to have a fight [with sb]; ▪ **sich [mit jdm] um etw** ~ to fight [sb] [*or* have a fight [with sb]] over sth; ***sie ~ sich wegen jeder Kleinigkeit*** they fight over everything; ***sollen wir uns um die letzte Praline ~?*** (*hum fam*) shall we fight for the last sweet?
Prügelstrafe *f* ▪ **die** ~ corporal punishment; (*in Schulen a.*) the cane, the birch
Prunk <-s> *m kein pl* magnificence, splendour [*or* AM -or]; *Saal a.* sumptuousness
Prunkbau <-s, -bauten> *m* magnificent [*or* splendid] edifice; ***neoklassische ~ten*** magnificent [*or* splendid] examples of Neoclassical architecture; **einen ~ errichten** to build a magnificent building
Prunkbohne *f* scarlet runner bean
prunken *vi* (*geh*) ❶ (*prächtig erscheinen*) to be resplendent; **ein prunkender Blumenschmuck** a magnificent floral decoration; ***auf seinem Haupt prunkte eine mit Juwelen besetzte Krone*** on his head a jewel-encrusted crown gleamed resplendently ❷ (*prahlen*) ▪ **mit etw** ~ to make a great show of sth, to flaunt sth *a. pej;* ***er prunkte mit seinen sportlichen Leistungen*** he made a great show of his sporting prowess
Prunkgemach *nt* state room [*or* apartment] **Prunkgewand** *nt* magnificent [*or* splendid] vestment **Prunksaal** *m* state room **Prunkstück** *nt* show-

P

piece; **das ~ der Ausstellung** the focal point of the exhibition **Prunksucht** *f kein pl (pej)* love of splendour [*or* grandeur] **prunksüchtig** *adj (pej)* with a love of grandeur [*or* splendour] *pred;* ■ **~ sein** to have a love of grandeur [*or* splendour] **Prunkvilla** *f* magnificent [*or* splendid] villa **prunkvoll** *adj* splendid, magnificent; **~e Kleidung** magnificent clothing; ***die Luxusvilla war ~ ausgestattet*** the luxury villa was fit for a king

prusten *vi (fam)* to snort; *(beim Trinken)* to splutter; **vor Lachen ~** to snort with laughter

PS <-, -> *nt* ❶ *Abk von* **Pferdestärke** hp ❷ *Abk von* **Postskript(um)** PS

Psalm <-s, -en> *m* psalm

pseudodemokratisch *adj* pseudo-democratic **pseudointellektuell** *adj* pseudo-intellectual

Pseudokrupp <-s> *m* MED pseudo[-]croup

Pseudonym <-s, -e> *nt* pseudonym, nom de guerre *liter; von Autor a.* nom de plume, pen name; **unter einem ~ schreiben** to write using a pen name

pseudoreligiös *adj* pseudo-religious

pst [pst] *interj* pst

Psyche <-, -n> *f* psyche

psychedelisch *adj* psychedelic, mind-expanding; **eine ~e Droge** a psychedelic [drug]; **~e Musik** psychedelic music; **eine ~e Erfahrung machen** to have a psychedelic experience

Psychiater(in) <-s, -> *m(f)* psychiatrist, shrink *fam*

Psychiatrie <-, -n> ['tri:ən] *f* ❶ *kein pl (medizinisches Fachgebiet)* psychiatry *no art* ❷ *(fam: psychiatrische Abteilung)* psychiatric ward; **jdn in die ~ einweisen** to have sb admitted to a psychiatric ward

psychiatrisch *adj* psychiatric; **eine ~e Behandlung/Untersuchung** psychiatric treatment/ examination; **sich ~ behandeln/untersuchen lassen** to see a psychiatrist, to undergo psychiatric treatment/a psychiatric examination

psychisch ['psy:çɪʃ] *adj* ❶ *(seelisch)* emotional, psychological; **eine ~e Belastung** psychological strain; **eine ~e Ursache haben** to be psychological, to have a psychological cause; **unter großem ~en Druck stehen** to be under a great deal of emotional [*or* psychological] pressure; **~ bedingt/verursacht sein** to be psychological, to have psychological causes/a psychological cause; **jdn ~ belasten** to put sb under psychological pressure ❷ *(geistig)* mental; **~ gesund sein** to have all one's [mental] faculties [about one]

Psychoanalyse [psy:ço] *f* psychoanalysis *no art* **Psychoanalytiker(in)** *m(f)* psychoanalyst **psychoanalytisch** *adj* psychoanalytic[al] **Psychodrama** *nt* ❶ LIT psychological drama ❷ PSYCH psychodrama **Psychoeffekt** *m* psychological effect **Psychogramm** <-gramme> *nt* psychograph, [psychic] profile; **ein ~ von jdm erstellen** to create a psychic profile of sb **Psychokrieg** *m* psychological warfare **Psycholinguistik** *f kein pl* LING, PSYCH, SCH psycholinguistics + *sing vb*

Psychologe, -login <-n -n> [psy:ço] *m, f* ❶ *(Spezialist der Psychologie)* psychologist, shrink *fam* ❷ *(Mensch mit Einfühlungsvermögen)* psychologist

Psychologie <-> [psy:ço] *f kein pl* psychology

Psychologin <-, -nen> *f fem form von* **Psychologe**

psychologisch [psy:ço] *adj* psychological; **ein ~es Gutachten** a psychological evaluation; **ein ~er Roman** a psychological novel; **~ falsch/richtig sein** to be right/wrong psychologically; **~ geschult werden/sein** to be trained in psychology; **~ erfahrene Mitarbeiter** staff experienced in psychology; ***das war ein ~ sehr geschickter Schachzug*** that was a clever psychological move; ***das war sehr ~ von dir*** *(fam)* that was a good psychological move on your part; *s. a.* **Kriegsführung**

Psychopath(in) <-en, -en> [psy:ço] *m(f)* psychopath

Psychopharmakon <-s, -pharmaka> [psy:ço] *nt meist pl (fachspr)* psychopharmaceutical [agent] *spec*

Psychose <-, -n> [psy:'ço:zə] *f (fachspr)* psychosis

Psychosekte *f (pej fam)* psycho-sect

psychosomatisch [psy:ço-] **I.** *adj* psychosomatic; **ein ~es Leiden** an illness of a psychosomatic nature; **~e Störungen** psychosomatic problems **II.** *adv* psychosomatically; **~ bedingt/verursacht sein** to be psychosomatic, to have psychosomatic causes/a psychosomatic cause

psychosozial *adj* PSYCH *Ursache, Betreuung, Faktoren* psychosocial

Psychoterror ['psy:ço] *m (fam)* psychological terror

Psychotest *m* psychological test **Psychotherapeut(in)** *m(f)* PSYCH, MED psychotherapist **Psychotherapie** *f* psychotherapy **Psychothriller** *m* psychological thriller

PTT ['pe:te:te:] *pl* SCHWEIZ *Abk von* **Post-, Telefon- und Telegrafenbetriebe:** ■**die ~** the P.T.T. *(Swiss postal, telephone, and telegram services)*

pubertär *adj* adolescent, of puberty *pred;* **~e Störungen** pubescent problems; **~es Verhalten** *(a. pej)* adolescent behaviour; **~ bedingt/verursacht** caused by adolescence [*or* puberty]

Pubertät <-> *f kein pl* puberty *no art;* **in der ~ sein/sich in der ~ befinden** to be in one's puberty [*or* adolescence]

Pubertätsakne *f* acne *(during one's adolescence/puberty)* **Pubertätszeit** *f s.* **Pubertät**

pubertieren* *vi (geh)* to reach puberty; **~de Jugendliche** adolescents

Publicity <-> [pa'blɪsiti] *f kein pl* publicity

publicityscheu [pa'blɪsiti] *adj* publicity-shy *attr;* ■**~ sein** to shun publicity

Publicrelations ['pʌblɪkrɪleɪʃənz] *pl* ÖKON, POL public relations + *sing vb,* PR + *sing vb*

publik *adj pred* public, generally known; ■**~ sein/werden** to be/become public knowledge [*or* generally known]; ***wenn ~ wird, dass er Alkoholiker ist, kann er seine Karriere vergessen*** when it becomes known that he's an alcoholic, he can wave goodbye to his career; ■**etw ~ werden lassen** to let sth become generally known, to publicize sth; ■**~ werden lassen, was/dass ...** to let it be known what/that ..., to publicize what/the fact that ...; **etw ~ machen** to make sth public, to publicize sth

Publikation <-, -en> *f* ❶ *(veröffentlichtes Werk)* publication ❷ *kein pl (das Veröffentlichen)* publication; ***meine Forschungsergebnisse sind zur ~ bereit*** the results of my research are ready for publication

Publikum <-s> *nt kein pl* ❶ *(anwesende Besucher)* audience; *(im Theater a.)* house; *(beim Sport)* crowd; **sehr verehrtes ~** Ladies and Gentlemen; **vor versammeltem ~** in front of the whole audience; *(Zuhörerschaft)* audience; **ein kritisches ~** a critical audience ❷ *(geh: Lesergemeinde)* reading public, readers *pl;* ***er erreicht mit seinen Büchern immer ein großes ~*** he always reaches a large number of readers with his books ❸ *(ausgewählte Gäste)* clientele; ***hier verkehrt nur ein ganz exklusives ~*** there is a very exclusive clientele here; ***das ~ in unserem Restaurant ist sehr gemischt*** we have a very mixed clientele visiting our restaurant

Publikumserfolg *m* hit; *(Film)* box office hit; **~ haben** to be successful; ***seinen größten ~ hatte er in der Jugend*** he had his greatest success when he was young; ***der Film wird garantiert ein ~ werden*** the film will definitely be a box office hit **Publikumsgeschmack** *m* popular [*or* public] taste; **sich am ~ orientieren** to cater to popular taste; **den ~ treffen** to satisfy public taste **Publikumsinteresse** *nt* general [*or* public] interest **Publikumsliebling** *m* MEDIA public's darling [*or* favourite] **Publikumsreaktion** *f* public reaction **Publikumsresonanz** *f* public response (**auf** *+gen* to) **Publikumsverkehr** *m kein pl* ADMIN ***das Amt ist nur morgens für den ~ geöffnet*** the office is only open to the public in the morning[s] **Publikumswirkung** *f* effect on the public

publizieren* **I.** *vt* ■**etw ~** to publish sth; ■**etw ~ lassen** to have sth published; ***ich werde den Aufsatz bald ~ lassen*** I'm going to have the essay published soon **II.** *vi* ■[**in/bei etw** *dat*] **~** to have one's work [*or* to be] published [in sth]; (*in einem Verlag*) to have one's work [*or* to be] published [by sth]

Publizist(in) <-en, -en> *m(f)* journalist, *commentator* [*on current affairs and politics*]

Publizistik <-> *f kein pl* ■[**die**] **~** the science of the media; (*als Universitätsfach*) media studies *npl*

Publizistin <-, -nen> *f fem form von* **Publizist**

publizistisch **I.** *adj* ① MEDIA in journalism *pred;* **ein ~es Institut** institute for media studies; **eine ~e Studie** a media survey ② MEDIA journalistic, in jounalism *pred;* **~e Werbung** media advertising **II.** *adv* **etw ~ ausschlachten** to spread sth over the front page; **sich ~ betätigen** to work as a journalist

publizitätsträchtig *adj* (*geh*) **~ sein** to be a big hit [with the public]

Puck <-s, -s> *m* puck

Pudding <-s, -s> *m milk based dessert similar to blancmange* ▸ WENDUNGEN: **~ in den Beinen haben** (*fam*) to be lead-footed; **auf den ~ hauen** (*fam*) to paint the town red

Puddingform *f* pudding mould **Puddingpulver** *nt blancmange powder*

Pudel <-s, -> *m* ① (*Hundeart*) poodle ② (*fam: Fehlwurf beim Kegeln*) miss; **einen ~ werfen** to miss ▸ WENDUNGEN: **wie ein begossener ~ dastehen** (*fig fam*) to look thoroughly sheepish, to stand there with one's tail between one's legs; **wie ein begossener ~ abziehen** (*fig fam*) to slink off [*or* away] with one's tail between one's legs *a. pej;* **das also ist des ~s Kern** so that's what it's all about [*or* leading to]

Pudelmütze *f* bobble cap [*or* hat], pom-pom hat **pudelnass**RR *adj* (*fam*) ■**~ sein/werden** to be/get soaking wet [*or* drenched] **pudelwohl** *adj* (*fam*) **sich ~ fühlen** to feel on top of the world [*or* like a million dollars [*or* AM bucks]]

Puder <-s, -> *m o fam nt* powder

Puderdose *f* [powder] compact

pudern **I.** *vt* ■[**jdm/sich**] **etw ~** to powder sb's/one's sth **II.** *vr* ■**sich ~** to powder oneself; ***ich möchte mich nur schnell ~*** I just want to powder my nose

Puderzucker *m* icing sugar

Puerto Rico *nt* Puerto Rico; *s. a.* **Sylt**

Puff1 <-[e]s, Püffe> *m* (*fam*) ① (*Stoß*) thump, knock; (*in die Seite*) prod, poke; **jdm einen ~ geben** to give sb a nudge; **einen ~/einige Püffe vertragen können** (*fig*) to be able to take a few knocks *fig* ② (*dumpfes Zischen*) puff, swoosh *fam*

Puff2 <-[e]s, -e *o* -s> *m* ① (*Wäschepuff*) linen basket ② (*Sitzpolster ohne Beine*) pouffe

Puff3 <-[e]s, -e> *m* (*fam*) brothel, whorehouse AM, knocking shop *sl;* **in den ~ gehen** to go to a brothel

Puffbohne *f* broad bean

puffen **I.** *vt* (*fam*) ■**jdn ~** to thump [*or* hit] sb; **jdn in die Rippen ~** to poke [*or* dig] [*or* prod] sb in the ribs; **jdn zur Seite ~** to push [*or* shove] sb aside **II.** *vi* (*fam*) to puff, to chuff BRIT; ***die Dampflok puffte, als sie zum Stillstand kam*** the steam locomotive puffed as it came to a halt **III.** *vr* (*selten fam*) ■**sich ~** to push each other; ***die Kinder pufften und schubsten sich*** the children pushed and shoved each other

Puffer <-s, -> *m* ① (EISENB) buffer, bumper AM ② INFORM *s.* **Pufferspeicher** ③ DIAL (*Reibekuchen*) potato fritter

puffern *vt* TECH ■**etw ~** to buffer sth; **Reibung ~** to reduce friction

Pufferspeicher *m* INFORM buffer memory **Pufferstaat** *m* buffer state **Pufferzone** *f* buffer zone

Puffmais *m* (*veraltend*) popcorn **Puffotter** *f* ZOOL puff adder

puh *interj* ① (*Ausruf bei Ekel*) ugh ② (*Ausruf bei Anstrengung*) phew

pulen **I.** *vt esp* NORDD (*fam*) ■**etw** [**aus etw**] **~** to pick out sth *sep,* to pick sth out of sth; **Krabben/Nüsse** [**aus den Schalen**] **~** to shell shrimps/nuts; **Erbsen** [**aus den Schoten**] **~** to shell [*or* pod] peas; ■**etw von etw ~** to pick [*or* peel] sth off sth; **ein Etikett von einer Flasche ~** to peel a label off a bottle **II.** *vi* (*fam*) ■ **an etw** *dat*] **~** to pick at sth; **an einer Narbe ~** to pick a scab; ■**in etw** *dat* **~** to stick one's finger in sth; **in der Nase ~** to pick one's nose

Pulk <-s, -s *o selten* -e> *m* ① (*Ansammlung*) crowd, throng; **ein kleiner ~ von Fahrzeugen** a small number [*or* group] of vehicles; ***ich entdeckte sie in einem ~ von Menschen*** I found her in a crowd of people; SPORT (*Hauptfeld*) pack, bunch ② MIL group; *von Kampfflugzeugen* flight

Pulle <-, -n> *f* (*sl*) bottle; **eine ~ Bier** a bottle of beer; **ein Schluck aus der ~** a mouthful out of the bottle ▸ WENDUNGEN: **volle ~ fahren** (*fig*) to drive flat out [*or* [at] full pelt] *fam*

Pulli <-s, -s> *m* (*fam*) *kurz für* **Pullover** jumper

Pullover <-s, -s> [-vɐ] *m* pullover, jersey, jumper

Pullunder <-s, -> *m* tank top

Puls <-es, -e> *m* pulse; **ein regelmäßiger/unregelmäßiger ~** a steady [*or* regular]/an irregular pulse; **jds ~ fühlen** to feel sb's pulse; *Arzt a.* to take sb's pulse; **den ~ messen** to take sb's pulse ▸ WENDUNGEN: **jdm den ~ fühlen** to sound sb out; *s. a.* **Ohr**

Pulsader *f* artery; **sich** *dat* **die ~n aufschneiden** to slash [*or* slit] one's wrists

pulsieren* *vi* to pulsate [*or* beat]; ***jetzt pulsiert das Blut wieder*** now the blood is circulating again; **eine pulsierende Stadt** (*fig*) a pulsating [*or* throbbing] city

Pulsmesser *m* MED (*Gerät zum Messen des Pulsschlags*) pulsimeter **Pulsschlag** *m* ① (*Puls*) pulse; ***der ~ ist noch spürbar*** there is still a faint pulse; (*Pulsfrequenz*) pulse rate; ***ihr ~ ist viel zu hoch*** her pulse rate is far too high ② (*einzelnes Pochen*) [pulse]beat; ***72 ~e in der Minute*** a pulse of 72 in the minute

Pult <-[e]s, -e> *nt* (*Rednerpult*) lectern; (*Dirigentenpult*) [conductor's] stand; (*Notenständer*) [music] stand; (*Schaltpult*) control desk; (*veraltend: Katheder, Lehrerpult*) teacher's desk; (*Schulbank*) desk

Pulver <-s, -> ['pʊlfɐ, 'pʊlvɐ] *nt* ① (*pulverisiertes Material/Mittel*) powder; **etw zu einem ~ zerreiben/zerstoßen** to pulverize sth; **ein ~ gegen Kopfschmerzen** a powder for a headache ② (*Schießpulver*) [gun]powder; **rauchschwaches ~** (*fachspr*) nitro powder *spec* ▸ WENDUNGEN: **das ~** [**auch**] **nicht** [**gerade**] **erfunden haben** (*fam*) to be not exactly the brightest [*or hum* an Einstein]; **sein ~ verschossen haben** (*fam*) to have shot one's [last] bolt; **sein ~ trocken halten** (*fam*) to be prepared for anything

PulverfassRR ['pʊlfɐ-, 'pʊlvɐ-] *nt* (*a. fig*) powder keg, [gun]powder barrel; **einem ~ gleichen** (*fam*) to be [like] a powder keg; ***Zypern gleicht einem ~*** Cyprus is like a powder keg; **auf dem** [*o* **einem**] **~ sit-**

zen (*fig fam*) to be sitting on a powder keg
pulverisieren* [-ve-] *vt* ■**etw** ~ to pulverize sth; **Arzneistoffe** ~ to pulverize [*or spec* triturate] medicinal substances
Pulverkaffee ['pʊlfɐ, 'pʊlvɐ] *m* instant coffee **Pulverschnee** *m* powder[y] snow
Puma <-s, -s> *m* puma BRIT, cougar AM
Pummel <-s, -> *m* (*fam*), **Pummelchen** <-s, -> *nt* (*fam*) dumpling *fam,* pudding *fam*
pumm(e)lig *adj* (*fam*) plump, chubby
Pump <-[e]s> *m kein pl* [**bei jdm**] **einen ~ aufnehmen** to cadge *fam* [*or* borrow] sth from sb; **auf ~** (*fam*) on credit [*or fam* tick]; ***ich habe den Fernseher auf ~ gekauft*** I bought the TV on HP
Pumpe <-, -n> *f* ❶ (*Fördergerät*) pump ❷ (*fam: Herz*) heart ❸ (*sl: Rauschgiftspritze*) syringe, needle
pumpen¹ I. *vt* ❶ TECH ■**etw in/aus etw ~** to pump sth into/out of sth; **Luft in den Reifen ~** to pump air into [*or* inflate] the tyres; **Wasser aus dem Keller ~** to pump water out of the cellar ❷ (*fam: investieren*) ■**etw in etw** *akk* ~ to pump [*or* plough] sth into sth; ***ich habe mein ganzes Geld in die Firma gepumpt*** I have ploughed all my money into the firm II. *vi* ❶ (*die Pumpe betätigen*) to pump ❷ (*fam: Liegestütze machen*) to do press-ups [*or* AM push-ups]
pumpen² *vt* (*fam*) ❶ ■**jdm etw ~** to lend sb sth; **jdm Geld ~** to lend [*or* loan] sb money; ***kannst du mir dein Fahrrad ~?*** can you lend me your bike? ❷ ■[**sich** *dat*] **etw** [**bei/von jdm**] ~ to borrow sth [from [*or fam* off] sb]; ***könnte ich mir bei dir etwas Geld ~?*** could I borrow some money from you?
Pumpenschwengel *m* pump handle
Pumpernickel <-s, -> *m* pumpernickel
Pumphose *f* knickerbockers *npl*
Pumps <-, -> [pœmps] *m* court shoe BRIT, pump AM
Pumpstation *f* pumping station
Punk <-s> *m kein pl* ❶ (*Lebenseinstellung, Protestbewegung*) punk ❷ (*fam*) *s.* **Punkrock** ❸ *s.* **Punker**
Punker(in) <-s, -> ['paŋkɐ] *m(f)* punk [rocker]
Punkrock <-s> *m kein pl* punk [rock]
Punkt <-[e]s, -e> *m* ❶ (*Satzzeichen*) full stop BRIT, period AM; (*auf i, Auslassungszeichen*) dot; **ohne ~ und Komma reden** (*fig*) to talk nineteen to the dozen BRIT, to rabbit on BRIT *fam;* **einen ~ machen** [*o* **setzen**] to put a full stop; **der ~ auf dem i** (*fig*) the final touch; ***nun mach aber mal einen ~!*** (*fam*) come off it! *fam* ❷ (*kreisrunder Fleck*) spot; (*in der Mathematik*) point, singularity *spec;* **ein dunkler ~** [**in jds Vergangenheit**] a dark chapter [in sb's past]; **ein Hemd mit blauen ~en** a blue, spotted shirt; ***von hier oben sehen die Menschen aus wie winzige ~e*** from up here the people look like tiny dots ❸ (*Stelle*) spot; (*genauer*) point; **bis zu einem gewissen ~e** up to a [certain] point; **der tote ~** (*fig*) the low[est] point [*or* ebb]; *bei Verhandlungen* deadlock, impasse; **ein Fernglas auf einen ~ richten** to train a telescope on a point; **ein wunder ~** (*fig*) a sore point; ***ich bin an einem ~ angelangt, wo es nicht mehr schlimmer werden kann*** I have reached the stage [*or* point] where it can't get any worse ❹ (*Bewertungseinheit*) point; **einen ~ bekommen/verlieren** to score/lose a point; **nach ~en** (*beim Boxen*) on points ❺ (*Detailpunkt*) point; (*auf der Tagesordnung*) item; ***kommen wir nun zu ~ zwei der Tagesordnung*** let's look at point two of the agenda; **ein strittiger ~** a disputed point, an area of dispute; **der springende ~** (*fig*) the crucial point; **etw auf den ~ bringen** (*fig*) to put it in a nutshell, to get to the heart of sth; **sich in allen ~en einig sein** to agree on all points; **auf dem ~ kommen** to get to the point; **~ für ~** point by point; **in einem bestimmten ~, in bestimmten ~en** on a certain point/on certain points ❻ (*Zeitpunkt*) point; **einen ~ erreichen, wo...** to reach the point, where ...; **~ acht** [**Uhr**] at eight o'clock on the dot, on the stroke of eight; **auf den ~ genau kommen** to be punctual [*or* somewhere on the dot] ❼ *kein pl* (*Maßeinheiten für Schriftarten*) point
Pünktchen <-s, -> *nt dim von* **Punkt** little spot
Punktgewinn *m* SPORT number of points won
punktieren* *vt* ■**etw ~** ❶ MED to puncture [*or spec* cannulate] sth; **das Rückenmark ~** to do [*or form* perform] a spinal tap ❷ (*mit Punkten versehen*) to dot sth; **eine Fläche ~** to stipple an area; **ein punktiertes Blatt** a spotted leaf; **eine punktierte Linie** a dotted line ❸ MUS to dot; **eine Note ~** to dot a note; **eine punktierte Halbe** a dotted quaver
Punktion <-, -en> *f* MED cannulation *spec; Rückenmark* tap; **eine ~ vornehmen** to carry out a cannulation
pünktlich I. *adj* punctual; ■**~ sein** to be punctual; **~ auf die Minute** on the dot; ***~ um 12 wird gegessen*** the meal is at 12 o'clock sharp; ***du bist nie ~!*** you're never punctual [*or* on time] II. *adv* punctually [*or* on time]; ***der Zug wird ~ ankommen*** the train will arrive on time
Pünktlichkeit <-> *f kein pl* punctuality
Punktniederlage *f* defeat on points, points defeat **Punktrichter(in)** *m(f)* judge **Punktsieg** *m* win on points, points win **Punktspiel** *nt* league game; (*Fußball a.*) league match **Punktverhältnis** *nt difference in points scored* **Punktwertung** *f* points system; ***in der ~ liegt er knapp vor seinem Rivalen*** he's a few points ahead of his rival **Punktzahl** *f* SPORT score, number of points
Punsch <-es, -e> *m* [hot] punch
Pup <-[e]s, -e> *m* (*fam*) *s.* **Pups**
pupen *vi* (*fam*) *s.* **pupsen**
Pupille <-, -n> *f* pupil; **weite ~n** dilated pupils
Pupillenreaktion *m* MED (*Verkleinerung der Pupille als Reaktion auf Licht*) pupillary response
Püppchen <-s, -> *nt dim of* **Puppe** [little] doll[y *childspeak*]
Puppe <-, -n> *f* ❶ (*Spielzeug*) doll[y *childspeak*]; (*Marionette*) puppet; (*Schaufensterpuppe*) mannequin ❷ (*sl: Mädchen, Freundin*) chick, doll; **eine tolle ~** a great chick; ***heute gehe ich mit meiner ~ ins Kino*** today I'm going to the cinema with my girl ❸ ZOOL pupa, chrysalis *spec* ▶ WENDUNGEN: **bis in die ~n** (*fam*) until the small hours of the morning; **bis in die ~n schlafen** to sleep till all hours; **die ~n °tanzen lassen** (*fig fam: hart durchgreifen*) to raise [all] hell *fam;* (*hemmungslos feiern*) to have a hell of a party *fam,* to paint the town red
Puppenbett *m* doll's bed **Puppendoktor** *m* (*fam*) doll's repairer **Puppenhaus** *nt* doll's house BRIT, dollhouse AM **Puppenkleid** *nt* doll's dress **Puppenklinik** *f* (*fam*) repair shop for dolls **Puppenspiel** *nt* ❶ (*Form des Theaterspiels mit Puppen*) *s.* **Puppentheater** ❷ (*Theaterstück mit Puppen*) puppet show **Puppenspieler(in)** *m(f)* puppeteer **Puppentheater** *nt* puppet theatre **Puppenwagen** *m* doll's pram [*or* AM carriage]
Pups <-es, -e> *m* (*fam*) fart *fam;* **einen ~ lassen** to fart *fam,* to break wind
pupsen *vi* (*fam*) to fart, to break wind
pur *adj* ❶ (*rein*) pure, sheer; **pures Gold** pure gold; **~er Alkohol** pure [*or spec* absolute] alcohol; **etw ~ anwenden** to apply sth in its pure form; **etw ~ trinken** to drink sth neat [*or* straight]; **eine ~e Lüge** (*fig*) a blatant lie; **die ~e Wahrheit, der ~e Wahnsinn** absolute [*or* sheer] madness, the pure truth, nothing but the truth ❷ (*fam: blank, bloß*) sheer; **ein ~er Zufall** a

sheer [*or* mere] coincidence; ***aus dir spricht der ~e Neid*** what you are saying is pure envy

Püree <-s, -s> *nt* ❶ (*passiertes Gemüse/Obst*) purée ❷ (*Kartoffelbrei*) mashed [*or* creamed] potatoes *pl*

pürieren *vt* ■**etw** ~ KOCHK to purée sth

Pürierstab *m* KOCHK hand-held blender

Purist(in) <-en, -en> *m(f)* (*geh*) purist

Puritaner(in) <-s, -> *m(f)* HIST Puritan, puritan *fig*

puritanisch *adj* ❶ HIST Puritan; **die ~e Revolution** the English Civil Wars ❷ (*oft pej*) puritanical; **eine ~e alte Jungfer** a puritanical old spinster

Purpur <-s> *m kein pl* ❶ (*Farbe*) purple ❷ (*geh: pupurner Stoff*) purple material (*used for cardinals' robes*); **nach dem ~ streben** (*fig*) to wish to wear the purple

purpurfarben, purpurfarbig *adj s.* **purpurrot**

purpurn *adj* (*geh*) *s.* **purpurrot**

purpurrot *adj* ❶ (*die Farbe des Purpurs aufweisend*) purple ❷ (*feuerrot*) scarlet, crimson; **~ vor Wut sein/werden** to be/become [*or* turn] purple [*or* crimson] with rage; ***er wurde ~ im Gesicht*** his face turned purple

Purzelbaum *m* (*fam*) somersault; **≃e/einen ~ machen** [*o* **schlagen**] to do [*or* turn] a somersault/somersaults

purzeln *vi sein a. Preise* to tumble; ***bei dem Sturm purzelte alles durcheinander*** in the storm everything was thrown higgledy-piggledy; ***die Tore purzelten nur so*** (*fig*) the goals were scored in quick succession; ■**von etw/in etw** *akk* **~** to tumble off/into sth; **vom Tisch ~** to fall off the table; **in den Schnee ~** to fall over in the snow

pushen, puschen ['pʊʃn] **I.** *vt* (*sl*) ❶ (*verstärkt Werbung machen*) ■**etw ~** to push sth; **ein Produkt ~** to push [*or* hype up] a product; ***wir müssen die Randsportarten etwas ~*** we need to hype up the lesser known sports; ■**etw ~** to push forward sth *sep;* **den Absatz ~** to boost sales; **den Tourismus ~** to boost [*or* promote] tourism; (*zum Erfolg verhelfen, durchsetzen*) to push; ***seinen Anhängern ist es gelungen, ihn in den Vorsitz zu ~*** his supporters succeeded in pushing him through to the chairmanship; **sein Honorar auf DM 10.000 ~** to push [*or* force] up one's fee to DM 10,000 ❷ (*drängen*) ■**jdn in etw** *akk* **~** to push sb into sth; **jdn in eine** [*o* **die**] **Ecke ~** (*fig*) to push [*or* force] sb into a corner ❸ (*mit Drogen handeln*) ■**etw ~** to push [*or* deal in] sth; **Heroin ~** to deal in heroin **II.** *vi* (*sl*) to push drugs, to deal

Puste <-> *f kein pl* (*fam*) breath, wind *fam;* **außer ~ sein** to be puffed out *fam,* to be out of breath [*or fam* puff]; **aus der ~ kommen** to get out of breath; ***mir geht sehr schnell die ~ aus*** (*a. fig*) I get out of breath very quickly, I run out of steam very quickly *fig*

Pusteblume *f* (*Kindersprache fam*) dandelion

Pustekuchen *m* [**ja**] **~!** (*fam*) not a chance!

Pustel <-, -n> *f* pimple, pustule *spec*

pusten **I.** *vt* (*fam*) ■**etw in etw** *akk*/**von etw ~** to blow sth into/off sth; **die Haare aus dem Gesicht ~** to blow one's hair out of one's face; ***der Wind pustet das Laub von den Bäumen*** the wind is blowing the leaves off the trees; **jdm ein Loch ins Gehirn ~** (*sl*) to blow sb's brains out *sl* ▶ WENDUNGEN: **jdm etw ~** to tell sb where to get off *sl* **II.** *vi* (*fam*) ❶ (*blasen*) ■[**auf/in etw** *akk*] **~** to blow [on/into sth]; **auf eine Wunde ~** to blow on a wound; **ins Horn/Feuer ~** to blow a horn/onto a fire; **kräftig ~** to give a big blow *fam;* ***das Essen ist noch zu heiß, du musst etwas ~*** the meal is still too hot, you'll have to blow on it; (*in Alkoholmessgerät*) ***ich musste bei einer Verkehrskontrolle ~*** I had to blow into the little bag when I was stopped by the police ❷ (*keuchen*) to puff [and pant], to wheeze; ***pustend kam er die Treppe herauf*** he came up the stairs puffing and panting

Pute <-, -n> *f* ❶ (*Truthenne*) turkey [hen]; **eine ~ braten** to roast a turkey ❷ (*fam: dümmliche Frau*) cow *pej fam;* ***du bist eine eingebildete, dumme ~*** you are an arrogant little cow

Putenschnitzel *nt* turkey breast in breadcrumbs

Puter <-s, -> *m* turkey [cock]; (*~fleisch*) turkey

puterrot *adj* scarlet, bright red; **~ sein/werden** [*o* **anlaufen**] to be/become [*or* turn] scarlet [*or* bright red]

Putsch <-[e]s, -e> *m* coup [d'état], putsch; **ein missglückter ~** an unsuccessful [*or* failed] coup; **einen ~ anzetteln** to instigate a putsch

putschen *vi* ■[**gegen jdn/etw**] **~** to revolt [against sb/sth]

Putschist(in) <-en, -en> *m(f)* rebel, putschist

Putschversuch *m* attempted coup [d'état]; **ein gescheiterter ~** a failed coup [d'état]

Putte <-, -n> *f* KUNST cherub, putto *spec*

putten *vt* (*golf*) **den Ball ~** to putt the ball

Putz <-es, -e> *m* (*Wandverkleidung*) plaster; (*bei Außenmauern*) rendering; **auf/über ~** ELEK exposed; **unter ~** ELEK concealed; **Leitungen auf/unter ~ verlegen** to lay exposed/concealed cables; **etw mit ~ verkleiden** to plaster sth ▶ WENDUNGEN: **auf den ~ hauen** (*fam: angeben*) to show off; (*übermütig und ausgelassen sein*) to have a wild time [of it] *fam;* (*übermütig und ausgelassen feiern a.*) to have a rave-up *fam;* **~ machen** (*fam*) to cause aggro *fam;* ***er kriegt ~ mit seiner Frau*** he's in trouble with his wife

putzen **I.** *vt* ❶ (*säubern*) ■**etw ~** to clean sth; (*polieren*) to polish sth; **seine Schuhe ~** to clean [*or* polish] [*or* shine] one's shoes; **die Brille ~** to clean one's glasses; **sich die Nase ~** to blow one's nose; **ein Pferd ~** to groom a horse; **die Treppe/Wohnung ~** to clean the steps/flat; **sich die Zähne ~** to clean one's teeth; (*Gemüse vorbereiten*) to prepare; **Spinat ~** to wash and prepare spinach; ■**sich ~** to wash itself; ***Katzen ~ sich sehr gründlich*** cats wash themselves thoroughly; *Vögel* to preen ❷ (*veraltend: schmücken*) ■**etw ~** to decorate; **den Christbaum ~** to decorate the Christmas tree; ***eine Urkunde putzte die Wand*** a certificate adorned the wall ❸ (*wischen*) ■**jdm/sich etw aus/von etw ~** to wipe sth off sth; [**sich**] **etw aus den Mundwinkeln ~** to wipe sth out of the corners of one's mouth; ***putz dir den Dreck von den Schuhen!*** wipe the mud off your shoes! **II.** *vi* **~ gehen** to work as a cleaner

Putzfimmel *m* (*fam o pej*) **einen ~ haben** to be an obsessive cleaner *fam,* to be cleaning mad *fam* **Putzfrau** *f* cleaner, cleaning lady, Mrs Mop *no art hum fam*

putzig *adj* (*fam*) ❶ (*niedlich*) cute, sweet; **ein ~es Tier** a cute animal ❷ (*merkwürdig*) funny, odd; **das ist ja ~!** that's really odd

Putzkolonne *f* team of cleaners **Putzlappen** *m* [cleaning] cloth [*or* rag] **Putzmann** *m* cleaner, cleaning man **Putzmittel** *nt* cleaning things *pl,* cleaning agent *form*

putzmunter *adj* (*fam*) full of beans *pred;* ***trink ein paar Tassen Kaffee, dann bist du bald wieder ~*** drink a few cups of coffee, and you'll soon perk up

Putztuch *nt* ❶ (*Poliertuch*) cloth [for cleaning] ❷ *s.* Putzlappen **Putzzeug** *nt kein pl* (*fam*) cleaning things *pl*

puzzeln ['pazln, 'pasln] *vi* to do a jigsaw [puzzle] [*or* puzzle]

Puzzle(spiel) <-s, -s> ['pazl, 'pasl] *nt* jigsaw [puzzle], puzzle

PVC <-, -s> [pe:fau'tse:] *nt Abk von* **Polyvinylchlorid** PVC

P

Pygmäe <-n, -n> *m* pygmy

Pyjama <-s, -s> [py'dʒa:ma, pi'dʒa:ma] *m* pyjamas *npl* BRIT, pajamas *npl* AM; **im ~** in his/her pyjamas

Pykniker(in) <-s, -> *m(f)* stockily-built [*or* stocky] person, pyknic *spec*

pyknisch *adj* stockily built, stocky, pyknic *spec*

Pyramide <-, -n> *f* pyramid

pyramidenförmig *adj* pyramid-shaped, pyramidal

Pyrenäen *pl* ■**die ~** the Pyrenees *npl*

Pyrenäenhalbinsel *f* GEOG ■**die ~** the Iberian Peninsula

Pyrolyse <-, -n> [pyro'ly:zə] *f* pyrolysis **Pyromane, -manin** <-n, -n> *m, f* PSYCH pyromaniac **Pyrotechnik** *f kein pl* pyrotechnics + *sing vb* **Pyrotechniker(in)** *m(f)* pyrotechnist, pyrotechnician, fireworks expert **pyrotechnisch** *adj* pyrotechnic[al]

Pyrrhussieg *m* (*geh*) Pyrrhic victory

Python <-, -s> *f,* **Pythonschlange** *f* python

Q

Q, q <-, – *o fam* -s, -s> *nt* Q, q; **~ wie Quasar** Q for Queenie BRIT, Q as in Queen; *s. a.* **A 1**

q SCHWEIZ, ÖSTERR *Abk von* **Zentner** 100 kg

quabbelig *adj* DIAL wobbly

Quacksalber(in) <-s, -> *m(f)* (*pej*) quack [doctor] *pej*

Quacksalberei <-, -en> *f* (*pej*) quackery *no pl pej*

Quacksalberin <-, -nen> *f fem form von* **Quacksalber**

Quaddel <-, -n> *f* wheal, urticaria *spec;* ***auf Sonnenlicht reagieren manche Allergiker mit ~n*** many people who are allergic to sunlight react to it with a [heat] rash [*or* heat spots]

Quader <-s, -> *m* ❶ ARCHIT, BAU ashlar, ashler, hewn [*or* cut] stone ❷ MATH cuboid

Quadrant <-en, -en> *m* ASTRON, MATH quadrant

Quadrat <-[e]s, -e> *nt* square; **magisches ~** magic square; **etw ins ~ erheben** (*geh*) to square sth, to multiply sth by itself; ***was gibt 777 ins ~ erhoben? — 603.729*** what's 777 squared? — 603,729; ■**... im ~ ...** square; ***das Grundstück hat eine Größe von 64 Metern im ~*** the plot [of land] is 64 metres square [in size] ► WENDUNGEN: **im ~** barefaced; ***das ist eine Frechheit/Lüge im ~*** that's a barefaced cheek/lie; ***das ist eine Unverschämtheit im ~!*** that's an absolute outrage!

quadratisch *adj* square; *s. a.* **Gleichung**

Quadratkilometer *m mit Maßangaben* square kilometre [*or* AM -er] **Quadratlatschen** *pl* (*fam*) ❶ (*riesige Schuhe*) clodhoppers *fam,* BRIT *a.* beetle-crushers *fam* ❷ (*riesige Füße*) dirty great BRIT *sl* [*or* AM great big] feet **Quadratmeter** *m* square metre [*or* AM -er]; ***dieses Zimmer hat 50 ~*** this room has 50 square metres of floor space, the floor space in this room is 50 square metres **Quadratschädel** *m* (*fam*) ❶ (*kantiger Kopf*) dirty great BRIT *sl* [*or* AM great big] head, BRIT *a.* great bonce *sl* ❷ (*Starrkopf*) [obstinate [*or* stubborn]] mule, pigheaded person *pej*

Quadratur <-, -en> *f* quadrature; **die ~ des Kreises** (*geh*) [the] squaring [of] the circle *fig*

Quadratwurzel *f* square root **Quadratzahl** *f* square number

quadrieren* *vt* MATH ■**etw ~** to square sth

Quadriga <-, Quadrigen> *f* quadriga

Quadrophonie <-> *f,* **Quadrofonie**RR <-> *f kein pl* quadrophony, quadraphonic sound, quadrophonics + *sing vb*

Quahogmuschel *f* Venus clam

Quai <-s, -s> [kɛ:, ke:] *m o nt* SCHWEIZ (*Kai*) quay

quak *interj Frosch* croak; *Ente* quack

quaken I. *vi* ❶ ZOOL *Frosch* to croak; *Ente* to quack ❷ (*fam: reden*) to natter *fam;* **mit jdm ~** to have a natter to sb; **jdm dazwischen~** to keep interrupting sb **II.** *vt* (*fam*) ■**[über] etw ~** to waffle on [about sth] *pej*

quäken *vi* (*fam*) ❶ (*krächzend weinen*) to scream, to screech ❷ (*krächzen*) to crackle and splutter; ***stell doch endlich dieses ~de Radio ab!*** turn that crackly old radio off!

Qual <-, -en> *f* ❶ (*Quälerei*) struggle ❷ *meist pl* (*Pein*) agony *no pl* ► WENDUNGEN: **die ~ der Wahl haben** (*hum*) to be spoilt [*or* AM *usu* spoiled] for choice

quälen I. *vt* ❶ (*jdm zusetzen*) ■**jdn ~** to pester [*or* plague] sb ❷ (*misshandeln*) ■**jdn/etw ~** to be cruel to [*or* torture] sb/sth; *s. a.* **Tod** ❸ (*peinigen*) ■**jdn ~** to torment sb *fig* ❹ (*Beschwerden verursachen*) ■**jdn ~** to trouble sb; **durch etw** *akk* [*o* **von etw** *dat*] **gequält sein** to be troubled by sth; *s. a.* **gequält II.** *vr* ❶ (*leiden*) ■**sich ~** to suffer ❷ (*sich herumquälen*) ■**sich mit etw ~** *Gedanken, Gefühl* to torment oneself with sth; *Hausaufgaben, Arbeit* to struggle [hard] with sth ❸ (*sich mühsam bewegen*) ■**sich ~** to struggle

quälend *adj attr* agonizing; *Gedanken, Gefühle a.* tormenting; **ein ~er Husten** a hacking cough; **~e Schmerzen** excruciating [*or* agonizing] pain

Quälerei <-, -en> *f* ❶ *kein pl* (*fam: qualvolle Anstrengung*) ordeal ❷ (*ständiges Zusetzen*) pestering *no pl*

quälerisch *adj attr* agonizing *fig*

Quälgeist *m* (*fam*) pest *fig fam*

Qualifikation <-, -en> *f* ❶ (*geh: berufliche Befähigung*) qualifications *pl* ❷ SPORT qualification *no pl;* (*Wettkampf a.*) qualification round, qualifier; ***21 Mannschaften spielten um die ~ zur WM*** 21 teams played to qualify for the World Cup

Qualifikationsspiel *nt* SPORT qualifying match [*or* game], qualifier

qualifizieren* **I.** *vr* ■**sich [für/zu etw] ~** to qualify [for sth] **II.** *vt* (*geh*) ❶ (*befähigen*) ■**jdn für/zu etw ~** to qualify sb for sth ❷ (*klassifizieren*) ■**etw als etw ~** to qualify [*or* describe] sth as sth

qualifiziert *adj* ❶ (*sachgerecht, kompetent*) qualified; **~e Arbeit leisten** to do a professional job; ■**[für etw] ~ sein** to be qualified [for sth] ❷ POL *Mehrheit* requisite

Qualifizierung <-, *selten* -en> *f* ❶ (*Erwerben einer Qualifikation*) qualification *no pl* ❷ (*fachspr: Ausbildung*) training *no pl* ❸ (*geh*) qualification *no pl*

Qualität <-, -en> *f* ❶ (*Güte*) quality; **von bestimmter ~ sein** to be of [a] certain quality; ***dieses Leder ist von sehr guter/ausgezeichneter/besserer ~*** this leather is of [a] very good/[an] excellent/[a] better quality ❷ (*Beschaffenheit*) quality ❸ *pl* (*gute Eigenschaften*) qualities *pl*

qualitativ I. *adj* qualitative **II.** *adv* qualitatively; ***~ besser/schlechter sein*** to be [of [a]] better/worse quality

Qualitätsanforderung *f* quality requirement **Qualitätsarbeit** *f* ÖKON high-quality work[manship] *no pl* **qualitätsbewusst**RR *adj* ÖKON quality-conscious **Qualitätsbewusstsein**RR *nt* quality awareness **Qualitätserzeugnis** *nt* ÖKON [high-]quality product **Qualitätsklasse** *f* grade **Qualitätskontrolle** *f* quality control **Qualitätsmaßstab** *m* quality standard **Qualitätsminderung** *f* ÖKON deterioration in [*or* impairment of] quality *no pl*

Qualitätsprodukt *nt* [high-]quality product **Qualitätsunterschied** *m* ÖKON difference in quality

Qualitätsverbesserung *f* improvement in quality **Qualitätszertifikat** *nt* ÖKON certificate of quality
Qualle <-, -n> *f* jellyfish
Qualm <-[e]s> *m kein pl* [thick [*or* dense]] smoke
qualmen I. *vi* ① (*Qualm erzeugen*) ■ **etw qualmt** sth smokes [*or* gives off smoke]; ***der Schornstein qualmt ganz fürchterlich*** the chimney is belching out smoke like nobody's business *fam* ② (*fam: rauchen*) ■ **jd qualmt** sb smokes [*or fam* puffs away] II. *vt* (*fam*) ■ **jd qualmt etw** sb puffs away at *fam* [*or* smokes] sth
Qualmerei <-> *f kein pl* (*fam*) smoking, puffing away
qualmig *adj* smoky, smoke-filled
qualvoll I. *adj* agonizing II. *adv* ~ **sterben** [*o* **zugrunde gehen**] to die [*or* perish] in agony [*or* great pain]
Quant <-s, -en> *nt* NUKL quantum
Quäntchen^RR <-s, -> *nt* scrap; **ein ~ Glück** a little bit of luck; **ein ~ Hoffnung** a glimmer of hope; **kein ~** not a scrap [*or* jot], not one iota
Quanten *pl* ① *pl von* **Quant**, **Quantum** ② (*sl: Füße*) dirty great BRIT *sl* [*or* AM great big] feet
Quantenmechanik *f* NUKL quantum mechanics + *sing vb* **Quantenphysik** *f* NUKL quantum physics + *sing vb* **Quantensprung** *m* ① PHYS quantum leap ② (*enormer Fortschritt*) quantum leap *fig* **Quantentheorie** *f* NUKL quantum theory
Quantität <-, -en> *f* (*geh*) quantity; ***ausschlaggebend ist die Qualität, nicht die ~*** it's quality not quantity that counts; ***er nahm diese Drogen immer nur in geringen ~en ein*** he only ever took this drug in small quantities [*or* doses], he only ever took small amounts of this drug
quantitativ *adj inv* (*geh*) quantitative
Quantum <-s, Quanten> *nt* (*geh*) quantum *form*, quantity; ***er braucht sein regelmäßiges ~ Schnaps am Tag*** he needs his regular daily dose of schnapps; ***eine dicke Zigarre enthält ein ordentliches ~ Nikotin*** a thick cigar contains a fair amount of nicotine; ***es gehört schon ein gewisses ~ an Mut dazu, das zu tun*** it takes a certain amount of courage to do that
Quappe <-, -n> *f* ① (*Aal~*) burbot ② (*Kaul~*) tadpole
Quarantäne <-, -n> [karan'tɛːnə] *f* quarantine *no pl;* **unter ~ stehen** to be in quarantine; **über jdn/etw ~ verhängen, jdn/etw unter ~ stellen** to place sb/sth under [*or* put sb/sth in] quarantine, to quarantine sb/sth off
Quarantänestation [karan'tɛːnə] *f* MED isolation [*or* quarantine] ward
Quark[1] <-s, -s> *nt* NUKL quark
Quark[2] <-s> *m kein pl* ① KOCHK fromage frais ② (*fam: Quatsch*) rubbish *fam* [*or* AM *usu* nonsense] ▶ WENDUNGEN: **einen ~** (*fam*) not one jot *fam;* ***das interessiert mich alles einen ~*** all that doesn't interest me in the slightest [*or* one jot]; ***das ist zu kompliziert, davon verstehst du einen ~*** it's too complicated, you'll understand next to nothing about it
Quarkspeise *f* quark dish **Quarkstrudel** *m* quark strudel **Quarktasche** *f* quark turnover
Quart <-, -en> *f* MUS *s.* **Quarte**
Quartal <-s, -e> *nt* quarter; ***es muss jedes ~ bezahlt werden*** payment is due quarterly [*or* every quarter]; ***die Zwischenberichte werden jeweils am Ende eines ~s fällig*** the interim reports are due at the end of [*or* after] every quarter [*or* three months]
Quartal(s)abschluss^RR *m* end of the/a quarter **Quartalsende** *nt kein pl* end of a/the quarter; ***er hat zum ~ gekündigt*** he's given [*or* handed in] his notice for the end of the quarter **Quartal(s)säufer(in)** *m(f)* (*fam*) periodic heavy drinker
quartal(s)weise I. *adj* quarterly II. *adv* ~ *abrechnen/bezahlen/Bericht erstatten* to invoice/pay/compile a report quarterly [*or* every three months]
Quartär <-s> *nt kein pl* GEOL Quaternary [period]
Quarte <-, -n> *f* MUS ① (*vierter Ton*) fourth ② (*Intervall*) interval
Quarten *pl von* **Quart**
Quartett[1] <-[e]s, -e> *nt* KARTEN ① (*Kartensatz*) *set of four matching cards in a game of Quartett* ② *kein pl* (*Kartenspiel*) Quartett, ≈ happy families + *sing vb* (*game of cards in which one tries to collect sets of four matching cards*); ~ **spielen** to play Quartett
Quartett[2] <-[e]s, -e> *nt* ① MUS quartet ② (*vier zusammengehörige Leute*) quartet, group [of four]
Quartettspiel *nt* KARTEN ≈ pack of happy families playing cards
Quartier <-s, -e> *nt* ① (*Unterkunft*) accomodation *no indef art, no pl;* ***in der Hauptsaison ist in diesem Badeort kein ~ mehr zu bekommen*** it is impossible to find [any] accommodation in this coastal resort in the high season; ***ich suche ein ~*** I'm looking for accommodation [*or* somewhere [*or* a place] to stay]; [**bei jdm/irgendwo**] **~ beziehen** [*o* **nehmen**] to move in [with sb/somewhere]; MIL to take up quarters [with sb/somewhere] ② SCHWEIZ (*Stadtviertel*) district, quarter
Quarz <-es, -e> *m* quartz
Quarzuhr *f* quartz clock [*or* watch]
Quasar <-s, -e> *m* ASTRON quasar
quasi *adv* (*geh*) almost; ***es ist doch ~ dasselbe*** it's more or less the same [thing]; ***nach ihrem Weggang hat er hier ~ das Sagen*** since her departure he is virtually in charge here
Quasselei <-, -en> *f* (*fam*) babbling *no pl,* gabbing *pej fam no pl*
quasseln I. *vi* (*fam*) to babble; ***hört endlich auf zu ~, ich will meine Ruhe haben!*** [will you] stop [your] babbling, I want a bit of peace and quiet! II. *vt* (*fam*) ■ **etw ~** to babble on about [*or pej* spout] sth
Quasselstrippe <-, -n> *f* (*fam*) ① (*hum: Telefon*) **an der ~ hängen** to be on the phone [*or* BRIT *fam a.* blower] ② (*pej: jd, der unentwegt redet*) windbag *pej fam,* gasbag *fam*
Quaste <-, -n> *f* tassel
Quastenflosser <-s, -e> *m* BIOL coelocanth
Quästur <-, -en> *f* SCH bursary BRIT, scholarship AM
quatsch *interj* rubbish, AM *usu* nonsense; ***ich soll das gesagt haben? ~!*** I'm supposed to have said that? [what] rubbish!
Quatsch <-es> *m kein pl* (*fam*) ① (*dummes Gerede*) rubbish, AM *usu* nonsense; ***wer hat denn so einen/diesen ~ behauptet?*** who told you [*or* where did you hear] such rubbish?; ***das ist doch der letzte ~!*** what a load of absolute rubbish!; ~ **reden** to talk rubbish; ***so ein ~!*** what [a load of] rubbish! ② (*Unfug*) nonsense; ~ **machen** to mess around [*or* about] *pej;* ***was, du willst kündigen? mach doch keinen ~, Mensch, überlege dir das noch mal!*** what, you want to hand in your notice, don't be silly [*or fam* daft] [*or fam* talk daft], think it over!; **aus ~** for [*or* as] a joke
quatschen[1] I. *vt* (*fam*) ■ **etw** [**von etw**] ~ to spout *pej* [*or* say] sth [about sth]; ***quatsch kein dummes Zeug*** don't talk nonsense; ***er hat irgendwas von einem Unfall gequatscht, aber ich habe gedacht, er redet Unsinn*** he garbled something about an accident, but I thought he was talking rubbish II. *vi* (*fam*) ① (*sich unterhalten*) ■ [**mit jdm**] [**über etw** *akk*] ~ to natter [with sb] [about sth]; ***entschuldige, aber ich kann jetzt nicht mit dir ~*** I'm sorry, but I can't [have a] chat with you now; ■ **von etw ~** to talk about sth; ***ich hab kein Wort verstanden von dem, was sie da gequatscht hat*** I didn't understand a word of what she said ② (*etw ausplaudern*) to blab *fam;* ***er hat bei den Bullen gequatscht*** he's blabbed [*or sl*

Q

squealed] to the fuzz

quatschen² **I.** *vi* to squelch **II.** *vi impers* ■**es quatscht** it squelches [*or* makes a squelching sound]

Quatschkopf *m* (*pej fam*) babbling idiot *pej*, BRIT *a.* plonker *pej sl*

Quebec <-s> [ke'bɛk] *nt* Quebec

Quechua ['kɛtʃu:a] *nt* Quech[u]a; *s. a.* **Deutsch**

Quecke <-, -n> *f* couch grass

Quecksilber *nt* mercury, quicksilver

Quell <-[e]s, -e> *m* ❶ (*poet: Born*) spring ❷ (*geh: Ursprung*) source, fount *liter*

Quelle <-, -n> *f* ❶ GEOG (*Ursprung eines Wasserlaufes*) source ❷ (*ausgewerteter Text*) source ❸ (*Informant*) source ❹ (*Entstehungsort*) source ❺ (*Waren~*) **an der ~ sitzen** to be at the source of supply, to have direct access

quellen <quoll, gequollen> *vi sein* ❶ (*herausfließen*) ■[**aus etw**] ~ to pour out [of sth]; ***was quillt da, ist das etwa Motoröl?*** what's that leaking there, is it engine oil?; ***aus dem Riss in der Tube quoll Zahnpasta*** toothpaste was oozing out of a split in the tube ❷ (*aufquellen*) to swell [up]

Quellenangabe *f* reference **Quellenforschung** *f* research into sources **Quellenlage** *f* source **Quellenmaterial** *nt* source material **Quellensammlung** *f* collection of source material **Quellenschutzgebiet** *nt* ÖKOL nature reserve with springs **Quellensteuer** *f* FIN tax deducted at source **Quellenstudium** *nt* study of [the] sources; ***die wissenschaftliche Abhandlung entstand nach umfangreichem*** ~ the scientific treatise was written after extensive study [*or* studying] of [the] sources **Quellentext** *m* LIT, SCH source text

Queller <-s, -> *m* BOT glasswort

Quellwasser *nt* spring water

Quendel <-s> *m kein pl* BOT, KOCHK wild thyme

Quengelei <-, -en> *f* ❶ *kein pl* (*fam: lästiges Quengeln*) whining *no pl* ❷ (*quengelige Äußerungen*) whining *no pl*; ***hör auf mit den ewigen ~en*** stop your constant whining[, will you]

queng(e)lig *adj* whining; ***sei nicht so*** ~ stop [your] whining, don't be such a whiner; ***das Kind ist heute so ~, ob es eine Erkältung bekommt?*** the child is very grizzly *fam* today, do you think he/she is coming down with a cold?

quengeln *vi* (*fam*) ❶ (*weinerlich sein*) to whine ❷ (*nörgeln*) ■[**über etw** *akk*] ~ to moan [about sth] *fam*

Quengler(in) <-s, -> *m(f)* (*fam*) moaner, BRIT *a.* whinger *sl*, AM *a.* whiner

Quentchen <-s, -> *nt s.* **Quäntchen**

quer *adv* ❶ (*horizontal*) diagonally; ***der Kanal verläuft ~ zur Straße*** the canal runs diagonally [*or* at an angle] to the street; ***der Lkw geriet auf eisglatter Fahrbahn ins Schleudern und stellte sich*** ~ the truck slid on the icy carriageway and ended up sideways across it; ***~ geht der Schrank nicht durch die Tür, nur längs*** the cupboard won't go [*or* fit] through the door sideways, only lengthways!; ~ **gestreift** horizontally striped; ***~ gestreifte Hemden stehen dir nicht*** shirts with horizontal stripes [*or* horizontally striped shirts] don't suit you; ~ **durch/über etw** *akk* straight through/across sth; ***lauf doch bitte nicht ~ durch/über die Beete!*** please don't run through/across the flower-beds! ❷ (*fam*) **jdm ~ gehen** to go wrong for sb; ***heute geht mir aber auch alles ~!*** everything's really going wrong for me [*or* I can't get anything right] today!; **sich** [**bei etw**] ~ **legen** to make difficulties [concerning sth]; ~ **schießen** (*sl*) to throw [*or* put] a spanner in the works, to throw a [monkey] wrench in sth AM

Querbalken *m* crossbeam **querbeet** *adv* (*fam*) all over; ***sie gingen einfach mal ~ durch die Landschaft*** they travelled all over [*or* the length and breadth of] the countryside **Querdenker(in)** *m(f)* awkward and intransigent thinker **querdurch** *adv* straight through; ~ ***passt die Truhe nicht, nur der Länge nach*** the chest won't fit through sideways, only lengthways; ***wir müssen ~, es gibt keinen Weg ums Moor*** we'll have to go straight across [*or* over], there's no way way round the moor

Quere <-> *f kein pl* ▶ WENDUNGEN: **jdm in die ~ kommen** to get in sb's way

Quereinsteiger(in) <-s, -> *m(f) sb entering a field of work different from their educational background*

Querele <-, -n> *f* (*geh*) argument

queren *vt* ■**etw** ~ to cross sth

querfeldein *adv* across country

Querfeldeinlauf *m* SPORT cross-country run **Querfeldeinrennen** *nt* SPORT cyclo-cross [race]

Querflöte *f* MUS transverse [*or* cross] flute **Querformat** *nt* ❶ (*Format*) landscape format; **im ~** in landscape ❷ (*Bild*) picture/photo etc. in landscape format **Querkopf** *m* (*fam*) awkward customer; ***warum willst du denn nicht auch zustimmen, du ~?*** why won't you agree, you awkward cuss? *pej* **querköpfig** *adj* (*fam*) contrary, wrong-headed **Querlage** *f* MED transverse presentation [*or* lie]; (*bei der Geburt*) torso [*or* trunk] presentation **Querlatte** *f* ❶ (*quer verlegte Holzlatte*) horizontal slat ❷ SPORT (*waagerechte Latte eines Tores*) crossbar **Querrippe** *f* [**abgedeckte**] ~ KOCHK (*vom Rind*) thin [*or* flat] ribs **Querruder** *nt* LUFT aileron **Querschiff** *nt* ARCHIT transept **Querschläger** *m* ricochet [shot]

Querschnitt *m* ❶ (*Schnitt*) cross-section ❷ ARCHIT, MATH (*zeichnerische Darstellung*) cross-section ❸ (*Überblick*) cross-section *fig*

querschnitt(s)gelähmt *adj* paraplegic; ■~ **sein** to be [a] paraplegic **Querschnitt(s)gelähmte(r)** *f(m) dekl wie adj* paraplegic **Querschnitt(s)lähmung** *f* paraplegia *no pl* **Querstraße** *f* side-street, turning, turn-off; ***nehmen Sie die dritte ~ rechts*** take the third turning on the right **Querstreifen** *m* horizontal stripe **Querstrich** *m* horizontal line [*or* stroke] **Quersubventionierung** *f* ÖKON cross-subsidizing [*or* BRIT *a.* -ising] *no pl* **Quersumme** *f* MATH sum of the digits [in a number]; ***die ~ von 3315 ist 12*** the sum of the digits in 3,315 is 12 **Quertreiber(in)** <-s, -> *m(f)* (*fam*) obstructive devil

Querulant(in) <-en, -en> *m(f)* (*geh*) querulous person *form*, griper *fam*

Querverbindung *f* ❶ TRANSP (*direkter Verbindungsweg*) direct connection ❷ (*gegenseitige Beziehung*) connection, link **Querverweis** *m* cross-reference

quetschen **I.** *vt* ■**etw aus etw** ~ to squeeze sth out of [*or* from] sth; ■**jdn an** [*o* **gegen**] *akk* **etw** ~ to crush sb against sth; ***der herabstürzende Balken quetschte sie gegen den Schrank*** the falling beam crushed [*or* pinned] her against the cupboard; **sich gegen etw** ~ to squeeze [oneself] against sth; ***sie quetschte sich an die Wand, um die Leute vorbei zu lassen*** she squeezed against the wall to allow people to pass **II.** *vr* ❶ (*durch Quetschung verletzen*) ■**sich** *akk* ~ to bruise oneself; ■**sich** *dat* **etw** ~ to crush [*or* squash] one's sth; ***ich habe mir den Fuß gequetscht*** I've crushed my foot ❷ (*fam: sich zwängen*) ■**sich durch/in etw** ~ *akk* to squeeze [one's way] through/[oneself] into sth; ***ich konnte mich gerade noch in die U-Bahn*** ~ I was just able to squeeze [myself] into the tube BRIT *fam*; ***nur mit Mühe quetschte sie sich durch die Menge*** she was only able to squeeze [her way] through the crowd with [some] difficulty

Quetschung <-, -en> *f* MED ❶ *kein pl* (*Verletzung

durch Quetschen) crushing, squashing; ***wie kam es zu der ~ der Hand?*** how did you [come to] crush your hand? ② (*verletzte Stelle*) bruise, contusion *spec*

Queue <-s, -s> [kø:] *nt o m* cue

quick *adj* NORDD (*alert, rege*) bright, lively

Quickie <-, -s> *m* (*sl*) quickie *fam*

quicklebendig *adj* (*fam*) full of beans *fam;* ***zwar ist Großvater schon 85, aber noch immer ~*** grandfather may have reached 85, but he's still very sprightly

quiek *interj* squeak

quieken *vi* ① (*quiek machen*) to squeak; ***die Ferkel quiekten im Stall*** the piglets squealed in their pen ② (*schrille Laute ausstoßen*) ■[**vor etw** *dat*] ~ to squeal [with sth]; **vor Vergnügen** ~ to squeal with pleasure

quietschen *vi* ① (*ein schrilles Geräusch verursachen*) to squeak; ***mit ~den Bremsen/Reifen hielt der Wagen vor der roten Ampel an*** the car pulled up at the red light with screeching [*or* squealing] brakes/tyres; ■**das Quietschen** [the] squeaking; ***unter lautem Quietschen kam das Fahrzeug zum Stehen*** the vehicle came to a halt with a loud screech ② ■[**vor etw** *dat*] ~ *s.* **quieken 2**

quietschfidel, **quietschvergnügt** *adj* (*fam*) full of the joys of spring BRIT *pred,* chipper AM *pred*

Quinoa *n* quinoa

Quinte <-, -n> *f* MUS ① (*fünfter Ton*) fifth ② (*Intervall*) interval

Quintessenz *f* (*geh*) quintessence *form no pl,* essence *no pl*

Quintett <-[e]s, -e> *nt* ① MUS quintet ② (*fünf zusammengehörige Leute*) quintet, group [of five]

Quirl <-s, -e> *m* KOCHK whisk, beater

Quirlbesen *m* flat coil whisk

quirlen *vt* ■**etw** [**mit etw**] [**zu etw**] ~ to whisk [*or* beat] sth [into sth] [using sth]

quirlig *adj* lively, full of beans *pred fam*

quitt *adj* ■[**mit jdm**] ~ **sein** (*mit jdm abgerechnet haben*) to be quits [with sb] *fam;* (*sich von jdm getrennt haben*) to be finished [with sb]

Quitte <-, -n> *f* ① BOT (*Obstbaum*) quince [tree] ② (*Frucht*) quince

quittegelb I. *adj* [pale] yellow **II.** *adv sich ~ verfärben* to [turn] yellow

quittieren* **I.** *vt* ① (*durch Unterschrift bestätigen*) ■[**jdm**] **etw** ~ to give [sb] a receipt for sth; **sich** *dat* **etw** ~ **lassen** to obtain a receipt for sth; (*bestätigen*) to acknowledge [*or* confirm] [the] receipt of sth ② (*geh: beantworten*) ■**etw mit etw** ~ to meet [*or* answer] sth with sth; *s. a.* **Dienst II.** *vi* ■[**jdm**] ~ to acknowledge [*or* confirm] [the] receipt of sth [for sb]; ***du hast ihm 5.000 DM bezahlt und dir*** [***von ihm***] ***nicht ~ lassen?*** you paid him DM 5,000 and didn't [even] get a receipt [from him]?

Quittung <-, -en> *f* ① (*Empfangsbestätigung*) receipt; **jdm eine ~** [**für etw**] **ausstellen** to issue sb with a receipt [for sth], to make out a receipt *sep* for sb; **gegen** ~ on production [*or* submission] of a receipt ② (*Zahlungsbeleg*) receipt ③ (*Folge*) ■**die ~ für etw** [the just] deserts for sth; ***diese Ohrfeigen sind die ~ für deine Frechheiten!*** a thick ear is what you get for being cheeky!; ***du wirst eines Tages noch die ~ dafür bekommen, dass du mich so anschreist!*** one day you'll get your come-uppance *hum fam* for screaming at me like this!

Quittungsblock <-blöcke> *m* receipt book **Quittungsformular** *nt* receipt form

Quiz <-, -> [kvɪs] *nt* quiz

Quizmaster <-s, -> *m* MEDIA quiz master

quoll *imp von* **quellen**

Quorum <-s> *nt kein pl* quorum

Quote <-, -n> *f* ① (*Anteil*) proportion ② (*Gewinnanteil*) payout ③ (*Rate*) rate, quota ④ POL (*fam: ~nregelung*) quota system

Quotenfrau *f* (*pej*) ≈ token woman [appointee] *pej* (*woman who is appointed to a position simply to increase the proportion of women in an organization*) **Quotenregelung** *f* ≈ quota regulation (*requirement for a sufficient number of female appointees in an organization*) **Quotensystem** *nt* POL ≈ quota system (*system which ensures that a* [*political*] *body or organization is made up of an equal number of men and women*) **quotenträchtig** *adj* TV, RADIO promising high ratings

Quotient <-en, -en> [kvoˈtsiɛnt] *m* MATH quotient

quotieren* *vt* BÖRSE ■**etw** ~ to quote [*or* list] sth

Quotierung <-, -en> *f* ① BÖRSE (*Notierung*) quotation, listing ② (*Verteilung nach Quoten*) ≈ quota system (*system requiring that a certain proportion of a certain number of posts in an organization be reserved for women*)

R

R, r <-, – *o fam* -s, -s> *nt* R, r; ~ **wie Richard** R for Robert BRIT, R as in Roger AM; **das ~ rollen** to roll the r; *s. a.* **A 1**

Rabatt <-[e]s, -e> *m* discount; ~ [**auf etw** *akk*] **bekommen** to get a discount [on sth]; **jdm ~** [**auf etw** *akk*] **geben** to give sb a discount [on sth]

Rabatte <-, -n> *f* HORT border

Rabatz <-es> *m kein pl* (*sl*) racket *fam,* din; ~ **machen** to kick up a fuss *fam,* to kick up [*or* create] [*or* raise] a stink *fam*

Rabauke <-n, -n> *m* (*fam*) lout *fam,* hooligan, BRIT *a.* yob[bo] *fam*

Rabbi <-[s], -s *o* Rabbinen> *m,* **Rabbiner** <-s, -> *m* REL rabbi

Rabe <-n, -n> *m* raven ▶ WENDUNGEN: **schwarz wie ein ~** [*o* **wie die ~n**] (*fam*) as black as soot [*or fam* the ace of spades]; **wie ein ~ stehlen** [*o* **klauen**] (*fam*) to thieve like a magpie, to pinch anything one can lay one's hands on *fam*

Rabeneltern *pl* (*pej fam*) ≈ cruel parents *pl;* ***das müssen ja ~ sein!*** they're not fit to be parents! **Rabenkrähe** *f* ORN carrion [*or* hooded] crow **Rabenmutter** *f* (*pej fam*) ≈ cruel mother **rabenschwarz** *adj* jet-black; **~e Augen** coal-black eyes **Rabenvater** *m* (*pej fam*) ≈ cruel father

rabiat I. *adj* ① (*unverschämt*) rude, impertinent, impudent; **ein ~er Kerl** an aggressive chap; **ein ~er Raussschmeißer** a violent [*or* rough] bouncer ② (*aufgebracht*) ■**~ werden** to become aggressive [*or* violent] ③ (*rücksichtslos*) ruthless **II.** *adv* ruthlessly; ***sie bahnten sich ~ ihren Weg zum Ausgang*** they forced [*or* fought] their way [through] to the exit

Rache <-> *f kein pl* revenge; [**für etw**] [**an jdm**] ~ **nehmen** [*o geh* **üben**] to take [*or* exact] revenge [on sb] [for sth]; **auf ~ sinnen** (*geh*) to plot revenge; **aus ~** in [*or* as] [*or* out of] revenge; **die ~ der Enterbten** (*fam*) sweet revenge; **die ~ des kleinen Mannes** (*fam*) the revenge of the little man ▶ WENDUNGEN: **~ ist süß** (*fam*) revenge is sweet

Racheakt *m* act of revenge **Rachegedanke** *f meist pl* thought[s *pl*] of revenge, vindictive thought[s *pl*] **Rachegefühl** *nt meist pl* vengeful feeling

Rachen <-s, -> *m* ① (*Schlund*) throat, pharynx *spec* ② (*Maul*) jaws *pl,* mouth ▶ WENDUNGEN: **den ~ nicht voll** [**genug**] **kriegen können** (*fam*) to not be able to get enough; **jdm den ~ stopfen** (*fam*) to shut sb up;

R

jdm etw in den ~ werfen [o schmeißen] (*fam*) to give sb sth to shut them up *fam*
rächen I. *vt* ❶ (*durch Rache vergelten*) ■ **etw** [**an jdm**] ~ to take revenge [on sb] for sth ❷ (*jdm Sühne verschaffen*) ■ **jdn** ~ to avenge [*or* take [*or* exact] revenge for] sb II. *vr* ❶ (*Rache nehmen*) ■ **sich** [**an jdm**] [**für etw**] ~ to take [*or* exact] one's revenge [*or* avenge oneself] [on sb] [for sth] ❷ (*sich nachteilig auswirken*) ■ **sich** [**an jdm**] [**durch etw**] ~ to come back and haunt sb [as a result of sth]; ***früher oder später rächt sich das viele Rauchen*** sooner or later [the] heavy smoking will take its toll
Rachenblütler <-s, -> *m* BOT figwort **Rachenhöhle** *f* ANAT [cavity of the] pharynx *spec*, pharyngeal cavity *spec* **Rachenraum** *m* MED pharyngeal space *spec*
Racheplan *m* plan of [*or* for] revenge; **Rachepläne schmieden** to plot revenge
Rächer(in) <-s, -> *m(f)* (*geh: jd, der Rache nimmt*) avenger; ~ **der Enterbten** (*hum*) righter of wrongs
Racheschwur *m* oath of revenge
Rachitis <-> *f kein pl* MED rickets *no pl, no art*, rachitis *spec*
rachitisch *adj* MED rickety, rachitic *spec*
Rachsucht *f kein pl* (*geh*) vindictiveness *no pl, no indef art*
rachsüchtig *adj* (*geh*) vindictive
Racker <-s, -> *m* (*fam*) [little] rascal, scamp *dated*
Rackerei <-> *f kein pl* (*fam*) [real] grind *no pl fam*, slog *no pl fam*
rackern *vi* (*fam*) to slave away *fam*
Raclette <- *o* -s, -s> ['raklɛt, ra'klɛt] *f o nt* KOCHK raclette
rad <-, -> *nt Akr von* **radiation absorbed dosis** rad
Rad¹ <-[e]s, Räder> *nt* ❶ AUTO wheel; BAHN (*Laufrad*) bogie [*or* track] wheel ❷ MECH (*Zahnrad*) cog, gearwheel ❸ HIST (*Foltergerät*) wheel ❹ SPORT cartwheel; **ein ~ schlagen** [*o* **machen**] to do [*or* turn] a cartwheel ❺ ORN **ein ~ schlagen** to fan out [*or* spread] the tail ▸ WENDUNGEN: **das ~ der Geschichte** [*o* **Zeit**] (*geh*) the march of time; ***das ~ der Zeit lässt sich nicht anhalten/ zurückdrehen*** the march of time cannot be halted, one cannot turn the clock back, time and tide wait for no man; **das fünfte ~ am Wagen** (*fam*) to be superfluous [*or* in the way]; **ein ~ ab haben** (*sl*) to have a screw loose *hum fam;* **unter die Räder kommen** [*o* **geraten**] (*fam*) to fall into bad ways, to go off the rails
Rad² <-[e]s, Räder> *nt* bicycle, bike *fam;* ~ **fahren** to cycle [*or* ride a bicycle] [*or fam* bike]; [**bei jdm/irgendwo**] ~ **fahren** (*pej fam*) to crawl [*or pej fam* suck up] [to sb]/to grovel [somewhere]; **mit dem** ~ by bicycle [*or fam* bike]; ***er fährt jeden Tag 30 Kilometer mit dem*** ~ he cycles 30 kilometres every day
Radar <-s> *m o nt kein pl* ❶ (*Funkmesstechnik*) radar ❷ (*Radargerät*) radar ❸ (*Radarschirm*) radar screen
Radaranlage *f* radar [installation] **Radarfalle** *f* (*fam*) speed [*or* radar] trap; **in eine ~ geraten** to be caught in a speed [*or* radar] trap **Radargerät** *nt* radar [device [*or* unit]] **Radarkontrolle** *f* TRANSP [radar] speed check **Radarnetz** *nt* radar network **Radarschirm** *m* radar screen **Radarstation** *f* radar station **Radarsystem** *nt* radar system **Radarüberwachung** *f* radar surveillance [*or* monitoring] *no pl* **Radarwagen** *f* car used in a [radar] speed check
Radau <-s> *m kein pl* (*fam*) racket *fam*, din, row; ~ **machen** to make a racket [*or* din] [*or* row]
Rädchen *nt dim von* **Rad** ❶ (*kleines Zahnrad*) [small] cog ❷ (*Rändelschraube*) knurled screw ❸ (*runde, gezahnte Blechscheibe*) tracing wheel ▸ WENDUNGEN: **nur ein ~ im Getriebe sein** to be just a small cog in the works [*or* machine]
Raddampfer *m* paddle steamer
radebrechen *vi* ■ [**auf etw** *dat*] ~ to speak [in] broken sth; **auf Deutsch/Englisch** ~ to speak [in] broken German/English
radeln *vi sein* (*fam*) ■ [**irgendwohin**] ~ to cycle [somewhere]
rädeln *vt* ❶ TECH ■ **etw auf etw** ~ *akk* to trace out sth *sep* on sth ❷ KOCHK **Teig in Streifen** ~ to cut pastry into strips with a fluted wheel
Rädelsführer(in) *m(f)* ringleader
rädern *vt* HIST to break sb [up]on the wheel; *s. a.* **gerädert**
Rädertier *nt* ZOOL wheel animal
Räderwerk *nt* MECH gearing *no pl*, gear train; (*Uhr*) gear mechanism, clockwork
Rad|fahren *nt* ■ [**das**] ~ cycling, riding a bicycle [*or fam* bike]
Radfahrer(in) *m(f)* ❶ SPORT cyclist ❷ (*pej fam: Kriecher*) crawler *pej fam* **Radfahrweg** *m* TRANSP (*geh*) *s.* **Radweg** **Radgabel** *f* fork
Radi <-s, -> *m* KOCHK SÜDD, ÖSTERR (*Rettich*) radish
radial *adj* radial
Radiator <-s, -toren> *m* radiator
Radicchio <-s> [ra'dɪkio] *m kein pl* radicchio
radieren*¹ *vi* to rub out [*or* erase]; ■ **das Radieren** rubbing out, erasing
radieren² *vi* KUNST to etch
Radierer <-s, -> *m* (*fam*) rubber BRIT, eraser AM
Radierer(in) <-s, -> *m(f)* KUNST etcher
Radiergummi <-s, -s> *m* rubber BRIT, eraser AM
Radierung <-, -en> *f* KUNST etching
Radieschen <-s, -> [ra'di:sçən] *nt* radish ▸ WENDUNGEN: **sich** *dat* **die ~ von unten ansehen** [*o* **besehen**] [*o* **betrachten**] **können** (*hum sl*) to be pushing up [the] daisies *hum*
radikal I. *adj* ❶ POL (*extremistisch*) radical ❷ (*völlig*) complete, total; **die ~e Beseitigung** [*o* **Entfernung**] the complete removal; **ein ~er Bruch** a complete break; **eine ~e Verneinung** a flat [*or* categorical] [*or* an outright] denial ❸ (*tief greifend*) radical, drastic; **eine ~e Forderung** an excessive [*or* unreasonable] demand II. *adv* ❶ POL (*extremistisch*) radically ❷ (*völlig*) completely, totally; ~ **beseitigen** [*o* **entfernen**] to remove completely; **mit etw ~ brechen** to break with sth completely; ~ **verneinen** to deny flatly [*or* categorically] ❸ (*tief greifend*) radically, drastically; ~ **gegen jdn vorgehen** to take drastic action against sb
Radikale(r) *f(m) dekl wie adj* POL radical, extremist
radikalisieren* I. *vt* POL ■ **jdn/etw** ~ to radicalize sb/sth [*or* make sb/sth radical] II. *vr* ■ **sich** ~ to become radical
Radikalisierung <-, -en> *f* POL radicalization *no pl*
Radikalismus <-> *m kein pl* POL radicalism, extremism
Radikalkur *f* ❶ MED (*drastische Behandlungsmethode*) drastic [*or* BRIT kill-or-cure] remedy ❷ (*tiefgreifende Maßnahmen*) drastic measures *pl*
Radio <-s, -s> *nt o* SCHWEIZ, SÜDD *m* (*Rundfunkgerät*) radio; (*Autoradio*) car radio; ~ **hören** to listen to the radio; **im** ~ on the radio
radioaktiv I. *adj* radioactive II. *adv* ~ **verseucht/verstrahlt** contaminated by radioactivity
Radioaktivität <-> [-vi-] *f kein pl* radioactivity *no pl, no indef art*
Radioantenne *f* [radio] aerial [*or* AM *usu* antenna]
Radioapparat *m* RADIO, TECH radio [set]
Radioisotopenmethode *f* BIOL radioisotope method **Radiokarbonmethode** *f* BIOL radiocarbon dating
Radiologie <-> *f kein pl* MED radiology *no pl, no art*

Radionuklid <-s, -e> *nt* radionuclide
Radiorekorder, Radiorecorder <-s, -> *m* radio cassette recorder **Radiosender** *m* radio transmitter **Radiostation** *f* radio station
Radiotherapie *f* MED radiotherapy *no pl, no art*
Radiowecker *m* radio alarm [clock], clock radio
Radium <-s> *nt kein pl* CHEM radium *no pl, no art*
Radius <-, Radien> [-diən] *m* ① (*halber Durchmesser*) radius ② (*Aktionsradius*) radius [*or* range] [of action]
Radkappe *f* AUTO hub cap
Radler(in) <-s, -> *m(f)* (*fam*) cyclist
Radler *nt* SÜDD, ÖSTERR (*Getränk aus Bier und Limonade*) shandy
Radlerhose *f* SPORT, MODE cycle [*or* cycling] shorts *npl* **Radlermaß** *f* SÜDD shandy
Radon <-s> *nt kein pl* CHEM radon *no pl, no art*
Radrennbahn *f* cycle [racing] track, velodrome **Radrennen** *nt* cycle race **Radrennfahrer(in)** *m(f)* racing cyclist
Rad|schlagen *nt* ■ **das ~** doing [*or* turning] a cartwheel
Radschneeschläger *m* rotary whisk
Radsport *m* cycling *no pl* **Radsportler(in)** *m(f)* cyclist
Radstand *m* AUTO, BAHN wheelbase
Radtour [-tu:ɐ] *f* bicycle [*or fam* bike] ride; [**mit jdm**] **eine ~ machen** [*o* **unternehmen**] to go for a bicycle [*or fam* bike] ride [with sb]; ***wir wollen eine ~ nach Dänemark machen*** we plan to go on a cycling [*or* cycle] tour to Denmark **Radwanderung** *f s.* **Radtour**
Radwechsel [-ks-] *m* AUTO wheel change; **einen ~ machen** to change a wheel
Radweg *m* TRANSP cycle path [*or* track]
RAF <-> [ɛr'a:'ɛf] *f Abk von* **Rote-Armee-Fraktion**
Raffel <-, -n> *f* flat grater
raffen *vt* ① (*eilig greifen*) ■ **etw** [**an sich** *akk*] **~** to grab [*or* snatch [up *sep*]] sth ② (*in Falten legen*) ■ **etw ~** to gather sth; **ein Kleid ~** to gather up a dress ③ (*kürzen*) ■ **etw ~** to shorten sth ④ (*sl: begreifen*) ■ **etw ~** to get it *fam*
Raffgier *f* greed *no pl,* avarice *form no pl,* rapacity *form no pl*
raffgierig *adj* greedy, grasping *pej,* rapacious *form*
Raffinade <-, -n> *f* refined sugar
Raffination <-> *f kein pl* refining
Raffinement <-s, -s> [rafinə'mã:] *nt* (*geh*) ① refinement ② *s.* **Raffinesse**
Raffinerie <-, -n> [-'ri:ən] *f* refinery
Raffinesse <-, -n> *f* ① *kein pl* (*Durchtriebenheit*) cunning, slyness, guile *form* ② (*Feinheit*) refinement; **mit allen ~n** with all the [latest] extras [*or hum* trimmings]
raffinieren* *vt* ① (*reinigen*) ■ **raffiniert werden** to be refined ② (*destillieren*) ■ [**zu etw**] **raffiniert werden** to be refined [*or* made] [into sth]
raffiniert I. *adj* ① (*durchtrieben*) cunning, sly ② (*ausgeklügelt*) clever *fam,* ingenious ③ (*geh: verfeinert*) refined, sophisticated II. *adv* ① (*durchtrieben*) cunningly, slyly ② (*geh: verfeinert*) **~ komponieren/würzen/zusammenstellen** to compose/season/put together with great refinement [*or* sophistication]
Raffiniertheit <-> *f kein pl s.* **Raffinesse**
Raffke <-s, -s> *m* (*fam*) money-grubber
Rafting <-s> *nt kein pl* SPORT rafting *no pl*
Rage <-> ['ra:ʒə] *f kein pl* (*fam*) ① (*Wut*) rage, fury; **jdn in ~ bringen** [*o* **versetzen**] to enrage [*or* infuriate] sb, to make sb hopping mad *fam* ② (*Erregung*) agitation, annoyance; [**über etw** *akk*] **in ~ geraten** [*o* **kommen**] to get annoyed [about sth]; **in der ~** in the excitement
ragen *vi* ① (*emporragen*) ■ **aus etw ~** to rise up out of sth; ***die Felsen ragten aus der Bergwand*** the rocks towered [*or* rose] up out of the cliff-face ② (*vorragen*) ■ **irgendwohin ~** to stick [*or* jut] out somewhere
Ragout <-s, -s> [ra'gu:] *nt* KOCHK ragout
Ragtime <-[s]> ['rɛgtaim] *m kein pl* MUS ragtime
Rah <-, -en> *f,* **Rahe** <-, -n> *f* NAUT yard
Rahm <-[e]s> *m kein pl* SÜDD, SCHWEIZ (*Sahne*) cream; ÖSTERR (*saure Sahne*) sour cream ▸ WENDUNGEN: [**für sich**] **den ~ abschöpfen** (*fam*) to cream off the best [*or* take the pickings] [for oneself]
Rähmchen <-s, -> *nt dim von* **Rahmen** mount
rahmen *vt* ■ **etw ~** to frame sth; **ein Dia ~** to mount a slide
Rahmen <-s, -> *m* ① (*Einfassung*) frame ② (*Fahrradgestell*) frame; AUTO (*Unterbau*) chassis [frame] ③ (*begrenzter Umfang o Bereich*) framework; **im ~ des Möglichen** within the bounds of possibility; **im ~ bleiben** [*o* **sich halten**] to keep within reasonable bounds; **über den ~ von etw hinausgehen, den ~** [**von etw**] **sprengen** to go beyond the scope [*or* limits *pl*] of sth; **im ~ einer S.** *gen* (*im Zusammenhang mit etw*) within the context of sth; (*innerhalb*) within the framework [*or npl* bounds] of sth; **in einem größeren/kleineren ~** on a large/small scale; ***die Gedenkfeier fand in entsprechendem ~ statt*** the memorial service was appropriate for the occasion; **sich in angemessenem ~ halten** to keep [*or* be kept] within reasonable limits; [**mit etw**] **aus dem ~ fallen** to stand out [because of sth]; [**mit etw**] **nicht in den ~ passen** to not fit in [with sth] ④ (*Atmosphäre*) atmosphere, setting
Rahmenabkommen *nt* basic [*or* skeleton] [*or* framework] agreement **Rahmenbedingung** *f meist pl* basic [*or* prevailing] conditions *pl* **Rahmengesetz** *nt* framework [*or* skeleton] law (*Federal law establishing the framework for* [*more*] *detailed legislation*) **Rahmenhandlung** *f* LIT framework [*or* background] story, basic plot **Rahmenplan** *m* JUR framework [*or* outline] plan **Rahmenrichtlinien** *pl* [general] guidelines *pl*
Rahmkäse *m* cream cheese
Rain <-[e]s, -e> *m* boundary [strip], margin of a field
Raine *f* casserole
Rainfarn *m* BOT tansy
räkeln *vr s.* **rekeln**
Rakete <-, -n> *f* ① (*Flugkörper*) rocket; MIL missile ② (*Feuerwerkskörper*) rocket
Raketenabschussbasis^RR *f* rocket/missile launching site [*or* pad] **Raketenabwehr** *f* MIL [anti-]missile defence [*or* AM -se] [system] **Raketenantrieb** *m* rocket propulsion [unit] **Raketenbasis** *f* MIL missile [launching] base **Raketenstützpunkt** *m* MIL missile base **Raketenwerfer** *m* MIL rocket launcher
Rallye <-, -s> ['rali, 'rɛli] *f* rally; **~** [*o* **~s**] **fahren** to go rallying; **eine ~ fahren** to take part [*or* drive] in a rally
Rallyefahrer(in) ['rali, 'rɛli] *m(f)* rally driver
RAM <-, -s> [ram] *nt Akr von* **random access memory** RAM
Rambo <-s, -s> *m* (*sl*) Rambo *fam,* tough guy, hard man
Rambotyp *m* (*fam*) Rambo[type of person] *fam,* tough guy [*or fam* girl]
rammdösig *adj* DIAL (*fam*) dizzy, giddy
Ramme <-, -n> *f* BAU piledriver
rammeln *vi* ① JAGD (*sich paaren*) to mate ② (*sl*) to have it off BRIT *sl,* to get it on AM *sl,* to screw *vulg*
rammen *vt* ① (*stoßen*) ■ **jdn/etw ~** to ram sb/sth; ■ **jdm etw in etw** *akk*/**durch etw ~** to ram sth into

sb's sth/through sb's sth ② (*schlagen*) ■ **etw in etw** ~ *akk* to ram sth into sth

Rammler <-s, -> *m* buck

Rampe <-, -n> *f* ① (*schräge Auffahrt*) ramp; (*Laderampe*) loading ramp ② THEAT (*Bühnenrand*) apron

Rampenlicht *nt* THEAT (*Beleuchtung*) footlights *pl* ▶ WENDUNGEN: **im** ~ **[der Öffentlichkeit]** **stehen** to be in the limelight

ramponieren* *vt* (*fam*) ■ **etw** ~ to ruin sth; ■ **ramponiert** ruined; ***für den ramponierten Schreibtisch wollen Sie noch 2800 Mark haben?*** you want DM 2,800 for this battered [*or fam* beat-up] [old] desk?; **ramponiert sein/aussehen** to be [*or* feel]/look the worse for wear [*or hum* fragile]

Ramsch <-[e]s> *m kein pl* (*fam*) rubbish *no pl*, AM *usu* garbage *no pl*, junk *no pl*

Ramschladen *m* (*pej fam*) junk shop

RAM-Speicher *m* INFORM RAM [*or* main] memory

ran I. *interj* (*fam*) let's go!; ***jetzt aber*** ~, ***Leute*** come on guys[, get a move-on]! II. *adv* (*fam*) *s.* **heran**

Rand <-es, Ränder> *m* ① (*abfallendes Ende einer Fläche*) edge ② (*obere Begrenzungslinie*) *von Glas, Tasse* top, brim; *von Teller* edge [*or* side]; *von Wanne* top [*or* rim] ③ (*äußere Begrenzung/Einfassung*) edge; *von Hut* brim; *von Wunde* lip; ***du hast dir die Hose unten am*** **[*rechten/ linken*]** ~ ***schmutzig gemacht*** you've dirtied the bottom [of the right/left leg] of your trousers; ***die Decke hatte einen mit einer Borte verzierten*** ~ the quilt was bordered by a braid trimming [*or* had a braid trimming border] ④ (*Grenze*) **am** ~**e einer S.** *gen* on the verge [*or* brink] of sth; **sich am** ~ **einer S. bewegen** to border on sth ⑤ (*auf Papier*) margin; ***Trauerkarten haben einen schwarzen*** ~ condolence cards have black edging [*or* a black border] ⑥ (*Schatten, Spur*) mark; **[dunkle/rote]** ~̈**er um die Augen haben** to have [dark/red] rings [a]round one's eyes; **ein [schmutziger]** ~ **um die Badewanne** a tidemark around [the rim of] the bath BRIT *fig* ▶ WENDUNGEN: **außer** ~ **und Band geraten** (*fam*) to be beside oneself; **halt den** ~**!** (*fam*) shut your mouth *fam* [*or sl* face] [*or sl* gob]; **[mit etw] zu** ~**e kommen** (*fam*) to cope [with sth]; **mit jdm zu** ~**e kommen** (*fam*) to get on with sb; **am** ~**e** in passing; ***das habe ich am*** ~***e erwähnt*** I mentioned that in passing; ***das interessiert mich nur am*** ~***e*** that's only of marginal interest to me

Randale <-> *f* (*sl*) rioting *no pl;* ~ **machen** to riot

randalieren* *vi* to riot, to [go on the] rampage; ■ ~**d** rampaging

Randalierer(in) <-s, -> *m(f)* hooligan

Randbemerkung *f* ① (*beiläufige Bemerkung*) passing comment; **etw in einer** ~ **bemerken** to mention sth in passing ② (*Notiz auf einer Schriftseite*) note in the margin, marginal note

Rande <-, -n> *f* SCHWEIZ (*rote Rübe*) beetroot

Randerscheinung *f* peripheral phenomenon; (*Nebenwirkung*) side effect **Randfigur** *f* minor figure **Randgebiet** *nt* ① GEOG outlying district ② (*Sachgebiet*) fringe area **Randgruppe** *f* SOZIOL fringe group **randlos** *adj* rimless **Randstein** *m s.* **Bordstein** **Randstreifen** *m* TRANSP, ADMIN verge; *Autobahn* hard shoulder **Randzone** *f s.* **Randgebiet 1**

rang *imp von* **ringen**

Rang <-[e]s, Ränge> *m* ① *kein pl* (*Stellenwert*) standing, status; *Entdeckung, Neuerung* importance; **von bestimmtem** ~ of a certain importance; **von bedeutendem/hohem/künstlerischem** ~ of significant/great/artistic importance; **ersten** ~**es** of the first order [*or* great significance] ② (*gesellschaftliche Position*) station *no pl,* [social] standing; **alles, was** ~ **und Namen hat** everybody who is anybody; **zu** ~ **und Würden kommen** to achieve a high [social] standing [*or* status]; **jdm [durch/mit etw] den** ~ **streitig machen** to [try and] challenge sb's position [with sth]; **einen bestimmten** ~ **bekleiden** [*o* **einnehmen**] to hold a certain position ③ MIL (*Dienstgrad*) rank; **einen hohen** ~ **bekleiden** [*o* **einnehmen**] to hold a high rank, to be a high-ranking officer ④ SPORT (*Platz*) place ⑤ FILM, THEAT circle; **vor leeren/überfüllten** ~̈**en spielen** to play to an empty/a packed house ⑥ (*Gewinnklasse*) prize category ▶ WENDUNGEN: **jdm den** ~ **ablaufen** to outstrip [*or* steal a march on] sb

Rangabzeichen *nt* MIL (*veraltend*) insignia *npl* [of rank], badge of rank **Rangälteste(r)** *f(m) dekl wie adj* MIL (*veraltend*) most senior officer

Range <-, -n> *f* DIAL (*lebhaftes Kind*) [little [*or* young]] rascal

ran|gehen *vi* (*fam*) ① (*herangehen*) ■ **[an etw** *akk*] ~ to go up [to sth] ② (*in Angriff nehmen*) ■ **[an etw** *akk*] ~ to get stuck in[to sth], to get cracking [on sth]; *s. a.* **Blücher**

Rangelei <-, -en> *f* (*fam*) scrapping *no pl;* ***es kam immer wieder zu*** ~***en*** there were numerous [little] scraps

rangeln *vi* (*fam*) ■ **[mit jdm]** ~ to scrap [with sb]

Rangfolge *f* order of priority **ranghöchste(r, s)** *adj* MIL highest-ranking *attr* **Ranghöchste(r)** *f(m) dekl wie adj* MIL highest-ranking officer/soldier

Rangierbahnhof [raŋ'ʒiːɐ] *m* BAHN marshalling [*or* shunting] yard

rangieren* [rã'ʒiːrən] I. *vi* ① (*Stellenwert haben, eingestuft sein*) to rank, to be ranked; ***sie rangiert auf Platz drei der Weltrangliste*** she's ranked [number] three in the world, she's number three in the world rankings ② (*laufen*) ■ **unter etw** ~ *dat* to come under sth II. *vt* BAHN ■ **etw irgendwohin** ~ to shunt sth somewhere

Rangierer(in) <-s, -> *m(f)* BAHN shunter

Rangiergleis [raŋ'ʒiːɐ] *nt* BAHN siding **Rangierlok(omotive)** *f* BAHN shunter, shunting locomotive **Rangiermanöver** *nt* TRANSP manoeuvre

Rangliste *f* SPORT ranking list [*or* rankings] **rangmäßig** *adv* (*hinsichtlich des Dienstgrades*) according to rank; (*hinsichtlich der Dienststellung*) according to seniority; ~ **höher angesiedelt sein** to be higher ranking [*or* in rank] **Rangordnung** *f* hierarchy; **militärische** ~ military [order of] ranks **Rangstufe** *f* rank

Rangun <-s> [raŋ'guːn] *nt* Rangoon, Yangon

Rangunbohne *f* Lima bean

Rangunterschied *m* difference in status

ran|halten *vr irreg* (*fam*) ■ **sich** ~ to put one's back into it; ***haltet euch ran*** get a move on *fam*

rank *adj* ~ **und schlank** (*geh*) slim and sylphlike *esp hum*

Ranke <-, -n> *f* BOT tendril

Ränke *pl* (*veraltet geh*) intrigues *pl,* plots *pl;* ~ **schmieden** to intrigue

ranken I. *vr haben* ① HORT (*sich winden*) ■ **sich irgendwohin** ~ to climb [*or* creep up] [*or* wind itself around] somewhere ② (*verbunden sein*) ■ **sich um jdn/etw** ~ *Legenden, Sagen etc* to have grown up around sb/developed around sth II. *vi haben o sein* to put out tendrils

Ränkeschmied(in) *m(f)* (*veraltet geh*) intriguer **Ränkespiel** *nt* (*veraltet geh*) intrigues *pl,* plots *pl*

Rankgewächs *nt* BOT creeper, climber, creeping [*or* climbing] plant

Ranking <-s, -s> ['rɛŋkɪŋ] *nt* quality assessment

ran|klotzen *vi* (*sl*) to get stuck in [*or* AM cracking] *fam,* to put one's back into making money

ran|kommen *vi irreg sein* (*fam*) ① (*drankommen*) ■ **[an etw** *akk*] ~ to [be able to] reach [sth] ② (*vordringen*) ■ **an jdn** ~ to get hold of sb *fig;* ***man kommt an***

ihn einfach nicht ran it's impossible to get at him; ***an diese Frau kommt keiner ran*** nobody has a chance [*or* will get anywhere] with her

ran|lassen *vt irreg* ① *(fam: heranlassen)* ■**jdn [an jdn/sich]** ~ to let sb near [sb/one] ② *(fam: versuchen lassen)* ■**jdn** ~ to let sb have a go ③ *(sl: den Geschlechtsakt gestatten)* ■**jdn [an sich]** ~ to let sb do it [with one] *fam;* ***den lasse ich bestimmt nicht an mich ran*** I'm definitely not letting him do it [*or hum* have his evil way] with me

ran|machen *vr (fam)* ■**sich** *akk* **an jdn** ~ to make a pass at sb, to [try to] chat up sb *sep* BRIT

ranmüssen *vi irreg haben (fam)* to have to muck in BRIT *fam* [*or* AM share the work]

rann *imp von* **rinnen**

rannte *imp von* **rennen**

ran|schmeißen *vr irreg (sl)* ■**sich an jdn** ~ to throw oneself at sb *fam*

Ranunkel <-, -n> *f* BOT buttercup, ranunculus *spec*

Ranzen <-s, -> *m* ① SCH *(Schulranzen)* satchel ② *(fam: Bauch)* paunch, gut; **sich** *dat* **den ~ voll schlagen** *(sl)* to stuff oneself *fam* [*or fam* one's face]; **jdm den ~ voll hauen** *(veraltend fam)* to give sb a good hiding *dated* [*or* thrashing]

ranzig *adj* rancid; ■~ **sein/werden** to be/turn rancid

Rap <-> [rɛp] *m kein pl* MUS rap

rapide *adj* rapid

Rappe <-n, -n> *m* black [horse]

Rappel <-s, -> *m* **den/seinen ~ kriegen** *(fam)* to go completely mad; ***dabei kriegt man noch den ~!*** that's enough to drive you up the wall!, that's enough to drive you round the bend! [*or* twist]

rapp(e)lig *adj* DIAL *(fam)* jumpy, BRIT *a.* nervy; ***raus mit der Neuigkeit, wir sind alle schon ganz ~!*** come on, let's have [*or* out with] the news, we're all on tenterhooks [already]!

rappeln *vi (fam)* ① *(klappern)* to rattle ② *(veraltend: verrückt sein)* ■**bei jdm rappelt's** sb has a screw loose *fam* [*or* is mad]

rappen ['ræpn̩] *vi* MUS to rap

Rappen <-s, -> *m* [Swiss] centime, rappen

Rapper(in) <-s, -> ['ræpɐ] *m(f)* rapper, rap artist [*or* musician]

Rapport <-[e]s, -e> *m (geh)* ① *(Bericht)* report; **jdn zum ~ bestellen** to ask sb to file [*or* submit] a report; **jdm ~ erstatten** to report to sb ② *(psychischer Kontakt)* rapport

Raps <-es, -e> *m* BOT rape[seed]

Rapshonig *m* rapeseed honey **Rapsöl** *nt* rape[seed] oil

Rapunzel <-, -n> *f* BOT corn salad, lamb's lettuce

Rapunzelsalat *m* corn [*or* lamb's] lettuce

rar *adj* rare; ■~ **sein/werden** to be/become hard to find; **sich ~ machen** *(fam)* to make oneself scarce

Rarität <-, -en> *f* ① *(seltenes Stück)* rarity ② *(etwas selten Anzutreffendes)* rarity, curio, curiosity

Raritätenkabinett *nt place displaying rare objects and curios*

rasant I. *adj* ① *(ausgesprochen schnell)* fast; **~e Beschleunigung** terrific acceleration; **~e Fahrt, ~es Tempo** breakneck [*or* [very] high] speed ② *(stürmisch)* rapid; **eine ~e Zunahme** a sharp increase II. *adv* ① *(zügig)* ~ **fahren** to drive at breakneck speed ② *(stürmisch)* rapidly; ~ **zunehmen** to increase sharply

Rasanz <-> *f kein pl (geh)* [great] pace [*or* speed]

rasch I. *adj* quick, rapid; **eine ~e Entscheidung/ein ~er Entschluss** a quick decision; **in ~em Tempo** at a fast [*or* rapid] speed; ***~es Handeln ist geboten*** we must act quickly II. *adv* quickly; ***~, beeilt euch!*** come on, hurry up!; *s. a.* **Hand**

rascheln *vi* ① *(sich scharrend bewegen)* ■**in etw ~** *dat* to rustle in sth ② *(knistern)* ■**[mit etw]** ~ to rustle [sth]; ■**das R~** [the] rustling

rasen *vi* ① *sein (sehr schnell fahren)* to speed, to race along; ■**gegen/in etw** *akk* ~ to crash into sth; ■**über etw** *akk* ~ to race [*or* shoot] across [*or* over] sth; ■**das R~** [the] speeding ② *sein (eilends vergehen)* to fly [by]; **die Zeit rast** time flies; *s. a.* **Puls** ③ *haben (toben)* ■**[vor etw** *dat*] ~ to go wild [with sth]; ***sie raste [vor Wut]*** she was beside herself [with rage]

Rasen <-s, -> *m* ① *(grasbewachsene Fläche)* lawn ② SPORT *(Rasenplatz)* field, BRIT *a.* pitch

rasend I. *adj* ① *(äußerst schnell)* breakneck, tremendous ② *(wütend)* furious; **eine ~e Menge/ein ~er Mob** an angry crowd/mob; ■~ **sein vor etw** *dat* to be mad [*or* beside oneself] with sth; ~ **vor Wut** to be beside oneself with rage; **jd könnte ~ werden, wenn ...** sb could scream when ...; **jdn ~ machen [mit etw]** to drive sb mad [with sth] ③ *(furchtbar)* terrible; **~er Durst** raging thirst; **~e Eifersucht** a mad fit of jealousy; **ein ~er Schmerz** an excruciating pain; **eine ~e Wut** a blind [*or* violent] rage ④ *(tobend)* thunderous; **~er Beifall** thunderous applause II. *adv (fam)* very; ***ich würde das ~ gern tun*** I'd be very [*or* more than] happy [*or* love] to do it

Rasende(r) *f(m) dekl wie adj* madman *masc,* madwoman *fem,* maniac

Rasenfläche *f* lawn **Rasenmäher** <-s, -> *m* lawnmower **Rasenplatz** *m* SPORT field, BRIT *a.* pitch **Rasensprenger** <-s, -> *m* [lawn-]sprinkler

Raser(in) <-s, -> *m(f) (fam)* speed merchant *fam*

Raserei <-, -en> *f* ① *(fam: schnelles Fahren)* speeding *no pl* ② *kein pl (Wutanfall)* rage, fury; **jdn zur ~ bringen** to send sb into a rage, to drive sb mad [*or* to distraction]

Raserin <-, -nen> *f fem form von* **Raser**

Rasierapparat *m* ① *(Elektrorasierer)* [electric] shaver [*or* razor] ② *(Nassrasierer)* [safety] razor **Rasiercreme** *f* shaving cream

rasieren* *vt* ① *(Bartstoppeln entfernen)* ■**sich** ~ to [have a] shave; **sich elektrisch [*o* trocken]** ~ to use a[n] [electric] shaver [*or* an electric razor]; **sich nass** ~ to [have a] wet shave; ■**sich [von jdm] ~ lassen** to get a shave [from sb]; ■**jdn** ~ to shave sb; ***ich habe mich beim Rasieren geschnitten*** I cut myself shaving ② *(von Haaren befreien)* ■**[jdm] etw** ~ *Beine, Nacken* to shave [sb's] sth; ■**jd rasiert sich** *dat* **etw** sb shaves one's sth

Rasierer <-s, -> *m (fam)* [electric] shaver, electric razor

Rasierklinge *f* razor blade **Rasiermesser** *nt* cut-throat [*or* AM straight] razor **Rasierpinsel** *m* shaving brush **Rasierschaum** *m* shaving foam **Rasierwasser** *nt* aftershave **Rasierzeug** *nt* shaving things *pl*

Räson <-> [rɛ'zɔŋ, rɛ'zõː] *f kein pl* **jdn zur ~ bringen** *(geh)* to bring sb to his/her senses; ~ **annehmen** *(geh)* to come to one's senses

Raspel <-, -n> *f* rasp; KOCHK grater

raspeln *vt* ■**etw** ~ to grate sth; ■**geraspelt** grated

rass^RR *adj,* **räss**^RR *adj,* **raß** *adj,* **räß** *adj* SÜDD, SCHWEIZ, ÖSTERR ① *(scharf)* spicy, hot; **ein ~er Käse** a sharp[-tasting] cheese ② *(resolut)* determined

Rasse <-, -n> *f* ① *(Menschenrasse)* race ② *(Tierrasse)* breed; ~ **haben** to have pedigree; *(fig)* to have spirit; ***dieses Pferd hat ~!*** this horse is a thoroughbred!

Rassel <-, -n> *f* rattle

rasseln *vi* ① *haben* ■**[in etw** *dat*] ~ to rattle [in sth]; ■**das Rasseln** [the] rattling; ■**mit/an etw** ~ *dat* to rattle sth; **mit/an dem Schlüsselbund/den Schlüsseln ~** to jangle [*or* jingle] one's bunch of keys/keys ② *sein (fam: durchfallen)* ■**durch etw** ~ to fail [*or*

AM *a.* flunk] sth

Rassendiskriminierung *f* racial discrimination *no pl* **Rassenforschung** *m* racial research *no pl,* ethnology *no pl form* **Rassenhass**RR *m* racial hatred *no pl* **Rassenkonflikt** *m* SOZIOL, POL racial conflict **Rassenmerkmal** *nt* racial characteristic **Rassenmischung** *f* ① SOZIOL interbreeding *no pl* [of races], mixture of races, miscegenation *form no pl* ② ZOOL interbreeding *no pl,* crossbreeding *no pl* **Rassentrennung** *f kein pl* racial segregation **Rassenunruhe** *f meist pl* racial unrest *no pl, no indef art* **Rassenunterschied** *m* racial difference **Rassenwahn** *m* (*pej*) racial hatred

rasserein *adj s.* **reinrassig** **Rassetier** *nt* thoroughbred

rassig *adj* vivacious, spirited; **ein ~er Wein** a full-bodied wine

rassisch *adj* racial

Rassismus <-> *m kein pl* racism, racialism

Rassist(in) <-en, -en> *m(f)* racist, racialist

rassistisch *adj* racist, racialist

Rast <-, -en> *f* rest, break; [**irgendwo**] **~ machen** to stop for a rest [*or* break] [somewhere]; ***ohne ~ und Ruh*** (*geh*) without respite *form*

Raste <-, -n> *f* notch

rasten *vi* to [have a] rest [*or* have [*or* take] a break]; **nicht ~ und nicht ruhen, bis ...** not to rest until ...
▶ WENDUNGEN: **wer rastet, der rostet** (*prov*) a rolling stone gathers no moss *prov*

Raster1 <-s, -> *m* TYPO ① (*Glasplatte, Folie*) screen ② (*Rasterung*) screening, shadowing

Raster2 <-s, -> *nt* ① TV (*Gesamtheit der Bildpunkte*) raster ② (*geh: System von Kategorien*) category; ***man kann sie in kein ~ pressen*** she can't be pigeonholed

Rasterelektronenmikroskop *nt* BIOL scanning electron microscope **Rasterfahndung** *f* ≈ computer search (*search for wanted persons by using computers to assign suspects to certain categories*)

Rasthaus *nt* roadhouse; (*Autobahn*) motorway [*or* AM freeway] service area **Rasthof** *m* [motorway [*or* AM freeway]] service area **rastlos** *adj* ① (*unermüdlich*) tireless, unflagging ② (*unruhig*) restless **Rastlosigkeit** <-> *f kein pl* ① (*Unermüdlichkeit*) tirelessness ② (*Unruhe*) restlessness **Rastplatz** *m* TRANSP picnic area **Raststätte** *f s.* **Rasthof**

Rasur <-, -en> *f* ① (*das Rasieren*) shaving *no pl;* **nach/vor der ~** after/before shaving ② (*Resultat des Rasierens*) shave

Rat1 <-[e]s> *m kein pl* advice; **mit ~ und Tat** with help and advice; **jdn um ~ fragen** to ask sb for advice [*or* sb's advice]; **jdm einen ~ geben** to give sb some advice; ***wenn ich dir einen ~ geben darf*** if I could give you some [*or* a bit of [*or* a piece of]] advice; **jdm den ~ geben, etw zu tun** to advise sb to do sth; **sich** *dat* [**bei jdm**] **~ holen** to get some advice [from sb]; **sich** *dat* **keinen ~** [**mehr**] **wissen** to be at one's wit's end; **sich** *dat* **keinen anderen ~ mehr wissen, als etw zu tun** not to know what to do other than to do sth; **jdn/etw zu ~e ziehen** to consult sb/sth; **auf jds ~** [**hin**] on [the strength of] sb's advice; **gegen** [*o* **entgegen**] **jds ~** against sb's advice; **da ist guter ~ teuer** it's hard to know what to do

Rat2 <-[e]s, Räte> *m* POL council; ***er wurde in den ~ [der Gemeinde/Stadt] gewählt*** he was elected to the [parish/town] council; **der ~ der Weisen** ÖKON the German Expert Council on Overall Economic Development (*independent body of five experts who annually present a report on the economy and its likely future development*)**;** **Großer ~** SCHWEIZ [Swiss] cantonal parliament; **im ~ sitzen** (*fam*) ≈ to be Councillor [*or* AM *a.* Councilor] (*to be a member of a* [*Swiss*] *cantonal parliament*)

Rat, Rätin <-[e]s, Räte> *m, f* ① POL (*Stadtrat*) councillor, AM *a.* councilor ② ADMIN (*fam*) senior official

Rate <-, -n> *f* instalment, AM *a.* installment; **auf** [*o* **in**] **~n** in [*or* by] instalments; **etw in ~n bezahlen** to pay for sth in [*or* by] instalments, to buy sth on hire purchase [*or* AM using an installment plan]

raten <rät, riet, geraten> **I.** *vi* ① (*Ratschläge geben*) ■[**jdm**] **zu etw ~** to advise [sb to do] sth, to recommend sth [to sb]; ***wenn Sie mich fragen, ich würde [Ihnen] zu einem Kompromiss ~*** if you ask me, I'd advise [you to] compromise; ■**jdm ~, etw zu tun** to advise sb to do sth; ■**sich** *dat* [**von jdm**] **~ lassen** to take advice [from sb] ② (*schätzen*) to guess; **mal ~** to have a guess; **falsch/richtig ~** to guess wrong/right; *s. a.* **dreimal, geraten II.** *vt* ① (*als Ratschlag geben*) ■**jdm etw raten** to advise sb to do sth; ***was rätst du mir?*** what do you advise [me to do]? ② (*erraten*) ■**etw ~** to guess sth; **ein Rätsel ~** to solve a riddle

Ratenkauf *m* hire purchase BRIT, installment plan AM **ratenweise** *adv* in [*or* by] instalments **Ratenzahlung** *f* ① *kein pl* (*Zahlung in Raten*) payment in [*or* by] instalments ② (*Zahlung einer Rate*) payment of an instalment

Räterepublik *f* HIST ≈ soviet republic (*republic governed by* [*workers'*] *councils*)

Ratespiel *nt* quiz

Ratgeber <-s, -> *m* ① (*Werk*) manual ② (*beratende Person*) adviser, advisor; **ein schlechter** [*o* **kein guter**] **~ sein** (*fig*) to be a shaky basis for a decision [*or* a doubtful motive]

Rathaus *nt* town hall

Ratifikation <-, -en> *f s.* **Ratifizierung**

ratifizieren* *vt* POL ■**etw ~** to ratify sth

Ratifizierung <-, -en> *f* POL ratification *no pl*

Rätin <-, -nen> *f fem form von* **Rat**

Ratio <-> ['ra:tsio] *f kein pl* (*geh*) reason *no art*

Ration <-, -en> [ratsi'o:n] *f* ration; **eiserne ~** MIL iron rations *pl*

rational [ratsio-] *adj* (*geh*) rational

rationalisieren* [ratsio-] **I.** *vt* ■**etw ~** to rationalize [*or* AM *usu* streamline] sth **II.** *vi* to rationalize, AM *usu* to streamline

Rationalisierung <-, -en> [ratsio-] *f* rationalization *no pl,* AM *usu* streamlining *no pl*

Rationalisierungsmaßnahme *f meist pl* ÖKON rationalization [*or* AM *usu* streamlining] measure

Rationalist(in) <-en, -en> [ratsio-] *m(f)* (*geh*) rationalist

rationell [ratsio-] *adj* efficient

rationieren* [ratsio-] *vt* ■**etw ~** to ration sth

Rationierung <-, -en> [ratsio-] *f* rationing *no pl*

ratlos *adj* helpless; ■**~ sein** to be at a loss; ***ich bin völlig ~*** I'm completely at a loss

Ratlosigkeit <-> *f kein pl* helplessness

Rätoromane, -romanin <-n, -n> *m, f* GEOG Rhaetian

rätoromanisch *adj* LING Rhaeto-Romanic [*or* -Romance]; ■**das Rätoromanisch[e]** Rhaeto-Romanic [*or* -Romance]

ratsam *adj* prudent; ■**~ sein, etw zu tun** to be advisable to do sth; **etw für ~ halten** to think sth wise; **es für ~ halten, etw zu tun** to think it wise to do sth

Ratsche <-, -n> *f,* **Rätsche** <-, -n> *f* MUS SÜDD, ÖSTERR rattle

ratschen *vi* SÜDD, ÖSTERR ① (*die Ratsche drehen*) to rattle ② (*fam: schwatzen*) ■[**mit jdm**] **~** to chat [*or fam* natter] [with sb]

Ratschlag <-s, Ratschläge> *m* advice *no pl, no indef art,* bit [*or* piece] of advice *no pl, no def art;* ***spar dir deine ~e*** spare me your advice; **jdm** [**in etw** *dat*]

einen ~ geben [*o geh* **erteilen**] to give sb a piece of [*or* some] advice [on sth]

RatschlussRR *m* will *no pl*

Rätsel <-s, -> *nt* ① (*Geheimnis*) mystery; ***das ~ hat sich endlich aufgeklärt*** we finally solved that mystery; **jdm ein ~ sein/bleiben** to be/remain a mystery to sb; **es ist [jdm] ein ~ warum/wie ...** it is a mystery [to sb] why/how ... ② (*Denkaufgabe*) riddle, puzzle; **des ~s Lösung** the solution to the puzzle, the answer to the riddle; **jdm ein ~ aufgeben** to pose a riddle for sb; *Frage* to puzzle [*or* baffle] sb, to be a mystery to sb; **in ~n sprechen** to talk [*or* speak] in riddles; **vor einem ~ stehen** to be baffled ③ (*Kreuzworträtsel*) crossword [puzzle]

rätselhaft *adj* mysterious, enigmatic; **eine ~e Erscheinung/ein ~es Phänomen/ein ~es Verschwinden** a mysterious appearance/phenomenon/disappearance; **auf ~e Weise** in a mysterious manner, mysteriously; ***sie ist unter bisher ~en Umständen ums Leben gekommen*** she lost her life under suspicious circumstances; ■**jdm ~ sein** to be a mystery to sb; ■**es ist jdm ~, warum/wie ...** it's a mystery to sb why/how ...

Rätselheft *nt* puzzle magazine

rätseln *vi* to rack one's brains; ■**~, warum/was/wie ...** to rack one's brains as to [*or* try and work out] why/what/how ...; ***ich weiß es nicht genau, ich kann nur ~*** I don't know exactly, I can only speculate [*or fam* hazard a guess]

Rätselraten <-s> *nt kein pl* ① (*das Lösen von Rätseln*) [the] solving [of] puzzles ② (*das Mutmaßen*) guessing game

Ratsherr *m* councillor, AM *a.* councilor **Ratskeller** *m* rathskeller, ratskeller (*restaurant in the cellar of a German town hall*) **Ratsmitglied** *nt* councillor, AM *a.* councilor **Ratsversammlung** *f* council meeting

Rattan <-s, *selten* -e> *nt* BOT rattan

Ratte <-, -n> *f* ① ZOOL rat ② (*sl: Dreckskerl*) rat; ***du miese ~!*** you dirty rat! ▶ WENDUNGEN: **die ~n verlassen das sinkende Schiff** (*prov*) the rats are leaving [*or* deserting] the sinking ship

Rattenfänger *m* (*veraltet*) rat-catcher; **der ~ von Hameln** the Pied Piper of Hamelin **Rattenfraß** *m* damage caused by rats **Rattengift** *nt* rat poison *no pl* **Rattenschwanz** *m* ① ZOOL (*Schwanz einer Ratte*) rat's tail, rat-tail ② (*fam: verbundene Serie von Ereignissen*) string, series; ***das könnte einen ganzen ~ von Prozessen auslösen*** this could set off a whole string [*or* series] of cases ③ (*fam: Frisur*) pigtail

rattern *vi* ① *haben* (*klappernd vibrieren*) to rattle ② *sein* (*sich ratternd fortbewegen*) to rattle along

ratzekahl *adv* (*fam*) totally, completely; **~ aufessen/auffressen** to gobble up [*or fam* polish off] the whole lot [*or* everything]; **das Haar ~ abrasieren** to shave off the hair completely

ratzen *vi* DIAL (*fam: schlafen*) to kip BRIT *fam*, to sleep; (*kleines Schläfchen halten*) to have a kip BRIT *fam* [*or* nap]

rauRR *adj* ① (*spröde*) rough; **~e Hände/Haut/~er Stoff** rough hands/skin/material; **~e Lippen** chapped lips; *s. a.* **Schale** ② (*heiser*) sore; **eine ~e Stimme** a hoarse [*or* husky] voice ③ (*unwirtlich*) harsh, raw; **eine ~e Gegend** a bleak [*or* an inhospitable] region ④ (*barsch*) harsh; **~es Benehmen/~e Sitten** uncouth behaviour [*or* AM -or]/manners

Raub <-[e]s, *selten* -e> *m kein pl* ① (*das Rauben*) robbery ② (*das Geraubte*) booty, spoils *npl* ▶ WENDUNGEN: **ein ~ der Flammen werden** (*geh*) to be consumed by the flames

Raubbau *m kein pl* over-exploitation; ■**~ an etw** *dat* over-exploitation of sth; **der ~ am Tropenwald** the overfelling [*or* destruction] of the [tropical] rainforests; **~ treiben** to overdo it, to burn the candle at both ends; ***du treibst ~ mit deiner Gesundheit*** you're ruining your health **Raubdruck** *m* pirate[d] edition [*or* copy]

RaubeinRR *nt* (*fam*) rough diamond BRIT, diamond in the rough AM

raubeinigRR *adj* (*fam*) rough-and-ready

rauben **I.** *vt* ① (*stehlen*) ■[**jdm**] **etw ~** to rob [sb of] sth, to steal sth [from sb]; ***sie raubten ihm das Radio aus dem Auto*** they robbed him of [*or* stole] his radio from his car ② (*entführen*) ■**jdn ~** to abduct [*or* kidnap] sb ③ (*geh*) ■**jdm etw ~** to deprive sb of sth; ***das hat mir viel Zeit geraubt*** this has cost me a lot of time; *s. a.* **Nerv II.** *vi* to rob, to plunder

Räuber(in) <-s, -> *m(f)* robber; **~ und Gendarm** cops and robbers

Räuberbande *f* band [*or* gang] of robbers, bunch of crooks **Räuber-Beute-Beziehung** *f* BIOL predator-prey relationship **Räuberhauptmann** *m* gang leader **Räuberhöhle** *f* (*veraltend*) robbers' den ▶ WENDUNGEN: **in einer ~ leben** to live in a pigsty *fig*

Räuberin <-, -nen> *f fem form von* **Räuber**

räuberisch *adj* ① (*als Räuber lebend*) predatory, rapacious *form* ② (*einen Raub bezweckend*) **ein ~er Überfall/eine ~e Unternehmung** a raid/robbery; *s. a.* **Erpressung**

Raubfisch *m* predatory fish **Raubkatze** *f* [predatory] big cat **Raubkopie** *f* pirate[d] copy **raubkopieren*** *vt* INFORM, MEDIA ■**etw ~** to pirate sth **Raubmord** *m* murder with robbery as a motive **Raubmörder(in)** *m(f)* robber who commits [*or* committing] murder, murderer and robber **Raubmöwe** *f* ORN skua **Raubritter** *m* HIST robber baron **Raubtier** *nt* ZOOL predator, beast of prey **Raubüberfall** *m* robbery, hold-up; (*auf Geldtransport etc a.*) raid; ■**der/ein ~ auf jdn/etw** the/a hold-up of sb/sth; **einen ~ auf jdn/etw verüben** to hold up sb *sep*/to raid [*or sep* hold up] sth **Raubvogel** *m* ORN bird of prey, predatory bird, raptor *spec* **Raubzug** *m* raid

Rauch <-[e]s> *m kein pl* ① (*Qualm*) smoke; (*Tabakrauch*) [cigarette] smoke; **in ~ aufgehen** [*o* **sich in ~ auflösen**] to go up in smoke *fig* ② KOCHK (*Räucherkammer*) smokehouse, smoking chamber

Rauchabzug *m* BAU flue, smoke outlet

rauchen **I.** *vi* ① (*Raucher sein*) to smoke; **sehr stark** [*o* **viel**] **~** to be a very heavy smoker; ***darf man hier/bei Ihnen ~?*** may I smoke [in] here/do you mind if I smoke? ② (*qualmen*) to smoke ▶ WENDUNGEN: **..., dass es [nur so] rauchte** (*fam*) like mad *fam*; ***er hat ihm die Leviten gelesen, dass es [nur so] rauchte*** he really read him the riot act; *s. a.* **Kopf II.** *vt* ■**etw ~** to smoke sth

Raucher <-s, -> *m* BAHN (*fam*) smoking compartment [*or* carriage] [*or* AM car], smoker *dated*

Raucher(in) <-s, -> *m(f)* smoker; **~ sein** to be a smoker; **„~"** "smoking [area]"

Räucheraal *m* smoked eel

Raucherabteil *nt* BAHN smoking compartment [*or* carriage] [*or* AM car], smoker *dated* **Raucherbein** *nt* MED smoker's leg **Raucherecke** *f* smokers' corner **Raucherhusten** *m* smoker's cough

Raucherin <-, -nen> *f fem form von* **Raucher**

Räucherkammer *f* KOCHK smokehouse, smoking chamber **Räucherkerze** *f* pastille, scented candle **Räucherlachs** *m* smoked salmon *no pl*

räuchern **I.** *vt* ■**etw ~** to smoke sth; ■**geräuchert** smoked; ■**das Räuchern** smoking **II.** *vi* (*fam*) ① KOCHK (*gerade räuchern*) to smoke ② (*Räucherstäbchen abbrennen*) to burn incense [*or* joss sticks]

Räucherspeck *m* smoked bacon **Räucherstäbchen** *nt* joss stick **Räucherwürstchen** *nt* smoked sausage

R

Raucherzone *f* smoking area

Rauchfahne *f* plume [*or* trail] of smoke **Rauchfang** *m* ① (*Abzugshaube*) chimney hood ② ÖSTERR (*Schornstein*) chimney **Rauchfangkehrer(in)** *m(f)* ÖSTERR (*Schornsteinfeger*) chimney sweep **Rauchfleisch** *nt* smoked meat **Rauchgas** *nt* (*geh*) flue gas **Rauchgasentschwefelungsanlage** *f* flue gas desulphurization plant **rauchgeschwärzt** *adj* smoke-blackened *attr*, blackened by smoke *pred*

rauchig *adj* smoky

Rauchschwaden <-s, -> *m meist pl* cloud of smoke **Rauchschwalbe** *f* ORN [common] swallow **Rauchverbot** *nt* ban on smoking; ***darf ich rauchen, oder besteht hier/bei euch ~?*** may I smoke, or do you prefer people not to smoke? **Rauchvergiftung** *f* MED fume [*or* smoke] poisoning

Rauchwaren¹ *pl* (*geh*) tobacco [products *pl*]

Rauchwaren² *pl* (*geh*) furs *pl*

Rauchwolke *f* cloud of smoke **Rauchzimmer** *nt* smoking [*or* smoker's] room

Räude <-, -n> *f* mange *no pl*

räudig *adj* mangy; *s. a.* **Hund**

rauf **I.** *interj* (*fam*) up **II.** *adv* (*fam*) ■ **jd darf/ist/kann/muss/soll** [**auf etw** *akk*] ~ sb is allowed [to go] up/is up/can go up/has to go up/is supposed to go up [sth]

Raufasertapete^RR *f* woodchip [wallpaper]

Raufbold <-[e]s, -e> *m* thug, ruffian *dated*

raufen **I.** *vi* ■ [**mit jdm**] ~ to fight [[with] sb] **II.** *vr* ■ **sich** [**um etw**] ~ to fight [over sth]; *s. a.* **Haar**

Rauferei <-, -en> *f* fight, scrap *sl*

rauflustig *adj* looking [*or* spoiling] for a fight [*or sl* scrap] *pred*, pugnacious *form*

rauh *adj s.* **rau**

Rauhbein *nt s.* **Raubein**

rauhbeinig *adj s.* **raubeinig**

Rauheit <-> *f kein pl* ① (*Sprödigkeit*) roughness *no pl* ② (*Unwirtlichkeit*) harshness, rawness; *Gegend* bleakness, inhospitableness

Rauhfasertapete *f s.* **Raufasertapete** **Rauhputz** *m s.* **Rauputz** **Rauhreif** *m kein pl s.* **Raureif**

Rauke *f* BOT arugula, rocket, roquette

Raum <-[e]s, Räume> *m* ① (*Zimmer*) room ② *kein pl* (*Platz*) room *no art*, space *no art*; **auf engstem ~** in a very confined space [*or* the most confined of spaces]; ~ [**für etw**] **schaffen** to make room [*or* create space] [for sth] ③ *kein pl* PHYS space *no art*; ASTRON [outer] space *no pl, no art* ④ GEOG (*Gebiet*) region, area; **im ~ Hamburg** in the Hamburg area ▶ WENDUNGEN: **im ~[e] stehen** to be unresolved; **etw in den ~ stellen** to raise [*or* pose] [*or sep* bring up] sth; **eine Hypothese/These in den ~ stellen** to put forward a hypothesis/theory

Raumaufteilung *f* floor plan **Raumausstatter(in)** <-s, -> *m(f)* interior decorator

Raumdeckung *f* FBALL zonal marking

räumen **I.** *vt* ① (*entfernen*) ■ **etw aus/von etw ~** to remove [*or* clear] sth from sth; ***räum deine Unterlagen bitte vom Tisch*** clear your papers off [*or* remove your papers from] the table, please ② (*einsortieren*) ■ **etw in etw** *akk* ~ to put away sth *sep* in sth ③ (*frei machen*) ■ **etw ~** to vacate [*or* move out of] sth; **die Straße ~** to clear the street; ■ **etw ~ lassen** to have sth cleared ④ (*evakuieren*) ■ **geräumt werden** to be evacuated **II.** *vi* DIAL (*umräumen*) to rearrange things

Raumfähre *f* space shuttle **Raumfahrer(in)** *m(f)* (*veraltend*) *s.* **Astronaut**

Raumfahrt *f kein pl* space travel *no art*; (*einzelner Raumflug*) space flight; **bemannte/unbemannte ~** manned/unmanned space travel

Raumfahrtbehörde *f* space agency [*or* authority] **Raumfahrtmedizin** *f kein pl* space medicine *no pl, no indef art* **Raumfahrtzentrum** *nt* space centre [*or* AM -er]

Raumfahrzeug *nt* spacecraft

Räumfahrzeug *nt* bulldozer; (*für Schnee*) snowplough BRIT, snowplow AM

Raumflug *m* ① (*Flug in den Weltraum*) space flight ② *kein pl* (*Raumfahrt*) space travel

Raumgestaltung *f* interior design

Raumgleiter <-s, -> *m* space shuttle

Rauminhalt *m* MATH volume

Raumkapsel *f* ① (*Kabine einer Raumfähre*) space capsule ② *s.* **Raumsonde**

Raumlehre *f* geometry

räumlich **I.** *adj* ① (*den Raum betreffend*) spatial; **in großer ~er Entfernung** a long way away; **~e Nähe** physical proximity; **~e Gegebenheiten** spacious conditions [*or* set-up] ② (*dreidimensional*) three-dimensional; **das ~e Sehvermögen** the ability to see things in three dimensions [*or* three-dimensionally] **II.** *adv* ① (*platzmäßig*) spatially; ~ [**sehr**] **beengt** [*o* **beschränkt**] **sein** to be [very] cramped for space; **sich ~ beschränken** to limit oneself in terms of space ② (*dreidimensional*) three-dimensionally

Räumlichkeit <-, -en> *f* ① *kein pl* KUNST (*räumliche Wirkung, Darstellung*) spatiality *no pl*, three-dimensionality *no pl* ② *pl* (*geh: zusammengehörende Räume*) premises *npl*

Raummangel *m* lack of room [*or* space] *no pl* **Raummaß** *nt* cubic measure, unit of capacity [*or* volume] **Raummeter** *m o nt* cubic metre [*or* AM -er] (*of stacked wood*) **Raumordnung** *f* ADMIN regional development planning **Raumpfleger(in)** *m(f)* (*euph: Putzhilfe*) cleaner, cleaning lady *fem* **Raumplanung** *f s.* **Raumordnung**

Raumschiff *nt* spaceship **Raumsonde** *f* space probe

raumsparend *adj attr* space-saving *attr*

Raumstation *f* space station **Raumtransporter** *m* space shuttle

Räumung <-, -en> *f* ① (*das Freimachen eines Ortes*) *Kreuzung, Unfallstelle* clearing, clearance; *Wohnung* vacation; (*zwangsweise*) eviction ② (*Evakuierung*) evacuation

Räumungsarbeiten *pl* clearance work *no pl, no indef art*, clearance operations *pl* **Räumungsbefehl** *m* JUR eviction order **Räumungsklage** *f* JUR action of ejectment **Räumungsverkauf** *m* ÖKON clearance sale

Raumverschwendung *f* waste of space **Raumverteilungsplan** *m* BAU diagram of the layout [of a/the building/the rooms]

raunen **I.** *vi* (*geh*) to murmur, to whisper; ***ein Raunen ging durch die Menge*** a murmur went through the crowd **II.** *vt* (*geh*) ■ **etw ~** to murmur [*or* whisper] sth

Raupe¹ <-, -n> *f* ZOOL caterpillar

Raupe² <-, -n> *f* (*Planierraupe*) bulldozer

Raupe³ <-, -n> *f* TECH *s.* **Raupenkette**

Raupenfahrzeug *nt* caterpillar® [*vehicle*] **Raupenkette** *f* caterpillar® *track* **Raupenschlepper** *m* caterpillar® *tractor* **Rauputz**^RR *m* BAU roughcast *no pl* **Raureif**^RR *m kein pl* hoar [*or* white] frost, rime

raus **I.** *interj* [get] out; ***schnell ~ hier!*** quick, get out of here! **II.** *adv* (*fam*) out; ***Sie können da nicht ~*** you can't get out that way; ***aufmachen, ich will hier ~!*** let me out of here!; *s. a.* **heraus, hinaus**

Rausch <-[e]s, Räusche> *m* ① (*Trunkenheit*) intoxication, inebriation; **im Zustand eines ~es** in a state of intoxication; **einen ~ bekommen** to get drunk, to become inebriated [*or* intoxicated] *form*; **einen ~ haben** to be drunk [*or form* inebriated] [*or form* intoxicated]; **seinen ~ ausschlafen** to sleep it off; **sich** *dat* **einen ~ antrinken** to get drunk ② (*geh: Ekstase*) ecstasy; **im ~ der Leidenschaft** intoxicated by [*or* inflamed with] passion; **der ~ der Geschwindigkeit/des Erfolges** the thrill [*or* exhilaration] of speed/success

rauschen *vi* ① *haben* (*anhaltendes Geräusch erzeugen*) *Brandung, Meer, Wasser[fall], Verkehr* to roar; (*sanft*) to murmur; *Baum, Blätter* to rustle; *Lautsprecher* to hiss; *Rock, Vorhang* to swish ② *sein* (*sich geräuschvoll bewegen*) *Bach, Fluten, Wasser* to rush; *Vogelschwarm* to swoosh ③ *sein* (*fam: zügig gehen*) to sweep; **sie rauschte aus dem/in das Zimmer** she swept out of/into the room

rauschend *adj* (*prunkvoll*) *Ballnacht, Fest* glittering; (*stark*) *Beifall* resounding

rauschfrei *adj* TELEK, MEDIA free of background noise; ***CDs sind völlig ~*** CDs are completely hiss-free [*or* free of background noise]; *~**e Wiedergabe*** hiss-free reproduction

Rauschgift *nt* drug, narcotic; **~ nehmen** to take drugs; (*drogensüchtig sein*) to be on drugs

Rauschgiftdezernat *nt* ADMIN drug [*or* AM narcotics] squad **Rauschgiftfahnder(in)** *m(f)* drug squad officer BRIT, narcotics agent AM **Rauschgifthandel** *m* drug trafficking **Rauschgiftkriminalität** *f* drug-related crime **Rauschgiftschmuggel** *m* drug smuggling **Rauschgiftsucht** *f* drug addiction **rauschgiftsüchtig** *adj inv* addicted to drugs *pred* **Rauschgiftsüchtige(r)** <-n, -n> *dekl wie adj f(m)* drug addict

Rauschmittel *nt* (*geh*) drug, intoxicant *form*

raus|ekeln *vt* (*fam*) ■**jdn** [**aus etw**] ~ to hound [*or* drive] sb [out of sth]; (*durch Schweigeterror*) to freeze sb out *sep* [of sth] *fam*

raus|fliegen *vi irreg sein* (*fam*) ① (*hinausgeworfen werden*) **aus der Schule ~** to be chucked [*or* slung] [*or* AM kicked] out of school *fam;* **aus einem Betrieb ~** to be given the boot [*or* the push] *fam* ② (*weggeworfen werden*) to get chucked out [*or* away]

raus|gucken *vi* (*fam*) ■[**aus etw** *dat*] ~ ① (*heraussehen*) to look out [of sth] ② (*fig: hervorstrecken*) to peep out [of sth]

raus|kriegen *vt* (*fam*) ■**etw** ~ to cotton on to [*or* AM *a.* to] sth *fam;* ■~, **was/wer/wie/wo ...** to find out what/who/how/where ...; **ein Rätsel ~** to figure out a puzzle *sep*

räuspern *vr* ■**sich** ~ to clear one's throat; ***durch wiederholtes Räuspern versuchte sie, die Aufmerksamkeit auf sich zu lenken*** by repeatedly clearing her throat, she tried to draw attention to herself

raus|schmeißen *vt irreg* (*fam*) ① ■**jdn** ~ to chuck [*or* sling] [*or* AM *usu* kick] out sb *sep fam;* ***er wurde aus der Schule rausgeschmissen*** he was chucked out of school; (*aus einer Firma*) to give sb the boot [*or* the push] *fam;* **jd aus dem Haus ~** to sling [*or* kick] [*or* throw] sb out *sep fam* ② (*wegwerfen*) ■**etw** ~ to chuck sth out [*or* away] *fam*

Rausschmeißer <-s, -> *m* (*fam*) bouncer *fam*

Rausschmiss[RR] <-es, -e> *m*, **Rausschmiß** <-sses, -sse> *m* (*fam*) booting [*or* chucking] [*or* slinging] [*or* AM *usu* throwing] out *fam;* ***mit dem ~ hat er rechnen müssen*** he had to expect the boot

Raute <-, -n> *f* MATH rhombus

rautenförmig *adj* MATH rhombic, diamond-shaped

Rave <-[s], -s> *nt* MUSIK rave *fam*

Ravioli [ra'vio:li] *pl* ravioli + *sing vb, no indef art*

Raygras *nt* BOT rye grass

Rayon <-s, -s> [rɛ'jõ:] *m* ÖSTERR, SCHWEIZ district

Razzia <-, Razzien> [-tsiən] *f* raid, bust *fam;* **eine ~ veranstalten** [*o* **machen**] [*o* **durchführen**] to [make a] raid

Reagens <-, Reagenzien> *nt,* **Reagenz** <-es, -ien> [-tsiən] *nt* CHEM reagent

Reagenzglas *nt* CHEM, PHYS, BIOL test tube

reagieren* *vi* ① (*eine Reaktion zeigen*) ■[**auf etw** *akk*] ~ to react [to sth]; ***ich habe ihn um eine Antwort gebeten, aber er hat noch nicht reagiert*** I have asked him for an answer but he hasn't come back to me yet; **empfindlich/sauer** [**auf etw** *akk*] ~ to be sensitive [to sth]/peeved [at sth] ② CHEM ■[**mit etw**] ~ to react [with sth]

Reaktion <-, -en> *f* reaction; ■**jds ~ auf etw** *akk* sb's reaction to sth

reaktionär I. *adj* POL (*pej: rückständig*) reactionary II. *adv* in a reactionary way; **~ eingestellt sein** to be a reactionary

Reaktionär(in) <-s, -e> *m(f)* POL (*pej*) reactionary

Reaktionsfähigkeit *f kein pl* reflexes *pl,* reactions *pl* **reaktionsschnell** *adj* with quick reactions; ■~ **sein** to have quick reactions **Reaktionsvermögen** *nt kein pl* ability to react *no pl,* reactions *pl;* ***Alkohol schränkt das ~ ein*** alcohol slows one's [*or* the] reactions [*or* ability to react] **Reaktionszeit** *f* reaction time

reaktivieren* [-'vi:-] *vt* ■**jdn** ~ *beim Militär* to recall sb [to duty]; *im Zivilbereich* to recall sb [to work]

Reaktivierung <-, -en> [-'vi:-] *f* recalling [to duty/work]

Reaktor <-s, -toren> *m* PHYS reactor

Reaktorblock <-blöcke> *m* reactor block **Reaktorkern** *m* reactor core **Reaktorkühlung** *f* cooling of a/the reactor **Reaktorsicherheit** *f* reactor safety **Reaktorsicherheits-Kommission** *f* nuclear safety commission **Reaktorsicherheitskommission** *f* NUKL ■**die** ~ the German Commission on Reactor Safety **Reaktorunfall** *m* accident at a/the reactor, nuclear accident **Reaktorunglück** *nt* reactor accident, accident at a/the reactor

real I. *adj* (*geh*) real II. *adv* (*geh*) **ein ~ denkender Mensch** a realistic thinker; ÖKON in real terms

Realeinkommen *nt* ÖKON real income

Realisation <-, -en> *f* (*geh*) *s.* **Realisierung**

realisierbar *adj* (*geh*) realizable, feasible, viable; **schwer ~e Pläne/Projekte** plans/projects that are hard to accomplish

Realisierbarkeit <-> *f kein pl* (*geh*) feasibility, practicability, viability

realisieren* *vt* ① ■**etw** ~ (*verwirklichen*) to realize sth, to bring sth about ② (*erkennen*) to realize sth ③ FIN (*in Geld umsetzen*) to realize sth; **Immobilien ~** to sell property

Realisierung <-, *selten* -en> *f* (*geh*) realization; *Idee, Plan* implementation

Realismus <-> *m kein pl* realism *no pl*

Realist(in) <-en, -en> *m(f)* realist

realistisch *adj* realistic

Realität <-, -en> *f* ① (*Wirklichkeit*) reality; **der ~ ins Auge sehen** to have to face facts [*or fam* to get real]; ***das ist nun mal die ~*** we'll just have to face up to it; **~ werden** to become [a] reality ② *pl* (*Gegebenheiten*) realities, facts ③ *pl* ÖSTERR (*Immobilien*) real estate *no pl,* property *no pl*

Realitätenhändler(in) *m(f)* ÖSTERR (*Immobilienhändler*) [real] estate agent BRIT, real estate agent AM

realitätsfern *adj* unrealistic; **eine ~e Person** a person out of touch with reality **realitätsnah** *adj* realistic; **eine ~e Person** a person in touch with reality **Realitätssinn** *m kein pl* sense of reality *no pl*

Reality-TV <-[s]> *nt kein pl* TV reality [*or* fly-on-the-wall] TV *no pl*

Realkanzlei *f* ÖSTERR [real] estate agency BRIT, real estate office [*or* agency] AM **Realkapital** *nt* ÖKON real [*or* non-monetary] capital **Realkredit** *m* ÖKON credit on real estate **Reallohn** *m* ÖKON real wage

Realo <-s, -s> *m* POL (*fam*) political realist (*of the Green Party*)

Realpolitik *f* practical politics + *sing vb*, political realism, realpolitik **Realpolitiker(in)** *m(f)* political realist **Realschule** *f type of secondary/junior high school for ages 10 to 16 where pupils can work towards the 'mittlere Reife'* **Realschüler(in)** *m(f)* ≈ secondary school pupil BRIT, ≈ junior high school student AM **Realsozialismus** *m* POL real socialism **Realwert** *nt* ÖKON real value **Realzins** *m* ÖKON real interest rate

Reanimation <-, -en> *f* MED resuscitation

reanimieren* *vt* ■**jdn** ~ MED to resuscitate sb

Rebe <-, -n> *f* [grape]vine

Rebell(in) <-en, -en> *m(f)* rebel

rebellieren* *vi* ■[**gegen jdn/etw**] ~ to rebel [against sb/sth]

Rebellin <-, -nen> *f fem form von* **Rebell**

Rebellion <-, -en> *f* rebellion; *Studenten* revolt

rebellisch *adj* rebellious; **jdn/etw** ~ **machen** (*fam*) to make sb/sth agitated

Rebensaft *m kein pl* (*geh*) wine, juice of the vine *liter*

Rebhuhn *nt* partridge **Rebkresse** *f* lamb's lettuce **Reblaus** *f* phylloxera *spec*, vine pest **Rebsorte** *f* type of grape **Rebstock** *m* vine

Rebus <-, -se> *m o nt* rebus, picture puzzle

Rechaud <-s, -s> [re'ʃo:] *m o nt* hotplate, réchaud *spec*, chafing dish *spec*

rechen *vt* ■**etw** ~ to rake sth

Rechen <-s, -> *m* rake

Rechenart *f* type of arithmetic[al] calculation **Rechenaufgabe** *f* arithmetic[al] problem **Rechenexempel** *nt* sum, arithmetic[al] problem; ***das ist nur ein einfaches*** ~ that's just simple arithmetic **Rechenfehler** *m* arithmetic[al] error [*or* mistake]; [**einen**] ~ **machen** to make a mistake in one's calculations [*or* miscalculation] **Rechengeschwindigkeit** *f* INFORM operating speed **Rechenhilfe** *f* MATH calculating device **Rechenkünstler(in)** *m(f)* mathematical genius [*or fam* wizard] **Rechenmaschine** *f* calculator; (*Abakus*) abacus

Rechenschaft <-> *f kein pl* account; [**jdm**] [**für etw**] **zur** ~ **verpflichtet sein** to be accountable [for sth] [to sb]; **jdm** [**über etw** *akk*] ~ **schuldig sein, jdm** [**über etw** *akk*] ~ **schulden** to be accountable [*or* have to account] to sb [for sth]; [**jdm**] ~ [**über etw** *akk*] **ablegen** to account [to sb] [for sth]; **sich** *dat* **über etw** *akk* ~ **ablegen** to account [*or* answer] to oneself for sth; [**von jdm**] ~ [**über etw** *akk*] **verlangen** [*o* **fordern**] to demand an explanation [*or* account] [from sb] [about sth]; **jdn** [**für etw** *akk*] **zur** ~ **ziehen** to call sb to account [for sth]

Rechenschaftsbericht *m* report

Rechenschieber *m* slide rule **Rechenwerk** *nt* FIN book-keeping, accounting **Rechenzentrum** *nt* computer centre [*or* AM -er]

Recherche <-, -en> [re'ʃɛrʃə] *meist pl f* (*geh*) investigation, enquiry; ~**n** [**über jdn/etw**] **anstellen** to make enquiries [about [*or* into] sb/sth], to investigate [sb/sth]; **die** ~ **einstellen** to end the investigation

recherchieren* [reʃɛr'ʃi:rən] **I.** *vi* (*geh*) to investigate, to make enquiries **II.** *vt* (*geh*) ■**etw** ~ to investigate [*or* make enquiries into] sth

rechnen I. *vt* ❶ (*mathematisch lösen*) ■**etw** ~ to calculate sth; *s. a.* **rund** ❷ (*zählen, messen*) ■**etw** ~ to work out sth *sep*, to calculate sth; **etw in Euro/DM/etc** ~ to calculate sth in Euros/German Marks; **die Entfernung in Lichtjahren** ~ to reckon the distance in light years *fam* ❸ (*ansetzen, berechnen*) **das Kilo/den Kilometer zu 90 Pfennig** ~ to reckon on 90 pfennigs a kilo/kilometre [*or* AM -er] ❹ (*veranschlagen*) ■**etw** [**für** [*o* **pro**] **jdn/etw**] ~ to reckon [*or* estimate] [sth for sb/sth]; ***wir müssen mindestens zehn Stunden*** ~ we must reckon on at least ten hours; **zu hoch/niedrig gerechnet sein** to be an over-/underestimate ❺ (*einbeziehen, miteinrechnen*) ■**etw** ~ to include sth, to take sth into account; ***das sind also vier Gepäckstücke, die Handtasche nicht gerechnet*** so that's four items of luggage, not including the handbag ❻ (*berücksichtigen*) ■**etw** ~ to take sth into account [*or* consideration]; ***das von mir Geleistete rechnet sehr wohl*** my input should be given due recognition ❼ (*einstufen, gehören*) ■**jdn/etw zu etw** [*o* **unter etw** *akk*] ~ to count sb/sth among [*or* rate sb/sth as] sth; ***ich rechne sie zu meinen besten Freundinnen*** I count her amongst my best [girl]friends **II.** *vi* ❶ (*Rechenaufgaben lösen*) to do arithmetic; ***ich konnte noch nie gut*** ~ I was never any good at arithmetic; ***in der Schule lernen die Kinder lesen, schreiben und*** ~ the children learn reading, writing and arithmetic at school; ***ich rechne gerade*** I'm just doing [*or* making] a calculation; ***dann rechne doch selbst, du wirst sehen, es stimmt!*** then work it out yourself and you'll see it's correct!; ■**an etw** *dat* ~ to do [*or* make] calculations on sth; **falsch/richtig** ~ to make a mistake [in one's calculations]/to calculate correctly [*or* get it right]; ***falsch gerechnet!*** that's wrong! ❷ (*sich verlassen*) ■**auf jdn/etw** ~ to count on sb/sth; ***auf sie kann ich mich*** ~ she is someone I can count on ❸ (*einkalkulieren*) ■**mit etw** ~ to reckon on [*or* with] sth; **mit allem/dem Schlimmsten** ~ to be prepared for anything/the worst; ***für wann*** ~ ***Sie mit einer Antwort?*** when do you expect an answer?; ■**damit** ~, **dass ...** to reckon with it ..., to be prepared for the fact that ...; ***wir müssen damit*** ~, ***dass es schneit*** we must reckon on [*or* with] it snowing; ***wir haben nicht mehr damit gerechnet, dass du noch kommst*** we didn't expect you still to come; *s. a.* **schlimm** ❹ (*fam: Haus halten*) ■[**mit etw**] ~ to economize [*or* budget carefully] [with sth]; ***wir müssen mit jedem Pfennig*** ~ we have to watch every penny **III.** *vr* (*mit Gewinn zu kalkulieren sein*) ■**sich** ~ to be profitable; ***es rechnet sich einfach nicht*** it simply doesn't pay [*or* isn't profitable]

Rechnen <-s> *nt kein pl* ❶ (*Schulfach*) arithmetic ❷ (*das Ausrechnen*) working out; **am** ~ **sein** to be working [sth] out

Rechner <-s, -> *m* ❶ (*Taschenrechner*) calculator ❷ INFORM (*veraltend*) computer

Rechner(in) <-s, -> *m(f)* arithmetician; **ein guter/schlechter** ~ **sein** to be good/bad at figures [*or* arithmetic]; **ein eiskalter** [*o* **kühler**] ~ **sein** (*fig*) to be coldly [*or* coolly] calculating

rechnergestützt *adj inv, meist attr* INFORM computer-aided

rechnerisch I. *adj* arithmetic[al]; ~**er Gewinn** paper profit **II.** *adv* ❶ (*kalkulatorisch*) arithmetically ❷ (*durch Rechnen*) by calculation; **rein** ~ purely arithmetically, as far as the figures go

Rechnerverbund *m* INFORM [computer] network

Rechnung <-, -en> *f* ❶ (*schriftliche Abrechnung*) bill, AM *a.* check; ***darf ich bitte die*** ~ ***kassieren?*** would you like to pay now?; **auf die** ~ **kommen** to be put on [*or* added to] the bill; **jdm die** ~ **machen** to make out the bill for sb; **etw auf die** ~ **setzen** to put sth on the bill; [**jdm**] **etw in** ~ **stellen** [*o* **setzen**] to charge [sb] for sth; **die** ~ **kassieren** to collect the money; **die** ~ **beläuft sich auf** [*o* **macht**] [*o* **beträgt**]... the bill [*or* total] comes to ...; (*kaufmännisch*) invoice; **„**~ **beiliegend"** "invoice enclosed";

auf ~ [**bestellen/kaufen**] [to order/to buy] on account; **laut** ~ as per invoice; **auf** [*o* **für**] **eigene** ~ out of one's own pocket; **auf** [*o* **für**] **eigene** ~ [**und Gefahr**] ÖKON at one's own expense [and risk]; ***ich arbeite auf eigene*** ~ I work for myself; **auf jds** ~ **gehen** (*von jdm bezahlt werden*) to go on sb's account; (*verantwortlich für etw sein*) to be down [*or* AM up] to sb; ***das geht auf meine*** ~ I'm paying for this ② (*Berechnung*) calculation; **die** ~ **stimmt nicht** [*o* **geht nicht auf**] the sum just doesn't work; **nach meiner** ~ according to my calculations; **etw außer** ~ **lassen** to leave sth out of the equation ▶ WENDUNGEN: **die** ~ **ohne den Wirt machen** to fail to reckon with [*or* on] sb/sth; ***wir haben die*** ~ ***ohne den Wirt gemacht*** there's one thing we didn't reckon with; **jds** ~ [**bei jdm**] **geht/geht nicht auf** sb's plans [*or* intentions] [for sb] are/aren't working out; **mit jdm eine** [**alte**] ~ **zu begleichen haben** to have a[n old] score to settle with sb; [**bei etw**] **auf seine** ~ **kommen** to get [*or* have] one's money's worth [out of sth], to get what one expected [from sth]; **jdm die** ~ [**für etw**] **präsentieren** to bring sb to book [*or* make sb pay] [for sth]; ***dir wird eines Tages auch noch die*** ~ ***präsentiert werden*** one day you too will be called to account; **einer S.** *dat* ~ **tragen** (*geh*) to take account of sth, to take sth into account, to bear sth in mind; **etw auf seine** ~ **nehmen** to take responsibility for sth

Rechnungsabteilung *f* ÖKON (*selten*) accounting [*or* accounts] department, accounts *npl* **Rechnungsausstellung** <-> *f kein pl* ÖKON invoicing *no pl,* billing *no pl* **Rechnungsbetrag** *m* [total] amount of a/the bill [*or* AM *a.* check] [*or* invoice] **Rechnungsbuch** *nt* account[s] book **Rechnungsdatum** *nt* billing date, date of invoice **Rechnungsführung** *f* ÖKON bookkeeping *no pl,* accounting *no pl,* accountancy *no pl* **Rechnungshof** *m* audit office, BRIT *a.* ≈ Auditor General's Department **Rechnungsjahr** *nt* financial [*or* fiscal] year **Rechnungslegung** <-, -en> *f* ÖKON tendering of accounts **Rechnungsnummer** *f* ÖKON invoice number **Rechnungsprüfung** *f* ÖKON, POL audit *no pl* **Rechnungssumme** *f* total **Rechnungswesen** <-s> *nt kein pl* ÖKON accountancy *no pl,* accounting *no pl*

recht **I.** *adj* ① (*passend*) right; ***die richtige Person am ~en Ort*** the right person in the right place ② (*richtig*) right; **auf der ~en Spur sein** to be on the right track; ~ **daran tun, etw zu tun** (*geh*) to be right to do sth; ***ganz ~!*** quite right! ③ (*wirklich*) real; **eine ~e Enttäuschung/ein ~er Mann** a real disappointment/a real man; ***ich habe heute keine ~e Lust*** I don't really feel up to it today ④ (*angenehm*) ■**jdm ist etw** ~ sth is all right with sb; **das soll mir** ~ **sein** that's fine [*or fam* OK] by me; ***dieser Kompromiss ist mir durchaus nicht*** ~ I'm not at all happy with this compromise; ***ist Ihnen der Kaffee so ~?*** is your coffee all right?; ■**jdm ist es ~, dass/wenn ...** it's all right with sb that/if ...; ***mir ist es keineswegs ~, dass ...*** I'm not at all happy that ...; (*in Ordnung*) all right, OK *fam;* **ist schon** ~ that's all right [*or fam* OK]; ***ja, ja, ist schon ~!*** (*fam*) yeah, yeah, OK! *fam;* (*angemessen*) right; **alles, was** ~ **ist** (*ich bitte Sie!*) fair's fair; (*alle Achtung!*) respect where it's due! ⑤ SCHWEIZ, SÜDD (*anständig*) decent, respectable; **bei jdm einen ~en Eindruck machen** to give sb the impression of being a respectable person; **etwas/nichts Rechtes** a proper/not a proper job; (*angemessen*) appropriate ▶ WENDUNGEN: **nicht mehr als** ~ **und billig sein** to be only right and proper; **was dem einen** ~ **ist, ist dem andern billig** (*prov*) what's sauce for the goose is sauce for the gander *prov;* **irgendwo nach dem Rechten sehen** [*o* **schauen**] to see that everything's all right somewhere; **das soll jdm** ~ **sein** to be fine with sb **II.** *adv* ① (*richtig*) correctly; ***höre ich ~?*** am I hearing things?; ***ich sehe doch wohl nicht*** ~ I must be seeing things; ***versteh mich bitte*** ~ please don't misunderstand me; *s. a.* **Annahme, Trost** ② (*genau*) really; **nicht so** ~ not really; **nicht** ~ **wissen** to not really know [*or* be sure] ③ (*ziemlich*) quite, rather; (*gehörig*) properly; **jdn** ~ **loben/verprügeln** to highly praise sb/roundly beat sb ④ (*fam: gelegen*) **jdm gerade** ~ **kommen** [*o* **sein**] to come just in time [*or* at just the right time] [for sb]; (*iron*) to be all sb needs; ***du kommst mir gerade*** ~ you're all I need[ed]; (*zufriedenstellend*) right; **jdm nichts** ~ **machen können** to be able to do nothing right for sb; **man kann es nicht allen** ~ **machen** you cannot please everyone; **jdm** ~ **geschehen** to serve sb right ▶ WENDUNGEN: **jetzt** [*o* **nun**] **erst** ~ now more than ever; ***jetzt tue ich es erst*** ~ that makes me even [*or* all the] more determined to do it, now I'm definitely going to do it

Recht <-[e]s, -e> *nt* ① *kein pl* (*Rechtsordnung*) law; **das** ~ **des Stärkeren** the law of the jungle; **bürgerliches/kirchliches** [*o* **kanonisches**]**/öffentliches** ~ civil/canon/public law; **das** ~ **brechen** to break the law; ~ **sprechen** to dispense [*or* administer] justice [*or* the law]; **alle ~e vorbehalten** all rights reserved; **das** ~ **mit Füßen treten** to fly in the face of the law ② (*juristischer od. moralischer Anspruch*) right; ■**jds** ~ **auf jdn/etw** sb's right to sb/sth; **das** ~ **auf einen Anwalt/auf Verweigerung der Aussage** the right to a lawyer/to remain silent; ***das ~ auf Arbeit*** the right to work; ***gleiche ~e, gleiche Pflichten*** equal rights mean equal obligations; ***gleiches ~ für alle!*** equal rights for all!; ~ ***muss ~ bleiben*** the law is the law; **das** ~ **ist auf jds Seite** right is on sb's side; **jds gutes** ~ **sein,** [**etw zu tun**] to be sb's [legal] right [to do sth]; **sein** ~ **fordern** [*o* **verlangen**] to demand one's rights; [**mit etw**] **R~ behalten** to be [proved] right [about sth]; **sein** ~ **bekommen** [*o* **erhalten**] [*o fam* **kriegen**] to get one's rights [*or* justice] [*or* one's dues]; **jdm R~ geben** to admit that sb is right, to agree with sb; **R~ haben** to be [in the] right; ***wo/wenn er R~ hat, hat er R~*** when he's right, he's right; **zu seinem** ~ **kommen** to get justice [*or* one's rights]; **auf sein** ~ **pochen** [*o* **bestehen**] to insist on one's rights; **ein** ~ **auf jdn/etw haben** to have a right to sb/sth; **von ~s wegen** (*fam*) by rights; **ein** ~ **darauf haben, etw zu tun** to have a right to do sth; **zu etw kein** ~ **haben** to have no right to sth; **kein** [*o* **nicht das**] ~ **haben, etw zu tun** to have no right to do sth; **im** ~ **sein** to be in the right ③ (*Befugnis*) right; ***was gibt Ihnen das ~, ...?*** what gives you the right ...?; **mit welchem ~?** by what right?; **mit** [*o* **zu**] ~ rightly, with justification; ***und das mit ~!*** and rightly so!

Rechte <-n, -n> *f* ① (*rechte Hand*) right [hand]; **zu jds ~n, zur ~n von jdm** (*geh*) to [*or* on] sb's right, to [*or* on] the right of sb; SPORT right ② POL right, Right; **ein Vertreter der radikalen ~n** a representative of the extreme right

rechte(r, s) *adj attr* ① (*Gegenteil von linke*) right; **die ~e Seite** the right-hand side; ***das ~e Fenster/Haus*** the window/house on the right; **an den ~en Rand schreiben** to write in the right-hand margin; **auf der ~en Fahrbahn** [*o* **Spur**] **fahren** to drive in the right-hand lane; *s. a.* **Masche** ② (*außen befindlich*) the right way round, right side out; **etw auf der ~en Seite tragen** to wear sth the right way round [*or* right side out] ③ POL right[-wing]; **der ~e Flügel der Partei** the right wing of the party; **~e Kreise/ein ~r Politiker** right-wing circles/a right-wing politician ④ MATH **ein ~er Winkel** a right angle

R

Rechte(r) *f(m) dekl wie adj* POL right-winger
Rechteck <-[e]s, -e> *nt* rectangle
rechteckig *adj* rectangular
rechtens *adv (geh)* ■ ~ **sein** to be legal
rechtfertigen I. *vt* 1 *(als berechtigt begründen)* ■ **etw [gegenüber** [*o* **vor**] **jdm]** ~ to justify sth [to sb]; ■ **es [gegenüber** [*o* **vor**] **jdm]** ~, **etw getan zu haben** to justify [to sb] having done sth 2 *(als berechtigt erscheinen lassen)* ■ **etw** ~ to justify sth; ***die besonderen Umstände*** ~ ***besondere Maßnahmen*** special circumstances warrant special measures II. *vr (sich verantworten)* ■ **sich** ~ to justify oneself
Rechtfertigung *f* justification; ■ **zu jds** ~ in sb's defence [*or* AM -se]; ■ **zur** ~ **von etw** in justification of sth
rechtgläubig *adj* orthodox
Rechthaber(in) <-s, -> *m(f) (pej)* self-opinionated person, dogmatist *form*; ***er ist so ein*** ~***!*** he always thinks he's right, he's such a know-all!
Rechthaberei <-> *f kein pl (pej)* self-opinionatedness, dogmatism *form*
Rechthaberin <-, -nen> *f (pej) fem form von* **Rechthaber**
rechthaberisch *adj (pej)* self-opinionated, dogmatic
rechtlich I. *adj* legal II. *adv* legally; ~ **begründet** established in law; ~ **[nicht] zulässig** [not] permissable in law, [il]legal
rechtlos *adj* without rights *pred*; ■ ~ **sein** to be without [*or* have no] rights
Rechtlose(r) *f(m) dekl wie adj* person without [*or* with no] rights
Rechtlosigkeit <-> *f kein pl* lack of rights; **in völliger** ~ **leben** to have no rights at all
rechtmäßig *adj* 1 *(legitim)* lawful, rightful, legitimate 2 *(legal)* legal, in accordance with the law; **nicht** ~ illegal, not in accordance with the law
Rechtmäßigkeit <-> *f kein pl* 1 *(Legitimität)* legitimacy 2 *(Legalität)* legality
rechts I. *adv* 1 *(auf der rechten Seite)* on the right; ***dein Schlüsselbund liegt*** ~ ***neben dir*** your keys are just to your right; **etw** ~ **von etw aufstellen** to put [*or* place] sth to the right of sth; ***etwa 50 Meter*** ~ ***vor uns*** about 50 metres ahead of us on the right; ~ **oben/unten** at the top/bottom on the right; **nach** ~ to the right; **von** ~ from the right; ~ ***um!*** MIL right turn! [*or* AM face!] 2 TRANSP *(nach rechts)* [to the] right; ~ **abbiegen** [*o* **einbiegen**] to turn [off to the] right; **sich** ~ **einordnen** to get into the right-hand lane; ~ **ranfahren** to pull over to the right; *(auf der rechten Seite)* on the right; ***halte dich ganz*** ~ keep to the right; ~ **vor links** right before left; *s. a.* **Auge, Mitte** 3 POL right; ~ **eingestellt sein** to lean to the right; ~ **[von jdm/etw] stehen** [*o* **sein**] to be on the right [of sb/sth], to be right-wing 4 *(richtig herum)* the right way round, right side out; **etw auf** ~ **drehen** [*o geh* **wenden**] to turn sth the right way round [*or* on its right side] 5 *(beim Stricken)* **zwei** ~, **zwei links** knit two, purl two, two plain, two purl; ~ **stricken** to knit plain ▸ WENDUNGEN: **nicht mehr wissen, wo** ~ **und links ist** *(fam)* to not know whether one is coming or going *fam*; **von** ~ **nach links** from right to left II. *präp* ■ ~ **einer S.** + *gen* to [*or* on] the right of sth; ~ **des Flusses** on the right bank of the river
Rechtsabbieger <-s, -> *m* car, bicycle, driver etc. turning right **Rechtsabbiegerspur** *f* lane for turning right
Rechtsabteilung *f* JUR legal department **Rechtsanspruch** *m* legal right [*or* entitlement]; **einen** ~ **gerichtlich durchsetzen** to assert a legal right [*or* claim] [*or* entitlement] [through the courts]; **jds Rechtsansprüche vertreten** to protect [*or* safeguard] sb's legal right [*or* entitlement]; **von** [*o* **aus**] **etw einen** ~ **auf etw** *akk* **ableiten** to use sth to establish a legal right [*or* claim] [*or* entitlement] to sth
Rechtsanwalt, -anwältin *m, f* lawyer, solicitor BRIT, attorney AM; *(vor Gericht)* barrister BRIT, lawyer AM; **sich** *dat* **einen** ~ **nehmen** to get a lawyer **Rechtsanwaltskanzlei** *f* lawyer's office, BRIT *a.* chambers *pl* **Rechtsauffassung** *f* conception of legality **Rechtsausleger(in)** <-s, -> *m(f)* SPORT southpaw
Rechtsaußen <-, -> *m* 1 FBALL right wing[er] 2 POL *(fam)* extreme right-winger, sb on the far-right
Rechtsbeistand *m* 1 *(juristisch Sachkundiger)* legal adviser 2 *kein pl (juristische Sachberatung)* legal advice *no pl, no indef art* **Rechtsberater(in)** *m(f)* legal adviser **Rechtsberatung** *f* JUR 1 *(Beratung in Rechtsangelegenheiten)* legal advice *no pl, no indef art* 2 *(Rechtsberatungsstelle)* legal advice *no pl, no art* **Rechtsbeschwerde** *f* appeal **Rechtsbeugung** *f* perversion of the course [*or* miscarriage] of justice **Rechtsbewusstsein**[RR] *nt* sense of right and wrong **Rechtsbrecher(in)** <-s, -> *m(f)* lawbreaker, criminal **Rechtsbruch** *m* breach of the law; **einen** ~ **begehen** to commit a breach of the law
rechtsbündig TYPO I. *adj* right justified, ranged [*or* AM flush] right II. *adv* with right justification; **etw** ~ **ausdrucken** to print sth out with right justification; ~ **anordnen/ausrichten** to right justify
rechtschaffen I. *adj* 1 *(redlich)* honest, upright 2 *(fam: ziemlich)* really; ~**en Durst/Hunger haben** to be really thirsty/hungry II. *adv* 1 *(redlich)* honestly 2 *(fam: ziemlich)* really; ~ **durstig/hungrig etc** to be really thirsty/hungry etc; *(fam: nach Kräften)* really; **sich** ~ **anstrengen/bemühen** to try really hard
Rechtschaffenheit <-> *f kein pl* honesty *no pl*, uprightness *no pl*
rechtschreiben *vi nur infin* to spell
Rechtschreiben <-s> *nt kein pl* spelling *no pl, no indef art*; **im** ~ **schwach/stark sein** to be poor/good at spelling
Rechtschreibfehler *m* spelling mistake; ~ **machen** to make spelling mistakes; **einen** ~ **machen** to make a spelling mistake **Rechtschreibhilfe** *f* INFORM spell [*or* spelling] checker **Rechtschreibreform** *f* spelling reform
Rechtschreibung *f* spelling *no pl, no indef art*
Rechtsdrall *m eines Geschosses* clockwise spin ▸ WENDUNGEN: **einen** ~ **haben** POL *(fam)* to lean to the right
Rechtsempfinden *nt* sense of [what is] right and wrong; **nach jds** ~ by sb's sense of right and wrong
Rechtsextremismus <-> *m kein pl* POL right-wing extremism *no pl*
Rechtsextremist(in) *m(f)* right-wing extremist
rechtsextremistisch *adj* POL right-wing extremist
rechtsfähig *adj inv, pred* JUR ~ **sein** to have legal capacity
Rechtsfähigkeit <-> *f kein pl* JUR legal capacity *no pl*
Rechtsfrage *f* question of law, legal question [*or* issue]
rechtsfrei *adj inv* JUR ~**er Raum** area not regulated by law
rechtsgerichtet *adj* POL right-wing
Rechtsgewinde *nt* TECH right-hand thread
Rechtsgrundlage *f* legal basis **rechtsgültig** *adj* legally valid
Rechtshänder(in) <-s, -> *m(f)* right-hander, right-handed person; ~ **sein** to be right-handed **rechtshändig** I. *adj* right-handed II. *adv* right-handed, with one's right hand **rechtsherum** *adv* [round] to the right; **etw** ~ **drehen** to turn sth clockwise
Rechtskraft *f kein pl* legal force [*or* validity]; **vor** ~ **des Urteils** before the verdict becomes/became final;

~ **erlangen** to become law, to come into force
rechtskräftig I. *adj* having the force of law, legally valid; ~**es Urteil** final verdict; ■ ~ **sein** to be final; ■ ~ **werden** to come into force II. *adv* with the force of law; **jdn** ~ **verurteilen** to pass a final sentence on sb
rechtskundig *adj* familiar with [*or* versed in] the law *pred*
Rechtskurve [-və] *f* right-hand bend; **eine** ~ **machen** to [make a] bend to the right
Rechtslage *f* legal position [*or* situation]
rechtslastig *adj* ① (*rechts zu sehr belastet*) **ein** ~**es Fahrzeug** a vehicle down at the right; **a** ~**es Boot** a boat listing to the right [*or* starboard] ② POL (*pej*) rightist, right-wing
Rechtsmedizin *f* forensic [*or* legal] medicine, medical jurisprudence **Rechtsmittel** *nt* means of legal redress; [**gegen etw**] **ein** ~ **einlegen** to lodge an appeal [against sth] **Rechtsmittelbelehrung** *f* instruction on rights of redress [*or* appeal] **Rechtsnachfolger(in)** *m(f)* legal successor, assign[ee] *spec* **Rechtsordnung** *f* system of laws; **sich an die** ~ **halten** to observe the law
Rechtsprechung <-, *selten* -en> *f kein pl* dispensation of justice
rechtsradikal I. *adj* POL extreme right-wing II. *adv* with extreme right-wing tendencies; ~ ***eingestellt sein*** to have a tendency to the far-right
Rechtsradikale(r) *f(m) dekl wie adj* right-wing extremist
rechtsrheinisch I. *adj* to [*or* on] the right of the Rhine II. *adv* to [*or* on] the right of the Rhine
Rechtsruck <-es, -e> *m* POL shift [*or* swing] to the right
rechtsrum *adv* (*fam*) *s.* **rechtsherum**
Rechtsschutz *m* legal protection **Rechtsschutzversicherung** *f* legal costs [*or* expenses] insurance
rechtsseitig I. *adj* MED of [*or* on] the right[-hand] side; ~**e Armamputation** amputation of the right arm; ~**e Blindheit/Lähmung** blindness in the right eye/paralysis of the right side II. *adv* on the right side; ~ **gelähmt sein** to be paralysed [*or* AM -yzed] down the/one's right side
rechtssicher *adj* JUR legally secure **Rechtssicherheit** *f* JUR, POL legal security **Rechtsstaat** *m* state under [*or* founded on] the rule of law **rechtsstaatlich** *adj* founded on the rule of law *pred* **Rechtsstreit** *m* lawsuit, litigation, lis *spec* **rechtstheoretisch** *adj* JUR, PHILOS jurisprudential, concerning the theory of law *pred* **Rechtstitel** *m* legal title
rechtsum *adv* to the right; ~ ***kehrt!*** MIL right about turn! BRIT, about face! AM; ~ **kehrtmachen** (*fam*) to turn right [*or* make a right turn]
rechtsverbindlich *adj* legally binding **Rechtsverdreher(in)** <-s, -> *m(f)* ① (*hum fam: Anwalt*) brief *sl*, legal eagle *fam* ② (*pej: dubioser Rechtsanwalt*) shyster *fam*
Rechtsverkehr *m* driving on the right *no pl, no indef art*
Rechtsverordnung *f* statutory instrument **Rechtsvertreter(in)** *m(f)* legal representative **Rechtsweg** *m kein pl* judicial process; **jdm steht der** ~ **offen** sb has recourse to legal action [*or* the courts]; **den** ~ **beschreiten** (*geh*) to take legal action, to go to [the] court[s] **rechtswidrig** *adj* illegal, unlawful **rechtswirksam** *adj inv* JUR legally valid **Rechtswissenschaft** *f kein pl* (*geh*) jurisprudence *no pl form*
rechtwink(e)lig *adj* right-angled
rechtzeitig I. *adj* punctual; ~ **ankommen** to arrive [*or* be] just in time; ~**e Anmeldung** to apply in good time BRIT, early [enough] AM II. *adv* on time; ***Sie hätten mich ~ informieren müssen*** you should have told me in good time [*or* given me fair [*or* due] warning]
Reck <-[e]s, -e> *nt* SPORT high [*or* horizontal] bar
Recke <-n, -n> *m* (*geh*) warrior
recken I. *vt* ■ **etw** [**irgendwohin**] ~ to stretch sth [somewhere]; **den Hals/Kopf** [**nach oben**] ~ to crane one's neck [upwards]; **seine Glieder** ~ to [have a] stretch; **die Faust gegen jdn** ~ to raise one's fist to sb II. *vr* ■ **sich** [**irgendwohin**] ~ to stretch [oneself] [somewhere], to have a stretch; ***recke dich nicht so weit aus dem Fenster*** don't lean so far out of the window
Recorder <-s, -> *m* ① (*Kassettenrecorder*) cassette recorder ② (*Videorecorder*) video [recorder]
recycelbar [ri'saiklbaɐ] *adj inv* ÖKOL recyclable
recyceln* [ri'saikln] *vt* ■ **etw** ~ to recycle sth; ■ **recycelt werden** to be recycled; ■ **recycelt werden können** to be able to be recycled, to be recyclable
Recycling <-s> [ri'saiklɪŋ] *nt kein pl* recycling
Recyclingpapier [ri'saiklɪŋ-] *nt* recycled paper
Redakteur(in) <-s, -e> [redak'tøːɐ] *m(f)* editor
Redaktion <-, -en> *f* ① (*redaktionelles Büro*) editorial department [*or* office[s]] ② (*Mitglieder eines redaktionellen Büros*) editorial staff ③ *kein pl* (*das Redigieren*) editing
redaktionell I. *adj* editorial; ~**e Bearbeitung** editing; ***die ~e Leitung hat Dr. Gerharz*** the editor is Dr. Gerharz II. *adv* editorially; **etw** ~ **bearbeiten** [*o* **überarbeiten**] to edit [*or* revise] sth
Redaktionskonferenz *f* editorial conference **Redaktionsleiter(in)** *m(f)* head of the/an editorial department **Redaktionsmitglied** *nt* member of the/an editorial department **Redaktionsschluss**RR *m* time of going to press
Rede <-, -n> *f* ① (*Ansprache*) speech; **eine** ~ **halten** to make a speech; **in freier** ~ without notes; **große** ~**n führen** [*o fam* **schwingen**] to talk big *fam;* **direkte/indirekte** ~ LING direct/indirect speech ② (*das* [*miteinander*] *Sprechen*) talk; **meine/seine/...** ~ **sein** to be my/his/... opinion; ***das war schon immer meine ~!*** that's what I've always said; **wovon ist die ~?** what's it [all] about?; **von jdm/etw ist die** ~ there is talk [*or* mention] of sb/sth; ***es war gerade von dir die*** ~ we/they were just talking about you; **die** ~ **kam auf jdn/etw** the conversation [*or* talk] turned to sb/sth ③ *pl* (*Äußerungen*) language *no pl;* ***das sind nur ~n*** those are just words, that's just talk
▸ WENDUNGEN: [**jdm**] [**für etw**] ~ **und Antwort stehen** to account [to sb] [for sth]; ***der Minister wollte den Journalisten ~ und Antwort stehen*** the minister wanted to give the journalists a full explanation; **jdn** [**für etw**] **zur** ~ **stellen** to take sb to task [for [*or* about] sth]; **der langen** ~ **kurzer Sinn** (*prov*) the long and the short of it; **langer Rede kurzer Sinn** (*fam*) in short [*or* a word]; **nicht der** ~ **wert sein** to be not worth mentioning; ***das ist doch nicht der ~ wert!*** don't mention it!; **davon kann keine** ~ **sein** that's [*or* it's] out of the question, there can be no question of that
RedeflussRR *m kein pl* flow of words; ***ich musste seinen ~ unterbrechen*** I had to interrupt him in mid-flow **Redefreiheit** *f kein pl* freedom of speech **redegewandt** *adj* (*geh*) eloquent
reden I. *vi* ① (*sprechen*) to talk, to speak; ■ **mit jdm** [**über jdn/etw**] ~ to talk to sb [about sb/sth]; ■ **mit sich selbst** ~ to talk to oneself; **so nicht mit sich** ~ **lassen** to not let oneself be talked [*or* spoken] to in such a way [*or* like that]; **du hast gut** [*o* **leicht**] ~ it's easy [*or* all very well] for you to talk; **mit jdm zu** ~ **haben** to need to speak to sb; ***die Chefin hat mit dir zu*** ~ the boss would like to have a word with you; *s. a.* **Silber** ② (*sich unterhalten*) ■ [**miteinander**] [**über**

R

jdn/etw] ~ to talk [about sb/sth] [*or* discuss [sb/sth]] [together]; ***über manche Themen wurde zu Hause nie geredet*** some topics were never discussed at home; ■ **das Reden** talk; ~ **wir nicht mehr davon** [*o* **darüber**] let's not talk [*or* speak] about it any more; ~ ***Sie doch nicht!*** (*fam*) come off it! *fam;* **genug geredet** enough talk[ing]; *s. a.* **Wand** ③ (*Gerüchte verbreiten*) ■ **[über jdn/etw] geredet werden** to be said [of sb/sth], there is talk [about sb/sth]; ***es wird bereits über dich geredet*** you are already being talked about; ■ **über jdn/etw** ~ to talk about sb/sth ④ (*eine Rede halten*) to speak; ■ **über etw** *akk* ~ to speak about [*or* on] sth ⑤ (*ausdiskutieren, verhandeln*) to talk, to discuss; **über etw** *akk* **lässt** [*o* **ließe**] **sich** ~ we can discuss sth; ***darüber lässt sich*** ~ that's a possibility, we can certainly discuss that; **über etw** *akk* **lässt** [*o* **ließe**] **sich eher** ~ to be more like it; **mit sich [über etw** *akk*] ~ **lassen** (*sich umstimmen lassen*) to be willing to discuss [sth] [*or* open to persuasion]; (*mit sich verhandeln lassen*) to be open to offers; **nicht mit sich [über etw** *akk*] ~ **lassen** (*bei seiner Entscheidung bleiben*) to be adamant [about sth] ⑥ (*sl: etw verraten, gestehen*) to talk, to come clean *fam;* **jdn zum R~ bringen** to make sb talk; ***nun red' schon, was hat er gesagt?*** come on, spill the beans, what did he say? *fam* ▸ WENDUNGEN: **das ist ja mein Reden** (*fam*) that's what I've been saying; **[viel] von sich ~ machen** to be[come] [very much] a talking point; ***der Film, der so viel von sich ~ macht, hält nicht, was er verspricht*** the film which everyone is talking about doesn't live up to expectations **II.** *vt* ① (*sagen*) ■ **etw** ~ to talk [*or* say] sth; **Unsinn** [*o fam* **Blödsinn**] ~ to talk nonsense; ***ich möchte gerne hören, was ihr redet*** I'd like to hear what you're saying; *s. a.* **Seele, Wort** ② (*klatschen*) ■ **[über jdn/etw] geredet werden** to be said [about sb/sth]; ***es wird schon über uns geredet*** we're being talked about; ■ **etw [über jdn/etw]** ~ to say sth [about sb/sth] **III.** *vr* (*sich durch Reden in einen Zustand steigern*) ■ **sich in etw** *akk* ~ to talk oneself into sth; **sich in Rage/Wut** ~ to talk oneself into a rage/fury; **sich in Begeisterung** ~ to get carried away with what one is saying; ■ **sich** + *adj* ~ to talk oneself ...; **sich heiser** ~ to talk oneself hoarse

Redensart *f* ① (*feststehender Ausdruck*) expression; ***das ist nur so eine*** ~ it's just a figure of speech; **eine feste** [*o* **stehende**] ~ *a. pej* a stock phrase ② *pl* (*pej: leere Versprechung*) empty words [*or* talk]

Redenschreiber(in) *m(f)* speech writer

Redeweise *f* manner [*or* style] of speaking **Redewendung** *f* idiom, idiomatic expression

redigieren* *vt* ■ **etw** ~ to edit sth

redlich **I.** *adj* ① (*aufrichtig*) honest, upright ② (*sehr groß*) real; ***es kostete mich ~e Anstrengungen, ihn zu überzeugen*** it took a real effort to convince him **II.** *adv* really; ***wir werden uns ~ anstrengen müssen*** we'll really have to make an effort

Redlichkeit <-> *f kein pl* honesty *no pl*

Redner(in) <-s, -> *m(f)* speaker, orator *form;* ***ein guter/überzeugender ~ sein*** to be a good/convincing speaker; **kein guter/großer ~ sein** to not be a good speaker/to be no great orator

rednerisch **I.** *adj* oratorical, rhetorical **II.** *adv* oratorically, rhetorically; ~ **begabt sein** to be a gifted speaker [*or form* a great orator]

Rednerpult *nt* lectern

RedoxpotenzialRR *nt* CHEM redox potential **Redoxreaktion** *f* CHEM redox reaction

redselig *adj* talkative

Redseligkeit <-> *f kein pl* talkativeness *no pl*

Reduktionsteilung *f* BIOL reductional division

redundant *adj inv* (*geh*) redundant

Redundanz <-, -en> *f* LING redundancy *no pl*

Reduplikation *f* LING reduplication

reduzieren* *vt* ■ **etw** ~ to reduce sth

Reduzierung <-, -en> *f* reduction; **eine ~ der Kosten** a reduction in costs

Reede <-, -n> *f* NAUT safe anchorage, road[s] [*or* roadstead] *spec;* **auf ~ liegen** to lie in the roads

Reeder(in) <-s, -> *m(f)* shipowner

Reederei <-, -en> *f* shipping company [*or* line]

Reederin <-, -nen> *f fem form von* **Reeder**

reell *adj* ① (*tatsächlich*) real; **eine/keine ~e Chance haben** to stand a/no real [*or* fighting] chance ② (*anständig*) honest, straight; **ein ~es Angebot** a fair [*or* decent] offer; **ein ~er Preis** a realistic [*or* fair] price; **ein ~es Geschäft** a sound [*or* solid] business ③ (*fam*) ■ **[et]was R~es** the real thing

Reet <-s> *nt kein pl* NORDD (*Ried*) reeds *pl*

Reetdach *nt* thatched roof **reetgedeckt** *adj* thatched

Reexport *m* ÖKON re-export

REFA *f* ÖKON *Akr von* **Verband für Arbeitsgestaltung, Betriebsorganisation und Unternehmensentwicklung** REFA (*Association for Work Design/Work Structure, Industrial Organization and Corporate Development*)

REFA-Fachmann, -frau <-[e]s, -leute *o selten* -männer> *m, f* ÖKON REFA expert

Refektorium <-s, -rien> [-riən] *nt* refectory

Referat[1] <-[e]s, -e> *nt* [seminar] paper; (*in der Schule*) project; **ein ~ [über jdn/etw] halten** to present a paper/project [on sb/sth]

Referat[2] <-[e]s, -e> *nt* ADMIN department

Referendar(in) <-s, -e> *m(f) candidates for a higher post in the civil service who have passed the first 'Staatsexamen' and are undergoing practical training;* SCH student [*or* trainee] teacher; JUR articled clerk BRIT

Referendariat <-[e]s, -e> *nt* traineeship; SCH teacher training; JUR [time in] articles BRIT

Referendarin <-, -nen> *f fem form von* **Referendar**

Referendarzeit *f s.* **Referendariat**

Referendum <-s, Referenden *o* Referenda> *nt* POL referendum; **ein ~ abhalten** to hold a referendum

Referent(in) <-en, -en> *m(f)* ① (*Berichterstatter*) speaker ② ADMIN head of an advisory department; ~ **für Medienfragen** expert on media questions ③ (*Gutachter*) examiner

Referenz <-, -en> *f* ① (*schriftliche Empfehlung*) reference, testimonial ② (*Quelle einer schriftlichen Empfehlung*) referee

referieren* *vi* ■ **[über jdn/etw]** ~ to present a paper/give a talk/report [on sb/sth]

refinanzieren* *vt* ÖKON ■ **etw** ~ to re-finance sth

Reflation <-, -en> *f* ÖKON reflation

reflationär *adj inv* ÖKON reflationary

reflektieren* **I.** *vt* ■ **etw** ~ to reflect sth **II.** *vi* ① (*zurückstrahlen*) to reflect; ■ **~d** reflecting, reflective ② (*fam: interessiert sein*) ■ **auf etw** *akk* ~ to be interested in [*or* have one's eye on] sth ③ (*geh: kritisch erwägen*) ■ **[über] etw** *akk* ~ to reflect on [*or* upon] [*or* ponder [on [*or* upon]]] sth

Reflektor <-s, -toren> *m* reflector

Reflex <-es, -e> *m* ① (*Nervenreflex*) reflex ② (*Lichtreflex*) reflection

Reflexbewegung *f* reflex [movement] **Reflexbogen** *m* BIOL, MED reflex arc [*or* circuit] **Reflexhandlung** *f* reflex action

Reflexion <-, -en> *f* ① (*das Nachdenken*) reflection ② PHYS reflection

reflexiv *adj* LING reflexive

Reflexivpronomen *nt* reflexive pronoun

Reflexzone *f* NATURMED reflex zone **Reflexzonen-**

massage *f* reflexology

Reform <-, -en> *f* reform; ~ **an Haupt und Gliedern** root-and-branch [*or* total] [*or* wide-reaching] reform; ***dieses Unternehmen braucht eine ~ an Haupt und Gliedern*** this company needs to be reformed, root and branch

Reformation <-> *f kein pl* ▪ **die ~** REL, HIST the Reformation *no pl*

Reformationsfest *nt* ▪ **das ~** Reformation Day

Reformator, -torin <-s, -toren> *m, f* ❶ REL Reformer ❷ (*geh*) *s.* **Reformer**

reformbedürftig *adj* in need of reform *pred* **Reformbefürworter(in)** *m(f)* advocate of reform **Reformbestrebung** *f* striving for [*or* efforts towards] reform **Reformbewegung** *f* reform movement

Reformer(in) <-s, -> *m(f)* reformer

reformerisch *adj* reforming

reformfreudig *adj* eager for [*or* keen on] reform, welcoming [*or* in support of] reforms **Reformgegner(in)** *m(f)* opponent of reform

Reformhaus *nt* health food shop [*or* AM *usu* store]

reformieren* *vt* ▪ **etw ~** to reform sth

Reformierte(r) *f(m) dekl wie adj* REL member of the Reformed Church

Reformkost *f* health food **Reformkraft** *f meist pl* POL reformists *pl* **Reformpolitik** *f* policy of reform **Reformstau** *m* POL blocking of reforms **Reformwerk** *nt* POL series of reforms **reformwillig** *adj* willing to countenance reform *form* [*or* accept change]

Refrain <-s, -s> [rəˈfrɛ̃ː, rə-] *m* chorus, refrain

Refugium <-s, -gien> [-giən] *nt* (*geh*) refuge

Regal <-s, -e> *nt* shelves *pl,* shelving *no pl, no indef art,* rack; **etw aus dem ~ nehmen** to take sth off [*or* from] the shelf; **etw ins ~ zurückstellen** to put sth back on the shelf; **in/auf dem ~ stehen** to stand on the shelf

Regatta <-, Regatten> *f* regatta

Reg. Bez. *m Abk von* **Regierungsbezirk**

rege I. *adj* ❶ (*lebhaft*) lively; ~ **Anteilnahme/Beteiligung** active interest/participation [*or* involvement]; ***~r Betrieb*** brisk trade; ***um 16 Uhr 30 herrscht ein ~r Verkehr*** traffic is very busy at 4.30; *s. a.* **Fantasie** ❷ (*rührig*) active; **ein ~r Geist** a lively soul; ▪ **[noch] ~ sein** to be [still] active ❸ (*wach*) ▪ **in jdm ~ werden** to be awakened in sb II. *adv* actively; ~ **besucht werden** to be well attended

Regel[1] <-, -n> *f* ❶ (*Vorschrift*) rule, regulation ❷ (*Norm*) rule; ***eine ungeschriebene ~*** an unwritten rule ❸ (*Gewohnheit*) rule; **sich** *dat* **etw** *akk* **zur ~ machen** to make a habit [*or* rule] of sth; **[jdm] zur ~ werden** to become a habit [with sb]; **in der ~, in aller ~** as a rule ▶ WENDUNGEN: **keine ~ ohne Ausnahme** (*prov*) the exception proves the rule *prov;* **nach allen ~n der Kunst** with all the tricks of the trade; **etw nach allen ~n der Kunst erklären** to explain sth inside out [*or* thoroughly]; **jdn nach allen ~n der Kunst betrügen** to utterly deceive sb, to take sb for a ride *fam*

Regel[2] <-> *f kein pl* (*Menstruation*) period; ***meine ~ ist seit zehn Tagen ausgeblieben*** I'm [*or* my period is] ten days overdue; **seine ~ haben/bekommen** to have/get one's period

Regelarbeitszeit *f* core time

regelbar *adj* ❶ (*regulierbar*) adjustable ❷ (*zu regeln*) able to be sorted out; **eine nicht leicht ~e Frage** a question that cannot be easily settled

Regelblutung *f* menstruation

Regelfall *m kein pl* rule, norm; **im ~** as a rule; **der ~ sein** to be the rule; **die Ausnahme und nicht der ~ sein** to be the exception and not the rule **Regelkreis** *m* BIOL closed-loop control circuit

regelmäßig I. *adj* ❶ (*ebenmäßig*) regular, well-proportioned ❷ (*in zeitlich gleicher Folge*) regular ❸ (*immer wieder stattfindend*) regular, persistent II. *adv* ❶ (*in gleichmäßiger Folge*) regularly ❷ (*immer wieder*) always

Regelmäßigkeit <-> *f kein pl* ❶ (*Ebenmaß*) regularity, even proportions *pl* ❷ (*das regelmäßige Stattfinden*) regularity

regeln I. *vt* ▪ **etw ~** ❶ (*in Ordnung bringen*) to settle [*or* see to] sth, to sort sth out; **ein Problem ~** to resolve a problem; ▪ **sich ~ lassen** to be able to be settled; ***mit etwas gutem Willen lässt sich alles ~*** everything can be sorted out with a bit of goodwill ❷ (*festsetzen*) to arrange sth; ***wie ist die gleitende Arbeitszeit in eurer Firma geregelt?*** how is flexitime arranged [*or* set up] in your company? ❸ (*regulieren*) to regulate [*or* control] sth II. *vr* ▪ **sich [von selbst] ~** to sort itself out, to take care of itself

regelrecht I. *adj* (*fam: richtiggehend*) proper, real; **eine ~e Schlägerei** a regular brawl; **eine ~e Frechheit** a downright [*or* an utter] cheek II. *adv* (*fam: richtiggehend*) really; **jdn ~ zur Schnecke** [*o derb* SÜDD **Sau**] **machen** to give sb a good dressing down [*or* BRIT *a.* a real carpeting]; ~ **betrunken sein** to be well and truly plastered

Regelsatz *m* ADMIN *basic rate for the calculation of employer's contribution set by the Länder* **Regelsatzsteuer** *f* ADMIN (*selten*) basic [*or* standard] tax rate

Regelschmerzen *pl* period pains *pl* **Regelstörungen** *pl* irregularities in one's menstrual cycle

Regelstudienzeit [-diən-] *f* SCH *number of terms prescribed for the completion of a course*

Regelung <-, -en> *f* ❶ (*festgelegte Vereinbarung*) arrangement; (*Bestimmung*) ruling ❷ *kein pl* (*das Regulieren*) regulation, control

regelwidrig I. *adj* SPORT against the rules *pred,* contrary to the regulations *pred* II. *adv* against the rules; ~ **spielen** [*o* **sich ~ verhalten**] to play dirty *fam,* to foul

Regelwidrigkeit *f* breach of the rules [*or* regulations]

regen *vr* ▪ **sich ~** ❶ (*sich bewegen*) to move, to stir; *s. a.* **Lüftchen, Segen** ❷ (*sich bemerkbar machen*) to stir; **jede sich ~de Opposition** every stirring [*or* whisper] of opposition

Regen <-s, -> *m* rain; ***sicher bekommen wir bald ~*** we are sure to get rain soon; **saurer ~** acid rain; **bei** [*o* **in**] **strömendem ~** in [the] pouring rain ▶ WENDUNGEN: **vom ~ in die Traufe kommen** [*o* **geraten**] (*prov*) to jump out of the frying pan into the fire *prov;* **ein warmer ~** (*fam*) a windfall; **jdn im ~ stehen lassen** (*fam*) to leave sb in the lurch

regenarm *adj* dry, with low precipitation *spec,* low rainfall *attr*

Regenbogen *m* rainbow

Regenbogenfarben *pl* colours [*or* AM -ors] *pl* of the rainbow; **in allen ~ schillern** to shimmer iridescently, to shine like all the colours of the rainbow **Regenbogenforelle** *f* ZOOL rainbow trout **Regenbogenhaut** *f* ANAT iris **Regenbogenpresse** *f* gossip magazines *pl*

Regeneration *f* ❶ (*geh: Erneuerung*) revitalization ❷ BIOL (*Wiederherstellung*) regeneration

regenerativ *adj* regenerative, renewable

regenerieren* I. *vr* ▪ **sich ~** ❶ (*geh: sich erneuern*) to renew one's strength, to recuperate ❷ BIOL (*sich neu bilden*) to regenerate II. *vt* TECH ▪ **etw ~** to reclaim [*or* recover] sth

Regenfälle *pl* [periods of] rain **Regengebiet** *nt* area of high precipitation, high rainfall area **Regenguss**RR *m* downpour **Regenjacke** *f* anorak, cagoule **Regenmantel** *m* raincoat **Regenpfeifer** *m* ORN plover **Regenplane** *f* tarpaulin, cover **regenreich** *adj* wet, with high rainfall; ▪~ **sein** to be wet **Regenrinne** *f s.* **Dachrinne** **Regenschauer** *m* shower [of rain] **Regenschirm** *m* umbrella

Regent(in) <-en, -en> *m(f)* ruler, [reigning] monarch; (*Vertreter des Herrschers*) regent

Regentag *m* day of rain, rainy day **Regentonne** *f* water-butt BRIT, rain barrel AM **Regentropfen** *m* raindrop

Regentschaft <-, -en> *f* ❶ (*Herrschaft*) reign ❷ (*Amtszeit*) regency

Regenüberlaufbecken *nt* rainwater overflow-tank

Regenwald *m* rainforest; **tropischer** ~ tropical rainforest **Regenwasser** *nt* rainwater **Regenwetter** *nt* rainy [*or* wet] weather; *s. a.* **Gesicht** **Regenwolke** *f* rain cloud **Regenwurm** *m* earthworm **Regenzeit** *f* rainy season

Reggae <-[s]> [-ˈrɛgeː] *m* MUS reggae

Regie <-, -n> [reˈʒiː, reˈʒiːən] *f* FILM, THEAT, TV direction; RADIO production; **jdn mit der ~ für etw beauftragen** to appoint sb [as] the director of sth; ***„~: Alan Parker"*** "Director: [*or* directed by] Alan Parker"; [**bei etw**] **die ~ haben** [*o* **führen**] to direct [sth], to be the director [of sth]; **unter jds** *dat* **~**, **unter der ~ von jdm** under sb's direction [*or* the direction of sb], directed by ▸ WENDUNGEN: **in eigener ~** off one's own bat BRIT, on one's own AM; **in** [*o* **unter**] *dat geh* **jds ~** under sb's control

Regieanweisung [reˈʒiː-] *f* stage direction **Regieassistent(in)** *m(f)* assistant director

regieren* I. *vi* to rule, to reign; ▪**über jdn/etw ~** to rule [*or* reign] over sb; *s. a.* **Bürgermeister** II. *vt* ❶ POL **ein Land ~** to rule [*or* govern] a country; *Monarch a.* to reign over a country ❷ LING ▪**etw ~** to govern sth

Regierung <-, -en> *f* POL ❶ (*Kabinett*) government ❷ (*Herrschaftsgewalt*) rule, reign; **nach der ~ streben** to strive for power; **jdn an die ~ bringen** to put sb into power [*or* office]; **an der ~ sein** to be in power [*or* office]; **die ~ antreten** to take power [*or* office]

Regierungsabkommen *nt* POL governmental agreement **Regierungsantritt** *m* coming to power, taking of office; **zum ~** on taking power [*or* office] **Regierungsapparat** *m* POL ❶ (*Gesamtheit der Institutionen*) government machinery ❷ (*Herrschaftssystem*) regime, system of rule **Regierungsausschuss**^RR *m* government committee **Regierungsbank** <-bänke> *f* government benches *pl* **Regierungsbeamte(r)** *f(m) dekl wie adj* government official **Regierungsbeamtin** *f* government official (*female*) **Regierungsbezirk** *m* ≈ region BRIT, ≈ county AM (*primary administrative division of a Land*) **Regierungsbildung** *f* formation of a government **Regierungschef(in)** *m(f)* head of [a/the] government **Regierungsdirektor, -direktorin** *m, f* senior government official **Regierungserklärung** *f* government statement **regierungsfeindlich** *adj* anti-government **Regierungskoalition** *f* POL government coalition **Regierungskommission** *f* government commission **Regierungskreise** *pl* government circles *pl* **Regierungskrise** *f* government crisis **Regierungspartei** *f* ruling [*or* governing] party, party in power **Regierungspräsident(in)** *m(f) chief administrator of a Regierungsbezirk;* SCHWEIZ *head of a canton government* **Regierungsrat** *m kein pl* SCHWEIZ canton government **Regierungsrat, -rätin** *m, f* senior civil servant **Regierungssitz** *m* seat of government **Regierungssprecher(in)** *m(f)* government spokesperson **Regierungsumbildung** *f* cabinet reshuffle **Regierungswechsel** *m* change of government **Regierungszeit** *f* period [*or* term] of office

Regime <-s, -s> [reˈʒiːm] *nt* (*pej*) regime

Regimegegner(in) *m(f)* opponent of a/the regime **Regimekritiker(in)** *m(f)* critic of the regime, dissident **regimekritisch** *adj* POL dissident

Regiment[1] <-[e]s, -er> *nt* MIL regiment

Regiment[2] <-[e]s, -e> *nt* (*geh: Herrschaft*) rule; **ein ~ führen** to maintain a regime

Regimentsangehörige(r) *m dekl wie adj* member of the regiment **Regimentsfahne** *f* regimental colours [*or* AM -ors] *pl* **Regimentskommandeur** *m* regimental commander

Region <-, -en> *f* region ▸ WENDUNGEN: **in höheren ~en schweben** (*geh*) to have one's head in the clouds

regional I. *adj* regional II. *adv* regionally; **~ unterschiedlich** [*o* **verschieden**] **sein** to vary [*or* differ] from one region to another [*or* region to region]

Regionalfernsehen *nt* regional television **Regionalfunk** *m* local radio **Regionalliga** *f* SPORT regional league **Regionalprogramm** *nt* regional programme [*or* AM -am] **Regionalsender** *m* RADIO regional [*or* local radio] station; TV regional channel [*or* station]

Regisseur(in) <-s, -e> [reʒɪˈsøːɐ] *m(f)* FILM, TV, THEAT director; RADIO producer

Register <-s, -> *nt* ❶ (*alphabetischer Index*) index ❷ (*amtliches Verzeichnis*) register ❸ MUS register; (*einer Orgel*) stop ▸ WENDUNGEN: **alle ~ spielen lassen**, **alle ~ ziehen** to pull out all the stops, to go all out; **andere ~ ziehen** to resort to other methods, to get tough

Registratur <-, -en> *f* ❶ ADMIN registry, records office ❷ MUS (*Orgel*) stop

registrieren* I. *vt* ▪**etw ~** ❶ (*verzeichnen*) to register sth; (*wahrnehmen*) to note [*or* notice] sth ❷ TECH (*aufzeichnen*) to register sth II. *vi* (*fam*) ▪**~, dass/wie ...** to register that ..., to take note of ...

Registrierkasse *f* cash register

Registrierung <-, -en> *f* registration

Reglement <-s, -s> [regləˈmãː] *nt* ❶ SPORT rules *pl* ❷ SCHWEIZ (*Vorschriften*) regulations *pl*

reglementieren* *vt* (*geh*) ❶ (*genau regeln*) ▪**etw ~** to regulate sth ❷ (*gängeln*) ▪**jdn ~** to regiment sb

Reglementierung <-, -en> *f* (*Regulierung*) regulation; (*Bevormundung*) regimentation

Regler <-s, -> *m* ELEK regulator, control; AUTO governor

reglos *adj s.* **regungslos**

Reglosigkeit <-> *f kein pl s.* **Regungslosigkeit**

regnen I. *vi impers* to rain; ▪**es regnet** it's raining; ***für den Fall, dass es ~ sollte*** in case it rains, in case it should rain *form;* ▪**auf etw** *akk*/**durch etw** *akk* **~** to rain on/through sth; *s. a.* **Strom** II. *vt* ▪**etw ~** to rain down sth; **es regnet Beschwerden/Proteste/Vorwürfe** complaints/protests/accusations are pouring in

regnerisch *adj* rainy

Regress^RR <-es, -e> *m*, **Regreß** <-sses, -sse> *m* JUR recourse, redress; **jdn** [**für etw**] **in ~ nehmen** to have recourse against sb [for sth]

Regressanspruch^RR *m* JUR right to compensation **Regressforderung**^RR *f* JUR claim [*or* demand] for compensation **Regressklage**^RR *f* JUR action for compensation **Regresspflicht**^RR *f* JUR liability for compensation **regresspflichtig**^RR *adj* JUR liable for compensation; **jdn** [**für etw**] **~ machen** to make sb liable [for compensation] [for sth]

regulär I. *adj* ❶ (*vorgeschrieben*) regular; **die ~e Arbeitszeit** normal [*or* regular] working hours; **das ~e Gehalt** the basic salary ❷ (*normal*) normal; **~e Truppen** regular troops, regulars *pl* II. *adv* normally

regulierbar *adj* adjustable

regulieren* I. *vt* ① (*einstellen*) ■ **etw** [**mit etw**] ~ to regulate [*or* adjust] sth [with sth] ② (*geh: [ein Gewässer] begradigen*) ■ **etw** ~ *Bach, Fluss* to straighten sth II. *vr* ■ **sich** (**von**) **selbst** ~ to regulate itself

Regulierung <-, -en> *f* ① (*Einstellung*) regulation, adjustment ② (*geh: Begradigung eines Gewässers*) straightening

Regung <-, -en> *f* ① (*Bewegung*) movement ② (*Empfindung*) feeling; **menschliche** ~ human emotion; ***folge immer der ~ deines Herzens*** always follow the promptings of your heart; **in einer ~ von Mitleid/Wehmut/Zorn** in a fit of compassion/nostalgia/anger

regungslos I. *adj* motionless; *Miene* impassive II. *adv* motionless; ***sie lag ~ da*** she lay there motionless

Regungslosigkeit <-> *f kein pl* motionlessness, impassivity

Reh <-[e]s, -e> *nt* roe deer

Reha <-> *f kein pl* MED *kurz für* **Rehabilitation** rehab

Rehabilitation <-, -en> *f* ① SOZIOL rehabilitation ② (*geh*) rehabilitation, vindication

Rehabilitationszentrum *nt* rehabilitation [*or fam* rehab] centre [*or* AM -er]

rehabilitieren* *vt* ① SOZIOL ■ **jdn** ~ to rehabilitate sb ② (*geh*) ■ **jdn/etw/sich** ~ to clear [*or form* vindicate] [*or form* rehabilitate] sb/sth/oneself

Rehabilitierung <-, -en> *f s.* **Rehabilitation**

Rehaklinik *f* MED rehab [clinic] **Rehazentrum** *nt* MED rehab [centre]

Rehbock *m* [roe]buck, stag **Rehkalb** *nt* fawn **Rehkeule** *f* haunch of venison **Rehkitz** *nt* roe deer fawn **Rehleder** *nt* deerskin **Rehrücken** *m* KOCHK saddle of venison **Rehschlegel** *m* haunch of venison **Rehwild** *nt* JAGD roe deer

Reibach <-s> *m kein pl* (*sl*) hefty profit; [**bei etw**] **einen ~ machen** to make a killing [at [*or* with] sth] *fam*

Reibe <-, -n> *f* grater

Reibekuchen *m* KOCHK DIAL (*Kartoffelpuffer*) ≈ potato fritter BRIT, ≈ latke AM (*grated raw potatoes fried into a pancake*) **Reibelaut** *m* LING fricative

reiben <rieb, gerieben> I. *vt* ① (*über etw hin- und herfahren*) ■ **etw** ~ to rub sth; *s. a.* **blank, Auge, Hand** ② (*reibend verteilen*) ■ **etw auf etw** *akk*/**in etw** *akk* **reiben** to rub sth onto/into sth ③ (*durch Reiben entfernen*) ■ **etw aus etw** *dat*/**von etw** ~ to rub sth out of/off sth ④ (*mit der Reibe zerkleinern*) ■ **etw** ~ to grate sth II. *vr* ① (*sich kratzen*) ■ **sich** [**an etw** *dat*] ~ to rub oneself [on [*or* against] sth]; ***die Katze rieb sich an meinen Beinen*** the cat rubbed itself against my legs; ***warum reibst du dich am Rücken?*** why are you rubbing your back?; *s. a.* **wund** ② ■ **sich** *dat* **etw** ~ to rub one's sth; **sich die Augen/Hände** ~ to rub one's eyes/hands; **sich die Haut/die Hände wund reiben** to chafe one's skin/hands; **sich den Schlaf aus den Augen** ~ (*fig*) to still not be awake [*or* be half asleep] ③ (*fig: sich mit jdm auseinandersetzen*) ■ **sich an jdm** ~ to rub sb up the wrong way; ***ständig ~ sie sich aneinander*** they are constantly rubbing each other up the wrong way, there is always friction between them III. *vi* ■ [**an etw** *dat*] ~ to rub [on sth]; ***die Schuhe ~ an den Zehen*** my shoes are rubbing my toes

Reibereien *pl* (*fam*) friction *no pl;* **es kommt zu ~, es gibt ~** there's friction

Reibstein *m* mortar

Reibung <-, -en> *f* ① *kein pl* PHYS friction ② *pl s.* **Reibereien**

Reibungsfläche *f* ① TECH frictional surface ② (*Grund zur Auseinandersetzung*) source of friction; **~n bieten** to present sources [*or* be a potential cause] of friction

reibungslos I. *adj* trouble-free, smooth II. *adv* smoothly

Reibungsverluste *pl waste of time/energy etc. caused by personal friction* **Reibungswiderstand** *m* SCI frictional resistance

reich I. *adj* ① (*sehr wohlhabend*) rich, wealthy; **aus ~em Haus[e] sein** to be from a wealthy family ② (*in Fülle habend*) ■ ~ **sein an etw** *dat* to be rich in sth; **~ an Erfahrung sein** to have a wealth of experience; **~ an Bodenschätzen sein** to be rich in minerals [*or* mineral resources] ③ (*viel materiellen Wert erbringend*) wealthy; **eine ~e Erbschaft** a substantial inheritance; **eine ~e Heirat** a good catch; (*viel ideellen Wert erbringend*) rich ④ (*kostbar*) costly; *Schmuck* expensive ⑤ (*ergiebig*) rich; *Ernte* abundant; *Ölquelle* productive; *Mahlzeit* sumptuous, lavish; *Haar* luxuriant ⑥ (*vielfältig*) rich, wide; *Möglichkeiten* rich; *Auswahl/Wahl* wide, large; *Bestände* copious; *Leben* varied ⑦ (*viel von etw enthalten*) rich; ***dieser Saft ist ~ an Vitaminen*** this juice is rich in [*or* full of] vitamins; *s. a.* **Maß** II. *adv* ① (*reichlich*) richly; **jdn ~ belohnen** to reward sb richly [*or* well], to give sb a rich reward; **jdn ~ beschenken** to shower sb with presents ② (*mit viel Gelderwerb verbunden*) **~ erben/heiraten** to come into/marry into money; **~ begütert** very well-off ③ (*reichhaltig*) richly; **~ ausgestattet/geschmückt/illustriert** richly [*or* lavishly] furnished/decorated/illustrated

Reich <-[e]s, -e> *nt* ① (*Imperium*) empire; **das ~ Gottes** the Kingdom of God; **das ~ der Mitte** (*geh: China*) the Middle Kingdom; **das ~ der Schatten** (*liter*) the realm of shades *liter,* the underworld; **das ~ der Finsternis** the realm of darkness; **das Dritte ~** HIST the Third Reich; **das Großdeutsche ~** HIST the Greater German Reich, Greater Germany; **das Römische ~** HIST the Roman Empire; **das „Tausendjährige ~"** REL the "Thousand-year Reich" ② (*Bereich*) realm; ***das ist mein eigenes ~*** that is my [very] own domain; **das ~ der aufgehenden Sonne** (*geh*) the land of the rising sun; **das ~ der Frau/des Kindes/des Mannes** the woman's/man's/child's realm; **das ~ der Gedanken/der Träume** the realm of thought/of dreams

Reiche(**r**) *f(m) dekl wie adj* rich man/woman; **die ~n** the rich [*or* wealthy] [people]

reichen I. *vi* ① (*ausreichen*) to be enough [*or* sufficient]; ***die Vorräte ~ noch Monate*** the stores will last for months still; ■ **es reicht** [**jdm**] that's enough [for sb]; ***noch etwas Püree? – danke, es reicht vollauf*** fancy any more mash? – no thanks, this plenty ② (*genug sein*) ■ **es reicht** it's enough; ***es müsste eigentlich ~*** it really ought to be enough; **damit es reicht ...** for it to be enough ...; ■ **es reicht** [**jdm**], **dass/wenn ...** it's enough [for sb] that/if ...; ***muss es jetzt sein, reicht es nicht, wenn ich es morgen mache?*** does it have to be now, won't tommorrow do? ③ (*überdrüssig sein*) ■ **etw reicht jdm** sth is enough for sb; ***mir reicht's!*** that's enough for me!, I've had enough!; ***es hat ihm einfach gereicht*** he had simply had enough; ***solche ständigen Frechheiten hätten mir schon lange gereicht*** if that was me, I wouldn't have put up with such cheek for all that time; ■ **es reicht** [**jdm**], **dass/wie ...** it's enough [for sb] that/how ...; ***langsam reicht es mir, wie du dich immer benimmst!*** I'm beginning to get fed up with the way you always behave!; **jetzt reicht's** [**mir**] [**aber**]! [*o* **endlich**], **mir reicht's jetzt** [**aber**]! [right, [*or* AM all right,]] that's enough!, that's the last straw! ④ (*sich erstrecken*) ■ **bis zu etw über etw** *akk* ~ to reach to sth/over sth; ***das Kabel reicht nicht ganz bis zur Steckdose*** the lead doesn't quite reach to the plug; ***das Seil reicht nicht ganz bis nach unten*** the rope doesn't quite reach the bottom; ***die Ärmel ~ mir nur bis knapp über die Ellenbogen*** the sleeves only just reach over my elbows; ***meine Ländereien ~ von hier bis zum Horizont*** my estates stretch from here to the horizon; *s. a.* **Auge** ⑤ (*gelangen*) ■ [**mit etw**] **bis irgendwohin** ~ to reach somewhere [with sth]; ***wenn ich mich strecke, reiche ich mit der Hand gerade bis oben hin*** if I stretch I can just reach the top; ***ich reiche nicht ganz bis an die Wand*** I can't quite reach the wall **II.** *vt* (*geh*) ① (*geben*) ■ **jdm etw** ~ to give [*or* hand] [*or* pass] sb sth; ***würdest du mir bitte mal das Brot ~?*** would you be so kind as to pass me the bread please? ② ■ **sich** *dat* [**gegenseitig** [*o geh* **einander**]] **etw** ~ to [each] reach out sth; **sich die Hand zur Begrüßung** ~ to shake hands; **sich die Hand zur Versöhnung** ~ to join hands in reconciliation ③ (*anbieten*) ■ [**jdm**] **etw** ~ to serve [sb] sth

reichhaltig *adj* ① (*vielfältig*) wide, large, extensive; *Programm* varied ② (*gut bestückt*) *Bibliothek, Sammlung, etc* well-stocked, extensive ③ (*üppig*) rich; **eine ~e Mahlzeit** a substantial meal

Reichhaltigkeit <-> *f kein pl* ① (*Vielfältigkeit*) extensiveness *no pl,* wideness *no pl,* variety ② (*Üppigkeit*) richness *no pl*

reichlich **I.** *adj* large, substantial; *Belohnung* ample; *Trinkgeld* generous **II.** *adv* ① (*überreich*) amply; ~ **Geld/Zeit haben** to have plenty of money/time ② (*fam: mehr als ungefähr*) over; ~ **drei Jahre/fünf Stunden** a good three years/five hours; **um ~ ...** [by] a good ...; ***er hat sich um ~ zwei Stunden verspätet*** he is a good two hours late ③ (*ziemlich*) rather, pretty

Reichsadler *m* HIST imperial eagle **Reichsbahn** *f* HIST ① (*1920–1945*) German National Railway ② (*1945–1993*) East German State Railway **Reichsgrenze** *f* HIST imperial German border **Reichshauptstadt** *f* HIST imperial capital, capital of the Reich **Reichskanzler** *m* HIST ① (*1871–1918*) Imperial Chancellor ② (*1919–1933*) Chancellor of the Republic ③ (*1933–1945*) Reich Chancellor **Reichsmark** *f* HIST Reichsmark **Reichspräsident** *m* HIST German President [1919–1934] **Reichsregierung** *f* HIST German government [1919–1945] **Reichsstadt** *f* HIST free city [*or* town] [of the Holy Roman Empire] **Reichstag** *m* ① HIST (*vor 1871*) Imperial Diet ② HIST (*1871–1945*) Reichstag ③ ARCHIT (*Gebäude in Berlin*) Reichstag **Reichstagsbrand** *m kein pl* POL (*hist*) burning of the Reichstag **Reichswehr** <-> *f kein pl* HIST ■ **die** ~ the German army [and navy] [1921–1935]

Reichtum <-[e]s, Reichtümer> *m* ① *kein pl* (*große Wohlhabenheit*) wealth; **zu ~ kommen** [*o* **gelangen**] to get rich, to come into money ② *pl* (*materieller Besitz*) riches *npl;* **damit kann man keine Reichtümer erwerben** you cannot get rich that way ③ *kein pl* (*Reichhaltigkeit*) ■ **der ~ an etw** *dat*/**von etw** the wealth [*or* abundance] of sth

Reichweite *f* ① (*Aktionsradius, Zugriff*) range; **Geschütze großer ~** long-range guns [*or* artillery]; **außer/in ~** [**einer S.** *gen*] out of/within reach [*or* range] [of sth]; **außerhalb/innerhalb der ~ einer S.** *gen* outside the range/within range of sth ② RADIO range; **außerhalb/innerhalb der ~** *gen* outside the range/within range

reif *adj* ① AGR, HORT ripe; ■ ~ **sein** to be ripe; ■ ~ **werden** to ripen ② BIOL (*voll entwickelt*) mature, fully developed ③ (*ausgereift*) mature; *Urteil* mature, wise ④ (*älter*) mature; **eine ~e Persönlichkeit** a mature personality; **im ~[er]en Alter** in one's mature[r] years; **im ~en Alter von ...** at the ripe old age of ...; ***ich bin mehr für ~ere Jahrgänge*** I prefer a more mature vintage [*or* those of a more mature age] ⑤ (*fam: im erforderlichen Zustand*) ■ ~ **für etw sein** to be ready [*or* ripe] for sth; ~ **für die Klapsmühle sein** (*pej*) to be ready for the loony-bin *pej;* ~ **für die Verwirklichung** ready to be put into practice; ~ **für die Insel sein** (*aussteigen wollen*) to want to drop out *fam* ⑥ (*sl: dran*) ■ ~ **sein** to be in for it *fam*

Reif¹ <-[e]s> *m kein pl* METEO hoar frost

Reif² <-[e]s, -e> *m* (*Armreif*) bracelet, bangle; (*Stirnreif*) circlet

Reife <-> *f kein pl* ① (*das Reifen*) *Obst* ripening; (*Reifezustand*) ripeness ② (*Abschluss der charakterlichen Entwicklung*) maturity; **mittlere ~** SCH ≈ GCSEs BRIT, ≈ GED AM (*school-leaving qualification awarded to pupils leaving the 'Realschule' or year 10 of the 'Gymnasium'*); **die sittliche ~** moral maturity; *s. a.* **Zeugnis**

reifen **I.** *vi sein* ① AGR, HORT to ripen; BIOL to mature ② (*sich charakterlich entwickeln*) to mature; ■ **gereift** mature ③ (*gedeihen*) ■ [**zu etw**] ~ to mature [*or* develop] [into sth]; *s. a.* **Gewissheit** **II.** *vt haben* (*geh: charakterlich entwickeln*) ■ **jdn** ~ to mature sb; *s. a.* **gereift**

Reifen <-s, -> *m* tyre BRIT, tire AM; **den ~ wechseln** to change the tyre; **runderneuerter ~** retread, BRIT *a.* remould

Reifendruck *m* tyre [*or* AM tire] pressure **Reifenpanne** *f* puncture, flat, flat tyre [*or* AM tire] **Reifenprofil** *nt* tread, tyre [*or* AM tire] tread **Reifenwechsel** *m* tyre [*or* AM tire] change

Reifeprüfung *f* SCH (*geh*) *s.* **Abitur** **Reifeteilung** *f* BIOL maturation division **Reifezeit** *f* AGR, HORT ripening time **Reifezeugnis** *nt* SCH (*geh*) *s.* **Abiturzeugnis**

reiflich *adj* (*ausführlich*) thorough, [very] careful; **nach ~er Überlegung** after [very] careful consideration

Reifrock *m* HIST hoop skirt, farthingale dress

Reifung <-> *f kein pl* AGR, HORT ripening; BIOL maturing, maturation

Reigen <-s, -> *m* (*veraltend*) round dance ▶ WENDUNGEN: **den ~ beschließen** (*geh*) to bring up the rear; **den ~ eröffnen** (*geh*) to lead [*or* start] off

Reihe <-, -n> *f* ① (*fortlaufende Folge*) row; **arithmetische ~** arithmetic[al] series [*or* progression]; **geometrische ~** geometric[al] series [*or* progression]; **in ~n antreten** to line up; **sich in ~n aufstellen** to line up in rows, to form lines; **aus der ~ treten** to step out of the line; **die ~n schließen** to close ranks; **außer der ~** out of [the usual] order; ***eine außer der ~ erfolgende Zahlung*** an unexpected payment; **der ~ nach** in order [*or* turn]; ***berichten Sie bitte der ~ nach*** please report events in chronological order ② (*Menge*) ■ **eine ~ von jdm/etw** a number of sb/sth; **eine ~ von zusätzlichen Informationen** a lot of additional information; **eine ganze ~** [**von Personen/S.** *dat*] a whole lot [of people/things]; **eine ganze ~ von Beschwerden/Fehlern/Leuten** a whole string of complaints/host of mistakes/list of people ③ *pl* (*Gesamtheit der Mitglieder*) ranks *npl;* **die ~n lichten sich** (*fig*) the ranks are thinning out ④ MIL, SCH, SPORT file; **in Reih und Glied** in rank and file; **in Reih und Glied antreten/Aufstellung nehmen** to line up/take up position in formation ▶ WENDUNGEN: [**mit etw**] **an der ~ sein** [*o* **kommen**] to be next in line [for sth]; ***du bist an der ~*** it's your turn; ***ich war jetzt an der ~!*** I was next!; ***ich bin erst morgen mit der Untersuchung an der ~*** I am only due to be examined tomorrow; ***erst sind wir an der ~!*** we're first!; ***jeder kommt an die ~*** everyone will get a turn; **etw auf die ~ kriegen** (*fam: etw kapieren*) to get sth into one's head; (*in Ordnung bringen*) to put sth straight [*or* in order], to get sth together; **aus der ~ tanzen** (*fam*) to step out of line, to be different

reihen I. *vr* ■ **sich an etw** *akk* **reihen** to follow [after] sth; ***ein Misserfolg reihte sich an den anderen*** one failure followed another II. *vt* ■ **etw auf etw** *akk* ~ to string [*or* thread] sth on sth

Reihenfolge *f* order, sequence; **in chronologischer/alphabetischer ~** in chronological/alphabetical order, chronologically, alphabetically

Reihenhaus *nt* terraced [*or* row] house AM **Reihenhaussiedlung** *f* terraced [*or* AM row] house development, estate of terraced houses **Reihenuntersuchung** *f* MED mass screening

reihenweise *adv* ❶ (*in großer Zahl*) by the dozen ❷ (*nach Reihen*) in rows [*or* lines]

Reiher <-s, -> *m* heron ▶ WENDUNGEN: **wie ein ~ kotzen** (*derb*) to puke one's guts out *sl*

Reiherente *f* ORN tufted duck

reihern *vi* (*sl*) to puke [*or* spew] [up] *sl*

reihum *adv* in turn; ~ **gehen** to go [*or* be passed] round [*or* AM around]; **etw ~ gehen lassen** to pass sth round [*or* AM around]

Reim <-[e]s, -e> *m* ❶ (*Endreim*) rhyme ❷ *pl* (*Verse*) verse[s], poems *pl* ▶ WENDUNGEN: **sich** *dat* **einen** [*o* **seinen**] **~ auf etw** *akk* **machen** (*fam*) to draw one's own conclusions about [*or* have one's own opinions on] sth; **sich** *dat* **einen ~ darauf machen, warum/was ...** to be able to work out [*or* make sense of] why/what...; **sich** *dat* **keinen ~ auf etw** *akk* **machen können** (*fam*) to see no rhyme or reason in [*or* not be able to make head or tail of] sth; **sich** *dat* **keinen ~ darauf machen können, warum/was ...** to be able to see no rhyme or reason why ..., to not be able to make head or tail of what ...

reimen I. *vr* ■ **sich** [**auf etw** *akk*/**mit etw**] ~ to rhyme [with sth] II. *vt* ■ **etw** [**auf etw** *akk*/**mit etw**] ~ to rhyme sth [with sth] III. *vi* to make up rhymes

Reimport ['reʔɪmpɔrt] *m* reimport

reimportieren* *vt* ÖKON ■ **etw ~** to reimport sth

rein[1] *adv* (*fam*) get in; ***ich krieg das Packet nicht in die Tüte ~*** I can't fit [*or* get] the packet into the carrier bag; ***„~ mit dir!"*** "come on, get in!"

rein[2] I. *adj* ❶ (*pur*) pure, sheer; **eine ~e Zeitverschwendung** a pure [*or* complete] waste of time; ***das ist doch ~er Blödsinn!*** that's sheer nonsense!; ***das ist doch der ~ste Unsinn!*** that is the most utter nonsense!; ***das ist die ~e Wahrheit*** that's the plain truth; **der/die/das ~ste ... sein** (*fam*) to be an absolute...; ***das Kinderzimmer ist der ~ste Schweinestall!*** the children's room is an absolute pigsty!; *s. a.* **Vergnügen, Freude** ❷ (*ausschließlich*) purely; ***das ist ein ~es Industrieviertel*** this is purely an industrial quarter ❸ (*unvermischt*) pure; **~es Gold** pure gold; **~ seiden** pure silk ❹ (*völlig sauber*) clean; **eine ~e Umwelt** a clean environment; ■ **~ sein/werden** to be/become clean; ***der Kragen ist nicht ganz ~ geworden*** the collar isn't quite clean yet; **etw ~ halten** (*veraltend*) to keep sth clean; ***ich leihe dir mein Auto schon aus, aber nur, wenn du es auch ~ hältst*** I'll lend you my car, but only if you keep it clean; **etw ~ machen** to clean sth; [**irgendwo/bei jdm**] **~ machen** [*o* **reinemachen**] to do the cleaning [somewhere/at sb's house]; ***im Haus ist seit Monaten nicht mehr ~ gemacht worden*** no cleaning has been done in the house for months; *s. a.* **Tisch** ❺ (*makellos*) *Teint, Haut* clear ❻ MUS (*unverfälscht*) pure ▶ WENDUNGEN: **etw** [**für jdn**] **ins R~e bringen** to clear up sth *sep* [for sb]; **mit sich** [**selbst**]/**etw ins R~e kommen** to get oneself/sth straightened out; **mit jdm/mit sich selbst im R~en sein** to have got things straightened out with sb/oneself; **etw ins R~e schreiben** to make a fair copy of sth II. *adv* ❶ (*ausschließlich*) purely; **eine ~ persönliche Meinung** a purely personal opinion ❷ MUS (*klar*) in a pure manner; ***der Verstärker lässt die Musik klar und ~ erklingen*** the amplifier reproduces the music in a clear and pure form ❸ (*absolut*) absolutely; ~ **alles/gar nichts** (*fam*) absolutely everything/nothing; ***er hat in der Schule ~ gar nichts gelernt*** he has learned absolutely nothing at school

Rein *f* casserole

Reineclaude <-, -n> *f* BOT, HORT *s.* **Reneklode**

Reinemachen <-s> *nt kein pl* (*fam*) cleaning *no pl*

reinerbig *adj* BIOL homozygous

Reinerlös *m s.* **Reingewinn** **Reinertrag** *m* ÖKON net yield

reineweg *adv* (*fam*) absolutely, completely; ***das ist ~ gelogen!*** that's a complete lie

Reinfall *m* (*fam*) disaster; ***„so ein ~, nichts hat geklappt!"*** "what a washout, nothing went right!"; [**mit jdm/etw**] **einen ~ erleben** to be a disaster; ***„kauf dir das Gerät nicht, du erlebst damit bloß einen ~"*** "don't buy the appliance, it'll just be a disaster"; **ein ~ sein** to be a disaster; ***die neue Mitarbeiterin war ein absoluter ~*** the new employee was a complete disaster

rein|fallen *vi irreg sein* (*fam*) ❶ (*eine schwere Enttäuschung erleben*) ■ [**mit jdm/etw**] ~ to be taken in [by sb/sth]; ***„ich habe den Versprechungen des Vertreters geglaubt und bin ganz schön reingefallen!"*** "I believed the rep's promises and was completely taken in" ❷ (*hereinfallen, hineinfallen*) ■ [**irgendwo**] ~ to fall in [somewhere]; ***„geh nicht zu nahe an den Brunnen, sonst fällst du womöglich rein!"*** "don't go too close to the fountain, or you might fall in!"; ***„die Brille ist mir da reingefallen"*** "my glasses have fallen down there"

Reinfektion [reʔɪn-] *f* reinfection

reingehen *vi* (*fam*) to go in

Reingewinn *m* ÖKON net profit **Reinhaltung** *f kein pl* keeping clean; ***die ~ unserer Umwelt ist eine wichtige Aufgabe*** keeping our environment clean is an important task **rein|hauen** *vi* (*fig sl*) to stuff oneself *fam,* to pig out *fam;* ***hau rein!*** tuck in! BRIT *fam,* dig in! AM *fam* **Reinheit** <-> *f kein pl* ❶ (*Frei von Beimengungen*) purity *no pl* ❷ (*Sauberkeit*) cleanness *no pl;* ***im Gebirge ist die Luft von größerer ~ als in der Stadt*** mountain air is cleaner than [the] air in the city **Reinheitsgebot** *nt* [German] beer purity law (*whereby only hops, malt, water, and yeast are permitted to be added in the brewing process*)

reinigen *vt* ■ **etw ~** to clean sth; ***wann ist dein Anzug zum letzten Mal gereinigt worden?*** when was your suit last [dry-]cleaned?

Reinigung <-, -en> *f* ❶ *kein pl* (*das Reinigen*) cleaning *no pl;* ***auf die ~ ihrer Fingernägel verwendet sie immer viel Zeit*** she always spends a lot of time cleaning her fingernails; ***Müllverbrennungsanlagen müssen nun alle Filter zur ~ der Abluft eingebaut haben*** waste incineration plants must all have filters installed to clean the waste air ❷ (*Reinigungsbetrieb*) cleaner's; **die chemische ~** the dry cleaner's

Reinigungslotion *f* cleansing lotion **Reinigungsmilch** *f* cleansing milk *no pl* **Reinigungsmittel** *nt* cleansing agent

Reinkarnation [reʔɪn-] *f* reincarnation *no pl*

reinkommen *vi* (*fam*) to come in; ***darf ich reinkommen?*** may I come in?

Reinkultur *f* pure culture; **in ~** unadulterated; ***das ist doch hirnverbrannter Blödsinn in ~!*** that is just hare-brained unadulterated nonsense!

rein|legen *vt* (*fam*) ❶ (*hineinlegen*) ■ **etw ~** to put sth in sth; ***„leg mir das Geld in die Schublade da***

rein" "put the money in this drawer here for me" ❷ (*hintergehen*) ■**jdn** ~ to take sb for a ride; ***er hat mich reingelegt, das Gemälde war gar nicht echt*** he took me for a ride, the picture wasn't genuine

reinlich *adj* ❶ (*sauberkeitsliebend, sauber*) clean; ***Katzen sind ~ere Tiere als Hunde*** cats are cleaner animals than dogs; **ein ~es Zimmer** a clean room ❷ (*klar*) clear; **eine ~e Unterscheidung** a clear distinction

Reinlichkeit <-> *f kein pl* ❶ (*Sauberkeitsliebe*) cleanliness *no pl;* ***Hunde müssen zur ~ erzogen werden*** dogs must be trained to be clean ❷ (*Sauberkeit*) cleanness *no pl*

Reinluftgebiet *nt* pollution-free zone **reinrassig** *adj* thoroughbred; ***mein Golden Retriever ist ein absolut ~es Tier*** my Golden Retriever is a real thoroughbred

Reinraum *m* clean room

rein|reiten *vt irreg* (*fam*) ■**jdn** ~ to get sb into a mess, to drop sb in it BRIT *fam*

Reinschrift *f* fair copy **Reinvermögen** *nt* ÖKON net assets

reinvestieren* *vt* ■**etw in etw** ~ to reinvest sth in sth

rein|waschen *irreg vt* (*exkulpieren*) ■**jdn [von etw]** ~ to clear sb [of sth]; ***die Untersuchung hat ihn von allem Verdacht reingewaschen*** the investigation cleared him of all suspicion; ■**sich [von etw]** ~ to clear oneself [of sth]

reinweg *adv s.* **reineweg**

rein|ziehen *vr irreg* (*sl*) ❶ (*konsumieren*) ■**sich** *dat* **etw** ~ to take sth; ***ich ziehe mir erst mal ein kaltes Bierchen rein*** the first thing I'm going to do is have a cold beer ❷ (*ansehen*) to watch sth

Reis[1] <-es, -e> *m* AGR, BOT rice *no pl;* **geschälter/ungeschälter** ~ husked/unhusked rice; **grüner/roter/schwarzer** ~ green/red/black rice

Reis[2] <-es, -er> *nt* ❶ (*Pfropf~*) scion ❷ (*veraltend geh: dünner Zweig*) sprig, twig

Reisbohne *f* rice bean **Reisbrei** *m* rice pudding

Reise <-, -n> *f* (*längere Fahrt*) journey, voyage; ***wie war die ~ mit dem Zug?*** how was the journey by train?; ***die ~ mit dem Schiff nach Singapur war sehr angenehm*** the voyage by ship to Singapore was very pleasant; ***wir freuen uns auf die nächste ~ an die See*** we're looking forward to our next trip to the seaside; **gute** [*o* **angenehme**] [*o* **glückliche**] **~!** bon voyage!, have a good trip!; **eine ~ wert sein** to be worth going to; ***Prag ist sicher eine ~ wert*** Prague is certainly worth a visit; **auf ~n gehen** to travel; ***endlich kann ich es mir leisten, auf ~n zu gehen*** I can finally afford to travel; **viel auf ~n gehen** to do a lot of travelling [*or* AM traveling]; **die ~ geht nach...** he/she/we etc. is/are off to...; ***„du verreist? wohin geht denn die ~?"*** "you're going away? where are you off to?"; **eine ~ machen** to go on a journey; **auf ~n sein, sich auf ~n befinden** (*geh*) to be away; ***„bedauere, der Arzt ist derzeit auf ~n"*** "I'm sorry, the doctor is away at the moment" ▶ WENDUNGEN: **die letzte ~ antreten** (*euph geh*) to set out on one's final journey *euph;* **wenn einer eine ~ tut, so kann er was erzählen** (*prov*) journeys are full of incidents

Reiseandenken *nt* souvenir **Reiseantritt** *m* start of a/the journey **Reiseapotheke** *f* first aid kit **Reisebedarf** *m* travel requisites *npl* **Reisebegleiter(in)** *m(f)* travelling [*or* AM traveling] companion **Reisebekanntschaft** *f* acquaintance made while travelling **Reisebericht** *m* account of a journey **Reisebranche** *f* [the] travel business [*or* trade] **Reisebüro** *nt* travel agency **Reisebürokaufmann, -kauffrau** *m, f* travel agent **Reisebus** *m* coach **Reisedauer** *f* journey time, length of a/the journey

reisefertig *adj* ready to go [*or* leave]; **sich ~ machen** to get oneself ready to go [*or* leave] **Reisefieber** *nt kein pl* (*fam*) travel nerves *npl* **Reiseflughöhe** *m* cruising altitude **Reisefreiheit** *f* freedom to travel **reisefreudig** *adj* to like to travel **Reiseführer** *m* travel guide[book] **Reiseführer(in)** *m(f)* courier, guide **Reisegepäck** *nt* luggage **Reisegeschwindigkeit** *f* (*geh*) cruising speed **Reisegesellschaft** *f* party of tourists **Reisegruppe** *f* tourist party **Reisehöhe** *f s.* Reiseflughöhe **Reisejournalist(in)** *m(f)* travel editor **Reisekoffer** *m* suitcase **Reisekosten** *pl* travelling expenses *pl* **Reisekostenabrechnung** *f* claim for travelling expenses; (*Formular*) claim form for travelling expenses **Reisekostenzuschuss**[RR] *m* travel allowance **Reiseland** *nt* holiday destination **Reiseleiter(in)** *m(f)* courier, guide **Reiselektüre** *f* reading matter for a/the journey **reiselustig** *adj* fond of travelling; ***meine ~e Schwester war dieses Jahr in Russland*** my sister, who is fond of travelling, has been to Russia this year **Reisemagazin** *nt* travel magazine **Reisemitbringsel** <-s, -> *nt* souvenir

reisen *vi sein* ❶ (*fahren*) to travel; ***wohin werdet ihr in eurem Urlaub ~?*** where are you going [to] on holiday? ❷ (*abreisen*) to leave ❸ (*als Vertreter unterwegs sein*) to travel as a rep; ***im Mai wird unser Vertreter wieder ~*** our representative will be on the road again in May; ***er reist in Sachen Damenbekleidung*** he travels as a rep selling ladies' clothing

Reisende(r) *f(m) dekl wie adj* passenger; ***alle ~n nach München werden gebeten, sich an Gleis 17 einzufinden*** all passengers for Munich are requested to go to platform 17

Reisenecessaire *nt* travelling [*or* AM -traveling] manicure case **Reisepass**[RR] *m* passport **Reisepläne** *m pl* travel plans *pl* **Reiseproviant** *m kein pl* provisions *pl* for the journey **Reiseroute** *f* itinerary **Reiserücktrittsversicherung** *f* travel cancellation insurance **Reisescheck** *m* TOURIST ❶ (*bargeldloses Zahlungsmittel*) travel cheque BRIT, traveler's check AM ❷ (*hist: Berechtigung zu einer Ferienreise*) *certificate issued in the GDR, authorizing the travel to a designated place* **Reiseschreibmaschine** *f* portable typewriter **Reisespesen** *pl* travel expenses *pl*

Reisessig *m* rice vinegar

Reisestecker *m* [travel-]plug **Reisetasche** *f* holdall, travelling [*or* traveling] bag AM **Reiseveranstalter(in)** *m(f)* tour operator **Reiseverkehr** *m kein pl* holiday traffic *no pl* **Reisevorbereitung** *f meist pl* travel preparations *pl;* **~n treffen** to prepare for a/the journey **Reisewecker** *m* travelling alarm clock **Reisewetter** *nt* weather for travelling **Reisewetterbericht** *m* holiday weather forecast **Reisezeit** *f* holiday period **Reiseziel** *nt* destination

Reisflocken *pl* rice flakes *pl*

Reisig <-s> *nt kein pl* brushwood *no pl*

Reiskoch *m* KOCHK rice pudding **Reiskorn** *nt* grain of rice **Reisnudeln** *pl* rice noodles *pl,* rice sticks *pl* **Reispapier** *nt* rice paper **Reisrand** *m,* **Reisring** *m* rice ring

Reißaus *m* **[vor jdm/etw] ~ nehmen** (*fam*) to run away [from sb/sth]; ***die Einbrecher nahmen ~, als die Bullen kamen*** the burglars scarpered when the cops arrived

Reißbrett *nt* drawing-board

Reisschleim *m* rice pudding

reißen <riss, gerissen> **I.** *vi* ❶ *sein* (*einreißen*) ■**[an etw** *dat*] ~ to tear [at sth]; ***billiges Papier reißt leicht*** cheap paper tears easily; ***alte Hemden können an zerschlissenen Stellen ~*** old shirts can tear at the parts that are worn ❷ *sein* (*zerreißen*) to break, to tear; ***das Seil riss unter dem Gewicht dreier***

Bergsteiger the rope broke under the weight of three climbers; *s. a.* **Geduldsfaden, Strick** ③ *haben* (*zerren*) ■ **an etw** ~ *dat* to pull [on] sth, to tug at sth; ***wütend bellend riss der Hund an seiner Kette*** barking furiously the dog strained at its lead; ***der Fallschirmspringer muss an dieser Leine*** ~ the parachutist has to pull [on] this cord ④ *haben* SPORT (*das Reißen betreiben*) to snatch; ■ **[das] Reißen** snatch; ***das Reißen ist nicht die Stärke dieses Gewichthebers*** the snatch is not one of this weightlifter's strengths ⑤ *haben* SPORT (*bei der Übung abwerfen*) ***beim letzten Versuch im Hochsprung darf sie nicht*** ~ she musn't knock the bar off during her final attempt in the high jump; ***an diesem Hindernis hat noch fast jeder Reiter gerissen*** nearly every rider has knocked this fence down **II.** *vt haben* ① (*runterreißen*) ■ **etw von etw** ~ to tear sth from sth; ***sie rissen die alten Tapeten von den Wänden*** they tore the old wallpaper off the walls ② (*entreißen*) ■ **etw von jdm** ~ to tear [*or* snatch] sth from sb; ***er riss ihr das Foto aus der Hand*** he snatched the photo out of her hand; ***der Mann wollte ihr das Kind aus den Armen*** ~ the man wanted to tear the child from her arms; ***pass auf, dass der Wind dir nicht den Hut vom Kopf reißt!*** watch out that the wind doesn't blow your hat off [your head] ③ (*hineinreißen*) ■ **[sich] etw in etw** ~ *akk* to tear sth in [one's] sth; ***verdammt, ich habe mir ein Loch in die Hose gerissen!*** blast! I've torn a hole in my trousers! ④ (*willkürlich entnehmen*) ■ **etw aus etw** ~ to take sth out of sth; ***die Bemerkung ist wahrscheinlich aus dem Zusammenhang gerissen worden*** the comment has probably been taken out of context ⑤ (*hinunterreißen*) ■ **jdn [mit sich]** … ~ to take sb [with one/it]; ***die Lawine riss mehrere der Wanderer mit sich zu Tale*** the avalanche took several of the hikers with it [down] into the valley; *s. a.* **Verderben** ⑥ (*unversehens unterbrechen*) ■ **jdn aus etw** ~ to rouse sb from sth; ***das Klingeln des Telefons riss sie aus ihren Gedanken*** the ringing of the telephone roused her from her thoughts ⑦ (*gewaltsam übernehmen*) ■ **etw an sich** ~ *akk* to seize sth; ***die Revolutionäre wollen die Herrschaft an sich*** ~ the revolutionaries are planning to seize power ⑧ (*rasch an sich ziehen*) ■ **jdn/etw an sich** ~ *akk* to clutch sb/sth to one; ***sie riss die Handtasche an sich*** she clutched her handbag to her ⑨ SPORT (*durch Reißen hochbringen*) ■ **etw** ~ to snatch sth; ***423 kg hat bisher noch kein Gewichtheber gerissen*** no weightlifter yet has been able to snatch 423 kg ⑩ SPORT (*abwerfen*) ■ **etw** ~ to knock down sth *sep;* ***die Reiterin hat eine Latte gerissen*** the rider knocked a pole down ⑪ (*anspringen und totbeißen*) ■ **etw** ~ to kill sth; ***der Löwe verschlang die Antilope, die er gerissen hatte*** the lion devoured the antilope that it had killed ▸ WENDUNGEN: **hin und her gerissen sein/werden** to be torn **III.** *vr haben* ① (*sich losreißen*) ■ **sich aus etw** ~ to tear oneself out of sth ② (*fam: sich intensivst bemühen*) ■ **sich um jdn/etw** ~ to scramble to get sb/sth; *s. a.* **gerissen**

Reißen <-s> *nt kein pl* (*veraltend fam*) ache; **das** ~ **[in etw** *dat*] **haben** sb's sth is aching; ***was stöhnst du so, hast du wieder das ~ im Rücken?*** why are you groaning like that, is your back aching again?

reißend I. *adj* ① (*stark strömend*) raging, torrential; **die ~e Strömung** the raging current ② (*räuberisch*) rapacious; **ein ~es Tier** a rapacious animal ③ ÖKON (*fam*) massive; ***die neuen Videospiele finden ~en Absatz*** the new video games are selling like hot cakes **II.** *adv* (*fam*) in huge quantities; ***so ~ haben wir bisher noch nichts verkauft*** we've never sold anything in such huge quantities before

Reißer <-s, -> *m* (*fam*) ① (*Buch/Film*) thriller ② (*Verkaufserfolg*) big seller; ***diese Shorts sind der ~ der Saison!*** these shorts are the season's big sellers

reißerisch I. *adj* sensational **II.** *adv* sensationally

reißfest *adj* tearproof

Reißleine *f* ripcord

Reisspinat *m* quinoa

Reißverschluss[RR] *m* zip BRIT, zipper AM **Reißverschlussprinzip**[RR] *nt kein pl* TRANSP principle of alternation **Reißwolf** *m* TECH ① (*industrielles Gerät zum Zerkleinern*) devil ② (*Aktenvernichter*) shredder **Reißzwecke** <-, -n> *f* drawing pin

Reistafel *f* rice platter **Reis-Timbale** *f* rice timbale **Reiswaffel** *f* rice cake **Reiswein** *m* rice wine

Reitausrüstung *f* riding equipment *no pl* **Reitbahn** *f* arena

reiten <ritt, geritten> **I.** *vi sein* ① (*auf einem Tier*) to ride; ***bist du schon mal geritten?*** have you ever been riding?; ***wissen Sie, wo man hier ~ lernen kann?*** do you know where it's possible to take riding lessons round here?; ■ **auf etw** *dat* ~ to ride [on] sth; ***bist du schon mal auf einem Pony geritten?*** have you ever ridden a pony?; **im Galopp/Trab** ~ to gallop/trot; ***heute üben wir, im Schritt zu*** ~ today we shall practice riding at walking pace; ***die Pferde wurden im Galopp geritten*** the horses were ridden at a gallop; ***das Reiten ist immer ihre ganz große Leidenschaft gewesen*** riding has always been her great passion; ■ **geritten kommen** to come riding up ② (*schaukelnde Bewegungen machen*) ■ **auf etw** *dat* ~ to ride [on] sth; ***das kleine Mädchen reitet auf ihrem Schaukelpferd*** the little girl is riding her rocking horse; ***„schau mal, da reitet jemand auf dem Dachfirst!"*** "look, there's someone sitting astride the ridge of the roof!" **II.** *vt haben* ■ **etw** ~ to ride sth; ***heute will ich den Rappen ~!*** I want to ride the black horse today; ***sie ritten einen leichten Trab*** they rode at a gentle trot; ***reite nicht solch ein Tempo, ich komme ja gar nicht mehr mit!*** don't ride so fast, I can't keep up any more!; *s. a.* **Boden, Haufen**

Reiter <-s, -> *m* (*Karteireiter*) index-tab ▸ WENDUNGEN: **spanischer** ~ barbed-wire barricade

Reiter(in) <-s, -> *m(f)* rider; ■ ~ **sein** to be a rider; ***„Sie sind wohl auch ~in?"*** "I suppose you go riding too?"

Reiterei <-, -en> *f* MIL cavalry *no pl*

Reiterin <-, -nen> *f fem form von* **Reiter**

Reiterstandbild *nt* equestrian statue

Reitgerte *f* riding whip **Reithalle** *f* indoor riding arena **Reitkappe** *f* riding cap **Reitlehrer(in)** *m(f)* riding instructor **Reitpferd** *nt* saddle-horse, mount **Reitschule** *f* riding school **Reitsitz** *m* riding position; **im** ~ astride **Reitsport** *m kein pl* equestrianism *no pl,* horse-riding *no pl;* ~ **betreiben** to go horse-riding **Reitstall** *m* riding-stable **Reitstiefel** *m* riding-boot **Reittier** *nt* mount **Reitturnier** *nt* showjumping event **Reitunterricht** *m* riding lessons *pl* **Reitweg** *m* bridle-path

Reiz <-es, -e> *m* ① (*Verlockung*) appeal, attraction; **[für jdn] den ~ [einer S.** *gen*] **erhöhen** to add to the appeal [*or* attraction] [of a thing] [for sb]; ***Spannung ist etwas, das den ~ einer S. erhöht*** suspense is something that adds to the appeal of a thing; **[für jdn] einen [*o* seinen] ~ haben** to appeal [to sb]; ***spazieren gehen hat seinen ~ für Naturliebhaber*** going for a walk appeals to nature lovers; **[auf jdn] einen bestimmten ~ ausüben** to hold a particular attraction [for sb]; ***verbotene Dinge üben auf Kinder immer einen besonderen ~ aus*** forbidden things always hold a special attraction for children; **[für jdn]**

seinen [*o* **den**] ~ **verlieren** to lose its appeal [for sb] ❷ (*Stimulus*) stimulus; ***äußere ~e werden über das Nervensystem zum Gehirn befördert*** external stimuli are transmitted to the brain via the nervous system ❸ *pl* (*sl: nackte Haut*) charms *npl*

reizbar *adj* irritable; ■ **[leicht]** ~ **sein** to be [extremely] irritable

Reizbarkeit <-> *f kein pl* irritability *no pl*

reizen I. *vt* ❶ (*verlocken*) ■ **jdn** ~ to appeal to sb, to tempt sb; ***diese Frau reizt mich schon irgendwie*** I'm quite attracted to this woman; ***die Herausforderung reizt mich sehr*** I find this challenge very tempting; ■ **es reizt jdn, etw zu tun** sb is tempted to do sth ❷ MED (*stimulieren*) ■ **etw** ~ to irritate sth; ***ätzender Rauch reizt die Lunge*** acrid smoke irritates the lungs ❸ (*provozieren*) ■ **jdn/ein Tier [zu etw]** ~ to provoke sb/an animal [into sth]; ***reize ihn besser nicht, er ist leicht aufbrausend*** better not provoke him, he's got a short fuse; ■ **jdn [dazu] reizen, etw zu tun** to provoke sb into doing sth; *s. a.* **Weißglut** II. *vi* ❶ (*herausfordern*) ■ **zu etw** ~ to invite sth; ***der Anblick reizte zum Lachen*** what we saw made us laugh; ***ihre Arroganz reizt zur Opposition*** her arrogance invites opposition ❷ MED (*stimulieren*) to irritate; **zum Husten** ~ to make one cough ❸ KARTEN (*hochtreiben*) to bid; ***will noch jemand ~?*** any more bids?; *s. a.* **hoch**

reizend *adj* ❶ (*attraktiv*) attractive; ***vom Turm aus hat man einen ~en Blick auf das Tal*** you have a delightful view of the valley from the tower ❷ (*iron: unschön*) charming *iron*; **das ist ja** ~ that's charming! *iron*; ***was für eine ~e Überraschung!*** what a lovely surprise! *iron* ❸ (*veraltend*) charming, kind; ***Sie haben wirklich einen ~en Mann!*** you really have a charming husband; ***ach, ist die Kleine aber ~!*** oh, what a charming [*or* delightful] little girl!; ***danke, das ist aber sehr ~ von Ihnen*** thank you, that is really very kind of you

Reizgas *m* irritant gas **Reizhusten** *m kein pl* dry cough

Reizker <-s, -> *m* BOT orange agaric

Reizklima *nt* ❶ MED, METEO bracing climate ❷ (*konfliktgeladene Atmosphäre*) tense atmosphere **reizlos** *adj* dull, unattractive **Reizstoff** *m* irritant **Reizthema** *nt* emotive subject **Reizüberflutung** *f* PSYCH overstimulation *no pl*

Reizung <-, -en> *f* irritation

reizvoll *adj* attractive **Reizwäsche** *f kein pl* (*fam*) sexy underwear *no pl fam* **Reizwort** <-wörter> *nt* emotive word

rekapitulieren* *vt* (*geh*) ■ **etw** ~ to recapitulate sth

rekeln *vr* ■ **sich [auf/in etw** *dat*] ~ to stretch out [on/in sth]

Reklamation <-, -en> *f* complaint

Reklamationsabteilung *f* ÖKON (*selten*) complaints department

Reklame <-, -n> *f* ❶ (*Werbeprospekt*) advertising brochure ❷ ÖKON (*veraltend: Werbung*) advertising *no pl*; ***dieses Poster ist eine alte ~ für Nudeln*** this poster is an old advertisement for pasta; **keine gute ~ für jdn sein** to not be a good advert [*or* AM advertisement] for sb; **für jdn/etw ~ machen** to advertise [*or* promote] sb/sth; **mit jdm/etw ~ machen** to show off sth/sb *sep*; ***mit so einer miserablen Leistung lässt sich nicht ~ machen*** a pathetic effort like that is nothing to show off about

Reklameschild *nt* advertising sign

reklamieren* I. *vi* ■ **[bei jdm] [wegen etw]** ~ to make a complaint [to sb] [about sth] II. *vt* ❶ ÖKON (*bemängeln*) ■ **etw [bei jdm]** ~ to complain [to sb] about sth ❷ (*geh: beanspruchen*) ■ **etw [bei jdm]** ~ to claim sth [from sb] ❸ (*geh: in Anspruch nehmen*) ■ **etw für sich** ~ to lay claim to sth, to claim sth as one's own [*or* for oneself]; ■ **jdn für sich** ~ to monopolize [*or* BRIT *a.* -ise] sb

Rekombination <-, -en> *f* BIOL recombination

rekonstruieren* *vt* ■ **etw [aus etw]** ~ ❶ (*nachbilden*) to reconstruct sth [from sth]; ***der Schädel dieses Vormenschen wurde aus Bruchstücken rekonstruiert*** the skull of this primitive man was reconstructed from fragments ❷ (*modernisieren*) **ein Gebäude** ~ to modernize [*or* renovate] a building ❸ (*rückblickend darstellen*) to reconstruct sth [from sth]

Rekonstruktion *f* ❶ *kein pl* (*das Nachbilden*) reconstruction *no pl* ❷ *kein pl* (*rückblickende Darstellung*) reconstruction *no pl* ❸ (*Modernisierung*) modernization [*or* BRIT *a.* -isation], renovation

Rekonvaleszent(in) <-en, -en> [-va-] *m(f)* convalescent

Rekonvaleszenz <-> [-va-] *f kein pl* (*geh*) convalescence *no pl*

Rekord <-s, -e> *m* record; ***gratuliere, Sie sind ~ geschwommen!*** congratulations, you've swum a record time; ***die Besucherzahlen stellten alle bisherigen ~e in den Schatten*** the number of visitors has beaten all previous records; **ein trauriger** ~ a poor showing; *s. a.* **aufstellen, brechen, halten**

Rekorder <-s, -> *m* ❶ (*Kassettenrekorder*) cassette recorder ❷ (*Videorekorder*) video [recorder]

Rekordergebnis *nt* record result **Rekordgewinn** *m* record profit **Rekordinhaber(in)** *m(f)* record-holder **Rekordjahr** *nt* record year **Rekordleistung** *f* record [performance] **Rekordmarke** *f* ❶ SPORT (*bestehender Rekord*) record; ***der Sprung ging über die bisherige ~ von 8,49 m*** the jump beat the previous record of 8.49 m ❷ (*Höchststand*) record level; ***die Absätze haben eine ~ erreicht*** sales have reached record levels **Rekordverlust** *m* record loss **Rekordversuch** *m* attempt at the record **Rekordweite** *f* record distance **Rekordzahlen** *pl* record numbers *pl* **Rekordzeit** *f* record time; **in** ~ in record time

Rekrut(in) <-en, -en> *m(f)* MIL recruit

rekrutieren* I. *vt* ■ **jdn** ~ to recruit sb II. *vr* ■ **sich aus etw** ~ to consist of sth

Rekrutierung <-, -en> *f* recruitment *no pl*

Rekrutin <-, -nen> *f fem form von* **Rekrut**

Rekta *pl von* **Rektum**

rektal *adj* (*geh*) rectal

Rektor, Rektorin <-s, -toren> *m, f* SCH ❶ (*Repräsentant einer Hochschule*) vice-chancellor BRIT, president AM ❷ (*Leiter einer Schule*) head teacher BRIT, principle AM

Rektorat <-[e]s, -e> *nt* SCH ❶ (*Amtsräume: Universität*) vice-chancellor's office BRIT, vice-president's office AM; (*Schule*) head teacher's study BRIT, principle's office AM ❷ (*Amtszeit: Universität*) vice-chancellor's BRIT [*or* AM vice-president's] term of office; (*Schule*) headship BRIT

Rektorin <-, -nen> *f fem form von* **Rektor**

Rektum <-s, Rekta> *nt* (*geh*) rectum

Rekultivierung <-, -en> *f* AGR recultivation

rekurrieren* *vi* SCHWEIZ ■ **[gegen etw]** ~ (*Beschwerde einlegen*) to register a complaint [against sth]; (*Berufung einlegen*) to appeal [against sth]

Relais <-, -> [rəˈlɛː] *nt* ELEK relay

Relation <-, -en> *f* (*geh*) ❶ (*Verhältnismäßigkeit*) appropriateness *no pl*, proportion; ***Sie müssen die ~ im Auge behalten*** you must keep a sense of proportion; ***58 DM für ein Paar Socken? da kann doch die ~ nicht stimmen!*** 58 DM for a pair of socks? the price is out of all proportion!; **in ~ zu etw stehen** to bear relation [*or* be proportional] to sth; ***der Preis ei-***

nes Artikels muss in ~ zur Qualität stehen the price of an item must be commensurate with its quality; **in keiner ~ zu etw stehen** to bear no relation to sth ② (*wechselseitige Beziehung*) relation, relationship; ***diese Phänomene stehen in einer bestimmten ~ zueinander*** there is a certain relationship between these two phenomena

relativ *adj* relative; **ein ~er Wert** a relative value; **alles ist ~** everything is relative; ***ich wohne in ~er Nähe zum Zentrum*** I live relatively close to the city centre; *s. a.* **Luftfeuchtigkeit, Mehrheit**

relativieren* [-'vi:-] **I.** *vt* (*geh*) ▪**etw ~** to qualify sth, to relativize [*or* BRIT *a.* -ise] sth **II.** *vi* (*geh*) to think in relative terms; ***das Angebot gilt nur unter bestimmten Voraussetzungen, relativierte er*** he qualified his statement by saying that the offer only applied under certain preconditions

Relativität <-, -en> *meist sing f* (*geh*) relativity

Relativitätstheorie <-> [-vi-] *f kein pl* ▪**die ~** the theory of relativity

Relativpronomen *nt* relative pronoun **Relativsatz** *m* relative clause

Relaunch <-s, -es> [ri:lɔntʃ] *m* ÖKON (*wirtschaftlicher Neubeginn*) relaunch

relaxen* *vi* to relax

relegieren* *vt* SCH (*geh*) ▪**jdn ~** to expel sb

relevant [-'va-] *adj* (*geh*) relevant

Relevanz <-> [-'va-] *f kein pl* (*geh*) relevance *no pl;* **von einiger/wenig ~** of some/little relevance

Relief <-s, -s *o* -e> *nt* ① KUNST (*erhabenes oder vertieftes Bildwerk*) relief ② GEOG (*plastische Nachbildung*) plastic relief model

Reliefkarte *f* relief map

Religion <-, -en> *f* ① (*Glaubensbekenntnis*) religion *no pl* ② (*Glaubensgemeinschaft*) religion ③ SCH (*Religionsunterricht*) religion *no pl,* religious education [*or* instruction] *no pl;* ***wir haben zwei Stunden ~ in der Woche*** we have two hours RE [*or* RI] a week

Religionsbekenntnis *nt* denomination **Religionsfreiheit** *f* freedom *no pl* of worship **Religionsgemeinschaft** *f* (*geh*) religious community **Religionsgeschichte** *f* ① *kein pl* (*Entwicklung*) history of religion ② (*Werk*) religious historical work **Religionskrieg** *m* religious war **Religionslehrer(in)** *m(f)* religious instruction [*or* education] teacher **Religionsstifter(in)** *m(f)* founder of a religion **Religionsstreit** *m* religious dispute **Religionsunterricht** *m* religious education [*or* instruction]

religiös I. *adj* religious; **eine ~ Erziehung** a religious upbringing; **aus ~en Gründen** for religious reasons **II.** *adv* ① (*im Sinne einer Religion*) in a religious manner; ***die mittelalterliche Kunst ist stark ~ geprägt*** mediaeval art is characterized by strong religious themes ② (*mit religiösen Gründen*) for religious reasons

Religiosität <-> *f kein pl* religiousness *no pl*

Relikt <-[e]s, -e> *nt* (*geh*) relic

Reling <-, -s *o* -e> *f* NAUT rail

Reliquie <-, -n> [re'li:kviə] *f* REL relic

Rem <-s, -s> *nt Akr von* **Roentgen equivalent man** rem

Remake <-s, -s> [ri'meɪk] *nt* remake

Reminiszenz <-, -en> *f* (*geh*) reminiscence, memory

remis [rə'mi:] **I.** *adj inv* SCHACH drawn; ***„~!" — „einverstanden!"*** "a draw!" — "agreed!"; ***die Partie ist ~*** the game is drawn **II.** *adv* SCHACH in a draw; ***„wie ist die Partie ausgegangen?" — „~"*** "how did the game finish?" — "it ended in a draw"

Remis <-, – *o* -en> [rə'mi:] *nt* SCHACH draw; **[gegen jdn] ein ~ erzielen** to achieve a draw [against sb]

Remittende <-, -n> *f* TYPO return

Remix <-es, -e *o* -es> [ri'miks] *m* MUS remix

remixen* *vt* MUS, TECH ▪**etw ~** *Musikstück* to remix sth

Remmidemmi <-s> *nt kein pl* (*veraltend sl*) commotion *no pl,* racket *no pl sl;* **~ machen** to make a racket

Remoulade <-, -n> [remu'la:də] *f,* **Remouladensoße** *f* tartar sauce

rempeln I. *vi* (*fam*) to push, to jostle; ***es wurde viel gerempelt, als die Fahrgäste einstiegen*** there was a lot of jostling when the passengers boarded; ***he, ~ Sie nicht so!*** hey, stop pushing like that! **II.** *vt* SPORT ▪**jdn ~** to push sb

REM-Phase *f* MED, PSYCH REM sleep

Ren <-s, -e> *nt* ZOOL *s.* **Rentier²**

Renaissance <-, -en> [rənɛ'sã:s] *f* ① *kein pl* KUNST, HIST (*kulturelle Bewegung*) Renaissance *no pl* ② (*geh: Wiederbelebung*) renaissance

Renaissancebau *m* renaissance building **Renaissancefassade** *f* renaissance façade **Renaissancekirche** *f* renaissance church **Renaissanceschloss**RR *nt* renaissance palace

renaturieren* *vt* ÖKOL ▪**etw ~** to restore sth to its natural state

Renaturierung <-, -en> *f* ÖKOL restoring to nature

Rendezvous <-, -> [rãde'vu:, 'rã:devu] *nt* ① (*Verabredung*) rendezvous *a. hum,* date; **sich** *dat* **irgendwo ein ~ geben** (*geh*) to meet up [*or* come together] somewhere ② RAUM (*Kopplung*) rendezvous

Rendite <-, -n> *f* return, yield

Renegat(in) <-en, -en> *m(f)* (*geh*) renegade

Reneklode <-, -n> *f* greengage

renitent *adj* (*geh*) awkward

Renitenz <-> *f kein pl* (*geh*) awkwardness *no pl*

Renke <-, -n> *f* pollan, freshwater herring

Rennbahn *f* racetrack

rennen <rannte, gerannt> **I.** *vi sein* ① (*schnell laufen*) to run; *s. a.* **Unglück, Verderben** ② (*fam: hingehen*) ▪**zu jdm ~** to run [off] to sb; ***dann renn' doch zu deiner Mama*** why don't you run off to your mummy; ***sie rennt bei jeder Kleinigkeit zur Geschäftsleitung*** she's always going up to management with every little triviality; ***die arme Frau rennt dauernd zur Polizei*** that poor woman's always running to the police ③ (*stoßen*) ▪**an etw** *akk*/**gegen etw** *akk*/**vor etw** *akk* **~** to bump into sth; ***sie ist mit dem Kopf vor einen Dachbalken gerannt*** she banged her head against a roof joist; *s. a.* **Kopf II.** *vt* ① *haben o sein* SPORT ▪**etw ~** to run sth; ***er rennt die 100 Meter in 11 Sekunden*** he runs the 100 metres in 11 seconds ② *haben* (*im Lauf stoßen*) ▪**jdn ... ~** to knock sb...; ***„weg da, sonst wirst du beiseite gerannt!"*** "out the way, or you'll be knocked aside!"; ***er rannte mehrere Passanten zu Boden*** he knocked several passers-by over; *s. a.* **Haufen** ③ *haben* (*stoßen*) ▪**etw in jdn/etw ~** to run sth into sth; ***er rannte ihm ein Schwert in den Leib*** he ran a sword into his body

Rennen <-s, -> *nt* race; ***das ~ ging über 24 Runden*** the race was over 24 laps; ***Ascot ist das bekannteste ~ der Welt*** Ascot is the most famous racing event in the world; **ein totes ~** SPORT a dead heat; **... im ~ liegen** SPORT to be...placed; **gut im ~ liegen** to be well placed; **schlecht im ~ liegen** to be badly placed, to be having a bad race ▶ WENDUNGEN: **[mit etw] ... im ~ liegen** to be in a...position [with sth]; ***wir liegen mit unserem Angebot gut im ~*** we are in a good position with our offer; ***nach dem Vorstellungsgespräch lag er schlechter im ~*** he was in a worse position after the interview; **ins ~ gehen** to take part in [sth]; **das ~ ist gelaufen** (*fam*) the show is over; **[mit etw] das ~ machen** (*fam*) to make the running [with sth]; ***die Konkurrenz macht wieder mal das ~*** the competition is making the running

R

again; **jdn ins ~ schicken** to put forward sb *sep;* **jdn aus dem ~ werfen** (*fam*) to put sb out of the running

Renner <-s, -> *m* (*fam*) big seller

Rennfahrer(in) *m(f)* ❶ (*Autorennen*) racing driver BRIT, racecar driver AM ❷ (*Radrennen*) racing cyclist **Rennkuckuck** *m* ORN roadrunner **Rennpferd** *nt* racehorse; *s. a.* **Ackergaul** **Rennrad** *nt* racing bike **Rennsport** *m* SPORT ❶ (*Motorrennen*) motor racing *no pl* ❷ *s.* **Radrennsport** ❸ *s.* **Pferderennsport** **Rennstall** *m* racing stable **Rennstrecke** *f* SPORT course, racetrack **Rennwagen** *m* racing [*or* AM race] car

Renommee <-s, -s> *nt* (*geh*) reputation; **von ... ~** of ... reputation; ***er ist ein Nachtklubbesitzer von zweifelhaftem ~*** he is a nightclub owner of doubtful reputation

Renommierobjekt *nt* showpiece

renommiert *adj* (*geh*) renowned; ■ **~ [wegen etw] sein** to be renowned [for sth]

renovieren* [-'viː-] *vt* ■ **etw ~** to renovate sth

Renovierung <-, -en> [-'viː-] *f* renovation

rentabel I. *adj* profitable II. *adv* profitably

Rentabilität <-> *f kein pl* profitability *no pl*

Rentabilitätsberechnung *f* calculation of profitability **Rentabilitätssteigerung** *f* gain in profitability

Rente <-, -n> *f* ❶ (*Altersruhegeld*) pension; **in ~ gehen** to retire ❷ (*regelmäßige Geldzahlung*) annuity

Rentenalter *nt* retirement age **Rentenanleihe** *f* perpetual [*or* annuity] bond **Rentenanpassung** *f* indexation of pensions **Rentenanspruch** *m* right to a pension **Rentenbasis** *f* annuity basis **Rentenbeitrag** *m* pension contribution **Rentenbemessungsgrundlage** *f* pension assessment basis **rentenberechtigt** *adj inv* pensionable, entitled to a pension **Rentenbescheid** *m* notice of the amount of one's pension **Rentenempfänger(in)** *m(f)* (*geh*) pensioner **Rentenfonds** *m* fixed-interest fund **Rentenmarkt** *m* fixed-interest securities market **Rentenplan** *m* pension plan **Rentenreform** *f* reform of pensions

Rentenversicherung *f* pension scheme BRIT, retirement insurance AM

Rentenversicherungsbeitrag *m* pension contribution **Rentenversicherungssystem** *nt* pension scheme [*or* AM plan]

Rentier[1] *nt* reindeer

Rentier[2] <-s, -s> [rɛn'tieː] *m* (*veraltend*) person of independant means

rentieren* *vr* ■ **sich [für jdn] ~** to be worthwhile [for sb]; ***für uns würde sich ein Auto nicht ~*** it wouldn't be worthwhile our having a car; ***so eine Maschine rentiert sich nicht für unseren kleinen Betrieb*** it doesn't pay to get that kind of machinery for a small business like ours

Rentner(in) <-s, -> *m(f)* pensioner, senior citizen

Reorganisation <-, -en> *meist sing f* reorganization [*or* BRIT *a.* -isation]

reorganisieren* [reːɔr-] *vt* (*geh*) ■ **etw ~** to reorganize [*or* BRIT *a.* -ise] sth

Rep <-s, -s> *m* POL *kurz für* **Republikaner** republican (*member of the German right-wing Republican Party*)

reparabel *adj* (*geh*) repairable; ***der Schaden ist noch/nicht mehr ~*** the damage can still be/can't be repaired

Reparation <-, -en> *f* reparations *pl*

Reparationszahlungen *pl* reparation payments *pl*

Reparatur <-, -en> *f* repair; **etw in** *akk* [*o* **zur**] **~ geben** to have sth repaired, to take sth in to have it repaired; ***ich gebe den Computer beim Hersteller in ~*** I'm taking the computer to the manufacturer's to have it repaired; **eine ~ an etw haben** *dat* to have to have sth repaired; ***bisher hatte ich noch keinerlei ~ an meinem Auto*** I've not had to have my car repaired at all up to now; **in ~ sein** being repaired; ***mein Wagen ist diese Woche in ~*** my car's being repaired this week; **eine ~** [*o* **~en**] **[an etw** *dat*] **vornehmen** (*geh*) to undertake repairs [on sth] *form*

reparaturanfällig *adj* prone to breaking down *pred* **reparaturbedürftig** *adj* in need of repair *pred* **Reparaturkosten** *pl* repair costs *pl* **Reparaturwerkstatt** *f* ❶ (*Werkstatt*) repair workshop ❷ AUTO garage

reparieren* *vt* ■ **[jdm] etw ~** to repair sth [for sb]

repatriieren* *vt* ❶ (*erneut heimführen*) ■ **jdn [in ein Land] ~** to repatriate sb; ***das Abkommen sah vor, die im Gebiet der Sowjetunion lebenden Polen nach Polen zu ~*** the agreement provided for the repatriation of Poles living in the Soviet Union ❷ (*erneut einbürgern*) ■ **jdn ~** to restore sb's citizenship

Repatriierung <-, -en> *f* repatriation *no pl*

Repertoire <-s, -s> [repɛr'toaːɐ] *nt* repertoire

repetieren* *vt* (*geh*) ■ **etw ~** to revise sth

Repetitor(in) <-s, -toren> *m(f)* SCH coach, private tutor

Replik <-, -en> *f* (*geh*) reply

Replikation <-, -en> *f* BIOL [DNA] replication

Report <-[e]s, -e> *m* MEDIA report

Reportage <-, -n> [repɔr'taːʒə] *f* MEDIA report; (*live*) live report [*or* coverage]

Reporter(in) <-s, -> *m(f)* reporter

Repräsentant(in) <-en, -en> *m(f)* representative

Repräsentanz <-, -en> *f* ❶ *kein pl* (*geh: Interessenvertretung*) representation ❷ ÖKON (*Vertretung eines größeren Unternehmens*) representative office [*or* branch] ❸ *kein pl* (*geh: das Repräsentativsein*) representativeness, representative nature

Repräsentation <-, -en> *f* ❶ (*geh*) prestige *no pl;* **zur ~** for prestige ❷ (*Darstellung*) representation

repräsentativ I. *adj* ❶ (*aussagekräftig*) representative; **ein ~er Querschnitt** a representative cross-section ❷ (*etwas Besonderes darstellend*) prestigious II. *adv* imposingly

Repräsentativerhebung *f* representative survey **Repräsentativumfrage** *f* SOZIOL representative survey

repräsentieren* I. *vt* (*geh*) ■ **etw ~** to represent sth II. *vi* (*geh*) to perform official and social functions

Repressalie <-, -n> [-'saːliə] *f* (*geh*) reprisal *usu pl;* **~n ergreifen** to take reprisals; **gegen jdn zu ~n greifen** to take reprisals [against sb]

repressiv *adj* (*geh*) repressive

reprivatisieren* [-va-] *vt* ■ **etw ~** to reprivatize [*or* BRIT *a.* -ise] sth, to return sth to private ownership

Reprivatisierung <-, -en> [-va-] *f* reprivatization [*or* BRIT *a.* -isation], return to private ownership

Reproduktion <-, -en> *f* reproduction

reproduzieren* *vt* ■ **etw ~** to reproduce sth

Reprographie <-, -n> *f,* **Reprografie**[RR] <-, -n> *f* TYPO ❶ (*Verfahren*) reprography *no pl* ❷ (*Produkt*) reprography

Reptil <-s, -ien> *nt* reptile

Reptilienfonds [rɛp'tiːliənfõː] *m* slush fund

Republik <-, -en> *f* republic

Republikaner(in) <-s, -> *m(f)* POL ❶ (*in den USA*) Republican ❷ (*in Deutschland*) member of the German Republican Party

republikanisch *adj* republican

Republik Korea *f* ÖSTERR South Korea; *s. a.* **Deutschland**

Republik Moldau *f* Moldavia; *s. a.* **Deutschland**

Reputation <-, -en> *f* (*veraltend geh*) *s.* **Renommee**

Requiem <-s, Requien> ['reːkviɛm, -viən] *nt*

requiem

requirieren* *vt* MIL ■**etw [bei jdm]** ~ to commandeer [*or* requisition] sth [from sb]

Requisit <-s, -en> *nt* ❶ (*geh: Zubehör*) accessory, requisite ❷ THEAT prop

resch *adj* ÖSTERR ❶ (*knusprig*) crispy; ~**e Semmeln** crusty rolls ❷ (*resolut*) determined

Reservat <-[e]s, -e> [-'va:t-] *nt* reservation

Reserve <-, -n> [-və-] *f* ❶ (*Rücklage*) reserve; **eiserne** ~ emergency reserve; **stille** ~**n** FIN hidden reserves; (*fam*) reserve fund; **[noch] jdn/etw in** [*o* **auf**] ~ **haben** to have sb/sth in reserve ❷ (*aufgespeicherte Energie*) energy reserves *pl*, reserves *pl* of energy ❸ MIL (*Gesamtheit der Reservisten*) reserves *npl*; **Offizier der** ~ MIL reserve officer ❹ (*geh: Zurückhaltung*) reserve; ***ob er wohl mal seine ~ aufgibt*** I wonder if he'll come out of his shell eventually; **jdn [durch/mit etw] aus der ~ locken** (*fam*) to bring sb out of his/her shell [with sth]

Reservebank [-və-] *f* SPORT [substitutes'] bench **Reservebrille** *f* spare pair of glasses **Reservekanister** *m* spare can **Reserveoffizier** *m* reserve officer **Reservepackung** *f* spare packet **Reserverad** *nt* spare wheel **Reservereifen** *m* spare tyre [*or* AM tire] **Reservespieler(in)** *m(f)* SPORT reserve, substitute **Reserveübung** *f* MIL exercises *pl* for the reserves

reservieren* [-'vi:-] *vt* ■**[jdm** [*o* **für jdn**]] **etw** ~ to reserve sth [for sb]; ***ich möchte drei Plätze reservieren*** I'd like to book [*or* reserve] three seats

reserviert [-'vi:-] *adj* (*geh*) reserved; **ein** ~**er Mensch** a reserved person

Reserviertheit <-> [-'vi:-] *f kein pl* (*geh*) reserve *no pl*, reservedness *no pl*

Reservierung <-, -en> [-'vi:-] *f* reservation

Reservist(in) <-en, -en> [-'vɪst] *m(f)* reservist

Reservoir <-s, -e> [rezɛr'voa:ɐ] *nt* (*geh*) ❶ (*Vorrat*) store ❷ (*Becken*) reservoir; **die städtischen** ~**e** the municipal reservoirs ❸ (*Tinten~*) reservoir

Resettaste^RR ['ri:sɛt-] *f*, **Reset-Taste** *f* INFORM reset button

Residenz <-, -en> *f* ❶ (*repräsentativer Wohnsitz*) residence ❷ HIST (*Residenzstadt*) royal seat

Residenzstadt *f* HIST royal seat

residieren* *vi* (*geh*) ■**in etw** ~ *dat* to reside in sth; **im Ausland** ~ to reside abroad

Resignation <-, *selten* -en> *f* (*geh*) resignation

resignieren* *vi* (*geh*) ■**[wegen etw]** ~ to give up [because of sth]

resigniert *adj* (*geh*) with resignation *pred*, resigned

resistent *adj* MED resistant; ■**gegen etw** ~ **sein** to be resistant to sth

Resistenz <-, -en> *f* MED resistance *no pl*; **eine** ~ **gegen etw entwickeln** to develop a resistance to sth

resolut **I.** *adj* determined, resolute **II.** *adv* resolutely

Resolution <-, -en> *f* POL resolution

Resonanz <-, -en> *f* ❶ (*geh: Entgegnung*) response; ■**die** ~ **auf etw** *akk* the response to sth; **eine bestimmte** ~ **finden, auf eine bestimmte** ~ **stoßen** to meet with a certain response ❷ MUS resonance *no pl*

Resonanzboden *m* MUS soundboard **Resonanzkörper** *m* MUS soundbox

Resopal® <-s, -e> *nt* Formica® *no pl*

resorbieren* *vt* MED ■**etw** ~ to absorb sth

Resorption <-, -en> *f* MED absorption

resozialisieren* *vt* ■**jdn** ~ to reintegrate sb into society

Resozialisierung <-, -en> *f* reintegration *no pl* into society

resp. *adv Abk von* **respektive**

Respekt <-s> *m kein pl* respect *no pl*; ***vor dieser ausgezeichneten Leistung muss man einfach ~ haben*** you simply have to respect this outstanding achievement; **ohne jeden** ~ disrespectfully; **voller** ~ respectful; **mit vollem** ~ respectfully; **[jdm]** ~ **einflößen** to command [sb's] respect; **vor jdm/etw** ~ **haben** to have respect for sb/sth; ***vor seinem Großvater hatte er als Kind großen ~*** as a child he was in awe of his grandfather; ***die heutige Jugend hat keinen ~ vor dem Alter!*** young people today have no respect for their elders; **den** ~ **vor jdm verlieren** to lose respect for sb; **sich** *dat* **[bei jdm]** ~ **verschaffen** to earn [sb's] respect; **bei allem** ~**!** with all due respect!; ***bei allem ~, aber da muss ich doch energisch widersprechen!*** with all due respect I must disagree most strongly; **bei allem** ~ **vor jdm/etw** with all due respect to sb/sth; **allen/meinen** ~**!** well done!, good for you!

respektabel *adj* (*geh*) ❶ (*beachtlich*) considerable ❷ (*zu respektieren*) estimable ❸ (*ehrbar*) respectable

respektieren* *vt* ■**etw/jdn** ~ to respect sth/sb

respektive [respɛk'ti:və] *adv* (*geh*) or rather; ***er hat mich schon darüber informiert, ~ informieren lassen*** he has already informed me about it, or rather he had someone tell me

respektlos *adj* disrespectful

Respektlosigkeit <-, -en> *f* ❶ *kein pl* (*respektlose Art*) disrespect *no pl*, disrespectfulness *no pl* ❷ (*respektlose Bemerkung*) disrespectful comment

Respektsperson *f* (*geh*) person commanding respect; ***Lehrer, Ärzte und Pfarrer waren ~en*** teachers, doctors and vicars were people who used to command respect

respektvoll *adj* respectful

Respiration <-> *f kein pl* BIOL, MED respiration

respiratorischer Quotient MED respiratory quotient

Ressentiment <-s, -s> [rɛsãti'mã:] *nt* (*geh*) resentment *no pl*

Ressort <-s, -s> [rɛ'so:ɐ] *nt* ❶ (*Zuständigkeitsbereich*) area of responsibility; **in jds** ~ **fallen** *akk* to come within sb's area of responsibility ❷ (*Abteilung*) department

Ressource <-, -n> [rɛ'sʊrsə] *f* ❶ (*Bestand an Geldmitteln*) resources *npl* ❷ (*natürlich vorhandener Bestand*) resource; *Energie* reserves *pl*; **[neue]** ~**n erschließen** to tap [*or* develop] [new] resources; ***die ~n sind erschöpft*** all resources are exhausted

Rest <-[e]s, -e *o* SCHWEIZ *a.* -en> *m* ❶ (*Übriggelassenes*) rest; *Essen* leftovers *npl*; ***„ist noch Käse da?" — „ja, aber nur noch ein kleiner ~"*** "is there still some cheese left?" — "yes, but only a little bit"; ***heute Abend gibt es ~e*** we're having leftovers tonight; ***iss doch noch den ~ Bratkartoffeln*** won't you eat the rest of the roast potatoes; ~**e machen** NORDD to finish up what's left; ***mach doch ~ mit den Kartoffeln*** do finish up the potatoes; **der letzte** ~ the last bit; *Wein* the last drop; ***den Kuchen haben wir bis auf den letzten ~ aufgegessen*** we ate the whole cake down to the last crumb ❷ (*Endstück*) remnant; ***ein ~ des Leders ist noch übrig*** there's still a bit of leather left over ❸ (*verbliebenes Geld*) remainder, rest; ***den ~ werde ich dir in einer Woche zurückzahlen*** I'll pay you back the rest in a week; ***das ist der ~ meiner Ersparnisse*** that's all that's left of my savings; (*Wechselgeld*) change; ***„hier sind 200 DM, behalten Sie den ~"*** "here are 200 marks, keep the change" ▶ WENDUNGEN: **der letzte** ~ **vom Schützenfest** (*hum*) the last little bit; **jdm den** ~ **geben** (*fam*) to be the final straw for sb; ***diese Nachricht gab ihr den ~*** this piece of news was the final straw for her

Restauflage *f* VERLAG remaindered stock

Restaurant <-s, -s> [rɛsto'rã:] *nt* restaurant

Restaurator, -torin <-s, -toren> *m, f* restorer
restaurieren* *vt* ■**etw** ~ to restore sth
Restaurierung <-, -en> *f* restoration
Restbetrag *m* balance
Resteverkauf *m* remnants sale
Restlaufzeit *f* FIN remaining term
restlich *adj* remaining; ***wo ist das ~e Geld?*** where is the rest of the money?
restlos I. *adj* complete, total II. *adv* ❶ (*ohne etwas übrig zu lassen*) completely, totally; ***dieser Fleck lässt sich nicht ~ entfernen*** this stain can't be completely removed ❷ (*fam: endgültig*) finally
Restposten *m* remaining stock
Restriktion <-, -en> *f* (*geh*) restriction; **jdm ~en auferlegen** to impose restrictions on sb
Restriktionsenzym *nt* BIOL restriction enzyme
restriktiv *adj* (*geh*) restrictive
Restrisiko *nt* residual risk **Reststoff** *m* remnant **Reststrafe** *f* remainder of the sentence **Restsumme** *f* balance, amount remaining **Resturlaub** *m* remaining holiday **Restwert** *m* residual value **Restzahlung** *f* balance
Resultat <-[e]s, -e> *nt* result; **zu einem ~ kommen** [*o* **gelangen**] to come to a conclusion; **zu dem ~ kommen** [*o* **gelangen**], **dass** to come to the conclusion that
resultieren* *vi* (*geh*) ❶ (*folgen*) ■**aus etw ~** to result from sth, to be the result of sth; ■**aus etw resultiert, dass** the conclusion to be drawn from sth is that, sth shows that ❷ (*sich auswirken*) ■**in etw ~** *dat* to result in sth
Resümee <-s, -s> *nt* (*geh*) ❶ (*Schlussfolgerung*) conclusion; **das ~ [aus etw] ziehen** to conclude [*or* infer] [from sth] ❷ (*zusammenfassende Darstellung*) summary
resümieren* I. *vi* (*geh: zusammenfassend darstellen*) to summarize [*or* BRIT *a.* -ise]; ***ich resümiere also noch einmal, indem ich die wesentlichen Punkte kurz wiederhole*** I'll sum up once again by briefly repeating the essential points II. *vt* (*geh*) ■**etw** ~ to summarize sth [*or* BRIT *a.* -ise]
Retorte <-, -n> *f* CHEM retort; **aus der ~** (*fam*) artificially produced
Retortenbaby [-be:bi] *nt* (*sl*) test-tube baby *fam*
retour [re'tu:ɐ] *adv* SCHWEIZ, ÖSTERR (*geh*) back; ***„eine Fahrkarte nach Wien und wieder ~!"*** "a return ticket to Vienna, please"; ***„alles ~, wir haben uns verfranzt!"*** "back everybody! we've lost our bearings!"; **etw ~ gehen lassen** to send sth back
Retourbillett ['rətu:ɐbɪlje:t] *nt* SCHWEIZ (*Rückfahrkarte*) return ticket **Retourgeld** *nt* SCHWEIZ (*Wechselgeld*) change *no pl* **Retourkutsche** *f* (*fam*) retort
retournieren* [retʊr'ni:rən] *vt* ❶ SCHWEIZ (*zurücksenden o -geben*) ■**etw** ~ to return sth ❷ SPORT **den Ball** ~ to return the ball
Retourspiel ['rətu:ɐ-] *nt* ÖSTERR, SCHWEIZ (*Rückspiel*) return match
retro *adj* (*sl*) retro
Retrospektive <-, -n> *f* (*geh*) ❶ (*Blick in die Vergangenheit, Rückblick*) retrospective *form* ❷ KUNST (*Präsentation*) retrospective
Retrovirus [-vi:-] *nt* retrovirus
retten I. *vt* ❶ (*bewahren*) ■**jdn/etw [vor jdm/etw] ~** to save sb/sth [from sb/sth]; ***ein geschickter Restaurator wird das Gemälde noch ~ können*** a skilled restorer will still be able to save the painting; ***sie konnte ihren Schmuck durch die Flucht hindurch ~*** she was able to save her jewellery while fleeing ❷ (*den Ausweg weisend*) ■**~d** which saved the day; ***das ist der ~de Einfall!*** that's the idea that will save the day!; *s. a.* **Leben** ▸ WENDUNGEN: **bist du noch zu ~?** (*fam*) are you out of your mind? II. *vr* ■**sich [vor etw** *dat*] ~ to save oneself [from sth]; ***sie konnte sich gerade noch durch einen Sprung in den Straßengraben retten*** she was just able to save herself by jumping into a ditch at the side of the road; ***sie rettete sich vor der Steuer nach Monaco*** she escaped the taxman by moving to Monaco; ***er konnte sich gerade noch ans Ufer ~*** he was just able to reach the safety of the bank; **rette sich, wer kann!** (*fam*) run for your lives!; **sich vor jdm/etw nicht mehr zu ~ wissen, sich vor jdm/etw nicht mehr ~ können** to be swamped by sth/mobbed by sb
Retter(in) <-s, -> *m(f)* rescuer, saviour [*or* AM -or] *liter;* **der ~ in der Not** the helper in my/our etc hour of need
Rettich <-s, -e> *m* radish
Rettung <-, -en> *f* ❶ (*das Retten*) rescue; ***das Boot wird für die ~ von Menschen in Seenot eingesetzt*** the boat is used for rescuing people in distress at sea; **jds [letzte] ~ [vor jdm/etw] sein** (*fam*) to be sb's last hope [of being saved from sb/sth]; ***du bist meine letzte ~*** you're my last hope [of salvation]; **für jdn gibt es keine ~ mehr** there is no saving sb, sb is beyond help [*or* salvation]; *s. a.* **Gesellschaft** ❷ (*das Erhalten*) preservation *no pl*
Rettungsanker *m* sheet-anchor ▸ WENDUNGEN: **jds ~ sein** to be sb's anchor **Rettungsarbeit** *f meist pl* rescue work *no pl;* ***die ~en schreiten gut voran*** the rescue operations are progressing well **Rettungsboot** *nt* lifeboat **Rettungsdienst** *m* rescue service **Rettungsflugwacht** *f* air rescue service **Rettungshubschrauber** *m* emergency rescue helicopter **Rettungsinsel** *f* inflatable life-raft **Rettungsleiter** *f* rescue ladder **rettungslos** *adj* hopeless **Rettungsmannschaft** *f* rescue party **Rettungsmedaille** [-medaljə] *f* life-saving medal **Rettungsring** *m* ❶ NAUT lifebelt ❷ (*hum fam: Fettpolster*) spare tyre [*or* AM tire] *hum fam* **Rettungsschuss**RR *m* **finaler ~** *final and fatal shot fired by the police to save lives* **Rettungsschwimmen** *nt kein pl* life-saving *no pl, no art* **Rettungsschwimmer(in)** *m(f)* life-guard **Rettungsstation** *f* rescue centre [*or* AM -er] **Rettungsversuch** *m* rescue attempt **Rettungswagen** *m* ambulance
Retusche <-, -n> *f* FOTO, TYPO retouching
retuschieren* *vt* FOTO, TYPO ■**etw [auf etw** *dat*] ~ to retouch sth [on sth]
Reue <-> *f kein pl* remorse *no pl;* **tätige ~** JUR *active regret accompanied by an attempt to avert the consequences of the misdeed*
reuen *vt* (*geh*) ■**jdn** ~ to be of regret to sb; ***meine Aussage reut mich*** I regret my statement; ■**es reut jdn, etw getan zu haben** sb regrets having done sth
reuig *adj* repentant, remorseful
reumütig I. *adj* remorseful, repentant; **~e Sünder** repentant sinners II. *adv* remorsefully; **~ zu jdm zurückkommen** to come crawling back to sb *fam*
Reuse <-, -n> *f* fish trap
reüssieren* *vi* (*geh*) ■**(mit** *dat* **etw)** ~ to succeed [in doing sth]
Revanche <-, -n> [re'vã:ʃə, re'vaŋʃə] *f* ❶ (*Revanchespiel*) return match BRIT, rematch AM; **jdm ~ geben** to give sb a return match ❷ (*Vergeltung*) revenge *no pl;* **als ~** as a return favour [*or* AM -or]; ***danke für die Einladung, als ~ lade ich dich am nächsten Samstag ins Kino ein*** thanks for the invitation, in return I'll invite you to the cinema next Saturday
Revanchepartie [re'vã:ʃə, re'vaŋʃə] *f* SPORT return match BRIT, rematch AM **Revanchespiel** *nt* SPORT return match
revanchieren* [revã'ʃi:rən, revaŋ'ʃi:rən] *vr* ❶ (*sich erkenntlich zeigen*) ■**sich [bei jdm] [für**

etw] ~ to return [sb] a favour [*or* AM -or] [for sth]; ***danke für deine Hilfe, ich werde mich dafür*** ~ thanks for your help, I'll return the favour (2) (*sich rächen*) ■ **sich** [**an jdm**] [**für etw**] ~ to get one's revenge [on sb] [for sth]

Revanchismus <-> [revãˈʃɪsmʊs, revaŋˈʃɪsmʊs] *m kein pl* POL revanchism *no pl*

revenieren *vt* **Fleisch** ~ to sear meat

Revers[1] <-, -> [reˈveːɐ, reˈvɛːɐ, rə] *nt o m* MODE lapel

Revers[2] <-es, -e> *m* declaration

reversibel [-vɛr-] *adj* (*geh*) reversible; **nicht** ~ **sein** to be irreversible

revidieren* [-vi-] *vt* (*geh*) (1) (*rückgängig machen*) ■ **etw** ~ to reverse sth; **eine Entscheidung** ~ to reverse a decision (2) (*abändern*) ■ **etw** [**in etw** *dat*] ~ to revise sth [in sth]; ***die Vorschriften wurden in mehreren Punkten revidiert*** the regulations were revised in several points; **ein ~er Paragraf** a revised paragraph

Revier <-s, -e> [reˈviːɐ] *nt* (1) (*Polizeidienststelle*) police station; ***keinen Führerschein? Sie müssen mit aufs ~!*** no driving licence? you'll have to accompany me to the station! (2) (*Jagdrevier*) preserve, shoot (3) MIL sick-bay (4) (*Zuständigkeitsbereich*) area of responsibility, province (5) *kein pl* (*fam: Industriegebiet*) coalfield; ■ **das** ~ the Ruhr/Saar mining area

Revierverhalten *nt* BIOL territorial behaviour *Brit* [*or* AM -or]

Revirement <-s, -s> [revirəˈmãː] *nt* POL cabinet reshuffle

Revision <-, -en> [-vi-] *f* (1) FIN, ÖKON audit (2) JUR appeal (3) TYPO final proofreading *no pl* (4) (*geh: Abänderung*) revision; ***ich bin zu einer*** ~ ***meiner Entscheidung bereit*** I am prepared to revise my decision

Revisionsabteilung *f* audit department **Revisionsgericht** [-vi-] *nt* court of appeal, appeal court BRIT

Revisor, **Revisorin** <-s, -soren> [-ˈviː-] *m, f* auditor

Revolte <-, -n> [-ˈvɔl-] *f* revolt

revoltieren* [-vɔl-] *vi* (*geh*) ■ [**gegen jdn/etw**] ~ to rebel [*or* revolt] [against sb/sth]

Revolution <-, -en> [-vo-] *f* revolution; **die Französische** ~ the French Revolution; **eine wissenschaftliche** ~ a scientific revolution

revolutionär [-vo-] *adj* (1) (*bahnbrechend*) revolutionary; **eine ~e Entdeckung** a revolutionary discovery (2) POL (*eine Revolution bezweckend*) revolutionary

Revolutionär(in) <-s, -e> [-vo-] *m(f)* (1) POL revolutionary (2) (*radikaler Neuerer*) revolutionist

revolutionieren* [-vo-] *vt* ■ **etw** ~ to revolutionize [*or* BRIT *a.* -ise] sth

Revolutionsführer(in) [-vo-] *m(f)* revolutionary leader **Revolutionstribunal** *nt* revolutionary tribunal

Revoluzzer(in) <-s, -> [-vo-] *m(f)* (*pej*) would-be revolutionary *pej*

Revolver <-s, -> [reˈvɔlvɐ] *m* revolver

Revolverabzug *m* trigger [of a revolver] **Revolverblatt** *nt* MEDIA (*fam*) sensationalist newspaper **Revolvergriff** *m* revolver handle **Revolverheld** *m* (*iron*) gunfighter, gunslinger **Revolverlauf** *m* barrel of a/the revolver **Revolvertrommel** *f* breech

Revue <-, -n> [reˈvyː, rəˈvyː, ˈvyːən] *f* THEAT revue ▸ WENDUNGEN: **jdn/etw** ~ **passieren lassen** (*geh*) to recall sb/to review sth

Revuetänzer(in) *m(f)* THEAT dancer in a revue

Reykjavik <-s> [ˈraikjaviːk, -vɪk] *nt* Reykjavik

Rezensent(in) <-en, -en> *m(f)* reviewer

rezensieren* *vt* ■ **etw** ~ to review sth

Rezension <-, -en> *f* review, write-up *fam*

Rezensionsexemplar *nt* review copy

Rezept <-[e]s, -e> *nt* (1) KOCHK recipe (2) MED prescription; **auf** ~ on prescription; ***diese Tabletten bekommen Sie nur auf*** ~ these tablets are only available on prescription (3) (*fig: Verfahren*) remedy; ***ich kenne leider kein*** ~ ***gegen Langeweile*** unfortunately I don't know of any remedy for boredom

Rezeptblock *m* prescription pad **Rezeptformular** *nt* prescription form **rezeptfrei** **I.** *adj* without prescription *after n;* **~e Medikamente** over-the-counter medicines, medicines available without prescription; ■ ~ **sein** to be available without prescription **II.** *adv* without prescription, over-the-counter; ~ **zu bekommen sein** to be available without prescription

Rezeption <-, -en> *f* reception

Rezeptionist(in) <-en, -en> *m(f)* receptionist

Rezeptor <-s, -en> *m* BIOL receptor

Rezeptpflicht *f kein pl* prescription requirement; **der** ~ **unterliegen** (*geh*) to be available only on prescription **rezeptpflichtig** *adj* requiring a prescription; **~e Medikamente** medicines requiring a prescription; ■ ~ **sein** to be available only on prescription **Rezeptprüfung** *f* examination of prescriptions

Rezeptur <-, -en> *f* (1) (*Zubereitung von Arzneimitteln nach Rezept*) dispensing (2) (*Arbeitsraum in einer Apotheke*) prescriptions *pl* (3) CHEM formula (4) KOCHK recipe

Rezession <-, -en> *f* ÖKON recession

rezessiv *adj* BIOL, MED recessive

reziprok *adj* MATH reciprocal

Rezitation <-, -en> *f* recitation

Rezitator, **Rezitatorin** <-s, -toren> *m, f* reciter

rezitieren* **I.** *vt* ■ **jdn/etw** ~ to recite sb/sth; ***er konnte Schiller in ganzen Passagen*** ~ he was able to recite whole passages of Schiller **II.** *vi* ■ [**aus jdm/etw**] ~ to recite [from sb/sth]

R-Gespräch [ˈɛr-] *nt* reverse charge [*or* AM collect] call

rh *Abk von* **Rhesusfaktor negativ**

Rh *Abk von* **Rhesusfaktor positiv**

Rhabarber <-s, -> *m* rhubarb plant

Rhabarberkuchen *m* rhubarb crumble *no pl* **Rhabarberpflanze** *f* rhubarb plant **Rhabarberstängel**[RR] *m* stalk of rhubarb

Rhapsodie <-, -n> [-ˈdiːən] *f* MUS rhapsody

Rhein <-s> *m* ■ **der** ~ the Rhine; **am Rhein** on the Rhine

Rheinfall *m* Rhine falls *npl;* ■ **der** ~ [**von Schaffhausen**] the Rhine Falls [at Schaffhausen]

rheinisch *adj attr* (1) (*des Rheinlandes*) Rhenish, Rhineland; **eine ~e Spezialität** a Rhineland speciality (2) LING Rhenish, Rhineland; ***er spricht ~en Dialekt*** he speaks with a Rhineland dialect

Rheinländer(in) <-s, -> *m(f)* Rhinelander

rheinländisch *adj* (1) (*rheinisch*) Rhenish, Rhineland (2) LING Rhenish, Rhineland

Rheinland-Pfalz *no art* Rhineland-Palatinate

Rheinsalm *m* KOCHK, ZOOL Rhine salmon **Rheinwein** *m* Rhine wine

Rhenium <-s> *nt kein pl* CHEM rhenium *no pl*

Rhesusaffe *m* rhesus monkey **Rhesusfaktor** *m* rhesus factor; ~ **positiv/negativ** rhesus positive/negative **Rhesusunverträglichkeit** *f* rhesus [*or* Rh] factor incompatability

Rhetorik <-, -en> *f* (1) *kein pl* (*Lehre*) rhetoric *no pl;* ***die*** ~ ***ist die Kunst der Rede*** rhetoric is the art of speaking (2) (*Redegabe*) rhetoric *no pl,* eloquence *no pl*

rhetorisch **I.** *adj* rhetorical **II.** *adv* rhetorically; **rein** ~ purely rhetorically; *s. a.* **Frage**

Rheuma <-s> *nt kein pl* (*fam*) rheumatism *no pl;*

~ **haben** to have rheumatism

Rheumabehandlung *f* treatment against rheumatism **Rheumafaktoren** *pl* rheumatic factors *pl* **Rheumapräparat** *nt* preparation against rheumatism

Rheumatiker(in) <-s, -> *m(f)* rheumatic, person with rheumatism

rheumatisch *adj* rheumatic

Rheumatismus <-> *m kein pl* rheumatism *no pl*

Rheumatologe, -login <-n, -n> *m, f* rheumatologist

Rhinozeros <-[ses], -se> *nt* ❶ (*Nashorn*) rhinoceros ❷ (*fam: Dummkopf*) twit *fam or pej*

Rhizom <-s, -e> *nt* BOT rhizome, rootstock

Rhodium <-s> *nt kein pl* CHEM rhodium *no pl*

Rhododendron <-s, -dendren> *m o nt* rhododendron

Rhodos *nt* Rhodes; *s. a.* **Sylt**

Rhombus <-, Rhomben> *m* rhombus

rhythmisch *adj* rhythmic[al]; **~e Bewegungen** rhythmical movements

Rhythmus <-, -Rhythmen> *m* rhythm

Riad <-s> *nt* Riyadh

Ribisel <-, -n> *f* DIAL, ÖSTERR *rote* redcurrant; *schwarze* blackcurrant

Ribonukleinsäure *f* ribonucleic acid

Ribosom <-s, -en> *nt* BIOL ribosome

richten I. *vr* ❶ (*bestimmt sein*) ■ **sich an jdn** ~ to be directed [*or* aimed] at sb; ***dieser Vorwurf richtet sich an dich*** this reproach is aimed at you; ***an wen richtet sich diese Frage?*** who is this question directed at?; ■ **sich gegen jdn/etw** ~ (*abzielen*) to direct sth at sb/sth; ***diese Attacke richtete sich gegen die Steuerpläne der Regierung*** this attack was directed at the government's tax plans; ■ **sich an jd/etw** ~ to consult sb/sth; ***an welche Dienststelle muss ich mich ~?*** which department do I have to ask? ❷ (*sich orientieren*) ■ **sich nach jdm/etw** ~ to comply with sb/sth; ***wir richten uns ganz nach Ihnen*** we'll fit in with you ❸ (*abhängen von*) ■ **sich nach etw** ~ to be dependent on sth; ***der Preis eines Artikels richtet sich nach der Qualität*** the price of an item depends on the quality; ■ **sich danach ~, ob/wieviel ...** to depend on whether/how much; ***das richtet sich danach, ob Sie mit uns zusammenarbeiten oder nicht*** that depends on whether you co-operate with us or not **II.** *vt* ❶ (*lenken*) ■ **etw auf jdn/etw** ~ to direct sth towards [*or* at] sb/sth; **seinen Blick auf etw** ~ to [have a] look at sth, to observe sth *form;* **eine Schusswaffe auf jd** ~ to point a gun at sb; ***die Kanonen wurden auf das Regierungsgebäude gerichtet*** the guns were trained on the government building ❷ (*adressieren*) ■ **etw an jdn/etw** ~ to address [*or* send] sth to sb/sth; ***Anträge müssen an das Ministerium gerichtet werden*** applications must be addressed to the ministry ❸ (*reparieren*) ■ **[jdm] etw** ~ to fix sth [for sb] *fam* ❹ (*bereiten*) ■ **[jdm] etw** ~ to prepare sth [for sb]; ~ ***Sie mir doch bitte das Bad*** would you run the bath for me please **III.** *vi* (*veraltend*) ■ **[über jdn/etw]** ~ to pass judgement [on sb/sth]

Richter(in) <-s, -> *m(f)* judge; **vorsitzender** ~ presiding judge; **sich zum ~ [über jdn/etw] aufwerfen** (*pej*) to sit in judgement [on sb/sth] *a. pej;* ~ **an etw** *dat* judge at sth; ***er ist ~ am Verwaltungsgericht*** he is a judge at the administrative court

Richteramt *nt* judicial office, office of judge

Richterin <-, -nen> *f fem form von* **Richter**

richterlich *adj attr* judicial

Richterschaft <-> *f kein pl* judiciary *no pl*

RichterskalaRR *f kein pl,* **Richter-Skala** *f kein pl* GEOL Richter scale *no pl*

Richtfest *nt* topping out [ceremony]

Richtgeschwindigkeit *f* recommended speed limit

richtig I. *adj* ❶ (*korrekt*) correct, right; **die ~e Antwort** the right [*or* correct] answer; **die ~e Lösung** the correct solution ❷ (*angebracht*) right; **die ~e Handlungsweise** the right course of action; **zur ~en Zeit** at the right time; ***es war ~, dass du gegangen bist*** you were right to leave ❸ (*am richtigen Ort*) ■ **irgendwo/bei jdm ~ sein** to be at the right place/address; ***„ja, kommen Sie rein, bei mir sind Sie genau ~"*** "yes, come in, you've come to [exactly] the right place"; ***ist das hier ~ zu/nach ...?*** is this [*or* am I going] the right way to ...? ❹ (*echt, wirklich*) real; ***ich bin nicht deine ~e Mutter*** I'm not your real mother ❺ (*fam: regelrecht*) real; ***du bist ein ~er Idiot!*** you're a real idiot! ❻ (*passend*) right; ***sie ist nicht die ~e Frau für dich*** she's not the right woman for you ❼ (*ordentlich*) real, proper; ***es ist lange her, dass wir einen ~en Winter mit viel Schnee hatten*** it's been ages since we've had a proper winter with lots of snow ❽ (*fam: in Ordnung*) all right, okay; ■ ~ **sein** to be all right [*or* okay]; ***unser neuer Lehrer ist ~*** our new teacher is okay; *s. a.* **Kopf II.** *adv* ❶ (*korrekt*) correctly; ***Sie haben irgendwie nicht ~ gerechnet*** you've miscalculated somehow; ~ **gehend** accurate; **eine ~ gehende Uhr** an accurate watch; **höre ich ~?** did I hear right?, are my ears deceiving me? *fig;* **ich höre doch wohl nicht ~?** excuse me? *fam,* you must be joking!; [**mit etw** *dat*] ~ **liegen** (*fam*) to be right [*or* correct] [with sth]; ***mit seinen Prophezeiungen hat er bisher immer ~ gelegen*** his predictions have always proved to be right; ***mit Ihrer Annahme liegen Sie genau ~*** you are quite correct in your assumption; **bei jdm ~ liegen** to have come to the right person; ***bei mir liegen Sie genau ~*** you've come to just the right person; ***bei Herrn Müller liegen Sie in dieser Angelegenheit genau ~*** Mr Müller is exactly the right person to see in this matter; **etw ~ stellen** to correct sth; **sehr ~!** quite right! ❷ (*angebracht*) correctly; (*passend a.*) right; ***der Blumentopf steht da nicht richtig*** the flowerpot is not in the right place there; ***irgendwie sitzt die Bluse nicht richtig*** somehow the blouse doesn't fit properly ❸ (*fam: regelrecht*) really; ***ich fühle mich von ihr ~ verarscht*** I feel she has really taken the piss out of me; ***er hat sie ~ ausgenutzt*** he has really used her; ~ **gehend** (*fam*) real, really ❹ (*tatsächlich*) ~, ***das war die Lösung*** right, that was the solution

Richtige(r) *f(m) dekl wie adj* ❶ (*der passende Partner*) right person; ***schade, dieser Mann wäre für mich der ~ gewesen*** pity, he would have been the right man for me ❷ (*Treffer*) right numbers/hits; ***wie viel ~ haben wir diesmal im Lotto?*** how many right numbers did we get in the lottery this time? ▸ WENDUNGEN: **du bist mir der/die ~!** (*iron*) you're a fine one, you are! *iron;* [**bei jdm**] **an den ~n/die ~ geraten** (*iron*) to pick the wrong person; ***mit der Frage gerätst du bei mir an den ~n!*** I'm the wrong person to ask

Richtige(s) *nt dekl wie adj* ❶ (*Zusagende(s)*) ■ **das ~/etwas ~s** the right one/something suitable; ***„gefällt Ihnen die Vase?" — „nein, das ist nicht ganz das ~e"*** "do you like the vase?" — "no, it's not quite right"; ***ich habe immer noch nichts ~s gefunden*** I still haven't found anything suitable ❷ (*Ordentliches*) ■ **etwas/nichts ~s** something/nothing decent; ***gib doch lieber 2000 Mark mehr aus, dann hast du wenigstens etwas ~s!*** why don't you spend another 2,000 marks, then at least you'll have something decent!; ***„ich habe den ganzen Tag nichts ~es gegessen!"*** "I haven't had a proper meal all day!"

Richtigkeit <-> *f kein pl* ① (*Korrektheit*) accuracy *no pl*, correctness *no pl*; **mit etw hat es seine ~** sth is right; ***das wird schon seine ~ haben*** I'm sure that'll be right ② (*Angebrachtheit*) appropriateness *no pl* **Richtigstellung** *f* correction

Richtkranz *f wreath used in a topping-out ceremony*

Richtlinie [-liːniə] *f meist pl* guideline *usu pl* **Richtmikrofon**RR *nt* directional microphone **Richtplatz** *m* place of execution **Richtpreis** *m* recommended price **Richtschnur** *f* ① BAU plumb-line ② *kein pl* (*Grundsatz*) guiding principle; ■**die ~ einer S.** *gen*/**für etw** the guiding principle of/for sth

Richtung <-, -en> *f* ① (*Himmelsrichtung*) direction; ***aus welcher ~ kam das Geräusch?*** which direction did the noise come from?; **eine ~ einschlagen** [*o* **nehmen**] to go in a direction; ***welche ~ hat er eingeschlagen?*** which direction did he go in?; **in ~ einer S.** *gen* in the direction of sth; ***wir fahren in ~ Süden/Autobahn*** we're heading south/in the direction of the motorway; **in alle ~en, nach allen ~en** in all directions ② (*Tendenz*) movement, trend; ***sie vertritt politisch eine gemäßigte ~*** she takes a politically moderate line; **einer S.** *dat* **eine andere ~ geben** to steer sth in another direction; ***ich versuchte, dem Gespräch eine andere ~ zu geben*** I tried to steer the conversation in another direction; ***die Labourpartei hat ihrer Politik eine andere Richtung gegeben*** the Labour Party have changed course with their policies; **irgendwas in der** [*o* **dieser**] **~** something along those lines; *Betrag* something around that mark; **in dieser ~** in this direction

Richtungsänderung *f* change of [*or* in] direction **Richtungskampf** *m* factional conflict **Richtungsstreit** *m kein pl* factional dispute

richtungweisend *adj* pointing the way [ahead]; ***der Parteitag fasste einen ~en Beschluss*** the party conference took a decision that pointed the way ahead; ■**~ sein** to point the way [ahead]; ***das neue Fertigungsverfahren wird ~ für die industrielle Produktion sein*** the new manufacturing process will point the way ahead for industrial production

Richtwert *m* guideline

Ricke <-, -n> *f* ZOOL doe

rieb *imp von* **reiben**

riechen <roch, gerochen> **I.** *vi* ① (*duften*) to smell; (*stinken a.*) to stink *pej*, to reek *pej*; ***das riecht hier ja so angebrannt*** there's a real smell of burning here; ■**nach etw ~** to smell of sth; ***er riecht immer so nach Schweiß*** there's always such a sweaty smell about him; ***das riecht nach Korruption*** (*fig*) that smells [*or* reeks] of corruption ② (*schnuppern*) ■**an jdm/etw ~** to smell sb/sth; ***„hier, riech mal an den Blumen!"*** "here, have a sniff of these flowers" **II.** *vt* ■**etw ~** to smell sth; ***riechst du nichts?*** can't you smell anything?; ***es riecht hier ja so nach Gas*** there's real stink of gas here; **etw ~ können** [*o* **mögen**] to like the smell of sth; ***ich mag den Tabakrauch gern ~*** I like the smell of tobacco smoke; ***iss doch nicht immer Zwiebeln, du weißt doch, dass ich das nicht ~ kann!*** stop eating onions all the time, you know I can't stand that ▶ WENDUNGEN: **etw ~ können** (*fam*) to know sth; ***das konnte ich nicht riechen!*** how was I supposed to know that!; ***ich rieche doch, dass da was nicht stimmt!*** I have a feeling that there's something funny about it; **jdn nicht ~ können** (*fam*) not to be able to stand sb; ***die beiden können sich nicht ~*** the two of them can't stand each other; *s. a.* **Lunte, Braten III.** *vi impers* ■**es riecht irgendwie** there's a certain smell; ***es riecht ekelhaft*** there's a disgusting smell; ■**es riecht nach etw** *dat* there's a smell of sth; ***es riecht nach Gas*** there's a smell of gas; ***wenn er kocht, riecht es immer sehr lecker in der Küche*** there's always a delicious smell in the kitchen when he's cooking; ***wonach riecht es hier so köstlich?*** what's that lovely smell in here?

Riecher <-s, -> *m* **einen guten** [*o* **den richtigen**] **~** [**für etw**] **haben** (*fam*) to have the right instinct [for sth]

Riechkolben *m* (*hum fam*) nose, a big schnozz AM, conk BRIT *sl* **Riechnerv** *m* olfactory nerve **Riechsalz** *nt* smelling salts *pl*

Rieddach *nt* thatched roof

rief *imp von* **rufen**

Riege <-, -n> *f* ① SPORT team ② (*pej: Gruppe*) clique *pej*; ***sie hat sich in die ~ der Abtreibungsgegner eingeordnet*** she has joined the anti-abortionist camp

Riegel <-s, -> *m* ① (*Verschluss*) bolt; **den ~** [**an etw** *dat*] **vorlegen** to bolt sth; ***vergiss nicht, den ~ vorzulegen!*** don't forget to bolt the door ② (*Schoko~*) bar ▶ WENDUNGEN: **einer S.** *dat* **einen ~ vorschieben** to put a stop to sth

Riemen[1] <-s, -> *m* (*schmaler Streifen*) strap ▶ WENDUNGEN: **den ~ enger schnallen** (*fam*) to tighten one's belt; **sich am ~ reißen** (*fam*) to get a grip on oneself, to pull one's socks up BRIT

Riemen[2] <-s, -> *m* NAUT, SPORT oar; **sich in die ~ legen** (*a. fig*) to put one's back into it

Riese, Riesin <-n, -n> *m, f* giant; **ein ~ von** [**einem**] **Mann** [*o* **Mensch**[**en**]] [*o fam* **Kerl**] a giant of a man; *s. a.* **Adam**

Rieselfeld *nt* sewage farm

rieseln *vi sein* ① (*rinnen*) ■**auf etw ~** *akk* to trickle onto sth ② (*bröckeln*) ■**von etw ~** to flake off sth

Riesenameise *f* (*fam*) carpenter ant **Riesenauftrag** *m* giant [*or* outsize] order **Riesenbohne** *f* soisson, jack bean **Riesenchance** *f* (*fam*) huge opportunity **Riesenerfolg** *m* (*fam*) huge success **Riesenerlebnis** *nt* (*fam*) tremendous experience **Riesenexemplar** *nt* (*fam*) huge [*or* BRIT *fam* ginormous] specimen **Riesengarnele** *f* tiger prawn **Riesengebirge** *nt* GEOG Sudeten mountains *pl* **Riesengestalt** *f* ① (*Größe*) gigantic figure ② (*Hüne*) giant **Riesengewinn** *m* huge profit **riesengroß** *adj* (*fam*) ① (*sehr groß*) enormous, gigantic, huge ② (*außerordentlich*) colossal, enormous; **eine ~e Dummheit** colossal stupidity; **eine ~e Überraschung** an enormous surprise; ***der Urlaub war eine ~e Enttäuschung*** the holiday was a huge disappointment

riesenhaft *adj* ① (*gigantisch*) gigantic ② (*geh*) enormous, huge

Riesenhunger *m* (*fam*) enormous appetite; **einen ~ haben** to be famished [*or fam* starving] **Riesenlärm** *m* (*fam*) *kein pl* tremendous racket *no pl fam* **Riesenrad** *nt* Ferris wheel **Riesenschildkröte** *f* ZOOL giant tortoise **Riesenschlange** *f* (*fam*) boa **Riesenschritt** *m* giant stride; **~e machen** to take giant strides; **mit ~en** approaching fast; ***der Termin für die Prüfung nähert sich mit ~en*** the date of the exam is fast approaching **Riesenslalom** *m* giant slalom **Riesentrara** *nt* (*fam*) *kein pl* big fuss *no pl* **Riesenwuchs** *m* MED *kein pl* gigantism *no pl*

riesig **I.** *adj* ① (*ungeheuer groß*) gigantic ② (*gewaltig*) enormous, huge; **eine ~e Anstrengung** a huge effort; ***zu meiner ~en Freude übergab er mir das Geld*** to my great joy he handed me the money; ***ich habe ~en Durst*** I'm terribly thirsty ③ *pred* (*fam: gelungen*) great, terrific; ***die Party bei euch war einfach ~*** the party at your place was really terrific **II.** *adv* (*fam*) enormously; ***das war ~ nett von Ihnen*** that was terribly nice of you

Riesin <-, -nen> *f fem form von* **Riese**

Riesling <-s, -e> *m* Riesling

riet *imp von* **raten**

Riff <-[e]s, -e> *nt* reef

rigide *adj* (*geh*) rigid

rigoros *adj* rigorous; ***vielleicht sollten Sie in dieser Frage weniger ~ sein*** perhaps you ought to be less adamant on this issue

Rigorosum <-s, Rigorosa *o* ÖSTERR *bes* Rigorosen> *nt* SCH viva (*oral component of an exam for a doctorate*)

Rikscha <-, -s> *f* rickshaw

Rille <-, -n> *f* groove

Rind <-[e]s, -er> *nt* ❶ (*geh: Kuh*) cow ❷ (*Rindfleisch*) beef *no pl*

Rinde <-, -n> *f* ❶ (*Borke*) bark *no pl* ❷ *kein pl* KOCHK crust; *Käse, Speck* rind *no pl* ❸ ANAT cortex

Rinderbouillon *m* beef bouillon [*or* broth] **Rinderbraten** *m* roast beef *no pl* **Rinderbrust** *f* beef brisket **Rinderfett** *nt* beef dripping [*or* tallow] **Rinderfilet** *nt* fillet of beef *no pl* **Rinderfleck** *m dish made of beef offal* **Rinderhack** *nt* minced [*or* AM ground] beef **Rinderherde** *f* herd of cattle **Rinderhorn** *nt* cow horn **Rinderkamm** *m* neck of beef **Rinderkraftbrühe** *f* beef bouillon [*or* broth] **Rinderkraftschinken** *m* beef topside ham **Rindermagen** *m* beef stomach **Rindermark** *nt* beef marrow **Rindermett** *nt* beef sausage meat **Rindernierenfett** *nt* ox kidney fat **Rinderroulade** *f* roll of beef **Rindertalg** *m* beef tallow **Rinderwahnsinn** *m kein pl* mad cow disease *no art, no pl fam,* BSE *no art, no pl* BRIT **Rinderzucht** *f* cattle breeding [*or* rearing] [*or* farming] *no art, no pl* **Rinderzunge** *f* ox [*or* AM cow] tongue

Rindfleisch *nt* beef *no art, no pl*

Rindsfett *nt s.* **Rinderfett** **Rindsleder** *nt* cowhide, leather **rindsledern** *adj* cowhide, leather **Rindswurst** *f* beef sausage

Rindvieh <-viecher> *nt* ❶ *kein pl* (*Rinder*) cattle *no art, + pl vb;* ***der Bauer besitzt 45 Stück ~*** the farmer owns 45 head of cattle ❷ (*sl: Dummkopf*) ass, pillock BRIT *fam*

Ring <-[e]s, -e> *m* ❶ (*Finger~*) ring; **einen ~ am Finger tragen** to wear a ring on one's finger; **die ~e tauschen** [*o geh* **wechseln**] to exchange rings ❷ (*Öse*) ring ❸ (*Kreis*) circle; **einen ~ um jdn bilden** to form a circle round sb; **dunkle ~e [unter den Augen]** dark rings [under one's eyes] ❹ (*Syndikat*) *Händler, Dealer, Hehler* ring; *Lebensmittelhändler, Versicherungen* syndicate ❺ (*~straße*) ring road BRIT, AM *usu* beltway ❻ (*Box~*) ring; **~ frei!** seconds out! ❼ (*Kreis in einer Schießscheibe*) ring ❽ *pl* (*Turngerät*) rings *npl*

Ringbuch *nt* ring binder **Ringbucheinlage** *f* loose sheets *pl* for a ring binder **Ringdrossel** *f* ORN ring ouzel [*or* ousel]

Ringelblume *f* marigold **Ringelgans** *f* ORN brent goose

ringeln I. *vt* ■**etw [um etw] ~** to wind sth [around sth]; ***die Python ringelte ihren Leib um den Ast*** the python coiled its body around the branch II. *vr* ■**sich ~** to coil up

Ringelnatter *f* grass snake **Ringelreihen** <-s, -> *m kein pl* ring-a-ring o' roses **Ringelschwanz** *m* curly tail **Ringelspiel** *nt* ÖSTERR (*Karussell*) merry-go-round, BRIT *a.* roundabout, AM *a.* carousel **Ringeltaube** *f* ❶ ORN wood pigeon, ringdove ❷ DIAL (*günstige Gelegenheit*) bargain, snip BRIT *fam;* ***eine ~ für nur 10 DM*** a snip at only 10 DM **Ringelwurm** *m* ZOOL annelid

ringen <rang, gerungen> I. *vi* ❶ (*im Ringkampf kämpfen*) ■**[mit jdm] ~** to wrestle [with sb] ❷ (*mit sich kämpfen*) ■**mit sich ~** to wrestle with oneself; *s. a.* **Tod, Träne** ❸ (*schnappen*) **nach Atem** [*o* **Luft**] **~** to struggle for breath ❹ (*sich bemühen*) ■**um etw ~** to struggle for sth; **um Worte ~d** struggling for words II. *vt* ■**jdm etw aus etw ~** to wrench [*or form* wrest] sth from sb's sth; ***ich habe ihm die Pistole aus der Hand gerungen*** I wrested the pistol from his hand *form; s. a.* **Hand**

Ringen <-s> *nt kein pl* ❶ SPORT wrestling *no art, no pl* ❷ (*geh*) struggle

Ringer(in) <-s, -> *m(f)* wrestler

Ringfahndung *f* manhunt [over an extensive area]; **eine ~ einleiten** to launch a manhunt **Ringfinger** *m* ring finger **Ringform** *f* ring-shaped baking tin **ringförmig** I. *adj* ring-like, circular, annular *spec;* **eine ~e Autobahn** a circular motorway II. *adv* in the shape of a ring; ***die Umgehungsstraße führt ~ um die Ortschaft herum*** the bypass encircles the town **ringhörig** *adj* SCHWEIZ poorly sound-proofed

Ringkampf *m* fight, wrestling match **Ringkämpfer(in)** *m(f) s.* **Ringer**

Ringlotte <-, -n> *f* ÖSTERR greengage **Ringmuskel** *m* BIOL, MED circular muscle

Ringrichter(in) *m(f)* referee

rings *adv* [all] around; ***sie hatten das Grundstück ~ mit einem Zaun umgeben*** they had surrounded the property with a fence; ***~ von Feinden umgeben*** completely surrounded by enemy forces

ringsherum *adv s.* **ringsum**

Ringstraße *f* ring road BRIT, AM *usu* beltway

ringsum *adv* [all] around **ringsumher** *adv* (*geh*) *s.* **ringsum**

Rinne <-, -n> *f* ❶ (*Rille*) channel; (*Furche*) furrow ❷ (*Dach~*) gutter

rinnen <rann, geronnen> *vi sein* ❶ (*fließen*) to run, to flow ❷ (*rieseln*) to trickle; *s.* **Finger**

Rinnsal <-[e]s, -e> *nt* ❶ (*winziger Wasserlauf*) rivulet *liter* ❷ (*rinnende Flüssigkeit*) trickle

Rinnstein *m* ❶ (*Gosse*) gutter ❷ *s.* **Bordstein**

Rippchen <-s, -> *nt* smoked rib [of pork]

Rippe <-, -n> *f* ❶ ANAT rib, costa *spec* ❷ (*Blattader*) rib, costa *spec* ❸ KOCHK **flache ~** fore rib, top [*or* AM short] rib ❹ TECH fin ❺ (*Webstreifen*) rib ❻ ARCHIT (*Gewölbeträger*) rib ► WENDUNGEN: **nichts auf den ~n haben** (*fam*) to be just skin and bone; **etw auf die ~n kriegen** (*fam*) to put a bit of weight on; **es sich** *dat* **nicht aus den ~n schneiden können** (*fam*) to not be able to produce sth out of thin air [*or* out of nothing] [*or* from nowhere]; ***er kann es sich nicht aus den Rippen schneiden!*** he can't produce it out of thin air!

Rippenbruch *m* broken [*or* fractured] rib **Rippenfell** *nt* [costal] pleura *spec* **Rippenfellentzündung** *f* pleurisy **Rippengewölbe** *nt* ribbed vault[ing] **Rippenspeer** *m* spare ribs *pl* **Rippenstoß** *m* nudge [*or* dig] in the ribs; **jdm einen ~ geben** [*o geh* **versetzen**] to give sb a dig in the ribs

Rippli <-s, -> *nt* KOCHK SCHWEIZ salted rib [of pork]

Risiko <-s, -s *o* Risiken *o* ÖSTERR Risken> *nt* risk; **ein gewisses ~ bergen** to involve a certain risk; **[bei etw] das ~ eingehen** [*o* **laufen**][**, etw zu tun**] to run the risk [of doing sth] [with sth]; ***bei dieser Unternehmung laufen Sie das ~, sich den Hals zu brechen*** you run the risk of breaking your neck with this venture; **auf jds ~** *akk* at sb's own risk; ***nun gut, ich kaufe die Wertpapiere, aber auf Ihr ~*** very well, I'll buy the securities, but on your head be it!; **ohne ~** without risk

Risikoausgleich *m kein pl* ÖKON ❶ (*Zuschlag für risikoreiches Arbeiten*) spreading of risk ❷ (*zusätzliches Versicherungsentgelt*) balancing of portfolio **Risikobereitschaft** *f* willingness to take [high]

risks **risikofrei** *adj inv* risk-free, safe, secure **Risikofreude** *f (fam)* love of risks; **politische ~** love of political risks; **durch finanzielle ~ gekennzeichnet sein** to love taking financial risks **risikofreudig** *adj* prepared to take risks *pred,* venturesome *form* **Risikogruppe** *f* [high-]risk group **risikolos** *adj* safe, risk-free, without [any] risk *pred;* **ein ~er Kauf** a safe buy; ■ **[für jdn] ~ sein** to be without risk [for sb] **risikoreich** *adj inv* risky, high-risk **Risikoschwangerschaft** *f* high-risk pregnancy **Risikoversicherung** *f* ÖKON ❶ *(Lebensversicherung)* term insurance ❷ *(Versicherung gegen spezielle Risiken)* contingent policy

riskant *adj* risky, chancy *fam;* ■ **[jdm] [zu] ~ sein** to be [too] risky [*or fam* chancy] [for sb]; ■ **es ist ~, etw zu tun** it is risky doing sth

riskieren* *vt* ❶ *(aufs Spiel setzen)* ■ **etw [bei etw] ~** to risk sth [with sth]; **seinen [*o* den] guten Ruf ~** to risk one's good reputation ❷ *(ein Risiko eingehen)* ■ **etw ~** to risk sth; ***beim Versuch, dir zu helfen, habe ich viel riskiert*** I've risked a lot trying to help you ❸ *(wagen)* ***ich riskiere es!*** I'll chance it [*or* my arm]!; ■ **es ~, etw zu tun** to risk doing sth; ***riskiere es nicht, dich mit ihm auf einen Kampf einzulassen!*** don't risk getting into a fight with him!

Rispe <-, -n> *f* BOT panicle

Rispengras *nt* BOT meadow grass

rissRR, **riß** *imp von* **reißen**

RissRR <-es, -e> *m,* **Riß** <Risses, Risse> *m* ❶ *(eingerissene Stelle)* crack; ■ **ein/der ~ in etw** *dat (Papier)* a/the tear in sth ❷ *(Knacks)* rift; ***wir haben uns zerstritten, die Risse sind nicht mehr zu kitten*** we fell out and the rift between us can no longer be mended ❸ *(Umrisszeichnung)* [outline] sketch

rissig *adj* ❶ *(mit Rissen versehen)* cracked ❷ *(aufgesprungen)* chapped; **~e Hände** chapped hands ❸ *(brüchig)* brittle, cracked

rissolieren *vt* KOCHK ■ **etw ~** to roast sth until caramelized [*or* BRIT *a.* -ised]

Rist <-[e]s, -e> *m* ❶ *(Fußrücken)* instep ❷ ZOOL withers *npl spec*

Riten *pl von* **Ritus**

Ritscherl *m kein pl* DIAL *(Feldsalat)* lamb's lettuce

ritt *imp von* **reiten**

Ritt <-[e]s, -e> *m* ride; **einen ~ machen** to go for a ride ▸ WENDUNGEN: **in scharfem ~** at a swift pace; **in einem [*o* auf einen] ~** *(fam)* without a break

Rittberger <-s, -> *m* loop jump

Ritter <-s, -> *m* ❶ *(Angehöriger des ~standes)* knight; **fahrender ~** knight-errant; **jdn zum ~ schlagen** to knight sb, to dub sb knight ❷ *(Panzerreiter)* chevalier *hist* ❸ *(Adelstitel)* ***Lanzelot ~ von Camelot*** Sir Lancelot of Camelot ❹ *(Mitglied)* ***der ~ des Malteserordens*** Knight of Malta ▸ WENDUNGEN: **arme ~** KOCHK French toast *(bread soaked in milk and egg and fried)*

Ritterburg *f* HIST knight's castle **Rittergut** *nt* manor *spec* **Ritterkreuz** *nt* MIL Knight's Cross

ritterlich *adj* ❶ *(höflich zu Damen)* chivalrous ❷ HIST knightly *liter*

Ritterorden *m* HIST order of knights; **der Deutsche ~** the Teutonic Order **Ritterrüstung** *f* knight's armour [*or* AM -or] **Ritterschlag** *m* HIST dubbing *no art, no pl;* **den ~ empfangen** to be knighted [*or* dubbed knight]

Rittersmann <-leute> *m (poet)* knight

Rittersporn *m* BOT delphinium, larkspur **Ritterstand** *m kein pl* HIST knighthood

rittlings *adv* astride

Ritual <-s, -e *o* -ien> *nt* ritual

Ritualisierung <-, -en> *f* BIOL ritualization [*or* BRIT *a* -isation]

Ritualmord *m* ritual murder

rituell *adj* ritual

Ritus <-, Riten> *m* REL rite

Ritz <-es, -e> *m* ❶ *(Kratzer)* scratch ❷ *s.* **Ritze**

Ritze <-, -n> *f* crack

Ritzel <-s, -> *nt* TECH pinion

ritzen I. *vt* ❶ *(einkerben)* ■ **etw auf/in etw** *akk* **~** to carve sth on/in sth ❷ *(kratzen)* ■ **etw ~** to scratch sth ▸ WENDUNGEN: **geritzt sein** *(sl)* to be okay *fam* II. *vr* ■ **sich [an etw** *dat*] **~** to scratch oneself [on sth]

Ritzer <-s, -> *m (fam) s.* **Ritz**

Rivale, Rivalin <-n, -n> [-va-] *m, f* rival (**um** +*dat* for)

rivalisieren* [-va-] *vi (geh)* ■ **mit jdm [um etw] ~** to compete with sb [for sth]; ■ **~d** rival *attr,* competing *attr*

Rivalität <-, -en> [-va-] *f (geh)* rivalry

Riviera <-> [ri'vie:ra] *f* riviera; ■ **die ~** the Riviera

Rizinus <-, – *o* -se> *m* ❶ *(Pflanze)* castor-oil plant ❷ *kein pl (fam: ~öl)* castor oil *no art, no pl*

Rizinusöl *nt* castor oil *no art, no pl*

RNS <-> [ɛrʔɛn'ʔɛs] *f kein pl Abk von* **Ribonukleinsäure** RNA *no art, no pl spec*

Roadshow <-, -s> ['roʊdʃoʊ] *f* road show

Roastbeef <-s, -s> ['ro:stbi:f] *nt* roast beef *no indef art, no pl*

Robbe <-, -n> *f* seal

robben *vi sein* to crawl; ■ **irgendwohin/durch etw ~** to crawl somewhere/through sth

Robe <-, -n> *f* ❶ *(langes Abendkleid)* evening gown; **in großer ~** *(geh)* in evening dress ❷ *(Talar)* robe[s *pl*], gown

Robinie <-, -n> *f* BOT robinia *spec*

Robotbild *nt* SCHWEIZ Photofit® *[picture]* BRIT, composite photograph AM

Roboter <-s, -> *m* robot

robust *adj* ❶ *(strapazierfähig)* robust, tough ❷ *(widerstandsfähig)* robust

Robustheit <-> *f kein pl* ❶ *(Strapazierfähigkeit)* robustness *no art, no pl,* toughness *no art, no pl* ❷ *(Widerstandsfähigkeit)* robustness *no art, no pl*

roch *imp von* **riechen**

röcheln *vi* to breathe stertorously *form or liter; Sterbender* to give the death rattle *liter*

Röcheln <-s> *nt kein pl* stertorous breathing *no art, no pl form or liter; Sterbender* death rattle *liter*

Rochen <-s, -> *m* ray

Rock[1] <-[e]s, Röcke> *m* ❶ *(Damen~)* skirt ❷ SCHWEIZ *(Kleid)* dress, frock *dated* ❸ SCHWEIZ *(Jackett)* jacket; *s. a.* **König**

Rock[2] <-[s], -[s]> *m kein pl* MUS rock *no art, no pl*

Röckchen <-s, -> *nt dim von* **Rock** little [*or* short] skirt

rocken *vi* to play rock music, to rock

Rocker(in) <-s, -> *m(f)* rocker

Rockfestival *nt* rock festival **Rockgruppe** *f* rock group **Rockstar** <-s, -s> *m* rock star

Rockzipfel *m* ▸ WENDUNGEN: **jdn [gerade] noch am [*o* beim] ~ erwischen** to [just] manage to catch sb; **an jds ~** *dat* **hängen** *(fam)* to cling to sb's apron strings *pej*

Rodel <-s *o* SÜDD, ÖSTERR -, – *o* SÜDD, ÖSTERR -n> *m o* SÜDD, ÖSTERR *f* sledge, toboggan

Rodelbahn *f* toboggan run

rodeln *vi sein o haben* to sledge, to toboggan

rödeln *vi haben (fam)* to toil [away], to work one's backside *fam* off; ***ich habe den ganzen Tag gerödelt ohne Ende*** I worked my backside off all day; ***er hat den ganzen Nachmittag im Garten gerödelt*** he toiled away in the garden all afternoon

Rodelschlitten *m* DIAL *s.* **Schlitten**

roden *vt* ① *(herausreißen)* ■**etw** ~ to clear sth; **Gestrüpp** ~ to clear undergrowth ② *(vom Bewuchs befreien)* ■**etw** ~ to clear sth

Rodler(in) <-s, -> *m(f)* tobogganer, tobogganist

Rodung <-, -en> *f* ① *(gerodete Fläche)* clearing ② *kein pl (das Roden)* clearance *no art, no pl,* clearing *no art, no pl*

Rogen <-s, -> *m* roe *no art, no pl*

Roggen <-s> *m kein pl* rye *no art, no pl*

Roggenbrot *nt* rye bread *no pl* **Roggenvollkornbrot** *n* wholegrain rye bread *no pl*

roh I. *adj* ① *(nicht zubereitet)* raw; ~**es Gemüse** raw vegetables ② *(unbearbeitet)* crude; **ein** ~**er Holzklotz** a rough log; **ein** ~**er Marmorblock** an unhewn [*or spec* undressed] block of marble ③ *(brutal)* rough; **ein** ~**er Kerl** a rough fellow, a tough[ie] *esp* AM *fam; s. a.* **Gewalt** ④ *(rüde)* coarse **II.** *adv* ① *(in rohem Zustand)* raw, in a raw state; ***er schluckte das Ei ~ hinunter*** he swallowed the egg raw ② *(ungefüge)* roughly, crudely; ~ **behauene Steinblöcke** rough[ly]-hewn stone blocks

Rohbau <-bauten> *m* shell, carcass *spec;* **im** ~ structurally complete; ***unser Haus befindet sich noch im*** ~ the structure of our house has yet to be finished

Roheit <-, -en> *f s.* **Rohheit**

Rohertrag *m* gross proceeds *npl* **Rohgewicht** *nt* gross weight **Rohgewinn** *m* gross profit

Rohheit[RR] <-, -en> *f* ① *kein pl (Brutalität)* brutality *no art, no pl,* roughness *no art, no pl* ② *kein pl (Rauhheit)* coarseness *no art, no pl;* **von gefühlloser** ~ **sein** to be coarse and insensitive ③ *(brutale Handlung)* brutal act

Rohkost *f* uncooked vegetarian food *no art, no pl,* raw fruit and vegetables + *pl vb*

Rohkostplatte *f* crudités *pl* platter, platter of raw vegetables **Rohkostraffel** *f* flat vegetable grater

Rohling <-s, -e> *m* ① *(brutaler Kerl)* brute ② *(unbearbeitetes Werkstück)* blank

Rohmaterial *nt* raw material **Rohmilchsieb** *nt* milk sieve

Rohr[1] <-[e]s, -e> *nt* ① TECH pipe; *(mit kleinerem Durchmesser, flexibel)* tube ② *(Lauf)* barrel; **aus allen** ~**en feuern** to open up with all guns ③ SÜDD, ÖSTERR *(Backofen)* oven

Rohr[2] <-[e]s, -e> *nt* ① *kein pl (Ried)* reed ② *kein pl (Röhricht)* reed bed, reeds *pl* ▶ WENDUNGEN: **[wie] ein [schwankendes]** ~ **im Winde sein** *(geh)* to be like a reed in the wind

Rohrammer <-, -n> *f* ORN reed bunting *spec*

Rohrbruch *m* burst pipe

Röhrchen <-s, -> *nt dim von* **Röhre** ① PHARM small tube ② *(Reagenzglas)* test tube ③ *(für Alkoholtest)* breathalyzer® *tube;* **ins** ~ **blasen** *(fam)* to take [*or* have] a breathalyser test, to blow in the bag BRIT *fam*

Rohrdommel <-, -n> *f* ORN bittern

Röhre <-, -n> *f* ① *(Höhlkörper)* tube; ~***n aus Ton*** clay pipes ② *(Leuchtstoff~)* neon tube ③ *(Backofen)* oven ▶ WENDUNGEN: **in die** ~ **gucken** *(fam)* to be left out

Rohreis *m* paddy [*or* unhusked] rice

röhren *vi* ① JAGD *(brüllen)* to bellow, to bell *spec;* **das R~ der Hirsche** the bellowing [*or spec* belling] of stags ② *(fam: heiser grölen)* to bawl ③ *(laut dröhnen)* to roar

Röhrenhose *f (fam)* drainpipe trousers *npl* BRIT, drainpipes *pl* BRIT *fam,* straight-leg pants AM **Röhrenknochen** *m* long [*or* tubular] bone **Röhrenpilz** *m s.* **Röhrling** **Röhrenverstärker** *m* tube [*or spec* thermionic] amplifier

Rohrgeflecht *nt* wickerwork *no art, no pl*

Röhricht <-s, -e> *nt (geh)* reed bed, reeds *pl*

Rohrkolben *m* BOT great reed mace, bulrush **Rohrkrepierer** <-s, -> *m* ① MIL barrel burst ② *(Reinfall)* flop

Röhrling <-s, -e> *m* BOT boletus *spec*

Rohrpost *f* pneumatic dispatch system

Rohrsänger *m* ORN warbler **Rohrspatz** *m* ▶ WENDUNGEN: **wie ein** ~ **schimpfen** *(fam)* to swear like a trooper [*or* AM sailor], to curse loudly **Rohrstock** *m* cane **Rohrweihe** *f* ORN marsh harrier

Rohrzange *f* pipe [*or* cylinder] wrench

Rohrzucker *m* cane sugar *no art, no pl*

Rohseide *f* raw silk *no art, no pl*

Rohstoff *m* raw material

Rohstoffausbeute *f* yield from raw material **Rohstoffreserve** *f meist pl* [natural] reserves *pl* of raw materials **Rohstoffverarbeitung** *f kein pl* processing *no pl* of raw materials

Rohzustand *m* **im** ~ in an/the unfinished state

Rokoko <-[s]> ['rɔkoko, roko'ko] *nt kein pl* ① *(Stil)* rococo *no art, no pl* ② *(Zeitalter)* Rococo period *no indef art, no pl*

Rolladen <-s, Rolläden *o* -> *m getrennt: Roll-laden s.* **Rollladen**

Rollbahn *f* LUFT runway **Rollbrett** *nt* ① *(Montage~)* [mechanic's] creeper ② *(Skateboard)* skateboard

Röllchen *nt* KOCHK roulade

Rolle[1] <-, -n> *f* ① *(aufgewickeltes Material)* roll; **eine** ~ **Draht** a roll of wire ② *(Garn~)* reel ③ *(zu einer Röhre verpackte Gegenstände)* roll, tube; **eine** ~ **Markstücke/Zitronendrops** a roll of one mark pieces/tube of lemon drops ④ *(Laufrad)* roller; *(Möbel~)* castor, caster ⑤ *(Spule)* reel; *Flaschenzug, Seilwinde* pulley ⑥ *(Turnübung)* roll; **eine** ~ **vorwärts/rückwärts** a forward/backward roll; **eine** ~ **machen** to do a roll

Rolle[2] <-, -n> *f* ① *(Film~, Theater~)* role, part; **mit verteilten** ~**n** with each role cast; **sich** *dat* **in einer bestimmten** ~ **gefallen** to like playing a certain role; ***sie gefiel sich in der*** ~ ***der Heldin*** she liked playing the role of the heroine ② *(Part)* role, part; ■**jds** ~ **bei etw** sb's role [*or* part] in sth; ***ich sehe meine*** ~ ***bei diesem Projekt als Organisatorin*** I see my role in this project as an organizer; **eine** ~ **verteilen** to allocate a roll; **[bei/in etw** *dat*] **[für jdn] eine** ~ **spielen** to play a role [*or* part] [in sth] [for sb]; ***das Alter spielt natürlich eine wichtige*** ~ of course, age plays an important part [*or* role]; **es spielt keine** ~**, ob/wie ...** it doesn't matter whether/how ... ③ *(sozialer Verhaltenstypus)* role ▶ WENDUNGEN: **seine** ~ **ausspielen/ausgespielt haben** to be finished [*or* through]; **aus der** ~ **fallen** to behave badly; **sich in jds** ~ *akk* **versetzen** to put oneself in sb's place

rollen I. *vi sein* to roll; *Fahrzeug* to roll [along]; *Flugzeug* to taxi; *Lawine* to slide; ■**irgendwohin** ~ to roll/taxi/slide somewhere; *s. a.* **Auge** ▶ WENDUNGEN: **etw ins R~ bringen** to set sth in motion, to get sth underway; **ein Verfahren ins R~ bringen** to get proceedings underway; *s. a.* **Lawine, Stein** **II.** *vt* ① *(zusammen~)* ■**etw** ~ to roll [up *sep*] sth ② *(~d fortbewegen)* ■**etw irgendwohin** ~ to roll sth somewhere ③ *(sich ein~)* ■**sich in etw** *akk* ~ to curl up in sth; ***sie rollte sich in die Bettdecke*** she curled up in the blanket; *s. a.* **R III.** *vr* ■**sich** ~ to curl up; **sich an den Ecken** ~ to roll up at the corners

Rollenklischee *nt* role clichée **Rollenkonflikt** *m* role conflict, conflict of roles **Rollenverständnis** *nt* SOZIOL, PSYCH understanding of one's role in society

Roller <-s, -> *m* ① *(Kinderfahrzeug)* scooter; *(Motor~)* [motor] scooter; ~ **fahren** to ride a/one's scooter ② ÖSTERR *(Rollo)* [roller] blind, shade AM ③ ORN canary

Rollerbse *f* yellow split pea **Rollfeld** *nt* LUFT runway **Rollgeld** *nt* freight charge, cartage *no pl spec* **Roll-**

kommando *nt* heavy mob **Rollkragen** *m* roll [*or* polo] neck, AM *usu* turtleneck **Rollkragenpullover** [-vɐ] *m* roll [*or* polo] neck, AM *usu* turtleneck, poloneck[ed] jumper **Rollkur** *f* MED (*hist*) *treatment where patient takes medicine and then lies five minutes each on his side, back and stomach*
RollladenRR <-s, Rollläden *o* -> *m* shutter *usu pl*
Rollmops *m* rolled pickled herring, rollmop BRIT
Rollo <-s, -s> ['rɔlo, rɔ'lo:] *nt* [roller] blind, shade AM
Rollschinken *m* [rolled] smoked ham **Rollschrank** *m* shutter cabinet, roll-fronted cupboard
Rollschuh *m* roller skate; ~ **laufen** to roller-skate
Rollschuhlaufen *nt kein pl* roller-skating *no art, no pl* **Rollschuhläufer(in)** *m(f)* roller skater
Rollsplitt *m* loose chippings *npl*
Rollstuhl *m* wheelchair
Rollstuhlfahrer(in) *m(f)* wheelchair user **rollstuhlgerecht** *adj* suitable for wheelchairs [*or* wheelchair access] *pred*
Rolltreppe *f* escalator
Rom <-s> *nt kein pl* Rome *no art, no pl; s. a.* **Weg**
Roma *pl* Roma *pl*
Roman <-s, -e> *m* LIT novel ▶ WENDUNGEN: **[jdm] einen [ganzen] ~ erzählen** (*fam*) to go on for ever [*or* on and on]; **erzähl keine ~e!** (*fam: fass es kurz*) make it short!; (*lüge nicht*) stop telling stories! *fam;* **ich könnte einen ~ schreiben!** I could write a book about it!
Romancier <-s, -s> [romã'sie:] *m* (*geh*) novelist
Romane, Romanin <-n, -n> *m, f* neo-Latin *spec,* person speaking a Romance language
Romanfigur <-, -en> *f* character in a novel
Romanik <-> *f kein pl* ■**die** ~ the Romanesque period *spec*
Romanin <-, -nen> *f fem form von* **Romane**
romanisch *adj* ❶ LING, GEOG Romance; **die ~en Sprachen** the Romance languages; **die ~en Länder** the Romance countries ❷ HIST Romanesque *spec* ❸ SCHWEIZ (*rätoromanisch*) Rhaetian *spec,* Rhaeto-Romanic *spec*
Romanist(in) <-en, -en> *m(f)* scholar/student/teacher of Romance languages and literature [*or* studies]
Romanistik <-> *f kein pl* Romance languages and literature + *sing vb,* Romance studies
Romanistin <-, -nen> *f fem form von* **Romanist**
Romantik <-> *f kein pl* ❶ (*künstlerische Epoche*) ■**die** ~ the Age of Romanticism, the Romantic period ❷ (*gefühlsbetonte Stimmung*) romanticism *no art, no pl;* **[einen] Sinn für ~ haben** to have a sense of romance ❸ (*das Schwärmerische*) ■**die ~ einer S.** *gen* the romance [*or* romanticism] of a thing
Romantiker(in) <-s, -> *m(f)* ❶ (*Künstler der Romantik*) Romantic writer/composer/poet ❷ (*gefühlsbetonter Mensch*) romantic
romantisch **I.** *adj* ❶ (*zur Romantik gehörend*) Romantic ❷ (*gefühlsbetont*) romantic ❸ (*gefühlvoll*) romantic; **~es Kerzenlicht** romantic candlelight ❹ (*malerisch*) picturesque **II.** *adv* picturesquely; ***das Gut liegt sehr*** ~ the property is situated in a very picturesque location
Romanverfilmung *f* TV, FILM film adaptation of a novel
Romanze <-, -n> *f* LIT romance; (*Liebesbeziehung*) romantic affair
Römer <-s, -> *m* rummer *spec*
Römer(in) <-s, -> *m(f)* ❶ GEOG Roman ❷ HIST Roman; **die alten ~** the ancient Romans
Römersalat *m* romaine [*or* cos] lettuce **Römertopf** *m* ≈ cooking brick (*oval earthenware casserole*)
römisch *adj* Roman; **~e Ziffern** Roman numerals
römisch-katholisch *adj* Roman Catholic, RC

Rommé <-s> *nt,* **Rommee** <-s> *nt kein pl* rummy *no art, no pl*
Rondo <-s, -s> *nt* MUS rondo *spec*
röntgen *vt* ■**jdn/etw** ~ to x-ray sb/sth; ■**sich [von jdm] ~ lassen** to have an X-ray taken [*or* be x-rayed] [by sb]
Röntgen <-s> *nt kein pl* x-raying *no art, no pl*
röntgenisieren* *vt* ÖSTERR ■**jdn** ~ to x-ray sb
Röntgenologe, -login <-n, -n> *m, f* radiologist
Röntgenologie <-> *f kein pl* radiology *no art, no pl*
Röntgenologin <-, -nen> *f fem form von* **Röntgenologe**
RöntgenpassRR *m* X-ray registration card **Röntgenstrahlen** *pl* X-rays *pl*
rosa *adj inv* ❶ (*pink*) pink ❷ KOCHK (*Garstufe*) medium rare
Rosa <-s, -s> *nt* pink *no art, no pl*
rosafarben, rosafarbig *adj* pink[-coloured [*or* AM -ored]] **rosarot** *adj* rose pink; *s. a.* **Brille**
rösch *adj* KOCHK (*fachspr*) crisp
Rösche *f kein pl* KOCHK (*fachspr*) crispness
Röschen <-s, -> *nt dim von* **Rose** ❶ (*kleine Rosenblüte*) [little] rose ❷ KOCHK sprout, florets *pl*
Rose <-, -n> *f* ❶ (*Strauch*) rose bush ❷ (*Blüte*) rose ▶ WENDUNGEN: **keine ~ ohne Dornen** (*prov*) there's no rose without a thorn *prov;* **man ist nicht auf ~n gebettet** life isn't a bed of roses
rosé *adj inv* pink; **in ~** [in] pink; ***Hosen in*** ~ pink trousers
Rosé <-s, -s> *m* rosé
Rosengarten *m* rose garden **Rosenholz** *n* rosewood *no art, no pl* **Rosenkohl** *m* [brussels [*or* BRIT *a.* brussel]] sprouts *pl* **Rosenkranz** *m* REL rosary; **den ~ beten** to say a rosary **Rosenmontag** *m Monday before Shrove Tuesday, climax of the German carnival celebrations* **Rosenmontagszug** *m carnival procession on the Monday before Shrove Tuesday* **Rosenöl** *nt* attar *no art, no pl* of roses **Rosenquarz** *m* rose quartz *spec* **rosenrot** *adj* (*geh*) *s.* **rosig 1** **Rosenspitz** *m* KOCHK boiled beef topside, prime beef topside **Rosenwirsing** *m s.* **Rosenkohl**
Rosette <-, -n> *f* ❶ (*Fenster*) rose window ❷ (*Schmuck~*) rosette
Roséwein *m* (*geh*) *s.* **Rosé**
rosig *adj* ❶ (*sehr rot*) rosy *liter;* **~e Lippen** rosy lips ❷ (*erfreulich*) rosy; **nicht gerade/nicht ~ sein** to not be looking/to not look too good; *s. a.* **Farbe**
Rosine <-, -n> *f* raisin ▶ WENDUNGEN: **~n im Kopf haben** (*fam*) to have wild [*or* big] ideas; **sich** *dat* **die [besten [*o* größten]] ~n aus dem Kuchen picken [*o* herauspicken]** (*fam*) to pick out the best, to take the pick of the bunch AM
Rosmarin <-s> *m kein pl* rosemary *no art, no pl*
Rosmarinhonig *m* rosemary honey **Rosmarinöl** *nt* rosemary oil
RossRR <-es, -e *o* Rösser> *nt,* **Roß** <Rosses, Rosse *o* Rösser> *nt* ❶ (*liter: Reitpferd*) steed *liter;* **sein edles ~** one's noble [*or* fine] steed *liter;* **hoch zu ~** (*geh*) on horseback, astride one's steed *liter* ❷ SÜDD, ÖSTERR, SCHWEIZ (*Pferd*) horse ❸ (*fam: Dummkopf*) idiot, dolt *pej,* twit *fam* ▶ WENDUNGEN: **~ und Reiter nennen** (*geh*) to name names; **sich aufs hohe ~ setzen** to get on one's high horse; **auf dem [*o* einem] hohen ~ sitzen** to be on one's high horse; **von seinem hohen ~ heruntersteigen [*o* kommen]** to get down off one's high horse
RossapfelRR *m* SÜDD, ÖSTERR, **Rossbollen** <-s, -> *m* SCHWEIZ horse manure *no art, no pl* [*or* droppings] *npl*
Rösselsprung *m* ❶ (*Schachzug*) knight's move ❷ (*Silbenrätsel*) *game where a knight is moved across a board, picking up syllables to form words*

R

RosshaarRR *nt kein pl* horsehair *no art, no pl* **Rosskastanie**RR [-kasta:niə] *f* [horse] chestnut, *esp* BRIT conker **Rosskur**RR *f* (*hum*) drastic cure

RösslispielRR *nt* SCHWEIZ merry-go-round, BRIT *a.* roundabout, AM *a.* carousel

Rost1 <-[e]s> *m kein pl* ① TECH rust *no art, no pl;* ~ **ansetzen** to begin [*or* start] to rust ② BOT rust *no art, no pl*

Rost2 <-[e]s, -e> *m* ① (*Gitter*) grating; (*Schutz~*) grille ② (*Grill~*) grill ③ (*Bett~*) base, frame

Rostbraten *m* ① (*Braten*) roast beef *no art, no pl* ② (*Steak*) grilled steak **Rostbratwurst** *f* grilled [*or* barbecue] sausage

rostbraun *adj* ~**es Haar** auburn hair; **ein ~es Kleidungsstück/Fell** a russet garment/fur

rosten *vi sein o haben* to rust; *s. a.* **rasten, Liebe**

rösten *vt* ■**etw** ~ to roast sth; **Brot** ~ to toast bread

Rösterei <-, -en> *f* roast[ing] house, roasting establishment; **frisch aus der** ~ fresh from the roast, freshly roasted

rostfarben, rostfarbig *adj s.* **rostbraun Rostfleck** *m* spot [*or* patch] of rust **Rostfraß** *m kein pl* rust *no art, no pl,* corrosion *no art, no pl;* **durch** ~ **angegriffen sein** to be corroded **rostfrei** *adj* stainless; ~**er Stahl** stainless steel

Rösti *pl* SCHWEIZ [sliced] fried potatoes *pl*

rostig *adj* rusty; ■~ **werden** to go rusty

Röstkartoffeln *pl* fried potatoes *pl*

Rostlaube *f* (*hum fam*) rust bucket *hum fam* **rostrot** *adj s.* **rostbraun Rostschutz** *m kein pl* [anti]rust protection *no art, no pl* **Rostschutzfarbe** *f* antirust[ing] paint **Rostschutzmittel** *nt* rust prevention agent, rust-proofer, rust inhibitor *spec* **Rostumwandler** <-s, -> *m* rust converter

rot <-er *o* röter, -este *o* röteste> **I.** *adj* ① (*Farbe*) red ② (*Körperteile bezeichnend*) red; **eine ~e Nase** a red nose; ■~ **werden** to go [*or* turn] red; (*aus Scham a.*) to blush ③ (*Ampel*) red; ■**es ist** ~ it's red ④ (*politisch linksstehend*) left-wing, left of centre [*or* AM -ers] *pred;* (*kommunistisch*) *esp pej* Red; ***lieber tot als*** ~ better dead than Red; *s. a.* **Armee, Halbmond, Kreuz, Meer, Platz, Wurst, Tuch II.** *adv* ① (*mit roter Farbe*) red; **etw** ~ **unterstreichen** to underline sth in red ② (*in roter Farbe*) red; ***vor Scham lief er im Gesicht*** ~ ***an*** his face went red with shame; ~ **glühend** red-hot; [**bei etw**] ~ **sehen** (*fig fam*) to see red [as a result of sth] ③ POL ~ **angehaucht sein** (*fam*) to have left-wing leanings, to be leftish

Rot <-s, -s *o* -> *nt* ① (*rote Farbe*) red ② *kein pl* (*rote Karten-, Roulettefarbe*) red; **auf** ~ **setzen** to put one's money/chips [*or* to bet] on red; ***ich setze zur Abwechslung mal auf*** ~ I'm betting on red for a change ③ (*Ampelfarbe*) red; **die Ampel ist** [*o* **steht**] **auf** ~ the traffic lights are [at] red [*or* against us/them etc.]; **bei** ~ at red; **bei** ~ **durchfahren** to go through a red light, to jump the [traffic] lights

Rotalge *f* BOT red alga [*or* algae]

Rotation <-, -en> *f* rotation

Rotationsachse [-aksə] *f* axis of rotation **Rotationsdruck** *m kein pl* TYPO rotary [machine] printing *no art, no pl spec* **Rotationsmaschine** *f* TYPO rotary press [*or* machine] *spec*

Rotauge *nt* ZOOL roach **rotbackig, rotbäckig** *adj* rosy-cheeked; ■~ **sein** to have rosy cheeks **Rotbarbe** *f* ZOOL red mullet **Rotbarsch** *m* ① ZOOL rosefish ② KOCHK rosefish *no art, no pl* **rotbärtig** *adj* red-bearded; ■~ **sein** to have a red beard **rotblond** *adj* sandy; **eine ~e Frau** a strawberry blonde; **ein ~er Mann** a sandy-haired man; ■~ **sein** to be sandy-haired, to have sandy hair **Rotbrasse** *f* red sea-bream **rotbraun** *adj* reddish brown **Rotbuche** *f* [common] beech **Rotdorn** *m* [pink] hawthorn **Rotdrossel** *f* ORN redwing

Rote <-n, -> *f* KOCHK (*fam*) red sausage

Rote(r) *f(m) dekl wie adj* POL Red *esp pej*

Röte <-> *f kein pl* (*geh*) red[ness]; ***ihre Wangen waren vor Scham von brennender*** ~ her cheeks burned red with shame

Rote-Armee-Fraktion *f* ■**die** ~ the Red Army Faction

Rötel <-s, -> *m* red chalk *no art, no pl*

Rote Liste Red List

Rote-Liste Art *f* Red List species

Röteln *pl* German measles *no art, + sing vb,* rubella *no art, no pl spec*

Rötelzeichnung *f* drawing in red chalk

röten I. *vr* ■**sich** ~ to turn [*or* become] red; *Wangen a.* to flush **II.** *vt* ■**etw** ~ to redden sth, to turn sth red

Rotes Meer *nt* Red Sea

Rotes Kreuz *nt* **Deutsches** ~ German Red Cross

Rotfeder *f* ZOOL rudd **Rotfilter** *m* FOTO red filter **Rotfuchs** *m* chestnut **rothaarig** *adj* red-haired; ■~ **sein** to have red hair **Rothaut** *f* (*fam*) redskin *dated or pej* **Rothirsch** *m* ZOOL red deer **Rothuhn** *nt* red-legged partridge

rotieren* *vi haben o sein* ① (*sich um die eigene Achse drehen*) to rotate; **um seine Achse** ~ to rotate about its axis; ■**das R~** [**einer S.** *gen* [*o dat* **von etw**]] the rotation [of sth], rotating [sth] ② (*fam: hektische Aktivität entfalten*) to rush around like mad *fam;* ***unsere Sekretärin muss unheimlich*** ~ our secretary has to work like crazy *fam;* ***du bringst mich wirklich zum R~!*** you're really getting me into a flap! ③ POL to rotate

Rotkäppchen <-s> *nt kein pl* Little Red Ridinghood *no art, no pl* **Rotkehlchen** <-s, -> *nt* robin [redbreast *liter*] **Rotkohl** *m,* **Rotkraut** *nt* SÜDD, ÖSTERR red cabbage *no art, no pl*

rötlich *adj* reddish

Rotlicht *nt kein pl* red light *no art, no pl*

Rotlichtmilieu *nt* demimonde *liter;* **aus dem** ~ **kommen** to be one of the demimonde *liter* **Rotlichtviertel** *nt* red-light district

Rotor <-, -en> *m* rotor

Rotorflügel *m* LUFT *Hubschrauber* rotor [blade]; *Flugzeug* rotor wing *spec*

Rotschenkel *m* ORN (*Tringa totanus*) redshank **Rotschwanz** *m* ORN (*Phoenicurus*) redstart

Rotstift *m* red pencil/crayon/pen ▶ WENDUNGEN: **dem** ~ **zum Opfer fallen** to be scrapped; *Arbeitsplätze a.* to be axed; [**bei etw**] **den** ~ **ansetzen** to make cutbacks [in sth] **Rottanne** *f* Norway spruce

Rotte <-, -n> *f* (*pej*) mob *fam*

Rötung <-, -en> *f* reddening *no pl*

rotwangig *adj* (*geh*) *s.* **rotbackig Rotwein** *m* red wine

Rotwelsch *nt dekl wie adj* LING ■**das** ~**e** underworld slang

Rotwild *nt* red deer

Rotz <-es> *m kein pl* ① (*fam: Nasenschleim*) snot *fam* ② (*sl: Krempel*) stuff *no indef art, no pl,* shit *no art, no pl pej fam!* ▶ WENDUNGEN: ~ **und Wasser heulen** (*fam*) to cry one's eyes out, to blubber, to blub BRIT *fam*

rotzen *vi* (*fam*) to blow one's nose; ***da hat schon wieder jemand auf den Bürgersteig gerotzt!*** someone's gobbed on the pavement again!; (*schnüffeln*) to sniff; ***dieses ständige R~ ist ja ekelhaft!*** this constant sniffing is disgusting!

Rotzfahne *f* (*sl*) snot-rag *pej fam* **rotzfrech** *adj* (*fam*) cocky *fam* **Rotzlümmel** *m* (*sl*) snotty-nosed [*or* BRIT cheeky] brat *pej fam* **Rotznase** *f* (*fam*) ① (*schleimige Nase*) runny [*or fam* snotty] nose

② (*freches Kind*) snotty-nosed brat *pej fam*
Rotzunge *f* witch flounder *spec*
Rouge <-s, -s> [ruːʒ] *nt* ① (*rotes Make-up*) rouge *no art, no pl dated* ② (*Roulettefarbe*) rouge *no art, no pl*
Roulade <-, -n> [ruˈlaːdə] *f* KOCHK roulade *spec*
Roulette <-s, – *o* -s> [ruˈlɛt] *nt* roulette *no art, no pl;* ~ **spielen** to play roulette; **russisches** ~ Russian roulette
Route <-, -n> [ˈruːtə] *f* route
Routine <-> [ruˈtiːnə] *f kein pl* (*Erfahrung*) experience *no art, no pl;* (*Gewohnheit*) routine *no pl;* [**jdm**] **zur** ~ **erstarren** [*o* **werden**] to become a routine [for sb]
Routineanruf *m* routine call **Routinearbeit** *f* routine work **routinemäßig** I. *adj* routine II. *adv* as a matter of routine **Routineuntersuchung** *f* routine examination
Routinier <-s, -s> [rutiˈnieː] *m* experienced person; **ein** ~ **in etw** *dat* **sein** to be an old hand at [*or* have a lot of experience in] sth
routiniert [rutiˈniːɐt] I. *adj* ① (*mit Routine erfolgend*) routine ② (*erfahren*) experienced II. *adv* in a practised [*or* AM *usu* -iced] manner
Rowdy <-s, -s *o* Rowdies> [ˈraudi] *m* hooligan
Royalist(in) <-en, -en> [roajaˈlɪst] *m(f)* royalist
RSK *f* NUKL *Abk von* **Reaktorsicherheits-Kommission** nuclear safety commission
Ruanda <-s> *nt,* **Rwanda** <-s> *nt* SCHWEIZ Rwanda; *s. a.* **Deutschland**
Ruander(in) <-s, -> *m(f)* Rwandan; *s. a.* **Deutsche(r)**
ruandisch *adj* BRD, ÖSTERR Rwandan; *s. a.* **deutsch**
Rubbellos *nt* [lottery] scratch-card
rubbeln I. *vt* ■**etw** ~ to rub sth hard II. *vi* ① (*kräftig reiben*) ■[**mit etw**] ~ to rub hard [with sth]; ■**sich** [**mit etw**] ~ to give oneself a rub-down [with sth] ② (*an einem Rubbelspiel teilnehmen*) to play scratch cards; ~ ***Sie doch auch mal, Ihnen winken schöne Gewinne*** why don't you too buy a scratch card, there are wonderful prizes to be won
Rübe <-, -n> *f* ① KOCHK, BOT turnip; **Gelbe** ~ SÜDD, SCHWEIZ carrot; **Rote** ~ beetroot ② (*sl: Kopf*) nut *fam,* bonce BRIT *fam;* **seine** ~ **hinhalten müssen** to have to take the rap for sth *esp* AM *fam;* [**von jdm**] **eins auf die** ~ **kriegen** to get a clip [*or fam* clout] round the ear [from sb]
Rubel <-s, -> *m* rouble, Rubel AM ▶ WENDUNGEN: **der** ~ **rollt** (*fam*) there's a lot of money around
Rübenkraut *nt* sugar beet syrup *no art, no pl* **Rübenschwanz** *m* beet tail
Rubensfigur *f* (*hum*) Rubenesque figure *hum*
Rübenzucker *m* beet sugar
rüber|bringen *vt irreg* (*fam*) ■[**jdm**] **etw** ~ to get across sth *sep* [to sb] **rüber|kommen** *vi irreg sein* (*sl*) ■[**zu jdm**] ~ to come [*or* get] across [to sb] **rüber|schieben** *vt* (*sl*) **jdm Geld** ~ to hand over *sep* money to sb, to cough up *sep* [money] *sl*
Rubidium <-s> *nt kein pl* rubidium *no art, no pl spec*
Rubin <-s, -e> *m* ruby
rubinrot *adj* ruby[-red]
Rubrik <-, -en> *f* ① (*Kategorie*) category ② (*Spalte*) column
ruchbar *adj* ■~ **werden**[, **dass** ...] to become known [that ...]
ruchlos *adj* (*geh*) heinous *form;* (*niederträchtig a.*) dastardly *liter*
Ruchlosigkeit <-, -en> *f* (*geh*) ① *kein pl* (*Niederträchtigkeit*) dastardliness *no art, no pl liter* ② (*ruchlose Tat*) dastardly deed *liter*
ruck *interj* ~, **zuck** (*fam*) in no time, in a jiffy; ***langsam! das geht nicht*** ~**, *zuck!*** slowly now, you can't rush it!; ***das muss*** ~**, *zuck gehen*** it must be done quickly; *s. a.* **hau**
Ruck <-[e]s, -e> *m* ① (*ruckartige Bewegung*) jolt ② POL swing, shift ▶ WENDUNGEN: **sich** *dat* **einen** ~ **geben** (*fam*) to pull oneself together; **mit einem** ~ suddenly, in one go; ***er erhob sich mit einem*** ~ he got up suddenly
Rückansicht *f* rear [*or* back] view
Rückantwort *f* reply, answer; *s. a.* **Telegramm**
ruckartig I. *adj* jerky, jolting *attr;* **eine** ~**e Bewegung** a jerk[y movement], a jolt; ***du hast mich aber erschreckt durch dein*** ~ ***es Aufstehen!*** you startled me by jumping to your feet like that!; ***nur durch das*** ~***e Herumwerfen des Lenkrades konnte sie dem Reh ausweichen*** only by jerking the steering wheel round was she able to avoid the deer II. *adv* with a jerk
Rückäußerung *f* (*geh*) *s.* **Rückantwort** **Rückbesinnung** *f* recollection; ■~ **auf etw** *akk* recollection of **rückbezüglich** *adj* LING *s.* **reflexiv** **Rückbildung** *f* ① (*Abheilung*) regression *no pl;* **spontane** ~ **von Tumoren** the spontaneous regression of tumours [*or* AM -ors] ② (*Verkümmerung*) atrophy *no art, no pl* ③ LING back-formation *spec* ④ BIOL degeneration *no pl spec* **Rückblende** *f* flashback **Rückblick** *m* look *no pl* back, retrospective view; ■**ein** ~ **auf etw** *akk* a look back at [*or* retrospective view of] sth; **einen** ~ **auf/in etw** *akk* **werfen** [*o* **halten**] to look back on [*or* at] sth; **im** ~ **auf etw** *akk* looking back at [*or* on] sth **rückblickend** I. *adj* retrospective II. *adv* in retrospect **rückdatieren*** *vt* ■**etw** [**auf/um etw** *akk*] ~ to backdate sth [to/by sth]
ruckeln *vi* ■**an etw** *dat* ~ to tug at sth
rucken *vi* to jerk, to jolt
rücken I. *vi sein* ① (*weiter~*) ■[**irgendwohin**] ~ to move [somewhere]; **zur Seite** ~ to move aside [*or* to one side]; (*auf einer Bank a.*) to budge up BRIT *fam,* to slide down AM; *s. a.* **Pelle, Pelz** ② (*gelangen*) ***ein bemannter Raumflug zum Mars ist in den Bereich des Wahrscheinlichen gerückt*** a manned space flight to Mars is now within the bounds of probability; **in den Mittelpunkt des Interesses** ~ to become the centre [*or* AM -er] of interest; *s. a.* **Ferne** II. *vt* ① (*schieben*) ■**etw irgendwohin** ~ to move sth somewhere; *s. a.* **Stelle** ② (*zurecht~*) ■[**jdm**] **etw irgendwohin** ~ to move sth somewhere [for sb]; ***er rückte den Hut in die Stirn*** he pulled his hat down over his forehead; **seine Krawatte gerade** ~ to straighten one's tie
Rücken <-s, -> *m* ① ANAT back, dorsum *spec;* (*Nasen~*) ridge; (*Hand~*) back; **jdm den** ~ **decken** MIL to cover sb's back; **auf den** ~ **fallen** to fall on one's back; **den Wind im** ~ **haben** to have the wind at one's back; **jdm den** ~ **zudrehen** [*o geh* **zukehren**] to turn one's back on sb; ~ **an** ~ back to back; **auf dem** ~ on one's back, supine *form;* **hinter jds** ~ *dat* (*a. fig*) behind sb's back *a. fig;* **mit dem** ~ **zu jdm/etw** with one's back to sb/sth ② KOCHK saddle ③ (*Buch~*) spine ④ (*Messer~*) blunt edge ▶ WENDUNGEN: **mit dem** ~ **zur Wand stehen** to have one's back to the wall; **jdm läuft es** [**eis**]**kalt über den** ~ cold shivers run down sb's spine; **der verlängerte** ~ (*hum fam*) one's posterior *hum;* **jdm den** ~ **decken** to back up sb *sep;* **jdm in den** ~ **fallen** to stab sb in the back; **jdm/sich den** ~ **freihalten** to keep sb's/one's options open; **jdn/etw im** ~ **haben** to have sb/sth behind one; **jdm den** ~ [**gegen jdn**] **stärken** to give sb moral support [against sb]; **mit jdm/etw im** ~ with sb/sth behind one
Rückendeckung *f* backing *no art, no pl;* **finanzielle** ~ financial backing; **jdm** ~ **geben** to give sb one's

R

rückfragen

rückfragen	checking
Meinst du damit, dass …? Soll das heißen, dass …? Habe ich Sie richtig verstanden, dass …? Wollen Sie damit sagen, dass …?	Do you mean that …? Does that mean that …? Have I understood you correctly that …? Do you mean to say that …?
kontrollieren, ob Inhalt/Zweck eigener Äußerungen verstanden werden	ascertaining whether the point of an utterance has been understood
Kapito? *(sl)* Alles klar? *(fam)*/Ist das klar? Verstehst du, was ich (damit) meine? Haben Sie verstanden, auf was ich hinaus möchte? Ich weiß nicht, ob ich mich verständlich machen konnte.	Got it? Everything clear?/Is that clear? Do you understand what I mean? Have you understood what I'm trying to get at? I don't know if I made myself clear.

backing; MIL (*jds Rücken decken*) to give sb rear cover, to cover sb's rear **Rückenflosse** *f* dorsal fin *spec* **Rückenlage** *f* supine position *form;* **in ~** lying on one's back, in a supine position *form;* **in ~ schlafen** to sleep on one's back **Rückenlehne** *f* back rest BRIT, seat back AM **Rückenmark** *nt* spinal cord *no pl* **Rückenmuskulatur** *f* back [*or spec* dorsal] muscles *pl* [*or* musculature] *no pl* **Rückenschmerzen** *pl* back pain *nsing,* backache *nsing;* **~ haben** to have back pain [*or* backache] **Rückenschwimmen** *nt* backstroke *no pl* **Rückenschwimmer** *m* ZOOL (*Notonectidae*) backswimmer, boat bug AM **Rückentrage** *f* baby backpack **Rückenwind** *m* tail [*or* BRIT following] wind; **~ haben** to have a tail [*or* BRIT following] wind

rückerstatten* *vt nur infin und pp* ■ **[jdm] etw ~** to refund [sb's] sth; **jdm seine Verluste ~** to reimburse sb for his/her losses *form* **Rückerstattung** *f* refund; *von Verlusten* reimbursement *form* **Rückfahrkarte** *f* return ticket; ***eine ~ nach München*** a return [ticket] to Munich **Rückfahrscheinwerfer** *m* reversing [*or* AM back-up] light **Rückfahrt** *f* return journey; **auf der ~** on the return journey

Rückfall *m* ❶ MED relapse *form;* **einen ~ erleiden** to suffer a relapse *form* ❷ JUR subsequent offence [*or* AM *usu* -se] [*or* AM *a.* second offense]; **im ~** in case of a repeated offence, repeated; ***im ~ begangene Straftaten*** repeated offences ❸ (*geh: erneutes Aufnehmen*) ■ **ein ~ in etw** *akk* a relapse into sth *form;* ***ein ~ in die Diktatur*** a return to a dictatorship

rückfällig *adj* JUR recidivist *attr,* recidivous *spec;* **ein ~er Täter** a repeat offender, a recidivist; ■ **~ sein** to commit a second offence [*or* AM *usu* -se]

Rückfällige(r) *f(m) dekl wie adj* JUR recividist, repeat [*or* subsequent] offender

Rückfalltäter(in) *m(f)* JUR (*geh*) *s.* **Rückfällige(r)**

rückfettend *adj inv* moisturizing [*or* BRIT *a.* -ising] **Rückflug** *m* return flight; **auf dem ~** on the return flight **Rückfluss**[RR] *m* FIN return **Rückforderung** *f* reclaim *spec;* (*Gegenforderung*) counterclaim *spec* **Rückfrage** *f* question (**zu** +*dat* regarding), query (**zu** +*dat* regarding); **[bei jdm] eine ~ stellen** to raise a query [*or* to query sth] [with sb] **rück|fragen** *vi nur infin und pp* to enquire BRIT, to inquire AM, to check **Rückführung** *f* ❶ (*Rückzahlung*) repayment ❷ (*Repatriierung*) repatriation *no pl* ❸ (*Zurückführen*) return; (*Reduzierung*) reduction **Rückgabe** *f* return **Rückgaberecht** *nt* right of return

Rückgang *m* ■ **der/ein ~ einer S.** *gen* the/a fall [*or* drop] in sth; **ein ~ der Zinsen** a drop in interest rates; **im ~ begriffen sein** (*geh*) to be falling [*or* dropping]

rückgängig *adj* **etw ~ machen** to cancel sth; **eine Verlobung ~ machen** to break off *sep* an engagement

Rückgewinnung *f* recovery *no pl*

Rückgrat <-[e]s, -e> *nt* ❶ (*Wirbelsäule*) spine, backbone, spinal column *spec* ❷ *kein pl* (*geh: Stehvermögen*) spine, backbone; ***mit mehr ~ hätte er sich durchsetzen können*** if he'd had more backbone [*or* spine] he could have asserted himself ▶ WENDUNGEN: **jdm das ~ brechen** to break sb; (*jdn ruinieren*) to ruin sb; **ohne ~** spineless *pej,* gutless *fam*

Rückgriff *m* recourse *no indef art, no pl;* ■ **ein ~ auf etw** *akk* recourse to sth **Rückhalt** *m* support *no art, no pl,* backing *no art, no pl;* **an jdm einen ~ haben** to receive support from sb, to find [a] support in sb ▶ WENDUNGEN: **ohne ~** without reservation, unreservedly **rückhaltlos** **I.** *adj* ❶ (*bedingungslos*) unreserved, unqualified ❷ (*schonungslos*) unsparing; **~e Kritik** ruthless [*or* scathing] criticism; **~e Offenheit** complete frankness **II.** *adv* unreservedly **Rückhand** *f kein pl* SPORT backhand; **mit der ~** on one's backhand **Rückkaufsrecht** *nt* right of repurchase; (*für ein Pfand*) right of redemption *spec*

Rückkehr <-> *f kein pl* ❶ (*das Zurückkommen*) ■ **jds ~** sb's return; ***rechnen Sie heute nicht mehr mit meiner ~*** don't expect me back today; **bei/nach/vor jds ~** on/after/before sb's return ❷ (*erneutes Auftreten*) comeback

Rückkopp(e)lung *f* ELEK feedback *no pl* **Rückkreuzung** *f* BIOL (*Standardtest der Züchtungsgenetik*) testcross **Rücklage** *f* ❶ (*Ersparnisse*) savings *npl* ❷ FIN (*Reserve*) reserve fund, reserves *pl;* **~n [für etw] bilden** (*geh*) to create a reserve fund [for sth] **rückläufig** *adj* declining, falling; *s. a.* **Wörterbuch** **Rücklicht** *nt* tail light; *eines Fahrrads a.* back light

rücklings *adv* ❶ (*von hinten*) from behind ❷ (*verkehrt herum*) the wrong way round, AM around ❸ (*nach hinten*) backwards ❹ ■ **~ an/zu etw** *dat* with one's back against/to sth; ***sie lehnte ~ am Baum*** she was leaning with her back against the tree; **~ zur Wand stehen** to stand with one's back to the wall

Rückmeldefrist *f* SCH re-registration period **Rückmeldegebühr** *f* SCH re-registration fee

Rückmeldung *f* ❶ SCH (*erneute Registrierung*) re-registration ❷ (*Reaktion*) reaction, response

Rücknahme <-, -n> *f* ■ **die ~ [einer S.** *gen* [*o* **von etw**]] taking back sth *sep;* ***wir garantieren die anstandslose ~ der Ware*** we guarantee to take back the goods without objection

Rückporto *nt* return postage *no indef art, no pl*

Rückprall *m* ricochet; *eines Balls a.* rebound; **beim ~** on the rebound **Rückreise** *f* return journey; **auf der ~** on the return journey **Rückreisewelle** *f* [homebound] holiday traffic **Rückruf** *m* ❶ (*Anruf als Antwort*) return call; ***soll ich ihn um ~ bitten?*** shall I ask him to return your call? ❷ ÖKON (*das Einziehen*) recall **Rückrufaktion** *f* recall action *no pl,* call-back campaign

Rucksack *m* rucksack, AM *usu* backpack

Rucksacktourist(in) [-tʊrɪst] *m(f)* backpacker

Rücksand <-[e]s> *m kein pl* SCHWEIZ (*Zurücksenden*) return; (*Zurückgesandtes*) returns *pl,* returned items *pl*

Rückschein *m* return [*or form* recorded delivery] receipt [*or* slip]; *s. a.* **Einschreiben** **Rückschlag** *m* ❶ (*Verschlechterung*) setback; **einen [schweren] ~ erleben/erleiden** to experience/suffer a [serious] setback ❷ (*Rückstoß*) recoil *no pl* **Rückschläger(in)** *m(f)* TENNIS receiver **Rückschluss[RR]** *m* conclusion (**aus** +*akk* from); **einen ~ auf etw** *akk* **erlauben** to allow a conclusion to be drawn about sth; [**aus etw**] [**bestimmte/seine**] **Rückschlüsse ziehen** to draw [certain/one's] conclusions [from sth]; [**aus etw**] **den ~ ziehen, dass ...** to conclude [*or form* infer] [from sth] that ... **Rückschritt** *m* step backwards, retrograde step *form* **rückschrittlich** *adj* ❶ (*einen Rückschritt bedeutend*) retrograde ❷ *s.* **reaktionär**

Rückseite *f* ■**die ~** ❶ (*rückwärtige Seite*) the reverse [side]; **siehe ~** see overleaf ❷ (*hintere Seite*) the rear; **auf der/die ~** at/to the rear

rückseitig I. *adj* on the back [*or* reverse [side]] *pred* II. *adv* on the back [*or* reverse [side]]; ***der Text geht ~ noch weiter*** the text continues overleaf; ***Briefmarken sind ~ mit einem Klebefilm versehen*** stamps have an adhesive film on the reverse side

Rücksendung *f* return

Rücksicht[1] <-, -en> *f* ❶ (*Nachsicht*) consideration *no art, no pl;* **ohne ~ auf Verluste** (*fam*) regardless of [*or* without regard to] losses; **keine ~ kennen** to be ruthless; **~ [auf jdn] nehmen** to show consideration [for sb]; **~ auf etw** *akk* **nehmen** to take sth into consideration; **aus** [*o* **mit**] **~ auf jdn/etw** out of consideration for sb/sth; **ohne ~ auf jdn/etw** with no consideration for sb/sth ❷ *pl* (*Rücksichtnahme*) considerations *pl;* **aus moralischen ~en** for moral reasons

Rücksicht[2] *f kein pl* rear view, rear[ward AM] visibility *no indef art, no pl;* ***das winzige Heckfenster schränkt die ~ ein*** the tiny rear window restricts the rear view [*or* one's view out the back]

Rücksichtnahme <-> *f kein pl* consideration *no art, no pl*

rücksichtslos I. *adj* ❶ (*keine Rücksicht kennend*) inconsiderate, thoughtless; **ein ~er Autofahrer** an inconsiderate driver, a road hog *pej fam* ❷ (*schonungslos*) ruthless; **mit ~er Offenheit** with ruthless candour [*or* AM -or] II. *adv* ❶ (*ohne Nachsicht*) inconsiderately ❷ (*schonungslos*) ruthlessly

Rücksichtslosigkeit <-, -en> *f* inconsiderateness *no art, no pl,* thoughtlessness *no art, no pl*

rücksichtsvoll *adj* considerate, thoughtful; ■**~ zu** [*o geh* **gegenüber**] **jdm sein** to be considerate [*or* thoughtful] [towards sb]

Rücksitz *m* AUTO rear [*or* back] seat **Rückspiegel** *m* AUTO rear [view] [*or* BRIT driving] mirror; **abblendbarer ~** dipping [*or* anti-dazzle] mirror **Rückspiel** *nt* return match BRIT, rematch AM **Rücksprache** *f* consultation; **~ [mit jdm] nehmen** [*o* **halten**] to consult [*or* confer] [with sb]

Rückstand[1] *m* ❶ (*Zurückbleiben hinter der Norm*) backlog *no pl;* **bei etw einen ~ haben** to have a backlog of sth ❷ *pl* FIN (*fällige Beträge*) outstanding payments *pl;* **mit etw in ~ sein/kommen** to be/fall behind with sth; ***ich bin derzeit gegenüber meinen Zahlungsverpflichtungen mit 35.000 DM im ~*** I'm currently 35,000 DM in arrears with my payment obligations ❸ SPORT (*Zurückliegen in der Wertung*) deficit (**von** +*dat* of); [**gegenüber jdm**] **mit etw im ~ sein** [*o* **liegen**] to be behind [sb] by sth; ***sie liegt gegenüber ihren Konkurrentinnen mit 5 Punkten im ~*** she's five points behind her rival ❹ (*Zurückliegen in der Leistung*) inferior position; **seinen ~ aufholen** to make up lost ground

Rückstand[2] *m* ❶ (*Bodensatz*) remains *npl* ❷ (*Abfallprodukt*) residue *form*

rückständig[1] *adj* (*überfällig*) overdue; **die ~e Miete** the overdue rent, the rent arrears *npl*

rückständig[2] *adj* (*zurückgeblieben*) backward

Rückständigkeit <-> *f kein pl* backwardness *no art, no pl*

Rückstau *m* ❶ (*zunehmender Stau*) *esp* BRIT tailback, traffic jam AM ❷ (*rückwirkende Anstauung*) backwater **Rückstellung** *f* ❶ FIN reserve [fund] ❷ (*Verschiebung*) postponement **Rückstoß** *m* ❶ *s.* **Rückschlag 2** ❷ (*Antriebskraft*) thrust *no pl* **Rückstrahler** <-s, -> *m* reflector **Rückstufung** *f* downgrading **Rücktaste** *f* backspace [*or* BS] [key] *spec*

Rücktritt *m* ❶ (*Amtsniederlegung*) resignation; **mit seinem ~ drohen** to threaten to resign ❷ JUR withdrawal (**von** +*dat* from) ❸ (*~bremse*) back-pedal [*or* coaster] brake

Rücktrittbremse *f s.* **Rücktritt 3**

Rücktrittserklärung *f* [announcement of one's] resignation; **seine ~ bekannt machen** to announce one's resignation **Rücktrittsfrist** *f* JUR cooling off period **Rücktrittsgesuch** *nt* [offer of] resignation; **das ~ einreichen** to hand in [*or form* tender] one's resignation **Rücktrittsklausel** *f* cancellation [*or* withdrawal] clause **Rücktrittsrecht** *nt* right of withdrawal [*or spec* rescission] [from a contract]

rück|übersetzen* *vt nur infin und pp* ■**etw ~** to translate sth back into the source language, to back-translate sth *spec* **Rückübersetzung** *f* LING ❶ *kein pl* (*das Rückübersetzen*) translation back into the original language, back-translation *no art, no pl spec* ❷ (*rückübersetzte Fassung*) back-translation *spec* **Rückumschlag** *m* self-addressed stamped envelope, s.a.s.e. **rück|vergüten*** *vt nur infin und pp* ■**jdm etw ~** to refund sb's sth **Rückvergütung** *f* refund **rück|versichern*** *vr nur infin und pp* ■**sich [bei jdm/etw] ~** to check [up [*or* back]] [with sb/sth] **Rückversicherung** *f* ❶ (*Absicherung*) checking up *no art, no pl;* ***dieses Vorgehen kann nicht ohne vorherige ~ beim Einsatzleiter empfohlen werden*** this action cannot be recommended without first checking with the head of operations ❷ (*Versicherungstyp*) reinsurance *no indef art, no pl spec* **Rückwand** *f* ❶ (*rückwärtige Mauer*) back wall ❷ (*rückwärtige Platte*) back [panel]

rückwärtig *adj* ❶ (*an der hinteren Seite liegend*) back *attr,* rear *attr;* **der ~e Ausgang** the rear exit ❷ MIL (*im Rücken der Front befindlich*) behind the lines *pred;* **die ~en Verbindungen** the lines of communication

rückwärts *adv* ❶ (*rücklings*) backwards; ***da die Sackgasse keinen Wendeplatz hatte, musste sie ~ fahren*** as there was nowhere in the cul-de-sac to turn around, she had to reverse out; **~ einparken** to reverse into a parking space ❷ (*nach hinten*) backward; **ein Salto ~** a backward somersault; **es geht [mit jdm/etw] ~** (*fam*) sb/sth is deteriorating ❸ ÖSTERR (*hinten*) at the back; **von ~** SÜDD, ÖSTERR (*von *hinten*) from behind; **von ~ kommen** to come [up] from behind

Rückwärtsfahren *nt* reversing *no art, no pl;* [**das**] ~ ***bereitet ihr Schwierigkeiten*** she has difficulties reversing **Rückwärtsgang** *m* AUTO reverse [gear]; **den ~ einlegen** to engage [*or* change into] reverse [gear] [*or* AM to shift into]; **im ~** in reverse [gear]; **im ~ fahren** to [drive in] reverse

Rückweg *m* way back; **sich auf den ~ machen, den ~ antreten** (*geh*) to head back; **auf dem ~** on the way back

rückwirkend I. *adj* retrospective; **eine ~e Gehaltserhöhung** a backdated wage increase, retroactive pay *form* II. *adv* retrospectively; ***die Erhöhung des Kindergeldes gilt ~ zum 1.1.*** the increase in family allowances is backdated to 1 January **rückzahlbar** *adj* repayable **Rückzahlung** *f* repayment **Rückzieher** <-s, -> *m* **einen ~ machen** (*fam: eine Zusage zurückziehen*) to back [*or* pull] out; (*nachgeben*) to climb down **Rückzug** *m* ① MIL (*das Zurückweichen*) retreat *no pl;* **ein geordneter/ungeordneter ~** an orderly retreat/a headlong flight; [**mit etw**] **den ~ antreten** to retreat [with sth]; **auf dem ~** during the retreat; **auf dem ~ sein** to be retreating [*or* on the retreat] ② SCHWEIZ (*Abhebung von einem Konto*) withdrawal

Rückzugsgebiet *nt* MIL area of retreat

rüde *adj* (*geh*) coarse, uncouth; **~es Benehmen** uncouth behaviour [*or* AM -or]; ■ **~** [**zu jdm**] **sein** to be uncouth [*or* coarse] [to sb]

Rüde <-n, -n> *m* [male] dog

Rudel <-s, -> *nt* herd; *von Wölfen* pack; *von Menschen* swarm, horde; **in ~n** in herds/packs/swarms [*or* hordes]; **in einem ~ auftreten** to go around in a herd/pack/swarm [*or* horde]

Ruder <-s, -> *nt* ① (*langes Paddel*) oar; **die ~ auslegen/einziehen/streichen** to put out/take in/strike the oars; **sich in die ~ legen** to row strongly ② (*Steuer~*) helm; *eines kleineren Bootes a.* rudder; **am ~** at the helm ► WENDUNGEN: **am ~ bleiben/sein** (*fam*) to remain/be at the helm *fig;* **das ~ herumwerfen** to change course [*or* tack]; **ans ~ kommen** (*fam*) to come to power; **aus dem ~ laufen** to get out of hand; **sich in die ~ legen** to put one's back into it

Ruderboot *nt* rowing-boat, rowboat AM

Ruderer, **Ruderin** <-s, -> *m, f* rower, oarsman *masc,* oarswoman *fem*

Ruderhaus *nt* wheelhouse

Ruderin <-, -nen> *f fem form von* **Ruderer**

rudern I. *vi* ① *haben o sein* (*durch Ruder bewegen*) to row; ■ [**das**] **R~** rowing ② *haben* (*paddeln*) to paddle; **gegen die Strömung ~** to paddle against the current; *s. a.* **Arm** II. *vt* ① *haben* (*im Ruderboot befördern*) ■ **jdn/etw irgendwohin ~** to row sb/sth somewhere ② *haben o sein* (*~d zurücklegen*) ■ **etw ~** to row sth; ***vier Kilometer mussten gerudert werden*** a distance of four kilometres had to be rowed

Ruderregatta *f* rowing regatta

Rudiment <-[e]s, -e> *nt* ① (*geh: Überbleibsel*) remnant ② BIOL (*verkümmertes Organ*) rudiment *spec*

rudimentär *adj inv* (*fig*) rudimentary

Rüebli <-s, -> *nt* SCHWEIZ (*Karotte*) carrot

Ruf <-[e]s, -e> *m* ① (*Aus~*) shout, cry; (*an jdn gerichtet*) call; **der ~ des Muezzin** the call of the muezzin ② *kein pl* (*Ansehen*) reputation; ■ **jds** [**guter**] **~** sb's good reputation; **ein Mann/eine Frau/eine Firma von ~** (*geh*) a man/woman/firm of repute; **einen guten ~ genießen** to enjoy a good reputation; **einen guten/schlechten ~ als jd/etw haben** [*o geh* **genießen**] to have a good/bad reputation as sb/sth; **jdn** [**bei jdm**] **in schlechten ~ bringen** to get sb a bad reputation [with sb] ③ SCH (*Berufung*) offer of a chair [*or* professorship]; **sich** *dat* **einen ~ als jd/etw erwerben** to make a name for oneself as sb/sth ④ (*veraltend: Telefonnummer*) telephone number

Rüfe <-, -n> *f* GEOG SCHWEIZ (*Schlamm- und Geröll-lawine*) landslide; (*Steinlawine*) rockfall

rufen <rief, ge~> I. *vi* ① (*aus~*) to cry out ② (*jdn kommen lassen*) ■ [**nach jdm**] **~** to call [for sb] ③ (*nach Erfüllung drängen*) to call; ***die Pflicht ruft*** duty calls ④ (*durch ein Signal auffordern*) ■ [**zu etw**] **~** to call [to sth]; ***nach der Mittagspause rief die Werkssirene wieder zur Arbeit*** after the lunch break the works siren called the employees back to work ⑤ (*verlangen*) ■ **nach jdm/etw ~** to call for sb/sth; **nach der Todesstrafe ~** to call for the death penalty; *s. a.* **Hilfe** II. *vi impers* ■ **es ruft** [**jd/etw**] sb/sth is calling III. *vt* ① (*aus~*) ■ **etw ~** to shout [*or* cry out] sth; *s. a.* **Gedächtnis, Ordnung, Waffe** ② (*herbestellen*) ■ **jdn/etw ~** to call sb/sth; ■ **jdn zu sich ~** to summon sb [to one]; ■ **jdn ~ lassen** to send for sb; ***der Direktor lässt Sie ~*** the director is asking for you; ***Sie haben mich ~ lassen?*** you sent for me?; [**jdm**] **wie ge~ kommen** to come just at the right moment; *s. a.* **Hilfe**

Rufen <-s> *nt kein pl* calling *no pl,* shouting *no pl;* ***was ist das draußen für ein ~?*** what's all that shouting [going on] out there?

Rufer(in) <-s, -> *m(f)* (*geh*) person calling ► WENDUNGEN: **~ in der Wüste** voice [crying] in the wilderness

Rüffel <-s, -> *m* (*fam*) telling [*or* BRIT *fam* ticking] off

rüffeln *vt* (*fam: zurechtweisen*) ■ **jdn** [**wegen etw**] **~** to tell [*or* BRIT *fam* tick] off sb *sep* [about sth]

Rufmord *m* character assassination

Rufname *m* first name [by which a person is known], [fore]name **Rufnummer** *f* [tele]phone number **Rufsäule** *f special pillar-mounted telephone for certain services* **Rufweite** *f* **außer/in ~** out of/[with]in earshot [*or* calling distance] **Rufzeichen** *nt* ① TELEK (*Freizeichen*) ringing tone ② ÖSTERR (*Ausrufungszeichen*) exclamation mark [*or* AM point]

Rugby <-> ['rakbi] *nt kein pl* rugby *no art, no pl*

Rüge <-, -n> *f* (*geh*) reprimand, reproach; **jdm eine ~** [**wegen etw**] **erteilen** to reprimand [*or* reproach] sb [for sth]

rügen *vt* (*geh*) ■ **etw ~** to censure sth; ■ **jdn** [**wegen** [*o* **für**] **etw**] to reprimand sb [for sth]

Rügen *nt* Rügen

Ruhe <-> *f kein pl* ① (*Stille*) quiet *no art, no pl,* silence *no art, no pl;* **~!** quiet!; ***zu dieser Arbeit brauche ich absolute ~*** I need absolute quiet for this work; **~ geben** to be quiet; (*locker lassen*) to relax; ***meinst du, dass die Kleinen ~ geben, wenn ich ihnen jetzt die gewünschte Geschichte vorlese?*** do you think the kids will settle down when I read them the story they want?; **~ halten** to keep quiet ② (*Frieden*) peace *no art, no pl;* **~ und Frieden/Ordnung** peace and quiet/law and order + *sing vb;* **jdm keine ~ gönnen** [*o* **lassen**] to not give sb a minute's peace; **jdn** [**mit etw**] **in ~ lassen** to leave sb in peace [with sth]; *s. a.* **Seele** ③ (*Erholung*) rest; ***die drei Stunden ~ haben mir gut getan*** the three hours' rest has done me good; **angenehme ~!** (*geh*) sleep well!; **sich zur ~ begeben** (*geh*) to retire [to bed] *form;* **sich** *dat* **keine ~ gönnen** to not allow oneself any rest; **jdm keine ~ lassen** to not give sb a moment's rest ④ (*Gelassenheit*) calm[ness] *no pl;* **~ ausstrahlen** to radiate calmness; [**die**] **~ bewahren** to keep calm [*or fam* one's cool]; **jdn aus der ~ bringen** to disconcert [*or* BRIT *fam* wind up *sep*] sb; ***er ist durch nichts aus der ~ zu bringen*** nothing can wind him up; **sich** [**von jdm/etw**] **nicht aus der ~ bringen lassen** to not let oneself get worked up [by sb/sth]; **die ~ weg haben** (*fam*) to be unflappable;

Ruhe

zum Schweigen auffordern	asking for silence
Psst! *(fam)*	**Shh!/Shush!**
Ruhig!	**Quiet!**
Halt's Maul!/Schnauze! *(derb)*	**Shut your face!** *(fam!)*/**Shut your gob!** *(fam!)*
Jetzt seien Sie doch mal ruhig!	**Do be quiet a minute!**
Jetzt hör mir mal zu!	**Now just listen to me!**
Jetzt sei mal still!	**Be quiet a minute!**
Ich möchte auch noch etwas sagen!	**I'd like to get a word in too!**
Danke! ICH meine dazu, …	**Thank you! I think …**
(an ein Publikum): **Ich bitte um Ruhe.**	*(to an audience):* **Quiet please.**
Wenn ihr jetzt bitte mal ruhig sein könnt!	**If you could be quiet now please!**

die ~ selbst sein to be calmness itself; **in** [**aller**] **~** [really] calmly; **immer mit der ~!** *(fam)* take things easy! ▶ WENDUNGEN: **die ~ vor dem Sturm** the calm before the storm; **jdn zur letzten ~ betten** *(geh)* to lay sb to rest; **die letzte ~ finden** *(geh)* to be laid to rest; **keine ~ geben, bis …** to not rest until …; **sich zur ~ setzen** to retire

Ruhebedürfnis *nt kein pl* need *no pl* for peace [*or* quiet]/rest **ruhebedürftig** *adj* in need of peace [*or* quiet]/rest *pred* **Ruhegehalt** *nt (geh)* [retirement] pension, BRIT *a.* superannuation *no pl* **Ruhekissen** *nt (iron fam)* safety net **ruhelos** *adj* restless **Ruhelosigkeit** <-> *f kein pl* restlessness *no art, no pl*

ruhen *vi* ① *(geh: aus~)* to [have a] rest; [**ich**] **wünsche, wohl geruht zu haben!** *(geh)* I trust you had a good night's sleep?; **nicht eher ~ werden, bis …, nicht ~ und rasten, bis …** to not rest until … ② *(geh: sich stützen)* ■ **auf etw** *dat* **~** to rest on sth ③ *(geh: verweilen)* ■ **auf jdm/etw ~** to rest on sb/sth; ***sein Blick ruhte auf ihr*** his gaze rested on her; **etw ~ lassen** to let sth rest; **ein Projekt ~ lassen** to drop a project; **die Vergangenheit ~ lassen** to forget the past ④ *(haften)* ■ **auf jdm/etw ~** to be on sth; ***ein Fluch ruht auf ihm*** a curse is on him ⑤ *(eingestellt sein)* to be suspended; ***am Samstag ruht in den meisten Betrieben die Arbeit*** most firms don't work on a Saturday; *s. a.* **Verkehr** ⑥ *(geh: begraben sein)* to lie, to be buried; **„hier ruht** [**in Gott**] **…"** "here lies …"; *s. a.* **Frieden, sanft**

Ruhepause *f* break **Ruhepotenzial**RR *nt* BIOL *(Normalzustand der nicht erregten Nervenzelle)* resting potential **Ruhesitz** *m* retirement home **Ruhestand** *m kein pl* retirement *no art, no pl;* **in den ~ gehen** [*o geh* **treten**] to retire, to go into retirement; **jdn in den ~ versetzen** *(geh)* to retire sb; **im ~** retired; ***ein Arzt im ~*** a retired doctor **Ruhestatt** <-, -stätten> *f* [last [*or* final]] resting-place **Ruhestätte** *f* **letzte ~** *(geh)* final [*or* last] resting-place **ruhestörend** *adj* disturbing the peace *pred;* ■ **~ sein** to disturb the peace; ***das ~e Gehämmere lasse ich mir nicht länger gefallen*** I'm not going to put up any more with having my peace disturbed by this hammering **Ruhestörung** *f* disturbance [*or* breach] *no pl* of the peace **Ruhetag** *m (arbeitsfreier Tag)* day off; *(Feiertag)* day of rest; ***„Donnerstag ~"*** "closed all day Thursday" **Ruhezone** *f* rest area

ruhig I. *adj* ① *(still, sich still verhaltend)* quiet; **eine ~e Gegend** a quiet area; **ein ~er Mieter** a quiet tenant ② *(geruhsam)* quiet; **sich einen ~en Abend machen** to have a quiet evening ③ *(keine Bewegung aufweisend)* calm; **eine ~e Flamme** a still flame ④ *(störungsfrei)* smooth; ***ein Achtzylinder hat einen ~en Lauf*** an eight-cylinder engine runs smoothly; **eine ~e Überfahrt** a smooth crossing ⑤ *(gelassen)* calm; **ganz ~ sein können** to not have to worry; ***ich werde das schon regeln, da können Sie ganz ~ sein*** I'll sort that out, you don't have to worry; *s. a.* **Gewissen** ⑥ *(sicher)* steady; **ein ~er Blick** a steady gaze II. *adv* ① *(untätig)* idly; **~ dastehen** to stand idly by; **etw ~ stellen** MED *Körperteil* to immobilize [*or* BRIT *a.* -ise] sth ② *(gleichmäßig)* smoothly ③ *(gelassen)* calmly ④ *(beruhigt)* with peace of mind; ***jetzt kann ich ~ nach Hause gehen und mich ausspannen*** now I can go home with my mind at rest and relax; **jdn ~ stellen** MED to sedate sb; *(beruhigen)* to calm sb III. *pron (fam)* really; ***geh ~, ich komme schon alleine zurecht*** don't worry about going, I can manage on my own; ***du kannst ~ ins Kino gehen, ich passe schon auf die Kinder auf*** you just go to the cinema, I'll keep an eye on the children

Ruhm <-es> *m kein pl* fame *no art, no pl,* glory *no art, no pl* ▶ WENDUNGEN: **sich nicht** [**gerade**] **mit ~ bekleckert haben** *(iron fam)* to have not [exactly] covered oneself in glory *iron*

rühmen I. *vt* ■ **jdn/etw ~** to praise sb/sth II. *vr* ■ **sich einer S.** *gen* **~** to boast about sth; ■ **sich ~, etw getan zu haben** to boast about having done sth; **ohne mich ~ zu wollen** [*o* **zu ~**] without wishing to boast

Ruhmesblatt *nt* glorious chapter; [**für jdn**] **kein ~ sein** to not reflect any credit on sb

rühmlich *adj* praiseworthy; *s. a.* **Ende**

ruhmreich *adj (geh)* glorious **ruhmsüchtig** *adj* glory-seeking; **~ sein** to be thirsting for glory [*or* after fame]

Ruhr[1] <-> *f* ■ **die ~** the Ruhr

Ruhr[2] <-> *f kein pl* MED ■ **die ~** dysentery

Rührbesen *m* whisk **Rührei** *nt* scrambled eggs *pl*

rühren I. *vt* ① *(um~)* ■ **etw ~** to stir sth ② *(erweichen)* ■ **jdn/etw ~** to move sb/to touch sth; **jds Gemüt/Herz ~** to touch sb/sb's heart; **das kann mich nicht ~** that doesn't bother me; ■ **gerührt** moved *pred; s. a.* **Träne, Schlag** ③ *(veraltend: bewegen)* ■ **etw ~** to move sth; *s. a.* **Finger, Handschlag** II. *vi* ① *(um~)* to stir ② *(die Rede auf etw bringen)* ■ **an etw** *akk* **~** to touch on sth ③ *(geh: her~)* ■ **von etw ~** to stem from sth; ■ **daher ~, dass …** to stem from the fact that … III. *vr* ① *(sich bewegen)* ■ **sich ~** to move; ***rührt euch!*** MIL at ease!; *s. a.* **Stelle** ② *(sich bemerkbar machen)* ■ **sich ~** to be roused ③ *(fam: sich melden)* ■ **sich** [**auf etw** *akk*] **~** to do sth [about sth]; ***die Firmenleitung hat sich nicht auf meinen Antrag gerührt*** the company management hasn't done anything about my application

Rühren <-s> *nt kein pl (das Um~)* stirring *no art, no pl* ▶ WENDUNGEN: **ein menschliches ~** [**fühlen**] *(hum)* [to have to answer] the [*or* a] call of nature *usu hum*

rührend I. *adj* ① *(ergreifend)* touching, moving; **ein**

~**er Anblick** a touching [*or* moving] sight ❷ (*reizend*) ■ ~ **[von jdm] sein** to be sweet [of sb] **II.** *adv* touchingly; ***danke, dass Sie sich während meiner Krankheit so ~ um mich gekümmert haben*** thanks for having taken care of me during my illness, it was really touching

Ruhrgebiet *nt kein pl* ■ **das ~** the Ruhr [Area]

rührig *adj* active

Rührlöffel *m* mixing spoon

Ruhrpott *m* (*fam*) *s.* **Ruhrgebiet**

Rührschüssel *f* mixing bowl

rührselig *adj* (*pej*) tear-jerking *fam;* **ein ~er Film/ ein ~es Buch** a tear jerker *fam*

Rührseligkeit <-> *f kein pl* (*pej*) sentimentality *no art, no pl pej*

Rührstück *nt* melodrama

Rührteig *m* cake [*or* sponge] mixture

Rührung <-> *f kein pl* emotion *no art, no pl;* **vor ~ weinen** to cry with emotion

Ruin <-s> *m kein pl* ruin *no pl*

Ruine <-, -n> *f* ❶ (*zerfallenes Gemäuer*) ruin[s *pl*] ❷ (*fam: körperlich verfallener Mensch*) wreck *fam*

ruinieren* *vt* ❶ (*zugrunde richten*) ■ **jdn/etw ~** to ruin sb/sth; ■ **sich [für jdn/etw] ~** to ruin oneself [on account of sb/sth] ❷ (*verderben*) ■ **[jdm] etw ~** to ruin [sb's] sth

ruinös *adj* (*geh*) ruinous

rülpsen *vi* to belch, to burp; ■ **das R~** belching, burping

Rülpser <-s, -> *m* (*fam*) belch, burp

Rum <-s, -s> *m* rum *no art, no pl*

Rumäne, Rumänin <-n, -n> *m, f* Romanian; *s. a.* **Deutsche(r)**

Rumänien <-s> *nt* Romania; *s. a.* **Deutschland**

Rumänin <-, -nen> *f fem form von* **Rumäne**

Rumänisch *nt dekl wie adj* Romanian; *s. a.* **Deutsch**

rumänisch *adj* Romanian; *s. a.* **deutsch**

Rumänische <-n> *nt dekl wie adj* ■ **das ~** Romanian, the Romanian language; *s. a.* **Deutsche**

Rumba <-s, -s> *m* rumba

rum|kriegen *vt* (*sl*) ❶ (*zu etw bewegen*) ■ **jdn [zu etw] ~** to talk sb into sth; ■ **jdn dazu ~, etw zu tun** to talk sb into doing sth ❷ (*verbringen*) ■ **etw ~** to get through sth; **einen Tag irgendwie ~** to get through a day somehow

Rummel <-s> *m kein pl* ❶ (*fam: Aufhebens*) [hustle and] bustle *no art, no pl* ❷ (*Betriebsamkeit*) commotion *no pl* ❸ DIAL (*~platz*) fair

Rummelplatz *m* (*fam*) fairground

rumoren* **I.** *vi* ❶ (*herumhantieren*) to tinker around, to potter about *esp* BRIT ❷ (*sich bewegen*) to go around **II.** *vi impers* ***in meinem Magen rumort es so*** my stomach's rumbling so much

Rumpelkammer *f* (*fam*) junk room

rumpeln *vi* ❶ *haben* (*dröhnen*) to rumble; (*klappern*) to clatter ❷ *sein* (*mit Dröhnen fortbewegen*) to rumble; (*klappernd fortbewegen*) to clatter

Rumpelstilzchen <-s> *nt* LIT Rumpelstiltskin *no art, no pl*

Rumpf <-[e]s, Rümpfe> *m* ❶ (*Torso*) trunk, torso ❷ TECH *eines Flugzeugs* fuselage; *eines Schiffes* hull

Rumpfbeuge *f* SPORT forward bend; **~n/eine ~ machen** to do forward bends/a forward bend

rümpfen *vt* **die Nase [über etw *akk*] ~** to turn up *sep* one's nose [at sth]; (*etw verachten*) to sneer [at sth]

Rumpsteak ['rʊmpste:k, -ʃte:k] *nt* rump steak

Rumtopf *m* rumpot (*a rum and sugar mixture with fruit*)

Run <-s, -s> [ran] *m* run; ■ **der/ein ~ auf etw *akk*** the/a run on sth

rund **I.** *adj* ❶ (*kreisförmig*) round, circular ❷ (*rundlich*) plump ❸ FIN (*überschläglich*) round *attr;* **eine ~e Summe** a round sum; **~e fünf Jahre** a good five years + *sing vb* ❹ (*gleichmäßig*) full; **ein ~er Geschmack** a full taste **II.** *adv* ❶ (*im Kreis*) ■ **~ um etw** around sth; ***wir können ~ um den Block spazieren*** we can walk around the block; *s. a.* **Uhr** ❷ (*überschläglich*) around, about; ***ein neues Dach würde Sie ~ 28.000 DM kosten*** a new roof would cost you around [*or* about] 28,000 DM ❸ (*kategorisch*) flatly; **etw ~ abschlagen** to flatly reject sth; *s. a.* **rundgehen** ❹ (*gleichmäßig*) smoothly

Rundbau <-bauten> *m* circular building, rotunda **Rundblick** *m* panorama **Rundbogen** *m* ARCHIT round [*or spec* full-centre] arch [*or* AM -er] **Rundbrief** *m* circular

Runde <-, -n> *f* ❶ (*Gesellschaft*) company; ***es war eine sehr gemütliche ~*** the company was very convivial; ***wir haben in kleiner ~ gefeiert*** it was a small [*or* intimate] celebration ❷ (*Rundgang*) rounds *pl; eines Polizisten* beat *no pl; eines Briefträgers* round; **eine ~ [um etw] drehen** AUTO to drive/ride around [sth]; LUFT to circle [over sth]; **seine ~ machen** to do one's rounds; *Polizist* to be on [*or* walking] one's beat ❸ SPORT lap; ***vier ~n sind noch zu fahren*** there are another four laps to go; BOXEN round; KARTEN rubber, round; **eine ~ Bridge** a rubber [*or* round] of bridge ❹ (*Stufe*) round; **die nächste ~ der Tarifgespräche** the next round of wage talks ❺ (*Bestellung*) round; ***eine ~ für alle!*** a round [of drinks] for everyone!; [**jdm** [*o* **für jdn**]] **eine ~ spendieren** [*o* **ausgeben**], [**für jdn**] **eine ~ schmeißen** (*sl*) to get in a round [for sb] ▶ WENDUNGEN: **etw über die ~n bringen** (*fam*) to get sth done; **jdm über die ~n helfen** to help sb get by; [**mit etw**] **über die ~n kommen** (*fam*) to make ends meet [with sth]; [**irgendwo**] **die ~ machen** *Gerücht* to go around [somewhere]; **die ~ machen** (*herumgegeben werden*) to be passed around; **in die/der ~** around; ***was schaust du so erwartungsvoll in die ~?*** what are you looking around so expectantly for?

runden (*geh*) **I.** *vr* ■ **sich ~** ❶ (*rundlich werden*) to become [*or* grow] round; (*von Gesicht*) to become full, to fill out ❷ (*konkreter werden*) to take shape **II.** *vt* **die Lippen ~** to round one's lips; **Daumen und Zeigefinger [zu etw] ~** to curl one's thumb and forefinger [to sth]

runderneuern* *vt* AUTO ■ **etw ~** to retread sth; **die Profile ~** to remould [*or* AM remold] the tread; **runderneuerte Reifen** remoulds **Rundfahrt** *f* [sightseeing] tour **Rundfrage** *f* survey (**zu** + *dat* of)

Rundfunk *m* ❶ (*geh*) radio, wireless BRIT *dated;* **im ~** (*veraltend*) on the radio [*or* BRIT *dated* wireless] ❷ ■ **der ~** (*die Sendeanstalten*) broadcasting; (*die Organisationen*) the broadcasting companies [*or* corporations]

Rundfunkanstalt *f* (*geh*) broadcasting company [*or* corporation] **Rundfunkgebühr** *f meist pl* radio licence [*or* AM -se] fee **Rundfunkgerät** *nt* (*geh*) radio [set], wireless BRIT *dated* **Rundfunkprogramm** *nt* radio programme [*or* AM -am] **Rundfunksender** *m* radio station **Rundfunksprecher(in)** *m(f)* radio announcer **Rundfunkstation** *f* radio station **Rundfunkteilnehmer(in)** *m(f)* (*geh*) listener **Rundfunkübertragung** *f* [radio] broadcast

Rundgang *m* walk; (*zur Besichtigung*) tour, round; **einen ~ [durch etw] machen** to go for a walk [through sth]; (*zur Besichtigung*) to do a tour [*or* round] of sth

rund|gehen *irreg* **I.** *vi sein* ❶ (*herumgereicht werden*) to be passed around; ■ **etw ~ lassen** to pass around sth *sep* ❷ (*herumerzählt werden*) to do the rounds; **wie der Blitz** ~ to spread like wildfire **II.** *vi impers sein* ❶ (*fam: was los sein*) to go full tilt; ***es geht rund im Büro*** it's all happening at the office ❷ (*fam: Ärger geben*) ***jetzt geht es rund!*** now there'll be [all] hell to pay! *fam*

rundheraus *adv* bluntly, point-blank **rundherum** *adv* ❶ (*rings herum*) ■ ~ **[um etw]** all round [sth] ❷ (*fam*) *s.* **rundum** **Rundkornreis** *m* short grain rice

rundlich *adj* plump; **~e Hüften** well-rounded hips; **~e Wangen** chubby [*or* plump] cheeks; ■ **~ sein/werden** to be/be getting plump/well-rounded/chubby

Rundreise *f* tour; ■ **eine/jds ~ durch etw** a/sb's tour of sth **Rundruf** *m* series of calls; **bei all seinen Freunden einen ~ machen** to call all one's friends **Rundschreiben** *nt* (*geh*) *s.* **Rundbrief** **rundum** *adv* ❶ (*ringsum*) all round [*or* AM around] ❷ (*völlig*) completely [*or* totally] **Rundumschlag** *m* sweeping [*or* devastating] blow

Rundumschutz *m* FIN, MED all-risks cover

Rundung <-, -en> *f* ❶ (*Wölbung*) curve ❷ *pl* (*fam*) curves, curvature *no pl*

Rundwanderweg *m* circular walk

rundweg *adv* flatly, point-blank; **sich ~ weigern** to flatly refuse, to refuse point-blank

Rundwurm *m* ZOOL roundworm

Rune <-, -n> *f* rune

Runenschrift *f* runic writing *no art* **Runenzeichen** *nt* runic character, rune

Runkelrübe *f*, **Runkel** *f* ÖSTERR, SCHWEIZ mangel-wurzel

runter *interj* (*fam: weg*) ~ ***mit dem Zeug von meinem Schreibtisch!*** get [*or* clear] that stuff off my desk!; ~ ***vom Baum/von der Leiter!*** get out of that tree/get [down] off that ladder!

runter|fallen *vi* (*fam*) ■ **[etw** *akk*] ~ to fall down [sth] **runter|holen** *vt* ❶ (*herunternehmen*) ■ **jdn/etw [von etw** *dat*] ~ to fetch sb/sth [from sth] ❷ (*sl*) ■ **sich** *dat* **einen** ~ to [have a] wank BRIT *sl*, to choke one's chicken AM *sl*; ■ **jdm/sich einen** ~ to jerk [*or* toss] sb/oneself off *sl* **runter|kommen** *vi irreg sein* ❶ (*fam: herunterkommen*) ■ **[von etw/zu jdm]** ~ to get down [off sth]/to come down [to sb] ❷ (*sl: clean werden*) ■ **von etw** *dat* ~ to come off sth **runterladen** *vt* ■ **[sich] etw** ~ INET to download sth **runter|lassen** *vt irreg* (*fam*) ■ **etw** ~ to let down sth *sep*; **die Hose** ~ to lower [*or sep* pull down] one's pants **runter|springen** *vi* (*fam*) to jump down

Runzel <-, -n> *f* wrinkle, furrow

runz(e)lig *adj* wrinkled; **~ sein [im Gesicht]** to have a wrinkled face

runzeln **I.** *vt* ■ **etw** ~ to wrinkle [*or* crease] sth; **die Brauen/die Stirn** ~ to knit one's brows/to wrinkle one's brow; **gerunzelte Brauen/eine gerunzelte Stirn** knitted brows/a wrinkled brow; (*ärgerlich*) a frown *no pl* **II.** *vr* ■ **sich** ~ to become wrinkled

Rüpel <-s, -> *m* lout, yob[bo] BRIT *fam*

Rüpelei <-, -en> *f* insolent [*or* loutish] act/remark

rüpelhaft *adj* loutish; **~er Kerl** lout, yob[bo] BRIT *fam*; ■ **~ sein** to be loutish [*or* a lout] [*or* BRIT *fam* a yob[bo]]

rupfen *vt* ❶ (*von den Federn befreien*) ■ **etw** ~ to pluck sth ❷ (*zupfen*) ■ **etw [aus etw** *dat*] ~ to pull up sth *sep* [out of sth] ❸ (*sl: finanziell übervorteilen*) ■ **jdn** ~ to fleece sb *fam*, to take sb to the cleaner's *fam*; *s. a.* **Hühnchen**

Rupie <-, -n> *f* rupee

ruppig **I.** *adj* gruff; **eine ~e Antwort** an abrupt [*or* a gruff] [*or* a terse] answer; ■ **~ [zu jdm] sein** to be gruff [*or* rough] [with sth] **II.** *adv* gruffly; **jdn ~ behandeln** to treat sb gruffly [*or* roughly]; **sich** *akk* **~ verhalten** to be gruff

Rüsche <-, -n> *f* ruche, frill

rüschen *vt* MODE ■ **etw** ~ *Kleid, Bluse* to ruche sth

Ruß <-es> *m kein pl* soot; *Dieselmotor* particulate; *Kerze* smoke; *Lampe* lampblack

Russe, Russin <-n, -n> *m, f* Russian [man/boy/woman/girl]; **~ sein** to be Russian; **die ~n** the Russian; *s. a.* **Deutsche(r)**

Rüssel <-s, -> *m* ❶ (*Tier~*) snout, proboscis *spec; Elefant a.* trunk ❷ (*Saug~*) *Insekt* proboscis *spec* ❸ (*sl: Mund*) trap *sl*, gob BRIT *sl*

Rüsselkäfer *m* ZOOL weevil **Rüsseltier** *nt* ZOOL elephant

rußen **I.** *vi* to produce soot; *Fackel, Kerze* to smoke **II.** *vt* SCHWEIZ, SÜDD (*entrußen*) ■ **etw** ~ to clean the soot out of sth; **den Kamin** ~ to sweep the chimney

Rußfilter *m* smoke [*or* flue-gas] filter; AUTO diesel [particulate *form*] filter **Rußflocke** *f* soot particle, smut

rußig *adj* blackened [with soot *pred*]; (*verschmutzt a.*) sooty

Russin <-, -nen> *f fem form von* **Russe**

russisch *adj* ❶ (*Russland betreffend*) Russian, in/of Russia *pred; s. a.* **deutsch 1, Roulette** ❷ (*ling*) Russian; **die ~e Sprache** Russian, the Russian language; ■ **auf R~** in Russian; *s. a.* **deutsch 2**

Russisch *nt dekl wie adj* ❶ LING Russian; ■ **das ~e** Russian, the Russian language; *s. a.* **Deutsch 1** ❷ (*Fach*) Russian; *s. a.* **Deutsch 2**

Russische Föderation *f* ÖSTERR Russia; *s. a.* **Deutschland**

Russland[RR] <-s> *nt*, **Rußland** <-s> *nt* Russia; *s. a.* **Deutschland**

Russlanddeutsche(r)[RR] *f(m) dekl wie adj* ethnic German from Russia, Russo-German; **die ~n** the Russo-Germans; ~ **sein** to be [a] Russo-German; *s. a.* **Deutsche(r)**

rüsten **I.** *vi* to arm, to build up arm[ament]s **II.** *vr* (*geh*) ■ **sich** *akk* **zu etw** *dat* ~ to prepare [*or* get ready] for sth **III.** *vt* SCHWEIZ (*vorbereiten*) ■ **etw** ~ to get together sth *sep*

rüstig *adj* sprightly; ■ **~ sein** to be sprightly

Rüstigkeit <-> *f kein pl* sprightliness

rustikal **I.** *adj* rustic; **~er Stil** rustic [*or* farmhouse] [*or* country] style; *s. a.* **Eiche** **II.** *adv* **sich** *akk* **~ einrichten/~ wohnen** to furnish one's home in a rustic [*or* farmhouse] [*or* country] style

Rüstung <-, -en> *f* ❶ *kein pl* (*das Rüsten*) [re]armament ❷ (*Ritter~*) armour [*or* AM -or]

Rüstungsabbau *m* reduction in arm[ament]s **Rüstungsbegrenzung** *f* arms limitation, restriction of arm[ament]s, arm[ament]s reduction **Rüstungsbetrieb** *m* armaments [*or form* ordnance] company **Rüstungsgegner(in)** *m(f)* supporter of disarmament **Rüstungsindustrie** *f* armament[s] industry **Rüstungskontrolle** *f* arms control, control of armaments **Rüstungskontrollvereinbarung** *f* arms control agreement **Rüstungskonzern** *m* armaments [*or form* ordnance] company **Rüstungsunternehmen** *nt* MIL, ÖKON armaments concern **Rüstungswettlauf** *m* arms race

Rüstzeug *nt kein pl* ❶ (*Werkzeug*) equipment *no pl, no indef art*, tools *pl* ❷ (*Know-how*) know-how, skills *pl;* (*Qualifikationen*) qualifications *pl*

Rute <-, -n> *f* ❶ (*Gerte*) switch ❷ (*Angel~*) [fishing] rod ❸ (*Wünschel~*) divining [*or* dowsing] rod

Rutengänger(in) <-s, -> *m(f)* diviner, dowser

Ruthenium <-s> *nt kein pl* CHEM ruthenium *no pl, no indef art*

Rütlischwur *m kein pl* HIST ■ **der** ~ *oath taken on the Rütli mountain by the founders of Switzerland*

Rutsch <-es, -e> *m* landslide; **in einem** ~ (*fig fam*) in one go; ***guten ~!*** (*fam*) happy New Year!

R

Rutschbahn *f* ❶ (*Kinder~*) slide ❷ (*Straße*) slippery slope ❸ (*Rummelplatz*) helter-skelter

Rutsche <-, -n> *f* ❶ TECH chute, slideway ❷ (*fam*) *s.* **Rutschbahn 1**

rutschen *vi sein* ❶ (*aus~*) to slip ❷ (*fam: rücken*) ■[**mit etw** *dat*] [**nach links/zur Seite etc.**] ~ to move [*or fam* shove] [sth] [to the left/side etc.]; **auf dem Stuhl hin und her** ~ to fidget [*or* shift around] on one's chair; ***rutsch mal!*** move [*or fam* shove] over [*or* up] ❸ (*gleiten*) ■[**auf etw** *dat*] ~ to slide [on sth] ❹ (*auf Rutschbahn*) ■[**auf der Rutschbahn**] ~ to play on the slide ❺ (*von Erde, Kies*) **ins R~ geraten** [*o* **kommen**] to start slipping

Rutschgefahr *f kein pl* danger of slipping; (*von Auto*) danger [*or* risk] of skidding

rutschig *adj* slippery, slippy *fam*

rutschsicher *adj* non[-]slip

rütteln I. *vt* ■**jdn** [**an etw** *dat*] ~ to shake sb [by sth]/sb['s sth] II. *vi* ■**an etw** *dat* ~ to shake sth; **an feststehenden Tatsachen** ~ to upset the apple[-]cart; ***daran ist nicht zu ~, daran gibt es nichts zu ~*** there's nothing one/you/we can do about it, there's no doubt about it

Rüttelsieb *nt* flour sifter

Rwander(in) <-s, -> *m(f) s.* **Ruander**

rwandisch *adj* SCHWEIZ *s.* **ruandisch**

S

S, s <-, -> *nt* S, s; (*Mehrzahl*) S[']s, s's; ~ **wie Siegfried** S for [*or* AM as in] Sugar; *s. a.* **A 1**

s. *Abk von* **siehe**

S *Abk von* **Süden** S[.], So. AM

S. *Abk von* **Seite** p[.]; (*Mehrzahl*) pp[.]

SA <-> [ɛs'ʔa:] *f kein pl* (*hist*) *Abk von* **Sturmabteilung**: ■**die** ~ the SA

Saal <-[e]s, Säle> *m* hall

Saaldiener *m* POL usher **Saalschlacht** *f* (*fam*) brawl, fighting *no pl*

Saar <-> *f* ■**die** ~ the Saar

Saarbrücken <-s> *nt* Saarbrücken

Saargebiet *nt*, **Saarland** *nt* ■**das** ~ the Saarland

Saarländer(in) <-s, -> *m(f)* Saarlander

saarländisch *adj* [of/in the] Saarland

Saat <-, -en> *f* ❶ *kein pl* (*das Säen*) ■**die** ~ sowing; **bei der** ~ **sein** to be sowing ❷ (*~gut*) seed[s *pl*] ❸ (*gesprießte Halme*) young crop[s *pl*], seedlings *pl*

Saatgans *f* ORN bean goose **Saatgut** *nt kein pl* (*geh*) seed[s *pl*] **Saatkartoffel** *f* seed potato **Saatkorn** *nt* ❶ (*zum Aussäen*) seed corn [*or* AM grain] ❷ BOT *s.* **Samenkorn** **Saatkrähe** *f* rook

Sabbat <-s, -e> *m* ■**der** ~ the Sabbath

sabbeln *vi* DIAL (*sabbern*) to slobber

Sabber <-s> *m kein pl* DIAL slaver, saliva, slobber *pej*

Sabberlätzchen *nt* DIAL bib

sabbern I. *vi* (*fam*) ■[**auf etw** *akk*] ~ to slaver [*or pej* slobber] on [*or* over] sth II. *vt* DIAL (*fam*) ■**etw** ~ to blather *fam* [*or pej* spout] sth; **unverständliches Zeug** ~ to [talk] drivel

Säbel <-s, -> *m* (*leicht gebogenes Schwert*) sabre BRIT, saber AM; (*Krumm~*) scimitar ▶ WENDUNGEN: **mit dem** ~ **rasseln** to rattle one's sabre [*or* AM -er]

Säbelfechten *nt* sabre fencing

säbeln I. *vt* (*fam*) ■**etw** [**von etw**] ~ to saw sth off sth, to saw away at sth II. *vi* (*fam*) ■[**an etw** *dat*] ~ to saw away [at sth]

Säbelrasseln <-s> *nt kein pl* sabre-rattling **Säbelschnäbler** <-s, -> *m* ORN avocet

Sabotage <-, -n> [zabo'ta:ʒə] *f* sabotage; ~ [**an etw** *dat*] **begehen** to perform acts/an act of sabotage, to sabotage sth; ~ **treiben** to practise sabotage

Sabotageakt [zabo'ta:ʒə] *m* act of sabotage; **einen ~/~e** [**an etw** *dat*] **begehen** [*o* **verüben**] to perform an act/acts of sabotage, to sabotage sth

Saboteur(in) <-s, -e> [zabo'tø:ɐ] *m(f)* saboteur; (*kommunistisch a.*) diversionist

sabotieren* I. *vt* ■**etw** ~ to sabotage sth II. *vi* to practise sabotage

Saccharimeter *nt* saccharometer

Sa(c)charin <-s> [zaxa'ri:n] *nt kein pl* saccharin

Sachbearbeiter(in) *m(f)* specialist; (*in einer Behörde*) official in charge; (*im Sozialamt*) caseworker **Sachbereich** *m* [specialist] area **Sachbeschädigung** *f* JUR [criminal] damage to property, vandalism; ~ **begehen** to commit [an act of] vandalism **sachbezogen** I. *adj* relevant, pertinent, germane *pred form* II. *adv* ~ *argumentieren/jdn ~ befragen,* to use relevant [*or* pertinent] arguments/to ask relevant [*or* pertinent] questions of sb **Sachbuch** *nt* non[-]fiction book [*or* work] **sachdienlich** *adj* (*geh*) relevant, pertinent; **ein ~er Tipp** a useful tip; **~e Hinweise** relevant information, information relevant to the case; ■~ **sein** to be relevant [*or* pertinent] [*or form* germane]

Sache <-, -n> *f* ❶ (*Ding*) thing; (*im Laden a.*) article; **scharfe ~n** (*fam: Spirituosen*) hard stuff *fam* [*or* AM liquor] *sing;* ***~n gibt's[, die gibt's gar nicht]!*** (*fam*) [well] would you credit it?, isn't it amazing?; *s. a.* **Natur** ❷ (*Angelegenheit*) matter; **eine aussichtslose** ~ a lost cause; **in eigener** ~ on one's own behalf; ***das ist eine andere ~*** that's another matter [*or* something else]; **eine gute** ~ (*angenehm*) a good thing; (*wohltätig*) a good cause; ***das ist so eine ~*** (*fam*) that's a bit tricky [*or* bit of a problem]; ***es ist eine ~ seiner Abstammung*** it's a question of his origins; ■**jds** ~ **sein** to be sb's affair [*or* business]; **nicht jedermanns** ~ **sein** to be not everyone's cup of tea; ■**eine** ~ **für sich sein** to be a matter apart [*or* chapter in itself] ❸ *pl* (*Eigentum*) ■**jds ~n** sb's things [*or* belongings] [*or fam* stuff] *nsing* ❹ *pl* (*Utensilien*) things, gear *nsing* ❺ *pl* (*Kleidung*) things, clothes, togs *fam;* **warme ~n** warm clothes [*or* clothing] *nsing* ❻ *pl* (*Werke*) pieces ❼ *pl* (*Vorfall*) things; **beschlossene** ~ **sein** to be [all] settled [*or* a foregone conclusion]; ***mach keine ~n!*** (*fam: was du nicht sagst*) [what] you don't say?; (*tu das bloß nicht*) don't be daft! *fam;* ***was machst du bloß für ~n!*** (*fam*) the things you do!; ***was sind denn das für ~n?*** what's going on here?; ***das sind doch keine ~n!*** (*fam*) he/she/you etc. shouldn't do that ❽ JUR (*Fall*) case; **in ~n** [*o* **in der** ~] **Meier gegen Müller** in the case [of] [*or form* in re] Meier versus Müller; **zur** ~ **vernommen werden** to be questioned ❾ *pl* (*fam: Stundenkilometer*) ■**mit 255 ~n** at 255 [kph [*or* AM *sl* klicks]] ❿ (*Anliegen*) **mit jdm gemeinsame** ~ **machen** to make common cause with sth ⓫ (*Aufgabe*) **keine halben ~n machen** to not do things by halves, to not deal in half-measures; ***er macht seine ~ gut*** he's doing well; (*beruflich*) he's doing a good job ⓬ (*Sachlage*) **sich** *dat* [**bei jdm/etw**] **seiner** ~ **sicher** [*o geh* **gewiss**] **sein** to be sure of one's ground; **bei der** ~ **bleiben** to keep to the point; ***die ~ ist die, dass ...*** (*es geht darum, dass ...*) the matter so far is that ...; (*einschränkend*) the thing is [that] ...; **zur** ~ **kommen** to come to the point; **neben der** ~ **liegen** (*fam*) to be beside the point; ***was ~ ist*** (*fam*) what's what *fam;* [**bei etw** *dat*] **bei der** ~ **sein** to give one's full attention [to sth]; ***er war nicht bei der Sache*** his mind was wandering; ***die ~ steht gut*** things are going [*or* shaping] well; ***die ~ steht unentschieden*** things are undecided; **nichts zur** ~ **tun** to be irrelevant, to not matter; **sei-**

ne ~ verstehen to know what one is doing [*or fam* is about]; ***zur ~!*** come to the point; (*in Parlament a.*) [the] question!

Sachertorte *f* Sacher torte

Sachfrage *f meist pl* factual question **sachfremd** *adj* irrelevant **Sachgebiet** *nt* [specialized] field **sachgemäß** I. *adj* proper; **bei ~er Verwendung** when properly used II. *adv* properly **sachgerecht** *adj s.* **sachgemäß** **Sachkatalog** *m* subject index **Sachkenner(in)** *m(f)* expert, authority (**auf/in** +*dat* on) **Sachkenntnis** *f* expert knowledge *no pl* **Sachkunde** *f kein pl* ❶ (*geh*) *s.* **Sachkenntnis** ❷ SCH (*fam*) *s.* **Sachkundeunterricht** **Sachkundeunterricht** *m* ■**der ~** General Knowledge **sachkundig** I. *adj* [well-]informed; ■**~/~er sein** to be [well]/better informed; **sich** [**auf/in etw** *dat*] **~ machen** to inform oneself [on sth]; **sich laufend ~ machen** to keep oneself informed, to keep on the ball II. *adv* **~ antworten/erklären** to give an informed answer/explanation **Sachkundige(r)** *f(m) dekl wie adj s.* **Sachkenner** **Sachlage** *f kein pl* situation, state of affairs, lie of the land *fam*

sachlich I. *adj* ❶ (*objektiv*) objective; ■**~ bleiben** to remain objective, to keep to the point; ■**~ sein** to be objective ❷ (*in der Angelegenheit begründet*) factual; **ein ~er Unterschied** a factual [*or* material] difference ❸ (*schmucklos*) functional; **sich** *akk* **~ kleiden** to dress businesslike II. *adv* ❶ (*objektiv*) objectively; **sich ~ verhalten** to be objective ❷ (*inhaltlich*) factually

sächlich *adj* LING neuter

Sachlichkeit <-> *f kein pl* ❶ (*Objektivität*) objectivity ❷ KUNST, LIT **die Neue ~** new realism, neorealism

Sachregister *nt* subject index **Sachschaden** *m* damage to property, property damage *no indef art, no pl*

Sachse, **Sächsin** <-n, -n> [-ks-] *m, f* Saxon

sächseln [-ks-] *vi* (*fam*) to speak with a Saxon accent [*or* in the Saxon dialect]

Sachsen <-s> [-ks-] *nt* Saxony

Sachsen-Anhalt <-s> [-ks-] *nt* Saxony-Anhalt

Sächsin <-, -nen> *f fem form von* **Sachse**

sächsisch [-ks-] *adj* Saxon, of Saxony *pred;* ■**das S~e** Saxon

Sachspende *f* donation in kind

sacht(e) I. *adj* ❶ (*sanft*) gentle; ***nun mal ~e!, ~e, ~e!*** (*fam*) take it easy! ❷ (*geringfügig*) gentle, gradual II. *adv* ❶ (*sanft*) gently ❷ (*leicht*) gently, gradually, by degrees

Sachverhalt <-[e]s, -e> *m* facts *pl* [of the case] **Sachverstand** *m kein pl* expertise **Sachverständige(r)** *f(m) dekl wie adj* expert; (*vor Gericht*) expert witness **Sachwert** *m* ❶ commodity [*or* real] value ❷ *pl* (*Wertgegenstände*) tangible assets *spec* **Sachwörterbuch** *nt* specialist [*or* technical] dictionary; **~ der Gesteinskunde** dictionary of geology [*or* geological terms] **Sachzwänge** *pl* SOZIOL **~n unterliegen** to be constrained by circumstances; **frei von ~n sein** to be unconstrained by circumstances

Sack <-[e]s, Säcke> *m* ❶ (*großer Beutel*) sack; **drei ~ Kartoffel/Kohlen** three sacks of potatoes/sacks [*or* bags] of coal; **etw in Säcke füllen** to put sth into sacks, to sack sth *spec* ❷ SÜDD, ÖSTERR, SCHWEIZ (*Hosentasche*) [trouser [*or* AM pants]] pocket; **etw im ~ haben** (*sl*) to have sth safely in one's pocket ❸ (*vulg: Hoden~*) balls *npl sl* ❹ (*pej fam: Kerl*) bastard *sl*, cunt *vulg* ❺ (*Tränen~*) bag, sac[cus] *spec* ▶ WENDUNGEN: **in ~ und Asche gehen** (*fig geh*) to wear [*or* be in] sackcloth and ashes *liter;* **den ~ schlagen und den Esel meinen** (*prov*) to kick the dog and mean the master *prov;* **es ist leichter, einen ~ Flöhe zu hüten** (*fam*) I'd rather climb Mount Everest *fam;* **mit ~ und Pack** (*fam*) with bag and baggage; **wie ein nasser ~** (*sl*) as if poleaxed, like a limp rag; **jdn in den ~ stecken** (*fig fam*) to knock [the] spots off sb BRIT *fam*

Sackbahnhof *m s.* **Kopfbahnhof**

Säckel <-s, -> *m* SÜDD (*veraltend: Hosentasche*) pocket; **tief in den ~ greifen müssen** to have to dig deep [into one's pockets]

sacken *vi sein* ❶ (*sich senken*) to sink, to subside; (*zur Seite*) to lean ❷ (*sinken*) to sink; *Kopf a.* to droop

säckeweise *adj* by the sack/bag

Sackgasse *f* (*a. fig*) cul-de-sac, blind alley, dead end *a. fig;* **in einer ~ stecken** to have come to a dead end [*or* an impasse] **Sackhüpfen** *nt kein pl* sack race; **~ machen** to have a sack race **Sackkarre** *f* barrow, handcart **Sackleinen** *nt* sackcloth, sacking, burlap AM **Sacktuch** *nt* ❶ SÜDD, ÖSTERR, SCHWEIZ (*Taschentuch*) handkerchief, hankie *fam* ❷ *s.* **Sackleinen**

Sadismus <-, Sadismen> *m* ❶ *kein pl* (*Veranlagung*) sadism ❷ *pl* sadism *no pl*, sadistic acts

Sadist(in) <-en, -en> *m(f)* sadist

sadistisch I. *adj* sadistic; ■**~ sein** to be sadistic II. *adv* sadistically

Sadomasochismus *m kein pl* sadomasochism, SM *no pl*

säen I. *vt* ■**etw ~** ❶ (*aus~*) to sow sth ❷ (*geh: erzeugen*) to sow [the seeds of] sth II. *vi* to sow; *s. a.* **dünn** ▶ WENDUNGEN: **Wind ~ und Sturm ernten** to sow the wind and reap the whirlwind *dated*

Safari <-, -s> *f* safari; **eine ~ machen** to go on safari

Safarihelm *m* safari hat **Safarihemd** *nt* safari jacket **Safaripark** *m* safari park

Safe <-s, -s> [se:f] *m* safe; **einen ~ aufbrechen** to break open a safe

Saffian *m*, **Saffianleder** <-s> *nt kein pl* morocco [leather]

Safloröl *nt* safflower oil

Safran <-s, -e> *m* ❶ BOT saffron [crocus] ❷ (*Gewürz*) saffron

Saft <-[e]s, Säfte> *m* ❶ (*Frucht~*) [fruit]juice *no pl* ❷ (*Pflanzen~*) sap *no pl;* **ohne ~ und Kraft** (*fig: von Rede*) wishywashy, insipid; (*von Mensch: lustlos*) listless ❸ (*fam: Strom*) juice *fam* ▶ WENDUNGEN: **im eigenen ~ schmoren** (*fig fam*) to be up against a brick wall; **jdn im eigenen ~ schmoren lassen** (*fam*) to let sb stew in his own juice

Saftbräter *m* oval-shaped casserole (*with a perforated insert in the lid for channeling basting liquids to the meat*)

saftig *adj* ❶ (*viel Saft enthaltend*) juicy, succulent ❷ (*üppig*) lush ❸ (*fam: in unangenehmer Weise berührend*) **ein ~er Brief** one hell of a letter, a snorter BRIT *sl;* **ein ~er Preis/eine ~e Rechnung** a steep [*or* an exorbitant] price/bill

Saftladen *m* (*pej fam*) dump *pej* **saftlos** *adj* insipid, wishywashy **Saftpresse** *f* fruit press, juice extractor **Saftsack** *m* (*pej sl*) stupid bastard *sl* [*or* BRIT *vulg* twat] **Saftzentrifuge** *f* juice extractor

Saga <-, -s> *f* saga

Sage <-, -n> *f* legend

Säge <-, -n> *f* ❶ (*Werkzeug*) saw ❷ ÖSTERR (*Sägewerk*) sawmill

Sägebauch *m* saw fish **Sägeblatt** *nt* saw blade [*or spec* web] **Sägebock** *m* sawhorse **Sägemehl** *nt* sawdust **Sägemesser** *nt* serrated knife **Sägemühle** *f* SÜDD (*Sägewerk*) sawmill

sagen I. *vt* ❶ (*äußern*) ■**etw** [**zu jdm**] **~** to say sth [to sb]; ***warum haben Sie das nicht gleich gesagt?*** why didn't you say [*or* tell me] that [*or* so] before?; ■**~/jdm ~, dass/ob ...** to say/tell sb [that]/whether ...; ■**~/jdm ~, wann/wenn/wie/warum ...** to say/tell sb when/how/why ...; ***könnten Sie mir sagen, ...*** could you tell me ...; **schnell gesagt sein** to

S

be easily said; ***ich will nichts gesagt haben*** forget everything I just said; **was ich noch ~ wollte, ...** just one more thing, ...; **gesagt, getan** no sooner said than done; **leichter gesagt als getan** easier said than done ② (*mitteilen*) ■**jdm etw** ~ to tell sb sth; ***das hätte ich dir gleich ~ können*** I could have told you that before; **sich** *dat* ~ **lassen haben,** [**dass**] ... to have been told [that] ...; ***wem ~ Sie das!/ wem sagst du das!*** (*fam*) who are you trying to tell that?, you don't need to tell me that! ③ (*befehlen*) ■**jdm ~, dass er/man etw tun soll/muss** to tell sb to do sth/ that one should/has to do sth; ■**jdm ~, wie/was ...** to tell sb how/what ...; **etwas/nichts zu ~ haben** to have the say/to have nothing to say, to call the shots *fam*/to be [a] nobody *pej*; ***das ist nicht gesagt*** that is by no means certain; ***lass dir das*** [***von mir***] ***gesagt sein***[***, ...***] let me tell you [*or* take it from me] [...] ④ (*meinen*) ***was sagen Sie dazu?*** what do you say to it [*or* think about it]?; ***dazu sage ich lieber nichts*** I prefer not to say anything on that point; ***das kann man wohl ~*** you can say that again; ***da soll noch einer ~,*** [***dass***] ... never let it be said [that] ...; ***ich sag's ja immer, ...*** I always say [*or* I've always said] ... ⑤ (*bedeuten*) ■**jdm etwas/nichts/wenig** ~ to mean something/to not mean anything/to mean little to sb; ***sagt dir der Name etwas?*** does the name mean anything to you?; **nichts zu ~ haben** to not mean anything; ***das will nichts/ nicht viel*** ~ that doesn't mean anything [*or* much] **II.** *vi imperativisch* ■**sag/~ Sie, ...** tell me [*or* say], ...; **genauer gesagt** or [to put [*or* putting] it] more precisely; **ich muss schon ~!** I must say!; **unter uns gesagt** between you and me, between you, me and the gatepost *hum;* **sag bloß!** (*fam*) you don't say!, get away [with you]! *fam;* ■**um nicht zu ~ ...** not to say ...; **wie** [**schon**] **gesagt, wie ich schon sagte** as I've [just [*or* already]] said [*or* mentioned] **III.** *vr* ■**sich** *dat* **~,** [**dass**] ... to tell oneself [that] ...

sägen I. *vt* ■**etw** ~ to saw sth; ***er sägte den Ast in kleine Stücke*** he sawed the branch into little bits **II.** *vi* ① (*mit der Säge arbeiten*) to saw; ■**an etw** *dat* ~ to saw sth, to saw away at sth *iron* ② (*fam: schnarchen*) to snore, to saw wood AM

sagenhaft I. *adj* ① (*fam: phänomenal*) incredible; **~es Aussehen** stunning looks *npl* ② (*fam: unvorstellbar*) incredible; **ein ~er Preis/~er Reichtum** a staggering price/staggering wealth ③ (*geh: legendär*) legendary; **eine ~e Gestalt** a legendary figure, a figure from legend **II.** *adv* (*fam*) incredibly

Sägespäne *pl* sawdust; (*gröber*) wood shavings *pl* **Sägewerk** *nt* sawmill, lumbermill AM **Sägezahn** *m* saw tooth

Sago <-s> *m o nt kein pl* sago

Sagopalme *f* sago palm

sah *imp von* **sehen**

Sahara <-> [za'ha:ra, 'za:hara] *f kein pl* ■**die** ~ the Sahara [Desert]

Sahne <-> *f kein pl* cream; **saure/süße** ~ sour cream/[fresh] cream; ■**mit** ~ with cream; ~ **zum Schlagen** whipping cream; **allererste** ~ (*sl*) great *fam*, wicked *fam*

Sahneeis *nt* ice cream **Sahnemeerrettich** *m* horseradish cream sauce **Sahnesauce** *f* cream sauce **Sahnetorte** *f* cream gateau

sahnig *adj* creamy; **etw ~ schlagen** to whip [*or* beat] sth until creamy

Saibling <-s, -e> *m* arctic char[r]

Saison <-, -s *o* SÜDD, ÖSTERR -en> [zɛ'zõ:, zɛ'zɔŋ] *f* season; **außerhalb der** ~ in [*or* during] the off-season

saisonal [zɛzo'na:l] **I.** *adj* seasonal **II.** *adv* seasonally; ~ **bedingt sein** to be due to seasonal factors

Saisonarbeiter(in) [zɛ'zõ:, zɛ'zɔŋ] *m(f)* seasonal worker **saisonbedingt** *adj* seasonal; ■~ **sein** to be seasonal [*or* due to seasonal factors] **Saisonbeginn** *m* start of the season **Saisonbetrieb** *m kein pl* seasonal business **Saisoneröffnung** *f* opening of the season **Saisonzuschlag** *m* in-season [*or* seasonal] [*or* high-season] supplement

Saite <-, -n> *f* MUS string; **die ~n einer Gitarre stimmen** to tune [the strings of] a guitar ▶ WENDUNGEN: **andere** [*o* **strengere**] **~n aufziehen** (*fam*) to get tough

Saiteninstrument *nt* string[ed] instrument **Saitenwurst** *f* frankfurter

Sakko <-s, -s> *m o nt* sports jacket

sakral *adj* (*geh*) sacred, religious; **ein ~er Akt** a sacred [*or liter* sacral] act; **~e Kunst** religious [*or liter* sacral] art

Sakralbau *m* sacred [*or* ecclesiastical] building **Sakralkunst** *f* religious [*or liter* sacral] art

Sakrament <-[e]s, -e> *nt* sacrament; **das ~ der Taufe** the sacrament of baptism; ~ [***noch mal***]! SÜDD (*sl*) Jesus [H. *hum*] Christ! *sl*

Sakrileg <-s, -e> *nt* (*geh*) sacrilege; **ein ~ begehen** to commit [a] sacrilege

Sakristei <-, -en> *f* sacristy, vestry

sakrosankt *adj* ① (*geh: unantastbar*) sacrosanct, inviolable ② HIST (*geheiligt*) sacrosanct

säkular *adj* SOZIOL secular

Säkularisation <-, -en> *f* secularization

säkularisieren* *vt* ■**etw** ~ to secularize sth

Salamander <-s, -> *m* salamander

Salami <-, -s> *f* salami

Salamitaktik *f* (*fam*) policy of small steps (*to achieve what cannot be done in one go*), salami tactics *spec sl*

Salär <-s, -e> *nt* ÖSTERR, SCHWEIZ (*geh: Honorar*) salary

Salat <-[e]s, -e> *m* ① (*Pflanze*) lettuce; ~ **pflanzen** to plant [*or* set] lettuce ② (*Gericht*) salad; **grüner ~** green [*or* lettuce] salad; **gemischter ~** mixed salad ▶ WENDUNGEN: **da** [*o* **jetzt**] **haben wir den ~!** (*fam*) now we're in a fine mess, now we've had it *fam*

Salatbesteck *nt* salad servers *pl* **Salatdressing** *nt* [salad] dressing **Salatgurke** *f* cucumber **Salatkartoffel** *f* waxy potato **Salatkopf** *m* [head of] lettuce **Salatmajonäse** *f*, **Salatmayonnaise** *f* mayonaise **Salatöl** *nt* salad oil **Salatplatte** *f* ① (*Teller*) salad dish ② (*Gericht aus Salaten*) [mixed] salad **Salatsauce** *f* salad dressing **Salatschleuder** *m* salad drainer **Salatschüssel** *f* salad bowl **Salatseiher** *m* colander **Salatsoße** *f* [salad] dressing **Salatteller** *m* salad dish **Salatzange** *f* salad tongs *npl*

Salbe <-, -n> *f* ointment, salve

Salbei <-s> *m kein pl* sage *no pl*

Salbeihonig *m kein pl* sage honey *no pl*

salben *vt* ■**jdn** ~ to anoint sb

Salbung <-, -en> *f* anointing, unction

salbungsvoll I. *adj* (*pej*) unctuous *pej* **II.** *adv* (*pej*) unctuously *pej*, with unction *pej*

Salchow <-s, -s> ['zalço] *m* (*im Eiskunstlauf*) salchow

Saldo <-s, -s *o* Saldi *o* Salden> *m* FIN balance; **einen ~ ausgleichen** to balance an account

Saldovortrag *m* balance brought [*or* carried] forward

Säle *pl von* **Saal**

Saline <-, -n> *f* ① (*Gradierwerk*) salt collector, saltern *spec* ② (*Salzwerk*) saltworks + *sing/pl verb*, saltern *spec*

Salizylsäure *f* salicyclic acid

Salm <-[e]s, -e> *m* (*Lachs*) salmon

Salmiak <-s> *m o nt kein pl* ammonium chloride, sal ammoniac *spec*

Salmiakgeist <-s> *m kein pl* [household] [liquid [*or*

spec aqua]] ammonia
Salmler <-s, -> *m* ZOOL characin
Salmonellen *pl* MED salmonellae
Salmonellenvergiftung *f* salmonella poisoning
Salomonen *pl,* **Salomoninseln** *pl* SCHWEIZ, BRD (*fam*) ■ **die** ~ the Solomon Islands *pl; s. a.* **Falklandinseln**
Salomoner(in) <-s, -> *m(f)* Solomon Islander; *s. a.* **Deutsche(r)**
salomonisch *adj* ❶ GEOG Solomon Islander [*or* Islands], Solomon; *s. a.* **deutsch** ❷ REL [worthy] of Solomon *pred*
Salomonssiegel *m* BOT Salomon's seal
Salon <-s, -s> [za'lõː, za'lɔŋ] *m* (*geh*) drawing room, salon
salonfähig [za'lõː, za'lɔŋ] *adj* socially acceptable; ■ **nicht** ~ **sein** to be not socially acceptable; (*von Witz*) to be risqué [*or* objectionable]; **etw** ~ **machen** to make sth socially acceptable
Salonwagen *m* BAHN Pullman [carriage]
salopp I. *adj* ❶ (*leger*) casual ❷ (*ungezwungen*) slangy II. *adv* ❶ (*leger*) casually; ~ **angezogen gehen** to go/go around in casual clothing ❷ (*ungezwungen*) **sich** ~ **ausdrücken** to use slang[y] expressions [*or* language]
Salpeter <-s> *m kein pl* saltpetre [*or* AM -er] *no pl,* nitre [*or* AM -er] *no pl spec*
Salpetersäure *f kein pl* nitric acid *no pl*
Salto <-s, -s *o* Salti> *m* somersault; (*beim Turmspringen a.*) turn; **ein doppelter** ~ a double somersault/turn; ~ **mortale** (*im Zirkus*) death-defying leap; (*riskantes Unternehmen*) wildcat enterprise; **ein [dreifacher]** ~ **vorwärts/rückwärts** a [triple] forwards/backwards somersault; **einen** ~ **machen** (*turnen*) to [do [*or* perform] a] somersault; (*sich überschlagen*) to somersault, to flip over
Salut <-[e]s, -e> *m* salute; ~ **schießen** to fire a/the salute
salutieren* *vi* MIL to [give a] salute
SalutschussRR *m* MIL [gun] salute
Salvadorianer(in) <-s, -> *m(f)* Salvadoran, Salvadorean; *s. a.* **Deutsche(r)**
salvadorianisch *adj* Salvador[e]an; *s. a.* **deutsch**
Salve <-, -n> [-və] *f* salvo, volley; (*Ehren~*) [gun] salute; **eine** ~ **abgeben** [*o* **abfeuern**] to fire [*or* give] a [gun] salute; **eine** ~ **auf jdn abgeben** [*o* **abfeuern**] to fire a salvo [*or* volley] at sb
Salz <-es, -e> *nt* salt; **zu viel** ~ **an etw** *akk* **tun** to put too much salt in [*or* to oversalt] sth; **etw in** ~ *akk* **legen** to salt down [*or* away] sth *sep,* to pickle sth ▸ WENDUNGEN: **jdm nicht das** ~ **in der Suppe gönnen** (*fam*) to begrudge sb the [very] air sb breathes
salzarm I. *adj* low-salt *attr,* with a low salt content *pred;* ■ ~ **sein** to have a low-salt content II. *adv* ~ **essen/kochen/leben** to eat low-salt food/to cook low-salt fare/to live on a low-salt diet **Salzbergbau** *m* to mine for salt
Salzbergwerk *nt* salt mine **Salzbrezel** *f* pretzel
Salzburg <-s> *nt* Salzburg
salzen <salzte, gesalzen *o selten* gesalzt> I. *vt* ■ [**jdm/sich**] **etw** ~ to salt [sb's/one's] sth II. *vi* to add salt; ***du brauchst nicht noch extra zu*** ~ you don't need to add any more salt
SalzfässchenRR *nt* salt cellar BRIT, saltshaker AM **Salzfisch** *m* salt fish **Salzfleisch** *nt kein pl* salted meat *no pl* **Salzgebäck** *nt kein pl* savoury [*or* AM -ory] biscuits *pl* **Salzgewinnung** *f* salt production [*or* manufacture] **Salzgurke** *f* pickled gherkin **salzhaltig** *adj* salty, saline *spec* **Salzhering** *m* salted [*or* pickled] herring
salzig *adj* ❶ (*gesalzen*) salty ❷ (*salzhaltig*) salty, saline *spec*
Salzkartoffeln *pl* boiled potatoes **Salzkorn** *nt* grain of salt **Salzlagerstätte** *f* salt [*or spec* saline] deposit **Salzlake** *f* brine, souse **salzlos** I. *adj* salt-free II. *adv* ~ **essen** to eat no salt; ~ **kochen/zubereiten** to use no salt in cooking [food]/preparing food; ~ **leben** to live on a salt-free diet **Salzlösung** *f* saline [solution] *spec* **Salzmandeln** *pl* salted almonds **Salzpflanze** *f* BOT halophyte **Salzsäule** *f* pillar of salt; **zur** ~ **erstarren** to stand rooted to the spot **Salzsäure** *f kein pl* hydrochloric acid **Salzsee** *m* salt lake **Salzstange** *f* salt[ed] stick **Salzstock** *m* salt mine; GEOL salt dome *spec* **Salzstreuer** <-s, -> *m* salt cellar BRIT, saltshaker AM **Salzwasser** *nt kein pl* salt [*or* sea] water **Salzwüste** *f* salt desert [*or* flat]
SA-Mann <-Leute> [ɛs'ʔaː-] *m* stormtrooper, SA man
Samariter <-s, -> *m* Samaritan; **ein barmherziger** ~ (*geh*) a good [*or* Good] Samaritan
Samarium <-s> *nt kein pl* samarium *no pl*
Samba <-s, -s> *m* samba
Sambia <-s> *nt* Zambia; *s. a.* **Deutschland**
Sambier(in) <-s, -> *m(f)* Zambian; *s. a.* **Deutsche(r)**
sambisch *adj* Zambian; *s. a.* **deutsch**
Same <-ns, -n> *m* (*geh*) *s.* **Samen**
Samen <-s, -> *m* ❶ (*Pflanzen~*) seed ❷ *kein pl* (*Sperma*) sperm, semen *no pl;* ~ **ausstoßen** to ejaculate
Samenanlage *f* BOT ovule **Samenbank** *f* sperm bank **Samenblase** *f* seminal vesicle, spermatocyst *spec* **Samenerguss**RR *m* ejaculation, seminal discharge *form* **Samenfaden** *m* spermatozoon *spec* **Samenflüssigkeit** *f* seminal fluid **Samenhandlung** *f* seed shop **Samenkapsel** *f* seed capsule **Samenkorn** *nt* seed **Samenleiter** <-s, -> *m* seminal duct, vas deferens *spec* **Samenpflanze** *f* BOT seed plant, spermatophyte **Samenschale** *f* BOT seed coat **Samenspender** *m* sperm donor **Samenzelle** *f s.* **Spermium**
Sämereien *pl* seeds *pl*
sämig *adj* thick, creamy; ~ **kochen** to reduce until creamy
Sammelalbum *nt* [collector's] album **Sammelanschluss**RR *m* TELEK private [branch] exchange **Sammelband** *m* anthology **Sammelbecken** *nt* ❶ (*Behälter*) collecting tank ❷ (*Anziehungspunkt*) melting pot (+*gen*/**von** +*dat* for) **Sammelbegriff** *m* LING collective name [*or* term] **Sammelbehälter** *m* collection bin **Sammelbestellung** *f* collective [*or* joint] order **Sammelbezeichnung** *f s.* **Sammelbegriff** **Sammelbüchse** *f* collecting [*or* AM collection] box [*or* BRIT *esp* tin] **Sammelfrucht** *f* BOT multiple fruit **Sammelkasse** *f* kitty *fam* **Sammellager** *nt* refugee camp **Sammelmappe** *f* file
sammeln I. *vt* ❶ (*pflücken*) ■ **etw** ~ to pick [*or* gather] sth ❷ (*auf~*) ■ **etw** ~ to gather sth; **etw** *akk* **von der Erde** ~ to pick up sth *sep* [off the ground] ❸ (*an~*) ■ **etw** ~ to collect sth ❹ (*ein~*) ■ **etw** ~ to collect sth [in] ❺ (*zusammentragen*) ■ **etw** ~ to gather sth [in]; **Belege** ~ to retain [*or* keep] receipts ❻ (*um sich scharen*) ■ **jdn** [**um sich** *akk*] ~ to gather [*or* assemble] sb; **Truppen** ~ to gather [*or* assemble] [*or* rally] troops ❼ (*aufspeichern*) ■ **etw** ~ to gain [*or* acquire] sth; **Erinnerungen** ~ to gather memories II. *vr* ❶ (*zusammenkommen*) ■ **sich** *akk* [**an/auf/vor etw** *dat*] ~ to assemble [at/on/in front of sth] ❷ (*sich anhäufen*) ■ **sich in etw** *dat* ~ to collect [*or* accumulate] in sth ❸ (*geh: sich konzentrieren*) ■ **sich** ~ to collect [*or* compose] one's thoughts [*or* oneself] III. *vi* ■ [**für jdn/etw**] ~ to collect [for sb/sth]
Sammelnummer *f* TELEK private exchange number
Sammelplatz *m* assembly point
Sammelsurium <-s, -rien> [-riən] *nt* hotchpotch,

hodgepodge AM

Sammeltaxi *nt* [collective] taxi (*for several fares*) **Sammelwut** *f* collecting mania

Sammler(in) <-s, -> *m(f)* ① (*von Gegenständen*) collector ② (*von Beeren, Pilzen etc*) picker, gatherer

Sammlung <-, -en> *f* ① (*Ansammlung, Kollektion*) collection ② *kein pl* (*geh: innere Konzentration*) composure *no pl*

Samoa <-s> *nt* Samoa; *s. a.* **Deutschland**

Samoaner(in) <-s, -> *m(f)* Samoan; *s. a.* **Deutsche(r)**

samoanisch *adj* Samoan; *s. a.* **deutsch**

Samowar <-s, -e> *m* samovar

Sample <-s, -s> [sɛmpl] *nt* [random] sample

Sampler <-s, -> *m* sampler

Sampling <-s, -s> *nt* sampling

Samstag <-[e]s, -e> *m* Saturday; **verkaufsoffener ~** (*hist*) late-closing Saturday; *s. a.* **Dienstag**

SamstagabendRR *m* Saturday evening; *s. a.* **Dienstag** **samstagabends**RR *adv* [on] Saturday evenings

samstägig *adj* on Saturday

samstäglich *adj* [regular] Saturday *attr;* ***wir machen heute unseren ~en Einkauf*** we're doing our [regular] Saturday shopping today

SamstagmittagRR *m* [around] noon on Saturday; *s. a.* **Dienstag** **samstagmittags**RR *adv* [around] noon on Saturdays **Samstagmorgen**RR *m* Saturday morning; *s. a.* **Dienstag** **samstagmorgens**RR *adv* [on] Saturday mornings **Samstagnachmittag**RR *m* Saturday afternoon; *s. a.* **Dienstag** **samstagnachmittags**RR *adv* [on] Saturday afternoons **Samstagnacht**RR *m* [on] Saturday night; *s. a.* **Dienstag** **samstagnachts**RR *adv* [on] Saturday nights

samstags *adv* [on] Saturdays; **~ abends/nachmittags/vormittags** [on] Saturday evenings/afternoons/mornings

SamstagvormittagRR *m* Saturday morning; *s. a.* **Dienstag** **samstagvormittags**RR *adv* [on] Saturday mornings

samt I. *präp* ■ **~ jdm/etw** along [*or* together] with sb/sth II. *adv* **~ und sonders** all and sundry; ***sie/die Mitglieder wurden ~ und sonders verhaftet*** the whole bunch of them were [*or* was]/every one of the members was arrested

Samt <-[e]s, -e> *m* velvet

samtartig *adj* velvety, like velvet *pred*

samten *adj* (*geh*) velvet

Samtente *f* ORN velvet scooter **Samthandschuh** *m* velvet glove; **jdn mit ~en anfassen** (*fig fam*) to handle sb with kid gloves

samtig *adj s.* **samtweich**

sämtlich I. *adj* ① (*alle*) all; **~e Anwesenden** all those present; ***~e Unterlagen wurden vernichtet*** every one of the documents was destroyed, the documents were all destroyed ② (*ganze*) ■**jds ~e[r/s] …** all [of] sb's …; ***ihr ~er Besitz*** all their possessions II. *adv* all; ***sie sind ~ verschwunden*** they have all disappeared

samtweich *adj* velvety, velvet *attr,* [as] soft as velvet *pred;* ■**~ sein** to be [as] soft as velvet

Sanaa, San'a, Sana <-s> *nt* Sana'a, Sanaa

Sanatorium <-, -rien> [-riən] *nt* sanatorium, sanitarium AM

Sand <-[e]s, -e> *m* sand *no pl* ▸ WENDUNGEN: **jdm ~ in die Augen streuen** to throw dust in sb's eyes; **~ ins Getriebe streuen** to put a spanner [*or* AM wrench] in the works; **das/die gibt es wie ~ am Meer** (*fam*) there are heaps of them *fam,* they are thick on the ground *fam;* **auf ~ gebaut sein** to be built [up]on sandy ground; **etw** *akk* **in den ~ setzen** (*fam*) to blow sth [to hell *fam*]; **im ~e verlaufen** to peter [*or* fizzle] out, to come to nothing [*or liter* naught]

Sandale <-, -n> *f* sandal; **offene ~n** open-toed sandals

Sandalette <-, -n> *f* high-heeled sandal

Sandbank <-bänke> *f* sandbank; (*in Flussmündung a.*) sandbar **Sandboden** *m* sandy soil **Sanddorn** *m* BOT sea buckthorn **Sanddüne** *f* [sand] dune

Sandelholz *nt* sandalwood

sandfarben, sandfarbig *adj* sand-coloured [*or* AM -ored] **Sandfelchen** *nt* whitefish **Sandgebäck** *nt kein pl* ≈ shortbread *no pl* **Sandgrube** *f* sand pit

sandig *adj* ① (*Sand enthaltend*) sandy, arenaceous *spec* ② (*mit Sandkörnern verschmutzt*) sandy, full of sand *pred*

Sandkasten *m* ① (*Kinderspielplatz*) sandpit BRIT, sandbox AM ② MIL sand table *spec* **Sandkastenspiel** *nt* theoretical manoeuvrings [*or* AM maneuverings] **Sandkorn** *nt* grain of sand; ■**Sandkörner** sand **Sandkuchen** *m* KOCHK plain cake (*with lemon flavouring or chocolate coating*) **Sandmännchen** *nt* ■**das ~** the sandman **Sandpapier** *nt* sandpaper **Sandplatz** *m* clay court **Sandregenpfeifer** *m* ORN ringed plover **Sandsack** *m* ① (*in Boxen*) punchbag ② (*zum Schutz*) sandbag

Sandstein *m* sandstone, freestone; **roter ~** red sandstone, brownstone AM

sandstrahlen *vt* ■**etw ~** to sandblast sth; ■**[das] S~** sandblasting **Sandstrahlgebläse** *nt* sandblaster **Sandstrand** *m* sandy beach **Sandsturm** *m* sandstorm

sandte *imp von* **senden**[1]

Sanduhr *f* hour glass, egg timer

Sandwich <-[s], -[e]s> ['zɛntvɪtʃ] *nt o m* sandwich, sarnie BRIT *fam*

Sandwüste *f* [sandy] desert

sanft I. *adj* ① (*sacht*) gentle; **eine ~e Berührung** a gentle [*or* soft] touch ② (*gedämpft*) gentle; **~e Beleuchtung/Farben** soft [*or* subdued] lighting/colours [*or* AM -ors]; **eine ~e Lautstärke** a soft level; **~e Musik** soft music; **eine ~e Stimme** a gentle [*or* soft] voice ③ (*leicht*) gentle, gradual ④ (*schwach*) gentle, soft ⑤ (*zurückhaltend*) gentle; *s. a.* **Gewalt** II. *adv* gently; **~ entschlafen** (*euph geh*) to pass away peacefully *euph;* ***ruhe ~!*** rest eternal, rest in peace, R[.]I[.]P[.]

Sänfte <-, -n> *f* litter; (*17., 18. Jh.*) sedan [chair]

Sanftheit <-> *f kein pl* ① (*sanfte Wesensart*) gentleness ② (*sanfte Beschaffenheit*) *Stimme a., von Musik* softness; *Blick* tenderness

Sanftmut <-> *f kein pl* (*geh*) gentleness, sweetness [of temper]

sanftmütig *adj* (*geh*) gentle

sang *imp von* **singen**

Sang <-[e]s, Sänge> *m* (*geh*) song ▸ WENDUNGEN: **mit ~ und Klang** (*fam*) with drums drumming and pipes piping; (*iron*) disastrously; **ohne ~ und Klang** (*fam*) quietly

Sänger <-s, -> *m* (*geh*) songbird, songster

Sänger(in) <-s, -> *m(f)* singer

Sanguiniker(in) <-s, -> [zaŋ'guiːnikɐ] *m(f)* sanguine type [*or* person]

sanguinisch [zaŋ'guiːnɪʃ] *adj* sanguine

sang- und klanglos *adv* (*fam*) without any [*or* great] ado, unwept and unsung *a. iron*

sanieren* I. *vt* ■**etw ~** ① (*renovieren*) to redevelop [*or sep* clean up] sth ② (*wieder rentabel machen*) to rehabilitate sth, to put sth back on an even keel II. *vr* ① (*fam: sich gesundstoßen*) ■**sich** *akk* **[bei etw** *dat*] **~** to line one's pockets [with sth] *fam* ② (*wirtschaftlich gesunden*) ■**sich** *akk* **~** to put itself [back] on an even keel

Sanierung <-, -en> *f* ❶ (*Renovierung*) redevelopment ❷ (*von Firma, Industriezweig etc*) rehabilitation ❸ (*fam: Bereicherung*) self-enrichment
sanierungsbedürftig *adj* MED needing treatment *pred* **Sanierungsgebiet** *nt* redevelopment area
sanitär *adj attr* sanitary; ~**e Anlagen** sanitation *no pl*, sanitation facilities *pl*, sanitary facilities
Sanität <-, -en> *f* ❶ *kein pl* ÖSTERR (*Gesundheitsdienst*) ■**die** ~ the medical service ❷ SCHWEIZ (*Ambulanz*) ambulance ❸ ÖSTERR, SCHWEIZ (~*struppe*) medical corps
Sanitäter(in) <-s, -> *m(f)* ❶ first-aid attendant, paramedic ❷ MIL [medical] orderly
Sanitätsdienst *m* MIL ■**der** ~ the medical corps **Sanitätsoffizier** *m* MIL medical officer, M[.]O[.] **Sanitätswagen** *m* ambulance
sank *imp von* **sinken**
Sankt *adj inv* Saint, St[.]
Sanktion <-, -en> *f* (*fig geh*) sanction (**von** +*dat* from/by); **gegen jdn/etw ~en verhängen** to impose [*or* apply] sanctions against sb/sth
sanktionieren* *vt* ■**etw** [**durch etw**] ~ ❶ (*geh: gutheißen*) to sanction [*or* approve] sth [with sth] ❷ JUR (*rechtlich bestätigen*) to sanction sth [with sth]
Sankt-Nimmerleins-Tag *m* ■**am** ~ (*fam*) never ever *fam*; ■**bis zum** ~ (*fam*), ■**auf den** ~ (*fam*) till doomsday
Sankt Petersburg <-s> *nt* Saint Petersburg
Sanmarinese, Sanmarinesin <-n, -n> *m, f* Sammarinese, San Marinese; *s. a.* **Deutsche(r)**
sanmarinesisch *adj* San Marinese, AM *a.* Sammarinese; *s. a.* **deutsch**
San Marino <-s> *nt* San Marino; *s. a.* **Deutschland**
sann *imp von* **sinnen**
Santafé de Bogotá, Santa Fé de Bogotá <-s> *nt* [Santa Fe de] Bogotá
Santiago de Chile <-s> [-ˈtʃiːle] *nt* Santiago
Santomeer(in) <-s, -> *m(f)* Sãotomese, AM *a.* São Tomean; *s. a.* **Deutsche(r)**
santomeisch *adj* Sãotomese, AM *a.* São Tomean; *s. a.* **deutsch**
Saphir <-s, -e> [ˈzaːfɪr, ˈzafiːɐ, zaˈfiːɐ] *m* sapphire
Sappeur <-s, -e> *m* MIL SCHWEIZ sapper
Sarajewo <-s> *nt* Sarajevo
Sarde, Sardin <-n, -> *m, f* Sardinian
Sardelle <-, -n> *f* anchovy
Sardellenpaste *f* anchovy paste
Sardin <-, -nen> *f fem form von* **Sarde**
Sardine <-, -n> *f* sardine
Sardinendose *f* sardine tin [*or* AM can]
Sardinien <-s> [-niən] *nt* Sardinia
sardinisch, sardisch *adj* Sardinian, of Sardinia *pred*
Sardisch *nt dekl wie adj* Sardinian; *s. a.* **Deutsch**
Sardische <-n> *nt* ■**das** ~ Sardinian, the Sardinian language; *s. a.* **Deutsche**
Sarg <-[e]s, Särge> *m* coffin, casket AM, box *fam*
Sargdeckel *m* coffin [*or* AM casket] lid **Sargtischler(in)** *m(f)* coffin [*or* AM casket] maker **Sargträger** *m* pallbearer
Sarkasmus <-, -men> *m* ❶ *kein pl* (*Hohn*) sarcasm ❷ (*sarkastische Bemerkung*) sarcastic remark; ■**Sarkasmen** sarcastic remarks, sarcasm *no pl*
sarkastisch I. *adj* sarcastic, sarky BRIT *fam* **II.** *adv* sarcastically
Sarkom <-s, -e> *m* sarcoma
Sarkophag <-[e]s, -e> *m* sarcophagus
Sarkosin *nt* sarcosine
saß *imp von* **sitzen**
Satan <-s, -e> *m* ❶ *kein pl* (*Luzifer*) ■[**der**] ~ Satan, the Devil ❷ (*fam: teuflischer Mensch*) fiend ❸ (*fam: Kind*) [little] terror [*or* devil]
satanisch I. *adj attr* satanic, diabolical, fiendish **II.** *adv* diabolically, fiendishly; ~ **lächeln** to give a diabolical [*or* fiendish] grin
Satansbraten *m* (*hum fam*) little [*or* BRIT young] devil *hum fam* **Satansjünger** *m* apostle of Satan **Satanskult** *m* ■**der** ~ satan cult, Cult of Satan **Satansmesse** *f* black mass **Satanspilz** *m* Satan's mushroom, Boletus [*or* boletus] satanas *spec*
Satellit <-en, -en> *m* satellite
Satellitenantenne *f* satellite dish **Satellitenbild** *nt* satellite picture **Satellitendecoder** *m* satellite decoder **Satellitenempfang** *m* satellite reception *no art* **Satellitenfernsehen** *nt kein pl* satellite television *no pl* **Satellitenkamera** *f* satellite camera **Satellitenschüssel** *f* satellite dish **Satellitenstadt** *f* satellite town [*or* suburb] **Satellitenüberwachung** *f* satellite surveillance
Satin <-s, -s> [zaˈtɛ̃ː] *m* satin; (*aus Baumwolle*) sateen
Satire <-, -n> *f* ❶ *kein pl* ■[**die**] ~ satire ❷ (*Werk*) satire (**auf** +*akk* on)
Satiriker(in) <-s, -> *m(f)* satirist
satirisch *adj* satirical
satt I. *adj* ❶ (*gesättigt*) full [BRIT up] *pred fam*, replete *pred form*, sated *form*; ■~ **sein** to have had enough [to eat], to be full [BRIT up] *fam* [*or form* replete] [*or form* sated]; **jdn ~ bekommen** [*o fam* **kriegen**] to fill sb's belly *fam*; ***er ist kaum ~ zu kriegen*** he's insatiable; **sich** [**an etw** *dat*] ~ **essen** (*bis zur Sättigung essen*) to eat one's fill [of sth]; (*überdrüssig werden*) to have had one's fill of sth; ~ **machen** to be filling; **etw ~ bekommen** [*o fam* **kriegen**] to get fed up with sth; **jdn/etw ~ haben** [*o* **sein**] to have had enough of sb/sth, to be fed up with sb/sth *fam*; **jdn/etw gründlich ~ haben** [*o* **sein**] to be thoroughly fed up with sb/sth *fam*, to be fed up to the back teeth with sb/sth BRIT *fam* ❷ (*kräftig*) rich, deep, full ❸ (*geh: übersättigt*) sated *form*; (*selbstzufrieden*) complacent ❹ (*fam: groß, reichlich*) cool *fam*; **eine ~e Mehrheit** a comfortable majority ❺ (*fam: voll, intensiv*) rich, full; ~**er Applaus** resounding applause; **ein ~es Selbstvertrauen** unshak[e]able self-confidence **II.** *adv* (*fam*) ❶ (*reichlich*) ***sie verdient Geld*** ~ she earns [more than] enough money, she's raking it in *fam* ❷ (*genug*) ~/**nicht ~ zu essen haben** to have/to not have enough to eat
Sattel <-s, Sättel> *m* ❶ (*für Reittier*) saddle; **den ~ auflegen** to put on the saddle, to saddle the horse; **ohne ~ reiten** to ride bareback [*or* without a saddle]; **sich in den ~ schwingen** to leap [*or* swing oneself] into the saddle; **fest im ~ sitzen** (*a. fig*) to be firmly in the saddle; **sich im ~ halten** (*a. fig*) to stay in the saddle ❷ (*Fahrrad~*) saddle; **sich auf den ~ schwingen** to jump on[to] one's bicycle [*or fam* bike] ❸ (*Bergrücken*) saddle ❹ KOCHK saddle
Satteldach *nt* gable [*or* saddle] [*or spec* double pitch] roof **sattelfest** *adj* experienced; ■**in** [*o* **auf**] **etw** *dat* ~ **sein** (*fig*) to have a firm grasp of [*or* be well-versed in] sth; **in** [*o* **auf**] **etw** *dat* **nicht ganz ~ sein** (*fig*) to be a little [*or* bit] shaky in sth
satteln *vt* ■**ein Tier** ~ to saddle an animal, to put the saddle on an animal
Sattelnase *f* MED saddle[-back]nose **Sattelschlepper** <-s, -> *m* (*Zugmaschine*) truck [*or* AM semitrailer] [tractor]; (*Sattelzug: Zugmaschine und Auflieger*) articulated lorry BRIT, artic BRIT *fam*, semitrailer [truck] AM, semi AM *fam* **Sattelstütze** *f* saddle support **Satteltasche** *f* saddlebag **Sattelzug** *m s.* **Sattelschlepper**
Sattheit <-> *f kein pl* ❶ (*Sättigung*) repletion *form*, satiety *liter*; **ein Gefühl der ~** a feeling of repletion *form* [*or* being full] ❷ (*Saturiertheit*) complacency ❸ (*Intensität*) richness, fullness

S

sättigen I. *vt* ① (*geh: satt machen*) ■ **jdn** ~ to satiate sb *form;* ■ **sich** ~ to eat one's fill ② (*voll sein*) ■ [**mit** [*o* **von**] **etw** *dat*] **gesättigt sein** to be saturated [with sth]; *s. a.* **Markt II.** *vi* to be filling

sättigend *adj* filling, satiating *form*

Sättigung <-, *selten* -en> *f* ① (*das Sättigen*) repletion *form;* **ein Gefühl der** ~ a feeling of repletion *form;* **der** ~ **dienen** to serve to satisfy [one's] hunger ② (*Saturierung*) saturation (+*gen* of), glut (+*gen* in/on)

Sättigungsgrad *m* ① ÖKON (*eines Marktes*) saturation point ② KOCHK (*eines Lebensmittels*) repletion point *fam* **Sättigungskurve** *f* SCI S-shaped curve **Sättigungswert** *m* SCI saturation value

Sattler(in) <-s, -> *m(f)* saddler; (*Polsterer*) upholsterer

Sattlerei <-, -en> *f* saddler's; (*von Polsterer*) upholsterer's

Sattlerin <-, -nen> *f fem form von* **Sattler**

sattsam *adv* amply, sufficiently; ~ **bekannt** sufficiently [well-] known

saturiert *adj* (*geh*) complacent

Saturn <-s> *m kein pl* ■ **der** ~ Saturn

Satyr <-s *o* -n, -n *o* -e> *m* satyr

Satz¹ <-es, Sätze> *m* ① LING sentence; (*Teil~*) clause; **keinen** ~ **miteinander sprechen** to not speak a word to each other; **mitten im** ~ in mid-sentence ② JUR (*Unterabschnitt*) clause ③ MUS movement ④ (*Set*) set; **ein** ~ **Schraubenschlüssel** a set of spanners [*or* AM wrenches]; **ein** ~ **von 24 Stück** a 24-piece set ⑤ TYPO (*Schrift~*) setting; (*das Gesetzte*) type [matter] *no pl;* **in den** ~ **gehen** to be sent [*or* go] in for setting; **im** ~ **sein** to be [in the process of] being set ⑥ (*festgelegter Betrag*) rate ⑦ SPORT set; (*Tischtennis*) game ⑧ MATH theorem; **der** ~ **des Pythagoras/Thales** Pythagoras'/Thales' theorem

Satz² <-es, Sätze> *m* leap, jump; ■ **mit einem** ~ in one leap [*or* bound]; **sich** *akk* **mit einem** ~ **retten** to leap to safety; **in großen Sätzen davonlaufen** to bound away; **einen** ~ **machen** [*o* **tun**] to leap, to jump

Satz³ <-es> *m kein pl* dregs *npl;* (*Kaffee~*) grounds *npl;* (*Tee~*) leaves *pl*

Satzanweisung *f* TYPO instructions for the typesetter **Satzball** *m* SPORT set point; (*Tischtennis*) game point **Satzband** *nt* TYPO tape of [type]setting instructions **Satzbefehl** *m* TYPO typographical [*or* typesetting] command **Satzelektronik** *f* TYPO typesetting electronics + *sing vb* **Satzfahne** *f* TYPO proof **satzfertig** *adj* TYPO ready for setting *pred* **Satzgefüge** *nt* LING complex [*or* compound] sentence **Satzkonstruktion** *f* LING construction of a/the sentence, syntax *no pl spec* **Satzlehre** *f kein pl* LING syntax **Satzrechner** *m* TYPO typesetting computer **Satztechnik** *f* TYPO typesetting technology **Satzteil** *m* LING part [*or* constituent] of a/the sentence

Satzung <-, -en> *f* constitution, statutes *npl; Gesellschaft* articles of association [*or* AM incorporation]; *Verein* [standing] rules *pl* [of procedure]

satzungsgemäß I. *adj* statutory, according to [*or* in accordance with] the statutes/the articles/the rules *pred* II. *adv* as set down in the statutes/articles/rules **satzungswidrig** *adj inv* JUR, ADMIN unconstitutional

Satzvorlage *f* TYPO copy **Satzzeichen** *nt* LING punctuation mark **Satzzusammenhang** *m* LING context [of a/the sentence]

Sau <-, Säue *o spec* -en> *f* ① (*weibliches Schwein*) sow ② (*pej sl: schmutziger Mensch*) filthy pig *fam* [*or sl* bastard] *pej;* (*Frau*) disgusting cow BRIT *pej sl;* (*Schweinehund*) bastard *pej sl;* (*gemeine Frau*) bitch *pej sl,* cow BRIT *pej sl* ▸ WENDUNGEN: **wie eine gesengte** ~ (*sl*) like a lunatic [*or* maniac]; **..., dass es der** ~ **graust** (*sl*) ..., it makes me/you want to puke *sl;* **jdn** [**wegen etw** *dat*] **zur** ~ **machen** (*sl*) to bawl sb out *fam* [because of sth], to give sb a bollocking [about sth] BRIT *sl,* to chew somebody out [about sth] AM *sl;* **die** ~ **rauslassen** (*sl: über die Stränge schlagen*) to let it all hang out *sl,* to party till one pukes *sl;* (*seiner Wut freien Lauf lassen*) to give him/her/them etc. what for; **unter aller** ~ (*sl*) it's enough to make me/you puke *sl;* **keine** ~ not a single bastard *sl*

sauber I. *adj* ① (*rein*) clean; ■ ~ **sein** to be clean; **etw** ~ **machen** to clean sth; **jdn** ~ **machen** to wash sb; **jdm/sich etw** ~ **machen** to wash sb's/one's sth; (*wischen*) to wipe sb's/one's sth; **sich die Fingernägel** ~ **machen** to clean one's fingernails; ***hier/in meinem Zimmer müsste mal wieder ~ gemacht werden*** this place/my room needs to be cleaned again ② (*unkontaminiert*) clean, unpolluted; ~**es Wasser** clean [*or* pure] water ③ (*stubenrein*) ■ ~ **sein** to be house-trained ④ (*sorgfältig*) neat; **eine** ~**e Arbeit** neat [*or* a decent job of] work ⑤ (*perfekt*) neat ⑥ (*iron fam*) fine *iron* ⑦ (*anständig*) ***bleib ~!*** (*hum fam*) keep your nose clean *fam;* **nicht ganz** ~ **sein** (*sl*) to have [got] a screw loose *hum fam;* ~, ~! (*fam*) that's the stuff [*or* what I like to see]! *fam* II. *adv* ① (*sorgfältig*) **etw** ~ **abfegen/ausspülen** to sweep/rinse sth clean; **etw** ~ **flicken/reparieren/schreiben** to patch/repair/write sth neatly; **etw** ~ **halten** to keep sth clean; **etw** ~ **harken** to rake sth clear [*or* neatly]; **etw** ~ **kratzen** to scour sth clean; **etw** ~ **putzen** to wash sth [clean]; (*fegen*) to sweep sth clean; **etw** [**mit etw** *dat*] ~ **scheuern** to scrub [*or* scour] sth clean [with sth]; [**sich** *dat*] **etw** ~ **schrubben** to wash [*or* scrub] one's sth; **etw** ~ **spülen** to wash [up *sep*] sth ② (*perfekt*) neatly

Sauberkeit <-> *f kein pl* ① (*Reinlichkeit*) clean[li]ness; **vor** ~ **strahlen** to be clean and shining ② (*Reinheit*) cleanness; (*von Wasser, Luft a.*) purity

Sauberkeitsfimmel *m* (*pej fam*) mania for cleaning, thing about cleaning *fam*

säuberlich I. *adj* neat; ~**e Ordnung** neat and tidy [*or hum* regimental] order II. *adv* neatly; **etw** ~ **aufräumen** to tidy up sth *sep; s. a.* **fein**

Saubermann, -frau <-männer> *m, f* (*iron fam*) moral crusader *a. iron;* (*Mann a.*) Mr[.] Clean *fam*

säubern *vt* ① (*geh: reinigen*) ■ [**jdm/sich**] **etw** *akk* ~ to clean [sb's/one's] sth; **etw wieder** ~ to get sth clean ② (*euph: befreien*) ■ **etw von etw** *dat* ~ to purge sth of sth

Säuberung <-, -en> *f* (*euph*) purge; **ethnische** ~ ethnic cleansing

saublöd(e) *adj* (*sl*) *s.* **saudumm** **Saubohne** *f* broad bean

Sauce <-, -n> ['zo:sə] *f s.* **Soße**

Saucenkelle *f* gravy ladle

Sauciere <-, -n> [zo'sie:rə, zo'siɛ:rə] *f* sauce boat; (*bes mit Fleischsoße*) gravy boat

Saudiaraber(in) <-s, -> *m(f)* Saudi, Saudi-Arabian; *s. a.* **Deutsche(r)**

Saudi-Arabien [-biən] *nt* Saudi Arabia, Saudi *sl*

saudiarabisch *adj* Saudi, Saudi-Arabian; *s. a.* **deutsch**

saudumm I. *adj* (*sl*) damn stupid *fam;* (*von Mensch a.*) as thick as pigshit [*or* two short planks] *pred* BRIT *fam* II. *adv* (*sl*) ~ **fragen** to ask stupid questions; **sich** ~ **verhalten** to behave like a stupid idiot *fam*

sauen *vi* (*sl*) ■ [**mit etw** *dat*] ~ to mess up the place [with sth], to make a mess

sauer I. *adj* ① (*nicht süß*) sour; **saure Drops** acid drops; **saure Früchte** sour [*or* tart] fruit *no pl;* **saurer Wein** sour [*or* BRIT rough] wine; ■ ~ **sein** to be sour/tart/BRIT rough ② (*geronnen*) **saure Milch** sour milk; ■ ~ **sein/werden** to be [*or* have turned]/turn sour; ***die Milch ist*** ~ the milk is [*or* has turned] sour/

is off; *s. a.* **Sahne** (3) (*~ eingelegt*) pickled; **etw ~ einlegen** to pickle sth (4) (*Humussäure enthaltend*) acidic (5) (*Säure enthaltend*) acid[ic]; **saurer Regen** acid rain (6) (*fam: übel gelaunt*) mad *fam,* pissed off *pred,* pissed *pred* AM *sl;* **ein saures Gesicht machen** to look mad *fam* [*or* AM *sl* pissed]; ■ **~ [auf jdn/etw] sein/werden** to be/be getting mad *fam* [*or* AM *sl* pissed] [at sb/sth], to be pissed off [with sb/sth] *sl;* ■ **~ sein, dass/weil ...** to be mad *fam* [*or* AM *sl* pissed] that/because **II.** *adv* (1) (*mühselig*) the hard way; **~ erworbenes Geld** hard-earned money (2) (*fam: übel gelaunt*) **~ antworten** to snap out an answer; **~ reagieren** to get mad *fam* [*or* AM *sl* pissed]

Sauerampfer <-, -n> *m* sorrel **Sauerbraten** *m* *beef roast marinated in vinegar and herbs,* sauerbraten AM

Sauerei <-, -en> *f* (*sl*) (1) (*sehr schmutziger Zustand*) God-awful mess *fam* (2) (*unmögliches Benehmen*) [downright [*or* BRIT *fam* bloody]] disgrace (3) (*Obszönität*) filthy joke/story

Sauerkirsche *f* sour cherry **Sauerkirschmarmelade** *f* sour cherry jam **Sauerklee** *m* BOT sorrel **Sauerkraut** *nt,* **Sauerkohl** *m* DIAL sauerkraut, pickled cabbage

säuerlich **I.** *adj* (1) (*leicht sauer*) [slightly] sour; **~e Früchte** [slightly] sour [*or* tart] fruit *no pl* (2) (*übel launig*) annoyed; **ein ~es Lächeln** a sour [*or* bitter] smile; ■ **~ sein** to be annoyed [*or fam* mad] **II.** *adv* (1) (*leicht sauer*) **~ schmecken** to taste sour/tart (2) (*übel launig*) sourly; **~ reagieren** to get mad *fam*

Sauermilch *f* sour [*or* curdled] milk

säuern **I.** *vt* ■ **etw [mit etw] ~** to sour sth [*or* make sth sour] [with sth]; (*konservieren*) to pickle sth [with sth] **II.** *vi* to [turn [*or* go]] sour

Sauerrahm *m* sour[ed BRIT] cream

Sauerstoff *m kein pl* oxygen *no pl*

sauerstoffarm *adj* low in oxygen *pred;* (*zu wenig*) oxygen-deficient; **~e Luft** stale air; ■ **~ sein/werden** (*von Luft in größeren Höhen*) to be/become thin **Sauerstoffatom** *nt* oxygen atom **Sauerstoffbedarf** *m* oxygen demand **Sauerstoffflasche**[RR] *f,* **Sauerstofflasche** *f* oxygen cylinder; (*kleiner a.*) oxygen bottle [*or* flask] **Sauerstoffgehalt** *m* oxygen content **Sauerstoffgerät** *nt* (1) (*Atemgerät*) breathing apparatus (2) MED (*Beatmungsgerät*) respirator

sauerstoffhaltig *adj* containing oxygen *pred,* oxygenous *spec,* oxygenic *spec;* ■ **~ sein** to contain oxygen, to be oxygenous [*or* oxygenic] *spec*

Sauerstoffmangel *m kein pl* lack of oxygen; **ein akuter ~** oxygen deficiency *no pl* **Sauerstoffmaske** *f* oxygen mask **sauerstoffreich** *adj* rich in oxygen *pred,* oxygen-rich *attr;* ■ **~ sein** to be rich in oxygen **Sauerstoffschuld** *f* BIOL oxygen debt **Sauerstoffverbrauch** *m* oxygen consumption, consumption of oxygen **Sauerstoffzelt** *nt* oxygen tent; **unter einem ~** in an oxygen tent

Sauerteig *m* sourdough, leaven[ing]

Saufbold <-[e]s, -e> *m* (*pej sl*) drunk[ard], pisshead BRIT *pej sl,* piss artist BRIT *sl*

saufen <säuft, soff, gesoffen> **I.** *vt* ■ **etw ~** (1) (*sl*) to drink sth; (*schneller*) to knock back sth *sep fam* (2) (*Tiere*) to drink sth **II.** *vi* (1) (*sl: trinken*) to drink, to [be/go on the] booze *fam,* to be/go on the piss BRIT *sl* (2) (*sl: Alkoholiker sein*) to drink, to take to the bottle; ■ **das S~** drinking (3) (*Tiere*) to drink; (*zu Wasser geführt*) to be watered; *s. a.* **Loch**

Säufer(in) <-s, -> *m(f)* (*sl*) drunk[ard], boozer *fam,* pisshead BRIT *pej sl,* piss artist BRIT *sl*

Sauferei <-, -en> *f* (*sl: Besäufnis*) booze-up *fam,* piss-up BRIT *sl;* (*übermäßiges Trinken*) drinking *no art, no pl,* boozing *no art, no pl fam*

Säuferin <-, -nen> *f fem form von* **Säufer**

Säuferleber *f* (*fam*) gin drinker's liver *fam* **Säufernase** *f* (*fam*) whisky [*or* brandy] nose

Saufgelage *nt* (*pej fam*) booze-up *fam,* piss-up BRIT *sl* **Saufkumpan(in)** *m(f)* (*sl*) drinking pal [*or* AM buddy], fellow drinker

säuft *3. pers pres von* **saufen**

saugen <sog *o* saugte, gesogen *o* gesaugt> **I.** *vt* (1) (*Staub ~*) to vacuum, to hoover BRIT (2) (*ein~*) ■ **[an etw *dat*] ~** to suck [[on] sth] **II.** *vt* (1) (*Staub ~*) ■ **etw ~** to vacuum [*or* BRIT hoover] sth (2) (*ein~*) ■ **etw [aus etw] ~** to suck sth [from sth]; *s. a.* **Finger**

säugen *vt* (1) (*veraltend: stillen*) ■ **jdn ~** to suckle [*or* breast-feed] [*or old* give the breast to] sb (2) (*Tier*) ■ **ein Junges ~** to suckle its young

Sauger <-s, -> *m* (1) (*auf Flasche*) teat, nipple AM (2) (*fam: Staub~*) vac *fam,* to vacuum clean [*or fam* hoover]

Säuger <-s, -> *m* (*geh*), **Säugetier** *nt* mammal[ian *spec*]

saugfähig *adj* absorbent; ■ **~ sein** to be absorbent **Saugfähigkeit** *f kein pl* absorbency **Saugkraft** *f kein pl* absorbency, absorbent properties

Säugling <-s, -e> *m* baby, infant, form

Säuglingsalter *nt* ■ **das ~** babyhood, infanthood *form* **Säuglingsbekleidung** *f* baby clothes *npl,* babywear *no pl* **Säuglingspflege** *f kein pl* baby [*or form* infant] care *no pl* **Säuglingsschwester** *f* baby [*or* infant] nurse **Säuglingssterblichkeit** *f kein pl* infant mortality *no pl*

Saugnapf *m* suction cup, sucker BRIT **Saugreflex** *m* BIOL suckling reflex **Saugrüssel** *m* (1) (*von Insekt*) proboscis pl probosces *spec* (2) (*an Tankstelle*) suction tube **Saugwurm** *m* ZOOL trematode

Sauhaufen *m* (*pej sl*) bunch of [useless] layabouts [*or* BRIT *pej fam* piss-artists] [*or* AM lazy bums]

säuisch *adj* (*sl*) (1) (*abwertend*) filthy; **ein ~er Typ** a bastard *sl;* **ein ~er Witz** a filthy joke (2) (*stark, groß*) **~ Kälte/~es Glück** bloody cold/lunch *sl* (3) (*intensivierend*) ***er fühlte sich ~ wohl*** he felt bloody good *sl*

saukalt *adj* (*sl*) damn *fam* [*or* BRIT *sl* bloody] cold [*or* freezing]; ■ **~ sein** to be damn *fam* [*or* BRIT *sl* bloody] cold [*or* freezing], to be brass monkey weather BRIT *sl* **Saukälte** *f* (*sl*) damn *fam* [*or* BRIT *sl* bloody] cold [*or* freezing] weather, brass monkey weather *no art* BRIT *sl* **Saukerl** *m* (*sl*) bastard *sl,* cunt *vulg*

Säule <-, -n> *f* (1) ARCHIT column, pillar; **die ~n des Herkules** the Pillars of Hercules (2) (*Bild~*) statue (3) (*geh: Stütze*) pillar; **die ~n der Gesellschaft** the pillars [*or* backbone] of society (4) (*fam: Zapf~*) petrol [*or* AM gas] pump

säulenförmig **I.** *adj* column-shaped, columnar *spec* **II.** *adv* **~ wachsen** to grow in a column/columns **Säulenfuß** *m* base, plinth **Säulengang** *m* colonnade; (*mit Innenhof*) peristyle *spec* **Säulenhalle** *f* columned hall **Säulenkapitell** *nt* capital [of a/the column] **Säulenschaft** *m* shaft [of a/the column] **Säulentempel** *m* colonnaded temple; (*rundförmig*) monopteros *spec*

Saulus <-> *m* ■ **[der] ~** Saul ▸ WENDUNGEN: **vom ~ zum Paulus werden** (*geh*) to have seen the light *a. hum*

Saum <-[e]s, Säume> *m* (1) (*umgenähter Rand*) hem (2) (*geh: Rand*) edge, margin, marge *old liter*

saumäßig **I.** *adj* (*sl*) (1) (*unerhört*) bastard *attr sl* (2) (*miserabel*) lousy *fam,* shitty *sl* **II.** *adv* (*sl*) like hell *fam;* **~ bluten** to bleed like hell *fam;* (*von Mensch a.*) to bleed like a [stuck] pig; **~ kalt/schwer** bastard [*or* BRIT *sl* bloody] cold/heavy; **etw ~ schlecht machen** to make a pig's ear of sth BRIT *fam,* to screw something up royally AM; ***die Prüfung war ~ schwer*** the exam was a [real] bastard *sl*

säumen **I.** *vt* ■**etw** ~ ① (*Kleidung*) to hem sth ② (*geh: zu beiden Seiten stehen*) to line sth; (*zu beiden Seiten liegen*) to skirt sth **II.** *vi* (*geh*) to tarry *liter;* ■**ohne zu** ~, ■**ohne S**~ without delay

säumig *adj* FIN (*geh*) **ein ~er Schuldner/Zahler** a slow [*or* defaulting] debtor, a defaulter; **ein ~er Zahler sein** to be behind[hand BRIT] with one's payments

Säumniszuschlag *m* ADMIN surcharge on overdue payment

Saumpfad *m* mountain trail, bridle path

Sauna <-, -s *o* Saunen> *f* sauna; **in die ~ gehen** to go for a sauna; **gemischte** ~ mixed[-sex] sauna

saunieren *vi* to [take a] sauna

Saure(s) *nt dekl wie adj* etwas/nichts *~s,* something/nothing sour; ***gib ihm ~s!*** (*fig sl*) let him have it! *fam*

Säure <-, -n> *f* ① CHEM acid ② (*saure Beschaffenheit*) sourness, acidness, acidity

Säureblocker <-s, -> *m* MED, PHARM anti-acid

säurefrei *adj Papier* acid-free

Saure-Gurken-Zeit[RR] *f,* **Sauregurkenzeit** *f* (*fam*) silly season

Säureschutzmantel *m* protective layer of the skin

Saurier <-s, -> [-riɐ] *m* dinosaur, saurian *spec*

Saus *m* **in ~ und Braus leben** to live it up, to live like a lord [*or* AM king]

Sause <-, -n> *f* (*sl: Feier*) piss-up BRIT *sl;* (*Zechtour*) pub crawl BRIT *fam,* bar hopping AM; **eine ~ machen** to go on a pub crawl BRIT, to go bar-hopping AM

säuseln **I.** *vi* ① (*leise sausen*) ■[**in etw** *dat*] ~ to sigh [*or* whisper] [in sth]; **in den Blättern** ~ to rustle the leaves ② (*geh: schmeichelnd sprechen*) to purr **II.** *vt* (*geh*) ■**etw** ~ to purr sth; *s. a.* **Ohr**

sausen *vi* ① *haben* (*von Wind*) to whistle, to whine; (*von Sturm*) to roar; ■**das S**~ the whistling/whining/roaring ② *sein* (*von Kugel, Peitsche*) to whistle; **die Peitsche ~ lassen** to strike out with the whip ③ *sein* (*fam: sich schnell bewegen*) ■**irgendwohin** ~ to dash somewhere ④ *sein* (*schnell fahren*) ■**irgendwohin** ~ to roar [*or* zoom] [off] somewhere ⑤ (*sl*) **einen ~ lassen** to let off [a fart] *sl,* to let one off *sl* ⑥ (*nicht bestehen*) **durch ein Examen** ~ to fail [*or fam* flunk] an exam ⑦ (*fam: sein lassen*) **etw ~ lassen** to forget sth ⑧ (*fam: gehen lassen*) **jdn ~ lassen** to drop sb

Sauser <-s, -> *m* SCHWEIZ (*neuer Wein*) fermented grape juice

Sauseschritt *m* (*fig fam*) **im** ~ (*äußerst rasch, geschwind*) [in] double-quick [time] *fam*

Saustall *m* (*sl*) pigsty *fam*

saustark *adj* (*sl*) wicked *fam*

sautieren *vt* ■**etw** ~ to sauté sth

Sauwetter *nt* (*sl*) bloody awful [*or sl* bastard] weather *no indef art* BRIT

sauwohl *adj* ■**jd fühlt sich** ~ (*sl*) ■**jdm ist ~ zumute** (*sl*) sb feels really [*or* BRIT *sl* bloody] good [*or* AM *fam* like a million bucks]

Savanne <-, -n> [-va-] *f* savanna[h]

Saxophon <-[e]s, -e> *nt,* **Saxofon**[RR] <-[e]s, -e> *nt* saxophone, sax *fam*

Saxophonist(in) <-en, -en> *m(f),* **Saxofonist(in)** <-en, -en> *m(f)* saxophone [*or fam* sax] player, saxophonist

S-Bahn ['ɛs-] *f* suburban train

S-Bahn-Linie *f* suburban line **S-Bahn-Netz** *nt* suburban rail[way] network **S-Bahn-Zug** *m* suburban train

SBB ['ɛsbe:be:] *f Abk von* **schweizerische Bundesbahn** ≈ BR BRIT, ≈ Amtrak AM

SB-Bank *f* self-service branch

s.Br. *Abk von* **südlicher Breite** S; *Abk von* **Breite 5**

SB-Tankstelle *f* self-service petrol [*or* filling] [*or* AM gas] station

Scad-Diving <-s> ['skɛd draɪvɪŋ] *nt kein pl* SPORT scad diving (*unattached free fall into a net-like device from a height of around 50 metres*)

Scampi *m* scampi

scannen ['skɛnən] *vt* ■**etw** ~ to scan sth

Scanner <-s, -> ['skɛnɐ] *m* INFORM scanner; **etw mit dem ~ einlesen/in den Computer einlesen** to scan in sth *sep*/to scan sth into the computer

Scannerkasse *f* electronic checkout

Schabe <-, -n> *f* cockroach, roach AM *fam*

Schabefleisch *nt* DIAL (*Rindergehacktes*) minced steak BRIT, ground beef AM

schaben *vt* ■**etw** ~ to scrape sth; **Bartstoppeln** ~ to scrape off stubble *sep;* **ein Fell** ~ to shave [*or spec* flesh] a hide

Schaber <-s, -> *m* scraper

Schabernack <-[e]s, -e> *m* (*veraltend*) prank, practical joke; **jdm einen ~ spielen** to play a prank [*or* practical joke] on sb; **aus** ~ for a laugh

schäbig *adj* ① (*unansehnlich*) shabby ② (*gemein*) mean, rotten *fam;* ■~ [**von jdm**] **sein** to be mean [*or fam* rotten] [of sb]; ***wie ~!*** that's mean [*or fam* rotten] of him/her/you etc. ③ (*dürftig*) paltry; **ein ~er Lohn** peanuts *npl fam,* chickenshit BRIT *sl;* ***das hier ist der ~e Rest*** that's all that's left of it

Schablone <-, -n> *f* ① (*Vorlage*) stencil; **nach** ~ (*fig fam*) according to pattern; **nach ~ arbeiten** (*fam*) to work mechanically; **nach ~ vor sich gehen** (*fam*) to follow the same routine ② (*Klischee*) cliché; **in ~n denken** to think in a stereotyped way [*or* in stereotypes]

schablonenhaft **I.** *adj* (*pej*) hackneyed *pej,* cliché *pred;* **~es Denken** stereotyped thinking **II.** *adv* (*pej*) **sich ~ ausdrücken** to use hackneyed expressions *pej* [*or* clichés]; ~ **denken** to think in a stereotyped way

Schach <-s> *nt kein pl* (*Spiel*) chess *no art, no pl;* (*Stellung*) check!; **eine Partie** ~ a game of chess; ***~ und matt!*** checkmate!, [check and] mate *fam;* **jdm ~ bieten** to put sb in check, to check sb; **~ spielen** to play chess; **im ~ stehen** [*o* **sein**] to be in check; **jdm/etw ~ bieten** (*fig geh*) to thwart [*or* foil] sb/sth; **jdn** [**mit etw**] **in ~ halten** (*fig*) to keep sb in check [*or* at bay] [with sth]; **jdn mit einer Schusswaffe in ~ halten** to cover sb [*or* keep sb covered] [with a firearm]

Schachblume *f* BOT snake's head fritillary **Schachbrett** *nt* chessboard **schachbrettartig** **I.** *adj* chequered BRIT, checkered AM **II.** *adv* ~ **gemustert sein** to have a chequered pattern **Schachbrettmuster** *nt* chequered [*or* AM check[ered]] pattern

Schacher <-s> *m kein pl* (*pej*) ■**der** ~ [**um etw**] haggling [over sth]; POL horsetrading [over sth] *pej;* ~ **um etw treiben** to haggle over sth; POL to horsetrade over sth *pej*

Schacherer, Schacherin <-s, -> *m, f* (*pej*) haggler

schachern *vi* (*pej*) ■[**mit jdm**] **um etw** ~ to haggle [with sb] over sth; POL to horsetrade [with sb] over sth *pej*

Schachfigur *f* ① (*Spielfigur*) chess piece, chessman ② (*Mensch*) pawn **Schachgroßmeister** *m* chess grand master **schachmatt** *adj* ① (*Stellung in Schach*) checkmate, mate *fam;* **jdn ~ setzen** (*a. fig*) to checkmate [*or fam* mate] sb; **~!** checkmate, [check and] mate *fam* ② (*erschöpft*) ■~ **sein** (*fig*) to be exhausted [*or fam* dead beat] **Schachpartie** *f* game of chess **Schachspiel** *nt* ① (*Brett und Figuren*) chess set ② (*das Schachspielen*) ■**das** ~ chess **Schachspieler(in)** *m(f)* chess player; ~[**in**] **sein** to play chess

Schacht <-[e]s, Schächte> *m* shaft; *Brunnen* well

Schachtel <-, -n> *f* ① (*kleine Packung*) box; **eine ~ Zigaretten** a packet [*or* AM pack] of cigarettes ② (*Frau*) **alte** ~ (*sl*) old bag *pej sl*

Schachtelhalm *m* BOT horsetail, mare's tail

schächten *vt* ■ **ein Tier** ~ to slaughter an animal (*in accordance with Jewish rites*); ■ **das S~** kosher butchering

Schachturnier *nt* chess tournament **Schachzug** *m* move [at chess], half-move *spec;* (*fig: Manöver*) move, manoeuvre BRIT, maneuver AM

schade *adj pred* ① (*bedauerlich*) [***das ist aber***] ***~!, wie ~!*** what a pity [*or* shame], that's too bad; ***ich finde es ~, dass ...*** [I think] that's a shame [*or* pity] /it's a shame [*or* pity] that; ■ [**wirklich/zu**] **~, dass ...** it's [really] a pity [*or* a shame] [*or* too bad] that ..., it's a [real [*or* great]] pity [*or* shame] that ..., it's [just] too bad that ...; ■ **es ist ~ um jdn/etw** it's a shame [*or* pity] about sb/sth ② (*zu gut*) ■ **für jdn/etw zu ~ sein** to be too good for sb/sth; ■ **sich** *dat* **für etw** *akk* **zu ~/nicht zu ~ sein** to think [*or* consider] oneself too good for sth/to not think [*or* consider] sth [to be] beneath one; ■ **sich** *dat* **für nichts zu ~ sein** to consider nothing [to be] beneath one, to take on anything

Schädel <-s, -> *m* ① (*Totenkopf, Tier~*) skull; (*von Mensch a.*) cranium *spec* ② (*fam: Kopf*) head, bonce BRIT *fam;* [**mit etw** *dat*] **eins auf den ~ bekommen** to get one over [*or fam* round] the head [from sth]; **jdm den ~ einschlagen** to smash sb's skull [*or* head] in; [**von etw** *dat*] **einen dicken ~ haben** (*fam*) to have a hangover [*or* be hung-over] [from sth]; **jdm brummt der ~** (*fam: Kopfschmerzen haben*) sb's head is throbbing; (*nicht mehr klar denken können*) sb's head is buzzing [*or* going round and round]; **sich** *dat* [**an etw** *dat*] **den ~ einrennen** (*fam*) to crack one's skull [against sth]; (*wiederholt*) to beat one's head [against sth]

Schädelbasis *f* MED skull base, base of the skull, cranial floor *spec* **Schädelbasisbruch** *m* fracture of the skull base, base [*or spec* basilar] skull fracture **Schädelbruch** *m* fractured skull, fracture of the skull **Schädeldecke** *f* MED roof [*or* top] of the skull, skullcap, calvaria *spec* **Schädelform** *f* shape of the skull **Schädelgröße** *f* size of the skull **Schädelknochen** *m* skull [*or spec* cranial] bone **Schädelnaht** *f* MED suture

schaden *vi* ■ **jdm/sich ~** to do harm to sb/oneself; ■ **etw** *dat*/**etw sehr ~** to damage/to do great damage to sth; ***Arbeit hat noch keinem geschadet*** (*fam*) work never did [*or* has never done] anybody any harm; **es kann nichts ~, wenn jd etw tut** it would do no harm if sb does sth/for sb to do sth; **schadet das was?** (*fam*) so what?

Schaden <-s, Schäden> *m* ① (*Sach~*) damage *no indef art, no pl* (**durch** +*akk* caused by); (*Verlust*) loss; **einen ~** [*o* **Schäden**] [**in Höhe von etw** *dat*] **verursachen** to cause damage [amounting to sth]; **jdm/etw ~ zufügen** to harm sb/to harm [*or* damage] sth; **es soll jds ~ nicht sein** it will not be to sb's disadvantage, sb won't regret it ② (*Verletzung*) injury; [**bei etw** *dat*] **zu ~/nicht zu ~ kommen** (*geh*) to be hurt [*or* injured] [in sth]/to not come to any harm [in sth]; **Schäden aufweisen** MED to exhibit lesions *spec;* (*fehlerhaft sein*) to be defective [*or* damaged] ► WENDUNGEN: **wer den ~ hat, braucht für den <u>Spott</u> nicht zu sorgen** (*prov*) don't mock the afflicted; **aus** [*o* **durch**] **~ wird man <u>klug</u>** (*prov*) once bitten twice shy *prov,* you learn by [*or* from] your mistakes

Schadenersatz *m s.* **Schadensersatz** **Schadenersatzanspruch** *m* claim for compensation **schadenfrei** **I.** *adj* damage-free *attr,* claim-free *attr* BRIT **II.** *adv* **~ fahren** to have never had an accident when driving **Schadenfreiheitsrabatt** *m* (*geh*) no-claim[s] bonus BRIT

Schadenfreude *f* malicious joy, gloating, schadenfreude *liter*

schadenfroh **I.** *adj* malicious, gloating; **eine ~e Stimme** a voice full of gloating; ■ **~ sein** to delight in others' misfortunes **II.** *adv* **~ grinsen** to grin with gloating

Schadensabteilung *f* ÖKON (*selten*) claims department **Schadensbegrenzung** *f* loss [*or* damage] limitation; ■ **zur ~** to limit the losses [*or* damage] **Schadensersatz** *m kein pl* compensation, damages *npl;* **~ fordern** to claim damages; **jdn auf ~ verklagen** to sue sb for damages; **auf ~ erkennen** JUR to award damages; [**jdm**] [**für** [*o* **wegen**] **etw** *dat*] **~ leisten** to pay [sb] damages [for sth]

schadhaft *adj* faulty, defective; (*beschädigt*) damaged

schädigen *vt* ① (*beeinträchtigen*) ■ **jdn/etw** [**durch etw** *akk*] **~/sehr ~** to harm sb/sth/to do sb/sth great harm [with sth] ② (*finanziell belasten*) ■ **jdn** [**um etw** *akk*] [**durch etw** *akk*] **~** to cause sb losses [of sth] [with sth] ③ (*beschädigen*) ■ **etw** [**durch etw** *akk*] **~** to damage sth [with sth]

Schädigung <-, -en> *f* ① (*das Schädigen*) ■ **~ einer S.** *gen* damage done to sth ② (*Schaden*) harm *no indef art, no pl* (+*gen* to); (*organisch*) lesion *spec* (+*gen* of)

schädlich *adj* harmful, injurious *form;* (*giftig*) noxious *form;* ■ **~** [**für jdn/etw**] **sein** to be harmful, to be bad for sb's health/for sth; ■ **~ für etw** *akk* **sein** to be damaging to sth

Schädlichkeit <-> *f kein pl* harmfulness (**für** +*akk* to), harmful [*or* detrimental] effect[s *pl*] (**für** +*akk* on)

Schädling <-s, -e> *m* pest

Schädlingsbekämpfung *f* AGR, ÖKOL pest control, biological c., chemical c., integrated pest management **Schädlingsbekämpfungsmittel** *nt* pesticide; (*gegen Insekten a.*) insecticide

schadlos *adj* **sich** *akk* [**für etw** *akk*] **an jdm ~ halten** to make sb pay [for sth]; **sich** *akk* **an etw** *dat* **~ halten** (*hum fam*) to do justice to sth *hum;* (*als Ersatz nehmen*) to make up for it on sth *a. hum*

Schador <-s, -s> *m s.* **Tschador**

Schadstoff *m* harmful substance; (*in der Umwelt*) pollutant

schadstoffarm *adj* containing [*or* producing] a low level of harmful substances *pred;* **~es Auto/~er Motor** low-emission car/engine **Schadstoffausstoß** *m* [pollution] emissions *pl* **Schadstoffbelastung** *f* pollution

Schaf <-[e]s, -e> *nt* ① (*Tier*) sheep; (*Mutter~*) ewe; **das schwarze ~ sein** (*fig*) to be the black sheep (**in** +*dat*/+*gen* of) ② (*fam: Dummkopf*) idiot, dope *fam,* twit BRIT *fam;* ***ich ~!*** what an idiot [*or* a dope] [*or* BRIT a twit] I am [*or* I've been] *fam*

Schafbock *m* ram, tup BRIT

Schäfchen <-s, -> *nt* ① *dim von* **Schaf** lamb, little sheep ② *pl* (*Gemeindemitglieder*) flock ► WENDUNGEN: **sein ~ ins <u>Trockene</u> bringen** (*fig fam*) to see oneself all right *fam;* **sein ~ im <u>Trockenen</u> haben** (*fig fam*) to have feathered one's own nest

Schäfchenwolken *pl* fleecy [*or* cotton-wool] clouds

Schäfer(in) <-s, -> *m(f)* shepherd *masc,* shepherdess *fem*

Schäferdichtung *f* LIT ■ **die ~** pastoral poetry **Schäferhund** *m* Alsatian [dog], German shepherd [dog] AM

Schäferin <-, -nen> *f fem form von* **Schäfer** shepherdess

Schäferstündchen *nt* (*hum veraltend*) [lover's] tryst *hum,* bit of hanky-panky *dated fam*

Schaffell *nt* sheepskin, fleece

schaffen[1] <schaffte, geschafft> *vt* ① (*bewältigen*) ■ **etw ~** to manage [to do] sth; **ein Examen ~** to pass an exam; **eine Hürde ~** to manage [*or* clear] a hurdle; **einen Termin** ~ to make a date; ***ich schaffe es nicht mehr*** I can't manage [*or* cope] any more, I can't go on; ***wie schaffst du das nur?*** how do you [manage to] do it [all]?; ***wir ~ das schon*** we'll manage; ***wie soll ich das bloß ~?*** how am I supposed to do [*or* manage] that?; ***das hätten wir/das wäre geschafft!*** [there,] that's done; ***du schaffst es schon*** you'll do [*or* manage] it; ***schaffst du es noch?*** can you manage?; ***es ist geschafft*** it's done ❷ (*fam: fertig bringen*) ■**es ~, etw zu tun** to manage to do sth; ***das hast du wieder mal geschafft*** you've [gone and] done it again; ***ich habe es nicht mehr geschafft, dich anzurufen*** I didn't get round to calling you ❸ (*gelangen*) ***wie sollen wir das auf den Berg ~?*** how are we supposed [*or* will we manage] to get that up the mountain?; ***wir müssen es bis zur Grenze ~*** we've got to get to the border; ***schaffe ich es bis zum Flughafen?*** will I get to the airport on time [*or* in good time]? ❹ (*fam: verzehren können*) ■**etw** ~ to manage sth *fam;* ***ich habe es nicht geschafft*** I couldn't manage it all ❺ (*bringen*) ■**jdn/etw in etw** *dat*/**zu etw etc.** ~ to bring sb/sth in sth/to sth etc.; **etw in etw** ~ to put sth in sth ❻ (*sl: erschöpfen*) ■**jdn** ~ to take it out of [*or* BRIT *sl* to knacker] sb; ■**geschafft sein** to be exhausted [*or fam* shattered] [*or* BRIT *sl* knackered]

schaffen² <schuf, geschaffen> *vt* ■**etw** ~ ❶ (*herstellen*) to create sth; **eine Methode/ein System** ~ to create [*or* develop] a method/system; ***dafür bist du wie ge~*** you're just made for it ❷ (*geh: er~*) to create sth ❸ (*verursachen*) to cause [*or* create] sth; **Frieden** ~ to make peace; **Versöhnung** [**zwischen ihnen**] ~ to bring about reconciliation [between them], to reconciliate them

schaffen³ <schaffte, geschafft> *vi* SÜDD, ÖSTERR, SCHWEIZ (*arbeiten*) ■**irgendwo/bei jdm** ~ [**gehen**] [to go] to work somewhere/for sb; **nichts mit jdm/etw zu ~ haben** to have nothing to do with sb/sth; ***ich habe damit nichts zu*** ~ that has nothing to do with me; ***was hast du mit ihm zu ~?*** what got you mixed up with him?; ***was hast du/haben Sie da zu ~?*** what do you think you're doing there?, lost something? *iron;* ***daran hast du/haben Sie nichts zu ~!*** (*fam*) there's nothing for you there, you'll find nothing of interest there; **jd macht jdm** [**mit etw**] **zu** ~ sb annoys [*or* irritates] sb [with sth], sb['s sth] gets on sb's wick BRIT *fam;* **jdm** [**mit etw** *dat*] **zu ~ machen** to cause sb [a lot of] trouble [with sth]; ***mein Herz macht mir noch zu*** ~ my heart's still giving me trouble [*or* BRIT *sl* jip]; **sich** *dat* **an etw** *dat* **zu ~ machen** to start tampering/fumbling with sth

Schaffen <-s> *nt kein pl* (*geh*) creative activity; (*einzelne Werke*) work[s *pl*]

Schaffensdrang *m kein pl* creative urge **Schaffensfreude** *f kein pl* creative enthusiasm **Schaffenskraft** *f kein pl* creative power, creativity *no pl*

Schaffer(in) <-s, -> *m(f)* SÜDD, SCHWEIZ (*fleißiger Mensch*) hard worker, workaholic

Schaffhausen <-s> *nt* Schaffhausen

schaffig *adj* SÜDD, SCHWEIZ (*fleißig*) hard-working

Schaffleisch *nt* mutton

Schaffner(in) <-s, -> *m(f)* (*im Zug*) guard BRIT, conductor AM; (*in der Straßenbahn*) conductor

Schaffung <-> *f kein pl* creation; (*einer Methode/eines Systems a.*) development

Schafgarbe <-, -n> *f* BOT [common] yarrow **Schafhirt(in)** *m(f)* shepherd *masc,* shepherdess *fem; s. a.* **Schäfer**

Schäflein <-s, -> *nt* (*poet*) *s.* **Schäfchen 1**

Schafmaul *nt* lamb's lettuce *no pl*

Schafott <-[e]s, -e> *nt* scaffold; **das ~ besteigen** to mount the scaffold; **auf dem ~ enden** to die on the scaffold

Schafschur *f* [sheep]shearing *no art*

Schafskäse *m* sheep's milk cheese **Schaf(s)kopf** *m* ❶ KARTEN sheepshead, schaf[s]kopf (*a simplified form of skat*) ❷ (*pej: Dummkopf*) idiot **Schafsmilch** *f* sheep's [*or* ewe's] milk **Schafspelz** *m* sheepskin; *s. a.* **Wolf**

Schafstelze *f* ORN yellow wagtail

Schaft <-[e]s, Schäfte> *m* ❶ (*langgestreckter Teil*) shaft ❷ (*Gewehrlauf*) stock ❸ (*astfreier Teil*) stalk, [main] stem ❹ (*Stiefel~*) leg

Schaftstiefel *pl* high boots

Schafwolle *f* sheep's wool **Schafzüchter** *m* sheep breeder, sheepfarmer

Schakal <-s, -e> *m* jackal

schäkern *vi* (*veraltet*) ■[**mit jdm**] ~ to flirt [with sb]

schal *adj* ❶ (*abgestanden*) flat, stale; **~es Wasser** stale water ❷ (*inhaltsleer*) meaningless, vapid

Schal <-s, -s *o* -e> *m* scarf

Schälchen <-s, -> *nt dim von* **Schale²** [small] bowl

Schale¹ <-, -n> *f* ❶ (*Nuss~*) shell ❷ (*Frucht~*) skin; (*abgeschält*) peel; **die ~ einer S.** *gen*/**von etw** *dat* **abziehen** to peel sth ❸ (*Tier*) shell; *Muscheln a.* valve *spec* ▶ WENDUNGEN: **eine raue ~ haben** to be a rough diamond; **sich in ~ werfen** *fam* [*o sl* **schmeißen**] to get dressed up; (*von Frau a.*) to get dolled up BRIT *fam*

Schale² <-, -n> *f* bowl; (*flacher*) dish

schälen I. *vt* ❶ (*von der Schale befreien*) ■**etw** ~ to peel sth; **Getreide** ~ to husk grain ❷ (*wickeln*) ■**etw aus etw** *dat* ~ to unwrap sth [from sth]; **ein Ei aus der Schale** ~ to shell an egg, to peel the shell off an egg II. *vr* ❶ (*sich pellen*) ■**sich** *akk* ~ to peel; ***diese Apfelsine schält sich aber gut*** this orange is easy to peel ❷ (*eine sich ~de Haut haben*) ■**sich** *akk* [**an etw** *dat*] ~ one['s sth] is peeling ❸ (*fam: sich von etwas befreien*) ■**sich** *akk* **aus etw** *dat* ~ to slip off sth *sep*

Schal(en)obst *nt* [edible] nuts *pl* **Schalensitz** *m* AUTO bucket seat **Schalentier** *nt* shellfish, crustacean **Schalenwild** *nt* hoofed game

Schalerbse *f* yellow split pea

Schalk <-[e]s, -e *o* Schälke> *m* (*veraltend*) rogue, rascal, scoundrel ▶ WENDUNGEN: **jdm schaut der ~ aus den Augen** sb has got a mischievous gleam in his/her eye; **jdm sitzt der ~ im Nacken** sb is a real rogue [*or* rascal]

schalkhaft I. *adj* mischievous, rascally II. *adv* mischievously

Schall <-s, -e *o* Schälle> *m* ❶ (*Laut*) sound; **der ~ der Glocken/Trompeten** the sound of the bells/trumpets ❷ *kein pl* PHYS sound *no art* ▶ WENDUNGEN: **etw ist ~ und Rauch** sth signifies nothing; **etw ist leerer ~** sth is without substance

schalldämmend *adj* noise-reducing, sound-absorbing **Schalldämmung** *f* noise-reduction, sound-absorption **Schalldämpfer** <-s, -> *m einer Schusswaffe* silencer; *eines Auspuffs a.* muffler AM **schalldicht** I. *adj* soundproof; **~e Abdichtung** soundproofing II. *adv* ***diese Fenster lassen sich ~ verschließen*** these windows are soundproof when closed

schallen *vi* to resound, to echo

schallend I. *adj* ❶ (*hallend*) resounding; **mit ~em Gelächter** with a gale of laughter ❷ (*knallend*) resounding; ***sie gab ihm eine ~e Ohrfeige*** she gave him a hearty [*or* hefty] clip round the ear II. *adv* ❶ (*lauthals*) resoundingly; **~ lachen** to roar with laughter ❷ (*mit lautem Knall*) resoundingly

Schallgeschwindigkeit *f kein pl* PHYS speed [*or* velocity] of sound; **mit doppelter ~ fliegen** to fly at twice the speed of sound **Schallgrenze** *f s.* **Schall-**

mauer **Schallisolierung** *f* soundproofing **Schallmauer** *f* sound [*or* sonic] barrier; **die ~ durchbrechen** to break the sound [*or* sonic] barrier
Schallplatte *f* record
schallschluckend I. *adj s.* **schalldämmend** II. *adv* in a way which reduces noise level; **~ beschichtet sein** to have a sound-absorbing layer
Schallschutzfenster *nt* sound-absorbing [*or* noise-reducing] window **Schallschutzwall** *m* sound-absorbing barrier
Schallwelle *f* PHYS sound-wave
Schalmei <-, -en> *f* MUS shawm
Schälmesser *nt* peeling knife
Schalotte <-, -n> *f* shallot
Schälrippe *f* KOCHK cured belly of pork
schalt *imp von* **schelten**
Schaltbild *nt s.* **Schaltplan**
schalten I. *vi* (1) AUTO to change gear (2) (*fam: begreifen*) to get it *fam*, to catch on *fam* (3) (*sich einstellen*) to switch to ▶ WENDUNGEN: **~ und walten** to manage things as one pleases; ***sein Vorgesetzter lässt ihn frei ~ und walten*** his boss gives him a completely free hand II. *vt* (1) (*einstellen*) ■ **etw auf etw ~** *akk* to switch [*or* turn] sth to sth, to put sth on sth *fam*, to turn [*or fam* put] the switch on sth to sth; **die Heizung auf Handbetrieb ~** to switch the heating [*or* AM heater] to manual; **die Herdplatte auf Stufe 3 ~** to turn [*or* switch] the ring [*or* AM knob] to three (2) AUTO ■ **etw ~** to change gear; ■ **sich ~ lassen** ***der Wagen lässt sich auch von Anfängern problemlos ~*** even beginners can change gear in this car without any problems (3) ELEK ■ **etw ~** to switch [*or* turn] on sth *sep*; ***die Treppenhausbeleuchtung ist so geschaltet, dass sie nach 2 Minuten automatisch ausgeht*** the light on the stairs switches off automatically after two minutes (4) (*einfügen*) ■ **etw ~** to insert sth; **eine Anzeige ~** to place an advert [*or* AM ad] III. *vr* ■ **sich ~** ***der Wagen schaltet sich sehr einfach*** it is very easy to change gear in the car
Schalter <-s, -> *m* (1) ELEK switch; **einen ~ betätigen** to operate a switch; **einen ~ umlegen** to throw a switch; (*zum Unterbrechen*) circuit breaker (2) ADMIN, BAHN counter; (*mit Sichtfenster*) window
Schalterbeamte(r), **-beamtin** *m, f dekl wie adj* clerk; (*bei der Eisenbahn*) ticket clerk **Schalterhalle** *f* main hall; BAHN travel centre [*or* AM -er], booking [*or dated* ticket] hall **Schalterschluss**[RR] *m* close of business **Schalterstunden** *pl* opening hours *pl*
Schalthebel *m* AUTO gear-lever ▶ WENDUNGEN: **an den ~n [von etw] sitzen** to sit at the [steering] wheel [*or* to be in the driving seat] [of sth]; **an den ~n der Macht sitzen** to hold the reins of power, to have the reins of power in one's hands **Schaltjahr** *nt* leap year **Schaltkasten** *m* fuse box **Schaltknüppel** *m* gear stick **Schaltkreis** *m* circuit; **integrierter ~** integrated circuit **Schaltplan** *m* diagram of a wiring system; INFORM, ELEK circuit diagram **Schaltpult** *nt* control desk [*or* panel], controls *npl* **Schaltstelle** *f* control centre [*or* AM -er] **Schalttafel** *f* control panel **Schalttag** *m* leap day
Schaltung <-, -en> *f* (1) AUTO gears *pl* (2) ELEK circuit; **integrierte ~** integrated circuit
Schaluppe <-, -n> *f* NAUT (1) (*hist: kleineres Frachtschiff*) sloop (2) (*Beiboot eines Seglers*) dinghy
Scham <-> *f kein pl* (1) (*Beschämung*) shame; **~ empfinden** to be ashamed; **kein bisschen ~ im Leibe haben** to be [completely] barefaced [*or* shameless] [*or* brazen] (2) (*Schüchternheit*) **aus falscher ~** out of a false sense of modesty; **nur keine falsche ~!** (*fam*) don't be shy! (3) (*Verlegenheit*) embarassment; **vor ~ glühen/rot werden** to go red [*or* blush] with embarrassment; **vor ~ vergehen/in den Boden versinken** to die of embarrassment *fig* (4) (*Schamröte*) blush; ***ihm stieg die ~ ins Gesicht*** he blushed (5) (*veraltend geh*) shame *old liter*, private parts
Schamane <-n, -n> *m* shaman
Schambein *nt* pubic bone
schämen *vr* (1) (*Scham empfinden*) ■ **sich einer S.** *gen* **~** to be ashamed of sth; ■ **sich [wegen etw] ~** to be [*or* feel] ashamed [of sth/sb]; ■ **sich für etw/jdn ~** to be [*or* feel] ashamed of sth/for sb; ■ **sich vor jdm ~** to be [*or* feel] ashamed in front of sb; (*einem peinlich werden in jds Gegenwart*) to be [*or* feel] embarrassed in front of sb; **sich in Grund und Boden ~** to be utterly ashamed; **jd sollte sich [was] ~** sb should be ashamed of himself/herself; ***schäm dich!*** shame on you! (2) (*sich scheuen*) ■ **sich ~, etw zu tun** to stop at [*or* to shrink from] doing sth, to be embarrassed to do sth; ***ich schäme mich, ihn schon wieder um einen Gefallen zu bitten*** I'm ashamed [*or* embarrassed] to ask him to do me yet another favour
Schamgefühl *nt kein pl* sense of shame, modesty; ***hast du denn gar kein ~?*** haven't you got any [sense of] shame? **Schamhaar** *nt* pubic hair
schamhaft *adj* (*geh*) shy, bashful, modest
Schamlippen *pl* labia *pl*; **die kleinen/großen ~** labia minora/majora **schamlos** *adj* (1) (*keine Scham kennend*) shameless, rude; **eine ~e Gebärde** a rude [*or* indecent] gesture (2) (*unverschämt*) **eine ~e Dreistigkeit** sheer audacity *no indef art, no pl*; **eine ~e Frechheit** brazen [*or* barefaced] impudence *no indef art, no pl*; **eine ~e Lüge** a barefaced [*or* blatant] [*or* downright] lie **Schamlosigkeit** <-, -en> *f* (1) *kein pl* (*mangelndes Schamgefühl*) shamelessness *no pl*, impudence *no pl*, shameless behaviour [*or* AM -or] (2) (*schamlose Bemerkung*) rude remark
Schamottestein *m* fire brick
Schampus <-s> *m kein pl* (*fam*) bubbly *fam*, champers *fam + sing vb* BRIT
schamrot *adj* red-faced; ■ **~ sein/werden** to blush [*or* go red] with shame [*or* embarrassment]
Schamröte *f* blush of embarrassment; **jdm steigt die ~ ins Gesicht** sb blushes [*or* goes red] with shame [*or* embarrassment]
Schande <-> *f kein pl* ignominy, disgrace, shame; **~ über jdn bringen** to bring disgrace on [*or* upon] sb, to bring shame on [*or* to] [*or* upon] sb; **jdn vor ~ bewahren** to save sb from disgrace; **in ~ geraten** (*veraltet: ein uneheliches Kind bekommen*) to become pregnant out of wedlock; **eine [wahre] ~ sein!** to be a[n utter [*or* absolute]] disgrace!; **eine [wahre] ~ sein, [dass/wie] ...** to be a[n utter [*or* absolute]] disgrace [that/how] ...; **keine ~ sein, dass** to not be a disgrace that; **mach mir [nur] keine ~!** (*hum*) don't let me down!; **jdm/einer S. ~ machen** to disgrace [*or* to be a disgrace to] sb/sth, to call [*or* bring] down disgrace [*or form* ignominy] on sb/sth; **jdm/einer S. keine ~ machen** to not be a disgrace to sb/sth; **zu jds [bleibenden] ~** to sb's [everlasting] shame; ***ich muss zu meiner großen ~ gestehen, dass ich unsere Verabredung völlig vergessen habe*** I'm deeply ashamed to have to admit that I had completely forgotten our engagement; *s. a.* **Schimpf**
schänden *vt* (1) (*verächtlich machen*) ■ **etw ~** to discredit [*or* dishonour] sth; **jds Ruf ~** to sully sb's name (2) (*selten: verschandeln*) ■ **etw ~** to defile [*or* ruin] sth (3) (*entweihen*) ■ **etw ~** *Grab, Leichnam, Denkmal* to desecrate [*or* defile] sth (4) (*veraltend: vergewaltigen*) ■ **jdn ~** to rape [*or form* violate] sb
Schandfleck *m* blot [on the landscape], disgrace
schändlich I. *adj* (1) (*niederträchtig*) disgraceful, shameful; **ein ~es Verbrechen** a despicable crime (2) (*fam: schlecht*) dreadful, appalling; **in einem ~en Zustand sein** to be in a disgraceful state II. *adv* (1) (*ge-

mein) shamefully, disgracefully, dreadfully, appallingly (2) (*sehr*) outrageously; ~ **teuer** outrageously dear

Schändlichkeit <-, -en> *f* (1) (*niederträchtige Tat*) shameful [*or* ignominious] deed [*or* action] (2) *kein pl* (*Abscheulichkeit*) shamefulness *no pl,* infamy, baseness *no pl form*

Schandmal *nt* (*geh*) *s.* **Schandfleck** **Schandmaul** *nt* (*pej*) (1) (*sl: Maul*) malicious [*or* poisonous] tongue, gob BRIT *fam;* ***halt dein ~!*** shut your face! *fam or sl* (2) (*geh: lästernde Person*) gossiper, scandalmongerer **Schandtat** *f* abomination, iniquity; **zu jeder ~ bereit sein** (*hum fam*) to be ready [*or* game] for anything

Schändung <-, -en> *f* desecration, defilement; (*Vergewaltigung*) violation

Schänke[RR] <-, -n> *f* pub; (*Gastwirtschaft auf dem Land*) inn

Schanker <-s, -> *m* chancroid, chancre; **harter/weicher ~** hard/soft chancre

Schankerlaubnis *f* licence [*or* AM -se] [to sell alcohol]

Schanze <-, -n> *f* ski-jump

Schar[1] <-, -en> *f von Vögeln* flock; *von Menschen* crowd, horde, *fam* gang; **in [hellen] ~en** in droves [*or* swarms]

Schar[2] <-, -en> *f* ploughshare BRIT, plowshare AM

Scharbockskraut *nt* BOT lesser celandine

Schäre <-, -n> *f* skerry, small rocky island

scharen **I.** *vt* ■ **Dinge/Menschen um sich ~** to gather around oneself **II.** *vr* ■ **sich um jdn/etw ~** (*sich versammeln*) to gather [*or* flock together] around sb/sth; (*sich eifrig bewegen*) to swarm about sb/sth; (*schützend*) to rally around sb/sth

scharenweise *adv* in hordes [*or* droves]; ***die Fans sammelten sich ~ um den Star herum*** the fans swarmed around the star

scharf <schärfer, schärfste> **I.** *adj* (1) (*gut geschliffen*) *Messer, Klinge* sharp, keen *form;* **~e Krallen** sharp claws; **~e Zähne** sharp teeth; **etw ~ machen** to sharpen sth (2) (*spitz zulaufend*) sharp; **~e Gesichtszüge** sharp features; **eine ~e Kante** a sharp edge; **eine ~e Kurve/Kehre** a hairpin bend; **eine ~e Nase** a sharp nose (3) KOCHK (*stark gewürzt*) hot; **~e Gewürze/~er Senf** hot spices/mustard; (*sehr würzig*) highly seasoned; **~er Käse** strong cheese; **ein ~er Geruch** a pungent odour [*or* AM -or]; (*hochprozentig*) strong; **einen S~en trinken** to knock back some of the hard stuff (4) (*ätzend*) aggressive, caustic [*or* strong]; *s. a.* **Sache** (5) (*schonungslos, heftig*) harsh, severe, tough; **~e Ablehnung** fierce [*or* strong] opposition; **~ Aufsicht/Bewachung/Kontrolle** rigorous [*or* strict] supervision/guard/control; **ein ~er Gegner** a fierce opponent; **~e Konkurrenz** fierce [*or* keen] competition; **~e Kritik** biting [*or* fierce] criticism; **~e Maßnahmen ergreifen** to take drastic [*or* harsh] measures; **ein ~er Polizist** a tough policeman; **ein ~er Prüfer** a strict examiner; **~er Protest** strong [*or* vigorous] protest; **ein ~es Urteil** a harsh [*or* scathing] judgement (6) (*bissig*) fierce, vicious *pej;* **~e Auseinandersetzungen** bitter altercations; **etw in schärfster Form verurteilen** to condemn sth in the strongest possible terms; **ein ~er Verweis** a strong reprimand; **~er Widerstand** fierce [*or* strong] resistance; **eine ~e Zunge haben** to have a sharp tongue; **sehr ~ gegen jdn werden** to be very sharp with sb (7) *inv* (*echt*) real; **mit ~en Patronen schießen** to shoot live bullets; **~e Schüsse abfeuern** to shoot with live ammunition; **eine ~e Bombe** a live bomb (8) (*konzentriert, präzise*) careful; **~e Betrachtung** careful [*or* thorough] examination; **~e Beobachtung** astute [*or* keen] observation; **~er Blick** close [*or* thorough] inspection; **ein ~er Analytiker** a careful [*or* thorough] analyst; **eine ~e Auffassungsgabe haben** to have keen powers of observation; **ein ~es Auge für etw haben** to have a keen eye for sth; **ein ~er Beobachter** a keen [*or* perceptive] observer; **~e Intelligenz** keen intelligence; **ein ~er Verstand** a keen [*or* sharp] mind (9) OPT, FOTO sharp; **~e Augen** keen [*or* sharp] eyes; **eine ~e Brille/Linse** strong [*or* powerful] glasses/lens; **~e Umrisse** sharp outlines; ***das Foto ist gestochen ~*** the photo is extremely sharp (10) (*schneidend*) biting; **ein ~er Frost** a sharp frost; **~e Kälte** biting [*or* fierce] cold; **~e Luft** raw air; **eine ~e Stimme** a sharp voice; **ein ~er Ton** a shrill sound; **ein ~er Wind** a biting wind (11) (*forciert*) hard, fast; **in ~em Galopp reiten** to ride at a furious gallop; **in ~em Tempo** at a [fast and] furious pace; **ein ~er Ritt** a hard ride (12) (*sl: aufreizend*) spicy *fam,* naughty *fam,* sexy *fam;* ■ **auf jdn ~ sein** (*geil*) to fancy sb *fam,* to be turned on by sb *fam,* to be keen on sb, to have the hots for sb AM; (*jdm übelwollen*) to have it in for sb; ■ **auf etw ~ sein** to [really] fancy sth *fam,* to be keen on sth (13) (*sl: fantastisch*) great *fam,* fantastic *fam,* terrific; **ein ~es Auto** a cool car; **[das ist] ~!** [that is] cool!; **das ist das Schärfste!** (*sl*) that [really] takes the biscuit [*or* AM cake] ! *fig* (14) FBALL (*kraftvoll*) fierce (15) (*aggressiv*) fierce; **ein ~er [Wach]hund** a fierce [watch-]dog **II.** *adv* (1) (*in einen scharfen Zustand*) **etw ~ schleifen** to sharpen sth; **~ gebügelte Hosen** sharply ironed trousers [*or* AM pants] (2) (*intensiv gewürzt*) ***ich esse/koche gerne ~*** I like eating/cooking spicy/hot food; **~ schmecken** to taste hot; **etw ~ würzen** to highly season sth (3) (*heftig*) sharply; **etw ~ ablehnen** to reject sth outright [*or* out of hand], to flatly reject sth; **etw ~ angreifen** [*o* **attackieren**] to attack sth sharply [*or* viciously]; **etw ~ kritisieren** to criticize sharply [*or* harshly] [*or* severely]; **gegen etw ~ protestieren** to protest strongly [*or* vigorously] against sth; **etw ~ verurteilen** to condemn sth strongly [*or* harshly] (4) (*konzentriert, präzise*) carefully; **ein Problem ~ beleuchten** to get right to the heart of a problem; **~ analysieren** to analyze carefully [*or* painstakingly] [*or* thoroughly]; **~ aufpassen** to take great [*or* extreme] care; **~ beobachten** to observe [*or* watch] carefully [*or* closely]; **~ hinsehen** to look good and hard; **etw ~ unter die Lupe nehmen** to investigate sth carefully [*or* thoroughly], to take a careful [*or* close] look at sth; **~ sehen** to have keen [*or* sharp] eyes; **etw ~ umreißen** to define sth clearly [*or* sharply] (5) (*in forciertem Tempo*) fast, like the wind [*or* devil]; **~ reiten** to ride hard (6) (*streng*) carefully, closely; **etw ~ bekämpfen** to fight hard [*or* strongly] against sth; **jdn ~ bewachen** to keep a close guard on sb; **gegen etw ~ durchgreifen** [*o* **vorgehen**] to take drastic [*or* vigorous] action [*or* to take drastic steps] against sth (7) (*abrupt*) abruptly, sharply; **~ links/rechts abbiegen/einbiegen** to take a sharp left/right, to turn sharp left/right; **~ bremsen** to brake sharply, to slam on the brakes; **Fleisch ~ anbraten** to sear meat (8) (*gefährlich*) **~ geladen sein** to be loaded [with live ammunition]; **jdn/etw [auf jdn/etw] ~ machen** (*aufhetzen*) *Hund,* **jdn ~ machen** (*aufwiegeln*) to incite sb, to egg on sb *sep,* to urge sb/sth on [sb/sth]; **~ schießen** to shoot [with live ammunition] (9) OPT, TECH (*klar*) sharply; **das Bild/den Sender ~ einstellen** to sharply focus the picture/tune in the station (10) (*geil*) **jdn ~ machen** to turn sb on *fam,* to make sb feel horny *sl* ▶ WENDUNGEN: **es ~ auf jdn haben** ÖSTERR to have it in for sb

Scharfblick *m kein pl* astuteness *no pl,* perspicacity *no pl form,* shrewdness *no pl*

Schärfe <-, -n> *f* (1) (*guter Schliff*) sharpness, [sharp] edge; *einer Axt* the sharpness of the axe (2) KOCHK spiciness; *eines Käses* sharpness, strength; *von Senf/Chi-*

lis/Pfeffer hotness; *einer Zitrone* tanginess ③ (*Heftigkeit*) *einer Ablehnung* severity; *der Konkurrenz* keenness, strength; *der Kritik* severity, sharpness; *von Worten* harshness; **in aller ~ kritisieren** to criticize severely [*or* sharply]; **in aller ~ zurückweisen** to refuse/reject outright, to flatly refuse, to reject out of hand ④ (*Präzision*) sharpness, keenness; *der Augen/des Gehörs/des Verstandes* keenness ⑤ OPT, FOTO sharpness; *einer Brille/eines Brillenglases* strength ⑥ (*ätzende Wirkung*) causticity ⑦ (*schneidend sein*) *des Windes* bitterness; *des Frosts* sharpness ⑧ (*FBALL*) **ein Schuss von unheimlicher ~** an incredibly hard shot

schärfen *vt* ① (*scharf schleifen*) ■**etw ~** to sharpen sth ② (*verfeinern*) ■**etw ~** to make sth sharper [*or* keener]; **den Verstand ~** to sharpen the intellect

Scharfmacher(in) *m(f)* (*pej fam*) hell-raiser *fam*, agitator, rabble-rouser **Scharfrichter** *m* HIST executioner **Scharfschütze, -schützin** *m, f* marksman *masc*, markswoman *fem* **Scharfsinn** *m kein pl* astuteness *no pl*, perspicacity *no pl form* **scharfsinnig** I. *adj* astute, perceptive, perspicacious *form* II. *adv* astutely, perceptively, perspicaciously *form*

Scharia <-> *f kein pl* Sharia [*or* Shariat] [*or* Sheria] [*or* Sheriat]

Scharlach[1] <-s> *m kein pl* MED scarlet fever

Scharlach[2] <-> *nt kein pl* scarlet

scharlachrot *adj* scarlet

Scharlatan <-s, -e> *m* ① (*großsprecherischer Betrüger*) fraud, con man *fam* ② (*Kurpfuscher*) charlatan, quack *fam*

Scharm[RR] <-s> *m kein pl s.* **Charme**

scharmant[RR] *adj, adv s.* **charmant**

Scharmützel <-s, -> *nt* (*veraltend: kleines Gefecht*) skirmish

Scharnier <-s, -e> *nt* hinge

Scharniergelenk *nt* ANAT hinge joint

Schärpe <-, -n> *f* sash

scharren I. *vi* ■[**mit etw**] **~** to scratch [with sth]; **mit den Krallen ~** to claw [*or* scratch]; **etw mit der Pfote ~** to paw [at] sth; **etw mit einem Huf ~** to paw [*or* scrape] [at] sth with a hoof II. *vt* ■**jdn/etw in etw ~** *akk* to bury sb/sth in a shallow grave

Scharte <-, -n> *f* ① (*Einschnitt*) nick, notch; **eine ~ auswetzen** to grind out a nick ② HIST (*Schießscharte*) embrasure ▶ WENDUNGEN: **eine ~ auswetzen** to make good [*or* rectify] a mistake, to make amends

schartig *adj* jagged, ragged

scharwenzeln* *vi sein o haben* (*fam*) ■[**um jdn/vor jdm**] **~** to dance attendance [on sb] BRIT, to kowtow [to sb], to suck up [to sb] *fam*

Schaschlik <-s, -s> *nt* [shish] kebab

schassen *vt* (*fam*) ■**jdn ~** ① (*entlassen*) to fire [*or* sack] sb, to kick sb out ② (*der Schule verweisen*) to expel sb

Schatten <-s, -> *m* ① (*schattige Stelle*) shade; **30° im ~** 30 degrees in the shade; **~ spendend** shady; **~ spenden** [*o* **geben**] to afford shade *form*; **im ~ liegen** to be in the shade; **lange ~ werfen** to cast long shadows ② (*schemenhafte Gestalt*) shadow; **nur noch ein ~ seiner selbst sein** to be a shadow of one's former self *form* [*or* of what one used to be]; **sich vor seinem eigenen ~ fürchten** to be afraid of one's own shadow; **einem ~ nachjagen** to chase phantoms ③ (*dunkle Stelle*) shadow; **~ unter den Augen** [dark] shadows [*or* rings] under the eyes ④ (*geh*) **in das Reich der ~ hinabsteigen** (*euph: sterben*) to descend into the realm of the shades ⑤ (*Observierer*) shadow ▶ WENDUNGEN: **im ~ bleiben** to stay in the shade; **einen ~ haben** to be crazy; **über seinen ~ °springen** to force oneself to do sth; **nicht über seinen [eigenen] ~ °springen können** to be unable to act out of character; **in jds ~ stehen** to be in sb's shadow [*or* to be overshadowed by sb]; **jdn/etw in den ~ stellen** to put sb/sth in the shade *fig*; **seinen ~ vorauswerfen** to cast one's shadow before one *fig*, to make oneself felt; **einen ~ [auf etw** *akk*] **werfen** to cast [*or* throw] a shadow [over sth] *fig*

Schattenblume *f* BOT May lily **Schattendasein** *nt* **ein ~ fristen** [*o* **führen**] (*geh: am Rande der Existenz leben*) to lead a miserable existence; (*nicht real existieren*) to lead a shadowy existence

schattenhaft I. *adj* shadowy; **~e Umrisse** vague outlines II. *adv* **sich ~ abzeichnen** to loom in a shadowy fashion; **etw ~ ausmachen/erkennen** to just be able to make sth out

Schattenkabinett *nt* shadow cabinet **Schattenmorelle** *f* ① (*Sauerkirschbaum*) morello tree, morello cherry tree ② (*Baum*) morello, morel, morello cherry **Schattenriss[RR]** *m* silhouette **Schattenseite** *f* negative side [*or* aspect], dark side, drawback **Schattenspiel** *nt* ① *kein pl* THEAT (*Schattentheater*) shadow play [*or* show] ② THEAT (*Stück für das Schattentheater*) shadow play ③ *meist pl* (*Schattenbild mit Händen*) shadow play

schattieren* *vt* KUNST ■**etw ~** to shade sth [in]

Schattierung <-, -en> *f* ① KUNST shading ② *pl* (*geh: Richtungen*) shade; **alle [verschiedenen] Meinungs~en** all [different] shades of opinion

schattig *adj* shady

Schatulle <-, -n> *f* (*geh*) casket

Schatz <-es, Schätze> *m* ① (*Ansammlung kostbarer Dinge*) treasure ② (*fam: Liebling*) darling, sweetheart, love; **ein ~ sein** (*fam*) to be a dear [*or* a love] [*or* a treasure]

Schatzanweisung *f* government [*or* treasury] bond

schätzbar *adj inv* (*geh*) **nicht leicht/schwer ~ sein** to be not easy/difficult to assess [*or* estimate]; **etw ist nur annähernd** [*o* **ungefähr**] **~** one can only make a rough assessment [*or* an approximate estimate] of sth; **etw ist genau ~** one can make a precise assessment [*or* estimate] of sth; **gut/schlecht ~ sein** to be easy/difficult to assess [*or* estimate]

Schätzchen <-s, -> *nt* (*fam*) *dim von* **Schatz 2**

schätzen I. *vt* ① (*einschätzen*) ■**jdn/etw [auf etw** *akk*]**~** to guess [*or* reckon] sb's/sth's [sth]; **jdn/etw auf ein bestimmtes Alter ~** to guess sb's/sth's age; ***meistens werde ich jünger geschätzt*** people usually think I'm younger; **jdn auf eine bestimmte Größe/etw auf eine bestimmte Höhe ~** to guess the height of sb/sth; ***ich schätze sein Gewicht auf ca. 100 kg*** I reckon he weighs about 100 kilos; **grob geschätzt** at a rough guess [*or* estimate] ② (*wertmäßig einschätzen*) ■**etw auf etw** *akk* **~** to assess the value of sth, to assess sth at sth; ***der Schaden wird auf 100.000 DM geschätzt*** the damage is estimated at 100,000 marks ③ (*würdigen*) ■**jdn [als jdn] ~** to value sb [*or* to regard sb highly as] [as sb]; ■**jdn ~** to hold sb in high esteem [*or form* regard]; ■**etw ~** to appreciate [*or form* treasure] sth; ■**es ~, etw zu tun** to enjoy doing sth; ■**es ~, dass etw getan wird** to appreciate the fact that sth is done; ***ich schätze es nicht sehr, wenn man mir immer ins Wort fällt*** I don't appreciate/enjoy being constantly interrupted; **jdn/etw ~ lernen** to come [*or* learn] to appreciate [*or* value] sb/sth; **etw zu ~ wissen** to appreciate; *s. a.* **glücklich, wissen** II. *vi* (*fam*) to guess; **richtig ~** to guess [*or form* estimate] correctly; **man kann nur ~ ...** it's anybody's guess ...; **schätz mal** guess, have [*or* take] a guess

Schätzer(in) <-s, -> *m(f)* assessor

Schatzgräber(in) <-s, -> *m(f)* treasure seeker [*or* hunter] **Schatzkammer** *f* treasure-house **Schatzkanzler(in)** *m(f)* ÖKON, POL Chancellor of the Exchequer BRIT, Secretary of the Treasury AM, minister of finance, finance minister **Schatzmeister(in)** *m(f)* treasurer

Schätzung <-, -en> *f* ❶ *kein pl* (*wertmäßiges Einschätzen*) assessment [*or* estimate] of the value, valuation ❷ (*Anschlag*) estimate; **nach einer groben ~** at a rough estimate [*or* guess]; **nach jds ~** sb would say; ***wann wird sie denn nach deiner ~ wieder zurück sein?*** when would you say she'll be back?

schätzungsweise *adv* about, approximately, roughly

Schätzwert *m* estimated value

Schau <-, -en> *f* ❶ (*Ausstellung*) exhibition; **etw zur ~ stellen** to display [*or* to exhibit] sth, to put sth on display; **Emotionen/Gefühle zur ~ tragen** to make a show of one's emotions/feelings ❷ (*Vorführung*) show ▶ WENDUNGEN: **jdm [mit etw] die ~ stehlen** (*fam*) to steal the show from sb [with sb] *fig; s. a.* **Show**

Schaubild *nt* diagram

Schauder <-s, -> *m* (*geh*) shiver, shudder

schauderhaft *adj* ❶ (*grässlich*) ghastly, horrific, terrible ❷ (*fam: furchtbar*) awful, dreadful

schaudern I. *vt impers* ■ **es schaudert jdn bei etw** sth makes sb shudder [*or* shiver] II. *vi* ❶ (*erschauern*) to shudder; ■ **[vor etw *dat*] ~** to shake [with sth] ❷ (*frösteln*) to shiver

schauen I. *vi* SÜDD, ÖSTERR, SCHWEIZ ❶ (*blicken*) to look; **auf die Uhr ~** to look at the clock; ■ **auf jdn/etw ~** to look at sb/sth; ■ **um sich ~** to look around, to have a look around; **wohin man schaut, ...** wherever you look, ...; *s. a.* **Auge** ❷ (*aussehen*) to look; ***schau nicht so verbittert/traurig!*** don't look so bitter/sad! ❸ (*darauf achten*) ■ **auf etw ~** to pay attention to sth; **auf Sauberkeit ~** to be concerned about [*or* pay attention to] cleanliness ❹ (*sich kümmern*) ■ **nach jdm/etw ~** to have [*or* take] a look at sb/sth, to check up on sb/sth; ***wenn ich in Urlaub bin, schaut mein Freund nach den Blumen*** my friend is going to look after my flowers while I'm on holiday ❺ (*suchen*) ■ **[nach etw] ~** to look [for sth] ❻ (*ansehen*) to look, to watch; **~ *Sie, die Tür wurde aufgebrochen!*** look! the door has been broken open! ❼ (*fam: zusehen*) ■ **~, dass/wie *schau, dass du pünktlich bist*** see [*or* make sure] [*or* mind] that you are on time ▶ WENDUNGEN: **da schaust du aber!** (*fam*) how about that!, what do you think of that?; **[ja,] da schau her!** (*schau, schau*) well, well; **~ mal, ...** well [*or* look] ...; **schau, schau!** (*fam*) well, well II. *vt* ■ **etw ~** ❶ (*geh: visionär erblicken*) to behold sth ❷ *s.* **gucken**

Schauer <-s, -> *m* ❶ (*Regenschauer*) shower ❷ *s.* **Schauder**

Schauergeschichte *f* (*fam*) *s.* **Schauermärchen**

schauerlich *adj* ❶ (*grässlich*) ghastly, horrific, terrible ❷ (*fam*) *s.* **schauderhaft2**

Schauermärchen *nt* (*fam*) horror story, blood-curdling tale

schauern I. *vi* ■ **[vor etw *dat*] ~** to shiver [with sth] II. *vt impers* ■ **[es] jdn/jdm [bei etw] ~** sth makes sb shudder

Schauerroman *m* ❶ (*Horrorroman*) horror story ❷ (*des 18. Jahrhunderts*) Gothic novel

Schaufel <-, -n> *f* ❶ (*Werkzeug*) shovel; (*für Mehl o.ä.*) scoop; (*für Kehrricht*) dustpan; (*Spielzeug~*) spade ❷ (*eine ~ voll*) shovel, shovelful; **~ um ~** by the shovelful ❸ (*Geweihende*) antlers *pl* ❹ (*am Bagger*) shovel ❺ NAUT (*fachspr: Blatt von Ruder und Paddel*) paddle ❻ (*von Turbine*) blade, vane

schaufeln I. *vi* to shovel, to dig II. *vt* ■ **etw ~** ❶ (*graben*) to dig sth; *s.* **Grab** ❷ (*verlagern*) to shovel sth

Schaufelstück *nt* KOCHK [beef] clod [*or* shoulder]

Schaufenster *nt* shop window; **~ gucken** (*fam*) to go window-shopping

Schaufensterauslage *f* [shop] window display **Schaufensterbummel** *m* window-shopping *no pl, no indef art;* **einen ~ machen** to go window-shopping **Schaufensterdekoration** *f* [shop] window display **Schaufensterpuppe** *f* mannequin, shop dummy BRIT **Schaufensterwerbung** *f kein pl* advertising in shop windows

Schaukampf *m* SPORT exhibition fight **Schaukasten** *m* display cabinet, show case

Schaukel <-, -n> *f* swing

schaukeln I. *vi* ❶ (*die Schaukel benutzen*) to [go on the] swing ❷ (*auf und ab wippen*) ■ **[mit etw] ~** to rock [sth]; **im Schaukelstuhl sitzen und ~** to sit in the rocking chair and rock backwards and forwards ❸ (*schwanken*) to roll [from side to side]; (*hin und her schwingen*) to swing [backwards and forwards] II. *vt* ❶ (*hin und her bewegen*) ■ **jdn ~** to push sb [on the swing], to swing sb ❷ (*bewerkstelligen*) ■ **etw ~** to manage; ***wie hat er das nur geschaukelt?*** how on earth did he manage that?; *s. a.* **Kind, Sache**

Schaukelpferd *nt* rocking horse **Schaukelpolitik** *f kein pl* POL (*pej*) seesaw policy, opportunistic and unprincipled politics *pl;* **eine ~ betreiben** to pursue a seesaw policy **Schaukelstuhl** *m* rocking chair

schaulustig *adj* curious, gawping *fam or pej;* **ein ~er Mensch** a [curious] onlooker

Schaulustige(r) *f(m) dekl wie adj* onlooker, spectator

Schaum <-s, Schäume> *m* ❶ (*blasige Masse*) foam; (*auf einer Flüssigkeit*) froth ❷ (*Seifenschaum*) lather; (*auf einer Flüssigkeit*) foam ❸ (*Geifer*) foam [*or* froth]; **~ vor dem Mund haben** to foam [*or* froth] at the mouth ❹ (*Schaumspeise*) mousse; **etw zu ~ schlagen** to beat sth [until frothy] ▶ WENDUNGEN: **~ schlagen** (*sl*) to talk big

Schaumbad *nt* bubble bath **Schaumblase** *f* bubble [in the foam [*or* froth]]

schäumen *vi* ❶ (*in Schaum übergehen*) to lather; *Motoröl* to froth, to foam ❷ (*aufschäumen*) to froth ❸ (*geh: rasen*) to fume, to seethe; *s. a.* **Wut**

Schaumfestiger *m* setting mousse **Schaumgummi** *m* foam rubber **Schaumgummipolster** *nt* [foam rubber] pad

schaumig *adj* frothy; **etw ~ schlagen** to beat sth until it is frothy; **Butter und Zucker ~ schlagen** to beat butter and sugar until fluffy

Schaumkelle *f,* **Schaumlöffel** *m* skimming ladle **Schaumkrone** *f* ❶ (*auf Wellen*) white crest ❷ (*auf einem Bier*) head **Schaumschlägerei** *f kein pl* (*fam*) big talk *fam,* hot air *fam* **Schaumspeise** *f* mousse **Schaumstoff** *m* foam **Schaumstoffpolster** *nt* foam pad [*or* upholstery] *no pl, no indef art* **Schaumwein** *m* sparkling wine **Schaumzikade** *f* ZOOL froghopper, spittlebug

Schauobjekt *nt* exhibit **Schauplatz** *m* scene **Schauprozess**RR *m* show trial

schaurig *adj* ❶ (*unheimlich*) eerie, weird, scary ❷ (*gruselig*) macabre, scary ❸ (*fam*) *s.* **schauderhaft 2**

schaurig-schön *adj* ❶ (*unheimlich, aber anziehend*) weird and wonderful ❷ (*gruselig, aber anziehend*) wonderfully macabre [*or* scary], scary and wonderful

Schauspiel *nt* ❶ THEAT play, drama *no indef art* ❷ (*geh*) spectacle

Schauspieler(in) *m(f)* actor *masc,* actress *fem a. fig*

Schauspielerei *f kein pl* ❶ (*fam: Beruf*) acting *no art, no pl* ❷ (*Verstellung*) acting, pretence; ***lass die ~*** stop acting [*or* pretending]

Schauspielerin <-, -nen> *f fem form von* **Schau-**

spieler actress

schauspielerisch I. *adj* acting; ~**e Arbeit** work as an actor/actress; ~**e Begabung**/~**es Können** talent/ability as an actor/actress, acting talent/ability; **eine** ~**e Leistung** a piece of acting II. *adv* ~ ***war dieses Debüt wirklich bemerkenswert*** this really was a remarkable acting debut; ***die Leistung in diesem Stück war*** ~ ***schwach*** the acting in this play was weak

schauspielern *vi* ① (*sich verstellen*) to act, to play-act ② THEAT to act

Schauspielhaus *nt* theatre [*or* AM -er], playhouse **Schauspielkunst** *f kein pl* dramatic art, drama **Schauspielschule** *f* drama school **Schauspielschüler(in)** *m(f)* drama student **Schauspielunterricht** *m* drama lesson; [**bei jdm**] ~ **nehmen** to take drama lessons [with sb]

Schausteller(in) <-s, -> *m(f)* fairman *masc*, fairwoman *fem*

Schautafel *f* chart

Scheck <-s, -s> *m* cheque BRIT, check AM; ■**ein** ~ **über etw** *akk* a cheque for sth; [**jdm**] **einen** ~ [**über etw** *akk*] **ausstellen** to write [sb] a cheque [for sth]; **mit** [**einem**] ~ **bezahlen** to pay by cheque; **einen** ~ **einlösen** to cash a cheque

Scheckbetrug *m* cheque fraud **Scheckbuch** *nt* cheque book

Schecke[1] <-n, -n> *m* piebald

Schecke[2] <-, -n> *f* female piebald

Scheckheft *nt* cheque book

scheckig *adj* patched, mottled; *Gesicht* blotchy; **ein** ~**es Pferd** a piebald [horse] ▸ WENDUNGEN: **sich** [**über jdn/etw**] ~ **lachen** (*sl*) to laugh oneself silly [*or fig* to split one's sides laughing] [over sb/sth]

Scheckkarte *f* cheque [*or* AM check] card **Schecknummer** *f* cheque number **Scheckvordruck** *m* cheque

scheel I. *adj* (*fam*) ① (*geringschätzig*) contemptuous ② (*missbilligend*) disapproving ③ (*missgünstig*) malevolent ④ (*misstrauisch*) suspicious ⑤ (*neidisch*) envious, jealous II. *adv* **jdn** ~ **ansehen** to eye sb [contemtuously/disapprovingly/ malevolently/suspiciusly/enviously/jealously]

Scheffel <-s, -> *m* scoop, bushel *old; s. a.* **Licht**

scheffeln *vt* ■**etw** ~ to accumulate sth, to amass sth *form;* **Geld** ~ to rake in money

scheibchenweise *adv* ① (*Scheibchen für Scheibchen*) slice for slice ② (*nach und nach*) bit by bit

Scheibe <-, -n> *f* ① (*dünnes Glasstück*) [piece of] glass; (*eckig/rechteckig*) [pane of] glass; (*Fensterscheibe*) window [pane] ② (*Autofenster*) [car] window; (*Windschutzscheibe*) windscreen, windshield AM ③ KOCHK slice; **etw in** ~**n schneiden** to slice sth, to cut sth into slices ④ (*kreisförmiger Gegenstand*) disc ⑤ MUS (*fam: Schallplatte*) disc, record ▸ WENDUNGEN: **sich** *dat* **von jdm eine** ~ **abschneiden können** (*fam*) to [be able to] take a leaf out of sb's book *fig*, to [be able to] learn a thing or two from sb

Scheibenbremse *f* disc brake **Scheibenrad** *nt* disc wheel **Scheibenschießen** *nt* target shooting; (*als Übung*) target practice **Scheibenwaschanlage** *f* windscreen [*or* AM windshield] washer system

scheibenweise *adv* in slices

Scheibenwischer <-s, -> *m* windscreen wiper

Scheich <-s, -e> *m* ① (*arabischer Potentat*) sheikh, sheik ② (*fam: Typ*) bloke BRIT, guy AM

Scheichtum <-[e]s, -tümer> *nt* sheikhdom [*or* sheikdom]

Scheide <-, -n> *f* ① (*Schwert-/Dolch~*) scabbard, sheath ② ANAT (*Vagina*) vagina

scheiden <schied, geschieden> I. *vt haben* ① (*eine Ehe lösen*) ■**jdn** ~ to divorce sb; ■**sich** [**von jdm**] ~ **lassen** to get divorced [from sb]; ■**geschieden** divorced; ***wir sind geschiedene Leute*** (*fig*) it's all over between us ② (*rechtlich auflösen*) ■**etw** ~ to dissolve sth ③ (*trennen*) ■**etw von etw** ~ to seperate sth from sth ④ CHEM ■**etw** ~ to seperate [out] [*or* refine] sth II. *vi* (*geh*) ① *sein* (*sich trennen*) ■**voneinander** ~ to separate, to go one's separate ways ② *sein* (*aufgeben*) ■**aus etw** ~ to leave [*or sep* give up] sth; **aus einem Amt** ~ to retire from a position [*or* post]; **aus einem Dienst** ~ to retire from a service; *s. a.* **Leben** III. *vr haben* (*verschieden sein*) ■**sich** [**an etw** *dat*] ~ to diverge [*or* divide] [at sth]; ***an diesem Punkt*** ~ ***sich die Ansichten*** opinions diverge at this point; *s. a.* **Geist, Weg**

Scheidenmuschel *f* razor clam

Scheideweg *m* **am** ~ **stehen** (*fig*) to stand at a crossroads [*or* before an important decision]

Scheidung <-, -en> *f* divorce; **in eine** ~ **einwilligen** to agree to a divorce; **in** ~ **leben** to be separated; **die** ~ **einreichen** to start divorce proceedings

Scheidungsanwalt, -anwältin *m, f* divorce lawyer **Scheidungsgrund** *m* JUR grounds *npl* for divorce; (*hum*) *person one is leaving one's spouse for* **Scheidungsprozess**[RR] *m* divorce proceedings *pl* **Scheidungsrate** *f* divorce rate **Scheidungsrecht** *nt* divorce laws *pl*

Schein <-[e]s, -e> *m* ① *kein pl* (*Lichtschein*) light ② *kein pl* (*Anschein*) appearance; **sich vom** [**äußeren**] ~ **täuschen lassen** to be blinded [*or* taken in] by [external] appearances; **der** ~ **spricht gegen jdn** appearances are against sb; **der** ~ **trügt** appearances are deceptive; **den** ~ **wahren** [*o* **aufrechterhalten**] to keep up appearances; **dem** ~ **nach** on the surface [of things]; **etw zum** ~ **tun** to pretend to do sth ③ (*Banknote*) [bank] note ④ (*fam: Teilnahmebescheinigung*) certificate [of participation] ⑤ (*fam: Bescheinigung*) certificate

Scheinargument *nt* spurious [*or* bogus] [*or* hollow] argument

scheinbar *adj* apparent, seeming

Scheinehe *f* marriage on paper

scheinen[1] <schien, geschienen> *vi* ① (*leuchten*) to shine ② (*strahlen*) to shine

scheinen[2] <schien, geschienen> *vi* ① (*den Anschein haben*) ■**etw zu sein** ~ to appear [*or* seem] to be sth; ■**es scheint, dass/als** [**ob**]... it appears [*or* seems] that/as if; ***wie es scheint, hast du recht*** it appears [*or* seems] [that] you are right ② (*so vorkommen*) ■**jdm** ~, **dass** to appear [*or* seem] to sb that; ***mir scheint, dass es heute kälter ist als gestern*** it appears [*or* seems] to me that it's colder today than it was yesterday

Scheinfirma *f* bogus [*or* fictitious] company **Scheingefecht** *nt* mock battle **Scheingeschäft** *nt* ÖKON fictitious transaction **Scheingewinn** *m* ÖKON paper profit **Scheingrund** *m* pretext

scheinheilig I. *adj* (*pej*) hypocritical, sanctimonious; (*unschuldig erscheinend*) innocent, goody-goody *fam;* ~ **tun** to play the innocent II. *adv* (*pej*) hypocritically, sanctimoniously; (*unschuldig erscheinend*) innocently, in a goody-goody way *fam*

Scheinheirat *f* marriage on paper **Scheinlösung** *f* apparent [*or* not a real] solution **Scheinschwangerschaft** *f* phantom [*or* AM false] pregnancy

scheintot *adj* apparently [*or* seemingly] dead; **sich** ~ **stellen** to pretend to be dead ▸ WENDUNGEN: **der ist doch schon** ~ (*pej*) he has one foot in the grave

scheint's *adv* SÜDD, SCHWEIZ (*anscheinend*) seemingly

Scheinverhandlung *f* ① JUR sham trial [*or* proceedings] *pl* ② ÖKON bogus [*or* fictitious] [*or* sham] transaction **Scheinwelt** *f* make-believe [*or* fairy tale] [*or* unreal] world

S

Scheinwerfer *m* ❶ (*Strahler*) spotlight; (*Licht zum Suchen*) searchlight ❷ AUTO headlight; **die ~ aufblenden** to turn the headlights on full [*or* AM high beam]; **die ~ kurz aufblenden** to flash one's headlights; **aufgeblendete ~** full headlights BRIT, high beams AM; **die ~ abblenden** to dip one's headlights BRIT, to click on one's low beams AM

Scheinwerferlicht *nt* spotlight; ***der Zaun war in helles ~ getaucht*** the fence was lit by bright spotlights ▶ WENDUNGEN: **im ~ [der Öffentlichkeit] stehen** to be in the public eye, to have the spotlight on one *fig*, to be under public scrutiny

Scheiß <-> *m kein pl* (*sl*) ❶ (*Quatsch*) crap *fam!*, garbage *fam*, rubbish; ***he, was soll der ~!*** hey, what [the bloody *fam* [*or vulg* fucking] hell] are you doing!; ***lass doch den ~*** [bloody well] stop it *fam*, stop farting [*or* AM *vulg* fucking] around; **~ machen** to make a complete mess [*or* pig's ear] [*or* cock up] of things; **mach/macht keinen ~!** stop farting around! *vulg*, don't be so bloody *fam* [*or vulg* fucking] stupid!, *fam* don't be such a bloody fool/bloody fools [*or vulg* a fucking idiot/fucking idiots] ! ❷ (*Fluchwort*) **so ein ~!** shit! *fam*, bloody *fam* [*or vulg* fucking] hell!

Scheißdreck *m* (*sl*) (*Mist*) crap *fam!*, garbage *fam*, rubbish ▶ WENDUNGEN: **jdn einen ~ angehen** to be none of anybody's [damn [*or* bloody] *fam* [*or vulg* fucking]] business; **sich einen ~ um jdn/etw kümmern** to not give a shit about sb/sth *fam!*; **einen ~ tun** to do fuck all [*or* sweet f.all] [*or* bugger all] BRIT *vulg*; **wegen jedem ~** for every little thing; **~!** shit! *fam*, damn! *fam*, bugger! BRIT *vulg*, fuck [it]! *vulg*, fucking hell! *vulg*

Scheiße <-> *f kein pl* ❶ (*fam!: Darminhalt*) shit *fam!* ❷ (*sl: Mist*) **~!** shit! *fam*, damn! *fam*, bugger! BRIT *vulg*, fuck [it]! *vulg*, fucking hell! *vulg*; **~ reden** to talk rubbish [*or fam!* shit] [*or* AM *fam* garbage], to talk a load of crap *fam!*; ***verdammte ~!*** (*sl*) damn it! *fam*, shit! *fam!*, bloody BRIT *fam!* [*or vulg* fucking] hell!; **~ sein** (*sl*) to be [complete] garbage *fam* [*or fam!* crap], to be a load of crap *fam!*; **~ sein, dass** it's a [great] pity [*or fam* pain] [that]; **~ verbrechen/bauen** to make a [complete] mess [*or fam* cock up] [of sth] ▶ WENDUNGEN: **in der ~ sitzen** (*sl*) to be in the shit *fam!*, to be up to one's eyes [*or* AM neck] in it *fam*

scheißegal *adj* (*sl*) ■ **jdm ~ sein** sb couldn't give a damn *fam* [*or fam!* a shit]; ■ **~ sein, ob/wann/was/wie …** to not matter a damn *fam* [*or* at all] if/when/what/how …

scheißen <schiss, geschissen> **I.** *vi* ❶ (*vulg*) to shit *vulg*, to have [*or* AM take] a shit *fam!* ❷ (*sl: verzichten können*) ■ **auf jdn/etw ~** *akk* to not give a damn *fam* [*or fam!* shit] about sb/sth **II.** *vr* (*vulg*) ■ **sich** *dat* **irgendwohin** *akk* **~** to shit on one's sth *vulg*

Scheißer(in) <-s, -> *m(f)* (*fam!*) shit *sl*, arsehole BRIT *vulg*, asshole AM *vulg*, bastard *fam!*

scheißfreundlich *adj* (*sl*) ■ **~ [zu jdm] sein** to be as nice [*or* sweet] as pie to sb *pej* **Scheißhaus** *nt* (*vulg*) bog BRIT *sl*, jon AM *sl*; **auf dem ~ sitzen** to sit in the bog **Scheißkerl** *m* (*sl*) *s.* **Scheißer**

Scheit <-[e]s, -e *o* ÖSTERR, SCHWEIZ -er> *m* log [of wood]

Scheitan <-s> [-əɪ'-] *m kein pl* REL Shaitan

Scheitel <-s, -> *m* ❶ (*Teilung der Frisur*) parting; **jdm einen ~ machen** [*o* **ziehen**] to give sb a parting ❷ ASTRON (*Zenit*) zenith, apex ❸ MATH (*Schnittpunkt eines Winkels*) vertex ▶ WENDUNGEN: **vom ~ bis zur Sohle** from head to foot [*or* toe]

scheiteln *vt* ■ **etw ~** to part sth; ■ **jdm das Haar ~** to give sb a parting; ■ **gescheitelt** parted

Scheitelpunkt *m* ❶ (*höchster Punkt*) highest point, vertex *form* ❷ (*Zenit*) highest point, zenith *form*

Scheiterhaufen *m* pyre; (*für zum Tode Verurteilte*) stake; **auf dem ~ sterben** to die [*or* be burnt] at the stake

scheitern *vi sein* ■ **[an jdm/etw] ~** to fail [*or* be unsuccessful] [because of sb/sth]; ■ **etw scheitert an etw** sth flounders [*or* runs aground] on sth *fig*; **kläglich ~** to fail miserably

Scheitern <-s> *nt kein pl* failure; **das ~ der Verhandlungen** the breakdown of the talks [*or* negotiations]; **etw zum ~ bringen** to thwart [*or* frustrate] [*or form* foil] sth; **zum ~ verurteilt sein** to be doomed [to failure]

Schelle <-, -n> *f* ❶ (*Rohrschelle*) clamp ❷ DIAL (*Türklingel*) [door]bell

schellen **I.** *vi* (*klingeln*) ■ **[bei jdm] ~** to ring [sb's] bell **II.** *vi impers* to ring; ***es hat geschellt*** the bell's rung, the doorbell's gone

Schellente *f* ORN goldeneye

Schellfisch *m* haddock

Schelm <-[e]s, -e> *m* rascal

schelmisch *adj* ❶ (*schalkhaft*) mischievous, wicked ❷ (*unartig*) naughty

Schelte <-, -n> *f* ❶ (*Schimpfe*) reprimand *no def art form*, trouble, telling-off *no def art*, ticking-off *fam no def art*; **von jdm ~ bekommen** to get into trouble with sb [*or* a telling-off from sb] ❷ (*massive Kritik*) tongue-lashing *with art*, reprimand *with art form*

schelten <schilt, schalt, gescholten> **I.** *vt* (*veraltend*) ❶ (*schimpfen*) ■ **jdn [für** [*o* **wegen**] **etw] ~** to scold *dated* [*or form* reprimand] sb [for sth/doing sth], to tell sb off [for sth/doing sth], to give sb a dressing-down *fam*; (*ewig schimpfen*) to nag [at] sb [for sth/doing sth] ❷ (*pej: nennen*) ■ **jdn etw ~** to call sb sth **II.** *vi* (*veraltend: schimpfen*) ■ **mit jdm ~** to scold sb, *dated* to tell sb off, to reprimand sb *form*, to give sb a dressing-down *fam*; (*ewig schimpfen*) to nag [at] sb

Schema <-s, -ta *o* Schemen> *nt* ❶ (*gedankliches Konzept*) scheme, concept; **nach einem ~** according to a scheme [*or* concept]; **nach einem festen ~ vorgehen** to work according to [*or* to follow] a fixed scheme [*or* concept]; **in kein ~ passen** to not fit into a mould ❷ (*schematische Darstellung*) chart/diagram/plan ▶ WENDUNGEN: **nach ~ F** (*fam*) ***in Behörden läuft alles nach ~ F*** in the local government offices, they always follow the rules and regulations

schematisch **I.** *adj* schematic; **ein ~er Abriss** a plan **II.** *adv* schematically; **~ arbeiten** to work according to a scheme [*or* plan]; **etw ~ bearbeiten** to process sth according to a scheme [*or* plan]; **etw ~ darstellen** to show sth in the form of a plan/chart/diagram, to represent sth schematically *form*

schematisieren* *vt* ❶ (*schematisch darstellen*) ■ **etw ~** to make a plan/chart/diagram of sth; ■ **schematisiert** in the form of a plan/chart/diagram ❷ (*pej: zu stark vereinfachen*) ■ **etw ~** to [over]simplify sth

Schemel <-s, -> *m* stool

Schemen[1] *pl von* **Schema**

Schemen[2] <-s, -> *m* (*geh*) shadowy figure, shadow

schemenhaft **I.** *adj* (*geh*) shadowy **II.** *adv* (*geh*) **etw ~ erblicken/sehen** to make out the outline [*or* silhouette] of sth; ***die Türme der Burg hoben sich gegen den nächtlichen Himmel nur ~ ab*** the towers of the castle rose shadowy against the night sky

Schenke <-, -n> *f* pub; (*Gastwirtschaft auf dem Land*) inn

Schenkel <-s, -> *m* ❶ (*Oberschenkel*) thigh; **einem Pferd die ~ geben** to urge on a horse; **sich** *dat* **auf die ~ klopfen** [*o* **schlagen**] to slap one's thighs ❷ MATH side ❸ (*Griff*) arm

Schenkelbruch *m* broken femur *form* [*or* thigh bone] **Schenkelhals** *m* head of the femur *form* [*or*

thigh bone] **Schenkelhalsbruch** *m* fractured head of the femur *form,* broken [*or* fractured] hip

schenken I. *vt* ① (*als Geschenk geben*) ■ **jdm etw** [**zu etw**] ~ to give sb sth as a present [*or* gift] [for sth]; *zu einem Anlass, Jubiläum* to present sb with sth [on the occasion of sth] *form;* **jdm etw zum Geburtstag** ~ to give sb sth for their birthday [*or* as a birthday present]; ■ **sich** *dat* [**gegenseitig**] **etw** ~ to give each other sth, to exchange presents; **etw** [**von jdm**] [**zu etw**] **geschenkt bekommen** *dat* to get [*or* be given] sth [from sb] [for sth]; [**von jdm**] **nichts geschenkt haben wollen** to not want any presents [*or* gifts] [from sb]; (*nicht bevorzugt werden wollen*) to not want any preferential treatment [from sb]; **einem Tier die Freiheit** ~ to set an animal free; **jdm das Leben** ~ to spare sb's life; ■ **etw ist geschenkt** (*fam*) to be a present; **geschenkte Sachen** presents; **geschenkt ist geschenkt!** a present is a present!; ***sie schenkte ihm ein Lächeln*** (*geh*) she favoured him with a smile; ***sie schenkte ihm einen Sohn*** (*geh*) she bore him a son *fam; s. a.* **Gaul** ② (*erlassen*) ■ **jdm etw** ~ to give sb sth; **jdm eine Reststrafe** ~ to spare sb the rest of their punishment/prison sentence ③ (*geh: widmen*) ■ **jdm etw** ~ to give sb sth; **jdm Aufmerksamkeit/Beachtung** ~ to pay attention to sb, to give sb one's attention, jdm Liebe ~, to love sb, to give sb one's love; **jdm Vertrauen** ~ to trust sb, to place one's trust in sb *form* ④ (*geh: ausschenken*) *Wein* to serve; *Kaffee* to pour ▸ WENDUNGEN: [**das ist**] **geschenkt** (*sl*) don't bother; **etw ist** [**fast, halb**] **geschenkt** (*sehr billig*) sth is a real bargain; (*sehr einfach*) sth is an easy task [*or* BRIT *fam* a doddle]; **etw nicht** [**mal**] **geschenkt haben wollen** to not want to accept sth [even] as a present; **jdm wird nichts geschenkt** sb [somewhere] is spared nothing; ***im Leben ist mir nichts geschenkt worden*** I've had a hard time [*or* I haven't had it easy] [in life] II. *vi* to give presents III. *vr* ① (*sich sparen*) ■ **sich** *dat* **etw** ~ to spare sb sth, to save oneself sth, to give sth a miss *fam* ② (*geh: hingeben*) ■ **sich jdm** ~ *Frau* to give oneself to sb; *s. a.* **Mühe**

Schenkung <-, -en> *f* JUR gift

Schenkungssteuer *f* capital transfer tax

scheppern I. *vi* ① (*fam: Klappern loser Gegenstände*) to rattle, to clank ② (*fam: einen Autounfall geben*) ***auf der Kreuzung hat es ganz schön gescheppert*** there was an almighty bang at the crossroads ③ DIAL (*schippern*) to sail II. *vt* DIAL (*fam: jdn ohrfeigen*) ■ **jdm eine** ~ to box sb's ears, to clip sb round the ear

Scherbe <-, -n> *f* [sharp] piece [*or form* fragment]; **in** ~**n gehen** to smash to pieces ▸ WENDUNGEN: ~**n bringen Glück** (*prov*) broken glass/china are lucky

Scherbenhaufen *m* ▸ WENDUNGEN: **jd steht vor einem** ~ sb's life is in ruins [*or* is a shambles], sb is in a [right] mess

Schere <-, -n> *f* ① (*Werkzeug*) scissors *npl,* pair *sing* of scissors ② ZOOL claw ③ SPORT scissors hold

scheren[1] <schor, geschoren> *vt* ① (*abrasieren*) **ein Tier** ~ to shear an animal ② (*stutzen*) **sich den Bart** ~ **lassen** to have one's beard cropped [*or* sheared]; **jdm eine Glatze** ~ to shave sb's head; **die Hecke** ~ to prune [*or* trim] the hedge; **den Rasen** ~ to mow the lawn

scheren[2] I. *vr* ① (*sich kümmern*) ■ **sich** [**um etw**] ~ to bother [about sth]; ■ **sich nicht** [**um etw**] ~ to not bother [*or fam* give a damn [*or fam!* shit]] [about sth] ② (*fam: abhauen*) **scher dich** [**weg**]! get out [of here]!; **jd kann/soll sich zum Teufel** ~ sb can go to hell *fam* II. *vt* ■ **jdn schert etw nicht** sb couldn't care less [*or* does not care at all] [*or* give a damn] about sth; ***was schert es mich, was er von mir hält!*** what the hell do I care what he thinks of me! *fam*

Scherengitter *nt* [folding] fence; **mit einem** ~ **umgeben sein** to be fenced off **Scherenschleifer(in)** <-s, -> *m(f)* knife-grinder **Scherenschnitt** *m* silhouette [out of paper]

Schererei <-, -en> *f meist pl* (*fam*) trouble *sing;* [**wegen etw**] [**mit jdm**] ~**en bekommen** [*o fam* **kriegen**] [*o* **haben**] to get into [*or* be in] trouble [because of sth] [with sb]

Scherflein <-s, -> *nt* mite; **sein** ~ **beitragen** [*o* **beisteuern**] (*geh*) to make one's contribution, to do one's bit

Scherge <-n, -n> *m* (*pej geh*) thug *pej,* henchman *pej*

Scherkopf *m* ELEK head [of an electric razor]

Scherwind *m* sudden change of wind direction

Scherz <-es, -e> *m* ① (*Spaß*) joke; **aus** [*o* **zum**] ~ as a joke, for fun *no art, no pl,* for a laugh *fam;* **im** ~ as a joke, for [*or* in] fun *no art, no pl,* in jest *liter,* for a laugh *fam;* ***es war nur ein*** ~ it was just a joke ② *pl* (*fam: Blödheiten*) tomfoolery *no art, no pl,* jokes *pl iron;* **einen** ~ **machen,** ~**e machen** to joke; **mach keine** ~**e!** (*fam*) you're joking [*or* not serious]! *fam;* **keine** ~**e** [**mit so etwas**] **machen** to not joke [about things like that], to not make a joke [of things like that]; [**ganz**] **ohne** ~! (*fam*) no kidding! *fam,* no joke! *fam;* **sich einen** ~ [**mit jdm**] **erlauben** *dat* to have sb on *sl,* to take sb for a ride *sl*

Scherzartikel *m meist pl* joke article

scherzen *vi* (*geh*) ■ [**mit jdm**] ~ to crack a joke/jokes [with sb], to tell [sb] a joke; ■ **über jdn/etw** ~ to joke about sb/sth; **Sie belieben zu** ~! (*geh*), **Sie** ~ **wohl!** you must be joking!; **mit jdm/etw ist nicht zu** ~ sb/sth is not to be trifled with

Scherzfrage *f* riddle

scherzhaft I. *adj* (*aus Spaß erfolgend*) jocular, joke *fam* II. *adv* jocularly, in a jokey fashion; ***nicht böse sein, das war doch nur*** ~ ***gemeint!*** don't be angry, it was only a joke [*or* I only meant it as a joke]!

Scherzkeks *m* (*fam*) ① (*Witzemacher*) comedian ② (*hum: Witzbold*) [practical] joker

Scherzo <-s, -s *o* Scherzi> ['skɛrtso] *nt* MUS scherzo

scheu *adj* ① (*menschenscheu*) shy; (*vorübergehend* ~) bashful; **ein** ~**es Tier** a shy [*or* timid] animal ② (*schüchtern*) shy, self-conscious; **ein** ~**er Blick** a shy [*or* sidelong] [*or* furtive] glance; **ein** ~**es Wesen** a shy [*or* self-conscious] creature; *s. a.* **Pferd**

Scheu <-> *f kein pl* shyness *no pl;* (*vorübergehend*) bashfulness; **ohne jede** ~ without holding back [*or* [any] inhibitions]; **sich jdm ohne jede** ~ **anvertrauen** to confide in sb unreservedly, to open one's heart to sb

scheuchen *vt* ① (*treiben*) **Rindvieh/Pferde/Schafe** ~ to drive cattle/horses/sheep; **das Vieh aus dem Stall/von der Weide** ~ to shoo the cattle out of the shed/off the pasture ② (*fam: jagen*) ■ **jdn** ~ to chase sb; **jdn aus dem Bett** ~ to chase sb out of bed [*or* BRIT *sl* his/her scratcher]

scheuen I. *vt* ■ [**etw**] ~ to fight shy [of sth] BRIT, to shrink [from sth]; **keine Unannehmlichkeiten** ~ to spare no trouble; *s. a.* **Mühe** II. *vr* ■ **sich** *akk* [**vor etw** *dat*] ~ to fight shy [of sth] BRIT, to shrink [from sth]; ■ **sich** [**davor**] ~, [**etw zu tun**] to fight shy [of doing sth] BRIT, to shrink [from doing sth], to not want to [do sth] III. *vi* ■ [**vor etw**] ~ *dat* to shy [at sth]

Scheuer <-, -n> *f* barn

Scheuerlappen *m* floorcloth **Scheuermittel** *nt* scouring agent

scheuern I. *vt* ■ **etw** ~ ① (*sauber reiben*) to scour sth, to scrub sth; **etw blank** ~ to scour [*or* scrub] sth clean ② (*reiben*) to scour [*or* scrub] [*or* rub] sth; **etw**

aus einer Pfanne/einem Topf ~ to get [*or* clean] sth out of a pan/saucepan ▸ WENDUNGEN: **[von jdm] eine gescheuert bekommen** [*o* **kriegen**] (*sl*) to get a clout [round the ears] BRIT *fam,* to get hit [up alongside the head] AM; **jdm eine** ~ (*sl*) to give sb a clout [round the ears] BRIT *fam,* to hit somebody [up alonside the head] AM **II.** *vi* to rub, to chafe **III.** *vr* ■ **sich** *akk* **an etw** *dat* ~ to rub one's sth; **sich an etw wund** ~ to rub one's sth raw; *s. a.* **wund**

Scheuklappe *f* blinkers *pl* BRIT, blinders *pl* AM ▸ WENDUNGEN: **~n aufhaben** [*o* **tragen**] to have a blinkered attitude BRIT, to have a closed mind AM

Scheune <-, -n> *f* barn

Scheunenboden *m* floor of a barn **Scheunendach** *nt* roof of a barn, barn roof **Scheunendrescher** <-s, -> *m* **wie ein ~ essen** (*fam*) to eat like a horse BRIT *fig,* to be a bottomless pit AM *fig* **Scheunentor** *nt* barn door

Scheusal <-s, -e> *nt* beast, monster

scheußlich **I.** *adj* ❶ (*abstoßend*) repulsive ❷ (*ekelhaft*) disgusting, revolting ❸ (*fam*) dreadful, awful, terrible **II.** *adv* ❶ (*widerlich*) in a disgusting [*or* revolting] manner [*or* way]; ~ **riechen/schmecken** to smell/taste disgusting [*or* revolting] ❷ (*gemein*) **jdn ~ behandeln** to treat sb appallingly [*or* cruelly]; **sich ~ benehmen** [*o* **verhalten**] to behave disgracefully ❸ (*fam*) dreadfully, terribly; **sich ~ erbrechen** to be dreadfully [*or* awfully] [*or* horribly] [*or* terribly] sick; ~ **weh tun/schmerzen** to hurt/ache dreadfully [*or* awfully] [*or* horribly]

Scheußlichkeit <-, -en> *f* ❶ *kein pl* (*Abscheulichkeit*) dreadfulness *no pl; Gewalttat* barbarity, hideousness *no pl* ❷ (*abscheuliche Tat*) barbarity, monstrosity ❸ (*grausame Tat*) atrocity

Schi <-s, -er *o* -> *m s.* **Ski**

Schicht[1] <-, -en> *f* ❶ (*aufgetragene Lage*) layer; **eine ~ Farbe/Lack** a coat of paint/varnish; (*eine dünne Lage*) film ❷ (*eine von mehreren Lagen*) layer ❸ ARCHÄOL, GEOL stratum, layer ❹ (*Gesellschaftsschicht*) class, stratum; **die herrschende ~** the ruling classes; **alle ~en der Bevölkerung** all levels of society

Schicht[2] <-, -en> *f* shift; ~ **arbeiten** to do shift work; **die ~ wechseln** to change shifts

Schichtarbeit *f kein pl* shift work *no pl* **Schichtarbeiter(in)** *m(f)* shift worker

schichten *vt* ■ **etw [auf etw** *akk*] ~ to stack [*or* pile] [up *sep*] sth [on/on top of sth]; **etw zu einem Stapel ~** to stack [*or* pile] sth up

schichtenweise *adv* in shifts

Schichtwechsel [-vɛksl] *m* change of shift

schichtweise *adv inv* ❶ (*in Schichten, Schicht bei Schicht*) in layers, layer upon layer ❷ (*Gruppe für Gruppe*) *s.* **schichtenweise**

schick **I.** *adj* ❶ (*modisch elegant*) chic, fashionable, stylish, trendy *fam;* (*gepflegt*) smart; ***du bist heute wieder so*** ~ you look very smart again today ❷ (*fam*) super, fabulous, terrific *fam,* cool *sl,* wicked *sl* **II.** *adv* (*modisch elegant*) fashionably, stylishly; (*gepflegt*) smartly

Schick <-s> *m kein pl* style; ~ **haben** to have style, to be chic

schicken **I.** *vt* ❶ (*senden*) ■ **[jdm] etw ~** to send [sb] sth; ÖKON to dispatch [*or* despatch] sth [to sb]; **etw mit der Post ~** to send sth by post [*or* AM mail], to post [*or* AM mail] sth; ■ **etw [von jdm] geschickt bekommen** to get [*or* receive] sth from sb ❷ (*kommen/gehen lassen*) ■ **jdn [zu jdm/irgendwohin] ~** to send sb [to sb/somewhere] ❸ (*zu tun heißen*) ■ **jdn etw tun ~** to send sb to do sth; **jdn einkaufen ~** to send sb to the shops BRIT, to send sb shopping AM **II.** *vi* (*geh*) ■ **nach jdm ~** to send for sb **III.** *vr* ❶ (*geziemen*) ■ **etw schickt sich [für jdn]** sth befits [*or* becomes] [sb], sth is suitable [*or form* fitting] [*or* proper] [for sb] ❷ (*veraltend: anpassen*) ■ **sich [in etw** *akk*] ~ to reconcile [*or* resign] oneself [to sth] **IV.** *vr impers* ■ **es schickt sich nicht [für jdn], etw zu tun** it is not right [*or* fitting] [*or* proper] [*or dated form* seemly] [for sb] to do sth

Schickeria <-> *f kein pl* (*pej*) jet set *pej,* in-crowd

Schickimicki <-s, -s> *m* (*pej fam*) jet setter, one of the in-crowd *fam*

schicklich *adj* (*veraltend geh*) seemly *dated form,* proper

Schicksal <-s, -e> *nt* destiny, fate; **Ironie des ~s** irony [*or* trick] of fate; **ein hartes ~** a cruel fate; **das ~ nimmt seinen Lauf** fate takes its course; **jds ~ ist besiegelt** (*geh*) sb's fate is sealed; **sich in sein ~ ergeben** to be reconciled [*or* resigned] to one's fate; **jd ist vom ~ geschlagen** fate has been unkind to sb; **jdn seinem ~ überlassen** to leave sb to their fate; **etw dem ~ überlassen müssen** to leave sth to fate; **[das ist]/das nenne ich ~!** (*fam*) it's [just] fate! ▸ WENDUNGEN: ~ **spielen** (*fam*) to pull strings, to play God

schicksalhaft *adj* ❶ (*folgenschwer*) fateful, portentous *liter* ❷ (*unabwendbar*) fated, inevitable

Schicksalsfrage *f* vital [*or* fateful] question **Schicksalsgemeinschaft** *f group of people who have been thrown together by fate* **Schicksalsschlag** *m* stroke of fate; **ein harter ~** a cruel stroke of fate

Schiebedach *nt* sun roof **Schiebefenster** *nt* sliding window

schieben <schob, geschoben> **I.** *vt* ❶ (*vorwärts rollen*) ■ **etw [irgendwohin] ~** to push sth [somewhere]; ***er schob den Einkaufswagen durch den Supermarkt*** he wheeled the shopping trolley through the supermarket ❷ (*rücken*) ■ **jdn/etw ~** to push [*or fam* shove] sb/sth; ***lass uns den Schrank in die Ecke*** ~ let's shift the cupboard into the corner ❸ (*antreiben*) ■ **jdn ~** to push sb ❹ (*stecken*) ■ **etw irgendwohin ~** to put [*or* push] [*or fam* stick] sth somewhere; **sich etw in den Mund ~** to put [*or fam* stick] sth in one's mouth; **die Pizza in den Ofen ~** to stick [*or* shove] the pizza into the oven *fam* ❺ (*zuweisen*) ■ **etw auf jdn ~** to lay [*or* put] [*or* place] sth on sb; **die Schuld auf jdn ~** to lay the blame on sb [*or* at sb's door]; **die Verantwortung auf jdn ~** to place [*or* put] the responsibility on sb['s shoulders]; ■ **etw auf etw ~** to put sth down to sth, to blame sth for sth; ***sie schob ihre Müdigkeit aufs Wetter*** she put her tiredness down to the weather ❻ (*abweisen*) ■ **etw von sich ~** *dat* to reject sth; **den Verdacht von sich ~** to not accept the blame; **die Schuld/Verantwortung von sich ~** to refuse to take [the] blame/responsibility ❼ (*sl*) ■ **etw ~** to do sth *fam;* **Kohldampf ~** to be starving *fig;* **eine ruhige Kugel ~** to take it easy; **eine Nummer ~** to get laid *sl;* **Rauschgift ~** to traffic in drugs; **eine Schicht ~** to work a shift; **Wache ~** to be on sentry duty [*or* guard] **II.** *vi* ❶ (*vorwärts rollen*) to push ❷ (*fam: unlautere Geschäfte machen*) **mit Zigaretten/Drogen ~** to traffic cigarettes/drugs **III.** *vr* ❶ (*sich vorwärts bewegen*) ■ **sich irgendwohin ~** to push [*or* force] [*or* elbow] one's way somewhere ❷ (*sich drängen*) ■ **sich ~** to shove one's way; **sich nach vorn ~** to shove one's way to the front

Schieber <-s, -> *m* ❶ (*Absperrvorrichtung*) bolt; (*an einer Rohrleitung*) slide valve ❷ DIAL (*Bettpfanne*) bedpan ❸ (*veraltend: Tanz*) **einen ~ tanzen** to dance a shuffle

Schieber(in) <-s, -> *m(f)* (*Schwarzhändler*) blackmarketeer; (*illegaler Waffenhändler*) gun-runner;

(*Drogenhändler*) [drug] pusher
Schiebetür *f* sliding door
Schieblehre <-, -n> *f* TECH slide gauge
Schiebung <-> *f kein pl* (*pej*) ❶ (*Begünstigung*) pulling strings ❷ (*unehrliches Geschäft*) shady deal, fixing ❸ POL rigging; ***bei der Wahl war ~ im Spiel*** the election was rigged ❹ SPORT fixing; **~!** fixed!
schied *imp von* **scheiden**
Schiedsgericht *nt* ❶ JUR arbitration tribunal [*or* panel] ❷ SPORT *highest authority which can rule on a point of dispute* **Schiedsrichter(in)** *m(f)* ❶ SPORT referee; (*bei Tennis, Baseball, Federball*) umpire ❷ JUR arbitrator **Schiedsspruch** *m* JUR decision of an arbitration tribunal [*or* panel] **Schiedsverfahren** *nt* JUR arbitration proceedings *pl*
schief **I.** *adj* ❶ (*schräg*) crooked, not straight, lopsided *fam;* **~e Absätze** worn [down] heels; **ein ~er Baumstamm** a leaning tree trunk; *s. a.* **Ebene, Bahn, Turm** ❷ (*entstellt*) distorted; **ein völlig ~es Bild von etw haben** to have a wholly false impression of sth; **eine ~e Darstellung** a distorted account; **ein ~er Eindruck** a false impression; *s. a.* **Vergleich** ❸ (*fig: scheel*) wry; **jdm einen ~en Blick zuwerfen** to look askance at sb; **sich in einer ~en Lage befinden** to find oneself in an awkward position **II.** *adv* ❶ (*schräg*) crooked, not straight, lopsided; **etw ~ aufhaben/aufsetzen** to not have/put sth on straight, to have/put sth on crooked; **etw ~ halten** to not hold sth straight, to hold sth crooked; **den Kopf ~ halten** to have one's head cocked to one side; **etw ~ hinstellen** to put sth at an awkward angle; **die Absätze ~ laufen** to wear one's heels down on one side; **etw ~ treten** to wear sth down on one side; **~ wachsen** to grow crooked, to not grow straight ❷ (*fig: scheel*) wryly; **~ gewickelt sein** to be seriously [*or* very much] mistaken; **jdn ~ ansehen** to look askance at sb; **~ gehen** (*fam*) to go wrong, to misfire, to come to grief *fam;* **~ laufen** (*fam*) to go wrong; **~ liegen** (*fam*) to be on the wrong track [*or* wide of the mark] [*or fam* barking up the wrong tree] ▶ WENDUNGEN: **[es] wird schon ~ gehen!** (*iron*) it'll be [*or* turn out] OK! *fam*
Schiefer <-s, -> *m* slate
Schieferdach *nt* slate roof **Schieferfassade** *f* slate front [*or form* facade] **Schiefertafel** *f* slate
schief|lachen *vr* (*fam*) ■**sich ~** to crack up *fam,* to laugh one's head off *fam*
Schieflage *f* (*fig*) disturbing situation
schielen *vi* ❶ MED to squint, to be cross-eyed; *s. a.* **Auge** ❷ (*haben wollen*) ■**auf etw ~** *akk* to look at sth out of the corner of one's eye; ■**nach etw ~** to steal a glance at sth; (*fig*) to have one's eye on sth ❸ (*verstohlen schauen*) ■**zu jdm rüber ~** to glance across at sb [*or* to look at sb] out of the corner of one's eye; **durchs Schlüsselloch ~** to peek through the keyhole ❹ (*im Blick haben*) ■**auf etw** *akk* **~** to have sth in one's sights, to have one's eye on sth
schien *imp von* **scheinen**
Schienbein *nt* shin-bone, tibia *spec;* **jdm gegen [*o* vor] das ~ treten** to kick sb in the shin
Schiene <-, -n> *f* ❶ BAHN, TRANSP rail *usu pl;* ***bitte die ~ nicht überqueren*** please do not cross the rails [*or* railway lines]; ■**die ~** the railway; **aus den ~n springen** to come off the rails *a. fig* ❷ TECH (*Führungsschiene*) rail, runner; *Backofen* shelf ❸ MED splint ❹ (*Stoßkante*) runner ❺ (*fam*) [line of] approach; ***ich bin beruflich so eingespannt, dass auf der privaten ~ wenig läuft*** I'm so busy with my job that I don't have much [of a] private life ❻ (*Verbindung*) contact ❼ (*Hauptübertragungsleitung*) main transmission line; (*Sammelschiene*) bus bar ❽ TECH fishplate; (*in der Weberei*) lease rod
schienen *vt* MED ■**etw ~** to splint sth, to put sth in a splint/splints
Schienenfahrzeug *nt* BAHN (*geh*) track vehicle **Schienennetz** *nt* BAHN rail network **Schienenstrang** *m* BAHN [railway] line, track **Schienenverkehr** *m kein pl* TRANSP rail traffic *no pl* **Schienenweg** *m* **auf dem ~** by train [*or* rail]
schier[1] *adj inv, attr* ❶ (*pur*) pure, unadulterated; (*perfekt*) perfect, flawless ❷ (*bloß*) sheer
schier[2] *adv* almost, wellnigh *form;* **~ unglaublich/nicht zu fassen** [almost] incredible; **~ endlos erscheinen** to seem almost an eternity; **~ unendlich dauern** to take [almost] an eternity; **~ unmöglich** [almost] impossible
Schierling <-s, -e> *m* BOT hemlock
Schießbefehl *m* order[s] to shoot; ■**~ haben** to have orders to shoot **Schießbude** *f* shooting gallery **Schießbudenfigur** *f* (*pej fam*) clown **Schießeisen** *nt* (*hum sl*) gun, shooting iron AM, rod AM
schießen <schoss, geschossen> **I.** *vi* ❶ *haben* (*feuern*) ■**[mit etw] ~** to shoot [with sth]; ■**auf jdn/etw ~** to shoot at sb/sth; **~ [*o* zum S~] gehen** to go shooting ❷ *haben* FBALL ■**[an [*o* auf]/in etw [*o* in]] ~** *akk* to shoot [at/into sth]; ***daneben, genau an die Latte geschossen!*** missed, it hit the crossbar!; **aufs Tor ~** to shoot [for goal]; **neben das Tor ~** to miss the goal ❸ *sein* BOT to shoot; (*zu schnell sprießen*) to bolt; *s. a.* **Kraut, Höhe** ❹ *sein* (*fam*) to shoot, to come flying *fam;* ***das Auto kam um die Ecke geschossen*** the car came flying round the corner; **jdm durch den Kopf ~** to flash through sb's mind ❺ *sein* (*spritzen*) to shoot; ***das Blut schoss aus der Wunde*** the blood shot out of the wound ▶ WENDUNGEN: **wie das Hornberger S~ ausgehen** to come to nothing; **[das ist] zum S~** (*fam*) [that's] crazy *fam* **II.** *vt haben* ❶ (*etw feuern*) ■**etw ~** to shoot sth ❷ FBALL ■**etw [irgendwohin] ~** to shoot sth [somewhere]; **den Ball ins Netz ~** to put the ball in the net; **den Ball ins Tor ~** to score [*or* shoot] a goal; *s. a.* **Krüppel III.** *vr* ■**sich ~** to have a shoot-out
Schießerei <-, -en> *f* ❶ (*meist pej: andauerndes Schießen*) shooting ❷ (*wiederholter Schusswechsel*) shooting, gun fight, shoot-out
Schießgewehr *nt* (*kindersprache*) rifle **Schießhund** *m* gun [*or* AM hunting] dog ▶ WENDUNGEN: **wie ein ~ aufpassen** (*fam*) to be on one's toes, to keep one's eyes peeled [*or* BRIT skinned] **Schießpulver** *nt* gunpowder **Schießscharte** *f* embrasure *form,* slit **Schießscheibe** *f* target; **das Schwarze der ~** the bull['s eye] **Schießsport** *m kein pl* shooting *no art, no pl* **Schießstand** *m* shooting range
Schiff[1] <-[e]s, -e> *nt* ❶ (*Wasserfahrzeug*) ship ❷ TYPO galley ❸ DIAL (*veraltet: im Kohleherd*) boiler ▶ WENDUNGEN: **das ~ des Staates** the ship of the state; **das ~ der Wüste** the ship of the desert; **klar ~ machen** (*fam: etw säubern*) to clear the decks *fam;* (*etw bereinigen*) to clear the air [*or* things up]
Schiff[2] <-[e]s, -e> *nt* ARCHIT (*Mittel~*) nave; (*Seiten~*) aisle; (*Quer~*) transept
Schiffahrt *f kein pl, getrennt: Schiff·fahrt s.* **Schifffahrt**
Schiffahrtsgesellschaft *f s.* **Schifffahrtsgesellschaft** **Schiffahrtslinie** *f s.* **Schifffahrtslinie** **Schiffahrtsstraße** *f s.* **Schifffahrtsstraße**
schiffbar *adj* navigable
Schiffbau *m kein pl* ship-building *no indef art, no pl* **Schiffbruch** *m* shipwreck; **~ erleiden** to be shipwrecked ▶ WENDUNGEN: **[mit etw] ~ erleiden** to fail **schiffbrüchig** *adj* shipwrecked; ■**~ werden** to be shipwrecked **Schiffbrüchige(r)** *f(m) dekl wie adj* shipwrecked person
Schiffchen <-s, -> *nt* ❶ *dim von* **Schiff**[1] ❷ MODE,

S

MIL forage cap
schiffen I. *vi* ❶ *sein* (*veraltend: mit dem Schiff fahren*) to ship *old*, to travel by ship, to sail ❷ *haben* (*sl: urinieren*) to go for a whizz *sl*, to go for [*or* have] [*or* AM take] a pee [*or esp* BRIT wee], to spend a penny BRIT *fam* II. *vi impers haben* (*sl: regnen*) ■ **es schifft** it's raining cats and dogs, it's bucketing [*or* BRIT chucking it] down *fam*, it's pissing with rain BRIT *fam!*
Schiffer(in) <-s, -> *m(f)* skipper
Schifferklavier [-vi:-] *nt* accordion **Schifferknoten** *m* sailor's [*or* seaman's] knot **Schiffermütze** *f* sailor's cap
SchifffahrtRR *f* shipping *no indef art, no pl*
SchifffahrtsgesellschaftRR *f* shipping company; *s. a.* **Schifffahrtslinie** 1 **Schifffahrtslinie**RR *f* NAUT ❶ (*Reederei*) shipping line ❷ (*Route*) shipping route **Schifffahrtsstraße**RR *f*, **Schifffahrtsweg** *m* ❶ (*Route*) shipping route [*or* lane] ❷ (*Wasserstraße*) waterway
Schiffsarzt, -ärztin *m, f* ship's doctor **Schiffsausrüster** *m* ❶ (*Reeder*) shipowner ❷ (*jd, der ein Schiff versorgt*) [ship['s]] chandler **Schiffsbesatzung** *f* [ship's] crew **Schiffsbug** *m* bow [of a ship]
Schiffschaukel *f* swing-boat
Schiffseigner(in) *m(f)* (*geh*) shipowner **Schiffsflagge** *f* [ship's] flag **Schiffsfracht** *f* [ship's] freight **Schiffsführer(in)** *m(f)* NAUT skipper **Schiffsglocke** *f* [ship's] bell **Schiffsgut** *nt* cargo, freight **Schiffshaut** *f* [ship's] hull **Schiffsheck** *nt* [ship's] stern **Schiffsjunge** *m* ship['s] boy **Schiffskabine** *f* [ship's] cabin **Schiffskoch, -köchin** *m, f* ship's cook **Schiffsküche** *f* galley **Schiffsladung** *f* [ship's] cargo **Schiffslaterne** *f* ship's lantern **Schiffsmannschaft** *f* [ship's] crew **Schiffsmotor** *m* [ship's] engine **Schiffspapiere** *f* [ship's] papers [*or* documents] *pl* **Schiffsrumpf** *m* [ship's] hull **Schiffstaufe** *f* launch [of a ship] **Schiffsunfall** *m* NAUT shipping accident **Schiffsverbindung** *f* [sea] communications *pl, no art* **Schiffsverkehr** *m* shipping *no indef art, no pl*
Schikane <-, -n> *f* ❶ (*kleinliche Quälerei*) harassment *no indef art;* **aus** [**reiner**] ~ [just] to harass sb ❷ SPORT chicane ▸ WENDUNGEN: **mit allen ~n** (*fam*) with all the modern conveniences [*or* all the extras] [*or* BRIT *fam* mod cons]
schikanieren* *vt* ■ **jdn** [**durch etw** [*o dat* **mit etw**]] ~ to harass sb [*or* BRIT *fam* mess sb about] [with sth/by doing sth]
schikanös I. *adj* harassing; **eine ~e Behandlung/Maßnahme** a harassing treatment/measure; **ein ~e Person** a bully II. *adv* blood-mindedly BRIT; **jdn ~ behandeln** to bully sb, to mess sb around
SchikoreeRR <- *o* -s> *m kein pl s.* **Chicorée**
Schild1 <-[e]s, -er> *nt* ❶ (*Hinweisschild*) sign ❷ (*fam*) price tag
Schild2 <-[e]s, -e> *m* shield ▸ WENDUNGEN: **jdn auf den ~ erheben** (*geh*) to make sb one's leader; **etw gegen jdn/etw im ~e führen** to plot sth against sb/sth; **etw im ~e führen** to be up to sth
Schildbürger(in) *m(f)* (*pej*) simpleton, fool *fam*
Schildbürgerstreich *m* (*pej*) act of stupidity, disastrously ill-advised measure
Schilddrüse *f* thyroid [gland]
Schilddrüsenfunktion *f* functioning of the thyroid [gland] **Schilddrüsenhormon** *nt* thyroxin **Schilddrüsenoperation** *f* thyroid operation; (*Entfernung der Schilddrüse*) thyroidectomy **Schilddrüsenüberfunktion** *f* overactive [*or* hyperactive] thyroid [gland] **Schilddrüsenunterfunktion** *f* underactive [*or* hypoactive] thyroid [gland] **Schilddrüsenvergrößerung** *f* enlargement of the thyroid [gland]
Schildermaler(in) *m(f)* sign painter
schildern *vt* ■ [**jdm**] **etw** ~ to describe [*or liter* portray] sth [to sb]; **etw in allen Einzelheiten** ~ to give an exaustive account of sth; **etw plastisch** ~ to describe sth vividly
Schilderung <-, -en> *f* description, portrayal *liter; Ereignisse* account, description, report
Schilderwald *m* (*hum fam*) forest of signs
Schildkröte *f* tortoise; (*See~*) turtle
Schildkrötenfleisch *nt* turtle [meat] **Schildkrötenpanzer** *m* tortoiseshell **Schildkrötensuppe** *f* turtle soup
Schildlaus *f* scale insect **Schildpatt** <-s> *nt kein pl* tortoiseshell
Schilf <-[e]s, -e> *nt* BOT ❶ (*Pflanze*) reed ❷ (*bewachsene Fläche*) reeds *pl*
Schilfdach *nt* thatched roof **Schilfgras** *nt* reed **Schilfmaterial** *nt* reeds *pl* **Schilfrohr** *nt s.* **Schilf**
Schill <-s, -en> *m* KOCHK, ZOOL pike-perch
Schillerlocke *f* KOCHK ❶ (*Fisch*) *strip of smoked belly of dogfish* ❷ (*Gebäck*) cream horn
schillern *vi* to shimmer; **in allen Farben** ~ to shimmer in all the colours [*or* AM -ors] of the rainbow
schillernd *adj* shimmering, resplendent; **~er Charakter** a many-sided [*or* multifaceted] character; **~e Persönlichkeit** flamboyant personality
Schilling <-s, -e *o bei Preisangaben* -> *m* schilling
schilpen *vi* ORN *s.* **tschilpen**
schilt *imper sing von* **schelten**
Schimäre <-, -n> *f* (*geh*) [wild] fancy, flight of fancy, pipe-dream, chimera *form*
Schimmel1 <-s> *m kein pl* mould [*or* AM mold]
Schimmel2 <-s, -> *m* ZOOL white horse, grey, AM gray
schimm(e)lig *adj* mouldy; **~es Leder/Buch** mildewed leather/book
schimmeln *vi sein o haben* to go mouldy
Schimmelpilz *m* mould
Schimmer <-s> *m kein pl* ❶ (*matter Glanz*) lustre [*or* AM -er], shimmer ❷ (*kleine Spur*) ■ **ein ~ einer S.** *gen* [*o* **von etw**] the slightest trace of sth; **ein ~ von Anstand** a scrap of decency; **ein ~ von Hoffnung** a glimmer [*or* spark] of hope; **kein ~ eines Verdachtes** not the slightest suspicion ▸ WENDUNGEN: **keinen blassen** [*o* **nicht den geringsten**] [*o* **nicht den leisesten**] ~ [**von etw**] **haben** (*fam*) to not have the faintest [*or* slightest] [*or* foggiest] idea [about sth]
schimmern *vi* to shimmer, to gleam
Schimpanse <-n, -n> *m* chimpanzee
Schimpf <-[e]s> *m kein pl* affront *dated form*, abuse *no indef art, no pl;* **mit ~ und Schande** (*geh*) in disgrace; **jdm einen ~ antun** (*veraltend geh*) to affront sb *dated form*
schimpfen I. *vi* ❶ (*sich ärgerlich äußern*) ■ [**auf** [*o* **über**] **jdn/etw**] ~ to grumble [about sb/sth] ❷ (*fluchen*) to [curse and] swear; **wie ein Rohrspatz** ~ to curse like a washerwoman [*or* AM sailor] ❸ (*ärgerlich zurechtweisen*) to grumble; ■ **mit jdm** ~ to scold sb, to tell sb off, to slap sb's wrists *fig* II. *vr* (*fam*) ■ **sich etw** ~ to call oneself sth; ***die schießen jeden Ball daneben, und so was schimpft sich Nationalelf!*** they couldn't score in a brothel *fam!* and they call themselves the national team!; **sich selbst einen Esel** ~ to call oneself an ass
Schimpfkanonade *f* (*fam*) shower [*or* stream] of abuse
schimpflich I. *adj* (*geh*) disgraceful, shameful; **eine ~e Niederlage** a humiliating [*or* ignominious] [*or* shameful] defeat II. *adv* (*geh*) disgracefully, shamefully; **jdn ~ verjagen** to throw sb out in disgrace
Schimpfname *m* abusive nickname **Schimpf-**

wort *nt* swear word
Schindel <-, -n> *f* shingle
Schindeldach *nt* shingle roof
schinden <schindete, geschunden> **I.** *vr* ■ **sich** [**mit etw**] ~ to work oneself to death [at/over sth], to slave [away] [at sth], to work like a trojan [at sth] BRIT **II.** *vt* ❶ (*grausam antreiben*) ■ **jdn** ~ to work [*or* treat] sb like a slave, to work sb into the ground; **ein Tier** ~ to ill-treat an animal, to work an animal to death ❷ (*veraltet: abhäuten*) to flay an animal ❸ (*fam*) ■ **etw** [**bei jdm**] ~ to get sth [from sb]; **einen Aufschub** ~ to get a postponement; **Applaus** [*o* **Beifall**] ~ to fish for applause; **Eindruck** ~ to play to the gallery; **Erfolg** ~ to score a spurious success; **Zeit** ~ to play for time; **bei jdm ein paar Zigaretten** ~ to cadge [*or* AM bum] a few cigarettes off sb
Schinder(in) <-s, -> *m(f)* ❶ (*Ausbeuter*) slave driver, hard taskmaster ❷ (*veraltet: Abhäuter*) knacker BRIT
Schinderei <-, -en> *f* grind, hard work [*or* graft], bloody hard work [*or* graft] BRIT; **Jahre der** ~ years of slavery [*or* hard graft]
Schindluder *nt* ▸ WENDUNGEN: **mit jdm/etw** ~ **treiben** (*fam*) to gravely abuse [*or* misuse] sb/sth
Schinken <-s, -> *m* ❶ KOCHK ham; **Prager/Schwarzwälder** ~ Prague/Black Forest ham ❷ (*pej o hum fam*) big awful painting; **ein alter** ~ (*Buch*) a big awful book; (*Film*) a dismal film
Schinkenbein *nt* KOCHK *s.* **Eisbein** **Schinkenspeck** *m* bacon **Schinkenstück** *nt* KOCHK gammon piece **Schinkenwurst** *f* ham sausage [meat]
Schippe <-, -n> *f* ❶ *bes* NORDD (*Schaufel*) shovel ❷ KARTEN NORDD spades *npl;* ~ **König** king of spades ▸ WENDUNGEN: **jdn auf die** ~ **nehmen** (*fam*) to pull sb's leg *fig,* to make fun of sb; **etw auf die** ~ **nehmen** (*fam*) to make fun of [*or* poke fun at] [*or* ridicule] sth
schippen *vt* NORDD ■ **etw** ~ to shovel sth
schippern *vi sein* to sail [*or* cruise]
Schiri <-s, -s> *m* SPORT (*sl*) referee, zebra *sl; baseball* umpire
Schirm <-[e]s, -e> *m* ❶ (*Regenschirm*) umbrella, brolly BRIT *fam* ❷ (*Sonnenschirm*) sun shade; (*tragbar*) parasol ❸ (*Mützenschirm*) peak ❹ (*fam*) [TV] screen; **über den Schirm gehen** (*gesendet werden*) to be shown on TV ❺ (*Lampenschirm*) lampshade ❻ BOT cap
Schirmherr(in) *m(f)* patron **Schirmherrschaft** *f* patronage; **unter der** ~ **von jdm/etw** under the patronage of sb/sth **Schirmhülle** *f* [umbrella] cover **Schirmmütze** *f* peaked cap **Schirmpilz** *m* parasol mushroom **Schirmständer** *m* umbrella stand
Schirokko <-s, -s> *m* sirocco
schissRR, **schiß** *imp von* **scheißen**
SchissRR <-es> *m kein pl,* **Schiß** <-sses> *m kein pl* ~ [**vor jdm/etw**] **haben** [*o* **kriegen**] (*sl*) to be shit-scared [*or* scared shitless] [of sb/sth] *sl*
schizophren *adj* ❶ MED schizophrenic ❷ (*geh: absurd*) neurotic, irrational, absurd, schizophrenic *fam or pej;* ***das ist*** ~**!** that's absurd!
Schizophrenie <-, *selten* -n> [-ˈniːən] *f* ❶ MED (*Spaltungsirresein*) schizophrenia ❷ (*pej: Widersinn*) schizophrenia *pej,* absurdity, irrationality
schlabberig *adj* (*fam*) ❶ (*dünn*) ***watery*** thin; ***diese*** ~***e Brühe nennst du Bier?*** you call this dishwater beer? ❷ (*schlaff*) loose[-fitting]
schlabbern **I.** *vi* (*fam*) ❶ (*Essen aussabbern*) to dribble ❷ (*weit fallen*) to fit loosely; **eine** ~**de Jacke** a loose[-fitting] jacket ❸ DIAL (*pej: schwatzen*) to blether BRIT *fam* **II.** *vt* (*fam*) ■ **etw** ~ to lap sth [up]
Schlacht <-, -en> *f* battle; **jdm eine** ~ **liefern** (*geh*) to join [*or* do] battle with sb *form;* **in die** ~ **ziehen** (*geh*) to go into battle; **die** ~ **bei/in** *dat* the battle of/in; **die** ~ **bei Waterloo** the battle of Waterloo
Schlachtbank *f* ▸ WENDUNGEN: **jdn zur** ~ **führen** (*geh*) to lead sb like a lamb to the slaughter; *s. a.* **Lamm**
schlachten **I.** *vt* ■ **ein Tier** ~ to slaughter an animal; *s. a.* **Sparschwein** **II.** *vi* to slaughter; ■ **das S**~ the slaughter
Schlachtenbummler(in) *m(f)* SPORT (*fam*) away [*or* visiting] supporter
Schlachter(in) <-s, -> *m(f)* ❶ (*Metzger*) butcher *a. fig* ❷ (*Schlachthofsangestellter*) slaughterman ❸ (*Fleischerladen*) butcher's [shop]
Schlächter(in) <-s, -> *m(f)* ❶ NORDD (*Schlachter*) butcher ❷ (*brutaler Mörder*) butcher
Schlachterei <-, -en> *f s.* **Schlachter 3**
Schlächterei <-, -en> *f* ❶ NORDD *s.* **Schlachterei** ❷ (*Metzelei*) slaughter
Schlachtfeld *nt* battlefield, battleground; **wie ein** ~ **aussehen** to look like a battlefield; ***das Zimmer sah aus wie ein*** ~ the room looked as though a bomb had hit it **Schlachthaus** *nt* slaughterhouse, abattoir **Schlachthof** *m s.* **Schlachthaus** **Schlachtplan** *m* ❶ MIL plan of battle, battle plan ❷ (*Plan für ein Vorhaben*) plan of action; **einen** ~ **machen** to draw up a plan of action **Schlachtross**RR *nt* charger, warhorse **Schlachtschiff** *nt* battleship **Schlachtvieh** *nt animals kept for meat production*
Schlacke <-, -n> *f* ❶ (*Verbrennungsrückstand aus dem Hochofen*) slag; (*aus dem Haushaltsofen*) cinders *npl,* ashes *pl* ❷ (*Ballaststoffe*) roughage ❸ NATURMED waste products ❹ GEOL scoria
schlackern *vi* NORDD (*schlottern*) ■ [**gegen/um etw**] ~ to flap [against/around sth]; ***der weite Rock schlackerte ihr um die Knie*** her wide skirt flapped loosely around her knees; *s. a.* **Ohr**
Schlaf1 <-[e]s> *m kein pl* sleep *no pl;* **sich** *dat* **den** ~ **aus den Augen reiben** to rub the sleep out of one's eyes; **jdn um den** [*o* **seinen**] ~ **bringen** to keep sb awake at night; **aus dem** ~ **fahren** to wake up with a start; **in einen tiefen/traumlosen** ~ **fallen** to fall into a deep/dreamless sleep; **keinen** ~ **finden** (*geh*) to be unable to sleep; **einen festen** ~ **haben** to sleep deeply, to be a deep sleeper; **halb im** ~[**e**] half asleep; **einen leichten** ~ **haben** to sleep lightly, to be a light sleeper; **um seinen** ~ **kommen** to be unable to sleep; **im tiefsten** ~ **liegen** to be fast [*or* sound] asleep; **versäumten** ~ **nachholen** to catch up on one's sleep; **im** ~ **reden** to talk in one's sleep; **jdm den** ~ **rauben** to keep sb awake; **aus dem** ~ **gerissen werden** to wake up suddenly, to jerk out of one's sleep; **aus dem** ~ **schrecken** to wake up with a start; **jdn in den** ~ **singen** to sing sb to sleep; **in** ~ **sinken** (*geh*) to fall into a deep sleep; **sich in den** ~ **weinen** to cry oneself to sleep ▸ WENDUNGEN: **den** ~ **des Gerechten schlafen** to sleep the sleep of the just; **nicht im** ~ **an etw denken** etc. to not dream of [doing] sth; **etw im** ~ **können** [*o* **beherrschen**] (*fam*) to be able to do sth in one's sleep [*or* with one hand tied behind one's back] *fig; s. a.* **seine(r,s)**
Schlaf2 <-[e]s, Schläfe> *m* (*veraltet: Schläfe*) temple
Schlafanzug *m* pyjamas *npl*
Schläfchen <-s, -> *nt* nap, snooze, lie-down; **ein** ~ **machen** to have forty winks [*or* a nap] [*or* a snooze] [*or* a lie-down]
Schläfe <-, -n> *f* temple; **graue** ~**n haben** to have grey [*or* AM gray] hair at the temples
schlafen <schlief, geschlafen> **I.** *vi* ❶ (*nicht wach sein*) to sleep, to be asleep; ***bei dem Lärm kann doch kein Mensch*** ~**!** nobody can sleep with that noise [going on]!; ***darüber muss ich erst*** ~ I'll have to sleep over that; **schlaf gut** [*o geh* **schlafen**

S

Sie wohl] sleep well; **etw lässt jdn nicht** ~ sth keeps sb awake; **ein Kind** ~ **legen** to put a child to bed; ~ **gehen, sich** ~ **legen** to go to bed; **sich** ~**d stellen** to pretend to be asleep; **noch halb** ~**d** to still be half asleep; **gut/schlecht** ~ to sleep well/badly; **fest/tief** ~ to sleep deeply/soundly, to be deeply/sound asleep; **leicht** ~ to sleep lightly ❷ (*zum Schlafen auf etw liegen*) **hart** ~ to sleep on sth hard; ***bloß keine weiche Matratze, ich schlafe lieber hart*** don't give me a soft mattress, I prefer a hard one ❸ (*nächtigen*) ■ **bei jdm** ~ to stay with sb, to sleep at sb's; ***du kannst jederzeit bei uns*** ~ you can sleep at our place [*or* stay with us] any time; **im Freien** ~ to sleep in the open [*or* outdoors] ❹ (*unaufmerksam sein*) ■ [**bei** [*o* **während**] **etw**] ~ to doze [*or* to snooze] [during sth]; ***die Konkurrenz hat geschlafen*** our competitors were asleep ❺ (*euph fam: koitieren*) ■ **mit jdm** ~ to sleep with sb *euph; s. a.* **Hund, Murmeltier II.** *vr* ❶ *impers* (*ruhen*) ■ **es schläft sich gut/schlecht irgendwo** it is comfortable/not comfortable to sleep somewhere; ***auf dem neuen Sofa schläft es sich ausgesprochen gut*** you can get an excellent night's sleep on the new sofa; **sich gesund** ~ to get better by sleeping ❷ (*fam: koitieren*) **sich nach oben** ~ to sleep one's way up through the hierarchy [*or* AM to the top]

Schlafengehen *nt kein pl* going to bed; ***ich habe noch keine Lust zum*** ~ I don't feel like going to bed yet

Schläfer(in) <-s, -> *m(f)* sleeper

schlaff **I.** *adj* ❶ (*locker fallend*) slack; **eine** ~**e Fahne** a drooping flag ❷ (*nicht straff*) sagging, flabby; **ein** ~**er Händedruck** a limp handshake **II.** *adv* ❶ (*locker fallend*) slackly ❷ (*kraftlos*) feebly

Schlafforschung *f* MED research into sleep **Schlafgelegenheit** *f* bed [for the night], place to sleep

Schlafittchen <-s> *nt* ▶ WENDUNGEN: **jdn am** [*o* **beim**] ~ **nehmen** [*o fam* **kriegen**] [*o fam* **packen**] to collar [*or* grab] [*or* nab] sb

Schlafkrankheit *f* sleeping sickness **Schlaflied** *nt* lullaby

schlaflos **I.** *adj* sleepless; MED insomniac **II.** *adv* sleeplessly

Schlaflosigkeit <-> *f kein pl* sleeplessness *no pl;* MED insomnia *no pl*

Schlafmittel *nt* sleep-inducing medication; (*als Tablette*) sleeping tablet **Schlafmütze** *f* ❶ (*Kopfbedeckung*) nightcap ❷ (*fam: verschlafene Person*) sleepy head *fam*

schläfrig *adj* sleepy, drowsy; ■ ~ **sein** to be [*or* feel] sleepy [*or* drowsy]; ■ **etw macht jdn** ~ sth makes sb [feel] sleepy [*or* drowsy]

Schläfrigkeit <-> *f kein pl* sleepiness, drowsiness

Schlafsaal *m* dormitory **Schlafsack** *m* sleeping bag **Schlafstadt** *f* dormitory town **Schlafstörungen** *pl* insomnia *form,* sleeplessness, sleeping disorder; **unter** ~ **leiden** to suffer from insomnia **Schlaftablette** *f* sleeping-pill **schlaftrunken** **I.** *adj* (*geh*) [still] half asleep, drunk with sleep *liter,* sleepy **II.** *adv* sleepily **Schlafwagen** *m* sleeper, sleeping-car **schlafwandeln** *vi sein o haben* to sleep-walk, to walk in one's sleep **Schlafwandeln** <-s> *nt kein pl* sleepwalking *no pl* **Schlafwandler(in)** <-s, -> *m(f)* sleep-walker

Schlafzimmer *nt* ❶ (*Raum*) bedroom ❷ (*Einrichtung*) bedroom suite [*or* furniture]

Schlafzimmerblick *m* (*hum fam*) come-to-bed look *fam,* bedroom eyes *pl fam* **Schlafzimmereinrichtung** *f* bedroom furniture [*or* suite]

Schlag <-[e]s, Schläge> *m* ❶ (*Hieb*) blow, wallop *fam;* (*mit der Faust*) punch; (*mit der Hand*) slap; SPORT stroke; ~ **mit der Axt** blow [*or* stroke] of the ax[e]; **ein** ~ **auf den Kopf** a blow on the head; ~ **mit der Peitsche** lash of the whip; **jdm Schläge androhen** to threaten sb with a beating; **jdm Schläge verabreichen** [*o* **verpassen**] to give sb a beating; **gern Schläge austeilen** to be fond of one's fists; [**von jdm**] **Schläge kriegen** [*o* **bekommen**] to get a beating [*or fam* beaten up] [*or fam* clobbered]; **jdm einen** ~ [**irgendwohin**] **versetzen** to deal sb a blow [*or fam* to give sb a clout [*or* wallop]] [somewhere]; **ein tödlicher** ~ a fatal blow ❷ (*dumpfer Hall*) thud; **ein** ~ **an der Tür** a bang on the door ❸ (*rhythmisches Geräusch*) **die Schläge des Herzens** the beats of the heart; **der** ~ **der Nachtigall** the song of the nightingale; **der** [**unregelmäßige**] ~ **des Pulses** the [irregular] pulse [beat]; **der** ~ **einer Uhr** striking of a clock; ***die Uhr schlug vom Kirchturm, er zählte zwölf Schläge*** the church clock struck, he counted twelve; ~ **Mitternacht/8 Uhr** on the stroke of midnight/at 8 o'clock sharp ❹ (*Schicksals~*) blow; ***seine Entlassung war ein schrecklicher*** ~ ***für ihn*** being made redundant was a terrible blow to him; **etw versetzt jdm einen** ~ sth comes as a blow to sb ❺ (*fam: Menschen~*) type; **vom alten** ~[**e**] from the old school; **vom gleichen** ~ **sein** to be made of the same stuff, to be birds of a feather ❻ (*Tauben~*) pigeon loft ❼ KOCHK (*fam: Portion*) helping; **ein** ~ **Kartoffelpüree** a portion of mashed potatoes ❽ ÖSTERR (*fam: Schlagsahne*) [whipped] cream; **Kuchen mit** ~ cake with whipped cream ❾ (*veraltend: Wagentür*) door ❿ (*Stromstoß*) shock; **einen** ~ **kriegen** to get an electric shock ⓫ MIL (*Angriff*) attack; ***zum entscheidenden*** ~ ***ausholen*** to make ready [*or* to prepare] for the decisive blow [*or* attack] ⓬ (*fam: Schlaganfall*) stroke; **einen** ~ **bekommen/haben** to suffer/have a stroke ⓭ FORST clearing ⓮ AGR plot ⓯ (*beim Segeln*) tack ⓰ NAUT stroke ⓱ MODE **eine Hose mit** ~ flared trousers ▶ WENDUNGEN: **ein** ~ **ins Gesicht** a slap in the face; **ein** ~ **unter die Gürtellinie** (*fam*) a blow [*or* hit] below the belt *fig;* **ein** ~ **ins Kontor** (*fam*) a real blow; ***es war für ihre Ambitionen ein*** ~ ***ins Kontor*** it was a [hammer] blow to her ambitions; **ein** ~ **ins Wasser** (*fam*) a [complete] washout [*or fam* flop]; **jd hat bei jdm** ~ (*sl*) sb is well-in [*or* popular] [*or* [as] thick as thieves] [*or fam* matey] with sb; **etw hat bei jdm** ~ sth is popular with sb; ***dieser Wein hat keinen*** ~ ***bei mir*** this wine leaves me cold; **jdn rührt** [*o* **trifft**] **der** ~ (*fam*) sb is flabbergasted *fam* [*or* dumbfounded] [*or* thunderstruck] [*or sl* gobsmacked]; ***mich trifft der*** ~***!*** well, blow me down [*or* I'll be blowed] [*or* strike me pink]! *fam;* ***ich dachte, mich trifft der*** ~***, als ich die Unordnung in dem Zimmer sah*** I couldn't believe it when I saw what a mess the room was in; **wie vom** ~ **getroffen** [*o* **gerührt**] **sein** to be thunderstruck; **etw auf einen** ~ **tun** (*gleichzeitig*) to get things done all at once; **keinen** ~ **tun** (*fam*) to not do a stroke of work [*or* lift a finger]; ~ **auf** ~ in rapid succession; ***alles geht*** ~ ***auf*** ~ everything's going [*or* happening] so fast; ~ ***auf*** ~ ***kamen die Botschaften aus der Krisenregion*** the news came thick and fast from the crisis area; **mit einem** ~[**e**] [*o* **auf einen** ~] (*fam*) suddenly, all at once

Schlagabtausch *m* ❶ (*Rededuell*) exchange of words, clash; **einen heftigen** ~ **haben** to have a sharp exchange of words, to go at it hammer and tongs BRIT ❷ (*beim Boxen*) exchange of blows ❸ MIL conflict, combat **Schlagader** *f* artery **Schlaganfall** *m* stroke; **einen** ~ **haben** [*o* **erleiden**] to have [*or* suffer] a stroke **schlagartig** **I.** *adj* sudden, abrupt, swift; **eine** ~**e Veränderung** an abrupt change **II.** *adv* suddenly, abruptly, without warning, in the twinkling of an eye *fam;* ~ **zu der Einsicht kommen, dass …** to suddenly come to realize that …

Schlagball *m* SPORT ① *kein pl (Spiel)* ≈ rounders + *sing vb* BRIT ② *(Ball)* ≈ rounders ball BRIT

schlagbar *adj* beatable; ■ **nicht ~ sein** to be unbeatable

Schlagbaum *m* barrier; **den ~ hochgehen/heruntergehen lassen** to raise/lower the barrier

Schlagbohrer *m* hammer drill **Schlagbohrmaschine** *f* hammer drill

SchlägelRR <-s, -> *m* ① MUS [drum]stick ② TECH mallet

schlagen <schlug, geschlagen> **I.** *vt haben* ① *(hauen)* ■ **jdn ~** to hit [*or form* strike] sb; **die Hände vors Gesicht ~** to cover one's face with one's hands; **mit der Faust auf den Tisch ~** to hammer on the table with one's fist, to punch sb; **jdn mit der Hand ~** to slap sb; **jdm das Heft um die Ohren ~** to hit sb over the head with the magazine; **jdn mit der Peitsche ~** to whip sb; **jdn mit einem Schlagstock ~** to club [*or* hit] [*or* beat] sb with a stick; **jdm [wohlwollend] auf die Schulter ~** to give sb a [friendly] slap on the back; **etw in Stücke [*o* Scherben] ~** to smash sth to pieces ② *(prügeln)* ■ **jdn ~** to beat sb; **jdn bewusstlos ~** to beat sb senseless [*or* unconscious]; **jdn blutig ~** to leave sb battered and bleeding; **jdn halb tot ~** to leave sb half dead; **jdn zum Krüppel ~** to cripple sb; **den Gegner zu Boden ~** to knock one's opponent down ③ *(besiegen)* ■ **jdn ~** to defeat sb; SPORT to beat sb; ■ **jdn [in etw] ~** *dat* to beat sb [in/at sth]; **den Feind mit Waffengewalt ~** to defeat the enemy with force of arms; **den Gegner vernichtend ~** to inflict a crushing defeat on the opponent; **jd ist nicht zu ~** sb is unbeatable; **sich geschlagen geben** to admit defeat ④ *(fällen)* ■ **etw ~** to fell; **einen Baum ~** to fell a tree ⑤ *(durch Schläge treiben)* ■ **etw [irgendwohin] ~** to hit sth [somewhere]; **einen Nagel in die Wand ~** to knock [*or* hammer] a nail into the wall; **den Ball ins Aus ~** to kick the ball out of the play ⑥ *(Eliminieren von Spielfiguren)* ■ **etw ~** to take; ***Läufer schlägt Bauern!*** bishop takes pawn! ⑦ MUS *(zum Erklingen bringen)* ■ **etw ~** to beat sth; **die Harfe/Laute ~** to play the harp/lute; **die Saiten ~** to pluck the strings; **den Takt ~** to beat time ⑧ KOCHK ■ **etw ~** to beat sth; **Sahne ~** to whip cream; **Eiweiß steif [*o* zu Schnee] ~** to beat the egg white until stiff; **Eier in die Pfanne ~** to crack eggs into the pan; **die Soße durch ein Sieb ~** to pass the gravy through a sieve ⑨ *(geh: eindringen lassen)* ■ **ein Tier schlägt etw in etw** *akk* **die Fänge/Krallen/Zähne in die Beute ~** to dig [*or* sink] [its] claws/talons/teeth into the prey ⑩ JAGD *(reißen)* ■ **ein Tier ~** to take an animal ⑪ *(wickeln)* ■ **etw/jdn in etw** *akk* **~** to wrap sth in sth; **das Geschenk in Geschenkpapier ~** to wrap up the present; **das Kind in die Decke ~** to wrap the child in the blanket ⑫ POL, ÖKON *(hinzufügen)* ■ **etw zu [*o* auf] etw ~** to annex sth to sth; **die Unkosten auf den Verkaufspreis ~** to add the costs to the retail price; **ein Gebiet zu einem Land ~** to annex a territory to a country; *s. a.* **Schlacht** ⑬ *(veraltend: prägen)* ■ **etw ~ Münzen ~** to mint coins ⑭ *(ausführen)* ■ **etw ~ einen Bogen um das Haus ~** to give the house a wide berth; **mit dem Zirkel einen Kreis ~** to describe a circle with compasses; **das Kreuz ~** to make the sign of the cross; **ein Kleidungsstück schlägt Falten** a garment gets creased ⑮ *(legen)* ■ **etw irgendwohin ~** to throw sth somewhere; **die Arme um jdn ~** to throw one's arms around sb; **ein Bein über das andere ~** to cross one's legs; **die Decke zur Seite ~** to throw off the blanket ⑯ *(austragen)* ■ **etw ~ eine Mensur ~** to fight a duel ⑰ *(geh: heimsuchen)* ■ **jdn ~ ein vom Schicksal geschlagener Mensch** a man dogged by ill-fate; **mit einer Krankheit geschlagen sein** to be afflicted by an illness ▸ WENDUNGEN: **ehe ich mich ~ lasse!** *(hum fam)* oh all right [*or* go on] then!, before you twist my arm!; *s. a.* **Alarm, Bogen, Funken, Krach, kurz Profit, Purzelbaum, Rad II.** *vi* ① *haben (hauen)* ■ **[mit etw] irgendwohin ~** to hit sth [with sth]; **gegen ein Tor ~** to knock at the gate/door; **mit der Faust gegen eine Tür ~** to beat at a door with one's fist; **[jdm] [mit der Hand] ins Gesicht ~** to slap sb's face; **jdm in die Fresse ~** to punch sb in the face *fam;* ■ **[mit etw] um sich ~** to lash [*or* thrash] about [with sth]; ■ **nach jdm ~** to hit out at sb ② *sein (explodieren)* to strike; ***ein Blitz ist in den Baum geschlagen*** the tree was struck by lightning ③ *sein (auftreffen)* ■ **an [*o* gegen] etw** *akk* **~** to land on sth, to strike against sth ④ *sein (auftreffen)* ■ **an [*o* gegen] etw** *akk* **~ *die schweren Brecher schlugen gegen die Hafenmauer*** the heavy breakers broke [*or* crashed] against the harbour wall ⑤ *haben (pochen)* to beat; ***nach dem Lauf hier hoch schlägt mein Herz/Puls ganz heftig*** my heart's pounding after running up here ⑥ *haben (läuten)* ■ **etw schlägt** sth is striking; ***hör' mal, das Glockenspiel schlägt*** listen, the clock is chiming; *s. a.* **Stunde** ⑦ *sein o haben (emporlodern)* ■ **etw schlägt aus etw** sth is shooting up from sth; ***aus dem Dach schlugen die Flammen*** the flames shot up out of the roof ⑧ *haben* ORN *Nachtigalle, Fink* to sing; ***der Vogel schlug mit den Flügeln*** the bird beat its wings ⑨ *sein (fam: ähneln)* ■ **nach jdm ~** to take after sb; ***er schlägt überhaupt nicht nach seinem Vater*** he doesn't take after his father at all ⑩ *sein (in Mitleidenschaft ziehen)* ■ **jdm [auf etw** *akk***] ~** to affect sb['s sth]; ***das schlechte Wetter schlägt mir langsam aufs Gemüt*** the bad weather is starting to get me down ⑪ *haben (sich wenden)* ■ **sich irgendwohin ~** to strike out; **sich nach rechts ~** to strike out to the right; **sich in die Büsche ~** to slip away; *(euph, hum)* to go behind a tree *euph, hum;* **sich auf jds Seite ~** to take sb's side; *(die Fronten wechseln)* to go over to sb; *s. a.* **Art, Blitz, Blindheit, Dummheit, Gemüt, Ohr III.** *vr haben* ① *(sich prügeln)* ■ **sich ~** to have a fight, to fight each other; ■ **sich [mit jdm] ~** to fight [sb]; **eine ~e Verbindung** a duelling [*or* AM dueling] fraternity ② *(rangeln)* ■ **sich [um etw] ~** to fight [over sth]; ***das Konzert ist ausverkauft, die Leute haben sich um die Karten geradezu geschlagen*** the tickets went like hot cakes and the concert is sold out ③ *(sich anstrengen)* ■ **sich [irgendwie] ~** to do somehow; **sich gut ~** to do well

schlagend I. *adj* forceful, compelling, convincing; **ein ~er Beweis** a conclusive proof **II.** *adv* **~ beweisen/widerlegen** to prove/disprove convincingly; *s. a.* **Verbindung, Wetter**²

Schlager <-s, -> *m* MUS ① *(Lied)* [pop] song ② *(Erfolg)* [big] hit, great success

Schläger <-s, -> *m* SPORT ① *(Tennis-, Squashschläger)* racquet, racket; **Tischtennis~** table tennis paddle ② *(Stock~)* stick, bat; **Golf~** golf club; **Cricket~** cricket bat ③ *s.* **Schlagholz**

Schläger(in) <-s, -> *m(f)* ① *(Raufbold)* thug, hoodlum ② SPORT batsman *masc,* batswoman *fem,* hitter; *(beim Baseball)* batter

Schlägerbande *f* gang of thugs

Schlägerei <-, -en> *f* fight, brawl, punch-up BRIT *fam*

Schlagerfestival *nt* pop [music] festival

Schlägerin <-, -nen> *f fem form von* **Schläger**

Schlägermütze *f (fam)* [peaked] cap

Schlagersänger(in) *m(f)* pop singer

schlagfertig I. *adj* quick-witted; *Antwort a.* clever **II.** *adv* quick-wittedly; **~ antworten** to be quick with an answer

Schlagfertigkeit *f kein pl* quick-wittedness; *Antwort* cleverness

Schlagholz *nt* SPORT bat **Schlaghose** *f* MODE flares *pl*, bell-bottomed trousers *pl* **Schlaginstrument** *nt* MUS percussion instrument **Schlagkraft** *f kein pl* ❶ MIL strike power ❷ (*Wirksamkeit*) effectiveness **schlagkräftig** *adj* ❶ (*kampfkräftig*) powerful [in combat] ❷ (*wirksam*) **ein ~es Argument** a forceful [*or* compelling] [line of] argument; **ein ~er Beweis** compelling proof *no indef art, no pl* **Schlaglicht** *nt* KUNST, FOTO highlight ▶ WENDUNGEN: **ein [kennzeichnendes] ~ auf jdn/etw werfen** to put sb/sth into a [characteristic/particular] light **Schlagloch** *nt* pothole **Schlagmann** *m* SPORT stroke **Schlagmesser** *nt* Chinese cleaver **Schlagrahm** *m*, **Schlagobers** *nt* KOCHK SÜDD, ÖSTERR, SCHWEIZ (*Schlagsahne*) whipping cream **schlagreif** *adj* **ein ~er Baum** tree ready for felling **Schlagring** *m* knuckleduster, brass knuckles AM **Schlagsahne** *f* KOCHK cream; (*flüssig*) whipping cream; (*geschlagen*) whipped cream **Schlagseite** *f kein pl* NAUT list; **~ haben** [*o* **bekommen**] to develop a list; ***der Tanker hatte bereits schwere ~*** the tanker had already developed a heavy list [*or* was listing badly] ▶ WENDUNGEN: **~ haben** (*hum fam*) to be three sheets to the wind *fam* [*or* BRIT *sl* legless] **Schlagstock** *m* club, cudgel; (*Gummiknüppel*) truncheon

Schlagwort *nt* ❶ <-worte> (*Parole*) slogan, catchphrase, clich *pej* ❷ <-wörter> (*Stichwort*) key [*or* head] word

Schlagwortkatalog *m* library catalogue [*or* AM catalog] of keywords

Schlagzeile *f* PRESSE headline; **~n machen** [*o* **für ~n sorgen**] to make headlines [*or* the front page]

schlagzeilen *vt* (*sl: als Schlagzeile bringen*) ***„Diana verlässt Charles", schlagzeilten die Boulevardblätter*** "Diana leaves Charles" was [*or* screamed] the headline in the tabloids

Schlagzeug <-[e]s, -e> *nt* drums *pl;* (*im Orchester*) percussion *no pl*

Schlagzeuger(in) <-s, -> *m(f)* (*fam*) drummer; (*im Orchester*) percussionist

schlaksig *adj* (*fam*) gangling, lanky, gawky; **~e Bewegungen** clumsy and awkward movements

Schlamassel <-s, -> *m o nt* (*fam*) ❶ (*Durcheinander*) mess, muddle ❷ (*ärgerliche Situation*) ***jetzt haben wir den ~!*** now we're in a [right] mess [*or fam* pickle]!

Schlamm <-[e]s, -e *o* Schlämme> *m* mud; (*breiige Rückstände*) sludge *no indef art, no pl*, residue *form*, gunge *fam no indef art, no pl* BRIT

Schlammbad *nt* mudbath **Schlammerde** *f* (*als Heilerde*) mud **Schlammfieber** *nt* swamp [*or* harvest] fever

schlammig *adj* muddy; **~es Wasser** muddy [*or* sludgy] water

Schlammschicht *f* layer of mud **Schlammschlacht** *f* free-for-all *fig fam* **Schlammspringer** *m* ZOOL mudshipper

Schlampe <-, -n> *f* (*pej fam*) slut, tart *sl;* **diese alte ~** that old witch [*or* bag]

schlampen *vi* (*fam*) ■ **[bei etw] ~** to do a sloppy job [of sth] *fam*

Schlamper(in) <-s, -> *m(f)* slovenly fellow *fam*

Schlamperei <-, -en> *f* (*fam*) ❶ (*Nachlässigkeit*) sloppiness *fam* ❷ (*Unordnung*) mess, untidiness

schlampig I. *adj* ❶ (*nachlässig*) sloppy *fam;* (*liederlich*) slovenly ❷ (*ungepflegt*) unkempt, bedraggled II. *adv* ❶ (*nachlässig*) sloppily *fam* ❷ (*ungepflegt*) in a slovenly [*or* unkempt] way

schlang *imp von* **schlingen**[1, 2]

Schlange <-, -n> *f* ❶ ZOOL (*a. fig*) snake ❷ (*lange Reihe*) a queue, a line AM; *Fahrzeuge a.* tailback BRIT, traffic jam AM; **[irgendwo] ~ stehen** to queue up [somewhere], to stand in line [somewhere] AM ❸ (*pej: hinterlistige Frau*) Jezebel; **eine falsche ~** (*pej*) a snake in the grass *fig* ❹ TECH (*Heiz~*) heating coil; (*Kühl~*) cooling spiral [*or* coil] ▶ WENDUNGEN: **eine ~ am Busen nähren** (*geh*) to cherish a viper in one's bosom; **sich winden wie eine Schlange** to go through all sorts of contortions

schlängeln *vr* ❶ ZOOL (*sich winden*) ■ **sich ~** to crawl, to coil its way ❷ (*kurvenreich verlaufen*) ■ **sich ~** to snake [*or* wind] [one's way]; *Fluss, Straße* to meander ❸ (*sich winden*) ■ **sich ~** to wind one's way; ***sie schlängelte sich durch die Menschenmenge*** she wormed her way through the crowd; *s. a.* **Linie**

Schlangenadler *m* short-toed eagle **Schlangenbeschwörer(in)** <-s, -> *m(f)* snake charmer **Schlangenbiss**RR *m* snake bite **Schlangengift** *nt* snake poison **Schlangenleder** *nt* snake skin **Schlangenlinie** *f* wavy line; **in ~n fahren** to weave [one's way] [from side to side] **Schlangenstern** *m* ZOOL brittle-star

Schlangestehen <-s> *nt kein pl* queueing [up], lining up, standing in a queue [*or* AM line]

schlank *adj* ❶ (*dünn*) slim; **~ machen** *Essen* to be good for loosing weight; *Kleidung* to be slimming, to make sb look slim; **sich ~ machen** to breathe in, to hold oneself in ❷ (*schmal*) slender, slim; **ein ~er Baum** a slender Tree; **von ~em Wuchs** of slender shape; *s. a.* **Linie**

Schlankheit <-> *f kein pl* slimness, slenderness

Schlankheitskur *f* diet; **eine ~ machen/anfangen** to be/go on a diet

schlankweg *adv* (*fam*) **[etw] ~ ablehnen** to flatly refuse [sth], to refuse [sth] outright [*or* point blank]; **etw ~ abstreiten** [*o* **bestreiten**] to flatly deny sth; **jdm etw ~ ins Gesicht sagen** to say sth straight to sb's face, to come right out with sth and tell sb

schlapp *adj* ❶ *pred* (*fam: erschöpft*) worn out; (*nach einer Krankheit*) washed out; **jdn ~ machen** (*fam*) to wear sb out ❷ (*fam: ohne Antrieb*) feeble, weak, listless ❸ (*fam: mager*) measly; **für ~e 10 DM** for a measly 10 marks *fam;* **ein ~er Betrag** a measly amount *fam*

Schlappe <-, -n> *f* (*fam*) setback, upset; **[bei etw] eine ~ einstecken müssen, eine ~ [in etw** *dat*] **erleiden** to suffer a setback

Schlappen <-s, -> *m* DIAL (*fam*) slipper

Schlappheit <-> *f kein pl* listlessness

Schlapphut *m* floppy hat **schlapp|machen** *vi* (*fam*) ❶ (*erschöpft aufgeben*) to give up ❷ (*erschöpft langsamer machen*) to flag [*or* droop] ❸ (*erschöpft umkippen*) to pass [*or* BRIT *fam* flake] out **Schlappohr** *nt* ❶ ZOOL (*hum*) lop ear; **~en** floppy ears *fam* ❷ *s.* **Schlappschwanz** **Schlappschwanz** *m* (*pej fam*) wimp *pej fam*

Schlaraffenland *nt* ❶ LIT Cockaigne *form* ❷ (*geh: Land des Überflusses*) land of milk and honey

schlau I. *adj* ❶ (*clever*) clever, shrewd; **du bist ein ~es Bürschlein!** what a clever clogs you are! BRIT ❷ (*gerissen*) crafty, wily; **ein ~er Fuchs** a sly fox; **eine ~e Idee** an ingenious [*or fam* bright] idea *a. iron;* **ein ~er Plan/Vorschlag** an ingenious plan/suggestion; **aus jdm/etw ~ werden** to understand sb/sth, to understand what sb/sth is about *fam;* ***ich werde nicht ~ aus der Bedienungsanleitung*** I can't make head nor tail of the operating instructions; **ein ganz S~er/eine ganz S~e** (*iron fam*) clever clogs BRIT *fam or iron; s. a.* **Kopf** II. *adv* cleverly, shrewdly, craftily, ingeniously

Schlauberger(in) <-s, -> *m(f)* (*fam*) ❶ (*pfiffiger*

Mensch) clever one *no def art* ② *(iron: Besserwisser)* clever clogs [*or* Dick] BRIT *iron,* smart Alec *iron*

Schlauch <-[e]s, Schläuche> *m* ① *(biegsame Leitung)* hose ② *(Reifenschlauch)* [inner] tube ③ *(fam: Strapaze)* grind *fam,* hard labour [*or* AM -or] *no indef art, no pl;* ***die Wanderung war ein echter*** ~ the hike was a real slog ▸ WENDUNGEN: **auf dem ~ stehen** *(fam: ratlos sein)* to be at a loss

Schlauchboot *nt* rubber [*or* inflatable] dinghy

schlauchen I. *vt (fam)* ■ **jdn** ~ to [almost] finish sb off, to take it out of sb; ■ **geschlaucht sein** to be worn out II. *vi (fam)* to wear sb out, to take it out of sb *fam;* ***das schlaucht ganz schön!*** that really takes it out of you!

schlauchlos *adj* AUTO tubeless

Schläue <-> *f kein pl* ① *(clevere Art)* shrewdness ② *(Gerissenheit)* craftiness, cunning

Schlaufe <-, -n> *f* loop; *(aus Leder)* strap

Schlauheit <-> *f kein pl s.* **Schläue**

Schlaukopf *m,* **Schlaumeier** *m (fam) s.* **Schlauberger**

Schlawiner(in) <-s, -> *m(f) (hum fam)* rascal

schlecht I. *adj* ① KOCHK *(verdorben)* bad, poor; ■ ~ **sein** to be bad [*or* BRIT off]; ***ich fürchte das Fleisch ist ~ geworden*** I'm afraid the meat has gone off [*or* is off] ② *(mindere Qualität aufweisend)* bad, poor; **von ~er Qualität** of poor quality; **~e Verarbeitung** poor workmanship ③ *(unzureichend)* poor; **noch zu ~** still not good enough; ***deine Aussprache ist noch zu*** ~ your pronunciation is still not good enough ④ FIN *(gering)* poor; **ein ~es Gehalt** a poor salary ⑤ *(moralisch verkommen)* bad, wicked, evil; **ein ~es Gewissen haben** to have a bad conscience; **einen ~en Ruf haben** [*o* **in ~em Ruf stehen**] to have a bad reputation; **jdm etwas S~es nachsagen** to say sth bad about sb, to speak disparagingly about sb, to cast aspersions on sb *form* ⑥ *(unangenehm)* bad; **~es Benehmen** bad manners *pl* ⑦ *(ungünstig)* bad; **~e Zeiten** hard times ⑧ MED *(nicht gut funktionierend)* bad, poor; **eine ~e Entwässerung** water retention; **~e Augen** poor [*or* weak] eyesight, weak eyes; **ein ~es Herz** a bad heart ⑨ *(übel)* ■ **jdm ist** [*o* **wird**] [**es**] ~ sb feels sick ▸ WENDUNGEN: **es** [**bei jdm**] **~ haben** sb is not doing well [*or* is doing badly] [with sb]; **jdn aber ~ kennen** to not know sb [very well]; **es sieht ~ aus** it doesn't [*or* things don't] look good; **es sieht ~ aus mit jdm/etw** the prospects [*or* things] don't look good for sb/sth II. *adv* ① KOCHK *(nicht gut)* badly; ***so ~ habe ich selten gegessen*** I've rarely had such bad food ② *(ungenügend)* badly, poorly; ***die Geschäfte gehen*** ~ business is bad ③ *(nicht hinreichend)* badly; **etw ~ beschreiben** to describe sth superficially [*or* badly]; **~ konzipiert/geplant** badly [*or* poorly] conceived/planned; ***es ist ~ vorstellbar*** it's difficult to imagine ④ *(gering)* poorly; **~ bezahlt** badly [*or* poorly] paid; **~ gehen** to be badly off, to be doing badly; **~ zahlen** to pay badly; **~ honoriert** badly paid ⑤ MED *(nicht mit aller Kapazität)* badly, poorly; **~ gehen** to not feel [*or* be] well; *(sich übel fühlen)* to feel sick; **~ hören** to be hard of hearing; **~ sehen** to have poor [*or* weak] eyesight ⑥ *(unangenehm)* badly; **~ gehen** *(fam)* to be [in] for it [*or* be in trouble]!; **jdn ~ machen** to run sb down, to vilify sb, to make disparaging remarks about sb; [**jdm**] **etw ~ machen** to run sth down [in front of sb], to spoil sth [for sb]; **~ reden über jdn** to say bad things about sb, to speak disparagingly about sb, to cast aspersions on sb ⑦ *(nicht gut)* **~ beraten** ill-advised; **~ gelaunt/drauf sein** bad-tempered, ill-tempered, in a bad mood *pred;* **~ mit jdm auskommen** to not get on [well] with sb; ***wir kommen ~ miteinander aus*** we don't get on well together; **~ zusammenpassen** to not get on well together ⑧ *(schwerlich)* not really; ***du wirst ~ anders können*** you can't really do anything else ▸ WENDUNGEN: **~ und recht** [*o* **mehr ~ als recht**] *(hum fam)* after a fashion, more or less; **auf jdn/etw ~ zu sprechen sein** to not want anything to do with sb/sth; **nicht ~** *(fam)* ***in dem Restaurant speist man nicht*** ~ you can eat [quite] well in that restaurant; **nicht ~ staunen** to be astonished; **nicht ~ verwundert sein** to be amazed

schlechthin *adv* ① *(in reinster Ausprägung)* **etw ~ sein** to be the epitome of sth ② *(geradezu)* just, absolutely; ***das dürfte ~ unmöglich sein*** that is completely impossible

Schlechtigkeit <-, -en> *f* ① *kein pl (üble Beschaffenheit)* badness, wickedness, evil ② *(üble Tat)* wicked [*or* bad] deed

Schlechtwettergeld *nt* bad-weather allowance

schlecken I. *vt* ■ **etw ~** to lick sth; *Katze* to lap up sth *sep* II. *vi* ① SÜDD, ÖSTERR, SCHWEIZ *(naschen)* to nibble *(esp sweet things);* **etwas zum S~** sth to nibble ② *(lecken)* ■ **an etw** *dat* ~ to lick sth

Schleckerei <-, -en> *f* ÖSTERR, SÜDD *(Süßigkeit)* sweet, nibble *usu pl*

Schleckermaul *nt (hum fam) s.* **Leckermaul**

Schlegel <-s, -> *m* ① MUS *s.* **Schlägel** ② TECH *s.* **Schlägel** ③ KOCHK SÜDD, ÖSTERR, SCHWEIZ *(Hinterkeule)* drumstick

Schlehe <-, -n> *f* sloe

schleichen <schlich, geschlichen> I. *vi sein* ① *(leise gehen)* ■ [**irgendwohin**] ~ to creep [*or liter* steal] [*or pej* sneak] [somewhere] ② *(auf Beutejagd)* to prowl [somewhere] ③ *(langsam gehen, fahren)* to crawl along; *s. a.* **Katze** II. *vr haben* ① *(leise gehen)* ■ **sich** [**irgendwohin**] ~ to creep [*or liter* steal] [*or pej* sneak] somewhere; **sich aus dem Haus ~** to steal softly *form* ② *(auf Beutejagd)* to prowl [somewhere] ▸ WENDUNGEN: **schleich dich!** SÜDD, ÖSTERR *(sl)* get lost [*or* AM out of here]!; *s. a.* **Vertrauen**

schleichend I. *adj attr* MED *(langsam fortschreitend)* insidious; **~e Inflation** creeping inflation II. *adv* insidiously

Schleicher(in) <-s, -> *m(f) (pej)* sycophant, crawler BRIT *fam,* brown noser AM, arse-licker BRIT *vulg,* ass kisser AM *vulg*

Schleichweg *m* back way; *(geheimer Weg)* secret path **Schleichwerbung** *f* plug

Schleie <-, -n> *f* ZOOL tench

Schleier <-s, -> *m* ① *(durchsichtiges Gewebe)* veil; **den ~ nehmen** REL *(veraltend geh: Nonne werden)* to take the veil ② *(Dunst)* [veil of] mist ▸ WENDUNGEN: **den ~ des Vergessens über etw** *akk* **breiten** *(geh)* to draw a veil over sth *fig;* **den ~ lüften** to reveal all *iron* [*or* the secret]

Schleiereule *f* barn owl

schleierhaft *adj (fam)* ■ [**jdm**] **~ sein** to be a mystery [to sb]

Schleife <-, -n> *f* ① MODE bow ② GEOG *Fluss* oxbow; *Straße* horseshoe bend ③ LUFT *(Kehre)* loop

schleifen[1] I. *vt haben* ① *(über den Boden ziehen)* ■ **etw/jdn ~** to drag sth/sb ② *(hum fam: mitschleppen)* ■ **jdn ~** to drag sb ③ *(niederreißen)* ■ **etw ~** to raze sth to the ground, to tear sth down II. *vi* ① *haben (reiben)* ■ [**an etw** *dat*] ~ to rub [*or* scrape] [against sth]; **die Kupplung ~ lassen** AUTO to slip the clutch ② *sein o haben (gleiten)* ■ [**über etw** *dat*] ~ to slide [*or* drag] [over sth]; *Schleppe* to trail ▸ WENDUNGEN: **etw ~ lassen** *(fam)* to let sth slide; *s. a.* **Zügel** III. *vr (fam)* ■ **sich irgendwohin ~** to drag oneself somewhere

schleifen[2] <schliff, geschliffen> *vt* ① *(schärfen)* ■ **etw ~** to sharpen [*or* grind] sth ② *(in Form polieren)* ■ **etw ~** to polish sth; *(mit Sandpapier)* to sand

S

sth; **Edelsteine** ~ to cut precious stones ③ MIL (*fam: brutal drillen*) ■**jdn** ~ to drill sb hard

Schleifer(in) <-s, -> *m(f)* ① (*Facharbeiter, der Steine schleift*) grinder; (*von Edelsteinen*) cutter ② MIL (*sl*) slave-driver, martinet *form*

Schleiflack *m* polishing varnish [*or* lacquer] **Schleifmaschine** *f* sander, sanding machine **Schleifpapier** *nt* sandpaper **Schleifstein** *m* grindstone; *s. a.* **Affe**

Schleim <-[e]s, -e> *m* ① MED (*Schleimdrüsenabsonderung*) mucus; (*in Bronchien oder Hals*) phlegm ② (*klebrige Masse*) slime ③ (*Brei*) gruel; **Hafer~** porridge

Schleimbeutel *m* MED bursa *spec* **Schleimdrüse** *f* mucous gland

schleimen *vi* (*pej fam*) to crawl *pej fam;* ■**jdn** ~ to butter sb up, to suck up to sb *fam,* to soft-soap sb BRIT

Schleimer(in) <-s, -> *m(f)* (*pej fam*) crawler BRIT *fam,* brown noser AM

Schleimhaut *f* ANAT mucous membrane

schleimig **I.** *adj* ① MED mucous ② (*glitschig*) slimy, sticky ③ (*pej: unterwürfig*) slimy *pej form,* obsequious *pej form* **II.** *adv* (*pej*) in a slimy way *pej,* obsequiously *pej*

Schleimpilz *m* BOT slime mould [*or* AM mold] **Schleimscheißer(in)** <-s, -> *m(f)* (*pej derb*) crawler BRIT *fam,* brown noser AM, slimy git BRIT *sl,* slime ball *sl*

schlemmen **I.** *vi* to have a feast **II.** *vt* ■**etw** ~ to feast on sth

Schlemmer(in) <-s, -> *m(f)* gourmet

Schlemmerei <-, -en> *f* GASTR ① (*dauerndes Schlemmen*) feasting, indulgences *pl* ② (*Schmaus*) feast

schlendern *vi sein* ■[**irgendwohin**] ~ to stroll [*or* amble] along [somewhere]

Schlendrian <-[e]s> *m kein pl* (*fam*) ① (*Trott*) rut ② (*Schlamperei*) sloppiness

Schlenker <-s, -> *m* ① TRANSP (*Ausweichmanöver*) swerve; **einen ~ machen** to swerve ② (*kleiner Umweg*) detour

schlenkern *vi* ① (*pendeln*) to dangle; ■**etw ~ lassen** to let sth dangle [*or* swing]; **mit den Beinen** ~ to swing one's legs ② (*schlackern*) to flap; ***der lange Rock schlenkerte ihr um die Beine*** the long skirt flapped around her legs ③ (*vom Weg abkommen*) to swerve

Schlepp *m* **etw im ~ haben** to have sth in tow, to tow sth; **jdn/etw ~ nehmen** to take sb/sth in tow *a. fig*

Schleppdampfer *m* NAUT (*geh*) tug

Schleppe <-, -n> *f* MODE train

schleppen **I.** *vt* ① (*schwer tragen*) ■**jdn/etw** [**irgendwohin**] ~ to carry [*or fam* lug] sb/sth ② (*zerren*) ■**jdn/etw** ~ to drag sb/sth ③ (*abschleppen*) ■**etw** [**irgendwohin**] ~ to tow sth [somewhere]; **das Auto in die Werkstatt ~ lassen** to have the car towed to the garage ④ (*fam: schleifen*) ■**jdn** [**irgendwohin**] ~ to drag sb [somewhere] ⑤ (*fam: tragen*) ■**etw** [**mit sich**] [**herum**] ~ to lug sth around [with one] **II.** *vr* ① (*sich mühselig fortbewegen*) ■**sich** [**irgendwohin**] ~ to drag oneself somewhere ② (*sich hinziehen*) ■**sich** ~ to drag on

schleppend **I.** *adj* ① (*zögerlich*) slow; **~e Bearbeitung** delayed processing ② (*schwerfällig*) shuffling, shambling; **~e Schritte** dragging steps ③ (*gedehnt*) [long] drawn-out; **~es Sprechen** slow speech **II.** *adv* ① (*zögerlich*) slowly; **~ in Gang kommen** to be slow in getting started ② (*schwerfällig*) **~ gehen, sich ~ bewegen** to shuffle along ③ (*gedehnt*) in a [long] drawn-out way [*or* fashion], slowly

Schlepper <-s, -> *m* ① NAUT *s.* **Schleppdampfer** ② (*veraltend: Zugmaschine*) tug [and tow]

Schlepper(in) <-s, -> *m(f)* (*sl*) ① (*Fluchthelfer*) someone who organizes illegal entry into a country ② (*Kundenfänger*) tout

Schleppkahn *m* NAUT lighter, barge **Schlepplift** *m* ski tow **Schleppnetz** *nt* trawl[-net] **Schlepptau** *nt* tow-line [*or* -rope]; **im** ~ in tow; **etw ins ~ nehmen** to take sth in tow; **jdn ins ~ nehmen** (*fig fam*) to take sb under one's wing [*or* in tow]; **mit jdm im** ~ (*fam*) with sb in one's wake [*or* in tow] *fig*

Schlesien <-s> [ˈʃleːzi̯ən] *nt kein pl* Silesia

Schlesier, -in <-s, -> [ˈʃleːzi̯ɐ] *m, f* Silesian

schlesisch *adj* Silesian

Schleswig-Holstein <-s> *nt* Schleswig-Holstein

Schleuder <-, -n> *f* ① (*Waffe*) catapult ② (*Wäsche~*) spin drier [*or* dryer]

Schleuderhonig *m* KOCHK extracted honey, centrifuged honey

schleudern **I.** *vt haben* ① (*werfen*) ■**etw** [**irgendwohin**] ~ to hurl [*or* fling] sth [somewhere]; *s. a.* **Gesicht** ② TECH (*zentrifugieren*) ■**etw** ~ to spin sth; **Salat** ~ to dry [the] lettuce **II.** *vi sein* ■[**irgendwohin**] ~ to skid [somewhere]; **ins S~ geraten** [*o* **kommen**] to go into a skid; (*fig*) to find one is losing control of a situation

Schleuderpreis *m* knock-down price; **zu ~en** at knock-down prices **Schleudersitz** *m* LUFT ejector seat; (*fig*) hot seat **Schleuderspur** *f* skid mark *usu pl*

schleunig **I.** *adj attr* (*geh*) rapid, swift, speedy; **~stes Eingreifen** immediate measures **II.** *adv* (*geh*) rapidly, swiftly

schleunigst *adv* straight away, without delay, at once

Schleuse <-, -n> *f* lock; (*Tor*) sluice gate ▸ WENDUNGEN: **der Himmel hat seine ~n geöffnet** the heavens opened

schleusen *vt* (*fam*) ① (*heimlich leiten*) ■**jdn** [**irgendwohin**] ~ to smuggle sb in [somewhere] ② (*geleiten*) ■**jdn** [**durch** [*o* **über etw**]] ~ *akk* to escort sb [through [*or* across] sth] ③ NAUT (*durch eine Schleuse bringen*) ■**etw** ~ to take [*or* pass] [*or* send] sth through a lock

Schleusenbeamter, -beamtin *m, f* NAUT, ADMIN lock-keeper **Schleusenkammer** *f* lock **Schleusenmeister(in)** *m(f)* lock keeper **Schleusenöffnung** *f* NAUT opening of lock gate[s] **Schleusentor** *nt* sluice gate **Schleusenwärter(in)** *m(f)* *s.* **Schleusenmeister**

schlich *imp von* **schleichen**

Schliche *pl* tricks *pl;* **jdm auf die ~ kommen, hinter jds ~ kommen** to find sb out, to get wise to sb, to rumble sb BRIT *fam,* to suss sb out BRIT *fam*

schlicht **I.** *adj* ① (*einfach*) *Einrichtung, Feier, Form, Kleidung, Mahlzeit* simple, plain *esp pej;* **~e Eleganz** understated elegance; **in ~e Verhältnisse leben** to live in modest circumstances ② (*wenig gebildet*) simple, unsophisticated ③ *attr* (*bloß*) plain; ***das ist eine ~e Tatsache*** it's a simple fact ▸ WENDUNGEN: ~ **um ~ handeln** (*geh*) to barter **II.** *pron* (*ganz einfach*) simply; ***das ist ~ gelogen/falsch*** that's a barefaced lie/just plain wrong; **~ und einfach** (*fam*) [just] plain; **~ und ergreifend** (*hum fam*) plain and simple; ***das ist ~ und ergreifend falsch!*** that's just plain wrong!

schlichten **I.** *vt* ■**etw** ~ to settle sth; [**in etw** *akk*] **~d eingreifen** to act as mediator [in sth] **II.** *vi* ■[**in etw** *dat*] ~ to mediate [*or* arbitrate] [in sth]

Schlichter(in) <-s, -> *m(f)* arbitrator, mediator; **einen ~ einschalten** to go to arbitration

Schlichtheit <-> *f kein pl* simplicity, plainness

Schlichtung <-, -en> *f* mediation, settlement, arbitration

Schlichtungsausschuss^RR *m* arbitration committee **Schlichtungskommission** *f s.* Schlichtungsausschuss **Schlichtungsverfahren** *nt* JUR, ÖKON arbitration proceedings *pl* **Schlichtungsverhandlung** *f meist pl* arbitration [negotiations]; **~en aufnehmen** to go to arbitration

Schlick <-[e]s, -e> *m* silt

schliddern *vi haben o sein* NORDD (*schlittern*) to slide

schlief *imp von* **schlafen**

Schliere <-, -n> *f* smear

Schließe <-, -n> *f* fastener, clasp

schließen <schloss, geschlossen> **I.** *vi* ❶ (*zugehen*) to close [properly]; ***die Tür schließt nicht richtig*** the door doesn't close properly ❷ ÖKON (*Geschäftsstunden unterbrechen*) to close, to shut ❸ ÖKON (*Betrieb aufgeben*) to close [*or* shut] [down] ❹ (*enden*) ■**[mit etw]** ~ to close [*or* end] [with sth] ❺ (*schlussfolgern*) ■**[aus** [*o* **von**] **etw]** **[auf** *akk* **etw]** ~ to conclude [*or* infer] [sth] [from sth]; ■**von jdm auf jdn** ~ to judge sb by one's/sb's standards; ***du solltest nicht immer von dir auf andere ~!*** you shouldn't project your character on others; **von Besonderen auf das Allgemeine** ~ to proceed inductively; **etw lässt auf etw** *akk* ~ (*hindeuten*) sth indicates [*or* suggests] sth/that sth ... ❻ BÖRSE (*bei Börsenschluss notieren*) to close, to be at the close; ***die Börse schloss heute freundlich*** the stock exchange closed up on the day **II.** *vt* ❶ (*geh: zumachen*) ■**etw** ~ to close sth; **eine geschlossene Anstalt** a top-security mental hospital; **ein hinten geschlossenes Kleid** a dress that fastens at the back; **eine Grenze** ~ to close a border ❷ (*geh: beenden*) ■**etw** ~ to close [*or* conclude] sth, to bring sth to a close *form,* to wind sth up; ***die Verhandlung ist geschlossen!*** the proceedings are closed! ❸ (*eingehen*) ■**etw [mit jdm]** ~ **ein Abkommen** ~ to come to an agreement on sth [with sb]; **ein Bündnis** ~ to enter into [*or* form] an alliance; **eine Ehe** ~ to get married; **Freundschaft** ~ to become friends; **Frieden** ~ to make peace; **einen Kompromiss** ~ to reach a compromise; **einen Pakt** ~ to make a pact ❹ (*auffüllen*) ■**etw** ~ to fill sth; **eine Lücke** ~ to fill a gap; **die Reihen** ~ MIL to close ranks ❺ (*schlussfolgern*) ■**etw [aus etw]** ~ to conclude [*or* infer] sth [from sth]; ■**[aus etw]** ~**, dass** to conclude [*or* infer] [from sth] that ❻ (*geh: beinhalten*) ■**etw [in sich]** ~ *dat* to contain sth [within it] ❼ (*befestigen*) ■**etw [an etw]** ~ *akk* to lock sth [up to sth]; ***er schließt das Fahrrad immer mit einer Kette an einen Baum*** he always chains his bike to a tree ❽ (*umfassen*) ■**jdn in** [*o* **an**] **etw** ~ **jdn in die Arme** ~ to take sb in one's arms; **jdn [mit] ins Gebet** ~ to include sb in one's prayers; *s. a.* **Arm, Herz III.** *vr* ❶ (*zugehen*) ■**sich** ~ to close, to shut; ***die Türen ~ automatisch*** the doors close automatically ❷ (*sich anschließen*) ■**sich an etw** ~ to follow sth; ***an die Filmvorführung schloss sich eine Diskussion mit dem Regisseur an*** after the showing there was a discussion with the film's director

Schließfach *nt* ❶ (*Gepäck~*) locker ❷ (*Bank~*) safe-deposit box ❸ (*Postfach*) post-office [*or* PO] box **Schließfrucht** *f* BOT indehiscent fruit

schließlich *adv* ❶ (*endlich*) at last, finally; ~ **und endlich** in the end, ultimately ❷ (*immerhin*) after all

Schließmuskel *m* sphincter

Schließung <-, -en> *f* ❶ (*Betriebsaufgabe*) closure ❷ (*geh: Beendigung*) close

schliff *imp von* **schleifen²**

Schliff <-[e]s, -e> *m* ❶ *kein pl* (*das Schleifen*) sharpening, grinding ❷ *kein pl* (*das Polieren von Edelsteinen*) cutting; (*das Polieren von Glas*) cutting and polishing ❸ (*geschliffener Zustand*) edge ❹ (*polierter Zustand*) cut ❺ (*fig: Umgangsformen*) polish, sophistication; **jdm ~ beibringen** to give sb polish; **keinen ~ haben** to be without refinement; **einer S.** *dat* **den letzten ~ geben** to put the finishing touches to sth

schlimm **I.** *adj* ❶ (*übel*) bad, dreadful; **eine ~e Entwicklung** an ugly development; **eine ~e Tatsache** a dreadful fact; **ein ~er Fall** a nasty case [*or* instance]; **eine ~e Geschichte** an ugly [*or* a bad] business; **eine ~e Nachricht/~e Neuigkeiten** bad news *pl;* **ein ~er Vorfall** an ugly incident; **ein ~er Vorwurf** a serious reproach; **eine ~e Zeit** a terrible [*or* dreadful] time; ■**es ist ~, dass** it is dreadful [*or* terrible] that; ■**es wird [für jdn] ~ [mit etw]** sth is dreadful [*or* terrible] [for sb]; ***mit der Hitze wird es auch von Jahr zu Jahr ~er*** the heat gets worse from year to year; ■**etwas S~es/S~eres** sth dreadful [*or* terrible]/worse; **etw viel S~eres** sth much worse; ■**das S~ste** the worst; ■**das S~e ist ...** the worst [of it] is that ...; **es gibt S~eres** there are worse things; **es gibt nichts S~eres als ...** there's nothing worse than ...; **wenn es nichts S~eres ist!** as long as it's nothing more serious than that!, if that's all it is!; **~, ~!** that's dreadful [*or* terrible]! ❷ (*gravierend*) bad, serious, grave *form;* **eine ~ Tat** a grave misdeed *form;* **ein ~es Verbrechen begehen** to commit a serious crime; **ein ~es Versäumnis** a glaring omission; ■**nicht [so] ~ sein** to be not [so] bad [*or* terrible]; ■**es ist ~, dass** it is dreadful [*or* terrible] that ❸ (*fam: ernst*) serious; **eine ~e Operation** a major operation; **eine ~e Wunde** a serious [*or* severe] [*or* bad] [*or* nasty] wound ❹ (*moralisch schlecht*) bad, wicked ▸ WENDUNGEN: **etw ist <u>halb</u> so ~** sth is not as bad as all that; **<u>ist</u> nicht ~!** no problem!, don't worry! **II.** *adv* ❶ (*gravierend*) seriously; **sich ~ irren/täuschen/vertun** to make a serious mistake ❷ (*äußerst schlecht*) dreadfully; **sich ~ benehmen** to behave badly; **jdn ~ verprügeln** to beat sb up badly; **jdn ~ zurichten** to give sb a severe beating; **~ dran sein** (*fam*) to be in a bad way *fam;* **wenn es ganz ~ kommt** if the worst comes to the worst; **es hätte ~er kommen können** it could have been worse; **es steht ~ [mit etw]** things look bad [for sth]; **es steht ~ [um jdn]** things look bad for sb; **~ genug, dass** it's bad enough that; **um so** [*o* **desto**] **~er** so much the worse ❸ MED badly ❹ (*sehr*) badly; ***die Scheidung hat sie ~ mitgenommen*** she's had a rough time with her divorce

Schlimme(r) *f(m) dekl wie adj* ❶ (*übler Mensch*) nasty person [*or* piece of work] ❷ (*hum fam*) naughty boy [*or* girl] *hum fam*

schlimmstenfalls *adv* if the worst comes to the worst

Schlinge <-, -n> *f* ❶ (*gebundene Schlaufe*) loop; (*um jdn aufzuhängen*) noose ❷ (*Falle*) snare; **~n legen** [*o* **stellen**] to lay out [*or* set] a snare ❸ MED sling; *s. a.* **Kopf**

Schlingel <-s, -> *m* (*fam*) [little] rascal

schlingen¹ <schlang, geschlungen> **I.** *vt* (*geh*) ■**etw [um etw]** ~ to wind sth [about sth]; **etw zu einem Knoten** ~ to tie [*or* knot] sth; **die Arme um jdn** ~ to wrap one's arms around sb **II.** *vr* ■**sich [um etw]** ~ ❶ (*geh: sich winden*) to wind [*or* coil] itself [around sth] ❷ BOT to creep [around sth], to twine itself [around sth]

schlingen² <schlang, geschlungen> *vi* (*fam*) to gobble [*or* BRIT bolt] one's food

schlingern *vi* NAUT to roll [from side to side]

Schlingpflanze *f* creeper

Schlips <-es, -e> *m* tie; **in** [*o* **mit**] **~ und Kragen** (*fam*) in [*or* with] a collar and tie ▸ WENDUNGEN: **sich [durch jdn/etw] auf den ~ getreten <u>fühlen</u>** (*fam*) to feel offended by sb; **jdm auf den ~ <u>treten</u>** (*fam*) to put sb out, to upset sb, to tread on sb's toes

Schlitten <-s, -> *m* ❶ (*Rodel*) sledge, sled; (*Rodel~*) toboggan; (*mit Pferden*) sleigh ❷ (*sl: Auto*) wheels *sl*

S

pl ③ TECH (*einer Schreibmaschine*) carriage ▸ WENDUNGEN: **mit jdm ~ fahren** (*pej fam*) to bawl sb out, to give sb a hard time *fam* [*or sl* hell]

Schlittenfahren <-s> *nt kein pl* sledging; (*mit Rodel~*) tobogganing; (*mit Pferde~*) sleighing

Schlitterbahn *f* NORDD slide

schlittern *vi* ① *sein o haben* (*rutschen*) ■ **[irgendwohin]** ~ to slide [somewhere] ② *sein* (*ausrutschen*) to slip; *Wagen* to skid ③ *sein* (*fam: unversehens geraten*) ■ **[in etw]** ~ *akk* to slide [*or* slither] [into sth]; **in die Pleite** ~ to slide into bankruptcy

Schlittschuh *m* SPORT skate; ~ **fahren** [*o* **laufen**] to skate

Schlittschuhlaufen <-s> *nt kein pl* SPORT skating **Schlittschuhläufer(in)** *m(f)* skater

Schlitz <-es, -e> *m* ① (*Einsteck~*) slot ② (*schmale Öffnung*) slit ③ MODE slit; (*fam: Hosen~*) flies *pl*

Schlitzauge *nt* (*pej*) ① (*Augenform*) slant [*or pej* slit] eye, Chinky eyes *pej* ② (*Person*) Chink *pej* **schlitzäugig** *adj* almond-eyed, slant-eyed **Schlitzohr** *nt* (*fam*) rogue, wily fox, a crafty so-and-so *fam* **schlitzohrig** *adj* (*fam*) cunning, crafty

schlohweiß *adj Haare* snow-white

schlossRR, **schloß** *imp von* **schließen**

SchlossRR <-es, Schlösser> *nt*, **Schloß** <-sses, Schlösser> *nt* ① (*Palast*) palace ② (*Tür~*) lock; **ins ~ fallen** to snap [*or* click] shut; (*laut*) to slam shut; **die Tür ins ~ fallen lassen** to let the door close ③ (*Verschluss*) catch; (*an einer Handtasche*) clasp; (*an einem Rucksack*) buckle ④ (*Vorhänge~*) padlock ▸ WENDUNGEN: **jdn hinter ~ und Riegel bringen** to put sb behind bars; **hinter ~ und Riegel sitzen** to be behind bars [*or* doing time]

Schloße <-, -n> [ˈʃloːsə] *f meist pl* DIAL (*Hagelkorn*) hailstone

Schlosser(in) <-s, -> *m(f)* locksmith; (*Metall~*) metalworker; (*Auto~*) mechanic; (*Maschinen~*) fitter

Schlosserausbildung *f* apprenticeship as a fitter/locksmith/mechanic

Schlosserei <-, -en> *f s.* **Schlosserwerkstatt**

Schlossergeselle *m* journeyman fitter/[lock]smith/mechanic **Schlosserhandwerk** *nt* fitter's/[lock]smith's/mechanic's trade

Schlosserin <-, -nen> *f fem form von* **Schlosser**

Schlosserlehre *f s.* Schlosserausbildung **Schlosserlehrling** *m* apprentice to a fitter/[lock]smith/mechanic **Schlosserwerkstatt** *f* (*für Metallarbeit*) smith's shop; (*für Maschinenreparaturen*) fitter's shop; (*für Schlösser*) locksmith's shop; (*für Autoreparaturen*) car workshop

SchlossgartenRR *m* castle garden **Schlosshund**RR *m* ▸ WENDUNGEN: **heulen wie ein ~** (*fam*) to cry [*or fam* bawl] one's eyes out **Schlosspark**RR *m* castle park **Schlossterrasse**RR *f* palace terrace **Schlossturm**RR *m* palace tower

Schlot <-[e]s, -e> *m* ① (*langer Schornstein*) chimney ② GEOL vent, chimney ③ NAUT funnel ④ (*pej fam: Nichtsnutz*) good-for-nothing ▸ WENDUNGEN: **rauchen wie ein ~** (*fam*) to smoke like a chimney

schlott(e)rig *adj* (*fam*) ① (*zittrig*) shaky ② (*schlaff herabhängend*) baggy

schlottern *vi* ① (*zittern*) ■ **[vor etw** *dat*] ~ to tremble [with sth]; **vor Angst/Erschöpfung** ~ to shake with fear/exhaustion; **vor Kälte** ~ to shiver with cold; **am ganzen Körper** ~ to shake all over ② (*schlaff herabhängen*) ■ **[um etw]** ~ to flap [around sth]

Schlucht <-, -en> *f* gorge, ravine

schluchzen *vi* to sob

Schluchzer <-s, -> *m* sob

Schluck <-[e]s, -e> *m* ① (*geschluckte Menge*) mouthful; **einen ~ [von etw] nehmen** to have a sip [of sth], to try [sth]; **ein ~ zu trinken** [a drop of] something to drink; ~ **für** ~ sip by sip; **in** [*o* **mit**] **einem** ~ at one go, in one swallow; **drei ~[e] Milch** three mouthfuls of milk ② (*das Schlucken*) swallow; (*größer*) gulp; (*kleiner*) sip

Schluckauf <-s> *m kein pl* hiccup; **den** [*o* **einen**] ~ **haben** to have hiccups

Schluckbeschwerden *pl* difficulties in swallowing

Schlückchen <-s, -> *nt dim von* **Schluck** [small] sip, drop; **ein ~ [von etw] nehmen** to have a drop of sth

schlucken **I.** *vt* ■ **etw** ~ ① (*hinunterschlucken*) to swallow sth ② (*sl: trinken*) to drink sth ③ AUTO (*fam*) to guzzle sth; ***der alte Wagen schluckt 14 Liter*** the old car guzzles 14 litres for every 100 km ④ (*fam: hinnehmen, glauben*) to swallow sth ⑤ ÖKON (*fam: übernehmen*) to swallow sth; **etw ganz** ~ to swallow sth [lock, stock and barrel] ⑥ (*dämpfen*) ■ **etw schluckt etw** sth absorbs sth **II.** *vi* ① (*Schluckbewegungen machen*) to swallow; (*größer*) to gulp ② (*sl: Alkohol konsumieren*) to booze *sl* ▸ WENDUNGEN: **[erst mal] ~ müssen** (*fam*) to [first] take a deep breath

Schlucker <-s, -> *m* ▸ WENDUNGEN: **armer** ~ (*fam*) poor blighter [*or* BRIT *fam!* sod] [*or* AM devil]

Schluckimpfung *f* oral vaccination **Schluckspecht** *m* (*fam*) drinker, boozer *sl*

schluckweise *adv* in sips; **etw ~ genießen** [*o* **trinken**] to sip sth

Schluderei <-, -en> *f* (*fam*) *s.* **Schlamperei**

schlud(e)rig *adj* (*fam*) *s.* **schlampig**

schludern *vi* (*fam*) *s.* **schlampen**

schludrig *adj* (*fam*) *s.* **schlampig**

schlug *imp von* **schlagen**

Schlummer <-s> *m kein pl* (*geh*) slumber *liter;* (*Schläfchen*) doze, catnap; **in einen tiefen ~ sinken** to sink into a deep sleep [*or liter* slumber]

schlummern *vi* (*geh*) to slumber *liter;* (*ein Schläfchen halten*) to doze

Schlund <-[e]s, Schlünde> *m* ① ANAT throat, pharynx *form;* (*eines Tiers*) maw ② (*geh*) abyss, chasm; **der ~ des Meeres** the depths of the sea, the deep; **der ~ des Vulkans** the pit of the volcano

schlüpfen *vi sein* ① ORN, ZOOL ■ **[aus etw]** ~ to hatch out [of sth] ② (*rasch kleiden*) ■ **[aus etw]** ~ to slip out of sth; ■ **[in etw]** ~ *akk* to slip into sth, to slip on sth *sep* ③ (*rasch bewegen*) ■ **[irgendwohin]** ~ to slip somewhere; **unter die Decke** ~ to slide under the blanket

Schlüpfer <-s, -> *m* MODE (*veraltend*) ① (*Damen- und Kinderunterhose*) panties *npl,* knickers *npl* BRIT ② (*weiter Herrenmantel*) raglan

Schlupflid *nt* puffy eyelid **Schlupfloch** *nt* ① (*Öffnung*) opening, hole ② (*fig*) loophole ③ *s.* **Schlupfwinkel**

schlüpfrig *adj* ① (*unanständig*) lewd, suggestive ② (*glitschig*) slippery

Schlüpfrigkeit <-, -en> *f* ① *kein pl* (*Unanständigkeit*) lewdness, coarseness ② (*schlüpfrige Bemerkung*) lewd [*or* coarse] [*or* suggestive] remark

Schlupfwespe *f* ZOOL ichneumon fly **Schlupfwinkel** *m* (*Versteck*) hiding place; (*von Gangstern*) hideout

schlurfen *vi sein* to shuffle; (*absichtlich*) to scuff [one's feet]

schlürfen **I.** *vt* ■ **etw** ~ to slurp sth; ***er schlürfte genüsslich seine Suppe*** he lapped up his soup with relish **II.** *vi* to slurp, to drink noisily

SchlussRR <-es, Schlüsse> *m*, **Schluß** <Schlusses, Schlüsse> *m* ① *kein pl* (*zeitliches Ende*) end; **mit etw ist** ~ sth is over with; ***mit dem Rauchen ist jetzt ~!*** right! that's enough for the smoking!; **irgendwo ist** ~ somewhere is the end; **zum ~ kommen**

(*geh*) to finish, to bring one's remarks/speech to a conclusion; [**mit etw**] ~ **machen** (*fam*) to stop [sth]; **mit der Arbeit** ~ **machen** to knock off, to stop work; **keinen** ~ **finden können** to go on endlessly; ~ **für heute!** that's enough [*or* that'll do] for today!; ~ **damit!** stop it!; ~ [**jetzt**]! that's enough [*or* that'll do]!; **jetzt** [**ist**] **aber** ~! that's enough [*or* that'll do]!; **kurz vor** ~ just before closing time; **zum** [*o* **am**] ~ at the end ② *kein pl* (*hinterster Teil*) end, back; **am** ~ **des Zuges** at the back [*or* rear] of the train ③ (*abschließender Abschnitt*) end, last part; **der krönende** ~ [**einer S.** *gen*] climax, culmination; **der** ~ **einer Geschichte** the end of a story ④ (*Folgerung*) conclusion; **aus etw den** ~ **ziehen, dass** from sth to draw [*or* reach] the conclusion that; **einen** ~/**bestimmte Schlüsse** [**aus etw**] **ziehen** to draw [*or* reach] a conclusion/particular conclusions from sth; **zu dem** ~ **kommen, dass** to come to the conclusion that ⑤ MUS conclusion ⑥ *kein pl* (*dichtes Schließen*) fit; ***die Türen haben guten*** ~ the doors fit well ⑦ *kein pl* (*beim Reiten*) seat ⑧ BÖRSE closing ▶ WENDUNGEN: **mit jdm/etw ist** ~ he/it has had it; [**mit dem Leben**] ~ **machen** to finish it all; [**mit jdm**] ~ **machen** to break it off [*or* to finish] [with sb]

Schlussabrechnung[RR] *f* final statement **Schlussakte**[RR] *f* final communiqué **Schlussbemerkung**[RR] *f* final [*or form* concluding] remark [*or* comment] **Schlussbetrachtung**[RR] *f* (*abschließende Bemerkung*) closing remarks *pl* **Schlussbilanz**[RR] *f* final balance

Schlüssel <-s, -> *m* ① (*Türöffner*) key ② (*fam: Schrauben~*) spanner, wrench AM ③ (*Mittel zur Erschließung*) ■**der** ~ **zu etw** the key to sth; **der** ~ **zum Erfolg** the key to [*or* the secret of] success ④ (*Verteilungsschema*) scheme [*or* plan] [of distribution] ⑤ (*Lösung*) key ⑥ (*Code~*) code

Schlüsselbein *nt* collar bone, clavicle **Schlüsselblume** *f* cowslip **Schlüsselbrett** *nt* key hooks *pl* **Schlüsselbund** *m o nt* bunch of keys **Schlüsseldienst** *m* security key [*or* locksmith] service **Schlüsselerlebnis** *nt* crucial experience **Schlüsseletui** *nt* key case **schlüsselfertig I.** *adj* ready to move into [*or* for immediate occupancy] *pred,* turnkey *form* **II.** *adv* ***die Wohnungen werden*** ~ ***zum Kauf angeboten*** the flats are offered for sale ready for immediate occupancy **Schlüsselfigur** *f* key [*or* central] figure **Schlüsselindustrie** *f* key industry **Schlüsselkind** *nt* latchkey child **Schlüsselloch** *nt* keyhole **Schlüsselposition** *f* key position; **eine** ~ **einnehmen**/[**inne**]**haben** to take up/hold a key position **Schlüsselqualifikation** *f* key qualifications *pl* **Schlüsselreiz** *m* BIOL key stimulus **Schlüsselring** *m* key ring **Schlüsselrolle** *f* key role; **jdm/etw** *dat* **kommt** [*o* **fällt**] **eine** ~ **zu** sth/sb assumes [*or* takes on] a key role **Schlüsselroman** *m* roman clef **Schlüsselstellung** *f* key position; ***er hat in der Firma eine*** ~ ***inne*** he has a key position in the firm **Schlüsselszene** *f* key [*or* central] scene **Schlüsseltechnologie** *f* key technology

schlussfolgern[RR] *vt,* **schlußfolgern** *vt* (*ableiten*) ■**etw** [**aus etw**] ~ to deduce sth [from sth]; ■[**aus etw**] ~**, dass** to deduce [*or* conclude] [from sth] that

Schlussfolgerung[RR] <-, -en> *f,* **Schlußfolgerung** <-, -en> *f* deduction, conclusion; ■**eine** ~ **aus etw** a conclusion [*or* deduction] drawn from sth; **eine** ~ [**aus etw**] **ziehen** to draw a conclusion [*or* to deduce sth] [from sth]; [**aus etw**] **die** ~ **ziehen, dass** to draw the conclusion [*or* to deduce] [from sth] that; **übereilte** ~**en ziehen** to jump to conclusions

schlüssig *adj* ① (*folgerichtig*) logical; ~**e Beweisführung** conclusive evidence ② (*im Klaren*) ■**sich** *dat* [**über etw** *akk*] ~ **sein/werden** to have made up/make up one's mind [about sth]; **sich über die Hintergründe einer Sache/eine Taktik** ~ **sein** to have made up one's mind about the reasons for sth/a strategy [to pursue]; ***sie sind sich immer noch nicht*** ~ they still haven't made up their minds, they are still undecided; **sich** *dat* **darüber** *akk* ~ **sein, dass/ob/wie ...** to make [*or* have made] up one's mind that/whether/how ...

Schlusskapitel[RR] *nt* last [*or* final] chapter **Schlusskommunikee**[RR] *nt,* **Schlusskommuniqué**[RR] *nt s.* Schlussakte **Schlusslicht**[RR] *nt* AUTO rear [*or* AM tail] light ▶ WENDUNGEN: **das** ~ [**einer S.** *gen*] **sein** [*o* **bilden**] to bring up the rear [of sth] **Schlusspfiff**[RR] *m* final whistle **Schlussphase**[RR] *f* final stage **Schlusspunkt**[RR] *m* LING fullstop ▶ WENDUNGEN: **einen** ~ **unter** [*o* **hinter**] **etw setzen** to put an end to sth **Schlussrunde**[RR] *f* SPORT ① (*eines Rennens*) final lap ② (*eines Box-, Ringkampfes*) final round **Schlusssatz**[RR] *m* ① (*Abschluss eines Textes*) concluding *form* [*or* last] sentence ② MUS last movement **Schlusssitzung**[RR] *f* closing session **Schlussstrich**[RR] *m* (*Strich am Ende*) line at the end of sth; **einen** ~ **unter die Rechnung ziehen** to draw a line under the bill ▶ WENDUNGEN: **einen** ~ [**unter etw** *akk*] **ziehen** (*etw erledigt sein lassen*) to draw a line [under sth], to put an end to sth; (*einen Streit beenden*) to bury the hatchet [over sth] **Schlussverkauf**[RR] *m* sales *pl* **Schlusswort**[RR] *nt* final word

Schmach <-> *f kein pl* (*geh*) humiliation, ignominy *form no indef art, no pl;* **jdm** [**eine**] ~ **antun** to bring shame on sb; *s. a.* Schande

schmachten *vi* (*geh*) ① (*leiden*) **im Kerker** ~ to languish in a dungeon; ■**jdn** ~ **lassen** to let sb suffer [with sth], to leave sb languishing [for sth] *hum;* **jdn vor Sehnsucht** [*o* **Verlangen**] ~ **lassen** to let sb stew ② (*sich sehnen*) ■[**nach jdm**] ~ to crave [*or* desire] [sb]; **vor Sehnsucht nach etw** ~ to yearn [*or* pine] [*or* long] for sth; **vor Verlangen nach etw** ~ to crave sth

schmachtend *adj* soulful; ~**er Blick** longing [*or* soulful] look

schmächtig *adj* slight, weedy BRIT *pej;* **ein** ~**er Mensch** a person of slight build

schmachvoll *adj* (*geh*) *s.* **schmählich**

schmackhaft *adj* (*geh: wohlschmeckend*) tasty; ~**er Wein** delicious wine ▶ WENDUNGEN: **jdm etw** ~ **machen** to make sth tempting to sb; ***ich konnte ihm eine Beteiligung nicht*** ~ ***machen*** I couldn't tempt him to take part

Schmäh <-s, -[s]> *m* ÖSTERR (*fam*) ① (*Schwindel, Trick*) trick ② *kein pl* (*Sprüche und Scherze*) banter

Schmähbrief *m* nasty letter

schmähen *vt* (*geh: herabsetzen*) ■**jdn/etw** ~ to malign [*or form* vilify] sb/sth

schmählich I. *adj* (*geh*) shameful, ignominious *form* **II.** *adv* shamefully; ***er hat seine Familie*** ~ ***im Stich gelassen*** he abandonded his family in the most disgraceful manner

Schmährede *f* invective *form,* diatribe *form* **Schmähschrift** *f* lampoon *form* **Schmähsucht** *f* strong tendency to disparage **schmähsüchtig** *adj* always happy to malign [*or* vilify]

Schmähung <-, -en> *f* (*geh*) ① *kein pl* (*das Schmähen*) vilification *form* ② (*Schmährede*) abuse, invective

schmal <-er *o* schmäler, -ste *o* schmälste> *adj* ① (*nicht breit*) narrow; **ein** ~**es Gesicht** a narrow [*or* thin] face; ~**e Hände/Lippen** narrow [*or* thin] hands/lips; ~**e Hüfte/Taille** narrow [*or* slim] hips/waist; **ein** ~**er Mensch** a slim person; **ein** ~**er Baum** a slender tree; **ein** ~**es Büchlein** a slim volume; **das** ~ **Ende eines Tisches** the short end of a table

S

2 (*dürftig*) meagre [*or* AM -er]; **eine ~e Auswahl/ein ~es Angebot** a limited choice; *s. a.* **Kost**

schmalbrüstig *adj* narrow-chested

schmälern *vt* (*heruntermachen*) ■**etw** ~ to run sth down, to belittle sth

Schmälerung <-, -en> *f* belittlement

Schmalfilm *m* 8/16mm [cine] film **Schmalfilmkamera** *f* 8/16mm [cine] camera **Schmalhans** *m* ▸ WENDUNGEN: **bei jdm ist ~ Küchenmeister** (*veraltend fam*) sb is on short rations **Schmalseite** *f* **die ~ eines Gegenstandes** the short side of an object **Schmalspur** *f* BAHN narrow gauge **Schmalspurbahn** *f* BAHN narrow gauge railway

Schmalz[1] <-es, -e> *nt* KOCHK dripping; (*vom Schwein*) lard

Schmalz[2] <-es> *m kein pl* (*pej fam*) schmaltz *fam,* sentimentality

schmalzig *adj* (*pej fam*) schmaltzy *fam,* slushy *fam,* gushing *fam*

schmarotzen* *vi* 1 (*pej: ausnutzend leben*) ■[**bei jdm**] ~ to sponge [off/on/from sb] *fam or pej* 2 BIO (*parasitieren*) to live as a parasite [in/on sth]

Schmarotzer <-s, -> *m* BIO parasite

Schmarotzer(in) <-s, -> *m(f)* (*pej*) sponger BRIT *pej,* free-loader *pej*

Schmarr(e)n <-s, -> *m* SÜDD, ÖSTERR 1 KOCHK *pancake torn into small pieces* 2 (*fam: Quatsch*) rubbish *fam,* nonsense, bollocks BRIT *vulg;* ***so ein ~!*** what a load of rubbish!; **einen ~** (*fam*) a damn, two pins BRIT *fam,* a monkey's BRIT *vulg*

schmatzen *vi* 1 (*geräuschvoll essen*) to eat/drink noisily; (*mit Genuss ~*) to smack one's lips; ***musst du beim Essen immer so ~?*** do you have to make such a noise when you're eating?; ■**~d** ***wirst du wohl das laute S~ sein lassen!*** would you please stop making that noise! 2 (*mit schmatzendem Laut*) ***er küsste sie laut ~d auf die Wange*** he gave her a smacker [*or* loud kiss] on the cheek

Schmaus <-es, Schmäuse> *meist sing m* (*veraltend o hum*) feast

schmausen *vi* (*geh*) to eat with relish

schmecken **I.** *vi* 1 (*munden*) ***hat es geschmeckt?*** did you enjoy it?, was it OK?, was everything to your satisfaction? *form;* ***so, ich hoffe, es schmeckt!*** so, I hope you enjoy it!; ***na, schmeckt's? — klar, und wie!*** well, is it OK? — you bet!; ***das schmeckt aber gut*** that tastes wonderful; **es sich** *dat* **~ lassen** (*mit Appetit essen*) to enjoy one's food; ***lasst es euch ~!*** tuck in!; **nach nichts ~** to not taste of anything [much], to be tasteless; **das schmeckt nach mehr!** (*fam*) it's more-ish! BRIT 2 (*Geschmack haben*) ■[**nach etw**] ~ to taste [of sth]; ***hier schmeckt das Wasser nach Chlor*** the water tastes of chlorine 3 (*fam: gefallen*) ■**jdm** [**irgendwie**] ~ ***na, wie schmeckt* [*dir*] *der neue Job?*** well, how do you like [*or* are you enjoying] the new job?; ***das schmeckt mir gar nicht!*** I don't like the sound of that at all 4 SÜDD, ÖSTERR, SCHWEIZ (*riechen*) smell ▸ WENDUNGEN: **jdn nicht ~ können** to not be able to stand sb **II.** *vt* ■**jd schmeckt etw** sb tastes [*or* has a taste of] [*or* tries] sth

Schmeichelei <-, -en> *f* flattery *no pl, no indef art;* (*übertriebenes Lob*) sweet talk *no pl, no indef art,* soft soap *fam no pl, no indef art* BRIT

schmeichelhaft *adj* flattering, complimentary; **~e Worte** kind words; ■**~** [**von jdm**] **sein** to be [very] kind [of sb]; ■**wenig ~** [**für jdn/etw**] **sein** to be not very flattering [*or* complimentary] [for sb]

schmeicheln **I.** *vi* 1 (*übertrieben loben*) ■[**jdm**] ~ to flatter [*or* BRIT *fam* soft-soap] sb, to butter sb up 2 (*jds Selbstwertgefühl heben*) ■**es schmeichelt jdm, dass** sb/sth is flattered [*or* finds it flattering] that 3 (*günstig darstellen*) ■**jdm/einer S.** ~ to flatter sb/sth, to put sb/sth in a good light; ***die neue Frisur schmeichelt Ihnen* [*wirklich sehr*]** your new hairstyle suits you [very well] [*or* is very flattering]; ■**etw ist geschmeichelt** sth is flattering; ***es ist sehr durchschnittlich und das ist noch geschmeichelt!*** it's very average and that's putting it mildly! 4 (*kosen*) to cuddle up; ***na, Kätzchen, du schmeichelst? willst wohl was zu fressen!*** you're cuddling up, eh, kitty? I suppose you want some food! **II.** *vr* (*geh: sich etw auf etw einbilden*) ■**sich** ~[**, dass**] to flatter oneself [that]

Schmeichler(in) <-s, -> *m(f)* flatterer, sweet-talker, soft-soaper BRIT *fam*

schmeichlerisch *adj* 1 (*pej: lobhudelnd*) flattering; **~e Worte** honeyed words 2 *s.* **schmeichelhaft 1**

schmeißen <schmiss, geschmissen> **I.** *vt* (*fam*) 1 (*werfen*) ■**etw** [**irgendwohin/nach jdm**] ~ to throw [*or fam* chuck] sth [somewhere/at sb]; (*mit Kraft*) to hurl [*or* fling] sth [somewhere/at sb] 2 (*sl: spendieren*) ■**etw** [**für jdn**] ~ to stand sth [for sb]; **eine Party ~** to throw a party; **eine Runde** [**Schnaps**] **~** to stand a round [of schnapps] 3 (*sl: managen*) ■**etw** ~ to run sth; ***kein Problem, wir werden das Ding schon ~*** don't worry, we'll manage it 4 (*fam: hinausweisen*) ■**jdn aus etw** ~ to throw sb out of sth; **jdn aus der Schule/dem Haus ~** to throw sb out of school/the house 5 (*fam: abbrechen*) ■**etw** ~ to pack in; **das Studium ~** to pack [*or* BRIT *fam* jack] in one's studies 6 THEAT, TV (*sl: verderben*) ■**etw** ~ to make a mess of sth; **eine Szene ~** to make a mess of a scene **II.** *vi* (*fam*) 1 (*werfen*) ■**mit etw** [**nach jdm/nach einem Tier**] ~ to throw [*or fam* chuck] sth [at sb/at an animal]; (*mit Kraft*) to fling [*or* hurl] sth [at sb/at an animal] 2 (*etw sehr häufig gebrauchen*) ■**mit etw um sich** ~ to be always using sth; ***diese Politikerin schmeißt gerne mit lateinischen Zitaten um sich*** this politician is always using Latin quotations; (*mit etw verschwenderisch umgehen*) to throw sth about [*or* AM around] 3 (*ausgeben*) ■**mit etw ~ um sich ~** to throw sth around; ***er schmeißt mit seinem Geld nur so um sich*** he just throws his money around **III.** *vr* 1 (*sich fallen lassen*) ■**sich** [**auf etw** *dat*] ~ to throw oneself onto sth; (*mit Kraft*) to fling [*or* hurl] oneself onto sth; **sich auf auf ein Bett/Sofa ~** to stretch out on the bed/sofa; **sich vor einen Zug ~** to throw oneself in front of a train 2 (*sich kleiden*) ■**sich in etw** ~ to get togged [*or* AM dressed] up; **sich in einen Smoking/den besten Anzug ~** to get togged up in a dinner-jacket/one's best suit; **sich in Schale ~** to put on one's glad rags; ***sieh an, du hast dich heute aber in Schale geschmissen!*** well, you're all dolled up today, aren't you! 3 (*bewerfen*) ■**sich mit etw** ~ to throw sth at each other; *s. a.* **Hals**

Schmeißfliege *f* blowfly, bluebottle, greenbottle

Schmelz <-[e]s, -e> *m* 1 (*Zahn~*) enamel 2 (*geh: Glasur*) glaze 3 *kein pl* (*Ausdruck*) sweetness; **der ~ der Stimme** the softness of voice; **der ~ der Farben** the glowing of colour [*or* AM -or]; **verblasster ~ der Jugend** faded sweetness of youth

Schmelze <-, -n> *f* 1 (*geschmolzenes Metall*) molten metal, melt 2 (*Magma*) magma

schmelzen <schmolz, geschmolzen> **I.** *vi sein* 1 (*weich werden*) to melt; **jds Herz zum S~ bringen** to melt sb's heart 2 (*schwinden*) to melt; ***ihre Zweifel schmolzen schnell*** her doubts were soon dissipated **II.** *vt haben* (*zergehen lassen*) ■**etw** ~ to melt sth; **Metall ~** to smelt metal

Schmelzkäse *m* KOCHK 1 (*in Scheiben/Stücken*) processed cheese 2 (*streichfähig*) cheese spread; *s. a.* **Streichkäse** **Schmelzpunkt** *m* melting point

Schmelzwasser *nt* GEOG melt-water

Schmerbauch *m* (*fam*) paunch, pot-belly; (*Mensch*) person with a paunch [*or* pot-belly]

Schmerle <-, -n> *f* ZOOL loach, groundling

Schmerz <-es, -en> *m* ① (*körperliche Empfindung*) pain; (*anhaltend und pochend*) ache; ~**en haben** to be in pain; **unter** ~**en** in pain; **vor** ~**en** in pain ② *kein pl* (*Kummer*) [mental] anguish *no indef art, no pl;* (~ *über den Tod eines Menschens*) grief *no indef art, no pl* ③ (*Enttäuschung*) heartache; **jdn mit** ~ **erfüllen** (*Kummer*) to fill sb with sorrow ► WENDUNGEN: **hast du sonst noch** ~**en?** (*iron fam*) [have you got] any other problems? *iron fam;* **geteilter** ~ **ist halber** ~ (*prov*) a problem shared is a problem halved

schmerzbetäubend I. *adj* painkilling II. *adv* ~ **wirken** to have a painkilling effect **schmerzempfindlich** *adj* ① (*leicht Schmerzen empfindend*) sensitive [to pain] *pred* ② (*leicht schmerzend*) sensitive, tender

schmerzen I. *vi* ① (*weh tun*) to hurt; (*anhaltend und pochend* ~) to ache; ■~**d** painful, aching ② (*geh: Kummer bereiten*) ■**es schmerzt, dass/wenn ...** it hurts [*or form* pains sb] that/if/when ... II. *vt* (*geh: Kummer bereiten*) ■**jdn** ~ to hurt sb; ■**es schmerzt jdn, etw zu tun** it hurts [sb] to do sth

Schmerzensgeld *nt* compensation **Schmerzenslaut** *m* (*geh*) cry [*or* shout] of pain; **ein leiser/unterdrückter** ~ a moan of pain **Schmerzensschrei** *m* scream of pain

Schmerzgrenze *f* (*fam: absolutes Limit*) bottom line *fam;* (*Grenze des Erträglichen*) limit

schmerzhaft *adj* ① (*Schmerzen verursachend*) painful ② (*geh*) *s.* **schmerzlich**

schmerzlich I. *adj* (*geh*) painful, distressing, distressful II. *adv* ① (*vor Schmerz*) painfully ② (*bitter*) cruelly, painfully; ***ich habe dich*** ~ ***vermisst*** I missed you such a lot

schmerzlindernd I. *adj* pain-relieving; ■~ **sein** to be pain-relieving, a pain-reliever II. *adv* ~ **wirken** to relieve pain **schmerzlos** *adj* painless; ■[**für jdn**] ~ **sein** to be painless [for sb]; ***seien Sie unbesorgt, der Eingriff wird völlig*** ~ ***sein*** don't worry, the operation won't hurt a bit ► WENDUNGEN: **kurz und** ~ short and sweet **Schmerzmittel** *nt* analgesic, pain-killer, pain-reliever **schmerzstillend** *adj* pain-killing; ■~ **sein** to be a pain-killer **Schmerztablette** *f* pain-killer, analgesic [*or* pain-killing] [tablet] **Schmerztherapie** *f* pain relief therapy **schmerzverzerrt** *adj* twisted in [*or* with] pain *pred* **schmerzvoll** *adj* (*geh*) *s.* **schmerzlich**

Schmetterball *m* smash

Schmetterling <-s, -e> *m* butterfly

Schmetterlingsblütler <-s, -> *m* BOT papilionaceous plant/tree **Schmetterlingsstil** *m* butterfly style

schmettern I. *vt haben* ① (*schleudern*) ■**etw** [**irgendwohin**] ~ to fling [*or* hurl] sth [somewhere] ② SPORT ■**etw** ~ to smash sth; **einen Ball** ~ to smash a ball ③ MUS ■**etw** ~ to blare sth out; **ein Lied** ~ to bawl out a song II. *vi* ① *sein* (*aufprallen*) ■**etw** [**irgendwohin**] ~ to crash sth [somewhere], to smash sth [against sth] ② *haben* SPORT to smash ③ *haben* MUS to blare [out]

Schmied(in) <-[e]s, -e> *m(f)* smith; **Huf**~ blacksmith; **Silber/Gold**~ silver/goldsmith; *s. a.* **Glück**

Schmiede <-, -n> *f* forge, smithy

Schmiedearbeit *f* metal work **Schmiedeeisen** *nt* wrought iron **schmiedeeisern** *adj* wrought-iron **Schmiedehammer** *m* forging [*or* blacksmith's] hammer

schmieden *vt* ① (*glühend hämmern*) ■**etw** ~ to forge sth ② (*aushecken*) ■**etw** [**gegen jdn**] ~ **Intrige/Ränke** [**gegen jdn**] ~ to hatch out a plan [*or* to intrigue] [*or* to plot] [against sb]; **einen Plan** ~ to hammer out a plan ③ (*festmachen*) ■**jdn** [**an etw/jdn**] ~ to chain sb [to sth/sb]; *s. a.* **Eisen, Kette**

Schmiedin <-, -nen> *f fem form von* **Schmied**

schmiegen I. *vr* ① (*sich kuscheln*) ■**sich** [**an jdn**] ~ to cuddle [*or* snuggle] up [to sb] ② (*eng anliegen*) ■**sich** [**an etw** *akk*] ~ to hug [sth]; ***das Kleid schmiegte sich an ihren Körper*** the dress was figure-hugging II. *vt* (*selten: eng anlehnen*) ■**etw** [**an etw** *akk*] ~ to press sth close [to sth]

schmiegsam *adj* supple

Schmiere <-, -n> *f* (*schmierige Masse*) grease; (*schmieriger Schmutz*) slimy mess, ooze ► WENDUNGEN: ~ **stehen** (*fam*) to keep watch, to act as [*or* to keep a] look-out

schmieren I. *vt* ① (*streichen*) ■**etw** ~ to spread sth; **Butter aufs Brot** ~ to butter [a slice of] bread; **Salbe auf eine Wunde** ~ to apply cream to a wound; **sich Creme ins Gesicht** ~ to rub [*or pej* smear] cream into one's face ② (*fetten*) ■**etw** ~ to lubricate [*or* grease] sth ③ (*pej: malen*) ■**etw** ~ to scrawl sth; **politische Parolen an die Häuser** ~ to daub political slogans on the walls of houses ④ (*fam: bestechen*) ■**jdn** ~ to grease sb's palm ► WENDUNGEN: **jdm eine** ~ (*fam*) to give sb a [good] thump [*or* a clout] *fam;* **wie geschmiert** (*fam*) without a hitch, like clockwork [*or* a dream]; *s. a.* **Brot** II. *vi* ① (*pej: schmierend verbreiten*) ■[**mit etw**] ~ to smear sth about ② (*pej: unsauber schreiben*) to smudge; ***der Kuli schmiert*** this biro smudges ③ (*Gleitmittel auftragen*) to grease, to lubricate ④ (*fam: bestechen*) ***wenn man einen Auftrag an Land ziehen will, da muss man schon mal*** ~ if you want to land a contract, you have to [be ready to] grease a few palms

Schmiererei <-, -en> *f* (*pej fam*) [smudgy] mess *pej*

Schmierfett *nt* grease **Schmierfink** *m* (*pej*) ① (*schmutziges Kind*) mucky pup BRIT *fam or pej,* dirty kid AM ② (*fam: unsauberer Mensch*) [slobbish and] dirty-minded person ③ (*Wandschmierer*) graffiti artist ④ (*Journalist*) muck-raker, scandalmonger **Schmiergeld** *nt* (*fam*) bribe, kickback *fam* **Schmiergeldzahlung** *f* POL payment of bribe money **Schmierheft** *nt* rough book

schmierig *adj* ① (*nass und klebrig*) greasy ② (*pej: schleimig*) slimy *pej,* smarmy BRIT *pej;* ***was für ein schmieriger Typ!*** what a smarmy guy!

Schmieröl *nt* lubricating oil **Schmierpapier** *nt* rough paper **Schmierseife** *f* soft soap

Schmierung <-, -en> *f* lubrication

Schmierzettel *m* note paper

Schminke <-, -n> *f* make-up

schminken *vt* ① (*Schminke auftragen*) ■**jdn** ~ to put make-up on sb, to make sb up; ■**sich** ~ to put on make-up, to make up [one's face], to do one's face; **stark/dezent geschminkt sein** to be heavily/discreetly made up ② (*mit Schminke bestreichen*) ■**etw** ~ to put make-up on sth, to make sth up; **die Lippen** ~ to put on lipstick *sep;* ■**sich** *dat* [**etw**] ~ to make up sth; **sich die Lippen/den Mund** ~ to put on [some] lipstick *sep* ③ (*fig: beschönigen*) ■**etw ist geschminkt** sth is sanitized

Schminkkoffer *m* cosmetic case **Schminktäschchen** *nt* make-up bag **Schminktisch** *m* make-up table

schmirgeln I. *vt* ■**etw** ~ to sand sth down; ■**etw** [**von etw**] ~ to remove sth [from sth] with sand paper II. *vi* to sand [down]

Schmirgelpapier *nt* sand paper; (*für die Nägel*) emery board

schmiss[RR], **schmiß** *imp von* **schmeißen**

Schmiss[RR] <-es, -e> *m,* **Schmiß** <-sses, -sse> *m* ① (*Narbe*) duelling [*or* AM dueling] scar ② (*veral-

tend: Schwung) bounce, drive, whoompf *fam;* ~ **haben** to be bouncy, to have a lot of drive [*or fam* whoompf]

schmissig *adj* (*veraltend: schwungvoll*) bouncy, foot-tapping

Schmöker <-s, -> *m* (*fam*) *longish escapist book*

schmökern **I.** *vi* (*fam: genüsslich lesen*) ■[**in etw** *dat*] ~ to bury oneself in sth **II.** *vt* (*fam: etw genüsslich lesen*) ■**etw** ~ to devour sth

schmollen *vi* to sulk, to be in a huff

Schmollmund *m* **einen** ~ **machen** to pout

schmolz *imp von* **schmelzen**

Schmorbraten *m* pot roast, braised beef

schmoren **I.** *vt* ■**etw** ~ to braise sth **II.** *vi* ❶ KOCHK to braise ❷ (*fam: schwitzen*) to swelter; **am Strand/in der Sonne** ~ to roast [*or* swelter] on the beach/in the sun ❸ (*fam: unbearbeitet liegen*) to sit [*or* lie] [around] ▶WENDUNGEN: **jdn** ~ **lassen** (*fam*) to let sb stew [in their own juice] [for a bit]; *s. a.* **Saft**

Schmorpfanne *f* shallow braising pan

Schmu <-s> *m kein pl* (*fam*) ❶ (*Unsinn*) rubbish BRIT, trash AM, claptrap *fam,* twaddle *sl;* ***erzähl mir keinen ~!*** don't give me that rubbish! ❷ (*Betrug*) trick; [**bei etw**] ~ **machen** to cheat [when doing sth], to work a fiddle

schmuck *adj* (*veraltend geh: hübsch*) handsome; **ein ~es Kleidungsstück** a smart piece of clothing

Schmuck <-[e]s> *m kein pl* ❶ (*Schmuckstücke*) jewellery BRIT, jewelry AM *no indef art, no pl,* piece of jewellery ❷ (*Verzierung*) decoration, ornamentation

schmücken **I.** *vt* ❶ (*Schmuck anlegen*) ■**sich** [**mit etw**] ~ to put on [*or* wear] sth, to adorn *liter* oneself [with sth], to deck oneself out [in sth] ❷ (*dekorieren*) ■**etw** [**mit etw**] ~ to decorate sth [with sth]; ***die Stadt war mit bunten Lichterketten geschmückt*** the town was illuminated with strings of coloured lights [*or* decorated]; *s. a.* **Beiwerk** **II.** *vr* (*Schmuck anlegen*) ■**sich** ~ to wear jewellery [*or* AM jewelry]; *s. a.* **Feder**

Schmuckgegenstand *m s.* **Schmuckstück 1** **Schmuckkästchen** *nt* jewellery box **schmucklos** *adj* bare; **~e Fassade** plain facade [*or* front] **Schmucksachen** *pl* jewellery *no indef art, no pl,* pieces of jewellery **Schmuckstück** *nt* ❶ (*Schmuckgegenstand*) piece of jewellery BRIT AM ❷ (*fam: Prachtstück*) jewel, masterpiece, gem **Schmuckwaren** *pl* jewellery *no indef art, no pl*

Schmuddel *m* NORDD (*fam*) muck, filth

Schmuddelfassade *f* grimy facade [*or* front]

schmudd(e)lig *adj* grimy, dirty; (*etwas dreckig*) grubby *fam;* (*sehr dreckig*) filthy; (*schmierig*) grimy; **eine ~e Tischdecke** a greasy tablecloth; **ein ~es Lokal** a grotty pub BRIT *sl,* a real dive AM *sl*

Schmuddelklamotten *pl* dirty cloths [*or* BRIT togs], filthy rags **Schmuddellook** *m* grubby look *fam* **Schmuddelwetter** *nt* dirty [*or* foul] weather

Schmuggel <-s> *m kein pl* smuggling *no art, no pl*

Schmuggelei <-, -en> *f* smuggling *no indef art, no pl*

schmuggeln *vt* ■**jdn/etw** ~ to smuggle sb/sth

Schmuggelware *f* smuggled goods *pl,* contraband *no pl*

Schmuggler(in) <-s, -> *m(f)* smuggler

schmunzeln *vi* ■[**über jdn/etw**] ~ to grin quietly to oneself [about sb]

Schmunzeln <-s> *nt kein pl* grin

Schmusekurs *m* line of least resistance; **sich für den** ~ **entscheiden** to take the line of least resistance

schmusen *vi* (*fam*) ■[**mit jdm**] ~ to cuddle [sb], to cuddle up [to sb], to kiss and cuddle [*or sl* to neck] [with sb]; ■[**miteinander**] ~ to kiss and cuddle [*or dated* canoodle], to have a cuddle, to neck

Schmutz <-es> *m kein pl* ❶ (*Dreck*) dirt ❷ (*Schlamm*) mud ▶WENDUNGEN: ~ **und Schund** trash and muck-raking, scandalmongering; **jdn mit ~ bewerfen** to sling mud at sb, to cast aspersions on sb *form;* **jdn/etw in den ~ ziehen** to blacken [*or form* sully] sb's name/sth's reputation, to vilify sb/sth

schmutzen *vi* ■[**leicht**] ~ to get [slightly] dirty

Schmutzfink *m* (*fam*) ❶ (*pej*) *s.* **Schmierfink 1, 2** ❷ (*unmoralischer Mensch*) dirty bastard *fam!* **Schmutzfleck** *m* dirt stain, dirty mark; ~ **in der Landschaft** blot on the landscape **Schmutzgeier** *m* ORN Egyptian vulture **Schmutzhäufchen** *nt* pile of dirt

schmutzig *adj* ❶ (*dreckig*) dirty; **sich** *dat* **etw** [**bei etw**] ~ **machen** to get [*or* make] sth dirty [doing sth] ❷ (*obszön*) smutty, dirty, lewd; **~e Witze** dirty jokes ❸ (*pej: unlauter*) shady, dubious, crooked; **~es Geld** dirty money; **~e Geschäfte** shady deals ❹ (*pej: frech*) insolent; *s. a.* **Finger**

Schmutzkampagne [-kamˈpanjə] *f* SOZIOL, POL, MEDIA (*pej*) smear campaign *pej* **Schmutzlöser** *m* cleaning agent **Schmutztitel** *m* TYPO half-title **Schmutzwäsche** *f* dirty laundry [*or* BRIT washing] **Schmutzwasser** *nt* ❶ (*schmutziges Wasser*) dirty water ❷ (*Abwasser*) sewage *no pl,* wastewater AM

Schnabel <-s, Schnäbel> *m* ❶ ORN (*Vogel~*) beak, bill ❷ (*lange Tülle*) spout; ~ **eines Krugs** lip of a jug ❸ (*fam: Mund*) trap *sl,* gob BRIT *sl,* kisser *sl;* **halt den** [*o* **deinen**] **~!** (*fam*) shut up! *fam,* shut your trap [*or* BRIT gob]! *sl,* button it! *sl* ▶WENDUNGEN: **reden, wie der ~ gewachsen ist** (*fam*) to say what one thinks, to not mince words

schnäbeln *vi* to bill

Schnabeltasse *f* feeding cup **Schnabeltier** *nt* ZOOL platypus

Schnake <-, -n> *f* ZOOL ❶ (*Weberknecht*) crane fly, daddy-longlegs *fam* ❷ DIAL (*fam: Stechmücke*) midget, gnat

Schnalle <-, -n> *f* ❶ (*Schließe*) buckle ❷ (*pej derb: Frau*) **blöde ~!** stupid bitch! *fam!*

schnallen *vt* ❶ (*durch eine Schnalle befestigen*) ■**etw** ~ to do [*or* buckle] sth up, to fasten sth; **etw enger/weiter** ~ to tighten/loosen sth ❷ (*aufschnallen*) ■[**sich** [*o* **jdm**]] **etw** [**auf etw** *akk*] ~ to strap sth on[to sth]; **sich einen Rucksack auf den Rücken** ~ to strap a rucksack onto one's back ❸ (*losschnallen*) ■**etw** [**von etw**] ~ to unstrap [*or* undo] sth [from sth] ❹ (*fam: kapieren*) ■**etw** ~ to get sth *fam,* to cotton on to sth BRIT *fam*

Schnallenschuh *m* buckle shoe

schnalzen *vi* **mit den Fingern** ~ to snap one's fingers; **mit der Zunge** ~ to click one's tongue

Schnäppchen <-s, -> *nt* (*fam*) bargain; [**bei etw**] **ein ~ machen** to make [*or* get] a bargain [with sth]

Schnäppchenadresse *f* INET *online shopping websites with especially low prices* **Schnäppchenführer** *m guide book to the best outlet and bargain stores* **Schnäppchenjagd** *f* (*fam*) bargain hunting **Schnäppchenjäger(in)** *m(f)* (*fam*) bargain hunter

schnappen **I.** *vi* ❶ *haben* (*greifen*) ■[**nach etw**] ~ to grab [for sth], to snatch [at sth]; *s. a.* **Luft** ❷ *haben* (*mit den Zähnen*) ■[**nach jdm/etw**] to snap [at sb/sth] ❸ *sein* (*klappen*) ■**etw schnappt** sth snaps; ***der Riegel schnappte ins Schloss*** the bolt snapped to the holder **II.** *vt haben* (*fam*) ❶ (*ergreifen*) ■[**sich** *dat*] **etw/jdn** ~ to grab sth/sb ❷ (*fassen*) ■**etw/jdn** ~ to catch [*or* get] [*or* grab] sth/sb; **etwas frische Luft** ~ to get a gulp of fresh air ❸ (*festnehmen*) ■**jdn** ~ to catch [*or fam* nab] sb ▶WENDUNGEN: **etw geschnappt haben** (*fam*) to have understood [*or fam* got] sth; **jdn hat es geschnappt** sb has copped it BRIT *fam* **III.** *vr* (*fam: abpassen*) ■**sich** *dat* **jdn** ~ to catch sb

Schnapper *m* snapper

Schnappmesser *nt* flick knife BRIT, switchblade AM **Schnappschloss**[RR] *nt* spring lock **Schnappschuss**[RR] *m* snapshot

Schnaps <-es, Schnäpse> *m* schnapps

Schnäpschen <-s, -> *nt dim von* **Schnaps 2**

Schnapsfahne *f* (*fam*) smell of schnapps on one's breath; **eine ~ haben** to stink of schnapps **Schnapsflasche** *f* bottle of schnapps, schnapps bottle **Schnapsglas** *nt* schnapps glass **Schnapsidee** *f* (*fam*) daft *fam* [*or fam* hare-brained] [*or fam* crackpot] idea **Schnapszahl** *f* (*hum fam*) *a figure consisting of identical digits*

schnarchen *vi* to snore; ■**das S~** snoring

Schnarcher <-s, -> *m* (*Geräusch*) snore

Schnarcher(in) <-s, -> *m(f)* (*Mensch*) snorer; ■**~ sein** to snore

schnarren *vi* (*dumpf surren*) to buzz

schnattern *vi* ① ORN (*klappernde Laute erzeugen*) to cackle ② (*fam: schwatzen*) to chatter [*or* BRIT *fam* natter]

schnauben <schnaubte *o veraltet* schnob, geschnaubt *o veraltet* geschnoben> **I.** *vi* ① (*außer sich sein*) ■[**vor etw** *dat*] **~** to snort [with sth]; **~ vor Wut** to snort with rage ② (*durch die Nase pusten*) to snort; **wütend ~d** snorting with rage ③ (*sich schneuzen*) to blow one's nose **II.** *vr* **sich** *dat* **die Nase ~** to blow one's nose

schnaufen *vi* ① *haben* (*angestrengt atmen*) to puff [*or* pant] ② *haben bes* SÜDD (*atmen*) to breathe ③ *sein* (*fam: sich keuchend bewegen*) ■[**irgendwohin**] **~** to puff [somewhere]; ***schwer beladen schnaufte sie den Gang entlang*** heavily laden, she puffed along the corridor

Schnauferl <-s, - *o* -n> *nt* ÖSTERR (*hum fam*) vintage [*or* veteran] car

Schnauz <-es, Schnäuze> *m* SCHWEIZ (*Schnauzbart*) moustache

Schnauzbart *m* ① (*großer Schnurrbart*) large moustache; **hängender ~** walrus moustache; **nach oben gezogener ~** handlebar moustache ② (*Schnauzbartträger*) man with a large moustache

Schnauze <-, -n> *f* ① ZOOL (*Maul*) snout ② (*sl: Mund*) gob BRIT *sl*, kisser *sl*, trap *fam*, chops *sl;* **eine große ~ haben** (*sl*) to have a big mouth *fam;* [**über etw** *akk*] **die** [*o* **seine**] **~ halten** (*sl*) to keep quiet [about sth], to keep sth under one's hat, to keep one's trap shut *sl* [about sth]; **~!** (*sl*) shut up! *fam*, shut your trap *fam*!; **immer mit der ~ voran** [*o* **vorneweg**] **sein** to have a big mouth ③ (*fam: Motorhaube*) front ④ (*fam: Bug*) nose ▸ WENDUNGEN: **frei** [**nach**] **~** (*fam*) as one thinks fit [*or* best]; **die ~** [**von etw**] [**gestrichen**] **voll haben** (*sl*) to be fed up to the [back] teeth [with sth] BRIT, to be sick to death [of sth]; [**mit etw**] **auf die ~ fallen** (*sl*) to fall flat on one's face [with sth] *fig*

schnauzen *vi* (*fam: barsch reden*) to bark [*or* snarl]

schnäuzen[RR] *vr* **sich** *akk* [**in ein Taschentuch**] **~** to blow one's nose [with a handkerchief]; *s. a.* **Nase**

Schnauzer <-s, -> *m* ① ZOOL schnauzer ② (*fam*) *s.* **Schnauzbart**

Schnäuzer <-s, -> *m* DIAL (*Schnauzbart*) moustache

Schnecke <-, -n> *f* ① ZOOL snail; (*Nackt~*) slug ② *meist pl* KOCHK snails *pl* ③ (*Gebäck*) Chelsea bun ④ ANAT cochlea ▸ WENDUNGEN: **jdn** [**wegen etw**] **zur ~ machen** (*fam*) to give sb what for [for sth] *fam*, to give sb a dressing-down

Schneckengehäuse *nt* (*geh*) *s.* **Schneckenhaus**

Schneckenhaus *nt* snail shell ▸ WENDUNGEN: **sich in sein ~ zurückziehen** to retreat into one's shell **Schneckenpfanne** *f* snail pan **Schneckentempo** *nt* **im ~** (*fam*) at a snail's pace **Schneckenzange** *f* snail tongs *npl*

Schnee <-s> *m kein pl* ① METEO snow ② (*sl: Kokain*) snow *sl* ▸ WENDUNGEN: **~ von gestern** [*o* **vorgestern**] (*fam*) stale [news], [ancient] history; *s. a.* **Eiweiß**

Schneeammer *f* ORN snow bunting

Schneeball *m* ① (*Schneekugel*) snowball ② BOT snowball tree, guelder rose

Schneeballeffekt *m kein pl* snowball effect **Schneeballschlacht** *f* snowball fight; **eine ~ machen** to have a snowball fight **Schneeballsystem** *nt* FIN, ÖKON pyramid selling *no art, no pl*

schneebedeckt *adj* snow-covered, snowy **Schneebesen** *m* whisk **schneeblind** *adj* snow-blind **Schneeblindheit** *f* snow blindness **Schneebrille** *f* snow-goggles **Schneedecke** *f* blanket of snow; ***die ~ schmolz rasch dahin*** the snow melted quickly **Schneefall** *m* snowfall, fall of snow; ***gegen 15 Uhr setzte ~ ein*** around 3 pm the snow began to fall **Schneeflocke** *f* snowflake **schneefrei** *adj* free of snow *pred* ▸ WENDUNGEN: **~ haben** SCH to have time [*or* a day] off school because of snow **Schneegans** *f* snow goose **Schneegestöber** *nt* snowstorm **schneeglatt** *adj* slippery with packed snow *pred* **Schneeglätte** *f* slippery surface of packed snow; ***auf den bezeichneten Streckenabschnitten tritt verbreitet ~ auf*** the marked stretches of road are prone to be slippery because of packed snow **Schneeglöckchen** <-s, -> *nt* snowdrop **Schneegrenze** *f* snowline **Schneehemd** *nt* MIL white camouflage suit **Schneehuhn** *f* ORN ptarmigan **Schneekanone** *f* snow gun [*or* cannon] **Schneekette** *f meist pl* snow chain[s *pl*] **Schneekönig** *m* ▸ WENDUNGEN: **sich wie ein ~ freuen** (*fam*) to be as pleased as Punch, to be tickled pink, to be over the moon BRIT *fam* **Schneemann** *m* snowman **Schneematsch** *m* slush **Schneepflug** *m* snowplough, snowplow AM **Schneeregen** *m* sleet **Schneeschippe** *f* DIAL snow-shovel **Schneeschmelze** *f* thaw **schneesicher** *adj* **ein ~es Gebiet** an area where snow is assured **Schneesturm** *m* snowstorm **Schneetreiben** *nt* snowstorm, driving snow; ***urplötzlich setzte ein munteres ~ ein*** a brisk snowstorm set in all of a sudden **Schneeverwehung** *f* snowdrift **schneeweiß** *adj* as white as snow *pred*, snow-white; ■**~** [**im Gesicht**] **sein** [*o* **werden**] to be [*or* go] as white as a sheet **Schneewittchen** <-s> *nt* Snow White

Schneid <-[e]s> *m kein pl* (*fam*) guts *npl fam*, bottle BRIT *sl*, balls *vulg;* **~ haben** to have guts; [**nicht den**] **~ haben, um etw zu tun** to [not] have the guts [*or* balls] [*or* BRIT bottle] to do sth ▸ WENDUNGEN: **jdm den ~ abkaufen** to put sb off, to unnerve sb, to intimidate sb

Schneidbrenner <-s, -> *m* oxyacetylene torch, blow torch

Schneide <-, -n> *f* ① ([*Kante*] *der Klinge*) edge, blade ② GEOG steep ridge; *s. a.* **Messer**

Schneidebohne *f* runner bean

schneiden <schnitt, geschnitten> **I.** *vt* ■**etw ~** ① (*zerteilen*) cut; **Wurst in die Suppe ~** to slice sausage into the soup ② (*kürzen*) to cut [*or* trim] sth; **einen Baum ~** to prune a tree, das Gras **~,** to cut [*or* mow] the grass; **jdm die Haare ~** to cut sb's hair; ***sie hat sich die Haare ganz kurz ~ lassen*** she has had her hair cut relly short ③ (*gravieren*) to carve sth; **ein markant geschnittenes Gesicht** craggy features; **mit mandelförmig geschnittenen Augen** almond-eyed ④ (*einschneiden*) to cut sth; **ein Loch in den Stoff ~** to cut a hole in the material ⑤ AUTO (*knapp einscheren*) to cut sth; ■**jdn ~** to cut sb ⑥ (*kreuzen*) to cut [*or* intersect] [*or* cross] sth ⑦ FILM (*cutten*) to

S

edit sth (8) (*fam: operieren*) to cut [sb/sth] [open] *fam,* to operate [on sb/sth]; **einen Furunkel/Karbunkel** ~ to lance a boil/carbuncle (9) MODE (*zuschneiden*) to cut sth out; **zu eng/zu weit geschnitten sein** to be cut too tight/too loose; **eine gut geschnittene Wohnung** a well-designed flat [*or* AM apartment] (10) (*meiden*) ■ **jdn** ~ to cut [*or* snub] sb; *s. a.* **Fratze, Grimasse, Kurve, Luft II.** *vr* (1) (*sich mit einer Schneide verletzen*) ■ **sich** ~ to cut oneself; **sich in den Finger** ~ to cut one's finger; **sich an einer Glasscherbe** ~ to cut oneself on a piece of broken glass; *s. a.* **Fleisch** (2) (*sich kreuzen*) ■ **sich** ~ to intersect [*or* cross] ▶ WENDUNGEN: **sich [gründlich] geschnitten <u>haben</u>** (*fam*) to have made a [big] mistake **III.** *vi* (1) MED (*operieren*) to operate (2) (*zerteilen*) to cut; ***das Messer schneidet gut*** the knife cuts well (3) (*geh: schneidend sein*) ■ **etw schneidet** sth is biting; ■ **jdn [irgendwohin]** ~ to hit sb [somewhere]; ***der eisige Wind schnitt ihr ins Gesicht*** the icy wind hit her in the face; *s. a.* **Herz**

schneidend *adj* (1) (*durchdringend*) biting (2) (*scharf*) sharp

Schneider(in) <-s, -> *m(f)* (1) MODE tailor (2) KARTEN *score of under 30 points in Skat;* **im** ~ **sein** *to have less than 30 points in Skat;* **aus dem** ~ **sein** *to have more than 30 points in Skat* ▶ WENDUNGEN: **<u>frieren</u> wie ein** ~ (*fam*) to freeze [almost] to death *fig,* to be frozen stiff; **aus dem** ~ **<u>sein</u>** (*fam*) to be over the worst of it [*or* be in the clear]

Schneiderei <-, -en> *f* (1) *kein pl* (*Handwerk*) *für Damenkleidung* dressmaking; *für Herrenkleidung* tailoring (2) (*Werkstatt*) tailor's [shop]

Schneiderin <-, -nen> *f fem form von* **Schneider**

schneidern **I.** *vi* to work as a tailor; (*als Hobby*) to do [some] dressmaking **II.** *vt* (*zuschneiden*) ■ **[jdm/sich] etw** ~ to make sth [for sb/oneself]; **selbst geschneidert** home-made

Schneidersitz *m* **im** ~ cross-legged

Schneidezahn *m* incisor

schneidig *adj* smart, dashing

schneien **I.** *vi impers* to snow; ***es hat geschneit*** it has been snowing **II.** *vt impers* (1) ■ **es schneit etw** *akk* it is snowing sth; ***es schneite dicke Flocken*** it was snowing thick flakes, thick snowflakes were falling (2) (*herabfallen*) sth is raining down; ***es schneite Konfetti*** there was a shower of confetti

Schneise <-, -n> *f* path, aisle

schnell **I.** *adj* (1) TRANSP (*eine hohe Geschwindigkeit erreichend*) fast (2) (*zügig*) prompt, rapid (3) *attr* (*baldig*) swift, speedy; **ein ~er Abschluss** a swift end; **eine ~e Genesung** a speedy recovery; **eine ~e Mark machen** (*fam*) to make a fast buck *fam;* **ein ~er Tod** a quick death **II.** *adv* (1) (*mit hoher Geschwindigkeit*) fast; **~/~er fahren** to drive fast/faster (2) (*zügig*) quickly; ~ **gehen** to be done quickly; ***geht das ~/wie ~ geht das?*** will it take long/how long will it take?; ~ **machen** to hurry up; **nicht so ~!** not so fast!, slow down!

Schnellbahn *f* high-speed railway **Schnellboot** *nt* speedboat **Schnellbratpfanne** *f* sauté pan

Schnelle <-> *f kein pl* (1) (*Schnelligkeit*) speed (2) (*fam*) **auf die** ~ quickly, at short notice; ***haben Sie etwas zu essen, was auf die ~ geht?*** do you have anything quick to eat?; **etw auf die** ~ **machen** to do sth at short notice

schnellebig *adj getrennt: schnell-lebig s.* **schnelllebig**

schnellen *vi sein* (1) (*federnd hochspringen*) **in die Höhe** [*o* **nach oben**] ~ to shoot up (2) (*federn*) ■ **[von etw** *dat***/irgendwohin]** ~ to shoot [from sth/somewhere]; ***der Pfeil schnellte vom Bogen in die Zielscheibe*** the arrow shot from the bow and hit the target; ■ **etw [irgendwohin]** ~ **lassen** to flick sth [somewhere]

Schnellfeuergewehr *nt* automatic pistol **Schnellgaststätte** *f* fast-food restaurant **Schnellgericht**[1] *nt* ready-made meal **Schnellgericht**[2] *nt* JUR summary court **Schnellhefter** *m* loose-leaf binder

Schnelligkeit <-, *selten* -en> *f* (1) (*Geschwindigkeit*) speed (2) (*Zügigkeit*) speediness; (*Ausführung*) promptness

Schnellimbiss[RR] *m* take-away **Schnellkochplatte** *f* high-speed ring **Schnellkochtopf** *m* pressure cooker **Schnellkurs** *m* crash course

schnelllebig[RR] *adj* fast-moving **Schnellpaket** *nt* express parcel **Schnellrestaurant** *nt* fast-food restaurant

schnellstens *adv* as soon [*or* quickly] as possible

Schnellstraße *f* expressway **Schnellverfahren** *nt* (1) JUR summary trial; **im** ~ summarily (2) (*fam*) **im** ~ in a rush; **im** ~ **duschen** to have a quick shower **Schnellzug** *m* (*veraltend*) fast train

Schnepfe <-, -n> *f* (1) ORN snipe (2) (*pej fam*) stupid [*or* silly] cow *sl*

schnetzeln *vt* KOCHK ■ **etw** ~ to cut sth into fine strips, to shred sth

schneuzen *vr s.* **schnäuzen**

Schnibbelbohne *f* DIAL runner bean

Schnickschnack <-s> *m kein pl* (*fam*) (1) (*Krimskrams*) junk *no pl* (2) (*dummes Geschwätz*) twaddle *no pl,* poppycock *no pl*

schniefen *vi* to sniffle, to sniff

Schnippchen <-s> *nt* ▶ WENDUNGEN: **jdm ein** ~ **<u>schlagen</u>** (*fam*) to put one over on sb *fam; s. a.* **Tod**

Schnippel <-s, -> *m o nt* DIAL (*fam: Schnipsel*) shred

schnippeln **I.** *vi* (*fam*) ■ **[an etw** *dat***]** ~ to snip [at sth] **II.** *vt* (*fam*) ■ **etw** ~ to cut sth

schnippen **I.** *vi* **mit den Fingern** ~ to snap one's fingers **II.** *vt* ■ **etw [von etw** *dat***]** ~ to flick sth [off sth]

schnippisch **I.** *adj* saucy, cocky *fam* **II.** *adv* saucily, cockily

Schnipsel <-s, -> *m o nt* (*fam*) shred

schnipseln *vi* (*fam*) *s.* **schnippeln**

schnitt *imp von* **schneiden**

Schnitt <-[e]s, -e> *m* (1) (*Schnittwunde*) cut (2) (*Haarschnitt*) cut (3) MODE (*Zuschnitt*) cut (4) FILM (*das Cutten*) editing (5) ARCHIT, MATH (*Darstellung in der Schnittebene*) section; **im** ~ ARCHIT in section; (*durchschnittlich*) on average; **der Goldene** ~ MATH the golden section ▶ WENDUNGEN: **[bei etw** *dat***] einen** [*o* **seinen**] **bestimmten** ~ **<u>machen</u>** (*fam*) to make a certain profit [on sth]

Schnittblumen *pl* cut flowers *pl* **Schnittbohnen** *pl* runner beans *pl*

Schnitte <-, -n> *f* (1) KOCHK slice (2) (*belegtes Brot*) open sandwich ▶ WENDUNGEN: **[bei jdm/etw] keine** ~ **<u>haben</u>** (*fam*) to have no chance [with sb/sth]

Schnittfläche *f* (1) cut surface (2) MATH *s.* **Schnitt 5**

schnittig *adj* stylish, stream-lined

Schnittkäse *m* hard cheese **Schnittlauch** *m kein pl* chives *npl* **Schnittmenge** *f* MATH intersection **Schnittmuster** *nt* MODE (1) [paper] pattern (2) *s.* **Schnittmusterbogen** **Schnittmusterbogen** *m* MODE pattern chart **Schnittpunkt** *m* (1) MATH point of intersection (2) (*Kreuzung*) intersection **Schnittsalat** *m* mixed salad leaves *pl* **Schnittstelle** *f* (1) INFORM interface (2) (*vermittelnde Instanz*) go-between **Schnittwunde** *f* cut

Schnitz <-es, -e> *m* DIAL slice [of fruit]

Schnitzel[1] <-s, -> *nt* KOCHK pork escalope; **Wiener** ~ Wiener schnitzel

Schnitzel[2] <-s, -> *nt o m* shred

Schnitzeljagd *f* paper-chase

schnitzeln *vt* ■ **etw** ~ to shred sth

schnitzen I. *vt* ① (*aus Holz schneiden*) ■ **etw** [**aus etw** *dat*] ~ to carve sth [out of sth] ② (*in Holz einschneiden*) ■ **etw** [**in etw** *akk*] ~ to carve sth [into sth] II. *vi* ■ [**an etw** *dat*] ~ to carve [sth], to whittle [at sth]; ■ **das S~** carving; (*Holz*) wood carving

Schnitzer <-s, -> *m* (*fam*) blunder, cock-up BRIT *sl*, screw-up AM *sl*; **einen ~ machen** to commit a blunder, to cock up *sl*

Schnitzer(in) <-s, -> *m(f)* wood carver

Schnitzerei <-, -en> *f* wood-carving

Schnitzerin <-, -nen> *f fem form von* **Schnitzer**

Schnitzmesser *nt* wood-carving knife

schnob (*veraltet*) *imp von* **schnauben**

schnodd(e)rig *adj* (*pej fam*) impudent, cheeky BRIT *fam*

schnöde I. *adj* (*pej geh*) despicable, mean, vile; ■ **etw ist ~** [**von jdm**] sth is despicable [*or* mean] [of sb] II. *adv* (*pej geh*) despicably, vilely, in a despicable [*or* vile] manner; *s. a.* **Mammon**

Schnorchel <-s, -> *m* snorkel

schnorcheln *vi* ■ [**irgendwo**] ~ to go snorkelling [*or* AM snorkeling] [somewhere]

Schnörkel <-s, -> *m* scroll, squiggle *hum*

schnörkelig *adj* full of flourishes *pred*, squiggly *hum*

schnörkellos *adj* simple, plain; ~ **formuliert** put simply, in simple [*or* plain] words

schnorren I. *vi* (*fam*) ■ [**bei jdm**] ~ to scrounge [from sb] *fam* II. *vt* (*fam*) ■ **etw** ~ to scrounge sth *fam*

Schnorrer(in) <-s, -> *m(f)* (*fam*) scrounger *fam*

Schnösel <-s, -> *m* (*fam*) snotty[-nosed] little git *fam*

schnuckelig *adj* (*fam*) ① (*herzig*) cute ② (*nett*) cute, nice

Schnüffelei <-, -en> *f* (*fam*) ① (*ständiges Schnüffeln*) sniffing ② (*das Hinterherspionieren*) snooping *fam*

schnüffeln *vi* ① (*schnuppern*) ■ [**an jdm/etw**] ~ to sniff [sb/sth] ② (*fam: spionieren*) ■ [**in etw** *dat*] ~ to nose around [in sth] ③ (*sl: Klebstoff etc ~*) to sniff glue; **das S~** glue-sniffing

Schnüffler(in) <-s, -> *m(f)* ① (*fam: Detektiv*) detective, snooper BRIT *fam* ② (*sl: Süchtiger*) glue-sniffer

Schnuller <-s, -> *m* dummy

Schnulze <-, -n> *f* (*fam*) schmaltz, schmalz *fam*

Schnulzensänger(in) <-s, -> *m(f)* MUSIK (*pej fam*) singer of schmaltzy *fam* songs

schnulzig *adj* (*fam*) schmaltzy, schmalzy *fam*, corny *fam*

schnupfen I. *vi* ① (*Schnupftabak nehmen*) to take snuff ② (*schniefen*) to sniff *fam*, to sniffle *fam*; ■ [**in etw** *akk*] ~ to sniffle [in sth]; ***sie schnupfte ins Taschentuch*** she sniffled in her hanky ③ (*selten: unter wiederholtem Schnupfen äußern*) to sniff [*or* sniffle] *fam* II. *vt* ■ **etw** ~ to take a sniff of sth, to snort sth *sl*; **Tabak** ~ to take snuff; **Kokain** ~ to snort *sl* cocain III. *vr* **sich** *akk* **zu Tode** ~ to die snorting cocain

Schnupfen <-s, -> *m* MED cold; [**einen**] ~ **bekommen, sich** *dat* [**irgendwo/bei jdm**] **einen ~ holen** (*fam*) to get a cold [from somewhere/sb]; [**einen**] ~ **haben** to have a cold

Schnupftabak *m* snuff **Schnupftabak(s)dose** *f* snuffbox

schnuppe *adj* (*fam*) ■ [**jdm**] ~ **sein** not to care less [about sb], not to give a stuff [about sb] BRIT *fam*; ■ [**jdm**] ~ **sein, ob/was/wie/wo …** not to care less, whether/what/how/where …

Schnupperfahrt *f* test drive **Schnupperkurs** *m* taster course

schnuppern I. *vi* ■ [**an jdm/etw**] ~ to sniff [at sb/sth] II. *vt* ■ **etw** ~ to sniff sth

Schnupperwoche *f* taster week

Schnur <-, Schnüre> *f* cord

Schnürchen <-s, -> *nt dim von* **Schnur** thin cord ▶ WENDUNGEN: **wie am ~** (*fam*) like clockwork *fam*

schnüren I. *vt* ① (*verschnüren*) ■ **etw** [**zu etw** *dat*] ~ to tie sth together [in sth] ② (*mit einer Schnur befestigen*) ■ **etw** [**auf etw** *akk*] ~ to tie sth [onto sth]; ***er schnürte sich den Rucksack auf den Rücken*** he fastened the rucksack to his back ③ (*zubinden*) ■ [**jdm/sich**] **etw** ~ to tie [sb's/one's] sth [up]; **seine/jds Schuhe** ~ to lace up one's/sb's shoes II. *vi* (*fam*) *Hose, Kleider* to be tight III. *vr* ■ **sich** [**in etw** *akk*] ~ to lace oneself up [in sth]

schnurgerade I. *adj* dead straight II. *adv* ① (*völlig gerade*) in a straight line ② (*fam*) *s.* **schnurstracks**

schnurlos *adj* cordless

Schnurrbart *m* moustache; ■ **einen ~ haben** [*o* **tragen**] to have [*or dated* wear] a moustache

schnurrbärtig *adj* ■ ~ **sein** to have a moustache

schnurren *vi* ① (*Katze*) to purr; **vor Zufriedenheit ~** to purr with contentment ② (*surren*) to whirr

Schnurrhaare *pl* whiskers *pl*

Schnürschuh *m* lace-up shoe **Schnürsenkel** *m* shoelace **Schnürstiefel** *m* laced [*or* lace-up] boot

schnurstracks *adv* straight; ~ **nach Hause gehen** to go straight home

schnurz *adj* (*sl*) ■ [**jdm**] ~ **sein** to be all the same [to sb]; ***das ist mir ~*** I couldn't care less

Schnute <-, -n> *f* NORDD (*Mündchen*) pout; **eine ~ ziehen** (*fam*) to pout

schob *imp von* **schieben**

Schober <-s, -> *m* AGR SÜDD, ÖSTERR ① (*Heuhaufen*) haystack ② *s.* **Heuschober**

Schock <-[e]s, -s> *m* shock; ■ **der ~ einer S.** *gen* the shock [*or* trauma] of a thing; **einen ~ bekommen** [*o geh* **erleiden**] [*o fam* **kriegen**] to receive [*or fam* get] a shock; **unter ~ stehen** to be in [a state of] shock; [**jdm**] **einen ~ versetzen** to shock [sb]

schocken *vt* (*sl*) ■ **jdn** [**mit etw** *dat*] ~ to shock sb [with sth]

Schocker <-s, -> *m* FILM (*sl*) film designed to shock

schockieren* *vt* ■ **jdn** [**mit etw** *dat*] ~ to shock sb [with sth]; ■ **etw schockiert jdn** sth shocks sb; ■ [**über etw** *akk*] **schockiert sein** to be shocked [about sth]

schofel, **schof(e)lig** *adj* DIAL (*sl*) rotten; ■ ~ [**zu jdm**] **sein** to be rotten [*or* mean] [to sb]; ■ ~ [**von jdm**] **sein, etw zu tun** to be rotten [of sb] to do sth

Schöffe, **Schöffin** <-n, -n> *m, f* JUR juror

Schöffengericht *nt* JUR magistrates' court

Schöffin <-, -nen> *f fem form von* **Schöffe**

Schokolade <-, -en> *f* ① (*Kakaomasse*) chocolate ② (*geh: Kakaogetränk*) hot chocolate; (*kalt*) chocolate milk

Schokoladencreme *f* chocolate cream **Schokoladeneis** *nt* chocolate ice-cream **Schokoladenfigur** *f* figure made of chocolate **Schokoladenpudding** *m* chocolate pudding **Schokoladenpulver** *nt* chocolate powder **Schokoladenriegel** *m* chocolate bar, bar of chocolate **Schokoladenseite** *f* (*fam*) the good part[s]; **sich von seiner ~ zeigen** to show oneself at one's best **Schokoladenüberzug** *m* chocolate coating

Schokoriegel *m* chocolate bar

Scholastik <-> *f kein pl* scholasticism *no pl*

Scholastiker(in) <-s, -> *m(f)* scholastic

scholl *imp von* **schallen**

Scholle[1] <-, -n> *f* ZOOL, KOCHK plaice

Scholle[2] <-, -n> *f* ① (*flacher Erdklumpen*) clod [of earth] ② (*Eisbrocken*) [ice] floe ③ (*geh: Ackerland*) arable land

Scholli *m* ▶ WENDUNGEN: **mein <u>lieber</u> ~!** (*fam: na warte!*) just you wait! *fam*; (*na so was!*) my goodness!

Schöllkraut *nt* BOT greater celandine

schon I. *adv* ① (*bereits*) already, yet; ***sind wir ~ da?***

are we there yet?; *hast du ~ gehört?* have you heard?; *du willst ~ gehen?* you want to leave already?; ■ es ist ~ … it is already …; *es ist ~ spät* it is already late, it is late already; ~ damals/gestern/jetzt even at that time/yesterday/now; ~ lange for a long time; ~ mal ever, hast du ~ mal Austern gegessen?, have you ever eaten oysters?; ~ oft several times already ② (*allein*) ■ ~ … alone …; ~ darum/aus dem Grunde for that reason alone; ~ die Tatsache, dass the fact alone, that, the very fact, that; ~ Grund genug sein to be already reason enough; *s. a.* allein ③ (*irgendwann*) in the end, one day; *es wird ~ noch* [*mal*] *klappen* it will work out in the end [*or* one day] ④ (*durchaus*) well; *so was kann schon mal vorkommen* that can happen ⑤ (*denn*) *was macht das ~* what does it matter ⑥ (*fam: nun mal*) *es ist ~ wahr* it's true all right; *s. a.* gut ⑦ (*irgendwie*) all right; *danke, es geht ~* thanks, I can manage; *es wird ~ klappen* it will work out all right ⑧ (*ja*) *ich sehe ~, …* I can see, …; ~ immer always; *ich sagte es ja ~ immer* I've always said it/so; ~ längst for ages, ages ago; *das wusste ich doch ~ längst* I've known that for ages; ~ wieder [once] again; [ja] ~, aber … (*fam*) [well] yes, but …; und [*o* na] wenn ~! so what? **II.** *pron* ① (*endlich*) *jetzt komm ~!* hurry up!; *hör ~ auf damit!* will you stop that! ② (*auffordernd*) ■ … ~! go on …!; *geh ~!* go on!; *gib ~ her!* come on, give it here!; mach ~! (*fam*) hurry up!; [*nun*] *sag ~!* go on, tell me! ③ (*nur*) wenn ich das ~ rieche/sehe! (*fam*) the mere smell/sight of that!; wenn ich das ~ höre! just hearing about it!; *s. a.* ja, möglich

schön **I.** *adj* ① (*hübsch*) beautiful; (*ansprechend*) lovely, nice ② (*angenehm*) good, great, nice, splendid; *ich wünsche euch ~e Ferien* have a good holiday; *heute war ein ~er Tag* today was a lovely [*or* splendid] day; *~es Wochenende* have a good weekend!; ■ etwas S~es something lovely; *es gibt nichts S~eres, als* there could be nothing nicer, than; ■ [irgendwo [*o* bei jdm]] ist es ~ it is nice [somewhere [*or* at sb's house]]; nicht ~ [von jdm] sein not to be very nice [of sb]; zu ~, um wahr zu sein (*fam*) too good to be true; ~, dass … (*fam*) it's good that …, I'm pleased that …; *s. a.* Kunst, Literatur ③ (*iron: unschön*) great, nice; *das sind ja ~e Aussichten!* what wonderful [*or* great] prospects!; *das wird ja immer ~er!* (*iron fam*) things are getting worse and worse!; ■ etwas S~es (*iron*) a fine mess; ■ das S~ste the best of it *iron*; *das S~ste kommt erst noch* the best of it is yet to come; das S~ste [daran] ist, dass … the worst thing [about it] is [that] …, the worst of it is [that] …; *s. a.* Bescherung ④ (*iron: verblüffend*) astonishing; *mit ~er Regelmäßigkeit fehlt sie immer dann, wenn man sie am dringendsten braucht* she always manages with astonishing regularity to be away when she's needed most ⑤ (*beträchtlich*) great, good; eine ~e Erbschaft a good [*or* sizeable] inheritance; ein ~er Erfolg a great success; ein ~es Sümmchen a nice bit of cash *fam;* ein ~es Stück Arbeit/eine ~e Strecke quite a bit of work/quite a stretch; [das ist ja alles] ~ und gut, aber … that's all very well, but …, that may well be, but …; ~, ~ (*fam*), [also] ~ (*fam*), na ~ (*fam*) all right [*or* okay] then, fine; *s. a.* Stange, Stück **II.** *adv* ① (*ansprechend*) well; sich ~ anziehen to get dressed up; sich ~ schminken/frisieren to get dolled up/do one's hair nicely; ~ malen/musizieren/singen/spielen to paint/play music/sing/play well [*or* nicely] ② (*fam: genau*) thoroughly ③ (*fam: besonders*) ~ groß/kalt/langsam/süß nice and big/cold/slow/sweet ④ (*gut*) sich ~ amüsieren to have a good time; sich ~ ausschlafen/ausspannen/ausruhen to have a good lie-in/relaxation/rest; es ~ [irgendwo] haben to live well [somewhere]; *wir wollen es in unserem Urlaub ~ haben* we want to have a good time on holiday ⑤ (*fam: ganz*) nicely; *sei ~ brav* be a good boy/girl ⑥ (*iron fam: ziemlich*) really; *das hat ganz ~ weh getan!* that really hurt!; *s. a.* ganz

Schonbezug *m* protective cover

Schöne <-n, -n> *f* beauty; die ~ und das Biest Beauty and the Beast

schonen **I.** *vt* ① (*pfleglich behandeln*) ■ etw ~ to look after sth, to take care of sth ② (*nicht überbeanspruchen*) ■ etw ~ to be kind to sth, to go easy on sth; seine Leber mehr ~ to be kinder to one's liver; seine Gesundheit/sein Herz etwas ~ müssen to have to go a bit easy on one's health/heart; *das schont die Gelenke* it is easy on the joints ③ (*vorsichtig einwirken*) ■ etw ~ to be kind to sth; *dieses Waschmittel schont das Gewebe/die Hände* this detergent is kind to the fabric/your hands ④ (*Rücksicht nehmen*) ■ jdn/etw ~ to spare sb/sth; jds Gefühle ~ to spare sb's feelings ⑤ (*verschonen*) ■ jdn ~ to spare sb **II.** *vr* ■ sich ~ to take things easy

schönen *vt* (*veraltend*) ■ etw ~ to embellish sth, to dress sth up

schonend **I.** *adj* ① (*pfleglich*) careful ② (*rücksichtsvoll*) considerate ③ (*nicht strapazierend*) gentle, kind **II.** *adv* ① (*pfleglich*) carefully, with care ② (*rücksichtsvoll*) jdm etw ~ beibringen to break sth to sb gently

Schoner[1] <-s, -> *m* NAUT schooner

Schoner[2] <-s, -> *m* (*fam*) *s.* **Schonbezug**

schön|färben *vt* (*iron*) ■ etw ~ to whitewash sth *iron*

Schönfärberei <-, -en> *f* (*iron*) whitewash *iron;* ~ betreiben to whitewash things, to gloss over things

Schonfrist *f* period of grace **Schongang** *m* ① AUTO, TECH (*Gang*) overdrive ② TECH (*Waschprogramm*) gentle action wash

Schöngeist *m* aesthete, esthete AM

schöngeistig *adj* aesthetic, esthetic AM; *s. a.* Literatur

Schönheit <-, -en> *f* ① *kein pl* (*schönes Äußeres*) beauty ② (*schöne Frau*) beauty

Schönheitschirurg(in) *m(f)* cosmetic [*or* plastic] surgeon **Schönheitschirurgie** *f* cosmetic [*or* plastic] surgery **Schönheitschirurgin** *f fem form von* Schönheitschirurg **Schönheitsfehler** *m* ① (*kosmetische Beeinträchtigung*) blemish ② (*geringer Makel*) flaw **Schönheitsideal** *nt* ideal of beauty **Schönheitskönigin** *f* beauty queen **Schönheitsoperation** *f* cosmetic operation **Schönheitspflege** *f* beauty care **Schönheitswettbewerb** *nt* beauty contest

Schonkost *f* (*Spezialdiät*) special diet; (*Nahrung einer Spezialdiät*) special diet foods *pl*

Schönling <-s, -e> *m* (*pej*) pretty boy *fam*

schön|machen *vr* (*fam*) ■ sich *akk* [für jdn] ~ to make oneself up [for sb]; (*sich schön kleiden*) to dress oneself up [for sb], to get dressed up [for sb]

Schönschreibdrucker *m* letter-quality printer

Schönschrift *f* calligraphy; in ~ in calligraphy; (*in Reinschrift*) in one's best handwriting

schön|tun *vi irreg* ■ [jdm] ~ to flatter [*or* BRIT *fam* soft-soap] [sb]; (*vor jdm kriechen*) to suck up to sb *fam*

Schonung[1] <-> *f kein pl* ① (*das pflegliche Behandeln*) care ② MED (*Entlastung*) care; *du solltest das zur ~ deiner Gelenke tun* you should do that to take care of [*or* look after] your joints ③ (*Schutz*) protection; *die Gartenhandschuhe dienen der ~ der Hände* gardening gloves serve to protect the hands ④ (*Rücksichtnahme*) consideration ⑤ (*Verscho-

nung) mercy
Schonung[2] <-, -en> *f* FORST forest plantation area
schonungsbedürftig *adj* in need of rest; ■ [**noch**] ~ **sein** to [still] need to convalesce **schonungslos** I. *adj* blunt, merciless; ~**e Kritik** savage criticism; ~**e Offenheit** unabashed openness II. *adv* bluntly, mercilessly **Schonungslosigkeit** <-> *f kein pl* bluntness, savageness, mercilessness
Schönwetterlage *f* fine weather conditions *pl*
Schonzeit *f* JAGD close season
Schopf <-[e]s, Schöpfe> *m* ❶ (*Haarschopf*) shock of hair ❷ ORN tuft, crest; *s. a.* **Gelegenheit**
schöpfen *vt* ❶ (*mit einem Behältnis entnehmen*) ■ [**sich** *dat*] **etw** [**aus etw** *dat*] ~ to scoop sth [from sth]; **Suppe/Eintopf** ~ to ladle soup/stew [from sth]; **Wasser aus einem Boot** ~ to bale out a boat; *s. a.* **Atem, Luft** ❷ (*gewinnen*) ■ **etw** ~ to draw sth; **Mut/Kraft** ~ to summon [up] courage/strength; *s. a.* **Verdacht** ❸ (*kreieren*) ■ **etw** ~ to create sth; (*Ausdruck, Wort*) to coin sth
Schöpfer(in) <-s, -> *m(f)* ❶ (*Gott*) ■ **der** ~ the Creator; **jd dankt seinem ~, dass** sb thanks his Maker [*or* Creator] that ❷ (*geh: Erschaffer*) creator
schöpferisch I. *adj* creative II. *adv* creatively; *s. a.* **Augenblick, Pause**
Schöpfkelle *f* ladle **Schöpflöffel** *m* ladle
Schöpfung <-, -en> *f* ❶ *kein pl* (*Erschaffung*) creation ❷ (*Kreation*) creation; (*Ausdruck, Wort*) coinage ❸ *kein pl* REL ■ **die** ~ the Creation; *s. a.* **Herr, Krone**
Schöpfungsgeschichte *f kein pl* REL ■ **die** ~ the story of the Creation
Schoppen <-s, -> *m* ❶ (*Viertelliter*) quarter-litre [*or* AM -er] ❷ SÜDD, SCHWEIZ (*Babyfläschchen*) bottle
Schöps <-es, -e> *m* ÖSTERR (*Hammel*) mutton
schor *imp von* **scheren**[1]
Schorf <-[e]s, -e> *m* scab
Schorle <-, -n> *f* spritzer
Schornstein *m* (*Schlot*) chimney ▶ WENDUNGEN: **etw in den** ~ **schreiben** (*fam*) to write off sth *sep*, to forget [about] sth
Schornsteinfeger(in) <-s, -> *m(f)* chimney-sweep
schossRR, **schoß** *imp von* **schießen**
Schoß <-es, Schöße> *m* ❶ ANAT lap; **jdn auf den** ~ **nehmen** to take sb on one's lap ❷ (*geh: Mutterleib*) womb ❸ MODE (*veraltend: Rockschoß*) tail ▶ WENDUNGEN: **der** ~ **der Erde** (*geh*) the bowels of the earth; **im** ~ **der Familie** in the bosom of the family; **im** ~ **einer S.** *gen* (*geh*) in the close circle of a thing; **etw fällt jdm in den** ~ sth falls into sb's lap; *s. a.* **Abraham, Hand**
Schoßhund *m* lap-dog
SchösslingRR <-s, -e> *m*, **Schößling** <-s, -e> *m* shoot
Schote <-, -n> *f* pod
Schott <-[e]s, -e> *nt* NAUT bulkhead
Schotte, Schottin <-n, -n> *m, f* Scot, Scotsman *masc*, Scotswoman *fem*; *s. a.* **Deutsche(r)**
Schottenkaro *nt*, **Schottenmuster** *nt* tartan **Schottenrock** *m* ❶ (*Rock mit Schottenmuster*) tartan skirt ❷ (*Kilt*) kilt
Schotter <-s, -> *m* gravel
Schotterdecke *f* gravel surface
schottern *vt* ■ **etw** ~ to gravel over sth
Schotterstraße *f* gravel road
Schottin <-, -nen> *f fem form von* **Schotte** Scotswoman
schottisch *adj* ❶ (*Schottland betreffend*) Scottish; *s. a.* **deutsch 1** ❷ LING Scottish; *s. a.* **deutsch 2**
Schottland *nt* Scotland; *s. a.* **Deutschland**
schraffieren* *vt* ■ **etw** ~ to hatch sth
Schraffierung <-, -en> *f* ❶ *kein pl* (*das Schraffieren*) hatching ❷ *s.* **Schraffur**
Schraffur <-, -en> *f* hatching
schräg I. *adj* ❶ (*schief*) sloping; (*Position, Wuchs*) slanted; (*Linien, Streifen*) diagonal, oblique; (*Kante*) bevelled, beveled AM ❷ TYPO (*kursiv*) italic ❸ (*fam: unharmonisch*) strident, untuneful ❹ (*fam: von der Norm abweichend*) offbeat *fam*; *s. a.* **Vogel** II. *adv* ❶ (*schief*) at an angle, askew, at a slant; **einen Hut** ~ **aufsetzen** to put a hat on at a slant [*or* an angle]; **etw** ~ **schraffieren** to hatch sth with diagonal [*or* oblique] lines; ***das Bild hängt*** ~ the picture is hanging askew; *s. a.* **Auge** ❷ TYPO (*kursiv*) in italics ❸ TRANSP (*im schiefen Winkel*) **links/rechts** ~ **abbiegen** to bear to the left/right; ~ **abknicken** to fork off; ~ **überqueren** to cross diagonally ▶ WENDUNGEN: **jdn** ~ **ansehen** (*fam*) to look askance at sb
Schräge <-, -n> *f* ❶ (*schräge Fläche*) slope, sloping surface ❷ (*Neigung*) slant; **die** ~ **eines Dachs** the pitch [*or* slope] of a roof; **die** ~ **einer Wand** the slant of a wall
Schrägstrich *m* oblique
Schramme <-, -n> *f* ❶ (*längliche Schürfwunde*) graze ❷ (*länglicher Kratzer*) scratch
Schrammelmusik *f* MUS ÖSTERR *Viennese folk music for violins, guitar and accordion*
Schrammeln *pl* MUS ÖSTERR *quartet playing Schrammelmusik*
schrammen I. *vi* ■ [**über etw** *akk*] ~ to scrape [across sth] II. *vr* ■ **sich** *akk* ~ to scratch oneself; **sich** *dat* **die Haut** ~ to scratch one's skin
Schrank <-[e]s, Schränke> *m* cupboard; *s. a.* **Tasse**
Schränkchen <-s, -> *nt dim von* **Schrank** small cupboard
Schranke <-, -n> *f* ❶ BAHN barrier, gate ❷ (*Grenze*) limit; **keine ~n kennen** to know no limits [*or* bounds]; **jdn in seine ~n weisen** [*o* **verweisen**] to put sb in their place
Schranken <-s, -> *m* BAHN ÖSTERR (*Schranke 1*) [railway] gate, [railway] barrier
schrankenlos *adj* unlimited, boundless; ■ ~ [**in etw** *dat*] **sein** to be boundless [*or* unlimited] [in sth]
Schrankenwärter(in) *m(f)* BAHN level-crossing attendant
Schrankfach *nt* shelf **Schrankkoffer** *m* wardrobe trunk **Schrankwand** *f* wall unit
Schrat <-[e]s, -e> *m* forest goblin
Schraubdeckel *m* screw lid; *Flasche* screw top
Schraubdeckelöffner *m* screw-top opener **Schraubdeckelzange** *f* screw-top tongs *pl*
Schraube <-, -n> *f* ❶ TECH screw ❷ NAUT propeller ❸ SPORT twist ▶ WENDUNGEN: **eine** ~ **ohne Ende sein** to be an endless circle; **bei jdm ist eine** ~ **locker** (*fam*) sb has a screw loose *fam*
schrauben I. *vt* ❶ (*mit Schrauben befestigen*) ■ **etw** [**an** [*o* **auf**] **etw** *akk*] ~ to screw sth [into [*or* onto] sth] ❷ (*drehen*) **etw höher/niedriger** ~ to raise/lower sth; **etw fester/loser** ~ to tighten/loosen sth; **eine Glühbirne aus der Fassung** ~ to unscrew a light-bulb; **einen Schraubdeckel vom Glas** ~ to unscrew a jar ❸ (*steigen lassen*) **Ansprüche/Erwartungen höher** ~ to raise demands/expectations; ■ **etw** [**auf etw** *akk*] ~ to push sth up [to sth]; *s. a.* **Höhe** II. *vr* **sich** *akk* **nach oben** [*o* **in die Höhe**] ~ to spiral upwards [*or* into the air]
Schraubendreher <-s, -> *m* (*geh*) *s.* **Schraubenzieher** **Schraubengewinde** *nt* screw thread **Schraubenkopf** *m* screw head **Schraubenschlüssel** *m* spanner [*or* AM wrench] **Schraubenzieher** <-s, -> *m* screwdriver
Schraubfassung *f* screw fixture **Schraubstock** *m* vice; **jdn wie in einem** ~ **umklammern** to hold sb in a vice-like grip **Schraubverschluss**RR *m*

screw top

Schrebergarten *m* allotment

Schreck <-s> *m kein pl* fright *no pl;* **jdm fährt der ~ in alle Glieder** [*o* **Knochen**] sb's legs turn to jelly *fam;* **jdm sitzt** [*o* **steckt**] **der ~ noch in allen Gliedern** [*o* **Knochen**] sb's legs are still like jelly *fam;* **einen ~ bekommen** [*o fam* **kriegen**] to take fright *form,* to get a fright *fam;* **jdm** [**mit etw** *dat*] **einen ~ einjagen** to give sb a fright [with sth]; **~ lass nach!** (*hum fam*) for goodness sake!; **auf den ~** [**hin**] to get over the fright; **vor ~** with fright

schrecken **I.** *vt* <schreckte, geschreckt> *haben* ■**etw schreckt jdn** sth frightens [*or* scares] sb **II.** *vi* <schrak, geschrocken> *sein* ■[**aus etw** *dat*] **~** to be startled [out of sth]

Schrecken <-s, -> *m* (*Entsetzen*) fright, horror; (*stärker*) terror; **~ erregend** terrifying, horrifying, horrific; **mit dem ~ davonkommen** to escape with no more than a fright; **einer S.** *dat* **den ~ nehmen** to take the fright out of sth, to make sth less frightening; **mit ~** with horror; **zu jds ~** to sb's horror; *s. a.* **Angst, Ende**

schreckensbleich *adj* as white as a sheet **Schreckensbotschaft** *f* horrific news **Schreckensherrschaft** *f* reign of terror **Schreckensnachricht** *f* horrifying news **Schreckensvision** *f* terrifying vision

Schreckgespenst *nt* bogey

schreckhaft *adj* jumpy *fam* [*or* easily startled]

Schreckhaftigkeit <-> *f kein pl* nervousness *no pl,* jumpiness *no pl fam*

schrecklich **I.** *adj* ① (*entsetzlich*) terrible, dreadful; ■**etwas S~es** something dreadful [*or* terrible] ② (*hum fam: schlimm*) terrible; ■**~ sein** to be terrible; ***du bist ~!*** you're terrible! **II.** *adv* ① (*entsetzlich*) terribly, awfully, dreadfully ② (*fam: sehr*) awfully, terribly; **~ *gern!*** I'd simply love to!

Schreckschraube *f* (*pej fam*) old bag *pej fam* **Schreckschuss**RR *m* warning shot; **einen ~** [**auf jdn**] **abgeben** to fire a warning shot [at sb] **Schreckschusspistole**RR *f* blank gun **Schrecksekunde** *f* moment of shock **Schreckstoff** *m* ZOOL alarm substance

schreddern *vt* BAU, TECH ■**etw ~** to shred sth

Schrei <-[e]s, -e> *m* ① (*lautes Aufschreien*) scream, cry; **ein ~ der Empörung** (*geh*) a cry of indignation; **ein spitzer ~** a [piercing] shriek; **einen ~ ausstoßen** to utter a cry, to shriek; **mit einem ~** with a yell ② ORN, ZOOL cry; (*Esel*) bray ► WENDUNGEN: **der letzte ~** MODE (*fam*) the latest thing *fam,* the latest style

Schreibblock <s, -blöcke> *m* writing pad

Schreibe <-> *f kein pl* (*fam*) writing

schreiben <schrieb, geschrieben> **I.** *vt* ① (*verfassen*) ■**etw ~** to write sth ② (*ausstellen*) ■[**jdm**] **etw** [**über etw** *akk*] **~** to write [sb] sth [for sth]; ***ich schreibe Ihnen einen Scheck über 200 DM*** I'll write you a cheque for 200 DM ③ (*schriftlich darstellen*) to spell; **etw falsch/richtig/klein/groß ~** to spell sth wrong/right/with small/capital letters ④ (*geh: verzeichnen*) ***was ~ wir heute für ein Datum/für einen Tag?*** what date/day is it today?; ***man schrieb das Jahr 1822*** it was the year 1822; **rote Zahlen ~** to be in the red; ***dies ist das erste Jahr, in dem wir Gewinne ~*** this is the first year we have recorded a profit; *s. a.* **Gesicht, Stirn, Rechnung, Stern**[1], **krank, stehen** **II.** *vi* ① (*Schrift erzeugen*) to write; **schnell/langsam/mit links/rechts ~** to write quickly/slowly/left-handed/right-handed; **jd schreibt falsch/richtig** sb's spelling is wrong/correct, sb cannot/can spell correctly; ■[**mit etw** *dat*] **~** to write [with [*or* in] sth]; ■**etwas zum S~** something to write with ② (*schreibend arbeiten*) ■[**an etw** *dat*] **~** to be working on sth, to be writing [sth] ③ (*einen Brief schicken*) ■**jdm** [**zu etw** *dat*] **~** to write to sb [on an occasion]; ***du könntest ihm eigentlich zum Geburtstag ~*** you might write to him on his birthday ④ (*schriftlich mitteilen*) ■**~, dass** to write that; ***in dem Artikel schreibt man, dass*** the article says that, it is written in the article that; ■[**jdm**] **~, dass** to tell [sb] in a letter that, to write and tell [sb] that ⑤ (*Verfasser sein*) ■[**für jdn/etw**] **~** to write [for sb/sth] **III.** *vr* (*geschrieben werden*) ■**sich** [**irgendwie**] **~** to be spelt [in a certain way]; ***wie schreibt sich das Wort?*** how do you spell that word?, how is that word spelt? ► WENDUNGEN: **sich „von** [**und zu**]**"** **~** (*fam*) to have a handle to one's name *fam*

Schreiben <-s, -> *nt* (*geh*) letter

Schreiber <-s, -> *m* (*fam*) pen

Schreiber(in) <-s, -> *m(f)* (*Verfasser*) author, writer

Schreiberling <-s, -e> *m* (*pej*) scribbler

schreibfaul *adj* ■**~ sein** to be a bad letter writer, to be lazy about letter writing **Schreibfeder** *f* quill *old* **Schreibfehler** *m* spelling mistake **Schreibgerät** *nt* writing implement **Schreibheft** *nt* exercise book, jotter BRIT **Schreibkraft** *f* (*geh*) typist **Schreibkrampf** *m* writer's cramp **Schreibmaschine** *f* typewriter; **~ schreiben können** to be able to type; **etw** *akk* **auf** [*o* **mit**] **der ~ schreiben** to type sth [up] **Schreibmaschinenpapier** *nt* typing paper **Schreibpapier** *nt* letter paper, writing paper **Schreibposition** *f* writing position **Schreibschrift** *f* script, cursive writing **Schreibstube** *f* ADMIN, MIL orderly room **Schreibtisch** *m* desk **Schreibtischlampe** *f* desk lamp **Schreibtischtäter(in)** *m(f)* (*pej*) mastermind behind a crime; **~ sein** to mastermind a crime **Schreibübung** *f* writing exercise

Schreibung <-, -en> *f* spelling

Schreibunterlage *f* desk pad

Schreibwaren *pl* stationery *no pl*

Schreibwarengeschäft *nt* stationer's **Schreibwarenhändler(in)** *m(f)* stationer **Schreibwarenhandlung** *f* stationer's

Schreibweise *f* ① (*Rechtschreibung*) spelling ② (*Stil*) style [of writing]

Schreibzeug *nt* writing utensils *pl*

schreien <schrie, geschrie[e]n> **I.** *vi* ① (*brüllen*) to yell ② (*fam: laut reden*) ■[**mit jdm**] **~** to shout [at sb] ③ ORN, ZOOL (*rufen*) to cry; (*Eule*) to screech ④ (*laut rufen*) ■[**nach jdm**] **~** to shout [for sb] ⑤ (*heftig verlangen*) ■[**nach jdm/etw**] **~** to cry out [for sb/sth]; ***das Kind schreit nach der Mutter*** the child is crying out for its mother ⑥ (*lächerlich*) **zum S~** (*fam*) a scream *fam,* a hoot *fam;* ***du siehst in dem Anzug einfach zum S~ aus*** you look ridiculous in that suit; *s. a.* **Hilfe, Spieß** **II.** *vt* (*etw brüllen*) ■[**etw**] **~** to shout [out] [sth]; *s. a.* **Gesicht** **III.** *vr* **sich in Rage/Wut ~** to get into a rage/become angry through shouting; **sich in den Schlaf ~** to cry oneself to sleep; *s. a.* **heiser**

schreiend *adj* ① (*grell*) garish, loud ② (*flagrant*) flagrant, glaring

Schreier(in) <-s, -> *m(f)* (*fam*) ① (*lauter Mensch*) rowdy, bawler BRIT ② (*laut fordernder Mensch*) noisy troublemaker

Schreierei <-, -en> *f* (*fam*) yelling

Schreierin <-, -nen> *f fem form von* **Schreier**

Schreihals *m* (*fam*) rowdy, bawler BRIT *fam* **Schreikrampf** *m* screaming fit; **einen ~ bekommen** [*o geh* **erleiden**] [*o fam* **kriegen**] to have [*or* throw] a screaming fit

Schrein <-[e]s, -e> *m* (*geh*) ① (*Schränkchen*) shrine ② (*Sarg*) coffin

Schreiner(in) <-s, -> *m(f)* DIAL carpenter

Schreinerei <-, -en> *f* TECH, BAU DIAL ❶ (*Tischlerei*) carpenter's workshop ❷ (*das Tischlern*) carpentry
schreinern *vi, vt* DIAL to do carpentry; ■**etw** ~ to make sth
schreiten <schritt, geschritten> *vi sein* ❶ (*geh: gehen*) ■[**irgendwohin**] ~ to stride [somewhere] ❷ (*geh: etw in Angriff nehmen*) ■[**zu etw** *dat*] ~ to proceed [with sth]; **zur Tat** ~ to get down to action [*or* work]; **zur Abstimmung** ~ to go to a vote; *s. a.* **äußerste(r,s)**, **Urne, Wahlurne**
schrie *imp von* **schreien**
schrieb *imp von* **schreiben**
Schrieb <-s, -e> *m* (*fam*) missive *fam*
Schrift <-, -en> *f* ❶ (*Handschrift*) [hand]writing ❷ (*Schriftsystem*) script ❸ TYPO (*Druckschrift*) type; (*Computer*) font ❹ (*Abhandlung*) paper; **die nachgelassenen ~en eines Autors** an author's posthumous writings [*or* works]; **die Heilige** ~ REL the [Holy] Scriptures *pl*
Schriftart *f* type, typeface **Schriftbild** *nt* (*von Handschrift*) script; (*von Druckschrift*) typeface **Schriftdeutsch** *nt* standard German **Schriftform** *f* JUR writing **Schriftführer(in)** *m(f)* secretary **Schriftgelehrte(r)** *f(m)* *dekl wie adj* REL scribe **Schriftgrad** *m* type size; (*Computer*) font size
schriftlich I. *adj* ❶ (*geschrieben*) written; ■**etwas S~es** something in writing ❷ (*fam: die ~e Prüfung*) ■**das S~e** the written exam [*or* test] II. *adv* (*durch geschriebene Mitteilung*) in writing; ***ich habe mich ~ für all die Geschenke bedankt*** I have written to say thank you for all the presents; **jdn ~ einladen** to send out a written invitation to sb; **etw ~ niederlegen** to put sth down in writing; **jdm etw ~ geben** to give sb sth in writing; ***das kann ich dir/Ihnen ~ geben*** (*iron fam*) do you want that in writing? *iron fam*
Schriftsachverständige(r) *f(m)* *dekl wie adj* handwriting expert **Schriftsatz** *m* JUR legal document **Schriftsetzer(in)** *m(f)* typesetter **Schriftsprache** *f* standard language
Schriftsteller(in) <-s, -> *m(f)* author, writer
Schriftstellerei <-> *f kein pl* writing
Schriftstellerin <-, -nen> *f fem form von* **Schriftsteller**
schriftstellerisch I. *adj* literary II. *adv* as a writer; ~ **begabt sein** to have talent as a writer
schriftstellern *vi* (*fam*) to try one's hand as an author *fam;* ■**das S~** writing
Schriftstück *nt* JUR document **Schriftverkehr** *m* (*geh*) correspondence; [**mit jdm**] **in ~ treten** to take up correspondence [with sb] **Schriftwechsel** *m s.* **Schriftverkehr** **Schriftzeichen** *nt* character **Schriftzug** *m* ❶ (*geschriebenes Wort*) hand[writing] ❷ *meist pl* (*Charakteristik*) stroke
schrill I. *adj* ❶ (*durchdringend hell*) shrill; (*Klang*) jarring ❷ (*nicht moderat*) brash; (*Farbe*) garish II. *adv* shrilly; ~ **auflachen** to shriek with laughter
schrillen *vi* to shrill, to shriek
schritt *imp von* **schreiten**
Schritt[1] <-[e]s, -e> *m* ❶ (*Tritt*) step; **auf ~ und Tritt** everywhere one goes, every move one makes; ***er wurde auf ~ und Tritt von ihr beobachtet*** she watched his every move; **die ersten ~e machen** [*o* **tun**] to take one's first steps; **ein paar ~e** [**weit**] a short walk [away]; ***ich gehe nur ein paar ~e spazieren*** I'm only going for a short walk; **jds ~e beflügeln** to hasten sb's step; **seinen ~** [*o* **seine ~e**] **beschleunigen** (*geh*) to quicken one's step [*or* pace], to walk faster; **einen ~ [irgendwohin] gehen** [*o geh* **treten**] to take a step [somewhere]; ***er trat einen Schritt von der Bahnsteigkante zurück*** he took a step back from the edge of the platform; [**mit jdm/etw**] **~ halten** to keep up [with sb/sth]; **lange/große ~e machen** to take long/big strides; **langsame/schnelle ~e machen** to walk slowly/quickly; **~ für ~** step by step; **mit großen/kleinen ~en** in big strides/small steps; **mit schleppenden ~en** dragging one's feet; **mit langsamen/schnellen ~en** slowly/quickly; **eines beschwingten ~es** (*geh*) with a spring [*or* bounce] in one's step; **eines würdevollen ~es** (*geh*) with dignity in one's step; *s. a.* **Politik** ❷ *kein pl* (*Gang*) walk, gait; **einen bestimmten ~ am Leibe haben** (*fam*) to walk in a certain way; ***der hat aber auch einen ~ am Leibe!*** he seems to be in a bit of a hurry!; **einen flotten** [*o* **ziemlichen**] **~ am Leibe haben** to be walking quickly [*or* at a fair pace] ❸ MODE crotch ▶ WENDUNGEN: **den zweiten ~ vor dem ersten tun** to run before one can walk
Schritt[2] <-> *m kein pl* (*fam*) walking speed; [**im**] **~ fahren** to drive at walking speed; **„~ fahren"** "dead slow"
Schritt[3] <-[e]s, -e> *m* measure, step; **~e in die Wege leiten** to arrange for steps [*or* measures] to be taken; **der erste ~** the first step; **den ersten ~** [**zu etw** *dat*] **tun** to take the first step [in sth]; **~e** [**gegen jdn/etw**] **unternehmen** to take steps [against sb/sth]
Schrittempo *nt getrennt: Schritt-tempo s.* **Schritttempo** **Schrittgeschwindigkeit** *f* walking speed **Schrittmacher** <-s, -> *m* pacemaker
Schritttempo[RR] *nt* walking pace [*or* speed]; **im ~ fahren** to drive at walking speed; **„~"** "dead slow"
schrittweise I. *adj* gradual II. *adv* gradually
schroff I. *adj* ❶ (*barsch*) curt, brusque ❷ (*abrupt*) abrupt ❸ (*steil*) steep II. *adv* ❶ (*barsch*) curtly, brusquely ❷ (*steil*) steeply
Schroffheit <-, -en> *f* ❶ *kein pl* (*barsche Art*) curtness, brusqueness ❷ (*schroffe Äußerung*) brusque comment, curt comment
schröpfen *vt* ❶ (*fam: ausnehmen*) ■**jdn** [**um etw** *akk*] ~ to cheat sb [out of sth] [*or* BRIT *fam* diddle] ❷ MED (*mit dem Schröpfkopf behandeln*) ■**jdn** ~ to bleed [*or* cup] sb
Schröpfkopf *m* MED cupping glass
Schrot[1] <-[e]s, -e> *m o nt kein pl* AGR coarsely ground wholemeal ▶ WENDUNGEN: **von altem** [*o* **echtem**] **~ und Korn** (*veraltend*) of the old school
Schrot[2] <-[e]s, -e> *m o nt* JAGD shot
Schrotbrot *nt* [coarse] wholemeal bread
schroten *vt* ■**etw** ~ to grind sth coarsely; ■**geschrotet** coarsely ground
Schrotflinte *f* shotgun **Schrotkugel** *f* pellet **Schrotladung** *f* round of shot **Schrotpatrone** *f* shot cartridge
Schrott <-[e]s> *m kein pl* ❶ (*Metallmüll*) scrap metal ❷ (*fam: wertloses Zeug*) rubbish *no pl*, junk *no pl;* **etw zu ~ fahren** AUTO (*fam*) to write sth off
Schrottauto *nt* write-off **Schrotthändler(in)** *m(f)* scrap dealer [*or* merchant] **Schrotthaufen** *m* scrap heap **Schrottplatz** *m* scrap yard **schrottreif** *adj* fit for the scrap heap; **etw ~ fahren** (*fam*) to write sth off **Schrottwert** *m* scrap value
schrubben I. *vt* ■[**jdm/sich**] **etw** ~ to scrub [sb's/one's] sth II. *vr* ■**sich** *akk* ~ to scrub oneself III. *vi* to scrub
Schrubber <-s, -> *m* scrubbing brush
Schrulle <-, -n> *f* (*fam*) quirk
schrullig *adj* (*fam*) quirky
schrump(e)lig *adj* (*fam*) wrinkled *fam*
schrumpfen *vi sein* ❶ (*einschrumpfen*) ■[**auf etw** *akk*] ~ to shrink [to sth]; (*Ballon*) to shrivel up; (*Frucht*) to shrivel, to get wrinkled; (*Muskeln*) to waste ❷ (*zurückgehen*) ■[**um** [*o* **auf etw** *akk*]] ~ to shrink [*or* dwindle] [by [*or* to sth]]
Schrumpfkopf *m* shrunken head **Schrumpfleber** *f* cirrhosis of the liver **Schrumpfniere** *f* cirrho-

sis of the kidney

Schrumpfung <-, -en> *f* (1) (*das Schrumpfen*) shrinking, contraction (2) (*das Zurückgehen*) shrinking, dwindling

schrumplig *adj s.* **schrumpelig**

Schrunde <-, -n> *f* (1) MED (*Riss*) crack (2) GEOG (*Spalte*) crevasse

schrundig *adj* cracked; (*durch Kälte*) chapped

Schub <-[e]s, Schübe> *m* (1) PHYS (*Vortrieb*) thrust (2) MED (*einzelner Anfall*) phase (3) (*Antrieb*) drive (4) (*Gruppe*) batch (5) (*fam: Schubfach*) drawer

Schuber <-s, -> *m* slipcase

Schubfach *nt* drawer **Schubhaft** *f* JUR, POL detention prior to deportation **Schubhäftling** *m* JUR, POL deportee **Schubkarre** *f*, **Schubkarren** *m* wheelbarrow **Schubkraft** *f* PHYS *s.* **Schub 1** **Schublade** <-, -n> *f* drawer ► WENDUNGEN: **für die** ~ for nothing; **in der** ~ not acted upon **Schublehre** *f* vernier calliper

Schubs <-es, -e> *m* (*fam*) shove *fam;* **jdm einen** ~ **geben** to give sb a shove [*or* push]

schubsen *vt* (*fam*) (1) (*anstoßen*) ■**jdn** ~ to shove *fam* [*or* push] sb (2) (*stoßen*) ■**jdn** [**irgendwohin/von etw** *dat*] ~ to shove *fam* [*or* push] sb [somewhere/from sth]

schubweise *adv* (1) MED in phases (2) (*in Gruppen*) in batches

schüchtern *adj* (1) (*gehemmt*) shy (2) (*zaghaft*) timid; (*Versuch*) half-hearted

Schüchternheit <-> *f kein pl* shyness

schuf *imp von* **schaffen**[1]

Schufa <-> *f kein pl Akr von* **Schutzgemeinschaft für allgemeine Kreditsicherung** credit investigation bureau

Schuft <-[e]s, -e> *m* (*pej*) rogue *pej,* villain *pej*

schuften *vi* (*fam*) ■[**für jdn/an etw** *dat*] ~ to slave away [for sb/at sth]; ■**das S~** slaving away, drudgery

Schufterei <-, -en> *f* (*fam*) drudgery, hard graft *fam*

Schuh <-[e]s, -e> *m* shoe ► WENDUNGEN: **umgekehrt wird ein** ~ **draus** (*fam*) it's quite the opposite; **jd weiß, wo jdn der** ~ **drückt** (*fam*) sb knows what's bothering sb *fam;* **wo drückt der** ~**?** (*fam*) what's bothering you? *fam;* **jdm etw in die** ~**e schieben** (*fam*) to put the blame for sth on sb

Schuhabsatz *m* heel [of a/one's shoe] **Schuhabteilung** *f* shoe department **Schuhanzieher** <-s, -> *m s.* **Schuhlöffel** **Schuhbändel** <-s, -> *m* SÜDD, SCHWEIZ (*Schnürsenkel*) shoelace **Schuhbürste** *f* shoe brush **Schuhcreme** *f* shoe polish **Schuheinlage** *f* insole, innersole **Schuhfabrik** *f* shoe factory **Schuhgeschäft** *nt* shoe shop **Schuhgröße** *f* shoe size **Schuhhersteller** *f* shoe manufacturer **Schuhladen** *m* shoe shop **Schuhlöffel** *m* shoehorn **Schuhmacher(in)** <-s, -> *m(f)* shoemaker **Schuhnummer** *f* shoe size **Schuhplattler** <-s, -> *m* ÖSTERR, SÜDD *Bavarian folk dance, involving alternate slapping of the knees, shoe heels and Lederhosen* **Schuhproduktion** *f* shoe production **Schuhputzer(in)** <-s, -> *m(f)* shoe-shine boy **Schuhputzmittel** *nt* shoe polish **Schuhputzzeug** <-[e]s, -e> *nt meist sing* shoe cleaning kit **Schuhriemen** *m s.* **Schnürsenkel** **Schuhsohle** *f* sole [of a/one's shoe] **Schuhspanner** *m* shoetree

Schukostecker® *m* safety plug

Schulabbrecher(in) *m(f)* SCH high school dropout **Schulabgänger(in)** <-s, -> *m(f)* (*geh*) school leaver **Schulalter** *nt* school age; **ins** ~ **kommen** to reach school age; **im** ~ school-age **Schulamt** *nt* education authority **Schulanfang** *m* beginning of term **Schulanfänger(in)** *m(f)* child who has just started school **Schularbeit** *f* SCH (1) *meist pl* (*Hausaufgaben*) homework *no pl;* **die/seine** ~**en machen** to do one's homework (2) ÖSTERR (*Klassenarbeit*) [class] test **Schularzt, -ärztin** *m, f* school doctor **Schulaufgabe** *f* (1) *pl s.* **Schularbeiten 1** (2) SÜDD *s.* **Schularbeit 2** **Schulbank** *f* school desk; **die** ~ **drücken** (*fam*) to go to school **Schulbeginn** *m s.* **Schulanfang** **Schulbeispiel** *nt* ■**ein** ~ [**für etw** *akk*] a classic example [of sth]; ■**ein** ~ **dafür, wie ...** a classic example of how ... **Schulbesuch** *m* (*geh*) school attendance **Schulbildung** *f kein pl* school education *no pl* **Schulbuch** *nt* schoolbook, textbook **Schulbuchverlag** *m* educational publisher **Schulbus** *m* schoolbus

schuld *adj* ■[**an etw** *dat*] ~ **sein** to be to blame [for sth]; ■**jd ist** ~**, dass/wenn etw geschieht** sb is to blame [*or* it is sb's fault], that/when sth happens

Schuld[1] <-> *f kein pl* (1) (*Verschulden*) fault *no pl,* blame *no pl;* ■**die** ~ [**an etw** *dat*] the blame [for sth]; ***beide trifft die ~ am Scheitern der Ehe*** both carry the blame for the break-up of the marriage; **jdm/einer S. [die]** ~ [**an etw** *dat*] **geben** to blame sb/a thing [for sth], to put the blame [for sth] on sb/a thing, to blame sb/sth [for sth]; ~ [**an etw** *dat*] **haben** to be [the one] to blame [for sth]; **jdm die** ~ [**an etw** *dat*] **zuschieben** to blame sb [for sth]; **jdm/einer S. die** ~ [**daran**] **geben, dass** to blame sb/a thing, that; **es ist jds** ~**, dass/wenn etw geschieht** it is sb's fault, that/when sth happens; ~ **auf sich** *akk* **laden** (*geh*) to burden oneself with guilt; **die** ~ [**für etw** *akk*] **liegt bei jdm** sb is to blame [for sth]; **die** ~ [**an etw** *dat*] **auf sich** *akk* **nehmen** to take [*or* accept] the blame [for sth]; **jdn trifft keine** ~ [**an etw** *dat*] sb is not to blame [for sth] (2) (*verschuldete Missetat*) ~ **und Sühne** guilt and atonement; **durch jds** ~ due to sb's fault; ***nur durch deine ~ habe ich den Zug verpasst*** it's your fault that I missed the train; ***durch wessen ~ das passiert ist, lässt sich schwer sagen*** it's difficult to say whose fault it was; **in jds** *dat* ~ **stehen** (*geh*) to be indebted to sb

Schuld[2] <-, -en> *f meist pl* FIN (*Zahlungsverpflichtung*) debt; ~**en haben** to have debts, to be in debt; ~**en machen** to build up debts, to go into debt ► WENDUNGEN: **mehr** ~**en als Haare auf dem Kopf haben** (*fam*) to be up to one's ears in debt *fam*

Schuldbekenntnis *nt* confession; **ein** ~ [**gegenüber jdm**] **ablegen** to confess [to sb] **schuldbewusst**[RR] I. *adj* (*Mensch*) guilt-ridden; (*Gesicht, Miene, Schweigen*) guilty; ■~ **sein** to have a guilty conscience II. *adv* guiltily **Schuldbewusstsein**[RR] *nt* guilty conscience

schulden *vt* (1) (*zahlen müssen*) ■**jdm etw** [**für etw** *akk*] ~ to owe sb sth [for sth] (2) (*verpflichtet sein*) ■**jdm etw** ~ to owe sb sth

Schuldendienst *m* debt service **schuldenfrei** *adj* ■~ **sein** to be free of debt; (*Besitz*) to be unmortgaged **Schuldenkrise** *f* debt crisis **Schuldenstand** *m* level of debt

Schuldfrage *f* JUR question of guilt **Schuldgefühl** *nt* feeling of guilt

schuldhaft I. *adj* JUR culpable II. *adv* culpably

Schuldienst *m kein pl* school-teaching *no pl;* **in den** ~ **gehen** to go into school-teaching; **im** ~ [**tätig**] **sein** to be a teacher [*or* in the teaching profession]

schuldig I. *adj* (1) (*verantwortlich*) to blame; ■**der an etw** *dat* ~**e Mensch** the person to blame for sth (2) JUR guilty; ■[**einer S.** *gen*] ~ **sein** to be guilty [of a thing]; **sich** ~ **bekennen** to plead guilty; **jdn einer S.** *gen* **für** ~ **befinden** [*o* **erklären**] JUR to find sb guilty of a thing; **sich einer S.** *gen* ~ **machen** JUR to be guilty of a thing; **jdn** ~ **sprechen** JUR to find sb guilty (3) (*geh: gebührend*) due; **jdm die ihm/ihr** ~**e Anerkennung geben** to give sb his/her due recognition (4) (*zahlungspflichtig*) ■**jdm etw** ~ **sein** to owe sb sth ⑤ (*verpflichtet*) ■ **jdm/einer S. etw ~ sein** to owe sb/sth sth ▶ WENDUNGEN: **jdm nichts ~ bleiben** to give [sb] as good as one gets **II.** *adv* JUR (*hist*) **~ geschieden sein/werden** to be/become the guilty party in a divorce

Schuldige(r) *f(m) dekl wie adj* guilty person

Schuldigkeit <-> *f kein pl* duty; **seine ~ getan haben** to have met one's obligations; **seine ~ tun** to do one's duty; *s. a.* **Pflicht**

schuldlos **I.** *adj* blameless; ■ **~ [an etw** *dat*] **sein** to be blameless [for sth] **II.** *adv* blamelessly; **~ geschieden werden/sein** JUR (*hist*) to become/be the blameless party in a divorce

Schuldner(in) <-s, -> *m(f)* debtor

Schuldnerland *nt* debtor nation

Schuldschein *m* promissory note

Schuldspruch *m* JUR verdict of guilty

Schuldverschreibung *m* debenture bond

Schuldzuweisung *f* accusation

Schule <-, -n> *f* ① SCH (*Lehranstalt*) school; **höhere ~** grammar school; **hohe ~** haute école; **zur** [*o* **auf die**] [*o* **in die**] **~ gehen** to go to school; **von der ~ abgehen** to leave school; **an der ~ sein** (*fam*) to be a schoolteacher; **in die ~ kommen** to start school; **auf** [*o* **in**] **der ~** at [*or* in] school ② (*Schulgebäude*) school ③ (*Unterricht*) school; ***morgen ist keine ~*** there is no school tomorrow; **die ~ ist aus** school is out ④ (*Schüler und Lehrer*) school ⑤ (*geh: bestimmte Richtung*) school; **der alten ~** of the old school ▶ WENDUNGEN: **durch eine harte Schule gehen** (*geh*) to learn the hard way; **die hohe ~ einer S.** *gen* (*geh*) the perfected art of a thing; **~ machen** to catch on *fam;* **aus der ~ plaudern** to spill the beans *sl*

schulen **I.** *vt* ■ **jdn/etw ~** to train sb/sth **II.** *vi* to give lessons

Schulentlassung *f* school leaving

Schüler(in) <-s, -> *m(f)* ① SCH schoolboy *masc,* schoolgirl *fem* ② (*Adept*) pupil

Schüleraustausch *m* school exchange **Schülerausweis** *m* school identity card

Schülerin <-, -nen> *f fem form von* **Schüler** schoolgirl

Schülerlotse, -lotsin *m, f* lollipop man *masc* BRIT, lollipop lady *fem* BRIT, crossing guard AM **Schülermitverwaltung** *f* school council

Schülerschaft <-, -en> *f* (*geh*) pupils *pl*

Schülersprache *f* school slang **Schülerzeitung** *f* school newspaper

Schulfach *nt* [school] subject **Schulferien** *pl* school holidays *pl,* summer vacation AM **Schulfernsehen** *nt* schools' programmes [*or* AM programs] *pl* BRIT **schulfrei** *adj* ■ **an** [*o* **am**] **... ist ~** there is no school on ...; ***an Feiertagen ist ~*** there is no school on puplic holidays; [**an** [*o* **am**]] **~ haben** not to have school [on] **Schulfreund(in)** *m(f)* schoolfriend **Schulfunk** *m* schools' radio **Schulgebäude** *nt* school building **Schulgebrauch** *m* **für den ~** for use in schools **Schulgeld** *nt* SCH school fees *pl* ▶ WENDUNGEN: **sich** *dat* **sein ~ wiedergeben lassen können** (*fam*) school was a waste of time for one *fam* **Schulheft** *nt* exercise book **Schulhof** *m* school playground

schulisch **I.** *adj* ① (*die Schule betreffend*) school *attr;* **~e Angelegenheiten** school matters ② (*den Unterricht betreffend*) at school; **~e Leistungen/Verhalten** performance/behaviour [*or* AM -or] at school **II.** *adv* at school; **~ versagen** to fail [*or* be a failure] at school

Schuljahr *nt* SCH ① (*Zeitraum*) school year ② (*Klasse*) year **Schuljunge** *m* (*veraltend: Schüler*) schoolboy ▶ WENDUNGEN: **jd behandelt jdn wie einen [dummen] ~n** sb treats sb like a little boy **Schulkamerad(in)** *m(f)* (*veraltend*) schoolfriend **Schulkenntnisse** *pl* SCH school knowledge *no pl* **Schulkind** *nt* schoolchild **Schulkindergarten** *m* pre-school play group **Schulklasse** *f* (*geh*) [school] class **Schullandheim** *nt state-run boarding school in the country used for school trips* **Schulleiter(in)** *m(f)* (*geh*) headmaster BRIT, principal AM **Schulleitung** *f* SCH school administration **Schulmädchen** *nt* (*veraltend*) schoolgirl **Schulmappe** *f* satchel **Schulmedizin** *f* orthodox medicine **Schulmeister** *m* (*veraltet*) schoolmaster *dated* **schulmeisterlich** *adj* (*pej*) schoolmasterish **schulmeistern** *vt* (*pej*) to lecture; ■ **jdn schulmeistern** to lecture sb **Schulpflicht** *f kein pl* compulsory school attendance **schulpflichtig** *adj* school-age, of school age; **~ sein** to be required to attend school **Schulranzen** *m* satchel **Schulrat, -rätin** *m, f* schools inspector **Schulreform** *f* educational reform **Schulschiff** *nt* NAUT training ship **Schulschluss**[RR] *m kein pl* end of school **Schulsprecher(in)** *m(f)* head boy BRIT **Schulstress**[RR] *m* stress at school **Schulstunde** *f* period, lesson **Schultag** *m* schoolday **Schultasche** *f s.* **Schulmappe**

Schulter <-, -n> *f* ① ANAT shoulder; **mit gebeugten/hängenden ~n** with hunched shoulders/with a slouch; **mit gebeugten/hängenden ~n gehen/dasitzen** to slouch; **jdm auf die ~ klopfen** to tap sb on the shoulder; (*anerkennend*) to give sb a slap on the shoulder; **die ~n hängen lassen** to let one's shoulders droop; (*niedergeschlagen*) to hang one's head; **mit den ~n zucken** to shrug one's shoulders ② MODE (*Schulterpartie*) shoulder ③ KOCHK shoulder ▶ WENDUNGEN: **jd zeigt jdm die kalte ~** (*fam*) sb gives sb the cold shoulder; **jd nimmt etw auf die leichte ~** (*fam*) sb takes sth very lightly, sb doesn't take sth very seriously; **etw ruht auf jds ~n** *dat* sth rests on sb's shoulders; **~ an ~** shoulder to shoulder; (*gemeinsam*) side by side

> **! Tipp** In Nordamerika und Australien klopft man sich unter Männern öfter einmal freundschaftlich auf die Schulter oder den Rücken.

Schulterblatt *nt* shoulder blade **schulterfrei** *adj* off the shoulder *pred* **Schultergelenk** *nt* shoulder joint **Schultergürtel** *m* ANAT pectoral girdle **Schulterhöhe** *f* **bis [in] ~** up to shoulder height; **in ~** to shoulder height **Schulterklappe** *f* epaulette **schulterlang** **I.** *adj* shoulder-length **II.** *adv* shoulder-length; **das Haar ~ tragen** to wear one's hair shoulder-length

schultern *vt* **etw ~** to shoulder sth

Schulterpolster *nt* shoulder pad **Schulterschluss**[RR] *m* SCHWEIZ solidarity **Schultersieg** *m* SPORT fall **Schulterstück** *nt* ① MIL epaulette ② KOCHK piece of shoulder

Schultes *m* POL (*iron fam: Bürgermeister*) mayor

Schulträger *m* (*geh*) *institution supporting a public or private school* **Schultüte** *f colourfully decorated cardboard cone filled with sweets and small gifts, given to children on their first day of school*

Schulung <-, -en> *f* training; (*von Gedächnis, Auffassungsgabe*) schooling

Schulunterricht *m kein pl* (*geh*) school lessons *pl* **Schulversagen** *nt* failure at school **Schulweg** *m* way to/from school; **auf dem ~** on the way to school **Schulwesen** *nt kein pl* school system **Schulzeit** *f kein pl* school-days *pl* **Schulzeugnis** *nt* (*geh*) school report BRIT, report card AM

schummeln *vi* (*fam*) to cheat; **bei einem Spiel/einer Klassenarbeit ~** to cheat at a game/in a test

schumm(e)rig *adj* ❶ *(schwaches Licht gebend)* weak ❷ *(schwach beleuchtet)* dim
Schund <-[e]s> *m kein pl (pej)* trash *no pl,* rubbish *no pl;* ***das ist wirklich der letzte*** **~** that really is a load of rubbish [*or* trash]
Schund- *in Komposita (pej)* trashy; **~literatur/-roman** trash, trashy literature/novel, pulp fiction
schunkeln *vi* to sway rhythmically with linked arms
Schupfer <-s, -> *m* ÖSTERR, SCHWEIZ, SÜDD shove
Schuppe <-, -n> *f* ❶ ZOOL scale ❷ *pl* MED dandruff *no pl* ▸ WENDUNGEN: **jdm fällt es wie ~n von den Augen** the scales fall from sb's eyes
schuppen I. *vt* KOCHK **etw ~** to remove the scales from sth II. *vr* ❶ *(unter schuppender Haut leiden)* **sich ~** to peel [*or* be peeling] ❷ *(sich abschuppen)* **sich ~** to flake
Schuppen <-s, -> *m* ❶ *(Verschlag)* shed ❷ *(fam: Lokal)* joint *sl,* dive *pej sl*
Schuppenflechte *f* MED psoriasis **Schuppentier** *nt* scaly ant-eater
schuppig I. *adj* ❶ *(Schuppen aufweisend)* scaly; *(Haut)* flaky ❷ *(Kopfschuppen aufweisend)* **~e Haare haben** to have dandruff II. *adv* **sich ~ ablösen/~ abblättern** to flake [off]
Schur <-, -en> *f* shearing
schüren *vt* ❶ *(anfachen)* **etw ~** to poke sth ❷ *(anstacheln)* **etw [bei jdm] ~** to stir sth up in sb, to fan the flames of sth [in sb]
schürfen I. *vi* ❶ *(graben)* [**nach etw** *dat*] **~** to dig [for sth] ❷ *(schleifen)* **über etw** *akk* **~** to scrape across sth II. *vt* **etw ~** to mine sth III. *vr* **sich** *dat* **etw ~** to graze one's sth; **sich** *akk* **~** to graze oneself; **sich** *akk* **am Knie ~** to graze one's knee
Schürfwunde *f* graze
Schürhaken *m* poker
Schurke <-n, -n> *m (veraltend)* scoundrel *dated*
schurkisch *adj (veraltend)* despicable
Schurwolle *f* virgin wool; **„reine ~"** "pure new wool"; **aus ~** made from pure new wool
Schurz <-es, -e> *m* apron
Schürze <-, -n> *f* MODE apron; *(mit Latz)* pinafore, pinny BRIT *fam* ▸ WENDUNGEN: **jd hängt jdm an der ~** *(fam)* sb is tied to sb's apron strings
schürzen *vt (geh)* **etw ~** to gather sth up
Schürzenjäger *m (fam)* philanderer
SchussRR <-es, Schüsse> *m,* **Schuß** <-sses, Schüsse> *m* ❶ *(Ab- o Einschuss)* shot; **ein scharfer ~** a shot using live ammunition; **einen ~** [*o* **Schüsse**] **auf jdn/etw abgeben** to fire a shot [*or* shots] at sb/sth ❷ *(Patrone)* round; **zehn ~** [*o* **Schüsse**] ten shots [*or* rounds] ❸ *(Spritzer)* splash; ***Cola mit einem ~ Rum*** cola with a splash of rum ❹ FBALL *(geschossener Ball)* shot ❺ *(sl: Drogeninjektion)* shot; **sich** *dat* **den goldenen ~ setzen** to OD *sl* [*or* overdose]; **sich** *dat* **einen ~ setzen** to give oneself a shot, to shoot up *sl* ▸ WENDUNGEN: **ein ~ vor den Bug** a warning signal; **einen ~ vor den Bug bekommen** to receive a warning signal; **jdm einen ~ vor den Bug setzen** [*o* **geben**] to give sb a warning signal; **ein ~ in den Ofen** *(sl)* a dead loss *sl;* **keinen ~ Pulver wert sein** *(fam)* not to be worth tuppence [*or* AM a dime] *fam;* **ein ~ ins Schwarze** *(fam)* a bull's eye *fam;* **weit vom ~ sein** [*o* **weitab vom ~ liegen**] *(fam)* to be miles away; **zum ~ kommen** *(fig)* to have a chance to do sth, to get a look in; **in ~** *(fam)* in top shape; **mit ~** with a shot *(of alcohol)*
schussbereitRR *adj inv* ❶ *(feuerbereit)* *Waffe* ready to fire *pred,* ready for firing *pred,* cocked ❷ *(zum Schießen bereit)* ready to fire *pred;* **sich ~ machen** to prepare [*or* get ready] to fire
Schussel <-s, -> *m (fam)* clumsy clot [*or* AM oaf] *fam*
Schüssel <-, -n> *f* ❶ *(große Schale)* bowl, dish; **etw aus dem Kochtopf in eine ~ umfüllen** to transfer sth from a saucepan into a bowl; **eine ~ Reis** *gen* a bowl of rice; **vor leeren ~n sitzen** to have nothing to eat ❷ *(Wasch~)* wash-basin ❸ *(Satelliten~)* [satellite] dish ❹ *(WC-Becken)* toilet bowl [*or* pan]
schusselig *adj s.* **schusslig**
Schusseligkeit <-, -en> *f* ❶ *kein pl (fam: Fahrigkeit)* daftness *no pl* ❷ *(fahrige Handlung)* clumsiness *no pl*
SchussfahrtRR *f* SKI schuss
schussligRR *adj (fam)* scatterbrained
SchusslinieRR [-liːniə] *f* line of fire; **sich in die ~ begeben** to put oneself in the firing line *fig;* **in jds ~ geraten** *akk* to come under fire from sb *fig* **Schussverletzung**RR *f* MED gunshot [*or* bullet] wound **Schusswaffe**RR *f* firearm[s *pl*]; **von der ~ Gebrauch machen** to use a firearm **Schusswaffengebrauch**RR *m (geh)* use of firearms **Schusswechsel**RR *m* exchange of fire **Schussweite**RR *f* range [of fire]; **sich in/außer ~ befinden** to be within/out of range **Schusswunde**RR *f s.* **Schussverletzung**
Schuster(in) <-s, -> *m(f) (Schuhmacher)* shoemaker, cobbler *esp dated* ▸ WENDUNGEN: **~, bleib bei deinen Leisten!** *(prov)* cobbler, keep [*or* stick] to your last! *prov;* **auf ~s Rappen** *(hum)* on Shanks's pony
Schutt <-[e]s> *m kein pl* rubble *no indef art;* ***„~ abladen verboten"*** "no tipping [*or* dumping]" ▸ WENDUNGEN: **etw in ~ und Asche legen** to reduce sth to rubble [*or* raze sth to the ground]; **in ~ und Asche liegen** to be [*or* lie] in ruins
Schuttabladeplatz *m* [rubbish [*or* AM garbage]] dump [*or* BRIT tip]
Schüttelfrost *m* MED [violent] shivering fit **Schüttellähmung** *f* Parkinson's disease
schütteln I. *vt* ❶ *(rütteln)* ■**etw/jdn ~** to shake sth/sb; **das Obst vom Baum ~** to shake fruit from a tree; *s. a.* **Hand, Kopf** ❷ *(erzittern machen)* ■**etw schüttelt jdn** sth makes sb shiver; ***das Fieber schüttelte sie*** she was racked with fever II. *vi* to shake; **verneinend mit dem Kopf ~** to shake one's head; **verwundert mit dem Kopf ~** to shake one's head in amazement III. *vr* ■**sich [vor etw** *dat*] **~** to shudder at the thought [of sth]; **sich vor Kälte ~** to shake [*or* shiver] with [the] cold; **sich ~ vor Lachen** to laugh one's head off IV. *vi impers* ■**es schüttelt jdn** sb shudders; ***es schüttelte sie vor Ekel*** she shuddered with disgust
Schüttelreim *m* ≈ deliberate spoonerism **Schüttelrutsche** *f* TECH shaking chute
schütten I. *vt* ❶ *(kippen)* ■**etw [irgendwohin] ~** to tip sth [somewhere]; ***sie schüttete das Mehl in eine Schüssel*** she poured the flour into a bowl ❷ *(gießen)* ■**etw [irgendwohin] ~** to pour sth [somewhere] ❸ *(fam: begießen)* ■**jdn/sich etw irgendwohin schütten** to pour sb/onself sth somewhere; **sich Wein ins Glas schütten** to pour wine into one's glass *fam* II. *vi* ■**es schüttet** *impers (fam)* it's pouring [down] [*or* BRIT bucketting down], it's tipping [it] down BRIT *fam*
schütter *adj* ❶ *(nicht dicht)* **~es Haar** thin, sparse hair ❷ *(schwach)* weak, puny; **mit ~er Stimme** in a thin voice
Schutthalde *f* pile [*or* heap] of rubble **Schutthaufen** *m* pile [*or* heap] of rubble
Schüttstein *m* SCHWEIZ sink
Schutz <-es, -e> *m* ❶ *kein pl (Sicherheit gegen Schaden)* protection; ■**~ vor** *dat* [*o* **gegen**] **etw** protection against [*or* from] sth; **~ vor dem Regen suchen** to seek shelter from the rain; **irgendwo ~ suchen** to seek refuge [*or* shelter] somewhere; **im ~[e]**

der Dunkelheit under cover of darkness; **zum ~ der Augen** to protect the eyes; **zum ~ gegen** [*o* **vor**] **Ansteckung** to protect from [*or* against] infection, as a safeguard against infection; MIL cover; **unter dem ~ des Artilleriefeuers** under artillery cover ❷ *kein pl* (*Absicherung*) protection; ■ **der ~ von Personen/Sachen** [**vor jdm/etw**] the protection of people/things [against [*or* from] sb/sth]; **den ~ des Gesetzes genießen** to enjoy the protection of law; **zu jds ~** for sb's own protection ❸ *kein pl* (*Beistand*) protection; **~ suchend** seeking refuge *pred;* **jdn jds** *dat* **~ anvertrauen** to entrust sb to sb's care; **sich** *akk* **in jds** *akk* **~ begeben** to place oneself under the protection of sb [*or* sb's protection]; **~ bieten** [*o* **gewähren**] to offer protection; **jdn um** [**seinen**] **~ bitten** to ask sb for protection; **jdn** [**vor jdm/etw**] **in ~ nehmen** to defend sb [against sb/sth], to protect sb [from [*or* against] sb/sth], to stand up for sb [against sb/sth]; **unter jds** *dat* **~ stehen** to be under the protection of sb [*or* sb's protection]; **jdn unter polizeilichen ~ stellen** to put sb under police protection; **jdm ~ zusichern** to guarantee sb protection ❹ TECH protector, protecting device; (*Panzer*) armour [*or* AM -or]

Schutzanstrich *m* protective coat[ing *no pl*] **Schutzanzug** *m* protective clothes *npl* [*or* clothing *no indef art, no pl*] **schutzbedürftig** *adj* in need of protection *pred* **Schutzbehauptung** *f* self-serving declaration **Schutzblech** *nt* mudguard; *Mähdrescher, Rasenmäher* guard plate **Schutzbrief** *m* [international] travel insurance **Schutzbrille** *f* protective goggles *npl* **Schutzdach** *nt* BAU shelter; *Hauseingang* porch

Schütze, Schützin <-n, -n> *m, f* ❶ (*Mitglied eines Schützenvereins*) member of a shooting [*or* rifle] club ❷ SPORT (*Schießsportler*) marks[wo]man; (*beim Fußball*) scorer ❸ JAGD hunter ❹ MIL private, rifleman ❺ *kein pl* ASTROL Sagittarius; [**ein**] **~ sein** to be a Sagittarian

schützen I. *vt* ❶ (*beschirmen*) ■ **jdn** [**vor jdm/etw**] **~** to protect sb [against [*or* from] sb/sth]; ■ **sich** [**vor etw** *dat* [*o* **gegen etw**]] **~** to protect oneself [against sth]; **Gott schütze dich!** may the Lord protect you! ❷ (*geschützt aufbewahren*) ■ **etw** [**vor etw** *dat*] **~** to keep sth away from sth; ***das Öl ist vor Sonnenlicht zu ~*** this oil must be kept away from [*or* out of] [direct] sunlight ❸ (*unter Naturschutz stellen*) ■ **etw/Tiere ~** to place a protection order on sth/animals [*or* protect sth/animals by law]; **geschützte Pflanzen** protected plants ❹ (*patentieren*) ■ **etw ~** *dat* to patent sth [*or* protect sth by patent]; **ein Firmensignet ~ lassen** to copyright [*or* register] a company logo [*or* protect a company logo by copyright]; **gesetzlich geschützt** registered [as a trade mark]; **patentrechtlich/durch das Patentrecht geschützt** protected by patent, patented; **urheberrechtlich/durch das Urheberrecht geschützt** protected by copyright, copyright[ed] II. *vi* ■ [**vor etw** *dat* [*o* **gegen etw**]] **~** to provide [*or* offer] [*or* give] protection [from [*or* against] sth]

schützend *adj* protective; ***vor dem Gewitter suchten die Wanderer Zuflucht unter einem ~en Baum*** the walkers sheltered [*or* sought shelter] from the storm under a tree; *s. a.* **Hand**

Schützenfest *nt* rifle [*or* shooting] club['s] festival **Schützenfisch** *m* ZOOL archerfish

Schutzengel *m* REL guardian angel; **einen** [**guten**] **~ haben** to have a [special] guardian angel looking over one

Schützengraben *m* MIL trench **Schützenhaus** *nt* rifle [*or* shooting] club clubhouse **Schützenhilfe** *f* support; **jdm** [**bei etw**] **~ geben** to support sb [*or* back sb up] [in sth] **Schützenkönig(in)** *m(f)* champion marksman [at a Schützenfest] **Schützenpanzer** *m* MIL armoured [*or* AM -ored] personnel carrier **Schützenverein** *m* rifle [*or* shooting] club

Schutzfarbe *f* protective coat[ing] **Schutzfilm** *m* protective varnish **Schutzfrist** *f* JUR term [*or* period] of copyright, copyright term [*or* period] **Schutzgebühr** *f* ÖKON token [*or* nominal] charge **Schutzgeld** *nt* (*euph*) protection money *no pl* **Schutzgelderpressung** *f* extortion of protection money **Schutzgitter** *nt* protective grille **Schutzhaube** *f* protective cover **Schutzheilige(r)** *f(m)* REL patron saint **Schutzhelm** *m* protective [*or* safety] helmet, hard hat **Schutzhülle** *f s.* **Schutzumschlag** **Schutzhütte** *f* shelter **schutzimpfen** *vt* MED ■ **jdn** [**gegen etw**] **~** to vaccinate [*or* inoculate] sb [against sth] **Schutzimpfung** *f* MED vaccination, inoculation

Schützin <-, -nen> *f fem form von* **Schütze**

Schutzkontakt *m* ELEK protective [*or* BRIT earthing] contact, ground AM

Schützling <-s, -e> *m* ❶ (*Protégé*) protégé ❷ (*Schutzbefohlene*) charge

schutzlos I. *adj* defenceless [*or* AM -seless] II. *adv* **jdm ~ ausgeliefert** [*o* **preisgegeben**] **sein** to be at the mercy of sb, to be at sb's mercy

Schutzmacht *f* POL protecting power **Schutzmarke** *f* trade mark, trademark **Schutzmaske** *f* protective mask **Schutzmaßnahme** *f* precautionary measure, precaution; ■ **eine ~ vor** *dat* [*o* **gegen**] **etw** a precautionary measure [*or* precaution] against sth **Schutzmechanismus** *m* protective mechanism **Schutzpatron(in)** <-s, -e> *m(f)* REL patron saint **Schutzpolizei** *f* (*geh*) police force, constabulary BRIT **Schutzraum** *m* [fall-out] shelter **Schutzreflex** *m* BIOL protective reflex **Schutztruppe** *f* MIL (*hist*) colonial army **Schutzumschlag** *m* dust-jacket, dust-cover **Schutzvorrichtung** *f* safety device **Schutzwald** *m forest for absorbing the impact of avalanches* **Schutzwall** *m* protective wall **Schutzweg** *m* TRANSP ÖSTERR pedestrian crossing **Schutzzoll** *m* ÖKON protective duty [*or* tariff] **Schutzzone** *f* ÖKOL conservation area

Schwa <-[s], -[s]> *nt kein pl* LING schwa

schwabbelig *adj* (*fam*) flabby, wobbly

schwabbeln *vi* (*fam*) to wobble

Schwabe, Schwäbin <-n, -n> *m, f* GEOG Swabian

schwäbeln *vi* (*fam*) to speak in [the] Swabian dialect

Schwaben <-s> *nt* GEOG Swabia

Schwäbin <-, -nen> *f fem form von* **Schwabe**

schwäbisch *adj* Swabian

Schwäbische Alb *f* ■ **die ~** the Swabian Mountains *pl*

schwach <schwächer, schwächste> I. *adj* ❶ (*nicht stark*) weak; ■ **für etw zu ~ sein** [*o* **etw**] to not be strong enough for sth; ■ **der Schwächere/Schwächste** the weaker/weakest person; **ein ~er Charakter/Gegner/Wille** a weak character/opponent/will; **~er Widerstand** weak resistance; **krank und ~** weak and ill ❷ (*wenig leistend*) weak; **ein ~er Mitarbeiter/Sportler** a poor worker/sportsman; **ein ~er Schüler** a poor [*or* weak] pupil; ***in Rechtschreibung ist er ziemlich ~*** his spelling is rather poor ❸ (*gering*) weak; **ein ~es Anzeichen** a faint [*or* slight] indication; **ein ~er Bartwuchs** a sparse [growth of] beard; **eine ~e Beteiligung** [*o* **Teilnahme**] poor participation; **ein ~es Interesse** [very] little interest; **eine ~e Resonanz** a lukewarm response ❹ (*leicht*) weak; **~e Atmung** faint breathing; **eine ~e Bewegung** a slight [*or* faint] movement; **~er Druck** light pressure; **ein ~er Herzschlag** a faint heartbeat; **ein ~er Luftzug/Wind** a gentle [*or* light] breeze/wind; **eine ~e Strömung** a light current; ■ **schwächer werden** to become fainter ❺ (*eine ge-*

ringe Leistung aufweisend) low-powered; **eine ~e Ladung/ein ~es Magnetfeld** a weak charge/magnetic field; ***die Batterie muss aufgeladen werden, sie ist*** ~ the battery needs recharging, it's is low; ***dieser Motor ist zu*** ~ this engine is not powerful enough; ■**schwächer werden *das Licht wird schwächer*** the light is fading [*or* failing] ❻ (*dünn*) thin; **ein ~es Kettenglied** a weak chain-link ❼ (*dürftig*) weak, poor; **ein ~es Argument** a weak argument; **eine ~e Leistung** a poor performance; **ein ~er Trost** little comfort ❽ MED (*unzureichend*) weak; **ein ~es Sehvermögen/Gehör** poor [*or* weak] eyesight/hearing; ■**schwächer werden** to become weaker; ***im Alter wird das Gehör schwächer*** one's hearing becomes poorer in old age ❾ CHEM (*gering konzentriert*) weak ▶ WENDUNGEN: **jdn ~ machen** to lead sb into temptation; ***die Aussicht, ihn dort zu treffen, hat mich ~ gemacht*** I was unable to resist the prospect of seeing him there; ***ihr schmachtender Blick macht mich jedesmal*** ~ her languishing look always makes me go weak at the knees; [**bei jdm/etw**] ~ °**werden** (*fam*) to be unable to refuse [sb/sth]; ***nur nicht ~ werden!*** (*standhaft bleiben!*) don't weaken!; (*durchhalten!*) don't give in!; ***bei Schokoladentorte werde ich immer*** ~ I can never resist chocolate gateau; ***bei dem Gehalt würde wohl jeder ~ werden*** this salary would weaken anybody's resolve, anybody would be tempted by a salary like that; **jdm wird ~ [zumute]** (*fam*) sb feels faint; *s. a.* **Augenblick, Bild, Stelle, Trost II.** *adv* ❶ (*leicht*) faintly; ***das Herz schlug nur noch*** ~ the heartbeat had become faint; ***er hat sich nur ~ gewehrt*** he did't put up much resistance ❷ (*spärlich*) sparsely; ***nachts sind die Grenzübergänge ~ besetzt*** the border crossings aren't very heavily [*or* well] manned at night; ***mit Nachschlagewerken sind wir nun wirklich nicht ~ bestückt*** we really have got quite a few [*or* lot of] reference works; ***die Ausstellung war nur ~ besucht*** the exhibition wasn't very well [*or* was poorly] attended ❸ (*geringfügig*) ~ **applaudieren** to applaud sparingly; ***Ihre Tochter beteiligt sich in den letzten Monaten nur noch ~ am Unterricht*** your daughter has hardly been participating in class in recent months; ***dieses Problem hat mich immer nur ~ interessiert*** this problem has never been of any great interest to me ❹ KOCHK (*mild*) slightly; ***der Arzt hat mir geraten, ~ gesalzen zu essen*** my doctor has advised me not to add [too] much salt to my food; ***das Essen ist für meinen Geschmack zu ~ gewürzt*** the food isn't spicy enough for my liking [*or* palate]; ***den Tee bitte nur ganz ~ gesüßt!*** not too much sugar in my tea, please! ❺ (*dürftig*) feebly; ***die Mannschaft spielte ausgesprochen*** ~ the team put up a feeble performance; **eine ~e Erinnerung an etw haben** to vaguely remember sth

Schwäche <-, -n> *f* ❶ *kein pl* (*geringe Stärke*) weakness; **die militärische ~ des Gegners** the enemy's military weakness; **jds ~ ausnutzen** to exploit sb's vulnerability ❷ *kein pl* (*Unwohlsein*) [feeling of] faintness ❸ *kein pl* (*Vorliebe*) ■**eine/jds ~ für jdn/etw** a/sb's weakness for sb/sth ❹ (*Unzulänglichkeit*) weakness

Schwächeanfall *m* MED sudden feeling of faintness

schwächen I. *vt* ❶ (*entkräften*) ■**jdn/ein Tier** to weaken sb/an animal; ■**geschwächt** weakened; [**das**] ***Fieber hat sie geschwächt*** the fever weakened her ❷ (*in der Wirkung mindern*) ■**jdn/etw** ~ [*o* **etw**] to weaken sb/sth II. *vi* to have a weakening effect

Schwachheit <-, -en> *f kein pl* weakness; (*physisch a.*) frailty ▶ WENDUNGEN: **~, dein Name ist Weib!** (*prov*) frailty, thy name is woman; **bilde dir bloß keine ~en ein!** (*fam*) don't get your hopes up [*or* kid yourself] *fam*

Schwachkopf *m* (*fam*) idiot, bonehead *sl*, blockhead *sl*

schwächlich *adj* weakly, feeble; ***er war immer etwas*** ~ he had always been a bit weakly [*or* delicate]

Schwächling <-s, -e> *m* weakling

Schwachpunkt *m* weak spot; **jds ~ treffen** to hit upon sb's weak spot [*or* weakness]

Schwachsinn *m kein pl* ❶ MED mental deficiency, feeble-mindedness ❷ (*fam: Quatsch*) rubbish *no art* BRIT, garbage AM; ***so ein ~!*** what a load of rubbish!

schwachsinnig *adj* ❶ MED mentally deficient, feeble-minded ❷ (*fam: blödsinnig*) idiotic, daft

Schwachsinnige(r) *f(m) dekl wie adj* MED mentally defective [*or* feeble-minded] person, idiot *a. fig*

Schwachstelle *f* ❶ (*Problemstelle*) weak spot [*or* point] ❷ (*undichte Stelle*) leak

Schwachstrom *m* ELEK weak [*or* low-voltage] current

Schwachstromanlage *f* ELEK weak-current [*or* low-voltage current] system **Schwachstromleitung** *f* ELEK weak-current line **Schwachstromtechnik** *f* ELEK light-current [*or* weak-current] engineering

Schwächung <-, -en> *f* weakening; *Abwehrkraft, Gesundheit, Immunsystem a.* impairment

Schwaden <-s, -> *m meist pl* cloud

Schwafelei <-, -en> *f* (*pej fam*) drivel *fam*, waffle BRIT *fam*, twaddle BRIT *fam*

schwafeln *vi* (*pej fam*) ❶ (*faseln*) to talk drivel [*or* BRIT twaddle] *fam*, to waffle [on] BRIT *fam*, to ramble on AM ❷ (*unsinniges Zeug reden*) ■[**von etw**] ~ to drivel [*or* waffle] [*or* twaddle] [*or* AM ramble] [on] [about sth] *fam*; ***was schwafelst du da?*** don't talk such rubbish!

Schwafler(in) <-s, -> *m(f)* (*pej fam*) waffler BRIT *fam*

Schwager, Schwägerin <-s, Schwäger> *m, f* brother-in-law *masc*, sister-in-law *fem*

Schwalbe <-, -n> *f* ORN swallow ▶ WENDUNGEN: **eine ~ macht noch keinen Sommer** (*prov*) one swallow doesn't make a summer

Schwalbennest *nt* ❶ ORN swallow's nest ❷ *pl* KOCHK bird's nest soup ❸ NAUT (*hist*) sponson ❹ MIL, MUSIK [bandman's] epaulette **Schwalbenschwanz** *m* ZOOL swallow-tail [butterfly]

Schwall <-[e]s, -e> *m* ❶ (*Guss*) stream, gush; ***ein ~ von abgestandenem Rauch schlug ihm entgegen*** a wave of stale smoke hit him ❷ (*Flut*) torrent *fig*; ***sie begrüßte ihn mit einem ~ unverständlicher Worte*** she greeted him with an incoherent flood of words

schwamm *imp von* **schwimmen**

Schwamm <-[e]s, Schwämme> *m* ❶ (*zur Reinigung*) sponge ❷ ZOOL sponge ❸ (*Hausschwamm*) dry rot *no indef art, no pl*; **den ~ haben** to have dry rot ❹ SÜDD, ÖSTERR, SCHWEIZ (*essbarer Pilz*) mushroom ▶ WENDUNGEN: **~ drüber!** (*fam*) let's forget it!

Schwämmchen <-s, -> *nt dim von* **Schwamm**

schwammig I. *adj* ❶ (*weich und porös*) spongy ❷ (*aufgedunsen*) puffy, bloated ❸ (*vage*) vague, woolly ❹ (*vom Schwamm befallen*) affected by dry rot II. *adv* vaguely; **sich ~ ausdrücken** to not make oneself clear

Schwan <-[e]s, Schwäne> *m* ORN swan ▶ WENDUNGEN: **mein lieber ~!** (*fam: wehe!*) woe betide sb!; (*Donnerwetter!*) my goodness!; ***mein lieber ~! eine reife Leistung!*** oh, damn *fam*[it]! what a performance!

schwand *imp von* **schwinden**

schwanen *vi* **jdm schwant nichts Gutes/Ungutes/Unheil** sb has a sense of foreboding; ■**jdm schwant, dass** sb has a feeling [*or* senses] that

schwang *imp von* **schwingen**

Schwang *m* ▶ WENDUNGEN: **im ~e sein** to be in vogue

schwanger *adj* pregnant; ***sie ist im sechsten Monat*** ~ she's six months pregnant, she's in the sixth month [of her pregnancy]; ■ **[von jdm] ~ sein** to be pregnant [by sb] ▶ WENDUNGEN: **mit etw ~ gehen** to be full of sth

Schwangere *f dekl wie adj* pregnant woman, expectant mother

Schwangerenkonfliktberatung *f advice for pregnant women who have got into a conflict through their pregnancy*

schwängern *vt* ❶ (*ein Kind zeugen*) ■ **jdn ~** to get [*or* make] sb pregnant, to impregnate sb *form* ❷ (*erfüllen*) ■ **mit [*o* von] etw geschwängert sein** to be thick with sth; **mit Weihrauch geschwängert sein** to be heavy [*or* impregnated] with incense

Schwangerschaft <-, -en> *f* MED pregnancy

Schwangerschaftsabbruch *m* abortion, termination of [a] pregnancy **Schwangerschaftsberatung** *f* MED pregnancy advice **Schwangerschaftsberatungsschein**[RR] *m* SOZIOL, JUR *proof relating to pregnancy advice* **Schwangerschaftsgymnastik** *f* MED antenatal exercises **Schwangerschaftsmonat** *m* MED month [of pregnancy] **Schwangerschaftsstreifen** *m meist pl* MED stretch marks *pl* **Schwangerschaftstest** *m* MED pregnancy test **Schwangerschaftsunterbrechung** *f* MED abortion, termination of [a] pregnancy **Schwangerschaftsurlaub** *m* maternity leave **Schwangerschaftsverhütung** *f* MED contraception *no indef art, no pl*

Schwank <-[e]s, Schwänke> *m* ❶ THEAT farce ❷ (*Schwankerzählung*) comical [*or* merry] tale ❸ (*lustige Begebenheit*) amusing [*or* funny] story

schwanken *vi* ❶ *haben* (*schwingen*) to sway; **ins S~ geraten** to begin to sway [*or* swaying] ❷ *sein* (*wanken*) to stagger [*or* reel]; ■ **irgendwohin ~** to stagger [*or* reel] somewhere; ***der Betrunkene schwankte über die Straße*** the drunk tottered over the road ❸ *haben* (*nicht stabil sein*) to fluctuate [*or* vary]; ***seine Stimme schwankte*** his voice wavered ❹ *haben* (*unentschlossen sein*) ■ **[noch] ~** to be [still] undecided; ■ **zwischen zwei Dingen ~** to be torn between two things; ■ **das S~** indecision, indecisiveness; **jdn ~[d] machen** to weaken sb's resolve; **ein ~der Charakter** a hesitant character

Schwankung <-, -en> *f* ❶ (*Schwingung*) swaying *no pl;* **etw in ~en versetzen** to make sth sway ❷ (*ständige Veränderung*) fluctuation, variation

Schwanz <-es, Schwänze> *m* ❶ (*Verlängerung der Wirbelsäule*) tail ❷ ORN train, trail ❸ (*sl: Penis*) cock *vulg*, dick *vulg*, prick *vulg* ▶ WENDUNGEN: **einen ~ bauen** to have to repeat an exam; **den ~ einziehen** (*fam*) to climb down; **jd lässt den ~ hängen** (*fam*) sb's spirits droop; **jdm auf den ~ treten** (*fam*) to tread on sb's toes *fig;* **kein ~** (*sl*) not a bloody *fam* [*or vulg* fucking] soul

schwänzeln *vi* to wag one's tail

schwänzen I. *vt* SCH (*fam*) ■ **etw ~** to skive off BRIT *sl* [*or fam* cut] sth; **die Schule ~** to skive off [from] [*or* cut] school, to play truant, to play hooky AM II. *vi* SCH (*fam*) to skive off BRIT *sl*, to play truant

Schwanzfeder *f* ORN tail-feather **Schwanzflosse** *f* ZOOL tail [*or* caudal] fin **Schwanzlurch** *m* ZOOL caudate **Schwanzmeise** *f* ORN long-tailed tit **Schwanzrolle** *f* KOCHK beef topside steak **Schwanzstück** *nt* beef silverside

schwappen *vi* ❶ *sein* (*sich im Schwall ergießen*) ■ **irgendwohin ~** to splash [*or fam* splosh] somewhere; ***das Wasser schwappte über den Rand des Swimmingpools*** the water splashed over the edge of the swimming pool ❷ *haben* (*sich hin und her bewegen*) to slosh around ❸ *sein* (*fam: sich verbreiten*) ■ **irgendwohin ~** to have spread somewhere; ***eine Welle des Unmuts schwappte über Europa*** a wave of dissatisfaction spread over Europe

Schwäre <-, -n> *f* (*veraltend geh*) festering sore

Schwarm[1] <-[e]s, Schwärme> *m* ❶ ZOOL swarm; *Fische* shoal ❷ (*Menschenmenge*) swarm

Schwarm[2] <-[e]s> *m* ❶ (*fam: schwärmerisch verehrter Mensch*) heart-throb *fam;* ***der Englischlehrer war immer mein [geheimer] ~ gewesen*** I always had a [secret] crush *sl* on the English teacher ❷ (*selten: Vorliebe*) [secret] passion

schwärmen[1] *vi sein* ❶ ZOOL to leave the nest [in swarms] ❷ (*im Schwarm fliegen*) ■ **irgendwo [*o* irgendwohin] ~** to swarm somewhere ❸ (*sich in Mengen bewegen*) ■ **irgendwohin ~** to swarm somewhere *fig*

schwärmen[2] *vi* ❶ *haben* (*begeistert reden*) ■ **[von etw] ~** to go into raptures [about [*or* over] sth]; **[über etw *akk*] ins S~ geraten** to go into raptures [about [*or* over] sth] ❷ (*begeistert verehren*) ■ **für jdn ~** to be mad [*or* crazy] about sb ❸ (*sich begeistern*) ■ **für etw ~** to have a passion for sth

Schwärmer <-s, -> *m* ❶ (*Schmetterling*) hawkmoth, sphinx moth ❷ (*Feuerwerkskörper*) ≈ serpent, ≈ jumping-jack

Schwärmer(in) <-s, -> *m(f)* ❶ (*sentimentaler Mensch*) sentimentalist ❷ (*Begeisterter*) enthusiast ❸ (*Fantast*) dreamer; ***er ist und bleibt ein*** ~ he's a dreamer and always will be

Schwärmerei <-, -en> *f* ❶ (*Wunschtraum*) [pipe] dream ❷ (*Passion*) passion ❸ (*Begeisterungsreden*) **sich in ~en [über jdn/etw *akk*] ergehen** (*geh*) to go into raptures [about [*or* over] sb/sth]

Schwärmerin <-, -nen> *f fem form von* **Schwärmer**

schwärmerisch *adj* impassioned; **~e Leidenschaft** enraptured passion

Schwarte <-, -n> *f* ❶ KOCHK rind ❷ (*pej fam*) thick old book ▶ WENDUNGEN: **arbeiten, dass [*o* bis] [jdm] die ~ kracht** (*sl*) to work until one drops, to work [*or* sweat] one's guts out *fam*

Schwartenmagen *m* KOCHK brawn

schwarz <schwärzer, schwärzeste> I. *adj* ❶ (*eine tiefdunkle Färbung aufweisend*) black; ***es geschah in ~er Nacht*** it happened in the dead of night; **~er Kaffee** black coffee; **~ von Menschen** crowded out, packed ❷ (*fam: sehr schmutzig*) black [as an old boot]; **~e Fingernägel haben** to have grimy finger nails; ***wo bist du denn so ~ [am Hemd/an der Jacke] geworden?*** where did you manage to get [your shirt/jacket] so dirty? ❸ *attr* (*fam: illegal*) illicit; **~es Geld** untaxed money; **die ~e Benutzung von Software** the illegal [*or* illicit] use of software; ***der ~e Besitz/Erwerb einer Schusswaffe ist strafbar*** ownership of/buying a firearm without [holding] a licence is a criminal offence; ***er unterhält neben dem offiziellen noch ein ~es Konto*** in addition to his official account he also has another [*or* a separate] one for [all] his shady deals ❹ (*selten fam: katholisch*) Catholic and conservative; ***ihre Eltern waren so ~, dass …*** her parents were such staunch Catholics that …; **~ wählen** (*fam*) to vote for the Christian Democrats [in Germany] ❺ (*unglücklich*) black; **der ~e Freitag** FIN Black Friday ❻ (*abgründig*) black; **~er Humor** black humour; **~e Gedanken** evil thoughts ❼ (*negrid*) black; **der S~e Erdteil** the Dark Continent ▶ WENDUNGEN: **~ auf weiß** in black and white [*or* writing]; **sich ~ ärgern** (*fam*) to be hopping mad *fam*, to be [really] pissed off *sl;* **~ werden** KARTEN (*fam*) to get whitewashed *fam,* to lose every trick; **bis jd ~ wird** (*fam*) till the cows come home; *s. a.* **Brett, Erdteil, Gold, Kaffee, Liste, Magie, Mann, Markt, Meer, Messe, Peter, Schaf, Seele, Tee, Tod, Witwe** **II.** *adv* ① (*mit ~er Farbe*) black ② (*fam: auf illegale Weise*) illicitly; **etw ~ kaufen** to buy sth illicitly [*or* on the black market]; **etw ~ verdienen** to earn sth without paying tax on it [*or fam* on the side]; **~ über die Grenze ~ gehen** to cross the border illegally

Schwarz <-[es]> *nt kein pl* black; **in ~** in black; **in ~ gehen** [*o* **sein**] to wear black; **s~ malen** to be pessimistic; **etw s~ malen** to take a pessimistic view [*or* paint a black [*or* gloomy] picture] of sth; ***er malt immer alles s~*** he always looks on the gloomy side; [**für jdn/etw**] **s~ sehen** [*o* **etw**] to be pessimistic about sb/sth; **etw** [**zu**] **s~ sehen** to be [too] pessimistic about sth, to take a pessimistic view [*or* too pessimistic a view] of sth, to paint a black [*or* gloomy] [*or* too black a picture] picture

Schwarzafrika *nt* GEOG Black Africa, sub-Saharan Africa

Schwarzafrikaner(in) *m(f)* Black African

schwarzafrikanisch *adj inv* Black African

Schwarzarbeit *f kein pl* JUR illicit work; **in ~ bauen** [*o* **errichten**] to build using illicit workers [*or* workers paid cash in hand] **schwarz|arbeiten** *vi* to do illicit work, to work cash in hand **Schwarzarbeiter(in)** *m(f)* person doing illicit work [*or* working [for] cash in hand]; **~ sein** to work illicitly [*or* [for] cash in hand] **schwarzäugig** *adj* black-eyed; ■ **~ sein** to have black eyes, to be black-eyed **Schwarzbär** *m* ZOOL Asian black bear **schwarzblau** *adj* blackish-blue **Schwarzblech** *nt* black plate **schwarzbraun** *adj* blackish-brown **Schwarzbrot** *nt* KOCHK brown [*or* rye] bread

Schwarze(r) *f(m) dekl wie adj* ① (Mensch) black ② POL (*pej fam: Christdemokrat*) [German] Christian Democrat

Schwarze(s) *nt dekl wie adj* ① (*schwarze Masse*) ■ **etwas ~s** sth black, a black thing ② (*schwarze Stelle*) ■ **das ~** the bull's eye; [**mit etw**] **ins ~ treffen** to hit the bull's eye [with sth] *a. fig,* to hit the nail on the head *fig* ▶ WENDUNGEN: **jdm nicht das ~ unter den Fingernägeln gönnen** to begrudge sb the [very] air he/she breathes; **das kleine ~** sb's little black number

Schwärze <-, -n> *f kein pl* ① (*Dunkelheit*) darkness; **in der ~ der Nacht** (*geh*) in the dead of night ② (*Farbe*) black; **das Gesicht mit Schwärze einschmieren** to blacken one's face

schwärzen *vt* ① (*schwarz machen*) ■ [**jdm/sich**] **etw ~** to blacken [sb's/one's] sth ② SÜDD, ÖSTERR (*fam*) ■ **etw ~** to smuggle sth

Schwarzes Meer *nt* Black Sea **schwarz|fahren** *vi irreg sein* ① (*ohne zu zahlen*) to travel without buying a ticket, to dodge paying one's fare ② (*ohne Führerschein*) to drive without a licence [*or* AM -se] **Schwarzfahrer(in)** *m(f)* ① (*Fahrgast ohne Fahrausweis*) fare-dodger ② (*Fahrer ohne Führerschein*) driver without a licence **Schwarzgeld** <-[e]s, -er> *nt* (*fam*) illegal earnings *npl* **schwarzhaarig** *adj* black-haired; ■ **~ sein** to have black hair **Schwarzhaarige(r)** *f(m) dekl wie adj* person with black hair **Schwarzhandel** *m kein pl* black market (**mit** +*dat* for); **~** [**mit etw**] **treiben** to deal in the black market [in sth] **Schwarzhändler(in)** *m(f)* black marketeer **schwarz|hören** *vi* RADIO to use a radio without a licence **Schwarzhörer(in)** *m(f)* RADIO [radio] licence-dodger, sb who listens to the radio without a licence **Schwarzkauf** *m* black-market [*or* illicit] purchase **Schwarzkonto** *nt* illicit account

schwärzlich *adj* blackish **Schwarzmaler(in)** *m(f)* (*fam*) pessimist, doom-merchant *fam,* doom-monger *fam,* merchant of doom *fam* **Schwarzmalerei** *f* (*fam*) pessimism, doom-mongering *fam* **Schwarzmalerin** *f fem form von* **Schwarzmaler** **Schwarzmarkt** *m* black market; **auf dem ~** on the black market **Schwarzmarktpreis** *m* black market price **Schwarzpulver** *nt* black powder **Schwarz-Rot-Gold** *nt* black-red-and-gold [colours of the German flag] **schwarz-rot-golden**[RR] *adj,* **schwarzrotgolden** *adj* black-red-and-gold [colours of the German flag]; **die ~e Fahne** the black-red-and-gold [German] flag **schwarz|sehen** *irreg vi* TV to watch television without a licence **Schwarzseher(in)** *m(f)* ① (*Pessimist*) pessimist ② TV [television] licence [*or* AM -se] -dodger, person who watches television without a licence **Schwarzseherei** <-> *f kein pl* (*fam*) pessimism, doom-mongering *fam* **Schwarzseherin** <-, -nen> *f fem form von* **Schwarzseher** **Schwarzspecht** *m* ORN black woodpecker **Schwarztee** *m* black tea

Schwärzung <-, -en> *f* blackening *no pl*

Schwarzwald *m* GEOG ■ **der ~** the Black Forest

Schwarzwälder *adj inv, attr* GEOG Black Forest *attr;* **~ Kirschtorte** Black Forest gâteau; **~ Kirschwasser** Black Forest kirsch[wasser]; **eine ~ Spezialität** a Black Forest speciality

Schwarzwälder(in) <-s, -> *m(f)* GEOG person from [*or* inhabitant of] the Black Forest

schwarz-weiß[RR], **schwarzweiß** **I.** *adj* FILM, FOTO, MODE black-and-white *attr,* black and white, pred **II.** *adv* ① MODE **ein ~ gemusterter/gestreifter Rock** a skirt with a black-and-white pattern/stripes [*or* black-and-white striped skirt] ② FILM, FOTO **~ filmen/fotografieren** to film/photograph in black and white ③ (*fig*) **~ malen** to depict in black and white [*or* black-and-white terms]; **etw ~ ~** to depict sth in black and white [*or* black-and-white terms]

Schwarzweißaufnahme *f* black-and-white photograph **Schwarzweißbild** *nt* black and white picture **Schwarzweißfernsehen** *nt* black-and-white television [*or* TV] **Schwarzweißfernseher** *m* black-and-white television [*or* TV] [set] **Schwarzweißfilm** *m* FILM, FOTO black-and-white film **Schwarzweißfoto** *nt s.* **Schwarzweißaufnahme** **Schwarzweißmalerei** *f kein pl* depiction in black and white; **~ betreiben** to depict in black and white

Schwarzwild *nt* JAGD wild boars *pl* **Schwarzwurzel** *f* KOCHK black salsify

Schwatz <-es, -e> *m* (*fam*) chat, natter BRIT *fam;* **einen** [**kleinen**] **~ mit jdm halten** to have a [little [*or* BRIT *fam* wee]] chat with sb

schwatzen, **schwätzen** SÜDD, ÖSTERR **I.** *vi* ① (*sich lebhaft unterhalten*) to talk [*or* chat] [*or* BRIT *fam* natter] ② (*sich wortreich auslassen*) to talk a lot ③ (*pej: etw ausplaudern*) to blab ④ (*im Unterricht reden*) to talk [out of turn] in class ▶ WENDUNGEN: **es wird viel geschwatzt, wenn der Tag lang ist** (*prov*) you can't believe everything you hear **II.** *vt* ■ **etw ~** to talk sth; **dummes Zeug ~** to talk rubbish [*or* AM trash]; **Unsinn ~** to talk nonsense

Schwätzer(in) <-s, -> *m(f)* (*pej*) ① (*Schwafler*) wind-bag *fam,* bletherer BRIT *fam* ② (*Angeber*) boaster ③ (*Klatschmaul*) gossip, waffler BRIT

schwatzhaft *adj* (*pej*) talkative, garrulous; ***erzähl ihm nicht zu viel, er ist sehr ~ und kann nichts für sich behalten*** you shouldn't tell him everything, he's a gossip and won't keep anything to himself

Schwatzhaftigkeit <-> *f kein pl* talkativeness, garrulousnous

Schwebe <-> *f kein pl* **etw in der ~ halten** to balance sth; **sich in der ~ halten** to be balanced; **in der ~ sein** to be in the balance; **etw in der ~ lassen** to leave sth undecided; **in vollkommener** ~ CHEM in full teeter

Schwebebahn *f* TRANSP ① (*an Schienen*) overhead [*or* suspension] railway ② *s.* **Seilbahn** **Schwebebalken** *m* SPORT [balance] beam

schweben *vi* ① *haben* (*in der Luft gleiten*) ■ **[irgendwo]** ~ to float [somewhere]; *Drachenflieger, Vogel* to hover [somewhere]; **in Lebensgefahr** ~ to be in danger of one's life; (*Patient*) to be in a critical condition; *s. a.* **Gefahr, Angst** ② *sein* (*durch die Luft gleiten*) ■ **[irgendwohin]** ~ to float [somewhere]; (*an einem Seil*) to dangle [somewhere] ③ *haben* (*unentschieden sein*) ■ **[noch]** ~ to [still] be in the balance; ~**des Verfahren** lawsuit which is pending [*or* BRIT sub justice]

Schwebezustand *m* state of uncertainty; **sich im** ~ **befinden** to be in a state of uncertainty

Schwebfliege *f* ZOOL hover fly

Schwede, Schwedin <-n, -n> *m, f* (*Nationalität*) Swede; *s. a.* **Deutsche(r)** ▶ WENDUNGEN: **alter** ~ NORDD (*fam*) my old mucker [*or* mate] [*or* AM buddy] *fam*

Schweden <-s> *nt* Sweden; *s. a.* **Deutschland**

Schwedenstahl *m* Swedish steel

Schwedin <-, -nen> *f fem form von* **Schwede**

schwedisch *adj* ① GEOG Swedish; *s. a.* **deutsch 1** ② LING Swedish; *s. a.* **deutsch 2** ▶ WENDUNGEN: **hinter** ~**en Gardinen sitzen** (*fam*) to be behind bars *fam* [*or* BRIT *sl* banged up] [*or* AM *sl* locked up]

Schwedisch *nt dekl wie adj* ① LING Swedish; *s. a.* **Deutsch 1** ② (*Fach*) Swedish; *s. a.* **Deutsch 2**

Schwefel <-s> *m kein pl* CHEM sulphur ▶ WENDUNGEN: **wie Pech und** ~ **sein** to be inseparable

Schwefeldioxid *nt* CHEM sulphur dioxide

schwefelhaltig *adj inv* sulphur[e]ous; ~ **sein** to contain sulphur

schwefelig *adj s.* **schweflig**

Schwefelkohlenstoff *m* CHEM carbon disulphide

schwefeln *vt* ■ **etw** ~ to sulphurize sth

Schwefelpuder *nt* CHEM sulphur powder **Schwefelsäure** *f* CHEM sulphuric acid **Schwefelwasserstoff** *m* CHEM hydrogen sulphide

schweflig *adj* sulphurous; ~ **riechen** to smell of sulphur; *s. a.* **Säure**

Schweif <-[e]s, -e> *m* tail

schweifen I. *vi sein* (*geh*) to roam, to wander; **durch die Wälder** ~ to roam [*or* wander] through the woods; **seine Blicke** ~ **lassen** to let one's gaze wander; *s. a.* **Ferne II.** *vt* (*fachspr*) **ein Brett** ~ to cut a curve into a board

Schweigeanruf *m* silent call **Schweigegeld** *nt* hush-money **Schweigemarsch** *m* silent [protest-]march **Schweigeminute** *f* minute's silence; **eine** ~ **einlegen** to hold a minute's silence

schweigen <schwieg, geschwiegen> *vi* ① (*nicht sprechen*) to remain silent [*or* keep quiet]; ***schweig, ich will kein Wort mehr hören*** [that's] enough, I don't want to hear another word [from you]; ***er schwieg betroffen, als er das hörte*** he was so shocked, he couldn't say anything; **in** ~**der Anklage** in silent reproach ② (*nicht antworten*) ■ **auf** [*o* **zu**] **etw** ~ *akk* to say nothing in [*or* make no] reply to sth ③ (*aufhören*) to stop; ***endlich*** ~ ***die Waffen*** the weapons have finally fallen [*or* are finally] silent ▶ WENDUNGEN: **ganz zu** ~ **von etw, von etw ganz zu** ~ quite apart from sth; *s. a.* **Grab**

Schweigen <-s> *nt kein pl* silence; **das** ~ **brechen** to break the silence; **jdn zum** ~ **bringen** (*jdn mundtot machen*) to silence sb; (*euph: jdn liquidieren*) to liquidate sb ▶ WENDUNGEN: ~ **im Walde** (*aufgrund von Angst*) no volunteers; **sich [über etw** *akk*] **in** ~ **hüllen** to maintain one's silence [*or* remain silent] [*or* keep quiet] [about sth]

schweigend I. *adj* silent; *s. a.* **Mehrheit II.** *adv* in silence; ~ **verharren** to remain silent; ~ **zuhören** to listen in silence [*or* silently]

Schweigepflicht *f* obligation to [preserve] secrecy; **die ärztliche/priesterliche** ~ a doctor's/priest's duty to maintain confidentiality; **der** ~ **unterliegen** to be bound to maintain confidentiality

schweigsam *adj* ① (*wortkarg*) taciturn ② (*wenig gesprächig*) ■ ~ **sein** to be quiet

Schweigsamkeit <-> *f kein pl* quietness, reticence

Schwein <-s, -e> *nt* ① ZOOL pig ② *kein pl* KOCHK (*fam: Schweinefleisch*) pork *no indef art, no pl* ③ (*pej fam: gemeiner Kerl*) swine *esp dated*, bastard *fam* ④ (*fam: unsauberer Mensch*) pig *fam* ⑤ (*fam: obszöner Mensch*) a lewd person, dirty bugger BRIT *fam!* ⑥ (*fam: ausgelieferter Mensch*) [**ein**] **armes** ~ (*fam*) [a] poor devil [*or* BRIT *fam!* sod] ▶ WENDUNGEN: **faules** ~ (*fam*) lazy devil [*or* BRIT *fam!* sod]; **wie ein** ~ **bluten** (*fam*) to bleed like a [stuck] pig; **ein** ~ **haben** (*fam*) to be a lucky devil [*or* BRIT *fam!* sod]; [**großes**] ~ **haben** (*fam*) to be lucky; **ein** ~ **haben** (*fam*) to be a lucky devil [*or* BRIT *fam!* sod]; **kein** ~ (*fam*) nobody, not a [damn *fam*] soul; **wie die** ~**e** (*fam*) like pigs *fam*

Schweinchen <-s, -> *nt dim von* **Schwein** little pig, piggy [*or* piggie]

Schweinebauch *m* belly of pork **Schweinebraten** *m* joint of pork, pork joint **Schweinefett** *nt* lard, pork fat **Schweinefleisch** *nt* pork *no indef art, no pl* **Schweinefraß** *m* (*pej fam*) pigswill, muck **Schweinefuß** *m* pig's trotter [*or* AM foot] **Schweinegeld** *nt kein pl* (*fam*) packet *no def art fam* **Schweinehasen** *m* KOCHK *larded pork filet in a creamy mushroom sauce* **Schweinehund** *m* (*sl*) swine *esp dated*, bastard *fam!* ▶ WENDUNGEN: **den/seinen inneren** ~ **überwinden** (*fam*) to overcome one's weaker self **Schweinemagen** *m* pig's stomach **Schweinemaske** *f* KOCHK pig's head **Schweinenetz** *nt* KOCHK pig's mesentery **Schweinepest** *f* ZOOL swine fever

Schweinerei <-, -en> *f* (*fam*) ① (*unordentlicher Zustand*) mess; ***wer ist verantwortlich für die*** ~ ***im Bad?*** who is responsible for that bloody mess in the bathroom? *fam* ② (*Gemeinheit*) mean [*or* dirty] trick; ~***!*** what a bummer! *sl* ③ (*Skandal*) scandal; ***ich finde es ist eine*** ~***, dass …*** I think it's scandalous [*or* a scandal] that … ④ (*fig: Obszönität*) smut

Schweinerne(s) *nt kein pl, decl wie adj* KOCHK (*fam*) pork *no indef art*

Schweinerücken *m* saddle of pork **Schweineschmalz** *nt* lard, dripping **Schweinestall** *m* [pig]sty, pigpen ▶ WENDUNGEN: **etw sieht aus wie ein** ~ (*fam*) sth looks like a pigsty; **es sieht irgendwo aus wie im** [*o* **in einem**] ~ (*fam*) sth looks [*or* is] like a pigsty; ***hier sieht es ja aus wie in einem*** ~***!*** good heavens, this place looks like a pigsty! **Schweinesülze** *f* pork in aspic

Schweinigel *m* (*pej fam*) ① (*obszöner Mensch*) dirty pig *fam* ② (*Ferkel*) mucky pup BRIT *fig*

schweinisch I. *adj* (*fam*) smutty, dirty II. *adv* (*fam*) *sich* ~ *aufführen/benehmen* to behave like a pig; **sich** ~ **hinflegeln** to loll around like a slob

Schweinkram *m* (*fam*) smut *no indef art, on pl*, filth *no indef art, no pl*; ***so einen*** ~ ***sehe ich mir doch nicht an*** I'm not going to watch such smut [*or* filth]

Schweinsäuglein *pl* (*fam*) [little] piggy eyes **Schweinsborste** *f* pig's bristle **Schweinshaxe**, **Schweinshachse** *f* SÜDD knuckle of pork, pork knuckle **Schweinsjungfer** *f* ÖSTERR (*Schweinefilet*) pork filet [*or* AM fillet] **Schweinskäse** *m* *pork sausage meat baked in an oblong tin* **Schweins-**

knöckel *pl* KOCHK *dish of cured pig's mouth, neck, ears, trotters and spine* **Schweinsleder** *nt* pigskin **schweinsledern** *adj* pigskin **Schweinsohr** *nt* ❶ ZOOL (*Schweineohr*) pig's ear ❷ KOCHK (*Gebäck*) pastry [shaped like a pig's ear] ❸ (*Pilz*) cantharellus clavatus

Schweiß <-es> *m kein pl* sweat, perspiration *form;* **kalter ~** cold sweat; **jdm bricht der ~ aus** sb breaks out in a sweat; **in ~ gebadet sein** to be bathed in [*or* dripping with] sweat ▶ WENDUNGEN: **im ~e seines Angesichts** (*geh*) in [*or* by] the sweat of one's brow; **viel ~ kosten** to be really hard work

Schweißausbruch *m* [profuse] sweating *no indef art, no pl* **schweißbedeckt** *adj* covered [*or* bathed] in sweat *pred*

Schweißbrenner *m* TECH welding torch **Schweißbrille** *f* TECH welding goggles *npl*

Schweißdrüse *f* ANAT sweat gland

schweißen I. *vt* ■**etw ~** TECH to weld sth II. *vi* TECH to weld

Schweißen <-s> *nt kein pl* welding *no indef art, no pl*

Schweißer(in) <-s, -> *m(f)* welder

Schweißfleck *m* sweat stain **Schweißfuß** *m meist pl* sweaty foot; **Schweißfüße haben** to have sweaty [*or fam* smelly] feet **schweißgebadet** *adj* bathed in sweat *pred* **Schweißgeruch** *m* smell of sweat, body odour [*or* AM -or], BO

Schweißnaht *f* TECH weld [seam [*or* joint]]

schweißnassRR *adj inv* dripping with sweat *pred,* [very] sweaty **Schweißperle** *f meist pl* (*geh*) bead of sweat [*or form* perspiration]

Schweißstelle *f* TECH weld, welding

schweißtreibend *meist inv adj* MED sudorific *spec,* causing perspiration; (*fig, hum*) arduous **schweißtriefend** *adj* dripping with sweat *pred,* bathed in sweat *pred* **Schweißtropfen** *m* bead [*or* drop] of sweat [*or form* perspiration]

Schweiz <-> *f* Switzerland; **die französische/italienische ~** French-speaking/Italian-speaking Switzerland; *s. a.* **Deutschland**

Schweizer *adj attr* Swiss; ***Bern ist die ~ Hauptstadt*** Berne is the Swiss capital [*or* capital of Switzerland]

Schweizer(in) <-s, -> *m(f)* ❶ GEOG Swiss; *s. a.* **Deutsche(r)** ❷ (*Melker*) dairyman ❸ (*päpstlicher Leibgardist*) Swiss Guard

schweizerdeutsch *adj* LING Swiss-German; *s. a.* **deutsch 2**

Schweizerdeutsch <-[s]> *nt dekl wie adj* LING Swiss German; *s. a.* **Deutsch 1**

Schweizergarde *f kein pl* Swiss Guard

Schweizerin <-, -nen> *f* GEOG *fem form von* **Schweizer**

schweizerisch *adj* GEOG *s.* **Schweizer**

Schwelbrand *m* smouldering fire

schwelen I. *vi* to smoulder II. *vt* TECH ■**etw ~** to burn sth slowly

schwelgen *vi* (*geh*) ❶ (*sich gütlich tun*) to indulge oneself ❷ (*übermäßig verwenden*) ■**in etw** *dat* **~** to over-indulge in sth; **in Erinnerungen ~** to wallow in memories

schwelgerisch *adj* (*geh*) sumptuous

Schwelle <-, -n> *f* ❶ (*Tür~*) threshold; (*aus Stein*) sill; **jds ~ betreten, seinen Fuß über jds ~ setzen** to set foot in sb's house ❷ (*Bahn~*) sleeper ❸ PSYCH (*Reizschwelle*) threshold ❹ GEOG rise ❺ BAU joist ▶ WENDUNGEN: **an der ~ stehen** [*o* **sich befinden**] to be on the threshold; ***wir stehen an der ~ eines neuen Jahrtausends*** we are on the threshold of a new millenium; **auf der ~ zu etw stehen** to be on the verge of sth

schwellen[1] <schwoll, geschwollen> *vi sein* ❶ MED (*anschwellen*) to swell [up]; ***der Knöchel ist ja ganz geschwollen*** the ankle is very swollen ❷ (*sich verstärken*) to grow ▶ WENDUNGEN: **jdm schwillt der Kamm** (*fam*) sb gets too big for their boots *fam,* sb gets cocky

schwellen[2] *vt* (*geh*) to swell out [*or* BRIT belly [out]]; **mit geschwellter Brust** [with] one's breast swelled [*or* filled] with pride

Schwellenangst *f* PSYCH fear of entering a place; ***du willst noch immer nicht mit dem PC arbeiten? das ist nur ~, das lernst du schnell*** you are still reluctant to use the PC! once you get started, you'll soon get used to it; **die ~ vor dem Kauf von etw** the fear of buying sth **Schwellenland** *nt* threshold country, fast-developing nation (*a developing nation which is on the way to becoming a developed nation*) **Schwellenpreis** *m* ÖKON threshold price

Schwellkörper *m* ANAT corpus cavernosum *spec,* erectile tissue

Schwellung <-, -en> *f* ❶ *kein pl* (*das Anschwellen*) swelling ❷ (*geschwollene Stelle*) swelling

Schwemme <-, -n> *f* ❶ (*Überangebot*) glut ❷ (*Bad für Tiere*) watering-place ❸ (*Kneipe*) bar

schwemmen *vt* to wash ashore; **an Land/an den Strand/ans Ufer ~** to wash ashore/onto the beach/onto the riverbank; **Tiere ~** to water cattle; **Pelze ~** to soak hides

Schwengel <-s, -> *m* ❶ (*an Pumpe*) handle ❷ (*Klöppel*) clapper

Schwenk <-[e]s, -s> *m* ❶ TV (*Schwenkbewegung*) pan, panning movement ❷ (*Richtungsänderung*) wheeling about [*or* round] [*or* AM around] *no indef art, no pl* ❸ (*Änderung der Politik*) about-face, U-turn

Schwenkarm *m* TECH swivel arm

schwenkbar I. *adj* swivelling, swiveling AM; **eine ~e Kamera** a swivel-mounted camera; **eine ~e Lampe** a swivel lamp II. *adv* **etw ~ befestigen** to set up *sep/* mount sth so that it can swivel

schwenken I. *vt haben* ❶ (*mit etw wedeln*) ■**etw ~** to wave [*or* flourish] sth ❷ (*die Richtung verändern*) ■**etw ~** to swivel sth; *Kamera* to pan; *Mikrofon* to swing round [*or* AM around] ❸ (*spülen*) ■**etw [in etw] ~** *dat* to rinse sth [in sth]; **den Pullover in handwarmem Wasser ~** to rinse the pullover in hand-hot water ❹ KOCHK (*hin und her bewegen*) ■**etw [in etw] ~** *dat* to toss sth [in sth]; **das Gemüse in Butter ~** to toss the vegetables in butter; *s. a.* **Arm** II. *vi* ❶ *sein* (*zur Seite bewegen*) to wheel [about [*or* round]] [*or* AM around] ❷ *haben* (*sich richten*) to pan ❸ MIL **links/rechts schwenkt, marsch!** left/right wheel, march!

Schwenker <-s, -> *m* brandy [*or* BRIT balloon] glass

Schwenkkasserolle *f,* **Schwenkpfanne** *f* sauté pan

Schwenkung <-, -en> *f s.* **Schwenk**

schwer <schwerer, schwerste> I. *adj* ❶ (*nicht leicht*) heavy; ■**20/30 kg ~ sein** to weigh 20/30 kg; **~ wie Blei** as heavy as lead; ***ihm ist ~ ums Herz*** he is heavy-hearted ❷ (*beträchtlich*) serious; **~e Bedenken** strong [*or* serious] reservations; **eine ~e Enttäuschung** a deep [*or* great] [*or* bitter] disappointment, ein *~er Fehler/Irrtum,* a serious [*or* bad] mistake; **ein ~er Mangel** an acute shortage; **~e Mängel aufweisen** to be faulty, to be badly defective; **ein ~er Schaden** extensive [*or* serious] [*or* severe] damage; **ein ~es Unrecht** a blatant [*or* gross] [*or* rank] injustice; **eine ~e Verletzung** a serious [*or* bad] [*or* severe] injury; **ein ~er Verlust** a bitter loss; **eine ~e Verwundung** a serious [*or* severe] wound; **~e Verwüstung[en] anrichten** to cause utter [*or* complete] [*or* total] devastation ❸ (*hart*) hard; **ein ~es Amt** a difficult [*or* hard] task; **eine ~e Bürde** a heavy burden; **ein ~es Schicksal** a cruel fate; **eine ~e Strafe** a harsh [*or* severe] punishment; **eine ~e Zeit** a hard [*or* difficult] time 4 (*körperlich belastend*) serious, grave; **eine ~e Geburt/Operation** a difficult [*or* complicated] birth/operation; **ein ~es Leiden** a terrible affliction [*or* illness]; **ein ~er Tod** a painful death; **ein ~er Unfall** a bad [*or* serious] accident; **S~es mitmachen** [*o* **durchmachen**] to live through hard [*or* difficult] times 5 (*schwierig*) hard, difficult; ***die Rechenaufgaben sind heute besonders ~*** today's sums are particularly tricky; **ein ~er Moment** a difficult moment; [**eine**] **~e Lektüre/Musik** heavy reading/music 6 *attr* (*fam: heftig*) heavy; **ein ~es Gewitter/ein ~er Sturm** a violent [*or* severe] [*or* heavy] thunderstorm/storm; **eine ~e Welle** a high [*or* tall] wave 7 *attr* (*stürmisch*) **eine ~e See** a heavy [*or* rough] [*or* stormy] sea 8 *attr* AUTO (*groß*) big, large; **ein ~er Lkw** a heavy truck 9 *attr* MIL (*große Kaliber aufweisend*) heavy 10 (*gehaltvoll*) *Essen* heavy; *Likör, Wein, Zigarre* strong 11 (*intensiv*) strong; **ein ~er Duft/ein ~e Parfüm** a pungent scent/perfume 12 (*lehmig*) **~er Boden** heavy [*or* hard] soil 13 (*fam: reich*) ▶ **1/2/... Millionen ~ sein** to be worth 1/2/... million 14 (*massiv*) solid; **aus ~em Gold** [made of] solid gold; **ein ~er Stoff** a heavy cloth; **ein ~er Boden** rich soil 15 (*feucht*) **~e Luft** oppressively humid air; *s. a.* **Geschütz, Schlag, Wasser II.** *adv* 1 (*hart*) hard; **~ arbeiten** to work hard; **etw ~ büßen müssen** to pay a heavy price [*or* penalty] for sth; **sich etw ~ erkämpfen müssen** to have to fight hard for sth; **es ~ haben** to have it hard [*or* a hard time [of it]]; **es ~** [**mit jdm**] **haben** to have a hard time [of it] [with sb]; **jdm ~ zu schaffen machen** to give sb a hard time; **~** [**an etw**] **zu tragen haben** to have a heavy cross to bear [as a result of sth] 2 (*mit schweren Lasten*) heavily; **~ bepackt** [*o* **beladen**] **sein** to be heavily laden; **~ zu tragen haben** to have a lot [*or* a heavy load] to carry 3 (*fam: sehr*) deeply; **sich ~ in Acht nehmen** [*o* **hüten**] to take great care; **~ beleidigt sein** to be deeply offended; **~ betrunken** dead drunk; **etw ~ missbilligen** to strongly disapprove of [*or* object to] sth; **etw ~ nehmen** to take sth hard [*or* [too much] to heart]; **das Leben ~ nehmen** to take life [too] seriously 4 (*mit Mühe*) with [great] difficulty; **~ abbaubare Materialien/Verpackungen** materials/packaging which do/does not decompose [*or* degrade] very easily; **~ erarbeitet** hard-earned; **~ erziehbar** maladjusted, recalcitrant; **ein ~ erziehbares Kind** a problem child; **~ löslich** not easily dissoluble; **~ verdaulich** [*o* **verträglich**] indigestible, difficult [*or* hard] to digest *fig;* (*schwierig, düster*) indigestible, heavy-going *attr,* heavy going *pred;* **~ zu begreifen/verstehen** difficult to understand; ***du musst lauter sprechen, sie hört ~*** you'll have to speak up, she's [very] hard of hearing 5 (*fam: umfänglich*) **jdn ~ zur Kasse bitten** to hit sb hard in the [*or* AM back] pocket *fig;* **jdn ~ schröpfen** to fleece sb big time *sl;* **~ verdienen** to earn a packet *fam* 6 (*ernstlich*) seriously; **~ behindert** [*o* **beschädigt**] severely handicapped [*or* disabled]; **sich ~ erkälten** to catch a bad [*or* heavy] cold; **~ erkrankt sein** to be seriously [*or* desperately] [*or* gravely] ill; **~ gestürzt sein** to have had a bad fall; **~ krank** MED seriously [*or* desperately] [*or* gravely] ill; **~ verletzt** seriously [*or* badly] [*or* severely] injured; **sich ~ verletzen** to seriously [*or* badly] [*or* severely] injure oneself; **~ verunglückt sein** to have had a bad [*or* serious] accident; **~ wiegend** serious; **~ wiegende Bedenken** strong [*or* serious] reservations; **eine ~ wiegende Entscheidung, ein ~ wiegender Entschluss** a momentous decision; **ein ~ wiegender Grund** a sound [*or* convincing] [*or* compelling] reason 7 (*schwierig*) difficult, not easy; **~ verständlich** (*kaum nachvollziehbar*) scarcely comprehensible; (*kaum zu verstehen*) hard [*or* difficult] to understand *pred;* **es fällt** [**jdm**] **~, etw zu tun** it is difficult [*or* hard] for sb to do sth; **etw fällt jdm ~** sth is difficult [*or* hard] for sb [to do], sb has difficulty doing sth; ***diese Entscheidung ist mir sehr ~ gefallen*** this was a very difficult decision for me to make; **sich etw zu ~ machen** to make sth too difficult for oneself [*or* more difficult than it need be]; [**jdm**] **etw ~ machen** to make sth difficult [for sb]; **es** [**jdm**] **~ machen, etw zu tun** to make it difficult [for sb] to do sth; **jdm das Herz ~ machen** to make sb's heart heavy [*or* sad]; **jdm das Leben ~ machen** to make life difficult for sb; **sich bei** [*o* **mit**] *dat* **etw ~ tun** to have trouble with sth, to make heavy weather of sth *fam;* **sich mit jdm ~ tun** to have trouble [getting along] with sb 8 (*hart*) severely; **~ bewaffnet sein** to be heavily armed; *s. a.* **Ordnung** **Schwerarbeit** *f kein pl* heavy work, heavy labour [*or* AM -or] **Schwerarbeiter(in)** *m(f)* heavy worker, heavy labourer [*or* AM -orer] **Schwerathlet(in)** *m(f)* *sports[wo]man who is active in the fields of weight-lifting, wrestling or any other sport requiring great strength* **Schwerathletik** *f weight-lifting, wrestling or any other sport requiring great strength* **Schwerathletin** *f fem form von* Schwerathlet **Schwerbehinderte(r)** *f(m) dekl wie adj* a severely handicapped [*or* disabled] person **Schwerbeschädigte(r)** <-n, -n> *f (m) dekl wie adj* MED, ADMIN (*veraltet*) seriously disabled person

Schwere <-> *f kein pl* 1 JUR (*Härte*) seriousness, gravity; **die ~ der Strafe** the severity of the punishment 2 MED (*ernste Art*) seriousness, severity 3 (*Schwierigkeit*) difficulty; *einer Aufgabe a.* complexity 4 (*Gewicht*) heaviness, weight; **das Gesetz der ~** the law of gravity 5 (*Intensität*) *eines Parfüms* pungency 6 (*Gehalt*) *von Wein* body 7 (*Luftfeuchtigkeit*) heaviness

Schwerefeld *nt* PHYS gravitational field, field of gravity

schwerelos *adj* PHYS weightless

Schwerelosigkeit <-> *f kein pl* PHYS weightlessness

Schwerenöter <-s, -> *m* (*veraltend geh*) lady-killer, Casanova

schwerfällig <-er, -ste> **I.** *adj* 1 (*ungeschickt*) awkward, clumsy 2 (*umständlich*) pedestrian, ponderous **II.** *adv* awkwardly, clumsily

Schwergewicht *nt* 1 (*Gewichtsklasse*) heavyweight 2 (*Sportler*) heavyweight 3 (*Schwerpunkt*) emphasis **schwergewichtig** *adj inv* heavy **Schwergewichtler(in)** <-s, -> *m(f)* *s.* **Schwergewicht** **schwerhörig** *adj inv* hard of hearing *pred;* **sich ~ stellen** to turn a deaf ear *fig* **Schwerhörigkeit** *f kein pl* MED hardness of hearing **Schwerindustrie** *f* heavy industry **Schwerkraft** *f kein pl* PHYS gravity **Schwerkranke(r)** *f(m) dekl wie adj* MED seriously [*or* desperately] [*or* gravely] ill person **Schwerkriminelle(r)** *f(m) dekl wie adj* criminal, felon *spec*

schwerlich *adv* hardly, scarcely

Schwermetall *nt* CHEM heavy metal

Schwermut <-> *f kein pl* melancholy

schwermütig <-er, -ste> *adj* melancholic *form,* melancholy

Schweröl *nt* CHEM heavy oil [*or* fuel]

Schwerpunkt *m* 1 (*Hauptgewicht*) main emphasis; **auf etw den ~ legen** *akk* to put the main emphasis [*or* stress] on sth; **~e setzen** to establish [*or* set] priorities; **den ~** [**auf etw**] **verlagern** *akk* to shift the emphasis [onto sth] 2 PHYS centre [*or* AM -er] of gravity

schwerpunktmäßig **I.** *adj inv, attr* **ein ~er Streik** a pinpoint [*or* selective] strike **II.** *adv* selectively; **etw ~ abhandeln** to focus on sth

Schwerpunktstreik *m* pinpoint [*or* selective] strike

schwerreich *adj inv, attr* (*fam*) stinking [*or* AM filthy] rich *fam*

Schwert <-[e]s, -er> *nt* ① (*Hieb- und Stichwaffe*) sword; **einschneidiges** [*o* **zweischneidiges**] ~ single-edged/double-edged [*or* two-edged] sword; **das ~ ziehen** [*o geh* **zücken**] to draw one's sword ② NAUT centre [*or* AM -er] -board ▶ WENDUNGEN: **das ~ des Damokles hängt** [*o* **schwebt**] **über jdm** the sword of Damocles is hanging above sb's head; **ein zweischneidiges ~ sein** to be a double-edged sword *fig* [*or* cut two ways]

Schwertblatt *nt* blade [of a sword] **Schwertbohne** *f* broad bean **Schwertfisch** *m* ZOOL swordfish **Schwertlilie** *f* BOT iris **Schwertscheide** *f* sheath [for a sword] **Schwertschlucker(in)** <-s, -> *m(f)* sword-swallower **Schwertspitze** *f* point [of a sword]

Schwertwal *m* ZOOL killer whale

Schwerverbrecher(in) *m(f)* JUR serious offender **Schwerverkehrsabgabe** *f* road-user charge for trucks, truck tolls **Schwerverletzte(r)** *f(m) dekl wie adj* MED seriously [*or* badly] [*or* severely] injured person **Schwerverwundete(r)** *f(m) dekl wie adj* MIL seriously wounded person

Schwester <-, -n> *f* ① (*weibliches Geschwisterteil*) sister ② (*Krankenschwester*) nurse ③ (*weibliches Gemeindemitglied*) sister ④ REL (*Nonne*) nun

Schwesterchen <-s, -> *nt dim von* **Schwester 1** little [*or* baby] sister

Schwesterherz *nt* (*fam*) dear sister; ***hallo, ~, schön, dich mal wieder zu sehen!*** hello, sister dear, it's [so] lovely to see you again!

Schwesterlein <-s, -> *nt* (*liter*) *s.* **Schwesterchen**

schwesterlich I. *adj* sisterly **II.** *adv* **sich ~ lieben/~ verbunden sein/ zusammenhalten** to love each other in a sisterly way [*or* be like [*or* as close as] sisters]/have a sisterly relationship/stick together like sisters

Schwesternhelferin *f* nursing auxiliary BRIT **Schwesternorden** *m* REL sisterhood **Schwesternwohnheim** *nt* nurses' home [*or* hostel]

Schwesterschiff *nt* NAUT sister ship

schwieg *imp von* **schweigen**

Schwiegereltern *pl* parents-in-law *pl* **Schwiegermutter** *f* mother-in-law **Schwiegersohn** *m* son-in-law **Schwiegertochter** *f* daughter-in-law **Schwiegervater** *m* father-in-law

Schwiele <-, -n> *f* ① (*verdickte Hornhaut*) callus; **~n an den Händen haben** to have calluses on one's hands ② MED (*Vernarbung*) weal, callus

schwielig *adj* callous

schwierig I. *adj* ① (*nicht einfach*) difficult, hard; **eine ~e Prüfung** a difficult exam ② (*verwickelt*) complicated; **eine ~e Situation** a tricky situation ③ (*problematisch*) complex; **ein ~er Fall sein** to be a problematic[al] case; **ein ~er Mensch** a difficult person **II.** *adv* difficult

Schwierigkeit <-, -en> *f* ① *kein pl* (*Problematik*) difficulty; *eines Falles* problematical nature; *einer Lage, eines Problems* complexity; *einer Situation* trickiness; **mit [einiger] ~** with [some] difficulty ② *pl* (*Probleme*) problems *pl;* **finanzielle ~en** financial difficulties *pl;* **jdn in ~en bringen** *akk* to get sb into trouble; **in ~en geraten** [*o* **kommen**] to get into difficulties [*or* trouble] [*or fam* hot water]; **[jdm] ~en machen** [*o* **bereiten**] to make trouble [for sb], to give sb trouble; **[jdm] keine ~en machen** [*o* **bereiten**] to be no trouble [for sb]; **ohne ~en** without any difficulty [*or* problems]

Schwierigkeitsgrad *m* degree of difficulty; SCH level of difficulty

schwill *imper sing von* **schwellen**

Schwimmbad *nt* swimming-pool, swimming-bath[s *pl*] BRIT; **ins ~ gehen** to go swimming **Schwimmbecken** *nt* [swimming-]pool **Schwimmblase** *f* ZOOL air-bladder, swimming-bladder **Schwimmbrille** *f* goggles *npl*

schwimmen <schwamm, geschwommen> **I.** *vi* ① *sein* (*sich im Wasser fortbewegen*) to swim; ***ich kann nicht*** ~ I can't swim; **~ gehen** to go swimming ② *haben* (*fam: sich in einer Flüssigkeit bewegen*) ■ **auf etw** *dat* [*o* **in etw** *dat*] ~ to float on/in sth; ***auf/ in der Suppe schwimmt eine Fliege*** there's a fly [floating] in the soup ③ *haben* (*unsicher sein*) to be at sea, to flounder ④ *haben* (*nass sein*) to be awash [*or* bathed]; ***pass auf, dass nicht wieder der ganze Boden schwimmt, wenn du gebadet hast!*** mind you don't drench the bathroom floor again when you have your bath! ⑤ *haben s.* **verschwimmen** ▶ WENDUNGEN: **in Geld ~** to be rolling in money *fam* [*or fam* it]; **mit/gegen den Strom ~** to swim with/against the current *usu fig; s. a.* **Auge II.** *vt sein o haben* ■ **etw ~** to swim sth; ***in welcher Zeit schwimmst du die 100 Meter?*** how fast can you [*or* how long does it take you to] swim [the] 100 metres?

Schwimmen <-s> *nt kein pl* swimming *no art* ▶ WENDUNGEN: **ins ~ geraten** [*o* **kommen**] to get out of one's depth *fig*

Schwimmer <-s, -> *m* TECH float

Schwimmer(in) <-s, -> *m(f)* (*schwimmender Mensch*) swimmer; **~ sein** to be a swimmer [*or* able to swim]

Schwimmer <-s, -> *m* (*Schwimmkörper*) float

Schwimmerbecken *nt* swimmers' pool

Schwimmerin <-, -nen> *f fem form von* **Schwimmer**

Schwimmflosse *f* flipper **Schwimmflügel** *m* SPORT water wing, float **Schwimmfuß** *m* ZOOL *meist pl* web-foot, webbed foot, palmiped[e] *spec* **Schwimmhalle** *f* indoor [swimming-]pool, swimming-bath[s *pl*] BRIT **Schwimmhaut** *f* ORN web, palama *spec* **Schwimmkäfer** *m* ZOOL water beetle **Schwimmlehrer(in)** *m(f)* swimming instructor **Schwimmsport** *m* swimming *no indef art* **Schwimmstil** *m* stroke **Schwimmunterricht** *m* swimming lessons *pl* [*or* instruction] **Schwimmvogel** *m* ORN water bird, waterfowl, palmiped[e] *spec* **Schwimmweste** *f* life-jacket

Schwindel <-s> *m kein pl* ① (*Betrug*) swindle, fraud; ***es war alles*** ~ it was all a [big] swindle [*or* fraud]; ***alles ~!*** it's all lies! ② MED dizziness, giddiness, vertigo; **in ~ erregender Höhe** high enough to cause dizziness [*or* giddiness] [*or* vertigo] [*or* to make one [feel] dizzy] [*or* giddy], at a vertiginous height *form;* **mit ~ erregender Geschwindigkeit** at breathtaking speed; **~ erregend** (*fig*) astronomical ▶ WENDUNGEN: **der ganze ~** (*pej fam*) the whole lot [*or sl* caboodle] [*or* BRIT *sl* shoot]

Schwindelanfall *m* MED attack of dizziness [*or* giddiness] [*or* vertigo], dizzy turn *fam*

Schwindelei <-, -en> *f* (*fam*) ① (*kleine Lüge*) lying *no indef art, no pl;* **eine kleine ~** a fib [*or* little lie] ② (*kleine Betrügerei*) fiddle **schwindelfrei** *adj inv* ■ **~ sein** to have a [good] head for heights [*or* not suffer from vertigo] **Schwindelgefühl** *nt* feeling of dizziness [*or* giddiness] [*or* vertigo]

schwind(e)lig *adj pred* ① ■ **[von etw] ~ werden/ sein** to get [*or* become]/be dizzy [*or* giddy] because of sth ② *s.* **Schwindel 2**

schwindeln I. *vi* ① (*fam: lügen*) to lie; ***das glaube***

ich nicht, du schwindelst! I don't believe it, you're having me on! *fam;* ■**das S~** lying ② (*schwindlig sein*) to be dizzy; ***in ~ der Höhe*** at a dizzy height; **jdn ~ machen** to make sb feel dizzy [*or* giddy] **II.** *vt* (*fam*) ① (*etw Unwahres sagen*) ■**etw ~** to lie about sth; ■**etw ist geschwindelt** sth is a pack of lies ② (*schmuggeln*) **etw durch den Zoll ~** to smuggle sth through customs **III.** *vr* (*fam*) ■**sich [durch etw] ~** to wangle one's way [through sth] *fam;* **sich durch eine Kontrolle/den Zoll ~** to kid one's way through a checkpoint/customs; **sich durchs Leben ~** to con [*or* BRIT kid] one's way through life **IV.** *vi impers* ■**jdm schwindelt [es]** sb feels dizzy [*or* giddy]

schwinden <schwand, geschwunden> *vi sein* ① (*geh: abnehmen*) to run out, to dwindle; **im S~ begriffen sein** to be running out [*or* dwindling] ② (*vergehen*) ■**etw schwindet** sth is fading away; *Effekt, [schmerzstillende] Wirkung* to be wearing off; *Erinnerung, Hoffnung* to be fading [away]; *Interesse* to be flagging [*or* waning]; *Kräfte* to be fading [away] [*or* failing]; *Lebensmut, Mut, Zuversicht* to be failing; **die Sinne ~ jdm** sb feels faint ③ (*geh: dahingehen*) *Jahre* to pass ④ (*fachspr*) to contract, to shrink, to decrease; ELEK to fade

Schwindler(in) <-s, -> *m(f)* ① (*Betrüger*) swindler, con-man *fam* ② (*fam: Lügner*) liar

schwindlig *adj s.* **schwindelig**

Schwindsucht *f* MED (*veraltend: Tuberkulose*) consumption, pulmonary tuberculosis; **die ~ haben** to have consumption [*or* pulmonary tuberculosis], to be consumptive

schwindsüchtig *adj* MED (*veraltend*) consumptive

Schwinge <-, -n> *f* ① (*geh*) wing, pinion *poet* ② TECH (*im Getriebe*) tumbler lever; (*in der Mechanik*) crank

schwingen <schwang, geschwungen> **I.** *vt haben* ① (*mit etw wedeln*) ■**[etw] schwingen** to wave [sth] ② (*mit etw ausholen*) ■**[mit etw] ~** to brandish [sth]; ***er schwang die Axt*** he brandished the axe ③ (*hin und her bewegen*) ■**jdn/etw ~** to swing sb/sth; ***der Dirigent schwingt seinen Taktstock*** the conductor flourishes his baton; **Fahnen ~** to wave flags; **das Tanzbein ~** to shake a leg *fig* ④ AGR **Flachs ~** to poken [*or* swingle] flax; *s. a.* **Becher II.** *vi haben o sein* ① (*vibrieren*) to vibrate; *Brücke* to sway; **etw zum S~ bringen** to make sth [*or* cause sth to] vibrate ② (*pendeln*) ■**[an etw] [irgendwohin] ~** *dat* to swing [somewhere] [on sth]; ***im Sport mussten wir heute an die Ringe und ~*** we had to swing on the rings in PE today ③ (*geh: mitschwingen*) ■**etw schwingt [in etw]** *dat* sth can be heard [*or* detected] [in sth]; ***in seinen Worten schwang eine gewisse Bitterkeit*** his words hinted at a certain bitterness ④ PHYS *Wellen* to oscillate ⑤ SCHWEIZ (*ringen*) wrestle; *s. a.* **Rede III.** *vr haben* ① (*sich schwungvoll bewegen*) ■**sich auf/in etw** *akk* **~** to jump [*or* leap] onto/into sth; **sich aufs Fahrrad ~** to hop on one's bike; **sich auf den Thron ~** (*fig*) to usurp the throne ② (*schwungvoll überspringen*) ■**sich über etw ~** *akk* to jump [*or* leap] over sth; *Turner* to vault [sth] ③ (*geh: sich ausgedehnt erstrecken*) ■**sich ~** to stretch out; *s. a.* **Luft**

Schwinger <-s, -> *m* ① (*beim Boxen*) swinging blow, haymaker *sl* ② SCHWEIZ *s.* **Ringer**

Schwingtür *f* swing door

Schwingung <-, -en> *f* ① PHYS oscillation; **in ~ geraten** to begin to vibrate; **[etw] in ~ versetzen** to set [sth] swinging ② (*Regung*) stirring; **seelische ~en** inner stirrings

Schwips <-es, -e> *m* (*fam*) tipsiness *no indef art, no pl;* **einen ~ haben/bekommen** to be/get tipsy

schwirren *vi sein* ① (*surren*) *Mücken, Bienen* to buzz; *Vogel* to whir[r]; *s. a.* **Kopf** ② (*sich verbreiten*) to buzz, to fly about, AM around ③ (*fam: sich begeben*) ■**irgendwohin ~** to whizz *fam* [*or fam* pop] [*or* BRIT *fam* nip] somewhere; ***sie kam ins Zimmer geschwirrt*** she popped into the room

Schwitzbad *nt* steam bath, sweating-bath

Schwitze <-, -n> *f* KOCHK roux

schwitzen I. *vi* ① (*Schweiß absondern*) to sweat [*or form* perspire] ② (*Kondenswasser absondern*) to steam [*or* become steamed] up ③ (*brüten*) to sweat over sth; ***er schwitzt noch immer über der schwierigen Rechenaufgabe*** he's still sweating over the difficult sums **II.** *vr* **sich nass ~** to get soaked with [*or* bathed in] sweat **III.** *vt* KOCHK **Mehl in Butter ~** to brown flour in hot butter ▸ WENDUNGEN: **Blut und Wasser ~** to sweat blood

Schwitzen <-s> *nt kein pl* sweating *no indef art,* perspiring *no indef art esp form;* **ins ~ geraten** [*o* **kommen**] to start to sweat [*or form* perspire]

Schwitzfleck *m* sweat mark **Schwitzkasten** *m* (*Griff*) headlock ▸ WENDUNGEN: **jdn im ~ haben** to have sb in a headlock; **jdn in den ~ nehmen** to get sb in a headlock [*or* put a headlock on sb]

Schwof <-[e]s, -e> *m* (*fam*) dance, bop BRIT *fam,* hop *dated fam*

schwofen *vi* (*fam*) ■**[mit jdm] ~** to dance [*or* BRIT *fam* bop] [with sb]

schwoll *imp von* **schwellen**

schwören <schwor, geschworen> **I.** *vi* ① (*einen Eid leisten*) to swear; **auf die Verfassung ~** to swear on the constitution ② (*fam: verfechten*) ■**[auf jdn/etw] ~** to swear [by sb/on [*or* by] sth]; ***er schwört auf Vitamin C*** he swears by vitamin C **II.** *vt* ① (*etw beeiden*) ■**etw ~** to swear sth; ***ich könnte ~/ich hätte ~ können, dass ich das Fenster zugemacht habe/hatte*** I could have sworn [that] I closed the window ② (*fest versichern*) ■**jdm etw ~** to swear sth to sb; ■**jdm ~, etw zu tun** to swear [to sb] to do sth **III.** *vr* (*fam: sich vornehmen*) ■**sich** *dat* **etw geschworen haben** to have sworn sth [to oneself]

schwul *adj* (*fam*) gay *fam,* queer *pej sl*

schwül *adj* ① METEO sultry, close, muggy *fam* ② (*beklemmend*) *Stimmung, Atmosphäre* oppressive ③ (*geh: betörend*) **~er Duft/~e Träume** sultry [*or* sensual] scent/dreams

Schwüle <-> *f kein pl* METEO sultriness, closeness, mugginess *fam*

Schwule(r) *m dekl wie adj* (*fam*) gay *fam,* queer *pej sl,* shirtlifter BRIT *pej sl,* faggot AM

Schwulenszene *f* gay scene *fam*

Schwulität <-, -en> *f meist pl* (*fam*) ① (*Schwierigkeiten*) difficulty, trouble *no pl;* **jd in ~en bringen** to get sb into trouble [*or* BRIT *fam* land sb in it]; **in ~ geraten** [*o* **kommen**] to get into a fix *fam* [*or* trouble] ② *kein pl* DIAL (*Erregung*) fury

Schwulst <-[e]s> *m kein pl* (*pej*) [over-]ornateness, floridity, floridness

schwulstig *adj* ① (*geschwollen*) swollen, puffed up ② ÖSTERR (*schwülstig*) [over-]ornate, florid

schwülstig I. *adj* (*pej*) [over-]ornate, florid; **eine ~e Formulierung** bombastic [*or* pompous] wording; **eine ~e Redeweise/ein ~er Stil** a bombastic [*or* pompous] manner of speaking/style **II.** *adv* (*pej*) bombastically, pompously

Schwund <-[e]s> *m kein pl* ① (*Rückgang*) decline, decrease; *Bestände, Vorräte* dwindling ② (*Gewichtsverringerung*) weight loss; (*Schrumpfung*) shrinkage ③ MED *der Muskulatur* atrophy ④ RADIO (*Fading*) fading

Schwung <-[e]s, Schwünge> *m* ① (*schwingende Bewegung*) swing[ing movement]; **~ holen** to build up [*or* gain] momentum ② *kein pl* (*Antriebskraft*)

S

drive, verve; **etw in ~ bringen** *akk* (*fam*) to knock [*or* whip] sth into shape; **in ~ kommen** (*fam*) to get going; [**richtig**] **in ~ sein** (*fam: in Fahrt*) to be in full swing; (*reibungslos funktionieren*) to be doing really well ③ (*Linienführung*) sweep ④ (*fam: größere Anzahl*) stack *fam*, pile *fam*, sackful; *Besucher, Gäste, Touristen* batch, bunch

Schwungfeder *f* ORN wing feather

schwunghaft I. *adj* flourishing, booming, thriving; **~er Handel** flourishing [*or* roaring] trade II. *adv* **sich ~ entwickeln** to be booming

Schwungrad *nt* TECH flywheel

schwungvoll I. *adj* ① (*weit ausholend*) sweeping ② (*mitreißend*) lively; **eine ~e Ansprache/Rede** a passionate [*or* rousing] [*or* stirring] speech; **das ~e Spiel eines Orchesters** the invigorating playing of an orchestra II. *adv* lively

Schwur <-[e]s, Schwüre> *m* ① (*feierliches Versprechen*) vow ② (*Eid*) oath; **einen ~ leisten** to take [*or* make] a vow

Schwurgericht *nt* JUR court with a jury

Schwyz <-> ['ʃviːts] *nt* GEOG Schwyz

Sciencefiction^{RR} <-, -s> ['saɪəns'fɪkʃən] *f*, **Science-fiction** <-, -s> *f* LIT science fiction, sci-fi *fam*

Sciencefictionfilm^{RR} ['saɪəns'fɪkʃən-] *m*, **Science-fiction-Film** *m* science-fiction [*or fam* sci-fi] film **Sciencefictionroman**^{RR} ['saɪəns'fɪkʃən-] *m*, **Science-fiction-Roman** *m* science-fiction [*or fam* sci-fi] novel

Scientology(**-Kirche**) <-> *f kein pl* [Church of] Scientology *no pl*

Screenshot <-s, -s> *m* FILM (*fachspr*) screenshot

Scylla <-> *f kein pl s.* **Szylla**

SDI <-> *Akr von* **strategic defense initiative** SDI

Seal <-s, -s> *m o nt* seal[skin]

Séance <-, -n> [se'ãːsə] *f* séance; **eine ~ abhalten** to hold [*or* conduct] a séance

sec *f Abk von* **Sekunde** sec

sechs *adj* six; *s. a.* **acht**^{1}

Sechs <-, -en> *f* ① (*Zahl*) six ② KARTEN six; *s. a.* **Acht**^{1} **4** ③ (*auf Würfel*) **lauter ~en würfeln** to throw nothing but sixes ④ (*Verkehrslinie*) ■**die ~** the [number] six ⑤ SCH (*schlechteste Zensur*) bottom [*or* lowest] mark [*or* AM grade] ⑥ SCHWEIZ (*beste Zensur*) top [*or* highest] mark [*or* AM grade]

Sechseck *nt* hexagon **sechseckig** *adj* hexagonal **sechseinhalb** *adj* ① (*Bruchzahl*) six and a half ② (*fam: 6500 DM*) six and a half grand *sl*

Sechser <-s, -> *m* ① SCH (*fam: die Note Ungenügend*) [an] unsatisfactory [mark [*or* AM grade]] ② (*6 Richtige*) six [winning] numbers

sechserlei *adj inv* six [different]; *s. a.* **achterlei**

Sechserpack *m* pack of six, six pack AM

sechsfach, **6fach** I. *adj* **die ~e Menge nehmen** to take six times the amount II. *adv* six times, sixfold

Sechsfache, **6fache** *nt dekl wie adj* **das ~ verdienen** to earn six times as much; *s. a.* **Achtfache**

sechshundert *adj* six hundred; *s. a.* **hundert** **sechshundertjährig** *adj* six hundred-year-old *attr*, [of] six hundred years *pred*; **das ~e Bestehen von etw feiern** to celebrate the sexcentenary *form* of sth **sechsjährig**, **6-jährig**^{RR} *adj* ① (*Alter*) six-year-old *attr*, six years old *pred*; *s. a.* **achtjährig 1** ② (*Zeitspanne*) six-year *attr*; *s. a.* **achtjährig 2** **Sechsjährige**(**r**), **6-Jährige**(**r**)^{RR} *f*(*m*) *dekl wie adj* six-year-old **sechsköpfig** *adj* six-person; *s. a.* **achtköpfig**

sechsmal, **6-mal**^{RR} *adv* six times; *s. a.* **achtmal**

sechsmalig *adj* six times; *s. a.* **achtmalig**

sechsstöckig *adj inv* six-storey [*or* AM -story] *attr*, with six storeys *pred*

sechsstündig, **6-stündig**^{RR} *adj* six-hour *attr*; *s. a.* **achtstündig**

sechst *adv* ■**zu ~ sein** to be a party of six

Sechstagerennen *nt* six-day [cycling] race

sechstausend *adj* ① (*Zahl*) six thousand; *s. a.* **tausend** ② (*fam: 6000 DM*) six grand *no pl*, six thou *no pl sl*, six G's [*or* K's] *no pl* AM *sl*

Sechstausender <-s, -> *m* a mountain over 6,000 metres [*or* AM meters]

sechste(**r, s**) *adj* ① (*nach dem fünften kommend*) sixth; *s. a.* **achte**(**r, s**) **1** ② (*Datum*) sixth, 6th; *s. a.* **achte**(**r, s**) **2, Sinn**

Sechste(**r**) *m dekl wie adj* ① (*Person*) sixth; *s. a.* **Achte**(**r**) **1** ② (*bei Datumsangaben*) ■**der ~/am ~en** der 6./am 6.; *geschrieben* the sixth/on the sixth *spoken*, the 6th/on the 6th *written*; *s. a.* **Achte**(**r**) **2** ③ (*als Namenszusatz*) **Ludwig der ~** Ludwig VI.; *geschrieben* Louis the Sixth *spoken*, Louis VI *written*

sechstel *adj* sixth

Sechstel <-s, -> *nt* sixth; *s. a.* **Achtel**

sechstens *adv* sixthly, in sixth place

Sechszylinder *m* AUTO ① (*Auto*) six-cylinder car ② (*Motor*) six-cylinder engine

sechzehn *adj* sixteen; *s. a.* **acht**^{1}

sechzehnte(**r, s**) *adj* sixteenth; *s. a.* **achte**(**r, s**)

sechzig *adj* sixty

Sechzig <-, -en> *f* sixty

sechziger, **60er** *adj attr, inv* **die ~ Jahre** the sixties [*or* '60s]; *s. a.* **achtziger**

Sechziger^1 <-s, -> *m* (*Wein*) a 1960 [*or* '60] vintage

Sechziger^2 *pl* ■**die ~** the sixties [*or* '60s]; ■**in den ~n sein** to be in one's sixties; *s. a.* **Achtziger**^{3}

Sechziger(**in**) <-s, -> *m*(*f*) ① (*Mensch in den Sechzigern*) sexagenarian ② *s.* **Sechzigjährige**(**r**)

Sechzigerjahre *pl* ■**die ~** the sixties [*or* '60s] *npl* **sechzigjährig**, **60-jährig**^{RR} *adj attr* ① (*Alter*) sixty-year-old *attr*, sixty years old *pred* ② (*Zeitspanne*) sixty-year *attr* **Sechzigjährige**(**r**), **60-Jährige**(**r**)^{RR} *f*(*m*) *dekl wie adj* sixty-year-old

sechzigste(**r, s**) *adj* sixtieth; *s. a.* **achte**(**r, s**)

Secondhandartikel *m* second-hand item [*or* goods] *npl* **Secondhandkleidung** *f* second-hand clothes *npl* **Secondhandladen** ['sɛkəndhɛnd] *m* second-hand shop **Secondhandshop** *m* second-hand [clothes] shop

SED <-> [ɛsʔeː'deː] *f* HIST *Abk von* **Sozialistische Einheitspartei Deutschlands** *state party of the former GDR*

Sedativum <-s, -tiva> [-vʊm] *nt* PHARM sedative

Sediment <-[e]s, -e> *nt* sediment

Sedimentgestein *nt* GEOL sedimentary rock

See^1 <-s, -n> *m* lake; **der ~ Genezareth** REL the Sea of Galilee [*or* Lake of Genesaret]; **der Genfer ~** Lake Geneva; **die Großen ~n** the Great Lakes; **ein künstlicher ~** an artificial lake

See^2 <-, -n> *f* ① GEOG (*Meer*) sea; **an der ~** at the seaside, by the sea, on the coast ② NAUT (*Meer*) sea; **auf ~** at sea; **auf hoher** [*o* **offener**] **~** on the high seas; **auf ~ bleiben** (*euph*) to die at sea; **in ~ gehen** [*o* **stechen**] to put to sea; **zur ~ fahren** to be a sailor [*or* [merchant] seaman]; **zur ~ gehen** to go to sea, to become a sailor ③ NAUT (*Seegang*) heavy sea, swell ④ NAUT (*Sturzwelle*) [high [*or* tall]] wave

Seeaal *m* KOCHK flake *no indef art* **Seeadler** *m* ORN sea eagle **Seeanemone** *f* ZOOL sea anemone **Seebad** *nt* TOURIST seaside [health] resort **Seebär** *m* ① (*hum fam: erfahrener Seemann*) sea-dog, old salt ② ZOOL fur-seal **Seebarsch** *m* ZOOL sea bass **Seebeben** *nt* GEOL seaquake, waterquake **Seebrasse** *f* ZOOL sea bream **Seeelefant**^{RR} *m*, **See-Elefant** *m* ZOOL sea elephant, elephant seal **Seefahrer** *m* NAUT (*veraltend*) seafarer **Seefahrt** *f* NAUT ① *kein pl* (*Schifffahrt*) sea travel, seafaring *no art*; **die christliche ~** (*hum*) seafaring *no art*, a life on the ocean waves ❷ (*veraltend*) *s.* **Seereise** **Seefahrtsbuch** *nt* NAUT seaman's [discharge [*or* registration]] book **Seefahrtsschule** *f* naval college **Seefisch** *m* ❶ ZOOL saltwater fish, sea fish ❷ *kein pl* KOCHK (*Fleisch von Seefischen*) sea-fish *no art,* saltwater fish *no art*

Seeforelle *f* lake [*or* BRIT grey] trout

Seefracht *f* sea freight *no indef art* **Seefrau** *f fem form von* **Seemann** **Seegang** *m kein pl* swell; **schwerer** [*o* **hoher**] [*o* **starker**] ~ heavy [*or* rough] seas [*or* swell] **Seegefecht** *nt* MIL naval [*or* sea] battle **seegestützt** *adj* sea-based **Seegras** *nt* BOT seagrass, eel-grass, grass-wrack **Seegurke** *f* ZOOL sea cucumber **Seehafen** *m* ❶ NAUT (*Gegenteil von Binnenhafen*) harbour [*or* AM -or], [sea]port ❷ GEOG (*Küstenstadt mit Hafen*) seaport **Seehecht** *m* ZOOL hake **Seeherrschaft** *f kein pl* maritime [*or* naval] supremacy **Seehund** *m* ZOOL common seal **Seeigel** *m* ZOOL sea-urchin, sea hedgehog, echinoid *spec* **Seekarte** *f* NAUT sea [*or* nautical] chart **seeklar** *adj* NAUT ready to put to sea *pred,* ready to sail *pred;* **etw ~ machen** to prepare sth to put to sea [*or* to sail] **Seeklima** *nt* METEO maritime climate **seekrank** *adj* MED seasick **Seekrankheit** *f kein pl* MED seasickness **Seekrieg** *m* MIL naval warfare **Seekuh** *f* ZOOL seacow, manatee, sirenian *spec* **Seelachs** *m* coalfish, saithe, coley

Seele <-, -n> *f* ❶ REL soul; **die armen ~n** the souls of the dead; **die ~ aushauchen** to breathe one's last ❷ PSYCH (*Psyche*) mind; **mit Leib und ~** wholeheartedly; **Schaden an seiner ~ nehmen** to lose one's moral integrity; **mit ganzer ~** heart and soul, with complete dedication; **aus tiefster** [*o* **innerster**] **~** (*zutiefst*) from the bottom of one's heart; (*aus jds Innerem*) from the heart; **eine kindliche ~ haben** to be a simple soul; **eine schwarze ~ haben** to be a bad lot; **jdm tut etw in der ~ weh** sth breaks sb's heart ❸ (*Mensch*) soul; **eine durstige ~** (*fam*) a thirsty soul; **eine treue ~** a faithful soul; **ein Dorf mit 500 ~n** (*veraltend*) a village of 500 souls ❹ (*an Waffen*) bore ❺ (*am Seil*) core ❻ ELEK **Seele des Kabels** core ▶ WENDUNGEN: **ein Herz und eine ~ sein** to be inseparable; **sich** *dat* **die ~ aus dem Leibe brüllen** (*fam*) to shout [*or* scream] one's head off; **sich die ~ aus dem Leib husten** to cough one's guts up *sl;* **eine ~ von Mensch** [*o* **einem Menschen**] **sein** to be a good[-hearted] soul; **dann hat die liebe** [*o* **arme**] **~ Ruh** (*fam*) now sb has got what they want, perhaps we'll have some peace; **etw brennt jdm auf der ~** (*fam*) sb is dying to do sth; ***dieses Problem brennt mir schon lange auf der ~*** this problem's been on my mind for some time [now]; **es brennt jdm auf der ~, etw zu tun** sb can't wait to do sth; **jdm auf der ~ knien** to plead with sb to do sth; **die ~ einer S. sein** *gen* to be the heart and soul of sth; **etw liegt** [*o* **lastet**] **jdm auf der ~** sth is [weighing] on sb's mind; **sich** *dat* **etw von der ~ reden** to get sth off one's chest; **jdm aus der ~ sprechen** (*fam*) to say exactly what sb [else] is thinking; ***du sprichst mir aus der Seele!*** I couldn't have put it better myself!; **meiner Seel!** (*veraltet*) upon my sword *old; s. a.* **Teufel**

Seelenfriede(n) *m* (*geh*) peace of mind **Seelengröße** *f* (*geh*) magnanimity **Seelenheil** *nt* REL ■**jds ~** the salvation of sb's soul, spiritual welfare **Seelenlage** *f* state [*or* frame] of mind **Seelenleben** *nt kein pl* (*geh*) inner [*or* spiritual] life **Seelenqual** *f meist pl* (*geh*) mental anguish *no pl* [*or* torment] *no pl* **Seelenruhe** *f* **in aller ~** as cool as you please [*or* calm as you like] **seelenruhig** *adv inv* calmly **Seelenverkäufer** *m* ❶ NAUT coffin-ship, floating death-trap ❷ (*skrupelloser Mensch*) the kind of person who would sell his own granny (*unscrupulous, avaricious and exploitative person*) **seelenverwandt** *adj* kindred; **~e Menschen** [people who are] kindred spirits; ■**~ sein** to be kindred spirits **Seelenwanderung** *f* REL transmigration of souls, metempsychosis

Seeleute *pl von* **Seemann**

seelisch **I.** *adj* psychological; **~e Belastungen/Nöte** emotional stress/trouble; **~e Erschütterung/Qual** emotional upset/mental ordeal; *~es Gleichgewicht* mental balance; **das ~e Gleichgewicht verlieren** to lose one's metal balance; *s. a.* **Grausamkeit II.** *adv* **~ bedingt sein** to have psychological causes

Seelöwe, -löwin <-n, -n> *m, f* sea lion

Seelsorge *f kein pl* REL spiritual welfare

Seelsorger(in) <-s, -> *m(f)* REL pastor

seelsorgerisch **I.** *adj* REL pastoral **II.** *adv* REL **~ tätig sein** to carry out pastoral duties

Seeluft *f kein pl* sea air **Seemacht** *f* POL naval [*or* sea] [*or* maritime] power

Seemann <-leute> *m* sailor, seaman

seemännisch *adj* nautical; **~e Tradition** seafaring tradition

Seemannsausdruck <-ausdrücke> *m* nautical term **Seemannsbar** *f* sailors' pub [*or* AM bar] **Seemannsgarn** *nt kein pl* (*fam*) sailor's yarn *fam;* **~ spinnen** (*fig*) to spin a [sailor's] yarn *fig* **Seemannslied** *nt* [sea] shanty **Seemannssprache** *f* nautical jargon, sailor's slang

Seemeile *f* nautical [*or* sea] mile **Seemine** *f* [sea] mine **Seenadel** *f* ZOOL pipefish

Seenot *f kein pl* distress [at sea] *no pl;* **in ~ sein, sich in ~ befinden** to be in distress [at sea]; **in ~ geraten** to get into difficulties

Seenotrettungsdienst *m* sea rescue service, coast guard AM **Seenotrettungskreuzer** *m* lifeboat **Seenotruf** *m* nautical distress signal

Seenplatte *f* GEOG *larger lowland plain comprising several lakes;* **die Mecklenburgische ~** the Mecklenburg Lakes

Seepferd(chen) *nt* seahorse **Seequappe** *f* rockling **Seeräuber(in)** *m(f)* pirate **Seeräuberei** *f kein pl* piracy **Seeräuberin** *f fem form von* **Seeräuber** **Seeräuberspelunke** *f* pirates' den **Seerecht** *nt kein pl* maritime law **Seereise** *f* voyage; (*Kreuzfahrt*) cruise **Seerose** *f* ❶ BOT water lily ❷ ZOOL sea anemone **Seesack** *m* sailor's kitbag, seabag AM **Seeschifffahrt**[RR] *f kein pl* maritime [*or* ocean] shipping **Seeschlacht** *f* sea battle **Seeschwalbe** *f* ORN tern **Seestern** *m* starfish **Seetang** *m* seaweed **Seeteufel** *m* ZOOL monkfish, angler fish **seetüchtig** *adj* seaworthy **Seeufer** *nt* lakeside, shore of a lake **Seevogel** *m* sea bird

seewärts *adv* seaward[s], towards the sea; ***der Wind weht*** ~ the wind is blowing out to sea

Seewasser *nt* sea water, salt water **Seeweg** *m* sea route; **auf dem ~** by sea **Seewind** *m* onshore wind **Seewolf** *m* ZOOL wolffish **Seezeichen** *nt* navigational sign **Seezunge** *f* sole

Segel <-s, -> *nt* NAUT sail; **mit vollen ~n** (*a. fig*) under full sail, full speed ahead *a. fig;* **die ~ hissen** to hoist the sails; **[die] ~ setzen** [*o* **aufziehen**] to set [the] sail[s]; **die ~ reffen** [*o* **streichen**] to lower [*or* reef] [the] sail[s]; **unter ~** under sail; ***das Schiff verließ unter ~ den Hafen*** the ship sailed out of the harbour ▶ WENDUNGEN: **[vor jdm/etw] die ~ streichen** (*geh*) to give in [to sb], to throw in the towel

Segelboot *nt* sailing boat, sailboat AM **segelfliegen** *vi nur infin* to glide; **~ lernen** to learn to fly a glider **Segelfliegen** *nt* gliding **Segelflieger(in)** *m(f)* glider pilot **Segelflug** *m* ❶ (*Flug mit einem Segelflugzeug*) glider flight ❷ *kein pl s.* **Segelfliegen** **Segelflugplatz** *m* gliding field **Segelflugzeug** *nt* glider **Segeljacht** *f* [sailing] yacht **Segelklub**

m sailing club **Segelmacher(in)** <-s, -> *m(f)* sailmaker

segeln **I.** *vt sein o haben* ■ **etw** ~ to sail sth; **eine Regatta** ~ to sail in a regatta; **eine Wende** ~ to go about **II.** *vi* ① *sein* (*mit einem Segelschiff fahren*) ■ **[irgendwo/irgendwohin]** ~ to sail [somewhere]; ~ **gehen** to go sailing ② *sein* (*fliegen*) ■ **[durch etw]** ~ to sail [through sth]; **durch die Luft** ~ to sail through the air ③ *sein* (*fig fam: durchfallen*) ■ **durch etw** ~ to fail sth, to flop in sth ④ (*fam: fallen*) **auf den Boden** ~ to fall to the ground ▶ WENDUNGEN: **von der Schule** ~ to be thrown out of school

Segeln <-s> *nt kein pl* sailing; **zum** ~ **gehen** to go sailing

Segelohren *pl* (*pej fam*) mug [*or* trophy] ears *fam* **Segelregatta** *f* sailing [*or* yachting] regatta **Segelschiff** *nt* sailing ship **Segelschulschiff** *nt* training sailing boat **Segelsport** *m* sailing *no art* **Segeltörn** *m* yacht cruise **Segeltour** *f* sailing [*or* yacht] cruise **Segeltuch** *nt* sailcloth, canvas **Segelyacht** *f s.* **Segeljacht**

Segen <-s, -> *m* ① *no pl* REL (*religiöser Glückwunsch*) blessing; **jdm den** ~ **erteilen** [*o* **spenden**] to give sb a blessing, to bless sb; **den** ~ **sprechen** to say the benediction; (*Beistand*) blessing ② (*fam: Zustimmung*) blessing; **seinen** ~ **[zu etw] geben** to give one's blessing [to sth]; **jds** ~ **haben** to have sb's blessing; **mit jds** ~ with sb's blessing ③ (*Wohltat*) blessing, godsend; **ein** ~ **für die Menschheit** a benefit for mankind; **ein wahrer** ~ **sein** to be a real godsend ④ (*Menge, Fülle*) yield; **der ganze** ~ (*iron fam*) the whole lot *fam* ▶ WENDUNGEN: **sich regen bringt** ~ (*prov*) hard work brings its own reward

segensreich *adj* (*geh*) beneficial; *Erfindung, Entdeckung* heaven-sent, blessed; *Tätigkeit, Wirken, Schaffen* worthwhile; (*materiellen Gewinn bringend*) prosperous

Segge <-, -n> *f* BOT sedge

Segler(in) <-s, -> *m(f)* yachtsman/yachtswoman

Segler <-s, -> *m* ① (*Segelboot*) sailing boat, sailboat AM ② (*Segelflugzeug*) glider ③ (*geh: segelnder Vogel*) gliding bird; ~ **der Lüfte** a bird sailing on currents of air ④ ZOOL swift

Segment <-[e]s, -e> *nt* ① (*geh: Teilstück*) segment ② MATH, MED, ZOOL segment

Segmentierung <-, -en> *f* ZOOL segmentation

segnen *vt* ① REL (*mit einem Segen bedenken*) ■ **jdn/etw** ~ to bless sb/sth; **mit** ~**der Gebärde** in blessing; **segnend die Hände heben** to raise one's hands in blessing; *s. a.* **Gott** ② (*geh: reich bedenken, beglücken*) ■ **jdn [mit etw]** ~ to bless sb [with sth]; ■ **[mit etw] gesegnet sein** to be blessed with sth; **ein gesegnetes Alter erreichen** to reach a venerable age; **einen gesegneten Appetit haben** to have a healthy appetite; **einen gesegneten Schlaf haben** (*fam*) to sleep like a log ③ (*veraltend: preisen*) ■ **etw** ~ to bless sth

Segnung <-, -en> *f* ① REL (*das Segnen*) blessing ② *meist pl* (*Vorzüge, segensreiche Wirkung*) benefits, advantages; **die** ~**en der modernen Forschung** *gen* the benefits [*or* advantages] of modern research

sehbehindert *adj* (*geh*) visually impaired, partially sighted

sehen <sah, gesehen> **I.** *vt* ① (*erblicken, bemerken*) ■ **jdn/etw** ~ to see sb/sth; ***man darf dich bei mir nicht*** ~ you can't be seen with me; **etw nicht gerne** ~ to not like sth; **es nicht gern** ~, **dass** [*o* **wenn**]... to not like it, that [*or* when] ...; ***man sieht es nicht gern, wenn Frauen sich betrinken*** it is frowned upon if women get drunk; **jdn/etw zu** ~ **bekommen** to get to see sb/sth; ***hat man so was schon gesehen!*** did you ever see [*or* have you ever seen] anything like it!; **gut/schlecht zu** ~ **sein** to be well/badly visible; **etw kommen** ~ to see sth coming; ***ich sehe es schon kommen, dass wir wieder die Letzten sein werden*** I can see it coming that we are going to be last again; **jdn/etw nicht mehr** ~ **können** (*fam*) to not be able to stand [*or* bear] the sight of sb/sth; ***ich kann kein Blut*** ~ I can't stand the sight of blood; ***ich kann nicht ~, wie schlecht du sie behandelst*** I can't bear to see how badly you treat her; **sich** ~ **lassen können** to be sth to be proud of; ***diese Leistung kann sich wirklich ~ lassen*** you can be proud of what you've achieved; ***in diesem Kostüm kannst du dich wirklich ~ lassen*** you look terrific in that suit; ***mit dieser Frisur kannst du dich nicht ~ lassen!*** you can't go around with you hair like that!; **sich [bei jdm]** ~ **lassen** (*fam*) to show one's face [at sb's house] *fam;* ***ich möchte den ~, der in der Lage ist, diese Leistung zu überbieten*** (*fam*) I'd like to see someone do better; ***das muss man gesehen haben*** one has to see it to believe it; ***das wollen wir [doch] erst mal ~!*** (*fam*) [well,] we'll see about that!; **so gesehen** from that point of view, looking at it that way; ***da sieht man es mal wieder!*** (*fam*) it's the same old story, that's just typical! *fam* ② (*ansehen*) ■ **etw** ~ to see sth; **eine Fernsehsendung** ~ to watch a television programme; ***hast du gestern Abend die Übertragung des Spiels gesehen?*** did you watch [*or* see] the game last night?; ***ich hätte Lust, ein Ballett zu*** ~ I quite fancy going to see a ballet; ***es gibt hier nichts zu*** ~ there's nothing to see here ③ (*treffen*) ■ **jdn** ~ to see sb; ***wann sehe ich dich das nächste Mal?*** when will I see you again?; ■ **sich** [*o* **einander**] ~ to see each other ④ (*einschätzen*) ■ **etw [irgendwie]** ~ to see sth [somehow]; ***ich sehe die Aussichten wenig rosig*** the prospects look less than rosy to me; **ich sehe das so: ...** the way I see it, ...; ***ich sehe mich in dieser Angelegenheit als unparteiische Vermittlerin*** I consider myself a neutral intermediary in this situation; ■ **jdn [in jdm]** ~ to see sb [in sb]; ***sie sieht in jeder Frau gleich die Rivalin*** she sees every woman as a rival **II.** *vi* ① (*ansehen*) to look; ***lass mal*** ~ let me see [*or* have a look] ② (*Sehvermögen haben*) to see; **gut/schlecht** ~ to be/not be able to see very well, to have a good/bad eyesight; ***mit der neuen Brille sehe ich viel besser*** I can see much better with my new glasses; ***er sieht nur noch auf einem Auge*** he can only see out of one eye ③ (*blicken*) to look; **durch die Brille** ~ to look through one's glasses; **aus dem Fenster** ~ to look out of the window; **auf das Meer** ~ to look at the sea; ***sieh doch nur, die schönen Blumen*** (*fam*) look at the pretty flowers; ***ich sehe sehr positiv in die Zukunft*** I'm very optimistic about the future; **auf die** [*o* **nach der**] **Uhr** ~ to look at one's watch ④ (*feststellen, [be]merken*) to see; ~ **Sie [wohl]!, siehste!** (*fam*) you see!; ***sie wird schon ~, was sie davon hat*** (*fam*) she'll soon get her just deserts; ***na siehst du, war doch nicht schlimm*** (*fam*) see, it wasn't that bad; ***ich sehe sehr wohl, was hier los ist*** I can see very well what is happening here ⑤ (*sich kümmern um*) ■ **nach jdm** ~ to go [*or* come] and see sb; ■ **nach etw** ~ to check on sth; **nach dem Essen** ~ to check [on] the meal; **nach der Post** ~ to see if there is any post; ***ich werde ~, was ich für Sie tun kann*** I'll see what I can do for you; (*nachsehen*) to see; ***ich werde ~, wer da klopft*** I'll see who is at the door; (*abwarten*) to wait and see; **mal ~!** (*fam*) wait and see!; ***wir müssen ~, was die Zukunft bringt*** we'll have to wait and see what the future holds ⑥ DIAL (*achten*) ■ **auf etw/jdn** ~ to pay attention to sth/sb; **auf den Preis** ~ to pay attention to the price; **auf Sauberkeit** ~ to check sth is clean; ***könntest du bitte auf die Kinder*** ~ could you please keep an eye on the children; ***du solltest mehr auf dich selbst*** ~ you should think more about yourself; ***wir müssen darauf ~, dass wir nicht gegen das Gesetz verstoßen*** we'll have to watch out that we don't break the law; (*dafür sorgen*) to look after; ***jeder muss ~, wo er bleibt*** every man for himself; ***heutzutage muss man ~, wo man bleibt*** (*fam*) nowadays you've got to make the most of your chances; ***sieh, dass du schnell fertig wirst*** make sure [*or* see to it that] you're finished quickly ⑦ (*geh: herausragen*) ■ **etw sieht aus etw** *dat* sth sticks out of sth; ***eine Weinflasche sah aus ihrer Einkaufstasche*** a wine bottle was sticking out of her shopping bag **III.** *vr* ① **sich** [**irgendwo**] ~ **lassen** to show up [somewhere] ② (*beurteilen, einschätzen*) ■ **sich** ~ to consider oneself; **sich betrogen/enttäuscht/verlassen** ~ to consider oneself cheated/disappointed/deserted; (*sich fühlen*) to feel; **sich veranlasst sehen, etw zu tun** to feel it necessary to do sth; **sich gezwungen** [*o* **genötigt**] **sehen, etw zu tun** to feel compelled to do sth

Sehen <-s> *nt kein pl* seeing; **jdn nur vom ~ kennen** to only know sb by sight

sehenswert *adj* worth seeing; **eine wirklich ~e Ausstellung** an exhibition well worth seeing

sehenswürdig *adj s.* **sehenswert**

Sehenswürdigkeit <-, -en> *f* sight; **~en besichtigen** to do [*or* see] the sights

Seher(in) <-s, -> *m(f)* (*veraltend*) seer, prophet

Seherblick *m kein pl* prophetic eye, visionary powers *pl*

Seherin <-, -nen> *f fem form von* **Seher**

seherisch *adj attr* prophetic

Sehfarbstoff *m* BIOL retinol **Sehfehler** *m* visual defect **Sehfeld** *nt* BIOL, MED field of vision, visual field **Sehkraft** *f kein pl* [eye] sight **Sehleistung** *f* eyesight

Sehne <-, -n> *f* ① ANAT tendon, sinew ② (*Bogensehne*) string ③ MATH chord

sehnen *vr* to long; ■ **sich nach jdm/etw** ~ to long for sb/sth

Sehnen <-s> *nt kein pl* (*geh*) longing, yearning

Sehnenriss[RR] *m* torn tendon **Sehnenscheide** *f* ANAT tendon sheath **Sehnenscheidenentzündung** *f* MED tendovaginitis *spec*, inflammation of a/the tendon's sheath **Sehnenzerrung** *f* pulled tendon

Sehnerv *m* optic nerve

sehnig *adj* ① KOCHK sinewy, stringy ② (*drahtig, ohne überflüssiges Fett*) sinewy, stringy; **~e Beine** wiry legs

sehnlich *adj* ardent, eager; **in ~er Erwartung** in eager expectation; **etw ~ [herbei]wünschen** to long for sth [to happen]

Sehnsucht <-, -süchte> *f* longing, yearning; **~ nach Liebe** yearning to be loved; **~ [nach jdm/etw] haben** to have a longing [*or* yearning] [for sb/sth]; **vor ~** with longing; ***du wirst schon mit ~ erwartet*** (*fam*) they are longing [*or* can't wait] to see you

sehnsüchtig *adj attr* longing, yearning; **ein ~er Blick** a wistful gaze [*or* look]; **~e Erwartung** eager expectation; **~es Verlangen** ardent longing; **ein ~er Wunsch** an ardent wish

sehnsuchtsvoll *adj* (*geh*) *s.* **sehnsüchtig**

sehr <[noch] mehr, am meisten> *adv* ① *vor vb* (*in hohem Maße*) very much, a lot; ***danke ~!*** thanks a lot; ***bitte ~, bedienen Sie sich*** go ahead and help yourself; ***das will ich doch ~ hoffen*** I very much hope so; ***das freut/ärgert mich [aber] ~*** I'm very pleased/annoyed about that ② *vor adj, adv* (*besonders*) very; **jdm ~ dankbar sein** to be very grateful to sb; ***das ist aber ~ schade*** that's a real shame; *s. a.* **nicht, so, wie, zu**

Sehschärfe *f* visual acuity **Sehstörung** *f* visual [*or* sight] defect **Sehtest** *m* eye test **Sehvermögen** *nt kein pl* strength of vision, sight **Sehzelle** *f* BIOL photoreceptor

sei *imper, 1. und 3. pers sing Konjunktiv von* **sein**

seicht *adj* ① (*flach*) shallow; **~es Gewässer** shallow stretch of water ② (*pej: oberflächlich, banal*) shallow, superficial

seid *2. pers pl pres* **sein**

Seide <-, -n> *f* silk

Seidelbast *m* BOT daphne

seiden *adj attr* silk; **~e Bettwäsche** silk sheets; **~ glänzen** to gleam silkily

Seidenglanz *m* silky sheen **Seidenpapier** *nt* tissue paper **Seidenraupe** *f* silkworm **Seidenreiher** *m* ORN egret **Seidenschwanz** *m* ORN waxbill **Seidenspinner** *m* silk moth **Seidenstrumpf** *m* MODE (*veraltend*) silk stocking **Seidentuch** *nt* silk scarf **seidenweich** *adj* silky soft; ■ **~ sein** to be soft as silk

seidig *adj* silky

Seife <-, -n> *f* soap

seifen *vt* DIAL to soap; ■ **jdm etw ~** to soap sb's sth; **jdm die Haare/den Kopf ~** to shampoo sb's hair

Seifenblase *f* soap bubble; **~n machen** to blow [soap] bubbles; **wie eine ~ zerplatzen** to burst like a bubble **Seifenlauge** *f* soapy water, soap suds *pl* **Seifenoper** *f* TV (*sl*) soap opera **Seifenpulver** *nt* soap powder **Seifenschale** *f* soap dish **Seifenschaum** *m* [soapy] lather **Seifenspender** *m* soap dispenser

seifig *adj* soapy; **ein ~er Geschmack** a soapy taste

seihen *vt* ■ **etw ~** to strain [*or* sieve] sth

Seiher <-s, -> *m bes* SÜDD, ÖSTERR strainer, colander

Seihlöffel *m* disk skimmer

Seil <-[e]s, -e> *nt* ① (*dünnes Tau*) rope; **in den ~en hängen** (*a. fig*) to be on the ropes, to be shattered *fig* ② (*Drahtseil*) cable; **auf dem ~ tanzen** to dance on the high wire

Seilakrobat(in) *m(f)* tightrope acrobat **Seilbahn** *f* ① TRANSP cable railway, funicular ② (*Drahtseilbahn*) cable car

Seiler(in) <-s, -> *m(f)* ropemaker

seil|hüpfen *vi nur infin und pp sein s.* **seilspringen**

Seilschaft <-, -en> *f* ① (*Gruppe von Bergsteigern*) roped party ② ([*in der Politik*] *zusammenarbeitende Gruppe*) working party

seil|springen *vi irreg, nur infin und pp sein* to skip [rope] **Seilspringen** *nt* [rope-]skipping **Seiltanz** *m* (*akrobatischer Akt*) tightrope act ▶ WENDUNGEN: [**wahre**] **Seiltänze vollführen** (*fam*) to bend over backwards **Seiltänzer(in)** *m(f) s.* **Seilakrobat** **Seilwinde** *f* winch

Seimhonig *m* pressed honey

sein[1] <bin, bist, ist, sind, seid, war, gewesen> **I.** *vi sein* ① (*existieren*) to be; **nicht mehr ~** (*fam*) to be no more, to no longer be with us; ***wenn du nicht gewesen wärest, wäre ich jetzt tot*** if it hadn't been for you I'd be dead now; ***es ist schon immer so gewesen*** it's always been this way; ***was nicht ist, kann noch werden*** there's still hope; ***es kann nicht ~, was nicht ~ darf*** some things just aren't meant to be ② (*sich befinden*) ■ [**irgendwo**] **~** to be [somewhere]; ***ich bin wieder da*** I'm back again; ***ist da jemand?*** is somebody there? ③ (*stimmen, zutreffen*) ■ **irgendwie ~** to be somehow; **dem ist so** that's right; **dem ist nicht so** it isn't so, that's not the case; ***es ist so, wie ich sage*** it's like I say ④ (*sich [so] verhalten, Eigenschaft haben*) **böse/lieb/dumm/klug etc. ~** to

S

be angry/nice/stupid/clever etc.; ***sie ist kleiner als er*** she is smaller than him; ***es ist bitter kalt*** it's bitter cold; **freundlich/gemein/lieb zu jdm** ~ to be friendly/mean/kind to sb; **jdm zu dumm/gewöhnlich/primitiv** ~ to be too stupid/common/primitive for sb [to bear]; **was ist mit jdm?** what is the matter with sb?, what's up with sb? *fam;* ***er war so freundlich und hat das überprüft*** he was kind enough to check it out; ***sei so lieb und störe mich bitte nicht*** I would be grateful if you didn't disturb me ⑤ (*darstellen*) ■ **etw** ~ to be sth; **wer immer sie auch ~ möge** whoever she might be; ***und der/die/das wäre[n]?*** namely?; ***es ist nicht mehr das, was es einmal war*** it isn't what it used to be; ***ich will ja nicht so*** ~ I won't be a spoil-sport ⑥ (*in eine Klassifizierung eingeordnet*) ■ **jd** ~ to be sb; ***sie ist Geschäftsführerin*** she is a company director; **etw [beruflich]** ~ to do sth [for a living]; **ein Kind** ~ to be a child; **der Schuldige** ~ to be [the] guilty [party]; **wer** ~ (*fam*) to be somebody; ***wir sind wieder wer*** aren't we important? *iron;* **nichts** ~ to be nothing [*or* a nobody]; ***ohne Geld bist du nichts*** without money you are nothing; **Deutscher/Däne/Franzose** ~ to be German/Danish/French; **aus gutem Hause** ~ to come from a good family; ***sie ist aus Rumänien*** she is [*or* comes] from Romania ⑦ (*gehören*) ***das Buch ist meins*** the book is mine; ***er ist mein Cousin*** he is my cousin ⑧ (*zum Resultat haben*) to be sth; ***zwei mal zwei ist/sind vier*** two times two is four ⑨ (*sich ereignen*) to be, to take place; ***die Party war gestern*** the party was [*or* took place] yesterday; ***ist etwas?*** what's up?, what's the matter?; **was ist [denn schon wieder]?** what is it [now]?; **ist was [mit mir]?** (*fam*) is there something the matter [with me]?, have I done something?; **was war?** what was that about?; **ist was?** what is it?; **war was?** (*fam*) did anything [*or* something] happen? ⑩ (*etw betreiben*) ***wir waren schwimmen*** we were swimming ⑪ (*hergestellt* ~) ■ **aus etw** ~ to be [made of] sth; ***das Hemd ist aus reiner Seide*** the shirt is [made of] pure silk ⑫ + *comp* (*gefallen*) **etw wäre jdm lieber/angenehmer [gewesen]** sb would prefer [*or* have preferred] sth; ***ein Eis wäre mir lieber gewesen als Schokolade*** I would have preferred an icecream to chocolate ⑬ (*sich fühlen*) **jdm ist heiß/kalt** sb is hot/cold; **jdm ist komisch zumute/übel** sb feels funny/sick ⑭ (*Lust haben auf*) ***mir ist jetzt nicht danach*** I don't feel like it right now; ***mir ist jetzt nach einem Eis*** I feel like having an ice cream ⑮ (*vorkommen*) ***mir ist, als habe ich Stimmen gehört*** I thought I heard voices; ***ihm ist, als träume er*** he thinks he must be dreaming ⑯ *meist mit modalem Hilfsverb* (*passieren*) **etw kann/darf/muss** ~ sth can/might/must be; **sei's drum** (*fam*) so be it; ***das darf doch nicht wahr ~!*** that can't be true!; **kann es ~, dass ...?** could it be, that ...?, is it possible that ...?; **etw ~ lassen** (*fam*) to stop [doing sth]; ***lass das ~!*** stop it!; ***ich lasse es besser*** ~ perhaps I'd better stop that; ***muss das ~?*** do you have to?; ***es braucht nicht sofort zu*** ~ it needn't be done straight away; ***das kann doch nicht ~, dass er das getan hat!*** he can't possibly have done that!; ***es hat nicht ~ sollen*** it wasn't [meant] to be; ***was ~ muss, muss*** ~ (*fam*) what will be will be, that's the way the cookie crumbles *fig* ⑰ *mit infin + zu* (*werden können*) to be; ***sie ist nicht zu sehen*** she cannot be seen; ***mit bloßem Auge ist er nicht auszumachen*** you cannot see him with the naked eye; ***sie ist nicht ausfindig zu machen*** she cannot be found; **etw ist zu schaffen** sth can be done; ***die Schmerzen sind kaum zu ertragen*** the pain is almost unbearable ⑱ *mit infin + zu* (*werden müssen*) **es ist zu bestrafen/zu belohnen/zu überprüfen** it should be punished/rewarded/checked out; **etw ist zu erledigen/auszuführen/zu befolgen** sth must [*or* is to] be done/carried out/followed; *s. a.* **mehr, nicht, wie, wie, wollen**

II. *vi impers* ① (*bei Zeitangaben*) **es ist Januar/Frühling/hell/Nacht** it is January/Spring/daylight/night; ***es ist jetzt 9 Uhr*** the time is now 9 o'clock, it is now 9 o'clock ② (*sich ereignen*) **mit etw ist es nichts** (*fam*) sth comes to nothing; ***war wohl nichts mit eurer Ehe*** your marriage didn't come to anything, did it ③ (*das Klima betreffend*) **jdm ist es zu kalt/feucht** sb is too cold/wet ④ (*mit Adjektiv*) **jdm ist es peinlich/heiß/kalt** sb is embarrassed/hot/cold; **jdm ist es übel** sb feels sick ⑤ (*tun müssen*) ■ **es ist an jdm, etw zu tun** it is for [*or* up to] sb to do sth; ***es ist an dir, zu entscheiden*** it is up to [*or* for] you to decide ⑥ (*der Betreffende* ~) ■ **jd ist es, der etw tut** it is sb who does sth; ***immer bist du es, der Streit anfängt*** it's always you who starts a fight, you are always the one to start a fight ⑦ (*vorziehen*) ***es wäre klüger gewesen, die Wahrheit zu sagen*** it would have been wiser to tell the truth ⑧ (*der Fall* ~) **sei es, wie es wolle** be that as it may; **sei es, dass ..., sei es, dass** whether ... or whether ...; ***sei es, dass sie log, oder sei es, dass sie es nicht besser wusste*** whether she lied or whether she didn't know [any] better; **es sei denn, dass** unless; **wie wäre es mit jdm/etw?** how about sb/sth?; ***heute ist es wohl nichts mit Schwimmbad*** (*fam*) looks like the pool is out today *fam;* **es war einmal ...** once upon a time ...; **wie dem auch sei** be that as it may, in any case; **es ist so, [dass] ...** it's just that ..., you see, ..., it's like this: ...; ***die Geschäfte machen hier um 6 zu; das ist so*** the shops here close at 6 – that's just the way it is **III.** *vb aux* ① + *pp* ■ **etw gewesen/geworden** ~ to have been/become sth; ***sie ist lange krank gewesen*** she was [*or* has been] ill for a long time; ***er ist so misstrauisch geworden*** he has become so suspicious; ***das Auto ist früher rot gewesen*** the car used to be red ② + *pp, passive* **jd ist gebissen/vergiftet/erschossen/verurteilt worden** sb has been bitten/poisoned/shot dead/convicted ③ *bei Bewegungsverben zur Bildung des Perfekts* **jd ist gefahren/gegangen/gehüpft** sb drove/left/hopped

sein[2] *pron poss adjektivisch* ① (*einem Mann gehörend*) his; (*zu einem Gegenstand gehörend*) its; (*einem Mädchen gehörend*) her; (*zu einer Stadt, einem Land gehörend*) its ② *auf man bezüglich* one's; *auf jeder bezüglich* his, their *fam;* ***jeder bekam ~ eigenes Zimmer*** everyone got his own room ③ *auf m und nt Nomen bezüglich* (*fam: gut und gerne*) ■ **~e** definitely; ***er trinkt ~e 5 Tassen Kaffee am Tag*** he regularly drinks 5 cups of coffee a day

Sein <-s> *nt kein pl* PHILOS existence; ~ **und Schein** appearance and reality

seine(r, s) *pron poss, substantivisch* (*geh*) ① *ohne Substantiv* (*jdm gehörender Gegenstand*) his; ■ **der/die/das** ~ his; ***ist das dein Schal oder der ~?*** is that your scarf or his? ② (*jds Besitztum*) ■ **das S~** his [own]; **das S~ tun** (*geh*) to do one's bit; **jedem das S~** each to his own ③ (*Angehörige*) ■ **die S~n** his family

seiner *pron pers* (*veraltend*) *gen von* **er, es**[1] him; ***wir wollen ~ gedenken*** we will remember him

seinerseits *adv* on his part, as far as he is concerned; **ein Missverständnis** ~ a misunderstanding on his part

seinerzeit *adv* in those days, back then *fam*

seines *pron poss s.* **seine(r,s)**

seinesgleichen *pron inv* ① (*Leute seines Standes*) people of his [own] kind, his equals ② (*jd wie er*) someone like him ③ (*etw wie dies*) ~ **suchen** to be unparalleled, to have no equal; ***das ist ein Gefühl, das***

~ ***sucht*** that feeling is without equal [*or* unique]
seinethalben *adv* (*veraltend geh*), **seinetwegen** *adv* on his account, because of him; ~ ***kamen wir zu spät*** because of him we were late **seinetwillen** *adv* **um** ~ for his sake, for him
seinige *pron poss* (*veraltend geh*) *s.* **seine(r,s)**
seins *pron poss s.* **seine(r, s)**
Seismometer *nt* seismometer
seit I. *präp +dat* (*Anfangspunkt*) since; (*Zeitspanne*) for; ***diese Regelung ist erst ~ kurzem/einer Woche in Kraft*** this regulation has only been effective [for] a short while/a week; ~ **einiger Zeit** for a while; ~ **damals** since then; ~ **neuestem** recently; ~ **wann?** since when? II. *konj* (*seitdem*) since
seitdem I. *adv* since then; ~ ***hat sie kein Wort mehr mit ihr gesprochen*** she hasn't spoken a word to him since [then] II. *konj* since
Seite <-, -n> *f* ❶ (*Fläche eines Körpers*) side; **die vordere/hintere/untere/obere** ~ the front/back/bottom/top ❷ (*rechts oder links der Mitte*) **jdn von der ~ ansehen** (*a. fig*) to look at sb from the side, to look askance at sb *fig;* **auf die andere ~ gehen** to cross the street; **zur ~ gehen** [*o geh* **treten**] to step aside; [**etw/jdn**] **auf die ~ legen** to lie [sth/sb] on its side; [**jdn**] **zur ~ nehmen** to take [sb] aside; **zur ~ sprechen** THEAT to make an aside; **zur ~** beside; ***sieh doch mal zur ~*** look beside you ❸ (*sparen*) to put sth on one side [*or* aside] ❹ (*fig: auf nicht ganz legale Weise*) **etw auf die ~ schaffen** (*fam*) to pocket sth ❺ (*Papierblatt*) page; **gelbe ~n** MEDIA Yellow Pages; **eine ~ aufschlagen** to open at a page; (*Seite eines Papierblattes*) side ❻ (*Fläche eines flachen Gegenstandes*) side; **die A-/B-~ einer Schallplatte** side A/B side of a record; ***die bedruckte ~ des Stoffes kommt nach oben*** the printed side of the material must face upwards; ***das ist die andere ~ der Medaille*** (*fig*) that's the other side of the coin *fig;* **alles hat** [**seine**] **zwei ~n** there's two sides to everything ❼ ANAT (*seitlicher Teil*) side ❽ (*Unterstützung, Beistand*) [**jdm**] **nicht von der ~ gehen** [*o* **weichen**] to not leave [sb's] side; **jdm zur ~ springen** (*fam*) to jump to sb's assistance [*or* aid]; **jdm zur ~ stehen** to stand by sb; **jdn** [**jdm**] **an die ~ stellen** to give sb [to sb] as support; ***sie lebte sehr glücklich an der ~ ihres Mannes*** she was very happy living with her husband; ~ **an** ~ side by side ❾ (*Aspekt*) side; **sich von seiner besten ~ zeigen** to show oneself at one's best, to be on one's best behaviour; **von dritter ~** from a third party; **auf der einen ~..., auf der anderen** [~] ... on the one hand, ..., on the other [hand], ...; **etw von der heiteren ~ sehen** to look on the bright side [of sth]; **etw** *dat* **eine komische ~ abgewinnen** to see the funny side of sth; **von jds ~ aus** as far as sb is concerned; ***das ist ja eine ganz neue ~ an dir*** that's a whole new side to you; **neue ~n** [**an jdm**] **entdecken** to discover new sides [to sb]; **jds schwache ~ sein** (*jds Schwachstelle sein*) to be sb's weakness, to be sb's weak point; (*fam: einen starken Reiz darstellen*) to be tempting for sb; **jds starke ~ sein** (*fam*) to be sb's forte [*or* strong point] ❿ (*Partei, Gruppe, Instanz*) side; ***beide ~n zeigten sich verhandlungsbereit*** both sides showed they were prepared to negotiate; **jdn auf seine ~ bringen** [*o* **ziehen**] to get sb on one's side; **sich** *akk* **auf jds ~ schlagen** to change over to sb's side; **auf jds ~ stehen** [*o* **sein**] *dat* to be on sb's side; **die ~n wechseln** SPORT to change ends; (*zu jdm übergehen*) to change sides; **von allen ~n** from everywhere, from all sides; ***es wurde von allen ~n bestätigt*** it was confirmed by all; ***man hört es von allen ~n*** it can be heard from all sides [*or* everywhere]; **von bestimmter ~** from certain circles; **von kirchlicher/offizieller ~** from ecclesiastical/official sources ⓫ (*Richtung*) side; ***die Bühne ist nur nach einer ~ offen*** the stage is only open on one side; **nach allen ~n** in all directions ⓬ (*genealogische Linie*) side; ***von mütterlicher ~ her*** from the maternal side ▶ WENDUNGEN: **an jds grüner ~ sitzen** (*hum*) to sit by sb
Seiten *präp* ■ **auf ~** [*o* **aufseiten**] **einer S./eines Menschen** on the part of sth/sb; ***auf ~ der Wähler gab es viele Proteste*** from the voters came many protests; ■ **von ~** [*o* **vonseiten**] **einer S./eines Menschen** from the part of sth/sb
Seitenairbag [-ærbɛg] *m* AUTO lateral [*or* side] airbag **Seitenaltar** *m* side altar **Seitenangabe** *f* page reference **Seitenansicht** *f* side view **Seitenarm** *m* GEOG branch **Seitenaufprallschutz** *m kein pl* AUTO side-impact protection **Seitenausgang** *m* side exit **Seitenauslinie** *f* SPORT sideline; (*Fußball*) touchline **Seitenblick** *m* sidelong glance, glance to the side; **jdm einen ~ zuwerfen** to glance at sb from the side **Seiteneingang** *m* side entrance **Seiteneinsteiger(in)** <-s, -> *m(f)* (*sl*) *someone who got in through the back door* **Seitenflügel** *m* ❶ ARCHIT (*seitlicher Teil eines Gebäudes*) side wing ❷ REL (*Flügel eines Flügelaltars*) wing **Seitenhieb** *m* sideswipe; **jdm einen ~ versetzen** to sideswipe sb; **~e** [**auf jdn**] **verteilen** to make sideswipes [at sb] **Seitenlage** *f* side position; **in ~ schlafen/ruhen/schwimmen** to sleep/rest/swim on one's side; **in der ~** on one's side; **stabile ~** stable side position **seitenlang** I. *adj* comprising several pages, several pages long; ■ **~ sein** to be several pages long; **~e Briefe schreiben** to write endless letters II. *adv* in several pages **Seitenlänge** *f* ❶ (*Länge einer Seite*) length of a side ❷ (*Umfang einer Manuskriptseite*) page length **Seitenlehne** *f* arm rest **Seitenlinienorgan** *nt* ZOOL lateral-line organ
seitens *präp +gen* (*geh*) on the part of
Seitenscheitel *m* side parting **Seitenschiff** *nt* side aisle **Seitenschneider** *m* cutter, diagonal cutting pliers *npl* **Seitensprung** *m* (*fam*) bit on the side *fam;* **einen ~ machen** to have a bit on the side [*or* an affair] **Seitenstechen** *nt kein pl* stitch; **~ haben** to have a stitch **Seitenstraße** *f* side street **Seitenstreifen** *m* (*Notspur*) hard shoulder; (*Bankett*) verge BRIT; **„~ nicht befahrbar"** "do not drive on the verge" [*or* AM shoulder] **Seitentasche** *f* side pocket **Seitentrakt** *m* side wing **seitenverkehrt** *adj* back to front, the wrong way around **Seitenwagen** *m* sidecar **Seitenwechsel** *m* SPORT changeover, change of ends **Seitenwind** *m* crosswind **Seitenwindempfindlichkeit** *f* AUTO crosswind sensitivity **Seitenzahl** *f* ❶ (*Anzahl der Seiten*) number of pages ❷ (*Ziffer*) page number
seither *adv* since then
seitlich I. *adj* side *attr;* **~er Wind** crosswind; **~ Streifen an der Hose** stripes on the sides of the trousers [*or* AM pants]; **die ~e Begrenzung der Fahrbahn** the side boundaries of the lane II. *adv* at the side; ~ **stehen** to stand sideways; ~ **gegen etw prallen** to crash sideways into sth III. *präp +gen* ■ ~ **eines Menschen/einer S** at the side of [*or* beside] sb/sth; ~ ***der Straße verläuft ein Graben*** a ditch runs along the side of the road
seitwärts I. *adv* ❶ (*zur Seite*) sideways; **den Körper etw ~ wenden** to turn one's body a little to the side ❷ (*auf der Seite*) on one's side II. *präp +gen* (*geh*) beside; ~ **des Weges** on the side of the path
SEK *nt Abk von* **Sondereinsatzkommando** Special Branch BRIT
sek. *f*, **Sek.** *f Abk von* **Sekunde** sec.
Sekante <-, -n> *f* secant
Sekret <-[e]s, -e> *nt* secretion

S

Sekretär <-s, -e> *m* bureau BRIT, secretaire BRIT, secretary AM

Sekretär(in) <-s, -e> *m(f)* ① (*Assistent*) secretary ② (*leitender Funktionär*) secretary ③ (*Schriftführer*) secretary ④ (*Beamter des mittleren Dienstes*) middle-ranking civil servant ⑤ ORN secretary-bird

Sekretariat <-[e]s, -e> *nt* ① (*Abteilung für Verwaltung*) secratary's office ② (*Räumlichkeit*) office

Sekretärin <-, -nen> *f fem form von* **Sekretär**

Sekretion <-, -en> *f* secretion

Sekt <-[e]s, -e> *m* sparkling wine

Sekte <-, -n> *f* sect

Sektempfang *m* champagne reception

Sektenanhänger(in) *m(f)* member of a sect **Sektenführer(in)** *m(f)* leader of a sect **Sektenmitglied** *nt* member of a sect **Sektenzentrale** *f* headquarters of a sect

Sektfrühstück *nt* champagne breakfast

Sektierer(in) <-s, -> *m(f)* ① REL (*Sektenanhänger*) sectarian ② (*geh: Abweichender einer Richtung*) deviationist

Sektion <-, -en> *f* ① (*Abteilung*) section ② MED autopsy, post mortem [examination] ③ (*fachspr: vorgefertigtes Bauteil*) section

Sektionschef(in) *m(f)* ADMIN ÖSTERR head of ministry BRIT, section chief AM

Sektkelch *m* champagne flute **Sektkorken** *m* champagne cork **Sektlaune** *f kein pl* (*hum*) champagne flush

Sektor <-s, -toren> *m* ① (*Fachgebiet*) sector, field ② MATH (*Kreisausschnitt*) sector ③ (*hist: Besatzungszone in Berlin*) sector

Sektquirl *m* swizzle stick

Sekundant(in) <-en, -en> *m(f)* HIST, SPORT second

sekundär *adj* (*geh*) secondary

Sekundärenergie *f* secondary energy **Sekundärinfektion** *f* secondary infection

Sekundarlehrer(in) *m(f)* SCH SCHWEIZ secondary school teacher

Sekundärliteratur *f* secondary literature

Sekundarschule *f* SCH SCHWEIZ secondary school **Sekundarstufe** *f* SCH secondary school level; ~ **1** *classes with students aged 10 to 15;* ~ **2** *fifth and sixth form classes*

Sekundärtugend *f* PHILOS secondary virtue

Sekunde <-, -n> *f* ① (*Zeiteinheit*) second; **auf die ~ genau** to the second ② (*fam: Augenblick*) second; **[eine] ~!** hang on a second! *fam*; ***wir dürfen keine ~ verlieren*** we haven't got a moment to lose ③ MUS, MATH second

Sekundenbruchteil *m* fraction of a second **Sekundenkleber** *m* instant adhestive **sekundenlang** I. *adj* a few seconds; ***nach ~em Zögern*** after hesitating for a few seconds II. *adv* for a few seconds; ***ihre Unentschlossenheit dauerte nur ~*** her indecision lasted only a few seconds **Sekundenschnelle** *f kein pl* **in ~** in a matter of seconds **Sekundenzeiger** *m* second hand

sekundieren* *vi* ① (*geh: unterstützen*) to second, to back up; ■ **jdm [bei/in etw** *dat*] ~ to back sb up [in sth] ② (*bei Wettkämpfen o Duellen betreuen*) ■ **jdm [bei etw]** ~ to be sb's second [in sth]

selbe(r, s) *pron* ■ **der/die/das ~ ...** the same ...; **im ~n Haus** in the same house; **am ~n Ort** at the same place; **an der ~n Stelle** on the [very] same spot; **zur ~n Zeit** at the same time; ~ ***Zeit, ~r Ort*** same time, same place

selber *pron dem* (*fam*) myself/yourself/himself etc.; ***ich geh lieber ~*** I'd better go [by] myself

Selbermachen <-s> *nt kein pl* do-it-yourself, DIY *fam*; **zum ~** build-your-own, make-your-own

selbig *pron dem* (*veraltend geh*) the same; **am ~en Tag** on that same [*or* very] day

selbst I. *pron dem* ① (*persönlich*) myself/yourself/himself etc.; **mit jdm ~ sprechen** to speak to sb/oneself; ***„wie geht es dir?" — „ Gut! Und ~?"*** "how are you?" — " fine, and [how are] you?"; ***das möchte ich ihm lieber ~ sagen*** I'd like to tell him that myself; (*an sich*) itself; ***er ist nicht mehr er ~*** (*fam*) he is not himself anymore; ~ **eine(r, s)!** (*fam*) so are you! ② (*ohne Hilfe, alleine*) by oneself; **etw ~ machen** to do sth by oneself; **von ~** automatically; **etw versteht sich von ~** it goes without saying; ***der Rest kommt dann ganz von ~*** the rest will take care of itself ③ (*fam: verkörpern*) ■ **etw ~ sein** to be sth in person [*or* itself]; ***er ist die Ruhe ~*** he is calmness itself [*or* personified]; *s. a.* **Mann, Frau, kommen, um, von** II. *adv* ① (*eigen*) self; ~ **ernannt** self-appointed; ~ **gemacht** homemade; ~ **gestrickt**, ~ **gestrickt** hand-knitted; (*fig: selbst erfunden*) homespun; ~ **verdient** earned by oneself ② (*sogar*) even; ~ ***der Direktor war anwesend*** even the director was present; ~ **wenn** even if

Selbst <-> *nt kein pl* (*geh*) self; ■ **jds ~** sb's self

Selbstabholer *m person collecting his/her own furniture etc* **Selbstachtung** *f* self-respect

selbständig *adj s.* **selbstständig**

Selbständige(r) *f(m) dekl wie adj s.* **Selbstständige(r)**

Selbständigkeit <-> *f kein pl s.* **Selbstständigkeit**

Selbstanzeige *f* JUR self-denunciation; **eine ~ erstatten** to report oneself to the police/Inland Revenue

Selbstaufopferung *f* (*geh*) self-sacrifice; **bis zur [völligen] ~** [right] down to self-sacrifice **Selbstauslöser** *m* FOTO delayed-action shutter release **Selbstbedienung** *f* self-service **Selbstbedienungsladen** *m* self-service shop **Selbstbefriedigung** *f* masturbation **Selbstbefruchtung** *f* self-fertilization **Selbstbehauptung** *f kein pl* self-assertion **Selbstbeherrschung** *f* self-control; **die ~ wahren** [*o* **behalten**] to keep one's self-control; **die ~ verlieren** to lose one's self-control [*or* temper] **Selbstbestätigung** *f* self-affirmation **Selbstbestäubung** *f* self-pollination **Selbstbestimmung** *f kein pl* self-determination **Selbstbestimmungsrecht** *nt kein pl* ① POL right to self-determination ② (*Recht, selbst zu entscheiden*) right of self-determination **Selbstbeteiligung** *f* FIN [percentage] excess **Selbstbetrug** *m kein pl* self-deception **Selbstbeweihräucherung** *f* (*pej fam*) self-adulation **selbstbewusst**[RR] *adj* self-confident **Selbstbewusstsein**[RR] *nt* (*Selbstsicherheit*) self-confidence; (*Selbstkenntnis*) self-awareness **Selbstbildnis** *nt* self-portrait **Selbstbräuner** *m* self-tanning lotion/cream **Selbstbräunungscreme** *f* self-tanning [*or* autobronzing] cream **Selbstdarsteller(in)** *m(f)* SOZIOL showman **Selbstdarstellung** *f* ① (*Selbstbeschreibung*) description of oneself; (*Imagepflege*) image ② KUNST *s.* **Selbstbildnis** **Selbstdisziplin** *f kein pl* self-discipline **Selbsterfahrung** *f kein pl* self-awareness **Selbsterfahrungsgruppe** *f* self-awareness group **Selbsterhaltung** *f kein pl* self-preservation *no pl*, survival *no pl* **Selbsterhaltungstrieb** *m* survival instinct **Selbsterkenntnis** *f kein pl* self-knowledge ▶ WENDUNGEN: ~ **ist der erste Schritt zur Besserung** (*prov*) self-knowledge is the first step to self-improvement **Selbstfinanzierung** *f* self-financing **selbstgefällig** *adj* (*fig*) self-satisfied, smug *fam* **Selbstgefälligkeit** *f kein pl* self-satisfaction, smugness *fam* **selbstgenügsam** *adj* modest **selbstgerecht** *adj* (*pej*) self-righteous **Selbstgespräch** *nt* monologue [*or* AM -og]; **Selbstgespräche führen** [*o* **halten**] to talk to oneself

SelbsthassRR *m* PSYCH self-hatred **Selbstheilungskraft** *f* self-healing power

selbstherrlich *adj* (*pej*) high-handed; *Anführer* autocratic

Selbstherrlichkeit *f kein pl* (*pej*) high-handedness

Selbsthilfe *f kein pl* self-help; **zur ~ greifen** to take matters into one's own hand; **Hilfe zur ~ leisten** to help sb to help himself/herself etc. **Selbsthilfegruppe** *f* self-help group **Selbstinszenierung** *f* self-aggrandizement *pej* **selbstironisch** *adj* self-ironic **Selbstjustiz** *f* JUR vigilantism; **~ [an jdm] üben** to take the law into one's own hand [with regards to sb] **selbstklebend** *adj* self-adhesive **Selbstkontrolle** *f kein pl* ❶ PSYCH self-control ❷ (*eigenverantwortliche Kontrollinstituion*) self-regulation

Selbstkosten *pl* FIN cost of sales + *sing vb*

Selbstkostenbeteiligung *f* excess **Selbstkostenpreis** *m* cost price BRIT, cost AM; **zum ~** at cost price

Selbstkritik *f kein pl* self-criticism; **~ üben** to criticize oneself **selbstkritisch** *adj* self-critical **Selbstlaut** *m* vowel **Selbstlerner(in)** *m(f)* self-taught person, autodidact *spec*

selbstlos *adj* selfless, unselfish

Selbstlosigkeit <-> *f kein pl* selflessness

Selbstmitleid *nt* self-pity

Selbstmord *m* suicide; **~ begehen** to commit suicide

Selbstmörder(in) *m(f)* suicidal person; ***ich bin doch kein ~!*** (*fam*) I'm not about to commit suicide *fam*

selbstmörderisch *adj* suicidal

Selbstmordkandidat(in) *m(f)* potential suicide **Selbstmordkommando** *nt* suicide squad **Selbstmordversuch** *m* suicide attempt, attempted suicide; **einen ~ machen/verhindern** to make/prevent a suicide attempt

selbstredend *adv* of course **Selbstreinigung** *f* self-purification **Selbstreinigungskraft** *f* self-purifying power **Selbstschutz** *m* self-protection; **zum ~** for self-protection **Selbstschutztrupp** *m* MIL self-protection unit **selbstsicher** *adj* self-assured, self-confident **Selbstsicherheit** *f kein pl* self-assurance, self-confidence

selbstständigRR *adj* ❶ (*eigenständig*) independent; **~ arbeiten** to work on one's own [*or* independently] ❷ (*beruflich unabhängig*) self-employed; ■**~ [als jd] sein** to be [a] self-employed [sb]; **sich ~ machen** to start up one's own business ► WENDUNGEN: **etw macht sich ~** (*hum fam*) sth grows legs *hum fam*

Selbstständige(r)RR *f(m) dekl wie adj* self-employed person

SelbstständigkeitRR <-> *f kein pl* ❶ (*Eigenständigkeit*) independence ❷ (*selbstständige Stellung*) self-employment **selbsttätig I.** *adj* automatic **II.** *adv* automatically **Selbstüberschätzung** *f* over-estimation of one's own abilities; **an ~ leiden** to have an exaggerated opinion of oneself **Selbstüberwindung** *f* self-discipline; **etw kostet jdn ~** sth takes willpower for sb **Selbstverbrennung** *f* setting fire [*or* light] to oneself **Selbstverlag** *m* **ein Buch im ~ herausgeben** to publish a book at one's own expense; **im ~ erschienen** published at one's own expense **Selbstverleugnung** *f kein pl* (*geh*) self-denial; **bis zur [völligen] ~** [right] down to self-denial **Selbstverschulden** *nt* one's own fault; **bei ~** if the claimant himself is at fault **selbstverschuldet** *adj* due to one's own fault **Selbstversorger(in)** *m(f)* self-sufficient person; **~ sein** to be self-sufficient

selbstverständlich I. *adj* natural; ■**~ sein** to be a natural course of action; ***das ist doch ~*** don't mention it; **etw ~ finden, etw für ~ halten** to take sth for granted **II.** *adv* naturally, of course; **wie ~** as if it were the most natural thing in the world; **[*aber*] *~!*** [but] of course!

Selbstverständlichkeit <-, -en> *f* naturalness, matter of course BRIT; **etw als ~ ansehen** to regard sth as a matter of course BRIT; **etw mit der größten ~ tun** to do sth as if it were the most natural thing in the world; **eine ~ sein** to be the least that could be done; **für jd eine ~ sein** to be the least that sb could do; **mit einer ~, die ...** with a naturalness, that ...

Selbstverständnis *nt kein pl* ■**jds ~** the way sb sees himself **Selbstverstümmelung** *f* self-mutilation **Selbstversuch** *m* experiment on oneself **Selbstverteidigung** *f* self-defence [*or* AM -se] **Selbstvertrauen** *nt* self-confidence; **ein gesundes ~ haben** to be reasonably confident; **jds ~ heben [*o* stärken]** to increase [*or* raise] sb's self-confidence **Selbstverwaltung** *f* self-government **Selbstverwirklichung** *f* self-fulfillment, self-realization **Selbstwahrnehmung** *f* PSYCH introspection; ■**seine ~** the way one sees oneself **Selbstwertgefühl** *nt* [sense of] self-esteem **Selbstzerfleischung** *f* self-laceration **selbstzerstörerisch** *adj* self-destructive **Selbstzerstörung** *f* self-destruction **Selbstzweck** *m kein pl* end in itself; **etw ist reiner ~** sth is really only an end in itself

selchen *vt* KOCHK SÜDD, ÖSTERR ■**etw ~** to smoke sth

Selchfleisch *nt* KOCHK SÜDD, ÖSTERR (*Rauchfleisch*) smoked meat

selektieren* *vt* ■**etw/jdn ~** to select [*or* pick out] sth/sb

Selektion <-, -en> *f* (*geh*) ❶ *kein pl* (*geh: Auswahl*) selection ❷ BIOL ([*natürliche*] *Auslese*) selection

Selektionsdruck *m* BIOL selection pressure

selektiv *adj* (*geh*) selective

Selen <-s> *nt* selenium

Selfmademan <-s, -men> ['sɛlfme:d'mən] *m* self-made man

selig *adj* ❶ (*überglücklich*) overjoyed, ecstatic; **jdn ~ machen** to make sb ecstatic [*or* extremely happy]; ***er war ~ über die gute Nachricht*** he was ecstatic about the good news ❷ (*fam: leicht betrunken*) merry, tipsy; ***nach einem Glas Wein ist er bereits ~*** he's already tipsy after one glass of wine ❸ REL (*von irdischen Übeln erlöst*) **bis an jds ~es Ende** until sb's dying day; ***Gott habe ihn ~*** God rest his soul; **jdn ~ sprechen** to bless [*or* beatify] sb ❹ (*veraltend geh: verstorben*) late; **die ~e Frau Schmidt** the late Mrs Schmidt ► WENDUNGEN: **wer's glaubt, wird ~** (*iron fam*) that's a likely story *iron fam*; *s. a.* **Angedenken, Ende, Gott**

Selige(r) *f(m) dekl wie adj* ❶ (*Verstorbene(r) Ehepartner*) dear departed husband/wife; ***um finanzielle Angelegenheiten hat sich immer mein ~r gekümmert*** my dear departed husband dealt with all the finances ❷ *pl* (*geh: Tote im Reich Gottes*) blessed spirit; **das Reich der ~n** the spirit world ❸ REL (*Seliggesprochene(r)*) blessed

Seligkeit <-> *f kein pl* ❶ REL salvation; **die [ewige] ~ erlangen [*o* gewinnen]** to attain a state of [eternal] salvation ❷ (*geh: Glücksgefühl*) bliss, ecstasy

Seligsprechung <-, -en> *f* beatification

Sellerie <-s, -[s]> *m* (*Knollen~*) celeriac; (*Stangen~*) celery

selten *adj* ❶ (*kaum vorkommend, nicht häufig*) rare; **ein ~es Schauspiel** a rare event; **höchst ~** very [*or* extremely] rare; **~ *so gelacht!*** (*iron fam*) very funny, I don't think! *iron* ❷ (*besonders*) exceptional; **ein ~ schönes Exemplar** an exceptionally beautiful specimen; *s. a.* **Gast**

Seltenheit <-, -en> *f* ❶ *kein pl* (*seltenes Vorkommen*) rare occurrence ❷ (*seltene Sache*) rarity; ***bei***

S

ihm ist das keine ~ that's not unusual for him

Seltenheitswert *m kein pl* rarity value; ~ **haben** to possess a rarity value, to be very rare; **etw von** ~ sth very rare

Selters <-, -> *nt (fam)*, **Selterswasser** *nt* DIAL soda [water]

seltsam *adj* strange; *Mensch a.* odd; *Geschichte, Sache, Umstände a.* peculiar; **ein ~es Gefühl haben** to have an odd feeling; **sich ~ benehmen** to behave in an odd way; ***mir ist heute ganz ~ zumute*** I'm in an odd mood today

seltsamerweise *adv* strangely [*or* oddly] enough

Seltsamkeit <-, -en> *f* ❶ *kein pl (seltsame Art)* strangeness, peculiarity ❷ *(seltsame Erscheinung)* oddity

Semantik <-> *f kein pl* semantics + *sing vb*

semantisch **I.** *adj* semantic **II.** *adv* semantically

Semasiologie <-> *f kein pl* LING semasiology

Semester <-s, -> *nt* ❶ SCH *(akademisches Halbjahr)* semester, term *(lasting half of the academic year)*; ***ich bin im sechsten*** ~ I'm in the third year [*or* sixth semester] ❷ SCH *(sl: Student)* **ein siebtes** ~ a fourth-year; **ein älteres** [*o* **höheres**] ~ *(fam)* a senior student ► WENDUNGEN: **ein älteres** ~ *(hum fam)* no spring chicken *hum fam*

Semesterferien [-riən] *pl* [university] vacation; ÖSTERR *a. (Schulferien)* school holiday [*or* AM vacation]

Semifinale *nt* semi-final

Semikolon <-s, -s *o* -kola> *nt* semicolon

Seminar <-s, -e *o* ÖSTERR -ien> [-riən] *nt* ❶ SCH *(Lehrveranstaltung an der Universität)* seminar ❷ SCH *(Universitätsinstitut)* department; **das historische** ~ the History Department ❸ REL *(fam)* seminary ❹ *(Lehrgang für Referendare) course for student teachers prior to the second state examination*

Seminararbeit *f* seminar paper

Seminarist(in) <-en, -en> *m(f)* seminarist

Seminarschein *m certificate of successful attendance at a seminar*

Semiologie <-> *f kein pl* LING semiology

Semiotik <-> *f kein pl* LING semiology

semipermeabel *adj* semipermeable

Semit(in) <-en, -en> *m(f)* Semite

semitisch *adj* Semitic

Semmel <-, -n> *f* KOCHK DIAL [bread] roll ► WENDUNGEN: **weggehen wie warme ~n** *(fam)* to go [*or* sell] like hot cakes *fam*

Semmelbrösel *pl* ÖSTERR, SÜDD breadcrumbs **Semmelknödel** *m* SÜDD, ÖSTERR bread dumpling **Semmelmehl** *nt* fine breadcrumbs *pl*

sen. *adj Abk von* **senior**

Senat <-[e]s, -e> *m* ❶ HIST, POL, SCH senate ❷ JUR Supreme Court

Senator, -torin <-s, -toren> *m, f* senator

Senatsausschuss^RR *m* senate committee **Senatsbeschluss**^RR *m* senate decision **Senatssitzung** *f* senate session **Senatssprecher(in)** *m(f)* senate speaker

Sendeanstalt *f* broadcasting institution **Sendebereich** *m* transmission area **Sendefolge** *f* ❶ *(Reihenfolge der Sendungen)* sequence of programmes [*or* AM -ams] ❷ *(selten: Fortsetzungssendung)* episode **Sendegebiet** *nt s.* **Sendebereich** **Sendegerät** *nt* transmission set

senden¹ **I.** *vt* to broadcast; **ein Fernsehspiel** ~ to broadcast a television play; **ein Signal/eine Botschaft** ~ to transmit a signal/message **II.** *vi* to be on the air

senden² <sandte *o* sendete, gesandt *o* gesendet> **I.** *vt (geh)* ■**jdn/etw** ~ to send sb/sth; **Truppen** ~ to despatch troops; ■**jdm etw** ~, ■**etw an jdn** ~ to send sth to sb **II.** *vi (geh)* ■**nach jdm** ~ to send for sb

Sendepause *f* [programme [*or* AM -am]] interval; ~ **haben** *(fig fam)* to keep silent, to stop talking; ***es herrscht*** ~ *(fam)* there is deadly silence **Sendeplatz** *m* TV, RADIO slot

Sender <-s, -> *m* ❶ *(Sendeanstalt)* TV channel, station; *Radio* station; **einen ~ gut/schlecht empfangen** to have [*or* get] good/poor reception of a station/channel ❷ TELEK *(Sendegerät)* transmitter

Senderaum *m* studio **Sendereihe** *f* series + *sing vb* **Sendeschluss**^RR *m* closedown **Sendezeit** *f* broadcasting time, airtime; **zur besten** ~ at prime time

Sendung¹ <-, -en> *f* TV, RADIO ❶ *(Austrahlung)* broadcasting; *Signal* transmission; **auf ~ gehen/sein** to go/be on the air ❷ *(Rundfunk-, Fernsehsendung)* programme [*or* AM -am]; **eine ~ ausstrahlen** to broadcast a programme; **eine ~ hören** to listen to a programme

Sendung² <-, -en> *f* ❶ *(etw Gesandtes: Briefsendung)* letter; *(Paketsendung)* parcel; **den Empfang einer ~ bestätigen** to confirm receipt of a parcel; *(Warensendung)* consignment ❷ *(das Senden)* sending *no pl* ❸ *kein pl (geh: Mission)* mission

Sendungsbewusstsein^RR *nt* SOZIOL, REL, POL sense of mission

Senegal <-s> *nt kein pl* ❶ *(Fluss in Westafrika)* Senegal [River] ❷ *(Repubik Senegal)* Senegal; *s. a.* **Deutschland**

Senegalese, Senegalesin <-n, -n> *m, f* Senegalese; *s. a.* **Deutsche(r)**

senegalesisch *adj inv* Senegalese; *s. a.* **deutsch 1, 2**

Senf <-[e]s, -e> *m* ❶ KOCHK mustard; **scharfer/mittelscharfer/süßer** ~ hot/medium-hot/sweet mustard ❷ BOT mustard ► WENDUNGEN: **seinen ~ [zu etw] dazugeben** *(fam)* to get one's three ha'p'orth in [sth] BRIT *hum fam*, to add one's 2 cents [to sth] AM, to have one's say [in sth] *fam*

senffarben *adj*, **senffarbig** *adj* mustard [coloured] **Senfgas** *nt* mustard gas **Senfgurke** *f* gherkin *(pickled with mustard seeds)* **Senfkorn** *nt*, **Senfsamen** *m meist pl* mustard seed **Senfpulver** *nt* mustard powder **Senfsoße** *f* mustard sauce

sengen **I.** *vt* ■**etw** ~ to singe sth **II.** *vi* to scorch

sengend *adj* scorching; **~e Hitze** scorching heat

senil *adj (geh)* senile; **~e Demenz** senile dementia

Senilität <-> *f kein pl (geh)* senility

senior *adj* senior

Senior <-s, Senioren> *m* ❶ *meist pl (ältere Menschen)* senior citizen, OAP BRIT ❷ *(Seniorchef)* [senior] boss; *(hum Vater)* the old man *hum* ❸ *pl* SPORT ■**die ~en** the seniors ❹ *(hum fam: Ältester einer Gruppe)* **der ~ einer Mannschaft sein** to be the granny/grandad of a team

Seniorchef(in) [-ʃɛf] *m(f)* senior boss

Seniorenkarte *f* senior citizen's ticket **Seniorenmannschaft** *f* SPORT senior team **Seniorenpass**^RR *m* senior citizen's travel pass **Seniorenstudium** *nt* university course for senior citizens **Seniorentanztee** *m* senior citizens' tea-dance

Seniorpartner(in) *m(f)* senior partner

Senke <-, -n> *f* depression

Senkel <-s, -> *m (fam)* lace ► WENDUNGEN: **jdm auf den ~ gehen** *(fam)* to get on sb's nerves *fam*

senken **I.** *vt* ■**etw** ~ ❶ *(ermäßigen)* to lower [*or* decrease] sth; **die Preise** ~ to reduce [*or* lower] prices; *(niedriger machen)* to lower sth; **den Blutdruck/das Fieber** ~ to lower blood pressure/reduce fever; **den Grundwasserspiegel** ~ to lower the ground water-level ❷ *(geh: abwärts bewegen)* to lower sth; **den Kopf** ~ to bow one's head; **ein Boot ins Wasser** ~ to lower a boat into the water; **die Stimme** ~ *(fig)* to lower one's voice **II.** *vr* ❶ *(niedriger werden)* to sink; ■ **sich** [**um etw**] ~ to drop [*or* subside] [by sth]; (*abfallen*) ***das Grundstück senkt sich leicht zu einer Seite*** the property subsides slightly to one side ② (*sich niedersenken*) ■ **sich** [**auf jdn/etw**] ~ to lower itself/oneself [onto sb/sth]; ***die Nacht senkt sich über das Land*** (*liter*) night is falling over the land *liter*

Senkfuß *m* MED fallen arches *pl spec,* flat feet *pl;* **Senkfüße haben** to have flat feet **Senkgrube** *f* cesspit, cesspool **Senkhonig** *m* liquid honey

senkrecht *adj* vertical ► WENDUNGEN: **immer schön ~ bleiben!** (*fam*) stay cool! *fam;* **halt dich ~!** (*fam*) keep out of trouble!

Senkrechte <-n, -n> *f dekl wie adj* ① MATH perpendicular ② (*senkrechte Linie*) vertical line

Senkrechtstarter *m* LUFT vertical take-off aircraft

Senkrechtstarter(in) *m(f)* (*fig fam*) whizz kid *fam;* ***der Film entpuppte sich als*** ~ the film turned out to be an instant sell-out

Senkung <-, -en> *f* ① *kein pl* (*Ermäßigung*) decrease, lowering; *der Preise* reductions; *Gelder, Löhne, Subventionen* cut; *Steuern a.* decrease ② (*das Senken*) drop, subsidence; *des Fiebers* subsidence; *der Stimme* lowering of one's voice ③ MED (*Blutsenkung*) sedimentation of the blood ④ GEOL subsidence ⑤ (*selten: Senke*) depression, hollow

Senn <-[e]s, -e> *m* SÜDD, ÖSTERR, SCHWEIZ *s.* **Senner**

Senne <-, -n> *f* SÜDD, ÖSTERR Alpine pasture

Senner(in) <-s, -> *m(f)* SÜDD, ÖSTERR Alpine dairyman

Sennerei <-, -en> *f* SÜDD, ÖSTERR, SCHWEIZ Alpine dairy

Sennerin <-, -nen> *f fem form von* **Senner**

Sensation <-, -en> *f* sensation

sensationell *adj* sensational

Sensationsbericht *f* sensational report **Sensationsblatt** *nt* MEDIA (*pej*) sensationalist newspaper **Sensationsgier** *f kein pl* (*pej*) sensationalism *pej* **Sensationslust** *f* desire for sensation **sensationslüstern** *adj* (*fig*) sensation-seeking **Sensationsmache** *f* (*pej*) sensationalism **Sensationsmeldung** *f* sensational news + *sing vb* **Sensationsnachricht** *f* sensational news + *sing vb,* scoop **Sensationsprozess**RR *m* sensational trial

Sense <-, -n> *f* scythe ► WENDUNGEN: **jetzt ist aber ~!** (*sl*) that's enough!

Sensenmann <-männer> *m* (*euph*) ■ **der ~?** the [grim] Reaper *liter*

sensibel *adj* sensitive

Sensibelchen <-s, -> *nt* (*fam*) softy *fam*

sensibilisieren* *vt* (*geh*) to sensitize; ■ **jdn** [**für etw**] ~ to sensitize sb [for sth], to make sb aware [of sth]

Sensibilisierung <-, -en> *f* (*geh*) sensitization

Sensibilität <-, -en> *f* (*geh*) sensitivity

Sensor <-s, -soren> *m* sensor

Sensortaste *f* sensor control

Sentenz <-, -en> *f* (*geh*) aphorism

sentimental *adj* sentimental

Sentimentalität <-, -en> *f* sentimentality

separat *adj* separate; **ein ~er Eingang** a separate entrance

Separatismus <-> *m kein pl* separatism

Separatist(in) <-en, -en> *m(f)* separatist

separatistisch *adj* separatist

Séparée <-s, -s> *nt,* **Separee** <-s, -s> *nt* private room

Sepia <-, Sepien> [-piən] *f* ① ZOOL cuttle fish ② *kein pl* (*Farbstoff*) sepia

Sepiatinte *f* sepia ink **Sepiazeichnung** *f* sepia drawing

Sepsis <-, Sepsen> *f* MED (*geh*) sepsis

September <-[s], -> *m* September; *s. a.* **Februar**

Septett <-[e]s, -e> *nt* septet, septette BRIT

Septim <-, -en> *f,* **Septime** <-, -n> *f* MUS seventh

septisch *adj* (*geh*) septic

Sequenz <-, -en> *f* ① (*geh: Aufeinanderfolge von etwas Gleichartigem*) sequence ② MUSIK (*Wiederholung eines musikalischen Motivs*) sequence ③ MUSIK, REL (*hymnusartiger Gesang*) sequence ④ FILM (*kleinere filmische Einheit*) sequence ⑤ KARTEN (*Serie gleicher Karten*) run, flush ⑥ INFORM (*Folge von Befehlen/Daten*) sequence

Sera *pl von* **Serum**

Serbe, Serbin <-n, -n> *m, f* Serb, Serbian; *s. a.* **Deutsche(r)**

Serbien <-s> ['zɛrbiən] *nt* Serbia; *s. a.* **Deutschland**

Serbin <-, -nen> *f fem form von* **Serbe**

serbisch *adj* Serbian; *s. a.* **deutsch 1, 2**

Serbokroatisch *nt dekl wie adj* Serbo-Croat; *s. a.* **Deutsche**

Seren *pl von* **Serum**

Serenade <-, -n> *f* serenade

Serie ['ze:riə] *f* ① (*Reihe*) series + *sing vb;* **eine ~ Briefmarken** a set of stamps; **eine ~ von Unfällen/Anschlägen** a series of accidents/attacks ② ÖKON line; **diese ~ läuft bald aus** this line will soon be discontinued; **in ~ gehen** to go into production; **etw in ~ produzieren** to mass-produce sth; **in ~** mass-produced ③ MEDIA, TV series + *sing vb; s. a.* **Gesetz**

seriell *adj* ① (*als Reihe*) series; **~ herstellbar** mass-produced ② INFORM serial; **~e Schnittstelle** serial interface

Serienausstattung *f* standard fittings *pl*

serienmäßig *adj* ① (*in Serienfertigung*) mass-produced; **etw ~ anfertigen** [*o* **herstellen**] to mass-produce sth ② (*bereits eingebaut sein*) standard; ■ **~ sein** to be a standard feature

Serienmörder(in) *m(f)* serial killer [*or* murderer] [*or fem* murderess], serial *spec sl* **Seriennummer** *f* serial number **Serienproduktion** *f* mass-production **Serienreife** *f* readiness to go into production; **bis zur ~** until the start of production

serienweise ['ze:riən-] *adv* ① (*als Serien*) in series; **etw** [**nur**] **~ verkaufen** to [only] sell sth in a set; **ein Produkt ~ herstellen** to mass-produce a product ② (*fam: in Mengen*) one after the other

seriös I. *adj* ① (*ordentlich, gediegen*) respectable; **ein ~er Herr** a respectable gentleman; (*ernst zu nehmend*) serious; **~e Absichten** honourable [*or* AM -orable] intentions ② ÖKON (*vertrauenswürdig*) respectable, reputable; **ein ~es Unternehmen** a reputable business II. *adv* respectably

Seriosität <-> *f kein pl* ① (*seriöse Art*) respectability; (*Ernsthaftigkeit*) seriousness ② ÖKON (*Vertrauenswürdigkeit*) repute

Sermon <-s, -e> *m* ① (*pej fam: langweiliges Gerede*) sermon *pej,* lecture *pej* ② (*veraltet: Rede, Predigt*) sermon

seropositiv *adj* seropositive

Serpentine <-, -n> *f* ① (*schlangenförmige Straße*) winding road ② (*steile Kehre, Windung*) sharp bend; **in ~n** in winds; ***der Weg führte in ~n um den Berg herum*** the road wound [*or* zig-zagged] its way around the hill

Serum <-s, Seren *o* Sera> *nt* serum

Server <-s, -> ['sœ:rvɐ] *m* INFORM server

Service1 <-, -s> ['sœrvɪs] *m* ① *kein pl* (*Bedienung, Kundendienst*) service ② TENNIS serve

Service2 <-[s], -> [zɛr'vi:s] *nt* dinner/coffee service

ServicecenterRR, **Service Center** <-s, -> ['sœrvɪs ˌsentlɐ] *nt* service centre [*or* AM -er]

ServicehotlineRR, **Service-Hotline** ['sœrvɪs 'hɔtlaɪn] *f* TELEK customer service hotline

servieren* [-vi:-] I. *vt* ■ [**jdm**] **etw ~** to serve sth [to sb]; ***was darf ich Ihnen ~?*** what can I offer you?; ■ **sich** *dat* **etw** [**von jdm**] ~ **lassen** to have sth served [by sb] **II.** *vi* ❶ (*auftragen*) to serve; ***zu Tisch, es ist serviert!*** dinner is served!; ***nach 20 Uhr wird nicht mehr serviert*** there is no waiter service after 8pm ❷ TENNIS to serve

Servierwagen [-viː-] *m* trolley

Serviette <-, -n> [-vi-] *f* napkin, serviette

Serviettenring [-vi-] *m* napkin ring

servil [zɛrˈviːl] *adj* (*pej geh*) servile

Servilität <-> [-vi-] *f kein pl* (*pej geh*) servility

Servolenkung *f* power steering

Servus *interj* ÖSTERR, SÜDD (*hallo*) hello; (*tschüs*) [good]bye

Sesam <-s, -s> *m* ❶ BOT sesame ❷ (*Samen des ~s*) sesame seed ▸ WENDUNGEN: ~ **öffne dich** (*hum fam*) open sesame

Sesamkrokant *m* sesame brittle

Sessel <-s, -> *m* ❶ (*Polstersessel*) armchair ❷ ÖSTERR (*Stuhl*) chair

Sessellehne *f* [chair] arm **Sessellift** *m* chair lift **Sesselpolsterung** *f* chair upholstery

sesshaft[RR] *adj*, **seßhaft** *adj* ❶ (*bodenständig*) settled ❷ (*ansässig*) ■ ~ **sein** to be resident; ■ ~ **werden** to settle down; ~**e Stämme** settled tribes

Set <-s, -s> *m o nt* set

Setting <-s, -s> [ˈsetɪŋ] *nt* setting

setzen **I.** *vt haben* ❶ (*plazieren*) to put, to place; ■ **jdn/etw irgendwohin** ~ to put [*or* place] sb/sth somewhere; **ein Gericht auf die Speisekarte** ~ to put a dish on the menu; **das Glas an den Mund** ~ to put the glass to one's lips; **ein Komma** ~ to put a comma; **jdn auf die Liste** ~ to put sb on the list; **etw auf die Rechnung** ~ to put sth on the bill; **den Topf auf den Herd** ~ to place the pot on the stove; **eine Unterschrift unter etw** ~ to put a signature to sth, to sign sth ❷ (*festlegen*) ■ **etw** ~ to set sth; **einer S.** *dat* **ein Ende** ~ to put a stop to sth; **eine Frist** ~ to set a deadline; **jdm/etw Grenzen** ~ to set limits for sb/sth; **ein Ziel** ~ to set a goal, to place ❸ JAGD **einen Hund auf die Fährte** ~ to put a dog on a trail ❹ (*bringen*) **etw in Betrieb** ~ to set sth in motion; **jdn auf Diät** ~ to put sb on a diet; **keinen Fuß vor die Tür** ~ to not set foot out of the door ❺ HORT (*pflanzen*) ■ **etw** ~ to plant [*or* set] sth ❻ (*errichten*) ■ **etw** ~ to set [*or* put] up sth, to build sth; [**jdm**] **ein Denkmal** ~ to set [*or* put] up [*or* build] a monument [to sb]; **einen Mast** ~ to put up a mast; **die Segel** ~ to set the sails ❼ (*wetten*) ■ **etw** [**auf jdn/etw**] ~ to put [*or* place] [*or* stake] sth [on sb/sth]; **Geld auf jdn/etw** ~ to stake [*or* put] money on sb/sth; **seine Hoffnung in** [*o* **auf**] **jdn** ~ to put [*or* pin] one's hopes on sb; **ein Pfand** ~ to pledge sth; **auf ein Pferd** ~ to place a bet on a horse; **Zweifel in etw** ~ to call sth into question ❽ SPORT to seed; **jdn auf 1./2./3. etc Platz** ~ to seed sb first/second/third; **gesetzte Spieler** seeded players; ***die auf Platz 1 gesetzte Spielerin*** the no. 1 seeded player ❾ TYPO ■ **etw** ~ to set sth ❿ (*sl: spritzen*) ■ **etw** ~ to inject [*or sl* shoot] sth; **Heroin** ~ to shoot Heroin; **einen Schuss** ~ (*fam*) to shoot up *fam;* **jdm/sich eine Spritze** ~ to give sb/oneself an injection ▸ WENDUNGEN: **es setzt was** (*fam*) there'll be trouble; *s. a.* **Fall, Land, Tagesordnung, Kopf II.** *vr haben* ❶ (*sich niederlassen*) ■ **sich** ~ to sit [down]; **sich ins Auto** ~ to get into the car; ***bitte ~ Sie sich doch!*** please sit down!; ■ **sich zu jdm** ~ to sit next to sb; ***wollen Sie sich nicht zu uns ~?*** won't you join us?; ***setz dich!*** sit down!; (*zu einem Hund*) sit! ❷ (*sich senken*) ■ **sich** ~ to settle; ***langsam setzt sich der Kaffeesatz*** the coffee grounds are slowly settling, to penetrate; ***der Rauch setzt sich in die Kleider*** smoke gets into your clothes **III.** *vi* ❶ *haben* (*wetten*) ■ **auf jdn/etw** ~ to bet on sb/sth; (*sich auf jdn verlassen*) to rely on sb/sth ❷ *sein o haben* (*springen*) ■ **über etw** ~ *akk* to jump over sth ❸ (*überschiffen*) ■ **über etw** ~ to cross sth; **über den Rhein** ~ to cross the Rhine

Setzer(in) <-s, -> *m(f)* typesetter

Setzerei <-, -en> *f* composing room

Setzerin <-, -nen> *f fem form von* **Setzer**

Setzfehler *m* typeset error **Setzkasten** *m* ❶ HORT seed box ❷ TYPO case

Setzling <-s, -e> *m* ❶ HORT seedling ❷ (*junger Fisch*) fry

Setzmaschine *f* typesetting machine, typesetter

Seuche <-, -n> *f* ❶ MED (*Epidemie*) epidemic ❷ (*fig: Plage*) plague

Seuchenherd *m* centre [*or* AM -er] of an epidemic

seufzen *vi* to sigh; **erleichtert** ~ to heave a sigh of relief

Seufzer <-s, -> *m* sigh; **einen ~ ausstoßen** to heave [*or* to sigh] a sigh; **seinen letzten ~ tun** (*fig fam*) to breathe one's last sigh *fig*

Sevilla <-s> [zeˈvɪlja] *nt* Seville

Sex <-[es]> *m kein pl* ❶ (*Sexualität*) sex; ~ **zur Kunstform erheben** to elevate sex to an art form ❷ (*sexuelle Anziehungskraft*) sexiness, sex appeal; ~ **haben** to be sexy ❸ (*Geschlechtsverkehr*) sex; ~ **haben** (*fam*) to have sex

Sexappeal[RR] <-s> [-əpiːl] *m*, **Sex-Appeal** <-s> *m kein pl* sex appeal **Sexbombe** *f* bombshell, sex bomb **Sexclub** *m* sex club **Sexfilm** *m* sex film

Sexismus <-> *m kein pl* sexism *no pl*

Sexist(in) <-en, -en> *m(f)* sexist

sexistisch **I.** *adj* sexist **II.** *adv* sexist

Sexobjekt *nt* sex object **Sexorgie** [-ɔrgiə] *f* (*fam*) [sex] orgy **Sexperte** <-n, -n> *m* (*hum*) sexpert **Sexshop** <-s, -s> [-ʃɔp] *m* sex shop

Sextant <-en, -en> *m* sextant

Sexte <-, -n> *f* MUS sixth

Sextett <-[e]s, -e> *nt* sextet, sextette BRIT

Sextourismus [-turɪsmʊs] *m* (*fam*) sex tourism

Sexualerziehung *f* sex education **Sexualforscher(in)** *m(f)* sexologist **Sexualforschung** *f* sexology **Sexualhormon** *nt* sex hormone

Sexualität <-> *f kein pl* sexuality

Sexualkunde *f kein pl* sex education **Sexualkundeunterricht** *m* sex education lesson **Sexualleben** *nt kein pl* sex[ual] life **Sexuallockstoff** *m* ZOOL sexual attractant **Sexualmoral** *f* sex morals *pl* **Sexualobjekt** *nt* sex object **Sexualpartner(in)** *m(f)* SOZIOL sex partner, lover **Sexualtäter(in)** *m(f)* sex offender **Sexualtrieb** *m* sex[ual] drive **Sexualverbrechen** *nt* sex crime **Sexualverbrecher(in)** *m(f)* sex offender **Sexualverhalten** *nt* sexual behavio[u BRIT]r, mating behavio[u BRIT]r

sexuell *adj* sexual; ~**e Belästigung** sexual harassment

sexy [ˈsɛksi] *adj inv* (*fam*) sexy *fam*

Seychellen <-> [zeˈʃɛlən] *pl* ■ **die** ~ the Seychelles *npl; s. a.* **Falklandinseln**

Seycheller(in) <-s, -> [zeˈʃɛlɐ] *m(f)* Seychellois; *s. a.* **Deutsche(r)**

seychellisch [zeˈʃɛlɪʃ] *adj* Seychellois, Seychelles AM; *s. a.* **deutsch**

Sezession <-, -en> *f* ❶ POL (*Abspaltung*) secession ❷ KUNST (*Abspaltung einer Künstlergruppe*) disaffiliation

sezieren* **I.** *vt* ■ **jdn/etw** ~ to dissect sb/sth; **eine Leiche** ~ to dissect a corpse **II.** *vi* to dissect

Seziersaal *m* dissecting room

S-förmig [ˈɛs-] *adj* S-shaped

Sgraffito <-s, -s *o* Sgraffiti> *nt s.* **Graffito**

Shampoo <-s, -s> [ˈʃampu, ˈʃampo] *nt* shampoo

Sherry <-s, -s> [ˈʃɛri] *m* sherry

Sherryessig *m* sherry vinegar

Shooting <-s, -s> [ˈʃuːtɪŋ] *nt* (*Fototermin*) photo-call

shoppen *vi* (*sl*) to shop

Shorts [ʃoːɐ̯ts, ʃɔrts] *pl* a pair of shorts, shorts *npl*

Show <-, -s> [ʃoː] *f* show; **eine ~ abziehen** (*sl*) to put on a show *fam;* **eine ~ machen** to make a show [of sth]; **jdm die ~ stehlen** (*fam*) to steal the show from sb

Showbusiness[RR] <-> [ˈʃoːˈbɪznɪs] *nt kein pl* show business

Showdown <-[s], -s> *m* showdown

Showeinlage [ˈʃoː-] *f* supporting show; (*Zwischenspiel*) interlude **Showfigur** [ˈʃoː-] *f* (*pej*) plaything of the media **Showgeschäft** [ˈʃoː-] *nt kein pl* show business **Showmaster** <-s, -> [ˈʃoːmaːstɐ] *m* compere BRIT **Showprogramm** [ˈʃoː-] *nt* THEAT show **Showroom** <-s, -s> [ˈʃoːruːm] *m* showroom

siamesisch *adj* Siamese; *s. a.* **Zwilling**

Siamkatze *f* Siamese cat

Sibirien <-s> [ziˈbiːriən] *nt* Siberia

sibirisch *adj* Siberian; *s. a.* **Kälte**

sibyllinisch *adj* (*geh*) sibylline, sibyllic

sich *pron refl* ❶ *akk* oneself; ■ **er/sie/es ... ~** he/she/it ... himself/herself/itself; ■ **Sie ... sich** you ... yourself/yourselves; ■ **sie ... sich** they ... themselves; ***er sollte ~ da heraushalten*** he should keep out of it; ***man fragt ~, was das soll*** one asks oneself what it's all about; **~ freuen** to be pleased; **~ gedulden** to be patient; **~ schämen** to be ashamed of oneself; **~ wundern** to be surprised ❷ *dat* one's; **~ etw einbilden** to imagine sth; **~ etw kaufen** to buy sth for oneself; ***die Katze leckte ~ die Pfote*** the cat licked its paw; *s. a.* **kommen, an, von** ❸ *pl* (*einander*) each other, one another; **~ *lieben/hassen*** to love/hate each other; **~ küssen** to kiss each other; **~ prügeln** to beat each other ❹ *unpersönlich* ***hier arbeitet es ~ gut*** it's good to work here; ***das Auto fährt ~ prima*** the car drives well; ***das lässt ~ schlecht in Worten ausdrücken*** that's difficult to put into words ❺ *mit Präposition* **die Schuld bei ~ suchen** to blame oneself; **wieder zu ~ kommen** (*fam*) to regain consciousness, to come round; **jdn mit zu ~ nehmen** to take sb to one's house; **nicht ganz bei ~ sein** (*fam*) to not be quite with it *fam;* **etw von ~ aus tun** to do sth of one's own accord; **etw für ~ tun** to do sth for oneself; ***er denkt immer nur an ~*** he only ever thinks of himself; ***er hat etwas an ~, das mir nicht gefällt*** (*fam*) there's something about him that I don't like

Sichel <-, -n> *f* ❶ AGR sickle ❷ (*sichelförmiges Gebilde*) crescent; **die ~ des Mondes** the crescent of the moon

Sichelzellenanämie *f* MED (*krankhafte Veränderung der roten Blutkörperchen*) sickle-cell anemia

sicher I. *adj* ❶ (*gewiss*) certain, sure; **ein ~er Gewinn/Verlust** a sure win [*or* certain] /loss; **eine ~e Zusage** a finite confirmation; ■ **~ sein** to be certain, to be for sure, to be a sure thing; ■ **~ sein, dass/ob ...** to be certain, that/whether ...; ■ **etwas S~es** something certain; ■ **sich** *dat* **~ sein, dass** to be sure [*or* certain] that; ■ **sich** *dat* **einer/seiner S.** *gen* **~ sein** to be sure of sth/what one is doing/saying; ■ **sich** *dat* **seiner selbst ~ sein** to be sure of oneself; **soviel ist ~** that much is certain ❷ (*ungefährdet*) safe; **eine sichere Anlage** a secure investment; **ein ~er Arbeitsplatz** a steady job; ■ **~ [vor jdm/etw] sein** to be safe [from sb/sth]; **~ *ist* ~** you can't be too careful ❸ (*zuverlässig*) reliable; **~er Beweis** definite [*or* reliable] proof; **eine ~e Methode** a fool-proof method; **etw aus ~er Quelle haben** [*o* **wissen**] to have [*or* know] sth from a reliable source ❹ (*geübt*) competent; **ein ~es Händchen für etw haben** (*fam*) to have a knack for sth; **ein ~er Autofahrer** a safe driver; **ein ~es Urteil** a sound judgement; **ein ~er Schuss** an accurate [*or* good] shot ❺ (*selbstsicher*) self-confident, self-assured; **ein ~es Auftreten haben** to appear/be self-confident; *s. a.* **Quelle** II. *adv* surely; ***du hast ~ recht*** you are certainly right, I'm sure you're right; ***es ist ~ nicht das letzte Mal*** this is surely not the last time; [**aber**] **~!** [*o* **~ doch!**] (*fam*) of course!, sure!

sicher|gehen *vi irreg sein* to make sure; ■ **~, dass ...** to make sure that ...; ***um sicherzugehen, dass ich da bin, ruf vorher an!*** ring me first to be [*or* make] sure that I'm there

Sicherheit <-, -en> *f* ❶ *kein pl* (*gesicherter Zustand*) safety; **die öffentliche ~** public safety; **soziale ~** social security; **etw/jdn/sich in ~ bringen** to get sth/sb/oneself to safety; [**irgendwo**] **in ~ sein** to be safe [somewhere]; **sich in ~ wiegen** [*o* **wähnen**] to think oneself safe; **jdn in ~ wiegen** to lull sb into a false sense of security; **der ~ halber** to be on the safe side, in the interests of safety ❷ *kein pl* (*Gewissheit*) certainty; **mit an ~ grenzender Wahrscheinlichkeit** almost certainly; **mit ~** for certain; ***ich kann es nicht mit letzter ~ sagen*** I can't be one hundred per cent sure about that ❸ *kein pl* (*Zuverlässigkeit*) reliability; **von absoluter ~ sein** to be absolutely reliable; *eines Urteils* soundness ❹ *kein pl* (*Gewandtheit*) skillfulness, competence; **~ im Auftreten** assured manner ❺ FIN (*Kaution*) surety, security; **~ leisten** [*o* **geben**] to offer security; JUR to stand bail

Sicherheitsabstand *m* safe distance **Sicherheitsausschuss**[RR] *m* (*selten*) security committee **Sicherheitsbeamte(r)**, **-beamtin** *m, f* security officer **Sicherheitsberater(in)** *m(f)* safety advisor **Sicherheitsbestimmung** *f* safety regulation **Sicherheitsbindung** *f* safety binding **Sicherheitsexperte**, **-expertin** *m, f* safety expert **Sicherheitsglas** *nt* safety glass **Sicherheitsgründe** *pl* **aus ~n** for safety reasons **Sicherheitsgurt** *m* safety [*or* seat] belt **sicherheitshalber** *adv* to be on the safe side **Sicherheitskette** *f* safety chain **Sicherheitskontrolle** *f* security check **Sicherheitskraft** *f meist pl* member of security; ■ **Sicherheitskräfte** security [staff] + *sing/pl vb;* ■ **eine ~/Sicherheitskräfte sein** to be [from] security **Sicherheitsleistung** *f* surety; JUR bail **Sicherheitslücke** *f* security breach **Sicherheitsmann** <-s, -leute *o* -männer> *m* security man; ■ **Sicherheitsleute** security [staff] + *sing/pl vb;* ■ **ein ~ sein** to be a security man [*or* [from] security] **Sicherheitsmaßnahme** *f* safety measure **Sicherheitsnadel** *f* safety pin **Sicherheitspedal** *nt* safety pedal **Sicherheitspolitik** *f kein pl* security policy **Sicherheitsrat** *m kein pl* security council **Sicherheitsrisiko** *nt* security risk **Sicherheitsschloss**[RR] *nt* safety lock **Sicherheitsstandard** *m* safety standard **Sicherheitsventil** *nt* safety valve **Sicherheitsverschluss**[RR] *m* safety catch **Sicherheitsvorkehrung** *f* security [*or* safety] precaution **Sicherheitsvorschrift** *f meist pl* safety regulation **Sicherheitswacht** *f meist sing* security *no pl* **Sicherheitswächter**, **-in** *m, f* security guard

sicherlich *adv* surely

sichern *vt* ❶ (*schützen*) ■ **etw** [**durch** [*o* **mit**] **etw**] [**gegen etw**] **~** to safeguard sth [with sth] [from sth]; **die Grenzen/den Staat ~** to safeguard the borders/state ❷ (*mit der Sicherung versehen*) to put on a safety catch; **eine Schusswafe ~** to put on a safety catch on a firearm; **die Tür/Fenster ~** to secure the door/windows ❸ (*absichern*) ▪ **jdn/etw** ~ to protect sb/sth; ▪ **sich [durch etw] [gegen etw]** ~ to protect oneself [with sth] [against sth]; **einen Bergsteiger mit einem Seil** ~ to secure [*or* belay] a climber with a rope; **den Tatort** ~ to secure the scene of the crime; ▪ **gesichert sein** to be protected ❹ (*sicherstellen, verschaffen*) to secure; **das Vorkaufsrecht** ~ to secure an option to buy; **den Sieg** ~ to secure a victory ❺ INFORM ▪ **etw** ~ to save sth; **Daten** ~ to save data ❻ (*sicherstellen, garantieren*) ▪ **[jdm/sich] etw** ~ to secure sth [for sb/oneself]; ***die Verfassung sichert allen Bürgern die Menschenrechte*** the consitution guarantees all citizens human rights

sicher|stellen *vt* ❶ (*in Gewahrsam nehmen*) ▪ **etw** ~ to safekeep [*or* confiscate] sth; **die Beute** ~ to confiscate the loot ❷ (*garantieren*) ▪ **etw** ~ to guarantee [*or* safeguard] sth

Sicherstellung *f* ❶ (*das Sicherstellen*) safekeeping, confiscation ❷ (*das Garantieren*) guarantee, safeguard

Sicherung <-, -en> *f* ❶ (*das Sichern, Schützen*) securing, safeguarding; **zur ~ meiner Existenz** to safeguard my existence; **~ des Friedens** safeguarding peace; **~ des Unfallortes** securing the scene of the accident ❷ ELEK fuse; ***die ~ ist durchgebrannt/herausgesprungen*** the fuse has blown ❸ (*Schutzvorrichtung*) safety catch ▸ WENDUNGEN: **jdm brennt die ~ durch** (*fam*) sb blows a fuse

Sicherungskasten *m* fuse box **Sicherungskopie** *f* INFORM back-up copy **Sicherungsverwahrung** *f* JUR preventive detention [*or* custody]; **Unterbringung in der ~** commitment to an institution of protective custody

Sicht <-, *selten* -en> *f* ❶ (*Aussicht*) view; **eine gute/schlechte ~ haben** to have a good/poor view; ***du nimmst mir die ~*** you're in my way, you're blocking my view; (*klare Sicht*) visibility; ***die ~ beträgt heute nur 20 Meter*** visibility is down to 20 metres today; **auf kurze/mittlere/lange ~** (*fig*) in the short/mid/long term; **nach ~ fliegen** to fly without instruments; **außer ~ sein** to be out of sight; **in ~ sein** to be in [*or* come into]; ***Land in ~!*** land ahoy!; **etw ist in ~** (*fig*) sth is on the horizon *fig* ❷ (*Ansicht, Meinung*) [point of] view; **aus jds ~** from sb's point of view ❸ ÖKON (*Vorlage*) **auf [*o* bei] [*o* nach] ~** at sight

sichtbar *adj* (*mit den Augen wahrnehmbar*) visible; **gut/nicht/kaum/schlecht ~ sein** to be well/not/hardly/poorly visible; (*erkennbar, offensichtlich*) apparent; ▪ **[für jdn] ~ sein** to be apparent [to sb]

sichten *vt* ❶ (*ausmachen*) ▪ **etw** ~ to sight sth; **die Küste/einen Eisberg** ~ to sight the coast/an iceberg; **Wild** ~ to spot game; ▪ **jdn** ~ to spot sb *fam* ❷ (*durchsehen*) ▪ **etw** ~ to look through sth; **die Akten** ~ to look through [*or* inspect] the files

Sichtflug *m* contact flight **Sichtgerät** *nt* monitor

sichtlich *adj* obvious, visible; **~ beeindruckt sein** to be visibly impressed

Sichtschutz *m kein pl* partition (*ensuring privacy*); (*zwischen Bürotischen a.*) modesty panel

Sichtung <-, -en> *f* ❶ *kein pl* (*das Sichten*) sighting ❷ (*Durchsicht*) looking through, sifting; **die ~ des Materials** sifting through the material

Sichtverhältnisse *pl* visibility *no pl;* **gute / schlechte ~** good/poor visibility **Sichtvermerk** *m* (*geh*) visa [stamp]; *Wechsel* endorsement **Sichtweite** *f* visibility; **außer/in ~ sein** to be out of/in sight; ***die ~ beträgt 100 Meter*** visibility is 100 metres

Sickergrube *f* soakaway BRIT, recharge basin AM

sickern *vi sein* (*rinnen*) ▪ **aus etw/durch etw ~** *akk* to seep from sth/through sth; ***das Wasser sickert in den Boden*** water seeps into the ground; ***vertrauliche Informationen ~ immer wieder in die Presse*** (*fig*) confidential information is constantly leaked out to the press

Sickerwasser *nt kein pl* surface water seeping through the ground

Sideboard <-s, -s> *nt* sideboard

sie *pron pers, 3. pers* ❶ <*gen* ihrer, *dat* ihr, *akk* sie> *sing* she; ~ ***ist es!*** it's her!; (*weibliche Sache bezeichnend*) it; ***ich habe meine Jacke gesucht, konnte ~ aber nicht finden*** I looked for my jacket but couldn't find it; (*Tier bezeichnend*) it; (*bei weiblichen Haustieren*) she ❷ <*gen* ihrer, *dat* ihnen, *akk* sie> *pl* they; ~ ***wollen heiraten*** they want to get married

Sie[1] <*gen* Ihrer, *dat* Ihnen, *akk* Sie> *pron pers, 2. pers sing o pl, mit 3. pers pl vb gebraucht* ❶ (*förmliche Anrede*) you; ***könnten ~ mir bitte die Milch reichen?*** could you pass me the milk, please? ❷ (*förmliche Aufforderung*) ***kommen ~, ich zeige es Ihnen!*** come on, I'll show you!; ***~! was fällt Ihnen ein!*** Sir/Madam! what do you think you're doing!

Sie[2] <-s> *nt kein pl* (*die Anrede mit „~"*) polite form of address using "Sie"; **jdn mit ~ anreden** to address sb "Sie"; **zu etw muss man ~ sagen** (*hum fam*) *sth is so good that it must be treated with respect*

Sie[3] *f kein pl* (*fam*) ▪ **eine** ~ a female; ***der Hund ist eine ~*** the dog is female

Sieb <-[e]s, -e> *nt* ❶ (*Küchensieb*) sieve; (*größer*) colander; (*Kaffeesieb, Teesieb*) strainer ❷ BAU riddle ❸ TECH (*Filtersieb*) filter; *s. a.* **Gedächtnis**

Siebdeckel *m* perforated pan lid (*for straining cooking liquids off food being cooked*) **Siebdruck** *m* ❶ *kein pl* (*Druckverfahren*) [silk-]screen printing ❷ (*Druckerzeugnis*) [silk-]screen print **Siebeinsatz** *m* KOCHK steamer insert

sieben[1] *adj* seven; *s. a.* **acht**[1], **Weltwunder**

sieben[2] I. *vt* ❶ (*durchsieben*) ▪ **etw** ~ to sieve sth, to pass sth though a sieve; **nach Gold** ~ to screen for gold ❷ (*fam: aussortieren*) ▪ **jdn/etw** ~ to pick and choose sth/sb; **Material** ~ to select material; **Bewerber** ~ to weed out applicants II. *vi* (*fam*) to pick and choose *fam,* to be selective

Sieben <-, – *o* -en> *f* ❶ (*Zahl*) seven ❷ KARTEN seven; *s. a.* **Acht**[1] **4** ❸ (*Verkehrslinie*) ▪ **die** ~ the [number] seven

siebeneinhalb *adj* ❶ (*Bruchzahl*) seven and a half, seven-and-a-half *attr* ❷ (*fam: 7500 DM*) seven-and-a-half grand *fam* [*or* AM *sl* G's] + *sing vb; s. a.* **anderthalb**

siebenerlei *adj inv, attr* seven [different]; *s. a.* **achterlei**

siebenfach, 7fach I. *adj* sevenfold; **die ~e Menge nehmen** to take seven times the amount; **in ~er Ausfertigung** in septuplicate *form* II. *adv* seven times, sevenfold

Siebenfache, 7fache *nt dekl wie adj* seven times the amount; *s. a.* **Achtfache**

siebenhundert *adj* seven hundred; *s. a.* **hundert**

siebenhundertjährig *adj* seven hundred-year-old *attr;* **~es Bestehen/~e Herrschaft** seven hundred years' [*or* years of] existence/rule **siebenjährig, 7-jährig**[RR] *adj* ❶ (*Alter*) seven-year-old *attr,* seven years old *pred; s. a.* **achtjährig 1** ❷ (*Zeitspanne*) seven-year *attr; s. a.* **achtjährig 2** **Siebenjährige(r), 7Jährige(r)**[RR] *f(m) dekl wie adj* seven-year-old **siebenköpfig** *adj* seven-person *attr; s. a.* **achtköpfig** **siebenmal** *adv* seven times; *s. a.* **achtmal** **siebenmalig** *adj* seven times; *s. a.* **achtmalig** **Siebenmeterbrett** *nt* seven-metre [*or* AM -er] [diving] platform **Siebenmonatskind** *nt* MED seven-month baby **Siebensachen** *pl* (*fam*) things, belongings, stuff *fam;* ▪ **jds ~** sb's things [*or* belongings] [*or fam*

stuff] **Siebenschläfer** *m* ❶ ZOOL fat [*or* edible] dormouse ❷ (*veraltend fam*) late riser **siebentausend** *adj* ❶ (*Zahl*) seven thousand; *s. a.* **tausend 1** ❷ (*fam: 7000 DM*) seven grand *no pl,* seven thou *no pl sl,* seven G's [*or* K's] *no pl* AM *sl* **Siebentausender** *m* mountain over 7,000 metres [*or* AM meters]
siebente(r, s) *adj* (*geh*) *s.* **siebte(r,s)**
Siebentel <-s, -> *nt s.* **Siebtel**
siebentens *adv* (*geh*) *s.* **siebtens**
siebte(r, s) *adj* ❶ (*nach dem sechsten kommend*) seventh; *s. a.* **achte(r, s) 1** ❷ (*Datum*) seventh, 7th; *s. a.* **achte(r, s) 2**
Siebte(r) *f(m) dekl wie adj* ❶ (*Person*) seventh; *s. a.* **Achte(r) 1** ❷ (*bei Datumsangaben*) ■ **der ~/am ~,** ■ **der 7./am 7.** *geschrieben* the seventh/on the seventh *spoken,* the 7th/on the 7th *written,* Achte(r) 2 ❸ (*Namenszusatz*) **Karl der ~,** *geschrieben* **Karl VII.** Charles the Seventh *spoken,* Charles VII *written*
Siebtel <-s, -> *nt* seventh
siebtens *adv* seventhly
Siebtuch *nt* cheese [*or* straining] cloth
siebzehn *adj* seventeen; *s. a.* **acht**[1]
siebzehnte(r, s) *adj* seventeenth; *s. a.* **achte(r, s)**
siebzig *adj* seventy; *s. a.* **achtzig 1, 2**
Siebzig <-, -en> *f* seventy
siebziger, 70er *adj attr, inv* **der ~ Bus** the number seventy bus; ■ **die ~ Jahre** the seventies [*or* 70s]; *s. a.* **achtziger**
Siebziger[1] <-s, -> *m* a 1970/an 1870 vintage
Siebziger[2] <-, -> *f* (*fam: Briefmarke*) seventy-pfennig stamp
Siebziger[3] *pl* ■ **die ~** the seventies [*or* 70s]; **in den ~n sein** to be in one's seventies; *s. a.* **Achtziger**[3]
Siebziger(in) <-s, -> *m(f)* ❶ (*Mensch in den Siebzigern*) septuagenarian *form* ❷ *s.* **Siebzigjährige(r)**
Siebzigerjahre *pl* (*Jahrzehnt*) **in den ~n** in the seventies; ■ **die ~** (*Lebensjahrzehnt*) one's seventies
siebzigjährig, 80-jährig[RR] *adj attr* ❶ (*Alter*) seventy-year-old *attr,* seventy [years old] *pred* ❷ (*Zeitspanne*) seventy-year **Siebzigjährige(r), 70-Jährige(r)**[RR] *f(m) dekl wie adj* seventy-year-old, septuagenarian *form*
siebzigste(r, s) *adj* seventieth; *s. a.* **achte(r, s)**
siech *adj* (*geh*) ailing *attr;* (*von Mensch a.*) infirm; ■ **~ sein/werden** to be/become infirm
Siechtum <-[e]s> *nt kein pl* (*geh*) infirmity, lingering illness, malady *dated form*
siedeln *vi* to settle
sieden <siedete *o* sott, gesiedet *o* gesotten> *vi* to boil; **etw zum S~ bringen** to bring sth to the boil ▶ WENDUNGEN: **jdn [mit etw *akk*] zum S~ bringen** to drive sb mad [with sth]; **~d heiß** (*fam*) boiling [*or* scalding] hot; ***es ist mir ~ heiß eingefallen, dass ...*** (*fig fam*) I remembered in a flash that ... *fam*
Siedepunkt *m* (*Kochpunkt*) boiling point; (*Höhepunkt*) boiling point
Siedfleisch *nt* DIAL boiling meat
Siedler(in) <-s, -> *m(f)* settler
Siedlung <-, -en> *f* ❶ (*Wohnhausgruppe*) housing estate ❷ (*Ansiedlung*) settlement
Sieg <-[e]s, -e> *m* ❶ (*Erfolg*) victory, triumph (**über** +*akk* over); **einer S.** *dat* **zum ~ verhelfen** to help sth to triumph, to make sth triumph ❷ (*militärischer Erfolg*) victory (**über** +*akk* over); **den ~ davontragen** [*o geh* **erringen**] to be victorious ❸ (*sportlicher Erfolg*) win, victory (**über** +*akk* over); **jdn um den ~ bringen, jdn den ~ kosten** to cost sb his/her victory [*or* win]; **den ~ [in etw *dat*] davontragen** [*o geh* **erringen**] to be the winner/winners [in sth]; **um den ~ kämpfen** to fight for victory
Siegel <-s, -> *nt* seal; *Behörde* stamp, seal; (*privates a., kleineres*) signet; **das ~ aufbrechen** to break the seal; **das ~ auf etw *akk* setzen** to affix the/one's seal to sth; **das ~ am Schluss von etw setzen** to append the/one's seal to sth; **etw mit einem ~ versehen** to affix a seal to sth, to seal sth ▶ WENDUNGEN: **unter dem ~ der Verschweigenheit** under pledge [*or* the seal] of secrecy; *s. a.* **Brief, Buch**
Siegellack *m* sealing wax **Siegelring** *m* signet ring
siegen *vi* ■ [**bei etw/in etw** *dat*] **~** to be the victor [at sth/in sth] *form* ❶ MIL to triumph [*or* be victorious] [at/in sth]; ■ **über jdn ~** to vanquish [*or* triumph over] sb ❷ SPORT to win [sth]; **bei einem Wettbewerb ~** to win a competition, to carry the day *form;* **haushoch ~** to have a crushing victory, to win hands down; **nur knapp ~** to scrape a win; ■ **über jdn ~** to beat [*or* win against] sb
Sieger(in) <-s, -> *m(f)* ❶ MIL victor; **als ~ aus etw hervorgehen** to emerge victorious [*or* as the victor[s]] from sth ❷ SPORT winner; **der zweite ~** the runner-up; **~ sein** to be the winner, to have won; **~ nach Punkten/durch K.o.** (*Boxen*) to win on points/by a knockout; [**in etw** *dat*] **~ bleiben** to remain the winner [*or* champion] [of sth]; (*Boxen a.*) to have successfully defended one's title [in sth]; **als ~ aus etw** *dat* **hervorgehen** to win sth, to be the winner of sth
Siegerehrung *f* SPORT presentation ceremony
Siegerin <-, -nen> *f fem form von* **Sieger**
Siegerpose *f* victory pose **Siegertreppchen** *nt* [medallists' [*or* AM medalists']] podium **Siegerurkunde** *f* SPORT winner's certificate
siegesbewusst[RR] *adj s.* **siegessicher Siegesfreude** *f* joy over a/the victory **siegesgewiss**[RR] *adj* (*geh*) *s.* **siegessicher Siegesgöttin** *f* goddess of victory, Victory *no art liter* **Siegeskranz** *m* victor's wreath [*or* laurels] *npl* **Siegesrausch** *m* thrill of victory **siegessicher I.** *adj* certain [*or* assured] [*or* sure] of victory *pred;* **ein ~es Lächeln** a confident smile; ■ **~ sein** to be certain [*or* assured] [*or* sure] of victory [*or* winning] **II.** *adv* certain [*or* assured] [*or* sure] of victory; **~ lächelnd** with a confident smile
Siegeszug *m* MIL triumphal march; (*fig: gewaltiger Erfolg*) triumph
siegreich I. *adj* ❶ MIL victorious, triumphant ❷ SPORT winning *attr,* successful **II.** *adv* in triumph; **~ heimkehren** to return triumphant [*or* in triumph]; **~ aus etw** *dat* **hervorgehen** to emerge triumphant from sth
sieh, siehe (*geh*) *imper sing von* **sehen**
Siel <-[e]s, -e> *nt o m* NORDD sluice, floodgate
Sierra Leone <-s> *nt* Sierra Leone; *s. a.* **Deutschland**
Sierra-Leoner(in) <-s, -> *m(f)* Sierra Leonean; *s. a.* **Deutsche(r)**
sierra-leonisch *adj* Sierra Leonean; *s. a.* **deutsch**
Sievert <-s, -> *nt* PHYS sievert, Sv
siezen *vt* ■ **jdn/sich ~** to use the formal term of address to sb/each other, to address sb/each other as "Sie"
Sigel <-s, -> *nt* ❶ (*beim Stenographieren*) grammalogue [*or* AM -og] *spec,* logogram *spec* ❷ (*Abkürzung für Buchtitel*) short form, abbreviation
sigeln *vt* (*fachspr*) ■ **etw ~** to give sth an abbreviation; ■ **etw mit etw ~** to give sth the abbreviation sth
Sightseeing <-s> ['saitsiːɪŋ] *nt* sightseeing *no art;* **~ machen** to do some sightseeing
Sigle <-, -n> *f s.* **Sigel**
Signal <-s, -e> *nt* ❶ (*Zeichen*) signal; **das ~ zum Angriff/Start** the signal for the attack/start; [**mit etw** *dat*] [**ein**] **~ geben** to give a/the signal [with sth]; **mit der Hupe [ein] ~ geben** to sound the horn [as a/the signal]; **~e aussenden** to transmit signals ❷ BAHN signal; **ein ~ überfahren** to pass a signal at danger, to

S

overrun a signal ❸ *pl* (*geh: Ansätze*) signs; [**durch** [*o* **mit**] **etw** *dat*] **~e** [**für etw** *akk*] **setzen** (*geh*) to blaze a trail [for sth] [with sth]

Signalanlage *f* signals *pl*

signalisieren* *vt* ❶ (*durch Signale übermitteln*) ■ [**jdm**] **etw** ~ to signal sth [to sb] ❷ (*geh: zu verstehen geben*) ■ **jdm ~, dass ...** to give sb to understand that ...

Signallampe *f* ❶ (*Taschenlampe*) signalling [*or* AM signaling] lamp ❷ BAHN signal lamp **Signalmast** *m* signal mast [*or* post] **Signalwirkung** *f* signal

Signatar(in) <-s, -e> *m(f)* (*veraltet geh*) signatory (+*gen* to)

Signatur <-, -en> *f* ❶ (*in der Bibliothek*) shelf mark, classification number ❷ (*Kartenzeichen*) symbol ❸ (*geh: Unterschrift*) signature ❹ INFORM signature

Signet <-s, -s> [zɪˈgneːt, zɪˈgnɛt, zɪnˈjeː] *nt* printer's [*or* publisher's] mark; (*allgemein*) logo

signieren* *vt* ■ **etw** ~ to sign sth; (*bei einer Autogrammstunde*) to autograph sth; ■ **signiert** signed, autographed

Signierung <-, -en> *f* signing; (*bei einer Autogrammstunde*) autographing

signifikant *adj* (*geh*) ❶ (*bedeutsam*) significant ❷ (*charakteristisch*) characteristic, typical

Sikh <-s, -s> *m* Sikh

Silbe <-, -n> *f* syllable; **eine kurze/lange** ~ a short/long syllable; **auf etw** *akk* **mit keiner** ~ **eingehen** to not go into sth, to not say a word about sth; **etw mit keiner** ~ **erwähnen** not to mention sth at all, not to breathe [*or* say] a word about sth; **keine** ~ not one word; ***ich verstehe keine*** ~ I can't hear a word

Silbenrätsel *nt word game in which words are made up from a given list of syllables* **Silbentrennung** *f* LING syllabification; TYPO hyphenation

Silber <-s> *nt kein pl* ❶ METAL silver *no pl* ❷ (*Tafelsilber*) silver[ware] ❸ SPORT (*sl*) silver [medal]; ~ **holen** to win a silver [medal]

Silberbarren *m* silver bullion **Silberblick** *m* (*hum fam*) **einen** ~ **haben** (*fam*) to have a cast, to [have a] squint **silberfarben, silberfarbig** *adj* silver[-coloured] **Silberfischchen** *nt* silverfish **Silberfuchs** *m* ❶ (*Tierart*) silver fox ❷ (*Pelz*) [fur of the] silver fox **Silbergeld** *nt kein pl* silver *no pl* **silbergrau** *adj* silver[y]-grey [*or* AM -gray] **Silberhochzeit** *f* silver wedding [anniversary] **Silberlachs** *m* salmon trout BRIT **Silberlöwe** *m s.* **Puma Silbermedaille** *f* silver medal **Silbermöwe** *f* ORN herring gull

silbern *adj* ❶ (*aus Silber bestehend*) silver; **~es Besteck** silverware ❷ (*Farbe*) silver[y]

Silbernotierung *f* price of silver **Silberpappel** *f* white poplar, abele *spec* **Silberschmied(in)** *m(f)* silversmith **Silberstreif(en)** *m* silver line [*or* strip] ▶ WENDUNGEN: **ein** ~ **am Horizont** (*geh*) a ray of hope **silberweiß** *adj* silver-white, silvery white

silbrig I. *adj* silver[y] II. *adv* ~ **glänzen/schimmern** to have a silvery lustre [*or* AM -er] /sheen

Silhouette <-, -n> [ziˈlu̯ɛtə] *f* silhouette; *Stadt* skyline, outline[s *pl*]; **sich** *akk* **als** ~ **gegen etw** *akk* **abheben** to be silhouetted against sth

Silicium <-s> *nt s.* **Silizium**

Silikat <-[e]s, -e> *nt* silicate

Silikon <-s, -e> *nt* silicone

Silikose <-, -n> *f* MED silic[at]osis

Silizium <-s> *nt kein pl* silicon *no pl*

Silo <-s, -s> *m* silo

Silvaner <-s, -> [-ˈvaː-] *m* ❶ (*Rebsorte*) sylvaner [grape] ❷ (*Wein*) sylvaner [wine]

Silvester <-s, -> [-ˈvɛstɐ] *m o nt* New Year's Eve; (*in Schottland*) Hogmanay

Silvesterabend *m* New Year's Eve; (*in Schottland*) Hogmanay **Silvesterfeier** [-ˈvɛstɐ-] *f* New Year['s Eve] party **Silvesternacht** *f* night of New Year's Eve; (*in Schottland*) night of Hogmanay **Silvesterparty** *f* New Year's Eve party [*or* celebration]; (*in Schottland*) Hogmanay party

Simbabwe <-s> *nt* Zimbabwe; *s. a.* **Deutschland**

Simbabwer(in) <-s, -> *m(f)* Zimbabwean; *s. a.* **Deutsche(r)**

simbabwisch *adj* BRD, ÖSTERR Zimbabwean; *s. a.* **deutsch**

simpel I. *adj* ❶ (*einfach*) simple; **eine ~e Erklärung/Lösung/Methode** a simple [*or* straightforward] explanation/solution/method; ■ [**ganz**] ~ **sein** to be [really] simple [*or* straightforward]; ■ [**jdm**] **zu** ~ **sein** to be too simple [for sb] ❷ (*schlicht*) simple, plain [old *fam*] II. *adv* simply

simplifizieren* *vt* (*geh*) ■ **etw** ~ to simplify sth

Sims <-es, -e> *m o nt* (*Fenster~: innen*) [window]sill; (*Fenster~: außen*) [window] ledge; (*Ge~*) ledge; (*Kamin~*) mantlepiece

simsalabim *interj* hey presto

Simulant(in) <-en, -en> *m(f)* malingerer

Simulation <-, -en> *f* simulation

Simulator <-s, -toren> *m* simulator; LUFT, RAUM flight simulator

simulieren* I. *vi* to malinger, to pretend to be ill, to sham *pej*, to feign illness *liter* II. *vt* ❶ (*vortäuschen*) **eine Krankheit** ~ to pretend to be ill, to feign *liter* [*or pej* sham] illness; **Blindheit** ~ to pretend to be blind, to feign blindness *liter* ❷ SCI ■ **etw** ~ to [computer-form]simulate sth

simultan I. *adj* (*geh*) simultaneous II. *adv* (*geh*) simultaneously, at the same time; ~ **dolmetschen** simultaneous interpreting

Simultandolmetscher(in) *m(f)* simultaneous interpreter

sin. *Abk von* **Sinus** sinus

Sinai <-[s]> *m*, **Sinaihalbinsel** <-> *f* Sinai, the Sinai Peninsula

sind *1. und 3. pers pl von* **sein**

sine tempore *adv* SCH (*geh*) punctually

Sinfonie <-, -n> [-ˈniːən] *f* symphony

Sinfoniekonzert *nt* symphony concert **Sinfonieorchester** *nt* symphony orchestra

Singapur <-s> [ˈzɪŋgapuːɐ] *nt* Singapore

Singapurer(in) <-s, -> *m(f)* Singaporean; *s. a.* **Deutsche(r)**

singapurisch *adj* Singaporean; *s. a.* **deutsch**

Singdrossel *f* ORN song thrush

singen <sang, gesungen> I. *vi* ❶ MUS to sing; (*Vögel a.*) to carol *liter;* ■ **zu etw** ~ to sing to sth ❷ (*sl: gestehen*) to squeal *sl*, to sing *sl* II. *vt* ■ **etw** ~ to sing sth; ***das kann ich schon*** ~ (*fig fam*) I know it [all] backwards

Singerei <-> *f kein pl* (*fam*) singing *no pl*

Singhalesisch *nt dekl wie adj* Sinhalese, Sinhala; *s. a.* **Deutsch**

Singhalesische <-n> *nt* ■ **das** ~ Sinhalese, the Sinhalese language, Sinhala; *s. a.* **Deutsche**

Single[1] <-, -[s]> [ˈsɪŋgl] *f* (*Schallplatte*) single

Single[2] <-s, -s> [ˈsɪŋgl] *m* (*Ledige[r]*) single person

Single[3] <-, -[s]> *nt* SPORT singles + *sing vb*

Singsang <-s, -s> *m* [monotonous] singing [*or* chanting] [*or pej a.* droning]

Singschwan *m* ORN whooper swan **Singspiel** *nt* Singspiel *spec* **Singstimme** *f* vocal part, voice

Singular <-s, -e> *m* LING singular

Singvogel *m* songbird, passerine *spec*

sinister *adj* (*geh*) sinister

sinken <sank, gesunken> *vi sein* ❶ (*versinken*) to sink; *Schiff* to go down, to founder; **auf den Grund** ~ to sink to the bottom; **sich** *akk* ~ **lassen** to sink ❷ (*herabsinken*) to descend; *Sonne;* **sich** *akk* ~ **las-**

sen (*geh*) to go down ③ (*niedersinken*) to drop, to fall; **ins Bett** ~ to fall into bed; **zu Boden/auf ein Sofa** ~ to sink [*or* drop] to the ground/on[to] a sofa; **sich** *akk* **in den Sessel/in den Schnee** ~ **lassen** to sink into the armchair/snow; **die Hände** ~ **lassen** to let one's hands fall, to drop one's hands; **den Kopf** ~ **lassen** to hang [*or* droop] one's head; *s. a.* **Arm, Schlaf** ④ (*abnehmen*) to go down, to abate; *Fieber* to fall; *Wasserpegel, Verbrauch* to go down; ***die Temperatur sank auf 2 °C*** the temperature went down to 2°C; *Kurs, Preis* to fall, to drop, to be on the decline ⑤ (*schwinden*) to diminish, to decline; *Hoffnung* to sink; **den Mut** ~ **lassen** to lose courage ⑥ (*schlechter werden*) **in jds Achtung/Ansehen** ~ to go down [*or* sink] in sb's estimation/esteem, to lose sb's favour [*or* AM -or]; *s. a.* **tief**

Sinn <-[e]s, -e> *m* ① *meist pl* (*Organ der Wahrnehmung*) sense; **die fünf** ~**e** the five senses; **seine fünf** ~**e nicht beisammen haben** (*fam*) to not have [all] one's wits about one, to be not all there *fam;* **der sechste** ~ the sixth sense; **einen sechsten** ~ **für etw haben** to have a sixth sense for sth; ***bist du noch bei ~en?*** (*geh*) have you taken leave of your senses?, are you out of your mind?; **wie von** ~**en sein** (*geh*) to behave as if one were demented; **nicht mehr bei** ~**en sein, von** ~**en sein** (*geh*) to be out of one's [*fam* tiny] mind [*or* one's senses] ② *kein pl* (*Bedeutung*) meaning; (*von Wort a.*) sense; **im wahrsten** ~**e des Wortes** in the truest sense of the word; **im eigentlichen** ~**e** in the real [*or* literal] sense, literally; **im engeren/weiteren** ~**e** in a narrower/wider [*or* broader] sense; **der tiefere/verborgene** ~ the deeper/hidden sense [*or* implication]; **im übertragenen** ~**e** in the figurative sense, figuratively; **keinen** ~ **[er]geben** not to make [any] sense, to make no sense; ~ **machen** to make sense; **in gewissem** ~**e** in a certain sense, in a way; **in diesem** ~**e** in that respect ③ (*Zweck*) point; **der** ~ **des Lebens** the meaning of life; **einen bestimmten** ~ **haben** to have a particular purpose; **es hat keinen** ~**[, etw zu tun]** there's no point [in doing sth]; **etw ohne** ~ **und Verstand tun** to do something without rhyme or reason; **ohne** ~ **und Verstand sein** to make no sense at all, to be pointless ④ *kein pl* (*Verständnis*) ■**jds** ~ **für etw** sb's appreciation of sth; ~ **für etw haben** to appreciate sth; **keinen** ~ **für etw haben** to have no appreciation of sth, to fail to appreciate sth ⑤ (*Intention, Gedanke*) inclination; **in jds** *dat* ~ **handeln** to act according to sb's wishes [*or* as sb would have wished]; **jdn im** ~ **haben** to have sb in mind; **etw [mit jdm/etw] im** ~ **haben** to have sth in mind [with sb/sth]; ***sie hat irgend etwas im*** ~ she's up to something; **sich** *dat* **etw aus dem** ~ **schlagen** (*fam*) to put [all idea of] sth out of one's mind, to forget all about sth; **jdm in den** ~ **kommen** to come [*or* occur] to sb; **es will jdm nicht in den** ~**, dass jd/man etw tut** sb doesn't even think about sb's doing sth; ***so etwas will mir nicht in den ~!*** I won't even think about such a thing!; **anderen** ~**es sein** (*geh*) to have changed one's mind; **seinen** ~ **ändern** (*geh*) to change one's mind; **mit jdm eines** ~**es sein** (*geh*) to be of one mind *form,* to be of the same mind [as sb] *form;* **in jds** *dat* ~ **sein** to be what sb would have wished

Sinnbild *nt* symbol

sinnbildlich I. *adj* symbolic **II.** *adv* symbolically; **etw** ~ **verstehen** to understand sth as being [*or* to be] symbolic

sinnen <sann, gesonnen> *vi* (*geh*) ① (*nachgrübeln*) ■**[über etw** *akk***]** ~ to brood [*or* muse] [over sth], to ponder [[on] sth], to reflect [on sth]; ■~**d** brooding[ly], musing[ly], pondering[ly] ② (*trachten*) ■**auf etw** *akk* ~ to devise [*or sep* think of [*or* up]] sth; **auf Mord/Vergeltung/Verrat** ~ to plot murder/retribution/treason; **auf Rache** ~ to plot [*or* scheme] revenge; **jds S~ und Trachten** all sb's thoughts and energies

sinnentstellend I. *adj* distorting [the meaning *pred*]; ■~ **sein** to distort the meaning **II.** *adv* **etw** ~ **übersetzen** to render a distorted translation of sth, to render a translation which distorts the meaning of sth; **etw** ~ **wiedergeben** to give a distorted account of sth; **etw** ~ **zitieren** to quote sth out of context

Sinneseindruck *m* sensory impression, impression on the senses **Sinnesorgan** *nt* sense [*or* sensory] organ **Sinnestäuschung** *f* (*Illusion*) illusion; (*Halluzination*) hallucination **Sinneswahrnehmung** *f* sensory perception *no pl* **Sinneswandel** *m* change of heart [*or* mind] **Sinneszelle** *f* BIOL receptor cell

sinngemäß I. *adj* **eine** ~**e Wiedergabe einer Rede** an account giving the gist [*or* general sense] of a speech **II.** *adv* in the general sense; **etw** ~ **wiedergeben** to give the gist [*or* general sense] of sth

sinnieren* *vi* ■**[über etw** *akk***]** ~ to brood [*or* muse] [over sth], to ponder [[on] sth], to ruminate [about sth]

sinnig *adj* appropriate; **sehr** ~ (*iron*) how apt *iron*

sinnlich I. *adj* ① (*sexuell*) sexual, carnal *form;* ~**e Liebe** sensual [*or form* carnal] love ② (*sexuell verlangend*) sensual; (*stärker*) voluptuous ③ (*gern genießend*) sensuous, sensual ④ (*geh: die Sinne ansprechend*) sensory, sensorial; *s. a.* **Wahrnehmung II.** *adv* ① (*sexuell*) sexually ② (*mit den Sinnen*) sensuously

Sinnlichkeit <-> *f kein pl* sensuality *no pl, no art,* sensuousness *no pl, no art*

sinnlos *adj* ① (*unsinnig*) senseless; ~**e Bemühungen** futile efforts; ~**es Geschwätz** meaningless [*or* idle] gossip; ***das ist doch ~!*** that's futile! ② (*pej: maßlos*) frenzied; ~**er Hass** blind hatred; ~**e Wut** blind [*or* frenzied] rage; *s. a.* **betrunken**

Sinnlosigkeit <-, -en> *f* senselessness *no pl,* meaninglessness *no pl,* futility *no pl*

Sinnspruch *m* LIT aphorism **Sinnsuche** *f kein pl* search for a deeper meaning **sinnverwandt** *adj* synonymous **sinnvoll I.** *adj* ① (*zweckmäßig*) practical, appropriate ② (*Erfüllung bietend*) meaningful ③ (*eine Bedeutung habend*) meaningful, coherent **II.** *adv* sensibly

Sinologe, -login <-n, -n> *m, f* Sinologist

Sinologie <-> *f kein pl* Sinology *no pl*

Sinologin <-, -nen> *f fem form von* **Sinologe**

Sintflut *f* ■**die** ~ the Flood [*or form* Deluge] ▶ WENDUNGEN: **nach mir die** ~ (*fam*) who cares when I'm gone [*or* after I've gone]?

sintflutartig *adj* torrential

Sinti *pl* Manush, Sinti

Sinus <-, – *o* -se> *m* MATH sine

Siphon <-s, -s> ['zi:fõ, zi'fõ:, zi'fo:n] *m* ① TECH [anti-syphon *spec*] trap ② (*Sodawasser herstellend*) [soda] siphon [*or* syphon]

Sippe <-, -n> *f* ① SOCIOL [extended] family ② (*hum fam: Verwandtschaft*) family, relations *pl,* clan *fam*

Sippenhaft *f liability of a family for the* (*usu political*) *crimes or activities of one of its members*

Sippschaft <-, -en> *f* (*pej fam*) ① (*Sippe 2*) clan *fam,* tribe *hum fam,* relatives *pl* ② (*Pack*) bunch *fam*

Sirene <-, -n> *f* siren

Sirenengeheul *nt* wail of a siren/the siren[s]

sirren *vi* ① *haben* (*hell surren*) to buzz; ■**das S~** the buzzing ② *sein* (*sirrend fliegen*) to buzz; (*von Geschoss*) to whistle

Sirup <-s, -e> *m* ① (*Rübensaft*) syrup, treacle BRIT, molasses + *sing vb* AM ② (*dickflüssiger Fruchtsaft*) syrup

Sisal <-s> *m kein pl* sisal *no pl*

Sisalagave *f* sisal

S

sistieren* *vt* ① JUR (*festnehmen*) ■ **jdn** ~ to arrest [*or* apprehend] sb ② (*geh: unterbinden*) ■ **etw** ~ to suspend [*or form* stay] sth

Sisyphusarbeit ['zi:zyfʊs] *f* never-ending task [*or liter* Sisyphean task]

Sitcom <-, -s> *f* situation comedy, sitcom *fam*

Sitte <-, -n> *f* ① (*Gepflogenheit*) custom; [**bei jdm**] [**so**] ~ **sein** to be the custom [for sb]; ***es ist bei uns ~, …*** (*geh*) it is our custom [*or* it is customary with us] …; **nach alter** ~ traditionally ② *meist pl* (*Manieren*) manners *npl;* ***was sind denn das für ~n?*** (*veraltend*) what sort of a way is that to behave?; **gute ~n** good manners; ***das sind ja schöne ~n*** (*iron*) that's a nice way to behave *iron;* (*moralische Normen*) moral standards *pl* ③ (*sl: Sittendezernat*) vice squad ► WENDUNGEN: **andere Länder, andere ~n** other countries, other customs

Sittenapostel *m* (*iron*) moralizer [*or* BRIT *a.* -iser] *pej* **Sittendezernat** *nt* vice squad **Sittengeschichte** *f* history of customs **sittenlos** <-er, -este> *adj* immoral **Sittenlosigkeit** <-, -en> *f* immorality **Sittenpolizei** *f kein pl* vice squad **sittenstreng** *adj* (*veraltend*) highly moral, having high moral standards **Sittenstrolch** *m* (*pej veraltend*) sex fiend *pej* **Sittenverfall** *m kein pl* decline in moral standards **sittenwidrig** *adj* immoral, unethical, contra bonos mores *spec*

Sittich <-s, -e> *m* parakeet

sittlich *adj* (*geh*) moral; **~e Verwahrlosung** moral depravity

Sittlichkeit <-> *f kein pl* (*veraltend geh*) morality; **öffentliche** ~ public decency

Sittlichkeitsverbrechen *nt* sex crime

Situation <-, -en> *f* situation; (*persönlich a.*) position; **sich** *akk* **in einer schwierigen** ~ **befinden** to be in a difficult situation [*or* position]

situiert *adj pred* (*geh*) **entsprechend** ~ **sein** to have the means; **gut/schlecht** ~ **sein** to be comfortably off [*or* well-off]/badly off

Sitz <-es, -e> *m* ① (*~gelegenheit*) seat; (*auf einem Holzstamm a.*) perch ② (*~fläche*) seat; **den** ~ [**eines Stuhls**] **neu beziehen** to reseat a chair ③ (*Amts~*) seat; *Verwaltung* headquarters + *sing/pl vb; Unternehmen* head office; *Universität* seat; (*Hauptniederlassung*) principal establishment ④ *kein pl* (*Passform*) sit; (*bezüglich Größe*) fit; **einen bequemen/richtigen** ~ **haben** to sit comfortably/correctly/to be a comfortable/correct fit

Sitzbad *nt* hipbath; MED sitz bath; **ein** ~ **nehmen** to wash [oneself] in a hipbath [*or* sitz bath] **Sitzbadewanne** *f* hipbath; MED sitz bath **Sitzbank** *f* (*geh*) bench **Sitzblokade** *f* sit-in **Sitzecke** *f* seating corner

sitzen <saß, gesessen> *vi haben o* SÜDD, ÖSTERR, SCHWEIZ *sein* ① (*sich gesetzt haben*) to sit; (*von Insekt*) to be; (*von Vogel*) to perch; **gut** ~ to be comfortable [*or* sitting comfortably]; ■ **das S~** sitting; **im S~** when seated, sitting down, in/from a sitting position; [***bitte***] ***bleib/ bleiben Sie ~!*** [please] don't get up; (*stärker, a. form*) [please] remain seated; *s. a.* **Ferse** ② (*~d etw tun*) **beim Essen** ~ to be having a meal; **beim Kartenspiel/Wein** ~ to sit playing cards/over a glass of wine ③ (*beschäftigt sein*) ■ **an etw** *dat* ~ to sit [*or* pore] over sth; **an einer Arbeit** ~ to sit over a piece of work ④ (*beschäftigt sein*) to have a seat (**in** +*dat* on); ***er sitzt im Vorstand*** he has a seat on the management board ⑤ (*fam: inhaftiert sein*) to do time *fam,* to be inside *fam;* **vier Jahre** ~ to do four years *fam* ⑥ (*seinen Sitz haben*) to have its headquarters; (*von Gericht*) to sit ⑦ (*angehören*) ■ **in etw** *dat* ~ to be, to sit (**in** +*dat* on); **in der Regierung** ~ to be with the government ⑧ (*angebracht o befestigt sein*) to be [installed]; (*von Bild*) to be [hung]; **locker/schief** ~ to be loose/lopsided ⑨ (*stecken*) ■ **in etw** *dat* ~ to be in sth; ***ihr sitzt der Schreck noch in den Gliedern*** (*fig*) her knees are still like jelly ⑩ (*Passform haben*) to sit; ***sitzt die Fliege korrekt?*** is my bow-tie straight? ⑪ MED (*von etw ausgehen*) to be [located [*or* situated]] ⑫ (*treffen*) to hit [*or* strike] home ⑬ SCH [**in Mathe/Englisch** *fam*] ~ **bleiben** *dat* to repeat a year [in maths [*or* AM math]/English], to stay down [a year] [in maths/English] BRIT; **jdn** ~ **lassen** (*fam*) to keep sb down [a year], to hold sb back [a year] AM ⑭ (*nicht absetzen können*) **auf etw** *dat* ~ **bleiben** to be left with [*or fam* be sitting on] sth ► WENDUNGEN: **einen** ~ **haben** (*fam*) to have had one too many; **jdn** ~ **lassen** (*fam: im Stich lassen*) to leave sb in the lurch; (*versetzen*) to stand sb up *fam;* (*nicht heiraten*) to jilt [*or* walk out on] sb; **etw nicht auf sich** *dat* ~ **lassen** not to take [*or* stand for] sth

sitzend **I.** *adj attr* sedentary **II.** *adv* sitting [down], in/from a sitting position

Sitzfleisch *nt kein pl* ① (*hum fam: Gesäß*) back side *fam,* derrier *hum* ② (*fam: Beharrlichkeit*) ability to sit still [*or fam* on one's back side]; **kein** ~ **haben** to be restless, to be constantly rushing [*or* BRIT *fam* faffing] [*or* AM around] about; ~ **haben** *Gäste* to be eager to stay a long time **Sitzgelegenheit** *f* seats *pl,* seating [accommodation]; (*Stein, Kiste*) seat, perch **Sitzkissen** *nt* ① (*Auflage*) [seat] cushion ② (*Sitzmöbel*) [floor] cushion **Sitzordnung** *f* seating plan **Sitzplatz** *m* seat **Sitzreihe** *f* row [of seats]; (*in Theater*) tier **Sitzstreik** *m* sit-in

Sitzung <-, -en> *f* ① (*Konferenz*) meeting, conference; **zu einer** ~ **zusammentreten** to gather for a meeting, to meet; (*im Parlament*) [parliamentary] session; **außerordentliche** ~ special session; **eine** ~ **anberaumen** to fix a date [*or* to appoint a day] for a [parliamentary] session ② MED (*Behandlung*) visit ③ (*Porträtstunde*) sitting ④ (*spiritistische* ~) séance

Sitzungsperiode *f* POL [parliamentary] session; JUR term **Sitzungssaal** *m* conference hall

Sitzverteilung *f* POL distribution of seats

Sixpack <-s, -s> ['sɪkspɛk] *m* six-pack; **etw im** ~ **kaufen** to buy a six-pack of sth; (*öfter*) to buy sth in six-packs

Sizilianer(in) <-s, -> *m(f)* Sicilian; *s. a.* **Deutsche(r)**

sizilianisch *adj* ① (*Sizilien betreffend*) Sicilian; *s. a.* **deutsch 1** ② LING Sicilian; *s. a.* **deutsch 2**

Sizilien <-s> [zi'tsi:li̯ən] *nt* Sicily; *s. a.* **Deutschland**

Skabiose <-, -n> *f* BOT scabious

Skala <-, Skalen *o* -s> *f* ① (*Maßeinteilung*) scale; **runde** ~ dial ② (*geh: Palette*) range, gamut *no indef art*

Skalp <-s, -e> *m* scalp

Skalpell <-s, -e> *nt* scalpel

skalpieren* *vt* ■ **jdn** ~ to scalp sb

Skandal <-s, -e> *m* scandal; ***das ist ja ein ~!*** that's scandalous [*or* a scandal]!; **einen** ~ **machen** (*fam*) to kick up a fuss [*or* BRIT *fam* row]

skandalös **I.** *adj* scandalous, outrageous, shocking **II.** *adv* outrageously, shockingly

skandalträchtig *adj* potentially scandalous

skandieren* *vt* (*geh*) ■ **etw** ~ to chant sth; **Verse** ~ to scan verse

Skandinavien <-s> [-'na:vi̯ən] *nt* Scandinavia

Skandinavier(in) <-s, -> [-'na:vi̯ɐ] *m(f)* Scandinavian

skandinavisch [-'na:vɪʃ] *adj* Scandinavian

Skarabäus <-, Skarabäen> *m* ① ZOOL dung beetle, scarab [beetle] *spec* ② (*Nachbildung des* ~) scarab[aeus *spec*]

Skat <-[e]s, -e> *m* KARTEN skat; ~ **spielen** to play skat

Skateboard <-s, -s> ['ske:tbɔ:d] *nt* skateboard; ~

fahren to skateboard

skaten ['ske:tn] *vi* (*fam*) to blade *fam*

Skatspiel *nt* pack of skat cards **Skatspieler(in)** *m(f)* skat player

Skelett <-[e]s, -e> *nt* skeleton; **zum ~ abgemagert sein** (*fig*) to be nothing but skin and bone; **das reinste** [*o* **nur noch ein**] **~ sein** (*fig fam*) to be little more than a skeleton

Skepsis <-> *f kein pl* scepticism BRIT, skepticism AM; **mit/voller ~** sceptically; **etw** *dat* **mit ~ begegnen** to be very sceptical about sth

Skeptiker(in) <-s, -> *m(f)* sceptic BRIT, skeptic AM; **eingefleischter ~** confirmed sceptic

skeptisch **I.** *adj* sceptical BRIT, skeptical AM; ■**~ sein**[**, ob ...**] to be sceptical [whether ...] **II.** *adv* sceptically BRIT, skeptically AM

Sketch <-[es], -e[s]> [skɛtʃ] *m* sketch

Ski <-s, – *o* -er> [ʃi:, 'ʃi:ɐ] *m* ski; **~ laufen** [*o* **fahren**] to ski

Skianzug *m* ski suit **Skiausrüstung** *f* ski equipment **Skibrille** *f* ski goggles *npl*

Skier ['ʃi:ɐ] *pl von* **Ski**

Skifahren ['ʃi:-] *nt kein pl* skiing *no pl, no art;* [**zum**] **~ gehen** to go skiing **Skifahrer(in)** *m(f)* skier **Skigebiet** *f* ski[ing] area **Skigymnastik** *f kein pl* skiing exercises *pl* **Skihose** *f* pair of ski pants, ski pants *pl* **Skikurs** *m* skiing course [*or* lessons *pl*] **Skilanglauf** *m kein pl* cross-country skiing *no pl, no art* **Skilauf** *m kein pl* skiing *no pl, no art* **Skiläufer(in)** *m(f)* skier **Skilehrer(in)** *m(f)* ski instructor **Skilift** *m* ski lift **Skimütze** *f* ski cap

Skinhead <-s, -s> ['skɪnhɛd] *m* skinhead, skin *fam*

SkinnerboxRR *f,* **Skinner-Box** *f* BIOL, PSYCH Skinner box

SkipassRR *m* ski pass **Skipiste** *f* ski-run **Skisport** *m kein pl* skiing *no pl, no art* **Skispringen** *nt kein pl* ski jumping *no pl, no art* **Skispringer(in)** *m(f)* ski jumper **Skistiefel** *m* ski boot **Skistock** *m* ski stick **Skiträger** *m* AUTO ski rack [*or* carrier] **Skiurlaub** *m* skiing holiday

Skizze <-, -n> *f* ① (*knappe Zeichnung*) sketch, rough drawing [*or* plan] ② (*kurze Aufzeichnung*) sketch

Skizzenblock <-blöcke> *m* sketch[ing] pad

skizzenhaft **I.** *adj* ① (*einer Skizze ähnelnd*) roughly sketched ② (*in Form einer Skizze*) rough **II.** *adv* **etw ~ beschreiben/festhalten/zeichnen** to give a rough description of sth/to put sth down in outline/to sketch sth roughly

skizzieren* *vt* ① (*umreißen*) ■[**jdm**] **etw** *akk* **~** to outline sth [for sb]; **etw knapp ~** to give the bare bones of sth ② (*als Skizze 1 darstellen*) ■**etw ~** to sketch sth

Skizzierung <-, *selten* -en> *f* ① (*Umreißung*) outlining ② (*skizzenhaftes Darstellen*) sketching

Sklave, Sklavin <-n, -n> [-və] *m, f* slave; **~n halten** to keep slaves; **jdn zum ~ machen** to make a slave of [*or* to enslave] sb; ■**~ einer S.** *gen* **sein** to be a slave to a thing; ■**zum ~n einer S.** *gen* **werden** to become a slave to a thing; ■**sich** *akk* **zum ~ einer S.** *gen* **machen** to become a slave to a thing

Sklavenarbeit *f* ① (*pej fam: Schufterei*) slave labour [*or* AM -or], drudgery ② (*von Sklaven geleistete Arbeit*) slave labour [*or* AM -or] **Sklavenhalter(in)** *m(f)* (*hist*) slave keeper; (*pej, fig: herrschsüchtiger Mensch*) tyrant **Sklavenhandel** [-vən-] *m kein pl* slave trade *no pl* **Sklavenhändler(in)** *m(f)* slave trader, slaver **Sklaventreiber(in)** *m(f)* (*pej fam*) slave driver *pej fam*

Sklaverei <-, -en> [-və-] *f* slavery *no art;* **jdn in die ~ führen** to enslave sb, to make sb a slave; **jdn in die ~ verkaufen** to sell sb into slavery

Sklavin <-, -nen> *f fem form von* **Sklave**

sklavisch [-vɪʃ] (*pej*) **I.** *adj* slavish, servile **II.** *adv* slavishly, with servility

Sklerose <-, -n> *f* sclerosis; **multiple ~** multiple sclerosis, MS

Skonto <-s, -s *o* Skonti> *nt o m* [cash] discount, discount [for cash]; [**jdm**] **~** [**auf etw** *akk*] **geben** [*o geh* **gewähren**] to give [*or* award] sb a [cash] discount/discount for cash [on sth]; **5 % ~ gewähren** (*geh*) to allow a 5 % discount, to take 5 % off the price

Skorbut <-[e]s> *m kein pl* scurvy *no pl,* scorbutus *no pl spec*

Skorpion <-s, -e> *m* ① ZOOL scorpion ② ASTROL (*Tierkreiszeichen*) Scorpio; (*im ~ Geborener*) Scorpion; **ein ~ sein** to be a Scorpio

Skript <-[e]s, -en> *nt* ① SCH set of lecture notes, lecture notes *pl* ② (*schriftliche Vorlage*) transcript ③ FILM [film] script

Skrotum <-s, Skrota> *nt* MED (*fachspr*) scrotum

Skrupel <-s, -> *m meist pl* scruple, qualms *pl;* **~ haben** to have [one's] scruples, to have qualms; **keine ~ haben** [*o* **kennen**] to have [*or* know] no scruples, to have no qualms; [**keine**] **~ haben, etw zu tun** to have [no] qualms about doing sth; **ohne** [**jeden**] [*o* **den geringsten**] **~** without any qualms [*or* the slightest scruple]

skrupellos (*pej*) **I.** *adj* unscrupulous **II.** *adv* without scruple

Skrupellosigkeit <-> *f kein pl* (*pej*) unscrupulousness

Skua <-, -s> *f* ORN skua

Skulptur <-, -en> *f* ① (*Plastik*) [piece of] sculpture ② *kein pl* (*Bildhauerkunst*) sculpture

Skunk <-s, -s *o* -e> *m* skunk

skurril *adj* (*geh*) bizarre

S-Kurve ['ɛskʊrvə] *f* S-bend, double bend; **scharfe ~** double hairpin bend [*or* AM turn]

SkysurfingRR, **Sky Surfing** ['skaɪs rfiŋ] *nt* SPORT sky surfing

Slalom <-s, -s> *m* slalom; **~ fahren** (*fam*) to career [from side to side]

Slang <-s> [slɛŋ] *m kein pl* LING ① (*saloppe Umgangssprache*) slang *no art* ② (*Fachjargon*) jargon

Slapstick <-s, -s> *m* slapstick [comedy]

Slawe, Slawin <-n, -n> *m, f* Slav; *s. a.* **Deutsche(r)**

slawisch *adj* Slav[on]ic; *s. a.* **deutsch 1, 2**

Slawist(in) <-en, -en> *m(f)* Slav[onic]ist

Slawistik <-> *f kein pl* Slavonic studies + *sing vb*

Slawistin <-, -nen> *f fem form von* **Slawist**

Slide Show <-, -s> ['slaɪdʃo:] *f* INET slide show

Slip <-s, -s> *m* panties *pl*

Slipeinlage *f* panty liner

Slipper <-s, -> *m* slip-on [shoe]

Slogan <-s, -s> ['slo:gn] *m* slogan; (*einer Partei a.*) catchword

Slowake, Slowakin <-n, -n> *m, f* Slovak; *s. a.* **Deutsche(r)**

Slowakei <-> *f* ■**die ~** Slovakia; *s. a.* **Deutschland**

Slowakin <-, -nen> *f fem form von* **Slowake**

slowakisch *adj* Slovak[ian]; *s. a.* **deutsch 1, 2**

Slowakisch *nt dekl wie adj* Slovak; *s. a.* **Deutsch**

Slowakische <-n> *nt* ■**das ~** Slovak, the Slovak language; *s. a.* **Deutsche**

Slowene, Slowenin <-n, -n> *m, f* Slovene; *s. a.* **Deutsche(r)**

Slowenien <-s> [slo've:niən] *nt* Slovenia; *s. a.* **Deutschland**

Slowenin <-, -nen> *f fem form von* **Slowene**

slowenisch *adj* Slovenian, Slovene; *s. a.* **deutsch**

Slowenisch *nt dekl wie adj* Slovene; *s. a.* **Deutsch**

Slowenische <-n> *nt* ■**das ~** Slovene, the Slovene language; *s. a.* **Deutsche**

Slum <-s, -s> [slam] *m* slum

Smalltalk, Small Talk <-> ['smɔːltɔːk] *m kein pl* (*geh*) small talk *no pl*

Smaragd <-[e]s, -e> *m* emerald, smaragd *spec*

Smaragdarmband *nt* emerald bracelet **Smaragdbrosche** *f* emerald brooch **Smaragdcollier** *nt* emerald necklace

smaragden *adj* (*geh*) emerald *attr,* of emeralds *pred*

smaragdgrün **I.** *adj* emerald[-green] **II.** *adv* like emerald

smart *adj* ❶ (*elegant*) chic ❷ (*clever*) smart

Smartcard <-, -s> *f s.* **SmartCard**

Smiley <-s, -s> ['smaɪlɪ] *m* smiley, smilie

Smog <-[s], -s> *m* smog

Smogalarm *m* smog alert; ~ **Stufe II** smog warning level 2

Smoking <-s, -s> *m* dinner jacket, dj *fam,* tuxedo AM, tux AM *fam*

Snack <-s, -s> ['snæk] *m* KOCHK (*fam*) snack

Snob <-s, -s> *m* (*pej*) snob *pej*

Snobismus <-> *m kein pl* (*pej*) snobbery *pej,* snobbishness *no pl pej*

snobistisch *adj* (*pej*) snobby *pej,* snobbish *pej*

Snowboard <-s, -s> ['snoːbɔːd] *nt* snowboard

snowboarden ['snoːbɔːdiŋ] *vi* snowboard

so **I.** *adv* ❶ *mit adj und adv* (*derart*) so; ~ **viel** as much; ~ **viel wie** as much as; ~ **viel wie nötig** as much as is necessary; ~ **viel wie etw sein** to be tantamount [*or* to amount] to sth; ~ **weit** (*fam*) on the whole, as far as it goes; ***das ist ~ weit richtig, aber …*** on the whole that is right, but …, that is right as far as it goes, but …; ~ **weit sein** (*fam*) to be ready; ***das Essen ist gleich ~ weit*** dinner will soon be ready [*or* served]; ***~ weit das Auge reicht*** as far as the eye can see; ***es war ~ kalt/spät, dass …*** it was so cold/late that …; ***du bist ~ alt/groß wie ich*** you are as old/big as me [*or* I am]; ~ **wenig wie möglich** as little as possible; ***es ist ~, wie du sagst*** it is [just] as you say; ***mach es ~, wie ich es dir sage*** [just] do what I tell you; ***dass es ~ lange regnen würde, …*** that it could rain for so long …; *s. a.* **halb, doppelt** ❷ *mit vb* (*derart*) ***sie hat sich darauf so gefreut*** she was so [very] looking forward to it; ***es hat so geregnet, dass …*** it rained so heavily that …; ***ich habe mich ~ über ihn geärgert!*** I was so angry with him; ~ **sehr, dass …** to such a degree [*or* an extent] that … ❸ (*auf diese Weise*) [just] like this/that, this/that way, thus *form;* ***~ musst du es machen*** this is how you must do it [*or* how to do it]; ***es ist [vielleicht] besser ~*** [perhaps] it's better that way; ***das war sehr klug ~*** that was very clever of you/him/her etc.; ***~ ist das eben/nun mal*** (*fam*) that's [*or* you'll just have to accept] the way things are; ***~ ist das [also]!*** so that's your/his/her etc. game[, is it]!; ***ist das ~?*** is that so?; ***~ ist es*** that's right; ***~, als ob …*** as if …; ***mir ist ~, als ob …*** I think [*or* feel] [that] …; ~ **oder ~** either way, in the end; **und ~ weiter [und ~ fort]** et cetera[, et cetera], and so on and so forth; ***…, ~ der Bundeskanzler in seiner Rede*** …, according to the Federal Chancellor in his speech; ~ **genannt** so-called; *s. a.* **doch, gut, nur** ❹ (*solch*) ■~ **ein[e]** … such a/an …; ***~ eine blöde Gans!*** what a silly goose!; ***~ etwas Dummes/Peinliches, ich habe es vergessen*** how stupid of/embarrassing for me, I've forgotten it; ***~ etwas Dummes habe ich noch nie gehört!*** I've never heard of such a stupid thing; ~ **etwas** such a thing; ***~ etwas sagt man nicht*** you shouldn't say such things [*or* such a thing]; **[na] ~ [et]was!** well I never!; (*als Erwiderung a.*) [what] you don't say! *a. iron;* ***na ~ was!*** (*fam*) really? *a. iron;* ~ **manche[r]** a number of [*or* quite a few] people ❺ (*fam: etwa*) ***wir treffen uns ~ gegen 7 Uhr*** we'll meet at about 7 o'clock [*or* at 7 o'clock or so] [*or* thereabouts] ❻ (*fam*) **und/oder ~** or so; ***wir gehen was trinken und ~*** we'll go and have a drink or something; ***ich fahre um 5 oder ~*** I'm away at 5 or so ❼ (*wirklich*) ich habe solche Kopfschmerzen — ~?, I have such a headache — have you [*or* really]?; ***er kommt bestimmt! — ~, meinst du?*** he must be coming! — you think so? ❽ (*fam: umsonst*) for nothing **II.** *konj* ❶ (*konsekutiv*) ■~ **dass,** ■**sodass** ÖSTERR so that; ***er versetzte ihm einen schweren Schlag, ~ dass er taumelte*** he dealt him a heavy blow, causing him to stagger ❷ (*obwohl*) ***so leid es mir auch tut*** as sorry as I am; ***~ peinlich ihr das auch war, …*** as embarrassing as it was to her, … **III.** *interj* ❶ (*also*) so, right; ***~, jetzt gehen wir …*** right, let's go and …, well ❷ (*siehst du*) [well] there we/you have it ❸ (*ätsch*) so there! ❹ **~, ~!** (*fam*) [what] you don't say! *a. iron,* is that a fact? *iron; s. a.* **ach IV.** *pron* ❶ (*nachdrücklich*) ***~ komm doch endlich!*** do get a move on[, will you]! ❷ (*beiläufig*) ***was machst du ~ den ganzen Tag?*** so what are you doing all day?

s.o. *Abk von* **siehe oben**

SO *Abk von* **Südosten** SE

sobald *konj* as soon as

Söckchen <-s, -> *nt dim von* **Socke**

Socke <-, -n> *f* sock ▶ WENDUNGEN: **sich auf die ~n machen** (*fam*) to put a sock in it *fam,* to get a move on *fam;* **von den ~n sein** (*fam*) to be flabbergasted [*or* BRIT *fam* gobsmacked]; ***da bist du von den ~n!*** that's knocked you for six!

Sockel <-s, -> *m* ❶ (*Pedestal*) plinth, pedestal, socle *spec* ❷ (*von Gebäude*) plinth, base course AM *spec* ❸ (*Schraubteil*) holder

Sockelbetrag *m* ÖKON basic amount [*or* sum]

Socken <-s, -> *m* SÜDD, ÖSTERR, SCHWEIZ (*Socke*) sock

Soda <-s> *nt kein pl* ❶ CHEM soda, sodium carbonate *spec* ❷ (*Sodawasser*) soda [water]

sodann *adv inv* (*veraltend*) ❶ (*dann, darauf, danach*) thereupon *old form* ❷ (*ferner, außerdem*) further

sodass[RR] *konj* ÖSTERR (*so*) so that

Sodawasser *nt* soda [water]

Sodbrennen *nt* heartburn, [gastric] pyrosis *spec*

Sode <-, -n> *f* sod, [piece of] turf

Sodomie <-> *f kein pl* sodomy *no pl, no art*

soeben *adv* (*geh*) ❶ (*gerade zuvor*) just [this minute [*or* moment]]; ***er hat ~ das Haus verlassen*** he has just [this minute [*or* moment]] left the building ❷ (*gerade*) just; ***es ist ~ 20 Uhr*** it has just turned eight

Sofa <-s, -s> *nt* sofa, settee *esp* BRIT

Sofakissen *nt* sofa cushion

sofern *konj* if, provided that; ~ **es dir keine/nicht zu viel Mühe macht** provided it's no/if it isn't too much trouble to you

soff *imp von* **saufen**

Sofia <-s> *nt* Sofia

sofort *adv* immediately, forthwith *form,* at once, [right] now, this instant; ***komm sofort her!*** come here this instant!

Sofortbildkamera *f* instant camera, instamatic *fam* **Soforthilfe** *f* emergency relief [*or* aid] *no art* **Soforthilfeprogramm** *nt* emergency relief [*or* aid] programme [*or* AM -am]

sofortig *adj* immediate, instant; ~**e Bestrafung** summary punishment; **mit ~er Wirkung** immediately effective *pred*

Sofortlieferung *f* immediate delivery **Sofortmaßnahme** *f* immediate measure [*or* action]; **~n ergreifen** to take immediate action

Softdrink <-s, -s> *m* soft drink **Softeis** *nt* soft [*or* BRIT whipped] ice cream

Softie <-s, -s> *m* (*fam*) softie *fam,* softy *fam*

Softporno ['sɔft-] *m* TV (*Erotikfilm*) soft[-core] porn

[film]

Software <-, -s> ['sɔftvɛ:ɐ] *f* software

Softwarefehler *m* program error **Softwarehersteller** ['zɔftvɛ:ɐ-] *m* software manufacturer, software house **Softwarepaket** *nt* software package

sog *imp von* **saugen**

sog. *adj Abk von* **so genannt**

Sog <-[e]s, -e> *m* suction; (*von Flugzeug*) slipstream; (*von Brechern*) undertow

sogar *adv* (*emph*) even, no less; ***danach war mir ~ noch schlechter*** after that I felt even more sick; ***~ mein Bruder kam*** even my brother came; ***die zweite Prüfung war ~ schwerer als die erste*** the second exam was even more difficult than the first; ***er ist krank, ~ schwer krank*** he is ill, in fact seriously so

sogleich *adv* (*geh*) *s.* **sofort**

Sohle <-, -n> *f* ① (*Schuh~*) sole; **~n aus Leder** leather soles; **sich** *akk* **an jds ~n heften** [*o fam* **hängen**] to dog sb's heels [*or* every step] ② (*Fuß~*) sole [of the/one's foot], planta *spec;* **mit nackten ~n** barefoot; **sich** *akk* **die ~n nach etw** *dat* **ablaufen** (*fam*) to walk one's legs off looking for sth ③ (*Einlege~*) insole ④ (*eines Tals o. ä.*) bottom ▸ WENDUNGEN: **eine kesse** [*o* **tolle**] **~ aufs Parkett legen** (*hum fam*) to trip the light fantastic BRIT *hum;* **auf leisen ~** noiselessly, softly

Sohn <-[e]s, Söhne> *m* son; **na, mein ~** (*fam*) well, son[ny]; **der ~ Gottes** the Son of God; **der verlorene ~** the prodigal son

Söhnchen <-s, -> *nt* (*fam*) *dim von* **Sohn** ① (*kleiner Sohn*) baby son ② (*Bürschchen*) ■ [**mein**] **~** sonny

Sohnemann <-s> *m kein pl* DIAL (*fam*) son

Soja <-s, -jen> *meist sing f* soy *no pl,* soya *no pl* BRIT

Sojabohne *f* soybean, soya bean BRIT **Sojabohnenkeime** *pl* bean sprouts *pl* **Sojamehl** *nt* soy[a BRIT] flour **Sojamilch** *f kein pl* soy milk *no pl* **Sojaöl** *nt* soy [*or* BRIT soya] oil **Sojasoße** *f* soy[a BRIT] sauce

solang(e) *konj* as [*or* so] long as; ***~ wir noch hier sind …*** so long as we're still here …; ***~ sie noch zur Schule geht …*** while she still goes to school …

Solarenergie *f* solar energy

Solarium <-s, -ien> [-riən] *nt* solarium

Solarkollektor *m* solar panel

Solarplexus <-, -> *m* solar [*or spec* coeliac] plexus

Solarstrom *m* solar[-generated] electricity **Solartechnik** *f* solar [cell] technology **Solarzelle** *f* solar cell

Solbad *nt* ① (*Badeort*) salt[-]water spa ② (*medizinisches Bad*) salt[-]water [*or* brine] bath

Solberfleisch *nt* KOCHK *dish of cured pig's mouth, neck, ears, trotters and spine*

solch *adj inv* (*geh*) such; **~ ein Mann** such a man, a man like this/that/yours etc.; ***~ ein Luder!*** what a brat!; **~ feiner Stoff** material as fine as this

solche(r, s) *adj* ① *attr* such; **~e Frauen** such women, women like that; **eine ~e Frechheit** such impertinence; ***sie hatte ~ Angst …*** she was so afraid … ② *substantivisch* (*~ Menschen*) such people, people like that; (*ein ~r Mensch*) such a person, a person like this/that; **~ wie wir** people like us; **~, denen man nichts recht machen kann** people for whom one can do nothing right; **nicht ein ~r/eine ~ sein** not to be like that, not to be of that ilk *a. pej;* **als ~[r, s]** as such, in itself; **der Mensch als ~r** man as such; **es gibt ~ und ~ Kunden** there are customers and customers

solcherlei *adj attr inv* (*geh*) such; **~ Dinge** such things, things like that

Sold <-[e]s> *m kein pl* MIL pay; **in jds ~ stehen** (*geh*) to be in sb's pay

Soldat(in) <-en, -en> *m(f)* soldier; ■ **~ sein** to be a soldier [*or* in the army]; ■ **~ werden** to join the army, to join up *fam,* to become a soldier; **~ auf Zeit** soldier serving for a set time; **~ spielen** to play [at] soldiers *a. pej*

Soldatenfriedhof *m* military cemetery

Soldateska <-, -tesken> *f* (*pej*) band of soldiers

Soldatin <-, -nen> *f fem form von* **Soldat**

soldatisch **I.** *adj* military **II.** *adv* like a [true] soldier

Soldbuch *nt* HIST military paybook

Söldner(in) <-s, -> *m(f)* mercenary

Sole <-, -n> *f* brine, salt water

Solei *nt* pickled [hard-boiled] egg

Solequelle *f* salt[-]water spring

Soli *pl von* **Solo**

solid *adj s.* **solid(e)**

solid(e) **I.** *adj* ① (*haltbar, fest*) solid; **~e Kleidung** durable [*or* hard-wearing] clothes *npl;* **~es Möbel** solid [*or* sturdy] furniture ② (*fundiert*) sound, thorough; **eine ~e Ausbildung** a sound education ③ (*untadelig*) respectable, steady-going; **ein ~es Leben** a steady life ④ (*finanzkräftig*) solid, sound, well-established *attr;* (*zuverlässig, seriös*) sound **II.** *adv* ① (*haltbar, fest*) **~ gebaut** solidly constructed ② (*untadelig*) respectably; **~ leben** to lead a steady life, to live respectably

Solidarbeitrag *m* contribution to social security **Solidargemeinschaft** *f* mutually supportive group; (*die Gesellschaft*) caring society

solidarisch **I.** *adj* **eine ~e Haltung** an attitude of solidarity; **jds ~es Verhalten** sb's show of solidarity; **sich** *akk* [**mit jdm/etw**] **~ erklären** to declare one's solidarity [with sb/sth]; **sich** *akk* **mit jdm ~ fühlen** to feel solidarity with sb **II.** *adv* in solidarity; **sich** *akk* **~ verhalten** to show one's solidarity

solidarisieren* *vr* ■ **sich** *akk* [**mit jdm/etw**] **~** to show [one's] solidarity [with sb/sth]

Solidarität <-> *f kein pl* solidarity; **aus ~** out of solidarity

Solidaritätsbeitrag *m* POL *s.* **Solidaritätszuschlag** **Solidaritätsstreik** *m* sympathy strike **Solidaritätszuschlag** *m* POL *additional pay deduction to finance the economic rehabilitation of Eastern Germany*

Solidarpakt *m* POL solidarity agreement

Solidität <-> *f kein pl* (*geh*) solidness, soundness

Solist(in) <-en, -en> *m(f)* MUS soloist

Solitär <-s, -e> *m* ① (*Edelstein*) solitaire [diamond], diamond solitaire ② (*Gehölz*) specimen [bush] ③ *kein pl* (*Brettspiel*) solitaire

Soll <-[s], -[s]> *nt* ① (*~seite*) debit side; **~ und Haben** (*veraltend*) debit and credit; [**mit etw** *dat*] [**hoch**] **im ~ sein/ins ~ geraten** to be [deep] in/to go [*or* slide] [deeply] into the red [by sth] ② (*Produktionsnorm*) target; [**X %**] **unter dem/seinem ~ bleiben** to fall short of the/one's target [by X %]; **ein/sein ~ erfüllen** to reach a/one's target

sollen **I.** *vb aux* <sollte, ~> *modal* ① (*etw zu tun haben*) ***du sollst herkommen, habe ich gesagt!*** I said [you should] come here!; ***sag ihm, dass er sich in Acht nehmen soll*** tell him to watch out; ***soll er/sie doch!*** (*pej fam*) [just] let him/her!; ***das soll sie erst mal tun!*** just let her try!; ***man hat mir gesagt, ich soll Sie fragen*** I was told to ask you; ***du sollst morgen Früh anrufen*** you're to give her/him a ring tomorrow morning; ***was sollen wir machen?*** what shall we do? ② *optativisch* (*mögen*) ***Sie ~ sich ganz wie zu Hause fühlen!*** [just] make yourself at home; ***du sollst dir deswegen keine Gedanken machen*** you shouldn't worry about it; ***soll ich/sie dir noch etwas Wein nachgießen?*** shall [*or* can] I/should she give you some more wine? ③ *konditional* (*falls*) ***soll-***

S

te das passieren, ... if that should happen ..., should that happen ... ❹ *konjunktivisch* (*eigentlich müssen*) ***du sollst dich schämen!*** you should [*or* ought to] be ashamed [of yourself]; ***was hätte ich tun ~?*** what should I [*or* ought I to] have done?; ***da solltest du mitfahren*** you ought to come along; ***das solltest du unbedingt sehen*** you have to see this, come and look at this; ***so soll es sein*** that's how it ought to be; (*als Wunsch eines Königs*) so shall it be *liter* ❺ (*angeblich sein*) ■ **etw sein/tun** ~ to be supposed to be/do sth; ***er soll sehr reich sein/gewesen sein*** he is said to be/have been very rich, they say he is/was very rich; ***der Sommer soll heiß werden*** they say we're going to have a hot summer; ***soll das [schon] alles [gewesen] sein?*** is that [supposed to be] all?; ***das/so etwas soll es geben*** these things happen; ***was soll das heißen?*** what's that supposed to mean?, what are you/is he/she etc. getting at?; ***wer soll das sein?*** who's that [supposed to be]?; ***was soll schon sein?*** what do you expect? ❻ (*dürfen*) ***du hättest ihr das nicht erzählen ~*** you should not have told her that; ***das hätte nicht vorkommen ~*** it should not have [*or* ought not to have] happened ❼ *in Fragen* (*mochte*) ***sollte er mich belogen haben?*** does that mean [*or* are you/is he/she etc. saying] [that] he lied to me?; ***sollte ich mich so getäuscht haben?*** could I have been so wrong?; ***sollte das wahr sein?*** is that true? ❽ (*geh: würde*) ***dieser Schicksalsschlag sollte nicht der letzte sein/gewesen sein*** this stroke of fate was not to be the last; ***es sollten Jahrhunderte vergehen, bevor ...*** centuries were to pass before ... *liter* ❾ **es hat nicht sein** ~ it wasn't to be; ***es hat nicht sein ~, dass die beiden sich je wiedertreffen*** the two were destined never to meet again **II.** *vi* <sollte, gesollt> ❶ (*eine Anweisung befolgen*) ***soll er reinkommen? — ja, er soll*** should he come in? — yes, he should; ***er hätte das zwar nicht gesollt, aber ...*** [he knows] he should not have done so, but ...; ***immer soll ich!*** it's always me [who has to do it]!; ***du solltest ins Bett*** you should go to bed ❷ (*müssen*) ***du sollst sofort nach Hause*** you should go home at once; ***sie hätte eigentlich in die Schule gesollt*** she should have gone to school ❸ (*nützen, bedeuten*) ***was soll der Quatsch?*** (*fam*) what are you/is he/she etc. playing at? *fam*; ***was soll der Blödsinn?*** (*fam*) what's all this nonsense about?; ***was soll das?*** (*fam*) what's that supposed to mean?; ***was soll's?*** (*fam*) who cares?, what the heck? *fam*

Söller <-s, -> *m* (*balkonartiger Anbau*) balcony; (*veraltend: Dachboden*) attic; **auf den/dem** ~ into/in the attic

Sollseite *f* ÖKON debit-side **Sollstärke** *f* MIL required strength, authorized strength **Sollzinsen** *pl* debit interest *no pl*, interest receivable [*or* owing] *no pl*

solo *adj inv* ❶ MUS solo ❷ (*fam: ohne Begleitung*) ■ ~ **sein** to be alone, to be on one's own [*or* BRIT *fam* tod]; ~ **kommen** to come alone [*or* by oneself]

Solo <-s, Soli> *nt* MUS solo

Soloalbum *nt* MUS solo album

Solothurn <-s> *nt* Solothurn

solvent [-'vɛnt] *adj* FIN solvent; ■ ~ **sein** to be solvent [*or* in the black]

Solvenz <-, -[i]en> *f* solvency

Somali *nt* Somali; *s. a.* **Deutsch**

Somalia <-> *nt* Somalia; *s. a.* **Deutschland**

Somalier(in) <-s, -> *m(f)* Somali; *s. a.* **Deutsche(r)**

somalisch *adj inv* Somali; *s. a.* **deutsch 1, 2**

somit *adv* therefore, consequently, hence *form*

Sommer <-s, -> *m* summer; **im nächsten** ~ next summer; ***es ist/wird*** ~ it is/will soon be summer; **im** ~ in summer; ~ **wie Winter** [*o* **im** ~ **und im Winter**] all [the] year round; **den ganzen** ~ **über** throughout the whole summer

Sommeranfang *m* beginning of summer **Sommeranzug** *m* summer suit **Sommerfahrplan** *m* summer timetable **Sommerferien** *pl* summer holidays *pl* [*or* AM vacation]; **es gibt** [*o* **wir haben**] ~ it's the summer holidays; ***wann gibt es ~?*** when are the summer holidays?; ~ **haben** to have one's summer holidays **Sommerhalbjahr** *nt* summer semester **Sommerkleid** *nt* summer dress **Sommerkleidung** *f* summer clothing; (*Marktartikel*) summerwear **Sommerkollektion** *f* summer collection

sommerlich **I.** *adj* ❶ (*im Sommer vorherrschend*) summer *attr*; ~**es Wetter** summer[-like] [*or* summery] weather ❷ (*dem Sommer entsprechend*) summer *attr* **II.** *adv* ❶ (*wie im Sommer*) like in summer; ~ **warme Temperaturen** warm summer-like temperatures ❷ (*dem Sommer entsprechend*) **sich** *akk* ~ **kleiden** to wear summer clothes

Sommerloch *nt* POL (*sl*) silly season BRIT *fam* **Sommermantel** *m* summer coat, coat for summer **Sommermonat** *m* summer month **Sommerolympiade** *f* ■ **die** ~ the Summer Olympics *npl* **Sommerpause** *f* POL summer recess **Sommerreifen** *m* normal [*or* summer] tyre [*or* AM tire]

sommers *adv* (*geh*) in [the] summer; ~ **wie winters** all [the] year round

Sommersachen *f* summer clothes [*or* things] **Sommersaison** *f* summer season **Sommerschlussverkauf**[RR] *m* summer sale[s *pl*] **Sommersemester** *nt* SCH summer semester, ≈ summer term BRIT **Sommersmog** *m* summer smog **Sommerspiele** *pl* ■ **die [Olympischen]** ~ the Summer Olympics [*or* Olympic Games] **Sommersprosse** *f meist pl* freckle; ~**n haben** to have [got] freckles **sommersprossig** *adj* freckled, freckly; **ein [stark]** ~**es Gesicht haben** to have a face full of freckles, to be freckle-faced **Sommertag** *m* summer['s] day **Sommerzeit** *f* summertime; ***wann wird auf ~ umgestellt?*** when are the clocks changed to summertime [*or* put forward]?; **zur** ~ (*geh*) in summertime

Sonate <-, -n> *f* sonata

Sonde <-, -n> *f* ❶ MED (*Schlauch~*) tube; (*Operations~*) probe ❷ (*Raum~*) probe ❸ (*Radio~*) sonde *spec*

Sonderabschreibung *f meist pl* ÖKON accelerated depreciation **Sonderanfertigung** *f* special model [*or* edition]; (*Auto a.*) custom car **Sonderangebot** *nt* special offer; **etw im** ~ **haben** to have sth on special offer **Sonderausführung** *f* custom-built [*or* special] model **Sonderausgabe** *f* ❶ MEDIA, VERLAG (*zusätzliche, einmalige Ausgabe*) special edition ❷ *kein pl* ÖKON additional [*or* contingent] expenses *pl* **Sonderausstellung** *f* special exhibition

sonderbar **I.** *adj* peculiar, strange, odd; **unter** ~**en Umständen** in strange circumstances; ~**es Verhalten** strange behaviour [*or* AM -or] **II.** *adv* strangely

sonderbarerweise *adv* strangely [enough], strange to say

Sonderbeauftragte(r) *f(m) dekl wie adj* POL special emissary **Sonderbedingungen** *pl* special terms [*or* conditions] **Sonderbeilage** *f* MEDIA, TYPO, VERLAG special supplement **Sonderbestimmungen** *pl* special terms [*or* conditions] **Sonderbus** *m* extra [*or* special] bus **Sonderdeponie** *f* depository for hazardous waste **Sondereinheit** *f* special force **Sondereinlagen** *pl* ÖKON, BÖRSE special deposits *pl* **Sondereinsatz** *m* special operation [*or* action] **Sonderermittler** *m* POL special envoy **Sonderfahrt** *f* excursion, [special] trip **Sonderfall** *m* special case; **in Sonderfällen** in special [*or* exceptional] cases **Sondergenehmigung** *f* special authorization *no art;* **eine ~ haben** to have special authorization **Sondergericht** *nt* JUR, POL special court [*or* tribunal]

sondergleichen *adj inv* (*geh*) **eine Frechheit/Rücksichtslosigkeit ~** the height of cheek BRIT /inconsideration; **mit einer Frechheit/Rücksichtlosigkeit ~** with unparalleled cheek BRIT /inconsideration

Sonderkommando *nt* MIL, POL special unit **Sonderkonditionen** *pl* special conditions [*or* terms] *pl* **Sonderkonto** *nt* special [*or* separate] account

sonderlich **I.** *adj* ① *attr* (*besonders*) particular; **ohne ~es Interesse** without much [*or* any particular] interest ② (*seltsam*) strange, peculiar, odd **II.** *adv* particularly; **nicht ~ begeistert** not particularly [*or* very] enthusiastic

Sonderling <-s, -e> *m* queer bird BRIT *fam,* oddball *fam*

Sondermarke *f* special issue [*or* stamp] **Sondermaschine** *f* special aircraft **Sondermeldung** *f* TV, RADIO special announcement **Sondermüll** *m* hazardous waste

sondern *konj* but; ***nicht sie war es, ~ er*** it wasn't her, but him; ***ich fahre nicht mehr zurück, ~ bleibe lieber da*** I won't be driving back now, I would rather stay here [instead]; ***ich habe keine Kartoffeln mitgebracht, ~ Reis*** I didn't bring any potatoes, but rice [instead]

Sonderposten *m* ÖKON exceptional item **Sonderpreis** *m* special [reduced] price **Sonderrecht** *nt* [special] privilege; (*von Ämtern*) [special] immunity; **ein ~ [*o* ~e] haben** to have a special privilege [*or* special privileges] **Sonderregelung** *f* special provision [*or* arrangement] **Sonderschule** *f* special school; (*für geistig Behinderte a.*) school for the mentally handicapped **Sonderschullehrer(in)** *m(f)* teacher at a special school/a school for the mentally handicapped **Sondersendung** *f* special [programme [*or* AM -am]] **Sonderstellung** *f* special [*or* privileged] position **Sonderstempel** *m* (*bei der Post*) special [*or* commemorative] postmark **Sondertisch** *m* bargain counter **Sonderurlaub** *m* special leave; (*im Todesfall*) compassionate leave BRIT **Sondervergütung** *f* fringe benefits *pl* **Sondervollmacht** *f* JUR special authority, special power of attorney **Sonderwünsche** *pl* special requests; **~ haben** to have special requests **Sonderzug** *m* special train

sondieren* **I.** *vt* (*geh*) ▪**etw ~** (*erkunden*) to sound out sth *sep;* MED to probe sth **II.** *vi* (*geh*) ▪[**für jdn**] ~ to sound things out [for sb]

Sonett <-[e]s, -e> *nt* sonnet

Song <-s, -s> *m* (*fam*) song

Sonnabend *m* DIAL (*Samstag*) Saturday

sonnabends *adv* DIAL (*samstags*) on Saturday[s]

Sonne <-, -n> *f* ① *kein pl* ▪**die ~** the sun, Sol *spec;* ***die ~ steht hoch am Himmel*** the sun is high in the sky; ***die ~ geht auf/unter*** the sun rises/sets; **der glücklichste Mensch unter der ~ sein** (*liter*) to be the happiest person alive ② (*Stern*) star; (*mit Planeten a.*) sun; **schwarze ~** ASTRON total eclipse [*or* shadow] ③ *kein pl* (*Sonnenlicht*) sun[light]; ***geh mir aus der ~!*** (*fig fam*) get out of my [*or* the] light!; **in der ~ sitzen/liegen** to sit/lie in the sun; ***das Zimmer hat viel/wenig ~*** the room gets a lot of/doesn't get much sun[light]

sonnen *vr* ① (*sonnenbaden*) ▪**sich** *akk* ~ to sun oneself, to sunbathe ② (*geh: genießen*) ▪**sich** *akk* **in etw** *dat* ~ to bask in sth

Sonnenanbeter(in) <-s, -> *m(f)* sun worshipper **Sonnenanbeterin** *f* ① (*fam*) sun worshipper ② ZOOL praying mantis **Sonnenaufgang** *m* sunrise, sun-up AM; **bei/nach/vor ~** at/after/before sunrise [*or* AM sun-up] **Sonnenbad** *nt* sunbathing *no art, no pl;* **ein ~ nehmen** to sunbathe, to bask in the sun **sonnenbaden** *vi nur infin und pp* to sunbathe **Sonnenbank** *f* sunbed BRIT, tanning bed AM **Sonnenblocker** <-s, -> *m* sunblock

Sonnenblume *f* sunflower

Sonnenblumenhonig *m* sunflower honey **Sonnenblumenkern** *m* sunflower seed **Sonnenblumenöl** *nt* sunflower oil

Sonnenbrand *m* sunburn *no art;* **einen ~ bekommen/haben** to get sunburnt/have got sunburn **Sonnenbräune** *f* suntan **Sonnenbrille** *f* pair of sunglasses [*or fam* shades], sunglasses *npl,* shades *npl* **Sonnencreme** *f* suncream **Sonnendeck** *nt* sundeck **Sonnenenergie** *f* solar energy **Sonnenfinsternis** *f* solar eclipse, eclipse of the sun; **eine partielle/totale ~** a partial/total eclipse of the sun **Sonnenfleck** *m meist pl* ASTRON sunspot **sonnengebräunt** *adj* suntanned **Sonnengeflecht** *nt* ANAT solar [*or spec* coeliac] plexus **Sonnengott** *m* sungod **Sonnenhitze** *f* heat [of the sun] **sonnenhungrig** *adj* sun-seeking **sonnenklar** *adj* (*fam*) crystal-clear, clear as daylight *pred;* ▪[**jdm** [*o* **für jdn**]] **~ sein** to be crystal-clear [*or* clear as daylight] [to sb]; ▪[**jdm**] **~ sein, dass/was/wie ...** to be crystal-clear [*or* clear as daylight] [to sb] that/what/how ... **Sonnenkollektor** *m* solar panel **Sonnenkönig** *m kein pl* HIST ▪**der ~** the Sun King, the Roi Soleil *liter* **Sonnenkraftwerk** *nt* solar power station **Sonnenlicht** *nt kein pl* sunlight *no pl* **Sonnenmilch** *f* suntan lotion **Sonnenöl** *nt* suntan oil **Sonnenpaddel** *nt* RAUM solar paddle **Sonnenschein** *m* sunshine; **bei strahlendem [*o* im strahlenden] ~** in brilliant sunshine **Sonnenschirm** *m* sunshade; (*bes. HIST: für Frauen a.*) parasol

Sonnenschutz *m* ① (*Maßnahme*) protective measure against sunburn ② (*Konstruktion*) sunshade

Sonnenschutzcreme *f* suntan cream [*or* lotion] **Sonnenschutzfaktor** *m* protection factor **Sonnenschutzmittel** *nt* sun protection product

Sonnensegel *nt* ① (*Schutzdach*) awning ② RAUM solar sail [*or* panel] **Sonnenseite** *f* side facing the sun, sunny side; (*fig: positive Seite*) sunny [*or* bright] side **Sonnenstich** *m* sunstroke *no art,* heatstroke *no art;* **einen ~ bekommen/haben** to get/have sunstroke; ***du hast wohl einen ~!*** (*fig*) the sun must have addled *sl* [*or fam* got to] your brain! **Sonnenstrahl** *m* sunbeam, ray of sunshine **Sonnensystem** *nt* solar system **Sonnentau** *m* BOT sundew **Sonnenuhr** *f* sundial **Sonnenuntergang** *m* sunset; **bei/nach/vor ~** at/after/before sunset [*or* AM sundown] **Sonnenwind** *m* ASTRON solar wind

sonnig *adj* sunny

Sonnseite *f* ÖSTERR, SCHWEIZ, SÜDD (*Sonnenseite*) side facing the sun, sunny side

Sonntag *m* ▪[**der**] **~** Sunday; (*bes. REL*) the Sabbath; **Weißer/der Weiße ~** Low Sunday; *s. a.* **Dienstag**

Sonntagabend[RR] *m* Sunday evening; *s. a.* **Dienstag** **sonntagabends**[RR] *adv* [on] Sunday evenings

sonntäglich *adj* [regular] Sunday *attr*

Sonntagmittag[RR] *m* [around] noon on Sunday; *s. a.* **Dienstag** **sonntagmittags**[RR] *adv* [around] noon on Sundays **Sonntagmorgen**[RR] *m* Sunday morning; *s. a.* **Dienstag** **sonntagmorgens**[RR] *adv* [on] Sunday morning **Sonntagnachmittag**[RR] *m* Sunday afternoon; *s. a.* **Dienstag** **sonntagnachmittags**[RR] *adv* [on] Sunday afternoons **Sonntagnacht**[RR] *m* Sunday night; *s. a.* **Dienstag** **sonntagnachts**[RR] *adv* [on] Sunday nights

sonntags *adv* on Sundays, on a Sunday

Sonntagsarbeit *f* Sunday working, work[ing] on Sundays **Sonntagsausflug** *m* Sunday outing **Sonntagsbraten** *m* Sunday roast **Sonntags-**

S

dienst *m* (*von Polizist*) Sunday duty, duty on Sunday; (*von Apotheker*) opening on Sundays *no art;* ~ **haben** (*von Polizist*) to be on duty on a Sunday; (*von Apotheker*) to be open on a Sunday **Sonntagsessen** *nt* Sunday meal **Sonntagsfahrer(in)** *m(f)* (*pej*) Sunday driver *pej* **Sonntagsfrage** *f* POL Sunday poll **Sonntagskind** *nt* child of fortune; **ein ~ sein** to be born under a lucky star, to be born with a silver spoon in one's mouth **Sonntagsrede** *f* (*pej*) turgid [*or* BRIT *pej* drivelling] [*or* AM *pej* driveling] speech; **eine ~ halten** to deliver a turgid [*or pej* drivelling] speech; **~n halten** (*fam*) to drivel *pej* [*or pej fam* babble] [on] **Sonntagsruhe** *f* ① (*sonntägliche Arbeitsruhe*) Sunday observance ② (*sonntägliche Ruhe*) peace and quiet on a Sunday

SonntagvormittagRR *m* Sunday morning; *s. a.* **Dienstag sonntagvormittags**RR *adv* [on] Sunday mornings

sonn- und feiertags *adv* on Sundays and public holidays

Sonnwendfeier *f* midsummer/midwinter celebrations *pl*

Sonographie <-, -n> *f*, **Sonografie**RR <-, -n> *f* MED sonography

sonor *adj* sonorous

sonst *adv* ① (*andernfalls*) or [else], [for *liter*] otherwise; [**aber**] **~ *geht's dir gut?*** (*sl*) are you feeling all right? *iron* ② (*gewöhnlich*) usually; ***warum zögerst du, du hast doch ~ keine Bedenken?*** why do you hesitate? you don't usually have any doubts; **freundlicher/kälter als ~** more friendly/colder than usual ③ (*früher*) before; ***fuhr er ~ nicht immer einen anderen Wagen?*** didn't he always drive a different car before [*or* always used to drive a different car]?; ***das war ~, jetzt ist es anders*** that was then [*or* before], now it's different ④ (*außerdem*) ***wer war ~ anwesend?*** who else was present?; **~ *noch Fragen?*** any more [*or* further] questions?; ***wenn ~ keine Fragen mehr sind, ...*** if there are no more [*or* further] questions ...; ***kann ich Ihnen ~ noch behilflich sein?*** can I help [*or* be of help to] you in any other way?; ■ **~ noch etwas** something else; ■ **~ keine[r/s]** nothing/nobody else; **~ nichts** nothing else; ***es gab ~ nichts Neues*** other than [*or* apart from] that, there was nothing new; ~ [***willst du***] ***nichts?***, **~ *noch was?*** (*iron fam*) anything else you'd like? *iron;* **~ *noch etwas?*** will that be all?, will there be anything else?; ***wer weiß, was ~ noch alles passiert wäre, wenn ...*** (*fam*) goodness knows what would have happened if ...; ***was/wer/wie*** [***denn***] ***~?*** (*fam*) what/who/how else?; **~ was** whatever; ***von mir aus können Sie ~ was machen*** as far as I'm concerned you can do whatever you like; **~ was für ...** all sorts of ...; **~ wer** [*o* **jemand**] (*fam*) somebody else; ***es könnte ja ~ wer sein*** it could be anybody; ***erzähl das ~ wem!*** [go [and]] tell that to the marines! *fam;* **denken** [*o* **meinen**] [*o* **sich einbilden**], **man sei ~ wer** to think that one is something else *iron fam;* **~ wie** (*fam*) [in] some other way; **~ wo** (*fam*) somewhere else; **~ wohin** (*fam*) somewhere else

sonstig *adj attr* ① (*weitere[s]*) [all/any] other; **~e Auskünfte** [all/any] other [*or* further] information *no pl;* **keine ~en Beschwerden** no other complaints; **„S~es"** "other" ② (*anderweitig*) ***und wie sind ihre ~en Leistungen?*** and how is her performance otherwise?; ***aber sein ~es Verhalten ist tadellos*** otherwise his conduct is impeccable

sooft *konj* whenever; **~ *ich kann*** whenever [*or* as often as] I can

Soor <-[e]s, -e> *m* MED thrush *no art,* soor *no art spec*

Sophist(in) <-en, -en> *m(f)* (*pej geh*) sophist *liter;* PHILOS Sophist

Sopran <-s, -e> *m* ① *kein pl* soprano; (*von Kind a.*) treble ② *s.* **Sopranistin**

Sopranist(in) <-en, -en> *m(f)* soprano [singer]; (*von Kind a.*) treble [singer]

Sorbe, Sorbin <-n, -n> *m, f* Sorb, Wend

Sorbet <-s, -s> [ˈzɔrbɛt, zɔrˈbeː] *m o nt* sherbe[r]t

Sorbin <-, -nen> *f fem form von* **Sorbe**

Sorbinsäure *f* sorbic acid

sorbisch *adj* Sorbian

Sorbisch *nt dekl wie adj* Sorbian, Lusatian, Wendish, Wend; *s. a.* **Deutsch**

Sorbische <-n> *nt* ■ **das ~** Sorbian, the Sorbian language, Lusatian, Wendish; *s. a.* **Deutsche**

Sorge <-, -n> *f* worry (**um** +*dat* for); ***das ist meine geringste ~*** that's the least of my worries; **eine große ~** a serious worry; **~n mit sich herumtragen** to be worried, to be weighed down with problems; **jdn in ~ versetzen** to worry sb; **~n haben** to have problems; **ständig/nur/nichts als ~n** [**mit jdm/etw**] **haben** to have constant/nothing but trouble [with sb/sth]; **in** *dat* **~ sein**[**, dass ...**] to be worried [that ...]; **jdm ~n machen** [*o* **bereiten**] to cause sb a lot of worry, to worry sb; **es macht jdm ~n, dass ...** it worries sb that ...; ***dass ..., macht mir ~n*** it worries me that ..., [the fact] that ... worries me; **sich** *dat* [**jds/einer S. wegen**] **~n machen** to worry [about sb/a thing]; ***wir haben uns solche ~n gemacht!*** we were so worried; ***machen Sie sich deswegen keine ~n!*** don't worry about that; ***sei/seien Sie ohne ~!*** (*geh*) do not fear *liter* [*or* worry]; **mit ~** with concern; ***du hast/ihr habt ~n!, ~n hast du/habt ihr!*** (*iron fam*) you call that worries [*or* problems]? *fam or iron,* you think you've got troubles [*or* problems]! *iron fam;* ***deine ~n möchte ich haben!*** (*iron fam*) I wish I had your problems! *iron fam;* [**keine**] **~ haben, dass/ob/wie ...** [not] to be worried that/whether/as to how ...; ***lassen Sie das meine ~ sein!*** let me worry about that; **für etw** *akk* **~ tragen** (*geh*) to attend [*or* see] to sth, to take care of sth; **dafür ~ tragen, dass ...** (*geh*) to see to it [*or* to ensure] that ...; ***keine ~!*** (*fam*) don't [you] worry; **eine ~ weniger** one less thing to worry about; ***diese ~ bist du los!*** you're rid of that worry

sorgeberechtigt *adj* entitled to custody *pred*

sorgen **I.** *vi* ① (*aufkommen, sich kümmern*) ■ **für jdn ~** to provide for sb, to look after sb ② (*besorgen*) to get; ***ich sorge für die Getränke*** I'll get [*or* take care of] the drinks ③ (*sich kümmern*) **für gute Stimmung/die Musik ~** to create a good atmosphere/attend [*or* see] to the music; ■ **dafür ~, dass ...** to see to it [*or* to make sure] that; ***dafür ist gesorgt*** that's taken care of ④ (*bewirken*) **für Aufsehen/Unruhe ~** to cause a sensation/disturbance; ■ **dafür ~, dass ...** to ensure that ... **II.** *vr* ■ **sich** *akk* **um jdn/etw ~** to be worried [*or* to worry] about sb/sth

sorgenfrei **I.** *adj* carefree, free of care [*or* worry] *pred* **II.** *adv* free of care [*or* worry] **Sorgenkind** *nt* (*fam*) problem child **sorgenlos** *adj s.* **sorgenfrei** **sorgenvoll** **I.** *adj* ① (*besorgt*) worried; **mit ~er Stirn** with a worried frown ② (*viele Probleme bietend*) full of worries [*or* troubles] *pred* **II.** *adv* worriedly, anxiously; ***er sah mich ~ an*** he looked at me anxiously

Sorgerecht *nt kein pl* JUR custody

Sorgfalt <-> *f kein pl* care; **mit mehr/größter/der erforderlichen ~** with more/the greatest/due care

sorgfältig **I.** *adj* careful; **eine ~e Arbeit** a conscientious piece of work **II.** *adv* carefully, with care

Sorgfaltspflicht *f* JUR duty of [*or* duty to take] care

sorglos **I.** *adj* ① (*achtlos*) careless ② *s.* **sorgenfrei** **II.** *adv* ① (*achtlos*) carelessly ② (*sorgenfrei*) free of care

Sorglosigkeit <-> *f kein pl* carelessness; (*ohne Sorge*) carefreeness

sorgsam *adj* (*geh*) *s.* **sorgfältig**

Sorte <-, -n> *f* ① (*Art*) kind, variety; ***welche ~ [von] Tomaten?*** what kind [*or* sort] of tomatoes? ② (*Marke*) brand ③ (*fam*) ***was für eine ~ Mensch ist er?*** what's he like?; ***diese Werbeleute sind eine komische ~*** these admen are a funny bunch *fam* ④ *pl* FIN foreign currency

sortieren* *vt* ① (*ordnen*) **etw [nach Farbe/Größe/Qualität] ~** to sort [*or* grade] sth [according to colour/size/quality]; **die Post [nach Rechnungen und Werbung] ~** to sort the post [into bills and advertisements]; **etw [alphabetisch] ~** to arrange sth in alphabetical order; (*von Computeralgorithmus a.*) to sort sth [alphabetically] ② (*einordnen*) ■ **etw in etw** *akk* **~** to sort sth and place it in sth; **Dias in einen Kasten ~** to sort slides and place them in a box

Sortiment <-[e]s, -e> *nt* range [of goods]

Sortimentsbreite *f* product range **Sortimentserweiterung** *f* product diversification

SOS <-, -> [ɛsʔoːˈʔɛs] *nt Abk von* **save our souls** SOS; **~ funken** to put out an SOS

sosehr *konj* ■ **~ [... auch]** however much ..., no matter how much ...; ***..., ~ ich es [auch] bedaure ...***, however much I regret it; ***er schaffte es nicht, ~ er sich auch anstrengte*** he couldn't manage it, no matter how hard he tried

soso **I.** *interj* [what] you don't say? **II.** *adv* (*fam*) so-so *fam,* middling *fam;* ***wir kommen ~ zurecht*** we're just about managing, we'll muddle through somehow

Soße <-, -n> *f* ① KOCHK sauce; (*Braten~*) gravy; (*Salat~*) dressing ② (*pej sl*) ooze, gunge

Soßenlöffel *m* sauce spoon [*or* ladle]

sott (*veraltend*) *imp von* **sieden**

Souffleur <-s, -e> [zuˈfløːɐ] *m,* **Souffleuse** <-, -n> [zuˈfløːzə] *f* THEAT prompter

Souffleurkasten [zuˈfløːɐ-] *m* THEAT prompt[er's] box

soufflieren* [zuˈfliːrən] **I.** *vi* THEAT ■ **[jdm] ~** to prompt sb **II.** *vt* (*geh*) ■ **jdm etw** *akk* **~** to prompt sb by repeating sth

soundso **I.** *adv* (*fam*) such and such, ***~ breit/groß,*** of such and such a width/size; **~ oft** a hundred times *fam,* umpteen times *fam;* **~ viele** so and so many **II.** *adj* so-and-so; **auf Seite ~** on page so-and-so [*or* such-and-such]

Soundso <-s, -s> *m* ■ **Frau/Herr ~** (*fam*) M[r]s/Mr what's-her/his-name [*or* what-do-you-call-her/him]

soundsovielte(r, s) *adj* (*fam*) such and such; ***wir treffen uns am ~n August*** we're meeting on such and such a date in August; ***sie kam als ~, ich glaube als 37.*** she finished in such and such a place, I think 37th

Soundtrack <-s, -s> [ˈsaʊndtræk] *m* soundtrack

Soutane <-, -n> [zuˈtaːnə] *f* REL cassock, soutane *spec*

Souterrain <-s, -s> [sutɛˈrɛ̃ː, ˈzuːtɛrɛ̃] *nt* basement

Souvenir <-s, -s> [zuvəˈniːɐ] *nt* souvenir

souverän [zuvəˈrɛːn] **I.** *adj* ① (*unabhängig*) sovereign *attr;* ■ **~ sein/werden** to be [*or* become] a sovereign state ② (*geh: überlegen*) superior **II.** *adv* (*geh*) with superior ease; **etw ~ beherrschen** to have a commanding knowledge of sth; **etw ~ machen** [*o* **meistern**] to do sth with consummate ease [*or* have complete mastery of [*or* over] sth]

Souverän <-s, -e> [zuvəˈrɛːn] *m* ① SCHWEIZ ■ **der ~** the voting public [*or* voters] *pl* ② (*veraltend: Herrscher*) sovereign

Souveränität <-> [zuvərɛniˈtɛːt] *f kein pl* sovereignty *no pl;* (*geh: Überlegenheit*) superior ease (+*gen*/**von** +*dat* in)

soviel *konj* as [*or* so] far as; **~ *ich weiß*** as far as I know; **~ *ich auch trinke ...*** no matter how much I drink ...

sovielmal *konj* ■ **~ ... auch** no matter how many times ..., however many times ...

soweit *konj* as [*or* so] far as; **~ *ich sehe/weiß*** as [*or* so] far as I can see [*or* tell]/as [*or* so] far as I know

sowenig *konj* ■ **~ ... auch** however little ..., as little ...; **~ *du auch damit zu tun haben willst, ...*** however little you claim to have to do with it

sowie *konj* ① (*sobald*) as soon as, the moment [that] ② (*geh*) as well as

sowieso *adv* anyway, anyhow; ***du bist ~ eingeladen*** you're invited anyway [*or* anyhow]; ***das war ~ klar*** that was clear from the start; ***das ~!*** (*fam*) of course!, does a bear shit in the woods? AM *iron sl*

Sowjet <-s, -s> *m* soviet; **der Oberste ~** the Supreme Soviet

Sowjetbürger(in) *m(f)* POL (*hist*) Soviet citizen **Sowjetrepublik** *f* (*hist*) Soviet Republic **Sowjetunion** *f* (*hist*) ■ **die ~** the Soviet Union

sowohl *konj* ■ **~ ... als auch ...** both ... and ..., ... as well as ...

Sozi <-s, -s> *m* (*fam*) *s.* **Sozialdemokrat** Socialist, pinko *pej*

Sozia <-, -s> *f fem form von* **Sozius**

sozial **I.** *adj* ① (*gesellschaftlich*) social; **~e Verhältnisse/Stellung** social conditions/status ② (*für Hilfsbedürftige gedacht*) social security *attr,* by social security *pred;* **~e Leistungen** social security [*or* welfare] payments ③ (*gesellschaftlich verantwortlich*) public-spirited; **eine ~e Ader** a streak of [the] public spirit; **~es Handeln** acting in a public-spirited way **II.** *adv* **~ schwach** socially deprived; **~ denken** to be socially [*or* social-] minded; **~ handeln** to act for the good of all; *s. a.* **Wohnungsbau, Jahr, Friede**

Sozialabbau *m kein pl* cuts in social services **Sozialabgaben** *pl* social security contributions [*or* payments] **Sozialamt** *nt* social security office BRIT, welfare department AM **Sozialarbeit** *f kein pl* social [*or* welfare] work *no pl* **Sozialarbeiter(in)** *m(f)* social worker **Sozialausgaben** *pl* public expenditure **Sozialberuf** *m* caring profession **Sozialdemokrat(in)** *m(f)* social democrat; ■ **die ~en** the Social Democrats **Sozialdemokratie** *f kein pl* social democracy *no pl, no art* **Sozialdemokratin** *f fem form von* **Sozialdemokrat** **sozialdemokratisch** *adj* social-democratic **Sozialfall** *m* (*geh*) hardship case **Sozialgericht** *nt* [social] welfare tribunal **Sozialhilfe** *f kein pl* income support, [social] welfare AM **Sozialhilfeempfänger(in)** *m(f)* person receiving income support [*or* supplementary benefit] **Sozialhilfeleistung** *f* income support, supplementary benefit

Sozialisation <-> *f kein pl* SOZIOL, PSYCH socialization

sozialisieren* *vt* ① POL (*verstaatlichen*) ■ **etw ~** to nationalize sth ② SOZIOL, PSYCH ■ **jdn ~** to socialize sb; **jdn wieder ~** to reintroduce sb into society

Sozialisierung <-, -en> *f* ① POL nationalization ② SOZIOL, PSYCH socialization

Sozialismus <-> *m kein pl* ■ **der ~** socialism

Sozialist(in) <-en, -en> *m(f)* socialist

sozialistisch *adj* ① (*Sozialismus betreffend*) socialist, leftist *a. pej* ② ÖSTERR (*sozialdemokratisch*) social-democratic

Sozialleistung *f meist pl* social security benefit, job package (*excluding salary*) **Sozialmieter(in)** *m(f)* receiver of housing benefit BRIT, subsidized [*or* Section 8] tenant AM; ■ **ein ~/eine ~in sein** to receive housing benefit BRIT, to be a subsidized [*or* Section 8] tenant AM **Sozialpädagoge, -pädagogin** *m, f* social education worker **Sozialpädagogik** *f* ■ **die**

~ social education **Sozialpädagogin** *f fem form von* **Sozialpädagoge** **Sozialpartner** *pl* unions and management, both sides of industry **Sozialplan** *m* redundancy payments scheme BRIT, severance scheme AM **Sozialpolitik** *f kein pl* social policy **Sozialprestige** *nt* social standing **Sozialrecht** *nt kein pl* social legislation **Sozialrente** *f (geh)* state pension **Sozialrentner(in)** *m(f) (geh)* social insurance pensioner **Sozialstaat** *m* welfare state **Sozialverhalten** *nt* social behaviour [*or* AM -or]

Sozialversicherung *f* national insurance BRIT, social security AM

Sozialversicherungsausweis *m* National Insurance card BRIT **Sozialversicherungsbeitrag** *m* national insurance contribution BRIT

sozialverträglich *adj* not reconcilable with a welfare state **Sozialwissenschaften** *pl* social sciences **Sozialwohnung** *f* council house [*or* flat] BRIT, [housing] project AM

Soziobiologie *f* sociobiology **soziokulturell** *adj* sociocultural

Soziolekt <-[e]s, -e> *m* LING, SOZIOL sociolect

Soziolinguistik *f* ■**die** ~ sociolinguistics + *sing vb*

Soziologe, -login <-n, -n> *m, f* sociologist

Soziologie <-> *f kein pl* ■**die** ~ sociology

Soziologin <-, -nen> *f fem form von* **Soziologe**

soziologisch *adj* sociological

Sozius, Sozia¹ <-, Sozii> *m, f* ❶ ÖKON (*Teilhaber einer Sozietät*) partner ❷ (*veraltend o hum fam: Kumpan*) mate BRIT *fam,* buddy AM *fam,* partner-in-crime *fam or hum*

Sozius, Sozia² <-, -se> *m, f* ❶ (*Beifahrer*) pillion rider [*or* passenger]; **als** ~ **mitfahren** to ride pillion ❷ *s.* **Soziussitz**

Soziussitz *m* pillion [seat]

sozusagen *adv* as it were, so to speak

Spachtel¹ <-s, -> *m* (*Werkzeug*) spatula; KUNST palette knife

Spachtel² <-s> *m kein pl* (*Kitt*) filler, screed *spec*

Spachtelmasse *f s.* **Spachtel²**

spachteln **I.** *vt* ■**etw** ~ *Wand, Gips* to fill [in *sep*] [*or sep* smooth over] [*or* stop] sth **II.** *vi* ❶ (*mit Spachtel² arbeiten*) to do some filling [*or* smoothing over] ❷ DIAL (*fam: reichlich essen*) to tuck in

Spagat <-[e]s, -e> *m o nt* the splits *npl;* [**einen**] ~ **machen, in den** ~ **gehen** to do the splits; (*schwierige Position*) balancing act

Spagetti *pl,* **Spaghetti** *pl* spaghetti + *sing vb*

Spagettiheber *m,* **Spaghettiheber** *m* spaghetti spoon **Spagettitopf** *m,* **Spaghettitopf** *m* pasta pan **Spagettizange** *f,* **Spaghettizange** *f* spaghetti tongs *npl*

spähen *vi* ❶ (*suchend blicken*) **aus dem Fenster** ~ to peer out of the window; ■**aus etw** *dat* ~ to peer out of sth; (*schnell*) to [quickly] peep out of sth; ■**durch etw** *akk* [**auf/in etw** *akk*] ~ to peep [*or* peek] [at/in[to] sth] through sth; (*schnell*) to take a quick peep [*or* peek] [at/in sth] through sth ❷ (*Ausschau halten*) ■**nach jdm/etw** ~ to look out [*or* keep a lookout] for sb/sth

Späher(in) <-s, -> *m(f)* MIL scout

Spähtrupp *m* MIL reconnaissance [*or* scouting] party, patrol

Spalier <-s, -e> *nt* ❶ (*Gittergestell*) trellis; (*für Obst a.*) espalier; **etw** *akk* **an** ~**en ziehen** to trellis/espalier sth, to train sth [on a trellis/an espalier] ❷ (*Gasse aus Menschen*) row, line; **ein** ~ **bilden,** ~ **stehen** to form a line; (*Ehrenformation*) to form a guard of honour [*or* AM -or]

Spalt <-[e]s, -e> *m* gap; (*im Vorhang a.*) chink; ***kannst du den Vorhang einen ~ offen lassen?*** can you leave the curtains open slightly?; (*Riss*) crack; (*Fels~*) crevice, fissure; (*Gletscher~*) crevasse; **die Tür einen** ~ **öffnen/offen lassen** to open the door slightly/leave the door ajar

spaltbar *adj* NUKL fissionable, fissile *spec;* **ein** ~**er Atomkern** a fissile nucleus *spec*

spaltbreit *adj* narrow; **ein** ~**er Schlitz/eine** ~**e Öffnung** a crack

Spaltbreit <-> *m kein pl* gap; **die Tür einen** ~ **öffnen** to open the door slightly

Spalte¹ <-, -n> *f* (*Öffnung*) fissure; (*Fels~ a.*) cleft, crevice; (*Gletscher~*) crevasse; **eine** ~ **in der Hauswand** a crack in the wall of the house

Spalte² <-, -n> *f* TYPO, MEDIA column

spalten **I.** *vt* <*pp* gespalten *o* gespaltet> ❶ (*zerteilen*) ■**etw** ~ to split [*or liter* cleave] sth; **Holz** ~ to chop wood (**in** + *akk* into) ❷ (*trennen*) **etw** ~ to rend [*or* divide] sth; **die Partei** ~ to split [*or* divide] the party; ■**gespalten sein** to be divided ❸ CHEM to split, to break down ❹ NUKL ■**etw** ~ to split [*or spec* fission] sth **II.** *vr* <*pp* gespalten> ❶ (*der Länge nach reißen*) ■**sich** *akk* ~ to split ❷ (*sich teilen o trennen*) ■**sich** *akk* [**in etw** *akk*] ~ to divide [into sth]; (*von Partei a.*) to split [into sth]

Spaltfrucht *f* BOT (*Frucht, die sich bei der Samenreife öffnet*) dehiscent fruit

Spaltöffnung *f* BOT (*beim Blatt*) stoma; *s.* **stomata**

Spaltung <-, -en> *f* ❶ NUKL splitting, fission ❷ (*Aufspaltung in Fraktionen*) division; (*von Partei a.*) split (+*gen* into) ❸ PSYCH split; **die** ~ **des Bewusstseins** [*o* **der Persönlichkeit**] the split in one's mind [*or* personality], schizophrenia

Span <-[e]s, Späne> *m* (*Holz~*) shaving, [wood] chip[ping]; (*Bohr~*) boring, swarf *no pl spec* ▶ WENDUNGEN: **wo gehobelt wird, [da] fallen Späne** (*prov*) you can't make an omelette without breaking eggs *prov*

Spanferkel *nt* sucking pig

Spange <-, -n> *f* ❶ (*Haar~*) hair slide BRIT, barrette AM ❷ (*Armreif*) bracelet; (*um den Oberarm a.*) bangle ❸ (*Zahn~*) [dental] brace

Spanien <-s> [-iən] *nt* Spain

Spanier(in) <-s, -> [-iɐ] *m(f)* Spaniard; ■**die** ~ the Spanish; **stolz wie ein** ~ **sein** to be as proud as a peacock, to be puffed up with pride

spanisch *adj* Spanish; **auf S~** in Spanish; ***das kommt mir ~ vor*** (*fig fam*) I don't like the look of it/this, there's something fishy [going on] here *fam*

Spanisch *nt dekl wie adj* Spanish; ■**das** ~**e** Spanish

Spanische Fliege *f* ZOOL blister beetle

spann *imp von* **spinnen**

Spann <-[e]s, -e> *m* ANAT instep

Spannbettuch *nt* fitted sheet **Spannbreite** *f kein pl* spectrum

Spanne <-, -n> *f* ❶ (*Handels~*) [trade] margin; (*Gewinn~*) [profit] margin; (*Zins~*) margin [of interest] ❷ (*geh: Zeit~*) span, space; **eine** ~ [**Zeit**] a span [*or* space] of time

spannen **I.** *vt* ❶ (*straffen*) ■**etw** ~ to tighten sth, to make sth taut; **die Zügel** ~ to pull [back] on the reins ❷ (*auf~*) **eine Hängematte/Wäscheleine über/zwischen etw** *akk* ~ to put [*or* hang] up a hammock/washing line *sep* over/between sth; **ein Seil über/zwischen etw** *akk* ~ to stretch a rope over/between sth ❸ (*an~*) ■**ein Tier vor etw** *akk* ~ to harness an animal to sth; ■**etw** ~ *Muskeln* to flex [*or* tense] sth; *Gewehr* to cock sth; *s. a.* **Bogen** ❹ (*straff befestigen*) **einen Bogen in die Schreibmaschine** ~ to insert [*or* put] a sheet in the typewriter; **eine Leinwand zwischen die Bretter** ~ to stretch a canvas between the boards; **ein Werkstück in/zwischen etw** *akk* ~ to clamp a workpiece in/between sth ❺ DIAL (*sl: merken*) ■~, **dass ...** to catch on that ... **II.** *vr* ❶ (*sich *straffen)* ■ **sich** *akk* ~ *Seil* to become taut ② *(geh: sich wölben)* ■ **sich** *akk* **über etw** *akk* ~ to span [*or* stretch across] sth **III.** *vi* ① *(zu eng sitzen)* **im Schnitt/unter den Armen/an den Schultern** ~ to be too close-fitting/[too] tight under the arms/at the shoulders ② *(zu straff sein)* ■ **[an/in etw** *dat***]** ~ to be [*or* feel] taut [on/in sth]; ***meine Haut spannt von der Sonne/an den Schultern/im Gesicht*** the sun has made my skin taut/my skin is taut on my shoulders/face ③ *(fam)* ***die Erben ~ darauf, dass sie endlich stirbt*** the heirs can't wait for her to die

spannend **I.** *adj* exciting; *(stärker)* thrilling; ***mach's nicht so ~!*** *(fam)* don't keep us/me in suspense **II.** *adv* **etw ~ darstellen** to bring across sth as exciting; **sich** *akk* ~ **lesen** to be an exciting/thrilling read; ~ **schreiben** to write in an exciting manner

Spanner¹ <-s, -> *m* *(Schuh~)* shoetree

Spanner² <-s, -> *m* *(Falter)* geometer [*or spec* geometrid] [moth]

Spanner(in) <-s, -> *m(f)* *(sl: Voyeur)* peeping Tom

Spannkraft *f kein pl* buoyancy; *(von Muskeln)* tone, tonus *spec; (von Haar)* elasticity; PHYS tension force **Spannteppich** *m* SCHWEIZ [wall-to-wall] carpet

Spannung¹ <-, -en> *f* ① *kein pl (fesselnde Art)* tension, suspense ② *kein pl (gespannte Erwartung)* suspense; **jds/die ~ bis zur letzten Minute aufrechterhalten** to keep sb in suspense/maintain the suspense until the [very] last minute; **mit/voller ~** with/full of excitement; **etw** *akk* **mit ~ erwarten** to await sth full of suspense ③ *meist pl* tension; *(zwischen Volksgruppen a.)* strained relations *pl* ④ *kein pl (straffe Beschaffenheit)* tension, tautness; TECH stress

Spannung² <-, -en> *f* ELEK voltage; **unter ~ stehen** to be live

Spannungsgebiet *nt* POL area of tension

Spannungsmesser <-s, -> *m* ELEK voltmeter **Spannungsprüfer** *m* voltage detector

Spannweite *f* ① ORN, ZOOL wingspan ② BAU span

Spanplatte *f* chipboard *no pl*

Sparbrief *m* savings certificate **Sparbuch** *nt* savings book **Sparbüchse** *f* piggy bank **Spardose** *f* piggy bank

sparen **I.** *vt* ① FIN *(zurücklegen)* ■ **etw ~** to save sth ② *(einsparen)* ■ **etw ~** to save sth; **Arbeit/Energie/Strom/Zeit ~** to save work/energy/electricity/time ③ *(ersparen)* ■ **jdm/sich etw ~** to spare sb/oneself sth; **jdm/sich die Mühe/Ärger ~** to spare sb/oneself the effort/trouble; ***den Weg hätten wir uns ~ können*** we could have saved ourself that journey ④ *(verzichten)* to spare; ■ **sich** *dat* **etw ~** to keep sth to oneself; ***deinen Ratschlag hättest du dir ~ können*** you could have kept your advice to yourself **II.** *vi* ① FIN *(Geld zurücklegen)* to save; ■ **auf** [*o* **für**] **etw ~** to save up for sth ② *(sparsam sein)* ■ **[an etw** *dat***] ~** to economize [on sth]; **nicht mit Anerkennung/Lob ~** to be unstinting [*or* generous] in one's recognition/praise

Sparer(in) <-s, -> *m(f)* saver; **ein ~ sein** to be a saver

Sparerfreibetrag *m* ÖKON saver's tax allowance

Sparflamme *f* ▶ WENDUNGEN: **auf ~ kochen** *(fam)* to go easy [*or* BRIT keep things ticking over] *fam;* **auf ~** just ticking over BRIT *fam*

Spargel <-s, -> *m* BOT, KOCHK asparagus *no pl*

Spargelbohne *f* bird's trefoil **Spargelerbse** *f* asparagus pea **Spargelheber** *m* asparagus server **Spargelkohl** *m* broccoli **Spargelsalat** *m* asparagus salad **Spargelschäler** *m* asparagus peeler

Sparguthaben *nt* FIN savings *npl* **Sparheft** *nt* SCHWEIZ *(Sparbuch)* savings account **Sparkasse** *f* FIN bank *(supported publicly by the commune or district)* **Sparkonto** *nt* savings account **Sparkurs** *m* policy of cutbacks

spärlich **I.** *adj* *(Haarwuchs, Vegetation)* sparse; **~e Ausbeute/Reste** meagre [*or* scanty] spoil/scraps **II.** *adv* sparsely; ~ **bekleidet** scantily clad [*or* dressed]; ~ **besucht** poorly attended; ~ **bevölkert** sparsely populated

Sparmaßnahme *f* cost-cutting measure **Sparpackung** *f* economy pack **Sparpaket** *nt* government cutbacks package, budget tightening package **Sparprämie** *f* savings premium

Sparren <-s, -> *m* BAU rafter

Sparring <-s> *nt kein pl* SPORT sparring *no pl*

sparsam **I.** *adj* ① *(wenig verbrauchend)* thrifty ② *(ökonomisch)* economical; ■ ~ **[in etw** *dat***] sein** to be economical [in sth]; ***dieses Waschmittel ist sehr ~ im Verbrauch*** this washing powder is very economical **II.** *adv* ① *(wenig verbrauchend)* thriftily; ***mit diesem Balsamico muss man ~ umgehen*** this balsamico should be used sparingly ② *(ökonomisch)* sparingly

Sparsamkeit <-> *f kein pl* thriftiness *no pl*

Sparschäler *m* swivel-bladed peeler **Sparschwein** *nt* piggy bank

Spartaner(in) <-s, -> *m(f)* HIST Spartan

spartanisch **I.** *adj* ① HIST *(Sparta betreffend)* Spartan ② *(sehr bescheiden)* spartan **II.** *adv* in a spartan fashion

Sparte <-, -n> *f* ① *(Branche)* line of business ② *(Spezialbereich)* area, branch ③ MEDIA *(Rubrik)* section, column

Sparvertrag *m* FIN savings agreement **Sparzins** *m meist pl* interest *no pl (on savings)*

spasmisch *adj* MED spasmic

Spaß <-es, Späße> *m* ① *kein pl (Vergnügen)* fun *no pl;* ~ **haben** to have fun; ~ **an etw haben** *dat* to enjoy sth [*or* get fun out of doing sth]; **[nur] ~ machen** to be [just [*or* only]] kidding; **[jdm] ~ machen** to be fun [for sb]; ***mir würde das viel ~ machen*** I'd really enjoy that, that'd be a lot of fun; **jdm ~ machen, etw zu tun** sb enjoys doing sth; ***es macht mir keinen ~, das zu tun*** it's no fun doing it; **sich** *dat* **einen ~ daraus machen, etw zu tun** to get pleasure [*or fam* a kick] out of doing sth; **jdm den ~ verderben** to spoil sb's fun; **„viel ~!“** “have fun [*or* a good time]!”, “enjoy yourself/yourselves!” ② *(Scherz)* joke; **aus [dem] ~ wurde Ernst** the fun took a serious end; **irgendwo hört [für jdn] der ~ auf** that's going beyond a joke [for sb]; ~ **muss sein** *(fam)* there's no harm in a joke; **etw aus** [*o* **zum**] ~ **sagen** to say sth as a joke [*or* in jest] [*or fam* for a laugh]; **keinen ~ verstehen** to not stand for any nonsense, to not have a sense of humour [*or* AM -or]; ~ **beiseite** *(fam)* seriously, joking apart [*or* aside] ▶ WENDUNGEN: **ein teurer ~ sein** *(fam)* to be an expensive business

Späßchen <-s, -> *nt dim von* **Spaß** little joke

spaßen *vi (geh)* to joke [*or* jest]; **mit jdm ist nicht zu ~, jd lässt nicht mit sich ~** sb doesn't stand for any nonsense; **mit etw ist nicht zu ~** sth is no joking [*or* laughing] matter

spaßeshalber *adv* for fun, for the fun [*or sl* heck] of it

spaßhaft **I.** *adj* joking; ***das war doch nur ~!*** it was only a joke! **II.** *adv* jokingly

spaßig *adj* funny

Spaßmacher(in) *m(f)* *(veraltend)* joker, jester **Spaßverderber(in)** <-s, -> *m(f)* spoilsport *fam* **Spaßvogel** *m* joker

Spastiker(in) <-s, -> *m(f)* MED spastic

spastisch *adj* MED spastic; *s.* **gelähmt**

Spat <-[e]s, -e> *m* spar

spät **I.** *adj* ① *(zeitlich nicht früh)* late; **am ~en Abend/Morgen/Nachmittag** in the late evening/morning/afternoon; ■ ~ **sein/werden** to be/be get-

S

ting late ❷ (*ausgehend*) late; ***das ~e Mittelalter*** the late Middle Ages ❸ (*verspätet*) belated; *s. a.* **Mädchen II.** *adv* ❶ (*nicht früh*) late ❷ (*verspätet*) late; ***du kommst zu*** ~ you're too late; ~ **dran sein** to be late; **zu** ~ too late ▶ WENDUNGEN: **wie** ~ what time; ***„wie ~ kommst du heute nach Hause?"*** "what time are you coming home today?"

Spätaussiedler(in) *m(f) German emigrant who returned to Germany long after the end of World War II* **Spätbucher(in)** *m(f)* TOURIST holiday-maker with a late [*or* last-minute] booking

Spatel <-s, -> *m* ❶ MED spatula ❷ *s.* **Spachtel¹**

Spaten <-s, -> *m* ❶ (*Gartenwerkzeug*) spade ❷ KOCHK angled spatula

Spatenstich *m* cut of the spade ▶ WENDUNGEN: **der erste** ~ the first cut of the spade

Spätentwickler(in) *m(f)* MED, PSYCH late developer

später **I.** *adj* later **II.** *adv* ❶ (*zeitlich danach*) later [on]; ***„sehen/treffen/sprechen wir uns ~ noch?"*** "will we see each other/meet/talk later [on]?"; **„bis ~!"** "see you later!"; **nicht ~ als** not later than ❷ (*die Zukunft*) the future; ***jeder Mensch sollte für ~ vorsorgen*** every person should make provisions for the future; **jdn auf ~ vertrösten** to put sb off; ~ **[ein]mal** at a later date; ***„weißt du denn schon, was du ~ einmal werden willst?"*** "do you know what you want to be when you grow up?"

spätestens *adv* at the latest; ***der Kredit muss ~ bis zum 31. Mai zurückgezahlt sein*** the loan has to be paid back by 31 May at the latest

Spätheimkehrer *m late returnee from a prisoner-of-war camp* **Spätherbst** *m* late autumn *no pl* **Spätlese** *f* AGR late vintage **Spätschicht** *f* late shift **Spätsommer** *m* late summer *no pl* **Spätstadium** *nt* advanced stadium **Spätvorstellung** *f* late show[ing]

Spatz <-en *o* -es, -en> *m* ❶ ORN sparrow ❷ (*fam: Kosewort: Schatz*) darling, sweetie ▶ WENDUNGEN: **das pfeifen die ~en von den Dächern** (*fam*) everybody knows that; **besser ein ~ in der Hand als eine Taube auf dem Dach** (*prov*) a bird in the hand is worth two in the bush *prov*

Spätzchen <-s, -> *nt dim von* **Spatz** (*fam*) cutiepie *fam*

Spatzenhirn *nt* (*pej fam*) birdbrain *fam*

Spätzle *pl* SÜDD , spaetzle + *sing/pl vb*, spätzle + *sing/pl vb*; **handgeschabte** ~ handmade spaetzle

Spätzlepresse *f* KOCHK spaezle press

Spätzünder *m* (*hum fam*) slow person *fam*; ***ich bin leider ein*** ~ I'm a bit slow [on the uptake] unfortunately

Spätzündung *f* AUTO (*verzögerte Zündung*) retarded ignition *no pl* ▶ WENDUNGEN: ~ **haben** (*fam*) to be a bit slow *fam*

spazieren* *vi sein* to stroll; **[auf und ab]** ~ to stroll [up and down]; **jdn/etw ~ führen** to take sb/sth for a walk [*or* walk]; **spazieren fahren** to go for a drive; **jdn ~ fahren** to take sb out for a drive; **das Baby im Kinderwagen ~ fahren** to take the baby out for a walk in the pram [*or* AM carriage]; **[mit jdm] ~ gehen** to go for a walk [with sb]; ~ **sein** to be taking a stroll

Spazierfahrt *f* drive; **eine ~ machen** to go for a drive **Spaziergang** <-gänge> *m* walk, stroll; ~ **im All** walk in space; **einen ~ machen** to go for a stroll [*or* walk] ▶ WENDUNGEN: **kein ~ sein** to be no child's play [*or* BRIT doddle] **Spaziergänger(in)** <-s, -> *m(f)* stroller **Spazierstock** *m* walking stick

SPD <-> [ɛspeːˈdeː] *f kein pl* POL *Abk von* **Sozialdemokratische Partei Deutschlands** *the largest popular party in Germany*

Specht <-[e]s, -e> *m* woodpecker

Speck <-[e]s, -e> *m* ❶ (*durchwachsener Schweinespeck*) bacon *no pl*; (*weißer ~*) bacon fat ❷ (*fam: Fettpolster*) fat *no pl*; ~ **ansetzen** (*fam*) to get fat *fam* [*or* put on weight] ▶ WENDUNGEN: **mit ~ fängt man Mäuse** (*prov*) you have to throw a sprat to catch a mackerel *prov*; **ran an den ~!** (*fam*) let's get stuck in! *fam*

Speckbauch *m* (*fam*) potbelly *fam* **Speckbohne** *f* broad bean

speckig *adj* greasy

Speckmantel *m* **im** ~ KOCHK rolled in bacon **Speckschwarte** *f* bacon rind *no pl*

Spediteur(in) <-s, -e> [ʃpediˈtøːɐ] *m(f)* (*Transportunternehmer*) haulage [*or* AM shipping] contractor; (*Umzugsunternehmer*) removal firm BRIT, moving company AM

Spedition <-, -en> *f* ÖKON, TRANSP (*Transportunternehmen*) haulage company; (*Umzugsunternehmen*) removal firm

speditiv *adj* SCHWEIZ (*geh: zügig*) speedy, swift

Speed¹ <-s, -s> *nt* PHARM speed

Speed² <-s, -s> *m* SPORT speed

Speed-Golf <-s> *nt kein pl* SPORT speed golf (*where the aim is to get round the golf course in as fast a time as possible*) **Speed-Skiing** <-s> *nt kein pl* SPORT speed skiing

Speer <-[e]s, -e> *m* ❶ SPORT javelin ❷ HIST (*Waffe*) spear

Speerspitze *f* ❶ (*Spitze eines Speers*) spearhead ❷ (*Vorreiter und Verfechter*) spearhead **Speerwerfen** *nt kein pl* SPORT the javelin *no pl*; **im** ~ in the javelin **Speerwerfer(in)** *m(f)* ❶ SPORT javelin thrower ❷ HIST spear carrier

Speiche <-, -n> *f* ❶ TECH spoke ❷ ANAT radius

Speichel <-s> *m kein pl* saliva *no pl*

Speicheldrüse *f* ANAT salivary gland **Speichelfluss**^RR <-sses> *m kein pl* salivation **Speichellecker(in)** <-s, -> *m(f)* (*pej*) bootlicker BRIT *fam*, toady BRIT, wussy AM *sl*

Speicher <-s, -> *m* ❶ (*Dachboden*) attic, loft; **auf dem** ~ in the attic [*or* loft] ❷ (*Informationsspeicher*) memory store ❸ (*Lagerhaus*) storehouse

Speichererweiterung *f* TECH memory expansion **Speicherkapazität** *f* ❶ INFORM memory capacity ❷ (*Lagermöglichkeit*) storage capacity

speichern **I.** *vt* ❶ (*in den Speicher übertragen*) ■ **etw [auf etw** *akk*] ~ to save sth [on[to] sth] [*or* store sth [on sth]]; ***die Texte sollen auf Diskette gespeichert werden*** the texts should be saved on disc [*or* on[to] a disc]; ***die Anlage speichert bis zu zehn Sender*** the system stores up to ten stations ❷ (*aufbewahren*) ■ **etw** ~ to store sth **II.** *vi* to save

Speicherplatte *f* KOCHK, ELEK storage hotplate **Speicherplatz** *m* INFORM memory [*or* storage] space; (*auf Festplatte*) disk space; ***100 MB freier*** ~ 100 MB free **Speicherschreibmaschine** *f* memory typewriter

Speicherung <-, -en> *f* INFORM storage *no pl*, storing *no pl*

speien <spie, gespie[e]n> *vt* ❶ (*ausspeien*) ■ **etw [auf etw** *akk*] ~ to spew sth [onto sth] ❷ (*geh: spucken*) ■ **etw [irgendwohin]** ~ to spit sth [somewhere]; *s. a.* **Gift**

Speis¹ <-, -en> *f* ÖSTERR (*Speisekammer*) pantry

Speis² <-es> *m kein pl* BAU DIAL mortar *no pl*

Speise <-, -n> *f* ❶ *meist pl* (*geh: Gericht*) meal ❷ (*Nahrung*) food *no pl*; **vielen Dank für Speis und Trank** (*geh*) thank you for your hospitality

Speiseeis *nt* (*geh*) ice cream **Speisehonig** *m* honey **Speisekammer** *f* larder, pantry **Speisekarte** *f* menu

speisen **I.** *vi* (*geh*) to dine *form*, to eat; ***haben Sie/die Herrschaften bereits gespeist?*** will you be dining, sir/madam? **II.** *vt* ❶ (*geh: etw essen*) ■ **etw** ~ to eat sth; ***haben Sie schon etwas zu Abend gespeist?*** have you dined? ② SCI (*versorgen*) ■ **etw** ~ to feed sth

Speiseöl *nt* culinary oil; (*zum Braten*) cooking oil **Speisequark** *m* quark (*with a dry fat content of 40%*) **Speisereste** *pl* ① (*Reste einer Mahlzeit*) leftovers *pl* ② (*Essensreste zwischen den Zähnen*) food particles *pl*, bits *pl* of food *fam* **Speiseröhre** *f* ANAT gullet **Speisesaal** *m* dining room; (*Refektorium*) refectory **Speisesalz** *nt* table salt **Speisewagen** *m* restaurant car

Speisung <-, -en> *f* ① (*geh: Beköstigung*) feeding *no pl* ② SCI (*Versorgung*) supply, feeding *no pl*

speiübel *adj* ■ **jdm ist/wird** ~ [**von etw**] sb feels sick [from sth]; ***bei solchen Horrorfilmen kann einem wirklich ~ werden*** these horror films are enough to make you feel sick

Spektakel[1] <-s, -> *m* (*fam*) ① (*Lärm*) racket *no pl fam*, rumpus *no pl fam* ② (*Ärger*) palaver *no pl fam*, fuss *no pl fam*

Spektakel[2] <-s, -> *nt* (*geh*) spectacle

spektakulär *adj* spectacular

Spektra *pl von* **Spektrum**

Spektralfarbe *f* colour [*or* AM -or] of the spectrum

Spektrum <-s, Spektren *o* Spektra> *nt* spectrum

Spekulant(in) <-en, -en> *m(f)* BÖRSE speculator

Spekulation <-, -en> *f* ① (*geh: Mutmaßung*) speculation; [**über etw** *akk*] ~**en anstellen** (*geh*) to speculate [*or* make speculations] [about sth]; ~**en anstellen, ob ...** to speculate as to whether ... ② BÖRSE (*das Spekulieren*) speculation; ~ **mit Aktien** speculation in shares; ~ **an der Börse** speculation on the stock-market

Spekulationsobjekt *nt* object of speculation

spekulativ *adj* (*geh*) speculative

spekulieren* *vi* ① (*fam: auf etw rechnen*) ■ **auf etw** *akk* ~ to speculate on sth; ■ **darauf ~, dass** to speculate that ... ② BÖRSE (*Spekulant sein*) ■ [**mit etw**] ~ to speculate [in sth]

Spelunke <-, -n> *f* (*pej fam*) dive *fam*

spendabel *adj* (*fam*) generous

Spende <-, -n> *f* donation; **bitte** [**um**] **eine kleine ~!** please spare a small donation!

spenden **I.** *vt* ① (*kostenlos zur Verfügung stellen*) ■ **etw** [**für jdn/etw**] ~ to donate sth [to sb/sth] [*or* contribute sth [to sth]]; ■ **jdm etw** ~ to donate sth to sb ② MED (*sich entnehmen lassen*) ■ **etw** ~ to donate sth; **Blut** ~ to give blood ③ (*geh: abgeben*) ■ **etw** ~ to give sth **II.** *vi* (*Geld schenken*) ■ [**für jdn/etw**] ~ to donate [to sb/sth]

Spendenaffäre *f scandal involving undeclared donations to the CDU* **Spendenaufruf** *m* donation appeal **Spendenkonto** *nt* donations account **Spendensammler(in)** *m(f)* POL *politician who collects party donations from lobbyists* **Spendenwaschanlage** *f* money-laundering facility

Spender <-s, -> *m* (*Dosierer*) dispenser

Spender(in) <-s, -> *m(f)* ① (*jd, der spendet*) donator ② MED donor

Spenderausweis *m* donor card

spendieren* *vt* (*fam*) ■ [**jdm**] **etw** ~ to get [*or* buy] [sb] sth; ***das Essen spendiere ich*** [***dir***] the dinner's on me; ***das spendiere ich dir*** it's on me

Spendierhosen *pl* ▶ WENDUNGEN: **seine ~ anhaben** (*fam*) to be in a generous mood [*or* feeling generous]

Spengler(in) <-s, -> *m(f)* SÜDD, ÖSTERR (*Klempner*) plumber

Sperber <-s, -> *m* sparrowhawk

Sperenzchen, Sperenzien [-tsiən] *pl* (*fam*) fuss *no pl*; ~ **machen** to play up

Sperling <-s, -e> *m* sparrow

Sperma <-s, Spermen *o* -ta> ['ʃp-, 'sp-] *nt* sperm

sperrangelweit *adv* ~ **offen stehen** [*o* **sein**] (*fam*) to be wide open

Sperrbezirk *m* ADMIN *area of town where prostitution is prohibited*

Sperre <-, -n> *f* ① (*Barrikade*) barricade ② (*Kontrollstelle*) control barrier ③ (*Sperrvorrichtung*) barrier ④ SPORT (*Spielverbot*) ban

sperren **I.** *vt* ① SÜDD, ÖSTERR (*schließen*) ■ **etw** [**für jdn/etw**] ~ to close sth off [to sb/sth] ② (*blockieren*) to block; **jdm das Konto** ~ to freeze sb's account; **einen Scheck** ~ to stop a check ③ (*einschließen*) ■ **jdn/ein Tier in etw** ~ *akk* to lock sb/an animal up in sth ④ SPORT (*ein Spielverbot verhängen*) ■ **jdn** ~ to ban sb ⑤ (*verbieten*) **jdm den Ausgang** ~ to confine sb; **einem Kind den Ausgang** ~ to ground a child; **jdm den Urlaub** ~ to stop sb's [*or* sb from taking his/her] holiday **II.** *vr* ■ **sich** [**gegen etw**] ~ to back away [from sth] [*or* jib [at sth]]; ***sperr dich nicht länger, sag ja*** stop pussyfooting, just say yes

Sperrfrist *f* JUR waiting period **Sperrgebiet** *nt* prohibited [*or* no-go] area

Sperrgut *nt* (*geh*) bulky freight *no pl* **Sperrholz** *nt* plywood *no pl*

sperrig *adj* ① (*unhandlich*) unwieldy, bulky ② (*wenig kooperativ*) uncooperative ③ (*komplex und schwer zu erklären*) unwieldy

Sperrkonto *nt* blocked account **Sperrminorität** *f* POL, ÖKON blocking minority

Sperrmüll *m* skip refuse *no pl*; ***die Matratze gebe ich jetzt zum ~*** I'm going to put that mattress on the skip **Sperrmüllabfuhr** *f* skip collection **Sperrsitz** *m kein pl* FILM, THEAT back seats *pl*

Sperrstunde *f* closing time

Sperrung <-, -en> *f* ① (*Schließung*) closing off *no pl* ② (*Blockierung*) blocking *no pl; eines Schecks* stopping *no pl; eines Kontos* freezing *no pl*

Sperrvermerk *m* restriction notice

Spesen *pl* expenses *npl;* **auf** ~ on expenses

Spezi[1] <-s, -s> *m* SÜDD (*fam: Kumpel*) pal, mate BRIT *fam*

Spezi[2] <-, -s> *nt* (*Mixlimonade*) cola and orangeade

spezialangefertigt *adj inv* custom-built **Spezialausführung** *f* special model **Spezialeffekt** *m* FILM special effect **Spezialfall** *m* special case **Spezialgebiet** *nt* special field, speciality **Spezialhandschuh** *m* SPORT special [protective] glove

spezialisieren* *vr* ■ **sich** [**auf etw** *akk*] ~ to specialize [in sth]

Spezialisierung <-, -en> *f* specialization

Spezialist(in) <-en, -en> *m(f)* specialist

Spezialität <-, -en> *f* speciality

speziell **I.** *adj* (*spezialisiert: Beschäftigung, Tätigkeit*) specialized; (*Wunsch, Interessen*) special ▶ WENDUNGEN: **auf dein/Ihr** [**ganz**] **S~es!** to your good health! **II.** *adv* especially, specially

Spezies <-, -> ['ʃpeːtsiɛs, 'sp-] *f* ① (*Art*) species + *sing vb* ② (*fam: Sorte Mensch*) species + *sing vb*

Spezifikation <-, -en> *f* ① TECH (*spezifiziertes Verzeichnis*) specifications *pl* ② (*geh: das Spezifizieren*) specification

spezifisch **I.** *adj* ① (*charakteristisch*) specific; *s. a.* **Gewicht** ② (*speziell*) specific **II.** *adv* typically

spezifizieren* *vt* to specify; ■ **etw** ~ to specify sth

Spezifizierung <-, -en> *f* (*geh*) specification

Sphäre <-, -n> *f* (*geh*) (*Bereich*) sphere ▶ WENDUNGEN: **in höheren ~n schweben** to have one's head in the clouds

sphärisch *adj* MATH spherical

Sphinx <-, -e *o* Sphingen> *f* sphinx

Spickaal *m* smoked eel

spicken *vt* ① KOCHK ■ **etw** [**mit etw**] ~ to lard sth [with sth]; **einen Braten mit Knoblauchzehen** ~ to insert garlic cloves into a roast ② *(fam: durchsetzen)* ■**etw mit etw** ~ to lard sth with sth; ■**gespickt** larded ③ *(fam: abschreiben)* to crib *fam*

Spickgans *f* smoked goose breast **Spickmesser** *nt* lardoning knife **Spickzettel** *m* SCH *(fam)* crib *fam*

spie *imp von* **speien**

Spiegel <-s, -> *m* mirror ▶ WENDUNGEN: **jdm den ~ vorhalten** to hold up a mirror to sb; ***unser Kind hält uns den ~ vor*** seeing our child is like looking in the mirror

Spiegelbild *nt* mirror image **spiegelbildlich** *adj* mirror image **spiegelblank** I. *adj* gleaming, shining; ■ **~ sein** to gleam [*or* shine] II. *adv* **bis etw ~ ist** until sth is shining like a mirror **Spiegelfechterei** <-, -en> *f* shadow-boxing *no pl* **spiegelglatt** *adj* slippery, smooth as glass **Spiegelkarpfen** *m* mirror carp

spiegeln I. *vi* ① *(spiegelblank sein)* to gleam [*or* shine] ② *(stark reflektieren)* to reflect [*or* mirror] II. *vr* ■**sich in/auf etw** *dat* ~ to be reflected [*or* mirrored] in/on sth

Spiegelreflexkamera *f* reflex camera **Spiegelschrift** *f* mirror writing; ***sie kann ~ schreiben*** she can write backwards **Spiegelteleskop** *nt* reflexive telescope

Spiegelung <-, -en> *f* ① MED endoscopy ② *(Luftspiegelung)* mirage

spiegelverkehrt *adj inv* mirror image

Spiel <-[e]s, -e> *nt* ① *(Gesellschafts-, Kinder-, Glücksspiel)* game ② *(Kartenspiel)* game of cards ③ SPORT match; TENNIS *(Teil eines Matches)* game; **die Olympischen ~e** the Olympic Games ④ THEAT play ⑤ MUS piece ⑥ KARTEN pack [*or* AM deck] of cards ⑦ TECH *(Spielraum)* clearance *no pl*, playroom *no pl* ▶ WENDUNGEN: **etw ist ein ~ mit dem Feuer, ein gefährliches ~** that's playing with fire; **ein ~ des Schicksals** [*o* **Zufalls**] a whim of fate; **ein abgekartetes ~** *(fam)* a set-up; **ein doppeltes** [*o* **falsches**] **~ [mit jdm] spielen** to play a double game [with sb]; **leichtes ~ [mit** [*o* **bei**] **jdm] haben** to have an easy job of it [with sb]; **etw [mit] ins ~ bringen** to bring sth up; **das ~ verloren geben** to throw in the towel; **das ~ ist aus** the game is up; **[bei etw] im ~ sein** to be at play [*or* involved] [in sth]; **jdn/etw aus dem ~ lassen** to keep sb/sth out of it; **etw aufs ~ setzen** to put sth on the line [*or* at stake]; **ein bestimmtes ~ spielen** to play [at] a certain game; **auf dem ~ stehen** to be at stake; **jdm das ~ verderben** *(fam)* to ruin sb's plans

Spielart *f* variety **Spielautomat** *m* gambling machine, fruit machine BRIT **Spielball** *m* TENNIS game point ▶ WENDUNGEN: **ein ~ einer S. sein** *gen (geh)* to be at the mercy of sth **Spielbank** *f s.* **Spielkasino** **Spielbeginn** *m* start of play **Spielbrett** *nt* game board

Spielchen <-, -> *nt* ① *dim von* **Spiel** little game ② *(fam: Trick)* little games *pl*

Spielcomputer [-kɔmpju:tɐ] *m* PlayStation® *(computer designed primarily for playing computer games)* **Spieldose** *f* MUS musical box

spielen I. *vt* ① MUS ■**etw** ~ to play sth; ■**[für jdn] etw** ~ to play sth [for sb] ② *(beherrschen)* ■**etw** ~ to play sth ③ *(mit einem Spiel beschäftigt sein)* ■**etw** ~ to play sth ④ SPORT ■**etw** ~ to play sth; ■**etw irgendwohin/irgendwie** ~ to play sth somewhere/somehow ⑤ FILM, THEAT *(darstellen)* ■**jdn/etw** ~ to play sb/sth ⑥ *(vortäuschen)* ■**jdn** ~ to act [*or* play] sb; ***spiel doch nicht den Nichtsahnenden*** don't play the ignorant ⑦ *(eine bestimmte Rolle übernehmen)* ■**etw** ~ to act [*or* play] sth; **den Gastgeber ~** to play [*or* act] the host, to put on the host act ▶ WENDUNGEN: **was wird hier gespielt?** *(fam)* what's going on here?; *s. a.* **Streich, Vordergrund** II. *vi* ① *(sich mit Kinderspielen beschäftigen)* ■**[irgendwo]** ~ to play [somewhere] ② FILM, THEAT *(auftreten)* ■**in etw** *dat* ~ to star in sth; **gut/schlecht ~** to play well/badly; ***er hat wieder einmal hervorragend gespielt*** he gave another marvellous performance ③ FILM, LIT, THEAT *(als Szenario haben)* ■**irgendwann/irgendwo** ~ to be set in some time/place; ***Macbeth spielt im Schottland des 11. Jahrhunderts*** Macbeth is set in 11th century Scotland ④ SPORT *(ein Match austragen)* ■**irgendwann/irgendwo [gegen jdn]** ~ to play [against sb] in some time/place; **gut/schlecht/unentschieden ~** to play well/badly/draw ⑤ *(Glücksspiel betreiben)* to gamble; **um Geld ~** to play for money; **Lotto ~** to play the lottery ⑥ *(nicht ernst nehmen)* ■**mit jdm/etw** ~ to play [around] with sb/sth ⑦ *(übergehen)* ■**in etw** *akk* ~ to have a tinge of sth; ***das Grün spielt ins Türkis*** this green has a turquoise tinge III. *vr impers* **sich gut/schlecht ~** it's good/not very good to play on; ***auf einem nassen Platz spielt es sich sehr schlecht*** a wet pitch isn't very good to play on

spielend *adv* easily

Spielende *nt kein pl* SPORT end of play

Spieler(in) <-s, -> *m(f)* ① *(Mitspieler)* player ② *(Glücksspieler)* player, gambler

Spielerei <-, -en> *f* ① *kein pl (leichte Beschäftigung)* doddle *no pl* BRIT *fam*, child's play *no pl* ② *meist pl (Kinkerlitzchen)* knick-knacks *pl*

Spielerin <-, -nen> *f fem form von* **Spieler**

spielerisch I. *adj* ① *(unbekümmert)* playful ② SPORT *(durch Spieler erbracht)* playing II. *adv (mit unbekümmerter Leichtigkeit)* playfully; ***seine Aufgaben bewältigt er mit ~er Leichtigkeit*** he manages his duties with consummate ease; **~ *war unsere Mannschaft den Gegnern weit überlegen*** our team outshone the opponents in terms of playing skill

Spielernatur *f* ■**jds** ~ sb's hang towards gambling

Spielfeld *nt* playing field; FBALL *a.* pitch **Spielfilm** *m* film **Spielgefährte, -gefährtin** *m, f* playmate **Spielgeld** *nt* play money *no pl* **Spielhalle** *f* amusement arcade **Spielhölle** *f (fam)* gambling den **Spielkamerad(in)** *m(f) s.* **Spielgefährte** **Spielkarte** *f (geh)* playing card **Spielkasino** *nt* casino **Spielklasse** *f* division **Spielkonsole** *f* games console **Spielleidenschaft** *f* gambling passion **Spielmacher(in)** *m(f)* key player **Spielmann** <-leute> *m* HIST minstrel **Spielmarke** *f* chip **Spielminute** *f* minute [of play] **Spielplan** *m* THEAT, FILM programme [*or* AM -am] **Spielplatz** *m* playground **Spielraum** *m* free play *no pl*, leeway *no pl*, scope *no pl* **Spielregel** *f* ① *meist pl (bei einem Spiel)* rules *pl* ② *pl (Verhaltenskodex)* rules *pl* **Spielsachen** *pl* toys *pl* **Spielschuld** *f meist pl* gambling debts *pl* **Spielstand** *m* score **Spielstätte** *f* THEAT stage **Spielsucht** *f* compulsive gambling *no pl* **Spielsüchtige(r)** *dekl wie adj f(m)* compulsive gambler **Spieltheorie** *f* game theory **Spieltisch** *m* gambling table **Spieluhr** *f* musical box **Spielverbot** *nt* SPORT ban; **~ haben** to be banned **Spielverderber(in)** <-s, -> *m(f)* spoilsport; **ein ~ sein** to be a spoilsport **Spielwaren** *pl (geh)* toys *pl* **Spielwarengeschäft** *nt* toyshop **Spielwiese** *f* ① SPORT playing field ② *(bevorzugter Tummelplatz)* playground **Spielzeit** *f* ① FILM *(Dauer der Vorführung)* run ② THEAT *(Saison)* season ③ SPORT *(festgesetzte Zeit für ein Match)* playing time

Spielzeug *nt* toy

Spielzeugeisenbahn *f* toy train set **Spielzeugrevolver** *m* toy pistol

Spieß <-es, -e> *m* ① *(Bratspieß)* spit; *(kleiner)* skewer; *(Cocktailspieß)* cocktail skewer ② MIL *(sl:*

Kompaniefeldwebel) sarge *sl* ③ HIST (*Stoßwaffe*) spike ▶ WENDUNGEN: **wie am ~ brüllen** [*o* **schreien**] (*fam*) to squeal [*or* scream] like a stuck pig; **den ~ umdrehen** [*o* **umkehren**] (*fam*) to turn the tables

Spießbraten *m* spit roast

Spießbürger(in) *m(f) s.* **Spießer**

spießbürgerlich *adj s.* **spießig**

spießen *vt* ■ **etw auf etw ~** *akk* to spit [*or* skewer] sth on sth; (*auf einer Nadel*) to pin sth on sth

Spießente *f* ORN pintail

Spießer(in) <-s, -> *m(f)* (*fam*) pedant, petit-bourgeois person, middle-class person

spießig *adj* (*fam*) conventional, pedantic

Spießrute *f* ▶ WENDUNGEN: **~n laufen** to run the gauntlet

Spikes [ʃpaiks, sp-] *pl* (*an Schuhen*) spikes *pl;* (*an Reifen*) studs *pl*

Spinat <-[e]s> *m kein pl* BOT, KOCH spinach *no pl*

Spind <-[e]s, -e> *m* MIL, SPORT locker

Spindel <-, -n> *f* spindle

spindeldürr *adj* (*pej fam*) thin as a rake, spindly; ■ **~ sein** to be [as] thin as a rake

Spinett <-s, -e> *nt* MUS spinet

Spinnaker <-s, -> *m* NAUT spinnaker

Spinne <-, -n> *f* spider ▶ WENDUNGEN: **wie die ~ im Netz sitzen** to prey like a hawk

spinnefeind *adj pred* ■ **sich** *dat* [*o* **einander**] **~ sein** (*fam*) to be archenemies

spinnen <spann, gesponnen> **I.** *vt* ① (*am Spinnrad verarbeiten*) to spin; **Wolle ~** to spin wool ② (*ersinnen*) to invent [*or* concoct] [*or* spin]; **eine Geschichte/Lüge ~** to spin [*or* invent] a story/lie **II.** *vi* ① (*am Spinnrad tätig sein*) to spin ② (*fam: nicht bei Trost sein*) to be mad [*or* crazy] [*or* BRIT *sl* off one's head] [*or* AM *sl* out of one's mind]; ***„sag mal, spinnt der?"*** "is he off his head?"; ***„spinn doch nicht!"*** "don't talk such rubbish!"; ***„du spinnst wohl!"*** "you must be mad!"

Spinnennetz *nt* spider's web **Spinnentier** *nt* ZOOL arachnid

Spinner(in) <-s, -> *m(f)* ① (*fam*) idiot, nutcase *fam* ② (*Beruf*) spinner

Spinnerei <-, -en> *f* ① MODE spinning ② *kein pl* (*fam: Blödsinn*) nonsense *no pl,* tomfoolery *no pl*

Spinnerin <-, -nen> *f fem form von* **Spinner**

Spinngewebe *nt* spider's web

Spinnrad *nt* spinning wheel

Spinnwebe <-, -n> *f* cobweb

Spin-off <-s, -s> ['spɪnɔf] *m* spin-off

Spion <-s, -e> *m* (*fam*) spyhole, peephole

Spion(in) <-s, -e> *m(f)* spy

Spionage <-> [ʃpio'naːʒə] *f kein pl* espionage *no pl;* ~ [**für jdn**] **treiben** to spy [*or* carry out espionage] [for sb]

Spionageabwehr [ʃpio'naːʒə-] *f* counter-intelligence service **Spionagesatellit** *m* spy satellite

spionieren* *vi* ① (*als Spion tätig sein*) ■ [**für jdn**] ~ to spy [for sb] ② (*fam: heimlich lauschen*) to spy [*or* snoop]

Spionin <-, -nen> *f fem form von* **Spion**

Spirale <-, -n> *f* ① (*gewundene Linie*) spiral ② MED (*Intrauterinpessar*) coil

spiralförmig *adj* spiral **Spiralnebel** *m* ASTRON spiral nebular

Spiritismus <-> [sp-, ʃp-] *m kein pl* spiritualism *no pl*

Spiritist(in) <-en, -en> [sp-, ʃp-] *m(f)* spiritualist

spiritistisch [sp-, ʃp-] *adj* spiritualistic

spirituell *adj* (*geh*) spiritual

Spirituosen *pl* (*geh*) spirits *pl*

Spiritus <-> *m kein pl* spirit *no pl;* **etw in ~ legen** to put sth in alcohol

Spirituskocher *m* spirit stove

Spital <-s, Spitäler> *nt* MED ÖSTERR, SCHWEIZ (*Krankenhaus*) hospital

spitz **I.** *adj* ① (*mit einer Spitze versehen*) pointed, sharp; *s. a.* **Finger, Bleistift** ② (*~ zulaufend*) tapered; **eine ~e Nase/ein ~es Kinn/Gesicht/ein ~er Ellbogen** a pointy nose/chin/face/elbow ③ (*schrill*) shrill ④ (*stichelnd*) sharp, curt; *s. a.* **Zunge** ⑤ (*veraltend fam: scharf*) keen; ■ **auf jdn/etw ~ sein** to be keen on sb/sth [*or* fancy sb/sth] **II.** *adv* ① (*fam: sexuell anreizen*) **jdn ~ machen** to turn sb on ② (*V-förmig*) tapered ③ (*spitzzüngig*) sharply ▶ WENDUNGEN: **~ rechnen** [*o* **kalkulieren**] to miscalculate [*or* soft-pedal]

Spitzbart *m* ① (*Spitz zulaufender Bart*) goatee ② (*Mann mit ~ 1*) man with a goatee **Spitzbauch** *m* potbelly *fam* **Spitzbein** *nt* KOCHK pig's trotter [*or* AM foot] **spitz|bekommen*** *vt irreg* (*sl*) ■ **etw ~** to cotton [*or* AM catch] on to sth *fam;* ■ **~, dass** to cotton on to the fact that **Spitzbergen** *nt* ① (*Spitzbergen*) Spitsbergen ② (*Svalbard*) Svalbard **Spitzbogen** *m* ARCHIT pointed arch **Spitzbube** *m* (*fam*) scallywag *fam* **spitzbübisch** **I.** *adj* cheeky BRIT, roguish, mischievous **II.** *adv* mischievously, cheekily BRIT

Spitze[1] <-, -n> *f* ① (*spitzes Ende o spitze Ecke*) point; *Schuh* pointed toe ② (*vorderster Teil*) front ③ SPORT (*erster Platz*) top; **an der ~ liegen** [*o* **stehen**] to be at the top; **sich an die ~ setzen, die ~ übernehmen** to move into [*or* take [over]] first place, to take over at the top [of the table [*or* division] [*or* league]] ④ (*Höchstwert*) peak; ***die Temperaturen erreichten im August ~n von 35, 36° C*** the temperature peaked at 35–36° C in August ⑤ (*Höchstgeschwindigkeit*) top speed; ***bei einer ~ von 250 km/h*** with a top speed of 250 km/h ⑥ *pl* (*führende Leute*) ■ **die ~** the leaders *pl; Gesellschaft* the top; *Unternehmen* the heads; *Wirtschaft* the leaders ⑦ (*fam: Zigarettenspitze*) holder ⑧ (*spitze Bemerkung*) dig; ***„diese ~ war gegen dich gezielt"*** "that was a dig at you" ▶ WENDUNGEN: **nur die ~ des Eisbergs sein** to be only the tip of the iceberg; **~ sein** (*fam*) to be great; **~!** great!; **einer S.** *dat* **die ~ nehmen** (*geh*) to take the sting out of sth; **etw auf die ~ treiben, es** [**mit etw**] **auf die ~ treiben** to take sth to extremes

Spitze[2] <-, -en> *f* MODE lace *no pl*

Spitzel <-s, -> *m* ① (*Polizeispitzel*) police informer ② (*Informant*) informer, spy

spitzeln *vi* ■ [**für jdn**] ~ to spy [*or* act as an informer] [for sb]

spitzen *vt* ■ **etw ~** to sharpen sth; *s. a.* **Mund, Ohr**

Spitzenanlage *f* state-of-the-art [*or* BRIT top-of-the-range] stereo **Spitzenbeamte(r), -beamtin** *m, f dekl wie adj* top official **Spitzenbelastung** *f* ÖKON peak load; ***in Zeiten der ~*** in peak periods; ***er ist ~en ausgesetzt*** he is under the greatest of strains **Spitzenerzeugnis** *nt* top-quality product **Spitzengehalt** *nt* top salary **Spitzengeschwindigkeit** *f* top speed **Spitzengremium** *nt* top echelon **Spitzengruppe** *f* SPORT leading group **Spitzenhaube** *f* MODE lace bonnet **Spitzenjahr** *nt* exceptionally good year **Spitzenkandidat(in)** *m(f)* POL top candidate **Spitzenklasse** *f* top-class, first-rate; **~ sein** (*fam*) to be top-class [*or* first-rate] **Spitzenkraft** *f* first-rate professional

Spitzenkragen *m* lace collar

Spitzenleistung *f* top [*or* first-rate] performance

spitzenmäßig **I.** *adj* (*sl*) ace *sl,* brilliant **II.** *adv* (*sl*) brilliantly

Spitzenpolitiker(in) *m(f)* top [*or* senior] politician **Spitzenposition** *f* top [*or* leading] position **Spitzenqualität** *f* top quality *no pl* **Spitzenreiter** *m* top seller, hit **Spitzenreiter(in)** *m(f)* leader, front-

S

runner; ~ **sein** to be on top; (*in der Hitparade*) to be top of the pops, to be number one [in the charts] **Spitzensportler(in)** *m(f)* top sportsperson **Spitzentechnologie** *f* state-of-the-art technology **Spitzentemperatur** *f* peak temperature **Spitzenverdienst** *m* top income **Spitzenwein** *m* top-quality wine **Spitzenwert** *m* MATH peak value

Spitzer <-s, -> *m* (*fam*) sharpener

spitzfindig I. *adj* hair-splitting, nit-picking *fam* II. *adv* ~ **argumentieren/auslegen** [*o* **interpretieren**] to split hairs

Spitzfindigkeit <-, -en> *f* ① (*spitzfindige Art*) hair-splitting nature ② (*spitzfindige Äußerung*) hair-splitting *no pl*

Spitzhacke *f* pick-axe **Spitzkehre** *f* ① TRANSP hair-pin bend ② SKI kick-turn

spitz|kriegen *vt* (*fam*) *s.* **spitzbekommen**

Spitzmaus *f* shrew

Spitzname *m* nickname; ***sie gaben ihm den ~n ...*** they nicknamed him ...

Spitzsieb *nt* chinois **Spitzwegerich** *m* ribwort **spitzwink(e)lig** I. *adj Dreieck* acute-angled; *Ecke* sharp[-cornered] II. *adv* sharply

Spleen <-s, -s> [ʃpliːn, sp-] *m* (*fam*) strange habit, eccentricity; **einen ~ haben** to be off [*or* AM out of] one's head

spleenig [ˈʃpliːnɪç, ˈsp-] *adj* (*fam*) nutty *fam*, eccentric

spleißen <spliss, gesplissen> *vi* to split

Splint <-[e]s, -e> *m* ① TECH split pin ② *kein pl* FORST sapwood *no pl*

Splitt <-[e]s, -e> *m* stone chippings *pl*

Splitter <-s, -> *m* splinter

Splitterbombe *f* MIL fragmentation bomb

splitter(faser)nackt I. *adj* (*fam*) stark-naked, starkers BRIT *fam* II. *adv* (*fam*) stark-naked, starkers

Splittergruppe *f* POL splinter group

splitt(e)rig *adj* ① (*leicht splitternd*) splintering ② (*mit Splittern bedeckt*) splintered

splittern *vi sein o haben* to splinter

Splitterpartei *f* POL *s.* **Splittergruppe**

Splitting <-s, -s> [ˈʃp-, ˈsp-] *nt* ① FIN, ADMIN *separate taxing of husband and wife* ② POL splitting *no pl*

Splittingtarif *m kein pl* FIN, ADMIN ■**der** ~ *tax rate for separate taxing of husband and wife*

SPÖ <-> [ɛspeːˈʔøː] *f kein pl* POL *Abk von* **Sozialdemokratische Partei Österreichs**: ■**die** ~ the Austrian Socialist Party

Spoiler <-s, -> [ˈʃpɔylɐ, ˈsp-] *m* spoiler

sponsern [ˈʃpɔnzɐn, ˈsp-] *vt* ■**jdn/etw** ~ to sponsor sb/sth

Sponsor, -sorin <-s, -soren> [ˈʃpɔnzɐ, ʃpɔnˈzoːrɪn, ˈsp-] *m, f* sponsor

Sponsoring <-s> [ˈʃpɔnzorɪŋ, ˈsp-] *nt kein pl* sponsoring *no pl*

spontan *adj* spontaneous

Spontaneität <-> [ʃpɔntaneiˈtɛːt] *f kein pl* (*geh*) sponteneity *no pl*

sporadisch *adj* sporadic

Spore <-, -n> *f* BIOL spore

Sporentier *nt* ZOOL sporozoa

Sporn <-[e]s, Sporen> *m* ① *meist pl* spur; **einem Reittier die Sporen geben** to spur a mount ② BOT spur ▶WENDUNGEN: **sich** *dat* **die** [**ersten**] **Sporen verdienen** to win one's spurs

Sport <-[e]s, *selten* -e> *m* ① SPORT sport *no pl;* ~ **treiben** to do sport ② SCH games *pl* ③ MEDIA sports news; ~ **sehen** to watch [the] sport ④ (*Zeitvertreib*) pastime, hobby; **etw aus** [*o* **zum**] ~ **betreiben** to do sth for fun ▶WENDUNGEN: **sich** *dat* **einen ~ daraus machen, etw zu tun** (*fam*) to get a kick out of doing sth *fam*

Sportabzeichen *nt* sports certificate **Sportart** *f* discipline, kind of sport **Sportartikel** *m meist pl* sports equipment; ■**ein** ~ a piece of sports equipment **Sportbrille** *f* sports glasses **Sportbund** *m* **Deutscher** ~ *German umbrella organization for sports* **Sportfest** *nt* sports festival **Sportflugzeug** *nt* sports aircraft **Sportgerät** *nt* piece of sports equipment **Sportgeschäft** *nt* sports shop **Sportgetränk** *nt* isotonic drink **Sporthalle** *f* sports hall **Sporthemd** *nt* casual shirt **Sporthochschule** *f* SCH college of physical education

sportiv *adj* MODE sporty

Sportkleidung *f* sportswear **Sportklub** *m s.* **Sportverein** **Sportlehrer(in)** *m(f)* SCH PE teacher

Sportler(in) <-s, -> *m(f)* sportsman *masc*, sportswoman *fem*

sportlich I. *adj* ① (*den Sport betreffend*) sporting ② (*trainiert*) sporty, athletic ③ (*fair*) sporting, sportsmanlike ④ MODE (*flott*) casual ⑤ AUTO (*rasant*) sporty II. *adv* ① SPORT (*in einer Sportart*) in sports; **sich ~ betätigen** to do sport ② (*flott*) casually ③ AUTO (*rasant*) sportily

Sportlichkeit <-> *f kein pl* ① (*Trainiertheit*) sportiness *no pl* ② (*Fairness*) sportsmanship *no pl*

Sportmedizin *f* sports medicine *no pl* **Sportnachrichten** *pl* sports news **Sportplatz** *m* sports field **Sportreportage** *f* sports report **Sportschuh** *m* SPORT trainer; MODE casual shoe **Sportschütze, -schützin** *m, f* rifleman *masc*, riflewoman *fem* (*in a sports club*); (*Bogenschütze*) archer

Sportsfreund *m* (*fam*) sport *fam*

Sportunfall *m* sporting accident **Sportveranstaltung** *f* sports event **Sportverein** *m* sports club **Sportwagen** *m* ① AUTO sports car ② (*offener Kinderwagen*) buggy

Spot <-s, -s> [spɔt, ʃp-] *m* ① MEDIA (*kurzer Werbefilm*) commercial, ad *fam* ② ELEK (*Punktstrahler*) spot

Spott <-[e]s> *m kein pl* ridicule *no pl*, mockery *no pl;* **seinen ~ mit jdm treiben** (*geh*) to make fun of sb

spottbillig I. *adj* (*fam*) dirt-cheap II. *adv* (*fam*) dirt-cheap

Spottdrossel *f* ORN mockingbird

Spöttelei <-, -en> *f* teasing *no pl*

spötteln *vi* ■[**über jdn/etw**] ~ to make fun [of sb/sth]

spotten *vi* ① (*höhnen*) to ridicule [*or* mock]; ■[**über jdn/etw**] ~ to make fun [of sb/sth] [*or* tease sb] ② (*geh: missachten*) **einer Gefahr/Warnung** *gen* ~ to scorn [*or* dismiss] a danger/warning; *s. a.* **Beschreibung**

Spötter *m* ORN warbler

Spötter(in) <-s, -> *m(f)* mocker

spöttisch *adj* mocking

Spottpreis *m* ridiculously low price, snip BRIT *fam;* **für einen** ~ dirt-cheap

sprach *imp von* **sprechen**

Sprachatlas *m* LING linguistic atlas **Sprachbarriere** *f* language barrier **sprachbegabt** *adj* linguistically talented; ■~ **sein** to be good at languages **Sprachbegabung** *f* linguistic talent *no pl*

Sprache <-, -n> *f* ① (*Kommunikationssystem*) language; **lebende/tote** ~ living/extinct language; **die neueren ~n** modern languages; **eine ~ sprechen** to speak a language ② *kein pl* (*Sprechweise*) way of speaking ③ *kein pl* (*Ausdrucksweise*) form of expression, language *no pl* ④ *kein pl* (*das Sprechen*) speech *no pl;* **etw zur ~ bringen, die ~ auf etw** *akk* **bringen** to bring sth up; **zur ~ kommen** to come up ▶WENDUNGEN: **jetzt** [*o* **auf einmal**] **eine ganz andere ~ sprechen** to change one's tune; **die gleiche ~ sprechen** to be on the same wavelength; **eine klare** [*o* **deutliche**] ~ **sprechen** to speak for itself; **jdm**

bleibt die ~ weg, **die ~ verlieren** sb is speechless, the cat got sb's tongue; **die ~ wiederfinden** to find one's tongue again; **mit der ~ herausrücken** [*o* **herauskommen**] (*fam*) to come out with it; **jds ~ sprechen** to speak sb's language; **einem die ~ verschlagen** to leave sb speechless; **nicht mit der ~ herauswollen** to not want to talk; ***sie wollte nicht mit der ~ heraus*** she didn't want to talk; **„heraus mit der ~!"** (*fam*) "out with it!"

Sprachebene *f* LING stylistic level **Spracherkennung** *f* INFORM voice recognition *no pl* **Spracherkennungs-Software** *f* INFORM speech recognition software **Spracherwerb** *m* language acquisition *no pl* **Sprachfamilie** *f* language family **Sprachfehler** *m* speech impediment; **einen ~ haben** to have a speech impediment **Sprachforscher(in)** *m(f) s.* Sprachwissenschaftler **Sprachforschung** *f kein pl s.* Sprachwissenschaft **Sprachführer** *m* phrasebook **Sprachgebrauch** *m* language usage *no pl* **Sprachgefühl** *nt kein pl* feel for language *no pl;* **ein bestimmtes ~ haben** to have a certain feel for language **Sprachgenie** *nt* linguistic genius **Sprachgeschichte** *f* ① LING linguistic history *no pl* ② (*Buch*) a linguistic history

Sprachkenntnisse *pl* language skills *pl;* **gute ~ haben** to have proficient language skills **Sprachkompetenz** *f* linguistic competence **sprachkundig** *adj* proficient in a language; ■ **~ sein** to be proficient in [*or* good at] a language **Sprachkurs** *m* language course **Sprachlabor** *nt* language laboratory [*or fam* lab] **Sprachlehre** *f* grammar

sprachlich I. *adj* linguistic II. *adv* ① LING grammatically; **~ falsch/korrekt sein** to be grammatically incorrect/correct ② (*stilistisch*) stylistically

sprachlos *adj* speechless

Sprachlosigkeit <-> *f kein pl* speechlessness *no pl*

Sprachregelung *f* official version **Sprachreise** *f* language holiday **Sprachrohr** *nt* megaphone ▶ WENDUNGEN: **sich zum ~ einer S.** *gen*/**zu jds** *gen* **~ machen** to become a mouthpiece for [*or* of] sth/sb **Sprachschule** *f* language school **Sprachstörung** *f* speech disorder **Sprachstudium** *nt* course of study [*or* degree] in languages **Sprachtherapeut(in)** *m(f)* speech therapist **Sprachtherapie** *f* speech therapy **Sprachübung** *f* [oral] language exercise **Sprachunterricht** *m* language instruction *no pl;* (*in der Schule*) language lesson **Sprachwandel** *m kein pl* change in language **Sprachwissenschaft** *f* linguistics + *sing vb;* **allgemeine ~** linguistics; **vergleichende ~en** comparative linguistics **Sprachwissenschaftler(in)** *m(f)* linguist **sprachwissenschaftlich** *adj* linguistic **Sprachwitz** *m kein pl* way with words **Sprachzentrum** *nt* ① MED, PSYCH speech centre [*or* AM -er] ② LING (*Sprachschule*) language centre [*or* AM -er]

sprang *imp von* **springen**

Spray <-s, -s> [ʃpreː, spreː] *m o nt* spray

Spraydose [ˈʃpreː-, ˈspreː-] *f* aerosol, spray

sprayen [ˈʃpreːən, ˈsp-] I. *vi* to spray; ■ [**mit etw**] **~** to spray [with sth] II. *vt* ■ **etw** [**auf etw** *akk*] **~** to spray sth [on sth]

Sprechanlage *f* intercom **Sprechblase** *f* speech bubble, balloon **Sprechchor** *m* chorus; ***der ~ der Umweltschützer brachte seine Ablehnung von Atomkraft zum Ausdruck*** the chorus of environmentalists voiced their opposition to nuclear power; **im ~ rufen** to chorus

sprechen <spricht, sprach, gesprochen> I. *vi* ① (*reden*) to speak, to talk; ***„kann das Kind schon ~?"*** "can the baby talk yet?"; ***ich konnte vor Aufregung kaum ~*** I could hardly speak for excitement; ***„nun sprich doch endlich!"*** "go on, say something!"; ***„sprich doch nicht so laut"*** "don't talk so loud"; ***„dabei bleibt's, ich habe gesprochen!"*** "what I say goes!"; ***„Schluss damit, jetzt spreche ich!"*** "enough of that, now it's my turn!"; ***„Achtung, hier spricht die Polizei!"*** "attention, this is the police!"; ***hier können wir nicht ~*** we can't talk here; ■ **über etw** *akk* **~** to talk [*or* speak] about sth, to discuss sth; ***über Sex wurde bei uns zu Hause nie gesprochen*** sex was never talked about [*or* discussed] in our house; ■ **mit jdm** [**über etw** *akk*] **~** to talk to sb [about sth]; ***sprich nicht in diesem Ton mit mir!*** don't speak to me like that!; ■ **von etw ~** to talk about sth; ***„von was ~ Sie eigentlich?"*** "what are you talking about?"; ■ **zu jdm ~** to speak [*or* talk] to sb; **auf jdn/etw zu ~ kommen** to come to talk about sb/sth; ***„jetzt, wo wir gerade darauf zu ~ kommen, ..."*** "now that we've come to mention it, ..."; **für sich** [**selbst**] **~** to speak for itself; **über etw** *akk* **spricht man nicht** sth is not talked about; **„~ wir nicht mehr darüber** [*o* **davon**]**"** "let's not talk about it anymore [*or* change the subject]"; **mit sich selbst ~** to talk to oneself; **„sprich!/~ Sie!"** (*geh*) "speak!", "speak away!"; *s. a.* **sprich** ② TELEK (*telefonieren*) ■ **mit jdm ~** to speak with sb; ***mit wem möchten Sie ~?*** who would you like to speak to?; ***„hallo, wer spricht denn da?"*** "hello, who's speaking?" ③ (*tratschen*) ■ **über jdn ~** to talk about sb [behind their back] ④ (*empfehlen*) ■ **für jdn/etw ~** to be in favour [*or* AM -or] of [*or* speak well for] sb/sth; ***seine Pünktlichkeit spricht sehr für ihn*** his punctuality is very much a point in his favour; ■ **für jdn/etw ~, dass** it says something for sb/sth, that; ■ **gegen jdn/etw ~** to speak against sb/sth [*or* not be in sb's/sth's favour] ⑤ (*erkennbar sein*) to express; ■ **aus jdm/etw spricht Angst/Entsetzen/Hass, etc** sb/sth expresses [*or* speaks] fear/horror/hate, etc; ***aus diesen Worten sprach der blanke Hass*** these words expressed pure hate II. *vt* ① (*können*) ■ **etw ~** to speak sth; ***~ Sie Chinesisch?*** can you speak Chinese? ② (*aussprechen*) ■ **etw ~** to say sth; ***sie konnte keinen vernünftigen Satz ~*** she couldn't say a single coherent sentence; ***wie spricht man dieses Wort?*** how do you pronounce this word? ③ (*verlesen*) ■ **etw ~** to say sth; **ein Gedicht ~** to recite a poem; ***heute spricht Pfarrer W. die Predigt*** today, prayer will be taken by Father W. ④ (*sich unterreden*) ■ **jdn ~** to speak to sb ▶ WENDUNGEN: **nicht gut auf jdn zu ~ sein**, **schlecht auf jdn zu ~ sein** to be on bad terms with sb; ***darauf ist sie nicht gut zu ~*** she doesn't like that; **für jdn/niemanden zu ~ sein** to be available for sb/not be available for anyone; ***Sie können eintreten, der Herr Professor ist jetzt zu ~*** you can come in, the Professor will see you now; **wir ~ uns noch** [*o* **wieder**]**!** you haven't heard the last of this!

Sprechen <-s> *nt kein pl* ① (*die menschliche Sprache*) speech *no pl;* **das ~ lernen** to learn to speak [*or* talk] ② (*das Reden*) speaking *no pl*, talking *no pl;* **jdn zum ~ bringen** to make sb talk

sprechend *adj* ① (*menschliche Laute von sich gebend*) talking ② (*beredt*) eloquent

Sprecher(in) <-s, -> *m(f)* ① (*Wortführer*) spokesperson; **sich zum ~ von jdm/etw machen** to become the spokesperson for [*or* voice of] sb/sth ② ADMIN (*Beauftragter*) speaker ③ RADIO, TV announcer; (*Nachrichten~*) newsreader, newscaster ④ LING (*Muttersprachler*) native speaker

Sprechfunk *m* radio; **über ~** over radio **Sprechfunkgerät** *nt* walkie-talkie **Sprechmuschel** *f* mouthpiece **Sprechstunde** *f* MED surgery; **~ halten** to hold surgery **Sprechstundenhilfe** *f* receptionist (*in a doctor's or dentist's surgery*) **Sprech-**

weise *f* way of speaking **Sprechzeit** *f* ❶ MED *Arzt* surgery [hours *pl*], practice opening hours *pl* ❷ (*Zeit für Gespräche*) consulting hours *pl* ❸ TELEK (*Dauer eines Gesprächs*) call time **Sprechzimmer** *nt* MED consultation room

spreizen I. *vt* ■**etw** ~ ❶ (*weit ausstrecken*) to spread sth; **die Beine** ~ to open [*or* spread] one's legs ❷ to spread sth II. *vr* ❶ (*sich zieren*) ■**sich [gegen etw]** ~ to make a fuss [*or* hesitate] [about sth]; ***„jetzt spreize dich nicht erst lange!"*** "don't be silly [*or* shy]!" ❷ (*sich sträuben*) ■**sich gegen etw** ~ to be reluctant about sth

Spreizfuß *m* MED splay-foot

Sprengbombe *f* MIL high-explosive bomb

Sprengel <-s, -> *m* ❶ REL parish ❷ ÖSTERR (*veraltend: Verwaltungsbezirk*) administrative district

sprengen[1] I. *vt* ■**etw** ~ ❶ (*zur Explosion bringen*) to blow sth up ❷ (*bersten lassen*) to burst sth; *s. a.* **Kette** ❸ (*gewaltsam auflösen*) to break sth up II. *vi* to blast

sprengen[2] *vt* ■**etw** ~ ❶ (*berieseln*) to water sth [*or* spray sth with water] ❷ (*benetzen*) to sprinkle sth with water

sprengen[3] *vi sein* (*geh*) ■**irgendwohin** ~ to thunder somewhere

Sprengkopf *m* warhead **Sprengkraft** *f kein pl* explosive force *no pl* **Sprengladung** *f* explosive charge **Sprengmeister(in)** *m(f)* demolition expert **Sprengsatz** *m* explosive device **Sprengstoff** *m* ❶ (*Substanz zum Sprengen*) explosive ❷ (*Thema*) explosive material *no pl* **Sprengstoffanschlag** *m* bomb attack; **einen** ~ **[auf jdn/etw] verüben** to launch a bomb attack [on sb/sth]; ***auf den Politiker wurde ein*** ~ ***verübt*** the politician was the subject of a bomb attack

Sprengung <-, -en> *f* ❶ *kein pl* (*das Sprengen*) blasting *no pl*, blowing-up *no pl* ❷ (*Explosion*) explosion, blasting *no pl*

Sprengwirkung *f* explosive effect

Sprenkel <-s, -> *m* spot; (*Schmutzfleck*) mark

Spreu <-> *f kein pl* AGR chaff *no pl* ▶ WENDUNGEN: **die** ~ **vom Weizen trennen** to separate the wheat from the chaff *fig*

sprich namely, in other words, that is, i.e.; ***wir müssen schon bald,*** ~ ***in drei Stunden, aufbrechen*** we have to leave soon, i.e. in three hours; ***sie hat das Klassenziel nicht erreicht,*** ~***, sie ist durchgefallen*** she didn't meet the class goal, in other words [*or* that is], she failed; ***das wird eine Menge Geld,*** ~ ***etwa 1000 Mark, kosten*** it will cost a lot of money, namely 1000 marks

Sprichwort <-wörter> *nt* proverb, saying

sprichwörtlich *adj* proverbial

sprießen <spross *o* sprießte, gesprossen> *vi sein* BOT to spring up [*or* shoot]; *Bart, Brüste, Haare* to grow

Springbock *m* ZOOL springbok

Springbrunnen *m* fountain

springen[1] <sprang, gesprungen> *vi sein* to shatter; (*einen Sprung bekommen*) to crack

springen[2] <sprang, gesprungen> I. *vi sein* ❶ (*hüpfen*) to jump [*or* leap]; ***die Kinder sprangen hin und her*** the children leapt [*or* jumped] about; ***der Hase sprang über die Wiese*** the rabbit leapt [*or* bounded] across the meadow ❷ (*hinunterspringen*) to jump ❸ SPORT (*durch die Luft schnellen*) to jump ❹ (*fam: Anordnungen eilends ausführen*) to jump; ***jeder hat zu*** ~***, wenn der Chef es verlangt*** everyone has to jump at the boss's request ❺ DIAL (*eilen*) ■**[irgendwohin]** ~ to nip [*or* pop] [somewhere] [*or* AM pop in] *fam;* ***springst du mal eben zum Metzger?*** can you nip round [*or* out] to the butcher's for me? ❻ (*fliegen*) to fly; ***ihm sprang ein Funke ins Gesicht*** a spark flew into his face; ***der Knopf sprang ihm von der Hose*** the button flew off his trousers ❼ (*wegspringen*) ■**aus etw** ~ to jump out of sth; ***beim Zählen sprang ihr eine Münze aus der Hand*** while she was counting a coin jumped out of her hand ❽ (*ruckartig vorrücken*) ■**auf etw** *akk* ~ to jump to sth; ***die Ampel sprang auf rot*** the traffic light jumped to red ▶ WENDUNGEN: **etw** ~ **lassen** (*fam*) to fork out sth II. *vt haben* SPORT, SKI ■**etw** ~ to jump sth; **einen Rekord** ~ to make a record jump; ***sie sprang die größte Weite*** she jumped the furthest distance

Springen <-s> *nt kein pl* SPORT jumping *no pl;* (*ins Wasser*) diving *no pl*

Springer <-s, -> *m* SCHACH knight

Springer(in) <-s, -> *m(f)* SPORT, SKI jumper

Springerstiefel *pl* army boots *pl*

Springflut *f* spring tide **Springform** *f* springform pan AM, spring-clip tin BRIT **Springkraut** *nt* BOT balsam **Springmaus** *f* ZOOL jumping mouse **Springreiten** *nt* show jumping *no pl* **Springrollo** *nt* roller blind **Springschwanz** *m* ZOOL springtail **Springseil** *nt* skipping [*or* AM jumping] rope

Sprinkler <-s, -> *m* TECH sprinkler

Sprinkleranlage *f* sprinkler system

Sprint <-s, -s> *m* SPORT sprint

sprinten I. *vi sein* to sprint II. *vt haben* SPORT **400 m** ~ to sprint 400 m, to do the 400 m sprint

Sprinter(in) <-s, -> *m(f)* sprinter

Sprit <-[e]s> *m kein pl* ❶ (*fam: Benzin*) petrol *no pl* ❷ (*fam: Schnaps*) booze *no pl fam* ❸ (*Äthylalkohol*) pure spirit *no pl*

Spritzbesteck *nt* shooting kit *sl* (*equipment used by a drug addict to take his/her drugs*) **Spritzbeutel** *m* piping bag

Spritze <-, -n> *f* ❶ MED (*Injektionsspritze*) syringe ❷ MED (*Injektion*) injection, jab *fam;* **eine** ~ **bekommen** to have an injection [*or fam* a jab]; **jdm eine** ~ **geben** to give sb an injection ❸ (*Motorspritze*) hose

spritzen I. *vi* ❶ *haben* (*in Tropfen auseinanderstieben*) *Regen, Schlamm* to spray; *Fett* to spit ❷ *sein* (*im Strahl gelangen*) *Wasser* to spurt; (*aus einer Wasserpistole*) to squirt ❸ *haben* MED (*injizieren*) to inject; (*sl mit Drogen*) to shoot [up] *sl* II. *vt haben* ❶ (*im Strahl verteilen*) ■**etw [auf etw]** ~ to squirt sth [onto sth]; **jdm/sich** *dat* **etw ins Gesicht** ~ to squirt sth into sb's/one's face ❷ (*bewässern*) ■**etw** ~ to sprinkle [*or* water] sth ❸ MED (*injizieren*) ■**etw** ~ to inject sth; ■**[jdm/sich** *dat*] **etw** ~ to give [sb/oneself] an injection; ***die Pfleger spritzten ihr ein starkes Beruhigungsmittel*** the nurses injected her with a tranquilizer; **sich** *dat* **Heroin** ~ (*sl*) to shoot [up] heroin ❹ KOCHK **Sahne/Zuckerguss auf etw** ~ to pipe cream/icing onto sth ❺ (*mit Bekämpfungsmittel besprühen*) to spray; ■**etw [gegen etw]** ~ to spray sth [against sth] ❻ AUTO (*mit der Spritzpistole lackieren*) ■**etw** ~ to spray sth

Spritzer <-s, -> *m* ❶ (*gespritzte Tropfen*) splash ❷ (*kleine Flüssigkeitsmenge*) splash; *Whisky* small drop

spritzig *adj* ❶ (*prickelnd*) tangy ❷ (*flott*) lively, sparkling; ~**es Auto** quick [*or* BRIT nippy] car

Spritzpistole *f* spray gun **Spritztour** *f* (*fam*) spin **Spritztüte** *f* piping bag

spröde *adj* ❶ (*unelastisch*) brittle ❷ (*rau*) rough; *Haar* brittle; *Lippen* chapped ❸ (*abweisend*) aloof

spross[RR], **sproß** *imp von* **sprießen**

Spross[RR] <-es, -e> *m*, **Sproß** <-sses, -sse> *m* ❶ BOT (*Schössling*) shoot ❷ (*geh: Nachkomme*) scion *form*

Sprosse <-, -n> *f* ❶ (*Leitersprosse*) step ❷ BAU

(*Fenstersprosse*) mullion
Sprossenkohl *m* brussels sprouts
Sprosser <-s, -> *m* ORN thrush nightingale
SprösslingRR <-s, -e> *m*, **Sprößling** <-s, -e> *m* (*hum*) offspring
Sprotte <-, -n> *f* sprat
Spruch <-[e]s, Sprüche> *m* ❶ (*Ausspruch*) saying, aphorism, slogan; ***die Wände waren mit Sprüchen beschmiert*** slogans had been scrawled on the walls; ***das ist doch nur wieder einer dieser dummen Sprüche*** it's all just empty talk [*or fam* meaningless prattle] ❷ (*einstudierter Text*) quotation ❸ (*Schiedsspruch*) award, verdict ▸ WENDUNGEN: **Sprüche machen** [*o* **klopfen**] (*fam*) to drivel [*or* BRIT waffle]
Spruchband <-bänder> *nt* banner
Sprücheklopfer(in) *m(f)* (*fam*) prattle-monger BRIT *fam*, big talker AM *fam*
Sprüchlein <-s, -> *nt dim von* **Spruch** ▸ WENDUNGEN: **sein ~ sagen** to say one's little piece
spruchreif *adj* (*fam*) ▪**~/noch nicht ~ sein** to be/not be definite
Sprudel <-s, -> *m* ❶ (*Mineralwasser*) sparkling mineral water ❷ ÖSTERR (*Erfrischungsgetränk*) fizzy drink
sprudeln *vi* ❶ *haben* (*aufschäumen*) to bubble, to effervesce, to fizz ❷ *sein* (*heraussprudeln*) to bubble
Sprudeltablette *f* effervescent tablet
Sprühdose *f s.* **Spraydose**
sprühen I. *vt haben* to spray; ▪**etw auf/über etw** *akk* ~ to spray sth onto/over sth II. *vi* ❶ *haben* (*schwach spritzen*) to spray ❷ *sein* (*als Aerosol spritzen*) ▪**aus etw/irgendwohin** ~ to spray from sth/somewhere ❸ *sein* (*umherfliegen*) ▪**[irgendwohin]** ~ to fly [somewhere]; ***die Funken des Feuers ~ überall hin*** the sparks of the fire sprayed everywhere ❹ *haben* to flash ❺ *haben* (*lebhaft sein*) to sparkle; **vor Begeisterung** *dat* ~ to sparkle with excitement
sprühend *adj* sparkling
Sprühregen *m* drizzle *no pl*
Sprung1 <-[e]s, Sprünge> *m* crack
Sprung2 <-[e]s, Sprünge> *m* ❶ (*Satz*) leap, jump, bound; **einen ~ [irgendwohin/über etw** *akk*] **machen** to leap [*or* jump] [somewhere/over sth]; ***der Bock machte einen ~ in die Luft*** the ram bounded into the air; **zum ~ ansetzen** to get ready to jump ❷ SPORT vault, jump ▸ WENDUNGEN: **einen ~ in der Schüssel haben** to not be quite right in the head; **ein großer ~ nach vorn** a giant leap forwards; **[mit etw] keine großen Sprünge machen können** (*fam*) to not be able to live it up [with sth]; **jdm auf die Sprünge helfen** to give sb a helping hand; ***wir müssen dir wohl erst auf die Sprünge helfen, was?*** looks like we need to help things along a bit; **immer auf dem ~ sein** (*fam*) to be always on the go; **auf dem ~ sein** to be about to leave [*or* go]; **nur einen ~ entfernt sein von** to be only a stone's throw away from; **jdm auf die Sprünge kommen** (*fam*) to get on to sb; ***na warte, wenn ich dir erst auf die Sprünge komme!*** just wait until I get a hold of you!; **auf einen ~ [bei jdm] vorbeikommen** (*fam*) to pop in [*or* by] to see sb *fam*
Sprungbrett *nt* ❶ SPORT diving board ❷ SPORT (*Turngerät*) springboard ❸ (*geh: gute Ausgangsbasis*) springboard **Sprungfeder** *f* spring **Sprunggelenk** *nt* ankle [joint] **Sprunggrube** *f* pit
sprunghaft I. *adj* ❶ (*in Schüben erfolgend*) rapid ❷ (*unstet*) volatile, fickle II. *adv* in leaps and bounds
Sprunghaftigkeit <-> *f kein pl* fickleness *no pl*, volatile nature
Sprungschanze *f* ski jump **Sprungstab** *m* vaulting pole **Sprungtuch** *nt* jumping blanket [*or* sheet] **Sprungturm** *m* diving platform
Spucke <-> *f kein pl* (*fam*) (*Speichel*) spit *no pl* ▸ WENDUNGEN: **jdm bleibt die ~ weg** sb is flabbergasted; ***da bleibt mir die ~ weg*** I'm [totally] flabbergasted
spucken I. *vi* ❶ (*ausspucken*) to spit ❷ DIAL (*sich übergeben*) to throw up *fam*, to vomit ❸ (*fam: Maschine*) to sputter II. *vt* ▪**etw** ~ to spit something out; ▪**etw [auf etw** *akk*] ~ (*gezielt*) to spit sth [onto sth]; *s. a.* **Hand**
Spucknapf *m* spittoon
Spuk <-[e]s, -e> *m* ❶ (*Geistererscheinung*) [ghostly] apparition, spook *fam* ❷ (*schreckliches Erlebnis*) nightmare
spuken *vi impers* ❶ (*nicht geheuer sein*) to haunt; ▪**irgendwo spukt es** somewhere is haunted; ***hier spukt's*** this place is haunted ❷ (*fam: nicht ganz bei Trost sein*) ▪**bei jdm spukt es** sb is out of his/her mind; ***ich glaube, bei ihr spukt's*** I think she must be out of her mind
Spukgeschichte *f* ghost story **Spukschloss**RR *nt* haunted castle
Spülbecken *nt* sink
Spule <-, -n> *f* ❶ (*Garnrolle*) bobbin ❷ FILM spool, reel ❸ ELEK (*Schaltelement*) coil
Spüle <-, -n> *f* [kitchen] sink
spulen I. *vt* ▪**etw [von etw] auf etw** *akk* ~ to wind [*or* spool] sth [from sth] onto sth II. *vi* to wind [on]
spülen I. *vi* ❶ (*Geschirr abwaschen*) to wash up ❷ (*die Toilette abziehen*) to flush II. *vt* ❶ (*abspülen*) ▪**etw** ~ to wash up sth *sep* ❷ (*schwemmen*) ▪**etw irgendwohin** ~ to wash sth somewhere; ***das Meer spülte die Leiche an Land*** the sea washed the body ashore
Spülkasten *m* cistern **Spülmaschine** *f* dishwasher **spülmaschinenfest** *adj* dishwasher-safe
Spülmittel *nt* washing-up liquid, dish soap AM **Spülstein** *m* DIAL sink
Spülung <-, -en> *f* ❶ (*gegen Mundgeruch*) rinsing *no art* ❷ (*Wasserspülung*) flush; **die ~ betätigen** to flush [the toilet] ❸ (*Haarspülung*) conditioner
Spülwasser *nt* dishwater, washing-up water BRIT
Spulwurm *m* roundworm, ascarid *spec*
Spund1 <-[e]s, Spünde *o* Spunde> *m* bung, spigot
Spund2 <-[e]s, -e> *m* ▪**junger ~** (*fam*) stripling, young pup *fam*
Spundloch *nt* bunghole
Spur <-, -en> *f* ❶ (*hinterlassenes Anzeichen*) trace; *Verbrecher a.* clue; **~en der Verwüstung** signs [*or* marks] of devastation; **jdn auf die [richtige] ~ bringen** to put sb on[to] the right track [*or* the scent]; ***dieses Beweisstück brachte die Polizei auf die ~ des Täters*** this piece of evidence helped the police [to] trace [*or* track down] the culprit; **[keine/seine] ~en hinterlassen** to leave [no/one's] trace[s]; *Schicksal a.* to leave [no/its] mark; *Verbrecher a.* to leave [no] clue[s]; **jdm auf der ~ sein** to be on sb's trail [*or* the trail of sb]; **andere ~en verfolgen** to follow up other leads; **auf der falschen/richtigen ~ sein, die falsche/richtige ~ verfolgen** to be on the wrong/right track; **eine heiße ~** a firm lead; **jdm auf die ~ kommen** to get onto sb ❷ (*Fuß~en*) track[s *pl*], trail *no pl*; **die ~ aufnehmen** to pick up the trail ❸ (*kleine Menge*) trace; *Knoblauch, Pfeffer* touch, soupçon *a. hum*; **eine ~ salziger/süßer** a touch saltier/sweeter; ***die Suppe könnte eine ~ salziger sein*** this soup could do with a touch more salt; **eine ~ zu salzig/süß** a touch too salty/sweet; **keine ~, nicht die ~** (*fam*) not at all ❹ (*Fünkchen*) scrap, shred; ***hätte er nur eine Spur mehr Verstand gehabt, wäre dies nicht geschehen*** if he'd had just an ounce more common sense this wouldn't have happened ❺ (*Fahr-*

S

streifen) lane; **die linke/rechte** ~ the left-hand/right-hand lane; **aus der** ~ **geraten** to move [*or* swerve] out of lane; ~ **halten** to keep in lane ❻ AUTO (*Spurweite*) track [*or* AM tread] width; (*Radstellung*) tracking *no pl, no indef art* ❼ TECH, INFORM track; ***das Tonbandgerät hat acht ~en*** the tape recorder has eight tracks, this is an 8-track tape recorder ❽ SKI course, track

spürbar *adj* perceptible, noticeable

Spurbus *m* bus (*driving on its own special lane*)

spuren *vi* (*fam*) ■[**bei jdm**] ~ to do as one is told, to obey [sb], to toe the line *fam*

spüren **I.** *vt* ■**etw** ~ ❶ (*körperlich wahrnehmen*) to feel sth; **den Alkohol** ~ to feel the effects of the alcohol; ***einen Schnaps spürt er sofort im Kopf*** just one schnapps makes him feel heady; **die Peitsche zu** ~ **bekommen** to be given a taste of the whip ❷ (*merken*) to sense sth; ***sie wird jetzt sein Missfallen zu*** ~ ***bekommen*** she will get to feel his displeasure; ■**jdn seine Verärgerung** ~ **lassen** to let [*or* make] sb feel one's annoyance, to let sb know that one is annoyed, to make no attempt to hide one's annoyance [at sb]; **etw zu** ~ **bekommen** to feel the [full] force of sth; [**es**] **zu** ~ **bekommen, dass ...** to be made conscious [*or* aware] of the fact that ... **II.** *vi* ■~, **dass/ob/wie ...** to sense [*or* notice] that/whether/how ...; ■**jdn** [**deutlich**] ~ **lassen, dass ...** to leave sb in no doubt that ...

Spurenelement *nt* trace element **Spurengas** *nt* trace gas **Spurensicherung** *f* securing of evidence *no pl, no indef art* **Spurensucher** *m* forensic detective

Spürhund *m* tracker dog; (*fig*) sleuth

spurlos **I.** *adj* without [a] trace *pred* **II.** *adv* ❶ (*keine Spuren hinterlassend*) without [leaving a] trace ❷ (*keine Eindrücke hinterlassend*) **an jdm** ~/**nicht** ~ **vorübergehen** to leave/to not leave its/their mark on sb

Spürnase *f* ❶ (*detektivischer Scharfsinn*) flair *no pl,* intuition *no pl* ❷ (*ausgeprägter Geruchssinn*) [good] nose [*or* sense of smell]

Spurrille *f* rut

Spürsinn *m kein pl* nose; **einen** [**feinen/unfehlbaren**] ~ **für etw haben** to have a [fine]/a[n infallible] nose for sth

Spurt <-s, -s *o* -e> *m* sprint, spurt; **zum** ~ **ansetzen** to make a final spurt

spurten *vi sein* to sprint, to spurt

sputen *vr* DIAL ■**sich** ~ to hurry [up]; ***spute dich!*** hurry up!, look sharp!

Squash <-> [skvɔʃ] *nt* squash

Squashhalle *f* squash courts *pl*

Sri Lanka <-s> *nt* Sri Lanka

Srilanker(in) <-s, -> *m(f)* Sri Lankan; *s. a.* **Deutsche(r)**

srilankisch *adj* Sri Lankan; *s. a.* **deutsch**

SSK *f* NUKL *Abk von* **Strahlenschutzkommission** commission for radiation protection

s.t. *adv* SCH *Abk von* **sine tempore**

St. ❶ *Abk von* **Stück** pce[.], pcs[.] *pl* ❷ *Abk von* **Sankt** St, SS. *pl*

Staat <-[e]s, -en> *m* ❶ (*Land*) country ❷ (*staatliche Institutionen*) state; **eine Einrichtung des ~es** a state institution; **beim** ~ **arbeiten** [*o* **sein**] (*fam*) to be employed by the government [*or* state]; **ein** ~ **im ~e** a state within a state ❸ (*Insekten~*) colony ❹ *pl* (*USA*) ■**die ~en** the States; **die Vereinigten ~en** [**von Amerika**] the United States [of America], the US[A], the U.S. of A. *hum* ❺ (*Ornat*) finery; **in vollem** ~ in all one's finery ▶ WENDUNGEN: **damit ist kein** ~ **zu machen** [*o* **damit kann man keinen** ~ **machen**] that's nothing to write home about *fam;* ***mit diesem alten Anzug kannst du*** [***beim Fest***] ***keinen*** ~ ***machen*** you'll hardly be a great success [at the celebrations] in [*or* with] that old suit; ***mit diesem verwilderten Garten ist kein*** ~ ***zu machen*** this overgrown garden won't impress anyone; **viel** ~ **machen** to make a big [*or* lot of] fuss; **von ~s wegen** on the part of the [state] authorities, on a governmental level

Staatenbund <-bünde> *m* confederation [of states], staatenbund *spec* **staatenlos** *adj* stateless; ■~ **sein** to be stateless, to be stateless persons/a stateless person **Staatenlose(r)** *f(m) dekl wie adj* stateless person **staatenübergreifend** *adj inv* POL international

staatlich **I.** *adj* ❶ (*staatseigen*) state-owned; (~ *geführt*) state-run; ~**e Einrichtungen** state [*or* government] facilities ❷ (*den Staat 1 betreffend*) state *attr,* national *attr* ❸ (*aus dem Staatshaushalt stammend*) government *attr,* state *attr* **II.** *adv* ~ **anerkannt** state- [*or* government-]approved; ~ **geprüft** [state-]certified; ~ **subventioniert** state-subsidized, subsidized by the state *pred*

staatlicherseits *adv* POL (*geh*) on the part of the government

Staatsaffäre *f* POL affair of state ▶ WENDUNGEN: **eine** ~ **aus etw machen** to make [such] a fuss about [*or pej fam* a song and dance out of] sth **Staatsakt** *m* ❶ (*Festakt*) state ceremony [*or* occasion] ❷ (*Rechtsvorgang*) act of state **Staatsaktion** *f* POL major operation ▶ WENDUNGEN: **aus etw eine** ~ **machen** (*iron fam*) to make a song and dance out of sth **Staatsangehörige(r)** *f(m) dekl wie adj* citizen, national *form;* **britische** ~ British citizens [*or form* nationals] [*or* subjects] **Staatsangehörigkeit** *f* nationality, national status *form* **Staatsanleihe** *f* government [*or* state] [*or* public] loan [*or* bond[s *pl*]] **Staatsanwalt, -anwältin** *m, f* public prosecutor, prosecuting attorney AM **Staatsanwaltschaft** <-, -en> *f* public prosecutor's office, prosecuting attorney's office AM **Staatsapparat** *m* apparatus of state, government [*or* state] machinery **Staatsarchiv** *nt* national [*or* state] archives *pl,* Public Record Office BRIT **Staatsauftrag** *m* POL appointment of the government; **im** ~ **handeln** to act by appointment of the government **Staatsausgabe** *f meist pl* public expenditure **Staatsbankett** *nt* state banquet **Staatsbeamte(r), -beamtin** *m, f* public [*or* civil] servant **Staatsbegräbnis** *nt* state [*or* AM national] funeral **Staatsbesitz** *m kein pl* public ownership **Staatsbesuch** *m* state visit **Staatsbetrieb** *m* state-owned enterprise, nationalized enterprise **Staatsbürger(in)** *m(f)* (*geh*) national *form,* citizen; **britische** ~ British nationals *form* [*or* citizens] [*or* subjects] **staatsbürgerlich** *adj attr* (*geh*) civic, public; ~**e Rechte** civil rights **Staatsbürgerschaft** *f* nationality; **doppelte** ~ dual nationality **Staatsbürgerschaftsrecht** *nt* POL ■**das** ~ ≈ the Immigrants Act (*German law dealing with nationality and citizenship of immigrants*) **Staatschef(in)** *m(f)* (*fam*) head of state **Staatsdienst** *m* government service *no art,* civil service; **in den** ~ **übernommen werden** to become a civil servant **Staatseigentum** *nt* state ownership **Staatsempfang** *m* state reception; **einen** ~ **geben** to give [*or* hold] a state reception **Staatsexamen** *nt* state exam[ination]; (*zur Übernahme in den Staatsdienst*) civil service examination **Staatsfeind(in)** *m(f)* enemy of the state **staatsfeindlich** *adj* subversive, hostile to the state *pred* **Staatsfinanzen** *pl* public finances *pl* **Staatsflagge** *f* national flag **Staatsform** *f* form [*or* system] of government; **die** ~ **der Monarchie** monarchism, monarchical government *form* **Staatsgebiet** *nt* national territory **Staatsgeheimnis** *nt* state [*or* official] secret **Staatsgewalt** *f kein pl* state [*or* government[al]] authority **Staatsgrenze** *f* [national [*or* state]] border **Staatshaushalt** *m* national budget **Staatskanzlei** *f* state chancellery, Minister President's Office **Staatskarosse** *f* ① (*Staatskutsche*) state coach [*or* carriage] ② (*fam: Dienstwagen*) government car **Staatskasse** *f* treasury, public purse BRIT **Staatsknete** *f* (*sl*) government handout[s *pl*] *a. pej fam* **Staatskosten** *pl* public expenses; ■ **auf** ~ at [the] public expense **Staatsmann** *m* (*geh*) statesman **staatsmännisch** *adj* (*geh*) statesmanlike **Staatsoberhaupt** *nt* head of state **Staatspräsident(in)** *m(f)* president [of a/the state] **Staatsprüfung** *f* (*geh*) *s.* **Staatsexamen** **Staatsräson** *f* POL reasons *pl* of State **Staatsregierung** *f* [state [*or* national]] government **Staatssekretär(in)** *m(f)* state [*or* BRIT permanent] secretary, undersecretary AM; **parlamentarischer** ~ parliamentary secretary **Staatssicherheitsdienst** *m kein pl* POL (*hist*) state security service **Staatsstreich** *m* coup [d'état] **staatstheoretisch** *adj* POL, PHILOS concerning theory of State **staatstragend** *adj* representing the interests of the state *pred;* **die ~en Parteien** the established parties **Staatsverdrossenheit** *f* political apathy *no pl* **Staatsverschuldung** *f* state [*or* government] indebtedness, national debt *no pl, no indef art* **Staatsvertrag** *m* ① (*international*) [international] treaty ② (*zwischen Gliedstaaten*) inter-state treaty [*or* agreement] **Staatswesen** *nt* (*geh*) state [system]

Stab <-[e]s, Stäbe> *m* ① (*runde Holzlatte*) rod, staff ② (*Gitter~*) bar ③ SPORT (*Stabhochsprung~*) pole; (*Staffel~*) baton ④ MUS (*Taktstock*) baton ⑤ (*beigeordnete Gruppe*) staff; *Experten* panel ⑥ MIL staff ▸ WENDUNGEN: **den ~ über jdn brechen** (*geh*) to roundly condemn sb

Stäbchen <-s, -> *nt* ① (*Ess~*) chopstick ② (*beim Mikado*) jackstraw, spillikin, pick-up [*or* picka-] stick [*or* styk] ③ (*Häkelmasche*) treble [crochet] ④ ANAT (*Augensinneszelle*) rod ⑤ (*fam: Zigarette*) cigarette, fag BRIT *fam,* ciggy BRIT *fam*

Stäbchenbakterium <-s, -rien> *nt* BIOL bacillus

stabförmig *adj* rod-shaped; MED *a.* bacilliform *spec* **Stabhochspringer(in)** *m(f)* pole vaulter **Stabhochsprung** *m* pole vault

stabil *adj* ① (*strapazierfähig*) sturdy, stable ② (*beständig*) stable ③ (*nicht labil*) steady; **~e Gesundheit/Konstitution** sound health/constitution

Stabilisator <-s, -toren> *m* ① AUTO stabilizer [*or* BRIT *a.* -iser] [bar], anti-roll bar ② CHEM stabilizer [*or* BRIT *a.* -iser], stabilizing agent

stabilisieren I. *vt* ① (*geh: standfester machen*) ■ **etw** ~ to stabilize sth, to make sth stable ② (*kräftigen*) ■ **jdn** ~ to stabilize sb II. *vr* ■ **sich** ~ ① (*beständig werden*) to stabilize, to become stable ② (*sich festigen*) to stabilize, to become stable [*or* steady]

Stabilisierung <-, -en> *f* stabilization

Stabilität <-> *f kein pl* ① (*Festigkeit*) stability, solidity ② (*Beständigkeit*) stability

Stabilitätsprogramm *nt* AUTO **elektronisches** ~ electronic stability program, ESP

Stablampe *f* [electric] torch BRIT, flashlight AM **Stabmagnet** *m* bar magnet **Stabmixer** *m* hand-held blender

Stabreim *m* alliteration

Stabsarzt, -ärztin *m, f* MIL captain in the medical corps **Stabschef, -chefin** *m, f* MIL chief of staff **Stabsoffizier** *m* MIL field officer

stach *imp von* **stechen**

Stachel <-s, -n> *m* ① (*spitzer Dorn: von Rose*) thorn; (*von Kakteen*) spine; **kleiner** ~ prickle, spinule *spec* ② (*von Igel, Seeigel*) spine; (*kleiner*) prickle, spiculum *spec;* (*von ~schwein*) quill ③ (*Giftstachel*) sting, AM *a.* stinger, aculeus *spec* ④ (*spitzes Metallstück*) *Zaun, Halsband* spike; *Stacheldraht* barb ▸ WENDUNGEN: **ein ~ im Fleisch** (*geh*) a thorn in the flesh [*or* side]; **wider den ~ löcken** to kick against the pricks BRIT

Stachelbeere *f* gooseberry **Stachelbeerstrauch** *m* gooseberry bush **Stacheldraht** *m* barbed wire; **hinter** ~ (*fig a.*) behind barbed wire, behind bars, locked up **Stacheldrahtzaun** *m* barbed wire fence; **elektrisch geladene Stacheldrahtzäune** live [*or* electrically charged] barbed wire fencing *no pl, no indef art* **Stachelhäuter** <-s, -> *m* ZOOL echinoderm

stach(e)lig *adj Rosen* thorny; *Kakteen, Tier* spiny, spinous *spec;* (*mit kleineren Stacheln*) prickly

Stachelschnecke *f* sting winkle **Stachelschwein** *nt* porcupine

Stadel <-s, -> *m* SÜDD, ÖSTERR, SCHWEIZ barn

Stadion <-s, Stadien> [-diən] *nt* stadium, AM *a.* bowl

Stadium <-s, Stadien> [-diən] *nt* stage; **im letzten** ~ MED at a/the terminal stage

Stadt <-, Städte> *f* ① (*Ort*) town; (*Groß~*) city; **am Rande der** ~ on the edge of [the] town, on the outskirts of the city; **im Zentrum der** ~ in the centre [*or* AM -er] of town, in the city/town centre; **in ~ und Land** (*geh*) throughout the land, the length and breadth of the land ② (*fam: ~verwaltung*) [city/town] council; (*von Groß~ a.*) corporation; **bei der ~ arbeiten** [*o* **sein**] to work for the council/corporation

städt. *adj Abk von* **städtisch**

stadtauswärts *adv* out of town/the city **Stadtautobahn** *f* urban motorway [*or* AM freeway] **Stadtbahn** *f* suburban [*or* metropolitan] railway, city railroad AM **Stadtbauamt** *nt* town planning department **stadtbekannt** *adj* well-known, known all over town *pred* **Stadtbezirk** *m* municipal district, borough **Stadtbild** *nt* cityscape/townscape **Stadtbücherei** *f* municipal [*or* city/town] [lending] library **Stadtbummel** *m* stroll in the [*or* through] town; **einen ~ machen** to go for a stroll through town

Städtchen <-s, -> *nt dim von* **Stadt** small [*or* little] town

Stadtdirektor(in) *m(f)* chief executive of a city/town, city/town manager AM

Städtebau *m kein pl* urban development *no pl*

städtebaulich I. *adj* in/of urban development *pred* II. *adv* in terms of urban development

stadteinwärts *adv* [in]to town, downtown AM

Städtepartnerschaft *f* partnership between cities/towns, town twinning BRIT

Städter(in) <-s, -> *m(f)* ① (*Einwohner einer Stadt*) city/town dweller ② (*Stadtmensch*) city/town dweller, townie *pej fam*

Städtetag *m* congress of municipalities **Städtetourismus** *m* TOURIST city tourism

Stadtflitzer *m* AUTO (*fam*) city-nipper *fam,* runabout *fam* **Stadtflucht** *f kein pl* exodus from the cities, urban outmigration AM **Stadtführung** *f* guided tour [through the city/town] **Stadtgebiet** *nt* municipal area; (*von Großstadt a.*) city zone **Stadtgespräch** *nt* [**das**] ~ **sein** to be the talk of the town **Stadtgrenze** *f* municipal border; (*von Großstadt a.*) city limits *pl* **Stadthalle** *f* city hall

städtisch *adj* ① (*kommunal*) municipal, city/town *attr* ② (*geh: urban*) urban, city/town *attr,* of the city/town *pred*

Stadtkämmerer, -kämmerin *m, f* city/town treasurer **Stadtkasse** *f* city/town [*or* municipal] treasury **Stadtkern** *m* city/town centre [*or* AM -er] **Stadtmauer** *f* city/town wall **Stadtmensch** *m* city/town person, townie *pej fam* **Stadtmitte** *f* city/town centre; **bis [zur] ~** to the [city/town] centre, to the centre of town **Stadtpark** *m* municipal [*or* city/town] park **Stadtplan** *m* [street] map [of a/the city/town], A to Z [of a/the city/town] BRIT **Stadtplanung** *f* town planning **Stadtrand** *m* edge of [the] town, outskirts *npl* of the city; **am/an den ~** on/to the edge of town [*or* the outskirts of the city] **Stadtrat** *m* [city/town [*or* municipal]] council **Stadtrat, -rätin** *m, f* [city/town] councillor [*or* AM councilor] **Stadtrundfahrt** *f* sightseeing tour [of a/the city/town]; **eine ~ machen** to go on a [sightseeing] tour of a/the city/town **Stadtstaat** *m* city state **Stadtstreicher(in)** *m(f)* city/town tramp [*or esp* AM vagrant] **Stadtteil** *m* district, part of town **Stadttor** *nt* city/town gate **Stadtverkehr** *m* city/town traffic **Stadtverwaltung** *f* [city/town] council **Stadtviertel** *nt* district, part of town **Stadtwappen** *nt* municipal coat of arms **Stadtwerbung** *f* city/town advertising **Stadtwerke** *pl* [city's/town's] department of [*or* AM public] works + *sing vb,* municipal [*or* council] services *pl* **Stadtwohnung** *f* city/town apartment [*or* BRIT flat] **Stadtzentrum** *nt* city/town centre; ■ **im ~** in the city/town centre, downtown AM

Stafette <-, -n> *f* HIST courier, [express] messenger

Staffel <-, -n> *f* ❶ MIL (*Luftwaffeneinheit*) squadron; (*Formation*) echelon ❷ SPORT (*~lauf*) relay [race]; (*Mannschaft*) relay team ❸ TV season; ***die 3. Staffel von „Deep Space Nine“*** “Deep Space Nine”'s 3rd season

Staffelei <-, -en> *f* easel

Staffellauf *m* relay [race]

staffeln *vt* ❶ (*einteilen*) ■ **etw ~** to grade [*or* graduate] sth ❷ (*formieren*) ■ **etw ~** to stack [up *sep*] [in a pyramid shape] ❸ SPORT **gestaffelte Abwehr/Startzeiten** staggered defence [*or* AM -se]/starting times

Staffelschwimmen *nt* relay swimming *no pl, no indef art*

Staffeltarif *m* differential tariff

Staff(e)lung <-, -en> *f* ❶ (*Einteilung*) graduation, grading ❷ (*Formierung*) stacking [in the shape of a pyramid] ❸ SPORT *Startzeiten* staggering *no pl, no indef art*

Stagflation <-, -en> *f* ÖKON stagflation

Stagnation <-, -en> *f* stagnation, stagnancy

stagnieren* *vi* to stagnate

stahl *imp von* **stehlen**

Stahl <-[e]s, -e *o* Stähle> *m* ❶ (*legiertes Eisen*) steel; **rostfreier ~** stainless steel ❷ *kein pl* (*poet: Stichwaffe*) blade

Stahlbau¹ *m kein pl* (*Bautechnik*) steel construction *no art,* structural steel engineering *no art*

Stahlbau² <-bauten> *m* (*Bauwerk*) steel structure, steel-girder construction

Stahlbeton *m* reinforced concrete, R/C *spec,* ferroconcrete **Stahlblech** *nt* sheet steel, steel sheet

stählen *vt* ■ **etw ~** to harden [*or* toughen] sth

stählern *adj* ❶ (*aus Stahl hergestellt*) steel, of steel *pred* ❷ (*fig geh*) iron *attr,* of iron *pred*

Stahlgerüst *nt* [tubular] steel scaffolding *no pl, no indef art* **stahlhart** *adj* (*a. fig*) [as] hard as steel *pred,* iron-hard *fig;* ■ **~ sein** to be [as] hard as steel; **ein ~er Händedruck** a crushing [*or* an iron] grip **Stahlhelm** *m* MIL steel helmet **Stahlkammer** *f* strongroom, steel vault **Stahlkocher** *m* steelworker **Stahlproduktion** *f* steel production **Stahlrohr** *nt* steel tube [*or* pipe] **Stahlrohrmöbel** *pl* tubular steel furniture *no pl* **Stahlross**RR <-es, -rösser> *nt* (*Dampflokomotive*) iron horse *liter,* steamer *fam* **Stahlträger** *m* steel girder **Stahlwerk** *nt* steel mill, steelworks + *sing/pl verb*

stak *imp von* **stecken I**

Staketenzaun *m* paling, BRIT *a.* palings *pl,* picket fence

Stakkato <-s, -s *o* Stakkati> *nt* staccato

staksen *vi sein* (*fam*) to stalk; (*mühselig*) to hobble; (*unsicher*) to teeter

staksig **I.** *adj* awkward, clumsy **II.** *adv* **~ gehen** to hobble, to move clumsily; (*unsicher*) to teeter [*or* wobble]

Stalagmit <-en *o* -s, -en> *m* stalagmite

Stalaktit <-en *o* -s, -en> *m* stalactite

Stalinismus <-> *m kein pl* Stalinism *no art*

Stalinist(in) <-en, -en> *m(f)* Stalinist

stalinistisch *adj* Stalinist

Stalinorgel *f* (*fam*) multiple rocket launcher

Stall <-[e]s, Ställe> *m* ❶ AGR (*Hühner~*) coop, henhouse; (*Kaninchen~*) hutch; (*Kuh~*) cowshed, [cow] barn AM, byre BRIT *liter;* (*Pferde~*) stable; (*Schweine~*) [pig]sty, [pig]pen AM ❷ SPORT (*sl: Rennstall*) [racing] team ▸ WENDUNGEN: **ein [ganzer] ~ voll** (*fam*) a [whole] bunch [*or* load] *fam;* ***ein ganzer ~ voll Kinder*** a whole herd of kids **Stallaterne** *f s.* **Stalllaterne**

Stallgeruch *m kein pl* ❶ (*Geruch in einem Viehstall*) stable smell ❷ SOZIOL (*hum fam*) reputation

Stallhase *m* (*hum fam*) rabbit (*kept in a hutch by breeders*) **Stalllaterne**RR *f* stable lamp

Stallung <-, -en> *f meist pl* stables *pl,* stabling *no pl, no indef art*

Stamm <-[e]s, Stämme> *m* ❶ (*Baumstamm*) [tree] trunk, bole *liter; s. a.* **Apfel** ❷ BIOL (*Kategorie*) phylum; (*von Bakterien, Pflanzen-, Tierzüchtung*) strain ❸ LING stem ❹ (*Volksstamm*) tribe ❺ (*feste Kunden*) regulars *pl,* regular customers *pl;* (*Mitglieder*) regular members *pl;* (*Belegschaft*) permanent staff + *sing/pl verb* ▸ WENDUNGEN: **vom ~e Nimm sein** (*hum, pej a. fam*) to be a great one for accepting gifts *hum fam,* to be out for what one can get *pej fam*

Stammaktie [-aktsiə] *f* ordinary share, common stock AM **Stammbaum** *m* family [*or* genealogical] tree, phylogenetic tree *spec* **Stammbelegschaft** *f* permanent [*or* regular] staff + *sing/pl verb* **Stammbuch** *nt* family register ▸ WENDUNGEN: **jdm etw ins ~ schreiben** to make sb take note of sth [*or* take sth to heart]

stammeln **I.** *vi* to stammer; ■ **das S~** stammering **II.** *vt* ■ **etw ~** to stammer [out] sth

stammen *vi* ❶ (*gebürtig sein*) **von Berlin/aus dem Ausland ~** to come from Berlin/abroad [*or* overseas]; ***woher ~ Sie?*** where are you [*or* where do you come] from [originally]? ❷ (*herrühren*) **von jdm/aus dem 16. Jahrhundert ~** to [originally] belong to sb/to date from [*or* back to] the 16th century; ***diese Unterschrift stammt nicht von mir*** this signature isn't mine

Stammesbrauch *m* tribal custom **Stammesentwicklung** *f* BIOL phylogeny **Stammesfürst** *m* tribal chief, chief of a/the tribe **Stammeshäuptling** *m* chieftain, head of a/the tribe, head honcho AM *fam*

Stammform *f* LING base [*or spec* cardinal] form **Stammgast** *m* regular [guest], habitué *liter* **Stammhalter** *m* son and heir **Stammhaus** *nt* ÖKON parent company

stämmig *adj* stocky, sturdy, thickset

Stammkapital *nt* ordinary [*or* equity] share capital **Stammkneipe** *f* local [*or* usual] pub [*or* AM bar], local BRIT *fam* **Stammkunde, -kundin** *m, f* regular [customer] **Stammkundschaft** *f* regulars *pl,* regular customers *pl* **Stammlokal** *nt* local [*or* usual] café/restaurant/bar; (*Kneipe a.*) local BRIT *fam* **Stammmutter**RR *f* ancestress, progenitrix *form* **Stammplatz** *m* regular [*or* usual] seat, regular place

Stammsitz *m* ancestral seat; *Firma* headquarters + *sing/pl verb* **Stammtisch** *m* ① (*Tisch für Stammgäste*) table reserved for the regulars ② (*Stammgäste am ~ 1*) [group of] regulars; **[seinen] ~ haben** to meet [[up] with *fam*] one's fellow regulars **Stammutter** *f s.* **Stammmutter** **Stammvater** *m* ancestor, progenitor *form* **Stammverzeichnis** *nt* INFORM root directory **Stammwähler(in)** *m(f)* staunch supporter, loyal voter; *s. a.* **Wechselwähler**

stampfen **I.** *vi* ① *haben* (*auf~*) **[mit dem Fuß [auf den Boden]] ~** to stamp [one's foot]; **[mit den Hufen] ~** to paw the ground [with its hooves] ② *sein* (*~d gehen*) ■**irgendwohin ~** to stamp off somewhere; (*schweren Schrittes a.*) to tramp somewhere; (*mühselig*) to trudge [*or* plod] somewhere ③ *haben* (*von Maschine*) to pound ④ *haben* (*von Schiff*) to pitch **II.** *vt haben* ① (*fest~*) ■**etw ~** to tamp [down *sep*] sth; **gestampfter Lehm** tamped [*or spec* pugged] clay ② (*zer~*) ■**etw [zu etw] ~** to mash sth [to sth]; **Kartoffeln [zu Kartoffelbrei] ~** to mash potatoes; **Trauben mit den [nackten] Füßen ~** to tread grapes

Stampfer <-s, -> *m* ① (*Kartoffel~*) [potato] masher ② (*für Sand/Schotter*) tamper

stand *imp von* **stehen**

Stand <-[e]s, Stände> *m* ① (*das Stehen*) standing [position]; **keinen festen/sicheren ~ auf der Leiter haben** to not have a firm/safe [*or* secure] foothold on the ladder; **aus dem ~** from a standing position [*or* start]; **den Motor im ~ laufen lassen** to let the engine idle ② (*Verkaufsstand*) stand; (*Messe~ a.*) booth; (*Markt~ a.*) stall BRIT; (*Taxen~*) rank ③ (*Anzeige*) reading; **laut ~ des Barometers** according to the barometer [reading] ④ *kein pl* (*Zustand*) state; **der ~ der Forschung** the level of research; **der neueste ~ der Forschung/Technik** state of the art; **der ~ der Dinge** the [present] state of things [*or* affairs]; **beim gegenwärtigen ~ der Dinge** at the present state of affairs, the way things stand [*or* are] at the moment; **sich auf dem neuesten ~ befinden** to be up-to-date; **etw auf den neuesten ~ bringen** to bring sth up-to-date ⑤ (*Spielstand*) score ⑥ SCHWEIZ (*Kanton*) canton ⑦ (*Gesellschaftsschicht*) station, status; (*Klasse*) class, rank; **der geistliche ~** the clergy ► WENDUNGEN: **in den ~ der Ehe treten** (*geh*) to be joined in matrimony *form;* **der dritte ~** the third estate; **einen/keinen festen ~ unter den Füßen haben** to be settled/unsettled; **[bei jdm] einen schweren [o keinen leichten] ~ haben** to have a hard time of it [with sb]; **aus dem ~ verreisen** to go away on an impromptu journey; **aus dem ~ [heraus]** off the cuff

Standard <-s, -s> ['ʃtandart, 'st-] *m* ① (*Grundausstattung*) standard [equipment]; (*Grundeinrichtung*) standard [facility] ② (*Norm*) standard ③ (*gesetzlicher Feingehalt in Münzen*) standard [for coins]

Standardartikel *m* standart article, stock item **Standardausrüstung** *f* standard equipment **Standardausstattung** *f* standard facilities *pl* **Standardbrief** *m* standard letter **Standardeinstellung** *f* standard setting **Standardformulierung** *f* standard wording *no pl, no indef art* **Standardgebühr** *f* standard fee **Standardgröße** *f* standard size

standardisieren* ['ʃtandardi'ziːrən, 'st-] *vt* ■**etw ~** to standardize sth; ■**standardisiert** standardized

Standardisierung <-, -en> ['ʃtandardi'ziːrʊŋ, 'st-] *f* standardization

Standardmodell ['ʃtandart, 'st-] *nt* standard model **Standardtanz** *m* set pattern dance **Standardwerk** *nt* core literature

Standarte <-, -n> *f* ① (*Fahne*) standard, banner; *Auto* pennant ② HIST [SA/SS] unit

Standbild *nt* statue; **jdm ein ~ errichten** to erect [*or* raise] a statue to sb

Stand-by-Taste *f* stand-by button

Ständchen <-s, -> *nt* serenade; **jdm ein ~ bringen** to serenade sb

Stander <-s, -> *m* pennant

Ständer <-s, -> *m* ① (*Gestell*) stand; (*Stempel~*) [stamp] rack ② (*sl: erigierter Penis*) hard-on *sl;* **einen ~ bekommen/haben** (*sl*) to get/have [got] a hard-on *sl*

Ständerat *m* SCHWEIZ upper chamber (*of the Swiss parliament*)

Ständerat, -rätin *m, f* SCHWEIZ member of the upper chamber (*of the Swiss parliament*)

Standesamt *nt* registry office *esp* BRIT **standesamtlich** **I.** *adj* **eine ~e Bescheinigung** a certificate from the registry office; **eine ~e Heirat** a registry office [*or* civil] wedding **II.** *adv* **sich ~ trauen lassen** to get married in a registry office, to have a registry office [*or* civil] wedding, to be married by the Justice of the Peace AM **Standesbeamte(r), -beamtin** *m, f* registrar **standesgemäß** **I.** *adj* befitting one's social status [*or* standing] *pred;* **~e Heirat** marriage within one's social class; ■**~ sein** to befit one's social status [*or* standing] **II.** *adv* in a manner befitting one's social status [*or* standing]; **~ heiraten** to marry within one's social class

standfest *adj* stable, steady

Standfestigkeit *f kein pl* ① (*Stabilität*) stability *no pl* ② *s.* **Standhaftigkeit**

Standgeld *nt* stallage, stall rent **Standgericht** *nt* MIL summary [*or spec* drumhead] court martial; **jdn vor ein ~ stellen** to try sb by martial law, to court-martial sb

standhaft **I.** *adj* steadfast; ■**~ sein** to be steadfast, to stand firm **II.** *adv* steadfastly; **sich ~ weigern** to steadfastly [*or* staunchly] refuse

Standhaftigkeit <-> *f kein pl* steadfastness

stand|halten *vi irreg* ① (*widerstehen*) ■**[einer S. dat] ~** to hold out against [*or* withstand] sth, to hold out; **der Belastung** *dat* **von etw ~** to put up with the strain of sth; **einer näheren Prüfung/einer kritischen Prüfung ~** to bear [*or* stand up to] closer/a critical examination ② (*aushalten*) ■**einer S.** *dat* **~** to endure sth; *Brücke* to hold [*or* bear] sth

Standheizung *f* AUTO parking heater

ständig **I.** *adj* ① (*dauernd*) constant; **~er Regen** constant [*or* continual] rain ② (*permanent*) permanent **II.** *adv* ① (*dauernd*) constantly, all the time; ***mit ihr haben wir ~ Ärger*** she's a constant nuisance [to us], we're constantly having trouble with her; ***musst du mich ~ kritisieren?*** do you always have to criticize me?, must you constantly criticize me?, must you keep [on] criticizing me? ② (*permanent*) **sich irgendwo ~ niederlassen** to find a permanent home somewhere

Standingovations, Standing Ovations ['stændiŋoʊveɪʃᵊnz] *pl* standing ovation

Standküchenmaschine *f* food processor **Standleitung** *f* INFORM leased line **Standlicht** *nt kein pl* sidelights *pl* BRIT, parking lights *pl* AM **Standmiete** *f* stand rent **Standmixer** *m* blender

Standort <-[e]s, -e> *m* ① (*Unternehmenssitz*) site, location ② (*Standpunkt*) position ③ MIL garrison, post ④ (*von Pflanzen*) site

Standortfaktor *m* locational factor **Standortwahl** *f* choice of location

Standpauke *f* (*fam*) telling-off, lecture *fam;* **jdm eine ~ halten** to give sb a telling-off [*or fam* lecture]; (*stärker*) to read the riot act to sb *hum fam* **Standplatz** *m* [taxi] rank **Standpunkt** *m* ① (*Meinung*) [point of] view, viewpoint, standpoint; ***wie ist Ihr ~, was diese Angelegenheit angeht?*** what's your

S

view of this matter?; **etw von einem anderen ~ aus betrachten** to see sth from a different angle [*or* point of view]; [**in etw** *dat*] **auf einem anderen ~ stehen,** [**in etw** *dat*] **einen anderen ~ vertreten** to take a different [point of] view [of [*or* on] sth]; **auf dem ~ stehen, dass ..., den ~ vertreten, dass ...** to take the view [*or form* be of the opinion] that ... ② (*Beobachtungsplatz*) vantage point, viewpoint **standrechtlich** *adv* summarily; **~ erschossen werden** MIL to be put [straight] before a firing squad **Standspur** *f* hard shoulder BRIT, shoulder AM **Standuhr** *f* grandfather clock

Stange <-, -n> *f* ① (*langer, runder, dünner Stab*) pole; (*kürzer*) rod ② (*Metall~*) bar ③ *Gewürz* stick ④ *Zigaretten* carton ⑤ (*Ballett*) barre ⑥ (*Vogel~*) perch; (*Hühner a.*) roost ⑦ (*zylindrisches Glas*) tall glass ⑧ (*Geweihteil*) beam ⑨ (*Kandareteil*) bit ⑩ (*sl: erigierter Penis*) rod *sl*, hard-on *sl* ▶ WENDUNGEN: **eine** [**schöne**] **~ Geld** (*fam*) a pretty penny, a packet BRIT *fam*; ***das ist eine ~ Geld!*** (*fam*) that must have cost [you/them etc.] a pretty penny [*or fam* a packet]!; **bei der ~ bleiben** (*fam*) to stick at it *fam*; **jdm die ~ halten** (*fam*) to stand [*or fam* stick] up for sb; **jdn bei der ~ halten** (*fam*) to keep sb at it *fam*; **von der ~** (*fam*) off the peg [*or* AM rack]; **Kleider von der ~ kaufen** to buy clothes off the peg, to buy off-the-peg [*or* ready-to-wear] clothes

Stängel[RR] <-s, -> *m* stalk, stem ▶ WENDUNGEN: [**jdm**] **vom ~ fallen** to collapse [*or fam* pass out] [on sb/one]; **vom ~ fallen** to be floored [*or* bowled over] [*or fam* gobsmacked]

Stangenbohne *f* runner bean **Stangenbrot** *nt* (*geh*) French loaf **Stangensellerie** *f* celery *no pl* **Stangenspargel** *m* asparagus spears *pl*

stank *imp von* **stinken**

Stänkerei <-, -en> *f* (*fam*) troublemaking *no pl, no indef art*

Stänkerer, Stänkerin <-s, -> *m, f* (*fam*) troublemaker, stirrer BRIT

stänkern *vi* (*fam*) to make [*or* stir up] trouble, to stir things up *fam*

Stanze <-, -n> *f* [blanking *spec*] press, stencil

stanzen *vt* ① (*aus~*) ■**etw ~** to press sth ② (*ein~*) ■**etw in etw** *akk* **~** to cut sth in sth; **Löcher in etw** *akk* **~** to punch holes in sth

Stapel <-s, -> *m* ① (*geschichteter Haufen*) stack; (*unordentlicher Haufen*) pile; *Wäsche* mound ② NAUT stocks *pl*; **etw vom ~ lassen** to launch sth; **vom ~ laufen** to be launched, to take the water *form* ▶ WENDUNGEN: **etw vom ~ lassen** (*fam*) to come out with sth *fam*; **Flüche vom ~ lassen** to rain down curses, to rail; **Verwünschungen gegen jdn/etw vom ~ lassen** to launch into a tirade against sb/sth; **einen Witz vom ~ lassen** to crack a joke

Stapellauf *m* NAUT launch[ing]

stapeln I. *vt* ■**etw** [**auf/in etw** *dat*] **~** to stack sth [on/in sth]; **Holz ~** to stack [up *sep*] wood II. *vr* ■**sich** [**auf/in etw** *dat*] **~** to pile up [on/in sth]

stapfen *vi sein* ■**durch etw ~** to tramp through sth; (*mühseliger*) to trudge [*or* plod] through sth

Stapfen <-s, -> *m* footprint

Star[1] <-[e]s, -e> *m* (*Vogelart*) starling

Star[2] <-[e]s, -e> *m* MED cataract; **grauer ~** grey [*or* AM gray] [*or spec* lenticular] cataract; **grüner ~** glaucoma ▶ WENDUNGEN: **jdm den ~ stechen** (*fam*) to tell sb some home truths *fam*

Star[3] <-s, -s> [ʃtaːɐ, st-] *m* ① (*berühmte Person*) star ② (*berühmter Vertreter seines Fachs*) leading light

Starallüren *pl* (*pej*) airs and graces *pl pej*; **~ zeigen** [*o* **haben**] to put on airs and graces, to act like a prima donna *pej* **Staranwalt, -anwältin** [ˈʃtaːɐ, st-] *m, f* star lawyer, legal eagle *fam* **Stararchitekt(in)** *m(f)* (*fam*) leading [*or* top] architect

starb *imp von* **sterben**

Stardirigent(in) *m(f)* (*fam*) leading [*or* star] conductor

stark <stärker, stärkste> I. *adj* ① (*kräftig*) strong; **~e Muskeln** strong muscles, brawn ② (*mächtig*) powerful, strong ③ (*dick*) thick; **ein ~er Ast** a thick branch, a bough *liter* ④ (*euph: korpulent*) large, well-built *euph* ⑤ (*heftig*) **~er Frost** severe [*or* heavy] frost; **~e Hitze/Kälte** intense [*or* severe] heat/cold; **~e Regenfälle/Schneefälle** heavy rainfall *no pl*/snowfall[s]; **~e Schwüle** oppressive sultriness; **~e Strömung** strong [*or* forceful] current; **~er Sturm** violent storm; ■**~ sein/stärker werden** to be severe/heavy etc./to become [*or* get] severer/heavier etc. ⑥ (*erheblich*) **~e Entzündung/Vereiterung** severe inflammation/suppuration; **eine ~e Erkältung** a bad [*or* heavy] cold; **ein ~es Fieber** a bad [*or* high] fever; **eine ~e Grippe/Kolik** a bad case of [the *fam*] flu/colic ⑦ (*kräftig*) **~er Applaus** hearty [*or* loud] applause; **ein ~er Aufprall/Schlag/Stoß** a hard [*or* heavy] impact/blow/knock; **~er Druck** high pressure; **ein ~er Erdstoß** a heavy seismic shock; **ein ~es Geräusch** a loud noise; **ein ~er Händedruck** a powerful grip; **ein ~es Rauschen** a [loud] roar[ing] ⑧ (*beträchtlich*) intense; **~e Bedenken** considerable reservations; **~e Gefühle** strong [*or* intense] feelings; **~e Krämpfe** bad [*or* severe] cramps; **~e Liebe** deep [*or* profound] love; **~er Schmerz** severe [*or* intense] pain ⑨ (*leistungsfähig*) powerful ⑩ (*wirksam*) strong; **~e Drogen/~er Schnaps** strong [*or* hard] drugs/schnapps; **~e Medikamente** strong [*or* potent] medicines; ***das ist ~!*** (*fig fam*) that's a bit much! *fam*; *s. a.* **Stück** ⑪ (*zahlenstark*) large; **120 Mann ~** 120 strong; **120 Mann ~ sein** to be 120 strong, to number 120; **ein 500 Seiten ~es Buch** a book of 500 pages ⑫ (*sl: hervorragend*) great *fam* II. *adv* ① (*heftig*) a lot; **~ regnen/schneien** to rain/snow heavily, a lot; ***gestern hat es ~ gestürmt*** there was a heavy [*or* violent] storm yesterday ② (*beträchtlich*) badly; **~ beschädigt** badly [*or* considerably] damaged ③ (*erheblich*) severely; **~ bluten** to bleed profusely; **~ erkältet sein** to have a bad [*or* heavy] cold ④ (*kräftig*) hard; **~ applaudieren** to applaud loudly [*or* heartily] ⑤ (*eine große Menge verwendend*) strongly; **~ gewürzt** highly spiced; **zu ~ gesalzen** too salty ⑥ (*in höherem Maße*) greatly, a lot; ***die Ausstellung war ~ besucht*** there were a lot of visitors to the exhibition; **sich an etw** *dat* **~ beteiligen** to be heavily involved in sth, to play a big part in sth; **~ gekauft werden** to sell extremely well [*or fam* like hot cakes]; **sich ~ langweilen** to be bored stiff [*or* BRIT rigid] *fam*; **~ übertreiben** to greatly [*or* grossly] exaggerate; **~ vertreten** strongly represented ⑦ (*in großem Maßstab*) greatly ⑧ (*sl: hervorragend*) great; **sich ~ aufmotzen** (*fam*) to tart [*or* AM do] oneself up *fam*, to get heavily dolled up *fam* ▶ WENDUNGEN: **sich für jdn/etw ~ machen** (*fam*) to stand up for sb/sth

Starkbier *nt* strong beer

Stärke[1] <-, -n> *f* ① (*Kraft*) strength ② (*Macht*) power; **militärische ~** military strength [*or* might] ③ (*Dicke*) thickness ④ (*zahlenmäßiges Ausmaß*) size; *Armee* strength; *Partei* numbers *pl* ⑤ (*Fähigkeit*) **jds ~ sein** to be sb's forte [*or* strong point]

Stärke[2] <-, -n> *f* ① CHEM starch, amylum *spec* ② (*Wäschestärke*) starch

Stärkemehl *nt* thickening agent, ≈ cornflour BRIT, ≈ cornstarch AM

stärken I. *vt* ■**etw ~** ① (*kräftigen*) to strengthen sth; **die Konzentrationsfähigkeit ~** to improve concentration; *s. a.* **Rücken** ② (*verbessern*) to strengthen [*or* consolidate] sth ③ (*steif machen*) **ein Hemd ~** to starch a shirt **II.** *vi* ■ **~d** fortifying, restorative; **~des Mittel** tonic, restorative **III.** *vr* ■ **sich ~** to take some refreshment

Starkstrom *m* ELEK heavy [*or* power] current; ***„Vorsicht ~!"*** "Danger! — high-voltage lines"

Starkstromkabel *nt* power cable

Stärkung <-, -en> *f* ❶ *kein pl* (*das Stärken*) strengthening *no pl*, consolidation *no pl* ❷ (*Kräftigung*) refreshment

Stärkungsmittel *nt* tonic, restorative

Starmodell *nt* (*fam*) top model

starr **I.** *adj* ❶ (*steif*) rigid ❷ (*erstarrt*) stiff, paralysed [*or* AM -lyzed]; ■ **~ vor etw** *dat* paralysed with sth; **~ vor Kälte** numb with cold; **~ vor Schreck** paralysed with fear [*or* terror]; **~ vor Staunen/Verblüffung** dumbfounded, gobsmacked BRIT ❸ (*reglos*) **~e Augen** glassy eyes; **~er Blick** [fixed] stare; **ein ~es Grinsen** a forced grin ❹ (*rigide*) inflexible, rigid; **eine ~e Haltung** an unbending [*or form* BRITintransigent] attitude *fam* **II.** *adv* ❶ (*bewegungslos*) **jdn/etw ~ ansehen** to stare at sb/sth; **~ lächeln** to force a smile, to give a forced smile ❷ (*rigide*) **~ an etw** *dat* **festhalten** to hold rigidly to sth

Starre <-> *f kein pl* immovability *no pl; Leiche* rigidity *no pl*, stiffness *no pl*

starren *vi* ❶ (*starr blicken*) ■ **an/in etw** *akk* **~** to stare at/into sth ❷ (*bedeckt sein*) **von/vor Dreck** *dat* **~** to be thick [*or* covered] with dirt; **von Waffen ~** to be bristle [*or* BRIT to stiff] with weapons

Starrheit <-> *f kein pl* intransigence *no pl form*

starrköpfig *adj s.* **starrsinnig** **Starrsinn** *m* stubbornness *no pl*, pigheadedness *no pl* **starrsinnig** *adj* stubborn, pigheaded

Start <-s, -s> *m* ❶ LUFT take-off; **zum ~ freigeben** to give clearance to start; ***die Maschine kann noch nicht zum ~ freigegeben werden*** the plane cannot be cleared for take-off yet; RAUM lift-off, launch ❷ SPORT start; **am ~ sein** (*von Läufern*) to be on [*or* at] the starting line; (*von Fahrern/Rennwagen*) to be on the starting grid; **fliegender/stehender ~** flying [*or* rolling]/standing start ❸ (*Beginn*) start; *Projekt* launch[ing]

Startauflage *f kein pl* VERLAG first printing **Startautomatik** *f* AUTO automatic choke **Startbahn** *f* LUFT [take-off] runway **startbereit** *adj* ❶ LUFT ready for take-off *pred;* RAUM ready for lift-off *pred* ❷ SPORT ready to start [*or* to go] [*or* BRIT *fam* for the off] *pred* **Startblock** *m* SPORT starting block; (*Schwimmen*) starting platform

starten **I.** *vi sein* ❶ LUFT to take off; RAUM to lift [*or* blast] off, to be launched ❷ SPORT ■ [**zu etw**] **~** to start [[on] sth]; ***die Läufer sind gestartet!*** the runners have started [*or* are off]!; ■ **für jdn/etw ~** to participate [*or* take part] for sb/sth ❸ (*beginnen*) to start; *Projekt* to be launched **II.** *vt haben* ■ **etw ~** ❶ (*anlassen*) to start sth; **ein Auto ~** to start a car; **einen Computer ~** to initialize a computer, to boot [up *sep*] a computer *spec;* **ein Programm ~** INFORM to start [*or* run] a program ❷ (*abschießen*) to launch sth; **einen Wetterballon ~** to send up *sep* a weather balloon; *s. a.* **Versuchsballon** ❸ (*beginnen lassen*) to launch [*or* start] sth; **eine Expedition ~** to get an expedition under way; *s. a.* **Versuch**

Starter <-s, -> *m* AUTO starter, starting motor

Starter(in) <-s, -> *m(f)* SPORT (*Startsignalgeber(in)*, *Wettkampfteilnehmer(in)*) starter

Starterlaubnis *f* LUFT clearance for take-off; **jdm die ~ erteilen** [*o* **geben**] to clear sb for take-off; **~ haben** to be cleared for take-off **Startflagge** *f* starting flag **Startfreigabe** *f s.* **Starterlaubnis** **Startgeld** *nt* SPORT (*vom Wettkampfteilnehmer*) entry fee; (*Veranstalter zahlt an Sportler*) appearance money [*or* fee]

Starthilfe *f* ❶ (*Zuschuss*) initial aid, start-up grant, pump priming ❷ AUTO jump start; **jdm ~ geben** to give sb a jump start **Starthilfekabel** *nt* jump leads *pl*, jumper cables *pl* AM **Startkapital** *nt* starting [*or* initial] capital, seed money [*or* capital]

startklar *adj s.* **startbereit**

Startlinie *f* starting line **Startloch** *nt* SPORT starting hole (*used before the advent of starting blocks*) ▶ WENDUNGEN: **schon in den Startlöchern sitzen** [*o* **stehen**] (*fig fam*) to be on one's blocks BRIT, to be ready and waiting **Startnummer** *f* [starting] number **Startphase** *f* start-up phase **Startrampe** *f* RAUM launch[ing] pad **Startschuss**[RR] *m* SPORT starting signal ▶ WENDUNGEN: **den ~ [für etw] geben** (*fig*) to give [sth] the green light [*or* the go-ahead]

Start-up <-s, -s> ['sta:tʌp] *nt* INET, ÖKON start-up

Startupfirma[RR], **Startup-Firma** ['sta:tʌp-] *f* start-up

Startverbot *nt* ❶ SPORT ban; **jdn mit einem ~ belegen** to ban [*or* bar] sb [from the sport]; **jdn mit einem befristeten ~ belegen** to suspend sb [from the sport] ❷ LUFT ban on take-off; **~ haben** to be grounded

Stasi[1] <-> *f kein pl kurz für* **Staatsicherheit(sdienst)** *state security service of the former GDR*

Stasi[2] <-s, -s> *m* (*fam: Angehöriger des Stasi*[1]) state security man

Statement <-s, -s> ['ste:tmənt] *nt* statement

Statik <-, -en> *f* ❶ *kein pl* (*Stabilität*) stability *no pl* ❷ *kein pl* PHYS statics + *sing verb* ❸ (*statische Berechnung*) static [*or* structural] calculation

Statiker(in) <-s, -> *m(f)* TECH structural engineer

Station <-, -en> *f* ❶ (*Haltestelle*) stop ❷ (*Aufenthalt*) stay, stopover; **~ machen** to make a stop, to have a rest; **in einem Rasthaus ~ machen** to stopover [*or* stay] in a motel ❸ (*Klinikabteilung*) ward; **innere ~** medical ward; **auf ~ 1 liegen** to be on ward 1 ❹ (*Sender*) station ❺ METEO, MIL, SCI station ❻ REL station [of the cross]

stationär **I.** *adj* ❶ MED in-patient *attr;* **ein ~er Aufenthalt** a stay in [*or* AM the] hospital; **~e Einweisung** admission to hospital, hospitalization ❷ (*örtlich gebunden*) fixed, stationary; ***unser ~es Labor befindet sich in Hamburg*** our main [*or* permanent] laboratory is in Hamburg **II.** *adv* MED in [*or* AM the] hospital; **jdn ~ aufnehmen** [*o* **einweisen**] to admit sb to hospital, to hospitalize sb; **jdn ~ behandeln** to treat sb in hospital, to give sb in-patient treatment

stationieren* *vt* MIL ❶ (*installieren*) ■ **jdn/etw irgendwo ~** to station [*or* post] sb/sth somewhere ❷ (*aufstellen*) ■ **etw irgendwo ~** to deploy sth somewhere

Stationierung <-, -en> *f* MIL ❶ (*das Installieren*) stationing, posting ❷ (*Aufstellung*) deployment

Stationsarzt, -ärztin *m, f* ward doctor [*or* physician] **Stationsschwester** *f* ward sister BRIT, senior nurse AM **Stationsvorsteher(in)** *m(f)* BAHN stationmaster

statisch *adj* ❶ BAU static; **~e Zeichnung** structural drawing ❷ ELEK static ❸ (*keine Entwicklung aufweisend*) in abeyance *pred*, at a standstill *pred*

Statist(in) <-en, -en> *m(f)* FILM extra; THEAT supernumerary *spec*

Statistik <-, -en> *f* ❶ SCI statistics + *sing verb* ❷ (*statistische Aufstellung*) statistics *pl;* ■ **eine ~** a set of statistics; ■ **~en** statistics *pl*

Statistiker(in) <-s, -> *m(f)* statistician

Statistin <-, -nen> *f fem form von* **Statist**

statistisch **I.** *adj* statistical; **~e Zahlen** statistics **II.** *adv* statistically; **etw ~ erfassen** to make a statistical survey of sth, to record the statistics of sth

Stativ <-s, -e> *nt* tripod

statt **I.** *präp +gen* ■ **~ jds/einer S.** instead of sb/sth,

S

in sb's/sth's place **II.** *konj* (*anstatt*) ■ ~ **etw zu tun** instead of doing sth

Statt <-> *f kein pl* ■ **an jds** ~ in sb's place [*or geh* stead]; *s. a.* **Eid, Kind**

stattdessenRR *adv* instead; ***der Film läuft nicht mehr – wollen wir ~ in den anderen?*** the film isn't showing anymore – shall we see the other one instead?

Stätte <-, -n> *f* (*geh*) place

statt|finden *vi irreg* ❶ (*abgehalten werden*) to take place; *Veranstaltung a.* to be held ❷ (*sich ereignen*) to take place, to happen **statt|geben** *vi irreg* (*geh*) ■ **einer S.** *dat* ~ to grant sth; **einem Antrag/Einspruch ~/nicht ~** to sustain/overrule a motion/an objection; **einer Beschwerde ~** to allow [*or* grant] an appeal

statthaft *adj pred* ■ ~ **sein** to be allowed [*or* permitted] **Statthalter(in)** *m(f)* HIST governor

stattlich *adj* ❶ (*imposant*) imposing; **ein ~er Bursche** a strapping [*or* powerfully built] young man; **ein ~es Gebäude** a stately [*or* an imposing] [*or* a magnificent] building; **ein ~es Auto/Tier** a magnificent [*or* splendid] car/animal; **ein ~er Fisch** a whopper *fam;* ***ist er nicht ~?*** isn't he a hunk? *fam* ❷ (*beträchtlich*) handsome, considerable; **eine ~e Größe** a considerable height

Statue <-, -n> [ˈʃtaːtuə, ˈst-] *f* statue; (*kleiner*) statuette

Statuengruppe *f* group of statues

statuieren* *vt* (*geh*) **aus etw ein Exempel ~** to make an example out of sth

Statur <-, -en> *f* (*geh*) build, physique; **von imposanter/kräftiger ~ sein** to be of imposing/powerful stature

Status <-, -> *m* ❶ (*Stellung*) status, position; ~ **quo/~ quo ante** status quo ❷ JUR status ❸ MED state, status

Statussymbol *nt* status symbol

Statut <-[e]s, -en> *nt meist pl* statute; *Verein a.* standing rules *pl;* ■ **die ~en aufstellen** to draw up the statutes [*or* standing rules]

Stau <-[e]s, -e *o* -s> *m* ❶ (*Verkehrsstau*) traffic jam, congestion; **ein ~ von 10 km** a 10 km tailback BRIT, AM traffic jam ❷ (*von beweglichen Massen*) build-up

Staub <-[e]s, -e *o* Stäube> *m* ❶ *kein pl* (*Dreck*) dust *no pl, no indef art;* ~ **saugen** to vacuum, to hoover BRIT; ~ **wischen** to dust; **zu ~ werden** [*o* **zerfallen**] (*geh*) to turn to dust; *Mumie, archäologische Fundstücke* to crumble into dust ❷ *meist pl* SCI dust *no pl* ► WENDUNGEN: **den ~ [eines Ortes/Landes] von den Füßen schütteln** to shake the dust [of a place/country] off one's feet; ~ **aufwirbeln** (*fam*) to kick up a lot of dust; (*in der Öffentlichkeit*) to make [*or* create] a [big] stir; **vor jdm im ~e kriechen** (*veraltet*) to grovel before sb [*or* at sb's feet]; **sich aus dem ~[e] machen** (*fam*) to clear [*or* make] off *fam;* **sich vor jdm in den ~ werfen** (*veraltet*) to throw oneself at sb's feet

Staubblatt *nt* BOT stamen, stamina

Staubecken *nt* [catchment [*or* storage] *spec*] reservoir [*or* AM basin]

stauben *vi impers* (*Staub aufwirbeln*) sth makes a lot of dust ► WENDUNGEN: **pass auf, sonst staubt's!** watch it, or there'll be trouble!

stäuben *vt* ■ **etw auf/über etw** *akk* ~ to sprinkle sth on/over sth; **Mehl/Puderzucker auf/über etw** *akk* ~ to dust sth with flour/icing sugar

Staubfaden *m* BOT filament **Staubfänger** <-s, -> *m* (*pej*) dust collector **Staubflocke** *f* piece of fluff, fluff *no indef art, no pl* **Staubgefäß** *nt* BOT stamen

staubig *adj* dusty; ■ ~ **sein/werden** to be/get dusty

Staubkorn <-körner> *nt* speck [*or liter* mote] of dust, dust particle **Staublunge** *f* MED black lung, pneumo[no]coniosis *spec* **Staubpartikel** *f meist pl* dust particle **staubsaugen** <*pp* staubgesaugt>, **Staub saugen** <*pp* Staub gesaugt> **I.** *vi* to vacuum, to hoover BRIT **II.** *vt* ■ **etw** ~ to vacuum [*or* BRIT hoover] sth **Staubsauger** *m* vacuum [cleaner], hoover BRIT, vac BRIT *fam* **Staubschicht** *f* layer of dust **Staubtuch** *nt* duster, dustcloth **Staubwolke** *f* cloud of dust **Staubzucker** *m* icing sugar, confectioner's sugar AM

Staudamm *m* dam

Staude <-, -n> *f* HORT perennial [plant]; **winterharte ~** hardy perennial

stauen I. *vt* ■ **etw** ~ ❶ BAU to dam [up *sep*] sth; **einen Fluss ~** to dam [up] a river, to dam a river up ❷ NAUT to stow sth **II.** *vr* ❶ (*sich anstauen*) ■ **sich [in/hinter etw** *dat*] ~ to collect [*or* accumulate] [in/behind sth]; (*von Wasser a.*) to rise [in/behind sth] ❷ (*Schlange bilden*) ■ **sich [vor etw** *dat*] ~ to pile up [*or* become congested] [at [the site of] sth]; ***vor der Unfallstelle stauten sich die Fahrzeuge auf eine Länge von acht Kilometern*** the accident caused an 8 km tailback

Staugefahr *f* risk of congestion; „~" "delays likely" **staugeplagt** *adj* TRANSP prone to tailbacks [*or* traffic jams] **Staumauer** *f* dam wall **Staumeldung** *f* traffic news + *sing vb,* traffic jam information [*or* report]

staunen *vi* ■ **[über jdn/etw]** ~ to be astonished [*or* amazed] [at sb/sth]; (*mit Bewunderung a.*) to marvel at sb/sth; **mit offenem Mund ~** to gape in astonishment [*or* amazement]; ■ **~, dass ...** to be astonished [*or* amazed] that ...; (*mit Bewunderung a.*) to marvel that ...; ■ **~, wie jd etw tut** to be astonished [*or* amazed]/to marvel at sb's ability to do sth; **da staunst du, was?** (*fam*) you weren't expecting that, were you?, that's shocked you, hasn't it?; *s. a.* **Bauklotz**

Staunen <-s> *nt kein pl* astonishment *no pl,* amazement *no pl;* **jdn in ~ versetzen[, dass/wie ...]** to astonish [*or* amaze] sb [that/how ...], to fill sb with astonishment [*or* amazement]; **voller ~** struck [dumb] with astonishment [*or* amazement]

Stauraum *m* TRANSP, NAUT cargo space, storage capacity **Stausee** *m* reservoir, artificial lake

Stauung <-, -en> *f* ❶ (*Verkehrsstau*) traffic jam, congestion *no indef art, no pl;* **eine lange ~** a long tailback [*or* AM traffic jam] ❷ *kein pl* (*das Anstauen*) build-up ❸ MED congestion *no pl,* engorgement, stasis *spec*

Steak <-s, -s> [steːk, ʃteːk] *nt* steak

Steakmesser *nt* steak knife

stechen <sticht, stach, gestochen> **I.** *vi* ❶ (*pieksen*) to prick; *Werkzeug* to be sharp ❷ (*von Insekten*) to sting; *Mücken, Moskitos* to bite ❸ (*mit spitzem Gegenstand eindringen*) ■ **[mit etw] durch/in etw** *akk* ~ to stick sth through/into sth ❹ (*brennen*) **auf der Haut/in den Augen/in der Nase ~** to sting one's skin/eyes/nose; ***die Sonne sticht in den Augen*** the sun hurts one's eyes ❺ KARTEN ■ **[mit etw]** ~ to take the trick [with sth]; **mit einem Trumpf ~** to trump ❻ (*spielen*) **ins Gelbliche ~** *Farbe* to have a yellowish tinge [*or* tinge of yellow] **II.** *vt* ❶ (*durch etwas Spitzes verletzen*) ■ **jdn [mit etw]** ~ to stab sb [with sth] ❷ (*pieksen*) ■ **jdn ~** to prick sb; ■ **sich in etw** *akk* ~ to prick one's sth ❸ (*von Insekt*) ■ **jdn/ein Tier ~** to sting sb/an animal; (*von Mücken, Moskitos*) to bite sb/an animal ❹ KARTEN ■ **etw [mit etw]** ~ to take sth [with sth] ❺ (*gravieren*) ■ **etw [in etw** *akk*] ~ to engrave sth [in sth]; **wie gestochen** very easy to read; **wie gestochen schreiben** to write a clear hand; *s. a.* **Auge, Spargel, Torf III.** *vr* ■ **sich [an etw** *dat*] ~ to prick oneself [on sth] **IV.** *vi impers* **es sticht [jdm [*o* jdn]] in der Seite** sb has a sharp [*or* stabbing] pain in his/her side

Stechen <-s, -> *nt* ① (*stechender Schmerz*) sharp [*or* stabbing] pain, stitch ② (*beim Reiten*) jump-off

stechend *adj* ① (*scharf*) sharp, stabbing ② (*durchdringend*) piercing, penetrating ③ (*beißend*) acrid; **ein ~er Geruch** an acrid [*or* a pungent] smell

Stechkarte *f* time [*or* BRIT clocking] card **Stechmücke** *f* gnat, midge; ([*sub*]*tropisch*) mosquito **Stechpalme** *f* holly, ilex *spec* **Stechuhr** *f* time clock, telltale BRIT **Stechzirkel** *m* pair of dividers, dividers *pl*

Steckbrief *m* "wanted" poster

steckbrieflich *adv* ~ **gesucht werden** to be wanted [by the police], to be on the wanted list; **jdn ~ verfolgen** to put up "wanted" posters of sb

Steckdose *f* [wall] socket, power point, electrical outlet AM

stecken I. *vi* <steckte *o geh* stak, gesteckt> ① (*festsitzen*) ■[**in etw** *dat*] ~ *Dorn, Splitter* to be [sticking] in sth; ■**zwischen/in etw** *dat* ~ to be stuck between/in sth; [**in etw** *dat*] ~ **bleiben** to be stuck [fast]/to get stuck [in sth] ② (*eingesteckt sein*) ■**hinter/in/zwischen etw** *dat* ~ to be behind/in/among sth; ***der Schlüssel steckt im Schloss*** the key is in the lock; [**in etw** *dat*] ~ **bleiben** to stick in sth; *Kugel* to lodge [*or* be lodged] in sth; ■**etw** [**in etw** *dat*] ~ **lassen den Schlüssel ~ lassen** to leave the key in the lock, to leave sth [in sth]; ***lass*** [***dein Geld***] ***stecken!*** leave your money where it is [*or* in your pocket]!, let me pay for this ③ (*verborgen sein*) ■[**in etw** *dat*] ~ to be [in sth]; (*von Kindern a.*) to be hiding; ■**hinter etw** *dat* ~ (*verantwortlich für etw sein*) to be behind [*or* at the bottom of] sth ④ (*verwickelt sein in*) [**tief**] **in der Arbeit** ~ to be bogged down in [one's] work; **in einer Krise** ~ to be in the throes of a crisis; **in der Scheiße** ~ (*sl*) to be in the shit BRIT *sl*, to be up shit creek [*or* AM without a paddle] *hum or sl*; **in Schwierigkeiten/**[**tief**] **in Ärger** ~ to be in difficulties/in [deep] trouble ⑤ (*stocken*) [**in etw** *dat*] ~ **bleiben** to falter [in sth]; **in einem Gedicht ~ bleiben** to get stuck in [reciting] a poem; *s. a.* **Hals II.** *vt* <steckte, gesteckt> ① (*schieben*) ■**etw hinter/in/unter etw** *akk* ~ to put sth behind/in[to]/under sth; **ein Abzeichen an den Kragen** ~ to pin a badge to one's collar; **einen Brief unter die Tür/einen Zehnmarkschein in die Tasche** ~ to slip a letter under the door/a 10 mark note into one's pocket; **sich** *dat* **einen Ring an den Finger** ~ to slip a ring on one's finger, to slip [*or* put] on a ring *sep*; ***das kannst du dir irgendwohin ~!*** (*fam*) you can stick that where the sun don't shine! *pej fam* ② (*fam: befördern*) ■**jdn in etw** *akk* ~ to put [*or fam* stick] sb in sth; **jdn ins Bett** ~ to put sb to bed *fam*; **jdn ins Gefängnis** ~ to stick sb in prison *fam*, to put sb away [*or* inside] *fam* ③ (*von Kleidungsstück*) ■**etw** ~ to pin sth [together]; **den Saum** ~ to pin up the hem *sep* ④ (*fam: investieren*) ■**etw in etw** *akk* ~ to put sth into sth; **viel Zeit in etw** *akk* ~ to devote a lot of time to sth ⑤ (*sl: verraten*) ■**jdm etw** ~ to tell sb sth; ■**jdm ~, dass ...** to tell sb that ...

Stecken <-s, -> *m* DIAL, SCHWEIZ stick; (*flexibler a.*) switch

Steckenpferd *nt* (*fig a.*) hobby-horse, hobby

Stecker <-s, -> *m* plug

Stecknadel *f* pin ▶ WENDUNGEN: **eine ~ im Heuhaufen suchen** to look for a needle in a haystack **Steckplatz** *m* INFORM slot **Steckrübe** *f* BOT DIAL swede, rutabaga AM **Steckschuss**[RR] *m* **ein ~ im Kopf** a bullet [lodged] in the/one's head

Steeldrum <-, -s> [stiːldrʌm] *f* MUS steel drum

Steg <-[e]s, -e> *m* ① (*schmale Holzbrücke*) footbridge ② (*Boots~*) landing stage, jetty ③ MUS bridge, chevalet *spec* ④ (*Brillen~*) bridge, nosepiece

Steghose *f* stirrup pants *npl*

Stegreif *m* ■**etw aus dem ~ tun** to do sth off the cuff [*or* just like that]; **eine Rede aus dem ~ halten** to make an impromptu [*or* off-the-cuff] [*or* ad-lib] speech

Stehaufmännchen *nt* ① (*Spielzeug*) tumbler ② (*Mensch, der sich immer wieder erholt*) somebody who always bounces back; ***er ist ein richtiges ~*** he always bounces back

stehen <stand, gestanden> I. *vi haben o* SÜDD, ÖSTERR, SCHWEIZ *sein* ① (*in aufrechter Stellung sein*) ■[**in/auf etw** *dat*] ~ (*von Menschen*) to stand [in/on sth]; (*warten a.*) to wait [in/on sth]; (*ungeduldig*) to stand around [in/on sth]; (*von länglichen Gegenständen a.*) to be [placed] upright; **einen ~ haben** (*sl*) to have a hard-on *sl* ② (*hingestellt sein*) ■[**hinter/in etw** *dat*] ~ to be [behind/in sth]; (*von Auto a.*) to be parked [behind/in sth]; ~ **bleiben** to be left [behind]; **etw** [**in etw** *dat*] ~ **lassen** to leave sth [in sth]; (*nicht anfassen*) to leave sth where it is; **alles ~ und liegen lassen** to drop everything; (*vergessen*) to leave sth behind [in sth] ③ (*gedruckt sein*) ■[**auf/in etw** *dat*] ~ to be [on/in sth]; ***wo steht das?*** where does it say that?; (*fig*) who says so?; ***was steht in der Zeitung/seinem Brief?*** what does the paper/his letter say?, what does it say in the paper/his letter?; ***das steht bei Goethe*** that comes from Goethe; ***in der Bibel steht,*** [***dass***] ... it is written [in the Bible] [*or* it says in the Bible] that ...; **im Gesetz** ~ to be [embodied in *form*] the law; ~ **bleiben** to be left [in] ④ (*nicht mehr in Betrieb sein*) to have stopped; (*von Fließband, Maschine a.*) to be at a standstill; **zum S~ kommen** to come to a stop ⑤ (*geparkt haben*) ■**auf/in etw** *dat* ~ to be parked on/in sth; (*von Fahrer*) to have parked on/in sth; ~ **bleiben** to stop; *Kraftfahrzeug, Zug a.* to come to a stop [*or* halt] [*or* standstill]; ***in welcher Zeile waren wir ~ geblieben?*** where did we get to [in the book]?, where did I/we stop reading? ⑥ (*nicht verzehren*) ~ **bleiben** to be left untouched; **etw ~ lassen** to leave sth untouched ⑦ (*von etw betroffen sein*) **unter Alkohol/Drogen** *dat* ~ to be under the influence of alcohol/drugs; **unter Schock** *dat* ~ to be in a state of shock; **unter der Wirkung einer schlimmen Nachricht** ~ to be suffering from [the effects of] bad news ⑧ LING (*verbunden werden*) ■**mit etw** ~ to take [*or spec* govern] sth; **mit dem Dativ** ~ to be followed by [*or* to take] the dative; ■**in etw** *dat* ~ to be in sth ⑨ (*passen zu*) **jdm** [**gut/nicht**] ~ to suit sb [well] [*or form* to become sb]/to not suit [*or form* become] sb ⑩ (*geahndet werden*) ***auf Mord*** *akk* ***steht Gefängnis*** the penalty for murder is imprisonment, murder is punishable by imprisonment ⑪ (*ausgesetzt sein*) ***auf die Ergreifung der Terroristen steht eine Belohnung*** there is a reward [*or* a reward has been offered] for the capture of the terrorists ⑫ (*einen bestimmten Spielstand haben*) ***wie steht das Spiel?*** what's the score? ⑬ (*einen bestimmten Wechselkurs haben*) ■**bei etw** ~ to be [*or* stand] at sth; ***wie steht das Pfund?*** how does the pound stand?, what's the rate for the pound?, how's the pound doing? *fam*; **besser/sehr tief** ~ to be stronger/very low [*or* down a lot] ⑭ (*allein lassen*) **jdn ~ lassen** to leave sb [alone]; **jdn einfach ~ lassen** to walk off and leave sb, to leave sb standing [there], to walk out on sb ⑮ (*fam: fest sein*) to be [*or* have been] finally settled; ***die Mannschaft steht noch nicht*** the team hasn't been picked [*or* selected] yet; (*fertig sein*) to be ready ⑯ (*an etw festhalten*) ■**zu etw** ~ to stand by sth; **zu einer Abmachung** ~ to stand by [*or* keep to] an agreement; **zu seinem Versprechen** ~ to stand by [*or* keep] one's promise ⑰ (*zu jdm halten*) ■**zu jdm** ~

S

to stand [*or fam* stick] by sb ⑱ (*stellvertretend eingesetzt sein*) ■ **für etw** ~ to stand for sth ⑲ (*eingestellt sein*) ***wie ~ Sie dazu?*** what are your views on [*or* what is your opinion on [*or* of]] it?; **negativ/positiv zu etw** ~ to have a negative/positive opinion [*or* view] of sth ⑳ (*unterstützen*) ■ **hinter jdm/etw** ~ to be behind sb/sth ㉑ (*anzeigen*) ■ **auf etw** *dat* ~ to be at sth; (*von Nadel a.*) to point to sth; **im roten Bereich** ~ to be in the red; ***die Ampel steht auf Rot*** the traffic light is red ㉒ (*sl: gut finden*) ■ **auf jdn/etw** ~ to be mad [*or* crazy] about sb/sth *fam;* ***stehst du auf Techno?*** are you into techno? *sl* ▶ WENDUNGEN: **mit jdm/etw ~ und fallen** to depend on sb/sth; **jdm bis hier/oben/zum Hals[e]** ~ (*fam*) to have a surfeit of sth, to be fed up with sth *fam;* ***es steht mir bis hier/oben/zum Hals*** I'm fed up [to the back teeth] with it; ***die Schulden ~ ihr bis zum Hals*** she's up to her neck in debt *fam* **II.** *vr* ① (*gestellt sein*) **sich besser/gut/schlecht [bei etw]** ~ to be better/well-/badly off [with sth] ② (*auskommen*) ■ **sich gut/schlecht mit jdm** ~ to get on [well]/badly with sb **III.** *vi impers* ① (*sich darstellen*) ***es steht gut/schlecht*** it's looking good/bad; ***die Dinge ~ nicht gut*** things are looking bad; ***wie steht es bei euch?*** how are things with you? ② (*bestellt sein*) **es steht gut/schlecht um jdn/etw** things look [*or* it looks] good/bad for sb/etw, sb/sth is doing well/badly; (*gesundheitlich*) sb is doing well/badly; ***wie steht es um deine Gesundheit?*** how are you feeling?, how is your health?; **es steht mit jdm/etw gut/schlecht** sb/sth is faring well/badly; [***wie geht's,***] ***wie steht's?*** [how are you,] how are [*or* how's] things [*or* how's life]? *fam* ③ (*geh*) **es steht zu befürchten/erwarten, dass ...** it is to be feared/expected that ...

Stehen <-s> *nt kein pl* ■ **das** ~ standing; **gerades** [*o* **aufrechtes**] ~ standing upright; **etw im ~ tun** to do sth standing up; **im ~ essen** to have a stand-up meal, to eat standing up

stehend *adj attr* stagnant; **~es Gewässer** stretch of standing [*or* stagnant] water

Stehgeiger(in) *m(f)* café violinist **Stehkneipe** *f* stand-up bar **Stehkragen** *m* stand-up collar, choker *fam* **Stehlampe** *f* floor [*or* standard] lamp **Stehleiter** *f* stepladder

stehlen <stahl, gestohlen> **I.** *vt* ■ **[jdm] etw** ~ to steal [*or hum* purloin] [sb's] sth ▶ WENDUNGEN: **jdm die Zeit** ~ to take up [*or* waste] sb's time; **dem lieben Gott die Zeit** ~ to laze the time away; **das/er/sie usw. kann mir gestohlen bleiben!** (*fam*) to hell with it/him/her etc.! *fam,* he/she etc. can go take a running jump! *fam;* **woher nehmen und nicht ~?** (*hum*) where on earth am I going to find that/them etc.? **II.** *vi* to steal; ***es wird dort viel gestohlen*** there's a lot of stealing there; ■ **das S~** stealing **III.** *vr* ① (*sich heimlich schleichen*) ■ **sich aus etw/in etw** *akk*/**von etw** ~ to steal [*or* sneak] out of/into/away from sth ② (*sich drücken vor*) ■ **sich aus etw** ~ to sneak out of sth

Stehplatz *m* **24 Stehplätze** standing room for 24; ***es gab nur noch Stehplätze*** there was standing room only; ***ich bekam nur noch einen ~*** I had to stand **Stehpult** *nt* high desk **Stehvermögen** *nt kein pl* staying power *no pl, no indef art,* stamina *no pl, no indef art;* **[großes] ~ haben** to have [a lot of] staying power [*or* stamina]

Steiermark <-> *f* ■ **die** ~ Styria

steif *adj* ① (*starr*) stiff; **ein ~er Kragen** a stiff collar; ~ **vor Kälte** stiff [*or* numb] with cold; ~ **wie ein Brett** as stiff as a board ② (*schwer beweglich*) stiff; **ein ~es Bein** a stiff leg; **einen ~en Hals haben** to have a stiff neck; ■ ~ **sein/werden** to be/grow stiff; **sich ~ machen** to go rigid, to lock one's muscles ③ (*förmlich*) stiff, starchy BRIT *pej fam;* **ein ~er Empfang/eine ~e Begrüßung** a [rather] formal [*or pej fam* starchy] reception/greeting ④ (*erigiert*) erect; **ein ~er Penis** an erect [*or* a hard] [*or* a stiff] penis, an erection; ■ ~ **sein/werden** to be/become erect ⑤ (*fam: alkoholische Getränke*) stiff; **ein ~er Grog** a tot [*or* AM shot] of strong grog, a stiff tot of grog ⑥ NAUT **ein ~es Boot** a stiff boat; **eine ~e Brise/See** a stiff breeze/heavy sea ▶ WENDUNGEN: **die Ohren** [*o* **den Nacken**] ~ **halten** to keep one's chin up; ~ **und fest** obstinately, stubbornly, categorically; **sich ~ und fest einbilden, dass ...** to have got it into one's head that ...

Steigbügel *m* stirrup; MED *a.* stapes *spec* **Steigbügelhalter(in)** *m(f)* (*pej*) backer, supporter; **jds ~ sein** to help sb [to] come to power

Steige <-, -n> *f* DIAL ① (*steile Straße*) steep track ② *s.* **Stiege**

Steigeisen *nt* ① (*für Schuhe*) climbing iron; (*Bergsteigen*) crampon ② (*an Mauern*) step-iron, rung [set into a wall]

steigen <stieg, gestiegen> **I.** *vi sein* ① (*klettern*) to climb; **durchs Fenster** ~ to climb through the window; ■ **auf etw** *akk* ~ to climb [up] sth ② (*be~*) ■ **auf etw** *akk* ~ to get on[to] sth; **auf ein Pferd/aufs Fahrrad** ~ to get on[to] [*or* to mount] a horse/to get on one's bike ③ (*ein~*) ■ **in etw** *akk* ~ to get [*or* step] into sth; **in einen Zug** ~ to get on [*or* board] a train, to entrain *liter* ④ (*aus~*) ■ **aus etw** ~ to get [*or* step] out of sth; **aus dem Bett** ~ to get out of bed; **aus einem Bus** ~ to get off [*or* BRIT *form* alight from] a bus; **aus einem Zug** ~ to get off [*or form* alight from] a train, to detrain *liter* ⑤ (*ab~*) ■ **von etw** ~ to get off sth; **vom Fahrrad** ~ to get off one's bike; **von einer Leiter** ~ to come down off a ladder; **von einem Pferd** ~ to get off a horse, to dismount ⑥ (*sich aufwärts bewegen*) to rise [up]; ***die Tränen stiegen ihr in die Augen*** her eyes welled up with tears; ***das Blut stieg ihm ins Gesicht*** the blood rushed to his face, he blushed; ***der Sekt ist mir zu Kopf gestiegen*** the sekt has gone to my head; **in die Luft** ~ to rise [*or* soar] into the air; *Flugzeug* to climb [into the air]; *Nebel* to lift; ■ **etw ~ lassen** to fly sth; **Drachen/Luftballons ~ lassen** to fly kites [*or* go kite-flying]/to release balloons into the air ⑦ (*fam: sich begeben*) ■ **in etw** *akk* ~ to get into sth; **ins Examen** ~ to take one's exam ⑧ (*sich erhöhen*) ■ **[auf etw** *akk*/**um etw]** ~ *Achtung* to rise; *Flut* to swell [*or* rise] [to/by sth]; *Preis, Wert* to increase [*or* rise] [to/by sth]; *Temperatur a.* to climb [to/by sth]; **weiter** ~ to continue to rise; **das S~ und Sinken der Kurse** the rise and fall of prices [*or* rates] ⑨ (*sich intensivieren*) to increase, to grow; (*von Spannung, Ungeduld, Unruhe a.*) to mount ⑩ (*fam: stattfinden*) ■ **[bei jdm]** ~ to be [*or fam* go down] [at sb's place]; ***heute abend steigt das Fest des Sportvereins*** the sport club's having a party tonight **II.** *vt sein* ■ **Treppen/Stufen** ~ to climb [up] stairs/steps

Steiger <-s, -> *m* BERGB pit foreman, overman

steigern **I.** *vt* ① (*erhöhen, verstärken*) ■ **etw [auf etw** *akk*/**um etw]** ~ to increase sth [to/by sth]; **die Geschwindigkeit** ~ to increase speed, to accelerate; **die Produktion** ~ to increase [*or sep* step up] production ② (*verbessern*) ■ **etw** ~ to add to [*or* improve] sth; **die Qualität** ~ to improve [*or* enhance] the quality ③ LING ■ **etw** ~ to compare sth, to form the comparative of sth **II.** *vr* ① (*sich erhöhen*) ■ **sich [auf etw** *akk*/**um etw]** ~ to increase [*or* rise] [to/by sth] ② (*sich intensivieren*) ■ **sich** ~ to increase, to grow; *a. Spannung, Ungeduld, Unruhe, Wind* to mount; **gesteigertes Interesse/Misstrauen** great interest/deep[ening] mistrust ③ (*seine Leistung verbessern*) ■ **sich** ~ to improve ④ (*sich hineinsteigern*) ■ **sich in etw** *akk* ~ to work oneself [up] into sth; **sich in Wut**

~ to work oneself [up] into a rage

Steigerung <-, -en> *f* ① (*Erhöhung*) increase (+*gen* in), rise (+*gen* in); **eine ~ der Beschleunigung** an increase in [the] acceleration ② (*Verbesserung*) improvement (+*gen* to) ③ LING comparative/superlative

Steigerungsform *f* LING comparative/superlative form

Steigflug *m* LUFT climb, ascent; **in den ~ übergehen** to go into a climb

Steigung <-, -en> *f* ① (*ansteigende Strecke*) ascent, acclivity *spec* ② (*Anstieg*) slope; **eine ~ von 10%** a gradient of one in ten [*or* of 10%]

steil I. *adj* ① (*stark abfallend*) steep; **~e Klippen** steep [*or* precipitous] [*or* sheer] cliffs; **ein ~es Ufer** a steep bank, a bluff ② (*eine starke Steigung aufweisend*) steep; ■ **~ sein/~er werden** to be steep/to become [*or* get] steeper ③ (*sehr rasch*) rapid, **ein ~er** *Aufstieg,* a rapid [*or* meteoric] rise ④ SPORT **ein ~er Pass/eine ~e Vorlage** a through ball [*or* pass] II. *adv* steeply, precipitously; **sich ~ aufrichten** to stand up to one's full height

Steilhang *m* steep slope; (*von Klippe a.*) precipice **Steilheck** *nt* hatchback **Steilküste** *f* steep coast, bluff **Steilpass**[RR] *m* through ball [*or* pass] **Steilwand** *f* steep face, precipice

Stein <-[e]s, -e> *m* ① (*Gesteinsstück*) stone, rock AM; (*größer*) rock; **mit ~en gepflastert** paved with stone ② *kein pl* (*Natur~*) stone *no pl;* (*~schicht in der Erde*) rock *no pl;* **zu ~ erstarren/werden** to turn to stone, to petrify *spec* ③ (*Bau~*) stone; **ein Haus aus ~** a house [made] of stone, a stone house; (*Ziegel~*) brick; (*Pflaster~*) paving stone, flag[stone]; (*Kopf~pflaster*) cobblestone ④ (*Grab~*) gravestone ⑤ (*Edel~*) [precious] stone, jewel; (*Diamant a.*) rock AM *fam;* (*in Uhr*) jewel; **imitierte/unechte ~e** paste [jewellery [*or* AM jewelery]] + *sing verb* ⑥ (*Obstkern*) stone ⑦ (*Spiel~*) piece, counter ⑧ MED stone, calculus *spec* ▶ WENDUNGEN: **der/ein ~ des Anstoßes** (*geh*) the/a thorn in sb's eye; (*umstritten*) the/a bone of contention; (*in Vertrag a.*) the/a stumbling block; **es friert ~ und Bein** (*fam*) it's freezing cold, it's brass monkey weather BRIT *sl;* **~ und Bein schwören, etw getan zu haben** (*fam*) to swear by all that's holy [*or fam* all the gods] that one did sth; **bei jdm einen ~ im Brett haben** (*fam*) to be well in with sb *fam;* **mir fällt ein ~ vom Herzen!** that's [taken] a load off my mind!; **es fällt dir kein ~ aus der Krone!** it won't hurt [*or* kill] you!; **den/einen ~ ins Rollen bringen** (*fam*) to start [*or* set] the ball rolling; **jdm ~e in den Weg legen** to put a spoke in sb's wheel BRIT, to put obstacles in sb's way; **jdm alle ~e aus dem Weg räumen** to remove all obstacles from sb's path, to smooth sb's path, to pave the way for sb; **keinen ~ auf dem anderen lassen** to leave no stone standing; ***es blieb kein ~ auf dem anderen*** there wasn't a stone left standing; **wie ein ~ schlafen** (*fam*) to sleep like a log *fam*

Steinadler *m* golden eagle **steinalt** *adj* ancient [*or* as old as Methuselah] *pred hum;* ■ **~ sein/werden** to be/become [*or* grow] as old as Methuselah *hum* **Steinbock** *m* ① ZOOL ibex ② ASTROL Capricorn; **[ein] ~ sein** to be a Capricorn **Steinbrech** <-s> *m kein pl* BOT saxifrage **Steinbruch** *m* quarry **Steinbutt** *m* turbot **Steindattel** *f* date-shell **Steineiche** *f* holm [*or* holly] oak

steinern *adj* stone *attr,* [made] of stone *pred*

Steinerweichen *nt* ■ **zum ~** heartbreakingly, fit to break your heart *fam*

Steinfliege *f* ZOOL stonefly **Steinfraß** *m* stone erosion *no pl, no indef art* **Steinfußboden** *m* stone floor **Steingut** *nt kein pl* earthenware *no pl, no indef art;* (*Steinzeug*) stoneware *no pl, no indef art* **Steingutgeschirr** *nt* stoneware crockery *no pl, no indef art* **steinhart** *adj* rock-hard, [as] hard as [a] rock *pred;* ■ **~ sein/werden** to be/become rock-hard [*or* [as] hard as [a] rock] **Steinhaus** *nt* stone house

steinig *adj* stony; ■ **~ sein** to be stony [*or* full of stones]

steinigen *vt* ■ **jdn ~** to stone sb

Steinkauz *m* ORN little owl **Steinklee** *m* BOT sweet clover, melilot

Steinkohle *f kein pl* hard [*or spec* glance] coal

Steinkohlenbergbau *m* coal mining *no pl, no art* **Steinkohlenbergwerk** *nt* coal mine, colliery, pit **Steinkohlenförderung** *f* hard-[*or spec* glance-]coal extraction **Steinkohlenlager** *nt* coal bed **Steinkohlenzeche** *f* coal mine, colliery, pit

Steinkrug *m* earthenware mug [*or* jug]; (*für Bier*) [beer] stein **Steinleiden** *nt* MED calculosis **Steinmetz(in)** <-en, -en> *m(f)* stonemason **Steinobst** *nt* stone fruit[s *pl*] **Steinpilz** *m* BOT cep, boletus edulis *spec* **Steinplatte** *f* stone slab **steinreich** *adj* (*fam*) stinking [*or pej a.* filthy] rich *fam;* ■ **~ sein/werden** to be rolling in it/to make loads of money *fam* **Steinsalz** *nt* rock [*or spec* mineral] salt **Steinschlag** *m* rockfall[s *pl*]; **„Achtung ~"** "danger — falling [*or* fallen] rocks" **Steinschleuder** *f* catapult BRIT, slingshot AM **Steinschmätzer** <-s, -> *m* ORN wheatear **Steintafel** *f* stone tablet, [stone] plaque **Steinwälzer** *m* ORN turnstone **Steinwolle** *f* rock [*or* mineral] wool **Steinwurf** *m* [thrown] stone; **einen ~ weit [entfernt]** (*fig*) a stone's throw [away] *fig* **Steinwüste** *f* stony desert, desert of stones **Steinzeit** *f kein pl* ■ **die ~** the Stone Age; **der Mensch der ~** Stone Age man; **ältere/mittlere/jüngere ~** Palaeolithic [*or* AM Paleolithic]/Mesolithic/Neolithic period; **aus der ~** ancient, antediluvian *hum,* from before the Flood *pred hum* **steinzeitlich** *adj* ① (*aus der Steinzeit stammend*) Stone-Age *attr,* from/of the Stone Age *pred* ② (*völlig veraltet*) ancient, antediluvian *hum* **Steinzeitmensch** *m* BIOL, ARCHÄOL Stone Age man

Steiß <-es, -e> *m* ① (*fam*) bum [*or* bottom] BRIT *fam,* fanny AM *fam* ② ANAT coccyx

Steißbein *nt* ANAT coccyx **Steißhuhn** *nt* tinamou **Steißlage** *f* MED breech presentation

Stele <-, -n> ['ste:lə, 'ʃte:lə] *f* ARCH-OL stele

stellar [ʃtɛ'la:ɐ, st-] *adj* stellar

Stelle <-, -n> *f* ① (*Platz*) place; (*genauer*) spot; **an dieser ~** in this place; (*genauer*) on this spot; (*fig*) at this point; **eine ~ im Wald** a place [*or* an area] in the woods; **etw von der ~ bekommen** [*o fam* **kriegen**] to be able to move [*or* shift] sth; **auf der ~ laufen** to run on the spot; **sich nicht von der ~ rühren** to not move [*or fam* budge], to stay where one is; ***rühren Sie nicht von der Stelle!*** (*von Polizei*) freeze!; **schwache ~** (*fig*) weak point; **eine undichte ~** (*fig fam*) a leak, a mole BRIT *fam;* **an anderer ~** elsewhere, at another place ② (*umrissener Bereich*) spot; **fettige/rostige ~** grease/rust spot; ANAT (*fam: Fleck auf der Haut*) mark, spot ③ (*im Buch*) place; (*Verweis*) reference; (*Abschnitt*) passage ④ MUS passage ⑤ MATH digit, figure; **eine Zahl mit sieben ~n** a seven-digit [*or* -figure] number; **etw auf 5 ~n** *akk* **hinter dem Komma berechnen** to calculate sth to 5 decimal places ⑥ (*Posten*) place; **an jds ~** *akk* **treten** to take sb's place; (*eines Spielers*) to sub sb; (*in einem Amt*) to succeed sb; **etw an jds ~ [*o* an ~ einer Person] tun** to do sth for sb; ***ich gehe an Ihrer ~*** I'll go in your place; **an ~ von etw** instead of sth; (*Lage*) position; ***an deiner ~ würde ich ...*** in your position [*or* if I were you] I would ...; ***ich möchte nicht an ihrer Stelle sein*** I wouldn't like to be in her shoes [*or* place]

❼ (*in der Reihenfolge*) **an erster/zweiter ~** first[ly] [*or* first and foremost]/secondly, in the first/second place [*or* instance]; **[für jdn** [*o* **bei jdm**]] **an erster/zweiter ~ kommen/sein/stehen** to come/be first/second [for sb]; (*in der Wichtigkeit*) to come first/second [for sb]; (*in der Hitparade*) to reach/be [*or* be at] number one/two; ***an wievielter ~ auf der Liste taucht der Name auf?*** where does the name come [up] on the list?; ***er ging an 25./letzter ~ durchs Ziel*** he was 25th/the last to cross the line [*or* to finish] ❽ (*Arbeitsplatz*) job, post *form;* **eine freie** [*o* **offene**] ~ a vacancy; **offene ~n** (*in der Zeitung*) situations vacant; **ohne ~** jobless, without a job *pred* ❾ (*Abteilung*) office; (*Behörde*) authority; **höhere/höchste ~** higher/the highest[-ranking] authority; **sich an höherer ~ beschweren** to complain to sb higher up [*or* to a higher authority]; ***Sie sind hier/bei mir/bei ihm an der richtigen ~*** (*fam*) you've come/you went to the right place; ***Mitleid? da bist du bei mir aber nicht an der richtigen ~*** sympathy? you won't get any out of me [*or iron fam* you're knocking at the wrong door] ▶ WENDUNGEN: **sich zur ~ melden** MIL to report [for duty]; ***zur ~!*** reporting!, present!; **zur ~ sein** to be on the spot [*or* on hand]; **auf der ~ treten** [*o* **nicht von der ~ kommen**] to not make any progress [*or* headway], to not get anywhere; MIL *a.* to mark time; **auf der ~** at once, forthwith *form;* ***er war auf der ~ tot*** he died immediately; *s. a.* **Ort**[1]

stellen I. *vt* ❶ (*hin~, ab~*) **[jdm] etw [wieder] an/auf/in etw** *akk* **~** to put sth [back] against/on/in[to] sth [for sb]; **das Auto in die Garage ~** to put the car in the garage; **ein Kind in die Ecke ~** to put [*or* stand] a child [*or* make a child stand] in the corner; **den Wein kalt ~** to chill the wine, to put the wine in the fridge ❷ (*aufrecht hin~*) ■**etw ~** to stand [up *sep*] sth; **den Schwanz/die Ohren ~** *Tier* to stick up *sep* its tail/prick up *sep* its ears ❸ (*ein~*) **das Badewasser heißer/kälter ~** to run more hot/cold water in the bath; **die Heizung höher/kleiner ~** to turn up/down *sep* the heating [*or* AM heater]; **den Fernseher lauter/leiser ~** to turn up/down the television *sep;* **etw auf volle Lautstärke ~** to turn sth up [at] full blast; ■**etw auf etw** *akk* **~** to set sth at [*or* to] sth; **die Kochplatte auf Stufe zwei ~** to turn up/down the heat *sep* to level two; **den Wecker auf 7 Uhr ~** to set the alarm for 7 o'clock ❹ (*zur Aufgabe zwingen*) ■**jdn ~** to hunt down sb *sep* ❺ (*zur Aussage zwingen*) ■**jdn ~** to corner [*or* buttonhole] sb; *s. a.* **Rede** ❻ (*vorgeben*) **[jdm] eine Aufgabe/ein Thema ~** to set [sb] a task/subject; **[jdm] Bedingungen ~** to make [*or form* stipulate] conditions, to set sb conditions; **[jdm] eine Frage ~** to ask [sb] a question ❼ (*richten*) **einen Antrag [an jdn] ~** to put forward [*or* to table] a motion [to sb]; **Forderungen [an jdn] ~** to make demands on [*or form* of] sb ❽ (*überlassen*) **etw in jds Belieben/Ermessen** *akk* **~** to leave sth to sb's discretion, to leave sth up to sb ❾ (*konfrontieren*) ■**jdn vor etw** *akk* **~** to confront sb with sth; **jdn vor ein Rätsel ~** to baffle sb ❿ (*arrangieren*) ■**etw ~** to set up sth *sep;* ***dieses Foto wirkt gestellt*** this photo looks posed ⓫ (*er~*) ■**[jdm] etw ~** to provide [sb with] sth, to make sth [for sb]; **jdm sein Horoskop ~** to cast [*or sep* draw up] sb's horoscope ⓬ (*zur Verfügung ~*) ■**[jdm] jdn/etw ~** to provide [*or* supply] [*or* furnish] [sb with] sb/sth; **einen Zeugen ~** to produce a witness ⓭ (*situiert sein*) **gut/schlecht gestellt sein** to be well/badly off; **entsprechend gestellt sein** to have the means ▶ WENDUNGEN: **auf sich** *akk* **selbst gestellt sein** to have to fend for oneself **II.** *vr* ❶ (*sich hin~*) ■**sich an/neben etw/neben jdn ~** to take up position at/by sth/at sb's side; *s. a.* **Weg, Zehenspitze** ❷ (*entgegentreten*) ■**sich jdm/einer S. ~** to face sb/sth; **sich einem Herausforderer/einer Herausforderung ~** to take on [*or* face] a challenger/to take up [*or* face] a challenge; **sich den Journalisten/den Fragen der Journalisten ~** to make oneself available to the reporters/to be prepared to answer reporters' questions ❸ (*etw von etw halten*) **sich negativ/positiv zu etw ~** to have a negative/positive attitude to[wards] sth; ***wie ~ Sie sich dazu?*** what do you think of it?, what's your opinion [of [*or* on] it]? ❹ (*Position ergreifen*) ■**sich gegen jdn/etw/zu jdm/etw ~** to oppose/support sb/sth; ■**sich hinter jdn/etw ~** to support [*or* back] [*or* stand by] sb/sth; ■**sich vor jdn ~** to stand up for sb ❺ (*sich melden*) ■**sich [jdm] ~** to turn oneself in [*or* give oneself up] [to sb] ❻ (*sich als etw erscheinen lassen*) **sich ahnungslos ~** to play [*or* act] the innocent; **sich dumm ~** to act stupid [*or* AM dumb]; **sich taub/verständnislos ~** to pretend not to hear/understand; **sich schlafend/tot ~** to pretend to be asleep/dead; ***sie stellt sich nur so*** she's only pretending ❼ (*sich präsentieren*) ■**sich [jdm] ~** to arise [for sb], to confront sb

Stellenabbau *m* downsizing *no pl,* personnel cutbacks *pl,* job cuts *pl* **Stellenangebot** *nt* offer of employment, job offer; (*offene Stelle*) vacant position; **„~e"** "situations *pl* vacant"; **ein ~ [von jdm/etw] bekommen** to be offered a job [from sb/sth]; **jdm ein ~ machen** to offer sb a job **Stellenanzeige** *f* job advertisement [*or fam* ad] [*or* BRIT advert]; **„~n"** "job advertisements" *pl* **Stellenausschreibung** *f* job advertisement **Stellengesuch** *nt* ÖKON (*geh*) "employment wanted" advertisement **Stellensuche** *f kein pl* job search [*or fam* hunt]; **auf ~ sein** to be looking for a job, to be on the job hunt *fam* **Stellenvermittlung** *f* ÖKON ❶ (*das Vermitteln einer Arbeitsstelle*) finding of jobs ❷ (*Einrichtung zur Vermittlung von Arbeitsstellen*) employment agency [*or* bureau] **stellenweise** *adv* in [some] places; ***~ gibt es Nebel*** there is some patchy fog **Stellenwert** *m* ❶ MATH [place] value ❷ (*Bedeutung*) status *no art, no pl,* standing *no art, no pl;* ***wie hoch der ~ der Qualität in dieser Firma ist, kann man an der strengen Qualitätskontrolle erkennen*** one can see what emphasis is laid on quality in this company by looking at the strict quality control; **[für jdn] einen bestimmten ~ haben** (*geh*) to be of particular importance [*or* value] to sb

Stellplatz *m* AUTO parking space; (*für Wohnwagen*) site, pitch BRIT **Stellring** *m* rubber-ringed base (*for mixing bowls*) **Stellschraube** *f* adjusting [*or* regulating] screw, setscrew *spec*

Stellung <-, -en> *f* ❶ (*Arbeitsplatz*) job, position; **ohne ~ sein** to be unemployed [*or* without a job] ❷ (*Rang*) position ❸ (*Körperhaltung*) position; **in einer gebückten ~** bending [over]; (*beim Geschlechtsakt*) position ❹ (*Position*) position; **in bestimmter ~** in a particular position; **etw in ~ bringen** MIL to put sth into position; **in ~ gehen** to take up position; **die ~ [gegen jdn/etw] halten** MIL to hold the position [against sb/sth]; **die ~ halten** (*hum*) to hold the fort ❺ (*Standpunkt*) **~ zu etw beziehen** to take a stand [*or* take up a definite position] on sth; **~ zu etw nehmen** to express an opinion on [*or* to state one's view about] sth; **~ für jdn/etw nehmen** [*o* **beziehen**] to take sb's/sth's side; **~ gegen jdn/etw nehmen** [*o* **beziehen**] to come out [*or* take sides] against sb/sth; ***ich beziehe weder für noch gegen irgendwen ~*** I'm not taking sides

Stellungnahme <-, -n> *f* ❶ *kein pl* (*das Beziehen einer Position*) ■**jds/eine ~ zu etw** sb's/a view [*or* sb's/an opinion] of [*or* sb's position on] sth; ■**jds ~ zu etw** sb's position on sth *form* ❷ (*Meinungsäußerung*) statement; **eine ~ [zu etw] abgeben** to make a statement [about sth]

Stellungswechsel *m* (*Wechsel des Arbeitsplatzes*) change of job

stellvertretend I. *adj attr* (*vorübergehend*) acting *attr;* (*zweiter*) deputy *attr* II. *adv* ① (*an jds Stelle*) ■ ~ **für jdn** on sb's behalf; ***wegen einer Erkrankung des Ministers führte der Staatssekretär ~ die Verhandlungen*** the secretary of state deputized for the minister during the negotiations because he was ill ② (*etw ersetzend*) ■ ~ **für etw sein** to stand for sth

Stellvertreter(in) *m(f)* deputy

Stellvertretung *f* (*Stellvertreter*) deputy; (*beim Arzt*) *esp* BRIT locum; **die ~ von jdm übernehmen** to act [*or* stand in] for sb, to deputize for sb; **in ~** *dat* **einer Person** *gen,* **in jds ~** *dat* on sb's behalf

Stellwerk *nt* BAHN signal box [*or* AM tower]

Stelze <-, -n> *f* ① (*hölzerne ~*) stilt; **auf ~n gehen** to walk on stilts ② ORN wagtail ③ *meist pl* KOCHK ÖSTERR (*Schweinsfüße*) pig's trotters [*or* AM feet] *pl* BRIT

stelzen *vi sein* ■ [**irgendwohin**] ~ (*auf Stelzen gehen*) to walk [somewhere] on stilts; (*staksen*) to stalk [*or* strut] [somewhere]

Stemmbogen *m* SKI stem turn **Stemmeisen** *nt* crowbar; **etw mit einem ~ aufbrechen** to crowbar sth [open]; (*Meißel*) [mortise *spec*] chisel

stemmen I. *vt* ① (*hochdrücken*) ■ **jdn/etw** [**irgendwohin**] ~ to lift sb/sth [somewhere]; **jdn/etw nach oben ~** to lift [up *sep*] sb/sth ② (*meißeln*) ■ **etw** [**in etw** *akk*] ~ to chisel sth [into sth], to make sth [in sth]; **Löcher in eine Wand ~** to knock [*or* make] holes in a wall; (*mit einem Bohrer*) to drill holes in a wall ③ (*stützen*) **die Arme in die Seiten ~** to put one's hands on one's hips, to stand with arms akimbo; **den Rücken/die Füße gegen etw ~** to brace one's back/feet against sth II. *vr* ■ **sich gegen etw ~** ① (*sich drücken*) to brace oneself [*or* push] against sth ② (*sich sträuben*) to be against sth; ***er wird sich nicht gegen die neue Umgehungsstraße ~*** he won't stand in the way of the bypass

Stempel[1] <-s, -> *m* ① (*Gummi~*) [rubber-]stamp ② (*~abdruck*) stamp; ***der Brief trägt den ~ vom 23.5.*** the letter is stamped [*or* postmarked] 23/5 ③ (*Punzierung*) hallmark; **den ~ von etw** [*o* **einer S.** *gen*] **tragen** to bear [*or* have] the hallmark of sth ▶ WENDUNGEN: **jdm/etw den/seinen ~ aufdrücken** to leave one's mark on sb/sth; **jds ~/den ~ von etw** [*o* **einer S.** *gen*] **tragen** to bear [*or* have] sb's mark/the mark of sth

Stempel[2] <-s, -> *m* BOT pistil *spec*

Stempelaufdruck *m* stamp; (*Poststempelaufdruck*) post mark **Stempelfarbe** *f* [stamp-pad [*or* stamping]] ink **Stempelgebühr** *f* stamp duty **Stempelgeld** *nt kein pl* ÖKON (*veraltend fam*) dole [money] BRIT *fam* **Stempelkissen** *nt* stamp-[*or* ink-]pad

stempeln I. *vt* ■ **etw ~** to stamp sth; (*frankieren*) to frank sth; **einen Briefumschlag ~** to postmark/frank a letter/an envelope II. *vi* (*fam*) to stamp sth; ***ich habe den ganzen Tag nur gestempelt!*** I've been stamping things all day ▶ WENDUNGEN: **~ gehen** (*veraltend fam*) to be on the dole BRIT *fam*

Stengel <-s, -> *m s.* **Stängel**

Steno <-> *f kein pl* (*fam*) *Abk von* **Stenografie** shorthand *no art, no pl,* stenography *no art, no pl* AM

Stenograph(in), **Stenograf**[RR]**(in)** <-en, -en> *m(f)* shorthand typist BRIT, stenographer AM

Stenographie, **Stenografie**[RR] <-, -n> *f* shorthand *no art, no pl,* stenography *no art, no pl* AM

stenographieren*, **stenografieren**[RR]* I. *vt* ■ **etw ~** to take down sth *sep* in shorthand II. *vi* to do shorthand; (*etw ~*) to take down sth *sep* in shorthand

Stenographin <-, -nen> *f,* **Stenografin**[RR] <-, -nen> *f fem form von* **Stenograph**

Stenogramm <-gramme> *nt* text in shorthand; **ein ~ aufnehmen** to take down sth in shorthand

Stenogrammblock <-blöcke> *m* shorthand pad

Stenotypist(in) <-en, -en> *m(f)* shorthand typist BRIT, stenographer AM

Steppdecke *f esp* BRIT duvet, comforter AM, [BRIT *a.* continental] quilt

Steppe <-, -n> *f* GEOG steppe

steppen[1] ['ʃt-] *vt* (*mit Steppnaht nähen*) ■ **etw ~** to backstitch sth

steppen[2] ['ʃt-, 'st-] *vi* to tap-dance

Stepptanz[RR] ['ʃt-, 'st-] *m,* **Steptanz** *m* ① (*Tanzart*) tap [dancing] *no art, no pl* ② (*Vorführung*) tap dance

Sterbebett *nt* deathbed *old;* **auf dem ~ liegen** to be on one's deathbed *old;* **auf dem ~** on one's deathbed *old;* ***das musste ich ihm auf dem ~ schwören*** I had to promise him that when he was on his deathbed *old* **Sterbegeld** *nt kein pl* death benefit, burial expenses *npl* **Sterbehilfe** *f kein pl* euthanasia *no art, no pl;* ***sie hat ihren Arzt um ~ gebeten*** she asked her doctor to help her to die; **jdm ~ geben** to help sb [to] die

sterben <starb, gestorben> *vi sein* ① (*aufhören zu leben*) ■ [**an etw** *dat*] ~ to die [of sth]; ***mein Großonkel ist schon lange gestorben*** my great uncle died a long time ago [*or* has been dead for years]; **daran wirst du** [**schon**] **nicht ~!** (*hum fam*) it won't kill you! *fam;* **als Held ~** to die a hero['s death]; *s. a.* **Tod** ② (*vergehen*) ■ [**fast**] **vor etw** *dat* ~ to be [nearly] dying of sth ▶ WENDUNGEN: **gestorben sein** (*aufgegeben worden sein*) to be shelved, to have died a death; **für jdn gestorben sein** to be finished with sb/sth

Sterben <-s> *nt kein pl* death *no art, no pl,* dying *no art, no pl;* **im ~ liegen** to be dying ▶ WENDUNGEN: **zum ~ langweilig** (*fam*) deadly boring, [as] boring as hell *fam;* **zum ~ elend** [*o* **übel**] [as] sick as a pig [*or* AM dog] *fam*

sterbenselend *adj pred* (*fam*) ■ **jdm ist ~,** ■ **jd fühlt sich ~** sb feels wretched [*or* terrible] [*or* lousy] **sterbenskrank** *adj* mortally [*or* severely] ill **Sterbenswort** *nt,* **Sterbenswörtchen** *nt* **kein** [*o* **nicht ein**] ~ not a [single] word; ***nicht ein ~ kam über meine Lippen!*** not a word crossed my lips!

Sterbesakramente *pl* last rites *pl,* sacraments *pl;* **jdm die ~ spenden** to give sb the last rites **Sterbeurkunde** *f* death certificate **Sterbezimmer** *nt* ■ **jds ~** room in which [*or* where] sb died, sb's death chamber *liter or form*

sterblich *adj* (*geh*) mortal *a. liter; s. a.* **Hülle, Überrest**

Sterbliche(r) *f(m) dekl wie adj* (*geh*) mortal *liter or a. hum*

Sterblichkeit <-> *f kein pl* ① (*Rate der Todesfälle*) mortality rate; **die ~ bei Frühgeburten** the number of deaths [*or* the mortality rate] amongst premature babies ② (*Gegenteil von Unsterblichkeit*) mortality

stereo ['ʃt-, 'st-] *adj pred* [in *pred*] stereo[phonic *form*]

Stereo <-> ['ʃt-, 'st-] *nt kein pl* stereo *no art, no pl;* **in ~** in stereo

Stereoanlage ['ʃt-, 'st-] *f* stereo [system] **Stereoaufnahme** *f* stereo recording **Stereoempfang** *m* stereo reception **Stereofonie**, **Stereophonie** <-> *f kein pl* (*geh*) stereophony *no art, no pl spec,* stereophonics *no art, + sing vb spec* **Stereoklang** *m* stereo sound **Stereosendung** *f* programme [*or* AM -am] broadcast in stereo

Stereoskop <-s, -e> *nt* stereoscope *spec*

stereotyp I. *adj* stereotype *attr pej,* stereotyped *pej,* stereotypical *pej* II. *adv* stereotypically *pej;* ***„kein Kommentar!" sagte er ~*** "no comment!" was his

S

stereotype answer
steril *adj* ❶ (*keimfrei*) sterile ❷ (*unfruchtbar*) infertile, sterile
Sterilisation <-, -en> *f* sterilization
sterilisieren* *vt* ■**jdn/ein Tier ~** to sterilize sb/an animal; ■**sich/ein Tier ~ lassen** to get [oneself]/an animal sterilized
Sterilisierung <-, -en> *f* sterilization
Sterilität <-> *f kein pl* ❶ (*Keimfreiheit*) sterility *no art, no pl* ❷ (*Unfruchtbarkeit*) infertility *no art, no pl*, sterility *no art, no pl*
Sterlet <-te, -ten> *m* KOCHK sterlet
Stern <-[e]s, -e> *m* star ▶ WENDUNGEN: **jdm** [*o* **für jdn**] **die ~e vom Himmel holen** to go to the ends of the earth and back again for sb; ***er wollte die ~e vom Himmel holen*** he wanted the moon; **jds ~ ist im Sinken** [*o* **Untergehen**] sb is on the [*or* his/her] way out; **unter einem/keinem glücklichen** [*o* **guten**] **~ stehen** to have a promising start/to be ill-starred; *Mensch meist* to be born under a lucky/an unlucky star; **jds ~ geht auf** sb is a rising star; **nach den ~en greifen** (*geh*) to reach for the stars; **~e sehen** (*fam*) to see stars; [**noch**] **in den ~en** [**geschrieben**] **stehen** to be written in the stars; **es steht noch in den ~en**[**geschrieben**], **ob...** whether ... is still written in the stars [*or* is still a matter of speculation]
Sternanis *m* star anise, star aniseed **Sternbild** *nt* constellation
Sternchen <-s, -> *nt dim von* **Stern** ❶ (*kleiner Stern*) little [*or* small] star ❷ TYPO asterisk, star
Sterne-Hotel *nt* graded hotel
Sternenbanner *nt* ■**das ~** the Star-Spangled Banner, the Stars and Stripes + *sing vb* **sternenbedeckt** *adj* (*geh*) starry, star-studded *attr liter* **Sternenhimmel** *m* starry sky **sternenklar** *adj inv* starry *attr*, starlit
Sternfahrt *f* rally **sternförmig** *adj* star-shaped, stellate *spec* **Sternfrucht** *f* star fruit **sternhagelblau**, **sternhagelvoll** *adj* (*sl: völlig betrunken*) plastered *fam*, pissed BRIT *fam!* **Sternhaufen** *m* cluster of stars, star cluster **sternhell** *adj* (*geh*) starlit, starry **Sternkarte** *f* star map **sternklar** *adj* starlit, starry **Sternmarsch** *m s.* **Sternfahrt Sternschnuppe** <-, -n> *f* shooting star **Sternsinger(in)** *m(f)* REL DIAL carol singer **Sternstunde** *f* (*geh*) ■**jds ~** sb's great moment [*or* moment of glory]; ***deine ~ wird kommen*** your time [*or* moment of glory] will come **Sternsystem** *nt* star [*or* stellar] system, galaxy **Sterntülle** *f* piping bag **Sternwarte** *f* observatory **Sternzeichen** *nt* [star] sign
Steroid <-s, -e> *nt* steroid *usu pl*
Stertspitz *m* prime boiled beef
stet *adj attr* (*geh*) *s.* **stetig**
Stethoskop <-s, -e> *nt* stethoscope
stetig *adj* steady, constant
stets *adv* always, at all times
Steuer[1] <-s, -> *nt* ❶ AUTO [steering] wheel; **jdn ans ~ lassen** to let sb drive [*or* get behind the wheel]; **am** [*o* **hinterm**] **~ sitzen** (*fam*) to drive, to be behind the wheel ❷ NAUT [ship's] wheel, helm; **am ~ stehen** [*o* **sein**] to be at the helm [*or* wheel] ▶ WENDUNGEN: **das ~ herumwerfen** POL to change course
Steuer[2] <-, -n> *f* ÖKON tax; **~n zahlen** to pay tax[es]; **etw von der ~ absetzen** to set off sth *sep* against tax
Steuer[3] <-> *f kein pl* (*fam: Finanzamt*) ■**die** [**Leute von der**] **~** the taxman
Steuerabzug *m* tax deduction **Steueranpassung** *f* tax adjustment **Steueranrechnung** *f* tax credit **Steueranspruch** *m* tax claim **Steueraufkommen** *nt* tax revenue[s *pl*], revenue[s *pl*] from tax **Steuerausfall** *m* ADMIN, POL tax deficit **Steuerbeamte(r)**, **-beamtin** *m, f* tax official **steuerbegünstigt** *adj* with tax privileges *pred;* ■**~ sein** to have tax privileges **Steuerbelastung** *meist sing f* tax burden **Steuerbemessungsgrundlage** *f* tax base **Steuerberater(in)** *m(f)* tax consultant **Steuerbescheid** *m* tax assessment **Steuerbetrug** *m kein pl* tax evasion **Steuerbevollmächtigte(r)** *dekl wie adj f (m)* tax consultant
steuerbord *adv inv* LUFT, NAUT starboard
Steuerbord *nt kein pl* starboard *no art, no pl*
steuerehrlich *adj honest to the Inland Revenue pred* **Steuereinnahme** *f meist pl* tax revenue **Steuererhöhung** *f* increase in tax, tax increase **Steuererklärung** *f* tax return [*or* declaration] **Steuerfahndung** *f* (*Verfahren*) tax investigation; (*Abteilung*) office for tax investigation **Steuerflüchtling** *m sb who avoids tax by transferring assets abroad;* ■**ein ~ sein** to avoid tax by transferring assets abroad; ***die US-Firma will deutsche ~e anpeilen*** the US firm wants to target capital from tax-plagued German investors **steuerfrei** I. *adj* tax-exempt *attr*, exempt from tax *pred* II. *adv* without paying tax **Steuerfreibetrag** *m* tax allowance **Steuerfuß** *m* SCHWEIZ (*Steuersatz*) tax rate **Steuergehilfe**, **-gehilfin** *m, f* articled clerk **Steuergelder** *pl* taxes *pl*, tax revenue[s *pl*], taxpayers' money *no art, nsing usu pej*
Steuergerät *nt* ❶ TECH controller, control unit ❷ RADIO receiver **Steuergesetzgebung** *f* JUR tax [*or* revenue] legislation [*or* laws *pl*], ≈ Internal Revenue Code AM **Steuerharmonisierung** *f* fiscal harmonization *no art, no pl spec;* ***die Europaminister sind noch zu keiner Regelung in der ~ gekommen*** the EU ministers have not managed to harmonize the different tax systems **Steuerhehlerei** *f* JUR purchasing [*or* handling] tax-evaded goods **Steuerhinterziehung** *f* tax evasion *no art, no pl* **Steuerkarte** *f* tax card **Steuerklasse** *f* tax category [*or* group]; (*für Einkommenssteuer a.*) income-tax bracket *form*
Steuerknüppel *m* LUFT joystick, control lever [*or* column]
Steuerlast *f* tax burden
steuerlich I. *adj* tax *attr* II. *adv* **~ absetzbar** tax-deductible; **etw ~ belasten** to tax sth; **~ entlasten** to provide tax relief; **etw ~ berücksichtigen** to provide tax allowance on sth; **~ berücksichtigt werden** to receive tax allowance; **~ günstig** tax-supported, with low tax liability *pred;* **~ ungünstig** tax-ridden, with high tax liability *pred;* **~ vorteilhaft** tax-incentive *attr*, carrying tax benefits *pred*
steuerlos *adj* out of control
Steuermann <-männer *o* -leute> *m* ❶ NAUT helmsman; (*in der Handelsmarine a.*) mate; (*in der Kriegsmarine a.*) navigating boatswain ❷ SPORT cox[swain] *form*
Steuermarke *f* [revenue AM] stamp BRIT; (*für einen Hund*) dog licence [*or* AM -se] disk (*attached to a dog's collar*)
steuern I. *vt* ❶ AUTO, LUFT (*lenken*) ■**etw ~** to steer sth ❷ LUFT ■**etw ~** to fly [*or* pilot] sth ❸ (*regulieren*) ■**etw ~** to control sth ❹ (*in eine gewünschte Richtung bringen*) ■**etw in eine bestimmte Richtung ~** to steer sth in a particular direction II. *vi* ❶ AUTO to drive ❷ NAUT ■**irgendwohin ~** to go [*or* sail] somewhere
Steuernachlass[RR] *m* tax abatement [*or* relief] **Steueroase** *f* tax haven **Steuerparadies** *nt* tax haven **Steuerpflicht** *f* tax liability *no art, no pl*, liability to [pay] tax; **der ~ unterliegen** (*geh*) to be liable to [pay] tax **steuerpflichtig** *adj* ❶ (*zu versteuern*) taxable ❷ (*zur Steuerzahlung verpflichtet*) liable to [pay] tax *pred* **Steuerpflichtige(r)** *f(m)*

taxpayer **Steuerprogression** *f* progressive taxation *no art, no pl spec,* tax progression *no art, no pl spec* **Steuerprüfer(in)** *m(f)* tax inspector [*or* AM auditor] **Steuerprüfung** *f* tax inspection [*or* AM audit]

Steuerrad *nt* ① NAUT wheel, helm ② AUTO (*veraltend*) *s.* **Lenkrad** driving wheel BRIT *old*

Steuerrecht *nt kein pl* tax [*or* revenue] law **Steuerreform** *f* tax reform

Steuerruder *nt* rudder

Steuersatz *m* rate of tax[ation], tax rate **Steuerschraube** *f* ▶ WENDUNGEN: **die ~ anziehen, an der ~ drehen** (*fam*) to squeeze the taxpayer *fam* **Steuerschuld** *f* tax[es *pl*] owing [*or* due] *no indef art,* AM *a.* tax delinquency *no art, no pl* **Steuersenkung** *f* cut [*or* reduction] in taxes, tax cut [*or* reduction] **Steuerumgehung** *f* tax evasion

Steuerung[1] <-> *f kein pl* (*Regulierung*) control *no indef art, no pl;* ***die ~ des Produktionsprozesses erfolgt von diesem Raum aus*** the production process is steered [*or* controlled] from this room

Steuerung[2] <-, -en> *f* ■ **die ~ [einer S.** *gen* [*o* **von etw**]] ① LUFT piloting [*or* flying] [sth] *no art, no pl;* **die ~ übernehmen** to take over control ② NAUT steering [sth] *no art, no pl*

Steuervergünstigung *f* tax concession [*or* relief] **Steuervorauszahlung** *f* advance tax payment; **~en leisten** to pay taxes in advance **Steuervorteil** *m* tax benefit [*or* advantage] **Steuerzahler(in)** *m(f)* taxpayer

Steven <-s, -> *m* NAUT **Vorder~** stem *spec;* **After~** stern [post] *spec*

Steward <-s, -s> ['stju:ɐt, 'ʃt-] *m* steward

Stewardess[RR] <-, -en> ['stju:ɐdɛs, stju:ɐ'dɛs] *f,* **Stewardeß** <-, -ssen> *f fem form von* **Steward** steward[ess]

St. Gallen <-s> *nt* St. Gallen

StGB <-[s]> [ɛste:ge:'be:] *nt Abk von* **Strafgesetzbuch**

stibitzen* *vt* (*hum fam*) ■ **[jdm] etw ~** to swipe [*or* pinch] [*or* nick] [sb's] sth *hum fam*

stich *imper sing von* **stechen**

Stich <-[e]s, -e> *m* ① (*~wunde*) stab wound; ■ **ein ~ durch/in etw** *akk* a stab through/in sth; **jdm einen ~ [mit etw] [in etw** *akk*] **versetzen** to stab sb [in sth] [with sth]; ***sie versetzte ihm mit der Hutnadel einen ~ ins Gesicht*** she stabbed him in the face with her hatpin ② (*Insekten~*) sting; (*Mücken~*) bite ③ (*stechender Schmerz*) stabbing [*or* sharp] pain; **~e haben** to have [*or* experience] a stabbing [*or* sharp] pain/stabbing [*or* sharp] pains ④ (*Nadel~*) stitch; **~ um ~** stitch by stitch ⑤ (*Radierung*) engraving ⑥ (*Farbschattierung*) ■ **ein ~ in etw** *akk* a tinge of sth; **ein ~ ins Rote** a tinge of red; **einen ~ in etw** *akk* **bekommen** to get a tinge of sth, to go a bit sth *fam* ⑦ KARTEN trick; **~ auf ~** trick by trick, one trick after the other; **einen ~ machen** to get [*or* win] a trick ▶ WENDUNGEN: **einen ~ haben** (*fam: verdorben sein*) to have gone [*or* to be] off; (*sl: übergeschnappt sein*) to be out to lunch, to be off one's rocker *fam,* to be nuts *fam;* **jdn im ~ lassen** (*jdn verlassen*) to abandon sb; (*jdn in einer Notlage lassen*) to fail [*or* let down] sb; ***mit zunehmendem Alter ließ sie ihr Gedächtnis immer mehr im ~*** her memory got worse [*or* became more and more unreliable] as she got older

Stichel <-s, -> *m* KUNST graver, burin *spec*

Stichelei <-, -en> *f* (*pej fam*) ① (*ständiges Sticheln*) needling *no art, no pl fam;* ***sie ließ keine Gelegenheit zu einer ~ aus*** she never missed a chance to get at him/her etc. ② (*stichelnde Bemerkung*) jibe, AM *usu* gibe, dig, cutting remark

sticheln *vi* (*pej fam*) ■ **[gegen jdn] ~** to make nasty [*or* cutting] [*or* snide] remarks [about sb]

Stichentscheid *m* SCHWEIZ [president's] casting vote

Stichflamme *f* flash, jet [*or liter* tongue] of flame

stichhaltig *adj,* **stichhältig** *adj* ÖSTERR (*überzeugend*) **ein ~es Alibi** an unassailable [*or* airtight] alibi; **eine ~e Argumentation** a sound argument, sound reasoning; **ein ~er Beweis** conclusive evidence; ■ **[nicht] ~ sein** to [not] hold water

Stichling <-s, -e> *m* ZOOL stickleback

Stichprobe *f* (*die Probe aufs Exempel*) spot check, random sample [*or* survey]; (*Kontrollen*) spot check; **~n machen** [*o* **vornehmen**] to carry out a spot check [*or* random sample] **Stichpunkt** *m* note; **sich ~e machen** to make notes **Stichsäge** *f* compass saw *spec* **Stichtag** *m* (*maßgeblicher Termin*) fixed [*or* qualifying] date; (*letzter Möglichkeit*) deadline **Stichwaffe** *f* stabbing weapon **Stichwahl** *f* POL final ballot, run-off AM **Stichwort** *nt* ① (*Haupteintrag*) entry, reference, headword *form* ② *meist pl* (*Wort als Gedächtnisstütze*) cue; (*Schlüsselwort*) keyword; **~ *Geld, ich wollte mit Ihnen über eine Gehaltserhöhung reden*** speaking of [*or form* apropos] money, I wanted to talk to you about a raise; **jdm das [vereinbarte** [*o* **verabredete**]] **~ geben** (*das Zeichen zum Beginn von etw*) to give sb the [prearranged] lead-in [*or* cue]; THEAT to cue in sb *sep;* ***du sprichst von Geld? damit lieferst du mir das ~*** money? now that's something I wanted to talk about; ***warum musstest du das sagen? jetzt hast du ihr das ~ gegeben*** what did you have to say that for? now you've started her off; **sich** *dat* **~e machen** to make notes **stichwortartig** *adv* briefly **Stichwortverzeichnis** *nt* index

Stichwunde *f* stab wound

sticken I. *vt* (*durch S~ herstellen*) ■ **etw [auf etw** *akk*] **~** to embroider sth [on[to] sth]; ***das Tischtuch wies am Rand gestickte Verzierungen auf*** the tablecloth had an embroidered edge; ■ **etw ~** to embroider sth II. *vi* ■ **[an etw** *dat*] **~** to embroider [sth], to do embroidery; ■ **das S~** embroidery; ***man braucht viel Geduld zum S~ eines Blumenmotifs*** it requires a lot of patience to embroider a flower motif

Sticker <-s, -> ['stɪkɐ] *m* (*fam*) sticker

Stickerei <-, -en> *f* embroidery *no art, no pl*

Stickgarn *nt* embroidery thread, crewel *no art, no pl spec*

stickig *adj* stuffy; **~e Luft** stale air

Stickmuster *nt* embroidery pattern **Sticknadel** *f* embroidery [*or spec* crewel] needle

Stickoxid, Stickoxyd *nt* CHEM nitrogen oxide [*or spec* nitric oxide] *no art, no pl*

Stickrahmen *m* embroidery frame

Stickstoff *m kein pl* nitrogen *no art, no pl*

stieben <stob *o* stiebte, gestoben *o* gestiebt> *vi* (*geh*) ① *haben o sein* (*sprühen*) to spray; ***Funken stiebten von dem rot glühenden Eisen*** sparks flew from the glowing iron ② *sein* (*rennen*) ■ **irgendwohin ~** to rush [*or* dash] [off] somewhere; **nach allen Seiten ~** to scatter in all directions; **von dannen ~** to rush [*or* dash] off

Stiefbruder *m* stepbrother

Stiefel <-s, -> *m* ① (*Schuhwerk*) boot; **ein Paar ~** a pair of boots; **~ aus Gummi** wellingtons BRIT, wellington boots BRIT ② (*Trinkgefäß*) *large, boot-shaped beer glass;* **einen ~ [Bier] trinken** ≈ to drink a yard BRIT; **er verträgt einen [ordentlichen] ~** he can take his drink

Stiefelette <-, -n> *f* ankle boot

stiefeln *vi sein* (*fam*) ■ **irgendwohin ~** to march [*or* stride] somewhere

Stiefelschaft *m* leg of a/the boot

Stiefeltern *pl* stepparents *pl* **Stiefgeschwister** *pl*

stepbrother[s] and sister[s] + *pl vb* **Stiefkind** *nt* stepchild **Stiefmutter** *f* stepmother **Stiefmütterchen** *nt* BOT pansy **stiefmütterlich** I. *adj* poor, shabby II. *adv* in a poor fashion, shabbily; **jdn/etw ~ behandeln** to pay little attention to sb/sth **Stiefschwester** *f* stepsister **Stiefsohn** *m* stepson **Stieftochter** *f* stepdaughter **Stiefvater** *m* stepfather

stieg *imp von* **steigen**

Stiege <-, -n> *f* narrow staircase [*or* stairs] *npl*

Stiegenhaus *nt* SÜDD, ÖSTERR (*Treppenhaus*) staircase

Stieglitz <-es, -e> *m* ORN goldfinch *spec*

stiehl *imper sing von* **stehlen**

Stiel <-[e]s, -e> *m* ① (*Handgriff, langer Stab*) handle; (*Besen~*) broom handle, broomstick ② (*Blumen~*) stem, stalk ③ (*Stück zwischen Fuß und Kelch*) stem

Stielaugen *pl* ► WENDUNGEN: **~ kriegen** [*o* **machen**] (*fam*) to look goggle-eyed *fam*, BRIT *a.* to have one's eyes out on stalks; ***die Nachbarn haben ~ gemacht*** the neighbours' eyes almost popped out of their heads *fam* **Stieleiche** *f* BOT common oak **Stielkamm** *m* tail comb **Stielkotelett** *nt* loin chop

stier I. *adj* (*starr*) vacant, glassy, fixed II. *adv* vacantly, glassily, fixedly; **~ irgendwohin blicken** to look somewhere with a vacant [*or* glassy] stare

Stier <-[e]s, -e> *m* ① (*junger Bulle*) bull; (*kastriert*) steer, bullock; **wie ein ~ brüllen** to scream like a stuck pig ② ASTROL Taurus ► WENDUNGEN: **den ~ bei den Hörnern packen** [*o* **fassen**] to get [*or* take] the bull by the horns

stieren *vi* ■ **irgendwohin** *akk* **~** to stare vacantly [*or* glassily] [*or* fixedly] somewhere; ***zu Boden ~*** to stare vacantly [*or* glassedly] [*or* fixedly] at the floor; ■ **auf jdn/etw ~** to stare vacantly [*or* glassedly] [*or* fixedly] at sb/sth

Stierkampf *m* bullfight **Stierkampfarena** *f* bullring **Stierkämpfer(in)** *m(f)* bullfighter, matador **Stiernacken** *m* thick neck **stiernackig** *adj* bull-necked, with a thick neck *pred;* ■ **~ sein** to be bull-necked, to have a thick neck

stieß *imp von* **stoßen**

Stift[1] <-[e]s, -e> *m* ① (*Stahl~*) tack, pin ② (*zum Schreiben*) pen/pencil; ***haben Sie einen ~?*** do you have something to write with [*or* a pen/pencil]?

Stift[2] <-[e]s, -e> *nt* ① (*Heim*) home ② REL (*christliches Internat*) church boarding school, seminary *dated;* (*christliches Internat für Mädchen*) convent ③ REL ÖSTERR (*Männerkloster*) monastery; (*Frauenkloster*) convent

Stift[3] <-[e]s, -e> *m* (*fam: Lehrling im handwerklichen Beruf*) apprentice

stifteln *vt* ■ **etw ~** KOCHK to shred sth

stiften *vt* ① (*spenden*) ■ [**jdm**] **etw ~** to donate sth [to sb]; [**jdm**] **eine Seelenmesse ~** to pay for mass to be said [for sb's soul] ② (*verursachen*) ■ **etw ~** to create [*or* cause] sth; **Ärger ~** to cause trouble; **Unruhe stiften** to create unrest ③ (*gründen*) ■ **etw ~** to found sth ④ (*fam: abhauen*) **~ gehen** to scram *fam*, to do a bunk BRIT *fam*, to scarper BRIT *fam*

Stifter(in) <-s, -> *m(f)* ① (*Spender*) don[at]or ② (*Gründer*) founder

Stiftung <-, -en> *f* ① JUR (*gestiftete Organisation*) foundation, institute ② (*Schenkung*) donation ③ (*Gründung*) foundation; ***die ~ dieser Universität datiert in das Jahr 1960*** this university was founded in 1960

Stiftungsrat *m* JUR board of trustees

Stiftzahn *m* post crown *spec*

Stil <-[e]s, -e> *m* ① (*LIT*) style ② (*Verhaltensweise*) ■ **jds ~** sb's conduct [*or* manner], sb's way of behaving [*or* behaviour]; ***das ist nicht unser ~*** that's not the way we do things [here]; **der ~ des Hauses** (*a. euph*) the way of doing things in the company; ***das verstößt gegen den ~ des Hauses*** that is not the way things are done in this company, that violates the company's code of conduct *form* ③ (*charakteristische Ausdrucksform*) style ► WENDUNGEN: **im großen ~, großen ~s** on a grand scale

Stilblüte *f* (*hum*) stylistic blunder, howler **Stilbruch** *m* inconsistency in style; KUNST, LING stylistic incongruity **Stilebene** *f* style level **stilecht** I. *adj* period *usu attr* II. *adv* in period style

Stilett <-s, -e> *nt* stiletto

Stilfehler *m* flaw in style **Stilgefühl** *nt kein pl* sense of style, feeling for style, stylistic sense *no pl* **stilgetreu** *adj* true to the original style

stilisieren* *vt* (*geh*) ■ **etw ~** to stylize sth

stilisiert I. *adj* stylized II. *adv* in a stylized fashion [*or* way]

Stilisierung <-, -en> *f* stylization

stilistisch (*geh*) I. *adj* stylistic II. *adv* stylistically; **~ gesehen** from a stylistic standpoint [*or* point of view]

Stilkunde *f* ① LIT style *no art, no pl* ② MEDIA (*Werk*) book on style

still *adj* ① (*ruhig*) quiet, peaceful, still *liter;* **ein ~er Mensch** a quiet [*or* calm] person; ■ **~ sein/werden** to be/go [*or* grow] quiet; **etw ~ halten** to keep sth still; **sei ~!** be quiet! ② (*beschaulich*) quiet; **in ~em Gedenken** in silent memory; ***wir wollen uns jetzt des seligen Bischofs in ~em Gedenken erinnern*** now we will keep a moment's silence in memory of the late bishop; **eine ~e Stunde** a quiet time ③ (*verschwiegen*) quiet ④ (*heimlich*) secret; **in ~em Einvernehmen** in secret; **jds ~e Zustimmung voraussetzen** to assume sb's approval [*or* agreement]; **ein ~er Vorwurf** a silent reproach; **mit einem ~en Seufzen** with a silent [*or* an inner] sigh; **im S~en** in secret; **im S~en hoffen** to secretly hope ► WENDUNGEN: **es ist um jdn ~ geworden** you don't hear much about sb anymore; *s. a.* **Stunde, Wasser**

Stille <-> *f kein pl* ① (*Ruhe*) quiet *no art, no pl;* ***die ~ nach der Hektik des Tages war sehr angenehm*** the peace [and quiet] after the day's rush and tumble was very pleasant; (*ohne Geräusch*) silence *no art, no pl;* **es herrschte ~** there was silence/peace and quiet; **in aller ~** quietly; **jdn in aller ~ beisetzen** to bury sb quietly, to have a quiet funeral [for sb]; ***die Trauung wird in aller ~ stattfinden*** it will be a quiet wedding; ***er hat sich in aller ~ davongemacht, ohne mir ein Sterbenswörtchen zu sagen!*** he left [*or* slipped out] without saying a word! ② (*Abgeschiedenheit*) peace *no art, no pl*, calm *no art, no pl*

Stilleben *nt s.* **Stillleben**

stillegen <stillgelegt> *vt s.* **stilllegen**

Stillegung <-, -en> *f s.* **Stilllegung**

stillen I. *vt* ① (*säugen*) ■ **jdn ~** to breast-feed [*or* suckle] sb ② (*befriedigen*) ■ **etw ~** to satisfy [*or liter* still] sth; **den Durst ~** to quench [*or* slake] sb's thirst ③ ■ **etw ~** (*aufhören lassen*) to stop sth; (*etw erleichtern*) to relieve [*or* ease] sth; **den Blutverlust ~** to staunch [*or* AM *a.* stanch] the flow of blood II. *vi* to breast-feed

Stillhalteabkommen *nt* moratorium *form*

still|halten *vi irreg* to keep [*or* stay] still

stilliegen <stillgelegen> *vi s.* **stillliegen**

Stillleben[RR] *nt* still life

stilllegen[RR] <stillgelegt> *vt* ■ **etw ~** to close [*or* shut] [down *sep*] sth; ■ **stillgelegt** closed[*or* shut][-down]

Stilllegung[RR] <-, -en> *f* closure, shutdown

stillliegen[RR] <stillgelegen> *vi sein o haben* to be closed [*or* shut] [down]; ***seit diese Bahnlinie stillliegt, kommen kaum mehr Touristen*** since the closure of the railway line there have been hardly any tourists

stillos *adj* lacking [*or* without] any definite style *pred;* ■ **~ sein** to lack [*or* have] no [definite] style

still|schweigen *vi irreg* (*geh*) to be [*or* keep] quiet [*or* silent], to keep quiet [*or* stay silent] [*or form* maintain silence] about sth; **schweig still!** be quiet!, silence!

Stillschweigen *nt* silence *no art, no pl;* **jdn [in etw** *dat*] **zu strengstem ~ auffordern** to ask sb to maintain the strictest silence [about sth] *form;* **über jdn/etw ~ bewahren, jdn/etw mit ~ übergehen** to keep quiet [*or* stay silent] [*or form* maintain silence] about sb/sth

stillschweigend **I.** *adj* tacit; **ein ~es Einverständnis** a tacit understanding; ***ich setze auf Ihr ~es Einverständnis*** I [will] assume you are in agreement **II.** *adv* tacitly; **etw ~ billigen** to give sth one's tacit approval

stillsitzen *vi irreg* to sit still

still|sitzen *vi irreg sein o haben* to sit still [*or* quietly]

Stillstand *m kein pl* standstill *no pl;* **etw zum ~ bringen** to bring sth to a standstill; **eine Blutung zum ~ bringen** to staunch a flow of blood; **zum ~ kommen** (*zum Erliegen*) to come to a standstill; (*aufhören*) to stop

still|stehen *vi irreg sein o haben* ❶ (*außer Betrieb sein*) to be at a standstill, to stand idle ❷ ■ **stillgestanden!** MIL attention!; (*von Polizei*) stop!

Stilmöbel *nt meist pl* period furniture *no pl* **stilprägend** *adj* **~ sein** to promote a particular style **stilvoll** *adj* stylish

Stimmabgabe *f* POL vote, voting *no art, no pl* **Stimmband** *nt meist pl* ANAT vocal c[h]ord **stimmberechtigt** *adj* entitled to vote *pred;* ■ **[bei etw] ~ sein** to be entitled to vote [*or* have a vote] [in sth] **Stimmberechtigte(r)** *f(m) dekl wie adj* voter, person entitled to vote; ■ **die ~n** the voters *pl,* the electorate + *sing/pl vb* **Stimmbeteiligung** *f* SCHWEIZ (*Wahlbeteiligung*) poll **Stimmbezirk** *m* constituency **Stimmbruch** *m* ***der ~ setzt zwischen dem 11. und 14. Lebensjahr ein*** the voice breaks between the ages of 11 and 14; ***er war mit 12 im ~*** his voice broke when he was 12 **Stimmbürger(in)** *m(f)* POL SCHWEIZ voter; **die gesamten ~** the electorate + *sing/pl vb*

Stimme <-, -n> *f* ❶ (*Art des Sprechens*) voice; ***du hast heute so eine heisere ~*** you are [*or* your voice is] very hoarse today; **mit bestimmter ~ sprechen** to speak in a particular [tone of] voice; ***sprich nicht mit so lauter ~, man könnte uns hören!*** don't speak so loudly, someone might hear us!; ***er sprach mit erstickter Stimme*** there was a catch in his voice; **mit leiser ~ sprechen** to speak in a quiet [tone of] voice [*or* quietly]; **mit honigsüßer ~ sprechen** to speak in honeyed tones ❷ (*sprechender Mensch*) voice; ***da rief doch eben eine ~!*** there was [*or* I heard] a voice calling! ❸ POL vote; **die entscheidende ~** the deciding vote; **sich der ~ enthalten** to abstain; **seine ~ [für jdn/etw] abgeben** to vote [for sb/sth]; **eine/keine ~ haben** to have/not have a vote ❹ (*Meinungsäußerung*) voice; ***es werden ~n laut, die sich gegen das Projekt aussprechen*** voices are being raised against the project; ***die ~n, die mit dieser Politik nicht einverstanden sind, mehren sich*** the number of voices not in favour of this policy is increasing ❺ (*Gefühl*) ■ **die ~ einer S.** *gen* the voice of sth; **die ~ des Herzens/der Vernunft/des Gewissens** the voice of one's heart/of reason/of one's conscience; ***höre auf die ~ deines Herzens*** listen to [the voice of] your heart

stimmen¹ *vi* ❶ (*zutreffen*) to be right [*or* correct]; ■ **es stimmt, dass jd etw ist/tut** it is true that sb is/does sth; **stimmt!** (*fam*) right!; ***habe ich nicht völlig Recht? — stimmt!*** don't you think I'm right? — yes, I do! ❷ (*korrekt sein*) to be correct; ***diese Rechnung stimmt nicht!*** there's something wrong with this bill!; **etwas stimmt mit jdm nicht** something must be wrong with sb; **da [*o* hier] stimmt was nicht!** (*fam*) there's something wrong [*or fam* funny [going on]] here!; **stimmt so!** (*fam*) that's [*or* the rest is] for you, keep the change!

stimmen² *vt* MUS ■ **etw ~** to tune sth

stimmen³ *vi* ■ **für/gegen jdn/etw ~** to vote for/against sb/sth

Stimmenabgabe *f* vote; **zur ~ schreiten** to move to a vote

Stimmenauszählung *f* vote count, count of votes, counting the votes; **eine ~ verlangen** to call a count **Stimmenfänger(in)** *m(f)* POL (*fam*) canvasser, vote-getter *fam* **Stimmengewinn** *m* gain of votes; **einen ~ verzeichnen [*o* verbuchen]** to record a gain of votes **Stimmengleichheit** *f* tie

Stimmenthaltung *f* abstention; **~ üben** to abstain

Stimmenverlust *m* loss of votes; **einen ~ hinnehmen müssen** to suffer a loss of votes; ***die Umfrage sagte einen ~ von ca. 6% voraus*** the survey prophesied a loss of 6% of the votes

Stimmgabel *f* MUS tuning fork

stimmhaft LING **I.** *adj* voiced *spec* **II.** *adv* **~ ausgesprochen werden** to be voiced *spec*

stimmig *adj* ■ **[in sich] ~ sein** to be consistent [*or* coherent]

Stimmlage *f* MUS voice

stimmlos LING **I.** *adj* voiceless *spec* **II.** *adv* **~ ausgesprochen werden** to be voiceless *spec*

Stimmrecht *nt* right to vote; **[das] ~ haben** to have the right to vote

Stimmung <-, -en> *f* ❶ (*Gemütslage*) mood; **jdn in ~** *akk* **bringen** to get [*or* put] sb in a good/the right mood; ■ **in der ~ [zu etw] sein** (*fam*) to be in the mood [for sth]; ■ **in der ~ sein, etw zu tun** to be in the mood for doing sth; **in ~ kommen** (*fam*) to get in the [right] mood, to liven up ❷ (*Atmosphäre*) atmosphere; **eine geladene ~** a tense [*or* charged] atmosphere ❸ (*öffentliche Einstellung*) public opinion *no art, no pl;* **~ für/gegen jdn/etw machen** to stir up [public] opinion for/against sb/sth ❹ (*geh: Ambiente*) atmosphere *no pl,* ambience *no pl liter*

stimmungsaufhellend *adj* emotionally elevating **Stimmungsbarometer** *nt* mood [of [public] opinion], barometer of public opinion; **das ~ steigt/steht auf Null** (*fam*) the mood [of [public] opinion] is improving/pessimistic **Stimmungskanone** *f* (*fam: Unterhalter*) entertainer; **eine ~ sein** to be the life and soul of the party **Stimmungslage** *f* mood; **eine gereizte ~** a tense atmosphere **Stimmungsmache** *f* (*pej*) [cheap] propaganda *no art, no pl pej* **Stimmungsumschwung** *m* POL change of mood [*or* atmosphere] **stimmungsvoll** *adj* sentimental *usu pej;* ***das ~e Gedicht gibt die Atmosphäre der beeindruckenden Gebirgslandschaft gelungen wieder*** the poem aptly reflects the atmosphere of the impressive mountain landscape

Stimmwechsel *m s.* Stimmbruch **Stimmzettel** *m* voting slip, ballot [paper]

Stimulans <-, Stimulantia *o* Stimulanzien> *nt* ❶ PHARM stimulant ❷ (*geh: aufreizende Darstellung*) stimulation *no pl*

Stimulation <-, -en> *f* (*geh: sexuelle Reizung*) stimulation

stimulieren* *vt* ❶ (*geh: anspornen*) ■ **jdn [zu etw] ~** to spur [*or* urge] on sb *sep* [to sth], to encourage sb [to do sth]; **jdn sehr ~** to be a great encouragement to sb ❷ (*geh: sexuell reizen*) ■ **jdn/etw ~** to stimulate sb/sth ❸ MED (*auslösen*) ■ **etw ~** to stimulate sth

Stinkbombe *f* stink bomb

Stink(e)finger *m meist pl* (*pej fam*) sticky [*or* dirty] fingers *pl*

Stinkefuß *m* smelly feet *pl*

stinken <stank, gestunken> **I.** *vi* (1) (*unangenehm riechen*) ■**[nach etw]** ~ to stink [*or* reek] [of sth] (2) (*fam: verdächtig sein*) to stink; ***die Sache stinkt*** the whole business stinks [*or* is [very] fishy] (3) (*sl: zuwider sein*) ■**jdm stinkt etw** sb is fed up [to the back teeth] [*or* is sick to death] with sth *fam;* ■**etw [an jdm/etw] stinkt jdm** sth [about sb/sth] sickens sb, sb is fed up with sth about sb/sth; ■**jdm stinkt es, etw tun zu müssen** sb is fed up [to the back teeth] with having to do sth *fam;* **mir stinkt's!** I'm fed up [to the back teeth] with it! *fam; s. a.* **Himmel, Pest II.** *vi impers* **es stinkt [nach etw]** it stinks [of sth]

stinkend *adj* stinking

stinkfaul *adj* (*fam*) bone-lazy, bone idle Brit; ***du bist wirklich*** ~ you really are bone idle [*or pej fam* a lazy slob] **stinklangweilig** *adj* (*fam*) dead boring, deadly boring, boring as hell *pred fam,* [as] dull as ditchwater *pred fam;* ***es war ein ~er Vortrag*** the lecture was as boring as hell *fam* **Stinkmorchel** *f* bot stinkhorn *spec,* carrion fungus *spec* **stinknormal** *adj* (*fam*) perfectly normal [*or* ordinary]; **wie ein ~er Mensch** like an ordinary mortal *hum* **stinkreich** *adj* (*fam*) rolling in it *pred fam,* stinking rich *pred pej fam* **stinksauer** *adj inv* (*fam*) ~ **auf etw/jdn sein** to be pissed off *sl* with sth/sb **Stinktier** *nt* skunk **Stinkwut** *f* (*fam*) towering rage *no pl,* savage fury *no pl;* ■**eine ~ haben** to seethe with rage, to be livid [*or* in a raging temper]; ■**eine ~ auf jdn haben** to be in a raging temper [*or* be livid] with sb

Stint <-[e]s, -e> *m* zool smelt *no indef art, no pl*

Stipendiat(in) <-en, -en> *m(f)* person receiving a stipend/scholarship

Stipendium <-s, -dien> [-diən] *nt* (*für den Klerus*) stipend; (*für Studenten*) scholarship

stippen *vt* dial (*tunken*) ■**etw in etw** *akk* ~ to dunk [*or* dip] sth in sth

Stippvisite [-vi-] *f* (*fam*) quick visit [*or* Brit flying]; **bei jdm eine ~ machen** to pay sb a flying visit

stirb *imper sing von* **sterben**

Stirn <-, -en> *f* forehead, brow *liter;* **die ~ runzeln** [*o* **kraus ziehen**] to frown; **über jdn/etw die ~ runzeln** to frown over sb's doings/sth ► Wendungen: **mit eiserner ~** (*unverschämt*) brazenly; (*unerbittlich*) resolutely; **jdm etw an der ~ ablesen** to read sth [plainly [*or* all over]] in sb's face; **jdm/einer S. die ~ bieten** (*geh*) to face [*or* stand] up to sb/sth; **da fasst man sich** *dat* **an die ~** you wouldn't believe it, would you?; **auf der ~ geschrieben stehen** (*geh*) to be written on sb's face; **die ~ haben** [*o* **besitzen**], **etw zu tun** to have the nerve [*or* Brit cheek] to do sth

Stirnband <-bänder> *nt* headband **Stirnfalte** *f* wrinkle [*or* line] [on the forehead] **Stirnglatze** *f* receding hairline; **eine ~ haben** to have a receding hairline

Stirnhöhle *f* anat [frontal *spec*] sinus

Stirnhöhlenentzündung *f* med sinusitis *no art, no pl spec* **Stirnhöhlenvereiterung** *f* med sinusitis *no art, no pl spec*

Stirnrunzeln <-s> *nt kein pl* frown **Stirnseite** *f* [narrow] side; *eines Hauses* end wall, gable end; ***der Hausherr pflegte immer an der ~ des Esstisches Platz zu nehmen*** the head of the household always liked to sit at the head of the table **Stirnwand** *f* archit end wall, side

stob *imp von* **stieben**

stöbern *vi* ■**in etw** *dat* **[nach etw]** ~ to rummage in sth [for sth]

stochern *vi* ■**[mit etw] in etw** *dat* ~ to poke [*or* prod] [around in] sth [with sth]

Stock[1] <-[e]s, Stöcke> *m* (1) (*lange Holzstange*) stick (2) hort (*Topfpflanze*) plant (3) (*Bienen~*) [bee]hive ► Wendungen: **über ~ und Stein** across country; **am ~ gehen** (*fam*) to be worn out [*or* worn to a shadow] [*or* Brit *fam!* knackered]

Stock[2] <-[e]s, -> *m* floor, storey Brit, story Am; **der 1. ~** the ground [*or* Am first] floor, the first storey; **im 2. ~** on the first [*or* Am second] floor, on the second storey

stockbesoffen *adj* (*fam*) stinking [*or* dead] [*or* Brit blind] drunk *fam,* pie-eyed *fam,* plastered *fam*

Stockbett *nt* bunk bed

Stöckchen <-s, -> *nt dim von* **Stock 1** little stick

stockdunkel *adj* (*fam*) pitch-black [*or* -dark]

Stöckelabsatz *m* high heel

stöckeln *vi sein* (*fam*) ■**irgendwohin ~** to strut [*or* stalk] somewhere; (*unsicher gehen*) to totter somewhere; (*affektiert gehen*) to trip [*or* Brit mince] somewhere *pej*

Stöckelschuh *m* high-[*or* stiletto-]heeled shoe, high heel, stiletto

stocken *vi* (1) (*innehalten*) ■**[in etw** *dat*] ~ to falter [in sth] (2) (*zeitweilig stillstehen*) to come to a [temporary] halt [*or* stop], to be held up; ***immer wieder stockte der Verkehr*** there were constant hold-ups in the [flow of] traffic; **ins S~ geraten** [*o* **kommen**] to stop, to grind to a halt (3) kochk (*gerinnen*) to thicken; *Milch* to curdle; *Eier* to set

Stockente *f* orn mallard

stockfinster *adj* (*fam*) *s.* **stockdunkel**

Stockfisch *m* dried cod, stockfish *spec* **Stockfleck** *m* mildew *no art, no pl,* mould [*or* Am mold] spot **Stockhieb** *m* blow [with [*or* from] a stick]

Stockholm <-s> *nt* Stockholm *no art, no pl*

stockkonservativ *adj* (*fam*) ultra [*or* diehard] conservative, archconservative *pej,* stick-in-the-mud *pej fam,* fuddy-duddy Brit *pej*

Stock-Option ['stɑːk'ɑpʃᵊn] *f* börse stock option

Stock-Option-Modell ['stɑːk'ɑpʃᵊn-] *nt* börse stock option model

Stockrose *f* hort hollyhock

stocksauer *adj* (*fam*) foaming at the mouth *pred fam,* pissed off *pred fam!* Brit; ■~ **[auf jdn] sein** to be sore [at sb], to be pissed off [with sb] Brit *fam!* **stocksteif I.** *adj* (*fam*) [very] stiff, [as] stiff as a poker *pred;* **in ~er Haltung** [as] stiff as a poker/as pokers **II.** *adv* [very] stiffly, as stiff as a poker **stocktaub** *adj* (*fam*) [as] deaf as a post *pred,* stone-deaf *fam*

Stockung <-, -en> *f* hold-up (*+gen* in); **ohne ~** without a hold-up; **ohne ~ zu Ende gehen/verlaufen** to finish [*or* end]/continue without a hold-up

Stockwerk *nt s.* **Stock**[2]

Stoff <-[e]s, -e> *m* (1) (*Textil*) material, cloth (2) (*Material*) material (3) chem substance (4) (*thematisches Material*) material *no indef art, no pl* (5) (*Lehr~*) subject material *no indef art, no pl* (6) *kein pl* (*sl: Rauschgift*) dope *no art, no pl fam,* shit *no art, no pl sl*

Stoffballen *m* roll of material [*or* cloth] **Stoffbezug** *m* cloth cover **Stofffetzen**[RR] *m,* **Stoffetzen** *m getrennt: Stoff·fetzen* scrap [*or* shred] of material [*or* cloth] **Stoffpuppe** *f* rag doll **Stoffschuh** *m* cloth shoe **Stoffserviette** *f* [cloth] napkin [*or* Brit *a.* serviette] **Stofftier** *nt* soft [*or* Brit *a.* cuddly] toy

Stoffwechsel [-ks-] *m* metabolism *no art, no pl spec*

Stoffwechselkrankheit [-ks-] *f* metabolic disease [*or* disorder] *spec,* disease of the metabolism *spec*

stöhnen *vi* to moan; (*vor Schmerz*) to groan

Stöhnen <-s> *nt kein pl* moan; (*vor Schmerz*) groan; **unter ~** *dat* **sprechen** to moan/groan, to speak through one's moans/groans; **etw unter ~** *dat* **her-**

vorstoßen to moan/groan out sth *sep*

stöhnend I. *adj* moaning *no art, no pl;* (*vor Schmerz*) groaning *no art, no pl;* **~e Laute** moans/groans; **mit ~er Stimme** moaning/groaning II. *adv* with a moan/groan; **etw ~ hervorpressen** to gasp [out *sep*] sth with a groan, to groan out sth *sep*

stoisch ['ʃt-, 'st-] *adj* (*geh*) stoic[al] *a. form*

Stola <-, Stolen> ['ʃt-, 'st-] *f* ① MODE shawl; (*aus Pelz*) stole *form* ② REL stole *spec*

Stollen[1] <-s, -> *m* BERGB tunnel; **senkrechter/waagrechter ~** shaft/gallery

Stollen[2] <-s, -> *m* KOCHK stollen AM (*sweet bread made with dried fruit often with marzipan in the centre, eaten at Christmas*)

Stolperdraht *m* tripwire

stolpern *vi sein* ① (*zu fallen drohen*) to trip, to stumble; ■ **über etw** *akk* **~** to trip [*or* stumble] over sth ② (*als auffallend bemerken*) ■ **über etw** *akk* **~** to be puzzled by [*or* to wonder at] sth ③ (*seine Stellung verlieren*) ■ **über jdn/etw ~** to come to grief [*or* come unstuck] [*or* BRIT *fam* come a cropper] over sb/sth

stolz *adj* ① (*sehr selbstbewusst*) proud, arrogant; (*pej*) cocky *fam,* conceited *pej* ② (*hocherfreut*) proud, delighted; **der ~e Vater** the proud father; ■ **~ auf jdn/etw sein** to be proud of [*or* delighted with] sb/sth ③ (*geh: erhebend*) proud, great, glorious ④ (*imposant*) proud; **eine ~e Burg** a lofty [*or* majestic] [*or* splendid] castle ⑤ (*beträchtlich*) high, stiff, steep *fam;* **eine ~e Summe** a tidy sum *fam*

Stolz <-es> *m kein pl* ① (*starkes Selbstwertgefühl*) pride *no art, no pl;* **jds ganzer ~ sein** to be sb's pride and joy; *Sohn/Tochter a.* to be the apple of sb's eye ② (*freudige Zufriedenheit*) pride *no art, no pl*

stolzieren* *vi sein* ■ **irgendwohin ~** to strut [*or* prance] somewhere

stop *interj s.* **stopp**

Stop <-s, -s> *m s.* **Stopp**

Stop-and-go(-Verkehr) <-s> ['stɔplənd'go:-] *nt kein pl* stop-and-go traffic *no art, no pl* AM

stopfen I. *vt* ① (*hineinzwängen*) ■ [**sich** *dat*] **etw in etw** *akk* **~** to push [*or* stuff] [*or fam* cram] sth into sth; **Essen in den Mund ~** to stuff [*or* cram] food into one's mouth [*or* face] *fam;* **sich** *dat* **Watte in die Ohren ~** to put wool in one's ears ② (*mit etw füllen*) ■ **etw [mit etw] ~** to fill sth [with sth]; ***zu prall gestopft*** overstuffed; **eine Pfeife mit etw ~** to fill [*or* pack] a pipe with sth; **ein Loch mit etw ~** to fill [*or* pack] [*or fam* stuff] a hole with sth; *s. a.* **Loch** ③ (*mit Nadel und Faden ausbessern*) ■ **etw ~** to darn sth II. *vi* ① (*flicken*) to darn, to do darning ② (*sättigen*) to be filling, to fill up one/sb *sep* ③ (*fam: hineinschlingen*) to stuff [oneself] *fam* ④ (*die Verdauung hemmen*) to cause constipation

Stopfen <-s, -> *m* DIAL (*Stöpsel*) stopper; (*für Badewanne*) plug; (*Fassstöpsel*) bung; (*Korken*) cork

Stopfgarn *nt* darning thread [*or* wool] [*or* cotton] *no art, no pl* **Stopfnadel** *f* darning needle

stopp[RR] *interj* stop; **~ mal!** (*fam*) just a moment!

Stopp[RR] <-s, -s> *m* ① (*Halt*) stop; **ohne ~** without stopping ② FIN (*Einfrieren*) freeze; ***die Regierung erwägt einen ~ für Löhne/Gehälter und Preise*** the government is considering freezing wages/salaries and prices

Stoppel[1] <-, -n> *f meist pl* ① AGR (*Getreide~*) stubble *no art, no pl* ② (*Bart~*) stubble *no art, no pl;* (*gegen Abend a.*) five o'clock shadow *no pl*

Stoppel[2] <-s, -> *m* ÖSTERR (*Stöpsel*) plug

Stoppelbart *m* (*stoppeliges Kinn*) stubble [on one's/sb's chin]; (*gegen Abend a.*) five o'clock shadow *no pl;* (*kurzer Bart*) stubbly beard **Stoppelfeld** *nt* AGR stubble *no art, no pl,* stubble field, field of stubble

stopp(e)lig *adj* stubbly

stoppen I. *vt* ① (*anhalten*) ■ **jdn/etw ~** to stop sb/sth ② (*zum Stillstand bringen*) ■ **etw ~** to stop [*or* put a stop to] sth, to bring sth to a halt [*or* stop] [*or* standstill]; ***die Verhandlungsgespräche sind gestoppt worden*** the negotiations have broken down ③ SPORT (*Zeit nehmen*) ■ **jdn/etw ~** to time sb/sth II. *vi* ■ [**vor etw** *dat*] **~** to stop [at [*or* in front of] [*or form* before] sth]

Stopper <-s, -> *m* (*Bremse am Rollschuh*) brake stop

stopplig *adj s.* **stoppelig**

Stoppschild[RR] <-schilder> *nt* stop [*or* BRIT *a.* halt] sign **Stoppstraße[RR]** *f* stop street AM (*road with stop signs*) **Stoppuhr[RR]** *f* stopwatch

Stopschild <-schilder> *nt s.* **Stoppschild**

Stöpsel <-s, -> *m* ① (*Pfropfen*) stopper; (*für Badewanne/Waschbecken*) plug; (*Fass~*) bung ② (*hum fam: Knirps*) [little] nipper *fam,* kid *fam,* sprog BRIT *fam*

stöpseln *vt* ■ **etw in etw** *akk* **~** to put [*or* insert] sth in sth, to plug in sth *sep;* ***den Fernsehstecker in die Steckdose ~*** to plug in the TV *sep* **Stopstraße** *f s.* Stoppstraße **Stopuhr** *f s.* **Stoppuhr**

Stör <-[e]s, -e> *m* ZOOL sturgeon

störanfällig *adj* liable to break down *pred;* **~e Elektronik** interference-prone electronics *spec*

Storch <-[e]s, Störche> *m* stork

Storchenbeine *pl* long thin legs *pl* **Storchennest** *nt* stork's nest

Störchin *f fem form von* **Storch** female stork

Storchschnabel *m* BOT cranesbill, stork's beak [*or form, spec* bill]

Store <-s, -s> ['ʃto:ɐ, 'st-] *m* net curtain

stören I. *vt* ① (*beeinträchtigend unterbrechen*) ■ **jdn [bei etw] ~** to disturb sb [when he/she is doing sth]; **jdn bei der Arbeit ~** to disturb sb at his/her work; **lass dich/lassen Sie sich nicht ~!** don't let sb/sth disturb you!; (*allgemein*) don't let anybody/anything disturb you! ② (*im Fortgang unterbrechen*) ■ **etw [durch etw] ~** to disrupt sth [by sth/by doing sth] ③ (*beeinträchtigen*) ■ **jdn ~** to bother [*or* disturb] sb ④ (*unangenehm berühren*) ■ **etw [an jdm/etw] stört jdn,** ■ **etw stört jdn an jdm/etw** sth [about sb/sth] upsets [*or* bothers] sb, sb doesn't like [*or* dislikes] sth [about sb/sth]; ■ **es stört jdn, wenn jd etw tut** sb minds [*or* it bothers sb] when sb does sth; **stört es Sie, wenn ich ...?** does it bother you [*or* do you mind] if I ...?; **das stört mich nicht** that doesn't bother me; ***ich würde gern das Fenster aufmachen – stört dich das?*** I'd like to open the window – do [*or* would] you mind?; ***hör bitte auf! das stört mich!*** please stop! that's annoying me [*or* getting on my nerves] ! II. *vi* ① (*bei etw unterbrechen*) to disturb sb/sth; ***ich will nicht ~, aber ...*** I hate to disturb [*or* bother] you, but ... ② (*lästig sein*) ■ [**bei etw**] **~** to be irritating [*or* annoying] [when sb is doing sth]; *Geräusch, Dröhnen, Musik* to be too loud [to do sth [*or* for doing sth]]; ***könntest du die Musik etwas leiser machen, das stört bei der Arbeit*** could you turn down the music a bit, I can't [*or* it's too loud to] work; **etw als ~d empfinden** to find sth annoying [*or* irritating]; **es als ~d empfinden, wenn jd etw tut** to find it annoying [*or* irritating] when sb does sth, to find sb's doing sth annoying [*or form* irritating]; ***empfinden Sie es als ~d, wenn ich rauche?*** do you mind [*or* does it bother you] if I smoke? III. *vr* ■ **sich** *akk* **an etw** *dat* **~** to let sth bother [*or* annoy] [*or* irritate] one

Störenfried <-[e]s, -e> *m* (*fam*) troublemaker, mischief-maker

Störer(in) <-s, -> *m(f)* nuisance, pest *fam*

Störfaktor *m* disruptive element [*or* factor]/pupil

Störfall *m* (*technischer Defekt*) fault; (*Fehlfunktion*) malfunction; **im ~** in case [*or* the event] of mal-

S

function **Störgeräusch** *nt* interference *no art, no pl* **Störmanöver** *nt* attempt to disrupt sth, disruptive action *no pl*
Storni *pl s.* **Storno**
stornieren* *vt* ■ **etw** ~ to cancel sth; **eine Buchung** ~ to reverse an entry
Stornierung <-, -en> *f* cancellation
Storno <-s, Storni> *m o nt Reise, Auftrag* cancellation; *einer Buchung* reversal
störrisch **I.** *adj* ❶ (*widerspenstig*) obstinate, stubborn ❷ (*schwer zu kämmen*) stubborn, unmanageable **II.** *adv* obstinately, stubbornly
Störsender *m* jammer, jamming transmitter
Störung <-, -en> *f* ❶ (*Unterbrechung*) interruption, disruption, disturbance ❷ METEO **eine atmosphärische** ~ atmospheric disturbance ❸ (*Störsignale*) interference *no art, no pl* ❹ (*technischer Defekt*) fault; (*Fehlfunktion*) malfunction ❺ MED (*Dysfunktion*) disorder, dysfunction *spec* ► WENDUNGEN: **eine atmosphärische** ~ a tense atmosphere
Störungsdienst *m* TELEK faults service BRIT, repair service AM **störungsfrei** *adj inv* TV, RADIO free from interference **Störungsstelle** *f* TELEK faults department *hist,* customer hotline *euph,* customer service AM
Story <-, -s> ['stɔːri, 'stɔri] *f* (*fam*) story
Stoß[1] <-es, Stöße> *m* ❶ (*Schubs*) push, shove; (*mit dem Ellbogen*) dig; (*schwächer*) nudge; (*mit der Faust*) punch; (*mit dem Fuß*) kick; (*mit dem Kopf*) butt; **jdm einen** ~ **versetzen** (*geh*) to give sb a push/kick/nudge etc., to push/kick/nudge etc. sb ❷ (*das Zustoßen*) *einer Waffe* thrust ❸ (*Anprall*) bump, jolt ❹ (*Erschütterung*) bump ❺ (*Erdstoß*) tremor ► WENDUNGEN: **sich** *dat* **einen** ~ **geben** to pull oneself together
Stoß[2] <-es, Stöße> *m* (*Stapel*) pile, stack
Stoßband <-bänder> *nt* MODE edging [*or* reinforcement] band [*or* tape] *spec* **Stoßdämpfer** *m* AUTO shock absorber, shock *spec fam*
Stößel <-s, -> *m* pestle
stoßen <stößt, stieß, gestoßen> **I.** *vt* ❶ (*schubsen*) ■ **jdn** ~ to push [*or* shove] sb; ■ **jdn in/vor etw** *akk* ~ to push [*or* shove] sb into/in front of sth; ■ **jdn aus/von etw** ~ to push [*or* shove] sb out of/off sth; ■ **jdn mit etw** ~ to knock sb with sth; **jdn mit der Faust/dem Fuß/dem Kopf** ~ to punch/kick/butt sb; **jdn in die Seite mit dem Ellbogen** ~ to dig sb in the ribs ❷ SPORT **die Kugel** ~ (*in Athletik*) to put the shot; (*in Billard*) to hit [*or* strike] the ball ❸ (*aufmerksam machen*) ■ **jdn auf etw** *akk* ~ to point out sth *sep* to sb **II.** *vr* ❶ (*sich verletzen*) ■ **sich** [**an etw** *dat*] ~ to hurt [*or* knock] oneself [on sth]; ■ [**sich** *dat*] **etw** [**an etw** *dat*] ~ to bang [*or* bump] [*or* hurt] sth [on sth]; [**sich** *dat*] **den Kopf** [**an etw** *dat*] ~ to bang [*or* bump] one's head [on sth] ❷ (*Anstoß nehmen*) ■ **sich an jdm/etw** ~ to take exception [*or* objection] to sth; **sich an jds Aussehen** *dat* ~ to find fault with sb's appearance **III.** *vi* ❶ *sein* (*aufschlagen*) ■ **an etw** *akk* ~ to knock [*or* bang] [*or* bump] against sth; **mit dem Kopf an etw** *akk* ~ to bang one's head on [*or* against] sth; ■ **gegen jdn/etw** ~ to knock [*or* bump] into sb/sth; *Auto* to crash into sb/sth ❷ *haben* (*zu~*) ■ [**mit etw**] **nach jdm** ~ to thrust at sb [with sth]; ***er stieß immer wieder mit dem Stock nach mir*** he tried again and again to hit me with the stick; ***der Stier stieß [mit den Hörnern] nach dem Torero*** the bull charged the matador [with lowered horns] ❸ *sein* (*grenzen*) ■ **an etw** *akk* ~ to be bordered by sth; ***mein Grundstück stößt im Süden an einen Bach*** my plot is bordered to the south by a stream, a stream borders my plot to the south ❹ *sein* (*direkt hinführen*) ■ **auf etw** *akk* ~ to lead to [*or* meet] sth ❺ *sein* (*treffen*) ■ **zu jdm** ~ to join sb ❻ *sein* (*finden*) ■ **auf jdn/etw** ~ to find [*or* come across [*or* upon]] sb/sth; **auf Erdöl** ~ to strike oil ❼ *sein* (*konfrontiert werden*) ■ **auf etw** *akk* ~ to meet with sth ❽ SCHWEIZ (*schieben*) to push, to shove; (*drücken*) to push
stoßfest *adj* shockproof; ***angeblich soll es sich um kratzfeste und ~e Gläser handeln*** apparently you can't scratch or break these glasses; **~e Verpackung** padded packaging **Stoßgebet** *nt* [quick [*or* hurried]] prayer; **ein** ~ **zum Himmel schicken** to send up a [quick [*or* hurried]] prayer **Stoßseufzer** *m* deep sigh **Stoßstange** *f* bumper; ~ **an** ~ bumper to bumper **Stoßtrupp** *m* MIL shock troops *pl* **Stoßverkehr** *m* TRANSP rush hour [traffic] *no art, no pl* **Stoßwaffe** *f* HIST stabbing weapon, weapon for stabbing
stoßweise *adv* ❶ (*ruckartig*) spasmodically, in fits and starts, fitfully; ~ **atmen** (*hecheln*) to pant; (*unregelmäßig*) to breathe irregularly ❷ (*in Stapeln*) in piles; ***auf diese Anzeige kamen ~ Bewerbungen*** there were piles of applications in answer to the advert *fam*
Stoßzahn *m* tusk **Stoßzeit** *f* ❶ (*Hauptverkehrszeit*) rush hour *no art, no pl* ❷ (*Hauptgeschäftszeit*) peak [*or* busy] time; ***kommen Sie doch bitte außerhalb der üblichen ~en*** please don't come [*or* it's better not to come] at peak time
Stotterei <-, -en> *f* (*fam*) stuttering *no art, no pl;* (*aus Verlegenheit a.*) stammering *no art, no pl*
Stotterer, Stotterin <-s, -> *m, f* stutterer; (*aus Verlegenheit a.*) stammerer
stottern **I.** *vi* ❶ (*stockend sprechen*) to stutter; (*aus Verlegenheit a.*) to stammer; ■ **das S~** stuttering/stammering; **ins S~ geraten** [*o* **kommen**] to start [*or* begin] stuttering/stammering ❷ *Motor* to splutter **II.** *vt* ■ **etw** ~ to stammer [out *sep*] sth
Stövchen <-s, -> *nt* [teapot/coffee pot] warmer (*small stand with candle, used for keeping teapot/coffee pot hot*)
StPO <-> *f Abk von* **Strafprozessordnung**
Str. *Abk von* **Straße** St, AM *a.* St.
stracks *adv* straight; ***jetzt aber ~ nach Hause!*** home with you, straight away!
Strafandrohung *f* threat of punishment **Strafanstalt** *f* penal institution, prison, jail **Strafantrag** *m* petition *form* (*for a particular penalty or sentence*); **den/seinen** ~ **stellen** to institute criminal proceedings *form;* **einen** ~ **gegen jdn stellen** to start [*or form* institute] legal proceedings against sb, to take sb to court **Strafanzeige** *f* [criminal] charge; ~ [**gegen jdn**] **erstatten** to bring [*or form* prefer] a criminal charge against sb **Strafarbeit** *f* SCH [written] punishment; (*geschrieben a.*) lines *pl* BRIT, extra work AM; **jdm eine** ~ **aufgeben** to punish sb/to give sb lines; ***die Lehrerin gab ihm eine ~ [in Form eines Aufsatzes] auf*** the teacher gave him an extra essay to do **Strafaussetzung** *f* JUR, ADMIN probation
strafbar *adj* punishable [by law]; **sich** [**mit etw**] ~ **machen** to make oneself liable to prosecution; **sich** ~ **machen, wenn er/sie etw tut** to make oneself liable to prosecution if one does sth
Strafbarkeit <-> *f kein pl* illegality
Strafbefehl *m* JUR order of summary punishment (*on the application of the puplic prosecuter's office*)
Strafe <-, -n> *f* ❶ (*Bestrafung*) punishment *no pl;* **eine gerechte** [*o* **verdiente**] ~ a just punishment; ***er hat seine verdiente ~ bekommen!*** (*fam*) he got what was coming to him! *fam;* **das ist die** ~ [**dafür**]! (*fam*) that's what you get [for doing it]!; **die** ~ **dafür sein, etw getan zu haben** to be the punishment for doing sth; ***er hat einen Unfall gehabt, das war die ~ dafür, bei Glatteis Auto zu fahren*** he had an accident, that's what happens when you drive in icy con-

ditions; **eine ~ sein** (*fam*) to be a pest [*or* a real pain in the neck] *fam;* **eine ~ sein, etw tun zu müssen** (*fam*) to be a pain having to do sth; **~ muss sein!** discipline is necessary!; ***ab in dein Zimmer, ~ muss sein!*** go to your room, you'll have to be punished; **zur ~** as a punishment ② (*Geld~*) fine; **~ zahlen** to pay a fine; (*Haft~*) sentence; **seine ~ abbüßen** [*o* **absitzen**] [*o fam* **abbrummen**] to serve [out] one's [*or* a] sentence, to do porridge BRIT *sl,* to do time AM; ***sie wird ihre acht Jahre ~ abbrummen müssen*** she'll have to go behind bars for eight years [*or* BRIT *fam* to do eight years porridge]; **es ist bei ~ verboten, etw zu tun** it is forbidden on pain of punishment to do sth *form* ▸ WENDUNGEN: **die ~ folgt auf dem Fuße** [the] punishment follows swiftly

strafen *vt* ① (*geh: be~*) ■**jdn [für etw] ~** to punish sb [for sth]; ***das Leben/Schicksal hat sie für ihre früheren Missetaten gestraft*** life/fate has been hard on her for her earlier misdeeds; **mit jdm/etw gestraft sein** to suffer under sb/sth, to be stuck with sb/sth *fam;* ***mit dieser Arbeit bin ich wirklich gestraft*** this work is a real pain *fam* ② (*behandeln*) ■**jdn mit etw ~** to punish sb with sth; ***sie strafte meine Warnungen nur mit Hohn*** she greeted my warnings with derision; **jdn mit Verachtung ~** to treat sb with contempt; *s. a.* **Lüge**

strafend I. *adj attr* punitive, punishing *attr;* **mit einem ~en Blick/~en Worten** with a withering look/sharp words; **jdn mit ~en Worten tadeln** to speak sharply to sb II. *adv* punishingly; **jdn ~ ansehen** to give sb a withering look

Straferlass[RR] *m* remission [of a/the sentence]; **ein vollständiger ~** a pardon

straff I. *adj* ① (*fest gespannt*) taut, tight ② (*nicht schlaff*) firm ③ (*aufrecht*) erect ④ (*eng anliegend*) tight; **einen ~en Sitz haben** to fit tightly ⑤ (*streng*) strict II. *adv* ① (*fest gespannt*) tightly ② (*eng anliegend*) tightly ③ (*streng*) severely; **~ gescheiteltes Haar** severely parted hair ④ (*strikt*) strictly

straffällig *adj* JUR punishable, culpable *form,* criminal *attr;* **ein ~er Mensch** a criminal; **ein ~er Jugendlicher** a young offender; ■**~ sein/werden** to have committed/commit a criminal offence [*or* AM -se], to be/become a criminal [*or* an offender]; ***mehrfach ~ gewordene Täter*** those with previous convictions

straffen I. *vt* ① (*straff anziehen*) ■**etw ~** to tighten sth ② (*kürzen*) ■**etw ~** to shorten sth; **einen Artikel/Text ~** to shorten an article/text; (*präziser machen*) to tighten up an article/text *sep* ③ MED (*straffer machen*) ■**[jdm] etw ~** to make sb's sth firmer, to tighten up sb's sth *sep;* ■**sich** *dat* **etw ~ lassen** to have one's sth made firmer [*or* tighter]; **sich** *dat* **das Gesicht ~ lassen** to have a facelift II. *vr* ■**sich ~** to tighten; *Segel* to fill with wind

straffrei I. *adj* unpunished; **~ bleiben** [*o* **ausgehen**] to go unpunished, to get off scot-free; *Kronzeuge* to be immune from criminal prosecution II. *adv* with impunity **Straffreiheit** *f kein pl* immunity from criminal prosecution **Strafgefangene(r)** *f(m) dekl wie adj* prisoner **Strafgericht** *nt* (*geh*) punishment; **Gottes ~** divine judgement; **ein ~ abhalten** to hold a trial **Strafgesetzbuch** *nt* penal [*or* criminal] code **Straflager** *nt* prison [*or* detention] camp; POL (*euph: KZ*) concentration camp

sträflich *adj* criminal *attr*

Sträfling <-s, -e> *m* prisoner; (*condemned to do forced labour*) convict

Strafmandat *nt* ticket; (*Strafgebühr*) fine; **[für etw] ein ~ bekommen** to get a ticket [*or* fine] [for sth] **Strafmaß** *nt* sentence; **das höchste ~** the maximum penalty [*or* sentence] **strafmildernd** *adj inv* JUR mitigating **Strafpredigt** *f* (*fam*) sermon *pej;* **jdm eine ~ halten** to lecture sb; ***jetzt hör aber auf, mir ~en zu halten!*** stop lecturing [*or pej* preaching at [*or* to]] me! **Strafprozess**[RR] *m* trial, criminal proceedings *pl* **Strafprozessordnung**[RR] *f* code of criminal procedure **Strafraum** *m* FBALL penalty area **Strafrecht** *nt* criminal law *no art, no pl* **Strafrechtler(in)** <-s, -> *m(f)* criminal lawyer **strafrechtlich** *adj* criminal *attr;* **eine ~e Frage/Problematik** a question/problem concerning criminal law; **jdn [wegen etw] ~ belangen** to prosecute sb [for sth], to bring [*or form* prefer] a criminal charge against sb **Strafregister** *nt* criminal [*or* police] records *pl;* ***sein Name erscheint nicht im ~*** he doesn't have a criminal record **Strafrichter(in)** *m(f)* [criminal court] judge **Strafsache** *f* criminal case [*or* matter] **Strafstoß** *m* FBALL, SPORT penalty [kick] **Straftat** *f* [criminal] offence [*or* AM -se], criminal act **Straftäter(in)** *m(f)* criminal, offender **Strafverfahren** *nt* criminal proceedings *pl* **Strafverfolger(in)** *m(f)* JUR public prosecutor BRIT, district attorney AM **strafversetzen*** *vt nur infin und pp* ■**[irgendwohin] strafversetzt werden** to be transferred [somewhere] for disciplinary reasons [*or* on disciplinary grounds] **Strafversetzung** *f* disciplinary transfer, transfer for disciplinary reasons [*or* on disciplinary grounds] **Strafverteidiger(in)** *m(f)* defence [*or* AM -se] lawyer, counsel for the defence BRIT, defending counsel AM **Strafvollzug** *m* penal system **Strafvollzugsanstalt** *f* (*geh*) penal institution, prison **Strafvollzugsgesetz** *nt* JUR ■**das ~** the laws *pl* of prison administration **Strafzettel** *m* (*fam*) [parking/speeding] ticket **Strafzumessung** *f* JUR determination of the penalty [*or* fine]

Strahl <-[e]s, -en> *m* ① (*Licht~*) ray [of light]; (*Sonnen~*) sunbeam BRIT, sunray AM; (*konzentriertes Licht*) beam ② *pl* PHYS (*Wellen*) rays *pl* ③ (*Wasser~*) jet

Strahlemann *m* (*fam*) sunny boy

strahlen *vi* ① (*leuchten*) ■**irgendwohin ~** to shine somewhere; **auf jdn ~** to shine on sb; **jdm ins Gesicht/auf jds Gesicht** *akk* **~** to shine [straight] into sb's eyes ② (*Radioaktivität abgeben*) to be radioactive ③ (*ein freudiges Gesicht machen*) ■**[vor etw** *dat*] **~** to beam [*or* be radiant] [with sth]; **vor Gesundheit** *dat* **~** to radiate [good] health; **über das ganze Gesicht ~** to beam all over one's face ④ (*glänzen*) ■**[vor etw** *dat*] **~** to shine [with sth]

Strahlenbehandlung *f* radiotherapy *no art, no pl* **strahlenbelastet** *adj* radioactive **Strahlenbelastung** *f* radiation *no art, no pl,* radioactive contamination *no pl*

strahlend I. *adj* ① (*sonnig*) glorious ② (*freude~*) beaming ③ (*radioaktiv verseucht*) radioactive II. *adv* **jdn ~ ansehen** to beam [*or* smile happily] at sb

strahlengeschädigt *adj* suffering from radiation sickness, damaged by radiation **Strahlenkrankheit** *f* MED radiation sickness *no art, no pl;* ***viele Tausende litten nach der Reaktorkatastrophe an der ~*** thousands of people suffered from the effects of radiation after the reactor disaster **Strahlenmesser** *m* actinometer *spec* **Strahlenopfer** *nt* victim of radioactivity **Strahlenrisiko** *nt* risk of radiation **Strahlenschutz** *m kein pl* radiation protection [*or* shielding] *no art, no pl,* protection against radioactivity **Strahlenschutzkommission** *f* NUKL ■**die ~** the German Commission on Radiation Protection **Strahlentherapie** *f s.* **Strahlenbehandlung** **strahlenverseucht** *adj* contaminated with radioactivity *pred*

Strahler <-s, -> *m* (*Leuchte*) spotlight, spot *fam;* NUKL radiation emitter *spec*

Strahltriebwerk *nt* LUFT jet engine

Strahlung <-, -en> *f* PHYS radiation *no art, no pl;* **radioaktive** ~ radioactivity
strahlungsarm *adj* low-radiation
Strahlungsgrill *m* radiator grill
Strähnchen <-s, -> *nt* streak; ~ **machen lassen** to have streaks done
Strähne <-, -n> *f* strand; ***dir fallen die ~n in die Stirn*** your hair's falling in your eyes; ***als Erinnerung an sie bewahrte er eine ~ ihres Haares auf*** he kept a lock of her hair as a souvenir of her; **eine weiße** ~ a white streak; ***sie hat sich blonde ~n in die Haare machen lassen*** she had blond streaks put in her hair, she had her hair streaked blond
strähnig *adj* straggly; ~**es Haar** straggly hair, hair in rat's tails
stramm **I.** *adj* ❶ (*straff*) tight ❷ (*eng anliegend*) tight ❸ (*kräftig*) strong, brawny, strapping *hum fam;* **ein ~es Baby** a bouncing baby ❹ (*drall*) taut; ~ **Beine/Waden** sturdy legs/calves ❺ (*fam: intensiv*) intensive; ~**e Arbeit** hard work; **ein ~er Marsch** a brisk march ❻ (*aufrecht*) erect, upright ❼ (*linientreu*) staunch; **ein ~er Katholik** a strict [*or* dyed-in-the-wool] Catholic **II.** *adv* ❶ (*eng anliegend*) tightly ❷ (*fam: intensiv*) intensively; ~ **arbeiten** to work hard; ~ **marschieren** to march briskly
stramm|stehen *vi irreg* ■ [**vor jdm**] ~ to stand to attention [in front of [*or form* before] sb] **stramm|ziehen** *vt irreg* ■ **etw** ~ to pull sth tight, to tighten sth; **seinen Gürtel** ~ to cinch [*or* tighten] one's belt; *s. a.* **Hosenboden**
Strampelhöschen [-hø:sçən] *nt* romper suit, rompers *npl,* babygrow BRIT
strampeln *vi* ❶ *haben* (*heftig treten*) [**mit den Beinen**] ~ to kick [[about *sep*] one's legs], to kick about ❷ *sein* (*fam: Rad fahren*) to cycle; **ganz schön** ~ to pedal like mad [*or* AM crazy] *fam* ❸ *haben* (*fam: sich abmühen*) to struggle, to slave [away]; ***ich muss ziemlich ~, um die Miete zahlen zu können*** it's a struggle to pay the rent
Strand <-[e]s, Strände> *m* beach, seashore; **am** ~ on the beach [*or* seashore]; *eines Sees* shore
Strandbad *nt* bathing beach
stranden *vi sein* ❶ (*auf Grund laufen*) ■ **irgendwo** ~ to run aground somewhere ❷ (*geh: scheitern*) ■ [**in/mit etw** *dat*] ~ to fail [in sth] ▸ WENDUNGEN: **irgendwo gestrandet sein** to be stranded somewhere
Strandgut *nt kein pl* (*geh*) flotsam and jetsam + *sing vb*
Strandhafer *m* BOT beach grass *no art, no pl spec* **Strandhotel** *nt* beach [*or* seaside] hotel, hotel on the beach **Strandkorb** *m* beach chair **Strandkrabbe** *f* ORN common shore crab, harbour [*or* AM -or] crab **Strandpromenade** *f* promenade **Strandschnecke** *f* ZOOL periwinkle, whelk
Strang <-[e]s, Stränge> *m* ❶ (*dicker Strick*) rope ❷ (*Bündel von Fäden*) hank, skein ▸ WENDUNGEN: **am gleichen** [*o* **an demselben**] ~ **ziehen** (*fam*) to [all] pull together [*or* in the same direction]; **über die Stränge hauen** [*o* **schlagen**] (*fam*) to run riot, to kick over the traces *dated;* **wenn alle Stränge reißen** if all else fails, as a last resort
Strangulation <-, -en> *f* strangulation *no art, no pl*
strangulieren* *vt* ■ **jdn** ~ to strangle sb; ■ **sich** ~ to strangle oneself
Strapaze <-, -n> *f* stress *no art, no pl,* strain *no art, no pl,* stresses and strains *pl*
strapazfähig *adj* ÖSTERR (*strapazierfähig*) robust
strapazieren* **I.** *vt* ❶ (*stark beanspruchen*) ■ **etw** ~ to wear sth; (*abnutzen*) to wear out sth *sep;* ***man darf diese Seidenhemden nur nicht zu sehr/stark ~*** you can't put too much wear [and tear] on these silk shirts; ***bei fünf Kindern werden die Sitzmöbel ziemlich strapaziert*** with five children the furniture takes a lot of punishment [*or* a lot of wear and tear]; ***das Leder kann beliebig strapaziert werden*** you can be as hard as you like on this leather ❷ (*jds Nerven belasten*) ■ **jdn** [**mit etw**] ~ to get on sb's nerves [*or* to put a strain on sb's nerves] [with sth] ❸ (*überbeanspruchen*) ■ **etw** ~ to wear out sth *sep;* **jds Geduld** ~ to tax sb's patience; **jds Nerven** ~ to get on sb's nerves; **jds Nerven über Gebühr** ~ to wear sb's nerves to a shred BRIT ❹ (*fam: zu häufig verwenden*) ■ **etw** ~ to flog [*or* do] sth to death *fam* **II.** *vr* ■ **sich** [**bei etw**] ~ to overdo it/things [when doing sth], to wear oneself out [doing sth]; ***ich habe mich beim Umzug zu sehr strapaziert*** I overdid it/things when we were moving
strapazierfähig *adj* hard-wearing, durable
strapaziös *adj* (*geh*) strenuous, exhausting
Straps <-es, -e> *m meist pl* suspender[s *pl*] BRIT, garter AM, suspender [*or* AM garter] belt
Straßburg <-s> *nt* Strasbourg
Straße <-, -n> *f* ❶ (*Verkehrsweg*) road; (*bewohnte* ~) street; (*enge ~ auf dem Land*) lane; ***schicken Sie bitte einen Abschleppwagen, ich liege auf der ~ fest*** please send a breakdown lorry, I've broken down; **auf die** ~ **gehen** to demonstrate; **auf der** ~ **sitzen** [*o* **stehen**] (*fam*) to be [out] on the streets; **die** ~ **von Dover/Gibraltar/Messina** the Straits of Dover/Gibraltar/Messina ❷ (*das Volk*) ■ **die** ~ the mob + *sing/pl vb pej* ▸ WENDUNGEN: **auf offener** ~ (*vor aller Augen*) in broad daylight; **auf der** ~ **liegen** (*arbeitslos sein*) to be on the dole BRIT [*or* AM unemployment [insurance]] *fam;* **jdn auf die** ~ **setzen** (*fam: jdn fristlos kündigen*) to throw out sb
Straßenarbeiten *pl* roadworks *pl* BRIT, roadwork *no art, no pl* AM **Straßenarbeiter(in)** *m(f)* [road] construction worker
Straßenbahn *f* ❶ *kein pl* (*Verkehrsmittel*) ■ **die** ~ the tram BRIT, streetcar AM; **mit der** ~ **fahren** to go by tram ❷ (*~wagen*) tram[car] BRIT, streetcar AM, trolley AM *a.*
Straßenbahnfahrer(in) *m(f)* ❶ (*Führer einer Straßenbahn*) tram BRIT [*or* AM streetcar] driver ❷ (*Fahrgast*) tram BRIT [*or* AM *usu* streetcar] passenger; ~ **sein** (*regelmäßig mit der Straßenbahn fahren*) to travel regularly by tram, to be a regular user of the tram **Straßenbahnhaltestelle** *f* tram stop **Straßenbahnlinie** *f* tram route BRIT, streetcar line AM **Straßenbahnnetz** *nt* tram network **Straßenbahnschiene** *f* tram[line] BRIT, streetcar rail AM
Straßenbau *m kein pl* road building [*or* construction] *no art;* **drei Firmen des ~s** three road-building firms [*or* road-construction companies] **Straßenbauamt** *nt* highways [*or* roads] department, road commission AM **Straßenbelag** *m* road surface [*or* surfacing] **Straßenbeleuchtung** *f* street lighting **Straßen(benutzungs)gebühr** *f* [road] toll **Straßenbild** *nt* street scene **Straßendecke** *f s.* **Straßenbelag** **Straßenecke** *f* street corner **Straßenfeger(in)** <-s, -> *m(f)* road sweeper, street cleaner AM **Straßenführung** *f* route **Straßenglätte** *f* slippery road surface **Straßengraben** *m* [roadside] ditch **Straßenhändler(in)** *m(f)* street trader [*or* vendor] **Straßenkampf** *m meist pl* street fight[ing]; ***ihr Sohn wurde bei Straßenkämpfen tödlich verletzt*** her son was fatally injured in a street fight [*or* during street fighting] **Straßenkarte** *f* road map [*or* atlas] **Straßenkehrer(in)** <-s, -> *m(f)* DIAL (*Straßenfeger*) road sweeper **Straßenkreuzer** <-s, -> *m* (*fam*) limousine, limo *fam* **Straßenkreuzung** *f* crossroads + *sing vb,* intersection AM **Straßenkriminalität** *f kein pl* street crime *no pl* **Straßenlage** *f* road holding *no indef art;* ***das Cabrio hat eine***

gute ~ the convertible holds the road well **Straßenlärm** *m* street [*or* road] noise **Straßenlaterne** *f* street lamp **Straßenmädchen** *nt* streetwalker, prostitute **Straßenmarkierung** *f* road markings *pl* **Straßenmusikant(in)** *m(f)* street musician, busker BRIT **Straßenname** *m* street name, name of the/a street **Straßennetz** *nt* road network **Straßenplaner(in)** *m(f)* traffic planner **Straßenrand** *m* roadside, side of the road **Straßenreinigung** *f* street [*or* road] cleaning **Straßensammlung** *f* street collection **Straßensänger(in)** *m(f)* street singer **Straßenschild** *nt* street sign **Straßenschlacht** *f* SOZIOL, MIL street riot **Straßenschlucht** *f* (*fam*) street (*between high-rise buildings*) **Straßensperre** *f* roadblock **Straßensperrung** *f* closing [off] of a/the street [*or* road]; ***wegen eines Unfalls war eine vorübergehende ~ erforderlich geworden*** the street had had to be temporarily closed off because of an accident **Straßenstrich** *m* (*fam*) red-light district, prostitutes' [*or* streetwalkers'] patch BRIT; ***er/sie arbeitet auf dem ~*** he/she works on the street [as a prostitute]; **auf den ~ gehen** to go on the game BRIT *fam,* to become a streetwalker AM **Straßenverhältnisse** *pl* road conditions *pl* **Straßenverkehr** *m* [road] traffic **Straßenverkehrsordnung** *f* road traffic act **Straßenverzeichnis** *nt* street index

Stratege, Strategin <-n, -n> [ʃtraˈteːgə, st-] *m, f* strategist

Strategie <-, -en> [ʃtrateˈgiː, st-, -ˈgiːən] *f* strategy

Strategiepapier *nt* strategy document

Strategin <-, -nen> *f fem form von* **Stratege**

strategisch [ʃtra-, st-] *adj* strategic

Stratosphäre [ʃtra-, st-] *f kein pl* stratosphere

sträuben I. *vr* ① (*sich widersetzen*) ■**sich** [**gegen etw**] ~ to resist [sth]; **sich gegen einen Plan** ~ to fight against a plan ② (*sich aufrichten*) ■**sich** ~ to stand on end; ***dem Hund sträubte sich das Fell*** the dog raised its hackles; *s. a.* **Haar** II. *vt* ■**etw** ~ to raise [*or* ruffle] sth [up]; ***die Katze sträubte das Fell*** the cat raised its hackles

Strauch <-[e]s, Sträucher> *m* shrub, bush

Strauchbohne *f*, **Straucherbse** *f* pigeon pea

straucheln *vi sein* (*geh*) ① (*stolpern*) ■[**über etw** *akk*] ~ to stumble [*or* trip] [over sth] ② (*straffällig werden*) to go astray; **gestrauchelte Jugendliche** young people who have gone astray

Strauß¹ <-es, Sträuße> *m* bunch [of flowers]

Strauß² <-es, -e> *m* ostrich

Straußenfeder *f* ostrich feather

Strauß(en)wirtschaft *f* SÜDD *temporary bar selling new home-grown wine, often signalled by a bunch of twigs hanging above the door*

Strebe <-, -n> *f* brace, strut

streben *vi* ① *haben* (*sich bemühen*) ■**nach etw** ~ to strive [*or* try hard] for sth; ■**danach ~, etw zu tun** to strive [*or* try hard] to do sth ② *sein* (*geh: sich hinbewegen*) to make one's way purposefully; **zum Ausgang/zur Tür/an den Strand** ~ to make [*or* head] for the exit/door/beach

Streben <-s> *nt kein pl* (*geh*) striving; ■~ **nach etw** striving for sth; ~ **nach Geld und Ruhm** aspirations to fortune and fame

Strebepfeiler *m* ARCHIT buttress

Streber(in) <-s, -> *m(f)* (*pej fam*) swot BRIT *pej fam,* grind AM *fam*

streberhaft <-er, -este> *adj* (*pej*) ① (*ehrgeizig*) pushy *pej* ② SCH swotty BRIT *fam or pej*

Strebertum <-[e]s> *nt kein pl* (*pej*) ① (*Ehrgeizigkeit*) pushiness *pej* ② SCH swotting BRIT *fam or pej*

strebsam *adj* assiduous, industrious

Strebsamkeit <-> *f kein pl* assiduousness, assiduity, industriousness

Strecke <-, -n> *f* ① (*Weg~*) distance; **eine ~ von zehn Kilometern zurücklegen** to cover [*or* do] a distance of ten kilometres; ***bis zur Berghütte ist es noch eine ziemliche ~ zu gehen*** it's still quite a [long] way to the mountain hut; ***die ~ bis zur Hütte führt von jetzt an ziemlich steil bergan*** the next stretch up to the hut is rather steep; ***ich kann doch nicht die ganze ~ zwei schwere Koffer mitschleppen*** I can't carry two heavy suitcases all that way; ***ich habe auf der ganzen ~ geschlafen*** I slept the whole way; **auf halber** ~ halfway; **über weite ~n** *akk* [**hin**] for long stretches; ***in nur 20 Jahren wird das Gebiet über weite ~n zur Steppe geworden sein*** large parts of the region will have turned to steppe in just 20 years ② BAHN (*Abschnitt*) [section of] line; **auf freier** [*o* **offener**] ~ between stations, on the open line ③ SPORT (*zurückzulegende Entfernung*) distance ▶ WENDUNGEN: **auf der ~ bleiben** *dat* (*fam*) to fall by the wayside, to drop out of the running; **jdn zur ~ bringen** to hunt sb down, to apprehend sb

strecken I. *vt* ① (*recken*) to stretch; **den Arm/die Beine** ~ to stretch one's arm/legs; **den Kopf** ~ to crane one's neck; **den Finger** ~ to raise [*or* stick up] one's finger; *s. a.* **Boden** ② (*fam: ergiebiger machen*) ■**etw** ~ to stretch sth, to make sth go further; *Drogen etc.* to thin down [*or* dilute] ③ (*fam: länger ausreichen lassen*) ■**etw** [**um etw**] ~ to eke sth out [for a certain time] II. *vr* ■**sich** ~ to [have a] stretch

Streckenabschnitt *m* BAHN section of the line **Streckennetz** *nt* BAHN rail network **Streckenstilllegung**^RR^ *f getrennt: Stre-ckenstill-legung,* **Streckenstillegung** *f getrennt: Strek-kenstill-legung* BAHN line closure **Streckenwärter(in)** *m(f)* BAHN line[s]man *masc,* trackwalker AM

streckenweise *adv* in parts [*or* places]

Streckmuskel *m* ANAT extensor [muscle]

Streckungswachstum *nt* BOT (*zweite Phase des Wachstums einer Zelle*) enlargement

Streetworker(in) <-s, -> [ˈstriːtwœrkɐ] *m(f)* street [*or* community] worker

Streich <-[e]s, -e> *m* ① (*Schabernack*) prank; **ein böser/bösartiger** ~ a nasty trick; **jdm einen ~ spielen** to play a trick on sb; ***dein Gedächtnis spielt dir einen ~*** your memory is playing tricks on you ② (*geh: Schlag*) blow; **jdm einen ~ versetzen** (*geh*) to strike sb, to deal [*or* fetch] sb a blow

Streicheleinheiten *pl* (*Zärtlichkeit*) tender loving care, TLC *fam;* **ein paar** ~ a bit of tender loving care; (*Lob*) praise and appreciation; **ein paar** ~ a little [*or* a few words of] praise and appreciation

streicheln *vt* ■**jdn/etw** ~ to stroke [*or* caress] sb/sth; ■**jdm etw** ~ to stroke [*or* caress] sb's sth

streichen <strich, gestrichen> I. *vt haben* ① (*mit Farbe bestreichen*) ■**etw** [**mit etw**] ~ to paint sth [with sth] ② (*schmieren*) ■**etw** [**auf etw** *akk*] ~ to spread sth [on sth]; [**sich**] **die Butter aufs Brot** ~ to put butter on one's bread, to butter one's bread ③ (*ausstreichen*) ■**etw** ~ to delete sth ④ (*zurückziehen*) ■[**jdm**] **etw** ~ to cancel sth, to withdraw sth [from sb] II. *vi* ① *haben* (*darüberfahren*) ■**über etw** *akk* ~ to stroke sth; **jdm über die Haare** ~ to stroke sb's hair ② *sein* (*streifen*) to prowl

Streicher(in) <-s, -> *m(f)* MUS string player; **die** ~ the strings, the string section

Streichholz *nt* match **Streichholzschachtel** *f* matchbox **Streichinstrument** *nt* string[ed] instrument **Streichkäse** *m* cheese spread **Streichmusik** *f* music for strings, string music **Streichorchester** *nt* string orchestra **Streichquartett** *nt* string quartet **Streichquintett** *nt* string quintet **Streichtrio** *nt* string trio

S

Streichung <-, -en> *f* ① (*das Streichen*) deletion ② (*das Zurückziehen*) *Auftrag, Projekt* cancellation; *Unterstützung, Zuschüsse* withdrawal ③ (*gestrichene Textstelle*) deletion

Streichwurst *f* sausage for spreading

Streife <-, -n> *f* patrol; **auf ~ sein** [*o* **gehen**] to be [*or* go] on patrol

streifen I. *vt haben* ① (*flüchtig berühren*) ■**jdn ~** to touch [*or* brush against] sb; ***der Schuss streifte ihn nur*** the shot just grazed him ② (*flüchtig erwähnen*) ■**etw [nur] ~** to [just] touch [up]on sth ③ (*überziehen*) ■**etw auf etw** *akk*/**über etw** *akk* **~** to slip sth on/over sth; ***der Bräutigam streifte der Braut den Ring auf den Finger*** the groom slipped the ring onto the bride's finger; ***streife dir den Pullover über den Kopf*** slip the pullover over your head; ***er streifte sich die Mütze über die Ohren*** he pulled his cap down over his ears; **sich die Handschuhe über die Hände ~** to pull on one's gloves ④ (*abstreifen*) ■**etw von etw ~** to slip sth off sth; **sich** *dat* **den Schmutz von den Schuhen ~** to wipe the dirt off one's shoes **II.** *vi sein* (*geh*) to roam [*or* wander]

Streifen <-s, -> *m* ① (*schmaler Abschnitt*) stripe ② (*schmales Stück*) strip ③ FILM (*fam*) film, flick *fam*

Streifenbarbe *f* black sea bream **Streifenhörnchen** <-s, -e> *nt* ZOOL chipmunk **Streifenmuster** *nt* striped [*or* stripy] pattern; **Krawatten mit ~** striped [*or* stripy] ties

Streifenpolizist(in) *m(f)* police[wo]man on patrol **Streifenwagen** *m* patrol car

streifig *adj* stripy, streaky; **ein ~es Muster** a stripy pattern; **ein ~er Spiegel/~es Fenster** a streaky mirror/window; ■**~ sein** to be stripy [*or* streaky]; ***die Fenster sind ja ganz ~*** the windows are all streaky

Streiflicht *nt* highlight

Streifschuss[RR] *m* graze

Streifzug *m* ① (*Bummel*) expedition; **ein ~ durch die Antiquitätengeschäfte/über die Flohmärkte** a trip [*or* tour] round [*or* AM to] the antique shops/flea markets; **einen ~ durch etw machen** to take a wander through sth; **einen ~ durch die Kneipen machen** to go on a pub crawl BRIT, to go bar hopping AM ② HIST (*Raubzug*) raid ③ (*Exkurs*) digression; **ein musikalischer ~ durch die Barockzeit** a brief musical survey of the baroque period

Streik <-[e]s, -s *o selten* -e> *m* strike; **mit ~ drohen** to threaten strike action [*or* to [go on] strike]; **in den ~ treten** to come out [*or* go] on strike

Streikabstimmung *f* POL, ÖKON strike ballot **Streikaufruf** *m* strike call, call for strike action **Streikbrecher(in)** *m(f)* strikebreaker, blackleg BRIT *pej*, scab *pej fam*

streiken *vi* ① (*die Arbeit niederlegen*) to come out [*or* go] on strike ② (*nicht arbeiten*) to be on strike, to strike; ■**für etw ~** to strike for sth ③ (*hum fam: nicht funktionieren*) to pack up *fam* ④ (*fam: sich weigern*) to go on strike

Streikende(r) *f(m) dekl wie adj* striker

Streikgeld *nt* strike pay **Streikposten** *m* picket; **~ stehen** to picket, to be [*or* stand] on the picket line; **~ aufstellen** to mount a picket [*or* set up a picket line] **Streikrecht** *nt kein pl* right to strike **Streikwelle** *f* wave [*or* series] of strikes

Streit <-[e]s, -e> *m* ① (*Auseinandersetzung*) argument, dispute, quarrel, row BRIT; **[mit jdm] ~ [wegen etw] bekommen** to get into an argument [with sb] [about sth]; **[mit jdm] ~ [wegen etw] haben** to argue [*or* quarrel] [*or* row] [with sb] [about sth], to have an argument [*or* a quarrel] [*or* row]; **~ suchen** to be looking for an argument [*or* a quarrel]; **keinen ~ [mit jdm] wollen** not to want an argument [*or* a row] [with sb]; ***ich will wirklich keinen ~ mit dir*** I really don't want to argue [*or* quarrel] with you; **im ~** during an argument [*or* a quarrel] ② (*Kontroverse*) argument, dispute

Streitaxt *f* battleaxe ▶ WENDUNGEN: **die ~ begraben** to bury the hatchet

streitbar *adj* ① (*streitlustig*) pugnacious ② (*veraltend: kampfbereit*) combative, valiant

streiten <stritt, gestritten> **I.** *vi* ① (*einen Streit haben*) ■**[mit jdm] ~** to argue [*or* quarrel] [with sb] ② (*diskutieren*) ■**mit jdm über etw ~** *akk* to argue with sb about sth; ***darüber lässt sich ~*** that's open to argument [*or* debatable] **II.** *vr* ① (*einen Streit haben*) ■**sich [miteinander] ~** to quarrel [*or* argue] [with each other]; ***habt ihr euch wieder gestritten?*** have you quarrelled [*or* been fighting] again?; ***wegen jeder Kleinigkeit ~ sie sich*** they argue [*or* quarrel] about every little thing [*or* the slightest thing]; ***streitet euch nicht mehr [miteinander]!*** stop quarrelling [*or* squabbling] [with each other]!; ■**sich um etw ~** to argue [*or* fight] over sth; ***die Kinder ~ sich um das neue Spielzeug*** the children are squabbling over the new toy; ■**sich mit jdm [wegen etw] ~** to argue with sb [about sth] ② (*diskutieren*) ■**sich [darüber] ~, ob/wer/wie …** to argue [over] whether/who/how …

Streiter(in) <-s, -> *m(f)* (*geh*) fighter; **~ für eine gerechte Sache** champion of a just cause

Streiterei <-, -en> *f* (*fam*) arguing [*or* quarrelling] [*or* AM quarreling] [*or* rowing] *no indef art, no pl*

Streiterin <-, -nen> *f fem form von* **Streiter**

Streitfall *m* dispute, conflict; ***das ist ein ~*** that is a point of dispute; **im ~** in case of dispute [*or* conflict] **Streitfrage** *f* [disputed] issue **Streitgespräch** *nt* debate, disputation *form* **Streithammel** *m* (*fam*) quarrelsome so-and-so *fam*

streitig *adj* disputed, contentious; JUR contentious; **jdm etw ~ machen** to challenge sb's sth; **jdm eine Stellung ~ machen** to challenge sb's position; **einem Land das Anrecht auf ein Gebiet ~ machen** to contest [*or* dispute] a country's right to a territory

Streitigkeiten *pl* disputes *pl*, quarrels *pl*

Streitkräfte *pl* [armed] forces *pl* **streitlustig** *adj s.* streitbar **Streitmacht** *f* (*veraltend*) troops *pl* **streitsüchtig** *adj* quarrelsome, argumentative **Streitwagen** *m* chariot **Streitwert** *m* JUR amount in dispute

streng I. *adj* ① (*auf Disziplin achtend*) strict; ■**~ [zu jdm] sein** to be strict [towards [*or* with] sb]; **eine ~e Erziehung** a strict education ② (*unnachsichtig*) severe; **ein ~er Verweis** a severe reprimand; **~e Disziplin** strict [*or* stern] discipline; **~e Kontrolle** strict [*or* stringent] control ③ (*strikt*) strict; **~e Einhaltung der Vorschriften** strict observance of the rules; **~e Anweisung** strict instructions; **eine ~e Diät/Überprüfung** a strict diet/rigorous examination; **~e Bettruhe** complete [*or* absolute] [bed] rest ④ (*durchdringend*) pungent ⑤ (*extrem kalt*) severe; **~er Frost/Winter** sharp [*or* severe] frost/severe winter; **~e Kälte** intense cold ⑥ (*konsequent*) strict; ***ich bin ~er Antialkoholiker/Vegetarier/Katholik/Moslem*** I am a strict teetotaller/vegetarian/Catholic/Muslim ⑦ SCHWEIZ (*anstrengend*) strenuous, demanding **II.** *adv* ① (*unnachsichtig*) strictly; ***wir wurden sehr ~ erzogen*** we were very strictly brought up; **~ durchgreifen** to take rigorous action; ***kontrollieren Sie nächstens ~er*** make a more rigorous check next time ② (*strikt*) strictly; ***ich verbiete Ihnen ~stens, so etwas noch einmal zu machen!*** I strictly forbid you to do anything like that again!; **~ genommen** strictly speaking; **es mit etw ~ nehmen** to be strict on [*or* about] sth; ***du solltest es mit seiner Erziehung ~er nehmen*** you should take his education more seriously ③ (*durchdringend*) pungently; ***was riecht hier so ~?*** what's that strong [*or* pungent] smell?; ***der Käse schmeckt mir doch etwas zu ~*** the cheese is rather too strong [*or* sharp] for me

Strenge <-> *f kein pl* ① (*Unnachsichtigkeit*) strictness *no pl;* **mit unnachsichtiger ~** with unrelenting severity; **mit besonderer ~ darauf achten, dass ...** to take especially strict care that ... ② (*Härte*) severity; ***die Kontrollen waren von äußerster ~*** the checks were extremely rigorous ③ (*Ernsthaftigkeit*) *Gesichtszüge, Stil* severity ④ (*extreme Kälte*) *Winter, Frost* severity ⑤ (*Intensität*) *Geschmack* sharpness, intensity; *Geruch* pungency **strenggläubig** *adj* strict; ■ **~ sein** to be strictly [*or* deeply] religious [*or* a strict believer]

Streptokokkus <-, -ken> [ʃtrɛp-, st-] *meist pl m* streptococcus

Stress^RR <-es, -e> [ʃtrɛs, strɛs] *m,* **Streß** <-sses, -sse> *m* stress; **~ haben** to experience stress; **im ~ sein/unter ~ stehen** to be under stress; ***ich bin voll im ~*** I am completely stressed out *fam*

stressen *vt* ■ **jdn ~** to put sb under stress; ■ **sich gestresst fühlen** to feel under stress; ■ **[durch etw] gestresst sein** to be under stress [because of sth]; ***bist du durch deine Arbeit gestresst?*** is your work putting you under stress?

stressfrei^RR ['ʃtrɛs-, 'st-] *adj* stress-free **stressgeplagt**^RR *adj* highly stressed, stressed-out *fam;* ■ **~ sein** to be suffering from stress

stressig *adj* stressful

Stressor <-s, -en> *m* PSYCH (*fachspr*) stressor *fachspr*

Stresssituation^RR *f* stress situation

Stretching <-, -> *nt* SPORT, MED stretching

Streu <-> *f kein pl* litter

streuen **I.** *vt* ① (*hinstreuen*) ■ **etw auf etw ~** *akk* to scatter [*or* spread] [*or* sprinkle] sth on sth; **Futter/Samen ~** to scatter food/seed; **Dünger ~** to spread fertilizer; **etw auf einen Kuchen/ein Gericht ~** to sprinkle sth on a cake/ a dish ② (*gegen Glätte*) ■ **etw ~** to grit/salt sth ③ (*verbreiten*) ■ **etw ~** to spread sth; **Gerüchte ~** to spread rumours [*or* AM -ors]; **die Opposition ließ ~, [dass] ...** the opposition put it about that ... **II.** *vi* ① (*Streumittel anwenden*) to grit BRIT, to put down salt ② (*Geschosse verteilen*) to scatter ③ PHYS to scatter

Streuer <-s, -> *m* shaker; **der ~ mit dem Salz/Pfeffer** the salt cellar [*or* AM shaker] /pepper pot [*or* AM shaker]; *Mehl* dredger; *Zucker* dredger, caster [*or* castor]

Streufahrzeug *nt* gritter BRIT, gritting lorry BRIT, snow plow AM **Streugut** *nt* TRANSP (*geh*) grit BRIT, salt

streunen *vi* ① *haben o sein* (*umherstreifen*) to roam about [*or* around]; **durch die Stadt ~** to roam about the town; **~de Hunde/Katzen** stray dogs/cats ② *sein* (*ziellos umherziehen*) to wander around; **durch die Straßen ~** to roam [*or* wander] the streets

Streusalz *nt* road salt

Streusel <-s, -> *nt* streusel *esp* AM, crumble [topping]

Streuselkuchen *m* streusel [cake] *esp* AM, crumble

Streuung <-, -en> *f* ① MIL (*Abweichung*) dispersion ② MEDIA (*Verbreitung*) distribution ③ (*Verteilung*) spread[ing]; **bei einer ~ seiner Anlagen/des Risikos** by spreading one's investments/the risk ④ MED metastasis

strich *imp von* **streichen**

Strich <-[e]s, -e> *m* ① (*gezogene Linie*) line; **einen ~ [unter etw** *akk*] **ziehen** to draw a line [under sth] ② (*Skaleneinteilung*) line ③ (*fam: Gegend mit Prostitution*) red-light district; **auf den ~ gehen** to go on the game BRIT *fam,* to become a streetwalker AM; **auf dem ~** on the game *fam* ► WENDUNGEN: **nach ~ und Faden** (*fam*) good and proper *fam,* well and truly; **ein ~ in der Landschaft sein** (*hum fam*) to be as thin as a rake; **jd/etw macht jdm einen ~ durch die Rechnung** sb/sth messes up [*or* wrecks] sb's plans, sb/sth throws a spanner [*or* AM wrench] in the works, sb puts a spoke in sb's wheel; **jdm gegen den ~ gehen** (*fam*) to go against the grain, to rub sb up the wrong way; **einen ~ unter etw machen** [*o* **ziehen**] *akk* to put sth behind one, to put an end to sth; **jdm einen ~ durch etw machen** (*fam*) to mess up [*or* wreck] sb's plans for sth; ***der Regen machte uns einen ~ durch alles*** the rain wrecked all our plans; ***ich werde einen ~ durch ihren sauberen Plan machen*** I will foil [*or* thwart] her nice little plan; **unterm ~** (*fam*) at the end of the day, all things considered

Strichcode [-koːt] *m* bar code

stricheln *vt* ■ **etw ~** to sketch sth in; ■ **gestrichelte Linie** dotted line; *Straße* broken line

Stricher <-s, -> *m* (*sl*) rent boy BRIT *fam,* young male prostitute AM

Strichjunge *m* (*fam*) rent boy *fam* **Strichkode** *f s.* **Strichcode**

strichlieren* *vt* ÖSTERR (*stricheln*) ■ **etw ~** to hatch [*or sep* sketch in] sth

Strichliste *f* list **Strichmädchen** *nt* (*fam*) streetwalker *fam,* hooker AM *sl* **Strichpunkt** *m s.* **Semikolon**

strichweise *adv* METEO here and there, in places

Strichzeichnung *f* line drawing

Strick <-[e]s, -e> *m* rope ► WENDUNGEN: **jdm aus etw einen ~ drehen** (*fam*) to use sth against sb; **da kann ich mir gleich einen ~ nehmen** [*o* **kaufen**] (*fam*) I may as well end it all now; **wenn alle ~e reißen** (*fam*) if all else fails

stricken **I.** *vi* to knit **II.** *vt* ■ **etw ~** to knit sth

Strickgarn *nt* knitting wool [*or* yarn] **Strickjacke** *f* cardigan

Strickleiter *f* rope ladder

Strickmaschine *f* knitting machine **Strickmuster** *nt* ① (*gestricktes Muster*) knitting pattern; **nach ~** from a pattern ② (*hum: Machart*) formula **Stricknadel** *f* knitting needle **Strickzeug** *nt* knitting

Striegel <-s, -> *m* curry-comb

striegeln *vt* (*fam*) ■ **etw ~** to groom [*or spec* curry] sth

Striemen <-s, -> *m* weal

strikt **I.** *adj* strict; **eine ~e Ablehnung/Weigerung** a point-blank rejection **II.** *adv* strictly; **~ gegen etw sein** to be totally against sth; **auf das ~este befolgt werden** to be followed to the letter; **sich ~ gegen etw aussprechen** to reject sth point-blank

Strip <-s, -s> [ʃtrɪp, st-] *m* (*sl*) strip[tease]

Strippe <-, -n> *f* (*fam*) ① (*Schnur*) string ② (*Leitung*) cable ► WENDUNGEN: **jdn an die ~ bekommen** to get [*or* reach] sb on the phone; **jdn an der ~ haben** to have sb on the line [*or* phone] [*or* BRIT *fam* blower]

strippen ['ʃtrɪ-, 'st-] *vi* to strip, to do a strip[tease]

Stripper(in) <-s, -> ['ʃtrɪ-, 'st-] *m(f)* (*fam*) stripper

Striptease <-> ['ʃtrɪptiːs, 'st-] *m o nt kein pl* striptease

Stripteasetänzer(in) ['ʃtrɪptiːs-, 'strɪp-] *m(f)* striptease artist

stritt *imp von* **streiten**

strittig *adj* contentious; **ein ~er Fall** a controversial case; **eine ~e Grenze** a disputed border; **der ~e Punkt** the point at issue; ■ **~ sein** to be in dispute [*or* at issue]

Stroh <-[e]s> *nt kein pl* straw ► WENDUNGEN: **[nur] ~ im Kopf haben** (*fam*) to be dead from the neck up [*or* BRIT have sawdust between one's ears] *fam;* **~ dre-**

schen (*fam*) to waffle [*or* AM ramble] [on] *fam;* **wie ~ brennen** to go up like dry tinder
Strohballen *m* bale of straw, straw bale **strohblond** *adj Mensch* flaxen-haired; *Haare* straw-coloured [*or* AM -ored], flaxen **Strohblume** *f* strawflower **Strohdach** *nt* thatched roof, roof thatched with straw **strohdumm** *adj* (*fam*) brainless, thick *fam;* ■**~ sein** to have nothing between the ears **Strohfeuer** *nt* ▶ WENDUNGEN: **nur ein ~ sein** to be a flash in the pan, to be just a passing fancy **Strohfrau** *f fem form von* **Strohmann** **Strohhalm** *m* straw ▶ WENDUNGEN: **nach jedem ~ greifen, sich an jeden ~ klammern** to clutch at any straw **Strohhut** *m* straw hat **Strohlager** *nt* bed of straw **Strohmann, -frau** *m, f* front man *masc,* front woman *fem* **Strohmatte** *f* straw mat **Strohpuppe** *f* straw doll **Strohsack** *m* palliasse ▶ WENDUNGEN: **heiliger ~!** (*veraltend fam*) Great Scott! *dated fam,* holy mackerel [*or* AM *esp* cow]! *fam* **Strohwitwer, -witwe** *m, f* (*hum fam*) grass widower *masc,* grass widow *fem*
Strolch <-[e]s, -e> *m* ❶ (*fam: Schlingel*) rascal ❷ (*veraltend: übler Bursche*) ruffian *dated*
Strom[1] <-[e]s, Ströme> *m* ELEK electricity *no indef art, no pl;* **~ führen** to be live; **elektrischer ~** electric current; **~ führend** live; **unter ~ stehen** (*elektrisch geladen sein*) to be live; (*überaus aktiv sein*) to be a live wire *fig fam*
Strom[2] <-[e]s, Ströme> *m* ❶ (*großer Fluss*) [large] river ❷ (*fließende Menge*) river; **Ströme von Blut** rivers of blood; **ein ~ von Schlamm** a torrent of mud; **in Strömen fließen** to flow freely [*or* like water]; ***das Blut floss in Strömen*** there were rivers of blood, there was heavy bloodshed ❸ (*Schwarm*) stream; **Ströme von Fans/Besuchern/Kunden** streams of fans/visitors/customers ▶ WENDUNGEN: **in Strömen gießen** [*o* **regnen**] to pour [down] [with rain]; **mit dem/gegen den ~ schwimmen** to swim with/against the current, to swim with/against the tide [*or* go with/against the flow] *fig fam*
stromabwärts *adv* downstream **stromaufwärts** *adv* upstream
Stromausfall *m* power cut [*or* failure], power outage AM
strömen *vi sein* ❶ (*in Mengen fließen*) ■**[aus etw] ~** to pour [out of sth]; ***Gas strömte durch die Pipeline*** gas flowed through the pipeline ❷ (*in Scharen eilen*) ■**[aus etw] ~** *akk* to stream [out of sth]; ***die Touristen strömten zu den Pforten des Palasts*** the tourists flocked to the gates of the palace; *s. a.* **Regen**
Stromerzeugung *f* generation of electricity **Stromkabel** *nt* electric[ity] [*or* power] cable **Stromkosten** *pl* electricity costs *pl* **Stromkreis** *m* [electric[al]] circuit **Stromleitung** *f* electric cable [*or* cabling] [*or* wiring]
Stromlinienform [-liːniən-] *f* streamlined shape
stromlinienförmig [-liːniən-] *adj* streamlined
Strommast *m* ELEK pylon **Stromnetz** *nt* electricity [*or* power] supply system [*or* transmission network] **Stromrechnung** *f* electricity [*or* AM electric] bill **Stromschlag** *m* electric shock **Stromschnelle** *f meist pl* rapids *npl* **Stromstärke** *f* current [strength] **Stromstoß** *m* electric shock, jolt of electricity
Strömung <-, -en> *f* ❶ (*stark fließendes Wasser*) current ❷ (*Tendenz*) trend; ***es gibt verschiedene ~en innerhalb der Partei*** there are various tendencies within the party
Stromverbrauch *m* electricity [*or* power] consumption **Stromversorgung** *f* electricity [*or* power] supply **Stromzähler** *m* electricity meter
Strontium <-s> ['ʃtrɔntsiʊm, 'st-] *nt kein pl* strontium *no pl*
Strophe <-, -n> *f* ❶ (*Lieder~*) verse ❷ (*Gedicht~*) stanza
strotzen *vi* ❶ (*überschäumen*) ■**von** [*o* **vor**] **etw ~** to be bursting with sth ❷ (*besonders viel von etw haben*) ■**vor etw ~** *dat* to be covered in [*or* with] sth, to be full of sth; **vor** [*o* **von**] **Gesundheit ~** to be bursting with health
strubb(e)lig *adj* (*fam*) tousled; **~es Fell** tangled fur
Strubbelkopf *m* (*fam*) ❶ (*Haar*) tousled hair, mop [of hair], mop-top *fam* ❷ (*Mensch*) tousle-head, mop-top *fam*
Strudel[1] <-s, -> *m* ❶ (*Wasserwirbel*) whirlpool; **kleiner ~** eddy ❷ (*geh: rascher Lauf*) **der ~ der Ereignisse** the whirl of events
Strudel[2] <-s, -> *m* (*Gebäck*) strudel
strudeln *vi* to swirl; (*sanfter*) to eddy
Strudelwurm *m* ZOOL turbellarina
Struktur [ʃtrʊ-, strʊ-] *f* ❶ (*Aufbau*) structure ❷ (*von Stoff usw.*) texture
Strukturalismus <-> *m kein pl* structuralism *no pl*
strukturell *adj inv* ❶ (*geh: eine bestimmte Struktur aufweisend*) structural ❷ LING *s.* **struktural**
Strukturformel [ʃtrʊ-, st-] *f* CHEM structural formula **strukturgewandelt** *adj inv* ÖKON, SOZIOL *Land, Gebiet* having a modernized [*or* BRIT *a.* -ised] structure **Strukturhilfe** *f* subsidy for infrastructure renewal/development
strukturieren* [ʃtrʊ-, st-] *vt* ■**etw ~** to structure sth [*or* put sth together]
Strukturierung <-, -en> [ʃtrʊ-, st-] *f* ❶ *kein pl* (*das Strukturieren*) structuring ❷ (*Struktur*) structure; (*von Stoff usw.*) texture
Strukturkrise [ʃtrʊ-, st-] *f* structural crisis **Strukturpolitik** *f* economic development [*or* structural] policy **strukturschwach** *adj* economically underdeveloped **Strukturschwäche** *f* economic underdevelopment **Strukturveränderung** *f* structural change, change in structure **Strukturwandel** *m* structural change
Strumpf <-[e]s, Strümpfe> *m* ❶ (*Knie~*) knee-high; (*Socke*) sock ❷ (*Damen~*) stocking
Strumpfband <-bänder> *nt,* **Strumpfhalter** <-s, -> *m* suspender, garter AM **Strumpfhaltergürtel** *m* suspender belt, garter belt AM **Strumpfhose** *f* tights *npl,* pantyhose AM; ■**eine ~** a pair of tights **Strumpfmaske** *f* stocking mask
Strunk <-[e]s, Strünke> *m* stalk
struppig *adj Haare* tousled, tangled, windswept; *Fell* shaggy, tangled
Struwwelpeter *m* ❶ LIT ■**der ~** Struwwelpeter, shockheaded Peter ❷ (*fam: Kind mit Strubbelkopf*) tousle-head *fam,* mop-head *fam*
Strychnin <-s> *nt kein pl* strychnine
Stube <-, -n> *f* ❶ DIAL (*Wohnzimmer*) living room; **die gute ~** the front room, the parlour [*or* AM parlor] *dated* ❷ MIL [barrack] room
Stubenarrest *m* **~ bekommen/haben** (*fam*) to be confined to one's room, to be grounded *fam* **Stubenfliege** *f* housefly **Stubenhocker(in)** <-s, -> *m(f)* (*pej fam*) house-mouse *fam* **stubenrein** *adj* ❶ (*zur Sauberkeit erzogen*) *Haustier* house-trained, house-broken AM ❷ (*hum fam: nicht verdorben*) *Witz usw.* clean
Stück <-[e]s, -e *o nach Zahlenangaben* -> *nt* ❶ (*einzelnes Teil*) piece; **ein ~ Kuchen** a piece [*or* slice] of cake; **ein ~ Papier** a piece [*or* scrap] of paper; **sechs ~ Käsekuchen** six pieces [*or* portions] of cheesecake; **in ~e gehen** [*o* **zerbrechen**] [*o* **zerspringen**] to break [*or* shatter] into pieces; **etw in ~e reißen** to tear sth to pieces [*or* shreds]; **aus einem ~** from one [*or* a single] piece; **~ für ~** piece by piece, bit by bit; **im**

[*o* **am**] ~ in one piece; **geschnitten oder am ~?** sliced or unsliced?; **das** [*o* **pro**] ~ each; **vier Mark das** [*o* **pro**] ~ four marks each ② (*besonderer Gegenstand*) piece, item; **ein wertvolles** ~ a valuable item ③ (*Teil*) bit, piece; **etw in ~e schlagen** to smash sth to pieces; **in tausend ~e schlagen** to smash to smithereens ④ (*Abschnitt*) part; ***ich begleite dich noch ein ~ [Weges]*** I'll come part of the way with you; ***die Straße war auf einem ~ von 500 Metern Länge aufgerissen worden*** a 500 metre stretch of the road had been ripped up; **mein ~ Garten** my bit of garden; **ein ~ Acker/Land** part of a field/a plot of land ⑤ THEAT play ⑥ MUS piece ⑦ (*pej fam: Subjekt*) so-and-so *pej fam;* ***du mieses ~!*** you rotten [*or* lousy] bastard!; ***sie ist ein ganz niederträchtiges ~*** she's a really nasty piece of work; **ein ~ Dreck** [*o* **Scheiße**] (*pej sl*) a piece of shit *pej sl;* (*Mann*) a bastard *pej sl;* (*Frau*) a bitch *pej sl* ▶ WENDUNGEN: **ein ~ Arbeit** (*fam*) a job; **ein ziemliches/hartes ~ Arbeit** quite a job/a tough job; **ein schönes ~ Geld** (*fam*) a pretty penny; **jds bestes ~** (*hum fam: liebste Sache*) sb's pride and joy; (*Mensch*) the apple of sb's eye; **aus freien ~en** of one's own free will, voluntarily; **große ~e auf jdn halten** (*fam*) to think highly [*or* the world] of sb; **ein gutes** [*o* **schönes**] ~ a good bit; **ein gutes ~ weiterkommen** to get a good bit further [*or* make considerable progress]; **ein starkes ~ sein** (*fam*) to be a bit much [*or* thick]; **sich für jdn in ~e reißen lassen** (*fam*) to do anything [*or* go through fire and water] for sb; **sich lieber in ~e reißen lassen, als...** (*fam*) to rather die than ...; **kein ~** (*sl*) not a bit, not at all

Stuck <-[e]s> *m kein pl* stucco, cornices *pl*

Stuckarbeit *f* stucco[work] *no indef art, no pl*

Stückchen <-s, -> *nt dim von* **Stück 1, 3, 4** ① (*kleines Teil*) little piece [*or* bit] ② (*kleine Strecke*) little way

Stuckdecke *f* stucco[ed] ceiling

stückeln *vt* FIN ■**etw ~** to split sth into denominations

Stückelung <-, -en> *f* FIN denomination; ***in welcher ~ hätten Sie die 1000 Mark gern?*** how would you like your [*or* the] 1000 marks?

Stückgut *nt* single item, individually packaged goods **Stücklohn** *m* piece-work wage, piece rate **Stückpreis** *m* unit price

stückweise *adv* individually, separately

Stückwerk *nt kein pl* ▶ WENDUNGEN: [**nur**] ~ **sein** [*o* **bleiben**] to be [*or* remain] incomplete

Stückzahl *f* number of units

stud. *m Abk von* **studiosus: ~ med./phil.** student of medicine/philosophy

Student(in) <-en, -en> *m(f)* student

Studentenausweis *m* student card **Studentenberatung** *f* student counselling [*or* AM counseling] [*or* advice] **Studentenbewegung** *f* student movement **Studentenbude** *f* student's room [*or* BRIT *fam* digs] **Studentenfutter** *nt* nuts and raisins **Studentenkneipe** *f* student pub [*or* AM bar] **Studentenleben** *nt kein pl* student life, life as a student *no pl*

Studentenschaft <-, *selten* -en> *f* students *pl,* student body

Studentenunruhen *f* student unrest **Studentenverbindung** *f* students' society; *für Männer* fraternity AM; *für Frauen* sorority AM **Studentenwerk** *nt* student union **Studentenwohnheim** *nt* hall of residence, student hostel BRIT, residence hall AM

Studentin <-, -nen> *f fem form von* **Student**

studentisch *adj attr* student *attr*

Studie <-, -n> [ˈʃtuːdiə] *f* ① (*wissenschaftliche Abhandlung*) study; **eine ~ über Möglichkeiten** a feasibility study ② KUNST study, sketch

Studien [ˈʃtuːdiən] *pl von* **Studium**

Studienabbrecher(in) <-s, -> *m(f)* drop-out *fam* (*student who fails to complete his/her course of study*) **Studienabschluss**[RR] *m* SCH degree **Studienanfänger(in)** *m(f)* first-year student, fresher BRIT, freshman AM **Studienaufenthalt** *m* study visit **Studienberatung** *f* course guidance and counselling [*or* AM counseling] service **Studienbewerber(in)** *m(f)* university applicant **Studienbewerbung** *f* university application **Studienbuch** *nt* study record BRIT (*detailing courses/lectures attended*), academic transcript AM **Studiendirektor(in)** *m(f)* deputy headteacher, vice-principal AM **Studienfach** *nt* subject **Studienfahrt** *f* study trip **Studienfreund(in)** *m(f)* university/college friend **Studiengang** *m* course [of study] **Studiengebühren** *pl* tuition fees *pl* **Studieninhalt** *m* course contents *pl* **Studienplatz** *m* university/college place; **ein ~ in Mikrobiologie** a place to study microbiology **Studienrat, -rätin** *m, f* secondary-school teacher (*with the status of a civil servant*) **Studienreferendar(in)** *m(f)* student teacher **Studienreform** *f* course reform **Studienreise** *f* educational trip **Studienzeit** *f* student days *pl,* time as a student **Studienzweck** *m* **zu ~en** for study purposes [*or* the purposes of study]; ***er hielt sich in Edinburgh zu ~en auf*** he was studying in Edinburgh

studieren* I. *vi* to study; ***sie studiert noch*** she is still a student; **~ wollen** to want to go to [*or* AM a] university/college; ***ich studiere derzeit im fünften/sechsten Semester*** I'm in my third year [at university/college]; *s. a.* **probieren II.** *vt* ① (*als Studium haben*) ■**etw ~** to study [*or* BRIT *form* read] sth ② (*genau betrachten*) ■**etw ~** to study sth

Studierende(r) *f(m) dekl wie adj* (*geh*) student

studiert *adj* (*fam*) educated; ■**~ sein** to have been to [*or* AM a] university/college, to have had a university education

Studierzimmer *nt* (*veraltend*) study

Studio <-s, -s> *nt* ① FILM, KUNST, RADIO, TV studio ② ARCHIT studio, studio flat [*or* AM apartment] ③ SPORT fitness studio, gymn

Studium <-, -Studien> [-diən] *nt* ① SCH studies *pl;* **ein ~ aufnehmen** to begin one's studies; **das ~ der Medizin/Chemie** the medicine/chemistry course ② (*eingehende Beschäftigung*) study; [**seine**] **Studien machen** [*o* **treiben**] to study ③ *kein pl* (*genaues Durchlesen*) study; ***das ~ der Akten ist noch nicht abgeschlossen*** the files are still being studied

Stufe <-, -n> *f* ① (*Treppenabschnitt*) step; ***~ um ~*** step by step ② (*geh: Niveau*) level; **auf der gleichen** [*o* **auf einer**] **~ stehen** to be on the same [*or* on a] level; **sich mit jdm auf die gleiche** [*o* **auf eine**] **~ stellen** to put [*or* place] oneself on the same level [*or* on a level [*or* par]] with sb ③ (*Abschnitt*) stage, phase ④ ELEK position ⑤ (*Raketen~*) stage

Stufenbarren *m* SPORT asymmetric bars *pl* **Stufenführerschein** *m* [graded] motorcycle licence [*or* AM -se] **Stufenheck** *nt* AUTO notchback BRIT, hatchback AM **Stufenleiter** *f* ladder *fig;* **die ~ des Erfolgs** the ladder of success; **die gesellschaftliche/soziale ~ erklimmen** to climb the social ladder

stufenlos I. *adj Regelung, Schaltung* continuously variable II. *adv* smoothly; ***die Geschwindigkeit der Scheibenwischer kann ~ geregelt werden*** the wipers can be adjusted to any speed you like

Stufenplan *m* phased plan **Stufenrakete** *f* multistage rocket **Stufenschalter** *m* sequence switch **Stufenschnitt** *m* (*Frisur*) layered cut

stufenweise I. *adj* phased II. *adv* step by step

stufig I. *adj Haarschnitt* layered II. *adv* in layers; ~

schneiden to layer

Stuhl¹ <-[e]s, Stühle> *m* chair; **elektrischer ~** electric chair; **auf dem elektrischen ~** in the electric chair; **der Heilige ~** the Holy See ▶ WENDUNGEN: **jdm den ~ vor die Tür setzen** (*fam*) to kick sb out *fam;* **jdn vom ~ hauen** (*sl*) to knock sb sideways [*or* bowl sb over] *fam;* **sich zwischen zwei Stühle setzen** to fall between two stools; **zwischen zwei Stühlen sitzen** to have fallen between two stools

Stuhl² <-[e]s, Stühle> *m* MED (*geh*) stool *form*

Stuhlbein *nt* chair leg

Stuhlgang *m kein pl* MED (*geh*) bowel movement[s]; **~ haben** to have a bowel movement; **keinen ~ haben** not to have any bowel movements

Stuhllehne *f* chair back

Stukkateur(in) <-s, -e> *m(f)* stucco plasterer

Stulle <-, -n> *f* NORDD piece [*or* slice] of bread and butter; (*belegt*) sandwich

Stulpe <-, -n> *f am Ärmel* [wide] cuff; *am Handschuh* cuff, gauntlet; *am Stiefel* [boot] top

stülpen *vt* ① (*überziehen*) ■**etw auf etw** *akk*/**über etw** *akk* **~** to put sth on/over sth ② (*wenden*) ■**etw ~** to turn sth [inside] out

Stulpenstiefel *m* top boot

stumm **I.** *adj* ① (*nicht sprechen könnend*) dumb; *s. a.* **Diener, Kreatur** ② (*schweigend*) silent; ■**~ werden** to go silent ③ LING mute, silent ④ THEAT non-speaking ▶ WENDUNGEN: **jdn** [**für immer**] **~ machen** (*sl*) to silence sb [for good]; **jdn ~** [**vor etw** *dat*] **machen** to render sb speechless [with sth] **II.** *adv* silently

Stumme(r) *f(m) dekl wie adj* dumb person, mute *dated*

Stummel <-s, -> *m Glied* stump; *Bleistift, Kerze* stub

Stummfilm *m* silent film [*or* movie]

Stumpen <-s, -> *m* cheroot

Stümper(in) <-s, -> *m(f)* (*pej*) bungler, incompetent

Stümperei <-, -en> *f* (*pej*) ① *kein pl* (*stümperhaftes Vorgehen*) bungling *no pl,* incompetence ② (*stümperhafte Leistung*) bungled [*or* botched] job

stümperhaft **I.** *adj* (*pej*) amateurish; **eine ~e Arbeit/Leistung** a botched job/botch-up; **~es Vorgehen** incompetence **II.** *adv* incompetently; **~ vorgehen** to act [*or form* proceed] amateurishly

Stümperin <-, -nen> *f fem form von* **Stümper**

stümpern *vi* (*pej*) ■[**bei etw**] **~** to be incompetent [at sth], to bungle

stumpf *adj* ① (*nicht scharf*) blunt; ■**~ werden** to go/become blunt; **eine ~e Nase** a snub nose; **ein Tisch mit ~en Ecken** a table with rounded corners ② MATH **ein ~er Winkel** an obtuse angle; **ein ~er Kegel** a truncated cone ③ (*glanzlos*) dull ④ (*abgestumpft*) lifeless, impassive, apathetic

Stumpf <-[e]s, Stümpfe> *m* stump ▶ WENDUNGEN: **mit ~ und Stiel** root and branch BRIT; **etw mit ~ und Stiel beseitigen/vernichten** to eliminate/eradicate sth root and branch; **etw mit ~ und Stiel aufessen** to polish off sth *sep,* to eat up every last scrap *sep*

Stumpfheit *f kein pl* ① (*Nichtscharfsein*) bluntness ② (*Abgestumpftheit*) apathy, impassiveness

Stumpfsinn *m kein pl* ① (*geistige Trägheit*) apathy ② (*Stupidität*) mindlessness, tedium; **eine Tätigkeit voller ~** a mindless [*or* tedious] activity ③ (*fam: Blödsinn*) nonsense **stumpfsinnig** *adj* ① (*geistig träge*) apathetic ② (*stupide*) mindless, tedious **stumpfwink(e)lig** *adj* MATH obtuse

Stündchen <-s, -> *nt dim von* **Stunde**: **ein ~** an hour or so

Stunde <-, -n> *f* ① (*60 Minuten*) hour; **in den nächsten ~n** in the next few hours; **nur noch eine knappe ~** just under an hour to go; **in der ~ der Not** in sb's hour of need; **die ~ der Wahrheit** the moment of truth; **jds große ~** sb's big moment; **jds letzte ~ ist gekommen** [*o* **hat geschlagen**] sb's hour has come; **in einer schwachen ~** in a moment of weakness; **zu später** [*o geh* **vorgerückter**] **~** at a late hour; **in einer stillen ~** in a quiet moment; **eine viertel ~** a quarter of an hour; **eine halbe ~** half an hour; **eine dreiviertel ~** three-quarters of an hour; **anderthalb ~n** an hour and a half, one and a half hours; **volle ~** on the hour; ***die Kirchturmuhr schlägt die vollen ~n*** the church clock strikes on the hour; ***der Zug fährt jede volle ~*** the train departs every hour on the hour; **~ um ~, ~n um ~n** [for] hour after hour; ***~ um ~ verging*** hour after hour went by; ***ich wartete ~n um ~n*** I waited for hour after hour; **von ~ zu ~** from hour to hour, hourly; ***es wird jetzt von ~ zu ~ klarer*** it's becoming clearer by the hour; **zu dieser ~** (*geh*) at the present time; **zu jeder ~, jede ~** [at] any time; ***die Nachricht kann zu jeder ~ eintreffen*** the news may arrive at any time; ***die Polizei kann jede ~ hier sein!*** the police may be here [at] any moment!; **zu jeder ~ bereit sein** to be ready at a moment's notice; **jede** [*o* **alle**] [**halbe**] **~** every [half an] hour; ***um diese Zeit verkehrt die S-Bahn nur noch alle halbe[n] ~[n]*** at this time of day/night there's only one [S-Bahn] train every half an hour ② *kein pl* (*festgesetzter Zeitpunkt*) time, hour *form;* **jds ~ ist gekommen** sb's hour [*or* time] has come; **bis zur ~** up to the present moment, as yet ③ (*Unterrichts~*) lesson, period; **~n geben** to teach; **~n nehmen** to have [*or* take] lessons ④ *meist pl* (*Zeitraum von kurzer Dauer*) times *pl;* **sich nur an die angenehmen ~n erinnern** to remember only the pleasant times ▶ WENDUNGEN: **die ~ Null** zero hour, the new beginning; **die ~ X** the appointed hour; **der ersten ~** original, pioneering; **ein Mann/eine Frau der ersten ~** a prime mover; **jdm schlägt die ~** sb's time is up [*or* hour has come]; **wissen, was die ~ geschlagen hat** to know what's coming [*or* how things stand]

stunden *vt* ■**jdm etw ~** to give sb time to pay sth; ***wir sind bereit, Ihnen den Betrag bis zum 1.9./noch weitere sechs Wochen zu ~*** we are prepared to give you until Sept. 1st/another six weeks to repay the amount

Stundengeschwindigkeit *f* speed per hour; **bei einer ~ von 80 km** at a speed of 80 kph **Stundenhotel** *nt* sleazy hotel (*where rooms are rented by the hour*) **Stundenkilometer** *pl* kilometres [*or* AM -ers] *pl* per hour **stundenlang** **I.** *adj* lasting several hours *pred;* **nach ~em Warten** after hours of waiting; **~e Telefonate** hour-long phone calls, hours on the phone **II.** *adv* for hours **Stundenleistung** *f* TECH output per hour **Stundenlohn** *m* hourly wage [*or* rate]; **einen ~ bekommen** [*o* **erhalten**] to be paid by the hour **Stundenplan** *m* SCH timetable, schedule AM **Stundensatz** *m* hourly rate **Stundentakt** *m* ■**im ~** at hourly intervals

stundenweise **I.** *adv* for an hour or two [at a time] **II.** *adj* for a few hours *pred;* **~ Beschäftigung** part-time job; ***„~ Aushilfe im Büro gesucht"*** "part-time temp required"

Stundenzeiger *m* hour hand

Stündlein <-s, -> *nt dim von* **Stunde 1**: ■**ein ~** an hour or so, a [short] while; **jds letztes ~ hat geschlagen** (*hum fam*) sb's last hour has come

stündlich **I.** *adj* hourly **II.** *adv* hourly, every hour; **jdn ~ erwarten** to expect sb at any moment

Stundung <-, -en> *f* deferment of payment

Stunk <-s> *m kein pl* (*fam*) trouble; **es wird ~ geben** there will be trouble; **~ machen** to make [*or* cause] a stink *fam*

Stunt <-s, -s> [stant] *m* stunt

Stuntman, -woman <-s, -men> ['stantmɛn, -wumən] *m, f* stuntman *masc,* stuntwoman *fem*

Stuntshow ['stantʃo:] *f* stunt show
stupend *adj* (*geh*) amazing
stupfen *vt bes* SÜDD, SCHWEIZ (*stupsen*) ■**jdn** ~ to nudge sb; **jdn zur Seite** ~ to push sb aside
stupid(e) [ʃtu-, st-] *adj* (*pej geh*) ❶ (*monoton*) mindless; ■**[jdm] zu ~ sein** to be too boring [*or* monotonous] [for sb] ❷ (*beschränkt*) mindless, moronic; ■**etwas S~es** sth mindless [*or* idiotic]
Stups <-es, -e> *m* (*fam*) nudge
stupsen *vt* (*fam*) ■**jdn** ~ to nudge sb
Stupsnase *f* snub [*or* turned-up] nose
stur I. *adj* stubborn, obstinate; **eine ~e Verweigerung** an obdurate refusal II. *adv* ❶ (*ohne abzuweichen*) doggedly; ~ **geradeaus gehen** to keep going straight on regardless; ~ **nach Vorschrift arbeiten** to work strictly to [the] regulations ❷ (*uneinsichtig*) obstinately; ~ **auf seinem Standpunkt beharren** to stick obstinately [*or* doggedly] to one's point of view; ~ **weitermachen** to carry on regardless; **sich ~ stellen** (*fam*) to dig one's heels in; *s. a.* **Bock**
Sturheit <-> *f kein pl* stubbornness, obstinacy
Sturm <-[e]s, Stürme> *m* ❶ (*starker Wind*) storm, gale; *s. a.* **Barometer** ❷ FBALL forward line; **im ~ spielen** to play in attack [*or* up front] ❸ (*heftiger Andrang*) ■**ein ~ auf etw** *akk* a rush for sth; **ein ~ auf Karten/Plätze/das Flugzeug** a rush for tickets/seats/the plane; **ein ~ auf die Bank** a run on the bank ▶ WENDUNGEN: **der ~ auf die Bastille** the storming of the Bastille; ~ **und Drang** LIT Sturm und Drang, Storm and Stress; **die Menschen** [*o* **die Herzen**] **im ~ erobern** [*o* **nehmen**] to take people by storm [*or* capture people's hearts]; **gegen etw ~ laufen** to be up in arms against sth; ~ **läuten** to lean on the [door]bell; **im ~** MIL by storm
Sturmabteilung <-,> *f kein pl* POL (*hist*) Storm Troops *pl*, SA
Sturmbö *f* squall, [heavy] gust of wind
stürmen I. *vi impers haben* ■**es stürmt** a gale is blowing II. *vi* ❶ *haben* SPORT to attack ❷ *sein* (*rennen*) ■**[irgendwohin]** ~ to storm somewhere; **aus dem Haus** ~ to storm out of the house III. *vt haben* ❶ MIL ■**etw** ~ to storm sth ❷ (*fam: auf etw eindringen*) ■**etw** ~ to storm sth; **die Bühne** ~ to storm the stage
Stürmer(in) <-s, -> *m(f)* forward; FBALL striker
Sturmflut *f* storm tide
stürmisch I. *adj* ❶ METEO blustery; (*mit Regen*) stormy ❷ (*vom Sturm aufgewühlt*) rough; **~e See** rough sea ❸ (*vehement*) tumultuous; **eine ~e Begrüßung** a tumultuous welcome; **~er Beifall/Jubel** tumultuous [*or* frenzied] applause/cheering; **ein ~er Mensch** an impetuous person; **nicht so ~!** take it easy! ❹ (*leidenschaftlich*) passionate II. *adv* tumultuously; ***die Kinder begrüßten ihre Tante*** ~ the children gave their aunt a tumultuous welcome
Sturmmöwe *f* ORN common gull **Sturmschaden** *m meist pl* storm damage *no indef art, no pl* **Sturmschritt** *m* **im ~** at the double **Sturmtaucher** *m* ORN shearwater **Sturmtief** *nt* storm front, trough of low pressure **Sturm-und-Drang-Zeit** *f kein pl* LIT Sturm und Drang period, Storm and Stress period **Sturmvogel** *m* ORN fulmar **Sturmwarnung** *f* gale warning
Sturz[1] <-es, Stürze> *m* ❶ (*Hinfallen*) fall; ■**ein ~ aus/von etw** a fall out of/from [*or* off] sth ❷ (*drastisches Absinken*) [sharp] fall, drop; **ein ~ des Dollars** a slump in [*or* collapse of] the dollar; **ein beträchtlicher ~ der Preise für diesen Artikel** a considerable drop in the price of this article; **ein ~ der Temperaturen um 15° C** a drop in temperature of 15° C ❸ (*erzwungener Rücktritt*) fall, removal; *Regierung, Regime* fall, overthrow, removal from power
Sturz[2] <-es, Stürze> *m* ❶ BAU lintel ❷ AUTO (*Achs~*) camber ❸ ÖSTERR, SCHWEIZ, SÜDD (*Käseglocke*) cheese cover
Sturzbach *m* torrent
sturzbesoffen *adj* (*sl*) pissed as a newt BRIT *sl*, drunk as a skunk *fam*
stürzen I. *vi sein* ❶ (*plötzlich fallen*) ■**[irgendwie]** ~ to fall [somehow]; **schwer** ~ to fall heavily; ***ich wäre fast gestürzt*** I nearly fell [down [*or* over]]; ■**[aus** [*o* **von**] **etw]** ~ to fall [out of [*or* from] [*or* off] sth]; **vom Dach/Tisch/Fahrrad/Pferd** ~ to fall off the roof/table/bicycle/horse ❷ POL ■**[über etw** *akk*] ~ *Regierung* to fall [*or* collapse] [over sth]; *Mensch* to be forced to resign [over sth] ❸ (*rennen*) ■**[irgendwohin** [*o* **irgendwoher**]] ~ to rush [*or* dash] [somewhere]; ***wohin ist der denn so eilig gestürzt?*** where did he rush [*or* dash] off to in such a hurry?; **ins Zimmer** ~ to burst into the room II. *vt haben* ❶ (*werfen*) ■**jdn/sich [aus etw/vor etw** *akk*] ~ to throw [*or* hurl] sb/oneself [out of [*or* from] [*or* off]/in front of sth] ❷ POL (*absetzen*) ■**jdn** [*o* **etw**] ~ to bring sb [*or* sth] down; *Minister* to make resign; *Diktator* to overthrow; *Regierung* to topple; (*mit Gewalt*) to overthrow ❸ KOCHK (*aus der Form kippen*) ■**etw** ~ to turn sth upside down; **den Kuchen** ~ to turn out the cake ❹ (*kippen*) ■**etw** ~ to turn sth upside down [*or* over]; **„[bitte] nicht ~!"** "this way [*or* side] up!" III. *vr* ❶ (*sich werfen*) ■**sich [auf jdn]** ~ to pounce [on sb]; ■**sich [auf etw** *akk*] ~ to fall on sth; ***die Gäste stürzten sich aufs kalte Büfett*** the guests fell on the cold buffet ❷ (*sich mit etw belasten*) ■**sich [in etw]** ~ *akk* to plunge into sth; **sich in Schulden** ~ to plunge into debt; **sich in solche Unkosten** ~ to go to such expense; *s. a.* **Unglück, Verderben, Vergnügen**
Sturzflug *m* LUFT nosedive; ORN steep dive; **im ~** in a nosedive/steep dive **Sturzhelm** *m* crash helmet
Stürzpudding *m* nap pudding
Sturzsee *f* NAUT breaker, breaking [*or* heavy] sea
StussRR <-es> *m kein pl*, **Stuß** <-sses> *m kein pl* (*fam*) rubbish *fam*, twaddle *fam*, garbage AM, codswallop BRIT, AUS *sl*
Stute <-, -n> *f* mare
Stuttgart <-s> *nt* Stuttgart
Stütze <-, -n> *f* ❶ (*Stützpfeiler*) support [pillar], strut, prop ❷ (*Halt*) support, prop ❸ (*Unterstützung*) support; ***sie war ihm nach dem Tod seiner Eltern eine große*** ~ she was a great support [to him] following the death of his parents ❹ (*sl: finanzielle Hilfe vom Staat*) dole BRIT *fam*, welfare *esp* AM; **von der ~ leben** to live on the dole [*or* on welfare]
stutzen[1] *vi* to hesitate [*or* pause], to stop short
stutzen[2] *vt* ❶ HORT ■**etw** ~ to prune [*or* trim] sth ❷ ZOOL ■**[einem Tier] etw** ~ to clip [an animal's] sth, die Ohren ~, to clip the ears; **gestutzte Flügel** clipped wings; **einem Hund den Schwanz** ~ to dock a dog's tail ❸ (*kürzen*) ■**jdm/sich [etw]** ~ to trim sb's/one's sth; **sich den Bart vom Friseur ~ lassen** to get the hairdresser [*or* AM barber] to trim one's beard
Stutzen <-s, -> *m* ❶ (*Gewehr*) carbine ❷ (*Rohrstück*) short piece of connecting pipe; *Zapfsäule* nozzle ❸ SPORT stirrup sock
stützen I. *vt* ❶ (*Halt geben*) ■**jdn/etw** ~ to support sb/sth ❷ BAU ■**etw** ~ to support sth, to prop sth up ❸ (*aufstützen*) ■**etw [auf etw]** ~ *akk* to rest sth [on sth]; **die Ellbogen auf den Tisch** ~ to rest [*or* prop] one's elbows on the table; **das Kinn in die Hand** ~ to cup one's chin in one's hand; **den Kopf auf die Hände** ~ to hold one's head in one's hands; **den Kopf auf die Hände gestützt** head in hands ❹ (*gründen*) ■**etw [auf etw** *akk*] ~ to base sth [on sth] ❺ (*untermauern*) ■**etw** ~ to back sth up; **die Theorie/Beweise** ~ to support the theory/evidence ❻ (*verstärken*) ■**etw** ~ to increase sth; **jds Motivation/Ver-**

S

trauen ~ to increase sb's motivation/reinforce sb's trust ⑦ FIN ■ **etw** ~ to support sth **II.** *vr* ① (*sich aufstützen*) ■ **sich** [**auf jdn/etw**] ~ to lean [*or* support] oneself [on sb/sth] ② (*basieren*) ■ **sich** [**auf etw**] ~ *akk* to be based on sth; **sich auf Tatsachen/Indizien** ~ to be based on facts/circumstantial evidence

stutzig *adj* **jdn** ~ **machen** to make sb suspicious; ~ **werden** to get suspicious, to begin to wonder

Stützkurs *m* special course for weaker pupils **Stützmauer** *f* retaining wall **Stützpfeiler** *m* supporting pillar; (*eines Staudamms*) buttress; (*einer Brücke*) pier **Stützpunkt** *m* ① MIL base ② ÖKON [service] centre [*or* AM -er], dealer **Stützverband** *m* support bandage

StVO [ɛsteːfau'ʔoː] *Abk von* **Straßenverkehrsordnung**

stylen ['stailən] *vt* ■ **etw** ~ to design sth; *Haar* to style

Styling <-s> ['stailɪŋ] *nt kein pl* styling

Styropor® <-s> *nt kein pl* polystyrene

s.u. *Abk von* **siehe unten**

Suaheli *nt dekl wie adj* Swahili; *s. a.* **Deutsch**

subaltern *adj* (*pej geh*) ① (*untergeordnet*) subordinate ② (*devot*) obsequious

Subdominante *f* MUS subdominant; (*Dreiklang*) subdominant chord

Subjekt <-[e]s, -e> *nt* ① LING subject ② (*pej: übler Mensch*) creature; **ein übles** ~ a nasty character [*or* customer] *fam*

subjektiv *adj* subjective

Subjektivität <-> [-vi-] *f kein pl* (*geh*) subjectivity *no pl*

Subkontinent *m* subcontinent; **der indische** ~ the Indian subcontinent

Subkultur *f* subculture

subkutan *adj* MED subcutaneous

Subnetz *nt* sub-network

Subskribent(in) <-en, -en> *m(f)* subscriber

subskribieren* *vt* ■ **etw** ~ to subscribe to sth

Subskription <-, -en> *f* subscription; **bei** ~ **der Enzyklopädie** by subscribing to the encyclopaedia [*or* AM encyclopedia]

Subskriptionspreis *m* subscription price

Substantiv <-s, -e *o selten* -a> *nt* noun, substantive *rare*

Substanz <-, -en> *f* ① (*Material*) substance ② *kein pl* (*geh: Essenz*) essence; [**jdm**] **an die** ~ **gehen** (*fam*) to take it out of sb ③ FIN capital; **von der** ~ **leben** to live on [*or* off] one's capital [*or* assets]

substanzlos *adj* insubstantial

substanzreich *adj* solid

substituieren *vt* (*geh*) ■ **etw** [**durch etw**] ~ to substitute sth for sth, to replace sth with sth; ***er substituierte das Buch durch eine Zeitschrift*** he substituted a magazine for the book, he replaced the book with a magazine

Substrat <-[e]s, -e> *nt* substratum

subtil *adj* (*geh*) subtle

Subtilität <-,-en> *f* subtlety

Subtrahend <-en, -en> *m* MATH subtrahend

subtrahieren* **I.** *vt* ■ **etw** [**von etw**] ~ to subtract sth [from sth] **II.** *vi* to subtract

Subtraktion <-, -en> *f* subtraction

Subtraktionszeichen *nt* subtraction sign

Subtropen *pl* ■ **die** ~ the subtropics *pl*

subtropisch ['zʊptroːpɪʃ, zʊp'troːpɪʃ] *adj* subtropical

Subunternehmen *nt* subcontractor

Subunternehmer(in) <-s, -> *m(f)* subcontractor

Subvention <-, -en> [-vɛn-] *f* subsidy

subventionieren* [-vɛn-] *vt* ■ **etw** ~ to subsidize sth

Subventionierung <-, -en> *f* ÖKON subsidization

subversiv [-vɛr-] **I.** *adj* (*geh*) subversive **II.** *adv* (*geh*) subversively; **sich** ~ **betätigen** to engage in subversive activities

Subwoofer <-s, -> *m* MUSIK, TECH subwoofer

Succanat *m* raw cane sugar

Suchaktion *f* organized search **Suchbegriff** *m* target word; INFORM search key [*or* word] **Suchdienst** *m* missing persons tracing service

Suche <-, -en> *f* search; **trotz intensiver** ~ despite an intensive search; ■ **die** ~ **nach jdm/etw** the search for sb/sth; **auf die** ~ [**nach jdm/etw**] **gehen, sich auf die** ~ [**nach jdm/etw**] **machen** to go in search [of sb/sth], to start looking [for sb/sth]; **auf der** ~ [**nach jdm/etw**] **sein** to be looking [for sb/sth]

suchen I. *vt* ① (*zu finden versuchen*) ■ **jdn/etw** ~ to look for sb/sth; (*intensiver, a.* INFORM) to search for sb/sth; ■ **sich jdn/etw** ~ to look for sb/sth; **irgendwo nichts zu** ~ **haben** to have no business to be somewhere; ***du hast hier nichts zu ~!*** you have no right [*or* business] to be here! ② (*nach etw trachten*) ■ **etw** ~ to seek sth; **den Nervenkitzel** ~ to be looking for thrills ► WENDUNGEN: **etw sucht ihresgleichen/seinesgleichen** (*geh*) sth is unparalleled [*or* unequalled] [*or* AM unequaled] **II.** *vi* ■ [**nach jdm/etw**] ~ to search [*or* be looking] [for sb/sth]; ***such!*** seek!, find!

Sucher <-s, -> *m* viewfinder

Suchmannschaft *f* search party **Suchmethode** *f* INFORM search method **Suchscheinwerfer** *m* searchlight

Sucht <-, Süchte> *f* ① (*krankhafte Abhängigkeit*) addiction; ~ **erzeugend** addictive ② (*unwiderstehliches Verlangen*) obsession; ■ **die/jds** ~ **nach etw** [*o* **jds**] the/sb's craving for sth; **eine** ~ **nach Süßem** a craving for sweet things; ■ **eine/jds** ~, **etw zu tun** an/sb's obsession with doing sth; ***im Lotto zu spielen kann manchmal eine ~ sein*** playing the lottery can sometimes be obsessive [*or* an obsession]

Suchtbeauftragte(r) *f(m) dekl wie adj* addiction counsellor [*or* AM counselor] **Suchtberater(in)** *m(f)* addiction counsellor **Suchtforscher(in)** *m(f)* researcher on addiction

süchtig *adj* ① MED (*abhängig*) addicted *pred;* ~**e Menschen** addicts; ■ ~ **sein/werden** to be/become [*or* get] addicted; ***von einer Marihuanazigarette wird man nicht ~*** one joint won't make you an addict; ~ **machen** to be addictive ② (*begierig*) ■ [**nach etw**] ~ **sein** to be hooked [on sth]; ~ **nach Anerkennung sein** to be desperate for acceptance [*or* recognition]

Süchtige(r) *f(m) dekl wie adj* addict

Suchtkranke(r) <-n, -n> *f (m) dekl wie adj* addict

Sud <-[e]s, -e> *m* ① KOCHK stock ② PHARM decoction

Süd <-[e]s, -e> *m* ① *kein pl, kein art bes* NAUT south; *s. a.* **Nord 1** ② *pl selten* NAUT (*Südwind*) south wind

Südafrika *nt* South Africa **Südafrikaner(in)** *m(f)* South African **südafrikanisch** *adj* South African **Südamerika** *nt* South America **Südamerikaner(in)** *m(f)* South American **südamerikanisch** *adj* South American

Sudan <-> *m* [the] Sudan

Sudaner <-s, -> *m*, **Sudanese**, **-sin** <-n, -n> *m, f* Sudanese

sudanesisch *adj* Sudanese

Südchinesisches Meer *nt* South China Sea **süddeutsch** *adj* South German **Süddeutschland** *nt* South[ern] Germany

sudeln *vi* ① (*mit Matsch usw. schmieren*) ■ [**mit etw**] ~ to make a mess, to mess about with sth; **mit Farbe** ~ to daub with paint ② (*nachlässig schreiben*) ■ [**irgendwohin**] ~ to scribble [somewhere]

Süden <-s> *m kein pl, kein indef art* ① (*Himmels-*

richtung) south; *s. a.* **Norden 1** ② (*südliche Gegend*) south; **gen ~ ziehen** to fly [*or* migrate] south; *s. a.* **Norden 2**

Südengland *nt* Southern England, the South of England

Sudeten *pl* ■ **die ~** the Sudeten Mountains [*or* Highlands] *npl*

Sudetendeutsche(r) *f(m)* German from the Sudetenland **Sudetenland** *nt kein pl* ■ **das ~** the Sudetenland

Südfrankreich *nt* Southern France, the South of France **Südfrüchte** *pl* [sub]tropical fruit **Südhalbkugel** *f* southern hemisphere **Südhang** *m* southern slope **Süditalien** *nt* Southern Italy, the South of Italy **Südjemen** *nt* South Yemen **Südkorea** *nt*, **(Süd-)Korea** *nt* (*fam*) South Korea; *s. a.* **Deutschland** **Südkoreaner(in)** *m(f)* South Korean; *s. a.* **Deutsche(r)** **südkoreanisch** *adj* South Korean; *s. a.* **deutsch 1, 2** **Südküste** *f* south[ern] coast **Südlage** *f* southern aspect; **Grundstücke in ~** plots with a southern aspect **Südländer(in)** <-s, -> *m(f)* Southern European; ***sie bevorzugt ~*** she prefers Mediterranean types; ■ **~ sein** ***mein Mann ist ~*** my husband comes from Southern Europe **südländisch** *adj* Southern European; **ein ~es Temperament** a Latin temperament

südlich I. *adj* ① (*in ~er Himmelsrichtung befindlich*) southern; *s. a.* **nördlich I 1** ② (*im Süden liegend*) southern; *s. a.* **nördlich I 2** ③ (*von/nach Süden*) southwards, southerly; *s. a.* **nördlich I 3** ④ (*für den Süden charakteristisch*) southern II. *adv* ■ **~ von etw** [to the] south of sth III. *präp +gen* [to the] south of sth

Südlicht *nt* (*Polarlicht*) southern lights *pl*, aurora australis *sing* **Südosten** *m kein pl, kein indef art* ① (*Himmelsrichtung*) southeast; *s. a.* **Norden 1** ② (*südöstliche Gegend*) Southeast; *s. a.* **Norden 2** **Südosteuropa** *nt* Southeast[ern] Europe **südöstlich** I. *adj* ① (*im Südosten gelegen*) southeastern; *s. a.* **nördlich 2** ② (*von/nach Südosten*) southeastwards, southeasterly; *s. a.* **nördlich 3** II. *adv* ■ **~ [von etw]** [to the] southeast [of sth] III. *präp +gen* [to the] southeast of sth; *s. a.* **nördlich III** **Südpol** *m* ■ **der ~** the South Pole **Südsee** *f kein pl* ■ **die ~** the South Seas *pl*, the South Pacific **Südseite** *f* south[ern] side **Südtirol** *nt* South Tyrol; *s. a.* **Deutschland** **Südtiroler(in)** *m(f)* South Tyrolean; *s. a.* **Deutsche(r)** **Südvietnam** *nt* South Vietnam; *s. a.* **Deutschland** **Südvietnamese, -in** *m, f* South Vietnamese; *s. a.* **Deutsche(r)** **südvietnamesisch** *adv* South Vietnamese; *s. a.* **deutsch 1, 2**

südwärts *adv* southwards; **~ blicken/fahren** to look/drive south; **der Wind dreht ~** the wind is moving round to the south

Südwein *m* southern wine

Südwesten *m kein pl, kein indef art* ① (*Himmelsrichtung*) southwest; ■ **nach** [*o geh* **gen**] **~** to[wards] the southwest, southwestwards; *s. a.* **Norden 1** ② (*südwestliche Gegend*) Southwest; *s. a.* **Norden 2**

Südwester <-s, -> *m* sou'wester BRIT

südwestlich I. *adj* ① (*in ~er Himmelsrichtung befindlich*) southwestern ② (*im Südwesten liegend*) southwestern; *s. a.* **nördlich 2** ③ (*von/nach Südwesten*) southwestwards, southwesterly; *s. a.* **nördlich 3** II. *adv* [to the] southwest; ■ **~ von etw** [to the] southwest of sth III. *präp +gen* ■ **~ einer S.** southwest of sth; *s. a.* **nördlich III**

Südwestrundfunk *m* RADIO *radio broadcasting corporation in South-West Germany*

Südwind *m* south wind

Sueskanal *m* ■ **der ~** the Suez Canal

Suff <-[e]s> *m kein pl* (*fam*) boozing *fam no pl, no indef art;* **dem ~ verfallen** to hit the bottle; **zum ~ finden** to hit the bottle *fam;* **im ~** while under the influence; ***das kann ich nur im ~ gesagt haben*** I can only have said that when I was under the influence [*or fam* plastered]

süffeln *vt* (*fam*) ■ **etw ~** to sip on sth

süffig *adj* very drinkable; **~er sein als ...** to be easier to drink than ...; ***zu gegrilltem Fleisch eignen sich ~e Weine besser*** light wines are a better accompaniment to grilled meat

süffisant *adj* (*geh*) smug

Suffix <-es, -e> *nt* suffix

suggerieren* *vt* (*geh*) ■ **[jdm] etw ~** to suggest sth [to sb], to put sth into sb's mind

Suggestion <-, -en> *f kein pl* (*geh*) suggestion

suggestiv *adj* (*geh*) suggestive

Suggestivfrage *f* (*geh*) leading question

suhlen *vr* ① (*geh: sich ergehen*) ■ **sich** *akk* **[in etw** *dat*] **~** to revel [*or* wallow] [in sth] ② ZOOL (*sich wälzen*) ■ **sich** *akk* **[in etw** *dat*] **~** to wallow [in sth]

Sühne <-, -n> *f* (*geh*) atonement *form*, expiation *form*

sühnen *vt* (*geh*) ■ **etw [durch** [*o* **mit**] **etw] ~** to atone for sth [with sth] *form*

Suite <-, -n> ['svi:tə, zu'i:tə] *f* ① (*Zimmerflucht*) suite ② MUS suite

Suizid <-[e]s, -e> *m* (*geh*) suicide

Suizidgefahr *f kein pl* PSYCH suicidal tendency

Sujet <-s, -s> [zy'ʒe:] *nt* (*geh*) subject

Sukkulent <-en, -en> *m* BOT succulent [plant]

Sulfat <-[e]s, -e> *nt* sulphate BRIT, sulfate AM

Sulfid <-[e]s, -e> *nt* sulphide BRIT, sulfide AM

Sulfit <-s, -e> *nt* sulphite BRIT, sulfite AM

Sulfonamid <-[e]s, -e> *nt* PHARM sulphanomide BRIT, sulfanomide AM

Sultan, Sultanin <-s, -e> *m, f* sultan, sultana

Sultanat <-[e]s, -e> *nt* sultanate

Sultanin <-, -nen> *f fem form von* **Sultan**

Sultanine <-, -n> *f* sultana

Sülze <-, -n> *f* ① (*Fleisch*) brawn; (*Fisch*) diced fish in aspic ② (*Aspik*) aspic

sülzen I. *vi* (*fam*) ■ **[über etw** *akk*] **~** to rabbit [*or* AM ramble] on [about sth] *fam* II. *vt* (*fam*) ■ **etw ~** to spout sth *fam;* **den absoluten Blödsinn ~** to spout absolute nonsense; ***was sülzt der da?*** what's he blethering [*or* spouting] on about?

summa cum laude *adv* SCH summa cum laude (*with the utmost distinction*)

Summand <-en, -en> *m* MATH summand

summarisch I. *adj* summary; **eine ~e Zusammenfassung** a brief summary II. *adv* summarily; **etw ~ darstellen** [*o* **zusammenfassen**] to summarize sth

summa summarum *adv* altogether, in all

Sümmchen <-s> *nt dim von* **Summe 2: ein hübsches** [*o* **nettes**] **~** (*hum fam*) a tidy little sum *fam*

Summe <-, -n> *f* ① (*Additionsergebnis*) sum, total ② (*Betrag*) sum, amount ③ (*geh: Gesamtheit*) sum total

summen I. *vi* ① MUS to hum ② (*leise surren*) *Biene* to buzz [*or* hum]; *Motor* to hum II. *vi impers* ■ **es summt** there's a buzzing/hum[ming] III. *vt* ■ **etw ~** to hum sth

Summenformel *f* CHEM molecular formula

summieren* I. *vt* ■ **etw ~** ① (*zusammenfassen*) to summarize sth, to sum up sth *sep* ② (*addieren*) to add sth up II. *vr* ■ **sich [auf etw** *akk*] **~** to mount up [*or* amount] to sth

Sumoringer(in) *m(f)* sumo [wrestler]

Sumpf <-[e]s, Sümpfe> *m* ① (*Morast*) marsh, bog; (*in den Tropen*) swamp ② (*Abgrund übler Zustände*) quagmire

Sumpfblüte *f* (*fam*) low-life **Sumpfboden** *m* marshy ground, bog **Sumpfdotterblume** *f* marsh

S

marigold

sumpfig *adj* marshy, boggy; (*in den Tropen*) swampy

Sumpfkuh *f* (*sl*) slob *fam or pej* **Sumpfland** *nt kein pl* marsh[land]; (*in den Tropen*) swamp[land] **Sumpfmeise** *f* ORN marsh tit **Sumpfohreule** *f* ORN short-eared owl **Sumpfotter** *m* mink **Sumpfpflanze** *f* marsh plant **Sumpfvogel** *m* marsh bird, wader

Sund <-[e]s, -e> *m* GEOG sound

Sünde <-, -n> *f* ❶ REL sin; **eine ~ begehen** to commit a sin, to sin ❷ (*Missgriff*) error of judgement, mistake; **es ist eine ~ und Schande** (*fam*) it's a crying shame; **es ist eine ~** (*fam*) it's sinful [*or* a sin] *fam*

Sündenbock *m* (*fam*) scapegoat; **jdn zum ~ [für etw] machen** to make sb the scapegoat [for sth] **Sündenfall** *m kein pl* REL ■**der ~** the Fall [of Man] **Sündenregister** *nt* ■**jds ~** sb's list of sins [*or* catalogue [*or* AM catalog] of misdeeds]

Sünder(in) <-s, -> *m(f)* REL sinner

sündhaft *adj* ❶ (*exorbitant hoch*) outrageous ❷ REL sinful; *s. a.* **teuer**

sündig *adj* ❶ REL sinful; ■**~ werden** to sin ❷ (*lasterhaft*) dissolute, salacious, wanton; *s. a.* **Meile**

sündigen *vi* ❶ REL to sin; **in Gedanken ~** to have sinful thoughts; **mit Worten/Taten ~** to say/do sinful things ❷ (*hum fam*) to transgress *hum*

sündteuer *adj* ÖSTERR (*fam*) extremely [*or fam* wickedly] expensive

super **I.** *adj inv* (*fam*) super *fam*, great *fam* **II.** *adv* (*fam*) great *fam*; ***sie kann [wirklich] ~ singen/tanzen*** she's a [really] great singer/dancer; ***dieser Wagen fährt sich ~/~ leicht*** this car is great to drive/handles really easily

Super <-s> *nt kein pl* AUTO four-star BRIT, premium AM

Super-8-Film [suːpɐˈʔaxt-] *m* super 8 film

Superauto *nt* (*fam*) great car *fam* **Superchip** *m* superchip **Supercomputer** *m* supercomputer **supereinfach** *adj* (*fam*) dead easy [*or* simple] BRIT *fam*, super easy AM **supergeil** *adj* (*fam*) dead good, [dead] wicked BRIT *fam*, dead cool AM *fam* **supergut** *adj* (*fam*) dead good BRIT *fam*

Superior, **-riorin** *m, f* REL [Father/Mother] Superior

superklug *adj* (*iron fam*) brilliant *iron*, smart-alec[k BRIT] *pej*; ***du hältst dich wohl für ~*** you think you're brilliant, don't you?

Superlativ <-[e]s, -e> *m* superlative

superleicht *adj* (*fam*) dead easy BRIT *fam*, super easy AM **Supermacht** *f* superpower **Supermann** *m* (*fam*) ❶ *kein pl* (*Comicfigur*) Superman *no pl* ❷ (*Mann*) superman **Supermarkt** *m* supermarket **Superqualität** *f* (*fam*) brilliant quality *fam*; ***der neue Fernseher hat eine ~*** the new TV is a real humdinger *fam* **Superrestaurant** *nt* (*fam*) super [*or* BRIT brilliant] restaurant *fam* **Superstar** *m* superstar **superstark** *adj* (*fam*) really great *fam* **Superweib** *nt* (*iron*) superwoman **Superwein** *m* (*fam*) top-quality [*or* excellent] wine

Suppe <-, -n> *f* ❶ KOCHK soup; **klare ~** consommé ❷ (*fam: Nebel*) pea-souper BRIT *fam*, pea soup AM *fam* ▶ WENDUNGEN: **die ~ auslöffeln müssen** (*fam*) to have to face the music *fam*; ***jetzt musst du die ~, die du dir eingebrockt hast, schon selbst auslöffeln*** you've made your [own] bed, [and] now you must lie on it *prov*; **jdm die ~ versalzen** (*fam*) to put a spoke in sb's wheel BRIT *fam*, to screw up sb's plans AM, to queer sb's pitch BRIT *fam*; *s. a.* **Haar**

Suppeneinlage *f solid ingredients added to a soup* **Suppenfleisch** *nt* meat for making soup [*or* stews] **Suppengemüse** *nt* vegetables for making soup **Suppengewürz** *nt* soup seasoning (*herbs for flavouring stock*) **Suppengrün** *nt* herbs and vegetables for making soup **Suppenhuhn** *nt* boiling chicken [*or* fowl] **Suppenkelle** *f* soup ladle **Suppenküche** *f* (*veraltend*) soup kitchen ▶ WENDUNGEN: **das ist ja die reinste ~** it's a pea-souper [*or* AM like pea-soup] out there **Suppennudel** *f meist pl* soup noodles *pl* **Suppenschüssel** *f* soup toureen **Suppenteller** *m* soup plate **Suppenterrine** *f* KOCHK ❶ (*Terrine*) soup toureen ❷ (*Suppen-, Eintopfgericht*) soup **Suppenwürfel** *m* stock cube

Supplementband <-bände> *m* supplement[ary volume]

Suppositorium <-s, -torien> *nt* MED (*geh*) suppository

Supraleiter *m* PHYS superconductor

supranational *adj inv* supranational

Sure <-, -n> *f* REL sura

Surfbrett [ˈsœrf-] *nt* ❶ (*zum Windsurfen*) windsurfer ❷ (*zum Wellensurfen*) surfboard

surfen [ˈsœrfn] *vi* ❶ (*windsurfen*) to windsurf ❷ (*wellensurfen*) to surf ❸ (*in Datennetzen*) to surf; **im Internet ~** to surf [*or* browse] the Internet

Surfer(in) <-s, -> [ˈsœrfɐ] *m(f)* ❶ (*Windsurfer*) windsurfer ❷ (*Wellensurfer*) surfer ❸ INTERNET internet surfer

Surfing <-s> [ˈsœrfɪŋ] *nt kein pl* ❶ (*Windsurfen*) windsurfing ❷ (*Wellensurfen*) surfing

Suriname <-s> *nt* Surinam[e]; *s. a.* **Deutschland**

Surinamer(in) <-s, -> *m(f)* Surinamese, Surinamer; *s. a.* **Deutsche(r)**

surinamisch *adj* Surinamese; *s. a.* **deutsch**

Surrealismus <-> [zʊreaˈlɪsmʊs, zʏr-] *m kein pl* ■**der ~** surrealism

surrealistisch [zʊreaˈlɪstɪʃ, zʏr-] *adj* **ein ~er Autor/Maler** a Surrealist writer/painter; **ein ~er Film/~es Buch** a surrealistic film/book

surren *vi* ❶ *haben* (*leise brummen*) *Insekt* to buzz [*or* hum]; *Motor, Hochspannungsleitung* to hum; *Kamera, Ventilator* to whirr ❷ *sein* (*sich ~d bewegen*) ■**[irgendwohin] ~** to buzz/hum [somewhere]

Surrogat <-[e]s, -e> *nt* surrogate

Sushi <-s, -s> [suːʃi] *nt* KOCHK sushi

suspekt *adj* (*geh*) suspicious; ■**jdm ~ sein** to look suspicious to sb

suspendieren* *vt* ❶ (*vorübergehend des Amtes entheben*) ■**jdn [von etw] ~** to suspend sb [from sth] ❷ (*geh: von der Pflicht zur Teilnahme befreien*) ■**jdn [von etw] ~** to excuse [*or* exempt] sb [from sth]

Suspension <-, -en> *f* PHARM suspension

süß **I.** *adj* sweet **II.** *adv* ❶ (*mit Zucker zubereitet*) with sugar; ***ich esse nicht gern ~*** I don't like [*or* I'm not fond of] sweet things; ***ich trinke meinen Kaffee nie ~*** I never take sugar in coffee; ***sie bereitet ihre Kuchen immer viel zu ~ zu*** she always makes her cakes far [*or* much] too sweet ❷ (*lieblich*) sweetly; **~ duften** to give off a sweet scent

Süße <-> *f* ❶ *kein pl* (*geh: süßer Geschmack*) sweetness *no pl* ❷ (*Süßstoff*) sweetener

Süße(r) *f(m) dekl wie adj* sweetie *fam*, poppet BRIT *fam*; **[mein] ~r/[meine] ~** (*fam*) my sweet *fam*, sweetheart [*or fam* sweetie]

süßen **I.** *vt* ■**etw [mit etw] ~** to sweeten sth [with sth]; ***Joghurt und Müsli süße ich nicht noch extra*** I don't add [any] sugar to yoghurt or muesli **II.** *vi* ■**[mit etw] ~** to sweeten things [with sth]; ***ich bin Diabetikerin, ich darf nur mit künstlichem Süßstoff ~*** I am a diabetic, I am only allowed to use artificial sweeteners

Süßholz *nt kein pl* liquorice [*or* AM licorice] [root] ▶ WENDUNGEN: **~ raspeln** (*fam*) to be full of sweet talk, to be honey-tongued

Süßigkeit <-, -en> *f* ❶ *meist pl* (*etw Süßes zum Essen*) sweet, candy AM ❷ *pl rare* sweetness

Süßkartoffel *f* sweet potato, yam AM **Süßkirsche**

f sweet cherry

süßlich *adj* ❶ (*unangenehm süß*) sickly sweet; ~**es Parfüm** cloying perfume [*or* scent] ❷ (*übertrieben liebenswürdig*) terribly sweet; ~**es Lächeln** sugary smile; ~**e Miene** ingratiating expression [*or* BRIT smarmy]; ~**er Tonfall** ingratiating [*or* BRIT wheedling] tone of voice; ~**e Worte** honeyed words

süßsauer **I.** *adj* ❶ KOCHK sweet-and-sour; **Schweinefleisch** ~ sweet-and-sour pork ❷ (*fig*) artificially friendly; ~**es Lächeln** forced smile; **ein** ~**es Gesicht machen** to make [*or* BRIT pull] a wry face **II.** *adv* ❶ KOCHK in a sweet-and-sour sauce ❷ (*fig*) ~ **lächeln** to smile wryly **Süßspeise** *f* sweet, dessert **Süßstoff** *m* sweetener **Süßwarengeschäft** *nt* confectionary [*or* chocolate] [*or* BRIT *fam* sweetie] shop

Süßwasser *nt* fresh water

Süßwasserfisch *m* freshwater fish

SW *Abk von* **Südwesten**

Swahili *nt dekl wie adj s.* **Suaheli**

Swap[1] <-s, -s> *m o nt kurz für* **Swapgeschäft** swap

Swap[2] <-s, -s> *m* INFORM (*Auslagerung*) swap

Swapgeschäft <-[e]s, -e> *nt* ÖKON, BÖRSE swap [deal] **Swapsatz** *m* ÖKON, BÖRSE swap rate, forward margin

Swasi <-, -> *m fem form gleich* BRD Swazi; *s. a.* **Deutsche(r)**

Swasiland <-s> *nt* Swaziland; *s. a.* **Deutschland**

Swasiländer(in) <-s, -> *m(f)* ÖSTERR *s.* **Swasi**

swasiländisch *adj* Swazi; *s. a.* **deutsch**

Sweatshirt <-s, -s> ['svɛtʃœrt] *nt* sweatshirt

Swimmingpool, **Swimming-pool** <-s, -s> ['svɪmɪŋpu:l] *m* swimming pool

SWR *m* RADIO *Abk von* **Südwestrundfunk** *radio broadcasting corporation in South-West Germany*

Sydney <-s> ['sɪdnɪ] *nt* Sydney

Sylt *nt* Sylt; **auf** ~ on Sylt; **nach** ~ **fahren** to go [*or* travel] to Sylt; **von** ~ **kommen** to come from Sylt; **auf** ~ **leben** to live on Sylt

Symbiont <-en, -en> *m* BIOL symbiont

Symbiose <-, -n> *f* symbiosis; **eine** ~ **eingehen** to form a symbiotic relationship

Symbol <-s, -e> *nt* symbol

Symbolfigur *f* symbol[ic figure]

symbolisch *adj* symbolic

symbolisieren* *vt* ■**etw** ~ to symbolize sth

Symbolismus <-> *m kein pl* ■**der** ~ Symbolism

Symmetrie <-, -n> [-'tri:ən] *f* symmetry

symmetrisch *adj* symmetrical

Sympathie <-, -en> [-'ti:ən] *f* sympathy; (*Zuneigung*) affection; **jds** ~ **haben** to have sb's approval [*or* support]; ***die Aktion hat meine volle*** ~ I sympathize completely with the campaign

Sympathiekundgebung *f* demonstration [*or* show] of support

Sympathikus <-> *m kein pl* MED sympathic nervous system

Sympathisant(in) <-en, -en> *m(f)* sympathizer

sympathisch *adj* nice, pleasant, likeable; ■**jdm** ~ **sein** to appeal to sb; ***sie war mir gleich*** ~ I liked her [*or* took to her] at once, I took an immediate liking to her; ■**[jdm] nicht** ~ **sein** to be not very appealing [to sb]; ***es ist mir nicht gerade*** ~ it doesn't really [*or* exactly] appeal to me

sympathisieren* *vi* ■**mit jdm/etw** ~ to sympathize with sb/sth

Symphonie <-, -en> *f s.* **Sinfonie**

Symposium <-s, Symposien> *nt* symposium

Symptom <-s, -e> *nt* symptom; **ein** ~ **für etw** a symptom of sth

symptomatisch *adj* (*geh*) symptomatic; ■~ **für etw sein** to be symptomatic of sth

Synagoge <-, -n> *f* synagogue

Synapse <-, -n> *f* BIOL (*Verknüpfung zweier Nervenzellen*) synapse

synchron [zʏn'kro:n] **I.** *adj* ❶ (*geh: gleichzeitig*) synchronous, simultaneous ❷ LING *s.* **synchronisch** **II.** *adv* ❶ (*geh*) synchronously, simultaneously ❷ LING *s.* **synchronisch**

Synchronisation <-, -en> *f* ❶ FILM, TV dubbing ❷ (*Abstimmung*) synchronization

synchronisieren* *vt* ❶ FILM, TV ■**etw** ~ to dub sth ❷ (*geh: zeitlich abstimmen*) ■**etw** ~ to synchronize sth

Synchronisierung <-, -en> *f* ❶ FILM dubbing ❷ TECH (*Gleichlauf*) synchronization ❸ (*geh: zeitliches Abstimmen*) synchronization

Syndikat <-[e]s, -e> *nt* syndicate

Syndrom <-s, -e> *nt* MED, SOZIOL syndrome

Synergie <-, -n> [-'gi:ən] *f* synergy

Synergieeffekt *m* synergetic effect

Synode <-, -n> *f* REL synod

synonym *adj inv* synonym

Synonym <-s, -e> *nt* synonym

Synonymwörterbuch *nt* dictionary of synonyms, thesaurus; *pl* thesauruses [*or form* thesauri]

syntaktisch *adj* syntactic

Syntax <-, -en> *f* syntax

Synthese <-, -n> *f* synthesis

Synthesizer <-s, -> ['zyntəsaizɐ] *m* MUS synthesizer

Synthetik <-> *nt kein pl* synthetic [*or* man-made] fibre [*or* AM -er]; ***das Hemd ist aus*** ~ the shirt is made of artificial fibres

synthetisch *adj* synthetic; **eine** ~**e Faser** a man-made fibre

Syphilis <-> *f kein pl* syphilis *no pl*

Syrer(in) <-s, -> *m(f)* Syrian; *s. a.* **Deutsche(r)**

Syrien <-s> *nt* Syria; *s. a.* **Deutschland**

syrisch *adj* Syrian, deutsch 1

System <-s, -e> *nt* system; ~ **in etw** *akk* **bringen** to bring some order into sth; **nach einem bestimmten** ~ **vorgehen** to proceed according to a fixed system; **mit** ~ systematically; **duales** ~ *refuse recycling system implemented in Germany;* **das kommunistische** ~ the communist system

Systemanalyse *f* systems analysis **Systemanalytiker(in)** *m(f)* systems analyst

Systematik <-, -en> *f* ❶ (*geh: Ordnungsprinzip*) system ❷ *kein pl* BIOL systematology

systematisch *adj* systematic

systematisieren* *vt* (*geh*) ■**etw** ~ to systemize sth

Systemauslastung *f* TECH, INFORM full system capacity **Systembetreuer(in)** *m(f)* INFORM computer systems supervisor **Systemfehler** *m* TECH, INFORM system error **Systemkritiker(in)** *m(f)* critic of the system **systemkritisch** **I.** *adj inv* critical of the system **II.** *adv* **sich** ~ **äußern** to speak critically of the system, to openly criticize the system

systemlos <-er, -este> *adj* unsystematic

Systole <-, -n> ['zystolə, zy'sto:lə] *f* MED systole

Szenario <-s, -s> *nt* (*a. geh*) scenario

Szenarium <-s, -ien> *nt* (*a. fig*) scenario

Szene <-, -n> *f* ❶ THEAT, FILM scene; **in** ~ **gehen** *akk* to be staged; ***die*** ~ ***spielt in Estland*** the scene is set in Estonia; **[etw] in** ~ **setzen** (*a. fig*) to stage sth; **sich in** ~ **setzen** (*fig*) to play to the gallery, to draw attention to oneself; **auf offener** ~ during the performance ❷ (*fam: Krach*) scene; ***wenn er angetrunken nach Hause kommt, gibt es jedesmal eine*** ~ whenever he comes home drunk there is always a scene; **[jdm] eine** ~ **machen** (*fam*) to make a scene [in front of sb] *fam;* ***bitte, mach mir nicht schon wieder eine*** ~ please let's not have another scene ❸ *kein pl* (*fam: Milieu*) scene *sl;* ■**die** ~ the scene *sl,* subculture *pej;* **sich in der** ~ **auskennen** to know one's way around

S

the scene; **die literarische** ~ the literary scene; **die** ~ **beherrschen** to dominate the scene; (*fig*) to keep things under control

Szene-Bar *f* (*fam*) fashionable [*or* trendy] bar [*or* pub], bar for the in-crowd **Szene-Insider** *m* scenester **Szene-Kid** *nt* (*fam*) [young] scenester **Szenekneipe** *f* fashionable [*or* trendy] pub [*or* bar], bar frequented by the in-crowd

Szenenwechsel *m* change of scene

Szene-Party <-, -s> *f* party for the in-crowd

Szenerie <-, -n> [-'riːən] *f* ① (*geh: landschaftliche Umgebung*) scenery ② FILM, LIT setting ③ (*Bühnendekoration*) set

Szenevolk *nt* scenesters *pl*

Szylla <-> ['stsʏla] *f* ▶ WENDUNGEN: **zwischen** ~ **und Charybdis** (*geh*) between the devil and the deep blue sea *fam*, between Scylla and Charybdis *liter*

T

T, t <-, – *o fam* -s, -s> *nt* T, t; ~ **wie Theodor** T for Tommy BRIT, T as in Tare; *s. a.* **A 1**

t *Abk von* **Tonne**

Tabak <-s, -e> ['taːbak, 'tabak] *m* tobacco; **leichter/starker** ~ mild/strong tobacco

Tabakanbau *m* tobacco growing **Tabakernte** *f* tobacco crop **Tabakindustrie** *f*, **Tabakindustrie** *f* ÖSTERR tobacco industry **Tabakkonsum** *m* consumption of tobacco **Tabakladen** *m* tobacconist's **Tabakmosaikvirus** *nt* BIOL tobacco mosaic virus **Tabakplantage** *f* tobacco plantation **Tabaksbeutel** *m* tobacco pouch **Tabaksdose** *f* tobacco tin **Tabaksteuer** *f* duty on tobacco **Tabakwaren** *pl* tobacco products *pl* **Tabakwerbung** *f* tobacco advertising

tabellarisch **I.** *adj* tabular **II.** *adv* in tabular form

tabellarisieren* *vt* ■**etw** ~ to tabulate sth

Tabellarisierung <-, -en> *f* (*spec*) tabulation

Tabelle <-, -n> *f* table; FBALL *a.* league [table]

Tabellenform *f* **in** ~ in the form of a table [*or* chart] **Tabellenführer(in)** *m(f)* SPORT league leaders *pl*, top of the league; ~ **sein** to be at the top of the league **Tabellenführung** *f* SPORT top of the [league/championship] table; ***Werder Bremen hat die ~ übernommen*** Werder Bremen has taken over at [*or* gone to the] the top of the table **Tabellenkalkulation** *f* INFORM spreadsheet **Tabellenplatz** *m* SPORT league position, position in the league

Tabernakel <-s, -> *nt o m* tabernacle

Tablar <-s, -e> *nt* SCHWEIZ (*Schrank-, Regalbrett*) shelf

Tablett <-[e]s, -s *o* -e> *nt* tray ▶ WENDUNGEN: [**jdm**] **etw auf einem silbernen** ~ **servieren** to hand [sb] sth on a plate [*or* platter]

Tablette <-, -n> *f* pill, tablet

Tablettenmissbrauch[RR] *m kein pl* pill abuse **Tablettensucht** *f kein pl* addiction to pills **tablettensüchtig** *adj* addicted to pills

tablieren *vt* KOCHK **Zucker** ~ to tablet sugar

tabu *adj inv* taboo; ■[**für jdn**] ~ **sein** to be taboo [for sb]

Tabu <-s, -s> *nt* (*geh*) taboo [subject]; [**für jdn**] **ein** ~ **sein** to be a taboo subject [for sb]

tabuisieren* [tabui'ziːrən] *vt* ■**etw** ~ to make sth a taboo subject

Tabula rasa[RR] *f kein pl*, **tabula rasa** *f kein pl* ▶ WENDUNGEN: ~ ~ **machen** (*fam*) to make a clean sweep of sth

Tabulator <-s, -toren> *m* tabulator, tab *fam*

Tach(e)les ▶ WENDUNGEN: [**mit jdm**] ~ **reden** (*fam*) to do some straight talking [to sb] *fam*

Tacho <-s, -s> *m* (*fam*) *kurz für* **Tachometer** speedometer

Tachometer *m o nt* speedometer

Tadel <-s, -> *m* ① (*Verweis*) reprimand; **jdm einen** ~ **erteilen wegen** *gen* **einer S.** to reproach sb for sth ② (*Makel*) **ohne** ~ impeccable, faultless; **Ritter ohne Furcht und** ~ a most perfect gentle knight

tadellos **I.** *adj* (*einwandfrei*) perfect **II.** *adv* perfectly

tadeln *vt* ① (*zurechtweisen*) ■**jdn** [**für** [*o* **wegen**] **etw**] ~ *gen* to reprimand [*or* rebuke] sb [for sth], to scold sb [*or esp childspeak* tell sb off] [for sth]; **jdn scharf** ~ to sharply rebuke sb ② (*missbilligen*) ■**etw** ~ to express one's disapproval; ■~**d** reproachful; ~**de Bemerkungen** reproachful remarks

Tadschike, **Tadschikin** <-n, -n> *m, f* Tajik; *s. a.* **Deutsche(r)**

tadschikisch *adj* Tajik[istani]; *s. a.* **deutsch**

Tadschikistan <-s> *nt* Tajikistan, Tadzhikistan; *s. a.* **Deutschland**

Tafel <-, -n> *f* ① (*Platte*) board; **eine** ~ **Schokolade** a bar of chocolate; **Anzeige~** board; **Gedenk~** plaque; **Schul~** [black]board; **Schreib~** slate ② ELEK panel; **Schalt~** control panel [*or* console] ③ MEDIA (*Bild~*) plate ④ (*geh: festlicher Esstisch*) table; [**jdn**] **zur** ~ **bitten** to ask [sb] to the table ⑤ *kein pl* (*geh: feine Küche*) cuisine

Tafelberg *m kein pl* GEOL table mountain **Tafelbesteck** *nt* cutlery **Tafelente** *f* ORN common pochard **Tafelgeschäft** *nt* over-the-counter transaction **Tafelgeschirr** *nt* tableware **Tafelhonig** *m* processed honey **Tafelleuchter** *m* candelabra

tafeln *vi* (*geh*) to feast *form*

täfeln *vt* ■**etw** ~ to panel sth; ■**getäfelt** panelled [*or* AM paneled]

Tafelrunde *f* (*geh*) company at a table **Tafelsilber** *nt* silver **Tafelspitz** *m* KOCHK boiled beef topside, prime boiled beef

Täfelung <-, -en> *f* panelling [*or* paneling] AM

Tafelwasser *nt* (*geh*) table water, mineral water *fam* **Tafelwein** *m* (*geh*) table wine

Taft <-[e]s, -e> *m* taffeta

Tag <-[e]s, -e> *m* ① (*Abschnitt von 24 Stunden*) day; **das Neueste vom** ~**e** the latest [news]; ***weißt du schon das Neueste vom ~e? Hans und Inge wollen doch endlich heiraten*** have you heard the latest? Hans and Inge are finally going to get married; **ein freier** ~ a day off; **sich** *dat* **einen faulen** [*o* **schönen**] ~ **machen** to take things easy for the day; **den ganzen** ~ [**lang**] all day long, the whole day; [**s**]**einen guten/schlechten** ~ **haben** to have a good/bad day; ***gestern hatte ich [m]einen schlechten ~, da ist alles schief gegangen*** yesterday just wasn't my day — everything went wrong; ***wenn ich einen schlechten ~ habe, geht alles schief*** when I have an off day everything goes wrong; **guten** ~**!** good day! *form*, hello!, good afternoon/morning!; ~**!** (*fam*) morning! *fam*, alright! *fam*; **nur guten** ~ **sagen wollen** to just want to say hallo; ***willst du nicht zum Essen bleiben? — nein, ich wollte nur schnell guten ~ sagen*** won't you stay and have something to eat? — no, I just wanted to pop in and say hallo; **den lieben langen** ~ all day long, [all] the livelong day *form*; **seinen ...** ~ **haben** to feel ... today; ***da hast du 20 Mark, ich habe heute meinen großzügigen ~*** here's 20 marks for you, I'm feeling generous today; **das war heute wieder ein** ~**!** (*fam*) what a day that was!; ~ **für** ~ every day; ***~ für ~ erreichen uns neue Hiobsbotschaften*** every day there's more terrible news; **von einem** ~ **auf den anderen** overnight; ***sie mussten ihr Haus von einem ~ auf den***

anderen räumen they had to vacate their house overnight; **von ~ zu ~** from day to day, every day; ***die Wechselkurse ändern sich von ~ zu ~*** the exchange rates change from day to day; **alle ~e** (*fam*) every day; **eines [schönen] ~es** one day, one of these [fine] days; ***eines [schönen] ~es klingelte es und ihre alte Jugendliebe stand vor der Tür*** one fine day there was a ring at the door and her old flame was standing at the door; ***eines schönen ~es wirst du auf die Schnauze fallen*** you'll come a cropper one of these days! *fam;* **jeden ~** every day, at any time, any day now; ***der Vulkan kann jetzt jeden ~ ausbrechen*** the volcano could errupt at any time; ***der Brief muss jeden ~ kommen*** the letter should arrive any day now ② (*Datum*) day; ***lass uns also ~ und Stunde unseres Treffens festlegen*** let's fix a day and a time for our meeting; **~ der offenen Tür** open day; **der ~ X** D-day; **bis zum heutigen ~** up to the present day; **am ~[e] einer S.** *gen* on the day of sth; **auf den ~ [genau]** [exactly] to the day; ***ich kann es Ihnen nicht auf den ~ genau sagen*** I can't tell you to the exact day; **dieser ~e** (*fam*) in the next [*or* last] few days ③ (*Gedenk~*) ■**der ~ des/der ... ...**day; **der ~ des Kindes** Children's Day; ***der 4. Juli ist der ~ der Unabhängigkeit Amerikas*** 4th July is America's Independence Day; **der ~ der Arbeit** Labour Day; ***der 1. Mai ist traditionell der ~ der Arbeit*** 1st May is traditionally Labour Day; **der ~ des Herrn** (*geh*) the Lord's Day ④ (*Tageslicht*) light; ***es ist noch nicht ~*** it's not light yet; ***im Sommer werden die ~e länger*** the days grow longer in summer; **am ~** during the day; ***am ~ bin ich immer im Büro*** I'm always in the office during the day; **bei ~[e]** while it's light; ***wir reisen besser bei ~e ab*** we had better leave while it's light; **[bei] ~ und Nacht** night and day; ***in den letzten Wochen habe ich ~ und Nacht geschuftet*** I've been grafting away night and day for these last few weeks; **~ sein/werden** to be/become light; ***sobald es ~ wird, fahren wir los*** we'll leave as soon as it's light; ***im Sommer wird es früher ~ als im Winter*** it gets light earlier in summer than in winter ⑤ *pl* (*fam: Menstruation*) period; ■**jds ~e** sb's period; **sie hat ihre ~e [bekommen]** it's that time of the month for her ⑥ *pl* (*Lebenszeit*) days; ***die ~e der Jugend*** one's salad days *old;* **auf seine/ihres alten ~e** at his/her time of life; ***auf seine alten ~e hat er noch ein Studium angefangen*** despite his advanced years he has begun some serious studies; **bis in unsere ~e [hinein]** up to the present day; **in unseren ~en** nowadays ▶ WENDUNGEN: **es ist noch nicht aller ~e Abend** it's not all over yet; **man soll den ~ nicht vor dem Abend loben** (*prov*) one shouldn't count one's chickens before they're hatched *prov;* **schon bessere ~e gesehen haben** to have seen better days; ***na, dein Auto hat auch schon bessere ~ gesehen!*** well, your car has seen better days, hasn't it?; **ewig und drei ~e** (*hum fam*) for ever and a day; **der Jüngste ~** REL the Day of Judgement; **viel reden [o erzählen], wenn der ~ lang ist** (*fam*) to tell somebody anything; **etw an den ~ bringen** to bring sth to light; **etw kommt an den ~** sth comes to light; **in den ~ hinein leben** to live from day to day; **etw an den ~ legen** *Interesse* to show interest; *Aufmerksamkeit* to pay attention, they showed great interest in the latest machines; **über/unter ~e** above/below ground

Tagalisch *nt* Tagalog; *s. a.* **Deutsch**

Tagalische <-n> *nt* ■**das ~** Tagalog; *s. a.* **Deutsche**

tagaus *adv* **~, tagein** day after day [*or* day in, day out]

Tagebau *m kein pl* open-cast mining; **im ~** by open-cast mining; ***Braunkohle wird im ~ gefördert*** lignite is mined by the open-cast method **Tagebuch** *nt* ① (*tägliche Aufzeichnungen*) diary; **ein ~ führen** to keep a diary ② (*Terminkalender*) appointments diary **Tagegeld** *nt* ① (*tägliches Krankengeld*) daily invalidity pay ② (*tägliche Spesenpauschale*) daily allowance

tagein *adv s.* **tagaus**

tagelang I. *adj* lasting for days; **nach ~em Warten** after days of waiting II. *adv* for days; ***nachdem es ~ geregnet hatte, kam endlich mal wieder die Sonne heraus*** after it had rained for days the sun finally came out again **Tagelohn** *m* daily wage; **im ~ stehen/arbeiten** to be paid by the day **Tagelöhner(in)** <-s, -> *m(f)* (*veraltend*) day labourer [*or* AM -orer]

tagen[1] *vi impers* (*geh*) ***es tagt!*** day is breaking! *form*

tagen[2] *vi* to meet; ***in Berlin tagt zur Zeit ein Ärztekongress*** there is a medical congress currently meeting in Berlin

Tagesablauf *m* daily routine **Tagesanbruch** *m* dawn, daybreak; **bei/nach/vor ~** at/after/before daybreak [*or* after] [*or* before] **Tagesausflug** *m* day trip **Tagescreme** *f* day cream **Tagesdecke** *f* bedspread **Tageseinnahmen** *pl* day's takings *npl* **Tagesgeschehen** *nt* daily events *pl* **Tagesgespräch** *nt* talking point of the day **Tageskarte** *f* ① (*Speisekarte*) menu of the day ② (*einen Tag gültige Eintrittskarte*) day ticket **Tageskasse** *f* ① (*tagsüber geöffnete Kasse*) box-office open during the day; ***die ~ hat zwischen 10 und 13 Uhr geöffnet*** the box-office is open during the day between 10 a.m. and 1 p.m. ② (*Tageseinnahmen*) day's takings *npl* **Tageskurs** *m* FIN current rate **Tageslicht** *nt kein pl* daylight *no pl;* **bei ~** by [*or* in] daylight; ***das müssen wir uns morgen mal bei ~ ansehen*** we'll have to have a look at it tomorrow in daylight; (*vor Einbruch der Dunkelheit*) before dark; ***ich muss mich beeilen, ich will noch bei ~ zu Hause sein*** I must hurry, I want to be home before dark ▶ WENDUNGEN: **etw ans ~ bringen** to bring sth to light; **etw kommt ans ~** sth comes to light; **das ~ scheuen** to shun the light of day **Tageslichtprojektor** *m* overhead projector **Tagesmarsch** *m* day's march **Tagesmutter** *f* childminder **Tagesordnung** *f* agenda; **etw auf die ~ setzen** to put sth on the agenda; **auf der ~ stehen** to be on the agenda; ***dieses Thema steht für morgen auf der ~*** this topic is on tomorrow's agenda ▶ WENDUNGEN: **an der ~ sein** to be the order of the day; **[wieder] zur ~ übergehen** to carry on as usual **Tagesordnungspunkt** *m* item on the agenda **Tagesreise** *f* ① (*eintägiger Ausflug*) day trip ② (*Strecke*) day's journey **Tagessatz** *m* ① (*tägliche Kosten*) daily rate ② (*Geldstrafe*) *fine calculated from the daily rate of income* **Tagesschau** *f kein pl* TV news + *sing vb* (*daily TV news show of the ARD*), bulletin; ■**die ~** the news **Tagesumsatz** *m* daily sales returns *pl* **Tagesverbrauch** *m* daily consumption **Tageszeit** *f* time [of day]; **zu jeder Tages- und Nachtzeit** (*fam*) at any hour of the night or day **Tageszeitung** *f* daily [paper]

Tagetes <-> *f kein pl* HORT marigold

tageweise *adv* on a daily basis

Tagewerk *nt kein pl* (*geh*) day's work

Taggeld *nt* ÖSTERR, SCHWEIZ (*Tagegeld*) daily allowance

taghell *adj* as bright as day

täglich I. *adj attr* daily; *s. a.* **Brot** II. *adv* daily, every day

tags *adv* by day; **~ darauf** the following day; **~ zuvor** the day before

tagsüber *adv* during the day

tagtäglich I. *adj* daily II. *adv* on a daily basis, every day **Tagtraum** *m* daydream **Tagundnachtgleiche** <-, -n> *f* equinox

Tagung <-, -en> *f* ❶ (*Fach~*) conference ❷ (*Sitzung*) meeting

Tagungsbeginn *m* beginning of a conference **Tagungsdauer** *f* duration of a conference **Tagungsort** *m* conference venue **Tagungsteilnehmer(in)** *m(f)* participant in a conference

Tahiti *nt* Tahiti; *s. a.* **Sylt**

Taifun <-s, -e> *m* typhoon

Taiga <-> *f kein pl* ■ **die** ~ the taiga

Taille <-, -n> ['taljə] *f* waist

tailliert [ta'ji:ɐt] *adj* fitted at the waist

Taipeh <-s> *nt* Taipei

Taiwan <-s> *nt* Taiwan

Takelage <-, -n> [takə'la:ʒə] *f* NAUT rigging

takeln *vt* NAUT ■ **etw** ~ to rig sth

Takt <-[e]s, -e> *m* ❶ MUSIK bar; **den** ~ [**zu etw**] **schlagen** to beat time to sth ❷ *kein pl* (*Rhythmus*) rhythm; **den** ~ **angeben** [*o* **schlagen**] to beat time; **jdn aus dem** ~ **bringen** to make sb lose their rhythm, to disconcert sb; **jd kommt aus dem** ~ to lose one's rhythm [*or* the beat]; **im** ~ in time to sth ❸ *kein pl* (*Taktgefühl*) tact; **etw mit** ~ **behandeln** to deal tactfully with sth; **keinen** ~ [**im Leib**] **haben** (*fam*) not to have an ounce of tact in one; **gegen den** ~ **verstoßen** to behave tactlessly ❹ AUTO stroke; **4-~-Motor** 4-stroke [engine] ❺ *kein pl* LING foot ❻ TECH phase ► WENDUNGEN: **ein paar** ~**e** (*fam*) a few words; **ein paar** ~**e mit jdm reden** to have a word with sb

Taktgefühl *nt* ❶ (*Feingefühl*) sense of tact; ~ **haben** to have a sense of tact ❷ MUS sense of rhythm

taktieren* *vi* to use tactics; **klug/geschickt** ~ to use clever/skilful tactics

Taktik <-, -en> *f* tactics *pl;* [**mit etw**] **eine bestimmte** ~ **verfolgen** to pursue certain tactics [with sth]; ***wir müssen herausbekommen, welche ~ die Konkurrenz verfolgt*** we must find out what tactics our competitors are pursuing

Taktiker(in) <-s, -> *m(f)* tactician

taktisch **I.** *adj* tactical **II.** *adv* tactically

taktlos *adj* tactless

Taktlosigkeit <-, -en> *f* ❶ *kein pl* (*taktlose Art*) tactlessness ❷ (*taktlose Aktion*) piece of tactlessness

Taktstock *m* baton

taktvoll *adj* tactful

Tal <-[e]s, Täler> *nt* valley; **zu** ~ (*geh*) down into the valley; (*flussabwärts*) downstream

talabwärts *adv* down the valley

Talar <-s, -e> *m* JUR robe, gown; REL cassock; SCH gown

talaufwärts *adv* up the valley, upstream

Tal des Todes *nt* Death Valley

Talent <-[e]s, -e> *nt* ❶ (*Begabung*) talent; ■ **jds** ~ **für** [*o* **zu**] **etw** sb's talent for sth; ~ [**für** [*o* **zu**] **etw**] **haben** to have a talent [for sth] ❷ (*begabter Mensch*) talent *no pl;* ***Ihr Sohn ist ein wirkliches ~*** your son is a real talent; **junge** ~**e** young talents

talentiert **I.** *adj* talented **II.** *adv* in a talented way

Taler <-s, -> *m* HIST thaler

Talfahrt *f* ❶ (*Fahrt ins Tal*) descent [into the valley [*or* down a valley]], journey downstream ❷ (*starke Verluste*) steep decline

Talg <-[e]s, -e> *m* ❶ (*festes Fett*) suet ❷ (*Absonderung der Talgdrüsen*) sebum

Talgdrüse *f* sebaceous gland

Talisman <-s, -e> *m* talisman, lucky charm, mascot

Talk[1] <-[e]s> *m kein pl* (*Mineral*) talc

Talk[2] <-s, -s> ['tɔ:k] *m* (*Plauderei*) talk

talken ['tɔ:kn] *vi* SOZIOL, MEDIA to chat, to talk

Talkmaster(in) <-s, -> ['tɔ:kma:stɐ] *m(f)* chat show host BRIT, talk show host AM

Talkpuder *m o nt s.* **Talkum**

TalkshowRR <-, -s> *f,* **Talk-Show** <-, -s> ['tɔ:kʃo:] *f* chat show BRIT, talk show AM

Talkum <-s> *nt kein pl* talcum powder

Tallinn <-s> *nt* Tallin[n]

Talmi <-s> *nt kein pl* (*veraltend*) pinchbeck *form,* cheap rubbish [*or* AM garbage]; (*unechter Schmuck*) imitation jewellery [*or* AM jewelery]

Talmud <-[e]s, -e> *m kein pl* REL Talmud

Talschaft <-, -en> *f* SCHWEIZ (*Territorium*) valley area; (*politische Einheit*) valley community

Talsohle *f* ❶ (*Boden eines Tales*) bottom of a valley ❷ (*Tiefstand*) rock bottom **Talsperre** *f* TECH *s.* **Staudamm**

Tamarinde <-, -n> *f* tamarind

Tamariske <-, -n> *f* tamarisk

Tambour <-en, -en> ['tambu:ɐ, tam'bu:ɐ] *m* SCHWEIZ (*Trommler*) drummer

Tamburin <-s, -e> *nt* tambourine

Tamil *nt* Tamil; *s. a.* **Deutsch**

Tampon <-s, -s> ['tampɔn, tam'po:n, tã'põ:] *m* tampon

Tamtam <-s, -s> *nt* ❶ (*asiatisches Becken*) tomtom ❷ *kein pl* (*fam: großes Aufheben*) fuss; **ein** [**großes**] ~ [**um jdn/etw**] **machen** (*fam*) to make a [big] fuss [about [*or* over] sb/sth]

Tand <-[e]s> *m kein pl* (*veraltend geh*) knick-knacks *pl*

tändeln *vi* (*veraltend geh*) ■ [**mit etw**] ~ to dally with sth; ■ [**mit jdm**] ~ to trifle [with sb] *dated*

Tandem <-s, -s> *nt* tandem; ~ **fahren** to ride a tandem

Tandler(in) <-s, -> *m(f)* ÖSTERR (*fam*) ❶ (*Trödler*) junk dealer ❷ (*Charmeur*) flirt, philanderer

Tang <-[e]s, -e> *m* seaweed

Tangens <-, -> ['taŋgɛns] *m* tangent

Tangente <-, -n> [taŋ'gɛntə] *f* ❶ MATH tangent ❷ TRANSP bypass, ring road

Tanger <-s> *nt* Tangier[s]

tangieren* [taŋ'gi:rən] *vt* ❶ (*geh: streifen*) ■ **jdn/etw** ~ to touch upon sb/sth; ***in unserer Besprechung wurde dieses Problem nur tangiert*** this problem was only touched upon in our discussion ❷ (*geh: betreffen*) ■ **jdn/etw** ~ to affect sb/sth; **jdn nicht** ~ (*fam*) not to bother sb ❸ MATH ■ **etw** ~ to be tangent to

Tango <-s, -s> ['taŋgo] *m* tango

Tank <-s, -s> *m* TECH, MIL tank

Tankdeckel *m* fuel [*or* BRIT *a.* filler] cap [*or* BRIT *a.* petrol]

tanken **I.** *vi* (*den Tank füllen*) *Auto* to fill up with [*or* get some] petrol [*or* AM gas]; *Flugzeug* to refuel **II.** *vt* ❶ (*als Tankfüllung*) ■ **etw** ~ to fill up with sth; ***ich tanke nur noch Super bleifrei*** I only fill up with Super lead-free ❷ (*fam: in sich aufnehmen*) ■ **etw** ~ to get sth; **frische Luft/Sonne** ~ to get some fresh air/sun; ***ich fahre an die See, um neue Kräfte zu ~*** I'm going to the seaside to recharge my batteries *fig* ► WENDUNGEN: [**ganz schön** [*o* **reichlich**] [*o* **ziemlich**]] **getankt haben** (*fam*) to have downed a fair amount

Tanker <-s, -> *m* NAUT tanker

Tankfüllung *f* a tankful **Tankinhalt** *m* tank capacity **Tanklaster** *m* tanker **Tanklastzug** *m* tanker **Tanksäule** *f* petrol [*or* AM gas] pump **Tankstelle** *f* garage, filling [*or* AM gas] [*or* BRIT petrol] station **Tankuhr** *f* fuel [*or* petrol] gauge **Tankverschluss**RR *m* ❶ (*Verschluss eines Tanks 2*) tank lid ❷ AUTO (*geh*) *s.* **Tankdeckel** **Tankwagen** *m* tanker **Tankwart(in)** *m(f)* petrol pump attendant BRIT, gas station attendant AM

Tanne <-, -n> *f* fir; (*Weiß~*) silver fir

Tannenbaum *m* ❶ (*Weihnachtsbaum*) Christmas

tree ② (*fam: Tanne*) fir-tree **Tannenhäher** *m* ORN nutcracker **Tannenhonig** *m* pine honey **Tannenmeise** *f* ORN coal tit **Tannennadel** *f* fir needle **Tannenzapfen** *m* fir cone

Tannin <-s> *nt kein pl* tannin

Tansania <-> *nt* Tanzania; *s. a.* **Deutschland**

Tansanier(in) <-s, -> *m(f)* Tanzanian; *s. a.* **Deutsche(r)**

tansanisch *adj inv* Tanzanian; *s. a.* **deutsch 1, 2**

Tantal <-s> *nt kein pl* CHEM tantalum

Tantalusqualen *pl* ▶ WENDUNGEN: ~ **leiden** (*geh*) to suffer the torments of Tantalus *liter*

Tante <-, -n> *f* ① (*Verwandte*) aunt, auntie *fam* ② (*pej fam: Frau*) old dear *pej fam* ③ (*kindersprache*) lady; ***sag der ~ schön guten Tag!*** say hello nicely to the lady!

Tante-Emma-Laden *m* (*fam*) corner shop

Tantieme <-, -n> [tã'tie:mə, tã'tiɛ:me] *f* ① (*Absatzhonorar*) royalty ② *meist pl* (*Gewinnbeteiligung*) percentage of the profits

Tanz <-es, Tänze> *m* ① MUS dance; **jdn zum ~ auffordern** to ask sb to dance ② *kein pl* (*Tanzveranstaltung*) dance ③ (*fam: Auseinandersetzung*) song and dance; **einen ~ [wegen etw] machen [*o* aufführen]** (*fam*) to make a song and dance [about sth] *fam* ▶ WENDUNGEN: **der ~ ums Goldene Kalb** worship of the golden calf [*or* of Mammon]; **ein ~ auf dem Vulkan** (*geh*) playing with fire

Tanzabend *m* evening's dancing, ball **Tanzbein** *nt* **das ~ schwingen** (*hum fam*) to take to the floor *fam* **Tanzcafé** *nt* coffee house with a dance floor

Tänzchen <-s, -> *nt dim von* **Tanz** dance; **ein ~ wagen** (*hum*) to venture onto the dance floor

tänzeln *vi* ① *haben* (*auf und ab federn*) *Boxer* to dance; *Pferd* to prance ② *sein* (*sich leichtfüßig fortbewegen*) to skip

tanzen I. *vi* ① *haben* (*einen Tanz ausführen*) to dance; ***wollen wir ~?*** shall we dance?; **~ [*o* zum T~] gehen** to go dancing; *s. a.* **Pfeife** ② *sein* (*sich tanzend fortbewegen*) to dance; **auf dem Seil ~** to walk the tightrope [*or* high wire] ③ *haben* (*hüpfen*) *Gläser, Würfel* to jump in the air; ***das kleine Boot tanzte auf den Wellen*** the little boat bobbed up and down on the waves; ***ihm tanzte alles vor den Augen*** the room was spinning before his eyes II. *vt haben* **einen Tango/ein Solo ~** to dance the tango/a solo III. *vr* ■ **sich ... ~** to dance oneself into a certain state; **sich in Ekstase ~** to dance oneself into a state of ecstasy; **sich müde/heiß ~** to dance oneself into a state of exhaustion/a sweat

Tänzer(in) <-s, -> *m(f)* ① (*Tanzpartner*) dancer, [dancing] partner; **ein guter/schlechter ~ sein** to be a good/bad dancer; **kein ~ sein** to be no dancer ② (*Ballett~*) ballet dancer

tänzerisch I. *adj* dancing; ***die Paare zeigten ihr ~es Können*** the couples showed their dancing ability II. *adv* in terms of dancing; ***die Kür war ~ ausgezeichnet*** the dancing in the free section was excellent

Tanzfläche *f* dance floor **Tanzgruppe** *f* dance group **Tanzkapelle** *f* dance band **Tanzkurs(us)** *m* ① (*Lehrgang für [Gesellschafts]tanzen*) dancing lessons ② (*Teilnehmer eines Tanzkurses*) dance class **Tanzlehrer(in)** *m(f)* dance [*or* dancing] teacher **Tanzlokal** *nt* café with a dance floor **Tanzmusik** *f* dance music **Tanzorchester** *nt* dance orchestra **Tanzpartner(in)** *m(f)* dancing partner **Tanzschule** *f* dancing school, school of dancing **Tanzstunde** *f* ① *kein pl* (*Kurs*) dancing class ② (*Unterrichtsstunde*) dancing lesson; **~n nehmen** to have dancing lessons

tanzwütig *adj* dance-crazy [*or* -mad]

Tanzwütige(r) *f(m) dekl wie adj* dance addict *hum;* (*bei Techno a.*) raver; ■ **eine ~/ein ~r sein** to be dance-crazy [*or* -mad]

Tapenade *f* KOCHK tapenade

Tapet *nt* ▶ WENDUNGEN: **etw aufs ~ bringen** (*fam*) to bring up sth *sep;* **aufs ~ kommen** (*fam*) to come up

Tapete <-, -n> *f* wallpaper *no pl* ▶ WENDUNGEN: **die ~n wechseln** to have a change of scenery; **einen ~nwechsel brauchen** to need a change of scenery

Tapetenbahn *f* strip of wallpaper **Tapetenfarbe** *f* colour [*or* AM -or] of the wallpaper **Tapetengeschäft** *nt* wallpaper shop [*or* AM store] **Tapetenrolle** *f* roll of wallpaper **Tapetenwechsel** *m* (*fam*) change of scene

tapezieren* *vt* ■ **etw ~** to wallpaper sth

Tapezierer(in) <-s, -> *m(f)* decorator

tapfer *adj* ① (*mutig*) brave, courageous ② (*fam: munter*) heartily; ***greif' nur ~ zu!*** just help yourself to as much as you like!

Tapferkeit <-> *f kein pl* bravery, courage

Tapir <-s, -e> *m* ZOOL tapir

tappen *vi* ① *sein* (*schwerfällig gehen*) ■ **[irgendwohin] ~** to walk hesitantly; ***schlaftrunken tappte er zum Telefon*** he shuffled drowsily to the phone ② *haben* (*tasten*) ■ **[nach etw] ~** to grope [*or* fumble] [for sth]; *s. a.* **dunkel, Falle**

tapsen *vi sein* (*fam*) *Kleinkind* to toddle; *Bär* to lumber

tapsig *adj* (*fam*) awkward, clumsy

Tara <-, Taren> *f* tare

Tarantel <-, -n> *f* ZOOL tarantula ▶ WENDUNGEN: **wie von der ~ gestochen** (*fam*) as if one had been stung

Tarif <-[e]s, -e> *m* ① (*gewerkschaftliche Gehaltsvereinbarung*) pay scale; **nach/über/unter ~** according to/above/below **the negotiated rate** ② (*festgesetzter Einheitspreis*) charge

Tarifabschluss[RR] *m* wage agreement **Tarifautonomie** *f* right to free collective bargaining **Tarifbezirk** *m* ÖKON, ADMIN tariff area **Tarifgruppe** *f* grade, scale, wage group **Tarifkommission** *f* ÖKON, ADMIN joint working party on wages **Tarifkonklikt** *m* pay [*or* wage] dispute **Tariflandschaft** *f* current pay situation

tariflich I. *adj* negotiated; **der ~e Stundenlohn** the negotiated hourly wage rate II. *adv* by negotiation; ***in den meisten Branchen sind Löhne und Gehälter ~ festgelegt*** in most sectors wages and salaries are determined by negotiation

Tariflohn *m* standard wage **Tarifpartei** *f* party to a wage agreement **Tarifpartner(in)** *m(f)* party to a wage agreement **Tarifrunde** *f* pay round, round of collective bargaining **Tarifstreit** *m* wage dispute **Tarifsystem** *nt* collective wage system **Tarifvereinbarung** *f* collective wage agreement **Tarifverhandlung** *f meist pl* collective wage negotiations *pl* **Tarifvertrag** *m* collective wage agreement

Tarnanstrich *m* camouflage **Tarnanzug** *m* camouflage battledress, battle dress uniform AM

tarnen *vt* ① MIL (*unkenntlich machen*) ■ **sich ~** to camouflage oneself; ■ **etw [gegen etw] ~** to camouflage sth [against sth] ② (*Identität wechseln*) ■ **etw [durch *o* als] etw] ~** to disguise sth [by doing sth]; ■ **sich [als jd] ~** to disguise oneself [as sb]; ***der Privatdetektiv hatte sich als Mitarbeiter getarnt*** the private detective had disguised himself as an employee

Tarnfarbe *f* camouflage paint **Tarnkappe** *f* magic cap of invisibility **Tarnname** *m* cover name

Tarnung <-, -en> *f* ① *kein pl* (*das Tarnen*) camouflage ② MIL camouflage ③ (*tarnende Identität*) cover

Tarock <-s, -s> *m o nt* DIAL tarot

Täschchen <-s, -> *nt dim von* **Tasche** small bag

Tasche <-, -n> *f* ① (*Hand~*) [hand]bag; (*Einkaufs~*) [shopping] bag; (*Akten~*) briefcase ② (*in Kleidungsstü-*

T

cken) pocket; (*Hosen~*) pocket; ***nimm die Hände aus der ~!*** take your hands out of your pockets!; **etw in der ~ haben** to have sth in one's pocket ❸ (*Hohlraum*) pouch; (*Backen~*) cheek pouch ▶ WENDUNGEN: **tief in die ~ greifen müssen** (*fam*) to have to dig deep into one's pocket; [**etw**] **aus der eigenen ~ bezahlen** (*fam*) to pay for sth out of one's own pocket; **sich die** [**eigenen**] **~n füllen** to feather one's own nest; **etw in der ~ haben** to have sth in the bag *fig;* **jdm auf der ~ liegen** (*fam*) to live off sb; **sich** *dat* **in die eigene ~ lügen** to fool [*or* kid] oneself; **etw in die eigene ~ stecken** (*fam*) to pocket sth; **jdn in die ~ stecken** (*fam*) to be head and shoulders above sb; **in die eigene ~ wirtschaften** (*fam*) to line one's own pocket[s]; **jdm das Geld aus der ~ ziehen** (*fam*) to con money out of sb

Taschenausgabe *f* pocket edition **Taschenbuch** *nt* paperback **Taschenbuchausgabe** *f* paperback edition **Taschendieb(in)** *m(f)* pickpocket **Taschenformat** *nt* pocket size; **~ haben** to be pocket size[d]; **im ~** pocket-size; **eine Videokamera im ~** a pocket-size video camera **Taschengeld** *nt* pocket money **Taschenkalender** *m* pocket diary **Taschenkamm** *m* pocket comb **Taschenkrebs** *m* [common] crab **Taschenlampe** *f* torch **Taschenmesser** *nt* penknife **Taschenrechner** *m* pocket calculator **Taschenspiegel** *m* pocket mirror **Taschenspielertrick** *m* (*pej*) trick, sleight of hand **Taschentuch** *nt* handkerchief **Taschenuhr** *f* pocket watch **Taschenwörterbuch** *nt* pocket dictionary

Taschkent <-s> *nt* Tashkent

Tasmansee *f* Tasman Sea

Tässchen[RR] <-s, -> *nt,* **Täßchen** <-s, -> *nt dim von* **Tasse** ❶ (*kleine Tasse*) little cup ❷ (*Menge*) drop *fig*

Tasse <-, -n> *f* ❶ (*Trinkgefäß*) cup ❷ (*Menge einer ~ 1*) cup; **eine ~ Tee** a cup of tea ▶ WENDUNGEN: **nicht alle ~n im Schrank haben** (*fam*) not to be right in the head *fam;* **trübe ~** (*fam*) a drip *fam;* **hoch die ~n!** (*prov fam*) bottoms up! *fam*

Tastatur <-, -en> *f* INFORM, MUSIK keyboard

Tastaturabdeckung *f* keyboard cover

Taste <-, -n> *f* (*Tastatur, Schreibmaschine*) key; (*Telefon, Sprechfunkgerät*) button; [**mächtig**] **in die ~n greifen** to strike up a tune; **auf die ~n hauen** [*o* **hämmern**] (*hum fam*) to hammer away at the keyboard *hum fam*

tasten I. *vi* (*fühlend suchen*) ■ [**nach etw**] **~** to feel [*or* grope] [for sth]; **~de Fragen** tentative questions; **ein erster ~der Versuch** a first tentative attempt II. *vr* (*sich vortasten*) ■ **sich irgendwohin ~** to grope one's way to somewhere III. *vt* ❶ (*fühlend wahrnehmen*) ■ **etw ~** to feel sth ❷ (*per Tastendruck eingeben*) ■ **etw ~** to enter sth; ***taste eine 9*** press 9

Tastenfeld *nt* key pad **Tasteninstrument** *nt* keyboard instrument **Tastentelefon** *nt* push-button telephone

Tastsinn *m kein pl* sense of touch

tat *imp von* **tun**

Tat <-, -en> *f* ❶ (*Handlung*) act, deed *form;* **eine gute ~** a good deed; **eine verhängnisvolle ~** a fateful deed *form;* **zur ~ schreiten** (*geh*) to proceed to action; **etw in die ~ umsetzen** to put sth into effect ❷ (*Straf~*) crime, offence [*or* AM -se]; **jdn auf frischer ~ ertappen** to catch sb red-handed *fig* ▶ WENDUNGEN: **jdm mit Rat und ~ beistehen** to support sb in word and deed [*or* in every way possible]; **in der ~** indeed; *s. a.* **Mann**

Tatar <-s> *nt kein pl* KOCHK tartare

Tatar(in) <-en, -en> *m(f)* Tartar

Tatbestand *m* ❶ (*Sachlage*) facts [of the matter] ❷ JUR elements of an offence [*or* AM -se]; ***sein Verbrechen erfüllt den ~ der vorsätzlichen Tötung*** his offence constitutes premeditated murder

Tatendrang *m kein pl* (*geh*) thirst for action [*or* enterprise] **tatenlos** *adj inv* idle; **~ zusehen** to stand and watch, to stand idly by

Täter(in) <-s, -> *m(f)* culprit, perpetrator; **unbekannte ~** unknown culprits

Täterschaft <-> *f kein pl* responsibility for an offence, guilt

tätig *adj* ❶ (*beschäftigt*) employed; ■ [**irgendwo**] **~ sein** to work [somewhere]; ***sie ist als Abteilungsleiterin in der pharmazeutischen Industrie ~*** she works as a departmental head in the pharmaceutical industry ❷ *attr* (*tatkräftig*) active ❸ (*aktiv*) active; **unentwegt ~ sein** to be always on the go *fam;* ■ [**in etw** *dat*] **~ werden** (*geh*) to take action [in sth]

tätigen *vt* (*geh*) ■ **etw ~** to carry out sth, to effect sth; **einen Abschluss ~** to conclude a deal

Tätigkeit <-, -en> *f* ❶ (*Beschäftigung*) occupation; ***das ist eine recht gut bezahlte ~*** that's a really well paid occupation; **eine ~ ausüben** to practise a profession ❷ *kein pl* (*Aktivität*) activity; **außer ~ gesetzt** put out of action; **in ~ sein** to be operating [*or* running]; **in ~ treten** to intervene; *Alarmanlage, Überwachungskamera* to come into operation; *Vulkan* to become active

Tätigkeitsbereich *m* field of activity

Tatkraft *f kein pl* drive *no pl*

tatkräftig *adj* active, energetic

tätlich *adj* violent; [**gegen jdn**] **~ werden** to become violent [towards sb]

Tätlichkeiten *pl* (*geh*) violence

Tatmotiv *nt* JUR motive

Tatoo <-s, -s> ['ta:'tu:] *nt* ❶ (*Tätowierung*) tattoo ❷ (*Tätowieren*) tattooing

Tatort *m* scene of the crime

tätowieren* *vt* ■ **jdn ~** to tattoo sb; ■ [**jdm**] **etw** [**irgendwohin**] **~** to tattoo sth [on sb] [somewhere]; ■ **tätowiert** tattooed

Tätowierung <-, -en> *f* ❶ (*eingeritztes Motiv*) tattoo ❷ *kein pl* (*das Tätowieren*) tattooing

Tatsache *f* fact; **auf dem Boden der ~n stehen** to be realistic; **unter Vorspiegelung falscher ~n** under false pretences [*or* AM -ses]; **etw beruht auf ~n** sth is based on facts; **den ~n entsprechen** to be consistent with [*or* to fit] the facts; **die ~n verdrehen** to distort [*or* twist] the facts; **~ ist** [**aber**], **dass** the fact of the matter is [however] that; **das ist** [**eine**] **~** (*fam*) that's a fact; **~?** (*fam*) really? *fam;* **~!** (*fam: zur Bekräftigung*) it's a fact!, it's true! ▶ WENDUNGEN: **den ~n ins Auge sehen** to face the facts; **nackte ~n** (*die ungeschminkte Wahrheit*) the naked facts; (*nackte Körper*[*teile*]) bare facts; **vollendete ~n schaffen** to create a fait accompli; **jdn vor vollendete ~n stellen** to present sb with a fait accompli; **vor vollendeten ~n stehen** to be faced with a fait accompli

Tatsachenbericht *m* factual report

tatsächlich ['ta:tzɛçlɪç, ta:t'zɛçlɪç] I. *adj inv, attr* (*wirklich*) actual *attr,* real; ***der Bericht basiert auf ~en Begebenheiten*** the report is based on actual events II. *adv* ❶ (*in Wirklichkeit*) actually, really, in fact ❷ (*in der Tat*) really; ***er hat das ~ gesagt?*** did he really say that?; **~?** (*wirklich?*) really?; ***er will auswandern — ~?*** he wants to emigrate — are you serious?; **~!** really!

tätscheln *vt* ■ **jdn/etw ~** to pat sb/sth

Tatterich *m* **den ~ haben/bekommen** (*fam*) to have/get the shakes *fam*

tatt(e)rig *adj* (*fam*) doddery BRIT, shaky AM; ■ **~ sein/werden** to be/become doddery; **eine ~e Schrift** shaky handwriting

Tatverdacht *m* suspicion; **es besteht ~** there are grounds for suspicion; **unter [dringendem] ~ stehen** (*geh*) to be under [strong] suspicion **tatverdächtig** *adj* suspected, under suspicion; ■ **~ sein** to be a suspect **Tatverdächtige(r)** *f(m) dekl wie adj* suspect **Tatwaffe** *f* murder weapon, weapon [used in the crime]

Tatze <-, -n> *f* ① (*Pranke*) paw ② (*pej fam: große Hand*) paw *fam;* ***nimm deine ~ da weg!*** hands off!, get your hands off that! ③ DIAL (*Stockschlag auf die Hand*) stroke with the cane [on the hand]

Tatzeit *f* time of the crime [*or* incident]

Tau[1] <-[e]s> *m kein pl* (*Tautropfen*) dew ▸ WENDUNGEN: **vor ~ und Tag** (*geh*) at the crack of dawn

Tau[2] <-[e]s, -e> *nt* rope

taub *adj* ① (*gehörlos*) deaf; ■ **~ sein** to be deaf; **bist du ~?** (*iron*) are you deaf? *iron;* **sich ~ stellen** to turn a deaf ear ② (*gefühllos*) numb ③ (*ignorant*) ■ **[gegen [*o* für] etw] ~ sein** to be deaf [to sth]; ***... aber du bist ja ~ für alle gut gemeinten Ratschläge ...*** but you never listen to any well-intended advice ④ (*unfruchtbar*) **eine ~ Nuss** an empty nut; **~er Boden** GEOL barren ground; **~es Metall** dull metal; **~es Erz** base [*or* low-grade] metal; *s. a.* **Ohr**

Täubchen <-s, -> *nt dim von* **Taube** ① (*kleine Taube*) little dove ② (*Schatz*) little cherub

Taube <-, -n> *f* ORN dove, pigeon; **sanft wie eine ~** gentle as a dove ▸ WENDUNGEN: **~n und Falken** POL (*fam*) doves and hawks; **die gebratenen ~n fliegen einem nicht ins Maul** (*prov fam*) you can't expect things to be handed to you on a plate

Taube(r) <Tauben, Taube> *f(m) dekl wie adj* deaf person

taubenblau *adj* bluey-grey [*or* AM gray] **Taubenei** *nt* pigeon' [*or* dove's] egg **taubengrau** *adj* dove grey [*or* AM gray] **Taubenschlag** *m* (*Verschlag für Tauben*) pigeon loft ▸ WENDUNGEN: **[hier geht es zu] wie im ~** (*fam*) [it's] like Piccadilly Circus

Täuber <-s, -> *m* cock pigeon

Taubheit <-> *f kein pl* ① (*Gehörlosigkeit*) deafness *no pl* ② (*Gefühllosigkeit*) numbness *no pl*

Täubling <-s, -e> *m* BOT, KOCHK russula

Taubnessel *f* dead-nettle **taubstumm** *adj* deaf and dumb **Taubstumme(r)** *f(m) dekl wie adj* deaf mute

tauchen **I.** *vi* ① *haben o sein* (*untertauchen*) to dive; ■ **[nach jdm/etw] ~** to dive [for sb/sth]; **nach Perlen ~** to dive for pearls; *U-Boot* to dive, to submerge ② *sein* (*auftauchen*) ■ **[aus etw] ~** to appear, to emerge, to surface **II.** *vt haben* ① (*eintauchen*) ■ **etw [in etw *akk*] ~** to dip sth [in sth]; **in [gleißendes] Licht getaucht** bathed in [glistening] light ② (*untertauchen*) ■ **jdn/etw ~** to duck sb/sth

Tauchen <-s> *nt kein pl* diving

Taucher(in) <-s, -> *m(f)* ① (*Tauchender*) diver ② ORN diver

Taucheranzug *m* diving suit **Taucherausrüstung** *f* diving equipment **Taucherbrille** *f* diving goggles *npl* **Taucherglocke** *f* diving bell **Taucherhelm** *m* diver's [*or* diving] helmet

Taucherin <-, -nen> *f fem form von* **Taucher**

Tauchermaske *f* diving mask

Tauchsieder <-s, -> *m* immersion heater **Tauchstation** *f* NAUT **auf ~ gehen** to dive ▸ WENDUNGEN: **auf ~ gehen** (*fam*) to make oneself scarce; ***ich habe Urlaub, ich gehe jetzt für drei Wochen auf ~*** I'm on holiday, I'm going to disappear for three weeks

tauen **I.** *vi* ① *haben* (*Tauwetter setzt ein*) ■ **es taut** it is thawing ② *sein* (*schmelzen*) to melt ③ *sein* (*abschmelzen*) ■ **[von etw] ~** to melt [*or* thaw] [on sth] **II.** *vt* ■ **etw ~** to melt sth; ***die Sonne hat den Schnee getaut*** the sun has melted the snow

Taufbecken *nt* font

Taufe <-, -n> *f* (*christliches Aufnahmeritual*) baptism, christening; **jdn aus der ~ heben** to be a godparent to sb ▸ WENDUNGEN: **etw aus der ~ heben** (*hum fam*) to launch sth

taufen *vt* ① (*die Taufe vollziehen*) ■ **jdn ~** to baptize sb, to christen sb; ■ **sich ~ lassen** to be baptized; **ein getaufter Jude** a converted Jew ② (*in der Taufe benennen*) ■ **jdn ~** to christen sb ③ (*fam: benennen*) ■ **etw ~** to christen sth; **ein Schiff ~** to christen a ship

Taufliege *f* ZOOL fruit fly

Täufling <-s, -e> *m* child [*or* person] to be baptized

Taufname *m* Christian name **Taufpate, -patin** *m, f* godfather *masc,* godmother *fem* **Taufregister** *nt* baptismal register

taufrisch *adj inv* dewy; **~e Blumen** fresh flowers; **eine ~e Wiese** a meadow covered in dew ▸ WENDUNGEN: **nicht mehr [ganz] ~ sein** (*fam*) to be [a bit] over the hill *fam,* to be no spring chicken *fam*

Taufschein *m* certificate of baptism

taugen *vi* ① (*wert sein*) ■ **etwas/viel/nichts ~** to be useful/very useful/useless; ■ **jd taugt etwas/nichts** to be of use/no use; ***der Kerl taugt nichts*** the bloke's useless [*or* no good] ② (*geeignet sein*) ■ **als [*o* zu] [*o* für] etw ~** to be suitable for; ***er taugt dazu wie der Esel zum Lautespielen*** he's like a pig with a fiddle

Taugenichts <-[es], -e> *m* (*veraltend*) good-for--nothing

tauglich *adj* ① (*geeignet*) suitable; ■ **[für etw] ~ sein** to be suitable [for sth] ② MIL (*wehrdienst~*) fit [for military service]; ■ **~ sein** to be fit [for military service]; **jdn ~ schreiben** to declare sb fit for military service

Tauglichkeit <-> *f kein pl* ① (*Eignung für einen Zweck*) suitability ② MIL (*Wehrdienst~*) fitness [for military service]

Taumel <-s> *m kein pl* (*geh*) ① (*Schwindelgefühl*) dizziness, giddiness; **wie im ~** in a daze ② (*geh: Überschwang*) frenzy; **ein ~ des Glücks** a frenzy of happiness; **im ~ der Leidenschaft** in the grip of passion

taum(e)lig *adj* ① (*schwankend*) dizzy, giddy ② (*benommen*) ■ **~ sein/werden** to be/become dizzy [*or* giddy]; ***gib mir deinen Arm, ich bin etwas ~*** give me your arm, I'feel a little dizzy

taumeln *vi sein* to stagger; ***was hast du? du taumelst ja!*** what's the matter? why are you staggering?; ***die Maschine begann zu ~ und stürzte ab*** the plane began to roll and then crashed

Taunus *m* Taunus

Tausch <-[e]s, -e> *m* exchange, swap; **jdm etw zum [*o* im] ~ [für etw] anbieten** to offer sth to sb in exchange [for sth]; **[etw] in ~ geben** to give [sth] in exchange; **einen guten/schlechten ~ machen** to make a good/bad exchange; ***ich habe einen guten ~ gemacht*** I've made a good exchange; **[etw] in ~ nehmen** to take [sth] in exchange; **im ~ gegen [*o* für] [etw]** in exchange for [sth]

Tauschabkommen *nt* ÖKON barter agreement [*or* arrangement] **Tauschbörse** *f* INET on-line exchange service

tauschen **I.** *vt* ① (*gegeneinander einwechseln*) ■ **etw [gegen etw] ~** to exchange [*or* swap] sth [for sth]; ■ **[etw] mit jdm ~** to swap [sth] with sb; ***würden Sie den Platz mit mir ~?*** would you swap places with me? ② (*geh: austauschen*) ■ **etw ~** to exchange sth; ***mir ist aufgefallen, dass die beiden Blicke tauschten*** I noticed that the two of them were exchanging glances; **die Rollen ~** to swap parts [*or* roles]; **Zärtlichkeiten ~** to exchange caresses **II.** *vi* to swap; ***wollen wir ~?*** shall we swap? ▸ WENDUNGEN: **mit niemandem [*o* jdm nicht] ~ wollen** not to wish to change places with sb; ***ich möchte nicht mit ihr***

T

~ I wouldn't want to change places with her [*or fig* like to be in her shoes]

täuschen **I.** *vt* (*irreführen*) ■**jdn** ~ to deceive sb; **durch jds Verhalten/Behauptung getäuscht werden** to be deceived by sb's behaviour [*or* AM -or]/assertion; ■**sich [von jdm** [*o* **etw**]] **nicht** ~ **lassen** not to be fooled [by sb [*or* sth]]; **wenn mich nicht alles täuscht** if I'm not completely mistaken; **wenn mich mein Gedächtnis nicht täuscht** unless my memory deceives me **II.** *vr* (*sich irren*) ■**sich** ~ to be mistaken [*or* wrong]; ***du musst dich getäuscht haben*** you must be mistaken; ***ich kann mich natürlich*** ~ of course I could be mistaken; ■**sich [in jdm/etw]** ~ to be mistaken [*or* wrong] [about sb/sth]; ***darin täuschst du dich*** you're wrong about that; ■**sich [in etw** *dat*] **getäuscht sehen** to be mistaken [*or* wrong] [about sth] **III.** *vi* ① (*irreführen*) to be deceptive; **der Schein täuscht** appearances are deceptive ② SPORT to feint, to sell sb a dummy BRIT ③ SCH (*geh: schummeln*) to cheat

täuschend **I.** *adj inv* (*trügerisch*) deceptive; (*zum Verwechseln*) apparent; **~e Ähnlichkeit** remarkable [*or* striking] resemblance [*or* similarity] **II.** *adv* (*trügerisch*) deceptively; (*zum Verwechseln*) remarkably, strikingly; ***sie sieht ihrer Mutter*** ~ ***ähnlich*** she bears a striking resemblance to her mother

Tauschgeschäft *nt* exchange, swap; **[mit jdm] ein** ~ **machen** to exchange [*or* swap] sth [with sb] **Tauschhandel** *m* ① *kein pl* ÖKON barter; ~ **treiben** to [practise [*or* AM -ce]] barter ② *s.* **Tauschgeschäft**

Täuschung <-, -en> *f* ① (*Betrug*) deception; **arglistige** ~ JUR fraud ② (*Irrtum*) error, mistake; **optische** ~ optical illusion; **einer** ~ **erliegen** [*o* **unterliegen**] to be the victim of a delusion *form;* **sich einer** ~ *dat* **hingeben** (*geh*) to delude oneself

Täuschungsmanöver [-ve] *nt* ploy, ruse **Täuschungsversuch** *m* attempt to deceive

tausend *adj* ① (*Zahl*) a [*or* one] thousand; ***ich wette mit dir*** ~ ***zu eins, dass er verliert*** I'll bet you any money [*or* a thousand to one] that he loses; ~ **Jahre alt sein** to be a [*or* one] thousand years old; **einige** ~ **Mark** several thousand marks; ***auf die paar*** ~ ***Leute kommt es nicht drauf an*** those few thousand people won't make a difference; **einer von** ~ **Menschen** one in every thousand people; **in** ~ **Jahren** in a thousand years [from now] ② (*fam: sehr viele*) thousands of [*or* a thousand] …; ***ich muss noch*** ~ ***Dinge erledigen*** I've still got a thousand and one things to do; ~ ***Grüße auch an deine Kinder*** my very best wishes to your children too; ~ **Ausreden** a thousand excuses; ~ **Ängste ausstehen** to be terribly worried; *s. a.* **Dank** ▶ WENDUNGEN: ~ **Tode sterben** to be worried to death

Tausend[1] <-s, -e> *nt* ① (*Einheit von 1000 Dingen*) a thousand; **ein halbes** ~ five hundred; **einige** [*o* **mehrere**] ~ several thousand; **[zehn/zwanzig etc] vom** ~ [ten/twenty etc] per thousand [*or* out of every thousand] ② *pl, auch kleingeschrieben* (*viele tausend*) thousands *pl;* **einige ~e …** several thousand …; **~e von …** thousands of …; ***~e von Menschen, ~er Menschen*** thousands of people; **einer von** [*o* **unter**] ~ one in a thousand; **in die ~e gehen** *Kosten, Schaden* to run into the thousands; **zu ~en** by the thousands; ~ **und Abertausend …** thousands and thousands of …

Tausend[2] <-, -en> *f* thousand

Tausender <-s, -> *m* ① (*fam: Tausendmarkschein*) thousand-mark note ② (*1000 als Bestandteil einer Zahl*) thousands ③ (*fam: Berg*) *mountain over 1,000 m*

tausenderlei *adj inv* (*fam*) a thousand [different]; ***ich habe*** ~ ***zu tun heute*** I've a thousand and one things to do today

tausendfach, 1000fach **I.** *adj* thousandfold; *s. a.* **achtfach** **II.** *adv* thousandfold, a thousand times over

Tausendfache, 1000fache *nt dekl wie adj* a thousand times the amount, the thousandfold *rare; s. a.* **Achtfache**

Tausendfüßler <-s, -> *m* centipede

Tausendjahrfeier *f* millenium [celebrations *pl*] **tausendjährig, 100-jährig**[RR] *adj* ① (*Alter*) thousand-year-old *attr,* one thousand years old *pred; s. a.* **achtjährig 1** ② (*Zeitspanne*) thousand year *attr; s. a.* **Reich** **tausendmal, 1000-mal**[RR] *adv* ① a thousand times; *s. a.* **achtmal** ② (*fam: sehr viel, sehr oft*) a thousand times, thousands of times; ***bitte*** ~ ***um Entschuldigung!*** (*fam*) a thousand apologies!; *s. a.* **hundertmal 2** **Tausendmarkschein** *m* thousand-mark note **Tausendschönchen** <-s, -> *nt* daisy

tausendste(r, s) *adj* [one] thousandth; *s. a.* **achte(r, s)**

Tausendste(r, s) *nt* the [one] thousandth; *s. a.* **achte(r, s)**

Tausendstel *nt o* SCHWEIZ *m* thousandth **tausendundeine(r, s)** *adj* a thousand and one; *s. a.* **Nacht** **tausend(und)eins** *adj* one thousand and one

Tautologie <-, -ien> [-ˈgiːən] *f* tautology

Tautropfen *m* dewdrop **Tauwetter** *nt* ① (*Schneeschmelze*) thaw; ~ **haben** [*o* **sein**] to be thawing; ***wir haben*** ~ a thaw has set in; **bei** ~ during a thaw, when it thaws ② (*fig: politisch versöhnlichere Zeit*) thaw

Tauziehen *nt kein pl* ① (*Seilziehen*) tug-of-war ② (*fig geh: Hin und Her*) tug-of-war; ***nach langem*** ~ ***einigte man sich auf einen Kompromiss*** after a lengthy tug-of-war a compromise was agreed

Taxameter <-s, -> *m* taximeter, clock *fam*

Taxator, -torin <-s, -toren> *m, f* ÖKON valuer

Taxcard <-, -s> *f* SCHWEIZ (*Telefonkarte*) telephone card

Taxe <-, -n> *f* ① (*Kurtaxe*) charge ② (*Schätzwert*) estimate, valuation ③ DIAL (*Taxi*) taxi

Taxi <-s, -s> *nt* cab, taxi; ~ **fahren** (*als Fahrgast*) to go by taxi; (*als Chauffeur*) to drive a taxi; **sich** *dat* **ein** ~ **nehmen** to take a taxi [*or* cab]; **~!** taxi!

taxieren* *vt* ① (*schätzen*) ■**etw [auf etw** *akk*] ~ to estimate [*or* value] sth [at sth] ② (*fam: abschätzen*) ■**jdn** ~ to look sb up and down ③ (*geh: einschätzen*) ■**etw** ~ to assess

Taxifahrer(in) *m(f)* taxi [*or* cab] driver, cabby *sl* **Taxifahrt** *f* taxi [*or* cab] journey

Taxis <-, Taxen> *f* BIOL taxis

Taxistand *m* taxi [*or* cab] rank

Tb(c) <-, -s> [teːˈbeː, teːbeːˈtseː] *f Abk von* **Tuberkulose** TB; ~ **haben** to have TB

Tb(c)-krank [teːˈbeː-, teːbeːˈtseː-] *adj* to have TB

Teakholz [ˈtiːk-] *nt* teak

Team <-s, -s> [tiːm] *nt* team; **im** ~ as a team; ***er arbeitet nicht gerne im*** ~ he's not a team player

Teamarbeit [ˈtiːm-] *f* teamwork; **in** ~ by teamwork **teamfähig** *adj* PSYCH able to work in [*or* as part of] a team **Teamfähigkeit** *f kein pl* team spirit; ~ **haben** to have team spirit, to work well in a team **Teamgeist** *m kein pl* team spirit **Teamwork** <-s> *nt kein pl s.* **Teamarbeit**

Technetium <-s> *nt kein pl* CHEM technetium, Tc

Technik <-, -en> *f* ① *kein pl* (*Technologie*) technology; **auf dem neuesten Stand der** ~ state-of-the-art technology ② *kein pl* (*technische Ausstattung*) technical equipment; **mit modernster** ~ **ausgestattet** equipped with the most modern technology ③ *kein pl* (*technische Konstruktion*) technology ④ (*besondere Methode*) technique; ***jeder Hochspringer hat seine eigene*** ~ every high jumper has his own technique (5) *inv* (*fam: technische Abteilung*) technical department (6) ÖSTERR (*technische Hochschule*) college of technology

Techniker(in) <-s, -> *m(f)* (*Fachmann der Technik 1*) engineer; (*der Technik 2,3,4*) technician; **Fernseh~** TV engineer

Technikfolgenabschätzung *f* technology assessment

Technikum <-s, Technika> *nt* college of technology

technisch **I.** *adj* (1) *attr* (*technologisch*) technical; ***die ~en Einzelheiten finden Sie in der beigefügten Bedienungsanleitung*** you'll find the technical details in the enclosed operating instructions (2) (*~es Wissen vermittelnd*) technical; **~e Hochschule** college [*or* university] of technology; *s. a.* **Chemie, Medizin** (3) (*Ausführungsweise*) technical; **~es Können** technical ability; **unvorhergesehene ~e Probleme** unforeseen technical problems **II.** *adv* (*auf ~em Gebiet*) technically; **ein ~ fortgeschrittenes Land** a technologically advanced country; ***er ist ~ begabt*** he is technically gifted; *s. a.* **Zeichner, unmöglich, Unmöglichkeit**

technisieren* *vt* ■**etw ~** to mechanize

Techno <-[s]> *m o nt kein pl* MUSIK techno

Technokrat(in) <-en, -en> *m(f)* (*geh*) technocrat

Technokratie <-> *f kein pl* (*geh*) technocracy *form*

Technokratin <-, -nen> *f fem form von* **Technokrat**

technokratisch <-er, -ste> *adj* TECH, ÖKON (1) (*die Technokratie betreffend*) technocratic (2) (*pej: ohne Rücksicht auf Individuelles*) technocratic

Technologe, -login <-n, -n> *m, f* technologist

Technologie <-, -n> *f* technology

Technologiepark *m* technology park **Technologietransfer** *m* transfer of technology **Technologiezentrum** *nt* technology centre [*or* AM -er]

Technologin <-, -nen> *f fem form von* **Technologe**

technologisch *adj* technological

Techtelmechtel <-s, -> *nt* (*fam*) affair; **ein ~ [mit jdm] haben** to have an affair [with sb]

Teddybär ['tɛdi-] *m* teddy [bear]

Tee <-s, -s> *m* (1) (*Getränk*) tea; **eine Tasse ~** a cup of tea; (*aus Heilkräutern*) herbal tea; **schwarzer/grüner ~** black/green tea; **jdn zum ~ einladen** to invite sb to tea; **~ kochen** to make some tea (2) (*Pflanze*) tea ▸ WENDUNGEN: **abwarten und ~ trinken** (*fam*) to wait and see; **einen im ~ haben** (*fam*) to be tipsy *fam*

Teeautomat *m* tea urn **Teebeutel** *m* tea bag **Teeblatt** *nt meist pl* tea leaf **Teebrühlöffel** *m* spoon tea infuser **Teeei**[RR], **Tee-Ei** *nt* tea infuser **Teegebäck** *nt* tea biscuits **Teeglas** *nt* tea-glass **Teekanne** *f* teapot **Teekessel** *m* kettle **Teelicht** *nt* small candle, tea warmer candle **Teelöffel** *m* (1) (*Löffel*) teaspoon (2) (*Menge*) teaspoon[ful]

Teen <-s, -s> [ti:n] *m,* **Teenager** <-s, -> ['ti:ne:dʒɐ] *m* teenager

Teenie <-s, -s> ['ti:ni] *m* (*fam*) young teenager

Teeny <-s, -s> *m* (*fam*) *s.* **Teenie**

Teer <-[e]s, -e> *m* tar

teeren *vt* ■**etw ~** to tar sth; **jdn ~ und federn** HIST to tar and feather sb

Teerose *f* tea rose

Teerpappe *f* bituminous roofing felt

Teeservice [-zɛrvi:s] *nt* tea service **Teesieb** *nt* tea strainer **Teestube** *f* tea-room **Teetasse** *f* teacup **Teewagen** *m* tea trolley **Teewurst** *f smoked sausage spread*

Teflon® <-s> *nt kein pl* teflon®

Teich <-[e]s, -e> *m* pond; **der °große ~** (*fam*) the pond *fam*

Teichhuhn *nt* ORN moorhen **Teichmolch** *m* ZOOL smooth newt **Teichmuschel** *f* ZOOL freshwater mussel **Teichrose** *f* yellow water lily

Teig <-[e]s, -e> *m* (*Hefe-, Rühr-, Nudelteig*) dough; (*Mürbe-, Blätterteig*) pastry; (*flüssig*) batter; (*in Rezepten*) mixture; **~ kneten** to knead dough

Teigfladen *m* flat bread **Teigförmchen** *pl* cake tins and moulds [*or* AM molds]

teigig *adj* (1) (*nicht ausgebacken*) doughy (2) (*mit Teig bedeckt*) covered in dough [*or* pastry] (3) (*fahl*) pasty; **ein ~er Teint** a pasty complexion

Teigkneter *m* dough kneading machine **Teigrädchen** *nt* pastry wheel **Teigroller** *m* rolling pin **Teigwaren** *pl* (*geh*) pasta + *sing vb*

Teil[1] <-[e]s, -e> *m* (1) (*Bruchteil*) part; **in zwei ~e zerbrechen** to break in two [*or* half]; **zu einem bestimmten ~** for the ... part; ***sie waren zum größten ~ einverstanden*** for the most part they were in agreement; **zum ~ ..., zum ~ ...** partly..., partly...; **zum ~** partly; ***du hast zum ~ recht*** you're partly right; (*gelegentlich*) on occasion (2) (*Anteil*) share; **zu gleichen ~en** equally, in equal shares; **seinen ~ zu etw beitragen** to contribute one's share to sth, to make one's contribution to sth; **seinen ~ dazu beitragen, dass etw geschieht** to do one's bit to ensure that sth happens; **seinen ~ bekommen** to get what is coming to one (3) (*Bereich*) *einer Stadt* district; (*einer Strecke*) stretch; (*eines Gebäudes*) section, area; (*einer Zeitung, eines Buches*) section (4) JUR (*Seite*) party ▸ WENDUNGEN: **ein gut ~** (*fam*) quite a bit; ***ich habe ein gut ~ dazu beigetragen*** I've contributed quite a bit to it; **sich** *dat* **seinen ~ denken** (*fam*) to draw one's own conclusions; **ich** [*o* **wir**] **für meinen** [*o* **unseren**] **~** I, [*or* we] for my [*or* our] part; ***tu, was du für richtig hältst, ich für meinen ~ habe mich bereits entschieden*** do what you think is right, I, for my part, have already decided

Teil[2] <-[e]s, -e> *nt* (1) (*Einzelteil*) component, part (2) (*sl: Ding*) thing

Teilabschnitt *m* section **teil|abschreiben** *vt* ÖKON, ADMIN ■**etw ~** to write sth down **Teilabschreibung** *f* ÖKON, ADMIN writedown **Teilansicht** *f* partial view **Teilaspekt** *m* aspect

teilbar *adj* (1) (*aufzuteilen*) ■**[in etw** *akk*] **~ sein** which can be divided [into sth] (2) MATH (*dividierbar*) ■**[durch etw] ~ sein** to be divisible [by sth]

Teilbereich *m* section, sub-area **Teilbetrag** *m* instalment, AM installment, part-payment

Teilchen <-s, -> *nt dim von* **Teil**[1] **1** (1) (*Partikel*) particle (2) NUKL nuclear particle (3) KOCHK DIAL pastries *pl*

Teilchenbeschleuniger <-s, -> *m* particle accelerator

teilen **I.** *vt* (1) (*aufteilen*) ■**etw [mit jdm] ~** to share sth [with sb] (2) MATH (*dividieren*) ■**etw [durch etw] ~** to divide sth [by sth] (3) (*an etw teilhaben*) ■**etw [mit jdm] ~** to share sth [with sb]; ***wir ~ Ihre Trauer*** we share your grief; **jds Schicksal ~** to share sb's fate; *s. a.* **Meinung** (4) (*gemeinsam benutzen*) ■**etw [mit jdm] ~** to share sth [with sb] (5) (*trennen*) ■**etw ~** to divide [*or* separate] sth ▸ WENDUNGEN: **Freud und Leid miteinander ~** to share the rough and the smooth; **geteiltes Leid ist halbes Leid** (*prov*) a trouble shared is a trouble halved **II.** *vr* (1) (*sich aufteilen*) ■**sich [in etw** *akk*] **~** to split up [into sth] (2) (*sich gabeln*) ■**sich [in etw** *akk*] **~** to fork [*or* branch] [into sth]; ***da vorne teilt sich die Straße*** the road forks up ahead (3) (*unter sich aufteilen*) ■**sich** *dat* **etw [mit jdm] ~** to share sth [with sb]; ***sie teilten sich die Kosten*** they split the costs between them (4) (*gemeinsam benutzen*) ■**sich** *dat* **etw ~** (*geh*) to share sth **III.** *vi* (*abgeben*) to share; ***sie teilt nicht gern*** she doesn't like to share

Teiler <-s, -> *m* MATH *s.* **Divisor**

Teilerfolg *m* partial success **Teilgebiet** *nt* branch **teil|haben** *vi irreg* (*geh: partizipieren*) ■[**an etw** *dat*] ~ **an jds Aktionen** ~ to participate in sb's activities; **an jds Freude** ~ to share in sb's joy **Teilhaber(in)** <-s, -> *m(f)* partner **Teilhaberschaft** <-, -en> *f* ÖKON partnership **teilkaskoversichert** *adj* covered by partially comprehensive insurance **Teilkaskoversicherung** *f* partially comprehensive insurance **Teillieferung** *f* ÖKON part delivery; (*Übersee*) part shipment **teilmöbliert** *adj inv* partly furnished

Teilnahme <-, -en> *f* ① (*Beteiligung*) ■~ [**an etw**] *dat* participation [in sth] ② (*geh: Mitgefühl*) sympathy ③ (*geh: Interesse*) interest

Teilnahmebedingung *f* entry condition

teilnahmslos *adj* apathetic, indifferent; ***aus ihrem ~en Gesicht schloss ich völliges Desinteresse*** I could tell she couldn't care less by the indifferent look on her face **Teilnahmslosigkeit** <-> *f kein pl* apathy, indifference **teilnahmsvoll** *adv* compassionately

teil|nehmen *vi irreg* ① (*anwesend sein*) ■[**an etw** *dat*] ~ to attend [sth]; **am Gottesdienst** ~ to attend a service ② (*sich beteiligen*) ■[**an etw** *dat*] ~ **an einem Wettbewerb** ~ to participate [*or* take part] in a contest; **an einem Kurs** [*o* **Unterricht**] ~ to attend a class [*or* lessons]; **an einem Krieg** ~ to fight in a war ③ (*geh: Anteil nehmen*) ■[**an etw** *dat*] ~ to share [in sth]

Teilnehmer(in) <-s, -> *m(f)* ① (*Anwesender*) person present; ***alle ~ fanden diese Vorlesung äußerst interessant*** everyone present found this lecture extremely interesting ② (*Beteiligte*) participant; ■**ein ~ an etw ~ an einem Wettbewerb** contestant [*or* participant in a contest]; ~ **an einem Kurs** person attending a class [*or* lessons], student; ~ **an einem Krieg** combatant ③ (*Telefoninhaber*) subscriber

teils *adv* in part, partly; **~, ~** (*fam*) yes and no; **~ ..., ~ ...** (*fam*) partly..., partly...; ***im Tagesverlauf ist es ~ heiter, ~ bewölkt*** during the day it will be cloudy with sunny intervals

Teilschaden *m* partial damage **Teilstück** *nt* part, stretch

Teilung <-, -en> *f* division

teilweise I. *adv* partly II. *adj attr* partial; **~r Erfolg** partial success

Teilzahlung *f* (*Ratenzahlung*) instalment, AM installment, part payment; **auf ~** on hire purchase **Teilzahlungskauf** *m* hire purchase **Teilzahlungspreis** *m* hire purchase price **Teilzeit** *f* part-time; **~ beschäftigt** employed part-time

Teilzeitarbeit *f* part-time work **Teilzeitbeschäftigte(r)** *f(m) dekl wie adj* part-time worker **Teilzeitbeschäftigung** *f* part-time employment **Teilzeitkraft** *f* part-timer

Tein <-s> *nt kein pl* thein BRIT

Teint <-s, -s> [tɛ̃:] *m* complexion

Telebrief *m* telemessage

Telefax *nt* ① (*Gerät*) fax ② (*gefaxte Mitteilung*) fax

Telefaxanlage *f* fax installation **Telefaxanschluss**RR *m* fax connection **telefaxen** *vt, vi* (*geh*) *s.* **faxen** **Telefaxgerät** *nt* fax machine

Telefon <-s, -e> ['te:lefo:n, tele'fo:n] *nt* telephone, phone *fam;* **~ haben** to be on the [tele]phone; **am ~ verlangt werden** to be wanted on the phone

Telefonanlage *f* telefone [*or* AM telephone] system **Telefonanruf** *m* telephone call **Telefonansage** *f* telephone information service **Telefonanschluss**RR *m* telephone connection

Telefonat <-[e]s, -e> *nt* (*geh*) telephone call; **ein ~ führen** to make a telephone call

Telefonauskunft *f* directory enquiries *pl* **Telefonbuch** *nt* telephone book [*or* directory] **Telefongebühr** *f meist pl* telephone charge[s *pl*] **Telefongespräch** *nt* telephone call; **ein ~ nach Tokio** a telephone call to Tokyo; **ein ~ führen** to make a telephone call **Telefonhäuschen** [-hɔysçən] *nt* call [*or* phone] box BRIT, pay phone AM

telefonieren* *vi* (*das Telefon verwenden*) ■[**mit jdm**] ~ to telephone [sb]; ***mit wem hast du eben so lange telefoniert?*** who have you just been on the phone to for so long?; ■[**irgendwohin**] ~ to telephone [somewhere]

> **! Tipp** In Großbritannien melden sich die meisten Leute privat mit ihrer Telefonnummer oder einfach mit **Hello?** Die Zahlen einer Telefonnummer werden einzeln gesprochen, z. B. six, three, eight, four, nine für 63849. Bei der Verdoppelung einer Zahl sagt man in Großbritannien z. B. für 55 **double five**, in den USA **five, five.** Für die Null dagt man **oh** oder **zero**.

telefonisch I. *adj* telephone; **~e Anfrage** telephone enquiry; **~e Beratung** advice over the telephone II. *adv* by telephone, over the telephone; ***der Auftragseingang wurde ~ bestätigt*** reception of the order was confirmed by telephone

Telefonist(in) <-en, -en> *m(f)* switchboard operator, telephonist

Telefonkarte *f* phonecard **Telefonkette** *f* telephone chain **Telefonkonferenz** *f* telephone conference **Telefonleitung** *f* telephone line **Telefonmarketing** *nt* telephone marketing **Telefonnetz** *nt* telephone network **Telefonnummer** *f* telephone number; **geheime ~** ex-directory number **Telefonrechnung** *f* [tele]phone bill **Telefonseelsorge** *f* Samaritans *pl* **Telefonsex** *m* telephone sex **Telefonsystem** *nt* telephone system **Telefonüberwachung** *f* telephone surveillance **Telefonverbindung** *f* telephone connection **Telefonzelle** *f* call [*or* phone] box BRIT, pay phone AM

telegen *adj* telegenic

Telegraf <-en, -en> *m* telegraph

Telegrafenamt *nt* telegraph office

telegrafieren* I. *vi* (*telegrafisch kommunizieren*) ■[**jdm**] ~ to telegraph [sb] II. *vt* (*telegrafisch übermitteln*) ■[**jdm**] **etw** ~ to telegraph [sb] sth

telegrafisch *adj* telegraphic

Telegramm <-gramme> *nt* telegram

Telegrammstil *m kein pl* abrupt style; **im ~** in an abrupt style

Telegraph *m s.* **Telegraf**

Telekarte *f* phone card

Telekolleg *nt* Open University BRIT

Telekom <-> *f kein pl kurz für* **Deutsche Telekom AG:** ■**die ~** *German Telecommunications company*

Telekommunikation *f* telecommunication **Telekopie** *f* (*veraltend*) fax **Telekopierer** *m* (*veraltend*) fax machine **Teleobjektiv** *nt* telephoto lens

Telepathie <-> *f kein pl* telepathy

telepathisch *adj* telepathic

Teleprompter <-s, -> *m* autocue, teleprompter AM

Teleshopping <-s> ['te:lɛʃɔpɪŋ] *nt kein pl* teleshopping

Teleskop <-s, -e> *nt* telescope

Telespiel *nt* (*veraltend*) video game

Teletex <-> *nt kein pl* teletex *no pl*

Telex <-, -e> *nt* telex

telexen *vt* ■[**jdm**] **etw** ~ to telex [sb] sth

Teller <-s, -> *m* ❶ (*Geschirrteil*) plate; **flacher** ~ dinner plate; **tiefer** ~ soup plate ❷ (*Menge*) plateful; **ein** ~ **Spaghetti** a plateful of spaghetti
Tellerbesen *m* flat whisk **Tellerbrett** *nt* shelf for plates **Tellerrand** *m* ▸ WENDUNGEN: **über den** ~ **hinausschauen** (*fam*) to not be restricted in one's thinking; **über den** ~ **nicht hinausschauen** (*fam*) to not see further than [the end of] one's nose **Tellerwäscher(in)** *m(f)* dishwasher; ***die klassische amerikanische Erfolgsstory: vom ~ zum Millionär*** the classic American success story: from rags to riches
Tellur <-s> *nt kein pl* CHEM tellurium
Tempel <-s, -> *m* temple
Tempeltänzerin *f* temple dancer
Temperafarbe *f* tempera colour [*or* AM -or]
Temperament <-[e]s, -e> *nt* ❶ (*Wesensart*) temperament, character; ***sein ~ ist mit ihm durchgegangen*** he lost his temper; **ein feuriges/sprudelndes** ~ a fiery/bubbly *fam* character ❷ *kein pl* (*Lebhaftigkeit*) vitality, vivacity; ~ **haben** to be very lively ▸ WENDUNGEN: **seinem** ~ **die Zügel schießen lassen** to lose control over one's feelings; **die vier** ~**e** the four humours [*or* AM -ors]
temperamentlos *adj* lifeless, spiritless
temperamentvoll I. *adj* lively, vivacious II. *adv* in a lively manner, vivaciously
Temperatur <-, -en> *f* ❶ (*Wärmegrad*) temperature ❷ (*Körpertemperatur*) temperature; [**seine/die**] ~ **messen** to take one's temperature; **erhöhte** ~ temperature higher than normal; [**erhöhte**] ~ **haben** to have [*or* be running] a temperature
Temperaturanstieg *m* rise in temperature **Temperaturregler** *m* thermostat **Temperaturrückgang** *m* drop [*or* fall] in temperature **Temperaturschwankung** *f* fluctuation [*or* variation] in temperature **Temperatursturz** *m* plunge in temperature, sudden drop in temperature
temperieren* *vt* ■ **etw** ~ ❶ (*wärmen*) to bring sth to the correct temperature; ■ **temperiert** at the right temperature; **angenehm temperierte Räume** rooms at a pleasant temperature ❷ (*geh: mäßigen*) to curb, to moderate; **seine Gefühle** ~ to curb one's feelings
Tempo[1] <-s, -s *o fachspr* Tempi> *nt* ❶ (*Geschwindigkeit*) speed; **mit** [*o* **in**] **einem bestimmten** ~ at a certain speed; **mit hohem** ~ at high speed; **das erlaubte** ~ **fahren** to stick to the speed limit; ~! (*fam*) get a move on! *fam* ❷ (*musikalisches Zeitmaß*) tempo; **das** ~ **angeben** to set the tempo
Tempo®[2] <-s, -s> *nt* (*fam: Papiertaschentuch*) [paper] tissue
Tempo-30-Zone [-'draisɪg-] *f* restricted speed zone **Tempolimit** *nt* speed limit
Tempora *pl von* **Tempus**
temporal *adj* LING temporal
Temporalsatz *m* temporal clause
temporär *adj* (*geh*) temporarily
Tempus <-, Tempora> *nt* LING tense
Tendenz <-, -en> *f* ❶ (*Trend*) trend, tendency; **fallende/steigende** ~ **haben** to have a tendency to fall/rise ❷ (*Neigung*) ■ **eine** [*o* **jds**] ~ **zu etw** a [*or* sb's] tendency to sth; **die** ~ **haben,** [**etw zu tun**] to have a tendency [to do sth] ❸ *meist pl* (*Strömung*) trend; **neue** ~**en in der Kunst** new trends in art ❹ *kein pl* (*meist pej: Parteilichkeit*) bias, slant
tendenziell *adj inv* ***es zeichnet sich eine ~e Entwicklung zum Besseren ab*** trends indicate a change for the better
tendenziös <-er, -este> *adj* (*pej*) tendentious
Tendenzstück *nt* tendentious play
Tender <-s, -> *m* BAHN, NAUT tender
tendieren* *vi* ❶ (*hinneigen*) ■ [**zu etw**] ~ to tend [towards sth]; ■ **dazu** ~**, etw zu tun** to tend to do sth; **dazu** ~ **abzulehnen/zuzustimmen** to tend to say no/yes; **dazu** ~**, zu unterschreiben/bestellen** to be moving towards signing/ordering ❷ (*sich entwickeln*) ■ [**irgendwohin**] ~ to have a tendency [to move in a certain direction]; ***die Aktien tendieren schwächer*** shares are tending to become weaker
Tendron <-s, -s> *nt* KOCHK sliced veal breast
Teneriffa *nt* Tenerife; *s. a.* **Sylt**
Tenne <-, -n> *f* AGR threshing floor
Tennis <-> *nt kein pl* tennis; ~ **spielen** to play tennis
Tennisball *m* tennis ball **Tennishalle** *f* indoor tennis court **Tennisplatz** *m* SPORT ❶ (*Spielfeld*) tennis court ❷ (*Anlage*) outdoor tennis complex **Tennisschläger** *m* tennis racket **Tennisspieler(in)** *m(f)* tennis player **Tennisturnier** *nt* tennis tournament [*or* championship]
Tenor <-s, Tenöre> *m* ❶ MUS tenor ❷ *kein pl* LING, JUR tenor
Tentakel <-s, -> *m o nt* tentacle
Tenue <-s, -s> ['təny:] *nt* SCHWEIZ (*Bekleidung*) style of dress; MIL (*Uniform*) prescribed style of dress, uniform
Teppich <-s, -e> *m* ❶ (*Fußbodenbedeckung*) carpet; **Wand**~ tapestry, wall hanging; **einen** ~ **klopfen** to beat a carpet ❷ (*Öl*~) slick ▸ WENDUNGEN: **auf dem** ~ **bleiben** (*fam*) to keep one's feet on the ground *fam*; **etw unter den** ~ **kehren** (*fam*) to sweep sth under the carpet
Teppichboden *m* fitted carpet; **etw mit** ~ **auslegen** to fit sth with wall-to-wall carpeting **Teppichfliese** *f* carpet tile **Teppichgeschäft** *nt* carpet shop **Teppichgröße** *f* size of carpet **Teppichkehrer** <-s, -> *m* carpet sweeper **Teppichkehrmaschine** *f* carpet sweeper **Teppichklopfer** <-s, -> *m* carpet-beater **Teppichmuschel** *f* carpet shell **Teppichmuster** *nt* carpet design **Teppichschaum** *m* carpet foam cleaner **Teppichstange** *f frame used for carpet beating*
Terbium <-s> *nt kein pl* CHEM terbium
Termin <-s, -e> *m* ❶ (*verabredeter Zeitpunkt*) appointment; **einen** ~ [**bei jdm**] [**für etw**] **haben** to have an appointment [with sb] [for sth]; **sich** *dat* **einen** ~ [**für etw**] **geben lassen** to make an appointment [for sth]; **einen** ~ **vereinbaren** to arrange an appointment; **einen** ~ **verpassen** [*o* **versäumen**] to miss an appointment; **etw auf einen späteren** ~ **verschieben** to postpone sth ❷ (*festgelegter Zeitpunkt*) deadline; ***der ~ für die Veröffentlichung steht schon fest*** the deadline for publishing has already been fixed; **der letzte** ~ the deadline [*or* latest date]; SPORT fixture ❸ JUR (*Verhandlungs*~) hearing
Terminal[1] <-s-, -s> ['tœrminl] *nt* INFORM terminal
Terminal[2] <-s, -s> ['tœrminl] *nt o m* LUFT, TRANSP terminal
Terminbörse *f* FIN futures market **Termindruck** *m kein pl* time pressure; **unter** ~ **stehen** to be under time pressure **Termingeld** *nt* fixed-term deposit **termingemäß** *adj inv* on schedule *pred* **termingerecht** I. *adj* according to schedule II. *adv* on time [*or* schedule] **Termingeschäft** *nt* forward exchange transaction
Termini *pl von* **Terminus**
Terminkalender *m* [appointments] diary [*or* AM calender]; **einen vollen** ~ **haben** to have a full appointments diary
terminlich I. *adj inv, attr* with regard to the schedule; ~**e Verpflichtungen** commitments II. *adv* as far as the schedule is concerned; ***ja, das kann ich ~ einrichten!*** yes, I can fit that into my schedule!
Terminlieferung *f* on-time delivery

Terminologie <-, -n> [-'giːən] *f* terminology

Terminplan *m* schedule **Terminplaner** <-s, -> *m* ❶ (*Kalender*) schedule, diary BRIT, Filofax®, personal organizer ❷ TECH, INFORM (*elektronischer Kleincomputer*) electronic diary [*or* AM organizer] **Terminplanung** *f* scheduling

Terminus <-, Termini> *m* term; ~ **technicus** technical term; **ein medizinischer** ~ **technicus** a specialized medical term

Terminverkauf *m* ÖKON, BÖRSE futures sale

Termite <-, -n> *f* termite

Termitenhügel *m* termites' nest **Termitenstaat** *m* termite colony

Terpentin <-s, -e> *nt o* ÖSTERR *m* CHEM ❶ (*flüssiges Harz*) turpentine, turps *fam* ❷ (*fam*) *s.* **Terpentinöl**

Terpentinöl *nt* oil of turpentine

Terrain <-s, -s> [tɛ'rɛ̃ː] *nt* ❶ MIL, GEOG (*Gelände*) terrain ❷ (*a. fig:* [*Bau*]*grundstück*) site; **das** ~ **sondieren** (*geh*) to see how the land lies; **sich auf unbekanntem** ~ **bewegen** to be on unknown territory

Terrakotta <-, -kotten> *f kein pl* terracotta

Terrarium <-s, -rien> [-riən] *nt* terrarium

Terrasse <-, -n> *f* ❶ (*Freisitz*) terrace; (*Balkon*) [large] balcony ❷ (*Geländestufe*) terrace

terrassenförmig *adj* terraced **Terrassenhaus** *nt* split-level house

Terrazzo <-s, Terrazzi> *m* terrazzo

terrestrisch *adj* terrestrial

Terrine <-, -n> *f* tureen

territorial *adj* territorial

Territorialanspruch *m* POL territorial claim (**an** +*akk* on) **Territorialheer** *nt* territorial army **Territorialverhalten** *nt* territorial behaviour *Brit* [*or* AM -or]

Territorium <-s, -rien> [-riən] *nt* territory

Terroir <-[s], -s> [tɛr'ʀwa] *nt* AGR terroir *spec* (*combination of soil, climate and location for wine-growing*)

Terror <-s> *m kein pl* ❶ (*terroristische Aktivitäten*) terrorism ❷ (*Furcht und Schrecken*) terror; **die Verbreitung von** ~ the spreading of terror ❸ (*Schreckensregime*) reign of terror; **blutiger** ~ terror and bloodletting ❹ (*fam: Stunk*) huge fuss; ~ **machen** to make a huge fuss

Terrorakt *m* act of terrorism **Terroranschlag** *m* terrorist attack **Terrorgruppe** *f* terrorist group **Terrorherrschaft** *f kein pl* reign of terror

terrorisieren* *vt* ❶ (*fam: schikanieren*) ■**jdn** ~ to intimidate sb ❷ (*in Angst und Schrecken versetzen*) ■**jdn/etw** ~ to terrorize sb/sth

Terrorismus <-> *m kein pl* terrorism

Terrorismusbekämpfung *f* counterterrorism **Terrorismusexperte** *m* expert on terrorism

Terrorist(in) <-en, -en> *m(f)* terrorist

terroristisch *adj* terrorist *attr;* ~**e Aktivitäten** terrorist activities; **eine** ~**e Organisation** a terrorist organization

Terrorwelle *f* wave of terror

Tertiär <-s> [tɛr'tsiɛːɐ] *nt kein pl* GEOL tertiary

Terz <-, -en> *f* MUS third

Terzett <-[e]s, -e> *nt* MUS trio

Tesafilm® *m* Sellotape® BRIT, Scotch tape® AM

Tessin <-s> *nt* ■**das** ~ Ticino

Test <-[e]s, -s *o* -e> *m* ❶ (*Versuch*) test; **einen** ~ **machen** to carry out a test ❷ PHARM test; **einen** ~ **machen** to undergo a test ❸ SCH test

Testament <-[e]s, -e> *nt* ❶ JUR will; **sein** ~ **machen** to make one's will ❷ REL **Altes/Neues** ~ Old/New Testament ▸ WENDUNGEN: **dann kann jd sein** ~ **machen** (*fam*) then sb had better make a will

testamentarisch I. *adj* testamentary; **eine** ~**e Verfügung** an instruction in the will II. *adv* in the will; **jdn** ~ **bedenken** to include sb in one's will; **etw** ~ **festlegen** to write sth in one's will; **jdm etw** *akk* ~ **vermachen** to leave sb sth in one's will

Testamentseröffnung *f* reading of the will **Testamentsvollstrecker(in)** *m(f)* executor

Testbild *nt* TV test card BRIT, test pattern AM

testen *vt* ■**jdn/etw** [**auf etw** *akk*] ~ to test sb/sth [for sth]

Testfahrer(in) *m(f)* test driver **Testfrage** *f* test question

testieren* I. *vt* (*geh*) ■**jdm etw** *akk* ~ to certify [*or* testify] sth for sb; ■**jdm** ~, **dass ...** to give sb written proof that ... II. *vi* JUR (*geh*) to make a will

Testikel <-s, -> *m* MED testicle

Testosteron <-s, -e> *nt* testosterone

Testperson *f* subject **Testpilot(in)** *m(f)* test pilot **Testreihe** *f* series of tests

Tetanus <-> *m kein pl* tetanus *no pl*

Tetraeder <-s, -> *nt* MATH tetrahedron

teuer I. *adj* ❶ (*viel kostend*) expensive; ■**jdm zu** ~ **sein** to be too expensive [*or* dear] for sb; **ein** ~**es Vergnügen** an expensive bit of fun ❷ (*hohe Preise verlangend*) expensive ❸ (*geh: geschätzt*) dear; ■**jdm** [**lieb und**] ~ **sein** to be dear to sb; **mein Teurer/meine Teure, mein T~ster/meine T~ste** (*hum*) my dearest; (*unter Männern*) my dear friend II. *adv* (*zu einem hohen Preis*) expensively; ***das hast du aber zu ~ eingekauft*** you paid too much for that; **sich** *dat* **etw** *akk* ~ **bezahlen lassen** to demand a high price for sth ▸ WENDUNGEN: **etw** *akk* ~ **bezahlen müssen** to pay a high price for sth; ~ **erkauft** dearly bought; **jdn** ~ **zu stehen kommen** to cost sb dear, sb will pay dearly

Teuerung <-, -en> *f* price rise [*or* increase], rise [*or* increase] in price

Teuerungsrate *f* rate of price increase **Teuerungszuschlag** *m* surcharge

Teufel <-s, -> *m* ❶ *kein pl* (*Satan*) ■**der** ~ the Devil, Satan ❷ (*teuflischer Mensch*) devil, evil person ▸ WENDUNGEN: **den** ~ **durch** [*o* **mit dem**] **Beelzebub austreiben** to jump from the frying pan into the fire; **der** ~ **steckt im Detail** it's the little things that cause big problems; **jdn/sich in** ~**s Küche bringen** (*fam*) to get sb/oneself into a hell of a mess *fam;* **in** ~**s Küche kommen** (*fam*) to get into a hell of a mess; **ein/der** ~ **in Menschengestalt** a/the devil in disguise; **den** ~ **an die Wand malen** to imagine the worst; **jdn/etw wie der** ~ **das Weihwasser fürchten** (*hum fam*) to avoid sb/sth like the plague *fam;* **ja bist du denn des** ~**s?** have you lost your senses [*or* mind]?, are you mad [*or* AM crazy]?; **geh zum** ~! (*fam*) go to hell!, fam; **soll jdn** [**doch**] **der** ~ **holen** (*fam*) to hell with sb *fam;* **irgendwo ist der** ~ **los** (*fam*) all hell is breaking loose somewhere; ***in der Firma war gestern der ~ los*** all hell broke loose in the firm yesterday; **jdn zum** ~ **jagen** [*o* **schicken**] (*fam*) to send sb packing *fam;* **auf** ~ **komm raus** (*fam*) come hell or high water; ***die Termine müssen auf ~ komm raus eingehalten werden*** the dates have to be met, come hell or high water; **sich den** ~ **um etw kümmern** [*o* **scheren**] (*fam*) to not give a damn about sth *sl;* **jdn reitet der** ~ (*fam*) sb is feeling his oats *fam;* **scher dich zum** ~! (*fam*) go to hell! *sl;* **wenn man vom** ~ **spricht**[, **kommt er**] (*prov*) speak [*or* talk] of the devil [and he appears]; **den** ~ **tun werden, etw zu tun** (*fam*) to be damned *sl* if one does sth; ***sie wird den ~ tun, das zu machen*** she'll be damned if she does that; **weiß der** ~ (*fam*) who the hell knows, fam; **den** ~ **werde ich** [**tun**]! (*fam*) like hell I will! *fam;* **jdn zum** ~ **wünschen** (*fam*) to wish sb in hell; **es müsste mit dem** ~ **zugehen, wenn ...** (*fam*) hell would have to freeze over, before ...; ~

noch mal [*o* **aber auch**]! (*fam*) well, I'll be damned! *sl;* **wie der ~** (*fam*) like hell [*or* the devil] *fam;* **zum ~!** (*fam*) damn [it]! *sl*, blast [it]! *sl or dated;* **... zum ~ ...?** (*fam*) ... the devil [*or* hell] ...?; ***wer zum ~ ist Herr Müller?*** who the heck [*or* hell] is Mr. Müller? *fam*

Teufelei <-, -en> *f* evil trick

Teufelsfratze *f* devil's face **Teufelskreis** *m* vicious circle

teuflisch **I.** *adj* devilish, diabolical **II.** *adv* ① (*diabolisch*) diabolically, devilishly ② (*fam: höllisch*) hellishly, like hell

Teutone, **Teutonin** <-n, -n> *m, f* Teuton

teutonisch *adj* Teutonic

Text <-[e]s, -e> *m* ① (*schriftliche Darstellung*) text ② (*Lied*) lyrics ③ (*Wortlaut*) text; *Rede* script ▸ WENDUNGEN: **jdn aus dem ~ bringen** (*fam*) to confuse sb; **aus dem ~ kommen** (*fam*) to become confused; **weiter im ~!** (*fam*) let's get on with it *fam*

Textaufgabe *f* MATH problem **Textbaustein** *m* text block **Textbuch** *nt* song book, libretto **Textdichter(in)** *m(f)* songwriter, librettist

texten **I.** *vt* ■**etw ~** to write sth **II.** *vi* to write songs; (*in der Werbung*) to write copy

Texter(in) <-s, -> *m(f)* songwriter; (*in der Werbung*) copywriter

textil *adj* fabric

Textilbranche *f* textile industry **Textilhersteller** *m* textile manufacturer

Textilien *pl* fabrics *pl*

Textilindustrie *f* textile industry

Textkritik *f* textual criticism **Textpassage** *f* extract [*or* passage] from the text **Textstelle** *f* passage **Textsystem** *nt s.* **Textverarbeitungssystem**

Textverarbeitung *f* word processing

Textverarbeitungsprogramm *nt* word processing programme [*or* AM -am], word processor **Textverarbeitungssystem** *nt* word processor, word processing system

Tezett *nt* ▸ WENDUNGEN: **bis ins ~** (*fam*) inside out *fam*

TH <-, -s> *f Abk von* **Technische Hochschule** training college provinding degree courses in technical and scientific subjects

Thai *nt* Thai; *s. a.* **Deutsch**

Thailand *nt* Thailand

Thallium <-s> *nt kein pl* CHEM thallium

Theater <-s, -> *nt* ① (*Gebäude*) theatre [*or* AM -er] ② (*Schauspielkunst*) theatre [*or* AM -er]; **zum ~ gehen** to go on the stage; **~ spielen** to put on a show, to act; **nur ~ sein** (*fam*) to be only an act *fam* ③ (*fam: Umstände*) drama, fuss *fam;* [**ein**] **~ machen** to make [*or* create] a fuss *fam*

Theaterabonnement *nt* theatre [*or* AM -er] subscription **Theateraufführung** *f* theatre performance, play **Theaterkarte** *f* theatre ticket **Theaterkasse** *f* theatre box office **Theaterkritiker(in)** *m(f)* theatre critic **Theatermacher(in)** *m(f)* theatre [*or* AM -er] maker; (*Theaterregisseur a.*) stage director; (*Theaterintendant a.*) theatre manager **Theaterstück** *nt* play

theatralisch *adj* theatrical

Theismus <-> *m kein pl* theism *no pl*

Theke <-, -n> *f* counter; (*in einem Lokal*) bar

Thema <-s, Themen *o* -ta> *nt* ① (*Gesprächs~*) subject, topic; **ein ~ ist** [**für jdn**] **erledigt** (*fam*) a matter is closed as far as sb is concerned; **beim ~ bleiben** to stick to the subject [*or* point]; **jdn vom ~ abbringen** to get sb off the subject; **vom ~ abschweifen** to wander [*or fam* get] off the subject; **~ Nr. 1 sein** to be the main subject of discussion; **das ~ wechseln** to change the subject ② (*schriftliches ~*) subject ③ (*Bereich*) subject area ④ MUS theme ▸ WENDUNGEN: **wir wollen das ~ begraben** (*fam*) let's not talk about that anymore; **ein/kein ~ sein** to be/not be an issue; **etw** *akk* **zum ~ machen** to make an issue out of sth

Thematik <-> *f kein pl* topic

thematisch **I.** *adj* regarding subject matter **II.** *adv* as far as the subject is concerned

thematisieren* *vt* ■**etw ~** to make sth subject of discussion, to discuss sth

Themen *pl von* **Thema**

Theologe, **-login** <-n, -n> *m, f* theologian

Theologie <-, -n> *f* theology

Theologin <-,-nen> *f fem form von* **Theologe**

theologisch **I.** *adj* theological **II.** *adv* ① (*in der Theologie*) in theological matters ② (*für die Theologie*) theologically, from a theological point of view

Theorem <-s, -e> *nt* (*geh*) theorem

Theoretiker(in) <-s, -> *m(f)* theoretician, theorist

theoretisch **I.** *adj* theoretical **II.** *adv* theoretically; **~ betrachtet** in theory, theoretically

theoretisieren* *vi* ■[**über etw** *akk*] **~** to theorize [about sth]

Theorie <-, -n> *f* theory; **graue ~ sein** to be all very well in theory; **nur ~ sein** to only be hypothetical; **in der ~** in theory; *s. a.* **Freund**

Therapeut(in) <-en, -en> *m(f)* therapist

Therapeutik <-> *f kein pl* therapeutics + *sing vb*

Therapeutin <-, -nen> *f fem form von* **Therapeut**

therapeutisch **I.** *adj* therapeutic **II.** *adv* as therapy

Therapie <-, -n> *f* therapy

therapieren *vt* MED ■**jdn ~** to treat [*or* give therapy to] sb; ■**etw ~** to treat sth

Thermalbad *nt* ① (*Hallenbad*) thermal baths *pl* ② MED (*Heilbad*) thermal bath, hot springs *npl* ③ (*Kurort*) spa resort **Thermalquelle** *f* thermal [*or* hot] spring

thermisch *adj attr* thermal

Thermometer <-s, -> *nt* thermometer

thermonuklear *adj* thermonuclear

Thermopapier *nt* thermal paper

Thermosflasche® *f* Thermos® [flask [*or* bottle]], vacuum flask

Thermostat <-[e]s, -e *o* -en, -en> *m* thermostat

These <-, -n> *f* (*geh*) thesis

Thon <-s> *m kein pl* SCHWEIZ (*Tunfisch*) tuna [fish] *no pl*

Thorium <-s> *nt kein pl* CHEM thorium *no pl*

Thrill <-s> [θrɪl] *m kein pl* (*sl*) thrill

Thriller <-s, -> *m* thriller

Thrombose <-, -n> *f* thrombosis

Thron <-[e]s, -e> *m* throne ▸ WENDUNGEN: **jds ~ wackelt** sb's throne is shaking

thronen *vi* to sit enthroned

Thronfolger(in) <-s, -> *m(f)* heir [*or* successor] to the throne

Thulium <-s> *nt kein pl* CHEM thulium *no pl*

Thunfisch *m s.* **Tunfisch**

Thurgau <-s> *nt* Thurgau

Thüringen <-s> *nt* Thuringia

Thymian <-s, -e> *m* thyme

Tiara <-, Tiaren> *f* REL triple crown

Tibet <-s> *nt* Tibet; *s. a.* **Deutschland**

Tibetaner(in) <-s, -> *m(f) s.* **Tibeter**

Tibeter(in) <-s, -> *m(f)* Tibetan; *s. a.* **Deutsche(r)**

tibetisch *adj* Tibetan; *s. a.* **deutsch**

Tibetisch *nt dekl wie adj* Tibetan; *s. a.* **Deutsch**

Tibetische <-n> *nt* ■**das ~** Tibetan, the Tibetan language; *s. a.* **Deutsche**

Tick <-[e]s, -s> *m* (*fam*) ① (*Marotte*) quirk *fam;* **einen ~ haben** to have a quirk ② (*geringe Menge*) tad; ***kannst du das einen ~ leiser stellen?*** can you turn

T

it down a tad?

ticken *vi* (*ein klickendes Geräusch machen*) to tick ▶ WENDUNGEN: **nicht richtig ticken** (*sl*) to be off [*or* AM out of one's mind] one's head *sl,* to not be in one's right mind

Ticket <-s, -s> *nt* ticket

TiebreakRR <-s, -s> *m o nt,* **Tie-Break** <-s, -s> *m o nt* tie-break

tief I. *adj* ① (*eine große Tiefe aufweisend*) deep; ■ **ein Meter/Kilometer ~** two metres [*or* AM -ers]/kilometres [*or* AM -ers] deep ② (*eine große Dicke aufweisend*) deep; ■ **drei Meter/Zentimeter ~** three metres [*or* AM -ers]/centimetres [*or* AM -ers] deep ③ (*niedrig*) low ④ MUS (*tief klingend*) low; **eine ~ Stimme** a deep voice ⑤ (*intensiv empfunden*) deep, intense ⑥ (*tiefgründig, ins Wesentliche dringend*) profound ⑦ (*mitten in etw liegend*) deep; ***im ~en Wald*** in the depths of the forest, deep in the forest; ■ **~ in etw** *dat* in the depths of sth, deep in sth, deep; **im ~sten Winter** in the depths of winter ⑧ (*weit hineinreichend*) deep; (*Ausschnitt*) low; *s. a.* **Herz, Nacht, Teller** II. *adv* ① (*weit eindringend*) deep; **~ greifend** [*o* **schürfend**] far-reaching, extensive ② (*vertikal weit hinunter*) deep; ***er stürzte 350 Meter ~*** he fell 350 metres [deep] ③ (*dumpf tönend*) low; **zu ~ singen** to sing flat; **~ sprechen** to talk in a deep voice ④ (*zutiefst*) deeply; **~ betrübt** deeply distressed; **~ bewegt** deeply moved; **etw ~ bedauern** to regret sth profoundly; **jdn ~ erschrecken** to frighten sb terribly ⑤ (*intensiv*) deeply; **~ schlafen** to sleep soundly; **~ erröten** to deeply redden, to go bright red *fam* ⑥ (*niedrig*) low; **~ liegend** low-lying; **~ stehend** (*fig*) low-level ▶ WENDUNGEN: **zu tief ins Glas geblickt haben** to have had too much to drink; **~ blicken lassen** to be very revealing; **~ fallen** to go downhill; **~ sinken** to sink low

Tief <-[e]s, -e> *nt* ① METEO (*Tiefdruckgebiet*) low, low pressure system, depression ② (*depressive Phase*) low [point], depression

Tiefbau *m kein pl* civil engineering *no pl* **Tiefbauamt** *nt authority in charge of planning, design, construction and maintenance of fixed structures and ground facilities* **tiefblau** *adj* deep blue

Tiefdruck[1] *m kein pl* TYPO gravure *no pl*

Tiefdruck[2] *m kein pl* METEO low pressure *no pl*

Tiefdruckgebiet *nt* low pressure area

Tiefe <-, -n> *f* ① (*Wasser~*) depth ② (*vertikal hinabreichende Ausdehnung*) depth; ***der Schacht führt hinab bis in 1200 Meter ~*** the shaft goes 1200 metres deep ③ (*horizontal hineinreichende Ausdehnung*) depth ④ *kein pl* (*Intensität*) intensity ⑤ (*Tiefgründigkeit*) depth ⑥ (*dunkle Tönung*) ***die ~ des Blaus*** the depth of blue ⑦ (*dunkler Klang*) deepness

Tiefebene *f* lowland plain; **die Nordddeutsche ~** the North German Lowlands *pl;* **die Oberrheinische ~** the Upper Rhine Valley

Tiefenpsychologe, -psychologin *m, f* psychoanalyst **Tiefenpsychologie** *f* psychoanalysis **Tiefenpsychologin** *f fem form von* **Tiefenpsychologe** **Tiefenschärfe** *f kein pl* FOTO depth of field *no pl*

tiefer *adj, adv superl von* **tief**: **~ gelegt** AUTO lowered

Tiefflieger *m* low-flying aircraft **Tiefflug** *m* low-altitude flight; **im ~** at low altitude; **etw** *akk* **im ~ überfliegen** to fly over sth at low altitude **Tiefgang** *m* NAUT draught BRIT, draft AM ▶ WENDUNGEN: **~ haben** to have depth, to be profound **Tiefgarage** *f* underground car park BRIT, underground parking lot AM **tiefgefrieren** *vt irreg* ■ **etw ~** to freeze sth **tiefgefroren, tiefgekühlt** *adj* frozen **tiefgreifend** *adj* far-reaching, extensive

Tiefkühlfach *nt* freezer compartment **Tiefkühlkost** *f* frozen foods *pl* **Tiefkühlschrank** *m* freezer **Tiefkühltruhe** *f* freezer chest

Tieflader <-s, -> *m* low-loading vehicle **Tiefland** *nt* lowlands *pl* **Tiefpunkt** *m* low point; **einen ~ haben** to feel worn out, to suffer a low; (*deprimiert sein*) to go through a low patch **Tiefschlag** *m* ① SPORT hit below the belt ② (*schwerer Schicksalsschlag*) body blow

Tiefsee *f* deep sea

Tiefseefisch *m* deep-sea fish **Tiefseetaucher(in)** *m(f)* deep-sea diver

tiefsinnig *adj s.* **tiefgründig** **Tiefstand** *m* low; ***der Dollar ist auf einen neuen ~ gesunken*** the dollar has sunk to a new low **Tiefstapelei** <-> *f kein pl* understatement **tief|stapeln** *vi* to understate the case, to be modest

Tiefstpreis *m* lowest [*or fam* rock-bottom] price **Tiefsttemperatur** *f* lowest temperature **Tiefstwert** *m* lowest value

tieftraurig *adj* extremely sad

Tiegel <-s, -> *m* ① (*flacher Kochtopf*) [sauce] pan ② (*Cremebehälter*) jar ③ (*Schmelz~*) pot

Tier <-[e]s, -e> *nt* animal; **wie ein ~** like an animal ▶ WENDUNGEN: **ein großes** [*o* **hohes**] **~** (*fam*) big shot *fam,* bigwig

Tierarzt, -ärztin *m, f* vet, veterinary surgeon *form*

Tierchen <-s, -> *nt dim von* **Tier** little creature ▶ WENDUNGEN: **jedem ~ sein Pläsierchen** each to his own

Tierfreund(in) *m(f)* animal lover **Tierhalter(in)** *m(f)* pet owner **Tierhaltung** *f* (*Haustiere*) pet ownership; LANDW animal husbandry; *s. a.* **artgerecht** **Tierhandlung** *f* pet shop **Tierheim** *nt* animal home

tierisch I. *adj* ① (*bei Tieren anzutreffend*) animal *attr* ② (*sl: gewaltig*) deadly *fam,* terrible; **einen ~en Durst/Hunger haben** to be thirsty/hungry as hell *sl* ③ (*grässlich*) bestial, brutish II. *adv* (*sl*) loads *fam;* **~ schuften/schwitzen** to work/sweat like hell *sl;* **~ wehtun** to hurt like hell *sl*

Tierklinik *f* animal hospital **Tierkreis** *m kein pl* zodiac **Tierkreiszeichen** *nt* sign of the zodiac, zodiacal sign **Tierkunde** *f* zoology **tierlieb** *adj* animal-loving *attr,* pet-loving *attr;* ■ **~ sein** to be fond of animals **Tierliebe** *f* love of animals **Tiermedizin** *f* veterinary medicine **Tierpark** *m* zoo **Tierpfleger(in)** *m(f)* zoo-keeper **Tierquäler(in)** <-s, -> *m(f)* person who is cruel to animals **Tierquälerei** *f* animal cruelty, cruelty to animals **Tierschutz** *m* protection of animals **Tierschutzverein** *m* society for the prevention of cruelty to animals **Tierversuch** *m* animal experiment **Tierzucht** *f kein pl* live-stock breeding *no pl,* animal husbandry *no pl*

Tiflis, Tbilisi <-> *nt* Tbilisi

Tiger <-s, -> *m* tiger

Tigerauge *nt* tiger's-eye

tigern *vi sein* (*fam*) to mooch [about] BRIT, fam, to loiter AM; ■ **durch etw** *akk* **~** to traipse [*or* BRIT mooch] through sth

Tilde <-, -n> *f* tilde

tilgen *vt* (*geh*) ■ **etw ~** ① FIN (*abtragen*) to pay sth off ② (*beseitigen*) to wipe out sth *sep;* ■ **etw** *akk* **von etw** *dat* **~** to erase sth from sth

Tilgung <-, -en> *f* (*geh*) ① FIN (*das Tilgen*) repayment ② (*Beseitigung*) erasure, deletion

Timbre <-s, -s> *nt* (*geh*) timbre [*or* AM -er]

timen *vt* ■ **etw ~** to time sth

TimesharingRR <-s> *nt kein pl,* **Time-sharing** <-s> *nt kein pl* ① INFORM (*gemeinsame Benutzung eines Großrechners*) time-sharing ② (*gemeinsamer Besitz von Ferienwohnungen*) time share

Timing <-s> *nt* timing

tingeln *vi sein* (*fam*) to gig around *fam*

Tinktur <-, -en> *f* tincture
Tinte <-, -n> *f* ink ▶ WENDUNGEN: **in der ~ sitzen** (*fam*) to be in the soup *fam*, to be in a scrape *fam*
TintenfassRR *nt* inkpot **Tintenfisch** *m* squid **Tintenfleck** *m* ink blot; (*auf Kleidung*) ink stain **Tintengummi** *m* ink rubber **Tintenklecks** *m* ink blot **Tintenstift** *m* indelible pencil
TippRR <-s, -s> *m*, **Tip** <-s, -s> *m* ❶ (*Hinweis*) tip, hint; **jdm einen ~ geben** to give sb a tip ❷ SPORT (*gewettete Zahlen*) tip
tippen1 **I.** *vi* ❶ (*Wettscheine ausfüllen*) to fill in one's coupon; **im Lotto/Toto ~** to play the lottery/pools ❷ (*fam: etw vorhersagen*) to guess; ■ **auf jdn/etw ~** to put one's money on sb/sth; ■ **darauf ~, dass jd etw** *akk* **tut/dass etw** *gen* **geschieht** to bet that sb does sth/that sth happens **II.** *vt* ■ **etw ~ eine Zahl ~** to play a number
tippen2 **I.** *vi* ❶ (*fam: Schreibmaschine schreiben*) to type ❷ (*kurz anstoßen*) ■ **an/auf etw** *akk* **~** to tap on sth; ■ **gegen etw** *akk* **~** to tap against sth **II.** *vt* (*fam*) to type; ■ **[jdm] etw** *akk* **~** to type sth [for sb]
Tipp-Ex® <-> *nt kein pl* Tipp-Ex® BRIT, Liquid Paper® AM, whiteout
Tippfehler *m* typing mistake [*or* error]
Tippse <-, -n> *f* (*pej fam*) typist
tipptopp (*fam*) **I.** *adj* tip-top *fam*, perfect, immaculate **II.** *adv* immaculately
Tippzettel *m* (*fam*) lottery ticket
Tirade <-, -n> *f meist pl* (*pej geh*) tirade
Tirana <-s> *nt* GEOG Tirana, Tirane
Tirol <-s> *nt* Tyrol
Tiroler(in) <-s, -> *m(f)* Tyrolese, Tyrolean
Tirolerhut *m* Tyrolean hat
Tirolerin <-, -nen> *f fem form von* **Tiroler**
Tisch <-[e]s, -e> *m* ❶ (*Esstisch*) table; **jdn zu ~ bitten** to ask sb to take their place [at the table]; **etw** *akk* **auf den ~ bringen** (*fam*) to serve sth; **zu ~ gehen** (*geh*) to go to lunch/dinner; **zu ~ sein** (*geh*) to be having one's lunch/dinner; **am** [*o geh* **bei**] [*o geh* **zu**] **~ sitzen** to sit at the table; **bei ~** (*geh*) at the table; **vor/nach ~** (*geh*) before/after the meal; **zu ~!** (*geh*) lunch/dinner is served ❷ (*an einem Tisch sitzende Personen*) table ▶ WENDUNGEN: **am grünen ~, vom grünen ~ aus** in theory; **reinen ~ machen** to sort things out, to get things straight; **am runden ~** among equals; **jdn an einen ~ bringen** to get sb round [*or* AM around] the table; **unter den ~ fallen** (*fam*) to go by the board *fam*; **jdn unter den ~ trinken** [*o sl* **saufen**] to drink sb under the table *fam*; **vom ~ sein** to be cleared up; **vom ~ müssen** to need clearing up; **sich** *akk* **[mit jdm] an einen ~ setzen** to get round the table [with sb]; **etw** *akk* **vom ~ wischen** to strike sth off the roll, to dismiss sth; **jdn über den Tisch ziehen** (*fam*) to lead sb up the garden path *fam*
Tischdame *f fem form von* **Tischherr** **Tischdecke** *f* tablecloth **Tischgrill** *m* table-top grill **Tischherr, -dame** *m, f* dinner partner
Tischler(in) <-s -> *m(f)* joiner, carpenter, cabinet maker
Tischlerei <-, -en> *f* joiner's [*or* carpenter's] workshop
Tischlerin <-, -nen> *f fem form von* **Tischler**
tischlern **I.** *vi* (*fam*) to do woodwork **II.** *vt* (*fam*) ■ **etw ~** to make sth
Tischlerwerkstatt *f* joiner's [*or* carpenter's] workshop
Tischrechner *m* desk calculator **Tischrede** *f* after-dinner speech; **eine ~ halten** to hold an after-dinner speech
Tischtennis *nt* table tennis, Ping-Pong® *fam*
Tischtennisplatte *f* table-tennis [*or fam* Ping-Pong®] table **Tischtennisschläger** *m* table-tennis [*or fam* Ping-Pong®] bat
Tischtuch <-tücher> *nt s.* **Tischdecke**
Titan1 <-en, -en> *m* Titan
Titan2 <-s> *nt kein pl* CHEM titanium
Titel <-s, -> *m* ❶ (*Überschrift*) heading ❷ (*Namenszusatz*) [academic] title ❸ (*Adels~*) title ❹ MEDIA ([*Name einer*] *Publikation*) title ❺ MUS (*Schlager*) song ❻ SPORT (*sportlicher Rang*) title ❼ JUR (*vollstreckbarer Rechtsanspruch*) section

! Tipp Die Titel **Dr**, **Mr** und **Mrs**, sowie der neutrale weibliche Titel **Ms** werden in Großbritannien ohne Punkt und in den USA oft mit Punkt geschrieben. Bei Anschriften wird in Großbritannien häufig der Titel **Esq.**, die Abkürzung für **esquire**, hinter den männlichen Nachnamen als Zeichen des Respekts gesetzt, z. B. **John Grant Esq.**. Die Titel **Sir** und **Madam** werden fast nur noch zur Anrede in Briefen verwendet; für *Sehr geehrte Damen und Herren* sagt man im Englischen ***Dear Sir or Madam***. Als Ehrentitel gehört **Sir** zum Vornamen, z. B. wird David Attenborough als **Sir David** angesprochen. Frauen werden mit **Dame**, z. B. **Dame Iris Murdoch**, angeredet. Die Ehrentitel **Baron** und **Baroness** werden bei Herren vor den Nachnamen, z. B. Richard Attenborough als **Baron Attenborough**, und bei Frauen vor den Vornamen gestellt, z. B. Ruth Rendell als **Baroness Ruth**. Die Ehrentitel **Lord** und **Lady** werden jeweils nur vor den Nachnamen gestellt.

Titelbild *nt* cover [picture] **Titelblatt** *nt* ❶ (*Buchseite mit dem Titel*) title page ❷ (*einer Zeitung*) front page; *Zeitschrift* cover **Titelheld(in)** *m(f)* eponymous hero/heroine *liter* **Titelkampf** *m* title fight
titeln *vt* ■ **etw ~** to headline sth
Titelrolle *f* title role **Titelseite** *f* front page; (*einer Zeitschrift*) cover **Titelträger(in)** *m(f)* title bearer **Titelverteidiger(in)** *m(f)* title holder
Titte <-, -n> *f* (*derb*) tit *sl*, boob *fam*
titulieren* *vt* (*geh*) ■ **jdn irgendwie ~** to call sb sth; ■ **jdn als** [*o* **mit etw** *dat*] **etw** *akk* **~** to address sb as sth
tja *interj* well
Toast1 <-[e]s, -e> *m* ❶ *kein pl* (*Toastbrot*) toast ❷ (*Scheibe Toastbrot*) ■ **ein ~** a slice [*or* piece] of toast
Toast2 <-[e]s, -e> *m* toast; **einen ~ auf jdn/etw ausbringen** to propose a toast to sb/sth
Toastbrot *nt* toasting bread
toasten1 *vt* ■ **etw ~** to toast sth
toasten2 *vi* (*geh*) ■ **[auf jdn/etw] ~** to toast [to sb/sth]
Toaster <-s, -> *m* toaster
Tobak *m* ▶ WENDUNGEN: **das ist starker ~!** (*veraltend fam*) that's a bit much! *fam*; *s. a.* **Anno**
toben *vi* ❶ *haben* (*wüten*) ■ **[vor etw** *dat*] **~** to be raging [*or* to go wild] [with sth]; **wie ein Wilder/wie eine Wilde ~** to go berserk ❷ *haben* (*ausgelassen spielen*) to romp [around [*or* about]] ❸ *sein* (*fam: sich ausgelassen fortbewegen*) ■ **irgendwohin ~** to romp somewhere
Tobsucht *f kein pl* rage, raving madness *no pl*
tobsüchtig *adj* raving mad, maniacal
Tobsuchtsanfall *m* (*fam*) fit of rage, raving madness; **einen ~ bekommen/haben** to blow one's top

T

fam, to go through/have a tantrum

Tochter <-, Töchter> *f* (1) (*weibliches Kind*) daughter; **die ~ des Hauses** (*geh*) the young lady of the house *form* (2) (*Tochterfirma*) subsidiary

Töchterchen <-s, -> *nt dim von* **Tochter 1** little daughter

Tochterfirma *f s.* **Tochtergesellschaft** **Tochtergeschwulst** *f* MED secondary growth **Tochtergesellschaft** *f* subsidiary [firm [*or* company]]

Tod <-[e]s, -e> *m* (*Lebensende*) death; ■**der ~** (*liter*) Death, the Grim Reaper *liter;* ■**~ durch etw** *akk* death by sth; **~ durch Erschießen** execution by firing squad; **~ durch Ertrinken** death by drowning; **eines friedlichen ~es sterben** to die a peaceful death; **etw mit dem ~e bezahlen** *akk* (*geh*) to pay for sth with one's life; **jdn ereilt der ~** (*geh*) sb is overtaken by death; **den ~ finden** (*geh*) to meet one's death, to perish; **jdm in den ~ folgen** (*geh*) to follow sb to the grave; [**für jdn/etw**] **in den ~ gehen** (*geh*) to die [for sb]; **bis dass der ~ uns scheidet** 'til death do us part; **des ~es sein** (*geh*) to be doomed; **bis in den ~** until death ▶ WENDUNGEN: **jdn/etw auf den ~ nicht ausstehen können** [*o* **leiden**] (*fam*) to be unable to stand sb/sth *fam;* **sich** *dat* **den ~ holen** (*fam*) to catch one's death [of cold] *fam;* **sich** *akk* **zu ~e langweilen** to be bored to death; **sich** *akk* **zu ~e schämen** to be utterly ashamed; **zu ~e betrübt sein** to be deeply despaired; *s. a.* **Kind, Leben**

todernst I. *adj* deadly [*or* absolutely] serious II. *adv* in a deadly serious manner, dead earnest

Todesangst *f* (1) (*fam: entsetzliche Angst*) mortal fear; **Todesängste ausstehen** (*fam*) to be scared to death, to be frightened out of one's wits (2) (*Angst vor dem Sterben*) fear of death **Todesanzeige** *f* MEDIA obituary **Todesdrohung** *f* death threat; **gegen jdn eine ~ aussprechen** to threaten sb with death **Todesfall** *m* death **Todesgefahr** *f* mortal danger **Todeskampf** *m* death throes **Todeskandidat(in)** *m(f)* doomed man, goner *sl* **todesmutig** I. *adj* [completely] fearless II. *adv* fearlessly **Todesopfer** *nt* casualty; **die Zahl der ~** the death toll **Todesschuss**[RR] *m* ■**der/ein ~ auf jdn** the fatal shot which killed sb; **gezielter ~** JUR shot to kill **Todesschütze, -schützin** *m, f* assassin **Todesschwadron** *f* death squad **Todesstoß** *m* deathblow; **jdm den ~ versetzen** to deal sb the deathblow; **einer S.** *dat* **den ~ versetzen** (*fig*) to deal the deathblow to sth *fig* **Todesstrafe** *f* death penalty; **auf etw** *akk* **steht die ~** sth is punishable by death **Todesstunde** *f* hour of death **Todestrakt** *m* ■**der ~** death row; **im ~ sitzen** to be on death row **Todesursache** *f* cause of death **Todesurteil** *nt* death sentence; **jds ~ bedeuten** to be sb's sure death; **das ~ fällen** to pass the death sentence **Todesverachtung** *f* (1) (*Furchtlosigkeit*) fearlessness, defiance of death (2) (*fam: starke Abneigung*) disgust; **mit ~** (*fam*) with complete and utter disgust *fam* **Todeszelle** *f* death cell

Todfeind(in) *m(f)* deadly [*or* mortal] enemy **todgeweiht** *adj* (*geh*) doomed **todkrank** *adj* terminally ill

tödlich I. *adj* (1) (*den Tod verursachend*) deadly; **~es Gift** lethal [*or* deadly] poison; **~e Dosis** lethal [*or* deadly] dose (2) (*lebensgefährlich*) mortal, deadly (3) (*fam: absolut*) deadly; ***das ist mein ~ er Ernst*** I'm deadly [*or* absolutely] serious (4) (*fam: fatal*) fatal II. *adv* (1) (*mit dem Tod als Folge*) **~ verunglücken** to be killed in an accident; **~ abstürzen** to fall to one's death (2) (*fam: entsetzlich*) **sich** *akk* **~ langweilen** to be bored to death; **jdm ist ~ übel** sb feels horribly [*or* BRIT *fam* dead] sick

todmüde *adj* (*fam*) dead tired *fam* **todschick** *adj* (*fam*) dead smart BRIT *fam,* snazzy *fam* **todsicher** I. *adj* (*fam*) dead certain [*or fam* sure]; **eine ~e Methode** a sure-fire Method *fam* II. *adv* (*fam*) for sure *fam* **Todsünde** *f* deadly [*or* mortal] sin **todunglücklich** *adj* (*fam*) deeply [*or* dreadfully] unhappy

Tofu *m* tofu

Toga <-, Togen> *f* toga

Togo <-s> *nt* Togo; *s. a.* **Deutschland**

Togoer(in) <-s, -> *m(f)* Togolese; *s. a.* **Deutsche(r)**

togoisch *adj* Togolese; *s. a.* **deutsch**

Togolese, Togolesin <-n, -n> *m, f s.* **Togoer**

Tohuwabohu <-[s], -s> *nt* chaos

Toilette <-, -n> *f* toilet, loo BRIT *fam;* ***ich muss mal auf die ~*** I need to go to the toilet [*or fam* loo]; **öffentliche ~** public toilet

Toilettenartikel *pl* toiletries *pl* **Toilettenmann, -frau** *m, f* toilet attendant **Toilettenpapier** *nt* toilet paper

toi, toi, toi *interj* (*fam*) (1) (*ich drücke die Daumen*) good luck, I'll keep my fingers crossed (2) (*hoffentlich auch weiterhin*) touch [*or* AM knock on] wood

Tokio <-s> *nt* Tokyo

Tokioter *adj attr* Tokyo

Töle <-, -n> *f* DIAL (*fam*) mutt *fam*

tolerant *adj* tolerant; ■**~** [**gegen jdn** [*o* **gegenüber jdm**]] **sein** to be tolerant [of [*or* towards] sb]

Toleranz[1] <-> *f kein pl* (*geh*) tolerance; ■**jds ~ gegen jdn** [*o* **gegenüber jdm**] sb's tolerance of [*or* towards] sb

Toleranz[2] <-, -en> *f* SCI tolerance

tolerieren* *vt* (*geh*) ■**etw ~** to tolerate sth; ■**~, dass jd etw** *akk* **tut** to tolerate, that sb does sth

toll I. *adj* (*fam*) great *fam,* fantastic, terrific II. *adv* (1) (*wild*) wild, crazy; **irgendwo geht es ~ zu** things are pretty wild somewhere *fam;* ***ihr treibt es manchmal wirklich zu ~!*** you really go too far sometimes! (2) (*fam: sehr gut*) very well

tollen *vi* (1) *haben* (*umhertoben*) to romp around [*or* about] (2) *sein* (*ausgelassen laufen*) to charge about

Tollkirsche *f* deadly nightshade, belladonna **tollkühn** *adj* daring, daredevil *attr* **Tollkühnheit** *f kein pl* daring *no pl*

Tollpatsch[RR] <-es, -e> *m* (*fam*) clumsy fool *fam*

tollpatschig[RR] I. *adj* clumsy II. *adv* **sich** *akk* **~ anstellen** to act clumsily **Tollwut** *f* rabies **tollwütig** *adj* ■**~ sein** (1) ZOOL (*von Tollwut befallen*) to be rabid, to have rabies (2) (*rasend*) to be raving mad

Tolpatsch <-es, -e> *m s.* **Tollpatsch**

tolpatschig *adj, adv s.* **tollpatschig**

Tölpel <-s, -> *m* (*fam*) fool

tölpelhaft I. *adj* silly II. *adv* foolishly

Tomate <-, -n> *f* (*Frucht o Strauch*) tomato ▶ WENDUNGEN: **~n auf den Augen haben** (*fam*) to be blind; **du treulose ~!** (*fam*) you're a fine friend! *iron*

Tomatenketschup[RR] *nt,* **Tomatenketchup** *nt* [tomato] ketchup [*or* AM *a.* catsup] **Tomatenmark** *nt* tomato puree **Tomatensaft** *m* tomato juice **Tomatensalat** *m* tomato salad **Tomatensauce** *f* tomato sauce **Tomatensuppe** *f* tomato soup

Tombola <-, -s *o* Tombolen> *f* raffle

Tomograph <-en, -en> *m,* **Tomograf**[RR] <-en, -en> *m* tomograph

Tomographie <-, -n> *f,* **Tomografie**[RR] <-, -n> *f* tomography

Ton[1] <-[e]s, -e> *m* clay

Ton[2] <-[e]s, Töne> *m* (1) (*hörbare Schwingung*) sound; **halber/ganzer ~** MUS semitone/tone (2) FILM, RADIO, TV (*Laut*) sound (3) (*fam: Wort*) sound; ***ich will keinen ~ mehr hören!*** not another sound!; **große Töne spucken** (*sl*) to brag about *fam;* **keinen ~ herausbringen** [*o* **hervorbringen**] to not be able to utter a word; **keinen ~ sagen** [*o* **von sich** *dat* **geben**] (*geh*) to not utter a sound 4 (*Tonfall*) tone; **einen ~ am Leibe haben** (*fam*) to be [very] rude; **einen schärferen/vorsichtigeren ~ anschlagen** to strike a harsher/softer note; **einen anderen ~ anschlagen** to change one's tune; **sich** *dat* **diesen ~ verbitten** to not be spoken to like that; ***ich verbitte mir diesen ~!*** I will not be spoken to like that! 5 (*Farb~*) shade, tone; **~ in ~** tone in tone ▶ WENDUNGEN: **der ~ macht die Musik** (*prov*) it's not what you say but the way you say it; **der gute ~** ettiquette; **jdn/etw in den höchsten Tönen loben** (*fam*) to praise sb to the skies; **den ~ angeben** to set the tone; **hast du Töne!** (*fam*) you're not serious! *fam*

tonangebend *adj* setting the tone *pred;* ■ **~ sein** to set the tone

Tonarm *m* pick-up arm **Tonart** *f* 1 MUS key 2 (*Typ von Ton¹*) type of clay

Tonband <-bänder> *nt* tape; **digitales ~** digital audiotape, DAT; **etw** *akk* **auf ~ aufnehmen** to tape sth **Tonbandaufnahme** *f* tape recording; **eine ~ [von etw** *dat*] **machen** to record [sth] on tape **Tonbandgerät** *nt* tape recorder

tönen¹ *vi* 1 (*klingen*) to sound, to ring 2 (*großspurig reden*) to boast

tönen² *vt* ■ **etw ~** to tint sth; [**sich** *dat*] **die Haare ~** to colour [*or* AM -or] [one's] hair; ■ **getönt** tinted; (*Haar*) coloured [*or* AM -ored]

Toner <-s, -> *m* toner

tönern *adj attr* clay; *s. a.* **Fuß**

Tonfall *m* tone of voice, intonation **Tonfolge** *f* sequence of notes

Tonga <-s> *nt* Tonga; *s. a.* **Sylt**

Tongaer(in) <-s, -> *m(f)* Tongan; *s. a.* **Deutsche(r)**

tongaisch *adj* Tongan; *s. a.* **deutsch**

Tongefäß <-es, -e> *nt* earthenware vessel

Tonikum <-s, Tonika> *nt* tonic

Tonkopf *m* recording head **Tonlage** *f* pitch **Tonleiter** *f* scale **tonlos** *adj* flat

Tonnage <-, -n> *f* tonnage

Tonne <-, -n> *f* 1 (*zylindrischer Behälter*) barrel, cask 2 (*Müll~*) bin BRIT, AM *usu* can; **gelbe ~** recycling bin for plastic; **grüne ~** recycling bin for paper 3 (*Gewichtseinheit*) ton 4 NAUT (*Bruttoregister~*) [register] ton 5 NAUT (*zylindrische Boje*) buoy 6 (*fam: fetter Mensch*) fatty *fam* ▶ WENDUNGEN: **etw in die ~ treten [können]** (*sl*) to kiss sth goodbye *sl*

Tonstörung *f* sound interference

Tonsur <-, -en> *f* tonsure

Tontaube *f* clay pigeon **Tontaubenschießen** *nt* clay pigeon shooting

Tontechniker(in) *m(f)* sound technician **Tonträger** *m* sound carrier

Tönung <-, -en> *f* 1 (*das Tönen*) tinting 2 (*Produkt für Haare*) hair colour [*or* AM -or] 3 (*Farbton*) shade, shading

Top <-s, -s> *nt* top

Topagent(in) <-en, -en> *m(f)* top agent

Topas <-es, -e> *m* topaz

Topf <-[e]s, Töpfe> *m* 1 (*Koch~*) pot, sauce pan 2 (*Nacht~*) potty *fam,* bedpan 3 (*sl: Toilette*) loo BRIT *fam*, can AM *sl* 4 (*~ für Kleinkinder*) potty *fam;* **auf den ~ gehen** to use the potty ▶ WENDUNGEN: **alles in einen ~ werfen** to lump everything together

Topfahrer(in) *m(f)* SPORT top racer

Topfblume *f* potted flower

Töpfchen <-s, -> *nt dim von* **Topf** 1 (*kleiner Kochtopf*) small pot [*or* [sauce] pan] 2 HORT (*kleiner Blumentopf*) small pot 3 (*Toilettentopf für Kinder*) potty *fam*

Topfen <-s, -> *m* SÜDD, ÖSTERR quark (*soft cheese made from skimmed milk*)

Töpfer(in) <-s, -> *m(f)* potter

Töpferei <-, -en> *f* pottery

Töpferin <-, -nen> *f fem form von* **Töpfer**

töpfern I. *vi* to do pottery II. *vt* ■ **etw ~** to make sth from clay

Töpferscheibe *f* potter's wheel

topfit *adj* (*fam*) ■ **~ sein** to be as fit as a fiddle [*or* in top form]

Topfkuchen *m s.* **Napfkuchen Topflappen** *m* ovencloth BRIT, pot holder AM **Topfpflanze** *f* potted plant, pot plant BRIT

Topmanager(in) *m(f)* top manager

Topographie <-, -n> *f,* **Topografie** <-, -n> *f* topography

topographisch *adj,* **topografisch** *adj* topographic[al]

toppen *vt* (*sl*) ■ **jdn/etw ~** to top sb/sth

Tor <-[e]s, -e> *nt* 1 (*breite Tür*) gate; *Garage* door; **seine ~e schließen** (*fig. fam*) to close its gates for the last time 2 ARCHIT (*Torbau*) gateway 3 SPORT goal; **es fällt ein ~** a goal is scored; **ein ~ schießen** to score [*or* shoot] a goal; **im ~ stehen** to be goalkeeper 4 SKI (*Durchgang*) gate

Tor, Törin <-en, -en> *m, f* (*veraltend geh*) fool

Torbogen *m* archway **Toreinfahrt** *f* entrance gate, gateway **Tor(es)schluss^RR** *m* ▶ WENDUNGEN: **kurz vor ~** at the eleventh hour

Torf <-[e]s, -e> *m* peat; **~ stechen** to cut peat

torfig *adj* peaty

Torflügel *m* gate (*one of a double gate*)

Torfmoor *nt* peat bog **Torfmoos** *nt* sphagnum [moss] **Torfmull** *m* garden peat

Torheit <-, -en> *f* (*geh*) 1 *kein pl* (*Unvernunft*) foolishness, folly 2 (*unvernünftige Handlung*) foolish action

Torhüter(in) *m(f) s.* **Torwart**

töricht I. *adj* (*geh*) foolish, unwise II. *adv* (*geh*) foolishly

törichterweise *adv* (*geh*) stupidly, foolishly

Törin <-, -nen> *f fem form von* **Tor**

torkeln *vi sein* 1 (*taumeln*) to reel 2 (*irgendwohin taumeln*) to stagger; ***er torkelte aus der Kneipe auf die Straße*** he staggered out of the bar onto the street

Tornado <-s, -s> *m* tornado, AM *a.* twister

torpedieren* *vt* ■ **etw ~** 1 NAUT (*mit Torpedos beschießen*) to torpedo sth 2 (*geh: zu Fall bringen*) to sabotage sth

Torpedo <-s, -s> *m* torpedo

Torpedoboot *nt* torpedo-boat

Torpfosten *m* goalpost **Torschlusspanik^RR** *f* (*fam*) **~ haben** to be afraid of missing the boat, BRIT to be left on the shelf *fam* **Torschütze, -schützin** *m, f* scorer

Torsion <-, -en> *f* torsion

Torso <-s, -s *o* Torsi> *m* 1 KUNST (*Statue ohne Gliedmaßen*) torso 2 (*geh: unvollständiges Ganzes*) skeleton 3 (*menschlicher Rumpf*) torso

Törtchen <-s, -> *nt dim von* **Torte** [small] tart, tartlet BRIT

Torte <-, -n> *f* gâteau, [fancy] cake; (*Obstkuchen*) flan

Tortenbelag *m* flan topping **Tortenboden** *m* flan case, base **Tortendiagramm** *nt* pie chart **Tortenguss^RR** *m* glaze **Tortenheber** <-s, -> *m* cake slice **Tortenplatte** *f* cake plate

Tortur <-, -en> *f* (*geh*) torture

Torverhältnis *nt* score **Torwart(in)** *m(f)* goalkeeper, goalie *fam*

tosen *vi* 1 *haben* (*brausen*) to roar; *Wasserfall* to foam; *Sturm* to rage 2 *sein* (*sich brausend bewegen*) to roar, to foam; *Sturm* to rage

tosend *adj* thunderous, raging; *~**er Beifall ertönte*** there was a thunderous applause

tot *adj* ① (*gestorben*) dead; ~ **geboren werden** to be stillborn; **sich ~ stellen** to play dead, to feign death; ~ **umfallen** to drop dead; ~ **zusammenbrechen** to collapse and die ② (*abgestorben*) dead ③ (*nicht mehr genutzt*) disused ④ (*fam: völlig erschöpft*) dead *fam,* beat *fam,* whacked BRIT *fam;* **mehr ~ als lebendig** (*fam*) more dead than alive ▸ WENDUNGEN: **für jdn ~ sein** to be dead as far as sb is concerned; **ich will ~ umfallen[, wenn das nicht wahr ist]** (*fam*) cross my heart and hope to die[, if it isn't true] *fam; s. a.* **Flussarm, Briefkasten, Winkel, Meer, Punkt, Rennen, Kapital, Gleis, Sprache**

total *adj* total, complete

totalitär I. *adj* totalitarian **II.** *adv* in a totalitarian manner

Totalitarismus <-> *m kein pl* totalitarianism *no pl*

Totaloperation *f* extirpation; *Gebärmutter* hysterectomy; *Brust* masectomy **Totalschaden** *m* write-off

tot|ärgern *vr* (*fam*) ▪ **sich [über jdn/etw]** *akk* ~ to be/become livid [about sb/sth], to get really annoyed [about sb/sth] *fam,* to be hopping mad [about sb/sth] *fam*

Tote(r) *f(m) decl wie adj* (*toter Mensch*) dead person, dead man/woman, [dead] body; (*Todesopfer*) fatality

Totem <-s, -s> *nt* totem

Totempfahl *m* totem pole

töten *vt* ▪ **jdn/etw** ~ to kill sb/sth; *s. a.* **Blick, Nerv**

Totenbett *nt s.* **Sterbebett totenblass**[RR] *adj s.* **leichenblass Totenblässe** *f s.* **Leichenblässe totenbleich** *adj s.* **leichenblass Totengräber** <-s, -> *m* ZOOL burying [*or* sexton] beetle **Totengräber(in)** <-s, -> *m(f)* gravedigger **Totenkopf** *m* ① ANAT (*Knochenschädel*) skull ② (*Zeichen*) skull and crossbones, death's head **Totenmaske** *f* death mask **Totenmesse** *f* requiem mass **Totenschädel** *m s.* **Totenkopf 1 Totenschein** *m* death certificate **Totensonntag** *m protestant church holiday on the last Sunday of the church year commemorating the dead* **totenstill** *adj* ▪ **es/alles ist** ~ it/everything is deadly silent [*or* quiet] **Totenstille** *f* dead[ly] silence **Totentanz** *m* dance of death **Totenwache** *f* **die ~ halten** to hold the wake

tot|fahren *irreg vt* (*fam*) ▪ **jdn/etw** ~ to run over and kill sb/sth *fam* **Totgeburt** *f* stillbirth **Totgeglaubte(r)** *f(m) decl wie adj* person believed to be dead **tot|gehen** *vi irreg sein bes* NORDD (*fam*) to die **Totgesagte(r)** *f(m) decl wie adj* person declared dead **tot|kriegen** *vt* (*fam*) **jd ist nicht totzukriegen** you can't get the better of sb; (*äußerst strapazierfähig*) sb can go on for ever **tot|lachen** *vr* (*fam*) ▪ **sich [über etw/jdn]** *akk* ~ to kill oneself laughing [about sth/sb] *fam,* to split one's sides laughing [about sth/sb]; **zum T~ sein** to be too funny for words, to be dead funny *fam* **tot|laufen** *vr irreg* (*fam*) ▪ **sich** ~ to peter away [*or* out] **tot|machen I.** *vt* (*fam*) ▪ **jdn/etw** ~ to kill sb/sth **II.** *vr* (*fam*) ▪ **sich [für jdn/bei etw** *dat*] *akk* ~ to bend over backwards [for sb/sth] *fam,* to go out of one's way [for sb/sth] *fam*

Toto <-s, -s> *nt o m* pools *npl* BRIT, pool AM; **[im] ~ spielen** to do the pools BRIT, to be in a [football] pool AM

Totoschein *m* pool[BRIT -s] ticket

tot|schießen *vt irreg* (*fam*) ▪ **jdn/etw** ~ to shoot sb/sth dead **Totschlag** *m kein pl* JUR manslaughter *no pl* **tot|schlagen** *vt irreg* (*fam*) ▪ **jdn/etw** ~ to beat sb/sth to death; **du kannst mich ~, [aber] ..., ..., und wenn du mich totschlägst** (*fig fam*) for the life of me ..., ... for the life of me *fam* **Totschläger** *m* cosh BRIT, blackjack AM **Totschläger(in)** *m(f)* JUR person convicted of manslaughter **tot|schweigen** *vt irreg* ① (*über etw nicht sprechen*) ▪ **etw** ~ to hush up sth; ▪ **totgeschwiegen** hushed-up ② (*über jdn nicht sprechen*) ▪ **jdn** ~ to keep quiet about sb

Tötung <-, *selten* -en> *f* killing; ~ **auf Verlangen** JUR assisted suicide, euthanasia; **fahrlässige** ~ JUR culpable manslaughter

Touch <-s, -s> *m* touch

tough [tʌf] *adj* (*sl*) tough; ***sie war permanent bemüht, ~ zu wirken*** she was always trying to act hard *sl*

Toupet <-s, -s> *nt* toupée

toupieren* *vt* ▪ **jdm/sich die Haare** ~ to backcomb sb's/one's hair

Tour <-, -en> [tuːr] *f* ① (*Geschäftsfahrt*) trip; **auf ~ gehen** (*fam*) to go away on a trip, to take to the road *fam;* **auf ~ sein** (*fam*) to be away on a trip, to be on the road *fam* ② TOURIST (*Ausflugsfahrt*) tour, outing, excursion; **eine ~/~en machen** to go on a tour [*or* outing]/tours [*or* outings] ③ TECH (*Umdrehung*) revolution; **auf ~en kommen** to reach top speed; **auf vollen ~en** at top speed ④ (*fam: Vorhaben*) ploy, wheeling and dealing *fam;* **auf die langsame ~** slowly, in a slow way; **jdm auf die dumme/linke ~ kommen** to try to cheat sb; ***sie versucht es immer auf die krumme ~*** she always tries to wheel and deal ▸ WENDUNGEN: **jdn auf ~en bringen** (*fam*) to get sb going *fam;* (*jdn wütend machen*) to get sb worked up *fam;* **auf ~en kommen** (*fam*) to get into top gear; (*wütend werden*) to get worked up; **in einer ~** (*fam*) non-stop *fam*

Tour de France <-> [turdəfrɑ̃s] *f kein pl* SPORT ▪ **die** ~ the Tour de France

touren [tuːrən] *vi* to [be [*or* go] on] tour

Tourenrad [tuːrən-] *nt* tourer **Tourenwagenmeisterschaft** *f* SPORT touring car championship **Tourenzahl** *f* number of revolutions **Tourenzähler** *m* revolution counter

Touri <-s, -s> *m* (*fam, sl o pej*) [mass] tourist

Tourismus <-> *m kein pl* tourism *no pl;* **sanfter** ~ eco-tourism

Tourist(in) <-en, -en> *m(f)* tourist

Touristenklasse *f* tourist class

Touristik <-> *f kein pl* tourism *no pl,* tourist industry

Touristin <-, -nen> *f fem form von* **Tourist**

Tournee <-, -n *o* -s> *f* tour; **auf ~ gehen, eine ~ machen** to go on tour; **auf ~ sein** to be on tour

Tower <-s, -> *m* control tower

Toxikologe, -login <-n, -n> *m, f* toxicologist

Toxikologie <-> *f kein pl* toxicology

Toxikologin <-, -nen> *f fem form von* **Toxikologe**

toxikologisch *adj* toxicological

toxisch *adj* toxic

Trab <-[e]s> *m kein pl* (*Gangart*) trot; **im ~** at a trot ▸ WENDUNGEN: **jdn auf ~ bringen** (*fam*) to make sb get a move on *fam;* **jdn in ~ halten** (*fam*) to keep sb on the go *fam;* **auf ~ kommen** (*fam*) to get a move on *fam;* **auf ~ sein** (*fam*) to be on the go *fam;* **sich** *akk* **in ~ setzen** (*fam*) to get cracking *fam*

Trabant <-en, -en> *m* satellite

Trabantenstadt *f* satellite town

traben *vi* ① *haben o sein* (*im Trab laufen o reiten*) to trot ② *sein* (*sich im Trab irgendwohin bewegen*) to trot

Traber <-s, -> *m* trotter

Trabrennbahn *f* trotting course **Trabrennen** *nt* trotting race

Tracht <-, -en> *f* ① (*Volks~*) [traditional [*or* national]] costume ② (*Berufskleidung*) garb, dress, uniform ▸ WENDUNGEN: **eine ~ Prügel** (*fam*) a thrashing *fam,* a good hiding *fam*

trachten *vi* (*geh*) ▪ **nach etw** *dat* ~ to strive for [*or* after] sth; ▪ **danach ~, etw** *akk* **zu tun** to strive to do sth; *s. a.* **Leben**

trächtig *adj* ZOOL pregnant
Trackball <-s, -s> *m* trackball
Tradition <-, -en> *f* tradition; [**bei jdm**] ~ **haben** to be a tradition [with sb]; **aus** ~ traditionally, by tradition
traditionell *adj meist attr* traditional
traditionsbewusstRR *adj* traditional; ■ ~ **sein** to be conscious of tradition **traditionsgemäß** *adv* traditionally **traditionsreich** *adj* rich in tradition
traf *imp von* **treffen**
Trafik <-, -en> *f* ÖSTERR tobacconist's [shop], tobacco shop
Trafikant(in) <-en, -en> *m(f)* ÖSTERR tobacconist
Trafo <-[s], -s> *m kurz für* **Transformator** ELEK (*fam*) transformer
Tragbahre *f* stretcher
tragbar *adj* ① (*portabel konstruiert*) portable ② (*akzeptabel*) acceptable
Trage <-, -n> *f* stretcher
träge I. *adj* ① (*schwerfällig*) lethargic; (*faul und schlapp*) sluggish; **jdn** ~ **machen** to make sb lethargic [*or* sluggish] ② PHYS, CHEM (*im Zustand der Trägheit befindlich*) inert II. *adv* lethargically, sluggishly
Tragekorb *m* pannier, AM panier
tragen <trägt, trug, getragen> I. *vt* ① (*schleppen*) ■ **jdn/etw** ~ to carry [*or* take] sb/sth ② (*mit sich führen*) ■ **etw bei sich** ~ to carry [*or* have] sth on [*or* with] one; ***er trug eine Pistole bei sich*** he had a gun on him, he carried a gun ③ (*anhaben*) ■ **etw** ~ to wear sth ④ (*in bestimmter Weise frisiert sein*) ■ **etw** ~ to have sth; **einen Bart** ~ to have a beard; **das Haar lang/kurz** ~ to have long/short hair ⑤ (*stützen*) ■ **etw** ~ to support sth ⑥ AGR, HORT (*als Ertrag hervorbringen*) ■ **etw** ~ to produce sth, to bear sth; ***der Birnbaum trägt diesmal nur wenige Früchte*** the pear tree has only grown a few fruits this time ⑦ (*ertragen*) ■ **etw** ~ to bear sth; **Leid** ~ to endure suffering ⑧ (*für etw aufkommen*) ■ **etw** ~ to bear sth; **die Kosten** ~ to bear [*or* to carry] the costs; **Verlust** ~ to defray loss; **die Folgen/das Risiko** ~ to bear [*or* be responsible for] the consequences/risk ⑨ (*versehen sein mit*) ■ **etw** ~ to bear [*or* have] sth; ***er trägt einen Doktortitel*** he has a PhD II. *vi* ① AGR, HORT (*als Ertrag haben*) to crop ② (*trächtig sein*) to be pregnant, to be with young ③ (*das Begehen aushalten*) to withstand weight ④ MODE (*in Kleidung bestimmten Sitzes gekleidet sein*) to wear; ***sie trägt lieber kurz*** she likes to wear short clothes ▶ WENDUNGEN: **an etw** *dat* **schwer zu** ~ <u>**haben**</u> to have a heavy cross to bear with sth; **zum T~** <u>**kommen**</u> to come into effect III. *vr* ① (*sich schleppen lassen*) **sich leicht/schwer** ~ to be light/heavy to carry ② MODE ■ **sich** ~ to wear; ***die Hose trägt sich bequem*** the pants are comfortable ③ (*geh: in Erwägung ziehen*) ■ **sich mit etw** ~ to contemplate sth ④ FIN (*sich allein unterhalten*) ■ **sich** ~ to pay for itself
tragend *adj* ① ARCHIT, BAU, TECH (*stützend*) supportive ② (*zugrunde liegend*) fundamental
Träger <-s, -> *m* ① *meist pl* MODE strap; *Hose* braces *npl* BRIT, suspenders *npl* AM ② BAU (*Stahl~*) girder
Träger(in) <-s, -> *m(f)* ① (*Lasten~*) porter ② (*Inhaber*) bearer ③ ADMIN (*verantwortliche Körperschaft*) responsible body; ***die Kommunen sind die ~ der öffentlichen Schulen*** the local authorities are responsible for public schools
Trägerhemd *nt* sleeveless top **Trägerhose** *f* trousers *npl* with straps, pants *npl* with suspenders AM
Trägerin <-, -nen> *f fem form von* **Träger**
Trägerkleid *nt* pinafore dress **Trägerrakete** *f* booster, rocket **Trägerrock** *m* pinafore dress
Tragetasche *f* [carrier] bag
tragfähig *adj* ■ ~ **sein** to be able to take weight [*or* a load] **Tragfähigkeit** *f kein pl* load-bearing capacity
Tragfläche *f* wing **Tragflächenboot** *nt* hydrofoil
Trägheit <-, *selten* -en> *f* ① (*Schwerfälligkeit*) sluggishness, lethargy; (*Faulheit*) laziness ② PHYS inertia
Tragik <-> *f kein pl* tragedy; ■ **die** ~ **einer S.** *gen* the tragedy of sth
Tragikomik *f* (*geh*) tragicomedy
tragikomisch *adj* (*geh*) tragicomical
Tragikomödie *f* tragicomedy
tragisch I. *adj* tragic; ■ **etwas T~es** [something] tragic, a tragic affair; **es ist nicht** [**so** [*o* **weiter**]] ~ (*fam*) it's not the end of the world *fam* II. *adv* tragically; **etw** ~ **nehmen** (*fam*) to take sth to heart *fam;* **nimm's nicht so ~!** (*fam*) don't take it to heart! *fam*
Traglast *f* (*geh*) load **Traglufthalle** *f* air [*or* AM supported] hall
Tragödie <-, -n> *f* ① LIT, THEAT tragedy ② (*tragisches Ereignis*) tragedy; **eine/keine** ~ **sein** (*fam*) to be/not to be the end of the world *fam,* to be a/no great tragedy *fam;* **eine** ~ **aus etw** *dat* **machen** (*fam*) to make a mountain out of a molehill *fam*
Tragriemen *m* strap; *Gewehr* sling **Tragweite** *f* scale; (*einer Entscheidung, Handlung*) consequence; **von großer** ~ **sein** to have far-reaching consequences
Tragwerk *nt* wing assembly
Trailer <-s, -> ['treːlɐ] *m* FILM trailer
Trainer <-s, -> *m* SCHWEIZ track-suit
Trainer(in) <-s, -> *m(f)* coach
trainieren* I. *vt* SPORT ① (*durch Training üben*) ■ **etw** ~ to practice sth ② (*durch Training auf Wettkämpfe vorbereiten*) ■ **jdn** ~ to coach [*or* train] sb II. *vi* ① (*üben*) to practice; ■ **mit jdm** ~ to practice with sb ② (*sich auf Wettkämpfe vorbereiten*) to train
Training <-s, -s> *nt* SPORT training, practice; **autogenes** ~ PSYCH relaxation through self-hypnosis
Trainingsanzug *m* tracksuit **Trainingshose** *f* track-suit trousers *npl* [*or fam* bottoms *npl*], track pants *npl* AM **Trainingsjacke** *f* track-suit top **Trainingslager** *nt* training camp
Trakt <-[e]s, -e> *m* wing
Traktandenliste *f* SCHWEIZ agenda
Traktandum <-s, -den> *nt* SCHWEIZ agenda item
Traktat <-[e]s, -e> *m o nt* (*geh*) tract
traktieren* *vt* (*fam*) ① (*schlecht behandeln*) ■ **jdn/etw** ~ to ill-treat sb/sth ② (*misshandeln*) ■ **jdn/ein Tier** ~ to abuse sb/an animal; **jdn mit Stockschlägen** ~ to beat sb with a stick
Traktor <-s, -toren> *m* tractor
trällern I. *vi* to warble II. *vt* ■ **etw** ~ to warble sth
Tram <-s, -s> *f o nt* SCHWEIZ tramway
Trampel <-s, -> *m o nt* (*fam*) clumsy oaf *fam*
trampeln I. *vi* ① *haben* (*stampfen*) **mit den Füßen** ~ to stamp one's feet ② *sein* (*sich ~nd bewegen*) to stomp along; ***sie trampelten die Treppe hinunter*** they stomped down the stairs II. *vt haben* ① (*durch Trampeln entfernen*) ■ **etw** *akk* **von etw** *dat* ~ to stamp sth from sth; *s. a.* **Tod** ② (*durch T~ herstellen*) ■ **etw** ~ to trample sth
Trampelpfad *m* track, path **Trampeltier** *nt* ① ZOOL (*zweihöckriges Kamel*) camel ② (*fam: unbeholfener Mensch*) clumsy oaf *fam*
trampen *vi sein* to hitch-hike, to hitch *fam*
Tramper(in) <-s, -> *m(f)* hitch-hiker, hitcher *fam*
Trampolin <-s, -e> *nt* trampoline
Tramway <-, -s> *f* ÖSTERR (*Straßenbahn*) tram[way]
Tran <-[e]s, -e> *m* train oil [*or* fish] ▶ WENDUNGEN: <u>**im**</u> ~ (*fam*) dopey *fam;* ***das habe ich im ~ ganz vergessen*** it completely slipped my mind; <u>**wie**</u> **im** ~ (*fam*) in a daze
Trance <-, -n> *f* trance; **in** ~ **fallen** to fall [*or* go] into a trance; **jdn/sich in** ~ **versetzen** to put sb/oneself in[to] a trance
Trancezustand *m* [state of] trance

Tranche <-, -n> ['trã:ʃ] *f* BÖRSE tranche
tranchieren* *vt* ■**etw** ~ to carve sth
Tranchiermesser *nt* carving-knife
Träne <-, -n> *f* tear, teardrop; **in ~n aufgelöst** in tears; **den ~n nahe sein** to be close to tears; **jdm kommen die ~n** sb is starting to cry; **~n lachen** to laugh until one cries; **jdm/etw keine ~ nachweinen** to not shed any tears over sb/sth; **mit den ~n ringen** (*geh*) to fight [to hold back] one's tears; **jdn zu ~n rühren** to move sb to tears; **~n weinen** to shed tears; **unter ~n** in tears
tränen *vi* to water; **jdm ~ die Augen** sb's eyes are watering
Tränendrüse *f meist pl* lachrymal gland ▶ WENDUNGEN: [**mit etw** *fam*] **auf die ~ drücken** to get the waterworks going [with sth] *fam*; ***mit dem Film will der Regisseur auf die ~ drücken*** the director wants the film to be a real tear-jerker **Tränengas** *nt* tear gas **Tränensack** *m* lachrymal sac
tranig *adj* ❶ (*nach Tran schmeckend*) tasting of train oil ❷ (*fam: träge*) sluggish, slow
trank *imp von* **trinken**
Trank <-[e]s, Tränke> *m* (*geh*) beverage *form*, drink
Tränke <-, -n> *f* watering place
tränken *vt* ❶ (*durchnässen*) ■**etw** [**mit etw** *dat*] ~ to soak sth [with sth]; ***er tränkte den Schwamm mit Wasser*** he soaked the sponge in water ❷ AGR (*trinken lassen*) ■**ein Tier** ~ to water an animal
Transaktion *f* transaction
transatlantisch *adj* (*geh*) transatlantic
transchieren* *vt* ÖSTERR *s.* **tranchieren**
Transfer <-s, -s> *m* transfer
transferieren* *vt* ■**etw** ~ to transfer sth; **Geld auf ein Konto transferieren** to transfer money [on BRIT]to an account; **etw** *akk* **ins Ausland** ~ to transfer sth abroad
Transformator <-s, -toren> *m* transformer
Transfusion <-, -en> *f* transfusion
transgen *adj* transgenetic
Transistor <-s, -toren> *m* transistor
Transit <-s, -e> *m* transit
transitiv *adj* LING transitive
Transitraum *m* transit lounge **Transitverkehr** *m* transit traffic
transkribieren* *vt* ■**etw** ~ ❶ (*in andere Schrift umschreiben*) to transcribe sth ❷ MUS (*für andere Instrumente umschreiben*) to arrange
transparent *adj* (*durchscheinend*) transparent ▶ WENDUNGEN: **etw** *akk* [**für jdn**] ~ **machen** (*geh*) to make sth lucid [*or* transparent] [for sb]
Transparent <-[e]s, -e> *nt* banner
Transparentpapier *nt* tracing paper
Transparenz <-> *f kein pl* (*geh*) transparency, lucidity *no pl*
Transpiration <-> *f kein pl* (*geh*) perspiration *no pl*
transpirieren* *vi* (*geh*) to perspire
Transplantat <-[e]s, -e> *nt* transplant
Transplantation <-, -en> *f* MED transplant; *Haut* graft
transplantieren* *vt* ■[**jdm**] **etw** *akk* ~ to transplant [sb's] sth; **jdm die Haut** ~ to graft sb's skin
Transport <-[e]s, -e> *m* transport
transportabel *adj* (*geh*) transportable
Transporter <-s, -> *m* AUTO ❶ (*Lieferwagen*) transporter, van ❷ LUFT (*Transportflugzeug*) transport plane
Transporteur <-s, -e> *m* haulage contractor
transportfähig *adj* MED movable, transportable **Transportflugzeug** *nt* transport plane
transportieren* *vt* ❶ (*befördern*) ■**etw** ~ to transport [*or* carry] sth; ■**jdn** ~ to move sb ❷ FOTO **den Film** ~ to wind the film
Transportkosten *pl* transport[ation] costs *pl* **Transportmittel** *nt* means [*or* mode] of transport[ation] **Transportunternehmen** *nt* haulage contractor, forwarding agent **Transportunternehmer** *m* haulage contractor
transsexuell *adj* transsexual
Transsexuelle(r) *f(m) decl wie adj* transsexual
Transvestit <-en, -en> *m* transvestite
transzendental *adj* transcendental
Trapez <-es, -e> *nt* ❶ MATH trapezium BRIT, trapezoid AM ❷ (*Artistenschaukel*) trapeze
Trapezakt *m* trapeze act
Trara <-s, -s> *nt* (*fam*) hoo-ha *fam*; **ein ~ [um jdn/etw] machen** to create a hoo-ha [about sb/sth]
Trash-TV <-> [træʃˌti:'vi:, -te:'fau] *nt* trash TV
Trasse <-, -n> *f* ❶ (*abgesteckter Verkehrsweg*) marked route ❷ (*Bahn~*) railway line
trat *imp von* **treten**
Tratsch <-[e]s> *m kein pl* (*fam*) gossip *no pl*
tratschen *vi* (*fam*) ■[**über jdn/etw**] ~ to gossip [about sb/sth]
Tratscherei <-, -en> *f* (*fam*) gossiping *no pl*, scandalmongering *no pl*
Traualtar *m* altar; [**mit jdm**] **vor den ~ treten** (*geh*) to stand at the altar [with sb], to walk down the aisle [with sb]
Traube <-, -n> *f* ❶ *meist pl* (*Weintraube*) grape *usu pl* ❷ BOT (*Büschel von Beeren*) bunch of grapes ❸ BOT (*büschelförmiger Blütenstand*) raceme ❹ (*Ansammlung*) cluster; **eine ~ von Menschen** a cluster of people
Traubenlese *f* grape harvest **Traubensaft** *m* grape juice **Traubenzucker** *m* glucose, dextrose
trauen[1] *vt* ■**jdn** ~ to marry sb, to join sb in marriage; ■**sich** *akk* ~ **lassen** to get married, to marry
trauen[2] **I.** *vi* ❶ (*vertrauen*) ■**jdm** ~ to trust sb ❷ (*Glauben schenken*) ■**einer S.** ~ *dat* to believe [*or* trust] sth; *s. a.* **Auge, Ohr, Weg II.** *vr* ■**sich** *akk* ~, **etw** *akk* **zu tun** to dare to do sth; ***er traute sich nicht, das zu tun*** he didn't have the courage to do that; ■**sich** *akk* **zu jdm** ~ to dare to go to sb
Trauer <-> *f kein pl* sorrow *no pl*, grief *no pl* ▶ WENDUNGEN: ~ **tragen** to be in mourning
Trauerarbeit *f* mourning, grieving **Trauerbinde** *f* black armband **Trauerbrief** *m* letter informing of sb's death **Traueressen** *nt* SCHWEIZ funeral meal **Trauerfall** *m* bereavement, death **Trauerfamilie** *f* SCHWEIZ bereaved family **Trauerfeier** *f* funeral service **Trauerkleidung** *f* mourning **Trauerkloß** *m* (*fam*) wet blanket *fam* **Trauermarsch** *m* funeral march **Trauermiene** *f* (*fam*) long face *fam*; **eine ~ aufsetzen** to make a long face; **mit einer ~** with a long face
trauern *vi* ■**um jdn** ~ to mourn [for] sb
Trauerrand *m* ❶ (*schwarze Einrahmung*) black border ❷ *pl* (*fam: schwarze Fingernägel*) dirty fingernails **Trauerspiel** *nt* fiasco; **es ist ein ~ mit jdm** (*fam*) sb is really pathetic **Trauerweide** *f* weeping willow **Trauerzirkular** <-[e]s, -e> *f* SCHWEIZ obituary **Trauerzug** *m* funeral procession
Traufe <-, -n> *f* eaves *npl*; *s. a.* **Regen**
träufeln I. *vt haben* ■**etw** ~ to drip sth; **Medizin** ~ to apply drops of medicine **II.** *vi haben o sein* (*geh*) to trickle
Traum <-[e]s, Träume> *m* dream; ***es war nur ein ~*** it was only a dream; **ein böser ~** a bad dream; (*furchtbares Erlebnis*) nightmare; **nicht in meinen kühnsten Träumen** not in my wildest dreams; ***es war immer mein ~, mal so eine Luxuslimousine zu fahren*** I've always dreamed of being able to drive a limousine like that; **ein ~ von etw** *dat* a dream sth; **ein Traum von einem Mann** a dream man ▶ WEN-

Traurigkeit, Enttäuschung

Traurigkeit ausdrücken	expressing sadness
Es macht/stimmt mich traurig, dass wir uns nicht verstehen.	**It makes me sad that** we don't get on.
Es ist so schade, dass er sich so gehen lässt.	**It's such a shame that** he lets himself go like that.
Diese Ereignisse **deprimieren mich.**	**I find** these results **very depressing.**
Enttäuschung ausdrücken	expressing disappointment
Ich bin über seine Reaktion **(sehr) enttäuscht.**	**I am (very) disappointed at/by/with** his reaction.
Du hast mich (schwer) enttäuscht.	**You have (deeply) disappointed me.**
Das hätte ich nicht von ihr erwartet.	**I wouldn't have expected that of her.**
Ich hätte mir etwas anderes gewünscht.	**I would have wished for something different.**
Bestürzung ausdrücken	expressing dismay
Das ist (ja) nicht zu fassen!	**That's unbelievable!**
Das ist (ja) ungeheuerlich!	**That's outrageous!**
Das ist ja (wohl) die Höhe!	**That's the limit!**
Das kann doch nicht dein Ernst sein!	**You cannot be serious!**
Ich fass es nicht!	**I don't believe it!**
Das bestürzt mich.	**I find that very disturbing.**
Das kann/darf (doch wohl) nicht wahr sein!	**That can't be true!**

DUNGEN: **Träume sind Schäume** (*prov fam*) dreams are but shadows; **etw** *gen* **fällt jdm im ~ nicht ein** sb wouldn't dream of it; ***es fällt mir doch im ~ nicht ein, das zu tun*** I wouldn't dream of doing that; **aus der ~!** it's all over!, so much for that!

Trauma <-s, Traumen *o* -ta> *nt* trauma

traumatisch *adj* traumatic

traumatisiert *adj* traumatized

Traumatisierung <-, -en> *f* PSYCH traumatization [*or* BRIT *a.* -isation]

Traumberuf *m* dream job **Traumdeutung** *f* interpretation of dreams, dream interpretation

Traumen *pl von* **Trauma**

träumen I. *vi* ❶ (*Träume haben*) to dream; ■**~, dass jd etw** *akk* **tut/dass etw** *gen* **geschieht** to dream that sb does sth/that sth happens; **schlecht ~** to have bad dreams [*or* nightmares] ❷ (*Wünsche*) ■**von jdm/etw ~** to dream about sb/sth; ***sie hat immer davon geträumt, Ärztin zu werden*** she had always dreamt of becoming a doctor; **jd hätte sich** *dat* **etw** *akk* **nicht/nie ~ lassen** sb would not/never have dreamed of sth, sb would not/never have thought sth possible; **jd hätte sich** *dat* **nicht/nie ~ lassen, dass ...** sb would not/never have thought it possible, that... ❸ (*abwesend sein*) to daydream, to be on another planet *fam*, to be in a reverie *form* ▶ WENDUNGEN: **und wovon träumst du nachts?** (*fam*) not in a million years!; **du träumst wohl!** (*fam*) you must be dreaming [*or* joking]! II. *vt* ■**etw ~** to dream sth

Träumer(in) <-s, -> *m(f)* [day]dreamer

Träumerei <-, -en> *f meist pl* dream *usu pl;* ***das sind alles ~en*** that's building castles in the air

Träumerin <-, -nen> *f fem form von* **Träumer**

träumerisch *adj* dreamy

traumhaft *adj* (*fam*) dreamlike, fantastic

Traumhaus *nt* dream house **Traumjob** *m* dream job **Traumnote** *f* SCH, SPORT (*euph fam*) perfect score **Traumurlaub** *m* dream holiday [*or* AM vacation] **traumwandlerisch** *adj* somnambulistic; [**sich** *akk*] **mit ~er Sicherheit** [**bewegen**] to move with the certainty of a sleepwalker

traurig I. *adj* ❶ (*betrübt*) sad, down, unhappy; ■**~** [**über jdn/etw**] **sein** to be sad [*or* in a sad mood] [about sb/sth]; ■**~ sein, dass/weil ...** to be sad that/because ... ❷ (*betrüblich*) sorry; ***das sind ja ~e Verhältnisse*** that's a sorry state of affairs; **die ~e Tatsache ist, dass ...** it's a sad fact that ...; **in ~en Verhältnissen leben** to live in a sorry state ❸ (*sehr bedauerlich*) ■[**es ist**] **~, dass ...** it's unfortunate [*or* sad] that ... II. *adv* (*betrübt*) sadly, sorrowfully; ***warum siehst du mich so ~ an?*** why are you looking at me in such a sad way? ▶ WENDUNGEN: **mit etw** *dat* **sieht es ~ aus** sth doesn't look too good; ***damit sieht es ~ aus*** it doesn't look too good, it looks pretty bad

Traurigkeit <-> *f kein pl* sadness *no pl*

Trauring *m* wedding ring [*or* AM *a.* band] **Trauschein** *m* marriage certificate

traut *adj* (*geh*) dear; **in ~em Kreise** among family and friends, in **~er Runde,** among good friends ▶ WENDUNGEN: **~es Heim, Glück allein** (*prov*) home sweet home *prov*

Trauung <-, -en> *f* marriage ceremony, wedding

Trauzeuge, -zeugin *m, f* best man, [marriage] witness

Travestie <-, -n> *f* travesty

Treck <-s, -s> *m* trail, trek

Trecker <-s, -> *m* (*fam*) tractor

Trecking <-s, -s> *nt s.* **Trekking**

Treff <-s, -s> *m* (*fam*) ❶ (*Treffen*) meeting, get-together *fam*, rendezvous ❷ (*Treffpunkt*) meeting point, rendezvous

treffen <trifft, traf, getroffen> I. *vt haben* ❶ (*mit jdm zusammenkommen*) ■**jdn ~** to meet [up with *fam*] sb ❷ (*antreffen*) ■**jdn ~** to find sb; ***ich habe ihn zufällig in der Stadt getroffen*** I bumped into him in town ❸ (*mit einem Wurf, Schlag etc. erreichen*) ■**jdn/etw** [**mit etw** *dat*] **~** to hit [*or* strike] sb/sth [with sth]; ***ins Ziel getroffen!*** it's a hit! ❹ (*innerlich bewegen*) ■**jdn mit etw** *dat* **~** to hit a sore spot with sth; ■**jdn ~** to affect sb; **sich** *akk* **getroffen fühlen** to take it personally; ***fühlst du dich da etwa getroffen?*** is that a sore point?; **sich** *akk* **durch etw** *akk* **getroffen fühlen** to take sth personally ❺ (*in die Wege leiten*) ■**etw ~** to take sth; **Maßnahmen/Vorkehrungen ~** to take measures/precautions ❻ (*abmachen*) **eine Entscheidung ~** to make a decision; **eine Abmachung ~** to have an agreement ❼ (*wählen*) **den richtigen Ton ~** to strike the right note; ***damit hast du genau meinen Geschmack getroffen*** that's exactly my taste; ***mit dem Geschenk hat sie***

das Richtige getroffen her present was just the thing; **gut getroffen sein** to be a good photo [*or fam* shot] [*or* picture] of sb; ***auf dem Foto bis du wirklich gut getroffen*** that's a good photo [*or fam* shot] [*or* picture] of you; **es [mit jdm/etw] gut/schlecht getroffen haben** to be fortunate [*or* lucky]/unlucky [to have sb/sth]; ***mit seinem Chef hat er es wirklich gut getroffen*** he's really fortunate to have a boss like that; ***du hättest es auch schlechter ~ können*** you could have been worse off; **getroffen!** bingo! **II.** *vi* ❶ *sein* (*antreffen*) ■**auf jdn ~** to meet sb, to bump into sb *fam* ❷ *haben* (*sein Ziel erreichen*) to hit ❸ *haben* (*verletzen*) to hurt **III.** *vr haben* ■**sich [mit jdm]** *akk* ~ to meet [sb], to meet up [with sb] *fam;* **das trifft sich [gut]** that's [very] convenient; **es trifft sich [gut], dass …** it is [very] convenient, that …

Treffen <-s, -> *nt* (*Zusammenkunft*) meeting ▶ WENDUNGEN: **etw** *akk* **ins ~ führen** (*geh*) to put sth forward

treffend *adj* appropriate, striking

Treffer <-s, -> *m* ❶ (*ins Ziel gegangener Schuss*) hit; **einen ~ landen** to have a hit ❷ SPORT (*Tor*) goal ❸ SPORT (*Berührung des Gegners*) hit ❹ (*Gewinnlos*) winner

Trefferquote *f* hit rate **Treffpunkt** *m* meeting point, rendezvous **treffsicher** *adj* accurate; **eine ~e Bemerkung** an apt remark; **ein ~es Urteil** a sound judgement **Treffsicherheit** *f kein pl* ❶ (*sicher treffende Schussweise*) accuracy *no pl* ❷ (*das präzise Zutreffen*) accuracy *no pl,* soundness *no pl,* aptness *no pl*

Treibeis *nt* drift ice

treiben <trieb, getrieben> **I.** *vt haben* ❶ (*durch Antreiben drängen*) ■**jdn/etw ~** to drive [*or* push] sb/sth ❷ (*fortbewegen*) ■**jdn/etw [irgendwohin] ~** (*durch Wasser*) to wash [*or* carry] sb/sth [somewhere]; (*durch Wind*) to blow [*or* carry] sb/sth [somewhere]; ***der Wind treibt mir den Schnee ins Gesicht*** the wind is blowing snow in my face ❸ (*bringen*) ■**jdn zu etw ~** to drive sb to sth; ***du treibst mich noch dazu, das zu tun*** you'll end up making me do that; **jdn in den Wahnsinn ~** to drive sb mad; **jdn in den Tod/Selbstmord ~** to drive sb to sb's death/to commit suicide ❹ (*einschlagen*) ■**etw in etw ~** *akk* to drive sth into sth; ***er trieb den Nagel mit einem Schlag in das Holz*** with one blow he drove the nail into the wood ❺ TECH (*antreiben*) ■**etw ~** to propel sth ❻ (*zum schnellen Handeln antreiben*) **jdn zur Eile ~** to rush sb, to make sb hurry [up]; **jdn zum Handeln ~** to rush sb into doing something ❼ (*fam: anstellen*) ■**etw ~** to be up to sth; ***dass ihr mir bloß keinen Blödsinn treibt!*** don't you get up to any nonsense! ❽ (*Tiere treiben*) ■**ein Tier/Tiere durch/in etw ~** to drive an animal/animals through/into sth ❾ BOT (*hervorbringen*) to sprout ❿ (*betreiben*) ■**etw ~** to do sth; **Gewerbe ~** to carry out; **Handel ~** to trade ⓫ (*fam*) **es zu bunt/wild ~** to go too far; **es zu toll ~** to overdo it ⓬ (*sl: Sex haben*) **es [mit jdm] ~** to do it [with sb]; *s. a.* **Wahnsinn, Verzweiflung II.** *vi* ❶ *sein* (*sich fortbewegen*) to drift; **im Wasser ~** to drift [*or* float] in the water; ■**sich [von etw] ~ lassen** to drift [with sth] ❷ *haben* BOT (*austreiben*) to sprout ❸ *haben* KOCHK (*aufgehen*) to rise ❹ *haben* (*diuretisch wirken*) to have a diuretic effect ▶ WENDUNGEN: **sich ~ lassen** to drift

Treiben <-s> *nt kein pl* ❶ (*pej: üble Aktivität*) ■**jds ~** sb's dirty tricks ❷ (*geschäftige Aktivität*) hustle and bustle

Treiber <-s, -> *m* INFORM driver

Treiber(in) <-s, -> *m(f)* JAGD beater

Treibgas *nt* propellant [*or* AM -ent] **Treibgut** *nt kein pl* flotsam and jetsam *pl*

Treibhaus *nt* HORT greenhouse, hothouse

Treibhauseffekt *m kein pl* ÖKO ■**der ~** the greenhouse effect **Treibhausluft** *f kein pl* hothouse [atmosphere]; ***lüftet mal, hier herrscht ja eine richtige ~!*** can't you open a window, it's like an oven in here! **Treibhauspflanze** *f* HORT hothouse plant

Treibholz *nt kein pl* driftwood *no pl* **Treibjagd** *f* JAGD battue **Treibladung** *f* propelling charge **Treibnetz** *nt* drift-net **Treibsand** *m kein pl* quicksand **Treibstoff** *m* fuel **Treibstoffverbrauch** *m kein pl* fuel consumption

Trekking <-s, -s> *nt* trekking

Tremolo <-s, -s *o* Tremoli> *nt* MUS tremolo

Trenchcoat <-[s], -s> ['trɛntʃko:t] *m* trench coat

Trend <-s, -s> *m* trend; ***der ~ in der Mode geht wieder in Richtung längere Röcke*** the latest fashion trend is towards long[er] skirts again, long[er] skirts are coming back into fashion; **ganz groß der [vorherrschende] ~ sein** to be very much the [current] trend [*or fam* very trendy] [*or* very much in [fashion]]; **den ~ haben, etw zu tun** to have a tendency to do sth; **mit etw** *dat* **[voll] im ~ liegen** (*fam*) to have the very latest sth; ***mit diesen Hemden lag der Hersteller voll im ~*** the manufacturer had the very latest [in] fashion shirts; ***das Buch liegt voll im ~*** the book is very of the moment

Trendbar *f* fashionable [*or* trendy] bar [*or* pub], bar for the in-crowd

trendig *adj* (*fam*) trendy

Trendsetter(in) <-s, -> *m(f)* trendsetter **Trendwende** *f* change [of direction]

trendy ['trendi] *adj* (*fam*) trendy

trennbar *adj* ❶ LING (*zu trennen*) separable ❷ (*voneinander zu trennen*) ■**[voneinander] ~ sein** to be detachable [from each other]; ***Jacke und Kapuze sind ~*** the hood is detachable [*or* can be detached [*or* removed]] from the jacket; ***Mantel und Futter sind leicht [voneinander] ~*** the lining is easily detachable [*or* can be easily detached [*or* removed]] from the coat

Trennblatt *nt* subject divider

trennen I. *vt* ❶ (*abtrennen*) ■**etw von etw ~** to cut sth off sth; (*bei einem Unfall*) to sever sth from sth; ***vor dem Reinigen müssen die Lederknöpfe vom Mantel getrennt werden*** the leather buttons have to removed from [*or* taken off] the coat before cleaning ❷ (*ablösen*) ■**etw aus etw/von etw ~** to take sth out of [*or* remove sth from sth] sth/detach sth from sth; **die Knöpfe von etw ~** to remove the buttons from [*or* take the buttons off] sth ❸ (*auseinander bringen*) ■**[voneinander/von jdm] ~** to separate [people from each other [*or* one another]/sb from sb]; ***es kann gefährlich sein, bei einer Prügelei die Streitenden zu ~*** it can be dangerous to separate people in a fight; ***im Krieg werden Kinder oft von ihren Eltern getrennt*** children are often separated from their parents in war; ■**[voneinander] ~** to separate [*or* split up] [from each other [*or* one another]] ❹ (*teilen*) ■**etw [von etw] ~** to separate [*or* divide] sth [from sth] ❺ (*deutlich unterscheiden*) ■**[voneinander] ~** to differentiate [*or* distinguish] between sb/each other [*or* one another]; ***die unterschiedliche Herkunft kann Menschen ~*** people can be distinguished by their different backgrounds ❻ LING (*durch Silbentrennung zerlegen*) ■**etw ~** to divide [*or* split up *sep*] sth; *s. a.* **getrennt II.** *vr* ❶ (*getrennt weitergehen*) ■**sich ~** to part [from each other [*or* one another]], to part company; ***hier ~ wir uns*** this is where we part company [*or* go our separate ways] ❷ (*die Beziehung lösen*) ■**sich [voneinander] ~** to split up [with each other [*or* one another]], to separate; ■**sich von jdm ~** to split up with sb ❸ (*von etw lassen*) ■**sich von etw ~** to part with sth ❹ (*euph: kün-*

digen) ■ **sich von jdm** ~ to part [company] with sb ⑤ SPORT (*mit einem Spielstand beenden*) to finish somehow; ***Schalke 04 und der Hertha trennten sich mit 5:3*** [the game between] Schalke 04 and Hertha finished 5–3, the final score [in the game] between Schalke 04 and Hertha was 5–3; *s. a.* **Weg** **III.** *vi* ■ [**zwischen ihnen**] ~ to differentiate [*or* distinguish] [between them]; ***Kommunismus und Sozialismus sind zwei verschiedene Konzepte — man sollte zwischen ihnen*** ~ communism and socialism are two different concepts — a distinction should be drawn [*or* made] between them

Trennlinie *f* dividing line **Trennschärfe** *f kein pl* AUDIOV selectivity

Trennung <-, -en> *f* ① (*Scheidung*) separation; ***seit unserer ~ habe ich nichts mehr von ihm gehört*** I haven't heard anything from him since our separation [*or* we separated] [*or* split up]; **in ~ leben** to be separated; ***wir leben seit einem Jahr in*** ~ we've been separated for a year ② (*Unterscheidung*) differentiation, distinction; ***die ~ einiger Begriffe fällt nicht immer leicht*** differentiating [*or* distinguishing] [*or* making [*or* drawing] a distinction] between some terms is not always easy ③ (*das Auseinanderbringen*) separation, splitting up ④ LING (*Silben~*) division, splitting up

Trennungsentschädigung *f,* **Trennungsgeld** *nt* separation allowance **Trennungsstrich** *m* LING hyphen

Trennwand *f* partition [wall]

Trense <-, -n> *f* snaffle[-bit]

treppauf *adv* upstairs, up the stairs; **~, treppab** up and down stairs

Treppe <-, -n> *f* stairs *pl,* staircase; **eine steile ~** a steep staircase [*or* flight of stairs]; **eine steinerne ~** stone steps *pl;* ***der Fahrstuhl ist ausgefallen, wir werden einige ~n steigen müssen*** the lift is broken, we'll have to use [*or* climb] the stairs; ***bis zu Müllers sind es fünf ~n*** it's five more flights [of stairs] to the Müllers; ***Gehwege und ~n müssen im Winter rechtzeitig gestreut werden*** pavements and steps must be gritted [*or* salted] in good time in [the] winter

Treppenabsatz *m* landing **Treppengeländer** *nt* ban[n]ister[s *pl*] **Treppenhaus** *nt* stairwell **Treppenstufe** *f* step

Tresen <-s, -> *m* ① (*Theke*) bar ② (*Ladentisch*) counter

Tresor <-s, -e> *m* ① (*Safe*) safe ② *s.* **Tresorraum**

Tresorraum *m* strongroom, vault

Tresse <-, -n> *f meist pl* MODE braid *no pl,* strip[s *pl*] of braid

Tretauto *nt* pedal-car **Tretboot** *nt* NAUT pedal-boat, pedalo **Treteimer** *m* pedal bin

treten <tritt, trat, getreten> **I.** *vt haben* ① (*mit dem Fuß stoßen*) ■ **jdn/etw** [**mit etw**] ~ to kick sb/sth [with sth]; **jdn mit dem Fuß/Schuh/Stiefel** ~ to kick sb/kick sb with one's shoe/boot ② (*mit dem Fuß betätigen*) ■ **etw** ~ to step on sth, to press [*or* depress] sth with one's foot; **die Bremse** ~ to brake [*or* apply [*or* step on] the [*or* one's] brakes]; **die Kupplung** ~ to engage the clutch ③ (*fam: antreiben*) ■ **jdn** ~ to give sb a kick up the backside [*or fam* in the pants] **II.** *vi* ① *haben* (*mit dem Fuß stoßen*) ■ [**mit etw**] ~ to kick; ***sie trat mit den Füßen und schlug mit den Fäusten nach ihm*** she kicked and punched out at him; ■ **nach jdm** ~ to kick out [*or* aim a kick] at sb; ■ **jdm an etw** *akk*/**gegen etw/in etw** *akk*/**vor etw** *akk* ~ to kick sb on/in/in/on sth; ***sie trat mir ans Bein/vors Schienbein*** she kicked my [*or* me on the] leg/shin; ***sie trat ihm in den Bauch*** she kicked him in the stomach ② *sein* (*einen Schritt machen*) to step; ~ ***Sie bitte zur Seite*** please step [*or* move] aside; ***er trat aus der Tür*** he walked out [of] the door; ***bevor du ins Haus trittst, machst dir bitte die Schuhe sauber*** before you come into [*or* enter] the house, wipe your shoes [first], please; ***pass auf, wohin du trittst*** watch where you tread [*or* step] [*or* you're treading]; *s. a.* **Stelle, Hintergrund, Vordergrund** ③ *sein o haben* (*den Fuß setzen*) ■ **auf etw** ~ *akk* to tread [*or* step] on sth; *s. a.* **Schlips** ④ *sein o haben* (*betätigen*) ■ **auf etw** ~ *akk* to step on sth, to press [*or* depress] sth with one's foot; **die Bremse** ~ to brake [*or* apply [*or* step on] the [*or* one's] brakes]; **die Kupplung** ~ to engage the clutch; *s. a.* **Pedal** ⑤ *sein* (*hervorkommen*) ■ **aus etw** ~ to come out of sth; ***der Schweiß trat ihm aus allen Poren*** he was sweating profusely; ***die Feuchtigkeit tritt aus den Wänden*** the dampness was coming out of the walls; ***aus der Wunde trat Blut*** blood poured from [*or* out of] the wound; ***aus der undichten Stelle im Rohr trat Gas*** gas was escaping from the leak in the pipe; ***der Fluss trat über seine Ufer*** the river broke [*or* burst] its banks; ***Schweiß trat ihm auf die Stirn*** sweat appeared on his forehead **III.** *vr* ■ **sich** *dat* **etw in etw** *akk* ~ to get sth in one's sth; ***sie trat sich einen Nagel in den Fuß*** she stepped onto a nail [*or* ran a nail into her foot]

Tretmine *f* MIL anti-personnel mine **Tretmühle** *f* (*fam*) treadmill **Tretroller** *m* pedalscooter

treu **I.** *adj* ① (*loyal*) loyal, faithful; **~e Dienste/Mitarbeit** loyal service/assistance; **~ ergeben** devoted; ■ **jdm ~ sein/bleiben** to be/remain loyal [*or* faithful] to sb; **einer S.** *dat* **~ bleiben** to remain true to a thing; **sich** *dat* **selbst ~ bleiben** to remain true to oneself ② (*verlässlich*) loyal ③ (*keinen Seitensprung machend*) faithful; ■ [**jdm**] **~ sein/bleiben** to be/remain faithful [to sb]; ***ich weiß, dass mein Mann mir ~ ist*** I know my husband is [*or* has been] faithful to me ④ (*treuherzig*) trusting ⑤ (*fig*) ■ **jdm ~ bleiben** to continue for sb; ***der Erfolg blieb ihm*** ~ his success continued; ***hoffentlich bleibt dir das Glück auch weiterhin treu*** hopefully your luck will continue to hold [out]; *s. a.* **Gold** **II.** *adv* ① (*loyal*) loyally ② (*treuherzig*) trustingly, trustfully

treudoof *adj* (*pej fam*) trusting and naïve, gullible

Treue <-> *f kein pl* ① (*Loyalität*) loyalty, faithfulness *no pl,* fidelity *no pl;* *eines Mitarbeiters/Untertans/Vasalls* loyalty ② (*Verlässlichkeit*) loyalty ③ (*monogames Verhalten*) faithfulness *no pl,* fidelity *no pl;* **jdm die ~ brechen** to be unfaithful to sb; **jdm die ~ halten** to be [*or* remain] faithful to sb ▸ WENDUNGEN: **auf Treu und Glauben** in good faith

Treueprämie [-miə] *f* loyalty bonus

Treueschwur *m* ① (*Schwur, jdm treu zu sein*) vow to be faithful [*or* of fidelity] ② HIST (*Eid*) oath of allegiance [*or* loyalty]

Treuhand(**anstalt**) *f* Treuhand[anstalt], Treuhand agency (*organization which was charged with managing and, if possible, privatizing the property of the former GDR*)

Treuhänder(**in**) <-s, -> *m(f)* JUR trustee, fiduciary *form*

Treuhandgesellschaft *f* trust company

treuherzig **I.** *adj* [naïvely] trusting [*or* trustful] **II.** *adv* trustingly, trustfully

Treuherzigkeit <-> *f kein pl* [naïve] trust; ***sie ist von großer*** ~ she's very trusting

treulos **I.** *adj* ① (*nicht treu*) unfaithful; **ein ~er Ehemann** an unfaithful husband ② (*ungetreu*) disloyal, unfaithful; **ein ~er Vassal** a disloyal vassal **II.** *adv* disloyally

Treulosigkeit <-> *f kein pl* disloyalty, unfaithfulness *no pl*

Triangel <-s, -> *m o* ÖSTERR *nt* MUS triangle

Triathlet(in) <-en, -en> *m(f)* SPORT triathlete

Triathlon <-n, -s> *m* SPORT triathlon

Tribun <-s *o* -en, -e[n]> *m* HIST tribune

Tribunal <-s, -e> *nt* (*geh*) tribunal

Tribüne <-, -n> *f* SPORT stand

Tribut <-[e]s, -e> *m* HIST (*Abgabe von Besiegten*) tribute; **einer S.** *dat* ~ **zollen** (*fig*) to pay tribute to a thing

Trichine <-, -n> *f* ZOOL trichina, trichinella

Trichter <-s, -> *m* ① (*Einfüll~*) funnel ② (*Explosionskrater*) crater ▶ WENDUNGEN: **jdn auf den [richtigen] ~ bringen** (*fam*) to get sth over [*or* across] to sb *fam;* **auf den ~ kommen** (*fam*) to get it *fam*

trichterförmig *adj* funnel-shaped

Trick <-s, -s *o selten* -e> *m* ① (*Täuschungsmanöver*) trick; **keine faulen ~s!** (*fam*) no funny business! *fam* ② (*Kunstgriff*) trick, dodge; ***es ist ein ~ dabei*** there's a trick to [doing] it; **den ~ raushaben[, wie etw gemacht wird]** (*fam*) to have [got] the knack [of doing sth]

Trickbetrug *m* JUR confidence trick **Trickbetrüger(in)** *m(f)* JUR confidence trickster **Trickfilm** *m* cartoon [film] **trickreich** *adj* (*fam*) clever, cunning

tricksen I. *vi* (*fam*) to do a bit of wangling *fam* II. *vt* (*fam*) ■**etw** ~ to wangle sth *fam*

trieb *imp von* **treiben**

Trieb[1] <-[e]s, -e> *m* BOT (*Spross*) shoot

Trieb[2] <-[e]s, -e> *m* ① BIOL, PSYCH (*innerer Antrieb*) drive, impulse; ***das Beschützen eines Kindes scheint ein natürlicher ~ zu sein*** protecting a child seems to be a natural instinct ② (*Sexual~*) sex[ual] drive, libido *form*

Triebabfuhr *f* sexual gratification **Triebfeder** *f* motivating force; ***bei diesem Verbrechen war Eifersucht die ~*** jealousy was the motive for this crime

triebhaft *adj* driven by physical urges [*or* desires] *pl, pred;* ■ ~ **sein** to be driven by one's physical urges [*or* desires]

Triebhaftigkeit <-> *f kein pl* domination by one's physical urges [*or* desires]; ***ihre ~ kennt keine Grenzen*** her physical urges [*or* desires] know no bounds

Triebtäter(in) *m(f)* JUR sex[ual] offender **Triebverbrechen** *nt* JUR sex[ual] crime **Triebverbrecher(in)** *m(f) s.* **Triebtäter** **Triebwagen** *m* BAHN railcar **Triebwerk** *nt* engine

Triefauge *nt* MED watering eye

triefäugig *adj* MED bleary-eyed

triefen <triefte *o geh* troff, getrieft *o selten* getroffen> *vi* ① (*rinnen*) to run; (*Auge*) to water; ***ich habe Schnupfen, meine Nase trieft nur so!*** I've got a cold, and it's given me such a runny nose!; ■**aus** [*o* **von**] **etw** *dat* ~ to pour from sth ② (*tropfend nass sein*) ■[**von etw** *dat*] ~ to be dripping wet [from sth]; **vor Nässe** ~ to be dripping wet ③ (*geh: strotzen*) ■**von** [*o* **vor**] **etw** *dat* ~ to be dripping with sth *fig;* ***diese Schnulze trieft ja von Schmalz und Sentimentalität*** this slushy song just oozes schmaltz and sentimentality

Triel <-s, -e> *m* ORN stone curlew

Trier <-> [triːɐ] *nt* GEOG Trier

triezen *vt* (*fam*) ■**jdn** ~ to crack the whip over sb

trifft *3. pers sing von* **treffen**

Trifoiling ['traɪfɔɪlɪŋ] *nt* SPORT tri-foiling

triftig I. *adj* good; **ein ~es Argument** a convincing [*or* valid] argument; **eine ~e Entschuldigung** an acceptable [*or* good] [*or* valid] excuse; **ein ~er Grund** a convincing [*or* good] [*or* sound] [*or* valid] reason II. *adv* convincingly; [**jdm etw**] ~ **begründen** to offer [sb] a sound argument in favour [*or* AM -or] of sth, to make a valid case for sth [to sb]

Trigonometrie <-> *f kein pl* MATH trigonometry *no indef art*

Trikolore <-, -n> *f* tricolour [*or* AM -or]

Trikot[1] <-s> [tri'koː, 'trɪko] *m o nt kein pl* MODE (*dehnbares Gewebe*) tricot

Trikot[2] <-s, -s> [tri'koː, 'trɪko] *nt* MODE shirt, jersey; ***das Basketballteam tritt in dunklen ~s an*** the basketball team played in dark shirts [*or* jerseys] [*or* a dark strip]; **das gelbe/grüne/rosa** ~ SPORT the yellow/green/pink jersey

Triller <-s, -> *m* ① ORN trill, warble ② MUS (*rasch wechselnde Tonwiederholung*) trill

trillern *vi* ① ORN (*zwitschern*) to trill, warble ② (*singen*) to trill

Trillerpfeife *f* [shrill-sounding] whistle

Trillion <-, -en> *f* trillion BRIT, quintillion AM

Trilogie <-, -n> [-'giːən] *f* LIT, FILM trilogy

Trimester <-s, -> *nt* SCH trimester, [three-month] term

Trimm-dich-Pfad *m* keep-fit trail

trimmen I. *vt* ① (*trainieren*) ■**jdn** [**auf etw** *akk*] ~ to train [*or* prepare] sb [for sth] ② (*in einen bestimmten Zustand bringen*) ■**jdn auf etw** *akk* ~ to teach sb [*or* school sb in] sth; ***sie hatten ihre Kinder auf gute Manieren getrimmt*** they had taught their children [*or* schooled their children in] good manners ③ (*scheren*) ■**etw** ~ to clip sth; **einen Hund** ~ to clip a dog II. *vr* ■**sich** *akk* [**durch etw** *akk*] ~ to keep fit [with sth]; **sich durch Radfahren/Schwimmen/Waldläufe** ~ to keep fit by cycling/[going] swimming/going for runs in the forest; ***er trimmt sich jeden Morgen durch Yogaübungen*** he keeps fit with [*or* by doing] yoga exercises every morning

Trinidad und Tobago <-s> *nt* Trinidad and Tobago; *s. a.* **Sylt**

trinkbar *adj* drinkable; ***für den Preis ist das ein gut ~er Wein*** that's not a bad[-tasting] wine for the price

trinken <trank, getrunken> I. *vt* ① (*Flüssigkeit schlucken*) ■**etw** ~ to drink sth; **Wasser** ~ to drink [*or* have] some water; ***kann ich bei Ihnen wohl ein Glas Wasser ~?*** could you give [*or* spare] me a glass of water [to drink]?; ***möchten Sie lieber Kaffee oder Tee ~?*** would you prefer coffee or tea [to drink]?; ***ich trinke gerne Orangensaft*** I like drinking orange juice; ■**etw zu** ~ sth to drink; **gern [mal] einen** ~ (*fam*) to like a[n occasional] drink; **[mit jdm] einen ~ gehen** (*fam*) to go for a drink [with sb] ② (*anstoßen*) ■**auf jdn/etw** ~ to drink to sb/sth; ***sie tranken alle auf sein Wohl*** they all drank to his health II. *vi* ① (*Flüssigkeit schlucken*) to drink, to have a drink ② (*alkoholische Getränke zu sich nehmen*) to drink; ***er ist eigentlich ein netter Mensch, leider trinkt er*** he's a nice person really, but he likes his drink

Trinker(in) <-s, -> *m(f)* drunkard; (*Alkoholiker*) alcoholic

trinkfest *adj* ■ ~ **sein** to be able to hold one's drink; ***seine ~e Freundin trank ihm unter den Tisch*** his hard-drinking girlfriend drank him under the table

Trinkgefäß *nt* drinking-vessel; ***ich habe keine sauberen ~e*** I haven't got anything clean to drink out of **Trinkgeld** *nt* tip; ***der Rest ist*** ~ keep the difference [*or* there's 80, keep the change]; ~ **bekommen** to receive tips [*or* a tip]; ~ **geben** to give tips [*or* a tip] **Trinkglas** *nt* [drinking-]glass **Trinkhalle** *f* ① (*Kur*) pump-room, tap-room AM ② (*Kiosk*) *kiosk that sells alcohol, which can be consumed there and then* **Trinkhalm** *m* [drinking-]straw **Trinkkur** *f* mineral water cure; **eine ~ machen** to take the waters **Trinkspruch** *m* toast; **einen ~ auf jdn/etw ausbringen** to propose a toast to sb/sth

Trinkwasser *nt* drinking-water; ***„kein ~!“*** “[this water is] not for drinking”

Trinkwasseraufbereitung *f* drinking-water purification, purification of drinking-water **Trinkwasseraufbereitungsanlage** *f* drinking water treatment plant **Trinkwassergewinnung** *f* recovery of drinking-water **Trinkwasserversorgung** *f* drinking-water supply

Trio <-s, -s> *nt* (1) MUS trio (2) (*dreiköpfige Gruppe*) trio, triumvirate *form*

Trip <-s, -s> *m* (1) (*fam: Ausflug*) trip (2) (*sl: Drogenrausch*) trip *fam;* **auf einem ~ sein** to be tripping *fam* ▶ WENDUNGEN: **auf einem bestimmten ~ sein** (*sl*) to be going through a certain phase

Tripolis <-s> *nt* Tripoli

trippeln *vi sein* to patter; ***leichtfüßig trippelte die Primaballerina auf die Bühne*** the prima ballerina tiptoed lightly across the stage

Tripper <-s, -> *m* MED gonorrhoea [*or* AM -ea] *no art;* ***ich habe mir im Puff den ~ geholt!*** (*fam*) I got [*or* picked up] a dose of the clap in that brothel! *sl*

Trisomie <-, -n> *f* MED trisomy

trist *adj* (*geh*) dismal, dreary, dull

Tritium <-s> *nt kein pl* tritium

tritt *3. pers sing von* **treten**

Tritt <-[e]s, -e> *m* (1) (*Fußtritt*) kick; **einen ~ bekommen** [*o* **kriegen**] to be kicked; ***er bekam einen ~ in den Hintern*** he got [*or* received] a kick up the backside [*or* in the pants]; **jdm/etw einen ~ geben** [*o geh* **versetzen**] to kick sb/sth [*or* give sb/sth a kick]; ***beim Thaiboxen darf man dem Gegner ~e versetzen*** one is allowed to kick one's opponent in Thai boxing (2) *kein pl* (*Gang*) step, tread (3) (*Stufe*) step ▶ WENDUNGEN: [**wieder**] **~ fassen** to get [back] into a routine

Trittbrett *nt* TRANSP step **Trittbrettfahrer(in)** *m(f)* (*fam*) freerider *fam* **Trittleiter** *f* stepladder

Triumph <-[e]s, -e> *m* (1) (*großartiger Erfolg*) triumph; ***ich gratuliere dir zu diesem ~*** congratulations on your success; **~e** *pl* [*o* **einen ~ nach dem anderen**] **feiern** to have [*or* enjoy] great success [*or* success after success] [*or* a string of successes] (2) *kein pl* (*triumphierende Freude*) triumph (3) (*Triumphzug*) triumphal procession; **im ~** in a triumphal procession; **irgendwo im ~ einziehen** to make a triumphal entrance somewhere

triumphal I. *adj* (1) (*im Triumph erfolgend*) triumphal, triumphant (2) (*überragend*) **ein ~er Erfolg** a tremendous [*or* brilliant] [*or* great] [*or* huge] success; **ein ~er Sieg** a glorious victory II. *adv* triumphally, triumphantly

Triumphbogen *m* ARCHIT triumphal arch

triumphieren* *vi* (*geh*) (1) (*frohlocken*) to rejoice [*or* exult]; **höhnisch ~** to gloat (2) (*erfolgreich sein*) ■ **über jdn ~** to triumph over sb; ■ **über etw** *akk* **~** to overcome [*or* triumph over] sth

triumphierend I. *adj* triumphant II. *adv* triumphantly

Triumphzug *m* triumphal procession; **im ~** in a triumphal procession

Triumvirat <-[e]s, -e> [-vi-] *nt* HIST triumvirate

trivial [-vi-] *adj* banal, trite

Trivialität <-, -en> *f* (*geh*) (1) *kein pl* (*das Trivialsein*) triviality (2) (*triviale Äußerung, Idee*) triviality

Trivialliteratur *f kein pl* MEDIA, LING, VERLAG light [*or pej* pulp] fiction

trocken I. *adj* (1) (*ausgetrocknet*) dry; **~er Boden** dry [*or* arid] ground; **~e Erde** dry [*or* arid] soil (2) (*nicht mehr nass*) dry; ■ **~ sein/werden** to be/become dry; ***dieser Lack wird nach dem Verstreichen rasch ~*** this paint dries very quickly [*or* is dry very soon] after being applied; **auf dem T~en** on dry land [*or* terra firma]; **im T~en** in the dry (3) METEO (*wenig Niederschlag aufweisend*) dry; **ein ~es Gebiet/~er Landstrich/eine ~e Wüste** a dry [*or* arid] region/area/wilderness; ***infolge des Treibhauseffektes soll das Klima ~er werden*** the climate is expected to become drier as a result of the greenhouse effect (4) KOCHK (*herb*) dry (5) (*nüchtern*) dry, dull; **ein ~es Buch** a dull book; **~e Zahlen** dry [*or* bare] figures; (*lapidar*) dry (6) (*hart*) dry (7) (*fam: vom Alkoholismus geheilt*) ■ **~ sein** to be on the wagon *sl* ▶ WENDUNGEN: **auf dem ~en sitzen** (*fam*) to be broke *fam* [*or* BRIT *sl* skint]; *s. a.* **Auge, Fuß** II. *adv* **~ aufbewahren** [*o* **lagern**] to keep [*or* store] in a dry place; **sich** *akk* **~ rasieren** to use an electric razor [*or* a[n electric] shaver]

Trockenbeerenauslese *f* KOCHK *a sweet* [*German*] *white wine made from selected grapes affected by noble rot* **Trockendock** *nt* NAUT dry dock **Trockeneisnebel** *m* MUS, THEAT dry ice fog **Trockenerbse** *f* dried pea **Trockengestell** *nt* clothes-horse **Trockenhaube** *f* [salon] hair-dryer

Trockenheit <-, *selten* -en> *f* METEO (1) (*Dürreperiode*) drought (2) (*trockene Beschaffenheit*) dryness *no pl; eines Gebietes, eines Landstrichs, einer Wüste* dryness *no pl,* aridness *no pl,* aridity *no pl*

Trockenkochbohne *f* dried cooking bean **Trockenkurs** *m* beginners' course (*taking place outside the actual environment where the activity normally takes place*) **trocken|legen** *vt* (1) (*windeln*) **ein Baby ~** to change a baby's nappy [*or* AM diaper] (2) (*durch Drainage entwässern*) ■ **etw ~** to drain sth (3) (*fam: jdm den Alkohol entziehen*) ■ **jdn ~** to put sb on the wagon *sl* [*or* help sb dry out] **Trockenmasse** *f* KOCHK dry weight **Trockenmilch** *f* dried [*or* powdered] milk **Trockenobst** *nt kein pl* dried fruit **Trockenplatz** *m* drying area **Trockenrasur** *f* dry shave **Trockenshampoo** *nt* dry shampoo **Trockenspiritus** *m* fire lighter **Trockenzeit** *f* dry season

trocknen I. *vi sein* to dry; ***hänge die nasse Wäsche zum T~ auf die Leine*** hang the wet washing [out] on the line to dry; ■ **etw ~ lassen** to let sth dry; ***die Sonne ließ die nasse Straße rasch wieder ~*** the sun soon quickly dried the wet road again II. *vt haben* (1) (*trocken machen*) ■ **etw ~** to dry sth; ■ **jdm/sich etw ~** to dry sb's/one's sth; ***er trocknete sich/der Patientin die schweißige Stirn*** he dried [*or* mopped] his/the patient's sweaty brow (2) KOCHK (*dörren*) ■ **etw ~** to dry [*or* desiccate] sth (3) (*abtupfen*) ■ [**jdm**] **etw** [**von etw** *dat*] **~** to dab up [sb's] sth *sep* [*or* sth [from [sb's] sth]]; ***sie trocknete ihm den Schweiß*** [***von der Stirn***] she dabbed up his sweat [*or* [the sweat from his brow]]; ***komm, ich trockne dir die Tränen*** come and let me dry your tears

Troddel <-, -n> *f* tassel

Trödel <-s> *m kein pl* (*fam*) junk *no indef art, no pl*

Trödelei <-, -en> *f* (*fam*) dawdling *no pl, no indef art,* dilly-dallying *no pl, no indef art fam*

Trödelmarkt *m s.* **Flohmarkt**

trödeln *vi* (1) *haben* (*langsam sein*) to dawdle [*or fam* dilly-dally] (2) *sein* (*langsam schlendern*) to [take a] stroll

Trödler(in) <-s, -> *m(f)* (1) (*Altwarenhändler*) second-hand dealer (2) (*fam: trödelnder Mensch*) dawdler, dilly-dallier, slowcoach BRIT *fam*

troff *imp von* **triefen**

trog *imp von* **trügen**

Trog <-[e]s, Tröge> *m* trough

Troll <-s, -e> *m* troll

Trollblume *f* BOT globeflower

trollen *vr* (*fam*) ■ **sich** *akk* **~** to push off *sl;* ***ich werd mich jetzt nach Hause ~*** I think I'll push off home now *sl*

Trommel <-, -n> *f* MUS, TECH, INFORM drum; **die ~ schlagen** to beat the drum, to play the drum[s]; ***im Orchester schlägt er die ~*** he plays the drum[s] in the orchestra

Trommelfell *nt* ANAT ear-drum; ***da platzt einem ja das ~*** *(fam)* the noise is [almost] ear-splitting

trommeln I. *vi* ① MUS *(die Trommel schlagen)* to drum, play the drum[s *pl*] ② *(laut klopfen)* ■ **an** [*o* **auf**] [*o* **gegen**] **etw** *akk* ~ to drum on sth; **gegen die Tür** ~ to bang on the door; ***sie trommelte mit den Fingern auf den Schreibtisch*** she drummed her fingers on the desk ③ *(rhythmisch auftreffen)* ■ **an** [*o* **auf**] [*o* **gegen**] **etw** *akk* ~ to beat on [*or* against] sth II. *vt* MUS ■ **etw** ~ to beat out sth *sep; s. a.* **Schlaf**

Trommelrevolver [-re'vɔlvɐ] *m* revolver **Trommelstock** *m* drumstick

Trommler(in) <-s, -> *m(f)* drummer

Trompete <-, -n> *f* trumpet; ~ **spielen** [*o* **blasen**] to play the trumpet; *s. a.* **Pauke**

trompeten* I. *vi* ① MUS *(Trompete spielen)* to play the trumpet ② *(trompetenähnliche Laute hervorbringen)* to trumpet; **ins Taschentuch** ~ *(fam)* to blow one's nose loudly; **~de Elefanten** trumpeting elephants II. *vt (fam)* ■ **etw** ~ to shout sth from the rooftops

Trompeter(in) <-s, -> *m(f)* trumpeter

Tropen *pl* GEOG ■ **die** ~ the tropics *pl*

Tropenanzug *m* safari suit **Tropenhelm** *m* sun-helmet, pith helmet, topee **Tropenholz** *nt* wood from tropical trees *pl* **Tropeninstitut** *nt* MED, SCI tropical disease unit **Tropenkrankheit** *f* tropical disease **Tropenpflanze** *f* tropical plant **Tropenwald** *m* tropical rain forest

Tropf¹ <-[e]s, -e> *m* MED drip; **am** ~ **hängen** *(fam: eine Tropfinfusion erhalten)* to be on a drip; *(fam: subventioniert werden)* to be subsidized

Tropf² <-[e]s, Tröpfe> *m* ► WENDUNGEN: **armer** ~ *(fam)* poor devil

tröpfchenweise *adv* in [small] drops

tröpfeln I. *vi* ① *haben* *(ständig tropfen)* to drip ② *sein* *(rinnen)* ■ **aus etw** *dat* ~ to drip from sth II. *vi impers* to spit [with rain] III. *vt* ■ **etw auf etw** *akk*/**in etw** *akk* ~ to put sth onto/into sth

tropfen *vi* ① *haben* *(Tropfen fallen lassen)* to drip; *(Nase)* to run ② *sein* *(tropfenweise gelangen)* ■ **aus** [*o* **von**] **etw** *dat* [**irgendwohin**] ~ to drip [somewhere] from sth

Tropfen <-s, -> *m* ① *(kleine Menge Flüssigkeit)* drop; *(an der Nase)* dewdrop *euph;* *(Schweiß~)* bead; **bis auf den letzten** ~ [down] to the last drop; ~ **für** ~ drop after drop ② *pl* PHARM, MED *(in Tropfen verabreichte Medizin)* drops *pl;* ***haben Sie das Mittel auch als ~?*** do you also have this medicine in the form of drops [*or* drop-form]? ③ *(fam)* drop *no pl* ► WENDUNGEN: **steter** ~ **höhlt den Stein** *(prov)* constant dropping wears [*or* will wear] away a stone *prov;* **ein** ~ **auf den heißen Stein** *(fam)* a [mere] drop in the ocean; **ein guter** [*o* **edler**] ~ *(fam)* a good drop [of wine]

Tropfenfänger <-s, -> *m* drip-catcher

tropfenweise *adv* in drops; ***dieses hochwirksame Präparat darf nur ~ verabfolgt werden*** this extremely potent preparation should only be administered drop by drop

Tropfhonig *m* liquid honey **Tropfinfusion** *f* MED intravenous drip **tropfnass**^RR^ *adj* dripping wet **Tropfstein** *m* GEOL ① *(Stalaktit)* stalactite ② *(Stalagmit)* stalagmite **Tropfsteinhöhle** *f* GEOL stalactite cavern [*or* cave]

Trophäe <-, -n> [tro'fɛːə] *f* SPORT, JAGD trophy

tropisch *adj* GEOG tropical

Troposphäre *f* troposphere

Tross^RR^ <-es, -e> *m,* **Troß** <-sses, -sse> *m* ① *(Zug)* procession of followers ② MIL *(Nachschubeinheit)* baggage-train ③ HIST *(Gefolge)* retinue

Trosse <-, -n> *f* NAUT hawser

Trost <-[e]s> *m kein pl* ① *(Linderung)* consolation; ***sie fand in der Kirche ~*** she found comfort in the church; **ein schwacher** [*o* **schlechter**] ~ **sein** to be of little consolation [*or* pretty cold comfort]; **das ist ein schöner** ~ *(iron)* some comfort that is *iron;* **ein/jds** ~ **sein** to be a consolation/sb's comfort; **als** ~ as a [*or* by way of] consolation; ***der Hauptgewinner erhielt 50.000 DM, die nächsten zehn Gewinner als ~ je 100 DM*** the main prize winner received DM 50,000 and the next ten winners DM 100 each as a consolation prize ② *(Zuspruch)* words of comfort; **jdm** ~ **spenden** to console [*or* comfort] sb; **zum** ~ as a comfort [*or* consolation]; ***zum ~ strich er der Weinenden über die Haare*** he comforted the crying girl by stroking her hair ► WENDUNGEN: **nicht** [**ganz**] [*o* **recht**]] **bei** ~ **sein** *(fam)* to have taken leave of one's senses, not to be [quite] all there

trösten I. *vt* *(jds Kummer lindern)* ■ **jdn** ~ to comfort [*or* console] sb; ***sie war von nichts und niemandem zu ~*** she was utterly inconsolable; ■ **etw tröstet jdn** sth is of consolation to sb II. *vr* ■ **sich** *akk* [**mit jdm/etw**] ~ to find consolation [with sb]/console oneself [with sth], to find solace [in sth] *form;* ~ **Sie sich, …** console yourself with the thought that …

tröstend I. *adj* comforting, consoling, consolatory II. *adv* **jdm** ~ **über die Haare streichen** to stroke sb's hair in a comforting [*or* consoling] [*or* consolatory] manner; **jdn** ~ **umarmen** to give sb a comforting [*or* consoling] [*or* consolatory] hug

Tröster(in) <-s, -> *m(f)* comforter

tröstlich *adj* comforting; ■ **etw ist** ~ **zu hören/sehen/wissen, …** sth is comforting to hear/see/know …; ■ **es ist** ~ [**zu hören/sehen/wissen**], **dass …** it's comforting [to hear/see/know] that …; ***dass du dem endlich einmal zugestimmt hast, ist ~*** it's comforting to know that you've finally agreed to it

trostlos *adj* ① *(deprimierend)* miserable, wretched; ***bei diesem ~en Regenwetter habe ich zu nichts Lust*** I don't feel like doing anything in this miserable rainy [*or* wet] weather ② *(öde und hässlich)* desolate; **eine ~e Landschaft** a bleak landscape

Trostlosigkeit <-> *f kein pl* ① *(deprimierende Art)* miserableness *no pl,* wretchedness *no pl;* *(Wetter)* miserableness *no pl* ② *(triste Beschaffenheit)* desolateness *no pl*

Trostpflaster *nt* consolation; **als** ~ as a [*or* by way of] consolation **Trostpreis** *m* consolation prize

Tröstung <-, -en> *f (geh)* comfort

Trott <-s> *m kein pl* routine; **in einen bestimmten** ~ **verfallen** to get into a certain rut

Trottel <-s, -> *m (fam)* idiot, bonehead *sl,* blockhead *sl,* plonker BRIT *sl*

trottelig I. *adj (fam)* stupid; ***dieser ~e Kerl*** this stupid [*or* idiot of a] guy [*or* BRIT bloke] [*or* BRIT plonker] *sl;* ***sei nicht so ~*** don't be so stupid [*or* BRIT *sl* such a plonker] II. *adv (fam)* **sich** *akk* ~ **anstellen** [*o* **benehmen**] to act [*or* behave] stupidly [*or* like an idiot] [*or sl* a bonehead] [*or sl* a blockhead] [*or* BRIT *sl* a plonker]

Trottellumme *f* ORN common guillemot

trotten *vi sein* to trudge [*or* plod] [along]

Trottinett <-s, -e> *nt* SCHWEIZ *(Kinderroller)* [children's] scooter

Trottoir <-s, -s *o* -e> [trɔ'toaːɐ] *nt* SÜDD, ÖSTERR, SCHWEIZ *(Bürgersteig)* pavement

trotz *präp +gen* in spite of, despite

Trotz <-es> *m kein pl* defiance; ***dass die Kleine so widerspenstig ist, ist nichts als ~*** the child's rebelliousness is nothing more than contrariness; ■ **jds** ~ **gegen jdn/etw** sb's defiance of sb/sth; **aus** ~ [**gegen jdn/etw**] out of spite [for sb/sth]; **jdm/einer S. zum**

~ in defiance of sb/a thing

Trotzalter *nt* difficult age; **im ~ sein** to be going through [*or* be at] a difficult age

trotzdem *adv* nevertheless; (*aber*) still; ***der ist aber teuer — ~! ich finde ihn schön*** it sure is expensive — still! I think it's gorgeous

trotzen *vi* ■ **jdm/einer S.** ~ (*die Stirn bieten*) to resist sb/brave a thing; **einer Herausforderung** ~ to meet a challenge; (*sich widersetzen*) to defy sb/a thing

trotzig *adj* difficult, awkward

Trotzkopf *m* (*fam*) (*trotziges Kind*) awkward [*or* BRIT *fam* bolshie] little so-and-so ▶ WENDUNGEN: **einen ~ haben** to be awkward [*or* BRIT *fam* bolshie]; **seinen ~ durchsetzen** to have [*or* get] one's way **Trotzreaktion** *f* act of defiance; ***das war doch nur eine ~ von ihr*** she merely acted like that out of defiance

Troubadour <-s, -s *o* -e> ['tru:badu:ɐ, truba'du:ɐ] *m* HIST troubabour

trübe *adj* ① (*unklar*) murky; **~es Bier/~e Saft/~er Urin** cloudy beer/juice/urine; **~es Glas/eine ~e Fensterscheibe/ein ~er Spiegel** dull glass/a dull window/mirror ② (*matt*) dim; **~ Licht** dim light ③ METEO (*dunstig*) dull; **ein ~er Himmel** a dull [*or* overcast] [*or* grey] sky [*or* AM gray] ④ (*deprimierend*) bleak; **~e Erfahrungen** unhappy experiences; **eine ~e Stimmung** a gloomy mood ▶ WENDUNGEN: **im T~n fischen** (*fam*) to fish in troubled waters; **[mit] etw** *dat* **sieht [es] ~ aus** the prospects are [looking] bleak [for sth]; *s. a.* **Tasse**

Trubel <-s> *m kein pl* hurly-burly, hustle and bustle

trüben **I.** *vt* ■ **etw** ~ ① (*unklar machen*) to make sth murky; **Bier/Saft** ~ to make beer/juice cloudy ② (*beeinträchtigen*) to cast a cloud over sth; **Beziehungen/ein Verhältnis** ~ to strain [*or* put a strain on] relations/a relationship **II.** *vr* ■ **sich** *akk* ~ ① (*unklar werden*) to go murky ② (*geh: unsicher werden*) to become clouded; ***sein Gedächtnis trübte sich im Alter*** his memory deteriorated [*or* became hazy] in his old age

Trübsal *f kein pl* (*geh*) ① (*Betrübtheit*) grief ② (*Leid*) suffering, misery ▶ WENDUNGEN: **~ blasen** (*fam*) to mope

trübselig *adj* ① (*betrübt*) gloomy, miserable, melancholy; **ein ~es Gesicht/eine ~e Miene** a gloomy [*or* miserable] face/expression ② (*trostlos*) bleak, dreary

Trübsinn *m kein pl* gloom[iness *no pl*], melancholy

trübsinnig *adj* gloomy, miserable, melancholy; **ein ~er Gesichtsausdruck/eine ~e Miene** a gloomy [*or* miserable] expression

Trübung <-, -en> *f* ① (*Veränderung zum Unklaren*) clouding; ***bei zu starkem Algenwachstum kann eine ~ des Teichwassers eintreten*** excessive algae growth can lead to the pond water becoming murky ② (*Beeinträchtigung*) straining; ***sein Betrug führte zu einer ~ unseres Einvernehmens*** his deception put a strain on our friendly relationship

Truck <-s, -s> [trʌk] *m* truck

trudeln *vi sein o haben* LUFT to spin; ***die Maschine begann zu Boden zu ~*** the plane went into a [tail]spin; **ins T~ geraten** to go into a [flat] spin

Trüffel[1] <-, -n> *f* BOT (*Pilz*) truffle

Trüffel[2] <-s, -> *m* KOCHK (*gefüllte Praline*) truffle

Trüffelhobel *f* truffle grater **Trüffelöl** *nt* truffle oil

trug *imp von* **tragen**

Trugbild *nt* (*veraltend geh*) illusion, hallucination

trügen <trog, getrogen> **I.** *vt* (*täuschen*) ■ **jdn ~** (*geh*) to deceive sb; **wenn mich nicht alles trügt** unless I'm very much mistaken **II.** *vi* (*täuschen*) to be deceptive

trügerisch *adj* deceptive

Trugschluss[RR] *m* fallacy; **ein ~ sein, etw zu tun** to be a fallacy to do sth; **einem ~ unterliegen** to labour [*or* AM -or] under a misapprehension

Truhe <-, -n> *f* chest

Trümmer *pl* rubble; *eines Flugzeugs* wreckage; **in ~n liegen** to lie in ruins *pl*

Trümmerfrau *f* POL (*hist*) *woman who helped clear debris after WWII* **Trümmerhaufen** *m* heap [*or* pile] of rubble

Trumpf <-[e]s, Trümpfe> *m* ① KARTEN (*Trumpfkarte*) trump [card]; **~ sein** to be trumps ② (*fig: entscheidender Vorteil*) trump card *fig;* **den ~ aus der Hand geben** to waste [*or* give up] one's trump card; **noch einen ~ in der Hand haben** to have another ace [*or* card] up one's sleeve; **seinen ~/den entscheidenden ~/seinen letzten ~ ausspielen** to play one's/the decisive/one's last trump card

trumpfen *vi* KARTEN ■ **[mit etw** *dat*] ~ to trump [with sth]

Trumpfkarte *f* KARTEN trump [card]

Trunk <-[e]s, Trünke> *m* (*geh*) drink, beverage *form;* **dem ~ verfallen [*o* ergeben] sein** to be a victim of the demon drink [*or* have taken to drink]

trunken *adj* (*geh*) ■ **~ vor etw** *dat* **sein** to be intoxicated [*or* drunk] with sth

Trunkenbold <-[e]s, -e> *m* (*pej*) drunkard *pej*

Trunkenheit <-> *f kein pl* drunkenness *no pl,* intoxication; **~ am Steuer** JUR drunken driving, driving under the influence of alcohol

Trunksucht <-> *f kein pl* (*geh*) alcoholism *no indef art*

trunksüchtig *adj* (*geh*) ■ **~ sein** to be an alcoholic

Trupp <-s, -s> *m* group; MIL squad, detachment; ***die Wanderer lösten sich in kleinere ~s auf*** the walkers split up into smaller groups

Truppe <-, -n> *f* ① *kein pl* MIL (*Soldaten an der Front*) combat [*or* front-line] unit; ■ **die ~** (*fam*) the army ② MIL (*Soldatenverband mit bestimmter Aufgabe*) squad ③ (*gemeinsam auftretende Gruppe*) troupe, company; ***er ist Schauspieler in einer bekannten ~*** he's an actor with a famous company ▶ WENDUNGEN: **von der [ganz] schnellen ~ sein** (*fam*) to be a fast worker [*or pl* fast workers]; ***Sie sind aber von der ganz schnellen ~!*** you're a fast worker!, you don't hang about[, do you?] *fam;* **nicht von der schnellen ~ sein** (*fam*) to be a bit slow [*or* BRIT *fam* not exactly be the brain of Britain]

Truppenabbau *m* POL, MIL reduction of troops **Truppenabzug** *m* MIL withdrawal of troops, troop withdrawal **Truppenbewegung** *f meist pl* MIL troop movement[s *pl*] **Truppenführer** *m* MIL commander **Truppengattung** *f* MIL an arm of the services; ***die Kavallerie ist eine ~ der Vergangenheit*** the cavalry was formerly an arm of the services **Truppenkontingent** *nt* POL, MIL contingent **Truppenteil** *m* MIL unit **Truppenübung** *f* military exercise **Truppenübungsplatz** *m* MIL military training area

Trüsche <-, -n> *f* ZOOL burbot, eelpout

Trute <-, -n> *f* SCHWEIZ (*Truthenne*) turkey[hen]

Truthahn *m* turkey[cock]; ***viele englische Familien essen zu Weihnachten ~*** many English families eat turkey at Christmas **Truthenne** *f* turkey[hen]

Tschad <-s> *nt* Chad; *s. a.* **Deutschland**

Tschader(in) <-s, -> *m(f)* Chadian; *s. a.* **Deutsche(r)**

tschadisch *adj* Chadian; *s. a.* **deutsch**

Tschador <-s, -s> *m* chador

Tschadsee *m* Lake Chad

tschau *interj* (*fam*) cheerio BRIT *fam,* see you *fam,* so long *fam,* ciao *fam*

Tscheche, Tschechin <-n, -n> *m, f* GEOG Czech; *s. a.* **Deutsche(r)**

Tschechei <-> *f* ■ **die ~** the Czech Republic; *s. a.*

Deutschland

Tschechin <-, -nen> *f fem form von* **Tscheche**

tschechisch *adj* ① GEOG Czech; *s. a.* **deutsch 1** ② LING Czech; *s. a.* **deutsch 2**

Tschechisch *nt decl wie adj* Czech; *s. a.* **Deutsch**

Tschechische <-n> *nt* ■ **das** ~ Czech, the Czech language; *s. a.* **Deutsche**

Tschechische Republik *f* Czech Republic; *s. a.* **Deutschland**

tschilpen *vi* to chirp

tschüs *interj*, **tschüss** *interj* (*fam*) bye *fam*, cheerio BRIT *fam*, see you *fam*, so long *fam*; **jdm ~ sagen** to say bye [*or* cheerio] to sb

Tsetsefliege *f* tsetse fly

T-Shirt <-s, -s> ['tiːʃœrt] *nt* T-shirt, tee-shirt

T-Träger ['teː-] *m* BAU T-girder

TU <-, -s> [teː'ʔuː] *f* SCH *Abk von* **technische Universität** technical university

tu(e) *imper sing von* **tun**

Tuba <-, Tuben> *f* MUS tuba

Tube <-, -n> *f* tube ► WENDUNGEN: **auf die ~ drücken** (*fam*) to step on it, to put one's foot down

Tuberkelbazillus *m* MED tubercle [*or* Koch's] bacillus

tuberkulös *adj* MED (*geh*) tubercular, tuberculous

Tuberkulose <-, -n> *f* MED tuberculosis *no indef art, no pl*

tuberkulosekrank *adj* MED tubercular, tuberculous; ■ **~ sein** to be tubercular [*or* tuberculous], to have tuberculosis

Tuberkulosekranke(r) *f(m) decl wie adj* MED person suffering from tuberculosis

Tuch[1] <-[e]s, Tücher> *nt* ① (*Kopf~*) [head]scarf; (*Hals~*) scarf ② (*dünne Decke*) cloth ► WENDUNGEN: **wie ein rotes ~ auf jdn wirken** to be like a red rag to a bull to sb; ***so was wirkt wie ein rotes ~ auf ihn*** that sort of thing is like a red rag to a bull to him [*or* [really] makes him see red]

Tuch[2] <-[e]s, -e> *nt* (*textiles Gewebe*) cloth, fabric

Tuchfühlung *f* ► WENDUNGEN: **auf ~ bleiben** (*fam*) to stay in touch [*or* contact]; **mit jdm auf ~ sein** [*o* **sitzen**] (*fam*) to sit close to sb; ***ich mag es nicht, wenn man mit mir auf ~ sitzt*** I don't like it when somebody sits [too] close to me **Tuchhandel** *m* ÖKON (*hist*) ■ **der** ~ the cloth trade

tüchtig **I.** *adj* ① (*fähig*) capable, competent; ~, ~! well done! ② (*fam: groß*) sizeable, big; **eine ~e Tracht Prügel** a good hiding [*or* beating]; *s. a.* **Welt** **II.** *adv* (*fam*) ① (*viel*) ~ **anpacken/mithelfen** to muck in BRIT, to share [tasks/accomodations] AM; ~ **essen** to eat heartily; ~ **sparen** to save hard ② (*stark*) ~ **regnen** to rain hard; ~ **schneien** to snow hard [*or* heavily]; ***es stürmt ~*** the [*or* a] storm is raging

Tüchtigkeit <-> *f kein pl* competence, efficiency

Tücke <-, -n> *f* ① *kein pl* (*Heimtücke*) malice; (*einer Tat*) maliciousness ② *kein pl* (*Gefährlichkeit*) dangerousness; (*von Krankheiten*) perniciousness ③ (*Unwägbarkeiten*) ■ **~n** *pl* vagaries *pl*; **seine ~n haben** to be temperamental ► WENDUNGEN: **das ist die ~ des Objekts** these things have a will of their own!

tuckern *vi* ① *haben* (*blubbernde Geräusche machen*) to chug ② *sein* (*mit blubbernden Geräuschen fahren*) to chug

tückisch *adj* ① (*hinterhältig*) malicious; **ein ~er Mensch** a malicious [*or* spiteful] person ② (*heimtückisch*) pernicious ③ (*gefährlich*) treacherous

Tüftelei <-, -en> *f* (*fam*) complicated and awkward [*or* BRIT fiddly] job *fam*

tüfteln *vi* (*fam*) to fiddle about *fam*; ■ **an etw** *dat* ~ to fiddle about [*or* tinker] with sth *fam*

Tugend <-, -en> *f* ① (*wertvolle Eigenschaft*) virtue ② *kein pl* (*moralische Untadeligkeit*) virtue; *s. a.* **Not**

tugendhaft *adj* virtuous

Tugendhaftigkeit <-> *f kein pl* virtuousness *no pl*

Tukan <-s, -e> *m* ORN toucan

Tüll <-s, -e> *m* MODE tulle

Tülle <-, -n> *f* ① (*Ausguss*) spout ② TECH (*Ansatzstück*) attachment; (*Dichtungsring*) grommet

Tulpe <-, -n> *f* ① BOT tulip ② (*konisches Bierglas*) tulip-glass

Tulpenzwiebel *f* BOT tulip-bulb

tumb *adj* (*pej*) naive *pej*; (*einfältig*) slow

Tumbler <-s, -s> *m* SCHWEIZ (*Wäschetrockner*) tumble-drier [*or* AM dryer]

tummeln *vr* ■ **sich** *akk* ~ ① (*froh umherbewegen*) to romp [about] ② (*sich beeilen*) to hurry [up]

Tummelplatz *m* (*geh*) play area

Tümmler <-s, -> *m* porpoise

Tumor <-s, Tumoren> *m* tumour [*or* AM -or]

Tumormarker <-s, -> *m* MED tumour marker **Tumorzelle** *f* tumour cell

Tümpel <-s, -> *m* [small] pond

Tumult <-[e]s, -e> *m* ① *kein pl* (*lärmendes Durcheinander*) commotion, tumult ② *meist pl* (*Aufruhr*) disturbance

tun <tat, getan> **I.** *vt* ① (*machen*) ■ **etw** ~ *mit unbestimmtem Objekt* to do sth; ***was sollen wir bloß ~?*** whatever shall we do?; ***was tust du da?*** what are you doing [there]?; **etw noch ~ müssen** to have still got sth to do; ***was tut er nur den ganzen Tag?*** what does he do all day?; **noch viel ~ müssen** to have still got a lot to do; ■ **etw [mit etw]** ~ to do sth [with sth]; ***das Klopfen tut er mit dem Fuß*** he's making that tapping noise with his foot; ■ **etw mit jdm** ~ to do sth with sb; ***was haben sie mit dir getan, dass du so verängstigt bist?*** what have they done to you to make you so frightened?; ■ **etw aus etw** ~ to do sth out of sth; **etw aus Liebe** ~ to do sth out of [*or* for] love; **nichts ~, als ...** (*fam*) to do nothing but ...; ***er tut nichts, als sich zu beklagen*** he does nothing but complain; ~ **und lassen können, was man will** to do as one pleases [*or* likes]; **was jd zu ~ und zu lassen hat** what sb can and can't [*or* should and shouldn't] do; ~, **was man nicht lassen kann** (*fam*) to do sth if one must; **das eine ~, und das andere nicht lassen** to do one thing without neglecting the other; ***so etwas tut man nicht!*** you just don't do things like that!; **etw nicht unter etw** *dat* ~ (*fam*) not to do sth for less than sth; ***das Radio muss repariert werden — der Techniker tut es nicht unter 100 Mark*** the radio needs repairing – the electrician won't do it for less than 100 marks; **was ~?** what's to be done?; ~ ***Sie wie zu Hause*** make yourself feel at home ② (*arbeiten*) ■ **etw [für jdn/etw]** ~ to do sth [for sb/sth]; ***auch im Urlaub tue ich einige S~den pro Tag [für die Firma]*** I even put in [*or* do] a couple of hours[' work] [for the company] when I'm on holiday ③ (*unternehmen*) ■ **etwas/nichts/einiges** ~ to do something/nothing/quite a lot [*or* bit]; ***in dieser Angelegenheit wird derzeit einiges von uns getan*** we're currently undertaking a number of things in this matter; ■ **etwas/nichts/einiges für jdn** ~ to do something/nothing/quite a lot [*or* bit] for sb; ***der Arzt kann nichts mehr für ihn ~*** the doctor can't do anything [*or* can do nothing] more for him; ***was tut man nicht alles für seine Nichten und Neffen!*** the things we do for our nephews and nieces!; **etwas/nichts/einiges für etw** ~ to do something/nothing/quite a lot [*or* bit] for sth; ***ich muss etwas/mehr für meine schlanke Linie ~*** I must do something/more for my figure; **etw gegen etw** ~ *Beschwerden, Pickel, Belästigungen, Unrecht* to do sth about sth; **etwas für jdn ~ können** to be able to do something for sb; **was sich ~ lässt** what can be done; ***ich will versuchen, was sich da ~ lässt*** I'll see what I can do [*or* can be done] [about it]; **etwas für sich ~ müssen** to need to do something for one's health ❹ (*an~*) ■ **[jdm] etwas/nichts ~** to do something/nothing [to sb]; ***keine Angst, der Hund tut Ihnen nichts*** don't worry, the dog won't hurt you; ***dein Hund tut doch hoffentlich nichts?*** your dog won't bite, will it? ❺ (*fam: legen o stecken*) ■ **etw irgendwohin ~** to put sth somewhere ❻ (*fam: funktionieren*) ■ **es noch/nicht mehr ~** to be still working [*or* going]/broken [*or sl* kaputt] [*or fam* have had it]; ***tut es dein altes Tonbandgerät eigentlich noch?*** is your old tape recorder still working? ❼ (*fam: ausmachen*) ■ **etwas/nichts ~** to matter/not to matter; **das tut nichts** it doesn't matter; **was tut's** (*fam*) what difference does it make?, what does it matter?; ***macht es dir was aus, wenn ich das mache? — ja, das tut es*** does [*or* would] it matter to you if I do this? – yes, it does [*or* would] ❽ (*fam: ausreichen*) ■ **es [für etw] ~** to do [for sth]; ***für heute tut's das*** that'll do for today; ***tut es das?*** will that do?; **mit etw [noch] nicht getan sein** sth isn't enough ▸ WENDUNGEN: **was <u>kann</u> ich für Sie ~?** ÖKON can I help you?, what can I do for you?; **man tut, was man <u>kann</u>** one does what one can; **<u>es</u> [mit jdm] ~** (*sl*) to do it [with sb] *sl; s. a.* **Gefallen, Sache II.** *vr impers* ■ **etwas/nichts/einiges tut sich** something/nothing/quite a lot [*or* bit] is happening; **das tut sich** *dat* **nichts** (*fam*) it doesn't make any difference **III.** *vi* ❶ (*sich benehmen*) to act; **albern/dumm ~** to play dumb; **informiert/kompetent ~** to pretend to be well-informed/competent; **so ~, als ob** to pretend that; ***er schläft doch gar nicht, er tut nur so, als ob*** he's not asleep at all, he's only pretending [to be]; ***ich tue jetzt so, als ob ich ginge*** I'll pretend to be [*or* that I'm] going now; **nur so ~** to be only pretending; ***er ist doch gar nicht wütend, er tut nur so*** he's not angry at all, he's [just] pretending [to be]; ***der Fußballspieler war gar nicht verletzt, er hat nur so getan*** the footballer wasn't injured at all, he was just play-acting; ***tu doch nicht so!*** (*fam: stell dich nicht so an*) stop pretending!; (*reg dich doch nicht auf*) don't make such a fuss! ❷ (*Dinge erledigen*) ■ **zu ~ haben** to be busy; ***störe mich jetzt nicht, ich habe [noch] zu ~*** don't disturb me now, I'm busy; ***am Samstag habe ich noch in der Stadt/im Garten/Keller zu ~*** I've got [some] things to do in town/in the garden/cellar on Saturday ▸ WENDUNGEN: **es mit jdm zu ~ <u>bekommen</u>** [*o* **<u>kriegen</u>**] (*fam*) to get into trouble with sb; ***pass auf, sonst kriegst du es mit mir zu ~*** watch it, or you'll have me to deal with [*or* answer to]; **es mit jdm zu ~ <u>haben</u>** to be dealing with sb; **es mit sich selbst zu ~ <u>haben</u>** to have problems of one's own [*or* enough on one's own plate]; **mit wem <u>habe</u> ich es zu ~?** who might you be [*or* are you]?; **etwas/nichts mit jdm/etw zu ~ <u>haben</u>** to have something/nothing to do with sb/sth; **jdm es um jdn/etw zu ~ <u>sein</u>** sb is concerned [*or* worried] about sb/sth; **es jdm sehr darum zu ~ <u>sein</u>** (*geh*) to be very important to sb; **mit jdm/etw nichts zu ~ haben <u>wollen</u>** to want to have nothing to do with sb/sth **IV.** *vb aux modal* ❶ *mit vorgestelltem Infinitiv* ■ **...-en ~** to do sth; ***mögen tu ich wohl, nur darf ich es nicht*** I'd like to [do it], but I'm not allowed [to]; ***singen tut sie ja gut*** she's a good singer, she sings well ❷ *mit nachgestelltem Infinitiv* DIAL ■ **~ ...-en** to do sth; ***ich tu nur schnell den Braten anbraten*** I'll just brown the joint [off]; ***tust du die Kinder ins Bett bringen?*** will you put the children to bed?; ***er tut sich schrecklich ärgern*** he's really getting worked up ❸ *konjunktivisch mit vorgestelltem Infinitiv* DIAL ■ **etw täte jdn ...-en** sb would ... sth; ***deine Gründe täten mich schon interessieren*** I would be interested to hear [*or* know] your reasons; ***er täte zu gerne wissen, warum ich das nicht gemacht habe*** he would love to know why I didn't do it

Tun <-s> *nt kein pl* action; ***ihr ganzes ~ und Trachten*** everything she does [*or* did]; **jds ~ und Treiben** what sb does; ***berichte mal über euer ~ und Treiben in den Ferien*** (*hum*) tell me what you did during the holidays

Tünche <-, -n> *f* whitewash *no pl*

tünchen *vt* ■ **etw ~** to whitewash sth

Tundra <-, Tundren> *f* GEOG tundra *no pl*

tunen ['tju:nən] *vt* ■ **etw ~** to tune sth; **einen CD-Player ~** to tune a CD player

Tuner <-s, -> ['tju:nɐ] *m* AUDIOV tuner

Tunesien <-s> [tu'ne:ziən] *nt* Tunisia; *s. a.* **Deutschland**

Tunesier(in) <-s, -> [tu'ne:ziɐ] *m(f)* Tunisian; *s. a.* **Deutsche(r)**

tunesisch *adj* ❶ (*Tunesien betreffend*) Tunisian; *s. a.* **deutsch 1** ❷ LING Tunisian; *s. a.* **deutsch 2**

Tunfisch[RR] *m* tuna [fish]

Tunichtgut <-[e]s, -e> *m* good-for-nothing, ne'er-do-well *dated*

Tunika <-, Tuniken> *f* MODE, HIST tunic

Tunke <-, -n> *f* KOCHK sauce; (*Braten~*) gravy

tunken *vt* ■ **etw in etw** *akk* **~** to dip [*or* dunk] sth into sth

tunlich *adj* possible, feasible; (*ratsam*) advisable

tunlichst *adv* if possible; ***du solltest ~ von einem so gefährlichen Unterfangen Abstand nehmen*** you would be well-advised to steer clear of such a dangerous venture; ***wir sollten das aber ~ geheim halten*** we should do our best to keep it a secret

Tunnel <-s, – *o* -s> *m* tunnel; (*für Fußgänger*) subway

Tunte <-, -n> *f* (*fam*) queen *pej sl,* fairy *pej sl*

tuntig *adj* (*pej fam*) fairy-like *pej*

Tüpfel <-s, -> *m* BOT pit

Tüpfelchen <-s, -> *nt* (*kleiner Tupfen*) dot ▸ WENDUNGEN: **das ~ auf dem <u>i</u>** the final [*or* finishing] touch; **<u>nicht</u> ein ~** not a single thing, nothing whatsoever

tupfen *vt* ■ **etw von etw** *dat* **~** to dab sth from sth; ■ **sich** *dat* **etw ~** to dab one's sth

Tupfen <-s, -> *m* dot

tupfengleich **I.** *adj* SÜDD, SCHWEIZ (*genau gleich*) exactly the same, selfsame *attr;* ***ich habe mir gestern das ~e Kleid gekauft*** I bought exactly the same [*or* the selfsame] dress yesterday **II.** *adv* SÜDD, SCHWEIZ (*genau gleich*) in exactly the same way

Tupfer <-s, -> *m* MED swab

Tür <-, -en> *f* door; **an die ~ gehen** to go to the door; **jdm die ~ weisen** (*geh*) to show sb the door; **~ an ~** next door to one another [*or* each other] [*or* sb]; **in der ~** in the door[way] ▸ WENDUNGEN: **zwischen ~ und <u>Angel</u>** (*fam*) in passing; ***sie fertigte den Vertreter zwischen ~ und Angel ab*** she dealt with the sales rep as quickly as she could; **mit der ~ ins <u>Haus</u> fallen** (*fam*) to blurt it [straight] out; **jdm die ~ vor der <u>Nase</u> zumachen/zuschlagen** (*fam*) to slam the door in sb's face; ***als sie sah, dass es der Gerichtsvollzieher war, schlug sie ihm rasch die ~ vor der Nase zu*** when she saw [that] it was the bailiff, she quickly slammed the door in his face; **einer S.** *dat* **~ und <u>Tor</u> öffnen** to open the door to a thing; **[bei jdm] [mit etw** *dat*] **<u>offene</u> ~en einrennen** to be preaching to the converted [with sth]; **hinter <u>verschlossenen</u> ~en** behind closed doors, in camera *form;* **jdm [fast] die ~ <u>einrennen</u>** (*fam*) to pester sb constantly; **du <u>kriegst</u> die ~ nicht <u>zu</u>!** (*fam*) well, I never!; **vor der ~ °sein** to be just [a]round the corner; **jdn vor die ~ <u>setzen</u>** (*fam*) to kick [*or* throw] sb out

Türangel *f* [door-]hinge

Turban <-s, -e> *m* turban

Turbine <-, -n> *f* turbine

Turbo <-s, -s> *m* AUTO ① (*Turbolader*) turbocharger ② (*Auto mit Turbomotor*) car [*or* model] with a turbocharged engine, turbocharged car; ***die verbesserte Version der Limousine ist jetzt als ~ herausgekommen*** the improved version of this saloon is now available as a turbocharged model [*or* with a turbocharger]

Turbodiesel *m* car [*or* model] with a turbocharged diesel engine, turbodiesel car **Turbolader** <-s, -> *m* AUTO turbocharger **Turbomotor** *m* AUTO turbocharged engine **Turbo-Prop-Maschine** *nt* LUFT turboprop [aircraft]

turbulent **I.** *adj* turbulent, tempestuous; ***wir haben ausgiebig gefeiert, es war ein ~es Wochenende*** we celebrated long and hard, it was a riotous [*or* tumultuous] weekend; ***die Wochen vor Weihnachten waren reichlich ~*** the weeks leading up to Christmas were really chaotic **II.** *adv* turbulently; **~ verlaufen** to be turbulent [*or* stormy]; ***auf der Aktionärsversammlung ging es sehr ~ zu*** the shareholders' meeting was [a] very stormy [*or* tempestuous] [one]

Turbulenz <-, -en> *f* ① METEO (*Luftwirbel*) turbulence *no pl* ② *meist pl* (*geh: turbulentes Ereignis*) turbulence *no pl*, turmoil *no pl*

Türdrücker *m* automatic [*or* electric] door-opener

Türe <-, -n> *f* DIAL (*Tür*) door

Türfalle *f* SCHWEIZ (*Türklinke*) door-handle **Türflügel** *m* one of the doors in a double door **Türfüllung** *f* door panel

Turgor <-s> *m kein pl* BIOL turgor

Türgriff *m* door-handle

Türke <-n, -n> *m* (*sl*) cock-and-bull story

Türke, Türkin <-n, -n> *m, f* Turk; *s. a.* **Deutsche(r)**

Türkei <-> *f* ■ **die ~** Turkey; *s. a.* **Deutschland**

türken *vt* (*sl*) ■ **etw ~** to fabricate [*or sep* make up] sth

Türkenbundlilie *f* BOT Turk's-cap [lily], martagon *spec* **Türkentaube** *f* ORN collard dove

Türkin <-, -nen> *f fem form von* **Türke**

türkis *adj* turquoise

Türkis[1] <-es, -e> *m* GEOL turquoise

Türkis[2] <-> *nt kein pl* (*Farbe*) turquoise; *s. a.* **in**

türkisch *adj* ① (*die Türkei betreffend*) Turkish; *s. a.* **deutsch 1** ② LING Turkish; *s. a.* **deutsch 2**

Türkisch *nt decl wie adj* Turkish; *s. a.* **Deutsch**

Türkische <-n> *nt* ■ **das ~** Turkish, the Turkish language; *s. a.* **Deutsche**

türkisfarben *adj* turquoise

Türklinke *f* door-handle **Türklopfer** *m* door-knocker

Turkmene, Turkmenin <-n, -n> *m, f* Turkmen; *s. a.* **Deutsche(r)**

turkmenisch *adj* Turkmen; *s. a.* **deutsch**

Turkmenisch *nt decl wie adj* Turkmen; *s. a.* **Deutsch**

Turkmenische <-n> *nt* ■ **das ~** Turkmen, the Turkmen language; *s. a.* **Deutsche**

Turkmenistan <-s> *nt* Turkmenistan; *s. a.* **Deutschland** **Türknauf** *m* doorknob

Türknopf *m* AUTO door lock

Turm <-[e]s, Türme> *m* ① ARCHIT tower; (*spitzer Kirchturm*) spire, steeple ② SPORT (*Sprung~*) diving-platform ③ SCHACH castle, rook

Turmalin <-s, -e> *m* GEOL tourmaline

Türmchen <-s, -> *nt* ARCHIT *dim von* **Turm** turret

türmen[1] **I.** *vt haben* ■ **etw [auf etw** *akk*] **~** to pile up sth *sep* [on sth], to stack [up *sep*] sth [on sth]; ***wegen Platzmangels müssen wir die Bücher schon ~*** we're already having to stack the books on top of each other due to a lack of space **II.** *vr* ■ **sich** *akk* **[auf etw** *dat*] **~** to pile up [on sth]

türmen[2] *vi sein* (*fam*) ■ **[aus etw** *dat*/**irgendwohin] ~** to clear off *fam* [*or* BRIT *sl* do a bunk] [*or* BRIT *sl* scarper] [from sth/somewhere]; **aus dem Knast ~** to break out of jail [*or* prison]

Turmfalke *m* kestrel **Turmspringen** *nt kein pl* high diving *no indef art, no pl* **Turmuhr** *f* [tower] clock

Turnanzug *m* leotard

Turnaroundzeit ['tɛːn-rˈaʊnd-] *f* LUFT turnaround time

turnen **I.** *vi haben* ① SPORT (*Turnen betreiben*) to do gymnastics; **am Pferd/Boden/Balken ~** to do exercises on the horse/floor/beam ② *sein* (*sich flink bewegen*) to dash; ***er turnte durch die engen Gänge*** he dashed along the narrow corridors *fam* **II.** *vt haben* SPORT ■ **etw ~** to do [*or* perform] sth; ***für diese fehlerfrei geturnte Übung erhielt er 9,9 Punkte*** he received 9.9 points for this flawlessly performed exercise

Turnen <-s> *nt kein pl* ① SPORT gymnastics + *sing vb* ② SCH (*Unterrichtsfach*) physical education *no pl, no art,* PE *no pl, no art*

Turner(in) <-s, -> *m(f)* gymnast

turnerisch **I.** *adj* gymnastic **II.** *adv* gymnastically

Turngerät *nt* gymnastic apparatus **Turnhalle** *f* gymnasium, gym *fam* **Turnhemd** *nt* gym shirt [*or* vest] **Turnhose** *f* gym shorts

Turnier <-s, -e> *nt* ① SPORT (*längerer Wettbewerb*) tournament; *der Springreiter* show-jumping competition ② HIST tournament

Turnierpferd *nt* show horse **Turnierreiter(in)** *m(f)* show-jumper **Turniertänzer(in)** *m(f)* competitive ballroom dancer

Turnlehrer(in) *m(f)* SCH PE [*or* gym] teacher **Turnschuh** *m* trainer, training shoe **Turnschuhfirma** *f* sports footwear company **Turnschuhgeneration** *f* kids of the '80s **Turnschuhheld(in)** *m(f)* (*pej*) *sb who always goes around in trainers;* ■ **ein ~/eine ~in sein** to always go around in trainers [*or* AM sneakers]; ***bis auf ~en lässt der Türsteher sonst alle durchgehen*** the doorman lets everyone through if they're not wearing trainers **Turnübung** *f* gymnastic exercise **Turnunterricht** *m kein pl* SCH gymnastics + *sing vb,* PE *no pl, no art*

Turnus <-, -se> *m* ① (*regelmäßige Abfolge*) regular cycle; ***für die Kontrollgänge gibt es einen festgesetzten ~*** there is a set rota for the tours of inspection; **im [regelmäßigen] ~ [von etw** *dat*] at regular intervals [of sth] ② ÖSTERR MED internship, residency

turnusmäßig *adj* regular, at regular intervals

Turnverein *m* gymnastics club **Turnzeug** *nt* gym [*or* PE] kit

Türöffner *m* automatic [*or* electric] door-opener **Türpfosten** *m* doorpost **Türrahmen** *m* door-frame **Türschild** *nt* door-plate, name-plate **Türschloss**[RR] *nt* door-lock **Türschnalle** *f* ÖSTERR (*Türklinke*) door-handle **Türschwelle** *f* threshold **Türspalt** *m space between door frame and door* **Türsteher** *m* doorman, bouncer *fam* **Türsturz** *m* BAU lintel

turteln *vi* ■ **[miteinander] ~** to whisper sweet nothings [to one another [*or* each other]], to bill and coo [with one another [*or* each other]] BRIT

Turteltaube *f* ① ORN turtle-dove ② *pl* (*fam: turtelnde Verliebte*) **~n** love-birds

Türvorleger *m* doormat

Tusch <-es, -e> *m* MUS fanfare, flourish

Tusche <-, -n> *f* Indian ink

tuscheln *vi* (*heimlich reden*) ■ **[über jdn/etw] ~** to gossip secretly [about sb/sth]

Tussi <-, -s> *f* (*pej sl*) chick *sl*, girl, bird BRIT *sl;* (*Freundin*) bird *sl*, chick *sl*, girl

Tüte <-, -n> *f* bag; ***tun Sie mir die Einkäufe doch bitte in eine ~*** can you put the shopping in a [carrier] bag, please?; ***ich esse heute eine Suppe aus der ~*** I'm going to eat a packet soup today; **eine ~ Popcorn** a bag of popcorn ▶ WENDUNGEN: **[das] kommt nicht in die ~!** (*fam*) not on your life! *fam,* no way! *fam*

tuten *vi* (*ein Horn o eine Hupe ertönen lassen*) to hoot, to sound one's [*or* the] horn, to toot one's horn; ***es hat getutet, das Taxi ist da*** I heard a hoot, the taxi is here; *Schiff* to sound its fog-horn ▶ WENDUNGEN: **von T~ und Blasen keine Ahnung haben** (*fam*) not to have a clue [*or* have the faintest idea [about sth]]

Tütensuppe *f* packet soup

Tutor, Tutorin <-s, Tutoren> *m, f* SCH ❶ (*Leiter eines Universitätstutoriums*) *seminar conducted by a post-graduate student* ❷ (*Mentor*) tutor

TÜV <-s, -s> *m Akr von* **Technischer Überwachungsverein** Technical Inspection Agency (*also performing MOTs on vehicles*); ***ich muss noch beim ~ anrufen und einen Termin ausmachen*** I must ring up for the car to be MOT'd; ***ich muss in der nächsten Woche [mit dem Wagen] zum ~*** I've got to get the car MOT'd next week; **jds/der ~ läuft ab** sb's/the MOT BRIT is about to run out; **[noch] eine bestimmte Zeit ~ haben** to have a certain amount of time left on the MOT; **durch den ~ kommen** to get [a [*or* the] vehicle] through its [*or* the] MOT; ***mit diesem Wagen komme ich bestimmt nicht durch den ~*** I definitely won't get this car through its [*or* the] MOT

Tuvalu <-s> *nt* Tuvalu; *s. a.* **Sylt**

Tuvaluer(in) <-s, -> *m(f)* Tuvaluan; *s. a.* **Deutsche(r)**

tuvaluisch *adj* Tuvaluan; *s. a.* **deutsch**

TV-Anstalt [teːˈfau-] *f* TV station [*or* company] **TV-Duell** *f* [head-to-head] debate on TV **TV-Kamera** *f* TV camera **TV-Moderator(in)** *m(f)* TV [*or* television] presenter **TV-Positionierung** *f* [TV-channel] tuning **TV-Spot** [teːˈfauspɔt] *m* TV short TV advertising film **TV-Zeitschrift** *f* TV programme [*or* AM -am] guide

Tweed <-s, -s *o* -e> [tviːt] *m* MODE tweed

Tweedjacke *f* tweed jacket

Twen <-[s], -s> *m* (*veraltend*) person in their twenties

Twinset <-[s], -s> *nt o m* MODE twin set

Twist[1] <-es, -e> *m* (*Stopfgarn*) twist

Twist[2] <-s, -s> *m* (*Tanz*) twist *no pl*

Typ <-s, -en> *m* ❶ ÖKON (*Ausführung*) model; ▪ **der ~ einer S.** *gen* this model of a thing [*or* sth model]; ***dieser ~ Computer*** this model of computer [*or* computer model]; ***dieser ~ Sportwagen*** this sports car model ❷ (*Art Mensch*) type [*or* sort] [of person] *fam;* ***was ist er für ein ~, dein neuer Chef?*** what type [*or* sort] of person is your new boss?; **jds ~ sein** (*fam*) to be sb's type; ▪ **der ~ ... sein, der ...** to be the type of ... who ...; ***dein ~ ist nicht gefragt*** (*fam*) we don't want your sort here; ***dein ~ wird verlangt*** (*fam*) you're wanted ❸ (*sl: Kerl*) fellow *fam,* guy *sl,* bloke BRIT *fam* ❹ (*sl: Freund*) guy *sl,* man, boyfriend, bloke BRIT *fam*

Type <-, -n> *f* ❶ TYPO (*Druck~*) type ❷ (*fam: merkwürdiger Mensch*) character; ***was ist denn das für eine ~?*** what a weirdo!

Typen *pl von* **Typus**

Typenrad *nt* daisy wheel

Typenradschreibmaschine *f* daisy-wheel typewriter

Typhus <-> *m kein pl* MED typhoid [fever] *no pl*

typisch I. *adj* typical; ▪ **~ für jdn sein** to be typical of sb; [***das ist***] ***~!*** (*fam*) [that's] [just] typical! II. *adv* ▪ **~ jd** [that's] typical of sb, that's sb all over; ***~ Frau/Mann!*** typical woman/man!; ▪ **~ etw** typically sth; **~ britisch/deutsch** typically British/German; ***sein unterkühlter Humor ist ~ hamburgisch*** his dry humour is typical of a person from [*or* the people of] Hamburg

Typographie <-, -n> *f,* **Typografie**[RR] <-, -n> *f* typography

typographisch *adj,* **typografisch**[RR] *adj* typographic[al]

Typoskript <-s, -e> *nt* typescript

Typus <-, Typen> *m* ❶ (*Menschenschlag*) race [*or* breed] [of people] ❷ (*geh: Typ 2*) type

Tyrann(in) <-en, -en> *m(f)* tyrant

Tyrannei <-, -en> *f* tyranny

Tyrannin <-, -nen> *f fem form von* **Tyrann**

tyrannisch I. *adj* tyrannical II. *adv* **sich** *akk* **~ aufführen/herrschen** to behave/rule tyranically [*or* like a tyrant]

tyrannisieren* *vt* ▪ **jdn ~** to tyrannize sb; ▪ **sich** *akk* **[von jdm/etw] ~ lassen** to [allow oneself to] be tyrannized [by sb/sth]

Tyrrhenisches Meer *nt* Tyrrhenian Sea

Tz *nt s.* **Tezett**

U

U, u <-, – *o fam* -s, -s> *nt* U, u; **~ wie Ulrich** U for [*or* AM as in] Uncle; *s. a.* **A 1**

u. *konj Abk von* **und**

u. a. ❶ *Abk von* **und andere(s)** ❷ *Abk von* **unter anderem**

UB *f Abk von* **Universitätsbibliothek**

U-Bahn *f* TRANSP ❶ (*Untergrundbahn*) underground BRIT, tube BRIT *fam,* subway AM; **mit der ~ fahren** to go [*or* travel] on the [*or* by] underground [*or* tube] ❷ (*U-Bahn-Zug*) [underground [*or* BRIT *fam* tube]] train

U-Bahnhof *m* TRANSP underground [*or* BRIT *fam* tube] [*or* AM subway] station

U-Bar *f* U-bar

übel I. *adj* ❶ (*schlimm*) bad, nasty; **eine ~e Affäre** a sordid [*or* an ugly] affair; **in einer ~en Klemme stecken** to be in a bit of a tight spot ❷ (*unangenehm*) nasty, unpleasant ❸ (*ungut*) bad, wicked; ***er ist gar kein so übler Kerl*** he's not such a bad bloke BRIT *fam* really ❹ (*verkommen*) low; **ein übles Stadtviertel** a bad area of town ❺ (*schlecht*) ▪ **jdm ~ sein/werden** sb feels sick; ***ist dir ~? du siehst so bleich aus*** are you not feeling well [*or* feeling all right [*or* OK]]? you look so pale; **es kann einem ~ werden, wenn ..., wenn ..., kann es einem ~ werden** it's enough to make you feel sick when ...; **gar nicht so ~ [sein]** [to be] not too [*or* so] bad at all II. *adv* ❶ (*geh: unangenehm*) ***was riecht hier so ~?*** what's that nasty [*or* unpleasant] smell [in] here?; ***bäh, das Zeug schmeckt aber ~!*** ugh, that stuff tastes awful!; ***das fette Essen scheint mir ~ zu bekommen*** the fatty food seems to have disagreed with me; **nicht ~** not too [*or* so] bad [at all]; ***ihr wohnt ja gar nicht mal so ~*** you live quite comfortably ❷ (*schlecht*) **sich ~ fühlen** to feel bad; **es geht jdm ~** sb feels bad; **jdm ist es ~ zumute** sb feels bad; **~ dran sein** (*fam*) to be in a bad way ❸ (*gemein*) badly; **jdn ~ behandeln** to treat sb badly [*or* ill-treat sb]; **~ über jdn reden** to speak badly [*or* ill] of sb ❹ (*nachteilig*) **jdm etw ~ auslegen** [*o* **vermerken**] to hold sth against sb; ***ich habe es dir ~ vermerkt, was du damals angerichtet hast*** I've not forgotten what you did back then

Übel <-s, -> *nt* (*Missstand*) evil ▶ WENDUNGEN: **das**

kleinere [*o* **geringere**] ~ the lesser evil; **ein notwendiges** ~ a necessary evil; **von** ~ **sein** to be a bad thing [*or* bad]; **von** ~ **sein, etw zu tun** to be a bad thing to do sth; **ein** ~ **kommt selten allein** (*prov*) misfortunes never come singly *prov,* it never rains but it pours *prov;* **zu allem** ~ to cap [*or* crown] it all

Übelkeit <-, -en> *f* nausea, queasiness

übellaunig *adj* ill-humoured [*or* AM -ored] *attr,* ill humoured *pred,* ill-tempered *attr,* ill tempered *pred,* bad-tempered, attr, bad tempered *pred;* ***der ist heute vielleicht ~!*** he's in such a foul mood today!

Übellaunigkeit <-> *f kein pl* ■**jds** ~ sb's ill humour [*or* AM -or] [*or* temper] **Übeltäter(in)** *m(f)* wrongdoer

üben **I.** *vt* ❶ (*durch Übung verbessern*) ■**etw** ~ to practise [*or* AM -ice] sth ❷ SPORT (*trainieren*) ■**etw** ~ to practise [*or* AM -ice] sth ❸ MUS ■**etw** ~ to practise [*or* AM -ice] [playing] [*or* [on]] sth; ***ich übe 20 Stunden in der Woche Klavier/ Flöte*** I practise [playing] [*or* [on]] the piano/flute for 20 hours every week **II.** *vr* ■**sich** *akk* **in etw** *dat* ~ to practise sth; *s. a.* **Geduld III.** *vi* ❶ (*sich durch Übung verbessern*) ■**[mit jdm]** ~ to practise [*or* AM -ice] [with sb] ❷ *s.* **geübt**

über **I.** *präp* ❶ +*dat* (*oberhalb von etw*) above; ***~ der Plane sammelt sich Regenwasser an*** rain-water collects on top of the tarpaulin ❷ +*akk* (*quer hinüber*) over; ***reichst du mir mal den Kaffee ~ den Tisch?*** can you pass me the coffee across the table?; ***die Brücke führt ~ den Fluss*** the bridge goes over [*or* across] the river; ***mit einem Satz sprang er ~ den Graben*** with a single leap he jumped over [*or* across] [*or* cleared] the ditch ❸ +*akk* (*höher als etw*) above, over; **bis** ~ **die Knöchel im Dreck versinken** to sink ankle-deep in mud; ***das Schloss ragte ~ das Tal empor*** the castle towered above the valley ❹ +*akk* (*etw erfassend*) over; **ein Blick** ~ **etw** a view of [*or* over] sth; **ein Überblick** ~ **etw** an overview of sth; ***der Scheinwerferstrahl strich ~ die Mauer und den Gefängnishof*** the spotlight swept over [*or* across] the wall and the prison courtyard ❺ +*akk* (*quer darüber*) over; ***er strich ihr ~ das Haar/ die Wange*** he stroked her hair/cheek ❻ +*akk* (*jdn/etw betreffend*) about; **ein Buch** ~ **etw schreiben** to write a book about [*or* on] sth; ***ich darf Ihnen keine Auskunft ~ diese Sache geben*** I can't give you any information about [*or* on] this affair ❼ +*dat* (*zahlenmäßig größer als*) above ❽ +*akk* (*zahlenmäßig entsprechend*) for; ***ich gebe Ihnen einen Scheck ~ 5000 DM*** I'm giving you a cheque for DM 5,000 ❾ +*dat* (*in Beschäftigung mit etw*) in; ***vergiss ~ dem ganzen Ärger aber nicht, dass wir dich lieben*** don't forget in the midst of all this trouble that we love you; ***irgendwie muss ich ~ diesem Gedanken wohl eingeschlafen sein*** I must have somehow fallen asleep [whilst] thinking about it ❿ (*durch jdn/ etw*) through; ***ich habe diese Stelle ~ Beziehungen bekommen*** I got this position through being well connected ⓫ TRANSP (*etw durchquerend*) via; ***seid ihr auf eurer Tour auch ~ München gekommen?*** did you go through Munich on your trip? ⓬ (*während*) over; ***habt ihr ~ die Feiertage/ das Wochenende schon was vor?*** have you got anything planned for [*or* over] the holiday/weekend? ⓭ RADIO, TV (*etw benutzend*) on; ***~ Satellit empfange ich 63 Programme*** I can receive 63 channels via [*or* on] satellite ► WENDUNGEN: ~ **alles** more than anything; **...** ~ **...** nothing but ...; ***Fehler ~ Fehler!*** nothing but mistakes!, mistake after [*or* upon] mistake!; **Reden** ~ **Reden** speech after speech; ***es waren Vögel ~ Vögel, die über uns hinwegrauschten!*** [what seemed like] an endless stream of birds flew over us!; *s. a.* **ganz, kommen, Sieg, stehen, Verstand II.** *adv* ❶ (*älter als*) over ❷ (*mehr als*) more than; ***bei ~ 40° C ...*** at a temperature [*or* temperatures] of more than [*or* temperatures over] 40° C ... ► WENDUNGEN: ~ **und** ~ all over, completely; ~ **und** ~ **verdreckt sein** to be absolutely filthy; ***ihr seid ~ und ~ mit Schlamm verschmiert!*** you're completely covered [*or* covered all over] in mud!; ***er ist ~ und ~ von einer Schicht Sand bedeckt!*** he's completely covered [*or* covered all over] in a layer of sand!; *s. a.* **Gewehr III.** *adj* (*fam*) ❶ (*übrig*) ■~ **sein** to be left; *Essen* to be left [over]; **etw [für jdn]** ~ **haben** to have sth left [for sb]; *Essen* to have sth left [over] [for sb] ❷ (*überlegen*) ■**jdm [in etw** *dat*/**auf etw** *dat*] ~ **sein** to be better than [*or fam* have the edge on] sb [in sth]; **jdm auf einem bestimmten Gebiet** ~ **sein** to be better than sb in a certain field

überall *adv* ❶ (*an allen Orten*) everywhere; (*an jeder Stelle*) all over [the place]; ***sie hatte ~ am Körper blaue Flecken*** she had bruises all over her body; ~ **wo** wherever ❷ (*wer weiß wo*) anywhere ❸ (*in allen Dingen*) everything; ***er kennt sich ~ aus*** he knows a bit about everything ❹ (*bei jedermann*) everyone; ***er ist ~ beliebt/ verhasst*** everyone likes/hates him

überallher *adv* from all over; ■**von** ~ from all over

überallhin *adv* all over; ***sie kann ~ verschwunden sein*** she could have disappeared anywhere

überaltert *adj* having a disproportionately high percentage [*or* number] of old people **Überalterung** <-> *f kein pl* increase in the percentage [*or* number] of elderly people **Überangebot** *nt* ÖKON surplus; ■**das/ein** ~ **an etw** *dat* the/a surplus of sth **überängstlich** *adj* over-anxious; ■**[in etw** *dat*] ~ **sein** to be over-anxious [about sth] **überanstrengen*** *vt* ❶ ■**jdn/sich [bei etw** *dat*] ~ to over-exert [*or* overtax] sb/oneself [doing sth] ❷ ■**etw [durch etw** *akk*] ~ to put too great a strain on sth [by doing sth]; ■**etw** ~ to put too great a strain on sth **Überanstrengung** *f* ❶ *kein pl* (*das Überbeanspruchen*) over-straining *no pl* ❷ (*zu große Beanspruchung*) over-exertion

überantworten* *vt* (*geh*) ❶ (*übergeben*) ■**etw jdm/einer S.** ~ to entrust sth to sb/a thing, to entrust sb/a thing with sth ❷ (*veraltend: übergeben*) ■**jdn jdm/einer S.** ~ to hand over sb *sep* to sb/a thing

überarbeiten* **I.** *vt* MEDIA (*bearbeiten*) ■**etw** ~ to revise [*or* rework] sth; ■**überarbeitet** revised **II.** *vr* ■**sich** *akk* ~ to overwork oneself

Überarbeitung[1] <-, -en> *f* MEDIA ❶ *kein pl* (*das Bearbeiten*) revision, reworking ❷ (*bearbeitete Fassung*) revised version [*or* edition]

Überarbeitung[2] <-, *selten* -en> *f* (*überarbeitete Körperverfassung*) overwork *no pl*

überaus *adv* (*geh*) extremely

überbacken* *vt irreg* KOCHK ■**etw [mit etw** *dat*] ~ to top sth [with sth] and brown it

Überbau <-[e]s, -ten *o* -e> *m* ❶ *meist sing* POL (*spec: Gesamtheit von Vorstellungen*) superstructure ❷ *meist sing* JUR (*teilweise jenseits der Grundstücksgrenze*) encroachment upon adjoining land ❸ BAU superstructure

überbauen* *vt* BAU ■**etw [mit etw** *dat*] ~ to build [sth] over sth

überbeanspruchen* *vt* ❶ (*zu sehr in Anspruch nehmen*) ■**jdn** ~ to overtax sb; ■**etw** ~ to put too great a strain on sth; ■**überbeansprucht sein** to be overtaxed ❷ (*zu stark beanspruchen*) ■**etw** ~ to over-stress [*or* overload] [*or* over-strain] sth; **das Sofa** ~ to overload the sofa **Überbeanspruchung** *f* ❶ (*die zu große Inanspruchnahme einer Person*) overtaxing *no pl* ❷ (*das zu starke Belasten*) over-stressing *no pl,* overloading *no pl,* over-straining *no pl;* *von Sofa* overloading **Überbein** *nt* MED ganglion

über|bekommen* *vt irreg (fam)* ■**jdn/etw** ~ to be fed up [to the back teeth] with sb/sth *fam,* to be sick of sb/sth *fam* **Überbelastung** *f* overload[ing] **überbelegen*** *vt* ■**etw** ~ to overcrowd sth **Überbelegung** *f kein pl* overcrowding *no pl* **überbelichten*** *vt* FOTO ■**etw** ~ to overexpose sth; ■**überbelichtet** overexposed **Überbelichtung** *f* FOTO overexposure **Überbeschäftigung** *f kein pl* overemployment **überbesetzt** *adj inv* overstaffed **Überbesetzung** *f kein pl* overstaffing *no pl* **überbetonen*** *vt* ■**etw** ~ ❶ *(zu große Bedeutung beimessen)* to overemphasize [*or* overstress] sth ❷ MODE *(zu stark betonen)* to overaccentuate sth **überbevölkert** *adj inv* overpopulated **Überbevölkerung** *f kein pl* overpopulation *no pl* **überbewerten*** *vt* ❶ *(zu gut bewerten)* ■**etw** ~ to overvalue [*or* overrate] sth; *(Schularbeit)* to mark sth too high [*or* give sth too high a mark] ❷ *(überbetonen)* ■**etw** ~ to overestimate [*or* overrate] sth; ***du überbewertest diese Äußerung*** you're attaching too much importance [*or* significance] to this comment **Überbewertung** *f* ❶ *kein pl (das Überbewerten)* attaching too much importance [*or* significance] to ❷ *(überbewertende Aussage)* overestimation, overrating, overvaluation **überbezahlen*** *f* ■**jdn** ~ to overpay sb [*or* pay sb too much]; ■**etw** ~ to pay too much for sth; ■**überbezahlt sein** to be overpaid [*or* paid too much]

überbietbar *adj* ■**nicht** [**mehr**] [*o* **kaum noch**] ~ which would take some beating [*or* could not be beaten]; ■[**an etw** *dat*] **nicht** [**mehr**] [*o* **kaum noch**] ~ **sein** sth could not be beaten [*or* would take some beating] [as far as [its] sth is concerned]

überbieten* *irreg vt* ❶ SPORT *(übertreffen)* ■**etw** [**um etw** *akk*] ~ to beat [*or* better] sth [by sth]; **einen Rekord** ~ to break a record ❷ *(durch höheres Gebot übertreffen)* ■**jdn/etw** [**um etw** *akk*] ~ to outbid sb/sth [by sth] ❸ *(sich übertreffen)* ■**sich** *akk* [**gegenseitig**] [**an etw** *dat*] ~ to vie with one another [*or* each other] [for sth]

Überbietung <-, -en> *f* SPORT beating; *von Leistung* improvement [on]; *von Rekord* breaking; ***er will eine ~ des Weltrekordes versuchen*** he intends to try and break [*or* to make an attempt on] the world record

überbinden *vt irreg* SCHWEIZ *(auferlegen)* ■**jdm etw** ~ to impose sth [up]on sb

über|bleiben *vi irreg sein (fam)* ■[**für jdn/etw**] ~ to be left [over] [for sb/sth]

Überbleibsel <-s, -> *nt meist pl* ❶ *(Relikt)* relic ❷ *(Reste)* remnant, left-over[s *pl*]

Überblick *m (Rundblick)* view; ■**ein ~ über etw** *akk* a view of sth ▸ WENDUNGEN: **jdm fehlt der ~** [**über etw** *akk*] sb does not have a very good idea [about sth]; **einen ~** [**über etw** *akk*] **haben** to have an overview [of sth]; [**von etw** *dat*] **einen** [**bestimmten**] **~ haben** to have a [certain] view [of sth]; **den ~** [**über etw** *akk*] **verlieren** to lose track [of sth]; **sich** *dat* **einen ~** [**über etw** *akk*] **verschaffen** to gain an overview [of sth]

überblicken* *vt* ❶ *(überschauen)* ■**etw** [**von etw** *dat* **aus**] ~ to be able to see [out over] sth [from sth] ❷ *(in der Gesamtheit einschätzen)* ■**etw** ~ to have an overview of sth; **Verwüstungen** ~ to assess the damage[s] [*or* devastation]; ***können Sie schon ~, wie lange Sie dafür brauchen werden?*** do you have an idea of how long you will need to do it?; **Kosten** ~ to estimate costs

überbordend *adj* excessive; **~e Defizite/Kosten/Schulden** excessive shortfalls/costs/debts; **~e Produktion** excessive production levels; **~er Verkehr** excessive levels of traffic **überbreit** *adj* of above-average width *pred;* ***der Schrank ist ~, er passt nicht durch die Tür*** the cupboard is too wide to fit through the door **Überbreite** *f* above-average width; ~ **haben** to be of above-average width; **mit** ~ of above-average width

überbringen* *vt irreg* ■[**jdm**] **etw** ~ to deliver sth [to sb]; ***er ließ ihr die Nachricht durch einen Boten ~*** he sent her the news via [*or* through] a messenger

Überbringer(in) <-s, -> *m(f)* bringer, bearer

überbrückbar *adj* reconcilable

überbrücken* *vt* ❶ *(notdürftig bewältigen)* ■**etw** ~ to get through sth; **eine Krise** ~ to ride out a crisis ❷ *(ausgleichen)* ■**etw** [**durch etw** *akk*] ~ to reconcile sth [by means of sth]; ■**sich** *akk* ~ **lassen** to be reconcilable

Überbrückung <-, -en> *f* ❶ *(das Überbrücken)* getting through ❷ *(das Ausgleichen)* reconciliation; ■**zur ~ von etw** *dat* to reconcile [sth]

Überbrückungskredit *m* FIN bridging [*or* interim] loan

über|brühen *vt* KOCHK ■**etw** ~ to scald sth

überbuchen* *vt* ■**etw** ~ to overbook sth

überdachen* *vt* BAU ■**etw** ~ to roof over sth *sep;* ■**überdacht** covered

überdauern* *vt* ■**etw** ~ to survive sth

über|decken¹ *vt (fam: auflegen)* ■**jdm etw** ~ to cover [up *sep*] sb with sth

überdecken*² *vt (verdecken)* ■**etw** ~ to cover [over *sep*] sth; **einen schlechten Geruch/Gestank** ~ to mask [*or sep* cover up] a bad smell; **einen bestimmten Geschmack** ~ to mask a certain taste

überdehnen* *vt* ■**etw** [**bei etw** *dat*] ~ to overstretch sth [[when] doing sth]; **Bänder/Gelenke** [**bei etw** *dat*] ~ to put too great a strain on one's ligaments/joints [[when] doing sth]

überdenken* *vt irreg* ■**etw** [**noch einmal**] ~ to think over sth *sep* [*or* [re]consider sth] [again]

überdeutlich I. *adj* perfectly clear, only too clear *pred* II. *adv* only too clearly

überdies *adv (geh)* moreover, furthermore, what is more

überdimensional *adj* colossal, oversize[d] **überdosieren*** *vt* to overdose; ■**etw** ~ to overdose sth **Überdosis** *f* PHARM overdose, OD *sl;* ■**eine ~ einer S.** *gen* [*o* **an etw** *dat*] an overdose of a thing [*or* of sth] **überdrehen*** *vt* ■**etw** ~ ❶ AUTO to over-rev [*or* overspeed] sth ❷ TECH *(zu stark hineinschrauben)* to over-tighten sth; **eine Uhr** ~ to overwind a clock **überdreht** *adj (fam)* over-excited **Überdruck** *m* PHYS excess pressure *no pl,* over-pressure *no pl* **Überdruckventil** *nt* TECH pressure-relief valve

Überdruss^RR^ <-es> *m kein pl,* **Überdruß** <-sses> *m kein pl* aversion; **aus ~** [**an etw** *dat*] out of an aversion [to sth]; **bis zum ~** until it comes out of one's ears *fam;* ***ich habe das nun schon bis zum ~ gehört*** I've heard that ad nauseum [by now]

überdrüssig *adj* ■**jds/einer S. ~ sein/werden** to be/grow tired of sb/a thing

überdüngen* *vt* ■**etw** ~ to over-fertilize sth **Überdüngung** *f* over-fertilization **überdurchschnittlich** I. *adj* above-average *attr,* above average *pred* II. *adv* above average; ***dieser Sommer war ~ heiß/feucht*** this summer was hotter/damper than the average [one]

übereck *adv* across the [*or* a] corner

Übereifer *m* overeagerness *no pl,* overzealousness *no pl;* **in jds ~, etw zu tun** in sb's overeagerness [*or* overzealousness] to do sth

übereifrig *adj (pej)* overeager, overzealous

übereignen* *vt (geh)* ■**jdm etw** ~ to transfer [*or sep* make over] sth to sb

übereilen* *vt* ■**etw** ~ to rush sth; ~ ***Sie Ihre Unterschrift nicht*** don't rush into signing [*or* be too hasty to sign] it, take your time before you sign

übereilt I. *adj* overhasty, rash, precipitate *form,* precipitous *form;* **eine ~e Abreise** an overhasty departure II. *adv* overhastily, rashly; ***sage nicht ~ zu*** don't rush into [*or* be overhasty in] agreeing, take your time before agreeing

übereinander *adv* ① (*eins über dem anderen/das andere*) one on top of the other, on top of each other [*or* one another]; **etw ~ legen** to lay [*or* put] sth one on top of the other, to lay [*or* put] sth on top of each other [*or* one another]; **~ liegen** to lie one on top of the other, to lie on top of each other [*or* one another]; **etw ~ schlagen** to fold [*or* cross] sth; **die Arme/Beine ~ schlagen** to fold one's arms/cross one's legs ② (*über sich*) about each other [*or* one another]; **~ sprechen** to talk about each other [*or* one another]

überein|kommen *vi irreg sein* ■ **mit jdm [darin] ~, etw zu tun** to agree with sb to do sth

Übereinkommen *nt* agreement; [**in etw** *dat*] **ein ~ erzielen** to reach [*or* come to] an agreement [on sth]; [**mit jdm**] **ein ~ treffen** to enter into an agreement [with sb]

Übereinkunft <-, -künfte> *f* agreement, arrangement, understanding *no pl;* [**in etw** *dat*] **eine ~ erzielen** to reach [*or* come to] an agreement [*or* arrangement] [*or* understanding] [on sth]; **eine ~ [über etw** *akk*] **haben** to have an agreement [*or* arrangement] [*or* understanding] [on sth]

überein|stimmen *vi* ① (*der gleichen Meinung sein*) ■ **in etw** *dat* [*o* **hinsichtlich einer S.** *gen*] **~** to agree on sth [*or* a thing]; ■ **mit jdm darin ~, dass** to agree [*or* be in agreement] with sb that; ■ **mit jdm insoweit ~, dass** to agree [*or* be in agreement] with sb insofar as [*or* inasmuch as] ② (*sich gleichen*) ■ [**mit etw** *dat*] **~** to match [sth]; ***die Unterschriften stimmen überein*** the signatures match

übereinstimmend I. *adj* ① (*einhellig*) unanimous ② (*sich gleichend*) concurrent, corresponding; ■ **~ sein** to be concurrent [with each other [*or* one another]], to correspond [to each other [*or* one another]], to match [each other [*or* one another]] II. *adv* ① (*einhellig*) unanimously ② (*in gleicher Weise*) concurrently

Übereinstimmung *f* agreement; [**in etw** *dat*] **~ erzielen** to reach [*or* come to] an agreement [on sth]; **in ~ mit jdm/etw** with the agreement of sb/in accordance with sth

überempfindlich I. *adj* ① (*allzu empfindlich*) oversensitive, touchy ② MED (*allergisch*) hypersensitive; ■ **~ gegen etw** *akk* **sein** to be hypersensitive to sth II. *adv* ① (*überempfindlich*) over-sensitively, touchily ② MED (*allergisch*) hypersensitively **Überempfindlichkeit** *f* ① (*zu große Empfindlichkeit*) over-sensitivity, touchiness *no pl* ② *kein pl* MED (*Neigung zu Allergien*) hypersensitivity **Überernährung** *f kein pl* overnutrition *no pl,* hypernutrition *no pl,* overeating *no pl,* hyperalimentation *no pl* **über|essen**[1] *vt irreg* (*bis zum Überdruss verzehren*) ■ **sich** *dat* **etw ~** to gorge oneself on sth **über|essen**[2] <überaß, übergessen> *vr* (*von etw zuviel essen*) ■ **sich** *akk* **an etw** *dat* **~** to eat too much of sth

über|fahren*[1] *vt irreg* ① (*niederfahren*) ■ **jdn/etw ~** to run over [*or* knock down] sb/sth *sep* ② (*als Fahrer nicht beachten*) ■ **etw ~** to go through sth; **eine rote Ampel ~** to go through a red light ③ (*fam: übertölpeln*) ■ **jdn ~** to railroad sb [into doing sth]

über|fahren[2] *vt irreg* (*über einen Fluss befördern*) ■ **jdn/etw ~** to ferry [*or* take] sb/sth across

Überfahrt *f* NAUT crossing

Überfall *m* (*Raub~*) robbery; (*Bank~*) raid, hold-up ▸ WENDUNGEN: **einen ~ auf jdn vorhaben** (*hum fam*) to be planning to descend [up]on sb

überfallen* *vt irreg* ① (*unversehens angreifen*) ■ **jdn ~** to mug [*or* attack] sb; ■ **etw ~** *Bank* to rob [*or* hold up *sep*] sth, to carry out a raid on; *Land* to attack [*or* invade] sth; MIL to raid sth ② (*überkommen*) ■ **jdn ~** to come over sb, to overcome sb; ***Heimweh überfiel sie*** she was overcome by homesickness ③ (*hum fam: überraschend besuchen*) ■ **jdn ~** to descend [up]on sb ④ (*hum: bestürmen*) ■ **jdn [mit etw** *dat*] **~** to bombard sb [with sth]

überfällig *adj* ① TRANSP (*ausstehend*) delayed; ■ [**seit einer bestimmten Zeit**] **~ sein** to be [a certain amount of time] late; ***der Zug ist seit 20 Minuten ~*** the train is 20 minutes late ② FIN (*längst zu zahlen*) overdue; ■ [**seit einem bestimmten Zeitpunkt/Zeitraum**] **~ sein** to be [a certain amount of time] overdue [*or* overdue [since a certain time]] ③ (*längst zu tätigen*) overdue, long-overdue *attr,* long overdue *pred;* ■ **~ sein** to be [long] overdue

Überfall(s)kommando *nt,* **Überfallskommando** *nt* ÖSTERR (*fam*) flying squad, sweeney [todd] BRIT *no indef art, no pl sl*

überfischen* *vt* ■ **etw ~** to overfish sth **überfliegen*** *vt irreg* ■ **etw ~** ① LUFT (*über etw hinweg fliegen*) to fly over [*or rare* overfly] sth ② (*flüchtig ansehen*) to take a quick look [*or* glance] at sth; (*Text a.*) to skim through sth **Überflieger-Mentalität** *f* high-flyer mentality **über|fließen** *vi irreg sein* ① (*überlaufen*) to overflow ② (*geh: überschwenglich sein*) ■ **vor etw** *dat* **~** to overflow with sth **überflügeln*** *vt* ■ **jdn ~** to outstrip [*or* outdo] sb

Überfluss[RR] *m kein pl,* **Überfluß** *m kein pl* (*überreichliches Vorhandensein*) [super]abundance; **im ~ vorhanden sein** to be in plentiful [*or* abundant] supply; **etw** *akk* **im ~ haben** to have plenty [*or* an abundance] of sth [*or* sth in abundance] ▸ WENDUNGEN: **zu allem** [*o* **zum**] **~** to cap [*or* crown] it all

Überflussgesellschaft[RR] *f* SOCIOL affluent society

überflüssig *adj* superfluous; **~e Anschaffungen/Bestellungen** unnecessary purchases/orders; **eine ~e Bemerkung/ein ~er Kommentar** an unnecessary remark/comment; ***ich bin hier ~, ihr schafft das auch ohne mich*** [I can see that] I'm surplus to requirements here, you'll manage [it] [quite well] without me; ■ **~ sein, dass jd etw tut** to be unnecessary for sb to do sth

überflüssigerweise *adv* unnecessarily; ***du machst dir wirklich ~ Sorgen*** you're really worrying unnecessarily [*or* needlessly], there's really no need for you to worry

überfluten* *vt* ■ **etw ~** ① (*überschwemmen*) to flood sth ② (*über etw hinwegströmen*) to come over the top of sth ③ (*geh: in Mengen hereinbrechen*) to flood sth *fig* **Überflutung** <-, -en> *f* flooding *no pl*

überfordern* *vt* ■ **jdn/sich [mit etw** *dat*] **~** to overtax [*or* ask too much of] sb/oneself [with sth], to push sb/oneself too hard [with sth]; ■ **jdn ~** to be too much for sb; ■ [**mit etw** *dat*/**in etw** *dat*] **überfordert sein** to be out of one's depth [with/in sth] **Überforderung** <-, -en> *f* ① (*zu hohe Anforderung*) excessive demand ② *kein pl* (*das Überfordern*) overtaxing *no pl* **überfragen*** *vt* ■ **jdn ~** sb doesn't know [the answer to sth]; ■ [**mit/in etw** *dat*] **überfragt sein** not to know [[the answer to] sth/about sth]; ***in diesem Punkt bin ich leider überfragt*** I'm afraid I don't know about that [*or* can't help you on that point]; ***da bin ich überfragt*** I don't know [[the answer to] that], you've got me there [*or* stumped] **überfremden*** *vt* (*pej*) ■ **etw ~** to foreignize sth [*or* swamp sth with foreign influences] **Überfremdung** <-, -en> *f* (*pej*) foreignization, overrun by foreign influences; ***die irrationale Angst vor ~ wächst in ganz Europa*** the irrational fear of foreignization [*or* being foreignized [*or* swamped by foreign influences]] is growing throughout the whole of Europe **überfrieren** *vi* to freeze over

überführen *[1] *vt* (*woandershin transportieren*) ■ **jdn** [**irgendwohin**] ~ to transfer sb [somewhere]; **eine Leiche** [**irgendwohin**] ~ to transport a corpse [somewhere]; ■ **etw** [**irgendwohin**] ~ to transport sth [somewhere]

überführen *[2] *vt* JUR (*jdm eine Schuld nachweisen*) ■ **jdn** [**durch etw** *akk*] ~ to convict sb [*or* find sb guilty] [on account of sth]; ■ **jdn einer S.** *gen* ~ to convict sb [*or* find sb guilty] of a thing

Überführung[1] *f* TRANSP (*überquerende Brücke*) bridge; (*über eine Straße*) bridge, overpass; (*für Fußgänger*) [foot-]bridge

Überführung[2] *f* (*das Überführen*) transferring *no pl*, transferral; (*einer Leiche*) transportation *no pl*

Überführung[3] *f* JUR (*das Überführen*) conviction

überfüllt *adj* overcrowded; **ein ~er Kurs** an oversubscribed course **Überfüllung** <-, -en> *meist sing f* overcrowding *no pl*; **wegen ~ geschlossen** closed due to overcrowding **Überfunktion** *f* MED hyperactivity; *von Schilddrüse* hyperactivity, hyperthyroidism

Übergabe *f* ① (*das Übergeben*) handing over *no pl* ② MIL (*Kapitulation*) surrender

Übergabe-Einschreiben *nt* ÖKON registered post [*or* AM mail], [return receipt requested]

Übergang[1] <-gänge> *m* ① (*Grenz~*) border crossing[-point], checkpoint ② *kein pl* (*das Überqueren*) crossing

Übergang[2] <-gänge> *m* ① *kein pl* (*Übergangszeit*) interim; ***für den*** ~ in the interim [period] ② (*Wechsel*) ■ **der ~** [**von etw** *dat*] **zu etw** *dat* the transition [from sth] to sth ③ (*eine Zwischenlösung*) interim [*or* temporary] solution

Übergangsbestimmung *f* interim [*or* transitional] provision, temporary regulation **Übergangsfrist** *f* ADMIN, POL transition period **Übergangsgeld** *nt* ADMIN retirement bonus **übergangslos** *adv* seamless, without any transition **Übergangslösung** *f* temporary solution **Übergangsregelung** *f* temporary regulation **Übergangszeit** *f* ① (*Zeit zwischen zwei Phasen, Epochen*) transition, interim [*or* transitional] period ② (*Zeit zwischen Hauptjahreszeiten*) in-between [*or* AM off] season

übergeben *[1] *vt irreg* ① (*überreichen*) ■ [**jdm**] **etw** ~ to hand over sth *sep* [to sb], to hand sb sth [*or* sth to sb] ② (*ausliefern*) ■ **jdn jdm** ~ to hand over sb *sep* to sb ③ MIL (*überlassen*) ■ [**jdm**] **etw** [*o* **etw** [**an jdn**]] ~ to surrender sth [to sb]

übergeben *[2] *vr irreg* (*sich erbrechen*) ■ **sich** *akk* ~ to be sick [*or* vomit] [*or* throw up]

über|gehen[1] *vi irreg sein* ① (*überwechseln*) ■ **zu etw** *dat* ~ to move on to sth; ■ **dazu ~, etw zu tun** to go over to doing sth ② (*übertragen werden*) **in anderen Besitz** [*o* **in das Eigentum eines anderen**] ~ to become sb else's property ③ (*einen anderen Zustand erreichen*) ■ **in etw** *akk* ~ to begin to do sth; **in Fäulnis/Gärung/Verwesung** ~ to begin to rot [*or* decay]/ferment/decay ④ (*verschwimmen*) ■ **ineinander** ~ to merge [*or* blend] into one another [*or* each other], to blur *fig*

übergehen *[2] *vt irreg* ① (*nicht berücksichtigen*) ■ **jdn** [**bei** [*o* **in**] **etw** *dat*] ~ to pass over sb [in sth] ② (*nicht beachten*) ■ **etw** ~ to ignore sth ③ (*auslassen*) ■ **etw** ~ to skip [over] sth

übergenau *adj* [over-]meticulous, over-precise, pernickety BRIT *fam*; ■ [**bei** [*o* **in**] **etw** *dat*] ~ **sein** to be [over-]meticulous [*or* over-precise] [in sth] **übergenug** *adv* more than enough; ~ **von jdm/etw haben** to have had more than enough of sb/sth **übergeordnet** *adj* ① (*vorrangig*) paramount; **ein ~es Problem** a [most] pressing problem ② ADMIN (*vorgesetzt*) higher **Übergepäck** *nt* LUFT excess luggage [*or* baggage]

übergeschnappt *adj* (*fam*) crazy; ***bist du ~?*** are you crazy [*or* mad] [*or sl* off your rocker]?

Übergewand *nt* SCHWEIZ (*Arbeitsoverall*) overall **Übergewicht** *nt kein pl* ① (*zu hohes Körpergewicht*) overweight *no pl*; ~ **haben** to be overweight ② (*vorrangige Bedeutung*) predominance; **irgendwo/für jdn ein ~ haben** to be predominant [*or* predominate] somewhere/for sb ▸ WENDUNGEN: ~ **bekommen** [*o fam* **kriegen**] to lose one's balance [*or* overbalance] **übergewichtig** *adj* overweight **übergießen** * *vt irreg* ■ **jdn/sich/etw mit etw** *dat* ~ to pour sth over sb/oneself/sth **überglücklich** *adj* extremely happy, overjoyed *pred*; ■ ~ **sein** to be overjoyed [*or* extremely happy] [*or* over the moon] **über|greifen** *vi irreg* ■ [**auf etw** *akk*] ~ to spread [to sth] **Übergriff** *m* infringement of [one's/sb's] rights **übergroß** *adj* oversize[d], enormous; ~**e Kleidung** outsize[d] clothing **Übergröße** *f* outsize, extra large size; ~ **haben** to be oversize[d]; **Anzüge in ~n** oversize[d] suits

über|haben *vt irreg* (*fam*) ① (*satt haben*) ■ **jdn/etw** ~ to be fed up with [*or* sick [and tired] of] sb/sth *fam*; **jdn/etw gründlich** ~ to be fed up to the back teeth with sb/sth *fam* ② (*übergehängt haben*) ■ **etw** ~ to have on sth *sep*

überhand *adv* ~ **nehmen** to get out of hand

Überhang *m* ① (*überhängende Felswand*) overhang[ing ledge [*or* rock *no pl*]] ② (*die Nachfrage übersteigender Bestand*) ■ ~ [**an etw** *dat*] surplus [of sth]

über|hängen[1] *vi irreg haben o sein* ① (*hinausragen*) to hang over; **drei Meter weit** ~ to hang over [by] three metres ② (*vorragen*) ■ [**nach vorn**] ~ to project [out] **über|hängen**[2] *vt* ■ **jdm/sich etw** ~ to put [*or* hang] sth round sb's/one's shoulders; **sich** *dat* **ein Gewehr** ~ to sling a rifle over one's shoulder; **sich** *dat* **eine Tasche** ~ to hang a bag over one's shoulder **überhasten** * *vt* ■ **etw** ~ to rush sth **überhastet** I. *adj* overhasty, hurried II. *adv* overhastily; **etw ~ durchführen** to make a rush job of sth *fam*, to rush sth; **sich ~ entschließen** to make hasty decisions/a hasty decision; ~ **sprechen** to speak too fast **überhäufen** * *vt* ■ **jdn mit etw** ~ ① (*überreich bedenken*) to heap sth [up]on sb; **jdn mit Ehrungen** ~ to shower sb with honours [*or* honours [up]on sb] ② (*in sehr großem Maße konfrontieren*) to heap sth [up]on sb['s head]; **jdn mit Beschwerden** ~ to inundate sb with complaints

überhaupt I. *adv* ① (*zudem*) ***„das ist ~ die Höhe!"*** "this is insufferable!" ② (*in Verneinungen*) ■ ~ **kein(e, r)** nobody/nothing/none at all; ~ **kein Geld haben** to have no money at all, to not have any money at all; ■ ~ **nicht** not at all; ~ **nicht kalt/heiß** not at all cold/hot, not cold/hot at all; ***es hat ~ nicht weh getan*** it didn't hurt at all; ■ ~ **nichts** nothing at all; ~ **nichts** [**mehr**] **haben** to have nothing [*or* not have anything] at all; ■ ~ [**noch**] **nie** never [at all [*or hum a.* ever]]; ■ **und ~, ...?** and anyway, ...?; ■ **wenn** ~ if at all; ***Sie bekommen nicht mehr als DM 4200, wenn*** ~ you'll get no more than DM 4200, if that II. *pron* (*eigentlich*) ***was soll das ~?*** what's that supposed to mean?; ***wissen Sie ~, wer ich bin?*** do[n't] you know [*or* realize] who I am?

überheblich *adj* arrogant

Überheblichkeit <-, *selten* -en> *f* arrogance *no pl*

überheizen * *vt* ■ **etw** ~ to overheat sth **überhitzen** * *vt* ■ **etw** ~ to overheat sth **überhitzt** *adj* overheated **überhöht** *adj* exorbitant, excessive; **mit ~er Geschwindigkeit** over the speed limit; **mit ~er Geschwindigkeit fahren** to drive over [*or* exceed] the

U

speed limit; **ein ~er Preis** an excessive [*or* a prohibitive] [*or* exorbitant] price

überholen*[1] I. *vt* ■**jdn/etw** ~ ① (*schneller vorbeifahren*) to pass [*or* BRIT overtake] sb/sth ② (*übertreffen*) to outstrip [*or* surpass] sb/sth **II.** *vi* to pass, to overtake BRIT

überholen*[2] *vt* ■**etw** ~ to overhaul [*or* recondition] sth

über|holen[3] *vi* NAUT ■[**nach Backbord/Steuerbord**] ~ to keel [*or* heel] over [to port/starboard]

Überholmanöver *nt* overtaking manoeuvre, takeover manoeuvre BRIT, passing maneuver AM **Überholspur** *f* fast [*or* BRIT overtaking] lane

überholt *adj* outdated, antiquated *a. hum,* outmoded *a. pej*

Überholverbot *nt* restriction on passing [*or* BRIT overtaking]; (*Strecke*) no passing [*or* BRIT overtaking] zone

überhören* *vt* ■**etw** ~ (*nicht hören*) to not [*or form* fail to] hear sth; (*nicht hören wollen*) to ignore sth; ***das möchte ich überhört haben!*** [I'll pretend] I didn't hear that!

überinterpretieren* *vt* ■**etw** ~ to overinterpret sth

überirdisch *adj* celestial *poet;* **~e Schönheit** divine beauty **überkandidelt** *adj* (*veraltend fam*) ① (*exzentrisch*) eccentric ② (*überspannt*) highly-strung **Überkapazität** *f* overcapacity; **seine ~ loswerden** to work off excess capacity **überkleben*** *vt* ■**etw** [**mit etw**] ~ to paste over sth [with sth]; **etw mit Tapete** ~ to wallpaper over sth **über|kochen** *vi sein* to boil over

überkommen*[1] *irreg vt* ■**etw überkommt jdn** sb is overcome with sth; ***es überkam mich plötzlich*** it suddenly overcame me

überkommen[2] *adj* traditional; **~e Traditionen** traditions

überkrustet *adj* covered with a crust *pred;* ■**mit etw** ~ encrusted with sth **überladen***[1] *vt irreg* ■**etw** ~ to overload sth **überladen**[2] *adj* ① (*zu stark beladen*) overloaded, overladen ② (*geh: überreich ausgestattet*) over-ornate; **ein ~er Stil** a florid [*or* an over-ornate] style **überlagern*** *vt* ■**etw** ~ to eclipse sth **überlang** *adj* ① (*Überlange besitzend*) extra long, overlong ② (*zu lang*) too long **Überlänge** *f* extra length; *Film* exceptional length; ~ **haben** to be overlong; *Film* to have an exceptional length; **Hemden mit** ~ extra long shirts **überlappen*** I. *vi* to overlap; **einen Zentimeter** ~ to overlap by one centimetre **II.** *vr* ■**sich** ~ to overlap

überlassen* *vt irreg* ① (*zur Verfügung stellen*) ■**jdm etw** ~ to let sb have sth; **jdm das Haus** ~ to leave one's house in sb's hands ② (*verkaufen*) ■**jdm etw** [**für etw**] ~ to let sb have sth [for sth], to sell sth to sb [for sth] ③ (*lassen*) ■**jdm etw** ~ to leave sth to sb; ***ich überlasse dir die Wahl*** it's your choice; ■**es jdm ~, etw zu tun** to leave it [up] to sb to do sth; **jdm ~ sein** [*o* **bleiben**] to be up to sb; **das/solche Dinge müssen Sie schon mir** ~ you must leave that/these things to me ④ (*preisgeben*) ■**jdn jdm/etw** ~ to leave sb to sb/to abandon [*or* leave] sb to sth; **sich** *dat* **selbst ~ sein** [*o* **bleiben**] to be left to one's own resources [*or* devices]; **jdn sich** *dat* **selbst** ~ to leave sb to his/her own resources [*or* devices]

Überlassung <-, -en> *f* (*geh*) ① (*das Überlassen*) ***die ~ des Autos erfolgte kostenlos*** the car was handed over free of charge ② *kein pl* (*das Anheimstellen*) **die ~ der Wahl an jdn** leaving the choice to sb

überlasten* *vt* ① (*zu stark in Anspruch nehmen*) ■**jdn** ~ to overburden sb; ■**etw** ~ to put too great a strain on sth, to overstrain sth; ■[**mit etw**] **überlastet sein** to be overburdened [*or* overtaxed] [with sth] ② (*zu stark belasten*) ■**etw** ~ to overload sth; ■**überlastet sein** to be overloaded

Überlastung <-, -en> *f* ① (*Zustand zu starker Inanspruchnahme*) overstrain *no pl;* **bei nervlichen ~en** when there is too great a strain on the nerves ② (*zu starke Belastung*) overloading *no pl*

Überlauf *m* overflow

überlaufen*[1] *vt irreg* ■**etw überläuft jdn** sb is seized [*or* overcome] with sth; ***es überlief mich kalt*** a cold shiver ran down my back [*or* up and down my spine]

über|laufen[2] *vi irreg sein* ① (*über den Rand fließen*) to overflow; *Tasse a.* to run over *a. poet* ② (*überkochen*) to boil over ③ MIL (*überwechseln*) ■[**zu jdm/etw**] ~ to desert [*or* go over] [to sb/sth]

überlaufen[3] *adj* overcrowded, overrun

Überläufer(in) *m(f)* MIL deserter

überleben* I. *vt* ① (*lebend überstehen*) ■**etw** ~ to survive sth; ***du wirst es ~*** (*iron fam*) it won't kill you, you'll survive *iron* ② (*lebend überdauern*) ■**etw** ~ to last sth, to live out [*or* through] sth ③ (*über jds Tod hinaus leben*) ■**jdn** [**um etw**] ~ to outlive [*or* survive] sb [by sth] **II.** *vi* to survive **III.** *vr* ■**sich** [**bald**] ~ to [soon] be[come] a thing of the past

Überlebende(r) *f(m) decl wie adj* survivor; **der/die einzige** ~ the only survivor

Überlebenschance *f* chance of survival **überlebensfähig** *adj* able to survive *pred*

überlebensgroß I. *adj* larger-than-life **II.** *adv* larger than life

Überlebensgröße *f* ■**in** ~ larger than life

Überlebenskampf *m* fight for survival, struggle to survive **Überlebenstraining** *nt* survival training **überlebenswichtig** *adj* vital, important for survival *pred*

überlebt *adj* outdated, antiquated *a. hum,* outmoded *a. pej*

überlegen*[1] I. *vi* to think [about it]; **nach kurzem/langem Ü~** after a short time of thinking/after long deliberation; ***was gibt es denn da zu ~?*** what's there to think about?; ■[**sich** *dat*] **~, dass ...** to think that ...; **ohne zu** ~ without thinking; ***überleg*** [***doch***] ***mal!*** just [stop and] think about it! **II.** *vt* ■**sich** *dat* **etw** ~ to consider [*or* think about] sth, to think sth over; **sich etw reiflich** ~ to give serious thought [*or* consideration] to sth; ***ich will es mir noch einmal ~*** I'll think it over again, I'll reconsider it; **es sich** [**anders**] ~ to change one's mind, to have second thoughts about it; ***das wäre zu ~*** it is worth considering; ***wenn man es sich*** *dat* ***recht*** [*or* genau] ***überlegt*** on second thoughts [*or* AM thought], come [*or* BRIT coming] to think about it; **sich etw hin und her** ~ (*fig*) to consider sth from all angles

über|legen[2] *vt* ■**jdm etw** ~ to put [*or* lay] sth over sb; **sich** *dat* **etw** ~ to put on sth *sep*

überlegen[3] I. *adj* ① (*jdn weit übertreffend*) superior; **ein ~er Sieg** a good [*or* convincing] victory; ■**jdm** [**auf/in etw** *dat*] ~ **sein** to be superior to sb [in sth], to be sb's superior [in sth]; **dem Feind im Verhältnis von 3:1 ~ sein** to outnumber the enemy by 3 to 1 ② (*herablassend*) superior, supercilious *pej;* **mit ~er Miene** with an expression of superiority, with a supercilious look [on one's face] *pej* **II.** *adv* ① (*mit großem Vorsprung*) convincingly ② (*herablassend*) superciliously *pej*

Überlegenheit <-> *f kein pl* ① (*überlegener Status*) superiority *no pl* (**über** +*akk* over) ② (*Herablassung*) superiority *no pl,* superciliousness *no pl pej*

überlegt I. *adj* [well-]considered; ■**~/~er sein** to have been given good/better consideration **II.** *adv* with consideration, in a considered way

Überlegung <-, -en> *f* ① *kein pl* (*das Überlegen*)

consideration *no pl, no indef art,* thought *no pl, no indef art;* **eine ~ wert sein** to be worth considering [*or* consideration] [*or* thinking about] [*or* some thought]; **bei/nach eingehender/nüchterner/sorgfältiger ~** on/after close examination/ reflection/careful deliberation ❷ *pl* (*Erwägungen*) considerations; (*Bemerkungen*) observations; **~en** [**zu etw**] **anstellen** to think [about sth], to consider [sth], to draw observations [from sth]

über|leiten *vi* ■ **zu etw ~** to lead to sth

Überleitung *f* transition; **ohne ~** seamlessly

überlesen* *vt irreg* ❶ (*übersehen*) ■ **etw ~** to overlook [*or* miss] sth ❷ (*überfliegen*) ■ **etw ~** to glance through [*or* skim over] sth

überliefern* *vt* ■ **jdm etw ~** to hand down sth *sep* to sb; ■ **überliefert sein/werden** to have come down/to be being handed down

überliefert *adj* ❶ (*althergebracht*) traditional, handed down through the centuries *pred* ❷ (*tradiert*) bequeathed; **~e Zeugnisse früherer Zeiten** testimonial handed down [*or* come down to us] from earlier times

Überlieferung *f* ❶ *kein pl* (*das Überliefern*) **im Laufe der ~** in the course of being passed down from generation to generation [*or* through the ages]; **mündliche ~** oral tradition ❷ (*überliefertes Brauchtum*) tradition; **an alten ~en festhalten** to hold on [*or pej* cling] to tradition; **nach** [**ur**]**alter ~** according to [ancient] tradition

überlisten* *vt* ❶ (*durch eine List übervorteilen*) ■ **jdn ~** to outwit [*or* outsmart] sb ❷ (*gewieft umgehen*) ■ **etw ~** to outsmart sth

überm = **über dem** (*fam*) **~ Berg** over the mountain

Übermacht *f kein pl* superiority *no pl,* superior strength [*or liter* might] *no pl;* **in der ~ sein** to have the greater strength

übermächtig *adj* ❶ (*die Übermacht besitzend*) superior; **ein ~er Feind** a superior [*or* strong] [*or* powerful] enemy, an enemy superior in strength [*or* numbers] ❷ (*geh: alles beherrschend*) overpowering; **ein ~es Verlangen** an overwhelming desire

übermannen* *vt* (*geh*) ■ **jdn ~** to overcome sb

Übermaß *nt kein pl* ■ **das ~ einer S.** *gen* the excess[ive amount] of sth; **unter dem ~ der Verantwortung** under the burden of excessive responsibility; ■ **ein ~ an etw** *dat*/**von etw** an excess[ive amount] of sth; **ein ~ von Freude** excessive joy; **im ~** in [*or* to] excess

übermäßig **I.** *adj* excessive; **~e Freude/Trauer** intense joy/mourning; **~er Schmerz** violent pain; ***das war nicht ~*** that was nothing special *a. iron* **II.** *adv* ❶ (*in zu hohem Maße*) excessively; **sich ~ anstrengen** to overdo things, to try too hard ❷ (*unmäßig*) excessively, to excess, too much; **~ rauchen** to smoke too much, to overindulge in smoking *form*

Übermensch *m* PHILOS superman

übermenschlich *adj* superhuman; **~e Leistungen** superhuman [*or liter* herculean] achievements; **Ü~es leisten** to perform superhuman feats

übermitteln* *vt* (*geh*) ❶ (*überbringen*) ■ **jdm etw ~** to bring [*or* deliver] sth to sb ❷ (*zukommen lassen*) ■ [**jdm**] **etw ~** to convey sth [to sb] *form*

Übermitt(e)lung <-, -en> *f* (*geh*) *eines Briefs, einer Nachricht* delivery; *einer Aufforderung a.* conveyance *form;* ***„vergiss nicht die ~ meiner Grüße!"*** "don't forget to give [*or form* convey] my regards!"

übermorgen *adv* the day after tomorrow, in two days' time; ■ **~ Abend/Früh** the day after tomorrow in the evening/morning, in the evening/morning in two days' time

übermüdet *adj* overtired; (*erschöpft a.*) overfatigued *form*

Übermüdung <-> *f kein pl* overtiredness *no pl;* (*Erschöpfung a.*) overfatigue *no pl form*

Übermut *m* high spirits *npl,* boisterousness *no pl;* **aus ~** out of wantonness *form,* [just] for kicks [*or* the hell of it] *fam* ▸ WENDUNGEN: **~ tut selten gut** (*prov*) pride goes [*or* comes] before a fall *prov;* (*zu Kind*) it'll [all] end in tears

übermütig **I.** *adj* high-spirited, boisterous; (*zu dreist*) cocky *fam* **II.** *adv* boisterously; **~ herumhopsen** to romp about

übern = **über den** (*fam*) **~ Fluss/Graben/See** over the river/ditch/lake

übernächste(r, s) *adj attr* **~es Jahr/~ Woche** the year/week after next, in two years'/weeks' time; ■ **der/die/das ~** the next but one; **die ~ Tür** the next door but one, two doors down

übernachten* *vi* ■ **irgendwo/bei jdm ~** to spend [*or* stay] the night [*or* to stay overnight] somewhere/at sb's place; **in einer Scheune/bei einem Freund ~** to spend the night in a barn/at a friend's

übernächtig *adj* ÖSTERR, **übernächtigt** *adj* worn out [from lack of sleep] *pred;* (*a. mit trüben Augen*) bleary-eyed

Übernachtung <-, -en> *f* ❶ *kein pl* (*das Übernachten*) spending the/a night ❷ (*verbrachte Nacht*) overnight stay; ***mit zwei ~en in Bangkok*** with two nights in Bangkok; **~ mit Frühstück** bed and breakfast

Übernachtungsmöglichkeit *f* overnight accommodation *no pl,* place/bed for the night

Übernachtungszahl *f* TOURIST, ÖKON *number of overnight stays over a specific period or in a particular region*

Übernahme <-, -n> *f* ❶ (*Inbesitznahme*) taking possession *no pl* ❷ (*das Übernehmen*) assumption *no pl; von Verantwortung a.* acceptance *no pl* ❸ ÖKON takeover; **feindliche/freundliche ~** hostile/friendly takeover

Übernahmeangebot *nt* takeover bid **Übernahmeversuch** *m* attempted takeover, takeover attempt **Übernahmezeitraum** *m* takeover period

übernational *adj* supranational *form*

übernatürlich *adj* ❶ (*nicht erklärlich*) supernatural; **~e Erscheinungen** supernatural phenomena ❷ (*die natürliche Größe übertreffend*) larger than life

übernehmen* *irreg* **I.** *vt* ❶ (*in Besitz nehmen*) ■ **etw ~** to take [possession of *form*] sth; (*kaufen*) to buy sth; **enteigneten Besitz/ein Geschäft ~** to take over expropriated property/a business ❷ (*auf sich nehmen, annehmen*) ■ **etw ~** to accept sth; ***lassen Sie es, das übernehme ich*** let me take care of it; **einen Auftrag ~** to take on a job *sep,* to undertake a job *form;* **die Kosten ~** [to agree] to pay the costs; **die Verantwortung ~** to take on *sep* [*or form* assume] [*or form* adopt] the responsibility; **die Verpflichtungen ~** to assume [*or* enter into] obligations *form;* ■ **es ~, etw zu tun** to take on the job of doing sth, to undertake to do sth; **den Vorsitz ~** to take [*or* assume] the chair ❸ (*fortführen*) ■ **etw** [**von jdm**] **~** to take over sth *sep* [from sb]; **das Steuer ~** to take the wheel; **die Verfolgung ~** to take up pursuit *sep* ❹ (*verwenden*) ■ **etw ~** to take [*or* borrow] sth; **ein übernommenes Zitat** a citation taken [*or* borrowed] from another work [*or* source]; **eine Sendung in sein Abendprogramm ~** to include a broadcast in one's evening programmes ❺ (*weiterbeschäftigen*) ■ **jdn ~** to take over sb **jdn ins Angestelltenverhältnis ~** to employ sb on a permanent basis; **jdn ins Beamtenverhältnis ~** to enter sb in the civil service **II.** *vr* (*sich übermäßig belasten*) ■ **sich** [**mit etw**] **~** to take on [*or form* undertake] too much [of sth]; ***übernimm dich*** [***nur***] ***nicht!*** (*iron fam*) [mind you] don't strain yourself!

U

iron III. *vi* to take over; ***ich bin zu müde, um weiterzufahren, kannst du mal ~?*** I'm too tired to drive any more, can you take the wheel?

übernervös [-vøːs] *adj* highly strung BRIT, high-strung AM **Übernutzung** *f kein pl* overuse (+*gen* of, **von** +*dat* of) **überparteilich** *adj inv* POL non-partisan **Überproduktion** *f* ■**die** ~ overproduction, surplus production; **die landwirtschaftliche** ~ agricultural overproduction, surplus agricultural production

überprüfbar *adj* verifiable; **leicht/schwer** ~ **sein** to be easy/difficult to verify

überprüfen* *vt* ❶ (*durchchecken*) ■**jdn** ~ to screen [*or* vet] sb; ■**jdn auf etw** *akk* ~ to check sb for sth, to investigate sb's sth [*or* sth of sb]; ■**etw** ~ to verify [*or* check] sth; **jds Papiere/die Rechnung** ~ to check [*or* examine] sb's papers/the invoice; ■**etw auf etw** *akk* ~ to check sth for sth; **etw auf seine Richtigkeit** ~ to check [*or* verify] [[*or* form] the correctness of] sth, to check [*or* verify] that sth is correct ❷ (*die Funktion von etw nachprüfen*) ■**etw** ~ to examine [*or* inspect] [*or* check] sth; ■**etw auf etw** *akk* ~ to check sth of sth; **die Anschlüsse auf festen Sitz** ~ to check the firm fits of the connections, to check that the connections fit firmly ❸ (*erneut bedenken*) ■**etw** ~ to examine [*or* review] sth; **seine Haltung** ~ to reconsider one's view; ■**etw auf etw** *akk* ~ to examine sth of [*or* for] sth; **eine Entscheidung auf Zulässigkeit** *akk* ~ to examine a decision for its admissibility, to examine the admissibility of a decision; **etw erneut** ~ to re-examine sth

Überprüfung *f* ❶ *kein pl* (*das Durchchecken*) screening *no pl,* vetting *no pl;* (*das Kontrollieren*) verification *no pl,* check; **eine nochmalige** ~ a re[-]check ❷ (*Funktionsprüfung*) examination, inspection, check; **eine** ~ **der Funktion** a function check *spec* ❸ (*erneutes Bedenken*) review, examination; **eine erneute** ~ a re-examination

über|quellen *vi irreg sein* ❶ (*übervoll sein*) ■[**vor etw** *dat*] ~ to overflow [with sth] ❷ (*überkochen*) to boil over; *Teig* to rise over the edge

überqueren* *vt* ■**etw** ~ ❶ (*sich über etw hinweg bewegen*) to cross [over] sth; **einen Fluss** ~ to cross [over] [*or form* traverse] a river ❷ (*über etw hinwegführen*) to lead over sth

überragen*[1] *vt* ❶ (*größer sein*) ■**jdn** [**um etw**] ~ to tower above [*or* over] sb [by sth]; (*um ein kleineres Maß*) to be [sth] taller than sb, to be taller than sb [by sth]; **jdn um einen Kopf** ~ to be a head taller than sb; ■**etw** [**um etw**] ~ to tower above [*or* over] [*or* rise above] sth [by sth]; (*um ein kleineres Maß*) to be [sth] higher than sth, to be higher than sth [by sth] ❷ (*über etw vorstehen*) ■**etw** [**um etw**] ~ to jut out [*or* project] over sth [by sth] ❸ (*übertreffen*) ■**jdn** ~ to outshine [*or* outclass] sb; ■**etw** ~ to outclass sth

über|ragen[2] *vi* to jut out, to project

überragend *adj* outstanding; **von ~er Bedeutung** of paramount importance; **von ~er Qualität** of superior quality

überraschen* *vt* ❶ (*unerwartet erscheinen*) ■**jdn** ~ to surprise sb; **jdn mit einem Besuch** ~ to surprise sb with a visit, to give sb a surprise visit ❷ (*ertappen*) ■**jdn bei etw** ~ to surprise [*or* catch] sb doing sth; ■**jdn dabei ~, wie jd etw tut** to catch sb doing sth ❸ (*überraschend erfreuen*) ■**jdn mit etw** ~ to surprise sb with sth; ***lassen wir uns ~!*** (*fam*) let's wait and see [what happens] ❹ (*erstaunen*) ■**jdn** ~ to surprise sb; (*stärker*) to astound sb; ***du überraschst mich!*** you surprise me!, I'm surprised at you! ❺ (*unerwartet überfallen*) ■**jdn** ~ to take sb by surprise; **vom Regen überrascht werden** to get caught in the rain

überraschend I. *adj* unexpected; ■~ **sein** to come as a surprise II. *adv* unexpectedly; **jdn** ~ **besuchen** to pay sb a surprise visit; [**für jdn**] **völlig** ~ **kommen** to come as a complete surprise [to sb]

überraschenderweise *adv* surprisingly, to my/his/her/etc. surprise

überrascht I. *adj* surprised; (*stärker*) astounded; ■~ **sein, dass/wie ...** to be surprised that/at how ... II. *adv* **jdn** ~ **ansehen** to look at sb in surprise; ~ **aufsehen** to look up surprised [*or* in surprise]; **etw** ~ **fragen** to ask sth in surprise

Überraschung <-, -en> *f* ❶ *kein pl* (*Erstaunen*) surprise *no pl;* (*stärker*) astonishment *no pl;* **voller** ~ completely surprised, in complete surprise; **zu jds** [**größter**] ~ to sb's [great] surprise, [much] to sb's surprise ❷ (*etwas Unerwartetes*) surprise; **eine** ~ **für jdn kaufen** to buy something as a surprise for sb; ■[**für jdn**] **eine** ~ **sein** to come as a surprise [to sb]; ***was für eine ~!, ist das eine ~!*** (*fam*) what a surprise!

Überraschungseffekt *m* surprise effect [*or* element]; *von Plan* element of surprise

Überreaktion *f* overreaction *no pl;* **zu ~en neigen** to tend to overreact

überreden* *vt* ■**jdn** ~ to persuade [*or sep* talk round] sb; ■**jdn zu etw** ~ to talk sb into sth; ■**jdn** [**dazu**] **~, etw zu tun** to persuade sb to do sth, to talk sb into doing sth; ■**sich** ~ **lassen, etw zu tun** to let oneself be talked [*or* persuaded] into doing sth

Überredung <-, *selten* -en> *f* persuasion *no pl*

Überredungskunst *f* persuasiveness *no pl,* power[s *pl*] of persuasion

überregional *adj* national; **ein ~er Sender/eine ~e Zeitung** a national [*or* nationwide] transmitter/newspaper

überreich *adv* ❶ (*überaus aufwendig*) richly, lavishly ❷ (*überaus reich*) **jdn** ~ **beschenken** to lavish [*or* shower] gifts [up]on sb

überreichen* *vt* (*geh*) ■**jdm etw** ~ to hand over sth *sep* to sb; (*feierlich*) to present sth to sb [*or* sb with sth]; **den Behörden etw** ~ to submit sth to [*or form* before] the authorities

überreichlich I. *adj* [more than] ample II. *adv* ~ **speisen/trinken** to eat/drink more than ample; **jdn** ~ **bewirten** to provide sb with [more than] ample fare

Überreichung <-, -en> *f* presentation

überreif *adj* overripe

überreizen* *vt* ■**jdn** ~ to overexcite sb; ■**etw** ~ to overstrain sth

überreizt *adj* ❶ (*überanstrengt*) overstrained; **~e Nerven** overstrained [*or* overwrought] nerves ❷ (*übererregt*) overexcited

überrennen* *vt irreg* ■**etw** ~ to overrun sth

überrepräsentiert *adj* overrepresented

Überrest *m meist pl* remains *npl;* **jds sterbliche ~e** (*geh*) sb's [mortal] remains *form*

überrieseln* *vt* ■**etw überrieselt jdn** sth runs down sb's spine

Überrollbügel *m* AUTO rollover bar BRIT, roll bar AM

überrollen* *vt* ■**jdn/etw** ~ to run over sb/sth; *Panzer* to roll over sb/sth

überrumpeln* *vt* ■**jdn** ~ ❶ (*fam: unerwartet passieren*) to take sb by surprise, to catch sb unawares; ***lass dich nicht ~!*** don't get caught out! ❷ (*überraschend angreifen und überwältigen*) to take sb by surprise, to surprise sb

Überrump(e)lung <-, -en> *f* ❶ (*unerwartetes Ereignis*) ■**die** ~ **von jdm** catching sb unawares ❷ (*unerwartete Überwältigung*) surprise attack (+*gen* on)

überrunden* *vt* ■**jdn** ~ ❶ SPORT to lap sb ❷ (*leistungsmäßig übertreffen*) to outstrip sb; *Schüler* to run rings round sb

übers = **über das** (*fam*) *s.* **über**

übersät *adj* covered; **ein mit Sommersprossen ~es Gesicht** a freckled face; ■ **mit** [*o* **von**] **etw ~ sein** to be covered with sth; *Straße, Boden* to be littered [*or* covered] with sth; **mit** [*o* **von**] **Blüten ~ sein** to be carpeted [*or* strewn] with blossoms

übersättigt *adj* sated *form,* satiated *form*

Übersättigung *f* satiety *no pl form,* satiation *no pl form*

Überschallgeschwindigkeit *f kein pl* supersonic speed; ■ **mit ~** at supersonic speed[s]; **mit ~ fliegen** to fly supersonic [*or* at supersonic speed[s]] **Überschalljäger** *m* supersonic jet fighter **Überschallknall** *m* sonic boom **überschallschnell** **I.** *adj* supersonic **II.** *adv* at supersonic speed[s]; **~ fliegen** to fly supersonic [*or* at supersonic speed[s]]

überschatten* *vt* (*geh*) ■ **etw ~** to cast a shadow [*or* cloud] over sth

überschätzen* *vt* ■ **etw ~** ① (*zu hoch schätzen*) to overestimate sth; **die Steuern ~** to overassess taxes ② (*zu hoch einschätzen*) ■ **etw/sich ~** to overestimate [*or* overrate] sth/oneself; ■ **sich ~** (*von sich zu viel halten*) to think too highly of oneself

Überschätzung *f* overestimation *no pl;* **in ~ einer S.** *gen* overestimating [*or* overrating] sth

überschaubar *adj* ① (*abschätzbar*) **eine ~e Größe** a manageable size; **~e Kosten/ein ~er Preis** a clear cost/price structure; **ein ~es Risiko** a contained [*or* containable] risk ② (*einen begrenzten Rahmen habend*) tightly structured

Überschaubarkeit <-> *f kein pl von Projekt* comprehensibility *no pl,* clarity *no pl; von Risiko* containability *no pl;* **die ~ der Kosten/vom Preis** the clear cost/price structure

überschauen* *vt* (*geh*) *s.* **überblicken**

über|schäumen *vi sein* ① (*mit Schaum überlaufen*) to froth [*or* foam] over; **~der Badeschaum** foaming bubble bath ② (*fig: ganz ausgelassen sein*) ■ **vor etw** *dat* **~** to brim [*or* bubble] [over] with sth; ■ **~d** bubbling, exuberant, effervescent

überschlafen* *vt irreg* ■ **etw** [**bis morgen**] **~** to sleep on sth

Überschlag *m* ① SPORT handspring; **einen ~ machen** to do a handspring ② (*überschlägliche Berechnung*) [rough] estimate; [**jdm**] **einen ~ machen** to make [*or* frame] sb an estimate

überschlagen*[1] *irreg* **I.** *vt* ■ **etw ~** ① (*beim Lesen auslassen*) to skip [over] sth ② (*überschläglich berechnen*) to [roughly] estimate sth, to make a rough estimate of sth **II.** *vr* ① (*eine vertikale Drehung ausführen*) ■ **sich ~** *Mensch* to fall head over heels; *Fahrzeug* to overturn ② (*rasend schnell aufeinanderfolgen*) ■ **sich ~** to come thick and fast, to follow in quick succession ③ (*besonders beflissen sein*) **sich** [**vor Freundlichkeit/Hilfsbereitschaft** *dat*] **~** to fall over oneself to be friendly/helpful; ***nun überschlag dich mal nicht!*** (*fam*) don't get carried away! ④ (*schrill werden*) ■ **sich ~** to crack

über|schlagen[2] *irreg* **I.** *vt haben* **die Beine ~** to cross one's legs; **mit ~en Beinen sitzen** to sit cross-legged **II.** *vi sein* ■ **in etw** *akk* **~** ① (*fig*) to turn into sth ② (*brechen*) to overturn; ***die Wellen schlugen über*** the waves broke ③ (*übergreifen*) to spread; ***die Funken schlugen auf die Tischdecke über*** the sparks landed on the table cloth

überschläglich **I.** *adj* rough, approximate **II.** *adv* roughly, approximately; **etw ~ schätzen** to roughly estimate sth, to give a rough estimate of sth

über|schnappen *vi sein* (*fam*) ① (*verrückt werden*) to crack [up] *fam,* to be cracked [*or* crazy] *fam* ② (*schrill werden*) to crack, to break

überschneiden* *vr irreg* ① (*sich zeitlich überlappen*) ■ **sich** [**um etw**] **~** to overlap [by sth] ② (*sich mehrfach kreuzen*) ■ **sich ~** to intersect

Überschneidung <-, -en> *f* overlapping *no pl*

überschreiben* *vt irreg* ① (*betiteln*) ■ **etw mit etw ~** to head sth with sth ② (*darüberschreiben*) ■ **etw ~** to write over sth; INFORM to overwrite sth ③ (*übertragen*) ■ **jdm etw ~,** ■ **etw auf jdn ~** to make [*or* sign] over sth *sep* to sb

überschreien* *vt irreg* ■ **jdn ~** to shout down sb; ■ **etw ~** to shout over sth, to drown out sth *sep* by shouting

überschreiten* *vt irreg* ① (*geh: zu Fuß überqueren*) ■ **etw ~** to cross [over] sth ② (*über etw hinausgehen*) ■ **etw** [**um etw**] **~** to exceed sth [by sth] ③ (*sich nicht im Rahmen von etw halten*) ■ **etw** [**mit etw**] **~** to overstep [*or form* transgress] sth [with sth] ④ (*geh: über etw hinaussein*) ■ **etw ~** to pass sth

Überschrift *f* title; *einer Zeitung* headline; **eine/keine ~ haben** to be titled/untitled, to have a/no title

Überschuh *m* overshoe; ■ **~e** overshoes, galoshes *dated*

Überschuldung <-, -en> *f* overindebtedness *no pl,* excessive debts *pl*

Überschuss[RR] *m,* **Überschuß** *m* ① (*Reingewinn*) profit ② (*überschüssige Menge*) surplus *no pl;* ■ **ein ~ an etw** *dat* a surplus [*or* glut] of sth

überschüssig *adj* surplus *attr*

Überschussmaterial[RR] *nt* surplus material

überschütten* *vt* ① (*übergießen*) ■ **jdn/sich/etw mit etw ~** to pour sth over sb/oneself/sth ② (*bedecken*) ■ **etw mit etw ~** to cover sth with sth ③ (*überhäufen*) ■ **jdn mit etw ~** to inundate sb with sth; **jdn mit Geschenken/Komplimenten ~** to shower sb with presents/compliments; **jdn mit Vorwürfen ~** to heap accusations on sb

Überschwang <-[e]s> *m kein pl* exuberance *no pl;* **im ersten ~** in the first flush of excitement; **im ~ der Freude/Gefühle** *gen* in one's joyful exuberance/one's exuberance

überschwänglich[RR] **I.** *adj* effusive, gushing *pej* **II.** *adv* effusively, gushingly *pej;* **jdn ~ begrüßen** to greet sb effusively [*or* with great effusion]

Überschwänglichkeit[RR] <-> *f kein pl* effusiveness *no pl*

über|schwappen *vi sein* ① (*über den Rand schwappen*) to spill [over the edge] ② (*vor übervieler Flüssigkeit überlaufen*) to slop [*or* splash] over

überschwemmen* *vt* ① (*überfluten*) ■ **etw ~** to flood sth ② (*in Mengen hineinströmen*) ■ **etw ~** to pour into sth ③ (*mit großen Mengen eindecken*) ■ **etw mit etw ~** to flood [*or* inundate] sth with sth

Überschwemmung <-, -en> *f* flood[ing *no pl*]

Überschwemmungsgebiet *nt* flood area **Überschwemmungskatastrophe** *f* flood disaster

überschwenglich *adj, adv s.* **überschwänglich**

Überschwenglichkeit <-> *f kein pl s.* **Überschwänglichkeit**

Übersee *kein art* ■ **aus ~** from overseas [*or hum* the other side of the pond]; ■ **in ~** overseas, on the other side of the pond *hum;* ■ **nach ~** overseas, to the other side of the pond *hum*

Überseedampfer *m* ocean[-going] liner **Überseehafen** *m* international [*or* transatlantic] port **Überseehandel** *m* overseas trade

überseeisch [-zeːɪʃ] *adj* overseas *attr*

Überseemarkt *m* overseas market

übersehbar *adj* ① (*abschätzbar*) **~e Auswirkungen** containable effects; **eine ~e Dauer/~e Kosten/Schäden** an assessable period/assessable costs/damage; **~e Konsequenzen** clear consequences; ■ **etw ist ~/noch nicht ~** sth is in sight/sth is still not

U

known ② (*mit Blicken erfassen*) visible; **schwer ~es Gelände** terrain offering no clear view; ***von hier aus ist das Gelände nicht*** ~ you can't get a good view of the terrain from here

übersehen*[1] *vt irreg* ■ **etw** ~ ① (*versehentlich nicht erkennen*) to overlook [*or* miss] sth, to fail to see [*or* notice] sth ② (*abschätzen*) to assess sth; ■ **etw lässt sich** ~ sth can be assessed ③ (*mit Blicken erfassen*) to have a view of sth; ***von hier oben lässt sich das Umland besser*** ~ there's a better view of the surroundings from up here

über|sehen[2] *vr irreg* ■ **sich** *dat* **an etw** ~ to get [*or* grow] tired [*or* to tire] of seeing sth

übersenden* *vt irreg* (*geh*) ■ **jdm etw** ~ to send sb sth, to forward sth to sb *form,* to dispatch sth to sb

Übersendung *f* (*geh*) sending *no pl,* forwarding *no pl,* dispatch

übersetzbar *adj* translatable; **nicht** ~ untranslatable; **leicht/schwer** ~ easy/difficult [*or* hard] to translate *pred;* **etw ist** [**kaum/leicht**] ~ sth can be translated [only with great difficulty]/[easily] translated

übersetzen*[1] **I.** *vt* ■ **etw** ~ to translate sth; **etw nur schwer/annähernd** ~ to translate sth only with difficulty/to do [*or form* render] an approximate translation of sth; **etw** [**aus dem Polnischen**] [**ins Französische**] ~ to translate sth [from Polish] [into French], to render sth [into French] [from Polish] *form* **II.** *vi* ■ [**aus etw**] [**in etw**] ~ to translate [from sth] [into sth]

über|setzen[2] **I.** *vt haben* ■ **jdn** ~ to ferry [*or* take] across sb *sep* **II.** *vi sein* ■ [**auf/in etw** *dat*] ~ to cross [over] [on/in sth]

Übersetzer(in) *m(f)* translator

Übersetzung[1] <-, -en> *f* TECH transmission [*or* gear] ratio

Übersetzung[2] <-, -en> *f* ① (*übersetzter Text*) translation, rendition *form* ② *kein pl* (*das Übersetzen*) translation *no pl*

Übersetzungsbüro *nt* translation agency [*or* bureau] **Übersetzungsfehler** *m* translation error

Übersicht <-, -en> *f* ① *kein pl* (*Überblick*) overall view, general idea; **die** ~ **verlieren** to lose track of things [*or* of what's going on] ② (*knappe Darstellung*) outline, summary

übersichtlich **I.** *adj* ① (*rasch erfassbar*) clear; **wenig** ~ confused; ■ ~ **sein** to be clear[ly structured], to have [*or form* exhibit] a clear structure ② (*gut zu überschauen*) open *attr;* ■ ~ **sein** to offer a clear view [on all sides]; (*wenig Deckung bietend*) to be exposed; ■ **nicht** ~ **sein** to impede the/one's view [on all sides] **II.** *adv* ① (*rasch erfassbar*) clearly ② (*gut überschaubar*) **etw** ~ **anlegen** to give sth an open layout; **etw** ~ **planen** to plan sth with a clear structure

Übersichtlichkeit <-> *f kein pl* ① (*rasche Erfassbarkeit*) clarity *no pl* ② (*übersichtliche Anlage*) openness *no pl*

Übersichtskarte *f* general [*or* outline] map

über|siedeln *vi sein* (*irgendwohin umziehen*) ■ **in etw** *akk*/**nach etw** ~ to move to sth, to take up residence in sth *form;* **ins Ausland** ~ to emigrate

Übersied(e)lung <-, -en> *f* move (**an/in** +*akk* to), removal *form* (**an/in** +*akk* to)

Übersiedler(in) *m(f)* migrant; (*Einwanderer*) immigrants; (*Auswanderer*) emigrants

übersinnlich *adj* paranormal, supernatural

überspannen*[1] *vt* ① (*beziehen*) **etw mit Seide/Leder** ~ to cover sth with silk/leather, to stretch silk/leather over sth ② (*über etw hinwegführen*) ■ **etw** ~ to span sth

überspannen[2] *vt* ■ **etw** ~ ① (*zu stark spannen*) to overstrain sth, to put too much strain on sth; *s. a.* **Bogen** ② (*über ein vernünftiges Maß hinausgehen*) to push sth too far

überspannt *adj* ① (*übertrieben*) extravagant, wild ② (*exaltiert*) eccentric; ■ ~ **sein** to be [an] eccentric ③ (*überanstrengt*) overexcited, overwrought

überspielen*[1] *vt* (*audiovisuell übertragen*) ■ **etw** [**von etw**] [**auf etw** *akk*] ~ to record sth [from sth] [on[to] sth], to transfer sth [from sth] to sth, to transfer sth from sth [to sth]; **etw auf Kassette** ~ to tape sth, to put [*or* record] sth on[to] [*or* transfer sth to] tape

überspielen*[2] *vt* (*verdecken*) ■ **etw** [**durch etw**] ~ to cover up sth *sep* [with sth]

überspitzt **I.** *adj* exaggerated **II.** *adv* in an exaggerated fashion; **etw** ~ **darstellen** to exaggerate the depiction of sth

überspringen*[1] *vt irreg* ■ **etw** ~ ① (*über etw hinwegspringen*) to jump [*or* clear] sth; **eine Mauer** ~ to vault [*or* jump] [*or* clear] a wall ② (*auslassen*) to skip [over] sth; **eine Seite/ein Kapitel** ~ to skip [over] [*or* leave out *sep*] a page/chapter ③ SCH **eine Klasse** ~ to skip [*or* miss out *sep*] a class

über|springen[2] *vi irreg sein* ① (*sich übertragen*) ■ [**auf jdn**] ~ to spread [to sb] ② (*infizieren*) ■ **auf jdn/etw** ~ to spread [to sb/sth] ③ (*plötzlich übergreifen*) ■ [**von etw**] **auf etw** *akk* ~ to spread quickly [from sth] [to sth]

über|sprudeln *vi sein* to bubble over; (*beim Kochen*) to boil over

überspülen* *vt* ■ **etw** ~ to overflow sth; *Welle* to wash over sth; ■ **überspült werden** to be flooded

überstaatlich *adj* supranational *form*

überstehen*[1] *vt* (*durchstehen*) ■ **etw** ~ to come [*or* get] through sth; **die Belastung** ~ to hold out under the stress; **eine Krankheit/Operation** ~ to get over [*or* recover from] an illness/operation; **die nächsten Tage** ~ to live through [*or* live out *sep*] [*or* to last] the next few days; **es überstanden haben** (*euph*) to have passed away [*or* on] *euph;* ***jetzt haben wir es überstanden*** (*fam*) thank heavens that's over now

über|stehen[2] *vi irreg haben o sein* (*herausragen*) to jut [*or* stick] out, to project; **40 cm** [**weit**] ~ to jut [*or* stick] out [*or* to project] [by] 40 cm

übersteigen* *vt irreg* ■ **etw** ~ ① (*über etw klettern*) to climb over sth; **eine Mauer** ~ to scale [*or* climb over] a wall ② (*über etw hinausgehen*) to go beyond [*or* exceed] sth; **jds Erwartungen** ~ to exceed sb's expectations ③ (*größer als etw sein*) to be beyond [*or* exceed] sth

übersteigern* *vt* **seine Forderungen** ~ to go too far with one's demands, to push one's demands too far; **die Preise** ~ to force up prices

übersteigert *adj* ① (*übernormal verstärkt*) exaggerated, excessive; **ein ~es Selbstbewusstsein** an exaggerated sense of one's own importance ② (*zu hoch geschraubt*) excessive, exorbitant; **~e Erwartungen** highly-pitched [*or* lofty] expectations

Übersteigerung *f* ① (*das Übersteigern*) **die** ~ **der Mieten/Preise** forcing up rents/prices ② (*Zustand der übernormalen Verstärkung*) excess; **etw zur** ~ **treiben** to push sth to excess

überstellen* *vt* ■ **jdn jdm** [*o* **an jdn**] ~ to hand over *sep* [*or form* commit] sb to sb

übersteuern* **I.** *vi* AUTO to oversteer **II.** *vt* ELEK ■ **etw** ~ to overmodulate sth

überstimmen* *vt* ① (*mit Stimmenmehrheit besiegen*) ■ **jdn** ~ to outvote sb ② (*mit Stimmenmehrheit ablehnen*) ■ **etw** ~ to defeat [*or* vote down *sep*] sth

überstrapazieren* *vt* ■ **etw** ~ ① (*zu sehr ausnutzen*) to abuse sth ② (*zu oft verwenden*) to wear out sth *sep;* ■ **überstrapaziert** worn out; **~e Ausreden** tired excuses *pej*

überstreichen* *vt irreg* ■ **etw** [**mit etw**] ~ to paint over sth *sep* [with sth]; **etw mit frischer Farbe** ~ to give sth a fresh coat of paint

über|streifen *vt* ■ [sich *dat*] **etw** ~ to slip on sth *sep*
überströmen* *vt* ■ **etw** ~ to overflow sth; ***Schweiß überströmte sein Gesicht*** sweat poured down his face, his face was bathed in sweat
über|stülpen *vt* ■ **jdm/sich etw** ~ to slip sth over sb's/one's head
Überstunde *f* hour of overtime; ■ **~n** overtime *no pl;* **~n machen** to do [*or* work] overtime
Überstundenlohn *m* overtime pay **Überstundentarif** *m* overtime rate **Überstundenverbot** *nt* overtime ban **Überstundenzuschlag** *m* overtime allowance [*or* bonus]
überstürzen* I. *vt* ■ **etw** ~ to rush into sth; **eine Entscheidung** ~ to rush [into] a decision; **man soll nichts ~, nur nichts** ~ don't rush into anything, look before you leap II. *vr* ■ **sich** ~ to follow in quick [*or* rapid] succession; *Nachrichten a.* to come thick and fast
überstürzt I. *adj* overhasty, rash, precipitate *form* II. *adv* overhastily, rashly, precipitately *form;* ~ **handeln** to go off at half cock *fam,* to go off half-cocked AM *fam*
Überstürzung <-> *f kein pl* rashness *no pl,* precipitation *no pl form*
übertariflich I. *adj* above [*or* in excess of] the agreed [*or* union] rate *pred* II. *adv* above [*or* in excess of] the agreed [*or* union] rate
überteuert *adj* overexpensive, too expensive [*fam* by half] *pred,* overpriced *a. pej;* **ein ~er Preis** an excessive [*or* exorbitant] [*or* inflated] price; ■ **[um etw]** ~ **sein** to be too expensive [by sth]
übertölpeln* *vt* ■ **jdn** ~ to put [a fast] one over on sb, to dupe sb; ■ **sich [von jdm]** ~ **lassen** to let oneself be duped [by sb]
Übertölpelung <-, -en> *f* taking-in *no pl*
übertönen* *vt* ■ **jdn** ~ to drown [out *sep*] sb['s words/screams/etc.]; **etw** ~ to drown [out *sep*] sth
Übertopf *m* flower pot holder
Übertrag <-[e]s, Überträge> *m* FIN carryover, amount carried over [*or* forward]; **einen** ~ **[auf/in etw** *akk*] **machen** to carry over [to sth]
übertragbar *adj* ① (*durch Infektion weiterzugeben*) communicable *form* (**auf** +*akk* to), infectious; (*durch Berührung*) contagious, catching *pred fam;* ■ **[auf jdn]** ~ **sein** to be communicable [to sb] *form,* to be infectious [*or fam* catching]; (*durch Berührung*) to be contagious [*or fam* catching]; ■ **etw ist von jdm/dem Tier auf jdn/das Tier** ~ sth can be passed from sb/animal to sb/animal ② (*anderweitig anwendbar*) ■ **auf etw** *akk* ~ **sein** to be applicable to sth ③ (*von anderen zu benutzen*) ■ ~ **sein** to be transferable
übertragen*[1] *irreg* I. *vt* ① (*senden*) ■ **etw** ~ to broadcast sth ② (*geh: übersetzen*) ■ **etw** ~ to translate sth; **etw wortwörtlich** ~ to translate sth word for word, to do a literal translation of sth; ■ **etw aus etw** ~ to translate [*or form* render] sth from sth; ■ **etw in etw** *akk* ~ to translate [*or form* render] sth into sth ③ (*infizieren*) ■ **etw [auf jdn]** ~ to communicate [*or form* pass on *sep*] sth [to sb]; ■ **etw wird von jdm/dem Tier auf jdn/das Tier** ~ sth is communicated *form* [*or* passed on] from sb/animal to sb/animal ④ (*von etw woanders eintragen*) ■ **etw auf/in etw** *akk* ~ to transfer sth to/into sth; **eine Zwischensumme als Übertrag auf etw** *akk* ~ to carry over to sth ⑤ (*mit etw ausstatten*) ■ **jdm etw** ~ to vest sb with sth *form;* ■ **jdm die Verantwortung** ~ to entrust sb with the responsibility ⑥ (*in den Besitz von etw setzen*) ■ **jdm etw** ~, ■ **etw auf jdn** ~ to transfer sth to sb; ■ **jdm ein Recht** ~ to assign sb a right, to transfer a right to sb ⑦ (*überspielen*) ■ **etw auf etw** *akk* ~ to record sth on sth; **etw auf eine Kassette** ~ to tape sth, to record sth on tape [*or* cassette] ⑧ (*anwenden*) ■ **etw auf etw** *akk* ~ to apply sth to sth ⑨ TECH ■ **etw auf etw** *akk* ~ to transmit [*or* transfer] sth to sth II. *vr* ① MED ■ **sich [auf jdn]** ~ to be communicated *form* [*or* passed on] [*or* transmitted] [to sb] ② (*ebenfalls beeinflussen*) ■ **sich auf jdn** ~ to spread [*or form* communicate itself] to sb
übertragen[2] I. *adj* figurative; (*durch Metapher*) transferred; **im ~en Sinn** in a/the figurative sense II. *adv* figuratively; ■ **etw** ~ **meinen** to mean sth in a [*or* the] figurative/transferred sense
Überträger(in) *m(f)* MED carrier
Übertragung <-, -en> *f* ① (*das Senden*) broadcasting *no pl,* transmission *no pl;* (*übertragene Sendung*) broadcast, transmission ② (*geh: das Übersetzen*) translation *no pl;* ■ **die** ~ **in etw** the translation [*or form* rendition] into sth; (*Übersetzung*) translation ③ (*das Infizieren*) communication *no pl,* transmission *no pl* ④ (*das Eintragen an andere Stelle*) carryover ⑤ (*das Ausstatten*) vesting *no pl form* (+*gen* with); *von Verantwortung* entrusting *no pl* (+*gen* with) ⑥ JUR transfer; *von Rechten a.* assignment *no pl* ⑦ (*das Anwenden*) application *no pl* (**auf** +*akk* to) ⑧ *kein pl* TECH transmission *no pl* (**auf** +*akk* to)
Übertragungsfehler *m* TECH transmission error **Übertragungskapazität** *f* TECH transmission capacity **Übertragungsrate** *f* INET bandwidth **Übertragungswagen** *m* mobile [broadcast] unit
übertreffen* *vt irreg* ① (*besser sein*) ■ **jdn [an/auf/in etw** *dat*] ~ to do better than [*or* to surpass] [*or* to outdo] [*or* to outstrip] sb [in sth]; ■ **sich selbst [mit etw]** ~ to surpass [*or* excel] oneself [with sth] ② (*über etw hinausgehen*) ■ **etw [um etw]** ~ to exceed sth [by sth]; **jds Erwartungen** ~ to exceed [*or* surpass] sb's expectations ③ (*größer sein*) ■ **etw [an etw** *dat*] ~ to surpass sth [in sth]
übertreiben* *irreg* I. *vi* to exaggerate II. *vt* ■ **etw** ~ to overdo sth; ■ **es mit etw** ~ to carry [*or* take] sth too far; ***man kann es auch ~/mit etw*** ~ (*fam*) you can overdo things/sth, you can go too far/too far with sth; ■ **ohne zu** ~ no exaggeration, I'm not joking [*or fam* kidding], no shit [now] *fam!*
Übertreibung <-, -en> *f* ① *kein pl* (*das Übertreiben*) exaggeration *no pl;* ■ **die** ~ **von etw/der S.** *gen* exaggerated sth; **die** ~ **der Sauberkeit** taking cleanliness too far [*or* to extremes] ② (*übertreibende Äußerung*) exaggeration; **zu ~en tendieren** *neigen,* to tend to exaggeration [*or* exaggerate]
über|treten[1] *vi irreg sein* ① (*konvertieren*) ■ **zu etw** ~ to go over [*or* convert] to sth ② SPORT to overstep ③ (*übergehen*) ■ **[von etw] in etw** *akk* ~ to pass [from sth] into sth; *Krebszellen a.* to metastasize to sth
übertreten*[2] *vt irreg* ■ **etw** ~ to break [*or* violate] [*or form* infringe] [*or form* contravene] sth
Übertretung <-, -en> *f* ① (*das Übertreten*) violation *no pl,* infringement *no pl form,* contravention *no pl form* ② (*strafbare Handlung*) misdemeanour [*or* AM -or]
übertrieben I. *adj* extreme, excessive; **~e Vorsicht** excessive caution, overcaution II. *adv* extremely, excessively; ~ **vorsichtig** excessively cautious, overly cautious
Übertritt *m* ■ **der/ein/jds** ~ **zu etw** the/a/sb's conversion to sth
übertrumpfen* *vt* ■ **jdn/etw [mit etw]** ~ to outdo sb [with sth]/surpass sth [with sth]
übertünchen* *vt* ■ **etw** ~ to whitewash over sth; (*anders als weiß*) to paint over sth
überübermorgen *adv* (*fam*) in three days[' time], the day after the day after tomorrow
überversichern* *vt* ■ **jdn/sich** ~ to overinsure sb/oneself **übervölkert** *adj* overpopulated **übervoll** *adj* ① (*mehr als voll*) full to the brim [*or* to overflowing] *pred;* **ein ~er Teller** a heaped[-up] plate ② (*über-*

U

füllt) crowded; ■ ~ **sein** to be overcrowded [*or fam* crammed] **übervorsichtig** *adj* over[ly]cautious
übervorteilen* *vt* ■**jdn [durch etw]** ~ to cheat sb [with sth]; (*bei einem Kauf*) to overcharge [*or fam* sting] sb [with sth]
überwachen* *vt* ❶ (*heimlich kontrollieren*) ■**jdn/etw** ~ to keep sb/sth under surveillance, to keep a watch on [*or* to watch] sb/sth; **jdn/etw rund um die Uhr** ~ to keep sb/sth under 24-hour surveillance; **jdn/etw genau** ~ to keep a careful eye on sb/sth; **jds Telefon** ~ to monitor sb's calls, to bug sb's telephone ❷ (*durch Kontrollen sicherstellen*) ■**etw** ~ to supervise sth; *Kamera* to monitor sth
Überwachung <-, -en> *f* ❶ (*das heimliche Kontrollieren*) surveillance *no pl; eines Telefons* monitoring *no pl,* bugging *no pl* ❷ (*das Überwachen*) supervision *no pl;* (*durch eine Kamera*) monitoring *no pl*
Überwachungskamera *f* security [*or* surveillance] camera, CCTV
überwältigen* *vt* ❶ (*bezwingen*) ■**jdn/etw** ~ to overpower sb/sth ❷ (*geh: übermannen*) ■**etw überwältigt jdn** sth overcomes [*or* overwhelms] sb, sb is overcome [*or* overwhelmed] by sth
überwältigend *adj* overwhelming; **ein ~es Gefühl** an overwhelming [*or* overpowering] feeling; **~e Schönheit** stunning beauty; **ein ~er Sieg** a crushing victory, a whitewash BRIT *fam,* a shutout AM *fam;* ■**nicht gerade** ~ (*iron*) nothing to write home about *fam*
Überwältigung <-, -en> *f* overpowering *no pl*
über|wechseln *vi sein* ❶ (*sich jd anderem anschließen*) ■**auf/in etw** *akk*/**zu etw** ~ to go over to/into/to sth; ■**zu jdm** ~ to go over to sb's side ❷ (*ausscheren*) ■**auf etw** *akk* ~ to move [in]to sth ❸ (*umsatteln*) ■**von etw zu etw** ~ to chance from sth to sth
Überweg *m* pedestrian bridge
überweisen* *vt irreg* ❶ (*durch Überweisung gutschreiben lassen*) ■**[jdm] etw [auf etw** *akk*] ~ to transfer sth [to [sb's] sth] ❷ (*durch Überweisung hinschicken*) ■**jdn [an jdn/in etw** *akk*] ~ to refer sb [to sb/sth]
Überweisung <-, -en> *f* ❶ (*Anweisung von Geld*) [credit *form*] transfer ❷ (*das Überweisen*) ■**die/eine** ~ **an jdn/in etw** *akk* the/a referral to sb/sth; (*Überweisungsformular*) referral form
Überweisungsauftrag *m* banker's order, [*form* credit] transfer order **Überweisungsformular** *nt* [credit *form* [*or* bank]] transfer form **Überweisungsschein** *m* MED letter of referral
Überweite *f* large size; ~ **haben** to be oversize[d]; **Kleider in** ~ outsize dresses, dresses in the larger sizes [*or euph* for the fuller figure]
über|werfen[1] *vt irreg* ■**sich** *dat* **etw** ~ to wrap sth around one's shoulders; (*schneller*) to throw on sth *sep;* ■**jdm etw** ~ to wrap sth round sb's shoulders
überwerfen*[2] *vr irreg* ■**sich** ~ to fall out, to break with each other; ■**sich mit jdm** ~ to fall out [*or* break] with sb
überwiegen* *irreg* **I.** *vi* ❶ (*hauptsächlich vorkommen*) to be predominant, to predominate ❷ (*vorherrschen*) ■**es überwiegt [bei jdm]** [sb's] sth prevails [*or* gains the upper hand] **II.** *vt* ■**etw überwiegt etw** sth outweighs sth
überwiegend **I.** *adj* predominant; **die ~e Mehrheit** the vast [*or* overwhelming] majority **II.** *adv* predominantly, mainly; ***Ihre Antworten waren ~ richtig*** most of your answers were correct
überwinden* *irreg* **I.** *vt* ❶ (*nicht länger an etw festhalten*) ■**etw** ~ to overcome sth; **ein Vorurteil** ~ to outgrow a prejudice ❷ (*im Kampf besiegen*) ■**jdn** ~ to defeat sb ❸ (*ersteigen*) ■**etw** ~ to get over [*or* surmount] sth **II.** *vr* ■**sich** ~ to overcome one's feelings/inclinations etc.; ■**sich zu etw** ~, ■**sich dazu** ~, **etw zu tun** to force oneself to do sth
Überwindung <-> *f kein pl* ❶ (*das Überwinden*) overcoming *no pl,* surmounting *no pl; Minenfeld* negotiation *no pl* ❷ (*Selbst~*) conscious effort; **jdn** ~ **kosten[, etw zu tun]** to be an effort of will for sb [to do sth], to take sb a lot of will power [to do sth]
überwintern* *vi* ■**[in etw** *dat*] ~ to [spend the] winter [in sth]; *Pflanzen* to overwinter [in sth]; (*Winterschlaf halten*) to hibernate [in sth]
Überwinterungsorgan *nt* BOT perennating organ
überwuchern* *vt* ■**etw** ~ to overgrow sth; **Blumen** ~ to choke flowers
Überzahl *f kein pl* ■**die [große]** ~ **einer S.** *gen* (*Mehrzahl*) the greatest number of sth, most of sth; ■**in der** ~ **sein** to be in the majority; *Feind* to be superior in number
überzahlen* *vt* ■**etw** ~ to pay too much for sth; ■**etw ist [mit etw] überzahlt** [at sth] sth costs too much
überzählig *adj* (*überschüssig*) surplus *attr,* excess *attr;* (*übrig*) spare, odd
überzeichnen* *vt* (*geh*) ■**etw/jdn** ~ to overdraw sth/sb
überzeugen* **I.** *vt* ■**jdn** ~ to convince sb; (*umstimmen a.*) to persuade sb; **den Richter** ~ to satisfy the judge; ■**jdn von etw** ~ to convince sb of sth; ■**jdn davon** ~**, dass ...** to convince sb that ...; ■**sich [von etw]** ~ **lassen** to be[come] convinced [of sth]; **sich gern [von etw]** ~ **lassen** to be willing to listen [to sth] **II.** *vi* ❶ (*überzeugend sein*) ■**[als jd/in einer Rolle]** ~ to be convincing [*or* carry conviction] [as sb/in a role]; **sie kann nicht** ~ she is unconvincing [*or* not convincing] ❷ (*eine überzeugende Leistung zeigen*) ■**[bei/mit/in etw** *dat*] ~ to prove oneself [in/with/in sth] **III.** *vr* ■**sich [selbst]** ~ to convince oneself; ~ ***Sie sich selbst!*** [go and] convince [*or* see for] yourself; ■**sich von etw** ~ to convince oneself of sth, to satisfy oneself as to sth; ■**sich [selbst]** ~**, dass ...** to be convinced that ...
überzeugend **I.** *adj* convincing; (*umstimmend a.*) persuasive; ■**[als jd]** ~ **sein** to be convincing [*or* carry conviction] [as sb] **II.** *adv* convincingly; ~ **argumentieren** to argue convincingly, to bring forward convincing arguments
überzeugt *adj* ❶ (*an die Richtigkeit von etw glaubend*) convinced, dedicated; **ein ~er Christ/Katholik** a convinced [*or* devout] Christian/Catholic; ■**von etw** ~ **sein** to be convinced [*or* be [*or* feel] sure] of sth; ■**[davon]** ~ **sein, dass ...** to be convinced that ... ❷ (*selbstbewusst*) **[sehr] von sich** ~ **sein** to be [very] sure [*or pej* full] of oneself
Überzeugung <-, -en> *f* convictions *npl,* principles *pl;* **religiöse** ~ religious beliefs [*or* convictions] *npl;* **zu der** ~ **gelangen** [*o* **kommen**]**, dass ...** to become convinced that ..., to arrive at [*or* reach] the conviction that ...; **der** ~ **sein** to share the conviction; **der [festen]** ~ **sein, dass ...** to be [firmly] convinced [*or* of the [firm] conviction] that ...; **nicht der** ~ **sein, dass ...** to not be convinced that ...; **jds** ~ **nach** [*o* **nach jds** ~] **[...]** sb is convinced [that ...]; *s. a.* **Brustton**
Überzeugungsarbeit *f* convincing; **einige** ~ **kosten** to take some convincing; ~ **leisten** to do some convincing **Überzeugungskraft** *f kein pl* persuasiveness *no pl,* persuasive power **Überzeugungstäter(in)** *m(f)* (*politisch*) political[ly motivated] criminal; (*religiös*) religious[ly motivated] criminal
überziehen*[1] *irreg* **I.** *vt* ❶ (*bedecken*) ■**etw** ~ to cover sth; *Belag* to coat sth ❷ (*ins Debet bringen*) ■**etw [um etw]** ~ to overdraw sth [by sth]; ***er hat sein Konto [um DM 1000] überzogen*** he has overdrawn his

account [by DM 1000], he is [DM 1000] overdrawn ③ (*über das zustehende Maß in Anspruch nehmen*) ▪ **etw** [**um etw**] ~ to overrun sth [by sth] ④ (*zu weit treiben*) ▪ **etw** ~ to carry sth too far; ▪ **überzogen** exaggerated, over the top *pred fam* ⑤ (*übermäßig versehen*) **ein Land mit Krieg** ~ to invade a country; **ein mit Krieg überzogenes Land** a war-stricken [*or* -torn] country; **jdn mit immer neuen Forderungen** ~ to demand more and more from sb; **jdn mit einem Prozess** ~ to bring legal action against sb **II.** *vi* ① (*Kredit auf dem Girokonto in Anspruch nehmen*) ▪ [**um etw**] ~ to overdraw an/the/one's account [*or* to be overdrawn] [by sth] ② (*über die eingeteilte Zeit hinaus*) to overrun [one's allotted time]

über|ziehen² *vt irreg* ① (*anlegen*) ▪ [**sich**] **etw** ~ to put [*or* slip] on sth *sep;* ▪ **jdm etw** ~ to put [*or* slip] sth on sb ② (*fam*) **jdm eins** [**mit etw**] ~ to clobber [*or* clout] sb [one] [with sth] *fam,* to give sb a clout [with sth] *fam*

Überziehungskredit *m* loan on overdraft, overdraft provision **Überziehungszinsen** *pl* overdraft interest *no pl*

überzüchtet *adj* overbred; AUTO overdeveloped

Überzug *m* ① (*überziehende Schicht*) coat[ing]; (*dünner*) film; (*Zuckerguss*) icing, frosting AM ② (*Hülle*) cover

üblich *adj* ① (*normalerweise angewandt*) usual; ***es ist bei uns hier*** [***so***] ~ that's the custom with us here; **wie** ~ as usual ② (*gängig*) customary, usual

Übliche(s) *nt decl wie adj* ▪ **das** ~ the usual [thing[s *pl*]]

üblicherweise *adv* usually, generally, normally

U-Boot *nt* submarine, sub *fam;* (*während der beiden Weltkriege a.*) U-boat

U-Booting <-s> *nt kein pl* SPORT human powered submarine racing

übrig *adj* ① (*restlich*) remaining, rest of *attr;* (*andere a.*) other *attr;* ▪ **die Ü~en** the remaining ones, the rest of them, the others; ▪ **das Ü~e** the rest, the remainder; ▪ **alles Ü~e** all the rest, everything else; **ein Ü~es tun** (*geh*) to go a step further; [**von etw**] **etw** ~ **behalten** to have sth left over [from sth]; **etw vom Geld** ~ **behalten** to keep sth [over] of the money; [**von etw**] ~ **bleiben** to be left [over], to be left [of sth]; **für jdn** ~ **bleiben** to be left for sb; ***es wird ihm gar nichts anderes*** ~ ***bleiben*** he won't have any choice [*or* any other alternative]; [**jdm**] **etw** [**von etw**] ~ **lassen** to leave sth [[*or* over] of sth] [for sb]; **etw vom Geld** ~ **lassen** to keep sth [over] of the money; ▪ ~ **sein** to be left [over] ② (*fig*) **für jdn etwas/nichts/viel** ~ **haben** to have a soft spot for [*or* be fond of] sb/to not care much [*or* have little time] for sb/to be very fond of [*or* have a great liking for] sb; **für etw etwas/nichts/viel** ~ **haben** to be interested [*or* have an interest] in sth/to be not at all interested in [*or* have no time at all for] sth/to be very interested in [*or* keen on] sth

übrigens *adv* ① (*nebenbei bemerkt*) incidentally, by the way ② (*außerdem*) ▪ [**und**] ~ [and] besides

Übung¹ <-> *f kein pl* (*das Üben*) practice *no pl;* **in** ~ **bleiben** to keep in practice, to keep one's hand in; **aus der** ~ **sein** to be out of practice; ***das ist alles nur*** ~ it's [all] a question of practice, it [all] comes with practice; **aus der** ~ **kommen** to get out of practice; (*von Geschicklichkeit*) to lose touch; **zur** ~ for practice ▸ WENDUNGEN: ~ **macht den Meister** (*prov*) practice makes perfect *prov*

Übung² <-, -en> *f* ① (*propädeutische Lehrveranstaltung*) seminar (**zu** +*akk* on) ② (*~sstück*) exercise ③ SPORT exercise (**an** +*dat* on) ④ (*Gelände~*) exercise ⑤ (*Probeeinsatz*) exercise, drill

Übungsarbeit *f* SCH practice [*or* mock] test **Übungsaufgabe** *f* SCH exercise **Übungsbuch** *nt* SCH book of exercises

Übungsgelände *nt* MIL training ground [*or* area]

UdSSR <-> [u:de:ʔɛsʔɛsˈʔɛr] *f Abk von* **Union der Sozialistischen Sowjetrepubliken** HIST ▪ **die** ~ the USSR [*or* U.S.S.R.]

UEFA-Cup <-s, -s> [uˈe:fakap] *m,* **UEFA-Pokal** [uˈe:fa-] *m* ▪ **der** ~ the UEFA Cup

Ufer <-s, -> *nt* (*Fluss~*) bank; (*See~*) shore, strand *liter;* **das rettende** [*o* **sichere**] ~ **erreichen** to reach dry land [*or* the shore in safety]; **an das** [*or* ans] ~ **schwimmen** to swim ashore/to the bank; **über die** ~ **treten** to break [*or* burst] its banks; **an das** [*o* **ans**] ~ to the bank/shore; **an dem** [*o* **am**] ~ on the waterfront, on [*or* at] the water's edge

Uferbefestigung *f* ① *kein pl* (*das Befestigen*) bank reinforcement *no pl,* protection of banks/shore ② (*befestigende Bepflanzung*) bank reinforcement **Uferböschung** *f* embankment **Uferlandschaft** *f* land on each side of a/the river/lake *no indef art, no pl,* riparian landscape *liter* **uferlos** *adj* endless; **ins U~e gehen** (*zu keinem Ende führen*) to go on forever [*or* on and on]; (*jeden Rahmen übersteigen*) to go up and up **Uferpromenade** *f* [riverside/seaside] promenade **Uferschnepfe** *f* ORN godwit **Uferschwalbe** *f* ORN sand martin **Uferstraße** *f* lakeside/riverside road

uff *interj* (*fam*) phew *fam,* whew *fam;* ~***, das hätten wir geschafft!*** phew, that's that done!

Ufo, UFO <-[s], -s> *nt Abk von* **Unbekanntes Flugobjekt** UFO

Uganda <-> *nt kein pl* Uganda

Ugander(in) <-s, -> *m(f)* Ugandan

ugandisch *adj inv* Ugandan

U-Haft *f* JUR (*fam*) *s.* **Untersuchungshaft**

Uhr <-, -en> *f* ① (*Instrument zur Zeitanzeige*) clock, timepiece *form;* **die** ~ **in der Küche** the clock in the kitchen, the kitchen clock; (*Armband~*) watch; ▪ **nach jds** ~ by sb's watch; ***was sagt deine*** ~***?*** **auf die** ~ **sehen** to look at the clock/one's watch; **die** ~**en** [**auf Sommer-/Winterzeit**] **umstellen** to set the clock/one's watch [to summer/winter time]; ***diese*** ~ ***geht nach/vor*** this watch is slow/fast; (*allgemein*) this watch loses/gains time; **jds** ~ **geht nach dem Mond** (*fam*) sb's watch can't tell the time [*or fam* is way out]; **jds innere** ~ sb's biological clock; ▪ **rund um die** ~ round the clock, 24 hours a day; ▪ **gegen die** ~ against time ② (*Zeitangabe*) o'clock; **7** ~ 7 o'clock [in the morning], 7 am [*or* a.m.]; MIL O seven hundred [*or written* 0700] hours; **15** ~ 3 o'clock [in the afternoon], 3 pm [*or* p.m.]; MIL fifteen hundred [*or written* 1500] hours; **9** ~ **15** quarter past nine [in the morning/evening], nine fifteen [*or written* 9.15] [am/pm], 15 minutes past 9 [in the morning/evening] *form;* **7** ~ **30** half past 7 [in the morning/evening], seven thirty [*or written* 7:30] [am/pm]; **8** ~ **23** 23 minutes past 8 [in the morning/evening], eight twenty-three [am/pm] *form;* **10** ~ **früh** [*o* **morgens**]/**abends/nachts** ten [o'clock] in the morning/in the evening/at night; ***wie viel*** ~ ***ist es?, wie viel*** ~ ***haben wir*** what time is it?; ***um wie viel*** ~***?*** [at] what time?; **um 10** ~ at ten [o'clock] [in the morning/evening] ▸ WENDUNGEN: **jds** ~ **ist abgelaufen** (*geh*) the sands of time have run out for sb *form or liter*

Uhrkette *f* watch chain, fob [chain] **Uhrmacher(in)** *m(f)* watchmaker/clockmaker, horologist *spec* **Uhrwerk** *nt* ① (*Antrieb einer mechanischen Uhr*) clockwork mechanism, works *npl* [of a watch/clock], movements *pl* ② (*Antrieb eines Spielzeugs*) clockwork mechanism; **von einem** ~ **angetrieben** clockwork *attr,* driven by clockwork *pred* **Uhrzeiger** *m* hand [of a clock/watch]; **der große/kleine** ~ the big

U

[*or* minute]/small [*or* hour] hand **Uhrzeigersinn** *m* ■ **im ~** clockwise; ■ **entgegen dem ~** anticlockwise, counterclockwise AM **Uhrzeit** *f* time [of day]; ***was haben wir für eine ~?*** what time [of day] is it?

> **! Tipp** Die Einteilung des Tages in vierundzwanzig Stunden wird meist nur bei Fahrplänen benutzt. Die Zeit von Mitternacht bis 12 Uhr mittags wird mit **a.m.** bezeichnet, von 12 Uhr mittags bis Mitternacht wird **p.m.** verwendet, z. B. 10.30 Uhr entspricht **10:30 a.m.**, 14.50 Uhr **2:50 p.m.**. Mit **half two** ist übrigens **half past two**, also 14.30 Uhr gemeint! Im Englischen gibt es kein *fünf vor/nach halb zwei*. Das *viertel zwei*, also *viertel nach eins*, gibt es im Englischen ebenfalls nicht.

Uhu <-s, -s> *m* eagle owl
Ukas <-ses, -se> *m* decree
Ukelei <-, -en> *f* (*Fischart*) bleak
Ukraine <-> [ukraˈiːnə, uˈkrainə] *f* ■ **die ~** [the] Ukraine; *s. a.* **Deutschland**
Ukrainer(in) <-s, -> [ukraˈiːnɐ, uˈkrainɐ] *m(f)* Ukrainian; *s. a.* **Deutsche(r)**
ukrainisch [ukraˈiːnɪʃ, uˈkrainɪʃ] *adj* ① (*die Ukraine betreffend*) Ukrainian; *s. a.* **deutsch 1** ② LING Ukrainian; *s. a.* **deutsch 2**
Ukrainisch [ukraˈiːnɪʃ, uˈkrainɪʃ] *nt decl wie adj* Ukrainian; *s. a.* **Deutsch**
Ukrainische <-n> *nt* ■ **das ~** Ukrainian, the Ukrainian language; *s. a.* **Deutsche**
UKW <-> [uːkaːˈveː, ˈuːkaːveː] *nt kein pl Abk von* **Ultrakurzwelle** ≈ VHF *no pl;* **auf ~** on VHF; **auf ~ umschalten** to switch to VHF
UKW-Empfang [uːkaːˈveː-] *m* VHF reception
UKW-Sender *m* VHF transmitter
Ulan-Bator <-s> *nt* Ulan Bator
Ulk <-[e]s, -e> *m* (*fam*) joke; **aus ~** as a joke, for a lark *fam*
ulken *vi* (*fam*) to joke; (*herumkaspern*) to clown around
ulkig *adj* (*fam*) ① (*lustig*) funny ② (*seltsam*) peculiar, strange, odd
Ulme <-, -n> *f* elm
Ulmenkrankheit *f* ■ **die ~** Dutch elm disease
ultimativ **I.** *adj* ■ **eine ~e Forderung/ein ~es Verlangen** an ultimatum **II.** *adv* in the form of an ultimatum; **jdn ~ auffordern, etw zu tun** to give sb an ultimatum to do sth; *Streitmacht* to deliver [*or* issue] an ultimatum to sb to do sth
Ultimatum <-s, -s *o* Ultimaten> *nt* ultimatum; **jdm ein ~ stellen** to give sb an ultimatum; *Streitmacht* to deliver [*or* issue] an ultimatum to sb
Ultimo <-s, -s> *m* ÖKON end [*or* last [day]] of the month; **bis/vor ~** till [*or* until]/before the end [*or* last [day]] of the month
Ultra <-s, -s> *m* extremist
Ultrakurzwelle *f s. a.* **UKW** ① (*elektromagnetische Welle*) ultrashort [*or spec* metric] wave ② (*Empfangsbereich*) ≈ very high frequency [*or* VHF]
ultraleicht *adj* ultralight *spec* **ultralinks** *adj* extreme leftist *a. pej*
Ultramarin <-s> *nt kein pl* ultramarine *no pl*
ultraorthodox *adj* extremely orthodox **ultrarechts** *adj* extreme[ly] right-wing
Ultraschall *m* ultrasound *no pl*
Ultraschallaufnahme *f* ultrasound picture, scan **Ultraschalldiagnostik** *f* ultrasound [*or* ultrasonic] diagnosis **Ultraschallgerät** *nt* [ultrasound] scanner **Ultraschalluntersuchung** *f* ultrasound, scan **Ultraschallwellen** *pl* ultrasonic waves *pl*
ultraviolett [-vi-] *adj* ultraviolet
um **I.** *präp +akk* ① (*etw umgebend*) ■ **~ etw [herum]** around [*or* BRIT round] sth; **ganz um etw [herum]** all around [*or* BRIT round] sth ② (*gegen*) **~ Ostern/den 15./die Mitte des Monats [herum]** around Easter/the 15th/the middle of the month; **~ fünf Uhr [herum]** at [*or* around] about five o'clock; *s. a.* **Uhr** ③ (*im Hinblick auf etwas*) about; **~ etw streiten** to argue about sth; *s. a.* **bitten, gehen** ④ *Unterschiede im Vergleich ausdrückend* **~ einiges** [*o* **manches**] **besser** quite a bit better; **~ nichts enger/breiter** no narrower/wider; **~ einen Kopf größer/kleiner** a head taller/shorter by a head; **~ 10 cm länger/kürzer** 10 cm longer/shorter ⑤ (*wegen*) ■ **~ jdn/etw** for sb/sth; ■ **~ jds/einer S. willen** for the sake of sb [*or* for sb's sake]/for the sake of sth; **~ meinetwillen** for my sake; *s. a.* **Gott, Himmel** ⑥ (*für*) **Minute ~ Minute** minute by minute; **Zentimeter ~ Zentimeter** centimetre by [*or* after] centimetre [*or* AM -er] ⑦ (*nach allen Richtungen*) **~ sich schlagen/treten** to hit/kick out in all directions ⑧ (*vorüber*) ■ **~ sein** to be over; *Zeit* to be up; *Frist* to expire **II.** *konj* ■ **~ etw zu tun** [in order] to do sth; *s. a.* **so III.** *adv* **~** *die 80 Meter,* about 80 metres [*or* AM -ers], 80 metres [*or* AM -ers] or thereabouts
um|adressieren* *vt* ■ **etw ~** to readdress sth; (*nachsenden*) to redirect sth
um|ändern *vt* ■ **etw ~** to alter sth
um|arbeiten *vt* ① (*umgestalten*) ■ **etw ~** to rework [*or* revise] sth; **ein Buch ~** to rewrite a book; **ein Drehbuch/Manuskript ~** to rewrite [*or* rework] a script/manuscript ② *s.* **umändern**
umarmen* *vt* ■ **jdn ~** to embrace sb; (*fester*) to hug sb; (*zum Grüßen a.*) to give sb a hug; ***„lass dich ~!"*** "give me a hug!"
Umarmung <-, -en> *f* embrace/hug; **die/eine ~ zweier Liebenden** two lovers embracing
Umbau[1] *m kein pl* rebuilding *no pl,* renovation *no pl;* (*zu etw anderem a.*) conversion *no pl;* **sich im ~ befinden** to be being rebuilt/renovated/converted
Umbau[2] <-bauten> *m* renovated/converted building; (*Teil von Gebäude*) renovated/converted section
um|bauen[1] **I.** *vt* ■ **etw ~** to convert [*or* make structural alterations to] sth **II.** *vi* to renovate
umbauen*[2] *vt* ■ **etw [mit etw] ~** to enclose sth [with sth]; *s. a.* **Raum**
um|benennen* *vt irreg* ■ **etw [in etw** *akk*] **~** to rename sth [sth]
Umbenennung *f* ■ **die/eine ~ von etw/einer S.** *gen* renaming sth; **Tausende von ~en von Straßen** renaming thousands of streets
Umberfisch *m* croaker, dumbfish
um|besetzen* *vt* ① FILM, THEAT ■ **etw ~** to recast sth ② POL ■ **etw ~** to reassign sth
Umbesetzung *f* ① FILM, THEAT recasting *no pl;* **eine ~ vornehmen** to alter the cast ② POL reassignment; *vom Ministerium* ministry shake-up; *vom Kabinett* reshuffle; **~en vornehmen** to reshuffle the cabinet
um|bestellen* **I.** *vt* ① (*zu einem anderen Zeitpunkt bestellen*) ■ **jdn [auf etw** *akk*] **~** to give another [*or* a new] appointment to sb [for sth] ② (*ändern*) ■ **etw ~** to change one's/the order/orders for sth **II.** *vi* to change the/one's order/orders
um|betten *vt* ① (*in ein anderes Bett legen*) ■ **jdn ~** to move [*or* transfer] sb [to another bed]; ■ **jdn [in/auf etw** *akk*] **~** to move [*or* transfer] sb [to sth] ② (*euph: woanders beerdigen*) ■ **etw ~** to transfer sth [to another grave], to rebury sth
um|biegen *irreg* **I.** *vt haben* ① (*durch Biegen krümmen*) ■ **etw ~** to bend sth ② (*auf den Rücken biegen*)

jdm den Arm ~ to twist sb's arm [behind sb's back]; **mit umgebogenem Arm** with one's arm twisted behind one's back **II.** *vi sein* ① (*kehrtmachen*) to turn back [*or* round] ② (*abbiegen*) **nach links/rechts** ~ to take the left/right road/path/etc.; *Pfad, Straße* to turn [*or* bend] to the left/right

um|bilden *vt* ■**etw** ~ to reshuffle [*or* shake up *sep*] sth

Umbildung *f* reshuffle, shake-up

um|binden *vt irreg* ■**jdm etw** ~ to put [*or* wrap] sth around sb's neck; (*mit Knoten a.*) to tie sth around sb's neck; ■**sich** *dat* **etw** ~ to put on sth *sep;* (*mit Knoten a.*) to tie on sth *sep*

um|blättern *vi* to turn over; **ein paarmal** ~ to turn over a few pages; (*ohne Interesse*) to flip through a few pages

um|blicken *vr* ① (*nach hinten blicken*) ■**sich** ~ to look back; ■**sich nach jdm/etw** ~ to turn round to look at sb/sth ② (*zur Seite blicken*) **sich nach links/rechts** ~ to look to the left/right; (*vor Straßenüberquerung a.*) to look left/right; **sich nach allen Seiten** ~ to look in all directions

Umbra <-> *f kein pl* umber *no pl*

um|brechen[1] *irreg* **I.** *vt haben* ■**etw** ~ ① (*umknicken*) to break down sth *sep* ② (*geh: umpflügen*) to turn over [*or* break up] sth *sep* **II.** *vi sein* to break

umbrechen*[2] *vt irreg* TYPO ■**etw** ~ to make up sth *sep*

um|bringen *irreg* **I.** *vt* ■**jdn** ~ to kill sb; (*vorsätzlich a.*) to murder sb; **jdn mit/durch Gift** ~ to kill/murder sb with poison [*or* by poisoning]; **jdn mit einem Messer/durch Messerstiche** ~ to stab sb to death ► WENDUNGEN: **es wird mich noch ~!** (*fig fam*) it'll be the death of me! *fam;* **nicht umzubringen sein** (*fam*) to be indestructible **II.** *vr* ① (*Selbstmord begehen*) ■**sich** ~ to kill oneself; **sich mit Gift** ~ to kill oneself by taking poison [*or* with poison]; **sich mit einem Messer** ~ to stab oneself to death ② (*fam: sich allzu sehr ereifern*) **sich [fast] vor Freundlichkeit/Höflichkeit** ~ to [practically] fall over oneself to be friendly/polite; **bringen Sie sich nur nicht um!** (*fig fam*) [mind you] don't kill yourself! *iron;* (*als Appell an die Vernunft*) you'll kill yourself [if you go [*or* carry] on like that]!

Umbruch *m* ① (*grundlegender Wandel*) radical change, upheaval; **sich in einem** ~ **befinden** to be going through a radical change, to be in upheaval ② *kein pl* TYPO making up *no pl;* **beim** ~ **sein** to be being made up; (*umbrochener Satz*) make-up

Umbruchphase *f* POL, SOZIOL, ÖKON upheaval phase

um|buchen **I.** *vt* ① (*auf einen anderen Termin verlegen*) ■**etw [auf etw** *akk*] ~ to alter [*or* change] one's booking/reservation for sth [to sth]; **den Flug auf einen anderen Tag** ~ to change one's flight reservation to another day ② (*auf ein anderes Konto buchen*) ■**etw [von etw] [auf etw** *akk*] ~ to transfer sth [from sth] [to sth] **II.** *vi* ■**[auf etw** *akk*] ~ to alter [*or* change] one's booking/reservation [to sth]

Umbuchung *f* ① (*umgebuchter Termin*) changed [*or* altered] booking/reservation, change [*or* alteration] to a/the booking/reservation; **eine** ~ **[auf etw** *akk*] **vornehmen** to change [*or* alter] one's booking/reservation [to sth] ② (*Überweisung*) transfer

umdeklarieren* *vt* ÖKON, JUR ■**etw** ~ *Ware, Ladung* to avoid declaring sth

um|denken *vi irreg* ■**[in etw** *dat*] ~ to change [*or* modify] one's ideas/views [of sth]

um|dirigieren* *vt* ■**etw [nach/zu etw]** ~ to redirect sth [to sth]

um|disponieren* *vi* to change one's plans [*or* arrangements], to make new arrangements

umdrehen **I.** *vt haben* ① (*auf die andere Seite drehen*) ■**jdn/etw** ~ to turn over sb/sth *sep; s. a.* **Arm, Hals** ② (*herumdrehen*) ■**etw** ~ to turn sth ► WENDUNGEN: **jdm jedes Wort im Mund** ~ to twist sb's every word **II.** *vr haben* (*in die andere Richtung wenden*) ■**sich [nach jdm/etw]** ~ to turn round [to look at sb/sth]; *s. a.* **Magen** ► WENDUNGEN: **sich im Grab[e]** ~ to turn in one's grave **III.** *vi haben o sein* to turn round; *Mensch a.* to turn back

Umdrehung *f* AUTO revs *pl,* revolutions *pl form;* **3100 ~en** 3100 rpm

umeinander *adv* about each other [*or* one another]; ***wir haben uns nie groß ~ gekümmert*** we never really had much to do with each other

um|fahren[1] *irreg vt* (*fam*) ① (*überfahren*) ■**jdn** ~ to knock down [*or* run over] sb *sep* ② (*anfahren und abknicken*) ■**etw** ~ to hit sth; ■**umgefahren werden** to be hit by a vehicle

umfahren*[2] *vt irreg* ■**etw** ~ ① (*vor etw ausweichen*) to circumvent sth *form; Auto a.* to drive around sth ② (*Umweg fahren*) to make a detour around sth

Umfahrung <-, -en> *f* ÖSTERR, SCHWEIZ bypass

Umfall *m* POL (*pej fam*) turnaround *a. pej*

um|fallen *vi irreg sein* ① (*umkippen*) to topple [*or* fall] over; *Baum a.* to fall [down] ② (*zu Boden fallen*) to fall over [*or* down], to fall [*or* drop] to the floor/ground; (*schwerfällig*) to slump to the floor/ground; **tot** ~ to drop [down] dead ③ (*fam: die Aussage widerrufen*) to retract one's statement

Umfang <-[e]s, Umfänge> *m* ① (*Perimeter*) circumference; *eines Baums a.* girth ② (*Ausdehnung*) area; **einen** ~ **von 5 Hektar haben** to cover an area of 5 hectares ③ (*Ausmaß*) **in großem** ~ on a large scale; **in vollem** ~ completely, entirely, fully; **in vollem** ~ **freigesprochen werden** to be found not guilty on all points; **eine Katastrophe in vollem** ~ **erkennen** to recognize the full scale of a disaster

umfangen* *vt irreg* (*geh*) ■**jdn** ~ to embrace sb; **jdn/sich** ~ **halten** to hold sb/each other in one's/their arms

umfangreich *adj* ① (*voluminös*) extensive; **ein ~es Buch** a thick book ② (*ein erhebliches Ausmaß besitzend*) extensive

umfassen* *vt* ① (*umschließen*) ■**jdn/etw/sich** ~ to clasp sb/sth/each other; (*umarmen*) to embrace sb/sth/[each other] ② (*aus etw bestehen*) ■**etw** ~ to comprise sth; **vier Seiten/zwei Spalten** ~ to have four pages/cover two columns

umfassend **I.** *adj* ① (*weitgehend*) extensive; **~e Vollmachten/Maßnahmen** sweeping [*or* extensive] powers/measures ② (*alles enthaltend*) full; **ein ~er Bericht/ein ~es Geständnis** a full report/confession **II.** *adv* **etw** ~ **berichten** to report all the details of sth, to cover sth thoroughly; ~ **gestehen** to admit to everything; **jdn** ~ **informieren** to keep sb informed of everything

Umfeld *nt* sphere

umfinanzieren* *vt* ÖKON ■**etw** ~ to refinance sth

umfliegen* *vt irreg* ① (*um etw herumfliegen*) ■**etw** ~ to fly around [*or* BRIT round] sth ② (*um etw kreisen*) ■**jdn/etw** ~ to fly [in circles] around [*or* BRIT round] sb/sth

um|formen *vt* ■**jdn** ~ to transform sb

umformulieren* *vt* ■**etw** ~ to redraft sth; *Satz* to reword sth

Umfrage *f* survey; POL [opinion] poll; **eine** ~ **[zu etw/über etw** *akk*] **machen** to hold [*or* carry out *sep*] [*or form* conduct] a survey [on sth]

Umfragewerte *pl* SOZIOL ■**jds** ~ public opinion of sb

umfrieden* *vt* (*geh*) ■**etw [mit etw]** ~ to enclose sth [with sth]; **etw mit einer Mauer/einem Zaun** ~ to wall/fence in sth *sep*

Umfriedung <-, -en> *f* ① (*Einfriedigung*) enclosing

fence/wall/hedge etc. ② *kein pl* (*das Einzäunen*) ■**die ~ von etw/einer S.** *gen* [**mit etw**] enclosing sth [with sth]; **die ~ von etw mit einem Zaun/einer Mauer** fencing/walling in sth

um|füllen *vt* ■**etw** [**von etw**] [**in etw** *akk*] ~ to transfer sth [from sth] into sth; **Wein in eine Karaffe ~** to decant wine

um|funktionieren* *vt* ■**etw** [**zu etw**] ~ to remodel sth [into sth], to change [*or* turn] sth [into sth]

Umfunktionierung <-, -en> *f* ■**die ~ von etw/einer S.** *gen* [**in etw** *akk*] remodelling sth [into sth], changing sth [into sth], turning sth into sth

Umgang <-gänge> *m* ① (*gesellschaftlicher Verkehr*) ■**jds ~** sb's dealings *pl;* **~ mit jdm haben** (*geh*) to associate with sb, to have dealings with sb; **kein ~ für jdn sein** (*fam*) to be not fit [*or* be no] company for sb ② (*Beschäftigung*) ■**jds ~ mit etw** sb's having to do [*or* deal] with sth *form*

umgänglich *adj* sociable, friendly; (*entgegenkommend*) obliging

Umgangsformen *pl* [social] manners *pl;* **keine ~ haben** to have no manners **Umgangssprache** *f* ① LING colloquial language [*or* speech] *no pl;* **die griechische ~** colloquial Greek ② (*übliche Sprache*) ***in dieser Schule ist Französisch die ~*** the language spoken at this school is French **umgangssprachlich** *adj* colloquial; **ein ~er Ausdruck/ein ~es Wort** a colloquial expression/word, a colloquialism *spec;* ■**~ sein** to be a colloquial expression/word [*or spec* a colloquialism] **Umgangston** *m* tone, way of speaking

umgarnen* *vt* (*geh*) ■**jdn ~** to ensnare [*or* beguile] sb; ■**sich** [**von jdm/etw**] **~ lassen** to let oneself be ensnared [*or* beguiled] [by sb]/beguiled [by sth]

umgeben* *irreg* **I.** *vt* ① (*einfassen*) ■**etw mit etw ~** to surround sth with sth; **mit einer Mauer/einem Zaun ~ sein** to be walled/fenced in, to be surrounded [*or* enclosed] by a fence/wall ② (*sich rings erstrecken*) ■**etw ~** to lie to all sides of sth; **etw von drei Seiten ~** to lie to three sides of sth ③ (*in Gesellschaft von*) ■**von jdm ~ sein** to be surrounded by sb **II.** *vr* ■**sich mit jdm/etw ~** to surround oneself with sb/sth

Umgebung <-, -en> *f* ① (*umgebende Landschaft*) environment, surroundings *pl; einer Stadt a.* environs *npl,* surrounding area; (*Nachbarschaft*) vicinity, neighbourhood; **in nächster ~** in the direct [*or* close] vicinity ② (*jdn umgebender Kreis*) people around one

Umgegend *f* (*fam*) surrounding area

um|gehen¹ *vi irreg sein* ① (*behandeln*) **mit jdm vorsichtig/rücksichtslos ~** to treat [*or* handle] sb carefully [*or* with care]/inconsiderately [*or* with inconsideration]; **mit jdm umzugehen wissen** to know how to handle [*or* deal with] sb, to have a way with sb; **mit jdm nicht ~ können** to not know how to handle [*or* deal with] sb; **mit etw gleichgültig/vorsichtig ~** to handle sth indifferently [*or* with indifference]/carefully [*or* with care]; *s. a.* **Geld** ② (*kolportiert werden*) to circulate, to go about [*or* around] ③ (*spuken*) to walk [abroad *liter*]; ***im Schloss geht ein Gespenst um*** the castle is haunted [by a ghost]

umgehen*² *vt irreg* ■**etw ~** ① (*vermeiden*) to avoid sth ② (*an etw vorbei handeln*) to circumvent sth *form*

umgehend **I.** *adj* immediate; **eine ~e Antwort** an immediate [*or* a prompt] reply; ***ich bitte um ~e Antwort*** please inform me at your earliest convenience *form* **II.** *adv* immediately; **jdm ~ antworten** to reply [to sb] at one's earliest convenience *form*

Umgehung¹ <-, -en> *f* ① (*das Vermeiden*) avoidance *no pl* ② (*das Umgehen*) circumvention *no pl form;* **unter ~ einer S.** *gen* by getting round [*or form* circumventing] sth

Umgehung² <-, -en> *f,* **Umgehungsstraße** *f* bypass

umgekehrt **I.** *adj* reversed, reverse *attr;* **in ~er Reihenfolge** in reverse order; (*rückwärts*) backwards; **die ~e Richtung** the opposite direction; **in ~em Verlauf** in reverse; [***es ist***] ***gerade ~!*** just the opposite!, quite the contrary!; *s. a.* **Vorzeichen II.** *adv* ① (*anders herum*) the other way round ② (*in der entgegengesetzten Reihenfolge*) **einen Film ~ abspielen** to run a film backwards; ***es hat sich genau ~ abgespielt*** just the opposite happened

um|gestalten* *vt* ■**etw ~** to reorganize sth; **die Anordnung von etw ~** to rearrange sth; **ein Gesetzeswerk/die Verfassung ~** to reform a body of laws/the constitution; **einen Park/ein Schaufenster ~** to redesign a park/shop window

Umgestaltung <-, -en> *f* reorganization *no pl; von Gesetzeswerk, Verfassung* reformation *no pl; eines Parks, Schaufensters* redesign *no pl; Anordnung* rearrangement *no pl*

um|gewöhnen* *vr* ■**sich ~** to re-adapt, to adapt to a/the new situation

um|graben *vt irreg* ■**etw ~** to dig over sth *sep;* **die Erde ~** to turn [over *sep*] the soil

um|gruppieren* *vt* ■**jdn/etw ~** to regroup sb/sth; **die Möbel/Skulpturen ~** to rearrange the furniture/sculptures

umgucken *vr* (*fam*) ■**sich ~** *s.* **umsehen**

Umhang <-[e]s, Umhänge> *m* cape

um|hängen¹ *vt* (*umlegen*) ■**sich** *dat* **etw ~** to put on sth *sep;* ■**jdm etw ~** to wrap [*or* drape] sth around sb; **jdm/sich Decken ~** to wrap blankets around sb/oneself, to wrap sb/oneself in blankets

um|hängen² *vt* (*woanders hinhängen*) ■**etw ~** to rehang sth, to hang sth somewhere else

Umhängetasche *f* shoulder bag

um|hauen *vt irreg* (*fam*) ① (*fällen*) ■**etw ~** to chop [*or* cut] down sth *sep;* **Bäume ~** to fell trees, to chop [*or* cut] down *sep* ② (*völlig verblüffen*) ■**jdn ~** to stagger sb, to bowl over sb *sep fam* ③ (*lähmen*) ■**jdn ~** to knock out sb *sep*

umhegen* *vt* (*geh*) ■**jdn/etw ~** to look after sb/sth with loving care; **jdn ~ und umpflegen** to look after sb's every [little] wish; **etw ~ und umpflegen** to look after sth asifit were the apple of one's eye

umher *adv* around, about; **überall ~** everywhere; **weit ~** all around, as far as you can see

umher|fahren *vi irreg sein* to drive around **umher|gehen** *vi irreg sein* ■**in etw** *dat* **~** to walk about [*or* around] sth **umher|irren** *vi sein* to wander about [*or* around] **umher|laufen** *vi irreg sein* ■[**in etw** *dat*] **~** to walk around [*or* about] [sth]; (*rennen*) to run around [*or* about] [sth] **umher|wandern** *vi sein* ■[**in etw** *dat*] **~** to wander [*or* roam] around [*or* about] [sth] **umher|ziehen** *vi irreg sein* to wander [*or* roam] about [*or* around]

umhin|können *vi irreg* **jd kann nicht umhin, etw zu tun** sb cannot avoid doing sth

um|hören *vr* ■**sich** [**nach jdm/etw**] **~** to ask around [about sb/for sth]; ■**sich** [**irgendwo**] **~** to ask around [somewhere]

umhüllen* *vt* ■**jdn/etw** [**mit etw**] **~** to wrap [up *sep*] sb/sth [in sth]

umjubeln* *vt* ■**jdn ~** to cheer sb

umkämpft *adj* disputed; **ein ~es Gebiet** a disputed area, a war zone; ■**~ sein** to be disputed [*or* the centre of a dispute]

Umkehr <-> *f kein pl* turning back

umkehrbar *adj* reversible; ■**nicht ~** irreversible

um|kehren **I.** *vi sein* to turn back; **nach Hause/zum Ausgangspunkt ~** to go back home/back to where one started [out] **II.** *vt haben* (*geh*) ■**etw ~** to reverse sth

Umkehrung <-, -en> *f* (*geh*) reversal

um|kippen I. *vi sein* ① (*seitlich umfallen*) to tip [*or* fall] over; ■[**mit etw** *dat*] ~ *Stuhl, Fahrrad, Roller* to fall over [with sth] ② (*fam: bewusstlos zu Boden fallen*) to pass out ③ (*sl: die Meinung ändern*) to come round ④ ÖKOL to become polluted; ***durch die Mülldeponie in Ufernähe ist der See umgekippt*** the balance in the lake has been upset by the rubbish tip near the riverbank ⑤ (*ins Gegenteil umschlagen*) to change course [*or* tack], to do a U-turn [*or* an about-face]; ■**in etw** *akk* ~ to turn into sth; ***seine Laune kann von einer Minute auf die andere*** ~ his mood can blow hot and cold from one minute to the next II. *vt haben* ■**etw** ~ to tip [*or* knock] over sth *sep*

umklammern* *vt* ① (*sich an jdm festhalten*) ■**jdn** ~ to cling [on] to sb, to hold on tightly to sb ② (*fest umfassen*) ■**etw** ~, ■**etw** *akk* **umklammert halten** to hold sth tight

Umklammerung <-, -en> *f* ① *kein pl* (*Umarmung*) embrace ② (*umklammernder Griff*) clutch; SPORT clinch

um|klappen *vt* ■**etw** ~ to fold down sth *sep*

Umkleidekabine *f* changing cubicle [*or* AM stall]

um|kleiden *vt* (*geh*) ■**sich** ~ to change, to get changed

Umkleideraum *m* changing room

um|knicken I. *vi sein* ① (*brechen*) *Stab, Zweig* to snap ② (*zur Seite knicken*) [**mit dem Fuß**] ~ to twist one's ankle II. *vt haben* ■**etw** ~ to snap sth; (*Papier, Pappe*) to fold over; (*Pflanze, Trinkhalm*) to bend sth [over]

um|kommen *vi irreg sein* ① (*sterben*) to be [*or* get *fam*] killed, to die; **bei** [*o* **in**] **einem Verkehrsunfall/Flugzeugabsturz/etc** ~ to be killed in a traffic accident/plane crash ② (*fam: verderben*) to go off [*or* bad] *fam* ③ (*fam: es nicht mehr aushalten*) to be unable to stand sth [any longer]; **vor Langeweile** ~ to be bored to death

Umkreis *m* ■**im** ~ [**einer S.** *gen*] in the vicinity [*or* surroundings] [of sth], within the environs [of sth] BRIT; ***im ~ von 100 Metern/Kilometern*** within a radius of 100 metres/kilometres

umkreisen* *vt* ■**etw** ~ ① ASTRON (*um etw kreisen*) to revolve around sth, to orbit sth ② RAUM (*in einer Umlaufbahn sein*) to orbit sth, to circle sth

Umkreisung <-, -en> *f* ASTRON (*das Umkreisen*) orbiting; ASTRON, RAUM (*Vollendung einer Umlaufbahn*) orbit

um|krempeln *vt* ① (*aufkrempeln*) ■**sich** *dat* **etw** *akk* ~ to roll up sth *sep;* (*Hosenbein*) to turn up sth *sep* ② (*fam: gründlich durchsuchen*) ■**etw** ~ to turn sth upside down *fam* ③ (*fam: grundlegend umgestalten*) ■**etw/sb** ~ to turn sth/sb inside out, to shake up sth/sb *sep,* to give sth/sb a good shake up *fam*

Umlage *f* ① FIN share of the cost ② KOCHK garnish

umlagern* *vt* ■**jdn** ~ to surround sb

Umland *nt kein pl* surrounding area

Umlauf *m* ① ASTRON (*Umkreisung*) rotation ② ADMIN (*internes Rundschreiben*) circular; **etw** *akk* **in** ~ **bringen** [*o* **setzen**] to circulate sth, to put sth into circulation; *Gerücht, Lüge, Parole* to spread sth, to put about sth *sep;* ÖKON (*etw kursieren lassen*) *Banknoten, Geld, Falschgeld* to put into circulation; **im** ~ **sein** to be in circulation *a. fig*

Umlaufbahn *f* ASTRON, RAUM (*Kreisbahn, Orbit*) orbit; **die ~en um die Sonne** solar orbits

um|laufen I. *vi sein irreg* ① ÖKON (*zirkulieren*) to be in circulation ② (*weitererzählt werden*) to go round, to be circulating II. *vt haben* (*fam: umrennen*) ■**jdn/etw** ~ to knock sb/sth over

Umlaut *m* PHON umlaut, vowel mutation

um|lauten *vt* PHON ■[**zu etw** *dat*] **umgelautet werden** to be modified [into sth]

um|legen *vt* ① (*auf andere Seite kippen*) ■**etw** ~ to turn sth; **einen Schalter** ~ to turn a switch ② (*um Körperteil legen*) ■**jdm/sich etw** *akk* ~ to put [*or* wrap] sth around sb/oneself ③ (*flachdrücken*) ■**etw** ~ to flatten sth ④ (*fällen*) ■**etw** ~ to bring down sth *sep* ⑤ (*sl: umbringen*) ■**jdn** [**mit etw** *dat*] ~ to do in sb [with sth] *sep;* (*mit Pistole*) to bump sb off *sep;* ■**jdn** [**von jdm**] ~ **lassen** to have sb done in [by sb] ⑥ FIN (*anteilig verteilen*) ■**etw** *akk* **auf jdn/etw** ~ to split sth between sb/sth ⑦ ([*auf einen anderen Zeitpunkt*] *verlegen*) ■**etw** [**auf etw** *akk*] ~ to change sth [to sth], to reschedule sth [for sth]

um|leiten *vt* BAU, TRANSP (*um etw herum leiten*) ■**etw** [**irgendwohin**] ~ to divert sth [somewhere]

Umleitung <-, -en> *f* TRANSP ① (*Strecke für umgeleiteten Verkehr*) diversion, detour ② *kein pl* (*das Umleiten*) diversion, re-routing

um|lernen *vi* to rethink, to change one's attitudes

umliegend *adj* surrounding

Umluft *f kein pl* TECH recirculating air

Umluftherd *m* ELEK fan-assisted [*or* convection] oven

ummauern* *vt* ■**etw** ~ to wall [in] sth *sep;* ■**ummauert** walled; (*von Gefängnisbereich*) walled in

um|melden *vt* ADMIN **jdn/sich an einen anderen Wohnort** ~ to register sb's/one's change of address

Ummeldung <-, -en> *f* ADMIN registration of [one's] change of address

umnachtet *adj* **geistig** ~ [**sein**] (*geh*) [to be] mentally deranged

Umnachtung <-, -en> *f* **geistige** ~ (*geh*) mental derangement

Umorganisation *f* reorganization

um|organisieren* *vt* ■**etw** ~ to reorganize sth

um|pflanzen *vt* AGR, HORT ① (*woandershin pflanzen*) ■**etw** ~ to transplant sth ② (*umtopfen*) ■**etw** *akk* [**in etw** *akk*] ~ to repot sth [into sth]

um|pflügen *vt* AGR ■**etw** ~ to plough [*or* AM plow] up sth *sep*

umprogrammieren *vt* ■**etw** ~ *Steuerung, Computer, System* to reprogramme [*or* AM -gram]

um|quartieren* *vt* ■**jdn** ~ to relocate [*or* move] sb

umrahmen* *vt* ① (*einrahmen*) ■**etw** ~ to frame sth ② HORT (*einfassen*) ■**etw** *akk* [**mit etw** *dat*] ~ to border sth [with sth]

Umrahmung <-, -en> *f* ① (*Bilderrahmen*) frame ② *kein pl* (*das Einrahmen*) framing

umranden* *vt* ■**etw** *akk* [**rot/mit einem Stift**] ~ to mark [*or* circle] sth [in red/with a pen]

Umrandung <-, -en> *f* ① (*einfassender Rand*) border; (*Markierung einzelner Wörter*) marking ② *kein pl* (*das Umranden*) marking

umranken* *vt* ■**etw** ~ to twine [*or* climb] around sth

um|räumen I. *vi* to rearrange II. *vt* ① (*woandershin räumen*) ■**etw** [**irgendwohin**] ~ to move sth [somewhere] ② (*die Möblierung umordnen*) ■**etw** ~ to rearrange sth

um|rechnen *vt* ① MATH (*in andere Zahleneinheiten übertragen*) ■**etw** *akk* [**in etw** *akk*] ~ to convert sth [into sth] ② FIN (*in andere Währung übertragen*) ■**etw** *akk* **in etw** *akk* ~ to convert sth into sth; ***wie viel ist das, umgerechnet in Pfund?*** how much is that in pounds?

Umrechnung <-, -en> *f* conversion

Umrechnungskurs *m* exchange rate

umreißen* *vt irreg* ■[**jdm**] **etw** *akk* ~ (*Situation, Lage*) to outline sth [to sb]; (*Ausmaß, Kosten*) to estimate sth [for sb]

um|rennen *vt irreg* ■**jdn/etw** ~ to [run into and] knock sb/sth over

umringen* *vt* ■**jdn/etw** ~ to surround sb/sth;

U

(*drängend umgeben*) to crowd around sb/sth

Umriss[RR] *m meist pl,* **Umriß** *m meist pl* contour[s *pl*], outline[s *pl*]; **in Umrissen** in outline

um|rühren *vi, vt* ■ [**etw**] ~ to stir [sth]

um|rüsten I. *vi* MIL ■ **auf etw** *akk* ~ to rearm with sth **II.** *vt* ❶ MIL (*anders ausrüsten*) ■ **etw** *akk* **auf etw** *akk* ~ to rearm sth with sth ❷ TECH (*für etw umbauen*) ■ **etw** *akk* **auf etw** *akk* ~ to re-equip sth with sth

Umrüstung <-, -en> *f* ❶ MIL (*Ausrüsten*) re-equipping ❷ TECH (*Umbauen*) conversion

ums = **um das** (*fam*) *s.* **um**

um|satteln *vi* (*fam*) [**auf einen anderen Beruf**] ~ to change jobs, to switch from one job to another

Umsatz *m* ÖKON turnover; ~ **machen** (*fam*) to be earning; **1000 DM** ~ **machen** to do 1000 DMs worth of business

Umsatzbericht *m* sales report **Umsatzbeteiligung** *f* ÖKON commission **Umsatzkurve** *f* ÖKON sales curve **Umsatzplus** *nt* increase in turnover **Umsatzprognose** *f* ÖKON sales projection, turnover forecast **Umsatzrückgang** *m* ÖKON drop in turnover

umsatzschwach *adj* ÖKON slow-selling, low-volume

Umsatzstatistik *f* ÖKON sales analysis [*or pl* statistics] **Umsatzsteigerung** *f* ÖKON sales increase, increase in turnover **Umsatzsteuer** *f* FIN sales tax **Umsatzsteueridentifikationsnummer** *f* sales tax identification number

umsäumen* *vt* (*geh*) ■ **etw** ~ to line sth

um|schalten I. *vi* ❶ RADIO, TV, INFORM (*andere Verbindung herstellen*) to switch over; **auf einen anderen Kanal/Sender** ~ change the channel/station ❷ TRANSP (*Anzeigenfarbe ändern*) to change; **auf Rot/Orange/Grün** ~ to turn [*or* go] red/amber [*or* AM yellow]/green ❸ (*fam: sich einstellen*) ***Ich brauche ein bisschen Zeit umzuschalten*** I need a little time to shift gears; ■ **auf etw** *akk* ~ to adapt to sth **II.** *vt* RADIO, TV (*auf anderen Sender wechseln*) ■ **etw** *akk* **auf etw** *akk* ~ to switch sth to sth; **das Fernsehgerät/Radio** [*o* SÜDD, ÖSTERR, SCHWEIZ **den Radio**] ~ to change the television channel/radio station

Umschalttaste *f* INFORM shift-key

Umschaltung <-, -en> *f* TV change of channel; RADIO change of station

Umschau *f* **nach jdm/etw** ~ **halten** to look out for sb/sth, to keep an eye out for sb/sth

um|schauen *vr* (*geh*) *s.* **umsehen**

um|schichten *vt* ❶ (*anders aufschichten*) ■ [**jdm**] **etw** *akk* ~ to restack sth [for sth] ❷ (*anders verteilen*) ■ **etw** ~ to redistribute sth

Umschichtung <-, -en> *f* redistribution

umschiffen* *vt* NAUT ■ **etw** ~ to sail around sth; *Kap a.* to round, to double; *s. a.* **Klippe**

Umschlag[1] <-[e]s> *m kein pl* ÖKON transfer, transshipment

Umschlag[2] <-[e]s, -schläge> *m* ❶ (*Kuvert*) envelope; **selbstklebender** ~ self-adhesive envelope ❷ (*Buchumschlag*) jacket ❸ MED (*Wickel*) compress

um|schlagen[1] *irreg* **I.** *vt haben* (*wenden*) ■ **etw** ~ (*Kragen, Ohrenklappe*) to turn down sth *sep;* (*Ärmelaufschlag*) to turn up sth *sep* **II.** *vi sein* METEO (*Wechseln der Wetterlage*) to change

um|schlagen[2] *vt irreg* ÖKON ■ **etw** ~ (*umladen*) to transfer [*or* trans-ship] sth

Umschlaghafen *m* ÖKON, NAUT entrepot port, port of transshipment **Umschlagplatz** *m* ÖKON place of transshipment

umschließen* *vt irreg* ❶ (*umgeben, umzingeln*) ■ **etw** ~ to enclose sth ❷ (*geh: umarmen*) **jdn/etw mit den Händen/Armen** ~ to take sb/sth in one's hands/arms ❸ (*eng anliegen*) ■ **jdn/etw** ~ to fit sb/sth closely [*or* tightly] ❹ (*einschließen*) ■ **etw** ~ to include [*or* comprise] sth

umschlingen* *vt irreg* ❶ (*geh: eng umfassen*) ■ **jdn** ~ to embrace sb; **jdn mit den Armen** ~ to hold sb tightly in one's arms, to clasp sb in one's arms *liter* ❷ BOT (*rankend umgeben*) ■ **etw** ~ to twine around sth

umschlungen *adj* **eng** ~ with one's arms tightly around one another; **jdn** [**fest**] ~ **halten** (*geh*) to hold sb [tightly] in one's arms, to embrace sb [tightly]

umschmeicheln* *vt* ❶ (*jdm schöntun*) ■ **jdn** ~ to flatter sb ❷ (*geh: sanft berühren*) ■ **etw** *gen* **umschmeichelt jdn/etw** sth is caressing sb/sth

um|schmeißen *vt irreg* (*fam*) ❶ (*umwerfen*) ■ [**jdm**] **etw** ~ to knock [sb's] sth over ❷ (*zunichte machen*) ■ **etw** ~ *Planung, Plan* to mess up sth *sep*

um|schnallen *vt* ■ [**jdm/sich**] **etw** *akk* ~ to buckle on *sep* [sb's/one's] sth

um|schreiben[1] *vt irreg* ❶ MEDIA (*grundlegend umarbeiten*) ■ **etw** ~ to rewrite sth ❷ JUR (*im Grundbuch übertragen*) ■ **etw** *akk* **auf jdn** ~ to transfer sth to sb [*or* sb's name]; ■ **etw** *akk* **auf jdn** ~ **lassen** to have sth transferred to sb [*or* sb's name]

umschreiben*[2] *vt irreg* ■ **etw** ~ ❶ (*indirekt ausdrücken*) to talk around sth, to skate over [*or* around] sth, to gloss over sth ❷ (*beschreiben*) to outline [*or* describe] sth; (*in andere Worten fassen*) to paraphrase sth

Umschreibung <-, -en> *f* ❶ (*indirektes Ausdrücken*) glossing-over, dodging ❷ (*das Beschreiben*) outline, description, paraphrase

Umschrift *f* ❶ LING (*Transkription*) transcription, transliteration; **phonetische** ~ phonetic transcription ❷ (*kreisförmige Beschriftung*) circumscription

um|schulden ÖKON **I.** *vt* ■ **etw** ~ to refinance [*or* reschedule] [*or* roll over] sth **II.** *vi* to refinance; **einen Kredit** ~ to convert [*or* fund] a loan

Umschuldung <-, -en> *f* FIN funding *no pl*

um|schulen *vt* ❶ (*für andere Tätigkeit ausbilden*) ■ **jdn** [**zu etw** *dat*] ~ to retrain sb [as sth]; ■ **sich** *akk* ~ **lassen** to undergo retraining ❷ SCH (*auf andere Schule schicken*) ■ **jdn** ~ to transfer sb to another school

Umschüler(in) *m(f)* retrainee

Umschulung *f* ❶ (*Ausbildung für andere Tätigkeit*) retraining ❷ SCH (*das Umschulen*) transfer

Umschulungskurs *m* SCH, ÖKON retraining course

umschwärmen* *vt* ■ **jdn** ~ to idolize sb; (*bedrängen*) to swarm around sb

umschwärmt *adj* idolized [*or* BRIT *a.* -ised]

Umschweife *pl* beating about [*or* AM around] the bush; **ohne** ~ without mincing one's words, straight up; **keine** ~**!** stop [*or* no] beating about the bush!

um|schwenken *vi sein o haben* ❶ (*zur Seite schwenken*) *exerzierende Rekruten* to do an about-face [*or* about-turn]; **nach links/rechts** ~ to swing [out] to the left/right ❷ (*seine Meinung ändern*) ■ [**auf etw** *akk*] ~ to swing round [to sth]

Umschwung *m* ❶ (*plötzliche Veränderung*) drastic change; **ein politischer/wirtschaftlicher** ~ a political/economic U-turn ❷ SCHWEIZ (*umgebendes Gelände*) surrouding property

umsegeln* *vt* NAUT ■ **etw** ~ to sail around sth

um|sehen *vr irreg* ❶ (*in Augenschein nehmen*) ■ **sich** *akk* **irgendwo/bei jdm** ~ to have [*or esp* AM take] a look around somewhere/in sb's home ❷ (*nach hinten blicken*) ■ **sich** ~ to look back [*or* BRIT round]; ■ **sich** *akk* **nach jdm/etw** ~ to turn to look at sb/sth, to look back [*or* BRIT round] at sb/sth ❸ (*zu finden suchen*) ■ **sich** *akk* **nach jdm/etw** ~ to look around for sb/sth

umseitig I. *adj* overleaf; **der Text zur** ~**en Abbildung** the text to the illustration overleaf **II.** *adv* overleaf; ***die Lösung ist ~ erwähnt*** the solution is given overleaf

um|setzen¹ *vt* ① *(an anderen Platz setzen)* ■**jdn** ~ to move sb ② *(nutzbringend anwenden)* ■**etw** *akk* [**in etw** *akk*] ~ to convert sth [to sth]; **etw** *akk* **in die Praxis** ~ to put sth to practice, to translate sth into practice; **etw** *akk* **in Geld** ~ to sell sth, to turn sth into cash [*or* money]; *s. a.* **Tat**

um|setzen² *vt* ÖKON *(verkaufen)* ■**etw** ~ to turn over sth, to have a turnover of sth

Umsicht *f kein pl* prudence, circumspection *form*

umsichtig **I.** *adj* level-headed, prudent, circumspect *form* **II.** *adv* prudently, circumspectly *form*

um|siedeln **I.** *vt haben* ■**jdn** [**irgendwohin**] ~ to resettle [*or* relocate] sb [somewhere] **II.** *vi sein* ■**irgendwohin** ~ to resettle somewhere

Umsied(e)lung <-, -en> *f* resettlement

Umsiedler(in) *m(f)* resettler, resettled person

umso *konj* ÖSTERR *s.* **um so**

umsonst *adv* ① *(gratis)* for free, free of charge; ■~ **sein** to be free [of charge]; *(Pröbchen, Werbegeschenk)* to be complimentary; **etw** *akk* ~ [**dazu**] **bekommen** to receive sth free of charge [*or* for free]; **etw** *akk* ~ [**dazu**] **geben** to give sth free of charge [*or* for free] ② *(vergebens)* in vain; ■~ **sein** to be pointless; **nicht** ~ not without reason, not for nothing *fam*

umsorgen* *vt* ■**jdn** ~ to look after sb, to care for sb

umspannen* *vt* ① *(umfassen)* to clasp; ■**etw** *akk* **mit den Armen/Händen** ~ to get [*or* put] one's arms/hands around sth ② *(zeitlich einschließen)* ■**etw** ~ *Zeitraum* to span sth

Umspannwerk *nt* ELEK transformer station

umspielen* *vt* *(geh: andeutungsweise zu sehen sein)* ■**etw** ~ to have a hint [*or* suggestion] of sth; ***ein leises Lächeln umspielte ihre Lippen*** a faint smile played about her lips

um|springen *vi irreg sein* ① *(grob behandeln)* ■**mit jdm schlecht** [*o* **grob**] ~ to treat sb badly [*or* roughly]; ***so lasse ich nicht mit mir ~!*** I won't be treated like that! ② METEO *(rasch die Richtung wechseln)* to veer round ③ TRANSP *(plötzlich umschalten)* to change (**auf** +*akk* to); **auf Rot/Orange/Grün** ~ to change to red/amber [*or* AM yellow]/green

um|spulen *vt* to rewind; **ein Tonband auf eine andere Spule** ~ to wind a tape onto another spool

umspülen* *vt* *(geh)* ■**etw** ~ to wash around [*or* BRIT round] sth

Umstand <-[e]s, -stände> *m* ① *(wichtige Tatsache)* fact; **mildernde Umstände** JUR mitigating circumstances; **den Umständen entsprechend** [**gut**] [as good] as can be expected under the circumstances; **unter Umständen** possibly, maybe, perhaps; ***unter diesen Umständen hätte ich das nie unterschrieben*** I would never have signed this under these circumstances; **unter allen Umständen** at all costs ② *pl* *(Schwierigkeiten)* bother, trouble; [**jdm**] **Umstände machen** [*o geh* **bereiten**] to put [sb] out, to cause trouble [*or* bother] [*or* inconvenience] [for sb]; [**jdm**] **Umstände machen** [*o geh* **bereiten**], **etw** *akk* **zu tun** to be a bother [to sb] to do sth; **nicht viel Umstände** [**mit jdm/etw**] **machen** to not waste any time [with sb/sth], to make short work [of sb/sth]; **ohne** [**große**] **Umstände** without any [great deal of] fuss [*or* bother]; **bitte keine Umstände!** please don't put yourself out!, please don't go to any bother! ③ *pl* *(Förmlichkeiten)* fuss; ***wozu die Umstände?*** why are you making such a fuss?, what's this fuss all about? ▸ WENDUNGEN: **in anderen <u>Umständen</u> sein** *(geh: schwanger sein)* to be expecting *form*

umständehalber *adv* due [*or* owing] to circumstances

umständlich **I.** *adj* ① *(weitschweifig: Erklärung, Formulierung)* long-winded, ponderous ② *(mit großem Aufwand verbunden)* laborious; *(Anweisung, Beschreibung)* elaborate, involved; *(Aufgabe, Reise)* complicated, awkward; *(Erklärung, Anleitung)* long-winded; ■~ **sein** to be [lot of] bother, to be inconvenient; *(Erklärung, Anleitung)* to be long-winded; ■~ **sein, etw** *akk* **zu tun** to be a [real [*or* a lot of]] bother [*or* inconvenience] to do sth; ■**etw** *gen* **ist jdm zu** ~ sth's too much [of a] bother for sb ③ *(unpraktisch veranlagt)* ■~ **sein** to be awkward [*or* fussy], to have a ponderous manner *form* **II.** *adv* ① *(weitschweifig)* long-windedly, ponderously *form* ② *(mühselig und aufwändig)* laboriously, with some bother

Umständlichkeit <-> *f kein pl* ① *(Weitschweifigkeit)* long-windedness, awkwardness, ponderousness *form* ② *(Aufwändigkeit)* laboriousness, awkwardness

Umstandsbestimmung *f* LING *s.* **Adverbialbestimmung** **Umstandskleid** *nt* maternity dress **Umstandskleidung** *f* maternity wear **Umstandskrämer** *m* *(fam o fig)* pedant, fusspot *fam* **Umstandsmode** *f* maternity wear **Umstandswort** *nt* LING *s.* **Adverb**

umstehend **I.** *adj attr* ① *(ringsum stehend)* standing round, surrounding ② *(geh)* *s.* **umseitig** **II.** *adv* *(geh)* *s.* **umseitig**

um|steigen *vi irreg sein* ① TRANSP to change; ***in Mannheim müssen Sie nach Frankfurt*** ~ in Mannheim you must change for Frankfurt ② *(überwechseln)* ■**auf etw** *akk* ~ to switch [*or* change] [over] to sth

Umsteiger(in) <-s, -> *m(f)* TRANSP passenger needing to change; *(im Flughafen)* transfer passenger, passenger in transit

um|stellen¹ **I.** *vt* ① *(anders hinstellen)* ■**etw** ~ to move sth ② *(anders anordnen)* ■**etw** ~ to change sth round, to reorder sth ③ *(anders einstellen)* ■**etw** *akk* [**auf etw** *akk*] ~ to switch sth over [to sth]; **die Uhr** ~ to turn [*or* put] the clock back/forward ④ *(zu etw anderem übergehen)* ■**etw** *akk* **auf etw** *akk* ~ to convert [*or* switch] sth to sth; **die Ernährung** ~ to change one's diet **II.** *vi* *(zu etw anderem übergehen)* ■**auf etw** *akk* ~ to change over to sth **III.** *vr* *(sich veränderten Verhältnissen anpassen)* ■**sich** [**auf etw** *akk*] *akk* ~ to adapt [*or* adjust] [to sth]

umstellen*² *vt* *(umringeln)* ■**jdn/etw** ~ to surround sb/sth; ■**umstellt sein** to be surrounded

Umstellung *f* ① *(Übergang)* ■**die** ~ [**von etw** *dat*] [**auf etw** *akk*] the switch [*or* change] [from sth] [to sth]; *(Beheizung, Ernährung)* the conversion [from sth] [to sth] ② *(Anpassung an veränderte Verhältnisse)* adjustment

um|stimmen *vt* ■**jdn** ~ to change sb's mind, to win sb over *sep,* to win sb [a]round *sep;* ■**sich** *akk* [**von jdm**] ~ **lassen** to let oneself be persuaded [by sb]

um|stoßen *vt* ■**etw** ~ *irreg* ① *(durch Anstoßen umkippen)* to knock sth over ② *(wieder rückgängig machen)* to change sth; *(Plan)* to upset sth

umstritten *adj* ① *(noch nicht entschieden)* disputed; ■[**bei jdm/in etw** *dat*] ~ **sein** to be disputed [amongst sb/in sth] ② *(in Frage gestellt)* controversial ■[**als jd**] ~ **sein** to be [a] controversial [sb]; ***sie ist als Politikerin*** ~ she's a controversial politician

um|strukturieren* *vt* ■**etw** ~ to restructure sth

Umstrukturierung *f* restructuring

um|stülpen *vt* ■**etw** ~ ① *(das Innere nach außen kehren)* to turn sth out ② *(auf den Kopf stellen)* to turn sth upside down

Umsturz *m* POL putsch, coup [d'état]

um|stürzen **I.** *vi sein* to fall **II.** *vt haben* ■**etw** ~ to knock sth over, to overturn sth; *(politisches Regime etc)* to overthrow, to topple

umstürzlerisch *adj* POL subversive

Umsturzversuch *m* POL attempted putsch [*or* coup [d'état]]
um|taufen *vt* ■ **etw [auf etw** *akk*] ~ to rename [*or* rechristen] sth [sth]
Umtausch *m* ÖKON ❶ (*das Umtauschen eines Kaufobjektes*) exchange; **im ~ gegen etw** *akk* in exchange for sth ❷ FIN exchange
um|tauschen *vt* ❶ ÖKON (*im Tausch gegen etw zurückgeben*) ■ **etw** ~ to exchange sth; ■ **etw** *akk* **in** [*o* **gegen**] **etw** *akk* ~ to exchange sth for sth ❷ (*im Umtausch geben*) ■ **jdm etw** *akk* ~ to exchange sth for sb ❸ FIN (*in andere Währung wechseln*) ■ **etw** *akk* [**in etw** *akk*] ~ to change sth [into sth]
um|topfen *vt* BOT ■ **etw** ~ to repot sth
Umtrieb *m* ❶ *pl* (*pej: Aktivitäten*) activities *pl* ❷ SCHWEIZ (*Mühe, Aufwand*) bother
umtriebig *adj* dynamic, go-getting
Umtrunk *m* drink
um|tun *vr irreg* (*fam*) ❶ (*sich um etw bemühen*) ■ **sich** *akk* [**nach etw** *dat*] ~ to look around [for sth] ❷ (*sich umsehen*) ■ **sich** *akk* [**irgendwo/nach jdm**] ~ to have a look around [somewhere/for sb]
U-Musik ['u:-] *f kurz für* **Unterhaltungsmusik** easy-listening [music]
Umverpackung *f* wholesale packaging
um|verteilen* *vt* ÖKON ■ **etw** ~ to redistribute sth
Umverteilung *f* ÖKON redistribution
um|wälzen *vt* ■ **etw** ~ to circulate sth
umwälzend <-er,-este> *adj* radical; **eine ~e Veränderung** a sweeping change; **~e Ereignisse** revolutionary events
Umwälzpumpe *f* circulating pump
Umwälzung <-, -en> *f* ❶ *kein pl* TECH (*das Zirkulieren*) circulation ❷ (*grundlegende Veränderung*) revolution, radical change
um|wandeln *vt* (*die Bestimmung verändern*) ■ **etw** *akk* [**in etw** *akk*] ~ to convert sth [into sth]; **wie umgewandelt sein** to be a changed person, to be like a completely different person
Umwandlung *f* conversion
um|wechseln [-ks-] *vt* ■ [**jdm**] **etw** *akk* [**in etw** *akk*] ~ to change sth [into sth] [for sb]; ***können Sie mir wohl 5000 Mark in Dollar ~?*** could you give me 5000 marks in dollars please?
Umweg *m* detour, long way round; **ein großer** [*o* **weiter**] [*o* **ziemlicher**] **~ sein** to be completely out of the way; **einen ~ machen/gehen/fahren** to make a detour, to go the long way round; **etw** *akk* **auf ~en erfahren** to find out about sth indirectly; **auf ~en sein Ziel erreichen** to achieve one's goal the roundabout way; **auf dem ~ über jdn** indirectly through [*or* via] sb
Umwelt *f kein pl* ❶ ÖKOL environment ❷ (*Menschen in jds Umgebung*) environment
Umweltauflage *f* environmental [protection] regulations *pl* **Umweltbedingungen** *pl* environmental conditions *pl*
umweltbelastend *adj* damaging to the environment *pred,* environmentally harmful **Umweltbelastung** *f* environmental damage [*or* costs *pl*] **Umweltbewusstsein**[RR] *nt kein pl* environmental consciousness
Umwelteinflüsse *pl* environmental influences *pl* **Umweltengel** *nt* ≈ eco-label, *symbol on packaging denoting a product that is environmentally friendly* **Umwelterhaltung** *f kein pl* preservation of the environment, environmental conservation **Umweltforschung** *f kein pl* ❶ ÖKOL, BIOL (*Ökologie*) ecology ❷ SOZIOL (*Erforschung der Umwelt*) environmental research **umweltfreundlich** *adj* environmentally friendly, eco-friendly *fam* **umweltgefährdend** *adj* endangering [*or* harmful to] the environment *pred*
Umweltgefährdung *f* environmental threat **Umweltgift** *nt* environmental pollution **Umweltkatastrophe** *f* ecological disaster **Umweltkriminalität** *f* environmental crime **Umweltministerium** *nt* POL ■ **das** ~ the Ministry for the Environment BRIT, Department of the Environment AM **Umweltorganisation** *f* environmental organization **Umweltpapier** *nt* recycled paper **Umweltpolitik** *f* environmental policy **Umweltschäden** *pl* environmental damage **umweltschonend** *adj* environmentally friendly, eco-friendly *fam* **Umweltschutz** *m* conservation, environmental protection **Umweltschützer(in)** *m(f)* environmentalist, conservationist **Umweltschutzgesetz** *nt* environmental protection law **Umweltschutzorganisation** *f* environmental organization **Umweltsünder(in)** *m(f)* (*fam*) *s.* **Umweltverschmutzer 1** **Umweltverschmutzer(in)** <-s, -> *m(f)* ❶ (*die Umwelt verschmutzender Mensch*) **ein ~ sein** to be environmentally irresponsible ❷ (*Quelle der Umweltverschmutzung*) pollutant **Umweltverschmutzung** *f* pollution **umweltverträglich** *adj* environmentally friendly **Umweltverträglichkeit** *f kein pl* environmental tolerance **Umweltzeichen** *nt s.* **Umweltengel** **Umweltzerstörung** *f* destruction of the environment, environmental destruction
um|wenden *vr irreg* ■ **sich** *akk* [**nach jdm/etw**] ~ to turn around [to face sb/sth]
umwerben* *vt irreg* ■ **jdn** [**mit etw** *dat*] ~ to woo [*or* court] sb [with sth]
um|werfen *vt irreg* ❶ (*zum Umfallen bringen*) ■ **etw/jdn** ~ to knock sth/sb over ❷ (*fam: fassungslos machen*) ■ **jdn** ~ to bowl sb over, to stun sb ❸ (*zunichte machen*) ■ **etw** ~ (*Ordnung, Plan*) to upset sth; (*Vorhaben*) to knock sth on the head ❹ (*rasch umlegen*) ■ **sich** *dat* **etw** *akk* ~ to throw on one's sth; ■ **jdm etw** *akk* ~ to throw sth on sb; ***er warf seinen Mantel um*** he threw on his coat
umwerfend *adj* incredible, fantastic
umwickeln* *vt* ■ **etw** *akk* **mit etw** *dat* ~ to wrap sth around sth
um|widmen *vt* (*geh: anderer Nutzung zuführen*) ■ **etw** *akk* [**zu etw** *dat*/**in etw** *akk*] ~ to convert sth [into sth]
umwölkt *adj* shrouded in clouds
umzäunen* *vt* ■ **etw** ~ to fence around sth, to fence in sth
umzäunt *adj* fenced round [*or* in]
Umzäunung <-, -en> *f* ❶ *kein pl* (*das Umzäunen*) fencing round ❷ (*umgebender Zaun*) fence, fencing
um|ziehen[1] *vi irreg sein* to move [house]; ***sie ziehen am Wochenende um*** they're moving house at the weekend
um|ziehen[2] *vt irreg* ■ **sich** ~ to get changed, to change
umzingeln* *vt* ■ **jd/etw** ~ to surround sb/sth; (*durch die Polizei*) to cordon off sth *sep*
Umzingelung <-, -en> *f* ❶ (*das Umzingeln*) surrounding ❷ (*umzingelter Zustand*) encirclement; (*durch die Polizei*) cordon
Umzug *m* ❶ (*das Umziehen*) move ❷ (*gemeinsames Umherziehen*) procession, parade
Umzugskarton *m* removal [*or* AM moving] box **Umzugskosten** *pl* removal [*or* AM moving] costs *pl*
UN <-> [u:'ʔɛn] *pl* POL *Abk von* **Vereinte Nationen** UN
unabänderlich *adj* unchangeable; (*Tatsache*) well-established; (*Entschluss*) irrevocable, irreversible
unabdingbar *adj* indispensable; ■ [**für jdn**] **~ sein** to be indispensable [for sb]
unabhängig *adj* ❶ POL (*souverän*) independent; ■ **~ werden** to become independent, to gain independ-

ence 2 (*von niemandem abhängig*) independent; ▪ [**von jdm/etw**] ~ **sein** to be independent [of sb/sth]; ▪ [**von jdm/etw**] ~ **werden** to become independent [of sb/sth]; **sich** *akk* ~ **machen** to become self-employed 3 (*ungeachtet*) ▪ ~ **von etw** *dat* regardless [*or* irrespective] of sth, disregarding sth; ~ **davon, ob/wann/was/wie ...** regardless [*or* irrespective] of whether/when/what/how ...; ~ **voneinander** separately

Unabhängigkeit *f kein pl* 1 POL (*Souveränität*) independence 2 (*Eigenständigkeit*) ▪ **jds** ~ [**von jdm/etw**] sb's independence [of sb/sth]

Unabhängigkeitserklärung *f* POL declaration of independence

unabkömmlich *adj* ▪ ~ **sein** to be unavailable [*or* engaged] *form*

unablässig **I.** *adj* unremitting, continual; (*Lärm*) incessant; (*Versuche, Bemühungen*) unceasing, unremitting **II.** *adv* incessantly, unremittingly

unabsehbar *adj* unforeseeable; (*Schäden*) incalculable, immeasurable, not yet known *pred*

unabsichtlich **I.** *adj* unintentional; (*Beschädigung*) accidental **II.** *adv* unintentionally, accidentally

unabwendbar *adj* inevitable

unachtsam *adj* careless; (*unsorgsam*) thoughtless; (*unaufmerksam*) inattentive

Unachtsamkeit *f* carelessness

unähnlich *adj* dissimilar; ▪ **jdm** ~ **sein** to be unlike sb; ▪ **jdm nicht** ~ **sein** to be not unlike [*or* dissimilar to] sb

unanfechtbar *adj* 1 JUR (*nicht anfechtbar*) incontestable 2 (*unbestreitbar*) irrefutable; (*Tatsache*) indisputable

unangebracht *adj* 1 (*nicht angebracht*) misplaced, uncalled-for; ***Bescheidenheit ist hier ganz*** ~ there's no need to be modest here 2 (*unpassend*) inappropriate, uncalled-for

unangefochten **I.** *adj* unchallenged, uncontested **II.** *adv* without challenger; ***er liegt*** ~ ***an der Spitze*** he remains unchallenged at the top

unangemeldet **I.** *adj* unexpected, unannounced; (*Patient*) without an appointment **II.** *adv* unexpectedly, unannounced; (*Patient*) without an appointment

unangemessen **I.** *adj* 1 (*überhöht*) unreasonable 2 (*nicht angemessen*) inappropriate **II.** *adv* unreasonably, inappropriately

unangenehm **I.** *adj* 1 (*nicht angenehm*) unpleasant 2 (*unerfreulich*) unpleasant, disagreeable, unfortunate *a. iron;* **wie ~!** how unfortunate! *a. iron* 3 (*peinlich*) ▪ **jdm ist etw** *gen* ~ sb feels bad about sth; ▪ **jdm** ~ **sein, etw** *akk* **tun zu müssen** sb feels bad [*or* awkward] about having to do sth; **jdn** ~ **berühren** to embarrass sb 4 (*unsympathisch*) disagreeable, unpleasant; ~ **werden** to get nasty; ~ **werden können** to be able to get nasty; ***sie kann ganz schön*** ~ ***werden*** she can get quite nasty **II.** *adv* unpleasantly

unangepasst[RR] *adj* non-conformist

unangetastet *adj* ~ **bleiben** to remain unviolated, to not be violated

unangreifbar *adj* irrefutable, unassailable

unannehmbar *adj* ▪ [**für jdn**] ~ [**sein**] [to be] unacceptable [to sb]

Unannehmlichkeit *f meist pl* trouble *no pl;* **~en bekommen** [*o fam* **kriegen**]/**haben** to get into/be in trouble; **jdm ~en machen** [*o* **bereiten**] to create trouble for sb

unansehnlich *adj* 1 (*unscheinbar*) unprepossessing, unsightly 2 (*heruntergekommen*) shabby

unanständig **I.** *adj* 1 (*obszön*) dirty, rude, indecent 2 (*rüpelhaft*) rude, ill-mannered *form* **II.** *adv* rudely

Unanständigkeit <-, -en> *f* 1 *kein pl* (*obszöne Art*) rudeness, bad manners *pl* 2 (*Obszönität*) dirt, smut *pej*

unantastbar *adj* inviolable, sacrosanct

unappetitlich *adj* 1 (*nicht appetitlich*) unappetizing 2 (*ekelhaft*) disgusting, vile

Unart *f* terrible [*or* bad] habit

unartig *adj* naughty, misbehaving; ▪ ~ **sein/werden** to be/become naughty, to misbehave/to start misbehaving

unartikuliert *adj* inarticulate

unästhetisch *adj* unappetizing, unsavoury [*or* AM -ory]

unattraktiv *adj* unattractive

unaufdringlich *adj* 1 (*dezent*) unobtrusive; (*Duft*) delicate, unobtrusive 2 (*nicht aufdringlich*) unobtrusive, discrete

Unaufdringlichkeit *f kein pl* 1 (*dezente Beschaffenheit*) delicateness 2 (*zurückhaltende Art*) unobtrusiveness, discretion

unauffällig **I.** *adj* 1 (*nicht auffällig*) inconspicuous, discrete 2 (*unscheinbar*) not very noticeable, unobtrusive, discrete **II.** *adv* 1 (*ohne Aufsehen zu erregen*) inconspicuously, discreetly 2 (*zurückhaltend*) unobtrusively, discretely

unauffindbar *adj* nowhere to be found; (*Person*) untraceable, missing

unaufgefordert **I.** *adj* unsolicited; (*Kommentar, Bemerkung*) uncalled-for **II.** *adv* without having been asked; ~ **eingesandte Manuskripte** unsolicited manuscripts

unaufgeklärt *adj* unsolved

unaufhaltsam **I.** *adj* unstoppable, inexorable *form* **II.** *adv* without being able to be stopped

unaufhörlich **I.** *adj* constant, incessant **II.** *adv* 1 (*fortwährend*) constantly 2 (*ununterbrochen*) incessantly

unaufmerksam *adj* 1 (*nicht aufmerksam*) inattentive 2 (*nicht zuvorkommend*) thoughtless, inconsiderate; ▪ ~ **von jdm sein** to be thoughtless [*or* inconsiderate] of sb

Unaufmerksamkeit *f kein pl* 1 (*unaufmerksames Verhalten*) inattentiveness 2 (*unzuvorkommende Art*) thoughtlessness

unaufrichtig *adj* insincere; ▪ ~ **gegen jdn** [*o* **gegenüber jdm**] **sein** to be insincere towards sb

Unaufrichtigkeit *f* insincerity

unaufschiebbar *adj* urgent; ▪ ~ **sein** to be urgent, to not be able to be delayed [*or* postponed]

unausbleiblich *adj s.* **unausweichlich**

unausdenkbar *adj* unimaginable, unthinkable

unausführbar *adj* unfeasible; ▪ [**für jdn**] ~ **sein** to be impracticable [for sb]

unausgefüllt *adj* 1 (*nicht ausgefüllt*) blank; ▪ ~ **sein/bleiben** to be/be left blank 2 (*nicht voll beansprucht*) unfulfilled

unausgeglichen *adj* unbalanced; (*Mensch*) moody, unevenly tempered; (*Wesensart*) uneven

Unausgeglichenheit *f* moodiness, imbalance

unausgegoren *adj* raw, half-baked *fam*

unausgereift *adj* not properly thought out *pred,* half-baked *pej fam*

unausgeschlafen **I.** *adj* tired; ▪ ~ **sein** to not have had enough sleep **II.** *adv* not having slept long enough, not having had enough sleep

unausgesprochen *adj* unspoken; ~ **bleiben** to be left unsaid

unausgewogen *adj* unbalanced

Unausgewogenheit *f* imbalance

unausrottbar *adj* deep-rooted, ineradicable

unaussprechbar *adj,* **unaussprechbar** *adj* unpronounceable; ▪ ~ **sein** to be impossible to pronounce

unaussprechlich *adj* 1 (*unsagbar*) inexpressible 2 *s.* **unaussprechbar**

U

unausstehlich *adj* intolerable; *Mensch, Art a.* insufferable
unausweichlich I. *adj* unavoidable, inevitable II. *adv* unavoidably, inevitably
unbändig I. *adj* ❶ (*ungestüm*) unruly, boisterous ❷ (*heftig*) enormous; (*Hunger*) huge; (*Wut*) unbridled II. *adv* ❶ (*ungestüm*) boisterously ❷ (*überaus*) enormously
unbarmherzig I. *adj* merciless; ■ ~ **sein** to be merciless, showing little [*or* no] mercy II. *adv* mercilessly
Unbarmherzigkeit *f* mercilessness
unbeabsichtigt I. *adj* (*versehentlich*) accidental; (*nicht beabsichtigt*) unintentional II. *adv* accidentally, unintentionally
unbeachtet I. *adj* overlooked *pred,* unnoticed; ~ **bleiben** to remain [*or* go] unnoticed; **etw** *akk* ~ **lassen** to overlook sth; (*absichtlich*) to ignore sth, to not take any notice of sth II. *adv* without any notice [*or* attention]
unbeanstandet I. *adj* not objected to; ~ **bleiben** to be allowed to pass; **etw** *akk* ~ **lassen** to let sth go [*or* pass] II. *adv* without objection
unbeantwortet I. *adj* unanswered; ~ **bleiben** to remain unanswered; **etw** *akk* ~ **lassen** to leave sth unanswered II. *adv* ■ **etw** *akk* ~ **zurückgehen lassen** to send sth back unanswered
unbeaufsichtigt *adj inv* unattended
unbebaut *adj* (*Land*) undeveloped; (*Grundstück*) vacant
unbedacht I. *adj* thoughtless; (*Handlung*) hasty; ■ ~ [**von jdm**] **sein** to be thoughtless [of sb] II. *adv* thoughtlessly; (*handeln*) hastily
unbedarft *adj* (*fam*) simple-minded
unbedenklich I. *adj* harmless, inoccuous; (*Situation, Vorhaben*) acceptable, admissable II. *adv* quite safely
Unbedenklichkeit <-> *f kein pl* harmlessness
unbedeutend I. *adj* ❶ (*nicht bedeutend*) insignificant, unimportant, inconsiderable ❷ (*geringfügig*) minimal; (*Änderung, Modifikation*) minor II. *adv* insignificantly, minimally
unbedingt I. *adj attr* absolute II. *adv* (*auf jeden Fall*) really; ***erinnere mich*** ~ ***daran, sie anzurufen*** you mustn't forget to remind me to call her; **nicht** ~ not necessarily; ~**!** absolutely!, definitely!
unbeeindruckt I. *adj* unimpressed, indifferent; (*Gesicht, Miene*) unaffected; ■ [**von etw** *dat*] ~ **sein** to be unimpressed [by sth], to be not impressed [by sth]; [**von etw** *dat*] ~ **bleiben** to remain indifferent [to sth], to not raise an eyebrow [at sth]; **etw lässt jd** ~ sth doesn't impress sb, sth leaves sb cold *fam* II. *adv* indifferently
unbeeinflussbar[RR] *adj* unswayable, uninfluenceable
unbefahrbar *adj* impassable; ■ ~ **sein** to be impassable
unbefangen I. *adj* ❶ (*unvoreingenommen*) objective, impartial; (*Ansicht*) unbiased ❷ (*nicht gehemmt*) natural, uninhibited II. *adv* ❶ (*unvoreingenommen*) objectively, impartially; **etw** *akk* ~ **betrachten** to look at sth objectively; **etw** ~ **beurteilen** to judge sth impartially ❷ (*nicht gehemmt*) uninhibitedly
Unbefangenheit *f kein pl* ❶ (*Unvoreingenommenheit*) objectiveness, impartiality ❷ (*ungehemmte Art*) uninhibitedness, naturalness
unbefleckt *adj inv* ❶ (*selten: fleckenlos*) spotless, untarnished ❷ (*geh: sittlich makellos, rein*) undefiled; ~**e Empfängnis** REL Immaculate Conception
unbefriedigend I. *adj* unsatisfactory; ■ [**für jdn**] ~ **sein** to be unsatisfactory [to sb] II. *adv* in an unsatisfactory way
unbefriedigt *adj* ❶ (*nicht zufriedengestellt*) unsatisfied; (*Gefühl, Mensch*) dissatisfied; ■ [**von etw** *dat*] ~ [**sein**] [to be] unsatisfied [*or* dissatisfied] [with sth] ❷ (*sexuell nicht befriedigt*) unsatisfied, frustrated
unbefristet I. *adj* lasting for an indefinite period; (*Aufenthaltserlaubnis, Visum*) permanent; ■ ~ **sein** to be [valid] for an indefinite period II. *adv* indefinitely, permanently; ~ **gelten** to be valid indefinitely
unbefugt I. *adj* unauthorized II. *adv* without authorization
Unbefugte(r) *f(m) decl wie adj* unauthorized person
unbegabt *adj* untalented; ■ [**für etw** *akk*] ~ **sein** to be untalented [*or* useless [at sth] *fam*] [in sth]; ***für Mathematik bin ich einfach*** ~ I'm absolutely useless at maths; **handwerklich** ~ **sein** to be no handyman, to have two left hands *fam or hum*
unbegreiflich *adj* incomprehensible; (*Dummheit, Leichtsinn*) inconceivable; ■ **jdm** ~ **sein** to be incomprehensible [*or* inconceivable] [*or* inexplicable] to sb
unbegreiflicherweise *adv* inexplicably
unbegrenzt I. *adj* unlimited; (*Vertrauen*) boundless, infinite; *s. a.* **Zeit** II. *adv* indefinitely; ~ **gültig sein** to be valid indefinitely; **etw** ~ **erlauben/einräumen** to allow/grant sth for an indefinite period
unbegründet *adj* ❶ (*grundlos*) unfounded; (*Kritik, Maßnahme*) unwarranted ❷ JUR (*nicht begründet*) unfounded; **eine Klage als** ~ **abweisen** to dismiss a case as being unfounded
unbehaart *adj* hairless; (*Kopf*) bald; ■ ~ **sein** to be hairless [*or* bald], to have no hair
Unbehagen *nt* uneasiness, apprehension, disquiet *form;* **mit** ~ with apprehension [*or* an uneasy feeling]; **mit** ~ **feststellen** [*o* **sehen**] [*o* **verfolgen**], **dass ...** to be concerned to find that ...
unbehaglich I. *adj* uneasy; **sich** *akk* ~ **fühlen** to feel uneasy [*or* uncomfortable] II. *adv* uneasily, uncomfortably; *s. a.* **zumute**
unbehelligt I. *adj* undisturbed; (*von Mücken*) unplagued; [**von jdm/etw**] ~ **bleiben** to remain undisturbed [by sb/sth]; **jdn** ~ **lassen** to leave sb alone [*or* be] II. *adv* freely; ~ **passieren dürfen** to be allowed to pass [freely]; ~ **schlafen** to sleep undisturbed
unbeherrscht I. *adj* uncontrolled, lacking self-control, intemperate *form;* ■ ~ **sein** to lack self-control II. *adv* ❶ (*ohne Selbstbeherrschung*) in an uncontrolled manner [*or* way], without self-control, intemperately *form* ❷ (*gierig*) greedily
unbehindert *adj s.* **ungehindert**
unbeholfen I. *adj* (*schwerfällig*) clumsy; (*wenig gewandt*) awkward II. *adv* ❶ (*schwerfällig*) clumsily ❷ (*wenig gewandt*) awkwardly, clumsily
Unbeholfenheit <-> *f kein pl* ❶ (*schwerfällige Art*) clumsiness, awkwardness ❷ (*fehlende Gewandtheit*) clumsiness, helplessness
unbeirrbar I. *adj* unwavering, enduring, unfaltering II. *adv* perseveringly
unbeirrt *adv s.* **unbeirrbar**
unbekannt *adj* ❶ (*nicht bekannt*) unknown; **ein jdm ~er Mensch/Sachverhalt/etc** a person/fact unknown to sb; ■ **jdm** ~ **sein** to be unknown to sb; (*Gesicht, Name, Wort*) to be unfamiliar to sb; ***der Name ist mir*** ~ I have never come across that name before; ***sie dürfte dir nicht ganz*** ~ ***sein*** you may have met her before, you may know her; **nicht** ~ **sein, dass...** to be aware, that ...; ~ **verzogen** moved — address unknown; ***er ist*** ~ ***verzogen*** he has moved to an unknown address ❷ (*nicht berühmt*) unknown; [**noch**] **eine ~e Größe sein** up-and-coming ❸ (*fam: fremd*) ■ **irgendwo** ~ **sein** to be not from somewhere; *s. a.* **Anzeige, Ziel**
Unbekannte <-n, -n> *f* MATH unknown
Unbekannte(r) *f(m) decl wie adj* (*unbekannte Person*) stranger; **der große** ~ the mystery man; **kein ~r mehr sein** to be known to everyone

unbekannterweise *adv* **jdn ~ von jdm grüßen** to give sb sb's regards (*without knowing him/her*)
unbekleidet I. *adj* (*geh*) unclothed, bare; ■ **~ sein** to have no clothes [*or* nothing] on II. *adv* (*geh*) without any clothes on
unbekümmert I. *adj* carefree; **sei/seien Sie [ganz] ~** don't upset yourself [*or* worry] [*or esp* BRIT fret] II. *adv* in a carefree manner
Unbekümmertheit <-> *f kein pl* carefree mind [*or* manner], light-heartedness; **voller ~** full of light-heartedness, in high spirits
unbelastet I. *adj* ❶ (*frei*) ■ **von etw** *dat* **~ [sein]** [to be] free of [*or* from] sth, [to be] unhampered [*or form* unencumbered] [*or* AM *a.* unincumbered] by sth ❷ FIN (*nicht mit Grundschulden belastet*) unencumbered, AM *a.* unincumbered II. *adv* freely; ***er fühlt sich wieder frei und*** ~ he feels free and easy again
unbelebt *adj* quiet; (*stärker*) deserted
unbelehrbar *adj* obstinate, stubborn, headstrong; **jd ist und bleibt [einfach] ~** sb [just] won't be told by anyone, sb [just] will not learn
Unbelehrbarkeit <-> *f kein pl* ■ **jds ~** sb's stubbornness, sb's refusal to listen [to anyone]
unbeleuchtet I. *adj* unlit; (*Fahrzeug*) without lights switched [*or esp* AM turned] on; ■ **~ sein** to be unlit; (*Fahrzeug*) to have no light[s] on II. *adv* without any light[s]; **etw** *akk* **~ abstellen/parken** to leave sth standing/park sth without any lights on
unbeliebt *adj* (*nicht beliebt*) unpopular; ■ **[irgendwo/bei jdm] ~ sein** to be unpopular [somewhere/with sb]; **sich** *akk* **[bei jdm] [durch etw** *akk*/**mit etw** *dat*] **~ machen** to make oneself unpopular [with sb] [by doing [*or* with] sth]
Unbeliebtheit *f kein pl* ■ **jds ~** sb's unpopularity
unbemannt *adj* ❶ RAUM (*nicht bemannt*) unmanned ❷ (*hum fam: ohne Partner*) ■ **~ sein** to be single, to not have a partner [*or hum* man]
unbemerkt I. *adj* unnoticed; **~ bleiben** to remain [*or* go] unnoticed II. *adv* unnoticed
unbenommen *adj pred* (*geh*) **es bleibt** [*o* **ist**] **jdm ~, etw** *akk* **zu tun** sb's free [*or* at liberty] to do sth; **etw** *gen* **bleibt** [*o* **ist**] **jdm ~** sb's free [*or* at liberty] to do so
unbenutzbar *adj* unusable, useless
unbenutzt I. *adj* unused; (*Bett*) not slept in; (*Kleidung*) unworn II. *adv* unused, unworn
unbeobachtet *adj* unnoticed, unobserved; (*Gebäude, Platz*) unwatched; **sich** *akk* **~ fühlen** [*o* **glauben**] to think that nobody is looking; *s. a.* **Augenblick, Moment**
unbequem *adj* ❶ (*nicht bequem*) uncomfortable, *esp* BRIT uncomfy *fam* ❷ (*lästig*) awkward, bothersome; ■ **jdm ~ sein/werden** to be/become awkward [*or* a bother] to sb
Unbequemlichkeit <-, -en> *f* ❶ *kein pl* (*unbequeme Art*) uncomfortableness, discomfort, lack of comfort ❷ *meist pl* (*unangenehme Umstände*) unpleasantness, awkwardness, bother
unberechenbar *adj* ❶ (*nicht einschätzbar: Gegner, Mensch*) unpredictable ❷ (*nicht vorhersehbar*) unforeseeable
Unberechenbarkeit *f kein pl* unpredictability
unberechtigt *adj* unfounded; (*Vorwurf*) unwarranted, unjustified
unberechtigterweise *adv* without permission
unberücksichtigt *adj* unconsidered; **~ bleiben** to be not taken into consideration, to be ignored; **jdn/etw ~ lassen** to not take sb/sth into consideration, to leave sb/sth out of consideration
Unberührbare(r) *f(m) decl wie adj* (*a. fig*) untouchable; ■ **die ~n** REL the Untouchables
unberührt *adj* ❶ (*im Naturzustand erhalten*) unspoiled ❷ (*nicht benutzt*) untouched, unused; ***ihr Bett war morgens*** ~ in the morning her bed had not been slept in; **etw** *akk* **~ lassen** (*nicht anrühren*) to not touch sth ❸ (*fig*) **[von etw** *dat*] **~ bleiben** (*das seelische Gleichgewicht bewahren*) to remain unmoved [*or* unaffected] [by sth]
unbeschadet *präp +gen* (*geh*) regardless of, disregarding
unbeschädigt I. *adj* undamaged II. *adv* undamaged, without damage; **etw ~ zurückgeben** to return sth undamaged
unbescheiden *adj* bold, presumptuous
Unbescheidenheit *f* presumptuousness, boldness
unbescholten *adj inv* upstanding, upright
unbeschrankt *adj* BAHN without barriers [*or* gates]; ■ **~ sein** to have no barriers [*or* gates]
unbeschränkt *adj* unrestricted, unlimited; (*Macht*) limitless, absolute; (*Möglichkeiten*) unlimited, limitless
unbeschreiblich I. *adj* ❶ (*maßlos*) tremendous, enormous ❷ (*nicht zu beschreiben*) indescribable, incredible, unimaginable II. *adv* **sich** *akk* **~ freuen** to be enormously [*or* tremendously] happy; **sich** *akk* **~ ärgern** to be terribly angry; ***sie war einfach ~ schön*** she was indiscribably [*or* incredibly] beautiful
unbeschrieben *adj* blank; *s. a.* **Blatt**
unbeschwert *adj* carefree
unbesehen *adv* ❶ (*ungeprüft*) without checking ❷ (*ohne weiteres*) without hesitation [*or* thinking twice], unquestioningly; ***und das soll ich Ihnen so einfach ~ abnehmen?*** and you expect me to believe it just like that?
unbesetzt *adj inv* empty; (*Platz*) vacant, free
unbesiegbar *adj* ❶ MIL (*a. fig: nicht zu besiegen*) invincible ❷ SPORT (*unschlagbar*) unbeatable
unbesiegt *adj* ❶ MIL (*nicht besiegt*) undefeated ❷ SPORT (*ungeschlagen*) unbeaten, undefeated; ■ **[in etw** *dat*] **~ sein** to be undefeated [*or* unbeaten] [in sth]
unbesonnen *adj* ❶ (*nicht besonnen: Entschluss*) rash, hasty; (*Wesenart*) impulsive, impetuous ❷ (*unbedacht*) rash, hasty, unthinking
Unbesonnenheit <-,-en> *f* ❶ *kein pl* (*unbesonnene Art*) impetuosity, impulsiveness ❷ (*unbesonnene Äußerung*) hasty remark ❸ (*unbesonnene Handlung*) rashness
unbesorgt I. *adj* unconcerned; ***da bin ich ganz ~*** I'm very confident of that II. *adv* without worrying; ***die Pilze kannst du ~ essen*** you needn't worry about eating the mushrooms
unbeständig *adj* ❶ METEO (*nicht beständig*) unsettled, changeable ❷ (*wankelmütig*) fickle, changeable
Unbeständigkeit *f* ❶ METEO (*unbeständige Beschaffenheit*) unsettledness ❷ PSYCH (*Wankelmut*) changeability, fickleness
unbestätigt *adj* unconfirmed
unbestechlich *adj* ❶ (*nicht bestechlich*) incorruptible ❷ (*nicht zu täuschen*) unerring
Unbestechlichkeit *f* ❶ (*nicht zu bestechende Mensch*) incorruptibility ❷ (*nicht zu täuschende Art*) unerring
unbestimmbar *adj* indeterminable
unbestimmt *adj* ❶ (*unklar*) vague ❷ (*noch nicht festgelegt*) indefinite; (*Alter*) uncertain; (*Anzahl, Menge*) indeterminate; (*Grund, Zeitspanne*) unspecified, indefinite
unbestreitbar I. *adj* (*nicht zu bestreiten*) indisputable, unquestionable; ■ **~ sein, dass ...** to be unquestionable [*or* without [a shadow of a] doubt ...] that ..., to be no doubt that ... II. *adv* unquestionably, unarguably
unbestritten I. *adj* ❶ (*nicht bestritten*) undisputed,

U

undenied, unquestionable; (*Argument*) irrefutable; ■ ~ **sein, dass ...** to be an undisputed fact that ..., to be without doubt that ...; ~ **ist doch wohl, dass ...** one/you cannot deny that ... ❷ JUR (*nicht streitig*) uncontested **II.** *adv* ❶ (*wie nicht bestritten wird*) unquestionably, indisputably ❷ (*unstreitig*) unarguably, irrefutably

unbeteiligt *adj* ❶ (*an etw nicht beteiligt*) uninvolved, non-participating; ■ **an etw** *dat* ~ **sein** to be uninvolved in sth ❷ (*desinteressiert*) indifferent; (*in einem Gespräch*) uninterested; [**innerlich**] ~ **sein** to be absent-minded

Unbeteiligte(r) *f(m) decl wie adj* non-participant; ***bei Attentaten kommen oft auch ~ zu Schaden*** innocent bystanders are often hurt during assassinations

unbetont *adj* LING unstressed

unbeträchtlich *adj* insignificant; (*Problem*) minor; (*Preisänderung*) slight; ***im letzten Jahr war die Inflationsrate relativ ~*** last year's inflation rate was relatively insignificant; **nicht** ~ not insignificant

unbeugsam *adj* ❶ (*nicht zu beeinflussen*) uncompromising ❷ (*unerschütterlich*) unshakable, unflagging, tireless

unbewacht *adj* (*nicht bewacht: Person*) unguarded; (*Parkplatz*) unattended; **etw/jdn** ~ **lassen** to leave sth/sb unguarded; (*Gepäck*) unattended; ~ **abgestellt sein/liegen/stehen** to be left/left lying/standing unguarded; *s. a.* **Augenblick**

unbewaffnet *adj* unarmed

unbewältigt *adj* unresolved; (*Aufgabe*) unmastered; **jds ~e Vergangenheit** sb's unresolved past

unbeweglich *adj* ❶ (*starr*) fixed, rigid; (*Konstruktion, Teil*) immovable ❷ (*unveränderlich*) inflexible; (*Gesichtsausdruck*) rigid; (*esp fig*) unmoved

Unbeweglichkeit <-> *f kein pl* ❶ (*sich nicht bewegen lassen*) stiffness, inflexibility ❷ (*Starre des Gesichtsausdrucks*) rigidity ❸ (*unbeweglicher Zustand*) immovability

unbewegt *adj* ❶ (*glatt*) fixed; (*Oberfläche eines Gewässers*) motionlesss, still, unruffled *liter* ❷ *s.* **unbeweglich 2**

unbewiesen *adj* unproven

unbewohnbar *adj* uninhabitable

unbewohnt *adj* ❶ (*nicht besiedelt*) uninhabited ❷ (*nicht bewohnt*) unoccupied

unbewusst[RR] **I.** *adj a.* PSYCH (*nicht bewusst gesteuert*) unconscious **II.** *adv* (*unwissentlich*) unconsciously

Unbewusste(s)[RR] *nt kein pl, decl wie adj* PSYCH ■ **das** ~ the unconscious

unbezahlbar *adj* ❶ (*nicht aufzubringen*) totally unaffordable, prohibitively expensive, extortionate; ■ [**für jdn**] ~ **sein** to be unaffordable [for sb] ❷ (*äußerst nützlich*) invaluable; ■ [**für jdn**] ~ **sein** to be invaluable [to sb] ❸ (*immens wertvoll*) priceless

unbezahlt *adj* ❶ (*noch nicht beglichen*) unsettled, outstanding ❷ ÖKON, ADMIN (*nicht entlohnt*) unpaid; **~er Urlaub** unpaid leave

unbezähmbar *adj* irrepressible; (*Lust, Zorn*) uncontrollable

unbezweifelbar *adj* undeniable, undisputable; (*Tatsache*) irrefutable, undisputable

unbezwingbar *adj*, **unbezwinglich** *adj* (*geh*) ❶ (*uneinnehmbar: Festung*) impregnable ❷ (*unbezähmbar*) uncontrollable ❸ *s.* **unüberwindlich**

Unbilden *pl* (*geh*) rigours [*or* AM -ors] *pl*

unbillig *adj* JUR unreasonable

UN-Blauhelm *m* UN soldier

unblutig **I.** *adj* ❶ (*ohne Blutvergießen*) bloodless, without bloodshed ❷ MED (*nicht chirurgisch*) non-invasive **II.** *adv* ❶ (*ohne Blutvergießen*) without bloodshed ❷ MED (*nicht chirurgisch*) non-invasively

unbotmäßig **I.** *adj* (*geh*) unruly, recalcitrant *form;* (*Untertan, Verhalten*) riotous, unruly, insubordinate; (*Kind*) unruly, rebellious, obstreperous; (*Mitarbeiter*) uncooperative **II.** *adv* (*geh*) in a recalcitrant *form* [*or* unruly] manner

Unbotmäßigkeit <-> *f kein pl* (*geh*) unruliness, recalcitrance *form*

unbrauchbar *adj* useless, [of] no use; ■ [**für jdn/etw**] ~ **sein/werden** to be/become useless [*or* of no use] [to sb/for sth]

unbürokratisch **I.** *adj* unbureaucratic **II.** *adv* unbureaucratically, avoiding [*or* without] [the] red tape *fam*

unchristlich **I.** *adj* ❶ REL (*nicht christlich*) unchristian ❷ (*fig fam: unüblich*) unearthly, ungodly; ***wer ruft denn zu dieser ~en Stunde an?*** who is that calling at such an ungodly hour? **II.** *adv* REL uncharitably, in an unchristian way

uncool [unku:l] *adj* (*sl*) uncool *sl*

und *konj* ❶ *verbindend* (*dazu*) and; ***sie redeten ~ redeten, aber taten nichts*** they talked and talked, but did nothing; ***es regnete ~ regnete*** it kept on [and on] raining ❷ *konsekutiv* (*mit der Folge*) and ❸ *konzessiv* (*selbst*) ■ ~ **wenn jd etw** *akk* **tut** even if sb does sth; ~ ***wenn es auch stürmt und schneit, wir müssen weiter*** we must continue our journey, come storm or snow ❹ *elliptisch* (*dann*) and ❺ *fragend* (*aber*) and; ~ ***dann?*** [and] what then?, then what?; ~ **warum/~ warum nicht?** and [*or* but] why/why not?; ~ ***was hat er dann gesagt?*** and what did he say next?; ~**?** (*nun*) well?; *herausfordernd;* **na ~?** (*was soll's*) so what?; *s. a.* **noch, so**

Undank *m* (*geh*) (*undankbares Verhalten*) ingratitude; [**für etw** *akk*] ~ **ernten** to receive no [*or* little] thanks [for sth], to meet only with ingratitude for sth ▶ WENDUNGEN: ~ **ist der Welt Lohn** (*prov*) that's all the thanks one gets, [one should] never expect any thanks for anything

undankbar *adj* ❶ (*nicht dankbar*) ungrateful ❷ (*nicht lohnend*) thankless

Undankbarkeit *f* ungratefulness, ingratitude *form*

undatiert *adj* undated

undefinierbar *adj* ❶ (*nicht eindeutig bestimmbar*) indescribable, indefinable, indeterminate ❷ KOCHK (*fam: hinsichtlich der Konsistenz unbestimmbar*) indefinable, difficult to make out

undeklinierbar *adj* LING indeclinable

undemokratisch *adj* POL undemocratic

undenkbar *adj* unimaginable, inconceivable, unthinkable; ■ ~ **sein, dass etw geschieht/dass jd etw** *akk* **tut** to be inconceivable [*or* unthinkable], that sth happens/that sb does sth

Undercoveragent(in) *m(f)* undercover agent

Underdog <-s, -s> ['andədɔg] *m* underdog

Understatement <-s, -s> [andə'ste:tmənt] *nt* understatement

undeutlich **I.** *adj* ❶ (*nicht deutlich vernehmbar*) unclear ❷ (*nicht klar sichtbar*) blurred; (*Schrift*) illegible ❸ (*vage*) vague, hazy **II.** *adv* ❶ (*nicht deutlich vernehmbar*) unclearly; ~ **sprechen** to mumble ❷ (*nicht klar*) unclearly ❸ (*vage*) vaguely

undicht *adj* (*luftdurchlässig*) not airtight; (*wasserdurchlässig*) not watertight, leaking; ■ ~ **sein/werden** to be leaking/start to leak; ***die Fenster sind ~*** the windows let in draught; *s. a.* **Stelle**

Unding *nt kein pl* **ein ~ sein,** [**etw** *akk* **zu tun**] to be absurd [*or* preposterous] [to do sth]

undiplomatisch **I.** *adj* undiplomatic **II.** *adv* undiplomatically

undiszipliniert **I.** *adj* (*geh*) undisciplined **II.** *adv* in an undisciplined manner

unduldsam **I.** *adj* intolerant (**gegen** +*akk* of) **II.** *adv* intolerantly

Unduldsamkeit *f* intolerance; ■ **jds ~ [gegen jdn** [*o* **gegenüber jdm**]] sb's intolerance [of sb [*or* towards sb]]

undurchdringlich *adj* ❶ (*kein Durchdringen ermöglichend*) impenetrable, dense ❷ (*verschlossen*) inscrutable

undurchführbar *adj* impracticable, unfeasible; (*Vorhaben*) impracticable, unviable; (*Plan*) unworkable, unviable

undurchlässig *adj* impermeable

undurchschaubar *adj* (*schwer zu durchschauen*) unfathomable, inexplicable; (*Verbrechen*) baffling; (*Wesensart*) enigmatic, inscrutable; (*Miene, Lächeln*) enigmatic

undurchsichtig *adj* ❶ (*nicht transparent*) non-transparent; (*Glas*) opaque ❷ (*fig: zwielichtig: Geschäfte*) shadowy, devious, shady ❸ (*fig: zweifelhaft*) obscure; (*Motive*) obscure, shady

uneben *adj* ❶ (*nicht eben*) uneven; (*Straße*) uneven, bumpy ❷ GEOG (*Bodenerhebungen aufweisend*) rough, uneven

Unebenheit <-, -en> *f* ❶ *kein pl* (*unebene Beschaffenheit*) unevenness ❷ GEOG (*gegliederte Bodenbschaffenheit*) roughness, unevenness ❸ (*unebene Stelle*) bump ❹ GEOG (*Bodenerhebung*) uneven patch, bump

unecht *adj* ❶ (*imitiert*) fake *usu pej;* **~er Schmuck/~es Leder** imitation [*or* fake] jewellery [*or* AM jewelry]/leather; **~er Pelz** fake fur; **~es Haar** artificial [*or* imitation] hair; **~e Zähne** artificial [*or* false] teeth ❷ (*unaufrichtig*) fake, false, artificial; *s. a.* **Bruch**

unehelich *adj* illegitimate

unehrenhaft **I.** *adj* ❶ (*geh: unlauter*) dishonourable [*or* AM -or-] ❷ MIL (*aufgrund eines Verstoßes*) dishonourable [*or* AM -or-]; **~e Entlassung** dishonourable discharge **II.** *adv* ❶ (*unlauter*) dishonourably [*or* AM -or-] ❷ MIL (*aufgrund eines Verstoßes*) dishonourably [*or* AM -or-]; **jdn ~ entlassen** to discharge sb for dishonourable [*or* AM dishonorable] conduct

unehrlich **I.** *adj* dishonest **II.** *adv* dishonestly

Unehrlichkeit *f* dishonesty

uneigennützig *adj* selfless, unselfish

uneingelöst *adj inv* unredeemed

uneingeschränkt **I.** *adj* absolute, total; (*Handel*) free, unrestricted; (*Lob*) unreserved **II.** *adv* absolutely, unreservedly, one hundred percent [*or* fam]

uneingeweiht *adj* uninitiated; ■ **~ sein** to be in the dark, to have no idea

uneinig *adj* disagreeing; ■ [**sich** *dat*] [**in etw** *dat*/**über etw** *akk*] **~ sein** to disagree [*or* be in disagreement] [on sth/about sth]; ■ [**sich** *dat*] **mit jdm** [**in etw** *dat*/**über etw** *akk*] **~ sein** to disagree [*or* be in disagreement] with sb [on sth/about sth]

Uneinigkeit *f* disaccord, disagreement; [**über etw** *akk*] **herrscht** [*o* **besteht**] **~** there are sharp divisions [over sth]

uneinnehmbar *adj* impregnable

uneins *adj pred s.* **uneinig**

unempfänglich *adj* impervious; ■ **für etw** *akk* **~ sein** to be impervious [*or* unsusceptible] to sth

unempfindlich *adj* unsusceptible, insensitive; (*durch Erfahrung*) inured; (*Pflanze*) hardy; (*Material*) practical; ■ [**gegen etw** *akk*] **~ sein** to be insensitive [to sth]

Unempfindlichkeit *f kein pl* unsusceptibility, hardiness

unendlich **I.** *adj* ❶ (*nicht überschaubar*) infinite ❷ (*unbegrenzt*) endless, infinite, boundless ❸ (*überaus groß*) infinite, immense; **mit ~er Liebe/Geduld/Güte** with infinite [*or* endless] love/patience/goodness; **~e Strapazen** immense [*or* endless] strain ❹ FOTO (*Einstellung für Entfernung*) **etw** *akk* **auf ~ einstellen** to focus sth at infinity **II.** *adv* (*fam*) endlessly, infinitely; **~ viele Leute** heaven [*or* god] knows how many people; **~ froh sein, sich** *akk* **~ freuen** to be terribly [*or* immensely] happy

Unendlichkeit *f kein pl* infinity; **eine ~** (*fam: ewig lange*) ages *pl fam*

unentbehrlich *adj* ❶ (*unbedingt erforderlich*) essential; ■ [**für jdn/etw**] **~ sein** to be essential [for [*or* to] sb/for sth]; **sich** *akk* [**irgendwo/bei jdm**] **~ machen** to make oneself indispensable [somewhere/to sb] ❷ (*unverzichtbar*) indispensable

unentgeltlich **I.** *adj* free of charge; **die ~e Benutzung von etw** *dat* free use of sth **II.** *adv* free of charge, for free; **~ arbeiten** to work on a voluntary basis, to work for free

unentschieden **I.** *adj* ❶ SPORT (*gleicher Punktstand*) drawn ❷ (*noch nicht entschieden*) undecided; ■ **noch ~ sein** to be still [*or* as yet] undecided **II.** *adv* SPORT **~ ausgehen** [*o* **enden**] to end in a draw; **~ spielen** to draw

Unentschieden <-s, -> *nt* SPORT draw; ***das Spiel endete mit einem ~*** the game ended in a draw

unentschlossen **I.** *adj* indecisive, irresolute; ■ **~ sein** [**darüber**], **was jd tun soll** to be torn over what to do **II.** *adv* indecisively

Unentschlossenheit *f* indecision, undecidedness

unentschuldbar *adj* inexcusable; ■ **~ sein, dass jd etw** *akk* **getan hat** to be inexcusable of sb, to do sth

unentschuldigt **I.** *adj* unexcused **II.** *adv* unexcused, without an excuse; **~ fehlen** [*o* **dem Unterricht fernbleiben**] to play truant, AM *usu* to cut *fam* [*or* be missing from] class

unentwegt **I.** *adj* persevering; **~er Einsatz/Fleiß** untiring commitment/efforts, perseverance **II.** *adv* constantly, incessantly

Unentwegte(r) *f(m) decl wie adj* stalwart

unerbittlich *adj* ❶ (*nicht umzustimmen*) unrelenting, merciless, inexorable ❷ (*gnadenlos*) pitiless, merciless

Unerbittlichkeit <-> *f kein pl* (*nicht unzustimmende Art*) mercilessness, inexorableness

unerfahren *adj* inexperienced, *fam* green; ■ [**auf/in etw** *dat*] **~ sein** to be inexperienced [in sth]

Unerfahrene(r) *f(m) decl wie adj* unexperienced person

Unerfahrenheit *f* lack of experience, inexperience

unerfindlich *adj* (*geh*) incomprehensible, unfathomable; ■ [**jdm**] **~ sein, warum/wie ...** to be incomprehensive [*or* inexplicable] [*or* unfathomable] [to sb], why/how ...; *s. a.* **Grund**

unerfreulich **I.** *adj* unpleasant; *Neuigkeiten,Nachrichten* bad; *Zwischenfall* unfortunate; ■ [**für jdn**] **~ sein** to be unfortunate [for sb]; ■ **etwas U~es** bad news **II.** *adv* unpleasantly

unerfüllbar *adj* unattainable, unviable, unrealizable [*or* BRIT *a.* -isable]; (*Forderungen, Träume*) unfulfillable; (*Wünsche*) unattainable

unerfüllt *adj* unattained, unrealized; *Traum* unfulfilled

unergiebig *adj* unproductive, unrewarding; (*Ernte*) poor; (*Produkt*) uneconomical

unergründbar *adj,* **unergründlich** *adj* obscure, unfathomable, puzzling; (*Blick, Lächeln*) enigmatic

unerheblich **I.** *adj* insignificant, minor; ■ **~ sein, ob ...** to be irrelevant whether ...; **nicht ~** not insignificant, considerable **II.** *adv* insignificantly; **nicht ~** not insignificantly, considerably

unerhört **I.** *adj attr* ❶ (*pej: skandalös*) outrageous; [**das ist ja**] **~!** that's [simply] outrageous! ❷ (*außerordentlich*) incredible, enormous, outrageous *hum* **II.** *adv* ❶ (*skandalös*) outrageously ❷ (*außerordent-*

U

lich) incredibly

unerkannt *adv* unrecognized; ***bitte keine Namen, ich will ~ bleiben*** please, no names, I want to remain incognito

unerklärbar *adj,* **unerklärlich** *adj* inexplicable; ■**jdm ist ~, warum/was/wie ...** sb cannot understand why/what/how ...

unerlässlichRR *adj,* **unerläßlich** *adj* essential, imperative; ■**[für jdn/etw] ~ sein** to be imperative [*or* essential] [for sb/for sth]

unerlaubt I. *adj* ❶ (*nicht gestattet*) unauthorized ❷ JUR (*ungesetzlich*) illegal II. *adv* without permission

unerledigt I. *adj* unfinished; (*Antrag*) incompleted; (*Post*) unanswered, not seen to II. *adv* unfinished; **~ liegen bleiben** to be left unfinished

unermesslichRR, **unermeßlich** I. *adj* (*geh*) ❶ (*schier unendlich*) immeasurable ❷ (*gewaltig*) immense, vast; (*Wert, Wichtigkeit*) inestimable; (*Zerstörung*) untold II. *adv* (*geh*) immensely

unermüdlich I. *adj* untiring, tireless II. *adv* tirelessly, ceaselessly

unerquicklich *adj* (*geh*) unedifying *form,* dismal, disagreeable

unerreichbar *adj* unattainable; (*telefonisch nicht zu erreichen*) unavailable

unerreicht *adj* unequalled BRIT, AM *usu* unequaled; (*Anforderungen, Ziel*) unattained

unersättlich *adj* ❶ (*nicht zu stillen*) insatiable; (*Wissensdurst*) unquenchable ❷ (*gierig*) insatiable, voracious

unerschöpflich *adj* ❶ (*ein reiches Reservoir bietend*) inexhaustible ❷ (*schier nicht zu erschöpfen*) inexhaustible

unerschrocken I. *adj* courageous, fearless II. *adv* courageously, fearlessly

unerschütterlich I. *adj* unshakable II. *adv* unshakably, ceaselessly

unerschwinglich *adj* exorbitant; ■**für jdn ~ sein** to be beyond sb's means; *s. a.* **teuer**

unersetzlich *adj* indispensable; (*Wertgegenstand*) irreplaceable; (*Schaden*) irreparable; ■**[für jdn] ~ sein** to be indispensable [to sb]

unersprießlich *adj* (*geh*) *s.* **unerfreulich**

unerträglich I. *adj* ❶ (*nicht auszuhalten*) unbearable, intolerable ❷ (*pej: unmöglich*) impossible, intolerable II. *adv* ❶ (*nicht auszuhalten*) unbearably ❷ (*pej: unmöglich*) impossibly

unerwähnt *adj* unmentioned

unerwartet I. *adj* unexpected II. *adv* unexpectedly

unerwünscht *adj* ❶ (*nicht willkommen*) unwelcome ❷ (*lästig*) undesirable

unerzogen *adj* ill-mannered, badly behaved

UNESCO <-> [u'nɛsko] *f Akr von* **United Nations Educational, Scientific and Cultural Organization** UNESCO; ■**die ~** UNESCO

unfähig *adj* ❶ (*inkompetent*) incompetent ❷ (*nicht imstande*) incapable; ■**zu etw** *dat* **~ [sein]** [to be] incapable of sth; ■**~ sein, etw** *akk* **zu tun** to be incapable of doing sth

Unfähigkeit *f kein pl* incompetence

unfair [-fɛːɐ] I. *adj* unfair; ■**~ [gegen jdn** [*o* **jdm gegenüber**]] **sein** to be unfair [to [*or* towards] sb] II. *adv* unfairly

Unfall *m* accident, mishap *hum;* **einen ~ haben** to have an accident

Unfallbeteiligte(r) <-n, -n> *decl wie adj f (m)* person involved in an accident **Unfallfahrer(in)** *m(f)* driver at fault in an accident **Unfallflucht** *f* failure to stop after being involved in an accident; (*mit Verletzten*) hit-and-run [driving] **Unfallfolge** *f meist pl* MED injury resulting from an/the accident **unfallfrei** I. *adj* accident-free II. *adv* without an accident **Unfallkrankenhaus** *nt hospital dealing solely with accidents and emergencies* **Unfallopfer** *nt* accident victim **Unfallort** *m* scene of an/the accident **Unfallschaden** *m* accident damage *no pl* **Unfallstatistik** *f* accident statistics *pl* **Unfallstelle** *f* place of the accident **Unfalltod** *m* accidental death **Unfalltote(r)** *f(m) decl wie adj* road casualty **unfallträchtig** <-er, -ste> *adj* accident-prone, prone to accidents *pred* **Unfallursache** *f* cause of a/the accident **Unfallverletzte(r)** *f(m)* casualty **Unfallversicherung** *f* accident insurance **Unfallzeuge, -zeugin** *m, f* witness of an/the accident

unfassbarRR *adj,* **unfaßbar** *adj,* **unfasslich**RR *adj,* **unfaßlich** *adj* ❶ (*unbegreiflich*) incomprehensible; (*Phänomen*) incredible; ■**jdm** [*o* **für jdn**] **~ sein, was/wie ...** to be incomprehensible to sb, what/how ... ❷ (*unerhört*) outrageous

unfehlbar I. *adj* infallible, unfailing; (*Geschmack*) impeccable; (*Gespür, Instinkt*) unerring II. *adv* without fail

Unfehlbarkeit <-> *f kein pl* infallibility

unfertig *adj* ❶ (*noch nicht fertig gestellt*) unfinished ❷ (*unreif*) immature

unflätig I. *adj* (*geh*) uncouth, crude; (*Ausdrucksweise*) obscene; (*Verhaltensweise*) coarse II. *adv* crudely, in an uncouth manner, coarsely

unförmig I. *adj* shapeless; (*groß*) cumbersome; (*Gesicht*) misshapen; (*Bein*) unshapely II. *adv* shapelessly; **sich** *akk* **~ vergrößern** to grow unshapely

Unförmigkeit <-> *f kein pl* unshapeliness, shapelessness, cumbersomeness

unfrankiert I. *adj* unstamped II. *adv* without a stamp

unfrei *adj* ❶ (*nicht frei*) not free; (*gehemmt*) inhibited; ■**~ sein** *a.* HIST to be a slave [*or* serf] ❷ *s.* **unfrankiert**

Unfreie(r) *f(m) decl wie adj* HIST serf

Unfreiheit *f kein pl* lack of freedom; *a.* HIST slavery *no indef art, no pl,* bondage *no indef art, no pl form*

unfreiwillig I. *adj* ❶ (*gezwungen*) compulsory ❷ (*unbeabsichtigt*) unintentional II. *adv* ■**etw** *akk* **~ tun** to be forced to do sth

unfreundlich I. *adj* ❶ (*nicht liebenswürdig*) unfriendly; ■**zu jdm ~ sein** to be unfriendly to sb ❷ (*unangenehm*) unpleasant; (*Wetter*) unpleasant, inclement *form;* (*Klima*) inhospitable, disagreeable; (*Jahreszeit, Tag*) dreary; (*Raum*) cheerless II. *adv* **sich** *akk* **jdm gegenüber ~ benehmen** to be unfriendly [*or* cold] to sb; **jd ~ behandeln** to treat sb in an unfriendly [*or* cold] manner, to be unfriendly [*or* cold] to sb

Unfreundlichkeit *f* unfriendliness

Unfriede(n) *m kein pl* trouble, strife *no pl, no indef art,* conflict; **in ~n** on bad terms; **~ stiften** to cause trouble [*or* strife]; **in ~n leben** to live in conflict; **in ~n auseinander gehen** to part unamicably

unfruchtbar *adj* ❶ MED (*steril*) infertile, sterile ❷ AGR (*nicht ertragreich*) infertile, barren

Unfruchtbarkeit *f kein pl* ❶ MED (*Sterilität*) infertility, sterility ❷ AGR (*fehlende Bodenfruchtbarkeit*) barrenness

Unfug <-s> *m kein pl* nonsense; **~ machen** to get up to mischief; ***mach keinen ~!*** stop that nonsense!; **grober ~** JUR public nuisance

Ungar(in) <-n, -n> *m(f)* Hungarian; *s. a.* **Deutsche(r)**

ungarisch *adj* ❶ GEOG Hungarian; *s. a.* **deutsch 1** ❷ LING Hungarian; *s. a.* **deutsch 2**

Ungarisch *nt decl wie adj* Hungarian; *s. a.* **Deutsch**

Ungarische <-n> *nt* ■**das ~** Hungarian, the Hungarian language; *s. a.* **Deutsche**

Ungarn <-s> *nt* Hungary; *s. a.* **Deutschland**

ungastlich *adj* uninviting, inhospitable *form*

ungeachtet *präp +gen* (*geh*) despite sth, in spite of sth; ■ ~ **dessen, dass ...** in spite of [*or* despite] the fact that ...
ungeahnt *adj* undreamed [*or* [*or* Brit] undreamt] of
ungebärdig *adj* unruly
ungebeten I. *adj* ❶ (*nicht eingeladen*) uninvited, unwelcome ❷ (*ohne Aufforderung erfolgt*) unwelcome II. *adv* ❶ (*ohne eingeladen zu sein*) without being invited ❷ (*ohne aufgefordert zu sein*) without an invitation
ungebildet *adj* uneducated
ungeboren *adj* unborn
ungebräuchlich *adj* uncommon, not in use *pred;* (*Methode, Verfahren*) [out]dated
ungebraucht I. *adj* unused; ■ ~ **sein** to have never been used, to be unused II. *adv* unused
ungebrochen I. *adj* unbroken II. *adv* ~ **weiterkämpfen/weitermachen** to carry on fighting/carry on incessantly
ungebührlich I. *adj* (*geh*) ❶ (*ungehörig*) improper ❷ (*nicht angemessen*) unreasonable II. *adv* (*geh*) ❶ (*ungehörig*) improperly ❷ (*über Gebühr*) **sich** *akk* ~ **ärgern** [*o* **aufregen**] to overreact, to make a mountain out of a molehill
ungebunden *adj* unattached, [fancy-]free; **ein ~es Leben führen** to lead a fancy-free life; ■ ~ **sein** (*unliiert*) to be unattached, to be footloose and fancy-free
ungedeckt *adj* ❶ FIN uncovered ❷ (*noch nicht gedeckt*) unlaid
Ungeduld *f* impatience; **voller** ~ impatiently; **vor** ~ with impatience
ungeduldig I. *adj* impatient II. *adv* impatiently
ungeeignet *adj* unsuitable; ■ [**für etw** *akk*] ~ **sein** to be unsuited [for sth]
ungefähr I. *adv* ❶ (*zirka*) approximately, roughly, about *fam;* **um** ~ **...**, ~ **um ...** by about ...; (*Zeit*) at about [*or* around] ... ❷ (*etwa*) ~ **da** [*o* **dort**] around there, [*or* esp Brit] thereabouts; ~ **hier** around here; ~ **so** something like this/that ❸ (*in etwa*) more or less; ***das dürfte*** ~ ***hinkommen*** that's more or less it, that's near enough right ▸ WENDUNGEN: **von** ~ by chance, by the by *fam;* **nicht von** ~ not without good reason [*or* cause], not for nothing II. *adj attr* approximate, rough
ungefährdet I. *adj* safe II. *adv* safely
ungefährlich *adj* harmless; ■ ~ **sein, etw** *akk* **zu tun** to be safe to do sth
ungefärbt *adj* undyed, natural
ungefragt *adv* without being asked
ungehalten I. *adj* (*geh*) indignant; ■ ~ [**über etw** *akk*] **sein/werden** to be/become indignant [about sth] II. *adv* (*geh*) indignantly
ungeheizt *adj* unheated
ungehemmt I. *adj* uninhibited II. *adv* uninhibitedly
ungeheuer I. *adj* ❶ (*ein gewaltiges Ausmaß besitzend*) enormous ❷ (*größte Intensität besitzend*) tremendous; (*Schmerz, Leiden*) dreadful ❸ (*größte Bedeutung besitzend*) tremendous II. *adv* ❶ (*äußerst*) terribly ❷ (*ganz besonders*) enormously, tremendously
Ungeheuer <-s, -> *nt* monster, ogre
ungeheuerlich *adj* ❶ (*unerhört*) outrageous, preposterous; **das ist ja ~!** that's outrageous! ❷ *s.* **ungeheuer 1**
Ungeheuerlichkeit <-, -en> *f* ❶ *kein pl* (*empörende Art*) outrageousness ❷ (*unerhörte Bemerkung*) outrageous remark; ***das ist ja eine ~!*** how outrageous! ❸ (*unerhörte Handlung*) monstrosity; (*Verbrechen*) atrocity
ungehindert I. *adj* unhindered II. *adv* without hindrance
ungehobelt *adj* ❶ (*schwerfällig*) uncouth, boorish; (*grob*) coarse ❷ (*nicht glatt gehobelt*) unplaned
ungehörig I. *adj* impertinent II. *adv* impertinently
Ungehörigkeit <-, -en> *f kein pl* impertinence *no pl*
ungehorsam *adj* disobedient; ■ [**jdm gegenüber**] ~ **sein** to be disobedient [towards sb]
Ungehorsam *m* disobedience; **ziviler** ~ civil disobedience
ungehört *adv* unheard
Ungeist *m kein pl* (*geh*) ■ **der** ~ **einer S.** *gen* the demon of sth
ungekämmt I. *adj* (*nicht gekämmt*) uncombed; (*nicht frisiert*) unkempt II. *adv* unkempt
ungeklärt I. *adj* ❶ (*nicht aufgeklärt*) unsolved; ■ [**noch**] ~ **sein** to be [yet] unsolved; *s. a.* **Ursache** ❷ ÖKOL (*nicht geklärt*) untreated II. *adv* ÖKOL untreated
ungekündigt *adj* **ein ~es Arbeitsverhältnis/eine ~e Stellung haben** to not be under notice of resignation; ■ ~ **sein** to not be under notice of resignation
ungekünstelt <-er, -este> *adj* natural, unaffected
ungekürzt I. *adj* MEDIA unabridged; (*FILM*) uncut II. *adv* in its unabridged version; FILM in its uncut version
ungeladen *adj* ❶ (*nicht geladen*) unloaded ❷ (*nicht eingeladen*) uninvited
ungelegen *adj* inconvenient; [**jdm**] ~ **kommen** to be inconvenient [for sb], to be an inconvenience [for sb]; (*zeitlich*) to be an inconvenient time [for sb]
Ungelegenheiten *pl* inconvenience; **jdm ~ machen** [*o geh* **bereiten**] to inconvenience sb
ungelenk I. *adj* clumsy, awkward II. *adv* clumsily, awkwardly
ungelenkig *adj* inflexible, unsupple
ungelernt *adj attr* unskilled
ungeliebt *adj* ❶ (*nicht geliebt*) unloved ❷ (*nicht gemocht*) loathed ❸ *s.* **unbeliebt**
ungelogen *adv* (*fam*) honestly, honest *fam;* ***das ist die Wahrheit, ~!*** honestly, it's the truth!
ungelöst *adj* unsolved; (*Fragen*) unresolved
Ungemach <-s> *nt kein pl* (*geh*) inconvenience
ungemahlen *adj* unground
ungemein I. *adv* immensely, terribly; ***das freut mich ganz*** ~ I'm immensely happy about that II. *adj* immense, tremendous
ungemütlich *adj* ❶ (*nicht gemütlich*) uninviting ❷ (*unerfreulich*) uncomfortable, disagreeable ▸ WENDUNGEN: ~ **werden**, ~ **werden können** (*fam*) to become nasty, to be able to become nasty
Ungemütlichkeit *f* uncomfortableness, unpleasantness
ungenannt *adj* unnamed
ungenau I. *adj* ❶ (*nicht exakt*) vague, inexact; ■ ~ [**in etw** *dat*] **sein** to be vague [in sth] ❷ (*nicht korrekt*) inaccurate II. *adv* ❶ (*nicht exakt*) vaguely, inexactly ❷ (*nicht korrekt*) incorrectly
Ungenauigkeit <-, -en> *f* ❶ *kein pl* (*nicht exakte Beschaffenheit*) vagueness ❷ *kein pl* (*mangelnde Korrektheit*) inaccuracy ❸ (*ungenaues Zitat*) inaccuracy
ungeniert ['ʊnʒeniːɐt] I. *adj* uninhibited, unembarrassed, unconcerned II. *adv* uninhibitedly, freely
Ungeniertheit <-> ['ʊnʒeniːɐt-] *f kein pl* lack of inhibition
ungenießbar *adj* ❶ (*nicht zum Genuss geeignet*) inedible; (*Getränke*) undrinkable ❷ (*schlecht schmeckend*) unpalatable ❸ (*fam: unausstehlich*) unbearable, loathsome, horrid
ungenügend I. *adj* ❶ (*nicht ausreichend*) insufficient; *Information* inadequate ❷ SCH (*schlechteste Zensur*) unsatisfactory (*the lowest mark*) II. *adv* insufficiently, inadequately

ungenutzt I. *adj* unused; (*materielle/personelle Ressourcen*) unexploited; (*Gelegenheit*) missed; ~ **bleiben** to not be taken advantage of; **etw** *akk* ~ **lassen** to not take advantage of sth II. *adv* **eine Chance** ~ **verstreichen lassen** [*o* **vorübergehen**] to miss a chance, to let a chance go by [*or* slip]

ungepflegt *adj* ❶ (*nicht gepflegt*) ungroomed, unkempt; (*Hände*) neglected, uncared-for ❷ (*vernachlässigt*) neglected, not very well looked after

ungeprüft I. *adj* unchecked II. *adv* without checking

ungerade *adj* odd; **eine** ~ **Zahl** an odd number

ungerecht I. *adj* unjust, unfair; ~**e Behandlung** unjust treatment; **ein** ~**er Richter** a partial judge; ■ ~ [**gegen jdn** [*o* **jdm gegenüber**]] **sein** to be unfair [to sb]; ■ ~ [**von jdm**] **sein, etw zu tun** to be unfair [of sb] to do sth II. *adv* unjustly, unfairly; **sich** ~ **verhalten** to behave unfairly

ungerechterweise *adv* unjustly, unfairly

ungerechtfertigt *adj* unjustified

Ungerechtigkeit <-, -en> *f* ❶ *kein pl* (*ungerechte Art*) injustice, unfairness; **die** ~ **der Beurteilung** the injustice of the judgement; **so eine** ~! how unjust! [*or* unfair!] ❷ (*ungerechte Handlung*) injustice, unfairness

ungeregelt *adj* ❶ (*unregelmäßig*) unsettled, disordered ❷ (*selten: nicht erledigt*) unsettled ► WENDUNGEN: ~**er** **Katalysator** open-loop catalyst

ungereimt *adj* ❶ (*verworren*) muddled; ***er redet völlig*** ~***es Zeug*** he is talking a load of nonsense ❷ (*keinen Reim aufweisend*) unrhymed; ~**e Verse** blank verse

Ungereimtheit <-, -en> *f* ❶ *kein pl* (*verworrene Art*) muddle ❷ (*ungereimte Äußerung*) inconsistency; ***der Bericht weist viele*** ~***en auf*** there are many inconsistencies in the report

ungern *adv* reluctantly; **etw** ~ **tun** to do sth reluctantly; [**höchst**] ~! with [the greatest of] reluctance!

ungerührt I. *adj* unmoved; **mit** ~**er Miene** with a deadpan expression [*or* face] II. *adv* unmoved

ungesalzen *adj* unsalted

ungesättigt *adj* ❶ (*geh: noch hungrig*) unsatisfied ❷ CHEM unsaturated

ungeschält I. *adj Frucht, Obst* unpeeled; *Getreide, Reis* unhusked II. *adv* unpeeled

ungeschehen *adj* undone; **etw** ~ **machen** to undo sth

Ungeschick <-[e]s> *nt kein pl* (*geh*) *s.* **Ungeschicklichkeit**

Ungeschicklichkeit <-, -en> *f* ❶ *kein pl* (*ungeschickte Art*) clumsiness ❷ (*ungeschicktes Verhalten*) clumsiness

ungeschickt *adj* ❶ (*unbeholfen*) clumsy; **eine** ~**e Bewegung** a clumsy movement; (*unbedacht*) careless, inept; **eine** ~**e Äußerung** a careless comment; ■ ~ [**von jdm**] **sein** to be inept [of sb] ❷ DIAL, SÜDD (*selten: unhandlich*) unwieldy; **ein** ~**es Werkzeug** an unwieldy tool; (*ungelegen*) awkward; **etw kommt** ~ sth happens at an awkward time

Ungeschicktheit *f s.* **Ungeschicklichkeit**

ungeschlechtlich *adj inv* BIOL asexual

ungeschliffen *adj* ❶ (*nicht geschliffen*) uncut; *Messer, Klinge* blunt; ~**e Diamanten** uncut diamonds ❷ (*pej: grob, ohne Manieren*) uncouth; ~**es Benehmen** uncouth behaviour [*or* AM -or]; **ein** ~**er Kerl** an uncouth man

ungeschminkt *adj* ❶ (*nicht geschminkt*) without make-up ❷ (*unbeschönigt*) unvarnished; **die** ~**e Wahrheit** the unvarnished truth; **jdm** ~ **die Wahrheit sagen** to tell sb the unvarnished truth

ungeschnitten *adj inv* FILM, TV *Film* unedited

ungeschoren I. *adj* unshorn; ~**e Schafe** unshorn sheep II. *adv* unscathed; ~ **davonkommen** to get away with it

ungeschrieben *adj pred* unwritten; ~ **bleiben** to be left unwritten; **etw** ~ **°lassen** not to write sth; *s. a.* **Gesetz**

ungesehen I. *adj inv* (*selten*) unseen II. *adv inv* unseen, without being seen

ungesellig *adj* unsociable

ungesetzlich *adj* unlawful, illegal

ungesetzt *adj* SPORT unseeded

ungesichert *adj* unsecured

ungestempelt *adj* unstamped; **eine** ~**e Briefmarke** an unfranked stamp

ungestillt *adj inv* (*geh*) unstilled

ungestört I. *adj* undisturbed; ~ **sein wollen** to want to be left alone II. *adv* without being disturbed

ungestraft *adv* with impunity; ~ **davonkommen** to get away scot-free

ungestüm I. *adj Art, Temperament* impetuous; *Wind* gusty; *Meer* rough, turbulent; **eine** ~**e Begrüßung** an enthusiastic greeting II. *adv* enthusiastically, passionately

Ungestüm <-[e]s> *nt kein pl* impetuosity; **jugendliches** ~ youthful impetuosity; **voller** ~ passionately, boisterously

ungesühnt *adj* unatoned, unexpiated

ungesund I. *adj* ❶ (*der Gesundheit abträglich*) unhealthy; **ein** ~**es Klima** an unhealthy climate ❷ (*nicht gesund, kränklich*) unhealthy; **ein** ~**es Aussehen** an unhealthy appearance II. *adv* unhealthily; **sich** ~ **ernähren** to not have a healthy diet

ungesüßt *adj* unsweetened

ungetrübt *adj Freude, Glück* unclouded; *Tage, Zeit* perfect

Ungetüm <-[e]s, -e> *nt* ❶ (*veraltend: monströses Wesen*) monster ❷ (*fam: riesiger Gegenstand*) monster *fam;* ***dieses*** ~ ***von Schrank passt nicht durch die Haustür*** this monster of a cupboard won't go through the front door

ungeübt *adj* unpractised [*or* AM -ced]; ~**e Lehrlinge** inexperienced apprentices; ■ [**in etw** *dat*] ~ **sein** to be out of practice [at sth]

ungewiss[RR] *adj,* **ungewiß** *adj* ❶ (*nicht feststehend*) uncertain; **eine** ~**e Zukunft** an uncertain future; ■ **noch** ~ **sein, ob/wie ...** to be still uncertain, whether/how ...; **Sprung ins U**~**e** a leap into the unknown ❷ (*unentschlossen*) uncertain, unsure; ■ **sich noch** ~ **sein** to be still uncertain; **sich über etw** *akk* **im Ungewissen sein** to be uncertain [*or* unsure] about sth; **jdn** [**über etw** *akk*] **im Ungewissen lassen** to leave sb in the dark [about sth] *fam;* **etw im Ungewissen lassen** to leave sth vague [*or* indefinite] ❸ (*geh: unbestimmbar*) undefinable; **Augen von** ~**er Farbe** eyes of an indefinable colour [*or* AM -or]

Ungewissheit[RR] <-, -en> *f* uncertainty

ungewöhnlich I. *adj* ❶ (*vom Üblichen abweichend*) unusual; **eine** ~**e Bitte** an unusual request; ■ **etwas/nichts U**~**es** something/nothing unusual ❷ (*außergewöhnlich*) unusual, remarkable; **eine** ~**e Leistung** a remarkable achievement II. *adv* ❶ (*äußerst*) exceptionally; ~ **schön/klein** exceptionally beautiful/small; ~ **begabt** unusually gifted ❷ (*in nicht üblicher Weise*) unusually; **sich** ~ **benehmen** to behave unusually [*or* strangely]

ungewohnt *adj* unusual; **ein** ~**er Anblick** an unusual sight; ~**e Freundlichkeit** unusual friendliness; ■ **jdm** ~ **sein** to be unfamiliar to sb

ungewollt I. *adj* unintentional, inadvertent; **eine** ~**e Schwangerschaft** an unwanted pregnancy II. *adv* unintentionally, inadvertently; ***ich musste*** ~ ***grinsen*** I couldn't help grinning

ungezählt *adj inv* ❶ (*selten: unzählig*) innumerable, countless ❷ (*nicht nachgezählt*) uncounted

Ungeziefer <-s> *nt kein pl* pests *pl,* vermin
ungezogen I. *adj Kind* naughty, badly-behaved; *Bemerkung* impertinent; ■ ~ [**von jdm**] **sein** to be ill-mannered [of sb] II. *adv* impertinently, naughtily; **sich ~ benehmen** to behave badly
Ungezogenheit <-, -en> *f* ❶ *kein pl* (*ungezogene Art*) naughtiness, bad behaviour [*or* AM -or] ❷ (*ungezogene Äußerung*) impertinent remark; (*ungezogene Handlung*) bad manners *npl*
ungezügelt *adj* unbridled
ungezwungen *adj* casual, informal; **eine ~e Atmosphäre** an informal atmosphere; **frei und ~** without restraint
Ungezwungenheit *f* casualness, informality
Unglaube *m* ❶ (*Zweifel*) disbelief, scepticism ❷ (*Gottlosigkeit*) unbelief, lack of faith
unglaubhaft I. *adj* unbelievable, incredulous; **~ wirken** to appear to be implausible II. *adv* unbelievably, incredulously
ungläubig *adj* ❶ (*etw nicht glauben wollend*) disbelieving, incredulous; **ein ~es Gesicht machen** to raise one's eyebrows in disbelief; **ein ~es Kopfschütteln** an incredulous shake of the head ❷ (*gottlos*) unbelieving, irreligious; **~e Menschen bekehren** to convert the unbelievers
Ungläubige(r) *f(m) decl wie adj* unbeliever, infidel
unglaublich I. *adj* ❶ (*nicht glaubhaft*) unbelievable, incredible ❷ (*unerhört*) outrageous; **ein ~es Benehmen** outrageous behaviour [*or* AM -or]; **~e Zustände** outrageous conditions II. *adv* (*fam: überaus*) incredibly, extremely
unglaubwürdig I. *adj* implausible, dubious; **eine ~e Geschichte** an implausible story; **ein ~er Zeuge** an unreliable witness; **sich ~ machen** to lose credibility II. *adv* implausibly, dubiously; ***seine Aussage klingt ~*** his statement sounds dubious [*or* fishy] *fam*
Unglaubwürdigkeit *f* implausibility, unreliability
ungleich I. *adj* ❶ (*unterschiedlich*) *Bezahlung* unqual; *Belastung* uneven; *Paar* odd; *Gegenstände, Waffen* different, dissimilar, unalike; **mit ~en Mitteln kämpfen** to fight using different methods ❷ (*unterschiedliche Voraussetzungen aufweisend*) unequal; **ein ~er Kampf** an unequal fight II. *adv* ❶ (*unterschiedlich*) unequally; **~ stark sein** to be unevenly matched ❷ *vor comp* (*weitaus*) far III. *präp mit dat* (*geh*) unlike
Ungleichgewicht *nt* imbalance
Ungleichheit <-, -en> *f* dissimilarity, difference, inequality
ungleichmäßig I. *adj* ❶ (*unregelmäßig*) irregular; **ein ~er Puls** an irregular pulse ❷ (*nicht zu gleichen Teilen*) uneven; **eine ~e Belastung** an uneven load; **eine ~e Verteilung** an uneven distribution II. *adv* ❶ (*unregelmäßig*) irregularly; **~ atmen** to breathe irregularly ❷ (*ungleich*) unevenly
Ungleichmäßigkeit <-, -en> *f* ❶ (*Unregelmäßigkeit*) irregularity ❷ (*Ungleichheit*) unevenness
Unglück <-glücke> *nt* ❶ *kein pl* (*Pech*) bad luck, misfortune; [**jdm**] **~ bringen** to bring [sb] bad luck; **in sein ~ rennen** (*fam*) to rush headlong into disaster; **jdn ins ~ stürzen** (*geh*) to be sb's undoing; **zu allem ~** to make matters worse ❷ (*katastrophales Ereignis*) disaster, tragedy; **ein ~ verhindern** to prevent a disaster ❸ *kein pl* (*Elend*) unhappiness ▸ WENDUNGEN: **~ im Spiel, Glück in der Liebe** (*prov*) unlucky at cards, lucky in love; **ein ~ kommt selten allein** (*prov*) it never rains but it pours *prov*
unglücklich I. *adj* ❶ (*betrübt*) unhappy; **ein ~es Gesicht machen** to make [*or* BRIT pull] an unhappy face; **sich ~ machen** to bring misfortune on oneself; **jdn ~ machen** to make sb unhappy ❷ (*ungünstig*) unfortunate; **ein ~er Zufall** an unfortunate incident; **eine ~e Liebe** unrequited love ❸ (*einen Unglücksfall verursachend, ungeschickt*) unfortunate, unlucky; **eine ~e Figur abgeben** (*fig*) to cut a sorry figure; **eine ~e Bewegung machen** to move awkwardly II. *adv* ❶ (*ohne glücklichen Ausgang*) ungünstig, unfortunately; **~ verliebt sein** to be crossed in love ❷ (*ungeschickt*) unluckily, unfortunately
unglücklicherweise *adv* unfortunately
Unglücksbote, -botin *m, f* bearer of bad news **Unglücksbotschaft** *f* bad news + *sing vb*
unglückselig *adj* ❶ (*vom Unglück verfolgt*) unfortunate ❷ (*unglücklich* [*verlaufend*]) disastrous, unfortunate
Unglücksfall *m* ❶ (*Unfall*) accident ❷ (*unglückliche Begebenheit*) mishap **Unglücksrabe** *m* (*fam*) unlucky person **Unglückstag** *m* ❶ (*fam: unglücklich verlaufener Tag*) bad day ❷ (*Tag eines Unglücks*) day of the accident **Unglückszahl** *f* (*fam*) unlucky number
Ungnade *f* disgrace, disfavour [*or* AM -or]; [**bei jdm**] **in ~ fallen/sein** to be out of favour [with sb]; **sich** *dat* **jds ~ zuziehen** to fall out of favour with sb
ungnädig I. *adj* ❶ (*gereizt, unfreundlich*) ungracious, bad-tempered ❷ (*geh: verhängnisvoll*) fated; **ein ~es Schicksal** a cruel fate II. *adv* bad temperedly, ungraciously; **jdn ~ ansehen** to look at sb with little enthusiasm
ungültig *adj* (*nicht mehr gültig*) invalid; **ein ~er Pass** an invalid passport; **ein ~es Tor** a disallowed goal; **ein ~er Sprung** a no-jump; (*nichtig*) void; **eine ~e Stimme** a spoiled ballot-paper; **etw für ~ erklären** to declare sth null and void; **eine Ehe für ~ erklären** to annul a marriage
Ungültigkeit *f* (*fehlende Gültigkeit*) invalidity; (*Nichtigkeit*) invalidity, voidness
Ungültigkeitserklärung *f* invalidation
Ungunst *f* ❶ (*geh: Unwillen*) disgrace; *Wetter* inclemency; **sich jds ~ zuziehen** to get into sb's bad books BRIT *fam,* to get on sb's bad side AM ❷ (*Nachteil*) **zu jds ~en** to sb's disadvantage
ungünstig *adj Augenblick, Zeit, Zeitpunkt* inopportune, inconvenient; *Wetter* inclement; **in einem ~en Licht** (*fig*) to appear in an unfavourable [*or* AM -or-] light *fig;* ***Sie kommen in einem ~en Augenblick*** you've come at a very inopportune moment; ■ [**für jdn/etw**] **~ sein** to be inconvenient [for sb]/unfavourable [for sth]; *s. a.* **Fall**
ungut *adj* bad; *Verhältnis* strained; **ein ~es Gefühl bei etw haben** to have an uneasy [*or* bad] feeling about sth ▸ WENDUNGEN: **nichts für ~!** no offence [*or* AM -se]!
unhaltbar *adj* ❶ (*haltlos*) untenable; **eine ~e Theorie** an untenable theory ❷ (*unerträglich*) intolerable; **eine ~e Situation** an intolerable situation; **~e Zustände** intolerable conditions ❸ SPORT (*fam*) unstoppable; **ein ~er Ball** an unstoppable ball
unhandlich *adj* unwieldy
unharmonisch *adj* ❶ (*nicht harmonisch, in Einklang*) unharmonious ❷ (*in Farbe, Form o. ä. nicht zusammenstimmend*) unharmonious
Unheil *nt* (*geh*) disaster; **~ anrichten** (*fam*) to get up to mischief; **jdm droht ~** sth spells disaster for sb; **großes/viel ~ anrichten** to wreak havoc
unheilbar I. *adj* incurable II. *adv* incurably; **~ krank sein** to be terminally ill
unheilvoll *adj* fateful, ominous; **eine ~ Botschaft** a fateful message; **ein ~er Blick** an ominous look
unheimlich I. *adj* ❶ (*Grauen erregend*) eerie, sinister; **eine ~e Begegnung** an eerie encounter; ■ **etw/jd ist jdm ~** sth/sb gives sb the creeps ❷ (*fam: unglaublich, sehr*) incredible; ***du hattest ~es Glück*** you're incredibly lucky ❸ (*fam: sehr groß, sehr viel*)

U

terrific, terrible; ~**en Hunger haben** to die of hunger *fig;* ***es hat ~en Spaß gemacht*** it was terrific fun **II.** *adv* (*fam*) incredibly; ~ **dick/groß sein** to be incredibly fat/tall

UN-Hilfsflug *m* UN relief flight

unhöflich *adj* impolite

Unhöflichkeit *f* ❶ *kein pl* (*unhöfliche Art*) impoliteness ❷ (*unhöfliche Bemerkung*) discourteous remark; (*unhöfliche Handlung*) rudeness

Unhold <-[e]s, -e> *m* fiend, monster

unhörbar *adj* inaudible; ■ [**für jdn**] ~ **sein** to be inaudible [to sb]

unhygienisch [-gie:nɪʃ] *adj* unhygienic

uni ['ʏni, ʏ'ni:] *adj inv* plain; **ein ~ gefärbtes Hemd** a plain shirt

Uni[1] <-, -s> *f* (*fam*) *kurz für* **Universität** university, uni BRIT

Uni[2] <-s, -s> ['ʏni, ʏ'ni:] *nt* MODE plain colour [*or* AM -or]

UNICEF <-> ['u:nitsɛf] *f kein pl Akr von* **United Nations International Children's Emergency Fund:** ■ [**die**] ~ UNICEF

unidiomatisch *adj* unidiomatic

unifarben ['ʏni-, ʏ'ni:-] *adj* plain

Uniform <-, -en> *f* uniform

uniformiert *adj* uniformed; ■ ~ **sein** to be in uniform; ~**e Polizisten** uniformed policemen

Uniformierte(r) *f(m) decl wie adj* person in uniform

Unikat <-[e]s, -e> *nt* ❶ (*geh: einzigartiges Exemplar*) unique specimen ❷ (*einzigartige Ausfertigung eines Schriftstücks*) unicum

Unikum <-s, -s *o* Unika> *nt* ❶ (*geh: einzigartiges Exemplar*) unique thing ❷ (*fam: merkwürdiger Mensch*) real character *fam*

uninteressant *adj* ❶ ÖKON (*nicht interessant*) of no interest; ■ [**für jdn**] ~ **sein** to be of no interest [to sb]; **ein ~es Angebot** an offer that is of no interest ❷ (*nicht interessant*) uninteresting; **ein ~es Buch** an uninteresting [*or* boring] book

uninteressiert *adj* disinterested; **ein ~es Gesicht machen** to appear disinterested; ■ [**an etw** *dat*] ~ **sein** to not be interested [in sth]

Union <-, -en> *f* ❶ (*Bund*) union; **die Europäische ~** the European Union; **die Westeuropäische ~** the Western European Union ❷ *kein pl* POL (*fam: die CDU/CSU*) ■ **die ~** the CDU and CSU; **die Junge ~** the young CDU and CSU members

unisono *adv* ❶ MUS (*einstimmig*) in unison; ~ **singen** to sing in unison ❷ (*geh: übereinstimmend*) unanimously

universal **I.** *adj* (*geh*) universal; **ein ~es Werkzeug** an all-purpose tool; ~**es Wissen** broad knowledge **II.** *adv* (*geh*) universally; ***das Gerät ist ~ verwendbar*** the appliance can be used for all purposes

Universaldünger *m* universal fertilizer **Universalerbe, -erbin** [-vɛr-] *m, f* sole heir *masc,* sole heiress *fem* **Universalgenie** *nt* allround genius **Universalkleber** *m* all-purpose glue **Universalmesser** *nt* general-purpose knife, slicing knife **Universalreiniger** *m* general-purpose cleaner **Universalwerkzeug** *nt* all-purpose tool

universell [-vɛr-] *adj s.* **universal**

Universität <-, -en> [-vɛr-] *f* university; **die Universität München** the University of Munich; **an der ~ studieren** to study at university; **die ~ besuchen** to attend university; **auf die ~ gehen** (*fam*) to go to university

Universitätsangestellte(r) *(f) m* university employee **Universitätsbibliothek** *f* university library **Universitätsbuchhandlung** *f* university bookshop [*or* AM bookstore] **Universitätsinstitut** *nt* university institute **Universitätskarriere** *f* university career **Universitätsklinik** *f* university hospital [*or* clinic] **Universitätslaufbahn** *f* university career **Universitätsprofessor, -professorin** *m, f* university professor **Universitätsstadt** *f* university town [*or* city] **Universitätsstudium** *nt* course of study at university; **mit/ohne ~** with/without a university education

Universum <-s, *selten* -sen> [-'vɛr-] *nt* universe; ■ **das ~** the universe

unkameradschaftlich **I.** *adj* unfriendly; ~**es Verhalten** unfriendly behaviour [*or* AM -or] **II.** *adv* in an unfriendly way

Unke <-, -n> *f* ❶ (*Kröte*) toad ❷ (*fam: Schwarzseher*) prophet of doom, Jeremiah

unken *vi* (*fam*) to prophesy doom

unkenntlich *adj* unrecognizable, indecipherable; **eine ~e Eintragung** an indecipherable entry; **etw ~ machen** to make sth unrecognizable; **sich** [**mit etw**] ~ **machen** to disguise oneself [with sth]

Unkenntlichkeit <-> *f* unrecognizable state, indecipherability; **bis zur ~** beyond recognition

Unkenntnis *f kein pl* ignorance; **in ~ über etw** *akk* **sein** to be ignorant of sth; **jdn in ~ über etw** *akk* **lassen** not to keep sb informed about sth, to keep sb in the dark about sth *fam;* **aus ~** out of ignorance ▶ WENDUNGEN: ~ **schützt vor Strafe nicht** (*prov*) ignorance of the law is no excuse

Unkenruf *m* ❶ (*fam: pessimistische Äußerung*) prophecy of doom ❷ ZOOL croak

unklar **I.** *adj* ❶ (*unverständlich*) unclear ❷ (*ungeklärt*) unclear; **eine ~e Situation** an unclear situation; ■ ~ **sein, warum/was/wie/ob ...** to be unclear [as to] why/what/how/whether ...; [**sich** *dat*] **im ~en** [**über etw** *akk*] **sein** to be uncertain [about sth]; **jdn** [**über etw** *akk*] **im U~en lassen/halten** to leave/keep sb in the dark [about sth] ❸ (*verschwommen*) indistinct; *Wetter* hazy; ~**e Umrisse** blurred outlines; ~**e Erinnerungen** vague memories **II.** *adv* ❶ (*verschwommen*) **nur ~ zu erkennen sein** to be difficult to make out ❷ (*unverständlich*) unclearly; **sich ~ ausdrücken** to express oneself unclearly

Unklarheit <-, -en> *f* ❶ *kein pl* (*Ungewissheit*) uncertainty ❷ (*ungeklärter Tatbestand*) unclarified point

unklug *adj* imprudent, unwise; **ein ~er Entschluss** an unwise decision

unkollegial **I.** *adj unaccommodating towards one's colleagues* **II.** *adv in an unaccommodating way towards one's colleagues*

unkompliziert *adj* straightforward, simple, uncomplicated; **ein ~er Vorgang** a straightforward process; **ein ~er Fall** a simple case; **ein ~es Gerät** a straightforward appliance; **ein ~er Mensch** an uncomplicated [*or* straightforward] person

unkontrollierbar *adj* uncontrollable

unkontrolliert **I.** *adj* (*keiner Kontrolle unterliegend*) unsupervised; **das ~e Betreten des Labors** unsupervised entry to the laboratory; (*ohne kontrolliert zu werden*) unchecked; (*ungehemmt*) uncontrolled; **ein ~er Wutanfall** an uncontrolled fit of anger **II.** *adv* without being checked

unkonventionell [-vɛn-] *adj* (*geh*) unconventional

UN-Konvoi *m* UN convoy

unkonzentriert *adj* unconcentrated

Unkosten *pl* [additional] expense, costs *npl;* [**mit etw**] ~ **haben** to incur expense [with sth]; **sich** *akk* **in ~ stürzen** (*fam*) to go to a lot of expense; ***die Einnahmen decken nicht einmal die ~*** the takings don't even cover the costs

Unkostenbeitrag *m* contribution towards expenses [*or* costs]

Unkraut *nt* weed ▶ WENDUNGEN: ~ **vergeht nicht**

(*prov*) it will take more than that to finish me/him etc. off

Unkrautbekämpfung *f* weed control **Unkrautbekämpfungsmittel** *nt,* **Unkrautvertilgungsmittel** *nt,* **Unkrautvernichter** <-s, -> *m* herbicide, weed killer *fam*

unkritisch *adj* uncritical

unkultiviert [-vi:-] **I.** *adj* (*pej*) uncultured **II.** *adv* (*pej*) in an uncultured manner; **sich ~ benehmen** to behave badly

Unkultur *f* (*pej: Mangel an kultivierten Umgangsformen*) lack of culture, plebianism, philistinism

unkündbar *adj Stellung* not subject to notice; *Vertrag* not subject to termination, binding

unkundig *adj* (*geh*) ignorant; **der ~e Leser** the uninformed reader; ■ **einer S.** *gen* **~ sein** to have no knowledge of a thing

unlängst *adv* (*geh*) recently

unlauter *adj* dishonest; **~e Absichten** dishonourable [*or* AM -or-] intentions; **~er Wettbewerb** unfair competition

unleidlich *adj* ① (*schlecht gelaunt*) bad-tempered ② (*unerträglich*) intolerable; **ein ~er Zustand** an intolerable situation

unleserlich *adj* illegible

unleugbar *adj* undeniable, indisputable; **eine ~e Tatsache** an indisputable fact

unlieb *adj* ■ **jdm nicht ~ sein** to be rather glad of sth

unliebsam **I.** *adj* unpleasant **II.** *adv* **~ auffallen** to make a bad impression

unliniert *adj* unlined, unruled

unlogisch *adj* illogical

unlösbar *adj* ① (*nicht zu lösen*) insoluble; **ein ~es Problem** an unsolvable problem; **ein ~er Widerspruch** an irreconcilable contradiction ② CHEM insoluble

Unlust *f kein pl* reluctance, lack of enthusiasm; **~ verspüren** to feel a lack of enthusiasm; **etw mit ~ tun** to do sth with reluctance

Unmasse *f* (*fam*) *s.* **Unmenge**

unmaßgeblich *adj* inconsequential; **nach meiner ~en Meinung** in my humble opinion *hum*

unmäßig **I.** *adj* excessive, immoderate; **~er Alkoholgenuss** excessive consumption of alcohol; **~ in seinen Forderungen sein** to make excessive demands **II.** *adv* excessively, immoderately; **~ essen/trinken** to eat/drink to excess [*or* far too much]

Unmäßigkeit *f* excessiveness, immoderation; **jds ~ im Rauchen** sb's excessive smoking

Unmenge *f* enormous amount [*or* number]; ■ **eine ~/~n an etw** *dat*/**von etw** an enormous amount/enormous amounts of sth; **eine ~ an Post** an enormous amount of post [*or* AM mail]

Unmensch *m* (*übler Mensch*) monster, brute; [**doch** [*o* **ja**] [*o* **schließlich**]] **kein ~ sein** (*fam*) not to be a monster [*or* ogre]; ***sei kein ~!*** don't be a brute!

unmenschlich *adj* ① (*grausam*) inhuman[e], brutal; **ein ~er Diktator** a brutal [*or* inhuman] dictator; **~e Grausamkeit** inhuman cruelty ② (*inhuman*) appalling; **~e Bedingungen** appalling conditions ③ (*fam: mörderisch, unerträglich*) tremendous, terrible; **~e Hitze** tremendous heat

Unmenschlichkeit *f* ① *kein pl* (*unmenschliche Art*) inhumanity ② (*unmenschliche Tat*) inhuman act

unmerklich *adj* imperceptible

unmethodisch *adj* unmethodical

unmissverständlich[RR], **unmißverständlich** **I.** *adj* unequivocal, unambiguous; **eine ~e Antwort** a blunt answer **II.** *adv* unequivocally

unmittelbar **I.** *adj* ① (*direkt*) direct ② (*räumlich/zeitlich nicht getrennt*) immediate; **in ~er Nähe des Bahnhofs** in the immediate vicinity of the station; **ein ~er Nachbar** a next-door neighbour [*or* AM -or] **II.** *adv* ① (*sofort*) immediately ② (*ohne Umweg*) directly, straight ③ (*direkt*) imminently; **etw ~ erleben** to experience sth at first hand

unmöbliert *adj* unfurnished

unmodern **I.** *adj* old-fashioned; ■ **~ sein/werden** to be unfashionable/go out of fashion **II.** *adv* in an old-fashioned way; **sich ~ kleiden** to wear old-fashioned clothes

unmöglich **I.** *adj* ① (*nicht machbar*) impossible; **~e Bedingungen** impossible conditions; **ein ~es Vorhaben** an unfeasible plan; **es jdm etw ~ machen** to make sth impossible for sb; **jdm ~ machen, etw zu tun** to make it impossible for sb to do sth; **jdn/sich [bei jdm/irgendwo] ~ machen** to make a fool of sb/oneself [in front of sb/somewhere]; ■ **etwas/nichts U~es** something/nothing that's impossible; **das U~e möglich machen** to make the impossible happen ② (*pej fam: nicht tragbar/lächerlich*) ridiculous, impossible *pej;* ***sie hatte einen ~en Hut auf*** she was wearing a ridiculous hat; (*seltsam*) incredible; ***du hast manchmal die ~sten Ideen!*** sometimes you have the most incredible ideas! **II.** *adv* (*fam*) not possibly; ***das geht ~*** that's out of the question

Unmöglichkeit *f kein pl* impossibility; *s. a.* **Ding**

Unmoral *f* immorality

unmoralisch *adj* immoral

unmotiviert [-vi:-] **I.** *adj* unmotivated; **ein ~er Wutausbruch** an unprovoked outburst [*or* fit] of anger **II.** *adv* without motivation; **~ loslachen** to start laughing for no reason

unmündig *adj* ① (*noch nicht volljährig*) underage; **~e Jugendliche** young people who are underage; **sie hat vier ~e Kinder** she has four underage children; **jdn für ~ erklären** to declare sb to be a minor [*or* underage] ② (*geistig unselbstständig*) dependent

Unmündigkeit <-> *inv f* sheepishness

unmusikalisch *adj* unmusical

Unmut *m* (*geh*) displeasure, annoyance; **seinem ~ freien Lauf lassen** to give vent to one's displeasure; **sich jds ~ zuziehen** to be in sb's bad books BRIT *fam,* to be on sb's bad side AM

unmutig *adj* (*geh*) annoyed, irritated

unnachahmlich *adj* inimitable

unnachgiebig **I.** *adj* intransigent, inflexible **II.** *adv* in an intransigent way; **sich ~ zeigen** to show oneself to be intransigent

Unnachgiebigkeit *f* intransigence, inflexibility

unnachsichtig **I.** *adj* strict, severe; **eine ziemlich ~e Chefin** a fairly strict boss; **ein ~er Kritik** a severe critic **II.** *adv* mercilessly; **jdn ~ bestrafen** to punish sb unmercifully

Unnachsichtigkeit *f* strictness, severity

unnahbar *adj* unapproachable

unnatürlich *adj* ① (*nicht natürlich*) unnatural; **ein ~er Tod** an unnatural death; ■ **~ sein, etw zu tun** to be unnatural to do sth; (*abnorm*) abnormal; **eine ~e Länge** an abnormal length ② (*gekünstelt*) artificial; **ein ~es Lachen** a forced laugh

Unnatürlichkeit *f* unnaturalness

unnormal *adj* ① (*geistig nicht normal*) abnormal ② (*entgegen der Norm, ungewöhnlich*) abnormal; **~es Wetter** abnormal weather

unnötig *adj* unnecessary, needless

unnötigerweise *adv* unnecessarily, needlessly

unnütz **I.** *adj* useless, pointless **II.** *adv* needlessly

UNO <-> *f kein pl Akr von* **United Nations Organisation**: ■ **die ~** the UN

UNO-Friedenstruppen *pl* UN peacekeeping forces *npl*

unordentlich **I.** *adj* ① (*nachlässig*) untidy, disorderly ② (*nicht aufgeräumt*) untidy; **ein ~es Zimmer** an untidy room **II.** *adv* untidily; ~ **arbeiten** to work carelessly; **sich** ~ **kleiden** to dress carelessly

Unordentlichkeit *f* untidiness

Unordnung *f kein pl* disorder, mess; **etw in** ~ **bringen** to get sth in a mess [*or* muddle]; **in** ~ **geraten** to get into a mess; ~ **machen** to make a mess

unorthodox *adj* (*geh*) unorthodox

Unpaarhufer <-s, -> *m* ZOOL odd-toed ungulate, perissodactyl

unparteiisch *adj* impartial

Unparteiische(r) *f(m) decl wie adj* ① (*neutrale Person*) ■ **ein** ~**r/eine** ~ an impartial [*or* neutral] person ② (*fam: Schiedsrichter*) ■ **der/die** ~ the referee

unpassend *adj* ① (*unangebracht*) inappropriate; **eine** ~**e Bemerkung** an inappropriate remark; ~**e Kleidung** unsuitable clothing ② (*ungelegen*) inconvenient, inopportune; **ein** ~**er Augenblick** an inopportune moment

unpassierbar *adj* impassable

unpässlich[RR] *adj,* **unpäßlich** *adj* (*geh*) indisposed *form;* **sich** ~ **fühlen** to feel unwell; ~ **sein** to be indisposed

Unpässlichkeit[RR] <-, *selten* -en> *f* indisposition *form*

unpersönlich *adj* ① (*distanziert*) *Mensch* distant, aloof; *Gespräch, Art* impersonal ② LING impersonal

unpfändbar *adj* unseizable

unpolitisch *adj* unpolitical

unpopulär *adj* unpopular

unpraktisch *adj* ① (*nicht handwerklich veranlagt*) unpractical ② (*nicht praxisgerecht*) impractical; **ein** ~**es Gerät** an impractical appliance; ■ ~ **sein, etw zu tun** to be impractical to do sth

unproblematisch **I.** *adj* unproblematic **II.** *adv* without problem

unproduktiv *adj* ① ÖKON (*keine Werte schaffend*) unproductive ② (*nichts erbringend, unergiebig*) unproductive

unprofessionell *adj* unprofessional; (*unpassend*) unsuitable

unpünktlich **I.** *adj* (*generell nicht pünktlich*) unpunctual; (*verspätet*) late; **eine** ~**e Zahlung** a late payment **II.** *adv* late

Unpünktlichkeit *f* ① (*unpünktliche Art*) unpunctuality; ***ich hasse deine*** ~ I hate you always being late ② (*verspätetes Eintreffen*) late arrival

unqualifiziert **I.** *adj* ① (*keine Qualifikation besitzend*) unqualified; ■ ~ [**für etw**] **sein** to be unqualified [for sth]; ~**e Arbeit** unskilled work ② (*pej: inkompetent*) incompetent; **eine** ~**e Bemerkung** an inept remark **II.** *adv* incompetently

unrasiert *adj* unshaven

Unrat <-[e]s> *m kein pl* (*geh*) refuse; ~ **wittern** (*fig*) to smell a rat

unrealistisch **I.** *adj* unrealistic; ■ **etwas U**~**es** something unrealistic **II.** *adv* unrealistically

unrecht *adj* ① (*geh: nicht rechtmäßig*) wrong; ■ ~ **sein , etw zu tun** to be wrong to do sth; **jdm** ~ **tun** to do sb wrong [*or* an injustice]; ~ **daran tun** to make a mistake; (*falsch*) wrong; **zur** ~**en Zeit** at the wrong time ② (*nicht angenehm*) ■ **jdm** ~ **sein** to disturb sb; ***es ist mir nicht*** ~**, *dass sie heute nicht kommt*** I don't really mind if she doesn't come today

Unrecht *nt kein pl* ① (*unrechte Handlung*) wrong, injustice; **ein großes** ~ a great injustice; **ein** ~ **begehen** to commit a wrong; **jdm ein** ~ **antun** to do sb an injustice ② (*dem Recht entgegengesetztes Prinzip*) **jdm** ~ **geben** to contradict sb; ~ **haben** to be wrong; **nicht** ~ **haben** not to be so wrong; **im** ~ **sein** to be [in the] wrong; **jdn/sich** [**durch etw**] **ins** ~ **setzen** to put sb/oneself in the wrong [as a result of sth]; **zu** ~ wrongly; ~ **bekommen** to be shown to be in the wrong; JUR to lose a case; **jdm** ~ **geben** to disagree with sb; **nicht zu** ~ not without good reason

unrechtmäßig *adj* illegal; **der** ~**e Besitzer** the unlawful owner

Unrechtsbewusstsein[RR] *nt kein pl* awareness of wrongdoing

unregelmäßig *adj* irregular; *s. a.* **Abstand**

Unregelmäßigkeit <-, -en> *f* irregularity

unreif **I.** *adj* ① AGR, HORT (*noch nicht reif*) unripe ② (*noch nicht gereift*) immature; ~**e Schüler** immature pupils **II.** *adv* AGR, HORT (*in nicht reifem Zustand*) unripe

unrein *adj* impure; *Haut* bad; *Teint* poor; **ein** ~**er Ton** poor sound quality; ~**e Gedanken** (*fig*) impure thoughts; **ins** ~ **sprechen** (*hum fam*) to talk off the top of one's head; **etw ins** ~**e schreiben** to write out sth in rough

unrentabel *adj* unprofitable

unrettbar *adv s.* **rettungslos**

unrichtig *adj* incorrect, inaccurate

Unruhe *f* ① (*Ruhelosigkeit*) restlessness *no pl;* **in** [*o* **voller**] ~ [**wegen etw**] **sein** to be anxious [about sth]; **eine innere** ~ inner disquiet; (*fehlende Ruhe*) restlessness; **die** ~ **der Großstadt** the restlessness of the city; (*Lärm*) noise ② (*ständige Bewegung*) agitation ③ (*erregte Stimmung*) agitation *no pl;* ~ **stiften** to cause trouble, disquiet *no pl;* (*hektische Betriebsamkeit*) hustle and bustle *no pl*

Unruhen *pl* riots *pl;* **politische** ~ political unrest

Unruhestifter(in) <-s, -> *m(f)* (*pej*) troublemaker *pej*

unruhig **I.** *adj* ① (*ständig gestört*) restless; *Zeit* troubled; **eine** ~**e Nacht** a restless night; (*ungleichmäßig*) uneven; **ein** ~**er Herzschlag** an irregular heartbeat ② (*laut*) noisy ③ (*ruhelos*) agitated; *Leben* eventful, busy; ~**e Bewegungen** agitated movements; **ein** ~**er Geist** a restless spirit; **ein** ~**er Schlaf** fitful sleep **II.** *adv* ① (*ruhelos*) anxiously, agitatedly ② (*unter ständigen Störungen*) restlessly; ~ **schlafen** to sleep fitfully, to have a restless night

unrühmlich *adj* ignominious

uns **I.** *pron pers* ① *dat von* **wir** [to/for] us; ■ **bei** ~ at our house [*or* place]; ***er hat den Tag mit*** ~ ***verbracht*** he spent the day with us; ■ **von** ~ from us ② *akk von* **wir** us **II.** *pron reflexiv* ① *akk, dat von* **wir** ourselves; ***wir haben*** ~ ***die Entscheidung nicht leicht gemacht*** we've made the decision difficult for ourselves ② (*einander*) each other; ***wir sollten*** ~ ***immer gegenseitig helfen*** we always ought to help each other; *s. a.* **unter**

unsachgemäß **I.** *adj* improper; **der** ~**e Umgang** [**mit etw**] the improper use [of sth] **II.** *adv* improperly

unsachlich *adj* unobjective

Unsachlichkeit <-, -en> *f* ① *kein pl* (*mangelnde Objektivität*) lack of objectivity, unobjectiveness ② (*unsachliche Bemerkung*) irrelevance

unsagbar *adj,* **unsäglich** *adj* (*geh*) ① (*unbeschreiblich, sehr groß/stark*) indescribable ② (*übel, albern*) awful

unsanft **I.** *adj* rough; **ein** ~**er Stoß** a hard push; **ein** ~**es Erwachen** a rude awakening **II.** *adv* roughly; ~ **geweckt werden** to be rudely awoken; **jdm** ~ **zurechtweisen** to reprimand sb curtly

unsauber **I.** *adj* ① (*schmutzig*) dirty; ~**e Hände** dirty hands; ~**e Geschäfte** (*fig*) shady deals; (*nicht reinlich*) dirty; **ein** ~**er Mensch** a dirty person ② (*unordentlich, nachlässig*) careless, untidy; (*unpräzise*) unclear; **eine** ~**e Definition** a woolly definition **II.** *adv* carelessly, untidily; **etw** ~ **zeichnen** to draw sth carelessly; ~ **singen** to sing unclearly

unschädlich *adj* harmless; **etw** ~ **machen** to render sth harmless; **jdn** ~ **machen** (*euph fam*) to eliminate sb, to take care of sb *sl*

unscharf I. *adj* ❶ (*keine klar umrissenen Konturen aufweisend*) blurred, fuzzy; **ein ~es Foto** a blurred photo ❷ (*nicht scharf*) out of focus; **eine ~e Brille** glasses that are out of focus ❸ (*nicht präzise*) imprecise, woolly II. *adv* ❶ (*nicht präzise*) out of focus ❷ (*nicht exakt*) imprecisely, unclearly; **~ formuliert** not clearly formulated

Unschärfe *f* blurredness, fuzziness

unschätzbar *adj* inestimable; **etw ist von ~em Wert** sth is priceless

unscheinbar *adj* inconspicuous, nondescript; **eine ~e Person** an inconspicuous person

unschlagbar *adj* unbeatable; ■ **[in etw** *dat*] **~ sein** (*fam*) to be unbeatable [at sth]

unschlüssig *adj* ❶ (*unentschlossen*) indecisive; **eine ~e Miene** an indecisive expression; ■ **sich** *dat* **~ [über etw** *akk*] **sein** to be undecided [about sth]; ■ **sich** *dat* **~ sein, was man tun soll** to be undecided what to do ❷ (*selten: nicht schlüssig*) undecided; ***die Argumentation ist in sich*** ~ the argumentation is itself tenative

Unschlüssigkeit *f* indecision

unschön *adj* ❶ (*unerfreulich*) unpleasant; **eine ~e Szene** an ugly scene; ■ **~ von jdm sein [, etw zu tun]** to be unkind of sb [to do sth] ❷ (*nicht zusagend, hässlich*) *Farbe* unsightly; *Musik* unattractive; *Wetter* unpleasant; **~ ansehen/klingen** to look/sound unpleasant

Unschuld *f* ❶ (*Schuldlosigkeit*) innocence ❷ (*Reinheit*) purity; (*Naivität*) innocence; **in aller ~** in all innocence; **~ vom Lande** (*hum fam*) an innocent young girl ❸ (*veraltend: Jungfräulichkeit*) virginity; **jdm die ~ rauben** to rob sb of their virginity; **die ~ verlieren** to lose one's virginity

unschuldig I. *adj* ❶ (*nicht schuldig*) innocent; **~ verurteilt sein** to be found innocent; ■ **an etw** *dat* **~ sein** not to be responsible [*or* without blame] for sth ❷ (*arglos*) innocent; **ein ~es Gesicht haben** [*o* **machen**] to have an innocent [*or* angelic] face; **~ tun** (*fam*) to act the innocent II. *adv* ❶ JUR dispite sb's/one's innocence ❷ (*arglos*) innocently; **jdn ~ anschauen** to look at sb innocently

Unschuldige(r) *f(m) decl wie adj* innocent person

Unschuldsbeteuerung *f meist pl* protestation of innocence **Unschuldsengel** *m* (*iron*), **Unschuldslamm** *nt* (*iron*) little innocent *iron;* **kein Unschuldslamm sein** to be no angel **Unschuldsmiene** *f kein pl* innocent expression [*or* face]; **mit ~** with an air of innocence

unschwer *adv* easily; **~ zu sehen sein** to be easy to see

unselbständig *adj s.* **unselbstständig**

Unselbständigkeit *f s.* **Unselbstständigkeit**

unselbstständig[RR] *adj* (*von anderen abhängig*) dependent on others; (*angestellt*) employed; **~e Arbeit** paid employment

Unselbstständigkeit[RR] *f* lack of independence, dependence

unselig *adj* (*geh*) ❶ (*beklagenswert*) **ein ~es Schicksal** a cruel fate ❷ (*verhängnisvoll*) ill-fated; **ein ~er Plan** an ill-fated plan

unser I. *pron poss* ❶ (*das uns gehörende*) our; ***auf ~em Schulweg liegt ein Bäcker*** there's a bakery on our way to school ❷ (*uns betreffend*) **~er Meinung nach** in our opinion II. *pron pers gen von* **wir** (*geh*) of us; ***in ~ aller Interesse*** in all our interests

uns(e)re(r, s) <*nt* unsers> *pron poss, substantivisch* (*geh*) ours; ■ **der/die/das ~** ours; ■ **das U~** what is ours; **wir tun das U~** we're doing our part

unsereiner *pron indef,* **unsereins** *pron indef* (*fam*) ❶ (*jemand, wie wir*) the likes of us ❷ (*ich*) people like me

unser(er)seits *adv* (*von uns*) on our part; ***~ bestehen keinerlei Bedenken*** there are no misgivings whatsoever on our part; *s. a.* **ganz**

uns(e)resgleichen *pron indef, inv* people like us

unseretwegen *adv s.* **unsertwegen**

unseretwillen *adv s.* **unsertwillen**

uns(e)rige(r, s) *pron poss* ❶ (*veraltend*) ■ **der/die/das ~** *s. a.* **unsere** ❷ (*geh: unsere Familie*) ■ **die U~n** our family

unseriös *adj Firma, Geschäftsmann* untrustworthy, shady; *Angebot* dubious

unsertwegen *adv* ❶ (*wegen uns*) because of us, on our account ❷ (*von uns aus*) as far as we are concerned; ***~ kannst du das Auto gerne leihen*** as far as we are concerned you're welcome to borrow the car

unsertwillen *adv* **um ~** for our sake

unsicher I. *adj* ❶ (*gefährlich*) unsafe, dangerous; **ein ~er Reaktor** an unsafe reactor; **eine ~e Gegend** a dangerous area; **die Kneipen ~ machen** (*fam o hum*) to live it up in the pubs [*or* AM bars]; **die Stadt ~ machen** (*fam o hum*) to paint the town red ❷ (*gefährdet*) insecure, at risk *pred;* **ein ~er Arbeitsplatz** an insecure job ❸ (*nicht selbstsicher*) unsure, uncertain; **ein ~er Blick** an uncertain [*or* hesitant] look; **jdn ~ machen** to make sb uncertain, to put sb off ❹ (*unerfahren, ungeübt*) **sich ~ fühlen** to feel unsure of oneself; **noch ~ sein** to still be uncertain ❺ (*schwankend*) unsteady; *Hand* shaky; **ein ~er Gang** an unsteady gait; **auf ~en Beinen** on unsteady legs ❻ (*ungewiss*) uncertain; **eine ~e Zukunft** an uncertain future; **ein ~er Ausgang** an uncertain outcome ❼ (*nicht verlässlich*) unreliable; **eine ~e Methode** an unreliable method; ***das ist mir zu ~*** that's too dodgy for my liking *fam* II. *adv* ❶ (*schwankend*) unsteadily ❷ (*nicht selbstsicher*) **~ fahren** to drive with little confidence

Unsicherheit *f* ❶ *kein pl* (*mangelnde Selbstsicherheit*) lack of assurance, insecurity ❷ *kein pl* (*mangelnde Verlässlichkeit*) unreliability, uncertainty ❸ *kein pl* (*Ungewissheit*) uncertainty ❹ (*Gefährlichkeit*) dangers *pl* ❺ *meist pl* (*Unwägbarkeit*) uncertainty

unsichtbar *adj* invisible; **für das menschliche Auge ~ sein** to be invisible to the human eye; **sich ~ machen** (*hum fam*) to make oneself invisible

Unsichtbarkeit *f* invisibility

Unsinn *m kein pl* nonsense, rubbish; ***lass den ~!*** stop fooling around! [*or* about], stop messing about! [*or* around]; **~ machen** to mess about, to get up to mischief; ***mach kein ~!*** don't do anything stupid!; **~ reden** (*fam*) to talk nonsense [*or* rubbish] [*or* AM trash]; **so** [*o* **was für**] **ein ~!** (*fam*) what nonsense! [*or* rubbish!]; **~!** (*fam*) nonsense!, rubbish!

unsinnig I. *adj* ❶ (*absurd*) absurd, ridiculous; **ein ~er Plan** a ridiculous plan; ■ **~ sein, etw zu tun** to be ridiculous to do sth ❷ (*fam: sehr stark*) terrible *fam;* **~en Hunger haben** to be terribly hungry, to be dying of hunger *fam* II. *adv* (*fam: unerhört*) terribly; **~ hohe Preise** ridiculously high prices

Unsitte *f* (*fig*) bad habit; **eine ~ [von jdm] sein, etw zu tun** to be a bad habit [of sb's] to do sth

unsittlich I. *adj* ❶ (*unmoralisch*) indecent; **ein ~er Antrag** an indecent proposal ❷ JUR immoral, indecent II. *adv* indecently; **jdn ~ berühren** to indecently assault sb

unsolide *adj* dissolute, loose; *Arbeit* shoddy; *Bildung* superficial; *Möbel* flimsy; **ein ~es Leben** a dissolute life

unsozial *adj* anti-social; **eine ~e Gesetzgebung** nti-social legislation; **~es Verhalten** anti-social behaviour [*or* AM -or]; *Arbeitszeit* unsocial

unsportlich *adj* ① (*nicht sportlich*) unathletic ② (*nicht fair*) unsporting
Unsportlichkeit *f* lack of sporting prowess, lack of sportsmanship
unsre *pron s.* **unser**
unsrerseits *adv s.* **unsererseits**
unsresgleichen *pron indef s.* **unseresgleichen**
unsretwegen *adv s.* **unsertwegen**
unsretwillen *adv s.* **unsertwillen**
unsrige(r, s) *pron s.* **unserige(r, s)**
unstatthaft *adj* (*geh*) inadmissible *form,* not allowed; ■ ~ **sein, etw zu tun** not to be allowed to do sth
unsterblich I. *adj* ① (*ewig lebend*) immortal; **die ~e Seele** the immortal soul; **jdn ~ machen** to immortalize sb ② (*unvergänglich*) undying; **eine ~e Liebe** an undying love; **der ~e Goethe** the immortal Goethe **II.** *adv* (*fam: über alle Maßen*) incredibly; **sich ~ blamieren** to make a complete fool of oneself; **sich ~ verlieben** to fall madly in love
Unsterblichkeit *f* immortality
unstet *adj* ① (*unbeständig*) unstable ② (*rastlos*) restless; *Leben* unsettled
unstillbar *adj* (*geh*) *Wissensdurst* unquenchable; *Sehnsucht, Verlangen* insatiable
Unstimmigkeit <-, -en> *f* ① *meist pl* (*Meinungsverschiedenheit/Differenz*) differences *pl* ② (*Ungenauigkeit*) discrepancy, inconsistency
unstreitig I. *adv* indisputable; **eine ~e Tatsache** an indisputable fact **II.** *adv* indisputably; **~ feststehen** to be indisputable
Unsummen *pl* vast sums *pl* [of money]
Unsympath(in) <-en, -en> *m(f)* (*selten*) disagreeable person
unsympathisch *adj* ① (*nicht sympathisch*) unpleasant, disagreeable, ein *~er Mensch,* an disagreeable person; ■ **jd ist ~** sb finds sb disagreeable ② (*nicht gefallend*) unpleasant; **ein ~er Gedanke** an unpleasant thought; ■ **jdm ~ sein** to be disagreeable to sb
unsystematisch *adj* unsystematic
untad(e)lig I. *adj* (*geh*) impeccable; **ein ~es Verhalten** irreproachable behaviour [*or* AM -or] **II.** *adv* impeccably; **~ gekleidet sein** to be impeccably dressed
Untat *f* atrocity
untätig I. *adj* (*müßig*) idle; ■ **nicht ~ sein** to be busy; **~ bleiben** to do nothing; **nicht ~ bleiben** to not be idle **II.** *adv* idly; **~ zusehen** to stand idly by
Untätigkeit *f kein pl* idleness, inactivity
untauglich *adj* ① (*ungeeignet*) unsuitable ② MIL (*nicht tauglich*) unfit
Untauglichkeit *f kein pl* unsuitability
unteilbar *adj* indivisible
unten *adv* ① (*an einer tieferen Stelle*) down; **dort ~** (*fam*) down there; **hier ~** down here; **weiter ~** further down; **nach ~ zu** further down; **von ~** from down below; **von ~ [her]** from the bottom up[wards]; **bis ~ [an etw** *akk*] down [to sth]; **~ an** *dat* **etw/in etw** *dat* at/in the bottom of sth; ***das Buch steht weiter ~ im Bücherschrank*** the book is lower down in the bookcase; **~ in etw** *akk* down [below] in sth; ***ich habe die Bücher ~ ins Regal gelegt*** I've put the books down below on the shelf; **~ links/rechts** [at the] bottom left/right ② (*Unterseite*) bottom ③ (*in einem tieferen Stockwerk*) down below, downstairs; **nach ~** downstairs; ***der Aufzug fährt nach ~*** the lift is going down; **nach ~ gehen** to go downstairs; **~ in etw** *dat* down in sth ④ (*in sozial niedriger Position*) bottom; **ganz ~** (*fam*) right at the bottom; ***sie hat sich von ganz ~ hochgearbeitet*** she has worked her way up right from the bottom ⑤ (*hinten im Text*) bottom; **~ erwähnt** [*o* **genannt**] [*o* **stehend**] mentioned below *pred;* **siehe ~** see below ⑥ (*am hinteren Ende*) at the bottom; **~ an etw** *dat* at the bottom of sth ⑦ (*fam: im Süden*) down ▶ WENDUNGEN: **bei jdm ~ durch sein** (*fam*) to be through with sb
untendrunter *adv* (*fam*) underneath; **etw ~ legen** to put sth underneath; **eine lange Unterhose ~ anhaben** to have long underwear on underneath **untenherum** *adv* (*fam*) down below; (*im Intimbereich a.*) one's nether regions *fam*
unter I. *präp* ① +*dat* (*unterhalb von etw*) under, underneath; **~ freiem Himmel** in the open air; **etw ~ dem Mikroskop betrachten** to look at sth under the microscope ② +*akk* (*in den Bereich unterhalb von etw*) under; **sich ~ die Dusche stellen** to have a shower ③ +*dat* (*zahlenmäßig kleiner als*) below; ***die Temperaturen liegen hier immer ~ null*** the temperatures here are always below zero; **etw ~ Wert verkaufen** to sell sth at less than its value; **~ dem Durchschnitt liegen** to be below average ④ +*dat* (*inmitten*) among[st]; (*von*) among; **~ sich** *dat* **sein** to be by themselves; **~ uns gesagt** between you and me; **~ anderem** amongst other things; **sich ~ das Volk mischen** (*fam*) to mix with the people; **~ Menschen gehen** to get out [of the house] ⑤ +*dat* (*unterhalb eines Kleidungsstückes*) under ⑥ +*dat* (*begleitet von, hervorgerufen durch*) under; **~ Zwang** under duress; **~ Lebensgefahr** at risk to one's life; **~ der Bedingung, dass ...** on condition that ...; **~ Umständen** possibly ⑦ +*dat o akk* (*zugeordnet sein*) under; **etw ~ ein Motto stellen** to put sth under a motto; **~ jds Schirmherrschaft** under sb's patronage; **jdn ~ sich haben** to have sb under one ⑧ +*dat* (*in einem Zustand*) under; **~ Druck/Strom stehen** to be under pressure; **~ einer Krankheit leiden** to suffer from an illness ⑨ +*dat* SÜDD (*während*) during; **~ der Woche** during the week; **~ Mittag** in the morning **II.** *adv* ① (*jünger als*) under; ***er ist noch ~ 30*** he's not yet turned 30 ② (*weniger als*) less than
Unterarm *m* forearm **Unterart** *f* subspecies + *sing vb* **Unterbau** *m* ① (*Fundament*) foundations *pl;* **theoretischer ~** (*fig*) the theoretical substructure *fig* ② BAU (*Tragschicht*) substructure; *Straße* road-bed **Unterbegriff** *m* subsumed concept **unterbelegt** *adj* not full **unterbelichten*** *vt* ■ **etw ~** to underexpose sth; ■ **unterbelichtet** underexposed; **geistig ~** (*fam*) to be a bit dim *fam* **Unterbelichtung** *f kein pl* underexposure **Unterbeschäftigung** *f* (*selten*) underemployment **unterbewerten*** *vt* ■ **etw ~** to undervalue [*or* underrate] sth **Unterbewertung** *f* undervaluation, underrating **unterbewusst**[RR] *adj,* **unterbewußt** *adj* subconscious; ■ **das U~e** the subconscious **Unterbewusstsein**[RR] *nt* ■ **das/jds ~** the/sb's subconscious; **im ~** subconsciously **unterbezahlt** *adj* underpaid; ■ **[mit etw] ~ sein** to be underpaid [at sth] **Unterbezahlung** *f* ① *kein pl* (*das Unterbezahlen*) underpaying ② (*das Unterbezahltsein*) underpayment **unterbieten*** *vt irreg* ① (*billiger sein*) ■ **jdn/etw [um etw] ~** to undercut sb/sth [by sth] ② SPORT (*durch bessere Leistung deklassieren*) ■ **jdn/etw [um etw] ~** to improve on sb's/sth's sth [by sth]; **einen Rekord ~** to beat a record
unterbinden* *vt irreg* (*geh*) ■ **etw ~** to stop sth
unterbleiben* *vi irreg sein* (*geh*) ① (*aufhören*) to stop [*or* cease] ② (*nicht geschehen*) not to happen
Unterbodenschutz *m* underseal
unterbrechen* *vt irreg* ① (*vorübergehend beenden*) ■ **etw ~** to interrupt sth; **seine Arbeit ~** to interrupt one's work; **eine Reise ~** to break a journey; **eine Schwangerschaft ~** to terminate a pregnancy; ■ **jdn ~** to interrupt sb; ***unterbrich mich nicht immer!*** don't keep interrupting me! ② (*vorübergehend aufheben*) ■ **etw ~** to interrupt sth ③ (*räumlich auflockern*) ■ **etw ~** to break up sth *sep*

unterbrechen

jemanden unterbrechen	interrupting someone
Entschuldigen Sie bitte, dass ich Sie unterbreche, …	Sorry for interrupting, …
Wenn ich Sie einmal kurz unterbrechen dürfte: …	If I may interrupt you for a moment: …
anzeigen, dass man weitersprechen will	indicating that you wish to continue speaking
Moment, ich bin noch nicht fertig.	Just a moment, I haven't finished.
Lässt du mich bitte ausreden?/Könntest du mich bitte ausreden lassen?	Will you please let me finish?/Could you please let me finish?
Lassen Sie mich bitte ausreden!	Please let me finish!
Lassen Sie mich bitte diesen Punkt noch zu Ende führen.	Please let me finish my point.
ums Wort bitten	asking to speak
Darf ich dazu etwas sagen?	May I say something (to that)?
Wenn ich dazu noch etwas sagen dürfte: …	If I may add to that: …

Unterbrechung <-, -en> *f* ❶ (*das Unterbrechen, Störung*) interruption ❷ (*vorübergehende Aufhebung*) interruption, suspension ❸ (*unterbrechende Pause*) interruption; **mit ~en** with breaks; **ohne ~** without a break

unterbreiten* *vt* (*geh*) ❶ (*vorlegen*) ■**jdm etw ~** to present [*or* put] sth to sb ❷ (*informieren*) ■**jdm ~, dass** to advise sb that

unter|bringen *vt irreg* ❶ (*Unterkunft verschaffen*) ■**jdn ~** to put sb up, to accommodate sb *form;* ■**untergebracht sein** to be housed, to have accommodation; ***die Kinder sind gut untergebracht*** (*fig*) the children are being well looked after; ***er konnte ihr Gesicht nicht ~*** (*fig fam*) he couldn't place her face ❷ (*abstellen*) ■**etw ~** to put sth somewhere ❸ (*fam: eine Anstellung verschaffen*) ■**jdn ~** to get sb a job

Unterbringung <-, -en> *f* ❶ (*das Unterbringen*) accommodation ❷ (*Unterkunft*) accommodation *no indef art*

Unterbruch *m* SCHWEIZ (*Unterbrechung*) interruption

unter|buttern *vt* (*fam*) ■**jdn ~** to ride roughshod over sb; **sich [von jdm] ~ lassen** to allow oneself to be pushed around [by sb]

Unterdeck *nt* lower deck; **im ~** below deck

unterderhand *adv s.* **Hand 5**

unterdessen *adv* (*geh*) in the meantime, meanwhile

Unterdruck <-drücke> *m* ❶ PHYS negative pressure, vacuum ❷ *kein pl* (*niedriger Blutdruck*) low blood pressure

unterdrücken* *vt* ❶ (*niederhalten*) ■**jdn ~** to oppress sb; ■**etw ~** to suppress sth, to put down sth *sep* ❷ (*zurückhalten*) ■**etw ~** to suppress sth, hold back; **ein Gähnen ~** to suppress a yawn; **Kritik ~** to hold back criticism

Unterdrücker(in) <-s, -> *m(f)* oppressor

Unterdrückung <-, -en> *f* ❶ *kein pl* (*das Unterdrücken*) *Bürger, Einwohner, Volk* oppression; *Aufstand, Unruhen* suppression ❷ (*das Unterdrücktsein*) oppression, repression

unterdurchschnittlich I. *adj* below average; **ein ~es Gehalt** a below average salary; ■**U~es** below average II. *adv* below the average; **~ intelligente Kinder** children of below average intelligence

untere(r, s) <unterste(r, s)> *adj attr* ❶ (*unten befindlich*) lower; **das ~e Ende** the lower end; **die unterste Schicht** the lowerest layer ❷ (*rangmäßig niedriger*) lower; **die unteren Gehaltsklassen** the lower income groups ❸ GEOG (*im Unterlauf befindlich*) lower; **der ~ Rhein** the lower part [*or* stretch] of the Rhine

untereinander *adv* ❶ (*miteinander*) among yourselves/themselves etc; **sich ~ helfen** to help each other [*or* one another] ❷ (*eines unterhalb des anderen*) one below the other

unterentwickelt *adj* ❶ (*nicht genügend entwickelt*) underdeveloped; **geistig ~** mentally retarded; **körperlich ~** physically underdeveloped ❷ (*ökonomisch zurückgeblieben*) underdeveloped; **ein ~es Land** an underdeveloped country **unterernährt** *adj* undernourished **Unterernährung** *f* malnutrition

Unterfangen <-s, -> *nt* undertaking; **ein gefährliches ~** a dangerous undertaking

unter|fassen *vt* (*fam*) ❶ (*stützen*) ■**jdn ~** to take sb's arm ❷ (*einhaken*) ■**jdn ~** to link arms with sb

unterfinanziert *adj inv* underfunded, underfinanced

Unterfinanzierung *f kein pl* POL, FIN underfinancing

unterfordern* *vt* ■**jdn ~** to not challenge sb enough

Unterführung *f* underpass; *Fußgänger* subway

Unterfunktion *f* hypofunction

Untergang <-gänge> *m* ❶ (*das Versinken*) sinking; **der ~ der Titanic** the sinking of the Titanic ❷ (*Sinken unter den Horizont*) setting; **der ~ der Sonne** the setting of the sun ❸ (*Zerstörung*) destruction; **der ~ einer Zivilisation** the decline of civilization [*or* BRIT -sation]; **vom ~ bedroht sein** to be threatened by destruction; **etw/jmd geht seinen ~ entgegen** sth/sb is heading for disaster; **der ~ des Römischen Reiches** the fall of the Roman Empire

Untergangsstimmung *f* feeling of doom

untergeben *adj* subordinate; ■**jdm ~ sein** to be subordinate to sb

Untergebene(r) *f(m) decl wie adj* subordinate

unter|gehen *vi irreg sein* ❶ (*versinken*) to sink, to go down *fam;* ■**untergegangen** sunken; ***ihre Worte gingen in dem Lärm unter*** (*fig*) her words were drowned [*or* lost] in the noise ❷ (*unter den Horizont sinken*) to set ❸ (*zugrunde gehen*) to be destroyed; ■**untergegangen** extinct, lost; **~e Kulturen** lost civilizations; *s.* **Welt**

untergeordnet *adj* ❶ (*zweitrangig*) secondary; **von ~er Bedeutung sein** to be of secondary importance ❷ (*subaltern*) subordinate; **eine ~e Stellung** a subordinate position **Untergeschoss**[RR] *nt* basement **Untergestell** *nt* ❶ (*Fahrgestell*) base ❷ (*hum fam: Beine*) pins *npl fam* **Untergewicht** *nt* underweight; **~ haben** to be underweight **untergewichtig** *adj* underweight **untergliedern*** *vt* (*gliedern*)

U

■ **etw** [**in etw** *akk*] ~ to subdivide sth [into sth]
untergraben*[1] *vt irreg* ■ **etw** ~ to undermine sth
unter|graben[2] *vt irreg* ■ **etw** ~ to dig sth into the soil
Untergrund *m* ① GEOL (*Bodenschicht*) subsoil; **ein fester, sandiger** ~ a firm, sandy subsoil; (*Boden*) bottom; **der ~ des Meeres** the bottom of the sea [*or* ocean] ② *kein pl* (*politische Illegalität*) underground; **in den ~ gehen** to go underground; **im** ~ underground ③ KUNST, MODE (*tragende Fläche*) background; (*unterste Farbschicht*) undercoat
Untergrundbahn *f* underground **Untergrundbewegung** *f* underground movement **Untergrundorganisation** *f* POL underground organization; **sich einer ~ anschließen** to join an underground organization; **einer ~ angehören** to belong to an underground organization
unter|haken *vt* (*fam: einhaken*) ■ **jdn** ~ to link arms with sb; ■ **sich bei jdm** ~ to link arms with sb; [**mit jdm**] **untergehakt gehen** to walk arm in arm [with sb]
unterhalb I. *präp* (*darunter befindlich*) below; ■ ~ **einer S.** *gen* below sth II. *adv* (*tiefer gelegen*) below; *Fluss* downstream; ■ ~ **von etw** below sth
Unterhalt <-[e]s> *m kein pl* ① (*Lebens~*) keep, maintenance; **für jds ~ aufkommen** to pay for sb's keep; (*Unterhaltsgeld*) maintenance; [**für jdn**] ~ **zahlen** to pay maintenance [for sb] ② (*Instandhaltung*) upkeep, maintenance
unterhalten*[1] *vt irreg* ① (*für jds Lebensunterhalt sorgen*) ■ **jdn** ~ to support sb; ***er muss vier Kinder*** ~ he has to support four children ② (*instand halten, pfegen*) ■ **etw** ~ to maintain sth ③ (*betreiben*) ■ **etw** ~ to run sth ④ (*innehaben*) ■ **etw** ~ to have sth; **ein Konto** ~ (*geh*) to have an account ⑤ (*aufrechterhalten*) ■ **etw** ~ to maintain sth
unterhalten[2] *irreg* I. *vt* (*die Zeit vertreiben*) ■ **jdn** ~ to entertain sb II. *vr* ① (*sich vergnügen*) ■ **sich** ~ to keep oneself amused, to have a good time; ***die Kinder können sich alleine*** ~ the children can amuse themselves alone ② (*sprechen*) ■ **sich** [**mit jdm**] [**über jdn/etw**] ~ to talk [to sb] [about sb/sth]; ***wir müssen uns mal*** ~ we must have a talk
unterhalten[3] *vt* (*fam*) ■ **etw** ~ to hold sth underneath
unterhaltend *adj*, **unterhaltsam** *adj* entertaining; **ein ~er Abend** an entertaining evening
Unterhaltsanspruch *m* ADMIN, SOZIOL, ÖKON entitlement to maintenance **unterhaltsberechtigt** *adj* entitled to maintenance; ■ [**jdm gegenüber**] ~ **sein** to be entitled to maintenance [from sb] **Unterhaltsklage** *f* action for maintenance **Unterhaltskosten** *pl* ① JUR maintenance ② (*Instandhaltungskosten*) maintenance costs *npl* ③ (*Betriebskosten*) running costs *pl* **Unterhaltspflicht** *f* obligation to pay maintenance **unterhaltspflichtig** *adj* under obligation to provide maintenance; ■ [**jdm gegenüber**] ~ **sein** to be under obligation to provide maintenance [for sb] **Unterhaltspflichtige(r)** *f(m) decl wie adj* person liable to provide maintenance **Unterhaltszahlung** *f* maintenance payment
Unterhaltung[1] <-> *f kein pl* ① (*Instandhaltung*) maintenance, upkeep ② (*Betrieb*) running
Unterhaltung[2] <-, -en> *f* ① (*Gespräch*) talk, conversation; **eine ~ mit jdm führen** [*o* **haben**] to have a conversation with sb ② *kein pl* (*Zeitvertreib*) entertainment; **gute** [*o* **angenehme**] **~!** enjoy yourselves!, have a good time!
Unterhaltungselektronik *f* (*Industrie*) consumer electronics; (*Geräte*) audio and video systems *pl* **Unterhaltungsindustrie** *f* entertainment industry **Unterhaltungskunst** *f* art of entertainment **Unterhaltungsmusik** *f* light music **Unterhaltungsprogramm** *nt* light entertainment programme [*or* AM -am] **Unterhaltungswert** *m* entertainment value
Unterhändler(in) *m(f)* negotiator
unter|heben *vt* ■ **etw** ~ KOCHK to fold in sth
Unterhemd *nt* vest
unterhöhlen* *vt* ① (*durch Auswaschung aushöhlen*) ■ **etw** ~ to hollow out sth *sep* ② *s.* **unterminieren**
Unterholz *nt kein pl* undergrowth
Unterhose *f* [under]pants; **kurze ~[n]** pants *npl;* **lange ~[n]** long johns *npl*
unterirdisch I. *adj* underground, subterranean; **ein ~es Kabel** an underground cable; **ein ~er Fluss** a subterranean river II. *adv* underground; ~ **verlegte Stromkabel** electricity cables laid underground
unterjochen* *vt* ■ **jdn** ~ to subjugate sb
Unterjochung <-, -en> *f* subjugation
unter|jubeln *vt* (*sl*) ① (*andrehen*) ■ **jdm etw** ~ to palm sth off on sb; ■ **sich** [**von jdm**] **etw** *akk* ~ **lassen** to allow sb to palm sth off on[to] one ② (*anlasten*) ■ **jdm etw** ~ to pin sth on sb
unterkellern* *vt* ■ **etw** ~ to build sth with a cellar; ■ **unterkellert** with a cellar; **ein unterkellertes Haus** a house with a cellar; ■ **unterkellert sein** to have a cellar
Unterkiefer *m* lower jaw; **jds ~ fällt** [*o* **klappt**] **herunter** (*fam*) sb's jaw drops [open]
unter|kommen *vi irreg sein* ① (*eine Unterkunft finden*) ■ **bei jdm/irgendwo** ~ to find accommodation at sb's house/somewhere ② (*fam: eine Anstellung bekommen*) ■ [**irgendwo/bei jdm**] [**als etw**] ~ to find employment [*or fam* a job] [somewhere/with sb] [as sth] ③ DIAL (*begegnen*) ■ **jdm** ~ to come across sth/sb; ***so einer ist mir ja noch nie untergekommen!*** I've never come across anyone like him before ④ DIAL (*erleben*) ■ **jdm** ~ to experience; ***ein so wundersame Gelegenheit kommt einem nicht alle Tage unter*** you don't get such a wonderful opportunity like that every day
Unterkörper *m* lower part of the body
unter|kriegen *vt* (*fam*) ■ **jdn** ~ to bring sb down; ***die Konkurrenz will uns*** ~ our competitors want to bring us down; ***ein guter Mann ist nicht unterzukriegen*** you can't keep a good man down; ■ **sich** [**von jdm/etw**] ~ **lassen** to allow sb/sth to get one down; ***von einem kleinen Rückschlag darf man sich nicht ~ lassen*** you shouldn't allow a trivial setback to get you down
unterkühlen* I. *vt* ■ **jdn** ~ to reduce sb's body temperature II. *vr* (*fam*) ■ **sich** ~ to get cold; ***ich muss mich im Schatten unterkühlt haben*** I must have got cold standing in the shade
unterkühlt *adj* ① (*mit niedriger Körpertemperatur*) suffering from hypothermia; **stark ~ sein** to be suffering from advanced hypothermia; ***in dem ~en Zustand konnte sie sich kaum bewegen*** she was so cold she could scarcely move ② (*betont kühl, distanziert*) cool, reserved; **~e Beziehungen** cool relations
Unterkühlung *f* hypothermia
Unterkunft <-, -künfte> *f* accommodation; **eine ~ suchen** to look for accommodation; ~ **mit Frühstück** bed and breakfast; ~ **und Verpflegung** board and lodging; MIL (*Kaserne*) quarters *npl;* (*privat*) billet; ***die Soldaten kehrten in ihre Unterkünfte zurück*** thesoldiers returned to their billets [*or* quarters]
Unterlage *f* ① (*flacher Gegenstand zum Unterlegen*) mat, pad; ***bei der Notoperation diente eine Decke als*** ~ during the emergency operation a blanket was used for the patient to lie on; ***lege bitte eine ~ unter den Topf!*** please put the pot on a mat! like that; (*Bett~*) drawsheet ② *meist pl* (*Beleg, Doku-*

ment) document *usu pl*

UnterlassRR *m*, **Unterlaß** *m* **ohne ~** (*geh*) incessantly, continuously

unterlassen* *vt irreg* 1 (*nicht ausführen*) ■**etw ~** not to carry out sth, to omit [*or* fail] to do sth; ***die letzte Untersuchung wurde ~*** the final examination was not carried out; ■**es ~, etw zu tun** to fail to do sth; ***warum haben Sie es ~, mich zu benachrichtigen?*** why did you fail to inform me? 2 (*mit etw aufhören*) ■**etw ~** to refrain from doing sth; ***diese dumme Bemerkung hättest du auch ~ können*** you could have refrained from making this stupid remark; **etw nicht ~ können** not to be able to refrain from doing sth; ***scheinbar kann er diese Dummheiten nicht ~*** apparently, he can't stop doing these silly things; **unterlass/~ Sie das!** stop that!; *s. a.* **Hilfeleistung**

Unterlassung <-, -en> *f* omission, failure [to do sth]; ***ich bestehe auf sofortiger ~ dieser Lärmbelästigung*** I insist that this noise pollution be stopped immediately

Unterlassungsfall <-s> *m kein pl* JUR **im ~sfall** (*geh*) in case of default

Unterlauf *m* lower reaches *pl*

unterlaufen* *irreg* **I.** *vt* 1 *haben* (*umgehen*) ■**etw ~** to evade [*or* circumvent] sth; **die Zensur/ein Embargo ~** to evade a censure/an embargo 2 SPORT **einen Spieler ~** *to charge a player who is in the air and knock him down* **II.** *vi sein* 1 (*versehentlich vorkommen*) ■**jdm unterläuft etw** sth happens to sb; ***da muss mir ein Fehler ~ sein*** I must have made a mistake 2 (*fam: begegnen*) ■**jdm ~** to happen to sb; ***so etwas Lustiges ist mir selten ~*** something as funny as that has rarely happened to me

unter|legen1 *vt* 1 (*darunter plazieren*) ■[**jdm**] **etw ~** to put sth under[neath] [sb] 2 (*abweichend interpretieren*) ■**einer S.** *dat* **etw ~** to read another meaning into sth

unterlegen*2 *vt* 1 (*mit Untermalung versehen*) ■**etw mit etw ~** to use sth to form the background to sth; **einem Film Musik ~** to put music to a film; ***die Modenschau wurde mit Musik unterlegt*** music formed the background to the fashion show 2 (*mit einer Unterlage versehen*) ■**etw** *akk* **mit etw ~** to underlay sth with sth

unterlegen3 *adj* 1 (*schwächer als andere*) inferior; **~e Kräfte** inferior forces; ■**jdm ~ sein** to be inferior to sb; **zahlenmäßig ~ sein** to be outnumbered 2 SPORT (*schwächer*) defeated; ■**jdm ~ sein** to be defeated by sb

Unterlegene(r) *f(m) decl wie adj* loser

Unterlegenheit <-, *selten* -en> *f* inferiority

Unterleib *m* [lower] abdomen

Unterleibsbeschwerden *f pl* abdominal complaint [*or* pain]

unterliegen* *vi irreg sein* 1 (*besiegt werden*) ■[**jdm**] **~** to lose [to sb], to be defeated [*or* beaten] [by sb] 2 (*unterworfen sein*) ■**einer S.** *dat* **~** to be subject to sth; **einer Täuschung ~** to be the victim of a deception; **der Schweigepflicht ~** to be bound to maitain confidentiality; ***Sie ~ offensichtlich einem Irrtum*** you have obviously made a mistake; *s. a.* **Zweifel**

Unterlippe *f* bottom [*or* lower] lip

unterm (*fam*) = **unter dem**

untermalen* *vt* 1 (*mit Musik begleiten*) ■**etw [mit etw] ~** to provide sth as a background to sth; ***der Gedichtvortrag wurde leise mit Musik untermalt*** soft music was provided as a background to the poetry reading 2 KUNST ■**etw ~** to prime sth

Untermalung <-, -en> *f* background music

untermauern* *vt* ■**etw [mit etw] ~** to support sth [with sth]; *BAU* to underpin sth with sth; ***seine Theorie ist wissenschaftlich gut untermauert*** his theory is scientifically well supported

Untermiete *f* 1 (*Mieten eines Zimmers*) subtenancy; **in [*o* zur] ~ wohnen** *to rent a room from an existing tenant* 2 (*das Untervermieten*) sublease; **jdn in ~ nehmen** to take in sb as a lodger; ***wir mussten jemanden in ~ nehmen*** we had to take in a lodger

Untermieter(in) *m(f)* subtenant

unterminieren* *vt* ■**etw ~** to undermine sth

unter|mischen *vt* (*mit etw vermengen*) ■**etw ~** to add [*or sep* mix in] sth

untern (*fam*) = **unter den** *s.* **unter**

unternehmen* *vt irreg* 1 (*in die Wege leiten*) ■**etw/nichts [gegen jdn/etw] ~** to take action/no action [against sb/sth]; **Schritte gegen etw ~** to take steps against sth 2 (*Vergnügliches durchführen*) ■**etw [mit jdm] ~** to do sth [with sb]; ***wollen wir nicht etwas zusammen ~?*** why don't we do something together? 3 (*geh: machen*) ■**etw ~** to do sth; **einen Ausflug ~** to go on an outing; **eine Reise ~** to go on a journey; **einen Versuch ~** to make an attempt 4 (*geh: auf sich nehmen*) ■**es ~, etw zu tun** to take it upon oneself to do sth

Unternehmen <-s, -> *nt* 1 ÖKON firm, company 2 (*Vorhaben*) undertaking, venture; **ein gewagtes ~** a risky venture

Unternehmensberater(in) *m(f)* management consultant **Unternehmensberatung** *f* ÖKON 1 *kein pl* (*Consulting, Betriebsberatung*) management consultancy *no pl* 2 (*Firma*) management consultancy firm **Unternehmensbesteuerung** *f* FIN corporation tax **Unternehmensform** *f* type [*or* form] of business [*or* enterprise] **Unternehmensführung** *f* ÖKON 1 *kein pl* (*Management*) management 2 (*Führungskräfte in einem Unternehmen*) management **Unternehmensfusion** *f* company merger **Unternehmensgewinne** *pl* corporate profits *pl* **Unternehmensgründung** *f* setting [*or* starting] up a business **Unternehmensgruppe** *f* group, consortium **Unternehmensleiter(in)** *m(f)* director **Unternehmensleitung** *f* ÖKON 1 *kein pl* (*Leitung, Führung eines Unternehmens*) management 2 (*Führungskräfte eines Unternehmens*) management **Unternehmensplan** *m* corporate plan **Unternehmenspolitik** *f kein pl* corporate policy **Unternehmensspitze** *f* top management, executive level

Unternehmer(in) <-s, -> *m(f)* employer, entrepreneur

unternehmerfreundlich *adj* POL employer-friendly

unternehmerisch **I.** *adj* entrepreneurial **II.** *adv* in a business-like manner; **~ denken** to think in a business-like manner

Unternehmerlohn *m* employer's renumeration **Unternehmerrisiko** *nt* management risk

Unternehmerschaft <-, *selten* -en> *f* business men *pl*, entrepreneurs *pl*

Unternehmerverband *m* employer's association

Unternehmung <-, -en> *f* (*geh*) *s.* **Unternehmen 2**

Unternehmungsgeist *m kein pl* enterprise, entrepreneurial spirit **Unternehmungslust** *f kein pl* enterprise, initiative **unternehmungslustig** *adj* enterprising, adventurous

Unteroffizier *m* non-commissioned officer; **Offiziere und ~e** officers and other ranks; **~ vom Dienst** duty NCO

unter|ordnen **I.** *vt* 1 (*vor etw hintanstellen*) ■**etw einer S.** *dat* **~** to put sth before sth; ***die meisten Mütter ordnen ihre eigenen Bedürfnisse denen ihrer Kinder unter*** most mothers put the needs of their children before their own 2 (*jdm/einer Institu-*

U

tion unterstellen) ■ **jdm/einer S. untergeordnet sein** to be [made] subordinate to sb/sth **II.** *vr* ■ **sich [jdm]** ~ to take on a subordinate role [to sb]

Unterredung <-, -en> *f* discussion; **eine** ~ **mit jdm haben** [*o* **führen**] to have a discussion with sb

unterrepräsentiert *adj* under-represented; **in einem Ausschuss** ~ **sein** to be under-represented on a committee

Unterricht <-[e]s, *selten* -e> *m* lesson; **theoretischer/praktischer** ~ theoretical/practical classes; ***im Sommer beginnt der ~ um zehn vor acht*** in summer lessons begin at ten to eight; **dem** ~ **fernbleiben** to play truancy [*or* AM hooky]; **[jdm]** ~ **[in etw** *dat*] **geben** to give [sb] lessons [in sth]; **bei jdm** ~ **haben** to have lessons with sb; ***bei wem haben wir nächste Stunde ~?*** who's our next lesson with?; **im** ~ **sein** to be in a lesson; ***heute fällt der ~ in Mathe aus*** there will be no maths lesson today

unterrichten* **I.** *vt* ❶ *(als Lehrer unterweisen)* ■ **jdn/etw [in etw** *dat*] ~ to teach sb/sth [sth]; **eine Klasse in Französisch** ~ to teach a class French; ***ich habe ihn früher in Mathematik unterrichtet*** I used to teach him mathematics ❷ *(ein Fach lehren)* ■ **etw** ~ to teach sth; **Chemie** ~ to teach Chemistry ❸ *(geh: informieren)* ■ **jdn [über etw** *akk*/**von etw]** ~ to inform [*or* advise] sb [about sth]; ***ich bin unterrichtet*** I have been informed **II.** *vi* *(als Lehrer tätig sein)* ■ **[in etw** *dat*] ~ to teach [at sth]; **in einem Fach** ~ to teach a subject; ***an welcher Schule ~ Sie?*** which school do you teach at? **III.** *vr* *(sich informieren)* ■ **sich über etw** ~ *akk* to obtain information about sth; ■ **sich von jdm über etw** *akk* ~ **lassen** to be informed by sb about sth

unterrichtet *adj* informed; **gut** ~ **sein** to be well-informed

Unterrichtserfahrung *f* SCH teaching experience **Unterrichtsfach** *nt* subject **Unterrichtsstoff** *m* SCH subject matter **Unterrichtsstunde** *f* lesson, period

Unterrichtung <-, -en> *f* *(geh)* information

Unterrock *m* petticoat, slip *dated*

unter|rühren *vt* ■ **etw** ~ to stir in sth

unters *(fam)* = **unter das**

untersagen* *vt* ■ **jdm etw** ~ to forbid sb to do sth, to prohibit sb from doing sth; ■ **jdm ~, etw zu tun** to forbid sb to do sth; ***ich untersage Ihnen, sich den Medien gegenüber zu äußern*** I forbid you to make statements to the media; ■ **[irgendwo] untersagt sein** to be prohibited [somewhere]; ***das Rauchen ist in diesen Räumen untersagt*** smoking is prohibited in these rooms

Untersatz *m* *(untergesetzter Gegenstand)* mat, coaster; **die Tasse auf einen** ~ **stellen** to put the cup on a mat; **fahrbarer** ~ *(hum fam)* wheels *pl hum fam*

Unterschale *f* KOCHK *(Rind)* beef silverside; *(Schwein)* gammon piece

unterschätzen* *vt* ■ **jdn** ~ to underestimate sb; **nicht zu** ~ not to be underestimated; *(beträchtlich)* not inconsiderable; **ein nicht zu ~der Konkurrent** a rival who is not to be underestimated; **sich in nicht zu ~de Schwierigkeiten begeben** to get oneself into not inconsiderable difficulties

unterscheidbar *adj* distinguishable

unterscheiden* *irreg* **I.** *vt* ❶ *(durch Unterschiede differenzieren)* ■ **etw** ~ to distinguish [*or* make a distinction] between sth; ***der Botaniker unterscheidet Fichten und Kiefern*** the botanist makes a distinction between firs and pines; ■ **etw [von etw]** ~ to tell sth from sth ❷ *(auseinander halten)* ■ **[voneinander/an etw** *dat*] ~ to tell the difference [between things/by sth], to tell things apart; ***ich kann die beiden nie ~*** I can never tell the difference between the two; ***Ulmen und Linden kann man leicht ~*** you can easily tell elm trees from lime trees; ***er kann ein Schneeglöckchen nicht von einer Schlüsselblume ~*** he can't tell the difference between a snowdrop and a cowslip ❸ *(als anders erscheinen lassen)* ■ **jdn von jdm** ~ to distinguish sb from sb; ***was sie so sehr von ihrer Schwester unterscheidet, ist ihre musikalische Begabung*** what distinguishes her so much from her sister is her musical talent **II.** *vi* **[zwischen Dingen]** ~ to differentiate [*or* make a distinction] [between things]; **zwischen ... und ... nicht ~ können** to not be able to distinguish [*or* tell the difference] between ... and ... **III.** *vr* ■ **sich voneinander/von jdm/etw** ~ to differ from sb/sth; ***er unterscheidet sich von seiner Kollegin in seiner Gelassenheit*** he differs from his colleague in that he is much more relaxed; ***ihr unterscheidet euch echt nicht voneinander!*** you're as bad as each other!

Unterscheidung *f* distinction, differentiation; **eine ~/~en treffen** to make a distinction/distinctions

Unterschenkel *m* ANAT lower leg; KOCHK [chicken] drumstick

Unterschicht *f* lower class

unterschieben*[1] *vt irreg* *(fam)* ■ **jdm etw** ~ to attribute sth falsely to sb; ***diese Äußerung unterschiebt mir die Presse*** this statement has been falsely attributed to me by the press; ■ **jdm ~, dass jd etw tut** to imply that sb does sth; ***wollen Sie mir etwa ~, dass ich beabsichtigt habe, Sie zu hintergehen?*** are you trying to imply that it was my intention to deceive you?

unter|schieben[2] *vt irreg* ■ **jdm etw** ~ to push sth under[neath] sb; ***schiebst du mir noch ein Kissen unter?*** will you push another cushion under me?

Unterschied <-[e]s, -e> *m* difference, distinction; **ein feiner/großer** ~ a slight/large difference; ***ich sehe keinen ~ zum Original*** I can't see a difference to the original; **einen/keinen** ~ [*o* **~e**] **[zwischen Dingen] machen** to draw a/no distinction [between things]; **einen/keinen** ~ **machen** to make a/no difference; ***es macht keinen ~, ob du heute bezahlst oder morgen*** it makes no difference whether you pay today or tomorrow; **im** ~ **zu jdm** unlike sb, in contrast to sb; ***im ~ zu dir bin ich aber vorsichtiger*** unlike you I'm more careful; **[nur] mit dem ~, dass** [only] the difference is that; ***sicher tut ihr die gleiche Arbeit, mit dem ~, dass sie das Doppelte verdient*** of course you do the same work, only the difference is that she earns double what you do; **ohne** ~ indiscriminately; **ein** ~ **wie Tag und Nacht** *(fam)* as different as chalk and cheese [*or* AM night and day]; ***vergleiche mal diese mit der ursprünglichen Version — das ist ein ~ wie Tag und Nacht*** just you compare this to the original version — they are worlds apart!; **der kleine** ~ *(iron fam)* la petite différence *(distinguishing men and women)*

unterschiedlich **I.** *adj* different; ***~er Auffassung sein*** to have different views; ***das Klima in Australien ist sehr ~*** the climate in Australia varies a lot **II.** *adv* differently

unterschiedslos *adv* indiscriminately

unterschlagen* *vt irreg* ❶ *(unrechtmäßig für sich behalten)* ■ **etw** ~ to misappropriate; **Geld** ~ to embezzle money; **einen Brief/Beweise** ~ to withhold a letter/evidence; **eine Nachricht** ~ to keep quiet about sth ❷ *(vorenthalten)* ■ **jdm etw** ~ to withhold sth from sb; ***warum hat man mir diese Information ~?*** why was this information withheld from me?

Unterschlagung <-, -en> *f* misappropriation, embezzlement

Unterschlupf <-[e]s, -e> *m* hideout, cover; **bei jdm** ~ **suchen/finden** to look for/find shelter with sb

unter|schlupfen *vi* SÜDD (*fam*), **unter|schlüpfen** *vi sein* (*fam*) ■ [**bei jdm**] ~ to find shelter [at sb's house]; (*verstecken*) to hide [out] [in sb's house]; (*hum*) to stay [at sb's house]; ***ich habe keine Ahnung, wo der Kerl untergeschlüpft ist*** I've no idea where the guy's staying at

unterschreiben* *irreg* **I.** *vt* ■ [**jdm**] **etw** ~ to sign sth [for sb]; **eine Meinung/Ansicht** ~ **können** (*fig*) to be able to subscribe to an opinion/point of view *fig* **II.** *vi* ■ [**auf etw** *dat*] ~ to sign [sth]

unterschreiten* *vt irreg* ① (*unterbieten*) ■ **etw** [**um etw**] ~ to undercut sth [by sth] ② (*unter einer Grenze liegen*) ■ **etw** [**um etw**] ~ to fall below sth [by sth]; ***ihr tatsächliches Einkommen unterschreitet deutlich ihrer Schätzungen*** her actual income falls well short of her estimates

Unterschrift *f* ① (*eigene Signatur*) signature; **seine** ~ **leisten** to give one's signature; **seine** ~ **unter etw** *akk* **setzen**, **etw mit seiner** ~ **versehen** to put one's signature to sth, to sign sth ② (*Bildunterschrift*) caption

Unterschriftenliste *f* POL, SOZIOL petition **Unterschriftensammlung** *f* collection of signatures

unterschwellig *adj* subliminal

Unterseeboot *nt* submarine

unterseeisch *adj* underwater

Unterseite *f* underside, bottom

Untersetzer <-s, -> *m s.* **Untersatz 1**

untersetzt *adj* stocky

unterspülen* *vt* ■ **etw** ~ to wash away the bottom of sth

Unterstand *m* ① (*Platz zum Unterstellen*) shelter ② MIL dugout

unterste(r, s) *adj superl von* **untere(r, s)**: **das U~ zuoberst kehren** (*fam*) to turn everything upside down; ***die Einbrecher hatten das U~ zuoberst gekehrt*** the burglars had turned everything upside down

unterstehen*[1] *irreg* **I.** *vi* ■ **jdm/einer S.** ~ to be subordinate to sb/sth, to come under sb's/sth's control; ***der Abteilungsleiterin ~ 17 Mitarbeiter*** seventeen employees report to the departmental head; **jds Befehl** ~ to be under sb's command; **ständiger Kontrolle** ~ to be subject to constant checks **II.** *vr* ■ **sich** ~, **etw zu tun** to have the audacity to do sth; ***er hat sich tatsächlich unterstanden, uns zu drohen?*** he actually dared to threaten us?; ***untersteh dich!*** don't you dare!; ***was ~ Sie sich!*** how dare you!

unter|stehen[2] *vi irreg haben* SÜDD, ÖSTERR, SCHWEIZ to take shelter [*or* cover]; ***es hat so stark geregnet, dass wir eine ganze Weile ~ mussten*** it rained so heavily that we had to take shelter for quite a while

unterstellen*[1] **I.** *vt* ① (*unterordnen*) ■ **jdm jdn/etw** ~ to put sb in charge of sb/sth; ***wir unterstellen Ihnen vier Abteilungen*** we're putting you in charge of four departments; ■ **jdm/einer S.** *gen* **unterstellt sein** to be under sb/sth; ***Sie sind ab sofort der Redaktion III unterstellt*** as from now you report to editorial department III ② (*unterschieben*) ■ **jdm etw** ~ to imply [*or* insinuate] that sb has said/done sth; ~ ***Sie mir Nachlässigkeit?*** are you implying that I have been negligent? **II.** *vi* ■ ~, [**dass**] ... to suppose [*or* assume] [that] ...; ***ich unterstelle einfach einmal, dass Sie recht haben*** I'm just supposing for once that you are right

unter|stellen[2] **I.** *vt* ① (*abstellen*) ■ **etw irgendwo/bei jdm** ~ to store sth somewhere/at sb's house; **ein Auto bei jdm** ~ to leave one's car at sb's house; ***er stellt ein paar Möbelstücke bei uns unter*** he's storing a few items of furniture at our place ② (*darunter stellen*) ■ **etw** ~ to store sth underneath; **einen Eimer** ~ to put a bucket underneath **II.** *vr* ■ **sich** ~ to take shelter [*or* cover]

Unterstellmöglichkeit *f* (*Überdachung*) bus shelter

Unterstellung *f* ① (*falsche Behauptung*) insinuation ② *kein pl* (*Unterordnung*) subordination; ■ **die/jds** ~ **unter jdn/etw** the/sb's subordination to sb/sth

untersteuern* *vi* AUTO to understeer

unterstreichen* *vt irreg* ■ **etw** ~ ① (*markieren*) to underline sth; ***sein Name war rot unterstrichen*** his name was underlined in red ② (*betonen*) to emphasize sth; **seine Worte mit Gesten** ~ to emphsize one's words with gestures; ***Herbstfarben ~ Ihren Hauttyp*** autumn colours enhance your skin type ③ (*zustimmen*) ***das kann ich nur*** ~ there's no doubt about that

Unterstreichung <-, -en> *f* ① (*das Unterstreichen*) underlining; ~**en vornehmen** (*geh*) to underline ② *kein pl* (*das Betonen*) emphasizing

Unterströmung *f* undercurrent

Unterstufe *f* lower school

unterstützen* *vt* ① (*durch Hilfe fördern*) ■ **jdn** [**bei etw/in etw** *dat*] ~ to support sb [in sth]; **die Heilung** ~ to assist sb's recovery ② (*materiell/finanziell fördern*) ■ **jdn/etw** [**mit etw**] ~ to support sb/sth [with sth]; ***wirst du noch von deinen Eltern finanziell unterstützt?*** do your parents still financially support you? ③ (*sich dafür einsetzen*) ■ **etw** ~ to back [*or* support] sth; ***diesen Plan kann ich voll*** ~ I'm fully behind [*or* supportive of] this plan ④ INFORM ■ **etw** ~ to support sth

Unterstützung *f* ① *kein pl* (*Hilfe*) support; ***ich möchte Sie um Ihre ~ bitten*** I should like to ask you for your support; **zur** ~ **einer S.** *gen* in support of sth ② (*finanzielle Hilfeleistung*) income support; (*Arbeitslosen~*) benefit; ***nimm die 1000 Mark als kleine*** ~ take the 1000 Marks to help you out a bit; **eine** ~ **beantragen** to apply for assistance; **eine** ~ **beziehen** to be on income support/[unemployment] benefit

Untersuch <-s, -e> *m* SCHWEIZ (*Untersuchung*) examination, investigation

untersuchen* *vt* ① (*den Gesundheitszustand überprüfen*) ■ **jdn** ~ to examine sb; ■ **jdn auf etw** *akk* ~ to examine sb for sth; ***hat man Sie auf Allergien untersucht?*** have you been examined for allergies?; ■ **sich** [**von jdm**] ~ **lassen** to be examined [by sb]; ***manche Frauen wollen sich nur von Ärztinnen ~ lassen*** some women only want to be examined by a woman doctor; ■ **etw** [**auf etw** *akk*] ~ (*medizinisch überprüfen*) to examine sth [for sth]; ***wir schicken das Blut ein, um es auf Krebszellen ~ zu lassen*** we're sending the blood in to have it examined for cancer cells ② (*überprüfen*) ■ **etw/jdn** ~ to investigate [*or* look into] sth/sb; **einen Plan auf Schwachstellen hin** ~ to check a plan for weaknesses; **ein Fahrzeug** ~ to check a vehicle ③ (*genau betrachten*) ■ **etw/jdn** ~ to scrutinize sth/sb; **die sozialen Verhältnisse** ~ to examine the social conditions; **jds Lebensgewohnheiten** ~ to scrutinize sb's habits ④ (*durchsuchen*) ■ **jdn/etw** [**auf etw** *akk*] ~ to search sb/sth [for sth]; ***die Zollbeamten ~ das Gepäck auf Sprengstoff*** the customs officers search the luggage for explosives ⑤ (*aufzuklären suchen*) ■ **etw** ~ to investigate sth; ***die Polizei untersucht den Vorfall*** the police are investigating the incident

Untersuchung <-, -en> *f* ① (*Überprüfung des Gesundheitszustandes*) examination; **jdn einer** ~ *dat* **unterziehen** (*geh*) to give sb a medical examination; **sich einer** ~ *dat* **unterziehen** (*geh*) to undergo a medical examination; (*medizinische Überprüfung*) examination ② (*Durchsuchung*) search; ***die ~ des Busses förderte Sprengstoff zutage*** the search of

U

the coach unearthed explosives ❸ (*Überprüfung*) investigation; ***die ~ der Unfallursache ergab, dass die Bremsen versagt hatten*** the investigation into the cause of the accident revealed that the brakes had failed; ***die ~ des Wagens war ergebnislos*** an inspection of the car proved fruitless ❹ (*analysierende Arbeit*) investigation, survey; **eine ~ veröffentlichen** to publish an investigation [*or* survey]

Untersuchungsausschuss[RR] *m* committee of inquiry **Untersuchungsbeamte(r)** *f(m) decl wie adj,* **Untersuchungsbeamtin** *f* ADMIN, JUR investigator **Untersuchungsbefund** *m* examination report **Untersuchungsergebnis** *nt* ❶ JUR findings *pl* ❷ MED (*Befund*) results *pl,* findings *pl* **Untersuchungsgefangene(r)** *f(m) decl wie adj* prisoner on remand **Untersuchungsgefängnis** *nt* remand prison **Untersuchungshaft** *f* custody, detention pending trial; **in ~ sein** [*o fam* **sitzen**] to be on remand; **jdn in ~ nehmen** to commit sb for trial **Untersuchungskommission** *f* investigating [*or* inquiry] committee **Untersuchungsmethode** *f* examination [*or* investigation] [*or* research] method **Untersuchungsrichter(in)** *m(f)* examining magistrate **Untersuchungszimmer** *nt* examination room

Untertagebau *m kein pl* ❶ (*Abbau*) underground mining ❷ (*Grube*) coal mine

untertags *adv* ÖSTERR, SCHWEIZ, SÜDD (*tagsüber*) during the day

untertan *adj* **sich** *dat* **jdn/etw ~ machen** (*geh*) to subjugate sb/dominate sth

Untertan(in) <-en, -en> *m(f)* subject

untertänig <-er, -ste> *adj* (*pej*) subserviant, submissive *pej;* **Ihr ~ster Diener** (*alt*) your humble [*or* most obedient] servant

Untertasse *f* saucer; **fliegende ~** (*fam*) flying saucer *fam*

unter|tauchen I. *vt haben* ■**jdn ~** to duck [*or* AM dunk] sb's head under water, BRIT to give sb a ducking *fam* II. *vi sein* ❶ (*tauchen*) to dive [under]; *U-Boot* to submerge ❷ (*sich verstecken*) to disappear, to go underground; ■**bei jdm ~** to hide out at sb's place; **im Ausland ~** to go underground abroad ❸ (*verschwinden*) ■**irgendwo ~** to disappear somewhere; ***der Taschendieb war bereits in der Menschenmenge untergetaucht*** the pickpocket had already disappeared into the crowd

Unterteil *nt o m* bottom [*or* lower] part

unterteilen* *vt* ❶ (*einteilen*) ■**etw [in etw** *akk*] **~** to subdivide sth [into sth]; ***das Formular war in drei Spalten unterteilt*** the form was subdivided into three columns ❷ (*aufteilen*) ■**etw [in etw** *akk*] **~** to partition [*or* divide] sth [into sth]; ***das große Zimmer war in zwei kleinere Räume unterteilt*** the large room was partitioned into two smaller rooms

Unterteilung <-, -en> *f* subdivision

Unterteller *m* SCHWEIZ, SÜDD (*Untertasse*) saucer **Untertemperatur** *f* low body temperature **Untertitel** *m* ❶ (*eingeblendete Übersetzung*) subtitle ❷ (*zusätzlich erläuternder Titel*) subheading **Unterton** *m* undertone **untertourig** [-tu:rɪç] *adj* at low revs; ***eine ~e Fahrweise schadet Motor und Getriebe*** driving at low revs damages the engine and gears

untertreiben* *irreg* I. *vt* (*etw geringer darstellen*) ■**etw ~** to understate sth; ***musst du immer ~?*** do you always have to understate everything? II. *vi* to play sth down; ***manche Menschen neigen dazu zu ~*** some people have a tendency to play things down

Untertreibung <-, -en> *f* understatement

untertunneln* *vt* ■**etw ~** to tunnel under sth; **der untertunnelte Ärmelkanal** the Channel Tunnel, the Chunnel *fam*

untervermieten* I. *vt* ■**etw ~** to sublet sth II. *vi* to sublet; ***laut Mietvertrag darf ich nicht ~*** according to the lease I am not allowed to sublet

unterversichert *adj* underinsured

Unterversicherung *f* underinsurance

unterwandern* *vt* ■**etw ~** to infiltrate sth

Unterwanderung *f* infiltration

Unterwäsche <-, -n> *f* ❶ *kein pl* MODE underwear *no pl* ❷ AUTO (*fam: Unterbodenwäsche*) underbody cleaning

Unterwasserkamera *f* underwater camera **Unterwassermassage** *f* underwater massage **Unterwassersport** *m* underwater sport

unterwegs *adv* ❶ (*auf dem Weg*) on the way; ***wir müssen los, ~ können wir dann Rast machen*** we must be off, we can have a break on the way; ■**[irgendwohin/zu jdm] ~ sein** to be on the way [to somewhere/sb]; ***Herr Müller ist gerade nach München ~*** Mr. Müller is on his way to Munich at the moment; **für ~** for the journey; ***nehmt ein paar belegte Brote für ~ mit!*** take a few sandwiches for the journey; **von ~** from our/your trip [*or* outing]; ***wir haben ein paar Blumen von ~ mitgebracht*** we've brought a few flowers back from our outing; ***er hat mich von ~ angerufen*** he phoned me while he was on his way ❷ (*fam: schwanger*) ***ein Kind ist ~*** a child is on the way, she is/they/we are expecting a child

unterweisen* *vt irreg* (*geh*) ■**jdn [in etw** *dat*] **~** to instruct sb [in sth] *form;* ***ich werde Sie in der Benutzung des Computers unterweisen*** I will instruct you how to use the computer

Unterweisung *f* (*geh*) instruction *form*

Unterwelt *f kein pl* underworld

unterwerfen* *irreg* I. *vt* ❶ (*unterjochen*) ■**jdn/etw ~** to subjugate [*or* conquer] sb/sth; ***die Conquistadores haben weite Teile Südamerikas unterworfen*** the Conquistadores subjugated large parts of South America ❷ (*unterziehen*) ■**jdn einer S.** *dat* **~** to subject sb to sth; ***die Zollbeamten unterwarfen die Einreisenden endlosen Prozeduren*** the customs officers subjected the people entering the country to endless procedures II. *vr* ❶ (*sich fügen*) **sich jds Willkur ~** to bow to sb's will; **sich einem Herrscher ~** to obey a ruler ❷ (*sich unterziehen*) ■**sich einer S.** *dat* **~** to submit to sth; **sich einer Prüfung ~** to do a test

Unterwerfung <-, -en> *f* subjugation

unterworfen *adj* ■**jdm/einer S.** *dat* **~ sein** to be subject to sb/sth; ***die vorherrschende Mode ist vielen Strömungen ~*** the prevailing fashion is subject to many trends

unterwürfig *adj* (*pej*) servile; ***manche meiner Kollegen sind ~ in Gegenwart des Chefs*** some of my colleagues grovel in the presence of the boss

Unterwürfigkeit <-> *f kein pl* (*pej*) servility

unterzeichnen* *vt* (*geh*) ■**etw ~** to sign sth

Unterzeichner(in) *m(f)* (*geh*) signatory

Unterzeichnerstaat *m* signatory state

Unterzeichnung *f* (*geh*) signing

Unterzeug *nt* (*fam*) underclothes *npl*

unterziehen*[1] *irreg* I. *vt* ■**jdn/etw einer S.** *dat* **~** to subject sb/sth to sth; ***der Arzt unterzog mich einer gründlichen Untersuchung*** the doctor examined me thoroughly; ***das Fahrzeug muss noch einer Generalinspektion unterzogen werden*** the vehicle still has to undergo a general inspection II. *vr* ■**sich einer S. ~** *dat* to undergo sth; **sich einer Operation ~** to have an operation; **sich einem Verhör ~** to undergo a hearing; **sich einer Aufgabe ~** to take on a task

unter|ziehen² *vt irreg* ■ [**sich** *dat*] **etw** ~ to put on sth *sep* underneath; ***Sie sollten sich einen Pullover*** ~ you ought to put a pullover on underneath

Unterziehpulli *m thin pullover worn underneath normal clothes for added protection;* (*als Skiunterwäsche*) long-sleeved thermal T-shirt

Unterzuckerung <-, -en> *f* low blood sugar level

Untiefe *f* ❶ (*seichte Stelle*) shallow *usu pl* ❷ (*geh: große Tiefe*) depth *usu pl;* **in den ~n des Ozeans** in the depths of the ocean

Untier *nt* monster

untragbar *adj* ❶ (*unerträglich*) unbearable ❷ (*nicht tolerabel*) intolerable; ■ [**für jdn**] ~ **sein/werden** to be/become intolerable [to sb]; ***dieser Politiker ist/wird für seine Partei*** ~ this politician is/is becoming a liability to his party

untrainiert *adj* untrained

untrennbar *adj* LING inseparable

untreu *adj* unfaithful; ■ **jdm** ~ **sein/werden** to be unfaithful to sb; (*hum*) to forget all about sb; ***wir hatten schon gedacht, du wolltest uns ~ werden*** we were beginning to think that you'd forgotten all about us; **sich** *dat* ~ **werden** (*geh*) to be untrue to oneself; **einer S.** *dat* ~ **werden** to be disloyal to sth

Untreue *f* ❶ (*untreues Verhalten*) unfaithfulness ❷ JUR (*finanzieller Missbrauch*) embezzlement

untröstlich *adj* inconsolable; ■ ~ **sein, dass** to be inconsolable [*or* so [very] sorry] that

untrüglich *adj* unmistakable, sure

Untugend *f* bad habit; ***ihre größte ~ ist das Kettenrauchen*** her worst vice is [her] chain-smoking; **eine ~** [**von jdm**] **sein** to be a bad habit [of sb's]

untypisch *adj* untypical; ■ ~ [**für jdn**] **sein** to be untypical [of sb]

unübel *adj* [**gar**] **nicht** [**so**] ~ (*fam*) not bad [at all], not so bad; ***er ist gar nicht so ~, wenn man ihn näher kennt*** he's not so bad [*or* BRIT *fam* such a bad bloke [*or* sort]] when you get to know him better

unüberbrückbar *adj* irreconcilable

unüberhörbar *adj* ❶ (*nicht zu überhören*) ■ ~ **sein** to be clearly audible; ***das Läuten des Telefons muss ~ gewesen sein*** you could hardly [*or* [surely] couldn't] have missed the phone ringing ❷ (*deutlich herauszuhören*) unmistakable

unüberlegt I. *adj* rash II. *adv* rashly

Unüberlegtheit <-, -en> *f* ❶ *kein pl* (*unüberlegte Art*) rashness ❷ *kein pl* (*Übereiltheit*) rashness ❸ (*unüberlegte Äußerung*) rash [*or* ill-considered] comment ❹ (*unüberlegte Handlung*) rash act

unübersehbar *adj* ❶ (*nicht zu übersehen*) obvious; **ein ~er Fehler** an obvious [*or* glaring] mistake; **ein ~er Unterschied** an obvious [*or* striking] difference ❷ (*nicht abschätzbar*) incalculable, inestimable; **~e Konsequenzen** unforeseeable consequences

unübersetzbar *adj* untranslatable

unübersichtlich *adj* ❶ (*nicht übersichtlich*) confusing ❷ (*schwer zu überblicken*) unclear; **eine ~e Kurve** a blind bend [*or* curve]

unübertrefflich I. *adj* unsurpassable, matchless; **ein ~er Rekord** an unbeatable record II. *adv* superbly, magnificently; ***ein ~ gutes/gelungenes Design*** an unsurpassably good/unsurpassable [*or* matchless] design

unübertroffen *adj* unsurpassed, unmatched; **ein ~er Rekord** an unbroken record; ■ ~ **sein** to be unsurpassable [*or* unmatchable]; ***dieser Rekord ist noch/seit Jahren ~*** this record is still unbroken/hasn't been broken for [some] years

unüberwindlich *adj* ❶ (*nicht abzulegen*) deep[-rooted]; **eine ~e Antipathie** a deep [*or* strong] antipathy; **ein ~er Hass** an implacable [*or* a deep-rooted] hatred; **~e Vorurteile** deep[-rooted] [*or* ingrained] prejudices ❷ (*nicht zu meistern*) insurmountable, insuperable *form* ❸ (*unbesiegbar*) invincible

unüblich I. *adj* uncustomary; ■ ~ **sein** to be unusual, not to be customary II. *adv* unusually; ~ **lange dauern** to take an unusually long time

unumgänglich *adj* unavoidable, inevitable; ■ ~ **sein/werden** to be/become inevitable; (*dringend notwendig*) ***ein baldiger Abschluss des Vertrages wird ~*** it's imperative that the contract is concluded soon

unumschränkt I. *adj* absolute, unlimited II. *adv* ~ **herrschen** to have absolute rule [*or* power]

unumstößlich I. *adj* irrefutable, incontrovertible; **ein ~er Entschluss** an irrevocable [*or* irreversible] decision II. *adv* irrefutably, incontrovertibly; ***die Entscheidung des Gerichts steht ~ fest*** the court's decision is irrevocable [*or* irreversible]

unumstritten I. *adj* undisputed, indisputable; ■ ~ **sein, dass** to be undisputed [*or* indisputable] that II. *adv* undisputedly, indisputably; ***das ist ~ einer der besten Rotweine der Welt*** this is without doubt one of the best red wines in the world

unumwunden *adv* frankly, openly

ununterbrochen I. *adj* ❶ (*unaufhörlich andauernd*) incessant, constant ❷ (*nicht unterbrochen*) unbroken, uninterrupted II. *adv* constantly, incessantly

unveränderlich *adj* ❶ (*gleich bleibend*) unchanging, unvarying ❷ (*feststehend*) constant, invariable, unchanging

unverändert I. *adj* ❶ (*keine Änderungen aufweisend*) unrevised; ***bis auf einige Korrekturen ist der Text ~*** apart from a few corrections there are no revisions to the text ❷ (*gleich bleibend*) unchanged; **~er Einsatz/Fleiß** unchanging [*or* unvarying] dedication/hard work; ***mein Großvater ist weiterhin bei ~er Gesundheit*** my grandfather's health is still unchanged II. *adv* ***trotz dieser Meinungsverschiedenheiten begegnete sie uns ~ freundlich*** her greeting was as friendly as ever, despite our [little] difference of opinion; ***ihr ~ gutes Befinden verdankt sie diesen Knoblauchpillen*** she puts her continued good health down to these garlic pills; ***auch morgen ist es wieder ~ heiter/kalt/kühl*** it will remain [just as] clear/cold/cool [*or* be clear/cold/cool again] tomorrow; ***auch für den neuen Auftraggeber arbeitete er ~ zuverlässig*** his work was just as reliable for his new client

unverantwortlich I. *adj* irresponsible; ***in ihrem ~en Leichtsinn ließ sie ihr Auto unverschlossen stehen*** in her irresponsible recklessness she left her car unlocked II. *adv* irresponsibly; ***du hast ~ viel getrunken*** it was irresponsible of you to drink so much

unveräußerlich *adj inv* ❶ (*geh: nicht zu entäußern*) inalienable ❷ (*selten: unverkäuflich*) unmarketable, unsaleable

unverbesserlich *adj* incorrigible; **ein ~er Optimist/Pessimist** an incurable optimist/pessimist

unverbindlich I. *adj* ❶ (*nicht verpflichtend*) not binding *pred;* **ein ~es Angebot machen** to make a non-binding offer ❷ (*distanziert*) detached, impersonal; ***meine ~en Geschäftspartner wollten sich wohl ein Hintertürchen offen halten*** my non-committal business partners obviously wanted to leave themselves a way out II. *adv* without obligation; **jdm einen Preis ~ ausrechnen** to calculate a price for sb that is not binding

Unverbindlichkeit <-, -en> *f* ❶ *kein pl* (*Distanziertheit*) detachment, impersonality ❷ (*unverbindliche Äußerung*) non-committal remark

unverbleit *adj* unleaded, lead-free

unverblümt I. *adj* blunt II. *adv* bluntly, in plain terms

unverbraucht *adj* fresh, unused; ***sie wurde durch***

eine junge, ~e Mitarbeiterin ersetzt she was replaced by a fresh, young colleague; ■ **[noch] ~ sein** to be [still] fresh; ***mit 40 war sie noch voller Energie und ~*** as a 40-year-old she was still full of youthful energy

unverdächtig I. *adj* ❶ (*nicht unter Verdacht stehend*) unsuspected; ***der Einzige, der hier ~ ist, ist das zweijährige Kind*** the only person who is above suspicion here is the two-year-old ❷ (*nicht verdächtig*) unsuspicious; ***legen Sie bitte ein ganz ~es Verhalten an den Tag*** please try not to arouse any suspicion [with your behaviour]; ***sein Auftreten selbst ist völlig ~*** he doesn't look suspicious at all II. *adv* **~ auftreten/sich ~ benehmen** to behave in a way which won't arouse suspicion, not to behave in a way which will arouse suspicion

unverdaulich *adj* indigestible

unverdaut I. *adj* undigested II. *adv* **etw ~ wieder ausscheiden** to pass sth in an undigested state

unverdient I. *adj* ❶ (*nicht durch Verdienst erfolgend*) unearned ❷ (*unberechtigt*) undeserved, unmerited II. *adv* undeservedly

unverdientermaßen *adv*, **unverdienterweise** *adv* undeservedly

unverdorben *adj inv* unspoilt

unverdrossen *adv* undauntedly

unverdünnt I. *adj* undiluted; **~er Alkohol** neat alcohol II. *adv* **etw ~ anwenden/auftragen/trinken** to use/apply/drink sth in an undiluted state; ***ich trinke meinen Whisky ~*** I like [to drink] my whisky neat

unvereinbar *adj* incompatible; **~e Gegensätze** irreconcilable differences; ■ **[mit etw] ~ sein** to be incompatible [with sth]

unverfälscht *adj* unadulterated

unverfänglich *adj* harmless; ***auf die Trickfragen hat er mit ~en Antworten reagiert*** he gave noncommittal answers to the trick questions; ■ **~ sein, etw zu tun** to be perfectly harmless to do sth

unverfroren *adj* insolent, impudent

Unverfrorenheit <-, -en> *f* ❶ (*Dreistigkeit*) audacity, impudence ❷ (*Äußerung*) insolent remark; ***solche ~en muss ich mir nicht anhören*** I don't have to listen to such insolent remarks [*or* insolence] ❸ (*dreistes Benehmen*) insolence *no pl;* ***also ehrlich, mir sowas zu sagen, ist schon eine ~*** well really, you've got a cheek saying something like that to me

unvergänglich *adj* ❶ (*bleibend*) abiding; **ein ~er Eindruck** a lasting [*or* an indelible] impression; **eine ~e Erinnerung** an abiding [*or* enduring] memory ❷ (*nicht vergänglich*) immortal

unvergessen *adj* unforgotten; **jd/etw bleibt [jdm] ~** sb/sth will always be remembered [by sb], sb will always remember [*or* never forget] sb/sth

unvergesslichRR *adj*, **unvergeßlich** *adj* unforgettable; ***die schönen Stunden mit dir bleiben mir [auf ewig] ~*** I'll never [ever] forget [*or* I will always remember] the wonderful hours I spent with you; ■ **[jdm] ~ bleiben** sb will always remember [*or* never forget] sth; ***die Eindrücke von meiner Weltreise sind immer noch ~*** the impressions of my round-the-world trip are still with me as if they happened yesterday

unvergleichbar *adj* incomparable; ■ **~ [miteinander] sein** to be incomparable [to [*or* with] each other [*or* one another]]; ***diese Fälle sind ~ [miteinander]*** these cases can't be compared [*or* are incomparable] to [*or* with] each other [*or* one another]

unvergleichlich I. *adj* incomparable, unique II. *adv* incomparably

unverhältnismäßig *adv* excessively; ***wir alle litten unter dem ~ heißen/kalten Wetter*** we are all suffering as a result of the unusually [*or* exceptionally] hot/cold weather; ***das Essen in diesem Restaurant ist zwar erstklassig, aber ~ teuer*** the food in this restaurant is first-rate, but extremely expensive

unverheiratet *adj* unmarried, single

unverhofft I. *adj* unexpected II. *adv* (*unerwartet*) unexpectedly; ***sie besuchten uns ~*** they paid us an unexpected visit; ***manchmal kommt die glückliche Wende ganz ~*** sometimes a turn for the better happens quite unexpectedly [*or* is quite unexpected [when it comes]] ▶ WENDUNGEN: **~ kommt oft** (*prov*) the nicest things happen when you don't expect them, life is full of surprises

unverhohlen I. *adj* undisguised, unconcealed II. *adv* openly

unverhüllt <-er, -este> *adj* unveiled, undisguised

unverkäuflich *adj* not for sale *pred;* **ein ~es Muster** a free sample

unverkennbar *adj* unmistakable; ■ **~ sein/werden, dass** to be/become clear that

unverlässlichRR *adj*, **unverläßlich** *adj* unreliable

unverletzt *adj inv* unhurt

unvermeidbar *adj s.* **unvermeidlich**

unvermeidlich *adj* unavoidable; **sich ins U~e fügen** to [have to] accept the inevitable, to bow to the inevitable

unvermindert I. *adj* undiminished II. *adv* unabated

unvermittelt I. *adj* sudden, abrupt II. *adv* suddenly, abruptly; **~ bremsen** to brake suddenly [*or* sharply]

Unvermögen *nt kein pl* powerlessness; ■ **jds ~, etw zu tun** sb's inability to do sth

unvermögend *adj* (*geh*) without means *pred;* **nicht ~** [quite] well-to-do; ***sie hat einen nicht ~en Mann geheiratet*** she['s] married [quite] a well-to-do man

unvermutet I. *adj* unexpected II. *adv* unexpectedly; ***sie haben mich gestern ~ besucht*** they paid me an unexpected visit yesterday

Unvernunft *f* stupidity; ***so eine ~!*** what [*or* such] stupidity!; ***es ist/wäre eine ~, dieses günstige Angebot abzulehnen*** it's/it would be sheer stupidity [*or* madness] [*or* folly] to turn down this good offer

unvernünftig *adj* stupid, foolish; ***so etwas U~es, wagt sich allein in die Höhle des Löwen!*** how foolish [*or* what madness [*or* folly]], to [dare] enter the lion's den alone!; ***tu nichts U~es*** don't do anything foolish [*or* stupid]

unveröffentlicht *adj* unpublished; ■ **[noch] ~ sein** to be [as yet] unpublished

unverpackt *adj* without packaging *pred;* **ein ~es Geschenk** an unwrapped present; ■ **~ sein** to be unpackaged; ***auf dem Markt verkauftes Obst ist in aller Regel ~*** fruit at a market is generally sold loose

unverputzt *adj* BAU unplastered

unverrichtet *adj* **~er Dinge** without having achieved anything; ***ihr bringt mir das Geld mit, kommt bloß nicht ~er Dinge zurück!*** [you must] bring me the money back with you, don't [[you] dare] come back empty handed!

unverrückbar *adj inv* unshakable, firm, unalterable

unverschämt I. *adj* ❶ (*dreist*) impudent; **eine ~e Antwort/Bemerkung/ein ~es Grinsen** an insolent [*or* impudent] answer/remark/grin; **ein ~er Bursche/Kerl/Mensch** an impudent [*or* insolent] fellow/chap/person ❷ (*unerhört*) outrageous II. *adv* ❶ (*dreist*) insolently, impudently; **~ lügen** to tell barefaced [*or* blatant] lies ❷ (*fam: unerhört*) outrageously

Unverschämtheit <-, -en> *f* ❶ *kein pl* (*Dreistigkeit*) impudence, insolence; ***wer so dreist lügen kann, muss eine gehörige Portion ~ besitzen*** anybody who can tell such blatant lies must have a fair amount of front; **die ~ besitzen [*o* haben], etw zu**

tun to have the impudence [*or* brazenness] to do sth ② (*unverschämte Bemerkung*) impertinent [*or* insolent] remark, impertinence *no pl* [*or* insolence] *no pl;* [**das ist eine**] **~!, so eine ~!** that's outrageous! ③ (*unverschämte Handlung*) impertinence *no pl*

unverschlossen *adj* ① (*nicht abgeschlossen*) unlocked; **ein ~es Fenster** an open window [*or* window which is off the latch] ② (*nicht zugeklebt*) unsealed; ***Drucksachen zu ermäßigter Gebühr müssen ~ sein*** printed matter sent at a reduced rate must be left unsealed

unverschuldet I. *adj* through no fault of one's own II. *adv* through no fault of one's own

unversehens *adv s.* **unvermutet II**

unversehrt *adj* undamaged; (*Mensch*) unscathed

unversöhnlich *adj* irreconcilable

Unversöhnlichkeit *f* irreconcilability

unversorgt *adj* unprovided for *pred*

Unverstand *m* (*geh*) foolishness; ***so ein ~!*** what foolishness!

unverstanden *adj* not understood; **sich ~ fühlen** to feel misunderstood

unverständig *adj* (*geh*) ignorant; ***du darfst ihm das nicht übel nehmen, er ist eben noch ein ~es Kind*** don't be too hard on him, he's still too young to understand

unverständlich *adj* ① (*akustisch nicht zu verstehen*) unintelligible; ■ [**jdm**] **~ sein** to be unintelligible [to sb] ② (*unbegreifbar*) incomprehensible; ■ [**jdm**] **~ sein, warum/wie ...** to be incomprehensible [to sb] why/how ...

Unverständnis *nt kein pl* lack of understanding; ***ich bin ja nun leider an ~ für meine Ideen gewöhnt*** unfortunately, I'm used to my ideas not being understood

unversteuert *adj* FIN untaxed

unversucht *adj* **nichts ~ lassen** to leave no stone unturned [*or* try everything]; **nichts ~ lassen, um etw zu tun** to leave no stone unturned in trying to do sth

unverträglich *adj* ① (*sich mit keinem vertragend*) cantankerous, quarrelsome ② (*nicht gut bekömmlich*) indigestible; ***ich habe solche Magenbeschwerden, vielleicht habe ich etwas U~es gegessen*** I've got [a] really bad stomach-ache, perhaps I've eaten something that didn't agree with me

unverwandt *adv* (*geh*) intently, steadfastly; **jdn/etw ~ anschauen/anstarren** to look/stare at sb/sth with a fixed [*or* steadfast] gaze [*or* fixedly] [*or* steadfastly]

unverwechselbar [-ks-] *adj* unmistakable, distinctive

unverwundbar *adj inv* invulnerable

unverwüstlich *adj* tough, hard-wearing; [**eine**] **~e Gesundheit** robust health

unverzagt I. *adj* undaunted; **sei ~** don't lose heart [*or* be discouraged] II. *adv* undauntedly

unverzeihlich *adj* inexcusable, unpardonable, unforgivable; ■ **~ sein, dass** to be inexcusable [*or* unpardonable] [*or* unforgiveable] that

unverzichtbar *adj* essential, indispensable; ■ [**für jdn**] **~ sein** to be essential [*or* indispensable] [to [*or* for] sb]

unverzinslich *adj inv* ÖKON interest-free

unverzüglich I. *adj* immediate, prompt II. *adv* immediately, at once, without delay; **~ gegen jdn vorgehen** to take immediate action against sb; ***da die Polizei ~ eingegriffen hat, konnte Schlimmeres verhindert werden*** thanks to prompt intervention by the police, an escalation of the situation was avoided

unvollendet *adj* unfinished

unvollkommen *adj* incomplete; ***jeder Mensch ist ~*** nobody is perfect

Unvollkommenheit *f* imperfection

unvollständig I. *adj* incomplete II. *adv* incompletely; ***Sie haben das Formular leider ~ ausgefüllt*** I'm afraid [that] you haven't finished filling out [*or* completed] the form; ***das gesamte Mobiliar ist in dieser Aufstellung noch ~ verzeichnet*** not all the furnishings are included on this list

Unvollständigkeit *f* incompleteness

unvorbereitet I. *adj* unprepared; **eine ~e Rede** an impromptu speech; ■ [**auf etw** *akk*] **~ sein** not to be prepared [for sth]; ***auf diesen Besuch sind wir völlig ~*** we're not prepared for this visit at all [*or* totally unprepared for this visit] II. *adv* ① (*ohne sich vorbereitet zu haben*) without any preparation ② (*unerwartet*) unexpectedly

unvoreingenommen I. *adj* unbiased, impartial II. *adv* impartially

Unvoreingenommenheit *f* impartiality

unvorhergesehen I. *adj* unforeseen; **ein ~er Besuch** an unexpected visit II. *adv* unexpectedly; **jdn ~ besuchen** to pay sb an unexpected visit; ***das ist völlig ~ passiert*** that was quite unexpected [*or* happened quite unexpectedly]

unvorschriftsmäßig I. *adj* contrary to [the] regulations *pred* II. *adv* contrary to [the] regulations; **~ geparkt** illegally parked

unvorsichtig I. *adj* ① (*unbedacht*) rash; **eine ~e Äußerung/Bemerkung** a rash [*or* an indiscreet] comment/remark ② (*nicht vorsichtig*) careless; **~es Fahren/eine ~e Fahrweise** reckless driving/a reckless way of driving II. *adv* ① (*unbedacht*) rashly; **sich ~ äußern** to make a rash [*or* an indiscreet] comment [*or* rash [*or* indiscreet] comments] ② (*nicht vorsichtig*) carelessly; **~ fahren** to drive recklessly

unvorsichtigerweise *adv* carelessly; ***er verplapperte sich ~, nachher tat es ihm dann leid*** he blabbed it out without thinking, but was sorry afterwards; ***dieses Wort ist mir ~ entschlüpft*** this word just [kind of] slipped out

Unvorsichtigkeit <-, -en> *f* ① *kein pl* (*unbedachte Art*) rashness; ***ihre Fahrweise ist von ~ gekennzeichnet*** she's doesn't pay attention when she's driving ② (*unbedachte Bemerkung*) rash [*or* indiscreet] comment; ***so eine ~!*** how rash [*or* indiscreet]! ③ (*unbedachte Handlung*) rash act; ***es war eine ~ [von dir], so etwas zu tun*** it was rash of you to do something like that

unvorstellbar I. *adj* ① (*gedanklich nicht erfassbar*) inconceivable; ■ **~ sein, dass** to be inconceivable that ② (*unerhört*) unimaginable, inconceivable II. *adv* unimaginably, inconceivably

unvorteilhaft I. *adj* ① (*nicht vorteilhaft aussehend*) unflattering, unbecoming ② (*nachteilig*) disadvantageous, unfavourable [*or* AM -orable]; **ein ~es Geschäft** an unprofitable business II. *adv* unattractively, unflatteringly; **sich ~ kleiden** not to dress in a very flattering way; [**mit** [*o* **in**] **etw** *dat*] **~ aussehen** sth doesn't look very flattering [*or* becoming] [on sb], sth doesn't flatter [*or* become] sb

unwägbar *adj* incalculable; **~e Konsequenzen** unforeseeable consequences; **~e Kosten** incalculable [*or* inestimable] costs

Unwägbarkeit <-, -en> *f* unpredictability

unwahr *adj* untrue, false; ■ **~ sein, dass** to be untrue that, not to be true that

Unwahrheit *f* untruth; **die ~ sagen** to lie, to tell untruths

unwahrscheinlich I. *adj* ① (*kaum denkbar*) improbable, unlikely; **ein ~er Zufall** a remarkable coincidence; ■ **~ sein, dass** to be improbable [*or* unlikely] that ② (*fam: unerhört*) incredible *fam;* **~es Glück/Pech** incredible [*or* incredibly good] luck/incredibly

U

bad luck; **eine ~e Intrigantin/ein ~er Intrigant** an unbelievable schemer; **ein ~er Mistkerl** an absolute [*or* a real] bastard *sl* **II.** *adv* (*fam*) incredibly *fam;* ***ich habe mich ~ darüber gefreut*** I was really pleased about it; ***letzten Winter haben wir ~ gefroren*** we were incredibly cold last winter; ***du hast ja ~ abgenommen!*** you've lost a hell of a lot [*or* an incredible amount] of weight! *fam*

unwegsam *adj* [almost] impassable

unweiblich *adj* unfeminine

unweigerlich **I.** *adj attr* inevitable **II.** *adv* inevitably

unweit **I.** *präp* ■**~ einer S.** *gen* not far from a thing **II.** *adv* ■**~ von etw** not far from sth; ***die Fähre lief ~ vom Ufer auf eine Sandbank*** the ferry ran aground on a sandbank not far from [*or* close to] the shore

Unwesen *nt kein pl* dreadful state of affairs; ***es wird Zeit, dass dem ~ der Korruption ein Ende bereitet wird*** it's time that an end was put to this dreadful [*or* disgraceful] corruption; **[irgendwo] sein ~ treiben** to ply one's dreadful trade [somewhere]; ***dieser Anschlag zeigt, dass die Terroristen ihr [verbrecherisches] ~ noch treiben*** this attack proves that the terrorists are still plying their murderous trade; ***in gewissen Horrorfilmen treiben die Vampire bevorzugt in Transsilvanien ihr ~*** in certain horror films Transylvania is the place vampires prefer to terrorize

unwesentlich **I.** *adj* insignificant **II.** *adv* slightly, marginally; ***es unterscheidet sich nur ~ von der ursprünglichen Fassung*** there are only insignificant [*or* very slight [*or* marginal]] differences between it and the original [version]; ***er hat sich in den letzten Jahren nur ~ verändert*** he's hardly changed at all over the last few years

Unwetter *nt* violent [thunder]storm

unwichtig *adj* unimportant, trivial; ■**~ sein** to be unimportant, not to be important

unwiderlegbar *adj* irrefutable

unwiderruflich **I.** *adj* irrevocable, irreversible **II.** *adv* irrevocably; **sich ~ entscheiden** [*o* **entschließen**] to make an irrevocable [*or* irreversible] decision; ***steht der Termin nun ~ fest?*** is that a firm date now?

unwidersprochen *adj* unchallenged, undisputed; **eine ~e Meldung** an uncontradicted report

unwiderstehlich *adj* irresistible

unwiederbringlich *adj inv* (*geh*) irretrievable

Unwille *m* displeasure; **voller ~n** with evident displeasure

unwillig **I.** *adj* ❶ (*verärgert*) angry ❷ (*widerwillig*) reluctant, unwilling; **ein ~es Kind** a contrary child **II.** *adv* reluctantly, unwillingly; ***ich bat sie um ihre Hilfe, aber sie zeigte sich ~*** I asked her for [her] help, but she was reluctant to give it

unwillkommen *adj* unwelcome; ■**[bei jdm/irgendwo] ~ sein** to be unwelcome [at sb's [sth]/somewhere], not to be welcome [at sb's [sth]/somewhere]; ***Ihre Anwesenheit ist ~*** you're not welcome here

unwillkürlich **I.** *adj* instinctive, involuntary; ***er konnte sich ein ~es Grinsen nicht verkneifen*** he couldn't help grinning **II.** *adv* instinctively, involuntarily; **~ grinsen/lachen** not to be able to help grinning/laughing

unwirklich *adj* unreal; ■**[jdm] ~ sein** to seem unreal [to sb]

unwirksam *adj* ineffective

unwirsch <-er, -[e]ste> *adj* curt, *esp* BRIT brusque

unwirtlich *adj* inhospitable

unwirtschaftlich *adj* uneconomic[al]; **ein ~es Auto/eine ~e Fahrweise** an uneconomical car/way of driving

Unwissen *nt s.* **Unwissenheit**

unwissend *adj* (*über kein Wissen verfügend*) ignorant; ***der Vertreter hat so manchen ~en Kunden hereingelegt*** the sales rep tricked many an unsuspecting customer; (*ahnungslos*) unsuspecting

Unwissenheit <-> *f kein pl* (*mangelnde Erfahrung*) ignorance; ***gewiefte Vertreter haben schon die ~ manch eines Interessenten ausgenutzt*** crafty sales reps have exploited the innocence of many an interested party ►WENDUNGEN: **~ schützt vor Strafe nicht** ignorance is no excuse

unwissenschaftlich *adj* unscientific

unwissentlich *adv* unwittingly, unknowingly

unwohl *adj* ■**jdm ist ~,** ■**jd fühlt sich ~** ❶ (*gesundheitlich nicht gut*) sb feels unwell [*or* AM *usu* sick] ❷ (*unbehaglich*) sb feels uneasy [*or* ill at ease]

Unwohlsein *nt* [slight] nausea; **ein [leichtes] ~ verspüren** to feel [slightly] ill [*or* queasy] [*or esp* AM sick]

unwohnlich *adj* unhomely, cheerless

unwürdig *adj* ❶ (*nicht würdig*) unworthy; ■**[einer S.** *gen*] **~ sein** to be unworthy [of a thing]; ■**[jds] ~ sein** to be unworthy [of sb], not to be worthy [of sb] ❷ (*schändlich*) disgraceful, shameful

Unzahl *f* ■**eine ~ [von etw]** a huge [*or* an enormous] number [of sth], multitude; ***wie soll ich aus dieser ~ von verschiedenen Schrauben die passende herausfinden?*** how am I supposed to find the right one amongst all these different screws?; ***die surrende, schwarze Wolke bestand aus einer ~ von Heuschrecken*** the buzzing black cloud consisted of a multitude of locusts

unzählig *adj* innumerable, countless; **~e Anhänger/Fans** huge [*or* enormous] numbers of supporters/fans; **~e Bekannte/Freunde** a [very] wide circle of acquaintances/friends; **~e Mal** time and again, over and over again

Unze <-, -n> *f* ounce

Unzeit *f* ■**zur ~** (*geh*) at an inopportune moment

unzeitgemäß *adj* old-fashioned, outmoded

unzerbrechlich *adj* unbreakable

unzerkaut **I.** *adj* unchewed **II.** *adv* unchewed; **~ hinunterschlucken** to swallow whole

unzerstörbar *adj inv* indestructible

unzertrennlich *adj* inseparable

unzivilisiert [-vi-] **I.** *adj* uncivilized **II.** *adv* **sich ~ benehmen** to behave in an uncivilized manner

Unzucht *f kein pl* (*veraltend*) illicit sexual relations *pl;* **~ mit Abhängigen** JUR illicit sexual relations with dependants

unzüchtig *adj* ❶ (*veraltend: unsittlich*) immoral, indecent ❷ JUR (*pornografisch*) pornographic, obscene

unzufrieden *adj* dissatisfied, discontent[ed], disgruntled; ■**[mit jdm/etw] ~ sein** to be dissatisfied [with sb/sth], not to be happy [with sb/sth]

Unzufriedenheit *f* dissatisfaction, discontent[ment]

unzugänglich *adj* ❶ (*schwer erreichbar*) inaccessible ❷ (*nicht aufgeschlossen*) unapproachable

Unzukömmlichkeit <-, -en> *f* SCHWEIZ (*Unzulänglichkeit*) shortcoming[s *pl*], inadequacy

unzulänglich **I.** *adj* inadequate; **~e Erfahrungen/Kenntnisse** insufficient experience/knowledge **II.** *adv* inadequately; **~ unterstützt sein** to have inadequate [*or* insufficient] support

Unzulänglichkeit <-, -en> *f* ❶ *kein pl* (*Mangelhaftigkeit*) inadequacy ❷ *meist pl* (*mangelhafter Zug*) shortcoming[s *pl*], inadequacy

unzulässig *adj* inadmissible; **~e Maßnahmen/Methoden** improper measures/methods

unzumutbar *adj* unreasonable; ■**~ sein, dass [jd etw tut]** to be unreasonable [for sb to do sth]

unzurechnungsfähig *adj* MED of unsound mind *pred,* not responsible for one's actions *pred;* **jdn für ~ erklären** JUR, MED to certify sb insane

Unzurechnungsfähigkeit *f* JUR, MED unsoundness of mind, insanity

unzureichend *adj s.* **unzulänglich**

unzusammenhängend *adj* incoherent

unzuständig *adj* ADMIN, JUR incompetent; ■ **[für etw]** ~ **sein** not to be competent [for sth]

unzustellbar *adj* undeliverable

unzutreffend *adj* incorrect; ■ ~ **sein, dass** to be untrue that; **„U~es bitte streichen"** "please delete if [*or* where] not applicable"

unzuverlässig *adj* unreliable

Unzuverlässigkeit *f* unreliability

unzweckmäßig *adj* ① (*nicht zweckdienlich*) inappropriate; ■ ~ **sein, etw zu tun** to be inappropriate to do sth ② (*nicht geeignet*) unsuitable

Unzweckmäßigkeit *f* inappropriateness, unsuitableness

unzweideutig **I.** *adj* unambiguous, unequivocal **II.** *adv* unambiguously, unequivocally; ***er gab ihm ~ zu verstehen, dass er verschwinden möge*** he told him in no uncertain terms to make himself scarce

unzweifelhaft **I.** *adj* (*geh*) unquestionable, undoubted **II.** *adv* (*geh*) *s.* **zweifellos**

Update <-s, -s> ['apde:t] *m* INFORM update

Upload <-s, -s> ['apləʊd] *m* INET upload

üppig *adj* ① (*schwellend*) voluptuous; **~e Brüste** an ample bosom, ample [*or* large] [*or* voluptuous] breasts ② (*reichhaltig*) sumptuous ③ (*geh: in großer Fülle vorhanden*) luxuriant, lush

Üppigkeit <-> *f kein pl* (*geh*) luxuriance, lushness

Ur <-[e]s, -e> *m* ZOOL aurochs

Urabstimmung *f* POL ballot [vote] **Uradel** *m* ancient nobility, ancienne noblesse **Urahn(e)** *m(f)* ancestor [*or* forefather]

Ural <-s> *m* GEOG ■ **der** ~ ① (*Gebirge*) the Urals *pl*, the Ural Mountains *pl* ② (*Fluss*) the [river] Ural

uralt *adj* ① (*sehr alt*) very old ② (*schon lange existent*) ancient, age-old ③ (*fam: schon lange bekannt*) ancient *fam;* **ein ~es Problem** a perennial problem

Uran <-s> *nt kein pl* CHEM uranium

Uranbergwerk *nt* uranium mine **Uranerz** *nt* uranium ore **Urankonversion** *nt* uranium conversion

Uranus <-s> *m kein pl* Uranus *no art*

uraufführen *vt nur infin und pp* FILM, THEAT ■ **etw** ~ **[wollen]** [to plan] to première sth, to perform sth for the first time; **einen Film** ~ **[wollen]** [to plan] to première a film, to show a film for the first time

Uraufführung *f* FILM, THEAT première, first night [*or* performance]; *Film* première, first showing

urban *adj* (*geh*) ① (*städtisch*) urban ② (*weltmännisch*) urbane

Urbanität <-> *f kein pl* (*geh*) urbanity

urbar *adj* **etw** ~ **machen** to cultivate sth; (*Wald*) to reclaim sth

Urbayer(in) *m(f)* typical [*or* [*or* Brit] dyed in the wool] Bavarian **Urbevölkerung** *f* native population [*or* inhabitants] *pl*

urchig *adj* SCHWEIZ (*urig*) original

Urdbohne *f* urd bean, black gram

Urdu *nt* Urdu; *s. a.* **Deutsch**

ureigen *adj* very own; ***das sind meine ~en Angelegenheiten*** these matters are of concern to me, and me alone [*or* only of concern to me]; ***es ist in Ihrem ~en Interesse*** it's in your own best interests

Ureinwohner(in) *m(f)* native [*or* original] inhabitant **Urenkel(in)** *m(f)* great-grandchild, great-grandson *masc,* great-granddaughter *fem*

urgemütlich *adj* (*fam*) really cosy; ■ **es ist [irgendwo]** ~ it is really cosy [somewhere]

Urgeschichte *f kein pl* prehistory **Urgestein** *nt* GEOL primitive [*or* primary] rocks *pl* **Urgewalt** *f* (*geh*) elemental force

Urgroßeltern *pl* great-grandparents *pl* **Urgroßmutter** *f* great-grandmother **Urgroßvater** *m* great-grandfather

Urheber(in) <-s, -> *m(f)* ① (*Autor*) author ② (*Initiator*) originator; **der geistige** ~ the spiritual father

Urheberrecht *nt* JUR ① (*Recht des Autors*) copyright; ■ ~ **an etw** *dat* copyright on sth ② (*Gesamtheit der urheberrechtlichen Bestimmungen*) copyright law

urheberrechtlich **I.** *adj* JUR copyright *attr* **II.** *adv* JUR ~ **geschützt** copyright[ed]

Urheberschaft <-, -en> *f* JUR ■ **jds** ~ sb's authorship

Uri <-s> *nt* Uri

urig *adj* (*fam*) ① (*originell*) eccentric; **ein ~er Kauz** a queer [*or* an odd] bird [*or* strange character] ② (*Lokalkolorit besitzend*) with a local flavour [*or* AM flavor] *pred;* ***dieses Lokal ist besonders ~*** this pub has a real local flavour

Urin <-s, -e> *m* (*Harn*) urine ► WENDUNGEN: **etw im ~ haben** (*sl*) to feel sth in one's bones [*or* BRIT *fam* water], to have a gut feeling *fam*

Urinal <-s, -e> *nt* urinal

urinieren* *vi* (*geh*) to urinate; ■ **das U~** urinating

Urinstinkt *m* PSYCH primary [*or* basic] instinct

Urinzucker <-> *m kein pl* MED urinal sugar

Urknall *m* ASTRON big bang

urkomisch *adj* (*fam*) hilarious, side-splittingly funny

Urkraft *f* NUKL elemental force

Urkunde <-, -n> *f* document

Urkundenfälschung *f* JUR forgery [*or* falsification] of a document [*or pl* documents]

urkundlich **I.** *adj* documentary **II.** *adv* ~ **belegen** [*o* **beweisen**] [*o* **bezeugen**] to prove [*or* support] by documents [*or* documentary evidence]

Urlandschaft *f* GEOG primeval landscape

Urlaub <-[e]s, -e> *m* holiday BRIT, AM vacation; ***wir verbringen unseren ~ auf Jamaika*** we're going to spend our holiday[s] in Jamaica; **bezahlter/unbezahlter** ~ paid/unpaid leave; **in** ~ **fahren** to go on holiday [*or* AM vacation]; ~ **haben** to be on holiday [*or* AM vacation]; ~ **machen** to go on holiday [*or* AM vacation]; ***sie machten ~ von dem ganzen Stress im Büro*** they took a holiday to get away from all the stress at the office; **in** [*o* **auf**] ~ **sein** (*fam*) to be on holiday [*or* AM vacation]; **[irgendwo]** ~ **machen** to go on holiday [*or* AM vacation] [to somewhere], to take a holiday [*or* AM vacation] [somewhere], to holiday [*or* AM vacation] [somewhere]

Urlauber(in) <-s, -> *m(f)* holiday-maker BRIT, vacationer AM, vacationist AM

Urlaubsanspruch *m* holiday [*or* AM vacation] entitlement **Urlaubsfeeling** [-fi:lɪŋ] *nt* (*fam*) holiday feeling [*or* mood] **Urlaubsgeld** *nt* holiday pay [*or* money] **Urlaubsort** *m* [holiday] resort, [holiday] destination **urlaubsreif** *adj* (*fam*) ■ ~ **sein** to be ready for a holiday **Urlaubsreise** *f* holiday [trip]; ***wohin soll denn eure ~ gehen?*** where are you going on holiday, then? **Urlaubsschein** *m* MIL pass **Urlaubstag** *m* ① (*Tag eines Urlaubes*) day of one's holiday; ***ich verlebte in dieser reizvollen Gegend erholsame ~e*** I spent some relaxing days in this charming region ② (*Tag, an dem jd beurlaubt ist*) day of annual leave **Urlaubsvertretung** *f* ÖKON ① *kein pl* (*stellvertretende Übernahme von Arbeit*) temporary replacement ② (*Person*) temporary replacement **Urlaubswoche** *f* week of one's holiday; ***wir können uns im Jahr nur zwei ~n leisten*** we can only afford to go away for two weeks each year **Urlaubszeit** *f* holiday season [*or* period]

Urmensch *m* prehistoric [*or* primitive] man

Urne <-, -n> *f* ① (*Grab~*) urn ② (*Wahl~*) ballot-box;

zu den ~n gehen POL to go to the polls
Urnenfriedhof *m* urn cemetary, cinerarium **Urnengang** *m* POL going to the polls, election; ***der diesjährige ~ dürfte für einige Überraschungen sorgen*** this year's election should be good for a few surprises; ***in drei Monaten ist die Bevölkerung wieder zum ~ aufgerufen*** in three months [time] the people will be asked to go to the polls again **Urnengrab** *nt* urn grave **Urnenhalle** *f* columbarium
Urologe, Urologin <-n, -n> *m, f* MED urologist
Urologie <-> *f kein pl* MED urology
Urologin <-, -nen> *f fem form von* **Urologe**
urologisch *adj* MED urological
Uroma *f* (*fam*) great-grandma *fam,* great-granny *childspeak,* great-grandmother **Uropa** *m* (*fam*) great-granddad *fam,* great-grandpa *childspeak,* great-grandfather
urplötzlich **I.** *adj attr* (*fam*) very sudden **II.** *adv* very suddenly
Ursache *f* (*Grund*) reason; ***das war zwar der Auslöser für diesen Streit, aber nicht dessen eigentliche ~*** that may have been what triggered this dispute, but it wasn't its actual cause; ***ich suche immer noch die ~ für das Flackern der Lampen*** I'm still trying to find out why the lights are flickering; **~ und Wirkung** cause and effect; **alle/keine ~ [zu etw] haben** to have good/no cause [*or* every/no reason] [for sth]; **alle/keine ~ haben, etw zu tun** to have good/no cause [*or* every/no reason] to do [*or* for doing] sth; **die ~ [für etw [*o* einer S. *gen*]] sein** to be the cause [of sth [*or* a thing]] [*or* reason [for sth]]; ***defekte Bremsen waren die ~ für den Unfall*** the accident was caused by faulty brakes; **aus einer bestimmten ~** for a certain reason; ***das Flugzeug raste aus noch ungeklärter ~ gegen einen Berg*** the plane crashed into a mountain for an as yet unknown reason; **ohne [jede] ~** without any real reason; ***er kann doch nicht ohne ~ er so wütend sein*** there must be a [*or* some] reason why he's so angry ▶ WENDUNGEN: **keine ~!** don't mention it, you're welcome; **kleine ~, große Wirkung** (*prov*) great oaks from little acorns grow *prov*
ursächlich *adj* causal; ■**[für etw] ~ sein** to be the cause [of sth] [*or* reason [for sth]]; *s. a.* **Zusammenhang**
Urschrift *f* original [copy]
Ursprung <-s, Ursprünge> *m* origin; **seinen ~ [in etw] haben** *dat* to originate [in sth] [*or* have its origins in sth]; **bestimmten ~s sein** to be of a certain origin; ***das Wort „Wolf" ist indogermanischen ~s*** the word "wolf" is of Indo-Germanic extraction [*or* origin] [*or* is Indo-Germanic in origin]
ursprünglich **I.** *adj* ❶ *attr* (*anfänglich*) original, initial ❷ (*im Urzustand befindlich*) unspoiled, BRIT unspoilt
❸ (*urtümlich*) ancient, [age-]old
II. *adv* originally, initially
Ursprünglichkeit <-> *f kein pl* ❶ (*ursprüngliche Beschaffenheit*) unspoiled [*or* BRIT unspoilt] nature ❷ (*Urtümlichkeit*) originality
Ursprungsflughafen *m* airport of [original] departure; ***die Polizei konnte herausfinden, dass die Bombe vom ~ Athen stammte*** the police were able to ascertain that the bomb was put on board in Athens [*or* at Athens airport] **Ursprungsland** *nt* country of origin **Ursprungsnachricht** *f* INFORM source message **Ursprungsort** *m* GEOG place of origin
Ursüße *f* raw cane sugar
Urteil <-s, -e> *nt* ❶ JUR judgement, verdict, decision [of the court]; **ein ~ fällen** JUR to pronounce [*or* pass] [*or* deliver] a judgement ❷ (*Meinung*) opinion; **zu einem ~ kommen** to arrive at [*or* reach] a decision; ***dein ~ ist etwas vorschnell*** you've made a rather hasty decision; **sich** *dat* **ein ~ [über etw** *akk*] **bilden** to form an opinion [about sth]; ***ich bilde mir lieber selber ein ~ [über den Fall]*** I'll form my own opinion [*or sep* make up my own mind] [about the case]; **sich** *dat* **ein ~ [über etw** *akk*] **erlauben** to be in a position to judge [sth]; **ein ~ [über jdn/etw] fällen** to pass [*or* pronounce] judgement [on sb/sth]; **nach jds ~** in sb's opinion; **nach dem ~ von jdm** in the opinion of sb
urteilen *vi* ■**[über jdn/etw] ~** to judge [sb/sth] [*or* pass judgement [on sb/sth]]; ■**[irgendwie] ~** to judge [somehow]; ***du neigst aber dazu, voreilig zu ~*** you [do] like to make hasty judgements[, don't you?]; **nach etw zu ~** to take sth as a yardstick; ***nach seinem Gesichtsausdruck zu ~, ist er unzufrieden mit dem Ergebnis*** judging by his expression he is dissatisfied with the result
Urteilsbegründung *f* JUR reasons *pl* [*or* grounds *pl*] for [a/the] judgement, opinion **Urteilsbildung** *f* JUR formation of a judgement **Urteilskraft** *f kein pl* faculty [*or* power] of judgement **Urteilsspruch** *m* JUR judgement, verdict **Urteilsverkündung** *f* JUR pronouncement [*or* passing] [*or* delivering] of [a] judgement **Urteilsvermögen** *nt kein pl* power [*or* faculty] of judgement
Urtierchen *nt* BIOL protozoon
urtümlich *adj* ancient, primeval, [age-]old
Uruguayer(in) <-s, -> *m(f)* Uruguayan; *s. a.* **Deutsche(r)**
uruguayisch [uru'gu̯a:jɪʃ] *adj* Uruguayan; *s. a.* **deutsch**
Urenkel(in) *m(f)* great-great-grandchild, great-great-grandson *masc,* great-great-granddaughter *fem* **Urgroßmutter** *f* great-great-grandmother **Urgroßvater** *m* great-great-grandfather
urverwandt *adj* LING cognate; ■**~ [mit etw] sein** to be cognate [with sth]; ■**[miteinander] ~ sein** to be cognate [with each other [*or* one another]] **Urvogel** *m* BIOL archaeopteryx **Urwald** *m* GEOG primeval forest **Urwelt** *f kein pl* GEOL ■**die ~** the primeval world **urweltlich** *adj* GEOL primeval, primordial **urwüchsig** *adj* ❶ (*im Urzustand erhalten*) unpoiled, unspoilt BRIT ❷ (*unverbildet*) earthy ❸ (*ursprünglich*) original; ***das Litauische ist wohl die ~ste Sprache Europas*** Lithuanian is probably Europe's oldest language **Urzeit** *f kein pl* GEOL ■**die ~** primeval times *pl;* **seit ~en** (*fam*) for [donkey's *fam*] years; **vor ~en** (*fam*) [donkey's *fam*] years ago **urzeitlich** *adj s.* **urweltlich** **Urzustand** *m kein pl* original [*or* primordial] state
USA [u:ʔɛs'ʔa:] *pl Abk von* **United States of America:** ■**die ~** the USA + *sing vb,* the US + *sing vb*
US-Amerikaner(in) [u:'ʔɛs-] *m(f)* GEOG American **US-amerikanisch** [u:'ʔɛs-] *adj* GEOG American, US
Usbeke, Usbekin <-n, -n> *m, f* Uzbek[istani]; *s. a.* **Deutsche(r)**
usbekisch *adj* Uzbek, AM *a.* Uzbekistani; *s. a.* **deutsch**
Usbekisch *nt decl wie adj* Uzbek; *s. a.* **Deutsch**
Usbekische <-n> *nt* ■**das ~** Uzbek, the Uzbek language; *s. a.* **Deutsche**
Usurpator, -torin <-s, -toren> *m, f* (*geh*) usurper
usurpieren* *vt* (*geh*) ■**etw ~** to usurp sth
Usus <-> *m* custom *no pl;* **irgendwo [so] ~ sein** to be the custom somewhere
usw. *Abk von* **und so weiter** etc.
Utensil <-s, -ien> [-liən] *nt meist pl* utensil, piece of equipment; ***packen Sie bitte Ihre ~ien zusammen, Sie ziehen um in ein anderes Büro*** pack up your things, you're moving to a different office
Uterus <-, Uteri> *m* ANAT (*geh*) uterus
Uteruskrebs *m* MED (*geh*) cancer of the uterus, ute-

rine cancer
Utilitarismus <-> *m kein pl* utilitarianism
utilitaristisch *adj inv* (*geh*) utilitarian
Utopie <-, -n> [-'piːən] *f* (*geh*) Utopia
utopisch *adj* ❶ (*geh: völlig absurd*) utopian ❷ LIT Utopian
Utrecht <-> *nt* GEOG Utrecht
u. U. *Abk von* **unter Umständen**
UV [uː'fau] *adj Abk von* **ultraviolett** UV
u. v. a.(m.) *Abk von* **und vieles andere [mehr]**
U.v.D. <-s, -s> *m* MIL *Abk von* **Unteroffizier vom Dienst**
UV-Filter [uː'fau-] *m* PHYS UV [*or* ultraviolet] filter **UV-Licht** *nt* PHYS UV light **UV-Strahlen** *pl* UV-rays *pl* **UV-Strahlung** *f* PHYS UV [*or* ultraviolet] radiation
Ü-Wagen *m* RADIO, TV OB [*or* outside broadcast] vehicle

V

V, v <-, – *o fam* -s, -s> *nt* V, v; ~ **wie Viktor** V for [*or* AM as in] Victor; *s. a.* **A 1**
V *Abk von* **Volt** V
Vabanquespiel [va'bãːk-] *nt* (*geh*) dangerous [*or* risky] game
Vaduz [fa'dʊts, va'duːts] *nt* GEOG Vaduz
Vagabund(in) <-en, -en> [va-] *m(f)* vagabond
vage ['vaː-] **I.** *adj* vague **II.** *adv* vaguely
Vagina <-, Vaginen> [va-] *f* ANAT vagina
vaginal [va-] **I.** *adj* MED, ANAT vaginal **II.** *adv* MED vaginally
Vaginalzäpfchen <-s, -> *f* MED vaginal suppository
vakant [va-] *adj* (*geh*) vacant; **eine ~e Stelle** a vacant post, vacancy; ■**[bei jdm] ~ sein/werden** to be/become vacant [at sb's]
Vakanz <-, -en> [va-] *f* (*geh*) vacancy
Vakuole <-, -n> *f* BIOL vacuole
Vakuum <-s, Vakuen *o* Vakua> ['vaːkuʊm, 'vaːkuən, 'vaːkua] *nt* ❶ PHYS vacuum ❷ (*geh: Lücke*) vacuum *fig*
Vakuumpackung ['vaːkuʊm-] *f* ÖKON vacuum pack[aging *no pl*] **vakuumverpackt** *adj* ÖKON vacuum-packed
Valentinstag *m* Valentine's Day
Valuta <-, Valuten> [va-] *f* FIN ❶ (*ausländische Währung*) foreign currency ❷ (*Wertstellung*) value [*or* availability] date
Vamp <-s, -s> [vɛmp] *m* vamp
Vampir <-s, -e> [vam'piːɐ] *m* vampire
Vanadium <-s> [va'naːdiʊm] *nt kein pl* CHEM vanadium
Vandale, Vandalin <-n, -n> [va-] *m, f* ❶ (*zerstörungswütiger Mensch*) vandal ❷ HIST Vandal
Vandalismus <-> [va-] *m kein pl* vandalism
Vanille <-, -en> [va'nɪljə, va'nɪlə] *f* vanilla
Vanilleeis [va'nɪljə-, va'nɪlə-] *nt* vanilla ice-cream **Vanillekipferl** *nt* KOCHK SÜDD, ÖSTERR *small crescent-shaped biscuit made with almonds or nuts, dusted with vanilla sugar and traditionally eaten around Christmas* **Vanillemark** *nt* KOCHK pulp of a vanilla pod **Vanilleplätzchen** *nt* vanilla[-flavoured] biscuit BRIT, vanilla [-flavored] cookie AM **Vanillepudding** *m* vanilla pudding **Vanillesauce** *f* vanilla sauce; (*mit Ei*) custard **Vanillestange** *f* vanilla pod [*or* AM bean] **Vanillezucker** *m* vanilla sugar
vanillieren *vt* ■**etw** ~ KOCHK to add vanilla flavouring [*or* AM flavoring] to sth, to aromatize sth with vanilla
Vanillin [va-] *m* GASTR vanillin
Vanillinzucker *m* vanillin sugar
Vanuatuer(in) <-s, -> *m(f)* ni-Vanuatu; *s. a.* **Deutsche(r)**
vanuatuisch *adj* ni-Vanuatu; *s. a.* **deutsch**
variabel [va-] *adj* variable; **~e Wochenarbeitszeiten** a flexible working week; ■**[in etw *dat*] ~ sein** to be flexible [in sth]
Variable <-n, -n> *decl wie adj f* variable
Variante <-, -n> [va-] *f* ❶ (*geh: Abwandlung*) variation ❷ (*veränderte Ausführung*) variant
Variation <-, -en> [va-] *f* ❶ (*Abwandlung*) variation ❷ MUS (*Abwandlung eines Themas*) variation
Varietee[RR] <-s, -s> *nt,* **Varieté** <-s, -s> [varie'teː] *nt* THEAT variety show
variieren* *vi* to vary
Vasall <-en, -en> [va-] *m* HIST vassal
Vase <-, -n> [va-] *f* vase
Vaseline <-> [va-] *f kein pl* Vaseline
Vasoresektion <-, -n> *f* MED vasectomy
Vater <-s, Väter> *m* ❶ (*männliches Elternteil*) father; **ganz der ~ sein** to be just like [*or* the spitting image of] one's father ❷ (*Urheber*) father; ***er ist der ~ dieses Gedankens*** this idea is his brainchild, this is his idea ▶ WENDUNGEN: ~ **Staat** (*hum*) the State, AM *a.* Uncle Sam; **der Heilige ~** REL the Holy Father; **~ unser** REL Our Father
Vaterhaus *nt* (*geh*) parental home **Vaterland** *nt* fatherland, motherland BRIT **vaterländisch** *adj* (*geh*) patriotic **Vaterlandsliebe** *f kein pl* (*geh*) patriotism, love of one's country
väterlich **I.** *adj* ❶ (*dem Vater gehörend*) sb's father's ❷ (*einem Vater gemäß*) paternal, fatherly ❸ (*zum Vater gehörend*) paternal ❹ (*fürsorglich*) fatherly **II.** *adv* like a father
väterlicherseits *adv* on sb's father's side
Vaterliebe *f* ❶ (*Liebe zum Vater*) love of one's father ❷ (*Liebe eines Vaters*) fatherly [*or* paternal] love **vaterlos** *adj* fatherless **Vatermord** *m* patricide **Vatermörder(in)** *m(f)* patricide
Vaterschaft <-, -en> *f* JUR paternity; ~ **bestreiten/leugnen** to contest/deny paternity; **eine gerichtliche Feststellung der ~** a[n af]filiation, an affilitiation order
Vaterschaftsklage *f* JUR paternity suit **Vaterschaftsnachweis** *m* proof [*or* establishment] of paternity **Vaterschaftsurlaub** *m kein pl* ADMIN paternity leave
Vaterstadt *f* (*geh*) home town **Vaterstelle** *f* **[bei jdm] ~ vertreten** (*geh*) to take the place of a father [to sb] [*or* of sb's father] [*or* act as sb's father] **Vatertag** *m* Father's Day **Vaterunser** <-s, -> *nt* REL ■**das ~** the Lord's Prayer; ■**ein ~** one recital of the Lord's Prayer
Vati <-s, -s> *m s.* **Papa**
Vatikan <-s> [va-] *m* REL ■**der ~** the Vatican
vatikanisch *adj* Vatican; *s. a.* **deutsch**
Vatikanstadt [va-] *f kein pl* GEOG, REL ■**die ~** the Vatican City
V-Ausschnitt ['fau-] *m* V-neck; **mit ~** V-neck; **ein Pullover mit ~** a V-neck jumper
v.Chr. *Abk von* **vor Christus** BC
Vegetarier(in) <-s, -> [vege'taːriɐ] *m(f)* vegetarian
vegetarisch [ve-] **I.** *adj* vegetarian **II.** *adv* **sich ~ ernähren, ~ essen** [*o* **leben**] to be a vegetarian [*or* eat a vegetarian diet]
Vegetation <-, -en> [ve-] *f* vegetation
vegetativ [ve-] **I.** *adj* ❶ MED (*nicht vom Willen gesteuert*) vegetative; **~es Nervensystem** vegetative [*or* autonomic] nervous system ❷ BIO (*ungeschlechtlich*) vegetative **II.** *adv* ❶ MED (*durch das ~e Nervensystem*) autonomically ❷ BIOL (*ungeschlechtlich*) vegetatively
vegetieren* *vi* to eke out a miserable existence, to vegetate

sich verabschieden

sich verabschieden	saying goodbye
Auf Wiedersehen!	Goodbye!
Auf ein baldiges Wiedersehen!	Hope to see you again soon!
Tschüss! *(fam)*/Ciao! *(fam)*	Bye!/Cheerio!
Mach's gut! *(fam)*	See you!/Take care!/All the best!/Take it easy!
(Also dann,) bis bald! *(fam)*	(OK then,) see you soon/later!
Bis morgen!/Bis nächste Woche!	See you tomorrow!/See you next week!
Man sieht sich! *(fam)*	See you!
Komm gut heim! *(fam)*	Safe journey home!
Pass auf dich auf! *(fam)*	Look after yourself!/Take care!
Kommen Sie gut nach Hause!	Safe journey home!
Einen schönen Abend noch!	Have a nice evening!
sich am Telefon verabschieden	saying goodbye on the phone
Auf Wiederhören! *(form)*	Goodbye!
Also dann, bis bald wieder! *(fam)*	OK then, talk to you again soon!
Tschüss! *(fam)*/Ciao! *(fam)*	Bye!/Cheerio!

vehement [ve-] I. *adj* (*geh*) vehement II. *adv* (*geh*) vehemently

Vehemenz <-> [ve-] *f kein pl* (*geh*) vehemence

Vehikel <-s, -> [ve-] *nt* (*fam*) vehicle; **ein altes/klappriges** ~ an old banger [*or* BRIT *fam* boneshaker] [*or* AM *fam* wreck]

Veilchen <-s, -> *nt* ❶ BOT violet ❷ (*fam: blaues Auge*) black eye, shiner *sl*

Vektor <-s, -toren> ['vɛ-] *m* MATH vector

Velar <-s, -e> *m*, **Velarlaut** *m* LING velar

Velo <-s, -s> ['velo] *nt* SCHWEIZ (*Fahrrad*) bicycle, bike *fam*

Velours[1] <-, -> *nt s.* **Veloursleder**

Velours[2] <-, -> [və'luːɐ, ve-] *m* MODE velour[s]

Veloursleder [və'luːɐ-, ve-] *nt* suede

Veloursteppichboden *m* cut-pile [*or* velvet[-pile]] carpet

Vene <-, -n> ['veː-] *f* ANAT vein

Venedig <-s> [ve-] *nt kein pl* Venice

Venenentzündung ['veː-] *f* MED phlebitis *no pl*

venerisch [ve-] *adj* MED venereal

Venezianer(in) *m(f)* GEOG Venetian

Venezolaner(in) <-s, -> *m(f)* Venezuelan; *s. a.* **Deutsche(r)**

venezolanisch *adj* Venezuelan; *s. a.* **deutsch**

Venezuela <-s> [ve-] *nt* Venezuela; *s. a.* **Deutschland**

venezuelisch *adj s.* **venezolanisch**

venös [ve-] *adj* MED venous

Ventil <-s, -e> [vɛ-] *nt* ❶ (*Absperrhahn*) stopcock ❷ (*Schlauch~*) valve ❸ AUTO valve ❹ MUS valve ❺ (*geh: Mittel des Abbaus von Emotionen*) outlet

Ventilation <-, -en> [vɛ-] *f* ❶ (*Belüftung*) ventilation ❷ TECH (*Belüftungsanlage*) ventilation [system]

Ventilator <-s, -toren> [vɛ-] *m* ventilator, fan

Venus <-s> ['veː-] *f kein pl* Venus

Venusfliegenfalle *f* BOT Venus flytrap **Venusmuschel** *f* venus clam

verabfolgen* *vt s.* **verabreichen 1**

verabreden* I. *vr* ■**sich [mit jdm] [irgendwo/für eine Zeit]** ~ to arrange to meet [sb] [somewhere/for a certain time]; ■**[mit jdm/irgendwo] verabredet sein** to have arranged to meet [sb/somewhere] II. *vt* ■**etw [mit jdm]** ~ to arrange sth [with sb]; **einen Ort/Termin/Uhrzeit** ~ to arrange [*or* fix] [*or* agree upon] a place/date/time; ■**verabredet** agreed; **wie verabredet** as agreed [*or* arranged] III. *vi* ■ **[mit jdm] ~, dass/was ...** to agree [with sb] that/what ...

Verabredung <-, -en> *f* ❶ (*Treffen*) date, meeting ❷ (*Vereinbarung*) arrangement, agreement; **eine ~ treffen** to come to an arrangement, to reach [*or* come to] an agreement ❸ (*das Verabreden*) arranging; *Termin* arranging, fixing, agreeing upon; **[mit jdm] eine ~ [für etw] treffen** (*geh*) to arrange a meeting [with sb] [for a certain time]

verabreichen* *vt* (*geh*) ■**[jdm] etw** ~ to administer sth [to sb]

verabscheuen* *vt* ■**jdn/etw** ~ to detest [*or* loathe] sb/sth; ■**~, etw zu tun** to hate doing sth

verabschieden* I. *vr* ❶ (*Abschied nehmen*) ■**sich [von jdm]** ~ to say goodbye [to sb] ❷ (*sich distanzieren*) ■**sich [aus etw]** ~ to dissociate oneself from sth II. *vt* ❶ POL (*parlamentarisch beschließen*) ■**etw** ~ to pass sth; **einen Haushalt** ~ to adopt a budget ❷ (*geh: offiziell von jdm Abschied nehmen*) ■**jdn** ~ to take one's leave of sb ❸ (*geh: feierlich entlassen*) ■**jdn** ~ to give sb an official farewell [*or* send-off]

Verabschiedung <-, -en> *f* ❶ POL (*Beschließung*) passing; *Haushalt* adoption ❷ (*feierliche Entlassung*) honourable [*or* AM honorable] discharge

verachten* *vt* ■**jdn/etw** ~ ❶ (*verächtlich finden*) to despise sb/sth ❷ (*geh: nicht achten*) to scorn sb/sth; **nicht zu ~ sein** (*fam*) [sth is] not to be sneezed [*or* scoffed] at *fam*

Verächter(in) <-s, -> *m(f)* ▶ WENDUNGEN: **kein ~ [von etw] sein** (*euph*) to be quite partial to sth

verächtlich I. *adj* ❶ (*Verachtung zeigend*) contemptuous, scornful ❷ (*verabscheuungswürdig*) contemptible, despicable II. *adv* contemptuously, scornfully

Verachtung *f* contempt, scorn; **jdn mit ~ strafen** (*geh*) to treat sb with contempt; **voller** ~ contemptuously

veralbern* *vt* (*fam*) ■**jdn** ~ to pull sb's leg [*or* BRIT have sb on] *fam*

verallgemeinern* I. *vt* ■**etw** ~ to generalize about sth II. *vi* to generalize

Verallgemeinerung <-, -en> *f* ❶ *kein pl* (*das Verallgemeinern*) generalization ❷ (*verallgemeinernde Darstellung*) generalization

veralten* *vi sein* to become obsolete; *Ansichten, Methoden* to become outdated [*or* outmoded]; ■**veraltet** obsolete

Veranda <-, Veranden> [ve-] *f* veranda

veränderlich *adj* ❶ METEO (*unbeständig*) changeable ❷ (*variierbar*) variable

verändern* I. *vt* ❶ (*anders machen*) ■**etw** ~ to

change sth; ■ **jdn** ~ (*im Wesen*) to change sb ② (*ein anderes Aussehen verleihen*) ■ **jdn/etw** ~ to make sb/sth look different/change sb's sth **II.** *vr* ① (*anders werden*) ■ **sich** ~ to change; ■ **sich** [**zu etw**] ~ (*im Wesen*) to change [for the sth]; ***er hat sich zu seinem Nachteil/ Vorteil*** ~ he's changed for the worse/better; **sich äußerlich** ~ to change [in appearance] ② (*Stellung wechseln*) ■ **sich** [**irgendwohin**] ~ to change one's job

Veränderung *f* ① (*Wandel*) change; (*leicht*) alteration, modification ② (*Stellungswechsel*) change of job

verängstigen* *vt* ■ **jdn** ~ to frighten [*or* scare] sb; ■ **verängstigt** frightened, scared; **völlig veränstigt** terrified

verankern* *vt* ① TECH (*mit Halteseilen*) ■ **etw** [**in etw** *dat*] ~ to anchor sth [in sth] ② NAUT ■ **etw** ~ to anchor sth

Verankerung <-, -en> *f* ① *kein pl* (*das Verankern*) anchoring ② (*Fundament für Halteseil*) anchorage

veranlagen* *vt* FIN (*steuerlich einschätzen*) ■ **jdn** [**mit etw**] ~ to assess sb [at sth]

veranlagt *adj* ■ **ein** [**irgendwie**] **~er Mensch** a person with a certain bent; **ein homosexuell ~er Mensch** a person with homosexual tendencies; **ein künstlerisch/musikalisch ~er Mensch** a person with an artistic/a musical disposition; **ein praktisch ~er Mensch** a practically minded person; ■ [**irgendwie**] ~ **sein** to have a certain bent; ***mein Mann ist praktisch*** ~ my husband is practically minded

Veranlagung[1] <-, -en> *f* (*angeborene Anlage*) disposition; **eine bestimmte** ~ **haben** to have a certain bent; **eine homosexuelle** ~ **haben** to have homosexual tendencies; **eine künsterlische/artistische** ~ **haben** to have an artistic/a musical bent; **eine praktische** ~ **haben** to be practically minded; **eine** ~ [**zu etw**] **haben** to have a tendency towards sth

Veranlagung[2] <-, -en> *f s.* **Steuerveranlagung**

veranlassen* **I.** *vt* ① (*in die Wege leiten*) ■ **etw** ~ to arrange sth [*or* see to it that sth is done] ② (*dazu bringen*) ■ **jdn** [**zu etw**] ~ to induce sb to do sth; ■ **jdn** [**dazu**] ~, **dass jd etw tut** to prevail upon sb to do sth; **sich dazu veranlasst fühlen, etw zu tun** to feel obliged [*or* compelled] to do sth **II.** *vi* ■ ~, **dass jd etw tut** to see to it that sb does sth; ■ ~, **dass etw geschieht** to see to it that sth happens

Veranlassung <-, -en> *f* ① (*Einleitung*) **auf jds** ~, **auf** ~ [**von jdm**] at sb's instigation ② (*Anlass*) cause, reason; **jdm** ~ [**dazu**] **geben, etw zu tun** to give sb [good] cause [*or* reason] to do sth; **nicht die leiseste** ~ **haben, etw zu tun** to not have the slightest reason [*or* cause] to do sth; **keine** ~ [**zu etw**] **haben** to have no reason [*or* cause] [for sth]; **keine** ~ [**dazu**] **haben, etw zu tun** to have no reason [*or* cause] to do sth

veranschaulichen* *vt* ■ [**jdm**] **etw** ~ to illustrate sth [to sb]

Veranschaulichung <-, -en> *f* illustration; **zur** ~ as an illustration

veranschlagen* *vt* ■ **etw** [**mit etw**] ~ to estimate sth [at sth]; ***mit wie viel würden Sie das ganze Haus ~?*** how much would you say the whole house is [*or* was] worth?; ■ **etw** [**für etw**] ~ to estimate that sth will cost sth

veranstalten* *vt* ① (*durchführen*) ■ **etw** ~ to organize sth; **eine Demonstration** ~ to organize [*or* stage] a demonstration; **ein Fest/eine Feier** ~ to give [*or* throw] [*or* organize] a party ② (*fam: machen*) ■ **etw** ~ to make sth; **Lärm** ~ to make a lot of noise

Veranstalter(in) <-s, -> *m(f)* organizer [*or* BRIT *a.* -iser]

Veranstaltung <-, -en> *f* ① *kein pl* (*das Durchführen*) organizing, organization; *Feier* giving, throwing, organizing, organization; *öffentliches Ereignis* staging, organizing ② (*veranstaltetes Ereignis*) event

Veranstaltungskalender *m* calendar of events

Veranstaltungsort *m* venue

verantworten* **I.** *vt* ■ **etw** [**vor jdm**] ~ to take [*or* accept] responsibility for sth [*or* [have to] answer to sb for sth]; ***etwaige negative Konsequenzen werden Sie*** [***vor der Geschäftsleitung***] ***zu ~ haben*** you will have to answer [to the management] for any negative consequences; ■ [**es**] ~, **wenn** [*o* **dass**] **jd etw tut** to take [*or* accept] responsibility for sb doing sth **II.** *vr* ■ **sich** [**für etw**] [**vor jdm**] ~ to answer [to sb] [for sth]

verantwortlich *adj* ① (*Verantwortung tragend*) responsible; **~e Redakteurin/~er Redakteur** editor-in-chief; [**jdm** [**gegenüber**]] **dafür** ~ **sein, dass etw geschieht** to be answerable [to sb] for seeing to it that sth happens; ■ **für jdn/etw** ~ **sein** to be responsible for sb/sth ② (*schuldig*) responsible *pred;* ■ [**für etw**] ~ **sein** to be responsible [for sth] ③ (*mit Verantwortung verbunden*) responsible; **eine ~e Aufgabe** a responsible task

Verantwortliche(r) *f(m) decl wie adj* person responsible; (*für Negatives a.*) responsible party; ■ **der/die für etw** ~ the person responsible for sth

Verantwortlichkeit <-, -en> *f* responsibility

Verantwortung <-, -en> *f* ① (*Verpflichtung, für etw einzustehen*) responsibility; **jdn** [**für etw**] **zur** ~ **ziehen** to call sb to account [for sth]; **auf deine** [*o* **Ihre**] **~!** on your head be it! BRIT, it'll be on your head! AM ② (*Schuld*) ■ **die/jds** ~ [**für etw**] the/sb's responsibility [for sth]; **die** ~ [**für etw**] **tragen** to be responsible [for sth]; **die** ~ [**für etw**] **übernehmen** to take [*or* accept] responsibility [for sth] ③ (*Risiko*) **auf eigene** ~ on one's own responsibility, at one's own risk; **die** ~ [**für jdn/etw**] **haben** [*o* **tragen**] to be responsible [for sb/sth] ▶ WENDUNGEN: **sich aus der** ~ **stehlen** to dodge [*or* evade] [*or* shirk] responsibility

verantwortungsbewusst[RR], **verantwortungsbewußt** **I.** *adj* responsible **II.** *adv* ~ **handeln, sich** ~ **verhalten** to act responsibly [*or* in a responsible manner] **Verantwortungsbewusstsein**[RR] *nt* sense of responsibility **verantwortungslos** **I.** *adj* irresponsible; ■ ~ **sein, etw zu tun** to be irresponsible to do sth **II.** *adv* ~ **handeln, sich** ~ **verhalten** to act irresponsibly [*or* in an irresponsible manner] **Verantwortungslosigkeit** <-> *f kein pl* irresponsibility **verantwortungsvoll** *adj* ① (*mit Verantwortung verbunden*) responsible ② *s.* **verantwortungsbewusst**

veräppeln* *vt* (*fam*) *s.* **veralbern**

verarbeiten* *vt* ① ÖKON (*als Ausgangsprodukt verwenden*) ■ **etw** ~ to use sth; **Fleisch** ~ to process meat; ■ **etw** [**zu etw**] ~ to make sth into sth ② (*verbrauchen*) ■ **etw** ~ to use sth [up]; ***der Mörtel muss rasch verarbeitet werden, bevor er fest wird*** the plaster must be applied [*or* used] immediately, before it hardens ③ PSYCH (*innerlich bewältigen*) ■ **etw** ~ to assimilate sth; **eine Enttäuschung/Scheidung/jds Tod** ~ to come to terms with a disappointment/divorce/sb's death

verarbeitet *adj* ÖKON finished; **gut/schlampig/schlecht** ~ well/sloppily/badly finished [*or* crafted]

Verarbeitung <-, -en> *f* ① ÖKON (*das Verarbeiten*) processing ② (*Fertigungsqualität*) workmanship *no pl, no indef art*

verargen* *vt* ■ [**jdm**] **etw** ~ to hold sth against sb; ■ [**es**] **jdm** ~, **dass/wenn ...** to hold it against sb that/[*or* blame sb] if ...

verärgern* *vt* ■ **jdn** ~ to annoy sb

verärgert **I.** *adj* angry, annoyed; ■ [**über jdn/etw**] ~ **sein** to be annoyed [at [*or* with] sb/sth]; ■ ~ **sein, dass/weil ...** to be annoyed that/because ... **II.** *adv*

V

verbieten

verbieten	forbidding
Du darfst heute **nicht** fernsehen.	**You're not allowed** to watch TV today.
Das kommt gar nicht in Frage.	**That's out of the question.**
Finger weg von meinem Computer! *(fam)*	**Hands off** my computer!
Lass die Finger von meinem Tagebuch! *(fam)*	**Keep out of/away from** my diary!
Das kann ich nicht zulassen.	**I can't allow that.**
Ich verbiete Ihnen diesen Ton!	**I forbid you to use this tone of voice with me!**
Bitte unterlassen Sie das. *(form)*	**Please stop/refrain from doing that.**

in an annoyed manner

Verärgerung <-, -en> *f* annoyance

verarmen* *vi sein* to become poor [*or* impoverished]; ■ **verarmt** impoverished

Verarmung <-, -en> *f* impoverishment *no pl*

verarschen* *vt* (*derb*) ■ **jdn** ~ to mess around with sb, to take the piss out of sb BRIT *vulg*

verarzten* *vt* (*fam*) ❶ (*behandeln*) ■ **jdn** ~ to treat sb ❷ (*versorgen*) ■ **[jdm] etw** ~ to fix *fam* [*or fam* patch up *sep*] [sb's] sth

verästeln* *vr* ❶ BOT ■ **sich** ~ to branch out [*or* ramify] ❷ GEOG ■ **sich [in etw** *akk*] ~ *Fluss* to branch out [into sth]

Verätzung <-, -en> *f* ❶ *kein pl* (*das Verätzen*) cauterization; (*Metall*) corrosion ❷ (*Beschädigung, Verletzung*) burn

verausgaben* *vr* ❶ (*sich überanstrengen*) ■ **sich** ~ to overexert [*or* overtax] oneself ❷ (*über seine finanziellen Möglichkeiten leben*) ■ **sich [finanziell]** ~ to overspend [*or* spend too much]

verauslagen* *vt* (*geh*) ■ **etw [für jdn]** ~ to pay sth [for sb]; ***könnten Sie das Geld wohl bis morgen für mich*** ~ could you advance [*or* lend] [*or* BRIT *fam* sub] [*or* AM *fam* front] me the money until tomorrow?

veräußern* *vt* (*geh*) ■ **etw [an jdn]** ~ to sell sth [to sb]

Veräußerung *f* (*geh*) disposal, sale

Veräußerungsgewinn *m* JUR, ÖKON capital gains **Veräußerungswert** *m* JUR disposal value

Verb <-s, -en> [vɛrp] *nt* LING verb; **ein ~ konjugieren** to conjugate a verb; **schwaches/starkes** ~ weak/strong verb

verbal [vɛr-] **I.** *adj* verbal **II.** *adv* verbally

verballhornen* *vt* LING ■ **etw** ~ to corrupt sth

Verbalradikalismus *m kein pl* POL verbal radicalism

Verband[1] <-[e]s, Verbände> *m* ❶ (*Bund*) association ❷ MIL unit

Verband[2] <-[e]s, Verbände> *m* MED bandage, dressing *no pl*

verbandelt *adj inv* SÜDD (*iron fam*) ■ **mit jdm ~ sein** to have a relationship with sb

Verband(s)kasten *m* first-aid box [*or* kit] **Verband(s)material** *nt* dressing material **Verband(s)päckchen** *nt* first-aid kit **Verband(s)zeug** *nt* dressing material

verbannen* *vt* ❶ (*zwangsweise ins Exil schicken*) ■ **jdn [irgendwohin]** ~ to exile [*or* banish] sb [to somewhere] ❷ (*geh: ausmerzen*) ■ **etw [aus etw]** ~ to ban sth [from sth]

Verbannte(r) *f(m) decl wie adj* exile

Verbannung <-, -en> *f* ❶ *kein pl* (*das Verbannen*) exile, banishment ❷ (*Leben als Verbannter*) exile, banishment

verbarrikadieren* **I.** *vt* ■ **etw** ~ to barricade sth **II.** *vr* ■ **sich [in etw]** ~ *dat* to barricade oneself in [sth]

verbauen*[1] *vt* ❶ (*versperren*) ■ **[jdm] etw** ~ to spoil [*or* ruin] sth [for sb]; **jdm die ganze Zukunft** ~ to spoil all sb's prospects for the future [*or* future prospects]; ■ **sich** *dat* **etw** ~ to spoil [*or* ruin] one's sth ❷ (*durch ein Bauwerk nehmen*) ■ **[jdm] etw** ~ to block [sb's] sth

verbauen[2] *vt* (*beim Bauen verbrauchen*) ■ **etw** ~ to use sth

verbaut *adj* badly built

verbeißen* *irreg* **I.** *vr* ❶ (*die Zähne in etw schlagen*) ■ **sich [in etw** *akk*] ~ to bite [into sth] [*or* sink one's teeth into sth] ❷ (*sich intensivst mit etw beschäftigen*) ■ **sich [in etw** *akk*] ~ to immerse oneself [in sth] **II.** *vt* (*fam: unterdrücken*) ■ **[sich** *dat*] **etw** ~ to suppress sth; **sich einen Aufschrei/ein Lachen** ~ to stifle [*or* suppress] a scream/laugh; **sich [den] Schmerz** ~ to bear [*or* endure] [the] pain

Verbene <-, -n> *f* HORT verbena

verbergen* *vt irreg* ❶ (*geh: verstecken*) ■ **sich [vor jdm]** ~ to hide [oneself] [*or* conceal oneself] [from sb]; ■ **jdn/etw [vor jdm]** ~ to hide [*or* conceal] sb/sth [from sb]; **einen Partisanen/Verbrecher [vor jdm]** ~ to harbour [*or* AM -or] [*or* hide] [*or* conceal] a partisan/criminal [from sb] ❷ (*verheimlichen*) ■ **[jdm] etw** ~ to hide [*or* conceal] sth [from sb] [*or* keep sth from sb]; *s. a.* **verborgen**

verbessern* **I.** *vt* ❶ (*besser machen*) ■ **etw** ~ to improve sth ❷ SPORT (*auf einen besseren Stand bringen*) ■ **etw** ~ to improve [up]on [*or* better] sth; **einen Rekord** ~ to break a record ❸ SCH (*korrigieren*) ■ **etw** ~ to correct sth ❹ (*jds Äußerung korrigieren*) ■ **jdn** ~ to correct sb; ■ **sich** ~ to correct oneself **II.** *vr* ❶ (*sich steigern*) ■ **sich [in etw** *dat*] ~ to improve [in sth] [*or* do better [at sth]] ❷ (*eine bessere Stellung bekommen*) ■ **sich** ~ to better oneself

Verbesserung <-, -en> *f* ❶ (*qualitative Anhebung*) improvement; (*das Verbessern*) improvement *no pl*, bettering *no pl; Rekord* breaking *no pl* ❷ (*Korrektur*) correction

verbesserungsfähig *adj* improvable, capable of improvement *pred;* ■ ~ **sein** to be capable of improvement **Verbesserungsvorschlag** *m* suggestion for improvement; **einen ~vorschlag machen** to make a suggestion for improvement **verbesserungswürdig** *adj* worthy of improvement *pred*

verbeugen* *vr* ■ **sich [vor jdm/etw]** ~ to bow [to sb/sth]

Verbeugung *f* bow; **eine ~ [vor jdm/etw] machen** to bow [to sb/sth]

verbeulen* *vt* ■ **[jdm] etw** ~ to dent [sb's] sth

verbiegen* *irreg* **I.** *vt* ■ **etw** ~ to bend sth; ■ **verbogen** bent **II.** *vr* ■ **sich** ~ to bend [*or* become bent]

verbiestert *adj* (*fam*) grumpy, *esp* BRIT crotchety *fam*

verbieten <verbot, verboten> **I.** *vt* ❶ (*offiziell untersagen*) ■ **etw** ~ to ban sth; **eine Organisation/Partei/Publikation** ~ to ban [*or* outlaw] an organization/a party/publication ❷ (*untersagen*) ■ **[jdm] etw** ~ to forbid sth [*or* sb to do sth]; ■ **etw ist [jdm] verboten** sth is forbidden [as far as sb is concerned]; ■ **jdm ~, etw zu tun** to forbid sb to do sth; ■ **es ist verboten, etw zu tun** it is forbidden to do sth; ***ist es ver-***

boten, hier zu fotografieren? am I allowed to take photo[graph]s [in] here?; *s. a.* **verboten II.** *vr* (*undenkbar sein*) **etw verbietet sich von selbst** sth is unthinkable

verbilligen* **I.** *vt* ÖKON ■**etw** ~ to reduce sth [in price]; ***die Eintrittskarten sind um 50% verbilligt worden*** the tickets have been reduced [in price] [*or* ticket prices have been reduced] by 50%, there has been a 50% reduction in the ticket prices; ■**[jdm] etw [um etw]** ~ to reduce sth [by sth] [for sb] **II.** *vr* ÖKON ■**sich** ~ to become [*or* get] cheaper [*or* come down in price]

verbilligt **I.** *adj* reduced; **~er Eintritt/eine ~e Eintrittskarte** reduced entry/a reduced entrance ticket, entry/an entrance ticket at a reduced rate [*or* price] **II.** *adv* **etw ~ abgeben/anbieten** to sell sth/offer sth for sale at a reduced price

verbinden*[1] *vt irreg* (*einen Verband anlegen*) ■**jdn** ~ to dress sb's wound[s]; ■**[jdm/sich] etw** ~ to dress [sb's/one's] sth

verbinden[2] *irreg* **I.** *vt* ① (*zusammenfügen*) ■**etw [miteinander]** ~ to join [up *sep*] sth; ■**etw [mit etw]** ~ to join sth [to sth] ② TELEK ■**jdn [mit jdm]** ~ to put sb through [*or* AM *usu* connect sb] [to sb]; ***falsch verbunden!*** [you've got the] wrong number!; ***[ich] verbinde!*** I'll put [*or* I'm putting] you through, AM *usu* I'll connect you ③ TRANSP ■**etw [miteinander]** ~ to connect [*or* link] sth [with each other [*or* one another]]; ■**etw [mit etw]** ~ to connect [*or* link] sth [with sth] ④ (*verknüpfen*) ■**etw [miteinander]** ~ to combine sth [with each other [*or* one another]]; ■**etw [mit etw]** ~ to combine sth [with sth]; **das Nützliche mit dem Angenehmen** ~ to combine business with pleasure ⑤ (*assoziieren*) ■**etw [mit etw]** ~ to associate sth with sth ⑥ (*mit sich bringen*) ■**der** [*o* **die**] [*o* **das**] **damit verbundene[n]** ... the ... involved; ■**[mit etw] verbunden sein** to involve [sth] ⑦ (*innerlich vereinen*) ■**jdn/etw [mit jdm]** ~ to unite sb/sth [with sb]; ***uns ~ lediglich Geschäftsinteressen*** we are business associates and nothing more **II.** *vr* ① CHEM (*eine Verbindung eingehen*) ■**sich [mit etw]** ~ to combine [with sth] ② (*sich zu einem Bündnis zusammenschließen*) ■**sich [mit jdm/etw] [zu etw]** ~ to join forces [with sb/sth] [to form sth]; **sich [mit jdm/etw] zu einer Initiative** ~ to join forces [with sb/sth] to form a pressure group

verbindlich **I.** *adj* ① (*bindend*) binding; ***die Auskunft ist ~, Sie können sich darauf verlassen*** this information is reliable, I can assure you of that ② (*entgegenkommend*) friendly **II.** *adv* ① (*bindend*) ~ **zusagen** to make a binding commitment; ~ **vereinbaren** to enter into a binding agreement ② (*entgegenkommend*) in a friendly manner

Verbindlichkeit <-, -en> *f* ① *kein pl* (*bindender Charakter*) binding nature; *Auskunft* reliability ② *kein pl* (*entgegenkommende Art*) friendliness ③ *meist pl* FIN (*geh: Schuld*) liability *usu pl*

Verbindung *f* ① CHEM (*aus Elementen bestehender Stoff*) compound; **[mit etw] eine ~ eingehen** to combine [with sth] ② (*direkte Beziehung*) contact; **[mit jdm] in ~ bleiben** to keep in touch [with sb]; **eine ~ [mit jdm/etw] eingehen** (*geh*) to join forces [with sb/sth]; ***die Parteien gingen eine ~ [zu einem Wahlbündnis/einer Koalition] miteinander ein*** the parties joined forces with each other [to form [*or* in] an electoral alliance/a coalition]; ~ [*o* **~en**] **mit** [*o* **zu**] **jdm/etw haben** to have good connections *pl* with sb/sth; **seine ~en spielen lassen** (*fam*) to [try and] pull a few strings; ~ **[mit jdm] aufnehmen** to contact sb; ***sobald wir eintreffen, werden wir ~ aufnehmen*** as soon as we arrive we'll get in touch with [*or* contact] you; ***sobald wir etwas Neues erfahren, nehmen wir mit Ihnen ~ auf*** as soon as we find out anything new we'll be [*or* get] in touch with [*or* contact] you; **sich [mit jdm] in ~ setzen** to contact [*or* get in touch with] sb; **[mit jdm/miteinander] in ~ stehen** to be in contact [with sb/each other [*or* one another]]; ***sie bestritt, jemals mit dem Staatssicherheitsdienst in ~ gestanden zu haben*** she denied ever having had any [*or* having been in] contact with the secret police; **[mit etw] in ~ stehen** to be in contact [*or* touch] with sth; **[mit jdm] in ~ treten** to contact sb ③ TELEK (*Gesprächs~*) connection; ***die ~ nach Tokio war ausgezeichnet*** the line to [*or* connection with] Tokyo was excellent; ***ich bekomme keine ~*** I can't get a connection [*or* line], I can't get through; **telefonische ~** telephone connection; ***die telefonische ~ war sehr schlecht*** the telephone line [*or* connection] was very poor; **eine/keine ~ [irgendwohin] bekommen** to get through/not to be able to get through [to somewhere]; **[jdm] eine ~ [irgendwohin] machen** (*fam*) to put sb through [*or* AM *usu* connect sb] [to somewhere] ④ LUFT, BAHN (*Verkehrs~*) connection; ***was ist die günstigste ~ [mit dem Zug] zwischen Hamburg und Dresden?*** what's the best [*or* easiest] [*or* quickest] way to get from Hamburg to Dresden [by train]?; **direkte ~ [nach etw]** direct connection [to sth]; ***es gibt eine direkte ~ mit dem Zug nach Kopenhagen*** there's a through train to Copenhagen; ***eine direkte ~ mit dem Flugzeug gibt es leider nicht*** I'm afraid there isn't a direct flight ⑤ TRANSP (*Verbindungsweg*) connection, link; ***der Panamakanal schafft eine ~ zwischen dem Pazifik und dem Atlantik*** the Panama Canal provides a link [*or* connection] between the Pacific and the Atlantic [*or* connects the Pacific with the Atlantic] ⑥ (*Verknüpfung*) combining; **in ~ mit etw** in conjunction with sth; ***die Eintrittskarte gilt nur in ~ mit dem Personalausweis*** this entrance ticket is only valid [together] with your ID card; ***in ~ mit dem Einkauf hat sich dieser Besuch gelohnt*** combined with the shopping trip this visit was well worth it ⑦ (*Zusammenhang*) ■**die/eine ~ zwischen Dingen** the/a connection between things; **jdn [mit jdm/etw] in ~ bringen** to connect sb with sb/sth; **in ~ mit** in connection with ⑧ SCH (*Korporation*) [student] society BRIT; (*für Männer*) fraternity AM; (*für Frauen*) sorority AM

Verbindungsbruder *m* SCH member of a student society [*or* AM fraternity] **Verbindungshaus** *nt* SCH student society [*or* AM fraternity] house

Verbindungskabel *nt bes* BAU, TECH connection [*or* connecting] cable **Verbindungsleitung** *f bes* BAU, TECH connecting conduit **Verbindungsmann, -frau** *m, f* intermediary **Verbindungsstraße** *f* link road **Verbindungstür** *f* connecting door

verbissen **I.** *adj* ① (*hartnäckig*) dogged ② (*verkrampft*) grim **II.** *adv* doggedly

Verbissenheit <-> *f kein pl* doggedness, dogged determination

verbitten* *vr irreg* ■**sich** *dat* **etw [von jdm]** ~ not to tolerate sth [from sb]; ***ich verbitte mir diesen Ton!*** I won't be spoken to like that!

verbittern* *vt* ■**jdn** ~ to embitter sb [*or* make sb bitter]

verbittert **I.** *adj* embittered, bitter **II.** *adv* bitterly

Verbitterung <-, *selten* -en> *f* bitterness, embitterment *form*

verblassen* *vi sein* ① (*blasser werden*) to [*or* grow] pale ② (*schwächer werden*) to fade ③ (*geh: in den Hintergrund treten*) ■**[gegenüber** [*o* **neben**] **etw]** ~ to pale [into insignificance] [in comparison with/beside sth] ④ (*immer schlechter sichtbar werden*) to fade

verbläuen[RR]* *vt* (*fam*) ■**jdn** ~ to beat up sb *sep*

Verbleib <-[e]s> *m kein pl (geh)* ❶ *(das Verbleiben)* ■ **jds ~ in etw** *dat* sb's remaining in sth; ***die Mitglieder werden über Ihren ~ in unserem Verein abstimmen*** the members will vote on whether to allow you to remain [*or* stay] in our club ❷ *(Aufenthaltsort)* whereabouts *npl*

verbleiben* *vi irreg sein* ❶ *(eine Vereinbarung treffen)* ■ [**in etw** *dat*] **irgendwie ~** to agree [in sth]; ***wir sind ja bisher noch nicht verblieben*** we still haven't agreed anything as yet; ■ [**mit jdm**] **so ~, dass** to agree [with sb] that ❷ *(belassen bleiben)* ■ **jdm** [**von etw**] **~** sb has sth left [of sth] ❸ *(geh: bleiben)* ■ **irgendwo/bei jdm ~** to remain somewhere/with sb; ***das Original ist für uns bestimmt, der Durchschlag verbleibt [bei] Ihnen*** the original is our's and you keep [*or* retain] the [carbon] copy

verbleichen *vi irreg sein* to fade

verbleit *adj* leaded

verblenden*[1] *vt (die Einsicht nehmen)* ■ **jdn ~** to blind sb; ■ **verblendet sein** to be blinded

verblenden*[2] *vt* BAU *(verkleiden)* ■ **etw** [**mit etw**] **~** to face sth [with sth]

Verblendung[1] *f* blindness

Verblendung[2] *f* BAU ❶ *kein pl (das Verblenden)* facing ❷ *(Verkleidungsmaterial)* facing

verbleuen* *vt s.* **verbläuen**

Verblichene(r) *f(m) decl wie adj (geh)* the deceased

verblöden* **I.** *vi sein (fam)* to turn into a zombie *fam* **II.** *vt haben (fam)* ■ **jdn ~** to dull sb's mind

Verblödung <-> *f kein pl (fam)* dulling of people's minds

verblüffen* *vt* ■ **jdn** [**mit etw**] **~** to astonish [*or* amaze] sb [with sth]; ■ **sich durch** [*o* **von**] **etw verblüffen lassen** to be amazed by sth

verblüfft **I.** *adj* astonished, amazed **II.** *adv* in astonishment [*or* amazement]; ***warum reagierst du denn auf diese Nachricht so ~?*** why are you so astonished by this news?

Verblüffung <-, -en> *f* astonishment, amazement; **zu jds ~** to sb's astonishment [*or* amazement]

verblühen* *vi sein* to wilt [*or* fade] [*or* wither]

verbluten* *vi sein* to bleed to death

verbocken* *vt (fam)* ■ **etw ~** to mess up *sep* [*or* botch] sth

verbohren* *vr (fam)* ■ **sich** [**in etw** *akk*] **~** ❶ *(von etw nicht loskommen)* to become obsessed [with sth] ❷ *(sich verbeißen)* to immerse oneself [in sth]

verbohrt *adj (pej)* obstinate, stubborn, pigheaded

Verbohrtheit <-, -en> *f (pej)* obstinacy, stubbornness, pigheadedness

verborgen*[1] *vt s.* **verleihen**

verborgen[2] *adj* ❶ *(geh: versteckt)* hidden, concealed; **jdm ~ bleiben** to remain a secret to sb; **nicht ~ bleiben** not to remain [a] secret; **im V~en bleiben** *(geh)* to remain [a] secret; **sich** [**irgendwo/bei jdm**] **~ halten** to hide [somewhere/at sb's] ❷ *(geh: nicht offen)* hidden

verbot *imp von* **verbieten**

Verbot <-[e]s, -e> *nt* ban; ***Sie haben gegen mein ausdrückliches ~ gehandelt*** you did it even though I expressly forbade you to

verboten *adj* ❶ *(untersagt)* prohibited; ***hier ist das Parken ~!*** this is a "no parking" area!; ■ **~ sein, etw zu tun** to be prohibited to do sth; ■ **jdm ~ sein** sb is prohibited from doing sth; ***Unbefugten ist das Betreten des Firmengeländes [strengstens] ~*** access to the company site is [strictly] prohibited to unauthorised persons; ■ **jdm ~ sein, etw zu tun** sb is prohibited from doing [*or* forbidden to do] sth ❷ *(fam: unmöglich)* ridiculous; [**in etw** *dat*] **~ aussehen** *(fam)* to look a real sight [in sth] *fam*

Verbotsschild *nt* ❶ TRANSP sign [prohibiting something]; ***hier dürfen Sie nicht parken, sehen Sie nicht das ~?*** you can't park here, can't you see the ["no parking"] sign? ❷ *(eine Handlung untersagendes Schild)* sign [*or* notice] [prohibiting something]

verbrach *imp von* **verbrechen**

verbrämen* *vt* ❶ *(geh)* ■ **etw ~** to embellish sth ❷ MODE *(geh)* ■ **etw** [**mit etw**] **~** to trim sth [with sth]

verbraten* *vt irreg (sl: vergeuden, verschleudern)* ■ **etw ~** to blow sth *sl;* **seine Energie ~** to waste [one's] energy; ■ **etw** [**für etw**] **~** to blow sth [on sth] *sl*

Verbrauch *m kein pl* ❶ *(das Verbrauchen)* consumption; ■ **der ~ an** *dat* [*o* **von**] **etw** the consumption of sth; **sparsam im ~ sein** to be economical ❷ *(verbrauchte Menge)* consumption; **einen bestimmten ~** [**an** *dat* [*o* **von**] **etw**] **haben** to have a certain consumption [of sth]

verbrauchen* **I.** *vt* ❶ *(aufbrauchen)* ■ **etw ~** to use up sth *sep;* **Lebensmittel ~** to eat [*or* consume] food [*or* BRIT foodstuffs]; **Vorräte ~** to use up [one's] provisions ❷ FIN *(ausgeben)* ■ **etw ~** to spend sth ❸ ÖKON *(für den Betrieb von etw verwenden)* ■ **etw ~** to consume sth **II.** *vr (bis zur Erschöpfung arbeiten)* ■ **sich ~** to wear [*or fam* burn] oneself out

Verbraucher(in) <-s, -> *m(f)* ÖKON consumer

Verbraucherabholmarkt *m* ÖKON cash and carry **Verbraucheraufklärung** *f* consumer information *no pl* **Verbraucherausgaben** *pl* ÖKON consumer spending **Verbraucherbefragung** *f* ÖKON consumer survey **Verbraucherberatung** *f* ÖKON ❶ *kein pl (Beratung von Verbrauchern)* consumer advice ❷ *(Beratungsstelle für Verbraucher)* consumer advice centre [*or* AM -er] **verbraucherfeindlich** *adj* not in the interests of the consumer [*or* consumers] *pred* **verbraucherfreundlich** *adj* consumer-friendly **Verbrauchergruppe** *f* consumer group

Verbraucherin <-n, -nen> *f fem form von* **Verbraucher**

Verbrauchermarkt *m* cut-price supermarket **Verbraucherpreis** *m* ÖKON consumer price **Verbraucherschutz** *m* consumer protection *no pl* **Verbraucher-Schützer** *m* consumer advocate **Verbrauchertipp**[RR] *m* consumer information **Verbraucherverband** *m* consumer[s'] association **Verbraucherzentrale** *f* consumer advice centre [*or* AM -er]

Verbrauchsgüter *pl* ÖKON consumer [*or* non-durable] goods *npl* **Verbrauchssteuer** *f* FIN excise [duty], consumption [*or* excise] tax

verbraucht *adj inv* exhausted, burnt-out *fam,* AM *usu* burned-out *fam*

verbrechen <verbrach, verbrochen> *vt (fam)* ❶ *(anstellen)* ■ **etw ~** to be up to sth; ***was hast du denn da wieder verbrochen!*** what have you been up to now? ❷ *(hum: stümperhaft anfertigen)* ■ **etw ~** to be the perpetrator of sth

Verbrechen <-s, -> *nt* crime

Verbrechensaufklärung *f* [crime] clear-up rate **Verbrechensbekämpfung** *f* crime fighting *no pl, no indef art,* fight against crime [*or* no pl], combating crime *no art* **Verbrechensrate** *f* crime rate **Verbrechensvorbeugung** *f* crime prevention

Verbrecher(in) <-s, -> *m(f)* criminal

verbrecherisch **I.** *adj* criminal; ■ **~ sein** to be a criminal act; ■ **~ sein, etw zu tun** to be a criminal act [*or* crime] to do sth **II.** *adv* ***sie hat mich ~ verraten*** it was [almost] criminal the way she betrayed me

Verbrecherkartei *f* criminal records *pl*

Verbrechertum <-[e]s> *nt kein pl* ■ **das ~** criminal world *no pl*

verbreiten* **I.** *vt* ❶ *(ausstreuen)* ■ **etw ~** to spread sth; **falsche Informationen/Propaganda ~** to spread [*or* disseminate] false information/propaganda

(2) MEDIA (*vertreiben*) ■ **etw** ~ to sell [*or* distribute] sth (3) (*sich ausbreiten lassen*) ■ **etw** ~ to spread sth; **ein Virus/eine Krankheit** ~ to spread a virus/a disease [*or* an illness] (4) (*erwecken*) ■ **etw** ~ to spread sth; **eine gute/schlechte Stimmung** ~ to radiate a good/bad atmosphere **II.** *vr* (1) (*umgehen*) ■ **sich** [**in etw** *dat*] ~ to spread [through sth] [*or* circulate [[a]round sth]] [*or* get [a]round [sth]]; **schlechte Nachrichten** ~ **sich immer am schnellsten** bad news always gets around the quickest (2) (*sich ausbreiten*) ■ **sich** [**in etw** *dat*] ~ to spread [through sth]; ■ **eine gute/schlechte Stimmung verbreitet sich** a good/bad atmosphere spreads through the place (3) AGR, HORT (*das Wachstum ausdehnen*) ■ **sich** [**in** *dat* [*o* **durch**] **etw**] ~ to spread [through sth] (4) MED (*um sich greifen*) ■ **sich** ~ to spread (5) (*geh: sich auslassen*) ■ **sich** [**über etw** *akk*] ~ to hold forth [on sth]

verbreitern* **I.** *vt* BAU ■ **etw** ~ to widen sth [*or* make sth wider] **II.** *vr* ■ **sich** [**auf** *akk*/**um etw**] ~ to widen [out] [to/by sth]

Verbreiterung <-, -en> *f* (1) BAU (*Aktion des Verbreiterns*) widening (2) (*verbreiterter Abschnitt*) widened section

verbreitet *adj* popular; ■ [**in etw** *dat*] [**weit**] ~ **sein** to be [very] widespread [*or* popular] [in sth]

Verbreitung <-, -en> *f* (1) *kein pl* (*das Verbreiten*) spreading; *Fehlinformationen, Propaganda* spreading, dissemination (2) MEDIA (*Vertrieb*) sale *no pl*, selling *no pl*, distribution *no pl;* [**bestimmte**] ~ **finden** to have a certain circulation; **eine große** ~ **finden** to have a large circulation [*or* sell well] (3) MED (*Ausbreitung*) spread (4) BOT (*das allgemeine Auftreten*) distribution, dispersal

verbrennen* *irreg* **I.** *vt haben* (1) (*in Flammen aufgehen lassen*) ■ **etw** ~ to burn sth; **Abfall** [*o* **Müll**] ~ to burn [*or* incinerate] waste [*or* AM garbage]; ■ **sich** ~ to set fire to oneself (2) HIST ■ **jdn** ~ to burn sb [to death]; **jdn auf dem Scheiterhaufen/bei lebendigem Leibe** ~ to burn sb at the stake/alive (3) (*versengen*) ■ **etw** ~ to scorch sth **II.** *vr haben* (1) (*sich verbrühen*) ■ **sich** ~ to scald oneself; **sich die Zunge** ~ to scald [*or* burn] one's tongue; *s. a.* **Zunge, Mund, Schnabel** (2) (*sich ansengen*) ■ **sich** *dat* **etw** [**an etw** *dat*] ~ to burn one's sth [on sth] **III.** *vi sein* to burn; *Gebäude* to burn [down]; *Fahrzeug* to burn [out]; *Mensch* to burn [to death]; ***im Garten unseres Nachbarn verbrennt wieder Abfall!*** our neighbour is burning [*or* incinerating] rubbish in his garden again!; ■ **verbrannt** burnt; *s. a.* **riechen**

Verbrennung <-, -en> *f* (1) *kein pl* (*das Verbrennen*) burning; *Abfall, Müll* burning, incineration (2) AUTO, TECH (*das Verbrennen*) combustion (3) MED (*Brandwunde*) burn; ~ **ersten/zweiten/dritten Grades** first-/second-/third-degree burn

Verbrennungsmotor *m* AUTO [internal] combustion engine

verbriefen* *vt* ■ [**jdm**] **etw** ~ to confirm sth in writing [*or* by document[s]] [for sb]; ■ **verbrieft** confirmed in writing [*or* by document[s]]; **verbriefte Rechte** vested [*or* chartered] rights

verbringen* *vt irreg* (1) (*zubringen*) ■ **etw** [**irgendwo**] ~ to spend sth [somewhere]; ■ **etw** [**mit/in** *dat* **etw**] ~ to spend sth doing/in sth; ***ich verbringe fast den ganzen Tag mit meiner Arbeit/am Computer*** I spend almost all day working/at [*or* on] my computer (2) (*geh: transportieren*) ■ **jdn/etw** [**irgendwohin**] ~ to transport [*or* take] sb/sth [somewhere]

verbrochen *pp von* **verbrechen**

verbrüdern* *vr* ■ **sich** [**mit jdm**] ~ to fraternize [with sb]

Verbrüderung <-, -en> *f* fraternization

verbrühen* *vt* ■ **jdn** ~ to scald sb; ■ **sich** [**mit etw**] ~ to scald oneself [with sth]; ■ [**jdm/sich**] **etw** ~ to scald [sb's/one's] sth

Verbrühung <-, -en> *f* scald

verbuchen* *vt* (1) FIN (*buchen*) ■ **etw** [**auf etw** *dat*] ~ to credit sth [to sth] (2) (*verzeichnen*) ■ **etw** [**als etw**] ~ to mark up sth [as sth] *sep;* ■ **etw** [**für sich**] ~ to notch up sth [for oneself]; ***hoffentlich können wir bald einen erfolgreichen Ausgang des Prozesses für uns*** ~ hopefully, we'll soon be able to celebrate a successful outcome to the trial

verbuddeln* *vt* (*fam*) ■ **etw** ~ to bury sth

Verbum <-s, Verba> *nt* (*geh*) *s.* **Verb**

verbummeln* *vt* (*fam*) (1) (*vertrödeln*) ■ **etw** ~ to waste [*or* BRIT fritter away] *sep* sth (2) (*abhanden kommen lassen*) ■ **etw** ~ to mislay [*or* lose] sth

Verbund <-bunde> *m* ÖKON combine

verbunden *adj* (*geh*) ■ **jdm** [**für etw**] ~ **sein** to be obliged to sb [for sth]; ***danke für den Tipp, ich bin Ihnen sehr*** ~ thanks for the tip, I'm much obliged [to you]

verbünden* *vr* (1) POL ■ **sich** [**miteinander/mit jdm**] ~ to form an alliance [with each other [*or* one another]/sb] [*or* ally oneself with [*or* to] sb]; ■ [**miteinander/mit jdm**] **verbündet sein** to be allies [*or* allied with [*or* to] each other [*or* one another]/sb], to have formed an alliance [with each other [*or* one another]/sb] (2) (*sich zusammenschließen*) ■ **sich** [**mit jdm**] [**gegen jdn**] ~ to form an alliance [*or* join forces] [with sb] [against sb] [*or* ally [oneself] with [*or* to] sb [against sb]]

Verbundenheit <-> *f kein pl* closeness, unity

Verbündete(r) *f(m) decl wie adj* ally

Verbundfahrausweis *m* TRANSP travel pass **Verbundglas** *nt kein pl* laminated glass **Verbundmaterial** *nt* composite [material] **Verbundnetz** *nt* (1) TECH, ELEK grid system (2) TRANSP public transport [*or* AM transportation] network **Verbundsystem** *nt* TRANSP public transport [*or* AM transportation] system **Verbundwerkstoff** *m* TECH composite material

verbürgen* **I.** *vr* (1) (*für jdn einstehen*) ■ **sich für jdn** ~ to vouch for sb (2) (*garantieren*) ■ **sich für etw** ~ to vouch for sth; ■ **sich** [**dafür**] ~, **dass etw irgendwie ist** to vouch for sth being a certain way; ***ich verbürge mich dafür, dass der Schmuck echt ist*** I can vouch for the jewellery being genuine, I guarantee that the jewellery is genuine **II.** *vt* (*die Gewähr bieten*) ■ **etw** ~ to guarantee sth

verbürgt *adj* guaranteed, established

verbüßen* *vt* JUR ■ **etw** ~ to serve sth

Verbüßung <-> *f kein pl* JUR serving; **nach/vor** ~ [**von etw**] after/before serving [sth]

verchromen* [-kro:mən] *vt* TECH ■ **etw** ~ to chromium-plate [*or* chrome-plate] sth; ■ **verchromt** chromium-plated, chrome-plated

verchromt *adj inv* chrome-plated

Verdacht <-[e]s, -e *o* Verdächte> *m kein pl* suspicion; ***gibt es schon irgendeinen ~?*** do you have a[ny particular] suspect [*or* suspect anyone [in particular]] yet?; **jdn** [**bei jdm**] **in** ~ **bringen** to cast suspicion on sb [in the eyes of sb]; ~ **erregen** to arouse suspicion; **einen** ~ **haben** to have a suspicion, to suspect; **jdn in** [*o* **im**] ~ **haben** to suspect sb; **jdn in** [*o* **im**] ~ **haben, etw getan zu haben** to suspect sb of having done [*or* doing] sth; **den** ~ **auf jdn lenken** to cast [*or* throw] suspicion on sb; **den** ~ **von sich auf jdn lenken** deflect suspicion [away] from oneself onto sb [else]; [**gegen jdn**] ~ **schöpfen** to become suspicious [of sb]; **im** ~ **stehen, etw getan zu haben** to be suspected of having done [*or* doing] sth; **etw auf** ~ **tun** to do sth on the strength of a hunch

verdächtig **I.** *adj* (1) JUR (*suspekt*) suspicious; ■ [**einer S.** *gen*] ~ **sein** to be suspected [of a thing] (2) (*Arg-

wohn erregend) suspicious; **jdm ~ vorkommen** to seem suspicious to sb; **sich ~ machen** to arouse suspicion **II.** *adv* suspiciously

Verdächtige(r) *f(m) decl wie adj* suspect

verdächtigen* *vt* ■**jdn [einer S.** *gen*] ~ to suspect sb [of a thing]; ■**jdn ~, etw getan zu haben** to suspect sb of having done [*or* doing] sth

Verdächtigung <-, -en> *f* suspicion

Verdachtsmoment *nt* JUR (*Indiz*) [piece of] circumstantial evidence

verdaddeln* *vt* (*fam*) ■**etw ~** to gamble away *sep* [*or sl* blow] sth

verdammen* *vt* ■**jdn/etw ~** to condemn sb/sth; ■**[zu etw] verdammt sein** to be doomed [to sth]

Verdammnis <-> *f kein pl* **die ewige ~** REL eternal damnation *no art*

verdammt *adj* ❶ (*sl o pej: Ärger ausdrückend*) damned *fam*, bloody BRIT *fam*, sodding BRIT *fam*, goddam[ned] *esp* AM; **~!** damn! *fam*, shit! *fam*, bugger! BRIT *vulg*; ***du ~er Idiot!*** (*fam*) you bloody [*or* goddam] idiot! *fam!* ❷ (*sehr groß*) ***wir hatten ~es Glück!*** we were damn [*or* BRIT *fam!* *a.* bloody] lucky! ❸ (*sehr, äußerst*) damn[ed] *fam*, bloody BRIT *fam*

verdampfen* *vi sein* to evaporate [*or* vaporize]

verdanken* *vt* ❶ (*durch etw erhalten*) ■**[einer S./jdm] etw ~** to have a thing/sb to thank for sth; ■**[es] jdm ~, dass** to have sb to thank that; ■**es ist jdm/einer S. zu ~, dass/wenn ...** it is thanks [*or* due] to sb/a thing that/if ...; **jdm etw zu ~ haben** (*iron*) to have sb to thank for sth *iron* ❷ SCHWEIZ (*geh: Dank aussprechen*) ■**[jdm] etw ~** to express one's thanks [*or* gratitude] [to sb]

Verdankung <-, -en> *f* SCHWEIZ (*geh*) [official] expression of thanks [*or* gratitude]

verdarb *imp von* **verderben**

verdattert **I.** *adj* (*fam*) flabbergasted *fam*, stunned; ***mach nicht so ein ~es Gesicht!*** don't look so flabbergasted [*or* nonplussed] [*or* stunned]! **II.** *adv* (*fam*) in a daze

verdauen* **I.** *vt* ❶ (*durch Verdauung zersetzen*) ■**etw ~** to digest sth ❷ (*fam: bewältigen*) ■**etw ~** to get over sth **II.** *vi* PHYSIOL to digest one's food

verdaulich *adj* digestible; **gut/schlecht [*o* schwer] ~** easy to digest [*or* easily digestible]/difficult to digest; ■**[irgendwie] ~ sein** to be digestible [in a certain way]

Verdaulichkeit <-> *f kein pl* digestibility

Verdauung <-> *f kein pl* digestion; **eine bestimmte ~ haben** to have a certain type of digestion; **eine gute/schlechte ~ haben** to have good/poor digestion [*or spec* be eupeptic/dyspeptic]

Verdauungsbeschwerden *pl* indigestion **Verdauungsorgan** *nt* ANAT digestive organ **Verdauungssäfte** *pl* gastric juices *pl* **Verdauungsspaziergang** *m* (*fam*) after-dinner walk **Verdauungsstörung** *f meist pl* MED dyspepsia, indigestion **Verdauungstrakt** *m* digestive tract

Verdeck <-[e]s, -e> *nt* hood, [folding [*or* convertible]] top; *Kinderwagen* hood; *Schiff, Bus* upper deck

verdecken* *vt* ❶ (*die Sicht auf etw nehmen*) ■**[jdm] etw [mit etw] ~** to cover [up *sep*] [sb's] sth [with sth]; **jdm die Sicht [mit etw] ~** to block sb's view [with sth] ❷ (*maskieren*) ■**etw ~** to conceal sth

verdeckt *adj* ❶ (*geheim*) undercover; **eine ~e Kamera** a hidden [*or* concealed] camera; **eine ~e Operation** an undercover [*or* a covert] operation ❷ (*verborgen*) hidden; **~e Arbeitslosigkeit** concealed unemployment

verdenken* *vt irreg* (*geh*) ■**[jdm] etw ~** to hold sth against sb; ■**[jdm] etw nicht ~ können** not to be able to hold sth against sb; ■**es jdm nicht ~ können [*o* werden], dass/wenn jd etw tut** not to be able to blame sb for doing/if sb does sth

Verderb <-[e]s> *m kein pl* (*geh*) spoilage

verderben <verdarb, verdorben> **I.** *vt haben* ❶ (*moralisch korrumpieren*) ■**jdn/etw ~** to corrupt sb/sth ❷ (*ruinieren*) ■**[jdm] etw ~** to ruin [sb's] sth; ■**jdn ~** to ruin sb ❸ (*zunichte machen*) ■**[jdm] etw ~** to spoil [*or* ruin] [sb's] sth ❹ (*verscherzen*) ■**es sich** *dat* **[mit jdm] ~** to fall out [with sb]; **es sich** *dat* **mit niemandem ~ wollen** to try to please [*or* want to keep in with] everybody **II.** *vi sein* to spoil, to go off *esp* BRIT, to go bad *esp* AM; *s. a.* **verdorben**

Verderben <-s> *nt kein pl* (*geh*) doom; **jds ~ sein** to be sb's undoing [*or* ruin]; **in sein ~ rennen** to be heading for the rocks; **jdn ins ~ stürzen** to bring ruin upon sb

verderblich *adj* ❶ (*nicht lange haltbar*) perishable; ■**[leicht [*o* rasch]] ~ sein** to be [highly] perishable ❷ (*unheilvoll*) corrupting, pernicious

verdeutlichen* *vt* ■**[jdm] etw ~** to explain sth [to sb]; ***die zusätzlichen Schautafeln sollen den Sachverhalt ~*** the additional illustrative charts should make the facts clearer; ■**jdm ~, was/wie ...** to explain to sb what/how ...; ■**sich** *dat* **[etw] ~** to be clear [about sth]; ■**sich** *dat* **~, dass/was ...** to be clear that/as to what ...

Verdeutlichung <-, -en> *f* clarification; **zur ~ [von etw]** to clarify [sth]

verdeutschen* *vt* ■**[jdm] etw ~** ❶ (*fam*) to translate sth [for sb] into everyday language ❷ (*veraltend*) to translate sth [for sb] into German

Verdi *f* ÖKON *Akr von* **Vereinte Dienstleistungsgewerkschaft** *combined trade union for the service industry*

verdichten* **I.** *vt* ■**etw ~** ❶ (*komprimieren*) to compress sth ❷ (*ausbauen*) *Verkehrsnetz* to develop sth **II.** *vr* ■**sich** *akk* **~** ❶ METEO (*dichter werden*) to become [*or* get] thicker ❷ (*sich intensivieren*) *Eindruck, Gefühl* to intensify; *Verdacht* to grow, to deepen ❸ TRANSP *Verkehr* to increase [in volume]

verdicken* **I.** *vt* (*andicken*) ■**etw ~** to thicken sth **II.** *vr* (*dicker werden*) ■**sich** *akk* **~** *Haut* to thicken; *Glied, Gelenk, Stelle* to swell

Verdickung <-, -en> *f* ❶ (*das Verdicken*) thickening *no pl* ❷ (*verdickte Stelle*) swelling

verdienen* **I.** *vt* ❶ (*als Verdienst bekommen*) ■**etw ~** to earn sth; ***er verdient nur 3000 DM im Monat*** he only earns 3,000 marks a month ❷ (*Gewinn machen*) ■**etw [an etw** *dat*] ~ to make sth [on sth]; ***ich verdiene kaum 500 Mark am Wagen*** I'm scarcely making 500 marks on the car ❸ (*sich erarbeiten*) ■**[sich** *dat*] **etw ~** to earn the money for sth; **sein Lebensunterhalt/Brot** *fam* **~** to earn one's living [*or* BRIT a crust] *fam* ❹ (*zustehen*) ■**etw [für etw** *akk*] ~ to deserve sth [for sth]; ***eine glänzende Leistung, dafür ~ Sie Anerkennung*** a magnificent achievement, you deserve recognition for that; **es nicht anders [*o* besser] ~** to not deserve anything else [*or* better]; **sich** *dat* **etw verdient haben** to have earned sth; ***nach dieser Leistung haben wir uns ein Glas Champagner verdient*** we deserve a glass of champagne after this achievement **II.** *vi* ❶ (*einen Verdienst bekommen*) to earn a wage; ■**[irgendwie] ~** to earn a [certain] wage; ***als Verkäuferin verdienst du doch viel zu wenig*** you earn far [*or* much] too little as a sales assistant ❷ (*Gewinn machen*) ■**[an etw** *dat*] ~ to make a profit [on [*or* from] sth]; ***an diesem Projekt verdiene ich kaum*** I'm scarcely making a profit on this project

Verdiener(in) <-s, -> *m(f)* wage-earner

Verdienst¹ <-[e]s, -e> *m* FIN income, earnings *npl*

Verdienst² <-[e]s, -e> *nt* (*anerkennenswerte Tat*) ■**jds ~e** *pl* **[um etw** *akk*] sb's credit [for sth]; **seine**

~e *pl* **um die Heimatstadt** his services *pl* to his home town; **sich** *dat* **~e** *pl* [**um etw** *akk*] **erwerben** to make a contribution [to sth]; **jds ~** [*o* **das ~ einer S.** *gen*] **sein, dass** to be thanks to sb [*or* a thing] that; ***es ist einzig sein ~, dass die Termine eingehalten werden konnten*** it's solely thanks to him that the schedules could be adhered to

Verdienstausfall *m* loss of earnings *pl*

Verdienstkreuz *nt national decoration awarded for services to the community*

Verdienstmöglichkeit *f* source of income

Verdienstorden *m* Order of Merit **verdienstvoll** *adj* ❶ (*anerkennenswert*) commendable ❷ *s.* **verdient 2**

verdient I. *adj* ❶ (*zustehend*) well-deserved; **~e Strafe/~er Tadel** rightful punishment/admonition ❷ (*Verdienste aufweisend*) of outstanding merit; **ein ~er Wissenschaftler** a scientist of outstanding merit; **sich** *akk* **um etw** *akk* **~ machen** to render outstanding services to sth ❸ SPORT (*sl: der Leistung gemäß*) deserved II. *adv* SPORT (*sl: leistungsgemäß*) deservedly; ***die Mannschaft hat ~ gewonnen*** the team deserved to win

verdientermaßen, **verdienterweise** *adv* deservedly

verdingen* *vr* (*veraltend*) ■ **sich** *akk* [**bei jdm**] **~** to enter service [with sb] *dated*

verdirbt *3. pers pres von* **verderben**

verdolmetschen* *vt* (*fam*) ■ [**jdm**] **etw ~** to interpret sth [for sb]

verdonnern* *vt* (*fam*) ❶ (*verurteilen*) ■ **jdn** [**zu etw** *dat*] **~** to sentence sb [to sth]; ***die Einbrecher hat man zu drei Jahren Knast verdonnert*** the burglar was sentenced to three years' imprisonment ❷ (*anweisen*) ■ **jdn** [**zu etw** *dat*] **~** to order sb to do sth; ***meine Frau hat mich zum Spülen verdonnert*** my wife has ordered me to do the washing up; ■ **jdn dazu ~, etw zu tun** to order sb to do sth

verdonnert *adj* (*veraltend fam*) thunderstruck *dated*

verdoppeln* I. *vt* ❶ (*auf das Doppelte erhöhen*) ■ **etw** [**auf etw** *akk*] **~** to double sth [to sth]; ***sie verdoppelte ihren Einsatz auf DM 100*** she doubled her stake to one hundred marks ❷ (*deutlich verstärken*) ■ **etw ~** to redouble sth; **seine Anstrengungen ~** to redouble one's efforts; **mit verdoppeltem Eifer** with redoubled enthusiasm II. *vr* (*sich auf das Doppelte erhöhen*) ■ **sich** *akk* [**auf etw** *akk*] **~** to double [to sth]; ***im letzten Jahr hat sich unser Gewinn auf DM 250.000,- verdoppelt*** last year our profit doubled to two hundred and fifty thousand marks

Verdopp(e)lung <-, -en> *f* ❶ (*Erhöhung auf das Doppelte*) doubling ❷ (*deutliche Verstärkung*) redoubling

verdorben I. *pp von* **verderben** II. *adj* ❶ (*ungenießbar geworden*) bad, off *pred* BRIT; ***das Fleisch riecht so merkwürdig, wahrscheinlich ist es ~*** the meat smells so peculiar, it's probably off ❷ (*moralisch korrumpiert*) corrupt ❸ MED **einen ~en Magen haben** to have an upset stomach

Verdorbenheit <-> *f kein pl* [moral] corruptness [*or* corruption] *no pl*

verdorren* *vi sein* to wither; **ein verdorrter Baum** a withered tree

verdrängen* *vt* ❶ (*vertreiben*) ■ **jdn** [**aus etw** *dat*] **~** to drive sb out [of sth] ❷ (*unterdrücken*) ■ **etw ~** to suppress [*or* repress] sth; **eine Erinnerung ~** to suppress [*or* repress] a memory ❸ PHYS *Wasser* ~ to displace water

Verdrängung <-, -en> *f* ❶ (*Vertreibung*) driving out, ousting ❷ (*Unterdrückung*) suppression, repression ❸ PHYS displacement

Verdrängungskünstler(in) *m(f)* master at suppressing things *pl* **Verdrängungswettbewerb** *m* ÖKON cutthroat competition

verdrecken* I. *vi sein* (*fam: sehr dreckig werden*) to get filthy; ■ **etw ~ lassen** to let sth get filthy II. *vt haben* (*sehr dreckig machen*) ■ **etw ~** to make sth filthy dirty

verdreckt *adj* filthy

verdrehen* *vt* ■ **etw ~** ❶ (*wenden*) to twist sth; **die Augen/Hals/Kopf ~** to roll one's eyes/crane one's neck/twist one's head round ❷ (*entstellen*) to distort sth; **die Tatsachen ~** to distort the facts ▶ WENDUNGEN: **jdm den Kopf ~** to turn sb's head

verdreifachen* I. *vt* (*auf das Dreifache erhöhen*) ■ **etw** [**auf etw** *akk*] **~** to treble [*or* triple] sth [to sth] II. *vr* (*sich auf das Dreifache erhöhen*) ■ **sich** *akk* [**auf etw** *akk*] **~** to treble [*or* triple]; ***ihr Einkommen hat sich verdreifacht*** her income has increased threefold

Verdreifachung <-, -en> *f* trebling, tripling

verdreschen* *vt irreg* (*fam*) ■ **jdn ~** to beat up sb *sep fam*, to thrash sb

verdrießen <verdross, verdrossen> *vt* (*geh*) ■ **jdn ~** to irritate [*or* annoy] sb; **es sich** *dat* **nicht ~ lassen** to not be put off

verdrießlich *adj* (*geh*) ❶ (*missmutig*) **~es Gesicht** sullen face; **~e Stimmung** morose mood ❷ (*misslich*) tiresome

verdross[RR], **verdroß** *imp von* **verdrießen**

verdrossen I. *pp von* **verdrießen** II. *adj* sullen, morose

Verdrossenheit <-> *f kein pl* sullenness *no pl*, moroseness *no pl*

verdrücken* I. *vt* (*fam: verzehren*) ■ **etw ~** to polish off sth *sep fam* II. *vr* (*fam: verschwinden*) ■ **sich** *akk* [**irgendwohin**] **~** to slip away [somewhere]; ***er verdrückte sich durch den Hintereingang*** he slipped away through the rear entrance

Verdruss[RR] <-es, -e> *m*, **Verdruß** <-sses, -sse> *m meist sing* (*geh*) annoyance; **jdm ~ bereiten** to annoy sb; **zu jds ~, jdm zum ~** to sb's annoyance

verduften* *vi sein* (*fam*) to clear off *fam*

verdummen* I. *vt haben* (*jds geistiges Niveau senken*) ■ **jdn ~** to dull sb's mind II. *vi sein* (*verblöden*) to become stupid

Verdummung <-> *f kein pl* dulling of sb's mind *no pl*

verdungen *pp von* **verdingen**

verdunkeln* I. *vt* ❶ (*abdunkeln*) ■ **etw ~** to black out sth ❷ (*verdüstern*) ■ **etw ~** to darken sth; ***düstere Gewitterwolken begannen den Himmel zu ~*** murky storm clouds began to darken the sky ❸ JUR (*verschleiern*) ■ **etw ~** to obscure sth II. *vr* (*dunkler werden*) ■ **sich** *akk* **~** to darken; ***der Himmel verdunkelt sich*** the sky is growing darker

Verdunk(e)lung <-, -en> *f* ❶ *kein pl* (*das Verdunkeln*) black-out ❷ JUR (*Verschleierung*) suppression of evidence *no pl*

Verdunk(e)lungsgefahr *f* JUR danger of suppression of evidence

verdünnen* *vt* ■ **etw** [**mit etw** *dat*] **~** to dilute sth [with sth]; ■ **verdünnt** diluted

Verdünner <-s, -> *m* thinner

verdünnisieren* *vr* (*hum fam*) ■ **sich** *akk* **~** to make oneself scarce *fam*

Verdünnung <-, -en> *f kein pl* ❶ (*das Verdünnen*) dilution *no pl* ❷ (*verdünnter Zustand*) diluted state, dilution ❸ TECH (*Verdünner*) diluent

verdunsten* *vi sein* to evaporate

Verdunstung <-> *f kein pl* evaporation *no pl*

verdursten* *vi sein* ❶ (*an Durst sterben*) to die of thirst ❷ (*fam: furchtbar durstig sein*) to be dying of thirst *fam*

verdüstern* I. *vr* (*geh*) ■ **sich** *akk* **~** to darken [*or* grow dark]; ***der Himmel verdüstert sich zuse-***

hends the sky is visibly growing darker **II.** *vt* (*geh*) ▪ **etw** ~ to darken sth; ***die Regenwolken begannen den Himmel zu*** ~ the rain-clouds began to darken the sky

verdutzen* *vt* (*fam*) ▪ **jdn** [**mit etw** *dat*] ~ to confuse sb [with sth], to take sb aback [with sth]

verdutzt **I.** *adj* (*fam*) ❶ (*verwirrt*) baffled, confused; **ein ~es Gesicht machen** to appear baffled [*or* nonplussed] ❷ (*überrascht*) taken aback *pred* **II.** *adv* in a confused [*or* baffled] manner; **sich** *akk* ~ **umdrehen** to turn round in confusion [*or* bafflement]

verebben* *vi sein* (*geh*) to subside

veredeln* *vt* ▪ **etw** ~ ❶ (*qualitätsmäßig verbessern*) to refine sth; ▪ **veredelt** refined ❷ HORT (*durch Aufpfropfen verändern*) to graft sth; ▪ **veredelt** grafted

Vered(e)lung <-, -en> *f* ❶ TECH refinement ❷ HORT (*das Veredeln*) grafting *no pl*

verehelichen* *vr* (*geh*) ▪ **sich** *akk* [**mit jdm**] ~ to marry [sb]

Verehelichung <-, -en> *f* (*geh*) marriage

verehren* *vt* ❶ (*bewundernd schätzen*) ▪ **jdn** ~ to admire sb ❷ REL (*anbeten*) ▪ **jdn** [*o* **ein Tier**] [*o* **etw**] ~ to worship sb [*or* an animal] [*or* sth] ❸ (*hum: schenken*) ▪ [**jdm**] **etw** ~ to give [sb] sth

Verehrer(in) <-s, -> *m(f)* ❶ (*Bewunderer*) admirer ❷ REL (*Anbeter*) worshipper

verehrt *adj* ❶ (*Floskel in einer Ansprache: geschätzt*) ~***e Anwesende!*** *pl* Ladies and Gentlemen! *pl* ❷ (*Floskel im Brief: geehrt*) dear; ~***e Frau Professorin!*** Dear Professor,

Verehrung *f kein pl* ❶ (*bewundernde Schätzung*) admiration *no pl;* **jdm seine ~ bezeigen** to show one's admiration for sb; ▪ **jds ~ für jdn** sb's admiration for sb ❷ REL (*Anbetung*) worship *no pl*

verehrungswürdig *adj* (*geh*) honourable [*or* AM -orable], estimable *form*

vereidigen* *vt* JUR ❶ (*einen Eid leisten lassen*) ▪ **jdn** ~ to swear in sb *sep* ❷ (*eidlich auf etw verpflichten*) ▪ **jdn** [**auf etw** *akk*] ~ to make sb swear to sth; ***der Präsident wurde auf die Verfassung vereidigt*** the president was sworn to uphold the constitution

vereidigt *adj* JUR sworn; **ein ~er Übersetzer** a sworn [*or* certified] translator; **gerichtlich** ~ certified before the court

Vereidigung <-, -en> *f* JUR swearing in

Verein <-[e]s, -e> *m* ❶ (*Organisation Gleichgesinnter*) club, association; **aus einem ~ austreten** to resign from a club; **in einen ~ eintreten** to join a club; **eingetragener** ~ registered society; **gemeinnütziger** ~ charitable organization ❷ (*pej fam: Haufen*) bunch, crowd *fam*, outfit *fam;* ***von dem ~ kommt mir keiner ins Haus!*** none of that lot is setting foot in my house! ▸ WENDUNGEN: **im ~ mit jdm** in conjunction with sb

vereinbar *adj* compatible; ▪ [**mit etw** *dat*] ~ **sein** to be compatible [with sth]

vereinbaren* *vt* ❶ (*miteinander absprechen*) ▪ **etw** [**mit jdm**] ~ to agree sth [with sb]; ***wir hatten 20 Uhr vereinbart*** we had agreed eight o'clock, our arrangement was for eight o'clock; ▪ [**mit jdm**] **~, dass** to agree [*or* arrange] [with sb] that ❷ (*in Einklang bringen*) ▪ **etw** [**mit etw** *dat*] ~ to reconcile sth [with sth]; ***ich weiß nicht, wie ich diese Handlungsweise mit meinem Gewissen ~ soll*** I don't know how to reconcile this behaviour with my conscience; ▪ **sich** *akk* [**mit etw** *dat*] ~ **lassen** [*o* [**mit etw** *dat*] **zu ~ sein**] to be compatible [with sth]

vereinbart *adj inv* agreed

Vereinbarung <-, -en> *f* ❶ *kein pl* (*das Vereinbaren*) arranging *no pl* ❷ (*Abmachung*) agreement; **laut** ~ as agreed; **nach** ~ by arrangement

vereinbarungsgemäß *adv* as agreed [*or* arranged]

vereinen* *vt* ❶ (*zusammenschließen*) ▪ **etw** ~ to unite [*or* combine] sth ❷ (*vereinbaren*) ▪ [**miteinander**] **zu ~ sein** to be able to be reconciled [with each other]; *s. a.* **Hand**

vereinfachen* *vt* ▪ **etw** ~ to simplify sth

vereinfacht **I.** *adj* simplified; **eine ~e Skizze** a simplified sketch **II.** *adv* in a simplified way

Vereinfachung <-, -en> *f* simplification

vereinheitlichen* *vt* ▪ **etw** ~ to standardize sth

Vereinheitlichung <-, -en> *f* standardization

vereinigen* **I.** *vt* (*zusammenschließen*) ▪ **etw** [**zu etw** *dat*] ~ to unite [*or* combine] [to form sth]; **Staaten** ~ to unite states; **Firmen/Organisationen** *pl* ~ to merge firms/organizations *pl* **II.** *vr* ❶ (*sich zusammenschließen*) ▪ **sich** *akk* [**zu etw** *dat*] ~ to merge [to form sth] ❷ GEOG (*zusammenfließen*) ▪ **sich** *akk* [**zu etw** *dat*] ~ to meet [to form sth]; ***die beiden Flüsse ~ sich zur Weser*** the two rivers meet to form the Weser

vereinigt *adj* united; *s. a.* **Emirat, Königreich, Staat**

Vereinigte Arabische Emirate *pl* United Arab Emirates *pl; s. a.* **Deutschland**

Vereinigtes Königreich *nt* BRD, ÖSTERR *s.* **Großbritannien**

Vereinigte Staaten (**von Amerika**) *pl* United States [of America] *pl; s. a.* **Deutschland**

Vereinigung <-, -en> *f* ❶ (*Organisation*) organization; **kriminelle** ~ criminal organization ❷ *kein pl* (*Zusammenschluss*) amalgamation; **die ~ verschiedener Chemiefirmen** the amalgamation of various chemical companies; **die deutsche** ~ German reunification

Vereinigungskriminalität *f* organized crime

vereinnahmen* *vt* ❶ (*mit Beschlag belegen*) ▪ **jdn** ~ to take up sb's time, to monopolize sb ❷ (*geh: einnehmen*) ▪ **etw** ~ to collect sth; **Steuern** ~ *pl* to collect taxes *pl*

vereinsamen* *vi sein* to become lonely

Vereinsamung <-> *f kein pl* loneliness *no pl*

Vereinsbeitrag *m* membership fee **Vereinsfußballer(in)** *m(f)* club player **Vereinsmeier** *m* (*pej fam*) **ein richtiger** ~ a clubman through and through **Vereinsmitglied** *nt* club member **Vereinssatzung** *f* club rules *pl,* a society's constitution **Vereinsvorsitzende(r)** *m(f)* club chairman [*or* chair]

vereint *adj inv* united

vereinzelt **I.** *adj* ❶ METEO (*örtlich*) isolated; **~e Regenschauer** *pl* isolated [*or* scattered] showers *pl* ❷ (*sporadisch auftretend*) occasional **II.** *adv* METEO (*örtlich*) in places *pl;* ***es kam ~ zu länger anhaltenden Regenfällen*** there were longer outbreaks of rain in places

vereisen* **I.** *vi sein* to ice up [*or* over]; ▪ **vereist** iced up [*or* over]; **eine ~e Fahrbahn** an icy road; ***fahr vorsichtig, die Straße ist vereist!*** drive carefully, there's ice on the road! **II.** *vt haben* (*lokal anästhesieren*) ▪ **etw** ~ to freeze sth

vereiteln* *vt* ▪ **etw** ~ to thwart [*or* prevent] sth

Vereit(e)lung <-> *f kein pl* thwarting *no pl,* prevention *no pl*

vereitern* *vi sein* (*sich eitrig entzünden*) to go septic; (*eitrig entzündet sein*) to have turned septic; **eine vereiterte Wunde** a septic wound; ▪ **vereitert sein** to be septic

Vereiterung <-, -en> *f* sepsis *no pl*

verelenden* *vi sein* (*geh*) to become impoverished

verenden* *vi sein* to perish [*or* die]

verengen* **I.** *vr* ❶ MED, ANAT (*sich zusammenziehen*) ▪ **sich** *akk* ~ *Pupillen* to contract; *Gefäße* to become constricted ❷ TRANSP (*enger werden*) ▪ **sich** *akk* [**auf etw** *akk*] ~ to narrow [to sth]; ***die Autobahn verengt sich auf zwei Fahrspuren*** the motorway narrows to [*or* goes into] two lanes **II.** *vt* MED, ANAT (*enger werden lassen*) ■ **etw** ~ to constrict sth; ***Nikotin verengt die Gefäße*** nicotine constricts the blood vessels

Verengung <-, -en> *f* ① *kein pl* MED, ANAT (*das Kontrahieren*) *Gefäß* constriction; *Pupillen* contraction ② TRANSP (*verengte Stelle*) narrow section ③ MED (*verengte Stelle*) stenosis *spec,* stricture *spec*

vererben* **I.** *vt* ① (*als Erbschaft hinterlassen*) ■ **[jdm] etw** ~ to leave [*or form* bequeath] [sb] sth ② (*durch Vererbung weitergeben*) ■ **[jdm] etw** ~, ■ **etw [auf jdn]** ~ to pass on sth *sep* [to sb]; (*hum fam: schenken*) to hand on sth *sep* [to sb] **II.** *vr* ■ **sich** *akk* **[auf jdn]** ~ to be passed on [to sb], to be hereditary

Vererbung <-, *selten* -en> *f* BIO heredity *no pl, no art*

Vererbungsgesetz *nt* law of heredity, Mendelian law **Vererbungslehre** *f* genetics + *sing vb, no art*

verewigen* **I.** *vr* (*fam: Spuren hinterlassen*) ■ **sich** *akk* **[auf etw** *dat***]** ~ to leave one's mark for posterity [on sth] **II.** *vt* ■ **etw** ~ ① (*perpetuieren*) to perpetuate sth ② (*unvergesslich, unsterblich machen*) to immortalize sth

verfahren*[1] *vi irreg sein* ① (*vorgehen*) ■ **[irgendwie]** ~ to proceed [*or* act] [in a certain way] ② (*umgehen*) ■ **[mit jdm] [irgendwie]** ~ to deal with sb [in a certain way]

verfahren*[2] *irreg* **I.** *vt* (*durch Fahren verbrauchen*) ■ **etw** ~ to use up sth *sep* **II.** *vr* (*sich auf einer Fahrt verirren*) ■ **sich** *akk* ~ to lose one's way

verfahren[3] *adj* muddled; ***die Situation ist völlig*** ~ the situation is a total muddle

Verfahren <-s, -> *nt* ① TECH (*Methode*) process; ***dieses ~ soll die Produktion wesentlich verbilligen*** this process should make production considerably cheaper ② JUR (*Gerichts~*) proceedings *npl;* **gegen jdn läuft ein** ~ proceedings are being brought against sb; **ein** ~ **[gegen jdn] einleiten** to institute proceedings [against sb]

Verfahrensbeschleunigung *f* JUR speeding up of the proceedings **Verfahrenskosten** *pl* JUR, ADMIN costs *pl* [of the proceedings] **Verfahrensweg** *m* JUR procedure **Verfahrensweise** *f* procedure

Verfall *m kein pl* ① (*das Verfallen*) dilapidation *no pl, no indef art;* **der ~ historischer Gebäude** the dilapidation of historical buildings; **in ~ geraten** to fall into decay ② MED decline *no pl* ③ (*das Ungültigwerden*) expiry *no pl, no indef art* ④ (*geh: Niedergang*) decline *no pl;* **der ~ der Moral** the decline in morals *npl;* **der ~ des Römischen Reiches** the fall of the Roman Empire

Verfalldatum *nt s.* **Verfallsdatum**

verfallen*[1] *vi irreg sein* ① (*zerfallen*) to decay, to fall into disrepair ② (*immer schwächer werden*) to deteriorate ③ (*ungültig werden*) *Eintritts-, Fahrkarte, Ticket, Gutschein* to expire; *Anspruch, Recht* to lapse ④ FIN (*rapide weniger wert werden*) to fall ⑤ (*erliegen*) ■ **[jdm]** ~ to be captivated [by sb]; ■ **[einer S.** *dat***]** ~ to become enslaved [by a thing] ⑥ (*sich einfallen lassen*) ■ **[auf etw** *akk***]** ~ to think of sth; ***wer ist denn auf so einen verrückten Plan ~?*** whoever thought up such an insane plan?; ■ **darauf ~, etw zu tun** to give sb the idea of doing sth ⑦ (*kommen auf*) ■ **[auf jdn]** ~ to think of sb; ***wir suchten einen Spezialisten, da sind wir auf ihn*** ~ we were looking for a specialist and we thought of him ⑧ JUR ■ **jdm** ~ to be forfeited to sb

verfallen[2] *adj* ① (*völlig baufällig*) dilapidated ② (*abgelaufen*) expired

Verfallsdatum *nt* ÖKON ① (*der Haltbarkeit*) use-by date; ***Packungen mit Nahrungsmitteln müssen mit einem ~ gekennzeichnet sein*** packets containing food must be labelled with a best-before-date ② (*der Ungültigkeit*) expiry date ③ (*der Zahlbarkeit*) expiry date

verfälschen* *vt* ① (*falsch darstellen*) ■ **etw** ~ to distort sth ② (*in der Qualität mindern*) ■ **etw [durch etw** *akk***]** ~ to adulterate sth [with sth]

Verfälschung *f* ① (*das Verfälschen*) distortion ② (*Qualitätsminderung*) adulteration

verfangen* *irreg* **I.** *vr* ■ **sich** *akk* **[in etw** *dat***]** ~ ① (*hängen bleiben*) to get caught [in sth] ② (*sich verstricken*) to become entangled [in sth]; **sich** *akk* **in Lügen** ~ to become entangled in a web of lies **II.** *vi* (*den erstrebten Effekt hervorrufen*) ■ **[bei jdm] nicht** [*o* **nicht mehr**] ~ to not cut [*or* to no longer cut] any ice [with sb]

verfänglich *adj* awkward, embarrassing

verfärben* **I.** *vr* ■ **sich** *akk* **[irgendwie]** ~ to turn [a certain colour [*or* AM -or]]; ***im Herbst ~ sich die Blätter*** the leaves change colour in autumn **II.** *vt* ■ **etw** ~ to discolour [*or* AM -or] sth; ***nicht farbechte Kleidungsstücke ~ andere*** items of clothing that are not colourfast discolour other items

Verfärbung *f* ① *kein pl* (*Wechsel der Farbe*) change of colour [*or* AM -or] ② *kein pl* (*Annahme anderer Farbe*) discolo[u BRIT]ration *no pl, no indef art* ③ (*abweichende Färbung*) discolo[u BRIT]ration *no pl, no indef art*

verfassen* *vt* ■ **etw** ~ to write sth; **einen Entwurf/ein Gesetz/eine Urkunde** ~ to draw up a design/a law/a document

Verfasser(in) <-s, -> *m(f)* author

Verfassung *f* ① *kein pl* (*Zustand*) condition *no pl;* (*körperlich*) state [of health]; (*seelisch*) state [of mind]; **in einer bestimmten ~ sein** [*o* **sich** *akk* **in einer bestimmten ~ befinden**] to be in a certain state; **in guter** ~ in good form [*or* shape] ② POL constitution

Verfassungsänderung *f* constitutional amendment **Verfassungsbeschwerde** *f* complaint about constitutional infringements *pl* **Verfassungsbruch** *m* POL violation of the constitution **verfassungsfeindlich** *adj* JUR anticonstitutional **Verfassungsgericht** *nt* constitutional court **Verfassungsklage** *f formal complaint about unconstitutional decision made by the courts* **verfassungsmäßig** *adj* constitutional, according to the constitution **Verfassungsreform** *f* constitutional reform **Verfassungsrichter(in)** *m(f)* constitutional judge **Verfassungsschutz** *m* ① (*Schutz*) protection of the constitution ② (*fam: Amt*) Office for the Protection of the Constitution **Verfassungstreue** *f* POL loyalty to the constitution **verfassungswidrig** *adj* unconstitutional

verfaulen* *vi sein* ① (*durch Fäulnis verderben*) to rot; **verfaulte Kartoffeln** *pl* rotten potatoes *pl* ② (*verwesen*) to decay; **verfaulte Zähne** *pl* decayed [*or* rotten] teeth *pl*

verfechten* *vt irreg* ■ **etw** ~ to champion [*or* advocate] sth

Verfechter(in) *m(f)* advocate, champion

verfehlen* *vt* ① (*nicht treffen*) ■ **jdn/etw** ~ to miss sb/sth; ■ **nicht zu ~ sein** to be impossible to miss ② (*verpassen*) ■ **jdn/etw** ~ to miss sb/sth; ***beeile dich, sonst ~ wir noch unseren Anschluss!*** hurry up or we'll miss our connection! ③ (*nicht erreichen*) ■ **etw** ~ not to achieve sth; **das Thema** ~ to go completely off the subject; **seinen Beruf** ~ to miss one's vocation ④ (*versäumen*) ■ **[es] ~, etw zu tun** to fail to do sth

verfehlt *adj* ① (*misslungen*) unsuccessful; **eine ~e Politik** an unsuccessful policy ② (*unangebracht*) inappropriate; ■ **es wäre ~, etw zu tun** it would be inappropriate to do sth

Verfehlung <-, -en> *f* misdemeanour [*or* AM -or]

V

verfeinden* *vr* ■ **sich** *akk* [**mit jdm/miteinander**] ~ to fall out [with sb/each other]; ■ **verfeindet sein** to have quarrelled [*or* AM quareled], to be enemies; **verfeindete Staaten** enemy states

verfeinern* *vt* ① KOCHK ■ **etw** [**mit etw** *dat*] ~ to improve sth [with sth] ② (*raffinierter gestalten*) ■ **etw** ~ to refine sth

Verfeinerung <-, -en> *f* ① KOCHK improvement ② (*raffiniertere Gestaltung*) refinement

verfemen* *vt* (*geh*) ■ **jdn/etw** ~ to ban sb/sth

verfertigen* *vt* (*geh*) ■ **etw** ~ to produce sth

verfestigen* *vr* ■ **sich** *akk* ~ ① (*fester werden*) to harden [*or* solidify]; *Farbe, Lack* to dry; *Klebstoff* to set ② (*erinnert werden*) to become firmly established

verfetten* *vi sein* MED to become fatty

Verfettung <-, -en> *f* MED fatty degeneration

verfeuern* *vt* ① (*verschießen*) ■ **etw** ~ to fire sth ② (*verbrennen*) ■ **etw** ~ to burn sth

verfilmen* *vt* ■ **etw** ~ to film sth, to make a film of sth

Verfilmung <-, -en> *f* ① *kein pl* (*das Verfilmen*) filming *no pl, no indef art* ② (*Film*) film

verfilzen* *vi sein Kleidungsstück aus Wolle* to become felted; *Kopfhaar* to become matted; **ein verfilzter Pullover** a felted pullover; **verfilzte Haare** matted hair

verfilzt *adj* (*fam*) interconnected; ■ [**miteinander**] ~ **sein** to be inextricably linked

verfinstern* **I.** *vt* to darken; **den Mond/die Sonne** ~ to eclipse the moon/the sun **II.** *vr* ■ **sich** *akk* ~ to darken

verflachen **I.** *vt* (*flach machen*) ■ **etw** ~ to flatten sth, to level out sth *sep* **II.** *vi* (*flach werden*) to flatten [*or* level] out; (*seicht werden*) *Wasser* to become shallow; (*fig: oberflächlich werden*) to become superficial [*or* trivial]

verflechten* *vt irreg* ■ **etw** [**miteinander**] ~ to interweave [*or* intertwine] sth

Verflechtung <-, -en> *f* interconnection; POL, FIN integration

verfliegen* *irreg* **I.** *vi sein* ① (*schwinden*) *Zorn* to pass; *Heimweh, Kummer* to vanish ② (*sich verflüchtigen*) to evaporate **II.** *vr haben* ■ **sich** *akk* ~ *Pilot* to lose one's bearings *pl; Flugzeug* to stray off course

verfließen* *vi irreg sein* ① (*verschwimmen*) to merge [*or* blend] ② (*geh: vergehen*) to go by, to pass; ***die Tage und Wochen verflossen*** the days and weeks went by

verflixt **I.** *adj* (*fam*) ① (*verdammt*) damn[ed] *fam*, blasted *fam;* ***der ~e Schlüssel will nicht ins Schloss gehen!*** the blasted key won't go into the lock! ② (*ärgerlich*) unpleasant; *s. a.* **Jahr II.** *adv* (*fam: ziemlich*) damn[ed] *fam;* ***diese Matheaufgabe ist ~ schwer*** this maths exercise is damned difficult **III.** *interj* (*fam: verdammt*) blast [it]! *fam*

verflossen *adj* ① (*veraltet geh: vergangen*) past; **in den ~en Jahren** in past years; **in den ~en Tagen** these past days ② (*fam: frühere*) former; **eine ~e Freundin** a former [*or* an ex-] girlfriend

Verflossene(r) *f(m) decl wie adj* (*fam*) ■ **jds** ~ sb's ex- [*or* former] husband/girlfriend etc.

verfluchen* *vt* ■ **jdn/etw** ~ to curse sb/sth

verflucht **I.** *adj* (*fam: verdammt*) damn[ed] *fam*, bloody BRIT *fam;* ***jetzt ist dieser ~e Computer schon wieder kaputt!*** this damned computer has broken down again now! **II.** *adv* (*fam: äußerst*) damn[ed] *fam;* ***gestern war es ~ kalt*** it was damned cold yesterday **III.** *interj* (*fam: verdammt*) damn!

verflüchtigen* *vr* ■ **sich** *akk* ~ ① (*sich in Luft auflösen*) to evaporate ② (*hum fam: sich davonmachen*) to disappear ▶ WENDUNGEN: **sich** *akk* **verflüchtigt haben** (*hum fam*) to have disappeared *hum*

verflüssigen* **I.** *vt* ■ **etw** ~ ① (*flüssig machen*) to liquefy [*or* liquify] sth; ■ **verflüssigt** liquefied ② (*hydrieren*) to hydrogenate sth **II.** *vr* ■ **sich** *akk* ~ (*flüssig werden*) to liquefy [*or* liquify], to become liquid

Verflüssigung <-, -en> *f* TECH, CHEM ① (*das Verflüssigen*) liquefaction ② (*Hydrierung*) hydrogenation

verfolgen* *vt* ① (*nachsetzen*) ■ **jdn** ~ to follow sb ② (*nachgehen*) ■ **etw** ~ **eine Spur/einen Weg/eine Diskussion** ~ to follow a lead/a way/ a discussion ③ (*politisch drangsalieren*) ■ **jdn** ~ to persecute sb ④ (*zu erreichen suchen*) ■ **etw** [**mit etw** *dat*] ~ to pursue sth [with sth]; **eine Absicht** ~ to have sth in mind; **eine Laufbahn** ~ to pursue a career ⑤ JUR (*gegen etw vorgehen*) ■ **etw** [**irgendwie**] ~ to prosecute sth [in a certain way]; **jdn gerichtlich** ~ to institute legal proceedings *npl* against sb; **jdn strafrechtlich** ~ to prosecute sb; ***jeder Ladendiebstahl wird von uns verfolgt*** shoplifters will be prosecuted ⑥ (*belasten*) ■ **jdn** ~ to dog sb; **vom Unglück/Pech verfolgt sein** to be dogged by ill fortune/bad luck

Verfolger(in) <-s, -> *m(f)* pursuer

Verfolgte(r) *f(m) decl wie adj* victim of persecution

Verfolgung <-, -en> *f* ① (*das Verfolgen*) pursuit *no pl, no indef art;* **die** ~ **der Flüchtigen** *pl* the pursuit of the fugitives *pl;* **die** ~ [**von jdm**] **aufnehmen** to start in pursuit [of sb], to take up the chase ② (*politische Drangsalierung*) persecution *no pl, no indef art;* **die** ~ **der Juden** *pl* the persecution of the Jews *pl* ③ *kein pl* (*Bezweckung*) pursuance *no pl, no indef art form;* **die** ~ **verfassungsfeindlicher Ziele** *pl* the pursuance of anticonstitutional objectives *pl* ④ JUR (*das Vorgehen gegen etw*) prosecution

Verfolgungsjagd *f* pursuit, chase **Verfolgungswahn** *m* PSYCH persecution mania

verformen* **I.** *vt* ■ **etw** ~ to distort sth **II.** *vr* ■ **sich** *akk* ~ to become distorted, to go out of shape

Verformung *f* ① (*das Verformen*) distortion ② (*verformte Stelle*) distortion

verfrachten* *vt* ① (*fam: bringen*) ■ **jdn** [**irgendwohin**] ~ to bundle sb off [somewhere]; **jdn ins Bett** ~ to bundle sb off to bed; ■ **etw** [**irgendwohin**] ~ to put sth somewhere ② ÖKON ■ **etw** ~ to ship [*or* transport] sth

verfranzen* *vr* (*fam*) ■ **sich** *akk* ~ ① (*sich verirren*) to lose one's way ② LUFT (*sich verfliegen*) to lose one's bearings *pl*, to stray off course

verfremden *vt* ■ **etw** ~ to make sth [appear] unfamiliar

Verfremdung <-, -en> *f* LIT, THEAT alienation

verfressen* *adj* (*pej sl*) [piggishly] greedy *pej*

Verfressenheit <-> *f kein pl* (*pej sl*) [piggish] greediness *no pl pej*

verfrühen* *vr* ■ **sich** *akk* ~ to arrive too early

verfrüht *adj* premature; **eine ~e Steuererhöhung** a premature rise in taxes *pl;* **etw für ~ halten** to consider sth to be premature

verfügbar *adj* available

verfugen* *vt* ■ **etw** ~ *Mauer, Wand* to point sth; *Fliesen* to grout sth

verfügen* **I.** *vi* ① (*besitzen*) ■ **über etw** *akk* ~ to have sth at one's disposal; ***wir ~ nicht über die nötigen Mittel*** we don't have the necessary resources at our disposal; ■ **über etw** *akk* [**frei**] ~ **können** to be able to do as one wants with sth ② (*bestimmen*) ■ **über jdn** ~ to be in charge of sb; ~ **Sie über mich!** I am at your disposal! **II.** *vt* ADMIN (*behördlich anordnen*) ■ **etw** ~ to order sth; ■ ~, **dass** to order that

Verfügung <-, -en> *f* ① (*behördliche Anordnung*) order; **einstweilige** ~ JUR temporary injunction; **letztwillige** ~ last will and testament ② (*Disposition*) ■ **etw zur** ~ **haben** to have sth at one's disposal; ■ **sich** *akk* **zu jds** [*o* **zur**] ~ **halten** to be available to sb; ***halten Sie sich bitte weiterhin zur*** ~ please continue to be available; ■ **[für etw** *akk*] **zur** ~ **stehen** to be available [for sth]; ■ **jdm zur** ~ **stehen** to be available to sb; ■ **zu jds** [*o* **jdm zur**] ~ **stehen** to be at sb's disposal; ■ **etw zur** ~ **stellen** to offer to give up sth; ■ **[jdm] etw zur** ~ **stellen** to make sth available [to sb]

Verfügungsgewalt *f* JUR (*geh*) power of disposal; ■ **die** [*o* **jds**] ~ **[über etw** *akk*] the [*or* sb's] power to use sth

verführen* *vt* ❶ (*verleiten*) ■ **jdn [zu etw** *dat*] ~ to entice sb [into doing sth]; ■ **jdn** ~ (*sexuell*) to seduce sb ❷ (*hum: verlocken*) ■ **jdn zu etw** *dat* ~ to tempt sb to sth

Verführer(in) *m(f)* seducer *masc*, seductress *fem*

verführerisch *adj* ❶ (*verlockend*) tempting; **ein ~es Angebot** a tempting offer; ***das riecht aber ~!*** that smells tempting! ❷ (*aufreizend*) seductive; ~ **angezogen** seductively dressed

Verführung *f* ❶ (*Verleitung*) seduction; ~ **Minderjähriger** *pl* JUR seduction of minors *pl* ❷ (*Verlockung*) temptation

verfuhrwerken *vt* SCHWEIZ, SÜDD (*verpfuschen*) ■ **etw** ~ to bungle [*or* botch] sth

verfünffachen* I. *vt* ■ **etw** ~ to increase sth fivefold II. *vr* ■ **sich** *akk* ~ to increase fivefold

verfüttern* *vt* ■ **etw [an Tiere]** ~ to feed sth to animals

Vergabe *f Arbeit, Studienplätze* allocation; *Auftrag, Preis, Stipendium* award

vergällen* *vt* ❶ (*verderben*) ■ **[jdm] etw** ~ to spoil [sb's] sth ❷ SCI (*ungenießbar machen*) ■ **etw** ~ to denature sth

vergammeln* I. *vi sein* (*fam*) *Wurst, Essen* to go bad [*or* BRIT *fam* off]; *Brot, Käse* to go stale; ■ **vergammelt** bad, stale II. *vt haben* (*fam: müßig zubringen*) ■ **etw** ~ to idle away sth *sep*

vergammelt <-er, -este> *adj* (*fam o pej*) scruffy, tatty; (*Auto*) decrepid

vergangen *adj* past, former

Vergangenheit <-, *selten* -en> *f* ❶ *kein pl* (*Vergangenes*) past; **die jüngste** ~ the recent past; **der** ~ **angehören** to belong to the past ❷ (*bisheriges Leben*) ■ **jds** ~ sb's past; **eine bewegte** ~ **haben** to have an eventful past ❸ LING (*Präteritum*) past [tense]

Vergangenheitsbewältigung *f* coming to terms with the past

vergänglich *adj* transient, transitory

Vergänglichkeit <-> *f kein pl* transience *no pl*, transitoriness *no pl*

vergasen* *vt* ❶ (*durch Giftgas umbringen*) ■ **jdn/Tiere** ~ to gas sb/animals ❷ TECH (*zu Gas transformieren*) ■ **etw** ~ to gasify sth

Vergaser <-s, -> *m* AUTO carburettor, carburetor AM

Vergasereinstellung *f* TECH adjustment to a/the carburettor [*or* AM carburetor] [*or sl* carb]

vergaß *imp von* **vergessen**

Vergasung <-, -en> *f* ❶ (*Tötung durch Giftgas*) gassing ❷ TECH (*Transformierung in Gas*) gasification ▶ WENDUNGEN: **bis zur** ~ (*fam*) ad nauseam; ***wir mussten bis zur ~ Gedichte lernen*** we had to learn poems ad nauseam

vergeben* *irreg* I. *vi* (*verzeihen*) ■ **[jdm]** ~ to forgive [sb] II. *vt* ❶ (*geh: verzeihen*) ■ **[jdm] etw** ~ to forgive [sb] sth; ■ **~, dass** to forgive sb for; **das alles ist doch ~ und vergessen** all that has been forgiven and forgotten ❷ (*in Auftrag geben*) ■ **etw [an jdn]** ~ to award [*or* allocate] sth [to sb]; ***haben Sie den Auftrag bereits ~?*** have you already awarded the contract? ❸ (*verleihen*) ■ **etw [an jdn]** ~ to award sth [to sb]; ***der Nobelpreis wird für herausragende Leistungen*** ~ the Nobel Prize is awarded for outstanding achievements ❹ (*zuteilen*) ■ **etw [an jdn]** ~ to allocate sth [to sb]; ***tut mir leid, die vorderen Plätze sind schon alle*** ~ sorry, all the front seats have already been allocated; **zu** ~ to be allocated ❺ (*verpassen*) ■ **etw** ~ to miss sth; **eine Chance/eine Möglichkeit** ~ to pass up *sep* an opportunity ▶ WENDUNGEN: **bereits** [*o* **schon**] ~ **sein** (*liiert*) to be already spoken for; (*geschäftlicher Termin*) to be booked up; ***die ganze nächste Woche bin ich bereits*** ~ I'm booked up for the whole of next week; **sich** *dat* **nichts ~, wenn ...** not to lose face, if ...; **was vergibst du dir [schon] ~, wenn ...** what have you got to lose, if ...

vergebens I. *adj pred* in vain *pred*, to no avail *pred* II. *adv s.* **vergeblich**

vergeblich I. *adj* (*erfolglos bleibend*) futile; **ein ~er Versuch** a futile attempt II. *adv* (*umsonst*) in vain; ***Sie warten ~, der Bus ist schon weg*** you're waiting in vain, the bus has already gone

Vergeblichkeit <-> *f kein pl* futility *no pl, no indef art*

Vergebung <-, -en> *f* forgiveness *no pl, no indef art*; **[jdn] um ~ [für etw] bitten** to ask for [sb's] forgiveness [for sth]; **ich bitte um ~!** (*geh*) I do apologize!; **die ~ der Sünden** *pl* REL the forgiveness of sins *pl*, absolution

vergegenwärtigen* *vt* (*sich klarmachen*) ■ **sich** *dat* **etw** ~ to realize sth; ■ **sich** *dat* **~, dass** [*o* **was**] **...** to realize that [*or* what] ...

vergehen* *irreg* I. *vi sein* ❶ (*verstreichen*) to go by, to pass ❷ (*schwinden*) to wear off; ***igitt! da vergeht einem ja gleich der Appetit*** yuk! it's enough to make you lose your appetite ❸ (*sich zermürben*) ■ **[vor etw** *dat*] ~ to die [*or* be dying] [of sth]; **vor Scham/Hunger/Sehnsucht** ~ to die of shame/be dying of hunger/pine away II. *vr haben* ❶ (*an jdm eine Sexualstraftat begehen*) ■ **sich** *akk* **[an jdm]** ~ to indecently assault sb ❷ (*verstoßen*) ■ **sich** *akk* **[gegen etw** *akk*] ~ to violate sth; *s. a.* **Lachen**

Vergehen <-s, -> *nt* offence [*or* AM -se], misdemeanour [*or* AM -or] *spec*

vergeistigt *adj* spiritual

vergelten *vt irreg* ❶ (*lohnen*) ■ **[jdm] etw [irgendwie]** ~ to repay sb for sth [in a certain way]; ***wie kann ich Ihnen das nur ~?*** how can I ever repay you? ❷ (*heimzahlen*) ■ **[jdm] etw [mit etw** *dat*] ~ to repay sth [with sth]; *s. a.* **Gott**

Vergeltung <-, -en> *f* (*Rache*) revenge; ~ **[für etw** *akk*] **üben** to take revenge [for sth]

Vergeltungsmaßnahme *f* reprisal **Vergeltungsschlag** *m* retaliatory strike

vergesellschaften* *vt s.* **verstaatlichen**

Vergesellschaftung *f s.* **Verstaatlichung**

vergessen <vergisst, vergaß, vergessen> I. *vt* ❶ (*aus dem Gedächtnis verlieren*) ■ **etw/jdn** ~ to forget sth/sb; **jd wird jdm etw nie** [*o* **nicht**] ~ sb will never [*or* not] forget sb's sth, sb will never forget what sb did; ***das werde ich ihm nicht ~, das zahle ich ihm heim*** I won't forget what he did, I'll pay him back for that; **dass ich es nicht vergesse, ehe ich es vergesse** before I forget; **nicht zu ~ ...** not forgetting; ***vergessen wir das!*** let's just forget it!; ***schon vergessen!*** never mind! ❷ (*nicht an die Ausführung von etw denken*) ■ **etw** ~ to forget sth; ■ **~, etw zu tun** to forget to do sth ❸ (*liegen lassen*) ■ **etw [irgendwo]** ~ to leave sth behind [somewhere] ❹ (*nicht mehr bekannt sein*) ■ **etw ist** ~ sth has been forgotten II. *vr* (*die Selbstbeherrschung verlieren*) ■ **sich** *akk* ~ to forget oneself

Vergessenheit <-> *f kein pl* oblivion *no pl, no art*; **in ~ geraten** to be forgotten, to fall [*or* sink] into oblivion

vergesslich[RR] *adj*, **vergeßlich** *adj* forgetful; ■ ~

sich vergewissern

sich vergewissern	**making sure**
Alles in Ordnung?	**Everything OK?**
Habe ich das so richtig gemacht?	**Have I done that right?**
Hat es Ihnen geschmeckt?	**Did you like it?**
Ist das der Bus nach Frankfurt?	Is that/this the **bus for/to Frankfurt?**
(am Telefon): **Bin ich hier richtig beim** Jugendamt?	*(on the phone):* **Is that the** youth office?
Ist das der Film, von dem du so geschwärmt hast?	**Is that** the film you were raving about? *(fam)*
Bist du dir sicher, dass die Hausnummer stimmt?	**Are you sure** you've got the right house number?
Jemanden versichern, beteuern	**Affirming something to someone**
Der Zug hatte **wirklich** Verspätung gehabt.	The train **really was** late.
Wirklich! Ich habe nichts davon gewusst.	**Honestly!** I didn't know anything about it.
Ob du es nun glaubst oder nicht; sie haben sich **tatsächlich** getrennt.	**Believe it or not**; they **really** have split up.
Ich kann Ihnen versichern, dass das Auto noch einige Jahre fahren wird.	**I can assure you (that)** the car will go on running for several more years.
Glaub mir, das Konzert wird ein Riesenerfolg.	**Believe/Trust me**, the concert is going to be a huge success.
Du kannst ganz sicher sein, er hat nichts gemerkt.	**You can be sure** he didn't notice a thing.
Ich garantiere Ihnen, dass die Mehrheit dagegen stimmen wird.	**I guarantee (you) (that)** the majority will vote against (it).
Die Einnahmen sind ordnungsgemäß versteuert, **dafür lege ich meine Hand ins Feuer.**	The takings have been properly declared, **I'd swear to it/vouch for it.**

sein [*o* **werden**] to be [*or* become] forgetful

VergesslichkeitRR <-> *f kein pl* forgetfulness *no pl;* ■**jds** ~ sb's forgetfulness

vergeuden* *vt* ■**etw** ~ to waste [*or* squander] sth; *s. a.* **Zeit**

Vergeudung <-, -en> *f* waste *no pl*, squandering *no pl*

vergewaltigen* *vt* ❶ (*zum Geschlechtsverkehr zwingen*) ■**jdn** ~ to rape sb ❷ (*einem fremden Willen unterwerfen*) **eine Kultur/Traditionen** *pl* ~ to oppress a culture/traditions *pl;* **die Sprache** ~ to murder the language

Vergewaltigung <-, -en> *f* ❶ (*das Vergewaltigen*) rape ❷ (*Unterwerfung unter einen fremden Willen*) oppression *no pl*

vergewissern* *vr* ■**sich** *akk* [**einer S.** *gen*] ~ to make sure [of a thing]; ***wir sollten uns der Zustimmung der Geschäftsleitung*** ~ we ought to make sure that we have the agreement of the management; ■**sich** *akk* ~, **dass** [*o* **ob**] **etw geschehen ist** to make sure that sth has happened

vergießen* *vt irreg* ■**etw** ~ ❶ (*versehentlich danebengießen*) to spill sth ❷ (*als Körperflüssigkeit verlieren*) **Tränen** ~ to shed tears; *s. a.* **Blut**

vergiften* **I.** *vt* ❶ (*durch Gift töten*) ■**jdn/ein Tier** ~ to poison sb/an animal; ■**sich** *akk* ~ to poison oneself ❷ (*giftig machen*) ■**etw** ~ to poison sth; ■[**mit etw** *dat*] **vergiftet** poisoned [with sth]; **mit Curare vergiftete Pfeile** arrows poisoned with curare **II.** *vr* (*sich eine Vergiftung zuziehen*) ■**sich** *akk* [**an etw** *dat* [*o* **durch etw** *akk*]] ~ to be poisoned [by sth]

Vergiftung <-, -en> *f* ❶ *kein pl* (*das Vergiften*) poisoning *no pl, no indef art* ❷ MED poisoning *no pl, no indef art*, intoxication *no pl, no indef art spec*, toxicosis *no pl, no indef art spec* ❸ ÖKOL pollution *no pl, no indef art*

vergilben* *vi sein* to turn yellow; ■**vergilbt** yellowed

VergissmeinnichtRR <-[e]s, -[e]> *nt*, **Vergißmeinnicht** <-[e]s, -[e]> *nt* BOT forget-me-not

vergisstRR, **vergißt** *3. pers pres von* **vergessen**

vergittern* *vt* ■**etw** ~ to put a grille [*or* AM grill] on [*or* over] sth; **vergitterte Fenster** barred windows

Vergitterung <-, -en> *f* ❶ *kein pl* (*das Vergittern*) putting bars *pl* [*or* a grille] on [*or* AM grill] ❷ (*Gitter*) grille [*or* AM grill], grating; (*Stangen*) bars *pl*

verglasen* *vt* ■**etw** ~ to glaze sth; ■**verglast** glazed

Verglasung <-, -en> *f* ❶ *kein pl* (*das Verglasen*) glazing *no pl, no indef art* ❷ (*verglaste Fläche*) panes *pl* of glass

Vergleich <-[e]s, -e> *m* ❶ (*vergleichende Gegenüberstellung*) comparison; ■~ **mit etw** *dat* comparison with sth; **ein schiefer** ~ an inappropriate [*or* poor] [*or* false] comparison; **den** ~ [**mit etw** *dat*] **aushalten, dem** ~ [**mit etw** *dat*] **standhalten** to bear [*or* stand] comparison [with sth]; **jeden** ~ **aushalten** to bear [*or* stand] every comparison; **einen** ~ **machen** to make [*or* draw] a comparison; **in keinem** ~ [**zu etw** *dat*] **stehen** to be out of all proportion [to sth]; **im** ~ [**zu** [*o* **mit**] **jdm/etw**] in comparison [with sb/sth], compared with [*or* to] sb/sth ❷ JUR (*Einigung*) settlement; **einen gütlichen/außergerichtlichen** ~ **schließen** to reach an amicable/out-of-court settlement ▶ WENDUNGEN: **der** ~ **hinkt** that's a poor [*or* weak] comparison

vergleichbar *adj* comparable; ■[**mit etw** *dat*] ~ **sein** to be comparable [to [*or* with] sth]; ■[**voll** [**miteinander**]] ~ **sein** to be [fully] comparable [with each other], to be [totally] alike; ■**etwas V~es** something comparable; ***ich kenne nichts V~es*** I know nothing comparable [*or* to compare]

Vergleichbarkeit <-> *f kein pl* comparability *no pl*

vergleichen* *irreg* **I.** *vt* ❶ (*prüfend gegeneinander abwägen*) ■[**miteinander**] ~ to compare things [with each other]; ***ich vergleiche die Preise immer genau*** I always compare prices very carefully; ■**jdn** [**mit jdm**] ~ to compare sb with sb; ■**etw** [**mit etw** *dat*] ~ to compare sth [with sth]; **verglichen mit** compared with [*or* to]; ***vergleiche S. 102*** compare p. 102 ❷ (*durch etw bezeichnen*) ■**jdn/etw** [**mit etw** *dat*] ~ to compare sb/sth with sth, to liken sb/sth to **II.** *vr* ■**sich** *akk* [**mit jdm**] ~ ❶ (*sich gleichsetzen*) to compare oneself with sb ❷ JUR (*einen Vergleich schließen*) to reach a settlement [*or* to settle] [with sb]

vergleichend *adj* comparative; **die ~e Sprachwissenschaft** comparative linguistics + *sing vb;* **eine ~e**

Überprüfung a comparative evaluation; **~e Werbung** comparative advertising

Vergleichsjahr *nt* base year, year of comparison **Vergleichstest** *m* ÖKON test, comparison **Vergleichsverfahren** *nt* JUR insolvency proceedings *npl*, scheme of arrangement, Chapter 11 receivership AM **vergleichsweise** *adv* comparatively; ***das ist ~ wenig/viel*** that is a little/a lot in comparison **Vergleichszahl** *f meist pl* comparative figure *usu pl*

verglimmen* *vi irreg sein* (*geh*) to [die down and] go out

verglühen* *vi sein* ① (*verglimmen*) to die away ② (*weiß glühend werden und zerfallen*) to burn up; ***fast alle Meteoriten ~ in der Erdatmosphäre*** nearly all meteorites burn up in the earth's atmosphere

vergnügen* I. *vr* ■ **sich** *akk* [**mit jdm/etw**] ~ to amuse oneself [with sb/sth], to enjoy oneself II. *vt* (*belustigen*) ■ **etw vergnügt jdn** sth amuses sb

Vergnügen <-s, -> *nt* (*Freude*) enjoyment *no pl;* (*Genuss*) pleasure *no pl;* **ein teures** [*o* **kein billiges**] **~ sein** (*fam*) to be an expensive [*or* not a cheap] way of enjoying oneself [*or* form of entertainment] [*or* bit of fun]; **ein zweifelhaftes ~** a dubious pleasure; **~ [an etw** *dat*] **finden** to find pleasure in sth; **~ daran finden, etw zu tun** to find pleasure in doing sth; [**jdm**] **ein ~ sein, etw zu tun** to be a pleasure [for sb] to do sth; **es ist** [*o* **war**] **mir ein ~** it is [*or* was] a pleasure; **kein** [**reines**] [*o* **nicht gerade ein**] **~ sein, etw zu tun** to not be exactly a pleasure doing sth; [**jdm**] **~ machen** [*o geh* **bereiten**] to give sb pleasure; [**jdm**] **~ machen** [*o geh* **bereiten**], **etw zu tun** to give sb pleasure doing sth; **sich** *dat* **ein ~ daraus machen, etw zu tun** to find pleasure in doing sth; **mit** [**bestimmtem**] **~** with [a certain] pleasure; **mit großem ~** with great pleasure; **mit größtem ~** with the greatest of pleasure ▸ WENDUNGEN: **mit wem habe ich das ~?** (*geh*) with whom do I have the pleasure of speaking? *form;* **sich ins ~ stürzen** (*fam*) to join the fun; **hinein ins ~!** (*fam*) let's start enjoying ourselves!; **viel ~!** have a good time!; [**na dann**] **viel ~!** (*iron*) have fun [then]! *iron*

vergnüglich *adj* (*geh*) enjoyable, pleasurable; **ein ~er Abend** an enjoyable evening

vergnügt I. *adj* happy, cheerful; **ein ~es Gesicht** a cheerful face; ■ **~** [**über etw** *akk*] **sein** to be happy [about sth] II. *adv* happily, cheerfully

Vergnügung <-, -en> *f* pleasure

Vergnügungsdampfer *m* pleasure steamer **Vergnügungspark** *m* amusement park **Vergnügungssteuer** *f* entertainment tax **Vergnügungssucht** *f* craving for pleasure **vergnügungssüchtig** *adj* pleasure-seeking **Vergnügungsviertel** *nt* entertainment quarter

vergolden* *vt* ① (*mit einer Goldschicht überziehen*) **ein Schmuckstück ~** to gold-plate a piece of jewellery [*or* AM jewelery]; **einen Bilderrahmen ~** to gild a picture frame; **ein vergoldetes Schmuckstück** a gold-plated piece of jewellery; **ein vergoldeter Bilderrahmen** a gilded picture frame; ■ **etw ist vergoldet** sth is gold-plated [*or* gilded] ② (*mit goldener Farbe überziehen*) ■ **etw ~** to paint sth gold ③ (*fam: gut bezahlen*) ■ [**jdm**] **etw ~** to reward sb for sth; ■ [**sich** *dat*] **etw ~ lassen** to put a price on sth; ***na, wenn die mich schon loswerden wollen, dann werde ich mir meinen Weggang wenigstens ~ lassen*** well, if they want to get rid of me, then at least my departure is going to cost them

vergönnen* *vt* ① (*geh: gewähren*) ■ **jdm etw ~** to grant sb sth; ***du vergönnst einem keinen Moment Ruhe!*** you don't grant a person a single moment's peace!; ■ [**jdm**] **vergönnt sein** to be granted [to sb]; ***vielleicht sind mir in drei Monaten ein paar Tage Urlaub vergönnt*** perhaps in three months I will be granted a few days holiday; ■ [**jdm**] **vergönnt sein, etw zu tun** to be granted to sb to do sth ② SCHWEIZ (*nicht gönnen*) ■ [**jdm**] **etw ~** to begrudge sb sth; ***die neidischen Kollegen vergönnten ihr den Erfolg*** her envious colleagues begrudged her her success

vergöttern* *vt* ■ **jdn ~** to idolize sb

vergraben* *irreg* I. *vt* ■ **etw ~** to bury sth II. *vr* ① (*sich ganz zurückziehen*) ■ **sich** *akk* **~** to hide oneself away ② (*sich intensivst mit etw beschäftigen*) ■ **sich** *akk* [**in etw** *akk*] **~** to bury oneself in sth; ***wenn sie Kummer hat, vergräbt sie sich in ihre Arbeit*** if she has a problem, she buries herself in her work

vergrämen* *vt* ■ **jdn ~** to antagonize sb

vergrämt *adj* troubled; **eine ~e Miene** a troubled expression

vergrätzen* *vt* (*fam*) ■ **jdn ~** to vex sb

vergraulen* *vt* (*fam*) ■ **jdn ~** to scare sb away [*or* off]

vergreifen* *vr irreg* ① (*stehlen*) ■ **sich** *akk* [**an etw** *dat*] **~** to misappropriate sth *form,* to steal sth [*or* BRIT *fam* pinch] ② (*Gewalt antun*) ■ **sich** *akk* [**an jdm**] **~** to assault sb; (*geschlechtlich missbrauchen*) to indecently assault sb ③ (*sich unpassend ausdrücken*) ■ **sich** *akk* [**in etw** *dat*] **~** to adopt the wrong approach; ***Sie ~ sich im Ton!*** that's the wrong tone to adopt with me! ④ MUS ■ **sich** *akk* **~** to play a wrong note ⑤ (*fam: sich befassen*) ■ **sich** *akk* **an etw** *dat* **~** to touch sth; ***ohne Anweisung werde ich mich nicht an dem neuen Computer ~*** I won't touch the new computer without [some] instruction

vergreisen *vi sein* ① (*senil werden*) to become senile ② SOZIOL *Bevölkerung* to age

Vergreisung <-> *f kein pl* ① (*das Vergreisen*) senility *no pl* ② SOZIOL ag[e]ing *no pl*

vergriffen *adj Buch* out of print [OP] *pred; Ware* unavailable, sold out, out of stock

vergrößern I. *vt* ① (*in der Fläche größer machen*) ■ **etw** [**um etw** *akk*] [**auf etw** *akk*] **~** to extend [*or* enlarge] sth [by sth] [to sth] ② (*die Distanz erhöhen*) ■ **etw ~** to increase sth ③ (*die Zahl der Mitarbeiter erhöhen*) ■ **etw** [**um etw** *akk*] [**auf etw** *akk*] **~** to expand sth [by sth] [to sth]; ***ich plane, die Firma um 35 Mitarbeiter auf 275 zu ~*** I plan to expand the company by thirty-five employees to two hundred and seventy-five ④ TECH (*etw größer erscheinen lassen*) ■ **etw ~** to magnify sth ⑤ FOTO ■ **etw** [**auf etw** *akk*] **~** to enlarge [*or sep* blow up] sth [to sth] ⑥ MED (*anschwellen lassen*) ■ **etw ~** to enlarge sth; ***die Leber wird durch ständigen Alkoholmissbrauch vergrößert*** the liver becomes enlarged as a result of constant alcohol abuse II. *vr* ■ **sich** *akk* **~** ① MED (*anschwellen*) to become enlarged ② (*fam: eine größere Wohnung nehmen*) to move to a bigger place ③ (*fam: Familienzuwachs bekommen*) to increase in number III. *vi* (*größer erscheinen lassen*) ■ [**irgendwie**] **~** to magnify [by a certain amount]; ***Elektronenmikroskope ~ erheblich stärker*** electron microscopes have a considerably greater magnification

vergrößert I. *adj* enlarged; ***die Abbildung auf der nächsten Seite ist 25-fach ~*** the picture on the next page has been enlarged twenty-five times II. *adv* in an enlarged format

Vergrößerung <-, -en> *f* ① (*das Vergrößern*) enlargement, increase, expansion, magnification ② (*vergrößertes Foto*) enlargement, blow-up; (*vergrößerte Vorlage*) enlargement; **eine ~** [**von etw** *dat*] **machen** to make an enlargement [of sth]; **in bestimmter ~** enlarged [*or* magnified] by a certain factor; ***in 20.000-facher ~*** enlarged by a factor of twenty thousand ③ MED (*Anschwellung*) enlargement

V

Vergünstigung <-, -en> *f* ① (*finanzieller Vorteil*) perk ② (*Ermäßigung*) reduction, concession

vergüten* *vt* ① (*ersetzen*) ■ [**jdm**] **etw** ~ to reimburse sb for sth, to refund [sb] sth ② (*geh: bezahlen*) ■ [**jdm**] **etw** ~ to pay [*or form* remunerate] sb for sth ③ TECH ■ **etw** ~ (*legieren*) to temper sth; **vergüteter Stahl** tempered steel; (*beschichten*) to coat sth; **vergütete Linsen** coated lenses

Vergütung <-, -en> *f* ① (*das Ersetzen*) refunding *no pl,* reimbursement *no pl* ② (*geh: das Bezahlen*) payment *no pl,* remuneration *no pl form* ③ (*Geldsumme*) payment, remuneration; (*Honorar*) fee

verhackstücken* *vt* (*fam*) ① (*verreißen*) ■ **etw** ~ to tear sth to pieces ② NORDD (*besprechen*) ■ **etw** [**mit jdm**] ~ to discuss sth [with sb]

verhaften* *vt* ■ **jdn** ~ to arrest sb; **Sie sind verhaftet!** you are under arrest!, you're nicked! [*or* AM busted!] *sl*

Verhaftete(r) *f(m) decl wie adj* person under arrest, arrested man/woman

Verhaftung <-, -en> *f* arrest

verhallen* *vi sein* to die away; *s. a.* **ungehört**

verhalten*[1] **I.** *vr irreg* ① (*sich benehmen*) ■ **sich** *akk* [**jdm gegenüber**] [**irgendwie**] ~ to behave [in a certain manner] [towards sb] ② (*beschaffen sein*) ■ **sich** *akk* [**irgendwie**] ~ to be [a certain way]; ***die Sache verhält sich anders, als du denkst*** the matter is not as you think ③ CHEM (*als Eigenschaft zeigen*) ■ **sich** *akk* [**irgendwie**] ~ to react [in a certain way]; ***die neue Verbindung verhält sich äußerst stabil*** the new compound reacts extremely stably ④ (*als Relation haben*) ■ **sich** *akk* [**zu etw** *dat*] ~ to be to sth as; ***8 verhält sich zu 16 wie 16 zu 32*** eight is to sixteen as sixteen is to thirty-two **II.** *vt irreg* ■ **etw** ~ ① (*unterdrücken, zurückhalten*) to restrain sth; **seinen Atem** ~ to hold one's breath; **Tränen** *pl* ~ to hold back tears *pl;* **Lachen/Zorn** ~ to contain ones's laughter/anger; **seine Stimme** ~ to dampen one's voice ② *vi a.* (*geh*) ■ [**den Schritt**] ~ to pause [*or* stop]

verhalten[2] **I.** *adj* ① (*zurückhaltend*) restrained; **~er Atem** bated breath; **~e Fahrweise/~er Markt** cautious way of driving/cautious market; **~e Farben/Stimmen** *pl* muted colours [*or* AM -ors]/voices *pl;* **~er Spott** gentle mocking; **~es Tempo** measured tempo ② (*unterdrückt*) **~er Ärger/Zorn** suppressed anger **II.** *adv* in a restrained manner; ~ **fahren** to drive cautiously

Verhalten <-s> *nt kein pl* ① (*Benehmen*) behaviour [*or* AM -or] *no pl* ② CHEM reaction

Verhaltensforschung *f kein pl* behavioural [*or* AM -oral] research *no pl* **verhaltensgestört** *adj* disturbed; **ein ~es Kind** a disturbed child, a child with a behavioural disorder **Verhaltensmaßregel** *f meist pl* rule of conduct **Verhaltensmuster** *nt* behavioural pattern **Verhaltensökologie** *f* behavioural ecology **Verhaltensstörung** *f meist pl* behavioural disturbance **Verhaltenstherapie** *f* behavioural therapy **Verhaltensweise** *f* behaviour

Verhältnis <-ses, -se> *nt* ① (*Relation*) ratio; **in keinem** ~ [**zu etw** *dat*] **stehen** to bear no relation to sth, to be out of all proportion [to sth]; **im** ~ relatively, comparatively; **im** ~ [**von etw** *dat*] [**zu etw** *dat*] in a ratio [of sth] [to sth]; **im** ~ [**zu jdm**] in comparison [with sb]; **im** ~ **zu 1966** in comparison with [*or* compared to] 1966 ② (*persönliche Beziehung*) ■ **jds** ~ **zu jdm** sb's relationship with sb; (*Liebes~*) affair; **ein** ~ [**miteinander**] **haben** to have a relationship [with each other]; **ein** ~ [**mit jdm**] **haben** to have an affair [with sb]; **ein bestimmtes** ~ [**zu jdm**] **haben** to have a certain relationship [with sb]; **ein gestörtes** [*o* **getrübtes**] ~ [**zu jdm/etw**] **haben** to have a disturbed relationship [with sb]/to have a peculiar idea [of sth] ③ *pl* (*Zustände*) conditions *pl,* circumstances *pl;* ***wir fahren erst, wenn die ~se auf den Straßen es zulassen*** we'll only leave when the road conditions permit it; **räumliche ~se** physical conditions; **unter anderen ~sen** under different circumstances ④ *pl* (*Lebensumstände*) circumstances *pl;* **etw geht über jds ~se** *pl* sth is beyond sb's means *pl;* **über seine ~se** *pl* **leben** to live beyond one's means *pl;* **in bescheidenen ~sen leben** to live in modest circumstances; **in geordneten ~sen leben** to live an orderly life; **für klare ~se sein** to want to know how things stand; **klare ~se schaffen, für klare ~ sorgen** to get things straightened out

verhältnismäßig *adv* relatively; ***sie verdient ~ viel*** she earns a relatively large amount

Verhältnismäßigkeit <-, -en> *f meist sing* appropriateness *no pl*

Verhältnismäßigkeitsprinzip *nt* ■ **das** ~ the principle of proportionality

Verhältniswahl *f* proportional representation *no art* **Verhältniswahlrecht** *nt* [system of] proportional representation **Verhältniswort** *nt* LING preposition

Verhaltung *f* MED retention

verhandeln* **I.** *vi* ① (*im Gespräch erörtern*) ■ [**mit jdm**] [**über etw** *akk*] ~ to negotiate [with sb] [about sth] ② JUR (*eine Gerichtsverhandlung abhalten*) ■ [**gegen jdn**][**in etw** *dat*] ~ to try sb [in sth] **II.** *vt* ■ **etw** ~ ① (*aushandeln*) to negotiate sth ② JUR (*gerichtlich erörtern*) to hear sth; ***das Gericht wird diesen Fall wohl erst nach der Sommerpause*** ~ the court will probably hear this case after the summer break

Verhandlung *f* ① *meist pl* (*das Verhandeln*) negotiation; **~en** *pl* [**mit jdm**] **aufnehmen,** [**mit jdm**] **in ~en** *pl* **treten** to enter into negotiations *pl* [with sb]; **in ~en** *pl* [**mit jdm**] **stehen** to be engaged in negotiations *pl* [*or* to be negotiating] [with sb] ② JUR (*Gerichts~*) trial, hearing

Verhandlungsausschuss[RR] *m* negotiating committee **Verhandlungsbasis** *f* basis for negotiation[s]; *Preis* or near offer, o.n.o. BRIT, or best offer AM, o.b.o. AM **verhandlungsbereit** *adj* ready [*or* prepared] to negotiate *pred;* **jdn** ~ **machen** to force sb to the negotiating table **Verhandlungsbereitschaft** *f* readiness [*or* willingness] to negotiate *no pl* **verhandlungsfähig** *adj* JUR able to stand trial *pred* **Verhandlungsführer(in)** *m(f)* negotiator **Verhandlungsgeschick** *nt kein pl* negotiating skills *pl* **Verhandlungspartner** *m* negotiating party, opposite number [in the negotiations *pl*] **Verhandlungsposition** *f* bargaining position **Verhandlungspunkt** *m* negotiating point, point for negotiation **Verhandlungssache** *f* matter of [*or* for] negotiation **Verhandlungsstärke** *f* bargaining power **Verhandlungstisch** *m* negotiating table **Verhandlungsweg** *m* ■ **auf dem** ~ by negotiation

verhangen *adj* overcast

verhängen* *vt* ① (*zuhängen*) ■ **etw** [**mit etw** *dat*] ~ to cover sth [with sth] ② SPORT (*aussprechen*) ■ **etw** ~ to award [*or* give] sth; ***für das Foul verhängte der Schiedsrichter einen Elfmeter*** the referee awarded a penalty for the foul ③ JUR (*verfügen*) ■ **etw** [**über etw** *akk*] ~ to impose sth [on sth]; **einen Ausnahmezustand** ~ to declare a state of emergency; **eine Ausgangssperre über die Stadt** ~ to impose a curfew on the town

Verhängnis <-, -se> *nt* disaster; [**jdm**] **zum** ~ **werden,** [**jds**] ~ **werden** to be sb's undoing

verhängnisvoll *adj* disastrous, fatal

verharmlosen* *vt* ■ **etw** ~ to play down sth *sep*

verhärmt *adj* careworn

verharren* *vi haben o sein* (*geh*) ① (*stehen bleiben*) ■ [**irgendwo**] ~ to pause [somewhere]; ***sie verharrte***

eine Weile und dachte nach she paused for a while and reflected ② (*hartnäckig bleiben*) ■ [**bei etw** *dat*] ~ to persist [in sth]

verhärten* **I.** *vt* ■ **jdn/etw** ~ to harden sb/sth **II.** *vr* ■ **sich** *akk* ~ ① (*starrer werden*) to become hardened; ***die Parteien verhärteten sich immer mehr*** the positions of the parties became more and more entrenched ② MED (*härter werden*) to become hardened

Verhärtung *f* ① *kein pl* (*Erstarrung*) hardening *no pl* ② MED (*verhärtete Stelle*) induration

verhaspeln* *vr* (*fam*) ① (*sich verfangen*) ■ **sich** *akk* [**irgendwo**] ~ to become entangled [somewhere] ② (*sich versprechen*) ■ **sich** *akk* ~ to get into a muddle

verhasst^RR *adj*, **verhaßt** *adj* ① (*gehasst*) hated; ■ [**wegen etw** *dat*] ~ **sein** [*o* **werden**] to be [*or* become] hated [for sth]; **sich** *akk* [**bei jdm**] ~ **machen** to make oneself deeply unpopular [with sb] ② (*tief zuwider*) ■ [**jdm**] ~ **sein** [*o* **werden**] to be [*or* come to be] hated [by sb]; ***dieser Beruf wurde mir immer ~er*** I hated [*or* detested] this profession more and more

verhätscheln *vt* ■ **jdn** ~ to spoil [*or* pamper] sb

Verhau <-[e]s, -e> *m* ① MIL entanglement ② *kein pl* (*fam: heilloses Durcheinander*) mess *no pl*

verhauen* <verhaute, verhauen> **I.** *vt* (*fam*) ① (*verprügeln*) ■ **jdn** ~ to beat up sb *sep;* ■ **sich** *akk* ~ to have a fight ② SCH (*schlecht schreiben*) ■ **etw** ~ to make a mess of sth; ***ich habe den Aufsatz*** [***gründlich***] ***~!*** I've made a [complete] mess of the essay!, I've [completely] mucked up *sep* the essay! *fam* **II.** *vr* (*fam: sich verkalkulieren*) ■ **sich** *akk* [**um etw** *akk*] ~ to slip up [by sth]

verheddern* *vr* (*fam*) ① (*sich verfangen*) ■ **sich** *akk* [**in etw** *dat*] ~ to get tangled up [in sth] ② (*sich versprechen*) ■ **sich** *akk* ~ to get into a muddle ③ (*sich verschlingen*) ■ **sich** *akk* ~ to get into a tangle; ***die Wolle hat sich völlig verheddert*** the wool has got into a complete tangle [*or* has got completely tangled]

verheeren* *vt* ■ **etw** ~ to devastate sth

verheerend **I.** *adj* devastating; **ein ~es Erdbeben** a devastating earthquake **II.** *adv* devastatingly; **sich** *akk* ~ **auswirken** to have a devastating effect, to be devastating; ~ **aussehen** (*fam*) to look dreadful

Verheerung <-, -en> *f* devastation; **~en** *pl* **anrichten** to cause devastation *no pl*

verhehlen* *vt* (*geh*) ■ **etw** [**jdm gegenüber**] ~ to conceal [*or* hide] sth [from sb]; ***ich konnte mir die Schadenfreude nicht ~*** I could not conceal my delight in his/her etc. misfortune; ■ [**jdm**] **nicht ~, dass** to not hide the fact that

verheilen* *vi sein* to heal [up]

verheimlichen* *vt* (*geheim halten*) ■ [**jdm**] **etw** ~ to conceal sth [from sb], to keep sth secret [from sb]; ■ **jdm ~, dass** to conceal the fact from sb that; **etw** [*o* **nichts**] **zu ~ haben** to have sth [*or* nothing] to hide; **sich** [**nicht**] ~ **lassen** [not] to be able to be concealed; **sich nicht ~ lassen, dass** not to be able to conceal the fact that

Verheimlichung <-, -en> *f* concealment; *Tatsache* suppression

verheiraten* *vr* ■ **sich** *akk* [**mit jdm**] ~ to marry [sb], to get married [to sb]

verheiratet *adj* married; **glücklich ~ sein** to be happily married; ■ [**mit jdm**] ~ **sein** to be married [to sb]; **mit etw** *dat* ~ **sein** (*hum fam*) to be married [*or* wedded] to sth *hum fam*

verheißen* *vt irreg* (*geh*) ■ [**jdm**] **etw** ~ to promise [sb] sth; *s. a.* **Gute(s)**

Verheißung <-, -en> *f* (*geh*) promise

verheißungsvoll **I.** *adj* promising; **ein ~er Anfang** a promising start; **wenig ~** unpromising **II.** *adv* full of promise; ***Ihr Vorschlag hört sich*** [***wenig***] ***~ an*** your suggestion sounds [rather un]promising

verheizen* *vt* ① (*als Brennstoff verwenden*) ■ **etw** ~ to burn sth ② (*sl: sinnlos opfern*) ■ **jdn** ~ *Soldaten* to send sb to the slaughter, to use sb as cannon fodder; *Star* to run sb into the ground [*or* cause sb to burn out]

verhelfen* *vi irreg* ① (*bewirken, dass jd etw erhält*) ■ [**jdm**] **zu etw** ~ to help sb to get sth; **jdm zur Erreichung eines Zieles** ~ to help sb achieve an objective ② (*bewirken, dass eine S. etw nach sich zieht*) ■ [**jdm/einer S.**] **zu etw** *dat* ~ to help sb [*or* a thing] achieve sth; ***dieser Erfolg verhalf dem Produkt endlich zum Durchbruch*** this success finally helped the product achieve a breakthrough

verherrlichen* *vt* ■ **etw** ~ to glorify sth; **die Gewalt** ~ to glorify violence

Verherrlichung <-, -en> *f* glorification *no pl,* extolling *no pl*

verhetzen* *vt* ■ **jdn** ~ to incite sb

verheult *adj* (*fam*) puffy [*or* swollen] from crying

verhexen* *vt* ■ **jdn** ~ to bewitch sb, to cast a spell on sb; **wie verhext sein** (*fam*) to be jinxed

verhindern* *vt* ■ **etw** ~ to prevent [*or* stop] sth; ■ **~, dass jd etw tut** to prevent [*or* stop] sb from doing sth; ■ **~, dass etw geschieht** to prevent [*or* stop] sth from happening

verhindert *adj* ① (*aus bestimmten Gründen nicht anwesend*) ■ [**irgendwie**] ~ **sein** to be unable to come [for certain reasons] ② (*fam: mit einer verborgenen Begabung*) ■ **ein ~er** [*o* **eine ~e**] **... sein** to be a would-be ...

Verhinderung <-, -en> *f* ① (*das Verhindern*) prevention *no pl, no indef art* ② (*zwangsläufiges Nichterscheinen*) inability to come [*or* attend]

verhohlen *adj* **~e Neugier/Schadenfreude** concealed [*or* hidden] curiosity/schadenfreude; **~es Gähnen/Grinsen** suppressed yawn/grin; **kaum ~** barely concealed [*or* suppressed]

verhöhnen* *vt* ■ **jdn** ~ to mock [*or* ridicule] sb

Verhöhnung <-, -en> *f* mocking *no pl, no indef art,* ridiculing *no pl, no indef art*

verhökern* *vt* (*fam*) ■ **etw** [**an jdn**] ~ to flog sth [off] [to sb] *fam*

Verhör <-[e]s, -e> *nt* questioning *no pl, no art,* interrogation; **jdn ins ~ nehmen** to question [*or* interrogate] sb; **jdn einem ~ unterziehen** to subject sb to questioning [*or* interrogation]

verhören* **I.** *vt* (*offiziell befragen*) ■ **jdn** ~ to question [*or* interrogate] sb **II.** *vr* (*etw falsch hören*) ■ **sich** *akk* ~ to mishear, to hear wrongly

verhüllen* *vt* ■ **etw** [**mit etw** *dat*] ~ to cover sth [with sth]; ■ **sich** *akk* [**mit etw** *dat*] ~ to cover oneself [with sth]

verhüllend *adj* euphemistic

verhüllt *adj* ① (*bedeckt*) covered ② (*versteckt*) veiled; **eine ~e Drohung** a veiled threat

verhundertfachen* **I.** *vt* ■ **etw** ~ to increase sth a hundredfold **II.** *vr* ■ **sich** *akk* ~ to increase a hundredfold

verhungern* *vi sein* ① (*Hungers sterben*) to starve [to death], to die of starvation *no pl, no art;* ■ **jdn ~ lassen** to let sb starve [to death]; **am V~ sein** to be starving; [**fast**] **am V~ sein** (*fig fam*) to be [just about] starving *fig fam* ② (*fam: stehen bleiben*) ■ [**irgendwo**] ~ to come to a stop [somewhere]; ***der Golfball verhungerte nur wenige Zentimeter vor dem Loch*** the golf ball came to a stop just a few centimetres from the hole

verhungert **I.** *adj* (*fam*) starved **II.** *adv* (*fam*) half-starved

verhunzen* *vt* (*fam*) ■ **etw** ~ to ruin sth

verhuscht *adj* (*fam*) timid

verhüten* *vt* ■ **etw** ~ to prevent sth; **eine Empfäng-**

nis verhüten to prevent conception; *s. a.* **Gott**

Verhüterli <-s, -> *nt* SCHWEIZ (*Kondom*) condom

verhütten *vt* ■**etw** ~ to smelt sth

Verhüttung <-, -en> *f* smelting *no pl, no indef art*

Verhütung <-, -en> *f* ① (*das Verhindern*) prevention *no pl, no indef art* ② (*Empfängnis~*) contraception *no pl, no art*

Verhütungsmittel *nt* contraceptive

verhutzelt *adj* (*fam*) wizened; *Haut a.* wrinkled; *Obst a.* shrivelled [*or* AM shriveled]

verifizieren* [ve-] *vt* (*geh*) ■**etw** ~ to verify sth

verinnerlichen* *vt* ■**etw** ~ to internalize sth

Verinnerlichung <-, -en> *f* internalization

verirren* *vr* ■**sich** *akk* ~ to get lost

Verirrung *f* aberration

verjagen* *vt* ■**jdn/ein Tier** ~ to chase away sb/an animal *sep*

verjähren* *vi sein* JUR ① (*nicht mehr eingetrieben werden können*) to come under the statute of limitations ② (*nicht mehr verfolgt werden können*) to become statute-barred; ■**verjährt** statute-barred

verjährt *adj inv* ① (*veraltend: sehr alt*) *Person* past it *pred fam* ② JUR (*gerichtlich nicht mehr verfolgbar*) *Ansprüche* in lapse

Verjährung <-, -en> *f* JUR limitation

Verjährungsfrist *f* JUR [statutory] period of limitation

verjubeln* *vt* (*fam: leichtsinnig ausgeben*) ■**etw** ~ to blow sth *sl*

verjüngen* **I.** *vi* (*vitalisieren*) to make one feel younger **II.** *vt* ① (*vitalisieren*) ■**jdn** ~ to rejuvenate sb; ***ich fühle mich um Jahre verjüngt*** I feel years younger ② ÖKON (*mit jüngeren Mitarbeitern auffüllen*) ■**etw** ~ to create a younger sth; ***wir sollten das Management der Firma*** ~ we should bring some young blood into the management of the company **III.** *vr* ■**sich** *akk* ~ ① (*schmaler werden*) to narrow; *Säule* to taper ② (*ein jüngeres Aussehen bekommen*) to look younger; *Haut* to rejuvenate

Verjüngung <-, -en> *f* ① (*das Verjüngen*) rejuvenation; *Personal* recruitment of younger blood ② (*Verengung*) narrowing *no pl*, tapering *no pl*

verkabeln* *vt* ■**etw** ~ to connect sth to the cable network

Verkabelung <-, -en> *f* connecting *no pl* to the cable network

verkalken* *vi sein* ① TECH (*Kalk einlagern*) to fur [*or* AM clog] up, to become furred [*or* AM clogged]; ■**verkalkt** furred up ② ANAT (*durch Kalkeinlagerung verhärten*) *Arterien* to become hardened; *Gewebe* to calcify [*or* become calcified] ③ MED (*fam*) ■**jd verkalkt** (*Arteriosklerose bekommen*) sb suffers from hardening of the arteries *pl;* (*senil werden*) sb's going senile *fam;* **verkalkt sein** to be senile [*or* BRIT *fam* gaga]

verkalkulieren* *vr* ① (*sich verrechnen*) ■**sich** *akk* [**bei/in etw** *dat*] ~ to miscalculate [sth] ② (*fam: sich irren*) ■**sich** *akk* ~ to be mistaken

Verkalkung <-, -en> *f* ① TECH (*das Verkalken*) furring *no pl* BRIT, clogging AM ② ANAT *Arterien* hardening *no pl; Gewebe* calcification *no pl* ③ MED (*fam: Arteriosklerose*) hardening of the arteries *pl;* (*Senilität*) senility *no pl*

verkannt *adj* unrecognized

verkanten *vt* ■**etw** ~ to tilt sth; SKI *improper use of the edges of the skis which causes imbalance and usually leads to a fall*

verkappt *adj attr* disguised; **ein ~er Kommunist** a communist in disguise

verkarsten* *vi sein* GEOL to become karstified

verkatert *adj* (*fam*) hung-over *pred*

Verkauf *m* ① (*das Verkaufen*) sale, selling *no pl;* **etw zum ~ anbieten** to offer sth [*or* put sth up] for sale; **zum ~ stehen** to be up for sale ② *kein pl* (*Verkaufsabteilung*) sales *no art, + sing o pl verb*

verkaufen* **I.** *vt* ① (*gegen Geld übereignen*) ■[**jdm**] **etw** [**für etw** *akk*] ~ to sell [sb] sth [for sth]; ■**etw** [**an jdn**] ~ to sell sth [to sb]; **zu ~ sein** to be for sale; **„zu ~"** "for sale" ② (*sl: glauben machen*) ■[**jdm**] **etw** [**als etw** *akk*] ~ to sell [sb] sth [as sth]; *s. a.* **dumm** **II.** *vr* ■**sich** *akk* [**irgendwie**] ~ ① (*verkauft werden*) to sell [in a certain way]; ***das Buch verkauft sich gut*** the book is selling well ② (*sich selbst darstellen*) to sell oneself [in a certain way]

Verkäufer(in) *m(f)* ① (*verkaufender Angestellter*) sales [*or* shop] assistant ② (*verkaufender Eigentümer*) seller; JUR vendor

verkäuflich *adj* ① (*zu verkaufen*) for sale *pred* ② ÖKON ■**irgendwie** ~ saleable [*or* sellable] in a certain way; **kaum/schnell ~e Artikel** *pl* slow-moving/fast-selling items *pl;* **problemlos ~e Produkte** *pl* products *pl* that are easy to sell

Verkaufsabteilung *f* sales department **Verkaufsangebot** *nt* sales offer, offer for sale **Verkaufsaufforderung** *f* sale incitement **Verkaufsbedingungen** *pl* conditions [*or* terms] *pl* of sale **Verkaufserlös** *m* ÖKON sales revenue, proceeds *npl* of a/the sale **Verkaufsfläche** *f* retail [*or* sales *pl*] area **Verkaufsgespräch** *nt* sales talk [*or* pitch] **Verkaufsleiter(in)** *m(f)* sales manager **verkaufsoffen** *adj* open for business; ***der erste Samstag im Monat ist immer*** ~ the shops are always open late on the first Saturday of every month **Verkaufspreis** *m* retail price **Verkaufsrekord** *m* sales record **Verkaufsrenner** <-s, -> *m* top-selling item, best seller **Verkaufsschlager** *m* best-seller **Verkaufsstil** *m* style of selling **Verkaufsstrategie** *f* sales strategy **Verkaufsunterlagen** *pl* sale documents *pl* **Verkaufszahlen** *pl* sales figures *pl* **Verkaufsziel** *nt* sales target

Verkehr <-[e]s> *m kein pl* ① (*Straßen~*) traffic *no pl, no indef art;* **ruhender** ~ (*geh*) stationary traffic; **den ~ regeln** to control the [*or* regulate the [flow of]] traffic ② (*Transport*) transport *no pl, no indef art* ③ (*Umgang*) contact, dealings *pl;* **jdn aus dem ~ ziehen** (*fam*) to take sb out of circulation, to withdraw sb from the field of operations *pl* ④ (*Handel*) **etw in den ~ bringen** to put sth into circulation; **etw aus dem ~ ziehen** to withdraw sth from circulation ⑤ (*euph geh: Geschlechts~*) intercourse; ~ [**mit jdm**] **haben** (*euph geh*) to have intercourse [with sb]

verkehren* **I.** *vi* ① *haben o sein* (*fahren*) *Boot, Bus, Zug* to run [*or* go]; ***der Zug verkehrt auf dieser Nebenstrecke nur noch zweimal am Tag*** the train only runs twice a day on this branch line; *Flugzeug* to fly [*or* go] ② *haben* (*geh: häufiger Gast sein*) ■[**irgendwo/bei jdm**] ~ to visit somewhere/sb regularly ③ *haben* (*Umgang pflegen*) ■[**mit jdm**] ~ to associate [with sb]; ***sie verkehrt mit hochrangigen Diplomaten*** she associates with high-ranking diplomats ④ *haben* (*euph geh: Geschlechtsverkehr haben*) ■[**mit jdm**] ~ to have intercourse [with sb] **II.** *vr haben* (*sich umkehren*) ■**sich** *akk* [**in etw** *akk*] ~ to turn into sth; *s. a.* **Gegenteil**

Verkehrsader *f* arterial road **Verkehrsampel** *f* traffic lights *pl* **Verkehrsamt** *nt* tourist information office **verkehrsarm** *adj* quiet, low-traffic *attr* **Verkehrsaufkommen** *nt* volume [*or* density] of traffic **Verkehrsbehinderung** *f* JUR obstruction [of the traffic] **verkehrsberuhigt** *adj* traffic-calmed **Verkehrsberuhigung** *f* traffic calming *no pl, no indef art* **Verkehrsbeschränkung** *f* traffic restriction **Verkehrsbeschränkungen** *pl* traffic restrictions [*or* restraints] **Verkehrsbetriebe** *pl* transport services *pl* **Verkehrschaos** *nt* road chaos, chaos on the *pl* roads **Verkehrsdelikt** *nt* traffic offence [*or*

AM -se] **Verkehrsdurchsage** *f* traffic announcement **Verkehrserziehung** *f* road safety training **Verkehrsflugzeug** *nt* commercial aircraft **Verkehrsfunk** *m* radio traffic service **Verkehrsgefährdung** *f* hazard to other traffic **verkehrsgünstig** *adj* conveniently situated for [*or* close to] public transport **Verkehrshindernis** *nt* obstruction to traffic **Verkehrsinfarkt** *m* traffic jam **Verkehrsinsel** *f* traffic island **Verkehrsknotenpunkt** *m* traffic junction **Verkehrskontrolle** *f* spot check on the traffic **Verkehrslage** *f* TRANSP ❶ (*Situation im Straßenverkehr*) traffic [conditions *pl*] ❷ (*Nähe zu Verkehrsverbindungen*) location with regards to transport facilities, proximity to public transport **Verkehrslärm** *m kein pl* traffic noise **Verkehrsleitsystem** *nt* traffic guidance system **Verkehrsministerium** *nt* Ministry of Transport, Department of Transportation AM **Verkehrsmittel** *nt* means + *sing/pl vb* of transport; **öffentliches/privates** ~ public/private transport **Verkehrsnetz** *nt* transport system, traffic network **Verkehrsordnung** *f kein pl* Road Traffic Act **Verkehrsplaner(in)** *m(f)* traffic planner **Verkehrspolizist(in)** *m(f)* traffic policeman *masc*, policewoman *fem* **Verkehrsregel** *f* traffic regulation **verkehrsreich** *adj* **~e Straße** busy street **Verkehrsschild** *nt* road sign **Verkehrssicherheit** *f kein pl* road safety **Verkehrssprache** *f* language of communication, lingua franca **Verkehrssünder(in)** *m(f)* (*fam*) traffic offender **Verkehrssünderkartei** *f* (*fam*) *s.* **Verkehrszentralregister** **Verkehrsteilnehmer(in)** *m(f)* (*geh*) road-user **verkehrstüchtig** *adj* roadworthy **Verkehrsunfall** *m* road accident **Verkehrsunterricht** *m* road safety instruction **Verkehrsverbindung** *f* (*durch Verkehrswege*) route; (*durch Verkehrsmittel*) connection **Verkehrsverbund** *m* association of transport companies *pl*

Verkehrsverein *m* tourist promotion agency

Verkehrsverstoß *m* road traffic offence [*or* AM -se]

Verkehrswert *m* FIN current market value

verkehrswidrig *adj* contrary to road traffic regulations *pl*; **~es Verhalten** disobeying road traffic regulations **Verkehrszählung** *f* traffic census **Verkehrszeichen** *nt s.* **Verkehrsschild** **Verkehrszentralregister** *m* central index of traffic offenders *pl*

verkehrt I. *adj* (*falsch*) wrong; **die ~e Richtung** the wrong direction; ■**der V~e** the wrong person; ■**etwas V~es** the wrong thing; **es gibt nichts V~eres, als ...** there's nothing worse than ...; **jd/etw ist gar nicht** [**so**] ~ (*fam*) sb/sth is not all that bad; ***unser neuer Klassenlehrer ist gar nicht so ~*** our new class teacher is not all that bad ▶ WENDUNGEN: **mit dem ~en Bein aufgestanden sein** to have got out of bed on the wrong side; **Kaffee** ~ *little coffee with a lot of milk* II. *adv* ❶ (*falsch*) wrongly; ***du machst ja doch wieder alles ~!*** you're doing everything wrong again! ❷ (*falsch herum*) the wrong way round; ***das Bild hängt ~*** the picture is hanging the wrong way round; ~ **herum** the wrong way round

verkeilt *adj inv* [**ineinander**] ~ gridlocked

verkennen* *vt irreg* (*falsch einschätzen*) ■**etw** ~ to misjudge sth; ■ **~, dass** to fail to recognize [*or* appreciate] that; ■ [**von jdm**] **verkannt werden** to remain unrecognized [by sb]; **es ist nicht zu ~, dass** it cannot be denied that; **ich will nicht ~, dass** I would not deny that

Verkennung *f* misjudgement, underestimation; **in ~ einer S.** *gen* misjudging a thing; ***sie verlangte 12.000 Mark in ~ des Machbaren*** her demand for twelve thousand marks was out of touch with reality

verketten* I. *vt* ❶ (*durch eine Kette verbinden*) ■**etw** [**mit etw** *dat*] ~ to chain sth [to sth] ❷ (*durch eine Kette verschließen*) ■**etw** ~ to put a chain on sth II. *vr* ■**sich** *akk* ~ ❶ (*sich aneinander anschließen*) to follow close on one another ❷ (*sich zu einer Einheit verbinden*) **Moleküle** to combine

Verkettung <-, -en> *f* chain

verkitschen *vt* ■**etw** ~ ❶ (*kitschig gestalten*) to turn sth into kitsch, to make sth kitschy ❷ (*sl: billig verkaufen*) to flog [off *sep*] sth *fam*

verklagen* *vt* JUR ■**jdn** [**wegen etw** *dat*] ~ to take proceedings against sb [for sth]; ■**jdn** [**auf etw** *akk*] ~ to sue sb [for sth]

verklammern* I. *vt* ■**etw** ~ to clamp sth, to staple together sth *sep*; TECH to brace sth, to put braces *pl* around sth; **eine Wunde** ~ to apply clips *pl* to a wound II. *vr* ■**sich** *akk* [**ineinander**] ~ to clutch each other

verklappen* *vt* ■**etw** [**irgendwo**] ~ to dump sth [in the sea] [somewhere]

Verklappung <-, -en> *f* dumping [in the sea]

verklären* *vr* ❶ (*heiter werden*) ■**sich** *akk* ~ to become elated; ■**verklärt** with an elated look ❷ (*nostalgisch werden*) ■**etw verklärt sich** sth takes on a nostalgic air

verklärt <-er, -este> *adj* transfigured

verklausuliert I. *adj* limited with qualifying clauses *pl*, *pred* II. *adv* in a convoluted [*or* roundabout] manner

verkleben* I. *vt haben* ❶ (*zukleben*) ■**etw** [**mit etw** *dat*] ~ to cover sth [with sth] ❷ (*zusammenkleben*) ■**etw** [**mit etw** *dat*] ~ to stick sth together [with sth] ❸ (*festkleben*) ■**etw** ~ to stick sth [down] II. *vi sein* (*zusammenkleben*) to stick together; **verklebte Hände** *pl* sticky hands *pl*

verkleiden* I. *vt* ❶ (*kostümieren*) ■**jdn** [**als etw** *akk*] ~ to dress up *sep* sb [as sth]; **ihr verkleideter Bruder** her brother in fancy dress ❷ (*ausschlagen*) ■**etw** [**mit etw** *dat*] ~ to line sth [with sth] ❸ BAU (*überdecken*) ■**etw** [**mit etw** *dat*] ~ to cover sth [with sth] II. *vr* ■**sich** *akk* [**als etw** *akk*] ~ to dress up [as sth]

Verkleidung *f* ❶ (*Kostüm*) disguise, fancy dress; **in dieser** ~ in this disguise [*or* fancy dress] ❷ BAU (*das Verkleiden*) covering; (*verkleidende Überdeckung*) lining

verkleinern* I. *vt* ■**etw** ~ ❶ (*in der Fläche verringern*) to reduce sth ❷ (*die Zahl der Mitarbeiter verringern*) to reduce sth ❸ FOTO to reduce sth ❹ MED (*schrumpfen lassen*) to shrink sth; **einen Tumor** ~ to shrink a tumor II. *vr* ❶ (*sich verringern*) ■**sich** *akk* [**um etw** *akk*] ~ to be reduced in size [by sth]; ***das Grundstück hat sich um 10% verkleinert*** the property has been reduced in size by 10% ❷ (*schrumpfen*) ■**sich** *akk* ~ to shrink

Verkleinerung <-, -en> *f* ❶ *kein pl* (*das Verkleinern*) reduction *no pl* ❷ (*verkleinerte Vorlage*) reduction

Verkleinerungsform *f* LING diminutive [form]

verklemmen* *vr* ■**sich** ~ to jam, to get stuck

verklemmt *adj* (*fam*) [sexually] inhibited, uptight [about sex *pred*] *fam*

verklickern* *vt* (*fam*) ■[**jdm**] **etw** ~ to explain sth [*or* to make sth clear] [to sb], to spell out sth *sep*[to sb] [in words of one syllable]; ■[**jdm**] **~, dass/wie ...** to tell sb [that]/how ...

verklingen* *vi irreg sein* to fade [*or* die] away

verkloppen* *vt* DIAL (*fam*) ❶ (*verprügeln*) ■**jdn** ~ to beat [*or* BRIT *fam* duff] up sb *sep*, to give sb what for *fam* ❷ (*verkaufen*) ■**etw** ~ to sell [*or fam* flog] sth

verknacken* *vt* (*fam*) ■**jdn** ~ to put sb away [*or fam* inside]; **jdn zu einer Geldstrafe/zu zehn Jahren** ~ to fine sb/to give sb ten years; ■[**für etw**] **verknackt**

V

werden to get done [*or* get put away] [for sth]

verknacksen* *vt* **sich den Fuß verknacksen** to sprain [*or* twist] one's ankle

verknallen* (*fam*) **I.** *vt* (*verschwenden*) ■**etw** ~ to squander sth **II.** *vr* (*sich verlieben*) ■**sich [in jdn]** ~ to fall head over heels in love [with sb]; ■**[in jdn] verknallt sein** to be head over heels in love [with sb], to be crazy [*or fam* nuts] about sb

Verknappung *f* shortage

verknautschen* **I.** *vt* ■**etw** ~ to crease [*or* crumple] sth; (*unabsichtlich a.*) to get sth creased **II.** *vi sein* to be/get creased [*or* crumpled [up]]

verkneifen* *vr irreg* (*fam*) ■**sich** *dat* **etw** ~ ① (*nicht offen zeigen*) to repress sth; **sich** *dat* **eine Äußerung nicht ~ können** to be unable to resist [*or* bite back] a remark; ***ich konnte mir ein Grinsen nicht*** ~ I couldn't keep a straight face [*or* help grinning] ② (*sich versagen*) to do without sth; **sich** *dat* **etw ~ müssen** to have to do [*or* manage] without sth

verkniffen *adj* **eine ~e Miene** a pinched [*or* a strained] [*or* an uneasy] expression; **etw ~ sehen** (*fam*) to take a narrow view of sth, to be small-minded [*or pej* petty[-minded]] [*or* uncharitable] about sth; **etwas V~es haben** to look as if one has sucked on a lemon *hum*

verknöchert *adj* inflexible, rigid; **ein ~er Mensch** a[n old] fossil *fam;* **~e Bürokraten** old fossils of bureaucrats *fam*

verknoten* **I.** *vt* ■**etw** ~ to knot [*or* make [*or* tie] a knot in] sth; ■**etw miteinander** ~ to tie together sth *sep,* to knot together sth *sep* **II.** *vr* ■**sich** ~ to become [*or* get] knotted

verknüpfen* *vt* ① (*verknoten*) ■**etw [miteinander]** ~ to knot together sth *sep,* to tie [together *sep*] sth ② (*verbinden*) ■**etw [mit etw]** ~ to combine sth [with sth] ③ INFORM ■**etw [mit etw]** ~ to combine [*or* integrate] sth [with sth] ④ (*in Zusammenhang bringen*) ■**etw [mit etw]** ~ to link sth [to [*or* with] sth]

Verknüpfung <-, -en> *f* ① (*Verbindung*) combination ② (*Zusammenhang*) link, connection

verkochen* *vi sein* ① (*verdampfen*) to boil away ② (*zerfallen*) to fall apart; (*zu einer breiigen Masse*) to go mushy *fam*

verkohlen*[1] *vi sein* to turn to charcoal

verkohlen[2] *vt* (*fam*) ① (*veräppeln*) ■**jdn** ~ to pull sb's leg, to have [*or* AM put] sb on *fam* ② (*auf die falsche Spur führen*) to lead sb up the garden path

verkommen*[1] *vi irreg sein* ① (*verwahrlosen*) to decay; *Mensch* to go to rack [*or esp* AM wrack] and ruin [*or fam* to the dogs]; *Gebäude* to decay, to become rundown, to fall into disrepair; **im Elend** ~ to sink into misery, to become destitute ② (*herunterkommen*) to go to the dogs [*or* to rack [*or esp* AM wrack] [*or fam* pot] and ruin]; ■**zu etw** ~ to degenerate into sth ③ (*sittlich sinken*) ■**[zu etw]** ~ to degenerate [into sth] ④ (*verderben*) to spoil, to go rotten [*or* bad] [*or* BRIT off] ⑤ (*versumpfen*) to stay out late [*or* be out on the town,] drinking

verkommen[2] *adj* ① (*verwahrlost*) degenerate ② (*im Verfall begriffen*) decayed, dilapidated

Verkommenheit <-> *f kein pl* ① (*Verwahrlosung*) degeneration *no art, no pl* ② (*moralische Verwahrlosung*) profligacy *no art, no pl form;* (*schlimmer*) depravity *no art, no pl*

verkonsumieren* *vt* (*fam*) ■**etw** ~ to get through [*or sep fam* polish off] [*or esp* AM kill] sth

verkoppeln* *vt* ■**etw [mit etw]** ~ to couple sth [to sth]

verkorken* *vt* ■**etw** ~ to cork [up *sep*] sth

verkorksen* (*fam*) **I.** *vt* ■**etw** ~ to make a mess of sth, to screw *fam* [*or* BRIT *fam!* cock] up sth *sep;* ■**jdm etw** ~ to wreck [*or sep* mess up] sth for sb; **ein verkorkster Magen** an upset stomach; **eine verkorkste Person** a screwed-up person *fam;* **jds Vergnügen** ~ to spoil [*or* ruin] sb's fun **II.** *vr* **sich** *dat* **den Magen** ~ to upset one's stomach

verkorkst <-er, -este> *adj* screwed-up *sl,* ruined; **ein ~er Magen** an upset stomach

verkörpern* **I.** *vt* ① FILM, THEAT ■**jdn/etw** ~ to play [the part of] sb/sth ② (*personifizieren*) ■**etw** ~ to personify sth **II.** *vr* ■**etw verkörpert sich in jdm/etw** sb/sth is the embodiment of sth

Verkörperung <-, -en> *f* ① *kein pl* FILM, THEAT portrayal ② (*Inbegriff*) personification ③ (*Abbild*) embodiment

verkosten* *vt* ■**etw** ~ to try [*or* taste] sth; (*prüfend*) to sample sth

verköstigen* *vt bes* ÖSTERR ■**jdn** ~ to feed [*or* cater for] sb, to provide a meal/meals for sb; ■**sich** ~ to cater for [*or fam* feed] oneself

verkrachen* (*fam*) **I.** *vr* (*fam*) ■**sich [mit jdm]** ~ to fall out [*or* quarrel] [with sb] **II.** *vi sein* ① (*bankrott gehen*) to go bankrupt [*or fam* bust]; ■**verkracht** bankrupt ② (*scheitern*) to fail

verkracht *adj* (*fam*) failed; *s. a.* **Existenz**

verkraften* *vt* ■**etw** ~ ① (*innerlich bewältigen*) to cope with sth ② (*aushalten*) to cope with [*or* stand] sth; ***ich könnte ein Bier*** ~ (*hum*) I could do with a beer

verkrallen* *vr* ■**sich in jdm/etw** ~ to dig one's nails/to dig [*or* stick] its claws into sb/sth

verkrampfen* *vr* ■**sich** ~ ① (*zusammenkrümmen*) to be/become [*or* get] cramped ② (*sich anspannen*) to tense [up] ③ (*sich verspannen*) to tense [up], to get [*or* go] tense

verkrampft **I.** *adj* ① (*unnatürlich wirkend*) tense, strained ② (*innerlich nicht gelöst*) tense, nervous **II.** *adv* ① (*unnatürlich*) tensely; ~ **wirken** to seem unnatural ② (*in angespannter Verfassung*) tensely, nervously

Verkrampfung <-, -en> *f* tension *no art, no pl; Muskulatur* muscular tension, [muscular] cramp

verkriechen* *vr irreg* ① (*in ein Versteck kriechen*) ■**sich** ~ to creep [*or* crawl] away [to hide [oneself]] ② (*fam: sich begeben*) ■**sich [irgendwohin]** ~ to crawl [somewhere] ③ (*aus dem Weg gehen*) ***vor ihm brauchst du dich nicht zu*** ~ you don't have to worry about him

verkrümeln* *vr* (*fam*) ■**sich** ~ to make oneself scarce, to do a bunk BRIT *fam*

verkrümmen* **I.** *vt* ■**etw** ~ to bend sth **II.** *vr* ■**sich** ~ to bend; *Baum* to grow crooked; *Holz* to warp

Verkrümmung <-, -en> *f* bend (+*gen* in); *Finger* crookedness *no art, no pl; Holz* warp; *Rückgrat* curvature

verkrüppeln* **I.** *vt* ■**jdn/etw** ~ to cripple sb/sth **II.** *vi sein* to be/grow [*or* become] stunted

verkrüppelt <-er, -este> *adj* ① (*missgestaltet gewachsen*) stunted ② (*missgestaltet zugerichtet*) crippled

verkrustet *adj* time-honoured [*or* AM -ored], set *attr*

verkühlen* *vr* DIAL, BES ÖSTERR (*fam*) ■**sich** ~ to catch [*or* get] a cold [*or* chill]; ■**sich** *dat* **etw** ~ to catch [*or* get] a chill [*or* cold] in sth; **sich die Blase** ~ to get a chill on the bladder

Verkühlung <-, -en> *f* DIAL, ÖSTERR chill, cold

verkümmern* *vi sein* ① MED to waste away, to atrophy; (*durch einen natürlichen Prozess*) to degenerate ② (*eingehen*) to [shrivel and] die ③ (*verloren gehen*) to wither away ④ (*die Lebenslust verlieren*) to waste away

verkünden* *vt* ① (*geh: mitteilen*) ■**[jdm] etw** ~ to announce sth [to sb]; ■**[jdm] ~, dass ...** to announce [to sb] that ... ② JUR **einen Beschluss** ~ to announce a decision; **ein Urteil** ~ to pronounce sentence ③ *(geh: ankündigen)* ■ **etw** ~ to speak [*or* promise] sth; **Gutes/Unheil** ~ to augur/to not augur well *form*

Verkünder(in) <-s, -> *m(f) (geh)* messenger, bringer of [good/bad/etc.] news *liter*

verkündigen* *vt (geh)* ■ **[jdm] etw** ~ to proclaim sth [to sb] *form*

Verkündigung *f (geh)* ① *(das Verkündigen)* announcement; *Evangelium* preaching *no art, no pl,* propagation *no art, no pl;* **Mariä** ~ the Annunciation ② *(Proklamation)* proclamation

Verkündung <-, -en> *f* JUR announcement; *Urteil* pronouncement

verkuppeln* *vt* ■ **jdn [mit jdm/an jdn]** ~ to pair off sb *sep* [with sb]

verkürzen* **I.** *vt* ① *(kürzer machen)* ■ **etw [auf/um etw** *akk*] ~ to shorten sth [to/by sth] ② *(zeitlich vermindern)* ■ **etw [auf/um etw** *akk*] ~ to reduce [*or* shorten] sth [to/by sth]; **die Arbeitszeit** ~ to reduce working hours; **das Leben** ~ to shorten life; **einen Urlaub** ~ to shorten [*or sep* cut short] a holiday [*or* AM vacation] ③ *(verringern)* ■ **etw [auf etw** *akk*] ~ to reduce sth [to sth]; **den Abstand** ~ to reduce [*or* shorten] sb's lead; *(den Vorsprung aufholen)* to close the gap ④ *(weniger lang erscheinen lassen)* ■ **[jdm] etw** ~ to make sth pass more quickly [for sb] **II.** *vr* ■ **sich** ~ to become shorter, to shorten

Verkürzung *f* ① *(das Verkürzen)* ■ **die** ~ **[einer S.** *gen* [*o* **von etw**]] shortening [sth], cutting short [sth *sep*] ② *(zeitliche Verminderung)* reduction, cutting short; *no art, no pl* ③ *(Verringerung)* reduction

verlachen* *vt* ■ **jdn** ~ to laugh at [*or* ridicule] sb

verladen* *vt irreg* ① *(zur Beförderung laden)* ■ **etw [auf/in etw** *akk*] ~ to load sth [on/in sth] ② *(sl: hintergehen)* ■ **jdn** ~ to pull the wool over sb's eyes, to take sb for a ride *fam;* ■ **sich [von jdm]** ~ **lassen** to get taken for a ride *fam*

Verladerampe *f* TECH loading ramp [*or* platform]; *(für Autos)* loading bay

Verladung *f* loading *no art, no pl*

Verlag <-[e]s, -e> *m* publisher's, publishing house *form;* ***in welchem ~ ist der Titel erschienen?*** who published the book?, which publisher brought out the book?

verlagern* **I.** *vt* ① *(auslagern)* ■ **etw [irgendwohin]** ~ to move [*or* shift] sth [somewhere] ② *(an eine andere Stelle bringen)* ■ **etw [auf etw** *akk*] ~ to move [*or* shift] sth [to sth]; **den Schwerpunkt** ~ to shift the emphasis **II.** *vr* METEO ■ **sich [irgendwohin]** ~ to move [somewhere]

Verlagerung *f* ① *(das Auslagern)* ***die ~ der Kunstgegenstände diente dem Schutz vor Bombenangriffen*** the works of art were moved to protect them from bombs ② METEO ***die ~ des Hochs lässt feuchtwarme Luftmassen nach Mitteleuropa strömen*** the high is moving and that allows warm, humid air to flow towards central Europe

Verlagsangestellte(r) *m(f)* sb who works for a publisher; ■ **~/~r sein** to work for a publisher **Verlagsbuchhandel** *m* publishing trade *no indef art, no pl* **Verlagsbuchhändler(in)** *m(f) (veraltend) s.* **Verleger Verlagsbuchhandlung** *f publishing house purveying its own booksellers* **Verlagshaus** *nt* publishing house *form* **Verlagskatalog** *m* publisher's catalogue [*or* AM -og] **Verlagsleiter(in)** *m(f)* publishing director **Verlagsredakteur(in)** *m(f)* [publishing] editor **Verlagswesen** *nt* publishing

verlanden* *vi sein* GEOG *(zu Land werden)* to silt up; *(austrocknen)* to dry up

Verlandung *f* GEOG ① *(Landwerdung)* silting up *no art, no pl* ② *(Austrocknung)* drying up *no art, no pl*

verlangen* **I.** *vt* ① *(fordern)* ■ **etw [von jdm]** ~ to demand sth [from sb]; **einen Preis** ~ to ask [*or* charge] a price; **eine Bestrafung/das Eingreifen/eine Untersuchung** ~ to demand [*or* call for] punishment/intervention/an investigation; **Maßnahmen** ~ to demand that steps [*or* measures] be taken; ■ **~, dass jd etw tut/etw geschieht** to demand that sb does sth/sth be done ② *(erfordern)* ■ **etw [von jdm]** ~ to require sth [from sb], to call for sth ③ *(erwarten)* ■ **etw [von jdm]** ~ to expect sth [from sb]; **das ist ein bisschen viel verlangt** that's a bit much, that's too much to expect; **das ist nicht zu viel verlangt** that is not too much to expect ④ *(sich zeigen lassen)* ■ **etw** ~ to ask [*or* want] to see [*or* to ask for] sth **II.** *vi* ① *(erfordern)* ■ **nach etw** ~ to demand [*or* require] sth ② *(geh: jd zu sehen, sprechen wünschen)* ■ **nach jdm** ~ to ask for sb ③ *(geh: um etw bitten)* ■ **nach etw** ~ to ask for sth **III.** *vt impers (geh)* ■ **es verlangt jdn nach jdm/etw** sb longs [*or* yearns] for sb/sth; ■ **es verlangt jdn danach, etw zu tun** sb longs [*or* yearns] to do sth

Verlangen <-s, -> *nt* ① *(dringender Wunsch)* desire; **kein** ~ **nach etw haben** *(geh)* to have no desire for sth ② *(Forderung)* demand; **auf** ~ on demand; **auf jds** ~ *akk* **[hin]** at sb's request

verlängern* **I.** *vt* ① *(länger machen)* ■ **etw [um etw]** ~ to lengthen [*or* extend] sth [by sth] [*or* to make sth longer] ② *(länger dauern lassen)* ■ **[jdm] etw** ~ to extend sth [for sb]; **jdm das Leben** ~ to prolong sb's life; **einen Vertrag** ~ to renew [*or* extend] a contract **II.** *vr* ■ **sich [um etw]** ~ to be longer [by sth]; *Leben, Leid* to be prolonged [by sth]; ***das Abonnement verlängert sich automatisch um ein weiteres Jahr*** the subscription will be renewed automatically for another year

Verlängerung <-, -en> *f* ① *kein pl (Vergrößerung der Länge)* ■ **die** ~ **[einer S.** *gen* [*o* **von etw**]] lengthening sth; *(durch ein Zusatzteil)* the extension [to sth] ② *kein pl (zeitliche Ausdehnung)* extension ③ SPORT extra time *no art, no pl* ④ *(fam) s.* **Verlängerungsskabel**

Verlängerungskabel *nt,* **Verlängerungsschnur** *f* extension [cable [*or* lead]]

verlangsamen* **I.** *vt* ■ **etw** ~ ① *(langsamer werden lassen)* to reduce sth; **die Fahrt/das Tempo** ~ to reduce [one's] speed; **die Schritte** ~ to slow [*or* slacken] one's pace ② *(aufhalten)* to slow down sth *sep;* **Verhandlungen** ~ to hold up *sep* negotiations **II.** *vr* ■ **sich** ~ to slow [down], to slacken off [*sep* one's pace]

Verlangsamung <-, -en> *f* ① *(Herabsetzung des Tempos)* slowing down *no art, no pl* ② *(das Verlangsamen)* slowing down *no art, no pl,* slackening off *no art, no pl*

Verlass[RR] <-es> *m,* **Verlaß** <-sses> *m kein pl* ■ **auf jdn/etw ist/ist kein** ~ you can/cannot rely on sb/sth, sb/sth can/cannot be relied [*or* depended] [up]on; ■ **es ist** ~ **darauf, dass jd etw tut/etw geschieht** you can depend on sb [*or form* sb's] doing sth/on sth happening, you can bet your shirt [*or* bottom dollar] [*or* BRIT boots] [that] ... *fam*

verlassen*[1] *irreg* **I.** *vt* ① *(im Stich lassen)* ■ **jdn** ~ to abandon [*or* leave] [*or* desert] sb ② *(aus etw hinausgehen, fortgehen)* ■ **etw** ~ to leave sth ③ *(euph: sterben)* ■ **jdn** ~ to pass away [*or* on] ④ *(verloren gehen)* ■ **jdn** ~ to desert sb; ***der Mut verließ ihn*** he lost courage, his courage left him ▸ WENDUNGEN: **[und] da[nn] verließen sie ihn/sie** *(fam)* after that he/she was at a loss [for words] **II.** *vr* ■ **sich auf jdn/etw** ~ to rely [*or* depend] [up]on sb/sth; ***man kann sich auf ihn ~*** he's reliable, you can rely on him; ■ **sich [darauf]** ~, **dass jd etw tut/etw geschieht** to rely [*or* depend] [up]on sb [*or form* sb's] doing sth/sth happening; ***da-***

V

rauf können Sie sich ~ you can rely [*or* depend] [up]on it, you can be sure of it; ***worauf du dich ~ kannst!*** (*fam*) you bet! *fam*, you can bet your shirt [*or* bottom dollar] [*or* BRIT boots] on it! *fam*

verlassen² *adj* deserted; (*verwahrlost*) desolate; **ein ~es Haus/eine ~e Straße** a deserted [*or* an empty] house/street

verlässlich^RR^ *adj*, **verläßlich** *adj* reliable; **ein ~er Mensch** a reliable [*or* dependable] person

Verlässlichkeit^RR^ <-> *f kein pl* reliability *no art, no pl*, dependability *no art, no pl*

Verlaub *m* ■ **mit ~** (*geh*) forgive [*or form* pardon] me for saying so, with respect

Verlauf *m* ① (*Ablauf*) course; **im ~ einer S.** *gen* during [*or* in the course of] sth; **im ~ der Zeit** (*in der Zukunft*) in time; (*in der Vergangenheit*) over the years; **im ~ der nächsten Monate** in the course of the next few months; **einen bestimmten ~ nehmen** to take a particular course; ***der Prozess nahm einen unerwartet guten ~*** the case went unexpectedly well ② (*sich erstreckende Linie*) route; *Fluss* course

verlaufen* *irreg* **I.** *vi sein* ① (*ablaufen*) ***die Diskussion verlief stürmisch*** the discussion was stormy [*or* went off stormily]; ***das Gehaltsgespräch verlief nicht ganz so wie erhofft/erwartet*** the discussion about salaries didn't go [off] [*or* were not] as hoped/expected ② (*sich erstrecken*) ■ **irgendwo/irgendwie ~** to run somewhere/somehow; ***der Fluss verläuft ruhig*** the river flows gently; *s. a.* **Sand II.** *vr* ① (*sich verirren*) ■ **sich [in etw** *dat*] ~ to get lost [*or* lose one's way] [in sth] ② (*auseinander gehen*) ■ **sich ~** to disperse; (*panisch*) to scatter ③ (*abfließen*) to subside

verlaust *adj* louse-ridden; ■ **~ sein** to have [*or fam* be crawling with] lice

verlautbaren* (*geh*) **I.** *vt* ■ **etw ~** to announce sth; **eine Ankündigung ~** to make an announcement; ■ **etw ~ lassen** to let sth be announced [*or* make known] **II.** *vi sein* ■ **es verlautbarte, dass …** rumour [*or* AM -or] had it that …; ■ **etw verlautbart über jdn/etw** sth is said about sb/sth

Verlautbarung <-, -en> *f* (*geh*) ① *kein pl* (*Bekanntgabe*) announcement, statement ② (*bekannt gegebene Mitteilung*) statement; (*amtlich a.*) bulletin

verlauten* **I.** *vt sein* ■ **etw ~** to announce sth; ■ **etw [über etw** *akk*] **~ lassen** to say sth [about sth]; **kein Wort über etw** *akk* **~** to hush up sth *sep pej*, to not say a word about sth; **wie [aus etw] verlautet, …** as announced [*or* stated] [by sth], …, according to reports [from sth], … **II.** *vi impers sein o haben* ■ **es verlautet, dass …** there are reports that …

verleben* *vt* ■ **etw ~** ① (*verbringen*) to spend sth; **eine schöne Zeit ~** to have a nice time; **seine Kindheit in der Großstadt ~** to spend one's childhood [*or* to grow up] in the city ② (*zum Lebensunterhalt verbrauchen*) to spend sth; **etw schnell ~** to fritter [away *sep*] sth

verlebt *adj* ruined, raddled; **ein ~es Aussehen** a disreputable appearance

verlegen*¹ **I.** *vt* ① (*verbummeln*) ■ **etw ~** to mislay [*or* lose] sth ② (*verschieben*) ■ **etw [auf etw** *akk*] ~ to postpone [*or* defer] sth [until sth]; **etw auf einen anderen Zeitpunkt ~** to postpone [*or* defer] sth [until another time] ③ (*auslegen*) **Gleise/einen Teppich ~** to lay rails/a carpet; ■ **[irgendwo] etw ~ lassen** to have sth laid [somewhere] ④ (*ziehen*) **Fenster/Türen ~** to put in *sep* windows/doors; **Kabel ~** to lay cables ⑤ (*publizieren*) ■ **etw ~** to publish sth ⑥ (*woandershin bringen*) ■ **jdn/etw [irgendwohin] ~** to move [*or* transfer] sb/sth [somewhere] **II.** *vr* ■ **sich [auf etw** *akk*] ~ to take up sth *sep*; **sich aufs Bitten/Betteln/Leugnen ~** to resort to pleas/begging/lies

verlegen² **I.** *adj* embarrassed; **[nicht/nie] um etw ~ sein** to be [never] lost [*or* at a loss] for sth; ***egal, wie oft er zu spät kommt, er ist nie um eine Entschuldigung ~*** it doesn't matter how often he arrives late, he's always got an excuse ready [*or* at the ready] [*or* he's never lost [*or* at a loss] for an excuse] **II.** *adv* in embarrassment

Verlegenheit <-, -en> *f* ① *kein pl* (*peinliche Situation*) embarrassment *no pl*; **jdn in ~ bringen** to embarrass sb, to put sb in an embarrassing situation; **jdn in große ~ bringen** to put sb in a very embarrassing situation ② (*finanzielle Knappheit*) financial embarrassment *no art, no pl*; **in ~ sein** to be in financial difficulties

Verlegenheitslösung *f* stopgap

Verleger(in) <-s, -> *m(f)* publisher, owner of a publishing house *form*

verlegerisch *inv* VERLAG **I.** *adj* publishing **II.** *adv* from the publishing standpoint

Verlegung <-, -en> *f* ① (*Verschiebung*) rescheduling *no art, no pl*; (*auf einen späteren Zeitpunkt*) postponement ② (*Auslegung*) laying *no art, no pl* ③ TECH installation, laying *no art, no pl* ④ (*das Publizieren*) publication ⑤ (*Ortswechsel*) transfer, moving *no art, no pl*

verleiden* *vt* ① (*die Freude verderben*) ■ **jdm etw ~** to spoil [*or* ruin] sth for sb ② *sein* SÜDD (*zuwider werden*) ■ **etw verleidet jdm** sth has been ruined [*or* spoiled] for sb

Verleih <-[e]s, -e> *m* ① (*Unternehmen*) rental company [*or* BRIT hire]; (*Auto~*) car rental [*or* hire] company ② *kein pl* (*das Verleihen*) renting [*or* BRIT hiring] out *no art, no pl*

verleihen* *vt irreg* ① (*verborgen*) ■ **etw [an jdn] ~** to lend sth [to sb] [*or* sb sth]; (*gegen Geld*) to rent [*or* BRIT hire] out sth *sep*; **Geld ~** to lend money ② (*jdm mit etw auszeichnen*) ■ **[jdm] etw ~** to award sth [to sb] [*or* sb sth], to confer [*or form* bestow] sth [on sb] ③ (*stiften*) ■ **jdm etw ~** to give sb sth, to fill sb with sth; ***die Wut verlieh ihm neue Kräfte*** anger gave him new strength ④ (*verschaffen*) **seinen Worten Nachdruck ~** to emphasize one's words; **etw** *dat* **Ausdruck ~** to lend [*or* give] expression to sth

Verleiher <-s, -> *m* hire company

Verleihung <-, -en> *f* ① (*das Verleihen*) lending *no art, no pl*; (*für Geld*) renting [*or* BRIT hiring] out *no art, no pl*; **die ~ von Geld** lending money, moneylending *pej* ② (*Zuerkennung*) award, conferment *form*, bestowal *form*

verleiten* *vt* ① (*dazu bringen*) ■ **jdn [zu etw] ~** to persuade [*or form* induce] sb [to do sth]; ■ **sich [von jdm] [zu etw] ~ lassen** to let oneself be persuaded [to do sth] [by sb], to let oneself be induced [to do sth] [by sb] *form* ② (*verführen*) ■ **jdn [zu etw] ~** to entice sb to do sth

Verleitung *f* ***die ~ zum Meineid ist strafbar*** encouraging someone to perjure themselves is punishable by law, subornation is a punishable act *spec*

verlernen* *vt* ■ **etw ~** to forget sth; **das Tanzen ~** to forget how to dance

verlesen*¹ *irreg* **I.** *vt* (*vorlesen*) ■ **etw ~** to read [aloud *sep*] sth **II.** *vr* (*falsch lesen*) ■ **sich ~** to make a mistake, to read sth wrongly

verlesen² *vt irreg* (*aussortieren*) ■ **etw ~** to sort sth

verletzbar *adj s.* **verletzlich**

verletzen* *vt* ① (*verwunden*) ■ **jdm etw ~** to injure [*or* hurt] sb's sth; ■ **jdn [an etw** *dat*] ~ to injure [*or* hurt] sb['s sth]; ■ **sich ~** to injure [*or* hurt] oneself; **sich beim Schneiden ~** to cut oneself; ■ **sich** *dat* **etw** [*o* **sich an etw** *dat*] ~ to injure [*or* hurt] one's sth ② (*kränken*) ■ **jdn ~** to offend sb; **jdn in seinem Stolz ~** to hurt sb's pride ③ (*missachten*) ■ **etw ~** to wound [*or* injure] sth; **den Anstand ~** to overstep the mark; **jds Gefühle** ~ to hurt sb['s feelings] ④ (*übertreten*) ■ **etw** ~ to violate [*or form* infringe] sth; **die Grenze** ~ to violate the frontier

verletzend *adj* hurtful

verletzlich *adj* vulnerable, sensitive, oversensitive *pej*

Verletzte(r) *f(m) decl wie adj* injured person; (*Opfer*) casualty; ■ **die** ~**n** the injured + *pl vb*

Verletzung <-, -en> *f* ① MED injury; **innere** ~ internal injury ② *kein pl* (*Übertretung*) violation, infringement *form*

Verletzungsgefahr *f* risk of injury

verleugnen* *vt* ■ **jdn** ~ to deny [*or* disown] sb; **sich [von jdm]** ~ **lassen** to pretend [*or* get sb to say] one is absent [*or* isn't there]; **ich kann nicht** ~**, dass ...** I cannot deny that ...

verleumden* *vt* ■ **jdn** ~ to slander sb; (*schriftlich*) to libel sb, to commit libel against sb

Verleumder(in) <-s, -> *m(f)* slanderer, libeller [*or* AM libeler]

verleumderisch *adj* slanderous, libellous [*or* AM libelous]

Verleumdung <-, -en> *f* slander *no art, no pl,* libel *no art, no pl*

Verleumdungskampagne *f* smear campaign

verlieben* *vr* ■ **sich [in jdn]** ~ to fall in love [with sb]; **sich hoffnungslos [in jdn]** ~ to fall hopelessly [*or* be head over heels] in love [with sb]; (*für jdn schwärmen*) *Schulmädchen* to have a crush on sb *fam;* **zum V~ aussehen/sein** to look perfect/be adorable

verliebt *adj* ① (*durch Liebe bestimmt*) loving, amorous, affectionate; ~**e Worte** words of love, loving [*or* amorous] [*or* affectionate] words ② (*von Liebe ergriffen*) enamoured [*or* AM -ored], charmed; (*stärker*) infatuated; ■ **[in jdn/etw]** ~ **sein** to be in love [with sb/sth]; **in eine Idee** ~ **sein** to be infatuated by an idea, to have an idée fixe *liter*

Verliebte(r) *f(m) decl wie adj* lover; **die beiden** ~ the two lovers

Verliebtheit <-> *f kein pl* state *no pl* of being in love, infatuation *no art, no pl*

verlieren <verlor, verloren> **I.** *vt* ① (*jdm abhanden kommen*) ■ **etw** ~ to lose sth; **nichts mehr zu** ~ **haben** to have nothing [else] to lose ② (*abwerfen*) ■ **etw** ~ to lose [*or* shed] sth ③ (*nicht halten können*) ■ **jdn/etw** ~ to lose sb/sth ④ (*entweichen lassen*) ■ **etw** ~ to lose sth; **Flüssigkeit/Gas** ~ to leak ⑤ (*nicht gewinnen*) ■ **etw** ~ to lose sth ⑥ (*einbüßen*) ■ **an etw** *dat* ~ to lose sth; **an Schönheit** ~ to lose some of his/her/their/etc. beauty ▶ WENDUNGEN: **irgendwo nichts verloren <u>haben</u>** (*fam*) to have no business [being] somewhere; **was <u>haben</u> Sie hier verloren?** (*fam*) what are you doing here? **II.** *vr* ① (*verschwinden*) ■ **sich [in etw** *akk*] ~ to disappear [*or* to vanish] [in sth] ② (*sich verirren*) ■ **sich [in etw** *akk*] ~ to get lost [in sth] ③ (*ganz in etw aufgehen*) ■ **sich in etw** *dat* **verlieren** to get carried away with sth; **sich in Gedanken** *dat* ~ to be lost in thought **III.** *vi* ■ **[an etw** *dat*] ~ to lose [sth]

Verlierer(in) <-s, -> *m(f)* loser

Verliererstraße *f* ▶ WENDUNGEN: **<u>auf</u> der** ~ **sein** to be playing a losing game; (*verkommen*) to be on the downward slope

Verlies <-es, -e> *nt* dungeon

verloben* *vr* ■ **sich [mit jdm/miteinander]** ~ to get engaged [to sb/[each other]]

verlobt *adj* engaged (**mit** +*dat* to), betrothed *old form* (**mit** +*dat* to); **so gut wie** ~ **sein** to be as good as engaged; ■ **sie sind miteinander** ~ they are engaged [to each other]

Verlobte(r) *f(m) decl wie adj* fiancé *masc,* fiancée *fem;* ■ **jds** ~/~**r** sb's fiancée/fiancé [*or old* betrothed]; ■ **die** ~**n** the engaged couple; ***wir sind seit kurzem*** ~***e*** we got engaged recently

Verlobung <-, -en> *f* engagement, betrothal *form or old;* **eine** ~ **auflösen/bekannt geben** to break off/announce an engagement

verlocken* *vi* (*geh*) ■ **[zu etw]** ~ to make sth a tempting [*or* an attractive] prospect [for sb], to tempt [*or* entice] sb [to do sth], to make sb want to do sth; ■ **dazu** ~**, etw zu tun** to make sb want [*or* to tempt [*or* entice] sb] to do sth

verlockend *adj* tempting

Verlockung <-, -en> *f* temptation; **der** ~ **widerstehen** to resist [the] temptation

verlogen *adj* ① (*lügnerisch*) lying *attr,* untruthful, mendacious *form;* **durch und durch** ~ **sein** *Behauptung* to be a blatant lie; *Mensch* to be a rotten liar ② (*heuchlerisch*) insincere, phoney [*or* phony] *pej fam*

Verlogenheit <-> *f kein pl* ① (*lügnerisches Wesen*) untruthfulness *no art, no pl,* mendacity *no art, no pl form;* (*mit falschem Spiel*) duplicity *no art, no pl form* ② (*Heuchelei*) insincerity *no art, no pl,* phoniness *no art, no pl pej fam*

verlor *imp von* **verlieren**

verloren **I.** *pp von* **verlieren** **II.** *adj* ■ ~ **sein** to be finished [*or fam* done for]; **sich** ~ **fühlen** to feel lost; **jdn/etw** ~ **geben** to give up sb/sth *sep* for lost; **einen Plan** ~ **geben** to write off *sep* a plan; ~ **gehen** (*abhanden kommen*) to get lost; (*sich verirren a.*) to go astray; **etw geht jdm** ~ sb loses sth ▶ WENDUNGEN: **an jdm ist eine <u>Malerin</u>/<u>Musikerin</u>/etc.** ~ **gegangen** (*fam*) you would have made a good artist/musician/etc.; *s. a.* **Posten**

Verlorenheit <-> *f kein pl* (*geh*) loneliness *no art, no pl,* isolation *no art, no pl*

verlöschen* <verlosch, verloschen> *vi sein* (*geh*) to go out

verlosen* *vt* ■ **etw** ~ to raffle sth

Verlosung *f* raffle, draw

verlöten* *vt* TECH ① (*durch Löten schließen*) ■ **etw** ~ to solder [up *sep*] sth ② (*durch Löten verbinden*) ■ **etw [miteinander]** ~ to solder [together *sep*] sth

verlottern* *vi sein* to fall into disrepair, to become run-down; *Mensch* to run to seed, to go to the dogs *fam;* ■ **etw** ~ **lassen** to let sth get run-down; ■ **verlottert** run-down; **ein verlottertes Gebäude** a dilapidated building; **ein verlotterter Mensch** someone who has gone to the dogs [*or* run to seed]

verludern* (*fam*) **I.** *vt* ■ **etw** ~ *Geld* to squander sth, to fritter away sth *sep* **II.** *vi* to go to the bad *fam*

Verlust <-[e]s, -e> *m* ① (*das Verlieren*) loss ② FIN (*finanzielle Einbuße*) loss; **der** ~ **von etw** the loss of sth; ~ **bringend** loss-making; **große** ~ huge losses; ~**e aus unternehmerischen Tätigkeiten** losses incurred from business activities; ~**e/einen** ~ **haben** [*o* **erleiden**] to make losses/a loss; ~**e machen** to make losses; **mit** ~ at a [financial] loss ③ (*schmerzliche Einbuße*) loss (+*gen* of) ④ *pl* MIL losses *pl;* **schwere** ~**e erleiden** [*o* **haben**] to suffer heavy losses

Verlustbringer *m* ÖKON unprofitable product; (*Lockartikel*) loss leader **Verlustfaktor** *m* downside [*or* loss] factor **Verlustgeschäft** *nt* losing business *no pl;* (*einzelnes*) loss-making deal

verlustieren* *vr* (*hum fam*) ■ **sich [mit jdm]** ~ to have a good time [*or* to have fun] [*or* to enjoy oneself] [with sb]; (*sexueller Natur a.*) to have a bit of hanky-panky [with sb] *dated fam*

verlustig *adj* **einer S.** *gen* ~ **gehen** (*geh*) to forfeit [*or* lose] sth; **jdn seiner Rechte für** ~ **erklären** to declare sb's rights forfeit

Verlustzone *f* ÖKON loss [situation]; **in die** ~ **kommen** [*o* **geraten**] to start making a loss, to get into a loss situation [*or fam* the red] **Verlustzuweisung** *f* FIN allocation of losses; (*in der Buchführung*) proven loss

vermachen* *vt* ① (*vererben*) ■ [**jdm**] **etw** ~ to leave [*or form* bequeath] sth [to sb] [*or* sb sth] ② (*fam: überlassen*) ■ [**jdm**] **etw** ~ to give [sb] sth, to make [sb] a present of sth *a. iron;* ***kannst du mir nicht deine Lederjacke ~?*** can't you let me have your leather jacket?

Vermächtnis <-ses, -se> *nt* JUR legacy, bequest

vermählen* *vr* (*geh*) ■ **sich** [**mit jdm**] ~ to marry [*or old* wed] [sb]; ■ **sich** [**miteinander**] ~ to marry; **frisch vermählt** newly married, newlywed *attr;* **die frisch Vermählten** the newlyweds

Vermählte(r) <-, -n> *f (m) decl wie adj* (*veraltend*) wed *dated;* **die frisch ~n** the newly-weds

Vermählung <-, -en> *f* (*geh*) marriage, wedding

vermaledeit *adj inv* (*emph veraltend fam*) damnable *dated,* blasted *dated fam*

vermarkten* *vt* ■ **etw** ~ ① ÖKON (*auf den Markt bringen*) to market sth; **sich leicht/schwer ~ lassen** to be easy/difficult to market ② (*verwerten*) to capitalize on sth

Vermarktung <-, -en> *f* ■ **die/eine ~ [einer S.** *gen* [*o* **von etw**]] ① (*das Vermarkten*) marketing [sth] ② (*das Veröffentlichen*) the publication/publication [of sth]

vermasseln* *vt* (*sl*) ■ [**jdm**] **etw** ~ to spoil [*or* wreck] sth [for sb], to mess up [*or* muck up] sth *sep* [for sb] *fam*

vermehren* I. *vr* ① (*sich fortpflanzen*) ■ **sich** ~ to reproduce; (*stärker*) to multiply ② (*zunehmen*) ■ **sich** [**auf/um etw** *akk*] ~ to increase [*or* grow] [to/by sth] II. *vt* ① HORT (*die Anzahl erhöhen*) ■ **etw** ~ to propagate sth ② (*größer werden lassen*) ■ **etw** [**um etw**] ~ to increase sth [by sth], to let sth grow [by sth]

Vermehrung <-, -en> *f* ① (*Fortpflanzung*) reproduction *no art, no pl;* (*stärker*) multiplying *no art, no pl* ② HORT propagation ③ (*das Anwachsen*) increase, growth

vermeidbar *adj* avoidable

vermeiden* *vt irreg* ■ **etw** ~ to avoid sth; **sich nicht/kaum ~ lassen** to be inevitable [*or* unavoidable]/almost inevitable [*or* unavoidable]; **es lässt sich nicht/kaum ~, dass ...** it is inevitable [*or* unavoidable]/almost inevitable [*or* unavoidable] that ...

Vermeidung <-, -en> *f* avoidance *no art, no pl;* ■ **zur ~ einer S.** *gen* [*o* **von etw**] [in order] to avoid sth

vermeintlich I. *adj attr* supposed *attr;* **der ~e Täter** the suspect II. *adv* supposedly; ***das Angebot war nur ~ günstig*** the offer only appeared [*or* seemed] to be good

vermelden* *vt* ■ **etw** ~ to announce [*or* report] sth; **etw zu ~ haben** (*geh*) to have sth to announce [*or* report]

vermengen* *vt* ① (*vermischen*) ■ **etw** [**mit etw**] ~ to mix sth [with sth] ② (*durcheinander bringen*) ■ **etw** ~ to confuse [*or sep* mix up] sth

vermenschlichen* *vt* ■ **etw/ein Tier** ~ to give sth/an animal human characteristics, to humanize sth/an animal *spec*

Vermerk <-[e]s, -e> *m* note

vermerken* *vt* ① (*eintragen*) ■ [**sich** *dat*] **etw** [**auf/in etw** *dat*] ~ to note [down *sep*] [*or* make a note of] sth [on/in sth]; **etw im Kalender rot ~** to make sth a red-letter day ② (*zur Kenntnis nehmen*) ■ **etw** ~ to take note of sth; **etw negativ/übel ~** to take sth amiss, to be annoyed by sth

vermessen*¹ *irreg* I. *vt* ■ **etw** ~ to measure sth; **ein Grundstück/ein Gebäude amtlich ~** to survey a plot of land/a building II. *vr* ① (*falsch messen*) ■ **sich** ~ to make a mistake in measuring [sth], to measure [sth] wrongly ② (*geh: sich anmaßen*) ■ **sich ~, etw zu tun** to presume to do sth

vermessen² *adj* (*geh*) presumptuous, arrogant; ■ **~ sein, etw zu tun** to be presumptuous [*or* arrogant] to do sth

Vermessenheit <-, -en> *f* (*geh*) presumption *no art, no pl,* arrogance *no art, no pl*

Vermessung *f* measurement; (*bei einem Katasteramt*) survey, surveying *no art, no pl*

Vermessungsamt *nt* [land] surveyor's office; (*zu Steuerzwecken*) cadastral office *spec* **Vermessungsingenieur(in)** *m(f)* [land] surveyor

vermiesen* *vt* (*fam*) ■ [**jdm**] **etw** ~ to spoil sth [for sb]; ■ [**sich** *dat*] **etw nicht** [**durch jdn/etw**] **~ lassen** to not let sth be spoilt [by sb/sth]

vermietbar *adj* to let *pred;* **ein ~es Zimmer** a room to let [*or* rent out]; **ein schwer ~es Haus** a house which is difficult to let [*or* rent out]; **eine kaum ~e Wohnung** a flat [*or* AM apartment] which is almost impossible to let [*or* rent out]

vermieten* I. *vt* ■ [**jdm**] **etw** [**für etw**] ~ to lease out *sep* sth [to sb] [for sth]; (*für kurze Zeit a.*) to rent [*or* BRIT hire] out sth *sep* [to sb] [for sth]; **ein Haus ~** to let [*or* rent out] a house; **„Autos zu ~"** "cars for hire"; **„Zimmer zu ~"** "rooms to let" II. *vi* ■ [**an jdn**] ~ to let [*or* rent [out]] [to sb]

Vermieter(in) *m(f)* ① (*Hausbesitzer*) landlord *masc,* landlady *fem* ② (*Verleiher*) lessor *spec;* ***der ~ nimmt zwölf Mark die Stunde für ein Ruderboot*** it costs twelve marks an hour to hire a rowing boat

Vermietung <-, -en> *f* letting *no art, no pl,* renting out *no art, no pl; Auto, Boot* renting [*or* BRIT hiring] [out] *no art, no pl*

vermindern* I. *vt* ① (*verringern*) ■ **etw** ~ to reduce [*or* lessen] sth; **Anstrengungen** [*o* **Bemühungen**] **nicht ~** to spare no effort ② FIN ■ [**jdm**] **etw** ~ to reduce [*or* cut] [sb's] sth; **seine Ausgaben ~** to reduce [*or form* retrench] one's costs II. *vr* ① (*geringer werden*) ■ **sich** ~ to decrease, to diminish ② FIN ■ **sich** [**auf/um etw** *akk*] ~ to go down [*or* decrease] [to/by sth]; *Preise, Kosten a.* to drop [to/by sth]

Verminderung *f* reduction, decrease

verminen* *vt* ■ **etw** ~ to mine [*or* lay mines in] sth

Verminung <-, -en> *f* ■ **die/eine ~ [einer S.** *gen* [*o* **von etw**]] mining [sth]

vermischen* I. *vt* ■ **etw** [**mit etw**] ~ to mix sth [with sth]; (*um eine bestimmte Qualität zu erreichen*) to blend sth [with sth]; **einen Kopfsalat mit Dressing ~** to toss a salad II. *vr* ■ **sich** [**miteinander**] ~ to mix

Vermischung *f* mixing *no art, no pl*

vermissen* *vt* ① (*das Fehlen von etw bemerken*) ■ **etw** ~ to have lost sth, to notice that sth is lost; ***ich vermisse meinen Pass*** I've lost my passport, my passport is missing ② (*jds Abwesenheit bedauern*) ■ **jdn** ~ to miss sb ③ (*jds Abwesenheit feststellen*) ***wir ~ unsere Tochter*** our daughter is missing; ■ **vermisst werden** to be missing ④ (*das Fehlen von etw bedauern*) ■ **etw** ~ to be of the opinion [*or* think] that sth is lacking; ***was ich an den meisten jungen Menschen vermisse, ist Höflichkeit*** what I think most young people lack is politeness; ■ **etw ~ lassen** to lack [*or* be lacking in] sth

Vermisste(r)[RR] *f(m),* **Vermißte(r)** *f(m) decl wie adj* missing person

Vermisstenanzeige[RR] *f* **eine ~ aufgeben** to report sb as missing

vermittelbar *adj* employable; ***ältere Arbeiter sind kaum mehr ~*** it is amost impossible to find jobs for older people

vermitteln* I. *vt* ① (*durch Vermittlung beschaffen*) ■ [**jdm** [*o* **an jdn**]] **etw** ~ to find sth [for sb] [*or* sb sth];

jdm eine Stellung ~ to find sb a job; ■ [**jdm**] **jdn** ~ to find sb [for sb]; **jdn an eine Firma** ~ to place sb with a firm ② (*weitergeben*) ■ [**jdm**] **etw** ~ to pass on *sep* [*or form liter* impart] sth [to sb]; **seine Gefühle** ~ to communicate [*or* convey] one's feelings ③ (*geh*) ■ [**jdm**] **etw** ~ to give [sb] sth, to convey sth [to sb]; **jdm ein schönes Gefühl** ~ to give sb [*or* fill sb with] a good feeling ④ (*arrangieren*) ■ **etw** ~ to arrange sth; **einen Kontakt** ~ to arrange for a contact **II.** *vi* ■ [**in etw** *dat*] ~ to mediate [*or* act as [a/the] mediator] [in sth]

vermittelnd I. *adj* conciliatory; **~e Bemühungen** attempts [*or* efforts] to mediate, attempts at conciliation **II.** *adv* ~ **eingreifen/sich** ~ **einschalten** to intervene as a mediator

Vermittler(in) <-s, -> *m(f)* ① (*Schlichter*) mediator, arbitrator ② ÖKON agent

Vermittlung <-, -en> *f* ① ÖKON *Geschäft* negotiating *no art, no pl; Stelle* finding *no art, no pl; Wohnung* finding *no art, no pl,* locating *no art, no pl* ② (*Schlichtung*) mediation ③ (*Telefonzentrale*) operator ④ (*das Weitergeben*) imparting *no art, no pl form,* conveying *no art, no pl form,* communicating *no art, no pl*

Vermittlungsausschuss[RR] *m* POL mediation committee **Vermittlungsgebühr** *f* ÖKON commission

vermodern* *vi sein* to rot, to decay, to moulder, to molder AM

vermögen *vt irreg* (*geh*) ■ **etw** ~ to be capable of [doing] [*or* be able to do] sth; ■ ~, **etw zu tun** to be capable of doing [*or* be able to do] sth

Vermögen <-s, -> *nt* ① FIN assets *pl;* (*Geld*) capital *no art, no pl;* (*Eigentum*) property *no art, no pl* ② *kein pl* (*geh*) ■ **jds** ~ sb's ability [*or* capability]; **jds** ~ **übersteigen/über jds** ~ **gehen** to be/go beyond sb's abilities

vermögend *adj* (*geh*) wealthy, well-off

Vermögensabgabe *f* ÖKON, ADMIN (*hist*) capital levy, wealth tax **Vermögensanlage** *f* investments *pl* **Vermögensberater(in)** *m(f)* financial consultant **Vermögensberatung** *f kein pl* financial consulting **Vermögensbilanz** *f* financial statement **Vermögensbildung** *f* FIN ① (*Entstehung von Vermögen*) wealth creation *no art, no pl,* creation *no indef art, no pl* of wealth ② (*staatlich geförderte Sparmethode*) *savings scheme whereby employees contributions are supplemented by the employer* **Vermögenssteuer** *f* wealth tax, tax on assets **Vermögensverhältnisse** *pl* financial circumstances *pl* **Vermögensverwalter(in)** *m(f)* trustee **Vermögenswert** *m* asset **vermögenswirksam** *adj* FIN asset-creating *attr;* **~e Leistungen** wealth [*or* asset] creation benefits

vermummen* **I.** *vt* ■ **jdn/sich** [**dick**] ~ to wrap up sb/oneself *sep* [well] **II.** *vr* ■ **sich** ~ to wear a mask, to mask one's face; ■ **vermummt** masked

vermummt *adj inv* masked

Vermummung <-, -en> *f* disguise

Vermummungsverbot *nt law which forbids demonstrators to wear masks*

vermuten* *vt* ① (*annehmen*) ■ **etw** [**hinter etw** *dat*] ~ to suspect sth [[is] behind sth]; ■ ~, [**dass**] ... to suspect [that] ...; ■ ~ **lassen, dass ...** to give rise to the suspicion [*or* supposition] that ... ② (*als jds Aufenthalt annehmen*) ■ **jdn irgendwo** ~ to think that sb is [*or* to suppose sb to be] somewhere

vermutlich I. *adj attr* probable, likely; **der ~e Täter** the suspect **II.** *adv* probably

Vermutung <-, -en> *f* assumption, supposition; **eine ~/~en haben** to have an idea/suspicions; **auf ~en** *akk* **angewiesen sein** to have to rely on suppositions [*or* assumptions] [*or* guesswork]

vernachlässigen* *vt* ① (*nicht genügend nachkommen*) ■ **etw** ~ to neglect sth; **seine Verpflichtungen** ~ to be neglectful of [*or* negligent about [*or* in]] one's duties ② (*sich nicht genügend kümmern*) ■ **jdn** ~ to neglect sb; **sich vernachlässigt fühlen** to feel neglected; ■ **sich** ~ to be neglectful of [*or* careless about] oneself ③ (*unberücksichtigt lassen*) ■ **etw** ~ to ignore [*or* disregard] sth

Vernachlässigung <-, -en> *f* ① (*das Vernachlässigen*) neglect *no art, no pl* ② (*die Nichtberücksichtigung*) disregard *no pl*

vernageln* *vt* ■ **etw** ~ ① (*mit Nägeln verschließen*) to nail up sth *sep* ② (*durch Bretter und Nägel schließen*) to board up sth *sep*

vernähen* *vt* ■ **etw** ~ to sew [*or* stitch] together [*or* up] sth *sep*

vernarben* *vi sein* to form a scar; (*heilen*) to heal; ■ **vernarbt** scarred/healed

vernarren* *vr* (*fam*) ■ **sich in jdn/etw** ~ to be besotted by [*or* crazy about] sb/sth [*or fam* nuts about]; ■ **in jdn/etw vernarrt sein** to be besotted by sb/sth

vernaschen* *vt* ① (*fam*) ■ **etw** ~ to like to eat sth; **gern Süßigkeiten** ~ to have a sweet tooth ② (*sl: mit jdm Geschlechtsverkehr haben*) ■ **jdn** ~ to lay sb *fam,* to have it off [*or* away] [with sb] BRIT *fam!*

vernebeln* *vt* ■ **etw** ~ ① (*versprühen*) to spray sth ② (*verschleiern*) to obscure sth

vernehmbar *adj* audible; **deutlich** [*o* **gut**]/**undeutlich** [*o* **kaum**] ~ **sein** to be clearly/scarcely audible

vernehmen* *vt irreg* ① JUR ■ **jdn** [**zu etw**] ~ to question sb [about sth] ② (*geh: hören*) ■ **etw** ~ to hear sth ③ (*geh: erfahren*) ■ **etw** [**von jdm**] ~ to hear sth [from sb], to learn sth [from [*or old* of] sb]

Vernehmen *nt* **dem** ~ **nach** from what I hear/one hears; **nach sicherem** ~ according to reliable sources

Vernehmlassung <-, -en> *f* SCHWEIZ announcement

vernehmlich (*geh*) **I.** *adj* [clearly] audible; **laut und** ~ loud and clear; **mit ~er Stimme** in a loud [and clear] voice **II.** *adv* audibly; **laut und** ~ loud and clear

Vernehmung <-, -en> *f* JUR questioning; **die/eine** ~ **durchführen** to question sb

vernehmungsfähig *adj* in a fit state to be questioned [*or* examined] *pred;* ■ [**nicht**] ~ **sein** to be [not] fit for questioning [*or* examination] **vernehmungsunfähig** *adj inv* JUR unable to be examined [*or* questioned]

verneigen* *vr* (*geh*) ■ **sich** [**vor jdm/etw**] ~ to bow [to [*or form* before] sb/sth]

Verneigung *f* (*geh*) bow, obeisance *form;* **eine** ~ [**vor jdm/etw**] **machen** to bow [to [*or form* before] sb/sth]; **eine** ~ **vor dem König machen** to bow to [*or form* before] the king; *wichtiger Besuch a.* to make one's obeisance to the king *form*

verneinen* *vt* ■ **etw** ~ ① (*negieren*) to say no to sth; **eine Frage** ~ to answer a question in the negative ② (*leugnen*) to deny sth

verneinend I. *adj* negative **II.** *adv* negatively; **~d den Kopf schütteln** to shake one's head

Verneinung <-, -en> *f* ① (*das Verneinen*) **die** ~ **einer Frage** a negative answer to a question ② (*Leugnung*) denial ③ LING negative; **doppelte** ~ double negative

vernetzen *vt* ① INFORM ■ **etw** ~ to network sth, to link up sth *sep* ② (*fig: verknüpfen*) ■ **etw** ~ link [*or* associate] something; ■ [**mit etw**] **vernetzt sein** to be linked [up] [to sth]; **eng vernetzt** closely connected [*or* linked]; **Kräfte** ~ to combine forces

Vernetzung <-, -en> *f* ① INFORM networking *no art, no pl* ② (*Verflechtung*) network

Vernetzungsgedanke *m kein pl* spirit of cooperation

vernichten* *vt* ① (*zerstören*) ■ **etw** ~ to destroy sth

V

② (*ausrotten*) ■ **jdn/etw** ~ to exterminate sb/sth

vernichtend **I.** *adj* devastating; **eine ~e Niederlage** a crushing [*or* resounding] [*or* total] defeat; **jdm einen ~en Blick zuwerfen** to look at sb with hatred [in one's eyes] **II.** *adv* jdn ~ *schlagen,* to inflict a crushing [*or* resounding] [*or* total] defeat on sb

Vernichtung <-, -en> *f* ① (*Zerstörung*) destruction; *Gebäude* destruction, demolition ② (*Ausrottung*) extermination; *Bevölkerung a.* annihilation; **die ~ von Arbeitsplätzen** the [drastic] reduction in the number of jobs

Vernichtungslager *nt* extermination [*or* death] camp

vernickeln* *vt* ■ **etw** ~ to nickel[-plate] sth, to cover sth with nickel

verniedlichen* *vt* ■ **etw** ~ to trivialize sth, to play down sth *sep*

vernieten* *vt* TECH ■ **etw** ~ to rivet sth

Vernissage <-, -n> [vɛrnɪ'sa:ʒə] *f* opening day, vernissage *spec*

Vernunft <-> *f kein pl* reason *no art, no pl,* common sense *no art, no pl;* ~ **annehmen** to see sense; ***nimm doch ~ an!*** be reasonable!, use your common sense!; ~ **beweisen** to show sense; **jdn zur ~ bringen** to make sb see sense; **ohne ~ handeln** to behave rashly; **zur ~ kommen** to be reasonable, to see sense; **mit jds ~ rechnen** to think that sb will be reasonable [*or* show more common sense]

Vernunftehe *f* marriage of convenience

vernünftig **I.** *adj* ① (*einsichtig*) reasonable, sensible ② (*einleuchtend*) reasonable, sensible ③ (*fam*) proper, decent; **~e Preise** decent [*or* reasonable] prices **II.** *adv* (*fam*) properly, decently

Vernunftmensch *m* rational human being [*or* person]

veröden* **I.** *vt haben* MED [**jdm**] **die Krampfadern** ~ to treat sb's varicose veins by injection; **sich die Krampfadern ~ lassen** to have one's varicose veins treated by injection **II.** *vi sein* ① (*sich entvölkern*) to be deserted ② (*stumpfsinnig werden*) to become tedious [*or* banal]

Verödung <-, -en> *f* ① MED treatment; *Krampfadern* treatment by injection ② (*Entvölkerung*) depopulation *no art, no pl*

veröffentlichen* *vt* ■ **etw** ~ to publish sth

Veröffentlichung <-, -en> *f* publication

verordnen* *vt* ① (*verschreiben*) ■ **jdm etw** ~ to prescribe sth [for sb] [*or* sb sth]; ■ **sich** *dat* **etw** [**von jdm**] ~ **lassen** to get a prescription for sth [from sb] ② (*geh*) ■ **etw** ~ to decree [*or* ordain] sth; ■ **es wurde verordnet, dass …** the authorities have decreed that …

Verordnung <-, -en> *f* ① (*Verschreibung*) prescribing *no art, no pl* ② (*Rezept*) prescription ③ (*geh*) order, enforcement

verorten* *vt* (*geh*) ■ **etw/jdn** ~ to place sth/sb somewhere

verpachten* *vt* JUR ■ [**jdm**] **etw** ~, ■ **etw** [**an jdn**] ~ to lease [*or* rent [out *sep*]] sth [to sb]

Verpächter(in) *m(f)* landlord *masc,* landlady *fem*

Verpachtung <-, -en> *f* ① *kein pl* (*das Verpachten*) ■ **die/eine ~** [**einer S.** *gen* [*o* **von etw**]] leasing [sth] ② (*Verpachtetes*) lease

verpacken* *vt* ■ **etw** [**in etw** *dat*] ~ to pack [up *sep*] sth [in sth]; **etw als Geschenk** ~ to wrap [up *sep*] sth [as a present], to gift-wrap sth; **etw diplomatisch** ~ to couch sth in diplomatic terms

Verpackung <-, -en> *f* ① *kein pl* (*das Verpacken*) packing *no art, no pl* ② (*Hülle*) packaging *no art, no pl*

Verpackungsfabrik *f* packaging factory **Verpackungsgewicht** *nt* ÖKON tare **Verpackungskosten** *pl* packing charges **Verpackungsmaterial** *nt* packaging *no art, no pl* [material] **Verpackungsmüll** *m* waste [*or* superfluous] packaging

verpassen* *vt* ① (*versäumen*) ■ **jdn/etw** ~ to miss sb/sth ② (*nicht erreichen*) ■ **etw** ~ to miss sth ③ (*fam: aufzwingen*) ■ **jdm etw** ~ to give sb sth, to make sb have sth ④ (*fam: zuteilen*) ■ **jdm etw** ~ to give sb sth; **jdm eine Ohrfeige** ~ to box sb's ears [*or* sb on the ear]; *s. a.* **Denkzettel**

verpatzen* *vt* (*fam*) ■ **etw** ~ to make a mess of sth, to mess [*or* muck] up *sep* sth *fam,* to botch [*or* BRIT *a.* bodge] sth

verpennen* (*fam*) **I.** *vt* ■ **etw** ~ to miss [*or* forget] sth **II.** *vi* ■ [**sich**] ~ to oversleep

verpesten* *vt* ① (*fam*) ■ [**jdm**] **etw** ~ to pollute [sb's] sth; **die Luft im Büro** ~ to stink out *sep* the office *fam* ② (*mit giftigen Gasen verseuchen*) ■ **etw** ~ to pollute sth

Verpestung <-> *f kein pl* pollution *no art, no pl*

verpetzen* *vt* (*fam*) ■ **jdn** [**bei jdm**] ~ to tell on sb, to split on sb [to sb] BRIT *fam*

verpfänden* *vt* JUR ■ **etw** ~ to pawn sth; **ein Grundstück/Haus** ~ to mortgage a plot/house

Verpfändung *f* pawning *no art, no pl; Grundstück, Haus* mortgaging *no art, no pl*

verpfeifen* *vt irreg* (*fam*) ■ **jdn** [**bei jdm**] ~ to inform on sb, to split [*or* grass] on sb [to sb] BRIT *fam*

verpflanzen* *vt* ① (*umpflanzen*) ■ **etw** [**irgendwohin**] ~ to replant [*or* transplant] sth [somewhere]; (*umtopfen*) to repot sth, to pot on sth *sep* BRIT ② MED ■ **jdm etw** ~ to give sb a sth transplant; **jdm ein Stück Haut** ~ to give sb a skin graft

Verpflanzung *f* ① (*das Umpflanzen*) replanting *no art, no pl,* transplantation; (*das Umtopfen*) repotting *no art, no pl* ② MED transplantation

verpflegen* *vt* ■ **jdn** ~ to look after [*or* cater for] sb; ■ **sich selbst** ~ to cater for oneself

Verpflegung <-, *selten* -en> *f* ① *kein pl* (*das Verpflegen*) catering *no art, no pl;* **mit voller** ~ with full board ② (*Nahrung*) food *no art, no pl*

verpflichten* **I.** *vt* ① (*durch eine Pflicht binden*) ■ **jdn** [**zu etw**] ~ to oblige sb [*or* make sb promise] to do sth; **jdn zum Stillschweigen/zu einer Zahlung** ~ to oblige sb to keep quiet/to pay; **jdn durch einen Eid zum Stillschweigen** ~ to swear sb to secrecy ② (*vertraglich binden*) ■ **jdn** [**zu etw**] ~ to commit [*or* oblige] sb to do sth; ■ **verpflichtet sein, etw zu tun** to be obliged to do sth; ■ **zu etw verpflichtet sein** to be obliged to do sth ③ (*eine bestimmte Pflicht auferlegen*) ■ **jdn zu etw** ~ to oblige sb to do sth; **jdn zu etw durch einen Eid** ~ to swear sb to sth; ■ **zu etw verpflichtet sein** to be sworn to sth ④ (*einstellen*) ■ **jdn** [**an/für etw** *akk*] ~ to engage sb [at/for sth]; **einen Fußballspieler** ~ to sign [up *sep*] a football player **II.** *vi* ■ [**zu etw**] ~ ① JUR (*vertraglich binden*) to bind sb by contract [to do sth], to oblige sb to do sth ② (*eine bestimmte Haltung erfordern*) to be an obligation [to do sth]; **jdm verplichtet sein** to be obliged [*or* indebted] to sb; **jdm zu Dank verplichtet sein** to be obliged [*or* indebted] to sb, to be in sb's debt *form* **III.** *vr* ① (*sich vertraglich zu etw bereit erklären*) ■ **sich zu etw** ~ to sign a contract saying that one will do sth, to commit oneself by contract to doing sth; ***ich habe mich zu strengstem Stillschweigen verpflichtet*** I am committed to absolute confidentiality; ■ **sich ~, etw zu tun** to commit oneself to doing sth ② MIL ■ **sich für etw** ~ to sign up for sth

verpflichtet *adj* ■ **jdm ~ sein** to be indebted to sb, to owe sb a favour [*or* AM -or]; **sich jdm ~ fühlen** to feel obliged to sb, to owe sb a favour; **sich ~ fühlen, etw zu tun** to feel obliged to do sth

Verpflichtung <-, -en> *f* ① *meist pl* (*Pflichten*)

duty *usu pl;* **die ~ haben, etw zu tun** to have a duty to do sth; **seinen ~en nachkommen** to do [*or form* discharge] one's duties ② *kein pl* (*das Engagieren*) engagement *no pl; Fußballspieler* signing [up *sep*] ③ FIN **finanzielle ~en** financial commitments [*or* obligations]; **~en eingehen** to make financial commitments

verpfuschen* *vt* (*fam*) ■ **[jdm/sich] etw ~** to make a mess of [*or sep fam* mess [*or* muck] up] [sb's/one's] sth

verpissen *vr* (*vulg*) ■ **sich ~** to piss off *fam!*

verplanen* *vt* ① (*falsch planen*) ■ **etw ~** to plan sth badly [*or* wrongly]; (*falsch berechnen*) to miscalculate sth ② (*für etw vorsehen*) ■ **etw [für etw] ~** to mark off *sep* sth [for sth]; **einen Etat ~** to plan a budget; **einen bestimmten Tag für eine Konferenz/eine Veranstaltung ~** to plan [to have] a conference/an event on a particular day ③ (*fam*) ■ **[für etw] verplant sein** to be booked up [*or* have no time] [for sth]

verplappern* *vr* (*fam*) ■ **sich ~** to blab *fam*

verplempern* *vt* (*fam*) ① (*verschwenden*) ■ **etw [für etw] ~** to waste [*or* to throw [*or pej* fritter] away *sep* sth [on sth]] sth [on sth] ② DIAL (*verschütten*) ■ **etw ~** to spill sth

verplomben* *vt* ■ **etw ~** to seal [up *sep*] sth; ■ **verplombt** sealed

verpönt *adj* (*geh*) deprecated *form;* ***so ein Benehmen ist verpönt*** such behaviour is frowned upon; ■ **[bei jdm] ~ sein** to be deprecated [by sb] *form*

verprassen* *vt* ■ **etw [für etw] ~** to squander [*or sep pej* fritter away] sth [on sth]; **sein Vermögen ~** to dissipate one's fortune *form*

verprellen* *vt* ① (*verärgern*) ■ **jdn ~** to annoy [*or fam* aggravate] sb ② (*verscheuchen*) **Wild ~** to scatter game

verprügeln* *vt* ■ **jdn ~** to beat up sb *sep;* (*als Strafe*) to thrash sb, to give sb a thrashing [*or hum* hiding]; (*früher in der Schule a.*) to cane/birch sb; ■ **jdn [von jdm] ~ lassen** to have sb beaten up [by sb]

verpuffen* *vi sein* ① (*plötzlich abbrennen*) to go phut [*or* AM pop] *fam* ② (*fam: ohne Wirkung bleiben*) to fizzle out

Verpuffung <-, -en> *f* (*Explosion*) explosion

verpulvern* [-fen, -ven] *vt* (*fam*) ■ **etw [für etw] ~** to throw [*or pej* fritter] away sth *sep* [on sth], to blow sth [on sth] *fam*

verpumpen* *vt* (*fam*) ■ **etw ~** to lend [out *sep*] sth

verpuppen* *vr* BIOL ■ **sich ~** to develop into a pupa, to pupate *spec*

Verputz *m* ① (*das Verputzen*) ■ **der ~ [einer S.** *gen* [*o* **von etw**]] plastering [sth] ② (*Putz*) plaster *no pl;* (*Rauputz*) roughcast *no pl;* (*mit kleinen Steinen*) pebble-dash *no pl* BRIT

verputzen* *vt* ■ **etw ~** ① (*mit Rauputz versehen*) to plaster sth; (*mit der ersten Außenschicht*) to render sth *spec;* ■ **etw ~ lassen** to have sth plastered/rendered ② (*fam*) to polish off sth *sep fam,* to wolf [down *sep*] sth *fam*

verqualmen* *vt* ■ **[jdm] etw ~** to make [sb's] sth smok[e]y, to fill [up *sep*] [sb's] sth with smoke; ■ **verqualmt** smoke-filled *attr,* full of [*or* filled with] smoke *pred*

verqualmt <-er, -este> *adj* (*pej*) smoke-filled *attr,* full of [*or* filled with] smoke *pred*

verquast *adj* confused, incoherent

verquer *adv* muddled, weird ▸ WENDUNGEN: **jdm ~ gehen** (*fam*) to go wrong for sb

verquicken* *vt* ■ **etw mit etw ~** to combine sth with sth; ■ **zwei Sachen [miteinander] ~** to combine two things [together]

verquirlen* *vt* KOCHK ■ **etw [mit etw] ~** to whisk sth [with sth], to mix sth [[together] with sth] with a whisk

verquollen *adj* swollen

verrammeln* *vt* (*fam*) ■ **etw ~** to barricade [up *sep*] sth

verramschen* *vt* (*fam*) ■ **etw ~** to sell sth dirt cheap *fam,* to flog [off *sep*] sth [cheaply] BRIT *fam*

Verrat <-[e]s> *m kein pl* ① (*das Verraten*) betrayal *no art, no pl;* **~ an jdm begehen** [*o* **üben**] to betray sb ② JUR treason *no art, no pl*

verraten <verriet, verraten> **I.** *vt* ① (*ausplaudern*) ■ **etw [an jdn] ~** to betray [*or sep* give away] sth [to sb]; **nichts ~!** keep it to yourself!, don't give anything away! ② (*verräterisch an jdm handeln*) ■ **jdn ~** to betray sb ③ (*preisgeben*) ■ **etw ~** to betray sth; **seine Meinung nicht ~ wollen** to be reluctant to express one's opionion [*or* view] ④ (*als jdn erweisen*) ■ **jdn ~** to betray [*or sep* give away] sb ⑤ (*deutlich erkennen lassen*) ■ **etw ~** to show sth, to make sth clear [*or* obvious] ▸ WENDUNGEN: **~ und verkauft sein** (*fam*) to be sunk **II.** *vr* ① (*sich preisgeben*) ■ **sich [durch etw] ~** to give oneself away [with sth] ② (*sich zeigen*) ■ **sich ~** to reveal oneself

Verräter(in) <-s, -> *m(f)* ① (*verräterischer Mensch*) traitor *pej* ② (*etw ausplaudernder Mensch*) traitor *pej,* snake [in the grass]; (*aus Versehen a.*) big mouth *fam*

verräterisch **I.** *adj* ① (*auf Verrat zielend*) treacherous ② (*etw andeutend*) revealing, meaningful, give-away *attr,* tell-tale *attr* **II.** *adv* meaningfully, in a tell-tale [*or* meaningful] fashion

verrauchen* **I.** *vi sein* to disappear; *Zorn, Ärger* to blow over **II.** *vt* ■ **etw ~** to smoke sth

verräuchern* *vt s.* **verqualmen**

verrechnen* **I.** *vr* ① (*falsch rechnen*) ■ **sich [um etw] ~** to miscalculate [by sth], to make a mistake ② (*sich irren*) ■ **sich ~** to be mistaken, to miscalculate ③ (*sich in jdm täuschen*) ■ **sich in jdm ~** to make a mistake [*or* to be mistaken] about sb **II.** *vt* ① (*rechnerisch gegenüberstellen*) ■ **etw mit etw ~** to set off sth *sep* against sth ② FIN ■ **etw ~** to credit sth, to pass sth to account

Verrechnung *f* ① (*rechnerische Gegenüberstellung*) settlement ② (*Gutschrift*) credit (*on an account*); **„nur zur ~"** "A/C payee only" BRIT

Verrechnungsscheck *m* FIN crossed cheque BRIT *spec,* voucher [*or* nonnegotiable] check AM *spec*

verrecken* *vi sein* (*sl*) ① (*krepieren*) to come to a miserable end, to die a miserable [*or* wretched] death; ■ **[jdm] ~** to die [off] [on sb *fam*] ② (*kaputtgehen*) ■ **[jdm] ~** to break down [on sb *fam*] ▸ WENDUNGEN: **nicht ums V~!** not on your life! *fam*

verregnen *vi sein* to be spoiled by rain; ■ **verregnet** spoiled [*or* spoilt] by rain, rainy

verregnet <-er, -este> *adj* spoiled [*or* spoilt] by rain; **ein ~er Tag** a rainy day

verreiben* *vt irreg* ■ **etw [in/auf etw** *dat*] **~** to rub in sth *sep,* to rub sth into/on[to] sth *sep*

verreisen* *vi sein* ■ **[irgendwohin] ~** to go away [somewhere], to go [away] somewhere/somehow; **ins Ausland ~** to go abroad; **in die Berge/an die See ~** to go to the mountains/the seaside; **dienstlich/geschäftlich verreist sein** to be away on business [*or* a business trip]

verreißen* *vt irreg* ■ **jdn/etw ~** to tear sb/sth apart [*or* in to pieces]

verrenken* *vt* ■ **jdm etw ~** to twist sb's sth; **sich** *dat* **ein Gelenk ~** to dislocate a joint; ■ **sich [nach jdm/etw] ~** to twist one's neck [looking round at sb/sth]

Verrenkung <-, -en> *f* distortion; *Gelenk* dislocation; **~en machen müssen** to have to perform contortions

verrennen* *vr irreg* ① (*sich irren*) ■ **sich ~** to get on the wrong track ② (*hartnäckig an etw festhalten*) ■ **sich in etw** *akk* **~** to be obsessed with sth

verrichten* *vt* ■ **etw** ~ to perform [*or sep* carry out] sth; **ein Gebet** ~ to say a prayer; **seine Notdurft** ~ (*veraltend*) to relieve oneself *dated*

Verrichtung *f* ❶ *kein pl* (*Ausführung*) performance *no art, no pl*, execution *no art, no pl* ❷ (*Erledigung*) duty

verriegeln* *vt* ■ **etw** ~ to bolt sth

verriet *imp von* **verraten**

verringern* **I.** *vt* ❶ (*verkleinern*) ■ **etw** ~ to reduce sth ❷ (*geringer werden lassen*) ■ **etw [um etw]** ~ to reduce sth [by sth]; **die Geschwindigkeit** ~ to slow down, to slacken off **II.** *vr* ■ **sich** ~ ❶ (*kleiner werden*) to decrease ❷ (*abnehmen*) to decrease, to diminish

Verringerung <-> *f kein pl* ❶ (*Verkleinerung*) reduction ❷ (*Herabsetzung*) reduction (+*gen*/**von** +*dat* in/of), decrease (+*gen*/**von** +*dat* in)

verrinnen* *vi irreg sein* ❶ (*geh: vergehen*) to pass *form or liter* ❷ (*versickern*) ■ **in etw** *dat* ~ to seep into sth

VerrissRR *m*, **Verriß** *m* damning criticism *no art, no pl*

verrohen* **I.** *vi sein* to become brutal[ized] **II.** *vt* ■ **jdn** ~ to brutalize sb, to make sb brutal

Verrohung <-, -en> *f* brutalization

verrosten* *vi sein* to go rusty, to rust; ■ **verrostet** rusted, rusty

verrostet <-er, -este> *adj* rusty

verrotten* *vi sein* ❶ (*faulen*) to rot ❷ (*verwahrlosen*) to decay

verrottet <-er, -este> *adj* ❶ (*faul*) rotted ❷ (*verwahrlost*) decayed

verrucht *adj* ❶ (*anstößig*) despicable, wicked ❷ (*lasterhaft*) depraved; **ein ~es Lokal/Viertel** a disreputable pub [*or* AM bar]/area

verrücken* *vt* ■ **etw [irgendwohin]** ~ to move [*or* push] sth [somewhere]

verrückt *adj* ❶ (*geisteskrank*) mentally ill, nuts *fam*, insane *fam or dated*, mad *fam or dated*; ■ ~ **sein/ werden** to be/become mentally ill, to be/go nuts [*or dated* insane] [*or* mad] *fam*; ***du bist wohl/ bist du ~!*** you must be/are you out of your mind [*or* off your head] [*or hum* out to lunch]! *fam*; **jdn** ~ **machen** to drive sb crazy [*or fam* nuts] [*or* up the wall] [*or* BRIT round the bend] ❷ (*in starkem Maße*) **wie** ~ like crazy [*or fam* mad]; (*wie übergeschnappt a.*) like a madman; **wie** ~ **regnen** to rain cats and dogs, to pour with rain; **wie** ~ **stürmen** to blow a gale; **wie** ~ **weh tun** to hurt like hell *fam* ❸ (*fam: ausgefallen*) crazy, wild *fam* ❹ (*fam: versessen*) ■ ~ **auf etw** *akk*/**nach etw sein** to be crazy [*or fam* mad] about sth; ■ ~ **nach jdm sein** to be crazy [*or fam* mad] [*or fam* wild] about sb ▶ WENDUNGEN: **ich werd' ~!** (*fam*) well, I'll be damned [*or dated* blowed] *fam*, well I never [did]!

Verrückte(r) *f(m) decl wie adj* (*fam*) lunatic, madman *masc pej*, madwoman *fem pej*

Verrücktheit <-, -en> *f* ❶ (*fam: etwas Verrücktes*) craziness *no art, no pl*, madness *no art, no pl*, folly *no art, no pl* ❷ *kein pl* MED insanity *no art, no pl*, madness *no art, no pl*

Verrücktwerden *nt* **es ist zum** ~ (*fam*) it's enough to drive you mad [*or* up the wall] [*or* BRIT round the bend]

Verruf *m kein pl* **jdn in** ~ **bringen** to give sb a bad name; **etw in** ~ **bringen** to bring sth into disrepute; **in** ~ **kommen** [*o* **geraten**] to fall into disrepute, to get a bad name *fam*

verrufen *adj* disreputable, doubtful

verrühren* *vt* ■ **etw [mit etw]** ~ to stir [*or* mix] sth [[together] with sth]

verrußen* *vi sein* to get [*or* become] sooty; ■ **verrußt** sooty

verrutschen* *vi sein* to slip

Vers <-es, -e> *m* ❶ (*Gedichtzeilen*) verse, lines *pl* ❷ *meist pl* (*Gereimtes*) verse, poetry; **~e deklamieren** [*o* **vortragen**] to recite verse [*or* poetry]; **etw in ~en schreiben** [*o* **~e setzen**] to put sth into verse ▶ WENDUNGEN: **ich kann mir keinen ~ darauf machen** there's no rhyme or reason to it; **kannst du dir einen ~ darauf machen?** can you get any sense out of it?

versachlichen* *vt* ■ **etw** ~ to make sth more objective, to objectify sth *spec*; ■ **versachlicht** objective

versacken* *vi sein* ❶ (*einsinken*) ■ [**in etw** *dat*] ~ to sink in[[to] sth], to get bogged down [in sth] ❷ (*fam: versumpfen*) to stay out late drinking ❸ (*fam: verwahrlosen*) to go to the dogs [*or* rack [*or esp* AM wrack] and ruin] *fam*

versagen* **I.** *vi* ❶ (*scheitern*) ■ [**in etw** *dat*] ~ to fail [*or* to be a failure] [in sth]; **in der Schule** ~ to be a failure [*or* to fail] at school ❷ (*erfolglos bleiben*) to fail, to be unsuccessful; **eindeutig** ~ to fail miserably ❸ (*nicht mehr funktionieren*) to fail [to function], to not work **II.** *vt* (*geh*) ■ **jdm etw** ~ to refuse sb sth; **jdm seine Hilfe** ~ to refuse sb aid [*or* to come to sb's aid] **III.** *vr* (*geh*) ❶ (*nicht gönnen*) ■ **sich** *dat* **etw** ~ to deny oneself sth ❷ (*vorenthalten*) ■ **sich jdm** ~ to refuse to give oneself to sb

Versagen <-s> *nt kein pl* ❶ (*Scheitern*) failure *no art, no pl*; (*Erfolglosigkeit*) lack of success *no art, no pl*; **menschliches** ~ human error ❷ (*Fehlfunktion*) failure; **ein** ~ **des Herzens/der Nieren** a heart/kidney failure

Versagensangst *f* fear of failure

Versager(in) <-s, -> *m(f)* failure

Versager <-s, -> *m* failure, flop *fam*

Versagung <-, -en> *f* refusal

versalzen* *vt irreg* ❶ (*zuviel salzen*) ■ **etw** ~ to put too much salt in/on sth, to oversalt sth ❷ (*fam*) ■ **jdm etw** ~ to spoil [*or* ruin] sth for sb, to muck up sth *sep* for sb *fam*

versammeln* **I.** *vr* ■ **sich** ~ to gather [*or* come] [together], to assemble **II.** *vt* ❶ (*zusammenkommen lassen*) ■ **jdn [irgendwo]** ~ to call [*or* gather] together *sep* sb [somewhere]; **Truppen** ~ to rally [*or* muster] troops ❷ (*zu gespannter Aufmerksamkeit zwingen*) **das Pferd** ~ to collect one's horse *spec*

Versammlung *f* ❶ (*Zusammenkunft*) meeting; ■ **auf einer** ~ at a meeting ❷ (*versammelte Menschen*) assembly

Versammlungsfreiheit *f kein pl* freedom of assembly **Versammlungslokal** *f* meeting place **Versammlungsverbot** *nt* prohibition of assembly

Versand <-[e]s> *m kein pl* ❶ (*das Versenden*) despatch, dispatch; **im** ~ by post [*or* AM mail]; **im** ~ **beschädigt werden** to be damaged in the post ❷ (*~abteilung*) despatch, dispatch, distribution ❸ (*~firma*) mail order company

Versandabteilung *f* despatch [*or* dispatch] [*or* distribution] department, shipping department

versanden* *vi sein* ❶ (*sich mit Sand füllen*) to silt up ❷ (*schwächer werden*) to peter [*or* fizzle] out

Versandhandel *m* mail order selling *no art* [*or* trade] *no indef art, no pl* **Versandhaus** *nt* mail order company [*or* business] **Versandhauskatalog** *m* mail order catalogue [*or* AM catalog] **Versandkosten** *pl* shipping charges *pl* **Versandpapiere** *pl* transport [*or* shipping] documents **Versandtasche** *f* large envelope; **eine wattierte** ~ a padded envelope, a Jiffy® **bag** BRIT **Versandvorschrift** *f meist pl* forwarding [*or* shipping] instructions *pl*

Versatzstück *nt* ❶ (*Abklatsch*) hackneyed phrase *pej*, stale [*or* AM *pej* warmed-over] idea ❷ (*Teil der Bühne*) movable piece of scenery

versaubeuteln* *vt (pej fam)* ■ **etw** ~ to muck [*or* AM mess] sth up *fam*

versauen* *vt (sl)* ① *(völlig verdrecken)* ■ [**jdm**] **etw** ~ to make [sb's] sth dirty [*or* filthy] [*or fam* mucky] ② *(verderben)* ■ **jdm etw** ~ to ruin [*or* spoil] [*or* wreck] sb's sth, to mess *fam* [*or* BRIT *fam!* bugger] up *sep* sb's sth

Versauerung <-, -en> *f* ÖKOL acidification

versaufen* *vt irreg (sl)* ■ **etw** ~ to drink away sth *sep*, to drink one's way through sth

versäumen* *vt* ① *(nicht erreichen)* ■ **etw** ~ to miss sth ② *(sich entgehen lassen)* ■ **etw** ~ to miss sth; **eine Gelegenheit** ~ to let an opportunity slip by, to miss an opportuity ③ *(nicht wahrnehmen)* ■ **etw** ~ to miss sth; **den richtigen Zeitpunkt** ~ to let the right moment slip by ④ *(geh: unterlassen)* ■ [**es**] ~, **etw zu tun** to not [*or* neglect to] do sth; ■ [**es**] **nicht** ~, **etw zu tun** to not forget to do sth

Versäumnis <-ses, -se> *nt (geh)* ① *(unterlassene Teilnahme)* absence *no art, no pl* ② *(Unterlassung)* omission, oversight

Versäumnisurteil *nt* JUR judgement by [*or* in] default

verschachern* *vt (fam)* *s.* **verscheuern**

verschaffen* *vt* ① *(beschaffen)* ■ **jdm/sich etw** ~ to get [hold of] [*or* obtain] sth for sb/oneself, to procure sth for sb/myself [*or* sb/myself sth] *form* ② *(vermitteln)* to earn sth; ***was verschafft mir die Ehre?*** to what do I owe the honour? *iron;* **jdm eine Möglichkeit** ~ to give sb an opportunity; **jdm Respekt** ~ to gain [*or* earn] sb respect; **jdm eine Stellung** ~ to get sb a job; **jdm einen Vorteil** [*or* Vorsprung] ~ to give sb an advantage; **sich** *dat* **eine gute Ausgangsposition** ~ to give oneself a good starting position; **sich** *dat* **Gewissheit** ~ to make certain

verschalen* TECH **I.** *vi* ■ [**für etw**] ~ to line sth [for sth] **II.** *vt* ■ **etw** ~ to line sth; **eine Tür/ein Fenster** ~ to board [up *sep*] a door/window

Verschalung <-, -en> *f* TECH planking *no art, no pl*

verschämt *adj* shy, bashful

verschandeln* *vt* ■ **etw** ~ ① *(ruinieren)* to ruin [*or* spoil] sth; **die Landschaft** ~ to ruin [*or* spoil] the landscape; *Gebäude, Grube* to be a blot on the landscape ② *(verunstalten)* to disfigure [*or* mutilate] sth

Verschand(e)lung <-, -en> *f* disfigurement *no art, no pl,* mutilation *no art, no pl; Landschaft* ruination *no art, no pl*

verschanzen* **I.** *vt* MIL to fortify **II.** *vr* ① MIL ■ **sich** ~ to take up a fortified position; **sich in einem Graben** ~ to dig [oneself] in, sich hinter etw *dat* ~, to barricade oneself in ② *(hinter etw verstecken)* ■ **sich hinter etw** *dat* ~ to take refuge [*or* to hide] behind sth

verschärfen* **I.** *vr* ■ **sich** ~ to get bad/worse; *Krise* to intensify, to become acute **II.** *vt* ■ **etw** ~ ① *(rigoroser machen)* to make sth more rigorous, to tighten [up *sep*] sth; **eine Strafe** ~ to make a punishment more severe ② *(zuspitzen)* to aggravate sth, to make sth worse

Verschärfung <-, -en> *f* ① *(Zuspitzung)* intensification, worsening *no art, no pl* ② *(das Verschärfen)* tightening up *no art, no pl;* **die** ~ **einer Strafe** increasing the severity of a punishment

verscharren* *vt* ■ **etw** ~ to bury sth [just below the surface]; **jdn** ~ to bury sb in a shallow grave

verschätzen* *vr* ① *(sich vertun)* ■ **sich** [**um etw**] ~ to misjudge sth [by sth] ② *(sich täuschen)* ■ **sich** ~ to be mistaken [*or* make a [big] mistake]; ■ **sich in jdm** ~ to be [very much] mistaken about sb

verschaukeln* *vt (fam)* ■ **jdn** ~ to fool sb, to take sb for a ride *fam;* ■ **sich** [**von jdm**] ~ **lassen** to let sb take one for a ride *fam,* to let oneself be fooled

verscheiden* *vi irreg sein (geh)* to die, to pass away [*or* on] *euph*

verschenken* *vt* ① *(schenken)* ■ **etw** [**an jdn**] ~ to give sth *sep* [to sb] ② *(ungenutzt lassen)* ■ **etw** ~ to waste [*or sep* throw away] sth

verscherbeln* *vt (fam)* ■ **etw** ~ to sell [*or* BRIT flog] [off *sep*] sth *fam; Hausierer a.* to peddle sth *pej*

verscherzen* *vr* ① *(sich um etw bringen)* ■ **sich** *dat* **etw** ~ to lose [*or* forfeit] sth ② *(sich mit jdm überwerfen)* ■ **es sich** *dat* **mit jdm** ~ to fall out with sb

verscheuchen* *vt* ■ **jdn/Tiere** ~ to chase away [*or* off] *sep* sb/animals; *(durch Angst a.)* to frighten [*or* scare] away [*or* off] *sep* sb/animals; **jdm seine Sorgen** ~ to drive away *sep* sb's cares

verscheuern* *vt (sl)* ■ [**jdm**] **etw** [*o* **etw an jdn**] ~ to sell [off *sep*] sth [to sb], to flog [off *sep*] sth [to sb] BRIT *fam*

verschicken* *vt* ① *(schicken)* ■ **etw** [**an jdn**] ~ to send [sb] sth, to send [out *sep*] sth [to sb] ② *(zur Erholung reisen lassen)* ■ **jdn irgendwohin** ~ to send away sb *sep* somewhere; **jdn zur Kur** ~ to send away sb *sep* to a health resort [*or dated* to take a cure]

verschieben* *irreg* **I.** *vt* ① *(verrücken)* ■ **etw** [**um etw**] ~ to move [*or* shift] sth [by sth] ② *(verlegen)* ■ **etw** [**auf/um etw** *akk*] ~ to postpone [*or sep* put off] sth [until/for sth] ③ *(illegal exportieren)* ■ **etw** [**irgendwohin**] ~ to smuggle sth [somewhere] **II.** *vr* ① *(später stattfinden)* ■ **sich** [**auf/um etw** *akk*] ~ to be postponed [until sth/for sth] ② *(verrutschen)* ■ **sich** ~ to slip

Verschiebung *f* postponement

verschieden **I.** *adj* ① *(unterschiedlich, abweichend)* different; *(mehrere)* various ② *(vielgestaltig)* various ③ *attr (einige)* several *attr,* a few *attr* ④ *substantivisch (einiges)* ■ **V~es** various things *pl* ▶ WENDUNGEN: **das ist** ~ *(das kommt darauf an)* it depends **II.** *adv* differently; ~ **breit/lang/stark** of different widths/lengths/thicknesses

verschiedenartig *adj* different kinds [*or* sorts] of *attr,* diverse

verschiedenerlei *adj inv* ① *attr (verschiedenartig)* different kinds [*or* sorts] of *attr,* diverse ② *attr (alle möglichen)* all sorts [*or* kinds] of *attr,* various different *attr* ③ *substantivisch (alles Mögliche)* various things *pl*

Verschiedenheit <-, -en> *f* ① *(Unterschiedlichkeit)* difference (+*gen*/**von** +*dat* between/in); *(Unähnlichkeit)* dissimilarity (+*gen*/**von** +*dat* in) ② *(charakterliche Andersartigkeit)* difference, dissimilarity

verschiedentlich *adv* ① *(mehrmals)* several times, on several [*or* various] occasions ② *(vereinzelt)* occasionally

verschießen* *irreg* **I.** *vt* ① *(durch Abfeuern verbrauchen)* ■ **etw** ~ to use up *sep* all of sth ② *(abschießen)* ■ **etw** ~ to fire sth; **einen Pfeil** ~ to shoot [*or liter* loose] [off *sep*] an arrow ③ *(fam)* **einen Film** ~ to use up *sep* a film ④ FBALL **einen Elfmeter** ~ to shoot wide **II.** *vi sein* to fade **III.** *vr* ① *(fam)* ■ **sich in jdn** ~ to fall head over heels in love [with sb]; ■ **in jdn verschossen sein** to be crazy [*or fam* mad] about sb ② *(nicht treffen)* ■ **sich** ~ to shoot wide

verschiffen* *vt* ■ **etw** [**irgendwohin**] ~ to ship sth somewhere, to transport sth by ship [somewhere]

Verschiffung <-, -en> *f* ■ **die** ~ [**einer S.** *gen* [*o* **von etw**]] shipping [sth], the transportation [of sth] [by ship]

verschimmeln* *vi sein* to go mouldy [*or* AM moldy]; ■ **etw** ~ **lassen** to let sth go mouldy; ■ **verschimmelt** mouldy

verschissen *adj (sl)* ■ **bei jdm** ~ **haben** to be finished with sb; ***du hast bei mir ~!*** I'm finished with you, we're finished

V

verschlafen*[1] *irreg* **I.** *vi, vr* ■[**sich**] ~ to oversleep **II.** *vt* ■**etw** ~ ❶ (*fam*) to miss sth ❷ (*schlafend verbringen*) to sleep through sth; **sein Leben** ~ to sleep away *sep* one's life

verschlafen[2] *adj* ❶ (*müde*) sleepy, half-asleep ❷ (*wenig Leben zeigend*) sleepy

Verschlag <-[e]s, -schläge> *m* shed

verschlagen*[1] *vt irreg* ❶ (*nehmen*) ■**jdm etw** ~ to rob sb of sth; **jdm den Atem** [*o* **die Sprache**] ~ to leave sb speechless ❷ (*geraten*) ■**jdn irgendwohin** ~ to lead sb to finish up somewhere; ■**irgendwohin** ~ **werden** to end up somewhere ❸ (*verblättern*) [**jdm/sich**] **die Seite** ~ to lose's sb's/one's place; *Wind* to turn [*or* blow] over the page/s ❹ (*nicht treffen*) ■**etw** ~ to mishit sth

verschlagen[2] **I.** *adj* devious, sly *pej;* **ein ~er Blick** a furtive look; **ein ~es Grinsen** a sly grin *pej* **II.** *adv* slyly *pej;* (*verdächtig*) shiftily; ~ **grinsen** to have a sly grin

Verschlagenheit <-> *f kein pl* deviousness *no art, no pl,* slyness *no art, no pl pej*

verschlammen* *vi sein* to silt up, to fill up with mud

verschlampen* *vt* (*fam*) ■**etw** ~ to manage to lose sth

verschlechtern* **I.** *vt* ■**etw** ~ to make sth worse; **den Zustand eines Patienten** ~ to weaken a patient's condition **II.** *vr* ■**sich** ~ ❶ (*schlechter werden*) to get worse, to worsen, to deteriorate ❷ (*beruflich schlechter dastehen*) to be worse off

Verschlechterung <-, -en> *f* deterioration *no art* (+*gen*/**von** +*dat* in), worsening *no art, no pl* (+*gen*/**von** +*dat* of)

verschleiern* *vt* ❶ (*mit einem Schleier bedecken*) ■**jdn/etw** ~ to cover sb/sth with a veil; **sich das Gesicht** ~ to wear a veil, to veil one's face, to cover one's face with a veil ❷ (*verdecken*) ■**etw** ~ to cover up sth *sep; Himmel* to become hazy ❸ (*vertuschen*) ■**etw** ~ to cover [*or pej* hush] up sth *sep;* **die Tatsachen** ~ to disguise the facts

Verschleierung <-, -en> *f* cover-up

verschleimen* *vi sein* to become [*or* get] congested; *Nase* to be blocked [up]

Verschleiß <-es, -e> *m* wear [and tear] *no art, no pl;* **einem erhöhten/geringen** ~ **unterliegen** to be likely/unlikely to wear out quickly

verschleißen <verschliss, verschlissen> **I.** *vi sein* to wear out **II.** *vt* ❶ (*abnutzen*) ■**etw** ~ to wear out sth *sep* ❷ (*jds Kräfte verzehren*) ■**sich** ~ to wear oneself out, to get worn out; ■**jdn** ~ to wear out sb *sep,* to go through sb

Verschleißerscheinung *f* sign of wear [and tear] **verschleißfest** *adj* hard-wearing, immune to wear and tear *pred* **Verschleißteil** *nt* TECH working [*or* wearing] part

verschleppen* *vt* ❶ (*deportieren*) ■**jdn** [**irgendwohin**] ~ to take away sb *sep* [somewhere]; (*amtlich*) to transport sb somewhere ❷ (*hinauszögern*) ■**etw** ~ to prolong [*or sep* drag out] sth ❸ MED ■**etw** ~ to delay treatment [of sth]; **eine verschleppte Krankheit** an illness made worse [*or* aggravated] by neglect ❹ (*weiterverbreiten*) ■**etw** ~ to spread sth

Verschleppung <-, -en> *f* ❶ (*Deportation*) ■**die** ~ **von jdm** taking away sb *sep, no art, no pl;* (*amtlich*) the transportation of sb ❷ (*Hinauszögerung*) prolonging *mo art, no pl* ❸ MED **die** ~ **einer Krankheit** neglecting *no art, no pl* an illness

verschleudern* *vt* ■**etw** ~ to sell [off *sep*] sth cheaply, to flog [off *sep*] sth BRIT *fam;* (*mit Verlust*) to sell [off *sep*] sth at a loss

verschließbar *adj* lockable

verschließen* *irreg* **I.** *vt* ❶ (*abschließen*) ■**etw** ~ to close sth; (*mit einem Schlüssel*) to lock [up *sep*] sth ❷ (*zumachen*) ■**etw** [**mit etw**] ~ to close sth [with sth]; **eine Flasche** [**wieder**] ~ to put the top [back] on a bottle; **eine Flasche mit einem Korken** ~ to cork a bottle, to put a/the cork in a bottle ❸ (*wegschließen*) ■**etw** [**vor jdm**] ~ to lock [*or* hide] away sth *sep* [from sb]; **die Gedanken/Gefühle in sich/in seinem Herzen** ~ to keep one's thoughts/feelings to oneself ❹ (*versagt bleiben*) ■**jdm verschlossen bleiben** to be closed off to sb **II.** *vr* ❶ (*sich entziehen*) ■**sich einer S.** *dat* ~ to ignore sth ❷ (*sich jdm versagen*) ■**sich jdm** ~ to shut oneself off from sb

verschlimmbessern* *vt* (*hum fam*) ■**etw** ~ to make sth worse (*by trying to improve it*)

Verschlimmbesserung <-, -en> *f* (*hum fam*) improvement for the worse *hum*

verschlimmern* **I.** *vt* ■**etw** ~ to make sth worse **II.** *vr* ■**sich** ~ to get worse, to worsen; *Zustand, Lage a.* to deteriorate

Verschlimmerung <-, -en> *f* worsening *no art, no pl* (+*gen*/**von** +*dat* of); *Zustand, Lage a.* deterioration *no pl* (+*gen*/**von** +*dat* in)

verschlingen*[1] *vt irreg* ❶ (*hastig essen*) ■**etw** ~ to devour sth, to gobble [down [*or* up] *sep*] sth *fam,* to bolt [*or* AM choke] [down *sep*] sth ❷ (*verbrauchen*) ■**etw** ~ to consume [*or sep* use up] sth ❸ (*voll Begierde anstarren*) **jdn mit Blicken** [*o* **den Augen**] ~ to devour sb with one's eyes ❹ (*in einem Zug lesen*) ■**etw** ~ to devour sth ❺ (*aufnehmen*) **jds Worte** ~ to hang on to every one of sb's words

verschlingen[2] *vt irreg* ■**sich** [**ineinander**] ~ to intertwine, to get intertwined; (*zu einem Knoten*) to become entangled; *s. a.* **Arm**

verschliss[RR], **verschliß** *imp von* **verschleißen**

verschlissen **I.** *pp von* **verschleißen** **II.** *adj* worn-out

verschlossen *adj* ❶ (*abgeschlossen*) closed; (*mit einem Schlüssel*) locked ❷ (*zugemacht*) closed; ~ **bleiben** to be [kept] closed ❸ (*sehr zurückhaltend*) reserved; (*schweigsam*) taciturn ▶ WENDUNGEN: **jdm** ~ **bleiben** to be a mystery to sb; *Fachwissen a.* to be a closed book to sb

Verschlossenheit <-> *f kein pl* (*verschlossenes Wesen*) reservedness *no art, no pl;* (*Schweigsamkeit*) taciturnity *no art, no pl*

verschlucken* **I.** *vt* ■**etw** ~ ❶ (*hinunterschlucken*) to swallow sth ❷ (*unhörbar machen*) to absorb [*or* deaden] sth ❸ (*undeutlich aussprechen*) to slur sth; (*nicht aussprechen*) to bite back on sth ❹ (*verbrauchen*) to consume [*or sep* swallow up] sth **II.** *vr* ■**sich** [**an etw** *dat*] ~ to choke [on sth]

Verschluss[RR] *m,* **Verschluß** *m* ❶ (*Schließvorrichtung*) clasp; *Deckel* fastening; *Gürtel* buckle; *Klappe, Tür* catch; *Benzintank* cap; **etw unter** ~ **halten/nehmen** to keep/put sth under lock and key ❷ (*Deckel*) lid; *Flasche* top

verschlüsseln* *vt* ■**etw** ~ to [en]code sth, to put sth into code; ■**das V~** [**einer S.** *gen* [*o* **von etw**]] [en]coding [sth]

verschlüsselt **I.** *adj* coded, in code *pred* **II.** *adv* in code

Verschlüsselung, **Verschlüsslung**[RR] <-, -en> *f* [en]coding *no art, no pl*

Verschlüsselungstechnik *f* INFORM encryption technology

Verschlusslaut[RR] *m* LING plosive

Verschlusssache[RR] *f* confidential information *no art, no pl,* confidential matter

verschmachten* *vi sein* (*geh*) ■[**vor etw** *dat*] ~ to die of sth; **vor Durst/Hunger** *dat* ~ to die of thirst/hunger [*or* to starve to death]; **vor Sehnsucht** *dat* ~ to pine away

verschmähen* *vt* (*geh*) ■**etw** ~ to reject [*or form a.*

spurn] sth; (*stärker*) to scorn sth; **das Essen ~** to turn up one's nose at the food; **verschmähte Liebe** unrequited love

verschmelzen* *irreg* **I.** *vi sein* ■ **mit etw/miteinander ~** to melt together [with sth] **II.** *vt* ■ **etw [miteinander] ~** (*löten*) to solder/braze sth [together]; (*verschweißen*) to weld sth [together]

Verschmelzung <-, -en> *f* ■ **die/eine ~ [von etw mit etw]** 1 (*das Verschmelzen*) fusing *no art, no pl* [sth to sth]; (*das Löten*) soldering *no art, no pl* [sth to sth]; (*das Verschweißen*) welding *no art, no pl* [sth to sth] 2 ÖKON a/the merger [between sth and sth]

verschmerzen* *vt* ■ **etw ~** to get over sth

verschmieren* **I.** *vt* 1 (*verstreichen*) ■ **etw [auf etw** *dat*] ~ to apply sth [to sth]; **etw auf der Haut ~** to apply sth to the skin, to rub sth in[to the skin]; **etw auf einer Scheibe Brot ~** to spread sth on[to] a piece of bread 2 (*verwischen*) ■ **etw ~** to smear sth 3 (*zuschmieren*) ■ **etw ~** to fill [in *sep*] sth 4 (*beschmieren*) ■ **etw ~** to make sth dirty [*or fam* grubby] **II.** *vi* to smear, to get smeared

verschmitzt **I.** *adj* mischievous, roguish; (*listig*) sly *pej* **II.** *adv* mischievously, roguishly; (*listig*) slyly *pej;* **~ lächeln** to smile mischievously/slyly, to give a mischievous/sly smile

verschmutzen* **I.** *vt* ■ **etw ~** 1 (*schmutzig werden lassen*) to make sth dirty [*or fam* grubby] 2 ÖKOL to pollute sth **II.** *vi sein* 1 (*schmutzig werden*) to get dirty [*or fam* grubby] 2 ÖKOL to get polluted

Verschmutzung <-, -en> *f* 1 *kein pl* soiling *no art, no pl form;* **starke ~** heavy soiling *form* 2 ÖKOL pollution *no art, no pl* 3 *meist pl* (*anhaftender Dreck*) dirt *no art, no pl*

verschnaufen* *vi, vr* (*fam*) ■ **[sich] ~** to have [*or* take] a breather

Verschnaufpause *f* breather, respite *form;* **eine ~ einlegen** to have [*or* take] a breather

verschneiden* *vt irreg* ■ **etw [mit etw] ~** to blend sth [with sth]

verschneit *adj* snow-covered *attr;* ■ **~ sein** to covered in [*or* with] snow

Verschnitt *m* blend

verschnupft *adj* (*fam*) 1 (*erkältet*) with [*or* suffering from] a cold *pred;* ■ **~ sein** to have a cold 2 (*indigniert*) ■ **~ sein** to be in a huff, to be het up [*or* AM sore] *fam*

verschnüren* *vt* ■ **etw ~** to tie up sth *sep* [with string]; **die Schuhe ~** to lace [*or* tie] up one's/sb's shoes

verschollen *adj* missing; **eine ~e Handschrift** a lost manuscript; (*in Vergessenheit geraten a.*) a forgotten manuscript; ■ **[irgendwo] ~ sein** to have gone missing [*or* AM *usu* have disappeared] [somewhere]

verschonen* *vt* ■ **jdn/etw ~** to spare sb/sth; ■ **jdn mit etw ~** (*fam*) to spare sb sth; ***verschone mich bitte mit den Einzelheiten!*** please spare me the details!; **von etw verschont bleiben** to escape sth

verschönern* *vt* ■ **etw ~** to brighten up sth *sep*

Verschönerung <-, -en> *f* 1 *kein pl* (*das Verschönern*) ■ **die ~ [einer S.** *gen* [*o* **von etw**]] brightening up [sth *sep*] 2 (*verschönernder Faktor*) improvement [in appearance]

Verschonung *f* sparing sb/sth

verschrammen* **I.** *vt* ■ **etw ~** to scratch sth **II.** *vi sein* to get [*or* become] scratched

verschränken* *vt* **die Arme/Beine/Hände ~** to fold one's arms/cross one's legs/clasp one's hands; **mit verschränkten Armen/Beinen/Händen** with one's arms folded/legs crossed/hands clasped

verschrauben* *vt* ■ **etw [mit etw] ~** to screw/bolt on sth *sep*, to screw/bolt sth on[to] sth, to screw sth on [to sth]; **[miteinander] ~** to screw/bolt together

verschreckt *adj* frightened, scared

verschreiben* *irreg* **I.** *vt* 1 (*verordnen*) ■ **jdm etw [gegen etw] ~** to prescribe sb sth [for sth], to prescribe sth for sb; ■ **sich** *dat* **etw [gegen etw] ~ lassen** to get sth prescribed [*or* get a prescription] [for sth] 2 (*durch Schreiben verbrauchen*) ■ **etw ~** to use up sth *sep* 3 (*Besitz übertragen*) ■ **jdm etw ~** to make sth over to sb **II.** *vr* 1 (*falsch schreiben*) ■ **sich ~** to make a mistake [*or* slip of the pen] 2 (*sich ganz widmen*) ■ **sich einer S.** *dat* **~** to devote oneself to sth

Verschreibung *f* prescription

verschreibungspflichtig *adj* available only on [*or* by] prescription *pred*

verschrie(e)n *adj* notorious; ■ **[als/wegen etw] ~ sein** to be notorious [for being/for sth]; **als Chauvi/Geizhals ~ sein** to be notorious for one's chauvinism/stinginess

verschroben *adj* eccentric, cranky *fam*

verschrotten* *vt* ■ **etw ~** to scrap sth, to turn sth into scrap; ■ **etw ~ lassen** to scrap sth

Verschrottung <-, -en> *f* ■ **die/eine ~ [einer S.** *gen* [*o* **von etw**]] turning [sth] into scrap, scrapping [sth]; **etw zur ~ geben** to send sth to be scrapped [*or* to the scrap yard]

verschrumpeln* *vi sein* (*fam*) to shrivel [up]

verschrumpelt <-er, -este> *adj* shrivelled BRIT, shriveled AM

verschüchtert *adj* intimidated

verschulden* **I.** *vt* ■ **etw ~** to be to blame for sth **II.** *vi sein* to get [*or* go] into debt; **immer mehr ~** to get [*or* go] deeper and deeper into debt; ■ **verschuldet sein** to be in debt **III.** *vr* ■ **sich [bei jdm] ~** to get into debt [to sb]

Verschulden <-s> *nt kein pl* fault *no indef art, no pl;* **das ~ [an etw** *dat*] **tragen** to be to blame [for sth]; **ohne jds ~** through no fault of sb's [own]; **ohne mein ~** through no fault of my own [*or* mine]

Verschuldung <-, -en> *f* 1 (*verschuldet sein*) indebtedness *no art, no pl* 2 (*Schulden*) debts *pl*

verschütten* *vt* 1 (*danebenschütten*) ■ **etw ~** to spill sth 2 (*unter etw begraben*) ■ **jdn ~** to bury sb [alive]; ■ **verschüttet [sein]** (*begraben*) [to be] buried [alive *pred*]; (*eingeschlossen*) [to be] trapped

verschwägert *adj* related by marriage *pred;* ■ **mit jdm ~ sein** to be related [by marriage] to sb; ■ **sie sind [miteinander] ~** they are related [to each other] [by marriage]; ■ **die V~en** the in-laws

verschweigen* *vt irreg* ■ **jdn/etw ~** to hide [*or* conceal] sb/sth (**vor** +*dat* from); **Informationen ~** to withhold information; **eine Vorstrafe ~** to keep quiet about [*or* not reveal] a previous conviction; ■ **jdm ~, dass ...** to keep from sb the fact that ...

Verschweigen *nt* concealing, withholding

verschwenden* *vt* ■ **etw ~** to waste sth; **keinen Blick an jdn ~** to not spare sb a glance; **Geld/Ressourcen ~** to squander money/resources; **seine Worte ~** to waste one's breath; ■ **etw an etw** *dat*/**für/mit etw ~** to waste sth on sth

Verschwender(in) <-s, -> *m(f)* waster, wasteful [*or form* prodigal] person; *Geld a.* spendthrift *pej fam;* ***du bist wirklich ein ~!*** you are [being] really wasteful!; *Geld* you're a real spendthrift! *pej fam*

verschwenderisch **I.** *adj* 1 (*sinnlos ausgebend*) wasteful; **ein ~er Mensch** a wasteful [*or form* prodigal] person 2 (*sehr üppig*) extravagant, sumptuous; **~e Pracht** lavish splendour [*or* AM -or]; **in ~er Fülle** in prodigal abundance *form;* **in ~em Luxus leben** to live in the lap of luxury **II.** *adv* wastefully; **~ leben** to live extravagantly [*or form* prodigally]

Verschwendung <-, -en> *f* wasting *no art, no pl,* wastefulness *no art, no pl;* ***so eine ~!*** what a waste!

Verschwendungssucht *f kein pl* prodigality *no art,*

no pl *form* **verschwendungssüchtig** *adj* prodigal *form*

verschwiegen *adj* ❶ (*diskret*) discreet; ~ **wie ein Grab [sein]** [to be] [as] silent as the grave ❷ (*geh: abgelegen*) secluded

Verschwiegenheit <-> *f kein pl* ❶ (*Diskretion*) discretion *no art, no pl* ❷ (*Verborgenheit*) seclusion *no art, no pl*

verschwiemelt *adj* (*fam: erschöpft*) knocked-out *pred;* (*verkatert*) hung-over *pred*

verschwimmen* *vi irreg sein* to become blurred

verschwinden* *vi irreg sein* ❶ (*nicht mehr da sein*) ■ **[irgendwo]** ~ to disappear [*or* vanish] [somewhere]; **am Horizont/im Wald/in der Ferne** ~ to disappear [*or* vanish] over the horizon/into the forest/into the distance; ■ **verschwunden [sein]** [to be] missing; **etw in etw** *dat* ~ **lassen** to slip sth into sth ❷ (*sich auflösen*) to vanish; ■ **etw** ~ **lassen** to make sth disappear [*or* vanish] ❸ (*fam: sich davonmachen*) ■ **[irgendwohin]** ~ to disappear [somewhere]; **nach draußen/in den Keller** ~ to pop outside/down to the [wine] cellar *fam;* **verschwinde!** clear off!, get lost!, beat it! *fam,* hop it! BRIT *fam* ► WENDUNGEN: **mal** ~ **müssen** (*euph fam*) to have to pay a visit [*or* AM go to the bathroom], to have to spend a penny BRIT *dated fam*

Verschwinden <-s> *nt kein pl* disappearance (+*gen*/**von** +*dat* of)

verschwindend I. *adj* ❶ (*winzig*) tiny ❷ (*unbedeutend*) insignificant II. *adv* extremely; ~ **gering** extremely remote [*or* slight]; ~ **klein** tiny, minute; ~ **wenig** a tiny amount; ~ **wenige** very, very few

verschwistert *adj* ■ **sie sind [miteinander]** ~ they are brother/brothers and sister/sisters, they are brothers/sisters

verschwitzen* *vt* ❶ (*mit Schweiß durchtränken*) ■ **etw** ~ to make sth sweaty; ■ **verschwitzt** sweaty; ■ **ganz verschwitzt sein** to be all sweaty [*or* soaked [*or* bathed] in sweat] ❷ (*fam: durch Unachtsamkeit vergessen*) ■ **etw** ~ to forget sth; **etw völlig** ~ to forget all about sth

verschwitzt <-er, -este> *adj* ❶ (*mit Schweiß durchsetzt*) sweaty ❷ (*fam: vergessen*) forgotten

verschwollen *adj* swollen

verschwommen *adj* ❶ (*undeutlich*) blurred, fuzzy; ~**e Umrisse** vague outlines ❷ (*unklar*) hazy, vague

verschworen *adj attr* sworn *attr;* (*verschwörerisch*) conspiratorial; (*heimlich tuend*) secretive

verschwören* *vr irreg* ❶ (*konspirieren*) ■ **sich [mit jdm] gegen jdn** ~ to conspire [*or* plot] [with sb] against sb; ■ **sich zu etw** ~ to plot sth, to conspire to do sth; ■ **etw hat sich gegen jdn verschworen** sth conspired against sb ❷ (*geh: sich ganz verschreiben*) ■ **sich einer S.** *dat* ~ to dedicate [*or* devote] oneself to sth

Verschwörer(in) <-s, -> *m(f)* conspirator

verschwörerisch <-er, -este> *adj* conspiratorial, clandestine

Verschwörung <-, -en> *f* conspiracy, plot; **eine** ~ **gegen jdn/etw organisieren** to conspire against sb/sth

versechsfachen* [-ˈzɛks-] I. *vt* ■ **etw** ~ to increase sth sixfold, to multiply sth by six II. *vr* ■ **sich** ~ to increase sixfold

versehen* *irreg* I. *vt* ❶ (*ausüben*) ■ **etw** ~ to perform sth; **seinen Dienst** ~ to perform [*or form* discharge] one's duties ❷ (*ausstatten*) ■ **jdn mit etw** ~ to provide [*or* supply] sb with sth; ■ **mit etw** ~ **sein** to be provided [*or* supplied] with sth ❸ (*geh: geben*) ■ **etw mit etw** ~ to provide sth with sth; **etw mit seiner Unterschrift** ~ to append one's signature to sth *form;* **etw mit einem Vermerk** ~ to add a note to sth II. *vr* ■ **sich** ~ to make a mistake; ■ **sich in etw** *dat* ~ to get sth wrong ► WENDUNGEN: **ehe man sich's versieht** (*fam*) before you know where you are, before you could [*or* can] say Jack Robinson *dated*

Versehen <-s, -> *nt* (*Irrtum*) mistake; (*Unachtsamkeit*) oversight; **aus** [*o* **durch ein**] ~ inadvertently; (*aufgrund einer Verwechslung a.*) by mistake [*or* accident]

versehentlich I. *adj attr* inadvertent; **ein** ~**er Anruf** a wrong number II. *adv* inadvertently; (*aufgrund einer Verwechslung a.*) by mistake [*or* accident]

versehren* *vt* (*geh*) ■ **jdn** ~ to injure [*or* hurt] sb; ■ **etw** ~ to damage sth; ■ **versehrt sein/werden** to be/get [*or* become] injured [*or* hurt]/damaged

verselbstständigenRR* *vr,* **verselbständigen*** *vr* ■ **sich** ~ ❶ (*sich selbstständig machen*) to become self-employed [*or* independent] ❷ (*hum fam: verschwinden*) ■ **sich** ~ to disappear, to go AWOL

versenden* *vt irreg o reg* ■ **etw [an jdn]** ~ to send sth [to sb]; **bestellte Waren** ~ to dispatch [*or sep* send out] [*or form* consign] ordered goods; (*verschiffen a.*) to ship ordered goods

Versendung *f* sending *no art, no pl,* sending out *sep, no art, no pl,* dispatch *no art, no pl,* consignment *no art, no pl;* (*per Schiff a.*) shipment *no art, no pl*

versengen* *vt* ■ **etw** ~ to singe sth; **etw mit einem Bügeleisen** ~ to scorch sth with an iron; ■ **sich** *dat* **etw [an etw** *dat*] ~ to singe one's sth [on sth]; ***sie hatte sich die Haare an der Kerze versengt*** the candle had singed [*or* caught] her hair

versenkbar *adj* lowerable; **eine** ~**e Brotschneidemaschine/Nähmaschine** a foldaway bread slicer/sewing machine; ~**e Scheinwerfer** retractable headlights; **ein** ~**es Verdeck** a folding top

versenken* I. *vt* ❶ (*sinken lassen*) ■ **etw** ~ to sink sth; **das eigene Schiff** ~ to scuttle one's own ship ❷ (*einklappen*) ■ **etw** ~ to lower sth; **die Scheinwerfer** ~ to retract the headlights ❸ (*hinunterlassen*) ■ **etw in etw** *akk* ~ to lower sth into sth ❹ TECH (*ausfräsen*) **eine Bohrung** ~ to countersink a bore II. *vr* (*geh*) ■ **sich in etw** *akk* ~ to immerse oneself [*or* become engrossed] in sth; **sich ganz in sich selbst** ~ to become totally absorbed in oneself

Versenkung *f* ❶ (*das Versenken*) ■ **die** ~ **[einer S.** *gen* [*o* **von etw**]] sinking/lowering/retracting etc. [sth] ❷ (*das Sichversenken*) contemplation *no art, no pl* (**in** +*akk* of) ❸ THEAT trap[door] ► WENDUNGEN: **aus der** ~ **auftauchen** (*fam*) to re[-]emerge on the scene; **in der** ~ **verschwinden** to vanish [*or* disappear] from the scene

versessen *adj* ■ **auf jdn/etw** ~ **sein** to be crazy [*or* mad] about [*or esp* BRIT keen on] sb/sth *fam;* **auf[s] Geld** ~ **sein** to be obsessed with money; ■ ~ **darauf sein, etw zu tun** to be dying to do sth

Versessenheit <-> *f kein pl* keenness *no art, no pl* (**auf** +*akk* on); **seine** ~ **aufs Geld** one's obsession with [*or* avidity for] money

versetzen*[1] I. *vt* ❶ (*woandershin beordern*) ■ **jdn [irgendwohin]** ~ to move [*or* transfer] [*or* post] sb [somewhere] ❷ SCH **einen Schüler [in die nächste Klasse]** ~ to move up *sep* a pupil [to the next class], to promote a student to the next class [*or* grade] AM ❸ (*bringen*) **jdn in Angst** ~ to frighten sb, to make sb afraid; **jdn in Begeisterung** ~ to fill sb with enthusiasm; **eine Maschine in Bewegung** ~ to set a machine in motion; **jdn in Panik/Wut** ~ to send sb into a panic/a rage; **jdn in Sorge** ~ to worry sb, to make sb worried, to set sb worrying; **jdn in Unruhe** ~ to make sb uneasy; **jdn in die Lage** ~, **etw zu tun** to make it possible for sb to do sth ❹ (*verrücken*) ■ **etw** ~ to move sth ❺ (*verpfänden*) ■ **etw** ~ *Uhr, Schmuck, Silber* to pawn sth ❻ (*fam: verkaufen*) ■ **etw** ~ to sell sth, to flog sth BRIT *fam* ❼ (*fam: warten* *lassen*) ■ **jdn** ~ to stand up sb *sep fam* ❽ (*geben*) **jdm einen Hieb/Schlag/Stich/Tritt** ~ to punch/hit/stab/kick sb ❾ (*mischen*) ■ **etw mit etw** ~ to mix sth with sth; **etw mit Wasser** ~ to dilute sth [with water] ❿ (*energisch antworten*) ■ **~, dass ...** to retort that ... **II.** *vr* (*sich hineindenken*) ■ **sich in jdn/etw** ~ to put oneself in sb's shoes [*or* place] [*or* position]/sth; ***versetz dich doch mal in meine Lage*** just put yourself in my place [*or* shoes] for once

versetzen*[2] *vt* (*geh*) ■ **etw** ~ to retort sth *a. form*

Versetzung <-, -en> *f* ❶ ADMIN transfer ❷ SCH moving up *no art, no pl,* AM *a.* promotion *no art, no pl;* **jds ~ ist gefährdet** sb's moving up [a class] [*or* AM promotion] is at risk

Versetzungszeugnis *nt* SCH end-of-year report, report card AM

verseuchen* *vt* ■ **etw** ~ ❶ (*vergiften*) to contaminate sth; **die Umwelt** ~ to pollute the environment ❷ INFORM to infect sth

Verseuchung <-, -en> *f* contamination/pollution/infection *no art, no pl*

Versfuß *m* LIT [metrical] foot *spec*

Versicherer <-s, -> *m* insurer, underwriter; (*Lebensversicherung a.*) assurer BRIT

versichern*[1] *vt* ■ **jdn/etw [gegen etw]** ~ to insure sb/sth [against sth]; ■ **[gegen etw] versichert sein** to be insured [against sth]

versichern*[2] **I.** *vt* ❶ (*beteuern*) ■ **jdm ~, [dass] ...** to assure sb [that] ... ❷ (*geh: zusichern*) ■ **jdn einer S.** *gen* ~ to assure sb of sth; **jdn seiner Freundschaft** ~ to pledge sb one's friendship **II.** *vr* (*geh*) ■ **sich einer S.** *gen* ~ to make sure [*or* certain] of sth; **sich jds Unterstützung/Zustimmung** ~ to secure sb's support/agreement

Versicherte(r) *f(m) decl wie adj* insured; (*Lebensversicherung a.*) assured BRIT, insured/assured person [*or* party]

Versichertenkarte *f* medical [*or* health] insurance card

Versicherung[1] *f* ❶ (*~svertrag*) insurance *no pl,* insurance policy; *Lebens~ a.* assurance *no pl* BRIT ❷ (*~gesellschaft*) insurance company ❸ *kein pl* (*das Versichern*) insurance *no art, no pl,* insuring *no art, no pl* ❹ (*~gebühr*) premium

Versicherung[2] *f* (*Beteuerung*) assurance; **jdm die ~ geben, [dass] ...** to assure sb [that] ...

Versicherungsagent(in) *m(f)* insurance agent **Versicherungsanspruch** *m* insurance claim **Versicherungsbeitrag** *m* insurance premium [*or* contribution] **Versicherungsbetrug** *m* insurance fraud; (*Anspruch*) fraudulent claim **Versicherungsdauer** *f* term of an insurance policy **versicherungsfähig** *inv adj* insurable **Versicherungsfall** *m* event covered by insurance, insurance job **Versicherungsgesellschaft** *f* insurance company; (*Lebensversicherung a.*) assurance company BRIT **Versicherungskaufmann, -kauffrau** *m, f* insurance salesman *masc* [*or fem* saleswoman] **Versicherungslaufzeit** *f* term of an insurance [policy] **Versicherungsmakler(in)** *m(f)* insurance broker **Versicherungsnehmer(in)** *m(f)* policy holder, insurant *spec* **Versicherungspflicht** *f* compulsory [*or* statutory] insurance *no art, no pl;* **der ~ unterliegen** (*sich pflichtversichern müssen*) to be liable to [take out] compulsory insurance; (*versicherungspflichtig sein*) to be subject to compulsory insurance **versicherungspflichtig** *adj* **eine ~e Person** a person liable to pay compulsory insurance; **eine ~e Tätigkeit** an activity subject to compulsory insurance **Versicherungspolice** *f* insurance policy; (*Lebensversicherung a.*) assurance policy BRIT **Versicherungsprämie** *f* insurance premium **Versicherungsschutz** *m kein pl* insurance cover [*or* coverage] **Versicherungssumme** *f* sum insured; (*Lebensversicherung a.*) sum assured BRIT **Versicherungsvertreter(in)** *m(f)* insurance agent **Versicherungswert** *m* insured value **Versicherungswesen** *nt* insurance [business] *no art, no pl*

versickern* *vi sein* ■ **[irgendwo]** ~ to seep away [somewhere]

versiebenfachen* **I.** *vt* ■ **etw** ~ to increase sth sevenfold, to multiply sth by seven **II.** *vr* ■ **sich** ~ to increase sevenfold [*or* by a factor of seven]

versiegeln* *vt* ■ **etw** ~ ❶ (*verschließen*) to seal [up *sep*] sth ❷ (*widerstandsfähiger machen*) to seal sth

versiegen* *vi sein* ❶ (*zu fließen aufhören*) to dry up; *Fluss a.* to run dry ❷ (*nicht mehr zur Verfügung stehen*) to dry up ❸ (*allmählich verstummen*) to peter out [*or* BRIT *a.* away]

versiert [vɛr'ziːɐt] *adj* experienced; ■ **[auf/in etw** *dat*] ~ **sein** to be experienced [in sth], to be well-versed in sth, to be an expert [on/in sth]

Versiertheit <-> [vɛr'ziːɐt-] *f kein pl* prowess *no art, no pl a. form* (**in** +*dat* in), knowledge and experience + *sing vb no art, no pl*

versilbern* *vt* ■ **etw** ~ ❶ (*mit Silber überziehen*) to silver-plate sth; **Glas** ~ to silver glass ❷ (*fam: verkaufen*) to sell sth, to flog sth BRIT *fam*

versinken *vi irreg sein* ❶ (*untergehen*) ■ **[in etw** *dat*] ~ to sink [in sth]; ■ **versunken** sunken *attr* ❷ (*einsinken*) ■ **in etw** *dat* ~ to sink into sth

versinnbildlichen* *vt* ■ **etw** ~ to symbolize [*or* represent] sth

Version <-, -en> [vɛr'zioːn] *f* version

versippt *adj* related by marriage *pred;* ■ **mit jdm ~ sein** to be related to sb by marriage

versklaven* [-vn] *vt* ■ **jdn** ~ to enslave sb

Versklavung <-, -en> [-vʊŋ] *f* enslavement *no art, no pl*

verslumen* [fɛɐ'slamən] *vi sein* to become a slum; **ein verslumtes Viertel** a slum quarter

Versmaß *nt* LIT metre [*or* AM -er] *spec*

versnobt *adj* snobbish, snobby *fam*

versoffen *adj* (*sl*) boozy *fam;* **ein ~er Kerl** a boozer *fam,* a lush *sl,* a soak *dated fam*

versohlen* *vt* (*fam*) ■ **jdn** ~ to whack sb *fam;* ■ **jdm etw** ~ to whack sb's sth

versöhnen* **I.** *vr* ■ **sich mit jdm** ~ to make it up with sb, to be reconciled with sb; ■ **sich [miteinander]** ~ to become reconciled, to make [it] up **II.** *vt* ❶ (*aussöhnen*) ■ **jdn mit jdm** ~ to reconcile sb with sb ❷ (*besänftigen*) ■ **jdn [mit etw]** ~ to mollify [*or* placate] [*or pej* appease] sb [with sth] *form*

versöhnlich *adj* ❶ (*zur Versöhnung bereit*) conciliatory; **jdn ~ stimmen** to appease sb *pej form* ❷ (*erfreulich*) upbeat

Versöhnung <-, -en> *f* reconciliation *no art, no pl;* **zur** ~ in reconciliation

versonnen **I.** *adj* dreamy; ■ **~ sein** to be lost in thought **II.** *adv* dreamily, lost in thought

versorgen* *vt* ❶ (*betreuen*) ■ **jdn** ~ to take care of [*or* look after] sb; **die Schweine/meine Blumen** ~ to take care of the pigs/my flowers; ■ **etw** ~ to look after sth; **die Heizung** ~ to look after [*or* see to] the heating ❷ (*versehen*) ■ **jdn mit etw** ~ to supply sb with sth; ■ **sich mit etw** ~ to provide oneself with sth; **jdn mit Bargeld** ~ to provide sb with cash; **sich selbst** ~ to look after [*or* take care of] oneself; ■ **[mit etw] versorgt sein** to be supplied [with sth] ❸ (*medizinisch behandeln*) ■ **jdn/etw** ~ to treat sb/sth ❹ (*zukommen lassen*) ■ **etw mit etw** ~ to supply sth with sth

Versorgung <-> *f kein pl* ❶ (*das Versorgen*) care *no art, no pl;* **die ~ des Haushalts** the housekeeping

② (*das Ausstatten*) supply *no pl,* supplying *no art, no pl;* **die ~ der Stadt mit Strom** the supply of electricity [*or* electricity supply] to the town; **medizinische ~** provision of medical care

Versorgungsflug *m* relief flight **Versorgungskette** *f* supply chain **Versorgungskonvoi** *m* supply [*or* relief] [*or* aid] convoy **Versorgungslage** *f* supply situation **Versorgungsleitung** *f* supply line **Versorgungsnetz** *nt* supply grid [*or* network]

verspannen* I. *vr* ■ **sich ~** to tense up; ■ **verspannt** tense[d up] II. *vt* ■ **etw ~** to brace [*or spec* stay] [*or spec* guy] sth

Verspannung *f* tenseness *no art, no pl;* **eine ~ der Schultern** shoulder tension

verspäten* *vr* ■ **sich [um etw] ~** to be late

verspätet I. *adj* ① (*zu spät eintreffend*) delayed ② (*zu spät erfolgend*) late II. *adv* late; (*nachträglich*) belatedly

Verspätung <-, -en> *f* delay; *Flugzeug* late arrival; ***entschuldigen Sie bitte meine ~*** I'm sorry I'm late; **~ haben** to be late; **mit ~** late; **mit [zwanzigminütiger/einer Stunde] ~ abfahren/ankommen** to leave/arrive [twenty minutes/an hour] late

verspeisen* *vt* (*geh*) ■ **etw ~** to consume sth

verspekulieren* I. *vr* ■ **sich ~** ① (*fam: sich verrechnen*) to miscalculate ② FIN to speculate very badly; (*sich ruinieren*) to ruin oneself by speculation II. *vt* ■ **etw ~** to lose sth through speculation

versperren* *vt* ① (*blockieren*) ■ **[jdm] etw ~** to block [sb's] sth; **jdm den Weg ~** to bar sb's way ② DIAL (*abschließen*) ■ **etw ~** to lock sth ③ (*nehmen*) **jdm die Sicht ~** to block [*or* obstruct] sb's view

verspielen* I. *vt* ■ **etw ~** ① (*beim Glücksspiel verlieren*) to gamble away sth *sep,* to lose sth [by gambling] ② (*sich leichtfertig um etw bringen*) to squander [*or sep* throw away] sth II. *vi* ▶ WENDUNGEN: **verspielt <u>haben</u>** to have had it; **bei jdm verspielt <u>haben</u>** to burn one's bridges [*or* BRIT *a.* boats] with sb III. *vr* ■ **sich ~** to play a bum note *fam*

verspielt *adj* ① (*gerne spielend*) playful ② MODE fanciful, fussy *pej*

versponnen *adj* foolish, airy-fairy BRIT *fam;* **~e Ideen** [*o* **Vorstellungen**] odd [*or* eccentric] [*or* wild] ideas

verspotten* *vt* ■ **jdn/etw ~** to mock [*or* ridicule] sb/sth

Verspottung <-, -en> *f* mocking *no art, no pl,* ridiculing *no art, no pl*

versprechen*[1] *irreg* I. *vt* ① (*zusichern*) ■ **[jdm] etw ~** to promise [sb] sth [*or* sth to sb]; ■ **[jdm] ~, etw zu tun** to promise to do sth, to promise sb [that] one will do sth; ■ **[jdm] ~, dass etw geschieht** to promise [sb] [that] sth will happen; ***ich kann nicht ~, dass es klappt*** I can't promise it will work ② (*erwarten lassen*) ■ **etw ~** to promise sth; ■ **~, etw zu werden** to promise to be sth; ***das Wetter verspricht schön zu werden*** the weather looks promising; *s.* **Gute(s) 1** II. *vr* ① (*sich erhoffen*) ■ **sich** *dat* **etw von jdm/etw ~** to hope for sth from sb/sth ② (*falsch sprechen*) to make a slip of the tongue; **sich ständig versprechen** to keep getting the words mixed up

versprechen*[2] *irreg vr* ■ **sich ~** to slip up, to make a mistake; (*etw ungewollt preisgeben*) to make a slip of the tongue

Versprechen <-s, -> *nt* promise; **jdm das ~ geben, etw zu tun** to promise to do sth, to promise sb [that] one will do sth; **jdm das ~ abnehmen, etw zu tun** to make sb promise to do sth

Versprecher <-s, -> *m* (*fam*) slip of the tongue; **ein freudscher ~** a Freudian slip

Versprechung <-, -en> *f meist pl* promise; **leere ~en** empty promises

versprengen* *vt* ① (*auseinander treiben*) ■ **jdn/etw ~** to scatter sb/sth; **versprengte Soldaten** soldiers who have been separated from their units ② (*verspritzen*) ■ **etw ~** to sprinkle sth; **Weihwasser ~** to sprinkle holy water

verspritzen* *vt* ① (*verteilen*) ■ **etw ~** to spray sth; **Weihwasser ~** to sprinkle holy water ② (*versprühen*) ■ **etw ~** to spray sth; **Tinte ~** to squirt [*or* spray] ink ③ (*ausspritzen*) ■ **etw ~** to spray sth ④ (*verklecken*) ■ **[jdm] etw ~** to sp[l]atter [sb's] sth

versprühen* *vt* ■ **etw [auf etw** *akk o dat*] **~** to spray sth [on[to] sth]; **Funken ~** to cut [*or sep* send up] sparks; **Gülle auf den Feldern ~** to spray [*or* spread] slurry on the fields; **Optimismus ~** to dispense optimism

verspüren* *vt* (*geh*) ■ **etw ~** to feel sth; **keinerlei Reue ~** to feel no remorse at all; **er verspürte plötzlich eine panische Angst, dass...** he was suddenly terrified that ...

verstaatlichen* *vt* ■ **etw ~** to nationalize sth; ■ **verstaatlicht** nationalized

Verstaatlichung <-, -en> *f* nationalization *no art, no pl*

verstand *imp von* **verstehen**

Verstand <-[e]s> *m kein pl* reason *no art, no pl;* **jdm ~ zutrauen** to think sb has [common] sense; **bei klarem ~ sein** to be in full possession of one's faculties [*or* in one's right mind]; **bist du noch bei ~?** (*fam*) are you quite right in the head? *fam;* **seinen ~ anstrengen** (*fam*) to think hard; **jdn um den ~ bringen** to drive sb out of his/her mind; **über jds ~ gehen** to be beyond sb; **nicht bei ~ sein** to not be in one's right mind; **da bleibt einem der ~ stehen** the mind boggles; **den ~ verlieren** to lose [*or* go out of] one's mind; **etw mit ~ essen/genießen/trinken** to savour [*or* AM -or] sth; **etw ohne ~ essen/rauchen/trinken** to eat/smoke/drink sth without savouring [*or* AM -oring] it

verstanden *pp von* **verstehen**

Verstandesmensch *m s.* **Vernunftmensch**

verständig *adj* (*vernünftig*) sensible; (*einsichtig*) cooperative; (*sach~*) informed; (*klug*) intelligent; **sich ~ zeigen** to show cooperation, to be cooperative

verständigen* I. *vt* ■ **jdn [von etw] ~** to notify [*or* inform] sb [of sth] II. *vr* ① (*sich verständlich machen*) ■ **sich [durch etw] ~** to communicate [*or* make oneself understood] [by sth] ② (*sich einigen*) ■ **sich mit jdm [über etw** *akk*] **~** to come to an understanding with sb [about sth]; ■ **sich [miteinander] [über etw** *akk*] **~** to reach an agreement [with each other] [about sth]

Verständigkeit <-> *f kein pl* common sense *no art, no pl*

Verständigung <-, *selten* -en> *f* ① (*Benachrichtigung*) notification *no art, no pl* ② (*Kommunikation*) communication *no art, no pl;* ***die ~ am Telefon war schlecht*** the telephone line was bad ③ (*Einigung*) agreement *no pl,* understanding *no pl;* **mit jdm zu einer ~ kommen** [*o* **eine ~ erzielen**] (*geh*) to reach an agreement with sb

Verständigungsbereitschaft *f kein pl* readiness [*or* willingness] *no pl* to reach an agreement; **~ zeigen** to be willing [*or* prepared] to reach an agreement **Verständigungsschwierigkeiten** *pl* communication difficulties *pl,* difficulties *pl* in communicating

verständlich I. *adj* ① (*begreiflich*) understandable; ■ **etw ist jdm ~** sb understands sth; **jdm etw ~ machen** to make sb understand sth [*or* sth clear to sb]; **sich ~ machen** to make oneself understood [*or* clear] ② (*gut zu hören*) clear, intelligible; **sich ~ machen** to make oneself understood [*or* heard] ③ (*leicht zu verstehen*) clear, comprehensible II. *adv* ① (*vernehmbar*) clearly ② (*verstehbar*) in a comprehensible way,

verstehen

verstehen signalisieren	signalling understanding
(Ja, ich) verstehe!	(Yes,) I understand!
Genau!	Exactly!
Ja, das kann ich nachvollziehen.	Yes, I can understand that.
Nicht-Verstehen signalisieren	signalling non-comprehension
Was meinen Sie damit?	What do you mean by that?
Wie bitte? – Das habe ich eben akustisch nicht verstanden.	Excuse me?/Pardon? – I didn't quite catch that.
Könnten Sie das bitte noch einmal wiederholen?	Could you repeat that please?
Versteh ich nicht!/Kapier ich nicht! *(fam)*	I don't understand!/I don't get it!
Das verstehe ich nicht (ganz).	I don't (quite) understand that.
(Entschuldigen Sie bitte, aber) das hab ich eben nicht verstanden.	(I'm sorry, but) I didn't understand that.
Ich kann Ihnen nicht ganz folgen.	I don't quite follow you.
kontrollieren, ob man akustisch verstanden wird	ascertaining whether one can be understood
(an ein Publikum): Verstehen Sie mich alle?	*(to an audience):* Can everyone hear me?
(am Telefon): Können Sie mich hören?	*(on the phone):* Can you hear me?
(am Telefon): Verstehen Sie, was ich sage?	*(on the phone):* Can you hear what I'm saying?

comprehensibly

verständlicherweise *adv* understandably

Verständlichkeit <-> *f kein pl* ❶ *(Begreiflichkeit)* understandability *no art, no pl* ❷ *(Hörbarkeit)* audibility *no art, no pl* ❸ *(Klarheit)* clarity *no art, no pl,* comprehensibility *no art, no pl*

Verständnis <-ses, *selten* -se> *nt* ❶ *(Einfühlungsvermögen)* understanding *no art, no pl;* **für etw ~ haben** [*o* **aufbringen**] to have sympathy for sth, to sympathize with sth; **für etw kein ~ haben** [*o* **aufbringen**] to have no sympathy for sth; ***dafür habe ich absolut kein*** ~ that is completely beyond my comprehension ❷ *(das Verstehen)* comprehension *no art, no pl,* understanding *no art, no pl*

verständnislos I. *adj* uncomprehending; **ein ~er Blick** a blank look II. *adv* uncomprehendingly, blankly

Verständnislosigkeit *f* lack of understanding

verständnisvoll *adj* understanding; *(voller Einfühlungsvermögen)* sympathetic

verstärken* I. *vt* ❶ *(stärker machen)* ■**etw ~** to strengthen sth; *(durch stärkeres Material a.)* to reinforce sth ❷ *(vergrößern)* ■**etw** [**auf/um etw** *akk*] ~ to increase sth [to/by sth]; **Truppen ~** to reinforce troops ❸ *(intensivieren)* ■**etw ~** to intensify [*or* increase] sth ❹ *(erhöhen)* ■**etw ~** to increase sth ❺ *(Lautstärke erhöhen)* ■**etw ~** to amplify [*or* boost] sth II. *vr* ■**sich ~** to increase; ***der anfängliche Eindruck verstärkte sich*** the initial impression was reinforced

Verstärker <-s, -> *m* ❶ TECH amplifier, amp *fam* ❷ BIOL, PSYCH reinforcer

Verstärkung *f* ❶ *(das Verstärken)* strengthening *no art, no pl; Signale* amplification ❷ *(Vergrößerung)* reinforcement *no art, no pl* ❸ *(Intensivierung)* intensification *no art, no pl,* increase ❹ *(Erhöhung)* increase ❺ BIOL, PSYCH reinforcement

verstauben* *vi sein (staubig werden)* to get dusty [*or* covered in dust]; *(unberührt liegen)* to gather dust; ■**verstaubt** dusty, covered in dust *pred*

verstaubt *adj (altmodisch)* outmoded *pej,* old-fashioned *a. pej*

verstauchen* *vt* ■**sich** *dat* **etw ~** to sprain one's sth

Verstauchung <-, -en> *f* sprain

verstauen* *vt* ■**etw** [**auf/in etw** *dat*] ~ to pack [away *sep*] sth [on/in sth]; ***das Fass können wir doch im Keller*** ~ we can stow [*or* put] that barrel in the cellar; **etw in der Spülmaschine ~** to load sth into the dishwasher

Versteck <-[e]s, -e> *nt* hiding place; *Verbrecher* hideout

verstecken* *vt* ■**etw** [**vor jdm**] ~ to hide sth [from sb]; ■**sich** [**hinter/in/unter etw** *dat*] ~ to hide [behind/in/under sth]; ■**sich vor jdm ~** to hide from sb; **sich vor** [*o* **neben**] **jdm/etw nicht zu ~ brauchen** to not need to fear comparison with sb/sth; *s. a.* **versteckt**

Verstecken *nt* ~ **spielen** to play hide-and-seek; [**vor** [*o* **mit**] **jdm**] ~ **spielen** to hide [*or* conceal] sth [from sb], to keep sth from sb

Versteckspiel *nt* ❶ *(Kinderspiel)* [game of] hide-and-seek ❷ *(Versuch, etw zu verbergen)* pretence at concealment

versteckt I. *adj* ❶ *(verborgen)* hidden; *(vorsätzlich a.)* concealed ❷ *(abgelegen)* secluded ❸ *(unausgesprochen)* veiled II. *adv* ~ **liegen** to be secluded

verstehen <verstand verstanden> I. *vt* ❶ *(akustisch unterscheiden)* ■**jdn/etw ~** to hear [*or* understand] sb/sth; ***ich verstehe nicht, was da gesagt wird*** I can't make out what's being said; ~ ***Sie mich gut*** [*o* ***können Sie mich gut*** ~?]? can you hear me properly?; ***ich kann Sie nicht*** [***gut***] ~ I don't understand [very well] what you're saying ❷ *(begreifen)* ■**etw ~** to understand sth; ***haben Sie das jetzt endlich verstanden?*** have you finally got it now?; ■~, **dass/warum/was/wie ...** to understand [that]/why/what/how ...; **jdm etw zu ~ geben** to give sb to understand sth, to make sb understand sth; ***sie gab ihm ihren Unmut deutlich zu*** ~ she clearly showed him her displeasure; **jdm zu ~ geben, dass ...** to give sb to understand that ...; [**ist das**] **verstanden?** [is that] understood?, [do you] understand? ❸ *(sich einfühlen können)* ■**jdn ~** to understand sb; **jdn falsch ~** [*o* **nicht recht**] to misunderstand sb; ***versteh mich recht*** don't misunderstand me, don't get me wrong; **sich nicht verstanden fühlen** to feel misunderstood ❹ *(mitempfinden können)* ■**etw ~** to understand sth; ■~, **dass ...** to understand [*or* see] [that] ... ❺ *(können, beherrschen)* ■**etw ~** to understand sth; ***ich verstehe genügend Französisch, um mich in Paris zu verständigen*** I know enough French to make myself understood in Paris; ■**es ~, etw zu tun** to know how to do sth; ***du verstehst es wirklich***

meisterhaft, im unpassendsten Moment zu kommen you're an absolute genius at [*or* you have an amazing knack of] turning up at the most inconvenient moment; ■**etwas/viel/nichts von etw** ~ to know something/a lot/nothing about sth ❻ (*auslegen*) ■**etw unter etw** *dat* ~ to understand sth by [*or* as] sth; **wie darf** [*o* **soll**] **ich das** ~**?** how am I to interpret that?, what am I supposed to make of that?; **darf ich unter dieser Bemerkung** ~**, dass ...?** am I to understand by this remark that ...?; ***unter diesem schwammigen Begriff kann man vieles*** ~ this woolly concept can be interpreted in a number of ways; ***dieser Brief ist durchaus als Drohung zu*** ~ this letter is certainly to be taken [*or* seen] as a threat; ***meiner Meinung nach ist diese Textstelle anders zu*** ~ I believe this passage has a different meaning [*or* interpretation] **II.** *vr* ❶ (*auskommen*) ■**sich mit jdm** ~ to get on [*or* AM along] with sb; ■**sie** ~ **sich** they get on [*or* AM along] with each other, they get on together; **sich prächtig** ~ to get along like a house on fire; ~ **wir uns?** do we understand each other?; **wir** ~ **uns** we understand one another ❷ (*beherrschen*) ■**sich auf etw** *akk* ~ to know all about [*or* be [an] expert at] sth ❸ (*sich einschätzen*) ■**sich als etw** *nom* ~ to see oneself as [*or* consider oneself to be] sth ❹ (*zu verstehen sein*) ***alle Preise*** ~ ***sich inklusive Mehrwertsteuer*** all prices are inclusive of VAT; **etw versteht sich von selbst** sth goes without saying; **versteht sich!** (*fam*) of course! **III.** *vi* ❶ (*hören*) to understand; ***können Sie mich überhaupt hören? — ja, ich verstehe*** can you even hear me? — yes, I hear you ❷ (*begreifen*) to understand, to see; **wenn ich recht verstehe** if I understand correctly; **verstehst du?, verstanden?** [do you] understand?, understood?; **verstehst du/versteht ihr/~ Sie?** you know?, [you] see?

versteifen* **I.** *vr* ❶ (*sich verhärten*) ■**sich** ~ to harden ❷ (*auf etw beharren*) ■**sich auf etw** *akk* ~ to insist on sth ❸ MED ■**sich** ~ to stiffen [up], to become stiff **II.** *vt* ■**etw** ~ to strengthen [*or* reinforce] sth

Versteifung <-, -en> *f* ❶ (*Verhärtung*) hardening *no art, no pl* ❷ (*das Beharren*) insisting, entrenchment ❸ MED stiffening *no art, no pl*

versteigen* *vr irreg* (*geh*) ■**sich zu etw** ~ to have the presumption to do sth; ***sie verstieg sich zu den abstrusesten Anschuldigungen*** she was propounding the most abstruse accusations

versteigern* *vt* ■**etw** ~ to auction [off *sep*] sth; **etw meistbietend** ~ to sell [*or* auction [off *sep*]] sth to the highest bidder; ■**etw** ~ **lassen** to put up *sep* sth for auction

Versteigerung *f* ❶ (*das Versteigern*) auctioning *no art, no pl;* **zur** ~ **kommen** (*geh*) to be auctioned, to be put up for auction ❷ (*Auktion*) auction

versteinern **I.** *vi sein* to fossilize, to become fossilized; *Holz* to petrify, to become petrified **II.** *vt* ■**etw** ~ to harden sth **III.** *vr* ■**sich** ~ to harden; *Lächeln* to become fixed

versteinert *adj* ❶ (*zu Stein geworden*) fossilized; ~**es Holz** petrified wood ❷ (*geh: starr*) stony

Versteinerung <-, -en> *f* fossil

verstellbar *adj* adjustable; ■[**in etw** *dat*] ~ **sein** to be adjustable [for sth]; **in der Höhe** ~ **sein** to be adjustable for height [*or* height-adjustable]

verstellen* **I.** *vt* ■**etw** ~ ❶ (*anders einstellen*) to adjust sth; **etw in der Höhe** ~ to adjust sth for height ❷ (*anders regulieren*) to adjust [*or* alter the setting of] sth ❸ (*woandershin stellen*) to move sth ❹ (*unzugänglich machen*) to block sth; **jdm den Weg** ~ to block sb's path, to stand in sb's way ❺ (*verändern*) to disguise sth **II.** *vr* ■**sich** ~ to put on an act, to dissemble *form, liter*

Verstellung *f* ❶ (*das Verstellen*) ■**die** ~ [**einer S.** *gen* [*o* **von etw**]] an adjustment [to sth], adjusting [sth] ❷ *kein pl* (*Heuchelei*) pretence *no pl,* sham *no pl*

versterben* *vi irreg sein* (*geh*) ■[**an etw** *dat*] ~ to die [from [*or* of] sth], to pass away [*or* on]

versteuern* *vt* ■**etw** ~ to pay tax on sth; ■**zu** ~**d** taxable

Versteuerung *f* payment of tax

verstimmen* *vt* ❶ MUS ■**etw** ~ to put sth out of tune ❷ (*verärgern*) ■**jdn** ~ to put sb out [*or* in a bad mood], to annoy sb

verstimmt **I.** *adj* ❶ MUS out of tune ❷ (*verärgert*) ■[**über etw** *akk*] ~ **sein** to be put out [*or* disgruntled] [about sth]; *s.* **Magen** **II.** *adv* ill-temperedly, *esp* BRIT tetchily

Verstimmung *f* disgruntled [*or* bad] mood, *esp* BRIT tetchiness *no art, no pl*

verstockt *adj* obstinate, stubborn, obdurate *pej form*

Verstocktheit <-> *f kein pl* stubbornness *no art, no pl,* obstinacy *no art, no pl,* obduracy *no art, no pl pej form*

verstohlen **I.** *adj* furtive, surreptitious **II.** *adv* furtively, surreptitiously; **jdn** ~ **ansehen** to give sb a furtive [*or* surreptitious] look

verstopfen* **I.** *vt* ❶ (*zustopfen*) ■**etw** [**mit etw**] ~ to block up *sep* sth [with sth]; **sich** *dat* **die Ohren** ~ to stop up *sep* one's ears ❷ (*blockieren*) ■**etw** ~ to block up sth **II.** *vi sein* to get [*or* become] blocked [up]; ■**verstopft** blocked [up]

verstopft *adj* ❶ (*überfüllt*) blocked, congested; **eine** ~**e Innenstadt** a gridlock ❷ (*verschnupft*) blocked, congested, stuffed [*or* BRIT bunged] up ❸ MED constipated

Verstopfung <-, -en> *f* ❶ MED constipation *no art, no pl;* ~ **haben** to be constipated ❷ (*Blockierung*) blockage

verstorben *adj* (*geh*) deceased *form,* late *attr*

Verstorbene(**r**) *f(m) decl wie adj* deceased *form*

verstören* *vt* ■**jdn** ~ to distress sb

verstört **I.** *adj* distraught; **einen** ~**en Eindruck machen** to appear distraught [*or* distressed] **II.** *adv* in distress [*or* agitation]

Verstoß *m* violation; JUR offence; ■**Verstöße gegen etw** violations [*or* infringements] [*or form* contraventions] of sth; **einen** ~ **gegen etw begehen** to commit a violation of sth

verstoßen* *irreg* **I.** *vi* ■**gegen etw** ~ to violate [*or* infringe] [*or form* contravene] [*or* be in breach of] sth; **gegen das Gesetz** ~ to contravene [*or* be in contravention of] the law *form;* **gegen die Disziplin** ~ to violate [*or* commit a breach of] discipline **II.** *vt* ■**jdn** [**aus/wegen etw**] ~ to expel sb [out of/on the grounds of sth]; **jdn aus dem Elternhaus** ~ to throw [*or* cast] sb out of the parental home

verstrahlen *vt* ■**jdn/etw** ~ to contaminate sb/sth with radiation; ■**verstrahlt** contaminated by radiation *pred*

verstrahlt <-er, -este> *adj* ÖKOL, PHYS contaminated [by radiation]

verstreichen* *irreg* **I.** *vt* ❶ (*streichend auftragen*) ■**etw** ~ to apply [*or sep* put on] sth; **Farbe** ~ to apply a coat of paint; ■**etw auf etw** *dat* ~ to apply sth to [*or* put sth on[to]] sth ❷ (*streichend verbrauchen*) ■**etw** ~ to use up sth *sep* ❸ KOCHK ■**etw** [**auf etw** *dat*] ~ to spread sth [on sth]; ■**Butter auf etw** *dat* ~ to spread butter on [*or* to butter] sth **II.** *vi sein* to pass [by]; *Zeitspanne a.* to elapse; ■**eine Frist/einen Termin** ~ **lassen** to let a deadline pass, to miss a deadline

verstreuen* *vt* ❶ (*ausstreuen*) ■**etw** [**auf etw** *dat*] ~ to scatter [about *sep*] sth [on sth]; **Salz/Vogelfutter** ~ to put down *sep* salt/bird feed ❷ (*versehentlich verschütten*) ■**etw** ~ to spill sth ❸ (*achtlos hinwer-*

fen) ■**etw irgendwo** ~ to scatter sth somewhere; **Spielsachen im ganzen Haus** ~ to scatter toys all round the house

verstreut *adj* (*einzeln liegend*) isolated; (*verteilt*) scattered

verstricken* **I.** *vt* ① (*beim Stricken verbrauchen*) ■**etw** ~ to use [up *sep*] sth ② (*geh: verwickeln*) ■**jdn in etw** *akk* ~ to involve sb in sth, to draw sb into sth **II.** *vr* ■**sich in etw** *akk* ~ to become [*or* get] entangled [*or* caught up] in sth

Verstrickung <-, -en> *f* involvement *no pl;* **trotz der ~ in Widersprüche** despite getting entangled [*or* caught up] in contradictions

verströmen* *vt* (*geh*) ■**etw** ~ to exude sth

verstümmeln* *vt* ① (*entstellen*) ■**jdn** ~ to mutilate sb; (*verkrüppeln*) to maim sb; ■**sich** ~ to mutilate/maim oneself ② (*durch Lücken entstellen*) ■**etw** ~ to disfigure sth ③ (*unverständlich machen*) ■**etw** ~ to garble sth; **einen Text** ~ (*schriftlich*) to mutilate a text; (*mündlich*) to mangle a text

Verstümmelung <-, -en> *f* ① *kein pl* (*das Verstümmeln*) mutilation *no art, no pl,* maiming *no art, no pl* ② (*verstümmelter Körperteil*) mutilation

verstummen* *vi sein* (*geh*) ① (*in Schweigen verfallen*) to fall silent; ■**jdn/etw ~ lassen** to silence sb/sth; **vor Entsetzen** ~ to be struck dumb [*or* be speechless] with terror ② (*sich legen*) to die away, to subside

Versuch <-[e]s, -e> *m* ① (*Bemühen*) attempt; **ein vergeblicher** ~ a vain [*or* futile] attempt; **der ~, etw zu tun** the attempt to do/at doing sth; **einen ~ machen** to make an attempt, to give it a try; **einen ~ starten** to have a go; **es auf einen ~ ankommen lassen** to give it a try [*or* go]; **mit jdm einen ~ machen** to give sb a try ② (*Experiment*) experiment; **einen ~/~e [an jdm/einem Tier] machen** to carry out an experiment/experiments [on sb/an animal] ③ SPORT attempt

versuchen* **I.** *vt* ① (*probieren*) ■**etw** ~ to try [*or* attempt] sth; ■**es mit jdm/etw** ~ to give sb/sth a try, to try sb/sth ② (*kosten*) ■**etw** ~ to try [*or* taste] sth ③ (*in Versuchung führen*) ■**jdn** ~ to tempt sb; ■**versucht sein, etw zu tun** to be tempted to do sth **II.** *vi* ■**~, etw zu tun** to try doing/to do sth; ■**~, ob ...** to [try and] see whether [*or* if] ... **III.** *vr* ■**sich an/auf/in etw** *dat* ~ to try one's hand at sth

Versuchsabteilung *f* testing department **Versuchsanlage** *f* ① (*Prüffeld*) testing plant ② (*Erprobungsanlage*) experimental [*or* pilot] plant **Versuchsanstalt** *f* research institute **Versuchsballon** *m* METEO sounding balloon ▶ WENDUNGEN: **einen ~ loslassen** to fly a kite **Versuchsgelände** *nt* testing [*or* proving] ground **Versuchsgruppe** *f* test group **Versuchskaninchen** *nt* (*fam*) guinea pig **Versuchsperson** *f* test subject **Versuchsprojekt** *nt* pilot project **Versuchsreihe** *f* series of experiments **Versuchsstadium** *nt* experimental stage **Versuchsstrecke** *f* test route; (*auf Firmengelände*) test track **Versuchstier** *nt* laboratory animal

versuchsweise *adv* on a trial basis

Versuchung <-, -en> *f* temptation *no art, no pl;* **der ~ erliegen** to succumb to temptation; **jdn in ~ führen** to lead sb into temptation; **in ~ geraten** [*o* **kommen**][**, etw zu tun**] to be tempted [to do sth]

versumpfen* *vi sein* ① (*sumpfig werden*) to become marshy [*or* boggy] ② (*sl: die Nacht durchzechen*) to booze it up *fam,* to have a real booze-up *esp* BRIT *fam*

versündigen* *vr* (*geh*) ① REL ■**sich [an jdm/etw]** ~ to sin [against sb/sth] ② (*etw misshandeln*) ■**sich an etw** *dat* ~ to abuse sth

versunken *adj* ① (*untergegangen*) sunken *attr;* **eine ~e Kultur** a submerged [*or* long-vanished] culture; **eine ~e Zivilisation** a lost [*or* long-vanished] civilization ② (*vertieft*) ■**in etw** *akk* ~ **sein** to be absorbed [*or* immersed] in sth; **in ihren Anblick ~ sein** to be absorbed in looking at her; **in Gedanken ~ sein** to be lost [*or* immersed] in thought

versüßen* *vt* ■**jdm etw [mit etw]** ~ to sweeten sb's sth [with sth], to make sth more pleasant for sb; ■**sich** *dat* **etw [mit etw]** ~ to sweeten one's sth [with sth]

vertagen* **I.** *vt* ■**etw [auf etw** *akk*] ~ to adjourn sth [until sth]; **eine Entscheidung [auf etw** *akk*] ~ to postpone [*or sep* hold over] [*or fam* shelve] a decision [until sth]; **Parlament** ~ to prorogue parliament *spec* **II.** *vr* ■**sich [auf etw** *akk*] ~ to be adjourned [until sth]; **das Parlament wird** ~ parliament is prorogued *spec*

Vertagung *f* adjournment; *Parlament* prorogation *spec*

vertäuen* *vt* NAUT ■**etw** ~ to moor sth

vertauschen* *vt* (*austauschen*) ■**etw/sie** ~ to switch sth/them, to mix up sth/them *sep;* ■**etw mit etw** ~ to exchange sth for sth

verteidigen* **I.** *vt* ① MIL ■**etw [gegen jdn/etw]** ~ to defend sth [against sb/sth] ② JUR ■**jdn** ~ to defend sb ③ (*rechtfertigen*) ■**jdn/etw** ~ to defend sb/sth; ■**sich [gegen jdn/etw]** ~ to defend oneself [against sb/sth] ④ SPORT ■**etw** ~ to defend sth; **das Tor** ~ to play in goal **II.** *vi* SPORT to defend, to be [*or* play] in defence [*or* AM -se]

Verteidiger(in) <-s, -> *m(f)* ① JUR defence [*or* AM -se] counsel [*or* lawyer] ② SPORT defender

Verteidigung <-, -en> *f* ① MIL defence [*or* AM -se] *no art, no pl;* ■**die ~ gegen jdn/etw** the defence against sb/sth; **sich auf die ~ gegen den Angriff vorbereiten** to prepare to defend against the attack ② JUR (*Verteidiger*) defence [*or* AM -se] *no pl* ③ SPORT (*Schutz*) defence [*or* AM -se] *no pl;* (*Gesamtheit der Verteidiger*) defence [*or* AM -se] *no indef art, no pl;* **in der ~ spielen** to play in defence, to guard the goal ④ (*Rechtfertigung*) defence [*or* AM -se] *no art, no pl*

Verteidigungsallianz *f* defence [*or* AM -se] [*or* defensive] alliance **Verteidigungsbereitschaft** *f* defensive readiness, readiness to defend **Verteidigungsbündnis** *nt s.* Verteidigungsallianz **Verteidigungsetat** *m* defence [*or* AM -se] budget **Verteidigungsfall** *m* ■**ein/der ~** [the event of a] defensive war; **im ~** in the event of having to defend oneself [from invasion/attack] **Verteidigungskrieg** *m* defensive war **Verteidigungsminister(in)** *m(f)* minister of defence BRIT, defence minister BRIT, secretary of defense AM **Verteidigungsministerium** *nt* ministry of defence BRIT, defence ministry BRIT, Department of Defense AM **Verteidigungswaffe** *f* defensive weapon

verteilen* **I.** *vt* ① (*austeilen*) ■**etw [an jdn]** ~ to distribute sth [to sb]; **Geschenke/Flugblätter** ~ to distribute [*or sep* hand out] presents/leaflets; **Auszeichnungen/Orden** ~ to give [*or* hand] [*or fam* dish] out *sep* decorations/medals ② (*platzieren*) ■**etw irgendwo** ~ to place [*or* arrange] sth somewhere ③ (*ausstreuen*) ■**etw auf etw** *dat* ~ to spread [out *sep*] sth on sth ④ (*verstreichen*) ■**etw [auf etw** *dat*] ~ to spread sth [on sth] **II.** *vr* ① (*sich verbreiten*) ■**sich [auf etw** *akk*] ~ to spread out [round [*or* over] sth]; ■**sich irgendwo** ~ to spread out somewhere; **sich unter den Gästen** ~ to mingle with the guests ② (*umgelegt werden*) ■**sich auf jdn** ~ to be distributed to sb

Verteiler *m* ① AUTO [ignition *form*] distributor ② (*Empfänger*) ■**„~:"** "copies to:", "cc:"

Verteilernetz *nt* ① ELEK distribution system ② ÖKON distribution network, network of distributers **Vertei-**

V

lerschlüssel *m* distribution [*or* cc] list

Verteilung *f* ■ **die ~** [**einer S.** *gen* [*o* **von etw**]] distribution *no pl,* the distribution of sth; **~ von Flugblättern** handing out leaflets *sep*

Verteilungskampf *m* ■ **~ um etw** *akk* battle for a share of sth; **einen ~ um etw** *akk* **führen** to battle for a share of sth; **~ auf dem Arbeitsmarkt** battle for jobs on the labour [*or* AM -or] market

verteuern* **I.** *vt* ■ **etw** [**auf/um etw** *akk*] **~** to make sth more expensive, to increase [*or* raise] the price of sth [to/by sth] **II.** *vr* ■ **sich** [**auf/um etw** *akk*] **~** to become more expensive, to increase [*or* go up] in price [to/by sth]

Verteuerung *f* increase [*or* rise] in price; **die ~ von Energie** the increase in the price of energy

verteufeln* *vt* ■ **jdn ~** to demonize [*or* condemn] sb

verteufelt (*fam*) **I.** *adj* devilish[ly tricky] **II.** *adv* damned *fam,* devilishly

Verteufelung <-, -en> *f* demonization *no art, no pl,* condemnation *no art, no pl*

vertiefen* **I.** *vt* ① (*tiefer machen*) ■ **etw** [**auf/um etw** *akk*] **~** to make sth deeper, to deepen sth [to/by sth] ② (*verschlimmern*) ■ **etw ~** to deepen sth ③ (*festigen*) ■ **etw ~** to reinforce [*or* consolidate] sth **II.** *vr* ■ **sich in etw** *akk* **~** to become absorbed [*or* engrossed] [*or* immersed] in sth; **sich in die Zeitung/ein Buch ~** to bury oneself in the paper/a book; ■ **in etw** *akk* **vertieft sein** to be engrossed [*or* absorbed] in sth; **in Gedanken vertieft sein** to be deep [*or* sunk] [*or* lost] in thought

Vertiefung <-, -en> *f* ① (*vertiefte Stelle*) depression; (*Boden a.*) hollow ② *kein pl* (*das Vertiefen*) ■ **die/eine ~** [**einer S.** *gen* [*o* **von etw**]] deepening [sth] ③ (*Festigung*) consolidation *no art, no pl,* reinforcement *no art, no pl*

vertikal [vɛrti-] **I.** *adj* vertical **II.** *adv* vertically

Vertikale <-, -n> [vɛrti-] *f* vertical [line]; ■ **in der ~n** vertically

vertilgen* *vt* ■ **etw ~** ① (*fam: ganz aufessen*) to demolish sth, to polish off sth *sep fam* ② (*ausrotten*) to eradicate sth, to kill off sth *sep;* **Ungeziefer ~** to exterminate [*or* eradicate] [*or sep* kill off] vermin

Vertilgung *f* eradication *no art, no pl; Ungeziefer a.* extermination *no art, no pl*

vertippen* *vr* (*fam*) ■ **sich ~** to make a typing error [*or fam* typo] [*or* typing mistake]

vertonen* *vt* ■ **etw ~** to set sth to music

Vertonung <-, -en> *f* ① *kein pl* (*das Vertonen*) ■ **die ~** [**einer S.** *gen* [*o* **von etw**]] setting sth to music ② (*vertonte Fassung*) musical setting

vertrackt *adj* (*fam*) tricky, complicated

Vertrag <-[e]s, Verträge> *m* contract; (*international*) treaty; **der Berliner/Moskauer/Versailler ~** the Treaty of Berlin/Moscow/Versailles; **jdn unter ~ haben** to have sb under contract; **jdn unter ~ nehmen** to contract sb, to put [*or* place] sb under contract

vertragen* *irreg* **I.** *vt* ① (*aushalten*) ■ **etw** [**irgendwie**] **~** to bear [*or* stand] sth [somehow]; ***dieses Klima vertrage ich nicht/schlecht*** this climate doesn't/doesn't really agree with me ② (*gegen etw widerstandsfähig sein*) ■ **etw** [**irgendwie**] **~** to tolerate sth [somehow]; ***diese Pflanze verträgt kein direktes Sonnenlicht*** this plant does not tolerate [*or* like] direct sunlight ③ (*verarbeiten können*) ■ **etw** [**irgendwie**] **~** to take [*or* tolerate] sth [somehow]; ***diese ständige Aufregung verträgt mein Herz nicht*** my heart can't stand this constant excitement ④ (*fam: zu sich nehmen können*) ***nervöse Menschen ~ starken Kaffee nicht gut*** nervous people cannot cope with [*or* handle] strong coffee ⑤ (*fam: benötigen*) ***das Haus könnte mal einen neuen Anstrich ~*** the house could do with [*or* could use] a new coat of paint ⑥ SCHWEIZ (*austragen*) ■ **etw ~** to deliver sth **II.** *vr* ① (*auskommen*) ■ **sich mit jdm ~** to get on [*or* along] with sb, to get on [with each other] ② (*zusammenpassen*) ■ **sich mit etw ~** to go with sth; ■ **sich mit etw nicht ~** to not go [*or* to clash] with sth

vertraglich **I.** *adj* contractual **II.** *adv* contractually, by contract; **~ festgelegt werden** to be laid down in a/the contract

verträglich *adj* ① (*umgänglich*) good-natured; ■ **~ sein** to be easy to get on with ② (*bekömmlich*) digestible; **gut/schwer ~** easily digestible/indigestible; **für die Umwelt ~ sein** to be not harmful to the environment

Verträglichkeit <-> *f kein pl* ① (*Umgänglichkeit*) good nature *no art, no pl* ② (*Bekömmlichkeit*) digestibility *no art, no pl;* **Speisen von besonderer ~** food that is especially easy to digest

VertragsabschlussRR *m* completion [*or* conclusion] of [a/the] contract **Vertragsbedingungen** *pl* ÖKON terms [*or* conditions] of contract **Vertragsbruch** *m* breach of contract **vertragsbrüchig** *adj* in breach of contract *pred;* ■ **~ sein/werden** to be in breach of contract **Vertragsdauer** *f* ÖKON term [*or* life] of a contract **Vertragsentwurf** *m* draft [of a] contract/treaty **vertragsgemäß** **I.** *adj* as per [*or* as stipulated in the] contract **II.** *adv* as per [*or* as stipulated in the] contract **Vertragsgespräche** *f pl* contract talks *pl* **Vertragshändler(in)** *m(f)* authorized [*or* appointed] dealer **Vertragspartner(in)** *m(f)* party to a/the contract, contracting party *spec* **Vertragsstrafe** *f* penalty for breach of contract, contractual penalty *spec* **Vertragstext** *m* text [*or* wording] *no indef art, no pl* of a/the contract **Vertragsverhandlung** *f* contract negotiations [*or* talks] *pl* **Vertragsverletzung** *f* breach of contract **Vertragswerk** *nt* comprehensive contract/treaty **Vertragswerkstatt** *f* authorized garage **vertragswidrig** **I.** *adj* contrary to [the terms of] the contract/treaty *pred* **II.** *adv* in breach of contract

vertrauen* *vi* ① (*vertrauensvoll glauben*) ■ **jdm ~** to trust sb; ■ **auf jdn ~** to trust in sb ② (*sich fest verlassen*) ■ **auf etw** *akk* **~** to trust in sth; **auf sein Glück ~** to trust to luck; **auf Gott ~** to put one's trust in God; **auf jds Können** *akk* **~** to have confidence in sb's ability; ■ **darauf ~, dass ...** to put one's trust in the fact [*or* be confident] that ...

Vertrauen <-s> *nt kein pl* trust *no art, no pl,* confidence *no art, no pl;* **~ erweckend** that inspires trust [*or* confidence]; **einen ~ erweckenden Eindruck auf jdn machen** to make a trustworthy impression on sb; **~ erweckend sein** to inspire confidence; **jdm das ~ aussprechen/entziehen** POL to pass a vote of confidence/no confidence in sb; **~ zu jdm fassen** to come to trust [*or* have confidence in] sb; **~** [**zu jdm**] **haben** to have confidence [in sb], to trust sb; **jds ~ haben** [*o geh* **genießen**] to have [*or* enjoy] sb's trust, confidence; **jdm ~ schenken** (*geh*) to put one's trust in sb; **jdn ins ~ ziehen** to take sb into one's confidence; **im ~** [**gesagt**] [strictly] in confidence; **im ~ auf etw** *akk* trusting to [*or* in] sth; **im ~ darauf, dass ...** trusting that ...; **voller ~** full of trust, trustingly

Vertrauensarzt, -ärztin *m, f* independent examining doctor **Vertrauensbruch** *m* breach of confidence [*or* trust] **Vertrauensfrage** *f* **es ist eine ~, ob ...** it is a question [*or* matter] of trust [*or* confidence] whether ...; **die ~ stellen** POL to ask for a vote of confidence **Vertrauenskrise** *f* lack of [mututal] trust **Vertrauensmann** <-leute> *m* ① (*Versichertenvertreter*) representative, intermediary agent; (*gewerkschaftlich*) union representative; (*Fabrik*) shop steward ② (*vertrauenswürdiger Mann*) representative, proxy **Vertrauensperson** *f* (*vertrauenswürdi-*

ge Person) someone *no art* you can trust; (*Busenfreund*) a close [*or* intimate] confidant *masc* [*or fem* confidante] **Vertrauenssache** *f* 1 (*vertrauliche Angelegenheit*) confidential matter 2 *s.* **Vertrauensfrage** **vertrauensselig** *adj* [too] trusting; (*leichtgläubig*) credulous **Vertrauensstellung** *f* position of trust; [**bei jdm**] **eine ~ haben** to be in [*or* have] a position of trust [with sb] **Vertrauensverhältnis** *nt* trusting relationship, relationship based on trust, mutual trust *no art, no pl* **Vertrauensverlust** *m* SOZIOL loss of trust [*or* faith] **vertrauensvoll** **I.** *adj* trusting, trustful, based on trust *pred* **II.** *adv* trustingly; **sich ~ an jdn wenden** to turn to sb with complete confidence **Vertrauensvotum** *nt* POL vote of confidence **vertrauenswürdig** *adj* trustworthy **Vertrauenswürdigkeit** <-> *f inv* trustworthiness

vertraulich **I.** *adj* 1 (*mit Diskretion zu behandeln*) confidential; **streng ~** strictly confidential 2 (*freundschaftlich*) familiar, chummy *fam*, pally *fam* **II.** *adv* confidentially, with confidentiality

Vertraulichkeit <-, -en> *f* 1 *kein pl* (*das Vertraulichsein*) confidentiality *no art, no pl* 2 *pl* (*Zudringlichkeit*) familiarity *no art, no pl*

verträumt *adj* 1 (*idyllisch*) sleepy 2 (*realitätsfern*) dreamy

vertraut *adj* 1 (*wohlbekannt*) familiar; **sich mit etw ~ machen** to familiarize [*or* acquaint] oneself with sth; **sich mit dem Gedanken/der Vorstellung ~ machen, dass ...** to get used to the idea that ... 2 (*eng verbunden*) close, intimate 3 (*kennt etw gut*) ■ **mit etw ~ sein** to be familiar [*or* acquainted] with sth

Vertraute(r) *f(m) decl wie adj* close [*or* intimate] friend, confidant *masc*, confidante *fem*

Vertrautheit <-, -en> *f* 1 *kein pl* (*gute Kenntnis*) ■ **jds ~ mit etw** sb's familiarity with sth 2 (*Verbundenheit*) closeness *no art, no pl*, intimacy *no art, no pl*

vertreiben*[1] *vt irreg* 1 (*gewaltsam verjagen*) ■ **jdn** [**aus etw**] **~** to drive out sb *sep*, to drive sb out of sth 2 (*verscheuchen*) ■ **ein Tier** [**aus/von etw**] **~** to drive away *sep* an animal, to drive an animal away out of/from sth 3 (*beseitigen*) ■ **etw ~** to drive away sth *sep*, to banish sth; **seine Müdigkeit ~** to fight [*or* stave] off *sep* tiredness; *s. a.* **Zeit**

vertreiben*[2] *vt irreg* (*verkaufen*) ■ **etw ~** to sell [*or* market] sth

Vertreibung <-, -en> *f* driving out [*or* away] *no art, no pl*; **die ~ aus dem Paradies** the expulsion from Paradise

vertretbar *adj* 1 (*zu vertreten*) tenable, defensible; ■ **nicht ~** untenable, indefensible 2 (*akzeptabel*) justifiable; ■ **nicht ~** unjustifiable

vertreten*[1] *vt irreg* 1 (*jdn vorübergehend ersetzen*) ■ **jdn ~** to stand in [*or* deputize] for sb, to cover for sb; **durch jdn ~ werden** to be replaced by sb; ■ **sich** [**durch jdn**] **~ lassen** to be represented [by sb] 2 JUR ■ **jdn ~** to represent sb, to act [*or* appear] for sb 3 (*repräsentieren*) ■ **jdn/etw ~** to represent sb/sth 4 (*verfechten*) ■ **etw ~** to support sth; **eine Ansicht/Meinung/Theorie ~** to take a view/hold an opinion/advocate a theory 5 (*repräsentiert sein*) ■ **irgendwo ~ sein** to be represented somewhere; ***Picassos Werke sind hier zahlreich*** **~** there is a large number of works by Picasso here 6 (*verantwortlich sein*) ■ **etw zu ~ haben** to be responsible for sth

vertreten[2] *vr irreg* (*verstauchen*) **sich** *dat* **den Fuß** [*o* **das Fußgelenk**] **~** to twist one's ankle ▸ WENDUNGEN: **sich** *dat* **die Füße** *fam* **~** [*o* **Beine**] to stretch one's legs

Vertreter(in) <-s, -> *m(f)* 1 (*Stell~*) deputy, stand-in, [temporary] replacement; *Arzt, Geistlicher* locum BRIT; **einen ~ bestimmen** [*o* **stellen**] to appoint a deputy 2 (*Handels~*) sales representative 3 (*Repräsentant*) representative; (*Abgeordneter*) member of parliament

Vertreterprovision *f* ÖKON agent's commission

Vertretung <-, -en> *f* 1 (*das Vertreten*) deputizing *no art, no pl;* **zur ~ von Kollegen verpflichtet sein** to be officially obliged to deputize for colleagues; **die ~ für jdn haben** to stand in [*or* deputize] for sb; **die ~ von jdm übernehmen** to stand in [*or* deputize] for sb; **in** [**jds**] **~** in sb's place, on behalf of sb; **einen Brief in ~ unterschreiben** to sign a letter as a proxy [*or spec* per pro], to pp a letter 2 (*Stellvertreter*) deputy, stand-in, [temporary] replacement; *Arzt, Geistlicher* locum BRIT; **eine diplomatische ~** a diplomatic mission; **die ~ für etw haben** to have the agency [*or* be the agent] for sth 3 (*Handels~*) agency, branch

vertretungsweise *adv* as a stand-in [*or* [temporary] replacement]

Vertrieb <-[e]s, -e> *m* 1 *kein pl* (*das Vertreiben*) sale[s *pl*]; **den ~** [**für etw**] **haben** to be in charge of sales [for sth] 2 (*~sabteilung*) sales *pl* [department]

Vertriebene(r) *f(m) decl wie adj* deportee, expellee *spec* (*from his/her homeland*), displaced person

Vertriebsabteilung *f* sales department **Vertriebsgesellschaft** *f* sales [*or* marketing] company **Vertriebskosten** *pl* marketing costs, distribution costs **Vertriebsleiter(in)** *m(f)* sales manager **Vertriebsnetz** *nt* ÖKON network of distributors, distribution [*or* marketing] network **Vertriebsweg** *m* ÖKON channel of distribution, distribution channel **Vertriebswege** *pl* TRANSP transport route

vertrimmen* *vt* (*fam*) ■ **jdn ~** to beat up sb *sep*, to give sb a going-over, to give sb the one-two AM

vertrocknen* *vi sein Vegetation* to dry out, to wither; *Lebensmittel* to dry up, to go dry; **vertrocknete Blätter** dried leaves

vertrödeln* *vt* (*fam*) ■ **etw ~** to idle [*or* dawdle] away sth *sep*

vertrösten* *vt* ■ **jdn** [**auf etw** *akk*] **~** to put off *sep* sb [until sth]

vertrottelt *adj* (*fam*) senile

vertun* *irreg* **I.** *vr* (*fam*) 1 (*sich irren*) ■ **sich ~** to make a mistake, to be mistaken; **vertu dich nur nicht, ...** make no mistake, ...; **da gibt es kein V~!** there are no two ways about it! 2 (*sich verrechnen*) ■ **sich** [**um etw**] **~** to make a mistake, to be out by sth **II.** *vt* ■ **etw ~** to waste [*or* squander] sth

vertuschen* *vt* ■ **etw ~** to hush up sth *sep;* ■ **~, dass ...** to hush up the fact that ...

verübeln* *vt* ■ **jdm etw ~** to hold sth against sb; ■ [**es**] **jdm ~, dass ...** to take it amiss [*or* hold it against sb] that ...; **das kann man ihm kaum ~** one can hardly blame him for that

verüben* *vt* ■ **etw ~** to commit sth; **einen Anschlag ~** to carry out *sep* an attack, einen Anschlag auf jdn ~, to make an attempt on sb's life; **ein Attentat** [**auf jdn**] **~** to assassinate sb; (*fehlgeschlagen*) to make an assassination attempt on sb; **Gräueltaten/ein Verbrechen ~** to commit [*or form* perpetrate] atrocities/a crime; **ein Massaker ~** to carry out *sep* [*or form* perpetrate] a massacre; **Selbstmord ~** to commit suicide

verunfallen* *vi sein* SCHWEIZ to have an accident; **der verunfallte Skifahrer** the skier involved in the accident

verunglimpfen* *vt* (*geh*) ■ **jdn ~** to denigrate [*or* disparage] [*or form* vilify] sb, to cast a slur on sb; ■ **etw ~** to denigrate [*or* cast a slur on] [*or form* decry] sth

Verunglimpfung <-, -en> *f* denigration *no art, no pl*, disparagement *no art, no pl*, vilification *no art, no pl*

verunglücken* *vi sein* 1 (*einen Unfall haben*) to

have [*or* be involved in] an accident; **mit dem Auto** ~ to have [*or* be in] a car accident [*or* crash]; **mit dem Flugzeug** ~ to be in a plane crash; **tödlich** ~ to be killed in an accident; **der verunglückte Bergsteiger** the climber involved in the accident ❷ (*fam: misslingen*) to go wrong; ■**etw verunglückt jdm** sb's sth goes wrong; ***leider ist mir der Kuchen verunglückt*** I'm afraid my cake is a disaster; ■**verunglückt** unsuccessful

Verunglückte(r) *f(m) decl wie adj* accident victim

verunmöglichen* *vt* SCHWEIZ ■[**jdm**] **etw** ~ to make sth impossible [for sb]

verunreinigen* *vt* ■**etw** ~ ❶ (*geh: beschmutzen*) to dirty [*or form* soil] sth; (*Hund*) to foul sth BRIT, to mess up *sep* sth AM ❷ ÖKOL to pollute [*or* contaminate] sth

Verunreinigung *f* ❶ (*geh: das Beschmutzen*) dirtying *no art, no pl,* soiling *no art, no pl form; Gehwege* fouling *no art, no pl* BRIT, messing up *no art, no pl* AM ❷ ÖKOL pollution *no art, no pl,* contamination *no art, no pl* ❸ (*Schmutz*) impurity

verunsichern* *vt* ■**jdn** ~ to make sb [feel] unsure [*or* uncertain] [*or* insecure]; (*verstören*) to unsettle sb; ■**jdn in etw** *dat* ~ to make sb unsure of sth

verunsichert <-er, -este> *adj* uncertain

Verunsicherung <-, -en> *f* ❶ (*das Verunsichern*) unsettling *no art, no pl* ❷ (*verunsicherte Stimmung*) [feeling of] uncertainty

verunstalten* *vt* ■**jdn/etw** ~ to disfigure sb/sth; ***wie konnte der Friseur dich nur so ~?*** how could the hairdresser spoil your looks like that?

Verunstaltung <-, -en> *f* disfigurement

veruntreuen* *vt* JUR ■**etw** ~ to embezzle [*or* misappropriate] sth [*or spec* defalcate]

Veruntreuung <-, -en> *f* JUR embezzlement *no art, no pl,* misappropriation *no art, no pl,* defalcation *no art, no pl spec*

verurkunden* *vt* SCHWEIZ ■**etw** ~ to notarize [*or* legally certify] sth

verursachen* *vt* ■**etw** ~ to cause sth; [**jdm**] **Schwierigkeiten** ~ to create [*or* give rise to] difficulties [for sb]; **jdm Umstände** ~ to put sb to [*or* cause sb] trouble

Verursacher(in) <-s, -> *m(f)* cause, person/thing responsible

Verursacherprinzip *nt kein pl* ÖKOL polluter pays principle

verurteilen* *vt* ❶ (*für schuldig befinden*) ■**jdn** ~ to convict sb ❷ (*durch Urteil mit etw bestrafen*) ■**jdn zu etw** ~ to sentence sb to sth; **jdn zu 7500 Mark Geldstrafe** ~ to fine sb 7500 marks, to impose a fine of 7500 marks on sb; **jdn zu lebenslänglicher Haft** ~ to sentence sb to life imprisonment; **jdn zum Tode** ~ to sentence [*or* condemn] sb to death ❸ (*verdammen*) ■**jdn** ~ to condemn [*or form* censure] sb; ■**etw** ~ to condemn sth ❹ (*zwangsläufig bestimmt sein*) ■**zu etw verurteilt sein** to be condemned to sth; **zum Scheitern verurteilt sein** to be bound to fail [*or* doomed to failure]

Verurteilte(r) *f(m) decl wie adj* convicted man *masc* [*or fem* woman]; (*zum Tode*) condemned man *masc* [*or fem* woman]

Verurteilung <-, -en> *f* conviction *no art, no pl,* sentencing *no art, no pl;* ■**eine/jds** ~ **zu etw** a/sb's sentence of sth; **die** ~ **zum Tode** the death sentence

vervielfachen* **I.** *vt* ■**etw** ~ to increase sth greatly; **die Inflation** ~ to cause a sharp rise in inflation; ■**etw mit etw** ~ MATH to multiply sth with sth **II.** *vr* ■**sich** ~ to increase greatly, to multiply [several times]

Vervielfachung <-, -en> *f* ❶ (*starke Erhöhung*) steep increase; ~ **der Inflation** a steep rise in inflation ❷ MATH multiplication

vervielfältigen* *vt* ■**etw** ~ to duplicate [*or* make copies of] sth; (*fotokopieren*) to photocopy sth

Vervielfältigung <-, -en> *f* ❶ *kein pl* (*das Vervielfältigen*) duplication, duplicating *no art, no pl,* copying *no art, no pl* ❷ (*geh: Kopie*) copy

vervierfachen* **I.** *vt* ■**etw** ~ to quadruple sth **II.** *vr* ■**sich** ~ to quadruple

vervollkommnen* **I.** *vt* ■**etw** ~ to perfect sth, to make sth [more] perfect **II.** *vr* ■**sich** [**auf/in etw** *dat*] ~ to become [more] perfect [in sth]

Vervollkommnung <-, -en> *f* perfection *no art, no pl*

vervollständigen* *vt* ■**etw** ~ to complete sth, to make sth [more] complete

Vervollständigung <-, -en> *f* completion *no art, no pl*

verwachsen* [-'vaksn] *irreg* **I.** *vi sein* ❶ (*zusammenwachsen*) ■[**mit etw**] ~ to grow together [with sth] ❷ (*zuwuchern*) to become overgrown; **ein ~er Garten** an overgrown garden **II.** *vr* MED ■**sich** ~ to right [*or* correct] itself

verwackeln* *vt* FOTO (*fam*) ■**etw** ~ to make sth blurred

verwählen* *vr* TELEK ■**sich** ~ to dial [*or* get] the wrong number

verwahren* **I.** *vt* ■**etw** [**für jdn**] ~ to keep sth safe [for sb]; ■**etw in etw** *dat* ~ to keep sth in sth; **jdm etw zu** ~ **geben** to give sth to sb for safekeeping **II.** *vr* (*geh*) ■**sich gegen etw** ~ to protest against sth

verwahrlosen* *vi sein* to get into a bad state; *Grundstück, Gebäude* to fall into disrepair, to become dilapidated; *Mensch* to let oneself go, to go to pot, to run to seed *fam;* **völlig** ~ to go to rack [*or esp* AM wrack] and ruin; ■**etw** ~ **lassen** to let sth fall into disrepair [*or* become dilapidated], to neglect sth; ■**verwahrlost** dilapidated; **ein verwahrloster Garten** a neglected [*or* an overgrown] garden; **verwahrloste Kleidung** ragged [*or* BRIT tatty] [*or* AM tattered] clothes; **ein verwahrloster Mensch** an unkempt person, a scruff BRIT *fam*

verwahrlost <-er, -este> *adj* neglected

Verwahrlosung <-> *f kein pl Grundstück, Gebäude* dilapidation *no art, no pl; Mensch* neglect *no art, no pl;* **bis zur völligen** ~ **herunterkommen** to sink into a state of total neglect; **jdn vor der** ~ **bewahren** to save sb from degradation

Verwahrung <-> *f kein pl* ❶ (*das Verwahren*) [safe]keeping *no art, no pl;* **jdm etw** [*o* **etw bei jdm**] **in** ~ *akk* **geben** to give sth to sb for safekeeping; **etw in** ~ *akk* **nehmen** to take sth into safekeeping ❷ (*zwangsweise Unterbringung*) detention *no art, no pl;* **jdn in** ~ *akk* **nehmen** to take sb into custody ❸ (*geh: Einspruch*) protest; ~ **gegen etw einlegen** to lodge a protest against sth

verwaisen* *vi sein* ❶ (*zur Waise werden*) to be orphaned, to become an orphan; ■**verwaist** orphaned ❷ (*verlassen werden*) to become deserted; ■**verwaist** deserted

verwaist *adj inv* orphaned; (*fig: verlassen*) deserted, abandoned

verwalten* *vt* ■**etw** ~ ❶ FIN to administer sth; **jds Besitz** ~ to manage sb's property ❷ ADMIN to administer sth; **eine Kolonie/Provinz** ~ to govern a colony/province ❸ INFORM to manage sth

Verwalter(in) <-s, -> *m(f)* administrator; *Gut* manager; *Nachlass* trustee

Verwaltung <-, -en> *f* ❶ *kein pl* (*das Verwalten*) administration *no art, no pl,* management *no art, no pl* ❷ (*Verwaltungsabteilung*) administration *no pl,* admin *no pl fam;* **städtische** ~ municipal authority [*or no pl* administration] ❸ INFORM management *no art, no pl*

Verwạltungsangestellte(r) *f(m)* admin[istration] employee **Verwạltungsapparat** *m* administrative machine[ry] *no pl* **Verwạltungsarbeit** *f* administration, admin BRIT *fam* **Verwạltungsausschuss**[RR] *m* management committee **Verwạltungsbeamte(r)** *f(m)* admin[istration] official, government [administrative] official **Verwạltungsbezirk** *m* administrative district, precinct AM **Verwạltungschef(in)** *m(f)* head of administration **Verwạltungsdienst** *m* administration, admin BRIT *fam* **Verwạltungsgebäude** *nt* admin[istration] building **Verwạltungsgericht** *nt* administrative court [*or* tribunal] **Verwạltungskosten** *pl* admin[istrative] costs [*or* expenses] *pl* **Verwạltungsrat** *m* board of directors

verwạndeln* I. *vt* ① (*umwandeln*) ■ **jdn in etw/ein Tier ~** to turn [*or* transform] sb into sth/an animal; ■ **jd ist wie verwandelt** sb is a changed [*or* different] person [*or* is transformed] ② TECH ■ **etw in etw** *akk* ~ to convert [*or* turn] sth into sth ③ (*anders erscheinen lassen*) ■ **etw ~** to transform sth ④ FBALL ■ **etw [zu etw] ~** to convert sth [into sth]; **einen Strafstoß/Eckball ~** to convert a penalty/score from a corner II. *vr* ① (*zu etw werden*) ■ **sich in etw** *akk* ~ to turn [*or* change] into sth ② ■ **sich in etw/ein Tier ~** to turn [*or* transform] oneself into sth/an animal

Verwạndlung *f* ① (*Umformung*) ■ **jds ~ [in etw/ein Tier]** sb's transformation [into sth/an animal] ② TECH conversion

verwạndt[1] *adj* related (**mit** +*dat* to); ■ **sie sind [miteinander] ~** they are related [to each other]; **~e Anschauungen/Methoden** similar views/methods; **~e Sprachen/Wörter** cognate languages/words *spec*

verwạndt[2] *pp von* **verwenden**

verwạndte *imp von* **verwenden**

Verwạndte(r) *f(m) decl wie adj* relation, relative; **ein entfernter ~r von mir** a distant relation of mine

Verwạndtschaft <-, -en> *f* ① (*die Verwandten*) relations *pl*, relatives *pl*; ■ **jds ~** sb's relations [*or* relatives]; **zu jds ~ gehören** to be a relative of sb's; **die nähere ~** close relatives *pl* ② (*gemeinsamer Ursprung*) affinity; *Sprachen* cognation *no pl spec* (**mit** +*dat* with)

verwạndtschaftlich I. *adj* family *attr* II. *adv* ■ **~ [miteinander] verbunden sein** to be related [to each other]

verwạnzen *vt* ■ **etw ~** to bug sth; ■ **verwanzt sein** to be bugged

verwạrnen* *vt* ■ **jdn ~** ① (*streng tadeln*) to warn [*or form* caution] sb ② (*gebührenpflichtig ~*) to fine sb

Verwạrnung *f* warning, caution; **eine gebührenpflichtige ~** a fine; **jdm eine gebührenpflichtige ~ erteilen** [*o* **aussprechen**] to fine sb

Verwạrnungsgeld *nt* exemplary fine

verwạschen *adj* faded

verwạ̈ssern* *vt* ■ **etw ~** ① (*mit Wasser mischen*) to water down sth *sep*; **Saft ~** to dilute juice ② (*abschwächen*) to water down sth *sep*

verweben* *vt irreg* ■ **etw ~** ① (*ineinander weben*) to interweave sth ② (*beim Weben verbrauchen*) to use [up *sep*] sth (*for weaving*)

verwẹchseln* [-'vɛksl̩n] *vt* ① (*irrtümlich vertauschen*) ■ **etw ~** to mix up sth *sep*, to get sth mixed up ② (*irrtümlich für jdn halten*) ■ **jdn [mit jdm] ~** to mix up *sep* sb [with sb], to confuse sb with sb, to mistake sb for sb; ■ **etw mit etw ~** to confuse sth with sth, to mistake sth for sth; **sich zum V~ gleichen** to be alike as two peas [in a pod]; **jdm zum V~ ähnlich sehen** to be the spitting image of sb

Verwẹchslung <-, -en> [-'vɛkslʊŋ] *f* ① (*das Verwechseln*) mixing up *no art, no pl*, confusing *no art, no pl* ② (*irrtümliche Vertauschung*) mistake, confusion *no art, no pl*, mix-up *fam*; **das muss eine ~ sein** there must be some mistake

verwegen *adj* daring, bold; (*Kleidung*) rakish; (*frech a.*) audacious, cheeky, mouthy AM

Verwegenheit <-> *f kein pl* boldness *no art, no pl*; (*Frechheit a.*) audacity *no art, no pl*, cheekiness *no art, no pl*

verwehen* I. *vt* ■ **etw ~** ① (*auseinander treiben*) to scatter [*or sep* blow away] sth ② (*verwischen*) to cover [over [*or* up] *sep*] sth II. *vi* to die down

verwehren* *vt* (*geh*) ① (*verweigern*) ■ **jdm etw ~** to refuse [*or* deny] sb sth; ■ **jdm ~, etw zu tun** to stop [*or* bar] sb from doing sth ② (*versperren*) ■ **jdm etw ~** to block sb's sth; **Unbefugten den Zutritt ~** to deny access to unauthorized persons

Verwehung <-, -en> *f* ① *kein pl* (*das Verwehen*) covering over [*or* up] *no art, no pl* ② (*Schnee~*) [snow]drift; (*Sand~*) [sand] drift

verweichlichen* I. *vi sein* to grow soft; ■ **verweichlicht sein** to have grown soft; **ein verweichlichter Mensch** a weakling *pej* II. *vt* ■ **jdn ~** to make sb soft *pej*

Verweichlichung <-> *f kein pl* softening *no art, no pl*

verweigern* I. *vt* ■ **[jdm] etw ~** to refuse [sb] sth; **jede Auskunft/die Kooperation ~** to refuse to give any information/to cooperate; **die Herausgabe von Akten ~** to refuse to hand over files; **jdm eine Hilfeleistung ~** to refuse sb assistance [*or* to assist sb] [*or* to render assistance to sb]; **seine Zustimmung zu etw ~** to refuse to agree [*or* to give one's agreement] to sth, to refuse one's consent to sth; **jdm die Ausreise ~** to prohibit sb from leaving [the/a country], to refuse sb permission to leave [the/a country]; **jdm die Einreise/die Erlaubnis/den Zutritt ~** to refuse sb entry/permission/admission [*or* access]; **einen Befehl ~** to refuse to obey an order; **jdm den Gehorsam ~** to refuse to obey sb; **den Kriegsdienst ~** to refuse to do military service, to be a conscientious objector; *s. a.* **Annahme** II. *vi* to refuse III. *vr* ■ **sich jdm ~** to refuse [to have] intimacy with sb

Verweigerung *f* refusal; **zur ~ der Herausgabe der Akten berechtigt sein** to have the right to refuse to hand over the files; **die ~ eines Befehls/des Wehrdienstes** the refusal to obey an order/to do military service

verweilen* *vi* (*geh*) ① (*sich aufhalten*) ■ **irgendwo ~** to stay [*or poet, old* tarry] somewhere; **kurz ~** to stay for a short time; **vor einem Gemälde ~** to linger in front of a painting ② (*sich mit etw beschäftigen*) ■ **bei etw ~** to dwell on sth

verweint *adj* **~e Augen** eyes red from crying; **ein ~es Gesicht** a tear-stained face

Verweis <-es, -e> *m* ① (*Tadel*) reprimand, rebuke *form*; **einen ~ bekommen** to be reprimanded [*or form* rebuked]; **jdm einen ~ erteilen** (*geh*) to reprimand [*or form* rebuke] sb ② (*Hinweis*) reference (**auf** +*akk* to); (*Quer~*) cross-reference (**auf** +*akk* to)

verweisen* *irreg* I. *vt* ① (*weiterleiten*) ■ **jdn an jdn/etw ~** to refer sb to sb/sth ② (*hinweisen*) ■ **jdn auf etw** *akk* ~ to refer sb to sth ③ SPORT ■ **jdn von etw ~** to banish sb from sth; **jdn vom Spielfeld ~** to send off *sep* [*or* AM eject] sb ④ JUR ■ **etw an etw** *akk* ~ to refer sth to sth II. *vi* ■ **auf etw** *akk* ~ to refer [*or form* advert] to sth

Verweisung *f* referral (**an** +*akk* to)

verwelken* *vi sein* to wilt

verwẹndbar *adj* usable; **erneut ~ sein** to be reusable

verwẹnden <verwẹndete *o* verwạndte, verwẹndet *o* verwạndt> I. *vt* ① (*gebrauchen*) ■ **etw**

[**für etw**] ~ to use sth [for sth]; ■**etw ist noch zu** ~ sth can still be used [*or* is still usable] ❷ (*für etw einsetzen*) ■**etw für etw/irgendwie** ~ to use [*or* employ] sth for sth/somehow ❸ (*benutzen*) ■**etw** ~ to make use of sth; **etw vor Gericht** ~ to use sth in court **II.** *vr* ■**sich** [**bei jdm**] **für jdn** ~ to intercede [with sb] on sb's behalf

Verwendung <-, -en> *f* ❶ (*Gebrauch*) use; [**für etw**] ~ **finden** to be used [for sth]; **für jdn/etw** ~ **finden** to find a use for sb/sth; ~/**keine** ~ **für jdn/etw haben** to have a/no use for sb/sth ❷ (*veraltend: Fürsprache*) intercession; ■**auf jds** ~ **hin** at sb's intercession

verwendungsfähig *adj s.* **verwendbar** **Verwendungsmöglichkeit** *f* [possible] use [*or* employment] **Verwendungszweck** *m* purpose; (*Feld auf Überweisungsformularen*) reference

verwerfen* *irreg* **I.** *vt* ❶ (*als unbrauchbar ablehnen*) ■**etw** [**als etw**] ~ to reject sth [as sth]; **den Gedanken** ~ to dismiss the thought; **einen Plan** ~ to reject [*or* discard] [*or sep* throw out] a plan; **einen Vorschlag** ~ to reject [*or sep* turn down] a suggestion ❷ JUR ■**etw** ~ to reject [*or* dismiss] sth **II.** *vr* ■**sich** ~ ❶ (*sich stark verziehen*) to warp ❷ GEO to fault *spec* ❸ KARTEN to deal the wrong number of cards

verwerflich *adj* (*geh*) reprehensible *form*

Verwerflichkeit <-> *f kein pl* (*geh*) reprehensibleness *no art, no pl form* [*or* reprehensibility] *no art, no pl form*

Verwerfung <-, -en> *f* ❶ *kein pl* (*Ablehnung*) rejection, dismissal ❷ GEOL fault ❸ SOZIOL **gesellschaftliche** ~**en** societal fractures

verwertbar *adj* ❶ (*brauchbar*) usable; **erneut** ~ **sein** to be reusable; ■[**etwas**]/**nichts V~es** something/nothing usable ❷ (*auszuwerten*) utilizable [*or* BRIT *a.* -isable]; [**nicht**] ~ **vor Gericht sein** to be [in]admissible in court

Verwertbarkeit <-> *f kein pl* usability *no pl*

verwerten* *vt* ■**etw** ~ ❶ (*ausnutzen, heranziehen*) to use [*or* utilize] [*or* make use of] sth; **etw erneut** ~ to reuse sth ❷ (*nutzbringend anwenden*) to exploit [*or* make use of] sth

Verwertung <-, -en> *f* ❶ (*Ausnutzung*) utilization *no art, no pl* ❷ (*Heranziehung*) use ❸ (*nutzbringende Anwendung*) exploitation *no art, no pl*

verwesen* *vi sein* to rot, to decompose; ■**verwest** decomposed

Verwesung <-> *f kein pl* decomposition *no art, no pl,* decay *no art, no pl;* **in** ~ **übergehen** to start to rot [*or* decompose]

verwetten* *vt* ■**etw** ~ to gamble away sth *sep*

verwickeln* **I.** *vt* ■**jdn in etw** *akk* ~ to involve sb in sth; **jdn in ein Gespräch** ~ to engage sb in conversation; **jdn in einen Skandal** ~ to get sb mixed up [*or* embroiled] in a scandal; ■**in etw** *akk* **verwickelt sein/werden** to be/become [*or* get] involved [*or* mixed up] in sth; **in eine Affäre verwickelt sein** to be entangled [*or* tangled up] in an affair; **in einen Skandal verwickelt sein** to be embroiled in [a] scandal **II.** *vr* ❶ (*sich verheddern*) ■**sich** ~ to get tangled up ❷ (*sich verstricken lassen*) ■**sich in etw** *akk o dat* ~ to get tangled [*or* caught up] [*or* become entangled] in sth; **sich in eine Auseinandersetzung** ~ to get involved [*or* caught up] in an argument

verwickelt *adj* complicated, intricate, involved; **eine** ~**e Angelegenheit** a tangled affair

Verwick(e)lung <-, -en> *f* ❶ (*Verstrickung*) ■**jds** ~ **in etw** *akk* sb's involvement in sth ❷ *pl* (*Komplikationen*) complications *pl*

verwildern* *vi sein* ❶ (*zur Wildnis werden*) to become overgrown; ■**verwildert** overgrown ❷ (*wieder zum Wildtier werden*) to go wild, to return to the wild; ■**verwildert** feral ❸ (*undiszipliniert werden*) to become wild [and unruly], to run wild

Verwilderung <-> *f kein pl* ❶ (*das Verwildern*) *Garten, Park* growing wild *no art, no pl; Tier* becoming wild *no art, no pl,* returning to the wild *no art, no pl* ❷ (*Disziplinlosigkeit*) becoming wild [and unruly] *no art, no pl,* running wild *no art, no pl*

verwinden* *vt irreg* (*geh*) ■**etw** ~ to get over sth; ■**es** ~, **dass ...** to get over the fact that ...

verwinkelt *adj* twisting, twisty *fam,* winding, windy *fam;* **ein** ~**es Gebäude** a building full of nooks and crannies

verwirken *vt* (*geh*) ■**etw** ~ to forfeit sth

verwirklichen* **I.** *vt* ■**etw** ~ to realize sth; **eine Idee/einen Plan** ~ to put an idea/a plan into practice [*or* effect], to translate an idea/a plan into action; **ein Projekt/Vorhaben** ~ to carry out *sep* a project **II.** *vr* ■**sich** ~ to fulfil [*or* AM *a.* -ll] oneself, to be fulfilled; **sich voll und ganz** ~ to realize one's full potential; **sich in etw** *dat* ~ to find fulfilment [*or* AM *usu* -llment] in sth

Verwirklichung <-, -en> *f* realization

verwirren* *vt* ■**jdn** [**mit etw**] ~ to confuse sb [with sth], to bewilder sb

verwirrend <-er, -este> *adj* confusing

verwirrt <-er, -este> *adj* confused

Verwirrung <-, -en> *f* ❶ (*Verstörtheit*) confusion *no art, no pl,* bewilderment *no art, no pl;* **jdn in** ~ **bringen** to confuse [*or* bewilder] sb, to make sb confused [*or* bewildered] ❷ (*Chaos*) chaos *no art, no pl*

verwischen* **I.** *vt* ■**etw** ~ ❶ (*verschmieren*) to smudge sth; **Farbe** ~ to smear paint ❷ (*unkenntlich machen*) to cover [up *sep*] sth; **seine Spur** ~ to cover one's tracks **II.** *vr* ■**sich** ~ to become blurred; (*Erinnerung*) to fade

verwittern* *vi sein* to weather; ■**verwittert** weathered; **ein verwittertes Gesicht** a weather-beaten face

Verwitterung *f* weathering *no art, no pl*

verwitwet *adj* widowed; **Frau Huber,** ~**e Schiller** Mrs Huber, [the] widow of Mr Schiller

verwöhnen* *vt* ■**jdn** ~ to spoil sb; ■**sich** ~ to spoil [*or* treat] oneself; **jdn zu sehr** ~ to pamper sb, to mollycoddle sb BRIT *pej fam;* ■**sich** [**von jdm**] ~ **lassen** to be pampered [by sb]

verwohnt *adj* the worse for wear *pred;* **eine** ~**e Wohnung** a run-down flat; **ein** ~**es Gebäude** a ramshackle building; ~**e Möbel** worn-out [*or* battered] furniture

verwöhnt *adj* ❶ (*Exquisites gewöhnt*) gourmet *attr* ❷ (*anspruchsvoll*) discriminating *form*

Verwöhnung <-> *f kein pl* spoiling *no art, no pl*

verworfen **I.** *adj* (*geh*) degenerate; (*stärker*) depraved **II.** *adv* degenerately; ~ **handeln** to act like a degenerate *form*

Verworfenheit *f* (*geh*) depravity

verworren *adj* confused, muddled, eine ~*e Angelegenheit,* a complicated affair

verwundbar *adj* vulnerable

verwunden* *vt* ■**jdn** ~ to wound sb; **schwer verwundet** seriously wounded

verwunderlich *adj* odd, strange, surprising; **was ist daran** ~**?** what is strange [*or* odd] about that?; ■**es ist kaum** ~, **dass/wenn ...** it is hardly surprising that/when ..; ■**nicht** ~ **sein** to be not surprising; ■**es ist nicht** ~, **dass ...** it is not surprising [*or* no wonder] that ...

verwundern* **I.** *vt* ■**jdn** ~ to surprise [*or* astonish] sb; ■**es verwundert jdn, dass ...** sb is surprised that ... **II.** *vr* ■**sich über etw** *akk* ~ to be surprised [*or* astonished] at sth; **sich sehr** ~ to be amazed [*or* very surprised]

verwundert I. *adj* astonished, surprised; **über etw** *akk* **verwundert sein** to be amazed [*or* astonished] [*or* very surprised] at sth II. *adv* in amazement

Verwunderung <-> *f kein pl* amazement *no art, no pl;* **voller** ~ full of amazement; **zu jds** ~ to sb's amazement [*or* astonishment] [*or* great surprise]

verwundet *adj inv* (*fig a.*) wounded, hurt

Verwundete(r) *f(m) decl wie adj* casualty, wounded person; ■ **die ~n** the wounded + *pl vb*

Verwundung <-, -en> *f* wound

verwunschen *adj* enchanted

verwünschen* *vt* ① (*verfluchen*) ■ **jdn/etw** ~ to curse sb/sth; ■ **verwünscht, dass ...** cursed be the day ... ② LIT (*verzaubern*) ■ **jdn/etw** ~ to cast a spell on [*or* to bewitch] sb/sth

verwünscht *adj* cursed, confounded *dated fam*

Verwünschung <-, -en> *f* curse, oath *dated;* **~en ausstoßen** to utter curses [*or dated* oaths]

verwurzelt *adj* ① (*mit Wurzeln befestigt*) ■ **irgendwie** ~ somehow rooted; **gut/fest** ~ well-/firmly rooted ② (*fest eingebunden*) ■ **in etw** *dat* ~ **sein** to be [deeply] rooted [*or a. pej* entrenched] in sth

verwüsten* *vt* ■ **etw** ~ to devastate sth; **die Wohnung** ~ to wreck the flat [*or* AM apartment]; **das Land** ~ to ravage [*or* lay waste to] the land

Verwüstung <-, -en> *f meist pl* devastation *no art, no pl;* **die ~en des Krieges** the ravages of war; **~en anrichten** to cause devastation

verzagen* *vi sein o selten haben* (*geh*) to give up, to lose heart

verzagt I. *adj* despondent, disheartened II. *adv* despondently

verzählen* *vr* ■ **sich** ~ to miscount

verzahnen* *vt* ① TECH ■ **Teile** [**miteinander**] ~ to dovetail pieces [together]; **Maschinenteile** ~ to gear machinery ② (*fig: eng verbinden*) ■ **etw mit etw** *dat* ~ to link sth to sth; ***diese Probleme sind miteinander verzahnt*** these problems are all linked [together]

verzanken* *vr* (*fam*) ■ **sich** *akk* [**wegen etw** *dat*] ~ to fall out [*or* quarrel] [over sth]

verzapfen* *vt* ① (*fam o pej: schreiben*) ■ **etw** ~ to concoct sth; **ein kitschiges Gedicht** ~ to concoct a kitschy poem; (*erzählen*) to come out with sth; ***du verzapfst wieder mal nur Blödsinn!*** you're talking a load of rubbish again! ② (*verbinden*) **Bretter** ~ to mortise planks of wood ③ (*ausschenken*) **Bier** ~ to sell beer on draught [*or* AM *usu* draft]

verzärteln* *vt* (*pej*) ■ **jdn** ~ to pamper, to mollycoddle sb BRIT

verzaubern* *vt* ① (*verhexen*) ■ **jdn** ~ to put [*or* cast] a spell on sb; ■ **jdn in jdn/etw** ~ to turn sb into sb/sth ② (*betören*) ■ **jdn** ~ to enchant sb

verzehnfachen* I. *vt* (*auf das Zehnfache erhöhen*) ■ **etw** ~ to increase sth tenfold II. *vr* (*sich auf das Zehnfache erhöhen*) ■ **sich** *akk* ~ to increase tenfold

Verzehr <-[e]s> *m kein pl* (*geh*) consumption *form;* **nicht zum** ~ **geeignet** unfit for consumption

verzehren* I. *vt* ① ■ **etw** ~ (*geh: essen*) to consume sth *form* ② (*verbrauchen*) to use up sth II. *vr* (*geh*) ① (*intensiv verlangen*) ■ **sich** *akk* **nach jdm** ~ to pine for sb ② (*sich zermürben*) ■ **sich** *akk* **vor etw** *dat* ~ to be consumed by [*or* with] sth *form*

verzeichnen* *vt* ① (*aufführen*) ■ **etw** ~ to list sth; **etw ~ können** (*fig*) to be able to record sth; **einen Erfolg** ~ to score a success ② (*falsch zeichnen*) ■ **etw** ~ to draw sth wrongly

Verzeichnis <-ses, -se> *nt* list; (*Tabelle*) table; (*Computer*) directory

verzeigen* *vt* SCHWEIZ (*anzeigen*) to report sb [to the police]

verzeihen <verzieh, verziehen> I. *vt* (*vergeben*) ■ **etw** ~ to excuse sth; **ein Unrecht/eine Sünde** ~ to forgive an injustice/a sin; ■ **jdm etw** ~ to forgive sb sth, to excuse [*or* pardon] sb for sth II. *vi* (*vergeben*) to forgive sb; ***kannst du mir noch einmal ~?*** can you forgive me just this once?; ~ ***Sie!*** I beg your pardon!, AM *usu* excuse me!; ~ ***Sie, dass ich störe*** excuse me for interrupting; ~ ***Sie, wie komme ich am schnellsten zum Rathaus?*** excuse me, which is the quickest way to the town hall?

verzeihlich *adj* excusable, forgivable; ■ **etw ist nicht** ~ sth is inexcusable [*or* unforgivable]

Verzeihung <-> *f kein pl* (*geh: Vergebung*) forgiveness; [**jdn**] **um** ~ [**für etw** *akk*] **bitten** to apologize [to sb] [for sth]; ***ich bitte vielmals um ~!*** I'm terribly sorry; **~!** sorry!; **~, *darf ich mal hier vorbei?*** excuse me, may I get past?

verzerren* I. *vt* ① (*verziehen*) ■ **etw** [**vor etw** *dat*] ~ to distort sth; **das Gesicht** [**vor Schmerzen**] ~ to contort one's face [with pain]; ***Hass verzerrte seine Züge*** hatred distorted his features ② (*fig: etw entstellen*) ■ **etw** ~ to distort sth; ***dieser Artikel verzerrt die wahren Ereignisse*** this article distorts the true events ③ (*überdehnen*) ■ [**sich** *dat*] **etw** ~ to pull [*or* strain] sth; **sich eine Sehne/einen Muskel** ~ to strain a tendon/to pull a muscle ④ PHYS (*entstellt wiedergeben*) ■ **etw** ~ to distort sth; ***dieser Spiegel verzerrt die Gesichtszüge*** this mirror distorts features; ***der Anrufer hat seine Stimme technisch verzerrt*** the caller used a technology to distort his voice II. *vr* (*sich verziehen*) ■ **sich** *akk* [**zu etw** *dat*] ~ to become contorted [in sth]; ***die Züge ihrer Schwester verzerrten sich zu einer grässlichen Fratze*** her sister's features became contorted in a hideous grin

verzerrt <-er, -este> *adj* ① (*verzogen, verändert*) distorted; **ein ~es Gesicht** a contorted face; (*fig*) a distorted face ② *inv* MED (*durch zu starke Dehnung verletzt*) strained, pulled

Verzerrung *f* distortion

verzetteln* I. *vt* ■ **etw** ~ to waste sth; **Energie** ~ to dissipate energy; **Geld** ~ to fritter away money; **Zeit** ~ to waste time II. *vr* ■ **sich** *akk* [**bei/in/mit etw** *dat*] ~ to take on too much at once [when doing sth]; ***wenn du keinen Plan machst, verzettelst du dich in deiner Aufgabe*** if you don't make a plan you'll get bogged down in your task *fam*

Verzicht <-[e]s, -e> *m* renunciation (**auf** +*akk* of); *eines Amtes, auf Eigentum* relinquishment; ***man muss im Leben auch mal ~ üben*** there are times when you have to forego things in life; ***der ~ auf Alkohol fällt mir schwer*** I am finding it hard to give up alcohol; ***sie versuchten, ihn zum ~ auf sein Recht zu bewegen*** they tried to persuade him to renounce his rights

verzichten* *vi* to go without, to relinquish; **zu jds Gunsten** ~ to do without in favour [*or* AM -or] of sb; ***ich werde auf meinen Nachtisch ~*** I will go without dessert; ■ **auf etw** *akk* ~ to do without sth; **auf Alkohol/Zigaretten** ~ to abstain from drinking/smoking; **auf sein Recht** ~ to renounce one's right; **auf die Anwendung von Gewalt** ~ to renounce the use of violence; ***ich verzichte auf meinen Anteil*** I'll do without my share; ***ich möchte im Urlaub auf nichts ~*** on holiday I don't want to miss out on anything; **ich verzichte dankend** (*iron*) I'd rather not; **auf jdn/etw** [**nicht**] ~ **können** to [not] be able to do without sb/sth; ***wir können nicht auf diese Mitarbeiter verzichten*** we can't do without these employees; ***auf dein Mitgefühl kann ich ~*** I can do without your sympathy

Verzichtklausel *f* JUR waiver [*or* disclaimer] clause

Verzicht(s)erklärung *f* JUR waiver, disclaimer

verzieh *imp von* **verzeihen**

verziehen*[1] *irreg* I. *vi sein* (*umziehen*) to move

[somewhere]; ***sie ist schon lange verzogen*** she moved a long time ago; ***er ist ins Ausland verzogen*** he moved abroad; **unbekannt verzogen** (*geh*) moved — address unknown **II.** *vr haben* (*fam: verschwinden*) ■ **sich** *akk* ~ to disappear; *Nebel, Wolken* to disperse; ***verzieh dich!*** clear off!; ***sie verzogen sich in eine stille Ecke*** they went off to a quiet corner; ***das Gewitter verzieht sich*** the storm is passing

verziehen*[2] *irreg* **I.** *vt* ❶ (*verzerren*) ■ **etw** ~ to twist sth, to screw up sth *sep;* ***sie verzog ihren Mund zu einem gezwungenen Lächeln*** she twisted her mouth into a contrived smile; **das Gesicht** [**vor Schmerz**] ~ to pull a face [*or* to grimace] [with pain] ❷ (*schlecht erziehen*) to bring up badly; **ein Kind** ~ to bring up a child badly; **ein verzogener Bengel** a spoilt [*or* AM -ed] brat; *s. a.* **Miene II.** *vr* ■ **sich** *akk* ~ ❶ (*verzerren*) to contort, to twist; ***sein Gesicht verzog sich zu einer Grimasse*** he grimaced ❷ (*verformen*) to go out of shape; ***die Schublade hat sich verzogen*** the drawer has warped; ***der Pullover hat sich beim Waschen verzogen*** the pullover has lost its shape in the wash

verziehen[3] *pp von* **verzeihen**

verzieren* *vt* ■ **etw** [**mit etw** *dat*] ~ to decorate sth [with sth]

Verzierung <-, -en> *f* decoration; (*an Gebäuden*) ornamentation; ***die Salatblätter sind nur als ~ gedacht*** the lettuce leaves are only intended to be a garnish; **zur ~** [**einer S.** *gen*] **dienen** to serve as a decoration [*or* ornamentation] [of a thing] ▶ WENDUNGEN: **brich dir** [**nur/bloß**] **keine ~en ab!** (*fam*) stop making such a fuss [*or* song and dance]! *fam*

verzinsen* **I.** *vt* (*für etw Zinsen zahlen*) ■ [**jdm**] **etw** ~ to pay [sb] interest on sth; ***Sparbücher werden niedrig verzinst*** savings books yield a low rate of interest; ***die Bank verzinst dein Erspartes mit 3 Prozent*** the bank pays three percent on your savings **II.** *vr* (*Zinsen erwirtschaften*) ■ **sich** *akk* **mit etw** *dat* ~ to bear [*or* yield] a certain rate of interest; ***ihre längerfristigen Einlagen ~ sich mit 7%*** her longer-term investments bear a 7 % rate of interest

verzinslich **I.** *adj* interest-bearing; **~es Darlehen** a loan bearing interest; ■ [**mit etw** *dat*] **~ sein** bearing interest [at a rate of sth]; ***das Sparbuch war mit 3,25% ~*** the savings book yielded an interest rate of 3.25 % **II.** *adv* at interest; ***die monatlich ersparten Beträge legen wir ~ an*** we invest the monthly amounts saved at interest

Verzinsung <-, -en> *f* payment of interest; ***5,85% sind für deine Anlage keine gute ~*** 5.85 % is not a good return on your investment

verzocken *vt* (*sl*) ■ **etw** ~ to gamble away sth *sep*

verzogen *adj* badly brought up; ***die Kinder unserer Nachbarn sind völlig ~*** our neighbour's children are completely spoilt

verzögern* **I.** *vt* ❶ (*später erfolgen lassen*) ■ **etw** [**um etw** *akk*] ~ to delay sth [by sth]; ***ich habe sie gebeten, ihre Ankunft um ein paar Stunden zu ~*** I have asked them to delay their arrival by a few hours; ***das schlechte Wetter verzögerte den Abflug um eine Stunde*** bad weather delayed the flight by an hour ❷ (*verlangsamen*) to slow down; **das Spiel ~** to slow down the game **II.** *vr* (*später erfolgen*) ■ **sich** *akk* [**um etw** *akk*] ~ to be delayed [by sth]; ***die Abfahrt des Zuges verzögerte sich um circa fünf Minuten*** the departure of the train was delayed by about five minutes

Verzögerung <-, -en> *f* delay, hold-up *fam;* (*Verlangsamung*) slowing down; ***die ~ eines Angriffs wäre fatal*** delaying an attack would be fatal

Verzögerungstaktik *f* delaying tactics *pl*

verzollen* *vt* ■ **etw** ~ to pay duty on sth; ***haben Sie etwas zu ~?*** have you anything to declare?

verzückt **I.** *adj* (*geh*) ecstatic, enraptured **II.** *adv* (*geh*) ecstatically

Verzückung <-, -en> *f* (*geh*) ecstacy; [**über etw** *akk*] **in ~ geraten** to go into raptures *pl* [about/over sth]

Verzug <-[e]s> *m kein pl* delay; ***die Sache duldet keinen ~*** this is an urgent matter; **etw** *akk* **ohne ~ ausführen** to do [*or* carry out *sep*] sth immediately; **sich** *akk* [**mit etw** *dat*] **in ~ befinden** [*o* **sein**] to be behind [with sth]; [**mit etw** *dat*] **in ~ geraten** [*o* **kommen**] to fall/be behind [with sth]; **mit einer Bezahlung in ~ geraten/sein** to fall into/be in arrears on [*or* with] a payment; **jdn in ~ setzen** JUR to put sb in default; **ohne ~** without delay; *s. a.* **Gefahr**

Verzugszinsen *pl* interest *nsing* on arrears

verzweifeln* *vi sein* (*völlig verzagen*) to despair; [**nur**] **nicht ~!** don't despair!; ■ **an jdm ~** to despair of sb; ***an den Politikern bin ich schon lange verzweifelt*** I have despaired of politicians for a long time; ***es ist zum V~ mit dir!*** you drive me to despair; ***es ist zum V~ mit diesem Projekt!*** this project makes you despair!

verzweifelt **I.** *adj* ❶ (*völlig verzagt*) despairing; **ein ~es Gesicht machen** to look despairingly; **ein ~er Zustand** a desperate state; ■ **~ sein** to be in despair; ***ich bin völlig ~*** I'm at my wits' end ❷ (*hoffnungslos*) desperate; **eine ~e Lage** [*o* **Situation**] a desperate situation ❸ (*mit aller Kraft*) desperate; **ein ~er Kampf ums Überleben** a desperate struggle for survival **II.** *adv* (*völlig verzagt*) despairingly; ***sie rief ~ nach ihrer Mutter*** she called out desperately for her mother

Verzweiflung <-> *f kein pl* (*Gemütszustand*) despair; (*Ratlosigkeit*) desperation; **in ~ geraten** to despair; **jdn zur ~ bringen** [*o* **treiben**] to drive sb to despair; **etw** *akk* **aus/vor/in ~ tun** to do sth out of desperation

Verzweiflungstat *f* act of desperation

verzweigen* *vr* ■ **sich** *akk* ~ to branch out; *Straße* to branch off

verzweigt *adj* branched, having many branches; ***wir sind eine weit verzweigte Familie*** we belong to a large, extended family; ***ihr Vertriebsnetz besteht aus einem international ~en System*** their sales network comprises a system that has many international branches

Verzweigung <-, -en> *f* ❶ (*verzweigtes Astwerk*) branches *pl;* (*verzweigter Teil*) fork; ***durch die vielen ~en wird der Plan sehr unübersichtlich*** the plan is becoming very confused thanks to all the ramifications ❷ (*weite Ausbreitung*) intricate network ❸ SCHWEIZ (*Kreuzung*) crossroads *sing o pl,* intersection AM

verzwickt *adj* (*fam*) complicated, tricky *fam*

Vesper[1] <-, -n> *f* REL vespers *npl;* **~ halten** to celebrate vespers; **zur ~ gehen** to go to vespers

Vesper[2] <-s, -> *f o nt* DIAL snack; **~ machen** to have a snack; **etw** *akk* **zur ~ essen** to have a snack

vespern *vi* DIAL to have a snack

Veteran <-en, -en> [ve-] *m* ❶ (*altgedienter Soldat*) veteran ❷ AUTO *s.* **Oldtimer**

Veterinär(in) <-s, -e> [ve-] *m(f)* (*fachspr*) vet *fam,* veterinary surgeon BRIT, veterinarian AM

Veterinärmedizin [ve-] *f* veterinary medicine

Veto <-s, -s> ['ve:-] *nt* (*Einspruch*) veto; [**gegen etw** *akk*] **sein ~ einlegen** to exercise [*or* use] one's veto [against sth]; (*Vetorecht*) veto; **von seinem ~ Gebrauch machen** to exercise one's right to veto

Vetorecht ['ve:-] *nt* right of veto

Vetter <-s, -n> *m* cousin

Vetternwirtschaft *f kein pl* (*fam*) nepotism *no pl*

V-Form ['fau-] *f* V-shape; ■ **in ~** in a V-shape

v-förmig *adj*, **V-förmig** *adj* V-shaped

V-Frau *f fem form von* **Verbindungsmann**

vgl. *interj Abk von* **vergleiche** cf.

v.H. *Abk von* **vom Hundert** per cent

VHS <-> [fauha:'ʔɛs] *f Abk von* **Volkshochschule**

via ['vi:a] *präp +akk (geh)* ① *(über)* via; ***wir fahren ~ Köln*** we're travelling via Cologne ② *(durch)* by; ***das muss ~ Anordnung geregelt werden*** that must be settled by an order

Viadukt <-[e]s, -e> [via-] *m o nt* viaduct

Vibration <-, -en> [vi-] *f* vibration

Vibrator <-s, -toren> [vi-] *m* vibrator

vibrieren* [vi-] *vi* to vibrate; *Stimme* to quiver, to tremble

Video <-s, -s> ['vi:-] *nt* ① *(Videoclip, Videofilm)* video ② *kein pl (Medium)* video *no pl;* **etw** *akk* **auf ~ aufnehmen** to video sth, to record sth on video; ***~ kann das Kinoerlebnis nicht ersetzen*** video cannot replace going to the cinema

Videoaufnahme ['vi:-] *f* video recording **Videoband** *nt* videotape **Videoclip** <-s, -s> *m* video clip **Videodisc** <-, -s> *f* INFORM videodisc **Videofilm** *m* video film **Videofilmer(in)** *m(f)* video film maker **Videogerät** *nt s.* **Videorecorder** **Videokabel** *nt* video cable **Videokamera** *f* video camera **Videokassette** *f* video cassette; **etw** *akk* **auf ~ haben** to have sth on video **Videokonferenz** *f* video conference **Videokünstler(in)** *m(f)* video artist **Videoprint** <-s, -s> *m* video print **Videoprinter** <-s, -> *m* video printer **Videorekorder** <-s, -> *m,* **Videorecorder** <-s, -> *m* video [recorder], AM *usu* VCR **Videospiel** *nt* video game **Videotelefon** *nt* videophone **Videotext** *m kein pl* teletext *no pl*

Videothek <-, -en> [vi-] *f* video shop [*or* AM *usu* store]; *(Sammlung)* video library

Videothekar(in) <-s, -e> [vi-] *m(f) (selten)* video shop [*or* AM *usu* store] owner

Videoüberwachung *f* monitoring by closed circuit TV

Viech <-[e]s, -er> *nt (pej fam)* creature

Vieh <-[e]s> *nt kein pl* ① AGR livestock; *(Rinder)* cattle; **20 Stück ~** twenty head of cattle; **das ~ füttern** to feed the livestock; **jdn wie ein Stück ~ behandeln** *(fam)* to treat sb like dirt *fam* ② *(fam: Tier)* animal, beast ③ *(pej fam: bestialischer Mensch)* swine *pej fam*

Viehbestand *m* livestock **Viehfutter** *nt* cattle feed [*or* fodder]

viehisch I. *adj* ① *(pej: menschenunwürdig)* terrible; ***hier herrschen ~e Zustände*** the conditions here are terrible ② *(pej: grob bäurisch)* coarse; ***er hat wirklich ~e Manieren*** he has really coarse manners II. *adv* ① *(höllisch)* terribly; ***so eine Brandwunde kann ~ weh tun*** a burn like that can hurt terribly ② *(pej: bestialisch)* coarsely; **jdn ~ quälen** to torture sb brutally [*or* cruelly]

Viehmarkt *m* cattle market **Viehwaggon** *m* cattle truck **Viehzeug** *nt (fam)* ① *(Kleinvieh)* animals *pl,* stock ② *(pej: lästige Tiere)* creatures *pl; (lästiges Insekten)* creepy-crawlies *pl* BRIT, bugs *pl* AM **Viehzucht** *f* cattle [*or* livestock] breeding **Viehzüchter(in)** *m(f)* cattle [*or* livestock] breeder

viel I. *adj* <mehr, meiste> ① *sing, adjektivisch, inv (eine Menge von etw)* a lot of, a great deal of; ***für so ein Hobby braucht man ~ Geld*** for a hobby like that you need a lot of money; ***~ Erfolg!*** good luck!, I wish you every success!; ***~ Spaß!*** enjoy yourself/yourselves!, have fun! ② *sing, mit Artikel, Possessivpronomen* ■ **der/die/das ~e ...** all this/that; ***das ~e Essen über die Weihnachtstage ist mir nicht bekommen*** all that food over Christmas hasn't done me any good; ***der ~e Ärger lässt mich nicht mehr schlafen*** I can't get to sleep with all this trouble; ***er wusste nicht mehr, wo er sein ~es Geld noch anlegen sollte*** he didn't know where to invest all his money; ***ich weiß nicht, wie ich meine ~e Arbeit erledigen soll*** I don't know how I'm going to finish all my work ③ *substantivisch (eine Menge)* a lot, a great deal, much; ***ich habe zu ~ zu tun*** I have too much to do; ***obwohl er ~ weiß, prahlt er nicht damit*** although he knows a lot, he doesn't brag about it; ***von dem Plan halte ich, offen gestanden, nicht ~*** frankly, I don't think much of the plan; ***das hat nicht ~ zu bedeuten*** that doesn't mean much ④ *sing, substantivisch* ■ **~es** a lot, a great deal, much; ***sie weiß ~es*** she knows a lot [*or* a great deal]; ***ich habe meiner Frau ~es zu verdanken*** I have to thank my wife for a lot; ***~es, was du da sagst, trifft natürlich zu*** a lot [*or* much] of what you say is correct; ***~es Unangenehme lässt sich nicht vermeiden*** many unpleasant things cannot be avoided; ***in ~em hast du Recht*** in many respects you're right; ***mit ~em, was er vorschlägt, bin ich einverstanden*** I agree with many of the things he suggests; ***mein Mann ist um ~es jünger als ich*** my husband is much younger than me; ***schöner ist dieser Lederkoffer natürlich, aber auch um ~es teurer*** this leather suitcase is nicer, of course, but a lot more expensive ⑤ *pl, adjektivisch (eine Menge von Dingen)* ■ **~e** a lot of, a great number of, many; **und ~e andere** and many others; ***unglaublich ~e Heuschrecken fraßen die Ernte*** an unbelievable number of grasshoppers ate the harvested crops; ***~e deiner Bücher kenne ich schon*** I know many of your books already; ***wir haben gleich ~e Dienstjahre*** we've been working here for the same number of years ⑥ + *pl, substantivisch (eine große Anzahl von Menschen)* ■ **~e** a lot, many; ***diese Ansicht wird immer noch von ~en vertreten*** this view is still held by many people; *(eine große Anzahl von Dingen)* a lot; ***es sind noch einige Fehler in dem Text, aber ~e haben wir bereits verbessert*** there are still some errors in the text, but we've already corrected a lot II. *adv* <mehr, am meisten> ① *(häufig)* a lot; **~ ins Kino gehen** to go to the cinema frequently; ***im Sommer halten wir uns ~ im Garten auf*** we spend a lot of time in the garden in summer; ***früher hat sie ihre Mutter immer ~ besucht*** she always used to visit her mother a lot; **~ diskutiert** *Thema,Problem* much discussed; **~ gekauft** *Produkt* popular; **~ geliebt** *(veraltend)* much-loved; **eine ~ gestellte Frage** a question that comes up frequently; **ein ~ gereister Mann** a man who has travelled a great deal; **eine ~ befahrene Straße** a [very] busy street; **ein ~ gefragtes Model** a model that is in great demand ② *(wesentlich)* a lot; ***woanders ist es nicht ~ anders als bei uns*** there's not a lot of difference between where we live and somewhere else; ***mit dem Flugzeug wäre die Reise ~ kürzer*** the journey time would be far shorter by plane; ***die Mütze ist für das Kind ~ zu groß*** the cap is far too big for the child

vieldeutig *adj* ambiguous

Vieldeutigkeit <-> *f kein pl* ambiguity

Vieleck *nt* polygon **vieleckig** *adj* polygonal

vielerlei *adj inv* ① *(viele verschiedene)* all kinds [*or* sorts] of, many different; ***wir führen ~ Sorten Käse*** we stock all kinds of cheese ② *substantivisch (eine Menge von Dingen)* all kinds [*or* sorts] of things; ***sie hatte ~ zu erzählen, als sie zurückkam*** she had all sorts of things to tell us when she returned

vielerorts *adv* in many places

vielfach I. *adj* ① *(mehrere Male so groß)* many times; **die ~e Menge [von etw** *dat*] many times that

V

amount [of sth]; ***der Jupiter hat einen ~en Erdumfang*** the circumference of Jupiter is many times that of the Earth ② (*mehrfach*) multiple; **ein ~er Millionär** a multimillionaire; ***die Regierung ist in ~er Hinsicht schuld*** in many respects the government is at fault; *s. a.* **Wunsch II.** *adv* (*häufig*) frequently, in many cases; ***seine Voraussagen treffen ~ ein*** his predictions frequently come true; (*mehrfach*) many times; ***er zog einen ~ gefalteten Brief hervor*** he pulled out a letter that had been folded many times

Vielfache(s) *nt decl wie adj* ■ **das ~/ein ~s** [**von etw** *dat*] many times sth; *Mathematik* multiple; ***für eine echte Antiquität müssten Sie das ~ von dem Preis bezahlen*** you would have to pay many times that price for a genuine antique; **um ein ~s** many times over; ***nach der Renovierung war das Wohnhaus um ein ~s schöner*** after the house had been renovated it looked a lot better

Vielfahrer(in) *m(f) person who travels a lot by car/train;* ***~ achten besonders auf den Komfort ihres Wagens*** people who use their cars a lot pay particular attention to comfort; ***für ~ rentiert sich der Kauf einer Bahncard*** for people who travel a lot by train it's worthwhile buying a rail card

Vielfalt <-> *f* diversity, [great] variety; ■ **eine ~ an** [*o* **von**] **etw** *dat* a variety of sth

vielfältig *adj* diverse, varied

Vielfältigkeit <-> *f kein pl s.* **Vielfalt**

vielfarbig *adj* multicoloured [*or* AM -ored] **Vielflieger(in)** *m(f)* frequent flier [*or* flyer] **Vielfraß** <-es, -e> *m* ① (*fam: verfressener Mensch*) glutton; ***du ~!*** you greedy guts! ② (*Raubtierart*) wolverine

vielköpfig *adj* (*fam*) large; **eine ~e Familie** a large family

vielleicht I. *adv* ① (*eventuell*) perhaps, maybe; ■ **~, dass ...** it could be that ...; ***~, dass ich mich geirrt habe*** perhaps I'm mistaken ② (*ungefähr*) about; ***der Täter war ~ 30 Jahre alt*** the perpetrator was about 30 years old II. *pron* ① (*fam: bitte* [*mahnend*]) please; ***würdest du mich ~ einmal ausreden lassen?*** would you please let me finish [what I was saying] for once? ② (*fam: etwa*) by any chance; ***erwarten Sie ~, dass ausgerechnet ich Ihnen das Geld gebe?*** you don't, by any chance, expect me of all people to give you the money?; ***bin ich ~ Jesus?*** who do you suppose I am, the Almighty?; ***wollen Sie mich ~ provozieren?*** surely you're not trying to provoke me, are you? ③ (*fam: wirklich*) really; ***du bist mir ~ ein Blödmann!*** you really are a stupid idiot!; ***du erzählst ~ einen Quatsch*** you're talking rubbish

vielmals *adv* ① (*sehr*) ***danke ~!*** thank you very much; ***entschuldigen Sie ~ die Störung*** I do apologize for disturbing you; *s. a.* **Entschuldigung** ② (*selten: oft*) many times

vielmehr *adv* (*im Gegenteil*) rather; ***ich bin ~ der Meinung, dass du richtig gehandelt hast*** I rather think that you did the right thing; (*genauer gesagt*) just; ***es war schlimm, ~ grauenhaft*** it was bad, even terrible

Vielschreiber(in) *m(f)* (*pej*) prolific writer

vielseitig I. *adj* ① (*in vielerlei Hinsicht tätig*) versatile; ***er hat ein ~es Talent*** he has various talents *pl;* (*viele Gebiete umfassend*) varied; **ein ~es Freizeitangebot** a varied range of leisure activities; (*viele Verwendungsmöglichkeiten bietend*) versatile; ***eine moderne Küchenmaschine ist ein sehr ~es Gerät*** a modern food processor is a very versatile appliance ② (*vielfach*) many; **auf ~en Wunsch** by popular request II. *adv* ① (*in vieler Hinsicht*) widely; ***er war ~ gebildet*** he had a very broad education; ***Journalisten müssen ~ interessiert sein*** journalists must be interested in a variety of things ② (*in verschiedener Weise*) having a variety of...; ***eine Küchenmaschine ist ~ anwendbar*** a food processor has a variety of applications

vielsprachig *adj* multilingual **vielstimmig** *adj attr* of many voices; **ein ~er Chor** a choir of many voices; **ein ~er Gesang** a song for many voices **Vielvölkerstaat** *m* multiracial state **Vielweiberei** <-> *f kein pl* polygamy *no pl* **Vielzahl** *f kein pl* ■ **eine ~ von etw** a multitude [*or* large number] of sth; ***in den Bergen gibt es eine ~ verschiedener Kräuter*** in the mountains there is a large number of different herbs **Vielzweckreiniger** *m* multi-purpose cleaner

vier *adj* four; *s. a.* **acht**[1] ▸ WENDUNGEN: **ein Gespräch unter ~ Augen führen** to have a private conversation [*or* tête-à-tête]; **sich auf seine ~ Buchstaben setzen** to sit oneself down, to plant oneself AM *fam;* **in den eigenen ~ Wänden wohnen** to live within one's own four walls; *s. a.* **Augen, Wand**

Vier <-, -en> *f* ① (*Zahl*) four ② KARTEN four; *s. a.* **Acht**[1] **4** ③ (*auf Würfel*) **eine ~ würfeln** to roll a four ④ (*Zeugnisnote*) ***er hat in Deutsch eine ~*** he got a D in German ⑤ (*Verkehrslinie*) ■ **die ~** the [number] four ▸ WENDUNGEN: **alle ~e von sich strecken** (*fam*) to stretch out; *Tier* to give up the ghost; **auf allen ~en** (*fam*) on all fours

vierarmig *adj* with four arms **Vieraugengespräch** *nt* (*fam*) private discussion **vierbändig** *adj* four-volume *attr* **Vierbeiner** <-s, -> *m* four-legged friend *hum* **vierbeinig** *adj* four-legged **vierblätt(e)rig** *adj* four-leaf *attr,* four-leaved; **~es Kleeblatt** a four-leaved clover **vierdimensional** *adj* four-dimensional *attr,* four dimensional *pred* **Viereck** *nt* four-sided figure; MATH quadrilateral **viereckig** *adj* rectangular

viereinhalb *adj* four and a half; *s. a.* **anderthalb**

Vierer <-s, -> *m* ① (*Ruderboot mit 4 Ruderern*) four ② (*fam: vier richtige Gewinnzahlen*) four winning numbers ③ SCH (*fam: Zeugnisnote*) D ④ SPORT foursome

Viererbob *m* four-man bob

viererlei *adj inv, attr* four [different]; *s. a.* **achterlei**

Viererreihe *f* row of four

vierfach, 4fach I. *adj* fourfold; **in ~er Ausführung** four copies of; **die ~e Menge** four times the amount II. *adv* fourfold, four times over

Vierfache, 4fache *nt decl wie adj* four times the amount; *s. a.* **Achtfache**

Vierfarbendruck <-drucke> *m* ① *kein pl* (*Verfahren*) four-colour [*or* AM -or] printing *no pl* ② (*gedruckte Darstellung*) four-colour [*or* AM -or] print **Vierfüßer** <-s, -> *m* quadruped **vierfüßig** *adj* ① (*vier Füße habend*) four-legged; ■ **etw ist ~** sth has four legs ② LIT (*vier Hebungen aufweisend*) tetrameter **Vierganggetriebe** *nt* four-speed transmission [*or* BRIT gearbox] **viergeschossig** I. *adj* four-storey [*or* AM -story] *attr,* four-storeyed [*or* AM -storied] II. *adv* with four storeys [*or* AM stories] **vierhändig** I. *adj* MUS four-handed II. *adv* MUS as a duet

vierhundert *adj* four hundred; *s. a.* **hundert**

vierhundertjährig *adj* four hundred-year-old *attr;* **~es Bestehen** four hundred years of existence.

vierjährig, 4-jährig[RR] *adj* ① (*Alter*) four-year-old *attr,* four years old *pred; s. a.* **achtjährig 1** ② (*Zeitspanne*) four-year *attr; s. a.* **achtjährig 2**

Vierjährige(r), 4-Jährige(r)[RR] *f(m) decl wie adj* four-year-old

vierkantig *adj* square **Vierkantschlüssel** *m* square spanner **vierköpfig** *adj* four-person *attr; s. a.* **achtköpfig**

Vierling <-s, -e> *m* quadruplet, quad *fam*

viermal, 4-mal[RR] *adv* four times; *s. a.* **achtmal**

viermalig *adj* four times over; *s. a.* **achtmalig**

Viermaster <-s, -> *m* NAUT four-master **viermotorig** *adj* four-engined **Vierradantrieb** *m* four-wheel drive **vierräd(e)rig** *adj* four-wheel *attr,* four-wheeled

vierschrötig *adj* burly, stocky

vierseitig *adj* ① *(vier Seiten umfassend)* four-page *attr,* four pages *pred* ② MATH four-sided **Viersitzer** <-s, -> *m* four-seater **viersitzig** *adj* four-seater *attr,* with four seats **vierspaltig** *adj* four-column *attr;* ■ ~ **sein** to have four columns **vierspurig** **I.** *adj* four-lane *attr;* ■ ~ **sein** to have four lanes **II.** *adv* to four lanes; ***die Umgehungsstraße wird in Kürze ~ ausgebaut*** the by-pass will shortly be widened to four lanes **vierstellig** *adj* four-figure *attr;* **eine ~e Zahl** a four-figure number; ■ ~ **sein** to be four figures; ***sicher ist ihr Honorar ~*** her fee is certainly four figures **vierstimmig** *adj* MUS four-part *attr;* **ein ~es Lied** a song for four voices **vierstöckig** *adj* four-storey [*or* AM -story] *attr,* with four storeys **vierstrahlig** *adj* four-engined **vierstrophig** *adj* four-verse *attr;* ■ ~ **sein** to have four verses **vierstündig, 4-stündig**[RR] *adj* four-hour *attr; s. a.* **achtstündig** **vierstündlich** **I.** *adj attr* four-hourly; **eine ~e Kontrolle** a four-hourly inspection **II.** *adv* every four hours

viert *adv* **zu ~ sein** to be a party of four; ***wir waren zu ~*** there were four of us

Viertagewoche *f* four-day week **viertägig, 4-tägig**[RR] *adj* four-day *attr*

viertausend *adj* ① *(Zahl)* four thousand; *s. a.* **tausend 1** ② *(fam: 4000 DM)* four grand *no pl,* four thou *no pl sl,* four G's [*or* K's] *no pl* AM *sl*

Viertausender <-s, -> *m* mountain over 4,000 metres [*or* AM meters]

vierte(r, s) *adj* ① *(nach dem dritten kommend)* fourth; **die ~e Klasse** the fourth class [*or* AM grade] *(class for 9–10 year olds); s. a.* **achte(r, s) 1** ② *(Datum)* 4th; *s. a.* **achte(r, s) 2**

Vierte(r) *f(m) decl wie adj* ① *(Person)* fourth; *s. a.* **Achte(r) 1** ② *(bei Datumsangabe)* ■ **der ~** [*o geschrieben* **der 4.**] the fourth *spoken,* the 4th *written; s. a.* **Achte(r) 2** ③ *(Namenszusatz)* **Karl der ~** [*o geschrieben* **Karl IV.**] Charles the Fourth *spoken,* Charles IV *written*

vierteilen *vt* ■ **jdn ~** HIST to quarter sb

Vierteiler *m* four-part film

vierteilig, 4-teilig[RR] *adj Film* four-part; *Besteck* four-piece

viertel ['fɪrtl] *adj* quarter; **drei ~** three-quarters; **drei ~ Stunden** three-quarters of an hour; **drei ~ ...** SÜDD, ÖSTERR *(Uhrzeit)* quarter to ..., quarter before [*or* of] ... AM; ***es ist drei ~ drei*** it's quarter to three BRIT, it's a quarter before [*or* of] three AM, it's 2:45

Viertel[1] <-s, -> ['fɪrtl] *nt* district, quarter

Viertel[2] <-s, -> *nt o* SCHWEIZ *m* ① *(der vierte Teil)* quarter; **im ersten ~ des 20.Jahrhunderts** in the first quarter of the twentieth century; **ein ~ der Bevölkerung** a quarter of the population ② MATH quarter ③ *(fam: Viertelpfund)* quarter; ***ich nehme von den Krabben auch noch ein ~*** I'll have a quarter of shrimps as well, please ④ *(0,25 Liter [Wein])* a quarter of a litre [*or* AM liter] [of wine]; *s. a.* **Achtel** ⑤ *(15 Minuten)* ■ ~ **vor/nach** [**etw** *dat*] [a] quarter to/past [*or* AM *a.* after] [sth]; **akademisches ~** *lecture/lesson begins a quarter of an hour later than the time stated* ⑥ KOCHK lamb quarter

Vierteldrehung *f* quarter-turn **Viertelfinale** *nt* quarterfinal **Vierteljahr** *nt* quarter of the year; ***die Krise dauerte ein ~*** the crisis lasted three months **Vierteljahrhundert** *nt* quarter of a century **vierteljährig** *adj attr* three-month; **ein ~er Aufenthalt** a three-month stay **vierteljährlich** **I.** *adj* quarterly **II.** *adv* quarterly, every quarter; ***die Abrechnung der Provisionen erfolgt einmal ~*** calculation of commission takes place once every three months; ***die Inspektion wird regelmäßig ~ durchgeführt*** the inspection is conducted regularly on a quarterly basis **Viertelliter** *m o nt* quarter of a litre [*or* AM liter]

vierteln *vt* ■ **etw ~** to divide sth into quarters; **Tomaten ~** to cut tomatoes into quarters

Viertelnote *f* MUS crotchet **Viertelpause** *f* crotchet rest **Viertelpfund** *nt* quarter of a pound; ***geben Sie mir bitte ein ~ Salami*** please give me a quarter of [a pound of] Salami **Viertelstunde** *f* quarter of an hour; **vor einer ~** a quarter of an hour ago **viertelstündig** *adj attr* lasting [*or* of] a quarter of an hour; ***eine ~e Verspätung ist nichts Außergewöhnliches*** a delay of a quarter of an hour is nothing unusual **viertelstündlich** **I.** *adj attr* quarter-hour, of a quarter of an hour; ***die Wehen kamen jetzt in ~en Abständen*** the contractions were now coming at 15-minute intervals **II.** *adv* every quarter of an hour, quarter-hourly; ***die Linie 16 fährt ~ vom Bahnhof ab*** the number 16 leaves quarter-hourly from the station; ***ab 17 Uhr verkehrt diese S-Bahn nur noch ~*** this train only runs every quarter of an hour after 5 p.m. **Viertelton** *m* quarter tone

viertens *adv* fourth[ly], in the fourth place

Viertonner <-s, -> *m* four-tonner, four-ton truck **Viertürer** <-s, -> *m* four-door model; ***das Modell kann als Zweitürer oder als ~ geliefert werden*** the car can be supplied as a two or four-door model **viertürig** *adj* four-door *attr;* ■ ~ **sein** to have four doors

Viervierteltakt [-'fɪrtl-] *m* four-four [*or* common] time

Vierwaldstätter See *m kein pl* ■ **der ~** Lake Lucerne

vierwertig *adj* CHEM quadrivalent, tetravalent **vierwöchentlich** *adj* every four weeks; **im ~en Wechsel arbeiten** to work four-week shifts **vierwöchig** *adj* four-week *attr;* ***die Reparaturarbeiten werden von ~er Dauer sein*** *(geh)* the repair work will last four weeks

vierzehn ['fɪrtse:n] *adj* fourteen; **~ Tage** a fortnight *esp* BRIT; *s. a.* **acht**[1]

vierzehntägig ['fɪrtse:n-] *adj* two-week *attr;* **eine ~e Reise** a two-week journey **vierzehntäglich** **I.** *adj* every two weeks, *esp* BRIT every fortnight; ***diese Probleme besprechen wir auf unserer ~en Konferenz*** we discuss these problems during our fortnightly conference **II.** *adv* every two weeks, *esp* BRIT fortnightly

vierzehnte(r, s) *adj* fourteenth; *s. a.* **achte(r, s)**

Vierzeiler <-s, -> *m* four-line stanza; *(Gedicht)* quatrain; ***bei jeder Gelegenheit trug er seine ~ vor*** he recited his four-line poems whenever he had the opportunity

vierzeilig *adj* four-line *attr;* **ein ~es Gedicht** a four-line poem; ■ ~ **sein** to be four lines long; ***die Mitteilung war nur ~*** the message was only four lines

vierzig ['fɪrtsɪç] *adj* ① *(Zahl)* forty; *s. a.* **achtzig 1** ② *(fam: Stundenkilometer)* forty [kilometres [*or* AM -meters] an hour]; *s. a.* **achtzig 2**

Vierzig ['fɪrtsɪç] *f* forty

vierziger *adj,* **40er** ['fɪrtsɪgɐ] *adj attr inv* the forties, the 40s

Vierziger[1] <-s, -> ['fɪrtsɪgɐ] *m (Wein von 1940)* a 1940 vintage

Vierziger[2] ['fɪrtsɪgɐ] *pl* **in den ~n sein** to be in one's forties

Vierziger(in) <-s, -> *m(f) a person in his/her forties*

Vierzigerjahre ['fɪrtsɪgɐ-] *pl* ■ **die ~** the forties

vierzigjährig ['fɪrtsɪç-], **40-jährig**[RR] *adj attr* ① *(Alter)* forty-year-old *attr,* forty years old *pred* ② *(Zeitspanne)* forty-year *attr*

Vierzigjährige(r) ['vɪrtsɪç-], **40-Jährige(r)** RR *f(m) decl wie adj* forty-year-old
vierzigste(r, s) *adj* fortieth; *s. a.* **achte(r, s)**
Vierzigstundenwoche [fɪrtsɪg-] *f* 40-hour week
Vierzimmerwohnung *f* four-room flat [*or* AM apartment] **Vierzylindermotor** *m* four-cylinder engine **vierzylindrig** *adj* four-cylinder *attr*
Vietcong <-s, -[s]> [viɛt'kɔŋ] *m* HIST ❶ *kein pl* (*Guerillabewegung*) ■ **der** ~ the Vietcong *no pl* ❷ (*Mitglied des ~ 1*) Vietcong
Vietnam <-s> [viɛt'nam] *nt* Vietnam; *s. a.* **Deutschland**
Vietnamese, **Vietnamesin** <-n, -n> [viɛtna'me:zə] *m, f* Vietnamese; *s. a.* **Deutsche(r)**
vietnamesisch [viɛtna'me:zɪʃ] *adj* Vietnamese; *s. a.* **deutsch 1, 2**
Vietnamesisch *nt decl wie adj* Vietnamese; *s. a.* **Deutsch**
Vietnamesische <-n> *nt* ■ **das** ~ Vietnamese, the Vietnamese language; *s. a.* **Deutsche**
Vigilantentum <-s> *nt kein pl* (*selten*) vigilance
Vignette <-, -n> [vɪn'jɛtə] *f* ❶ KUNST (*Titelblattornament*) vignette ❷ TRANSP (*Gebührenmarke*) *sticker showing fees paid*
Vikar(in) <-s, -e> [vi-] *m(f)* curate
Viktoriasee *m* Lake Victoria
Villa <-, Villen> ['vɪla] *f* villa
Villenviertel ['vɪlənfɪrtl] *nt exclusive residential area with many mansions*
Vincenter(in) <-s, -> [-'sɛn-] *m(f)* [St] Vincentian; *s. a.* **Deutsche(r)**
vincentisch *adj* [St] Vincentian; *s. a.* **deutsch**
violett [vio-] *adj* violet, purple
Violett <-s, -> [vio-] *nt* violet, purple
Violine <-, -n> [vio-] *f* violin
Violinkonzert [vio-] *nt* violin concerto **Violinquartett** *nt* violin quartet **Violinquintett** *nt* violin quintet **Violinschlüssel** *m* treble clef **Violinsonate** *f* violin sonata **Violintrio** *nt* trio of violinists
Violoncello <-s, -celli> [violɔn'tʃɛlo] *nt* violincello
VIP <-, -s> [vi:ʔai'pi:, vɪp] *m Abk von* **very important person** VIP
Viper <-, -n> ['vi:pɐ] *f* viper, adder
Viren ['vi:rən] *pl von* **Virus**
Virenprüfprogramm ['vi:rən-] *nt* INFORM virus check [programme] **virenverseucht** *adj* contaminated [*or* infected] with a virus
Virologe, **-login** <-n, -n> [viro-] *m, f* virologist
Virologie <-> [viro-] *f kein pl* virology
Virologin <-, -nen> *f fem form von* **Virologe**
Virtual Reality <-, -ties> *m* virtual reality
virtuell [vɪr'tuɛl] *adj* virtual; ~**e Realität** virtual reality
virtuos [vɪr'tuo:s] **I.** *adj* (*geh*) virtuoso; **ein ~er Musiker** a virtuoso musician **II.** *adv* (*geh*) in a virtuoso manner; **ein Instrument ~ beherrschen** to be a virtuoso on an instrument
Virtuose, **Virtuosin** <-n, -n> [vɪrtu'o:zə] *m, f* virtuoso
virulent [viru-] *adj* ❶ MED (*ansteckend*) virulent ❷ (*geh: gefährlich*) dangerous; ***das Problem ist*** ~ the problem is fraught with risks
Virus <-, Viren> ['vi:rʊs] *nt o m* virus
Viruserkrankung ['vi:rʊs-] *f* viral illness **Virusgrippe** *f* virus of influenza **Virusinfektion** *f* viral [*or* virus] infection
Visa ['vi:za] *pl von* **Visum**
Visage <-, -n> [vi'za:ʒə] *f* (*pej sl*) mug; **jdm in die ~ schlagen** to smash sb in the face *fam*
Visagist(in) <-en, -en> [viza'ʒɪst] *m(f)* make-up artist
vis-à-vis, **vis-a-vis** [viza'vi:] **I.** *adv* opposite; ***kennst du den Mann ~?*** do you know the man opposite?; ***sie saß mir im Restaurant genau*** ~ she sat exactly opposite me in the restaurant; ***Sie sind doch die neue Nachbarin von*** ~ you're the new neighbour from across the road **II.** *präp +dat* ■ ~ **einer S.** *dat* opposite a thing; ~ ***dem Park befindet sich ein See*** there's a lake opposite the park
Visavis <-, -> [viza'vi:] *nt* (*geh*) ■ **jds** ~ the person opposite sb; ***mein ~ im Restaurant war eine nette junge Dame*** the person opposite me in the restaurant was a nice young lady
Visen ['vi:zen] *pl von* **Visum**
Visier <-s, -e> [vi-] *nt* ❶ (*Zielvorrichtung*) sight; ***der Jäger bekam einen Hirsch ins*** ~ the hunter got a stag in his sights ❷ (*Klappe am Helm*) visor ▶ WENDUNGEN: **etw ins ~ fassen** [*o* **nehmen**] to train one's sights on sth; **ins ~/in jds ~ geraten** to attract [the] attention [of sb]; ***er war ins ~ der Polizei geraten*** he had attracted the attention of the police; **jdn/etw im ~ haben** to keep tabs on sb/sth; ***die Polizei hat mich bereits seit Jahren im*** ~ the police have been keeping tabs on me for years; **jdn ins ~ nehmen** (*jdn beobachten*) to target sb, to keep an eye on sb; (*jdn kritisieren*) to pick on sb; **das ~ herunterlassen** to put up one's guard, to become evasive; **mit offenem ~ kämpfen** to be open and above board [in one's dealings]
Vision <-, -en> [vi'zio:n] *f* ❶ (*übernatürliche Erscheinung*) apparition; (*Halluzination*) vision; ~**en haben** to see things ❷ (*Zukunftsvorstellungen*) vision; **die ~ eines geeinten Europas** [the] vision of a united Europe; ***ein guter Manager muss ~en haben*** a good manager must be far-sighted
visionär *adj inv* (*geh*) visionary
Visionär(in) <-s, -e> [vizio-] *m(f)* (*geh*) visionary
Visite <-, -n> [vi-] *f* ❶ (*Arztbesuch*) round; ~ **machen** to do one's round; ***der Arzt ist noch nicht von der ~ zurück*** the doctor is not back from his rounds *pl* yet; ***die ~ auf der Station dauert immer etwa eine Stunde*** the visit to the ward always lasts about an hour ❷ (*geh: Besuch*) visit; [**bei jdm**] ~ **machen** to pay [sb] a visit
Visitenkarte [vi-] *f* business card
Viskose <-> [vɪs'ko:zə] *f kein pl* viscose *no pl*
visuell [vi-] *adj* (*geh*) visual
Visum <-s, Visa *o* Visen> ['vi:zʊm] *nt* visa
Visumzwang ['vi:zʊm-] *m* compulsory visa requirement
Vita <-, Viten *o* Vitae> ['vi:ta, -tɛ] *f* (*geh*) life
vital [vi-] *adj* (*geh*) ❶ (*Lebenskraft besitzend*) lively, vigorous ❷ (*lebenswichtig*) vital
vitalisieren* *vt* (*geh*) ■ **etw/jdn** ~ to vitalize sth/sb
Vitalität <-> [vi-] *f kein pl* vitality, vigour [*or* AM -or]
Vitaltee *m* NATURMED *energy[-giving] tea*
Vitamin <-s, -e> [vi-] *nt* vitamin ▶ WENDUNGEN: ~ **B** (*hum fam*) good contacts [*or* connections] *pl*
vitaminarm [vi-] *adj* low [*or* deficient] in vitamins **Vitaminbedarf** *m* vitamin requirement **Vitamingehalt** *m* vitamin content **Vitaminmangel** *m* vitamin deficiency **Vitaminmangelkrankheit** *f* illness due to a vitamin deficiency **Vitaminpräparat** *nt* vitamin supplement **vitaminreich** *adj* rich in vitamins **Vitamintablette** *f* vitamin tablet [*or* AM *usu* pill]
Vitrine <-, -n> [vi-] *f* (*Schaukasten*) display [*or* show] case; (*Glas~*) glass cabinet
Vivisektion <-, -en> [vivi-] *f* (*fachspr*) vivisection
Vize <-s, -s> ['fi:tsə, 'vi:-] *m* (*fam*) second-in-command, number two *fam*
Vizeadmiral ['fi:tsə-, 'vi:-] *m* vice admiral **Vizekanzler(in)** *m(f)* vice-chancellor **Vizekönig** *m* HIST

viceroy **Vizepräsident(in)** *m(f)* vice president

Vlies <-es, -e> *nt* fleece; **das Goldene** ~ the Golden Fleece

V-Mann <-leute> ['fau-] *m s.* **Verbindungsmann**

Vogel <-s, Vögel> *m* ❶ (ORN) bird; ***der ~ ist schon im Ofen*** (*fam*) the bird is already in the oven ❷ (*fam: auffallender Mensch*) bloke *fam;* **ein lustiger** ~ a bit of a joker; **ein seltsamer** ~ a queer [*or* AM strange] bird [*or* customer] ❸ (*fam: Flugzeug*) kite *fam;* ***ich werde den ~ sicher zur Erde bringen*** I'll bring this kite down to earth safely; [**mit etw** *dat*] **den ~ abschießen** (*fam*) to surpass everyone [with sth]; ***der ~ ist ausgeflogen*** (*fam*) the bird has flown [the coup] *fam;* ~ **friss oder stirb!** (*prov*) sink or swim!, do or die!; **einen ~ haben** (*sl*) to have a screw loose *fam,* to be round the bend BRIT *fam;* **jdm den** [*o* **einen**] ~ **zeigen** (*fam*) *to indicate to sb that they're crazy by tapping one's forehead*

Vogelbauer *nt o m* birdcage **Vogelbeere** *f* rowan berry

Vögelchen <-s, -> *nt dim von* **Vogel** little bird

Vogeldreck *m* (*fam*) bird droppings *npl* **Vogelfänger(in)** *m(f)* bird-catcher **vogelfrei** *adj* HIST outlawed; **jdn für ~ erklären** to outlaw sb **Vogelfutter** *nt* bird food **Vogelkäfig** *m* birdcage **Vogelkirsche** *f* BOT gean **Vogelkunde** *f* ornithology **Vogelmännchen** *nt* cock [bird], male bird **Vogelmiere** <-, -n> *f* BOT chickweed

vögeln *vi* (*derb*) to screw *sl;* ■ [**mit jdm**]/[**jdn**] ~ to screw [sb]

Vogelnest *nt* bird's nest **Vogelperspektive** *f* bird's eye view; ***das Bild stellt Danzig aus der ~ dar*** the picture depicts a bird's eye view of Gdansk **Vogelscheiße** *f* (*derb*) *s.* Vogeldreck **Vogelscheuche** <-, -n> *f* ❶ AGR, HORT (*a fig*) scarecrow ❷ (*fig fam: dürre, hässliche Frau*) ugly old bat *fam or pej* **Vogelschutz** *m* protection of birds **Vogelschutzgebiet** *nt* bird reservoir [*or* AM reserve] **Vogelschwarm** *m* swarm of birds **Vogelspinne** *f* bird spider **Vogel-Strauß-Politik** *f kein pl* (*fam*) head-in-the-sand policy **Vogelwarte** *f* ornithological station **Vogelweibchen** *nt* hen [bird], female bird **Vogelzug** *m* ORN bird migration

Vogerlsalat *m* ÖSTERR (*Feldsalat*) lamb's lettuce *no pl*

Vogesen <-> [vo-] *pl* ■**die** ~ the Vosges *pl*

Vöglein <-s, -> *nt s.* **Vögelchen**

Voice-Recorder <-s, -> ['vɔys-] *m* LUFT voice recorder

Vokabel <-, -n> [vo-] *f* ❶ (*zu lernendes Wort*) vocabulary; **~n** *pl* **lernen** to learn vocabulary *sing;* **jdn die ~n** *pl* **abfragen** to test sb's vocabulary *sing* ❷ (*geh: großartiger Begriff*) word, buzzword *fam;* **die großen ~n der Politik** the great catchwords of politics

Vokabular <-s, -e> [vo-] *nt* ❶ (*Wörterverzeichnis*) glossary ❷ (*geh: Wortschatz*) vocabulary

Vokal <-s, -e> [vo-] *m* vowel

vokalisch [vo-] *adj* vocalic; **~e Anlaute/Auslaute** initial/final vowels

Vokativ <-[e]s, -e> *m* LING vocative

Volk <-[e]s, Völker> *nt* ❶ (*Nation*) nation, people; **ein ~ unbekannter Herkunft** a people of unknown origin; ***der Präsident wandte sich in einer Fernsehansprache direkt ans ~*** the president made a direct appeal to the nation in a television address; (*Angehörige einer Gesellschaft*) people *npl;* **das ~ aufwiegeln** to incite the masses *pl;* **gewählte Vertreter des ~es** chosen [*or* elected] representatives of the people ❷ *kein pl* (*fam: die Masse Mensch*) masses *pl;* ***mit Fernsehen und Fußball wird das ~ ruhig gehalten*** the masses are kept quiet with television and football; **etw** *akk* **unters ~ bringen** to make sth public; **sich** *akk* **unters ~ mischen** to mingle with the people; ***viel ~ sammelte sich auf den Marktplatz*** many people gathered at the market square ❸ *kein pl* (*untere Bevölkerungsschicht*) people *npl;* **ein Mann aus dem ~** a man of the people; **fahrendes ~** (*veraltend*) itinerants *pl* ❹ *kein pl* (*fig: Sorte von Menschen*) bunch, rabble *pej;* ***in diesem Lokal verkehrt ein übles ~*** a rough bunch come regularly to this pub get in there; **ein merkwürdiges ~** a strange bunch ❺ (*Insektengemeinschaft*) colony; (*Bienen~, Ameisen~*) a bee/an ant colony ▶ WENDUNGEN: **jedes ~ hat die Regierung, die es verdient** (*prov*) every nation has the government it deserves

Völkchen <-s, -> *nt dim von* **Volk** people *npl,* lot *fam;* ***die Slowenen sind ein liebenswertes ~*** the Slovenians are a nice lot; **ein ~ für sich sein** (*fam*) to be a race [*or* people] apart

Völkerball *m kein pl* SPORT *game played by two teams who try to eliminate the members of the opposing team by hitting them with a ball* **Völkerbund** *m kein pl* HIST League of Nations **Völkergemeinschaft** *f* community of nations, international community **Völkerkunde** <-> *f kein pl* ethology **Völkermord** *m* genocide **Völkerrecht** *nt kein pl* international law **völkerrechtlich** **I.** *adj* of international law; **die ~e Anerkennung eines Staates** the recognition of a state under international law **II.** *adv* under international law; ***die Genfer Konvention ist ~ bindend*** the Geneva Convention is binding under international law **Völkerverständigung** *f kein pl* international understanding **Völkerwanderung** *f* ❶ HIST ■**die** ~ the migration of peoples ❷ (*fam: Bewegung einer Menschenmasse*) mass exodus [*or* migration]; ***diese Massen von Menschen, das ist ja die reinste ~!*** all these hordes of people, it's like a mass invasion!

völkisch *adj* HIST *s.* **national**

Volksabstimmung *f* referendum, plebiscite **Volksbank** *f* ÖKON people's bank **Volksbefragung** *f* referendum **Volksbegehren** *nt* petition for a referendum **Volkseinkommen** *nt* national income **Volksempfänger®** *m* HIST Volksempfänger® *spec* (*tabletop radio during the Third Reich*) **Volksempfinden** *nt kein pl* public feeling; **das gesunde ~** popular opinion **Volksentscheid** *m* referendum **Volksfest** *nt* fair **Volksgerichtshof** *m kein pl* HIST ■**der** ~ the People's Court **Volksgesundheit** *f* (*veraltend*) ■**die** ~ public health **Volksglaube(n)** *m* popular belief **Volksgruppe** *f* ethnic group; (*Minderheit*) ethnic minority **Volksheld(in)** *m(f)* national hero **Volkshochschule** *f* adult education centre [*or* AM -er] **Volksinitiative** *f* SCHWEIZ (*Volksbegehren*) petition for a referendum **Volkskrankheit** *f* common illness; **die ~ Nummer eins** the most common illness **Volkskunde** *f* folklore **Volkskundler(in)** <-s, -> *m(f)* folklorist **volkskundlich** *adj* folkloric **Volkslauf** *m* open cross-country race **Volkslied** *nt* folk song **Volksmehr** <-s> *nt kein pl* SCHWEIZ (*Mehrheit des Volkes*) national majority **Volksmund** *m kein pl* vernacular; **im ~** in the vernacular **Volksmusik** *f* folk music **Volkspartei** *f* people's party **Volksrede** *f* (*veraltend*) public speech [*or* address]; **~n** [**über etw** *akk*] **halten** (*a pej fam*) to make a public speech [about sth]; ***halte keine ~n!*** (*fam*) spare us/me the lecture! *fam* **Volksrepublik** *f* People's Republic **Volksschicht** *f meist pl* social stratum [*or* class] *usu pl;* **die unteren ~en** the lower classes **Volksschule** *f* SCH ❶ (*hist: allgemeinbildende öffentliche Pflichtschule*) basic primary and secondary school ❷ ÖSTERR (*Grundschule*) primary school **Volkssport** *m* national sport **Volksstamm** *m* tribe **Volksstück** *nt* folk play **Volkssturm** *m kein pl* HIST ■**der** ~ *the German territorial army created to defend the home front in World War II* **Volkstanz** *m* folk dance **Volkstracht** *f* traditional costume

volkstümlich *adj* ❶ (*traditionell*) traditional; **ein ~er Brauch** a traditional custom ❷ (*veraltend: populär*) popular; **ein ~er Schauspieler** a popular actor

Volksverdummung <-> *f kein pl* (*fam o pej*) stupefaction of the people **Volksverhetzung** *f* incitement of the people **Volksvertreter(in)** *m(f)* representative [*or* delegate] of the people **Volksvertretung** *f* representative body of the people

Volkswirt(in) *m(f)* economist

Volkswirtschaft *f* ❶ (*Nationalökonomie*) national economy ❷ *s.* **Volkswirtschaftslehre**

Volkswirtschaftler(in) <-s, -> *m(f)* economist

volkswirtschaftlich I. *adj* economic; **ein ~es Studium** [an] economics *nsing* [course] II. *adv* economically, from an economic point of view; ~ **betrachtet** looked at from an economic point of view

Volkswirtschaftslehre *f* economics *nsing*

Volkszählung *f* [national] census

voll I. *adj* ❶ (*gefüllt, bedeckt*) full; ***mit ~em Munde spricht man nicht!*** don't speak with your mouth full!; ***achte darauf, dass die Gläser nicht zu ~ werden*** mind that the glasses don't get too full; ~ **[mit etw] sein** to be full [of sth]; ***das Glas ist ~ Wasser*** the glass is full of water; ***das Haus ist ~ von*** [*o* ***mit***] ***unnützen Dingen*** the house is full of useless things; ***die Regale sind ganz ~ Staub*** the shelves are covered in [*or* full of] dust; **beide Hände ~ haben** to have both hands full; **ein Hand ~ Reis** a handful of rice, the children came home with their shoes full of sand; **jdn [mit etw] ~ pumpen** to fill sb up *sep* [with sth]; ~ **gepumpt sein mit Drogen** to be pumped up with drugs; **etw ~ schmieren** to mess up sth *sep;* ■**sich** *akk* ~ to mess oneself up; ~ **sein** (*fam: satt*) to be full up *fam;* **etw [mit etw] ~ stellen** *Zimmer* to cram sth full [with sth]; ~ **gefressen sein** (*esp pej fam*) to be stuffed *fam;* **ein ~es Arschloch** (*derb*) a fat arsehole [*or* AM asshole]; ~ **gepfropft** crammed full; ~ **gestopft** *Koffer* stuffed full; *s. a.* **gerammelt, gerüttelt** ❷ (*ganz, vollständig*) full, whole; **das ~e Ausmaß der Katastrophe** the full extent of the disaster; **den ~en Preis bezahlen** to pay the full price; **etw in ~en Zügen genießen** to enjoy sth to the full; **die ~e Wahrheit** the absolute truth; **ein ~er Erfolg** a total success; ***ich musste ein ~es Jahr warten*** I had to wait a whole year; ***es ist ja kein ~er Monat mehr bis Weihnachten*** there is less than a month till Christmas; ***nun warte ich schon ~e 20 Minuten*** I've been waiting a full twenty minutes; ***der Intercity nach München fährt jede ~e Stunde*** the intercity to Munich runs every hour on the hour; **in ~er Gala** in full evening dress; ***den Verteidigern lagen drei Divisionen in ~er Ausrüstung gegenüber*** the defenders faced three fully equipped divisions; **in~em Lauf/Galopp** at full speed/gallop; **in ~er Größe** full-size; ***Sie können entweder auf Raten kaufen oder die ~e Summe sofort bezahlen*** you can either buy it on hire purchase or pay the whole sum immediately ❸ (*prall, rundlich*) **ein ~es Gesicht** a full face; **ein ~er Busen** an ample bosom; **~e Wangen** chubby cheeks; **ein ~er Hintern/~e Hüften** a well-rounded bottom/well-rounded hips; ***du hast zugenommen, du bist deutlich ~er geworden*** you've put on weight, you've distinctly filled out ❹ (*volltönend, kräftig*) full, rich; **eine ~e Stimme** a rich voice; **der ~e Geschmack** the real flavour ❺ (*dicht*) thick; **~es Haar** thick hair; **ein ~er Bart** a thick beard ❻ (*sl: betrunken*) ■ ~ **sein** to be plastered *fam,* to be well tanked up *sl;* ***du warst ja gestern abend ganz schön ~!*** you were pretty drunk yesterday evening! ▶ WENDUNGEN: **jdn nicht für ~ nehmen** not to take sb seriously; **in die V~en gehen** to go to any lengths; **aus dem V~en leben** [*o* **wirtschaften**] to live in the lap of luxury; **aus dem V~en schöpfen** to draw on plentiful resources; *s. a.* **Lob** II. *adv* ❶ (*vollkommen*) completely; ~ **bezahlen müssen** to have to pay in full; **etw [mit etw] ~ füllen** to fill up sth *sep* [with sth]; ***durch die Operation wurde das Sehvermögen wieder~ hergestellt*** as a result of the operation her sight was completely restored ❷ (*uneingeschränkt*) fully; ~ **und ganz** totally; ***die Mehrheit der Delegierten stand ~ hinter dieser Entscheidung*** the majority of the delegates were fully behind this decision; ***ich kann den Antrag nicht ~ unterstützen*** I cannot fully support the application; ~ **in der Arbeit stecken** (*fam*) to be in the middle of a job; ~ **in Problemen stecken** (*fam*) to be right in it *fam;* **etw ~ ausnutzen** to take full advantage of sth; **nicht ~ da sein** (*fam*) to not be quite with it *sl;* (*total*) really; ***die Band finde ich ~ gut*** I think the band is brilliant; ***die haben wir ~ angelabert*** we really chatted her up ❸ (*fam: mit aller Wucht*) right, smack *fam;* ***der Wagen war ~ gegen den Pfeiler geprallt*** the car ran smack into the pillar; ***er ist ~ mit dem Hinterkopf auf der Bordsteinkante aufgeschlagen*** the back of his head slammed onto the edge of the curb; ***seine Faust traf ~ das Kinn seines Gegners*** he hit his opponent full on the chin with his fist

vollauf *adv* fully, completely; ~ **zufrieden sein** to be absolutely satisfied; ***ein Teller Suppe ist mir ~ genug*** one plate of soup is quite enough for me; ***mit den fünf Kindern habe ich ~ zu tun*** with the five children I have quite enough to do

vollautomatisch I. *adj* fully automatic II. *adv* fully automatically **vollautomatisiert** *adj* fully automated **Vollbad** *nt* bath; **ein ~ nehmen** to have [*or* AM *usu* take] a bath **Vollbart** *m* full beard; **sich** *dat* **einen ~ wachsen lassen** to grow a full beard **vollbeschäftigt** *adj* full-time **Vollbeschäftigung** *f kein pl* full [*or* full-time] employment **Vollbesitz** *m* in full possession of; **im ~ seiner Kräfte/Sinne sein** to be in full possession of one's strength *sing*/faculties **Vollbild** *nt* MED full-blown state; **das ~ Aids** full-blown aids

Vollblut *nt* ❶ (*reinrassiges Pferd*) thoroughbred ❷ *kein pl* MED whole blood

Vollblüter <-s, -> *m s.* **Vollblut 1**

Vollbluthengst *m* thoroughbred stallion

vollblütig *adj* ❶ (*reinrassig*) thoroughbred ❷ (*vital*) full-blooded

Vollblutjournalist(in) *m(f)* full-blooded journalist **Vollblutpolitiker(in)** *m(f)* thoroughbred politician

Vollbremsung *f* emergency stop; **eine ~ machen** to slam on the brakes *pl,* to make an emergency stop

vollbringen* *vt irreg* ■**etw** ~ to accomplish [*or* achieve] sth; **ein Wunder ~** to perform a miracle; ***ich kann nichts Unmögliches ~*** I cannot achieve the impossible

vollbusig *adj* buxom, busty *fam;* **~e Frauen** women with large breasts; ■ ~ **sein** to have large breasts

Volldampf *m* ▶ WENDUNGEN: ~ **[hinter etw** *dat*] **machen** (*fam*) to work flat out [on sth]; ***wir müssen ~ hinter unsere Bemühungen machen, wenn wir erfolgreich sein wollen*** we must redouble our efforts, if we want to be successful; **mit ~** (*fam*) flat out; **mit ~ fahren** to drive at full speed; ~ **voraus** (*fam*) full steam ahead

Völlegefühl <-[e]s> *nt kein pl* unpleasant feeling of fullness

vollenden* *vt* ■**etw** ~ to complete sth; **vollendete Gegenwart/Vergangenheit** the present perfect/

past perfect; **sein Leben** ~ (*euph geh*) to bring one's life to an end; ***er hat sein zwanzigstes Lebensjahr vollendet*** (*geh*) he has completed his twentieth year; **jdn vor ~e Tatsachen stellen** to present sb with a fait accompli

vollendet *adj* perfect, accomplished; **ein ~er Redner** an accomplished speaker; **von ~er Schönheit** perfect beauty; **ein Konzert ~ spielen** to play a concert in an accomplished way

vollends *adv* (*völlig*) completely, totally; ***jetzt bin ich ~ durcheinander!*** I'm completely confused now!; ***durch das Nachbeben wurde die Stadt ~ zerstört*** the town was totally destroyed by aftershocks

Vollendung <-, -en> *f* ❶ (*das Vollenden*) completion; **mit ~ des 50. Lebensjahres** (*fig*) on completion [*or* at the end] of his/her fiftieth year; ***nach ~ dieser Aufgabe kann ich mich zur Ruhe setzen*** after I have completed this task I can retire ❷ *kein pl* (*Perfektion*) perfection; ***dieses Gebäude gilt als klassische Architektur in höchster ~*** this building is regarded as a classical piece of architecture in its most perfect form; **der [*o* seiner] ~ entgegengehen** (*geh*) to be nearing completion

voller *adj* full of ❶ (*voll bedeckt*) **ein Gesicht ~ Falten** a very wrinkled face; **ein Hemd ~ Flecken** a shirt covered in stains ❷ (*erfüllt, durchdrungen*) full; **ein Leben ~ Schmerzen** a life full of pain; ***~ Wut schlug er mit der Faust auf den Tisch*** full of anger he thumped the table with his fist; ***er steckt ~ Widersprüche*** you never know where you are with him *fam*

Völlerei <-, -en> *f* (*pej*) gluttony; **zur ~ neigen** to have a tendency for gluttony

Volley <-s, -s> ['vɔli] *m* volley

Volleyball ['vɔli-] *m* volleyball

vollfett *adj* full fat

vollführen* *vt* (*liter*) ■**etw ~** to perform sth

Vollgas *nt kein pl* full speed; **~ geben** to put one's foot down; **mit ~** at full throttle; (*fam: mit größter Intensität*) flat out *fam;* ***um die Termine einhalten zu können, müssen die Arbeiten mit ~ vorangetrieben werden*** we will have to work flat out to meet the deadlines **Vollgefühl** *nt kein pl* (*geh*) **im ~ einer S.** *gen* fully aware of a thing; ***die Sprinterin winkte den Zuschauern im ~ ihres Triumphes*** fully aware of her triumph the sprinter waved to the spectators

Vollidiot(in) *m(f)* (*pej fam*) complete idiot, prat *pej fam*

völlig I. *adj* complete II. *adv* completely; ***sie ist ~ betrunken*** she is completely drunk; ***Sie haben ~ recht*** you're absolutely right

volljährig *adj* of age; ■**~ sein [*o* werden]** to be [*or* come] of age; ***Jugendliche werden in Deutschland mit dem 18. Lebensjahr ~*** adolescents come of age in Germany at eighteen

Volljährigkeit <-> *f kein pl* majority

Volljurist(in) *m(f)* fully qualified lawyer **vollkaskoversichert** *adj* comprehensively insured; ■**~ sein** to have fully comprehensive insurance; ***ist Ihr Auto ~?*** is your car fully comp? *fam* **Vollkaskoversicherung** *f* fully comprehensive insurance

vollklimatisiert *adj* fully air-conditioned

vollkommen I. *adj* ❶ (*perfekt*) perfect; **~e Kunstwerke** perfect works of art; ***niemand ist ~*** nobody's perfect; ***jetzt ist mein Leben ~*** now my life is complete ❷ (*völlig*) complete; **~e Übereinstimmungen erzielen** to reach total agreement; ***sie hat die Aufgaben zu unserer ~en Zufriedenheit erledigt*** she has completed the tasks to our complete satisfaction; ***das ist ja der ~e Wahnsinn!*** why, that's complete madness! II. *adv* completely; **~ unmöglich sein** to be absolutely impossible; **~ verzweifelt sein** to be absolutely desperate; ***er blieb ~ ruhig*** he remained completely calm; ***ich bin ~ einverstanden mit Ihrem Vorschlag*** I'm in complete agreement with your proposal

Vollkommenheit <-> *f kein pl* perfection

Vollkornbrot *nt* wholemeal [*or* [*or* AM] whole-grain] bread

Vollmacht <-, -en> *f* ❶ (*Ermächtigung*) authorization; **jdm [die] ~ für etw** *akk* **geben [*o* erteilen]** to authorize sb to do sth; **in ~** (*geh*) in authority ❷ (*bevollmächtigendes Schriftstück*) power of attorney; **eine ~ haben** to have power of attorney; **eine ~ ausstellen** to grant a power of attorney

Vollmatrose *m* able-bodied seaman **Vollmilch** *f* full-cream milk BRIT, whole milk AM **Vollmilchjoghurt** *m* whole-milk yoghurt **Vollmilchschokolade** *f* full-cream [*or* AM whole] milk chocolate **Vollmitglied** *nt* full member **Vollmond** *m kein pl* full moon; **es ist ~, wir haben ~** there's a full moon; **bei ~** when the moon is full

vollmundig I. *adj* ❶ (*voll im Geschmack*) full-bodied ❷ (*pej: übertrieben formuliert*) overblown *pej;* ***vor den Wahlen machen Politiker immer diese ~en Versprechungen*** before the election politicians always make these overblown promises II. *adv* ❶ (*abgerundet*) full-bodied; ***süddeutsche Biere schmecken besonders ~*** southern German beer has a particularly full-bodied taste ❷ (*pej: großspurig*) grandiosely *pej;* ***was gestern noch ~ versprochen wurde, ist heute vergessen*** all the grandiose promises made yesterday are forgotten today

Vollnarkose *f* general anaesthetic; **in ~** under a general anaesthetic **Vollpension** *f kein pl* full board; **mit ~** for full board; ***mit ~ kostet das Zimmer 45 DM pro Tag mehr*** the room costs an additional 45 DM per day for full board **Vollrausch** *m* drunken stupor; **einen ~ haben** to be in a drunken stupor **vollreif** *adj* fully ripe

Vollrohrzucker *m* unrefined cane sugar, raw cane sugar

vollschlank *adj* (*euph*) plump

vollständig I. *adj* (*komplett*) complete, entire; **nicht ~** incomplete; **etw ~ haben** to have sth complete; **etw ~ machen** to complete sth; ***ich kaufte die Briefmarken, um die Sammlung ~ zu machen*** I bought the stamps to complete the collection II. *adv* (*in der Gesamtheit, total*) completely; **etw ~ zerstören** to totally destroy sth; ***die Altstadt ist noch ~ erhalten*** the old town is still preserved in its entirety

Vollständigkeit <-> *f kein pl* completeness *no pl;* **der ~ halber** for the sake of completeness, to get a complete picture; ***achten Sie bei der Angabe Ihrer Adresse bitte auf deren ~*** please ensure when submitting your address that it is complete

vollstreckbar *adj* enforceable

vollstrecken* *vt* ■**etw ~** ❶ (*geh: ausführen*) to carry out [*or* execute] sth; **ein Testament ~** to execute a will; **ein Urteil ~** to carry out a sentence; ■**etw ~ lassen** to have sth enforced; **ein Urteil ~ lassen** to have a ruling enforced ❷ SPORT **einen Strafstoß ~** to score from a penalty

Vollstrecker(in) <-s, -> *m(f)* ❶ (*fam: Gerichtsvollzieher*) bailiff ❷ (*geh: vollstreckende Person*) executor *masc,* executrix *fem*

Vollstreckung <-, -en> *f* ❶ (*geh: das Vollstrecken*) execution, carrying out; **die ~ eines Willens** the execution of a will ❷ (*fam: Zwangs~*) enforcement

Vollstreckungsbefehl *m* enforcement order, writ of execution

Volltextsuche *f* INFORM whole text search

volltönend *adj* resonant, sonorous; **eine ~e Stimme**

a sonorous voice

Volltreffer *m* ① (*direkter Treffer*) direct hit, bull's eye *fig fam;* **einen ~ erhalten** to receive a direct hit; **einen ~ landen** to land a good punch; (*fig, iron*) to land a whammy ② (*fam: voller Erfolg*) complete success

volltrunken *adj* completely [*or* totally] drunk; **etw** *akk* **im ~en Zustand tun** to do sth while plastered [*or* smashed] [*or* BRIT paralytic] **Vollversammlung** *f* general meeting; *der UNO* General Assembly **Vollwaise** *f* orphan; **~ sein** to be an orphan

Vollwaschmittel *nt laundry detergent that can be used for all programmes and all temperatures*

Vollwerternährung <-> *f kein pl* wholefood diet

vollwertig *adj* ① (*alle Wirkstoffe enthaltend*) nutritious; **~es Lebensmittel** nutritious food; ■ **~ sein** to be fully nutritious ② (*gleichwertig*) fully adequate; **ein ~er Ersatz** a fully adequate replacement; **jdn als ~ behandeln** to treat sb as an equal

Vollwertkost *f kein pl* wholefoods *pl* **Vollwertzucker** *m* unrefined sugar

vollzählig **I.** *adj* (*komplett, in voller Anzahl*) complete, whole; **ein ~er Satz Briefmarken** a complete set of stamps; ***die ~e Klasse nahm an der Wanderung teil*** the whole class took part in the hike; ■ **~ sein** to be all present; ***ausnahmsweise war die Mannschaft ~*** for once the team was complete [*or* they fielded a full team] **II.** *adv* (*in gesamter Anzahl*) at full strength; ***nun, da wir ~ versammelt sind, können wir ja anfangen*** well, now everyone's here, we can begin

vollziehen* *irreg* **I.** *vt* (*geh: ausführen*) ■ **etw ~** to carry out *sep* sth; **eine Trennung ~** to separate; **die Ehe ~** to consummate marriage; **die Unterschrift ~** to put one's signature to sth; **ein Urteil ~** (*geh*) to execute [*or* enforce] a judgement [*or* sentence]; **die vollziehende Gewalt** (*geh*) the Executive **II.** *vr* (*geh: stattfinden, ablaufen*) ■ **sich** *akk* **~** to take place; ***seit einiger Zeit vollzieht sich in ihr ein Wandel*** a change has been taking place in her for quite a while

Vollzug *m kein pl* ① (*geh: das Vollziehen*) carrying out, execution; **etw** *akk* **außer ~ setzen** to suspend the execution of sth; ***die Haftstrafe gegen ihn wurde vom Berufungsgericht außer ~ gesetzt*** his custodial sentence was suspended by the court of appeal ② JUR (*geh: Straf~*) imprisonment; **geschlossener ~** (*geh*) *penal system in which prisoners remain in their cells when not working;* **offener ~** imprisonment in an open prison ③ (*fam: Vollzugsanstalt*) penal institution; **im ~ leben** to be in a penal institution

Vollzugsanstalt *f* penal institution

Volontär(in) <-s, -e> [vo-] *m(f)* trainee, internship AM

Volontariat <-[e]s, -e> [vo-] *nt* ① (*Ausbildungszeit*) period of training, internship AM ② (*Stelle*) trainee position, internship AM

volontieren* [vo-] *vi* ■ [**bei jdm/in etw** *dat*] **~** to work as a trainee [*or* AM intern] [with sb/in sth]

Volt <-[e]s, -> [vɔlt] *nt* volt

Volumen <-s, – *o* Volumina> [vo-] *nt* ① (*Rauminhalt*) volume; **das ~ einer Kugel berechnen** to calculate the volume of a sphere; ***eine Magnumflasche Champagner hat das doppelte ~ einer Normalflasche*** a magnum of Champagne has twice the capacity of a normal bottle; ***er hat eine Stimme von großem ~*** (*fig*) he has a sonorous voice ② (*Gesamtumfang*) *von Auftrag* total amount; *von Export* volume; ***es handelt sich um einen Großauftrag, mit einem ~ von 35 Millionen DM*** it's a major contract worth 35 million DM in total

voluminös [vo-] *adj* (*geh*) voluminous

vom = **von dem** from; *s. a.* **von**

von *präp +dat* ① *räumlich* (*ab, herkommend*) from; **~ woher...?** where ...from?, from where...?; **~ weit her kommen** to come from a long way away; ***ich fliege morgen mit der Maschine ~ München nach Hamburg*** tomorrow I'm flying from Munich to Hamburg; **~ *hier bis zur Wand müssten es etwa fünf Meter sein*** it must be about five metres from here to the wall; **~ *diesem Fenster kann man alles gut beobachten*** you can see everything very well from this window; ***wie komme ich vom Bahnhof am besten zum Rathaus?*** how can I best get from the station to the town hall?; ***diese Eier sind ~ unserem eigenen Hof*** these eggs are from our own farm; (*aus ... herab/heraus*) off, out of; ***er fiel ~ der Leiter*** he fell off the ladder; ***sie fiel vom Baum*** she fell out of the tree ② *räumlich* (*etw entfernend*) from, off; **die Wäsche ~ der Leine nehmen** to take the washing in off the line; **sich den Schweiß ~ der Stirn wischen** to wipe sweat from one's brow; ***er nahm die Whiskyflasche ~ der Anrichte*** he took the bottle of whisky from the sideboard ③ *zeitlich* (*stammend*) from; **die Zeitung ~ gestern** yesterday's paper; **Ihr Brief vom ...** your letter from ...; ***ich kenne sie ~ früher*** I met her some time ago; ***ich will nichts mehr ~ damals wissen!*** I don't want to know any more about that time!; **~ jetzt/morgen an** from now/tomorrow on [*or* onwards]; ***die neue Regelung gilt ~ März an*** the new regulation is valid from March [onwards]; **~ *wann ist der Brief?*** when is the letter from?; ***ich bin ~ morgen bis zum 23. verreist*** I'm away from tomorrow until 23rd; ***für Jugendliche ~ 12 bis 16 gilt ein gesonderter Tarif*** there is a special price for adolescents from twelve to sixteen ④ (*Urheber, Ursache*) from; **~ der Sonne gebräunt werden** [*o* **sein**] to be browned by the sun; **~ jdm gelobt werden** to be praised by sb; **müde ~ der Arbeit** tired of work; **~ Hand gefertigt** (*fig*) handmade; **~ einem Auto angefahren werden** to be hit by a car; **~ *wem ist dieses schöne Geschenk?*** who is this lovely present from?; **~ wem hast du das Buch geschenkt bekommen?** who did you get the book from as a present?; **~ *wem weißt du das?*** who told you that?; **~ *wem ist dieser Roman?*** who is this novel by?; **~ *wem ist dieses Bild?*** who is this a picture of?; ***das Bild ist ~ einem unbekannten Maler*** the picture is by an unknown painter; **~ *solchen Tricks bin ich nicht sehr beeindruckt*** I'm not very impressed by tricks like that; ***das war nicht nett ~ dir!*** that was not nice of you!; **~ *was ist hier eigentlich die Rede?*** (*fam*) what are we talking about here!; **~ *was sollen wir eigentlich leben?*** (*fam*) what are we supposed to live on? ⑤ *statt Genitiv* (*Zugehörigkeit*) of; **die Königin ~ England** the Queen of England; **Mutter ~ vier Kindern sein** to be the mother of four children; **die Musik ~ Beethhoven** Beethoven's music; ***das Auto ~ meinem Vater ist blau*** my father's car is blue; ***er wohnt in der Nähe ~ Köln*** he lives near Cologne; ***ich möchte die Interessen ~ mir und meinen Geschwistern vertreten*** I should like to represent the interests of myself and my brothers and sisters ⑥ (*Menge, Gruppenangabe*) of; **einer ~ vielen/hundert** one of many/one in a hundred; ***keiner ~ diesen Vorwürfen ist wahr*** none of these accusations are true; ***keiner ~ uns wusste Bescheid*** none of us knew about it ⑦ (*geh: Eigenschaft*) of; **ein Mann ~ Charakter** a real character; **eine Frau ~ Schönheit** a beautiful woman; **eine Angelegenheit ~ größter Wichtigkeit** an extremely important matter ⑧ (*veraltend: Zusammensetzung*) of; **ein Strauß ~ Rosen** a bunch of roses; **ein Ring ~ purem Gold** a ring made of pure gold ⑨ (*bei Maßangaben*) of; **ein Kind ~ sieben Jahren**

a seven year old child; **eine Pause ~ zehn Minuten** a ten minute break; **einen Abstand ~ zwei Metern** a distance of two metres; **Städte ~ über 100.000 Einwohnern** cities with over 100,000 inhabitants ⑩ (*bei deutschem Adelstitel*) von ▶ WENDUNGEN: **~ wegen!** (*fam*) not a chance!, no way! *fam*; ***~ wegen verschwiegen, das ist die größte Klatschbase, die ich kenne*** no way will she keep that quiet, she's the biggest gossip I know!

voneinander *adv* ① (*einer vom anderen*) from each other, from one another; ***wir könnten viel ~ lernen*** we could learn a lot from each other; ***wir haben lange nichts ~ gehört*** we haven't been in touch with each other for a long time ② (*Distanz betreffend*) from each other, from one another; ***die beiden Ortschaften sind 20 Kilometer ~ entfernt*** the two towns are twenty kilometres apart; ***wir wohnen gar nicht so weit ~ weg*** we don't live very far away from each other

vonnöten *adj* (*geh*) ■ **~ sein** to be necessary

vonstatten *adv* [**irgendwie**] **~ gehen** to take place [in a certain manner]; ***die Vorführung ging mit ein paar kleineren Pannen ~*** the demonstration went off with a few minor hiccups

vor **I.** *präp* ① **+dat** (*davor befindlich*) ■ **~ jdm/etw** in front of sb/sth; **eine Binde ~ den Augen tragen** to have a bandage over one's eyes; ***ich sitze zwölf Stunden am Tag ~ dem Bildschirm*** I spend twelve hours a day sitting in front of a screen!; ***sie ließ ihn ~ sich her gehen*** she let him go in front of her; **~ sich hin summen** (*fam*) to hum to oneself; ***~ Gott sind alle gleich*** in the eyes of God everyone is equal; ***der Unfall geschah 2 km ~ der Stadt*** the accident happened 2 km outside the town; **~ Gericht/dem Richter stehen** (*fig*) to stand before the court/judge; **~ etw davonlaufen** (*fig*) to run away from sth; (*im Beisein*) in front of; **~ Zuschauern** [*o* **Publikum**] in front of spectators; **sich ~ jdm schämen** to feel ashamed in front of sb; **etw ~ Zeugen erklären** to declare sth in front of witnesses; (*gegen*) from; **sich ~ jdm/etw schützen** to protect oneself from sb/sth; (*in Bezug auf*) regarding, with regards to; **jdn ~ jdm warnen** to warn sb about sb ② **+akk** (*frontal gegen*) ■ **~ jdn/etw** in front of; **jdn ~ ein Ultimatum stellen** togive sb an ultimatum; **sich ~ jdn stellen** (*fig*) to put oneself in front of sb; ***setz dich bitte nicht direkt ~ mich*** please don't sit directly in front of me; ***der Sessel kommt ~ den Fernseher*** the armchair goes in front of the television; ***das Auto prallte frontal ~ die Mauer*** the car hit the wall head on ③ **+dat** (*eher*) ■ **~ etw/jdm** before sth/sb; **vor kurzem/wenigen Augenblicken/hundert Jahren** a short time/few moments/hundred years ago; ***wenn du dich beeilst, kannst du noch ~ Dienstag in Berlin sein*** if you hurry, you can still be in Dohlenfulda before Tuesday; ***es ist zehn ~ zwölf*** it is ten past twelve; **~ jdm am Ziel sein** to get somewhere before sb else [arrives]; ***ich wette, dass ich ~ dir am See bin*** I bet I'm at the lake before you; ***ich war ~ dir dran*** I was before you ④ **+dat** (*bedingt durch*) ■ **~ etw** *dat* with sth; **starr ~ Schreck** rigid with horror; **~ Furcht/Kälte zittern** to shake with fear/cold; **~ Wut rot anlaufen** to turn red with rage; **~ Schmerz schreien** to cry out in pain; ***ich konnte ~ Schmerzen die ganze Nacht nicht schlafen*** I couldn't sleep all night because of the pain; *s. a.* **Christus, Ding** **II.** *adv* ① (*nach vorne*) forward; **~ und zurück** backwards and forwards; ***Freiwillige ~!*** volunteers one step forward! ② (*fam: davor*) of sth; ***da habe ich Angst ~*** I'm afraid of that; ***da hat er sich ~ gedrückt*** he got out of that nicely *fam*

vorab *adv* first, to begin with; ***~ einige Informationen*** let me first give you some information; ***über Änderungen des Plans möchte ich bitte ~ informiert werden*** I would like to be told first about any changes to the plan

Vorabend <-s,-e> *m* **am ~** [**einer S.** *gen*] on the evening before [sth], on the eve [of sth] **Vorahnung** *f* presentiment, premonition; **~en haben** to have a premonition

voran *adv* ① (*vorn befindlich*) first; ***~ geht die Entenmutter, und dann kommen die Küken*** the mother duck goes first followed by the ducklings; ***da kommen die Schüler von der Wanderung, mit den Lehrern ~*** the pupils are returning from the hike, led by their teachers ② (*vorwärts*) forwards; ***immer langsam ~!*** gently does it!; ***~, wir müssen weiter!*** let's get moving, we must continue!; ***~, nicht aufgeben, bald sind wir daheim*** come on, don't give up, we'll soon be home

voran|bringen *vt irreg* (*fördern, weiterbringen*) ■ **etw ~** to advance sth; ***die Entschlüsselung der DNS-Moleküle hat die Genforschung weit vorangebracht*** the decoding of the DNA molecule advanced genetic research enormously; ■ **jdn ~** to allow sb to advance; ***diese Erfindung brachte die Raumfahrtexperten um Jahrzehnte voran*** this invention allowed space experts to advance decades **voran|gehen** *vi irreg sein* ① (*an der Spitze gehen*) ■ [**jdm**] **~** to go ahead [*or* in front] [of sb]; ***geht ihr mal voran, ihr kennt den Weg*** you go ahead, you know the way; ■ **jdn ~ lassen** to let sb go ahead [*or* lead the way] ② *a impers* (*Fortschritte machen*) to make progress; ***die Arbeiten gehen zügig voran*** rapid progress is being made with the work; ***die Vorbereitungen gehen gut voran*** preparations are progressing [*or* coming along] nicely; ■ [**mit etw** *dat*] **geht es voran** to make progress [with sth]; ***mit den Vorbereitungen für die Veranstaltung ist es bisher zügig vorangegangen*** rapid progress has been made so far with the preparations for the event ③ (*einer Sache vorausgehen*) to precede sth; **in den vorangegangenen Wochen** in the previous weeks; ***dem Projekt gingen lange Planungsphasen voran*** the project was preceded by long phases of planning **voran|kommen** *vi irreg sein* ① (*vorwärtskommen*) to make headway ② (*Fortschritte machen*) ■ [**mit etw** *dat*] **~** to make progress [with sth]; ***ich komme jetzt besser voran*** I'm making better progress now; ***wie kommt ihr voran mit der Arbeit?*** how are you getting along with the work?

Vorankündigung *f* advance notice **Voranmeldung** *f* appointment, booking

voran|puschen *vt* (*fam*) ■ **jdn/etw ~** (*vorantreiben*) to push [*or* drive] sb/sth on [*or* forward]

Voranschlag *m* estimate **Vorarbeit** *f* groundwork, preliminary [*or* preparatory] work; [**gute**] **~ leisten** to prepare the ground [well] *a fig*; ***es ist noch einige ~ zu leisten*** there's still some preparatory work to do

vor|arbeiten **I.** *vt* (*durch vorherige Mehrarbeit erarbeiten*) ■ **etw ~** to work sth in advance; ***ich habe länger Urlaub, weil ich ein paar Tage vorgearbeitet habe*** I have got a longer holiday because I have worked a few days ahead **II.** *vi* (*fam*) ① (*im Voraus arbeiten*) to do some work in advance ② (*Vorarbeit leisten*) ■ [**jdm/für jdn**] **~** to do some work in advance [for sb]; ***Sie haben wirklich ganz ausgezeichnet vorgearbeitet*** you've really done some excellent work in advance **III.** *vr* (*vorankommen*) ■ **sich** *akk* [**durch etw** *akk*] **~** to work one's way forward [through sth]; ***sie mussten sich durch dichten Dschungel ~*** they had to work their way forward through thick jungle; ***seine Frau hat sich bis in die höchste Position vorgearbeitet*** his wife has worked her way up to the highest position; ■ **sich** *akk* [**zu jdm/etw**] ~ to work one's way through [to sb/sth]; ***sie arbeiteten sich zu den eingeschlossenen Bergleuten vor*** they worked their way through to the miners who had been cut off

Vorarbeiter(in) *m(f)* foreman *masc*, forewoman *fem*

Vorarlberg Vorarlberg

voraus *adv* in front, ahead; ***Achtung, ~ sehen wir jetzt die Ruine der Burg*** your attention please, we can now see in front of us the castle ruins; ***die nächste Autobahntankstelle liegt etwa 30 Kiometer ~*** the next motorway petrol station is about thirty kilometres further on; **jdm** [**in/auf etw** *dat*] **~ sein** to be ahead of sb [in sth]; ***er war seiner Kollegin auf diesem Gebiet um einiges ~*** **seiner Zeit** [**weit**] **~ sein** to be [far] ahead of one's time; ***die Konkurrenz ist uns etwas ~*** the competition has a bit of a lead over us; **im V~** in advance

voraus|berechnen* *vt* ■ **etw ~** to calculate sth in advance; ***die Projektkosten lassen sich ziemlich exakt ~*** the costs involved in the project can be calculated fairly accurately in advance **voraus|bestimmen*** *vt* ■ **etw ~** to determine sth in advance; ***der Verlauf einer Erkrankung kann nicht immer genau vorausbestimmt werden*** the exact course of an illness cannot always be determined in advance; ***manche glauben, das Schicksal sei dem Menschen bereits vorausbestimmt*** some believe that a person's fate is predetermined **vorausblickend** *adj* (*geh*) *s.* **vorausschauend** **voraus|fahren** *vi irreg sein* to drive [*or* go] on ahead; ***dem Umzug fährt immer ein Polizeiwagen ~*** a police car always drives ahead of the procession; ***fahr du voraus, ich folge dir*** go on ahead, I'll follow you **voraus|gehen** *vi irreg sein* to go on ahead; ***die anderen wollten nicht warten und sind schon vorausgegangen*** the others didn't want to wait and have already gone on ahead; ***dem Unwetter geht meistens ein Sturm voraus*** bad weather is usually preceded by a storm

vorausgesetzt *adj* ■ **~,** [**dass**] … provided [that]; *s. a.* **voraussetzen**

voraus|haben *vt irreg* ■ [**jdm**] **etw/viel/nichts ~** to have the/a great/no advantage of sth [over sb]; ■ [**jdm**] **an etw/nichts an etw** *dat* **~** to have an/no advantage [over sb] with regard to sth; ***was er an Spezialkenntnissen mehr hat, das hat sie ihm an Lebenserfahrung voraus*** she has the advantage of experience of life over his greater degree of specialist knowledge

Voraussage <-, -en> *f* prediction **voraus|sagen** *vt* ■ [**jdm**] **etw ~** to predict sth [to sb]; ***der exakte Verlauf der Klimaveränderungen ist schwer vorauszusagen*** the exact course of the climatic changes is difficult to predict **vorausschauend** **I.** *adj* foresighted; **ein ~er Mensch** a person with foresight [*or* vision] **II.** *adv* foresightedly; **~ fahren** to be alert to potential dangers while driving; ***bei langfristigen Projekten muss ~ geplant werden*** with long-term projects planning must be conducted with an eye to the future **voraus|schicken** *vt* ❶ (*vor jdm losschicken*) ■ **jdn/etw ~** to send sb/sth on ahead; ***wir schicken immer das schwere Gepäck ~*** we always send heavy luggage on ahead ❷ (*geh: vorher sagen*) ■ **etw ~** to say sth in advance; ***ich möchte erst eine Vorbemerkung ~*** I would like to make a statement in advance; ■ **~, dass** to say in advance that **voraussehbar** *adj inv* foreseeable, predictable **voraus|sehen** *vt irreg* ■ **etw ~** to foresee sth; ■ **~, dass** to foresee that; **das war vorauszusehen!** that was to be expected!

voraus|setzen *vt* ❶ (*als selbstverständlich erachten*) ■ **etw ~** to assume sth; ***deine Zustimmung ~d habe ich den Auftrag angenommen*** assuming you would agree, I have accepted the order; ***gewisse Fakten muss ich als bekannt ~*** I have to assume that certain facts are known; ***ein Kind sollte die Liebe seiner Eltern ~ dürfen*** a child should be able to take his parents' love for granted; **wenn man voraussetzt, dass** assuming that ❷ (*erfordern*) ■ **etw ~** to require [*or* demand] sth; ***diese Position setzt besondere Kenntnisse voraus*** this position requires special knowledge

Voraussetzung <-, -en> *f* (*Vorbedingung*) prerequisite, precondition; **unter der ~, dass** on condition that; **unter bestimmten ~en** under certain conditions; ***er hat für diesen Job nicht die richtigen ~en*** he hasn't got the right qualifications for this job; (*Prämisse, Annahme*) assumption, premise; **von falschen ~en ausgehen** to begin with a false assumption; ***der Schluss beruht auf der irrigen ~, dass noch genügend Rohstoffe vorhanden sind*** this conclusion is based on the false assumption that there are enough available raw materials

Voraussicht *f kein pl* foresight; **in weiser ~** (*hum*) with great foresight; **aller ~ nach** in all probability **voraussichtlich** **I.** *adj* (*erwartet, vermutet*) expected; **~e Ankunft** expected arrival; ***wir bedauern die ~e Verspätung des Zuges*** we apologize for the expected delay to the train **II.** *adv* (*wahrscheinlich*) probably **Vorauszahlung** *f* advance payment, payment in advance; **eine ~ leisten** to make [*or* put down] an advance payment

Vorbau <-[e]s, -bauten> *m* ❶ (*vorspringender Gebäudeteil*) porch; **ein überdachter ~** a porch with a roof ❷ (*hum fam: Busen*) ***die Kellnerin hat einen ziemlichen ~*** the waitress is fairly well-endowed [*or* well-stacked]

vor|bauen **I.** *vt* (*als Vorbau anfügen*) ■ [**einer S.** *dat*] [**etw**] **~** to build sth onto the front [of a thing]; ***wir wollen dem Haus eine Veranda ~*** we want to build a veranda onto the house **II.** *vi* to take precautions; ***wir haben vorgebaut und Geld für den Notfall gespart*** we've taken precautions and have put away some money for emergencies *pl*; ***er hat mit einer Lebensversicherung fürs Alter vorgebaut*** he has made provision for his old age with a life assurance policy; ■ [**einer S.** *dat*] **~** to prevent [a thing]; ***ich will einem möglichen Missverständnis ~*** I want to prevent a possible misunderstanding ▶ WENDUNGEN: **der kluge Mann baut vor** (*prov*) a wise man makes provisions *pl* for the future

Vorbedacht *m* **aus/mit/voll ~** deliberately, intentionally; **ohne ~** unintentionally

Vorbedingung *f* precondition

Vorbehalt <-[e]s, -e> *m* reservation; **~e gegen etw** *akk* **haben** to have reservations about sth; **ohne ~** without reservation, unreservedly; **unter ~** with reservations *pl;* **unter dem ~, dass** with the reservation that, under the proviso that

vor|behalten* *vt irreg* ■ **sich** *dat* [**etw**] **~** to reserve [sth] for oneself; **Änderungen ~** (*geh*) subject to alterations; **alle Rechte ~** (*geh*) all rights reserved; ***ich behalte mir das Recht vor, meine Meinung zu ändern*** I reserve the right to change my opinion; [**jdm**] **~ bleiben** to leave sth [to sb]; ***das sind unsere Vorstellungen, die Entscheidung bleibt natürlich Ihnen ~*** those are our ideas, the decision will be left to you of course

vorbehaltlich **I.** *präp +gen* (*geh: unter dem Vorbehalt*) ■ **~ einer S.** *gen* subject to sth; **~ behördlicher Genehmigung** subject to permission from the relevant government department **II.** *adj* (*geh: unter Vorbehalt erfolgend*) **eine ~e Genehmigung** conditional approval

vorbehaltlos I. *adj* unconditional, unreserved; ***die Maßnahmen der Regierung genießen unsere ~e Zustimmung*** we unreservedly approve of the measures taken by the government II. *adv* unreservedly, without reservation

vorbei *adv* ① (*vorüber*) ■ ~ **an etw** *dat* past sth; ***es war eine schöne Wanderung ~ an Wiesen und Wäldern*** it was a lovely walk past meadows and forests; ***wir sind schon an München ~*** we have already passed [*or* gone past] Munich; ~**!** missed!; ***schon wieder ~, ich treffe nie*** missed again, I never score/hit the mark ② (*vergangen*) ■ ~ **sein** to be over; ***zum Glück ist die Prüfung jetzt endlich ~*** fortunately the exam is now finally over; ***die Zeit der fetten Jahre ist ~*** gone are the years of plenty!; ***es ist drei Uhr ~*** it's gone three o'clock; [**mit etw/jdm**] ~ **sein** to be the end [of sth/sb]; ***mit meiner Geduld ist es ~*** I've lost patience; ***mit der schönen Zeit war es ~*** the good times were over; ***bald wird es mit ihm ~ sein*** (*fig*) he will soon be dead; ***mit uns ist es ~*** (*fam*) it's over between us; **aus und** ~ over and finished; ~ **ist** ~ what's past is past

vorbei|bringen *vt irreg* (*fam*) ■ [**jdm**] **etw** ~ to drop sth off [*or* BRIT round] [for sb] *fam;* ***wir bringen Ihnen Ihre Pizza zu Hause vorbei*** We'll deliver your pizza to your doorstep; ***ich möchte Ihnen Ihr Geburtstagsgeschenk ~*** I would like to drop off your birthday present **vorbei|dürfen** *vi irreg* (*fam*) ■ [**irgendwo**] ~ to be allowed past [somewhere]; ***entschuldigen Sie, darf ich gerade mal hier vorbei?*** excuse me, can I just get through here? **vorbei|fahren** *irreg* I. *vt haben* (*fam: hinbringen*) ■ **jdn** [**bei jdm**] ~ to drop sb off [at sb's]; ***kannst du mich bei Wilfried ~?*** could you drop me off at Wilfried's? II. *vi sein* ① (*vorüberfahren*) ■ [**an jdm/etw**] ~ to drive past [sb/sth]; ***der Wagen ist eben hier vorbeigefahren*** the car drove past here a few moments ago; ***ich habe im V~ nicht genau sehen können, was auf dem Schild stand*** I couldn't exactly see in passing what was on the sign ② (*fam: kurz aufsuchen*) ■ [**bei jdm/etw**] ~ to call [*or* drop] in [at sb's/sth]; ***ich möchte auf dem Rückweg noch bei meiner Tante ~*** I would like to call in at my aunt's on the way home; ***ich fahre erst noch beim Supermarkt vorbei*** I'm just going to call in at the supermarket first **vorbei|gehen** *vi irreg sein* ① (*vorübergehen*) to go past [*or* by]; ■ [**an jdm/etw**] ~ to go past [sb/sth]; ***sie ging dicht an uns vorbei, erkannte uns aber nicht*** she walked right past us, but didn't recognize us; ***er ging an den Schönheiten der Natur vorbei*** he walked past the things of natural beauty; (*überholen*) to overtake; ***der Russe geht an dem Briten vorbei*** the Russian is overtaking the Briton; (*danebengehen*) to miss [sb/sth]; ***du musst genau zielen, sonst geht der Schuss am Ziel vorbei*** you must aim accurately, otherwise your shot will miss the target; ■ **im V~** in passing; ***im V~ konnte ich nichts Ungewöhnliches feststellen*** I didn't notice anything unusual in passing ② (*fam: aufsuchen*) ■ [**bei jdm/etw**] ~ to call [*or* drop] in [at sb's/sth]; ***gehe doch bitte auf dem Rückweg bei der Apotheke vorbei*** please could you drop in at the Chemist's on the way back ③ (*vergehen*) ■ **etw geht vorbei** sth passes; ***irgendwann geht die Enttäuschung vorbei*** the disappointment will pass sometime or other; **keine Gelegenheit ungenutzt ~ lassen** (*fig*) to not let an opportunity slip [*or* pass] **vorbei|kommen** *vi irreg sein* ① (*passieren*) to pass; ***wir sind an vielen schönen Häusern vorbeigekommen*** we passed many beautiful houses; ***sag Bescheid, wenn wir an einer Telefonzelle ~*** let me know when we pass a telephone box ② (*fam: besuchen*) ■ [**bei jdm**] ~ to call [*or* drop] in [at sb's]; ***komm doch mal bei mir vorbei, wenn du in der Gegend bist*** drop in at my place when you're in the area ③ (*vorübergelangen können*) ■ [**irgendwo** [*o* **an etw/jdm**]] [**nicht**] ~ to [not] get past [*or* by] [somewhere [*or* sth/sb]]; **an einen Hindernis** ~ to get past an obstacle; **an einer Wache** ~ to get past a guard; **an dieser Tatsache kommen wir nicht vorbei** (*fig*) we can't escape this fact; **nicht daran ~, dass** (*fig*) not to be able to get around [*or* BRIT round] the fact that; ***wir kommen nicht daran vorbei, dass wir verantwortlich sind*** we can't get round the fact that we're responsible **vorbei|können** *vi irreg* ■ [**irgendwo/an jdm**] ~ to be able to get past [*or* by] [somewhere [*or* sb]]; ***entschuldigen Sie, kann ich mal vorbei?*** excuse me, may I get past?; ***es kann keiner an mir vorbei, ohne bemerkt zu werden*** nobody can get past me without being noticed **vorbei|lassen** *vt irreg* ① (*vorbeigehen lassen*) ■ **jdn/etw** [**an jdm**] ~ to let sb/sth past [sb]; ***lassen Sie uns bitte vorbei, wir müssen zu den Verletzten!*** let us through please, we must get to the injured!; ***er ließ mich nicht an sich vorbei*** he wouldn't let me [get] past him; ***Linksabbieger müssen erst den geradeaus fahrenden Verkehr ~*** vehicles turning left must give way to oncoming traffic ② (*verstreichen lassen*) to let sth go by; **eine Gelegenheit ungenutzt** ~ to let an opportunity slip **vorbeilaufen** *vi* ■ [**an etw/jdm**] ~ to walk past [*or* by] [sb/sth] **Vorbeimarsch** *m* march-past **vorbeimarschieren** *vi* ■ [**an etw/jdm**] ~ to march past [*or* by] [sth/sb] **vorbei|reden** *vi* to skirt around [*or* BRIT round] sth; **am Thema** ~ to miss the point; [**aneinander**] ~ to be talking at cross purposes *pl* **vorbei|schauen** *vi* (*fam: besuchen*) ■ [**bei jdm/etw**] ~ to look in [on sb/sth]; ***hast du auf dem Nachhauseweg noch mal bei Mutter vorbeigeschaut?*** did you look in on mother on the way home? **vorbei|schießen** *vi irreg* ① *haben* (*danebenschießen*) ■ [**an jdm/etw**] ~ to miss [sb/sth] ② *sein* (*eilig vorbeilaufen*) ■ [**an jdm/etw**] ~ to shoot past [sb/sth] **vorbei|schleusen** *vt* (*fam*) **Gelder am Finanzamt** ~ to run secret accounts; **Gelder an offiziellen Konten** ~ to channel funds into secret accounts **vorbei|schrammen** *vi sein* (*fam*) ■ [**an etw** *dat*] ~ to escape [sth] by the skin of one's teeth **vorbei|ziehen** *vi irreg sein* ① (*vorüberziehen*) ■ [**an jdm/etw**] ~ to pass by [sb/sth]; *Wolken, Rauch* to drift past; **die Ereignisse in der Erinnerung ~ lassen** (*fig fam*) to let events go through one's mind ② (*überholen*) ■ [**an jdm**] ~ to pull past [sb]

vorbelastet *adj* at a disadvantage; **erblich ~ sein** to have an inherited defect

Vorbemerkung *f* preface, foreword

vor|bereiten* I. *vt* ① (*im Voraus bereiten*) ■ **etw** [**für etw** *akk*] ~ to prepare sth [for sth] ② (*einstimmen, einstellen*) ■ **jdn** [**auf etw** *akk*] ~ to prepare sb [for sth] II. *vr* ■ **sich** *akk* [**auf etw** *akk*] ~ to prepare oneself [for sth]; ***ich möchte dich auf eine unangenehme Nachricht ~!*** I would like you to prepare yourself for some bad news!; ***wir bereiten uns auf ihre Ankunft vor*** we're preparing for her arrival; ■ **sich** *akk* **für etw** *akk* ~ to prepare oneself for sth; **sich** *akk* **für eine Prüfung** ~ to prepare for an exam

vorbereitend *adj attr* preparatory

vorbereitet *adj* ① (*vorher erledigen, herstellen*) prepared ② (*eingestellt*) ■ [**auf etw/jdn**] ~ **sein** to be prepared [for sth/sb]

Vorbereitung <-, -en> *f* preparation; ~**en** [**für etw** *akk*] **treffen** to make preparations [for sth]

Vorbesprechung *f* preliminary discussion [*or* meeting] **vor|bestellen*** *vt* ■ **etw** ~ to order sth in advance, to reserve; ***ich möchte bitte zwei Karten ~*** I'd like to book two tickets please **Vorbestellung** *f*

V

advance booking [*or* order]

Vorbestimmung <-, -en> *f* fate; ■ **es war ~, dass** it was fate, that; **an ~ glauben** to believe in fate

vorbestraft *adj* (*fam*) previously convicted; **mehrfach ~ sein** to have several previous convictions; **nicht ~ sein** to not have a criminal record [*or* a previous conviction]; ■ **[wegen etw** *dat***] ~ sein** to have a previous conviction [for sth]

Vorbestrafte(r) *f(m) decl wie adj* person with a previous conviction

vor|beten I. *vt* (*fam: hersagen*) ■ **[jdm] etw ~** to hold forth on/about sth [to sb]; ***er hat uns die ganzen Gesetze vorgebetet*** he held forth to us about all the laws II. *vi* (*als Vorbeter tätig sein*) to lead the prayer[s]

Vorbeter(in) *m(f)* prayer leader

vor|beugen I. *vt* (*nach vorne beugen*) ■ **etw ~** to bend sth forward; **den Kopf ~** he bent [his head] forward; ***beuge den Oberkörper nicht zu weit vor, sonst verlierst du das Gleichgewicht!*** don't lean too far forward, or you'll lose your balance II. *vi* (*Prophylaxe betreiben*) ■ **[etw** *dat***] ~** to prevent sth; **einer Krankheit/Gefahr ~** to prevent an illness/danger; ***in Zeiten erhöhter Erkältungsgefahr beuge ich vor*** in times of increased risk of colds I take preventive measures ▸ WENDUNGEN: **~ ist besser als heilen** (*prov*) prevention is better than cure *prov* III. *vr* ■ **sich** *akk* **~** to lean forward

vorbeugend I. *adj* preventive, preventative; **eine ~e Maßnahme** a preventive measure II. *adv* as a precautionary measure; **sich** *akk* **~ impfen lassen** to be vaccinated as a precaution

Vorbeugung <-, -en> *f* prevention; ***regelmäßiges Zähneputzen dient der ~ gegen Karies*** regular brushing of one's teeth helps prevent tooth decay; **zur ~ [gegen etw** *akk***]** as a prevention [*or esp* BRIT prophylactic] [against sth]

Vorbeugungsmaßnahme *f* preventative measure

Vorbild <-[e]s, -er> *nt* example; **nach dem ~ von ...** following the example set by ...; ***ihr Vater war ihr großes ~*** her father was a great example for her; **ein leuchtendes/schlechtes ~** a shining/poor example; **[jdm] als ~ dienen** to serve as an example [for sb]; **[sich** *dat***] jdn zum ~ nehmen** to model oneself on sb; **das ist ohne ~** (*fig*) that has no equal

Vorbildfunktion *f* exemplary function

vorbildlich I. *adj* exemplary II. *adv* in an exemplary manner; ***sie haben sich ~ benommen*** they behaved in an exemplary manner

Vorbildung *f kein pl* educational background; (*allgemeiner*) previous experience **Vorbote** *m* harbinger, herald

vor|bringen *vt irreg* ■ **etw** *akk* **[gegen etw** *akk* [*o* **zu etw** *dat*]**] ~** to have sth to say [about sth]; **ein Argument ~** to put forward [*or* present] [*or* offer] an argument; **eine Meinung ~** to voice [*or* express] [*or* offer] one's opinion; **Bedenken ~** to express one's misgivings; **einen Einwand ~** to raise [*or* make] [*or* lodge] an objection; **Fakten ~** to cite facts; ***bitte beschränken sie sich lediglich auf die Fakten*** please stick to the facts; ***darf ich eine Frage ~*** may I raise a question

Vordach *nt* ARCHIT canopy **vor|datieren*** *vt* ■ **etw ~** to post-date sth **Vordenker(in)** *m(f)* progressive thinker

Vorderachse *f* AUTO front axle **Vorderansicht** *f* front view **Vorderausgang** *m* front exit **Vorderbein** *nt* ZOOL foreleg **Vorderdeck** *nt* NAUT foredeck

vordere(r, s) *adj* front; ***die Explosion zerstörte den ~n Bereich des Domes*** the explosion destroyed the front [section [*or* part]] of the cathedral

Vordereingang *m* front entrance **Vorderfront** *f* frontage **Vordergrund** *m a.* KUNST, FOTO foreground; **sich** *akk* **in den ~ drängen** [*o* **schieben**] to push oneself to the fore; **etw** *akk* **in den ~ rücken** [*o* **stellen**] to give priority to sth; **im ~ stehen** to be the centre [*or* AM -er] of attention; **in den ~ treten** to come to the fore **vordergründig** I. *adj* superficial II. *adv* at first glance **Vorderhaus** *nt* front part of a house, part of a house which faces the street **Vorderlader** <-s, -> *m* (*Waffenart*) muzzle-loader **Vorderlauf** *m* JAGD foreleg **Vordermann** *m* ■ **jds ~** person in front of sb ▸ WENDUNGEN: **etw/jdn auf ~ bringen** (*fam*) to lick sth/sb into shape **Vorderpfote** *f* ZOOL front paw, fore-paw **Vorderrad** *nt* front wheel **Vorderradantrieb** *m* AUTO front-wheel drive; **mit ~** [with] front-wheel drive; **ein Wagen mit ~** a car with front-wheel drive [*or* front-wheel drive car] **Vorderreifen** *m* front tyre [*or* AM tire] **Vorderschinken** *m* KOCHK shoulder ham *no indef art, no pl,* shoulder of ham **Vorderseite** *f* front [side] **Vordersitz** *m* front seat

vorderste(r, s) *adj superl von* **vordere(r, s)** foremost; **die ~n Plätze/Reihen** the seats/rows at the very front

Vorderste(r) *f(m) decl wie adj* person at the front; ***wir waren die ~n in der Schlange*** we were at the head of the queue

Vorderteil *m o nt* front [part]

Vordiplom *nt* SCH intermediate diploma (*first part of the final exams towards a diploma*)

vor|drängeln *vr,* **vor|drängen** *vr* ■ **sich ~** to push to the front

vor|dringen *vi irreg sein* ❶ (*vorstoßen*) ■ **[bis] irgendwohin ~** to reach [*or* get as far as] somewhere; ***wir müssen bis zum Fluss ~, dann sind wir gerettet*** we must get as far as the river, then we'll be saved ❷ (*gelangen*) ■ **[bis] zu jdm ~** to reach [*or* get as far as] sb; ***ist die Nachricht seines Rücktritts bis zu dir vorgedrungen?*** have you heard that he's resigned? ❸ (*beim Lesen angelangen*) ■ **[bis] irgendwohin ~** to read [*or* get] as far as somewhere; ***ich bin erst bis Seite 35 vorgedrungen*** I've only reached page 35 [so far]

vordringlich I. *adj* urgent, pressing II. *adv* as a matter of urgency; ***hier ist eine Liste der ~ zu besprechenden Punkte*** here is a list of the points which urgently need discussing [*or* are in most urgent need of discussion]

Vordruck <-drucke> *m* form

vorehelich *adj attr* pre-marital

voreilig I. *adj* rash, over-hasty II. *adv* rashly, hastily; **sich** *akk* **~ entschließen** to make a rash [*or* an over-hasty] decision; **~ schließen, dass ...** to jump to the conclusion that ...; ***diese Entscheidung ist zu ~ erfolgt*** this decision was taken too hastily; ***man sollte sich hüten, ~ über andere Menschen zu urteilen*** one should be careful not to be too quick to judge others

voreinander *adv* in front of one another [*or* each other]; **Angst ~ haben** to be afraid of each other [*or* one another]; **Geheimnisse ~ haben** to have secrets from each other [*or* one another]; **Respekt ~ haben** to have respect for each other [*or* one another]; **sich** *akk* **~ schämen/genieren** to be ashamed/embarrassed to look each other in the face [*or* in the eye]

voreingenommen *adj* prejudiced; ■ **~ sein [gegenüber jdm]** to be prejudiced [against sb]; ***die Prüfer waren mir gegenüber ~*** the examiners were biased against me

Voreingenommenheit <-> *f kein pl* prejudice

Voreinstellung *f* INFORM previously installed setting

vor|enthalten* *vt irreg* ■ **[jdm] etw** *akk* **~** to withhold [*or* keep] sth [from sb]

Vorentscheidung *f* ❶ (*Entscheidung vorwegnehmender Beschluss*) preliminary decision ❷ SPORT (*ent-*

scheidendes Zwischenergebnis) preliminary round; ***das 2:0 war so etwas wie eine ~ im heutigen Spiel*** today's game was [as good as] decided when the 2–0 was scored [*or* lead was extended to 2–0]

vorerst *adv* for the time being, for the present [*or* moment]; ***ich habe ~ noch nichts erfahren können*** I've haven't been able to find out anything as yet

Vorfahr(in) <-en, -en> *m(f)* forefather, ancestor

vor|fahren *irreg* **I.** *vi sein* 1 (*vor ein Gebäude fahren*) ■ **[in/mit etw** *dat***]** ~ to drive up [in sth] 2 (*ein Stück weiterfahren*) to move up [*or* forward]; ***fahren Sie bitte vor, hier dürfen Sie nicht halten!*** can you move on please, you're not allowed to stop here! 3 (*früher fahren*) to go [*or* drive] on ahead **II.** *vt haben* 1 (*weiter nach vorn fahren*) ■ **etw** ~ to move sth up [*or* forward] 2 (*vor ein Gebäude fahren*) ■ **etw** ~ to bring sth around [*or* BRIT *a.* round]; ■ **etw** *akk* ~ **lassen** to have sth brought around [*or* BRIT *a.* round], to send for sth

Vorfahrt *f kein pl* TRANSP right of way; ~ **haben** to have [the] right of way; **jdm die ~ nehmen** to fail to give way to sb

Vorfahrtsschild *nt* right of way sign **Vorfahrtsstraße** *f* main [*or* major] road **Vorfahrtszeichen** *nt s.* **Vorfahrtsschild**

Vorfall *m* 1 (*Geschehnis*) incident, occurrence; ***dieser ~ darf nicht an die Öffentlichkeit dringen*** this incident must not become public [knowledge] 2 MED (*Prolaps*) prolapse

vor|fallen *vi irreg sein* to happen, to occur *form;* ***ist irgendwas vorgefallen, du bist so nervös?*** has anything happened, you seem so nervous?

Vorfeld *nt* 1 MIL (*Gelände vor Stellung*) approaches *pl;* ***das ~ der Stellungen war vermint und mit Stacheldrahtverhauen versehen worden*** the approaches to the placements were mined and covered with barbed wire 2 LUFT apron ▸ WENDUNGEN: **im ~ von etw** *dat* in the run-up to sth **Vorfilm** *m* FILM supporting film

vor|finanzieren* *f* FIN ■ **[jdm] etw** *akk* ~ to prefinance sth [for sb], to provide advance financing [to sb] for sth

vor|finden *vt irreg* ■ **jdn/etw** ~ to find sb/sth; **jdn krank/wohlauf** ~ to find sb unwell/in good health; ***Sie werden eine nervöse Gereiztheit ~, wenn Sie dort sind*** you'll notice a nervous irritability while you're there

Vorfreude *f* [excited] anticipation; ■ **die** [*o* **jds**] ~ **[auf etw** *akk***]** the/sb's [excited] anticipation [of sth] **Vorfrühling** *m* early [taste of] spring

vor|fühlen *vi* to put [*or* send] out a few feelers; ■ **bei jdm** ~ to sound sb out *sep*

vor|führen *vt* 1 MODE (*präsentieren*) ■ **[jdm] etw** *akk* ~ to model sth [for sb]; ***darf ich Ihnen wohl unser neuestes Modell ~?*** please allow me to show you our new model 2 (*darbieten*) ■ **[jdm] etw** *akk* ~ to perform sth [for sb] 3 JUR (*in den Gerichtssaal bringen*) ■ **jdn** ~ to bring in sb *sep;* **jdn dem Richter** ~ to bring sb before the judge 4 (*fam: bloßstellen*) ■ **jdn** ~ to show sb up

Vorführraum *m* FILM projection room

Vorführung *f* 1 FILM (*Filmvorführung*) showing 2 MODE (*Präsentation*) modelling

Vorführwagen *m* AUTO demonstration model [*or* car]

Vorgabe *f* 1 *meist pl* (*Richtwert*) guideline 2 SPORT (*zur Verfügung gestellter Vorsprung*) [head] start

Vorgang <-gänge> *m* 1 (*Geschehnis*) event; ***ich beobachte seit einiger Zeit merkwürdige Vorgänge um mich herum*** I've been noticing for some time strange occurrences happening around me 2 (*Prozess*) process 3 (*geh: angelegte Akte*) file

Vorgänger(in) <-s, -> *m(f)* ■ **jds** ~ sb's predecessor

vorgängig **I.** *adj* SCHWEIZ (*vorausgehend*) previous, prior **II.** *adv* (*vorher*) beforehand

Vorgarten *m* HORT front garden

vor|gaukeln *vt* (*geh*) ■ **jdm etw** *akk* ~ to lead sb to believe in sth; ■ **jdm ~, dass ...** to lead sb to believe that ...

vor|geben *irreg* **I.** *vt* 1 (*vorschützen*) ■ **etw** ~ to use sth as an excuse [*or* a pretext] 2 (*fam: nach vorn geben*) ■ **etw** *akk* **[zu jdm]** ~ to pass sth forward [to sb] 3 (*festlegen*) ■ **[jdm] etw** *akk* ~ to set sth in advance [for sb] **II.** *vi* ■ ~ **[, dass ...]** to pretend [that ...]

Vorgebirge *nt* foothills *pl*

vorgeblich *adj* (*geh*) *s.* **angeblich**

vorgefasst[RR] *adj,* **vorgefaßt** *adj* preconceived

Vorgefühl *nt s.* **Vorahnung**

vor|gehen *vi irreg sein* 1 (*vorausgehen*) to go on ahead 2 (*zu schnell gehen*) to be fast; ***meine Uhr geht fünf Minuten vor*** my watch is five minutes fast 3 (*Priorität haben*) to have [*or* take] priority, to come first 4 MIL (*vorrücken*) ■ **[gegen jdn/etw]** ~ to advance [on [*or* towards] sb/sth] 5 (*Schritte ergreifen*) ■ **[gegen jdn/etw]** ~ to take action [against sb/sth]; **gerichtlich gegen jdn** ~ to take legal action [*or* proceedings] against sb 6 (*sich abspielen*) ■ **[irgendwo]** ~ to go on [*or* happen] [somewhere]; ■ **[in jdm]** ~ to go on [inside sb]; ■ **[mit jdm]** ~ to happen [to sb] 7 (*verfahren*) ■ **[bei etw** *dat***] irgendwie** ~ to proceed somehow [in sth]

Vorgehen <-s> *nt kein pl* 1 (*Einschreiten*) action; ***es wird Zeit für ein energisches ~ gegen das organisierte Verbrechen*** its time for concerted action to be taken against organized crime 2 (*Verfahrensweise*) course of action

Vorgehensweise *f* procedure

vorgelagert *adj* GEOG offshore; ■ **[einer S.** *dat***] ~ sein** to be [situated] [*or* lie] off sth **Vorgeschichte** *f* 1 (*vorausgegangener Verlauf*) [past] history 2 *kein pl* (*Prähistorie*) prehistory *no indef art, no pl,* prehistoric times *pl* **vorgeschichtlich** *adj* prehistoric **Vorgeschmack** *m kein pl* foretaste; **jdm einen ~ [von etw** *dat***] geben** to give sb a foretaste [of sth]

Vorgesetzte(r) *f(m) decl wie adj* superior; ■ **jds ~(r)** sb's superior

vorgestern *adv* 1 (*Tag vor gestern*) the day before yesterday; ~ **Abend/Früh/Mittag** the evening before last/early on the morning of the day before yesterday/ the day before yesterday at midday; ~ **Morgen/Nacht** the morning/night before last; **von ~** (*vorgestrig*) from the day before yesterday; ***haben wir noch die Zeitung von ~?*** have we still got the paper from the day before yesterday? 2 (*antiquiert*) old-fashioned, outdated, outmoded

vorgestrig *adj* 1 (*vorgestern liegend*) of [*or* from] the day before yesterday *pred;* **~er Abend/Morgen/Nacht** the evening/morning/night before last; **~er Mittag** the day before yesterday at midday 2 (*antiquiert*) old-fashioned, outdated, outmoded

vor|greifen *vi irreg* 1 (*jds Handeln vorwegnehmen*) ■ **jdm** ~ to anticipate what sb is planning to do; ***aber fahren Sie doch fort, ich will Ihnen nicht ~*** do continue, I didn't mean to jump in ahead of you 2 (*etw vorwegnehmen*) ■ **einer S.** *dat* ~ to anticipate sth

Vorgriff *m* **im** [*o* **in**] [*o* **unter**] ~ **[auf etw** *akk***]** in anticipation [of sth]

vor|haben *vt irreg* ■ **etw** ~ to plan sth [*or* have sth planned]; ■ **etw** *akk* **[mit jdm]** ~ to have sth planned [for sb]; ***wir haben große Dinge mit Ihnen vor*** we've got great plans for you; ***was die Terroristen wohl mit ihren Geiseln ~?*** I wonder what the terrorists intend to do with their hostages?; ■ **etw** *akk* **[mit etw** *dat***]** ~ to plan [*or* intend] to do sth [with sth]; ■ ~,

V

etw *akk* **zu tun** to plan to do sth; ***hast du etwa vor, nach dem Abendessen noch weiterzuarbeiten?*** do you intend to carry on working after dinner?

Vorhaben <-s, -> *nt* plan; ***das ist wirklich ein anspruchsvolles ~*** this really is an ambitious project

Vorhalle *f* ARCHIT entrance hall; (*eines Hotels/Theaters*) foyer

vor|halten *irreg* **I.** *vt* ① (*vorwerfen*) ■**jdm etw** *akk* ~ to reproach sb for [*or* with] sth ② (*davor halten*) ■**[jdm] etw** *akk* ~ to hold sth [in front of sb]; ***halt dir gefälligst die Hand vor, wenn du hustest!*** kindly put your hand over your mouth when you cough! **II.** *vi* to last; ***ich habe fünf Teller Eintopf gegessen, das hält erst mal eine Weile vor*** I've eaten five bowlfuls of stew, that should keep me going for a while

Vorhaltung *f meist pl* reproach; **jdm [wegen etw** *dat*] **~en machen** to reproach sb [for [*or* with] sth]

Vorhand <-> *f kein pl* ① SPORT (*Schlag*) forehand ② ZOOL (*Vorderbeine von Pferd*) forehand

vorhanden *adj* ① (*verfügbar*) available *inv;* ***aus noch ~en Reststücken nähte sie eine neue Tagesdecke*** she used the pieces [of material] which were left to make a new bedspread; ■**~ sein** to be left ② (*existierend*) which [still] exist *pred,* existing; ***es waren noch einige Fehler ~*** there were still some mistakes [[left] in it]

Vorhang <-s, Vorhänge> *m* curtain; **der Eiserne ~** HIST the Iron Curtain

Vorhängeschloss^RR *nt* padlock

Vorhaus *nt* ÖSTERR (*Hausflur*) [entrance] hall

Vorhaut *f* ANAT foreskin, prepuce *spec*

vorher *adv* beforehand; ***das hätte ich doch ~ wissen müssen*** I could have done with knowing that before[hand]; ***wir fahren bald los, ~ sollten wir aber noch etwas essen*** we're leaving soon, but we should have something to eat before we go; ***die Besprechung dauert bis 15 Uhr, ~ darf ich nicht gestört werden*** the meeting is due to last until 3 o'clock, I mustn't be disturbed until then

vorher|bestimmen* *vt* ■**etw ~** to predetermine [*or* foreordain] sth; ■**vorherbestimmt sein** to be predestined [*or* pre-ordained] **vorhergehend** *adj* previous *attr,* preceding; **am ~en Tag** on the previous [*or* preceding] day, the day before

vorherig *adj attr* ① (*zuvor erfolgend*) prior; (*Abmachung, Vereinbarung*) previous, prior; ***wenn Sie mich sprechen wollen, dann bitte ich um einen ~en Anruf*** if you would like to speak to me, then I would ask you to call [me] beforehand; ***die Verhandlung ist am 17. März, ein ~es Treffen ist dringend nötig*** the case will be heard on the 17th March, a meeting prior to that date is vital; ***ich unternehme nichts ohne ~e Genehmigung durch die Geschäftsleitung*** I won't undertake anything without having first obtained the management's approval ② *s.* **vorhergehend**

Vorherrschaft *f* POL hegemony, [pre]dominance, supremacy

vor|herrschen *vi* ① (*überwiegen*) to predominate [*or* be predominant], to prevail ② GEOG (*überwiegend vorhanden sein*) to predominate [*or* be predominant]

vorherrschend *adj* predominant, prevailing; (*weitverbreitet*) prevalent; **nach ~er Meinung** according to the prevailing opinion

Vorhersage *f* ① METEO (*Wettervorhersage*) forecast ② (*Voraussage*) prediction **vorher|sagen** *vt s.* **voraussagen vorhersehbar** *adj inv* foreseeable **vorher|sehen** *vt irreg* ■**etw ~** to foresee sth

vorhin *adv* a moment ago, just [now]; ***das habe ich ~ gehört*** I've just heard about that

vorhinein *adv* **im V~** in advance; [**etw** *akk*] **im V~ sagen/wissen** to say/know [sth] in advance [*or* beforehand]

Vorhof *m* ① ANAT (*Vorkammer*) atrium, auricle ② ARCHIT (*Burghof*) forecourt **Vorhölle** *f* REL limbo

Vorhut <-, -en> *f* MIL vanguard, advance-guard

vorig *adj attr* last, previous; ***diese Konferenz war genauso langweilig wie die ~e*** this conference was just as boring as the previous one

Vorjahr *nt* last year; **im Vergleich zum ~** compared to last year; **im ~** last year

vorjährig *adj* last year's *attr;* ***dieser Beschluss wurde auf unserer ~en Konferenz gefasst*** this decision was made at our conference last year

vor|jammern *vt* (*fam*) ■**jdm etw** *akk* [**von etw** *dat*] ~ to moan [*or sl* gripe] to sb [about sth]

Vorkammer *f* ANAT (*Vorhof*) atrium **Vorkämpfer(in)** *m(f)* pioneer, champion, advocate **Vorkasse** *f* ÖKON advance payment; ***wir liefern Ihnen die Waren nur gegen ~*** we'll only supply the goods to you on advance payment

vor|kauen *vt* (*fam: in allen Details darlegen*) ■[**jdm**] **etw** *akk* ~ to spell out sth [to sb] *sep*

Vorkaufsrecht *nt* JUR right of first refusal, [right of] pre-emption

Vorkehr <-, -en> *f* SCHWEIZ (*Vorkehrung*) precaution, precautionary measure

Vorkehrung <-, -en> *f* precaution, precautionary measure; **~en treffen** to take precautions [*or* precautionary measures]

Vorkenntnis *f meist pl* previous experience *no pl, no indef art*

vor|knöpfen *vt* (*fam*) ■**sich** *dat* **jdn ~** to give sb a good talking-to *fam,* to take sb to task; ***sie erzählt wieder Lügen über mich? na, die werde ich mir mal ~!*** she's telling lies about me again? well, I'll give her a [good] piece of my mind!

vor|kommen *vi irreg sein* ① (*passieren*) to happen; ■**es kommt vor, dass ...** it can happen that ...; ***es kommt selten vor, dass ich mal etwas vergesse*** I rarely forget anything; **das kann [schon mal] ~** it happens, these things [can] happen; **das soll** [*o* **wird**] **nicht wieder ~** it won't happen again; **so was soll ~!, das kommt vor** these things [can] happen; ***so etwas ist mir noch nie vorgekommen*** I've never known anything like it before ② (*vorhanden sein*) ■[**irgendwo**] ~ to be found [somewhere], to occur [somewhere]; ***in seinen Artikeln kommt auffällig oft das Wort „insbesondere" vor*** its noticeable how often the words "in particular" are used in his articles; ***das ist ein Fehler, der in vielen Wörterbüchern vorkommt*** this is a mistake which occurs in many dictionaries ③ (*erscheinen*) to seem; ■**sich** *dat* [**irgendwie**] ~ to feel [somehow]; ***du kommst dir wohl sehr schlau vor?*** you think you're very clever, don't [*or* a bit clever, do] you?; ***das Lied kommt mir bekannt vor*** this song sounds familiar to me; ***Sie können mich gar nicht kennen, das kommt Ihnen allenfalls so vor*** you can't [possibly] know me, it only seems like you do ④ (*nach vorn kommen*) to come to the front [*or* forward] ⑤ (*zum Vorschein kommen*) to come out; **hinter etw** *dat* ~ to come out from behind sth ▶ WENDUNGEN: **wie kommst du mir eigentlich** [*o* **denn**] **vor?, wie kommen Sie mir eigentlich** [*o* **denn**] **vor?** (*fam*) who on earth do you think you are? *fam*

Vorkommen <-s, -> *nt* ① *kein pl* MED (*das Auftreten*) incidence ② *meist pl* BERGB (*Lagerstätte*) deposit

Vorkommnis <-ses, -se> *nt* incident, occurrence; **besondere/keine besonderen ~se** particular incidents [*or* occurrences]/nothing out of the ordinary; ***es wird über Sichtungen von Ufos und über andere unerklärliche ~se berichtet*** there are reports of Ufo sightings and other unexplained incidents; ***irgendwelche besonderen ~se? — keine besonderen ~se, Herr Oberleutnant!*** anything to report? — nothing to report, sir!

Vorkriegsauto *nt* pre-war car **Vorkriegszeit** *f* pre-war period; ***dieses Medikament war in der ~ noch unbekannt*** this medicine was still unknown before the war; ***er hat einen Teil der ~ in Brasilien verbracht*** he spent some time in Brazil before the war

vor|laden *vt irreg* JUR ■**jdn** ~ to summon [*or* cite] sb, issue [*or* serve] a summons on sb; (*unter Strafandrohung*) to subpoena sb

Vorladung *f* JUR ❶ (*das Vorladen*) summoning, citation ❷ (*Schreiben*) summons, citation; (*unter Strafandrohung*) subpoena

Vorlage *f* ❶ *kein pl* (*das Vorlegen*) presentation; (*von Dokumenten, Unterlagen*) presentation, production; ***ohne ~ von Beweisen können wir der Sache nicht nachgehen*** if you can't produce [*or* provide [*or* furnish] us with] any evidence we can't look into the matter; ***wann dürfen wir mit der ~ der fehlenden Unterlagen rechnen?*** when can we expect you to produce the missing documents?; **gegen** [*o* **bei**] ~ **einer S.** *gen* on presentation [*or* production] of sth; [**mit etw** *dat*] **in ~ treten** ÖKON, FIN to make an advance payment [of sth]; ***meine Bank tritt mit 450.000 DM in ~*** my bank made an advance payment of DM 450,000 ❷ KUNST (*Zeichenvorlage*) pattern ❸ POL (*Gesetzesvorlage*) bill ❹ SCHWEIZ (*Vorleger*) mat

Vorland *nt kein pl* GEOG ❶ (*Ausläufer*) foothills *pl* ❷ (*Deichvorland*) foreshore

vor|lassen *vt irreg* ❶ (*fam: den Vortritt lassen*) ■**jdn** ~ to let sb go first [*or* in front] ❷ (*nach vorn durchlassen*) ■**jdn** ~ to let sb past [*or* through] ❸ (*Zutritt gewähren*) ■**jdn** [**zu jdm**] ~ to let [*or* allow] sb in [to see sb], to admit sb [to sb] *form*

Vorlauf *m* ❶ SPORT (*Qualifikationslauf*) qualifying [*or* preliminary] [*or* trial] heat, qualifying [*or* preliminary] round ❷ TECH (*schnelles Vorspulen*) fast-forward[ing]; (*Heizungsvorlauf*) flow [pipe] ❸ TRANSP, ÖKON forward planning

vor|laufen *vi irreg sein* (*fam*) ■[**irgendwohin**] ~ to run on ahead [*or* in front] [somewhere]

Vorläufer(in) *m(f)* precursor, forerunner

vorläufig **I.** *adj* temporary; (*Ergebnis*) provisional; (*Regelung*) interim, provisional, temporary **II.** *adv* for the time being [*or* present]; **jdn ~ festnehmen** to take sb into temporary custody

vorlaut *adj* cheeky, impertinent

Vorleben *nt kein pl* ■**jds** ~ sb's past [life]; **ein ~ haben** to have a past

Vorlegebesteck *nt* serving cutlery **Vorlegegabel** *f* serving fork

vor|legen *vt* ❶ (*einreichen*) ■[**jdm**] **etw** *akk* ~ to present sth [to sb] [*or* [sb with] sth]; [**jdm**] **Beweise** ~ to produce [*or* provide] evidence [for sb], to furnish [*or* provide] sb with evidence; [**jdm**] **Dokumente** [*o* **Unterlagen**] ~ to present documents [to sb] [*or* [sb with] documents], to produce documents [for sb]; [**jdm**] **Zeugnisse** ~ to produce one's certificates [for sb], to show [sb] one's certificates [*or* one's certificates [to sb]] ❷ (*vor etw schieben*) ■**etw** ~ to put on sth *sep;* **einen Riegel** ~ to put [*or* slide] a bolt across

Vorleger <-s, -> *m* ❶ (*Fußabtreter*) [door]mat ❷ (*Bettvorleger*) [bedside] rug; (*Toilettenvorleger*) mat

vor|lehnen *vr* ■**sich** ~ to lean forward

Vorleistung *f* POL advance [*or* prior] concession

vor|lesen *irreg* **I.** *vt* ■[**jdm**] **etw** *akk* ~ to read out *sep* sth [to sb]; ***soll ich dir den Artikel aus der Zeitung ~?*** shall I read you the article from the newspaper?; ***vor dem Zubettgehen liest sie den Kindern immer eine Gutenachtgeschichte vor*** she always reads the children a bedtime story before they go to bed; ■[**jdm**] ~, **was ...** to read out [to sb] what ... **II.** *vi* ■[**jdm**] ~ *dat* to read aloud [*or* out [loud]] [to sb] (**aus** +*akk* from); ***liest du den Kindern bitte vor?*** will you read to the children, please?

Vorleser(in) *m(f)* reader

Vorlesung *f* SCH lecture; **eine ~/~en** [**über etw** *akk*] **halten** to give [*or* deliver] a lecture/course [*or* series] of lectures *npl* [on sth]

vorlesungsfrei *adj* SCH **in der ~en Zeit** during the semester break, outside of term-time BRIT, when there are no lectures [*or* AM classes] **Vorlesungsverzeichnis** *nt* SCH lecture timetable, timetable of lectures

vorletzte(r, s) *adj* ❶ (*vor dem Letzten liegend*) before last *pred;* **das ~ Treffen** the meeting before last, penultimate [*or* second last] [*or* AM next to last] meeting ❷ (*in einer Aufstellung*) penultimate, last but one BRIT, next to last AM; ***sie ging als ~ Läuferin durchs Ziel*** she was the second last runner to finish; ***bisher liegt dieser Wagen in der Wertung an ~r Stelle*** up to now, this car is last but one in the ranking; ***Sie kommen leider erst als V~r dran*** I'm afraid you'll be the last but one [person] to be seen; ***Sie springen als V~*** you'll be [the] second last to jump

vorlieb [**mit jdm/etw**] ~ **nehmen** to make do [with sb/sth]

Vorliebe *f* preference, particular liking [of], predilection *form;* ■**jds/eine ~ für jdn/etw** sb's/a preference for sb/sth; **~n** [*o* **eine ~**] [**für jdn/etw**] **haben** to have a particular liking [of sb/sth]; **mit ~** to particularly like; **etw** *akk* **mit ~ essen/trinken** to particularly like eating/drinking [*or* be very partial to] sth; ***sie beschäftigt sich mit ~ damit, anderen Leuten Fehler nachzuweisen*** she takes great delight in pointing out other people's mistakes [to them]

vor|liegen *vi irreg* ❶ (*eingereicht sein*) ■[**jdm**] ~ to have come in [to sb], to have been received [by sb]; ***mein Antrag liegt Ihnen jetzt seit vier Monaten vor!*** my application's been with you for four months now!; ***zur Zeit liegen uns noch keine Beweise vor*** as yet we still have no proof; ***der Polizei liegen belastende Fotos vor*** the police are in possession of incriminating photo[graph]s ❷ MEDIA (*erschienen sein*) to be out [*or* available] [*or* published]; ***das Buch liegt nunmehr in einer neu bearbeiteten Fassung vor*** a revised edition of the book has now been published ❸ (*bestehen*) to be; ***hier muss ein Irrtum ~*** there must be some mistake here ❹ JUR (*erstattet sein*) ■[**gegen jdn**] ~ to be charged with sth, sb is charged with sth; ***ich habe ein Recht zu erfahren, was gegen mich vorliegt*** I have a right to know what I've been charged with; ***uns liegt hier eine Beschwerde gegen Sie vor*** we have received a complaint about you

vorliegend *adj attr* available *inv;* **die ~en Tatsachen/Unterlagen** the available facts/documents [*or* facts/documents available to sb]; *s. a.* **Fall**

vor|lügen *vt irreg* ■[**jdm**] **etwas** ~ to lie to sb; ■**sich** *dat* **etwas/nichts** [**von jdm**] ~ **lassen** to be taken in/not be taken in [by sb]; ***lass dir nichts von ihm ~*** don't believe [a word of] what he says; ■**jdm ~, dass ...** to trick sb into believing that ...

vor|machen *vt* ❶ (*täuschen*) ■**jdm etwas** ~ to fool [*or sl* kid] sb, to pull the wool over sb's eyes; ■**sich** *dat* **etwas** ~ to fool [*or sl* kid] oneself; ***machen wir uns doch nichts vor*** let's not kid ourselves *sl;* ■**sich** *dat* **nichts ~ lassen** to not be fooled; ***von dir lasse ich mir nichts ~!*** you can't fool me!; ***sie ist eine Frau, die sich nichts ~ lässt*** she's nobody's fool ❷ (*demonstrieren*) ■**jdm etw** *akk* ~ to show sb [how to

V

do] sth; ■**jdm ~, wie ...** to show sb how ...; **jdm [noch] etwas ~ können** to be able to show sb a thing or two; **jdm macht [auf/in etw** *dat*] **keiner etwas vor** no one is better than sb [at sth] [*or* can teach sb anything [about sth]]

Vormachtstellung *f kein pl* POL hegemony, supremacy, [pre]dominance; **eine ~ [gegenüber jdm] [inne]haben** to have supremacy [*or* be [pre]dominant] [over sb]

vormalig *adj attr* former; ***der ~e Parkplatz wurde in eine grüne Oase verwandelt*** what was once a car park had been transformed into a [little] green oasis

vormals *adv* (*geh*) in former times *form*, formerly; ***das sind antiquierte Vorstellungen, die man vielleicht ~ mal hatte*** those are [rather] antiquated notions which one might have had in times gone by

Vormarsch *m a.* MIL advance; **auf dem ~ sein** to be advancing [*or* on the advance]; (*fig*) to be gaining ground

Vormerkdatei *f* waiting list; **in der ~ sein** to be on the waiting list

vor|merken *vt* ❶ (*im Voraus eintragen*) ■**jdn [für etw** *akk*] **~** to put sb's/one's name down [for sth]; ■**jdn/sich [für etw** *akk*] **~ lassen** to put sb's/one's name down [for sth]; ***lassen Sie bitte zwei Doppelzimmer ~*** please book two double rooms for me; ■**[sich** *dat*] **etw** *akk* **[für etw** *akk*] **~** to make a note [*or* that sth is sometime] of sth; ***ich habe mir den Termin vorgemerkt*** I've made a note of the appointment ❷ MEDIA (*reservieren*) ■**etw** *akk* **[für jdn] ~** to reserve sth [*or* put sth by] [for sb]; ■**vorgemerkt** reserved

Vormieter(in) *m(f)* previous tenant

vormittag *adv* ■**am ... ~** on ... morning; ***gerade am Montag ~ komme ich immer so schwer auf Touren*** on Monday morning[s] in particular I take some time to get going [properly]

Vormittag *m* morning; **die letzten ~e** the last few mornings; **am [frühen/späten] ~** [early/late] in the morning; ***wir könnten die Konferenz am ~ stattfinden lassen*** we could schedule the conference for the morning

vormittags *adv* in the morning

Vormund <-[e]s, -e *o* Vormünder> *m a.* JUR guardian; **keinen ~ brauchen** (*fam*) to not need anyone to tell one what to do; ***ich brauche keinen ~!*** I don't need anyone giving me orders!

Vormundschaft <-, -en> *f* JUR guardianship

vorn *adv* ❶ (*an der Vorderfront*) at the front ❷ (*im vorderen Bereich*) at the front; ■**~ in etw** *dat* at the front of sth ❸ MEDIA (*zu Beginn*) at the front ❹ (*auf der Vorderseite*) at the front ❺ (*Richtung*) **nach ~** to the front; **nach ~ fallen** to fall forward; **von ~** (*von der Vorderseite her*) from the front; (*von Anfang an*) from the beginning; **von ~ bis hinten** (*fam*) from beginning to end; ***sie hat mich die ganze Zeit von ~ bis hinten belogen*** she was telling me a pack of lies from start to finish; ***ich habe alles verkehrt gemacht, jetzt kann ich wieder von ~ anfangen*** I've messed everything up, now I'll have to start again from scratch

Vorname *m* first [*or* Christian] name

vorne *adv s.* **vorn**

vornehm *adj* ❶ (*adelig*) aristocratic, noble ❷ (*elegant*) elegant, distinguished, refined; (*Aufzug, Kleidung*) elegant, stylish ❸ (*luxuriös*) fashionable, exclusive, posh *fam;* (*Limousine*) expensive; (*Villa*) elegant, exclusive ❹ **sich** *dat* **zu ~ [für etw** *akk*] **sein** [sth is] beneath sb *iron;* **~ tun** (*pej fam*) to put on airs [and graces], to act [all] posh *fam*

vor|nehmen *vt irreg* ❶ (*einplanen*) ■**sich** *dat* **etw** *akk* **~** to plan sth; ***für morgen haben wir uns viel vorgenommen*** we've got a lot planned for tomorrow; ■**sich** *dat* **~, etw** *akk* **zu tun** to plan [*or* intend] to do sth; ***für das Wochenende habe ich mir vorgenommen, meine Akten zu ordnen*** I plan to tidy up my files at the weekend ❷ (*sich eingehend beschäftigen*) ■**sich** *dat* **etw** *akk* **~** to get to work on sth, to have a stab at sth *fam;* ***am besten, Sie nehmen sich das Manuskript noch mal gründlich vor*** it would be best if you had another good look at the manuscript ❸ (*fam: sich vorknöpfen*) ■**sich** *dat* **jdn ~** to give sb a good talking-to *fam,* to take sb to task; ***nimm ihn dir mal in einer stillen Stunde vor*** can't you [try and] have a quiet word with him? ❹ ■**etw ~** to carry out sth *sep;* **Änderungen ~** to make changes; **Messungen ~** to take measurements; **eine Überprüfung ~** to carry out a test *sep;* **eine Untersuchung ~** to do [*or* make] an examination

Vornehmheit <-> *f kein pl* elegance, stylishness

vornehmlich *adv* (*geh*) primarily, principally, above all

vornherein *adv* ■**von ~** from the start [*or* beginning] [*or* outset]

vornüber *adv* forwards

Vorort *m* suburb **Vorplatz** *m* forecourt **Vorposten** *m* MIL outpost; **auf ~ stehen** to be on outpost duty

vor|programmieren* *vt* ❶ (*unausweichlich machen*) ■**etw ~** to make sth inevitable [*or* unavoidable], to determine sth; ■**[durch etw** *akk*] **vorprogrammiert sein** to be inevitable [as a result of sth]; ***durch seiner Herkunft war sein Erfolg vorprogrammiert*** his background meant that his success was determined ❷ (*im Voraus einprogrammieren*) ■**etw ~** to preprogramme [*or* AM -am] sth; **einen Zeitschalter ~** to set a timer

Vorrang *m kein pl* ❶ (*Priorität*) priority; **einer S.** *dat* **den ~ [vor etw** *dat*] **geben** [*o geh* **einräumen**] to give sth priority [over sth]; **~ [vor etw** *dat*] **haben** [*o geh* **genießen**] to have [*or* take] priority [*or* take precedence] [over sth]; **mit ~** as a matter of priority; *s. a.* **streitig** ❷ TRANSP ÖSTERR (*Vorfahrt*) right of way

vorrangig **I.** *adj* priority *attr,* of prime importance *pred;* **von ~er Bedeutung** of prime [*or* the utmost] importance; ■**~ sein** to have priority **II.** *adv* as a matter of priority

Vorrangstellung *f* pre-eminence *no pl, no indef art*

Vorrat <-[e]s, Vorräte> *m* stocks *pl,* supplies *npl;* (*Lebensmittel*) stocks *pl,* supplies *npl,* provisions *pl;* ■**ein ~ an etw** *dat* a stock [*or* supply] of sth; ***unser ~ an Heizöl ist erschöpft, wir müssen dringend Nachschub bestellen*** our stock[s] of heating oil has[/have] run out; **etw** *akk* **auf ~ haben** ÖKON to have sth in stock; **etw** *akk* **auf ~ kaufen** to stock up on [*or* with] sth, to buy sth in bulk; **Vorräte anlegen** to lay in stock[s *pl*]; **so lange der ~ reicht** while stocks last

vorrätig *adj* ÖKON in stock *pred;* ■**[bei jdm] ~ sein** [sb has sth/]to be in stock; ***bedauere, aber dieser Titel ist derzeit nicht ~*** I'm sorry, but that title isn't in stock [*or* available] at the moment; **etw ~ haben** to have sth in stock

Vorratskammer *f* store-cupboard; (*kleiner Vorratsraum*) larder, pantry **Vorratsraum** *m* store-room

vor|rechnen *vt* ❶ (*durch Rechnen erläutern*) ■**[jdm] etw** *akk* **~** to calculate [*or* work out *sep*] sth [for sb]; ■**jdm ~, dass/was/wie viel/wie ...** to calculate [*or* work out] for sb that/what/how much/how ... ❷ MATH ■**[jdm] etw** *akk* **~** to [show sb how to] calculate [*or* work out *sep*] sth

Vorrecht *nt* privilege; **[bestimmte] ~e genießen** to enjoy [certain] privileges

Vorrede *f* preface, foreword

Vorredner(in) *m(f)* ■**jds ~** the previous speaker

Vorreiter(in) *m(f)* (*fam*) pioneer, trailblazer; [**für jdn**] **den ~ machen** to lead the way [for sb]

Vorrichtung <-, -en> *f* device, gadget

vor|rücken I. *vi sein* ❶ MIL (*vormarschieren*) to advance; **gegen jdn/etw ~** to advance on [*or* against] sb/sth ❷ (*nach vorn rücken*) to move forward; ***könnten Sie wohl mit Ihrem Stuhl ein Stück ~*** could you move your chair forward a bit, please?; *s. a.* **Alter, Stunde** ❸ SPORT (*aufsteigen*) ■ [**auf etw** *akk*] **~** to move up [to sth] ❹ SCHACH (*auf anderes Spielfeld rücken*) ■ [**mit etw** *dat*] **~** to move [sth] [forward] II. *vt haben* ■ **etw ~** to move sth forward

Vorruhestand *m* early retirement; ***er ist mit 55 in den ~ gegangen*** he took early retirement at 55

Vorruhestandsregelung *f* early retirement scheme [*or* AM plan]

Vorrunde *f* SPORT preliminary [*or* qualifying] round

vor|sagen I. *vt* SCH ■ [**jdm**] **etw** *akk* **~** to whisper sth [to sb] II. *vi* SCH ■ [**jdm**] **~** to whisper the answer [to sb]

Vorsaison *f* TOURIST low season, start of the [*or* early [part of the]] season

Vorsänger(in) *m(f)* ❶ REL precentor, cantor ❷ MUS leading voice

Vorsatz[1] <-[e]s, Vorsätze> *m* resolution; **den ~ fassen, etw** *akk* **zu tun** to resolve to do sth; ***diese Drohung konnte mich in meinem ~ nicht erschüttern*** this threat wasn't enough to shake my resolve; ***ist es wirklich dein unabänderlicher ~, diese Frau zu heiraten?*** is it really your firm intention to marry this woman?; *s. a.* **treu**

Vorsatz[2] <-[e]s, Vorsätze> *m* MEDIA, TYPO end-paper

Vorsatzblatt *nt s.* **Vorsatz**[2]

vorsätzlich I. *adj* deliberate, intentional, wil[l]ful II. *adv* deliberately, intentionally, wilfully

Vorschau <-, -en> *f* FILM, TV trailer; ■ **die ~** [**auf etw** *akk*] the trailer [for sth]

Vorschein *m* **etw** *akk* **zum ~ bringen** (*finden*) to find sth; (*zeigen*) to produce sth; **zum ~ kommen** (*sich bei Suche zeigen*) to turn up; (*offenbar werden*) to come to light, to be revealed; ***immer wieder kommt ihre Eifersucht zum ~*** her jealousy keeps on coming out

vor|schieben *vt irreg* ❶ (*vorschützen*) ■ **etw ~** to use sth as an excuse [*or* a pretext]; ***das ist doch nur eine Ausrede, die er vorschiebt, um nicht kommen zu müssen*** that's just an excuse [that] he's using not to come; ■ **vorgeschoben** used as an excuse [*or* a pretext]; ***ich kann diese vorgeschobenen Gründe leider nicht akzeptieren*** I'm afraid I can't accept these reasons which are just a pretext ❷ (*für sich agieren lassen*) ■ **jdn ~** to use sb as a front man/woman ❸ (*nach vorn schieben*) ■ **etw ~** to push sth forward ❹ (*vor etw schieben*) ■ **etw ~** to push [*or* slide] sth across

vor|schießen *vt irreg* ■ [**jdm**] **etw** *akk* **~** to advance [sb] sth

Vorschiff *nt* NAUT forecastle, fo'c'sle

Vorschlag *m* proposal, suggestion; **ein ~ zur Güte** (*fam*) a [helpful] suggestion; [**jdm**] **einen ~ machen** to make a suggestion [to sb] [*or* [sb] a suggestion]; **auf jds ~** [**hin**] on sb's recommendation; **auf ~ von jdm** on the recommendation of sb

vor|schlagen *vt irreg* ❶ (*als Vorschlag unterbreiten*) ■ [**jdm**] **etw** *akk* **~** to propose [*or* suggest] sth [to sb]; ■ **jdm ~, etw** *akk* **zu tun** to suggest to sb that he/she do sth, to suggest that sb do sth ❷ (*empfehlen*) ■ **jdn** [**als jdn/für etw** *akk*] **~** to recommend sb [as sb/for sth]

Vorschlaghammer *m* sledge-hammer

vorschnell *adj s.* **voreilig**

vor|schreiben *vt irreg* ❶ (*befehlen*) ■ **jdm etw** *akk* **~** to stipulate sth to sb; **jdm eine Verhaltensweise** [*o* **Vorgehensweise**] **~** to tell sb how to behave/proceed; ***einigen Leuten muss man jeden Handgriff buchstäblich ~*** you have to spell every little thing out to some people; ■ **jdm ~, wann/was/wie ...** to tell sb when/what/how ... ❷ ADMIN (*zwingend fordern*) ■ [**jdm**] **etw** *akk* **~** to stipulate sth/[that sb should do sth]; ■ **~, etw** *akk* **zu tun** to stipulate that sth should be done

Vorschrift *f* ADMIN regulation, rule; (*Anweisung*) instructions; (*polizeilich*) orders; ***für jeden möglichen Ausnahmefall existieren genaue ~en*** there are very precise instructions on how to act in any possible emergency; **~ sein** to be the regulation[s]; **jdm ~en machen** to tell sb what to do [*or* give sb orders]; ***machen Sie mir bitte keine ~, was ich zu tun und zu lassen habe!*** don't try and tell me what I can and can't do!; **sich** *dat* **von jdm ~en/keine ~en machen lassen** to be/not be told what to do by sb [*or* let/not let sb order one about]; **nach ~** to rule

vorschriftsmäßig I. *adj* according to the regulations; ***bei ~er Einnahme des Medikaments sind keine Nebenwirkungen zu befürchten*** if you only take the prescribed amount of the medicine, you needn't fear any side-effects; ***in zweiter Reihe zu parken ist nicht ~*** it's against [*or* contrary to] the regulations to park in the second row II. *adv* according to the regulations; ***von dem Hustensaft dürfen ~ nur drei Teelöffel pro Tag eingenommen werden*** [the prescription [*or* label] says that] only three teaspoons a day of the cough mixture should be taken; ***Sie parken hier leider nicht ~*** I'm afraid it's against [*or* contrary to] the regulations to park here **vorschriftswidrig** I. *adj* against [*or* contrary to] the regulations *pred* II. *adv* against [*or* contrary to] the regulations

Vorschub *m* **einer S.** *dat* **~ leisten** to encourage [*or* foster] sth

Vorschulalter *nt kein pl* ■ **das ~** the pre-school age; **im ~ sein** to be of pre-school age

Vorschule *f* SCH ❶ (*für Kinder im Vorschulalter*) pre-school ❷ (*Vorbereitung für höhere Schule*) preparatory school

Vorschuss[RR] <-es, Vorschüsse> *m*, **Vorschuß** <-sses, Vorschüsse> *m* FIN advance; ■ **ein ~ auf etw** *akk* an advance on sth; **einen ~** [**auf etw** *akk*] **leisten** to give sb an advance [on sth]

Vorschusslorbeeren[RR] *pl* premature praise *n sing;* (*im Voraus gespendetes Lob*) early praise; [**für etw** *akk*] **~ ernten** to receive premature praise *n sing* [for sth]; (*im Voraus gelobt werden*) to receive early praise [for sth]

vor|schützen *vt* ■ **etw ~** to use sth as an excuse; **Nichtwissen ~** to plead ignorance; ■ **~,** [**dass ...**] to pretend [that ...]; *s. a.* **Müdigkeit**

vor|schwärmen *vi* ■ **jdm** [**von jdm/etw**] **~** to rave [on] to sb [about sb/sth] *fam;* ■ **jdm ~, wie ...** to rave [on] to sb about how ... *fam*

vor|schweben *vi* to have in mind; ***was schwebt dir da genau vor?*** what exactly is it that you have in mind?; ***mir schwebt da so eine Idee vor*** I have this idea in my head

vor|schwindeln *vt* (*fam*) *s.* **vorlügen**

vor|sehen[1] *irreg* I. *vr* ❶ (*sich in Acht nehmen*) ■ **sich** [**vor jdm**] *akk* **~** to watch out [for sb] [*or* be wary [of sb]] ❷ (*aufpassen*) ■ **sich** *akk* **~, dass/was ...** to take care [*or* be careful] that/what ...; ***sieh dich bloß vor, dass du nichts ausplauderst!*** mind you don't let anything slip out!; ***sehen Sie sich bloß vor, was Sie sagen!*** [just [you]] be careful what you say!; **sieh dich vor!** (*fam*) watch it! *fam* [*or fam* your step] II. *vt* ❶ (*eingeplant haben*) ■ **etw** *akk* [**für etw** *akk*] **~** to intend to use [*or* earmark] sth for sth; ■ **jdn**

V

[**für etw** *akk*] ~ to designate sb [for sth]; ***Sie hatte ich eigentlich für eine andere Aufgabe*** ~ I had you in mind for a different task ❷ (*bestimmen*) ■ **etw** ~ to call for sth; (*in Gesetz, Vertrag*) to provide for sth; ■ **etw** *akk* [**für etw** *akk*] ~ to mean sth [for sth]; ***für Landesverrat ist die Todesstrafe vorgesehen*** the death sentence is intended as the penalty for treason **III.** *vi* (*bestimmen*) ■ **~, dass/wie …** to provide for the fact that/for how …; ***der Erlass sieht ausdrücklich vor, dass auch ausnahmsweise nicht von dieser Regelung abgewichen werden darf*** under no circumstances does the decree provide for any exceptions to this ruling; **es ist vorgesehen,** [**dass …**] it is planned [that …]

vor|sehen² *vi irreg* (*sichtbar sein*) ■ [**hinter etw** *dat*] ~ to peep out [from behind sth]

Vorsehung <-> *f kein pl* Providence

vor|sein *vi irreg sein* **da ist jd vor** (*fam*) sb makes sure [that] it doesn't happen; *s. a.* **außen**

vor|setzen **I.** *vt* ❶ (*auftischen*) ■ [**jdm**] **etw** *akk* ~ to serve up *sep* [*or sep* dish] sth [to sb]; ***immer setzt du mir nur Fertiggerichte vor*** all you ever serve me up are oven-ready meals ❷ (*fam: offerieren*) ■ [**jdm**] **etw** ~ to serve up sth [to sb] *sep fig* **II.** *vr* ■ **sich** ~ to move forward; ***auf Anordnung der Lehrerin musste sich der Schüler*** ~ the teacher told the child to move to the front [of the class]

Vorsicht <-> *f kein pl* (*vorsichtiges Verhalten*) care; ***ich kann dir nur zu ~ raten*** I must urge you to exercise caution; **mit ~ zu genießen sein** (*fam*) to take with a pinch [*or* grain] of salt; **mit ~** carefully; **etw** *akk* **mit äußerster ~ behandeln** to handle sth very carefully [*or* with great care] [*or* with kid gloves]; **zur ~** as a precaution, to be on the safe side; **~!** watch [*or* look] out!; ***~, der Hund beißt!*** be careful, the dog bites!; ***„~ bei Abfahrt des Zuges!“*** “please stand clear as the train leaves the station!”; ***„~, Glas!“*** “glass — handle with care!” ▸ WENDUNGEN: **~ ist die Mutter der Porzellankiste** (*sl*) caution is the mother of wisdom; **~ ist besser als Nachsicht** (*prov*) better [to be] safe than sorry

vorsichtig **I.** *adj* ❶ (*umsichtig*) careful; ***in diesem Fall ist ~es Vorgehen angeraten*** we ought to tread carefully in this case ❷ (*zurückhaltend*) cautious, guarded; **eine ~e Schätzung** a conservative estimate **II.** *adv* ❶ (*umsichtig*) carefully; ***bei der Untersuchung ist sehr ~ vorzugehen*** we must proceed with great care in this investigation ❷ (*zurückhaltend*) cautiously, guardedly

vorsichtshalber *adv* as a precaution, just to be on the safe side **Vorsichtsmaßnahme** *f* precaution, precautionary measure; **~n treffen** to take precautions [*or* precautionary measures] **Vorsichtsmaßregel** *f* (*geh*) *s.* **Vorsichtsmaßnahme**

Vorsilbe *f* LING prefix

vor|singen *irreg* **I.** *vt* ■ [**jdm**] **etw** *akk* ~ ❶ (*singend vortragen*) to sing sth [to sb]; ***sing uns doch bitte was vor!*** sing us something[, please]! ❷ (*durch Singen demonstrieren*) to sing sth [for [*or* to] sb] first **II.** *vi* ■ [**jdm**] ~ to [have a singing] audition [in front of sb]

vorsintflutlich *adj* (*fam*) antiquated, ancient *fam*, prehistoric *fam*

Vorsitz *m* chairmanship; **den ~ haben** to be chairman/-woman/-person; **den ~ bei etw** *dat* **haben** [*o* **führen**] to chair [*or* preside over] sth; **unter dem ~ von jdm** under the chairmanship of sb

vor|sitzen *vi irreg* (*geh*) ■ **einer S.** *dat* ~ to chair [*or* preside over] sth

Vorsitzende(r) *f(m) decl wie adj* ❶ (*vorsitzende Person*) chairman/-woman/-person; ***wer wird die Kommission als ~r leiten?*** who will chair the commission? ❷ JUR (*vorsitzender Richter*) presiding judge

Vorsorge *f* provisions *pl;* ~ **für etw** *akk* **treffen** (*geh*) to make provisions for sth; ***ich habe für das Alter eine zusätzliche ~ getroffen*** I've made extra provisions for my old age

vor|sorgen *vi* ■ [**für etw** *akk*] ~ to make provisions [for sth], to provide for sth; ■ [**dafür**] **~, dass etw** *gen* **nicht geschieht** to take precautions to ensure that sth doesn't happen

Vorsorgeuntersuchung *f* MED medical check-up

vorsorglich **I.** *adj* precautionary **II.** *adv* as a precaution, to be on the safe side

Vorspann <-[e]s, -e> *m* FILM, TV opening credits *npl*

Vorspeise *f* KOCHK starter, hors d'oeuvre

vor|spiegeln *vt* ■ [**jdm**] **etw** *akk* ~ to feign sth [to sb]; ■ **jdm ~, dass …** to pretend to sb that …

Vorspiegelung *f* feigning; *Notlage* pretence; [**eine**] **~ falscher Tatsachen** [all [*or* a total]] sham; **unter ~ von etw** *dat* under the pretence of sth

Vorspiel *nt* ❶ MUS (*das Vorspielen*) audition ❷ (*Zärtlichkeiten vor dem Liebesakt*) foreplay *no pl, no indef art*

vor|spielen **I.** *vt* ❶ MUS (*auf einem Instrument vortragen*) ■ [**jdm**] **etw** *akk* ~ to play sth [for sb] [*or* [sb] sth] ❷ MUS (*durch Spielen demonstrieren*) ■ **jdm etw** *akk* ~ to play sth for [*or* to] sb first ❸ (*vorheucheln*) ■ **jdm etw** *akk* ~ to put on sth for sb **II.** *vi* MUS ■ [**jdm**] ~ to play [for [*or* to] sb]

Vorsprache *f* (*geh*) visit

vor|sprechen *irreg* **I.** *vt* ■ **jdm etw** *akk* ~ to say sth for sb first **II.** *vi* ❶ (*geh: offiziell aufsuchen*) ■ **bei jdm/etw** ~ to call on sb/at sth ❷ THEAT, TV (*einen Text vortragen*) ■ [**jdm**] ~ to recite [sth to sb]; ***dann sprechen Sie mal vor!*** let's hear your recital!; ***ich lasse mir morgen von 20 Bewerbern*** ~ I'm going to be auditioning 20 applicants tomorrow

vor|springen *vi irreg sein Fels* to project [*or* jut out]; *Nase* to be prominent

vorspringend *adj* prominent, protruding; (*Backenknochen*) prominent, high

Vorsprung *m* ❶ (*Distanz*) lead; ***er konnte seinen ~ zum Feld der Verfolger noch ausbauen*** he was able to increase his lead over the chasing pack even further; ***die entflohenen Häftlinge haben mittlerweile einen beträchtlichen*** ~ the escaped convicts will have got a considerable start by now ❷ ARCHIT (*vorspringendes Gesims*) projection

Vorstadt *f* suburb; **in der ~ wohnen** to live in the suburbs *pl*

Vorstadtkino *nt* suburban cinema **Vorstadttheater** *nt* suburban theatre

Vorstand *m* ❶ (*geschäftsführendes Gremium*) board [of management] [*or* [executive] directors]; (*einer Kirche*) [church] council; (*einer Partei*) executive; (*eines Vereins*) [executive] committee ❷ (*Vorstandsmitglied*) director, board member, member of the board [of [executive] directors]; (*einer Kirche*) [church] warden; (*einer Partei*) executive; (*eines Vereins*) [member of the] executive [committee]

Vorständler(in) <-s, -> *m(f)* SOZIOL board member

Vorstandsetage *f* boardroom **Vorstandsmitglied** *m* director, board member, member of the board [of [executive] directors]; (*einer Kirche*) [church] warden; (*einer Partei*) executive; (*eines Vereins*) [member of the] executive [committee] **Vorstandssitzung** *f* board meeting, meeting of the board [of [executive] directors]; (*einer Kirche*) church council meeting; (*einer Partei*) meeting of the [party] executive; (*eines Vereins*) meeting of the [executive] committee **Vorstandsvorsitzende(r)** *f(m) decl wie adj* chief executive, chairman [*or* chairwoman] of the board of [executive] directors [*or* management board]

vor|stehen¹ *vi irreg haben o sein* (*hervorragen*) to be prominent [*or* protrude]; *Backenknochen* to be prominent [*or* high]; *Zähne* to stick out, to protrude; *Augen* to bulge

vor|stehen² *vi irreg haben o sein* (*veraltend geh: Vorsteher sein*) ■ **einer S.** *dat* ~ to be the head of sth; **einer Schule** ~ to be [the] principal [*or* BRIT head[master]/head[mistress]] of a school

Vorsteher(in) <-s, -> *m(f)* head; (*einer Schule*) principal, headteacher BRIT, head[master] BRIT *masc,* head[mistress] BRIT *fem*

Vorsteherdrüse *f* ANAT prostate [gland]

Vorsteherin <-, -nen> *f fem form von* **Vorsteher** headmistress

vorstellbar *adj* conceivable, imaginable; **kaum** [*o* **schwer**] ~ almost inconceivable [*or* unimaginable], scarcely conceivable [*or* imaginable]; **leicht** ~ easy to imagine, quite conceivable; **nicht** ~ inconceivable, unimaginable

vor|stellen **I.** *vt* ❶ (*gedanklich sehen*) ■ **sich** *dat* **etw** *akk* ~ to imagine sth; ***das muss man sich mal ~!*** just imagine [it]!; ■ **sich** *dat* ~, **dass/wie ...** to think [*or* imagine] that/how ... ❷ (*als angemessen betrachten*) ■ **sich** *dat* **etw** *akk* ~ to have sth in mind ❸ (*mit etw verbinden*) ■ **sich** *dat* **etw** *dat* ~ to mean sth to sb; ■ **sich** *dat* **nichts unter etw** *dat* to mean nothing to sb; ***was stellst du dir unter diesem Wort vor?*** what does this word mean to you?; ***unter dem Namen Schlüter kann ich mir nichts ~*** the name Schlüter doesn't mean anything [*or* means nothing] to me ❹ (*bekannt machen*) ■ **jdm jdn** ~ to introduce sb to sb ❺ ÖKON (*präsentieren*) ■ **jdm etw** *akk* ~ to present sth to sb ❻ (*darstellen*) ■ **etw** ~ to represent sth ❼ (*vorrücken*) ■ **etw** ~ to move sth forward; **den Uhrzeiger** ~ to move [*or* put] the [watch [*or* clock]] hand forward **II.** *vr* ❶ (*bekannt machen*) ■ **sich [jdm]** *akk* ~ to introduce oneself [to sb]; ■ **sich** *akk* **jdm als jd** ~ to introduce oneself to sb as sb ❷ (*vorstellig werden*) ■ **sich [irgendwo/bei jdm]** *akk* ~ to go for an interview [somewhere/with sb]; ***stellen Sie sich doch bei uns vor, wenn Sie mal in der Gegend sind*** do drop in and see us if you're in the area

vorstellig *adj* **bei jdm** ~ **werden** (*geh*) to go to see sb [about sth]

Vorstellung *f* ❶ (*gedankliches Bild*) idea; ***bestimmte Gerüche können beim Menschen immer die gleichen ~en auslösen*** certain smells [can] always trigger the same thoughts in people; **in jds** ~ in sb's mind; ***gewiss ist sie jetzt älter, aber in meiner ~ bewahre ich ihr Bild als junge, hübsche Frau*** she may be older now, but in my mind's eye I still see her as a pretty young woman; **jds** ~ **entsprechen** to meet sb's requirements; ***dieser Pullover entspricht genau meinen ~en*** this jumper is just what I'm looking for; ***das Gehalt entspricht nicht ganz meinen ~en*** the salary doesn't quite match [up to] my expectations; **bestimmte ~en haben** [*o* **sich** *dat* **bestimmte ~en machen**] to have certain ideas; **falsche ~en haben** to have false hopes; **unrealistische ~en haben** to have unrealistic expectations; **sich** *dat* **keine** ~ **machen, was/wie ...** to have no idea what/how ...; **alle ~en übertreffen** to be almost inconceivable [to the human mind] [*or* beyond the [powers of] imagination of the human mind]; ***Traumstrände hatten wir erwartet, aber die Realität übertraf alle ~en*** we expected [to find] beautiful beaches, but the reality exceeded all our expectations [*or* was beyond [all] our wildest dreams] ❷ THEAT (*Aufführung*) performance; FILM showing ❸ ÖKON (*Präsentation*) presentation ❹ (*Vorstellungsgespräch*) interview

Vorstellungsgespräch *nt* interview **Vorstellungskraft** *f kein pl,* **Vorstellungsvermögen** *nt kein pl* [powers *npl* of] imagination

Vorsteuer *f* prior [turnover] tax, input tax BRIT

Vorstoß *m* ❶ MIL (*plötzlicher Vormarsch*) advance, push, thrust ❷ (*Versuch zu erreichen*) ■ **ein/jds** ~ **bei jdm** an/sb's attempt to put in a good word with sb ▶ WENDUNGEN: **einen ~ [bei jdm] machen** [*o* **unternehmen**] to attempt to put in a good word [with sb]; ***wir haben bei der Firmenleitung einen ~ in dieser Frage unternommen*** we tried to put over our case to the [company['s]] management in this matter

vor|stoßen *irreg* **I.** *vi sein* ■ **[irgendwohin]** ~ to venture [somewhere]; *Truppen, Panzer* to advance [*or* push forward] [somewhere] **II.** *vt haben* ■ **jdn** ~ to push sb forward

Vorstrafe *f* JUR previous conviction

Vorstrafenregister *nt* JUR criminal [*or* police] record

vor|strecken *vt* ❶ (*vorübergehend leihen*) ■ **jdm etw** *akk* ~ to advance sb sth ❷ (*nach vorn strecken*) ■ **etw** ~ to stretch sth forward; **den Arm/die Hand** ~ to stretch out one's arm/hand

Vorstufe *f* preliminary stage

Vortag *m* **am** ~ the day before; **am** ~ **einer S.** *gen* [on] the day before sth; **vom** ~ from yesterday; ***diese Nachricht stand in der Zeitung vom ~*** this news was in yesterday's newspaper; ***ich habe nur noch Brot vom ~*** I've only got bread left from yesterday [*or* yesterday's bread left]

vor|täuschen *vt* ■ **[jdm] etw** *akk* ~ to feign sth [for sb]; **Hilfsbedürfigkeit/einen Unfall** ~ to fake neediness/an accident; **Interesse** ~ to feign interest; ***er hatte seine Heiratsabsichten nur vorgetäuscht*** he had only been faking his intentions to marry [her]

Vortäuschung *f* pretence, faking; **unter** ~ **falscher Tatsachen** under false pretences

Vorteil <-s, -e> *m* (*vorteilhafter Umstand*) advantage; **materielle ~e** material benefits; ***er sucht nur seinen eigenen ~*** he only [ever] looks out for himself; ***er ist nur auf seinen ~ bedacht*** he only ever thinks of his own interests [*or* has an eye to]; **den** ~ **haben, dass ...** to have the advantage that ...; **[jdm gegenüber] im** ~ **sein** to have an advantage [over sb]; **[für jdn] von** ~ **sein** to be advantageous [to sb]; **sich** *akk* **zu seinem** ~ **verändern** to change for the better; **zu jds** ~ to sb's advantage; ***ich hoffe, dass der Schiedsrichter auch einmal zu unserem ~ entscheidet*** I hope the ref[eree] decides in our favour [just] for once

vorteilhaft **I.** *adj* ❶ FIN (*günstig*) favourable [*or* AM -or-]; (*Geschäft, Geschäftsabschluss*) lucrative, profitable; **ein ~er Kauf** a good buy, a bargain; ■ **[für jdn]** ~ **sein** to be favourable [for sb]; ***ich würde von dem Geschäft abraten, es ist für Sie wenig ~*** I would advise [you] against entering into this deal, it won't be very profitable [for you]; ***der Kauf eines Gebrauchtwagens kann durchaus ~ sein*** a used car can often prove to be a really good buy ❷ MODE (*ansprechend*) flattering **II.** *adv* ❶ FIN (*günstig*) **etw** *akk* ~ **erwerben** [*o* **kaufen**] to buy sth at an attractive [*or* a bargain] [*or* a reasonable] price ❷ MODE (*ansprechend*) ***in dem schlabberigen Pullover siehst du nicht sehr ~ aus*** that baggy [old] sweater doesn't do you any favours; ***du solltest dich etwas ~er kleiden*** you should wear clothes which are a bit more flattering

Vortrag <-[e]s, Vorträge> *m* (*längeres Referat*) lecture; **einen ~ [über etw** *akk***/zu etw** *dat***] halten** to give [*or* deliver] a lecture [on [*or* about] sth] ▶ WENDUNGEN: **halt keine [langen] Vorträge!** (*fam*) don't beat about the bush!, get to the point!

vor|tragen *vt irreg* ❶ (*berichten*) ■ **[jdm] etw** *akk* ~ to present sth [to sb]; **[jdm] einen Beschluss** [*o* **eine Entscheidung**] ~ to convey a decision [to sb]; **[jdm] einen Wunsch** ~ to express a desire [*or* wish] [to sb]

② (*rezitieren*) ▪**etw** ~ to recite sth; **ein Lied** ~ to sing a song; **ein Musikstück** ~ to play [*or* perform] a piece of music

Vortragsreihe *f* course [*or* series] of lectures *npl*

vortrefflich I. *adj* (*geh*) excellent; (*Gedanke, Idee*) excellent, splendid; (*Gericht, Wein*) excellent, superb II. *adv* (*geh*) excellently; ~ **munden** [*o* **schmecken**] to taste excellent [*or* superb]; ***alle Speisen waren ~ zubereitet worden*** all the dishes had been exquisitely prepared

Vortrefflichkeit *f* excellence

vor|treten *vi irreg sein* ① (*nach vorn treten*) to step [*or* come] forward ② (*vorstehen*) *Fels* to jut out; *Backenknochen* to protrude; *Augen* to bulge

Vortritt[1] *m* precedence, priority; ▪**jdm den ~ lassen** (*jdn zuerst gehen lassen*) to let sb go first [*or* in front [of one]]; (*jdn zuerst agieren lassen*) to let sb go first [*or* ahead]

Vortritt[2] *m kein pl* SCHWEIZ (*Vorfahrt*) right of way

vorüber *adv* ▪~ **sein** ① *räumlich* (*vorbei*) to have gone past; ***er ist auf seinem Fahrrad schon ~*** he's already gone past on his bike; ***wir sind an dem Geschäft sicher schon ~, da vorne ist schon die Post*** we must have already passed the shop, there's the post office coming up [already] ② *zeitlich* (*vorbei*) to be over; (*Schmerz*) to be [*or* have] gone

vorüber|gehen *vi irreg sein* ① (*entlanggehen*) ▪**an jdm/etw** ~ to go [*or* walk] past sb/sth, to pass sb/sth by *sep;* **im V~** in passing, en passant; **etw im V~ erledigen** to do sth just like that ② (*vorbeigehen*) to pass; *Schmerz* to go

vorübergehend I. *adj* temporary II. *adv* for a short time; ***das Geschäft bleibt wegen Renovierungsarbeiten ~ geschlossen*** the business will be temporarily closed [*or* closed for a short time] due to [*or* for] renovation work; ***die Wetterbesserung wird nur ~ anhalten*** the improvement in the weather will only be [a] temporary [one]

Vor- und Zuname *m* Christian [*or* first] name and surname

Vorurteil *nt* prejudice; **~e [gegenüber jdm] haben** [*o geh* **hegen**] to be prejudiced [against sb]; **das ist ein ~** that's prejudiced

vorurteilsfrei *adj* unbiased; (*Gutachter*) unprejudiced **vorurteilslos** I. *adj* unprejudiced, unbiased II. *adv* without prejudice [*or* bias]; ***unser Chef verhält sich Ausländern und Frauen gegenüber nicht ganz ~*** our boss is not always without prejudice in his dealings with foreigners and women

Vorväter *pl* (*geh*) forefathers *npl,* ancestors *npl,* for[e]bears *npl form* **Vorvergangenheit** *f* LING pluperfect **Vorverkauf** *m* THEAT, SPORT advance sale *no pl* [of tickets *npl*], advance ticket sales *npl* **Vorverkaufsstelle** *f* THEAT, SPORT advance ticket office

vor|verlegen* *vt* ① (*auf früheren Zeitpunkt verlegen*) ▪**etw** *akk* **[auf etw** *akk*] ~ to bring sth forward [to sth] ② BAUW (*weiter nach vorn verlegen*) ▪**etw** ~ to move sth forward

Vorverstärker *f* TECH pre-amplifier

vorvorgestern *adv* (*fam*) three days ago

vorvorig *adj* (*fam*) before last *pred;* **~es Jahr/~er Monat/~e Woche** the year/month/week before last

vorvorletzte(r, s) *adj* third last, third to last AM; ***in der Wertung liegt sie an ~r Stelle*** she's third last [*or* BRIT *a.* last but two] in the rankings; ▪**V~(r)** third last; ***im Marathonlauf war er V~r*** he was third last in the marathon

vor|wagen *vr* ① (*hervorzukommen wagen*) ▪**sich [aus etw** *dat*] *akk* ~ to venture out [of sth] ② (*sich zu exponieren wagen*) ▪**sich [mit etw** *dat*] **[zu weit]** *akk* ~ to stick one's neck out [too far] [with sth]; ***jetzt haben sie sich wieder aus ihren Rattenlöchern vorgewagt*** they've begun crawling out of the woodwork again now

Vorwahl *f* ① (*vorherige Auswahl*) pre-selection [process] ② POL preliminary election, primary AM ③ TELEK *s.* **Vorwahlnummer**

vor|wählen *vt* TELEK ▪**etw** ~ to dial sth first

Vorwahlnummer *f* TELEC area code, dialling code BRIT

Vorwand <-[e]s, Vorwände> *m* (*vorgeschobener Einwand*) pretext, excuse; ***er nahm es als ~, um nicht dahin zu gehen*** he used it as a pretext [*or* an excuse] not to go; **unter einem ~** on [*or* under] a pretext; **unter dem ~, etw** *akk* **tun zu müssen** under the pretext of having to do sth

vor|wärmen *vt* KOCHK ▪**etw** ~ to pre-heat sth; **einen Teller** ~ to warm a plate; ▪**vorgewärmt** pre-heated

vor|warnen *vt* ▪**jdn** ~ to warn sb [in advance [*or* beforehand]]

Vorwarnung *f* [advance [*or* prior]] warning; **ohne ~** without warning

vorwärts *adv* forward; **~!** onwards! [*or esp* AM onward!], move!; **jdn ~ bringen** to help sb to make progress; ***der berufliche Erfolg hatte sie auch gesellschaftlich ~ gebracht*** success at work also helped her get on in her social life; **[mit etw** *dat*] **~ gehen** to make progress [with sth]; ***wie geht's mit deiner Doktorarbeit ~?*** how's your thesis coming along?; ***jetzt geht es hoffentlich wirtschaftlich wieder ~*** hopefully things will start getting better on the business side; ***es will einfach nicht so recht ~ gehen*** **[in etw** *dat*] **~ kommen** to get on [in sth]; *s. a.* **Schritt**

Vorwärtsgang <-gänge> *m* AUTO forward gear [*or* speed]; **im ~** in forward gear

Vorwäsche <-, -n> *f* pre-wash

Vorwaschgang *m kein pl* TECH pre-wash

vorweg *adv* ① (*zuvor*) beforehand ② (*an der Spitze*) in front; ***geh du ~, du kennst dich hier aus*** you lead the way, you know this area

Vorwegnahme <-, -n> *f* (*geh*) indication **vorweg|nehmen** *vt irreg* ▪**etw** ~ to anticipate sth; ***lies das Buch selbst, ich will den Ausgang jetzt nicht ~*** you'll have to read the book yourself, I don't want to give away what happens

vor|weisen *vt irreg* ① (*nachweisen*) ▪**etw** *akk* ~ **können** to have [*or* possess] sth; ***dieser Bewerber kann einen mehrjährigen Auslandsaufenthalt ~*** this candidate has [the experience of having] spent a number of years [working] abroad ② (*geh: vorzeigen*) ▪**etw** ~ to show [*or* produce] sth

vor|werfen *vt irreg* ① (*als Vorwurf vorhalten*) ▪**jdm etw** *akk* **~** to reproach sb for sth; ▪**jdm ~, etw** *akk* **zu tun** [*o* **getan zu haben**] to reproach sb for doing [*or* having done] sth; ▪**jdm ~, dass ...** to reproach/blame sb for ...; ***mir wird vorgeworfen, im Überholverbot überholt zu haben*** I've been charged with overtaking in a "no overtaking" zone; **sich** *dat* **[in etw** *dat*] **nichts vorzuwerfen haben** to have a clear conscience [in sth] ② (*als Futter hinwerfen*) ▪**einem Tier etw** *akk* ~ to throw sth to an animal; ***er warf dem Hund einen dicken Knochen vor*** he threw the dog a big bone ③ HIST (*zum Fraß lassen*) ▪**jdn den Tieren** ~ to throw sb to the animals

vorwiegend *adv* ① (*hauptsächlich*) predominantly, mainly; ***am Wochenende halten wir uns ~ in unserem Wohnwagen auf*** we mostly spend our weekends [staying] in our caravan ② METEO (*überwiegend*) predominantly, mainly

vorwitzig *adj* cheeky

Vorwort <-worte> *nt* MEDIA foreword, preface

Vorwurf <-[e]s, Vorwürfe> *m* (*anklagende Vorhaltung*) reproach; **jdm [wegen etw** *dat*] **Vorwürfe** [*o* einen ~] **machen** to reproach sb [for sth]; **jdm zum ~ machen, etw** *akk* **getan zu haben** to reproach [*or* blame] sb for having done sth, to hold it against sb that he/she did sth

vorwurfsvoll I. *adj* reproachful II. *adv* reproachfully

vor|zählen *vt* ■ **jdm etw** *akk* ~ to count out sth *sep* to sb; ■ **sich** *dat* **etw** *akk* [**von jdm**] ~ **lassen** to have sth counted out [by sb]

Vorzeichen *nt* ① (*Omen*) omen ② (*Anzeichen*) sign ③ MUS (*Versetzungszeichen*) accidental ④ MATH sign; **positives/negatives** ~ plus/minus sign

vor|zeichnen *vt* ① (*durch Zeichnen demonstrieren*) ■ **jdm etw** *akk* ~ to show sb how to draw sth ② (*vorherbestimmen*) ■ [**jdm**] **etw** *akk* ~ to predetermine [*or* pre-ordain] sth [for sb]; ■ [**durch etw** *akk*] **vorgezeichnet sein** to be predestined [by sth]

vorzeigbar *adj inv* presentable

Vorzeigefirma *f* model company **Vorzeigefrau** *f* shining example of a woman

vor|zeigen *vt* ■ [**jdm**] **etw** *akk* ~ to show [sb] sth [*or* sth [to sb]] [*or* produce sth [for sb]]

Vorzeigeobjekt *nt* showpiece

Vorzeit *f* (*prähistorische Zeit*) prehistoric times *no pl* ▶ WENDUNGEN: **in grauer** ~ in the dim and distant past

vorzeitig *adj* early; (*Geburt*) premature; (*Tod*) untimely; ***wir alle haben den ~en Weggang dieser geschätzten Mitarbeiter bedauert*** we were all sorry to see these well-respected colleagues retire early

vorzeitlich *adj* prehistoric

vor|ziehen *vt irreg* ① (*bevorzugen*) ■ **jdn** ~ to prefer sb; ■ **jdn jdm** ~ to prefer sb to sb; ***Eltern sollten kein Kind dem anderen*** ~ parents shouldn't favour one child in preference to another; ■ **etw** *akk* [**einer S.** *dat*] ~ to prefer sth [to sth] ② (*den Vorrang geben*) ■ **es** ~, **etw** *akk* **zu tun** to prefer to do sth; ***ich ziehe es vor spazieren zu gehen*** I'd rather go for a walk ③ (*zuerst erfolgen lassen*) ■ **etw** ~ to bring sth forward ④ (*nach vorn ziehen*) ■ **etw** ~ to move [*or* pull] sth forward; ***ich habe den Sessel zum Kamin vorgezogen, da ist es wärmer*** I've pulled the armchair [up] closer to the fire, where it's warmer

Vorzimmer *nt* ① (*Sekretariat*) secretariat, secretary's office ② ÖSTERR (*Diele*) hall

Vorzug[1] <-[e]s, Vorzüge> *m* ① (*gute Eigenschaft*) asset, merit; **seine Vorzüge haben** to have one's assets [*or* merits] [*or* good qualities] ② (*Vorteil*) advantage; **den ~ haben,** [**dass ...**] to have the advantage [that ...] ③ (*Bevorzugung*) **jdm/einer S. den** ~ [**vor jdm/etw**] **geben** (*geh*) to prefer sb/sth [to sb/sth]

Vorzug[2] *m* BAHN (*Entlastungszug*) relief train

vorzüglich I. *adj* excellent, first-rate; (*Gericht*) sumptuous, superb, excellent; (*Hotel*) first-class [*or* -rate], excellent; (*Wein*) excellent, exquisite, superb II. *adv* ① (*hervorragend*) excellently; ~ **speisen** to have a sumptuous [*or* superb] [*or* an excellent] meal; ~ **übernachten** to find a first-class [*or* an excellent] place to stay for the night ② (*hauptsächlich*) especially, particularly; ***diesen Punkt sollte man ~ beachten*** particular emphasis should be placed on this point

Vorzugsaktie [-aktsiə] *f* preference share **Vorzugsbedingungen** *pl* preferential terms *pl* **Vorzugsbehandlung** *f* preferential treatment *no pl, no indef art* **Vorzugsmilch** *f* KOCHK [full cream] whole milk, *milk with a high fat content* **Vorzugspreis** *m* concessionary [*or* AM discount] fare **vorzugsweise** *adv* primarily, chiefly, mainly; ***wenn ich auf Geschäftsreise bin, übernachte ich ~ im Hotel*** when I'm on a business trip, I mostly stay in hotels

Vota, Voten *pl von* **Votum**

votieren* [vo:-] *vi* (*geh*) ■ **für/gegen jdn/etw** ~ to vote for/against sb/sth

Votivbild *nt* REL votive picture **Votivgabe** *f* REL votive gift [*or* offering] **Votivtafel** *f* REL votive tablet

Votum <-s, Voten *o* Vota> ['vo:-] *nt* (*geh*) ① (*Entscheidung*) decision; **das ~ der Geschworenen** the jury's verdict ② POL (*Wahlentscheidung*) vote

Voyeur <-s, -e> [voa'jø:ɐ] *m* voyeur

Voyeurismus <-> *m kein pl* voyeurism

voyeuristisch *adj inv* voyeuristic

vulgär [vʊ-] I. *adj* (*pej geh*) vulgar II. *adv* ~ **aussehen** to look vulgar [*or* common]; **sich** *akk* ~ **ausdrücken** to use vulgar [*or* coarse] language; **sich** *akk* ~ **benehmen** to behave in a vulgar [*or* rude] manner; ***sie beschimpfte ihn*** ~ she swore at him

Vulgarität <-, -en> [vʊ-] *f* (*pej geh*) ① *kein pl* (*vulgäre Art*) vulgarity ② *meist pl* (*vulgäre Bemerkung*) vulgar expression, vulgarity

Vulkan <-[e]s, -e> [vʊ-] *m* volcano; **erloschener/tätiger** ~ extinct/active volcano ▶ WENDUNGEN: **wie auf einem ~ leben** (*geh*) to be like living on the edge of a volcano, to be [like] sitting on a powder-keg [*or* time-bomb]

Vulkanausbruch [vʊ-] *m* volcanic eruption

vulkanisch [vʊ-] *adj* volcanic

vulkanisieren* [vʊ-] *vt* TECH ■ **etw** ~ to vulcanize sth

Vulva <-, Vulven> *f* ANAT vulva

v.u.Z. *Abk von* **vor unserer Zeitrechnung** BC

W

W, w <-, - *o fam* -s, -s> *nt* W, w; ~ **wie Wilhelm** W for [*or* AM as in] William; *s. a.* **A 1**

W *Abk von* **Westen** W, W.

WAA <-, -s> [ve:ʔa:'ʔa:] *f Abk von* **Wiederaufarbeitungsanlage**

Waadt <-s> [va:t] *nt* Vaud

Waage <-, -n> *f* ① TECH (*Gerät zum Wiegen*) scales *npl;* **eine** ~ a pair *n sing* of scales ② *kein pl* ASTROL (*Tierkreiszeichen*) Libra; [**eine**] ~ **sein** to be a Libra[n] ▶ WENDUNGEN: **sich** *dat* **die** ~ **halten** to balance out one another [*or* each other] *sep;* ***Vor- und Nachteile halten sich die*** ~ the advantages and diadvantages are roughly equal

waag(e)recht I. *adj* level, horizontal; **eine ~e Linie** a horizontal line II. *adv* horizontally

Waag(e)rechte <-n, -n> *f* (*Horizontale*) horizontal [line]; **in der ~n, in die** ~ level; **in die ~ bringen** to make sth level

Waagschale *f* TECH (*Schale einer Waage*) [scale-]pan ▶ WENDUNGEN: **etw** *akk* **auf die ~ legen** (*geh*) to take sth literally; **etw** *akk* [**für jdn/etw**] **in die ~ werfen** (*geh*) to bring one's influence to bear [on sb's behalf/in support of sth]

wabb(e)lig *adj* (*fam*) wobbly; **ein ~er Fettbauch** a flabby paunch

wabbeln *vi* (*fam*) to wobble

Wabe <-, -n> *f* honeycomb

wabenförmig *adj* honeycombed

Wabenhonig *m* KOCHK comb honey

wach *adj* ① (*nicht schlafend*) awake; ■ ~ **sein** to be awake; ■ ~ **werden** to wake up; ~ **bleiben** to stay awake; **jdn ~ halten** to keep sb awake; ~ **liegen** to lie awake ② (*aufgeweckt*) alert, keen, sharp; **etw ~ halten** to keep sth alive; **das/jds Interesse ~** to hold sb's interest [*or* keep sb interested]

Wachablösung *f* ① (*Ablösung der Wache*) changing of the guard *no pl* ② (*Führungswechsel*) change of leadership

Wache <-, -n> *f* ① *kein pl a.* MIL (*Wachdienst*) guard duty; ~ **haben** to be on guard duty; **auf ~ sein** to be on guard duty; ~ **stehen** [*o fam* **schieben**] to be on guard duty; **auf** ~ on [guard] duty ❷ MIL (*Wachposten*) guard, sentry ❸ (*Polizeiwache*) police station; ***kommen Sie mal mit auf die ~!*** you'll have to accompany me to the [police] station, please! ❹ (*behüten*) [**bei jdm**] ~ **halten** to keep watch [over sb]

wachen *vi* ❶ (*Wache halten*) ■ [**irgendwo/bei jdm**] ~ to keep watch [somewhere/over sb] ❷ (*geh: wach sein*) to be awake ❸ (*auf etw genau achten*) ■ **über etw** *akk* ~ to ensure [*or* see to it] that sth is done; ■ **darüber ~, dass ...** to ensure [*or* see to it] that ...

wachhabend *adj attr* ADMIN, MIL duty

Wachhabende(r) *f(m) decl wie adj* ADMIN, MIL duty officer

Wachhund *m* watch-dog, guard-dog

wachküssen *vt* ■ **jdn** ~ to wake up sb *sep* with a kiss, to give sb a wake-up kiss

Wachlokal *nt* guardhouse, guardroom

Wachmacher *m* (*fam*) stimulant

Wachmann <-leute *o* -männer> *m* ❶ (*Wächter*) [night-]watchman ❷ ÖSTERR (*Polizist*) policeman **Wachmannschaft** *f* men on guard, guard

Wacholder <-s, -> *m* ❶ (*Busch*) juniper [tree]; (*Beeren*) juniper berry ❷ (*fam*) *s.* **Wacholderschnaps**

Wacholderbeere *f* juniper berry **Wacholderdrossel** *f* ORN fieldfare **Wacholderschnaps** *m* ≈ gin (*schnap[p]s made from juniper berries*) **Wacholderzweig** *m* branch from a juniper [tree], juniper branch

Wachposten *m s.* **Wachtposten**

wach|rufen *vt irreg* ■ **etw** *akk* [**in jdm**] ~ to awaken [*or* evoke] [*or* stir up *sep*] sth [in sb] **wachrütteln** *vt* ■ **jdn** ~ to wake up sb *sep* by shaking them, to give sb a shake to wake them up

Wachs <-es, -e> *nt* ❶ (*Bienenwachs*) [bees]wax ❷ (*Bohnerwachs*) [floor] polish [*or* wax] ❸ (*Antikwachs*) [French] polish ▸ WENDUNGEN: ~ **in jds Händen sein** (*geh*) to be [like] putty in sb's hands

Wachsabdruck *m* wax impression

wachsam **I.** *adj* vigilant, watchful; ***seid ~!*** be on your guard! **II.** *adv* vigilantly, watchfully

Wachsamkeit <-> *f kein pl* vigilance *no indef art, no pl*

Wachsbohne *f* wax [*or* butter] bean

wachschütteln *vt* ■ **jdn** ~ to wake up sb *sep* by shaking them, to give sb a shake to wake them up

wachsen¹ <wuchs, gewachsen> [-ks-] *vi sein* ❶ (*größer werden*) to grow; **in die Breite/Höhe** ~ to grow broader [*or* to broaden [out]]/taller ❷ MED (*sich vergrößern*) to grow ❸ (*sich ausbreiten*) to grow; *Wurzeln* to spread ❹ (*länger werden*) ■ [**jdm**] **wächst etw** *gen* [sb's] sth is growing; ***dir ~ die Haare ja schon bis auf die Schultern!*** your hair [is so long it] has almost reached your shoulders!; ■ **sich** *dat* **etw** *akk* ~ **lassen** to grow sth; **sich** *dat* **die Haare** ~ **lassen** to grow one's hair [long] [*or* let one's hair grow] ❺ (*intensiver werden*) *Spannung, Unruhe* to mount ❻ (*sich vermehren*) ■ [**auf/um etw** *akk*] ~ to grow [*or* increase] [to/by sth]; ***in den letzten Jahren ist die Stadt um rund 1500 Einwohner gewachsen*** the population of the town has grown by about 1,500 [people] over the last few years ▸ WENDUNGEN: **gut gewachsen** evenly-shaped

wachsen² [-ks-] *vt* (*mit Wachs einreiben*) ■ **etw** ~ to wax sth

wächsern [-ks-] *adj* waxen

Wachsfigur *f* wax figure **Wachsfigurenkabinett** *nt* waxworks *npl* [museum *nsing*] **Wachskerze** *f* wax candle **Wachsmalkreide** *f,* **Wachsmalstift** *m* wax crayon **Wachsmaske** *f* wax mask **Wachsmodell** *nt* wax mould **Wachspapier** *nt* waxpaper **Wachstafel** *f* HIST wax tablet

Wachstube *f s.* **Wachlokal**

Wachstum <-[e]s> [-ks-] *nt kein pl* ❶ (*das Wachsen*) growth ❷ ÖKON (*Wirtschaftswachstum*) growth ❸ (*das Anwachsen*) growth, increase; (*einer Ortschaft*) growth, expansion

Wachstumsbranche [-ks-, -brãːʃə] *f* growth sector **wachstumsfördernd** *adj* ❶ BIOL (*dem Wachstum förderlich*) growth-promoting ❷ ÖKON (*wirtschaftliches Wachstum fördernd*) boosting economic growth **Wachstumsförderung** *f* ❶ BIOL (*Förderung des Wachtums*) growth promotion ❷ ÖKON (*Förderung des wirtschaftlichen Wachstums*) boost of economic growth **Wachstumshormon** *nt* growth hormone **Wachstumsindustrie** *f* ÖKON growth industry **Wachstumsmarkt** *m* growth market **wachstumsorientiert** *adj inv* growth-orientated **Wachstumsrate** *f* ÖKON growth rate **Wachstumsstörung** *f* MED disturbance of growth

Wachtel <-, -n> *f* ORN quail

Wachtelbohne *f* pinto bean **Wachtelei** *nt* quail's egg

Wächter(in) <-s, -> *m(f)* ❶ (*veraltend: Hüter in einer Anstalt*) guard; (*Wachmann*) [night-]watchman ❷ ([*moralischer*] *Hüter*) guardian

Wachtmeister(in) *m(f)* [police] constable BRIT, police officer AM **Wachtposten** *m* guard

Wachtraum *m* PSYCH day-dream, waking dream

Wach(t)turm *m* watch-tower

Wach- und Schließgesellschaft *f kein pl* ÖKON ■ **die** ~ the security corps BRIT

Wachzustand *m* **im** ~ [**sein**] [to be] awake [*or* in a waking state]

wack(e)lig *adj* ❶ (*nicht fest stehend*) rickety; (*Konstruktion*) rickety, unsound; (*Säule*) shaky; (*Steckdose*) loose; (*Stuhl, Tisch*) unsteady ❷ (*nicht solide*) shaky; (*Firma*) unsound, shaky

Wackelkontakt *m* ELEK loose connection

wackeln *vi* ❶ *haben* (*wackelig sein*) to wobble; *Konstruktion, Säule* to shake ❷ *haben* (*hin und her bewegen*) ■ **mit etw** *dat* ~ to rock on [one's] sth; **mit dem Kopf** ~ to shake one's head; **mit den Hüften** ~ to wiggle one's hips; **mit den Ohren** ~ to wiggle [*or* waggle] one's ears ❸ *sein* (*sich unsicher fortbewegen*) ■ **irgendwohin** ~ to totter somewhere; *Kleinkind* to toddle somewhere

wacklig *adj s.* **wackelig**

Wade <-, -n> *f* ANAT calf

Wadenbein *nt* ANAT fibula **Wadenkrampf** *m* cramp in the [*or* one's] calf **Wadenwickel** *m* MED leg compress

Wadli <-s, -> *nt* KOCHK SCHWEIZ (*Eisbein*) cured knuckle of pork

Waffe <-, -n> *f* ❶ *a.* MIL (*Angriffswaffe*) weapon, arm; **zu den ~n greifen** to take up arms; **die ~n strecken** to lay down one's arms [*or* surrender] ❷ (*Schusswaffe*) gun, firearm; **eine** ~ **tragen** to carry a gun ▸ WENDUNGEN: **jdn mit seinen eigenen ~n schlagen** to beat sb at his own game

Waffel <-, -n> *f* KOCHK waffle

Waffeleisen *nt* waffle-iron

Waffenarsenal *nt* MIL arsenal, stockpile [of weapons] **Waffenbesitz** *m* possession of firearms [*or* a firearm] **Waffenembargo** *nt* MIL arms embargo; **ein** ~ **verhängen** to impose an arms embargo **Waffengattung** *f* MIL arm of the services **Waffengesetz** *nt* gun laws *pl* **Waffengewalt** *f kein pl* armed force; **mit** ~ by force of arms **Waffenhandel** *m* MIL arms trade **Waffenhändler** *m* MIL arms dealer **Waffenlager** *nt* MIL arsenal, ordnance depot **Waffenlieferung** *f* arms supply **Waffennarr** *m* (*pej fam*) gun freak [*or fam* nut] **Waffenruhe** *f* MIL cease-fire **Waffenschein** *m* ADMIN firearms [*or* gun] licence **Waf-**

fenschmuggel *m* MIL gun-running, arms smuggling **Waffenschmuggler(in)** *m(f)* MIL gun-runner **Waffen-SS** [-ɛsʔɛs] *f* HIST ■**die** ~ the Waffen SS **Waffenstillstand** *m* MIL armistice **Waffenstillstandsverhandlungen** *pl* armistice negotiations *pl* **Waffensystem** *nt* MIL weapon system

Wägelchen <-s, -> *nt dim von* **Wagen** (*kleiner Karren*) [little] cart; (*Auto*) car, motor BRIT *fam*

Wagemut *m* (*geh*) daring *no indef art, no pl,* boldness *no indef art, no pl*

wagemutig *adj* daring, bold

wagen **I.** *vt* ① (*riskieren*) ■**etw** ~ to risk sth ② (*sich getrauen*) ■**es** ~, **etw** *akk* **zu tun** to dare [to] do sth ▸ WENDUNGEN: **wer nicht wagt, der nicht gewinnt** (*prov*) nothing ventured, nothing gained *prov; s. a.* **frisch** **II.** *vr* ① (*sich zutrauen*) ■**sich** *akk* **an etw** *akk* ~ to venture to tackle sth ② (*sich trauen*) ■**sich** *akk* **irgendwohin/irgendwoher** ~ to venture [out] to/from somewhere

Wagen <-, Wagen *o* SÜDD, ÖSTERR Wägen> *m* ① (*Pkw*) car; ***ich nehme den*** ~ I'll take [*or* go in] [*or* drive] the car; (*Lkw*) truck, BRIT *a.* lorry; (*Wagenladung*) truck-load, BRIT *a.* lorry-load ② BAHN (*Waggon*) carriage, car, coach ③ (*Fahrzeug mit Deichsel*) cart ④ (*Kinder~*) pram BRIT, baby carriage AM ⑤ (*Teil einer Schreibmaschine*) carriage ⑥ ASTRON **der Große/Kleine** ~ the Great Bear [*or* Plough] [*or* Big Dipper]/Little Bear [*or* Little Dipper] ▸ WENDUNGEN: **sich** *akk* **nicht vor jds** ~ **spannen lassen** (*fam*) to not let oneself be roped into sb's sth

wägen <wog *o* wägte, gewogen *o* gewägt> *vt* (*geh*) ■**etw** ~ to weigh sth

Wagenburg *f* HIST corral, defensive ring of wagons **Wagenheber** <-s, -> *m* (*Werkzeug*) jack **Wagenladung** *f* truck-load, BRIT *a.* lorry-load **Wagenlenker** *m* HIST charioteer **Wagenpark** *m s.* **Fuhrpark** **Wagenpflege** *f* AUTO car care **Wagenrad** *nt* cartwheel **Wagenrennen** *nt* HIST chariot race **Wagenschmiere** *f* cart grease **Wagenwäsche** *f* AUTO car wash

Waggon <-s, -s> [va'gõː, va'gɔŋ, va'goːn] *m* BAHN [goods] wag[g]on

waghalsig *adj* fearless, daring, bold

Wagnis <-ses, -se> *nt* ① (*riskantes Vorhaben*) risky venture ② (*Risiko*) risk

Wagon <-s, -s> [va'gõː, va'gɔŋ, va'goːn] *m s.* **Waggon**

Wahl <-, -en> *f* ① POL (*Abstimmung*) election; ■[**die**] ~**en** [**zu etw**] [the] elections [to sth]; **geheime/freie** ~ secret ballot/free elections *pl;* **zur** ~ **gehen** to vote; **die** ~ **annehmen** to accept one's election; **zur** ~ **schreiten** (*geh*) to [take a] vote ② *kein pl* (*Ernennung durch Abstimmung*) election; ■**jds** ~ **in etw** *akk* sb's election to sth; ■**jds** ~ **zu etw** sb's election as sth ③ *kein pl* (*das Auswählen*) choice; ***meine*** ~ ***fiel auf den roten Sportwagen*** the red sports car was my choice; **die/jds** ~ **fällt auf jdn/etw** sb/sth is chosen/sb chooses sb/sth; **die** ~ **haben** to have a choice; **eine/seine** ~ **treffen** to make one's [*or* a] choice ④ (*Alternative*) **keine andere** ~ **bleiben** [*o* **haben**] sb has [*or* there is] no alternative [*or* choice]; **die** ~ **haben, etw zu tun** to be able to choose to do sth; **jdm die** ~ **lassen** to let sb choose [*or* leave it up to sb [to choose]]; **jdm keine** ~ **lassen** to leave sb [with] no alternative [*or* other choice] ⑤ ÖKON (*Klasse*) **erste/zweite** ~ top[-grade] [*or* first[-class]] quality/second-class quality; **... erster/zweiter** ~ top[-grade] [*or* first[-class]] quality/second-class quality ...; **Eier erster/zweiter** ~ grade one/two eggs; **Waren erster/zweiter** ~ firsts/seconds, top[-grade] quality/second-class quality goods ⑥ ÖKON (*Auswahl*) **zur** ~ **stehen** there is a choice [*or* selection] of ▸ WENDUNGEN: **wer die** ~ **hat, hat die Qual** (*prov*) sb is spoilt for choice

Wahlamt *nt* ADMIN *authority responsible for organising elections in constituencies* **Wahlausgang** *m* POL election results *pl,* election outcome, outcome of an/the election

wählbar *adj* POL eligible; ■**zu jdm/in etw** *akk* ~ **sein** to be eligible for election as sb/to sth; ■~ **sein** to be eligible to stand for election

Wahlbenachrichtigung *f* POL polling card **wahlberechtigt** *adj* POL eligible [*or* entitled] to vote *pred* **Wahlberechtigte(r)** <-n, -n> *f (m) decl wie adj* person entitled to vote **Wahlbeteiligung** *f* POL turnout, poll; **eine hohe** ~ a high turnout [at the election], BRIT *a.* a heavy poll **Wahlbetrug** *m* ballot [*or* vote] rigging **Wahlbezirk** *m* POL ward **Wahlboykott** *m* POL election boycott

wählen **I.** *vt* ① *a.* POL ■**jdn/etw** ~ to vote for sb/sth ② (*durch Abstimmung berufen*) ■**jdn in etw** *akk/***zu etw** *dat* ~ to elect sb to sth/as sth ③ TELEK ■**etw** ~ to dial sth; ***ich glaube, Sie haben die falsche Nummer gewählt*** I think you've dialled the wrong number [*or* misdialled] **II.** *vi* ① POL to vote; ~ **gehen** to vote ② (*auswählen*) ■[**unter etw** *dat*] ~ to choose [from sth] ③ TELEK to dial

Wähler(in) <-s, -> *m(f)* POL voter; (*Gesamtheit der Wähler*) electorate *n sing*

Wahlerfolg *m* success at an/the election **Wahlergebnis** *nt* POL election result

Wählergunst *f kein pl* POL popularity with the voters; **wieder in der** ~ **steigen** to be back in [*or* regain] favour [*or* AM -or] with the voters

Wählerin <-, -nen> *f fem form von* **Wähler**

wählerisch *adj* particular, selective, choos[e]y *fam or a. pej;* (*Kunde*) discerning; (*Weinkenner*) discriminating

Wählerschaft <-, -en> *f* POL (*geh*) electorate *no indef art, no pl,* constituents *pl*

Wählerstimme *f* POL vote

Wahlfach *nt* SCH option[al subject] **Wahlgang** *m a.* POL ballot **Wahlgeheimnis** *nt kein pl* secrecy of the ballot **Wahlgeschenk** *nt* POL (*fam*) pre-election promise, *concession designed to win votes* **Wahlheimat** *f* ■**jds** ~ sb's adopted place of residence [*or* country] **Wahlhelfer(in)** *m(f)* POL ① (*Helfer eines Kandidaten*) election assistant ② (*amtlich bestellte Aufsicht*) polling officer **Wahljahr** *nt* POL election year **Wahlkabine** *f* POL polling booth **Wahlkampf** *m* POL election campaign **Wahlkreis** *m* POL constituency **Wahlleiter(in)** *m(f)* POL returning officer BRIT **Wahllokal** *nt* POL polling station [*or* AM place] **wahllos** **I.** *adj* indiscriminate **II.** *adv* indiscriminately **Wahlniederlage** *f* POL electoral defeat, defeat in [*or* at] the election[s] **Wahlpflicht** *f* POL electoral duty, compulsory voting **Wahlplakat** *nt* POL election poster **Wahlpropaganda** *f* election propaganda **Wahlrecht** *nt kein pl* ① POL (*das Recht zu wählen*) [right to] vote; **das aktive** ~ the right to vote; **das allgemeine** ~ universal suffrage; **das passive** ~ eligibility [to stand for election] ② JUR (*Wahlen regelnde Gesetze*) electoral law *no indef art* **Wahlschein** *m* POL postal vote form BRIT, absentee ballot AM **Wahlschlappe** *f* POL (*fam*) electoral defeat, defeat in [*or* at] the election[s] **Wahlsieg** *m a.* POL election [*or* electoral] victory **Wahlsieger(in)** *m(f)* winner of an/the election

Wahlspruch *m* motto, slogan

Wahlsystem *nt* POL electoral system **Wahltag** *m* POL election [*or* BRIT polling] day

Wählton *m* TELEK dialling [*or* AM dial] tone

Wahlurne *f* POL ballot-box; **zu den** ~**n schreiten** (*geh*) to go to the polls **Wahlversprechen** *nt* POL election promise **wahlweise** *adv* as desired; ***Sie***

dürfen sich entscheiden, es gibt ~ Wein oder Champagner you can choose between wine or champagne **Wahlwiederholung** *f* TELEK automatic redial

Wahn <-[e]s> *m kein pl* ❶ (*geh: irrige Vorstellung*) delusion; **in einem ~ leben** to labour [*or* AM -or] under a delusion ❷ MED (*Manie*) mania

wähnen I. *vt* (*geh: irrigerweise annehmen*) to believe [wrongly], to labour [*or* AM -or] under the delusion that *form;* ■**jdn irgendwo ~** to think sb is somewhere else; ***ich wähnte dich auf hoher See*** I imagined you to be on the high seas; ■**jdn etw ~** to imagine sb to be sth; ***er wähnte sie längst tot*** he [wrongly] believed her to be long since dead II. *vr* (*geh*) ■**sich** *akk* **etw** *akk* **~** to consider oneself to be sth; **sich verloren ~** to believe oneself to be lost

Wahnsinn *m kein pl* ❶ (*fam: Unsinn*) madness, lunacy ❷ MED (*Verrücktheit*) insanity, lunacy, madness; (*fig fam: Grenzenlosigkeit*) craziness; **heller ~ sein** (*fam*) to be sheer [*or* utter] madness; **jdn zum ~ treiben** (*fam*) to drive sb mad; **so ein ~** (*fam*) what madness!; **~!** (*sl*) amazing!, wild! *sl,* cool! *fam*

wahnsinnig I. *adj* ❶ MED (*geisteskrank*) insane, mad; ■**~ sein/werden** to be/become insane [*or* mad] ❷ *attr* (*fig fam: gewaltig*) terrible *fam,* dreadful; **eine ~e Arbeit/Aufgabe** a massive amount of work/task; (*Hitze*) sweltering, blistering; (*Kälte*) biting, bitter; (*Sturm*) heavy, severe, violent ❸ (*pej fam: wahnwitzig*) crazy; **wie ~** (*fam*) like mad [*or* crazy], mad ❹ (*sl: herrlich*) incredible *fam* ❺ (*kirre*) **jdn [noch] ~ machen** (*fam*) to drive sb mad [*or* crazy], to drive sb around [*or* BRIT *a.* round] the bend *fam;* **ich werde [noch] ~!** (*fam*) it's enough to drive me mad! II. *adv* (*fam*) terribly *fam,* dreadfully; **~ viel** a heck [*or* hell] of a lot *fam;* **~ heiß** swelteringly [*or* blisteringly] hot; **~ kalt** bitingly [*or* bitterly] cold

Wahnsinnige(r) *f(m) decl wie adj* madman *masc,* madwoman *fem*

Wahnsinnigwerden *nt* **es ist zum ~** (*fam*) it's enough to drive you mad [*or* crazy], it's enough to drive you around [*or* BRIT *a.* round] the bend *fam*

Wahnsinnsarbeit <-> *f kein pl* (*fam*) a crazy [*or* hellish] amount of work *fam*

Wahnvorstellung *f* MED delusion **Wahnwitz** *m kein pl* [sheer [*or* utter]] madness **wahnwitzig** *adj* crazy, mad; **mit einer ~en Geschwindigkeit fahren** to drive at a lunatic [*or* an insane] speed

wahr *adj* ❶ (*zutreffend*) true; **eine ~e Geschichte** a true story; **~ werden** to become a reality; **wie ~!** (*fam*) very true! *fam* ❷ *attr* (*wirklich*) real; **der ~e Täter** the real culprit ❸ (*aufrichtig*) real, true; **ein ~er Freund** a real [*or* true] friend; **das ~e Glück** real [*or* true] happiness; **die ~e Liebe** true love ▶ WENDUNGEN: **das einzig W~e** (*fam*) the thing needed, just the thing *fam;* ***vier Wochen Urlaub, das wäre jetzt das einzig W~e*** to have four weeks holiday would be just what the doctor ordered; **das darf [*o* kann] doch nicht ~ sein!** (*fam: verärgert*) I don't believe this [*or* it]!; (*entsetzt*) it can't be true!; **da ist etwas W~es dran** (*fam*) there's some truth in it; (*als Antwort*) you're not wrong there *fam;* **das ist schon gar nicht mehr ~** (*fam*) that was ages ago *fam;* **etw ist [auch] nicht das W~e** (*fam*) sth is not quite the thing [*or* real McCoy]; **etw ~ machen** to carry out sth; **so ~ ich hier stehe** (*fam*) as sure as I'm standing here

wahren *vt* ❶ (*schützen*) ■**etw ~** to protect [*or* safeguard] sth; **jds Interessen ~** to look after sb's interests; **jds Rechte ~** to protect sb's rights ❷ (*erhalten*) ■**etw ~** to maintain [*or* preserve] sth; ***es fiel mir nicht leicht, meine Fassung zu ~*** it wasn't easy for me to keep my composure

währen *vi* (*geh*) **über einen gewissen Zeitraum ~** to last a certain period of time

während I. *präp +gen* during II. *konj* ❶ (*zur selben Zeit*) while ❷ (*wohingegen*) whereas; ***er trainiert gerne im Fitnessstudio, ~ ich lieber laufen gehe*** he likes to work out in the gymn, whereas I prefer to go for a run

währenddessen *adv* meanwhile, in the meantime

wahrhaben *vt irreg* ■**etw nicht ~ wollen** not to want to admit sth; **[es] nicht ~ wollen, dass** not to want to admit that

wahrhaft *adj attr* (*geh*) *s.* **wahr 3**

wahrhaftig I. *adj* (*veraltend geh*) real, true II. *adv* (*geh*) really

Wahrheit <-, -en> *f* ❶ (*tatsächlicher Sachverhalt*) truth *no pl;* **die ganze [*o* volle]/halbe ~** the whole truth/half the truth; **es mit der ~ nicht so genau nehmen** (*fam*) to stretch the truth; **um die ~ zu sagen** to tell the truth; **die ~ sagen** to tell the truth; **jdm die ~ sagen** to tell sb the truth; **in ~** in truth, actually ❷ *kein pl* (*Richtigkeit*) accuracy *no pl* ▶ WENDUNGEN: **wer einmal lügt, dem glaubt man nicht, und wenn er auch die ~ spricht** (*prov*) a liar is never believed even when he's telling the truth

Wahrheitsfindung *f kein pl* establishment of the truth **wahrheitsgemäß** *adj inv* truthful **wahrheitsgetreu** I. *adj* truthful; **eine ~e Darstellung** an accurate depiction II. *adv* **etw ~ berichten** to report sth truthfully; **etw ~ darstellen** to depict sth accurately **Wahrheitsliebe** *f* love of truth **wahrheitsliebend** *adj* truthful

wahrlich *adv* (*geh*) really

wahrnehmbar *adj* audible; **ein ~er Geruch** a perceptible smell

wahr|nehmen *vt irreg* ❶ (*merken*) ■**etw ~** to perceive [*or* detect] sth; **einen Geruch ~** to perceive a smell; **ein Geräusch/Summen/Vibrieren ~** to detect a sound/humming/vibration ❷ (*teilnehmen*) ■**etw [für jdn] ~** to attend sth [for sb]; **einen Termin ~** to keep an appointment ❸ (*ausnutzen*) ■**etw ~** to take advantage of sth; **eine günstige Gelegenheit ~** to take advantage of a favourable [*or* AM -orable] opportunity ❹ (*vertreten*) ■**etw [für jdn] ~** to look after sth [for sb]; **jds Interessen ~** to look after sb's interests ❺ (*ausüben*) **seine Rechte ~** to exercise one's rights; **seine Pflichten ~** to attend to one's duties, to fulfill [*or* AM fulfil] one's obligations

Wahrnehmung <-, -en> *f* ❶ (*das Merken*) *Geräusch* detection *no pl; Geruch* perception *no pl* ❷ (*Erfüllung*) attending ❸ (*Vertretung*) looking after *no pl, no art;* **~ von jds Interessen** looking after [*or* safeguarding] [*or* protecting] sb's interests ❹ (*Ausübung*) making use of; *Rechte* exercising; *Pflichten* attending, fulfilling

wahr|sagen I. *vi* (*Zukunft vorhersagen*) to tell fortunes, to predict the future; ■**aus etw ~** to predict the future from sth; **aus [den] Teeblättern ~** to read [the] tea leaves; **sich** *dat* **[von jdm] ~ lassen** to have one's fortune told [by sb] II. *vt* (*voraussagen*) ■**jdm etw ~** to tell sb's fortune, to predict the future for sb

Wahrsager(in) <-s, -> *m(f)* fortune teller

währschaft *adj* SCHWEIZ ❶ (*gediegen*) well-made; **eine ~e Arbeit** a sound piece of work ❷ (*tüchtig*) competent; **~es Essen** good food

wahrscheinlich I. *adj* probable, likely; ■**es ist ~, dass** it is probable [*or* likely] that; ■**es ist nicht ~, dass** it is improbable [*or* unlikely] that II. *adv* probably

Wahrscheinlichkeit <-, -en> *f* probability, likelihood *no pl;* **in aller ~, aller ~ nach** in all probability [*or* likelihood]

Wahrscheinlichkeitsrechnung *f kein pl* MATH probability calculus, theory of probability

Wahrung <-> *f kein pl* protection *no pl,* safeguarding *no pl*

Währung <-, -en> *f* currency

Währungsausgleich *m kein pl* currency conversion compensation **Währungseinheit** *f* currency unit **Währungsfonds** *f* Monetary Fund; **Internationaler** ~ International Monetary Fund **Währungsgebiet** *nt* monetary [*or* currency] area **Währungskrise** *f* monetary [*or* currency] crisis **Währungskurs** *m* exchange rate, rate of exchange **Währungsparität** *f* exchange rate [*or* monetary] parity **Währungspolitik** *f* monetary policy **währungspolitisch** *adj inv* in terms of monetary policy **Währungsreform** *f* currency [*or* monetary] reform **Währungsreserve** *f meist pl* foreign exchange reserve *usu pl*, currency [*or* monetary] reserve *usu pl* **Währungsstabilität** *f* currency stability **Währungssystem** *nt* monetary system **Währungsunion** *f* monetary union

Wahrzeichen *nt* landmark

Waise <-, -n> *f* orphan

Waisenhaus *nt* orphanage **Waisenkind** *nt* orphan **Waisenknabe** *m* (*veraltet*) orphan [boy] ▶ WENDUNGEN: **jd ist gegen jdn ein** ~ [*o* **Waisenkind**] (*fam*) sb is no match for sb **Waisenrente** *f* orphan's allowance

Wake-Boarding <-s> [weɪkbɔːdɪŋ] *nt kein pl* SPORT wakeboarding

Wal <-[e]s, -e> *m* whale

Wald <-[e]s, Wälder> *m* (*mit Bäumen bestandenes Land*) wood, forest; **Bayrischer** ~ the Bavarian Forest; **Thüringer** ~ the Thuringian Forest ▶ WENDUNGEN: **den** ~ **vor lauter Bäumen nicht sehen** (*fam*) to not be able to see the wood [*or* forest] for the trees; **wie man in den** ~ **hineinruft, so schallt es wieder heraus** (*prov*) you are treated as you treat others

Waldameise *f* red ant **Waldarbeiter(in)** *m(f)* forestry worker **Waldbaumläufer** *m* ORN common tree creeper **Waldbestand** *m* forest **Waldboden** *m* forest soil **Waldbrand** *m* forest fire

Wäldchen <-s, -> *nt dim von* **Wald** small wood

Waldgeißblatt *nt* BOT common honeysuckle, woodbine **Waldhonig** *m* honeydew honey **Waldhorn** *nt* MUS French horn

waldig *adj* wooded; **eine ~e Gegend** a wooded region

Waldkauz *m* ORN tawny owl **Waldland** *nt* woodland **Waldlauf** *m* cross-country run; **einen** ~ **machen** to go on a cross-country run **Waldmaus** *f* ZOOL wood mouse, long-tailed field mouse **Waldmeister** *m* BOT woodruff **Waldohreule** *f* ORN long-eared owl

Waldorfschule *f* Rudolf Steiner School

Waldpilz *m* woodland mushroom **Waldrebe** *f* BOT clematis **Waldschnepfe** *f* ORN woodcock **Waldsterben** *nt* death of the forest[s] as a result of pollution

Waldung <-, -en> *f* (*geh*) forest

Waldweg *m* forest path, path through the woods

Wales <-> [weɪlz] *nt* Wales *no pl*

Walfang *m kein pl* whaling **Walfisch** *m* (*fam*) *s.* **Wal**

Walhall(a) <-s> *f kein pl* Valhalla *no pl*

Waliser(in) <-s, -> *m(f)* Welshman *masc*, Welsh woman *fem*; *s. a.* **Deutsche(r)**

Walisisch *nt decl wie adj* Welsh; *s. a.* **Deutsch**

walisisch *adj* ① GEOG Welsh; **die ~e Küste** the Welsh coast; *s. a.* **deutsch 1** ② LING Welsh; **der ~e Dialekt** the Welsh dialect; *s. a.* **deutsch 2**

Walisische <-n> *nt* ■**das** ~ Welsh, the Welsh language; *s. a.* **Deutsche**

walken *vt* ① (*durch~*) ■**etw** ~ to tumble sth ② (*durchkneten*) ■**etw** ~ to knead sth

Walkie-Talkie^{RR} <-[s], -s> [ˈwɔːkɪˈtɔːkɪ] *nt*, **Walkie-talkie** <-[s], -s> *nt* walkie-talkie

Walkman <-s, -men> [ˈwɔːkmən] *m* walkman®

Walküre <-, -n> *f* Valkyrie

Wall <-[e]s, Wälle> *m* embankment; *Burg* rampart

Wallach <-[e]s, -e> *m* gelding

wallen *vi Wasser* to bubble; *Suppe* to simmer

wallend *adj* (*geh*) flowing; **ein ~er Bart** a flowing beard

Waller <-s, -> *m* ZOOL, KOCHK European catfish

Wallfahrer(in) *m(f)* pilgrim

Wallfahrt *f* pilgrimage; **eine** ~ [**irgendwohin**] **machen** to go on a pilgrimage [somewhere]

Wallfahrtskirche *f* pilgrimage church **Wallfahrtsort** *m* place of pilgrimage

Wallis <-> *nt* ■**das** ~ Valais

Wallone, **Wallonin** <-n, -n> *m, f* Walloon; *s. a.* **Deutsche(r)**

Wallung <-, -en> *f* MED (*Hitze~*) [hot] flush *usu pl* ▶ WENDUNGEN: **jdn in** ~ **bringen** to make sb's blood surge/sb seethe; **in** ~ **geraten** to fly into a rage

Walmdach *nt* ARCHIT hipped roof

Walnuss^{RR} *f*, **Walnuß** *f* ① (*Frucht des Walnussbaums*) walnut ② *s.* **Walnussbaum**

Walnussbaum^{RR} *m* walnut [tree] **Walnussholz**^{RR} *nt* walnut **Walnussöl**^{RR} *nt* walnut oil

Walpurgisnacht *f* ■**die** ~ Walpurgis night

Walross^{RR} *nt*, **Walroß** *nt* walrus ▶ WENDUNGEN: **wie ein** ~ **schnaufen** (*fam*) to puff like a grampus BRIT *fam*, to huff and puff AM

walten *vi* (*geh*) ① (*herrschen*) to reign ② (*üben*) ■**etw** ~ **lassen** to show sth; **Nachsicht** ~ **lassen** to show leniency

Walzblech *nt* sheet metal

Walze <-, -n> *f* ① (*zylindrischer Gegenstand*) roller ② TECH (*rotierender Zylinder*) roller ③ (*Straßen~*) steamroller

walzen *vt* ■**etw** ~ ① (*mit einer Walze ausrollen*) to roll sth ② (*zu Blech ausrollen*) to roll sth

wälzen **I.** *vt* ① (*fam: durchblättern*) ■**etw** ~ to pore over sth; **Unterlagen wälzen** to pore over documents ② (*hin und her bedenken*) ■**etw** ~ to turn over sth in one's mind ③ (*rollen*) ■**etw irgendwohin** ~ to roll sth somewhere ④ KOCHK (*hin und her wenden*) ■**etw in etw** ~ *dat* to roll sth in sth; ***die Kartöffelchen wurden in Butter gewälzt*** the small potatoes were coated in butter **II.** *vr* (*sich hin und her rollen*) ■**sich irgendwo** ~ to roll somewhere; ***sie wälzte sich im Bett hin und her*** she tossed and turned in bed; ■**sich in etw** ~ *dat* to roll in sth; **im Schlamm** ~ to roll in the mud

Walzennudelmaschine *f* pasta machine

Walzer <-s, -> *m* waltz; **Wiener** ~ Viennese waltz

Wälzer <-s, -> *m* (*fam*) heavy tome *form*

Walzermusik *f* waltz music

Wamme <-, -n> *f* KOCHK prime streaky bacon

Wampe <-, -n> *f* DIAL (*fam*) paunch

Wams <-es, Wämser> *nt* DIAL (*veraltet*) doublet *old*

wand *imp von* **winden**[1]

Wand <-, Wände> *f* ① (*Mauer*) wall ② (*Wandung*) side ③ (*Fels~*) [rock] face ▶ WENDUNGEN: **die Wände haben Ohren** (*fam*) walls have ears *fam*; **spanische** ~ folding screen; **in jds vier Wänden** within sb's own four walls; **weiß wie die** ~ **werden** to turn as white as a sheet; **jdn an die** ~ **drücken** to drive sb to the wall; **die** ~ [*o* **Wände**] **hoch gehen können** (*fam*) to drive sb up the wall *fam*; [**bei jdm**] **gegen eine** ~ **reden** to be like talking to a brick wall [with sb]; **jdn an die** ~ **spielen** SPORT to thrash sb; MUS to outshine sb; THEAT to outshine sb; **jdn an die** ~ **stellen** MIL to put sb up against the wall; **dass die Wände wackeln** (*fam*) to raise the roof; ~ **an** ~ right next door to each other; *s. a.* **Kopf**

Wandale, Wandalin <-n, -n> *m, f* ① HIST (*germanischer Volksstamm*) Vandal ② (*zerstörungswütiger Mensch*) vandal ▶ WENDUNGEN: **wie die ~n** like madmen

Wandalismus *m s.* **Vandalismus**

Wandbehang *m s.* **Wandteppich**

Wandel <-s> *m kein pl* (*geh*) change; **einem ~ unterliegen** to be subject to change; **im ~ einer S.** *gen* over [*or* through] sth; **im ~ der Jahrhunderte** over the centuries; **im ~ der Zeiten** through the ages

wandelbar *adj* (*geh*) changeable

Wandelgang <-gänge> *m* covered walkway **Wandelhalle** *f* foyer

wandeln¹ **I.** *vt* (*geh: ändern*) ■**etw ~** to change sth **II.** *vr* (*geh*) ■**sich ~** ① (*sich verändern*) to change ② (*sich ändern*) to change

wandeln² *vi sein* (*geh*) to stroll

Wanderausstellung *f* travelling [*or* BRIT traveling] exhibition **Wanderdüne** *f* shifting dune

Wanderer, Wanderin <-s, -> *m, f* hiker, rambler

Wanderfalke *m* ORN peregrine falcon

Wanderheuschrecke *f* migratory locust

Wanderin <-, -nen> *f fem form von* **Wanderer**

Wanderkarte *f* map of walks

wandern *vi sein* ① (*eine Wanderung machen*) to hike, to go rambling, to go on a hike; ■**irgendwoher/irgendwohin ~** to hike from somewhere/to somewhere; ***am Wochenende ~ wir gerne um den See*** at the weekend we like to go on a ramble around the lake ② GEOG (*sich weiterbewegen*) ■[**irgendwoher/irgendwohin**] **~** to shift [*or* move] [from somewhere/to somewhere] ③ (*geh: streifen*) to move ④ (*fam: geworfen werden*) to go; ■**irgendwohin ~** to go somewhere; ***„wohin mit den Küchenabfällen?" — „die ~ auf den Kompost"*** "where does the kitchen waste go?" — "it goes on the compost heap" ⑤ ZOOL (*den Aufenthaltsort wechseln*) to migrate ⑥ MED (*sich weiterbewegen*) ■[**irgendwohin**] **~** to migrate [to somewhere] **Wanderniere** *f* MED floating kidney **Wanderpokal** *m* challenge cup **Wanderratte** *f* brown rat

Wanderschaft <-> *f kein pl* (*Zeit als fahrender Geselle*) travels *npl;* **auf ~ sein** (*fam*) to be on one's travels ▶ WENDUNGEN: **auf ~ gehen** (*fam*) to go off on one's travels

Wanderschuhe *pl* hiking boots *pl* **Wandertag** *m day on which a German school class goes on an excursion*

Wanderung <-, -en> *f* hike, ramble; **eine ~ machen** [*o* **unternehmen**] to go on a hike [*or* ramble]

Wanderweg *m* walk, trail

Wandgemälde *nt* mural, wall painting **Wandkalender** *m* wall calendar **Wandkarte** *f* wall map **Wandlampe** *f* wall lamp [*or* light]

Wandlung <-, -en> *f* ① (*geh: Veränderung*) change ② REL transubstantiation *no pl*

wandlungsfähig *adj* adaptable; **ein ~er Schauspieler** a versatile actor

Wandrer(in) <-s, -> *m(f) s.* **Wanderer**

Wandschrank *m* built-in cupboard **Wandtafel** *f* blackboard

wandte *imp von* **wenden**

Wandteppich *m* tapestry **Wanduhr** *f* wall clock **Wandverkleidung** *f* ① (*Paneel*) panelling [*or* AM paneling] *no pl* ② (*Plattierung*) facing, wall covering **Wandzeitung** *f* wall news-sheet

Wange <-, -n> *f* (*geh*) cheek; **~ an ~** cheek to cheek

Wankelmotor *m* rotary piston engine

Wankelmut *m* (*geh*) fickleness *no pl,* inconsistency *no pl*

wankelmütig *adj* (*geh*) inconsistent

Wankelmütigkeit *f s.* **Wankelmut**

wanken *vi* ① *haben* (*hin und her schwanken*) to sway ② *sein* (*sich wankend bewegen*) ■**irgendwohin ~** to stagger somewhere ▶ WENDUNGEN: **etw ins W~ bringen** to shake sth; **ins W~ geraten** to begin to sway [*or* waver]; ***sein Entschluss geriet ins W~*** he began to waver in his decision

wann *adv interrog* ① (*zu welchem Zeitpunkt*) when; ***~ kommst du wieder?*** when will you be back?; **bis ~** until when; ***bis ~ ist der Pass gültig?*** when is the passport valid until?; **seit ~** since when; **von ~ an** from when; **~ etwa** [*o* **ungefähr**] when approximately [*or* roughly]; **~** [**auch**] **immer** whenever ② (*in welchen Fällen*) when

Wanne <-, -n> *f* ① (*Bade~*) [bath]tub ② (*längliches Gefäß*) tub ③ (*Öl~*) oilpan

Wannenbad *nt* bath; **ein ~ nehmen** to have [*or* take] a bath

Wanst <-[e]s, Wänste> *m* (*Fett~*) paunch ▶ WENDUNGEN: **sich** *dat* **den ~ vollschlagen** (*sl*) to stuff oneself *sl*

Want <-, -en> *f meist pl* NAUT shroud

Wanze <-, -n> *f* ① (*Blut saugender Parasit*) bug ② (*fam: Miniabhörgerät*) bug *fam*

WAP *nt Abk von* **Wireless Application Protocol** WAP

WAP-Handy *nt* WAP phone

Wappen <-s, -> *nt* coat of arms ▶ WENDUNGEN: **ein ~ führen** to have a coat of arms; **etw im ~ führen** to bear sth on one's coat of arms

Wappenkunde *f kein pl* heraldry *no pl* **Wappenschild** *m o nt* shield **Wappentier** *nt* heraldic animal

wappnen *vr* (*geh*) ■**sich** [**gegen etw**] **~** to prepare oneself [for sth]; ■**gewappnet sein** to be prepared

war *imp von* **sein¹**

Waran <-s, -e> *m* ZOOL dragon

warb *imp von* **werben**

ward (*liter*) *imp von* **werden I, 3 und II**

Ware <-, -n> *f* article, product, commodity; ***Lebensmittel sind leicht verderbliche ~n*** food is a commodity that can easily go off ▶ WENDUNGEN: **heiße ~** (*sl*) hot goods *sl*

Warenangebot *nt* range of goods on offer **Warenausfuhr** *f* export of goods **Warenausgang** *m kein pl* ÖKON ① *kein pl* (*Abteilung*) sales department ② *meist pl* (*zum Abschicken vorbereitete Waren*) outgoing goods *pl* **Warenaustausch** *m* exchange of goods **Warenbestand** *m* stock *no pl* **Warenbestellung** *f* order for goods **Warenbörse** *f* commodity exchange **Wareneinfuhr** *f* import of goods **Wareneingang** *m* ÖKON ① *kein pl* (*Abteilung*) incoming goods department ② *meist pl* (*eingehende, gelieferte Waren*) goods received **Warenhandel** *m* trade in goods **Warenhaus** *nt* (*veraltend*) *s.* **Kaufhaus** **Warenhauskette** *f* department store chain **Warenkorb** *m* basket of goods **Warenlager** *nt* goods depot **Warenlieferung** *f* ÖKON ① *kein pl* (*das Liefern von Waren*) delivery of goods ② (*gelieferte Waren*) goods delivered **Warenmuster** *nt,* **Warenprobe** *f* commercial sample **Warenregal** *nt* shelf for goods **Warensendung** *f* ① *kein pl* ÖKON (*das Senden von Waren*) shipment ② ÖKON (*die gesandten Waren*) shipment, consignment of goods ③ ADMIN, TRANSP (*Postsendung*) shipment **Warensortiment** *nt* assortment [*or* range] of goods **Warentermingeschäft** *nt* commodity futures trading *no pl* **Warentest** *m* goods quality test **Warenumsatzsteuer** *f* SCHWEIZ (*Mehrwertsteuer*) value added tax **Warenverkehr** *m kein pl* movement of goods **Warenvorrat** *m* inventory, stock-in-trade **Warenwirtschaft** *f kein pl* goods trade **Warenzeichen** *nt* trade mark

warf *imp von* **werfen**

warm <wärmer, wärmste> I. *adj* ① (*nicht kalt*) warm; **ein Glas ~e Milch** a glass of hot milk; **etw ~ halten** to keep sth warm; **[jdm] etw ~ machen** to heat sth up [for sb]; (*Wärme aufweisend*) warm; **ein ~es Bett** a warm bed; **es [irgendwo] ~ haben** to be warm [somewhere]; ***mir ist zu ~*** I'm too hot; (*eine angenehme Wärme spüren*) [to feel] pleasantly warm ② (*nicht kalt*) warm ③ (*wärmend*) warm; **jdn ~ machen** to warm sb up ④ (*geh: aufrichtig*) warm; **ein ~es Interesse** a keen interest; **~e Zustimmung** enthusiastic agreement ▶ WENDUNGEN: **sich jdn** *dat* **~ halten** to keep sb warm [*or* BRIT in with sb]; **sich ~ laufen** SPORT to warm up; **sich ~ spielen** SPORT ***ich würde mich gerne 5 Minuten ~ spielen*** I would like a five minute warm-up; **mit jdm ~ werden** (*fam*) to warm to sb; *s. a.* **Bruder** II. *adv* (*im Warmen*) warmly; (*gewärmt*) warm; **den Motor ~ lassen** to let the engine warm up ▶ WENDUNGEN: **jdn/etw [jdm] wärmstens empfehlen** to recommend sb/sth most warmly [to sb]

Warmblut *nt* cross-bred horse **Warmblüter** <-s, -> *m* warm-blooded animal **warmblütig** *adj* warm-blooded **Warmduscher** <s, -> *m* (*pej sl*) prude *pej*

Wärme <-> *f kein pl* ① (*warme Temperatur*) warmth *no pl;* **~ suchend** heat-seeking ② (*Warmherzigkeit*) warmth *no pl*

Wärmebehandlung *f* ① TECH (*Erwärmung von Metall*) heat treatment ② MED (*therapeutische Anwendung von Wärme*) heat treatment **Wärmedämmung** *f* heat insulation

wärmen I. *vt* ① (*warm machen*) ■ **jdn ~** to warm sb up; ■ **sich [gegenseitig] ~** to keep each other warm ② (*aufwärmen*) ■ **jdn/etw ~** to warm sb/sth up; ■ **sich ~** to warm oneself up II. *vi* (*warm machen*) to be warm; ***wollene Unterwäsche wärmt*** woollen underclothes are warm

Wärmepfanne *f* chafing pan **Wärmepumpe** *f* heat pump **Wärmestrahlung** *f* thermal radiation *no pl* **Wärmetauscher** <-s, -> *m* heat exchanger

Wärmflasche *f* hot-water bottle

Warmfront *f* METEO warm front **Warmhalteplatte** *f* hotplate **warmherzig** *adj* warm-hearted **Warmluft** *f* warm air *no pl* **Warmmiete** *f* (*fam*) rent including heating [*or* AM heat] **Warmstart** *m* INFORM soft reset, warm start

Warm-up <-s, -s> [wɔːmap] *nt* SPORT warm-up

Warmwasserbereiter <-s, -> *m* water heater **Warmwasserheizung** *f* hot-water central heating **Warmwasserversorgung** *f* hot-water supply

Warnblinkanlage *f* hazard warning lights **Warnblinkleuchte** *f* harzard warning light **Warndreieck** *nt* hazard warning triangle

warnen I. *vt* ■ **jdn ~** to warn sb; ■ **jdn vor jdm/etw** *dat* **~** to warn sb about sb/sth; ***ich muss dich vor ihm ~*** I must warn you about him; ■ **jdn [davor] ~, etw zu tun** to warn sb about doing sth; **ich warne dich/Sie!** I'm warning you! II. *vi* (*Warnungen herausgeben*) ■ **[vor jdm/etw] ~** to issue a warning [about sb/sth]

warnend I. *adj* warning; **ein ~es Signal** a warning signal II. *adv* as a warning; ***sie hob ~ den Zeigefinger*** she held up her index finger as a warning

Warnhinweis *m* warning label **Warnkreuz** *nt* BAHN warning cross **Warnlicht** *nt* AUTO hazard warning light **Warnruf** *m* warning cry **Warnschild** *nt* ① (*warnendes Verkehrsschild*) warning sign ② (*Schild mit einer Warnung*) warning sign [*or* notice] **Warnschuss**[RR] *m*, **Warnschuß** *m* warning shot **Warnsignal** *nt* (*warnendes Lichtzeichen*) warning signal; (*warnender Ton*) warning signal **Warnstreik** *m* token strike **Warntracht** *f* ZOOL warning colouration *Brit* [*or* AM -oration]

Warnung <-, -en> *f* warning; ■ **~ vor etw** *dat* warning about sth; **lass dir das eine ~ sein!** let that be a warning to you!; **als ~** as a warning

Warnzeichen *nt* ① (*Warnsignal*) warning signal ② (*warnendes Anzeichen*) warning sign

Warschau <-s> *nt* Warsaw

Warte <-, -n> *f* observation point; **von der hohen ~ einer S.** *gen* from the vantage-point of a thing; **von jds ~ [aus]** from sb's point of view [*or* standpoint]

Wartefrist *f s.* **Wartezeit** **Wartehalle** *f* BAHN waiting room **Warteliste** *f* waiting list

warten[1] *vi* ① (*harren*) to wait; ■ **auf jdn/etw** *akk* **~** to wait for sb/sth; ■ **mit etw [auf jdn] ~** to wait [for sb] before doing sth; **jdn/etw kann ~** sb/sth can [*or* has to] wait; **auf sich ~ lassen** *akk* to be a long time [in] coming; **nicht [lange] auf sich** *akk* **~ lassen** to not be long in coming; **warte mal!** wait!, hold on!; **na warte!** (*fam*) just you wait! *fam;* **worauf wartest du noch?** (*fam*) what are you waiting for? *fam* ② (*er~*) ■ **auf jdn ~** to await sb; *s. a.* **schwarz**

warten[2] *vt* ■ **[jdm] etw ~** to service [*or* maintain] sth [for sb]

Wärter(in) <-s, -> *m(f)* (*veraltend*) ① (*Gefängnis~*) prison officer [*or* AM guard], warder BRIT ② (*Tierpfleger*) keeper

Warteraum *m* waiting room

Wärterin <-, -nen> *f fem form von* **Wärter**

Wartesaal *m* waiting room **Warteschlange** *f* queue, line AM **Warteschleife** *f* LUFT holding pattern, stack; ■ **in der ~ sein** to be stacked, to be stacking

Wartestand *m* temporary retirement

Wartezeit *f* ① (*Zeit des Wartens*) wait *no pl* ② (*Karenzzeit*) waiting period **Wartezimmer** *nt* waiting room

Wartung <-, -en> *f* service, maintenance *no pl*

wartungsfrei *adj* maintenance-free **Wartungsvertrag** *m* JUR service contract [*or* agreement]

warum *adv interrog* why; **~ nicht?** why not?; **~ nicht gleich so!** (*fam*) why couldn't you/it do that before!

Warze <-, -n> *f* ① MED (*Fibrom*) wart ② ANAT (*Brust~*) nipple

Warzenhof *m* ANAT areola **Warzenmelone** *f* KOCHK cantaloupe melon **Warzenschwein** *nt* ZOOL wart hog

was I. *pron interrog* ① (*welches Ding*) what ② (*welcher Grund*) what; **~ ist** [*o* **gibt's**]**?** what's up?, what's the matter? ③ (*fam: wie sehr*) how; ***~ war das für eine Anstrengung!*** that really was an effort!, what an effort that was!; **~ für ein(e)** ... what sort [*or* kind] of; **~ für ein Glück!** what a stroke of luck!; ***~ für eine sie ist, weiß ich auch nicht*** I don't know either what sort of a person she is; *s. a.* **los sein, sollen** ④ (*fam: warum*) why ⑤ (*fam: nicht wahr*) isn't it/doesn't it/aren't you II. *pron rel* what; ■ **das, ~** that which *form,* what; ***das Einzige, ~ ich Ihnen sagen kann, ist, dass er morgen kommt*** the only thing I can tell you is that he's coming tomorrow; ***das Wenige, ~ ich besitze, will ich gerne mit dir teilen*** the little that I possess I will gladly share with you; *s. a.* **alle(r, s), auch, immer, können** III. *pron indef* (*fam*) ① (*etwas*) something, anything; ***kann ich ~ helfen?*** is there anything I can do to help?; ***lassen Sie es mich wissen, wenn ich ~ für Sie tun kann!*** let me know when I can do something for you; ***iss nur, es ist ~ ganz Leckeres!*** just eat it, it's something really tasty! ② (*irgend~*) anything; ***ob er ~ gemerkt hat?*** I wonder if he noticed anything?; ***fällt Ihnen an dem Bild ~ auf?*** does anything strike you about the picture?; *s. a.* **so**

Waschanlage *f* ① (*Auto~*) car wash ② (*fig: Schwarzgeld*) laundering facility; (*für Spenden*) front

waschbar *adj* washable

Waschbär *m* racoon **Waschbecken** *nt* washbasin **Waschbrettbauch** *m* (*hum fam*) washboard stomach

Wäsche <-, -en> *f* ❶ *kein pl* (*Schmutz~*) washing *no pl;* **in der ~ sein** to be in the wash; **etw in die ~ tun** to put sth in the wash; (*das Waschen*) washing *no pl* ❷ *kein pl* (*Unter~*) underwear *no pl* ❸ *kein pl* (*Haushalts~*) linen *no pl* ❹ (*Wagen~*) car wash ❺ (*Legalisierung*) **die ~ illegaler Gelder** the laundering of stolen money ▶ WENDUNGEN: **dumm aus der ~ gucken** (*fam*) to look dumbfounded; **schmutzige/seine schmutzige ~ waschen** to wash one's dirty linen in public

Wäschebeutel *m* laundry bag

waschecht *adj* ❶ (*fam: typisch*) genuine, real ❷ (*beim Waschen nicht verbleichend*) colourfast, colorfast AM

Wäschegeschäft *nt* draper's [shop] BRIT **Wäscheklammer** *f* [clothes-]peg **Wäschekorb** *m* laundry-basket **Wäscheleine** *f* [clothes-]line

waschen <wusch, gewaschen> *vt* ❶ (*durch Abwaschen säubern*) ■**jdn/etw ~** to wash sb/sth; ■**sich** *akk* **~** to wash [oneself]; **sich kalt/warm ~** to wash [oneself] in cold/hot water; ■**[sich** *dat*] **etw ~** to wash [one's] sth ❷ (*mit Waschmittel reinigen*) ■**etw ~** to wash sth ❸ (*sl: legalisieren*) ■**etw ~** to launder sth; **Drogengeld ~** to launder drugs/money ▶ WENDUNGEN: **..., der/die/das sich gewaschen hat** (*fam*) real good ...; **eine Ohrfeige, die sich gewaschen hat** a real good box on the ears; **eine Prüfung, die sich gewaschen hat** a swine of an exam

Wäschepuff *m* dirty linen box

Wäscher(in) <-s, -> *m(f)* launderer

Wäscherei <-, -en> *f* laundry

Wäscherin <-, -nen> *f fem form von* **Wäscher**

Wäscheschleuder *f* spin-drier **Wäscheschrank** *m* linen cupboard **Wäscheständer** *m* clothes-horse **Wäschestärke** *f* starch *no pl* **Wäschetrockner** <-s, -> *m* drier

Waschgang <-gänge> *m* wash (*stage of a washing programme*) **Waschgelegenheit** *f* washing facilities *pl* **Waschkessel** *m* wash-boiler **Waschküche** *f* ❶ (*Raum zum Wäschewaschen*) wash house ❷ (*fam: dichter Nebel*) pea-souper BRIT, as thick as pea soup AM **Waschlappen** *m* ❶ (*Lappen zur Körperwäsche*) flannel ❷ (*fam: Feigling*) sissy, wet rag BRIT **Waschlauge** *f* suds *npl* **Waschleder** *nt* chamois leather **Waschmaschine** *f* washing machine **waschmaschinenfest** *adj* machine-washable **Waschmittel** *nt* detergent **Waschpulver** *nt* washing-powder **Waschraum** *m* wash-room **Waschsalon** *m* launderette BRIT, laundromat AM **Waschschüssel** *f* washtub **Waschstraße** *f* car wash **Waschtag** *m* washday; **~ haben** to be one's washing-day **Waschtisch** *m* washstand

Waschung <-, -en> *f* ❶ MED washing *no pl* ❷ REL ablution *no pl*

Waschwasser *nt kein pl* washing water *no pl* **Waschweib** *nt* (*fam*) gossip **Waschzettel** *m* blurb **Waschzeug** *nt* washing things *pl*

Washington <-s> ['wɔʃɪŋtən] *nt* Washington

Wasser <-s, *- o* Wässer> *nt* ❶ *kein pl* (*H2O*) water *no pl;* **~ abweisend** [*o* **abstoßend**] water-repellent; **~ durchlässig** porous ❷ (*Wasseroberfläche*) water *no pl;* ***Wasserflugzeuge können auf dem ~ landen*** amphibious aircraft can land on water ❸ *pl* (*geh: Fluten*) waters *pl* ▶ WENDUNGEN: **bis dahin fließt noch viel ~ den Bach** [*o* **Rhein**] **hinunter** (*fam*) a lot of water will have flowed under the bridge by then; **bei ~ und Brot** behind bars; **das ~ bis zum Hals stehen haben** (*fam*) to be up to one's ears in debt; **~ auf jds Mühle sein** to be grist to sb's mill; **jdm läuft das ~ im Mund[e] zusammen** sb's mouth is watering; **duftende Wässer** *pl* toilet water BRIT, cologne AM; **fließend ~** running water; **nah am ~ gebaut haben** to be prone to tears; **... reinsten ~s** (*fam*) pure ...; **schweres ~** heavy water; **stilles ~** [a bit of]a dark horse; **stille ~ sind tief** still waters run deep *prov;* **ins ~ fallen** (*fam*) to fall through *fam;* **ins ~ gehen** (*euph*) to drown oneself; **mit allen ~n gewaschen sein** (*fam*) to know every trick in the book *fam;* **jdm das ~ abgraben** to take away sb's livelihood; **sich über ~ halten** to keep oneself above water; (*sich vorm Untergehen bewahren*) to keep afloat; **das ~ nicht halten können** to be incontinent; **jdm das ~ reichen können** to be a match for sb; **auch nur mit ~ kochen** (*fam*) to be no different from anybody else; **~ lassen** MED to pass water; **etw zu ~ lassen** NAUT to launch sth; **sein ~ abschlagen** (*sl*) to relieve oneself; **etw unter ~ setzen** to flood sth; **unter ~ stehen** to be flooded [*or* under water]; **~ treten** MED to paddle; **zu ~** by sea

Wasserader *f* subterranean watercourse **Wasseramsel** *f* ORN dipper, water ouzel **Wasseranschluss**RR *m*, **Wasseranschluß** *m* ❶ *inv* (*Anschließen an Wasserversorgung*) connection to the mains water supply [*or* AM water main] ❷ (*Anschlussvorrichtung an Wasserversorgung*) mains hose BRIT, water main connection AM **wasserarm** *adj* arid **Wasseraufbereitung** *f* water treatment **Wasseraufbereitungsanlage** *f* water treatment plant **Wasserbad** *nt* ❶ *inv* KOCHK (*Topf mit kochendem Wasser*) bain-marie, double-boiler ❷ FOTO (*zum Wässern von Abzügen*) water bath ❸ (*veraltet: Bad mit Wasser*) bath **Wasserball** *m* ❶ *kein pl* (*Wasserhandball*) water polo *no pl* ❷ (*Ball für ~ 1*) water polo ball ❸ (*aufblasbarer Spielball*) beach ball **Wasserbau** *m kein pl* canal, harbour [*or* AM -or] and river engineering **Wasserbehälter** *m* water container **Wasserbett** *nt* waterbed **Wasserbombe** *f* MIL depth charge **Wasserbüffel** *m* water buffalo **Wasserburg** *f* castle surrounded by moats

Wässerchen <-s, -> *nt* (*Duftwasser*) scent ▶ WENDUNGEN: **jd sieht aus, als ob er kein ~ trüben könnte** (*fam*) to appear innocent while being guilty, sb looks as if butter wouldn't melt in his/her mouth BRIT

Wasserdampf *m* steam *no pl* **wasserdicht** *adj* ❶ (*kein Wasser eindringen lassend*) watertight; **eine ~e Uhr** a water-resistant watch ❷ (*sl: nicht zu erschüttern*) watertight; **ein ~es Alibi** a watertight alibi ▶ WENDUNGEN: **etw ~ machen** (*sl*) to make sth watertight **Wassereimer** *m* bucket, pail **Wasserenthärter** <-s, -> *m* water softener **Wassererhitzer** <-s, -> *m* water heater **Wasserfahrzeug** *nt* watercraft **Wasserfall** *m* waterfall ▶ WENDUNGEN: **wie ein ~ reden** (*fam*) to talk nonstop, to talk nineteen to the dozen BRIT *fam* **Wasserfarbe** *f* watercolour [*or* AM -or] **wasserfest** *adj* ❶ (*für Wasser undurchlässig*) waterproof, water-resistant ❷ *s.* **wasserdicht** **Wasserflasche** *f* water bottle **Wasserfloh** *m* ZOOL water flea **Wasserflugzeug** *nt* seaplane **Wasserfrosch** *m* water [*or* edible] frog **wassergekühlt** *adj* water-cooled **Wasserglas** *nt* glass, tumbler **Wasserglätte** *f* surface water *no pl* **Wassergraben** *m* ❶ (*Graben*) ditch ❷ SPORT (*Hindernis beim Reitsport*) water jump; (*Hindernis beim Hürdenlauf*) water jump ❸ (*Burggraben*) moat **Wasserhahn** *m* [water] tap [*or* AM faucet] **Wasserhärte** *f* hardness of the water **Wasserhuhn** *nt* coot

wässerig *adj s.* **wäßrig**

Wasserinsekt *nt* aquatic insect **Wasserkastanie** *f* water chestnut **Wasserkopf** *m* ❶ MED hydrocephalus ② (*überproportionales Gebilde*) sth that has been blown out of proportion; ***die Stadtverwaltung hatte einen enormen Wasserkopf entwickelt*** the municipal authorities had developed a tremendously bloated bureaucracy **Wasserkraft** *f kein pl* water power *no pl* **Wasserkraftwerk** *nt* hydroelectric power station **Wasserkreislauf** *m* water circulation **Wasserkühlung** *f* water cooling *no pl;* **... mit ~** water-cooled **Wasserlassen** <-s> *nt kein pl* MED passing [of] water *no pl* **Wasserlauf** *m* watercourse **Wasserläufer** *m* ZOOL pond skater **Wasserlebewesen** *nt* ZOOL aquatic creature **Wasserleiche** *f* corpse found in water **Wasserleitung** *f* water pipe **Wasserlinie** *f* NAUT waterline **Wasserlinse** *f* BOT duckweed **Wasserloch** *nt* waterhole **wasserlöslich** *adj* soluble in water **Wassermangel** *m* water shortage **Wassermann** *m* ① ASTROL Aquarius *no pl, no def art;* **[ein] ~ sein** to be an Aquarian ② (*Nöck*) water sprite **Wassermelone** *f* watermelon **Wassermühle** *f* watermill

wassern *vi Wasserflugzeug* to land on water; *Raumkapsel* to splash down

wässern *vt* ① (*be~*) ■**etw ~** to water sth ② KOCHK ■**etw ~** to soak sth

Wassernixe *f s.* **Nixe** **Wasseroberfläche** *f* surface of the water **Wasserpfeife** *f* hookah **Wasserpflanze** *f* aquatic plant **Wasserpistole** *f* water pistol **Wasserqualität** *f* water quality **Wasserralle** <-, -n> *f* ORN water rail **Wasserratte** *f* ① (*Schermaus*) water rat ② (*fam: gerne badender Mensch*) keen swimmer **wasserreich** *adj* abundant in water **Wasserreservoir** *nt* ① (*Reservoir für Wasser*) reservoir ② *s.* **Wasservorrat** **Wasserrohr** *nt* water pipe **Wasserschaden** *m* water damage *no pl* **Wasserscheide** *f* watershed **wasserscheu** *adj* scared of water **Wasserschildkröte** *f* turtle **Wasserschlange** *f* water snake **Wasserschlauch** *m* hose **Wasserschloss**[RR] *nt,* **Wasserschloß** *nt* castle surrounded by moats

Wasserschutzgebiet *nt* water protection area **Wasserschutzpolizei** *f* river police

Wasserschwein *nt* ZOOL capybara **Wasserski** *m* ① *kein pl* (*Sportart*) waterskiing *no pl* ② (*Sportgerät*) waterski **Wasserspeier** <-s, -> *m* gargoyle **Wasserspiegel** *m* ① (*Wasseroberfläche*) surface of the water ② (*Wasserstand*) water level **Wasserspinne** *f* ZOOL water spider **Wassersport** *m* water sports *pl* **Wasserspülung** *f* flush; **die ~ betätigen** to flush the toilet **Wasserstand** *m* water level; **niedriger/hoher ~** low/high water **Wasserstandsanzeiger** *m* water-level indicator **Wasserstandsmeldung** *f meist pl* NAUT water level report

Wasserstoff *m* hydrogen *no pl*

Wasserstoffbombe *f* hydrogen bomb **Wasserstoffperoxid** *nt* hydrogen peroxide

Wasserstrahl *m* jet of water **Wasserstraße** *f* waterway **Wassertank** *m* water tank **Wassertemperatur** *f* water temperature **Wassertreten** <-s> *nt kein pl* MED paddling *no pl* **Wassertreter** *m* ORN phalorope **Wassertropfen** *m* water drop **Wasserturm** *m* water tower **Wasseruhr** *f* water meter

Wasserung <-, -en> *f* landing on water

Wässerung <-, -en> *f* watering *no pl*

Wasserverbrauch *m* water consumption **Wasserversorger** *m* ÖKON water company **Wasserversorgung** *f* water supply **Wasserverunreinigung** *m* water pollution **Wasservogel** *m* aquatic bird, waterfowl **Wasservorrat** *m* supplies *pl* of water **Wasserwaage** *f* spirit level **Wasserweg** *m* waterway; **auf dem ~** by water **Wasserwerfer** *m* water cannon **Wasserwerk** *nt* waterworks + *sing/pl vb* **Wasserzähler** *m* water meter **Wasserzeichen** *nt* watermark

wässrig[RR] *adj,* **wäßrig** *adj* ① (*zu viel Wasser enthaltend*) watery; **~e Suppe** watery soup ② CHEM, MED (*mit Wasser hergestellt*) aqueous; **eine ~e Lösung** an aqueous solution; *s. a.* **Mund**

waten *vi sein* to wade; ■**durch etw ~** to wade through sth

Waterkant <-> *f kein pl* GEOG NORDD ■**die ~** the north-German coast

Watsche(n) <-, -> *f* ÖSTERR, SÜDD (*fam: Ohrfeige*) clip round the ear, thick ear BRIT

watscheln *vi sein* to waddle

Watt[1] <-s, -> *nt* PHYS watt

Watt[2] <-[e]s, -en> *nt* mud-flats *pl*

Watte <-, -n> *f* cotton wool *no pl* ► WENDUNGEN: **jdn in ~ packen** (*fam*) to wrap sb in cotton wool

Wattebausch *m* wad of cotton wool

Wattenmeer *nt kein pl* GEOG ■**das ~** mud-flats *pl*

Wattestäbchen *nt* cotton bud

wattieren* *vt* ■**etw ~** to pad [*or* quilt] sth; **wattierte Schultern** padded shoulders

Wattierung <-, -en> *f* MODE ① *kein pl* (*das Wattieren*) padding *no pl,* quilting *no pl* ② (*Polsterung*) padding

Wattwurm *m* ZOOL lugworm

wau wau *interj* woof-woof

WC <-s, -s> [veːˈtseː] *nt* WC BRIT, bathroom AM

Webcam <-, -s> [ˈwɛbkæm] *f* webcam

weben <webte *o geh* wob, gewebt *o geh* gewoben> **I.** *vt* ① (*auf Webstühlen herstellen*) ■**etw ~** to weave sth ② (*hinein~*) ■**etw in etw** *akk* **~** to weave sth into sth **II.** *vi* ① (*als Handweber tätig sein*) to weave; **von Hand ~** to weave by hand; ■**an etw** *dat* **~** to weave sth ② (*geh: geheimnisumwittert sein*) **von etw** *dat* **umwoben sein** to be woven around sb/sth **III.** *vr* (*geh: in geheimnisvoller Weise entstehen*) ■**sich um jdn/etw ~** to be woven around sb/sth

Weber(in) <-s, -> *m(f)* weaver

Weberei <-, -en> *f* weaving mill

Weberin <-, -nen> *f fem form von* **Weber**

Weberknecht *m* ZOOL daddy-long-legs **Webervogel** *m* ORN weaver

Website <-, -s> [ˈwɛbsaɪt] *f* INET website

Webstuhl *m* loom

Wechsel[1] <-s, -> [-ks-] *m* ① *kein pl* (*das Wechseln*) change; **ein häufiger ~ der Arbeitgeber** a frequent change of employer; **in bestimmtem ~** in a certain rotation; **in ständlichem ~** in hourly rotation ② SPORT (*Übergabe*) changeover ► WENDUNGEN: **in buntem ~** in colourful [*or* AM -orful] succession

Wechsel[2] <-s, -> *m* ① FIN (*Schuldurkunde*) bill [of exchange]; **auf ~** against a bill of exchange ② FIN (*fam: Monats~*) allowance

Wechselautomat *m* change machine **Wechselbad** *nt* alternating hot and cold water baths *pl;* **jdn einem ~ aussetzen** (*fig*) to blow hot and cold with sb, **das ~ der Gefühle** emotional rollercoaster **Wechselbeziehung** *f* correlation, interrelation; **in ~ [miteinander/zueinander] stehen** to be correlated [*or* interrelated] **Wechselfälle** *pl* changeabilities *pl,* vicissitudes *pl* **Wechselgeld** [-ks-] *nt* change *no pl, no indef art*

wechselhaft [-ks-] **I.** *adj* changeable **II.** *adv* (*mit häufigen Veränderungen*) in a changeable way

Wechseljahre [-ks-] *pl* menopause *no pl;* **in den ~n sein** to be going through the menopause; **in die ~ kommen** to reach the menopause

Wechselkurs [-ks-] *m* exchange rate, rate of exchange **Wechselkursschwankungen** *pl* ÖKON, BÖRSE fluctuations in the exchange rate, exchange rate fluctuations

wechseln [-ks-] **I.** *vt* ① (*austauschen*) ■**etw ~** to change sth ❷ (*umtauschen*) ■ **[jdm] etw** ~ to change sth [for sb] ❸ (*etw anderes nehmen*) ■ **etw** ~ to change sth; ***macht es Ihnen was aus, mit mir den Platz zu ~?*** would you mind if we changed [*or* traded] places? **II.** *vi* ❶ FIN (*Geld umtauschen*) to change sth; ***können Sie mir ~?*** can you change that for me? ❷ (*den Arbeitgeber ~*) to go to a different job ❸ METEO (*sich ändern*) to change; *s. a.* **bewölkt**

wechselseitig [-ks-] *adj* mutual

Wechselstrom [-ks-] *m* alternating current **Wechselstube** *f* exchange booth, bureau de change BRIT **Wechselwähler(in)** *m(f)* floating [*or* AM undecided] voter **wechselwarm** *adj* cold-blooded, poikilotherm **wechselweise** [-ks-] *adv* alternately **Wechselwirkung** [-ks-] *f* interaction; **in ~ [miteinander/zueinander] stehen** to interact [with each other]

Weck <-s, -e> *m* ÖSTERR, SÜDD *s.* **Wecken**

Wecke <-, -n> *f* ÖSTERR, SÜDD *s.* **Wecken**

wecken *vt* ❶ (*auf~*) ■ **jdn** ~ to wake sb [up]; **von Lärm geweckt werden** to be woken by noise; ■ **sich [von jdm/etw] ~ lassen** to have sb/sth wake one up; ■ **das W~** MIL reveille *no pl;* **eine Stunde nach dem W~** an hour after reveille; *s. a.* **Ausgang** ❷ (*hervorrufen*) ■ **etw** ~ to bring back sth *sep;* **Assoziationen** ~ to create associations; **jds Interesse/Neugier/Verdacht** ~ to arouse sb's interest/curiosity/suspicion

Wecken <-s, -> *m* ÖSTERR, SÜDD (*Brötchen*) long roll

Wecker <-s, -> *m* alarm clock ► WENDUNGEN: **jdm auf den ~ gehen** [*o* **fallen**] (*sl*) to drive sb up the wall *fam*

Weckglas® *nt s.* **Einmachglas Weckring**® *m s.* **Einmachring**

Wedel <-s, -> *m* ❶ (*gefiedertes Blatt*) *Farn* frond; (*Palm~*) palm leaf ❷ (*Staub~*) feather duster

wedeln **I.** *vi* ❶ (*fuchteln*) ■ **mit etw** ~ to wave sth; *s. a.* **Schwanz** ❷ SKI (*hin und her schwingen*) to wedel **II.** *vt* (*wischen*) ■ **etw von etw** ~ to waft sth off sth; **die Krümel vom Tisch** ~ to waft the crumbs off the table

weder *konj* ~ **... noch ...** neither ... nor; ~ **du noch er** neither you nor him; ***es klappt ~ heute noch morgen*** it won't work either today or tomorrow; ~ **noch** neither

weg *adv* ❶ (*fort*) ■ ~ **sein** to have gone; ***ich finde meinen Schlüssel nicht wieder, er ist ~*** I can't find my key, it's vanished!; ~ **mit dir/euch** (*fam*) away with you!; **von etw** ~ from sth; ***sie wurde vom Arbeitsplatz ~ verhaftet*** she was arrested at her place of work; **bloß** [*o* **nichts wie**] ~ **hier!** let's get out of here!; ~ **da!** (*fam*) [get] out of the way! ❷ (*fam: hinweggekommen*) ■ **über etw** *akk* ~ **sein** to have got over sth ❸ (*sl: begeistert*) ■ **von jdm/etw ~ sein** to be gone on sb/sth; *s. a.* **Fenster**

Weg <-[e]s, -e> *m* ❶ (*Pfad*) path ❷ TRANSP (*unbefestigte Straße*) track ❸ (*Route*) way; ***der kürzeste ~ nach Berlin*** the shortest route to Berlin ❹ (*Strecke*) way; ***bis zu euch muss ich einen ~ von über drei Stunden zurücklegen*** I've got a journey of more than three hours to get to your place ❺ (*Methode*) way ► WENDUNGEN: **auf dem ~e der Besserung sein** (*geh*) to be on the road to recovery; **viele ~e führen nach Rom** (*prov*) all roads lead to Rome *prov;* **den ~ des geringsten Widerstandes gehen** to take the line of least resistance; **auf dem besten ~e sein, etw zu tun** to be well on the way to doing sth; **auf friedlichem ~e** (*geh*) by peaceful means; **jdm auf halbem ~e entgegenkommen** to meet sb halfway; **vom rechten ~ abkommen** to wander from the straight and narrow *fam;* **auf schriftlichem ~e** (*geh*) in writing; **etw auf den ~ bringen** to introduce sth; **~e zu erledigen haben** to have some shopping to do; **geh mir aus dem ~!** stand aside!, get out of my way!; **seinen ~ gehen** to go one's own way; **seiner ~e gehen** (*geh*) to continue [*or* carry on] regardless; **jdm/einer Sache** *dat* **aus dem ~e gehen** to avoid sb/sth; **jdm etw mit auf den ~ geben** to give sb sth to take with him/her; **jdm eine Ermahnung/einen Ratschlag mit auf dem ~ geben** to give sb a warning/piece of advice for the future; ***du brauchst mir nichts mit auf den ~ zu geben, ich weiß das schon*** I don't need you to tell me anything, I already know; **auf dem ~ [zu jdm/irgendwohin] sein** to be on one's way [to sb/somewhere]; **des ~es kommen** (*geh*) to approach; **jdm über den ~ laufen** to run into sb; ***lauf mir nicht noch mal über den ~!*** son't come near me again!; **etw in die ~e leiten** to arrange sth; **auf jds** *gen* **~ liegen** to be on sb's way; **sich auf den ~ [irgendwohin] machen** to set off [for somewhere]; ***es wird schon spät, ich muss mich auf den ~ machen*** it's getting late, I must be on my way!; **jdn aus dem ~ räumen** to get rid of sb; **etw aus dem ~ räumen** to remove sth; **sich** *dat* **den ~ frei schießen** to shoot one's way out; **jdm/einer S. im ~e stehen** to stand in the way of sb/sth; ***nur die Kostenfrage steht der Verwirklichung des Projekts im ~e*** only the issue of cost is an obstacle to this project being implemented; **sich** *dat* **selbst im ~ stehen** to be one's own worst enemy; **sich jdm in den ~ stellen** to bar sb's way; **jdm etw in den ~ stellen** to place sth in sb's way; **jdm nicht über den ~ trauen** (*fam*) not to trust sb an inch; **hier trennen sich unsere ~e** this is where we part company; **sich** *dat* **einen ~ verbauen** to ruin one's chances; **jdm den ~ versperren** to block [*or* bar] sb's way; **jdm den ~ vertreten** to bar sb's way; **auf illegalem ~e** by illegal means, illegally; **aus dem ~!** stand aside!, make way!; **woher des ~[e]s?** (*veraltet*) where do you come from?; **wohin des ~[e]s?** (*veraltet*) where are you going to?; *s. a.* **Hindernis, Stein**

weg|angeln *vt* (*fam*) ■ **jdm jdn/etw** ~ to snatch sb/sth away from sb **weg|bekommen*** *vt irreg* (*fam*) ❶ (*entfernen können*) ■ **etw [mit etw]** ~ to remove sth [with sth]; ***den Dreck bekommst du nur mit heißem Wasser weg*** you'll only get the dirt off with hot water ❷ (*fortbewegen können*) ■ **etw [irgendwo/von etw]** ~ to move sth away [from somewhere/from sth]; ***ich bekomme den schweren Schrank nicht von der Wand weg*** I can't get this heavy cupboard away from the wall ❸ (*sich anstecken*) ■ **etw** ~ to catch sth

Wegbereiter(in) <-s, -> *m(f)* forerunner, precursor; **ein ~ einer S.** *gen* **sein** to pave the way for sth **Wegbiegung** *f* bend [in the road]

weg|blasen *vt irreg* ■ **etw** ~ to blow away sth *sep* ► WENDUNGEN: **wie weggeblasen sein** to have completely disappeared; **von etw völlig weggeblasen sein** (*fam*) to be completely blown away by sth **weg|bleiben** *vi irreg sein* to stay away; **stundenlang** ~ to stop [*or* AM stay] out for hours; ***bleib nicht so lange weg!*** don't stay out too long **weg|bringen** *vt irreg* ❶ (*irgendwohin bringen*) ■ **jdn** ~ to take sb away ❷ (*zur Reparatur bringen*) ■ **etw** ~ to take in sth *sep* **weg|denken** *vt irreg* ■ **sich** *dat* **etw** ~ to imagine [*or* picture] sth without sth; **[aus etw] nicht mehr wegzudenken sein** not to be able to imagine sth without sth **weg|diskutieren*** *vt* ■ **etw** ~ to argue away sth *sep;* **sich nicht ~ lassen** not to be able to be argued away; **sich nicht ~ lassen, dass** not to be able to argue the fact away that **weg|dürfen** *vi irreg* (*fam*) to be allowed to go out

wegen *präp +gen* ❶ (*aus Gründen*) ■ ~ **einer S.** because of, on account of, due to ❷ (*bedingt durch*) ■ ~ **jdm** on account of sb ❸ (*bezüglich*) ■ ~ **einer S.** *gen* regarding a thing; *s. a.* **Recht, von**

Wegerich <-s, -e> *m* BOT plantain

weg|fahren *irreg* **I.** *vi sein* ❶ (*verreisen*) to leave ❷ (*abfahren*) to leave **II.** *vt haben* ❶ (*mit einem Fahrzeug wegbringen*) ■**jdn** ~ to take sb away ❷ (*etw woandershin fahren*) ■**etw** ~ to move sth

weg|fallen *vi irreg sein* to cease to apply; ***in unserem Vertrag können wir den Absatz wohl ~ lassen*** we can probably omit the clause from our contract

weg|fegen *vt* ■**etw** ~ to sweep away sth *sep* **weg|fliegen** *vi irreg sein* ❶ LUFT (*abfliegen*) to leave, to take off ❷ (*fortfliegen*) to fly away ❸ (*vom Wind weggeblasen werden*) to blow away **weg|führen** **I.** *vt* (*fortbringen*) ■**jdn** ~ to lead sb away **II.** *vt, vi* (*sich zu weit entfernen*) ■[**jdn**] [**von etw**] ~ to lead sb too far away [from sth]

Weggabelung *f* fork [in the road]

Weggang *m kein pl* (*geh*) departure

weg|geben *vt irreg* ❶ (*verschenken*) ■**etw/ein Tier** ~ to give away sth/an animal *sep* ❷ (*adoptieren lassen*) ■**jdn** ~ to give away sb *sep*

Weggefährte, -gefährtin *m, f* ❶ (*Begleiter auf einer Wanderung*) fellow-traveller [*or* AM traveler] ❷ POL (*Gesinnungsgenosse*) like-minded political companion

weg|gehen *vi irreg sein* ❶ (*fortgehen*) to go away; ***geh weg, lass mich in Ruhe!*** go away, leave me alone! ❷ (*fam: sich entfernen lassen*) to remove; ***der Fleck geht einfach nicht weg*** the stain simply won't come out ❸ ÖKON (*fam*) to sell; **reißend** ~ to sell like mad ❹ (*fam: hin~*) ■**über etw** *akk* ~ to ignore [*or* pass over] sth ▸ WENDUNGEN: **geh mir weg damit!** (*fam*) don't come to me with that! *fam*

weg|gießen *vt irreg* ■**etw** ~ to pour away sth *sep* **weg|gucken** *vi* (*fam*) *s.* **wegsehen** **Wegguckmentalität** *f kein pl* look-away mentality

weg|haben *vt irreg* (*fam*) ❶ (*entfernt haben*) ■**etw** ~ to have got rid of sth ❷ (*entfernt wissen wollen*) ■**jdn** [**aus etw**] ~ **wollen** to want to get rid [*or* BRIT *sl* shot] of sb [from sth] ❸ (*beschlagen sein*) ■[**auf etw** *dat*/**in etw** *dat*] **was** ~ to be good [at sth] ❹ (*fam: verpasst bekommen haben*) ■**etw** ~ to have had sth; ***er hat seine Strafe weg*** he has had his punishment ❺ (*aufweisen*) ■**etw** ~ to show sth ▸ WENDUNGEN: **einen** ~ (*sl*) to have had one too many *fam*

weg|hinken *vi* to limp off **weghoppeln** *vi* to lollop off **weg|jagen** *vt* ❶ (*verscheuchen*) ■**ein Tier** ~ to drive away an animal *sep* ❷ (*fortjagen*) ■**jdn** ~ to drive away sb *sep*, to send sb packing

weg|kommen *vi irreg sein* (*fam*) ❶ (*weggehen können*) to get away; **mach, dass du wegkommst!** clear off! ❷ (*abhanden kommen*) to disappear ❸ (*abschneiden*) to fare somehow; **in einer Prüfung gut/schlecht** ~ to do well/badly in an exam

weg|kratzen *vt* ■**etw** ~ to scratch off sth *sep*

Wegkreuz *nt* wayside cross **Wegkreuzung** *f* crossroads

weg|kriechen *vi* to creep away [*or* off] **weg|kriegen** *vt s.* **wegbekommen 1** **weg|lassen** *vt irreg* ❶ (*auslassen*) ■**etw** ~ to leave out sth *sep* ❷ (*weggehen lassen*) ■**jdn** ~ to let sb go ❸ (*darauf verzichten*) ■**etw** ~ not to have sth, to give sth a miss BRIT *fam*; ***der Arzt riet ihr, das Salz im Essen wegzulassen*** the doctor advised her not to have any salt with her meals **weg|laufen** *vi irreg sein* ❶ (*fortlaufen*) to run away; ■**vor jdm/einem Tier** ~ to run away from sb/an animal ❷ (*jdn verlassen*) ■**jdm** ~ to run off [and leave sb] ▸ WENDUNGEN: **etw läuft jdm nicht weg** (*fam*) sth will keep **weg|legen** *vt* ❶ (*beiseite legen*) ■**etw** ~ to put down sth *sep* ❷ (*aufbewahren*) ■**etw für jdn** ~ to put sth aside for sb

weg|leugnen *vt s.* **wegdiskutieren** **weg|loben** *vt* ■**jdn** ~ to give sb a sideways promotion **weg|lügen** *vt* (*fam*) ■**etw** ~ to cloud [*or* blur] sth **weg|machen** *vt* (*fam*) ■[**jdm**] **etw** ~ to get rid of sth [for sb]

weg|müssen *vi irreg* (*fam*) ❶ (*weggehen müssen*) to have to go [*or* leave] ❷ (*weggebracht werden müssen*) to have to go; ***das Paket muss vor Ende der Woche weg*** the packet must go before the end of the week ❸ (*weggeschmissen werden müssen*) to have to be thrown away

weg|nehmen *vt irreg* ❶ (*von etw entfernen*) ■**etw** [**von etw**] ~ to take away sth *sep*/take sth [from/off sth] ❷ (*fortnehmen*) ■**jdm etw** ~ to take away sth *sep* from sb

weg|packen *vt* (*fam*) ■**etw** ~ to pack [*or* put] away sth *sep* **weg|pusten** *vt* ■**etw** ~ to blow away sth *sep*; ■**etw von etw** ~ to blow sth off sth **weg|putzen** *vt* ■**etw** ~ to wipe away [*or* off] sth *sep*

Wegrand *m* side of the road [*or* path]

weg|rasieren* *vt* ■[**sich**] **etw** ~ to shave off [one's] sth *sep* **weg|rationalisieren*** *vt* (*fam*) ■**jdn/etw** ~ to get rid of sb/sth as part of a rationalization programme [*or* AM -am] **weg|räumen** *vt* ■**etw** ~ to clear away sth *sep* **weg|reißen** *vt irreg* ❶ (*aus der Hand reißen*) ■**jdm etw** ~ to snatch away sth *sep* from sb ❷ (*abreißen*) ■[**jdm**] **etw** ~ to tear off [sb's...] sth *sep* **weg|rennen** *vi irreg sein* (*fam*) *s.* **weglaufen** **weg|retuschieren*** *vt* FOTO ■**etw** ~ to remove sth by retouching a photograph **weg|rücken** **I.** *vi sein* (*sich durch Rücken entfernen*) ■[**von jdm/etw**] ~ to move away [from sb/sth] **II.** *vt haben* (*durch Rücken entfernen*) ■**etw** [**von etw**] ~ to move sth away [from sth] **weg|rutschen** *vi sein* ■[**von jdm**] ~ to slip away [from sb] **weg|schaffen** *vt* ■**etw** ~ to remove sth; ■**jdn/etw** ~ to get rid of sb/sth **weg|schauen** *vi* (*geh*) *s.* **wegsehen** **weg|schenken** *vt* (*fam*) ■**etw** ~ to give away sth *sep* **weg|schicken** *vt* ❶ (*abschicken*) ■**etw** ~ to send off sth *sep* ❷ (*fortgehen heißen*) ■**jdn** ~ to send sb away; **jdn ~, um etw abzuholen** to send sb off to collect sth **weg|schleichen** *vi* to creep away **weg|schleppen** **I.** *vt* (*fortschleppen*) ■**jdn/etw** ~ to drag away sb/sth *sep* **II.** *vr* (*sich fortschleppen*) ■**sich** ~ to drag oneself away **weg|schließen** *vt irreg* ■**etw** [**vor jdm**] ~ to lock away sth *sep* [from sb] **weg|schmeißen** *vt irreg* (*fam*) *s.* **wegwerfen** **weg|schnappen** *vt* (*fam*) ■**jdm etw** ~ to take sth from sb; *s. a.* **Nase** **weg|schütten** *vt s.* **weggießen** **weg|schwemmen** *vt* ■**etw** ~ to wash away sth *sep* **weg|sehen** *vi irreg* ❶ (*nicht hinsehen*) to look away ❷ (*fam: hinwegsehen*) ■**über etw** *akk* ~ to overlook sth

weg|setzen **I.** *vt* (*woandershin setzen*) ■**jdn/etw** ~ to move [away *sep*] sb/sth **II.** *vr* (*sich woandershin setzen*) ■**sich** ~ to move away

weg|sollen *vi irreg* (*fam*) **jdn/etw soll weg** sb/sth ought to go; ***die alten Möbel sollen weg*** the old funiture should [*or* is to] go **weg|springen** *vi* to jump aside **weg|spülen** *vt* ■**etw** ~ to wash away sth *sep* **weg|stecken** *vt* ■**etw** ~ ❶ (*einstecken*) to put away sth *sep* ❷ (*sl: verkraften*) to get over sth **weg|stellen** *vt* ■**etw** ~ to move sth out of the way

Wegstrecke *f* stretch of road

weg|tauchen *vi sein* (*sl*) to disappear

weg|torkeln *vi* to stagger off **weg|tragen** *vt irreg* to carry away [*or* off]; ■**jdn/etw** ~ to carry away [*or* off] sb/sth *sep* **weg|treiben** *irreg* **I.** *vt haben* ❶ (*woandershin treiben*) ■**etw** ~ to carry away [*or* off] sth ❷ (*vertreiben*) ■**Tiere** ~ to drive away animals *sep* **II.** *vi sein* (*woandershin getrieben werden*) to drift away

W

weg|treten *vi irreg sein* MIL to fall out; ■**jdn ~ lassen** to have sb fall out, to dismiss sb ▶ WENDUNGEN: **weggetreten sein** (*fam*) to be miles away *fam*

weg|trotten *vi* to trot off **weg|tun** *vt irreg* ❶ (*wegwerfen*) ■**etw ~** to throw away sth *sep* ❷ (*weglegen*) ■**etw ~** to put down sth *sep*

wegweisend *adj* pioneering *attr,* revolutionary; **~e Taten** pioneering deeds; **eine ~e Erfindung** a revolutionary invention

Wegweiser <-s, -> *m* signpost

Wegwerfartikel *m* disposable item

weg|werfen *vt irreg* ■**etw ~** to throw away sth *sep*

wegwerfend *adj* dismissive

Wegwerfgesellschaft *f* throwaway society **Wegwerfpackung** *f* disposable packaging **Wegwerfverpackung** *f* disposable packaging *no pl* **Wegwerfwindel** *f* disposable nappy [*or* AM diaper]

weg|wischen *vt* ■**etw ~** to wipe away [*or* off] sth *sep* **weg|wollen** *vi irreg* ❶ (*weggehen wollen*) ■**[von irgendwo]** ~ to want to leave [somewhere] ❷ (*verreisen wollen*) to want to go away

Wegzeiger *m* signpost

weg|ziehen *vi irreg sein* ❶ (*woandershin ziehen*) ■**[von irgendwo]** ~ to move away [from somewhere] ❷ ORN (*woandershin fliegen*) to migrate

weh *adj* sore

wehe *interj* [don't] you dare!; **~ dem, der ...!** woe betide anyone who...!; **~ [dir], wenn ...!** woe betide you if...!

Wehe[1] <-, -n> *f* drift

Wehe[2] <-, -n> *f meist pl* labour [*or* AM -or] pains *pl,* contractions *pl;* **in den ~n liegen** to be in labour; **die ~n setzen ein** she's going into labour, her contractions have started

wehen I. *vi* ❶ *haben* (*blasen*) to blow; ■**es weht etw** sth is blowing ❷ *haben* (*flattern*) *Haare* to blow about; *Fahne* to flutter ❸ *sein* (*irgendwohin getragen werden*) ■**irgendwohin ~** *Duft* to waft somewhere; *Klang* to drift somewhere; **etw weht auf die Erde** sth is blown onto the floor **II.** *vt haben* (*blasen*) ■**etw von etw ~** to blow sth off sth

wehklagen *vi* (*geh*) to lament *form*

wehleidig *adj* over-sensitive

Wehleidigkeit <-> *f kein pl* over-sensitiveness *no pl*

Wehmut <-> *f kein pl* (*geh*) wistfulness *no pl;* **mit ~ an etw zurückdenken** to think back to sth nostalgically; **voller ~** melancholy

wehmütig *adj* (*geh*) melancholy; **~e Erinnerungen** nostalgic memories

Wehr[1] <-, -en> *f* (*fam*) fire brigade

Wehr[2] *f* defence [*or* AM -se] *no pl;* **sich [gegen jdn/etw] zur ~ setzen** to defend oneself [against sb/sth]

Wehr[3] <-[e]s, -e> *nt* BAU weir

Wehrbeauftragte(r) *f(m) decl wie adj* parliamentary commissioner for the armed forces **Wehrdienst** *m kein pl* military service *no pl;* **den/seinen ~ [ab]leisten** to do one's military service; **den ~ verweigern** to refuse to do military service **Wehrdienstverweigerer** *m* conscientious objector; **~ sein** to be a conscientious objector **Wehrdienstverweigerung** *f* refusal to do military service

wehren I. *vr* ❶ (*Widerstand leisten*) ■**sich [gegen jdn/etw] ~** to defend oneself [against sb/sth] ❷ (*sich widersetzen*) ■**sich gegen etw ~** to fight against sth ❸ (*sich sträuben*) ■**sich dagegen ~, etw zu tun** to resist doing sth **II.** *vi* (*geh: Einhalt gebieten*) ■**einer S.** *dat* **~** to prevent a thing spreading; ***dieser Entwicklung muss schon in den Anfängen gewehrt werden*** this development must be nipped in the bud

Wehrersatzdienst *m* alternative to national service **wehrlos I.** *adj* defenceless [*or* AM -seless]; ■**[gegen jdn/etw] ~ sein** to be defenceless [against sb/sth] **II.** *adv* in a defenceless state; **etw ~ gegenüberstehen** to be defenceless against sth **Wehrlosigkeit** <-> *f kein pl* defencelessness [*or* AM -selessness] *no pl* **Wehrmacht** *f* HIST ■**die ~** the Wehrmacht **Wehrmann** *m* SCHWEIZ (*Soldat*) soldier **Wehrpass**[RR] *m,* **Wehrpaß** *m* service record [book] **Wehrpflicht** *f kein pl* compulsory military service *no pl;* **allgemeine ~** universal compulsory military service **wehrpflichtig** *adj* liable for military service **Wehrpflichtige(r)** *f(m) decl wie adj* person liable for military service **Wehrsold** *m* military pay *no pl* **Wehrübung** *f* reserve duty training *no pl*

wehtun *vt* to hurt; ■**jdm ~** to hurt sb; ■**sich** *dat* **~** to hurt oneself; ■**jdm/einem Tier ~** to hurt sb/an animal

Wehwehchen <-s, -> *nt* (*fam*) slight pain; **ein ~ haben** to suffer from a little complaint

Weib <-[e]s, -er> *nt* (*sl*) woman; (*pej*) woman; **ein furchtbares ~** a terrible woman ▶ WENDUNGEN: **~ und Kind haben** (*hum*) to have a wife and family

Weibchen <-s, -> *nt* ORN, ZOOL female

Weiberfastnacht *f* DIAL *day during the carnival period when women are in control* **Weiberheld** *m* (*pej*) ladykiller *pej*

weibisch *adj* effeminate

Weiblein <-s, -> *nt* little old woman

weiblich *adj* ❶ (*fraulich*) feminine; **~e Rundungen** feminine curves ❷ ANAT female; **die ~en Geschlechtsorgane** the female sex organs ❸ (*eine Frau bezeichnend*) feminine; **ein ~es Kleidungsstück** an item of women's clothing; **eine ~e Stimme** a woman's voice ❹ BOT (*die Frucht erzeugend*) female ❺ LING (*das feminine Genus haben*) feminine; **eine ~e Endung** a feminine ending

Weiblichkeit <-> *f kein pl* femininity *no pl* ▶ WENDUNGEN: **die holde ~** (*hum*) the fair sex *hum*

Weibsbild *nt* SÜDD, ÖSTERR (*pej fam: Frau*) woman **Weibsstück** *nt* (*pej sl*) bitch *sl or pej,* cow *sl or pej*

weich I. *adj* ❶ (*nachgiebig*) soft; **ein ~er Teppich** a soft carpet ❷ KOCHK (*nicht hart*) soft; **ein ~es Ei** a soft-boiled egg; **~es Fleisch** tender meat ❸ (*ohne Erschütterung*) soft; **eine ~e Bremsung** gentle breaking ❹ (*voll*) full; **~e Gesichtszüge** full features ❺ FIN soft ❻ (*sanft*) soft; **ein ~er Boykott** passive resistance; **~e Drogen** soft drugs; **~er Tourismus** unobtrusive tourism ▶ WENDUNGEN: **~ werden** to weaken; **~ gespült** (*iron sl*) weary, tired; *s. a.* **Wasser, Konsonant II.** *adv* softly; **~ abbremsen** to brake gently; **etw ~ garen** to cook sth until soft; **~ gerinnen** to cure mildly; **~ gerinnende Milch** mild cured milk; **etw ~ kochen** to do sth; **~ gekocht** (*zu weicher Konsistenz gekocht*) boiled until soft; **ein ~ gekochtes Ei** a soft-boiled egg; (*nur halb gar gekocht*) soft-boiled; **~ gekochtes Fleisch** meat cooked until tender; **~ gekochtes Gemüse** overcooked vegetables; **jdn ~ klopfen** [*o* **kriegen**] to soften sb up; ■**sich von jdm ~ klopfen lassen** to be softened up by sb

Weichbild *nt* (*geh*) outskirts *npl* of a/the town

Weiche <-, -n> *f* BAHN points *pl* ▶ WENDUNGEN: **die ~n [für etw] stellen** to determine the course [for sth]

weichen <wich, gewichen> *vi sein* ❶ (*nachgeben*) ■**einer S.** *dat* **~** to give way to a thing ❷ (*schwinden*) to subside ❸ (*verschwinden*) to go; ***er wich nicht von der Stelle*** he didn't budge from the spot

Weichenstellung *f* (*fig*) setting *no pl* the course; ***die ~en von 1990*** the courses set in 1990

weichgespült *adj* (*iron sl*) *s.* **weich II**

Weichheit <-, *selten* -en> *f* ❶ (*Nachgiebigkeit*) softness *no pl* ❷ (*geh: Fülle*) fullness *no pl*

weichherzig *adj* soft-hearted **Weichherzigkeit** <-, *selten* -en> *f* soft-heartedness *no pl* **Weichholz**

nt softwood **Weichkäse** *m* soft cheese
weichlich *adj* weak; **ein ~er Charakter** a weak character
Weichling <-s, -e> *m* (*pej*) weakling *pej*
Weichmacher *m* ❶ (*in Waschmittel*) softener ❷ (*für Plastik*) softening agent
Weichsel <-> [-ks-] *f* GEOG ■ **die** ~ the Vistula
Weichselkirsche *f* morello cherry
Weichspüler <-s, -> *m* fabric softener **Weichteile** *pl* ❶ ANAT (*Eingeweide*) soft parts *pl* ❷ (*sl: Geschlechtsteile*) private parts *pl* **Weichtier** *nt* mollusc
Weide¹ <-, -n> *f* BOT willow
Weide² <-, -n> *f* AGR meadow
Weideland *nt* pastureland *no pl*
weiden I. *vi* (*grasen*) to graze II. *vt* (*grasen lassen*) to put out to graze [*or* pasture]; ■ **Tiere** ~ to put animals out to graze [*or* pasture] III. *vr* ❶ (*sich ergötzen*) ■ **sich an etw** *dat* ~ to feast one's eyes on sth ❷ (*genießen*) ■ **sich an etw** *dat* ~ to revel in sth
Weidenast *m* willow branch **Weidenholz** *m* willow [wood] *no pl* **Weidenkätzchen** *nt* willow catkin **Weidenkorb** *m* wicker[work] basket **Weidenmeise** *f* ORN willow tit **Weidenröschen** *nt* BOT rosebay willowherb, fireweed **Weidenrute** *f* willow rod
weidgerecht I. *adj* in accordance with hunting protocol II. *adv* in accordance with hunting protocol
weidlich *adv* (*geh*) pretty; ***ich habe mich ~ bemüht, dir zu helfen*** I've gone to great lengths to help you
weidmännisch *adj* hunting, huntsman's; **ein ~er Gruß** a huntsman's greeting; **~e Gepflogenheiten und Bräuche** hunting practices and customs
Weidmannsdank *interj an acknowledgement to the expression "good hunting"; **„Weidmannsheil!" — „~!"*** "good hunting!" — "thank you!" **Weidmannsheil** *interj* good hunting!
weigern *vr* ■ **sich** ~ to refuse; ■ **sich ~, etw zu tun** to refuse to do sth
Weigerung <-, -en> *f* refusal
Weihbischof *m* suffragan bishop
Weihe¹ <-, -n> *f* REL consecration *no pl;* **die niederen/höheren ~n** the minor/major orders; **die [geistlichen] ~n empfangen** to take [holy] orders ▶ WENDUNGEN: **die höheren ~n** the top
Weihe² <-, -n> *f* ORN harrier
weihen *vt* ❶ REL (*konsekrieren*) ■ **etw** ~ to consecrate sth; **jdn zum Diakon/Priester** ~ to ordain sb deacon/priest; **jdn zum Bischof** ~ to consecrate sb bishop ❷ (*widmen*) ■ **jdm geweiht sein** to be dedicated to sb
Weiher <-s, -> *m* pond
Weihnacht <-> *f kein pl s.* **Weihnachten**
Weihnachten <-, -> *nt* Christmas, Xmas *fam;* **fröhliche** [*o geh* **gesegnete**] **~!** merry Christmas!; **zu** [*o* **an**] ~ at [*or* for] Christmas ▶ WENDUNGEN: **weiße** ~ a white Christmas; **grüne** ~ a Christmas without snow; *s. a.* **Gefühl**
weihnachtlich I. *adj* ❶ (*an Weihnachten üblich*) Christmassy, festive; **~e Lieder** festive songs ❷ (*an Weihnachten denken lassend*) Christmassy, festive II. *adv* festively
Weihnachtsabend *m* Christmas Eve **Weihnachtsbaum** *m* Christmas tree **Weihnachtsbotschaft** *f* ■ **die/eine** ~ one's Christmas speech **Weihnachtsbraten** *m* Christmas roast **Weihnachtsdekoration** *f* Christmas decoration **Weihnachtseinkauf** *m meist pl* Christmas shopping **Weihnachtsfeier** *f* Christmas celebrations *pl* **Weihnachtsfest** *nt kein pl* Christmas; ■ **das** ~ Christmas **Weihnachtsgans** *f* KOCHK Christmas goose ▶ WENDUNGEN: **jdn ausnehmen wie eine** ~ (*sl!*) to take sb to the cleaners *sl* **Weihnachtsgebäck** *nt* Christmas biscuits [*or* AM cookies] *pl* **Weihnachtsgeld** *nt* Christmas bonus **Weihnachtsgeschenk** *nt* Christmas present **Weihnachtsgeschichte** *f* Christmas story **Weihnachtsinseln** *pl* ■ **die** ~ the Christmas Islands *pl; s. a.* **Falklandinseln** **Weihnachtskarpfen** *m* carp eaten at Christmas **Weihnachtskarte** *f* Christmas card **Weihnachtskirchgang** *m* attendance at the Christmas [church] service **Weihnachtslied** *nt* [Christmas] carol **Weihnachtsmann** *m* Father Christmas, Santa Claus **Weihnachtsmarkt** *m* Christmas fair **Weihnachtsmotiv** *nt* Christmas theme **Weihnachtsplätzchen** *pl s.* **Weihnachtsgebäck** **Weihnachtsputer** *m* Christmas turkey **Weihnachtstag** *m meist pl* Christmas; **erster/zweiter** ~ Christmas Day/Boxing Day **Weihnachtsteller** *m* plate of Christmas goodies **Weihnachtszeit** *f kein pl* ■ **die** ~ Christmas time, Yuletide *no pl*
Weihrauch *m* incense **Weihrauchfass**^RR *nt* censer **Weihwasser** *nt* holy water **Weihwasserbecken** *nt* holy-water font, stoup
weil *konj* ❶ (*da*) because, cos *sl* ❷ (*nun, da ...*) as
Weilchen <-s> *nt kein pl* ■ **ein** ~ a little while, a bit
Weile <-> *f kein pl* while *no pl;* ■ **eine** ~ a while; **eine ganze** ~ quite a while; **nach/vor einer [ganzen]** ~ after [quite] a while/[quite] a while ago
weilen *vi* (*geh*) ■ **irgendwo** ~ to stay somewhere ▶ WENDUNGEN: **nicht mehr unter uns** ~ (*euph*) to be no longer with us *euph*
Weiler <-s, -> *m* (*geh*) hamlet *form*
Weimarer Republik *f kein pl* HIST ■ **die** ~ ~ the Weimar Republic
Wein <-[e]s, -e> *m* ❶ (*alkoholisches Getränk*) wine; **neuer** ~ new wine; **offener** ~ open wine; **bei einem Glas** ~ over a glass of wine ❷ *kein pl* AGR (*Weinrebe*) vines *pl;* **wilder** ~ Virginia creeper ▶ WENDUNGEN: **neuen** [*o* **jungen**] ~ **in alte Schläuche füllen** to put new wine in old bottles; **im ~ ist** [*o* **liegt die**] **Wahrheit** (*prov*) in vino veritas *prov;* **~, Weib und Gesang** wine, women and song; **jdm reinen** [*o* **klaren**] **~ einschenken** to tell sb the truth, to be completely open with sb
Weinbau *m kein pl* wine-growing *no pl,* viniculture *no pl form* **Weinbauer(in)** *m(f) s.* **Winzer** **Weinbaugebiet** *nt* wine-growing area **Weinbeere** *f* ❶ (*Traube*) grape ❷ SÜDD, ÖSTERR, SCHWEIZ (*Rosine*) raisin **Weinberg** *m* vineyard **Weinbergschnecke** *f* edible snail **Weinbrand** *m* brandy **Weinbrandbohnen** *pl bean-shaped chocolates containing brandy*
weinen I. *vi* (*Tränen vergießen*) to cry; **vor Freude** ~ to cry with joy; ■ **um jdn/etw** ~ to cry for sb/sth ▶ WENDUNGEN: **es ist zum W~!** it's enough to make you weep; *s. a.* **Schlaf** II. *vt* (*durch Weinen hervorbringen*) ■ **etw** ~ to cry sth; ***sie weinte Tränen der Freude*** she cried tears of joy
weinerlich I. *adj* tearful; **eine ~e Stimme** a tearful voice II. *adv* tearfully
Weinernte *f* grape harvest **Weinessig** *m* wine vinegar **Weinfass**^RR *nt* wine cask **Weinfilter** *m* lees filter **Weinflaschenregal** *nt* wine rack **Weingarten** *m* AGR SÜDD vineyard **Weingegend** *f* wine-growing area **Weingeist** *m kein pl* ethyl alcohol *no pl* **Weingummi** *nt o m* winegum **Weingut** *nt* wine-growing estate **Weinhändler(in)** *m(f)* wine merchant [*or* dealer] **Weinhandlung** *f* wine merchant's **Weinkarte** *f* wine list **Weinkeller** *m* ❶ (*Keller*) wine cellar ❷ (*Lokal*) wine bar **Weinkellerei** *f* wine cellar **Weinkenner(in)** *m(f)* wine connoisseur

W

Weinkrampf *m* crying fit
Weinkühler *m* wine cooler **Weinkunde** *f* study of wine, enology **weinkundlich** *adj* enological **Weinladen** *m* wine shop **Weinlage** *f* location of a vineyard **Weinlaune** *f kein pl* wine-induced mood of elation **Weinlese** *f* grape harvest **Weinliebhaber** *m* wine conoisseur **Weinliste** *f* wine list **Weinlokal** *nt* wine bar **Weinöl** *nt* green cognac oil, wine yeast oil **Weinpalme** *f* raphia palm, raffia **Weinprobe** *f* wine-tasting; **eine ~/~n machen** to have a wine-tasting session **Weinranke** *f* vine branch **Weinrebe** *f* grape[vine] **weinrot** *adj* claret, wine-coloured [*or* AM -ored] **Weinsäure** *f* tartaric acid **Weinschaum** *m* zabaglione **weinselig** *adj* merry with wine **Weinstein** *m* tartar *no pl* **Weinstock** *m s.* **Weinrebe** **Weinstube** *f* wine bar **Weinthermometer** *nt* wine thermometer **Weintraube** *f* grape
weise **I.** *adj* (*geh*) ❶ (*kluge Einsicht besitzend*) wise; **ein ~er alter Mann** a wise old man ❷ (*von kluger Einsicht zeugend*) wise; **eine ~e Entscheidung** a wise decision **II.** *adv* wisely
Weise <-, -n> *f* ❶ (*Methode*) way; **auf andere ~** in another way; **auf bestimmte ~** in a certain way; **auf geheimnisvolle ~** in a mysterious way; **in der ~, dass** in such a way that; **auf diese ~** in this way; **in gewisser ~** in certain respects; **auf jds ~** in sb's own way; **auf jede [erdenkliche] ~** in every [conceivable] way; **in keinster** (*fam*) in no way ❷ (*geh: Melodie*) tune, melody
Weise(r) *f(m) decl wie adj* wise man ▶ WENDUNGEN: **die [drei] ~n aus dem Morgenland** the three Wise Men from the East; **die fünf ~n** FIN *panel of five economic experts advising the government*
weisen <wies, gewiesen> **I.** *vt* (*geh*) (*gehen heißen*) ■**jdn aus/von etw ~** to expel sb from sth ▶ WENDUNGEN: **etw [weit] von sich** *dat* **~** to reject sth [emphatically] **II.** *vi* (*geh*) ■**irgendwohin ~** to point somewhere
Weisheit <-, -en> *f* ❶ *kein pl* (*kluge Einsicht*) wisdom; **eine alte ~ sein** to be a wise old saying ❷ *meist pl* (*weiser Rat*) word *usu pl* of wisdom ▶ WENDUNGEN: **mit seiner ~ am Ende sein** to be at one's wit's end; **die ~ [wohl] mit Löffeln gegessen [*o* gefressen] haben** (*fam*) to think one knows it all *fam;* **der ~ letzter Schluss sein** to be the ideal solution; **die ~ gepachtet haben** (*fam*) to act as if one were the only clever person around
Weisheitszahn *m* wisdom tooth
weis|machen *vt* ■**jdm etw ~** to have sb believe sth; ■**jdm ~, dass** to lead sb to believe, that; **sich von jdm etw/nichts ~ lassen** to believe sth that sb tells one/not to believe a word sb tells one
weiß **I.** *adj* ❶ (*nicht farbig*) white ❷ (*blass*) pale; **~ werden** to go [*or* turn] white; *s. a.* **Fleck, Haus, Meer, Nil, Sonntag, Sport, Tod, Gesicht, Wand, Rasse, Wut** **II.** *adv* white; **~ gekleidet** dressed in white
Weiß <-[es]> *nt* white; **[ganz] in ~** dressed [all] in white
weissagen **I.** *vi* ■**jdm ~** to tell sb's fortune; ■**sich** *dat* **[von jdm] ~ lassen** to have one's fortune told [by sb] **II.** *vt* ■**[jdm] etw ~** to prophesy sth [to sb]
Weissagung <-, -en> *f* prophecy
Weißbier *nt* weissbier (*light, top-fermented beer*) **weißblau** *adj* (*fam*) Bavarian **Weißblech** *nt* tin plate **weißblond** *adj* platinum blond; ■**~ sein** to have platinum-blond hair **Weißbrot** *nt* white bread **Weißbuch** *nt* POL White Paper **Weißdorn** *m* hawthorn
Weiße <-> *f kein pl* (*geh*) whiteness; **Berliner ~** *light, fizzy beer*
Weiße(r) *f(m) decl wie adj* white, white man/woman; ■**die ~n** white people, the whites
weißeln *vt* SÜDD, **weißen** *vt* ■**etw ~** to whitewash sth
Weißfelchen *nt* ZOOL, KOCHK whitefish **Weißfisch** *m* whitefish **Weißfischchen** *pl* whitebaits *pl* **weißglühend** *adj* white-hot **Weißglut** *f kein pl* (*Weißglühen*) white heat ▶ WENDUNGEN: **jdn zur ~ bringen [*o* treiben]** to make sb livid with rage [*or* see red] **Weißgold** *nt* white gold **weißhaarig** *adj* white-haired **Weißherbst** *m* rosé **Weißkäse** *m* DIAL *s.* **Quark** **Weißkohl** *m,* **Weißkraut** *nt* SÜDD, ÖSTERR white cabbage **Weißkopfseeadler** *m* ORN white-headed bald eagle
weißlich *adj* whitish
Weißmacher *m* whitener **Weißreis** *m* white rice
Weißrusse, -russin <-n, -n> *m, f* BRD *s.* **Belarusse**
Weißrussisch *nt decl wie adj* B[y]elorussian; *s. a.* **Deutsch**
weißrussisch *adj* BRD Belarusian; *s. a.* **deutsch**
Weißrussische <-n> *nt* ■**das ~** B[y]elorussian, the B[y]elorussian language; *s. a.* **Deutsche**
Weißrussland[RR] *nt* Belorussia, White Russia **Weißstorch** *m* ORN white stork **Weißtanne** *f* silver fir **Weißwandreifen** *m* whitewall tyre [*or* AM tire] **Weißwein** *m* white wine **Weißwurst** *f* Bavarian veal sausage (*cooked in hot water and served mid-morning with sweet mustard*) **Weißzucker** *m* refined [*or* white] sugar
Weisung <-, -en> *f* instruction, direction; **~ haben, etw zu tun** to have instructions to do sth; ■**auf ~ [von jdm]** on [sb's] instructions
weisungsgemäß **I.** *adj* according to [*or* as per] instructions, as directed [*or* instructed] **II.** *adv* according to [*or* as per] instructions, as instructed [*or* directed]
weit **I.** *adj* ❶ MODE (*locker sitzend*) wide, baggy; **etw ~er machen** to let sth out ❷ (*räumlich ausgedehnt*) long; (*zeitlich*) long; ***bis dahin ist es noch*** **~** it will be a long time yet before we get there ❸ SPORT long ❹ wide, vast; (*Meer, Wüste*) open; **~er werden** to widen [*or* broaden out] **II.** *adv* ❶ (*Entfernung zurücklegend*) far, a long way; **~ gereist** well [*or* widely] travelled [*or* AM *usu* traveled]; **... Meter ~ springen** to jump ... meters; ■**... ~er ...** further on ❷ *räumlich* (*ganz*) wide; **etw ~ öffnen** to open sth wide ❸ (*eine erhebliche Strecke*) far; **am ~esten** furthest, farthest; **es noch ~ haben** to have a long way to go; **~ bekannt** widely known; **~ weg [*o* entfernt] sein** far away; **von ~em** from afar; **von ~ her** from far [*or* a long way] away ❹ (*erheblich*) far; **~ besser/schöner/teurer** far better/more beautiful/more expensive; **~ hergeholt** far-fetched; **~ verbreitet** widespread, common; **eine ~ verbreitete Meinung** a widely-held view, common; **~ verzweigt** TRANSP widely spread *pred;* (*gut ausgebaut*) extensive; (*vielfach verzweigt*) with many branches; **jdn ~ hinter sich lassen** to leave sb far behind; **jdn/etw ~ übertreffen** to outdo sb/sth by far; ■**bei ~em/bei ~em nicht** by far/not nearly [*or* not by a long shot]; **bei ~em besser/schöner als** far better/more beautiful than, better/more beautiful than ... by far; **bei ~em nicht alles** not nearly all [*or* everything]; **bis ~ in etw** *akk* late [*or* well] into sth; **~ nach etw** well [*or fam* way] after sth ❺ (*zeitlich lang*) **~ zurückliegen** to be a long time ago ▶ WENDUNGEN: **~ und breit** for miles around; **so ~, so gut** (*prov*) so far so good *prov;* **es [noch] so ~ bringen, dass etw passiert/dass jd etw tut** to bring it about that sth happens/sb does sth; **jdn so ~ bringen, dass er/sie etw tut** to bring sb to the point where he/she does sth; **es weit [im Leben] bringen** to go far [in life]; **das würde zu ~ führen** that would be getting too far away from the issue; **es ~**

gebracht haben to have come a long way; **mit jdm/etw ist es ~ gediehen** sb has gone far/sth has progressed a great deal; **es gedeiht noch so ~, dass** it will come to [*or* reach] the point [*or* stage] where; **~ gefehlt!** (*geh*) quite the opposite!, you're way out! BRIT *fam* [*or* AM *fam* way off!]; **so ~ gehen, etw zu tun** to go so far as to do sth; **zu ~ gehen** to go too far; **das geht [entschieden] zu ~!** that's [definitely] going [*or* taking it] too far!; **~ hergeholt sein** to be far-fetched; **mit etw ist es nicht ~ her** (*fam*) sth is nothing much to write home about *fam;* **so ~ kommt es [noch]** (*fam*) you'd like that, wouldn't you! *fam;* **es zu ~ treiben** to take it too far; *s. a.* **Abstand, Feld, Ferne, Sicht, Sinn, verbreitet**

weitab *adv* far [*or* a long way] away; ■ **~ von etw** far [*or* a long way [away]] from sth

weitaus *adv* ① *vor comp* (*in hohem Maße*) far, much; **~ besser/schlechter sein als etw** to be far [*or* much] better/worse than sth ② *vor superl* (*bei weitem*) [by] far

Weitblick *m kein pl* ① (*Fähigkeit, vorauszuschauen*) far-sightedness, vision ② *s.* **Fernblick** **weitblickend** *adj* ■ **~ sein** to have vision, to be far-sighted [*or* visionary]

Weite¹ <-, -n> *f* ① (*weite Ausdehnung*) expanse, vastness ② SPORT (*Länge*) length ③ BAU (*Durchmesser*) width ④ MODE (*Breite*) width; **in der ~** as far as the width goes

Weite² <-n> *nt* (*Entfernung*) distance ▸ WENDUNGEN: **das ~ suchen** (*geh*) to take to one's heels

weiten I. *vt* MODE ■ **[jdm] etw ~** to widen sth [for sb]; (*Schuh, Stiefel*) to stretch [sb's] sth II. *vr* ■ **sich ~** to widen; (*Pupille*) to dilate

weiter *adv* (*sonst*) further; **~ keiner [*o* niemand]** no one else; **wenn es ~ nichts ist, …** well, if that's all …; **~ bestehen** to continue to exist, to survive; **[für jdn] ~ bestehen** to remain in force [for sb], to hold good [for sb]; **nicht ~ wissen** not to know what [else] to do; **~ nichts?** is that it?; **~ nichts als etw** nothing more than sth; **und ~?** and apart from that?; **und so ~ [und so fort]** et cetera, et cetera, and so on and so forth; **~!** keep going!; *s. a.* **immer, nichts**

weiter|arbeiten *vi* ■ **[an etw** *dat*] **~** to carry on [*or* continue] working [on sth] **weiter|befördern*** *vt* ■ **jdn ~** to take [*or* drive] sb further **Weiterbestehen** *nt* continued existence, continuation **weiter|bilden** I. *vt* ■ **jdn/sich ~** to continue [*or* further] one's education II. *vr* ■ **sich in etw** *dat* **~** to develop one's knowledge of sth **Weiterbildung** *f* further education

weiter|bringen *vt irreg* ■ **jdn ~** to help sb along

weiter|denken *vi irreg* to think ahead

weitere(r, s) *adj* (*zusätzlich*) further, additional; **alles W~** everything else, all the rest ▸ WENDUNGEN: **bis auf ~s** until further notice, for the time being; **ohne ~s** easily, just like that

weiter|empfehlen* *vt irreg* ■ **jdn [jdm] ~** to recommend sb [to sb]; ■ **[jdm] etw ~** to recommend sth [to sb] **weiter|entwickeln*** I. *vt* ■ **etw ~** to develop sth further; ■ **weiterentwickelt** further developed II. *vr* ■ **sich ~** to develop [further] [*or* progress] **Weiterentwicklung** *f* TECH further development **weiter|erzählen*** *vt* ■ **[jdm] etw ~** to pass on sth *sep* [to sb], to repeat sth [to sb] **weiter|fahren** *irreg* I. *vi sein* to continue driving; ■ **[irgendwohin] ~** to drive on [to somewhere] II. *vt haben* ■ **etw ~** to move sth forward **Weiterfahrt** *f kein pl* continuation of the/one's journey **weiter|fliegen** *vi irreg sein* ■ **[irgendwohin] ~** to fly on [to somewhere], to continue one's flight [to somewhere] **Weiterflug** *m kein pl* continuation of the/one's flight **weiter|führen** *vt* ① (*fortsetzen*) ■ **etw ~** to continue sth ② (*weiterbringen*) **jdn [ziemlich] ~** to be a [real] help to sb; **jdn schwerlich ~** not to be a great help to sb, not to help sb very much **weiterführend** *adj* SCH secondary **Weitergabe** *f* transmission, passing on **weiter|geben** *vt irreg* ■ **etw [an jdn] ~** to pass on sth *sep* [to sb] **weiter|gehen** *vi irreg sein* ① (*seinen Weg fortsetzen*) to walk on ② (*seinen Fortgang nehmen*) to go on; ***so kann es nicht ~*** things can't go on like this **weitergehend** *adj comp von* **weitgehend** more far-reaching, more extensive **weiter|helfen** *vi irreg* ■ **jdm [in etw** *dat*] **~** to help sb further [with sth], to provide sb with further assistance [in sth]; ■ **jdm ~** (*auf die Sprünge helfen*) to help sb along

weiterhin *adv* ① (*fortgesetzt*) still ② (*außerdem*) furthermore, in addition

weiter|hüpfen *vi* to continue hopping **weiter|kämpfen** *vi* to fight on **weiter|kommen** *vi irreg sein* ① (*vorankommen*) to get further; *s. a.* **machen** ② (*Fortschritte machen*) ■ **[mit etw] ~** to get further [with sth], to make progress [*or* headway] [with sth]; **mit etw nicht ~** not to get very far with sth, not to make much progress [*or* headway] with sth **Weiterkommen** <-s> *nt kein pl* ① (*Durchkommen*) progression ② (*beruflich vorankommen*) advancement **weiter|können** *vi irreg* to be able to continue [*or* carry on] **weiter|laufen** *vi irreg sein* ① (*den Lauf fortsetzen*) to continue running [*or* walk on], to continue ② TECH to continue [*or* keep] running ③ FIN to continue **weiter|leben** *vi* ① (*am Leben bleiben*) to continue to live, to live on ② (*fig*) ■ **[in jdm/etw] ~** to live on [in sb/sth] **weiter|leiten** *vt* ■ **etw [an jdn/etw] ~** to pass on sth *sep* [to sb/sth] **weiter|machen** *vi* to carry on, to continue **weiter|reichen** *vt* (*geh*) ■ **etw [an jdn] ~** to pass on sth *sep* [to sb]

Weiterreise *f kein pl* continuation of the/one's journey, onward journey; ***gute ~!*** have a pleasant [onward] journey

weiters *adv* ÖSTERR (*ferner*) further **weiter|sagen** *vt* ■ **[jdm] etw ~** to repeat sth [to sb], to pass on sth *sep* [to sb]; ***nicht ~!*** don't tell anyone! **weiter|schleichen** *vi* to creep on **weiter|springen** *vi* to continue jumping

Weiterungen *pl* (*geh*) repercussions, unpleasant consequences

weiter|verarbeiten* *vt* ■ **etw [zu etw] ~** to process sth [into sth] **Weiterverarbeitung** *f* [re]processing **weiter|verfolgen*** *vt* ■ **etw ~** to follow up sth *sep,* to pursue sth further **Weiterverkauf** *m* resale **weiter|verkaufen*** I. *vt* ■ **etw ~** to resell sth II. *vi* to resell **weiter|vermieten*** *vt* ■ **etw [an jdn] ~** to sublet sth [to sb] **weiterverweisen*** *vt irreg* ■ **jdn an jdn/etw ~** *Facharzt/Amt* to refer sb to sb else **weiter|verwenden*** *vt* ■ **etw ~** to reuse sth **weiter|verwerten*** *vt* ■ **etw ~** to recycle sth **weiter|wissen** *vi irreg* (*wissen, wie weiter vorzugehen ist*) to know how to proceed; **nicht [mehr] ~** to be at one's wits' end **weiter|wollen** *vi irreg* to want to go on

weitestgehend I. *adj superl von* **weitgehend** most far-reaching, most extensive II. *adv* to the greatest possible extent

weitgehend <weitgehender *o* ÖSTERR weitergehend, weitestgehend *o* weitgehendste(r, s)> I. *adj* (*umfassend*) extensive, far-reaching; **~e Übereinstimmung/Unterstützung** extensive agreement/support II. *adv* extensively, to a large extent

weither *adv* (*geh*) from far away, from afar *form*

weithin *adv* ① (*weitgehend*) to a large [*or* great] extent; **~ bekannt/beliebt/unbekannt** widely known/popular/largely unknown ② (*geh: rings umher*) all around

W

weitläufig I. *adj* ① (*ausgedehnt*) extensive ② (*entfernt*) distant II. *adv* extensively, distantly
Weitläufigkeit <-> *f kein pl* spaciousness, ampleness
weiträumig I. *adj* spacious; **eine ~e Absperrung/Umleitung** a cordon/diversion covering a wide area II. *adv* spaciously; **den Verkehr ~ umleiten** to divert the traffic around a wide area **weitreichend** <weitreichender *o* weiter reichend *o* ÖSTERR weiterreichend, weitestreichend> *adj* ① (*umfassend*) extensive, far-reaching; (*Vollmachten*) sweeping ② MIL long-range **weitschweifig** I. *adj* long-winded, protracted *form;* ■ **[jdm] zu ~ sein** to be too long-winded [for sb] II. *adv* long-windedly, at great length **Weitsicht** *f s.* **Weitblick weitsichtig** *adj* ① MED long-sighted BRIT, farsighted AM ② *s.* **weitblickend Weitsichtigkeit** <-> *f kein pl* MED long-sightedness BRIT, farsighted AM **Weitspringer(in)** *m(f)* long-jumper **Weitsprung** *m* SPORT ① *kein pl* (*Disziplin*) long-jump ② (*einzelner Sprung*) long-jump **Weitwinkelobjektiv** *nt* wide-angle lens
Weizen¹ <-s, -> *m* wheat; *s. a.* **Spreu**
Weizen² <-s, -> *nt s.* **Weizenbier**
Weizenbier *nt* weissbier (*light, top fermented beer*) **Weizenbrot** *nt* wheat bread **Weizengrieß** *m* semolina **Weizenkeime** *pl* wheatgerm *sing* **Weizenkeimöl** *nt* wheatgerm oil **Weizenkleie** *f* wheat bran [*or* germ] **Weizenmehl** *nt* wheat flour **Weizenvollkorn** *m kein pl* wholewheat, wholemeal wheat BRIT **Weizenvollkornmehl** *nt* wholewheat [*or* BRIT wholemeal] [wheat] flour
welch *pron* ■ ~ **[ein]** what [a]
welche(r, s) I. *pron interrog* ① (*was für (eine)*) which ② *in Ausrufen* (*was für ein*) what; ~ ***Schande!*** what a disgrace! II. *pron rel* (*der, die, das: Mensch*) who; (*Sache*) which III. *pron indef* ① (*etwas*) some; ***wenn du Geld brauchst, kann ich dir gerne ~s leihen*** if you need money, I can lend you some ② *pl* (*einige*) some; ■ **~, die ...** some [people], who
welk *adj* ① (*verwelkt*) wilted; ■ **~ sein/werden** to be wilted/to wilt ② (*schlaff*) worn-out
welken *vi sein* (*geh*) to wilt
Wellblech *nt* corrugated iron
Welle <-, -n> *f* ① (*Woge*) wave ② (*massenhaftes Auftreten*) wave; **grüne** ~ TRANSP synchronized traffic lights; MODE **die neue** ~ the latest craze; **die weiche** ~ (*fam*) the soft line *fam* ③ PHYS wave ④ RADIO wavelength ⑤ (*wellenförmige Erhebung*) wave ⑥ TECH (*Drehbewegungen übertragender Schaft*) shaft ▸ WENDUNGEN: **[hohe] ~n schlagen** to create a [big] stir
wellen *vr* ■ **sich** ~ to be/become wavy; (*Papier*) to crinkle; *s. a.* **Haar**
Wellenbad *nt* wave pool **Wellenbrecher** <-s, -> *m* breakwater, groyne BRIT, groin AM **wellenförmig** I. *adj* wavy II. *adv* **sich ~ verziehen** to crinkle **Wellengang** <-[e]s> *m kein pl* waves *pl,* swell; **starker** ~ heavy seas *pl* [*or* swell] **Wellenkamm** *m* crest **Wellenkraftwerk** *nt* hydroelectric power station (*using wave power as a source of energy*) **Wellenlänge** *f* PHYS wavelength ▸ WENDUNGEN: **die gleiche ~ haben** [*o* **auf der gleichen ~ liegen**] (*fam*) to be on the same wavelength **Wellenlinie** *f* wavy line **Wellenreiten** *nt* surfing **Wellensittich** *m* budgerigar, budgie *fam*
wellig *adj* ① (*gewellt*) wavy ② (*wellenförmig*) uneven; ■ **~ sein/werden** to be/become uneven [*or* crinkly]
Wellington <-s> *nt* Wellington
Wellness <-> ['wɛlnɛs] *f kein pl* wellness
Wellness-Berater *m* wellness advisor **Wellnessboom**RR, **Wellness-Boom** <-s -s> ['wɛlnɛsbu:m] *m* NATURMED boom on wellness programmes **Wellnesscenter**RR, **Wellness-Center** <-s, -> *nt* wellness centre [*or* AM center] **Wellnessdrink**RR, **Wellness-Drink** <-s, -s> *m* wellness drink **Wellnessprodukt**RR, **Wellness-Produkt** *nt* wellness product **Wellnessreise**RR, **Wellness-Reise** *f* wellness holiday **Wellnessurlaub**RR, **Wellness-Urlaub** *m* wellness holiday
Wellpappe *f* corrugated cardboard
Welpe <-n, -n> *m Hund* pup, whelp; *Wolf, Fuchs* cub, whelp
Wels <-es, -e> *m* catfish
welsch *adj* SCHWEIZ Romance-speaking
Welschkohl *m* savoy cabbage
Welschschweiz *f* SCHWEIZ ■ **die** ~ French Switzerland
Welschschweizer(in) *m(f)* French Swiss
welschschweizerisch *adj* French Swiss
Welt <-, -en> *f* ① *kein pl* (*unsere Erde*) ■ **die/unsere** ~ the/our world; **auf der** ~ in the world; **in aller** ~ all over the world; **... in aller** ~ (*fam*) ... on earth *fam* ② ASTRON (*erdähnlicher Planet*) world ③ (*Bereich*) world; **die ~ des Films/Kinos/Theaters** the world of film/cinema/theatre, the film/cinema/theatre world ④ *kein pl* ASTRON (*das Weltall*) ■ **die** ~ the world [*or* cosmos] ▸ WENDUNGEN: **die Alte/Neue** ~ the Old/New World; **die dritte/vierte** ~ the Third/Fourth World; **in seiner eigenen ~ leben** to live in a world of one's own; **die heile** ~ the ideal world; **nobel geht die ~ zugrunde** (*fam*) there's nothing like going out with a bang *fam;* **die [große] weite** ~ (*geh*) the big wide world; **eine ~ bricht für jdn zusammen** sb's whole world collapses about sb; **jdn zur ~ bringen** to bring sb into the world, to give birth to sb; **davon** [*o* **deswegen**] **geht die ~ nicht unter** (*fam*) it's not the end of the world *fam;* **nicht aus der ~ sein** not to be on the other side of the world; **auf die** [*o* **zur**] **~ kommen** to be born; **das kostet nicht die** ~ (*fam*) it doesn't cost the earth; **in einer anderen ~ leben** to live on another planet, to live in another world; **etw aus der ~ schaffen** to eliminate sth; **etw in die ~ setzen** to spread sth; **sie trennen ~en** they are worlds apart; **mit sich und der** ~ all around [*or* BRIT *a.* round]; **mit sich und der ~ zufrieden sein** to be happy all around [*or* BRIT *a.* round]; **vor aller** ~ in front of everybody; **um nichts in der ~, nicht um alles in der** ~ not [*or* never] for the world; **alle** ~ (*fam*) the whole world, everybody, the world and his wife *hum; s. a.* **Kind**
Weltall *nt kein pl* universe **weltanschaulich** *adj* ideological **Weltanschauung** *f* philosophy of life; (*philosophisch und politisch*) ideology **Weltauflage** *f einer Zeitung* circulation worldwide; *eines Buchs* number of copies sold worldwide **Weltausstellung** *f* world exhibition **Weltbank** *f kein pl* ■ **die** ~ the World Bank **weltbekannt** *adj* world-famous, world-renowned **weltberühmt** *adj* world-famous **weltbeste(r, s)** *adj attr* world's best **Weltbeste(r)** *f(m)* world's best **Weltbestleistung** *f* world's best performance **Weltbevölkerung** *f kein pl* world population **weltbewegend** *adj* earth-shaking [*or* -shattering] **Weltbild** *nt* world view **Weltempfänger** <-s, -> *m* world receiver [*or* receiving-set]
Weltenbummler(in) *m(f)* (*fam*) globetrotter *fam*
Welterfolg *m* world[-wide] success
Weltergewicht *nt* SPORT ① *kein pl* (*Gewichtsklasse*) welterweight ② *s.* **Weltergewichtler**
Weltergewichtler(in) <-s, -> *m(f)* welterweight [boxer]
welterschütternd *adj* earth-shattering, world-shaking **weltfremd** *adj* unworldly **Weltfriede(n)** *m* world peace **Weltgeltung** *f* world-wide recognition, international standing; ■ **... von** ~ international-

ly renowned **Weltgeschichte** *f kein pl* (1) (*Universalgeschichte*) world history (2) MEDIA (*Abriss der ~*) world history ▶ WENDUNGEN: **in der ~** (*fam*) all over the place *fam* **weltgeschichtlich** *adj* **von ~er Bedeutung sein** to be of great significance in world history; **ein ~es Ereignis** an important event in world history **Weltgesundheitsorganisation** *f* World Health Organization, W.H.O. **weltgewandt** *adj* sophisticated, urbane **weltgrößte(r, s)** *adj* world's greatest **Welthandel** *m* world trade **Welthandelsorganisation** *f kein pl* ■ **die ~** the World Trade Organization [*or* WTO] **Weltherrschaft** *f kein pl* world domination **Weltkarte** *f* world map **Weltklasse** *f kein pl* world class; ■ **~ sein** (*fam*) to be world-class **Weltkrieg** *m* world war; **der Erste/Zweite ~** World War One/Two, the First/Second World War

weltlich *adj* (*geh*) (1) (*irdisch*) worldly (2) (*profan*) mundane

Weltliteratur *f kein pl* world literature **Weltmacht** *f* world power **weltmännisch** *adj* sophisticated, wordly-wise **Weltmarkt** *m* world [*or* international] market **Weltmarktpreis** *m* ÖKON world market price **Weltmeister(in)** *m(f)* world champion; ■ **~ in etw** *dat* world champion in [*or* at] sth **Weltmeisterschaft** *f* world championship; ■ **die ~ in etw** *dat* the world championship in sth **Weltmusik** *f* world music *no indef art, no pl* **weltoffen** *adj* liberal[-minded], cosmopolitan **Weltöffentlichkeit** *f kein pl* ■ **die ~** the whole world **Weltpolitik** *f* world politics + *sing/pl verb* **weltpolitisch** I. *adj* concerning world politics II. *adv* in terms of world politics **Weltrangliste** *f* world rankings *pl*

Weltraum *m kein pl* [outer] space

Weltraumfahrt *f kein pl* space journey, journey into space **Weltraumforschung** *f kein pl* space research **Weltraumteleskop** *nt* space telescope **Weltraumwaffe** *f* space weapon

Weltreich *nt* empire **Weltreise** *f* world trip; **eine ~ machen** to go on a journey around the world **Weltrekord** *m* world record; ■ **der/ein ~ in etw** *dat* the/a world record in sth **Weltrekordler(in)** *m(f)* world record holder **Weltreligion** *f* world religion **Weltruf** *m kein pl* international [*or* world-wide] reputation; **... von ~** internationally renowned **Weltschmerz** *m kein pl* (*geh*) weltschmerz *liter* **Weltsicherheitsrat** *m* [United Nations] Security Council **Weltsprache** *f* world language **Weltstadt** *f* international [*or* cosmopolitan] city **weltstädtisch** *adj* cosmopolitan **Welttournee** *f* world tour **weltumspannend** *adj inv* (*geh*) global **Weltuntergang** *m* end of the world, apocalypse **Weltuntergangsstimmung** *f* apocalyptic mood **Weltaufführung** *f* world premiere **Weltverbesserer, -besserin** *m, f* (*pej*) sb who thinks they can cure the world's ills **weltweit** I. *adj* global, world-wide II. *adv* globally **Weltwirtschaft** *f* world [*or* global] economy **Weltwirtschaftskrise** *f* world economic crisis **Weltwunder** *nt* **die sieben ~** the Seven Wonders of the World; **wie ein ~** (*fam*) as if from another planet

wem I. *pron interrog dat von* **wer** (*welcher Person?*) who ... to, to whom *form*; **~ *gehört dieser Schlüsselbund?*** who does this bunch of keys belong to?; **mit/von ~** with/from whom II. *pron rel dat von* **wer** (*derjenige, dem*) ■ **~ ..., [der]** ... the person to whom ..., the person who ... to III. *pron indef dat von* **wer** (*fam*) to/for somebody

Wemfall *m* dative [case]

wen I. *pron interrog akk von* **wer** (*welche Person?*) who, whom; **an ~** to whom *form*, who ... to; **für ~** for whom *form*, who ... for II. *pron rel akk von* **wer** (*derjenige, den*) ■ **~ ..., [der]** ... the person who [*or* whom] ...; **an ~** to whom *form*, who ... to; **für ~** for whom *form*, who ... for III. *pron indef akk von* **wer** (*fam*) somebody

Wende <-, -n> *f* (1) POL (*sl: politische Kehrtwendung*) [political] change [*or* U-turn] (2) (*einschneidende Veränderung*) change, turn; **die/eine ~ zum Besseren/Schlechteren** the/a turn [*or* change] for the better/worse; **eine ~ zum Positiven** a positive change (3) SPORT face [*or* front] vault (4) (*Übergangszeit*) ■ **an der ~ [von] ... zu etw** at the transition from ... to sth

Wendekreis *m* (1) AUTO turning circle (2) GEOG, ASTRON tropic; **der nördliche ~, der ~ des Krebses** the Tropic of Cancer; **der ~ des Steinbocks** the Tropic of Capricorn

Wendel <-, -n> *f* (1) ELEK (*Glühfaden*) coil (2) (*Gewinde*) spiral

Wendelrührer *m* spiral mixer **Wendeltreppe** *f* spiral staircase

wenden I. *vr* <wendete *o geh* wandte, gewendet *o geh* gewandt> (1) (*sich drehen*) ■ **sich irgendwohin ~** to turn to somewhere (2) (*kontaktieren*) ■ **sich [in etw** *dat*] **an jdn ~** to turn to sb [regarding sth] (3) (*zielen*) ■ **sich an jdn ~** to be directed at sb (4) (*entgegentreten*) ■ **sich gegen jdn ~** to turn against sb; ■ **sich gegen etw ~** to oppose sth (5) (*sich verkehren*) **sich zum Besseren [*o* Guten]/Schlechteren ~** to take a turn for the better/worse ▶ WENDUNGEN: **sich zum Gehen ~** to be about to go II. *vt* <wendete, gewendet> (*umdrehen*) ■ **etw ~** to turn over sth *sep*; ***bitte ~!*** please turn over ▶ WENDUNGEN: **wie man es auch wendet ..., man kann es ~, wie man will** whichever way one looks/you look [*or* fam] at it III. *vi* <wendete, gewendet> AUTO to turn

Wendeplatz *m* turning area **Wendepunkt** *m* turning point

wendig *adj* (1) TECH manoeuvrable BRIT, maneuverable AM (2) (*geistig beweglich*) agile

Wendigkeit <-> *f kein pl* (1) (*gute Manövrierfähigkeit*) manoeuvrability, maneuverability AM (2) (*geistige Beweglichkeit*) agility

Wendung <-, -en> *f* (1) (*tiefgreifende Veränderung*) turn; **eine bestimmte ~ nehmen** to take a certain turn; **eine ~ zu etw nehmen** to take a turn for sth (2) LING (*Rede~*) expression

Wenfall *m* accusative [case]

wenig I. *pron indef* (1) *sing* (*nicht viel*) ■ **~ sein** to be not [very] much; **~ genug** little enough; **nicht ~** more than a little (2) *pl, substantivisch* (*ein paar*) ■ **~e** a few II. *adv* (1) (*nicht viel*) little, not a lot of; **ein ~** a little; **nicht ~** more than a little; **zu ~** too little, not enough; **zu ~ schlafen** to not get enough sleep; **~ genug** little enough; ■ **~e ...** few; *s. a.* **einige** (2) *mit comp* (*kaum*) little (3) (*nicht sehr*) not very; **~ interessant** of little interest; **ein ~** a little

weniger I. *pron indef comp von* **wenig** (*nicht so viel*) less; ***du solltest ~ essen/rauchen/trinken*** you should eat/smoke/drink less II. *adj comp von* **wenig** less, fewer; **~ werden** to be dwindling away ▶ WENDUNGEN: **~ ist mehr** it's quality not quantity that counts III. *adv comp von* **wenig** (*nicht so sehr*) ■ **~ ... als ...** less ... than ▶ WENDUNGEN: **je mehr ... desto ~ ...** the more ... the less ...; *s. a.* **so, viel IV.** *konj* MATH minus, less

Wenigkeit <-> *f kein pl* (*geh: Kleinigkeit*) ■ **eine ~** a little, a small amount ▶ WENDUNGEN: **meine ~** (*hum fam*) little old me *hum fam*

wenigste(r, s) I. *pron* (*fast niemand*) ■ **die ~n** very few; ■ **das ~, was** the least that; ***das ist noch das ~!*** (*fam*) that's the least of it! II. *adv* least; *pl* fewest; **am ~n** least of all

wenigstens *adv* at least

wenn *konj* ❶ *konditional* (*falls*) if; ~ ***das so ist*** if that's the way it is; ■ ~ **... doch** [*o* **bloß**] **...!** if only ...! ❷ *temporal* (*sobald*) as soon as; *s. a.* **als, auch, erst, immer, jedesmal, nicht, nichts, nur, schon, selbst, und**

wenngleich *konj* (*geh*) *s.* **obgleich**

wennschon *adv* ▶ WENDUNGEN: ~, **dennschon!** (*fam*) I/you etc. may as well go the whole hog [*or* AM the whole nine yards] *fam,* there's no point in doing things by halves *fam* [*or* AM *fam* a half-assed job]; [**na,**] ~**!** so what?, what of it?

wer **I.** *pron interrog* (*welcher*) who; ■ ~ **von ...** which of ...; ~ ***da?*** who's there? **II.** *pron rel* (*derjenige, der*) ■ ~ **...,** [**der**] ... the person who ..., whoever ... **III.** *pron indef* (*fam*) (*jemand*) somebody; ■ ~ **von ...** which of ... ▶ WENDUNGEN: ~ **sein** to be somebody *fam*

Werbeabteilung *f* advertising [*or* publicity] [*or* marketing] department **Werbeagentur** *f* advertising agency **Werbeaktion** *f* advertising promotion **Werbeaufdruck** *m* advertising print **Werbebeilage** *f* advertising supplement **Werbeblock** *nt* advertising block **Werbebranche** *f* advertising **Werbebroschüre** *f* brochure, pamphlet **Werbeeinnahmen** *pl* advertising revenue *sing* **Werbefachleute** *pl* advertising people [*or* experts], admen *sl* **Werbefachmann, -frau** *m, f* publicity expert, adman *fam* **Werbefernsehen** *nt* commercials *pl,* advertisements *pl,* adverts *pl fam* **Werbefilm** *m* promotional film **Werbefunk** *m* radio advertisements *pl* [*or* commercials] *pl* **Werbegeschenk** *nt* promotional gift **Werbekampagne** *f* advertising campaign **Werbekonzept** *nt* ÖKON advertising concept **Werbeleiter, -in** *m, f* advertising manager, head of publicity [*or* promotions] **Werbematerial** *nt* advertising material

werben <wirbt, warb, geworben> **I.** *vt* ■ **jdn** [**für etw**] ~ to recruit sb [for sth] **II.** *vi* ❶ (*Reklame machen*) ■ **für etw** ~ to advertise [*or* promote] sth; **für eine Partei** ~ to try to win support for a party ❷ (*zu erhalten suchen*) **um eine Frau/einen Mann** ~ to woo a woman/pursue a man; **um Unterstützung** ~ to try to enlist support; **um neue Wähler** ~ to try to attract new voters; **um Vertrauen** ~ to try to gain trust

Werbeprospekt *m* promotional brochure [*or* leaflet], advertising leaflet **Werbeslogan** *m* advertising [*or* publicity] slogan **Werbespot** *m* commercial, advertisement, advert *fam* **Werbestrategie** *f* ÖKON advertising strategy **Werbetexter(in)** *m(f)* advertising copywriter **Werbeträger** *m* advertising medium **Werbetreibende(r)** <-n, -n> *f(m)* ÖKON (*Firma*) advertising agency, advertizer; (*Person*) advertising agent, adman **Werbetrommel** *f* ▶ WENDUNGEN: **die ~ für jdn/etw rühren** (*fam*) to beat the drum for sb/sth *fam* **werbewirksam** *adj* promotionally effective **Werbezweck** *m meist pl* advertising purpose; **für ~e** [*o* **zu ~en**] for advertising purposes

Werbung <-> *f kein pl* ÖKON ❶ (*Branche*) advertising ❷ (*Reklame*) advertisement; ~ **für etw machen** to advertise sth ❸ (*Werbespot*) commercial, TV advert *fam;* (*Werbeprospekte*) advertising literature ❹ (*das Werben*) recruitment; *von Kunden* attracting, winning

Werbungskosten *pl* advertising [*or* publicity] expenses *pl*

Werdegang <*selten* -gänge> *m* career

werden **I.** *vi* <wurde *o liter* ward, geworden> *sein* ❶ (*in einen anderen Zustand übergehen*) ■ **etw** ~ to become [*or* get] sth; **alt/älter** ~ to get old/older; **verrückt** ~ to go mad; **kalt** ~ to go cold; **es wird dunkel/spät/kalt** it is getting dark/late/cold; **es wird besser** ~ it is going to become [*or* get] better; **es wird anders** ~ things are going to change ❷ (*als Empfindung auftreten*) **jdm wird heiß/kalt/besser/übel** sb feels hot/cold/better/sick ❸ (*einen Ausbildung zu etw machen*) ■ **etw** ~ to become sth; ***was möchtest du einmal ~?*** what do you want to be? ❹ (*eine Entwicklung durchmachen*) ■ **etw** ~ to become sth; **Wirklichkeit/Tatsache/Mode** ~ to become reality/a fact/fashionable; ■ **aus jdm wird etw** sb will turn out to be sth; ■ **aus etw wird etw** sth turns into sth; ■ **zu etw** ~ to turn into sth, to become sth; **aus jdm wird etwas/nichts** sb will get somewhere/won't get anywhere in life; **zur Gewissheit/zum Albtraum** ~ to become a certainty/nightmare ❺ (*auf eine bestimmte Zeit zugehen*) **es wird Abend/Tag** it is getting dark/light; **es wird Sommer** summer is coming; **es wird 15 Uhr** it's coming up to 3 o'clock ❻ (*ein bestimmtes Alter erreichen*) ■ **etw** ~ to be sth; ***sie ist gerade 98 geworden*** she has just turned 98 ❼ (*fam: sich gut entwickeln*) ***es wird langsam*** it's slowly getting somewhere; **aus etw wird etwas/nichts** sth will turn into sth/nothing is going to come of sth; **daraus wird nichts** that won't come to anything, nothing's going to come of that; **es wird schon** [**wieder**] ~ (*fam*) it'll turn out okay in the end; **nicht wieder** ~ (*fam*) not to recover ▶ WENDUNGEN: **was soll nun ~?** what's going to happen now?, what are we going to do now?; **jd wird nicht mehr** (*sl*) sb looses their top; **ich werd' nicht mehr!** (*sl*) well, I never!, I don't believe it! **II.** *vb aux* <wurde, worden> ❶ *zur Bildung des Futurs* ■ **etw tun** ~ to be going to do sth; ■ **es wird etw geschehen** sth is going to happen; ■ **jd wird etw getan haben** sb will have done sth ❷ *zur Bildung des Konjunktivs* ■ **jd würde etw tun** sb would do sth ❸ *mutmaßend* (*dürfte*) ■ **es wird ...** it probably ...; ***es wird gegen 20 Uhr sein*** it's probably getting on for 8 o'clock ❹ *in Bitten und Aufforderungen* ■ **würde jd etw tun?** would [*or* could] sb please do sth? ▶ WENDUNGEN: **wer wird denn gleich ... !** (*fam*) you're not going to ... now, are you? **III.** *vb aux* <wurde, worden> *zur Bildung des Passivs* ■ **...** ~ to be ...; ***sie wurde entlassen*** she was dismissed; ■ **etw wird ...** sth is ...; ***das wird bei uns häufig gemacht*** that is often done in our house; ■ **es wird etw getan** sth will be done; ***jetzt wird gearbeitet!*** let's get some work done!

Werden <-s> *nt kein pl* (*geh*) development; **im ~ sein** to be in the making

werdend *adj* developing, emergent; **~e Mutter/~er Vater** expectant mother/father, mother-to-be/father-to-be

Werfall *m* LING nominative [case]

werfen <wirft, warf, geworfen> **I.** *vt* ❶ (*schleudern*) ■ **etw irgendwohin** ~ to throw sth somewhere; **jdm etw an den Kopf/ins Gesicht** ~ to throw sth at sb's head/in sb's face; ■ **etw nach jdm/einem Tier** ~ to throw sth at sb/an animal ❷ ZOOL (*Junge gebären*) ■ **etw** ~ to have [*or spec* throw] sth ❸ (*ruckartig bewegen*) ■ **etw irgendwohin** ~ to throw [*or fam* fling] sth somewhere ❹ (*bilden*) *etw* ~ to produce [*or* make] sth; ***der Mond warf ein silbernes Licht auf den See*** the moon threw a silver light onto the lake **II.** *vi* ❶ (*Werfer sein*) to throw ❷ (*Wurfgeschosse verwenden*) ■ **mit etw** [**auf jdn/etw**] ~ to throw sth [at sb/sth] ❸ ZOOL (*Junge gebären*) to throw *spec,* to give birth **III.** *vr* ❶ (*sich verziehen*) ■ **sich** ~ to warp ❷ (*sich rasch fallen lassen*) ■ **sich irgendwohin** ~ to throw oneself somewhere ❸ (*sich stürzen*) ■ **sich auf jdn/etw** ~ to throw oneself at sb/sth

Werfer(in) <-s, -> *m(f)* thrower

Werft <-, -en> *f* shipyard

Werftarbeiter(in) *m(f)* shipyard worker **Werftgelände** *nt* dockland[s *pl*]; **im** ~ on [the] dockland[s]

Werg <-[e]s> *nt kein pl* tow

Werk <-[e]s, -e> *nt* 1 (*gesamtes Schaffen*) works *pl* 2 KUNST, LIT work 3 *kein pl* (*geh: Arbeit*) work; **ans** ~ **gehen** [*o* **sich ans** ~ **machen**] (*geh*) to go [*or* set] to work; **am** ~ **sein** (*pej*) to be at work 4 (*Fabrik*) factory, works + *sing/pl verb;* **ab** ~ ex works ▶ WENDUNGEN: **ein gutes** ~ **tun** to do a good deed; **irgendwie zu** ~**e gehen** (*geh*) to proceed [*or* go to it] in a certain way; **das ist jds** ~ (*pej*) that's his doing *fam*

Werkbank <-bänke> *f* workbench

werkeln *vi* (*fam*) ■ ~ to potter [*or* AM putter] about

werken *vi* (*geh*) ■ [**irgendwo**] ~ to work [somewhere]

Werken <-s> *nt kein pl s.* **Werkunterricht**

Werklehrer(in) *m(f)* woodwork/metalwork teacher

Werkmeister(in) *m(f)* foreman

Werksarzt, -ärztin <-es, -ärzte> *m, f* company doctor **Werksgelände** *nt* works [*or* factory] premises *npl*

Werkspionage *f* industrial espionage

Werkstatt *f* 1 (*Arbeitsraum eines Handwerkers*) workshop 2 AUTO (*Autoreparaturwerkstatt*) garage

Werkstätte *f* (*geh*) *s.* **Werkstatt**

Werkstattwagen *m* breakdown [*or* AM tow] truck

Werkstoff *m* material **Werkstück** *nt* workpiece

Werkswohnung *f* company flat

Werktag *m* workday, working day *esp* BRIT

werktäglich *adj attr* working day; ~**e Pflichten** duties during a working day

werktags *adv* on workdays [*or esp* BRIT working days]

Werkunterricht *m* woodwork/metalwork class

Werkzeug <-[e]s, -e> *nt* 1 TECH tool *usu pl* 2 INFORM (*Tool*) tool 3 (*geh: gefügiger Helfer*) instrument

Werkzeugkasten *m* toolbox **Werkzeugmacher(in)** *m(f)* toolmaker **Werkzeugmaschine** *f* machine tool

Wermut <-[e]s> *m kein pl* 1 BOT wormwood 2 (*aromatisierter Wein*) vermouth

Wermutbecher *m* vermouth tumbler

Wermutstropfen *m* (*geh*) a bitter pill, drop of bitterness

wert *adj* 1 (*einen bestimmten Wert besitzen*) ■ [**jdm**] **etw** ~ **sein** to be worth sth [to sb] 2 (*verdienen*) ■ **einer S.** *gen* ~ **sein** (*geh*) to deserve a thing, to be worthy of a thing 3 (*veraltend geh: geschätzt*) valued

Wert <-[e]s, -e> *m* 1 (*zu erlösender Preis*) value; **einen bestimmtem** ~/**einen** ~ **von etw haben** to have a certain value/a value of sth, to be worth [*or* valued at] sth; **im** ~ **steigen, an** *dat* ~ **zunehmen** to increase in value; **an** *dat* ~ **verlieren, im** ~ **sinken** to decrease in value; **im** ~**e von etw** worth [*or* to the value of] sth; **über/unter** ~ above/below its value 2 *pl* (*Daten*) results *pl* 3 (*wertvolle Eigenschaft*) worth 4 (*Wichtigkeit*) value; [**bestimmten**] ~ **auf etw** *akk* **legen** to attach [a certain] value [*or* importance] to sth; [**besonderen/gesteigerten**] ~ **darauf legen, etw zu tun** to find it [especially/increasingly] important to do sth; **einer S.** *dat* **einen bestimmten** ~ **beilegen** [*o* **beimessen**] (*geh*) to attach a certain significance to sth 5 (*Wertevorstellung*) value ▶ WENDUNGEN: **das hat keinen** ~ (*fam*) it's useless *fam*, that won't help us

Wertanlage *f* investment **Wertarbeit** *f* first-class workmanship; ~ **sein** to be a product of craftsmanship [*or* workmanship] **wertbeständig** *adj* stable in value *pred;* ■ ~ **sein** to have a stable value **Wertbeständigkeit** *f kein pl* stability of value **Wertbrief** *m* registered letter (*with valuable content*)

werten *vt* 1 SPORT (*anrechnen*) ■ **etw** ~ to rate sth 2 SCH (*benoten*) ■ **etw** ~ to grade sth 3 (*bewerten*) ■ **etw** [**irgendwie**] ~ to rate sth [somehow]

Wertewandel *m* change in values

Wertgegenstand *m* valuable object; ■ **Wertgegenstände** valuables

Wertigkeit <-, -en> *f* CHEM, LING valency

Wertkartenhandy [-hɛndi] *nt* TELEK *mobile phone using a payment card*

wertkonservativ *adj* conservative **wertlos** *adj* worthless; ■ **für jdn** ~ **sein** to be worthless to sb **Wertmaßstab** *m* standard; **nach jds Wertmaßstäben** to sb's standards; **einen bestimmten** ~/**bestimmte Wertmaßstäbe anlegen** to apply a certain standard/certain standards **Wertminderung** *f* decrease in value **Wertpaket** *nt* registered parcel

Wertpapier *nt* bond, security

Wertpapierbörse *f* stock exchange **Wertpapierhandel** *m* stockbroking **Wertpapierhändler(in)** *m(f)* stockbroker **Wertpapiermarkt** *m* stock [*or* securities] market

Wertsache *f meist pl* valuable object; ■ ~**en** valuables

Wertschätzung *f* (*geh*) esteem

Wertschöpfung *f* net product **Wertschrift** *f* SCHWEIZ (*Wertpapier*) bond, security **Wertsteigerung** *f* increase in value **Wertstellung** *f* value

Wertstoff *m* recyclable material

Wertstoffcontainer *m* recycling container **Wertstoffhof** *m* recycling yard

Wertung <-, -en> *f* 1 SPORT (*Be~*) rating, score 2 (*das Werten*) grading 3 (*Be~*) evaluation, assessment

Werturteil *nt* value judgement; **ein** ~ [**über etw** *akk*] **abgeben** to make a value judgement [on sth] **Wertverlust** *m* depreciation, decline in value **wertvoll** *adj* valuable **Wertvorstellung** *f meist pl* moral concept *usu pl*

Werwolf *m* werewolf

Wesen <-s, -> *nt* 1 (*Geschöpf*) being; (*tierisch*) creature; **das höchste** ~ the Supreme Being; **kleines** ~ little thing; **menschliches** ~ human being 2 *kein pl* (*kennzeichnende Grundzüge*) nature

Wesensart *f* nature, character **wesensfremd** *adj inv* different in nature *inv, pred* **Wesenszug** *m* characteristic, [character] trait

wesentlich I. *adj* 1 (*erheblich*) considerable 2 (*gewichtig*) substantial, essential; ■ **das W~e** the essential part; **im W~en** essentially II. *adv* (*erheblich*) considerably

Wesfall *m* genitive [case]

weshalb I. *adv interrog* why II. *adv rel* why

Wesir <-s, -e> *m* vizier

Wespe <-, -n> *f* wasp

Wespennest *nt* ZOOL wasp's nest ▶ WENDUNGEN: **in ein** ~ **stechen** (*fam*) to stir up a hornets' nest **Wespenstich** *m* wasp sting **Wespentaille** *f* wasp waist; **eine** ~ **haben** to have a wasp waist

wessen I. *pron gen von* **wer** 1 *interrog* whose 2 *rel, indef* whose; ■ ~ **... auch** [**immer**] ... no matter whose ... II. *pron interrog* (*geh*) *gen von* **was** of what, what ... of; ~ **... auch** [**immer**] ... *rel, indef* whatever [it is] ... of, ...

wessentwillen *adv interrog* **um** ~ (*geh*) for whose sake

Wessi <-s, -s> *m,* **Wessi** <-, -s> *f* (*fam*) West German

West <-[e]s, -e> *m* 1 *kein art, kein pl bes* NAUT west; **der Konflikt zwischen Ost und** ~ POL the conflich between East and West; *s. a.* **Nord** 1 2 *pl selten* NAUT (*Westwind*) west wind

Westafrika *nt* West Africa **westafrikanisch** *adj* West African **Westbürger(in)** *m(f)* West German

westdeutsch *adj* ❶ GEOG (*in Westdeutschland befindlich*) West German, in West Germany ❷ (*in Westdeutschland anzutreffen*) West German **Westdeutschland** *nt* West Germany
Weste <-, -n> *f* ❶ (*ärmellose Jacke*) waistcoat ❷ (*Strickjacke*) cardigan ▶ WENDUNGEN: **eine reine** [*o* **saubere**] [*o* **weiße**] ~ **haben** (*fam*) to have a clean slate *fam*
Westen <-s> *m kein indef art, kein pl* ❶ (*Himmelsrichtung*) west; *s. a.* **Norden 1** ❷ (*westliche Gegend*) west; **der Wilde** ~ the Wild West; *s. a.* **Norden 2** ❸ POL (*die Länder der westlichen Welt*) ■ **der** ~ the West
Westentasche *f* MODE (*Tasche einer Weste 1*) waistcoat pocket ▶ WENDUNGEN: **etw wie seine** ~ **kennen** (*fam*) to know sth like the back of one's hand *fam*
Western <-[s], -> *m* western
Westeuropa *nt* Western Europe
westeuropäisch *adj* West European
Westfale, Westfälin <-n, -n> *m, f* Westphalian
Westfalen <-s> *nt* Westphalia
Westfälin <-, -nen> *f fem form von* **Westfale**
westfälisch *adj* ❶ GEOG (*Westfalen betreffend*) Westphalian, in Westphalia ❷ (*in Westfalen anzutreffend*) Westphalian; *s. a.* **Friede** ❸ KOCHK **~es Tottchen** *ragout of calf's heart, lung and brain*
westgermanisch *adj* West Germanic **Westgote, -gotin** *m, f* Visigoth **Westgrenze** *f* western border **Westhang** *m* west-facing slope **westindisch** *adj* **~e Kirsche** acerola cherry; **~e Languste** Carribean spiny lobster; **~er Nierenbaum** cashew nut; **~es Sandelholzöl** amyris oil **Westküste** *f* west coast
westlich I. *adj* ❶ (*in ~er Himmelsrichtung befindlich*) western; *s. a.* **nördlich I 1** ❷ (*im Westen liegend*) western; *s. a.* **nördlich I 2** ❸ (*von/nach Westen*) westwards, westerly; *s. a.* **nördlich I 3** II. *adv* GEOG ■ ~ **von etw** to the west of sth III. *präp +gen* GEOG ■ ~ **einer S.** [to the] west of sth; *s. a.* **nördlich III**
Westmächte *pl* ■ **die** ~ the western powers **Westpreußen** *nt* West Prussia **Westrom** *nt* Western Roman Empire **Westseite** *f* west side **Westwall** *m* ■ **der** ~ the Siegfried Line
westwärts *adv* westwards, to the west
Westwind *m* west wind
weswegen *adv s.* **weshalb**
Wettbewerb <-[e]s, -e> *m* ❶ (*Veranstaltung zur Ermittlung des Besten*) competition; **sportlicher** ~ sports competition ❷ *kein pl* ÖKON (*Konkurrenzkampf*) competition; **miteinander im** ~ **stehen** to be competing [*or* in competition] with each other
Wettbewerber(in) *m(f)* competitor
wettbewerbsfähig *adj* competitive
Wettbewerbsfähigkeit <-> *inv f* competitiveness
Wette <-, -n> *f* bet; **jede** ~ **auf etw** *akk* **eingehen** (*fam*) to bet sb anything *fam;* ■ **jede** ~ **eingehen, dass** to bet anything that; ***die ~ gilt!*** (*fam*) you're on! *fam;* **um die** ~ **essen/trinken/laufen** to race each other eating/drinking/to run a race; **eine** ~ **machen** to make a bet
Wetteifer <-s> *m kein pl* competitiveness, competitive zeal
wetteifern *vi* (*geh*) ❶ (*sich gegenseitig zu übertreffen bemühen*) ■ **miteinander** ~ to contend [*or* compete] with each other ❷ (*ringen*) ■ [**mit jdm**] **um etw** ~ to compete [*or* contend] [with sb] for sth
wetten I. *vi* (*als Wette einsetzen*) to bet; ■ [**mit jdm**] **um etw** ~ to bet [sb] sth; ***um was wollen wir ~?*** what shall we bet?; ■ **auf ein Tier** ~ to bet on an animal; ■ [**mit jdm**] **darauf wetten, dass** to bet [sb] that; [***wollen wir***] ***~?*** (*fam*) [do you] want to bet? ▶ WENDUNGEN: **so haben wir nicht gewettet!** (*fam*) that's not on! BRIT *fam,* that wasn't the deal! AM II. *vt* ■ **etw** ~ to bet sth
Wetter <-s, -> *nt* ❶ *kein pl* METEO (*klimatische Verhältnisse*) weather; **bei jedem** ~ in all kinds of weather, in all weathers ❷ METEO (*fam: Un~*) storm ▶ WENDUNGEN: **bei jdm gut** ~ **machen** (*fam*) to make it up to sb *fam;* **schlagende** ~ firedamp *sing*
Wetteraussichten *pl* weather outlook [*or* prospects] *pl* **Wetterbericht** *m* weather report **Wetterbesserung** *f* improvement in the weather **wetterbeständig** *adj s.* **wetterfest**
Wetterchen <-s> *nt kein pl* (*fam*) lovely [*or* fine] weather
Wetterdienst *m* weather [*or* meteorological] service **wetterfest** *adj* weatherproof **wetterfühlig** *adj* sensitive to weather changes *pred* **Wetterfühligkeit** <-> *f kein pl* sensitivity to changes in the weather **Wetterkarte** *f* weather chart **Wetterlage** *f* weather situation **Wetterleuchten** *nt kein pl* sheet lightning
wettern *vi* (*geh*) ■ [**gegen jdn/etw**] ~ to curse [sb/sth], to lash out [at sb/against sth]
Wetterseite *f* windward side, side exposed to the weather **Wettersturz** *m* sudden temperature drop **Wetterumschwung** *m* sudden change in the weather **Wetterveränderung** *f* change in the weather **Wetterverschlechterung** *f* deterioration in the weather **Wettervoraussage** *f,* **Wettervorhersage** *f* weather forecast **Wetterwarte** *f* weather station
Wettfahrt *f* race **Wettkampf** *m* competition **Wettkämpfer(in)** *m(f)* competitor, contestant **Wettlauf** *m* (*Lauf um die Wette*) race; **einen** ~ **machen** to run a race ▶ WENDUNGEN: **ein** ~ **mit der** [*o* **gegen die**] **Zeit** a race against time **Wettläufer(in)** *m(f)* runner [in a/the] race
wett|machen *vt* ❶ (*aufholen*) ■ **etw** ~ to make up sth ❷ (*gutmachen*) ■ **etw** ~ to make up for sth
Wettrennen *nt s.* **Wettlauf** **Wettrüsten** <-s> *nt kein pl* MIL, POL arms race; **das atomare** ~ the nuclear arms race **Wettschwimmen** *nt* swimming competition; **ein** ~ **machen** to swim a race
wetzen I. *vt haben* ❶ (*schleifen*) ■ **etw** ~ to whet sth ❷ (*reiben*) ■ **etw** [**an etw** *dat*] ~ to rub sth [on sth] II. *vi sein* (*fam*) ■ [**irgendwohin**] ~ to scoot [off] [somewhere] *fam*
Wetzstahl *f* whetting [*or* sharpening] iron
WEU <-> *f kein pl Abk von* **Westeuropäische Union** WEU
WEZ <-> [veːʔeːˈtsɛt] *f kein pl Abk von* **Westeuropäische Zeit** GMT
WG <-, -s> [veːˈgeː] *f Abk von* **Wohngemeinschaft**
Whirlpool <-s, -s> [ˈwœrlpuːl] *m* whirlpool **Whirlwanne** *f* whirlpool
Whisky <-s, -s> [ˈvɪski] *m* whisky; ~ **mit Eis/**[**mit**] **Soda** whisky on the rocks [*or* and ice]/and soda; **irischer Whiskey** [Irish] whiskey; **schottischer** ~ Scotch
wich *imp von* **weichen²**
wichsen [-ks-] I. *vi* (*vulg*) to jack [*or esp* AM jerk] off *vulg or sl,* to wank BRIT *vulg or sl* II. *vt* DIAL ■ **etw** ~ to polish sth
Wichser <-s, -> *m* (*vulg*) ❶ (*Onanist*) wanker BRIT *vulg sl,* jack-off AM *vulg sl* ❷ (*Mistkerl*) wanker BRIT *vulg sl,* asshole AM *vulg*
Wicht <-[e]s, -e> *m* ❶ (*schmächtiger Kerl*) wimp *pej fam;* **armer** ~ poor wretch ❷ (*Kobold*) goblin; (*Zwerg*) dwarf; **kleiner** ~ little one
Wichtel <-s, -> *m* ❶ (*Kobold*) goblin ❷ (*kleine Pfadfinderin*) Brownie
wichtig *adj* ❶ (*bedeutsam*) important; ■ **etwas**

W~es something important; **W~eres zu tun haben** to have more important things to do; **nichts W~eres zu tun haben, als ...** to have nothing better to do than ...; ■**das W~ste** the most important thing ❷ (*iron: bedeutungsvoll*) serious; **eine ~e Miene aufsetzen** to put on an air of importance; **sich** *dat* **~ vorkommen** (*fam*) to be full of oneself *fam;* **sich ~ machen** (*fam*) to be full of one's own importance; **sich ~ nehmen** to take oneself [too] seriously; **~ tun** (*fam*) to act important *fam*

Wichtigkeit <-> *f kein pl* importance, significance; **von bestimmter ~ sein** to be of a certain importance [*or* significance]; **einer S.** *dat* **besondere/große ~ beilegen** [*o* **beimessen**] to consider a thing especially/very important, to attach particular/great importance to a thing

Wichtigmacher(in) *m(f)* ÖSTERR, **Wichtigtuer(in)** <-s, -> [-tu:ɐ] *m(f)* (*pej*) stuffed shirt *fam,* pompous git [*or* AM ass] *sl* **Wichtigtuerei** <-> *f kein pl* (*pej*) pompousness **wichtigtuerisch** *adj* (*pej*) pompous *pej;* ■**~ sein** to be pompous, to be full of oneself

Wicke <-, -n> *f* vetch

Wickel <-s, -> *m* MED (*Umschlag*) compress; **jdm einen bestimmten ~ machen** MED to make sb a certain compress ▸ WENDUNGEN: **jdn am** [*o* **beim**] **~ packen** [*o* **kriegen**] (*fam*) to grab sb by the scruff of the neck *fam*

Wickelkommode *f* [baby] changing table

wickeln I. *vt* ❶ (*fest herumbinden*) ■[**jdm/sich**] **etw um etw ~** to wrap sth round [sb's/one's] sth ❷ (*einwickeln*) ■**jdn/etw in etw** *akk* **~** to wrap sb/sth in sth ❸ (*aufwickeln*) ■**etw auf etw** *akk* **~** to wrap sth round sth; **etw auf eine Spule ~** to coil sth on a spool ❹ (*abwickeln*) ■**etw von etw ~** to unwrap sth from sth ❺ (*windeln*) ■**ein Kind ~** to change a baby's nappy [*or* AM diaper], to change a baby II. *vr* (*sich herumwickeln*) ■**sich um etw ~** to wrap itself around sth

Wickeltisch *m* [baby] changing table; (*im Restaurant etc.*) [baby] changing unit [*or* AM station]

Widder <-s, -> *m* ❶ ZOOL (*Schafbock*) ram ❷ *kein pl* ASTROL Aries; [**ein**] **~ sein** to be [an] Aries ❸ ASTROL (*im ~ Geborener*) Aries

wider *präp +akk* (*geh*) against; *s. a.* **Erwarten**

widerborstig *adj* contrary; (*Haare, Fragen*) unruly

widerfahren* *vi irreg sein* (*geh*) to happen, to befall

Widerhaken *m* barb

Widerhall <-s, -e> *m* (*geh*) (*Echo*) echo ▸ WENDUNGEN: [**bei jdm**] **keinen ~ finden** to meet with no response [from sb]

wider|hallen *vi* ■**von etw ~** to reveberate [*or* echo] with sth

Widerhandlung *f* SCHWEIZ (*Zuwiderhandlung*) violation, contravention

widerlegbar *adj* ■**~/nicht ~ sein** to be refutable/irrefutable

widerlegen* *vt* ■**etw ~** to refute [*or* disprove] sth; **sich ohne weiteres** [*o* **leicht**] **~ lassen** to be easily refuted [*or* disproved]

Widerlegung <-, -en> *f* ❶ *kein pl* (*das Widerlegen*) disproving, refutation ❷ MEDIA (*widerlegender Text*) refutation

widerlich *adj* ❶ (*ekelhaft*) disgusting, revolting; ■**etw ist jdm ~** sb finds sth disgusting [*or* revolting], sb thinks sth is disgusting [*or* revolting] ❷ (*äußerst unsympathisch*) repulsive ❸ (*äußerst unangenehm*) nasty, horrible

Widerling <-[e]s, -e> *m* (*pej*) creep *inf or pej*

widernatürlich *adj* perverted, unnatural

widerrechtlich I. *adj* unlawful II. *adv* unlawfully

Widerrede *f* **ohne ~** without protest; ***keine ~!*** don't argue!

Widerruf *m* revocation; (*Angebot, Einladung*) cancellation, withdrawal; **bis auf ~** until revoked

widerrufen* *irreg* I. *vt* ■**etw ~** ❶ ADMIN (*für ungültig erklären*) to revoke [*or* cancel] sth ❷ (*zurücknehmen*) to retract [*or* withdraw] sth II. *vi* to recant

widerruflich I. *adj* ADMIN revocable II. *adv* until revoked

Widersacher(in) <-s, -> *m(f)* adversary, antagonist

Widerschein <-[e], -e> *m* reflection; **im ~ von etw** in the reflection of sth

widersetzen* *vr* ❶ (*Widerstand leisten*) ■**sich jdm ~** to resist sb ❷ (*sich gegen etw sträuben*) ■**sich einer S.** *dat* **~** to refuse to comply with a thing

widersetzlich *adj* obstreperous *form,* uncooperative, contrary

widersinnig *adj* absurd

widerspenstig *adj* ❶ (*störrisch*) stubborn ❷ (*schwer zu handhaben*) unmanageable

Widerspenstigkeit <-> *f kein pl* stubbornness, unmanageableness

widerspiegeln I. *vt* (*geh*) ■**etw ~** to mirror [*or* reflect] sth II. *vr* (*geh*) **sich in/auf** *dat* **etw ~** to be reflected [*or* mirrored] in/on sth

widersprechen* *irreg* I. *vi* ❶ (*sich gegen etw äußern*) ■[**jdm/einer S.**] **~** to contradict [sb/a thing] ❷ (*nicht übereinstimmen*) ■**sich** *dat* **~** to contradict oneself; **einer S. ~** to contradict a thing, to be inconsistent with a thing II. *vr* (*einander ausschließen*) ■**sich** *dat* **~** to be contradictory

widersprechend *adj* ■**sich/einander ~** contradictory

Widerspruch *m* ❶ *kein pl* (*das Widersprechen*) contradiction, dissent; **in** [*o* **im**] **~ zu etw** contrary to ❷ (*Unvereinbarkeit*) inconsistency; **in** [*o* **im**] **~ zu** [*o* **mit**] **etw stehen** to conflict with sth, to be inconsistent with sth ❸ JUR (*Einspruch*) protest (**gegen** *+akk* against), objection (**gegen** *+akk* to); **~** [**gegen etw**] **einlegen** to file [*or* make] an objection [against sth], to make a protest [against sth]; **~ erheben** to raise objections, to lodge an objection [*or* opposition]

widersprüchlich I. *adj* ❶ (*Unvereinbarkeiten aufweisend*) inconsistent ❷ (*sich widersprechend*) ■**~ sein** to be contradictory II. *adv* contradictory; **sich ~ äußern** to contradict oneself

widerspruchslos I. *adj* unopposed, without contradiction II. *adv* without protest [*or* opposition], without contradiction

Widerstand[1] <-[e]s, -ständee> *m* ❶ *kein pl* PHYS (*Hemmung des Stromflusses*) resistance ❷ ELEK (*Schaltelement*) resistor

Widerstand[2] <-[e]s, -stände> *m* ❶ *kein pl* (*Gegenwehr*) opposition; **~ gegen die Staatsgewalt** resistance to state authority; **~ gegen die Staatsgewalt leisten** to obstruct an officer in the performance of his duty; **hinhaltender ~** delaying action; **passiver ~** passive resistance; [**gegen etw**] **~ leisten** to put up resistance [against sth] ❷ POL (*Widerstandsbewegung*) resistance ❸ *meist pl* (*hindernder Umstand*) resistance; *s. a.* **Weg**

Widerstandsbewegung *f* POL resistance movement; **bewaffnete ~** partisan movement **widerstandsfähig** *adj* ❶ BAU (*Belastungen standhaltend*) resistant, robust ❷ MED resistant; ■**~** [**gegen etw**] resistant [to sth] **Widerstandsfähigkeit** *f kein pl* robustness, resistance; ■**jds ~ gegen etw** sb's resistance to sth **Widerstandskämpfer(in)** *m(f)* partisan, resistance fighter **Widerstandskraft** *f s.* **Widerstandsfähigkeit**

widerstandslos I. *adj* without resistance II. *adv* without resistance

widerstehen* *vi irreg* ❶ (*standhalten*) ■[**jdm/einer S.**] **~** to withstand [sb/a thing] ❷ (*nicht nachge-*

W

ben) ■ [**einer S.** *dat*] ~ to resist [a thing] ③ (*aushalten können*) ■ **einer S.** ~ *dat* to withstand a thing

widerstreben* *vi* (*geh*) ■ **jdm** ~ **es, etw zu tun** sb is reluctant to do sth

Widerstreben <-s> *nt kein pl* (*geh*) reluctance; **etw mit** ~ **tun** to do sth reluctantly

widerstrebend *adv* (*geh*) *s.* **widerwillig**

widerwärtig **I.** *adj* disgusting, revolting; (*Bursche, Kerl, Typ*) nasty, repulsive **II.** *adv* disgustingly, revoltingly

Widerwille *m* distaste, aversion, disgust; [**gegen etw**] **einen ~n haben** to have a distaste [for sth], to have an aversion [to sth], to find [sth] disgusting; **etw mit ~n tun** to do sth reluctantly [*or* with reluctance]

widerwillig **I.** *adj* reluctant **II.** *adv* reluctantly, unwillingly

Widerworte *pl* answering back; [**jdm**] ~ **geben** to answer [sb] back BRIT, to talk back [BRIT at sb]/[AM to sb]; **ohne** ~ without protest

widmen **I.** *vt* ① (*dedizieren*) ■ **jdm etw** ~ to dedicate sth to sb ② (*für etw verwenden*) ■ **etw einer S.** ~ *dat* to dedicate [*or* devote] sth to a thing ③ ADMIN (*offiziell übergeben*) ■ **etw einer S.** ~ *dat* to open sth officially to a thing **II.** *vr* ① (*sich um jdn kümmern*) ■ **sich jdm** ~ to attend to sb ② (*sich intensiv beschäftigen*) ■ **sich einer S.** *dat* ~ to devote oneself [*or* attend] to sth

Widmung <-, -en> *f* ① (*schriftliche Dedikation*) dedication ② ADMIN (*offizielle Übergabe*) official opening

widrig *adj* (*geh*) adverse; (*Umstände, Verhältnisse*) unfavourable; *s. a.* **Wind**

wie **I.** *adv* ① *interrog* (*auf welche Weise*) how?; ***können Sie mir sagen, ~ ich nach Köln komme?*** can you tell me how to get to Cologne?; ■ ~ **... auch** [**immmer**] whatever, however; ***wie heißt er?*** what is he called?, what's his name?; **~?** what?, [I beg your] pardon?, excuse me?; ~ **bitte?** pardon?, sorry? ② *interrog* (*von welchen Merkmalen bestimmt*) how?, what ... like?; ~ ***geht es Ihnen?*** how do you do? *form;* ~ ***geht es dir?*** how are you?, how's it going? *fam,* how are things? *fam,* how's life? *fam;* ~ **ist es, wenn ...?** what happens if ...?; ~ **ist's, ...?** (*fam*) how [*or* what] about it?; ~ **wär's mit ...?** (*fam*) how [*or* what] about ...?; ~ ***wär's jetzt mit einem Spaziergang?*** how about going for a walk now?; ~ **das?** ~ ***das? ich verstehe nicht recht*** what do you mean? I don't quite understand; ~ **viel** how much [*or* many]; ~ **viele ...?** how many ...?; *s. a.* **beide, können** ③ (*in welchem Maße*) how; [**um**] ~ **viel ...** how much; (*in Ausrufen*) how; ~ ***klein die Welt doch ist!*** it's a small world!; ~ **oft ...!** how often ...! [*or* many times]; ~ **sehr** [*o* ÖSTERR **wiesehr**] **...?** how much ...?; ~ **sehr ...!** how ...!; **und** [*o* **aber**] **~!** and how! ④ *interrog* (*stimmt's?*) right?, OK? **II.** *konj* ① (*vergleichend*) ■ **...** ~ **...** as ... as; ***er ist genau ~ du*** he's just like you ② (*so ~*) ■ ~ **man etw tut** as; ~ ***man sagt, war der Film langweilig*** apparently it was a boring film ③ (*genau ~*) just as ④ (*beispielsweise*) like; ***K ~ Konrad*** K for kilo ⑤ (*und*) and ... [alike], as well as ⑥ *nach Verben der Wahrnehmung* (*die Art und Weise, in der*) how; ***er sah, ~ sie aus dem Bus ausstieg*** he saw her get off the bus ⑦ ■ **...,** ~ **wenn** (*fam*) as if; *s. a.* **etwa, gewöhnlich, immer, noch nie**

Wie <-s> *nt kein pl* ***der Plan ist grundsätzlich klar, nur das ~ muss noch festgelegt werden*** the plan is basically clear, we just have to establish how to implement it

Wiedehopf <-[e]s, -e> *m* ORN hoopoe ▸ WENDUNGEN: **stinken wie ein** ~ (*fam*) to smell like a bad egg

wieder *adv* ① (*erneut*) again, once more [*or* again]; ■ **etw** ~ **aufbereiten** to reprocess sth; **etw** ~ **aufladen** to recharge sth; ~ **aufladbar** rechargeable; **Gespräche/Verhandlungen** ~ **aufnehmen** to resume talks/negotiations; **Beziehungen/Kontakte** ~ **aufnehmen** to re-establish relations/contacts; **etw** ~ **einführen** to reintroduce sth; ÖKON to reimport sth; **jdn/etw** [**in etw**] ~ **eingliedern** to reintegrate sb/sth [into sth]; **jdn/etw** ~ **einsetzen** to reinstate sb/sth; **jdn** ~ **einstellen** to reappoint [*or* re-employ] [*or* re-engage] sb; (*nach ungerechtfertigter Entlassung*) to reinstate sb; **jdn zu jdm/etw** ~ **ernennen** to reappoint sb [as] sb/sth; ~ **erwachen** to reawake[n]; ■ [**jdm**] **etw** ~ **erzählen** to retell sth [to sb]; **etw** ~ **gutmachen** to make good [*or* compensate [*or* make up] for] sth; **irgendwie** ~ **gutzumachen sein** to somehow make up for sth; **etw** ~ **tun** to do sth again; ***tu das nie ~!*** don't ever do it [*or* you ever do that] again; ~ **mal** again; ~ **und** ~ time and again ② (*wie zuvor*) [once] again ③ (*nochmal*) yet; *s. a.* **nie, schon**

Wiederaufarbeitung <-, -en> *f* recycling; *von Atommüll* reprocessing

Wiederaufarbeitungsanlage *f* recycling plant; *von Atommüll* reprocessing plant

Wiederaufbau <-bauten> *m* reconstruction, rebuilding

wieder|auf|bauen *vt* ■ **etw** ~ to reconstruct [*or* rebuild] sth

Wiederaufbereitung <-, -en> *f s.* **Wiederaufarbeitung**

Wiederaufnahme *f von Gesprächen, Verhandlungen* resumption; *von Beziehungen, Kontakten* reestablishment

wieder|auf|rüsten *vi* MIL to rearm

Wiederaufrüstung *f* MIL rearmament

wieder|bekommen* *vt irreg* ■ **etw** *akk* [**von jdm**] ~ to get sth back [from sb]

wieder|beleben* *vt* MED ■ **jdn** ~ to revive [*or* resuscitate] sb; *Scheintote* to bring sb back from the dead; ■ **etw** ~ to revive sth

Wiederbelebung *f* MED resuscitation; *s. a.* **Mund**

Wiederbelebungsversuch *m meist pl* MED attempt at resuscitation; **~e** [**bei jdm**] **anstellen** to attempt [*or* try] to resuscitate sb

wieder|beschaffen* *vt* ■ [**jdm/sich**] **etw** *akk* ~ *gestohlener Gegenstand, persönliches Eigentum* to recover [sb's/one's] sth; *verbrannte Wohnungseinrichtung* to replace [sb's/one's] sth

Wiederbeschaffung *f* (*Wiederauffindung*) recovery; (*Ersetzung*) replacement

wiederbeschreibbar *adj CD* rewritable

Wiedereinfuhr *f* reimport, reimportation

Wiedereinführung *f* reintroduction

Wiedereingliederung *f* reintegration

Wiedereintritt *m* ① RAUM (*Eintritt in die Erdatmosphäre*) re-entry ② (*erneuter Eintritt*) re-entry, readmittance

wieder|entdecken* *vt* ■ **etw** ~ to rediscover sth

Wiederentdeckung *f* rediscovery

wieder|erhalten* *vt irreg* (*geh*) *s.* **wiederbekommen**

wieder|erkennen* *vt irreg* ■ **jdn/etw** ~ to recognize sb/sth; **nicht wiederzuerkennen sein** to be unrecognizable [*or* BRIT *a.* -isable]

wieder|erlangen* *vt* (*geh*) ■ **etw** ~ to regain sth; **seine Freiheit** ~ to regain one's freedom, to be set free again

Wiederernennung *f* reappointment

wieder|eröffnen* *vt* ÖKON ■ **etw** ~ to reopen sth

Wiedereröffnung *f* ÖKON reopening

wieder|finden *irreg* **I.** *vt* ① (*auffinden*) ■ **jdn/etw** ~ to find sb/sth again ② (*erneut erlangen*) ■ **etw** ~ to regain sth; **seine Fassung** ~ to regain one's composure II. *vr* ■ **sich** ~ to turn up again; ***der Schlüssel findet sich bestimmt wieder*** the key is sure to turn up again

Wiedergabe *f* ① (*Schilderung*) account, report; **um schriftliche/ausführliche ~ bitten** to request a written/detailed report ② PHOTO, TYPO (*Reproduktion*) reproduction

wieder|geben *vt irreg* ① (*zurückgeben*) ■ **jdm etw** *akk* ~ to give sth back to sb ② (*schildern*) ■ **etw** ~ to give an account of [*or* describe] sth ③ (*zitieren*) ■ **etw** ~ to quote sth; **etw wortwörtlich** ~ to report sth literally

Wiedergeburt *f* rebirth, reincarnation

wieder|gewinnen* *vt irreg* ■ **etw** ~ ① ÖKOL (*zurückgewinnen*) to reclaim sth ② *s.* **wiedererlangen**

Wiedergutmachung <-, -en> *f* ① *selten pl* (*das Wiedergutmachen*) compensation ② (*finanzieller Ausgleich*) [financial] compensation

wieder|haben *vt irreg* (*fam*) ■ **jdn/etw** ~ to have sb/sth back

wieder|her|stellen *vt* ① (*restaurieren*) ■ **etw** ~ to restore sth ② (*erneut eintreten lassen*) ■ **etw** ~ to re-establish sth; ***der Polizei gelang es, die öffentliche Ordnung wiederherzustellen*** the police succeeded in re-establishing public order ③ MED (*wieder gesund machen*) ■ **jdn** ~ to restore sb to health

Wiederherstellung *f* ① (*Restaurierung*) restoration ② (*das Wiederherstellen*) re-establishment

wiederholbar *adj* ■ ~ **sein** to be repeatable

wiederholen*[1] I. *vt* ■ **etw** ~ ① (*abermals durchführen*) to repeat sth ② TV (*erneut zeigen*) to repeat sth ③ (*repetieren*) to revise sth ④ SCH (*erneut absolvieren*) to retake, BRIT *a.* to resit; **Klassenarbeiten** ~ to resit written tests; **das Staatsexamen** ~ to retake the state examination ⑤ (*nachsprechen*) to repeat sth ⑥ (*erneut vorbringen*) to repeat sth; **eine Frage [noch einmal]** ~ to repeat a question [once again] II. *vr* ■ **sich** ~ ① (*sich wiederum ereignen*) to recur ② (*noch einmal sagen*) to repeat oneself

wieder|holen² *vt* ■ **jdn** ~ to get [*or* fetch] sb back; ■ **[jdm] etw** ~ to bring sth back for sb

wiederholt I. *adj* repeated II. *adv* repeatedly; *s. a.* **Mal²**

Wiederholung <-, -en> *f* ① (*erneute Durchführung*) repetition ② (*erneutes Zeigen*) repeat ③ (*Repetition*) revision ④ SCH (*erneutes Absolvieren*) retake, BRIT *a.* resit ⑤ (*erneutes Vorbringen*) repetition

Wiederholungsfall *m* **im** ~ (*geh*) if it should happen again; ***im ~ ist aber mit einem Bußgeld zu rechnen*** if you do it again you can expect a fine **Wiederholungsjahr** *nt* SCH repeated year **Wiederholungskurs** *m* refresher course **Wiederholungsprüfung** *f* SCH retake, BRIT *a.* resit **Wiederholungsspiel** *nt* replay **Wiederholungstäter(in)** *m(f)* JUR repeat offender; (*mehr als zweimalig*) persistent offender; *s. a.* **Rückfalltäter**

Wiederhören *nt* [**auf**] ~**!** TELEK goodbye!

wieder|käuen I. *vt* ■ **etw** ~ ① ZOOL (*erneut kauen*) to ruminate ② (*fam: ständig wiederholen*) to go over sth again and again *fam,* to harp on about sth *fam* II. *vi* ZOOL to ruminate

Wiederkäuer <-s, -> *m* ZOOL ruminant

Wiederkehr <-> *f kein pl* (*geh*) return

wieder|kehren *vi sein* (*geh*) ① *Mensch* to return ② *Problem s.* **wiederkommen 3**

wieder|kennen *vt irreg* (*fam*) ■ **jdn** ~ to recognize sb

wieder|kommen *vi irreg sein* ① (*zurückkommen*) to come back; **nie** ~ never to come back ② (*erneut kommen*) to come again; ***kommen Sie bitte noch mal/morgen wieder*** please come again/again tomorrow ③ (*sich noch einmal bieten*) to reoccur, to recur

Wiederschauen *nt* [**auf**] ~**!** goodbye!; *s. a.* **Wiedersehen**

wieder|sehen *vt irreg* ① ■ **jdn** ~ to see sb again ② (*zusammentreffen*) ■ **sich** *akk* ~ to meet again

Wiedersehen <-s, -> *nt* [another] meeting; (*nach längerer Zeit*) reunion; ***ich freue mich jetzt schon auf unser*** ~ I am already looking forward to our meeting; [**auf**] ~ **sagen** to say goodbye; [**auf**] ~ goodbye

Wiedertäufer <-s, -> *m* HIST Anabaptist

wiederum *adv* ① (*abermals*) again ② (*andererseits*) on the other hand, though ③ (*für jds Teil*) in turn

wieder|vereinigen* I. *vt* POL ■ **etw** ~ to reunify sth II. *vr* POL ■ **sich** ~ to be reunited

Wiedervereinigung *f* POL reunification

wieder|verheiraten* *vr* ■ **sich** ~ to remarry

wiederverwendbar *adj* ÖKOL reusable

wieder|verwenden* *vt* ÖKOL ■ **etw** ~ to reuse sth

Wiederverwendung *f* ÖKOL reuse

wieder|verwerten *vt* ■ **etw** ~ to recycle sth

Wiederverwertung *f* recycling

Wiederwahl *f* re-election; **für die ~ kandidieren** to stand for re-election

wieder|wählen *vt* ■ **jdn** ~ to re-elect sb

Wiege <-, -n> *f* cradle ▶ WENDUNGEN: **jdm ist etw in die ~ gelegt worden** sb inherits sth; **jds ~ stand irgendwo** (*geh*) sb was born somewhere

Wiegemesser *nt* KOCHK chopping knife

wiegen¹ <wog, gewogen> I. *vt* ■ **jdn/etw** ~ to weigh sb/sth; ■ **sich** *akk* ~ to weigh oneself II. *vi* to weigh; **viel/wenig/eine bestimmte Anzahl von Kilo** ~ to weigh a lot/not to weigh much/to weigh a certain number of kilos

wiegen² I. *vt* ① (*hin und her bewegen*) ■ **jdn/etw** ~ to rock sb/sth; **den Kopf** ~ to shake one's head [slowly]; **die Hüften/den Oberkörper/-ste** ~ to sway one's hips/one's torso/its branches ② KOCHK (*fein hacken*) ■ **etw** ~ to chop sth [finely] II. *vr* ① (*sich hin und her bewegen*) ■ **sich [zu etw** *dat*] *akk* ~ to sway [to sth] ② (*fälschlich glauben*) ■ **sich in etw** *dat* ~ to gain [*or* get] a false impression of sth; **sich [nicht zu früh] in Sicherheit** ~ [not] to lull oneself [too early on] into a false sense of security

wiehern *vi* ① ZOOL *Pferd* to neigh, to whinny ② (*fam: meckernd lachen*) to bray [with laughter]

Wien <-s> *nt* Vienna

Wiener *adj attr* ① GEOG Viennese ② KOCHK (*aus Wien stammend*) Viennese; *s. a.* **Schnitzel, Würstchen**

Wiener(in) <-s, -> *m(f)* Viennese

wienern *vt* (*fam*) ■ **etw** ~ to polish sth

wies *imp von* **weisen**

Wiese <-, -n> *f* (*mit Gras bewachsene Fläche*) meadow ▶ WENDUNGEN: **auf der grünen** ~ in the open countryside

wiesehr *konj* ÖSTERR *s.* **wie sehr**

Wiesel <-s, -> *nt* weasel ▶ WENDUNGEN: **flink wie ein ~ sein** (*fam*) to be as quick as a flash

Wiesenkerbel *m* BOT cow parsley **Wiesenrispengras** *nt* BOT bluegrass **Wiesenweihe** *f* ORN Montagu's harrier

wieso *adv* ① *interrog* (*warum*) why, how come ② *rel* (*weshalb*) why

wievielmal *adv interrog* how many times [*or* often]

wievielte(r, s) *adj interrog* (*an welcher Stelle kommend*) ■ **der/die/das ~ ...?** how many ...?; ***der W~ ist heute?, den W~n haben wir heute?*** what's the date today?

wieweit *konj s.* **inwieweit**

Wikinger(in) <-s, -> *m(f)* HIST Viking

wild I. *adj* ① BOT, ZOOL (*in freier Natur*) wild ② GEOG

W

(*ursprünglich und natürlich*) wild, rugged ❸ (*rauh*) wild, unruly; **ein ~er Geselle** an unruly fellow ❹ (*illegal*) illegal; *Müllkippe* unofficial; *Streik* wildcat ❺ (*maßlos*) wild; **~e Fantasie/Spekulationen** a wild imagination/wild speculation ❻ (*hemmungslos*) wild; *Fahrt, Leidenschaft* reckless; *Kampf* frenzied ❼ (*fam: versessen*) ■ **~ auf jdn sein** to be crazy [*or* mad] about sb; ■ **~ auf etw** *akk* **sein** to be crazy about [*or* addicted to] sth; ***er ist ganz ~ auf Himbeereis*** he is absolutely mad about raspberry ice-cream ❽ (*zum Äußersten gereizt*) furious; **~ werden können** to feel like screaming; ***ich könnte ~ werden*** (*fam*) I could scream *fam;* **jdn ~ machen** (*fam*) to drive sb wild [*or* crazy] [*or* mad] *fam;* **~ werden** to go wild; *Bulle, Rhinozeros* to become enraged; **wie ~** wildly ▶ WENDUNGEN: **halb** [*o* **nicht**] **so ~ sein** (*fam*) to not be important, to be nothing **II.** *adv* ❶ (*ungeordnet*) strewn around ❷ (*hemmunglos*) wildly, furiously ❸ (*in freier Natur*) ORN, ZOOL **~ lebend** wild *pred,* living in the wild; **~ leben** to live in the wild; BOT **~ wachsend** wild; **~ wachsen** to grow wild

Wild <-[e]s> *nt kein pl* ❶ KOCHK (*Fleisch wilder Tiere*) game; *von Rotwild* venison ❷ ZOOL (*wild lebende Tiere*) wild animals

Wildbach *m* torrent

Wildbahn *f* **in freier ~ leben** to live in the wild **Wildbeize** *f* KOCHK game marinade (*of red wine, spices and onions*) **Wildbraten** *m* roast game **Wildbret** <-s> *nt kein pl* JAGD game *kein pl,* venison **Wilddieb(in)** *m(f) s.* **Wilderer Wilddiebstahl** *m s.* **Wilderei**

Wilde(r) *f(m) decl wie adj* (*wilder Eingeborener*) savage ❷ (*fig: übergeschnappte Person*) madman, maniac; **wie ein ~r/eine ~** like a madman [*or* maniac]

wildeln *vi* ÖSTERR ❶ (*sich wild benehmen*) to go wild ❷ (*nach Wild schmecken*) to have a taste typical of game

Wildente *f* ORN, KOCHK wild duck

Wilderei <-, -en> *f* poaching

Wilderer(in) <-s, -> *m(f)* poacher

wildern *vi* ❶ (*Wilderer sein*) to poach ❷ (*Wild schlagen*) to kill game

Wildessenz *f,* **Wildfond** *m* KOCHK game consomme

wildfremd *adj* (*fam*) completely strange

Wildfremde(r) *f(m) decl wie adj* complete stranger

Wildgans *f* ❶ ORN wild goose ❷ *kein pl* KOCHK goose **Wildgeflügel** *nt kein pl* feathered game **Wildhase** *m* wild hare

Wildheit <-, -en> *f* ❶ *kein pl* (*gewalttätiges Wesen*) savagery ❷ (*Hemmungslosigkeit*) lack of restraint; (*Leidenschaft*) wild passion

Wildkaninchen *nt* wild rabbit **Wildkatze** *f* wildcat **Wildkraftbrühe** *f* game consomme **Wildleder** *nt* suede **wildledern** *adj* MODE suede

Wildnis <-, -se> *f* wilderness

Wildpark *m* game park; (*für Rotwild*) deer park

Wildreis *m* wild rice

wildromantisch *adj* wild and romantic

Wildsau *f* wild sow **Wildschaf** *nt* mouflon **Wildschwein** *nt* ❶ (*wild lebendes Schwein*) wild boar [*or* pig] ❷ *kein pl* KOCHK boar **Wildtaube** *f* wild pigeon **Wildtruthahn** *m* wild turkey

Wildwasserrennen *nt* SPORT white-water racing

Wildwechsel *m* JAGD ❶ *kein pl* (*Straßenüberquerung durch Wild*) [wild] animals' crossing ❷ (*vom Wild benutzter Pfad*) path used by game

Wildwestfilm *m s.* **Western**

Wilhelm <-s> *m* William

Wille <-ns> *m kein pl* (*Intention*) will *kein pl,* intention; ***er sollte aufhören zu rauchen, aber dazu fehlt ihm der*** [***nötige***] **~** he should stop smoking but he has not got the [necessary] willpower; **der ~ zur Macht** the will to rule; **kein/böser ~ sein** not to intend any ill-will/to intend to cause ill-will; **seinen eigenen ~n haben** to have a mind of one's own, to be self-willed; **beim besten ~n nicht** not even with the best [*or* all the] will in the world; **etw aus freiem ~n tun** to do sth of one's own free will [*or* voluntarily]; **der gute ~** good will; **jds letzter ~** (*geh*) sb's last will and testament; **seinen ~n durchsetzen** to get one's own way; **keinen ~n haben** to have no will of one's own; **jdm zu ~ sein** to comply with sb's wishes; (*sich jdm hingeben*) to yield; **jdm seinen ~ lassen** to let sb have his own way; **gegen jds ~n** against sb's will; [**ganz**] **wider ~n** unintentionally ▶ WENDUNGEN: **wo ein ~ ist, ist auch ein Weg** (*prov*) where there is a will there is a way *prov*

willen *präp* **um jds/einer S. ~** for the sake of sb/a thing

willenlos *adj* weak-willed, spineless

willens *adj* (*geh*) ■ **~ sein, etw zu tun** to be willing [*or* prepared] to do sth

Willensfreiheit *f kein pl* freedom of will **Willenskraft** *f kein pl* willpower, strength of mind; **~ erfordern** to require willpower **willensschwach** *adj* weak-willed **Willensschwäche** *f kein pl* weakness of will **willensstark** *adj* strong-willed, determined **Willensstärke** *f kein pl* will-power

willentlich *adj* (*geh*) *s.* **absichtlich**

willig *adj* willing; **ein ~er Schüler** a willing pupil; *Kind* obedient

willkommen *adj* ❶ (*gerne empfangen*) welcome; ■ [**jdm**] **~ sein** to be welcome [to sb]; **jdn ~ heißen** (*geh*) to welcome [*or* greet] sb, to bid sb welcome *form;* ***seid/seien Sie*** [***herzlich***] ***~!*** welcome! ❷ (*durchaus erwünscht*) welcome

Willkommen <-s, -> *nt* welcome; **jdm ein bestimmtes ~ bereiten** (*geh*) to welcome sb in a certain way; **ein herzliches ~** a warm welcome

Willkommenstrunk *m* (*geh*) welcoming drink, cup of welcome *dated*

Willkür <-> *f kein pl* capriciousness, arbitrariness; (*politisch*) despotism

Willkürherrschaft *f* tyranny, despotic rule

willkürlich I. *adj* arbitrary **II.** *adv* arbitrarily

Wilna <-s> *nt* Vilnius

wimmeln *vi* ❶ *haben impers* (*in Mengen vorhanden sein*) ■ **es wimmelt von etw** *dat* it is teeming with sth; ***in diesem Gewässer wimmelte es von Forellen und Karpfen*** this stretch of water was teeming with trout and carp; *Menschen* to swarm [*or* be overrun] with ❷ *sein* (*sich bewegen*) ■ **auf/in/unter etw** *dat* **~** *Tiere* sth is teeming with sth/it's teeming with sth under sth; *Insekten, Menschen* sth is swarming with sth/it's swarming with sth under sth ❸ (*fam: voll sein*) ■ **von etw** *dat* **~** to be full of sth

Wimmerl <-s, -n> *nt* ❶ ÖSTERR (*Pickel*) spot, pimple ❷ ÖSTERR (*am Gurt befestigtes Täschchen*) pouch ❸ ÖSTERR (*hum: Bauch*) belly

wimmern *vi* to whimper

Wimmern <-s> *nt kein pl* whimpering

Wimpel <-s, -> *m* pennant

Wimper <-, -n> *f* (*Härchen des Augenlids*) [eye]lash ▶ WENDUNGEN: **nicht mit der ~ zucken** to not bat an eyelid; **ohne mit der ~ zu zucken** without batting an eyelid

Wimperntusche *f* mascara

Wimpertierchen *nt* ZOOL ciliate

Wind <-[e]s, -e> *m* METEO wind ▶ WENDUNGEN: **jdm den ~ aus den Segeln nehmen** to take the wind out of sb's sails; **wer ~ sät, wird Sturm ernten** (*prov*) sow the wind and reap the whirlwind *prov;* **bei** [*o* **in**] **~ und Wetter** in all weathers; **~ von etw bekom-**

men [*o* **kriegen**] (*fam*) to get [*or* have] wind of sth; **viel ~ um etw machen** (*fam*) to make a fuss [*or* to-do] about sth; **etw in den ~ schlagen** to turn a deaf ear to sth; *Vorsicht* to throw [*or* cast] sth to the wind; **irgendwo weht jetzt ein anderer** [*o* **neuer**]/**frischer ~** (*fam*) sth has changed somewhere/for the better; **daher weht** [**also**] **der ~!** (*fam*) so that's the way the wind is blowing!; **in alle** [**vier**] **~e zerstreut werden** to be scattered to the four winds

Windbäckerei *f* ÖSTERR meringue **Windbestäubung** *f* BOT anemophily **Windbeutel** *m* ① KOCHK cream puff ② (*pej: Schürzenjäger*) rake *pej*

Winde¹ <-, -n> *f* TECH winch, windlass

Winde² <-, -n> *f* BOT bindweed, convulvulus

Windel <-, -n> *f* napkin BRIT, nappy BRIT *fam*, diaper AM

Windeleinlage *f* nappy [*or* AM diaper] liner **Windelhöschen** *nt* nappy [*or* AM diaper] pants, waterproof pull-ups **Windelkind** *nt* child that still wears nappies [*or* AM diapers]

windelweich I. *adj* feeble, lame; ■ **~ sein** to be a wimp II. *adv* **jdn ~ schlagen** [*o* **prügeln**] (*fam*) to beat sb black and blue [*or* the living daylights out of sb]

winden¹ <wand, gewunden> I. *vr* ① (*nach Ausflüchten suchen*) ■ **sich ~** to attempt to wriggle out of sth ② (*sich krümmen*) ■ **sich** [**in/vor etw** *dat*] **~** to writhe [in sth] ③ (*sich in Schlangenlinien verlaufen*) ■ **sich irgendwohin ~** to wind its way somewhere; *Bach* to meander; ***die Straße windet sich in Serpentinen den Pass hinauf*** the road snakes its way up the pass ④ ZOOL (*sich schlängeln*) ■ **sich irgendwohin ~** to wind itself somewhere ⑤ BOT (*sich herumschlingen*) ■ **sich um etw** *akk* **~** to wind [itself] around sth II. *vt* ① (*entwinden*) ■ **jdm etw aus etw** *dat* **~** to wrest sth from sb's sth ② (*herumschlingen*) ■ **etw um etw** *akk* **~** to wind [*or* bind] sth around sth ③ (*binden*) ■ **jdm/sich etw irgendwohin ~** to bind sb's/one's sth with sth; ***sie wand sich ein Seidentuch ins Haar*** she bound [*or* tied] her hair with a silk scarf

winden² *vi impers* to blow

Windenergie *f* wind energy

Windeseile *f* **in** [*o* **mit**] **~** in no time at all [*or* two minutes flat]; **sich in** [*o* **mit**] **~ verbreiten** to spread like wildfire

Windfang <-s, -fänge> *m* ARCHIT porch

windgeschützt I. *adj* sheltered [from the wind] II. *adv* in a sheltered place **Windgeschwindigkeit** *f* wind speed **Windhauch** *m* breath of wind **Windhose** *f* METEO vortex **Windhuk** <-s> *nt* Windhoek **Windhund** *m* ① ZOOL greyhound ② (*pej: Schürzenjäger*) rake *pej*, reprobate

windig *adj* ① (*viel Wind*) windy ② (*fam*) dubious, BRIT *a.* dodgy; **ein ~es Geschäft** a shady business

Windjacke *f* MODE windcheater BRIT, windbreaker AM **Windjammer** <-s, -> *m* NAUT windjammer **Windkanal** *m* wind tunnel **Windkraft** *f kein pl* wind power **Windkraftanlage** *f*, **Windkraftwerk** *nt* TECH wind[-driven] power station **Windlicht** *nt* table lantern **Windmaschine** *f* ① THEAT wind machine ② MEDIA (*fam*) sb full of hot air; ***der Erfolg spricht für ihn — er ist keine ~*** his success speaks for itself — he's not full of hot air **Windmühle** *f* (*windbetriebene Mühle*) windmill ▶ WENDUNGEN: **gegen ~** [**an**]**kämpfen** to tilt at windmills *fig* **Windmühlenflügel** *m* windmill sail [*or* vane] **Windparkanlage** *f* wind power station

Windpocken *pl* MED chickenpox *sing*

Windrad *nt* wind turbine **Windrichtung** *f* wind direction **Windrose** *f* wind rose **Windschatten** *m* ① (*keinen Fahrtwind aufweisender Bereich*) slipstream; **in jds ~ fahren** to drive in sb's slipstream ② (*windgeschützter Bereich*) lee; ■ **im ~** [**von etw** *dat*] under the lee [of sth] **windschief** *adj* crooked **windschnittig** *adj* streamlined **Windschutzscheibe** *f* AUTO windscreen BRIT, windshield AM **Windseite** *f* METEO windward side **Windstärke** *f* METEO wind force, strength of the wind **windstill** *adj* METEO still, windless; ■ **~ sein** to be calm **Windstille** *f* calm **Windstoß** *m* gust of wind; **ein plötzlicher ~** a sudden gust of wind **Windsurfbrett** *nt* SPORT sailboard, windsurfer **Windsurfer(in)** *m(f)* SPORT sailboarder, windsurfer **Windsurfing** *nt* SPORT windsurfing

Windung <-, -en> *f* GEOG ① (*Mäander*) meander ② (*Serpentine*) bend, curve

Wink <-[e]s, -e> *m* ① (*Hinweis*) hint; **einen ~** [**von jdm**] **bekommen** to receive a tip-off [from sb] ② (*Handbewegung*) signal ▶ WENDUNGEN: **ein ~ mit dem Kopf** a nod of the head; **ein ~ mit dem Zaunpfahl** (*fam*) a broad hint; **jdm einen ~ geben** to drop [*or* give] sb a hint

Winkel <-s, -> *m* ① MATH angle; **rechter/spitzer/stumpfer ~** a right/an acute/obtuse angle; **im richtigen ~** at the right angle ② (*Ecke*) corner ③ (*Bereich*) place, spot; **toter ~** a blind spot ④ MIL (*Rangabzeichen*) stripe ⑤ *s.* **Winkelmaß**

Winkeladvokat(in) *m(f)* (*pej*) incompetent lawyer

winkelig *adj s.* **winklig**

Winkelmaß *nt Werkzeug* square **Winkelmesser** *m* MATH protractor

Winkelzug *m meist pl* (*pej*) dodge, trick

winken <gewinkt *o* DIAL gewunken> I. *vi* ① (*mit der Hand wedeln*) to wave ② (*wedeln*) ■ **mit etw ~** to wave sth; ***er winkte mit der Zeitung, um ein Taxi auf sich aufmerksam zu machen*** he waved a newspaper to hail a taxi ③ (*Handzeichen zum Näherkommen geben*) ■ **jdm ~** to beckon sb; **dem Kellner/Ober ~** to beckon [*or* signal] the waiter to come over; **einem Taxi ~** to hail a taxi ④ (*fam: in Aussicht stehen*) ■ **mit etw** *dat* **~** *Prämie, Belohnug* to promise sth; ***dem Gewinner winken 50.000 DM*** the winner will receive 50,000 DM II. *vt* ■ **jdn zu sich** *dat* **~** to beckon sb over to one

winklig *adj* full of nooks and crannies; *Gasse* twisty

winseln *vi* ① (*jaulen*) to whimper ② (*pej: erbärmlich flehen*) ■ **um etw ~** to plead for sth

Winter <-s, -> *m* winter; **harter ~** a hard [*or* severe] winter; **im ~** in the winter; **nuklearer ~** nuclear winter

Winterabend *m* winter evening; ■ **an einem ~** on a winter['s] evening **Winteranfang** *m* beginning of winter; **am ~** at the beginning of winter **Wintereinbruch** *m* onset of winter **Winterfahrplan** *m* winter timetable **winterfest** *adj* ■ **~ sein** to be suitable for winter; **ein Auto ~ machen** to get a car ready for winter, AM *a.* to winterize a car **Wintergarten** *m* winter garden **Winterhalbjahr** *nt* winter [period] **winterhart** *adj* HORT hardy **Winterkälte** *f* cold winter weather **Winterkleidung** *f* MODE winter clothing [*or pl* clothes] **Winterkohl** *m* cale **Winterkresse** *f* winter cress **Winterkurort** *m* winter health resort **Winterlandschaft** *f* winter landscape

winterlich I. *adj* wintry, winter; **~e Temperaturen** winter temperatures II. *adv* **~ gekleidet/vermummt** dressed/wrapped up for winter

Wintermantel *m* winter coat **Wintermonat** *m* winter month **Wintermorgen** *m* winter['s] morning; **an dunklen ~** on dark winter mornings **Winternachmittag** *m* winter['s] afternoon **Winternacht** *f* winter['s] night **Winterolympiade** *f* SPORT Winter Olympics *pl* **Winterpullover** *m* winter pullover [*or* BRIT *a.* jumper] [*or* AM *usu* sweater] **Winterreifen** *m* AUTO winter tyre [*or* AM tire]

W

winters *adv* in winter; *s. a.* **sommers**

Wintersaat *f* AGR *seeds of winter[-sown] grains* **Wintersaison** *f* winter season **Winterschlaf** *m* ZOOL hibernation; ~ **halten** to hibernate **Winterschlussverkauf**[RR] *m*, **Winterschlußverkauf** *m* winter sale; **etw im ~ kaufen** to buy sth in the winter sale **Winterschuhe** *pl* winter shoes **Wintersemester** *nt* SCH winter semester **Winterspiele** *pl* [**Olympische**] ~ SPORT Winter Olympics **Wintersport** *m* winter sport **Wintertag** *m* winter['s] day **Winterzeit** *f* wintertime **Winterzichorie** *m* winter chicory **Winterzwiebel** *f* Welsh onion

Winzer(in) <-s, -> *m(f)* AGR wine-grower

winzig *adj* tiny; ~ **klein** minute

Winzigkeit <-, -en> *f* ❶ *kein pl* (*geringe Größe*) tininess ❷ (*winzige Menge*) tiny amount

Winzling <-s, -e> *m* (*fam: Person*) tiny person [*or* thing]; (*Gegenstand*) tiny thing

Wipfel <-s, -> *m* treetop

Wippe <-, -n> *f* ❶ (*Spielgerät für Kinder*) seesaw ❷ (*für Babys*) baby rocker, cozy AM

wippen *vi* ■[**auf etw** *dat*] ~ to bob up and down on sth; (*auf einer Wippe*) to seesaw

wir <*gen* unser, *dat* uns, *akk* uns> *pron pers* we; ~ **nicht** we are not, not us; ***kommt ihr auch mit? — nein, ~ nicht*** are you coming too? — no, we are not; *s. a.* **uns, unser**

Wirbel[1] <-s, -> *m* ANAT vertebra

Wirbel[2] <-s, -> *m* ❶ (*fam: Trubel*) turmoil; **einen** [**großen**] ~ [**um etw**] **machen** to make a [big [*or* great]] commotion [*or* fuss] [about sth] ❷ (*kleiner Strudel*) whirlpool, eddy

Wirbelkörper *m* ANAT vertebra

wirbellos *adj* BIOL invertebrate

wirbeln I. *vi* ❶ *sein* (*sich drehend wehen*) to swirl ❷ *sein* (*sich drehend bewegen*) to whirl ❸ *haben* (*fam: sehr geschäftig sein*) to rush around getting things done II. *vt haben* (*herumwirbeln und wehen*) ■**etw irgendwohin** ~ to whirl sth somewhere

Wirbelsäule *f* spinal column

Wirbelsturm *m* whirlwind

Wirbeltier *nt* vertebrate

Wirbelwind *m* whirlwind; **wie ein** ~ like a whirlwind

wirken I. *vi* ❶ (*Wirkung haben*) to have an effect; (*beabsichtigten Effekt haben*) to work; ***dieses Medikament wirkt sofort*** this medicine takes effect immediately; **etw auf sich ~ lassen** to take sth in; ***ich lasse die Musik auf mich ~*** I let the music flow over me ❷ (*etwas ausrichten*) to be effective ❸ (*einen bestimmten Eindruck machen*) to seem, to appear; **ängstlich** ~ to appear to be frightened; **gelassen** ~ to give the impression of being calm; **natürlich/unnatürlich** ~ to seem [*or* appear] natural/unnatural; **unecht** ~ to not appear to be genuine ❹ (*tätig sein*) ■**irgendwo** ~ to work somewhere II. *vt* (*veraltend geh: tun*) ■**etw** ~ to do sth; ***Schwester Agatha hat viel Gutes gewirkt*** Sister Agatha did a great deal of good

Wirken <-s> *nt kein pl* (*geh*) work *no pl;* **das ~ des Teufels sein** to be the work of the devil

wirklich I. *adj* ❶ (*tatsächlich*) real ❷ (*echt*) *Freund* real, true II. *adv* really; ~ **und wahrhaftig** really and truly; **nicht** ~ not really; ~ **nicht?** really not?; ***ich kann leider nicht kommen — ~ nicht?*** I am sorry I cannot come — are you sure?

Wirklichkeit <-, -en> *f* reality; **den Bezug zur ~ verlieren** to lose one's grip on reality; ~ **werden** to come true; **in** ~ in reality

wirklichkeitsfremd *adj* unrealistic **wirklichkeitsgetreu** I. *adj* realistic II. *adv* realistically, in a realistic way; **etw ~ abbilden** to paint a realistic picture of sth

wirksam I. *adj* ❶ PHARM, MED (*effektiv*) effective ❷ (*den Zweck erfüllend*) effective ❸ ADMIN ~ **werden** to take effect II. *adv* effectively

Wirksamkeit <-> *f kein pl* ❶ PHARM, MED (*Effektivität*) effectiveness ❷ (*Erfolg*) effectiveness

Wirkstoff *m* PHARM active substance [*or* agent]

Wirkung <-, -en> *f* effect; **ohne ~ bleiben** [*o* **seine ~ verfehlen**] to have no effect, to not have any effect; **eine bestimmte ~ haben** [*o geh* **entfalten**] PHARM, MED to have a certain effect; ***Kaffee hat eine anregende ~*** coffee has a stimulating effect [*or* is a stimulant]; **eine schnelle ~ haben** [*o geh* **entfalten**] PHARM, MED to take effect quickly

Wirkungsgrad *m* [degree of] effectiveness **Wirkungskreis** *m* sphere of activity

wirkungslos *adj* ineffective

wirkungsvoll *adj* (*geh*) *s.* **wirksam**

wirr *adj* ❶ (*unordentlich*) tangled ❷ (*verworren*) weird ❸ (*durcheinander*) confused, muddled; **jdn** [**ganz**] ~ **machen** to make sb [very] confused

Wirren *pl* confusion *sing*, turmoil *sing*

Wirrkopf *m* (*pej*) scatterbrain *pej*, muddle-headed person *pej*

Wirrwarr <-s> *m kein pl* ❶ (*Durcheinander*) confusion, chaos ❷ (*Unordnung*) tangle

Wirsing <-s> *m kein pl*, **Wirsingkohl** *m* KOCHK, HORT savoy cabbage

Wirt(in) <-[e]s, -e> *m(f)* ❶ (*Gast~*) landlord, publican ❷ BIOL (*Wirtsorganismus*) host

Wirtschaft <-, -en> *f* ❶ ÖKON (*Volks~*) economy; (*Industrie und Handel*) industry [and commerce]; ***er ist in der ~ tätig*** he works in industry; **freie** ~ free market economy ❷ (*Gast~*) public house BRIT *form*, pub BRIT *fam*, bar AM, saloon AM; **in eine ~ einkehren** to stop off at a pub ❸ (*fam: Zustände*) state of affairs *iron;* **reine ~ machen** (*dial*) to put the house in order

wirtschaften *vi* ❶ (*den Haushalt führen*) to keep house; **sparsam** ~ to economize, to budget carefully ❷ (*sich betätigen*) to busy oneself; ***mein Mann wirtschaftet gerade im Keller*** my husband is pottering around in the cellar

Wirtschafter(in) <-s, -> *m(f)* ❶ (*Haushälter*) housekeeper ❷ (*sl: Aufsichtsperson im Bordell*) madam

wirtschaftlich I. *adj* ❶ ÖKON (*volks~*) economic; **ein ~er Aufschwung** an economic upturn ❷ (*finanziell*) economic; **sich in einer ~en Notlage befinden** to have [*or* be in] financial difficulties ❸ (*Sparsamkeit zeigend*) economical; *Hausfrau, Verwalter* careful ❹ AUTO, TECH (*im Betrieb sparsam*) economical ❺ ÖKON (*ökonomisch*) economical II. *adv* ❶ (*finanziell*) economically; ***es geht mir ~ besser/gut/schlechter*** I am in a better/good/worse financial position ❷ (*ökonomisch*) economically, carefully

Wirtschaftlichkeit <-> *f kein pl* economicalness, economy

Wirtschaftsabkommen *nt* economic agreement **Wirtschaftsaufschwung** *m* economic upturn [*or* upswing] **Wirtschaftsbeziehungen** *f pl* business relations *pl* **Wirtschaftsblock** *m* economic bloc **Wirtschaftsblockade** *f* economic embargo **Wirtschaftsembargo** *nt* economic embargo **Wirtschaftsenglisch** *nt* business [*or* commercial] English **Wirtschaftsentwicklung** *f* economic development **Wirtschaftsflüchtling** *m* economic refugee **Wirtschaftsform** *f* economic system **Wirtschaftsgebäude** *nt meist pl* AGR working quarters *pl* **Wirtschaftsgemeinschaft** *f* economic community **Wirtschaftsgymnasium** *nt* SCH *grammar school where the emphasis is on business studies, economics and law* **Wirtschaftskriminalität** *f* JUR white-collar crime **Wirtschaftskriminelle(r)**

wissen

Nichtwissen ausdrücken	expressing ignorance
Das weiß ich (auch) nicht./Weiß nicht. *(fam)*	**I don't know (either)./Don't know./Dunno.**
Keine Ahnung. *(fam)*	**No idea.**
Hab keinen blassen Schimmer. *(fam)*	**Haven't the foggiest/faintest (idea).** *(fam)*
Ich kenne mich da leider nicht aus.	**I'm afraid I don't know the area/much about it.**
Da bin ich überfragt.	**That I don't know./I don't know the answer to that./You've got me there.**
Darüber weiß ich nicht Bescheid.	**I don't know about that.**
Die genaue Anzahl **entzieht sich meiner Kenntnis.** *(geh)*	**I have no knowledge of** the exact number.
Woher soll ich das wissen?	**How should I know?**
Antwort verweigern	refusing to answer
Sag ich nicht! *(fam)*	**Not telling!** *(fam)*
Das kann ich dir (leider) nicht sagen.	**(I'm afraid) I can't tell you.**
Dazu möchte ich nichts sagen.	**I don't want to say anything about it.**
Ich möchte mich zu dieser Angelegenheit nicht äußern. *(form)*	**I don't want to express an opinion on the matter.**

m ÖKON, JUR economic criminal **Wirtschaftskrise** *f* economic crisis **Wirtschaftslage** *f* economic situation **Wirtschaftsleben** *nt kein pl* business life **Wirtschaftsordnung** *f* economic order [*or* system] **Wirtschaftspolitik** *f* economic policy **wirtschaftspolitisch** I. *adj* relating to economic policy II. *adv* in terms of economic policy **Wirtschaftsprüfer(in)** *m(f)* accountant **Wirtschaftsteil** *m* MEDIA business [*or* financial] section **Wirtschafts- und Währungsunion** *f* economic and monetary union **Wirtschaftsunion** *f* economic union **Wirtschaftswachstum** *nt kein pl* economic growth **Wirtschaftswissenschaft** *f meist pl* economics *sing* **Wirtschaftswissenschaftler(in)** *m(f)* economist **Wirtschaftswunder** *nt* economic miracle **Wirtschaftszeitung** *f* MEDIA financial [*or* business] [news]paper **Wirtschaftszweig** *m* branch of industry

Wirtshaus *nt* pub BRIT, bar AM, saloon AM, inn *dated*

Wirtsorganismus *m* BIOL host [organism]

Wisch <-[e]s, -e> *m* (*pej fam*) piece of bumph *pej* [*or* paper]

wischen I. *vt* ❶ (*feucht ab~*) ■**etw** ~ to wipe sth ❷ (*ab~*) ■**jdm/sich etw aus/von etw** *dat* ~ to wipe sth from sth/sb's sth; **sich den Schweiß von der Stirn** ~ to wipe the sweat from one's brow ❸ SCHWEIZ (*fegen*) ■**etw** ~ to sweep sth ▸ WENDUNGEN: **einen gewischt bekommen** [*o* **kriegen**] (*sl*) to get an electric shock; [**von jdm**] **eine gewischt bekommen** [*o* **kriegen**] (*sl*) to get a clout [from sb] II. *vi* ❶ (*putzen*) ■[**in etw** *dat*] ~ to clean sth; ***haben Sie im Bad schon gewischt?*** have you already done [*or* cleaned] the bathroom? ❷ SCHWEIZ (*fegen*) to sweep

Wischer <-s, -> *m* AUTO wiper, windscreen [*or* AM windshield] wiper

Wischerblatt *nt* AUTO wiper blade

Wischiwaschi <-s> *nt kein pl* (*pej fam*) drivel

Wischlappen *m* cloth, floorcloth

Wisent <-s, -e> *nt* ZOOL bison

Wismut <-[e]s> *nt o* ÖSTERR *m kein pl* CHEM bismuth

wispern I. *vt* ■**etw** ~ to whisper sth II. *vi* to whisper; **miteinander** ~ to whisper to each other

Wispern <-s> *nt kein pl* whisper

Wissbegier[RR] <-> *f kein pl*, **Wißbegier** <-> *f kein pl*, **Wissbegierde**[RR] *f kein pl*, **Wißbegierde** *f kein pl* thirst for knowledge; **jds** ~ **befriedigen** to satisfy sb's thirst for knowledge

wissbegierig[RR] *adj*, **wißbegierig** *adj* eager to learn

wissen <wusste, gewusst> I. *vt* ❶ (*kennen*) ■**etw** ~ to know sth; ***weißt du ein gutes Restaurant?*** do you know [of] a good restaurant?; ***wenn ich das gewusst hätte!*** if only I had known [that]!; **jdn etw** ~ **lassen** to let sb know [*or* tell sb] sth; ***wir lassen Sie dann unsere Entscheidung*** ~ we will let you know [*or* inform you of] our decision; **woher soll jd das** ~**?** how should sb know that?; [**nicht**] ~**, was man will** to [not] know what one wants; **es nicht anders** ~ to not know any different [*or* better]; **dass du es** [**nur**] [**gleich**] **weißt** just so you know; ***davon weiß ich nichts, da weiß ich nichts von*** (*fam*) I don't know anything about it; **du musst** ~**, dass …** you must realize that …; **ich wüsste nicht, dass/was …** I would not know that/what …; (*fam*) not to my knowledge, not as far as I know; **wenn ich nur wüsste, wann/was/wer/wie/wo/ob** if only I knew when/what/who/how/where/whether ❷ (*als Kenntnisse besitzen*) ■**etw** ~ to know sth; **von nichts** ~ to have no idea [about sth]; **weißt du noch/**~ **Sie noch?** do you remember?; **soviel** [*o* **soweit**] **jd weiß** as far as sb knows; ■~**, wann/warum/wie/wo/wozu** to know when/why/how/where/what for ❸ (*können*) ■**etw zu tun** ~ to know how to do sth; **jdn/etw zu nehmen** ~ to know how to deal with sb/sth; **jdn/etw zu schätzen** ~ to appreciate sb/sth; **sich nicht anders zu helfen** ~ to not know what to do; **sich nicht mehr zu helfen** ~ to be at one's wits' end; **sich zu helfen** ~ to be resourceful ❹ (*sicher sein, dass jd/etw ist*) ■**jdn/sich …** ~ to know that sb/one …; ***wir*** ~ ***unsere Tochter in guten Händen*** we know our daughter is in good hands; **man weiß nie, wann/was/wie/wozu** you never know when/what/how/what … for; ■**etw …** ~ to know sth ▸ WENDUNGEN: **sich vor etw** *dat* **nicht zu lassen** ~ to be delirious with emotion; ***als sie die Stelle bekommen hat, wusste sie sich vor Freude kaum zu lassen*** when she got the job she was over the moon *fam;* **von jdm/etw nichts** [**mehr**] ~ **wollen** (*fam*) to not want to have anything more to do with sb/sth; **oder was weiß ich** (*fam*) … or sth *fam;* **weißt du was?** (*fam*) [do] you know what?; **und was weiß ich noch alles** (*fam*) … and goodness knows what else II. *vi* ❶ (*informiert sein*) ■**von** [*o* **um**] **etw** ~ (*geh*) to know sth; ~**, wovon man redet** to know what one is talking about; ***man kann nie wissen!*** (*fam*) you never know! ❷ ■[**ach,**] **weißt du/wissen**

Sie, ... [oh] ... you know; ***ich weiß, ich weiß*** I know, I know; **wer weiß warum/was/wer/wen/wem** (*fam*) goodness [*or fam* God] knows why/what/who/whom; ***er hält sich für wer weiß wie klug*** he doesn't half think he is clever; **wer weiß wie** (*fam*) unbelievable, you don't know how difficult it was; **wer weiß wo** (*fam*) who knows where; ***wer weiß wo er bleibt*** who knows where he's got to ▶ WENDUNGEN: **nicht mehr aus noch ein** ~ to be at one's wits' end; **gewusst wie/wo!** (*fam*) sheer brilliance!; *s. a.* **Henker**

Wissen <-s> *nt kein pl* knowledge *no pl;* **nach bestem** ~ **und Gewissen** (*geh*) to the best of one's knowledge; ~ ***ist Macht*** knowledge is power; **wider/gegen besseres** ~ against one's better judgement; **ohne jds** ~ **und Willen** without sb's knowledge and consent

wissend I. *adj* (*geh*) knowing; **~e Blicke [aus]tauschen** to exchange knowing looks II. *adv* (*geh*) knowingly

Wissende(r) *f(m) decl wie adj* (*geh*) initiate

Wissenschaft <-, -en> *f* ❶ (*wissenschaftliches Fachgebiet*) science; **eine ~ für sich sein** to be a science in itself ❷ *kein pl* (*fam: die Wissenschaftler*) ■**die** ~ science

Wissenschaftler(in) <-s, -> *m(f)* scientist

wissenschaftlich I. *adj* (*der Wissenschaft zugehörig*) scientific; (*akademisch*) academic II. *adv* (*wissenschaftlich*) scientifically; (*akademisch*) academically

Wissenschaftlichkeit <-> *f kein pl* scientific nature [*or* character]

Wissenschaftsminister(in) *m(f)* POL Minister [*or* AM Secretary] of Science

Wissensdrang *m*, **Wissensdurst** *m* (*geh*) thirst for knowledge **Wissensgebiet** *nt* field [*or* area] of knowledge **Wissenslücke** *f* gap in sb's knowledge **Wissensstoff** *m kein pl* SCH material **wissenswert** *adj* worth knowing; ■**etwas W~es** sth worth knowing

wissentlich I. *adj* deliberate, intentional II. *adv* intentionally, deliberately, knowingly

Witfrau *f* SCHWEIZ *s.* **Witwe** widow

wittern I. *vt* ❶ (*ahnen*) ■**etw** ~ to suspect [*or* sense] sth ❷ JAGD (*durch Geruch erkennen*) ■**jdn/ein Tier** ~ to smell [*or* get wind of] sb/an animal II. *vi* JAGD (*Witterung aufnehmen*) to sniff the air

Witterung <-, -en> *f* ❶ METEO weather; **bei günstiger/guter/schlechter** ~ if the weather is favourable/good/bad; **schwüle** ~ humid weather ❷ JAGD (*Geruchssinn*) sense of smell; ~ **aufnehmen** to find the scent ❸ *kein pl* (*Ahnungsvermögen*) hunch; ~ **von etw bekommen** to get wind of sth

Witterungsverhältnisse *pl* weather conditions *pl*

Wittling <-s, -e> *m* ZOOL, KOCHK whiting

Witwe <-, -n> *f fem form von* **Witwer** widow *fem;* ~ **werden** to be widowed; **grüne** ~ (*hum*) lonely suburban housewife; **Schwarze** ~ black widow

Witwenrente *f* widow's pension **Witwenschleier** *m* widow's veil **Witwenverbrennung** *f* HIST suttee

Witwer <-s, -> *m* widower *masc;* ~ **werden** to be widowed

Witz <-es, -e> *m* ❶ (*Scherz*) joke; ***lass die ~e!*** cut the jokes!; **einen ~ machen** [*o fam* **reißen**] to make [*or* crack] a joke; ***mach keine ~e!*** (*fam*) don't be funny!; ***das ist doch wohl ein*** ~ you must be joking [*or* kidding] ❷ *kein pl* (*geh: Esprit*) wit ❸ **der ~ daran** [*o* **an der Sache**] **ist, dass ...** the great thing about it is ...; ***was soll nun der ~ daran sein?*** what is so special about it?

Witzbold <-[e]s, -e> *m* joker; **du ~!** (*iron fam*) you're a good one! BRIT *iron fam,* you're [*or* very] funny! AM *iron fam*

Witzfigur *f* (*fam*) figure of fun

witzig *adj* funny; ***das ist ja ~!*** (*fam*) that's strange [*or* weird]; **alles andere als ~ sein** to be anything but funny; **sehr ~!** (*iron fam*) very funny! *iron fam*

witzlos *adj* (*fam*) ■**~ sein** to be pointless [*or* futile]

WM <-, -s> *f Abk von* **Weltmeisterschaft** world championship; (*im Fußball*) World Cup

wo I. *adv* ❶ *interrog* (*an welcher Stelle*) where ❷ *rel* (*an welcher Stelle*) where; ***pass auf, ~ du hintrittst!*** look where you are going! ❸ *rel, zeitlich* when; **zu dem Zeitpunkt, wo ...** when ... ❹ *rel* DIAL (*fam: welche*) ■**der/die/das,** ~ who, which ▶ WENDUNGEN: **ach** [*o* **i**] **~!** (*fam*) nonsense! II. *konj* (*zumal*) when, as; ~ ***er doch wusste, dass ich keine Zeit hatte*** when he knew that I had no time; *s. a.* **möglich**

woanders *adv* somewhere else, elsewhere

woandersher *adv* ❶ (*von anderem Ort*) from elsewhere ❷ (*von jemand anderem*) from someone else **woandershin** *adv* somewhere else

wobei *adv* ❶ *interrog* (*bei was*) how; ~ ***ist denn das passiert?*** how did that happen? ❷ *rel* (*im Verlauf von*) in which; ~ ***mir gerade einfällt ...*** which reminds me ...

Woche <-, -n> *f* week; **sich eine ~/mehrere ~en Urlaub nehmen** to take a week/several weeks off; **etw auf nächste ~ verschieben** to postpone sth until next week; **diese/nächste ~** [*o* **in dieser/in der nächsten ~**] this/next week; **jede ~** every week; **pro** [*o* **in der**] ~ a week; **während** [*o* **unter**] **der** ~ during the week

Wochenabrechnung *f* end of week accounts **Wochenarbeitszeit** *f* working week **Wochenbericht** *m* weekly report **Wochenbett** *nt* (*veraltet*) ■**im ~ liegen** to be lying in **Wocheneinnahmen** *pl* weekly earnings *pl*

Wochenendausflug *m* weekend trip **Wochenendausgabe** *f* MEDIA weekend edition **Wochenendbeilage** *f* MEDIA weekend supplement **Wochenendbeziehung** *f* SOZIOL weekend relationship

Wochenende *nt* weekend; **langes** [*o* **verlängertes**] ~ long weekend; ***schönes ~!*** have a nice weekend!; **am** ~ at the weekend

Wochenendehe *f marriage in which partners only see each other at the weekend* **Wochenendfahrt** *f* weekend trip **Wochenendflug** *m* weekend flight **Wochenendhaus** *nt* weekend home [*or* house] **Wochenendpauschale** *f* weekend rate **Wochenendseminar** *nt* SCH weekend seminar **Wochenendtarif** *m* weekend tariff

Wochenkarte *f* TRANSP weekly season ticket

wochenlang I. *adj* for weeks, week after week II. *adv* for weeks

Wochenlohn *m* weekly wage **Wochenmarkt** *m* weekly market **Wochenpauschale** *f* weekly rate **Wochenrückblick** *m* weekly review **Wochentag** *m* weekday; **an ~en** on weekdays; ***was ist heute für ein ~?*** what day of the week is it today? **wochentags** *adv* on weekdays

wöchentlich I. *adj* weekly II. *adv* weekly, once a week

Wochenzeitschrift *f* MEDIA weekly [magazine] [*or* [periodical]]

Wöchnerin <-, -nen> *f* MED (*veraltet*) *woman who has recently given birth*

Wodka <-s, -s> *m* vodka

wodurch *adv* ❶ *interrog* (*durch was*) how? ❷ *rel* (*durch welchen Vorgang*) which

wofür *adv* ❶ *interrog* (*für was*) for what, what ... for; ~ ***hast du denn soviel Geld bezahlt?*** what did you pay so much money for? ❷ *interrog* (*fam: gegen was*) what ... for?; ~ ***sollen die Pillen gut sein?*** what are these pills supposed to be good for? ❸ *rel* (*für welche*

Tat) for which

wog *imp von* **wägen**, **wiegen²**

Woge <-, -n> *f* ① (*große Welle*) wave ② (*fig: Welle*) surge; ***eine ~ des Protests*** a surge of protest; **wenn sich die ~n geglättet haben** when things have calmed down

wogegen *adv* ① *interrog* (*gegen was*) against what; ***~ hilft dieses Mittel?*** what is this medicine for? ② *rel* (*gegen das*) against what/which

wogen *vi* ① (*auf und nieder bewegen*) to surge; ***die See beginnt zu ~*** the sea is getting rough ② (*geh: unentschieden toben*) to rage

wogend *adj* (*geh*) *Fluten, Meer, See* rough, choppy; *Busen* heaving

woher *adv* ① *interrog* (*von wo*) where ... from?; ***~ sie diese Informationen wohl hat?*** I wonder where she got this information [from]? ② *rel* (*aus welcher*) from ... which, where ... from; ***wir müssen dahin zurück, ~ wir gekommen sind*** we must go back the way we came ▶ WENDUNGEN: **ach ~!** DIAL (*fam*) nonsense!

wohin *adv* ① *interrog* (*an welche Stelle*) where [to]?; ***~ damit?*** where shall I put it? ② *rel* (*an welchen Ort*) where ▶ WENDUNGEN: **[mal] ~ müssen** (*euph fam*) to have to go somewhere *euph fam*; ***ich komme gleich wieder, ich muss mal ~*** I'll be back in a moment, I've got to go somewhere

wohingegen *konj* (*geh*) while, whereas

wohl¹ *adv* ① (*wahrscheinlich*) probably, no doubt; **~ kaum** hardly; **ob ... ~ ...?** perhaps; ***ob ich ~ noch ein Stück Torte haben darf?*** could I perhaps have another piece of cake? ② (*durchaus*) well; ***das ist ~ wahr*** that is perfectly true ③ (*doch*) after all ④ (*zwar*) **~ ..., aber ...** ***es regnet ~, aber das macht mir nichts aus*** it may be raining, but that does not bother me; **~ aber** but; ***sie mag nicht, ~ aber ich*** she may not like it, but I do ⑤ (*zirka*) about; ***was wiegt der Karpfen ~?*** how much do you think the carp weighs? ▶ WENDUNGEN: **siehst du ~!** I told you!; **willst du ~ tun!** I wish you would ...; ***willst du ~ tun, was ich sage!*** you're to do what I say now!; *s. a.* **wahr**

wohl² *adv* ① (*gut*) well; ■**jdm ist ~** sb is well; ■**jdm ist nicht ~** sb is not well; **~** ***bekomm's!*** (*geh*) your good health!; **~ ausgewogen** (*geh*) well-balanced; **~ bedacht** (*geh*) well-considered; **~ begründet** (*geh*) well-founded; **~ bekannt** (*geh*) well-known; **jdm ~ bekannt sein** to be well-known to sb; **~ durchdacht** (*geh*) well [*or* carefully] thought out [*or* through]; **~ erwogen** (*geh*) well-considered; **~ geformt** (*geh*) well-formed; *Körperteil* shapely; **~ gemeint** (*geh*) well-meant [*or* -intentioned]; **~ genährt** (*geh*) well-fed; **~ geordnet** (*geh*) well-ordered; **~ überlegt** (*geh*) well thought out; **sich ~ fühlen** to feel well; **es sich ~ ergehen lassen** to enjoy oneself; **jdm ~ tun** (*veraltend*) to benefit sb; **jdm ~ wollen** (*geh*) to wish sb well ② (*behaglich*) ■**jdm ist ~ bei etw** sb is contented [*or* comfortable] with sth; ■**jdm ist nicht ~ bei etw** sb is unhappy [*or* uneasy] about sth; ***mir ist jedenfalls nicht ~ bei der ganzen Sache*** in any event, I am not very happy about the whole thing; **sich irgendwo ~ fühlen** to feel at home somewhere; **~ dem, der ...** happy the man who ...; **~ tun** (*geh*) to do good; **es tut ~, etw zu tun** it is good to do sth ▶ WENDUNGEN: **~ oder übel** whether you like it or not; ***sie muss mir ~ oder übel recht geben*** whether she likes it or not she has to admit I am right; **gehab dich ~!** (*geh*) take care!; **leb ~/leben Sie ~** farewell; *s. a.* **möglich, sehr**

Wohl <-[e]s> *nt kein pl* welfare, well-being; **jds ~ und Wehe** (*geh*) the weal and woe; **jds leibliches ~** (*geh*) sb's well-being; **auf jds ~ trinken** to drink to sb's health; **auf dein/Ihr ~!** cheers!; **zu jds ~** for sb's [own] good; **zum ~!** cheers!

wohlan *interj* (*geh*) come now

wohlauf *adj pred* ■**~ sein** to be well [*or* in good health]

Wohlbefinden <-s> *nt kein pl* (*geh*) well-being **Wohlbehagen** <-s> *nt kein pl* (*geh*) feeling of well-being **wohlbehalten** *adv* safe and sound; **irgendwo ~ eintreffen** to arrive safe and sound somewhere; ***die Ware ist ~ bei uns eingetroffen*** the product has arrived intact

Wohlergehen <-s> *nt kein pl* welfare *no pl*

wohlerzogen <besser erzogen, besterzogen> *adj* (*geh*) well-bred *form* [*or* -mannered]

Wohlfahrt *f kein pl* (*veraltend*) welfare; **von der ~ leben** to be on welfare

Wohlfahrtsmarke *f* charity stamp **Wohlfahrtsstaat** *m* (*pej*) welfare state **Wohlfahrtsverband** *m* charity, charitable institution

Wohlgefallen *nt* (*geh: großes Gefallen*) pleasure, satisfaction; **sein ~ an jdm/etw haben** (*geh*) to take pleasure in sb/sth; **mit** [*o* **voller**] **~** with pleasure; **zu jds ~** to sb's pleasure ▶ WENDUNGEN: **sich in ~ auflösen** (*hum*) *Ärger, Freundschaft* to peter out; *Probleme* to vanish into thin air; (*entzweigehen*) to fall apart

wohlgelitten <wohlgelittener, wohlgelittenste> *adj* (*geh*) well-liked; ■[**irgendwo**] **~ sein** to be well-liked [somewhere]

wohlgemerkt *adv* mind [*or* BRIT *a.* mark] you; **~, *das ist unser einziges Angebot*** mind you, that is our only offer **wohlgeraten** *adj inv* ① (*gut gelungen, geraten*) successful ② (*gut entwickelt und erzogen*) well turned-out *pred*, well-adjusted

Wohlgeruch *m* (*geh*) pleasant smell [*or* fragrance] **Wohlgeschmack** *m* (*geh*) pleasant taste

wohlgesinnt <wohlgesinnter, wohlgesinnteste> *adj* (*geh*) well-meaning; ■**ein jdm ~er** sb who is well-meaning to sb; ■**jdm ~ sein** to be well-disposed towards sb

wohlhabend <wohlhabender, wohlhabendste> *adj* well-to-do, prosperous

wohlig I. *adj* (*behaglich*) pleasant II. *adv* (*genießerisch*) luxuriously

Wohlklang *m* (*geh*) melodious sound **wohlklingend** <wohlklingender, wohlklingendste> *adj* (*geh*) melodious **wohlmeinend** <wohlmeinender, wohlmeinendste> *adj* ① (*freundlich gesinnt*) well-meaning ② *s.* **wohlgemeint** **wohlriechend** <wohlriechender, wohlriechendste> *adj* (*geh*) fragrant **wohlschmeckend** <wohlschmeckender, wohlschmeckendste> *adj* (*geh*) palatable *form*, tasty

Wohlsein *nt* ■[**auf Ihr/dein** [*o* **zum**]] **~!** DIAL cheers!

Wohlstand *m kein pl* affluence, prosperity

Wohlstandsgesellschaft *f* affluent society **Wohlstandsmüll** *m kein pl* (*pej*) refuse of the affluent society

Wohltat *f* ① *kein pl* (*Erleichterung*) relief; **eine ~ sein** to be a relief ② (*wohltätige Unterstützung*) good deed; **jdm eine ~/~en erweisen** to do sb a favour [*or* AM -or]/a few favours [*or* AM -ors] [*or* a good turn/a few good turns]

Wohltäter(in) *m(f)* benefactor *masc*, benefactress *fem*; **ein ~ der Menschheit** a champion of mankind

wohltätig *adj* ① (*karitativ*) charitable ② (*geh: wohltuend*) beneficial

Wohltätigkeit *f kein pl* (*veraltend*) charity; **auf die ~ anderer angewiesen sein** to have to rely on the charity of others

Wohltätigkeitskonzert *nt* charity concert **Wohltätigkeitsveranstaltung** *f* charity event

wohltuend <wohltuender, wohltuendste> *adj*

(*geh*) agreeable

wohlverdient *adj* (*geh*) well-earned; **seine ~e Strafe erhalten** to get one's just deserts [*or* what one deserves]

Wohlverhalten *nt* (*iron*) good conduct [*or* behaviour] [*or* AM -or]

wohlweislich *adv* very wisely; ~ ***schwieg er*** he very wisely kept quiet

Wohlwollen <-s> *nt kein pl* goodwill; **auf jds ~ angewiesen sein** to rely on sb's goodwill; **bei allem ~** with the best will in the world

wohlwollend <wohlwollender, wohlwollendste> **I.** *adj* benevolent; ■**jdm gegenüber ~ sein** to be kindly disposed towards sb *form* **II.** *adv* benevolently

Wohnbau <-bauten> *m* residential building **Wohnberechtigungsschein** *m certificate of eligibility for a council flat* **Wohnblock** *m* block of flats BRIT, apartment building [*or* house] AM **Wohncontainer** *m* Portakabin® BRIT **Wohneinheit** *f* (*geh*) unit, accommodation [*or* AM accomodations] unit, unit of accomodation [*or* AM accomodations]

wohnen *vi* ■**irgendwo ~** to live somewhere; ***ich wohne im Hotel*** I am staying at the hotel; ■**irgendwie ~** to live somehow; ***in diesem Viertel wohnt man sehr schön*** this area is a nice place to live

Wohnfläche *f* ARCHIT living space **Wohngebäude** *nt* residential building **Wohngebiet** *nt* residential area; **allgemeines ~** general residential area; **reines ~** area for purely residential purposes **Wohngegend** *f* residential area; **eine/keine gute ~ sein** to be/not to be a nice area to live in **Wohngeld** *nt* housing benefit **Wohngemeinschaft** *f* communal residence, commune, house- [*or* flat-] [*or* AM apartment-] share; **in einer ~ leben** to share a house/flat with sb **Wohngift** *nt poisonous substance found in the home*

wohnhaft *adj* (*geh*) ■**der/die in ... ~e** the person resident [*or* residing] in ...; ■**irgendwo ~ sein** to live somewhere

Wohnhaus *nt* residential building **Wohnheim** *nt* (*Studenten~*) hall of residence BRIT, residence hall AM, dormitory AM; (*Arbeiter~*) hostel; (*Altersheim*) old people's home **Wohnkomfort** *m* comfort of one's home **Wohnküche** *f* kitchen-cum-living room **Wohnlage** *f* residential area

wohnlich *adj* cosy BRIT, cozy AM; **es sich irgendwo ~ machen** to make oneself cosy [*or* comfortable] somewhere

Wohnmobil <-s, -e> *nt* AUTO camper, BRIT *a.* Dormobile® **Wohnort** *m* place of residence **Wohnqualität** *f* housing quality **Wohnraum** *m* ① (*Zimmer*) living room ② *kein pl* (*Fläche*) living space **Wohnschlafzimmer** *nt combined living room and bedroom* **Wohnsiedlung** *f* housing estate [*or* AM development] **Wohnsilo** *m o nt* (*pej*) concrete monolith *pej* **Wohnsitz** *m* ADMIN (*geh*) domicile; **erster ~** main place of residence; **ohne festen ~** of no fixed abode **Wohnstock** *m* SCHWEIZ *s.* **Stockwerk** storey BRIT, story AM, floor

Wohnung <-, -en> *f* flat, apartment; **freie ~ haben** to have free lodging

Wohnungsamt *nt* housing department **Wohnungsangebot** *nt* housing market **Wohnungsbau** *m kein pl* house building; **sozialer ~** council houses **Wohnungsbedarf** *m kein pl* housing requirements *pl* **Wohnungseinrichtung** *f* furnishings *pl* **Wohnungsinhaber(in)** *m(f)* (*geh*) householder, occupant **Wohnungsmangel** *m kein pl* housing shortage **Wohnungsmarkt** *m* housing market **Wohnungsmiete** *f* (*geh*) rent **Wohnungsnot** *f kein pl* serious housing shortage **Wohnungsnotstand** *m* serious housing shortage [*or* lack of housing] **Wohnungssuche** *f* flat- [*or* apartment-] hunting; **auf ~ sein, sich auf ~ befinden** (*geh*) to be flathunting [*or* looking for a flat] **Wohnungstausch** *m* exchange [of flats [*or* apartments]/houses] **Wohnungstür** *f* front door **Wohnungswechsel** *m* change of address

Wohnviertel *nt* residential area [*or* district] **Wohnwagen** *m* AUTO ① (*Campinganhänger*) caravan BRIT, trailer AM ② (*mobile Wohnung*) mobile home; (*Zigeunerwohnwagen*) gypsy caravan

Wohnzimmer *nt* living room, lounge

Wohnzimmerfenster *nt* living room window; ***die Vorhänge am ~*** the living room curtains

Wok <-, -s> *m* KOCHK wok

wölben *vr* ① (*sich biegen*) ■**sich ~** to bend [*or* bulge] ② (*in einem Bogen überspannen*) ■**sich über etw** *akk* **~** to arch over sth; ***das Zeltdach wölbte sich über die Tribüne*** the roof of the tent formed an arch over the rostrum

Wölbung <-, -en> *f* ① BAU (*gewölbte Konstruktion*) dome; (*Bogen*) arch ② (*Rundung*) bulge ③ ANAT (*gewölbte Beschaffenheit*) curvature

Wolf <-[e]s, Wölfe> *m* ① ZOOL wolf ② TECH shredder; **etw durch den ~ drehen** to shred sth; (*Fleischwolf*) mincer BRIT, grinder AM ③ MED (*Intertrigo*) intertrigo ▶ WENDUNGEN: **ein ~ im Schafspelz sein** to be a wolf in sheep's clothing; **jdn durch den ~ drehen** (*sl*) to put sb through his paces; **mit den Wölfen heulen** to run with the pack

Wölfchen <-s, -> *nt dim von* **Wolf** wolf cub

Wölfin <-, -nen> *f* she-wolf

Wölfling <-s, -e> *m* cub [scout]

Wolfram <-s> *nt kein pl* CHEM tungsten, wolfram

Wolfsbarsch *m* KOCHK, ZOOL sea bass

Wolgograd <-s> *nt* Volgograd

Wölkchen <-s, -> *nt dim von* **Wolke** small cloud

Wolke <-, -n> *f* cloud ▶ WENDUNGEN: **aus allen ~n fallen** to be flabbergasted *fam*; **über den ~n schweben** (*geh*) to have one's head in the clouds

Wolkenbank <-bänke> *f* cloudbank **Wolkenbruch** *m* cloudburst **wolkenbruchartig** *adj* torrential **Wolkendecke** *f* cloud cover **Wolkenkratzer** *m* (*fam*) skyscraper

wolkenlos *adj* cloudless

wolkenverhangen *adj* overcast

wolkig *adj* cloudy

Wolldecke *f* [woollen] blanket

Wolle <-, -n> *f* MODE, ZOOL wool ▶ WENDUNGEN: **sich mit jdm [wegen etw** *dat*] **in der ~ haben** (*fam*) to be at loggerheads with sb [about [*or* over] sth]; **sich mit jdm [wegen etw** *dat*] **in die ~ kriegen** (*fam*) to start squabbling with sb [about [*or* over] sth]

wollen[1] *adj attr* MODE woollen

wollen[2] **I.** *vb aux* <will, wollte, wollen> *modal* ① (*mögen*) ■**etw tun ~** to want to do sth; **seinen Kopf durchsetzen ~** to want one's own way; **keine Widerrede hören ~** to not want to hear any arguments; ***willst du nicht mitkommen?*** do you want [*or* would you like] to come [along]?; **etw haben ~** to want [to have] sth; **etw nicht haben ~** to not allow sth; **etw nicht tun ~** to not want [*or* refuse] to do sth; ***der Wagen will schon wieder nicht anspringen*** the car does not want [*or* refuses] to start again; ***wollen wir uns nicht setzen?*** why don't we sit down? ② (*zu tun beabsichtigen*) ■**etw tun ~** to want to do sth; **etw schon lange tun ~** to have been wanting to do sth for ages; ***ihr wollt schon gehen?*** are you leaving already?; ■**etw gerade tun ~** to be [just] about to do sth; ***wir wollten gerade gehen*** we were just leaving [*or* about to go]; ***ich wollte mich mal nach Ihrem Befinden erkundigen*** I wanted to find out how you were ③ (*behaupten*) ■**etw getan haben ~** to claim to have done sth; **von etw nichts gewusst haben** ~ to claim to have known nothing about sth; ***keiner wollte etwas gesehen/gehört haben*** nobody will admit to having seen/heard anything; ***und so jemand will Arzt sein!*** and he calls himself a doctor! (4) (*höfliche Aufforderung*) ■ **jd wolle etw tun** sb would do sth; ***wenn Sie jetzt bitte still sein*** ~ if you would please be quiet now; ***man wolle doch nicht vergessen, wie teuer ein Auto ist*** we should not forget how expensive a car is (5) *passivisch* (*müssen*) ■ **etw will etw sein** [*o* **werden**] sth has to be sth; ***einige wichtige Anrufe ~ auch noch erledigt werden*** some important calls still have to be made; ***eine komplizierte Aktion will gut vorbereitet sein*** a complicated operation has to be well prepared (6) (*werden*) ■ **..., als wolle es etw tun** ... as if it is going to do sth; ***es sieht aus, als wolle es gleich regnen*** it looks like rain, it looks as if it's about to rain; ***er will und will sich nicht ändern*** he just will not change; *s. a.* **besser II.** *vi* <will, wollte, gewollt> (1) (*den Willen haben*) to want; ***du musst es nur ~, dann klappt das auch*** if you want it to work, it will; **ob du willst oder nicht** whether you like it or not; **wenn du willst** if you like; ***gehen wir? — wenn du willst*** shall we go? — if you like [*or* want to]; [**ganz**] **wie du willst** just as you like, please yourself (2) (*gehen ~*) ■ **irgendwohin** ~ to want to go somewhere; ***er will unbedingt ins Kino*** he is set on going [*or* determined to go] to the cinema; ***ich will hier raus*** I want to get out of here; ■ **zu jdm** ~ to want to see sb; ***zu wem ~ Sie?*** who[m] do you wish to see? (3) *optativisch* (*anstreben*) ■ **jd wollte, jd würde etw tun/etw würde geschehen** sb wishes that sb would do sth/sth would happen; ***ich wollte, ich dürfte noch länger schlafen*** I wish I could sleep in a bit longer; ***ich wollte, es wäre schon Weihnachten*** I wish it were Christmas already; ***ich wollte, das würde nie passieren*** I never wanted that to happen; ■ **ich wollte, ich/jd wäre irgendwo** I wish I/sb were somewhere ▸ WENDUNGEN: **wer nicht will, der hat schon** (*prov*) if he doesn't/you don't like it he/you can lump it! *fam;* ***dann ~ wir °mal*** let's get started [*or fam* going]; ***etw will °nicht mehr*** (*fam*) sth refuses to go on; ***meine Beine ~ einfach nicht mehr*** my legs refuse to carry me any further; ***sein Herz will einfach nicht mehr*** he has a weak heart; **wenn man so will** as it were; ***das ist, wenn man so will, eine einmalige Gelegenheit*** it was, as it were, a once in a lifetime opportunity **III.** *vt* <will, wollte, gewollt> (1) (*haben ~*) ■ **etw** ~ to want sth; ***willst du lieber Tee oder Kaffee?*** would you prefer tea or coffee?; ***~ Sie nicht noch ein Glas Wein?*** wouldn't you like another glass of wine?; ■ **etw von jdm** ~ to want sth from sb; **was willst du** [**noch**] **mehr!** what more do you want! (2) (*bezwecken*) ■ **etw mit etw** ~ to want sth with [*or* for] sth; ***was ~ Sie mit Ihren ständigen Beschwerden?*** what do you hope to achieve with your incessant complaints?; ***was willst du mit dem Messer?*** what are you doing with that knife?; **ohne es zu** ~ without wanting to, unintentionally (3) (*verlangen*) ■ **etw von jdm** ~ to want sth from sb; ***was ~ Sie von mir? ich habe doch gar nichts getan!*** what do you want? I have done nothing wrong!; (*ein Anliegen haben*) to want sth [with sb]; ***was wollte er von mir?*** what did he want with me?; ***Frau Jung hat angerufen, hat aber nicht gesagt, was sie wollte*** Mrs Jung rang, but she didn't say what she wanted [*or* why she wanted to talk to you]; ■ **~, dass jd etw tut** to want sb to do sth; ***ich will, dass du jetzt sofort gehst!*** I want you to go immediately; ***ich hätte ja gewollt, dass er kommt, aber sie war dagegen*** I wanted him to come, but she was against it (4) (*besitzen ~*) ■ **jdn** ~ to want sb (5) (*fam: brauchen*) ■ **etw** ~ to want [*or* need] sth; ***Kinder ~ nun mal viel Liebe*** children need a great deal of love ▸ WENDUNGEN: **da ist nichts zu ~** (*fam*) there is nothing we/you can do [about it]; **da ist nichts mehr zu ~** (*fam*) that's that, there is nothing else we/you can do; **was du nicht willst, dass man dir tu', das füg auch keinem andern zu** (*prov*) do unto others as you would others unto you *prov;* **etwas von jdm ~** (*fam*) to want sb *fam;* (*jdm Böses wollen*) to want to do sth to sb; **nichts von jdm ~** (*fam*) to not be interested in sb; ***sie ist in Manfred verliebt, aber er will nichts von ihr*** she is in love with Manfred, but he is not interested [in her]; (*jdm nicht böse wollen*) to mean sb no harm; ***der Hund will nichts von dir*** the dog will not harm [*or* hurt] you; [**gar**] **nichts zu ~ haben** (*fam*) to have no say [in the matter]; *s. a.* **wissen**

Wollgarn *nt* woollen [*or* AM woolen] yarn

wollig *adj* woolly

Wollknäuel *nt* ball of wool **Wollsachen** *pl* (*fam*) woollies *pl fam,* woollens *npl* BRIT, woolens *npl* AM

Wollust <-, lüste> *f* (*geh*) lust; **voller** ~ lustfully; **etw** *akk* **mit wahrer** [*o* **einer wahren**] **~ tun** (*fig*) to take great delight in doing sth, to delight in doing sth

wollüstig *adj* (*geh*) lustful, lascivious *form or pej;* **ein ~er Blick** a lascivious look

Wombat <-s, -s> *m* ZOOL wombat

womit *adv* (1) *interrog* (*mit was*) with what, what ... with; ***~ reinigt man diese Seidenhemden?*** what do you/does one use to clean these silk shirts with ?; ***~ habe ich das verdient?*** what did I do to deserve this?; ***~ kann ich dienen?*** what can I do you for?; ***~ ich es auch versuchte, der Fleck ging nicht raus*** whatever I tried it with, the stain wouldn't shift (2) *rel* (*mit welcher Sache*) with which; ***das ist das Messer, ~ der Mord begangen wurde*** that's the knife with which the murder was committed; ***sie tat etwas, ~ ich nie gerechnet hatte*** she did something I would never have expected

womöglich *adv* possibly; ***~ schneit es in den nächsten Tagen*** it's likely to snow in the next few days; ***sind Sie ~ Peter Müller?*** could your name possibly be Peter Müller?

wonach *adv* (1) *interrog* (*nach was*) what ... for, what ... of; ***~ suchst du?*** what are you looking for?; ***~ riecht das hier so komisch?*** what's that funny smell in here?; ***~ ich ihn auch fragte, er wusste eine Antwort*** whatever [it was] I asked him, he had an answer (2) *rel* (*nach welcher Sache*) which [*or* what] ... for, of which; ***das ist der Schatz, ~ seit Jahrhunderten gesucht wird*** that is the treasure that has been hunted for for centuries; ***das, ~ es hier so stinkt, ist Sulfat*** the stuff that smells so bad here is sulphur; ***ich vermute, es ist Gold, ~ die hier schürfen*** I presume it is gold they are digging for here; (*demzufolge*) according to which; ***es gibt eine Zeugenaussage, ~ er unschuldig ist*** according to one witness's testimony he is innocent; *s. a.* **nach**

Wonderbra <-[s], -s> ['wʌndəlbra:] *m* Wonderbra®

Wonne <-, -n> *f* (*geh*) joy, delight; **die ~n der Liebe** the joys of love; **es ist** [**für jdn**] **eine** [**wahre**] **~, etw zu tun** (*fam*) it is a [real] joy [for sb] to do sth; ***die Kinder kreischten vor ~*** the children squealed with delight; **mit ~** (*veraltend geh*) with great delight; ***ich habe mit ~ vernommen, dass es dir besser geht*** (*hum*) I was delighted to hear that you are getting better

wonnig *adj* (1) (*fam: Wonne hervorrufend*) delightful; **ein ~es Baby** a delightful baby; ***ist sie nicht ~?*** isn't she gorgeous? (2) (*geh: von Wonne erfüllt*) blissful; **ei-**

nen ~en Moment genießen to enjoy a moment of bliss

woran *adv* ❶ *interrog* (*an welchem/welchen Gegenstand*) what ... on, on what; ~ ***soll ich das befestigen?*** what should I fasten this to?; (*an welchem/welchen Umstand*) what ... of, of what; ~ ***haben Sie ihn wiedererkannt?*** how did you recognize him again?; ~ ***können Sie sich noch erinnern?*** what can you still remember?; ~ ***denkst du gerade?*** what are you thinking of just now?; ~ ***ist sie gestorben?*** what did she die of?; ***ich weiß nie, ~ ich bei ihr bin*** I never know where I stand with her ❷ *rel* (*an welchem/welchen Gegenstand*) on which; ***es gab nichts, ~ sie sich festhalten konnte*** there was nothing for her to hold on to; ***das Seil, ~ der Kübel befestigt war, riss*** the rope on which the pail was fastened broke [*or* snapped]; (*an welchem/welchen Umstand*) by which; ***das ist das einzige, ~ ich mich noch erinnere*** that's the only thing I can remember; ***es gibt einige Punkte, ~ man echte Banknoten von Blüten unterscheiden kann*** there are a few points by which you can distinguish real bank notes from counterfeits; ~ **... auch** [**immer**] whatever ...; ~ ***ich im Leben auch glaubte, immer wurde ich enttäuscht*** whatever I believed in in life, I was to be disappointed

worauf *adv* ❶ *interrog* (*auf welchen/welchem Umstand*) on what ..., what ... on; ~ ***wartest du noch?*** what are you waiting for?; ~ ***stützen sich deine Behauptungen?*** what are your claims based on?; (*auf welche/welcher Sache*) on what, what ... on; ~ ***darf ich mich setzen?*** what can I sit on?; ~ ***steht das Haus?*** what is the house built on? ❷ *rel* (*auf welcher/welche Sache*) on which; ***das Bett, ~ wir liegen, gehörte meinen Großeltern*** the bed we're lying on belonged to my grandparents; ***der Grund, ~ das Haus steht, ist sehr hart*** the ground on which the house is built is very hard; ***das Papier, ~ ich male, mache ich selbst*** I make the paper I'm painting on myself; ~ **... auch** [**immer**] whatever ... on; ***alle Gebäude stürzten ein, ~ sie auch gebaut waren*** all the buildings caved in, regardless of what they were built upon; (*woraufhin*) whereupon; ***er schoss, ~ man sich sofort auf ihn stürzte*** he fired a shot, whereupon they pounced on him; *s.* **verlassen**

woraufhin *adv* ❶ *interrog* (*auf welche Veranlassung hin*) for what reason; ~ ***können wir ihn verhaften lassen?*** for what reason can we have him arrested?; ~ ***hast du das getan?*** why did you do that? ❷ *rel* (*wonach*) whereupon, after which; ***sie beschimpfte ihn, ~ er wütend den Raum verließ*** she swore at him whereupon he stormed out of the room

woraus *adv* ❶ *interrog* (*aus welcher Sache/welchem Material*) what ... out of, out of what; ~ ***bestehen Rubine?*** what are rubies made out of?; ***und ~ schließen Sie das?*** and from what do you deduce that?; ~ ***haben Sie das entnommen?*** where did you get that from? ❷ *rel* (*aus welcher Sache/welchem Material*) from which, what ... out of, out of which; ***das Material, ~ die Socken bestehen, kratzt*** the material the socks are made of is itchy; ***ich liebte das Buch, ~ sie mir immer vorlas*** I loved the book she always read out of; (*aus welchem Umstand*) from which; ***es gab gewisse Anzeichen, ~ das geschlossen werden konnte*** there were certain signs from which this could be deduced; ~ ***auch immer dieses Gehäuse gefertigt ist, es ist sehr stabil*** whatever this shell is made of it's very robust; ~ ***sie das auch abgeschrieben hat, es ist gut*** wherever she copied this from it's good

worden *pp von* **werden I 3**

worin *adv* ❶ *interrog* (*in welcher Sache*) in what, what ... in; ~ ***besteht der Unterschied?*** wherein *form* lies [*or* where is] the difference? ❷ *rel* (*in dem*) in which; ***es gibt etwas, ~ sich Original und Fälschung unterscheiden*** there is one point in which the original and the copy differ; ***das, ~ ihr euch gleicht, ist die Geldgier*** greed for money is one thing which you have in common; ~ **... auch** [**immer**] wherever; ~ ***auch immer du Talent hast, nutze es!*** whatever you have talent in, use it!

Workaholic <-s, -s> *m* (*sl*) workaholic **Workshop** <-s, -s> *m* workshop **Workstation** <-, -s> *f* INFORM workstation

Worst-Case-Szenario [ˌwɜːstˈkeɪs-] *nt* worst case scenario

Wort[1] <-[e]s, Wörter> *nt* LING word; **im wahrsten Sinne des ~es** in the true sense of the word; ***1.000 Mark, in ~en: eintausend*** 1,000 Marks in words: one thousand; ~ **für** ~ word for word

Wort[2] <-[e]s, -e> *nt* ❶ *meist pl* (*Äußerung*) word *usu pl;* **etw mit knappen/umständlichen ~en ausdrücken** to express sth briefly/in a roundabout way; ***erzählen Sie mit möglichst knappen ~en, was vorgefallen ist*** tell me as briefly as you can what happened; **das letzte ~ ist noch nicht gesprochen** that's not the end of it, the final decision hasn't been made yet; **immer das letzte ~ haben wollen** to always want to have the last word; ***das ist ein wahres ~*** (*geh*) you can say that again; **daran ist kein wahres ~, davon ist kein ~ wahr** not a word of it is true, don't believe a word of it; ***du sprichst ein wahres ~ gelassen aus*** how right you are; ***hat man denn da noch ~e?*** what can you say?, words fail me; ***für so ein Verhalten finde ich keine ~e mehr*** such behaviour leaves me speechless; ***ein ~ gab das andere*** one thing led to another; **ein ~ Goethes** a quotation from Goethe; ***denk an meine ~e!*** remember what I said!; **freundliche/harte ~e!** friendly/harsh words!; ***ich habe nie ein böses ~ von ihr gehört*** I've never heard a bad word from her; **in ~ und Bild** in words and pictures; **in ~ und Schrift** (*geh*) spoken and written; ***sie beherrscht Französisch in ~ und Schrift*** she has command of both written and spoken French; ***auf ein ~!*** (*geh*) a word!; **das sind große ~e** (*fig*) sb talks big *fam;* **in ~ und Tat** in word and deed; **seinen ~en Taten folgen lassen** actions speak louder than words, to follow one's words with action; **mit anderen ~en** in other words; **mit einem ~** in a word; ***man kann sein eigenes ~ nicht*** [***mehr***] ***verstehen*** one can't oneself speak; **jdn mit schönen ~en abspeisen** to fob sb off nicely; [**bei jdm**] **ein gutes ~ für jdn einlegen** to put in a good word for sb [with sb]; **etw in ~e fassen** to put sth into words; **jdm fehlen die ~e** to be speechless; **jd findet keine ~e für etw** sb can't find the right words to express sth; ***hättest du doch ein ~ gesagt*** if only you had said something; ***davon hat man mir kein ~ gesagt*** no one has said a word to me about it; **jdm kein ~ glauben** to not believe a word sb says; **kein ~ herausbringen** to not get a word out; **nicht viele ~e machen** (*fig*) to be a man of action [rather than words]; **ein ernstes ~ mit jdm reden** to have a serious talk with sb; **kein ~ miteinander reden** to not say a word to each other; **einer S.** *dat* **das ~ reden** to put the case for sth; **kein ~ verstehen** to not understand a word; (*hören*) to be unable to hear a word [that's being said]; ***meine Erleichterung lässt sich in ~en kaum schildern*** I can't possibly describe in words how relieved I am; **etw mit keinem ~ erwähnen** to not say a [single] word about sth; ***darüber brauchen wir kein ~ zu verlieren*** we don't need to waste any words on it; **kein ~ über jdn/etw verlieren** to not say a word about sb/sth, to not mention sb/sth; **aufs ~ parieren**

to jump to it; ~**e des Dankes** words of thanks; ***er bat uns ohne ein ~ des Grußes herein*** he motioned us to enter without a word of greeting; **genug der ~e!** (*geh*) that's enough talk!; **kein ~ mehr!** (*fam*) not another word!; ***das sind nichts als ~e*** they're [*or* nothing but] only words; **nach dem ~ des Evangeliums** (*fig*) according to the Gospel ② *kein pl* (*Ehren~*) word; ***das ist ein ~!*** [that's a] deal!, you've got it!; **sein ~ brechen/halten** to break/keep one's word; **jdm sein ~** *akk* **[auf etw] geben** to give sb one's word [on sth]; **jdm [etw] aufs ~ glauben** to believe every word sb says [about sth]; ***das glaube ich dir aufs ~*** I can well believe it; **jdn beim ~ nehmen** to take sb at his word, to take sb's word for it; **auf mein ~!** I give you my word!; **bei jdm im ~ stehen** [*o* **sein**] (*geh*) to have given one's word [to sb]; ***ich bin bei ihm im ~*** I gave him my word ③ *kein pl* (*Rede[erlaubnis]*) word; ***gestatten Sie mir ein ~*** allow me to say a few words; **jdm das ~ abschneiden** to cut sb short; **ums ~ bitten** to ask to speak; **jdm das ~ entziehen** to cut sb short; **das ~ ergreifen** [*o* **führen**] to begin to speak; *Diskussionsteilnehmer* to take the floor; **jdm das ~ erteilen** [*o* **geben**] to allow sb to speak; *Diskussionsleiter etc.* to allow sb to take the floor; **jdm ins ~ fallen** to interrupt sb; **das ~ haben** to have one's turn to speak; ***als Nächstes haben Sie das ~*** it's your turn to speak next; **zu ~ kommen** to get a chance to speak; **sich zu ~ melden** to ask to speak; **das ~ an jdn richten** (*geh*) to address sb; **jdm das ~ verbieten** to forbid sb to speak ④ (*Befehl, Entschluss*) word; ***das ~ des Vaters ist ausschlaggebend*** the father's word is law; **das ~ des Königs** the king's command; **ein ~ mitzureden haben** to have sth to say about sth; **jds ~ ist Gesetz** sb's word is law, what sb says goes ▶ WENDUNGEN: **dein/sein/ihr ~ in Gottes Ohr!** (*fam*) let's hope so! *fam;* **jdm das ~** [*o* **die ~e**] **im Munde herumdrehen** to twist sb's words; **geflügeltes ~** quotation; **das ~ zum Sonntag** *short religious broadcast on Saturday evening;* **aufs ~ gehorchen** to obey sb's every word

Wortart *f* LING part of speech **Wortbruch** *m* (*geh*) breaking of a promise **wortbrüchig** *adj* (*geh*) treacherous, false; **gegen jdn ~ sein, ~ werden** to break one's word [to sb]

Wörtchen <-s, -> *nt dim von* **Wort** (*fam*) word; ***zu keinem ein ~ darüber!*** not a word of it to anyone!; **mit jdm noch ein ~ zu reden haben** (*fig fam*) to have a bone to pick with sb *fig fam;* ***da habe ich [noch/wohl] ein ~ mitzureden*** (*fig fam*) I think I have something to say about [*or* some say in] that *fam*

Wörterbuch *nt* dictionary

Worterkennung *f* INFORM word recognition

Wörterverzeichnis *nt* LING, VERLAG, SCH ① (*Vokabular*) glossary ② (*Wortverzeichnis, -index*) index

Wortfetzen *pl* scraps of conversation *pl*

Wortführer(in) *m(f)* spokesperson, spokesman *masc,* spokeswoman *fem;* **sich** *akk* **zum ~ von jdm/etw machen** to designate oneself as the spokesman/spokeswoman for sth/sb **Wortgefecht** *nt* battle [*or* war] of *pl* words **wortgetreu I.** *adj* verbatim *inv form;* **eine ~e Übersetzung** a faithful translation **II.** *adv* verbatim *inv form,* word for word; **etw ~ wiedergeben** to repeat sth word for word **wortgewandt** *adj* eloquent **Wortgut** *nt kein pl* (*geh*) *s.* **Wortschatz wortkarg** *adj* taciturn; **eine ~e Antwort** a taciturn reply; **ein ~er Mensch** a taciturn person; ***warum bist du heute so ~?*** why are you so quiet today? **Wortklauberei** <-, -en> *f* (*pej*) hair-splitting *no pl,* nit-picking *no pl;* ***das ist doch reine ~*** you're just splitting hairs **Wortlaut** *m kein pl* wording; **einen anderen/diesen/folgenden ~ haben** to read differently/like this/as follows; **im vollen/originalen ~** word for word/in its original wording

Wörtlein <-s, -> *nt dim von* **Wort** *s.* **Wörtchen**

wörtlich I. *adj* ① (*originalgetreu*) word-for-word, verbatim; **die ~e Wiedergabe eines Textes** a word-for-word account of a text ② (*in der Originalbedeutung*) **eine ~e Übersetzung** a literal [*or* word-for-word] translation **II.** *adv* ① (*genauso*) word for word; ***hat er das wirklich ~ so gesagt?*** did he actually say that? ② (*dem originalen Wortlaut gemäß*) literally; **etw ~ übersetzen** to translate sth literally; **etw ~ nehmen** to take sth literally

wortlos I. *adj* silent **II.** *adv* silently, without saying a word

Wortmeldung *f* request to speak; **um ~ bitten** to ask for permission to speak **wortreich I.** *adj* ① (*mit vielen Worten*) long-winded *pej,* wordy *pej;* **eine ~e Entschuldigung** a profuse apology ② (*mit großem Wortschatz*) rich in vocabulary; **eine ~e Sprache** a language that is rich in vocabulary **II.** *adv* profusely, in a long-winded manner **Wortschatz** *m* vocabulary **Wortspiel** *nt* pun, play on words **Wortstellung** *f* word order **Wortwahl** *f kein pl* choice of *pl* words **Wortwechsel** *m* (*geh*) verbal exchange

wortwörtlich I. *adj* word-for-word; **eine ~e Übersetzung** a literal translation **II.** *adv* word for word; **jdn ~ zitieren** to quote sb word for word; ***hier heißt es doch ~, dass ich den Preis gewonnen habe*** it says here quite literally that I've won the prize

worüber *adv* ① *interrog* (*über welches Thema*) what ... about, about what; ***~ habt ihr euch so lange unterhalten?*** what was it you talked about for so long?; ***~ hast du so lange gebrütet?*** what have you been pondering about for so long? ② *interrog* (*über welchem/welchen Gegenstand*) above which; ***~ soll ich das Handtuch breiten?*** what should I spread the towel out over? ③ *rel* (*über welche Sache*) about which, what ... about, for which; ***es geht Sie gar nichts an, ~ wir uns unterhalten haben!*** it's none of your business what we were talking about!; ***das Problem, ~ ich schon so lange gebrütet habe, ist gelöst*** the problem I was brooding about for so long has been solved; ***das ist die bestellte Ware, ~ Ihnen die Rechnung dann später zugeht*** here is the ordered merchandise, for which you will receive the bill later ④ *rel* (*über welchen/welchem Gegenstand*) over which; ***der Koffer, ~ du gestolpert bist, gehört mir*** the suitcase you stumbled over is mine

worum *adv* ① *interrog* (*um welche Sache/Angelegenheit*) what ... about; ***~ ging es eigentlich bei eurem Streit?*** what was your fight all about?; ***~ handelt es sich?*** what is this about? ② *interrog* (*um welchen Gegenstand*) what ... around; ***~ hatte sich der Schal gewickelt?*** what had the scarf wrapped itself around? ③ *rel* (*um welche Sache/Angelegenheit*) what ... about; ***alles, ~ du mich bittest, sei dir gewährt*** (*geh*) all that you ask of me will be granted ④ *rel* (*um welchen Gegenstand*) around; ***das Bein, ~ der Verband gewickelt ist, ist viel dünner*** the leg the bandage is around is much thinner

worunter *adv* ① *interrog* (*unter welcher Sache/Angelegenheit*) what ... from; ***~ leidet Ihre Frau?*** what is your wife suffering from?; ***~ darf ich Sie eintragen, unter „Besucher" oder „Mitglieder"?*** where should I put your name down "visitors" or "members"? ② *interrog* (*unter welchem/welchen Gegenstand*) under what, what ... under; ***~ hattest du dich versteckt?*** what did you hide under? ③ *rel* (*unter welcher Sache*) under which, which ... under; ***Freiheit ist ein Begriff, ~ vieles verstanden werden kann*** freedom is a term that can mean many different things ④ *rel* (*unter welchem/welchen Gegenstand*) under which; ***das ist der Baum, ~ wir uns***

W

zum ersten Mal küssten that's the tree under which we kissed for the first time ⑤ *rel* (*inmitten deren: örtlich*) amongst which; ***Tierschützer, ~ ich mich selber zähle, verdienen Respekt*** animal conservationists, of which I am one, deserve to be respected

Wotan <-s> *m* Wotan

wovon *adv* ① *interrog* (*von welcher Sache/Angelegenheit*) what … about; ~ ***war auf der Versammlung die Rede?*** what was the subject of discussion at the meeting?; ~ ***bist du denn so müde?*** what has made you so tired? ② *interrog* (*von welchem Gegenstand*) from what, what … from; ~ ***mag dieser Knopf wohl stammen?*** where could this button be from? ③ *rel* (*von welchem Gegenstand*) from which; ***der Baum, ~ das Holz stammt, ist sehr selten*** the tree from which the wood originates is very rare ④ *rel* (*von welcher Sache/Angelegenheit*) about which, which … about; ***das ist eine Sache, ~ du nun mal nichts verstehst*** it's something you just don't know anything about ⑤ *rel* (*durch welchen Umstand*) as a result of which; ***er hatte einen Unfall, ~ er sich nur langsam erholte*** he had an accident from which he only recovered slowly

wovor *adv interrog* ① *interrog* (*vor welcher Sache*) what … of; ~ ***fürchtest du dich denn so?*** what are you so afraid of? ② *interrog* (*vor welchem/welchen Gegenstand*) in front of what, what … in front of; ~ ***sollen wir den Schrank stellen*** what should we put the cupboard in front of? ③ *rel* (*vor welcher Sache*) what … of, of which; ***ich habe keine Ahnung, ~ er solche Angst hat*** I have no idea what he's so frightened of; ***dieser Punkt ist der einzige, ~ ich Bedenken habe*** this is the only point on which I have reservations ④ *rel* (*vor welchem/welchen Gegenstand*) in front of which; ***die Wand, ~ der Schrank stand, ist feucht*** the wall behind where the cupboard stood is damp

wozu *adv* ① *interrog* (*zu welchem Zweck*) why, how come, what … for; ~ ***musste dieses Unglück geschehen?*** why did this tragedy have to happen?; ~ ***soll das gut sein?*** what's the purpose [*or* good] of that?; ~ ***hast du das gemacht?*** what did you do that for? ② *interrog* (*zu welcher Sache*) for what, what … for; ~ ***haben Sie sich entschlossen?*** what have you decided on?; ~ ***bist du so lange interviewt worden?*** what were you interviewed so long for? ③ *rel* (*zu welchem Zweck*) for which reason; ***er hat eine Reise geplant, ~ er noch Geld braucht*** he has planned a journey for which he still needs money ④ *rel* (*zu welcher Sache/Angelegenheit*) what; ***ich ahne schon, ~ du mich wieder überreden willst!*** I know what you want to talk me into!; ***das war ein Schritt, ~ ich mich schon längst bereitgefunden hatte*** that was a step which I had long been prepared for ⑤ *rel* (*zusätzlich zu dem*) to which; ***das Buch umfasst 128 Seiten Text, ~ noch ein Schlusswort kommt*** the book has 128 pages of text and a summary in addition to that

Wrack <-[e]s, -s> *nt* ① (*Schiffs~*) wreck; (*Flugzeug~*) wreckage; (*Auto~*) wreckage ② (*fig fam: völlig verbrauchter Mensch*) wreck; **ein körperliches/seelisches ~ sein** to be a physical/emotional wreck; **ein menschliches ~ sein** to be a human wreck

Wrackbarsch *m* KOCHK, ZOOL stonebass

wringen <wrang, gewrungen> *vt* ① (*aus~*) ■**etw** ~ to wring sth ② (*durch Wringen herauspressen*) ■**etw aus etw** *dat* ~ to wring sth out of sth; **Wasser aus einem Lappen** ~ to wring water out of a cloth

Wucher <-s> *m kein pl* (*pej*) extortion *no pl*, profiteering *no pl;* (*Zinsen*) usury; **das ist [doch/ja] ~!** that's daylight [*or* AM highway] robbery!, that's extortionate!; ~ **treiben** to profiteer, to extort

Wucherer, Wucherin <-s, -> *m, f* (*pej*) profiteer, usurer

wucherisch *adj* (*pej*) extortionate, exorbitant; **~e Zinsen verlangen** to lend money at usurious rates

Wuchermiete *f* (*pej*) extortionate rent

wuchern *vi* ① *sein o haben* HORT to grow rampant ② *sein* MED to proliferate, to spread rampantly; **eine ~de Geschwulst** a fast-growing tumour ③ *haben* (*Wucher treiben*) ■**[mit etw** *dat*] ~ to practise usury [with sth]

Wucherpreis *m* (*pej*) extortionate [*or* exorbitant] price

Wucherung <-, -en> *f* ① (*krankhafte Gewebevermehrung*) proliferation ② (*Geschwulst*) growth

Wucherzins *m meist pl* (*pej*) usurious [*or* exorbitant] interest

wuchs *imp von* **wachsen[1]**

Wuchs <-es> *m kein pl* ① HORT (*Wachstum*) growth ② (*Form, Gestalt*) stature, build ③ (*Pflanzenbestand*) cluster; **ein ~ junger Bäume** a clump of saplings

Wucht <-> *f kein pl* force; (*Schläge, Hiebe*) brunt; **mit aller ~** with all one's might; **mit voller ~** with full force; ***der Stein traf ihn mit voller ~ an der Schläfe*** the stone hit him full force on the temple; ***hinter seinen Schlägen steckt eine ungeheure ~*** there is enormous force behind his punches, he packs a very powerful punch; **eine ~ sein** (*fam*) to be smashing [*or* great]; ***deine Mutter ist eine ~*** your mum is a star

wuchten *vt* (*fam*) ■**etw irgendwohin/aus etw** *dat* ~ to heave sth somewhere/out of sth; ***wir mussten die ganzen Steine vom Auto ~*** we had to heave all of the stones out of the car; ***wir ~ gerade die Statue von ihrem Sockel*** we're just about to heave the statue off its plinth

wuchtig *adj* ① (*mit großer Wucht*) forceful, mighty, heavy; **ein ~er Schlag** a powerful punch ② (*massig*) massive; ***dieser Schrank wirkt viel zu ~ für das kleine Zimmer*** this cupboard is far too overpowering for this little room

wühlen **I.** *vi* ① (*kramen*) ■**in etw** *dat* **[nach etw** *dat*] ~ to rummage [*or* root] through sth [for sth]; ***wonach wühlst du denn in der alten Truhe?*** what are you rummaging for in that old chest?; **einen Schlüssel aus der Tasche** ~ to root [*or* dig] a key out of a bag ② (*graben, aufwühlen*) ■**in etw** *dat* **[nach etw** *dat*] ~ to root through sth [for sth]; ***bei uns im Garten ~ wieder Maulwürfe*** we've got moles in our garden again; **in jds Haaren** ~ to tousle sb's hair; **in den Kissen** ~ (*fig*) to bury oneself in the cushions [*or* pillows] ③ (*pej fam: intrigieren*) to stir things up; **gegen die Regierung** ~ to stir things up against the government **II.** *vr* ① (*sich vorwärts arbeiten*) ■**sich** *akk* **durch/in etw** *akk* ~ to burrow one's way through/in sth; ***der Wurm wühlt sich durch das Erdreich*** the worm burrows its way through the soil ② (*fam: sich durcharbeiten*) ■**sich** *akk* **durch etw** *akk* ~ to slog *fam* through sth; ***ich muss mich durch einen Stapel Akten ~*** (*fam*) I have to wade through a pile of files; **sich durch eine Menschenmenge** ~ (*fig*) to burrow one's way through a crowd

Wühlkorb *m* ÖKON (*fam*) bargain bin **Wühlmaus** *f* vole **Wühltisch** *m* (*fam*) bargain counter

Wulst <-es, Wülste> *m o f* bulge; *Flasche, Glas* lip

wulstig *adj* bulging; (*Lippen*) thick

Wulstlippen *pl* (*fam*) thick lips *pl*

wummern *vi* to boom

wund **I.** *adj* sore; ***ich bin an den Hacken ganz ~*** my heels are all sore **II.** *adv* ~ **gelegen** having [*or* suffering from] bedsores *pl;* **eine ~ gelegene Stelle** a bedsore; **sich** *akk* ~ **liegen** to get bedsores *pl;* **sich** *dat*

etw ~ liegen to get bedsores *pl* on sth; ***sie hat sich den Rücken ganz ~ gelegen*** she had bedsores *pl* all over her back; **sich** *akk* **~ reiten** to become saddlesore; **sich** *dat* **die Finger ~ schreiben** (*fig fam*) to wear one's fingers to the bone writing; **etw ~ kratzen/reiben/scheuern** to make sth sore by scratching/rubbing/chafing it; **sich** *akk* **~ kratzen** to scratch oneself to soreness; ***ich habe mir die Fersen ~ gelaufen*** I got sore heels from walking; *s.* **Punkt**

Wundbrand *m kein pl* MED gangrene *no pl*

Wunde <-, -n> *f* wound; **tödliche ~** deadly wound ▸ WENDUNGEN: **[bei jdm] alte ~n wieder aufreißen** (*geh*) to open up an old wound [for sb]; **Salz in jds ~ streuen** (*fig*) to turn the knife in a wound *fig,* to rub salt into sb's wounds *fig;* **seine ~ lecken** to lick one's wounds; **an einer alten ~ rühren** to touch on a sore point

Wunder <-s, -> *nt* (*übernatürliches Ereignis*) miracle; **~ was/wer/wie** (*fam*) who knows what/who/how; ***er möchte ~ was erreichen*** goodness knows what he wants to achieve; ***das hat er sich ~ wie einfach vorgestellt*** he imagined it would be ever so easy; **~** *pl* **tun** [*o* **wirken**] to work [*or* perform] a miracle *sing;* **an ein ~ grenzen** to be almost a miracle; **ein/kein ~ sein, dass ...** (*fam*) to be a/no wonder, that ...; ***ist es ein ~, dass ich mich so aufrege?*** (*fig fam*) is it any wonder that I'm so upset?; **es ist kein ~, dass ...** (*fam*) it's no [*or* little] [*or* small] wonder that ...; **wie durch ein ~** miraculously; **~ über ~** (*fam*) wonders will never cease; ***er kann nur durch ein ~ gerettet werden*** only a miracle can save him; **was ~[, dass]** no wonder; **was ~, dass sie jetzt eingeschnappt ist** no wonder she's in a huff; (*Phänomen*) wonder; **das ~ des Lebens** the miracle of life; **die ~ der Natur** the wonders of nature; ■ **ein ~ an etw** *dat* **sein** to be a miracle of sth; ***diese Uhr ist ein ~ an Präzision*** this watch is a miracle of precision ▸ WENDUNGEN: **sein blaues ~ erleben** (*fam*) to be in for a nasty surprise

wunderbar I. *adj* ❶ (*herrlich*) wonderful, marvellous; **[das ist ja] ~!** [that's] wonderful [*or* marvelous]!; ***sie ist eine ~e Frau*** she's a wonderful woman ❷ (*wie ein Wunder*) miraculous; **eine ~e Fügung** a wonderful stroke of luck; ***die Geschichte ihrer Rettung ist ~*** the story of how she was rescued is miraculous II. *adv* (*fam*) wonderfully; ***dieses Kissen ist ~ weich*** this cushion is wonderfully soft

wunderbarerweise *adv* miraculously

Wunderdroge *f* (*meist iron fam*) miracle drug **Wunderheiler(in)** <-s, -> *m(f)* miracle healer

wunderhübsch *adj* (*liter*) wonderfully pretty

Wunderkerze *f* sparkler **Wunderkind** *nt* child prodigy **Wunderland** *nt* wonderland

wunderlich *adj* odd, strange; **ein ~er Mensch** an oddball; ***manchmal passieren die ~sten Dinge*** sometimes the strangest things happen

Wundermittel *nt* miracle cure; (*Zaubertrank*) magic potion

wundern I. *vt* ■ **jdn ~** to surprise sb; ***das wundert mich [nicht]*** I'm [not] surprised at that; ***das hätte uns eigentlich nicht ~ dürfen*** that shouldn't have come as a surpise to us; **es wundert mich, dass ...** I am surprised that ..., it surprises me that ...; **es würde mich nicht ~, wenn ...** I wouldn't be [at all] surprised if ...; **wundert dich das [etwa]?** does that surprise you [at all]?, are you [in the least bit] surprised?; **es sollte mich ~, wenn ...** it would surprise me if ..., are you [in the least bit] surprised? II. *vr* ■ **sich** *akk* **~** to be surprised; **du wirst dich ~!** you'll be amazed, you're in for a surprise; ■ **sich** *akk* **über jdn/etw ~** to be surprised at sb/sth; ***ich wundere mich über gar nichts mehr*** nothing surprises me any more; ***dann darfst du dich nicht ~ wenn sie sauer auf dich ist*** then don't be surprised if she's cross with you; **ich muss mich doch sehr/wirklich ~!** well, I am very/really surprised [at you/him etc]

wunder|nehmen *irreg, impers* (*geh*) I. *vt* ❶ (*erstaunen*) ■ **es nimmt jdn wunder, dass ...** it surprises sb that ...; ***es würde mich ~, wenn sie käme*** I'd be surprised if she came ❷ SCHWEIZ (*interessieren*) ■ **es nimmt jdn wunder, ob/wie/dass ...** sb is interested [to know] whether/how/that ...; ***es nimmt mich wunder, wie sie von der Sache erfahren hat*** I'd like to know how she found out [about it] II. *vi* ■ **es nimmt wunder, dass/wie/warum** it is surprising that/how/why; ***es nimmt wunder, dass sie so lange überlebt hat*** it's amazing that she has survived so long

wundersam *adj* (*geh*) wondrous *liter;* **ein ~er Traum** a wondrous dream

wunderschön *adj* (*emph*) wonderful, lovely

wundervoll *adj s.* **wunderbar**

Wundfieber *nt* traumatic fever **Wundsalbe** *f* ointment **Wundstarrkrampf** *m kein pl* MED tetanus *no pl*

Wunsch <-[e]s, Wünsche> *m* ❶ (*Verlangen*) wish; (*stärker*) desire; (*Bitte*) request; **jdm/sich** *dat* **einen ~ erfüllen** to fulfil [*or* AM *usu* -ll] a wish for sb/oneself; **jdm jeden ~ erfüllen** to grant sb's every wish; **jdm jeden ~ von den Augen ablesen** to anticipate sb's every wish; **einen bestimmten ~ haben/äußern** to have/make a certain request; ***ihr sehnlichster ~ ging in Erfüllung*** her most ardent desire was fulfilled; **nur ein frommer ~ sein** to be just a pipe dream; ***haben Sie sonst noch einen ~?*** would you like anything else?; **einen ~ frei haben** to have one wish; ***danke, das war alles, ich habe keinen ~ mehr*** thank you, that will be all, I don't need anything else; ***Ihr ~ ist mir Befehl*** (*hum*) your wish is my command; (*geh*) on request; **auf jds [ausdrücklichen/besonderen] ~ [hin]** (*geh*) at/on sb's [express/special] request; **nach ~** just as I/he etc wanted; (*wie geplant*) according to plan, as planned; ***das Auto entsprach nicht seinen Wünschen*** the car didn't come up to his expectations ❷ *meist pl* (*Glück~*) wish; **alle guten Wünsche zum Geburtstag** Happy Birthday; **mit besten Wünschen** (*geh*) best wishes ▸ WENDUNGEN: **hier ist der ~ der Vater des Gedankens** (*prov*) the wish is father to the thought *prov*

wünschbar *adj* SCHWEIZ *s.* **wünschenswert**

Wunschdenken *nt kein pl* wishful thinking *no pl*

Wünschelrute *f* divining [*or* dowsing] rod

Wünschelrutengänger(in) <-s, -> *m(f)* diviner, dowser

wünschen I. *vt* ❶ (*als Glückwunsch sagen*) ■ **jdm etw ~** to wish sb sth; **jdm zum Geburtstag alles Gute ~** to wish sb a happy birthday; ***ich wünsche dir gute Besserung*** get well soon!; **jdm eine gute Nacht ~** to wish [*or form* bid] sb good night; ***ich wünsche dir alles Glück dieser Welt!*** I wish you all the luck in the world!, I hope you get everything you could possibly wish for! ❷ (*als Geschenk erbitten*) ■ **sich** *dat* **etw [von jdm] ~** to ask for sth [from sb]; ***ich habe mir zu Weihnachten eine elektrische Eisenbahn gewünscht*** I've asked for an electric railway for christmas; ***was wünschst du dir?*** what would you like?; ***nun darfst du dir etwas ~*** now you can say what you'd like for a present; (*im Märchen*) now you may make a wish ❸ (*erhoffen*) ■ **etw ~** to wish; ***ich wünsche nichts sehnlicher, als dass du glücklich wirst*** my greatest wish is for you to be happy; ***ich wünschte, der Regen würde aufhören*** I wish the rain would stop; ■ **jdm/einer S. etw ~** to

W

wish sb/sth sth; ***ich will dir ja nichts Böses*** ~ I don't mean to wish you any harm; ***das würde ich meinem schlimmsten Feind nicht*** ~ I wouldn't wish that on my worst enemy; ***ich wünsche dir gutes Gelingen*** I wish you every success; ***er wünschte ihr den Tod*** he wished she would drop dead; ■ **~, dass** to hope for; ***ich wünsche, dass alles gut geht*** I hope everything goes well; ***ich wünsche, dass du wieder gesund nach Hause kommst*** I hope that you'll come home safe and sound; **das ist/wäre zu** ~ that would be desirable ❹ (*haben wollen, erhoffen*) ■ **sich** *dat* **etw** ~ to want [*or* hope for] sth; **sich eine bessere Zukunft** ~ to wish [*or* hope] for a better future; ***sie*** ~ ***sich schon lange ein Kind*** they've been wanting [*or* hoping for] a child for a long time; ***man hätte sich kein besseres Wetter*** ~ ***können*** one couldn't have wished for better weather; ■ **sich** *dat* **jdn als** [*o* **zu**] **etw** ~ to want sb to be sth; ***dich wünsche ich mir als Lehrerin*** I would love [for] you to be my teacher; **alles, was man/jd sich** *dat* **nur** ~ **kann** everything one/sb could wish for; ■ **sich** *dat* [**von jdm**] ~, [**dass ...**] to wish [sb would ...]; ***ich wünsche mir von dir, dass du in Zukunft pünktlicher bist*** I wish you'd be more punctual in future; ***wir haben uns immer gewünscht, einmal ganz reich zu sein!*** we've always dreamed of becoming really wealthy; ~ ***wir nur, dass diese Katastrophe niemals eintreten möge!*** let's just hope that this catastrophe never happens ❺ (*verlangen*) ■ **etw** ~ to want sth; ***ich wünsche sofort eine Erklärung [von Ihnen]!*** I demand an explanation [from you] immediately!; ***ich wünsche, dass ihr mir gehorcht*** I want you to do as I say; ***wenn Sie noch etwas ~, dann klingeln Sie einfach*** if you require anything else, please just ring; ***ich wünsche ein Zimmer mit Bad*** I would like a room with bathroom; ***jemand wünscht Sie zu sprechen*** somebody would like to speak with you; **was** ~ **Sie?** how may I help you?; ***die Wiederholung wurde von der ganzen Klasse gewünscht*** the whole class requested that sth be repeated; **wie gewünscht** just as I/we etc wanted [*or* wished for] ❻ (*woandershin haben wollen*) ■ **jdn irgendwohin** ~ to wish sb would go somewhere; ***ich wünsche dich in die Hölle!*** [I wish you would] go to hell!; ■ **sich irgendwohin** ~ to wish oneself somewhere; ***sie wünschte sich auf eine einsame Insel*** she wished she were on a desert island **II.** *vi* (*geh: wollen*) to want; ***Sie können so lange bleiben, wie Sie*** ~ you can stay as long as you want; ***wenn Sie ~, kann ich ein Treffen arrangieren*** if you want I can arrange a meeting; ***ich wünsche, dass der Fernseher heute Abend ausbleibt*** I would like the television to stay off tonight; ~ ***Sie, dass ich ein Taxi für sie bestelle?*** would you like me to order a taxi for you?; ***meine Vorschläge waren dort nicht gewünscht*** my suggestions were not wanted; ***sollten Sie mich zu sehen ~, klingeln Sie bitte nach mir*** if you should wish to see me, please ring for me; **Sie ~?** may I help you?; (*Bestellung*) what would you like?; [**ganz**] **wie Sie** ~ just as you wish [*or* please]; **nichts/viel zu ~ übrig lassen** to leave nothing/much to be desired

wünschenswert *adj* desirable; **etw** [**nicht**] **für** ~ **halten** to consider sth [un]desirable

Wunschform *f* LING optative [mood] **Wunschgegner(in)** *m(f)* ideal opponent **wunschgemäß I.** *adj* requested, desired; ***wir können nur auf einen ~en Verlauf hoffen*** we can only hope that things go as planned **II.** *adv* as requested; ***das Projekt ist ~ verlaufen*** the project went as planned **Wunschkind** *nt* planned child **Wunschkonzert** *nt* RADIO musical request programme [*or* AM -am] **Wunschliste** *f* wish list

wunschlos *adj* ~ **glücklich sein** (*hum*) to be perfectly happy, to not want for anything *hum*

Wunschpartner(in) *m(f)* ideal partner **Wunschsatz** *m* optative clause **Wunschtraum** *m* dream **Wunschvorstellung** *f* illusion, pipe-dream; **sich** *akk* [**keinen**] **~en hingeben** to [not] harbour [*or* AM -or] illusions **Wunschzettel** *m* wish list; **auf jds ~ stehen** to be sth sb wants; ***eine neue Stereoanlage steht schon lange auf unserem*** ~ we've wanted a new stereo for a long time

wurde *imp von* **werden**

Würde <-, -n> *f* ❶ *kein pl* (*innerer Wert*) dignity; **die menschliche** ~ human dignity; ~ **ausstrahlen** to appear dignified; **etw mit** ~ **tragen** to bear sth with dignity; **jds** ~ **verletzen** to affront sb's dignity; ***scheinbar ist es für unseren Chef unter seiner ~, das zu tun*** our boss seemingly finds it beneath him to do that; **unter aller** ~ **sein** to be beneath contempt; **unter jds** ~ **sein** to be beneath sb['s dignity]; (*Erhabenheit*) venerability; **die** ~ **des Gerichts** the integrity of the court; **die** ~ **des Alters** venerability ❷ (*Rang*) rank; (*Titel*) title; **akademische ~n** academic honours [*or* AM -ors]; **zu hohen ~n gelangen** *pl* to attain a high rank *sing*

würdelos I. *adj* undignified **II.** *adv* without dignity

Würdenträger(in) *m(f)* (*geh*) dignitary

würdevoll *adj* (*geh*) **ein ~er Abgang** a dignified exit; **mit ~er Miene** with a dignified expression

würdig I. *adj* ❶ (*ehrbar*) dignified; **ein ~er Herr** a dignified gentleman; **ein ~es Aussehen haben** to have a dignified appearance ❷ (*wert, angemessen*) worthy; **einen ~en Vertreter finden** to find a worthy replacement; **jds/einer Sache** *gen* [**nicht**] ~ **sein** to be [not] worthy of sb/sth; ***sie ist deiner nicht*** ~ she doesn't deserve you; ***ich bezweifle, dass sie deines Vertrauens ~ ist*** I doubt that she's worthy of your trust; **sich** *akk* **einer S.** *gen* ~ **erweisen** to prove oneself to be worthy of sth; ***es ist seiner nicht ~, das zu tun*** it is not worthy of him to do that **II.** *adv* (*mit Würde*) with dignity; **jdn ~ empfangen** to receive sb with dignity; (*gebührend*) worthy; **jdn ~ vertreten** to be a worthy replacement for sb

würdigen *vt* ❶ (*anerkennend erwähnen*) ■ **etw/jdn** ~ to acknowledge sth/sb; ***ihre Leistung wurde in vielen Artikeln gewürdigt*** her performance was acknowledged in many articles ❷ (*schätzen*) ■ **etw** ~ to appreciate sth; **etw zu ~ wissen** to appreciate sth ❸ (*geh*) ■ **jdn einer S.** *gen* ~ to deem sb worthy of sth; ***sie würdigte ihn keines Blickes*** she didn't deign to look at him

Würdigung <-, -en> *f* ❶ (*das Würdigen*) appreciation, acknowledgement; ***in ~ seiner Leistung bekam er eine Auszeichnung*** he received recognition in appreciation of his achievement ❷ (*schriftliche Anerkennung*) acknowledgement

Wurf <-[e]s, Würfe> *m* ❶ (*das Werfen*) throw; (*gezielter ~*) shot; (*Baseball*) pitch; (*Kegeln*) bowl; (*Würfel*) throw; **zum ~ ausholen** to get ready to throw; **alles auf einen ~ setzen** (*fig*) to go for it *fam* ❷ ZOOL (*Tierjunge einer Geburt*) litter ❸ (*gelungenes Werk*) **jdm gelingt ein großer ~** [**mit etw** *dat*] sth is a great success [*or* big hit] for sb, sb has a great success [*or* big hit] with sth

Würfel <-s, -> *m* ❶ (*Spiel~*) dice, die; ~ **spielen** to play dice ❷ MATH (*Kubus*) cube ❸ (*kubisches Stück*) cube; **etw in ~ schneiden** to cut sth into cubes, to dice [*or* cube] sth ▶ WENDUNGEN: **die ~ sind gefallen** the dice is cast

Würfelbecher *m* shaker

würf(e)lig I. *adj* cubed **II.** *adv* in small cubes

würfeln I. *vi* ■ [**mit jdm**] ~ to play dice [with sb]; ■ **um etw** *akk* ~ to throw dice for sth; ***wir haben da-***

rum gewürfelt, wer anfangen darf we threw dice to decide who should go first **II.** *vt* ① (*Würfel werfen*) ■**etw** ~ to throw sth; **eine sechs** ~ to throw a six; ***hast du schon gewürfelt?*** have you had your go [*or* throw] ? ② KOCHK (*in Würfel schneiden*) ■**etw** ~ to cut sth into cubes, to dice sth

Würfelspiel *nt* game of dice **Würfelspieler(in)** *m(f)* dice player **Würfelzucker** *m kein pl* sugar cube[s]

WurfgeschossRR *nt*, **Wurfgeschoß** *nt* missile, projectile

würflig *adj s.* **würfelig**

Wurfmesser *nt* knife for throwing **Wurfpfeil** *m* dart **Wurfsendung** *f* direct mail item, junk mail *fam* **Wurfstern** *m metal star used as a weapon when thrown*

Würgegriff *m* stranglehold; **im ~ des Todes** (*fig*) in the throes *npl* of death

würgen I. *vt* ① (*die Kehle zudrücken*) ■**jdn** ~ to throttle [*or* strangle] sb ② (*hindurchzwängen*) to force; **seinen Kopf durch ein Loch** ~ to force one's head through a hole ▶ WENDUNGEN: **mit Hängen und W~** (*fam*) by the skin of one's teeth **II.** *vi* ① (*kaum schlucken können*) ■**an etw** *dat* ~ to choke on sth ② (*hoch~*) to retch; ***mir war so schlecht, dass ich ständig ~ musste*** I felt so bad that I had to retch constantly

Würger(in) <-s, -> *m(f)* ① (*fig veraltet*) strangler ② ORN shrike

Wurm¹ <-[e]s, Würmer> *m* ZOOL (*Regen~*) worm; *meist pl* (*Faden~*) worm *usu pl;* (*fam: Made*) maggot; **Würmer haben** to have worms; ***der Hund leidet an Würmern*** the dog has got worms; ***in dem Holz ist der ~*** the wood has got woodworm ▶ WENDUNGEN: **jdm die Würmer [einzeln] aus der Nase ziehen** (*fam*) to drag sth/it all out of sb; **da ist [*o* sitzt] der ~ drin** (*fam*) there's something fishy *fam* [*or* not quite right] about it

Wurm² <-[e]s, Würmer> *nt* (*kleines Wesen*) little mite

wurmen *vt* (*fam*) ■**jdn** ~ to bug [*or* nag] sb *fam;* ***was wurmt dich denn so?*** what's bugging [*or* nagging] you?; ***es wurmt mich sehr, dass ich verloren habe*** it really bugs me that I lost

Wurmfarn *m* BOT male fern **Wurmfortsatz** *m* appendix

wurmstichig *adj* ① HORT maggoty; **ein ~er Apfel** a maggoty apple ② (*von Holzwürmern befallen*) full of woodworm

Wurst <-, Würste> *f* ① KOCHK sausage; (*Brotauflage*) sliced, cold sausage BRIT, cold cuts *pl* AM; **rote ~** smoked Polish sausage ② (*Wurstähnliches*) sausage; **eine ~ machen** (*fam*) to do a turd, to make a biggie ▶ WENDUNGEN: **jetzt geht es um die ~** (*fam*) the moment of truth has come; **jdm ~ [*o* Wurscht] sein** (*fam*) to be all the same to sb, to not matter to sb; ***das ist mir alles ~!*** I don't care about any of that!

Wurstbrot *nt open sandwich with slices of sausage*

Würstchen <-s, -> *nt* ① *dim von* **Wurst** little sausage; **Frankfurter/Wiener ~** frankfurter/wienerwursts BRIT, hot dog AM; **heiße ~** *pl* hot boiled [Frankfurter] sausages; (*im Brötchen*) hot dogs ② (*pej fam: unbedeutender Mensch*) squirt *fam;* **armes ~** (*fam*) poor soul [*or* BRIT sod] *fam*

Würstchenbude *f*, **Würstchenstand** *m* sausage stand, hot dog stand

wursteln *vi* (*fam*) ■**(vor sich hin)** ~ to muddle [along [*or* on]]

Wurstfinger *pl* (*pej fam*) podgy [*or* chubby] fingers *pl fam* **Wurstmesser** *nt* serrated knife (*for slicing cold sausage*) **Wurstsalat** *m* sausage salad **Wurstwaren** *pl* sausages and cold meats *pl,* cold cuts AM *pl*

Würzburg <-s> *nt* Würzburg

Würze <-, -n> *f* ① (*Gewürzmischung*) seasoning ② (*Aroma*) aroma; ***an der Geschichte fehlt die ~*** (*fig*) there's no spice to the story

Wurzel <-, -n> *f* ① (*Pflanzen~*) root; **~n schlagen** (*a fig*) to put down roots; (*Zahn~*) root; (*Haar~*) root ② MATH root; ■**die [zweite/dritte] ~ aus etw** *dat* the [square/cube] root of sth; **die ~ aus etw** *dat* **ziehen** to find the root of sth ③ (*geh: Ursprung*) root; **die ~ allen Übels** the root of all evil; **etw mit der ~ ausrotten** to eradicate sth ④ LING (*gemeinsamer Wortstamm*) root ⑤ *meist pl* NORDD (*Karotte*) carrot

Wurzelballen *m* root bale **Wurzelbehandlung** *f* root treatment

wurzeln *vi* (*geh*) ■**in etw** *dat* ~ to be rooted in sth, to have its roots in sth

Wurzelstock *m* BOT rhizome **Wurzelzeichen** *nt* MATH radical sign **Wurzelziehen** <-s> *nt kein pl* MATH root extraction

würzen *vt* ■**etw [mit etw** *dat*] ~ to season sth [with sth]; **eine Rede mit Anekdoten** ~ (*fig*) to spice up a speech with anecdotes

würzig I. *adj* tasty; **eine ~e Suppe** a tasty soup **II.** *adv* tastily; **~ duften/schmecken** to smell/taste good

Würzmischung *f* spice mixture **Würztunke** *f* marinade

wusch *imp von* **waschen**

wusch(e)lig *adj* (*fam*) woolly, fuzzy *fam;* **~es Tier** shaggy animal

Wuschelkopf *m* (*fam*) ① (*wuschelige Haare*) mop of curls, fuzz *fam* ② (*Mensch mit wuscheligen Haaren*) woolly-haired person

wuseln *vi* to bustle about

wussteRR, **wußte** *imp von* **wissen**

Wust¹ <-[e]s> *m kein pl* (*fam*) pile; **ein ~ von Papieren** a pile of papers; **ein ~ von Problemen** (*fig*) a load of problems

Wust² *f kein pl* SCHWEIZ *Akr von* **Warenumsatzsteuer** *s.* **Umsatzsteuer**

wüst I. *adj* ① (*öde*) waste, desolate; **~e Einöde** desolate [*or* desert] wasteland; **eine ~e Gegend** a wasteland ② (*fig: wild, derb*) vile, rude; **ein ~er Kerl** a rude bloke; **~es Treiben** chaos; **~e Lieder singen** to sing rude songs ③ (*fam: unordentlich*) hopeless, terrible; **ein ~es Durcheinander** a hopeless [*or* terrible] mess; **~ aussehen** to look a real mess; **eine ~e Frisur** wild hair **II.** *adv* vilely, terribly; **jdn ~ beschimpfen** to use vile language to sb

Wüste <-, -n> *f* desert, wasteland *fig;* **die ~ Gobi** the Gobi Desert; **in eine ~ verwandeln** (*fig*) to turn into a wilderness ▶ WENDUNGEN: **jdn in die ~ schicken** (*fam*) to send sb packing *fam*

Wüstenklima *nt kein pl* desert climate **Wüstensand** *m* desert sand

Wut <-> *f kein pl* fury, rage; **voller ~** furiously; **seine ~ an jdm/etw auslassen** to take one's anger out on sb/sth; **eine ~ bekommen** to get into [such] a rage, to become furious; **jdn in ~ bringen** to make sb furious, to infuriate sb; **in ~ geraten** to get [*or* fly] into a rage; **eine ~ [auf jdn] haben** (*fam*) to be furious [with sb]; ***ich habe vielleicht eine ~!*** I am so furious!; **vor ~ kochen** to seethe with rage [*or* anger]; **eine ~ im Bauch haben** (*fam*) to seethe with anger, to be hopping mad *fam*

Wutanfall *m* fit of rage; (*Kind*) tantrum; **einen ~ bekommen** [*o fam* **kriegen**] to throw a tantrum

wüten *vi* to rage; *Sturm* to cause havoc; ***der Sturm hat hier ganz schön gewütet*** the storm has caused havoc here; **gegen die Obrigkeit** ~ to riot against authority

wütend I. *adj* (*äußerst zornig*) furious, enraged; **ein ~es Raubtier** an enraged predator; **mit ~em Ge-**

heul/Geschrei crying/screaming furiously; **in ~er Raserei** in a wild frenzy; **jdn ~ machen** to make sb mad; **~ auf/über jdn ~ sein** to be furious with sb; **~ über etw** *akk* **sein** to be furious about sth; ***meine Frau ist ~, weil ich sie versetzt habe*** my wife is furious because I stood her up; (*erbittert, sehr heftig*) fierce; **ein ~er Kampf** a fierce battle **II.** *adv* furiously, in a rage

wutentbrannt *adv* in a fury

Wüterich <-s, -e> *m* (*pej veraltend*) brute

Wutgeheul *nt* roar of fury **wutschäumend** *adj* foaming at the mouth *pred* **wutschnaubend I.** *adj* snorting with rage **II.** *adv* in a mad fury

WWU <-> *f kein pl Abk von* **Wirtschafts- und Währungsunion** EMU

Wz *nt Abk von* **Warenzeichen** TM

X

X, x <-, -> *nt* ❶ (*Buchstabe*) X, x; **~ wie Xanthippe** X for Xmas BRIT, X as in X-ray AM; *s. a.* **A 1** ❷ (*unbekannter Namen*) x; **Herr/Frau ~** Mr/Mrs X; **der Tag X** the day X ❸ *mit Kleinschreibung* (*fam: eine unbestimmte Zahl*) x amount of; **~ Bücher** x number of books; ***ich habe sie schon ~-mal gefragt, aber sie antwortet nie*** I have already asked her umpteen times, but she never answers; MATH (*unbekannter Wert*) x; **eine Gleichung nach ~ auflösen** to solve an equation for x ▶ WENDUNGEN: **jdm ein ~ für ein U vormachen wollen** (*fam*) to pull one over on sb *fam;* **sich** *dat* **kein ~ für ein U vormachen lassen** (*fam*) to not be easily fooled

x-Achse [ks] *f* x-axis

Xanthippe <-, -n> *f* (*pej fam*) shrew *dated*

X-Beine *pl* knock-knees *pl;* **~ haben** to be knock-kneed, to toe in

x-beinig *adj* knock-kneed

x-beliebig I. *adj* (*fam*) any old *fam;* **jeder X~e** anyone, any old person *fam;* ***es kann nicht jeder X~e hier Mitglied werden*** we/they don't let just anybody become a member here **II.** *adv* (*fam*) as often as one likes; **etw ~ verwenden** to use sth as many times as one likes

X-Chromosom *nt* X-chromosome

Xenon <-s> *nt kein pl* xenon *no pl*

xenophob *adj* (*geh*) xenophobic

x-fach I. *adj* (*fam*) umpteen *fam;* **zum ~en Mal** for the umpteenth time; **die ~e Menge** MATH n times the amount **II.** *adv* (*fam*) umpteen times

x-fache(s) *nt kein pl, decl wie adj* (*fam*) n times more; ***in einer anderen Firma könnte ich das ~ verdienen*** I could earn n times as much in another company; **um das ~** [*o* **ein ~s**] **größer/schneller/weiter sein** to be n times as big/fast/far away

x-mal *adv* (*fam*) umpteen times *fam*

x-te(r, s) *adj* (*fam*) ■**der/die/das ~** the umpteenth; **beim ~n Mal** after the umpteenth time; **zum ~n Mal** for the umpteenth time

Xylophon <-s, -e> *nt,* **Xylofon** <-s, -e> *nt* xylophone

Y

Y, y <-, – *o fam* -s, -s> *nt* Y, y; **~ wie Ypsilon** Y for Yellow BRIT, A as in Yoke AM; *s. a.* **A 1**

y-Achse *f* y-axis

Yacht <-, -en> *f s.* **Jacht**

Yak <-s, -s> *nt* ZOOL yak

Yamsbohne *f* yam bean, potato bean

Y-Chromosom <-[e]s, -e> *nt* Y-chromosome

Yen <-[s], -[s]> *m* yen

Yeti <-s, -s> *m* yeti, the Abominable Snowman

Yoga <-[s]> *m o nt* yoga

Yoghurt <-s, -s> *m o nt s.* **Joghurt**

Yogi, Yogin <-s, -s> *m, f s.* **Jogi**

Yo-Yo <-s, -s> *nt s.* **Jo-Jo**

Ypsilon <-[s], -s> *nt* ❶ (*Buchstabe*) upsilon ❷ *s.* **Y**

Ytterbium <-s> *nt kein pl* ytterbium *no pl*

Yttrium <-s> *nt kein pl* yttrium *no pl*

Yucca <-, -s> *f* yucca

Yuppie <-s, -s> *m* yuppie

Z

Z, z <-, -> *nt* Z, z; **~ wie Zacharias** Z for [*or* AM as in] Zebra; *s. a.* **A 1**

Zabber <-s, -n> *m* KOCHK neck of beef

zack *interj* (*fam*) zap *fam;* ***bei ihr muss alles ~, ~ gehen*** for her everything has to be done chop-chop; **~, ~!** chop-chop! *fam*

Zack <-s> *m kein pl* **jdn auf ~ bringen** (*fam*) to make sb get a move on, to get sb to get their skates on BRIT *fam;* **etw auf ~ bringen** (*fam*) to knock sth into shape *fam;* **auf ~ sein** (*fam: gewitzt sein*) to be on the ball *fam;* (*bestens funktionieren*) to be in good shape

Zacke <-, -n> *f* point; (*vom Kamm, Sägeblatt*) tooth; *Berg* peak; *Gabel* prong

Zacken <-s, -> *m* DIAL *s.* **Zacke** ▶ WENDUNGEN: **sich** *dat* **keinen ~ aus der Krone brechen** (*fam*) to not lose face by doing sth; **einen [ganz schönen] ~ draufhaben** (*fam*) to go like crazy [*or* BRIT the clappers] *fam;* **jdm bricht** [*o* **fällt**] **kein ~ aus der Krone** (*fam*) sb won't lose face, it won't tarnish sb's glory

Zackenbarsch *m* ZOOL, KOCHK grouper **Zackenkorkenzieher** *m* pronged cork remover **Zackenschaber** *m* jagged-edged scraper

zackig *adj* ❶ (*gezackt*) jagged; **ein ~er Stern** a pointed star; **ein ~er Rand** a jagged edge ❷ (*fam: schmissig*) upbeat *fam;* **~e Bewegungen** brisk movements; **~e Musik** upbeat music ❸ (*veraltend fam: schneidig*) smart; **ein ~er junger Mann** a smart young man

zaghaft *adj* timid; **~e Bewegungen machen** to make timid movements

Zaghaftigkeit *f* timidity

zäh I. *adj* ❶ (*eine feste Konsistenz aufweisend*) tough; **ein ~es Stück Fleisch** a tough piece of meat; **~ wie Leder** (*fam*) tough as old boots ❷ (*zähflüssig*) glutinous; **ein ~er Saft** a glutinous [*or* thick] juice ❸ (*hartnäckig, schleppend*) tenacious; **ein ~es Gespräch** a dragging conversation; **~e Verhandlungen** tough negociations **II.** *adv* tenaciously

Zäheit <-> *f kein pl s.* **Zähheit**

zähflüssig *adj* glutinous, thick; **~er Verkehr** (*fig*) slow-moving traffic

Zähflüssigkeit *f kein pl* thickness, viscosity *form; Verkehr* slow-moving

ZähheitRR <-> *f kein pl* toughness, tenacity

Zähigkeit <-> *f kein pl* tenacity *no pl,* toughness *no pl;* ***die Verhandlungen wurden mit Ausdauer und großer ~ geführt*** the negociations were tough and long-drawn out

Zahl <-, -en> *f* ❶ MATH number, figure; **ganze/gerade/ungerade ~** whole/even/uneven number; **eine vierstellige ~** a four figure number; **Kopf oder ~** heads or tails; **~en addieren/subtrahieren** to add/

subtract numbers; ~**en** [**miteinander**] **multiplizieren**/ [**durcheinander**] **dividieren** to multiply numbers [by numbers]/divide numbers [by numbers] ② *pl* (*Zahlenangaben*) numbers; (*Verkaufszahlen*) figures; **arabische/römische** ~**en** Arabic/Roman numerals; **in die roten/schwarzen** ~**en geraten** [*o* **kommen**] to get into the red/black ③ *kein pl* (*Anzahl*) number; **die** ~ **der Besucher** the number of visitors; **in großer/größerer** ~ in great/greater numbers; **in voller** ~ with a full turn-out ④ LING (*Numerus*) number

! Tipp Die Null heißt **zero** und in Großbritannien auch **nought**; die Eins wird handschriftlich als einfacher Strich geschrieben: **I** die Sieben wird ohne kleinen Querstrich geschrieben: **7** Dadurch kann es passieren, dass unsere Eins als eine Sieben gelesen wird. In den USA lässt man nach **hundred** oft das **and** weg, z. B. **one hundred twenty**. Eine Milliarde heißt jetzt auch in Großbritannien **one billion**. Im Englischen werden Tausender mit einem Komma gegliedert – im Deutschen mit einem Punkt. Dagegen werden Dezimalzahlen mit einem Punkt gegliedert, z. B. **2.4** (gesprochen **two point four**) **metres**. Bei Währungsangaben folgt die Zahl direkt nach dem Währungszeichen, also ohne Freizeichen, z. B. **$32.50** (gesprochen **thirty-two dollars fifty**).

zahlbar *adj* (*geh*) payable; ~ **bei Erhalt/innerhalb von 14 Tagen/nach Lieferung** payable upon receipt/within 14 days/upon delivery; **in Raten** [*o* **Teilbeträgen**] ~ **sein** to be payable in installments

zählebig *adj* hardy, tough

zahlen I. *vt* ① (*be~*) ■ [**jdm**] **etw** [**für etw** *akk*] ~ to pay [sb] sth [for sth]; **seine Miete/Schulden** ~ to pay one's rent/debts; **das Hotelzimmer/Taxi** ~ (*fam*) to pay for a hotel room/taxi ② (*Gehalt auszahlen*) ■ [**jdm**] **etw** ~ to pay [sb] sth II. *vi* ① (*Gehalt auszahlen*) [**gut/besser/schlecht**] ~ to pay [well/more/badly] ② (*bezahlen*) ■ **für etw** *akk* ~ to pay for sth; ***bitte ~ Sie an der Kasse*** please pay at the till [*or* AM register]; [**bitte**] ~! [can I/we have] the bill please! ③ (*Unterhalt entrichten*) ■ **für jdn** ~ to pay for sb

zählen I. *vt* ① (*addieren*) ■ **etw** ~ to count sth; **das Geld auf den Tisch** ~ to count the money on the table ② (*geh: Anzahl aufweisen*) ■ **etw** ~ to number *form* sth, to have sth; ***der Verein zählt 59 Mitglieder*** the club has [*or* numbers] 59 members ③ (*geh: dazurechnen*) ■ **jdn/sich zu etw** *dat* ~ to regard sb/oneself as belonging to sth II. *vi* ① (*Zahlen aufsagen*) **bis zehn** ~ to count to ten ② (*addieren*) [**richtig/langsam**] ~ to count [correctly/slowly]; **falsch** ~ to miscount ③ (*gehören*) ■ **zu jdm/etw** ~ to belong to sb/sth; ***er zählt zu den zehn reichsten Männern der Welt*** he is one of the ten richest men in the world ④ (*sich verlassen*) ■ **auf jdn/etw** ~ to count [*or* rely] on sb/sth; ***auf mich können Sie ~!*** you can count on me! ⑤ (*wert sein*) to count; ***der Sprung zählte nicht*** that jump didn't count; (*Bedeutung haben*) to count

Zahlenangabe *f* figure; **genaue** ~**n machen** to give [*or* quote] exact figures **Zahlenfolge** *f* numerical sequence **Zahlengedächtnis** *nt* memory for numbers **Zahlenkombination** *f* combination of numbers

zahlenmäßig I. *adj* numerical; ~**e Unterlegenheit** numerical disadvantage II. *adv* (*an Anzahl*) in number; ***Frauen waren auf der Versammlung ~ sehr schwach vertreten*** at the meeting women were few in number; (*in Zahlen*) in numbers [*or* figures]; **etw** ~ **ausdrücken** to express sth in numbers; ~ **überlegen sein** to have a numerical advantage

Zahlenmaterial *nt kein pl* figures *pl*; **das** ~ **analysieren** to analyse [*or* AM -ze] the figures **Zahlenreihe** *f s.* Zahlenfolge **Zahlenschloss**RR *nt*, **Zahlenschloß** *nt* combination lock

Zahler(in) <-s, -> *m(f)* payer; **ein pünktlicher/säumiger** ~ a prompt/defaulting payer

Zähler <-s, -> *m* ① MATH numerator ② TECH meter

Zähler(in) *m(f)* (*Teilnehmer einer Zählung*) *official conducting traffic census*

Zählerablesung *f* meter reading **Zählerstand** *m* meter reading

Zahlkarte *f* giro transfer form

zahllos *adj* (*euph*) countless

Zahlmeister(in) *m(f)* purser; (*MIL*) paymaster

zahlreich I. *adj* ① (*sehr viele*) numerous ② (*eine große Anzahl*) large; ***ein ~es Publikum war erschienen*** a large audience had come II. *adv* (*in großer Anzahl*) ~ ***erscheinen/kommen,*** to appear/come in large numbers

Zahlstelle *f* cashier **Zahltag** *m* payday

Zahlung <-, -en> *f* ① (*gezahlter Betrag*) payment ② (*das Bezahlen*) payment; **eine** ~/~**en** [**an jdn**] **leisten** (*geh*) to make a payment [to sb]; ~ ***erfolgte in bar*** (*geh*) payment was made in cash; [**jdm**] **etw** [**für etw** *akk*] **in** ~ **geben** to give [sb] sth in part-exchange [for sth]; **etw** [**von jdm**] [**für etw** *akk*] **in** ~ **nehmen** to take sth [from sb] in part-exchange [for sth]; (*als Zahlungsmittel akzeptieren*) to accept sth [from sb] as payment [for sth]; **die** ~**en einstellen** (*euph*) to go bankrupt

Zählung <-, -en> *f* count; **eine** ~ **durchführen** to carry out a census; (*Verkehrs~*) traffic census; (*Volks~*) census

Zahlungsabkommen *nt* payment agreement **Zahlungsanweisung** *f* giro transfer order **Zahlungsart** *f* mode [*or* method] of payment **Zahlungsaufforderung** *f* request for payment **Zahlungsaufschub** *m extension* (*of payment due date*) **Zahlungsauftrag** *m* payment order **Zahlungsbedingungen** *pl* terms *pl* [of payment] **Zahlungsempfänger(in)** *m(f)* payee **zahlungsfähig** *adj* solvent **Zahlungsfähigkeit** *f kein pl* solvency **Zahlungsfrist** *f period allowed for payment*

zahlungskräftig *adj* (*fam*) wealthy; **ein** ~**er Kunde** a wealthy client

Zahlungsmittel *nt* means of payment + *sing vb;* **gesetzliches** ~ legal tender **Zahlungsmoral** *f kein pl* ÖKON paying habits *pl* **zahlungspflichtig** *adj inv* liable to pay **Zahlungstermin** *m* date for payment **zahlungsunfähig** *adj* insolvent, unable to pay **Zahlungsunfähigkeit** *f* insolvency, inability to pay **Zahlungsverkehr** *m* payment transactions *pl;* **im bargeldlosen** ~ payment by money transfer **Zahlungsverpflichtung** *f meist pl* financial commitment[s *pl*], obligation to pay; **seinen** ~**en** [**nicht**] **nachkommen** to [not] honour [*or* AM -or] one's financial commitments **Zahlungsweise** *f* mode [*or* method] of payment **Zahlungsziel** *nt* payment period

Zählwerk *f* counter

Zahlwort <-wörter> *nt* numeral

zahm *adj* ① (*zutraulich*) tame ② (*fam: gefügig*) tame; **eine** ~**e Schulklasse** an obedient class; (*gemäßigt*) moderate; ~**e Kritik üben** to offer mild criticism; ~**en Widerstand leisten** to put up slight opposition

zähmbar *adj* tam[e]able

zähmen *vt* ① (*zahm machen*) ■ **ein Tier** ~ to tame an animal; ■ **gezähmt** tamed ② (*geh: zügeln*) ■ **etw/sich** ~ to control sth/oneself

Zähmung <-, -en> *f* taming

Zahn <-[e]s, Zähne> *m* ① (*Teil des Gebisses*) tooth; **die dritten Zähne** (*hum*) false teeth; **die ersten Zähne** milk [*or* AM *a.* baby] teeth; **falsche** [*o* **künstliche**] **Zähne** false teeth *fam,* artificial dentures; **fauler** ~ rotten tooth; **vorstehende Zähne** protruding [*or* goofy] teeth *fam,* overbite; **die zweiten Zähne** one's second set of teeth, adult teeth; **einen Zahn/Zähne bekommen** [*o fam* **kriegen**] to cut a tooth/be teething; **jdm die Zähne einschlagen** (*fam*) to smash sb's face in *fam;* **mit den Zähnen klappern** one's teeth chatter; **mit den Zähnen knirschen** to grind one's teeth; **jdm/sich die Zähne putzen** to brush sb's/one's teeth; **die Zähne zeigen** to show [*or* bare] one's teeth; **sich** *dat* [**von jdm**] **einen** ~ **ziehen lassen** to have a tooth pulled [*or* extracted] [by sb]; **jdm einen/einen** ~ **ziehen** to pull sb's/a tooth ② (*Zacke*) tooth; *Blatt* point; *Zahnrad* cog ③ (*fam: hohe Geschwindigkeit*) **einen** ~ **drauf haben** (*fam*) to drive at a breakneck speed; **einen** ~ **zulegen** (*fam*) to step on it ④ (*sl: Mädchen, Frau*) **ein steiler** ~ (*veraltend fam*) a knockout *fam,* looker *dated* ▶ WENDUNGEN: **der** ~ **der Zeit** (*fam*) the ravages *pl* of time; **das reicht gerade für den hohlen** ~ that wouldn't keep a sparrow alive; **lange Zähne machen** (*fam*) to pick at one's food; **sich** *dat* **an jdm/etw die Zähne ausbeißen** to have a tough time of it with sb/sth; **bis an die Zähne bewaffnet sein** (*fam*) to be armed to the teeth *fam;* **jdm auf den** ~ **fühlen** (*fam*) to grill sb *fam or sl;* [**jdm**] **die Zähne zeigen** (*fam*) to show one's teeth [to sb]; **jdm den** ~ **ziehen lassen** (*fam*) to put an idea right out of sb's head

Zahnarzt, -ärztin *m, f* dentist

Zahnarztbesuch *m* dentist appointment, visit to the dentist **Zahnarzthelfer(in)** *m(f)* dental nurse [*or* AM *a.* assistant] **Zahnarzthelferin** *f* dental nurse [*or* AM *a.* assistant]

zahnärztlich **I.** *adj* dental *attr* **II.** *adv* ~ **behandelt werden/sich** ~ **behandeln lassen** to have [*or* undergo] dental treatment

Zahnbehandlung *f* dental treatment **Zahnbelag** *m kein pl* plaque *no pl* **Zahnbrasse** *f* ZOOL, KOCHK dentex **Zahnbrücke** *f* bridge **Zahnbürste** *f* toothbrush **Zahncreme** *f* toothpaste

Zähnefletschen <-s> *nt kein pl* **unter** ~ while snarling **zähnefletschend** **I.** *adj attr* snarling **II.** *adv* snarling **Zähneklappern** *nt kein pl* chattering of teeth **zähneklappernd** **I.** *adj attr* teeth-chattering *attr* **II.** *adv* with one's teeth chattering **Zähneknirschen** *nt kein pl* grinding of one's teeth; **unter** ~ while gnashing one's teeth **zähneknirschend** *adv* gnashing one's teeth

zahnen *vi* to teethe

Zahnersatz *m* dentures *pl* **Zahnfleisch** *nt* gum[s *pl*] ▶ WENDUNGEN: **auf dem** ~ **gehen** [*o* **kriechen**] (*fam*) to be on one's last legs *fam* **Zahnfleischbluten** *nt kein pl* bleeding of the gums **Zahnfüllung** *f* filling **Zahnhals** *m* neck of the tooth **Zahnheilkunde** *f* (*geh*) *s.* **Zahnmedizin** **Zahnklammer** *f s.* **Zahnspange** **Zahnklinik** *f* dental clinic [*or* hospital] **Zahnkranz** *m* gear rim; *Fahrrad* sprocket **Zahnkrone** *f* crown **Zahnlaut** *m* LING dental [consonant]

zahnlos *adj* toothless

Zahnlücke *f* gap between the teeth **Zahnmedizin** *f kein pl* dentistry *no pl* **Zahnpasta** *f s.* **Zahncreme** **Zahnpflege** *f kein pl* dental hygiene **Zahnprothese** *f* dentures *pl* **Zahnputzglas** *nt* toothbrush glass

Zahnrad *nt* AUTO gear wheel; TECH cogwheel

Zahnradbahn *f* rack-railway, cog railway

Zahnschein *m* (*fam*) *dental voucher for free treatment* **Zahnschmelz** *m* [tooth] enamel **Zahnschmerzen** *pl* toothache *no pl* **Zahnseide** *f* dental floss **Zahnspange** *f* braces *pl* **Zahnspülung** *f* ① MED (*Spülung der Zähne bzw. des Munds*) rinse ② MED, PHARM (*Mundwasser*) mouthwash, mouth rinse **Zahnstein** *m kein pl* tartar *no pl* **Zahnstocher** <-s, -> *m* toothpick **Zahnstummel** *m* stump **Zahntechniker(in)** *m(f)* dental technician **Zahnwal** *m* toothed whale **Zahnweh** *nt* (*fam*) *s.* **Zahnschmerzen** **Zahnwurzel** *f* root [of a tooth]

Zander <-s, -> *m* pike-perch

Zange <-, -n> *f* pliers *npl,* a pair of pliers; *Hummer, Krebs* pincer; MED forceps *npl;* (*für Zucker*) tongs *npl* ▶ WENDUNGEN: **jdn/etw nicht mit der** ~ **anfassen** to not touch sb/sth with a bargepole [*or* AM 10-foot pole] *fam;* **jdn in der** ~ **haben** (*fam*) to have sb right where one wants him/her *fam;* **jdn in die** ~ **nehmen** to give sb the third degree *fam;* SPORT to sandwich sb

Zank <-[e]s> *m kein pl* row, squabble, quarrel; ~ **und Streit** trouble and strife

Zankapfel *m* bone of contention *fig*

zanken **I.** *vi* ① (*streiten*) to quarrel, to row, to squabble; ■ **mit jdm** ~ to quarrel [*or* squabble] with sb ② DIAL (*schimpfen*) to scold; ■ **mit jdm** ~ to tell sb off **II.** *vr* (*sich streiten*) ■ **sich** *akk* [**um etw** *akk*] ~ to quarrel [*or* row] [*or* squabble] [over/about sth]

zänkisch *adj* quarrelsome; **ein ~es altes Weib** an argumentative [*or* nagging] old woman

Zäpfchen <-s, -> *nt* ① *dim von* **Zapfen** small plug ② ANAT uvula ③ MED (*Medikamentenform*) suppository

zapfen *vt* to draw sth, to tap sth; ■ **etw** ~ ***hier wird Bier auch noch vom Fass gezapft*** they have draught beer [*or* beer on tap] here

Zapfen <-s, -> *m* ① BOT (*Fruchtstand*) cone ② (*Eis~*) icicle ③ (*länglicher Holzstöpsel*) spigot, bung ④ ANAT cone

Zapfenstreich *m* ① (*Ende der Ausgehzeit*) ***um 22 Uhr ist ~!*** lights out at 10! ② (*Signal*) last post BRIT, taps AM; **den** ~ **blasen** to sound the last post; **der Große** ~ the Ceremonial Tattoo

Zapfenzieher <-s, -> *m* SCHWEIZ *s.* **Korkenzieher**

Zapfhahn *m* tap **Zapfpistole** *f* petrol [*or* AM gas] nozzle **Zapfsäule** *f* petrol [*or* AM gas] pump

zapp(e)lig *adj* (*fam*) ① (*sich unruhig bewegend*) fidgety; **ein ~es Kind** a fidgety [*or* restless] child ② (*voller Unruhe*) ■ [**ganz**] ~ [**vor etw** *dat*] **sein** to be [all] restless [*or* fidgety] [with sth]

zappeln *vi* to wriggle ① (*fam: sich unruhig bewegen*) **an der Angel/im Netz** ~ to wriggle on the fishing rod/in the net ② ■ [**mit etw** *dat*] ~ to fidget [with sth] ▶ WENDUNGEN: **jdn** ~ **lassen** (*fam*) to keep sb in suspense

Zappelphilipp <-s, -e *o* -s> *m* (*fig fam*) fidget *fam*

zappen *vi* TV (*sl*) to channel-hop *fam,* AM *a.* to zap *fam*

zappenduster *adj* (*fam: völlig dunkel*) pitch-black [*or* dark]; **eine ~e Nacht** a pitch-black night; **mit etw** *dat* **sieht es** ~ **aus** (*fig*) things are looking grim for sth *fam,* It's not looking too good for sth *fam*

Zapping <-s> *nt kein pl* TV (*sl*) channel-hopping *no pl fam,* AM *a.* zapping *no pl fam*

zapplig *adj s.* **zappelig**

Zar(in) <-en, -en> *m(f)* tsar, czar

Zarge <-, -n> *f* (*fachspr*) ① (*Tür~*) frame ② (*Gehäuseteil*) case, casing; *Plattenspieler* plinth

Zarin <-, -nen> *f fem form von* **Zar**

zart *adj* ① (*mürbe*) tender; **~es Fleisch/Gemüse** tender meat/vegetable; **~es Gebäck** delicate biscuits/cakes ② (*weich und empfindlich*) soft, delicate; **im ~en Alter von zehn Jahren** at the tender age of ten; **ein ~es Geschöpf** a delicate creature; **~e Haut** soft skin; **eine ~e Pflanze** a delicate plant; ~ **besaitet**

sein to be highly strung; ~ **fühlend** (*taktvoll*) tactful; (*empfindlich*) sensitive; ~ **fühlende Gemüter** sensitive souls ③ (*mild, dezent*) mild; **eine ~e Berührung** a gentle touch; **ein ~es Blau** a delicate [*or* soft] blue; **ein ~er Duft** a delicate perfume; **eine ~e Andeutung** a gentle hint

zartbitter *adj* plain, dark **Zartbitterschokolade** *f* dark chocolate; (*zum Kochen*) plain chocolate **zartblau** *adj* pastel blue

Zartgefühl <-[e]> *nt kein pl* (*geh*) ① (*ausgeprägtes Einfühlungsvermögen, Taktgefühl*) delicacy ② (*selten: Empfindlichkeit*) sensitivity

zartgelb *adj* pastel yellow **zartgrün** *adj* pastel green

Zartheit <-> *f kein pl* tenderness *no pl; Gebäck* delicateness *no pl,* softness *no pl; s. a.* **zart**

zärtlich I. *adj* ① (*liebevoll*) tender, affectionate; **~e Küsse** tender kisses; ~ **werden** (*euph*) to come on strong [to sb] *fam,* to start to caress sb ② (*geh: fürsorglich*) solicitous; **ein ~er Ehemann** an affectionate husband II. *adv* tenderly, affectionately

Zärtlichkeit <-, -en> *f* ① *kein pl* (*zärtliches Wesen*) tenderness *no pl,* affection; **voller** ~ tenderly ② *pl* (*Liebkosung*) caresses *pl;* (*zärtliche Worte*) tender words *pl;* **jdm ~en ins Ohr flüstern** to whisper sweet nothings in sb's ear ③ *kein pl* (*geh: Fürsorglichkeit*) solicitousness; **jdn mit der größten ~ behandeln** to treat sb solicitously

ZASt <-> *f kein pl s.* **Zinsabschlagsteuer**

Zaster <-s> *m kein pl* (*sl*) dough *sl,* loot *sl,* dosh BRIT *sl,* lolly BRIT *fam*

Zäsur <-, -en> *f* (*geh: Einschnitt*) break [with tradition]; LIT, MUS caesura

Zauber <-s, -> *m* ① (*magische Handlung*) magic; (*~trick*) magic trick; **fauler** ~ (*fam*) humbug *fam;* **einen ~ anwenden** to cast a spell; **einen ~ aufheben** [*o* **lösen**] to break a spell; (*magische Wirkung*) spell ② *kein pl* (*Faszination, Reiz*) magic, charm; **der ~ der Liebe** the magic of love; **etw übt einen ~ auf jdn aus** sth holds a great fascination for sb; **der ~ des Verbotenen** the fascination of what is forbidden ③ *kein pl* (*fam: Aufhebens*) palaver; **einen großen ~ veranstalten** to make a great fuss; (*Kram*) stuff; **der ganze ~** (*fam*) the whole lot *fam*

Zauberei <-, -en> *f* ① *kein pl* (*Magie*) magic ② *s.* **Zauberkunststück**

Zauberer, Zauberin <-s, -> *m, f* ① (*Magier*) sorcerer; (*masc*) sorceress; (*fem*) wizard ② (*Zauberkünstler*) magician

Zauberformel *f* ① (*magische Formel*) magic formula ② (*Patentmittel*) magic formula

zauberhaft *adj* charming, enchanting; **ein ~es Kleid** a gorgeous dress; **ein ~ Abend/Urlaub** a splendid [*or* magnificent] evening/holiday

Zauberin <-, -nen> *f fem form von* **Zauberer**

Zauberkünstler(in) *m(f)* magician, conjurer **Zauberkunststück** *nt* magic trick **Zauberlehrer(in)** *m(f) sb who teaches conjuring tricks* **Zauberlehrgang** *m* conjuring course **Zauberlehrling** *m* magician's pupil

zaubern I. *vt* ① (*erscheinen lassen*) ■**etw** *akk* **aus etw** *dat* ~ to conjure sth from sth; **einen Hasen aus einem Hut** ~ to pull a rabbit out of a hat ② (*a. fam: schaffen*) ■**etw** ~ to conjure up sth II. *vi* (*Magie anwenden*) to perform [*or* do] magic; (*Zauberkunststücke vorführen*) to do magic tricks

Zauberschule *f* conjuring school **Zauberspruch** *m* magic spell **Zauberstab** *m* magic wand **Zaubertrank** *m* magic potion **Zaubertrick** *m s.* **Zauberkunststück** **Zauberwort** *nt* ① (*magisches Wort*) magic word; ***wie heißt das ~?*** (*fig*) what's the magic word? *fig* ② *s.* **Zauberformel 2**

Zauderer, Zauderin <-s, -> *m, f* irresolute person, ditherer

zaudern *vi* to hesitate, to be irresolute; ■**mit etw** *dat* ~ to hesitate with sth; ■**~, etw zu tun** to hesitate to do sth; **ohne zu** ~ without hesitation [*or* vaccilation]

Zaudern <-s> *nt kein pl* hesitation *no pl*

Zaum <-[e]s, Zäume> *m* bridle; **einem Pferd den ~ anlegen** to bridle a horse, to put a bridle on a horse; **etw/jdn/sich in** [*o* **im**] ~ **halten** (*fig*) to keep sth/sb/oneself in check, to keep a tight rein on sth/sb/oneself

zäumen *vt* ■**ein Tier** ~ to bridle an animal

Zaumzeug <-[e]s, -e> *nt* bridle

Zaun <-[e]s, Zäune> *m* fence ▶ WENDUNGEN: **etw vom ~ brechen** to provoke sth; **einen Streit/eine Auseinandersetzung vom ~ brechen** to pick a fight/start an argument

Zaungast <-gäste> *m uninvited spectator* **Zaunkönig** *m* wren **Zaunpfahl** *m* [fence] post

zausen I. *vt* ■**etw** ~ to tousle [*or* ruffle] sth; **jdm das Haar** ~ to tousle sb's hair II. *vi* ■**in/an etw** *dat* ~ to play with sth; **an jds Ohren** ~ to play with sb's ears

z. B. *Abk von* **zum Beispiel** e.g.

ZDF <-s> *nt Abk von* **Zweites Deutsches Fernsehen** *second public service television station in Germany*

Zebra <-s, -s> *nt* zebra

Zebrastreifen *m* zebra [*or* AM *a.* pedestrian] crossing

Zebu <-s, -s> *nt* zebu

Zeche[1] <-, -n> *f* MIN coal mine, *esp* BRIT colliery

Zeche[2] <-, -n> *f* (*Rechnung für Verzehr*) bill; **eine hohe ~ machen** to run up a large bill; **die ~ prellen** (*fam*) to leave without paying; **die ~ bezahlen müssen** to have to foot the bill

zechen *vi* (*hum*) to booze *fam,* to booze it up *fam,* to have a booze-up BRIT *fam,* to go on the piss BRIT *sl*

Zecher(in) <-s, -> *m(f)* boozer *fam*

Zechgelage *nt* binge, booze-up BRIT *fam* **Zechkumpan(in)** *m(f)* (*fam*) drinking-mate BRIT *fam,* drinking-buddy AM *fam* **Zechpreller(in)** <-s, -> *m(f)* walk-out (*person who leaves without paying the bill*) **Zechprellerei** <-, -en> *f* walking out (*leaving without paying the bill*)

Zeck <-[e]s, -en> *m* ÖSTERR (*fam*), **Zecke** <-, -n> *f* tick

Zeckenbiss[RR] *m,* **Zeckenbiß** *m* tick bite **Zeckenimpfung** *f* vaccination for tick bites

Zeder <-, -n> *f* ① BOT cedar ② *kein pl* (*Zedernholz*) cedar[wood]

Zedernholz *nt* cedarwood

Zeh <-s, -en> *m,* **Zehe** <-, -n> *f* ① ANAT toe; **großer/kleiner** ~ big/little toe; **sich** *akk* **auf die ~en stellen** to stand on tiptoes; **jdm auf die ~n treten** (*fig fam*) to tread on sb's toes *fig fam* ② GASTR (*Knoblauchzehe*) clove

Zehennagel *m* toenail **Zehenspitze** *f* tip of the toe; **auf [den] ~n** on tiptoe; **auf [den] ~n gehen** to tiptoe, to walk on tiptoe; **auf die ~n stellen** to stand on tiptoe

zehn *adj* ten; *s. a.* **acht**[1]

Zehn <-, -en> *f* ① (*Zahl*) ten ② KARTEN ten; *s. a.* **Acht**[1] **4** ③ (*Verkehrslinie*) ■**die** ~ the [number] ten

zehnbändig *adj* in ten volumes

Zehner <-s, -> *m* ① (*fam: Zehnpfennigstück*) a tenpfennig piece; (*Zehnmarkschein*) ten-mark note ② MATH (*Zahl zwischen 10 und 90*) ten; **die Einer und die ~ addieren** to add the ones and the tens

Zehnerkarte *f* TRANSP ten-journey ticket; TOURIST ten-visit ticket

zehnerlei *adj inv, attr* ten [different]; *s. a.* **achterlei**

Zehnerpackung *f* packet of ten

zehnfach, 10fach I. *adj* tenfold II. *adv* tenfold, ten times over

Z

Zehnfache, **10fache** *nt decl wie adj* ten times as much/many; *s. a.* **Achtfache**

Zehnfingersystem <-s> *nt kein pl* TYPO touch-typing method **zehnjährig**, **10-jährig**^{RR} *adj* ① *(Alter)* ten-year-old *attr,* ten years old *pred; s. a.* **achtjährig 1** ② *(Zeitspanne)* ten-year *attr; s. a.* **achtjährig 2** **Zehnjährige(r)**, **10-Jährige(r)**^{RR} *f(m) decl wie adj* ten-year-old **Zehnkampf** *m* decathlon **Zehnkämpfer(in)** *m(f)* decathlete

zehnmal, **10-mal**^{RR} *adv* ten times; *s. a.* **achtmal**

Zehnmarkschein *m* ten-mark note [*or* AM *usu* bill] **Zehnmeterbrett** *nt* ten-metre [*or* AM -er] board

zehnstöckig *adj inv* ten-storey [*or* AM -story] *attr,* with ten storeys **zehnstündig**, **10-stündig**^{RR} *adj* ten-hour *attr; s. a.* **achtstündig**

zehnt *adv* ■ **zu ~ sein** to be a party of ten

zehntägig, **10-tägig**^{RR} *adj* ten-day *attr*

zehntausend *adj* ① *(Zahl)* ten thousand; *s. a.* **tausend 1** ② ■ **sehr viele,** ■ **Z~e von ...** tens of thousands of ...; **die oberen Z~** *(fam o fig)* the top ten thousand ③ *(fam: 10.000 DM)* ten grand *no pl,* ten thou *no pl sl,* ten G's [*or* K's] *no pl* AM *sl*

zehnte(r, s) *adj* ① *(nach dem neunten kommend)* tenth; **die ~ Klasse** [*o fam* **die ~**] fourth year *(secondary school),* fourth form [*or* AM grade]; *s. a.* **achte(r, s) 1** ② *(Datum)* tenth, 10th; *s. a.* **achte(r, s) 2**

Zehnte(r) *f(m) decl wie adj* ① *(Person)* tenth; *s. a.* **Achte(r) 1** ② *(bei Datumsangaben)* ■ **der ~** [*o geschrieben* **der 10.**] the tenth *spoken,* the 10th *written; s. a.* **Achte(r) 2** ③ HIST ■ **der ~** tithe

zehntel *adj* tenth

Zehntel <-s, -> *nt o* SCHWEIZ *m* ■ **ein ~** a tenth; *s. a.* **Achtel**

zehntens *adv* tenth[ly], in [the] tenth place

zehren *vi* ① *(erschöpfen, schwächen)* ■ **an jdm/etw ~** to wear sb/sth out; **an jds Nerven/Gesundheit ~** to ruin sb's nerves/health ② *(sich ernähren)* ■ **von etw** *dat* **~** to live on [*or* off] sth; **von seinen Erinnerungen ~** *(fig)* to live in the past

Zeichen <-s, -> *nt* ① *(Symbol)* symbol; **chemische ~** chemical symbols; *(Notations~)* symbol; *(Schrift~)* character; *(Satz~)* punctuation mark ② *(Markierung)* sign; **ein ~ auf** *akk* **etw** [*o* **in**] **machen** to make a mark on sth; **sein ~ unter ein Schriftstück setzen** to put one's [identification] mark at the end of a text; **die Forscher fanden viele seltsame ~** the researchers found many strange marks; **seines/ihres ~s** *(hum veraltend)* by trade ③ *(Hinweis)* sign; *(Symptom)* symptom; **ein untrügliches/sicheres/schlechtes ~** a[n] unmistakable/sure/bad sign; **wenn nicht alle ~ trügen** if I'm/we're not completely mistaken; **die ~ der Zeit erkennen** [*o* **richtig zu deuten wissen**] to recognise the mood of the times; ***es geschehen noch ~ und Wunder*** *(hum, fig)* wonders will never cease *hum* ④ *(Signal)* signal; **jdm ein ~ geben** [*o* **machen**] to give sb a signal; **sich** *akk* **durch ~ verständigen** to communicate using signs; **das ~ zu etw** *dat* **geben** to give the signal to do sth; **ein ~ setzen** to set an example; **die ~ stehen auf Sturm** *(fig)* there's trouble ahead; *(Ausdruck)* expression; **als/zum ~ einer S.** *gen* as an expression [*or* indication] of sth; **zum ~, dass** to show that ⑤ ASTROL *(Stern~)* sign; **im ~ einer S.** *gen* **geboren sein** to be born under the sign of sth

Zeichenblock <-blöcke *o* -blocks> *m* sketch pad **Zeichenbrett** *nt* drawing board **Zeichendreieck** *nt* setsquare BRIT, triangle AM

Zeichenerklärung *f* key; *(Landkarte)* legend

Zeichenfeder *f* pen for drawing **Zeichenlehrer(in)** *m(f)* art teacher **Zeichenpapier** *nt* drawing paper **Zeichensaal** *m* art room

Zeichensetzung <-> *f kein pl* punctuation **Zeichensprache** *f* sign language

Zeichentrickfilm *m* cartoon, animated film *form* **Zeichenunterricht** *m* art [lesson]

zeichnen I. *vt* ① KUNST, ARCHIT ■ **jdn/etw ~** to draw sb/sth; **eine Landschaft ~** to draw a landscape; **einen Akt ~** to draw a nude; **einen Grundriss ~** to draw an outline ② *(schriftlich anerkennen)* ■ **etw ~** to subscribe for sth; **Aktien ~** to subscribe for shares; **einen Scheck ~** to validate a cheque ③ *(mit Zeichen versehen)* to mark; **Wäsche ~** to mark the laundry; **von einer Krankheit gezeichnet sein** *(fig)* to be scarred by an illness *fig* **II.** *vi* ① KUNST ■ [**mit etw** *dat*] **~** to draw [with sth]; ■ **an etw** *dat* **~** to draw sth ② *(geh: verantwortlich sein)* **für etw** *akk* [**verantwortlich**] **~** to be responsible for sth

Zeichnen <-s> *nt kein pl* ① *(Anfertigung einer Zeichnung)* drawing ② *(Zeichenunterricht)* art lesson ③ *(schriftliches Anerkennen)* validation

Zeichner(in) <-s, -> *m(f)* ① KUNST draughtsman *masc,* AM *a.* draftsman *masc,* draughtswoman *fem,* AM *a.* draftswoman *fem;* **technischer ~/technische ~in** engineering draughtsman/draughtswoman ② FIN subscriber

zeichnerisch I. *adj* graphic; **~e Begabung/~es Können** talent/ability for drawing **II.** *adv* graphically; **etw ~ erklären** to explain sth with a drawing

Zeichnung <-, -en> *f* ① KUNST drawing; *(Entwurf)* draft, drawing; **eine ~** [**von jdm/etw**] **anfertigen** to make a drawing [of sb/sth] ② BOT, ZOOL *(farbige Musterung)* markings *pl* ③ FIN subscription

Zeigefinger *m* index finger, forefinger

zeigen I. *vt* ① *(deutlich machen)* ■ **jdm etw ~** to show sb sth; **jdm die Richtung/den Weg ~** to show sb the way ② *(vorführen)* ■ [**jdm**] **jdn/etw ~** to show [sb] sb/sth; **sich** *dat* **von jdm ~ lassen, wie etw gemacht wird** to get sb to show one how to do sth; **sich** *dat* **sein Zimmer ~ lassen** to be shown one's room; **zeig mal, was du kannst!** *(fam)* let's see what you can do! *fam;* **es jdm zeigen** *(fam)* to show sb ③ *(geh: erkennen lassen)* to show; **Wirkung ~** to have an effect; **Interesse/Reue ~** to show interest/regret; **seine Gefühle** [**nicht**] **~** to [not] show one's feelings; **guten Willen ~** to show good will; **Mut ~** to show courage **II.** *vi* ① *(deuten/hinweisen)* to point; **nach rechts/oben/hinten ~** to point right [*or* to the right]/upwards/to the back; **nach Norden ~** to point north [*or* to the north]; ■ **auf etw** *akk* **~** to point at sth; ***der Zeiger der Benzinuhr zeigt auf „leer"*** the needle on the fuel gauge reads "empty"; ■ [**mit etw** *dat*] **auf jdn/etw ~** to point [with sth] at sb/sth ② *(erkennen lassen)* ■ **~, dass** to show that, to be a sign that **III.** *vr* ① *(sich sehen lassen)* ■ **sich** *akk* [**jdm**] **~** show oneself [to sb]; **sich** *akk* **mit jdm ~** to let oneself be seen with sb; **sich** *akk* **in** [*o* **mit**] **etw** *dat* **~** to be seen in sth; ***komm, zeig dich mal!*** let me see what you look like ② *(erkennbar werden)* ■ **sich** *akk* **~** to appear; ***am Himmel zeigten sich die ersten Wolken*** the first clouds appeared in the sky ③ *(sich erweisen)* ■ **sich** *akk* [**als jd/irgendwie**] **~** to prove oneself [to be sb/somehow]; **sich** *akk* **befriedigt/erfreut/erstaunt ~** to be satisfied/happy/amazed; **sich** *akk* **von seiner besten Seite ~** to show oneself at one's best

Zeiger <-s, -> *m (Uhr~)* hand; **der große/kleine ~** the big/small [*or* little] hand; *(Messnadel)* needle, indicator

Zeigestock *m* pointer

Zeile <-, -n> *f* ① *(geschriebene Reihe)* line; **~ für ~** line for line; **jdm ein paar ~n schrieben** *(fam)* to drop sb a line; **bis zur letzten ~** to the last line; **zwischen den ~n lesen** to read between the lines ② *(Reihe)* row; **eine ~ von Bäumen/Häusern** a row of trees/houses

Zeilenabstand *m* line spacing **Zeilenhonorar** *nt* payment per line **Zeilenlänge** *f* length of a line

Zeisig <-s, -e> *m* ORN spinus, siskin

Zeit <-, -en> *f* ① (*verstrichener zeitlicher Ablauf*) time; **die genaue ~** the exact time; **westeuropäische ~** Greenwich Mean Time; **mitteleuropäische ~** Central European Time; **mit der ~** in time; **~ raubend** time-consuming; **~ sparend** time-saving; **etw ~ sparend tun** to save time in doing sth; **durch die ~ reisen** to travel through time; **die ~ totschlagen** (*fam*) to kill time *fam* ② (*Zeitraum*) time; **in jds bester ~** at sb's peak; **auf bestimmte ~** for a certain length of time; **Vertrag auf ~** fixed-term contract; **Beamter auf ~** *non-permanent civil servant;* **die ganze ~ [über]** the whole time; **in letzter ~** lately; **vor seiner ~ alt werden/sterben** to get old/die before one's time; **in nächster ~** in the near future; **auf unabsehbare ~** for an unforeseeable period, unforeseeably; **auf unbestimmte ~** for an indefinite period, indefinitely; **eine ganze/einige/längere ~ dauern** to take quite some/some/a long time; **~ gewinnen** to gain time; **[keine] ~ haben** to [not] have time; **~ haben, etw zu tun** to have the time to do sth; **zehn Minuten/zwei Tage ~ haben [, etw zu tun]** to have ten minutes/two days [to do sth]; ***haben Sie einen Augenblick ~?*** have you got a moment to spare?; **das hat noch ~** [*o* **mit etw hat es noch ~**] that/sth can wait, there's no rush [*or* hurry]; **sich [mit etw] ~ lassen** to take one's time [with sth]; **sich** *dat* **[mehr] ~ [für jdn/etw] nehmen** to devote [more] time [to sb/sth]; **~ schinden** (*fam*) to play for time; **jdm die ~ stehlen** (*fam*) to waste sb's time; **wie doch die ~ vergeht!** how time flies!; **keine ~ verlieren** to not lose any more time; **jdm/sich die ~ mit etw vertreiben** to help sb/one pass the time with sth; **jdn auf ~ beschäftigen/einstellen** to employ sb on a temporary basis; **jdm wird die ~ lang** sb is bored; **etw auf ~ mieten** to rent sth temporarily; **nach ~** by the hour ③ (*Zeitpunkt*) time; **zu gegebener ~** in due course; **feste ~en haben** to have set times; **jds ~ ist gekommen** (*euph geh*) sb's time has come *euph;* **zur gleichen ~** at the same time; **es ist** [*or* höchste] **~, etw zu tun** [*o* **wird**] it's [high] time to do sth; **es ist an der ~, etw zu tun** it's high time to do sth; **wenn es an der ~ ist** when the time is right; **zu nachtschlafender ~** in the middle of the night; **seit dieser/der ~** since then; **von ~ zu ~** from time to time; **zur ~** at the moment; **zu jeder ~** at any time; **zur rechten ~** at the right time; **alles zu seiner ~** all in good time ④ (*Epoche, Lebensabschnitt*) time, age; **mit der ~ gehen** to move with the times; **die ~ der Aufklärung** the age of enlightenment; **... aller ~en ...** of all times; **die gute alte ~** the good old days; **seit uralten** [*o* **ewigen**] **~en** since/from time immemorial; **für alle ~en** for ever, for all time *liter;* **etw war vor jds ~** sth was before sb's time; **zu jener ~** at that time; **vor ~en** (*liter*) a long time ago; **zur ~** [*o* **zu ~en**] **einer Person** *gen* in sb's times; ***die ~en ändern sich*** times are changing ⑤ LING (*Tempus*) tense ⑥ SPORT time; **eine gute ~ laufen** to run a good time; **auf ~ spielen** to play for time ▶ WENDUNGEN: **~ ist Geld** time is money; **spare in der ~, dann hast du in der Not** (*prov*) waste not, want not; **kommt ~, kommt Rat** (*prov*) things have a way of sorting themselves out; **die ~ heilt alle Wunden** (*prov*) time heals all wounds *prov;* **ach du liebe ~!** (*fam*) goodness me! *fam;* **die ~ arbeitet für jdn** (*fig*) time is on sb's side; **die ~ drängt** time presses; **wer nicht kommt zur rechten ~, der muss nehmen, was übrig bleibt** (*prov*) the early bird catches the worm *prov*

zeit *präp +gen* time; **~ meines Lebens** all my life

Zeitabschnitt *m* period [of time] **Zeitalter** *nt* age; **das viktorianische ~** the Victorian age; **in unserem ~** nowadays, in our day and age; **das goldene ~** the golden age **Zeitangabe** *f* ① (*Angabe der Uhrzeit*) time; (*Angabe des Zeitpunktes*) date ② LING temporal adverb **Zeitansage** *f* TELE speaking clock; RADIO time check **Zeitarbeit** *f kein pl* temporary work *no pl* **Zeitarbeitsfirma** *f* temorary employment agency, temping agency *fam* **Zeitaufwand** *m* expenditure of time; **nach ~ bezahlen** to pay by the hour; **mit großem ~ gebunden sein** to be extremely time-consuming **zeitaufwändig**[RR] *adj,* **zeitaufwendig** *adj* time-consuming **Zeitbombe** *f* time bomb **Zeitdokument** *nt* contemporary document **Zeitdruck** *m kein pl* time pressure; **sich** *akk* **[von jdm] unter ~ setzen lassen** to let oneself be rushed [by sb]; **jdn unter ~ setzen** to put sb under time pressure; **unter ~ stehen/arbeiten** to be/work under time pressue **Zeiteinteilung** *f* time planning, time management **Zeitersparnis** *f* saving of time **Zeitfrage** *f* ① *kein pl* (*Frage der Zeit*) question of time ② (*Problem der Zeit*) contemporary concern **Zeitgefühl** *nt kein pl* sense of time; **das ~ verlieren** to loose all sense of time **Zeitgeist** *m kein pl* Zeitgeist, spirit of the times

zeitgemäß **I.** *adj* modern, up-to-date; **ein ~es Design** a modern design **II.** *adv* up-to-date, modern

Zeitgenosse, -genossin *m, f* ① (*zur gleichen Zeit lebender Mensch*) **jds ~, ein ~ von jdm** sb's contemporary, a contemporary of sb ② (*fam: Mensch*) **ein verschrobener ~** an odd bod BRIT *fam,* an oddball AM *fam;* **ein übler ~** a bad guy *fam* **zeitgenössisch** *adj* contemporary; **~e Kunst/Musik** contemporary art/music **Zeitgeschehen** *nt kein pl* events of the day **Zeitgeschichte** *f kein pl* contemporary history *no pl* **Zeitgeschmack** *m kein pl* prevailing taste

zeitgleich **I.** *adj* contemporaneous **II.** *adv* at the same time; **~ ins Ziel kommen** to finish [the race] at the same time [as sb else]

zeitig **I.** *adj* early **II.** *adv* early, in good time

zeitigen *vt* (*geh*) ■**etw ~** to bring sth about; **Früchte ~** to bear fruit

Zeitkarte *f* TRANSP monthly/weekly/weekend etc ticket [*or* pass] **zeitkritisch** **I.** *adj commenting on contemporary issues;* **ein ~er Film** a film on contemporary issues **II.** *adv* **etw ~ analysieren** *to analyse sth by looking at the contemporary issues;* **etw ~ beleuchten** *to shed light on the contemporary issues affecting sth* **Zeitlang** *f* ■**eine ~** for a while [*or* a time] **zeitlebens** *adv* one's whole life, all one's life

zeitlich **I.** *adj* ① (*chronologisch*) chronological; **der ~e Ablauf** the chronological sequence of events; (*terminlich*) temporal; **die ~e Planung** time planning ② REL (*irdisch, vergänglich*) transitory; **das Z~e segnen** (*euph veraltet: sterben*) to depart from this life; (*fam: kaputtgehen*) to pack in *fam* **II.** *adv* ① (*terminlich*) timewise *fam,* from a temporal point of view; **~ zusammenfallen** to coincide; **etw ~ abstimmen** to synchronize sth ② (*vom Zeitraum her*) **~ begrenzt** for a limited time; **etw ~ hinausschieben** to postpone sth; **eine ~e Zahlung** a payment received on time

zeitlos *adj* timeless; **~e Kleidung** classic cloths *pl;* **~er Stil** style that doesn't date [*or* go out of date]

Zeitlupe *f kein pl* slow motion *no art;* **etw in [der] ~ zeigen** to show sth in slow motion **Zeitlupentempo** *nt* **im ~** in slow motion; **sich** *akk* **im ~ bewegen** (*hum*) to move at a snail's pace *hum* **Zeitmangel** *m kein pl* lack of time; **aus ~/wegen ~s** due to lack of time **Zeitmaschine** *f* time machine **Zeitmessung** *f* timekeeping **Zeitnehmer(in)** <-s, -> *m(f)* SPORT timekeeper **Zeitnot** *f kein pl* shortage of time; **in ~ geraten** to run out of time; **in ~ sein** to be short of time [*or* pressed for time] **Zeitplan** *m* schedule, timetable; **den ~ einhalten** to stick to the timetable, to be [*or* stay] on schedule **Zeitpunkt** *m* time; **zu diesem ~** at that point in time; **zu dem ~** at that time; **zu einem bestimmten ~** at a certain time; **zum jetzigen ~** at this moment in time; **den richtigen ~ abwarten** to find the right time **Zeitraffer** <-s> *m kein pl* time-lapse photography; **etw im ~ filmen** to film sth using time-lapse photography **Zeitraum** *m* period of time; **in einem ~ von [drei Wochen]** over a period of [three weeks]; **über einen längeren Zeitraum** over a longer period of time **Zeitrechnung** *f* ❶ (*Kalendersystem*) calendar; **nach moslemischer ~** according to the muslim calendar; **vor/nach unserer ~** before Christ/anno Domini ❷ (*Berechnung der Zeit*) calculation of time **Zeitreise** *f* travel through time **Zeitreisende(r)** *f(m) decl wie adj* time-traveller

Zeitschrift *f* magazine; (*wissenschaftlich*) periodical, journal

Zeitschriftenabonnement *nt* magazine subscription **Zeitschriftenbeilage** *f* pull-out section **Zeitschriftenständer** *m* magazine rack **Zeitschriftenzustellung** *f* mailing of magazines

Zeitspanne *f* period of time **Zeittakt** *m* unit length; **in einem ~ von drei Minuten** every three minutes **zeittypisch** *adj* contemporary **Zeitumstellung** *f* changing the clocks

Zeitung <-, -en> *f* newspaper, paper; **etw in die ~ bringen** to put sth in the paper; **bei einer ~ sein** *fam* [*o* **arbeiten**] to work for a newspaper

Zeitungsabonnement *nt* newspaper subscription **Zeitungsannonce** *f* newspaper advertisement, ad *fam;* (*Geburt, Tod, Ehe*) announcement **Zeitungsanzeige** *f* newspaper advertisement [*or fam* ad] **Zeitungsartikel** *m* newspaper article **Zeitungsausschnitt** *m* newspaper cutting **Zeitungsausträger(in)** *m(f)* paper boy/girl **Zeitungsbeilage** *f* newspaper supplement **Zeitungsbericht** *m* newspaper article [*or* report] **Zeitungsente** *f* (*fam*) canard, false newspaper report **Zeitungskiosk** *m* newspaper kiosk [*or* stand] **Zeitungsleser(in)** *m(f)* newspaper reader; **~ sein** to like to read newspapers **Zeitungsmeldung** *f* newspaper report **Zeitungspapier** *nt* newsprint, newspaper **Zeitungsredaktion** *f editorial office of a newspaper* **Zeitungsstand** *m* news stand **Zeitungsständer** *m* [news]paper stand [*or* rack] **Zeitungsverkäufer(in)** *m(f)* person selling newspapers **Zeitungsverlag** *m* newspaper publisher **Zeitungsverträger(in)** *m(f)* SCHWEIZ *s.* **Zeitungsausträger**

Zeitvergeudung *f kein pl s.* **Zeitverschwendung** **Zeitverlust** *m* loss of time; **ohne ~** without losing any time; **einen ~ aufholen** to make up time **Zeitverschiebung** *f* time difference **Zeitverschwendung** *f kein pl* waste of time; **[reine] ~ sein, etw zu tun** to be a [total] waste of time to do sth **Zeitvertrag** *m* temporary contract **Zeitvertreib** <-[e]s, -e> *m* pastime; **zum ~** to pass the time, as a way of passing the time; (*als Hobby*) as a pastime **Zeitvorgabe** *f* ÖKON time standard

zeitweilig I. *adj* ❶ (*gelegentlich*) occasional ❷ (*vorübergehend*) temporary II. *adv s.* **zeitweise**

zeitweise *adv* ❶ (*gelegentlich*) occasionally, at times ❷ (*vorübergehend*) temporarily

Zeitwert *m* current value **Zeitwort** *nt* LING verb **Zeitzeichen** *nt* time signal **Zeitzeuge, -zeugin** *m, f* (*geh*) contemporary witness **Zeitzone** *f* time zone **Zeitzünder** *m* time fuse

zelebrieren* *vt* ❶ REL (*Messe lesen*) ■**etw ~** to celebrate sth ❷ (*hum geh: betont feierlich gestalten*) ■**etw ~** to celebrate sth; **ein Essen ~** to have a sumptuous [*or* BRIT slap-up] meal *fam* ❸ (*selten geh: feiern*) to celebrate; **jds Geburtstag ~** to celebrate sb's birthday

Zellbiologie *f* cell biology

Zelle <-, -n> *f* cell; (*Telefon~*) [phone] booth [*or* BRIT box] ▶ WENDUNGEN: **die [kleinen] grauen ~n** (*hum fam*) one's grey matter

Zellfusion *f* cell fusion **Zellgewebe** *nt* cell tissue **Zellkern** *m* nucleus [of a/the cell] **Zellkultur** *f* BIOL cell culture **Zellmembran** *f* cell membrane

Zellophan <-s> *nt kein pl s.* **Cellophan**

Zellplasma *nt* cell plasma **Zellstoff** *m s.* **Zellulose** **Zellteilung** *f* cell division

Zellulitis <-, Zellulitiden> *f meist sing s.* **Cellulitis**

Zelluloid <-[e]s> *nt kein pl* celluloid *no pl*

Zellulose <-, -n> *f* cellulose

Zellwucherung *f* rampant cell growth

Zelt <-[e]s, -e> *nt* tent; (*Fest~*) marquee; (*Zirkus~*) big top; **ein ~ aufschlagen** to pitch a tent; **das himmlische ~** (*liter*) the canopy *liter* ▶ WENDUNGEN: **seine ~e abbrechen** (*hum fam*) to up sticks BRIT, to pack one's bags AM; **seine ~e irgendwo aufschlagen** (*hum fam*) to settle down somewhere

Zeltblache <-, -n> *f* SCHWEIZ (*Zeltplane*) tarpaulin **Zeltdach** *nt* ARCHIT ❶ (*pyramidenförmiges Hausdach*) pyramid roof ❷ (*als Dach gespannte Zeltplane*) tent-roof

zelten *vi* to camp [somewhere]; **~ gehen** to go camping

Zelter(in) <-s, -> *m(f)* camper

Zelter <-s, -> *m* (*hist: Reitpferd*) palfrey *hist*

Zeltlager *nt* camp **Zeltmast** *m* tent pole **Zeltpflock** *m* tent peg **Zeltplane** *f* tarpaulin **Zeltplatz** *m* campsite **Zeltstange** *f* tent pole

Zement <-[e]s, -e> *m* ❶ BAU cement; (*Zementfußboden*) cement floor ❷ MED (*Zahn~*) [dental] cement

Zementfußboden *m* cement floor

zementieren* *vt* ❶ BAU ■**etw ~** to cement sth ❷ (*geh: festigen*) ■**etw ~** to cement sth; **ein politisches System ~** to reinforce a political system

Zenit <-[e]s> *m kein pl* ❶ ASTRON (*Scheitelpunkt*) zenith ❷ (*geh: Höhepunkt*) zenith; **im ~ einer S. stehen** to be at the peak of sth; ***er stand im ~ seiner Karriere*** he was at the peak of his career

zensieren* *vt* ❶ (*der Zensur unterwerfen*) ■**etw ~** to censor sth ❷ SCH ■**etw ~** to mark [*or* AM *usu* grade] sth, to give sth a mark [*or* AM *usu* grade]; **etw schlechter ~** to mark down sth *sep,* to give sth a lower grade

Zensor, Zensorin <-s, -soren> *m, f* censor

Zensur <-, -en> *f* ❶ SCH mark; **jdm eine bestimmte ~ geben** to give sb a certain mark; **schlechte/gute ~en bekommen** to get [*or* obtain] good/poor marks; **schlechte/gute ~en geben** to give low/high marks ❷ *kein pl* (*prüfende Kontrolle*) censorship, the censors *pl; Filme* board of censors; **einer ~ unterliegen** to be subject to censorship

zensurieren* *vt* ÖSTERR, SCHWEIZ *s.* **zensieren**

Zensus <-, -> *m* census

Zentigramm *nt* centigramme [*or* AM -am] **Zentiliter** *m o nt* centilitre [*or* AM -er] **Zentimeter** *m o nt* centimetre [*or* AM -er] **Zentimetermaß** *nt* [metric] tape measure

Zentner <-s, -> *m* [metric] hundredweight; ÖSTERR, SCHWEIZ 100kg

Zentnerlast *f* (*geh*) heavy burden; ***mir fiel eine ~ vom Herzen*** it was a great load [*or* weight] off my mind **zentnerschwer** I. *adj* ❶ (*-zig Kilo schwer*) [heavy] weight ❷ (*fig*) heavy *fig;* **~ auf jdm/jds Seele lasten** to weigh sb down/weigh heavy on sb's mind II. *adv* heavily

zentnerweise *adv* by the hundredweight
zentral I. *adj* central; **von ~er Bedeutung sein** to be central to sth II. *adv* centrally
Zentralabitur *nt national A-level examination board*
Zentralafrika *nt* central Africa
Zentralafrikaner(in) <-s, -> *m(f)* Central African; *s. a.* **Deutsche(r)**
zentralafrikanisch *adj* Central African; *s. a.* **deutsch**
Zentralafrikanische Republik *f s.* **Zentralafrika**
Zentralbank *f* FIN central bank
Zentrale <-, -n> *f* ❶ (*Hauptgeschäftsstelle: Bank, Firma*) head office; (*Militär, Polizei, Taxiunternehmen*) headquarters + *sing/pl vb;* (*Busse*) depot; (*Schalt~*) central control [office] ❷ TELEK exchange; *Firma* switchboard
Zentraleinheit *f* INFORM CPU, central processing unit
Zentraleinkauf *m* ÖKON central purchasing **Zentralheizung** *f* central heating
Zentralisation <-, -en> *f s.* **Zentralisierung**
zentralisieren* *vt* ■**etw ~** to centralize sth
Zentralisierung <-, -en> *f* centralization
Zentralismus <-> *m kein pl* centralism
zentralistisch I. *adj* centralist II. *adv* centralist
Zentralkomitee *nt* central committee **Zentralmassiv** *nt kein pl* GEOG central massif **Zentralnervensystem** *nt* central nervous system **Zentralorgan** *nt* ❶ POL (*Parteizeitung*) central organ, mouthpiece ❷ BIOL (*Organ*) central organ **Zentralrechner** *m* mainframe **Zentralregierung** *f* central government **Zentralschweiz**, **Innerschweiz** *f central Switzerland, namely the Cantons of Uri, Schwyz, Unterwalden, Luzern and Zug* **Zentralstelle** *f* central point; **~ für die Vergabe von Studienplätzen** ≈ University Central Admissions Service BRIT **Zentralverriegelung** <-, -en> *f* AUTO central [door] locking **Zentralverschluss**RR *m* leaf shutter **Zentralverwaltung** *f* centralized administration
Zentren *pl von* **Zentrum**
zentrieren* *vt* ■**etw ~** to centre [*or* AM -er] sth
zentrifugal *adj* centrifugal
Zentrifugalkraft *f* centrifugal force
Zentrifuge <-, -n> *f* centrifuge
Zentrum <-s, Zentren> *nt* ❶ (*Mittelpunkt*) centre [*or* AM -er]; **im ~ des Interesses [stehen]** [to be] the centre of attention; ***es ist nicht weit ins*** ~ it is not far to the [town] centre ❷ (*zentrale Stelle*) centre [*or* AM -er]
Zeppelin <-s, -e> *m* zeppelin
Zepter <-s, -> *nt* sceptre [*or* AM -er]; **das ~ führen** [*o fam* **schwingen**] to wield the sceptre
Zer <-s> *nt kein pl s.* **Cer**
zerbeißen* *vt irreg* ❶ (*kaputtbeißen*) ■**etw ~** to chew sth; **ein Bonbon/ein Keks ~** to crunch a sweet [*or* AM [piece of] candy]/biscuit [*or* AM *a.* cookie]; **die Hundeleine/-kette ~** to chew through the dog lead/chain ❷ (*überall stechen*) ■**jdn ~** *Stechmücke* to bite sb
zerbersten* *vi irreg sein* to burst; *Glas, Vase* to shatter
Zerberus <-> *m kein pl* MYTH ■**der ~** Cerberus
▶ WENDUNGEN: **wie ein ~** like a watchdog
zerbeult *adj* battered; *s.* **zerbeulen**
zerbomben* *vt* ■**etw ~** to flatten sth with bombs, to bomb sth to smithereens
zerbrechen* *irreg* I. *vt haben* ❶ (*in Stücke ~*) ■**etw ~** to break sth into pieces; **ein Glas/einen Teller ~** to smash [*or* shatter] a glass/plate; **eine Kette ~** to break [*or* sever] a chain ❷ (*zunichte machen*) to break down; **jds Lebenswille ~** to destroy sb's will to live; **eine Freundschaft ~** to destroy [*or* break up] a friendship; *s. a.* **Kopf** II. *vi sein* ❶ (*entzweibrechen*) to break into pieces ❷ (*in die Brüche gehen*) to destroy; *Partnerschaft* to break up ❸ (*seelisch zugrunde gehen*) ■**an etw ~** *dat* to be destroyed by sth
zerbrechlich *adj* ❶ (*leicht zerbrechend*) fragile; ***Vorsicht,*** ~ fragile, handle with care ❷ (*geh: zart*) frail
zerbröckeln* I. *vt haben* ■**etw ~** to crumble sth II. *vi sein* to crumble
zerdeppern* *vt* (*fam*) ■**etw ~** to smash sth
zerdrücken* *vt* ❶ ■**etw ~** (*zu einer Masse pressen*) to crush [*or* squash] sth; **eine Knoblauchzehe ~** to crush a clove of garlic; **Kartoffel ~** to mash potatoes ❷ (*durch Druck zerstören*) **eine Zigarette ~** to stub out a cigarette ❸ (*zerknittern*) **Stoff ~** to crush [*or* crease] [*or* crumple] fabric ❹ (*fam*) **Träne ~** to squeeze out tears
Zeremonie <-, -n> *f* ceremony
zeremoniell I. *adj* (*geh*) ceremonial, formal II. *adv* (*geh*) ceremonially
Zeremoniell <-s, -e> *nt* (*geh*) ceremonial
zerfahren *adj* scatty, distracted
Zerfall *m* ❶ *kein pl* (*das Auflösen*) disintegration *no pl; Fassade, Gebäude* decay; *Leiche, Holz* decomposition ❷ NUK decay ❸ (*das Auseinanderbrechen*) decline; *Land, Kultur* decline, decay, fall
zerfallen* *vi irreg sein* ❶ (*sich zersetzen*) to disintegrate; *Fassade, Gebäude* to disintegrate, to decay, to fall into ruin; *Körper, Materie* to decompose; *Atom* to decay; *Gesundheit* to decline ❷ (*auseinander brechen*) *Reich, Sitte* to decline, to fall ❸ NUK to decay ❹ (*sich gliedern*) ■**in etw ~** *akk* to fall into sth ❺ ■**mit jdm ~** to fall out with sb
Zerfallserscheinung *f* sign of decay **Zerfallsgeschwindigkeit** *f* rate of decay **Zerfallsprodukt** *nt* NUK daughter product
zerfetzen* *vt* ❶ (*klein reißen*) ■**etw ~** to tear [*or* rip] sth up [into tiny pieces]; **einen Körper ~** to mangle a body, to tear a body to pieces ❷ (*zerreißen*) ■**jdn/etw ~** to tear [*or* rip] sb/sth to pieces [*or* shreds]
zerfetzt *adj* ragged, torn
zerfleddern*, **zerfledern*** *vt* (*fam*) ■**etw ~** to get sth tatty [*or* dog-eared]
zerfleischen* I. *vt* ■**jdn/ein Tier ~** to tear sb/an animal limb from limb [*or* to pieces] II. *vr* ❶ (*sich quälen*) ■**sich ~** to torture oneself ❷ (*sich streiten*) ■**sich ~** to tear each other apart *fig*
zerfließen* *vi irreg sein* ❶ (*sich verflüssigen*) *Butter, Make-up, Salbe* to run; *Eis* to melt ❷ (*etw übertrieben zur Schau stellen*) ■**vor etw ~** *dat* to be overcome with sth; **vor Mitleid ~** to be overcome with compassion; **in Tränen ~** to dissolve in[to] tears
zerfranst *adj* frayed
zerfressen* *vt irreg* ■**etw ~** to eat sth away ❶ (*korrodieren*) to corrode sth ❷ (*durch Fraß zerstören*) to eat sth, to gnaw on/at sth; ***von Motten/Würmern*** to be moth-/worm-eaten ❸ MED (*durch Wuchern zerstören*) to eat sth
zerfurchen* *vt* ■**etw ~** to furrow sth; ***Wind und Wetter hatten das Gesicht des alten Matrosen zerfurcht*** the elements had lined the old seaman's face
zergehen* *vi irreg sein* (*schmelzen*) ■**auf/in etw** *dat* ~ to melt in/on sth; ***dieses Filetsteak ist so zart, dass es auf der Zunge zergeht*** this steak is so tender that it simply dissolves in your mouth; **vor Mitleid ~** to be overcome with pity
zergliedern* *vt* ❶ (*physisch auseinander nehmen*) ■**etw ~** to dismember sth; BIOL to dissect sth ❷ (*logisch auseinander nehmen*) **einen Satz ~** to parse [*or fig* analyze [*or* BRIT *a.* -se]] a sentence
zerhacken* *vt* ■**etw [in etw** *akk*] ~ to chop sth up [into sth]

Z

zerkauen* *vt* ■**etw** ~ ❶ *(durch Kauen zerkleinern)* to chew sth ❷ *(durch Kauen beschädigen)* to chew sth up; **die Fingernägel** ~ to chew on [*or* bite] one's fingernails
zerkleinern* *vt* ■**etw** ~ to cut up sth; **Holz** ~ to chop wood; **eine Zwiebel** ~ to finely chop an onion; **Pfefferkörner** ~ to crush peppercorns
zerklüftet *adj* rugged; **tief ~es Gestein** rock with deep fissures, deeply fissured rock
zerknautschen* *vt (fam)* ■**etw** ~ to crease [*or* crumple] sth; ***er kam völlig zerknautscht an*** he arrived looking somewhat the worse for wear
zerknirscht *adj* remorseful, overcome with remorse
zerknittern* *vt* ■**etw** ~ to crease [*or* crumple] sth; **ein zerknittertes Gesicht** a wrinkled face
zerknüllen* *vt* ■**etw** ~ to crumple [*or fam* scrunch] up sth [into a ball] *sep*
zerkochen* *vi sein* to cook to a pulp; ■**zerkocht** overcooked
zerkratzen* *vt* ■**jdn/etw** ~ to scratch sb/sth
zerkriegen *vt* ÖSTERR to quarrel
zerkrümeln* *vt* to crumble; *Erde* to loosen
zerlassen* *vt irreg* KOCHK ■**etw** ~ to melt [*or* dissolve] sth
zerlaufen* *vi irreg sein s.* **zerfließen 1**
zerlegen* *vt* ■**etw** *akk* ~ ❶ KOCHK to cut [up] sth *sep;* **den Braten** ~ to carve the roast; BIOL to dissect sth ❷ *(auseinander nehmen)* to take sth apart [*or* to pieces]; **eine Maschine** ~ to dismantle a machine; **ein Getriebe/einen Motor** ~ to strip down a transmission/motor ❸ *(analysieren)* **eine Theorie** ~ to break down a theory; **einen Satz** ~ to analyze [*or* BRIT *a.* -se] a sentence; MATHE to reduce [to]
Zerlegung <-, -en> *f* ❶ KOCHK carving ❷ *(das Zerlegen)* dismantling, taking apart [*or* to pieces]; *s.* **zerlegen**
zerlesen *adj* well-thumbed
zerlumpt *adj* ragged, tattered
zermahlen* *vt* ■**etw** ~ to crush sth
zermalmen* *vt* ■**jdn/etw** ~ to crush sb/sth; **zu Brei** ~ to crush to a pulp, to pulverize
zermartern *vt* to torment ▸ WENDUNGEN: **sich** *dat* **den Kopf** [*o* **das Hirn**] ~ to rack [*or* cudgel] one's brain
zermürben* *vt* ■**jdn** ~ to wear sb down
zernagen* *vt* ■**etw** ~ to chew sth to pieces; *Nagetier* to gnaw sth to pieces
zernepft *adj* ÖSTERR dishevelled
zerpflücken* *vt* ■**etw** ~ to pluck sth; *(fig)* to pick sth to pieces
zerplatzen* *vi sein* to burst; *Glas* to shatter
zerquetschen* *vt* ❶ *(zermalmen)* ■**jdn/etw** ~ to squash [*or* crush] sb/sth ❷ *(zerdrücken)* ■**etw** ~ to mash sth ▸ WENDUNGEN: **eine Träne** ~ *(fam)* to squeeze out a tear
Zerquetschte *pl* ▸ WENDUNGEN: **... und ein paar** ~ *(fam)* ***20 Mark und ein paar*** ~ 20 Marks sth [or other] [*or* odd]
zerraufen* *vr* **sich** *dat* **die Haare** ~ to ruffle one's hair
Zerrbild *nt* distorted picture, caricature *fig,* travesty
zerreden* *vt* ■**etw** ~ to flog sth to death *fig fam*
zerreiben* *vt irreg* ■**etw** ~ to crush [*or* crumble] sth
zerreißen* *irreg* **I.** *vt haben* ❶ *(in Stücke reißen)* ■**etw** ~ to tear sth to pieces [*or* shreds] ❷ *(durchreißen)* ■**etw** ~ to tear sth; **einen Brief/Scheck** ~ to tear up a letter/cheque [*or* AM check] ❸ *(mit den Zähnen in Stücke reißen)* ■**jdn/ein Tier/etw** ~ to tear sb/an animal/sth apart ❹ *(zerfetzen)* ■**jdn** ~ to rip sb to shreds ▸ WENDUNGEN: **jdn** ~ **können** *(fam)* to tear a strip off sb **II.** *vi sein* to tear; *Seil, Faden* to break **III.** *vr haben (fam: sich überschlagen)* ■**sich vor etw** ~ *dat* to go to no end of trouble to do sth ▸ WENDUNGEN: **ich kann mich doch nicht ~!** *(fam)* I can't be in two places at once; **ich könnte mich vor Wut ~!** *(fam)* I'm hopping mad! *fam*
Zerreißprobe *f* real test
zerren I. *vt* ■**jdn/etw irgendwohin** ~ to drag sb/sth somewhere; **etw an die Öffentlichkeit** ~ to drag sth into the public eye **II.** *vi* ❶ *(ruckartig ziehen)* ■**an etw** ~ *dat* to tug [*or* pull] at sth; ***an den Nerven*** ~ to be nerve-racking ❷ *(abzureißen versuchen)* ■**an etw** ~ *dat* to tug at sth **III.** *vr* MED ■**sich** *dat* **etw** ~ to pull [*or* strain] sth; ***ich habe mir beim Sport einen Muskel gezerrt*** I pulled a muscle doing sports
zerrinnen* *vi irreg sein (geh)* ❶ *(zunichte werden)* to melt [*or* fade] away ❷ *(ausgegeben werden)* to disappear; **das Geld zerrinnt mir unter den Händen/zwischen den Fingern** money runs through my hands/slips through my fingers like water; **die Zeit zerrinnt mir unter den Händen** I keep losing track of time
zerrissen *adj Mensch* [inwardly] torn; *Partei, Volk* disunited
Zerrissenheit <-> *f kein pl Mensch* [inner] conflict; *Partei, Volk* disunity
Zerrspiegel *m* distorting mirror
Zerrung <-, -en> *f* MED pulled muscle
zerrütten* *vt* ■**etw** ~ to destroy [*or* ruin] [*or* wreck] sth; **eine Ehe** ~ to ruin [*or* destroy] a marriage; **eine zerrüttete Ehe/Familie** a broken marriage/home; **jds Geist** ~ to break sb's spirit; **jds Nerven** ~ to shatter sb's nerves; **sich in einem zerrütteten Zustand befinden** to be in a bad way
zersägen* *vt* ■**etw** ~ to saw sth up
zerschellen* *vi sein Flugzeug, Schiff* to be dashed [*or* smashed] to pieces; *Krug, Vase* to be smashed to pieces [*or* smithereens]
zerschießen* *vt irreg* ■**etw** ~ to shoot sth to pieces
zerschlagen*[1] *irreg* **I.** *vt* ❶ *(durch Schläge zerbrechen)* ■**etw** ~ to smash sth to pieces [*or* smithereens], to shatter [*or* destroy] sth ❷ *(zerstören)* ■**etw** ~ to break up [*or* destroy] sth; **ein Drogenkartell** ~ to break up [*or* smash] a drug ring; **einen Angriff/die Opposition** ~ to crush an attack/the opposition; **einen Plan** ~ to shatter a plan **II.** *vr (nicht zustande kommen)* ■**sich** ~ to fall through; **meine Hoffnung hat sich** ~ my hopes have been shattered
zerschlagen[2] *adj pred* shattered, worn-out
Zerschlagenheit *f* exhaustion
Zerschlagung <-, *selten* -en> *f* suppression; *Hoffnungen, Pläne* shattering
zerschlissen *adj s.* **verschlissen**
zerschmeißen* *vt irreg (fam)* ■**etw** ~ to shatter sth, to smash sth to pieces
zerschmettern* *vt* ■**etw** ~ to shatter [*or* smash] sth
zerschneiden* *vt irreg* ❶ *(in Stücke schneiden)* ■**etw** ~ to cut up sth *sep* ❷ *(durchschneiden)* ■**etw** ~ to cut sth in two; **die Stille** ~ to pierce the silence *fig;* **jdm das Herz** ~ to break sb's heart *fig*
zerschrammen* *vt* ■**etw** ~ to scratch sth badly; ■**sich** *dat* **etw** ~ to scratch oneself [badly]
zersetzen* **I.** *vt* ❶ *(auflösen)* ■**etw** ~ *Säure* to corrode sth; **eine Leiche** ~ to decompose a body ❷ *(untergraben)* ■**etw** ~ to undermine [*or* subvert] sth **II.** *vr (sich auflösen)* ■**sich** ~ to decompose; **der Kadaver/die Leiche zersetzt sich** the cadaver/dead body is decomposing
zersetzend *adj (pej)* subversive
Zersetzung <-> *f kein pl* ❶ *(Auflösung)* decomposition; *(durch Säure)* corrosion ❷ *(Untergrabung)* undermining, subversion; *Gesellschaft* decline, decay
Zersetzungsprozess[RR] *m* decomposition; *(fig)* decline, decay

zersiedeln* *vt* ÖKOL ■ **etw** ~ to spoil sth [by development]

Zersied(e)lung <-, -en> *f* ÖKOL urban sprawl, overdevelopment

zerspalten* *vt* ■ **etw** ~ to split sth

zersplittern* I. *vt haben* ■ **etw** ~ to shatter sth; **seine Kräfte/Zeit** ~ to dissipate [*or* squander] one's energies/time; **eine Gruppe/Partei** ~ to fragment a group/party II. *vi sein* to shatter; *Holz, Knochen* to splinter

zersprengen* *vt* **die Menge** ~ to disperse [*or* scatter] the crowd

zerspringen* *vi irreg sein* ① (*zerbrechen*) to shatter ② (*einen Sprung bekommen*) to crack ③ (*zerspringen*) *Saite* to break

zerstampfen* *vt* ① (*zerkleinern*) ■ **etw** ~ to crush sth; **Kartoffeln** ~ to mash potatoes ② (*völlig zertreten*) ■ **jdn/etw** ~ to stamp [*or* trample] on sb/sth

zerstäuben* *vt* ■ **etw** ~ to spray sth

Zerstäuber <-s, -> *m* spray; (*Parfüm*) atomizer [*or* BRIT *a.* -iser]

zerstechen* *vt irreg* ① (*durch Stiche beschädigen*) ■ **etw** ~ to stab sth [repeatedly], to lay into sth with a knife; **sich den Finger** ~ to prick one's finger [several times] ② (*durch Bisse verletzen*) ■ **jdn/etw** ~ *Mücken, Moskitos* to bite sb/sth [all over]; *Bienen, Wespen* to sting sb/sth [all over]

zerstieben* *vi irreg sein* (*geh*) to scatter; *Wasser* to spray

zerstörbar *adj* destructible; **nicht** ~ indestructible

zerstören* *vt* ■ **etw** ~ ① (*kaputtmachen*) to destroy sth ② (*zugrunde richten*) to ruin sth; **eine Ehe/die Gesundheit** ~ to ruin [*or* wreck] a marriage/one's health ▸ WENDUNGEN: **am Boden zerstört sein** (*fig*) to be shattered [*or* devastated] *fig*

Zerstörer <-s, -> *m* NAUT destroyer

Zerstörer(in) <-s, -> *m(f)* destroyer

zerstörerisch I. *adj* destructive; ***die ~e Wirkung des Wirbelsturmes war verheerend*** the destructive effect of the tornado was devastating II. *adv* destructively

Zerstörung <-, -en> *f* ① *kein pl* (*das Zerstören*) destruction *no pl* ② (*Verwüstung*) wrecking, ruining; *Katastrophe, Krieg* destruction *no pl,* devastation *no pl; s. a.* **Tod**

Zerstörungstrieb *m kein pl* PSYCH destructive urge [*or* impulse] **Zerstörungswut** *f kein pl* destructive frenzy [*or* fury]; **in blinder** ~ in a wild frenzy of destruction

zerstoßen* *vt irreg* ■ **etw** ~ to crush [*or* grind] sth; **Gewürze im Mörser** ~ to grind spices using a pestle and mortar

zerstreiten* *vr irreg* ■ **sich [über etw** *akk*/**wegen einer S.** *dat*] ~ to quarrel [about sth], to fall out [over sth]; ■ **sich mit jdm [über etw** *akk*] ~ to quarrel with sb [over sth]; ■ **zerstritten** estranged, to not be on speaking terms [with each other]; ■ **mit jdm [über etw** *akk*] **zerstritten sein** to be on bad terms with sb

zerstreuen* I. *vt* ① (*auseinander treiben*) ■ **jdn/etw** ~ to disperse sb/sth; ***berittene Polizisten zerstreuten die Menge*** mounted police dispersed the crowd ② (*unterhalten*) ■ **jdn** ~ to take sb's mind off sth, to divert sb; ■ **sich** ~ to amuse oneself ③ (*durch Zureden beseitigen*) **Ängste/Sorgen** ~ to dispel [*or form* allay] fears/worries ④ (*verteilen*) to scatter; **Licht** ~ to diffuse light II. *vr* ① (*auseinander gehen*) ■ **sich** ~ to scatter; *Menge* to disperse ② (*auseinander treiben*) ■ **sich** ~ to disperse ③ (*sich auflösen*) ■ **sich** ~ to be dispelled [*or form* allayed]

zerstreut *adj* ① (*gedankenlos*) absent-minded ② (*weit verteilt*) scattered; ***meine Verwandten sind über ganz Europa*** ~ my relatives are scattered all over Europe

Zerstreutheit <-> *f kein pl* absent-mindedness *no pl*

Zerstreuung <-, -en> *f* ① (*unterhaltender Zeitvertreib*) diversion; **zur** ~ as a diversion ② (*Verteilung*) scattering, dispersal ③ *s.* **Zerstreutheit**

zerstritten *adj inv* estranged

zerstückeln* *vt* ① (*zerschneiden*) ■ **etw** ~ to cut up sth *sep;* **eine Leiche** ~ to dismember a body ② (*aufteilen*) **eine Parzelle Land** ~ to carve [*or* divide] up a piece of land *fig;* **den Tag** ~ to break up the day

Zerstückelung <-, -en> *f* dismemberment, division; *s. a.* **zerstückeln**

zerteilen* I. *vt* (*geh*) ■ **etw [in etw** *akk*] ~ to cut up sth *sep* [into sth]; **etw in zwei Teile** ~ to divide sth into two pieces/parts ▸ WENDUNGEN: **ich kann mich nicht** ~ I can't be in two places at once II. *vr* (*geh*) ■ **sich** ~ *Wolken, Wolkendecke* to part

Zertifikat <-[e]s, -e> *nt* certificate; FIN (*Investment~*) investment trust certificate [*or* unit certificate]

zertrampeln* *vt* ■ **etw** ~ to trample on sth

zertrennen *vt* to sever, to cut through; **die Nähte** ~ to undo the seams

zertreten* *vt irreg* ■ **etw** ~ to crush sth [underfoot]; **den Rasen** ~ to ruin the lawn ▸ WENDUNGEN: **jdn wie einen Wurm** ~ to grind sb into the ground

zertrümmern* *vt* to smash; **ein Gebäude/die Ordnung** ~ to wreck [*or* destroy] a building/the order; ***während der Sturmflut wurden viele Boote am Strand zertrümmert*** at the height of the storm many boats were dashed against the shore

Zervelatwurst *f* cervelat

zerwühlen* *vt* ■ **etw** ~ to ruffle sth up *sep,* to tousle; **das Bett/die Kopfkissen** ~ to rumple [up] the bed/pillows; **den Acker/die Erde** ~ to churn up the field/earth; *s. a.* **Haare**

Zerwürfnis <-ses, -se> *nt* (*geh*) row, disagreement; **ein ernstes** ~ a serious disagreement

zerzausen* *vt* to ruffle; ***der Wind zerzauste ihr das Haar*** the wind tousled her hair; ■ **zerzaust** windswept, dishevelled, tousled

zerzaust *adj inv* dishevelled, tousled

Zeter *m* ▸ WENDUNGEN: ~ **und Mordio schreien** (*fam*) to scream blue [*or* AM bloody] murder *fam,* to raise a hue and cry *fig*

zetern *vi* (*pej*) to nag, to scold

Zett *n kein pl* (*sl*) jail, the slammer *sl,* BRIT *a.* gaol *dated*

Zettel <-s, -> *m* piece of paper; (*Bekanntmachung*) notice; (*Beleg*) receipt; **einen** ~ **schreiben** to make a note of sth; ***bitte beachten Sie auch den beiliegenden*** ~ please read the enclosed leaflet; ~ ***ankleben verboten*** stick no bills

Zettelkartei *f* card index **Zettelkasten** *m* (*Kasten für Zettel*) file-card box [*or* holder]; (*Zettelkartei*) card index **Zettelwirtschaft** *f* (*pej*) **eine** ~ **haben** to have bits of paper everywhere

zetten *vt* SCHWEIZ to scatter

Zeug <-[e]s> *nt kein pl* ① (*fam: Krempel*) stuff *no pl, no indef art fam,* things *pl;* **altes** ~ junk, trash; **... und solches** ~ ... and such things ② (*fam: Quatsch*) nonsense, rubbish, crap *fam!;* **dummes** ~ **reden** to talk a lot [*or* load] of nonsense [*or fam* drivel] [*or fam* twaddle]; **dummes** ~ **treiben** [*o* **machen**] to mess [*or* fool] about [*or* around] ③ (*fam: persönliche Sachen*) stuff; (*Ausrüstung*) gear *fam;* (*Kleider*) clothes, things ④ (*fam: undefinierbare Masse*) stuff; ***was trinkst du denn da für ein ~?*** what's that stuff you're drinking? *fam* ▸ WENDUNGEN: **jdm [was] am ~[e] flicken wollen** to find fault with sb; **das** ~ **zu etw haben** to have [got] what it takes [to be/do sth] *fam;* **was das** ~ **hält** for all one is worth; ***lügen, was das ~ hält*** to lie one's head off *fam;* **sich ins** ~ **legen**

to put one's shoulder to the wheel, to work flat out; **sich für jdn ins ~ legen** to stand up for sb

Zeuge, Zeugin <-n, -n> *m, f* JUR witness; **~ einer S. sein** *gen* to be a witness to sth; **unter** [*o* **vor**] **~n** in front of witnesses; **die ~n Jehovas** Jehovah's Witnesses

zeugen¹ *vt* (*geh*) ■**jdn ~** to father [*or old* beget] sb

zeugen² *vi* ① (*auf etw schließen lassen*) ■**von etw ~** to show sth ② JUR (*geh*) ■**für/gegen jdn ~** to testify [*or* give evidence] for/against sb

Zeugenaussage *f* JUR testimony; ***den ~n zufolge ...*** according to witnesses ...; **eine ~ machen** to give a statement **Zeugenbank** *f* JUR witness box [*or* AM stand] **Zeugeneinvernahme** *f* ÖSTERR examination of witnesses **Zeugenladung** *f* summoning of witnesses **Zeugenstand** *m* witness box [*or* AM stand]; **jdn in den ~ rufen** to call a witness [to the stand]; **in den ~ treten** to go into the witness box, to take the stand **Zeugenvereidigung** *f* swearing in of witnesses **Zeugenvernehmung** *f* examination of the witness[es]

Zeugherr *m* SCHWEIZ *member of Canton parliament responsible for military affairs*

Zeugin <-, -nen> *f fem form von* **Zeuge**

Zeugnis <-ses, -se> *nt* ① SCH report ② (*Empfehlung*) certificate; (*Arbeits~*) reference, testimonial; ***gute ~se haben*** to have good references; ■**jdm ein ~ ausstellen** to give sb a reference [*or* testimonial] ③ JUR (*Zeugenaussage*) evidence; **für/gegen jdn ~ ablegen** to give evidence [*or* testify] for/against sb; **falsches ~ ablegen** to bear false witness

Zeugs <-> *nt kein pl* (*pej fam*) stuff; *s.* **Zeug**

Zeugung <-, -en> *f* (*geh*) fathering, begetting *old*

zeugungsfähig *adj* (*geh*) fertile **Zeugungsfähigkeit** *f kein pl* (*geh*) fertility **zeugungsunfähig** *adj* (*geh*) sterile; *Pflanze* barren **Zeugungsunfähigkeit** *f kein pl* (*geh*) sterility

zeuseln *vi* SCHWEIZ *s.* **zündeln**

z.H(d). *Abk von* **zu Händen** attn.

Zibebe *f* ÖSTERR, SÜDD large raisin

Zichorie <-, -n> *f* chicory

Zicke <-, -n> *f* ① (*weibliche Ziege*) nanny goat ② (*pej fam: launische Frau*) bitch *fam!*, BRIT *a.* cow *fam!*

Zicken *pl* (*fam*) nonsense *no pl*; ***ich bin deine ~ langsam leid*** [I have had] enough of your nonsense!; **~ machen** to make trouble

zickig *adj* uptight, bad-tempered

Zicklein <-s, -> *nt* (*junge Ziege*) kid

Zickzack *m* zigzag; **im ~ gehen/fahren** to zigzag

zickzackförmig I. *adj* zigzag II. *adv* zigzag **Zickzackkurs** *m* ① (*zickzackförmiger Kurs*) zigzag course; **im ~ fahren** to zigzag ② (*widersprüchliches Vorgehen*) dithering, humming [*or* AM hemming] and hawing

Zieche *f* ÖSTERR, SÜDD (*fam*) cover

Ziege <-, -n> *f* ① (*Tier*) goat ② (*pej fam: blöde Frau*) bitch *fam!*, BRIT *a.* cow *fam!*

Ziegel <-s, -> *m* ① (*Ziegelstein*) brick ② (*Dach~*) tile

Ziegelbau <-bauten> *m* brick building **Ziegelbrenner(in)** <-s, -> *m(f)* brickmaker **Ziegeldach** *nt* tiled roof

Ziegelei <-, -en> *f* brickworks + *sing/pl vb; Dachziegel* tile-making works + *sing/pl vb*

ziegelrot *adj* brick-red **Ziegelstein** *m* brick

Ziegenbart *m* ① (*vom Tier*) goat-beard ② (*hum fam: Spitzbart*) goatee *fam; Tirolerhut* brush ③ BOT (*Pilz*) goat's beard mushroom **Ziegenbock** *m* billy goat **Ziegenfell** *nt* goatskin **Ziegenhirt(e), -hirtin** *m, f* goatherd **Ziegenkäse** *m* goat's cheese **Ziegenleder** *nt* kid [leather], kidskin **Ziegenmelker** *m* ORN European nightjar **Ziegenmilch** *f* goat's milk **Ziegenpeter** <-s, -> *m* (*fam: Mumps*) mumps + *sing/pl vb*

Zieger *m* ① ÖSTERR, SÜDD (*veraltet*) *s.* **Quark** ② ÖSTERR, SCHWEIZ herb cheese

Ziehbrunnen *m* well

ziehen <zog, gezogen> I. *vt haben* ① (*hinter sich her schleppen*) to pull; ***die Kutsche wurde von vier Pferden gezogen*** the coach was drawn by four horses ② (*bewegen*) **den Hut ~** to raise [*or* to take off] one's hat; **den Choke/Starter ~** to pull out the choke/starter; **die Handbremse ~** to put on the handbrake; ■**jdn/etw irgendwohin ~** to pull sb/sth somewhere; ***sie zog das Kind an sich*** she pulled the child to[wards] her; ***die Knie in die Höhe ~*** to raise one's knees; **die Stirn kraus/in Falten ziehen** to knit one's brow ③ (*Richtung ändern*) ***er zog das Auto in letzter Minute nach rechts*** at the last moment he pulled the car to the right; ***der Pilot zog das Flugzeug nach oben*** the pilot put the plane into a climb; **etw ins Komische ~** to ridicule sth ④ (*zerren*) ■**jdn an etw ~** *dat* to drag sb to sth; ***das Kind zog mich an der Hand zum Karussell*** the child dragged me by the hand to the carousel; ***warum ziehst du mich denn am Ärmel?*** why are you tugging at my sleeve?; ***der Felix hat mich an den Haaren gezogen*** Felix pulled my hair ⑤ (*ab~*) ■**etw von etw ~** to pull sth [off sth]; ***den Ring vom Finger ~*** to pull one's ring off [one's finger] ⑥ (*hervorholen*) ■**etw [aus etw] ~** to pull sth [out of sth]; ***sie zog ein Feuerzeug aus der Tasche*** she took a lighter out of her pocket/bag ⑦ (*heraus~*) ■**jd/etw ~ [aus]** to pull sb/sth [out]; ***wer hat den Ertrinkenden aus dem Wasser gezogen?*** who pulled [*or* dragged] the drowning man out of the water?; ***muss ich dich aus dem Bett ~?*** do I have to drag you out of bed?; **die Fäden ~** to take out [*or* remove] the stitches; **den Revolver/das Schwert ~** to draw the revolver/sword; **einen Zahn ~** to take out [*or* extract] a tooth; **ein Los/eine Spielkarte ~** to draw a lottery ticket/a card; **einen Vergleich ~** to draw [*or* make] a comparison; **eine Wasserprobe ~** to take a sample of water; ***die Wahrsagerin forderte mich auf, irgendeine Karte zu ~*** the fortune teller told me to pick a card; ***Zigaretten aus dem Automaten ~*** to get [*or* buy] cigarettes from a machine; ***hast du eine Straßenbahnkarte gezogen?*** have you bought a tram ticket? ⑧ (*betätigen*) ■**etw ~** to pull sth; ***er zog die Handbremse*** he put the handbrake on; ***kannst du nicht die Wasserspülung ~?*** can't you flush the toilet? ⑨ (*verlegen, anlegen*) **ein Kabel/eine Leitung ~** to lay a cable/wire; **einen Bewässerungskanal/einen Graben ~** to dig an irrigation canal/a ditch; **eine Mauer/einen Zaun ~** to erect [*or* build] a wall/a fence ⑩ (*durch~*) ■**durch etw ~** to pull sth through sth; ***ich kann den Faden nie durchs Öhr ~*** I can never thread a needle ⑪ ■**etw auf etw ~** *akk* to pull sth onto sth; ***neue Saiten auf die Gitarre ~*** to restring a guitar; ***Perlen auf eine Schnur ~*** to thread pearls; ***ein Bild auf Karton ~*** to mount a picture onto cardboard ⑫ (*rücken*) ■**etw irgendwohin ~** to pull sth somewhere; ***er zog sich den Hut tief ins Gesicht*** he pulled his hat down over his eyes; ***den Mantel fest um sich ~*** to pull one's coat tight around oneself; ***zieh bitte die Vorhänge vor die Fenster*** please draw the curtains; ***die Rollläden nach oben ~*** to pull up the blinds; ***zieh doch eine Bluse unter den Pulli*** put on a blouse underneath the jumper; ***er zog sich die Schutzbrille über die Augen*** he put on protective glasses ⑬ (*züchten*) **Blumen/Früchte/Pflanzen ~** to grow flowers/fruit/plants; **Tiere ~** to breed animals ⑭ (*erziehen*) to bring up; ***sie haben die Kinder gut gezogen*** they have brought the children up well ⑮ KUNST (*zeichnen*) **einen Kreis/eine Linie** ~ to draw a circle/line ⑯ (*machen*) **einen Draht/eine Kerze/eine Kopie** ~ to make a wire/candle/copy; ***Computerprogramme schwarz*** ~ to pirate computer programs ⑰ (*dehnen*) **einen Laut/eine Silbe/ein Wort** ~ to draw out a sound/syllable/word; ***zieh doch die Worte nicht so*** stop drawling ⑱ (*an~*) ■ **etw auf sich** ~ *akk* to attract sth; ***sie zog die Aufmerksamkeit/Blicke auf sich*** she attracted attention; **jds Hass auf sich** ~ to incur sb's hatred; **jdn ins Gespräch** ~ to draw sb into the conversation ⑲ (*zur Folge haben*) ■ **etw nach sich** ~ to have consequences **II.** *vi* ① *haben* (*zerren*) to pull; ■ **an etw** ~ *dat* to pull [*or* tug] on/at sth; ***ich kann es nicht leiden, wenn der Hund so zieht*** I hate it when the dog pulls [on the lead] like that; ***ein ~der Schmerz*** an aching pain ② *sein* (*um~*) ■ **irgendwohin/zu jdm** ~ to move somewhere/in with sb; ***nach München*** ~ to move to Munich; ***sie zog zu ihrem Freund*** she moved in with her boyfriend ③ *sein* (*einen bestimmten Weg einschlagen*) ■ **irgendwohin** ~ to move [*or* go] somewhere; *Armee, Truppen, Volksmasse* to march; *Schafe, Wanderer* to wander [*or* roam], to rove; *Rauch, Wolke* to drift; *Gewitter* to move; *Vogel* to fly; **durch die Stadt** ~ to wander through the town/city; **in den Krieg/die Schlacht** ~ to go to war/into battle; ***Zigeuner ~ kreuz und quer durch Europa*** gypsies wander [*or* roam] all over Europe; ***die Schwalben zogen nach Süden*** the swallows migrated south [*or* flew south for the winter]; ***Tausende von Schafen zogen über die Straße*** thousands of sheep roamed onto the road; ***Aale und Lachse ~ zum Laichen flussaufwärts*** eels and salmon swim upstream to breed ④ *haben* (*angezündet bleiben*) *Kamin, Ofen, Pfeife* to draw; ***das Feuer zieht gut/schlecht*** the fire is drawing well/poorly ⑤ *haben* (*saugen*) ■ **an etw** ~ *dat* **eine Pfeife/Zigarette/Zigarre** ~ to pull [*or* puff] on a pipe/cigarette/cigar ⑥ *sein* (*eindringen*) to penetrate; ***mach die Tür zu, sonst zieht der Fischgeruch durchs ganze Haus!*** close the door, otherwise we will be able to smell the fish throughout the house; ***Giftgas kann durch die kleinste Ritze ~*** poisonous gas can penetrate [*or fam* get through] the smallest crack; ***die Imprägnierung muss richtig ins Holz ~*** this waterproofing solution has to really sink into the wood ⑦ *haben* KOCHK *Marinade* to marinade; *Tee* to brew, to steep; ■ **etw** ~ **lassen** *Teig* to leave sth to stand; *Tee* to let sth brew [*or* steep] ⑧ *haben* (*fam: beschleunigen*) to pull ⑨ *haben* (*fam: Eindruck machen*) ■ [**bei jdm**] ~ to go down well [with sb]; ***hör auf, das zieht bei mir nicht!*** stop it, I don't like that sort of thing!; **diese Masche zieht immer** this one always works [*or fam* does the trick]; ***die Ausrede zieht bei mir nicht*** that excuse won't work with me ⑩ KARTEN to play ⑪ SCHACH to move; ***mit dem Bauer*** ~ to move the pawn; ***wer hat die letzte Karte gezogen?*** who drew the last card? ⑫ (*Waffe*) **die Pistole** ~ to draw a gun ⑬ (*umfüllen*) **Wein auf Flaschen ziehen** to bottle wine ▸ WENDUNGEN: **einen ~ [*o* fahren] lassen** (*sl*) to let off *fam,* to fart *fam* **III.** *vi impers haben* ① (*einen Luftzug verursachen*) ***es zieht*** there is a draught [*or* AM draft]; ***wenn es dir zieht, kannst du ja das Fenster schließen*** if you are in a draught [*or* if you find it draughty], go ahead and close the window; ***es zieht hier an die Beine*** I can feel [*or* there is] a draught round my legs ② (*Schmerz empfinden*) ***mir zieht es manchmal so im Knie*** sometimes my knee really hurts [*or* is really painful]; ***ich habe so einen ~den Schmerz im ganzen Körper*** I ache [*or* my body aches] all over **IV.** *vt impers haben* (*drängen*) to feel drawn to sth; ***es zog ihn in die weite Welt*** the big wide world lured him away; ***was zieht dich hierhin/nach Hause?*** what brings you here/home?; ***mich zieht es stark zu ihm*** I fell very attracted to him; ***am Sonntag zog es mich ins Grüne*** on Sunday I couldn't resist going to the country; ***heute zieht mich aber auch gar nichts nach draußen*** wild horses wouldn't get me [*or* couldn't drag me] outside today *fam* **V.** *vr haben* ① (*sich hinziehen*) ■ **sich** ~ *Gespräch, Verhandlungen* to drag on; ***dieses Thema zieht sich durch das ganze Buch*** this theme runs through the entire book ② (*sich erstrecken*) ■ **sich an etw** *dat* **entlang** ~ to stretch along sth; ***beiderseits der Autobahn zieht sich eine Standspur entlang*** there is a hard shoulder along both sides of the motorway; ***der Sandstrand zog sich kilometerweit am Meer entlang*** the sandy beach stretched for miles along the shore; ***sich in Schlingen durch etw ~*** to wind [*or* twist] its way through sth ③ (*sich hoch~*) ■ **sich [an etw** *dat*] **irgendwohin** ~ to pull oneself up [onto sth]; ■ **sich aus etw** ~ to pull oneself out of sth; *s. a.* **Affäre, Patsche** ④ (*sich dehnen*) *Holz, Rahmen* to warp; *Klebstoff* to become tacky; *Metall* to bend

Ziehen <-s> *nt kein pl* ache

Ziehharmonika *f* MUS concertina

Ziehsohn *m* ① (*Adoptivsohn*) foster son ② (*Günstling*) favourite BRIT, favorite AM

Ziehung <-, -en> *f* draw

Ziel <-[e]s, -e> *nt* ① (*angestrebtes Ergebnis*) goal, aim, objective; *Hoffnung, Spott* object; **mit dem** ~ with the aim [*or* intention]; **etw zum** ~ **haben** to have as one's goal [*or* aim]; **am** ~ **sein** to be at one's destination, to have achieved one's goal *fig;* [**bei jdm**] **zum** ~ **kommen** [*o* **gelangen**] to reach one's goal; **sich** *dat* **etw zum** ~ **setzen** to set sth as one's goal; **sich** *dat* **ein** ~ **setzen** to set oneself a goal; **einer Sache** *dat* **ein** ~ **setzen** to put a limit on sth; **jdm/sich ein** ~ **setzen/stecken** to set sb/oneself a goal ② SPORT, MIL target; **ins** ~ **treffen** to hit the target ③ SPORT (*Rennen*) finish, finishing [*or* AM finish] line; **durchs** ~ **gehen** to cross the finishing line; (*beim Pferderennen*) to cross the winning [*or* finishing] [*or* AM finish] post ④ TOURIST (*Reise~*) destination; *Expedition* goal ⑤ ÖKON (*Zahlungs~*) credit period, period [*or* time] allowed for payment ⑥ (*Produktions~*) production [*or* output] target ▸ WENDUNGEN: **über das** ~ **hinausschießen** to overshoot the mark

Zielbahnhof *m* destination **zielbewusst**[RR], **zielbewußt** **I.** *adj* purposeful, decisive **II.** *adv* purposefully; ~ **auf etw zusteuern** to aim purposefully for sth

Zielbewusstsein[RR] *n* purposefulness, decisiveness

zielen *vi* ① (*anvisieren*) ■ [**auf jdn/etw**] ~ to aim [at sb/sth] ② (*gerichtet sein*) ■ **auf jdn/etw** ~ to be aimed at sb/sth ③ (*sich beziehen*) ■ **auf jdn/etw** ~ to be aimed [*or* directed] at sb/sth; ***diese Werbung zielt auf den jungen Käufer*** this advertisement is directed at young consumers

Zielfernrohr *nt* telescopic sight, scope **Zielfoto** *nt* SPORT photograph of the finish **Zielgerade** *f* SPORT finishing [*or* AM finish] straight, home stretch **zielgerichtet** *adj inv* well mapped-out **Zielgruppe** *f* target group **Zielgruppenforschung** *f kein pl* market research **Zielhafen** *m* port of destination **Zielkamera** *f* SPORT photo-finish camera **Zielkauf** *m* credit purchase **Ziellinie** *f* finishing [*or* AM finish] line **ziellos** **I.** *adj* aimless **II.** *adv* aimlessly **Zielmarkt** *m* target market **Zielort** *m* destination **Zielperson** *f* target **Zielscheibe** *f* ① (*runde Scheibe*) target ② (*Opfer*) object, butt **Zielsetzung** <-, -en> *f* target, objective **zielsicher** *adj* unerring, purposeful **Zielsprache** *f* LING target language **zielstrebig** **I.** *adj* determined, single-minded **II.** *adv* with determi-

nation, single-mindedly **Zielstrebigkeit** <-> *f kein pl* determination, single-mindedness
ziemen *vr (geh)* ■ **etw ziemt sich nicht für jdn** it is not proper [*or* seemly] for sb to do sth
ziemlich **I.** *adj* ❶ *attr (beträchtlich)* considerable, fair; **ein ~es Vermögen** a siz[e]able fortune; **eine ~e Genugtuung** reasonable satisfaction ❷ *(einigermaßen zutreffend)* reasonable; ***das stimmt mit ~er Sicherheit*** it is fairly certain to be true **II.** *adv* ❶ *(weitgehend)* quite, reasonably ❷ *(beträchtlich)* quite, pretty *fam*, fairly; ***ich habe ~ lange warten müssen*** I had to wait quite a long time; ***ich habe mich ~ darüber geärgert*** I was pretty *fam* annoyed about it ❸ *(beinahe)* almost, nearly; **so ~** more or less; **so ~ alles** just about everything; **so ~ dasselbe** pretty well [*or* much] the same
Zierde <-, -n> *f (schmückender Gegenstand)* ornament, decoration; ***zur ~*** for decoration ▶ WENDUNGEN: **eine ~ des männlichen/weiblichen Geschlechts** a fine specimen of the male/female sex
zieren **I.** *vr* ■ **sich ~** to make a fuss; *Mädchen* to act coyly; ***du brauchst dich nicht zu ~*** there is no need to be polite; **ohne sich zu ~** without having to be pressed **II.** *vt (schmücken)* ■ **etw ~** to adorn [*or fig* grace] sth; **eine Speise/ein Gericht mit Petersilie ~** to garnish a meal/dish with parsley; **einen Kuchen ~** to decorate a cake
Zierfarn *m* decorative fern **Zierfisch** *m* ornamental fish **Ziergras** *nt* ornamental grass **Zierkürbis** *m* ornamental gourd **Zierleiste** *f* border; AUTO trim; *Möbel* edging; *Wand* moulding
zierlich *adj* dainty; **eine ~e Frau** a petite woman; **~es Porzellan** delicate porcelaine
Ziesel <-s, -> *nt* ZOOL gopher
Ziffer <-, -n> *f* ❶ *(Zahlzeichen)* digit; *(Zahl)* figure, numeral, number; **römische/arabische ~** roman/arabic numerals ❷ *(nummerierter Abschnitt)* clause
Zifferblatt *nt* [clock]/[watch] face; *Sonnenuhr* dial
zig *adj (fam)* umpteen; **~mal** umpteen [*or* a thousand] times
Zigarette <-, -n> *f* cigarette
Zigarettenanzünder *m* cigarette lighter **Zigarettenautomat** *m* cigarette machine **Zigarettenetui** *nt* cigarette case **Zigarettenlänge** *f* ▶ WENDUNGEN: **auf eine ~** for a cigarette [*or* smoke] **Zigarettenpapier** *nt* cigarette paper **Zigarettenpause** *f (fam)* cigarette [*or fam!* fag] break **Zigarettenraucher(in)** *m(f)* cigarette smoker **Zigarettenschachtel** *f* cigarette packet [*or* AM pack] **Zigarettenspitze** *f* cigarette holder
Zigarillo <-s, -s> *m o nt* small cigar, cigarillo
Zigarre <-, -n> *f* cigar
Zigarrenkiste *f* cigar-box **Zigarrenraucher(in)** *m(f)* cigar smoker
Ziger <-s, -> *m* KOCHK SCHWEIZ ❶ *(veraltet) s.* **Quark** ❷ *(Kräuterkäse)* herb cheese
Zigerkrapfen *m* SCHWEIZ *sweet pastry filled with curd cheese*
Zigeuner(in) <-s, -> *m(f)* Gypsy, Gipsy, Romany
Zigeunerschnitzel *nt pork escalope served in spicy sauce with red and green peppers* **Zigeunersprache** *f kein pl* Romany [*or* Gypsy] [*or* Gipsy] language
zighundert *adj (fam)* umpteen hundred **zigmal** *adv (fam)* umpteen [*or* a thousand] times *fam* **zigmillionen** *adj (fam)* umpteen million *fam* **zigtausend** *adj (fam)* umpteen thousand
Zikade <-, -n> *f* cicada
Zille *f* barge
Zillertaler Alpen *nt* Zillertal Alps
Zilpzalp <-s, -e> *m* ORN chiffchaff
Zimbabwe <-s> *nt* SCHWEIZ *s.* **Simbabwe**
zimbabwisch *adj* SCHWEIZ *s.* **simbabwisch**
Zimbal <-s, -e *o* -s> *nt* cymbalon
Zimbel <-, -n> *f* cymbal
Zimmer <-s, -> *nt* room; **~ frei haben** to have vacancies
Zimmerdecke *f* ceiling
Zimmerei <-, -en> *f (Handwerk)* carpentry; *(Zimmerwerkstatt)* carpenter's shop
Zimmereinrichtung *f* furniture, furnishings *pl*
Zimmerer <-s, -> *m s.* **Zimmermann**
Zimmerfrau *f* ÖSTERR landlady **Zimmerkellner(in)** *m(f)* TOURIST room service waiter **Zimmerlautstärke** *f* low volume; **etw auf ~ stellen** to turn sth down **Zimmerlinde** *f* HORT African hemp **Zimmermädchen** *nt* chambermaid
Zimmermann <-leute> *m* carpenter
zimmern **I.** *vt* ❶ *(aus Holz herstellen)* ■ **etw ~** to make [*or* build] [*or* construct] sth from wood ❷ *(konstruieren)* **ein Alibi ~** to construct an alibi; **eine Ausrede ~** to make up an excuse **II.** *vi (an einer Holzkonstruktion tätig sein)* to do woodwork [*or* carpentry]; ■ **an etw** *dat* **~** to make sth from wood, to work on sth *fig*
Zimmernachweis *m* accommodation [*or* AM accomodations] service **Zimmerpflanze** *f* house plant **Zimmerservice** *m* room service **Zimmersuche** *f* room hunting, hunting for a room/rooms; **auf ~ sein** to be looking for rooms/a room **Zimmertemperatur** *f* room temperature **Zimmerverlesen** *n* MIL SCHWEIZ barrack room inspection **Zimmervermittlung** *f* accommodation [*or* AM accomodations] service **Zimmerwerkstatt** *f* one-room carpenter's shop
zimperlich *adj* prim; *(Ekel)* squeamish; *(empfindlich)* [hyper]sensitive; ***sei nicht so ~*** don't be such a sissy
Zimperlichkeit <-> *f kein pl* squeamishness
Zimt <-[e]s, -e> *m* ❶ KOCHK cinnamon; **weißer ~** canelle ❷ *(fam: Quatsch)* rubbish, garbage, nonsense
Zimtapfel *m* custard apple, sweetsop **Zimtkassiablätter** *pl* Chinese cinnamon leaves **Zimtkassie** *f* Saigon cinnamon **Zimtrinde** *f* cinnamon bark **Zimtstange** *f* stick of cinnamon
Zink <-[e]s> *nt kein pl* ❶ CHEM zinc ❷ MUS cornet
Zinkblech *nt* sheet zinc
Zinke <-, -n> *f* ❶ *(spitz hervorstehendes Teil) Kamm, Rechen* tooth; *Gabel* prong ❷ *(Holzzapfen)* tenon
zinken *vt* KARTEN ■ **etw ~** to mark sth; ***Falschspieler verwenden gezinkte Karten*** card sharps use marked cards
Zinksalbe *f* MED zinc ointment **Zinkweiß** *nt* KUNST Chinese white
Zinn <-[e]s> *nt kein pl* ❶ CHEM tin *no pl* ❷ *(Gegenstände aus ~)* pewter *no pl*, pewterware
Zinnbecher *m* pewter tankard
Zinne <-, -n> *f* ❶ ARCHIT merlon *hist*; *(Burg)* battlement; *(Stadt)* tower ❷ *(Gebirge)* peak, pinnacle ❸ SCHWEIZ *(Dachterrasse) flat area on the roof of an old house used for hanging out washing*
Zinnie <-, -n> *f* BOT zinnia
Zinnkrug *m* pewter jug
Zinnober[1] <-s> *nt* ÖSTERR *kein pl (gelblichrote Farbe)* vermilion *no pl*, cinnabar *no pl*
Zinnober[2] <-s> *m* ÖSTERR *kein pl* mineral
zinnoberrot *adj (gelblichrot)* vermilion
Zinnsoldat *m* tin soldier **Zinnteller** *m* pewter plate
Zins[1] <-es, -en> *m* FIN interest *no pl*, rate; **[jdm] etw mit ~ und ~eszins zurückzahlen** to pay sb back for sth with interest *fig*; **gesetzliche ~en** JUR legal rate of [*or* statutory] interest; **Kapital auf ~en legen** *(geh)* to invest capital at interest; **~en bringen** [*o* **tragen**] to earn interest; **zu hohen/niedrigen ~en** at a high/

low rate of interest

Zins² <-es, -e> *m* ❶ (*hist*) tax ❷ SÜDD, ÖSTERR, SCHWEIZ (*Miete*) rent

Zinsabschlagsteuer *f tax paid on interest earned* **Zinsbelastung** *f* interest charge **Zinsbesteuerung** *f* taxation of interest **Zinserhöhung** *f* rise [*or* increase] in interest rates **Zinsertrag** *m* interest yield

Zinseszins *m* compound interest

Zinsfluss^RR *m kein pl*, **Zinsfluß** *m kein pl* interest rate **zinsgünstig** *adj* at a favourable [*or* AM favorable] rate of interest

Zinshaus *n* ÖSTERR rented house; *s.* **Zins**

zinslos *adj* interest free, free of interest

zinspflichtig *adj* obliged to pay tax

Zinspolitik *f kein pl* interest rate policy **Zinssatz** *m* interest rate, rate of interest; (*Darlehen*) lending rate **Zinssenkung** *f* reduction [*or* decrease] in the interest rate

Zinswohnung *f* ÖSTERR rented flat [*or* AM *a.* apartment]; *s.* **Zins**

Zinszahlung *f* interest payment

Zionismus <-> *m kein pl* POL Zionism *no pl*

Zionist(in) <-en, -en> *m(f)* POL Zionist

zionistisch *adj* POL Zionist

Zipfel <-s, -> *m* corner; *Hemd, Jacke* tail; *Saum* dip; *Wurst* end

Zipfelmütze *f* pointed cap

Zippverschluss^RR *m*, **Zippverschluß** *m* ÖSTERR *s.* **Reißverschluss**

Zirbeldrüse *f* ANAT pineal gland **Zirbelkiefer** *f* BOT Swiss stone pine **Zirbelnuss^RR** *f* pistachio nut

zirka *adv* about, approximately; ***ich hole dich in ~ 10 Minuten ab*** I'll pick you up in approximately 10 minutes

Zirkel <-s, -> *m* ❶ (*Gerät*) pair of compasses ❷ (*Gruppe*) group; ***nur der engste ~ seiner Freunde wurde eingeladen*** he only invited his closest [circle of] friends

Zirkelkasten *m* compasses case **Zirkelschluss^RR** *m*, **Zirkelschluß** *m* circular argument

Zirkonium <-s> *kein pl nt* CHEM Zirconium *no pl*

Zirkular *n* SCHWEIZ circular

Zirkulation <-, -en> *f* ❶ (*das Zirkulieren*) circulation ❷ TECH (*Umlaufleitung*) circulation, circulatory flow

zirkulieren* *vi* ❶ (*kreisen*) to circulate ❷ (*kursieren*) to circulate; ***über diese Frau ~ einige Gerüchte*** there are some rumours going around *fam* about this woman

Zirkumflex <-es, -e> *m* LING circumflex

Zirkus <-, -se> *m* ❶ (*Unterhaltung*) circus; **zum ~ gehen** to join the circus ❷ (*fam: großes Aufheben*) fuss, to-do *fam;* ***einen ~ machen*** to make a fuss

Zirkusartist(in) *m(f)* circus performer, artiste **Zirkusclown** *m* circus clown **Zirkuszelt** *nt* big top

zirpen *vi* ZOOL (*vibrierende Töne erzeugen*) to chirp, to cheep

Zirrhose <-, -n> *f* MED cirrhosis

Zirruswolke *f* METEO cirrus [cloud]

zischeln *vi* (*pej*) ■ **[über jdn]** ~ to whisper [about sb]

zischen **I.** *vi* ❶ *haben* (*ein Zischen verursachen*) to hiss; ***das Steak zischte in der Pfanne*** the steak sizzled in the pan ❷ *haben* (*ein Zischen von sich geben*) to hiss ❸ *sein* (*sich mit einem Zischen bewegen*) to swoosh; ***nach dem Anstich des Fasses zischte das Bier heraus*** after broaching the barrel the beer streamed out **II.** *vt* (*mit einem Z~ sagen*) ■ **etw** ~ to hiss sth at sb ▶ WENDUNGEN: **einen** ~ (*sl*) to have a quick one *fam;* **jdm eine** ~ to belt [*or* clout] sb *fam;* **eine gezischt bekommen** to get belted [*or* clouted] *fam*

Zischen <-s> *nt kein pl* hiss

Zischlaut *m* LING sibilant

ziselieren* *vt* KUNST ■ **etw** ~ to engrave sth

Zisterne <-, -n> *f* cistern, tank

Zitadelle <-, -n> *f* citadel

Zitat <-[e]s, -e> *nt* quotation

Zitatenlexikon *nt* LING dictionary of quotations

Zither <-, -n> *f* MUS zither

Zitherspieler(in) *m(f)* MUS zither player

zitieren* *vt* ❶ (*wörtlich anführen*) ■ **jdn/etw** ~ to quote sb/sth; **ein Beispiel** ~ to quote [*or* cite] an example ❷ (*vorladen*) ■ **jdn irgendwohin** ~ to summon sb somewhere; ***sie wurde zum Chef zitiert*** she was summoned to her boss

Zitronat <-[e]s, -e> *nt* KOCHK candied lemon peel

Zitronatzitrone *f* cedrate

Zitrone <-, -n> *f* lemon ▶ WENDUNGEN: **jdn ausquetschen** [*o* **auspressen**] **wie eine** ~ (*fam*) to squeeze sb dry

Zitronenbaum *m* lemon tree **Zitroneneis** *nt* lemon flavoured [*or* AM flavored] ice cream **Zitronenfalter** *m* ZOOL brimstone butterfly **zitronengelb** *adj* lemon yellow **Zitronenkuchen** *m* lemon cake [*or* bread] **Zitronenlimonade** *f* lemonade **Zitronenmelisse** *f* lemon balm **Zitronenpresse** *f* lemon squeezer **Zitronenreibe** *f* lemmon rind grater **Zitronensaft** *m* citrus fruit **Zitronenthymian** *m* lemon thyme

Zitrusfrucht *f* citrus fruit **Zitruspresse** *f* citrus squeezer

Zitteraal *m* ZOOL electric eel

Zitterer *m* ÖSTERR shaking, weakness

zitt(e)rig *adj* shaky

zittern *vi* ❶ (*vibrieren*) to shake ❷ (*beben*) ■ **[vor etw** *dat*] ~ to shake [*or* tremble] [with sth]; **vor Kälte** ~ to shiver with cold; **vor Angst** ~ to quake with fear; *Stimme* to quaver; *Blätter, Gräser, Lippen* to tremble, to quiver; *Pfeil* to quiver ❸ (*fam*) ■ **[vor jdm/etw]** ~ to be terrified [of sb/sth]

Zittern <-s> *nt kein pl* ❶ (*Vibrieren*) shaking, trembling; ***ein ~ ging durch seinen Körper*** a shiver ran through his body ❷ (*bebende Bewegung*) trembling; *Erdbeben* tremor; *Stimme a.* quaver ▶ WENDUNGEN: **da hilft kein ~ und Zagen** there is no use being afraid

Zitterpappel *f* BOT aspen **Zitterpartie** *f* nail-biter *fam* **Zitterrochen** *m* ZOOL electric ray

zittrig *adj s.* **zitterig**

Zitze <-, -n> *f* ZOOL teat, dug

Zivi <-s, -s> *m* (*fam*) *kurz für* **Zivildienstleistender** *young man doing community service as an alternative to military service*

zivil *adj* ❶ (*nicht militärisch*) civilian; ~**er Bevölkerungsschutz** civil defence [*or* AM -se] ❷ (*fam: akzeptabel*) ~**e Bedingungen/Forderungen/Preise** reasonable conditions/demands/prices ❸ (*höflich*) polite

Zivil <-s> *nt kein pl* civilian clothes *npl*, civvies *fam npl;* **in** ~ in civilian clothes [*or fam* civvies], in mufti *dated*

Zivilberuf *m* civilian profession [*or* trade] **Zivilbevölkerung** *f* civilian population **Zivilcourage** *f* courage [of one's convictions] **Zivildiener** *m* ÖSTERR *s.* **Zivildienstleistende(r)** **Zivildienst** *m kein pl* ADMIN *community service as alternative to military service* **Zivildienstleistender** *m decl wie adj* ADMIN young man doing community service as alternative to military service **zivile Hilfssheriffs** *pl* civillian security officers *pl* **Zivilfahnder(in)** *m(f)* plain-clothes policeman **Zivilgericht** *n* civil court **Zivilgesellschaft** *f* SOZIOL, POL civil society **Zivilgesetzbuch** *nt* JUR SCHWEIZ (*Bürgerliches Gesetzbuch*) code of civil law

Zivilisation <-, -en> *f* civilization

Zivilisationserscheinung *f* MED symptoms caused by a civilized society **Zivilisationskrankheit** *f* MED *illness caused by civilization* **zivilisationsmüde** *adj* SOZIOL tired of modern-day society

zivilisieren* *vt* ■**jdn** ~ to civilize sb

zivilisiert **I.** *adj* civilized **II.** *adv* civilly; ***könnt ihr euch nicht ~ benehmen?*** can't you behave like civilized human beings?

Zivilist(in) <-en, -en> *m(f)* civilian

Zivilkammer *f* JUR civil division **Zivilkleidung** *f s.* **Zivil** **Zivilleben** *nt* civilian life, BRIT *a.* Civvy Street *dated fam* **Zivilperson** *f* (*geh*) *s.* **Zivilist** **Zivilprozess**[RR] *m*, **Zivilprozeß** *m* JUR civil action **Zivilprozessordnung**[RR] *f* JUR code of civil procedure **Zivilrecht** *nt* JUR civil law **zivilrechtlich** **I.** *adj* JUR of civil law **II.** *adv* JUR of civil law; ***jdn ~rechtlich verfolgen/belangen*** to bring a civil action against sb **Zivilrichter(in)** *m(f)* JUR civil court judge **Zivilsache** *f* JUR matter for a civil court **Zivilschutz** *m* ADMIN ① (*Schutz der Zivilbevölkerung*) civil defence [*or* AM -se] ② (*Truppe für den ~*) civil defence [*or* AM -se] **Zivilstand** *m* ADMIN SCHWEIZ marital status **Zivilstandsamt** *nt* ADMIN SCHWEIZ registry office **Zivilstandsregister** *nt* ADMIN SCHWEIZ register of births, marriages and deaths

zizerlweis *adv* ÖSTERR, SÜDD (*fam*) bit by bit

Zloty <-s, -> *m* zloty

Zmittag <-s> *m o nt kein pl* SCHWEIZ (*Mittagessen*) lunch

Zmorgen <-, -> *m o nt* SCHWEIZ (*Frühstück*) breakfast

Znacht <-s> *m o nt kein pl* SCHWEIZ (*Abendessen*) supper

Znüni <-, -> *m* KOCHK SCHWEIZ (*zweites Frühstück*) elevenses *pl* BRIT *fam*

Zobel <-s, -> *m* ① ZOOL sable ② (*Pelz aus Zobelfellen*) sable [fur]

Zoccoli *f* SCHWEIZ *wooden sandals*

zockeln *vi sein* (*fam*) *s.* **zuckeln**

zocken *vi* KARTEN (*sl*) ■~ to gamble

Zocker(in) <-s, -> *m(f)* KARTEN (*sl*) gambler

Zofe <-, -n> *f* lady-in-waiting

Zoff <-s> *m kein pl* (*sl*) trouble; **es gibt/dann gibt's ~** then there'll be trouble; **mit jdm ~ haben** to have trouble with sb; **~ machen** to cause trouble

zoffen *vr* (*sl*) ■**sich mit jdm ~** to quarrel with sb

zog *imp von* **ziehen**

Zöger *m* ÖSTERR (*fam*) net shopping bag

zögerlich **I.** *adj* (*zaudernd*) hesitant **II.** *adv* hesitantly

zögern *vi* to hesitate; ■**mit etw ~** to wait [too long] [*or* hesitate] with sth; ■**~, etw zu tun** to hesitate before doing sth; **ohne zu ~** without [a moment's] hesitation, unhesitatingly; ***sie unterschrieb ohne zu ~*** she signed without hesitation

Zögern <-s> *nt kein pl* hesitation *no pl;* **ohne langes ~** without hesitating for a long time [*or* [a moment's] hesitation]

zögernd **I.** *adj* hesitant, hesitating; ***dieser Frage hat sich die Regierung nur sehr ~ angenommen*** the Government accepted this question but only with [strong] reservations **II.** *adv* hesitantly

Zögling <-s, -e> *m* (*veraltend*) pupil

Zölibat <-[e]s, -e> *nt o m* REL celibacy *no pl*

Zoll[1] <-[e]s, -> *m* TECH inch; (*zollbreit*) one inch wide ▶ WENDUNGEN: **jeder ~ ...** every inch; ***er ist jeder ~ ein Ehrenmann/Gentleman*** he is every inch a gentleman; **keinen ~[breit] [zurück]weichen** to not yield [*or* give] an inch; *s. a.* **Zentimeter**

Zoll[2] <-[e]s, Zölle> *m* ① ÖKON customs duty; ***für etw ~ bezahlen*** to pay [customs] duty on sth; **durch den ~ kommen** to come through customs; **durch den ~ müssen** (*fam*) to have to go through customs; **einem ~ unterliegen** to carry duty ② *kein pl* ÖKON (*fam: Zollverwaltung*) customs *npl*

Zollabfertigung *f* ÖKON ① (*Gebäude*) customs post, checkpoint ② (*Vorgang*) customs clearance **Zollabgabe** *f* customs duty **Zollamt** *nt* ÖKON customs office [*or* house] **Zollbeamte(r)**, **-beamtin** *m, f* ÖKON customs officer [*or* official] **Zollbehörde** *f* customs [authority] **Zollbestimmung** *f meist pl* ÖKON customs regulation[s *pl*] **Zolleinhebung** *f* ÖSTERR collection of customs duty

zollen *vt* (*geh*) ■**jdm/einer S. etw ~** to give sb/sth sth; **jdm Achtung/Anerkennung/Bewunderung ~** to respect/appreciate/admire sb; **jdm Beifall ~** to applaud sb, give sb applause; **jdm Dank ~** to extend [*or* offer] one's thanks [*or* express one's gratitude] to sb; **jdm seinen Tribut ~** to pay tribute to sb

Zollerklärung *f* ÖKON customs declaration **Zollfahndung** *f* ÖKON customs investigation department **zollfrei** **I.** *adj* ÖKON duty-free **II.** *adv* ÖKON duty-free **Zollinhaltserklärung** *f* POST customs declaration **Zollkontrolle** *f* ÖKON customs check **zollpflichtig** *adj* ÖKON dutiable

Zollstock *m* ruler, inch rule

Zollwache *f* ÖSTERR customs office [*or* house]

Zombie <-[s], -s> *m* zombie

Zone <-, -n> *f* ① (*Bereich*) zone; **entmilitarisierte ~** demilitarized zone ② (*Beratungszone*) **die [Ost]~** the Eastern Zone *fam or dated,* East Germany ③ TRANSP fare stage, zone

Zonenordnung *f* SCHWEIZ *regulations governing usage of areas of land*

Zoo <-s, -s> *m* zoo

Zoologe, **Zoologin** <-n, -n> *m, f* zoologist

Zoologie <-> *f kein pl* zoology

Zoologin <-, -nen> *f fem form von* **Zoologe**

zoologisch **I.** *adj* zoological **II.** *adv* zoologically

Zoom <-s, -s> *nt* FOTO *s.* **Zoomobjektiv**

zoomen *vt* FOTO ■**jdn/etw ~** to zoom in on sb/sth

Zoomobjektiv *nt* FOTO zoom lens

Zootier *nt* animal in a zoo

Zopf <-[e]s, Zöpfe> *m* ① (*geflochtene Haarsträhnen*) plait, AM *usu* braid, pigtail ② KOCHK plait, plaited loaf ③ FORST top of tree trunk ▶ WENDUNGEN: **ein alter ~** an antiquated custom

Zopfmuster *nt* MODE cable stitch **Zopfspange** *f* hair clip

Zorbing <-s> [ˌzɔrbɪŋ] *nt kein pl* SPORT zorbing (*rolling downhill while strapped inside an enormous air-cushioned bouncing ball*)

Zorn <-[e]s> *m kein pl* anger, rage, wrath *liter;* **der ~ Gottes** the wrath of God; **in ~ geraten/ausbrechen** to lose one's temper, to fly into a rage; **einen ~ auf jdn haben** to be furious with sb; **jds ~ heraufbeschwören** to incur sb's wrath; **im ~** in anger [*or* a rage]; ***im ~ sagt man manches, was man später bereut*** when you are angry you say things you later regret

Zornbinkel, **Zornbinkl** *m* ÖSTERR person with a violent temper, irascible person

Zornesausbruch *m* fit of anger [*or* rage] **Zornesröte** *f* (*zornige Röte*) flush of anger

zornig *adj* angry, furious; ■**~ auf jdn sein** to be angry [*or* furious] with sb; **leicht ~ werden** to lose one's temper easily; **ein ~er junger Mann** (*fig*) an angry young man

Zote <-, -n> *f* dirty [*or* obscene] joke

zotig *adj* dirty, filthy, smutty

Zottel <-, -n> *f* (*fam*) rat's tail; *Mütze* pompom

Zottelhaar *nt* (*fam*) shaggy hair

zottelig *adj* (*fam*) shaggy

zotteln *vi sein* (*fam*) to amble

zottig *adj s.* **zottelig**

z.T. *Abk von* **zum Teil** partly

Ztr. *m Abk von* **Zentner**

zu I. *präp +dat* to ① (*wohin*) to; ***ich muss gleich ~m Arzt/~m Bäcker/~m Supermarkt*** I must go to the doctor's/baker's/supermarket; **~r Stadt/Stadtmitte gehen** to go to town/the town centre; ***wie weit ist es von hier ~m Bahnhof?*** how far is it from here to the train station?; ***wie komme ich [von hier] ~r Post?*** how do I get [from here] to the post office?; ***~m Militär*** to join the army; ***~m Theater gehen*** to go on the stage [*or* into the theatre]; ***~m Schwimmbad geht es da lang!*** the swimming pool is that way!; ***fahr mich bitte ~r Arbeit/Kirche/Schule*** please drive me to work/church/school; ***~ Fuß/Pferd*** on foot/horseback; ***~ Fuß gehen Sie etwa 20 Minuten*** it will take you about 20 minutes on foot; ***~ Schiff*** by ship [*or* sea] ② (*örtlich: Richtung*) **~m Fenster herein/hinaus** in/out of the window; **~r Tür herein/hinaus** in/out the door; **~m Himmel weisen** to point heavenwards [*or* up at the heavens]; **~r Decke sehen** to look [up] at the ceiling; **~ jdm/etw hinaufsehen** to look up at sb/sth; ***das Zimmer liegt ~r Straße hin*** the room looks out onto the street; **~m Meer/zur Stadtmitte hin** towards the sea/town [*or* city centre]; ***der Kerl vom Nachbartisch sieht dauernd ~ uns hin*** the bloke at the next table keeps looking across at us ③ (*neben*) ■**~ jdm/etw** next to sb/sth; **etw ~ etw legen** ***legen Sie ~ den Tellern bitte jeweils eine Serviette!*** put one serviette next to each plate; ***darf ich mich ~ Ihnen setzen?*** may I sit next to [*or* beside] you?; ***setz dich ~ uns*** [come and] sit with us; **etw ~ etw tragen** to wear sth with sth ④ *zeitlich* at; **~ Ostern/Pfingsten/Weihnachten** at Easter/Whitsun/Christmas; ***letztes Jahr ~ Weihnachten*** last Christmas; **~ früher/später Stunde** at an early/late hour; **~ Mittag** at [*or* by] midday/noon; [***bis***] ***~m 31. Dezember/Montag/Abend*** until [*or* by] 31st December/Monday/[this] evening; ***~m Wochenende fahren wir weg*** we are going away at [*or* AM on] the weekend; ***~m 1. Januar fällig*** due on January 1st; **~m Monatsende kündigen** to give in one's notice for [*or* to take effect from] the end of the month; *s. a.* **Anfang, Schluss, Zeit** ⑤ (*anlässlich einer S.*) ***etw ~m Geburtstag/~ Weihnachten bekommen*** to get sth for one's birthday/for Christmas; ***~ Ihrem 80. Geburtstag*** (*geh*) on the occasion of your 80th birthday; ■**jdm ~ etw gratulieren** to congratulate sb on sth; **jdn ~m Essen einladen** to invite sb for a meal; ***Ausstellung ~m Jahrestag seines Todes*** exhibition to mark the anniversary of his death; ***~ dieser Frage möchte ich Folgendes sagen*** to this question I should like to say the following; ***was sagst du ~ diesen Preisen?*** what do you say to these prices?; ***eine Rede ~m Thema Umwelt*** a speech on the subject of the environment; ***„Zum Verfremdungsbegriff"*** "On the concept of Alienation"; **jdn ~ etw vernehmen** to question sb about sth ⑥ (*für etw bestimmt*) ***Papier ~m Schreiben*** paper to write on, writing paper; ***Wasser ~m Trinken*** drinking water; ***der Knopf ~m Abstellen*** the off-button; ***das Zeichen ~m Aufbruch*** the signal to leave; **etw ~r Antwort geben** to say sth in reply; ***~ nichts taugen/~ nichts zu gebrauchen sein*** to be no use at all; ***mögen Sie Milch/Zucker ~m Kaffee?*** do you take your coffee with milk [*or* white]/with sugar; ***~m Frühstück trinkt sie immer Tee*** she always has tea at breakfast ⑦ (*um etw herbeizuführen*) ***~r Einführung ...*** by way of an introduction ...; ***~ seiner Entschuldigung/~r Erklärung*** in apology/explanation, by way of an apology/explanation; ***sie sagte das nur ~ seiner Beruhigung*** she said that just to set his mind at rest; **~ was** (*fam*) for what, why; ***~ was soll das gut sein?*** what do you need that for?, what is that for? ⑧ *mit Infinitiv* ***bei dem Regenwetter habe ich keine Lust zum Wandern*** I don't fancy walking if it is raining; ***wir haben nichts ~m Essen*** we have nothing to eat; ***gib dem Kind doch etwas ~m Spielen*** give the child something to play with; ***auf die Reise habe ich mir etwas ~m Lesen mitgenommen*** I've brought something to read on the trip; ***das ist ja ~m Lachen*** that's ridiculous [*or* really funny], das ist *~m Weinen,* it's enough to make you want to cry [*or* weep] ⑨ (*Veränderung*) **~ etw werden** to turn into [*or* become] sth; ***manch einer wird aus Armut ~m Dieb*** often it is poverty that turns sb into a thief; **wieder ~ Staub werden** to [re]turn to dust; ■**jdn/etw ~ etw machen** to make sb/sth into sth; **jdn ~m Manne machen** to make a man of sb; ***~m Kapitän befördert werden*** to be promoted to captain; **~m Vorsitzenden gewählt werden** to be elected to [*or* chosen for] the post of chairman; ***~ Asche verbrennen*** to burn to ashes; ***etw ~ Pulver zermahlen*** to grind sth [in]to powder ⑩ (*Beziehung*) **Liebe ~ jdm** love for sb; **aus Freundschaft ~ jdm** because of one's friendship with sb; **das Vertrauen ~ jdm/etw** trust in sb/sth; ***meine Beziehung ~ ihr*** my relationship with her ⑪ (*im Verhältnis zu*) in relation [*or* proportion] to; ***im Vergleich ~*** in comparison with, compared to; ***im Verhältnis 1 ~ 4*** MATH in the ratio of one to four; ***unsere Chancen stehen 50 ~ 50*** our chances are fifty-fifty ⑫ (*einer Sache zugehörig*) ***~ den Lehrbüchern gehören auch Kassetten*** there are cassettes to go with the text books, sth for sth; ***wo ist der Korken ~ der Flasche?*** where is the cork for this bottle?; ***mir fehlt nur der Schlüssel ~ dieser Tür*** I've only got to find the key to this door ⑬ SPORT ***Bayern München gewann mit 5 ~ 1*** Bayern Munich won five-one; ***das Fußballspiel ging unentschieden 0 ~ 0 aus*** the football match ended in a nil-nil draw ⑭ *bei Mengenangaben* ***~ drei Prozent*** at three percent; ***diese Äpfel habe ich ~ zwei Mark das Stück gekauft*** I bought these apples for [*or* at] two marks each; ***sechs [Stück] ~ fünfzig Pfennig*** six for fifty pfennigs; ***~m halben Preis*** at half price; ***wir sind ~ fünft in den Urlaub gefahren*** five of us went on holiday together; ***sie kommen immer ~ zweit*** those two always come as a pair; ***der Pulli ist nur ~r Hälfte fertig*** the jumper is only half finished; ***hast du das Buch nur ~ einem Viertel gelesen?*** have you only read a quarter of the book?; **~m ersten Mal** for the first time; **~m Ersten ..., ~m Zweiten** firstly ..., secondly; **~m Ersten, ~m Zweiten, ~m Dritten** (*bei Auktionen*) going once, going twice, sold ⑮ (*örtlich: Lage*) in; ***der Dom ~ Köln*** the cathedral in Cologne, Cologne cathedral; ***der Reichstag ~ Worms*** (*hist*) the Diet of Worms; **~ Hause** at home; **~ seiner Rechten/Linken...** on his right/left [hand side]...; **~ Lande und ~ Wasser** on land and sea; **jdm ~r Seite sitzen** (*geh*) to sit at sb's side; **sich ~ Tisch setzen** (*geh*) to sit down to dinner ⑯ (*bei Namen*) ***der Graf ~ Blaubeuren*** the Count of Blaubeuren; ***Gasthof ~m blauen Engel*** the Blue Angel Inn ⑰ (*als*) ***jdn ~m Präsidenten wählen*** to elect as president; ■**jdn ~ etw ernennen** to nominate sb for sth; ***er machte sie ~ seiner Frau*** he made her his wife; ***er nahm sie ~r Frau*** he took her as his wife; ■**jdn/etw ~m Vorbild nehmen** to take sb/sth as one's example, to model oneself on sb/sth; ***~m Artzt geboren sein*** to be born to be a doctor ⑱ (*in Wendungen*) **~ Deutsch** (*veraltet*) in German; **~m Beispiel** for example; **~r Belohnung** as a reward; **~r Beurteilung/Einsicht** for inspection; **~m Gedächtnis von jdm** in memory of sb, in sb's memory; **~m Glück** luckily; **~ Hilfe** help; **jdm ~ Hilfe**

Z

kommen to come to sb's aid; ~m **Lobe von jdm/etw** in praise of sb/sth; ~r **Probe** as a trial [*or* test]; ~r **Ansicht** on approval; ~r **Strafe** as a punishment; ~r **Unterschrift** for signature [*or* signing]; ~r **Warnung** as a warning; ~ **jds Bestem/Vorteil °sein** to be for one's own good/to one's advantage; *s.* **bis** ⑲ SCHWEIZ (*in Wendungen*) ~r **Hauptsache** mainly; ~m **voraus** in front of; ~m **vorn[e]herein** from in front; ~m **Rechten schauen** to look to the right **II.** *adv inv* ① (*all~*) too; ~ **sehr** too much; ***er hat sich nicht ~ sehr bemüht*** he did't try too [*or* very] hard; ***ich wäre ~ gern mitgefahren*** I would have loved to have gone along ② (*geschlossen*) shut, closed; ***dreh den Wasserhahn ~!*** turn the tap off!; ***Tür ~, es zieht!*** shut the door, there's a draught!; ***mach die Augen ~, ich hab da was für dich*** close your eyes, I've got sth for you; ***die Geschäfte haben sonntags ~*** stores are closed on Sundays; ~ **sein** to be shut [*or* closed] ③ (*örtlich*) towards; **nach hinten/vorne** ~ towards the back/front; ***dem Ausgang ~*** towards the exit ④ (*fam: betrunken sein*) ■~ **sein** to be pissed *fam!*, to have had a skinful *fam* ⑤ (*in Wendungen*) **dann mal ~!** go ahead, off we go; **immer/nur ~!** go ahead; ***schimpf nur ~, es hilft doch nichts*** go on, scream, it won't do any good; **mach ~** hurry up, get a move on; ***lauf schon ~, ich komme nach*** you go on [*or* go on ahead], I'll catch up **III.** *konj* ① *mit Infinitiv* to; ■**etw ~ essen** sth to eat; ***dieser Auftrag ist unverzüglich ~ erledigen*** this task must be completed straight away; ***ich habe heute einiges ~ erledigen*** I have got a few things to do today; ***sie hat ~ gehorchen*** she has to obey [*or* do as she is told]; ***die Rechnung ist bis Freitag ~ bezahlen*** the bill has to be paid by Friday; ~m **Stehen kommen** to come to a halt; ~m **Erliegen kommen** to come to rest; ***ich habe ~ arbeiten*** I have some work to do; ***ohne es ~ wissen*** without knowing it; ***ich komme, um mich zu verabschieden*** I have come to say goodbye ② *mit Partizip* ~ **bezahlende Rechnungen** outstanding bills; ***es gibt verschiedene noch ~ kaufende Gegenstände*** some things still have to be bought; ***der ~ Prüfende*** the candidate to be examined; ***nicht ~ unterschätzende Probleme*** problems [that are] not to be underestimated

zuallererst *adv* first of all **zuallerletzt** *adv* last of all

Zubau *m* ÖSTERR extension

zu|bauen *vt* ■**etw ~** to fill sth in

Zubehör <-[e]s, *selten* -e> *nt o m* equipment *no pl* ① (*zusätzliche Accessoirs*) accessories *pl* ② (*Ausstattung*) attachments *pl;* ***diese Küchenmaschine wird mit speziellem ~ geliefert*** this food processor comes with special attachments

Zubehörteil *nt* accessory, attachment

zu|beißen *vi irreg* to bite

zu|bekommen* *vt irreg* (*fam*) ■**etw ~** to get sth shut [*or* closed]; **eine Hose, einen Reißverschluss ~** to do [*or* zip] up trousers/a zipper

Zuber <-s, -> *m* DIAL, SCHWEIZ washtub

zu|bereiten* *vt* ■[**jdm**] **etw ~** to prepare sth [for sb]; **einen Cocktail ~** to mix a cocktail

Zubereitung <-, -en> *f* ① (*das Zubereiten*) preparation ② (*von Arzneimitteln*) making up ③ PHARM (*zubereitetes Präparat*) preparation

Zubettgehen <-s> *nt kein pl* **vor dem/ beim/ nach dem ~** before [going to] bed/ on going to bed/ after going to bed

zu|billigen *vt* ■**jdm etw ~** ① (*zugestehen*) to grant [*or* allow] sb sth ② (*für jdn gelten lassen*) to grant sb sth; ***ich will ihm gerne ~, dass er sich bemüht hat*** he made an effort, I'll grant/allow him that

zu|binden *vt irreg* ■**etw ~** to tie [*or* do up] sth; **sich die Schuhe ~** to lace [*or* do] up [*or* tie] shoes

zu|bleiben *vi irreg sein* (*fam*) ***kann die Tür nicht ~?*** can't we keep the door shut?; ***wegen Inventur wird unser Geschäft am 3.Januar ~*** our shop will be closed for stocktaking on January 3rd

zu|blinzeln *vi* ■**jdm ~** to wink at sb; ■**sich** *dat/***einander ~** to wink at each other

zu|bringen *vt irreg* ① (*verbringen*) to spend ② (*herbeibringen*) to bring/take to; ***jdm ~, dass ...*** to inform sb that ... *fig;* ***es ist mir zugebracht worden*** (*geh*) it has been brought to my attention [*or* notice] ③ DIAL *s.* **zukriegen**

Zubringer <-s, -> *m* TRANSP ① (*Zubringerstraße*) feeder road ② (*Flughafenbus*) shuttle [bus], airport bus

Zubringerdienst *m* shuttle service **Zubringerflug** *m* feeder plane **Zubringerstraße** *f* (*geh*) *s.* **Zubringer 1**

Zubrot *nt kein pl* extra income; [**sich** *dat*] **ein ~ verdienen** to earn [*or* make] a bit on the side

zu|buttern *vt* (*fam*) ■**etw ~** to contribute sth; ***wegen eines Fehlers musste der Konzern Millionen ~*** due to a mistake the corporation had to pay out millions [on top]

Zucchini <-, -> *f meist pl* courgette BRIT, zucchini AM

Zucht <-, -en> *f* ① *kein pl* HORT cultivation *no art, no pl,* growing *no art, no pl* ② *kein pl* ZOOL breeding *no art, no pl* ③ (*gezüchtete Pflanze*) stock, variety; (*gezüchtetes Tier*) breed; *von Bakterien* culture *spec* ④ *kein pl* (*Disziplin*) discipline *no art, no pl;* **~ und Ordnung** discipline; **jdn in ~ halten** to keep a tight rein on sb

Zuchtbulle *m* breeding bull

züchten *vt* ① HORT ■**etw ~** to grow [*or* cultivate] sth ② ZOOL ■**Tiere ~** to breed animals; **Bienen ~** to keep bees

Züchter(in) <-s, -> *m(f) von Rassetieren* breeder; *von Blumen* grower, cultivator; *von Bienen* keeper; *von Bakterien* culturist *spec*

Zuchtforelle *f* farmed trout **Zuchthaus** *nt* HIST ① (*Strafe*) prison sentence; **~ bekommen** to be given a prison sentence ② (*Strafanstalt*) prison, jail, BRIT *a.* gaol *dated* **Zuchthengst** *m* stud horse, breeding stallion

züchtig **I.** *adj* (*veraltet*) chaste *form or liter* **II.** *adv* (*veraltet*) chastely *form or liter,* in a chaste manner *form or liter*

züchtigen *vt* (*geh*) ■**jdn ~** to beat sb

Zuchtmuschel *f* farmed mussel **Zuchtperle** *f* cultured pearl **Zuchtstute** *f* breeding [*or* brood] mare

Züchtung <-, -en> *f* ① *kein pl* HORT cultivation *no art, no pl,* growing *no art, no pl* ② *kein pl* ZOOL breeding *no art, no pl* ③ (*gezüchtete Pflanze*) variety; (*gezüchtetes Tier*) breed; **eine neue ~ Schweine** a new breed of pig

zuckeln *vi sein* (*fam*) ■**irgendwohin ~** to trundle off somewhere; **über die Landstraßen ~** to trundle along country roads

zucken *vi* ① *haben Augenlid* to flutter; *Mundwinkel* to twitch ② *haben* **mit den Achseln** [*o* **Schultern**] **~** to shrug one's shoulders; **ohne mit der Wimper zu ~** without batting an eyelid ③ *haben* (*aufleuchten*) *Blitz* to flash; *Flamme* to flare up ④ *sein* (*sich zuckend bewegen*) *Blitz* to flash; ***hast du diesen Blitz über den Himmel ~ sehen?*** did you see that bolt of lightning flash across the sky? ⑤ *haben* (*fam: weh tun*) ■**es zuckt jdm irgendwo** sb has/gets a twinge somewhere

zücken *vt* ■**etw ~** ① (*blankziehen*) to draw sth; **mit gezückten Schwertern** with swords drawn ② (*fam: rasch hervorziehen*) to pull [*or* whip] out sth *sep*

Zucker[1] <-s, -> *m* sugar *no art, no pl;* **brauner ~** brown sugar; **bunter ~** rainbow sugar crystals *pl* ▶ WENDUNGEN: **~ sein** (*sl*) to be terrific [*or* BRIT *fam!*

shit hot| [*or* AM *fam!* hot shit]

Zucker² <-s> *m kein pl* MED diabetes *no art, no pl;* ~ **haben** (*fam*) to have diabetes

Zuckeraustauschstoff *m* artificial sweetener **Zuckerbanane** *f* lady finger banana

Zuckerbestimmung *f* saccrimentry

Zuckerbrot *nt* (*veraltet: Süßigkeit*) sweetmeat *dated* ▶ WENDUNGEN: **mit ~ und Peitsche** (*prov*) with the carrot and the stick **Zuckerdose** *f* sugar bowl **Zuckererbse** *f* sugar snap pea **Zuckerguss**RR *m*, **Zuckerguß** *m* icing *no art, no pl,* AM *esp* frosting *no art, no pl*

zuckerhaltig <-er, -[e]ste> *adj* containing sugar

Zuckerhut *m* ❶ GEOL sugarloaf ❷ KOCHK winter chicory

zuck(e)rig *adj* ❶ (*viel Zucker enthaltend*) sugary ❷ (*mit Zucker bestreut*) sugary

zuckerkrank *adj* diabetic **Zuckerkranke(r)** *f(m) decl wie adj* diabetic **Zuckerkrankheit** *f* diabetes *no art, no pl*

Zuckerl <-s, -[n]> *nt* SÜDD, ÖSTERR (*Bonbon*) sweet BRIT, candy AM

Zuckerlecken *nt* ▶ WENDUNGEN: **kein ~ sein** (*fam*) to be no picnic **Zuckermelone** *f* muskmelon

zuckern *vt* ■**etw ~** to sugar sth; **seinen Tee ~** to put [*or* take] sugar in one's tea

Zuckerrohr *nt* sugar cane *no art, no pl* **Zuckerrübe** *f* sugar beet *no art, no pl* **Zuckerschlecken** *nt s.* Zuckerlecken **Zuckerschote** *f* mangetout **Zuckersirup** *m* sugar syrup **zuckersüß** *adj* ❶ (*sehr süß*) as sweet as sugar *pred* ❷ (*übertrieben freundlich*) sugar-sweet *a. pej;* ■~ **[zu jdm] sein** to be as sweet as pie [to sb] **Zuckerwaage** *f* saccarometer **Zuckerwatte** *f* candy floss BRIT, cotton candy AM **Zuckerzange** *f* sugar tongs *npl*

zuckrig *adj s.* **zuckerig**

Zuckung <-, -en> *f meist pl von Augenlid, Lippe, Mundwinkel* twitch; **nervöse ~en** a nervous twitch; *eines Epileptikers* convulsion; **die letzten ~en** the death throes

Zudecke *f* DIAL cover

zu|decken *vt* ■**jdn/etw [mit etw] ~** to cover [up *sep*] sb/sth [with sth]; ■**sich [mit etw] ~** to cover oneself up *sep* [with sth]

zudem *adv* (*geh*) moreover *form,* furthermore *form,* in addition

zu|denken *vt irreg* (*geh*) ■**jdm etw ~** ❶ (*zu schenken beabsichtigen*) to intend sth for sb ❷ (*zuzuweisen beabsichtigen*) to intend [*or* earmark] sth for sb; ■**zugedacht** intended; ■**jdm zugedacht sein** to be intended for sb; *Posten* to be earmarked for sb

zu|drehen I. *vt* ❶ (*verschließen*) ■**etw ~** to screw on sth *sep* ❷ (*abstellen*) ■**etw ~** to turn off sth *sep* ❸ (*festdrehen*) ■**etw ~** to tighten sth ❹ (*zuwenden*) **jdm den Kopf ~** to turn [one's face] towards sb; **jdm den Rücken ~** to turn one's back on sb; **jdm die Schulter ~** to turn away from sb II. *vr* ■**sich jdm/etw ~** to turn to[wards] sb/sth

zudringlich *adj* pushy *pej;* ~ **[zu jdm] werden** to get pushy *pej;* (*sexuell belästigen*) to make advances [to sb], to act improperly [towards sb]

Zudringlichkeit <-, -en> *f* ❶ *kein pl* (*zudringliche Art*) pushiness *no art, no pl pej* ❷ *meist pl* (*zudringliche Handlung*) advances *pl*

zu|dröhnen *vr* (*sl*) ■**sich [mit etw] ~** to be/become intoxicated [with sth]; **sich mit Rauschgift ~** to get high [on drugs]; ■**zugedröhnt sein** to be intoxicated/high

zu|drücken *vt* ❶ (*durch Drücken schließen*) ■**etw ~** to press sth shut; **ein Fenster/eine Tür ~** to push a window/door shut; *s.a.* **Auge** ❷ (*fest drücken*) **jdm/einem Tier den Hals/die Kehle ~** to throttle sb/an animal

zueinander *adv* to each other [*or form* one another]; **~ passen** *Menschen* to suit each other [*or form* one another], to be suited; *Farben, Kleidungsstücke, Muster* to go well together [*or* together well]

zu|erkennen* *vt irreg* (*geh*) ■**jdm etw ~** to award sth to sb; **jdm eine Auszeichnung/einen Orden ~** to confer [*or form* bestow] an award/a medal on sb; ***das Kind wurde dem Vater zuerkannt*** the father was given custody of the child; **jdm eine Strafe ~** to impose [*or* inflict] a penalty [up]on sb

zuerst *adv* ❶ (*als erster*) the first; (*als erstes*) first; ***was sollen wir ~ kaufen?*** what should we buy first? ❷ (*anfangs*) at first, initially ❸ (*zum ersten Mal*) first, for the first time ▶ WENDUNGEN: **wer ~ kommt, mahlt ~** (*prov*) first come, first served *prov*

zu|fächeln *vt* (*geh*) ■**jdm/sich [mit etw] Luft [o Kühlung] ~** to fan sb/oneself [with sth]

zu|fahren *vi irreg sein* ❶ (*in eine bestimmte Richtung fahren*) ■**auf jdn/etw ~** to drive towards sb/sth; (*direkt*) to head towards sb/sth ❷ (*fam: schneller fahren*) to drive faster; ***fahren Sie doch zu!*** [drive] faster!

Zufahrt *f* ❶ (*Einfahrt*) entrance ❷ *kein pl* (*das Zufahren*) access *no art, no pl* (**auf** +*akk* to); **jdm die ~ versperren** to block sb's access

Zufahrtsstraße *f* access road; (*zur Autobahn*) approach road

Zufall *m* coincidence; (*Schicksal*) chance; **das ist ~** that's a coincidence; **es ist [ein bestimmter] ~/kein ~, dass ..** it is [a certain] coincidence/no coincidence [*or* accident] that ...; ***es ist reiner ~, dass ...*** it's pure coincidence that ...; **etw dem ~ überlassen** to leave sth to chance; **es dem ~ überlassen, ob/wann/wie/wo ...** to leave it to chance whether/when/how/where ...; **etw dem ~ verdanken** to owe sth to chance; **es dem ~ verdanken, dass ...** to owe it to chance that ...; **der ~ wollte es, dass ...** chance would have it that ...; **etw durch [*o fam* per] ~ erfahren** to happen to learn of sth; **welch ein ~!** what a coincidence!

zu|fallen *vi irreg sein* ❶ (*sich schließen*) to close, to shut ❷ (*zuteil werden*) ■**jdm ~** to go to sb ❸ (*zugewiesen werden*) ■**jdm ~** to fall to sb; *Rolle* to be assigned to sb ❹ (*zukommen*) ***diesem Treffen fällt große Bedeutung zu*** great importance is attached to this meeting ❺ (*leicht erwerben*) ■**jdm ~** to come naturally to sb

zufällig I. *adj* chance *attr* II. *adv* ❶ (*durch einen Zufall*) by chance; **rein ~** by pure chance; **jdn ~ treffen** to happen to meet sb ❷ (*vielleicht*) ***wissen Sie ~, ob/wie/wann/wo ...?*** do you happen to know whether/how/when/where ...?

zufälligerweise *adv s.* **zufällig II**

Zufälligkeit <-, -en> *f* coincidence

Zufallsbekanntschaft *f* chance acquaintance; **eine ~ machen** to make a chance acquaintance **Zufallsfund** *m* chance find **Zufallstor** *nt* lucky [*or fam* fluke] goal **Zufallstreffer** *m* fluke *fam*

zu|fassen *vi* ❶ (*zugreifen*) to make a grab, to grab [at] sth ❷ (*die Gelegenheit ergreifen*) to seize the opportunity

zu|fliegen *vi irreg sein* ❶ (*in eine bestimmte Richtung fliegen*) ■**auf etw** *akk* ~ to fly towards sth ❷ (*zu jdm hinfliegen und bleiben*) ■**jdm ~** to fly to sb; ***der Wellensittich ist uns zugeflogen*** the budgie flew into our house ❸ (*fam: zufallen*) ■**[jdm] ~** to slam shut [on sb *fam*] ❹ *s.* **zufallen 5**

zu|fließen *vi irreg sein* ❶ (*in etw münden*) ■**einer S.** *dat* ~ to flow into sth ❷ (*dazufließen*) ■**einer S.** *dat* ~ to flow into sth ❸ (*zuteil werden*) ■**jdm/etw ~** to go to sb/sth; ***die Spenden flossen einem***

Z

Hilfsfonds zu the donations went to a relief fund

Zuflucht <-, -en> *f* refuge; **irgendwo** [**vor jdm/etw**] ~ **finden/suchen** to take [*or* find]/seek refuge somewhere [from sb/sth] ▶ WENDUNGEN: **jds letzte** ~ **sein** to be sb's last resort [*or* hope]; **in etw** *dat* ~ **finden** to find refuge in sth; **zu etw** ~ **nehmen** to resort to sth; **zu Lügen** ~ **nehmen** to resort to lying

Zufluchtsort *m* place of refuge

ZuflussRR *m,* **Zufluß** *m* ❶ *kein pl* (*das Zufließen*) inflow ❷ (*Nebenfluss*) tributary

zu|flüstern *vt* ■**jdm etw** ~ to whisper sth to sb

zufolge *präp* (*geh*) ■**einer S.** *dat* ~ according to sth

zufrieden **I.** *adj* (*befriedigt*) satisfied (**mit** +*dat* with); ***danke, ich bin sehr*** ~ thanks, everything's fine; (*glücklich*) contented (**mit** +*dat* with), content *pred;* **ein ~er Kunde** a satisfied customer; **ein ~es Lächeln** a satisfied smile, a smile of satisfaction **II.** *adv* with satisfaction; (*glücklich*) contentedly; **sich** [**mit etw**] ~ **geben** to be satisfied/content[ed] [with sth]; ~ **lächeln** to smile with satisfaction, to give a satisfied smile; **jdn/ein Tier** ~ **lassen** to leave sb/an animal alone [*or* in peace]; **jdn mit etw** ~ **lassen** to stop bothering sb with sth; **jdn/etw** ~ **stellen** to satisfy sb/sth; **jds Wissendurst** ~ **stellen** to satisfy sb's thirst for knowledge; ~ **stellend** satisfactory

Zufriedenheit <-> *f kein pl* satisfaction *no art, no pl;* (*Glücklichsein*) contentedness *no art, no pl;* **zu jds** ~ to sb's satisfaction; **zu allgemeiner** ~ to everyone's satisfaction

zu|frieren *vi irreg sein* to freeze [over]; ■**zugefroren** frozen [over *pred*]

zu|fügen *vt* ❶ (*erleiden lassen*) **jdm Kummer/Leid** ~ to cause sb sorrow/pain; **jdm Schaden/eine Verletzung** ~ to harm/injure sb; **jdm Unrecht** ~ to do sb an injustice, to wrong sb *form* ❷ (*geh: hinzufügen*) ■**einer S.** *dat* **etw** ~ to add sth [to sth]

Zufuhr <-, -en> *f* ❶ (*Versorgung*) supply ❷ (*das Zuströmen*) supply; *von Kalt-, Warmluft* stream

zu|führen **I.** *vt* ❶ (*verschaffen*) ■**jdm/etw jdn** ~ to supply sb/sth with sb; **einer Firma Mitarbeiter** ~ to supply a company with employees ❷ (*zufließen lassen*) ■**jdm/etw etw** ~ to supply sth to sb/sth ❸ (*fam: werden lassen*) ■**etw einer S.** *dat* ~ to devote sth to sth; ***dieses Gebäude kann nun wieder seiner Bestimmung zugeführt werden*** this building can be devoted again to its intended use **II.** *vi* ■**auf etw** *akk* ~ to lead to sth; **direkt auf etw** *dat* ~ to lead direct to sth

Zug1 <-[e]s, Züge> *m* ❶ (*Bahn*) train ❷ AUTO (*Last~*) truck [*or* BRIT *a.* lorry] and [*or* with] trailer + *sing vb* ▶ WENDUNGEN: **auf den fahrenden** ~ [**auf**]**springen** to jump [*or* climb] [*or* get] on the bandwagon; **der** ~ **ist abgefahren** (*fam*) you've missed the boat

Zug2 <-[e]s, Züge> *m* ❶ (*inhalierte Menge*) puff (**an** +*dat* on/at), drag *fam* (**an** +*dat* of/on); **einen** ~ **machen** to have a puff, to take a drag *fam* ❷ (*Schluck*) gulp, swig *fam;* **in** [*o* **mit**] **einem** [*o* **auf einen**] ~ in one gulp; **sein Bier/seinen Schnaps in einem** ~ **austrinken** to down one's beer/schnapps in one [go], to knock back *sep* one's beer/schnapps *fam* ❸ *kein pl* (*Luft~*) draught BRIT, draft AM; **einem** ~ **ausgesetzt sein** to be sitting in a draught ❹ *kein pl* PHYS (*~kraft*) tension *no art, no pl* ❺ (*Spiel~*) move; **am** ~ **sein** to be sb's move; **einen** ~ **machen** to make a move ❻ MIL (*Kompanieabteilung*) section ❼ (*Streif~*) tour; **einen** ~ **durch etw machen** to go on a tour of sth ❽ (*lange Kolonne*) procession ❾ (*Gesichts~*) feature; ***sie hat einen bitteren ~ um den Mund*** she has a bitter expression about her mouth ❿ (*Charakter~*) characteristic, trait; **ein bestimmter Zug von** [*o* **an**] **jdm sein** to be a certain characteristic of sb ⓫ *pl* (*spiralförmige Vertiefungen*) grooves *pl* ⓬ (*ohne Ver~*) ■~ **um** ~ systematically; (*schrittweise*) step by step, stage by stage ⓭ (*Linienführung*) ■**in einem** ~ in one stroke ⓮ (*Umriss*) **in großen** [*o* **groben**] **~en** in broad [*or* general] terms; **etw in großen ~en darstellen/umreißen** to outline sth, to describe/outline sth in broad [*or* general] terms ⓯ ■**im ~e einer S.** *gen* in the course of sth ▶ WENDUNGEN: **im falschen** ~ **sitzen** to be on the wrong track [*or fam* barking up the wrong tree]; **in den letzten ~en liegen** (*fam*) to be on one's last legs *fam;* **etw in vollen ~en genießen** to enjoy sth to the full; [**mit etw**] [**bei jdm**] **zum ~e/nicht zum ~e kommen** (*fam*) to get somewhere/to not get anywhere [with sb] [with sth]

Zug3 <-s> *nt* Zug

Zugabe *f* ❶ (*Werbegeschenk*) free gift ❷ MUS (*zusätzliche Darbietung*) encore; **~, ~!** encore! encore!, more! more! ❸ *kein pl* (*das Hinzugeben*) addition

Zugabteil *nt* train [*or* railway] compartment

Zugang <-gänge> *m* ❶ (*Eingang*) entrance ❷ *kein pl* (*Zutritt*) access *no art, no pl* (**zu** +*akk* to) ❸ *kein pl* (*Zugriff*) access *no art, no pl* (**zu** +*akk* to); ~ **zu etw haben** to have access to sth ❹ *meist pl* (*geh: Aufnahme*) intake; *von Büchern, Waren* receipt; *von Patienten* admission

zugange *adj* NORDD ■**irgendwo** [**mit jdm/etw**] ~ **sein** to be busy [with sb/sth] somewhere

zugänglich *adj* ❶ (*erreichbar*) accessible; ■**nicht** ~ inaccessible; **jdm etw** ~ **machen** to allow sb access to sth ❷ (*verfügbar*) available (+*dat* to); ■[**jdm**] ~ **sein** to be available [to sb] ❸ (*aufgeschlossen*) approachable; ■**für etw** [*o* **etw gegenüber**] [**nicht**] ~ **sein** to be [not] receptive to sth

Zugänglichkeit <-> *f kein pl* ❶ (*Erreichbarkeit*) accessibility *no art, no pl* ❷ (*Verfügbarkeit*) availability *no art, no pl* ❸ (*Aufgeschlossenheit*) receptiveness *no art, no pl* (**für** +*akk* to); (*Umgänglichkeit*) approachability *no art, no pl*

Zugbegleiter *m* (*Informationsheft*) train timetable [*or* AM *usu* schedule]

Zugbegleiter(in) *m(f)* (*Schaffner*) guard BRIT, conductor AM

Zugbrücke *f* drawbridge

zu|geben *vt irreg* ❶ (*eingestehen*) ■**etw** ~ to admit sth; ■~, **dass …** to admit [that] … ❷ (*zugestehen*) ■**jdm** ~, **dass …** to grant sb that … ❸ (*erlauben*) ■**etw** ~ to allow sth; ■**es nicht ~, dass jd etw tut** to not allow sb to do sth

zugegebenermaßen *adv* admittedly

zugegen *adj* (*geh*) ■**bei etw** ~ **sein** to be present at sth

zu|gehen *irreg* **I.** *vi sein* ❶ (*sich schließen lassen*) to shut, to close ❷ (*in eine bestimmte Richtung gehen*) ■**auf jdn/etw** ~ to approach sb/sth ❸ (*sich versöhnen*) ■**aufeinander** ~ to become reconciled ❹ (*übermittelt werden*) ■**jdm** ~ to reach sb; ■**jdm etw** ~ **lassen** to send sb sth ❺ (*fam: sich beeilen*) **geh zu!** get a move on! *fam; s. a.* **Ende II.** *vi impers sein* ***auf ihren Partys geht es immer sehr lustig zu*** her parties are always great fun; ***musste es bei deinem Geburtstag so laut ~?*** did you have to make such a noise on your birthday?; *s. a.* **Teufel**

Zugehfrau *f* SÜDD, ÖSTERR (*Putzfrau*) charwoman, BRIT *a.* charlady

zu|gehören* *vi* (*geh*) ■**jdm/etw** ~ to belong to sb/sth

zugehörig *adj attr* (*geh*) accompanying *attr*

Zugehörigkeit <-> *f kein pl* (*Verbundenheit*) affiliation *no art, no pl* (**zu** +*akk* to); **ein Gefühl der** ~ a sense of belonging; ■**jds** ~ **zu etw** sb's affiliation to sth; **ohne** ~ **zu einer Familie** without belonging to a family; (*Mitgliedschaft*) membership (**zu** +*akk* of)

zugekifft *adj* (*sl*) high [on hash or marijuana] *sl*

zugeknöpft *adj* (*fam*) ❶ (*mit Knöpfen geschlossen*) buttoned-up ❷ (*verschlossen*) reserved, close *pred*, tight-lipped

Zügel <-s, -> *m* reins *npl;* **die ~ anziehen** to draw in the reins, to rein back [*or* in] ▶ WENDUNGEN: **die ~ [fest] in der Hand [be]halten** to keep a firm grip [*or* hold] on things; **die ~ aus der Hand geben** [*o* **legen**] to relinquish hold over sth *form;* **jdn am langen ~ führen** to keep sb on a long lead *pej;* **jdm/etw ~ anlegen** to take sb in hand/to contain [*or* control] sth; **die ~ [straffer] anziehen** to keep a tighter rein on things; **bei etw die ~ lockern** [*o* **schleifen lassen**] to give free rein to sth; **seinen Gefühlen die ~ schießen lassen** to give full vent [*or* free rein] to one's feelings

zügellos *adj* unrestrained, unbridled *form or liter*

Zügellosigkeit *f* unrestraint

Zügelmann <-männer *o* -leute> *m* SCHWEIZ (*Umzugsspediteur*) removal man BRIT, mover AM

zügeln I. *vt* ❶ (*im Zaum halten*) ■**etw ~** to rein in [*or* back] sth *sep* ❷ (*beherrschen*) ■**etw ~** to curb sth ❸ (*zurückhalten*) ■**jdn/sich ~** to restrain sb/oneself II. *vi sein* SCHWEIZ (*umziehen*) ■**[irgendwohin] ~** to move [somewhere]

Zugereiste(r) *f(m) decl wie adj* SÜDD, ÖSTERR (*Zugezogene(r)*) newcomer; (*Austauschstudent(in)*) foreigner

zu|gesellen* *vr* (*geh*) ■**sich jdm ~** to join sb

Zugeständnis *nt* concession; **~se machen** to make concessions

zu|gestehen* *vt irreg* ■**jdm etw ~** to grant sb sth; ■**jdm ~, [dass]** ... to grant sb [that] ...

zugetan *adj* (*geh*) ■**jdm/etw ~ sein** to be taken with sb/sth

Zugewinn *m* gain

Zugewinngemeinschaft *f* JUR community of goods (*acquired during marriage*) *spec*

Zugezogene(r) *f(m) decl wie adj* newcomer

Zugfahrkarte *f* train ticket **zugfest** *adj* high-tensile *spec* **Zugführer(in)** *m(f)* ❶ BAHN guard BRIT, conductor AM ❷ MIL platoon leader **Zuggeschwindigkeit** *f* train speed

zu|gießen *vt irreg* ❶ (*hinzugießen*) ■**[jdm] etw ~** to add sth [for sb] ❷ (*verschließen*) ■**etw [mit etw] ~** to fill [in *sep*] sth [with sth]

zugig *adj* draughty BRIT, drafty AM; ■**irgendwo ist es ~** there's a draught somewhere

zügig I. *adj* ❶ (*rasch erfolgend*) rapid, speedy ❷ SCHWEIZ (*eingängig*) catchy II. *adv* rapidly, speedily

zu|gipsen *vt* ■**etw ~** to fill in sth *sep* with plaster, to plaster up sth *sep*

Zugkraft *f* ❶ PHYS tensile force *spec* ❷ *kein pl* (*Anziehungskraft*) attraction *no pl,* appeal *no art, no pl* **zugkräftig** *adj* attractive, appealing; (*eingängig a.*) catchy

zugleich *adv* ❶ (*ebenso*) both ❷ (*gleichzeitig*) at the same time

Züglete <-, -n> *f* SCHWEIZ (*Umzug*) move

Zugluft *f kein pl* draught BRIT, draft AM

Zugmaschine *f* AUTO traction engine, tractor **Zugnummer** *f* train number

zu|greifen *vi irreg* ❶ (*sich bedienen*) to help oneself ❷ INFORM ■**auf etw** *akk* **~** to access sth

Zugrestaurant *nt* dining [*or* BRIT *a.* restaurant] car

Zugriff *m* ❶ (*das Zugreifen*) grab ❷ INFORM access *no art, no pl* (**auf** +*akk* to) ❸ (*Einschreiten*) ■**sich jds ~/dem ~ einer S.** *gen* °**entziehen** to escape sb's clutches/the clutches of sth; **sich dem ~ der Justiz entziehen** to evade justice

Zugriffsgeschwindigkeit *f,* **Zugriffszeit** *f* INFORM access speed

zugrunde, zu Grunde *adv* **[an etw** *dat*] **~ gehen** to be destroyed [*or* ruined] [by sth]; **an inneren Zwistigkeiten ~ gehen** to be destroyed by internal wrangling; **etw einer S.** *dat* **~ legen** to base sth on sth; ***der Autor legte seinem Bericht aktuelle Erkenntnisse ~*** the author based his report on current findings; **einer S.** *dat* **~ liegen** to form the basis of sth; **~ liegend** underlying *attr;* **jdn/etw ~ richten** (*ausbeuten*) to exploit sb/sth; (*zerstören*) to destroy [*or* ruin] sb/sth

Zugrundelegung *f* ■**unter ~ einer S.** *gen* taking sth as a basis

Zugtier *nt* draught [*or* AM draft] animal

zu|gucken *vi* (*fam*) *s.* **zusehen**

Zugunglück *nt* railway [*or* train] accident; (*Zusammenstoß a.*) train crash

zugunsten, zu Gunsten *präp* +*gen* for the benefit of; (*zum Vorteil von*) in favour [*or* AM -or] of

zugute *adv* **jdm etw ~ halten** to make allowances for sb's sth; **sich** *dat* **auf etw** *akk* **~ halten** (*geh*) to pride oneself on sth; **jdm ~ kommen** to come in useful to sb; *Erfahrung a.* to stand sb in good stead; **jdm/etw ~ kommen** to be for the benefit of [*or* of benefit to] sb/sth

Zugverbindung *f* train connection **Zugverkehr** *m* train [*or* rail] services *pl*

Zugvogel *m* migratory bird **Zugzwang** *m* pressure to act; **unter** [*o* **in**] **~** *akk* **geraten** to come under pressure to act; **jdn unter** [*o* **in**] **~** *akk* **setzen** [*o* **in ~** *akk* **bringen**] to put pressure on sb to act; **unter ~** *dat* **stehen** to be under pressure to act

zu|haben *irreg* (*fam*) I. *vi* to be closed [*or* shut] II. *vt* ■**etw ~** to have got sth shut; **die Hose/Schuhe ~** to have one's trousers/shoes done up

zu|halten *irreg* I. *vt* ❶ (*geschlossen halten*) ■**etw ~** to hold sth closed [*or* shut] ❷ (*mit der Hand bedecken*) ■**jdm/sich etw ~** to hold one's hand over sb's/one's sth; (*in Berührung kommen*) to put one's hand over sb's/one's sth; **sich** *dat* **die Nase ~** to hold one's nose II. *vi* ■**auf jdn/etw ~** to head for sb/sth

Zuhälter(in) <-s, -> *m(f)* pimp *masc,* procurer *form*

Zuhälterei <-> *f kein pl* pimping *no art, no pl,* procuring *no art, no pl form*

Zuhälterin <-, -nen> *f fem form von* **Zuhälter**

zuhanden *adv* SCHWEIZ ❶ (*zu Händen von*) for the attention of ❷ (*zur Hand*) to hand; ■**[jdm] ~ kommen/sein** to come/have come to hand [*or* into sb's hands]

zu|hauen *irreg* I. *vt* ■**etw ~** ❶ (*behauen*) to hew sth into shape ❷ (*fam: zuschlagen*) to slam [*or* bang] sth shut II. *vi s.* **zuschlagen**

zuhauf *adv* (*geh*) in droves *fam*

Zuhause <-s> *nt kein pl* home *no art, no pl*

zu|heilen *vi sein* to heal up [*or* over]

Zuhilfenahme <-> *f* ■**unter ~ einer S.** *gen* (*geh*) with the aid [*or* help] of sth

zu|hören *vi* to listen; ■**jdm/etw ~** to listen to sb/sth; ***nun hör mir doch mal richtig zu!*** now listen carefully to me!

Zuhörer(in) *m(f)* listener; ■**die ~** (*Publikum*) the audience + *sing/pl vb;* (*Radio~ a.*) the listeners

zu|jubeln *vi* ■**jdm ~** to cheer sb

zu|kaufen *vt* ■**etw ~** to buy more of sth

zu|klappen I. *vt* ■**etw ~** to snap sth shut; **ein Buch ~** to clap a book shut II. *vi sein* to snap shut; *Fenster* to click shut; (*lauter*) to slam shut

zu|kleben *vt* ■**etw ~** to stick down sth *sep*

zu|knallen (*fam*) I. *vt* ■**etw ~** to slam [*or* bang] sth shut II. *vi sein* to slam [*or* bang] shut

zu|kneifen *vt irreg* ■**etw ~** to shut sth tight[ly]; **die Augen ~** to screw up one's eyes *sep*

zu|knöpfen *vt* ■**[jdm] etw ~** to button up sth *sep* [for sb]; ■ [**sich** *dat*] **etw** ~ to button up one's sth *sep; s. a.* **zugeknöpft**

zu|knoten *vt* ■ **etw** ~ to tie up sth *sep,* to fasten sth with a knot

zu|kommen *vi irreg sein* ❶ (*sich nähern*) ■ **auf jdn/etw** ~ to come towards [*or* up to] sb/sth ❷ (*bevorstehen*) ■ **auf jdn** ~ to be in store for sb; **alles auf sich** *akk* ~ **lassen** to take things as they come ❸ (*gebühren*) ■ **jdm** ~ to befit sb *form;* ***mir kommt heute die Ehre zu, Ihnen zu gratulieren*** I have the honour today of congratulating you; ■ **es kommt jdm [nicht] zu, etw zu tun** it is [not] up to sb to do sth; **jdm etw** ~ **lassen** (*geh*) to send sb sth; (*jdm etw gewähren*) to give sb sth; (*jdm etw übermitteln*) to give sb sth ❹ (*angemessen sein*) ***dieser Entdeckung kommt große Bedeutung zu*** great significance must be attached to this discovery

zu|kriegen *vt* (*fam*) *s.* **zubekommen**

Zukunft <-> *f kein pl* ❶ (*das Bevorstehende*) future *no pl;* ■ **die/jds** ~ the/sb's future; **in ferner/naher** ~ in the distant/near future; ~ **haben** to have a future; **in die** ~ **schauen** to look into the future; **in** ~ in future; **mit/ohne** ~ with/without a future ❷ LING (*Futur*) future [tense]

zukünftig I. *adj* ❶ (*in der Zukunft bevorstehend*) future *attr;* **die ~e Generation** the future generation ❷ (*designiert*) prospective; **sein ~er Nachfolger** his prospective successor **II.** *adv* in future

Zukunftsangst *f* (*Angst vor der Zukunft*) fear of the future; (*Angst um die Zukunft*) fear for the future **Zukunftsaussichten** *pl* prospects for the future, future prospects *pl;* **jdm** ~ **eröffnen** to open new doors for sb **Zukunftsbranche** *f* new [*or* sunrise] industry **Zukunftsforscher(in)** *m(f)* futurologist **Zukunftsforschung** *f kein pl* futurology *no art, no pl* **Zukunftsmusik** *f* ▶ WENDUNGEN: [**noch**] ~ **sein** (*fam*) to be [still] a long way off **Zukunftsperspektive** *f meist pl* future prospects *pl* **Zukunftspläne** *pl* plans for the future, future plans *pl;* ~ **haben** to have plans for the future **Zukunftsroman** *m* LIT (*veraltend*) science-fiction [*or* SF] [*or fam* sci-fi] novel **zukunftssicher** *adj* with a guaranteed future *pred* **Zukunftsszenario** *nt* future scenario **Zukunftstechnologie** *f* new [*or* future] technology **zukunftsträchtig** *adj* with a promising future *pred;* ■ ~ **sein** to have a promising future **zukunft(s)weisend** *adj inv* forward-looking

zu|lächeln *vi* ■ **jdm** ~ to smile at sb

Zulage <-, -n> *f* bonus [payment]; (*Geld~*) additional allowance

zu|langen *vi* (*fam*) ❶ (*zugreifen*) to help oneself ❷ (*zuschlagen*) to land a punch ❸ (*hohe Preise fordern*) to ask a fortune

zu|lassen *vt irreg* ❶ (*dulden*) ■ **etw** ~ to allow [*or* permit] sth; ■ **~, dass jd etw tut** to allow [*or* permit] sb to do sth ❷ (*fam: geschlossen lassen*) ■ **etw** ~ to keep [*or* leave] sth shut [*or* closed]; **sein Hemd/seinen Mantel** ~ to keep one's shirt/coat done [*or* buttoned] up ❸ (*die Genehmigung erteilen*) ■ **jdn [zu etw]** ~ to admit sb [to sth]; **jdn zu einer Prüfung** ~ to admit sb to an exam; ■ **jdn als etw** ~ to register sb as sth; ■ **zugelassen** registered; **ein zugelassener Anwalt** a legally qualified lawyer; ■ **bei etw zugelassen sein** to be licensed to practise [*or* AM -ce] [in] sth ❹ (*anmelden*) ■ **etw [auf jdn]** ~ to register sth [in sb's name] ❺ (*erlauben*) ■ **etw** ~ to allow [*or* permit] sth ❻ (*plausibel sein lassen*) ■ **etw** ~ to allow [*or* permit] sth; ***diese Umstände lassen nur einen Schluss zu*** these facts leave [*or form* permit of] only one conclusion

zulässig *adj* permissible *form;* JUR admissible *form;* ■ **nicht** ~ JUR inadmissible *form;* **die ~e Höchstgeschwindigkeit** the maximum permitted speed; ■ ~ **sein, etw zu tun** to be permissible to do sth *form*

Zulassung <-, -en> *f* ❶ *kein pl* (*Genehmigung*) authorization *no pl;* (*Lizenz*) licence [*or* AM -se]; **die** ~ **entziehen** to revoke sb's licence; **die** ~ **zu einem Auswahlverfahren** the admission to a selection process; **die/jds** ~ **als Anwalt/Arzt** the/sb's call to the bar/registration as a doctor ❷ (*Anmeldung*) registration ❸ (*Fahrzeugschein*) vehicle registration document ❹ FIN ~ **zur Börse** listing on the Stock Exchange

Zulassungsbedingungen *pl* conditions of admission **Zulassungsbeschränkung** *f* restriction on admissions/admission **Zulassungsnummer** *f* registration number **Zulassungspapier** *nt meist pl* TRANSP, ADMIN vehicle registration document **zulassungspflichtig** *adj inv* ADMIN (*geh*) requiring licensing [*or* registration] **Zulassungsstelle** *f* registration office **Zulassungsverfahren** *nt* qualification procedure; *bes* UNIV admissions procedure; ÖKON listing procedure

Zulauf *m* (*Zufluss*) inlet ▶ WENDUNGEN: ~ **haben** to be popular

zu|laufen *vi irreg sein* ❶ (*Bewegung zu jdn/etw*) ■ **auf jdn/etw** ~ to run [*or* come running] towards sb/sth; (*direkt*) to run [*or* come running] up to sb/sth ❷ (*hinführen*) to lead to ❸ (*schnell weiterlaufen*) to hurry [up]; **lauf zu!** get a move on! ❹ (*zusätzlich hinzufließen*) to run in; ■ **etw** ~ **lassen** to add sth ❺ (*spitz auslaufen*) to taper [to a point]; ***manche Hosen laufen an den Knöcheln eng zu*** some trousers taper at the ankles ❻ (*zu jdm laufen und bleiben*) ■ **jdm** ~ to stray into sb's home; **ein zugelaufener Hund/eine zugelaufene Katze** a stray [dog/cat]

zu|legen I. *vt* ■ **etw** ~ ❶ (*fam: zunehmen*) to put on sth *sep* ❷ (*dazutun*) to add sth ▶ WENDUNGEN: **einen Zahn zulegen** to step on it **II.** *vi* ❶ (*fam: zunehmen*) to put on weight ❷ BÖRSE (*sich steigern*) to improve its position ❸ (*fam: das Tempo steigern*) to get a move on *fam;* *Läufer* to increase the pace **III.** *vr* (*fam*) ■ **sich** *dat* **jdn/etw** ~ to get oneself sb/sth

zuleide, zu Leide *adv* **jdm etwas/nichts** ~ **tun** (*veraltend*) to harm/to not harm sb

zu|leiten *vt* ❶ (*geh: übermitteln*) ■ **jdm etw** ~ to forward sth to sb ❷ (*zufließen lassen*) ■ [**einer S.** *dat*] **etw** ~ to supply sth [to sth]; ***durch diese Röhre wird das Regenwasser dem Teich zugeleitet*** rain water is fed into the pond through this pipe

Zuleitung *f* ❶ *kein pl* (*geh: das Übermitteln*) forwarding *no art, no pl* ❷ (*zuleitendes Rohr*) supply pipe

zuletzt *adv* ❶ (*als Letzte(r)*) ~ **eingetroffen** to be the last to arrive; ~ **durchs Ziel gehen** to finish last ❷ (*endlich*) finally, in the end ❸ (*zum letzten Mal*) last ❹ (*zum Schluss*) **bis** ~ until the end; **ganz** ~ right at the [*or* at the very] end ❺ ([*besonders*] *auch*) **nicht** ~ not least [of all]

zuliebe *adv* ■ **jdm/etw** ~ for sb['s sake]/for the sake of sth

Zulieferbetrieb *m,* **Zulieferer(in)** <-s, -> *m(f)* supplier **Zulieferindustrie** *f* supply industry

zu|liefern *vi* to supply

zum = **zu dem** *s.* **zu**

zu|machen I. *vt* ❶ (*zuklappen*) ■ **etw** ~ to close [*or* shut] sth ❷ (*verschließen*) ■ **etw** ~ to close sth; **eine Flasche/ein Glas** ~ to put the top on a bottle/jar ❸ (*zukleben*) **einen Brief** ~ to seal a letter ❹ (*schließen*) **die Augen** ~ to close one's eyes; ***letzte Nacht habe ich kein Auge ~ können*** I didn't get a wink of sleep last night ❺ (*zuknöpfen*) ■ [**jdm/sich**] **etw** ~ to button [up] [*or sep* do up] sb's/one's sth ❻ (*den Betrieb einstellen*) ■ **etw** ~ to close [down *sep*] sth; **den**

Laden ~ to shut up shop **II.** *vi* ❶ (*den Laden schließen*) to close, to shut ❷ (*fam: sich beeilen*) to get a move on *fam,* to step on it

zumal **I.** *konj* particularly [*or* especially] as **II.** *adv* particularly, especially

zu|mauern *vt* ■ **etw** ~ to brick [*or* wall] up sth *sep*

zumeist *adv* (*geh*) mostly, for the most part

zumindest *adv* ❶ (*wenigstens*) at least ❷ (*jedenfalls*) at least

zumutbar *adj* reasonable; ■ **für jdn** ~ **sein** to be reasonable for sb; ■ ~ **sein, dass jd etw tut/etw zu tun** sb can be reasonably expected to do sth

Zumutbarkeit <-, -en> *f* reasonableness *no art, no pl*

zumute, zu Mute *adv* ***mir ist so merkwürdig*** ~ I feel so strange; ***mir ist nicht zum Scherzen*** ~ I'm not in a joking mood

zu|muten *vt* ■ **jdm/etw etw** ~ to expect [*or* ask] sth of sb/sth; **jdm zu viel** ~ to expect [*or* ask] too much of sb; ■ **sich** *dat* **etw** ~ to undertake sth; **sich zu viel** ~ to overtax oneself

Zumutung *f* unreasonable demand; ■ **eine** ~ **sein** to be unreasonable; ***das ist eine*** ~***!*** it's just too much!; **eine** ~ **an jdn stellen** to ask too much of sb

zunächst *adv* ❶ (*anfangs*) at first, initially ❷ (*vorerst*) for the moment [*or* time being]

zu|nageln *vt* ■ **etw** ~ to nail up sth *sep;* **einen Sarg** ~ to nail down a coffin *sep;* ■ **zugenagelt** nailed

zu|nähen *vt* ■ [**jdm**] **etw** ~ to sew up sth *sep* [for sb]; **eine Wunde** ~ to stitch [*or spec* suture] a wound

Zunahme <-, -n> *f* increase

Zuname *m* (*geh*) surname, family [*or* BRIT *a.* second] [*or* AM *a.* last] name

Zündanlage *f* AUTO ignition [system]

zündeln *vi* to play [about [*or* around]] with fire; **mit Streichhölzern** ~ to mess around [*or* play [about [*or* around]]] with matches

zünden **I.** *vi* ❶ TECH to fire *spec* ❷ (*zu brennen anfangen*) to catch fire; *Streichholz* to light; *Pulver* to ignite *form* **II.** *vt* ❶ TECH ■ **etw** ~ to fire sth *spec* ❷ (*wirken*) to kindle enthusiasm ▶ WENDUNGEN: **hat es bei dir endlich gezündet?** have you cottoned on? *fam,* BRIT *a.* has the penny dropped? *fam*

zündend *adj* stirring, rousing; **eine** ~**e Idee** a great idea

Zunder *m* tinder *no art, no pl;* **wie** ~ **brennen** to burn like tinder

Zünder <-s, -> *m* detonator; *Airbag* ignitor *spec*

Zündholz <-es, -hölzer> *nt bes* SÜDD, ÖSTERR match **Zündkabel** *nt* AUTO [spark] plug lead **Zündkerze** *f* AUTO spark [*or* BRIT *a.* sparking] plug **Zündplättchen** <-s, -> *nt* cap **Zündschloss^RR^** *nt,* **Zündschloß** *nt* AUTO ignition [and steering *form*] lock **Zündschlüssel** *m* AUTO ignition key **Zündschnur** *f* fuse **Zündspule** *f* AUTO [ignition *form*] coil **Zündstoff** *m kein pl* inflammatory [*or* explosive] stuff *no art, no pl;* ~ **bieten** to be dynamite *fam*

Zündung <-, -en> *f* ❶ AUTO ignition *no pl* ❷ TECH firing *no art, no pl*

Zündungsschlüssel *m* SCHWEIZ (*Zündschlüssel*) ignition key

Zündverteiler *m* AUTO [ignition *form*] distributor **Zündzeitpunkt** *m* AUTO ignition point [*or* timing] *no pl*

zu|nehmen *irreg vi* ❶ (*schwerer werden*) to gain [*or* put on] weight; **an Gewicht** *dat* ~ to gain [*or* put on] weight ❷ (*anwachsen*) ■ [**an etw** *dat*] ~ to increase [in sth] ❸ (*sich verstärken*) to increase; *Schmerzen* to intensify ❹ (*sich vergrößern*) to increase

zunehmend **I.** *adj* increasing *attr,* growing *attr;* **eine** ~**e Verbesserung** a growing improvement **II.** *adv* increasingly

zu|neigen **I.** *vi* ■ **einer S.** *dat* ~ to be inclined towards sth; **zur Ansicht** ~**, dass …** to be inclined to think that … **II.** *vr* ❶ (*begünstigen*) ■ **sich jdm/etw** ~ to favour [*or* AM -or] sb/sth ❷ (*sich nähern*) **sich dem Ende** ~ to draw to a close

Zuneigung *f* affection *no pl,* liking *no pl*

Zunft <-, Zünfte> *f* HIST guild

zünftig *adj* (*veraltend fam*) proper

Zunge <-, -n> *f* ❶ ANAT tongue; **auf der** ~ **brennen** to burn one's tongue; **die** ~ **herausstrecken** to stick out one's tongue; **auf der** ~ **zergehen** to melt in one's mouth ❷ *kein pl* KOCHK (*Rinder~*) tongue *no art, no pl* ❸ (*geh: Sprache*) tongue *form or liter;* **in fremden** ~**n sprechen** to speak in foreign tongues *form or liter;* **die Menschen arabischer** ~ Arabic-speaking people ▶ WENDUNGEN: **jdm hängt die** ~ **zum Hals heraus** (*fam*) sb's tongue is hanging out; **seine** ~ **im Zaum halten** (*geh*) to mind one's tongue, AM *usu* to watch one's language; **böse** ~**n** malicious gossip; **eine feine** ~ **haben** to be a gourmet; **mit gespaltener** ~ **sprechen** to be two-faced, to speak with a forked tongue; **eine schwere** ~ slurred speech; ***meine*** ~ ***wurde schwer*** my speech became slurred; **sich** *dat* **fast die** ~ **abbeißen** to have trouble keeping quiet; **sich** *dat* **eher** [*o* **lieber**] **die** ~ **abbeißen**[**, als etw zu sagen**] to do anything rather than say sth; **sich** *dat* **die** ~ **an etw** *dat* **abbrechen** to tie one's tongue in knots [trying to say sth]; **eine böse/lose** ~ **haben** to have a malicious/loose tongue; **seine** ~ **hüten** [*o* **zügeln**] to mind one's tongue, AM *usu* to watch one's language; **es lag mir auf der** ~ **zu sagen, dass …** I was on the point of saying that …; **etw liegt jdm auf der** ~ sth is on the tip of sb's tongue; **die** ~**n lösen sich** people begin to relax and talk; [**jdm**] **die** ~ **lösen** to loosen sb's tongue

züngeln *vi* ❶ (*die Zunge bewegen*) *Schlange* to dart its tongue in and out ❷ (*hin und her bewegen*) to flicker, to dart; ■ **aus etw** ~ to dart out of sth

Zungenbelag *m* coating of the tongue **Zungenbrecher** <-s, -> *m* (*fam*) tongue twister, jawbreaker *fam* **Zungenkuss^RR^** *m* French kiss **Zungenspitze** *f* tip of the tongue

Zünglein *nt* pointer ▶ WENDUNGEN: **das** ~ **an der Waage sein** to tip the scales; POL to hold the balance of power

zunichte *adv* ■ **etw** ~ **machen** (*geh*) to wreck [*or* ruin] sth; **jds Hoffnungen** ~ **machen** to dash [*or* shatter] sb's hopes

zu|nicken *vi* ■ **jdm** ~ to nod to [*or* at] sb

zunutze, zu Nutze *adv* **sich** *dat* **etw** ~ **machen** to make use [*or* take advantage] of sth

zu|ordnen *vt* ■ **etw einer S.** *dat* ~ to assign sth to sth; ■ **jdn einer S.** *dat* ~ to classify sb as belonging to sth

Zuordnung *f* assignment; ■ **die** ~ [**einer S.** *gen*] assigning sth [to sth]

zu|packen *vi* (*fam*) ❶ (*zufassen*) to grip sth; (*schneller*) to make a grab ❷ (*kräftig mithelfen*) ■ [**mit**] ~ to lend a [helping] hand ❸ (*mit Gegenständen füllen*) ■ **etw** ~ to fill sth; **einen Fußboden** ~ to cover a floor

zu|parken *vt* ■ **etw** ~ to obstruct sth; **eine Ausfahrt** ~ to park across a driveway

zupass^RR^ *adv,* **zupaß** *adv* **jdm** ~ **kommen** to have come at the right time

zupfen *vt* ❶ (*ziehen*) ■ **jdn an etw** *dat* ~ to pluck at sb's sth; (*stärker*) to tug at sb's sth ❷ (*herausziehen*) ■ **etw aus/von etw** ~ to pull sth out of/off sth; **jdm/sich die Augenbrauen** ~ to pluck sb's/one's eyebrows

Zupfinstrument *nt* plucked string instrument

zu|prosten *vi* ■ **jdm** ~ to drink [to] sb's health, to raise one's glass to sb

zurechtweisen

zurechtweisen	rebuking
Ihr Verhalten lässt einiges zu wünschen übrig.	Your behaviour leaves quite a lot to be desired.
Ich verbitte mir diesen Ton!	I will not be spoken to in that tone of voice!
Das brauch ich mir von Ihnen nicht gefallen zu lassen!	I don't have to put up with that from you!
Unterstehen Sie sich!	(Don't) you dare!
Was erlauben Sie sich!	How dare you!
Was fällt Ihnen ein!	What do you think you're doing!

zur = zu der *s.* **zu**

zu|rasen *vi* ■**auf jdn/etw** ~ to come/go hurtling towards sb/sth

zu|raten *vi irreg* ■**jdm zu etw** ~ to advise sb to do sth; ■**jdm** ~, **etw zu tun** to advise sb to do sth; **auf jds Z~** *akk* [**hin**] on sb's advice

Zürcher *adj* Zurich *attr*

Zürcher(in) <-s, -> *m(f)* native of Zurich

zu|rechnen *vt* ① (*zur Last legen*) ■**etw jdm** ~ to attribute [*or* ascribe] sth to sb ② *s.* **zuordnen** ③ (*dazurechnen*) ■**etw einer S.** *dat* ~ to add sth [to sth]

zurechnungsfähig *adj* JUR responsible for one's actions *pred*, compos mentis *pred spec*; **eingeschränkt** ~ **sein** to be responsible for one's actions to a limited extent ▸ WENDUNGEN: **bist du noch** ~**?** (*fam*) are you all there? *pej fam* **Zurechnungsfähigkeit** *f kein pl* soundness of mind *no art, no pl*, responsibility for one's actions *no art, no pl*; **verminderte** ~ diminished responsibility [*or* AM capacity] *spec*

zurecht|finden *vr irreg* ■**sich irgendwo** ~ to get used to somewhere; **sich in einer Großstadt** ~ to find one's way around a city **zurecht|kommen** *vi irreg sein* ① (*auskommen*) ■[**mit jdm**] ~ to get on [*or* along] [with sb] ② (*klarkommen*) ■[**mit etw**] ~ to cope [*or* manage] [with sth] ③ (*rechtzeitig kommen*) to come in time; **gerade noch** ~ to come just in time **zurecht|legen** I. *vt* ■**jdm etw** ~ to lay out sth *sep* [for sb] II. *vr* ■**sich** *dat* **etw** ~ ① (*sich etw griffbereit hinlegen*) to get sth ready, to get out sth *sep* ② (*sich im Voraus überlegen*) to work out sth *sep* **zurecht|machen** *vt* (*fam*) ① (*vorbereiten*) ■[**jdm**] **etw** ~ to get sth ready [for sb] ② (*zubereiten*) ■[**jdm**] **etw** ~ to prepare sth [for sb] ③ (*schminken*) ■**jdn** ~ to make up sb *sep*; ■**sich** ~ to put on one's make-up *sep* ④ (*schick machen*) ■**sich** ~ to get ready; ■**jdn** ~ to dress up sb *sep* **zurecht|rücken** *vt* ■[**jdm/sich**] **etw** ~ to adjust sb's/one's sth **zurecht|weisen** *vt irreg* (*geh*) ■**jdn** [**wegen etw**] ~ to reprimand [*or form* rebuke] sb [for sth] **Zurechtweisung** *f* reprimand, rebuke *form*

zu|reden *vi* ■**jdm** [**gut**] ~ to encourage sb; **auf jds Z~** *akk* [**hin**] with sb's encouragement

zu|reiten *irreg* I. *vt* ■**ein Tier** ~ to break in an animal *sep* II. *vi sein* ■**auf jdn/etw** ~ to ride towards sb/sth; (*direkt*) to ride up to sb/sth

Zürich <-s> *nt* Zurich *no art, no pl*

Züricher(in) <-s, -> *m(f) s.* **Zürcher**

Zürichsee *m kein pl* ■**der** ~ Lake Zurich

zu|richten *vt* ① (*verletzen*) ■**jdn irgendwie** ~ to injure sb somehow; **jdn übel** ~ to beat up sb *sep* badly ② (*beschädigen*) **etw übel/ziemlich** ~ to make a terrible mess/quite a mess of sth ③ (*vorbereiten*) ■**etw** ~ to finish [*or* dress] sth; **Holz/Stein** ~ to square wood/stone

zürnen *vi* (*geh*) to be angry; ■**jdm** ~ to be angry [with sb]

Zurschaustellung *f* (*meist pej*) flaunting

zurück *adv* ① (*wieder da*) back; ■[**von etw**] ~ **sein** to be back [from sth] ② (*mit Rückfahrt, Rückflug*) return; ***hin und ~ oder einfach?*** single or return? ③ (*einen Rückstand haben*) behind; ■~ **sein** [*o* **liegen**] to be behind ④ (*verzögert*) late; ■~ **sein** to be late ▸ WENDUNGEN: ~**!** go back!

Zurück <-s> *nt kein pl* **es gibt** [**für jdn**] **ein/kein** ~ there is a way out/no going back [for sb]

zurück|behalten* *vt irreg* ① (*behalten*) ■**etw** [**von etw**] ~ to be left with sth [from sth] ② (*vorläufig einbehalten*) ■**etw** ~ to retain [*or* withhold] sth **zurück|bekommen*** *vt irreg* ■**etw** ~ to get back sth *sep* **zurück|berufen*** *vt irreg* ■**jdn** ~ to recall sb **zurück|beugen** I. *vt* ■**etw** ~ to lean back sth *sep* II. *vr* ■**sich** ~ to lean back **zurück|bilden** *vr* MED ■**sich** ~ to recede

zurück|bleiben *vi irreg sein* ① (*nicht mitkommen*) ■**irgendwo** ~ to stay [*or* remain] behind somewhere ② (*zurückgelassen werden*) ■**irgendwo** ~ to be left [behind] somewhere ③ (*nicht mithalten können*) to fall behind ④ (*als Folge bleiben*) ■[**von etw**] ~ to remain [from sth] ⑤ (*geringer ausfallen*) ■**hinter etw** *dat* ~ to fall short of sth

zurück|blicken *vi s.* **zurückschauen** **zurück|bringen** *vt irreg* ① (*wieder herbringen*) ■**jdn/etw** ~ to bring/take back sb/sth *sep* ② (*wieder hinschaffen*) ■**jdn** [**irgendwohin**] ~ to bring back sb *sep* [somewhere] **zurück|datieren*** *vt* ■**etw** ~ to backdate sth **zurück|denken** *vi irreg* ■[**an etw** *akk*] ~ to think back [to sth] **zurück|drängen** *vt* ■**jdn** ~ to force [*or* push] back sb *sep* **zurück|drehen** *vt* ■**etw** [**auf etw** *akk*] ~ to turn back sth *sep* [to sth] **zurück|dürfen** *vi irreg* (*fam*) ■[**irgendwohin/zu jdm**] ~ to be allowed [to go] back [somewhere/to sb] **zurück|erhalten*** *vt irreg* (*geh*) *s.* **zurückbekommen** **zurück|erinnern*** *vr* ■**sich** [**an jdn/etw**] ~ to remember [*or* recall] [sb/sth] **zurück|erobern*** *vt* ■**etw** ~ ① MIL to recapture [*or* retake] sth; **ein Land** ~ to reconquer a country ② POL (*erneut gewinnen*) to win back sth *sep* **zurück|erstatten*** *vt s.* **rückerstatten** **zurück|erwarten*** *vt* ■**jdn** ~ to expect sb back **zurück|fahren** *irreg* I. *vi sein* ① (*zum Ausgangspunkt fahren*) to go/come [*or* travel] back ② (*geh: zurückweichen*) ■[**vor jdm/etw**] ~ to recoil [from sb/sth] II. *vt* ① (*etw rückwärts fahren*) ■**etw** ~ to reverse sth ② (*mit dem Auto zurückbringen*) ■**jdn** ~ to drive [*or* bring] [*or* take] back sb *sep* ③ (*reduzieren*) ■**etw** ~ to cut back sth *sep*

zurück|fallen *vi irreg sein* ① SPORT (*zurückbleiben*) to fall behind; **weiter** ~ to fall further behind ② SPORT (*absteigen*) ■[**auf etw** *akk*] ~ to go down [to sth] ③ (*in früheren Zustand verfallen*) ■**in etw** *akk* ~ to lapse [*or* fall] back into sth ④ (*darunter bleiben*) ■**hinter etw** *akk* ~ to fall short of sth ⑤ (*jds Eigentum werden*) ■**an jdn** ~ to revert to sb *spec* ⑥ (*angelastet werden*) ■**auf jdn** ~ to reflect on sb ⑦ (*sinken*) ■**sich** [**in/auf etw** *akk*] ~ **lassen** to fall back [*or* flop] into/on[to] sth

zurück|finden *vi irreg* ① (*Weg zum Ausgangspunkt finden*) ■ [irgendwohin] ~ to find one's way back [somewhere] ② (*zurückkehren*) ■ **zu jdm** ~ to go/come back to sb ③ ■ **zu sich selbst** ~ to find oneself again **zurück|fliegen** *irreg* **I.** *vi sein* to fly back **II.** *vt* ■ **jdn/etw** ~ to fly back sb/sth *sep;* ***als sie erkrankte, flog man sie zurück nach Europa*** when she got ill, she was flown back to Europe **zurück|fließen** *vi irreg sein* ① (*wieder zum Ausgangspunkt fließen*) to flow back ② FIN to flow back **zurück|fordern** *vt* ■ **etw** [**von jdm**] ~ to demand sth back [from sb] **zurück|fragen** *vi* to ask a question in return

zurück|führen **I.** *vt* ① (*Ursache bestimmen*) ■ **etw auf etw** *akk* ~ to attribute sth to sth; (*etw aus etw ableiten*) to put sth down to sth; **etw auf seinen Ursprung** ~ to put sth down to its cause; ■ **das ist darauf zurückzuführen, dass ...** that is attributable/can be put down to the fact that ... ② (*zum Ausgangsort zurückbringen*) ■ **jdn irgendwohin** ~ to lead sb back somewhere **II.** *vi* ■ **irgendwohin** ~ to lead back somewhere

zurück|geben *vt irreg* ① (*wiedergeben*) ■ [**jdm**] **etw** ~ to return [*or sep* give back] sth [to sb] ② ÖKON (*retournieren*) ■ **etw** ~ to return sth ③ (*erwidern*) ■ [**jdm**] **etw** ~ to return sth [to sb]; **ein Kompliment** ~ to return a compliment; ***„das ist nicht wahr!" gab er zurück*** "that isn't true!" he retorted *form* [*or form liter* rejoined] ④ (*erneut verleihen*) ■ **jdm etw** ~ to give sb back sth, to restore sb's sth

zurückgeblieben *adj* slow, retarded *dated*

zurück|gehen *vi irreg sein* ① (*wieder zum Ausgangsort gehen*) to return, to go back ② (*zum Aufenthaltsort zurückkehren*) **ins Ausland** ~ to return [*or* go back] abroad ③ (*abnehmen*) to go down ④ MED (*sich zurückbilden*) to go down; *Bluterguss* to disappear; *Geschwulst* to be in recession ⑤ (*stammen*) ***die Sache geht auf seine Initiative zurück*** the matter was born of his initiative ⑥ (*verfolgen*) **weit in die Geschichte** ~ to go [*or* reach] back far in history

zurückgezogen **I.** *adj* secluded; **ein ~es Leben** a secluded life **II.** *adv* secluded; ~ **leben** to lead a secluded life

Zurückgezogenheit <-> *f kein pl* seclusion; **in** [**völliger**] ~ **leben** to live in [complete] seclusion

zurück|greifen *vi irreg* ■ **auf etw** *akk* ~ to fall back [up]on sth **zurück|haben** *vt irreg* (*fam*) ■ **etw** ~ to have [got] sth back; ***ich will mein Geld ~!*** I want my money back!

zurück|halten *irreg* **I.** *vr* ① (*sich beherrschen*) ■ **sich** ~ to restrain [*or* control] oneself; ***Sie müssen sich beim Essen sehr ~*** you must cut down a lot on what you eat; ■ **sich** [**mit etw**] ~ to be restrained [in sth]; **sich mit seiner Meinung** ~ to be careful about voicing one's opinion ② (*reserviert sein*) to be reserved, to keep to oneself **II.** *vt* ① (*aufhalten*) ■ **jdn** ~ to detain *form* [*or sep* hold up] sb ② (*nicht herausgeben*) ■ **etw** ~ to withhold sth ③ (*abhalten*) ■ **jdn** [**von etw**] ~ to keep sb from doing sth; ***er hielt mich von einer unüberlegten Handlung zurück*** he stopped me before I could do anything rash **III.** *vi* ■ **mit etw** ~ to hold sth back

zurückhaltend **I.** *adj* ① (*reserviert*) reserved ② (*vorsichtig*) cautious, guarded **II.** *adv* cautiously, guardedly; **sich** ~ **über etw** *akk* **äußern** to be cautious [*or* guarded] in one's comments about sth

Zurückhaltung *f kein pl* reserve *no art, no pl;* **mit** [**bestimmter**] ~ with [a certain] reserve; ***die Presse beurteilte das neue Wörterbuch mit ~*** the press were reserved in their judgement of the new dictionary; ***er reagierte mit ziemlicher ~*** he reacted with a fair amount of reserve

zurück|holen *vt* ① (*wieder zum Ausgangspunkt holen*) ■ **jdn** ~ to fetch back sb *sep* ② (*in seinen Besitz zurückbringen*) ■ [**sich** *dat*] **etw** [**von jdm**] ~ to get back sth *sep* [from sb]; ***ich komme, um die Videokassette zurückzuholen*** I've come for my video cassette **zurück|kämmen** *vt* ■ [**jdm/sich**] **etw** ~ to comb back sb's/one's sth *sep* **zurück|kehren** *vi sein* ① (*zurückkommen*) ■ [**irgendwohin/von irgendwoher**] ~ to return [*or* come back] [somewhere/from somewhere]; **nach Hause** ~ to return [*or* come back] home ② (*wieder zuwenden*) ■ **zu jdm/etw** ~ to return [*or* go/come back] to sb/sth **zurück|kommen** *vi irreg sein* ① (*erneut zum Ausgangsort kommen*) ■ [**irgendwohin/von irgendwoher**] ~ to return [*or* come/go back] [somewhere/from somewhere]; **aus dem Ausland** ~ to return [*or* come/go back] from abroad; **nach Hause** ~ to return [*or* come/go back] home ② (*erneut aufgreifen*) ■ **auf etw** *akk* ~ to come back to sth; ■ **auf jdn** ~ to get back to sb **zurück|können** *vi irreg* ① (*fam: zurückkehren können*) ***ich kann nicht mehr dahin zurück*** I can't return [*or* go back] there any more; ***du kannst jederzeit wieder zu uns zurück*** you can come back to us any time ② (*sich anders entscheiden können*) ***noch habe ich den Vertrag nicht unterschrieben, noch kann ich zurück*** I haven't signed the contract yet, I can still change my mind **zurück|kriegen** *vt* (*fam*) *s.* **zurückbekommen** **zurück|lassen** *vt irreg* ① (*nicht mitnehmen*) ■ **jdn/ein Tier/etw** ~ to leave behind sb/an animal/sth *sep;* ***als sie in Urlaub fuhren, ließen sie ihren Hund bei Freunden zurück*** they left their dog with friends during their holiday; ■ **jdm etw** ~ to leave sth for sb [*or* sb sth] ② (*fam: zurückkehren lassen*) ■ **jdn** ~ to allow sb to return [*or* go back]; **jdn nach Hause** ~ to allow sb to return home

zurück|legen *vt* ① (*wieder hinlegen*) ■ **etw** ~ to put back sth *sep;* ***leg das Buch bitte zurück auf den Tisch*** please put the book back on the table ② (*reservieren*) ■ **jdm etw** ~ to put sth aside [*or* by] for sb; **das zurückgelegte Kleid** the dress that has been put aside ③ (*hinter sich bringen*) ■ **etw** ~ to cover [*or* do] sth; ***35 Kilometer kann man pro Tag leicht zu Fuß ~*** you can easily do 35 kilometres a day on foot ④ (*sparen*) ■ [**jdm/sich**] **etw** ~ to put away sth [for sb] *sep*

zurück|lehnen *vr* ■ **sich** ~ to lean back **zurück|liegen** *vi irreg* ***sein Examen liegt vier Jahre zurück*** it's four years since his exam; ***wie lange mag die Operation ~?*** how long ago was the operation?; ***wie lange mag es jetzt ~, dass Großmutter gestorben ist?*** how long is it now since grandma died? **zurück|melden** *vr* ① MIL (*seine Rückkehr melden*) ■ **sich** [**bei jdm/irgendwo**] ~ to report back [to sb/somewhere]; **sich in der Kaserne** ~ to report back to barracks ② (*wieder dabei sein*) ■ **sich** ~ to be back **zurück|müssen** *vi irreg* (*fam*) ■ [**irgendwohin**] ~ to have to return [*or* go back] [somewhere]

zurück|nehmen *vt irreg* ① (*als Retour annehmen*) ■ **etw** ~ to take back sth *sep* ② (*widerrufen*) ■ **etw** ~ to take back sth *sep* ③ (*rückgängig machen*) ■ **etw** ~ to withdraw sth; ***ich nehme alles zurück*** I take it all back; **seine Entscheidung** ~ JUR to reverse judgement; **sein Versprechen** ~ to break [*or* go back on] one's promise ④ (*verringern*) **die Lautstärke** ~ to turn down the volume *sep* ⑤ MIL (*nach hinten verlegen*) ■ **etw** ~ to withdraw sth

zurück|pfeifen *vt irreg* ① (*fam: eine Aktion abbrechen*) ■ **jdn** ~ to bring back sb *sep* into line ② (*durch einen Pfiff*) ■ **einen Hund** ~ to whistle back a dog *sep* **zurück|prallen** *vi sein* ① (*zurückspringen*) ■ **von etw** ~ to bounce off sth; *Geschoss* to ricochet off sth ② (*zurückschrecken*) ■ [**vor etw** *dat*] ~ to recoil [from sth] **zurück|reichen** I. *vi* ■ **irgendwohin** ~ to go back to sth; ***ins 16. Jahrhundert*** ~ to go back to the 16th century II. *vt* (*geh*) ■ **jdm etw** ~ to hand [*or* pass] back sth *sep* to sb **zurück|reisen** *vi sein* ■ [**irgendwohin**] ~ to travel back [*or* return] [somewhere]; **ins Ausland/nach Hause** ~ to return abroad/home **zurück|reißen** *vt irreg* ■ **jdn** ~ to pull back sb *sep* **zurück|rollen** I. *vi sein* to roll back II. *vt* ■ **etw** ~ to roll back sth *sep* **zurück|rufen** *irreg* I. *vt* ① (*durch Rückruf anrufen*) ■ **jdn** ~ to call back sb *sep* ② (*zurückbeordern*) ■ **jdn/etw** ~ to recall sb ③ (*fig*) **jdm etw in die Erinnerung** [*o* **ins Gedächtnis**] ~ to conjure up sth *sep* for sb; **sich** *dat* **etw in die Erinnerung** [*o* **ins Gedächtnis**] ~ to recall sth, to call sth to mind II. *vi* to call back **zurück|schalten** *vi* AUTO **in den 1./2. Gang/einen niedrigeren Gang** ~ to change down into 1st/2nd gear/a lower gear **zurück|schauen** *vi* ① (*sich umsehen*) to look back ② (*rückblickend betrachten*) ■ **auf etw** *akk* ~ to look back on sth **zurück|scheuen** *vi sein s.* zurückschrecken 2 **zurück|schicken** *vt* ① (*wieder hinschicken*) ■ [**jdm**] **etw** ~ to send back sth *sep* [to sb], to send sb back sth *sep* ② (*abweisen*) ■ **jdn** ~ to send back sb *sep* **zurück|schieben** *vt irreg* ■ **etw** ~ to push back sth *sep*

zurück|schlagen *irreg* I. *vt* ① MIL (*abwehren*) ■ **jdn/etw** ~ to repulse *form* [*or sep* beat back] sb/sth ② SPORT ■ **etw** ~ to return [*or sep* hit back] sth ③ (*umschlagen*) ■ **etw** ~ to turn back sth *sep*; **ein Verdeck** ~ to fold back a top II. *vi* ① (*einen Schlag erwidern*) to return ② (*sich auswirken*) ■ **auf jdn/etw** ~ to have an effect on sb/sth

zurück|schrauben *vt* (*fam*) ■ **etw** [**auf etw** *akk*] ~ to lower [*or* reduce] sth [to sth]; **seine Ansprüche** ~ to lower one's sights **zurück|schrecken** *vi irreg sein* ① (*Bedenken vor etw haben*) ■ **vor etw** *dat* ~ to shrink [*or* recoil] from sth; **vor nichts** ~ (*völlig skrupellos sein*) to stop at nothing; (*keine Angst haben*) to not flinch from anything ② (*erschreckt zurückweichen*) to start back **zurück|sehen** *vi irreg s.* zurückschauen **zurück|sehnen** *vr* ■ **sich irgendwohin** ~ to long to return somewhere; **sich nach Hause/auf die Insel** ~ to long to return home/to the island **zurück|senden** *vt irreg* (*geh*) *s.* **zurückschicken 1**

zurück|setzen I. *vt* ① (*zurückstellen*) ■ **etw** [**wieder**] ~ *akk* to put back sth *sep* [on sth]; ***einen Zähler auf Null*** ~ to put a counter back to zero, to reset a counter ② AUTO (*weiter nach hinten fahren*) ■ **etw** ~ to reverse [*or sep* back up] [sth] ③ (*herabsetzen*) ■ **etw** ~ to reduce [*or sep* mark down] sth ④ (*benachteiligen*) ■ **jdn** ~ to neglect sb; **sich** [**gegenüber jdm**] **zurückgesetzt fühlen** to feel neglected [next to sb] II. *vr* ■ **sich** ~ ① (*sich zurücklehnen*) to sit back ② (*den Platz wechseln*) ***setzen wir uns einige Reihen zurück*** let's sit a few rows back III. *vi* ■ [**mit etw**] ~ to reverse [*or sep* back up] [sth]

zurück|stecken I. *vt* ■ **etw** [**irgendwohin**] ~ to put back sth *sep* [somewhere] II. *vi* to back down; ~ **müssen** to have to back down **zurück|stehen** *vi irreg* ① (*weiter entfernt stehen*) to stand back ② (*hintangesetzt werden*) ■ [**hinter jdm/etw**] ~ to take second place [to sb/sth]; (*an Leistung*) to be behind [sb/sth] ③ (*sich weniger einsetzen*) ■ [**hinter jdm**] ~ to show less commitment [than sb [does]]

zurück|stellen *vt* ① (*wieder hinstellen*) ■ **etw** [**wieder**] ~ to put back sth *sep* ② (*nach hinten stellen*) ■ **etw** ~ to move back sth *sep* ③ (*kleiner stellen*) ■ **etw** ~ *Heizung, Ofen* to turn sth lower, to turn down sth *sep* ④ (*aufschieben*) ■ **etw** ~ to put back sth *sep*; (*hintanstellen*) to shelve sth; (*verschieben*) to postpone sth; ***man stellte die Arbeiten um einige Wochen zurück*** work was put back [by] a few weeks; **die Uhr** ~ to turn [*or* AM *a.* set] back the clock *sep* ⑤ (*vorläufig befreien*) ■ **jdn** ~ to keep sb back; ***wird er eingeschult oder noch ein Jahr zurückgestellt?*** is he going to start school or he is being kept down a year? ⑥ (*vorerst nicht geltend machen*) **seine Bedenken/Wünsche** ~ to put aside one's doubts/wishes ⑦ ÖSTERR (*zurückgeben*) ■ **etw** ~ to return [*or sep* give/send back] sth

zurück|stoßen *vt irreg* ■ **jdn/etw** ~ to push away sb/sth *sep* **zurück|stufen** *vt* ■ **jdn/etw** ~ to downgrade sb/sth **zurück|tragen** *vt irreg* ■ **jdn/etw** ~ to carry back sb/sth *sep*, to take back sth *sep*

zurück|treten *vi irreg sein* ① (*nach hinten treten*) ■ [**von etw**] ~ to step back [from sth] ② (*seinen Rücktritt erklären*) to resign ③ JUR (*rückgängig machen*) ■ **von etw** ~ to withdraw from [*or* back out of] sth; **von einem Anspruch/einem Recht** ~ to renounce a claim/right *form*

zurück|verfolgen* *vt* ■ **etw** ~ to trace back sth *sep*; ***diese Tradition lässt sich bis ins 17. Jahrhundert*** ~ this tradition can be traced back to the 17th century **zurück|versetzen*** I. *vt* ■ **jdn** ~ to transfer sb back; ***in zwei Jahren werde ich nach Frankfurt zurückversetzt*** I'll be transferred back to Frankfurt in two years II. *vr* ■ **sich** ~ to be transported back; **in die Jugendzeit zurückversetzt werden** to be transported back to one's youth **zurück|weichen** *vi irreg sein* ■ [**vor etw** *dat*] ~ to fall back [before sth *form*]; **vor einem Anblick** ~ to shrink back from a sight **zurück|weisen** *vt irreg* ① (*abweisen*) ■ **jdn** ~ to turn away sb *sep*; ■ **etw** ~ to reject sth ② (*sich gegen etw verwahren*) ■ **etw** ~ to repudiate sth *form* **Zurückweisung** *f* ① (*das Abweisen*) rejection *no art, no pl* ② (*das Zurückweisen*) repudiation *no art, no pl* **zurück|werfen** *vt irreg* ① (*jdm etw wieder zuwerfen*) ■ [**jdm**] **etw** ~ to throw back sth *sep* [to sb], to throw sb back sth *sep* ② (*Position verschlechtern*) ■ **jdn/etw** [**um etw**] ~ to set back sb/sth *sep* [by sth]; ***das wirft uns um Jahre zurück*** that will/has set us back years **zurück|wollen** *vi* (*fam*) ■ [**irgendwohin/zu jdm**] ~ to want to return [*or* go back] [somewhere/to sb]; **nach Hause** ~ to want to return [*or* go back] home **zurück|zahlen** *vt* ■ [**jdm**] **etw** ~ to repay [sb] [*or sep* pay [sb] back] sth

zurück|ziehen *irreg* I. *vt* ① (*nach hinten ziehen*) ■ **jdn/etw** ~ to pull back sb/sth *sep*; **den Vorhang** ~ to draw back the curtain *sep* ② (*widerrufen*) ■ **etw** ~ to withdraw sth II. *vr* ① (*sich hinbegeben*) ■ **sich** [**irgendwohin**] ~ to withdraw [*or form* retire] [somewhere] ② MIL (*abziehen*) ■ **sich** [**aus etw**] ~ to withdraw [from sth] III. *vi sein* ■ [**irgendwohin**] ~ to move back [somewhere]; **nach Hause** ~ to move back home

zurück|zucken *vi sein* ■ [**vor etw** *dat*] ~ to recoil [*or* start back] [from sth]

Zuruf *m* call; (*nach Hilfe*) cry; **auf** ~ **gehorchen** to obey a call; ***bei Auktionen erfolgen die Gebote auf*** ~ at auctions bids are made by calling

zu|rufen I. *vt irreg* ■ **jdm etw** ~ to shout [*or sep* call out] sth to sb II. *vi* ■ **jdm** ~, **dass er/sie etw tun soll** to call out to sb to do sth

zurzeit *adv* ÖSTERR, SCHWEIZ (*derzeit*) at present [*or* the moment]

Zusage *f* assurance, promise; [**jdm**] **eine** ~ **geben** to give [sb] an assurance, to make [sb] a promise

zu|sagen I. *vt* ■ [**jdm**] **etw** ~ to promise sth [to sb], to promise sb sth; **jdm sein Kommen** ~ to promise sb that one will come II. *vi* ① (*die Teilnahme versichern*) ■ [**jdm**] ~ to accept, to give sb an acceptance ② (*gefallen*) ■ **jdm** ~ to appeal to sb

zusammen *adv* ① (*gemeinsam*) together (**mit** +*dat* with); ▪**~ sein** (*beieinander sein*) to be together; ▪**mit jdm ~ sein** to be with sb ② (*ein Paar sein*) ▪**~ sein** to be going out [with each other]; ***Werner und Ulrike sind seit 12 Jahren ~*** Werner and Ulrike have been together for 12 years ③ (*~gerechnet*) all together ④ (*euph: mit jdm schlafen*) ▪**mit jdm ~ sein** to go with sb

Zusammenarbeit *f kein pl* cooperation *no art, no pl;* **in ~ mit jdm** in cooperation with sb **zusammen|arbeiten** *vi* ▪**mit jdm ~** to work [together] with sb; (*kooperieren*) to cooperate with sb **zusammen|backen** *vt* ▪**etw ~** KOCHK to agglomerate [*or* cake] sth **zusammen|bauen** *vt* ▪**etw ~** to assemble [*or sep* put together] sth **zusammen|beißen** I. *vt* **die Zähne ~** to clench *fig* [*or* grit] one's teeth II. *vr* (*fam*) ▪**sich ~** to get one's act *fam* [*or sl* it] together **zusammen|binden** *vt irreg* ▪**etw ~** to tie [*or* bind] together sth *sep* **zusammen|bleiben** *vi irreg sein* to stay together; ▪**mit jdm ~** to stay with sb **zusammen|brauen** I. *vt* (*fam*) ▪**etw ~** KOCHK to concoct sth II. *vr* ▪**sich ~** to be brewing; ***da braut sich ein Gewitter/ Ungutes zusammen*** there's a storm/ sth nasty brewing

zusammen|brechen *vi irreg sein* ① (*kollabieren*) to collapse ② (*in sich zusammenfallen*) to collapse, to give way ③ (*zum Erliegen kommen*) to collapse; *Verkehr* to come to a standstill; *Versorgung* to be paralyzed [*or* BRIT *a.* -ysed]; *Kommunikation* to break down; *Markt* to collapse; *Computer* to crash

zusammen|bringen *vt irreg* ① (*beschaffen*) ▪**etw ~** to raise sth; **das Geld für etw ~** to raise the [necessary] money for sth ② (*in Kontakt bringen*) ▪**jdn [mit jdm] ~** to introduce sb [to sb]; ***ihr Beruf bringt sie mit vielen Menschen zusammen*** in her job she gets to know a lot of people; **Menschen ~** to bring people together; ***der Pfarrer ist bestrebt, seine Gemeinde wieder ~*** the vicar endeavours to promote reconciliation among his parishioners ③ (*fam: aus dem Gedächtnis abrufen*) ▪**etw ~** to remember [*or* recall] sth; ***mal sehen, ob ich das Gedicht noch zusammenbringe*** let's see if I can still recall the poem ④ (*in Beziehung setzen*) ▪**etw [mit etw] ~** to reconcile sth with sth, to make sense of sth ⑤ (*anhäufen*) ▪**etw ~** to amass; ***er hat ein Vermögen zusammengebracht*** he amassed a fortune

Zusammenbruch *m* ① (*das Zusammenbrechen*) collapse; *Land* [down]fall; *Firma* ruin, downfall; **der ~ der Wirtschaft** economic collapse ② MED (*Kollaps*) collapse; (*Nerven~*) [nervous] breakdown

zusammen|drängen I. *vr* ▪**sich ~** to crowd [together]; (*vor Kälte a.*) to huddle together [on sth]; **sich auf engstem Raum ~** to crowd together in a very confined space II. *vt* ▪**etw ~** to concentrate, to condense; ***die Menschenmenge wurde von den Polizeikräften zusammengedrängt*** the crowd was herded together by the police

zusammen|fahren *vi irreg sein* to start; (*vor Schmerzen*) to flinch; (*vor Ekel a.*) to recoil

zusammen|fallen *vi irreg sein* ① (*einstürzen*) to collapse; *Gebäude a.* to cave in; *Hoffnungen, Pläne* to be shattered; *Lügen* to fall apart; ▪**in sich** *akk* **~** to collapse ② (*sich gleichzeitig ereignen*) ▪**[zeitlich] ~** to coincide ③ (*körperlich schwächer werden*) to wither away, to weaken

zusammen|falten *vt* ▪**etw ~** to fold [up *sep*] sth

zusammen|fassen I. *vt* ① (*als Resümee formulieren*) ▪**etw ~** to summarize sth; **etw in wenigen Worten ~** to put sth in a nutshell ② (*zu etw vereinigen*) ▪**jdn ~** to divide sb up; **die Bewerber in Gruppen ~** to devide the applicants into groups; **Truppen ~** to concentrate troops; ▪**jdn/etw in etw** *dat* **~** to unite [*or* combine] sb/sth into sth; ▪**etw unter etw** *dat* **~** to class[ify] sth under sth; **etw unter einem Oberbegriff ~** to subsume sth under a generic term II. *vi* to summarize, to sum up; ***..., wenn ich kurz ~ darf*** just to sum up, ...

zusammenfassend I. *adj* **eine ~e Darstellung** a summary; **ein ~er Bericht** a summary [account], a résumé II. *adv* **etw ~ darstellen** to summarize sth; ***der Vorgang kann leider nicht ~ in 2 Sätzen dargestellt werden*** I'm afraid the process can't be summarized in a couple of sentences

Zusammenfassung *f* ① (*Resümee*) summary, résumé; **eine knappe ~ eines Vortrags/einer Rede geben** to give a pr+cis [*or* summary] of a lecture/speech ② (*resümierende Darstellung*) abstract; *Buch a.* synopsis

zusammen|fegen *vt* ▪**etw ~** to sweep together sth *sep;* (*ordentlich a.*) to sweep sth into a pile **zusammen|finden** *irreg* I. *vr* (*geh*) ▪**sie finden sich ~** to meet, to come together; (*sich versammeln*) to congregate, to gather II. *vi* to be reconciled; ***die beiden haben wieder zusammengefunden*** there has been a reconciliation between the two of them **zusammen|flicken** *vt* (*fam*) ① (*reparieren*) ▪**etw ~** to patch sth up, to cobble sth together; **eine zerrissene Hose notdürftig ~** to patch up torn trousers as well as one can ② (*fam: operieren*) ▪**jdn ~** to patch up sb *sep fam* ③ (*fam: zusammenschustern*) **einen Artikel/Aufsatz ~** to knock together an article/essay **zusammen|fließen** *vi irreg sein* to flow together, to meet, to join **Zusammenfluss**RR *m*, **Zusammenfluß** *m* confluence *spec;* **am ~ der beiden Flüsse** where the two rivers meet **zusammen|fügen** I. *vt* (*geh*) ▪**sie** *pl* **~** to assemble, to join together *sep;* **die Teile eines Puzzles ~** to piece together a jigsaw puzzle *sep;* **Bauteile ~** to assemble parts ▸ WENDUNGEN: **was Gott zusammengefügt hat, soll der Mensch nicht trennen** [Matth. 19,6] (*prov*) what God has brought together, let no man put asunder II. *vr* ▪**sie fügen sich zusammen** *akk* to fit together; ***die Teile fügen sich nahtlos zusammen*** the parts fit together seamlessly [*or* perfectly] **zusammen|gehen** *vi irreg sein* ① (*sich vereinen*) to unite; *Linien* to meet ② (*koalieren*) to make common cause ③ (*schrumpfen*) to shrink; (*schwinden*) to dwindle ④ (*zueinander passen*) to go together **zusammen|gehören*** *vi* ① (*zueinander gehören*) to belong together ② (*ein Ganzes bilden*) to go together, to match; *Karten* to form a deck [*or* pack]; *Socken* to form a pair, to match

zusammengehörig *adj inv, pred* ① (*eng verbunden*) close; ***wir fühlen uns ~*** we feel close ② (*zusammengehörend*) matching; **die ~en Karten** the cards of a deck [*or* pack] **Zusammengehörigkeit** <-> *f kein pl* unity **Zusammengehörigkeitsgefühl** *nt kein pl* sense of togetherness

zusammengesetzt *adj* compound *attr spec;* **ein ~es Wort** a compound [word]; **aus etw ~ sein** to be composed of sth

zusammengewürfelt *adj* oddly assorted, ill-assorted, mismatched; **eine ~e Wohnungseinrichtung** ill-assorted furnishings *pl;* **ein [bunt] ~er Haufen** a motley crowd; ***eine wild ~e Schar von Flüchtlingen*** a horde of refugees, thrown together by chance **zusammen|haben** *vt irreg* (*fam*) ▪**etw ~** ① (*zusammengestellt haben*) **Informationen/Unterlagen ~** to have got information/documentstogether ② (*aufgebracht haben*) to have raised [*or sep* got together] sth; ***wir haben ein Jahr gespart, bis wir das Geld für das neue Auto zusammenhatten*** we saved [up] for a year, until we had enough money for the new car

Zusammenhalt *m kein pl* ① (*Solidarität*) solidarity;

Mannschaft team spirit (+*gen* [with]in); **revolutionärer** ~ revolutionary solidarity ② TECH cohesion

zusammen|halten *irreg* **I.** *vi* to stick [*or* keep] together ▸ WENDUNGEN: **wie Pech und Schwefel** ~ to be inseparable [*or fam* as thick as thieves] **II.** *vt* ■**etw** ~ ① (*beisammenhalten*) to hold on to [*or* be careful with] [*or* take care of] sth; **seine Gedanken** ~ to keep one's thoughts together; **sein Geld** ~ **müssen** to have to be careful with one's money ② (*verbinden*) ■**etw/sie** *pl* ~ to keep sth/sb together; ***die Schnur hält das Paket zusammen*** the packet is held together by a string ③ (*zum Vergleich nebeneinanderhalten*) **zwei Sachen** ~ to hold up two things side by side

Zusammenhang <-[e]s, -hänge> *m* connection; (*Verbindung*) link (**zwischen** +*dat* between); ***gibt es zwischen den Wohnungseinbrüchen irgendeinen ~?*** are the burglaries in any way connected?; ***sein Name wurde im ~ mit der Verschwörung genannt*** his name was mentioned in connection with the conspiracy [*or* linked]; **ein ursächlicher** ~ a causal relationship *form;* **keinen** ~ **sehen** to see no [*or* not see any] connection; **jdn/etw mit etw in** ~ **bringen** to connect sb/sth with sth, to establish a connection between sth and sth *form;* **etw aus dem** ~ **reißen** to take sth out of [its] [*or form* divorce sth from its] context; **im** [*o* **in**] ~ **mit etw** in connection with sth; **im** [*o* **in**] ~ **mit etw stehen** to be connected with sth; **in ursächlichem** ~ [**mit etw**] **stehen** to be causally related [to sth] *form;* **nicht im** ~ **mit etw stehen** to have no connection with sth

zusammen|hängen **I.** *vt irreg* **Kleider/Bilder** ~ to hang [up] clothes/pictures together **II.** *vi irreg* ① (*in Zusammenhang stehen*) ■**mit etw** ~ to be connected [*or* have to do] with sth; ***es wird wohl damit ~, dass ...*** it must have sth to do with the fact that ... ② (*lose verbunden sein*) to be joined [together]

zusammenhängend **I.** *adj inv* ① (*kohärent*) coherent ② (*betreffend*) ■**mit etw** ~ connected [*or* to do] with sth *pred* **II.** *adv* coherently; **etw** ~ **berichten/darstellen** to give a coherent account of sth

Zusammenhanglosigkeit <-, *selten* -en> *f,* **Zusammenhangslosigkeit** <-, *selten* -en> *f meist sing* incoherence, disjointedness

zusammenhang(s)los **I.** *adj* incoherent, disjointed; (*weitschweifig a.*) rambling; **wirres, ~es Geschwätz** incoherent, rambling talk *fam* **II.** *adv* incoherently; **etw** ~ **darstellen** to give an incoherent [*or* a disjointed] account of sth

zusammen|hauen *vt irreg* (*fam*) ① (*zusammenschlagen*) ■**jdn** ~ to beat sb up *sep;* ■**etw** ~ to smash [up *sep*] sth, to smash sth to pieces ② (*schnell machen*) ■**etw** ~ to knock together sth *sep;* **einen Aufsatz eilig** ~ to scribble [down *sep*] [*or sep* knock together] an essay hastily

zusammen|heften *vt* ■**etw** ~ to clip together sth *sep;* (*mit einem Hefter*) to staple together sth *sep;* **Stoffteile** ~ to tack [*or* baste] cloth together *sep* **zusammen|heilen** *vi sein* to knit [together]; (*Wunde*) to heal [up] **zusammen|kehren** *vt s.* **zusammenfegen** **zusammenklappbar** *adj* folding *attr;* **ein ~er Stuhl/Tisch** a collapsible [*or* folding] chair/table; ■~ **sein** to fold **zusammen|klappen** **I.** *vt haben* ■**etw** ~ to fold up sth *sep* ▸ WENDUNGEN: **die Hacken** ~ to click one's heels **II.** *vi sein* ① (*sich klappend zusammenlegen*) to collapse ② (*fam: kollabieren*) to collapse; (*durch Ermüdung*) to flake [*or* BRIT *a.* fag] out *fam* **zusammen|kleben** **I.** *vt haben* ■**etw** ~ to stick [*or* glue] together sth *sep* **II.** *vi haben o sein* to stick together **zusammen|kneifen** *vt irreg* ■**etw** ~ to press together sth *sep;* **die Augen** ~ to screw up one's eyes *sep;* (*geblendet a.*) to squint; **die Lippen** ~ to press together one's lips; (*missbilligend*) to pinch one's lips **zusammen|knoten** *vt* ■**etw** ~ to knot [*or* tie] together sth *sep*

zusammen|kommen *vi irreg sein* ① (*sich treffen*) to meet, to come together; ■**mit jdm** ~ to meet sb; **zu einer Besprechung** ~ to get together for a discussion ② (*sich akkumulieren*) to combine; ***heute kommt wieder alles zusammen!*** it's another of those days!; ***wenn Arbeitslosigkeit, familiäre Probleme, allgemeine Labilität ~, gerät jemand leicht auf die schiefe Bahn*** a combination of unemployment, family troubles and general instability can easily bring sb off the straight and narrow ③ (*sich summieren*) *Schulden* to mount up, to accumulate; *Spenden* to be collected

zusammen|krachen *vi sein* (*fam*) ① (*einstürzen*) *Brücke* to crash down; *Brett* to give way [*or* break] [with a loud crack]; *Bett, Stuhl* to collapse with a crash; *Börse, Wirtschaft* to crash ② (*zusammenstoßen*) to smash together, to collide; *Auto a.* to crash [into each other]

zusammen|kratzen *vt* (*fam*) ■**etw** ~ to scrape together sth *sep* **zusammen|kriegen** *vt* (*fam*) *s.* **zusammenbekommen** **Zusammenkunft** <-, -künfte> *f* meeting; **eine** ~ **der Mitarbeiter** a staff meeting; **eine gesellige** ~ a social gathering; **eine** ~ **vereinbaren** to arrange a meeting **zusammen|läppern** *vr* (*fam*) ■**sich** *akk* ~ to add [*or* mount] up

zusammen|laufen *vi irreg sein* ① (*aufeinandertreffen*) to meet (**in** +*dat* at), to converge (**in** +*dat* at); *Flüsse* to flow together; *Straßen* to converge ② (*zusammenströmen*) to gather, to congregate ③ (*einlaufen*) *Stoff* to shrink

zusammen|leben **I.** *vi* ■[**mit jdm**] ~ to live [together] [with sb] **II.** *vr* ■**sich** ~ to get used to one another

Zusammenleben *nt kein pl* living together *no art;* ■**das** ~ **mit jdm** living [together] with sb; (*in Memoiren*) one's life with sb; **eheliches** ~ (*geh*) marital togetherness; **außereheliches** ~ (*geh*) cohabitation; **das menschliche** ~ social existence; **das** ~ **verschiedener Rassen** multiracial society

zusammen|legen **I.** *vt* ① (*zusammenfalten*) ■**etw** ~ to fold [up *sep*] sth; **sauber zusammengelegte Wäsche** neatly folded washing ② (*vereinigen*) ■**etw** [**mit etw**] ~ to combine sth (**mit** +*dat* into); (*zentralisieren*) to centralize sth; **Abteilungen** ~ to merge [*or* combine] departments into sth; **Klassen** ~ to join [*or sep* put together] classes; **Grundstücke** ~ to join plots of land; **Termine** ~ to combine appointments ③ (*in einen Raum legen*) ■**jdn** [**mit jdm**] ~ to put sb [together] with sb **II.** *vi* ■[**für etw**] ~ to club together [*or* pool one's money] [for sth]

Zusammenlegung <-, -en> *f* amalgamation; *Firmen, Organisationen* merging; *Grundstücke* joining; *Termine* combining; *Patienten, Häftlinge* putting together; ***die Häftlinge forderten ihre*** ~ the prisoners demanded to be put together

zusammen|nähen *vt* ■**etw** ~ to sew [*or* stitch] together sth *sep*

zusammen|nehmen *irreg* **I.** *vt* ① (*konzentriert einsetzen*) ■**etw** ~ to summon [*or* muster] [up *sep*] sth; **seinen ganzen Mut** ~ to summon up all one's courage; **den Verstand** ~ to get one's thoughts together [*or* in order]; (*schimpfend*) to get one's head screwed on [properly] *fam;* ***nimmm doch mal deinen Verstand zusammen!*** get your thinking cap on! *fig* ② ■**alles zusammengenommen** all in all, all things considered **II.** *vr* ■**sich** *akk* ~ to control oneself, to get [*or* keep] a grip on oneself

zusammen|packen *vt* ■**etw/sie** *pl* ~ ① (*packen*) to pack sth; (*abräumen*) to pack away sth *sep;* **pack**

deine Sachen zusammen! get packed! ② (*zusammen in etwas packen*) to pack sth up together; ***packen Sie mir die einzelnen Käsesorten ruhig zusammen!*** just pack the different cheeses together, that'll be fine! **zusammen|passen** *vi* ① (*zueinander passen*) *Menschen* to suit [*or* be suited to] each other; ■ **nicht** ~ to be ill-suited to each other; **gut/schlecht** ~ to be well-suited/ill-suited; **überhaupt nicht** ~ *Menschen* to not suit each other at all ② (*miteinander harmonieren*) to go together, to match, to harmonize; *Farben* to go together; *Kleidungsstücke* to match **zusammen|pferchen** *vt* ■ **Menschen/Tiere** ~ to herd together people/animals *sep* **Zusammenprall** *m* collision (+*gen* between) **zusammen|prallen** *vi sein* ■ [**mit etw**] ~ to collide [with sth] **zusammen|pressen** *vt* ■ **etw** ~ to press [*or* squeeze] together sth *sep;* **die Faust** ~ to clench one's fist; **zusammengepresste Fäuste/Lippen** clenched fists/pinched lips **zusammen|raffen** *vt* ■ **etw** ~ ① (*eilig einsammeln*) to snatch up sth *sep* ② (*pej: anhäufen*) to amass [*or sep* pile up] sth ③ (*raffen*) ■ **etw** ~ to gather up sth *sep* **zusammen|raufen** *vr* (*fam*) ■ **sich** *akk* ~ to get it together *fam* **zusammen|rechnen** *vt* ■ **etw** ~ to add [*or* total] [*or fam* tot] up sth *sep;* **alles zusammengerechnet** all in all

zusammen|reimen *vr* ■ **sich** *dat* **etw** ~ to put two and two together from [*or* make sense of] sth; ***ich kann es mir einfach nicht*** ~ I can't make head or tail of it; ***das reimt man sich*** *dat* ***leicht zusammen, wenn …*** it's easy to see when …; ***was sie sich da alles zusammengereimt hat, und all das nur, weil …*** you wouldn't believe the things she was thinking, and all because …

zusammen|reißen *irreg* **I.** *vr* (*fam*) ■ **sich** *akk* ~ to pull oneself together **II.** *vt* (*sl*) **die Hacken** ~ to click one's heels **zusammen|rollen I.** *vt* ■ **etw** ~ to roll up sth *sep* **II.** *vr* ■ **sich** *akk* ~ to curl up; **ein Igel rollt sich zusammen** a hedgehog rolls [*or* curls] [itself] up [into a ball]; *Schlange* to coil up **zusammen|rotten** *vr* (*pej*) ■ **sich** *akk* ~ to gather into [*or* form] a mob; ■ **sich gegen jdn** ~ to gang up on [*or* band together against] sb **zusammen|rücken I.** *vi sein* (*enger aneinander rücken*) to move up closer, to move closer together; (*auf einer Bank a.*) to budge up BRIT *fam*, to scoot over AM *fam;* (*enger zusammenhalten*) to join in common cause **II.** *vt haben* ■ **etw** ~ to move sth closer together **zusammen|rufen** *vt irreg* ■ **Menschen** ~ to call together people *sep;* **die Mitglieder** ~ to convene [a meeting of] the members *form* **zusammen|sacken** *vi sein* ① (*zusammensinken*) ■ [**in sich** *akk*] ~ *Mensch* to collapse, to slump ② (*einsacken*) *Brücke, Gerüst* to collapse **zusammen|scharen** *vr* ■ **sich** *akk* ~ to gather, to congregate; ***die Demonstranten begannen, sich auf dem Platz vor dem Rathaus zusammenzuscharen*** the demonstrators began to gather in the square in front of the town hall **zusammen|scheißen** *vt irreg* (*derb*) ■ **jdn** ~ to read sb the Riot Act *fig*, BRIT *a.* to give sb a bollocking *fam!*

zusammen|schlagen *irreg* **I.** *vt irreg haben* ① (*verprügeln*) ■ **jdn** ~ to beat up sb *sep* ② (*zertrümmern*) ■ **etw** ~ to smash [up *sep*] [*or* wreck] sth **II.** *vi sein* ■ **über jdm/etw** ~ to close over sb/sth; (*heftiger*) to engulf sb/sth

zusammen|schließen *irreg* **I.** *vt* ■ **sie** *pl* ~ **2 Fahrräder** ~ to lock 2 bicycles together **II.** *vr* ① (*sich vereinigen*) ■ **sich** *akk* [**zu etw**] ~ to join together [*or* combine] [to form sth]; **Firmen schließen sich zusammen** companies amalgamate [*or* merge] ② (*sich verbinden*) ■ **sich** *akk* ~ to band together, to join forces

Zusammenschluss[RR] *m*, **Zusammenschluß** *m* union; *Firmen* amalgamation, merger

zusammen|schrecken *vi irreg sein* to start

zusammen|schreiben *vt irreg* ① ■ **etw** ~ (*als ein Wort schreiben*) to write sth as one word ② (*pej fam*) ■ **etw** ~ (*gedankenlos hinschreiben*) to dash off sth; ***was für einen Unsinn er zusammenschreibt!*** what rubbish he writes! ③ (*fam*) ■ **sich** *dat* **etw** ~ (*erwerben*) to earn by writing; ***sie hat sich mit ihren Romanen ein Vermögen zusammengeschrieben*** she has earned a fortune with her novels

zusammen|schrumpfen *vi sein* ① (*ganz einschrumpfen*) *Äpfel* to shrivel [up] ② (*sich stark vermindern*) ■ [**auf etw** *akk*] ~ to dwindle [to sth] **Zusammensein** <-s> *nt kein pl* meeting; (*zwanglos*) get-together; *Verliebte* rendezvous; **ein geselliges** ~ a social [gathering]

zusammen|setzen I. *vt* ① (*aus Teilen herstellen*) ■ **etw** [**zu etw**] ~ to assemble [*or sep* put together] sth [to make sth]; ***die Archäologen setzten die einzelnen Stücke der Vasen wieder zusammen*** the archaeologists pieced together the vases ② (*nebeneinander setzen*) **Schüler/Tischgäste** ~ to put pupils/guests beside each other **II.** *vr* ① (*bestehen*) ■ **sich aus etw** ~ to be composed [*or* made up] [*or* to consist] of sth, to comprise sth; ***die Regierung setzt sich aus Roten und Grünen zusammen*** the government is composed of socialists and environmentalists; *s.* **zusammengesetzt** ② (*sich zueinander setzen*) ■ **sich** *akk* ~ to sit together; ■ **sich mit jdm** [**am Tisch**] ~ to join sb [at his/her table]; (*um etw zu besprechen*) to get together

Zusammensetzung <-, -en> *f* ① (*Struktur*) composition, make-up; *Ausschuss a.* constitution *form; Mannschaft* line-up; *Wählerschaft* profile *spec* ② (*Kombination der Bestandteile*) ingredients *pl; Rezeptur, Präparat* composition; *Teile* assembly ③ LING (*Kompositum*) compound

zusammen|sinken *irreg sein* **I.** *vi* to collapse; **ohnmächtig** ~ to collapse unconscious; **tot** ~ to fall dead to the earth **II.** *vt* ■ **in sich** *akk* ~ ① (*alle Kraft verlieren*) to slump; (*letzte Hoffnung verlieren*) to seem to crumble; ■ **zusammengesunken** limp ② (*zusammenfallen*) to collapse; **ein Gebäude sinkt zusammen** a building caves in; **ein Dach sinkt zusammen** a roof falls in; **Feuer/Glut fällt zusammen** fire/embers go out **zusammen|stauchen** *vt* (*fam*) ① (*maßregeln*) ■ **jdn** ~ to give sb a dressing-down *fam* ② (*zusammendrücken*) ■ **etw ist zusammengestaucht** sth is crushed **zusammen|stecken I.** *vt* ■ **etw** ~ to pin together sth *sep* **II.** *vi* (*fam*) to be together; ***die beiden stecken aber auch immer zusammen!*** the two of them are quite inseparable! ▸ WENDUNGEN: **die Köpfe** ~ to put one's heads together **zusammen|stehen** *vi irreg* ① (*nebeneinander stehen*) to be together [*or* side by side]; *Menschen a.* to stand together [*or* side by side] ② (*einander unterstützen*) to stand by each other [*or form* one another]

zusammen|stellen *vt* ① (*auf einen Fleck stellen*) ■ **sie** *pl* ~ to put [*or* place] together *sep;* ***die Betten*** ~ to place the beds side by side ② (*aufstellen*) ■ **etw** ~ to compile sth; **eine Delegation** ~ to assemble a delegation; **eine Liste** ~ to compile [*or sep* draw up] a list; **etw in einer Liste** ~ to list sth, to compile [*or sep* draw up] a list of sth; **ein Menü** ~ to draw up a menu; **ein Programm** ~ to arrange [*or* compile] a programme [*or* AM -am]

Zusammenstellung *f* ① (*Aufstellung*) compilation; (*Liste*) list; *Programm* arrangement ② *kein pl* (*Herausgabe*) compilation

Zusammenstoß *m* collision (+*gen* between), crash (+*gen* between); (*Auseinandersetzung*) clash

zusammen|stoßen *vi irreg sein* ① (*kollidieren*) to

collide, to crash; ■ **mit etw** ~ to collide with [*or* crash into] sth; ***die beiden Autos sind frontal zusammengestoßen*** the two cars collided head-on; *Personen* to bump into each other; ■ **mit jdm** ~ to bump into sb ❷ (*aneinander grenzen*) to adjoin ❸ (*selten: eine Auseinandersetzung haben*) ■ **mit jdm** ~ to clash with sb

zusammen|strömen *vi sein* to flock [*or* swarm] together; ■ **zu etw** ~ to flock to sth **zusammen|stürzen** *vi sein* to collapse; ***nach der Scheidung ist für ihn die Welt zusammengestürzt*** his world fell to pieces after the divorce **zusammen|suchen** *vt* ■ [**sich** *dat*] **etw** ~ to find [*or sep* get together] sth; ***ich muss die Unterlagen erst noch*** ~ first of all I have to gather the papers together; ■ **zusammengesucht** (*unharmonisch*) oddly assorted, ill-assorted **zusammen|tragen** *vt irreg* ■ **etw** ~ ❶ (*auf einen Haufen tragen*) to collect [*or sep* gather together] sth; **Holz und Reisig** ~ to gather wood and twigs ❷ (*sammeln*) to collect [*or* gather [together *sep*]] sth; **Informationen mühselig** ~ to glean information **zusammen|treffen** *vi irreg sein* ❶ (*sich treffen*) to meet; ■ **mit jdm** ~ to meet sb; (*unverhofft*) to encounter ❷ (*gleichzeitig auftreten*) *Faktoren, Umstände* to coincide **Zusammentreffen** *nt* ❶ (*Treffen*) meeting ❷ (*gleichzeitiges Auftreten*) coincidence **zusammen|treiben** *vt* **Menschen/Tiere** ~ to drive people/animals together **zusammen|treten** **I.** *vi irreg sein* to meet, to convene *form; Gericht* to sit; *Parlament a.* to assemble; **wieder** ~ to meet again, to reassemble, to reconvene *form* **II.** *vt* (*fam*) ■ **jdn** ~ to give sb a severe [*or fam* one hell of a] kicking **zusammen|trommeln** *vt* (*fam*) ■ **sie** *pl* ~ to rally [*or sep* round up]; **Anhänger/Mitglieder** ~ to rally supporters/members **zusammen|tun** *irreg* **I.** *vt* (*fam*) ■ **sie** *pl* ~ to put together; **Tomaten und Kartoffeln darf man nicht in einem Behälter zusammentun** you can't keep tomatoes and potatoes together in one container **II.** *vr* (*fam*) ■ **sich** *akk* [**zu etw**] **zusammentun** to get together [*or* join forces] [in sth]; ■ **sich mit jdm** ~ to get together with sb; ***die Betroffenen haben sich zu einer Bürgerinitiative zusammengetan*** those concerned have formed a citizens' action group **zusammen|wachsen** *vi irreg sein* ❶ (*zusammenheilen*) to knit [together]; *Knochen* to knit [together]; *Wunde* to heal [up]; ***sie hat zusammengewachsene Augenbrauen*** her eyebrows meet in the middle ❷ (*sich verbinden*) to grow together; ■ **mit/zu etw** ~ to grow into sth; ***die früher eigenständigen Gemeinden sind inzwischen zu einer großen Stadt zusammengewachsen*** the previously autonomous communities have meanwhile grown together into a big city **zusammen|werfen** *vt irreg* ■ **etw** ~ ❶ (*auf einen Haufen werfen*) to throw together sth *sep* ❷ (*wahllos vermengen*) to lump together ❸ (*fam: zusammenlegen*) **seine Ersparnisse** ~ to pool one's savings **zusammen|wirken** *vi* (*geh*) ❶ (*gemeinsam tätig sein*) to work together ❷ (*vereint wirken*) to combine, to act in combination; ***mehrere Faktoren haben hier glücklich zusammengewirkt*** there has been a happy coincidence of several factors here **zusammen|zählen** *vt* ■ **sie** *pl* ~ to count [up *sep*]; ***ich habe gerade alle Anmeldungen zusammengezählt, es kommen 121 Teilnehmer*** I've just added up all the enrolments, there will be 121 participants; **die Kosten** ~ to add [*or fam* tot] up *sep* the costs; **alles zusammengezählt** all in all

zusammen|ziehen *irreg* **I.** *vi sein* to move in together; ■ **mit jdm** ~ to move in [together] with sb **II.** *vr* ■ **sich** ~ ❶ (*sich verengen*) to contract; *Schlinge* to tighten; *Pupillen, Haut* to contract; *Wunde* to close [up] ❷ (*sich ballen*) to be brewing; *Gewitter a.* to be gathering; ***es zieht sich ein Gewitter zusammen*** there's a storm brewing [*or* gathering]; *Wolken* to gather; *Unheil* to be brewing **III.** *vt* ■ **etw** ~ ❶ (*sammeln*) **Truppen/Polizei** ~ to assemble [*or* concentrate] [*or* mass] troops/police forces ❷ (*addieren*) **Zahlen** ~ to add together ❸ (*schließen*) **ein Loch in einem Strumpf** ~ to mend a hole in a stocking; **die Augenbrauen** ~ to knit one's brows

zusammen|zucken *vi sein* to start; (*vor Schmerz/Unangenehmem*) to flinch, to wince; ***als das Telefon läutete, zuckte er unwillkürlich zusammen*** the phone's ring made him start

Zusatz *m* ❶ (*zugefügter Teil*) appendix, annex; (*Verb~*) separable element; (*Abänderung*) amendment; (*Gesetzentwurf*) rider *spec;* (*Testament*) codicil; (*Vertragsklausel*) clause; (*Vorbehaltsklausel*) reservation *spec* ❷ (*Nahrungs~*) additive; (*Beimischung a.*) admixture *form;* **ohne ~ von Farbstoffen** without the addition of artificial colouring [*or* AM coloring]

Zusatzabkommen *nt* supplementary [*or* additional] agreement **Zusatzantrag** *m* amendment to an amendment *form;* **einen ~ stellen** to move [*or* table] an amendment **Zusatzbemerkung** *f* additional remark **Zusatzbestimmung** *f* supplementary [*or* additional] provision **Zusatzgerät** *nt* attachment; INFORM add-on, peripheral [device]; ***ein ~ zum Empfang von Pay-TV*** an [additional] attachment for reception of pay TV **Zusatzklausel** *f* additional clause, rider BRIT

zusätzlich **I.** *adj inv* ❶ (*weitere*) further *attr;* **~e Kosten** supplementary [*or* additional] costs ❷ (*darüber hinaus möglich*) additional, extra; (*als Option a.*) optional; **eine ~e Versicherung** a collateral insurance *spec* **II.** *adv* in addition; ***das kostet DM 100*** ~ that costs an extra 100 marks; ***ich will sie nicht noch ~ belasten*** I don't want to put any extra pressure on her

Zusatzpension *f* ÖKON supplementary pension **Zusatzstoff** *m* additive **Zusatztarif** *m* additional [*or* extra] rate [*or* charge]; (*Straftarif*) penalty rate [*or* tariff] **Zusatzversicherung** *f* additional [*or* supplementary] insurance; (*für Krankenhaus a.*) hospitalization insurance AM **Zusatzzahl** *f* bonus number (*drawn in the national lottery*)

zuschanden, zu Schanden *adv* (*geh*) **ein Auto ~ fahren** to wreck [*or* BRIT *a.* write off *sep*] a car; **jds Hoffnungen ~ machen** to wreck [*or* ruin] sb's hopes; **ein Pferd ~ reiten** to ruin a horse; ***alle seine Hoffnungen gingen*** ~ all his plans came to nought

zu|schanzen *vt* (*fam*) ■ **jdm etw** ~ to see to it that [*or* to make sure [that]] sb gets sth; **jdm einen guten Posten** ~ to manoeuvre [*or* AM maneuver] sb into a good post

zu|schauen *vi s.* **zusehen**

Zuschauer(in) <-s, -> *m(f)* ❶ SPORT spectator; ■ **die** ~ the spectators; FBALL *a.* the crowd + *sing/pl verb* ❷ FILM, THEAT member of the audience; TV viewer; ■ **die** ~ FILM, THEAT the audience + *sing/pl verb;* TV the viewers, the [television] audience + *sing/pl verb* ❸ (*Augenzeuge*) witness

Zuschauerraum *m* auditorium **Zuschauertribüne** *f* stands *pl,* BRIT *a.* stand; (*billig*) bleachers *pl* AM; (*teuer*) grandstand **Zuschauerzahl** *f* THEAT, SPORT attendance figures *pl;* TV viewing figures *pl*

zu|schicken *vt* ■ **jdm etw** ~ to send sb sth [*or* sth to sb]; (*mit der Post a.*) to post [*or* AM mail] [off *sep*] sth to sb; ■ **sich** *dat* **etw ~ lassen** to send for sth; **[von jdm] etw zugeschickt bekommen** to receive sth [from sb], to have sth sent to one

zu|schieben *vt irreg* ❶ (*hinschieben*) ■ **jdm etw** ~ to push sth over to sb ❷ (*durch Schieben schließen*)

■ **etw ~ eine Tür/Schublade** ~ to shut [*or* close] a door/drawer, to push sth closed [*or* shut] ③ (*jdm zur Last legen*) **jdm die Schuld** ~ to lay the blame at sb's door, to put the blame on sb, to blame sb; **jdm die Verantwortung** ~ to saddle sb with the responsibility

zu|schießen *irreg* **I.** *vt haben* ① FBALL **jdm den Ball** ~ to pass [sb] the ball [*or* the ball to sb]; **jdm einen wütenden Blick** ~ to dart a furious glance at sb ② (*zusätzlich zur Verfügung stellen*) ■ **[jdm] etw** ~ to contribute sth [towards [*or* toward] sb's costs]; **jdm Geld** ~ to give sb money **II.** *vi sein* (*fam*) ■ **auf jdn/etw** ~ to shoot [*or* rush] [*or* dash] up to sb/sth; **auf jdn zugeschossen kommen** to come rushing up to sb

Zuschlag <-[e]s, Zuschläge> *m* ① (*Preisaufschlag*) supplementary charge ② (*zusätzliche Fahrkarte*) supplement[ary ticket *form*]; (*zusätzlicher Fahrpreis*) extra fare, supplementary charge *form* ③ (*zusätzliches Entgelt*) bonus, extra pay *no indef art, kein pl* ④ (*auf Briefmarke*) supplement ⑤ (*bei Versteigerung*) acceptance of a bid ⑥ (*Auftragserteilung*) acceptance of a tender; **jdm den ~ erteilen** (*geh*) to award sb the contract, to accept sb's tender; ~ **bei Auftragserteilung** conferring the contract, award of the order; ***die Firma hat den ~ zum Bau des neuen Rathauses erhalten*** the company has won the contract to build the new town hall

zu|schlagen *irreg* **I.** *vt haben* ① (*schließen*) ■ **etw** ~ to bang sth shut, to slam sth [shut]; **ein Buch** ~ to close [*or* shut] a book [with a bang]; **eine Kiste** ~ to slam a box shut; **die Tür hinter sich** *dat* ~ to slam the door behind one ② (*offiziell zusprechen*) ■ **jdm etw** ~ (*bei Versteigerung*) to knock sth down to sb; ***der Auftrag wurde der Firma zugeschlagen*** the company was awarded the contract; **ein Gebiet einem Staat** ~ to annex a territory to a state ③ (*zuspielen*) **jdm den Ball** ~ to kick the ball to sb; ***lass uns ein paar Bälle*** ~ let's have a kickabout *fam* ④ (*aufschlagen*) ■ **etw** ~ to add sth; ***auf den Preis werden ab Juli DM 20.-- zugeschlagen*** the price will be raised by 20 marks from July **II.** *vi* ① *haben* (*einen Hieb versetzen*) to strike; **mit der Faust** ~ to strike with one's fist; **mit erhöhten Steuern** ~ to hit with increased taxes; ***das Schicksal hat erbarmungslos zugeschlagen*** fate has dealt a terrible blow ② *sein* (*krachend zufallen*) *Tür* to slam [*or* bang] shut ③ *haben* (*fam: zugreifen*) to act [*or fam* get in] fast [*or* quickly]; (*viel essen*) to pig out *fam;* ***schlag zu!*** get stuck in! *fam,* dig in! *fam;* ■ **[bei etw]** ~ (*schnell annehmen*) to grab sth with both hands ④ (*fam: aktiv werden*) to strike; ***die Armee schlug zu*** the army struck

zu|schließen *irreg vt* ■ **etw** ~ to lock sth; **den Laden** ~ to lock up the shop *sep*

zu|schnallen *vt* ■ **etw** ~ to fasten [*or* buckle] sth; **einen Koffer** ~ to strap up a case *sep*

zu|schnappen *vi* ① *haben* to snap; ***der Hund schnappte nach meiner Hand*** the dog snapped at my hand ② *sein* to snap [*or* click] shut; *s. a.* **Falle**

zu|schneiden *vt irreg* ① ■ **[jdm/sich** *dat*] **etw** ~ to cut sth to size [for sb]; **Stoff** ~ to cut out material *sep;* **ein Kleid nach einem Muster** ~ to cut out a dress from a pattern ② (*fig*) ■ **auf jdn [genau] zugeschnitten sein** (*jds Fähigkeiten entsprechen*) to be cut out for sb; ■ **auf etw/jdn zugeschnitten sein** (*genau zutreffen*) to be geared to sth/the needs of sb; ***das Produkt ist auf den Geschmack der Massen zugeschnitten*** the product is designed to suit the taste of the masses; ***der Lehrplan war auf das Examen zugeschnitten*** the syllabus was geared to the exam

zu|schneien *vi sein* ■ **zugeschneit sein** to be snowed in [*or* up]; *Wagen* to be buried in snow

Zuschnitt *m* ① (*Form eines Kleidungsstücks*) cut ② *kein pl* (*das Zuschneiden*) cutting; *Stoff a.* cutting out ③ (*fig: Format*) calibre [*or* AM -er]

zu|schnüren *vt* ① (*durch Schnüren verschließen*) ■ **etw** ~ to lace up sth *sep* ② (*abschnüren*) ***die Angst/Sorge schnürte ihr den Hals/die Kehle zu*** she was choked with fear/worry

zu|schrauben *vt* ■ **etw** ~ to screw on sth *sep*

zu|schreiben *vt irreg* ① (*beimessen*) ■ **jdm etw** ~ to ascribe [*or* attribute] sth to sb; (*ungerecht*) to impute sth to sb *form;* **jdm übernatürliche Kräfte** ~ to attribute supernatural powers to sb ② (*zur Last legen*) ■ **jdm/einer S. etw** ~ to blame sb/sth for sth; **jdm/etw die Schuld an etw** *dat* ~ to blame sb/sth [*or* give sb/sth the blame] for sth; ■ **jdm ist etw zuzuschreiben** sb is to blame for sth; ***das/deine Entlassung hast du dir selbst zuzuschreiben*** you've only got yourself to blame [for it]/for your dismissal

Zuschrift *f* (*geh*) reply

zuschulden, zu Schulden *adv* **sich** *dat* **etwas/nichts ~ kommen lassen** to do sth/nothing [*or* to not do anything] wrong

Zuschuss[RR] <-es, -schüsse> *m,* **Zuschuß** <-sses, -schüsse> *m* grant, subsidy; (*regelmäßig von den Eltern*) allowance

Zuschußbetrieb[RR] *m* subsidized [*or* loss-making] business **Zuschussgeschäft**[RR] *nt* loss-making deal **Zuschussprojekt**[RR] *nt* loss-making project

zu|schustern *vt* ① (*fam*) *s.* **zuschanzen** ② *s.* **zuschießen I 2**

zu|schütten **I.** *vt* ■ **etw** ~ ① (*durch Hineinschütten füllen*) to fill in [*or* up] sth *sep* ② (*fam: hinzufügen*) to add sth **II.** *vr* (*sl*) ■ **sich** *akk* ~ to get pissed BRIT *fam!* [*or* AM drunk]

zu|sehen *vi irreg* ① (*mit Blicken verfolgen*) to watch; *unbeteiligter Zuschauer a.* to look on; ■ ~, **wie jd etw tut/wie etw getan wird** to watch sb doing sth/sth being done; *unbeteiligter Zuschauer a.* to look on as sb does sth/as sth is being done; ■ **jdm [bei etw]** ~ to watch sb [doing sth]; **jdm bei der Arbeit** ~ to watch sb work[ing] [*or* at work]; **bei näherem Z~** [up]on closer inspection ② (*etw geschehen lassen*) ■ **einer S.** *dat* ~ to sit back [*or* stand [idly] by] and watch sth; ***tatenlos musste er ~, wie ...*** he could only stand and watch, while ...; ***da sehe ich nicht mehr lange zu!*** I'm not going to put up with this spectacle for much longer! ③ (*dafür sorgen*) ■ **~, dass ...** to see [to it] [*or* make sure] that ...; ***wir müssen ~, dass wir rechtzeitig losfahren*** we must take care to [watch out that we] get away in good time; ***sieh mal zu!*** (*fam*) see what you can do!; ***sieh mal zu, was du machen kannst!*** (*fam*) see what you can do!; ***sieh zu, wo du bleibst!*** (*fam*) that's your look-out! *fam,* sort out your own shit! *fam!*

zusehends *adv* noticeably

zu|senden *vt irreg s.* **zuschicken**

zu|setzen **I.** *vt* ① ■ **[einer S.** *dat*] **etw** ~ to add sth [to sth] ② (*verlieren*) **Geld** ~ to make a loss ▶ WENDUNGEN: **jd hat nichts zuzusetzen** sb has nothing in reserve **II.** *vi* ■ **jdm** ~ ① (*bedrängen*) to badger [*or* pester] sb; (*unter Druck setzen*) to lean on sb *fam;* **dem Feind** ~ to harass [*or sep* press hard] the enemy; (*verletzen*) to lay into *fam* ② (*überbelasten*) to take a lot out of sb; *jds Tod* to hit sb hard, to affect sb badly

zu|sichern *vt* ■ **jdm etw** ~ to assure sb of [*or* promise sb] sth; **jdm seine Hilfe** ~ to promise sb one's help; **jdm freies Geleit** ~ to guarantee sb safe conduct; ***er hat mir zugesichert, dass der Betrag heute noch überwiesen wird*** he assured me the sum would be transferred today

Zusicherung *f* promise, assurance

Zuspätkommende(r) *f(m) decl wie adj* (*geh*) late-

Zuständigkeit

nach Zuständigkeit fragen	asking about responsibility
Sind Sie die behandelnde Ärztin?	**Are you the doctor in attendance?**
Sind Sie dafür zuständig?	**Is it your responsibility?/Are you in charge/ the person responsible?**
Zuständigkeit ausdrücken	expressing responsibility
Ja, bei mir sind Sie richtig.	**Yes, you've come to the right person.**
Ich bin für die Organisation des Festes **verantwortlich/zuständig.**	**I am responsible for** organizing the party.
Nicht-Zuständigkeit ausdrücken	expressing non-responsibility
Da sind Sie bei mir an der falschen Adresse. *(fam)*	**You've come to the wrong person.**
Dafür bin ich (leider) nicht zuständig.	**I'm not responsible for that (I'm afraid).**
Dazu bin ich (leider) nicht berechtigt/befugt.	**I'm not entitled/authorized to do that (I'm afraid).**
Das fällt nicht in unseren Zuständigkeitsbereich. *(form)*	**That isn't our responsibility.**

comer

zu|sperren *vt* ■**etw** ~ to lock sth; **das Haus/den Laden** ~ to lock up the house/shop *sep*

zu|spielen *vt* ❶ FBALL ■**jdm den Ball** ~ to pass the ball to sb ❷ *(heimlich zukommen lassen)* ■**jdm etw** ~ to pass on sth *sep* to sb, to slip sth to sb; **etw der Presse** ~ to leak sth [to the press]

zu|spitzen I. *vr* ■**sich** *akk* ~ to come to a head; **sich weiter** ~ to escalate; **sich immer mehr** ~ to get worse and worse, to become increasingly critical; **sich bedrohlich** ~ to take on threatening dimensions II. *vt* ■**etw** ~ **einen Pfahl** ~ to sharpen a post; ***das Attentat hat die Lage bedrohlich zugespitzt*** the assassination attempt has brought the situation to boiling point

Zuspitzung <-, -en> *f* worsening, increasing gravity; **eine weitere** ~ **einer S.** *gen* an escalation of sth

zu|sprechen *irreg* I. *vt* ❶ *(offiziell zugestehen)* ■**jdm etw** ~ to award sth to sb; **jdm ein Kind** ~ to award [*or* grant] sb custody [of a child] ❷ *(geh: zuteil werden lassen)* **jdm Mut/Trost** ~ to encourage/comfort [*or* console] sb ❸ *(zuerkennen)* ■**jdm/einer S.** *dat* **etw** ~ to attribute sth to sb/sth; ***dem Baldrian wird eine beruhigende Wirkung zugesprochen*** valerian is said to have a soothing effect II. *vi (geh)* ❶ *(zu sich nehmen)* ■**einer S.** *dat* ~ to do justice to sth; **dem Essen/Cognac kräftig** ~ to eat the food/to drink the cognac heartily, to tuck into the food/to guzzle the cognac BRIT *fam* ❷ *(zureden)* **jdm beruhigend** ~ to calm sb; **jdm ermutigend** ~ to encourage sb

Zuspruch *m kein pl (geh)* ❶ *(Popularität, Anklang)* **sich großen** [*o* **regen**] ~**s erfreuen** to be very popular, to enjoy great popularity; [**bei jdm**] ~ **finden** to go down well [with sb], to be greatly appreciated [by sb]; ***wir rechnen mit starkem*** ~ *(viele Besucher)* we're expecting a lot of visitors; *(starkem Anklang)* we're expecting this to be very popular ❷ *(Worte)* words *pl;* **ermutigender/tröstender** ~ words of encouragement/comfort; **geistlichen** ~ **suchen** to seek spiritual comfort [*or* support]

Zustand <-[e]s, -stände> *m* ❶ *(Verfassung)* state, condition; **in einem beklagenswerten/traurigen** ~ in a miserable/sad state [*or* condition]; *Mensch a.* in miserable/sad shape; **in deinem/meinem** ~ in your/my condition; **jdn in Besorgnis erregendem** ~ **antreffen** to find sb in an alarming state; **im wachen** ~ while awake; *(Gesundheits~)* [state of] health; ***wie ist sein*** ~ ***nach der Operation?*** how's he faring after the operation?; ***sein*** ~ ***ist kritisch*** his condition is critical; *(geistiger ~)* mental state; *(seelischer ~)* [emotional] state; *(Aggregatzustand)* state; **in flüssigem/gasförmigem** ~ in a fluid/gaseous state ❷ *pl (Verhältnisse)* conditions; *(skandalöse Zustände)* disgraceful [*or* appalling] conditions; ***in den besetzten Gebieten herrschen katastrophale Zustände*** conditions are catastrophic in the occupied zones; ***das ist doch kein*** ~***!*** it's a disgrace!; ***bei euch herrschen ja Zustände!*** your house is a disgrace!, you're living in a pigsty *pej* ▶ WENDUNGEN: **Zustände bekommen** [*o* **kriegen**] *(fam)* to have a fit *fam,* to hit the roof *fam,* BRIT *a.* to throw a wobbly *sl*

zustande, zu Stande *adv* **etw** ~ **bringen** to manage sth; **die Arbeit** ~ **bringen** to get the work done; **eine Einigung** ~ **bringen** to reach an agreement; **es** ~ **bringen, dass jd etw tut** to [manage to] get sb to do sth; ~ **kommen** to materialize; *(stattfinden)* to take place; *(besonders Schwieriges)* to come off [*or* about]; **nicht** ~ **kommen** to fail

Zustandekommen <-s> *nt kein pl* materialization, realization; ***das*** ~ ***des Treffens ist noch fraglich*** the planned meeting is not yet sure to take place

zuständig *adj* ❶ *(verantwortlich)* responsible; **der** ~**e Beamte** the official in charge; **der dafür** ~**e Beamte** the official responsible for [*or* in charge of] such matters; ***dafür ist er*** ~ that's his responsibility; ***dafür will keiner*** ~ ***gewesen sein*** nobody wants to own up responsibility for it ❷ *(Kompetenz besitzend)* competent *form;* **die** ~**e Behörde** the proper [*or form* competent] authority; ■[**für etw**] ~ **sein** to be the competent office [for sth] *form;* JUR to have jurisdiction [in [*or* over] sth]

Zuständigkeit <-, -en> *f* ❶ *(betriebliche Kompetenz)* competence; **in jds** ~ *akk* **fallen** to fall within sb's competence [*or* the competence of sb] *form* ❷ JUR *(Jurisdiktion)* jurisdiction *no indef art,* cognizance *no indef art form*

Zuständigkeitsbereich *m* area of responsibility; **in jds** ~ **fallen** to fall into sb's area of responsibility

zustatten *adj* **jdm** ~ **kommen** *(geh)* to come in useful [*or* handy] for sb, to avail sb *liter*

zu|stechen *vi irreg* ■[**mit etw**] ~ to stab sb [with sth]

zu|stecken *vt* ❶ *(schenken)* ■**jdm etw** ~ to slip sb sth ❷ *(heften)* ■**etw** ~ **eine Naht** ~ to pin up a seam *sep*

zu|stehen *vi irreg* ❶ *(von Rechts wegen gehören)* ■**etw steht jdm zu** sb is entitled to sth; **etw steht jdm von Rechts wegen zu** sb is lawfully entitled to

zustimmen

zustimmen, beipflichten	agreeing
Ja, das denke ich auch.	Yes, I think so too.
Da bin ich ganz deiner Meinung.	I completely agree with you there.
Dem schließe ich mich an.	I endorse that.
Ich stimme Ihnen voll und ganz zu.	I absolutely agree with you.
Ja, das sehe ich (ganz) genauso.	Yes, that's exactly my view too.
Ich sehe es nicht anders.	That's exactly how I see it.
Ich gebe Ihnen da vollkommen Recht.	You're absolutely right there.
Da kann ich Ihnen nur Recht geben.	I can only agree with you there.
(Das) habe ich ja (auch) gesagt.	That's (just) what I said.
Finde ich auch. *(fam)*	I think so too.
Genau!/Stimmt! *(fam)*	Exactly!/(That's) right!
einwilligen	consenting
Einverstanden!/Okay!/Abgemacht!	Agreed!/Okay!/It's a deal!
Kein Problem!	No problem!
Geht in Ordnung!	That's all right!
Wird gemacht!/Mach ich!	Will do!/I'll do that!

sth, sth is sb's lawful right; **ein Anspruch auf etw** *akk* **steht jdm zu** sb has a right to sth ② (*zukommen*) ■ **etw steht jdm zu/nicht zu** sb has the/no right to do/say sth; ***es steht dir nicht zu, so über ihn zu reden*** it's not for you to speak of him like that

zu|steigen *vi irreg sein* to get on, to board; ***noch jemand zugestiegen?*** (*im Bus*) any more fares, please?; (*im Zug*) tickets please!; ***zugestiegene Fahrgäste müssen einen Fahrschein lösen*** passengers must buy a ticket as soon as they board

Zustelldienst *m* ÖKON delivery service

zu|stellen *vt* ① (*geh: überbringen*) ■ [**jdm**] **etw** ~ to deliver sth [to sb] ② JUR (*offiziell aushändigen*) ■ [**jdm**] **etw** ~ to serve [sb with] sth ③ (*fam: durch Gegenstände verstellen*) ■ [**jdm**] **etw** ~ to block sth

Zusteller(in) <-s, -> *m(f)* postman *masc*, postwoman *fem*, AM *usu* mailman, AM *usu* letter carrier

Zustellgebühr *f* delivery charge, portage *spec*

Zustellung <-, -en> *f* ① (*das Überbringen*) delivery ② JUR (*offizielle Aushändigung*) serving, service *form*

Zustellungsurkunde *f* JUR writ of summons *spec*

zu|steuern I. *vt* ■ **etw auf etw** *akk*/**jdn** ~ to steer sth towards sth/sb; ***er steuerte den Wagen direkt auf uns zu*** he drove directly at us II. *vi sein* ① (*fam: darauf zugehen*) ■ **auf jdn/etw** ~ to head for sb/sth; (*schnurstracks a.*) to make a beeline for sb/sth ② (*darauf zutreiben*) ■ **auf etw** *akk* ~ to be heading for sth; ***das Land steuert auf eine Katastrophe zu*** the country is heading for disaster

zu|stimmen *vi* ① (*einer Meinung sein*) ■ **jdm** ~ to agree [with sb] ② ■ [**einer S.** *dat*] ~ (*mit etw einverstanden sein*) to agree [to sth]; ***dem kann ich ~!*** I'll go along with that!; (*billigen*) to approve [[of] sth]; (*einwilligen*) to consent [to sth]

zustimmend I. *adj* affirmative; **eine ~e Antwort** an affirmative answer, an answer in the affirmative; **ein ~es Nicken** a nod of assent II. *adv* in agreement

Zustimmung *f* agreement, assent; (*Einwilligung*) consent; (*Billigung*) approval; ***sein Vorschlag fand allgemeine*** ~ his suggestion met with general approval; **einer S.** *dat* **seine ~ geben/verweigern** (*geh*) to give/refuse to give one's consent [*or* assent] to sth; **einem Gesetzentwurf seine ~ verweigern** to veto a bill; **mit/ohne jds ~** with/without sb's consent [*or* the consent of sb]

zustimmungspflichtig *adj inv* POL (*geh*) *Gesetzesantrag, Reform* requiring approval (**in** +*dat* from)

zu|stoßen *irreg* I. *vi* ① *haben* (*in eine Richtung stoßen*) ■ [**mit etw**] ~ to stab sb [with sth]; *Schlange* to strike; *Nashorn, Stier a.* to gore sb; [**mit seinem Schwert/Speer**] ~ to run sb through [with one's sword/spear] ② *sein* (*passieren*) ■ **jdm** ~ to happen to sb; ***hoffentlich ist ihr kein Unglück zugestoßen!*** I hope she hasn't had an accident! II. *vt* ■ **etw** ~ to push sth shut; **die Tür mit dem Fuß ~** to push the door shut with one's foot

Zustrom *m kein pl* ① METEO inflow ② (*massenweise Zuwanderung*) influx ③ (*Andrang*) ***auf der Messe herrschte reger ~ von Besuchern*** crowds of visitors throughed to the fair

zutage, zu Tage *adj* **offen ~ liegen** to be evident [*or* clear]; **etw ~ bringen** [*o* **fördern**] to bring sth to light, to reveal sth; **~ treten** to be revealed [*or* exposed], to come to light *fig;* **ein Fels liegt ~** a rock outcrops *spec*

Zutat <-, -en> *f meist pl* ① (*Bestandteil*) ingredients *pl* ② (*benötigte Dinge*) necessaries *pl* ③ (*Hinzufügung*) addition; **ohne schmückende ~en** without any decorative trimmings

zuteil *adv* ■ **jdm etw ~ werden lassen** (*geh*) to grant [*or* allow] sb sth; ***ich hoffe, Sie lassen uns die Ehre Ihres Besuches ~ werden*** (*geh*) I hope you will honour us with a visit; ■ **jdm wird etw ~** (*geh*) sb is given sth, sth is given to [*or form* bestowed [up]on] sb; (*durch Zustimmung*) sb is granted sth; **jdm wird die Ehre ~, etw zu tun** sb has [*or* is given] the honour [*or* AM -or] of doing sth; ***ihm wurde ein schweres Schicksal ~*** he has had a hard fate

zu|teilen *vt* ■ **jdm etw ~** ① (*austeilen*) to apportion *form* [*or sep* portion out] sth among/between; ***im Krieg wurden die Lebensmittel zugeteilt*** food was rationed during the war ② (*zuweisen*) to allocate sb sth [*or* sth to sb]; **jdm eine Aufgabe/Rolle ~** to assign [*or* allot] a task/role to sb; **jdm Mitarbeiter ~** to assign staff to sb's department

Zuteilung *f* ① (*das Zuteilen*) ■ **die ~ einer S.** *gen/* **von etw** portioning out sth *sep* [*or* apportioning]; **auf ~** (*rationiert*) on rations ② (*Zuweisung*) allocation; *einer Aufgabe, Rolle a.* allotment; *von Mitarbeitern* assignment

zutiefst *adv* deeply; **etw ~ bedauern** to regret sth deeply; **~ betroffen** deeply shaken; **~ betrübt** greatly [*or* extremely] saddened; **~ verärgert** furious

zu|tragen *irreg* I. *vt* (*geh*) ■ **jdm etw ~** ① (*übermitteln*) to report sth to sb; ***es ist mir erst gerade eben zugetragen worden*** I've just this moment been informed of it ❷ (*hintragen*) to carry sth to sb **II.** *vr* (*geh*) ■ **sich** *akk* ~ to happen, to take place, to transpire *a. hum;* ***weißt du, wie es sich zugetragen hat?*** do you know how it happened?

Zuträger(in) *m(f)* (*pej*) informer; (*Pressequelle*) informant

zuträglich *adj* (*geh*) good (+*dat* for), beneficial (+*dat* to); ■ **jdm/einer S.** *dat* ~ **sein** to be beneficial to sb/sth; **ein der Gesundheit ~es Klima** a pleasant [*or* agreeable] climate; (*gesundheitsfördernd*) healthy, wholesome, salubrious *form,* conducive to good health *pred form;* ■ **etw ist jdm nicht** ~ sth doesn't agree with sb; ***das Klima in der Wüste ist Europäern nicht*** ~ the climate in the desert affects Europeans badly

zu|trauen *vt* ■ **jdm/sich etw** ~ to believe [*or* think] sb/one [is] capable of [doing] sth; **jdm viel Mut** ~ to believe [*or* think] sb has great courage; **sich** *dat* **nichts** ~ to have no confidence in oneself [*or* no self-confidence]; **sich** *dat* **zu viel** ~ to take on too much, to bite off more than one can chew *fig;* ***das ist ihm zuzutrauen!*** (*iron fam*) I wouldn't put it past him! *fam,* I can well believe it [of him]!; ***das hätte ich dir nie zugetraut!*** I would never have expected that from you!; (*bewundernd*) I never thought you had it in you!; ***dem traue ich alles zu!*** I wouldn't put anything past him!

Zutrauen <-s> *nt kein pl* confidence, trust; ■ **jds ~ zu jdm** sb's confidence in sb; **[vollstes] ~ zu jdm haben** to have [complete [*or* every]] confidence in sb; **jds ~ gewinnen** to win sb's trust, to gain sb's confidence

zutraulich *adj* trusting; **ein ~er Hund** a friendly dog

zu|treffen *vi irreg* ❶ (*richtig sein*) to be correct; ***das dürfte wohl nicht ganz ~!*** I don't believe that's quite correct; (*sich bewahrheiten*) to prove right; (*gelten*) to apply; (*wahr sein*) to be [*or* hold] true, to be the case; ■ **es trifft zu, dass ...** it is true that ... ❷ (*anwendbar sein*) ■ **auf jdn [nicht]** ~ to [not] apply to sb; **genau auf jdn** ~ *Beschreibung* to fit [*or* match] sb['s description] perfectly; ■ **auf etw** *akk* **[nicht]** ~ to [not] apply [*or* to be [in]applicable] to sth; **auf einen Fall** ~ to be applicable to a case

zutreffend **I.** *adj* ❶ (*richtig*) correct; **eine ~e Diagnose** a correct diagnosis; **Z~es bitte ankreuzen** tick [*or* AM mark] [*or* AM check off] where applicable ❷ (*anwendbar*) ■ **auf jdn** ~ applying to sb *pred;* **eine auf jdn ~e Beschreibung** a description fitting [*or* matching] that of sb **II.** *adv* correctly; ***wie meine Vorrednerin schon ganz ~ sagte, ...*** as the previous speaker quite rightly said ...

zu|trinken *vi irreg* ■ **jdm** ~ to drink [*or* raise one's glass] to sb; (*mit Trinkspruch*) to toast sb

Zutritt *m kein pl* ❶ (*Einlass*) admission, admittance, entry; (*Zugang*) access; ■ ~ **zu etw** admission [*or* admittance] [*or* entry] [*or* access] to sth; **jdm den ~ verwehren/verweigern** to deny/refuse sb admission [*or* admittance]; **[keinen] ~ zu etw haben** to [not] be admitted to sth; **freien ~ zu etw haben** to have free admission/access to sth; **jederzeit freien ~ haben** to have the run of the place; ~ **verboten!** [*o* **kein ~!**] no admittance [*or* entry]; (*als Schild a.*) private; **sich** *dat* **[mit Gewalt] ~ [zu etw] verschaffen** to gain admission [*or* access] [to sth] [by force] ❷ CHEM contact

Zutun *nt* **ohne jds** ~ (*ohne jds Hilfe*) without sb's help; (*ohne jds Schuld*) through no fault of sb's own; ***es geschah ohne mein*** ~ I did not have a hand in the matter

zuunterst *adv* right at the bottom; (*im Stapel a.*) at the very bottom; **ganz** ~ at the very bottom

zuverlässig *adj* ❶ (*verlässlich*) reliable, dependable; **absolut ~ sein** to be 100% reliable [*or* as good as one's word] ❷ (*glaubwürdig*) reliable; **ein ~er Zeuge** a reliable [*or* credible] witness; (*durch Charakter a.*) an unimpeachable witness *form*

Zuverlässigkeit <-> *f kein pl* ❶ (*Verlässlichkeit*) reliability, dependability ❷ (*Glaubwürdigkeit*) reliability; *eines Zeugen a.* credibility; (*durch Charakter a.*) unimpeachability *form*

Zuversicht <-> *f kein pl* confidence; **voller** ~ full of confidence; ~ **ausstrahlen** to radiate confidence

zuversichtlich *adj* confident; ■ ~ **sein, dass ...** to be confident that ...; ***was den Umzug angeht, da bin ich ganz*** ~ as for the move, I'm very optimistic

zuvor *adv* before; (*zunächst*) beforehand; ***nach der Behandlung ging es ihm schlechter als*** ~ after the treatment he felt worse than before; **im Monat/Jahr** ~ the month/year before, in the previous month/year; **am Tag** ~ the day before, on the previous day; **in der Woche** ~ the week before, the previous week; **noch nie** ~ never before

zuvor|kommen *vi irreg sein* ❶ (*schneller handeln*) ■ **jdm** ~ to beat sb to it *fam;* ■ **jdm [mit etw]** ~ to get in ahead of sb [with sth], to steal a march on sb [by doing sth] ❷ (*verhindern*) ■ **einer S.** *dat* ~ *Vorwürfen, Unheil* to forestall sth

zuvorkommend **I.** *adj* (*gefällig*) obliging, accommodating; (*höflich*) courteous, civil **II.** *adv* (*gefällig*) obligingly; (*höflich*) courteously, civilly

Zuvorkommenheit <-> *f kein pl* (*gefällige Art*) obligingness, helpfulness; (*höfliche Art*) courtesy, civility; **einen Kunden mit großer ~ behandeln** to be exceedingly helpful towards a customer

Zuwachs <-es, Zuwächse> *m* increase, growth *kein pl;* ***die Familie hat ~ bekommen*** (*hum fam*) they have had a [small] addition to the family; **auf** ~ ***Philipp wächst so schnell, da kaufen wir den Pulli besser auf*** ~ since Philipp is growing so quickly we'd better buy him a jumper big enough to last

zuwachsen *vi irreg sein* ❶ (*überwuchert werden*) to become overgrown, to grow over ❷ (*sich schließen*) *Wunde* to heal [over [*or* up]]; *Fontanelle* to close up ❸ (*geh: zuteil werden*) ■ **jdm wächst etw zu** sb gains in sth; **jdm wachsen immer mehr Aufgaben zu** sb is faced with ever more responsibilities, sb is given more and more jobs; ***der Krebsforschung sind bedeutende neue Erkenntnisse zugewachsen*** cancer research has made important advances in knowledge

Zuwachsrate *f* rate of growth, growth rate

Zuwanderer, Zuwanderin *m, f* immigrant

zu|wandern *vi sein* to immigrate

Zuwanderung *f* immigration

zuwege, zu Wege *adv* **gut/schlecht ~ sein** to be in good/poor health; **etw ~ bringen** to achieve [*or* accomplish] sth; **es ~ bringen, dass jd etw tut** to [manage to] get sb to do sth

zuweilen *adv* (*geh*) occasionally, [every] now and then [*or* again], every once in a while, from time to time; (*öfter*) sometimes, at times

zu|weisen *vt irreg* ■ **jdm etw** ~ to allocate sb sth; **jdm Aufgaben** ~ to assign [*or* allot] duties to sb; **die mir zugewiesenen Aufgaben** my alloted tasks

zu|wenden *irreg* **I.** *vt* ❶ (*hinwenden*) **jdm das Gesicht/den Kopf** ~ to turn one's face towards [*or* toward] sb, to [turn to] face sb; **jdm den Rücken** ~ to turn one's back on sb; **einer S.** *dat* **seine Aufmerksamkeit** ~ to turn one's attention to sth; ***die dem Garten zugewandten Fenster des Hauses*** those of the houses' windows which face the garden ❷ (*zukommen lassen*) ■ **jdm etw** ~ to give sb sth; (*im Testament, als Gunst*) to bestow sth [up]on sb **II.** *vr* ■ **sich** *akk* **jdm/einer S.** ~ to devote oneself to sb/sth; ***wollen wir uns dem nächten Thema ~?*** shall we go on to the next topic?; ***das Glück hatte sich***

ihm wieder zugewandt fortune had once again smiled on him

Zuwendung *f* ① *kein pl* (*intensive Hinwendung*) love and care ② (*zugewendeter Betrag*) sum [of money]; (*Beitrag*) [financial] contribution; (*regelmäßig*) allowance

zu|werfen *vt irreg* ① (*hinwerfen*) ■ **jdm/einem Tier etw** ~ to throw sth to sb/an animal; **jdm einen Blick** ~ to cast a glance at sb ② (*zuschlagen*) ■ **etw** ~ **eine Tür** ~ to slam [*or* bang] sth [shut] ③ (*geh: zuschütten*) ■ **etw** ~ **Gräben** ~ to fill up [*or* in] sth *sep*

zuwider[1] *adv* ■ **jdm ist jd/etw** ~ sb finds sb/sth unpleasant; (*stärker*) sb loathes [*or* detests] sb/sth; (*widerlich*) sb finds sb/sth revolting [*or* disgusting], sb/sth disgusts sb

zuwider[2] *präp* ■ **einer S.** *dat* ~ contrary to sth; **dem Gesetz** ~ **sein** to be against the law; **allen Verboten** ~ in defiance of all bans

zuwider|handeln *vi* (*geh*) ■ **einer S.** *dat* ~ to act against [*or* contrary to] sth; **den Anordnungen** ~ to act against [*or* contrary to] [*or form* to contravene] the rules; **der Ausgangssperre** ~ to defy [*or* disregard] [*or* violate] the curfew; **einem Befehl** ~ to act against [*or* defy] [*or* disregard] an order

Zuwiderhandelnde(r) *f(m) decl wie adj* (*geh*) offender, transgressor *form;* (*Unbefugte(r)*) trespasser

Zuwiderhandlung *f* (*geh*) contravention, violation; *von Regeln a.* infringement

zu|winken *vi* ■ **jdm** ~ to wave to sb

zu|zahlen **I.** *vt* ■ **etw** ~ (*extra zahlen*) to pay an extra sth; (*beitragen*) to contribute sth; **100 DM** ~ to pay an extra [*or* another] 100 marks **II.** *vi* to pay extra

zu|ziehen *irreg* **I.** *vt haben* ① (*fest zusammenziehen*) ■ **etw** ~ to tighten [*or sep* pull tight] sth; **einen Gürtel** ~ to tighten [*or* AM *a.* cinch] a belt ② (*schließen*) ■ **etw** ~ to draw sth; **die Gardinen** ~ to draw the curtains; **die Tür** ~ to pull the door shut ③ (*hinzuziehen*) ■ **jdn** ~ to consult [*or sep* call in] sb; **einen Gutachter** ~ to consult an expert **II.** *vr haben* ① (*erleiden*) **sich** *dat* **eine Krankheit** ~ to catch [*or form a.* contract] an illness; **sich** *dat* **eine Verletzung** ~ to sustain an injury *form* ② (*auf sich ziehen*) ■ **sich** *dat* **jds etw** ~ to incur sb's sth [*or* sth of sb]; **sich** *dat* **jds Zorn** ~ to incur sb's wrath *form* ③ (*sich eng zusammenziehen*) ■ **sich** *akk* ~ to tighten, to pull tight **III.** *vi sein* to move into the area

Zuzug *m* ① (*Zustrom*) influx ② (*einer Familie*) move, arrival ③ (*Verstärkung*) reinforcement; ***die Armee hat starken*** ~ ***bekommen*** the army has been strongly reinforced

zuzüglich *präp* ■ ~ **einer S.** *gen* plus sth; (*geschrieben a.*) excl[.] sth

zu|zwinkern *vi* ■ **jdm** ~ to wink at sb; (*als Zeichen a.*) to give sb a wink; **mit einem aufmunternden Z~** with a wink of encouragement

Zvieri <-s, -> *m o nt* SCHWEIZ afternoon snack

ZVS <-> *f Abk von* **Zentralstelle für die Vergabe von Studienplätzen** ≈ UCAS BRIT

zwang *imp von* **zwingen**

Zwang <-[e]s, Zwänge> *m* ① (*Gewalt*) force; (*Druck*) pressure; **gesellschaftliche Zwänge** social constraints; **seinen Gefühlen** ~ **antun** to suppress one's feelings; ~ **ausüben** to put on pressure; ~ **auf jdn ausüben** to exert pressure on sb; ~ **auf jdn ausüben, damit er/sie etw tut** to pressurize [*or* AM pressure] sb into doing sth; **etw ohne** ~ **tun** to do sth voluntarily [*or* without being forced [to]]; **unter** ~ under duress [*or* pressure]; **ein Geständnis unter** ~ **machen** to make a confession under duress ② (*Notwendigkeit*) compulsion, necessity; **aus** ~ under compulsion, out of necessity; ■ **der** ~ **einer S.** *gen* the pressure of sth; ***es besteht kein*** ~***, etw zu kaufen*** there is no obligation to buy sth ③ (*Einfluss*) influence ▸ WENDUNGEN: **tu dir keinen** ~ **an** feel free [to do sth]; ***darf man hier rauchen? — klar, tu dir keinen Zwang an!*** is it OK to smoke here? — of course, feel free!

zwängen *vt* ■ **etw in/zwischen etw** *akk* ~ to force sth into/between sth; **Sachen in einen Koffer** ~ to cram things into a case; ■ **sich durch etw/in etw** *akk* ~ to squeeze through/into sth; **sich in die überfüllte U-Bahn** ~ to squeeze [one's way] into the overcrowded tube; **sich durch die Menge** ~ to force one's way through the crowd

zwanghaft *adj* compulsive; (*besessen*) obsessive

zwanglos **I.** *adj* ① (*ungezwungen*) casual, free and easy; (*ohne Förmlichkeit*) informal; **ein ~es Beisammensein** a relaxed get-together ② (*unregelmäßig*) irregular; ***die Zeitschrift erscheint in ~er Folge*** the journal appears at irregular intervals **II.** *adv* (*ungezwungen*) casually; (*ohne Förmlichkeit*) informally; **sich** ~ **über etw** *akk* **unterhalten** to have an informal talk [*or* a chat] about sth

Zwanglosigkeit <-, -en> *f* informality

Zwangsabgabe *f* compulsory contribution **Zwangsanleihe** *f* forced [*or* compulsory] loan **Zwangsarbeit** *f kein pl* JUR hard labour [*or* AM -or] **Zwangseinweisung** *f* compulsory hospitalization **Zwangsenteignung** *f* compulsory expropriation *form* **Zwangsernährung** *f* force feeding *no indef art* **Zwangsjacke** *f* strai[gh]tjacket; **jdn in eine** ~ **stecken** to put sb in a strai[gh]tjacket, to straitjacket sb **Zwangslage** *f* predicament, dilemma; **in eine** ~ **geraten** to get into a predicament [*or fam* [real] fix]; **in einer** ~ **sein** [*o* **stecken**] to be in a predicament [*or fam* fix]; (*zwischen zwei Wahlen a.*) to be between the devil and the deep blue sea **zwangsläufig** **I.** *adj* inevitable **II.** *adv* inevitably; ***dazu musste es ja*** ~ ***kommen*** it had [*or* was bound] to happen, it was inevitable that would happen **Zwangsläufigkeit** <-, -en> *meist sing f* inevitability **Zwangsmaßnahme** *f* compulsory [*or form* coercive] measure **Zwangsräumung** *f* eviction **Zwangsumtausch** *m* compulsory currency exchange (*imposed on West Germans entering the former GDR*) **zwangsversteigern*** *vt* ■ **etw** ~ to put up sth *sep* for compulsory auction **Zwangsversteigerung** *f* compulsory sale [*or* auction]; *von Beschlagnahmtem* distress sale *spec* **Zwangsvollstreckung** *f* execution [*or form* enforcement] [of a writ], distraint *spec* **Zwangsvorstellung** *f* PSYCH obsession, ideé fixe **zwangsweise** **I.** *adj* compulsory; **eine** ~ **Räumung** an eviction **II.** *adv* compulsorily; **ein Haus** ~ **räumen** to force the tenants to evacuate a house

zwanzig *adj* ① (*Zahl*) twenty; *s. a.* **achtzig 1** ② (*fam: Stundenkilometer*) twenty [kilometres [*or* AM -meters] an hour]; *s. a.* **achtzig 2**

Zwanzig *f* twenty

zwanziger, 20er *adj attr, inv* ■ **die** ~ **Jahre** the twenties; (*geschrieben a.*) the 20[']s

Zwanziger[1] <-s, -> *m* ① (*fam*) twenty-mark note ② SCHWEIZ twenty-rappen coin ③ (*Wein aus dem Jahrgang 1920*) a 1920 vintage

Zwanziger[2] *pl* ■ **die** ~ the twenties; (*geschrieben a.*) the 20[']s; **in den ~n sein** to be in one's twenties; *s. a.* **Achtziger**[3]

Zwanziger(in) *m(f)* person in her/his twenties; **ein ~/eine ~in sein** to be in one's twenties

Zwanzigerjahre *pl* ■ **die** ~ the twenties; (*geschrieben a.*) the 20[']s

zwanzigjährig, 20-jährig[RR] *adj attr* ① (*Alter*) twenty-year-old *attr,* twenty years old *pred,* of twenty years *pred form* ② (*Zeitspanne*) twenty-year *attr*

Zwanzigjährige(r), 20-Jährige(r)[RR] *f(m) decl wie*

Z

adj twenty-year-old

Zwanzigmarkschein *m* twenty-mark note

zwanzigste(r, s) *adj attr* ❶ (*nach dem 19. kommend*) twentieth; *s. a.* **achte(r, s) 1** ❷ (*Datum*) twentieth; *s. a.* **achte(r, s) 2**

Zwanzigste(r) *f(m) decl wie adj* ❶ (*Person*) twentieth; *s. a.* **Achte(r) 1** ❷ (*bei Datumsangabe*) **der ~/am ~n** *geschrieben* der 20./am 20., the twentieth/on the twentieth *spoken*, the 20th/on the 20th *written*

zwar *adv* (*einschränkend*) ***sie ist ~ 47, sieht aber wie 30 aus*** although she's 47, she looks like 30, it's true she's [*or* she may be] 47, but she looks like 30; ***das mag ~ stimmen, aber ...*** that may be true, but ...; ***es steht mir ~ zu, aber ...*** although it's my right, ..., it is in fact my right, but ...; ■ **und ~** (*erklärend*) namely, to wit *form;* ***Sie haben ein dringendes Anliegen? und ~?*** you have an urgent matter? so what is it?

Zweck <-[e]s, -e> *m* ❶ (*Verwendungs~*) purpose; **einem bestimmten ~ dienen** to serve a particular purpose; ***welchem ~ dient dieses Werkzeug?*** what's this tool [used] for?, what's the purpose of this tool?; **etw seinem ~ entsprechend verwenden** to use sth for the purpose it was intended for; **ein guter ~** a good cause; **einem guten ~ dienen** to be for [*or* in] a good cause; **ein wohltätiger ~/wohltätige ~e** charity; **seinen ~ erfüllen** to serve its/one's purpose, to do the trick *fam* ❷ (*Absicht*) aim, object *kein pl;* **einen ~ verfolgen** to have a specific aim [*or* object]; **üble ~e verfolgen** to be planning evil, to be pursuing evil designs [*or* intentions]; **seinen ~ verfehlen** to fail to achieve its/one's object; **einem bestimmten ~ dienen** to serve a particular aim [*or* object]; **zu welchem ~?** for what purpose?, to what end? ❸ (*Sinn*) point; ***der ~ soll sein, dass ...*** the point of it/this [*or* the idea] is that ...; ***das hat doch alles keinen ~!*** there's no point in any of that, it's pointless; (*a. ineffektiv*) it's/that's no use; ■ **es hat keinen ~, etw zu tun** there's no point [in] [*or* it's pointless] doing sth; ***was soll das für einen ~ haben?*** what's the point of that?; ***was ist der ~ der Übung?*** (*iron*) what's the object of the exercise? *iron* ▶ WENDUNGEN: **der ~ heiligt die Mittel** (*prov*) the end justifies the means *prov*

Zweckbau <-bauten> *m* functional building **Zweckbündnis** *nt* convenient [*or* expedient] alliance; (*zwischen politischen Parteien a.*) marriage of convenience **zweckdienlich** *adj* (*nützlich*) useful; (*angebracht*) appropriate; ***~e Hinweise nimmt jede Polizeidienststelle entgegen*** (*geh*) contact any police station with relevant information **zweckentfremden*** *vt* ■ **etw [als etw] ~** to use sth as sth **Zweckentfremdung** *f* misuse **Zweckgemeinschaft** *f* partnership of convenience **zwecklos** *adj* futile, useless, of no use *pred;* (*sinnlos a.*) pointless; ■ **es ist ~, etw zu tun** it's futile [*or* useless] [*or* no use]/pointless [*or* there's no point in] doing sth **Zwecklosigkeit** <-> *f kein pl* futility, uselessness; (*Sinnlosigkeit a.*) pointlessness **zweckmäßig** *adj* ❶ (*für den Zweck geeignet*) practical, suitable ❷ (*sinnvoll*) appropriate; (*ratsam*) advisable, expedient; ■ **~ sein, etw zu tun** to be advisable to do sth **Zweckmäßigkeit** <-, -en> *f* usefulness, suitability **Zweckoptimismus** *m* calculated optimism; ***mit dem ihr üblichen ~ behauptet sie immer noch, dass der Termin gehalten werden kann*** with her usual calculated optimism she still maintains that the deadline can be met **Zweckpessimismus** *m* [calculated] pessimism

zwecks *präp* (*geh*) ■ **~ einer S.** *gen* for [the purpose of *form*] sth

Zweckverband *m* ADMIN, POL special purpose association (*of local authorities for joint mastering of certain tasks*)

zwei *adj* two; **für ~ arbeiten/essen** to work/eat for two; *s. a.* **acht**[1] ▶ WENDUNGEN: **~ Gesichter haben** to be two-faced; **~ Seelen, ein Gedanke** (*prov*) great minds think alike

Zwei <-, -en> *f* ❶ (*Zahl*) two ❷ (*Verkehrslinie*) ■ **die ~** the [number] two ❸ KARTEN ■ **die ~** the two; *s. a.* **Acht**[1] **4** ❹ (*Schulnote*) ≈ B, good

zweibändig *adj inv* two-volume *attr,* in two volumes *pred* **Zweibeiner** <-s, -> *m* (*hum fam*) human being **Zweibettzimmer** *nt* twin [*or* double] room **zweideutig I.** *adj* ambiguous; (*anrüchig*) suggestive **II.** *adv* ambiguously; (*anrüchig*) suggestively; **sich ~ ausdrücken** to use ambiguous expressions; (*anrüchig*) to use double entendres **Zweideutigkeit** <-, -en> *f* ❶ (*Ambiguität*) ambiguity, equivocalness ❷ (*zweideutige Äußerung*) ambiguity **zweidimensional I.** *adj inv* two-dimensional, 2D **II.** *adv* in two dimensions [*or* 2D] **Zweidrittelmehrheit** *f* two-thirds majority; **mit ~** with a two-thirds majority **zweieinhalb** *adj* ❶ (*Bruchzahl*) two-and-a-half; **~ Meter** two-and-a-half metres [*or* AM -ers] ❷ (*fam: 2500 DM*) two-and-a-half thou [*or* grand] [*or* AM *a.* G[']s] *fam; s. a.* **anderthalb**

Zweier <-s, -> *m* (*fam*) ❶ (*Zweipfennigstück*) two-pfennig coin ❷ SCH (*Note gut*) ≈ "B"

Zweierbeziehung *f* relationship **Zweierbob** *m* two-man bob **Zweierkiste** *f* (*sl*) relationship

zweierlei *adj inv, attr* two [different]; ***etwas versprechen und das dann halten ist ~*** to make a promise is one thing, to keep it quite another; **mit ~ Maß messen** to apply double standards; *s. a.* **achterlei**

Zweierreihe *f* row of two abreast, double row; **in ~n antreten** to line up in twos; **in ~n marschieren** to march two abreast

zweifach, 2fach I. *adj* ❶ (*doppelt*) **die ~e Dicke** twice [*or* double] the thickness; **die ~ Menge** twice as much, twice [*or* double] the amount ❷ (*zweimal erstellt*) **eine ~e Kopie** a duplicate; **in ~er Ausfertigung** in duplicate **II.** *adv* **etw ~ ausfertigen** to issue sth in duplicate; *s. a.* **achtfach**

Zweifache, 2fache *nt decl wie adj* ■ **das ~** twice as much; *s. a.* **Achtfache**

Zweifamilienhaus *nt* two family house **zweifarbig I.** *adj inv* two-colour [*or* AM -or]; **eine ~e Lackierung** two-tone paint **II.** *adv* **etw ~ drucken** to print sth in two colours [*or* AM -ors]; **etw ~ lackieren** to give sth a coat of two-tone paint

Zweifel <-s, -> *m* doubt; (*Bedenken a.*) reservation; ***leiser/banger Zweifel stieg in ihm auf*** he began to have slight/severe misgivings; **jds ~ ausräumen** to dispel sb's doubts; **jds ~ beheben** [*o* **beseitigen**] to dispel sb's doubts; **es bestehen ~ an etw** *dat* there are doubts about sth; ***darüber besteht kein ~*** there can be no doubt about that; ***es besteht kein ~ [mehr] [daran], dass ...*** there is no [longer any] doubt that ...; **seine ~ haben, ob ...** to have one's doubts [about [*or* as to]] [*or* to be doubtful] whether ...; ***da habe ich meine ~!*** I'm not sure about that!, to have one's doubts, to be doubtful; **~** *pl* **hegen** to entertain doubts; **bei jdm regt sich der ~** sb begins to doubt; **sich** *dat* **[noch] im ~ sein** to be [still] in two minds; ***ich bin mir im ~, ob der Mann auf dem Foto der ist, den ich bei dem Überfall gesehen habe*** I'm not quite sure whether the man in the photo is really the one I saw at the holdup; **jdm kommen ~** sb begins to doubt [*or* to have his/her doubts]; **jdn im ~ lassen** to leave sb in doubt; ***ich habe ihn über meine Absichten nicht im ~ gelassen*** I left him in no doubt as to my intentions; **außer ~ stehen** to be beyond [all] doubt; (*stärker*) to be beyond the shadow of

zweifeln

Zweifel ausdrücken	expressing doubt
Ich bin mir da nicht so sicher.	**I'm not so sure about that.**
Es fällt mir schwer, das zu glauben.	**I find that hard to believe.**
Das kaufe ich ihm nicht ganz ab. *(fam)*	**I don't quite buy it/his story.**
So ganz kann ich da nicht dran glauben.	**I cannot really believe that.**
Ich weiß nicht so recht.	**I don't really know.**
Ob die Kampagne die gewünschten Ziele erreichen wird, **ist (mehr als) zweifelhaft.**	**It is (more than) doubtful** whether the campaign will achieve the desired aims.
Ich hab da so meine Zweifel, ob er es wirklich ernst gemeint hat.	**I have my doubts as to whether** he really was serious about it/that.
Ich glaube kaum, dass wir noch diese Woche damit fertig werden.	**I very much doubt (that)** we will finish this week.

a doubt; **außer ~ stehen, dass ...** to be beyond [all] doubt that ...; ***für mich steht es außer ~, dass ...*** I have absolutely no doubt that ...; **etw in ~ ziehen** to doubt [*or* question] sth; **eine Aussage in ~ ziehen** to call a testimony in[to] question, to challenge a testimony; **kein** [*o* **ohne**] ~ without [a] doubt, no doubt about it *fam;* ***es ist ohne ~ dasselbe*** it's undoubtedly [*or* unquestionably] the same, it's the same, and no mistake

zweifelhaft *adj* ❶ *(anzuzweifelnd)* doubtful; **von ~em Wert** of doubtful [*or* questionable] merit; ■ **es ist ~, ob ...** it is doubtful [*or* debatable] whether [*or fam* if] ... ❷ *(pej: dubios)* dubious, shady *fam*

zweifellos *adv inv* without [a] doubt, undoubtedly, unquestionably; ***Sie haben ~ recht*** you are undoubtedly [*or* unquestionably] right

zweifeln *vi* ■ **an jdm/etw ~** to doubt [*or* have one's doubts about] sb/sth; *(skeptisch sein a.)* to be sceptical [*or* AM skeptical] about sb/sth; ■ **[daran] ~, ob ...** to doubt [*or* have doubts [about [*or* as to]]] whether ...; ■ **nicht [daran] ~, dass ...** to not [*or* have no] doubt that ...; ***ich habe keine Minute gezweifelt, dass ...*** I did not doubt for a minute that ...

Zweifelsfall *m* ■ **im ~** in case of [*or* when [*or* if] in] doubt **zweifelsfrei** *adj inv* without doubt *pred,* unambiguous, unequivocal **zweifelsohne** *adv inv* *(geh) s.* **zweifellos**

Zweifler(in) <-s, -> *m(f)* sceptic BRIT, skeptic AM, doubter

Zweifrontenkrieg *m* warfare *no indef art*/war on two fronts; **einen ~ führen** to wage war on two fronts

Zweig <-[e]s, -e> *m* ❶ *(Ast)* branch; *(dünner, kleiner)* twig; *(mit Blättern/Blüten a.)* sprig ❷ *(Sparte)* branch ❸ *(Fachrichtung)* branch; **der naturwissenschaftliche ~** the branch of natural sciences ▸ WENDUNGEN: **auf keinen grünen ~ kommen** *(fam)* to get nowhere; ***du wirst nie auf einen grünen ~ kommen*** you'll never get anywhere [*or* ahead in life]

Zweiganggetriebe *nt* TECH two-speed gearbox *spec*

Zweigbetrieb *m* branch

Zweigespann *nt* *(fam)* duo, twosome

Zweiggeschäft *nt* branch

zweigleisig I. *adj inv* ❶ *(liter)* double tracked, double-track *attr* ❷ *(fig)* **~e Verhandlungen führen** to transact negotiations along two [different] lines II. *adv* *etw ~ verhandeln* to negotiate sth along two [different] lines; **~ fahren** *(fig fam)* to have two strings to one's bow

Zweigstelle *f* branch office

zweihundert *adj* two hundred; *s. a.* **hundert**

zweihundertjährig *adj inv* ❶ *(Alter)* two-hundred-year-old *attr,* two hundred years old *pred* ❷ *(Zeitspanne)* two-hundred-year *attr;* **nach ~er Unabhängigkeit** after two hundred years of [*or* years'] independence; **das ~e Bestehen der Universität** the university's two hundred years of existence

zweijährig, 2-jährig[RR] *adj inv* ❶ *(Alter)* two-year-old *attr,* two years old *pred; s. a.* **achtjährig 1** ❷ *(Zeitspanne)* two-year *attr,* two years *pred; s. a.* **achtjährig 2** ❸ BOT biennial **Zweijährige(r), 2-Jährige(r)**[RR] *f(m) decl wie adj* two-year-old

Zweikampf *m* duel; **jdn zum ~ herausfordern** to challenge sb to a duel **zweiköpfig** *adj inv* two- [*or* double-]headed; *s. a.* **achtköpfig**

zweimal, 2-mal[RR] *adv inv* twice, two times; **sich** *dat* **etw nicht ~ sagen lassen** to not need telling twice, to jump at sth; **sich** *dat* **etw ~ überlegen** to think over sth *sep* carefully; *(zweifelnd)* to think twice about sth; *s. a.* **achtmal**

zweimalig *adj* two times over; **nach ~er Aufforderung/Bitte** after being told/asked twice; *s. a.* **achtmalig**

Zweimarkstück *nt* two-mark coin [*or* piece] **Zweimaster** <-s, -> *m* NAUT two-master; *(Rahsegler a.)* brig **zweimonatig** *adj attr, inv* ❶ *(zwei Monate dauernd)* two-month; **von ~er Dauer sein** to last/take two months; **nach ~em Warten** after two months of [*or* months'] waiting ❷ *(zwei Monate alt)* two-month-old **zweimonatlich** *adj attr, inv* bimonthly, every two months *pred* **zweimotorig** *adj inv* twin-engined; **~ sein** to have [*or* be fitted with] twin engines, to be a twin-engine model **Zweiparteiensystem** *nt* two-party system **Zweiplätzer** <-s, -> *m* SCHWEIZ *(Zweisitzer)* two-seater **Zweirad** *nt* *(allgemein)* two-wheeled vehicle *form;* *(Motorfahrrad)* motorcycle, [motor]bike *fam;* *(Fahrrad)* [bi]cycle, bike *fam;* *(für Kinder a.)* two-wheeler **Zweireiher** <-s, -> *m* double-breasted suit/coat **zweireihig** I. *adj inv* double-row *attr,* in two rows *pred;* **ein ~er Anzug** a double-breasted suit II. *adv* in two rows **Zweisamkeit** <-, -en> *f* *(geh)* togetherness **zweischneidig** *adj inv* two- [*or* double-]edged ▸ WENDUNGEN: **ein ~es Schwert** a double-edged sword **zweiseitig** *adj inv* ❶ *(zwei Seiten umfassend)* two-page *attr,* of two pages *pred;* **~ sein** to be [*or* cover] two pages ❷ *(von zwei Parteien unterzeichnet)* bilateral, bipartite *spec* **zweisilbig** *adj inv* of two syllables *pred,* disyllabic *spec;* **ein ~es Wort** a disyllable [word] *spec* **Zweisitzer** *m* two-seater; **ein offener ~** a roadster **zweisitzig** *adj inv* two-seated *attr;* ■ **~ sein** to have two seats **zweispaltig** *adj inv* double-column[ed] *attr,* in two columns *pred* **zweisprachig** I. *adj inv* ❶ *(in zwei Sprachen gedruckt)* in two languages *pred;* **ein ~es Wörterbuch** a bilingual dictionary ❷ *(zwei Sprachen anwendend)* bilingual II. *adv* **~ erzogen sein** to be brought up speaking two languages [*or form* in a bilingual environment]

Zweisprachigkeit <-> *f kein pl* bilingualism *form* **zweispurig** *adj inv* two-lane *attr;* ■ ~ **sein** to have two lanes **zweistellig** *adj inv* two-digit *attr,* with two digits *pred* **zweistimmig** I. *adj inv* two-part *attr,* for two voices *pred* II. *adv* **etw ~ singen** to sing sth in two parts **zweistöckig** I. *adj inv* two-storey [*or* Am -story] *attr* II. *adv* **etw ~ bauen** to build sth with two storeys [*or* Am stories] **zweistrahlig** *adj inv* twin-jet *attr,* with twin jets *pred;* ■ ~ **sein** to be a twin-jet model **Zweistromland** *nt kein pl* ■ **das ~** Mesopotamia **zweistündig, 2-stündig**RR *adj inv* two-hour *attr; s. a.* **achtstündig** **zweistündlich** I. *adj inv* two-hourly *attr,* every two hours *pred* II. *adv* every two hours, at two-hour intervals

zweit *adv s.* **zwei**

zweitägig, 2-tägigRR *adj inv* two-day *attr* **Zweitakter** <-s, -> *m* two-stroke engine, two-stroke[r] *fam*

zweitälteste(r, s) *adj attr, inv* second oldest [*or* eldest]; ■ **jds Z~[r]** sb's second [child]

zweitausend *adj* ① *(Zahl)* two thousand; *s. a.* **tausend 1** ② *(fam: 2000 DM)* two grand *no pl,* two thou *no pl sl,* two grand [*or* Am *a.* G[']s] *sl*

Zweitausender *m* mountain over 2,000 metres [*or* Am meters]

zweitbeste(r, s) *adj* second best, second-best *attr;* ■ **Z~[r] sein/werden** to be/come [in] second best

zweite(r, s) *adj* ① *(nach dem ersten kommend)* second; **die ~ Klasse** [*o fam* **die ~**] ≈ primary two Brit, second form Brit, second grade Am; *s. a.* **achte(r, s) 1** ② *(Datum)* second [*or* 2nd]; *s. a.* **achte(r, s) 2** ▶ Wendungen: **der ~ Bildungsweg** night school; **die ~ Geige spielen** to play second fiddle; **das ~ Gesicht haben** to have second sight; **etw aus ~r Hand kaufen** to buy sth second-hand; **etw nur aus ~r Hand wissen** to know sth only by hearsay

Zweite(r) *f(m) decl wie adj* ① *(Person)* second; *s. a.* **Achte(r) 1** ② *(bei Datumsangaben)* ■ **der ~/am ~n** [*o geschrieben* **der 2./am 2.**] the second/on the second *spoken,* the 2nd/on the 2nd *written; s. a.* **Achte(r) 2** ③ *(bei Namen)* **Ludwig der ~** Ludwig II; *geschrieben* Louis the Second *spoken,* Louis II *written* ▶ Wendungen: **wie kein ~r** as no one else can

zweitens *adv* secondly; *(bei Aufzählung a.)* second

Zweitfahrzeug *nt* alternative [*or* second] vehicle; *(Zweitauto)* second car **Zweitgerät** *nt* second radio/television [set]/set **zweitgrößte(r, s)** *adj attr* second-biggest; *Mensch a.* second-tallest; **die ~e Stadt** the second-biggest [*or* -largest] town/city; *(einer Nation a.)* the second city **zweithöchste(r, s)** *adj attr* second-highest; *Gebäude a.* second-tallest; *Beamter* second most senior **zweitklassig** *adj inv (pej)* inferior, second-rate *pej;* **ein ~es Restaurant** a second-rate restaurant *pej,* a greasy spoon *pej sl* **Zweitligist** <-en, -en> *m* sport, fball second Bundesliga team **zweitrangig** *adj inv s.* **zweitklassig** **Zweitschlüssel** *m* duplicate key **Zweitschrift** *f (geh)* copy, duplicate copy *form* **Zweitstimme** *f* second vote *(for the party and its "Landesliste", the first being for the local candidate)*

Zweitürer *m* two-door car [*or* model]

zweitürig *adj inv* two-door *attr;* ■ ~ **sein** to have two doors, to be a two-door car [*or* model]

Zweitwagen *m* second car **Zweitwohnung** *f* second home; **eine ~ auf dem Land** a country retreat

Zweiwegebox *f* plastic container box

zweiwertig *adj inv* divalent *spec,* bivalent *spec* **zweiwöchentlich** I. *adj inv* biweekly, fortnightly II. *adv* every two weeks, biweekly, fortnightly **zweiwöchig** *adj inv* two-week *attr,* of two weeks *pred;* **von ~er Dauer sein** to last/take two weeks **Zweizeiler** *m* ① *(Gedicht)* couplet, distich *spec* ② *(Text aus zwei Zeilen)* two-line text, two-liner *fam* **zweizeilig** *adj inv* ① *(aus zwei Zeilen bestehend)* two-line *attr,* of two lines *pred;* ■ ~ **sein** to have two lines ② typo **mit ~em Abstand** double-spaced; **etw mit ~em Abstand setzen** to double-space sth *spec* **Zweizimmerwohnung** *f* two-room [*or* [*or* Am apartment] -roomed] flat **Zweizylinder** *m* two-cylinder model [*or* motorcycle] [*or fam* [motor]bike] **Zweizylindermotor** *m* two-cylinder engine, twin[-cylinder] engine **zweizylindrig** *adj inv* two-cylinder *attr;* **ein ~er Motor** a two-cylinder [*or* twin[-cylinder]] engine; ■ ~ **sein** to be powered by [*or* fitted with] a two-cylinder engine; *Motor* to have two cylinders

Zwerchfell *nt* med diaphragm

Zwerg(in) <-[e]s, -e> *m(f)* ① *(im Märchen)* dwarf; **Schneewittchen und die sieben ~e** Snow White and the Seven Dwarfs ② *(zwergwüchsiger Mensch)* dwarf, midget; **gegen jdn ein ~ sein** to be dwarfed by [*or* a dwarf compared to] sb ③ *(Garten~)* [garden] gnome ④ *(pej: minderwertiger Mensch)* [little] squirt

Zwergdackel *m* toy dachshund

zwergenhaft *adj* dwarfish; *(auffallend klein)* tiny

Zwerghuhn *nt* bantam

Zwergin <-, -nen> *f fem form von* **Zwerg**

Zwergkiefer *f* dwarf pine **Zwergpudel** *m* toy poodle **Zwergstaat** *m* miniature state **Zwergwels** <-s, -e> *m* zool, kochk catfish, bullhead **Zwergwuchs** *m* dwarfism, stunted growth **zwergwüchsig** *adj attr* dwarfish

Zwetschge <-, -n> *f* damson; *(~nbaum)* damson tree ▶ Wendungen: **seine sieben ~n [ein]packen** *(fam)* to pack one's things

Zwetschgenkuchen *m* plum cake **Zwetschgenmus** *nt* plum jam **Zwetschgenwasser** *nt* plum brandy

Zwetschke <-, -n> *f* österr *s.* **Zwetschge**

Zwickel <-s, -> *m* ① mode gusset; **einen ~ einsetzen** to insert a gusset ② archit spandrel

zwicken I. *vi Hosenbund, Kragen* to pinch II. *vt bes* österr, südd *(fam)* ■ **jdn [in etw** *akk*] **~** to pinch sb['s sth]; **die Katze in den Schwanz ~** to pinch the cat's tail

Zwicker <-s, -> *m* österr, südd *(Kneifer)* pince-nez

Zwickmühle *f* ▶ Wendungen: **in der ~ sein** [*o* **sitzen**] *(fam)* to be in a dilemma [*or* a Catch-22 [situation]]

Zwieback <-[e]s, -e *o* -bäcke> *m* rusk, zwieback *spec*

Zwiebel <-, -n> *f* ① kochk onion ② hort *(Blumen~)* bulb

zwiebelförmig *adj inv* onion-shaped **Zwiebelkuchen** *m* onion tart **Zwiebelkuppel** *f* imperial roof

zwiebeln *vt (fam)* ■ **jdn ~** to harass sb

Zwiebelring *m* onion ring **Zwiebelschale** *f* onion skin **Zwiebelsuppe** *f* onion soup

Zwiegespräch *nt (geh)* tête-à-tête *form;* **ein vertrauliches ~** a tête-à-tête [*or* private conversation]

Zwielicht *nt kein pl* twilight; *(morgens a.)* half-light; *(abends a.)* dusk ▶ Wendungen: **ins ~ geraten** to lay oneself open [*or* to expose oneself] to suspicion; ***wegen seiner dubiosen Kontakte ist er jetzt selbst ins ~ geraten*** on account of his dubious contacts he now himself appears in an unfavourable light

zwielichtig *adj (pej)* dubious, shady *fam;* **ein ~er Geschäftemacher** a shady wheeler-dealer **Zwiespalt** *m kein pl (geh)* conflict; **ein innerer ~** an inner conflict; **im ~ sein** to be in conflict [*or* at odds] with oneself **zwiespältig** *adj (geh)* conflicting, mixed; **ein ~er Charakter** an ambivalent [*or* ambiguous] character; **~e Gefühle** mixed feelings

Zwietracht <-> *f kein pl (geh)* discord *form;* **~ säen** [*o* **stiften**] to sow [the seeds of] discord

Zwille <-, -n> *f* catapult BRIT, slingshot AM

Zwilling <-s, -e> *m* ❶ (*meist pl*) twin; **~e bekommen** to have [*or* give birth to] twins; **eineiige ~e** identical twins; **siamesische ~e** Siamese twins; **siamesische ~e trennen** to separate Siamese twins; **zweieiige ~e** fraternal twins ❷ (*zweiläufiges Gewehr*) double-barrelled [*or* AM *a.* barreled] gun/shotgun ❸ *pl* ASTROL ■**die ~e** Gemini; **im Zeichen der ~e geboren** born under the sign of Gemini; **[ein] ~ sein** to be [a] Gemini

Zwillingsbruder *m* twin brother **Zwillingsgeburt** *f* twin birth **Zwillingspaar** *nt* twins *pl;* **drei ~e** three pairs [*or* sets] of twins **Zwillingsreifen** *pl* twin [*or* double] tyres [*or* AM tires], dual fitment [*or* assembly] *spec* **Zwillingsschwester** *f* twin sister

Zwinge <-, -n> *f* TECH [screw [*or spec* C]] clamp; (*kleiner*) thumbscrew *spec*

zwingen <zwang, gezwungen> **I.** *vt* ❶ (*mit Druck veranlassen*) ■**jdn [zu etw] ~,** ■**jdn ~[, etw zu tun]** to force sb [into doing [*or* to do] sth], to make sb [do sth], to compel sb [to [do sth]]; ***ich lasse mich nicht [dazu] ~*** I won't be forced [into [doing] it]; (*allgemein*) I won't give in to force [*or* be forced into anything]; ***du musst noch nicht gehen, es zwingt dich niemand!*** you don't have to go yet, nobody's forcing you!; ***man kann niemanden zu seinem Glück ~*** you can lead a horse to water but you can't make it drink *prov* ❷ (*geh: gewaltsam drängen*) ■**jdn ~** to force sb; ***zwei Wärter zwangen den tobenden Häftling in die Zelle*** two warders forced the raging prisoner into his cell; **jdn zu Boden ~** to wrestle sb to the ground ❸ (*notwendig veranlassen*) ■**jdn ~** to force [*or* compel] sb; ***die Situation zwang uns zu raschem Handeln*** the situation compelled us to act quickly; ■**gezwungen sein, etw zu tun** to be forced into [doing] [*or* to do] [*or* compelled [*or* made] to do] sth; **sich gezwungen sehen, etw zu tun** to feel [*or* find] [oneself] compelled [*or form* obliged] to do sth **II.** *vr* ■**sich zu etw ~** ■**sich ~, etw zu tun** to force oneself to [*or* make oneself] do sth; ***ich war so müde, ich musste mich ~, die Augen aufzuhalten*** I was so tired it was a great effort to keep my eyes open; ***seit 3 Tagen rauche ich jetzt nicht mehr, aber ich muss mich ~*** I haven't smoked for 3 days, but it's an effort **III.** *vi* ■**zu etw ~** to force sb to do sth, to necessitate sth *form;* **zum Handeln/Umdenken ~** to force sb to act/rethink; *s. a.* **Knie**

zwingend **I.** *adj* urgent; **~e Gründe** compelling [*or* urgent] reasons; **eine Aussage von ~er Logik** a statement of compelling [*or* inescapable] logic **II.** *adv* **sich ~ ergeben** to follow conclusively; **~ vorgeschrieben** obligatory

Zwinger <-s, -> *m* cage

zwinkern *vi* **[mit den Augen] ~** to blink [one's eyes]; **[mit einem Auge] ~** to wink; **mit dem rechten Auge ~** to wink one's right eye; **freundlich ~** to give [sb] a friendly wink

zwirbeln *vt* ■**etw ~** to twirl sth [between [one's] finger and thumb]

Zwirn <-s, -e> *m* [strong] thread [*or* yarn]

Zwirnsfaden *m* thread

zwischen *präp* ❶ +*dat* (*sich dazwischen befindend: ~ 2 Personen, Dingen*) between; ■**~ etw und etw** between sth and sth; ***das Kind saß ~ seinem Vater und seiner Mutter*** the child sat between its father and mother; ***der Garten liegt ~ Haus und Straße*** the garden is between the house and the street; ***mein Kalender muss irgendwo ~ den Büchern liegen*** my diary must be somewhere between my books; (*~ mehreren: unter*) among[st]; ***es kam zu einem Streit ~ den 10 Angestellten der Firma*** it came to a quarrel among the firm's 10 employees ❷ +*akk* (*etw dazwischen platzierend: ~ zwei*) between; ■**~ etw und etw** between sth and sth; (*~ mehrere: unter*) among[st] ❸ +*akk* (*in die Mitte*) among[st], between; ***der Terrorist warf die Handgranate ~ die Bischöfe*** the terrorist threw the grenade among the bishops; ***die Reisetasche passt gerade noch ~ die Koffer*** the travelling bag just fits in between the suitcases ❹ +*dat* (*zeitlich dazwischenliegend*) between; **~ Weihnachten und Neujahr** between Christmas and New Year ❺ +*dat* (*als wechselseitige Beziehung*) between; **~ dir und mir** between you and me; **~ Wunsch und Wirklichkeit** between desire and reality ❻ +*dat* (*zahlenmäßig dazwischenliegend*) between; ***sein Gewicht schwankt ~ 70 und 80 kg*** his weight fluctuates between 70 and 80 kilos

Zwischenabrechnung *f* FIN intermediate account

Zwischenaufenthalt *m* stopover; **einen ~ einlegen** to stop over **Zwischenbemerkung** *f* interruption; ***wenn Sie mir eine ~ gestatten, ...*** (*geh*) if I may interrupt you there ...; ***machen Sie bitte keine ~en*** please don't interrupt me **Zwischenbericht** *m* interim report **Zwischenbescheid** *m* provisional notification *no indef art* **zwischenbetrieblich** *adj* intercompany *attr;* ■**~ sein** to be on an intercompany level **Zwischenbilanz** *f* FIN interim [*or* struck] balance **Zwischenblutung** *f* MED breakthrough [*or spec* intermenstrual] bleeding *kein pl, no indef art* **Zwischendeck** *nt* 'tween deck **Zwischendecke** *f* false [*or spec* intermediate] ceiling **Zwischending** *nt s.* **Mittelding** **zwischendurch** *adv* ❶ *zeitlich* in between times; (*inzwischen*) [in the] meantime; (*nebenbei*) on the side; ***du isst zu viel ~!*** you eat too much between meals! ❷ *örtlich* in between [them]; ***ein Tannenwald und ~ ein paar Buchen*** a pine forest with a few beech trees thrown in *fam* **Zwischenergebnis** *nt* interim result; *Untersuchung a.* interim findings *pl* **Zwischenexamen** *nt* intermediate exam[ination *form*] **Zwischenfall** *m* ❶ (*unerwartetes Ereignis*) incident ❷ (*Störfall*) incident, accident; ***die Demonstration verlief ohne Zwischenfälle*** the demonstration went off without incident ❸ *pl* (*Ausschreitungen*) serious incidents; (*schwerwiegend*) clashes **Zwischenfrage** *f* question [thrown in] **zwischengeschlechtlich** *adj* between the sexes *pred,* intersexual *spec* **Zwischengröße** *f* in-between size **Zwischenhalt** *m* SCHWEIZ *s.* **Zwischenaufenthalt** **Zwischenhändler(in)** *m(f)* middleman **zwischenkirchlich** *adj* interconfessional; (*zwischen Freikirchen*) inter-denominational **Zwischenkriegszeit** *f* HIST ■**die ~** the interwar years *pl* **Zwischenlager** *nt* temporary store; (*für Produkte*) intermediate store **zwischen|lagern** *vt* ■**etw ~** to store sth [temporarily], to put [*or* place] sth in temporary storage **Zwischenlagerung** *f* temporary storage **zwischenlanden** *vi sein* LUFT to stop over (**in** +*dat* in), to make a stopover (**in** +*dat* in) **Zwischenlandung** *f* LUFT stopover; **eine ~ machen** to make a stopover, to stop over **Zwischenlösung** *f* temporary [*or* interim] [*or* provisional] solution **Zwischenmahlzeit** *f* snack [between meals] **zwischenmenschlich** *adj* interpersonal; **~e Beziehungen** interpersonal [*or* human] relations; **~e Wärme** [personal] warmth **Zwischenpause** *f* [short] break **Zwischenprüfung** *f* intermediate exam[ination *form*] (*on completion of an obligatory set of studies*) **Zwischenraum** *m* ❶ (*Lücke*) ■**der/ein ~ zwischen etw** *dat* the/a gap between sth; **einen ~ von anderthalb Zeilen lassen** TYPO to leave a space of one-and-a-half lines ❷ (*zeitlicher Intervall*) interval; **ein ~ von 3 Jahren** an interval of 3 years, a 3-year interval **Zwischenruf** *m* interruption; ■**~e** heckling; ***der Redner wurde durch***

Z

~*e immer wieder unterbrochen* the speaker was repeatedly interrupted by hecklers **Zwischenrufer(in)** <-s, -> *m(f)* heckler **Zwischenspiel** *nt* 1 MUS *(Interludium)* interlude 2 MUS *(instrumentale Überleitung zwischen Strophen)* intermezzio 3 MUS *(Entreakt)* interlude 4 LIT *(Episode)* interlude **Zwischenspurt** *m* short spurt; **einen ~ einlegen** to put in spurt **zwischenstaatlich** *adj attr* international; *(bundesstaatlich)* interstate **Zwischenstadium** *nt* intermediate stage; *(bei einer Planung a.)* intermediate phase **Zwischenstation** *f* [intermediate] stop; **in einer Stadt ~ machen** to stop off in a town **Zwischenstück** *nt* TECH connection, connecting piece **Zwischensumme** *f* subtotal; **eine ~ machen** to give a subtotal **Zwischenurteil** *nt* JUR interlocutory decree *spec* **Zwischenwand** *f* dividing wall; *(Stellwand)* partition **Zwischenzeit** *f* ■ **in der ~** [in the] meantime, meanwhile, in the interim **zwischenzeitlich** *adv* [in the] meantime, meanwhile **Zwischenzeugnis** *nt* 1 *(vorläufiges Arbeitszeugnis)* interim reference 2 *(vorläufiges Schulzeugnis)* end of term report

Zwist <-es, -e> *m (geh)* discord *form; (stärker)* strife *no indef art; (Streit)* dispute

Zwistigkeit <-, -en> *f meist pl (geh)* dispute

zwitschern **I.** *vi* to twitter, to chir[ru]p; **das Z~ der Vögel** the twittering [*or* chir[ru]ping] of birds **II.** *vt* ▶ WENDUNGEN: **einen ~** *(fam)* to have a drink, to crack a bottle *fam*

Zwitter <-s, -> *m* hermaphrodite

zwo *adj (fam)* two

zwölf *adj* twelve; *s. a.* **acht**[1] ▶ WENDUNGEN: **die Z~ Nächte** the Twelve Days of Christmas; **es ist schon fünf vor ~!** it's almost too late!

Zwölfender <-s, -> *m* JAGD royal [stag] *spec* **Zwölffingerdarm** *m* duodenum **Zwölfmeilenzone** *f* twelve-mile zone

zwölfte(r, s) *adj attr* 1 *(nach dem elften kommend)* twelfth; **die ~ Klasse** [*o fam* **die ~**] sixth year *(of secondary school)*, sixth form BRIT, Upper Sixth BRIT, twelfth grade AM; *s. a.* **achte(r, s) 1** 2 *(Datum)* twelfth, 12th; *s. a.* **achte(r, s) 2**

Zwölfte(r) *f(m) decl wie adj* 1 *(Person)* twelfth; *s. a.* **Achte(r) 1** 2 *(bei Datumsangaben)* **der ~/am ~n** der 12./am 12.; *geschrieben* the twelfth/on the twelfth *spoken*, the 12th/on the 12th *written; s. a.* **Achte(r) 2** 3 *(als Namenszusatz)* **Ludwig der ~** Ludwig XII; *geschrieben* Louis the Twelfth *spoken,* Louis XII *written*

Zwölftonmusik *f* twelve-tone [*or spec* dodecaphonic] music

zwote(r, s) *adj attr (fam) s.* **zweite(r, s)**

Zyankali <-s> *nt kein pl* CHEM potassium cyanide

Zyklon <-s, -e> *m* cyclone

Zyklop <-en, -en> *m* MYTH Cyclops

Zyklus <-, Zyklen> *m* 1 *(geh: Kreislauf)* cycle; **der ~ der Jahreszeiten** the cycle of the seasons 2 *(Folge)* cycle, series; **ein ~ von Vorträgen** a series of lectures

Zylinder <-s, -> *m* 1 MATH cylinder 2 TECH cylinder, roller 3 AUTO cylinder, pot *spec fam* 4 *(Hut)* top hat, topper *fam*

Zylinderblock <-blöcke> *m* AUTO engine [*or* cylinder] block, block *fam* **zylinderförmig** *adj s.* **zylindrisch** **Zylinderkopf** *m* AUTO cylinder head **Zylinderkopfdichtung** *f* AUTO [cylinder] head gasket **Zylinderschloss**[RR] *nt,* **Zylinderschloß** *nt* cylinder lock

zylindrisch *adj* cylindrical

Zyniker(in) <-s, -> *m(f)* cynic *a. pej*

zynisch **I.** *adj* cynical *a. pej* **II.** *adv* cynically *a. pej;* **~ grinsen** to give a cynical grin *a. pej*

Zynismus <-, -ismen> *m* 1 *kein pl (zynische Art)* cynicism *a. pej* 2 *(zynische Bemerkung)* cynical remark *a. pej;* ■ **Zynismen** cynical remarks *a. pej,* cynicism *a. pej*

Zypern *nt* Cyprus; *s. a.* **Sylt**

Zyprer(in) <-s, -> *m(f)* Cypriot; *s. a.* **Deutsche(r)**

Zypresse <-, -n> *f* cypress

Zyprier(in) <-s, -> *m(f) s.* **Zyprer**

zyprisch *adj* Cypriot; *s. a.* **deutsch**

Zyste <-, -n> *f* cyst

Zytoplasma *nt* BIOL cytoplasm *spec*

Zytostatikum <-s, -ka> *nt* MED cytostatic [drug [*or* agent]] *spec*

z.Z(t). = **zur Zeit**

Die unregelmäßigen Verben

Die einfachen Zeiten unregelmäßiger Verben sind in den Spitzklammern (< >) nach dem Stichwort angegeben. Zusammengesetzte oder präfigierte Verben, deren Formen denen des Grundverbs entsprechen, sind mit *irreg* markiert. Außerdem gibt das Wörterbuch die unregelmäßigen Formen zusammengesetzter Verben an, die sich anders verhalten als ihre Grundverben. Die Verben, die mit *sein* oder alternativ mit *sein* oder *haben* konjugiert werden, sind entsprechend im Wörterbucheintrag gekennzeichnet. Wenn das Hilfsverb nicht eigens angegeben ist, wird die Perfektform mit *haben* gebildet.

Infinitiv	**2./3. Pers. Sing. Präsens**	**3. Pers. Sing. Präteritum**	**Konjunktiv I**	**Imperativ Sing./Pl.**	**Partizip Perfekt**
backen	backst *o* bäckst/ backt *o* bäckt	backte *o veraltet* buk	backte *o veraltet* büke	back[e]/backt	gebacken
bedürfen	1.Pers. bedarf bedarfst/bedarf	bedurfte	bedürfte	bedarf/bedürft	bedurft
befehlen	befiehlst/befiehlt	befahl	beföhle *o* befähle	befiehl/befehlt	befohlen
beginnen	beginnst/beginnt	begann	begänne *o selten* begönne	beginn[e]/beginnt	begonnen
beißen	beißt/beißt	biss	bisse	beiß[e]/beißt	gebissen
bergen	birgst/birgt	barg	bärge	birgt/bergt	geborgen
bersten	birst/birst	barst	bärste	birst/berstet	geborsten
bewegen *=veranlassen*	bewegst/bewegt	bewog	bewöge	beweg[e]/bewegt	bewogen
biegen	biegst/biegt	bog	böge	bieg[e]/biegt	gebogen
bieten	bietest/bietet	bot	böte	biet[e]/bietet	geboten
binden	bindest/bindet	band	bände	bind[e]/bindet	gebunden
bitten	bittest/bittet	bat	bäte	bitt[e]/bittet	gebeten
blasen	bläst/bläst	blies	bliese	blas[e]/blast	geblasen
bleiben	bleibst/bleibt	blieb	bliebe	bleib[e]/bleibt	geblieben
bleichen	bleichst/bleicht	bleichte *o veraltet* blich	bliche	bleich[e]/bleicht	gebleicht *o veraltet* geblichen
braten	brätst/brät	briet	briete	brat[e]/bratet	gebraten
brechen	brichst/bricht	brach	bräche	brich/brecht	gebrochen
brennen	brennst/brennt	brannte	brennte	brenn[e]/brennt	gebrannt
bringen	bringst/bringt	brachte	brächte	bring[e]/bringt	gebracht
denken	denkst/denkt	dachte	dächte	denk[e]/denkt	gedacht
dingen	dingst/dingt	dang *o* dingte	dingte	ding[e]/dingt	gedungen
dreschen	drischst/drischt	drosch	drösche	drisch/drescht	gedroschen
dringen	dringst/dringt	drang	dränge	dring[e]/dringt	gedrungen
dünken	dünkst/dünkt	dünkte *o veraltet* deuchte	dünkte *o veraltet* deuchte		gedünkt *o veraltet* gedeucht
empfangen	empfängst/ empfängt	empfing	empfinge	empfang[e]/ empfangt	empfangen
empfehlen	empfiehlst/ empfiehlt	empfahl	empföhle	empfiehl/ empfehlt	empfohlen
empfinden	empfindest/ empfindet	empfand	empfände	empfind[e]/ empfindet	empfunden
erküren	erkürst/erkürt	erkor	erköre	erküre/erkürt	erkoren
erlöschen	erlischst/erlischt	erlosch	erlösche	erlisch/erlöscht	erloschen
erschallen	erschallst/ erschallt	erscholl *o* erschallte	erschölle *o* erschallte	erschalle/ erschallt	erschollen
er-schrecken *vi*	erschrickst/ erschrickt	erschreckte *o* erschrak	erschreckte *o* erschräke	erschrickt/ erschreckt	erschreckt *o* erschrocken
vr	erschrickst/ erschrickt	erschreckte	erschreckte	erschreckt	erschreckt *o* erschrocken
essen	isst/isst	aß	äße	iss/esst	gegessen
fahren	fährst/fährt	fuhr	führe	fahr[e]/fahrt	gefahren
fallen	fällst/fällt	fiel	fiele	fall[e]/fallt	gefallen
fangen	fängst/fängt	fing	finge	fang[e]/fangt	gefangen

Infinitiv	2./3. Pers. Sing. Präsens	3. Pers. Sing. Präteritum	Konjunktiv I	Imperativ Sing./Pl.	Partizip Perfekt
fechten	fichst/ficht	focht	föchte	ficht/fechtet	gefochten
finden	findest/findet	fand	fände	find[e]/findet	gefunden
flechten	flichst/flicht	flocht	flöchte	flicht/flechtet	geflochten
fliegen	fliegst/fliegt	flog	flöge	flieg[e]/fliegt	geflogen
fliehe	fliehst/flieht	floh	flöhe	flieh[e]/flieht	geflohen
fließen	fließt/fließt	floss	flösse	fließ[e]/fließt	geflossen
fressen	frisst/frisst	fraß	fräße	friss/fresst	gefressen
frieren	frierst/friert	fror	fröre	frie[e]/friert	gefroren
gären	gärst/gärt	gärte *o* gor	gärte *o* gor	gär[e]/gärt	gegärt *o* gegoren
gebären	gebärst/gebärt	gebar	gebäre	gebier/gebärt	geboren
geben	gibst/gibt	gab	gäbe	gib/gebt	gegeben
gedeihen	gedeihst/gedeiht	gedieh	gediehe	gedeih[e]/gedeiht	gediehen
gefallen	gefällst/gefällt	gefiel	gefiele	gefall[e]/gefallen	gefallen
gehen	gehst/geht	ging	ginge	geh[e]/geht	gegangen
gelingen	gelingst/gelingt	gelang	gelänge	geling[e]/gelingt	gelungen
gelten	giltst/gilt	galt	gälte *o* gölte	gilt/geltet	gegolten
genesen	genest/genest	genas	genäse	genese/genest	genesen
genießen	genießt/genießt	genoss	genösse	genieß[e]/genießt	genossen
geraten	gerätst/gerät	geriet	geriete	gerat[e]/geratet	geraten
gerinnen	gerinnst/gerinnt	gerann	geränne	gerinn[e]/gerinnt	geronnen
geschehen	geschiehst/ geschieht	geschah	geschähe	geschieh/gescheht	geschehen
gestehen	gestehst/gesteht	gestand	gestände *o* gestünde	gesteh[e]/gesteht	gestanden
gewinnen	gewinnst/ gewinnt	gewann	gewönne *o* gewänne	gewinn[e]/ gewinnt	gewonnen
gießen	gießt/gießt	goss	gösse	gieß[e]/gießt	gegossen
gleichen	gleichst/gleicht	glich	gliche	gleich[e]/gleicht	geglichen
gleiten	gleitest/gleitet	glitt	glitte	gleit[e]/gleitet	geglitten
glimmen	glimmst/ glimmt	glimmte *o selten* glomm	glimmte *o selten* glomm	glimm[e]/ glimmt	geglimmt *o selten* geglommen
graben	gräbst/gräbt	grub	grübe	grab[e]/grabt	gegraben
greifen	greifst/greift	griff	griffe	greif[e]/greift	gegriffen
halten	hältst/hält	hielt	hielte	halt[e]/haltet	gehalten
hängen *vi*	hängst/hängt	hing	hinge	häng[e]/hängt	gehangen
vt	hängst/hängt	hängte *o dial* hing	hängte	häng[e]/hängt	gehängt *o dial* gehangen
vr	hängst/hängt	hängte *o dial* hing	hängte	häng[e]/hängt	gehängt *o dial* gehangen
hauen	haust/haut	haute *o* hieb	haute *o* hieb	hau[e]/haut	gehauen *o dial* gehaut
heben	hebst/hebt	hob	höbe	heb[e]/hebt	gehoben
heißen	heißt/heißt	hieß	hieße	heiß[e]/heißt	geheißen
helfen	hilfst/hilft	half	hülfe	hilf/helft	geholfen
kennen	kennst/kennt	kannte	kennte	kenn[e]/kennt	gekannt
klimmen	klimmst/klimmt	klimmte *o* klomm	klimmte *o* klomm	klimm[e]/ klimmt	geklommen *o* geklimmt
klingen	klingst/klingt	klang	klänge	kling[e]/klingt	geklungen
kneifen	kneifst/kneift	kniff	kniffe	kneif[e]/kneift	gekniffen
kommen	kommst/kommt	kam	käme	komm[e]/kommt	gekommen
kriechen	kriechst/kriecht	kroch	kröche	kriech[e]/kriecht	gekrochen
küren	kürst/kürt	kürte *o selten* kor	kürte *o selten* köre	kür[e]/kürt	gekürt
laden	lädst/lädt	lud	lüde	lad[e]/ladet	geladen

Infinitiv	2./3. Pers. Sing. Präsens	3. Pers. Sing. Präteritum	Konjunktiv I	Imperativ Sing./Pl.	Partizip Perfekt
lassen	lässt/lässt	ließ	ließe	lass/lasst	gelassen *nach Infinitiv* lassen
laufen	läufst/läuft	lief	lief	lauf[e]/lauft	gelaufen
leiden	leidest/leidet	litt	litte	leid[e]/leidet	gelitten
leihen	leihst/leiht	lieh	liehe	leih[e]/leiht	geliehen
lesen	liest/liest	las	läse	lies/lest	gelesen
liegen	liegst/liegt	lag	läge	lieg[e]/liegt	gelegen
lügen	lügst/lügt	log	löge	lüg[e]/lügt	gelogen
mahlen	mahlst/mahlt	mahlte	mahlte	mahl[e]/mahlt	gemahlen
meiden	meidest/meidet	mied	miede	meid[e]/meidet	gemieden
melken	melkst/melkt	melkte *o veraltend* molk	melkte *o* mölke	melk[e]/melkt	gemolken
messen	misst/misst	maß	mäße	miss/messt	gemessen
misslingen	misslingst/ misslingt	misslang	misslänge	missling[e]/ misslingt	misslungen
nehmen	nimmst/nimmt	nahm	nähme	nimm/nehmt	genommen
nennen	nennst/nennt	nannte	nennte	nenn[e]/nennt	genannt
pfeifen	pfeifst/pfeift	pfiff	pfiffe	pfeif[e]/pfeift	gepfiffen
preisen	preist/preist	pries	priese	preis[e]/preist	gepriesen
quellen	quillst/quillt	quoll	quölle	quill/quillt	gequollen
raten	rätst/rät	riet	riete	rat[e]/ratet	geraten
reiben	reibst/reibt	rieb	riebe	reib[e]/reibt	gerieben
reißen	reißt/reißt	riss	risse	reiß[e]/reißt	gerissen
reiten	reitest/reitet	ritt	ritte	reit[e]/reitet	geritten
rennen	rennst/rennt	rannte	rennte	renn[e]/rennt	gerannt
reichen	riechst/riecht	roch	röche	riech[e]/riecht	gerochen
ringen	ringst/ringt	rang	ränge	ring[e]/ringt	gerungen
rinnen	rinnst/rinnt	rann	ränne	rinn[e]/rinnt	geronnen
rufen	rufst/ruft	rief	riefe	ruf[e]/ruft	gerufen
salzen	salzst/salzt	salzte	salzte	salz[e]/salze	gesalzen *o selten* gesalzt
saufen	säufst/säuft	soff	söffe	sauf[e]/sauft	gesoffen
saugen	saugst/saugt	sog *o* saugte	söge *o* saugte	saug[e]/saugt	gesogen *o* gesaugt
schaffen *= erschaffen*	schaffst/schafft	schuf	schüfe	schaff[e]/schafft	geschaffen
schallen	schallst/schallt	schallte *o* scholl	schallte *o* schölle	schall[e]/schallt	geschallt
scheiden	scheidest/scheidet	schied	schiede	scheide/scheidet	geschieden
scheinen	scheinst/scheint	schien	schiene	schein[e]/scheint	geschienen
scheißen	scheißt/scheißt	schiss	schisse	scheiß[e]/scheißt	geschissen
schelten	schiltst/schilt	schalt	schölte	schilt/scheltet	gescholten
scheren *= stutzen*	scherst/schert	schor	schöre	scher[e]/schert	geschoren
schieben	schiebst/schiebt	schob	schöbe	schieb[e]/schiebt	geschoben
schießen	schießt/schießt	schoss	schösse	schieß[e]/schießt	geschossen
schinden	schindest/ schindet	schindete	schünde	schind[e]/schindet	geschunden
schlafen	schläfst/schläft	schlief	schliefe	schlaf[e]/schlaft	geschlafen
schlagen	schlägst/schlägt	schlug	schlüge	schlag[e]/schlagt	geschlagen
schleichen	schleichst/ schleicht	schlich	schliche	schleich[e]/ schleicht	geschlichen
schleifen *= schärfen*	schleifst/schleift	schliff	schliffe	schleif[e]/schleift	geschliffen
schließen	schließt/schließt	schloss	schlösse	schließ[e]/schließt	geschlossen
schlingen	schlingst/schlingt	schlang	schlänge	schling[e]/schlingt	geschlungen

Infinitiv	2./3. Pers. Sing. Präsens	3. Pers. Sing. Präteritum	Konjunktiv I	Imperativ Sing./Pl.	Partizip Perfekt
schmeißen	schmeißt/schmeißt	schmiss	schmisse	schmeiß[e]/schmeißt	geschmissen
schmelzen	schmilzt/schmilzt	schmolz	schmölze	schmilz/schmelzt	geschmolzen
schnauben	schnaubst/schnaubt	schnaubte *o veraltet* schnob	schnöbe	schnaub[e]/schnaubt	geschnaubt *o veraltet* geschnoben
schneiden	schneidest/schneidet	schnitt	schnitte	schneid[e]/schneidet	geschnitten
schrecken vt	schreckst/schreckt	schreckte	schreckte	schreck[e]/schreckt	geschreckt
vi	schreckst/schreckt	schrak	schräke	schrick/schreckt	geschroken
schreiben	schreibst/schreibt	schrieb	schriebe	schreib[e]/schreibt	geschrieben
schreien	schreist/schreit	schrie	schriee	schrei[e]/schreit	geschrie[e]n
schreiten	schreitest/schreitet	schritt	schritte	schreit[e]/schreitet	geschritten
schweigen	schweigst/schweigt	schwieg	schwiege	schweig[e]/schweigt	geschwiegen
schwellen	schwillst/schwillt	schwoll	schwölle	schwill/schwellt	geschwollen
schwimmen	schwimmst/schwimmt	schwamm	schwämme	schwimm[e]/schwimmt	geschwommen
schwinden	schwindest/schwindet	schwand	schwände	schwind[e]/schwindet	geschwunden
schwingen	schwingst/schwingt	schwang	schwänge	schwing[e]/schwingt	geschwungen
schwören	schwörst/schwört	schwor	schwöre	schwör[e]/schwört	geschworen
sehen	siehst/sieht	sah	sähe	sieh[e]/seht	gesehen
senden *= schicken*	sendest/sendet	sandte *o* sendete	sendete	sende/sendet	gesandt *o* gesendet
sieden	siedest/siedet	siedete *o* sott	siedete *o* sötte	sied[e]/siedet	gesiedet *o* gesotten
singen	singst/singt	sang	sänge	sing[e]/singt	gesungen
sinken	sinkst/sinkt	sank	sänke	sink[e]/sinkt	gesunken
sinnen	sinnst/sinnt	sann	sänne	sinn[e]/sinnt	gesonnen
sitzen	sitzt/sitzt	saß	säße	sitz[e]/sitzt	gesessen
spalten	spaltest/spaltet	spaltete	spaltete	spalt[e]/spaltet	gespalten *o* gespaltet
speien	speist/speit	spie	spiee	spei[e]/speit	gespie[e]n
spinnen	spinnst/spinnt	spann	spönne *o* spänne	spinn[e]/spinnt	gesponnen
sprechen	sprichst/spricht	sprach	spräche	sprich/sprecht	gesprochen
sprießen	sprießt/sprießt	spross *o* spießte	sprösse	sprieß[e]/sprießt	gesprossen
springen	springst/springt	sprang	spränge	spring[e]/springt	gesprungen
stechen	stichst/sticht	stach	stäche	stich/stecht	gestochen
stecken *vi*	steckst/steckt	steckte *o geh* stak	steckte	steck[e]/steckt	gesteckt
stehen	stehst/steht	stand	stünde *o* stände	steh/steht	gestanden
stehlen	stiehlst/stiehlt	stahl	stähle	stiehl/stehlt	gestohlen
steigen	steigst/steigt	stieg	stiege	steig[e]/steigt	gestiegen
sterben	stirbst/stirbt	starb	stürbe	stirb/sterbt	gestorben
stieben	stiebst/stiebt	stob *o* stiebte	stöbe *o* stiebte	stieb[e]/stiebt	gestoben *o* gestiebt
stinken	stinkst/stinkt	stank	stänke	stink[e]/stinkt	gestunken
stoßen	stößt/stößt	stieß	stieße	stoß[e]/stoßt	gestoßen
streichen	streichst/streicht	strich	striche	streich[e]/streicht	gestrichen
streiten	streitest/streitet	stritt	stritte	streit[e]/streitet	gestritten
tragen	trägst/trägt	trug	trüge	trag[e]/tragt	getragen
treffen	triffst/trifft	traf	träfe	triff/trefft	getroffen

Infinitiv	2./3. Pers. Sing. Präsens	3. Pers. Sing. Präteritum	Konjunktiv I	Imperativ Sing./Pl.	Partizip Perfekt
treiben	treibst/treibt	trieb	triebe	treib[e]/treibt	getrieben
treten	trittst/tritt	trat	träte	tritt/tretet	getreten
triefen	triefst/trieft	triefte *o geh* troff	tröffe	trief[e]/trieft	getrieft *o geh* getroffen
trinken	trinkst/trinkt	trank	tränke	trink/trinkt	getrunken
trügen	trügst/trügt	trog	tröge	trüg[e]/trügt	getrogen
tun	1. Pers. tu[e] tust/tut	tat	täte	tu[e]/tut	getan
überessen	überisst/überisst	überaß	überäße	überiss/überesst	übergessen
verbieten	verbietest/ verbietet	verbot	verböte	verbiet[e]/ verbietet	verboten
verbrechen	verbrichst/ verbricht	verbrach	verbräche	verbrich/ verbrecht	verbrochen
verderben	verdirbst/verdirbt	verdarb	verdürbe	verdirb/verderbt	verdorben
verdingen	verdingst/ verdingt	verdingte	verdingte	verding[e]/ verdingt	verdungen *o* verdingt
verdrießen	verdrießt/ verdrießt	verdross	verdrösse	verdrieß[e]/ verdrießt	verdrossen
vergessen	vergisst/vergisst	vergaß	vergäße	vergiss/vergesst	vergessen
verhauen	verhaust/verhaut	verhaute	verhaute	verhau[e]/verhaut	verhauen
verlieren	verlierst/verliert	verlor	verlöre	verlier[e]/verliert	verloren
verlöschen	verlischst/ verlischt	verlosch	verlösche	verlisch/verlöscht	verloschen
verraten	verrätst/verrät	verriet	verriete	verrat[e]/verratet	verraten
verschleißen	verschleißt/ verschleißt	verschliss	verschlisse	verschleiß[e]/ verschleißt	verschlissen
verstehen	verstehst/versteht	verstand	verstünde *o* verstände	versteh[e]/ versteht	verstanden
verwenden	verwendest/ verwendet	verwendete *o* verwandte	verwendete	verwend[e]/ verwendet	verwendet *o* verwandt
verzeihen	verzeihst/verzeiht	verzieh	verziehe	verzeih[e]/ verzeiht	verziehen
wachsen	wächst/wächst	wuchs	wüchse	wachs[e]/wachst	gewachsen
wägen	wägst/wägt	wog *o* wägte	wögte *o* wägte	wäg[e]/wägt	gewogen
waschen	wäschst/wäscht	wusch	wüsche	wasch[e]/wascht	gewaschen
weben	webst/webt	webte *o geh* wob	webte *o geh* wöbe	web[e]/webt	gewebt *o geh* gewoben
weichen	weichst/weicht	wich	wiche	weich[e]/weicht	gewichen
weisen	weist/weist	wies	wiese	weis[e]/weist	gewiesen
wenden	wendest/wendet	wendete *o geh* gewandt	wendete	wend[e]/wendet	gewendet *o geh* gewandt
werben	wirbst/wirbt	warb	würbe	wirb/werbt	geworben
werfen	wirfst/wirft	warf	würfe	wirf/werft	geworfen
wiegen *= auf Waage*	wiegst/wiegt	wog	wöge	wieg[e]/wiegt	gewogen
winden *= schlingen*	windest/windet	wand	wände	wind[e]/windet	gewunden
winken	winkst/winkt	winkte	winkte	wink[e]/winkt	gewinkt *o dial* gewunken
wissen	1. Pers. weiß weißt/weiß	wusste	wüsste	wisse *liter*/wisset *liter*	gewusst
wringen	wringst/wringt	wrang	wränge	wring[e]/wringt	gewrungen
ziehen	ziehst/zieht	zog	zöge	zieh[e]/zieht	gezogen
zwingen	zwingst/zwingt	zwang	zwänge	zwing[e]/zwingt	gezwungen

Die Hilfsverben *sein, haben* und *werden*

sein

Präsens	Präteritum	Perfekt	Plusquamperfekt
bin	war	bin gewesen	war gewesen
bist	warst	bist gewesen	warst gewesen
ist	war	ist gewesen	war gewesen
sind	waren	sind gewesen	waren gewesen
seid	wart	seid gewesen	wart gewesen
sind	waren	sind gewesen	waren gewesen

Futur	Konjunktiv I	Konjunktiv II	Imperativ
werde sein	sei	wäre	sei
wirst sein	seist	wär[e]st	seien Sie
wird sein	sei	wäre	seien wir
werden sein	seien	wären	seid
werdet sein	seiet	wär[e]t	seien Sie
werden sein	seien	wären	

haben

Präsens	Präteritum	Perfekt	Plusquamperfekt
habe	hatte	habe gehabt	hatte gehabt
hast	hattest	hast gehabt	hattest gehabt
hat	hatte	hat gehabt	hatte gehabt
haben	hatten	haben gehabt	hatten gehabt
habt	hattet	habt gehabt	hattet gehabt
haben	hatten	haben gehabt	hatten gehabt

Futur	Konjunktiv I	Konjunktiv II	Imperativ
werde haben	habe	hätte	hab[e]
wirst haben	habest	hättest	haben Sie
wird haben	habe	hätte	haben wir
werden haben	haben	hätten	habt
werdet haben	habet	hättet	haben Sie
werden haben	haben	hätten	

werden

Präsens	Präteritum	Perfekt	Plusquamperfekt
werde	wurde	bin geworden	war geworden
wirst	wurdest	bist geworden	warst geworden
wird	wurde	ist geworden	war geworden
werden	wurden	sind geworden	waren geworden
werdet	wurdet	seid geworden	wart geworden
werden	wurden	sind geworden	waren geworden

Futur	Konjunktiv I	Konjunktiv II	Imperativ
werde werden	werde	würde	werd[e]
wirst werden	werdest	würdest	werden Sie
wird werden	werde	würde	werden wir
werden werden	werden	würden	werdet
werdet werden	werdet	würdet	werden Sie
werden werden	werden	würden	

Die Modalverben

können

Präsens	Präteritum	Perfekt	Plusquamperfekt
kann	konnte	habe gekonnt	hatte gekonnt
kannst	konntest	hast gekonnt	hattest gekonnt
kann	konnte	hat gekonnt	hatte gekonnt
können	konnten	haben gekonnt	hatten gekonnt
könnt	konntet	habt gekonnt	hattet gekonnt
können	konnten	haben gekonnt	hatten gekonnt

Futur	Konjunktiv I	Konjunktiv II
werde können	könne	könnte
wirst können	könntest	könntest
wird können	könne	könnte
werden können	können	könnten
werdet können	könn[e]t	könntet
werden können	können	könnten

dürfen

Präsens	Präteritum	Perfekt	Plusquamperfekt
darf	durfte	habe gedurft	hatte gedurft
darfst	durftest	hast gedurft	hattest gedurft
darf	durfte	hat gedurft	hatte gedurft
dürfen	durften	haben gedurft	hatten gedurft
dürft	durftet	habt gedurft	hattet gedurft
dürfen	durften	haben gedurft	hatten gedurft

Futur	Konjunktiv I	Konjunktiv II
werde dürfen	dürfe	dürfte
wirst dürfen	dürftest	dürftest
wird dürfen	dürfe	dürfte
werden dürfen	dürfen	dürften
werdet dürfen	dürf[e]t	dürftet
werden dürfen	dürfen	dürften

mögen

Präsens	Präteritum	Perfekt	Plusquamperfekt
mag	mochte	habe gemocht	hatte gemocht
magst	mochtest	hast gemocht	hattest gemocht
mag	mochte	hat gemocht	hatte gemocht
mögen	mochten	haben gemocht	hatten gemocht
mögt	mochtet	habt gemocht	hattet gemocht
mögen	mochten	haben gemocht	hatten gemocht

Futur	Konjunktiv I	Konjunktiv II
werde mögen	möge	möchte
wirst mögen	mögest	möchtest
wird mögen	möge	möchte
werden mögen	mögen	möchten
werdet mögen	mög[e]t	möchtet
werden mögen	mögen	möchten

müssen

Präsens	Präteritum	Perfekt	Plusquamperfekt
muss	musste	habe gemusst	hatte gemusst
musst	musstest	hast gemusst	hattest gemusst
muss	musste	hat gemusst	hatte gemusst
müssen	mussten	haben gemusst	hatten gemusst
müsst	musstet	habt gemusst	hattet gemusst
müssen	mussten	haben gemusst	hatten gemusst

Futur	Konjunktiv I	Konjunktiv II
werde müssen	müsse	müsste
wirst müssen	müssest	müsstest
wird müssen	müsse	müsste
werden müssen	müssen	müssten
werdet müssen	müss[e]t	müsstest
werden müssen	müssen	müssten

sollen

Präsens	Präteritum	Perfekt	Plusquamperfekt
soll	sollte	habe gesollt	hatte gesollt
sollst	solltest	hast gesollt	hattest gesollt
soll	sollte	hat gesollt	hattet gesollt
sollen	sollten	haben gesollt	hatten gesollt
sollt	solltet	habt gesollt	hattet gesollt
sollen	sollten	haben gesollt	hatten gesollt

Futur	Konjunktiv I	Konjunktiv II
werde sollen	solle	sollte
wirst sollen	solltest	solltest
wird sollen	solle	sollte
werden sollen	sollen	sollten
werdet sollen	soll[e]t	solltet
werden sollen	sollen	sollten

wollen

Präsens	Präteritum	Perfekt	Plusquamperfekt
will	wollte	habe gewollt	hatten gewollt
willst	wolltest	hast gewollt	hattest gewollt
will	wollte	hat gewollt	hatte gewollt
wollen	wollten	haben gewollt	hatten gewollt
wollt	wolltet	habt gewollt	hattet gewollt
wollen	wollten	haben gewollt	hatten gewollt

Futur	Konjunktiv I	Konjunktiv II
werde wollen	wolle	wollte
wirst wollen	wollest	wolltest
wird wollen	wolle	wollte
werden wollen	wollen	wollten
werdet wollen	woll[e]t	wolltet
werden wollen	wollen	wollten

Amtliche deutsche Maße und Gewichte

Längenmaße		Zeichen	Vielfaches der Einheit
Seemeile	*nautical mile*	sm	1852 m
Kilometer	*kilometre*	km	1000 m
Meter	*metre*	m	Grundeinheit
Dezimeter	*decimetre*	dm	0,1 m
Zentimeter	*centimetre*	cm	0,01 m
Millimeter	*millimetre*	mm	0,001 m
Flächenmaße			
Quadratkilometer	*square kilometre*	km^2	1 000 000 m^2
Hektar	*hectare*	ha	10 000 m^2
Ar	*are*	a	100 m^2
Quadratmeter	*square metre*	m^2	1 m^2
Quadratdezimeter	*square decimetre*	dm^2	0,01 m^2
Quadratzentimeter	*square centimetre*	cm^2	0,0001 m^2
Quadratmillimeter	*square millimetre*	mm^2	0,000 001 m^2
Kubik- und Hohlmaße			
Kubikmeter	*cubic metre*	m^3	1,0 m^3
Hektoliter	*hectolitre*	hl	0,1 m^3
Kubikdezimeter	*cubic decimetre*	dm^3	0,001 m^3
Liter	*litre*	l	
Kubikzentimeter	*cubic centimetre*	cm^3	0,000 001 m^3
Gewichte			
Tonne	*ton*	t	1000 kg
Doppelzentner	–	dz	100 kg
Kilogramm	*kilogram(me)*	kg	1000 g
Gramm	*gram(me)*	g	1 g
Milligramm	*milligram(me)*	mg	0,001 g

Temperaturumrechnung

Fahrenheit – Celsius

°F	°C
0	–17,8
32	0
50	10
70	21,1
90	32,2
98,4	37
212	100

zur Umrechnung 32 abziehen und mit $^5/_9$ multiplizieren

Celsius – Fahrenheit

°C	°F
–10	14
0	32
10	50
20	68
30	86
37	98,4
100	212

zur Umrechnung mit $^9/_5$ multiplizieren und 32 addieren

Zahlwörter – numerals

1. Grundzahlen – Cardinal numbers

0 null *nought, cipher, zero*
1 eins *one*
2 zwei *two*
3 drei *three*
4 vier *four*
5 fünf *five*
6 sechs *six*
7 sieben *seven*
8 acht *eight*
9 neun *nine*
10 zehn *ten*
11 elf *eleven*
12 zwölf *twelve*
13 dreizehn *thirteen*
14 vierzehn *fourteen*
15 fünfzehn *fifteen*
16 sechzehn *sixteen*
17 siebzehn *seventeen*
18 achtzehn *eighteen*
19 neunzehn *nineteen*
20 zwanzig *twenty*
21 einundzwanzig *twenty-one*
22 zweiundzwanzig *twenty-two*
23 dreiundzwanzig *twenty-three*
30 dreißig *thirty*
31 einunddreißig *thirty-one*
32 zweiunddreißig *thirty-two*
33 dreiunddreißig *thirty-three*
40 vierzig *forty*
41 einundvierzig *forty-one*
50 fünfzig *fifty*
51 einundfünfzig *fifty-one*
60 sechzig *sixty*
61 einundsechzig *sixty-one*
70 siebzig *seventy*
71 einundsiebzig *seventy-one*
80 achtzig *eighty*
81 einundachtzig *eighty-one*
90 neunzig *ninety*
91 einundneunzig *ninety-one*
100 hundert *one hundred*
101 hundert(und)eins *hundred and one*
102 hundert(und)zwei *hundred and two*
110 hundert(und)zehn *hundred and ten*
200 zweihundert *two hundred*
300 dreihundert *three hundred*
451 vierhundert(und)einundfünfzig *four hundred and fifty-one*
1000 tausend *a (o one) thousand*
2000 zweitausend *two thousand*
10 000 zehntausend *ten thousand*
1 000 000 eine Million *a (o one) million*
2 000 000 zwei Millionen *two million*
1 000 000 000 eine Milliarde BRIT *a (o one) milliard,* AM *billion*
1 000 000 000 000 eine Billion BRIT *a (o one) billion,* AM *trillion*

2. Ordnungszahlen – Ordinal numbers

1. erste *first*
2. zweite *second*
3. dritte *third*
4. vierte *fourth*
5. fünfte *fifth*
6. sechste *sixth*
7. sieb(en)te *seventh*
8. achte *eighth*
9. neunte *ninth*
10. zehnte *tenth*
11. elfte *eleventh*
12. zwölfte *twelfth*
13. dreizehnte *thirteenth*
14. vierzehnte *fourteenth*
15. fünfzehnte *fifteenth*
16. sechzehnte *sixteenth*
17. siebzehnte *seventeenth*
18. achtzehnte *eighteenth*
19. neunzehnte *nineteenth*
20. zwanzigste *twentieth*
21. einundzwanzigste *twenty-first*
22. zweiundzwanzigste *twenty-second*
23. dreiundzwanzigste *twenty-third*
30. dreißigste *thirtieth*
31. einunddreißigste *thirty-first*
40. vierzigste *fortieth*
41. einundvierzigste *forty-first*
50. fünfzigste *fiftieth*
51. einundfünfzigste *fifty-first*
60. sechzigste *sixtieth*
61. einundsechzigste *sixty-first*
70. siebzigste *seventieth*
71. einundsiebzigste *seventy-first*
80. achtzigste *eightieth*
81. einundachtzigste *eighty-first*
90. neunzigste *ninetieth*
100. hundertste *(one) hundredth*
101. hundertunderste *hundred and first*

200. zweihundertste *two hundredth*

300. dreihundertste *three hundredth*

451. vierhundert(und)einundfünfzigste *four hundred and fifty-first*

1000. tausendste *(one) thousandth*

1100. tausend(und)-einhundertste *(one)thousand and (one) hundredth*

2000. zweitausendste *two thousandth*

100 000 einhunderttausendste *(one) hundred thousandth*

1 000 000. millionste *millionth*

10 000 000. zehnmillionste *ten millionth*

3. Bruchzahlen – Fractional numbers

$^1/_2$ ein halb *one (o a) half*

$^1/_3$ ein Drittel *one (o a) third*

$^1/_4$ ein Viertel *one (o a) fourth (o a quarter)*

$^1/_5$ ein Fünftel *one (o a) fifth*

$^1/_{10}$ ein Zehntel *one (o a) tenth*

$^1/_{100}$ ein Hundertstel *one hundredth*

$^1/_{1000}$ ein Tausendstel *one thousandth*

$^1/_{1\,000\,000}$ ein Millionstel one millionth

$^2/_3$ zwei Drittel *two thirds*

$^3/_4$ drei Viertel *three fourths, three quarters*

$^2/_5$ zwei Fünftel *two fifths*

$^3/_{10}$ drei Zehntel *three tenths*

$1^1/_2$ anderthalb *one and a half*

$2^1/_2$ zwei(und)einhalb *two and a half*

$5^3/_8$ fünf drei achtel *five and three eighths*

1,1 eins Komma eins *one point one (1.1)*

4. Vervielfältigungszahlen – Multiples

einfach *single*

zweifach *double*

dreifach *threefold, treble, triple*

vierfach *fourfold, quadruple*

fünffach *fivefold*

hundertfach *(one) hundredfold*

Notizen

Notizen

Notizen

Notizen

Notizen

Notizen

Notizen